Erfurter Kommentar
zum Arbeitsrecht

Beck'sche Kurz-Kommentare

Band 51

Erfurter Kommentar zum Arbeitsrecht

begründet von
Thomas Dieterich · Peter Hanau · Günter Schaub

4., neu bearbeitete Auflage

Herausgeber

Dr. Thomas Dieterich
Präsident des Bundesarbeitsgerichts a. D.
Honorarprofessor an der Universität Göttingen

Dr. Ulrich Preis
Professor an der Universität zu Köln

Dr. Rudi Müller-Glöge
Vorsitzender Richter am
Bundesarbeitsgericht

Dr. h. c. Günter Schaub
Vorsitzender Richter am
Bundesarbeitsgericht a. D.

Verlag C. H. Beck München 2004

Zitiervorschlag:

ErfK/*Schaub* § 1 TVG Rn. 3

Verlag C. H. Beck im Internet:
beck.de

ISBN 3 406 51202 X

© 2004 Verlag C. H. Beck oHG, Wilhelmstraße 9, 80801 München
Satz und Druck: Druckerei C. H. Beck Nördlingen (Adresse wie Verlag)

Gedruckt auf säurefreiem, alterungsbeständigem Papier
(hergestellt aus chlorfrei gebleichtem Zellstoff)

Die Autoren des Kommentars

Dr. Reiner Ascheid
Vorsitzender Richter am Bundesarbeitsgericht a. D.,
Honorarprofessor an der Universität Passau

Dr. Thomas Dieterich
Präsident des Bundesarbeitsgerichts a. D.,
Honorarprofessor an der Universität Göttingen

Hans-Jürgen Dörner
Vizepräsident des Bundesarbeitsgerichts

Dr. Hans Friedrich Eisemann
Präsident des Landesarbeitsgerichts Brandenburg

Dr. Thomas Kania
Fachanwalt für Arbeitsrecht in Köln

Dr. Ulrich Koch
Vizepräsident des Landesarbeitsgerichts Mecklenburg-Vorpommern

Dr. Rudi Müller-Glöge
Vorsitzender Richter am Bundesarbeitsgericht

Dr. Hartmut Oetker
Professor an der Universität Jena,
Richter am Thüringer Oberlandesgericht

Dr. Ulrich Preis
Professor an der Universität zu Köln

Dr. Christian Rolfs
Professor an der Universität Bielefeld

Dr. h.c. Günter Schaub
Vorsitzender Richter am Bundesarbeitsgericht a. D.

Dr. Monika Schlachter
Professorin an der Universität Jena

Dr. Heinz-Dietrich Steinmeyer
Professor an der Universität Münster

Dr. Rolf Wank
Professor an der Ruhr-Universität Bochum

Dr. Hellmut Wißmann
Präsident des Bundesarbeitsgerichts
Honorarprofessor an der Universität Halle-Wittenberg

Im Einzelnen haben bearbeitet:

Prof. Dr. Reiner Ascheid .... ArbPlSchG
§§ 18, 19 BErzGG
§§ 125–128 InsO
KSchG
Prof. Dr. Thomas Dieterich .... GG
Hans-Jürgen Dörner .... §§ 15–17 BErzGG
§§ 616, 617 BGB
BUrlG
EFZG
Dr. Hans Friedrich Eisemann .... §§ 80–100 ArbGG
§§ 1–73 b BetrVG
Dr. Thomas Kania .... §§ 74–132 BetrVG
§§ 120–122 InsO
Dr. Ulrich Koch .... ArbGG (mit Ausnahme von §§ 80–100)
Sachverzeichnis
Dr. Rudi Müller-Glöge .... ÄArbVtrG
§§ 20–24 BErzGG
§§ 339–345, 620–630 BGB
§§ 109, 110 GewO
HRG
§ 113 InsO
§§ 1, 3, 14–23 TzBfG
Prof. Dr. Hartmut Oetker .... AktG
BetrVG 1952
MitbestG
Montan-MitbestG
SprAuG
Prof. Dr. Ulrich Preis .... §§ 104–113, 125–127, 194–218, 241–326, 611, 612–615, 619 a BGB
§§ 105–108 GewO
NachwG
§§ 2, 4–13 TzBfG
Prof. Dr. Christian Rolfs .... ATG
SGB III, IV, V
SGB V – Anhang: RVO
SGB VI, VII, IX
Dr. h. c. Günter Schaub .... HGB
TVG
Prof. Dr. Monika Schlachter .... Art. 141 (119) EG
AEntG
BBiG
BeschSchG
§§ 611 a, 611 b BGB
EGBGB
JArbSchG
MuSchG
Prof. Dr. Heinz-Dietrich Steinmeyer ...... BetrAVG

Die Autoren des Kommentars

Prof. Dr. Rolf Wank .... ArbSchG
ArbZG
AÜG
BDSG
§§ 618, 619 BGB
LadSchlG
Prof. Dr. Hellmut Wißmann .... Vorbemerkung zum EG, Art. 39 (48) u. 234 (177) EG

Vorwort zur 4. Auflage

Gut fünf Jahre nach Erscheinen der 1. Auflage kann bereits die vierte Bearbeitung des Erfurter Kommentars zum Arbeitsrecht vorgelegt werden. War es ursprünglich das Bestreben, den Kommentar in einem Rhythmus von zwei Jahren erscheinen zu lassen, so hat sich inzwischen gezeigt, dass dieser Abstand zu groß ist, um vor allem der arbeitsrechtlichen Praxis ein aktuelles Hilfsmittel an die Hand zu geben. Vor diesem Hintergrund haben sich Herausgeber, Autoren und Verlag zum Ziel gesetzt, den Erfurter Kommentar, wiederholt auch als „Palandt des Arbeitsrechts" bezeichnet, von der 4. Auflage an jährlich neu aufzulegen.

Die vorliegende Neubearbeitung berücksichtigt mit Rechtsstand 1. Oktober 2003 zum einen die Gesetzesänderungen seit der Vorauflage, insbesondere das Erste und Zweite Gesetz über moderne Dienstleistungen am Arbeitsmarkt („Hartz I und II"). Darüber hinaus ist das Gesetz zu Reformen am Arbeitsmarkt (Stichwort „Agenda 2010") eingearbeitet, das – voraussichtlich zum 1. Januar 2004 – wesentliche Neuerungen im Kündigungs- und Befristungsrecht bringen wird. Das Gesetz wurde am 26. September 2003 vom Bundestag in Dritter Lesung angenommen (idF BR-Drucks. 676/03), war bei Drucklegung allerdings noch nicht verkündet. Aus Rechtsprechung und Literatur waren ua. Entscheidungen und Beiträge zur Schuldrechtsreform, zum reformierten Betriebsverfassungsgesetz sowie zum TzBfG (dort etwa die neueste Rechtsprechung zum Teilzeitanspruch nach § 8) zu verarbeiten.

Nach drei Auflagen erfolgreichen Wirkens hat sich Herr Prof. *Dr. Dres. h. c. Peter Hanau*, Mitbegründer des Erfurter Kommentars, aus dem Herausgeber- und Autorenkreis zurückgezogen. Als Herausgeber sind ihm die bisherigen Redaktoren *Dr. Rudi Müller-Glöge* und Prof. *Dr. Ulrich Preis* nachgefolgt; die Kommentierung der §§ 74 ff. BetrVG hat Herr *Dr. Thomas Kania* allein übernommen. Zugleich im Namen aller Autoren und des Verlags danken wir *Peter Hanau* für sein prägendes Engagement und wünschen uns, er möge dem Erfurter Kommentar als kritischer und anregender Begleiter erhalten bleiben.

Im Oktober 2003   *Die Herausgeber*

Vorwort der 1. Auflage

Das Arbeitsrecht kann sich nicht auf eine Kodifikation stützen. Selbst ein Arbeitsvertragsgesetz fehlt ihm. Es findet seine gesetzlichen Grundlagen im allgemeinen Zivilrecht und in zahlreichen Spezialgesetzen sowie in dem von der Wissenschaft begleiteten Richterrecht. Ziel des Erfurter Kommentars ist es, dem Praktiker des Arbeitslebens in dieser unübersichtlichen Rechtslage zu helfen. Er soll dem Leser einen klar gegliederten und unkomplizierten Überblick über das gesamte Rechtsgebiet verschaffen. Dieser Kommentar ist das Ergebnis der Zusammenarbeit von Richtern, überwiegend des BAG, Hochschullehrern und Anwaltschaft. Mit der Titelgebung des Werkes „Erfurter Kommentar zum Arbeitsrecht" soll der Ausrichtung der Kommentierung an der höchstrichterlichen Rechtsprechung sowie dem neuen Standort des Bundesarbeitsgerichts in Erfurt Rechnung getragen werden.

Der Kommentar wendet sich an alle, die sich schnell und zuverlässig über die arbeitsrechtliche Lage informieren und rechtlich fundierte Entscheidungen treffen müssen. Das sind zunächst Richter, Rechtsanwälte und Verbandsvertreter, aber auch Wissenschaftler und Politiker, vor allem aber die Normunterworfenen, die sich im Gestrüpp der Regelungen zurechtfinden müssen.

Der Erfurter Kommentar enthält nahezu alle arbeitsrechtlichen Gesetze und erläutert sie. Nach den für das Arbeitsrecht bedeutsamen Grundrechten werden die einzelnen Gesetze alphabetisch abgedruckt, um ein leichtes Auffinden zu gewährleisten. Die Numerierung der Gesetze läßt Raum, in späteren Auflagen weitere Arbeitsschutzgesetze in den Kommentar aufzunehmen, ohne daß sich die Gliederung ändert.

Die Kommentierung weist den Stand vom Sommer 1998 aus. Bereits voraussehbare Änderungen sind jedoch berücksichtigt. Dies gilt insbesondere für die am 1. Januar 1999 in Kraft tretenden Gesetze. Die Erläuterungen sind möglichst kurz gefaßt und auf die Bedürfnisse der Praxis zugeschnitten. Gleichwohl ist auf wissenschaftliche Gründlichkeit Bedacht genommen. Streitfragen werden klar angesprochen und mit Entscheidungshilfen verbunden. In manchen Fragen werden auch neue Wege beschritten.

Im Arbeitsrecht gewinnen sozialversicherungsrechtliche Regelungen immer größere Bedeutung. Die Verfasser haben auf die Verzahnung mit dem Sozialversicherungsrecht geachtet; insbesondere das Arbeitsförderungsrecht des SGB III und das Unfallversicherungsrecht sind berücksichtigt.

Herausgeber, Redaktoren und Verfasser hoffen, mit dem Erfurter Kommentar den Benutzern eine ebenso handliche wie zuverlässige Hilfe für die tägliche Arbeit zu bieten. Für alle Anregungen und Verbesserungsvorschläge sind sie stets dankbar.

Kassel/Köln/Schauenburg,
im August 1998 *Die Herausgeber*

Inhaltsverzeichnis

Abkürzungsverzeichnis		XV
Literaturverzeichnis		XXXIII
10. GG	**Grundgesetz** (Auszug)	1
	Einleitung	1
	Art. 1 Schutz der Menschenwürde	18
	Art. 2 Allgemeine Handlungsfreiheit, Allgemeines Persönlichkeitsrecht	21
	Art. 3 Gleichheit vor dem Gesetz	43
	Art. 4 Glaubens-, Gewissens- und Bekenntnisfreiheit	62
	Art. 5 Recht der freien Meinungsäußerung, Pressefreiheit, Rundfunkfreiheit	76
	Art. 6 Ehe und Familie; Mutterschutz	95
	Art. 9 Vereinigungsfreiheit	100
	Art. 12 Berufsfreiheit	150
	Art. 14 Eigentum, Erbrecht und Enteignung	158
20. EG	**Vertrag zur Gründung der Europäischen Gemeinschaft** (Auszug)	163
	Vorbemerkung zum EG: Das Verhältnis des Gemeinschaftsrechts zum nationalen Recht	163
	Art. 39 (ex-Art. 48). Freizügigkeit der Arbeitnehmer	168
	Art. 141 (ex-Art. 119). Gleiches Entgelt für Männer und Frauen	180
	– Protokoll des EU-Vertrages über die Sozialpolitik	180
	Art. 234 (ex-Art. 177). Vorabentscheidung	187
25. ÄArbVtrG	**Gesetz über befristete Arbeitsverträge mit Ärzten in der Weiterbildung**	198
30. AEntG	**Arbeitnehmer-Entsendegesetz**	201
50. AktG	**Aktiengesetz** (Auszug) (§§ 15–18, 95–116 AktG)	217
60. ArbGG	**Arbeitsgerichtsgesetz**	253
80. ArbPlSchG	**Arbeitsplatzschutzgesetz**	460
100. ArbSchG	**Arbeitsschutzgesetz** (Auszug)	479
110. ArbZG	**Arbeitszeitgesetz**	489
130. ATG	**Altersteilzeitgesetz**	543
140. AÜG	**Arbeitnehmerüberlassungsgesetz**	566
150. BBiG	**Berufsbildungsgesetz** (Auszug) (§§ 1–49 BBiG)	642
160. BDSG	**Bundesdatenschutzgesetz** (Auszug) (§§ 1–13, 27, 28, 31, 33–41 BDSG)	680
170. BErzGG	**Bundeserziehungsgeldgesetz** (Auszug) (§§ 15–24 BErzGG)	716
190. BeschSchG	**Beschäftigtenschutzgesetz**	737
200. BetrAVG	**Gesetz zur Verbesserung der betrieblichen Altersversorgung**	745
210. BetrVG	**Betriebsverfassungsgesetz**	866
220. BetrVG 1952	**Betriebsverfassungsgesetz 1952** (Auszug) (§§ 76–77 a, 81, 85, 87, 87 a BetrVG 1952)	1272
230. BGB	**Bürgerliches Gesetzbuch** (Auszug)	1290
	§§ 13, 14. Verbraucher, Unternehmer	1290
	§§ 104 ff. Geschäftsfähigkeit	1290

Inhaltsverzeichnis

	§ 113. Dienst- oder Arbeitsverhältnis	1291
	§§ 125–127. Formvorschriften	1294
	§§ 194–218. Verjährung	1307
	§ 241. Pflichten aus dem Schuldverhältnis	1330
	§ 253. Immaterieller Schaden	1330
	§§ 273, 274. Zurückbehaltungsrecht	1330
	§§ 275–278. Ausschluss der Leistungspflicht, Verantwortlichkeit des Schuldners	1330
	§§ 280–285. Schadensersatzvorschriften	1331
	§§ 286–288. Schuldnerverzug	1332
	§§ 293–304. Gläubigerverzug	1333
	§§ 305–310. Allgemeine Geschäftsbedingungen	1334
	§§ 311, 311 a, 312, 313–326. Schuldverhältnisse aus Verträgen	1362
	§§ 339–345. Vertragsstrafe	1366
	§§ 355–357. Rücktritt	1373
	§ 611. Vertragstypische Pflichten beim Dienstvertrag	1374
	§ 611 a. Geschlechtsbezogene Benachteiligung	1529
	§ 611 b. Arbeitsplatzausschreibung	1539
	§ 612. Vergütung	1540
	§ 612 a. Maßregelungsverbot	1551
	§ 613. Unübertragbarkeit	1557
	§ 613 a. Rechte und Pflichten bei Betriebsübergang	1560
	§ 614. Fälligkeit der Vergütung	1609
	§ 615. Vergütung bei Annahmeverzug und bei Betriebsrisiko	1613
	§ 616. Vorübergehende Verhinderung	1635
	§ 617. Pflicht zur Krankenfürsorge	1639
	§ 618. Pflicht zu Schutzmaßnahmen	1641
	§ 619. Unabdingbarkeit der Fürsorgepflichten	1649
	§ 619 a. Beweislast bei Haftung des Arbeitnehmers	1649
	§ 620. Beendigung des Dienstverhältnisses	1668
	§ 621. Kündigungsfristen bei Dienstverhältnissen	1680
	§ 622. Kündigungsfristen bei Arbeitsverhältnissen	1682
	§ 623. Schriftform der Kündigung	1700
	§ 624. Kündigungsfrist bei Verträgen über mehr als 5 Jahre	1706
	§ 625. Stillschweigende Verlängerung	1706
	§ 626. Fristlose Kündigung aus wichtigem Grund	1709
	§ 627. Fristlose Kündigung bei Vertrauensstellung	1761
	§ 628. Teilvergütung und Schadensersatz bei fristloser Kündigung	1763
	§ 629. Freizeit zur Stellungssuche	1777
	§ 630. Pflicht zur Zeugniserteilung	1780
250. BUrlG	Bundesurlaubsgesetz	1782
280. EFZG	Entgeltfortzahlungsgesetz	1843
290. EGBGB	Einführungsgesetz zum Bürgerlichen Gesetzbuch (Auszug) Art. 27, 30, 34. Internationales Arbeitsrecht	1911
320. GewO	Gewerbeordnung (Auszug) §§ 105–110. Allgemeine arbeitsrechtliche Grundsätze	1920
340. GVG	Gerichtsverfassungsgesetz (Auszug)	1946
390. HGB	Handelsgesetzbuch (Auszug) (§§ 48, 54, 59–65, 74–75 h, 82 a–92 c HGB)	1951
400. HRG	Hochschulrahmengesetz (Auszug) (§§ 57 a–57 f HRG)	1996
410. InsO	Insolvenzordnung (Auszug) §§ 113, 120–122, 125–128 InsO	2011
420. JArbSchG	Jugendarbeitsschutzgesetz	2024
430. KSchG	Kündigungsschutzgesetz	2084
	§ 1. Sozial ungerechtfertigte Kündigungen	2084
	§ 2. Änderungskündigung	2176
	§ 3. Kündigungseinspruch	2189
	§ 4. Anrufung des Arbeitsgerichtes	2190

Inhaltsverzeichnis

	§ 5. Zulassung verspäteter Klagen	2205
	§ 6. Verlängerte Anrufungsfrist	2212
	§ 7. Wirksamwerden der Kündigung	2214
	§ 8. Wiederherstellen der früheren Arbeitsbedingungen	2215
	§ 9. Auflösung des Arbeitsverhältnisses durch Urteil des Gerichts; Abfindung des Arbeitnehmers	2216
	§ 10. Höhe der Abfindung	2225
	§ 11. Anrechnung auf entgangenen Zwischenverdienst	2228
	§ 12. Neues Arbeitsverhältnis des Arbeitnehmers; Auflösung des alten Arbeitsverhältnisses	2231
	§ 13. Verhältnis zu sonstigen Kündigungen	2234
	§ 14. Angestellte in leitender Stellung	2240
	§ 15. Unzulässigkeit der Kündigung	2244
	§ 16. Neues Arbeitsverhältnis; Auflösung des alten Arbeitsverhältnisses	2255
	§ 17. Anzeigepflicht	2256
	§ 18. Entlassungssperre	2264
	§ 19. Zulässigkeit von Kurzarbeit	2267
	§ 20. Entscheidungen des Arbeitsamtes	2269
	§ 21. Entscheidungen der Hauptstelle der Bundesanstalt für Arbeit	2271
	§ 22. Ausnahmebetriebe	2272
	§ 23. Geltungsbereich	2273
	§ 24. Anwendung des Gesetzes auf Betriebe der Schifffahrt und des Luftverkehrs	2277
	§ 25. Kündigung in Arbeitskämpfen	2280
	§ 25 a. Berlin-Klausel	2281
	§ 26. Inkrafttreten	2281
440. LadSchlG	Ladenschlussgesetz	2282
470. MitbestG	Mitbestimmungsgesetz	2292
490. Montan-MitbestG	Montan-Mitbestimmungsgesetz	2338
500. MuSchG	Mutterschutzgesetz	2355
510. NachwG	Nachweisgesetz	2392
540. SGB III	Arbeitsförderung (SGB III) (Auszug) (§§ 143, 143 a, 144, 146, 147 a SGB III)	2407
545. SGB IV	Gemeinsame Vorschriften für die Sozialversicherung (SGB IV) (Auszug) (§§ 7–8 a, 20 SGB IV)	2443
550. SGB V	Gesetzliche Krankenversicherung (SGB V) (Auszug) (§§ 44, 45, 49 SGB V)	2463
550. Anh. RVO	Anhang: Reichsversicherungsordnung §§ 195–200 b RVO. Leistungen bei Schwangerschaft und Mutterschaft	2472
560. SGB VI	Gesetzliche Rentenversicherung (SGB VI) (Auszug) (§§ 2, 41 SGB VI)	2479
570. SGB VII	Gesetzliche Unfallversicherung (SGB VII) (Auszug) (§§ 2–9, 104–110 SGB VII)	2488
580. SGB IX	Rehabilitation und Teilhabe behinderter Menschen (SGB IX) (Auszug) (§§ 69–100, 122–131 SGB IX)	2511
590. SprAuG	Sprecherausschußgesetz	2553
600. TVG	Tarifvertragsgesetz	2586
605. TzBfG	Teilzeit- und Befristungsgesetz	2654
Sachverzeichnis		2753

Abkürzungsverzeichnis

Zeitschriften werden, soweit nicht anders angegeben, nach Jahr und Seite zitiert

a.	auch
AA	Arbeitsamt
aA	anderer Ansicht
aaO	am angegebenen Ort
AAV	Arbeitsaufenthalteverordnung
ABA	Arbeitsgemeinschaft für betriebliche Altersversorgung; Arbeit, Beruf und Arbeitslosenhilfe, Zeitschrift
ABG	Allgemeines Berggesetz für die Preuß. Staaten
abgedr.	abgedruckt
Abh.	Abhandlungen
AbgG	Gesetz über die Rechtsverhältnisse der Mitglieder des Deutschen Bundestages (Abgeordnetengesetz)
ABl.	Amtsblatt
abl.	ablehnend
ABlEG	Amtsblatt der Europäischen Gemeinschaften; vor 1958: Amtsblatt der EGKS
Abk.	Abkommen
ABM	Arbeitsbeschaffungsmaßnahmen
Abs.	Absatz
Abschn.	Abschnitt
Abt.	Abteilung
abw.	abweichend
AcP	Archiv für die civilistische Praxis
ADHGB	Allgemeines Deutsches Handelsgesetzbuch
aE	am Ende
Änd.	Änderung
ÄndG	Gesetz zur Änderung
ÄArbVtrG	Gesetz über befristete Arbeitsverträge mit Ärzten in der Weiterbildung
AEntG	Arbeitnehmer-Entsendegesetz
AErlV	Arbeitserlaubnisverordnung
AETR	Europäisches Übereinkommen über die Arbeit des im internationalen Straßenverkehr beschäftigten Fahrpersonals
AEVO	Ausbilder-Eignungsverordnung
aF	alte Fassung
AfA	Absetzung für Abnutzungen
AFG	Arbeitsförderungsgesetz
AFKG	Arbeitsförderungs-Konsolidierungsgesetz
AfP	Archiv für Presserecht
AFRG	Arbeitsförderungs-Reformgesetz
AG	Arbeitgeber; Aktiengesellschaft; Amtsgericht; Ausführungsgesetz; Die Aktiengesellschaft, Zeitschrift
Ag.	Antragsgegner(in)
AG	Arbeitgeber; Aktiengesellschaft
AGB	Allgemeine Geschäftsbedingungen
AGB-DDR	Arbeitsgesetzbuch der DDR
AGBG	Gesetz zur Regelung des Rechts der Allgemeinen Geschäftsbedingungen (AGB-Gesetz)
AGBGB	Ausführungsgesetz zum BGB
AG EuGÜbk.	Ausführungsgesetz zum Übereinkommen der Europäischen Wirtschaftsgemeinschaft über die gerichtliche Zuständigkeit und die Vollstreckung gerichtlicher Entscheidungen in Zivil- und Handelssachen
AHB	Allgemeine Versicherungsbedingungen für die Haftpflichtversicherung
AiB	Arbeitsrecht im Betrieb, Zeitschrift
AK	Alternativkommentar
AKB	Allgemeine Bedingungen für die Kfz-Versicherung
AktG	Recht der Aktiengesellschaften und der Kommanditgesellschaften auf Aktien (Aktiengesetz)
ALG	Gesetz über die Alterssicherung der Landwirte
AlhiV	Arbeitslosenhilfe-Verordnung
allg.	allgemein
allgA	allgemeine Ansicht
Alt.	Alternative

Abkürzungsverzeichnis

aM	anderer Meinung
AMRE	Allgemeine Erklärung der Menschenrechte
amtl.	amtlich
Amtl.Begr.	Amtliche Begründung
Amtl.Mitt.	Amtliche Mitteilungen
AN	Arbeitnehmer
ANBA	Amtliche Nachrichten der Bundesanstalt für Arbeit
AnfG	Anfechtungsgesetz
AngKSchG	Gesetz über die Fristen für die Kündigung von Angestellten
AnglG	Gesetz zur Angleichung der Bestandsrenten an das Nettorentenniveau der BRD und zu weiteren rentenrechtlichen Regelungen
Anh.	Anhang
Anm.	Anmerkung
AnVG	Angestelltenversicherungsgesetz
AnVNG	Gesetz zur Neuregelung des Rechts der Rentenversicherung der Angestellten
AnwBl.	Anwaltsblatt
AO	Abgabenordnung
AöR	Archiv des öffentlichen Rechts
AOK	Allgemeine Ortskrankenkasse
AP	Nachschlagewerk des Bundesarbeitsgerichts (seit 1954, vorher: Arbeitsrechtliche Praxis)
AR	Aufsichtsrat
ARB	Allgemeine Bedingungen für die Rechtsschutz-Versicherung
ArbG	Arbeitsgericht
ArbGeb.	Der Arbeitgeber, Zeitschrift
ArbRGeg.	Arbeitsrecht der Gegenwart, Zeitschrift
ArbGG	Arbeitsgerichtsgesetz
AR-Blattei	Arbeitsrecht-Blattei
ArbKrankhG	Gesetz zur Verbesserung der wirtschaftlichen Stellung der Arbeiter im Krankheitsfalle
ArbnErfG	Gesetz über Arbeitnehmererfindungen
ArbPlSchG	Gesetz über den Schutz des Arbeitsplatzes bei Einberufung zum Wehrdienst (Arbeitsplatzschutzgesetz)
ArbR	Arbeitsrecht
ArbRB	Der Arbeits-Rechts-Berater
ArbRBerG	Gesetz zur Änderung des Kündigungsrechts und anderer arbeitsrechtlicher Vorschriften (Arbeitsrechtsbereinigungsgesetz)
ArbRBeschFG	Arbeitsrechtliches Beschäftigungsförderungsgesetz
ArbRGeg.	Das Arbeitsrecht der Gegenwart, Jahrbuch
ArbSchG	Arbeitsschutzgesetz
ArbSG	Gesetz zur Sicherstellung von Arbeitsleistungen für Zwecke der Verteidigung einschließlich des Schutzes der Zivilbevölkerung (Arbeitssicherstellungsgesetz)
ArbStättR	Arbeitsstättenrichtlinie
ArbStättV	VO über Arbeitsstätten
ArbStoffV	VO über gefährliche Arbeitsstoffe (Arbeitsstoffverordnung)
ArbuR	s. AuR
ArbuSozPol.	Arbeit und Sozialpolitik, Mitteilungsblatt des Arbeitsministeriums Nordrhein-Westfalen
ArbuSozR	Arbeits- und Sozialrecht, Mitteilungsblatt des Arbeitsministeriums Baden-Württemberg
ArbVerh.	Arbeitsverhältnis
ArbZG	Arbeitszeitgesetz
ArbZRG	Gesetz zur Vereinheitlichung und Flexibilisierung des Arbeitszeitrechts (Arbeitszeitrechtsgesetz)
ArchBürgR	Archiv für Bürgerliches Recht, Zeitschrift
A-Reha.	Anordnung des Verwaltungsrats der Bundesanstalt für Arbeit über die Arbeits- und Berufsförderung Behinderter
ArEV	Arbeitsentgeltverordnung
arg.	argumentum
Arge.	Arbeitsgemeinschaft
ARS	Arbeitsrechtssammlung mit Entscheidungen des Reichsarbeitsgerichts, der Landesarbeitsgerichte und Arbeitsgerichte
ARSt.	Arbeitsrecht in Stichworten
Art.	Artikel
ArVNG	Gesetz zur Neuregelung des Rechts der Rentenversicherung der Arbeiter (Arbeiterrentenversicherungs-Neuregelungsgesetz)
ArztR	Arztrecht, Zeitschrift
ASiG	Gesetz über Betriebsärzte, Sicherheitsingenieure und andere Fachkräfte für Arbeitssicherheit – Arbeitssicherheitsgesetz
ASJ	Arbeitsgemeinschaft Sozialdemokratischer Juristinnen und Juristen

Abkürzungsverzeichnis

Ast.	Antragsteller(in)
AsylVfG	Gesetz über das Asylverfahren
AT	Allgemeiner Teil
ATG, ATZG	Altersteilzeitgesetz
ATO	Allgemeine Tarifordnung für Arbeitnehmer im öffentlichen Dienst
ATZ	Altersteilzeit
AU	Arbeitsunfähigkeit
AuA	Arbeit und Arbeitsrecht, Zeitschrift
AuB	Arbeit und Beruf, Zeitschrift
AUB	Allgemeine Unfallversicherungs-Bedingungen; Arbeitsunfähigkeitsbescheinigung(en)
AÜG	Gesetz zur Regelung der gewerbsmäßigen Arbeitnehmerüberlassung (Arbeitnehmerüberlassungsgesetz)
AufenthG/EWG	Gesetz über Einreise und Aufenthalt von Staatsangehörigen der Mitgliedstaaten der Europäischen Wirtschaftsgemeinschaft
Aufl.	Auflage
AufzVO	VO über Aufzugsanlagen
AUG	Auslandsunterhaltsgesetz
AuR	Arbeit und Recht, Zeitschrift
AusbPlFöG	Gesetz zur Förderung des Angebots an Ausbildungsplätzen in der Berufsausbildung (Ausbildungsplatzförderungsgesetz)
ausf.	ausführlich
AusfG	Ausführungsgesetz
AusfVO	Ausführungsverordnung
AuslandsrentenVO	VO über die Zahlung von Renten in das Ausland
AuslG	Ausländergesetz
AVAG	Anerkennungs- und Vollstreckungsausführungsgesetz
AVAVG	Gesetz über Arbeitsvermittlung und Arbeitslosenversicherung
AVB	Allgemeine Versicherungsbedingungen
AVE	Allgemeinverbindlichkeitserklärung
AVermV	Arbeitsvermittlungsverordnung
AVG	Angestelltenversicherungsgesetz
AVmG	Altersvermögensgesetz
AVR	Allgemeine Vertragsrichtlinien
AWD	Außenwirtschaftsdienst des Betriebs-Beraters, Zeitschrift
AWG	Außenwirtschaftsgesetz
AZ	Arbeitszeit
Az.	Aktenzeichen
AZO	Arbeitszeitordnung
BA	Bundesanstalt für Arbeit
BäckArbZG	Gesetz über die Arbeitszeit in Bäckereien und Konditoreien
BaFin	Bundesanstalt für Finanzdienstleistungen
BAföG	Bundesgesetz über individuelle Förderung der Ausbildung (Bundesausbildungsförderungsgesetz)
BAG	Bundesarbeitsgericht
BAGE	Sammlung der Entscheidungen des Bundesarbeitsgerichts
BAGReport	BAGReport – Schnelldienst zur arbeitsgerichtlichen Rechtsprechung des BAG und des EuGH, Zeitschrift
BAnstArb.	Bundesanstalt für Arbeit
BAnz.	Bundesanzeiger
BArbBl.	Bundesarbeitsblatt
BarwertVO	VO zur Ermittlung des Barwerts einer auszugleichenden Versorgung
BAT	Bundes-Angestelltentarifvertrag
BAT-O	Tarifvertrag zur Anpassung des Tarifrechts – Manteltarifliche Vorschriften
BAV	Bundesaufsichtsamt für das Versicherungswesen
BayBS	Bereinigte Sammlung des Bayerischen Landesrechts
BayObLG	Bayerisches Oberstes Landesgericht
BayVBl.	Bayerisches Verwaltungsblatt
BayVGH	Bayerischer Verwaltungsgerichtshof
BB	Betriebs-Berater, Zeitschrift
BBergG	Bundesberggesetz
BBesG	Bundesbesoldungsgesetz
BBG	Bundesbeamtengesetz
BbgDSG	Brandenburgisches Datenschutzgesetz
BBiG	Berufsbildungsgesetz
Bd.	Band
BDA	Bundesvereinigung Deutscher Arbeitgeberverbände
BDI	Bundesverband der Deutschen Industrie
BDO	Bundesdisziplinarordnung

XVII

Abkürzungsverzeichnis

BDSG	Bundesdatenschutzgesetz
Bearb.	Bearbeiter; Bearbeitung
bearb.	bearbeitet
BeamtVG	Beamtenversorgungsgesetz
BEG	Bundesgesetz zur Entschädigung für Opfer der nationalsozialistischen Verfolgung (Bundesentschädigungsgesetz)
Begr.	Begründung
BehinR	Behindertenrecht
Beil.	Beilage
Bek.	Bekanntmachung
Bekl., bekl.	Beklagte(r), beklagte(r)
Bem.	Bemerkung
BenshSlg.	Entscheidungen des Reichsarbeitsgerichts und der Landesarbeitsgerichte, verlegt bei Bensheimer (ab 1934: Arbeitsrechtssammlung – ARS)
Ber.	Berichtigung
ber.	bereinigt; berichtigt
BerBiFG	Gesetz zur Förderung der Berufsbildung durch Planung und Forschung (Berufsbildungsförderungsgesetz)
BergPDV	VO zur Durchführung des Gesetzes über Bergmannsprämien
BergPG	Gesetz über Bergmannsprämien
BerHG	Gesetz über Rechtsberatung und Vertretung für Bürger mit geringem Einkommen (Beratungshilfegesetz)
Berl.	Berlin
BErzGG	Bundeserziehungsgeldgesetz
bes.	besonders
BeschFG (1985)	Gesetz über arbeitsrechtliche Vorschriften zur Beschäftigungsförderung (Beschäftigungsförderungsgesetz 1985)
BeschFG 1996	Beschäftigungsförderungsgesetz 1996
Beschl.	Beschluss
BeschSG, BeschSchG	Gesetz zum Schutz der Beschäftigten vor sexueller Belästigung am Arbeitsplatz (Beschäftigtenschutzgesetz)
bestr.	bestritten
betr.	betreffend
BetrAV	Betriebliche Altersversorgung, Zeitschrift
BetrAVG	Gesetz zur Verbesserung der betrieblichen Altersversorgung
BetrVerf.	Betriebsverfassung
BetrVerf-ReformG	Betriebsverfassungs-Reformgesetz 2001
BetrVG	Betriebsverfassungsgesetz
BeurkG	Beurkundungsgesetz
BewG	Bewertungsgesetz
BezG	Bezirksgericht
Bf.	Beschwerdeführer(in)
BfA	Bundesversicherungsanstalt für Angestellte
BfG	Bank für Gemeinwirtschaft
BFH	Bundesfinanzhof
BFHE	Sammlung der Entscheidungen des BFH
BFH/NV	Sammlung amtlich nicht veröffentlichter Entscheidungen des BFH
Bg.	Beschwerdegegner(in)
BG	Die Berufsgenossenschaft, Zeitschrift
BGB	Bürgerliches Gesetzbuch
BGBl.	Bundesgesetzblatt
BGG	Behindertengleichstellungsgesetz
BGH	Bundesgerichtshof
BGH GS	Bundesgerichtshof Großer Senat
BGHSt.	Entscheidungen des Bundesgerichtshofs in Strafsachen
BGHZ	Entscheidungen des Bundesgerichtshofs in Zivilsachen
BGleiG	Gesetz zur Gleichstellung von Frauen und Männern in der Bundesverwaltung und in den Gerichten des Bundes (Bundesgleichstellungsgesetz)
BGremBG	Gesetz über die Berufung und Entsendung von Frauen und Männern in Gremien im Einflussbereich des Bundes (Bundesgremienbesetzungsgesetz)
BHO	Bundeshaushaltsordnung
BIBB	Bundesinstitut für berufliche Bildung
BillBG	Gesetz zur Bekämpfung der illegalen Beschäftigung
BImSchG	Gesetz zum Schutz vor schädlichen Umwelteinwirkungen durch Luftverunreinigungen, Geräusche, Erschütterungen und ähnliche Vorgänge (Bundesimmissionsschutzgesetz)
BinnSchG	Gesetz betreffend die privatrechtlichen Verhältnisse der Binnenschifffahrt (Binnenschifffahrtsgesetz)
BKGG	Bundeskindergeldgesetz
BKK	Die Betriebskrankenkasse, Zeitschrift
BKV	Berufskrankheitenverordnung

Abkürzungsverzeichnis

BLG	Bundesleistungsgesetz
BlnDSG	Berliner Datenschutzgesetz
BlStSozArbR	Blätter für Steuerrecht, Sozialversicherung und Arbeitsrecht, Zeitschrift
BMWA	Bundesminister(ium) für Wirtschaft und Arbeit
BMF	Bundesminister(ium) der Finanzen
BMFT	Bundesminister(ium) für Bildung, Wissenschaft, Forschung und Technologie
BMGS	Bundesminister(ium) für Gesundheit und Soziale Sicherung
BMietG	Bundesmietengesetz
BMI	Bundesminister(ium) des Innern
BMJ	Bundesminister(ium) der Justiz
BMTG	Bundesmanteltarifvertrag für Arbeiter gemeindlicher Verwaltungen und Betriebe
BMTV	Bundesmanteltarifvertrag
BMWA	Bundesminister(ium) für Wirtschaft und Arbeit
b + p	Betrieb und Personal, Zeitschrift
BPatA	Bundespatentamt
BPatG	Bundespatentgericht
BPersVG	Bundespersonalvertretungsgesetz
BR	Betriebsrat; Der Betriebsrat, Zeitschrift; Bundesrat
BRAGO	Bundesrechtsanwaltsgebührenordnung
BRAO	Bundesrechtsanwaltsordnung
BRD	Bundesrepublik Deutschland
BR-Drucks.	Drucksache des Deutschen Bundesrates
BrDSG	Bremisches Datenschutzgesetz
BReg.	Bundesregierung
Breithaupt	Sammlung von Entscheidungen aus dem Gericht der Sozialversicherung, Versorgung und Arbeitslosenversicherung
Brem.	Bremen
BRG	Betriebsrätegesetz vom 4. 2. 1920
BRKG	Gesetz über die Reisekostenvergütung für die Bundesbeamten, Richter im Bundesdienst und Soldaten (Bundesreisekostengesetz)
BR-Prot.	Stenographische Berichte des Bundesrates (zit. nach Jahr u. S.)
BRRG	Beamtenrechtsrahmengesetz
BRT	Bundesrahmentarif
BRTV	Bundesrahmentarifvertrag
BRTV-Bau	Bundesrahmentarifvertrag für Arbeiter des Baugewerbes
BrZ	Britische Zone
BSeuchG	Bundesseuchengesetz
BSG	Bundessozialgericht
BSGE	Sammlung der Entscheidungen des BSG
BSHG	Bundessozialhilfegesetz
Bsp.	Beispiel
BStBl.	Bundessteuerblatt
BT	Bundestag
BT-Drucks.	Drucksache des Deutschen Bundestages
BtG	Betreuungsgesetz
BtMG	Betäubungsmittelgesetz
BT-Prot.	Stenographische Berichte des Deutschen Bundestages (zit. nach Legislaturperiode u. S.)
Buchst.	Buchstabe
BühnenObSchG	Bühnenoberschiedsgericht
Bull.	Bulletin
BUrlG	Mindesturlaubsgesetz für Arbeitnehmer (Bundesurlaubsgesetz)
BUV	Betriebs- und Unternehmensverfassung, Zeitschrift
BV	Betriebsvereinbarung(en)
BVerfG	Bundesverfassungsgericht
BVerfGE	Sammlung der Entscheidungen des BVerfG
BVerwG	Bundesverwaltungsgericht
BVFG	Bundesvertriebenengesetz
BVG	Gesetz über die Versorgung der Opfer des Krieges (Bundesversorgungsgesetz)
BVS	Bergmannsversorgungsschein
BVSG-NRW	Gesetz über den Bergmannsversorgungsschein Nordrhein-Westfalen
bzgl.	bezüglich
BZRG	Bundeszentralregistergesetz
c.c.	code civil
CGD	Christlicher Gewerkschaftsbund Deutschland
ChemG	Gesetz zum Schutz vor gefährlichen Stoffen (Chemikaliengesetz)
cic.	culpa in contrahendo (Verschulden bei Vertragsschluss)

Abkürzungsverzeichnis

CMLR	Common Market Law Review
CMR	Übereinkommen über den Beförderungsvertrag im internationalen Straßengüterverkehr
CR	Computer und Recht, Zeitschrift
DA	Dienstanweisung
DAG	Deutsche Angestelltengewerkschaft
DampfkesselVO	VO über Dampfkesselanlagen
DAngVers	Die Angestelltenversicherung, Zeitschrift
DAR	Deutsches Autorecht, Zeitschrift
DArbR	Deutsches Arbeitsrecht, Zeitschrift
DAWAG	Deutsche Angestellten WohnungsbauAG
DB	Der Betrieb, Zeitschrift
DBIR	Dienstblatt d. BAnstArb. Ausgabe C – Rechtsprechung
DDR	Deutsche Demokratische Republik
ders.	derselbe
DEVO	Verordnung über die Erfassung von Daten für die Träger der Sozialversicherung und für die Bundesanstalt für Arbeit (Datenerfassungs-Verordnung)
DFB	Deutscher Fußballbund
DGB	Deutscher Gewerkschaftsbund
dgl.	dergleichen; desgleichen
dh.	das heißt
dies.	dieselbe(n)
Diss.	Dissertation
DIHT	Deutscher Industrie- und Handelstag
DJ	Deutsche Justiz, Zeitschrift
DJT	Deutscher Juristentag
DM	Deutsche Mark
DMBilG	D-Markbilanzgesetz
DNotZ	Deutsche Notar-Zeitschrift
DOK	Die Ortskrankenkasse, Zeitschrift
DöD	Der öffentliche Dienst, Zeitschrift
DöV	Die öffentliche Verwaltung, Zeitschrift
DRdA	Das Recht der Arbeit, österreichische Zeitschrift
DRiG	Deutsches Richtergesetz
DRiZ	Deutsche Richterzeitung, Zeitschrift
DRsp.	Deutsche Rechtsprechung, Zeitschrift
DruckgasVO	Druckgasverordnung
DruckluftVO	VO über Arbeiten in Druckluft (Druckluftverordnung)
DRV	Deutsche Rentenversicherung
DSG	Datenschutzgesetz
DSG-LSA	Datenschutzgesetz Sachsen-Anhalt
DSG-MV	Datenschutzgesetz Mecklenburg-Vorpommern
DSG-NW	Datenschutzgesetz Nordrhein-Westfalen
DStR	Deutsches Steuerrecht, Zeitschrift
DSuDS	Datenschutz und Datensicherung, Zeitschrift (s. auch DuD)
DSWR	Datenverarbeitung in Steuer, Wirtschaft und Recht, Zeitschrift
dt.	deutsch
DtZ	Deutsch-Deutsche Rechtszeitschrift
DuD	Datenschutz und Datensicherung, Zeitschrift (s. auch DSuDS)
DüVO	Verordnung über die Datenübermittlung auf maschinell verwertbaren Datenträgern im Bereich der Sozialversicherung und der Bundesanstalt für Arbeit (Datenübermittlungs-Verordnung)
DurchfBest.	Durchführungsbestimmung
DVO	Durchführungsverordnung
DVAuslG	Durchführungsverordnung zum Ausländergesetz
DVBl.	Deutsches Verwaltungsblatt, Zeitschrift
DVersZ	Deutsche Versicherungs-Zeitschrift für Sozialversicherung und Privatversicherung
DV-EWG	Verordnung zur Durchführung der Verordnung (EWG)
DVO zum AVAVG	Durchführungsverordnung zum Gesetz über die Arbeitsvermittlung und Arbeitslosenversicherung
DZWir	Deutsche Zeitschrift für Wirtschaftsrecht
E	Entwurf; Entscheidung (in der amtlichen Sammlung)
EA, Euratom	Vertrag zur Gründung der Europäischen Atomgemeinschaft
EAS	Europäisches Arbeits- und Sozialrecht, Rechtsvorschriften, Systematische Darstellungen und Entscheidungssammlung
ECU	European Currency Unit
EEK	*Sabel*, Entscheidungssammlung zur Entgeltfortzahlung an Arbeiter und Angestellte bei Krankheit, Kur und anderen Arbeitsverhinderungen

Abkürzungsverzeichnis

EFG	Entscheidungen der Finanzgerichte, Zeitschrift
EFZ	Entgeltfortzahlung
EFZG	Gesetz über die Zahlung des Arbeitsentgeltes an Sonn- und Feiertagen und im Krankheitsfall
EG	Europäische Gemeinschaft(en); Vertrag zur Gründung der Europäischen Gemeinschaft; Einführungsgesetz
EGBGB	Einführungsgesetz zum Bürgerlichen Gesetzbuch
EGInsO	Einführungsgesetz zur Insolvenzordnung
EGKS	Europäische Gemeinschaft für Kohle und Stahl
EGKSV	Vertrag über die Gründung der Europäischen Gemeinschaft für Kohle und Stahl
EGMR	Europäischer Gerichtshof für Menschenrechte
EGV	Vertrag zur Gründung der Europäischen Gemeinschaft
EheG	Ehegesetz
1. EheRG	Erstes Gesetz zur Reform des Ehe- und Familienrechts
EhfG	Entwicklungshelfergesetz
EhrRiEntschG	Gesetz über die Entschädigung ehrenamtlicher Richter
EignÜG	Gesetz über den Einfluß von Eignungsübungen der Streitkräfte auf Vertragsverhältnisse der Arbeitnehmer und Handelsvertreter sowie auf Beamtenverhältnisse (Eignungsübungsgesetz)
Einf.	Einführung
Einl.	Einleitung
EKD	Evangelische Kirche in Deutschland
EKMR	Europäische Kommission für Menschenrechte
EMRK	Konvention zum Schutze der Menschenrechte und Grundfreiheiten
engl.	englisch(en)
ENeuOG	Eisenbahnneuordnungsgesetz
Entsch.	Entscheidung
entspr.	entsprechend
Entw.	Entwurf
EPA	Europäisches Patentamt
EPÜ	Europäisches Patentübereinkommen
Erg.	Ergänzung
ErgBd.	Ergänzungsband
ErgVO	Ergänzungsverordnung
Erl.	Erlass, Erläuterung
Ersk.	Die Ersatzkasse, Zeitschrift
ErzUrl.	Erziehungsurlaub
ESC	Europäische Sozialcharta
EStDV	Einkommensteuer-Durchführungsverordnung
EStER	Einkommensteuer-Ergänzungsrichtlinien
EStG	Einkommensteuergesetz
EStR	Einkommensteuer-Richtlinien
etc.	et cetera
EU	(Vertrag über die) Europäische Union
EuAbgG	Gesetz zur Regelung der Rechtsstellung von Abgeordneten des Europa-Parlaments
EuGH	Gerichtshof der Europäischen Gemeinschaften
EuGHE	Entscheidungen des Gerichtshofs der Europäischen Gemeinschaften
EuGRZ	Europäische Grundrechte, Zeitschrift
EuGVÜ	Übereinkommen über die gerichtliche Zuständigkeit und die Vollstreckung gerichtlicher Entscheidungen in Zivil- und Handelssachen
EuGVVO	Verordnung Nr. 44/2001 über die gerichtliche Zuständigkeit und die Vollstreckung gerichtlicher Entscheidungen in Zivil- und Handelssachen
EuR	Europarecht, Zeitschrift
EuZW	Europäische Zeitschrift für Wirtschaftsrecht
EVertr.	Vertrag zwischen der BRD und der DDR über die Herstellung der Einheit Deutschlands vom 31. 8. 1990 (BGBl. II S. 889)
eV	eingetragener Verein
EWG	Europäische Wirtschaftsgemeinschaft
EWG-Richtl.	Richtlinie(n) der Europäischen Wirtschaftsgemeinschaft
EWGV	Vertrag zur Gründung einer Europäischen Wirtschaftsgemeinschaft
EWG-VO	Verordnung der Europäischen Wirtschaftsgemeinschaft
EWiR	Entscheidungen zum Wirtschaftsrecht, Zeitschrift
EWIV	Europäische wirtschaftliche Interessenvereinigung
EWS	Europäisches Währungssystem; Europäisches Wirtschafts- und Steuerrecht
EZ	Elternzeit
EzA	Entscheidungen zum Arbeitsrecht, hrsg. von *Stahlhacke*
EzAÜG	Entscheidungssammlung zum Arbeitnehmerüberlassungsgesetz und zum sonstigen drittbezogenen Personaleinsatz

Abkürzungsverzeichnis

EzB	Entscheidungssammlung zum Berufsbildungsrecht, hrsg. von *Horst-Dieter Hurlebaus*
EzBAT	Entscheidungssammlung zum BAT
f., ff.	folgend(e)
FA	Fachanwalt Arbeitsrecht, Zeitschrift
FamG	Familiengericht
FamRZ	Zeitschrift für das gesamte Familienrecht
FAZ	Frankfurter Allgemeine Zeitung
FdA	Anordnung des Verwaltungsrats der Bundesanstalt für Arbeit zur Förderung der Arbeitsaufnahme
FernUSG	Gesetz zum Schutz der Teilnehmer am Fernunterricht (Fernunterrichtsschutzgesetz)
FFG	Gesetz zur Förderung von Frauen und der Vereinbarkeit von Familie und Beruf in der Bundesverwaltung und den Gerichten des Bundes (Frauenfördergesetz)
FG	Finanzgericht
FGG	Gesetz über die Angelegenheiten der freiwilligen Gerichtsbarkeit
FGO	Finanzgerichtsordnung
Film u. Recht	Film und Recht, Zeitschrift
FLG	Gesetz zur Regelung der Lohnzahlung an Feiertagen
Fn.	Fußnote
Fortb/UmschAO	Anordnung des Verwaltungsrats der Bundesanstalt für Arbeit über die individuelle Förderung der beruflichen Fortbildung und Umschulung
FPersG	Gesetz über das Fahrpersonal von Kraftfahrzeugen und Straßenbahnen (Fahrpersonalgesetz)
FreizeitAO	AO über Arbeitszeitverkürzung für Frauen, Schwerbeschädigte und minderleistungsfähige Personen
FRG	Fremdrentengesetz
FS	Festschrift
G	Gesetz
GAL	Gesetz über eine Altershilfe für Landwirte
GaststG	Gaststättengesetz
GBl.	Gesetzblatt
GBl.-DDR	Gesetzblatt der DDR
GbR	Gesellschaft bürgerlichen Rechts
GdB	Grad der Behinderung
GebrMG	Gebrauchsmustergesetz
GefStoffV	Gefahrstoffverordnung
GEG	Großeinkaufsgenossenschaft deutscher Konsumgenossenschaften mbH
gem.	gemäß
GenG	Gesetz über die Erwerbs- und Wirtschaftsgenossenschaften (Genossenschaftsgesetz)
GerSiG	Gesetz über technische Arbeitsmittel (Gerätesicherheitsgesetz)
Ges.; ges.	Gesetz; gesetzlich
GeschmMG	Gesetz über das Urheberrecht an Mustern und Modellen (Geschmacksmustergesetz)
GeschO	Geschäftsordnung
GesO	Gesamtvollstreckungsordnung
GewA	Gewerbe-Archiv, Zeitschrift
Gewerkschafter	Der Gewerkschafter, Zeitschrift
GewM	Gewerkschaftliche Monatshefte
GewO	Gewerbeordnung
GewStDV	Gewerbesteuer-Durchführungsverordnung
GewStG	Gewerbesteuergesetz
GFG	Graduiertenförderungsgesetz
GG	Grundgesetz
ggf.	gegebenenfalls
GKG	Gerichtskostengesetz
GleiBG, GleichberG	Gleichberechtigungsgesetz
GmbH	Gesellschaft mit beschränkter Haftung
GmbHG	Gesetz über die Gesellschaften mit beschränkter Haftung
GmbHR	GmbH-Rundschau, Zeitschrift
GMBl.	Gemeinsames Ministerialblatt
GmS-OGB	Gemeinsamer Senat der Obersten Gerichtshöfe des Bundes
GO	Gemeindeordnung
grdl.	grundlegend
grds.	grundsätzlich
GRUR	Gewerblicher Rechtsschutz und Urheberrecht

Abkürzungsverzeichnis

GRUR Ausl.	Gewerblicher Rechtsschutz und Urheberrecht, Auslands- und internationaler Teil, Zeitschrift
GRUR-Int.	Gewerblicher Rechtsschutz und Urheberrecht, international
GS	Großer Senat
GSG	Gesundheitsstrukturgesetz
GS NW	Gesetzessammlung des Landes Nordrhein-Westfalen
GSP	Gesamtsozialplan
GUG	Gesamtvollstreckungs-Unterbrechungsgesetz
GVBl.	Gesetzes- und Verordnungsblatt
GVG	Gerichtsverfassungsgesetz
GV NW	Gesetzes- und Verordnungsblatt des Landes Nordrhein-Westfalen
GWB	Gesetz gegen Wettbewerbsbeschränkung (Kartellgesetz)
hA	herrschende Ansicht
HAG	Heimarbeitsgesetz
Halbbd.	Halbband; auch Hbd.
Halbs.	Halbsatz
HandwO	Handwerksordnung
HATG	Hausarbeitstagsgesetz
Hbd.	Halbband; auch Halbbd.
HebG	Hebammengesetz
hess.	hessisch
HessDSG	Hessisches Datenschutzgesetz
HFVG	Gesetz über befristete Arbeitsverträge mit wissenschaftlichem Personal an Hochschulen und Forschungseinrichtungen
HGB	Handelsgesetzbuch
HHG	Häftlingshilfegesetz
hins.	hinsichtlich
HinterlO	Hinterlegungsordnung
hL	herrschende Lehre
hM	herrschende Meinung
HmbDSG	Landesdatenschutzgesetz Hamburg
HPflG	Haftpflichtgesetz
HRefG	Handelsrechtsreformgesetz
HRG	Hochschulrahmengesetz
HRR	Höchstrichterliche Rechtsprechung, Zeitschrift
Hwb AR	Handwörterbuch zum Arbeitsrecht, Loseblatt
HwVG	Handwerkerversicherungsgesetz
IAA	Internationales Arbeitsamt
IAK	Internationale Arbeitskonferenz
IAO	Internationale Arbeitsorganisation
idF	in der Fassung
idR	in der Regel
iE	im Ergebnis
ieS	im engeren Sinne
IfSG	Infektionsschutzgesetz
IG	Industriegewerkschaft
IGBE	Industriegewerkschaft Bergbau und Energie
IHK	Industrie- und Handelskammer
ILO	International Labour Organisation (Internationale Arbeitsorganisation)
InkrG	Gesetz über die Inkraftsetzung von Rechtsvorschriften der BRD in der ehemaligen DDR
insb.	insbesondere
InsO	Insolvenzordnung
int.	international
IPR	Internationales Privatrecht
IPRax.	Praxis des internationalen Privatrechts, Zeitschrift
iSd.	im Sinne des/der
iSv.	im Sinne von
iVm.	in Verbindung mit
IWB	Internationale Wirtschaftsbriefe, Zeitschrift
iwS	im weiteren Sinne
IZPR	Internationales Zivilprozessrecht
iZw.	im Zweifel
JA	Juristische Arbeitsblätter, Zeitschrift
JArbSchG	Gesetz zum Schutz der arbeitenden Jugend (Jugendarbeitsschutzgesetz)
JAV	Jugend- und Auszubildendenvertretung

Abkürzungsverzeichnis

Jb.	Jahrbuch
JBeitrO	Justizbeitreibungsordnung
Jg.	Jahrgang
JGG	Jugendgerichtsgesetz
JM	Justizminister(ium)
JMBl.	Justizministerialblatt
JöR	Jahrbuch des öffentlichen Rechts
JÖSchG	Gesetz zum Schutz der Jugend in der Öffentlichkeit
JR	Juristische Rundschau, Zeitschrift
JSchG	Jugendschutzgesetz
Jura	Jura, Ausbildungszeitschrift
JurA	Juristische Analysen, Zeitschrift
JurBüro	Das juristische Büro, Zeitschrift
JuS	Juristische Schulung, Zeitschrift
JW	Juristische Wochenschrift, Zeitschrift
JZ	Juristenzeitung, Zeitschrift
KABl.	Kirchliches Amtsblatt
Kap.	Kapitel
KAPOVAZ	Kapazitätsorientierte Arbeitszeit
KArbT	Kirchlicher Tarifvertrag Arbeiter
KAT	Kirchlicher Arbeitsvertrag Angestellter
KAUG	Konkursausfallgeld
KfzPflVV	Verordnung über den Versicherungsschutz in der Kraftfahrzeug-Haftpflichtversicherung (Kraftfahrzeug-Pflichtversicherungsverordung)
KG	Kammergericht; Kommanditgesellschaft
KGaA	Kommanditgesellschaft auf Aktien
KGJ	Jahrbuch der Entscheidungen des KG
KGVOBl.	Gesetzes- und Verordnungsblatt der Kirche
KJ	Kritische Justiz, Zeitschrift
KJB	Karlsruher Juristische Bibliographie
KJHG	Kinder- und Jugendhilfegesetz
Kl.	Kläger(in)
kl.	klagend(e)
KnVNG	Knappschaftsrentenversicherungs-Neuregelungsgesetz
KO	Konkursordnung
Koda.	Kommission zur Ordnung des diözesanen Arbeitsvertragsrechts
KohleG	Gesetz zur Anpassung und Gesundung des deutschen Steinkohlebaus
KOM	Kommissionsdokumente
Kom(m).	Kommentar
KonkTrW	Zeitschrift für Konkurs, Treuhand und Schiedsgerichtswesen
Konv.	Konvention
KostG	Kostengesetz
KostRspr.	Kostenrechtsprechung, Nachschlagewerk
KOV	Kriegsopferversorgung
KR	Kontrollrat
KRG	Kontrollratsgesetz
KrG	Kreisgericht
krit.	kritisch
KrPflG	Krankenpflegegesetz
KrPflVO	VO über die Arbeitszeit in Krankenpflegeanstalten
KrV	Die Krankenversicherung, Zeitschrift
KS	Vertrag über die Gründung der Europäischen Gemeinschaft für Kohle und Stahl
KSchG	Kündigungsschutzgesetz
KStDVO	Körperschaftsteuer-Durchführungsverordnung
KStG	Körperschaftsteuergesetz
KSV-ÄndG	Künstlersozialversicherungsänderungsgesetz
KSVG	Künstler-Sozialversicherungsgesetz
KSZE	Konferenz über Sicherheit und Zusammenarbeit in Europa
KTS	Zeitschrift für Insolvenzrecht (Konkurs-Treuhand-Sanierung)
KUG	Kurzarbeitergeld
KündFG	Kündigungsfristengesetz
KVLG	Gesetz über die Krankenversicherung der Landwirte
KVRS	Die Krankenversicherung in Rechtsprechung und Schrifttum
LAA	Landesarbeitsamt
LadSchlG	Gesetz über den Ladenschluss
LAG	Landesarbeitsgericht
LAGE	Entscheidungen der Landesarbeitsgerichte, hrsg. von *Stahlhacke*

Abkürzungsverzeichnis

LAGReport	LAGReport – Schnellsienst zur Rechtsprechung der Landesarbeitsgerichte, Zeitschrift
LAM	Landesarbeitsministerium
LAO	Vorläufige Landarbeiterverordnung
LAV	Landesstelle für Arbeitsvermittlung
LDSG-BW	Landesdatenschutzgesetz Baden-Württemberg
LDSG-RPf.	Landesdatenschutzgesetz Rheinland-Pfalz
LDSG-SH	Landesdatenschutzgesetz Schleswig-Holstein
Lehrb.	Lehrbuch
Lfg.	Lieferung
LFZ	Lohnfortzahlung
LFZG	Gesetz über die Fortzahlung des Arbeitsentgelts im Krankheitsfalle (Lohnfortzahlungsgesetz)
LG	Landgericht
lit.	Buchstabe
LM	*Lindenmaier-Möhring*, Nachschlagewerk des BGH, Loseblatt
LohnabzVO	Lohnabzugsverordnung
LReg.	Landesregierung
LSchlG	Gesetz über den Ladenschluß (auch LadSchlG)
LSG	Landessozialgericht
LStDV	Lohnsteuer-Durchführungsverordnung
LStR	Lohnsteuer-Richtlinien
LVA	Landesversicherungsanstalt
LVerf.	Landesverfassung
Mat.	Materialien
MAVO	Rahmenordnung für eine Mitarbeitervertretungsordnung in der kath. Kirche
MBl.	Ministerialblatt
MDR	Monatsschrift für Deutsches Recht
MedR	Medizinrecht, Zeitschrift
mE	meines Erachtens
MHRG	Gesetz zur Regelung der Miethöhe (Zweites Wohnraum-Kündigungsschutzgesetz)
MietRÄndG	Mietrechtsänderungsgesetz
MietSchG	Mieterschutzgesetz
MindArbbG	Gesetz über Mindestarbeitsbedingungen
MitbestErgG	Gesetz zur Ergänzung des Gesetzes über die Mitbestimmung der Arbeitnehmer in den Aufsichtsräten und Vorständen der Unternehmen des Bergbaus und der Eisen und Stahl erzeugenden Industrie (Montan-Mitbestimmungsergänzungsgesetz)
MitbestG	Gesetz über die Mitbestimmung der Arbeitnehmer (Mitbestimmungsgesetz)
Mitbestimmung	Die Mitbestimmung, Zeitschrift
Mitt.	Mitteilungen
Montan-MitbestG	Gesetz über die Mitbestimmung der Arbeitnehmer in den Aufsichtsräten und Vorständen der Unternehmen des Bergbaus und der Eisen und Stahl erzeugenden Industrie (Montan-Mitbestimmungsgesetz)
Mot.	Motive
Mrd.	Milliarde(n)
MRG	Militärregierung
MSA	Minderjährigenschutzabkommen
MTB	Manteltarifvertrag für Arbeiter des Bundes
MTL	Manteltarifvertrag für Arbeiter der Länder
MTM	Methods Time Measurement
MTV	Manteltarifvertrag
MuSchG	Gesetz zum Schutz der erwerbstätigen Mutter (Mutterschutzgesetz)
MUV	Richtlinien über die Gewährung von Beihilfen für die Arbeitnehmer des Steinkohlebergbaus, die von Maßnahmen iSd. Art. 56 § 2 EGKS-Vertrag betroffen sind
mvN	mit vielen Nachweisen
mwN	mit weiteren Nachweisen
m. zahlr. Nachw.	mit zahlreichen Nachweisen
Nachw.	Nachweise
NachwG	Gesetz über den Nachweis der für ein Arbeitsverhältnis geltenden wesentlichen Bestimmungen (Nachweisgesetz)
NATO	North Atlantic Treaty Organization, Atlantikpakt-Organisation
NDSG	Niedersächsisches Landesdatenschutzgesetz
nF	neue Fassung, neue Folge

Abkürzungsverzeichnis

Nieders.	Niedersachsen
NJ	Neue Justiz, Zeitschrift
NJW	Neue Juristische Wochenschrift, Zeitschrift
NJW-CoR	NJW-Computerreport
NJW-RR	NJW-Rechtsprechungs-Report Zivilrecht
Nr.	Nummer
n.rkr.	nicht rechtskräftig
NS	Nationalsozialismus
NStZ	Neue Zeitschrift für Strafrecht
NTS	Abkommen zwischen den Parteien des Nordatlantik-Pakts über die Rechtsstellung ihrer Truppen (NATO-Truppenstatut)
nv.	nicht amtlich veröffentlicht
NVwZ	Neue Zeitschrift für Verwaltungsrecht
NVwZ-RR	NVwZ-Rechtsprechungs-Report Verwaltungsrecht
NW	Nordrhein-Westfalen
NZA	Neue Zeitschrift für Arbeitsrecht
NZA-RR	NZA-Rechtsprechungs-Report Arbeitsrecht
NZS	Neue Zeitschrift für Sozialrecht
NZV	Neue Zeitschrift für Verkehrsrecht
o.	oben
o.ä.	oder ähnliche(s)
OECD	Organization for Economic Cooperation and Development
OEEC	Organization for European Economic Cooperation, Organisation für Europäische wirtschaftliche Zusammenarbeit
OEG	Gesetz über die Entschädigung für Opfer von Gewalttaten
öffentl.	öffentlich
OFD	Oberfinanzdirektion
o.g.	oben genannt
OGH	Oberster Gerichtshof
OGHBrZ	Oberster Gerichtshof für die britische Zone
OHG	offene Handelsgesellschaft
OLG	Oberlandesgericht
OLGE	Rechtsprechung der Oberlandesgerichte
OVG	Oberverwaltungsgericht
OWiG	Gesetz über Ordnungswidrigkeiten
PatG	Patentgesetz
Personal	Personal, Mensch und Arbeit im Betrieb, Zeitschrift
PersR	Personalrat, Zeitschrift
PersF	Personalführung, Zeitschrift
PersV	Personalvertretung, Zeitschrift
PersVG	Personalvertretungsgesetz (des Landes)
PflVG	Pflichtversicherungsgesetz
pFV	positive Forderungsverletzung
PKH	Prozesskostenhilfe
PostG	Postgesetz
PostO	Postordnung
pr. ABG	preußisches Allgemeines Berggesetz
Pr AR	Praktisches Arbeitsrecht, Entscheidungssammlung von *Müller-Gröninger*
PrAVV	Private Arbeitsvermittlung-Statistik-Verordnung
PresseG	Gesetz über die Presse
PrHGB	Gesetz zur Beseitigung von Hemmnissen bei der Privatisierung
ProdHaftG	Gesetz über die Haftung für fehlerhafte Produkte (Produkthaftungsgesetz)
ProstG	Prostitutionsgesetz
Prot.	Protokolle
PSA	Personal-Service-Agentur
PSV	Pensionssicherungsverein
PublG	Gesetz über die Rechnungslegung von bestimmten Unternehmen und Konzernen
pVV	positive Vertragsverletzung
RabelsZ	Zeitschrift für ausländisches und internationales Privatrecht (Bd. u. Seite)
RABl.	Reichsarbeitsblatt
RAG	Reichsarbeitsgericht
RAGE	Amtl. Sammlung der Entscheidungen des RAG
RAM	Reichsarbeitsminister(ium)
RAnz.	Reichsanzeiger

Abkürzungsverzeichnis

RdA	Recht der Arbeit, Zeitschrift
RdErl.	Runderlass
RdJB	Recht des Jugend- und Bildungswesens
RdSchr.	Rundschreiben
RDV	Recht der Datenverarbeitung, Zeitschrift
Rechtspfleger	Der Deutsche Rechtspfleger, Zeitschrift
RechtsV	Rechtsverordnung
Refa	Reichsausschuss für Arbeitszeitermittlung
RefE	Referentenentwurf
RegBl.	Regierungsblatt
RegelungsG	Regelungsgesetz
RegEntw.	Regierungsentwurf
RegErkl.	Regierungserklärung
Reha-AO	Anordnung des Verwaltungsrats der Bundesanstalt für Arbeit- und Berufsförderung der Behinderten
RehaG	Gesetz über die Angleichung der Leistungen zur Rehabilitation
RFH	Reichsfinanzhof
RG	Reichsgericht
RGBl.	Reichsgesetzblatt
RGSt.	Entscheidungen des Reichsgerichts in Strafsachen
RGZ	Entscheidung des Reichsgerichts in Zivilsachen
RiA	Recht im Amt, Zeitschrift
Richtl.	Richtlinien
RiW	Recht der internationalen Wirtschaft, Zeitschrift
RKG	Reichsknappschaftsgesetz
RL	Richtlinie
Rn.	Randnummer
RöV	Röntgenverordnung
RP	Regierungspräsident
RpflAnpG	Rechtspflege-Anpassungsgesetz
Rpfleger	Der Rechtspfleger, Zeitschrift
RpflEntlG	Rechtspflegeentlastungsgesetz
RPflG	Rechtspflegergesetz
RRG	Rentenreformgesetz
Rs.	Rechtssache
Rspr.	Rechtsprechung
RsprEinhG	Gesetz zur Wahrung der Einheitlichkeit der Rechtsprechung der obersten Gerichtshöfe des Bundes
RT-Sten. Ber.	Verhandlungen des Deutschen Reichstages, Stenographische Berichte und Anlagen
RTV	Rahmentarifvertrag
RÜG	Gesetz zur Herstellung der Rechtseinheit in der gesetzlichen Renten- und Unfallversicherung (Rentenüberleitungsgesetz)
RuW	Recht und Wirtschaft, Zeitschrift
RV	Die Rentenversicherung, Zeitschrift
RVA	Reichsversicherungsamt
RVA in AN	Amtliche Nachrichten des früheren Reichsversicherungsamtes
RVerwBl.	Reichsverwaltungsblatt
RVO	Reichsversicherungsordnung
RV-TzA	Rahmenvereinbarung der europäischen Sozialpartner über Teilzeitarbeit
RzK	Rechtsprechung zum Kündigungsrecht
s.	siehe
S.	Seite; Satz
SachBezV	Sachbezugsverordnung
SAE	Sammlung arbeitsrechtlicher Entscheidungen, Zeitschrift
sächs.	sächsisch
SächsDSG	Sächsisches Datenschutzgesetz
SBl.	Sammelblatt
ScheckG	Scheckgesetz
SchG	Gesetz über die Errichtung und das Verfahren der Schiedsstellen für Arbeitsrecht vom 29. 6. 1990 (GBl.-DDR I S. 505)
SchliG	Schlichtungsgesetz
SchliO	Schlichtungsordnung
SchuldRModG	Schuldrechtsmodernisierungsgesetz
SchulPflG	Schulpflichtgesetz
SchwArbG	Gesetz zur Bekämpfung der Schwarzarbeit
SchwbAV	Schwerbehinderten-Ausgleichsabgabeverordnung
SchwBeschG	Schwerbeschädigtengesetz
SchwbG	Schwerbehindertengesetz
SchwbVWO	Wahlordnung Schwerbehindertenvertretungen

Abkürzungsverzeichnis

SchwbAwV	Schwerbehindertenausweisverordnung
SDSG	Saarländisches Datenschutzgesetz
SE	Societas Europaea
SeemannsG	Seemannsgesetz
SeuffA	Seufferts Archiv
SF	Sozialer Fortschritt, Zeitschrift
SFJ	Sammlung aktueller Entscheidungen aus dem Sozial-, Familien- und Jugendrecht
SG	Sozialgericht
SGB	Sozialgesetzbuch
SGB I	SGB – Allgemeiner Teil
SGB III	Arbeitsförderung
SGB IV	Gemeinsame Vorschriften für die Sozialversicherung
SGB V	Gesetzliche Krankenversicherung
SGB VI	Gesetzliche Rentenversicherung
SGB VII	Gesetzliche Unfallversicherung
SGB VIII	Kinder- und Jugendhilfe
SGB IX	Rehabilitation und Teilhabe behinderter Menschen
SGB X	Sozialverwaltungsverfahren und Sozialdatenschutz
SGB XI	Soziale Pflegeversicherung
SGb.	Die Sozialgerichtsbarkeit, Zeitschrift
SGG	Sozialgerichtsgesetz
Slg.	Sammlung von Entscheidungen, Gesetzen etc.
SMBl. NW	Sammelblatt des Bereinigten Ministerialblattes für das Land Nordrhein-Westfalen
sog.	so genannt(e)
SoldG	Gesetz über die Rechtsstellung der Soldaten (Soldatengesetz)
SozFort.	Sozialer Fortschritt, Zeitschrift
SozPlKonkG	Gesetz über den Sozialplan im Konkurs
SozPolInf.	Sozialpolitische Information
SozR	Sozialrecht; Sozialrecht, Rspr. und Schrifttum, bearb. von den Richtern des BSG
SozREntschS	Sozialrechtliche Entscheidungssammlung
SozSich.	Soziale Sicherheit, Zeitschrift
SozVers.	Die Sozialversicherung, Zeitschrift
SozVersR	Sozialversicherungsrecht
spät. Änd.	spätere Änderung
SparPDV	Spar-Prämiengesetz Durchführungsverordnung
SparPG	Spar-Prämiengesetz
SprAuG	Sprecherausschussgesetz
SprengG	Sprengstoffgesetz
SprengStoffVO	DurchführungsVO zum SprengG
SpTrUG	Gesetz über die Spaltung der von der Treuhandanstalt verwalteten Unternehmen
SR	Sonderregelung (zum BAT)
st.	ständig
Staatsvertrag	Vertrag über die Schaffung einer Währungs-, Wirtschafts- und Sozialunion zwischen der BRD u. der DDR vom 18. 5. 1990 (BGBl. II S. 537)
StAnpG	Steueranpassungsgesetz
Stbg.	Die Steuerberatung, Zeitschrift
StGB	Strafgesetzbuch
StHG	Staatshaftungsgesetz
str.	streitig
StrlSchVO	Verordnung über den Schutz vor Schäden durch Strahlen radioaktiver Stoffe (Strahlenschutzverordnung)
StUG	Stasi-Unterlagengesetz
StVG	Straßenverkehrsgesetz
StVO	Straßenverkehrsordnung
StVollzG	Gesetz über den Vollzug der Freiheitsstrafe und der freiheitsentziehenden Maßregeln der Besserung und Sicherung
StVZO	Straßenverkehrszulassungsordnung
SVG	Gesetz über die Versorgung für die ehemaligen Soldaten und ihre Hinterbliebenen (Soldatenversorgungsgesetz)
SZ	Süddeutsche Zeitung
Thür.	Thüringer
TKG	Telekommunikationsgesetz
TOA	Tarifordnung für Angestellte
TOK	Tarifordnung für die deutschen Kulturorchester
TreuhandG	Treuhandgesetz vom 17. 6. 1990 (GBl.-DDR I S. 300)
TV	Tarifvertrag; Tarifverträge

Abkürzungsverzeichnis

TVABA	Tarifvertrag über allgemeine betriebliche Arbeitsbedingungen im rheinisch-westfälischen Steinkohlebergbau
TVAL	Tarifvertrag für Angehörige alliierter Dienststellen
TVG	Tarifvertragsgesetz
TVParteien	Tarifvertragsparteien
tw.	teilweise
TzBfG	Teilzeit- und Befristungsgesetz
ua.	unter anderem, und andere
uam.	und andere(s) mehr
UBGG	Gesetz über Unternehmensbeteiligungsgesellschaften
Übk.	Übereinkommen
UFITA	Archiv für Urheber-, Film-, Funk- und Theaterrecht, Zeitschrift
ULA	Union leitender Angestellter
UmstG	Drittes Gesetz zur Neuordnung des Geldwesens (Umstellungsgesetz)
umstr.	umstritten
UmwG	Umwandlungsgesetz
UNO	United Nations Organization
unstr.	unstreitig
Unterabs.	Unterabsatz
UnternehmensG	Gesetz über die Gründung und Tätigkeit privater Unternehmen und über Unternehmensbeteiligungen vom 7. 3. 1990 (GBl.-DDR I S. 141)
unveröff.	unveröffentlicht
UrhG	Gesetz über Urheberrecht und verwandte Schutzrechte
Urt.	Urteil
USG	Gesetz über die Sicherung des Unterhalts der zum Wehrdienst einberufenen Wehrpflichtigen und ihrer Angehörigen (Unterhaltssicherungsgesetz)
USK	Urteilssammlung für die gesetzliche Krankenversicherung
UStDV	Umsatzsteuer-Durchführungsverordnung
UStG	Umsatzsteuergesetz
usw.	und so weiter
uU	unter Umständen
UVNG	Gesetz zur Neuregelung des Rechts der gesetzlichen Unfallversicherung (Unfallversicherungs-Neuregelungsgesetz)
UVV	Unfallverhütungsvorschriften
UWG	Gesetz gegen den unlauteren Wettbewerb
v.	vom; von
V	Verordnung
va.	vor allem
VA(e)	Verwaltungsakt(e)
VAG	Gesetz über die Beaufsichtigung der privaten Versicherungsunternehmen und Bausparkassen (Versicherungsaufsichtsgesetz)
VBL	Versorgungsanstalt des Bundes und der Länder
VEB	Volkseigener Betrieb
Vela.	Vereinigung leitender Angestellter
Vereinb.	Vereinbarung
Verf.	Verfassung
VerfDDR	Verfassung der Deutschen Demokratischen Republik
VerfGH	Verfassungsgerichtshof
VerfGHG	Gesetz über den Verfassungsgerichtshof
VerfIAO	Verfassung Internationale Arbeitsorganisation
VerglO	Vergleichsordnung
Verh.	Verhandlungen
VerlG	Gesetz über das Verlagsrecht
VermBG	[Fünftes] Gesetz zur Förderung der Vermögensbildung der Arbeitnehmer (5. VermBG)
VermBDV	Durchführungsverordnung zum Vermögensbildungsgesetz
VermG	Gesetz zur Regelung offener Vermögensfragen
Veröff.	Veröffentlichungen
VersG	Versammlungsgesetz
VersR	Versicherungsrecht, Juristische Zeitschrift
VerwR	Verwaltungsrecht
VG	Verwaltungsgericht
VGB I	Unfallverhütungsvorschriften, Allgemeine Vorschriften
VGG	Verwaltungsgerichtsgesetz
VGH	Verwaltungsgerichtshof
vgl.	vergleiche
vH	vom Hundert
ViZ	Zeitschrift für Vermögens- und Investitionsrecht

Abkürzungsverzeichnis

VkBl.	Verkündungsblatt
VMBl.	Ministerialblatt des Bundesministeriums (ab 1962: der Verteidigung)
VO	Verordnung
VOB Teil A/B	Verdingungsordnung für Bauleistungen, Teil A: Allgemeine Bestimmungen für die Vergabe von Bauleistungen, Teil B: Allgemeine Vertragsbedingungen für die Ausführung von Bauleistungen
VOBl.	Verordnungsblatt
Vorb.	Vorbemerkung
VRG	Gesetz zur Förderung von Vorruhestandsleistungen (Vorruhestandsgesetz)
VRTV	Vorruhestandstarifvertrag (Baugewerbe)
VSSR	Vierteljahresschrift für Sozialrecht
VStR	Vermögen-Steuerrichtlinien
VU	Versäumnisurteil
VVA	Allgemeine Verwaltungsvorschrift über Versicherungskarten und Aufrechnungsbescheinigungen
VVaG	Versicherungsverein auf Gegenseitigkeit
VVDStRL	Veröffentlichungen der Vereinigung der Deutschen Staatsrechtslehrer
VVG	Versicherungsvertragsgesetz
VWA	Verband weiblicher Angestellter
VwGO	Verwaltungsgerichtsordnung
VwKostG	Verwaltungskostengesetz
VwVfG	Verwaltungsverfahrensgesetz
VwVG	Verwaltungsvollstreckungsgesetz
VwZG	Verwaltungszustellungsgesetz
VwZVG	Verwaltungszustellungs- und Vollstreckungsgesetz
WahlO	Wahlordnung; s. auch WO
WährG	Währungsgesetz
WasserhaushaltsG	Gesetz zur Ordnung des Wasserhaushalts
WEG	Gesetz über das Wohnungseigentum und das Dauerwohnrecht (Wohnungseigentumsgesetz)
WehrpflG	Wehrpflichtgesetz
WiB	Wirtschaftsberatung, Zeitschrift
WiKG	Gesetz zur Bekämpfung der Wirtschaftskriminalität
Wirt. u. Wiss.	Wirtschaft und Wissen, Die Deutsche Angestelltenzeitschrift
WiSta.	Wirtschaft und Statistik, Zeitschrift
wistra	Zeitschrift für Wirtschaft, Steuer, Strafrecht
WiVerw	Wirtschaft und Verwaltung (Beilage zur Zeitschrift Gewerbearchiv)
WKSchG	Gesetz über den Kündigungsschutz für Mietverhältnisse über Wohnraum
WM	Wertpapier-Mitteilungen, Zeitschrift
WMVO	Werkstätten-Mitwirkungsverordnung (zum SGB IX)
WO	Wahlordnung; s. auch WahlO
WoBauG	Wohnungsbaugesetz
WoGG	Wohngeldgesetz
II. WohnbauG	Zweites Wohnungsbaugesetz (Wohnungsbau- und Familienheimgesetz)
WoPDV	Durchführungsverordnung zum Wohnungsbauprämiengesetz
WoPG	Wohnungsbauprämiengesetz
WOS	Zweite Verordnung zur Durchführung des Betriebsverfassungsgesetzes (Wahlordnung Seeschiffahrt)
WRP	Wettbewerb in Recht und Praxis, Zeitschrift
WRV	Verfassung des Deutschen Reiches v. 11. 8. 1919 (Weimarer Reichsverfassung)
WSI-(Mitt.).	Mitteilungen des Wirtschafts- und Sozialwissenschaftlichen Instituts des Deutschen Gewerkschaftsbundes
WVO	Werkstättenverordnung (zum SGB IX)
z. Änd.	zur Änderung
zahlr.	zahlreich
ZA-NTS	Zusatzabkommen zu dem Abkommen zwischen den Parteien des Nordatlantikvertrages über die Rechtsstellung ihrer Truppen hinsichtlich der in der BRD stationierten ausländischen Truppen
ZAS	Zeitschrift für Arbeits- und Sozialrecht, Österreich
ZAV	Zentralstelle für Arbeitsvermittlung
zB	zum Beispiel
ZBlSozVers.	Zentralblatt für Sozialversicherung, Sozialhilfe und Versorgung
ZBR	Zeitschrift für Beamtenrecht
ZDG	Gesetz über den Zivildienst der Kriegsdienstverweigerer (Zivildienstgesetz)
ZESAR	Zeitschrift für europäisches Sozial- und Arbeitsrecht
ZeuP	Zeitschrift für Europäisches Privatrecht
ZevKr.	Zeitschrift für evangelisches Kirchenrecht

Abkürzungsverzeichnis

ZfA	Zeitschrift für Arbeitsrecht
ZfB	Zeitschrift für Bergrecht
ZfSH	Zeitschrift für Sozialhilfe
ZG	Zeitschrift für Gesetzgebung
ZGB	Zivilgesetzbuch
ZGR	Zeitschrift für Unternehmens- und Gesellschaftsrecht
ZHR	Zeitschrift für das gesamte Handelsrecht und Wirtschaftsrecht
ZIAS	Zeitschrift für ausländisches und internationales Arbeits- und Sozialrecht
Ziff.	Ziffer
ZInsO	Zeitschrift für das gesamte Insolvenzrecht
ZIP	Zeitschrift für Wirtschaftsrecht
zit.	zitiert
ZivG	Zivilgericht
ZMR	Zeitschrift für Miet- und Raumrecht
ZPO	Zivilprozessordnung
ZRHO	Rechtshilfeordnung für Zivilsachen
ZRP	Zeitschrift für Rechtspolitik
ZSEG	Gesetz über die Entschädigung von Zeugen und Sachverständigen
ZSKG	Gesetz über das Zivilschutzkorps
ZSR	Zeitschrift für Sozialreform
zT	zum Teil
ZTR	Zeitschrift für Tarif-, Arbeits- und Sozialrecht des öffentlichen Dienstes
ZUM	Zeitschrift für Urheber- und Medienrecht
zust.	zuständig; zustimmend
ZustG	Zustimmungsgesetz
zVb.	zur Veröffentlichung bestimmt
ZVG	Zwangsversteigerungsgesetz
ZVK	Zusatzversorgungskasse des Baugewerbes
ZVKLG	Gesetz über die Errichtung einer Zusatzversorgungskasse in der Land- und Forstwirtschaft
zZ	zur Zeit
ZZP	Zeitschrift für Zivilprozess

Literaturverzeichnis

(Übergreifende oder abgekürzt zitierte Literatur; weitere spezielle Literatur bei Einzelvorschriften)

Ahrend/Förster/Rößler	Steuerrecht der betrieblichen Altersversorgung mit arbeitsrechtlicher Grundlegung, 1. Teil, Loseblatt
Ahrend/Förster/Rühmann	Gesetz zur Verbesserung der betrieblichen Altersversorgung, Erläuterungen, 8. Aufl., 2002
Alt.Kom./*Bearbeiter*	s. *Azzola*
Andresen/*Bearbeiter*	*Andresen* (Hrsg.), Frühpensionierung und Altersteilzeit, 3. Aufl., 2003
Andresen/Förster/Rößler/ Rühmann	Arbeitsrecht der betrieblichen Altersversorgung mit sozialrechtlicher Grundlegung, Loseblatt
Annuß/Thüsing/*Bearbeiter*	Teilzeit- und Befristungsgesetz, 2002
AnwKom-BGB/*Bearbeiter*	*Dauner-Lieb/Heidel/Lepa/Ring* (Hrsg.), Anwaltkommentar Schuldrecht, 2001
APS/*Bearbeiter*	*Ascheid/Preis/Schmidt* (Hrsg.), Großkommentar zum Kündigungsrecht, 2000, mit Nachtrag, 2001
ArbGV/*Bearbeiter*	*Düwell/Lipke*, (Hrsg.), Arbeitsgerichtsverfahren, Kommentar, 2000
ArbRBGB/*Bearbeiter*	*Schliemann* (Hrsg.), Das Arbeitsrecht im BGB, 2. Aufl., 2002
Ascheid	Kündigungsschutzrecht – Die Kündigung des Arbeitsverhältnisses, 1993
Ascheid Beweislastfragen	Beweislastfragen im Kündigungsschutzprozeß, 1989
Ascheid Urteilsverf.	*Ascheid*, Urteils- und Beschlußverfahren im Arbeitsrecht, 2. Aufl., 1998
Azzola	*Azzola* (Hrsg.), Alternativkommentar zum GG, 2. Aufl., 1989
Bader/Bram/Dörner/Wenzel	Kündigungsschutzgesetz, Loseblatt
Bamberger/Roth/*Bearbeiter*	*Bamberger/Roth* (Hrsg.), Kommentar zum BGB, 3 Bände, 2003
Bauer	Arbeitsrechtliche Aufhebungsverträge, 6. Aufl., 1999
Bauer SprAuG	Sprecherausschußgesetz, 2. Aufl., 1990
Bauer/Röder/Lingemann	Krankheit im Arbeitsverhältnis, 2. Aufl., 1996
Baumbach/*Bearbeiter*	*Baumbach/Lauterbach/Albers/Hartmann*, Kommentar zur ZPO, 61. Aufl., 2003
Baumbach/Hopt	Kommentar zum HGB, 30. Aufl., 2000
Baumbach/Hueck	GmbH-Gesetz, 17. Aufl., 2000
Baumgärtel	Handbuch der Beweislast im Privatrecht, Band 1, 2. Aufl., 1991
BBDW/*Bearbeiter*	*Bader/Bram/Dörner/Wenzel,* Kommentar zum Kündigungsschutzgesetz, Loseblatt
Becker/Wulfgramm	Kommentar zum Arbeitnehmerüberlassungsgesetz, 3. Aufl., 1985; Nachtrag zur 3. Aufl., 1986
Bethmann/Kamm/ Möller-Lücking/ Reiseler/Westermann/Witt/ Unterhinninghofen	Schwerbehindertengesetz, Basiskommentar, 4. Aufl., 1993
Boecken	Unternehmensumwandlung und Arbeitsrecht, 1996
Blomeyer/Otto	Gesetz zur Verbesserung der betrieblichen Altersversorgung, Kommentar, 2. Aufl., 1997, mit Nachtrag, 1998
Boldt	Mitbestimmungsgesetz Eisen und Kohle, 1952
Boldt/Röhsler	Bundesurlaubsgesetz, 2. Aufl., 1968
Borgwardt/Fischer/Janert	Sprecherausschußgesetz für leitende Angestellte, 2. Aufl., 1990
Borrmann	Bundesurlaubsgesetz, 1963
Brecht	Entgeltfortzahlung an Feiertagen und im Krankheitsfall, 1995; 2. Aufl., 2000
Brox/Rüthers	Arbeitsrecht, 15. Aufl., 2002
Buchner/Becker	Mutterschutzgesetz und Bundeserziehungsgeldgesetz, 6. Aufl., 1998; 7. Aufl., 2003
Calliess/Ruffert	EUV/EGV, Kommentar, 2. Aufl., 2002
Cramer	Schwerbehindertengesetz, Kommentar, 5. Aufl., 1998
Däubler	Das Arbeitsrecht, Bd. I, 15. Aufl., 1998; Bd. II, 11. Aufl., 1998
Dauner-Lieb/Konzen/ Schmidt/*Bearbeiter*	*Dauner-Lieb/Konzen/Schmidt* (Hrsg.), Das neue Schuldrecht in der Praxis, 2003
Dehmer	Umwandlungsgesetz, Umwandlungssteuergesetz, 2. Aufl., 1996
Dersch/Neumann	Bundesurlaubsgesetz, 8. Aufl., 1997; siehe auch *Neumann/Fenski*
DKK/*Bearbeiter*	*Däubler/Kittner/Klebe* (Hrsg.), Kommentar zum Betriebsverfassungsgesetz, 8. Aufl., 2002

Literaturverzeichnis

Dörner, H.-J.	Schwerbehindertengesetz, Loseblatt
Dörner, K.	Praktisches Arbeitsrecht, Bd. I, 2. Aufl., 1993, Bd. II, 1993
Dörner/Luczak/Wildschütz	Arbeitsrecht in der anwaltlichen und gerichtlichen Praxis, 2. Aufl., 1999
Dreier	Dreier (Hrsg.), Kommentar zum Grundgesetz, 1996
Dütz	Arbeitsrecht, 5. Aufl., 2000
EAS/*Bearbeiter*	*Oetker/Preis* (Hrsg.), Europäisches Arbeits- und Sozialrecht, Rechtsvorschriften, Systematische Darstellungen und Entscheidungssammlung, Loseblatt
EEK	*Sabel,* Entscheidungssammlung zur Entgeltfortzahlung an Arbeiter und Angestellte bei Krankheit, Kur und anderen Arbeitsverhinderungen
Erman/*Bearbeiter*	Handkommentar zum BGB, 2 Bde., 9. Aufl., 1993; 10. Aufl., 2000
Fabricius	*Fabricius* (Hrsg.), Gemeinschaftskommentar zum Mitbestimmungsgesetz, 1976
Fitting	*Fitting/Kaiser/Heither/Engels/Schmidt,* Kommentar zum Betriebsverfassungsgesetz, 21. Aufl., 2002
Fitting/Wlotzke/Wißmann	Mitbestimmungsgesetz, Kommentar, 2. Aufl., 1978
FKI/*Bearbeiter*	*Wimmer,* Frankfurter Kommentar zur Insolvenzordnung, 1999
Friese	Urlaubsrecht, 2002
Fuchs/Köstler	Handbuch zur Aufsichtsratswahl, 2. Aufl., 2002
Gagel	Sozialgesetzbuch III, 1999, Loseblatt-Kommentar
Gamillscheg	Kollektives Arbeitsrecht, Bd. I, 1997
Gedon/Spiertz	Berufsbildungsrecht, 1992
Gessert	Schadensersatz nach Kündigung. Voraussetzungen, Inhalt, Reichweite und Konsequenzen des § 628 Abs. 2 BGB, 1987
Geßler/Hefermehl/Eckardt/ Kropff	Aktiengesetz, Bd. II, 1973/1974
Geyer/Knorr/Krasney	Vergütung der Arbeitnehmer bei Krankheit und Mutterschutz, 7. Aufl., 1997
Gitter	Arbeitsrecht, 4. Aufl., 1997
GK-AFG/*Bearbeiter*	Gemeinschaftskommentar zum Arbeitsförderungsgesetz, Loseblatt
GK-ArbGG/*Bearbeiter*	Gemeinschaftskommentar zum Arbeitsgerichtsgesetz, bearb. von *Ascheid, Bader, Dörner, Leinemann, Stahlhacke, Wenzel,* Loseblatt
GK-BetrVG/*Bearbeiter*	Gemeinschaftskommentar zum Betriebsverfassungsgesetz, 2 Bände, 7. Aufl., 2002
GK-BUrlG/*Bearbeiter*	Gemeinschaftskommentar zum Bundesurlaubsgesetz, 5. Aufl., 1992
GK-MitbestG/*Bearbeiter*	Gemeinschaftskommentar zum Mitbestimmungsgesetz, Loseblatt
GKSB	*Gnade/Kehrmann/Schneider/Blanke/Klebe,* Kommentar zum Betriebsverfassungsgesetz, 7. Aufl., 1997
GK-SGB VI/*Bearbeiter*	Gemeinschaftskommentar zum SGB VI, Loseblatt
GK-TzA/*Bearbeiter*	Gemeinschaftskommentar zum Teilzeitarbeitsrecht, 1987
GMP/*Bearbeiter*	*Germelmann/Matthes/Prütting/Müller-Glöge,* Arbeitsgerichtsgesetz, Kommentar, 4. Aufl., 2002
Gola	Entgeltfortzahlungsgesetz, 1994
Gotthardt	Arbeitsrecht nach der Schuldrechtsreform, 2. Aufl., 2003
Grabitz/Hilf/*Bearbeiter*	Kommentar zur Europäischen Union, Loseblatt
Groeben/Thiesing/Ehlermann	Kommentar zum EWG-Vertrag, 5. Aufl., 1997
Gröniger/Gehring/Taubert	Jugendarbeitsschutzgesetz, Loseblatt
Gröninger/Thomas	Mutterschutz, Loseblatt-Kommentar
Grüner/Dalichau	Bundeserziehungsgeldgesetz, Sozialgesetzbuch, Loseblatt-Kommentar
Grunsky	Arbeitsgerichtsgesetz, Kommentar, 7. Aufl., 1995
Hailbronner/Geis/*Bearbeiter*	Kommentar zum Hochschulrahmengesetz, Loseblatt
Hanau	Die Kausalität der Pflichtwidrigkeit, 1971
Hanau/Adomeit	Arbeitsrecht, 12. Aufl., 2000
Hanau/Preis	Der Arbeitsvertrag, Loseblatt
Hanau/Steinmeyer/Wank/ Bearbeiter	*Hanau/Steinmeyer/Wank,* Handbuch des europäischen Arbeits- und Sozialrechts, 2002
Hanau/Ulmer	Mitbestimmungsgesetz, 1981
Hauck/Helml	Arbeitsgerichtsgesetz, Kommentar, 2. Aufl., 2003
Hauck/Noftz/*Bearbeiter*	*Hauck/Noftz* (Hrsg.), Kommentare zum SGB III, IV, VII, IX, jeweils Loseblatt
H/B/K/P	*Henkes/Baur/Kopp/Polduwe,* Handbuch Arbeitsförderung SGB III, 1999
HbStR/*Bearbeiter*	*Isensee/Kirchhof* (Hrsg.), Handbuch des Staatsrechts der Bundesrepublik Deutschland
HbVerfR/*Bearbeiter*	*Benda/Maihofer/Vogel* (Hrsg.), Handbuch des Verfassungsrechts
Heither/Schönherr	Arbeitsgerichtsgesetz, Kommentar aufgrund der Rechtsprechung, Loseblatt

Literaturverzeichnis

Helml	Entgeltfortzahlungsgesetz, 1995
Henn	Handbuch des Aktienrechts, 6. Aufl., 1998
Hennig/Bearbeiter	SGB III – Arbeitsförderungsrecht, Loseblatt-Kommentar
Herkert	Berufsbildungsgesetz, 1993
Hesse	Grundzüge des Verfassungsrechts der Bundesrepublik Deutschland, 20. Aufl., 1995
Heubeck/Höhne/Paulsdorff/Rau/Weinert	Kommentar zum Betriebsverfassungsgesetz, Bd. I, Arbeitsrechtliche Vorschriften, 2. Aufl., 1982
HK/*Bearbeiter*	*Dorndorf/Weller/Hauck/Kriebel/Höland/Neef,* Heidelberger Kommentar zum Kündigungsschutzgesetz, 4. Aufl., 2001
HKHH	*Hennig/Kühl/Heuer/Henke,* Kommentar zum Arbeitsförderungsgesetz
HKI/*Bearbeiter*	*Eickmann/Flessner/Irschlinger/Kirchhof/Kreft/Landfermann/Marotzke,* Heidelberger Kommentar zur Insolvenzordnung, 1999
HKMM	*Hailbronner/Klein/Magiera/Müller-Graf,* Handkommentar zum EU-Vertrag, Loseblatt, Stand 1997
Höfer	Gesetz zur Verbesserung der betrieblichen Altersversorgung, Bd. I: Arbeitsrecht, Bd. 2: Steuerrecht, Loseblatt-Kommentar, mit Ergänzungsband: Das neue Betriebsrentenrecht
Hoffmann-Becking	*Hoffmann-Becking* (Hrsg.), Münchener Handbuch des Gesellschaftsrechts, Bd. IV, Aktiengesellschaft, 2. Aufl., 1999
Hohmeister	Bundesurlaubsgesetz, 1995
Hopt/Wiedemann	Großkommentar zum Aktiengesetz, 4. Aufl.
v. *Hoyningen-Huene/Linck*	Kündigungsschutzgesetz, Kommentar, 13. Aufl., 2002
Hromadka	*Hromadka/Maschmann,* Arbeitsrecht, Bd. 1, 1998, Bd. 2, 1999
Hromadka SprAuG	Sprecherausschußgesetz, 1991
HSG/*Bearbeiter*	*Hess/Schlochauer/Glaubitz,* Kommentar zum Betriebsverfassungsgesetz, 5. Aufl., 1997
HS-KV/*Bearbeiter*	*Schulin* (Hrsg.), Handbuch des Sozialversicherungsrechts, Bd. 1, Krankenversicherungsrecht, 1994
HS-RV/*Bearbeiter*	*Schulin* (Hrsg.), Handbuch des Sozialversicherungsrechts, Bd. 3, Rentenversicherungsrecht, 1999
HS-UV/*Bearbeiter*	*Schulin* (Hrsg.), Handbuch des Sozialversicherungsrechts, Bd. 2, Unfallversicherungsrecht, 1996
Huber/Faust	Schuldrechtsmodernisierung, 2002
Hueck/Nipperdey	Lehrbuch des Arbeitsrechts, 7. Aufl., Bd. I 1967; Bd. II, 1. und 2. Halbbd. 1967, 1970
Hüffer	Aktiengesetz, 5. Aufl., 2002
HWW/*Bearbeiter*	*Hess/Weis/Wienberg,* Insolvenzarbeitsrecht, 2. Aufl., 2001
HzA/*Bearbeiter*	Handbuch zum Arbeitsrecht, hrsg. von *Stahlhacke,* fortgeführt von *Leinemann,* Loseblatt
Jarass/Pieroth	Grundgesetz für die Bundesrepublik Deutschland, Kommentar, 5. Aufl., 2000
Jauernig/Bearbeiter	Kommentar zum BGB, 10. Aufl., 2002
JRH/*Bearbeiter*	*Jaeger/Röder/Heckelmann* (Hrsg.), Praxishandbuch Betriebsverfassungsrecht, 2003
Kasseler Handbuch/*Bearbeiter*	Kasseler Handbuch zum Arbeitsrecht, 2. Aufl., 2000
KassKomm/*Bearbeiter*	Kasseler Kommentar Sozialversicherungsrecht, Loseblatt
KBK	*Knorr/Bichlmeier/Kremhelmer,* Handbuch des Kündigungsrechts, 4. Aufl., 1998, Nachtrag 1999
KDHK	*Kaiser/Dunkel/Hold/Kleinsorge,* Entgeltfortzahlungsgesetz, 3. Aufl., 1996
KDZ/*Bearbeiter*	*Kittner/Däubler/Zwanziger,* Kündigungsschutzrecht, 5. Aufl., 2001
Kissel	GVG, Kommentar, 3. Aufl., 2001
Kissel Arbeitskampfrecht	Arbeitskampfrecht, 2002
Kittner/Zwanziger/Bearbeiter	*Kittner/Zwanziger* (Hrsg.), Arbeitsrecht, Handbuch für die Praxis, 2001; 2. Aufl. 2003
KKMW	*Knigge/Ketelsen/Marschall/Wissing,* Kommentar zum Arbeitsförderungsgesetz, Loseblatt
Knopp/Kraegeloh	Berufsbildungsgesetz, 4. Aufl., 1998
Koberski/Asshoff/Hold	Arbeitnehmer-Entsendegesetz, Kommentar, 2. Aufl., 2002
KölnKomm/*Bearbeiter*	s. KPK
Kompaktkomm/*Bearbeiter*	*Kohte/Micklitz/Rott/Tonner/Willingmann,* Das neue Schuldrecht, Kompaktkommentar, 2003
Kossens/von der Heide/Maaß	SGB IX, 2002
Köstler/Kittner/Zachert/Müller	Aufsichtsratspraxis, 7. Aufl., 2003
Kötter	Mitbestimmungsrecht, 1952
KP/*Bearbeiter*	*Kübler/Prütting,* Kommentar zur Insolvenzordnung, 1999
KPK/*Bearbeiter*	*Sowka/Bengelsdorfer/Köster,* Kölner Praxiskommentar zum Kündigungsschutzgesetz, 1996

XXXV

Literaturverzeichnis

KR/*Bearbeiter*	Gemeinschaftskommentar zum Kündigungsschutzgesetz und zu sonstigen kündigungsschutzrechtlichen Vorschriften, 6. Aufl., 2002
Kramer	Kündigungsvereinbarungen im Arbeitsvertrag, 1994
Krauskopf	Soziale Krankenversicherung, Pflegeversicherung, Loseblatt
KRM	*Koller/Roth/Morck*, Kommentar zum HGB, 1996, 2. Aufl., 1999
Kunz/Wedde	Entgeltfortzahlungsrecht – EFZR, Kommentar, 2000
Küttner/*Bearbeiter*	*Küttner* (Hrsg.), Personalbuch 2002, Arbeitsrecht, Lohnsteuerrecht, Sozialversicherungsrecht
Lang/Weidmüller	Genossenschaftsgesetz, Kommentar, 33. Aufl., 1997
Leinemann/Linck	Urlaubsrecht, Kommentar, 2. Aufl., 2001
Leinemann/Taubert	Berufsbildungsgesetz, Kommentar, 2002
Lenz	Kommentar zum EG-Vertrag, 1994, 2. Aufl., 1999
Lieb	Arbeitsrecht, 6. Aufl., 1997
L/K	*Löwisch/Kaiser*, Betriebsverfassungsgesetz, Kommentar, 5. Aufl., 2002
Löwisch	Arbeitsrecht, 5. Aufl., 2000
Löwisch BetrVG	Taschenkommentar zum BetrVG, 4. Aufl., 1996
Löwisch KSchG	Kommentar zum Kündigungsschutzgesetz, 7. Aufl., 1997
Löwisch SprAuG	Kommentar zum Sprecherausschußgesetz, 2. Aufl., 1994
LPK-SGB IX/*Bearbeiter*	Lehr- und Praktikerkommentar, Rehabilitation und Teilhabe behinderter Menschen, hrsg. von Franz-Josef Düwell und Hartmut Haines, 2002
Lutter/*Bearbeiter*	Umwandlungsgesetz, Kommentar, 2. Aufl., 2000
v. Mangoldt/Klein/Starck	Das Bonner Grundgesetz, Kommentar, 3 Bände, 4. Aufl., 1999–2001
Marienhagen	Entgeltfortzahlungsgesetz, Loseblatt. Stand März 1995
Maunz/Dürig/*Bearbeiter*	Grundgesetz, Loseblatt-Kommentar von *Theodor Maunz, Günter Dürig, Roman Herzog, Rupert Scholz, Peter Lerche, Hans-Jürgen Papier, Albrecht Randelzhofer, Eberhard Schmidt-Aßmann*
Meinel/Heyn/Herms	Teilzeit- und Befristungsgesetz, Kommentar, 2002
Meisel/Sowka	Mutterschutz und Erziehungsurlaub, 5. Aufl., 1999
Mengel	Umwandlungen im Arbeitsrecht, 1997
Molitor/Volmer/Germelmann	Jugendarbeitsschutzgesetz, Kommentar, 3. Aufl., 1986
Motzer	Die „positive Vertragsverletzung" des Arbeitnehmers, 1982
Müller/Berenz	Entgeltfortzahlungsgesetz, 2. Aufl., 1997; 3. Aufl., 2000
Müller G./Lehmann	Kommentar zum Mitbestimmungsgesetz, Bergbau und Eisen, 1952
v. Münch/Kunig	Grundgesetz-Kommentar, 3 Bände: Bd. 1, 5. Aufl., 2000; Bd. 2, 5. Aufl., 2001; Bd. 3, 3. Aufl., 1996
MünchArbR/*Bearbeiter*	Münchener Handbuch zum Arbeitsrecht, 3 Bände, 2. Aufl., 2000, mit Ergänzungsband, 2001
MünchGesR IV/*Bearbeiter*	Münchener Handbuch zum Gesellschaftsrecht, Band 4, 2. Aufl., 1999
MünchKommAktG/*Bearbeiter*	Münchener Kommentar zum Aktiengesetz, 2. Aufl., 2000 ff.
MünchKommBGB/*Bearbeiter*	Münchener Kommentar zum BGB, 3. Aufl., 1993 ff., 4. Aufl. 2001 ff.
MünchKommHGB/*Bearbeiter*	Münchener Kommentar zum HGB, Bd. I, 1996 und Bd. VII, 1997
MünchKommInsO/*Bearbeiter*	Münchener Kommentar zur Insolvenzordnung, Band 1, 2001; Band 2, 2002; Band 3, 2003
MünchKommZPO/*Bearbeiter*	Münchener Kommentar zur ZPO, 3 Bände, 2. Aufl., 2000/2001
MünchVertragsHandbuch/*Bearbeiter*	Münchener Vertrags-Handbuch, 4. Aufl., 1996
Natzel	Bundesurlaubsrecht, 4. Aufl., 1988
Neumann/Biebl	Arbeitszeitgesetz, 13. Aufl., 2001
Neumann/Fenski	Bundesurlaubsgesetz, 9. Aufl., 2003
Neumann/Pahlen/Majerski-Pahlen	SGB IX, 10. Aufl., 2003
Niesel/*Bearbeiter*	SGB III, 2. Aufl., 2002
Nikisch	Arbeitsrecht, Bd. I, 3. Aufl., 1961; Bd. II, 2. Aufl., 1959; Bd. III, 2. Aufl., 1966
Obermüller/Hess	Insolvenzordnung, 2. Aufl., 1998
Oetker	Das Dauerschuldverhältnis und seine Beendigung, 1994
Oetker/Preis	Europäisches Arbeits- und Sozialrecht, Loseblatt
Opolony	Taschenbuch Berufsausbildungsrecht, 2001
Palandt/*Bearbeiter*	Kommentar zum Bürgerlichen Gesetzbuch, 62. Aufl., 2003
Paulsdorff	Kommentar zur Insolvenzsicherung der betrieblichen Altersversorgung, 2. Aufl., 1996
PdSR/*Bearbeiter*	*Henssler/v. Westphalen* (Hrsg.), Praxis der Schuldrechtsreform, 2. Aufl., 2002
Peters	Handbuch der Krankenversicherung, Loseblatt
Pieroth/Schlink	Staatsrecht II, Grundrechte, 13. Aufl., 1997
Preis	*Preis* (Hrsg.), Der Arbeitsvertrag, 2002
Preis Prinzipien	Prinzipien des Kündigungsrechts bei Arbeitsverhältnissen, 1987
Preis Vertragsgestaltung	Grundfragen der Vertragsgestaltung im Arbeitsrecht, 1993

Literaturverzeichnis

Raiser	Mitbestimmungsgesetz nebst Wahlordnungen, Kommentar, 4. Aufl., 2002
Reich	Hochschulrahmengesetz, 8. Aufl., 2002
RGRK/*Bearbeiter*	Kommentar zum Bürgerlichen Gesetzbuch, hrsg. von Reichsgerichtsräten und Bundesrichtern, 12. Aufl., 1978 ff.
Richardi/*Bearbeiter*	*Richardi* (Hrsg.), Betriebsverfassungsgesetz mit Wahlordnung, 8. Aufl., 2002
Sachs	*Sachs* (Hrsg.), Grundgesetz, 2. Aufl., 1998
Sandmann/Marschall	Arbeitnehmerüberlassungsgesetz, Loseblatt-Kommentar, 1997
Schaub/*Bearbeiter*	Arbeitsrechts-Handbuch, 10. Aufl., 2002
Schaub ArbR-Formb.	Arbeitsrechtliche Formularsammlung, 7. Aufl., 1999
Schaub ArbGV	Arbeitsgerichtsverfahren-Handbuch, 7. Aufl., 2001
Schlegelberger/*Bearbeiter*	Kommentar zum HGB, 5. Aufl., 1973 ff.
Schmid/Trenk-Hinterberger	Grundzüge des Arbeitsrechts, 2. Aufl., 1994
Schmitt	Entgeltfortzahlungsgesetz, 4. Aufl., 1999
Schüren	Arbeitnehmerüberlassungsgesetz, Kommentar, 1994; 2. Aufl., 2003
Siara	Bundesurlaubsgesetz, 1975
Simitis/*Bearbeiter*	*Simitis* (Hrsg.), Kommentar zum BDSG, 5. Aufl., 2003
Söllner/Waltermann	Grundriss des Arbeitsrechts, 13. Aufl., 2003
Soergel/*Bearbeiter*	Kommentar zum BGB, 12. Aufl., 1987 ff.
SozVersGesKomm/*Bearbeiter*	*Bley/Gitter u. a.*, SGB Gesamtkommentar Sozialversicherung, Loseblatt
Stahlhacke/*Bearbeiter*	*Stahlhacke/Preis/Vossen*, Kündigung und Kündigungsschutz im Arbeitsverhältnis, 8. Aufl., 2002
Staudinger/*Bearbeiter*	Kommentar zum BGB, 12. Aufl., 1979 ff., 13. Bearb., 1993 ff.
Stege/Weinspach/Schiefer	Betriebsverfassungsgesetz, Kommentar, 9. Aufl., 2002
Stern	Das Staatsrecht der Bundesrepublik Deutschland, 1./2. Aufl., 1980 ff.
StJ/*Bearbeiter*	*Stein/Jonas*, Kommentar zur ZPO, 21. Aufl., 1993 ff.
Stober	Kommentar zum Ladenschlußgesetz, 4. Aufl., 2000, 3. Aufl., 1990
Stoffels	AGB-Recht, 2003
Stoffels	Der Vertragsbruch des Arbeitnehmers, 1994
TASEG	*Oetker/Preis*, Technisches Arbeitsschutzrecht der EG, Loseblatt
Theis	Kommentar zum Ladenschlußgesetz, 1991
Thomas/Putzo	Kommentar zur ZPO, 24. Aufl., 2002
Ulmer/Brandner/Hensen	Kommentar zum AGB-Gesetz, 9. Aufl., 2001
Vogelsang	Entgeltfortzahlung, 2003
Wagner	Insolvenzordnung, 1998
Weber	Berufsbildungsgesetz und Berufsbildungsförderungsgesetz, 13. Aufl., 1999
Wedde	Telearbeit, 2002
v. *Westphalen*/*Bearbeiter*	v. *Westphalen* (Hrsg.), Vertragsrecht und AGB-Klauselwerke, Loseblatt
WGKP	*Wedde/Gerntke/Kunz/Platow*, Entgeltfortzahlungsgesetz, 2. Aufl., 1997
Widmann/Mayer	Umwandlungsrecht, Loseblatt-Kommentar
Wiedemann	Tarifvertragsgesetz, 6. Aufl., 1999
Willemsen/Hohenstatt/Schweibert	Umstrukturierung und Übertragung von Unternehmen, 1999
Wlotzke/Schwedes/Lorenz	Das neue Arbeitsgerichtsgesetz, 1979
Wolf/Horn/Lindacher	AGB-Gesetz, Kommentar, 4. Aufl., 1999
Wohlgemuth	Berufsbildungsgesetz, 2. Aufl., 1995
Worzalla/Süllwald	Entgeltfortzahlung, 1995
Zmarzlik/Anzinger ArbZG	Kommentar zum Arbeitszeitgesetz, 1995
Zmarzlik/Anzinger JArbSchG	Kommentar zum Jugendarbeitsschutzgesetz, 5. Aufl., 1998
Zmarzlik/Roggendorff	Kommentar zum Ladenschlußgesetz, 2. Aufl., 1997
Zmarzlik/Zipperer/Viethen	Mutterschutzgesetz, Mutterschaftsleistungen, Bundeserziehungsgeldgesetz, 8. Aufl., 1999
Zöller/*Bearbeiter*	Kommentar zur ZPO, 23. Aufl., 2002
Zöllner	*Zöllner* (Hrsg.), Kölner Kommentar zum Aktiengesetz, 2. Aufl., 1988 ff.
Zöllner/Loritz	Arbeitsrecht, 5. Aufl., 1998

10. Grundgesetz für die Bundesrepublik Deutschland

Vom 23. Mai 1949 (BGBl. I S. 1)

Zuletzt geändert durch Gesetz vom 26. Juli 2002 (BGBl. I S. 2863)

(BGBl. III/FNA 100-1)

– Auszug –

Einleitung

Gesamtdarstellungen und Kommentare: *Alexy*, Theorie der Grundrechte, 2. Aufl., 1994; *Denninger u. a.*, Kommentar zum GG, 3 Bde. (Alternativkommentare) (Loseblatt), 3. Aufl., 2001; *Benda/Maihofer/Vogel*, Handbuch des Verfassungsrechts der Bundesrepublik Deutschland, 2. Aufl., 1994; *Blank/Fangmann/Hammer*, GG-Basiskommentar, 2. Aufl., 1996; *Bleckmann*, Staatsrecht II, 4. Aufl., 1997; 2. Aufl., 1985; *Dolzer/Vogel (Hrsg.)*, Bonner Kommentar zum GG (Loseblatt); *Dreier (Hrsg) u. a.*, GG-Kommentar Bd. I, 1996; *Friauf/Höfling (Hrsg.)*, Berliner Kommentar zum GG (Loseblatt); *Gallwas*, Grundrechte, 2. Aufl., 1995 (Lernbuch); *Grimm*, Die Zukunft der Verfassung, 2. Aufl., 1994; *Jarass/Pieroth*, GG-Kommentar, 6. Aufl., 2002; *K. Hesse*, Grundzüge des Verfassungsrechts der Bundesrepublik Deutschland, 20. Aufl., 1995; *J. Ipsen*, Staatsrecht II, 5. Aufl., 2002; *Isensee/Kirchhof (Hrsg.)*, Handbuch des Staatsrechts der Bundesrepublik Deutschland Bd. I (1987) – Bd. X (2000), 2. Aufl.: Bd. V 2000; Bd VI (2001); *Maunz/Dürig/Herzog u. a.*, GG-Kommentar, Loseblatt; *v. Mangold/Klein/Starck*, GG-Kommentar, 4. Aufl. Bd. I, 1999; *v. Münch/Kunig*, GG-Kommentar, 5. Aufl. Bd. I, 2000; *Pieroth/Schlink*, Grundrechte, Staatsrecht II, 17. Aufl., 2001; *Ruffert*, Vorrang der Verfassung und Eigenständigkeit des Privatrechts, 2001; *Sachs (Hrsg.) u. a.*, GG-Kommentar, 3. Aufl., 2003; *Schlaich/Korioth*, Das BVerfG, 5. Aufl., 2001; *Schmidt-Bleibtreu/Klein*, GG-Kommentar, 9. Aufl., 1999; *Seifert/Hömig (Hrsg.)*, GG-Taschenkommentar, 6. Aufl., 1999; *Stern*, Das Staatsrecht der Bundesrepublik Deutschland, Bd. III/1 (1988) Bd. III/2 (1994); *Umbach/Clemens*, GG-Mitarbeiterkommentar, 2002.

Übersicht

	Rn.
I. Bedeutung der Grundrechte	1
II. Grundrechtsträger (Berechtigte)	4
1. Jedermann/Deutsche	4
2. Juristische Personen	6
3. Der Staat	8
III. Grundrechtsadressaten (Verpflichtete)	10
1. Gesetzgeber	10
2. Rechtsprechung	12
3. Bürgerinnen und Bürger	15
4. Gewerkschaften und Arbeitgeberverbände	20
5. Betriebspartner	24
IV. Grundrechtsfunktionen und Wirkungen	25
1. Abwehrfunktion	25
a) Freiheitsrechte	25
b) Gleichheitsrechte	30
2. Schutzfunktion	33
a) „Ausstrahlungswirkung"	33
b) Schutzpflicht/Untermaßverbot	38
c) Prüfungsmaßstab und Kontrolldichte	42
3. Grundrechtsbindung der Tarifverträge	46
a) Eine verbreitete Rechtsprechung und Lehre im Arbeitsrecht	46
b) Legitimationsgrundlage	47
c) Grenze der Tarifautonomie	49
(1) Arbeits- und Wirtschaftsbedingungen	52
(2) Kernbereich	55
(3) Gleichheitsgrundrechte	57
4. Grundrechtsbindung betrieblicher Regelungen	59
V. Grundrechtsverzicht/Einwilligung	62
1. Der Begriff „Grundrechtsverzicht"	62
2. Grundsatz und Ausnahmen	63
3. Tarifverträge	67
VI. Grundrechtskonkurrenz und -kollision	68
1. Grundrechtskonkurrenz	68
2. Grundrechtskollision	70
VII. Auslegung und Anwendung der Grundrechte	73
1. Verfassungsauslegung	73
2. Abwägungsprobleme	76
3. Aufgaben der Fachgerichte	80
a) Auslegung und Rechtsfortbildung	80
b) Richtervorlage	82
c) Nach Zurückverweisung	84

I. Bedeutung der Grundrechte

1 Die Grundrechte sind keine Programmsätze, nicht unverbindliche Postulate, sondern **unmittelbar geltendes Recht.** Sie binden die Gesetzgebung, die vollziehende Gewalt und die Rspr. (Art. 1 III). Sie zu achten und zu schützen, ist Verpflichtung aller staatlicher Gewalt. Das postuliert zwar Art. 1 I GG ausdrücklich nur für die Würde des Menschen, es gilt aber im Prinzip auch für die übrigen Freiheitsrechte und die Gleichheitsrechte des Art. 3. Daraus erwachsen für die Bürgerinnen und Bürger **subjektive Rechte,** deren prozessuale Durchsetzung gewährleistet wird (Art. 19 IV). Insoweit haben alle Gerichte in ihrem Zuständigkeitsbereich Rechtsschutz zu gewähren. Darüber wacht das BVerfG als „Hüter der Verfassung" mit weitreichenden Kompetenzen.

2 Die Bedeutung der Grundrechte wird nur unvollkommen erfasst, wenn man den Grundrechtskatalog als wertneutrale Addition subjektiver Rechte versteht. Die Grundrechte sind vielmehr nach der Rspr. des BVerfG und einhelliger Auffassung im Schrifttum **objektiv-rechtliche Grundsatznormen.** Ursprünglich sprach das BVerfG sogar von einer objektiven Wertordnung, die ein Wertsystem bilde (15. 1. 1958, BVerfGE 7, 198, 205 – *Lüth*). Heute wählt es meist den zurückhaltenden Begriff einer objektiven Grundentscheidung (vgl. BVerfGE 7. 2. 1990 – 81, 242, 254 – Handelsvertreter = AP GG Art. 12 Nr. 65). Das ändert aber nichts an seiner Überzeugung, dass der Grundrechtskatalog über seinen Wortlaut hinausweisend eine Ordnung von Grundprinzipien bildet, die alle Teilrechtsordnungen überlagert und prägt. Diese Sicht hat der Erkenntnis den Weg gebahnt, dass die Grundrechte nicht nur staatsgerichtete Abwehrrechte sind. Sie machte es möglich, die Bedeutung der Grundrechte so zu entfalten, dass sie den vielfältigen Freiheitsbedrohungen und Gleichheitsverletzungen des modernen Staates und einer hochtechnisierten, sich schnell wandelnden Gesellschaft wirksam entgegengesetzt werden können (Rn. 33 ff.).

3 Im **Arbeitsrecht** haben sich die Gerichte bes. früh auf die richtungweisende Bedeutung der Grundrechte berufen und die Arbeitsgerichte tun das noch heute mehr als andere Zivilgerichte. Das geschah ursprünglich unter dem Einfluss der Lehre Nipperdey's von der unmittelbaren Drittwirkung der Grundrechte, die das BAG heute nicht mehr vertritt (Rn. 17). Für die Rspr. wichtiger sind aber die faktischen Anstöße, die sich aus den bes. Interessen- und Kräfteverhältnissen im Arbeitsleben sowie aus der defizitären Rechtsquellenlage ergeben. Der Blick auf die objektivrechtlichen Grundentscheidungen der Verfassung verspricht hier die Orientierungshilfe, die das Arbeitsrecht an einigen Stellen schmerzlich vermissen lässt. Dem wird gelegentlich entgegengehalten, die Grundrechte dürften nicht als Rechtsgrundlage im Alltagsfällen dienen und damit zu „kleiner Münze verkommen". Diese Meinung verkennt jedoch, dass die Grundrechte nicht für „Haupt- und Staatsaktionen" geschaffen wurden, sondern sich – wie jedes Recht – in den banalen Konflikten des täglichen Lebens bewähren müssen (*Bleckmann* Staatsrecht II § 6 2). Dennoch ist vor einem allzu schnellen und umstandslosen Durchgriff auf die Grundrechte zu warnen. Sie sind keine zivilrechtlichen Generalklauseln, machen also die gesetzliche Ausformung des Arbeitsrechts nicht entbehrlich, sondern fordern diese (Rn. 19).

II. Grundrechtsträger (Berechtigte)

4 **1. Jedermann/Deutsche.** Auf die Grundrechte kann sich grds. **jedermann** berufen. (Art. 2 GG: „Jeder hat das Recht ..."; Art. 3 I: „Alle Menschen sind vor dem Gesetz gleich"). Allerdings sind einige Grundrechte ausdrücklich nur Deutschen vorbehalten, zB die Versammlungsfreiheit (Art. 8 GG), die Vereinigungsfreiheit (Art. 9 I), die Freizügigkeit (Art. 11 I) und die Berufsfreiheit (Art. 12 I). Aber die darin liegende Schlechterstellung von **Ausländern** wird in doppelter Weise stark gemildert. Zum einen ist nach der Rspr. des BVerfG neben den „Deutschen – Grundrechten" auch das allg. Freiheitsrecht des Art. 2 I zu beachten, das subsidiär gilt und nicht auf Deutsche beschränkt ist. Ausländer werden dadurch zwar nicht völlig gleichgestellt, ihre grundrechtliche Stellung wird aber insofern angeglichen, als sie sich gegen verfassungswidrige Gesetze auch dann mit der Verfassungsbeschwerde wehren können, wenn der Verfassungsverstoß auf einem „Deutschen – Grundrecht" beruht, zB auf Art. 12 I (10. 5. 1988 BVerfGE 78, 179, 196 f. = NJW 1988, 2290 f.). Zum anderen gewährleistet das Völkerrecht ihnen einen Mindeststandard, bei EG-Ausländern sogar eine weitgehende Gleichstellung (vgl. *Stern* Staatsrecht Bd. III 1 § 70 III; *Robbers* HbVerfR § 11).

5 **AN und AG** sind gleichermaßen grundrechtsfähig. Das Grundgesetz formuliert keine sozialen Grundrechte, auch keine Grundrechte mit sozialpolitisch einseitigem Geltungsanspruch. Wenn Art. 12 I von der freien Wahl des Arbeitsplatzes spricht, so ist damit nicht etwa speziell der arbeitsrechtliche Kündigungsschutz gemeint, sondern ganz allg. die Freiheit, eine konkrete Beschäftigungsmöglichkeit in dem gewährten Beruf zu ergreifen, beizubehalten oder aufzugeben (24. 4. 1991 BVerfGE 84, 133, 146 f. = AP GG Art. 12 Nr. 70 zu C III 1). Im Konfliktfall wirken sich die Grundrechte natürlich für AG und AN ganz unterschiedlich aus; das ist jedoch keine Frage der Grundrechtsfähigkeit, sondern der Grundrechtswirkung (dazu Rn. 25 ff.).

6 **2. Juristische Personen.** Der Kreis der Grundrechtsträger wird durch Art. 19 III erweitert. Danach gelten die Grundrechte auch für **inländische juristische Personen,** soweit sie ihrem Wesen nach auf

diese anwendbar sind. Die unscharfe Verweisung auf das „Wesen" der Grundrechte hat zu einer umfangreichen Diskussion geführt. Nach herrschender Lehre spricht aber eine Vermutung zugunsten der Anwendbarkeit auf juristische Personen des Privatrechts, die ihren Sitz im Inland haben (*Bleckmann* Staatsrecht II § 9 II 4). Nach der Rspr. des BVerfG kommt es entscheidend darauf an, ob die vom Schutzbereich des Grundrechts erfasste Tätigkeit auch von juristischen Personen ausgeübt werden kann (BVerfGE 42, 212, 219) bzw. ob juristische Personen sich in einer vergleichbaren Gefährdungslage befinden (BVerfGE 45, 63, 79; 61, 82, 105 f.). Das wurde zB für Art. 2 I (BVerfGE 20, 323, 336; 44, 353, 372), für Art. 3 I (BVerfGE 35, 348, 357; 41, 126, 149; 42, 374, 383) sowie für Art. 12 I GG (BVerfGE 65, 196, 210; 53, 1, 13; 41, 126, 149) mehrfach bejaht, während es zB für Art. 1 I, 2 II, 6 und 16 eindeutig zu verneinen ist. Beim allgemeinen Persönlichkeitsrecht ist je nach Gefährdungslage zu differenzieren (Art. 2 Rn. 51). Übersicht bei *Krüger/Sachs* in *Sachs*, Art. 19 Rn. 67 ff.

Die **Rechtsfähigkeit** einer Vereinigung, die sich ja nach einfachem Recht richtet, ist für die Grundrechtsfähigkeit **nicht entscheidend**. Es kommt nur darauf an, ob die Vereinigung zu eigenständiger Willensbildung und zu eigenem Handeln fähig ist. Deshalb können auch offene Handelsgesellschaften Grundrechtsträger sein (BVerfGE 10, 89, 99; 20, 283, 290; 53, 1, 13). Das Gleiche gilt für BGB-Gesellschaften und nichtrechtsfähige Vereine (zB Gewerkschaften). Ob auch eine Personalvertretung grundrechtsfähig ist, hat das BVerfG offengelassen (27. 3. 1979 BVerfGE 51, 77, 87 = AP GG Art. 9 Nr. 31 unter II 2; immerhin zweifelhaft nach BVerfG 24. 5. 1995 E 93, 37 = NVwZ 1996, 574). 7

3. **Der Staat** und alle seine Träger öffentl. Gewalt sind Grundrechtsadressaten und können daher grds. nicht gleichzeitig Grundrechtsträger sein. Das gilt vor allem für **juristische Personen des öffentl. Rechts.** Ihr Handeln beruht auf gesetzlichen Kompetenzen, ist also nicht als Wahrnehmung von Freiheitsrechten zu bewerten (31. 10. 1984 BVerfGE 68, 193, 206 – Innung). Das gilt auch für **Sondervermögen** (wie das Bundeseisenbahnvermögen) und für Sparkassen (14. 4. 1987 BVerfGE 75, 192, 200). Selbst juristische Personen des Privatrechts, deren Anteile vollständig oder überwiegend von juristischen Personen des öffentl. Rechts gehalten werden, entbehren der Grundrechtsfähigkeit, soweit sie Aufgaben der öffentlichen Verwaltung erfüllen (7. 6. 1977 BVerfGE 45, 63, 78; 78, 193, 212; BVerfG-Kammer 16. 5. 1989 NJW 1990, 1783 – 72% Aktienanteil in öffentl. Hand). 8

Die Abgrenzung im Einzelnen ist allerdings im Schrifttum heftig umstritten (vgl. *Bleckmann* Staatsrecht II § 9 III, *Stern* Bd. III 1 § 71 VII) und wird auch von der Rspr. trotz ihrer außerordentlich restriktiven Tendenz nicht ohne erhebliche **Ausnahmen** durchgehalten. Körperschaften, die organisationsrechtlich vom Staat unabhängig sind und grundrechtlich geschützten Lebensbereichen dienen, können sich staatlichen Eingriffen gegenüber auf die darauf bezogenen Grundrechte berufen. Das wurde angenommen für öffentlich-rechtliche Rundfunkanstalten, Religionsgesellschaften, Universitäten und Fakultäten (vgl. die Nachweise bei *Jarass/Pieroth* Art. 19 Rn. 20; *Krüger/Sachs* in *Sachs* Art. 19 Rn. 93 ff. mit Hinweisen auf Grenzfälle). Weitere Ausnahmen gelten für das grundrechtliche Willkürverbot (Art. 3) und für die Prozessgrundrechte (Art. 101 I und 103 I GG), die in diesem Kommentar nicht erläutert werden. 9

III. Grundrechtadressaten (Verpflichtete)

1. **Gesetzgeber.** Erster und wichtigster Adressat der Grundrechte ist der Gesetzgeber des Bundes und der Länder. Von ihm erwartet die Verfassung das normative Gerüst des demokratischen und sozialen Rechtsstaats (Art. 20 I) nach den Vorgaben der Grundentscheidungen des Grundrechtskataloges. Der politischen Gestaltung bleibt zwar ein weiter Freiraum, dieser wird aber begrenzt, soweit Freiheitsrechte übermäßig beschränkt, Schutzpflichten vernachlässigt oder Gruppen diskriminiert werden. Dass die betroffenen Bürgerinnen und Bürger die Einhaltung dieser Grenzen auch gegenüber dem Gesetzgeber verlangen und mit Hilfe der Gerichte durchsetzen können, gibt den Grundrechten ihre große Durchschlagskraft und wirkt als Unruhe im Uhrwerk der Rechtsordnung. 10

Von der unmittelbaren Grundrechtsbindung ist kein Gegenstand der Gesetzgebung ausgenommen. Die Bindung erstreckt sich nach heute einhelliger Auffassung nicht nur auf das öffentl. Recht, sondern ebenso auf das **Privatrecht.** Das BVerfG prüft zivilrechtliche Gesetze **unmittelbar am Maßstab der Grundrechte,** und zwar gleichermaßen unter dem Gesichtspunkt des Übermaßverbotes, der Schutzpflichtverletzung und des Gleichheitsverstoßes (Art. 3 I GG) oder des Diskriminierungsverbotes (Art. 3 II und III GG). Der Privatrechtsgesetzgeber ist hoheitlich handelnde Staatsgewalt. Seine freiheitsbeschränkende Macht ist keineswegs geringer als diejenige des öffentl. Rechts. Die nachfolgende Kommentierung bietet dazu Belege bei allen Grundrechtsartikeln (umfassend *Ruffert*, Vorrang der Verfassung und Eigenständigkeit des Privatrechts, 2001). 11

2. **Rechtsprechung.** Auch die rechtsprechende Gewalt ist unmittelbar an die Grundrechte gebunden (Art. 1 III). Sie wird durch das BVerfG und die Fachgerichte des Bundes und der Länder ausgeübt (Art. 92). Die unterschiedlichen Kompetenzen der Gerichte führen zu einer **Arbeitsteilung** bei der Auslegung und Anwendung der Grundrechte. 12

Die **Fachgerichte** haben für die Entscheidung von Rechtsstreitigkeiten zunächst und in erster Linie zu klären, welche Antworten die maßgebenden Vorschriften des einfachen Rechts für die Streitfrage 13 geben. Sie sind dem Gesetz unterworfen (Art. 97 I), haben also die rechtspolitischen Vorgaben zu respektieren, die der Gesetzgeber innerhalb seines weiten Gestaltungsfreiraums normiert hat. Da aber der Gesetzgeber ebenfalls an die Grundrechte gebunden ist, wirkt das Gesetzesrecht in seiner Gesamtheit „verfassungsimprägniert" *(Stern),* so dass dessen Auslegung und Anwendung die Beachtung der Grundrechte voraussetzt. Ganz allg. sind gesetzliche Regelungen „im Lichte" der Grundrechte zu lesen, also **grundrechtsgeleitet** zu interpretieren (Rn. 80). Lassen sich mehrere Auslegungen denken, ist davon auszugehen, dass der Gesetzgeber die Wirkung der Grundrechte optimieren will. Lässt der Auslegungsspielraum sowohl verfassungsgemäße als auch verfassungswidrige Deutungen zu, so ist nach allgA und Rspr. die **verfassungskonforme Auslegung** geboten (Rn. 81). Hält das Fachgericht hingegen die allein in Betracht kommende Auslegung für unvereinbar mit einem Grundrecht, so darf es das Gesetz nicht anwenden. Bei nachkonstitutionellen Gesetzen, also jetzt idR, muss es die Sache dem BVerfG vorlegen (Rn. 82).

14   Das **Bundesverfassungsgericht** ist allein zuständig für die verbindliche Auslegung der Grundrechte. Diese gelten so, wie sie das BVerfG versteht (vgl Rn. 75). Nur das BVerfG ist berechtigt, nachkonstitutionelles Gesetzesrecht für unanwendbar oder nichtig zu erklären (**„Verwerfungsmonopol"**). Trotz dieser starken Stellung muss es die Kompetenzbereiche der anderen Grundrechtsadressaten respektieren: Vor allem den rechtspolitischen Gestaltungsfreiraum des Gesetzgebers, aber auch die Kompetenz der Fachgerichte bei der Auslegung und Anwendung des „einfachen Rechts". Man kann von einem „Erkenntnisvorrang" sprechen *(Ruffert,* Vorrang der Verfassung und Eigenständigkeit des Privatrechts, 2001, S. 49 ff.). Das BVerfG ist **keine „Superrevisionsinstanz";** sondern kassiert rechtskräftige Entscheidungen wegen eines Grundrechtsverstoßes nur unter Voraussetzungen, die es wiederholt formelhaft umschrieben hat (vgl. zu diesen Formeln und ihren unterschiedlichen Konsequenzen für die Fachgerichte Rn. 87 f.). Das ist eine äußerst unscharfe Kompetenzgrenze, die das BVerfG je nach der Intensität des umstrittenen Eingriffs mehr oder weniger großzügig handhabt, und die auch keineswegs unumstritten ist (vgl. *Ruffert,* aaO; *Schlaich/Korioth,* Das BVerfG, Rn. 301). Einigkeit besteht jedoch darüber, dass die Grundrechte keine abschließenden Regelungskonzepte für die vielfältigen Konflikte des Rechtslebens bieten, sondern nur Grenzziehungen, die dem Gesetzgeber und den die Gesetze auslegenden und anwendenden Gerichten Raum lassen. Jedem der genannten Grundrechtsadressaten ist ein eigener Verantwortungsbereich zugewiesen, der der Art seiner Grundrechtsbindung entspricht.

15   **3. Keine Grundrechtsadressaten** sind die Grundrechtsträger. Mit geringfügigen Ausnahmen verpflichten Grundrechte die **Bürgerinnen und Bürger** sowie die inländischen juristischen Personen nicht unmittelbar. Auch die AGStellung ändert daran nichts. Das ergibt sich sehr klar aus Wortlaut und Systematik des Grundrechtsabschnitts. Art. 1 GG spricht nur von der Bindung aller öffentl. Gewalt und beschreibt in seinem Absatz 3, was darunter verstanden werden soll. Art. 3 I GG spricht von der Gleichheit vor dem Gesetz. Wären auch die Rechtsbeziehungen zwischen den verschiedenen Grundrechtsträgern ein Regelungsgegenstand der Grundrechte, wären zumindest allg. Hinweise auf die Frage zu erwarten, inwieweit vertragliche Beschränkungen zulässig und möglich sind. Das geschieht jedoch nur in Art. 9 III 2 GG für ein spezielles, nach historischer Erfahrung bes. brisantes Problem. Das lässt sich nicht verallgemeinern. Im auffälligen Gegensatz dazu wird die Einschränkbarkeit der Grundrechte durch den Gesetzgeber mit zahlreichen Gesetzesvorbehalten differenziert geregelt, ohne dass sich daraus etwas für den zulässigen Umfang vertraglicher Gestaltungen ableiten ließe *(Canaris* AcP 184 (1984), 201, 204 f.).

16   Die **Staatsrichtung der Grundrechte** ist nicht die Folge unzulänglicher Problemsicht, sondern entspricht ihrer verfassungsspezifischen Funktion. Diese besteht nicht darin, die vielfältigen, komplizierten und wechselhaften Interessengegensätze der Grundrechtsträger untereinander so auszugleichen, dass die beiderseitigen Rechte und Pflichten feststehen. Dazu bedarf es detaillierter und situationsbezogener Regelungen, für die je nach der rechtspolitischen Konzeption ganz unterschiedliche Lösungen in Betracht kommen. Diese Aufgabe muss dem Gesetzgeber überlassen bleiben, der sich dafür erforderliche Legitimation in demokratischen Wahlen zu beschaffen hat. Gesetzgebung ist nicht bloßer Verfassungsvollzug. Dementspr. ist auch die Kompetenz des BVerfG darauf beschränkt, die Einhaltung der grundrechtlich markierten Grenzen zu überwachen. Schon für diese **Grenzbestimmung** sind zwar vielfach gegenläufige Grundrechtspositionen abzuwägen, aber nur um den gesetzgeberischen Gestaltungsfreiraum zu ermitteln, also nicht mit dem Ziel, die einfachrechtliche Lage daraus abzuleiten. Das entspricht der st. Rspr. des BVerfG und inzwischen auch der nahezu einhelligen Lehre (vgl. *Bleckmann* § 10 V; *Canaris* AcP 184, (1984), 201 ff.; *Stern* Bd. III 1 § 76; *Starck* in *v. Mangoldt/Klein* Art. 1 Rn. 191 ff.; *Jarass/Pieroth* Art. 1 Rn. 30; MünchArbR/*Richardi* § 10 Rn. 6 ff.).

17   Im Gegensatz dazu vertritt die **Lehre von der „unmittelbaren Drittwirkung"** die Auffassung, dass zwar nicht alle, aber eine ganze Reihe von Grundrechten auch Privatpersonen unmittelbar verpflichten und *im Verhältnis untereinander* (gleichsam „horizontal") binden, also ohne die Vermittlung durch einfaches Recht zivilrechtliche Ansprüche und Pflichten begründen (grundlegend *Nipperdey,* Grundrechte und Privatrecht, 1961; *Leisner,* Grundrechte und Privatrecht, S. 356 ff.; *Gamillscheg* AcP 164

III. Grundrechtsadressaten (Verpflichtete)   Einl. GG 10

(1964), 386, 419 ff.; *ders.*, Die Grundrechte im Arbeitsrecht, 1989, insb. S. 25 ff. und 75 ff.). Auch das BAG ist ursprünglich von einer „unmittelbaren Drittwirkung" ausgegangen (grundlegend 15. 1. 1955 AP GG Art. 3 Nr. 4; 10. 11. 1955 AP BGB § 611 Beschäftigungspflicht Nr. 2; 10. 5. 1957 GG Art. 6 I Ehe und Familie Nr. 1; 29. 6. 1962 AP GG Art. 12 Nr. 25). Später ist es davon abgerückt und hat im Einklang mit der herrschenden Lehre Grundrechte nur noch wegen ihrer „Ausstrahlungswirkung" berücksichtigt (vgl. nur die beiden Beschlüsse des Gr. Sen.: 27. 2. 1985 AP BGB § 611 Beschäftigungspflicht Nr. 14 und 27. 9. 1994 AP BGB § 611 Haftung des AN Nr. 103; ausdrücklich auch 1. Sen.: 27. 5. 1986 AP BetrVG 1972 § 87 Überwachung Nr. 15 zu II 2 b).

Bedeutung und Verdienst der Lehre von der unmittelbaren Drittwirkung ist die bleibende Erkenntnis, dass die grundrechtlich geschützten Freiheiten faktisch nicht nur und nicht einmal in erster Linie vom Staat bedroht werden. Gesellschaftliche Mächte können mit den Mitteln des Privatrechts eine Durchsetzungskraft entwickeln, die dem Einzelnen keine Chance lässt, seine Freiheitssphäre ohne staatliche Hilfe wirksam zu verteidigen. Die Rede ist von **„privater Gewalt"** *(Leisner)* oder **„sozialer Macht"** *(Gamillscheg)*, die der Begrenzung und Bändigung bedürfe, soweit grundrechtlich geschützte Rechtspositionen betroffen sind. Da die Privatrechtsordnung diesen Schutz nicht lückenlos gewährleisten könne, müsse der Richter im Streitfall unmittelbar auf die Grundrechte zugreifen, um ihr Leerlaufen zu verhindern. So entstehe „Richterrecht" (Verfassungsrecht? Zivilrecht?), das nicht der „Zwischenschaltung eines einfachen Gesetzes" bedürfe (*Gamillscheg*, Die Grundrechte im Arbeitsrecht, IV 5, S. 84 f.). 18

Die Ausgangsüberlegung dieses Gedankenganges ist zwingend und wird inzwischen vom BVerfG ganz ähnlich formuliert (7. 2. 1990 AP GG Art. 12 Nr. 65 und 19. 10. 1993 AP GG Art. 2 Nr. 35). Hingegen kann die vorgeschlagene Lösung des Problems nicht überzeugen. Sie verkennt die zentrale Bedeutung und **politische Verantwortung des Gesetzgebers** und überdehnt die Kompetenz der Rspr., indem sie die Grundrechte wie zivilrechtliche Generalklauseln anwenden will. Eine entspr. Konkretisierungskompetenz wird den Gerichten aber weder vom Grundgesetz, noch von der Privatrechtsordnung eingeräumt. Rein fallbezogene Billigkeitsrechtsprechung ohne einfachrechtliche Grundlage ist mit der **Kompetenzverteilung** unserer Verfassung unvereinbar, selbst wenn für das Ergebnis auf grundrechtliche Wertungen verwiesen werden kann. Die Zivil- und Arbeitsgerichte sind verpflichtet, zunächst zu versuchen, verfassungsmäßige Ergebnisse mit den Mitteln der Auslegung, uU auch der Lückenfüllung, zu erreichen, wobei die Grundrechte allerdings verbindliche Orientierung bieten (Rn. 80 ff.). Ist eine verfassungskonforme Auslegung und Anwendung der Gesetze nicht möglich, auch nicht im Rahmen zulässiger Rechtsfortbildung, so bleibt nur die Vorlage an das BVerfG. Selbst dieses kann der Verfassung nicht ohne weiteres entnehmen, wie verfassungswidriges Zivil- und Arbeitsrecht „im Lichte" der Grundrechte näher auszugestalten sei. Vielmehr ist es seinerseits darauf beschränkt, den Gesetzgeber zum Tätigwerden zu verpflichten (wobei es allerdings uU die Fachgerichte für den Fall anhaltender Untätigkeit zu gesetzesvertretendem Richterrecht als vorläufigem Notbehelf ermächtigt: 30. 5. 1990, BVerfGE 82, 126, 155 = Kündigungsfristen = AP BGB § 622 Nr. 28 unter C II). Diese **Kompetenzordnung des Grundgesetzes** vernachlässigt, wer die Grundrechte unmittelbar als Zivilrechtsquelle versteht, den Grundrechten also detaillierte Abwägungs- und Regelungsprogramme entnehmen will. Sie markieren nur Schranken (vgl. Rn. 25 ff.). 19

4. Gewerkschaften und Arbeitgeberverbände sind Grundrechtsträger und **keine Grundrechtsadressaten.** Selbst in ihrer Rolle als TVParteien mutieren sie (und tarifvertragschließende AG) nicht zu staatlicher Gewalt iSv. Art. 1 III GG. Allerdings hat der Gesetzgeber ihre kollektivvertraglichen Regelungen mit normativer Wirkung ausgestattet (§ 4 I TVG). Damit erfüllt er aber seine grundrechtliche Pflicht zur Ausgestaltung der Tarifautonomie (Art. 9 Rn. 79), ohne deren Rechtsetzung demokratisch legitimieren zu können. Das ist auch nicht erforderlich. Tarifverträge können sich nämlich auf eine privatautonome Grundlage stützen, die ihre zweite Legitimation bildet (Rn. 47; Art. 9 Rn. 56). Die normative Wirkung wird den TVParteien nicht etwa aufgezwungen. Sie ist auch nicht mit inhaltlichen Vorgaben und staatlichen Kontrollen belastet, sondern autonomen Gestaltungswillen zur Wahrung und Förderung der Arbeits- und Wirtschaftsbedingungen überlassen. Aus der Gewährleistung des Art. 9 III GG folgt keine Regelungspflicht der Verbände (BVerfG 19. 10. 1966 E 20, 312, 320 = AP TVG § 2 Nr. 24; vgl. Art. 9 Rn. 52). Für die Bewertung und Kontrolle tariflicher Regelungen ist deshalb weniger deren normative Wirkung, als vielmehr ihre verbandsrechtliche Grundlage und die Art ihres Zustandekommens maßgebend. Es geht hier nur um die Schutzfunktion der Grundrechte und die entspr. Konkretisierung der Tarifautonomie (*Canaris* AcP 184 (1984) 201, 243 ff.; *Däubler* Tarifvertragsrecht Rn. 413; *Denninger* Alt. Kom. GG Art. 1 II, III Rn. 25; *Dieterich*, FS für Schaub, 1998, S. 117; *Höfling* in Sachs Art. 9 Rn. 93; *Kempen/Zachert* TVG Einl. Rn. 154; *Dreier* Art. 1 III, Rn. 26; *Farthmann/Coen* in HbVerfR § 19 Rn. 74 f.; *Jarass/Pieroth* Art. 1 Rn. 31; *Sachs*, Art. 1 Rn. 88; *C. J. Müller*, Die Berufsfreiheit des AG, 1996, S. 237 ff.; *Rüfner* in HbStR V § 117, Rn. 10; *Schliemann* ZTR 2000, 198, 202; *Stern* Bd. III 1 § 73 III 6 a; *Starck* in *v. Mangoldt/Klein* Art. 1 Rn. 221; MünchArb/*Richardi* § 10 Rn. 22 f.; *Scholz*, Die Koalitionsfreiheit als Verfassungsproblem, S. 369; *Singer* ZfA 1995, 611, 616 f.; *A. Wiedemann*, Die Bindung der Tarifnormen an Grundrechte, insbes. an Art. 12 GG, S. 29 ff.). 20

21 Das **Bundesarbeitsgericht** sah das lange Zeit anders. Seine Rspr. ist aber neuerdings uneinheitlich. Während drei Senate der vorstehend dargelegten Auffassung folgen (7. Senat: 25. 2., 11. 3. 1998 AP TVG § 1 Tarifverträge Luftfahrt Nr. 11 und 12; 3. Senat: 4. 4. 2000 AP TVG § 1 Gleichbehandlung Nr. 2 und 24. 4. 2001 AP TVG § 1 Tarifverträge: Bau Nr. 243; 4. Senat: 30. 8. 2000 AP TVG § 4 Geltungsbereich Nr. 25), halten die anderen Senate noch an der bisherigen Rspr. fest. Tarifrecht sei Gesetzgebung im materiellen Sinn, so dass die TVParteien unmittelbar und in gleichem Umfang an die Grundrechte gebunden seien wie der staatliche Gesetzgeber nach Art. 1 III (grundlegend BAG 15. 1. 1955 AP GG Art. 3 Nr. 4 und danach ständig, zuletzt meist ohne Begründung). Im **arbeitsrechtlichen Schrifttum** kommen gewichtige Stimmen zum gleichen Ergebnis (*Biedenkopf*, Grenzen der Tarifautonomie, S. 72 f.; *Wiedemann* TVG Einl. Rn. 205 ff.; *Gamillscheg*, Grundrechte im Arbeitsrecht, S. 103 f.; *Söllner* AuR 1991, 45, 49). Als weitere Begründung wird darauf verwiesen, dass die tarifliche Rechtsetzung auf staatlicher Delegation beruhe und abgeleitete Kompetenz nicht weiterreichen könne als die Ursprungskompetenz des Gesetzgebers (BAG AP GG Art. 3 Nr. 4 und 16). Manche Autoren begnügen sich mit dem Hinweis auf den untergeordneten Rang der Tarifnormen innerhalb der Normenhierarchie (*Säcker/Oetker*, Grundlagen und Grenzen der Tarifautonomie, S. 242 f.) oder die Ähnlichkeit der Regelungsmacht (*Belling* ZfA 1999, 547, 575; *Waltermann* RdA 1990, 138, 141; *Wiedemann* RdA 1997, 297, 302; wohl jetzt auch *Söllner* NZA 1996, 897, 901 ff.).

22 **Kritik:** Solche Gleichstellung von Tarifnorm und Gesetz verfehlt die Konzeption der grundrechtlich gewährleisteten Tarifautonomie (vgl. Art. 9 Rn. 75) und die Eigenart kollektivvertraglicher Rechtsgestaltung. Sie wird in den Konsequenzen auch gar nicht durchgehalten. So wird das Fehlen von Publikationspflicht und Staatsaufsicht hingenommen (vgl. BVerfG 14. 5. 1977 E 44, 322, 347 = AP TVG § 5 Nr. 15 unter B II 2 a). Eine stringente Verhältnismäßigkeitsprüfung findet nicht statt (vgl. *Dieterich*, FS Wiedemann, 2002, S. 229, 234 ff.). Die Konstruktion dient dazu, eine gerichtliche **Kontrolle am Maßstab der Grundrechte** zu legitimieren. Dabei ergibt sich aber ein überschießender Effekt, wie er in ähnlicher Weise auch der Lehre von der unmittelbaren Drittwirkung der Grundrechte unterläuft (Rn. 19). Der Ausgangspunkt steht außer Streit: Auch Tarifrecht muss mit den Grundrechten vereinbar sein. Problematisch ist nur der Maßstab. Die TVParteien sind weniger engen Grundrechtsbindungen unterworfen als der Gesetzgeber und die anderen Träger staatlicher Gewalt. Die Grundrechtsbindung der Tarifverträge ergibt sich nicht unmittelbar aus deren Normqualität, sondern nur mittelbar und eingeschränkt aus der Schutzpflicht des Staates (vgl. im einzelnen Rn. 47 ff.). Deshalb kann auch eine **Verfassungsbeschwerde** nicht unmittelbar gegen Tarifverträge gerichtet werden (MünchArbR/*Löwisch/Rieble* § 266 Rn. 43; aA *Gamillscheg*, Kollektives Arbeitsrecht I S. 667; *Wiedemann* TVG Einl. Rn. 355).

23 Anders ist die Rechtslage bei der **Allgemeinverbindlicherklärung** von Tarifverträgen nach § 5 TVG. Die Erstreckung der Normwirkung auf Außenseiter ist ein staatlicher Rechtsetzungsakt (BVerfG 24. 5. 1977 BVerfGE 44, 322, 343, 346 = AP TVG § 5 Nr. 15 unter B II 1), den nicht die TVParteien, sondern der Staat zu verantworten hat. Daran ändert sich auch dann nichts, wenn die TVParteien ihre Regelung von vornherein so konzipiert haben, dass sie auf eine Allgemeinverbindlicherklärung angewiesen ist, zB bei der Begründung von Beitragspflichten zu einer Sozialkasse (15. 7. 1980 BVerfGE 55, 7, 20 ff. = AP TVG § 5 Nr. 17 unter B I). Auch dann hat das zuständige Ministerium als Grundrechtsadressat iSv. Art. 1 III im Rahmen seiner Ermessensentscheidung zu gewährleisten, dass die Grundrechte der Außenseiter nicht verletzt werden.

24 **5. Betriebspartner** sind ebenfalls keine unmittelbaren Grundrechtsadressaten: Ihre **Betriebsvereinbarungen** sind nach ganz herrschender Auffassung privatrechtlicher Natur (vgl. *Richardi* BetrVG § 77 Rn. 29; *Reichold*, Betriebsverfassung als Sozialprivatrecht, S. 486 ff.; *Waltermann*, Rechtsetzung durch Betriebsvereinbarung, S. 140 f. mwN). Auch das BVerfG nimmt an, dass Betriebsvereinbarungen nur durch die „Ausstrahlungswirkung" der Grundrechte beeinflusst werden (23. 4. 1986 BVerfGE 73, 261 = AP GG Art. 2 Nr. 28), also nicht wie Gesetze unmittelbar am Maßstab der Grundrechte zu messen sind. Das BAG ist (in Abkehr von seiner früheren Rspr.) dieser Auffassung gefolgt (Großer Senat 27. 2. 1995 AP BGB § 611 Beschäftigungspflicht Nr. 14; Erster Senat 27. 5. 1986 AP BetrVG 1972 § 87 Überwachung Nr. 15). Die herrschende Lehre sieht das jetzt ähnlich (vgl. GK-BetrVG/*Kreuz* § 77 Rn. 253, § 75 Rn. 25; MünchArbR/*Richardi* § 10 Rn. 34; *Waltermann* RdA 1990, 138, 141 f.; *Höfling* in *Sachs*, Art. 1 Rn. 88; *Stern* Bd. III 1 § 73 III 6 b). Allerdings unterliegen Betriebsvereinbarungen einer gerichtlichen Inhaltskontrolle; bei dieser sind die Grundrechte zu beachten, weil die Betriebspartner durch die Generalklausel des § 75 BetrVG an sie gebunden sind (Rn. 60). Für die Sprüche einer **Einigungsstelle** kann nichts anderes gelten (Rn. 61).

IV. Grundrechtsfunktionen und Wirkungen

25 **1. Abwehrfunktion. a) Freiheitsrechte.** Zurzeit der Schaffung des Grundgesetzes und nach den Erfahrungen eines Unrechtsstaates stand ganz im Vordergrund die Abwehrfunktion der Grundrechte, also der Schutz des Bürgers gegen staatliche Freiheitsbeschränkungen. Auch die Formulierung der einzelnen Grundrechtstatbestände bezieht sich in erster Linie auf „klassische" **Grundrechtseingriffe**

IV. Grundrechtsfunktionen und Wirkungen Einl. GG 10

und vergleichbare Grundrechtsbeeinträchtigungen durch Gesetzgebung und Verwaltung (zum Eingriffsbegriff *Sachs* vor Art. 1 Rn. 78 ff.; *Dreier* Vorb. Rn. 80 ff.).

Orientiert an ihrer Abwehrfunktion, sind die meisten Grundrechte entweder vorbehaltlos gewährt 26 oder mit einfachen oder qualifizierten **Gesetzesvorbehalten** verknüpft, die den politischen Gestaltungsfreiraum im Schutzbereich der Grundrechte abstecken und damit zugleich der Verwaltung Grenzen setzen, weil diese nur auf der Grundlage von Gesetzen in Grundrechte eingreifen kann. Im Ergebnis gilt das Gleiche für die Rspr., die im Arbeitsrecht bes. bedeutsam ist, dabei aber leicht vergessen kann, dass sie nicht nur schützt, sondern auch in Freiheitsrechte eingreift. Der Gesetzgeber ist bei der Realisierung eines Gesetzesvorbehalts nicht frei, sondern an den **Grundsatz der Verhältnismäßigkeit** gebunden. Dieser Grundsatz wird aus dem Rechtsstaatsprinzip (Art. 20) abgeleitet und griffig als Übermaßverbot bezeichnet. Das BVerfG hat ihn zur zentralen Maxime allen staatlichen Handelns entwickelt (*Stern* Bd. III 2 § 84; *Sachs* Art. 20 Rn. 145 ff.; *Jarass/Pieroth* Art. 20 Rn. 80 ff.; zur Bedeutung im Privatrecht zuletzt *Preis* FS Dieterich 1999, S. 429; Überblick bei *Schlink*, FS BVerfG 2001, Bd. II S. 445).

Das **Übermaßverbot** fordert ein stimmiges Zweck-Mittel-Verhältnis und besteht aus drei Teil- 27 geboten, die sich an einem gemeinsamen Bezugspunkt orientieren: dem Zweck der Grundrechtsbeschränkung. Auf diesen bezogen muss das entspr. Gesetz und die darauf gestützte Eingriffsmaßnahme geeignet, erforderlich und angemessen sein. Das Gebot der **Geeignetheit** ist schon dann erfüllt, wenn der gewünschte Erfolgt in irgendeiner Weise gefördert wird. Das Gebot der **Erforderlichkeit** geht darüber hinaus und verlangt, dass kein milderes Mittel zur Verfügung steht, das (bei Berücksichtigung der Erfolgswahrscheinlichkeit und des Aufwandes) genauso wirksam wäre. Das Gebot der **Angemessenheit** oder **Zumutbarkeit** schließlich verlangt eine Gesamtabwägung zwischen der Schwere des Eingriffs und dem Gewicht und der Dringlichkeit der ihn rechtfertigenden Gründe, wobei das Sozialstaatsprinzip die Gewichtung beeinflusst (*Neumann* DVBl. 1997, 92, 99; Beispiel: BVerfG 4. 4. 1967 E 21, 245, 251 = AP AVAVG § 35 Nr. 2 unter C III 3 b). Der sachspezifische **Kernbereich** eines Grundrechts darf nie angetastet werden (Art. 19 II). Diese „Wesentlichkeitsgarantie" gewinnt aber neben dem Übermaßverbot kaum praktische Bedeutung.

Die **Kontrolldichte** die das BVerfG bei der Anwendung des Übermaßverbots selbst praktiziert und 28 auch von den zuständigen Fachgerichten erwartet, ist unterschiedlich engmaschig: Während die Verwaltung zu strikter Beachtung der Verhältnismäßigkeit in jedem Einzelfall verpflichtet ist, muss dem Gesetzgeber ein **rechtspolitischer Gestaltungsfreiraum** und eine **Einschätzungsprärogative** zur Verfügung stehen. Dessen Umfang hängt vor allem von der Intensität der Freiheitsbeschränkung, aber auch von der Art der Regelung und des geregelten Sachbereichs ab; tritt der personale gegenüber dem sozialen Bezug zurück, etwa bei wirtschaftspolitischen Konzepten, überprüft das BVerfG die Einschätzung des Gesetzgebers nur auf offensichtliche Fehler (zB 17. 11. 1992 BVerfGE 87, 363, 382 – Nachtbackverbot). Erweist sich die Prognose später als unzutreffend, muss der Gesetzgeber nachbessern (BVerfG 1. 3. 1979 E 50, 290, 335 = AP MitbestG § 1 Nr. 1; aus neuerer Zeit: 17. 10. 1990 BVerfGE 83, 1, 19 = NJW 1991, 555 – Gebühren für Sozialanwälte; 4. 7. 1995 BVerfGE 92, 365, 397 = AP AFG § 116 Nr. 4 unter C I 1 e).

Die staatsgerichtete Abwehrfunktion hat auch im **Arbeitsrecht** erhebliche praktische Bedeutung. 29 Bes. umstrittene arbeitsrechtliche Gesetze und Entscheidungen werden fast regelmäßig einer Überprüfung durch das BVerfG am Maßstab der Grundrechte zugeführt; so zB das Mitbestimmungsgesetz (1. 3. 1979 BVerfGE 50, 290 = AP MitbestG § 1 Nr. 1), die Novelle des § 116 AFG (4. 7. 1995 BVerfGE 92, 365 = AP AFG § 116 Nr. 4) und die Aussperrungsrechtsprechung des BAG (26. 6. 1991 BVerfGE 84, 212 = AP GG Art. 9 Arbeitskampf Nr. 117). In diesen spektakulären Verfahren wurden allerdings Grundrechtsverletzungen nicht festgestellt. Es gibt aber auch Beispiele für verfassungsrechtliche Beanstandungen wegen unverhältnismäßiger Eingriffe. Manchmal wird eine gesetzliche Regelung nur in ihren Auswirkungen zurückgeschnitten (zB 15. 12. 1987 BVerfGE 77, 308 = AP GG Art. 12 Nr. 62; 23. 1. 1990 BVerfGE 81, 156 = AP AFG § 128 Nr. 1). Auch das BAG musste sich schon vorwerfen lassen, Freiheitsgrundrechte verkannt oder das Übermaßverbot verletzt zu haben (13. 1. 1982 BVerfGE 59, 231 = AP GG Art. 5 Rundfunkfreiheit Nr. 1; 19. 10. 1983 BVerfGE 65, 196 = AP BetrAVG § 1 Unterstützungskassen Nr. 2; 19. 5. 1992 BVerfGE 86, 122 = AP GG Art. 5 Meinungsfreiheit Nr. 12).

b) **Gleichheitsrechte** dienen ebenfalls vor allem der Abwehr staatlicher Eingriffe. Sie beziehen sich 30 aber nicht auf einen bestimmten Schutzbereich, so dass das Eingriffs- und Schrankenschema der Freiheitsgrundrechte hier nicht passt. Der rein „modale" Charakter des Art. 3 betrifft nur das „Wie"; nicht das „Ob" staatlichen Handelns. Es soll verhindert werden, dass wesentlich Gleiches ungleich oder wesentlich Ungleiches gleich behandelt wird (vgl. BVerfG 24. 4. 1971 E 84, 133, 157 f. – Warteschleife = AP GG Art. 12 Nr. 70 unter C V; Näheres unter Art. 3 I).

Auch die Gleichheitsrechte sind in ihrer Abwehrfunktion gegenüber hoheitlicher Gewalt für das 31 Arbeitsrecht bedeutsam. Wiederholt haben **arbeitsrechtliche Gesetze** einer verfassungsgerichtlichen Prüfung an den verschiedenen Maßstäben des Art. 3 nicht standhalten können. So wurden die unterschiedlichen Kündigungsfristen für Arbeiter und Angestellte im § 622 BGB als nicht ausreichend begründbar angesehen (30. 5. 1990 BVerfGE 82, 126 = AP BGB § 622 Nr. 28; vgl. auch zum Wahlverfahren nach dem ANKammergesetz Bremen: 22. 10. 1985 BVerfGE 71, 81 = AP GG Art. 3 Nr. 142). Als Gleichheitsverstoß und außerdem als Diskriminierung wegen des Geschlechts wertete das BVerfG das Nachtarbeitsverbot für Arbeiterinnen in § 19 AZO (28. 1. 1992 BVerfGE 85, 191 = AP AZO § 19 Nr. 2; vgl. auch BVerfGE 52, 369 = AP HausarbtgG NRW § 1 Nr. 28). Das BAG hat im Rahmen seiner Prüfungskompetenz für vorkonstitutionelles Gesetzesrecht § 75 III HGB wegen Verletzung des Gleichheitssatzes für nichtig erklärt (23. 2. 1977 AP HGB § 75 Nr. 6).

32 Hingegen hat die Abwehrfunktion des Art. 3 GG kaum Bedeutung in Bezug auf die **Rspr.** Das BVerfG überprüft nämlich die Rechtsanwendungsgleichheit nur am Maßstab des Willkürverbots. Rspr. sei wegen der Unabhängigkeit der Richter „konstitutionell uneinheitlich" (26. 4. 1988 BVerfGE 78, 123, 126 = AP GG Art. 2 Nr. 30). Fachgerichtliche Urteile werden deshalb erst beanstandet, wenn sie schlechthin unverständlich sind, so dass sich der Gedanke an sachfremde Erwägungen aufdrängt (st. Rspr. vgl. BVerfGE 86, 59, 62 ff.; 89, 1, 14). Das BVerfG greift nicht einmal dann ein, wenn es eine Entscheidung für eindeutig falsch hält und das auch deutlich zum Ausdruck bringt (vgl. 3. 11. 1992 BVerfGE 87, 273 = AP BRAGO § 31 Nr. 5).

33 **2. Schutzfunktion. a) „Ausstrahlungswirkung".** Die Abwehrfunktion der Grundrechte reicht nicht aus, um die Freiheit der Bürgerinnen und Bürger zu gewährleisten und Diskriminierungen zu verhindern. Ihre rein defensive Problemsicht, die dem **bürgerlich-liberalen Staatsverständnis** am Ende des 19. Jahrhunderts genügte, beruhte auf zwei Annahmen: zum einen, dass die Ausübung der Grundrechte keiner staatlichen Mitwirkung und Förderung bedarf; zum anderen, dass umfassende Freiheitsgewährung zu gleichen Nutzungsvorteilen aller Grundrechtsträger führt, also ein freiheitliches und gerechtes Gesellschaftsgefüge entstehen lässt, das sich ohne staatliche Eingriffe selbst trägt. Beide Prämissen waren jedoch von Anfang an unzutreffend und haben sich mit zunehmender Komplexität des modernen Staates immer mehr von der Realität entfernt (*K. Hesse* in HbVerfR § 1 Rn. 26 ff.).

34 Schon zur Weimarer Zeit war anerkannt, dass die Grundrechte zum großen Teil angewiesen sind auf ein **normatives Instrumentarium**, das die Rechtsordnung bereitstellen muss. Eigentum, Erbrecht, Ehe und Familie müssen rechtlich strukturiert und als Einrichtung garantiert werden, um als Schutzgegenstand dienen zu können. Für die Privat- und Tarifautonomie gilt gleiches. Aber auch die anderen Grundrechte setzen zumindest Verfahren voraus, die eine Rechtsausübung erst ermöglichen. Leben und körperliche Unversehrtheit, die Art. 2 II gewährleistet, sind offensichtlich durch staatliche Gewalt am wenigsten bedroht. Die viel akuteren Gefahren des Verkehrs, des Arbeitslebens, der Umweltvergiftung, der Atomkraft, des Terrorismus usw. verlangen nicht den passiven, sondern den aktiven Staat, der vorbeugend Schutz gewährt und dabei zwangsläufig auch in Freiheitsrechte eingreift. **Sicherheit** ist eine Staatsaufgabe (*Isensee* HbStR Bd. V § 111 Rn. 137, der allerdings nur diesen Aspekt zu sehen scheint).

35 Eine andere Aufgabe des sozialen Rechtsstaates ist der **Ausgleich konfligierender Freiheitsausübung.** Freiheitsrechte führen nur bei gesellschaftlichem Kräftegleichgewicht zu einem Interessenausgleich, der die Rechtspositionen aller Beteiligten respektiert. Bei ganz ungleichen Durchsetzungsmitteln schlägt formal gleiche Freiheit de facto in das Recht des Stärkeren um; es entstehen private Herrschaftsverhältnisse; die grundrechtlich gewährleisteten Freiheiten werden für einen Teil der Gesellschaft wert- oder wirkungslos (*Grimm*, Die Zukunft der Verfassung, 1994, S. 221, 229).

36 Das hat das BVerfG schon früh erkannt und betont, dass die Grundrechtsgewährung umfassend zu verstehen ist, also nicht auf seine Abwehrfunktion verkürzt werden darf. Schon das Lüth-Urteil (15. 1. 1958 BVerfGE 7, 198) weist darauf hin, dass der Grundrechtskatalog eine **objektiv-rechtliche Dimension** habe. Der Grundrechtsabschnitt bilde ein System verfassungsrechtlicher Grundentscheidungen, die in allen Bereichen der Rechtsordnung Geltung beanspruchten und allen Trägern staatlicher Gewalt Richtung und Impulse für den Ausgleich kollidierender Grundrechtspositionen gäben. Das BVerfG beschrieb diese erweiternde Funktion der Grundrechte zunächst höchst unscharf als „Ausstrahlungswirkung" (aaO S. 207). Gemeint war damit die „Verpflichtung des Staates, seine Rechtsordnung so zu gestalten, dass in ihr und durch sie die Grundrechte gesichert sind und die von ihnen gewährleisteten Freiheiten sich wirksam entfalten können" (*H. H. Klein* DVBl. 1994, 489, 491).

37 Die weitere Rspr. hat aus dem objektiv-rechtlichen Gehalt der Grundrechte **subjektive Rechtspositionen** der verschiedensten Art abgeleitet. So wurden Maßstäbe für die Gestaltung staatlicher Einrichtungen und Verfahren entwickelt sowie Verfahrens-, Teilhabe- und Leistungsrechte näher bestimmt (vgl. die Beispiele und Nachweise bei *Denninger* HbStR Bd. V § 113; *Stern* Bd. III 1 § 69 V; *Jarass/Pieroth* Vorbem. vor Art. 1 Rn. 10 ff.). In seinem Numerus-clausus-Urteil erwägt das BVerfG sogar die Möglichkeit eines subjektiven Anspruchs auf Schaffung von Studienplätzen, ohne die Frage jedoch abschließend zu beantworten (18. 7. 1972 BVerfGE 33, 303, 333). Vor allem aber hat es seit dem ersten Fristenlösungsurteil (25. 2. 1975 BVerfGE 39, 1) in st. Rspr. und zunehmender Nachdrücklichkeit entschieden, dass den Staat **Schutzpflichten** treffen. Er muss die Gefahr der Grundrechtsverletzung durch andere Grundrechtsträger vorbeugend abwehren. Betrachtet man diese erweiternde Rspr. im Zusammenhang, erweist sich der Gedanke der Schutzfunktion als der zentrale Ansatz aller

objektiv-rechtlichen Elemente der Grundrechte (*Enders* in *Friauf/Höfling*, Berliner Kommentar, vor Art. 1 Rn. 62 ff.; *Grimm*, Die Zukunft der Verfassung, S. 234; *H. H. Klein* DVBl. 1994, S. 489, 491 Fn 38; *Stern* Bd. III 1 § 76 IV 5 und III 2 § 96 IV 3 b).

b) Schutzpflicht/Untermaßverbot. Charakteristisch für die Schutzpflicht ist eine **dreiseitige Konstellation:** Der Staat steht zwei Grundrechtsträgern mit gegenläufigen Interessen und Grundrechtspositionen gegenüber. Entspr. ambivalent ist seine Rolle. Indem er die Freiheit des einen schützt, muss er in diejenige des anderen eingreifen. Nach beiden Seiten sind ihm Grenzen gesetzt. Während der Eingriff durch das Übermaßverbot begrenzt wird, darf der Schutz zugunsten des anderen nicht uneffektiv bleiben, so dass man hier von einem „**Untermaßverbot**" sprechen kann (grundlegend *Canaris* AcP 184 [1984], 201, 228; jetzt auch das BVerfG 28. 5. 1993 BVerfGE 88, 203, 254 – Schwangerschaftsabbruch; krit. *Hain* DVBl. 1993, 982, 983 f.; ZG 1996, 75 f.; *Starck*, Praxis der Verfassungsauslegung, S. 88 f.; zum Streitstand *Unruh*, Zur Dogmatik der grundrechtlichen Schutzpflichten, 1996, S. 79). Voraussetzungen und Grenzen der Schutzpflicht sind noch weitgehend ungeklärt, sie lassen sich wohl auch nicht allg. definieren, sondern nur für die einzelnen Grundrechte und bestimmte Gefährdungslagen entwickeln (Rn. 42 ff.). 38

Die meisten Entscheidungen des BVerfG betreffen Art. 2 II GG, also Gefahren für Leben und Gesundheit: So die Pflicht zum Schutz werdenden Lebens (25. 2. 1975 BVerfGE 39, 1, 42 und 28. 5. 1993 BVerfGE 88, 203, 251 ff.), gegen terroristische Anschläge (16. 10. 1977 BVerfGE 46, 160 – Schleyer), gegen atomare Gefahren (8. 8. 1978 BVerfGE 49, 89, 140 – Kalkar – und 20. 12. 1979 BVerfGE 53, 30, 57 ff. – Mülheim-Kärlich), gegen Fluglärm (14. 1. 1981 BVerfGE 56, 54) und Straßenverkehrslärm (30. 11. 1988 BVerfGE 79, 174, 201 f.) sowie gegen Gesundheitsgefahren, die von amerikanischen C-Waffen-Lagern (29. 10. 1987 BVerfGE 77, 170, 222 ff.) und von Nachtarbeit ausgehen (28. 1. 1992 E 85, 191, 212 = APA ZO § 19 Nr. 2). Die Schutzfunktion der Grundrechte ist aber keineswegs auf Gesundheitsrisiken begrenzt, sondern gilt ganz allg. 39

Die Schutzfunktion der Grundrechte ist auch für das **Zivilrecht** bedeutsam. Sie erklärt und löst die Drittwirkungsproblematik (Rn. 17 ff.). Diese Erkenntnis (grundlegend *Canaris* AcP 194 [1984], 201 ff.; zusammenfassend *Fastrich* RdA 1997, 65 ff.; *Ruffert*, Vorrang der Verfassung, S. 201 ff.) ist zwar immer noch umstritten (vgl. *Zöllner* AcP 196 [1996] 1 ff.), entspricht aber jetzt der Rspr. des BVerfG (grundlegend 7. 2. 1990 BVerfGE 81, 242, 255 – Handelsvertreter = AP GG Art. 12 Nr. 65 unter C I 3; 19. 10. 1993 BVerfGE 89, 214, 232 – Bürge = AP GG Art. 2 Nr. 35 unter C II 2 b; zuletzt 15. 7. 1998 E 98, 365 = AP BetrAVG § 18 Nr. 26; 6. 2. 2001 E 103, 89 – Ehevertrag). 40

Nicht nur die Freiheitsgrundrechte, sondern auch die **Gleichheitsrechte des Art. 3 GG** haben **Schutzfunktion.** Auch im Arbeits- und Wirtschaftsleben gibt es Diskriminierungen, denen die Betroffenen praktisch nicht ausweichen können, in ihren Wirkungen jedoch ebenso belastend und entwürdigend sind wie Gleichheitsverstöße des Staates (*Heun* in *Dreier* Rn. 58; *Ruffert*, Vorrang der Verfassung, S. 173 ff.; aA *Huster* in Berliner Kommentar zum GG, Rn. 44; *Isensee* HbStR V § 111 Rn. 96 u. 135). So werden zB die allg. Geschäftsbedingungen der Banken und der Versicherungen für ganze Geschäftsfelder abgesprochen und abgestimmt. Würden sie sachwidrig nach Geschlecht, Rasse, Abstammung, Glauben oder politischen Überzeugungen differenzieren, müsste der Staat hier schützend eingreifen. Art. 3 II normiert sogar ausdrücklich eine Pflicht zur Beseitigung der Benachteiligung von Frauen und gesteht damit zu, dass die reine Abwehrfunktion eines Verbots der Diskriminierung wegen des Geschlechts nicht ausreicht. Im Arbeitsrecht wirkt sich die Schutzfunktion des Art. 3 GG vor allem bei den Kollektivverträgen aus (Rn. 57 ff.). Aber auch vertragliche Einheitsregelungen sind im Rahmen der gebotenen Inhaltskontrolle (Art. 2 Rn. 33) am Maßstab des Art. 3 zu überprüfen. Hier bietet der Gleichbehandlungsgrundsatz regelmäßig die einfachrechtliche Grundlage (Art. 3 Rn. 30). 41

c) Prüfungsmaßstab und Kontrolldichte sind bei der Schutzfunktion der Grundrechte noch wenig geklärt und lebhaft umstritten. Soweit es um **Freiheitsgrundrechte** geht, sind sie großzügig zu handhaben, großzügiger als bei deren Abwehrfunktion. Die Feststellung, wann ein staatlicher Eingriff das Übermaßverbot verletzt, ist durch die drei Teilgebote der Geeignetheit, Erforderlichkeit und Zumutbarkeit bezogen auf das Regelungsziel „konditional programmiert" (Rn. 27). Hingegen ist die **Grenze des Untermaßverbotes** sehr viel schwerer zu bestimmen. Sie hängt zunächst davon ab, ob staatlicher Schutz im Hinblick auf die akute Gefährdung einer Grundrechtsposition erforderlich ist; wenn das bejaht wird, folgen schwierige Anschlussfragen: Welche Schutzmaßnahmen sind für den erforderlichen Schutz geeignet und beschränken die Freiheitsrechte anderer Grundrechtsträger möglichst wenig. Die Antworten darauf hängen von der Einschätzung der Gefahrenlage und von (naturgemäß unsicheren) Prognosen ab. 42

Hier muss dem **Gesetzgeber** ein weiter rechtspolitischer und prognostischer Freiraum bleiben (*K. Hesse*, FS für Mahrenholz, 1994, S. 541 ff.; *Denninger*, daselbst S. 561, 566 ff.; für eine differenzierte Abwägungspflicht hingegen *Enders* in *Friauf/Höfling* Berliner Kommentar vor Art. 1 Rn. 133; *Ruffert*, Vorrang der Verfassung, S. 208 ff.). Das BVerfG betrachtet im Allg. als ausreichend, dass die getroffenen Schutzvorkehrungen nicht gänzlich ungeeignet und völlig unzulänglich sind. Ferner muss ein angemessener Ausgleich der betroffenen Grundrechtspositionen noch erkennbar sein (BVerfG 27. 1. 1998 E 97, 169, 176 f. = AP KSchG § 23 Nr. 17). Nur unter ganz bes. Umständen verenge sich 43 die Gestaltungsfreiheit des Gesetzgebers in der Weise, dass allein durch eine bestimmte Maßnahme der Schutzpflicht genügt werden könne (29. 10. 1987 – BVerfGE 77, 170, 214 f. – C-Waffen; vgl. auch 28. 1. 1992 – BVerfGE 85, 191, 212 – Nachtarbeitsverbot = AP AZO § 19 Nr. 2 C III 3). Aber je nach der Bedeutung der Grundrechtsgefährdung legt das Bundesverfassungsgericht unter Umständen auch einen sehr viel strengeren Maßstab an. So verlangte es bei seiner letzten Entscheidung zum Schwangerschaftsabbruch angemessenen Schutz, der ausreichend wirksam sein und auf sorgfältigen Ermittlungen sowie **verlässlichen Prognosen** beruhen müsse (28. 5. 1993 – BVerfGE 88, 203, 261 ff.; krit. dazu die abw. Meinung der Richter Mahrenholz und Sommer S. 338, 340 ff.; nachdrücklich und überzeugend für eine Plausibilitätskontrolle *Kühling* in der abw. Meinung zu BVerfG 24. 4. 1996 E 94, 294 ff.; skeptisch zur Konkretisierbarkeit *Dietlein* ZG 1995, 131, 139 f.; *Unruh*, Zur Dogmatik der grundrechtlichen Schutzpflichten, 1996, S. 79 ff.; umfassend *Kokott*, Beweislastverteilung und Prognoseentscheidungen bei der Inanspruchnahme von Grund- und Menschenrechten, 1993). Wenn der Gesetzgeber seinem Regelungskonzept selbst eine bestimmte Gefahrenprognose zugrundelegt, muss er sich daran auch messen und Schutzdefizite vorhalten lassen (7. 2. 1990 E 81, 242, 256 f. = AP GG Art. 12 Nr. 65 unter C II 1 – Handelsvertreter; 15. 7. 1998 E 98, 365 = AP BetrAVG § 18 Nr. 26 unter C III).

44   Für **Verwaltung** und **Rspr.** gilt schon allein deshalb ein strengerer Prüfungsmaßstab, weil sie die Schutzpflicht in einem konkreten Regelungszusammenhang zu erfüllen haben und dabei an die Einschätzung des Gesetzgebers gebunden sind (*Klein* DVBl. 1994, 489, 496). Deshalb haben die Fachgerichte auch nicht nur die Möglichkeit, eine Verletzung der Schutzpflicht festzustellen und die Sache dem BVerfG vorzulegen (Art. 100); sie können und müssen darüber hinaus versuchen, durch verfassungskonforme Auslegung oder Rechtsfortbildung der Schutzfunktion des maßgebenden Grundrechts Geltung zu verschaffen (vgl. *Dieterich* RdA 1993, 67 ff.). Bei Vorschriften, die grundrechtliche Schutzpflichten erfüllen sollen, verletzen sie selbst das maßgebende Grundrecht, wenn ihre Auslegung den vom Grundrecht vorbezeichneten Schutzzweck grundlegend verfehlt (16. 11. 1993 – BVerfGE 89, 276 = AP BGB § 611 a Nr. 9). Entspr. gilt für Behörden und ihr Verfahren (3. 5. 1977 BVerfGE 53, 31 – Mülheim-Kärlich). Das bedeutet aber keineswegs, dass ihre Bindung an eine grundrechtliche Schutzpflicht praktisch auf unmittelbare Drittwirkung der Grundrechte hinausliefe (aA *Gamillscheg*, Die Grundrechte im Arbeitsrecht, 77 f., 85; *ders.* AuR 1996, 41, 48; *Hager* JZ 1994, S. 373, 376 ff.). Maßgebend ist und bleibt auch hier die Auslegung und Anwendung des einfachen Rechts, für das der demokratisch legitimierte Gesetzgeber die Verantwortung trägt (Rn. 19).

45   Bei den **Gleichheitsrechten** des Art. 3 ist der Unterschied zwischen ihrer Abwehrfunktion und ihrer Schutzfunktion geringer als bei den Freiheitsgrundrechten. Muß die Notwendigkeit staatlichen Eingreifens zum Schutze der Gleichheitsrechte bejaht werden, gilt für die Frage des Wie nichts anderes als bei der Abwehr staatlicher Diskriminierung. Es gilt das gleiche Prüfungsprogramm. Normalerweise sind mehrere Lösungen zulässig (Rn. 30 ff.). Darüber hinaus bleibt dem Gesetzgeber ein Gestaltungsfreiraum bei der Frage, welche Zwangsmittel oder Sanktionen bei Gleichheitsverstößen geboten, wirksam und angemessen sind. Auch in diesem Zusammenhang stellt sich aber der Rspr. die Aufgabe verfassungskonformer Auslegung. So ist zB § 611 a BGB im Lichte des Art. 3 II so auszulegen und anzuwenden, dass Arbeitsuchende bei der Begründung eines Arbeitsverhältnisses wirksam vor Benachteiligung wegen des Geschlechts geschützt werden (16. 11. 1993 – BVerfGE 89, 276 = AP BGB § 611 a Nr. 9 = NZA 1994, 745).

46   **3. Grundrechtsbindung der Tarifverträge. a) Eine verbreitete Rspr. und Lehre im Arbeitsrecht** (nicht im Staatsrecht! Vgl. Rn. 20) sieht Tarifverträge **wie Gesetze** an die Grundrechte gebunden. Der normative Teil der Tarifverträge sei „Gesetzgebung" iSv. Art. 1 III GG. Außerdem beruhe die Normsetzungskompetenz der Koalitionen auf einer entspr. Delegation in § 1 I TVG und könne deshalb nicht weiter gehen als die Kompetenz des Gesetzgebers selbst. Schließlich soll auch die „normhierarchische Einbettung" der Tarifnormen eine so weitreichende Grundrechtsbindung gebieten (vgl. die Nachweise in Rn. 21; zur Gegenmeinung Rn. 20). Alle diese Begründungen sehen nur die Abwehrfunktion der Grundrechte, vernachlässigen also deren Schutzpflicht und vor allem die privatautonome Schutzkonzeption des Art. 9 Abs. 3 (vgl. Art. 9 Rn. 20 und 74). Das gilt auch für diejenigen Autoren, die auf die „Fremdbestimmtheit" kollektiver Interessenvertretung und die „Machtstellung der Verbände" abstellen und meinen, allein die Wirkung der Tarifverträge gebiete die Geltung der Grundrechte (*Belling* ZfA 1999, 547, 575; *Säcker/Oetker*, Grundlagen und Grenzen der Tarifautonomie, S. 242 f.; *Waltermann* RdA 1990, 138, 141).

47   **b) Legitimationsgrundlage.** Tarifverträge sind nicht die Realisierung staatlicher Regelungskonzepte oder Ausübung eines staatlichen Mandats, sie sind auch in ihrem normativen Teil das **Ergebnis autonomer Rechtsgestaltung**, „gebündelter Ausdruck individueller Selbstbestimmung" (*Zachert* DB 1990, 986, 987), „kollektive Privatautonomie" (Art. 9 Rn. 54 ff.; *Söllner* RdA 1989, 144, 149; *Scholz* in *Maunz/Dürig*; Art. 9 Rn. 301). Der Staat hat seine Regelungszuständigkeit zugunsten der eigenverantwortlichen Schaffung von Rechtsregeln durch die Koalitionen weit zurückgenommen und autonomen Formen der Normsetzung überlassen. In dem von der staatlichen Rechtsetzung freigelassenen Raum dient die Tarifautonomie dazu, die strukturelle Unterlegenheit des einzelnen AN beim Ab-

IV. Grundrechtsfunktionen und Wirkungen

schluss von Arbeitsverträgen durch kollektives Handeln auszugleichen und damit ein annähernd gleichgewichtiges Aushandeln der Löhne und Arbeitsbedingungen zu ermöglichen (24. 5. 1977 BVerfGE 44, 322 LS 2 = AP TVG § 5 Nr. 15 und 26. 6. 1991 BVerfGE 84, 212, 229 = AP GG Art. 9 Arbeitskampf Nr. 117 unter C I 3 b aa). Die Koalitionen üben dabei nicht nur ein eigenes Grundrecht aus (Art. 9 III), sondern können sich auf die privatautonome Legitimation stützen, die ihnen durch den Verbandsbeitritt ihrer Mitglieder vermittelt wird. Dieser Beitritt geschieht im Vertrauen auf die Sachgerechtigkeit der Interessenvertretung, die Verhandlungsstärke des Verbandes und die Richtigkeitsgewähr des kollektiven Vertragsmechanismus. Natürlich erwächst den Koalitionen dadurch allein noch nicht die Kompetenz, Normen zu schaffen. Dazu bedarf es in der Tat eines staatlichen Geltungsbefehls (§ 4 I TVG). Aber die gesetzlich zugestandene Regelungsmacht bedarf der zusätzlichen Abstützung durch die privatautonome Unterwerfung, die im Verbandsbeitritt enthalten ist und ausgedrückt wird. Solche privatautonome Legitimation reicht tw. weiter als die Legitimation des staatlichen Gesetzgebers, weil Grundrechtsträger ihre Freiheit selbst weitergehend beschränken können, als sie staatliche Eingriffe hinnehmen müssten (Rn. 62). Der Beitritt zu einer Gewerkschaft oder einem AGverband ist zugleich Ausübung und Disposition über Freiheitsrechte im Interesse eines insgesamt wirksameren Schutzes.

Nicht nur die Begründung, auch die Ergebnisse der herrschenden Rspr. und Lehre sind unbefriedigend. Fast alle zwingenden Regelungen der beiderseitigen Rechte und Pflichten im Arbeitsverhältnis bedeuten Beschränkungen grundrechtlich gewährleisteter Freiheiten. So werden zwangsläufig die Berufsfreiheit, die Vertragsfreiheit und die allg. Handlungsfreiheit der AN, der AG oder beider beschränkt. Müßte jede dieser Bindungen wie ein hoheitlicher Eingriff am Maßstab der Verhältnismäßigkeit geprüft werden, ergäbe sich eine umfassende und extrem komplizierte **Inhaltskontrolle**, also eine „**Tarifzensur**" durch die Arbeitsgerichte (*Dieterich*, FS für Schaub, 1998, S. 117, 122 f.; *C. J. Müller*, Die Berufsfreiheit des AG, 1996, S. 239 ff.; *Schliemann* ZTR 2000, 198, 203). Das wäre nicht nur mit Art. 9 III unvereinbar, sondern führte auch zu kaum lösbaren praktischen Schwierigkeiten. *Wiedemann* hält diese zwar für lösbar, fordert aber konsequenterweise ein komplexes Prüfungsprogramm, das sogar Allgemeininteressen und die grundrechtlichen Schutzpflichten einbeziehen soll (RdA 1997, 117, 304; ähnlich *Belling* ZfA 1999, 547, 605). Das ist in einer rational diskutierbaren Folge von Prüfungsschritten nicht erreichbar (a. A. *Wiedemann* TVG Einl. Rn. 209; *Rieble*, Arbeitsmarkt und Wettbewerb, 1996, Rn. 1295; *Löwisch* ZfA 1996, 293, 300; *Säcker/Oetker*, Grundlagen und Grenzen der Tarifautonomie S. 288 ff.; *Oetker*, SAE 1999, 149, 152 und *Söllner* NZA 1996, 897, 904 ff., die das Ergebnis einer Tarifzensur mit unterschiedlichen und unklaren Modifikationen des Prüfungsmaßstabes vermeiden wollen). Allein schon die Uneinheitlichkeit und Unvorhersehbarkeit denkbarer Beanstandungen bedeutet eine unzumutbare Beschränkung der Tarifautonomie. **48**

c) **Grenze der Tarifautonomie.** Die kollektive Privatautonomie der TVParteien ist zwar durch Art. 9 III gewährleistet, diese Gewährleistung bedarf aber der praktischen Konkordanz mit den übrigen Grundrechten (vgl. Art. 9 Rn. 74). Das hat zur Folge, dass die privatautonome Legitimationsgrundlage der Tarifverträge begrenzt sein muss. Nur ergibt sich dies und die damit verbundene Grundrechtsbindung der Tarifnormen nicht unmittelbar aus der Abwehrfunktion, sondern mittelbar aus der **Schutzfunktion der Grundrechte** (*Dieterich*, FS Schaub, 1998, S. 117, 124; MünchArbR/ *Richardi* § 10 Rn. 32; *Singer* ZfA 1995 S. 611, 626 ff.; *C. J. Müller*, Die Berufsfreiheit des AG, 1996, S. 251 ff.; *A. Wiedemann*, Die Bindung der Tarifnormen an Grundrechte, S. 117 ff.; *Käppler* NZA 1991 S. 745, 748 ff.; ebenso nur im Ansatz, aber ohne Konsequenz für das Prüfungsprogramm: Münch ArbR/*Löwisch/Rieble* § 246 Rn. 71 f.; *Löwisch/Rieble*, TVG § 1 Rn. 155; *Rieble*, Arbeitsmarkt und Wettbewerb, 1996, Rn. 1277; *Schwarze* ZTR 1996, 1 ff.; *Söllner* NZA 1996, 901 ff.). Gesetzgeber und Rspr. sind verpflichtet, bei der unerlässlichen **Ausgestaltung der Tarifautonomie** (vgl. Art. 9 Rn. 80 ff.) dafür zu sorgen, dass die AN und AG als Normadressaten nicht durch strukturelle Funktionsstörungen des kollektiven Vertragsmechanismus in ihren Grundrechten beeinträchtigt werden. Das entspricht auch der neueren Rspr. des BAG (vgl. Rn. 21). **49**

Es handelt sich hier um **Grundrechtskollision**. Die kollektive Koalitionsfreiheit, die durch Art. 9 III gewährleistet wird (vgl. Art. 9 Rn. 38), muss im Wege praktischer Konkordanz (dazu Rn. 71) mit den betroffenen Individualgrundrechten zum Ausgleich gebracht werden. Wären Tarifverträge generell am Maßstab der Individualgrundrechte zu kontrollieren, so hätten diese grds. Vorrang vor Art. 9 III. Das entspricht nicht dem Schutzkonzept der Verfassung, die gerade umgekehrt von einem kollektiven Vertragsmechanismus im Rahmen der Tarifautonomie einen angemessenen Ausgleich der individuellen Grundrechtpositionen erwartet. **50**

Andererseits hat auch Art. 9 III nicht Vorrang vor allen anderen grundrechten. Die grundrechtliche Gewährleistung der Tarifautonomie wird dreifach **durch Individualgrundrechte begrenzt:** Schon bei der Bestimmung des Kompetenzbereichs „Arbeits- und Wirtschaftsbedingungen" dürfen Privatangelegenheiten und rein unternehmerische Fragen nicht einbezogen werden (Rn. 52). Ferner gibt es **Grundrechtspositionen**, die nicht zur privatautonomen Disposition stehen (Rn. 55). Und schließlich gilt auch für die Tarifautonomie, was in einem Rechtsstaat für jede, also auch für privatautonome **51**

Regelbildung gelten muss: Verstöße gegen den allg. Gleichheitssatz und die speziellen Diskriminierungsverbote (Art. 3) dürfen nicht geduldet werden (Rn. 57).

52 **(1) Arbeits- und Wirtschaftsbedingungen.** Die äußerste Grenze der Tarifautonomie entspricht dem Schutzzweck der Koalitionsfreiheit. Diese wird nach Art. 9 III „zur Wahrung und Förderung der Arbeits- und Wirtschaftsbedingungen" gewährleistet (vgl. Art. 9 Rn. 70). Damit ist zugleich die Grenze dessen bezeichnet, was als koalitionsmäßige Betätigung gelten und Gegenstand tariflicher Regelung sein kann. Wo diese Kompetenzgrenze genau verläuft, lässt sich nicht abschließend markieren, sondern nur formelhaft beschreiben. Sie war immer lebhaft umstritten. Weitgehende Übereinstimmung besteht jedoch darüber, dass das Begriffspaar „Arbeits- und Wirtschaftsbedingungen" als funktionale Einheit zu verstehen ist. Dazu eingehender Art. 9 Rn. 23 und 70 ff.

53 Die Freiheit des **Privatlebens** kann danach grds. nicht durch Tarifverträge eingeschränkt werden: Glaubens- und Gewissensfreiheit (Art. 4), Meinungsfreiheit (Art. 5), Ehe- und Familie (Art. 6), Versammlungs- und Vereinigungsfreiheit (Art. 8 und 9), private Post- und Telefonverbindungen (Art. 10) und die Freizügigkeit (Art. 11) sind der tariflichen Regelung entzogen, soweit kein Bezug zu beruflichen Aufgaben besteht. Hingegen ist die Berufsfreiheit der AN (Art. 12) zentraler Gegenstand der Tarifautonomie. Einschränkungen der Berufsausübung und auch der Berufswahl sind also nicht ausgeschlossen. Ausnahmen nach beiden Seiten bedürfen der bes. Begründung. So sind einerseits berufsspezifische Beschränkungen der Meinungs-, Versammlungs- und Vereinigungsfreiheit denkbar (zB bei Tendenzunternehmen oder speziellen Berufen), andererseits auch Berufswahlbeschränkungen nicht uneingeschränkt kompetenzkonform (zB rein ordnungspolitische Lenkungsmaßnahmen).

54 Praktisch noch bedeutsamer und heftig umstritten ist die Frage, inwieweit Tarifnormen **unternehmerische Entscheidungen** binden dürfen. Betroffen ist hier nicht nur die Berufsfreiheit der AG und ihrer speziellen Tendenzen, soweit diese grundrechtlich geschützt sind (vgl. *Dörrwächter*, Tendenzschutz im Tarifrecht, S. 261 ff.), sondern darüber hinaus auch deren grundrechtlich geschütztes Eigentum, wenn man mit dem Bundesverfassungsgericht die „Funktionsfähigkeit des Unternehmens" als durch Art. 14 GG geschützt betrachtet (1. 3. 1979 BVerfGE 50, 290, 352 = AP MitbestG § 1 Nr. 1 unter C III 1 c). Die Meinungen gehen weit auseinander (vgl. Art. 9 Rn. 72; Art. 12 Rn. 43).

55 **(2) Kernbereich.** Eine zweite äußerste Grenze tariflicher Regelungsmacht ergibt sich daraus, dass Grundrechtsträger nicht unbegrenzt über ihre Grundrechte verfügen können (Rn. 62). Die Gewährleistung personaler Freiheiten schützt allerdings im Allg. auch die Freiheit der Nichtausübung und der freiwilligen Selbstbeschränkung. Aber zum einen gibt es einen unverzichtbaren Menschenwürdekern (Art. 1 I, 19 II), der bei einem globalen und zeitlich unbegrenzten Blankettverzicht angetastet würde. Manche Grundrechte lassen deshalb eine Selbstbeschränkung nur solange zu, wie der Bindungswille tatsächlich fortbesteht. Zum anderen gibt es Grundrechte, die zugleich öffentl. Interessen dienen (zB Art. 3 II, 5 I und III, 6, 7 II GG) und aus diesem Grunde nicht unbeschränkt zur Disposition stehen (ausdrücklich Art. 9 III). Der Staat ist verpflichtet, dafür zu sorgen, dass der unverzichtbare Kern der Grundrechte auch durch Tarifverträge nicht beschränkt wird (*Kempen/Zachert* TVG Einl. Rn. 160).

56 Tarifliche Beschränkungen der **Berufsfreiheit** können diese Grenze kaum berühren. Das verkennt *A. Wiedemann* (Die Bindung der Tarifnormen an Grundrechte, S. 193), der schon bei tariflichen Altersgrenzen den unverzichtbaren Kernbereich der Berufsfreiheit verletzt sieht. Das Problem der Altersgrenzen ist lebhaft umstritten und lässt sich nur differenziert lösen (vgl. zur Altersgrenze allg.: BVerfG 16. 6. 1959 E 9, 338 = AP GG Art. 12 Nr. 17; 4. 5. 1983 E 64, 72; in Tarifverträgen: BAG 11. 6. 1997 AP SGB VI § 41 Nr. 7; 25. 2. 1998 NZA 1998, 715; zum Schrifttum: *Löwisch/Rieble* TVG § 1 Rn. 164, 167; *Wiedemann* TVG § 1 Rn. 526; *Waltermann* RdA 1993, 209, 217 f. *Bieback* AuR 1999, 41, 45 ff.). *C. J. Müller* trifft den Charakter der von den Grundrechten gesetzten äußersten Grenze besser, wenn er auf „Unerträglichkeit" abstellt (Die Berufsfreiheit des AG, 1996, S. 254). Als Beispiel einer unerträglichen Beschränkung der Berufsfreiheit gilt nach herrschender Lehre mit Recht der generelle Ausschluss von außerordentlichen Kündigungen. Hier würde den Vertragspartnern der Letzte und schlechthin unverzichtbare Selbstschutz verwehrt (*Erman/Hanau* BGB § 626 Rn. 15; *Staudinger/Preis* BGB § 626 Rn. 38; *Scholz* ZfA 1981, 265, 282; *Papier* RdA 1989, 137, 140). Vgl. auch Art. 12 Rn. 41 ff.

57 **(3) Die Gleichheitsgrundrechte** beanspruchen innerhalb des Grundrechtskatalogs eine Sonderstellung. Als Fundamentalnorm unserer rechtsstaatlichen Ordnung begrenzen sie auch den Autonomiebereich des Art. 9 III GG (*Dieterich* FS Wiedemann 2002, S. 229, 237, auch zur aktuellen Rspr.). Zugleich begründen sie eine Schutzpflicht des Staates im Hinblick auf denkbare **Funktionsstörungen des Meinungsbildungsprozesses** innerhalb der Verbände. Diese sind zwar zu einer demokratischen Struktur und Willensbildung verpflichtet (grundlegend und rechtsvergleichend *Schüren*, Die Legitimation der tariflichen Normsetzung, 1990; vgl. auch *Kempen/Zachert* TVG Einl. Rn. 159). Mehrheitsentscheidungen tendieren aber zur Unterbewertung gegenläufiger Sonderinteressen; das gilt für staatliche und privatrechtliche Organisationen gleichermaßen und erzwingt rechtsstaatliche Sicherungen. Die Rspr. ist voller Belege, dass vor allem die Interessen von **Frauen**, die mit denen ihrer männlichen Kollegen auf vielfache Weise kollidieren, in Tarifverhandlungen mangelhaft vertreten werden (vgl. *Pfarr/Bertelsmann*, Diskriminierung im Erwerbsleben, 1989, S. 310 ff.; *Winter*, Gleiches Entgelt für gleichwertige Arbeit, 1998, S. 47 ff.; zur Tarifautonomie S. 211 ff.).

Die Schutzfunktion des Art. 3 verpflichtet deshalb Gesetzgebung und Rspr., die Regelungskompetenz der Tarifpartner so zu begrenzen, dass sachwidrige oder gar diskriminierende Gruppenbildungen nicht wirksam werden können (vgl. Art. 3 Rn. 11 und 26). Dabei ist allerdings die **Einschätzungsprärogative der TVParteien** zu respektieren. Die Gerichte dürfen nicht eigene Gerechtigkeitsvorstellungen unter Berufung auf Art. 3 an die Stelle von Bewertungen der zuständigen Verbände setzen. Diese können sehr viel sachnäher urteilen und sich dabei auf Art. 9 III berufen (*Kempen/Zachert*, TVG Grundl. Rn. 172; zurückhaltend *Wiedemann* TVG Einl. Rn. 221. Zu weitgehend BAG 30. 8. 2000 AP TVG § 4 Geltungsbereich Nr. 25 = ARBlattei ES 1550.1.4 Nr. 5 krit. *Dieterich*). Zu den prozessualen Problemen bei Gleichheitsverstößen Art. 3 Rn. 58. 58

4. Grundrechtsbindung betrieblicher Regelungen. Anders als bei Tarifverträgen sind bei **Betriebsvereinbarungen** Rspr. und Lehre weitgehend einig, dass eine Grundrechtsbindung nicht unmittelbar aus der grundrechtlichen Abwehrfunktion folgt, sondern sich nur mittelbar aus der Schutzfunktion der Grundrechte ergibt (Rn. 24). Allerdings ist die **privatautonome Legitimationsgrundlage** hier weniger deutlich, weil es an einem bes. und disponiblen Verbandsbeitritt fehlt, der als rechtsgeschäftliche Unterwerfung unter die betriebliche Regelungsmacht gedeutet werden könnte. Entspr. streitig ist bis heute die Frage, worauf sich die Betriebsautonomie stützt. So ist einerseits von einer fremdbestimmten Zwangsordnung die Rede (GK-BetrVG/*Kreutz* § 77 Rn. 186), andererseits von privatautonomem Arbeitsverbandsrecht (*Reuter* RdA 1991 S. 193, 197 f.) und – ebenso treffend wie mehrdeutig – von Akzessorietät zum Arbeitsvertrag (*Reichold*, Betriebsverfassung als Sozialprivatrecht, S. 486 ff.). 59

Der unübersichtliche Streit um die Legitimationsgrundlage der Betriebsvereinbarung beeinflusst aber nicht die Frage nach ihrer Grundrechtsbindung. Diese wird im Ergebnis einhellig bejaht. Ob und inwieweit Grundrechte das gebieten, kann für die Fachgerichte offen bleiben, weil es für sie darauf im Ergebnis nicht ankommt. Die Regelungsmacht der Betriebspartner ist nämlich nicht grundrechtlich gewährleistet; sie wird nicht durch Art. 9 III gegen staatliche Beschränkungen geschützt. Nach einhelliger Rspr. und Lehre setzt ihr das Betriebsverfassungsgesetz selbst Grenzen. § 75 I BetrVG fordert die Behandlung nach den Grundsätzen von Recht und Billigkeit und verbietet damit unsachliche Gruppenbildung, insb. Diskriminierung wegen Abstammung, Religion, Nationalität, Herkunft, politischer und gewerkschaftlicher Einstellung oder wegen des Geschlechts. § 75 II BetrVG verpflichtet die Betriebspartner ausdrücklich, die freie Entfaltung der Persönlichkeit aller im Betrieb beschäftigten AN zu fördern und zu schützen, also auch deren grundrechtliche Freiheiten bei betrieblichen Regelungen zu wahren. Daraus ist ein **gesetzliches Übermaßverbot** zugunsten der AN abgeleitet BAG 19. 1. 1999 AP BetrVG 1972 § 87 Ordnung des Betriebes Nr. 28; 210 – BetrVG § 75 Rn. 9; *Richardi* BetrVG § 75 Rn. 37; GK-BetrVG/*Kreuz* § 75 Rn. 25, § 77 Rn. 265 mwN). Der Gestaltungsspielraum der Betriebspartner geht im Ergebnis nicht weiter, als bei unmittelbarer Geltung der Grundrechte und die Arbeitsgerichte sind verpflichtet das zu gewährleisten. Sie unterliegen insoweit der Kontrolle des BVerfG (BVerfG-Kammer 1. 9. 1997 NZA 1997, 1339). 60

Für diesen Ansatz ist die normative Wirkung der Betriebsvereinbarungen (§ 77 IV BetrVG) unerheblich. Deshalb lässt er sich zwanglos auf **Regelungsabreden** übertragen. Für die zwingenden Sprüche einer **Einigungsstelle** gilt nichts anderes. Einigungsstellen sind zwar keineswegs öffentl. Gewalt iSv. Art. 1 III GG, sondern privatrechtliche Schlichtungsstellen (allg. Meinung vgl. 210 – BetrVG § 76 Rn. 1 und 24; *Richardi* BetrVG § 76, Rn. 6 f.; *Fitting* BetrVG § 76, Rn. 81 ff.), aber ihre Kompetenz geht selbstverständlich nicht weiter als die Regelungsautonomie der Betriebspartner, an deren Stelle sie im Konfliktfall tätig werden (BVerfG-Kammer 18. 10. 1986 NZA 1988, 25, 26 – Kontoführungsgebühr). Ein zusätzliches Problem stellt sich hier insofern, als nicht nur die normunterworfenen AN betroffen sind, sondern auch der AG schutzbedürftig wird, wenn der Einigungsstellenspruch gegen seinen Willen ergeht. Im Schrifttum wird deshalb eine unmittelbare Geltung der Grundrechte analog Art. 1 III vorgeschlagen (MünchArbR/*Richardi* § 10 Rn. 35; *Canaris* JuS 1989, 167). Das ist mE nicht erforderlich (ebenso *C. J. Müller*, Die Berufsfreiheit des AG, S. 119 ff.). Es genügt die Angleichung der Rechtsstellung des AG durch entspr. Auslegung von § 76 V 3 BetrVG). 61

V. Grundrechtsverzicht/Einwilligung

1. Der Begriff „Grundrechtsverzicht" hat sich eingebürgert, obwohl er nicht passt und eher Verwirrung stiftet. Ein Rechtsgeschäft, in dem ein Grundrechtsträger gegenüber einem Grundrechtsadressaten auf ein bestimmtes Grundrecht oder dessen Ausübung total verzichtet, kommt praktisch nicht vor. Gemeint ist aber eine Problematik, die weiter ausgreift: die individuelle Verfügbarkeit von Grundrechtspositionen, vor allem die Wirksamkeit einer Einwilligung in Eingriffe und Beeinträchtigungen (*Pietzker*, Der Staat 17 [1978], 526, 531; *Sachs* vor Art. 1 Rn. 55; *Stern* Bd. III 2 § 86 II 4; Kritisch *Ruffert*, Vorrang der Verfassung, S. 244 ff.). Diskutiert werden die prinzipiellen Grenzen, die formalen Voraussetzungen und die Rechtsfolgen entspr. Verfügungen. Dabei geht es allein um rechtlich bindende Erklärungen; die bloße Hinnahme von Rechtsverletzungen und das rein tatsächliche Nichtgebrauchmachen von Grundrechten gehören nicht zum Thema. 62

63 **2. Grundsatz und Ausnahmen.** Obwohl noch viele Detailfragen klärungsbedürftig sind, besteht inzwischen weitgehende Einigkeit darüber, dass die Verfügung über Grundrechtspositionen eine wesentliche Form des Grundrechtsgebrauchs darstellt und um der personalen Selbstbestimmung willen grds. nicht beschränkt ist. Die freie Entfaltung der Persönlichkeit bedeutet ein Recht auf freies Belieben; eine Pflicht zu „verantwortungsbewusstem, vernünftigem und richtigem" Gebrauch der Grundrechte gibt es nicht (*Bleckmann* JZ 1988, 57, 58; *Robbers* JuS 1985, 925, 926; *Sachs*, vor Art. 1 Rn. 57). Deshalb können die grundrechtlich gewährleisteten Freiheiten vertraglich beschränkt werden. Dieser Grundsatz verlangt jedoch Ausnahmen zum Schutze der Grundrechtsträger selbst wie auch im Interesse der Allgemeinheit. Rang und allg. Bedeutung der betroffenen Rechtsgüter verlangen, dass den Voraussetzungen und Konsequenzen einer privatautonomen Freiheitsbeschränkung bes. Aufmerksamkeit geschenkt wird. Dabei ergeben sich Unterschiede für die einzelnen Schutzbereiche.

64 Nicht alle Grundrechte sind beliebig verfügbar. Der Grundrechtskatalog enthält auch Gewährleistungen, die zugleich **öffentl. Interessen** dienen. Soweit diese Vorrang beanspruchen, wird dadurch die individuelle Verfügbarkeit ausgeschlossen. Das geschieht ausdrücklich in **Art. 9 III GG** für Vereinbarungen, die die Koalitionsfreiheit beschränken. Aber auch Art. 3 II, 5 I 2 und 6 I verfolgen ersichtlich gesamtgesellschaftliche Ziele, die nicht zur individuellen Disposition stehen sollen (*Robbers* JuS 1985, 925, 928). Demgegenüber geht es im Arbeitsrecht vor allem um „vertragsnahe Grundrechte" (*Pietzker*, Der Staat, 17 [1978] 526, 544). Die Grundrechte des Eigentums und der Berufsfreiheit verdanken ihre praktische Bedeutung für die Grundrechtsträger gerade ihrer Verfügbarkeit. Auch für die grundrechtlich gewährleistete Vertragsfreiheit und das allg. Persönlichkeitsrecht gilt, dass ihre wissentliche und willentliche Einschränkung zugleich ihre Verwirklichung darstellt.

65 **Voraussetzung** der Grundrechtsbeschränkung als Grundrechtsgebrauch ist allerdings **Freiwilligkeit** (*Stern* Staatsrecht Bd. III 2 § 86 II 6 b; *Robbers* JuS 1985, 925, 926; *Bleckmann* JZ 1988, 57, 61). Die Entscheidung darf nicht unter Druck oder in einer Zwangslage getroffen werden. Sie muss außerdem auf einer ausreichenden Kenntnis der Sachlage beruhen. Ein pauschaler und zeitlich unbefristeter Verzicht ist deshalb bedenklich, wenn er unvorhersehbare Situationen und Rechtsfolgen einschließt. Zumindest muss dann ein jederzeitiger Widerruf möglich sein.

66 **Würdekern, Wesensgehalt:** Es ist allg. anerkannt, dass ein Grundrechtsverzicht, der gegen die Menschenwürde des Art. 1 I verstößt, unwirksam ist (*Stern* Bd. III 2 § 86 III 3 a aa; *Robbers* JuS 1985, 925, 929; *Hilgruber*, Der Schutz des Menschen vor sich selbst, 1992, S. 138). Das wird aus der Unantastbarkeit der Menschenwürde abgeleitet und im Zusammenhang mit dem Grundsatz gesehen, dass der Wesenskern der Grundrechte auf keine Weise ausgehöhlt werden darf (Art. 19 II). Die Abgrenzung dieses Kerns soll allerdings für jedes Grundrecht gesondert stattfinden und ist in der bisherigen Diskussion über vage Andeutungen noch nicht hinausgekommen. *Pietzker* weist mit Recht darauf hin, dass die Würde des Menschen auch durch seine Autonomie bestimmt wird, so dass Grundrechtsbeeinträchtigungen durch die Einwilligung des Betroffenen ihren würdeverletzenden Charakter verlieren können. Er sieht bei vertragsnahen Grundrechten eine Parallele zum Maßstab der Sittenwidrigkeit (*Pietzker*, Der Staat, 17 [1978], 526, 540, 544). Es handelt sich also um einen Vorbehalt für Extremfälle.

67 **3. Tarifverträge** beschränken Grundrechtspositionen sowohl der AG wie auch der AN – vor allem deren Vertrags- und Berufsfreiheit, aber auch Persönlichkeitsrechte der AN. Das geschieht zwar mit normativer Wirkung, aber nicht durch hoheitlichen Eingriff, sondern auf Grund privatautonomer Legitimation (s. o. Rn. 47 ff.). Damit wird hier zur zentralen Frage, in welchen Grenzen Grundrechtspositionen individuell verfügbar sind. Das ist die gleiche Frage, die auch unter dem Stichwort des Grundrechtsverzichts diskutiert wird. Die Grenze des Würdekerns und des Wesensgehalts gilt deshalb auch für TV (s. o. Rn. 55). Vorgelagert stellt sich die Frage, wie weit der Verzichtswille reicht, also inwieweit der Beitritt zu einer Gewerkschaft als Unterwerfung unter unbekannte künftige Beschränkungen von Grundrechtspositionen verstanden werden darf. Die Unterwerfung betrifft nur Regelungen im Bereich der traditionellen Arbeits- und Wirtschaftsbedingungen (s. o. Rn. 52 ff.). Aber auch die Intensität der Freiheitsbeschränkung spielt eine Rolle. Unzumutbare Beschränkungen des allg. Persönlichkeitsrechts und der unternehmerischen Freiheit werden nicht erwartet und in Kauf genommen werden. Vor allem ist auszuschließen, dass AN oder AG durch ihren Beitritt zu einem tarifschließenden Verband gleichheitswidrige Benachteiligungen oder gar Diskriminierungen hinnehmen wollen (s. o. Rn. 57 ff.).

VI. Grundrechtskonkurrenz und -kollision

68 **1. Grundrechtskonkurrenz** ergibt sich, wenn mehrere **Grundrechte gleichgerichtet** für denselben Grundrechtsträger und in Bezug auf denselben Sachverhalt eingreifen, wenn also die umstrittene Grundrechtsbetroffenheit im Überschneidungsfeld der Schutzbereiche mehrerer Grundrechte liegt. Das ist fast regelmäßig der Fall, selbst wenn man von dem Auffanggrundrecht der allg. Handlungsfreiheit (Art. 2 I) absieht. Ein Musterbeispiel bietet das Mitbestimmungsurteil, wo nacheinander die Art. 14, 9 I, 12 und 2 I geprüft wurden (BVerfG 1. 3. 1979 E 50, 290 = AP MitbestG § 1 Nr. 1).

Ebenso häufig ist das Zusammentreffen von Freiheits- und Gleichheitsrechten. So lässt sich eine unverhältnismäßige Beschränkung der Berufsfreiheit regelmäßig auch als sachwidrige und wettbewerbsverzerrende Gruppenbildung darstellen, also als Verletzung des Art. 3 I rügen. Freiheits- und Gleichheitsrechte schließen sich nicht aus, sondern ergänzen sich.

Für das Verhältnis mehrerer einschlägiger Grundrechte gilt die **Spezialitätsregel**. Die spezielleren Freiheitsrechte verdrängen Art 2 I (s. u. Art. 2 Rn. 9 f.). Das Gleiche gilt für die spezielleren Gleichheitsrechte im Verhältnis zu Art. 3 I (s. u. Art. 3 Rn. 5 ff.). Für die speziellen Freiheitsrechte lässt sich eine Rangordnung oder systembezogene Relation unabhängig von der jeweils umstrittenen Grundrechtsbetroffenheit kaum feststellen. Das BVerfG prüft deshalb nur, welches Grundrecht „im Vordergrund steht"; „die stärkere sachliche Beziehung zu dem zu prüfenden Sachverhalt hat" oder gegen welches Grundrecht sich der „Schwerpunkt des Eingriffs" richtet (**Meistbetroffenheitsregel**). Führt dieses pragmatische Verfahren zu keinem klaren Ergebnis, wendet das BVerfG die konkurrierenden Grundrechte nebeneinander an. Es lässt die Konkurrenz oft dahingestellt, wenn schon eines der in Betracht kommenden Grundrechte zum Erfolg einer Verfassungsbeschwerde führt (BVerfG 29. 11. 1967 E 22, 380, 386). Die Wissenschaft bemüht sich noch um eine klarere Strukturierung des Problems (vgl. *Stern* Bd. III 2 § 92). 69

2. Grundrechtskollision ergibt sich beim Zusammentreffen **gegensätzlicher Grundrechtspositionen**. Die Möglichkeit eines solchen Konflikts beruht darauf, dass die Grundrechte nicht nur Abwehr gegen hoheitliche Eingriffe gewährleisten, sondern darüber hinaus auch Schutz und Teilhabe (s. o. Rn. 33 ff.). Dadurch können **Dreieckskonstellationen** entstehen: Zwei Grundrechtsträger treten dem Staat gleichzeitig, aber mit gegensätzlichen subjektiven Rechten gegenüber – der eine abwehrend, der andere fordernd. Beide Grundrechtspositionen müssen sich hier einschränken lassen. Schon die erste Drittwirkungsentscheidung des BVerfG, das Lüth-Urteil (15. 1. 1958 E 7, 198) stand vor diesem Problem: Die Meinungsfreiheit des Beschwerdeführers Lüth musste auf Kosten der Berufsfreiheit von Filmverleihern und Theaterbesitzern geschützt werden. „Bes. kollisionsträchtig sind die Rechtsbeziehungen zwischen AN und AG" (*Stern* Bd. III 2 § 82 III 1 b); nahezu alle Grundrechte können in dieser Rechtsbeziehung betroffen sein, entweder in ihrer Abwehrfunktion oder in ihrer Schutzfunktion. Bei der Koalitionsfreiheit wird die Kollision mit der Privatautonomie sogar ausdrücklich geregelt (Art. 9 III 2). 70

Das BVerfG fordert im Anschluss an *K. Hesse* (Grundzüge des Verfassungsrechts, Rn. 317 ff.) eine Kollisionsauflösung durch Grundrechtsbegrenzung im Wege **„praktischer Konkordanz"**. Es gehe um ein „Prinzip des schonendsten Ausgleichs" sagt das BVerfG (25. 2. 1975 E 39, 1, 43 – Schwangerschaftsabbruch I). Beiden Grundrechten müssten Grenzen gezogen werden, damit beide zu optimaler Wirkung gelangen könnten. Das BVerfG hat sich dabei nicht auf ein bestimmtes Verfahren festgelegt, auch nicht geklärt, ob die erforderliche Einschränkung schon den Schutzbereich der beteiligten Grundrechte betrifft oder nur bes. Eingriffe rechtfertigt (dazu *Pieroth/Schlink* Rn. 348 ff.). Entscheidend sei die Bedeutung der konfligierenden Grundrechte in der konkreten Fallkonstellation. *Stern* bezeichnet das als **„abstrakt – konkrete Güterabwägungsmethode"** (Staatsrecht Bd. III 2 § 82 III 3 c). Immerhin lassen sich einige wenige Grundsätze herausschälen (dazu Rn. 76 ff.). 71

Einzelheiten sind bei der Kommentierung der Grundrechte darzustellen, und zwar speziell im Zusammenhang mit ihrer Schutzfunktion. (Zur Vertragsfreiheit: Art. 2 Rn. 14; zum Persönlichkeitsschutz: Art. 2 Rn. 67; zur Glaubensfreiheit: Art. 4 Rn. 20; zur Meinungsfreiheit Art. 5 Rn. 19 usw.). In abgewandelter Form wird das Problem auch als **ungeschriebener Schrankenvorbehalt** diskutiert (vgl. Art. 2 Rn. 65 f., Art. 4 Rn. 18 f. und 67, Art. 5 Rn. 24 usw.). Das halte ich für problematisch. Dieser Ansatz vergrößert zum einen den „Schrankenwirrwarr" (Ausdruck von *Bettermann*, Grenzen der Grundrechte, S. 3); zum anderen vermischt er die Kontrollmethoden der praktischen Konkordanz und des Verhältnismäßigkeitsgrundsatzes, die nicht notwendigerweise zum gleichen Ergebnis führen müssen. Einigkeit besteht immerhin, dass der Ausgleich kollidierender Grundrechte **nicht** gleichbedeutend ist mit einem **Interessenausgleich** der beteiligten Grundrechtsträger durch praktische Konkordanz. Der Ausgleich führt noch nicht zu einem bestimmten Regelungsprogramm, das der Gesetzgeber nur umsetzen müsste, oder zu einer konkreten Fallösung, die allein verfassungskonform wäre. Nur der verfassungsrechtliche Rahmen, Maßstab für die Bestimmung des Übermaß- und des Untermaßverbots, ist im Blick auf die kollidierenden Grundrechte durch praktische Konkordanz zu bestimmen. 72

VII. Auslegung und Anwendung der Grundrechte

1. Verfassungsauslegung. Die Methode der Auslegung von Grundrechten war immer und ist bis heute Gegenstand heftiger Auseinandersetzungen. Die Gründe dafür liegen auf der Hand: Schon der appellative und höchst abstrakte Text der Grundrechtsartikel entspricht nicht dem normalen Erscheinungsbild gesetzlicher Vorschriften (zur sprachlichen Struktur *Hilf* HbStR VII § 161). Vor allem aber sind ihr Rang in der Normenhierarchie und ihre funktionale „Mehrdimensionalität" innerhalb des Verfassungsganzen mit den klassischen Interpretationsgrundsätzen nicht abschließend zu erfassen. 73

Zwar besteht Einigkeit, dass der Normcharakter der Grundrechte nicht verwässert werden darf und dass die „möglichen Sinnvarianten" zunächst in der klassischen Weise mit Hilfe des Wortlauts, der Systematik, der Entstehungsgeschichte und des Zwecks ermittelt werden müssen, aber ebenso einhellig wird nach weiterführenden Interpretationsmethoden gesucht, um das Bes. der Grundrechte zu erfassen (vgl. die Übersichten bei *K. Hesse*, Rn. 49 ff.; *Stern* Bd. III 2 § 95; *Sachs*, vor Art. 1 Rn. 60 und *Starck* HbStR VII § 164; ferner die klassischen und vielzitierten Analysen von *Böckenförde* NJW 1974, 1529 ff. und 1976, 2089). Das **BVerfG** hat sich auf keine der diskutierten Methoden festlegen lassen. Es beruft sich zwar auf die klassischen Auslegungsgrundsätze und verfassungsimmanente Regeln, arbeitet aber von Fall zu Fall mit topischen Argumentationsmustern (kritisch-analytische Überblicke bei *Roellecke*, FS BVerfG, [1976] II S. 22 ff. und *Lerche* FS BVerfG 2001 I S. 333 ff.).

74 Um die Beliebigkeit der Ansätze rational diskutieren zu können und der Auslegungsdiskussion einen festen Rahmen zu bieten, wurde versucht, **Grundrechtstheorien** herauszuarbeiten und den verschiedenen Auslegungsergebnissen im Meinungsstreit zuzuordnen. Es handelt sich um Grundansichten allg. Art über Zwecke und Struktur der Grundrechte. *Böckenförde* stellte fünf unterschiedliche Ansätze einander gegenüber: eine liberale (bürgerlich-rechtsstaatliche), eine institutionelle, eine demokratisch-funktionale, eine sozialstaatliche und eine Werttheorie. Aber er legte sich selbst nicht fest und erkannte auch zutreffend, dass sich das BVerfG auf verschiedene seiner Grundrechtstheorien stützt (NJW 1974, 1529, 1536). Seine Definitionen erfassen nur Teilaspekte und sind in ihren Begriffsebenen zu unterschiedlich, als dass sie zu einer abschließenden Ordnung zusammengefügt werden könnten (vgl. *Alexy*, Theorie der Grundrechte, S. 39 f. und 508 ff.). Der Ansatz wird im Schrifttum nicht weiter verfolgt (*Stern* Staatsrecht Bd. III 2 § 95 III 3).

75 Die Offenheit der Grundrechte für neue problembezogene Konkretisierungen würde zur Gefahr für die normative Effizienz und schrankensetzende Kraft der Verfassung, wenn deren Auslegung und Anwendung einer „offenen Gesellschaft" überlassen wäre, die Konkretisierung sich also in der Praxis erst entwickeln müsste (so *Häberle* JZ 1975, 297 ff.). Das ist jedoch nicht der Fall. Die letztverbindliche Konkretisierungskompetenz ist dem **BVerfG** zugewiesen. „We are under a Constitution, but the Constitution is, what the judges say it is" (Justice *O. W. Holmes*, zitiert nach *Stern* Bd. III 2 S. 1640). Die Entscheidungssammlung des BVerfG erweist sich damit als maßgebende Erkenntnisquelle der Grundrechtsinterpretation und die Arbeit mit **Präjudizien** wird für alle Grundrechtsadressaten, vor allem aber für die Rspr. der Fachgerichte unverzichtbar. Auch das BVerfG selbst muss mit dem eigenen Präjudizienbestand arbeiten. Es kann zwar seine Rspr. ändern, aber jede einzelne Fallentscheidung muss auf älteren Entscheidungen aufbauen und künftige Streitfälle so weit als möglich vorausschauend einbeziehen (*Starck* HbStR § 164 Rn. 22).

76 **2. Abwägungsprobleme.** Neben Auslegungsfragen erweisen sich Abwägungsprobleme zunehmend als die schwierigeren und allein fallentscheidenden Aufgaben. Sie stellen sich typischerweise im Rahmen der Verhältnismäßigkeitsprüfung (Rn. 27 f.) und der Verhältnismäßigkeitskontrolle bei Differenzierungen (Art. 3 Rn. 40 ff.), in anderer Form auch bei grundrechtlichen Schutzpflichten und der Ermittlung des gebotenen Mindestschutzes (Rn. 38), vor allem aber bei Grundrechtskollisionen im Rahmen der Herstellung „praktischer Konkordanz" (Rn. 70 f.). Die neuere Rspr. des BVerfG hat die Zahl solcher Abwägungsaufgaben erheblich vermehrt. Damit gewinnt die Suche nach rational handhabbaren Abwägungskriterien und einer kontrollierbaren Abwägungsmethode bes. Bedeutung.

77 **Drei Abwägungsaspekte** sind zu unterscheiden und bei allen Abwägungsprogrammen (neben formal rechtsstaatlichen Kriterien) zu berücksichtigen und zu gewichten: (1) Die Intensität der jeweils umstrittenen Freiheitsbeschränkung (Eingriffsintensität) bzw. der Grad und die Wirkung einer Ungleichbehandlung; (2) Rang und Gewicht des damit verfolgten Ziels, also des Eingriffszwecks bzw. des Differenzierungsgrundes; (3) Bedeutung und spezieller Gehalt des betroffenen Grundrechts bzw. der kollidierenden Grundrechtspositionen in Bezug auf das jeweils umstrittene Regelungsproblem. Alle drei Abwägungsschritte sind durch die Verfassung vorgeprägt. Das Grundgesetz enthält Leitprinzipien, die immer berücksichtigt werden müssen.

78 Die **Menschenwürdegarantie** in Art. 1 I gilt als Leitprinzip für die Auslegung aller Grundrechte (Art. 1 Rn. 9). Das BVerfG berücksichtigt es auch bei der Würdigung von Eingriffsintensitäten, indem es der personalen Betroffenheit stärkeres Gewicht zumisst als rein wirtschaftlichen Nachteilen (vgl. die Unterscheidung von Unternehmensinhaberschaft und bloßem Anteilseigentum sowie von Klein- und Großunternehmen (BVerfG 1. 3. 1979 E 50, 290, 341 f., 364 f. = AP MitbestG § 1 Nr. 1 unter C III 1 b und 3 a bb). Darüber hinaus werden auch Eingriffsziel oder Differenzierungsgrund in ihrem verfassungsrechtlichen Gewicht durch ihren personalen Bezug und damit durch die Menschenwürdegarantie entscheidend geprägt (BVerfG 18. 6. 1975 E 40, 121, 133 f. – Waisenrente; 21. 6. 1977 E 45, 187, 227 – lebenslange Freiheitsstrafe; 29. 5. 1990 E 82, 60, 85 f. = NJW 1990, 2869 unter C III 2 – Steuerfreibetrag). Folgerichtig müssen diese Kriterien auch bei der Herstellung praktischer Konkordanz zur Geltung kommen.

79 Das **Sozialstaatsprinzip** wird vom BVerfG in ähnlicher Weise als Wertungsmaßstab verwandt. Es dient der Rechtfertigung von Ungleichbehandlungen aber auch von sozialrechtlichen Typisierungen, also einer Rechtfertigung der Gleichbehandlung von Ungleichem (BVerfG 2. 3. 1999 E 99, 367, 395 =

VII. Auslegung und Anwendung der Grundrechte **Einl. GG 10**

NZA 1999, 435, 439 oben; eingehend *V. Neumann* DVBl. 1997, 92, 94 f.). Ebenso wirkt das Sozialstaatsprinzip bei der Verhältnismäßigkeitsprüfung eingriffslegitimierend. Schon die Bedeutung des Eingriffszwecks wird vom BVerfG mit seiner Hilfe gewertet. Das Sozialstaatsprinzip kann danach uU sogar Berufswahlbeschränkungen (BVerfG 4. 4. 1967 E 21, 245, 251 = AP AVAVG § 35 Nr. 2 unter C III 3 b) und Eingriffe in die Tarifautonomie rechtfertigen (BVerfG 27. 4. 1999 E 100, 271 = AP GG Art. 9 Nr. 88). Bes. Bedeutung hat das Sozialstaatsprinzip für die Entwicklung und Strukturierung grundrechtlicher Schutzpflichten (vgl. BVerfG 7. 2. 1990 E 81, 242, 255 = AP GG Art. 12 Nr. 65 unter C I 3). Dass die formale Freiheitsgewährung sinnlos ist, wenn die tatsächlichen Voraussetzungen für ihre Nutzung fehlen, die Schutzfunktion der Grundrechte also eine Voraussetzung ihrer Wirksamkeit darstellt, entspricht einem sozialstaatlichen Grundrechtsverständnis, das folglich auch für die Bestimmung des Schutzminimums maßgebend sein muss. Das Sozialstaatsprinzip ist nicht nur Thema der Grundrechts- oder Staatstheorie, sondern wichtige Antriebskraft bei der Entfaltung der Grundrechte (*V. Neumann* DVBl. 1997, 92, 17; *U. Preis*, SGb 1999, 329, 332; *Zacher* HbStR § 25 Rn. 35 und 100; aA *Ruffert*, Vorrang der Verfassung, S. 197 ff.).

3. Aufgaben der Fachgerichte. a) Auslegung und Rechtsfortbildung. Obwohl das BVerfG als 80 letztverbindliche Instanz über die Auslegung und Anwendung der Grundrechte zu wachen hat, ist den Fachgerichten aller Gerichtszweige und Instanzen eine zentrale Rolle zugewiesen. Sie haben das „einfache Recht" im Lichte der Grundrechte zu entfalten, sind zu **verfassungsgeleiteter Auslegung** verpflichtet. Vor allem bei der Ausfüllung unbestimmter Rechtsbegriffe und der Konkretisierung von Generalklauseln sind ihnen Abwägungsaufgaben gestellt, die sich an den übergeordneten Grundsatzentscheidungen der Grundrechte orientieren müssen. Das ist bes. evident, wo das Gesetz erklärtermaßen grundrechtliche Schutzpflichten erfüllen will (vgl. BVerfG 16. 11. 1993 E 89, 276 = AP BGB § 611 a Nr. 9), gilt aber ebenso für ganz „neutrale" Generalklauseln (BVerfG 19. 10. 1993 E 89, 214 = AP GG Art. 2 Nr. 35) und für jede Form der Rechtsfortbildung (BVerfG 12. 11. 1997 E 96, 375, 398 f.). Sogar dann, wenn das Gericht selbst im Wege des Richterrechts Abwägungsprogramme durch Auslegung entwickelt, muss es sich bei ihrer Anwendung an den Zielvorgaben der Grundrechte orientieren; es ist hier also nach dem ersten Schritt, der noch keinen grundrechtlichen Vorgaben folgte, beim zweiten Schritt weniger frei (vgl. BVerfG 19. 5. 1992 E 86, 122 = AP GG Art. 5 I Meinungsfreiheit Nr. 12; BAG 14. 9. 1994 AP BGB § 626 Verdacht strafbarer Handlungen Nr. 24 unter II 3 c).

Von der verfassungsgeleiteten Auslegung, die bei der Wahl zwischen mehreren verfassungsmäßigen 81 Auslegungsalternativen die verfassungsnächste zu wählen hat, ist die **verfassungskonforme Auslegung** zu unterscheiden. Sie ist nach st. Rspr. und allgA dann geboten, wenn mit den anerkannten Auslegungsgrundsätzen ambivalente Ergebnisse erzielt werden können, die teils verfassungswidrig, teils aber verfassungsgemäß sind. Hier hat das Gericht keinen Spielraum; es muss sich für die verfassungsgemäße Auslegung entscheiden (vgl. die zahlreichen Nachweise bei *Sachs* Einf. Rn. 52 ff.; *Schlaich*, Das BVerfG, Rn. 407 ff.; *Stern* Bd. III 2 § 90 II 3). Es kann eine problematische Vorschrift nicht einmal im Wege der Richtervorlage vom BVerfG prüfen lassen, bevor die Möglichkeit der verfassungskonformen Auslegung eindeutig ausgeschlossen wurde (BVerfG 12. 2. 1992 E 85, 329, 333 = NJW 1992, 1951 unter C II 1). Die dafür bestehenden Auslegungsspielräume sieht das BVerfG keineswegs eng bemessen. Der Wortlaut markiert nicht etwa die Grenze einer verfassungskonformen Auslegung (BVerfG 30. 3. 1993 E 88, 145, 166 = NJW 1993, 2861 unter C II 1 zur Lückenschließung; BVerfG-Kammer; 7. 4. 1997 NZA 1997, 773 f. zur teleologischen Reduktion).

b) Richtervorlage. Kommt das Fachgericht in einem Rechtsstreit zu der Überzeugung, dass eine 82 entscheidungserhebliche Vorschrift das Grundgesetz verletzt und auch nicht verfassungskonform ausgelegt werden kann, so muss es das Verfahren aussetzen und im Wege der Richtervorlage eine Entscheidung des BVerfG einholen (Art. 100 mit §§ 80 ff. BVerfGG). Die **Verwerfungskompetenz** liegt also allein beim **BVerfG**. Dieses nimmt sie allerdings nur für formelle und **nachkonstitutionelle Gesetze** in Anspruch (teleologische Reduktion). Die Unterscheidung von vor- und nachkonstitutionellen Normen ist keineswegs einfach, weil Gesetzesänderungen nach dem 23. 5. 1949 oft nicht klar werden lassen, welche Regelungen in den gesetzgeberischen Willen aufgenommen wurden (Nachw. bei *Lechner/Zuck* BVerfGG § 80 Vorb. Rn. 36; anschauliches Beispiel: BAG-Vorlage 16. 3. 1982 AP GewO § 124 b Nr. 2; Zurückweisung BVerfG 14. 6. 1983 E 64, 217 = AP GewO § 124 b Nr. 3). Inzwischen hat sich das Problem praktisch erledigt, weil es kaum noch Vorschriften geben wird, die in einem halben Jahrhundert gesetzgeberisch völlig unberührt geblieben sind. In den neuen Bundesländern bleibt allerdings die Ausnahme für diejenigen **Gesetze der DDR** aktuell, die nach Art. 9 II EVertr. in Kraft geblieben sind (BVerfG 21. 12. 1997 E 97, 117 = NJW 1998, 1699).

Die Richtervorlage nach Art. 100 unterscheidet sich von der Vorlage an den EuGH nach Art. 234 83 EGV durch ihre **strengen Voraussetzungen.** Auslegungszweifel und verfassungsrechtliche Bedenken genügen nicht. Das vorlegende Gericht muss sich eine abschließende Überzeugung bilden und diese auch eingehend begründen. Vor allem muss die **Entscheidungserheblichkeit** abschließend geklärt sein. Das vorlegende Gericht muss also die für verfassungswidrig gehaltene Norm zunächst hypothetisch anwenden und auch alle danach erheblichen Tatfragen durch Beweisaufnahme klären. Zu den vielfältigen Einzelfragen des konkreten Normenkontrollverfahrens vgl. *Lechner/Zuck* BVerfGG § 80; *H. Klein* in Umbach/Clemens BVerfGG § 80; *E. Klein* in Benda/Klein, Verfassungsprozessrecht, Rn. 691 ff.; *Schlaich/Korioth,* Das BVerfG, Rn. 126 ff.; zur Konkurrenz von Art. 100 GG mit Art. 234 EG vgl. *Wißmann* – 20 – EG Art. 234 Rn. 39 ff.).

84 c) **Nach Zurückverweisung.** Die Entscheidungen der Fachgerichte können von jedermann im Wege der **Verfassungsbeschwerde** mit der Begründung angegriffen werden, sie verletzten seine Grundrechte (Art. 93 I Nr. 4a mit §§ 90 ff. BVerfGG). Hat die Verfassungsbeschwerde Erfolg, so wird die angegriffene Entscheidung aufgehoben und die Sache zurückverwiesen. Die weitere Aufgabe des Fachgerichts richtet sich dann nach dem Inhalt der verfassungsgerichtlichen Beanstandung. **Drei Arten von Beanstandungen** sind dabei scharf zu unterscheiden. Sie entspr. der Art der Grundrechtsverletzung.

85 Beanstandet das BVerfG die **Rechtsgrundlage** der angegriffenen Entscheidung, hält es also schon das Gesetz für verfassungswidrig, auf das die Entscheidung sich stützt (Beispiel: BVerfG 7. 2. 1990 E 81, 242 = AP GG Art. 12 Nr. 65), so unterscheidet sich das weitere Verfahren nicht von demjenigen einer Richtervorlage nach Bestätigung durch das BVerfG. Die beanstandete Vorschrift, die für nichtig oder für unvereinbar mit dem GG erklärt wurde, darf nun nicht mehr angewandt werden. Grds. ist das Verfahren auszusetzen, bis der Gesetzgeber für Ersatz gesorgt hat (*Heußner* NJW 1982, 257). Oft wird dem Gesetzgeber eine Frist eingeräumt (vgl. BVerfG 10. 11. 1998 E 99, 202 = AP AFG § 128a Nr. 3). Das BVerfG legt aber den Fachgerichten gelegentlich nahe, mit Hilfe zivilrechtlicher Generalklauseln wenigstens vorläufig im Wege des Richterrechts auszuhelfen (Beispiel: BVerfG 30. 5. 1990 E 82, 126 = AP BGB § 622 Nr. 28). Sie müssen dann allerdings ebenso wie der eigentlich zuständige Gesetzgeber dafür sorgen, dass sich im Rückwirkungszeitraum keine Überforderung ergibt (BVerfG 27. 11. 1997 E 97, 35, 48 = AP RuhegG Hamburg § 3 Nr. 2).

86 Oft beanstandet das BVerfG aber nicht die Rechtsgrundlage einer Entscheidung, sondern lediglich deren **Auslegung und Anwendung** durch die Rspr. Dabei setzt es sich nicht an die Stelle der Fachgerichte, indem es selbst einfaches Recht mit den Mitteln der klassischen Auslegungsmethode konkretisiert und den Ausgangsfall darunter subsumiert. Vielmehr markiert es nur die **Grenzen,** die die Grundrechte einer Auslegung setzen. Solche Grenzmarken können dazu führen, dass entweder das Ergebnis oder die Methode zu beanstanden sind.

87 Das **Entscheidungsergebnis** verstößt dann gegen Grundrechte, wenn selbst der Gesetzgeber es nicht anordnen dürfte („**Schumannsche Formel**"). Als Beispiele können alle Entscheidungen dienen, in denen das BVerfG eine verfassungskonforme Auslegung gefordert hat. Sie sind stets dadurch gekennzeichnet, dass der Eingriff in eine grundrechtliche Freiheit zu weit ging oder der gewährleistete Mindestschutz zu schwach war oder für eine Unterscheidung ausreichende Gründe fehlten, jedoch die einfachrechtliche Lage flexibel genug erschien, um angemessene Lösungen zuzulassen. Das BVerfG hebt in diesen Fällen das angegriffene Urteil auf und überlässt es den Fachgerichten, bessere Lösungen zu entwickeln, die das verfassungswidrige Ergebnis vermeiden (Beispiel: BVerfG 24. 4. 1991 E 84, 133 = AP GG Art. 12 Nr. 70; vgl. dazu *Dieterich* RdA 1992, 330; *ders.* WM 2000, 11).

88 Noch ergebnisoffener ist die Beanstandung, wenn das BVerfG lediglich das **Abwägungsprogramm** kritisiert, mit dessen Hilfe das Fachgericht seine Meinung gebildet hat. So wird verfahren, wenn die Entscheidungsgründe erkennen lassen, dass die Bedeutung von Grundrechten und der Umfang ihres Schutzbereichs grundlegend verkannt wurde („**Hecksche Formel**": BVerfG 10. 6. 1964 E 18, 85, 92 f. = AP BVerfGG § 90 Nr. 1). Hier muss das Fachgericht die verfassungsrechtlich gebotene Abwägung lediglich nachholen und dabei die Ausstrahlungswirkung des ursprünglich vernachlässigten Grundrechts berücksichtigen. Es ist dann nicht gehindert, dennoch wieder zum gleichen Ergebnis zu kommen (Beispiel: BVerfG 19. 5. 1992 E 86, 122 = AP GG Art. 5 I Meinungsfreiheit Nr. 12), zumindest nach ergänzender Aufklärung des Sachverhalts (Beispiele: BVerfG 14. 11. 1995 E 93, 352 = AP GG Art. 9 Nr. 80; BVerfG-Kammer 1. 9. 1997 – NZA 1997, 1339). Wie sehr die verfassungsgerichtliche Abwägungskritik in der Öffentlichkeit verkannt wird, haben die erregten Stellungnahmen zum „Soldaten-sind-Mörder-Beschluss" (BVerfG 10. 10. 1995 E 93, 266 = NJW 1995, 3303) bes. deutlich gemacht. Das BVerfG hatte darin nicht generelle Straffreiheit, sondern nur eine sorgfältigere Berücksichtigung der Meinungsfreiheit gefordert.

Art. 1 [Schutz der Menschenwürde]

(1) [1] Die Würde des Menschen ist unantastbar. [2] Sie zu achten und zu schützen, ist Verpflichtung aller staatlichen Gewalt.

(2) Das Deutsche Volk bekennt sich darum zu unverletzlichen und unveräußerlichen Menschenrechten als Grundlage jeder menschlichen Gemeinschaft, des Friedens und der Gerechtigkeit in der Welt.

(3) Die nachfolgenden Grundrechte binden Gesetzgebung, vollziehende Gewalt und Rechtsprechung als unmittelbar geltendes Recht.

I. Bedeutung und Eigenart

Der erste Artikel des Grundgesetzes ist keine normale Verfassungsnorm. **Art. 1 I und II** erinnern 1
an Spruchbänder. Nicht zufällig zieren sie Gerichtsgebäude und Sitzungssäle. Auch die EU eröffnet ihre neue Charta der Grundrechte in Art. 1 mit fast denselben Worten. Ganz unverkennbar sollen die geistesgeschichtlichen Wurzeln des Staates sichtbar werden. Mit einem **Bekenntnis** zur Würde des Menschen und zu unveräußerlichen Menschenrechten knüpften die Verfassungsväter und -mütter an die naturrechtliche Tradition und an die französische Deklaration der Menschenrechte vom 26. 8. 1789 an, um sich von dem nationalsozialistischen Unrechtsregime scharf abzugrenzen (zur Ideengeschichte vgl. *Zippelius*, Bonner Kom., Rn. 2 ff.; *Starck* in *v. Mangoldt/Klein* Rn. 3 ff.; *Enders.*, Die Menschenwürde in der Verfassungsordnung, 1997, S. 163 ff.). Aber zugleich soll Art. 1 auch die rechtliche Verbindlichkeit einer **Verfassungsnorm** erreichen ("unantastbar" (I), "unverletzlich und unveräußerlich" (II) "unmittelbar geltendes Recht" (III). *Carlo Schmid* sprach bei den Beratungen von einer "Generalklausel für den ganzen Grundrechtskatalog". Der Artikel sei "der eigentliche Schlüssel für das Ganze" (Der Parlamentarische Rat 1948–1949, Akten und Protokolle, Bd. V, S. 64).

Trotz dieser Ambivalenz besteht Einigkeit, dass die Menschenwürdegarantie nicht nur ethisches 2
Bekenntnis und Programm, sondern als **"richtungweisende Wertentscheidung"** eine Norm des objektiven Verfassungsrechts ist. Streit besteht nur über die Art seiner normativen Wirkung. Die herrschende Lehre nimmt an, es handele sich um ein echtes **Individualgrundrecht**, das auch mit der Verfassungsbeschwerde durchgesetzt werden kann (*Höfling* in *Sachs*, Rn. 3 ff.; *Benda* HbVerfR § 6 Rn. 7, 8; *Starck* in *v. Mangold/Klein*, Rn. 24; *Stern*, Bd. III 1, § 58 II 5; *Pieroth/Schlink*, II Rn. 380; *Zippelius*, Bonner Kom., Rn. 28). Das BVerfG scheint der hL zuzuneigen; jedenfalls hat es entspr. Verfassungsbeschwerden nicht als unzulässig bezeichnet (vgl. Nachw. bei *Stern*, Bd. III 1 § 58 Fn. 111) und einmal beiläufig von einem "Grundrecht" gesprochen (19. 10. 1982 E 61, 126, 137). Die Gegenmeinung will Art. 1 I nur als Grundprinzip ansehen, das in flexibler Weise auf das Verständnis aller Grundrechte und der gesamten Verfassungsordnung einwirke (*Dreier*, Rn. 72 mwN in Fn. 183; *Dürig* in *Maunz/Dürig*, Rn. 4). Für die arbeitsrechtliche Praxis hat die Kontroverse kaum Bedeutung; auch die Mindermeinung verlangt nämlich die Beachtung und Realisierung der Menschenwürdegarantie in allen Einzelregelungen des einfachen Rechts und bei der Auslegung der übrigen Grundrechte (zu den Wirkungen Rn. 8 ff.).

Daraus ergibt sich ein **Konkretisierungsdilemma** (*Höfling*): Zum einen erlaubt die normative 3
Offenheit der Menschenwürdegarantie keine gegenständliche Abgrenzung von den Schutzbereichen anderer Grundrechte; zum anderen ist die weite Generalklausel mit keinem Gesetzesvorbehalt verbunden. Die "Unantastbarkeit" der Menschenwürde lässt nicht einmal Beschränkungen zum Zwecke des Ausgleichs mit anderen Grundrechten zu (BVerfG 3. 6. 1987 E 75, 369, 380). Die Auslegung muss deshalb einen Mittelweg suchen. Auf der einen Seite ist zu vermeiden, Art. 1 I als Leerformel verblassen zu lassen. Auf der anderen Seite darf aber das Bemühen seiner Anwendbarkeit auch nicht zu konturloser Ausweitung führen (zur Konkretisierung Rn. 5 ff.).

Im Gegensatz dazu ist **Art. 1 III** von großer juristischer Klarheit und verfassungsrechtlicher Be- 4
stimmtheit. Die Norm kennzeichnet die Grundrechtsadressaten (dazu näher Einl. Rn. 10 ff.) und verlangt ihre Bindung an die Grundrechte als unmittelbar geltendes Recht. Das GG entscheidet damit eine Prinzipienfrage der Weimarer Republik. Damals galten Grundrechte entweder nur als Programmsätze oder allenfalls mit Bindungswirkung für Verwaltung und Justiz, also nur "im Rahmen der Gesetze" (*Krüger* DVBl. 1950, 626). Jetzt stellt Art. 1 III klar, dass sich der Einzelne auf die Grundrechte als subjektive Rechte berufen kann, auch gegenüber dem Gesetzgeber. Das BVerfG hat immer wieder auf Grund von Verfassungsbeschwerden Gesetze für verfassungswidrig erklärt und damit den Grundrechten eine bis dahin kaum vorstellbare Kraft und Bedeutung verschafft.

II. Inhalt der Menschenwürdegarantie

Menschenwürde ist keine Bezeichnung eines Schutzbereiches, der neben den Freiheitsgewährleis- 5
tungen stünde und gegen sie abgegrenzt werden könnte. Es geht nicht um einen spezifischen Lebensausschnitt, sondern um den existenziellen Kern, um die Subjektqualität des Individuums. Art. 1 I schützt nicht bestimmte Handlungen oder Handlungsfelder, sondern ist in seiner umfassenden Allgemeinheit eine **"modal ausgerichtete" Basisnorm** (*Höfling* JuS 1995, 857, 858), insoweit vergleichbar mit Art. 3 (vgl. Art. 3 Rn. 9). Da auch alle "nachfolgenden Grundrechte" mehr oder weniger starken Menschenwürdebezug haben, kann man sagen, dass sie alle "im Dienste der Würde des Menschen" stehen (*Häberle* HbStR I § 20 Rn. 57).

Der modale Charakter der Menschenwürdegarantie hat zur Folge, dass seine Konkretisierung bei 6
dem **Verletzungsvorgang** ansetzen muss. Es kommt darauf an, unter welchen Umständen und mit welcher Intensität in die Lebenssphäre des Einzelnen eingedrungen wird. Das BVerfG betont jedoch, dass eine allg. Definition würdeverletzender Eingriffe nicht möglich sei (15. 12. 1970 E 30, 1, 25 = AP Art. 10 Nr. 1). Immerhin könne die **Objektformel** *Dürigs* die Richtung andeuten. Danach ist die

Menschenwürde betroffen, „wenn der konkrete Mensch zum Objekt, zu einem bloßen Mittel, zur vertretbaren Größe herabgewürdigt wird" (*Maunz/Dürig* Rn. 28, 34). Aber die Schwäche dieser Formel ist offensichtlich: Sie ist zu weit gefasst, um würdeverletzende Eingriffscharakteristika deutlich machen zu können, und deshalb beliebig einsetzbar (*Hoerster* JuS 1983, 93, 94). Demgegenüber war der Eingrenzungsversuch des BVerfG im Abhörurteil nach einhelliger Meinung wiederum zu eng. Danach sollte es auf **subjektive Merkmale**, nämlich die „willkürliche Missachtung" und „verächtliche Behandlung" ankommen (15. 12. 1970 E 30, 1, 26 = AP Art. 10 Nr. 1). Die Intention des Verletzers ist jedoch für die grundrechtliche Bewertung eines Eingriffs prinzipiell unerheblich (zu den verschiedenen Ansätzen: *Höfling* in *Sachs* Rn. 12 ff.; *Dreier* Rn. 37 ff.; *Benda* HbVerfR § 6 Rn. 14 ff.; *Starck* in *v. Mangoldt/Klein* Rn. 16).

7   Als vorläufiges Ergebnis lässt sich festhalten, dass die Menschenwürdegarantie die **elementare Substanz menschlicher Persönlichkeit** schützt, also den Kernbereich der Individualität, Identität und Integrität, der schlechthin unantastbar bleiben muss und keiner Relativierung durch Abwägungen oder gesetzliche Einschränkungen zugänglich ist (*Höfling* in *Sachs* Rn. 17 f.; *Dreier* Rn. 44; ähnlich *Häberle* HbStR I § 20 Rn. 46 ff. mit berechtigter Betonung der Kulturabhängigkeit aller Abgrenzungsversuche). Die Menschenwürde kann nicht genommen werden; verletzbar ist aber der aus ihr folgende Achtungsanspruch (BVerfG 20. 10. 1992 E 87, 209, 228; 12. 11. 1997, NJW 1998, 519 – Arzthaftung).

III. Rechtliche Wirkungen

8   Die Wirkungsweise der Menschenwürdegarantie lässt sich nur im Zusammenhang mit den übrigen Grundrechten deutlich machen. Bezogen auf diese hat sie drei Funktionen: Sie dient ihnen als Richtschnur (Rn. 9), als Substanzgarantie (Rn. 10) und als Auffangtatbestand (Rn. 11).

9   **1. Leitprinzip.** Die der Menschenwürdegarantie „nachfolgenden" (sie gleichsam als Prämisse voraussetzenden) Grundrechte stehen „im Dienste der Würde des Menschen" (*Häberle* HbStR § 20 Rn. 57). Daraus folgt, dass bei ihrer Auslegung Art. 1 I als **Leitprinzip** zu beachten ist. Alle Grundrechte müssen zugleich als Konkretisierung dieser wertsetzenden Fundamentalnorm gelesen werden, also dazu beitragen, die Individualität, Identität und Integrität der menschlichen Persönlichkeit zu gewährleisten (*Höfling* in *Sachs* Rn. 45 mwN allerdings skeptisch). Dabei dürfen sie sich nicht auf staatsgerichtete Abwehr beschränken, sondern müssen aktiven Schutz gewähren („achten" und „schützen"; zur Schutzfunktion der Grundrechte vgl. Einl. Rn. 33 ff.). Bei allen Abwägungsproblemen (Einl. Rn. 76 ff.) ist das Leitprinzip der Menschenwürdegarantie zu beachten und uU von entscheidender Bedeutung.

10 **2. Kernbereich.** Damit zusammenhängend vermittelt Art. 1 I allen Grundrechten eine zusätzliche Strukturierung ihres Schutzbereichs. Die Menschenwürdegarantie wird allg. als **Kernbereichsgewährleistung** der Freiheitsrechte, aber auch des Gleichheitssatzes verstanden. Das bedeutet, dass die Reichweite der verschiedenen Schrankenvorbehalte an dieser Grenze endet. Der Menschenwürdekern gehört zum Wesensgehalt eines Grundrechts iSv. Art. 19 II (*Stern*, Bd. III 2 § 85 III 2 c; sinngemäß auch BVerfG 23. 4. 1991 E 84, 90, 121). Er ist insoweit nach Art. 79 III sogar einer Verfassungsänderung entzogen (*Maunz/Dürig* Rn. 81; aA *Dreier* Rn. 97). Nicht einmal Träger des Grundrechts dürfen über diesen Kernbereich verfügen (vgl. Einl. Rn. 66).

11 **3. Auffangschutz.** Schließlich muss Art. 1 I als **Auffangschutz** gelten, soweit das dichte Gefüge der allg. und speziellen Freiheitsrechte sich als lückenhaft erweisen und wesentliche Schutzbedürfnisse offen lassen sollte (*Höfling* JuS 1995, 857, 862; *Zippelius*, Bonner Kom., Rn. 28; aA *Dreier* Rn. 96). Allerdings darf dabei nicht der bes. Rang des Menschenwürdesatzes eingeebnet und der allg. Handlungsfreiheit angenähert werden. Nicht jede Geschmacklosigkeit oder bewusste Selbsterniedrigung kann als schwerwiegende Verletzung personaler Würde gelten (Beispiele bei *Dreier* Rn. 90 ff.). Der Staat muss jedoch ein menschenwürdiges Dasein gewährleisten (BVerfG 29. 5. 1990 E 82, 60, 85; *V. Neumann* DVBl. 1997, 92, 94).

12 Eine Sonderform des Auffangschutzes bildet die Kombination des Art. 1 I mit der allg. Handlungsfreiheit (Art. 2 I), die das BVerfG verwendet, um im Wege der Rechtsfortbildung ein **allg. Persönlichkeitsrecht** zu entwickeln (s. u. Art. 2 Rn. 36 ff.). Der Vorteil, aber auch das grundrechtsdogmatische Bedenkliche dieser Konstruktion besteht darin, dass dadurch Fragen der personalen Würde einer einschränkenden Regelung in Abwägung mit anderen Rechtsgütern zugänglich werden (für scharfe Trennung *Starck* in *v. Mangoldt/Klein* Art. 2 I Rn. 54). Arbeitsrechtliche Konflikte, die die personale Würde berühren, sind praktisch immer Fragen des allg. Persönlichkeitsrechts; der Schutz der Menschenwürde dient also idR nicht unmittelbar als Maßstab (aA BAG 13. 2. 1964 AP Nr. 1; 24. 2. 1982 AP BAT § 17 Nr. 7 – ein Musterbeispiel für inflatorischen Umgang mit diesem Höchstwert).

Art. 2 [Allgemeine Handlungsfreiheit, Allgemeines Persönlichkeitsrecht]

(1) Jeder hat das Recht auf die freie Entfaltung seiner Persönlichkeit, soweit er nicht die Rechte anderer verletzt und nicht gegen die verfassungsmäßige Ordnung oder das Sittengesetz verstößt.

(2) ¹Jeder hat das Recht auf Leben und körperliche Unversehrtheit. ²Die Freiheit der Person ist unverletzlich. ³In diese Rechte darf nur auf Grund eines Gesetzes eingegriffen werden.

Übersicht

	Rn.
A. Handlungsfreiheit (Art. 2 I)	1
I. Schutzbereich	1
1. Handlungsfreiheit	1
2. Grundrechtsträger	7
3. Konkurrenzen	9
II. Eingriffe/Beeinträchtigungen	11
1. Abwehrfunktion	11
2. Schutzfunktion	14
III. Schranken	15
1. Verfassungsmäßige Ordnung	16
a) Formell	17
b) Materiell	18
c) Gewohnheitsrecht/Rechtsprechung	21
d) Brisante Beispiele	22
2. Rechte anderer	25
3. Sittengesetz	26
IV. Schutzpflicht bei der Ausgestaltung der Privatautonomie	27
1. Gestaltungsrahmen des Gesetzgebers	27
2. Schutzpflicht der Rechtsprechung	30
a) Verfassungskonforme Auslegung	31
b) Vertragsinhaltskontrolle	33
B. Allgemeines Persönlichkeitsrecht (Art. 2 I iVm. Art. 1 I)	36
I. Grundlage und Bedeutung	36
II. Schutzbereich	38
1. Privatsphäre	39
2. Soziale Identität	42
a) Recht am eigenen Bild und Wort	43
b) Informationelle Selbstbestimmung	45
c) Namen, Titel, Anrede	47
3. Ehrenschutz	48
III. Träger des Grundrechts	50
IV. Eingriffe/Beeinträchtigungen	52
1. Abwehrfunktion	52
2. Schutzfunktion	53
3. Einwilligung	55
V. Schranken/Grenzen der Einschränkbarkeit	58
1. Schrankentrias	58
2. Sphären	60
3. Kollisionen	65
VI. Schutzpflicht im Privatrecht	67
1. Gesetzgebung	67
2. Rechtsprechung	69
a) Inhaltskontrolle	71
b) Vertragspflichten	72
c) Gestaltungsrechte	75
3. Deliktsrecht	76
4. Prozessrecht	79
VII. Beispiele zum Persönlichkeitsschutz für Arbeitnehmer	80
1. Außerdienstliches Verhalten	81
2. Beschäftigungsanspruch	83
3. Geschlechtsspezifische Benachteiligungen	84
4. Ehrenschutz	85
5. Erscheinungsbild der Arbeitnehmer	88
6. Datenschutz	89
7. Gutachten und Untersuchungen	93
8. Offenbarungspflicht und Fragerecht	96
9. Überwachung	99
10. Beurteilung von Arbeitnehmern	102
a) Personalakten	102
b) Zeugnisse	104
c) Auskünfte	105
C. Recht auf Leben und körperliche Unversehrtheit (Art. 2 II 1)	106
I. Schutzbereich	106
II. Eingriffe/Beeinträchtigungen	109
1. Abwehrfunktion	109
2. Schutzfunktion	111
III. Schranken und Grenzen der Einschränkbarkeit	115
1. Gesetz	115
2. Einwilligung	116
IV. Schutzpflichten im Arbeitsrecht	120
1. Gesetzgebung	120
2. Rechtsprechung	122

A. Handlungsfreiheit (Art. 2 I)

I. Schutzbereich

1. Handlungsfreiheit. Art. 2 I regelt die allg. **Handlungsfreiheit im umfassenden Sinne** (vgl. BVerfG 16. 1. 1957 E 6, 32, 36 – Elfes; 23. 5. 1980 E 54, 143, 146 = NJW 1980, 2572; 6. 6. 1989 E 80, 137, 152 = NJW 1989, 2525). Sein Schutzbereich erfasst jedes menschliche Verhalten, auch das Nichthandeln. Zweck der Freiheitsgewährleistung ist der Schutz der Entschließungsfreiheit. Gemeint sind nicht nur existenzielle Entscheidungen wie zB zur sexuellen Selbstbestimmung (BVerfG 21. 12. 1977 E 47, 46, 73 = NJW 1978, 807; 26. 1. 1993 E 88, 87, 98 = NJW 1993, 1517), die Entscheidung, in eheähnlicher Gemeinschaft zu leben (BVerfG 7. 4. 1964 E 17, 306, 314 = AP Art. 2 Nr. 2; 17. 11. 1992 E 87, 234, 267 = NJW 1993, 643), oder das Selbstbestimmungsrecht von Ehegatten in finanzieller

Hinsicht (BVerfG 4. 5. 1982 E 60, 329, 339 = NJW 1982, 2365; 3. 10. 1989 E 81, 1, 10 f. = NJW 1990, 175). Auch das Füttern von Tauben (BVerfG 23. 5. 1980 E 54, 143, 246 f. = NJW 1980, 2572) oder das Reiten im Wald (BVerfG 6. 6. 1989 E 80, 137, 154 f. = NJW 1989, 2525) werden vom Schutzbereich des Art. 2 I erfasst. Erlaubt ist danach alles, was nicht in verfassungsmäßiger Weise verboten ist.

2 Die praktisch wichtigsten Aspekte der nicht durch ein spezielles Grundrecht geschützten Verhaltensfreiheit sind die **Freiheit im wirtschaftlichen Verkehr** und die **Privatautonomie,** für die Art. 2 I die verfassungsrechtliche Grundlage bildet (vgl. BVerfG 16. 1. 1957 E 6, 32, 41 f.; 23. 6. 1993 E 89, 48, 61 = NJW 1993, 2923). Dazu gehört die Freiheit, sich durch **Verträge** zu binden. Der Abschluss, die inhaltliche Gestaltung und die Beendigung von Verträgen sind praktizierte Vertragsautonomie. Das BVerfG hat stets betont, dass die Selbstbestimmung des einzelnen im Rechtsleben als Strukturelement jeder freiheitlichen Gesellschaftsordnung gilt und durch Art. 2 I geschützt ist (vgl. zB 12. 11. 1958 E 8, 274, 328 = NJW 1959, 475; 16. 5. 1961 E 12, 341, 347 = NJW 1961, 1395; 19. 10. 1983 E 65, 196, 210 = AP BetrAVG § 1 Unterstützungskassen Nr. 2; 4. 6. 1985 E 70, 115, 123 = NJW 1986, 243; 14. 1. 1987 E 74, 129, 151 f. = AP BetrAVG § 1 Unterstützungskassen Nr. 11; 19. 10. 1993 E 89, 214, 231 = NJW 1994, 36).

3 Das BVerfG ist der **Persönlichkeitskerntheorie** (vgl. *Peters,* Das Recht auf freie Entfaltung der Persönlichkeit in der höchstrichterlichen Rspr., S. 49) nicht gefolgt. Danach sollte die freie Entfaltung der Persönlichkeit nur in jenem Kernbereich geschützt sein soll, der das „Wesen des Menschen als geistig-sittliche Person" ausmacht. Das BVerfG hat jedoch darauf hingewiesen, dass es nicht verständlich wäre, selbst diesen Kernbereich durch das Sittengesetz, die Rechte anderer oder sogar die verfassungsmäßige Ordnung einer freiheitlichen Demokratie zu beschränken. Gerade die Schranken zeigen, dass Art. 2 I die Handlungsfreiheit umfassend gewährleistet. Dem entspricht die Entstehungsgeschichte. Es sind nicht rechtliche, sondern sprachliche Gründe, die den Gesetzgeber bewogen haben, die ursprüngliche Fassung („Jeder kann tun und lassen, was er will") durch die jetzige Fassung zu ersetzen (BVerfG 16. 1. 1957 E 6, 32, 39 unter Hinweis auf *v. Mangoldt,* Parlamentarischer Rat, 42. Sitzung des Hauptausschusses, S. 533 BVerfG; 6. 6. 1989 E 80, 137, 152 = NJW 1989, 2525).

4 Auch eine **eingeschränkte Persönlichkeitskerntheorie** hat sich nicht durchgesetzt. Freie Entfaltung der Persönlichkeit ist nach dieser Auslegung nur die Gewährleistung einer engeren persönlichen Lebenssphäre, die zwar nicht auf den Kernbereich sittlicher Entfaltung beschränkt, aber für die Entfaltung der Persönlichkeit gewichtig sein soll (*Grimm* abw. Meinung zu BVerfG 6. 6. 1989 E 80, 137, vgl. 164 f., 166, 168; Hesse, 426). Die Vertreter dieser Theorie befürchten eine „Banalisierung der Grundrechte" (*Grimm* S. 169). Dagegen versteht das BVerfG den Schutz menschlicher Handlungsfreiheit als umfassende Ergänzung der engeren Schutzbereiche anderer Grundrechte. Jede wertende Einschränkung verminderte erheblich den Freiheitsraum der Bürger. Sie führte außerdem zu schwierigen, in der Praxis kaum befriedigend lösbaren Abgrenzungsproblemen (BVerfG 6. 6. 1989 E 80, 137, 154 = NJW 1989, 2525; 7. 12. 1994 E 91, 335, 338 = NJW 1995, 649). Bestandteil des Rechts auf freie Entfaltung der Persönlichkeit sind damit alle denkbaren Verhaltensweisen.

5 Die konturlose Weite der allgemeinen Handlungsfreiheit erwies sich allerdings als ungeeignet, die besonderen Schutzbedürfnisse der persönlichen Lebensgestaltung angemessen zu erfassen. Das BVerfG hat daher aus der Kombination von Art. 2 I mit der Garantie der Menschenwürde (Art. 1 I) ein spezielles Grundrecht abgeleitet, das **allgemeine Persönlichkeitsrecht** (dazu im Einzelnen Rn. 36 ff.). Dieses unbenannte Freiheitsrecht ist scharf zu unterscheiden von der gleichnamigen Zivilrechtsposition (dezidiert *Ruffert,* Vorrang der Verfassung, S. 481 ff. mwN). Die Verfassung bietet nur gleichsam die Hohlform, die durch den privatrechtlichen Persönlichkeitsschutz ausgefüllt werden muss.

6 Im Grunde dienen alle Grundrechte, sowohl die benannten Freiheitsrechte, wie auch die Gleichheitssätze und Diskriminierungsverbote, dem Persönlichkeitsschutz (Rn. 36; vgl. auch Art. 1 Rn. 9). Bei dessen Ausformung auf der Ebene des einfachen Rechts müssen deshalb die verschiedensten Grundrechte berücksichtigt werden, um den grundrechtlich geforderten Schutz bieten zu können.

7 **2. Grundrechtsträger.** Anspruchsberechtigt sind alle natürlichen Personen, also auch **Kinder** (BVerfG 9. 2. 1982 E 59, 360, 382 = NJW 1982, 1375), **Schüler** (BVerfG 20. 10. 1981 E 58, 257, 272 = NJW 1982, 921) und **Jugendliche** (BVerfG 21. 12. 1977 E 47, 46, 74 = NJW 1978, 807). Art. 2 I steht als allg. Menschenrecht ebenso **Ausländern** in der Bundesrepublik Deutschland zu. Es hat als Auffanggrundrecht Bedeutung, soweit Ausländer nicht in den personellen Schutzbereich spezieller Freiheitsrechte fallen (zB Art. 9 I und 12 I, vgl. auch Einl. Rn. 4). Der Grundrechtsschutz erlischt mit dem **Tod** (BVerfG 24. 2. 1971 E 30, 173, 194 = NJW 1971, 1645; differenzierend BGH 20. 3. 1968 JZ 1968, 697).

8 Träger des Grundrechts sind auch **Handelsgesellschaften** (BVerfG 29. 7. 1959 E 10, 89, 99 = NJW 1959, 1675; 19. 12. 1967 E 23, 12, 30 = AP UVNG Art. 3 Nr. 1) sowie **juristische Personen,** soweit sie in ihrem Recht auf freie Entfaltung im Sinne der wirtschaftlichen Betätigungsfreiheit betroffen sind (vgl. BVerfG 25. 1. 1984 E 66, 116, 130 = AP Art. 5 Abs. 1 Pressefreiheit Nr. 2). Der Schutz des Art. 2 Abs. 1 umfasst daher zB die Freiheit einer juristischen Person, Vergütungsvereinbarungen mit der Gegenseite auszuhandeln (BVerfG 14. 5. 1985 E 70, 1, 25 = NJW 1986, 772).

3. Konkurrenzen. Die allg. Handlungsfreiheit ist als Auffanggrundrecht subsidiär gegenüber den speziellen Freiheitsrechten. Art. 2 I kommt also nicht zum Tragen, wenn ein Eingriff in den Schutzbereich eines bes. Freiheitsrechts gegeben ist (vgl. BVerfG 16. 12. 1981 E 59, 128, 163 = NJW 1983, 103).

Für die Freiheit im wirtschaftlichen Verkehr ist die Abgrenzung zur **Berufsfreiheit** allerdings ohne praktische Bedeutung. Das BVerfG hat zwar stets den Vorrang der speziellen Grundrechtsverbürgungen betont, tatsächlich aber nie scharfe Grenzen gezogen und praktisch identische Ergebnisse erzielt (zutr. Diskussionsbericht, RdA 1989, 150, 151; vgl. auch *Söllner* RdA 1989, 144, 148; krit. *Tettinger* in *Sachs* Art. 12 Rn. 21). So wurde Art. 2 I vom BVerfG in zwei Fällen zum Widerruf betrieblicher Versorgungszusagen geprüft (BVerfG 19. 10. 1983 E 65, 196, 216 = AP BetrAVG § 1 Unterstützungskasse Nr. 2 und 14. 1. 1987 E 74, 129, 162 = AP BetrAVG § 1 Unterstützungskassen Nr. 11). Im Mitbestimmungsurteil betonte das BVerfG, Art. 2 I könne gegenüber Art. 12 I nicht von vornherein außer Betracht bleiben. Die Abgrenzung bedurfte jedoch keiner Entscheidung, weil das MitbestG, gemessen an beiden Grundrechten nicht verfassungswidrig ist (BVerfG 1. 3. 1979 E 50, 290, 362 = AP MitbestG § 1 Nr. 1). In der Entscheidung über die Vereinbarkeit der Pflichtplatzquote des SchwbG mit dem GG setzte sich das BVerfG mit Art. 12 I auseinander, betonte in den Gründen jedoch die Ähnlichkeit des Prüfungsmaßstabs mit Art. 2 I. Maßnahmen mit **berufsregelnder Tendenz** sind danach durch Art. 12 I erfasst. Private AG, bei denen der Zusammenhang mit einer Berufsausübung fehlt (zB gemeinnützige Einrichtungen), sollen sich gegen Eingriffe unter Berufung auf die allg. Handlungsfreiheit wenden (vgl. BVerfG 26. 5. 1981 E 57, 139, 158 = AP SchwbG § 4 Nr. 1). In den Entscheidungen über das Verbot der ANüberlassung in Betrieben des Baugewerbes (BVerfG 6. 10. 1987 E 77, 84, 106 = NZA 1989, 218), über die Bildungsurlaubsgesetze in Hessen und Nordrhein-Westfalen (BVerfG 15. 12. 1987 E 77, 308, 332 = AP Art. 12 Nr. 62) sowie im Handelsvertreterfall, in dem es um ein Wettbewerbsverbot ohne Karenzentschädigung ging, prüfte das BVerfG dagegen Art. 12 I (BVerfG 7. 2. 1990 E 81, 242, 252 = AP Art. 12 Nr. 65). Zur Grundrechtskonkurrenz und -kollision vgl. auch Einl. Rn. 68 ff.

II. Eingriffe/Beeinträchtigungen

1. Abwehrfunktion. Im Bereich der **Abwehrfunktion** des Art. 2 I ist in erster Linie an Gesetze und Entscheidungen zu denken, die dem Adressaten ein bestimmtes Verhalten auferlegen. Die in Art. 2 I garantierte weite Handlungsfreiheit wird durch jede (imperative) Regelung der öffentl. Gewalt beeinträchtigt, die bestimmte positive oder negative Pflichten auferlegt oder sich die Genehmigung bestimmter Verhaltensweisen vorbehält. Das Grundrecht der allg. Handlungsfreiheit schützt auch gegen **faktische** bzw. **mittelbare** Beeinträchtigungen durch die öffentl. Gewalt.

Die Erteilung einer Genehmigung beeinträchtigt an sich nicht die Handlungsfreiheit Dritter (BVerwG 29. 7. 1977 E 54, 211, 220 ff. = NJW 1978, 554). Auf die allg. Handlungsfreiheit können sich aber zB Unternehmer im Rahmen des **wirtschaftlichen Wettbewerbs** berufen, wenn Konkurrenten durch eine Ausnahmegenehmigung begünstigt werden (BVerfG 23. 3. 1982 E 65, 167, 174 = AP LSchlG § 23 Nr. 1), oder wenn sie **Subventionen** oder höhere Entgelte erhalten (vgl. BVerfG 29. 6. 1968 E 30, 191 = MDR 1969, 416; 22. 5. 1980 E 60, 154, 160 = NJW 1980, 2764; zweifelnd *Murswiek* in *Sachs* Rn. 87). Ferner beeinträchtigt das Ladenschlussgesetz nicht nur unmittelbar die Unternehmen, sondern mittelbar auch die Handlungsfreiheit von Kunden (BVerfG 29. 11. 1961 E 13, 230, 235 f. = AP LSchlG § 3 Nr. 3). Auch die Verweigerung von **Teilhabe** und **Leistung** kann sich als Freiheitseinschränkung darstellen, zB bei einer Beschränkung der gemeingebräuchlichen Benutzung öffentl. Sachen (vgl. allg. m. w. Bsp. *Jarass/Pieroth* Rn. 12 und *Murswiek* in *Sachs* Rn. 85 f.).

Natürlich sind nicht sämtliche Veränderungen der sozialen Umwelt als Eingriff in die allg. Handlungsfreiheit zu werten. Von einzelnen als nachteilig empfundene Entwicklungen der sich stets ändernden politischen, sozialen und wirtschaftlichen Verhältnisse fallen nicht in den Schutzbereich des Art. 2 I (vgl. *Murswiek* in *Sachs* Rn. 82). Voraussetzung ist vielmehr, dass die Freiheitsbeschränkung auf staatliches Handeln zurückzuführen ist und nach Art und Intensität ihres Steuerungseffekts einem Ge- oder Verbot gleichkommt (*Erichsen* HbStR VI § 152 Rn. 80 f.; vgl. auch BVerwG 23. 3. 1982 E 65, 167, 174 = AP LSchlG § 23 Nr. 1).

2. Schutzfunktion. Neben der Abwehrfunktion des Grundrechts ist für das Arbeitsrecht bedeutsam, dass grundrechtliche **Schutzpflichten** auch aktives Handeln der öffentl. Gewalt verlangen können (vgl. Einl. Rn. 33 ff.). Im Vertragsrecht muss der Gesetzgeber die **Privatautonomie** durch freiheitsschützende Normen sichern. Ihm steht aber bei der Würdigung der Verhandlungspositionen und der gegenläufigen Interessen von Vertragsparteien ein weiter Einschätzungs- und Gestaltungsrahmen zur Verfügung, der durch das freiheitssichernde **Untermaßverbot** begrenzt wird (Rn. 27 und Einl. Rn. 38). Eine Beeinträchtigung des Schutzbereichs von Art. 2 I liegt vor, wenn der Gesetzgeber bei der Ausgestaltung des Vertragsrechts für Situationen **struktureller Unterlegenheit** gar keine kompensierenden Regelungen schafft, oder wenn diese gänzlich ungeeignet oder völlig unzulänglich sind (vgl. Einl. Rn. 43). Auch die Rspr. muss bei der Auslegung und Anwendung des Privatrechts grundrechtliche Schutzpflicht erfüllen (vgl. Rn. 30).

III. Schranken

15 Abgesehen von dem absolut geschützten **Kernbereich privater Lebensgestaltung,** welcher der Einwirkung öffentl. Gewalt völlig entzogen ist (BVerfG 16. 1. 1957 E 6, 32, 41; 6. 6. 1989 E 80, 137, 153 = NJW 1989, 2525), wird die allg. Handlungsfreiheit nur in den Schranken des zweiten Halbsatzes von Art. 2 I gewährleistet. Sie steht unter dem dreifachem Vorbehalt der **Schrankentrias.**

16 1. **Verfassungsmäßige Ordnung.** Die allg. Handlungsfreiheit ist vor allem durch die verfassungsmäßige Ordnung beschränkt. Das BVerfG versteht diesen Begriff hier als die **Gesamtheit der Normen, die formell und materiell verfassungsmäßig sind** (BVerfG 14. 3. 1973 E 34, 369, 378 f.; 6. 6. 1989 E 80, 137, 153 = NJW 1989, 2525); 7. 12. 1994 E 91, 335, 338 f. = NJW 1995, 649; *Jarass/Pieroth* Rn. 17; *v. Münch/Kunig* Art. 2 Rn. 22; *Murswiek* in *Sachs* Rn. 89). Der Begriff ist also weiter als der wortgleiche Begriff in Art. 20 III und 9 II.

17 a) **Formell** muss jede Norm den Kompetenzvorschriften der Verfassung entspr. (vgl. zB BVerfG 10. 5. 1960 E 11, 105, 110 = AP KindGG § 1 Nr. 2; 6. 6. 1989 E 80, 137, 153 = NJW 1989, 2525). Sie muss rechtsstaatlichen Maßstäben genügen, darf also zB weder gegen das Verbot von Einzelfallgesetzen (Art. 19 I) noch gegen das Bestimmtheitsgebot verstoßen. Sofern eine bestehende Befugnis beseitigt wird, muss der **Vertrauensschutz** gewahrt bleiben (BVerfG 14. 1. 1987 E 74, 129, 152 = AP BetrAVG § 1 Unterstützungskassen Nr. 11; 6. 6. 1989 E 80, 137, 153 = NJW 1989, 2525).

18 b) **Materiell** müssen freiheitsbeschränkende Regelungen vor allem das **Verhältnismäßigkeitsprinzip** beachten, dürfen also nicht das Übermaßverbot verletzen (vgl. zB BVerfG 7. 4. 1964 E 17, 306, 314 = NJW 1964, 1219; 6. 6. 1989 E 80, 137, 153 = NJW 1989, 2525). Im Einzelnen folgt daraus, dass die Beeinträchtigung geeignet sein, also in sachlichem Zusammenhang mit dem verfolgten Zweck stehen muss (BVerfG 5. 11. 1980 E 55, 159, 165 ff. = NJW 1981, 673). Sie muss ferner erforderlich sein (BVerfG 27. 1. 1983 E 63, 88, 115 = NJW 1983, 1417) und sie darf schließlich bei Abwägung der betroffenen Interessen nicht außer Verhältnis zu dem verfolgten Zweck stehen (BVerfG 15. 1. 1958 E 7, 198, 220 = NJW 1958, 257). Zur Verhältnismäßigkeit in der Privatrechtsordnung *Preis,* FS-Dieterich, 1999, S. 429; vgl. auch Einl. Rn. 26.

19 Die **gerichtliche Kontrolle** des Übermaßverbots darf allerdings nicht dazu dienen, die aus richterlicher Sicht angemessenste oder wünschenswerteste aller denkbaren Regelungen durchzusetzen. Dies würde in die Kompetenz des demokratisch legitimierten Gesetzgebers übergreifen. Ausgehend von einem weiten gesetzgeberischen Gestaltungsfreiraum richtet sich die Kontrolldichte nach der Intensität der Freiheitsbeschränkung. Die Prüfung ist umso sorgfältiger, je mehr der gesetzliche Eingriff elementare Formen menschlichen Handelns berührt (BVerfG 7. 4. 1964 E 17, 306, 314 = AP Art. 2 Nr. 2; 5. 8. 1966 E 20, 150, 159 = NJW 1966, 1651). Innerhalb der Privatsphäre ist die Verhältnismäßigkeitsprüfung intensiver als im Bereich der Sozialsphäre, zu deren Ausgestaltung dem Gesetzgeber ein bes. weiter rechtspolitischer und prognostischer Freiraum zusteht (vgl. zur Sphärenabstufung Rn. 60; zur Kontrolldichte allg. Einl. Rn. 42; BVerfG 25. 2. 1960 E 10, 354, 371 = NJW 1960, 619; 9. 2. 1977 E 44, 70, 89 f. = NJW 1977, 1099; 26. 4. 1978 E 48, 227, 234 = DB 1978, 1356; *Jarass/Pieroth* Art. 2 Rn. 21).

20 Ein Gesetz, das seiner Natur nach **typisieren** muss, kann nicht alle Fallgestaltungen berücksichtigen und gerät notwendigerweise mit Interessen in Konflikt, die dem gesetzgeberischen Ziel widerstreiten. Es muss aber wenigstens für die Mehrzahl möglicher Tatbestände angemessene Regelungen schaffen. Härten in Sonderfällen sind bei einer generalisierenden Regelung oft unvermeidlich und hinzunehmen (vgl. BVerfG 29. 11. 1961 E 13, 230, 236 = AP LSchlG § 3 Nr. 3). Andererseits verlangt der Verhältnismäßigkeitsgrundsatz Ausnahmetatbestände vorzusehen, wenn die Folgen einer schematisierenden Regelung nach ihrer Intensität und Häufigkeit erheblich ins Gewicht fallen (vgl. BVerfG 5. 4. 1978 E 48, 102, 115 f = NJW 1978, 2089; *Jarass/Pieroth* Rn. 22). Zum Gleichheitsproblem vgl. Art. 3 Rn. 47.

21 c) **Gewohnheitsrecht/Rechtsprechung.** Zur verfassungsmäßigen Ordnung zählen auch **vorkonstitutionelles Gewohnheitsrecht** (*Jarass/Pieroth* Rn. 20 mwN) und Erkenntnisse **richterlicher Rechtsfortbildung** (BVerfG 14. 1. 1987 E 74, 129, 152 = AP BetrAVG § 1 Unterstützungskassen Nr. 11; 4. 7. 2001 E 103, 197, 215; vgl. auch nachfolgend Rn. 30 ff.). **Gerichtsentscheidungen** entspr. der verfassungsmäßigen Ordnung, wenn die angewandten Rechtsnormen gültig sind (vgl. zB BVerfG 16. 1. 1957 E 6, 32, 37 f., 41; 9. 6. 1971 E 31, 145, 173 = NJW 1971, 2122) oder zu Recht als ungültig behandelte Rechtsnormen nicht angewandt wurden (BVerfG 17. 11. 1959 E 10, 221, 225 = MDR 1960, 23). Gerichte verletzen die verfassungsmäßige Ordnung, wenn sie die Grenzen der Auslegung und damit ihre Kompetenz überschreiten (vgl. zB BVerfG 11. 11. 1964 E 18, 224, 236 = NJW 1965, 243; 26. 5. 1993 E 89, 1, 13 = NJW 1993, 2035; 19. 10. 1983 E 65, 196, 210 = AP BetrAVG § 1 Unterstützungskassen Nr. 2). Eine klare Grenze der Auslegung ist allerdings nicht ersichtlich. Das BVerfG ist inzwischen sehr viel großzügiger geworden und beanstandet nur, wenn das Gericht offensichtlich nicht bereit war, sich Recht und Gesetz zu unterwerfen (3. 11. 1992 E 87, 273 = AP BRAGO § 31 Nr. 5). Vgl. auch Einl. Rn. 13.

A. Handlungsfreiheit (Art. 2 I)   Art. 2   GG 10

d) **Brisante Beispiele.** Die Handlungsfreiheit auf wirtschaftlichem Gebiet ist zwar nur in den 22
Schranken der „verfassungsmäßigen Ordnung" geschützt (vgl. BVerfG 7. 5. 1969 E 25, 371, 407 = AP
MitbestErgG § 16 Nr. 1; 8. 2. 1972 E 32, 311, 316 = NJW 1972, 573; 12. 10. 1994 E 91, 207, 221 =
NJW 1995, 2343), ein angemessener Spielraum zur **Entfaltung von Unternehmerinitiative** muss aber
bestehen bleiben. Das BVerfG hat bereits im Investitionshilfe-Urteil ausgesprochen, dass der Gesetzgeber befugt ist, durch **Auflegung von Geldleistungen** ordnend und klärend in das Wirtschaftsleben einzugreifen. Die Pflicht zur Zahlung einer Abgabe und insb. von Steuern verletzt aber den
durch Art. 2 I geschützten Kernbestand des Erfolges eigener Betätigung im wirtschaftlichen Bereich
unverhältnismäßig, wenn die Höhe der Gebühren keinen Spielraum zu freier Entfaltung lässt. Steuern
dürfen keine „erdrosselnde Wirkung" haben (vgl. zB BVerfG 20. 7. 1954 E 4, 7, 16; 25. 9. 1992 E 87,
153, 169 = NJW 1992, 3153; 12. 10. 1994 E 91, 207, 221 = NJW 1995, 2343). Gebühren müssen das
Äquivalenzprinzip beachten (BVerfG 7. 2. 1991 E 83, 363, 392). Zu Abgaben und Steuern eingehend
Di Fabio in *Maunz/Dürig* Rn. 92 ff.

Auch die Grundsätze der **Unternehmensmitbestimmung** nach dem MitbestG beschränken die allg. 23
Handlungsfreiheit in verfassungsrechtlich zulässiger Weise. Die Vorschriften verfolgen Zwecke des
Gemeinwohls und lassen den Kern der wirtschaftlichen Betätigungsfreiheit der Gesellschaften und
Anteilseigner unberührt (BVerfG 1. 3. 1979 E 50, 290, 366, 378 = AP MitbestG § 1 Nr. 1). Selbst ein
Eingriff in die **Preisgestaltung** kann einem verfassungsmäßig zulässigen wirtschaftspolitischen Ziel
dienen, wenn dadurch mittelständische Einzelhandelsgeschäfte vor überlegener Konkurrenz von
Großbetrieben des Einzelhandels geschützt werden (BVerfG 11. 4. 1967 E 21, 292, 299 – Rabatt-
gesetz). Ähnliche Ziele rechtfertigten das Nacht- und Sonntagsbackverbot, die das Bäckerhandwerk
gegenüber der Backindustrie schützen sollten (BVerfG 17. 11. 1992 E 87, 363 = AP BAZG § 5 Nr. 13).
Zulässig sein kann die Einführung einer **Marktordnung** für bestimmte Produkte, um zB die Versorgung der Bevölkerung stets zu einem nicht unangemessenen Preis zu gewährleisten (BVerfG 27. 1.
1965 E 18, 315, 327 = AP Art. 2 Nr. 3). Behördliche **Besichtigungs- und Betretungsrechte** sind nur
zulässig, wenn sie auf einem Gesetz beruhen und das Betreten zu Zeiten vorgenommen wird, in denen
die Räume normalerweise für die jeweilige geschäftliche oder behördliche Nutzung zur Verfügung
stehen (BVerfG 13. 10. 1971 E 32, 54, 75 ff. = NJW 1971, 2299).

Gebilligt wurde die gesetzlich angeordnete **Pflichtmitgliedschaft** von Gewerbetreibenden in der 24
Industrie- und Handelskammer (BVerfG 19. 12. 1962 E 15, 235, 239 = NJW 1963, 195; vgl. 13. 10.
1971 E 32, 54, 64 f. = NJW 1971, 2299) unter bes. Voraussetzungen auch die Pflichtzugehörigkeit von
AN zu Arbeitnehmerkammern (BVerfG 18. 12. 1974 E 38, 281, 197, 301, 310 = AP Art. 9 Nr. 23). Die
Zwangskörperschaft darf aber nur im Rahmen ihrer Zuständigkeit tätig werden (vgl. für Handwerks-
kammer BVerwG 10. 6. 1987 NJW 1987, 338). **Pflichtversicherungen** für die Altersversorgung bzw.
Arbeitslosigkeit sind regelmäßig zulässig. Dies gilt auch hinsichtlich der Pflichtmitgliedschaft im
Versorgungswerk der Ärzte (BVerfG 25. 2. 1960 E 10, 354; 25. 9. 1990 NJW 1991, 176) und Rechtsanwälte (4. 4. 1989 NJW 1990, 1653). Ebenso ist die Einbeziehung höherverdienender Angestellter in
die **gesetzliche Rentenversicherung** angemessen (BVerfG 14. 10. 1970 E 29, 221, 235 f. = NJW 1971,
365) oder eine andere Versorgung nachweisen (BVerfG 14. 10. 1970 E 29, 245, 254 = NJW 1971, 369).
Die AG müssen die damit einhergehenden Belastungen im Allgemeininteresse hinnehmen (BVerfG
14. 10. 1970 E 29, 260, 267 f. = NJW 1971, 368).

2. Rechte anderer. Freiheitsrechte finden eine zweite Schranke in den Rechten anderer. Bloße 25
Interessen, auch Allgemeininteressen sind nicht gemeint. Rechte anderer sind vielmehr sämtliche
subjektiven Rechte des Privatrechts. Umstritten ist, ob auch die Grundrechte Dritter dazu zählen.
Dies ist anzunehmen, soweit Grundrechte durch ihre Schutzfunktion zu einer mittelbaren Dritt-
wirkung führen, zB bei der Konkretisierung von Generalklauseln (dagegen zB *Murswiek* in *Sachs*
Rn. 91). Dennoch kommt dieser Schranke keine bes. Bedeutung zu (vgl. *Dreier* Rn. 37; *Jarass/Pieroth*
Rn. 18; *Murswiek* in *Sachs* Rn. 93, 102). Denn alle „Rechte anderer" bedürfen der Ausformung und
sind damit stets auch Bestandteil der verfassungsmäßigen Ordnung.

3. Sittengesetz. Als unverfügbares überpositives ethisches Minimum des Grundgesetzes hat das 26
Sittengesetz im funktionierenden, die Menschenwürde achtenden Rechtsstaat keine eigenständige
Schrankenfunktion (vgl. *Dreier* Rn. 44; *Jarass/Pieroth* Rn. 19; *Starck* in *v. Mangoldt/Klein* Rn. 39).
Mittelbare Bedeutung gewinnt es erst bei der Beurteilung gesetzlich konkretisierter Schranken (*Di
Fabio* in *Maunz/Dürig* Rn. 46). Wegen der **Zeitgebundenheit** sozialethischer Wertvorstellungen ist
hier allerdings äußerste Zurückhaltung angebracht (Negativbeispiel: BVerfG 10. 5. 1957 E 6, 389,
434 ff. – Homosexualität).

IV. Schutzpflicht bei der Ausgestaltung der Privatautonomie

1. Gestaltungsrahmen des Gesetzgebers. Die Privatautonomie ist gewährleistet in den Grenzen 27
der durch Gesetze ausgestalteten verfassungsmäßigen Ordnung (oben Rn. 16 ff.). Sie bedarf der
Rechtsförmigkeit und Justizgewährung und erfordert daher eine gesetzliche Ausgestaltung. Dies
bedeutet jedoch nicht, dass der Gesetzgeber die Voraussetzungen und Grenzen der Privatautonomie

Dieterich

beliebig gestalten dürfte. Aus der grundrechtlichen Gewährleistung folgt, dass er der Selbstbestimmung des einzelnen im Rechtsverkehr einen angemessenen Betätigungsraum zur Verfügung stellen muss und den Rahmen ihrer Nutzungsmöglichkeit nicht übermäßig beschränken darf (vgl. BVerfG 19. 10. 1993 E 89, 214 = AP Art. 2 Nr. 35; *Canaris* JZ 1987, S. 993, 995; *Dieterich* RdA 1995, 129, 130; *Di Fabio* in *Maunz/Dürig* Rn. 105 ff.; *Erichsen* HStR Bd. VI, § 152 Rn. 58; *Söllner* RdA 1989, 144, 146).

28 Die Aufgabe, den Teilnehmern am Rechtsverkehr ein möglichst hohes Maß an Selbstbestimmung zu ermöglichen, verlangt einerseits weitgehende Zurückhaltung; der Staat soll privatrechtliche Beziehungen möglichst wenig reglementieren. Andererseits dürfen die gesellschaftlichen und wirtschaftlichen Voraussetzungen des Ausgleichs widerstreitender Interessen nicht vernachlässigt werden. Kann eine Partei der anderen die Vertragsbedingungen typischerweise diktieren, deren Privatautonomie also leerlaufen lassen (BVerfG: „strukturell ungleiche Verhandlungsstärke"), so folgt aus der Schutzfunktion des Grundrechts die verfassungsmäßige Pflicht, im Rahmen des Vorhersehbaren und Möglichen, kompensatorische Regeln und Rechtsbehelfe zur Verfügung zu stellen. Dem Gesetzgeber steht dabei ein weiter rechtspolitischer Einschätzungs-, Wertungs- und Gestaltungsspielraum zur Verfügung. Er muss sich nur innerhalb der Grenzen von verfassungswidrigem **Untermaß** und **Übermaß** halten (vgl. Einl. Rn. 38, 43; BVerfG 7. 2. 1990 E 81, 242 = AP Art. 12 Nr. 65; *Canaris,* Grundrechte im Privatrecht, 1999, S. 47 ff.; *Dieterich* RdA 1995, 129, 131; *Söllner* RdA 1989, 144, 146).

29 Danach kommt eine Verletzung der Schutzpflicht nur dann in Betracht, wenn das Problem strukturell gestörter Parität gar nicht gesehen oder seine Lösung mit untauglichen Mitteln versucht wird. Der Gesetzgeber darf **offensichtliche Fehlentwicklungen** nicht tatenlos geschehen lassen (vgl. BVerfG 19. 10. 1993 E 89, 214, 231 ff. = NJW 1994, 36; Kammer 2. 5. 1996 NJW 1996, 2021; zuletzt 6. 2. 2001 E 103, 89, 100 ff. – Ehevertrag). Jedoch ist ihm überlassen, ob er für bestimmte Fallgruppen abstraktgenerelle Regelungen entwickelt, zB spezielle Schutzgesetze (vgl. für das allg. Zivilrecht: *Hönn,* Kompensation gestörter Vertragsparität) oder sich auf unbestimmte Rechtsbegriffe und **Generalklauseln** beschränkt, die den Richter ermächtigen, innerhalb eines gesetzlichen Rahmens sachverhaltsbezogene Lösungen herauszuarbeiten und im Streitfall anzuwenden (dazu Rn. 34 ff.).

30 **2. Schutzpflicht der Rechtsprechung.** Die Fachgerichte sind wie Gesetzgebung und vollziehende Gewalt an die Grundrechte als unmittelbar geltendes Recht gebunden (Art. 1 III). Sie haben die subsidiäre Verpflichtung, den objektiven Wertentscheidungen der Grundrechte in Fällen gestörter Vertragsparität mit den Mitteln des Zivilrechts Geltung zu verschaffen, soweit Gesetze Schutzlücken aufweisen oder Generalklauseln zu konkretisieren sind. Die Gerichte müssen ihre verfassungsrechtliche Schutzpflicht insb. durch **verfassungskonforme Auslegung** bestehender Gesetze und durch verfassungsgeleitete Konkretisierung von unbestimmten Rechtsbegriffen und **Generalklauseln** erfüllen (vgl. Einl. Rn. 80 f.). Es bedarf angesichts der vorhandenen Instrumentarien keiner neuen Generalklauseln, um die verfassungsmäßige Ordnung im Zivilrecht zu gewährleisten (*Canaris* Anm. zu BAG AP Art. 12 Nr. 65; *Fastrich* RdA 1997, 65, 70; *Dieterich* RdA 1995, 129, 132; *ders.* WM 2000, 11; *Di Fabio* in *Maunz/Dürig* Rn. 115).

31 a) **Verfassungskonforme Auslegung.** Bei der verfassungskonformen Auslegung des Zivilrechts (Einl. Rn. 13 u. 81) ist das grundrechtliche Schutzminimum im Wege richterlicher Rechtsfortbildung zu gewährleisten. Sie ist geboten, wenn die Anwendung bürgerlich-rechtlicher Vorschriften zu grundrechtswidrigen Ergebnissen führen kann, aber nicht muss, weil die maßgebenden Vorschriften hinreichenden **Auslegungsspielraum** lassen. Denkbar ist auch, dass die Verfassungswidrigkeit einer Norm zu einer **Regelungslücke** führt, die wenigstens vorläufig zu schließen ist. Die Gerichte müssen dann versuchen, bis zur Neuregelung durch den Gesetzgeber verfassungskonforme Lösungen mit Mitteln des geltenden Zivilrechts zu erreichen. Das BVerfG hat zB § 90 a II 2 HGB in seiner Handelsvertreterentscheidung nicht für nichtig, sondern nur für verfassungswidrig erklärt und darauf hingewiesen, dass es eine verfassungskonforme Modifikation der beanstandeten Ausnahmeregelung für möglich hält (7. 2. 1990 E 81, 242 = AP Art. 12 Nr. 65 zu C I 3 a. E. der Gründe), wobei erkennbar an die Generalklauseln der §§ 138, 242 BGB gedacht war (vgl. *Dieterich* RdA 1995, 129, 132 Fn. 21).

32 So ist zB im **ANHaftungsrecht** § 254 BGB verfassungskonform dahin auszulegen und anzuwenden, dass Gestaltungsmacht und Risikosphäre des AG anspruchsmindernd berücksichtigt werden. Der Gesetzgeber des BGB hatte das rechtspolitische Bedürfnis für eine Begrenzung der ANhaftung bereits erkannt (vgl. *Mugdan,* Die gesamten Materialien des BGB, Bd. 2, S. 1328, 1333 und 1340). Dennoch fehlt bis heute eine entspr. Regelung. Unter ausdrücklicher Berufung auf die Schutzpflicht-Rspr. des BVerfG erkannte der Große Senat des BAG, die volle ANHaftung sei mit der verfassungsrechtlichen Gewährleistung der Berufsfreiheit (Art. 12) und der allg. Handlungsfreiheit (Art. 2) unvereinbar (27. 9. 1994 AP BGB § 611 Haftung des AN Nr. 103; ablehnend insoweit BGH 21. 9. 1993 AP § 611 BGB Haftung des AN Nr. 102; allg. zur verfassungsrechtlichen Problematik einer unbegrenzten Inanspruchnahme des Schädigers im Zivilrecht. *Canaris* JZ 1987, 993, 1001 f.; JZ 1990, 679, 679 f.; *Preis* DB 1995, 261, 267; *Otto/Schwarze,* Die Haftung des Arbeitnehmers, 1998, § 4 Rn. 48 ff.).

33 b) **Vertragsinhaltskontrolle.** Die verfassungskonforme Auslegung kommt als methodisches Prinzip nur bei Gesetzen und nicht bei vertraglichen Regelungen in Betracht. Sie ist von der **richterlichen**

Vertragsinhaltskontrolle zu unterscheiden. Die Vertragspartner sind keine Grundrechtsaddressaten (Einl. Rn. 15). Im Übrigen wäre es auch eine Fiktion zu unterstellen, ein Vertrag solle im Zweifel die Grundrechte des anderen wahren (vgl. *Preis* AuR 1994, 139, 144).

Die Zivilgerichte haben jedoch die Pflicht, zum Schutze der Privatautonomie bei der Auslegung und 34 Anwendung der **Generalklauseln** darauf zu achten, dass Verträge nicht allein als Mittel der Fremdbestimmung dienen. Insoweit ist eine richterliche Inhaltskontrolle nach § 242 und § 307 BGB unverzichtbar (vgl. BVerfG 26. 6. 1991 E 84, 212, 226 = AP GG Art. 9 Arbeitskampf Nr. 117; BVerfG 19. 10. 1993 E 89, 214 = AP GG Art. 2 Nr. 35 – Bürgschaft; 6. 2. 2001 E 103, 89, 100 f. – Ehevertrag; *Dieterich* RdA 1995, 129, 131; *Fastrich,* Richterliche Inhaltskontrolle im Privatrecht, S. 184 ff.; *ders.,* RdA 1997, 65 ff.; zu der heftigen Kritik vor allem von *Zöllner* in AcP 196 [1996] 1 ff. vgl. *Di Fabio* in *Maunz/Dürig* Rn. 114 f.). Wie dabei zu verfahren ist und zu welchem Ergebnis die Gerichte gelangen, ist eine Frage des einfachen Rechts. Die Gerichte dürfen und können ebenso wenig wie der Gesetzgeber jeden nachweisbaren Störfaktor ausgleichen. Die im Privatrechtsverkehr unentbehrliche Rechtssicherheit würde zerstört, der Vertrag verlöre als rechtlich verbindliches Gestaltungsmittel seine Bedeutung, wenn Einzelfälle einer konturenlosen Billigkeitsrechtsprechung zugeführt würden. Die Gerichte müssen daher typisierbare Kriterien entwickeln, um strukturelle Ungleichgewichtslagen aufdecken und ausgleichen zu können. Nach ihrer groben Einteilung des BVerfG kommt es auf die Art der Paritätsstörung und eine daraus erklärbare Einseitigkeit des Vertragsinhalts an (19. 10. 1993 E 89, 214 = AP GG Art. 2 Nr. 35 – Bürgschaft; 6. 2. 2001 E 103, 89 – Ehevertrag). Das geltende Vertragsrecht lässt sich in diesem Sinne verfassungskonform auslegen und anwenden (vgl. dazu: 230 – BGB – §§ 305–310 Rn. 40 ff. und § 611 Rn. 479 ff.).

Für eine richterliche Inhaltskontrolle besteht kein Raum, soweit ein Arbeitsvertrag global auf den 35 maßgebenden **Tarifvertrag** verweist. Die im TV geregelten Arbeitsbedingungen haben in ihrer Gesamtheit die **Vermutung der Sachgerechtigkeit** für sich (vgl. Einl. Rn. 47; BVerfG 26. 6. 1991 E 84, 212, 229 = AP GG Art. 9 Arbeitskampf Nr. 117). Enthält der Arbeitsvertrag wörtlich die Bestimmungen des Tarifvertrages, gilt gleiches zumindest für die Dauer der Geltung des Tarifvertrages. Hingegen ist die individualrechtliche Inhaltskontrolle nicht schon dann entbehrlich, wenn die Arbeitsbedingungen tariflich regelbar wären (*Fastrich,* Richterliche Inhaltskontrolle im Privatrecht, S. 195; *Preis,* Grundfragen der Vertragsgestaltung im Arbeitsrecht, S. 213 f., 272 mwN). Anderenfalls würde mittelbar ein mit der negativen Koalitionsfreiheit unvereinbarer Organisationsdruck ausgeübt (*Preis,* Grundfragen der Vertragsgestaltung im Arbeitsrecht, S. 273). Die Vermutung der Sachgerechtigkeit bei vertraglicher Verweisung auf TV trifft ferner nur dann zu, wenn die im TV geregelten Arbeitsbedingungen insgesamt und nicht nur partiell, dh hinsichtlich einzelner Bestimmungen oder Regelungsbereiche Anwendung finden. Selektive Verweisungen können zu durchaus sachwidrigen und einseitigen Vertragsgestaltungen führen.

B. Allgemeines Persönlichkeitsrecht (Art. 2 I iVm. Art. 1 I)

I. Grundlage und Bedeutung

Das allg. Persönlichkeitsrecht wird aus Art. 2 I in Verbindung mit Art. 1 I abgeleitet. Es schützt die 36 persönliche Integrität des Menschen und vermittelt neben der allgemeinen Handlungsfreiheit und den übrigen Grundrechten eine „**lückenschließende Gewährleistung**" (BVerfG 9. 10. 2002 E 106, 28, 39 = AP BGB § 611 Persönlichkeitsrecht Nr. 34 unter C II 1). Inhalt und Gewährleistungsumfang werden durch Richterrecht im Blick auf das Leitprinzip des Art. 1 I (vgl. Art. 1 Rn. 9) konkretisiert.

Das allg. Persönlichkeitsrecht ergänzt als „**unbenanntes**" **Freiheitsrecht** die speziellen („be- 37 nannten") Freiheitsrechte, die alle mittelbar auch dem Schutz der Persönlichkeit dienen. Insoweit kann das allg. Persönlichkeitsrecht als Auffanggrundrecht bezeichnet werden, dessen Aufgabe darin besteht, iSd. obersten Konstitutionsprinzips der „**Würde des Menschen**" (Art. 1 I) die engere persönliche Lebenssphäre und die Erhaltung ihrer Grundbedingungen zu gewährleisten. Die Notwendigkeit einer solchen Ergänzung traditioneller Freiheitsgarantien besteht insb. im Hinblick auf Entwicklungen der Informationstechnologie und der mit ihnen verbundenen neuen Gefährdungen (vgl. zB BVerfG 3. 6. 1980 E 54, 148, 153 f. = NJW 1980, 2070; 15. 12. 1983 E 65, 1, 41 = NJW 1984, 419; 13. 5. 1986 E 72, 155, 170 = NJW 1986, 1859; 31. 1. 1989 E 79, 256, 268 = NJW 1989, 891). Solche Gefährdungen gehen keineswegs nur von hoheitlicher Gewalt aus. Das allg. Persönlichkeitsrecht enthält deshalb wie alle Freiheitsrechte nicht nur ein subjektives **Abwehrrecht** gegenüber Persönlichkeitsverletzungen durch Staatsorgane. Es fordert außerdem **Schutz** durch den Staat (vgl. Einl. Rn. 33 ff.; unten Rn. 67 ff.).

II. Schutzbereich

Der Schutzbereich des unbenannten Freiheitsrechts erschließt sich (nur vorläufig) aus der Rspr. des 38 BVerfG. Den bisher entschiedenen Fallgruppen lassen sich drei **Schutzfelder** entnehmen: der Schutz der Privatsphäre, das Recht der Selbstdarstellung und der Ehrenschutz.

Das verlangt eine differenzierende Handhabung mit abgesenktem Schutzstandard (*Di Fabio* in *Maunz/Dürig* Rn. 224 f.; *Dreier* Rn. 56). So ist bei Personenvereinigungen mit ideeller Zielsetzung der Schutz des Persönlichkeitsrechts anzunehmen, „soweit ihr sozialer Geltungsanspruch in ihrem Aufgabenbereich betroffen ist" (BVerwG 23. 5. 1989, E 82, 76, 78 = NJW 1989, 2272). Maßgebend ist die „grundrechtstypische Gefährdungslage" (BVerfG 9. 10. 2002 E 106, 28, 42 = AP BGB § 611 Persönlichkeitsrechte Nr. 34 zur Vertraulichkeit der Kommunikation unter C II 2).

IV. Eingriffe/Beeinträchtigungen

52   **1. Abwehrfunktion.** Das allg. Persönlichkeitsrecht kann durch die öffentl. Gewalt rechtlich oder faktisch beeinträchtigt werden. Zu den **rechtlichen Einwirkungen** gehört zB die gesetzliche Verpflichtung, persönliche Daten zu offenbaren. Zu den **faktischen Einwirkungen** zählen die Erhebung, Speicherung und Weitergabe personenbezogener Daten (BVerfG 15. 12. 1983, E 65, 1, 43 = NJW 1984, 419; BVerwG 20. 2. 1990 NJW 1990, 2762). Das Persönlichkeitsrecht kann ferner durch Verweigerung bestimmter Leistungen beeinträchtigt werden, insb. durch die Ablehnung von Akteneinsicht (vgl. BVerwG 27. 4. 1989 E 82, 45, 50 f. = NJW 1989, 2960 – Krankenakten; 20. 2. 1990 NJW 1990, 2765 – Kriminalakten; 20. 2. 1990 E 84, 375, 378 ff. = NJW 1990, 2761 – Verfassungsschutzunterlagen).

53   **2. Schutzfunktion.** Der Staat hat aber die Würde des Menschen nicht nur zu achten, sondern auch zu schützen (Art. 1 I 2). Das allg. Persönlichkeitsrecht kann deshalb verletzt sein, wenn der Staat untätig bleibt, wo die persönliche Integrität durch gesellschaftliche Einflüsse signifikant bedroht ist. Die Nichtbeachtung dieser grundrechtlichen Schutzpflicht durch Gesetzgebung oder Rspr. gilt als Grundrechtsbeeinträchtigung (BVerfG 4. 11. 1986 E 73, 118, 201; 10. 11. 1998 E 99, 185, 194; *Dreier* Rn. 62 ff.; *Di Fabio* in *Maunz/Dürig* Rn. 135 f.; *Murswiek* in *Sachs* Rn. 59). Die Zivelrechtsprechung hat den durch richterrechtliche Ausformung eines Allgemeinen Persönlichkeitsrechts entsprochen. Diese Privatrechtsposition darf aber nicht mit dem Grundrecht verwechselt werden (Rn. 5).

54   Im **Privatrechtsverkehr** kann das Persönlichkeitsrecht auf vielfältige Weise bedroht sein. So werden Personen zB zu Auskünften verpflichtet, die ihre Privatsphäre berühren; man erwartet von ihnen uU Handlungen, die diese Sphäre oder ihre Selbstdarstellung beeinträchtigen. Faktisch wird das Persönlichkeitsrecht verletzt, wenn vertrauliche Informationen aus der Privatsphäre veröffentlicht, persönliche Daten unbefugt an Dritte weitergegeben oder heimlich Tonbandaufnahmen gefertigt werden. Im **Arbeitsrecht** wird das Persönlichkeitsrecht schon bei der Anbahnung eines Arbeitsvertrages durch Fragen tangiert, die die Privatsphäre des Bewerbers berühren (vgl. Rn. 96; 230 – BGB § 611 Rn. 330 ff.). Während des Arbeitsverhältnisses sind ungezählte Beeinträchtigungen des Persönlichkeitsrechtes unvermeidlich, ganz einfach deshalb, weil die Arbeitskraft „keinen anderen Behälter hat, als menschliches Fleisch und Blut" (*K. Marx*, Lohnarbeit und Kapital, Werke – Schriften – Briefe, Darmstadt; Bd. VI S. 757, 760). Auch das Verhältnis der AN untereinander ist zu berücksichtigen. Unterlässt es der AG, wesentliche Persönlichkeitsinteressen seiner AN gegenüber Verletzungen durch Kollegen zu schützen, kann selbst darin eine Beeinträchtigung des Persönlichkeitsrechts liegen (zB im Falle sexueller Belästigung). Vgl. zu den grundrechtlichen Schutzpflichten im Privatrecht näher Rn. 67 ff.

55   **3. Einwilligung.** Willigt der Grundrechtsträger in eine konkrete Beeinträchtigung des Persönlichkeitsrechts ein, fehlt es regelmäßig an einer Grundrechtsverletzung (vgl. Einl. Rn. 62). Voraussetzung ist, dass die **Einwilligung** freiwillig und nicht in einer Zwangslage erteilt wurde (vgl. BVerfG 18. 8. 1981 NJW 1982, 375; zum Lügendetektor BGH 17. 12. 1998 NJW 1999, 657, 658 f.). An die Wirksamkeit einer solchen Einwilligung sind strenge Anforderungen zu stellen. Das gilt auch im **Vertragsrecht,** das die Wirksamkeit der Einwilligung begrenzt und so seine Schutzpflicht erfüllt. Grenzen für eine wirksame Einwilligung ergeben sich hier insb. aus §§ 134, 138, 242, 305 ff. BGB (vgl. Rn. 34 ff.). Treffen die Parteien keine ausdrückliche Vereinbarung über Pflichten des AN, die seine Persönlichkeitssphäre berühren, so ist davon auszugehen, dass der AN mit Abschluss des Arbeitsvertrages nur in solche Beeinträchtigungen des Persönlichkeitsrechts einwilligt, die zur Begründung und Durchführung des Arbeitsverhältnisses erkennbar notwendig sind und keine übermäßig gravierenden Belastungen darstellen (vgl. Einl. Rn. 65). Auch Blankoermächtigungen können keine weitergehenden Eingriffe legitimieren. Eine absolute Grenze der individuellen Verfügbarkeit findet das Persönlichkeitsrecht in seinem Menschenwürdekern (vgl. Einl. Rn. 66).

56   Als Einwilligung im weiteren Sinne lässt sich auch die Unterwerfung unter geltende und künftige **Tarifverträge** verstehen. Sie ist im Beitritt zu einem tariffähigen und tarifzuständigen Verband stillschweigend enthalten (Einl. Rn. 47), kommt aber auch vielfach in einer arbeitsvertraglichen Verweisungsklausel bes. zum Ausdruck. Der AN kann zwar nicht im Einzelnen wissen, ob und inwieweit die TVParteien Regelungen schaffen werden, die seine Persönlichkeitssphäre tangieren (zB Offenbarungspflichten, Datenerfassung, Minderung des Beschäftigungsanspruchs usw.), er kann aber von gleichstarken und sachnahen Verhandlungspartnern ausgehen und verlässt sich auf die Sachgerechtigkeit des Ausgleichs. Dennoch hat auch diese Unterwerfung Grenzen. Sie deckt nicht Bereiche ohne sinn-

B. Allgemeines Persönlichkeitsrecht (Art. 2 I iVm. Art. 1 I) Art. 2 GG 10

fälligen Zusammenhang mit dem Arbeitsverhältnis und reicht insb. nicht in die Intimsphäre (vgl. auch Rn. 81 f. und Einl. Rn. 67).

Betriebsvereinbarungen können sich nicht auf eine vergleichbare Unterwerfung stützen. Bei der 57 betrieblichen Zusammenarbeit sind aber die allg. Handlungsfreiheit und das Persönlichkeitsrecht auf vielfältige Weise betroffen und bedürfen uU des Ausgleichs. § 75 II BetrVG verpflichtet deshalb die Betriebspartner zum Schutz der freien Entfaltung der Persönlichkeit. BV unterliegen einer entspr. Rechtmäßigkeitskontrolle (vgl. Einl. Rn. 59 und 210 – BetrVG § 75 Rn. 9 ff.; praktisches Beispiel BAG 19. 1. 1999 AP BetrVG 1972 § 87 Ordnung des Betriebes Nr. 28).

V. Schranken/Grenzen der Einschränkbarkeit

1. Schrankentrias. Das allg. Persönlichkeitsrecht markiert keine Tabuzone für jegliches Handeln 58 des Staates. Wie für alle Grundrechte gelten auch für das Persönlichkeitsrecht Schranken, durch die in näher bestimmten Grenzen Eingriffe und Beeinträchtigungen verfassungsrechtlich legitimiert werden. Das BVerfG orientiert sich auch hier an der **Schrankentrias** des Art. 2 I, legt dabei jedoch sehr viel strengere Maßstäbe an als bei der allg. Handlungsfreiheit und fordert einen umso intensiveren Schutz, je tiefer in die Persönlichkeitssphäre der Betroffenen eingegriffen wird (24. 6. 1993 E 89, 69, 82 f. = NJW 1993, 2365).

Begrenzt wird das allg. Persönlichkeitsrecht durch die **verfassungsmäßige Ordnung.** Eingriffe 59 bedürfen danach der Grundlage in einer gesetzlichen Regelung, die der Bedeutung des Rechts entspr. hinreichend bestimmt gefasst sein muss (BVerfG 15. 12. 1983 E 65, 1, 44, 46 = NJW 1984, 419). Das Gesetz hat in materieller Hinsicht dem **Grundsatz der Verhältnismäßigkeit** zu genügen. Einschränkende Regelungen müssen also zum Schutz eines gewichtigen Gemeinschaftsguts geeignet und erforderlich sein; der Schutzzweck muss so schwer wiegen, dass er die Beeinträchtigung des Persönlichkeitsrechts in seinem Ausmaß rechtfertigt (vgl. BVerfG 15. 12. 1983 E 65, 1, 44, 46 = NJW 1984, 419; 9. 3. 1988, E 78, 77, 85 = NJW 1988, 2031; 26. 4. 1994 E 90, 263, 271 = NJW 1994, 2475; zum Verhältnismäßigkeitsprinzip ferner Rn. 18 und Einl. Rn. 30). Zu Einzelfällen vgl. die Nachweise bei *Jarass/Pieroth* Art. 2 Rn. 45 ff.; *Murswiek* in *Sachs* Rn. 121 ff.

2. Sphären. Das BVerfG bedient sich einer **Sphärenabstufung,** um die Schutzbedürftigkeit ver- 60 schiedener Lebenssachverhalte gewichten und die Verhältnismäßigkeitsprüfung rationalisieren zu können. Die innerste Sphäre, die **Intimsphäre** gilt als unantastbar. Dabei handelt es sich um den Kernbereich privater Lebensgestaltung. Selbst schwerwiegende Interessen der Allgemeinheit können Eingriffe in diesen Bereich nicht rechtfertigen. Es gehört zu den Bedingungen der Persönlichkeitsentfaltung, dass der Einzelne einen persönlichen Freiheitsraum besitzt, in dem er unbeobachtet sich selbst überlassen ist und mit Personen seines bes. Vertrauens ohne Rücksicht auf gesellschaftliche Verhaltenserwartungen oder Furcht vor staatlichen Eingriffen verkehren kann. Ein Gesetz, das ein Eindringen in diese Sphäre ermöglichen wollte, könnte nicht Bestandteil der verfassungsmäßigen Ordnung sein. Dies folgt aus der Garantie des Wesensgehaltes der Grundrechte (Art. 19 II). Die Zuordnung zum unantastbaren Bereich privater Lebensgestaltung wird nicht schon dadurch ausgeschlossen, dass ein Sachverhalt auch soziale Bedeutung hat. Maßgeblich ist nach Auffassung des BVerfG, welcher Art und wie intensiv der soziale Bezug ist; dies lasse sich nicht abstrakt beschreiben, sondern sei unter Berücksichtigung der Bes. des einzelnen Falls zu beantworten (vgl. st. Rspr. BVerfG 10. 5. 1957 E 6, 389, 433 = NJW 1957, 297; 31. 1. 1973 E 34, 238, 245 = NJW 1973, 891; 23. 5. 1980 E 54, 143, 146 = NJW 1990, 563; 26. 4. 1994 E 90, 255, 260 f. = NJW 1995, 1015; zustimmend zB *Di Fabio* in *Maunz/Dürig* Rn. 162; *Schmitt Glaeser* HbStR VI, § 129 S. 57 ff.).

Diesen Kernbereich umgibt eine **Privatsphäre**, die stärker gemeinschaftsgebunden erscheint (zB 61 bereits Aktenkundiges oder geschäftliche Verhandlungen). In diese Sphäre darf immerhin unter strenger Wahrung des Verhältnismäßigkeitsgrundsatzes eingegriffen werden (BVerfG 15. 1. 1970 E 27, 344, 350 = NJW 1970, 555; 31. 1. 1973 E 34, 238, 245 = NJW 1973, 891). So dürfen Auskünfte darüber nur verlangt werden, wenn und soweit überwiegende Interessen der Allgemeinheit dies gebieten (BVerfG 19. 7. 1972 E 33, 367, 375 = NJW 1972, 2214).

Am wenigsten Schutz genießt die sog. **Sozialsphäre.** Sie ist Eingriffen in gleicher Weise zugänglich 62 wie die Handlungsfreiheit. Einschränkungen können hier gerechtfertigt sein, wenn die persönliche Sphäre anderer oder Belange der Gemeinschaft berührt sind (vgl. BVerfG 11. 4. 1973 E 35, 35, 39 Briefkontrolle in U-Haft = NJW 1973, 1643; 5. 6. 1973 E 35, 202, 220 – *Lebach*; 14. 9. 1989 E 80, 367, 373 – Tagebuch im Strafverfahren = NJW 1990, 563).

Gegen diese Abstufung lässt sich einwenden, dass die Sphären nicht klar voneinander abzugrenzen 63 sind und außerdem für die betroffen Menschen unterschiedliche Bedeutung haben (vgl. v. Münch/ *Kunig* Rn 41). Selbst die Intimsphäre kann uU staatlichem Zugriff nicht völlig entzogen sein, soweit die Gefahr nachhaltiger Grundrechtsverletzungen Dritter besteht (zB bei Vergewaltigung in der Ehe). Das BVerfG ist auch nicht konsequent. So rechnete es sogar ein privates Tagebuch nicht uneingeschränkt zur Intimsphäre, sondern ließ seine Verwertung im Strafprozess zu (14. 9. 1989 E 80, 367). Im Grunde geht es nur darum, die Rechtfertigungsanforderungen auf die Eingriffsintensität abzustimmen, wobei die Sphären immerhin grobe Anhaltspunkte bieten (so zutr. *Di Fabio* in *Maunz/Dürig* Rn 162; *Murswiek* in *Sachs* Rn. 105; *Dreier* Rn. 60 f.).

64 Für den Bereich der **informationellen Selbstbestimmung** hat die Sphärentheorie keine Bedeutung mehr. Das BVerfG machte im Volkszählungsurteil den Schutz von Informationen nicht mehr von der Zuordnung zu einer Sphäre abhängig, weil es wegen der durch die EDV ermöglichten Verknüpfung einzelner Daten kein „belangloses Datum" mehr gibt. Es kommt nicht darauf an, ob Daten einer „äußeren" oder „inneren" Sphäre zuzurechnen sind, sondern allein darauf, ob die mögliche Belastung des Einzelnen unter Berücksichtigung aller in Betracht kommenden Wirkungen des Eingriffs und der vorgesehenen Schutzvorkehrungen gegen Missbrauch mit dem Verhältnismäßigkeitsprinzip vereinbar ist. Danach kann das informationelle Selbstbestimmungsrecht im Rahmen der Verhältnismäßigkeit zugunsten öffentl. Zwecke eingeschränkt werden. Daten dürfen nur zu gesetzlich bestimmten Zwecken und nicht „auf Vorrat" gesammelt werden. Dabei sind zur Vermeidung von Missbrauch bes. Vorkehrungen für die Durchführung der Datenerhebung und -verarbeitung nötig. Im Übrigen ist die Eingriffsintensität von maßgeblicher Bedeutung. Anonymisierte Daten sind nur geschützt, wenn die Individualisierung mit zumutbarem Aufwand möglich ist (vgl. BVerfG 15. 12. 1983 E 65, 1, 44 ff. = NJW 1984, 419).

65 **3. Kollisionen.** Das allg. Persönlichkeitsrecht wird ferner durch **kollidierende Grundrechte Dritter** beschränkt. Bei Äußerungen in der Öffentlichkeit bzw. den Medien ist zB ein Ausgleich erforderlich zwischen dem allg. Persönlichkeitsrecht und der Meinungsfreiheit des Art. 5 I bzw. der Pressefreiheit des Art. 5 II 1 (vgl. BVerfG 14. 2. 1973 E 34, 269, 282 = NJW 1973, 1221; 3. 12. 1985 E 71, 206, 219 f. = NJW 1986, 1239). Kollisionen ergeben sich vor allem mit Persönlichkeitsrechten Dritter (BVerfG 6. 5. 1997 E 96, 56 = NJW 1997, 1769; BVerwG 21. 3. 1986 E 74, 115, 118; *Jarass/Pieroth* Rn. 46, *Jarass* NJW 1989, 857, 862). Für Eingriffe durch den Staat ist aber auch hier grds. eine **Ermächtigung durch Gesetz** erforderlich (vgl. *Jarass/Pieroth* Rn. 46; *Kunig* in v. *Münch/Kunig* Rn. 42; differenzierend für öffentl. Erklärungen staatlicher Organe *Murswiek* in *Sachs* Rn. 107).

66 Im Bereich des Zivilrechts müssen Persönlichkeitsrechte und andere Grundrechte der Teilnehmer am Rechtsverkehr nach Möglichkeit im Sinne **praktischer Konkordanz** zum Ausgleich gebracht werden. Dazu sind in erster Linie der Gesetzgeber und in zweiter Linie die Gerichte (durch Auslegung und Anwendung zivilrechtlicher Vorschriften) verpflichtet. Soweit nicht beiden Grundrechtspositionen Geltung verschafft werden kann, ist unter Berücksichtigung der bes. Umstände des Einzelfalles zu entscheiden, welches Interesse zurückzutreten hat (BVerfG 24. 2. 1971 E 30, 173, 195 = NJW 1971, 1645; 5. 6. 1973 E 35, 202, 225 = NJW 1973, 1227; 13. 1. 1982 E 59, 231, 261 ff. = NJW 1982, 1447; 17. 7. 1984 E 67, 213, 228 = NJW 1985, 477; vgl. *Jarass* NJW 1989, 857, 862; *Kübler* NJW 1999, 1281). Eine Verletzung des allg. Persönlichkeitsrechts kann schon darin bestehen, dass ein Gericht seinen Abwägungsspielraum verkennt (BVerfG 6. 5. 1997 E 96, 56 = NJW 1997, 1769 – Auskunftsanspruch des nichtehelichen Kindes).

VI. Schutzpflicht im Privatrecht

67 **1. Gesetzgebung.** Der **Gesetzgeber** muss das **Schutzminimum** der Grundrechte auch im Privatrechtsverkehr gewährleisten (s. o. Einl. Rn. 43). Soweit der Einzelne zB von einer Darstellung in den Medien betroffen ist, muss ihm gesetzlich die Möglichkeit der Gegendarstellung eingeräumt werden (vgl. BVerfG 8. 2. 1983 E 63, 131, 142 f. = NJW 1983, 1179; 4. 11. 1986 E 73, 118, 201 ff. = NVwZ 1987, 125). Dieser Schutzpflicht tragen die Länder in den Presse-, Rundfunk- und Mediengesetzen Rechnung. Weitere spezielle gesetzliche Regelungen enthalten vor allem das BDSG (160), ferner zB das Namensrecht (§ 12 BGB), das Recht am eigenen Bild (§§ 22 ff. KUrhG) oder Urheberrecht. Im Arbeitsrecht dienen viele spezielle Regelungen dem Persönlichkeitsschutz der AN.

68 Das BetrVG hat erstmals ausdrücklich den Schutz und die Förderung der **ANpersönlichkeit** als Aufgabe des Arbeitsrechts formuliert. Nach **§ 75 II BetrVG** haben AG und BR die freie Entfaltung der Persönlichkeit der im Betrieb beschäftigten AN zu schützen und zu fördern. Dadurch will der Gesetzgeber der allg. Forderung nach verstärkter Berücksichtigung der Persönlichkeitsrechte im Arbeitsleben Rechnung tragen (vgl. Begr. zum RegE BT-Drucks. VI/1786, S. 46). Die Betriebspartner müssen das allg. Persönlichkeitsrecht bei personellen Einzelmaßnahmen ebenso wie bei BV beachten; den Beteiligungsrechten wird dadurch eine Ausübungsschranke gesetzt (vgl. 210 – § 75 BetrVG Rn. 9 sowie GK-BetrVG/*Kreutz* § 75 Rn. 69 ff.). Ergänzt wird die Bestimmung durch weitere Vorschriften des BetrVG (§§ 81 bis 83 BetrVG).

69 **2. Rechtsprechung.** Der verfassungsrechtliche Persönlichkeitsschutz verpflichtet subsidiär die **Rspr.** bei der **Auslegung** privatrechtlicher Vorschriften, insb. bei der Konkretisierung von unbestimmten Rechtsbegriffen und Generalklauseln des **Vertragsrechts** (zB §§ 138, 242, 307, 315, 626 BGB, § 1 KSchG). Die Gerichte haben deshalb zu prüfen, ob von der Anwendung zivilrechtlicher Vorschriften im Einzelfall Persönlichkeitsrechte berührt werden. Trifft das zu, dann sind diese Vorschriften im Lichte von Art. 2 und 1 I zu interpretieren (BVerfG 15. 1. 1958 E 7, 198, 206 – Lüth = NJW 1958, 257; 14. 2. 1973 E 34, 269, 280 – Soraya = AP Art. 2 Nr. 21; 11. 6. 1991 E 84, 192, 194 f. –

B. Allgemeines Persönlichkeitsrecht (Art. 2 I iVm. Art. 1 I) Art. 2 GG 10

Offenbarung der Entmündigung = NJW 1991, 2411). Zur Rspr. der Arbeitsgerichte vgl. die Beispiele Rn. 80 ff.

Bei der Anwendung privatrechtlicher Regelungen stellt sich häufig das Problem einer **Kollision** 70 **widerstreitender Interessen.** Die vom AG zu beachtenden Persönlichkeitsinteressen des AN sind mit entgegenstehenden betrieblichen Belangen auszugleichen. Ob die gegenläufigen Interessen des AG dabei den Vorrang verdienen, darf von der Rechtssprechung nicht in konturenloser Billigkeitsrechtsprechung entschieden werden. Vielmehr sind in einer Methode wertorientiert normativen Denkens typisierende Kriterien zu entwickeln und im Einzelfall anzuwenden (vgl. auch Rn. 34). Dazu wird allg. auf das **Verhältnismäßigkeitsprinzip** zurückgegriffen. Eingriffe in die Persönlichkeitssphäre sind nur zulässig, wenn sie einem rechtlich gebilligten Ziel des AG dienen und nicht nur das dafür nach Inhalt, Form und Begleitumständen erforderliche, sondern auch nach Art, Schwere und Dauer schonendste Mittel darstellen (vgl. zur std. Rspr. des BAG 4. 4. 1990 AP BGB § 611 Persönlichkeitsrecht Nr. 21 mwN; GK-BetrVG/*Kreutz* § 75 Rn. 71 aE; MünchArbR/*Blomeyer* § 97 Rn. 6; *Wiese* ZfA 1971, 273, 283). Soweit das Persönlichkeitsrecht sowohl mit betrieblichen Belangen, als auch mit schützenswerten Interessen anderer AN kollidiert, ist ein Rückgriff auf das Verhältnismäßigkeitsprinzip nicht ausreichend. Hier bedarf es vielmehr einer sorgfältigen Abwägung unter Einbeziehung der **dreiseitigen Interessen.**

a) **Inhaltskontrolle.** Das Persönlichkeitsrecht kann im Rahmen der **Inhaltskontrolle von Verträ-** 71 **gen** bedeutsam sein. Vereinbarungen, die intensive Eingriffe in das Persönlichkeitsrecht des AN vorsehen (zB hinsichtlich außerdienstlichen Verhaltens oder bei umfassender Überwachung mit Kameras oder Abhöranlagen), können unter verschiedenen rechtlichen Gesichtspunkten unwirksam sein. Zwar steht es dem AN grds. frei, auf grundrechtlich geschützte Positionen und damit in gewissen Grenzen auch auf seinen Persönlichkeitsschutz zu **verzichten** (vgl. Einl. Rn. 62 ff.; zur Einwilligung Rn. 55 f.). Voraussetzung ist aber, dass der AN rechtlich und tatsächlich frei war. Reale Freiheit setzt voraus, dass er den Vertragspassus bei typisierender Betrachtung im Rahmen der Verhandlungen zur Disposition stellen konnte, ohne allein dadurch den Vertragsschluss insgesamt zu gefährden (vgl. Rn. 34 ff.). Ein genereller Verzicht auf jeglichen Schutz der Persönlichkeit ist aber ausgeschlossen. Er wäre sittenwidrig (MünchArbR/*Blomeyer* § 94 Rn. 22). Unabdingbar ist ferner der Kernbereich des allg. Persönlichkeitsrechts., die Intimsphäre (MünchArbR/*Blomeyer* § 97 Rn. 7 mwN). Formularmäßige Einwilligungen sind regelmäßig unzureichend (vgl. *Jarass* NJW 1989, 857, 862; *Jarass/Pieroth* Art. 2 Rn. 41; *Steindorff,* Persönlichkeitsschutz im Zivilrecht, S. 31). Das gilt nicht für die globale Verweisung auf den maßgebenden TV (Rn. 56).

b) **Vertragspflichten.** Soweit vertragliche Regelungen fehlen, bestimmen sich die gegenseitigen 72 **Rücksichts-, Schutz- und Förderpflichten** im Arbeitsverhältnis nach § 242 BGB, der im Blick auf das allg. Persönlichkeitsrecht auszulegen und anzuwenden ist. Die entspr. Pflichten wurden früher zusammengefasst unter dem Begriff der **Fürsorgepflicht,** der heute als unzeitgemäß vermieden wird, ohne dass sich in der Sache viel änderte (vgl. 230 – BGB § 611 Rn. 760 und 869; MünchArbR/*Blomeyer* § 94 Rn. 1ff. und § 97 Rn. 1 ff.). AN müssen zwar Beeinträchtigungen ihres Persönlichkeitsrechts, unter Umständen sogar Eingriffe in die Privatsphäre dulden, soweit dies zur Durchführung des Arbeitsverhältnisses notwendig ist; aber auf der anderen Seite hat der AG die Persönlichkeitsrechte des AN weitestmöglich zu respektieren. Dies ist auch bei der Auslegung und Anwendung des § 315 BGB zu bedenken, der das Direktionsrecht des AG einer Ausübungskontrolle nach den Grundsätzen billigen Ermessens unterwirft.

Der Schutz der Persönlichkeitssphäre verlangt vom AG nicht nur Zurückhaltung; er ist über § 242 73 BGB auch zu **positivem Handeln** verpflichtet (230 – BGB § 611 Rn. 702 und 765; MünchArbR/*Blomeyer* § 4; *Schwerdtner,* Fürsorgetheorie und Entgelttheorie im Recht der Arbeitsbedingungen, S. 105 f.; aA *Wiese* ZfA 1971, 279).

Bei **Verletzung** des Persönlichkeitsrechts stellt die Zivilrechtsordnung verschiedene Sanktionen zur 74 Verfügung. Der betroffene AN kann nach den Umständen des Einzelfalls berechtigt sein, seine Leistung gem. § 273 I BGB zu verweigern. Bei der Einzelfallabwägung wird unter Rückgriff auf den Grundsatz der Verhältnismäßigkeit danach entschieden, ob die **Zurückbehaltung der Arbeitsleistung** zur Beseitigung der Persönlichkeitsbeeinträchtigung erforderlich und angemessen ist (dies ist bei geringfügigen Beeinträchtigungen zu verneinen, vgl. BAG 7. 6. 1973 AP BGB § 615 Nr. 28; MünchArbR/*Blomeyer* § 97 Rn. 47). Drohende Verletzungen seiner geschützten Persönlichkeitssphäre kann der Betroffene analog § 1004 I 2 BGB mit einem selbständig einklagbaren **Unterlassungsanspruch** abwehren (eingehend *Seyfarth* NJW 1999, 1287). Entsprechendes gilt für den Anspruch auf **Widerruf** sowie auf Beseitigung von falschen und ehrenrührigen Angaben, die das Persönlichkeitsrecht beeinträchtigen (zB Abmahnungen, Angaben in Personalakten oder gegenüber Auskunftsstellen; vgl. Rn. 102 ff.; MünchArbR/*Blomeyer* § 97 Rn. 46). Der Anspruch erstreckt sich auch auf Vernichtung widerrechtlich aufgenommener Aufnahmen (vgl. MünchArbR/*Blomeyer* § 97 Rn. 44; *Wiese* ZfA 1971, 311 ff.). Bei Nichterfüllung von Rücksichtnahme- und Schutzpflichten, kann der AN nach § 611 BGB iVm. § 242 BGB **Erfüllung** verlangen (zB Beschäftigung oder Schutzeinrichtungen gegen Missbrauch persönlicher Daten). Bei schuldhaftem Verhalten des AG kommt natürlich auch ein **Schadenersatz-**

anspruch nach den Grundsätzen der positiven Forderungsverletzung in Betracht (vgl. 230 – BGB § 611 Rn. 768 und MünchArbR/*Blomeyer* § 97 Rn. 45 f.; zum deliktischen Persönlichkeitsschutz Rn. 76 f.).

75   c) **Gestaltungsrechte.** Die Schutzfunktion des allg. Persönlichkeitsrechts aus Art. 2 I iVm. Art. 1 I können bei der Ausübung von Gestaltungsrechten zu beachten sein, etwa bei der **Anfechtung** von Arbeitsverträgen wegen Irrtums oder Drohung (zB wegen falsch beantworteter Fragen im Einstellungsgespräch, vgl. Rn. 98) oder bei ordentlicher oder außerordentlicher **Kündigung.** Hier ist im Rahmen der Auslegung von § 1 KSchG und § 626 BGB zunächst zu prüfen, ob beanstandete, das Persönlichkeitsrecht berührende Sachverhalte bei typisierender Betrachtung überhaupt einen Kündigungsgrund darstellen dürfen. Bei der Normanwendung ist dann in einem weiteren Schritt zu entscheiden, ob der konkrete Sachverhalt bei einer Abwägung der beiderseitigen Interessen die Kündigung rechtfertigt. Auf beiden Prüfungsebenen können Wertentscheidungen des Persönlichkeitsrechts bedeutsam werden (Beispiel Homosexualität: BAG 23. 6. 1994 AP BGB § 242 Kündigung Nr. 9).

76   3. **Deliktsrecht.** Im Deliktsrecht ist die richterrechtliche Ausformung des allg. Persönlichkeitsrechts bes. deutlich. Der **BGH** leitet aus ihm seit der „Leserbrief-Entscheidung" ein absolutes Recht iSv. § 823 I BGB ab und stützt sich dabei vor allem auf Art. 1 I und Art. 2 I. Das allg. Persönlichkeitsrecht sei durch das Grundgesetz als privates, von jedermann zu achtendes Grundrecht anerkannt und müsse unter Beachtung der Schranken des Art. 2 I angewandt werden (BGH 25. 5. 1954 NJW 1954, 1404). Der BGH bestätigte diese Rspr. in seinem „Herrenreiter"-Urteil (2. 4. 1957 NJW 1957, 1276) und war in einer Reihe späterer Entscheidungen bestrebt, die generalklauselartige Weite des allg. Persönlichkeitsrechts zu konkretisieren (vgl. BVerfG 14. 2. 1973 E 34, 269 = AP Art. 2 Nr. 21 mwN zur Rspr. des BGH; Übersicht bei *Ehmann* JuS 1997, 193). Ungeachtet der Regelung in § 253 BGB kann danach dem in seinem Persönlichkeitsrecht Verletzten als wirksame Sanktion eine **billige Entschädigung in Geld** zugesprochen werden, weil der zivilrechtliche Persönlichkeitsschutz lückenhaft und unzulänglich wäre, wenn eine Verletzung keine der ideellen Beeinträchtigung adäquate Sanktion auslösen würde. Die Rechtsordnung würde dann auf das wirksamste und oft einzige Mittel verzichten, das geeignet ist, die Respektierung des Personenwertes des Einzelnen zu sichern (vgl. BGH 5. 12. 1995 NJW 1996, 984 f.).

77   Das BVerfG beanstandete in seinem **„Soraya"-Beschluss**, in dem ein Schmerzensgeldanspruch nach einem frei erfundenen Interview zu beurteilen war, das Ergebnis noch die Begründung der Rechtsfortbildung. § 253 schließe einen Schmerzensgeldanspruch nicht aus. Vielmehr verlangten die Wertvorstellungen des Grundgesetzes dringlich nach einer Regelung, die dem Gesetz nicht zu entnehmen sei. Ein Abwarten auf eine diesen Schutzbedarf deckende Novelle genüge dem verfassungsrechtlichen Gebot nicht. Vielmehr bestehe die Aufgabe der Gerichte in der Fortbildung des Rechts, in „schöpferischer Rechtsfindung"; um der im Mittelpunkt der grundgesetzlichen Werteordnung stehenden menschlichen Persönlichkeit und ihrer Würde auch zivilrechtlichen Schutz zu gewährleisten (BVerfG 14. 2. 1973 E 34, 268 = AP Art. 2 Nr. 21). Das BAG wendet die vom BGH entwickelten Rechtsgrundsätze auf schwere Persönlichkeitsverletzungen im Arbeitsverhältnis entspr. an (BAG 21. 2. 1979 AP BGB § 847 Nr. 13; 18. 12. 1984 AP BGB § 611 Persönlichkeitsrecht Nr. 8; anders noch für den Fall konkurrierender arbeitsvertraglicher Ansprüche BAG 25. 4. 1972 AP BGB § 611 Öffentlicher Dienst Nr. 9; 31. 10. 1972 AP BGB § 611 Fürsorgepflicht Nr. 80).

78   In der **Diskriminierung wegen des Geschlechts** oder der **geschlechtlichen Orientierung** liegt ebenfalls eine Verletzung des allg. Persönlichkeitsrechts, die nach §§ 823 Abs. 1 iVm. 847 BGB einen Anspruch auf Geldentschädigung auslösen kann. Ob ein Anspruch begründet ist, hängt nach allg. Grundsätzen vom Grad des Verschuldens, von Art und Schwere der Benachteiligung, von der Nachhaltigkeit und Fortdauer der Schädigung sowie von Anlass und Beweggrund des Verletzers ab (vgl. BAG 14. 3. 1989 AP BGB § 611a Nr. 5 und 6). An einem Verschulden und einem schweren Eingriff fehlt es, wenn sich der AG gesetzestreu verhalten will, indem er eine sog. „leistungsbezogene Frauenquote" im Vertrauen darauf anwendet, dass die Vorschrift nicht gegen höherrangiges Recht verstößt (vgl. BAG 5. 3. 1993 AP Art. 3 Nr. 226 = NZA 1996, 751). Das Deliktsrecht wird durch **§ 611a BGB** ergänzt. Die Vorschrift begründet einen speziellen, der Höhe nach begrenzten Ersatzanspruch bei Persönlichkeitsverletzung wegen Geschlechtsdiskriminierung. Vgl. zu den Einzelheiten 230 – § 611a BGB, Rn. 5 ff.).

79   4. **Prozessrecht.** Schließlich ist auch das **Prozessrecht** durch das allg. Persönlichkeitsrecht beeinflusst. Beweismittel, die durch unbefugtes Eindringen in die Persönlichkeitssphäre, insbesondere in vertrauliche Kommunikation erlangt wurden, unterliegen grds. einem **Verwertungsverbot.** Ausnahmen gelten nur dann, wenn das Interesse des Beweispflichtigen oder der Allgemeinheit erheblich schwerer wiegt. Das ergibt sich aus der Grundrechtsbindung der Gerichte, obwohl eine gesetzliche Regelung fehlt (vgl. 60 – ArbGG § 58 Rn. 43 f.; MünchKommZPO/*Prütting* § 284 Rn. 62 ff.; GMP/ *Prütting* § 58 Rn. 36; *Stein/Jonas/Leipold* ZPO § 284 Rn. 56 ff.). Die Rspr. hatte sich vor allem mit heimlichen Telefonüberwachungen und Tonbandaufzeichnungen zu befassen (vgl. BVerfG 31. 1. 1973 E 34, 238 = AP Art. 2 Nr. 20; 19. 12. 1991 AP BGB § 611 Persönlichkeitsrecht Nr. 24; 31. 7. 2001 AP

BGB § 611 Persönlichkeitsrecht Nr. 32; BAG 2. 6. 1982 AP ZPO § 284 Nr. 3; 29. 10. 1997 AP BGB § 611 Persönlichkeitsrecht Nr. 27 mit krit. Anm. v. *Otto*). Die weite Verbreitung von Mithöranlagen lässt nicht etwa auf eine stillschweigende Genehmigung des Mithörens schließen (BVerfG 9. 10. 2002 E 106, 28, 46 = AP BGB § 611 Persönlichkeitsrechte Nr. 34 unter C II 3 a). Ähnliche Verwertungsverbote gelten für Kontrollen, Videoaufnahmen sowie Spitzeln und Detektiven, die in die Privatsphäre eindringen (*Röckl/Fahl* NZA 1998, 1035, 1038), ferner bei Erhebung von DNA-Analysen ohne Kenntnis und Einwilligung des Betroffenen (VGH Baden-Württemberg 28. 11. 2000, AuR 2001, 469, Anm. *Roos*). Zum Datenschutz im Verfahrensrecht vgl. *Prütting* ZZP 106, 427, 441 ff.

VII. Beispiele zum Persönlichkeitsschutz für Arbeitnehmer

Im Arbeitsverhältnis werden die Persönlichkeitsrechte von AN in vielfältiger Weise berührt – durch Gesetze, TV oder BV, durch Verträge und durch Anweisungen des AG. Auch Kündigungen können in die geschützte Persönlichkeitssphäre eindringen (Rn. 75). Den Gerichten obliegt die Aufgabe, dem Persönlichkeitsrecht und seinen Grenzen durch Auslegung und Anwendung des einfachen Rechts Geltung zu verschaffen (s. o. Rn. 69 ff.). Die dazu nachfolgend aufgeführten Beispiele sind nicht abschließend. Sie verdeutlichen, dass der Persönlichkeitsschutz im Arbeitsverhältnis einerseits große Bedeutung hat, andererseits aber auf entgegengesetzte Interessen abzustimmen ist. **80**

1. Außerdienstliches Verhalten. Das außerdienstliche Verhalten des AN unterliegt grds. keinen Einschränkungen. Der AG ist nicht zum „Sittenwächter" über die im Betrieb tätigen AN berufen. AN müssen deshalb ihren privaten Lebenswandel nicht an den **moralisch-ethischen Vorstellungen** ihres Arbeitsgebers ausrichten. Sie müssen darauf nur Rücksicht nehmen, wenn das außerdienstliche Verhalten unmittelbaren Einfluss auf die Arbeitspflicht hat. Außerdienstliche Verhaltensweisen können durch Tarifvertrag oder Arbeitsvertrag in zulässiger Weise geregelt sein, wenn dies Voraussetzung für die Glaubwürdigkeit des Unternehmensziels oder der betroffenen Einrichtung ist. Neben Arbeitsverhältnissen im öffentl. Dienst (vgl. zB § 8 BAT), kirchlichen Arbeitsverhältnissen oder Arbeitsverhältnissen mit Tendenzträgern können derartige Verpflichtungen ausnahmsweise auch für leitende Angestellte von Privatunternehmen in Betracht kommen. Gewahrt werden muss jedoch stets der unverzichtbare Kern des Persönlichkeitsrechts. (Zum Vertragsrecht vgl. 230 – BGB § 611 Rn. 1015; zum Kündigungsrecht 230 – BGB § 626 Rn. 150 und 178 ff. sowie 430 – KSchG § 1 Rn. 255; zu kirchlichen Arbeitsverhältnissen Art. 4 Rn. 42 ff.). **81**

Das **Sexualleben** gehört in die unantastbare Intimsphäre des AN. Nur dort, wo es auf den Arbeitsbereich übergreift und dort zu Störungen führt, kommen Einschränkungen in Betracht. Dies liegt in Fällen sexueller **Belästigung** auf der Hand (vgl. Rn. 94). Dagegen ist bei der **Homosexualität** eines AN kein Bezug zum Arbeitsverhältnis anzuerkennen. Das Gleiche gilt für Geschlechtsumwandlung (*Däubler*, Arbeitsrecht 2, Rn. 66 mwN). Generell darf ein AG keine arbeitsrechtlichen Sanktionen durchsetzen, weil er private Lebensumstände mißbilligt. Eine Kündigung innerhalb der Probezeit wegen Homosexualität ist deshalb unwirksam (BAG 23. 6. 1994 AP BGB § 242 Kündigung Nr. 9 = NZA 1994, 1080). Ob Einschränkungen bei AN gelten, die im kirchlichen Dienst tätig sind (vgl. BAG 30. 6. 1983 AP Art. 140 Nr. 15: offen gelebte und öffentl. vertretene Homosexualität), ist sehr zu bezweifeln. **82**

2. Beschäftigungsanspruch. Schon frühzeitig leitete das BAG aus dem Persönlichkeitsrecht den im BGB nicht geregelten Beschäftigungsanspruch ab (10. 11. 1955 AP BGB § 611 Beschäftigungspflicht Nr. 2). Es würde dem Persönlichkeitsrecht widersprechen, wenn der AG an seinen AN lediglich Arbeitsentgelt zahlt und ihn nicht vertragsgemäß beschäftigt. Im Gegensatz zum Dienstverhältnis erfasst das Arbeitsverhältnis die ganze Person des AN. Eine Arbeitsleistung ist nicht nur ein Wirtschaftsgut; sie gestaltet wesentlich sein Leben und bestimmt dadurch maßgeblich seine Persönlichkeit. Die Gerichte müssen deshalb der Schutzpflicht des Staates aus Art. 1 und 2 dadurch entspr., dass sie bei der Auslegung des § 242 BGB einen Beschäftigungsanspruch anerkennen (vgl. BAG 19. 8. 1976, 26. 5. 1977, 27. 2. 1985 AP BGB § 611 Beschäftigungspflicht Nr. 4, 5, 14; zur Begründung krit. MünchArbR/*Blomeyer* § 95 Rn. 6 ff.; *Gamillscheg* FS Dieterich, 1999, S. 185, 193 ff.). Da die Beschäftigungspflicht aber nicht den unantastbaren Intimbereich des AN betrifft, kann der AG nicht verpflichtet sein, die Interessen des AN ohne Rücksicht auf eigene Interessen zu fördern. Der Beschäftigungsanspruch muss zurücktreten, wenn überwiegende schutzwerte Interessen entgegenstehen (vgl. 230 – BGB § 611 Rn. 825). Die Grundsätze zum Beschäftigungsanspruch hat der Große Senat des BAG auf die Situation im gekündigten Arbeitsverhältnis übertragen und unter bestimmten Voraussetzungen über den Kündigungstermin hinaus einen allg. **Weiterbeschäftigungsanspruch** anerkannt (BAG GS 27. 2. 1985 AP BGB § 611 Beschäftigungspflicht Nr. 14 = NZA 1985, 702; vgl. dazu 230 – BGB § 611 Rn. 825 ff. sowie zum Weiterbeschäftigungsanspruch 430 – KSchG § 4 Rn. 94 ff.). **83**

3. Geschlechtsspezifische Benachteiligungen ohne ausreichenden Grund verstoßen zwar vor allem gegen Art. 3 II und III, daneben verletzen sie aber auch das allg. Persönlichkeitsrecht der Frauen. Mit dieser Begründung hat das BAG schon vor der Novellierung des § 611 a BGB diskriminierten Frauen **84**

Ersatz des immateriellen Schadens zugesprochen (14. 3. 1989 AP BGB § 611a Nr. 5, 6). Dazu Schlachter 230 – BGB § 611a Rn. 31.

85 **4. Ehrenschutz.** Hier geht es nicht nur um die Bekundung und Verbreitung ehrenrühriger Äußerungen, sondern ganz allg. um ein Verhalten, das den sozialen Geltungsanspruch verletzt. Entwürdigend sind Behandlungen wie zB die nicht aus bes. Gründen veranlasste ständige oder betont selektive Überwachung eines einzelnen AN, die Durchführung von Leibesvisitationen ohne bes. Grund (vgl. Rn. 99–101). Die Pflicht des AG zur Rücksichtnahme (§ 242 BGB) kann uU auch sein Eingreifen erfordern, zB bei Schikane durch Vorgesetzte und Kollegen. In den letzten Jahren ist diese Erscheinung unter der Bezeichnung „**Mobbing**" behandelt worden (230 – BGB § 611 Rn. 765). Vgl. zum Ganzen zB GK-BetrVG/*Kreutz* § 75 Rn. 76; MünchArbR/*Blomeyer* § 97 Rn. 36; MünchKomm/*Schwerdtner* § 12 Anm. 250ff.). Heftig umstritten ist das Verhältnis von Ehrenschutz und Freiheit der Meinungsäußerung (vgl. zum Streitstand: *Di Fabio* in *Maunz/Dürig* Rn. 230ff.; *Grimm* NJW 1995, 1697; *Hager* AcP 196 (1996), 168ff.).

86 Unwürdig ist jede Form **unsittlicher Belästigung**. Dazu gehören nicht nur die nach §§ 174ff. StGB unter Strafe gestellten Verhaltensweisen, sondern alle sexuellen Handlungen und Aufforderungen gegen den Willen der betroffenen Person. Schon aus § 242 BGB obliegt dem AG die Pflicht, durch organisatorische oder personelle Maßnahmen angemessenen Schutz zu gewähren (vgl. 230 – BGB § 611 Rn. 888). Diese Pflicht hat der Gesetzgeber durch das **Beschäftigtenschutzgesetz** (190) vom 24. 6. 1994 normativ konkretisiert.

87 Auch **Verdachtskündigungen** stellen eine **Ehrverletzung** dar, wenn sich der Verdacht als ungerechtfertigt erweist. Der AN wird mit dem Makel einer schweren Pflichtverletzung oder dem Vorwurf einer Straftat belastet. Das Persönlichkeitsrecht beeinflusst deshalb die Auslegung und Anwendung der Kündigungsschutzgesetze in § 1 KSchG und § 626 BGB. Der schuldlos in Verdacht geratene AN hat aus Gründen nachvertraglicher Pflicht zu Schutz und Rücksichtnahme einen Wiedereinstellungsanspruch, wenn sich seine Unschuld später herausstellt. (Vgl. zum Ganzen 430 – KSchG § 1 Rn. 296 sowie 230 – BGB § 626 Rn. 208ff.)

88 **5. Erscheinungsbild der Arbeitnehmer.** Es gehört zum Persönlichkeitsrecht des AN, wie er sein Äußeres gestaltet. Allerdings kann die vertragliche Rücksichtnahmepflicht (§ 242 BGB) der freien Gestaltung ausnahmsweise Grenzen setzen. Entscheidend ist, ob ein bestimmtes äußeres Erscheinungsbild (zB Haartracht, Körperpflege, Schutzkleidung, Uniformen, Abzeichen, usw.) aus Sicherheitsgründen oder im Interesse des Unternehmens geboten erscheint. Beispielsweise darf eine Haartracht weder Unfallgefahren hervorrufen noch mit Hygieneanforderungen (besonders in der Gastronomie) unvereinbar sein. Nach einer Güter- und Interessenabwägung kann der AG – unter Mitbestimmung des BRs nach § 87 I Nr. 1 BetrVG – das Tragen einer **bestimmten Arbeitskleidung** vorschreiben (230 – BGB § 611 Rn. 805), wobei hier religiöse Überzeugungen zu respektieren sind (Art. 4 Rn. 22). Mit dem allg. Persönlichkeitsrecht kann es vereinbar sein, dass ein AG das äußere Erscheinungsbild seines Unternehmens durch Einführung einheitlicher Kleidung mit **Firmenemblem** fördern will (BAG 1. 12. 1992 AP BetrVG 1972 § 87 Ordnung des Betriebes Nr. 20 = NZA 1993, 711). Dagegen gehört es in aller Regel zum unantastbaren Bereich seiner Persönlichkeitssphäre, wie der AN sein Äußeres außerhalb der Arbeitszeit darstellt (vgl. zum außerdienstlichen Verhalten Rn. 81). Vgl. zum Ganzen *Däubler*, Arbeitsrecht 2, Rn. 453ff.; MünchArbR/*Blomeyer* § 97 Rn. 28 mwN; *Schaub* § 55 Rn. 26 f.).

89 **6. Datenschutz.** Ein gesetzlicher Eingriff in das vom BVerfG entwickelte Recht auf informationelle Selbstbestimmung ist nur rechtmäßig, soweit eine Güter- und Interessenabwägung zugunsten der Informationsbeschaffung und Verarbeitung ausfällt (BVerfG 5. 12. 1983 E 65, 1 = NJW 1984, 419; vgl. auch Rn. 45 und 64). Das Grundrecht wehrt übermäßige Eingriffe durch den Staat ab und verlangt ein Mindestmaß an Schutz. Diesen bietet das **Bundesdatenschutzgesetz** (Kommentar – 160) dessen Bestimmungen über die Rechtsgrundlagen der „Datenverarbeitung nicht-öffentlicher Stellen" auch für Arbeitsverhältnisse gelten (§ 27 BDSG). Der Gesetzgeber hat zur Vermeidung von Datenmissbrauch einen weiteren Schutz durch die Mitbestimmungsrechte in § 87 I Nr. 6 und § 94 I BetrVG zur Verfügung gestellt (vgl. die Erläuterungen dort).

90 Neben dem gesetzlichen Datenschutz beeinflusst das Persönlichkeitsrecht die Auslegung und Anwendung des Arbeitsvertrags- und Deliktsrechts. Es erfordert einen Schutz vor dem **Sammeln und Verwerten persönlicher Daten** (BAG 17. 5. 1983 = AP BPersVG § 75 Nr. 11 = NJW 1984, 824) sowie vor deren Aufbewahrung zB in Personalakten und Weitergabe (BAG 6. 6. 1984 = AP BGB § 611 Persönlichkeitsrecht Nr. 7 = NZA 1984, 321; 15. 7. 1987 AP BGB § 611 Persönlichkeitsrecht Nr. 14 = NZA 1988, 53; zu Personalakten Rn. 110). Der Informationsanspruch des AG ist zu beachten (vgl. BAG 17. 5. 1983 AP § 75 BPersVG Nr. 11 und 6. 6. 1984 BGB § 611 Persönlichkeitsrecht Nr. 7).

91 Bei **Anbahnung** eines **Arbeitsvertrages** muss sich der AG in bestimmten Grenzen über die Person des AN unterrichten. Es bedarf deshalb einer sorgsamen Abwägung, welche Daten und Umstände der AN von sich aus oder auf entspr. **Fragen** offenlegen muss (vgl. Rn. 105f.). Das Persönlichkeitsrecht schützt aber auch offengelegte Daten, die deshalb im Zweifel nur für das Bewerbungsverfahren

genutzt werden dürfen. Der ausgefüllte **Personalbogen** eines nicht eingestellten Bewerbers ist daher zu vernichten, wenn der AG kein überwiegendes berechtigtes Interesse an seiner Aufbewahrung hat; das ist ausnahmsweise anzunehmen, wenn er wegen der negativen Einstellungsentscheidung mit einem Rechtsstreit rechnen muss (BAG 6. 6. 1984 AP BGB § 611 Persönlichkeitsrecht Nr. 7). Das Bewerbungsschreiben ist zurückzugeben, gespeicherte Bewerberdaten sind zu löschen (vgl. *Gola* NJW 1996, 3312, 3316).

Inwieweit der AN während des Arbeitsverhältnisses nach § 242 BGB verpflichtet ist, die Erhebung, 92 Speicherung und Weitergabe persönlicher Daten zu dulden, und inwieweit er dazu einwilligen kann, muss nach den Umständen des Einzelfalls entschieden werden. Eine wirksame Einwilligung bzw. Duldungspflicht besteht, soweit die Daten erforderlich sind, damit der AG seine gesetzlichen Pflichten erfüllt, zB bei der Lohn- und Gehaltsabrechung oder bei der Ermittlung der Sozialauswahl bei der betriebsbedingten Kündigung. Die **Weitergabe** an Dritte muss der AN grds. nicht hinnehmen, wenn er hierzu nicht wirksam zugestimmt hat. Die Weiterleitung von Daten an den **Verfassungsschutz** kann allerdings bei überwiegenden Interessen der Allgemeinheit ausnahmsweise zulässig sein (vgl. BAG 17. 5. 1983 AP BPersVG § 75 Nr. 11 = NJW 1984, 824). Vgl. zum Ganzen die Erläuterungen zum BDSG (160) sowie 230 – BGB § 611 Rn. 893; vgl. ferner zB *Däubler*, Gläserne Belegschaften? Datenschutz für Arbeiter, Angestellte und Beamte, 4. Aufl. 2002; *Schaub* § 148 Rn. 26 ff.; MünchArbR/*Blomeyer* § 99.

7. Gutachten und Untersuchungen. Ärztliche Untersuchungen und **psychologische Tests:** Das 93 Persönlichkeitsrecht ist berührt durch die Erhebung und Weitergabe von **Gesundheitsbefunden** oder solchen über die seelische Verfassung oder den **Charakter** des AN. Der Schutz vor derartigen Eingriffen ist umso dringender, je näher die Daten der Intimsphäre des Betroffenen stehen, die als unantastbarer Bereich privater Lebensgestaltung gegenüber aller staatlichen Gewalt Achtung und Schutz beansprucht (BVerfG 24. 6. 1993 E 89, 69, 82 f. = NJW 1993, 2365). Untersuchungen dürfen nur mit ausdrücklicher **Einwilligung** des Betroffenen durchgeführt werden, selbst wenn sie nicht in die durch Art. 2 II 1 geschützte körperliche Unversehrtheit eingreifen (vgl. GK-BetrVG/*Kreutz* § 75 Rn. 77; MünchArbR/*Blomeyer* § 97 Rn. 16; *Schaub* § 24 Rn. 10 f.; eingehend auch *Preis* 230 – BGB § 611 Rn. 363 f.). Diese Einwilligung ist nur wirksam, soweit das Untersuchungsergebnis die Eignung für eine bestimmte Arbeitsaufgabe betrifft. Bei **werksärztlichen oder vertrauensärztlichen Untersuchungen** ist dies nicht anders. Fehlt ein berechtigtes Interesse des AG, kann der AN die Einwilligung sanktionslos verweigern (vgl. *Deutsch* NZA 1989, 657, 659; *Wiese* RdA 1988, 217, 220 f.), was ihm allerdings als Bewerber wenig nützt.

Entspr. Grundsätze gelten für **psychologische Tests** (vgl. BAG 13. 2. 1964 AP Art. 1 Nr. 1). Hier ist 94 aber zu berücksichtigen, dass Umfang und Intensität der Ausforschung kaum im Voraus begrenzbar und für den Betroffenen abzuschätzen sind. Deshalb werden reine IQ-Tests und Stressinterviews mit guten Gründen als unzulässig angesehen (*Däubler* CR 1994, 101, 105; *Preis* 230 – BGB § 611 Rn. 424). **Genetische Analysen** (Genomanalysen) greifen bes. intensiv in die durch Art. 2 und 1 I geschützte Eigensphäre des AN ein und sind allenfalls aus Gründen des Gesundheitsschutzes in engen Grenzen tolerabel. Solange aber eine gesetzliche Regelung fehlt, müssen sie als unzulässig angesehen werden. (Näheres dazu bei 230 – BGB § 611 Rn. 371).

Bei der Anbahnung von Arbeitsverhältnissen ist eine **graphologische Begutachtung** der Bewer- 95 bungsunterlagen nur mit Einwilligung des Stellenbewerbers zulässig. Es gehört zum Selbstbestimmungsrecht des Menschen, darüber entscheiden zu können, ob und inwieweit seine Persönlichkeit mit Mitteln, die jedermann zur Verfügung stehende Erkenntnismöglichkeiten hinausgehen, ausgeleuchtet werden darf (vgl. BAG 16. 9. 1982 AP BGB § 123 Nr. 24 = NJW 1984, 446; LAG Baden-Württemberg 26. 1. 1972, NJW 1976, 310). Zu den zahlreichen Abgrenzungs- und Bewertungsfragen hierbei vgl. eingehend *Preis* 230 – BGB § 611 Rn. 375.

8. Offenbarungspflicht und Fragerecht. Das Persönlichkeitsrecht begrenzt generell den Informa- 96 tionsanspruch des AG. Ein unantastbarer Bereich privater Lebensgestaltung ist in jedem Falle zu wahren. Grds. besteht keine **Offenbarungspflicht** in Bezug auf nachteilige Umstände. Der AN ist zu Auskünften über seine Person, über Werdegang und Qualifikation nur verpflichtet, soweit er dazu vom AG befragt wird und ein berechtigtes Informationsinteresse anzuerkennen ist. Zu den Einzelheiten vgl. 230 – BGB § 611 Rn. 353.

Fragen können neben dem Persönlichkeitsrecht eine Reihe **weiterer Grundrechte** berühren, insb. 97 das **Diskriminierungsverbot** nach Art. 3 III. Nach Art. 9 III sind Fragen nach der **Gewerkschaftszugehörigkeit** unzulässig (vgl. MünchArbR/*Buchner* § 41 Rn. 18; vgl. auch Art. 9 Rn. 15). Fragen nach der **Religionszugehörigkeit** oder Weltanschauung berühren neben dem Persönlichkeitsrecht die Glaubens- und Bekenntnisfreiheit und sind deshalb unzulässig, sofern es sich nicht um konfessionelle Tendenzbetriebe handelt (Art. 4 Rn. 15 und 46; vgl. auch MünchArbR/*Buchner* § 41 Rn. 13). Vor Fragen zu **politischen Aktivitäten** sind Stellenbewerber in erster Linie durch die Meinungsfreiheit (Art. 5 I) geschützt (vgl. MünchArbR/*Buchner* § 41 Rn. 19; *Däubler*, Arbeitsrecht 2, Rn. 52 f.). Ausnahmen können bei Tendenzunternehmen wie Kirchen, Parteien, Koalitionen oder Presseunternehmen bestehen. Daneben ist der **öffentl. AG** befugt, vom Stellenbewerber Auskunft über seine verfassungsrechtliche Einstellung zu verlangen, sofern dies für die Beurteilung seiner Eignung geboten ist (vgl. BAG 17. 5. 1983 AP BPersVG § 75 Nr. 11 = NJW 1984, 824). Hierzu gehören Fragen an Lehrer nach Funktionen in politischen Parteien oder Massenorganisationen der ehemaligen DDR (BAG 26. 8. 1993 AP Art. 20 Einigungsvertrag Nr. 8 = NZA 1994, 25). Voraussetzung ist aber, dass die Umstände nicht schon so lange zurückliegen, dass sie die Personalentscheidung kaum noch beeinflussen könnten (BVerfG 8. 7. 1997 E 96, 171, 187 = AP Art. 2 Rn. 39; BAG 4. 12. 1997 AP KSchG 1969 Verhaltensbedingte Kündigung Nr. 37). Der Europäische Gerichtshof für Menschenrechte hat die frühere Praxis der Radikalenerlasse in der Bundesrepublik beanstandet (EGMR v. 26. 9. 1995, EuGRZ 1995, 590).

98 Unzulässige Fragen muss der AN nicht beantworten. Das Schweigen wird aber vielfach ungünstige Schlüsse zulassen (zB nach Vorstrafen oder einer Schwangerschaft). Hier ist dem Bewerber als Notwehr ein **„Recht auf Lüge"** zuzubilligen. Er kann die Frage unrichtig beantworten, ohne dass der AG daraus rechtliche Konsequenzen ziehen, zB anfechten oder kündigen dürfte (BAG 22. 9. 1961 AP BGB § 123 Nr. 15; 6. 2. 2003 – 2 AZR 621/01 –; MünchArbR/Buchner § 41 Rn. 176; *Preis* 230 – BGB § 611 Rn. 334). Das gilt auch dann, wenn die Frage so allgemein oder unklar gestellt wird, dass der AN ihre Zulässigkeit nicht beurteilen kann (BAG 13. 6. 2002 AP KSchG 1969 § 1 Nr. 69). Die **heimliche Informationsbeschaffung** durch Dritte (zB Detektive) beeinträchtigt das Persönlichkeitsrecht in diesem Bereich im Allg. genauso, wenn nicht sogar noch intensiver. Hier kommen Schadenersatzansprüche sowohl gegen den recherchierenden AG, als auch gegen Dritte in Betracht (vgl. *Wiedemann*, FS für Herschel, 1982, S. 463, 475 f.; MünchArbR/*Buchner* § 41 Rn. 219 ff.; zu Auskünften über AN vgl. auch Rn. 105).

99 **9. Überwachung.** Die Kontrolle der Arbeitsleistung und des Verhaltens der Arbeitnehmer gehört zu den Eingriffen in das Persönlichkeitsrecht, die im Arbeitsverhältnis unvermeidlich sind. Der AN weiß und billigt dies beim Abschluss des Arbeitsvertrages. Darin liegt aber kein Einverständnis mit einer lückenlosen Überwachung, wie sie insb. durch technische Geräte möglich ist (zB durch EDV-Geräte, Datenverarbeitungssysteme, Fahrtenschreiber, Kameras, Kienzle-Schreiber; Telefonanlagen usw.). Der auf dem AN lastende Überwachungsdruck, das Gefühl ständiger Beobachtung beeinträchtigt das Persönlichkeitsrecht erheblich (vgl. BAG 7. 10. 1987 AP BGB § 611 Persönlichkeitsrecht Nr. 15). Dies gilt zumal dann, wenn der AG die Möglichkeit unbemerkbarer Kontrolle hat (vgl. MünchArbR/*Blomeyer* § 97 Rn. 8). AN müssen informiert werden. Im Übrigen ist die Zulässigkeit eines Eingriffs in Persönlichkeitsinteressen des AN an eine Interessenabwägung gebunden. Eine ständige Überwachung durch **Videokameras** kann zB am Bankschalter erforderlich sein (vgl. § 6 b BDSG), ebenso bei ständigen Warenverlusten, wenn sie das einzige Mittel darstellt, um die Täter zu ermitteln (vgl. BAG 7. 10. 1987 AP BGB § 611 Persönlichkeitsrecht Nr. 15), oder bei konkretem Tatverdacht (BAG 27. 3. 2003 – 2 AZR 51/02 –). Dagegen überwiegt der Persönlichkeitsschutz die betrieblichen Interessen, wenn es dem AG nur allg. darum geht, kostengünstig und schnell Informationen zu sammeln (vgl. MünchArbR/*Blomeyer* § 97 Rn. 9; zur Verhältnismäßigkeit allgemein *Tinnefeld/Viethen* NZA 2003, 468, 472).

100 Das allg. Persönlichkeitsrecht schützt AN vor dem Mithören von **Telefongesprächen** und vor dem Einsatz von Telefonerfassungsanlagen. Den entspr. Eingriff muss der AN nicht ohne weiteres dulden. Vielmehr ist zu differenzieren: Schlechthin unzulässig ist das unbefugte **Abhören** oder das Mithören oder Mithörenlassen, sofern sich der Betroffene auf die Vertraulichkeit verlassen durfte. Läßt der AG über eine Bürosprechanlage einen Dritten die vertrauliche Unterredung mit einem AN ohne dessen Wissen mithören, so darf der Dritte nicht über den Gesprächsinhalt als Zeuge vernommen werden (BAG 2. 6. 1982 AP ZPO § 284 Nr. 3 = NJW 1983, 1691; 29. 10. 1997 NZA 1998, 307). Das Mithören oder Mithörenlassen eines Gesprächs ohne Zustimmung des Gesprächspartners verletzt dessen Eigensphäre (BVerfG 9. 10. 2002 E 106, 28 = AP BGB § 611 Persönlichkeitsrechte Nr. 34; Kammer 19. 12. 1991 AP BGB § 611 Persönlichkeitsrecht Nr. 24; BAG 2. 6. 1986 AP ZPO § 284 Nr. 3; 29. 10. 1997 AP BGB § 611 BGB Persönlichkeitsrecht Nr. 27; BGH 17. 2. 1982 AP ZPO § 284 Nr. 2). Die Persönlichkeitsrechtsverletzung wird auch nicht durch die bloße Kenntnis einer Mithörmöglichkeit beseitigt, sondern erst durch die Einwilligung des AN (dazu Rn. 79). Dagegen ist das Mithören eines Telefongesprächs oder die Aufzeichnung von Telefondaten **mit Einwilligung** des AN zulässig, soweit der darin liegende Eingriff in das Persönlichkeitsrecht nach Inhalt, Form und Begleitumständen verhältnismäßig erscheint. Ein berechtigtes Interesse am Mithören kann zB vorliegen, wenn der AG am Arbeitsplatz Telefongespräche zu **Ausbildungszwecken** mithört (vgl. BAG 30. 8. 1995 AP BetrVG 1972 § 87 Überwachung Nr. 29 = NZA 1996, 218). Unbedenklich ist die Verwendung einer **Telefonaufschaltanlage**, mit der sich Dritte deutlich wahrnehmbar in laufende Gespräche einschalten können (vgl. BAG 1. 3. 1973 AP BGB § 611 Persönlichkeitsrecht Nr. 1). Hinzunehmen ist auch die Aufzeichnung von **Gesprächsdaten**, soweit sie von dienstlichem Interesse sind. Die Zulässigkeit betrieblicher Regelungen ist aber im Hinblick auf den Persönlichkeitsschutz des AN begrenzt (vgl. BAG 27. 5. 1986 AP BetrVG 1972 § 87 Überwachung Nr. 15; vgl. ferner 210 – BetrVG § 87 Rn. 48 f.).

101 **Torkontrollen** mit **Leibesvisitationen** berühren die Persönlichkeitssphäre und insb. das Ehrgefühl des AN. Sie bedürfen daher grds. der Einwilligung. Diese ist in engen Grenzen im Arbeitsvertrag

enthalten. Er begründet in Verbindung mit § 242 BGB eine Duldungspflicht, soweit dringende sachliche Gründe eine entspr. Kontrollmaßnahme nahelegen. Eine Duldungspflicht kann außerdem durch TV und BV nach § 87 I Nr. 1 BetrVG begründet werden. Die Intensität der Kontrolle muss dem Verhältnismäßigkeitsgrundsatz genügen. Im Allgemeinen genügt das Öffnen der Taschen; Abtasten oder gar körperliche Durchsuchungen bedürfen eines aktuellen Anlasses und zwingenden Grundes (vgl. MünchArbR/*Blomeyer* § 53 Rn. 37; *Schaub* § 55 II 3 a; *Däubler*, Arbeitsrecht 2, Rn. 487 ff.).

10. Beurteilung von Arbeitnehmern. a) Personalakten. Der AG ist verpflichtet, missbilligende 102 Erklärungen aus der Personalakte zu entfernen, wenn diese **unrichtige Tatsachen** enthalten und den AN in seiner Rechtsstellung oder in seinem beruflichen Fortkommen beeinträchtigen können (vgl. BAG 27. 11. 1985, 14. 4. 1988 AP BGB § 611 Fürsorgepflicht Nr. 93, 100). Dies gilt ebenso für Abmahnungen und Leistungsberichte im öffentl. Dienst (BAG 25. 2. 1959 AP BGB § 611 Fürsorgepflicht Nr. 6; 25. 4. 1972 AP BGB § 611 öffentl. Dienst Nr. 9 = NJW 1972, 2061). Der Entfernungsanspruch ergibt sich aus dem Vertrag (§ 242 BGB), aber auch wegen Verletzung des Persönlichkeitsrechts aus einer analogen Anwendung der §§ 12, 862, 1004 BGB. Zu entfernen sind unter Umständen selbst solche Aktenvorgänge, die auf **richtiger Sachverhaltsdarstellung** beruhen. Das Persönlichkeitsinteresse überwiegt idR, wenn die in der Personalakte festgehaltene Information für die weitere Beurteilung des AN überflüssig geworden ist (BAG 9. 2. 1977 AP BGB § 611 Fürsorgepflicht Nr. 83 = NJW 1978, 124: Entfernung eines gegen den AN ergangenen Strafurteils, das ein strafbares Verhalten im außerdienstlichen Bereich betraf; BAG 18. 11. 1986 AP KSchG 1969 § 1 Verhaltensbedingte Kündigung Nr. 17 = NZA 1987, 418: Entfernung einer wirkungslos gewordenen Abmahnung; BAG 15. 7. 1987 AP BGB § 611 Persönlichkeitsrecht Nr. 14: Entfernung eines durch die Ereignisse überholten amtsärztlichen Gutachtens; BAG 13. 4. 1988 AP BGB § 611 Fürsorgepflicht Nr. 100: Gehaltskürzung wegen Streikteilnahme).

Der AG muss Informationen aus der Personalakte grds. **vertraulich** behandeln und deshalb den 103 Kreis der befassten Mitarbeiter möglichst eng halten (zur Revisionsabteilung BAG 4. 4. 1990 AP BGB § 611 Persönlichkeitsrecht Nr. 21). Die Akte ist sorgfältig zu verwahren (BAG 15. 7. 1987 AP BGB Persönlichkeitsrecht Nr. 14; BVerwG 28. 8. 1986 ZTR 1987, 152). Ausnahmen sind nur in bes. Fällen und unter engen Voraussetzungen mit dem Persönlichkeitsrecht vereinbar. Die Weitergabe von Personaldaten an den Betriebs- bzw. Personalrat ist unbedenklich, soweit der BR zur Mitwirkung an der Personalentscheidung zuständig ist (vgl. MünchArbR/*Buchner* § 41 Rn. 290). Der AN selbst hat unter Wahrung der dienstlichen Interessen ein **Einsichtsrecht**. Dazu im Einzelnen 210 – BetrVG § 83 Rn. 4 ff.

b) Zeugnisse betreffen die Darstellung der Person des AN in der Öffentlichkeit und können somit 104 schon durch ihre äußere Form, durch die verwandte Wortwahl und durch den gesamten Inhalt unmittelbar in das Persönlichkeitsrecht des Beurteilten eingreifen. Bei Auslegung und Anwendung des § 630 BGB im Lichte der Art. 2 I mit 1 I ergeben sich zusätzliche Anforderungen. (Vgl. dazu die Kommentierung zu § 630 BGB und § 109 GewO.) Das allg. Persönlichkeitsrecht kann sogar einen Anspruch auf nachträgliche Berichtigung begründen, zB bei Geschlechtsumwandlung (LAG *Hamm* 17. 12. 1998 NZA-RR 1999, 455).

c) Auskünfte über Arbeitnehmer verschaffen einem anderen AG, dem eine Bewerbung vorliegt, 105 zusätzliche Informationen über den Leistungsstand und die persönlichen Eigenschaften des Bewerbers. Sie beeinträchtigen dessen Persönlichkeitsrecht (vgl. BAG 18. 12. 1984 AP BGB § 611 Persönlichkeitsrecht Nr. 8 – Auskunft über Personalkredit). Das gilt natürlich vor allem dann, wenn die Grenze des Informations- und Fragerechts überschritten wird (dazu oben Rn. 96). Das Persönlichkeitsrecht kann aber auch dadurch beeinträchtigt werden, dass der bisherige AG Auskünfte verweigert, wenn aus dieser Tatsache und den Begleitumständen nachteilige Schlüsse zu ziehen sind (MünchArbR/*Wank* § 128 Rn. 57). Unter Beachtung beider Aspekte darf der AG im allg. Auskünfte nur mit Zustimmung des AN erteilen. Angaben, die keinen Bezug zur fachlichen Befähigung oder zum dienstlichen Verhalten des AN aufweisen, sind generell unzulässig (vgl. zum Ganzen 320 – GewO § 109 Rn. 116 ff.; MünchArbR/*Blomeyer* § 97 Rn. 23 ff.; MünchArbR/*Buchner* § 41 Rn. 260 ff.; MünchArbR/*Wank* § 124 Rn. 55 ff.; *Schaub* § 147; *Schulz* NZA 1990, 717).

C. Recht auf Leben und körperliche Unversehrtheit (Art. 2 II 1)

I. Schutzbereich

Das **Recht auf Leben** stellt innerhalb der grundgesetzlichen Werteordnung einen „Höchstwert" dar 106 (vgl. BVerfG 1. 8. 1978 E 49, 24, 53), weil Leben die „vitale Basis der Menschenwürde" ist (BVerfG 25. 2. 1975 E 39, 1, 42). Geschützt ist die biologisch-physische Existenz. Das Grundrecht erschöpft sich nicht in einem subjektiven Abwehrrecht gegenüber staatlichen Eingriffen. Aus Art. 2 II 1 ist die Pflicht des Staates und seiner Organe abzuleiten, das Leben aktiv zu schützen; das heißt vor allem, es vor rechtswidrigen Eingriffen von Seiten anderer zu bewahren (BVerfG 25. 2. 1975 E 39, 1, 42; 28. 5.

passive Sterbehilfe, solange der Betroffene zu einer selbstverantwortlichen Entscheidung noch in der Lage ist (Bonner Kommentar/*Zippelius* Art. 1 Rn. 94 f.; *Jarass/Pieroth* Rn. 71). Ob unter diesen Voraussetzungen auch ein unheilbar Kranker wirksam in eine **aktive Sterbehilfe** einwilligen kann, ist umstritten (dafür bei einer entspr. gesetzlichen Grundlage HbStR/*Häberle* I § 20 Rn. 849 f.; *Murswiek* in *Sachs* Rn. 210 f.; *Jarass/Pieroth* Rn. 66 und 71; *Pieroth/Schlink* Staatsrecht Bd. II Rn. 451; *Schulze-Fielitz* in *Dreier* Rn. 43; aA *Starck* in *v. Mangoldt/Klein* Rn. 139).

118   Im **Arbeitsrecht** ist die Frage der Wirksamkeit einer Einwilligung von zentraler Bedeutung. Mit der vertraglichen Übernahme von Arbeitspflichten und der Eingliederung in den Betrieb setzt der AN sich gesundheitlichen Risiken aus, die idR nicht völlig auszuschalten, aber im Voraus auch kaum ganz zu überblicken sind. Es hängt von den Umständen des Einzelfalls ab, ob und inwieweit er mit dem Abschluss des Arbeitsvertrages auch akzeptiert, arbeitsbedingte Gesundheitsrisiken auf sich zu nehmen. Grds. ist von einer Einwilligung zu solchen Gefahren auszugehen, die mit der Arbeitspflicht zwangsläufig verbunden und für einen verständigen AN bei Vertragsschluss vorhersehbar sind. Dazu gehören zB die Unfallgefahren eines Kraftfahrers im Straßenverkehr, Verletzungsgefahren bestimmter Gruppen von Berufssportlern und spezifische Risiken für AN, die Schusswaffen tragen. In diesem Sinne verpflichtet § 618 I BGB den AG nur insoweit zu Maßnahmen des Gesundheitsschutzes, wie „die Natur der Dienstleistung es gestattet". Das ist verfassungsrechtlich nicht zu beanstanden, markiert aber nur die äußerste Grenze.

119   **Grenzen einer wirksamen Einwilligung** ergeben sich aus den Vorschriften des einfachen Rechts, insb. aus § 134 BGB i. V. mit zwingenden Schutzvorschriften und aus den §§ 138, 242 BGB. Bei deren Auslegung und Anwendung ist zu beachten, dass auf das Schutzgut Leben und körperliche Unversehrtheit mit Rücksicht auf dessen Menschenwürdekern nicht global und zeitlich unbegrenzt verzichtet werden kann (Einl. Rn. 66). Deshalb ist jede pauschale Unterwerfung unter unkalkulierbare Risiken problematisch. Das Einverständnis reicht im Zweifel nur so weit, wie Gefahren für Leib und Leben auch durch zumutbare Maßnahmen des Arbeitsschutzes bzw. arbeitsorganisatorische Vorkehrungen nicht ausgeschlossen oder gemindert werden können. Der gesetzliche Arbeitschutz ist unabdingbar (vgl. § 619 BGB). Er steht nicht einmal unbegrenzt zur Disposition des Gesetzgebers, der die Schutzpflicht aus Art. 2 II erfüllen muss und deshalb nicht völlig frei Parteivereinbarungen überlassen darf (vgl. Rn. 120).

IV. Schutzpflichten im Arbeitsrecht

120   **1. Gesetzgebung.** Die Schutzpflicht aus Art. 2 II 1 fordert Schaffung eines wirksamen gesetzlichen **Arbeitsschutzrechts.** Der Gesetzgeber hat unter Würdigung gegenläufiger Interessen und Freiheiten im Rahmen seiner Einschätzungsprärogative zu beurteilen, bei welchen Gefahren des Arbeitslebens ein generelles Schutzbedürfnis für Leben und Gesundheit besteht, wie der Schutz effektiv auszugestalten ist und welche gesundheitlichen Restrisiken noch hinnehmbar erscheinen (BVerfG 28. 1. 1992 E 85, 191, 212 f. = AP AZO § 19 Nr. 2; vgl. ferner 17. 11. 1992 E 87, 363, 386 = Nachtbackverbot = AP BAZG § 5 Nr. 13). Dabei steht es ihm frei, in welcher Form er den Arbeitsschutz (im Rahmen von Vorgaben des Gemeinschaftsrechts) regeln will. Er kann Schutzinstrumente öffentlich-rechtlich ausgestalten und dabei spezielle Sachverhalte selbst regeln oder sich auf Rahmenvorschriften beschränken, die durch Rechtsverordnungen und Verwaltungsakte konkretisiert werden müssen **(Arbeitsschutz im engeren Sinn).** Er muss dann entscheiden, welche Verfahren zur Genehmigung und Kontrolle der Arbeitssicherheit sachgerecht sind. Der Gesetzgeber kann die Verordnung von Unfallverhütungsvorschriften auch den Unfallversicherungsträgern überlassen. Er kann sich schließlich auf Regelungen beschränken, die auf der Ebene der Privatautonomie zu beachten sind, also **zwingendes Arbeitsvertragsrecht** normieren (vgl. die Übersicht bei 230 – BGB § 618 Rn. 2 sowie die Kommentierungen des ArbSchG und des ArbZG; ferner MünchArbR/*Wlotzke* §§ 206 ff.).

121   Der gesetzliche Arbeitsschutz wird ergänzt durch den **autonomen Arbeitsschutz,** der von den Selbstverwaltungsorganen des Arbeitslebens ausgestaltet wird. Nach § 15 I SGB VII können die Unfallversicherungsträger Unfallverhütungsvorschriften als autonomes Recht erlassen. Große Bedeutung haben daneben **tarifvertragliche Regelungen.** Der autonome Arbeitsschutz wird vervollständigt durch **Betriebs-** und **Dienstvereinbarungen,** die nach § 87 I Nr. 7 BetrVG bzw. § 75 VII Nr. 10 und 11 BPersVG erzwungen werden können.

122   **2. Rechtsprechung.** Der Gesetzgeber kann nicht jeden Aspekt einer Gefährdung für Leib und Leben in einem speziellen Gesetz erfassen. Deshalb ergänzt er seine gezielten Vorgaben, indem er den Parteien des Arbeitsvertrages durch **Generalklauseln** einen allg. Gefahrenschutz vorschreibt (vgl. zB § 618 BGB, § 62 HGB). Darüber hinaus gelten die allg. Rücksichtspflichten im Arbeitsverhältnis, die sich aus § 242 BGB ergeben. Dadurch wird den **Gerichten** die Aufgabe übertragen, Art. 2 II 1 im Privatrecht Geltung zu verschaffen. Die verfassungsrechtliche Forderung nach einem Tätigwerden des Gesetzgebers ist erfüllt, wenn objektiv eine gesetzliche Regelung vorhanden ist, die nach den allg. Grundsätzen der Gesetzesauslegung den gesundheitsgefährdenden Sachverhalt erfasst und den Anforderungen der grundrechtlichen Schutzpflicht inhaltlich genügt. Die subjektive Vorstellung des histori-

schen Gesetzgebers ist nicht allein maßgeblich (vgl. BVerfG 26. 1. 1988 E 77, 381, 404 f. – Gorleben). Vielmehr haben die Gerichte im Rahmen ihrer Konkretisierungskompetenz die Aufgabe, die gegenläufigen Interessen abzuwägen, vor allem die betrieblichen Belange, aber auch Freiheitsrechte anderer AN.

Wie kompliziert solche dreiseitigen Abwägungserfordernisse sein können, zeigen die vielen Entscheidungen zu **Alkohol- und Rauchverboten** mit ihrem breiten Problemspektrum und vielfach differenzierten Lösungen. Es geht hier nicht nur um die gegenläufigen Grundrechtspositionen von AG und AN, sondern auch um Konflikte innerhalb der Belegschaft und entspr. Grundrechtskollisionen. Das ist bes. deutlich bei der zunehmenden Bedeutung des **Nichtraucherschutzes,** angesichts der unbestreitbaren Gefahren des Passivrauchens (BVerfG 22. 1. 1997 E 95, 173, 184 f.). Betriebliche Rauchverbote sind zum brisanten Thema geworden, das die Rspr. zunehmend beschäftigt und grundrechtlicher Orientierung bedarf (dazu eingehend *Wank* – 230 – BGB § 618 Rn. 18 ff.). 123

Bei **Alkoholverboten** stellt sich das bes. Problem der **Kontrolle** mit erhöhter Grundrechtsrelevanz. Ein Alkoholtest setzt wegen des allg. Persönlichkeitsrechts und des Grundrechts auf körperliche Integrität stets eine Einwilligung zu der konkreten Kontrolle (zB mittels Alkomat und erst recht mittels einer ärztlichen Blutprobe) voraus. Eine generelle vorherige Zustimmung für den Zeitpunkt eines etwaigen Verdachts reicht nur ausnahmsweise aus, wenn ein alkoholsensibeler Arbeitsplatz häufiger Kontrollen im Interesse der Allgemeinheit bedarf (vgl. MünchArbR/*Blomeyer* § 53 Rn. 5 f.; *Willemsen/Brune* DB 1988, 2304, 2306). Dementsprechend kann eine Verpflichtung zur Einwilligung in Alkoholkontrollen auch nur unter dieser Voraussetzung begründet werden. Hat der AG belegbare Anzeichen für eine alkoholbedingte Beeinträchtigung der Leistungsfähigkeit, verweigert der AN jedoch die Einwilligung zur Alkoholkontrolle, so sind entspr. Rückschlüsse und Konsequenzen (Abmahnung, Kündigung) zulässig. Allerdings muss dem AN mit Rücksicht auf dessen Persönlichkeitsrecht die Möglichkeit gegeben werden, den Verdacht durch einen objektiven Alkoholtest zu entkräften (vgl. BAG 26. 1. 1995 AP KSchG 1969 § 1 Verhaltensbedingte Kündigung Nr. 34 = NZA 1995, 517 mwN). 124

Art. 3 [Gleichheit vor dem Gesetz]

(1) Alle Menschen sind vor dem Gesetz gleich.

(2) ¹Männer und Frauen sind gleichberechtigt. ²Der Staat fördert die tatsächliche Durchsetzung der Gleichberechtigung von Frauen und Männern und wirkt auf die Beseitigung bestehender Nachteile hin.

(3) ¹Niemand darf wegen seines Geschlechtes, seiner Abstammung, seiner Rasse, seiner Sprache, seiner Heimat und Herkunft, seines Glaubens, seiner religiösen oder politischen Anschauungen benachteiligt oder bevorzugt werden. ²Niemand darf wegen seiner Behinderung benachteiligt werden.

Übersicht

	Rn.		Rn.
A. Der allgemeine Gleichheitssatz (Art. 3 I GG)	1	3. Differenzierungsmerkmale und -ziele	37
I. Struktur und Systematik	1	4. Abgestufte Prüfungsintensität	40
1. Normzweck	1	5. Legitimationszusammenhang	43
2. Konkurrenzen	5	6. Typisierung	47
		7. Darlegungs- und Beweislast	49
II. Abwehr- und Schutzfunktion des Art. 3 I GG	9	V. Rechtsfolgen bei Gleichheitsverstößen	53
1. Abwehrfunktion	9	1. Verfassungskonforme Auslegung	53
2. Schutzfunktion	11	2. Gleichheitswidriges Gesetz	54
3. Verfahrensregeln	12	3. Gleichheitswidrige Tarifverträge	58
III. Kompetenzabhängigkeit der Bindungen	14	VI. Problematische Differenzierungsmerkmale	62
1. Gesetzgebung	15	1. Betriebs- und Unternehmensgröße	62
2. Rechtsprechung	18	2. Beschäftigtengruppen	64
3. Verwaltung	23	3. Teilzeitarbeit	65
4. Tarifverträge	26		
5. Betriebsvereinbarungen	29	B. Diskriminierungsverbote in Art. 3 III GG	66
6. Arbeitsverträge	30	I. Bedeutung und Systematik	66
IV. Prüfungsmaßstab und -programm	32	II. Funktion und Wirkung	68
1. Willkürmaßstab und „neue Formel"	32	III. Tatbestand der Diskriminierung	70
2. Ungleichbehandlung/Gruppenbildung	35		

	Rn.		Rn.
1. Benachteiligung oder Bevorzugung	70	D. Gleichberechtigung der Frauen (Art. 3 II und III GG)	83
2. Die unzulässigen Gruppenmerkmale	71	I. Bedeutung und Systematik	83
3. Begründungszusammenhang	77	II. Benachteiligung von Frauen	87
C. Benachteiligung wegen Behinderung	79	1. Formen der Benachteiligung	87
		2. Rechtfertigungsgründe	90
		III. Frauenförderung	92

A. Der allgemeine Gleichheitssatz (Art. 3 I GG)

I. Struktur und Systematik

1 **1. Normzweck.** Der allg. Gleichheitssatz ist neben dem Rechtsstaatsprinzip zentraler Ausdruck des Gerechtigkeitsgedankens im Grundgesetz und fundamentales Rechtsprinzip (BVerfG 31. 5. 1988 E 78, 232, 248 = NJW 1988, 3258). Die **staatsbürgerliche Gleichheit** ist Grundlage der verfassten Demokratie. Gleichheit vor dem Gesetz – **Rechtsanwendungsgleichheit** – ist als Gegenprinzip zu ständischen Unterschieden eng mit dem modernen Begriff des Rechts und der Bindung aller Staatsgewalt an Recht und Gesetz verknüpft. Unter dem Grundgesetz bindet das Ziel materialer Gerechtigkeit sogar den parlamentarischen Gesetzgeber ebenso wie jede andere Rechtssetzung (**Rechtssetzungsgleichheit**). In Verbindung mit dem Sozialstaatsprinzip ist der Gleichheitssatz Grundlage und Legitimation staatlicher Bestrebung, tatsächliche gesellschaftliche Ungleichheit abzubauen (**Gleichheit durch das Gesetz**).

2 Die lange, wechselvolle Tradition in der Rechtsphilosophie (vgl. dazu *Kirchhof* HbStR V § 124 Rn. 44 ff.; *Bleckmann,* Die Struktur des allg. Gleichheitssatzes, 1995, 3 ff.) und in der deutschen Verfassungsgeschichte (s. nur Art. 137 III Paulskirchenverfassung; Art. 109 I WRV) geben dem allg. Gleichheitssatz **überpositive Grundlagen** (BVerfG 5. 4. 1952 E 1, 208, 233; 23. 1. 1957 E 6, 84, 91). Er ist ein **allg. Strukturprinzip** der durch das Grundgesetz geschaffenen Rechtsordnung (BVerfG 23. 1. 1957 E 6, 84, 91; st. Rspr.) und findet seinen Niederschlag auch in den Verfassungen der Bundesländer, soweit diese mehr als ein bloßes Organisationsstatut enthalten. Im supra- und internationalen Recht (s. etwa Art. 14 EMRK; Art. 14, 26 f IPBürgR) ist im europäischen Gemeinschaftsrecht ist er als gesicherter Bestandteil anerkannt (Art. 20 ff. Grundrechtscharta der EU).

3 Aus der Gesamtschau der bes. Gleichheitssätze des Gemeinschaftsrechts (insb. Art. 6 I, 40 III 2, 119 EGV) leitet der EuGH einen **allg. gemeinschaftsrechtlichen Gleichheitssatz** ab (grundlegend EuGH 19. 10. 1977 EuGHE 1977, 1753); sein Inhalt stimmt ungeachtet des abw. Anwendungsbereiches weitgehend mit Art. 3 I überein (eingehend *Mohn,* Der Gleichheitssatz im Gemeinschaftsrecht, 1990, 30 ff., 106 ff.; *Kischel* EuGRZ 1997, 1 ff.; allg. zu Diskriminierungs- und Behinderungsverboten im europäischen Arbeits- und Sozialrecht *Bieback* in *Eichendorfer/Zuleeg* [Hrsg.], Die Rspr. des EuGH zum Arbeits- und Sozialrecht im Streit, 1995, 103 ff.).

4 Der allg. Gleichheitssatz zielt auf Gleichheit im und durch Recht. Hingegen ist er (im Gegensatz zu Art. 3 II) **kein rechtspolitisches Programm,** das die Herstellung umfassender faktischer Gleichheit durch Beseitigung wirtschaftlicher, sozialer oder sonstiger Ungleichheit forderte. Er enthält insb. keinen Verfassungsauftrag zur Egalisierung der Lebensverhältnisse unter Nivellierung tatsächlicher Unterschiede, die als Folge grundrechtsgeschützter Freiheitsentfaltung zwangsläufig entstehen. Insoweit betrifft er allein das „Wie"; nicht das „Ob" der Staatstätigkeit. Allerdings wird er auch durch das Sozialstaatsprinzip beeinflusst (vgl. Rn. 11).

5 **2. Konkurrenzen.** Der allg. Gleichheitssatz wird im Grundgesetz selbst konkretisiert, ergänzt und in seiner Wirkkraft verstärkt durch den **Gleichberechtigungssatz (Art. 3 II),** den **bes. Gleichheitssatz** des Art. 3 III sowie auf bestimmte Lebensbereiche oder Differenzierungsmerkmale bezogene Gleichheitsgebote (s. etwa Art. 6 V [Gleichstellung nichtehelicher Kinder], Art. 33 I bis III [staatsbürgerliche Rechte und Zugang zum öffentl. Dienst], Art. 38 [Wahlgleichheit], Art. 21 [Gleichbehandlung der Parteien], Art. 12 a II und III [Ersatzdienst]); Diskriminierungsschutz vermitteln weiterhin die Drittwirkungsklausel des Art. 9 III 2 (Art. 9 Rn. 44) und spezielle Förderungspflichten wie Art. 6 IV (Art. 6 Rn. 25).

6 Im **Verhältnis zu speziellen Gleichheitssätzen** tritt Art. 3 I zurück, soweit diese das aufgeworfene Gleichheitsproblem abschließend regeln (BVerfG 16. 12. 1981 E 59, 128, 156 = NJW 1983, 103, 105). Der allg. Gleichheitssatz kann aber zusätzlich nach absehbarem Sachverhalt Anwendung finden, soweit Differenzierungsmerkmale betroffen sind, die die spezielleren Gleichheitssätze nicht erfassen (BVerfG 8. 3. 1988 E 78, 38, 53 = NJW 1988, 1577 – gemeinsamer Familiennamen; BVerfG 28. 1. 1992 E 85, 191, 206 = AP AZO § 19 Nr. 2 – Nachtarbeitsverbot).

7 Für den **Zugang zu Ämtern im öffentl. Dienst** gelten Art. 33 II und III als speziellere „grundrechtsgleiche" (BVerfG [Kammer] 19. 9. 1989 NJW 1990, 501) Garantien. Sie gewährleisten im

Rahmen der vorrangigen haushalts- oder beschäftigungspolitischen Entscheidungen über die Einrichtung oder Besetzung von Dienstposten für deutsche Staatsangehörige und nach Maßgabe des Art. 48 EGV auch für EU-Angehörige den chancengleichen (Abs. 2) und diskriminierungsfreien (Abs. 3) Zugang zu Ämtern im öffentl. Dienst. Die Chancengleichheit gewährt im Regelfall lediglich den Anspruch auf ermessensfehlerfreie, insb. benachteiligungsfreie Besetzungsentscheidung (zum Verfahren BAG 28. 5. 2002 AP GG Art. 33 Abs. 2 Nr. 56); ein Einstellungs- oder Beförderungsanspruch kommt nur im Ausnahmefall in Betracht, wenn der Ermessensspielraum auf Null reduziert ist (BAG 5. 3. 1996 AP GG Art. 3 Nr. 226 – Kalanke; 21. 1. 2003 – 9 AZR 307/02 –).

Freiheits- und Gleichheitsrechte schließen sich nicht aus. Sie ergänzen einander ohne logisch 8 zwingendes Rangverhältnis. Als unmittelbar geltendes, subjektiv-öffentliches Recht auf Gleichbehandlung verstärkt der Gleichheitssatz vor allem den Schutz der Menschenwürde (Art. 1 I) und die freie Entfaltung der Persönlichkeit (Art. 2 I). Eingriffe in Freiheitsrechte müssen dem Gleichheitssatz genügen. Andererseits ist die Schutzdimension der Freiheitsrechte bei der Ausfüllung des wertungsoffenen Gleichheitssatzes zu berücksichtigen, namentlich bei der Gewichtung tatsächlicher Unterschiede und der zur Rechtfertigung einer Ungleichbehandlung herangezogenen Differenzierungsziele (Rn. 33). Entscheidend für den heranzuziehenden Prüfungsmaßstab ist das thematische Schwergewicht. So kann bei der Ausgestaltung der Koalitionsfreiheit neben Art. 9 III auch Art. 3 I berührt sein (BVerfG 4. 7. 1995 E 92, 365, 407 ff. = AP AFG § 116 Nr. 4). Die Tarifautonomie wird durch Art. 3 beschränkt (Rn. 26 ff.).

II. Abwehr- und Schutzfunktion des Art. 3 I GG

1. Abwehrfunktion. Art. 3 I vermittelt in seiner Abwehrfunktion ein subjektiv-öffentliches Recht 9 auf Gleichbehandlung, einen Abwehranspruch dagegen, durch eine hoheitliche Gewalt im Verhältnis zu anderen Grundrechtsträgern gleichheitswidrig behandelt zu werden. Der Abwehranspruch hat hier nicht das Ziel, einen bestimmten Schutzbereich zu verteidigen, wie es die Freiheitsrechte tun. Der allg. Gleichheitssatz ist vielmehr ergebnisoffen. Er fordert als „**modales Abwehrrecht**" (*Sachs* DÖV 1984, 411, 414) den wertenden Vergleich zweier Sachverhalte, die sich hinsichtlich bestimmter Merkmale unterscheiden.

Aussagen über Beachtung oder Verletzung des allg. Gleichheitssatzes verlangen also die Bestim- 10 mung der zum Vergleich gestellten Sachverhalte – bei personenbezogenen Differenzierungen eine **Vergleichsgruppenbildung** –, sodann die Identifizierung des **Differenzierungsmerkmals** und schließlich die Feststellung des mit der Ungleichbehandlung verfolgten **Differenzierungszieles.** Auf der Grundlage dieser Feststellungen ist das Verhältnis von Differenzierungsmerkmal und -ziel nach Art. 3 I zu bewerten. Dabei stellt sich die kompetenzrechtliche Frage, wem der Vorrang bei den erforderlichen Wertungen zukommt und mit welcher Intensität dessen Entscheidung gerichtlich überprüft werden kann (vgl. Rn. 14).

2. Schutzfunktion. Art. 3 I verpflichtet den Gesetzgeber und subsidiär auch die Rspr. bei der 11 Ausgestaltung der Privatrechtsordnung gleichheitswidrige Regelbildungen auszuschließen (allg. zur Schutzfunktion Einl. Rn. 41, 57 ff.). In Verbindung mit dem **Sozialstaatsprinzip** ergibt sich aus dem allg. Gleichheitssatz die Pflicht des Staates, die gravierenden Unterschiede in der sozialen Wirklichkeit realitätsnah zu erfassen (eingehend und differenzierend *Huster* in *Friauf/Höfling* Rn. 103 ff.; *V. Neumann* DVBl. 1997, 92; im Ergebnis ähnlich *Neuner* JZ 2003, 57). Hieraus lassen sich allerdings verfassungsunmittelbare Individualansprüche bestimmten Inhalts nicht herleiten. Der Ausgleich gestörter Vertragsparität wird vorrangig als Problem der Art. 2 I und 12 I gesehen (dazu Einl. Rn. 40 und Art. 2 Rn. 33). Der Wirkbereich des allg. Gleichheitssatzes ist demgegenüber die **privatautonome Normsetzung.** Der Gesetzgeber muss verhindern, dass zivilrechtliche Regeln gebildet und angewandt werden, die zu sachwidrigen Differenzierungen oder gar zu Diskriminierungen führen. Er darf ferner nicht zulassen, dass gleichheitswidrige Grundsätze und Vertragspraktiken mit staatlichen Zwangsmitteln durchgesetzt werden. Das gilt vor allem für die Ausgestaltung der Tarif- und Betriebsautonomie (Rn. 26 ff.; Einl. Rn. 57 ff.), aber auch bei der Ausformung des arbeitsrechtlichen Gleichbehandlungsgrundsatzes (vgl. Rn. 30). Zur Schutzpflicht bei Einstellung und Kündigung vgl. auch Art. 12 Rn. 30 u. 34 ff.

3. Verfahrensregeln. Im Grenzbereich von Abwehr- und Schutzfunktion liegt die gesetzliche Aus- 12 gestaltung des **Organisations- und Verfahrensrechts.** Hier wirkt Art. 3 I in seiner Ausprägung als **Wahlgleichheit,** wo die speziellen Wahlrechtsgrundsätze (Art. 28 I, 38 I) nicht greifen. Er gilt als strikter Grundsatz der Chancengleichheit bei Wahlen etwa im Bereich der Selbstverwaltung der Sozialversicherung (BVerfG 24. 2. 1971 E 30, 227, 246 ff. = AP GG Art. 9 Nr. 22), der Richtervertretung (BVerfG 16. 12. 1975 E 41, 1, 12 ff. = NJW 1976, 889), der Personalvertretung (BVerfG 23. 3. 1982 E 60, 162, 167 ff. = AP LPVG Bremen § 48 Nr. 1) und bei ANkammern (BVerfG 22. 10. 1985 E 71, 81, 94 ff. = AP GG Art. 3 Nr. 142). Für die BRwahl gilt er genauso, und zwar schon für das Wahlvorschlagsrecht (GK-BetrVG/*Kreutz* § 14 Rn. 132).

13 Für das **Prozessrecht** verstärkt Art. 3 I den durch Art. 19 IV garantierten gleichen Zugang zum Gericht (einschließlich prozeßrechtlich vorgesehener Rechtsmittelinstanz). Er prägt auch die Auslegung und Anwendung des Prozesskostenhilferechts (BVerfG 26. 4. 1988 E 78, 104, 117 f.; BVerfG 13. 3. 1990 E 81, 347, 356 f. = NJW 1991, 413; BVerfG-Kammer 10. 8. 2001, EzA-SD 2001, Nr. 18, 22–23) und steht dem Ausschluss der Beratungshilfe in arbeitsrechtlichen Angelegenheiten entgegen (BVerfG 2. 12. 1992 E 88, 5, 12 ff. = AP BeratungshilfeG § 2 Nr. 1).

III. Kompetenzabhängigkeit der Bindungen

14 Alle Grundrechtsadressaten sind an den Gleichheitssatz als **Handlungsmaßstab** im Ansatz gleichermaßen gebunden. Aber als **Kontrollmaßstab** führt die Offenheit und Konkretisierungsbedürftigkeit des Gleichheitssatzes zu Differenzierungen, die die unterschiedlichen Funktionen und Kompetenzen respektieren.

15 1. Gesetzgebung. Der Gleichheitssatz wirkt **kompetenzakzessorisch**. Er bezieht sich also von vornherein allein auf den sachlichen und räumlichen Kompetenzbereich des jeweiligen Trägers öffentl. Gewalt. Entscheidend ist die nach der Kompetenzordnung rechtlich zugewiesene Regelungs- oder Entscheidungsmöglichkeit. **Landesgesetzgeber** haben den Gleichheitssatz nur für ihren eigenen Regelungsbereich zu wahren. Kompetenzgerecht erlassenes Landesrecht kann nicht allein deswegen gleichheitswidrig sein, weil andere Bundesländer abw. Regelungen getroffen haben; dies gilt auch dann, wenn landesgesetzliche Regelungen (etwa im Feiertags- oder Bildungsurlaubsrecht) die Kostenstrukturen und damit die Wettbewerbssituation ländergrenzübergreifend beeinflussen. Gleiches gilt bei einem **divergierenden Verwaltungsvollzug**, namentlich bei Ausfüllung von Beurteilungs- und Ermessensspielräumen. Eine äußerste Grenze setzt der Grundsatz der Bundestreue.

16 Dem Gesetzgeber ist für die tatsächlichen Grundlagen seiner Regelung und für die Einschätzung der voraussichtlichen Wirkungen ein **Beurteilungs-** und **Prognosespielraum** einzuräumen. Für die Regelung selbst hat er erhebliche **Gestaltungsfreiheit**. Der Gestaltungsfreiraum bezieht sich sowohl auf das „Ob" einer Regelung (und damit auch einer Deregulierung) als auch auf die Bestimmung des zeitlichen und sachlichen Regelungsbereiches – und damit die Vergleichbarkeit der Sachverhalte –, des Differenzierungszieles sowie des Differenzierungsmerkmals. Der Gesetzgeber hat namentlich zu befinden, welche Elemente der regelungsbedürftigen Lebensverhältnisse er als maßgebend für eine Gleich- oder Ungleichbehandlung ansieht (BVerfG 9. 3. 1994 E 90, 145, 196 = NJW 1994, 1577). Der allg. Gleichheitssatz ist nicht etwa dann verletzt, wenn der Gesetzgeber auf Differenzierungen verzichtet, die eigentlich zulässig wären (BVerfG 23. 3. 1994 E 90, 226, 239 = NZS 1994, 417).

17 Andererseits kann der Gesetzgeber die Anforderungen durch einfachgesetzliche Gleichheitsvorschriften (**Differenzierungsver- oder -gebote**) erhöhen, oder die für eine Gleichheitsbetrachtung beachtlichen Faktoren begrenzen (§ 1 III, IV KSchG). Das gilt ebenso für den Gesetzgeber des Gemeinschaftsrechts. Die Durchsetzbarkeit gemeinschaftsrechtlicher Gleichheitsgebote hat der nationale Gesetzgeber zu gewährleisten und auch gegenüber den Tarifparteien sicherzustellen (EuGH 27. 6. 1990 AP EWG-Vertrag Art. 119 Nr. 21; BAG 26. 5. 1993 Art. 119 EWG-Vertrag Nr. 42 = NZA 1994, 413). Konkretisierende einfachgesetzliche Gleichheitsregeln können die Tarifautonomie in den durch Art. 9 III gesetzten Grenzen ausgestalten und einschränken (s. BVerfG 10. 1. 1995 E 92, 26, 38 ff. = AP GG Art. 9 Nr. 76; BVerfG 24. 4. 1996 E 94, 268, 284 = NZA 1996, 1157; s. a. Art. 9 Rn. 79 ff.).

18 2. Rspr. ist „konstitutionell uneinheitlich" (BVerfG 26. 4. 1988 E 78, 123, 126 = AP GG Art. 2 Nr. 30 = NJW 1988, 2787). Die Gerichte müssen bei ihrer am Einzelfall orientierten Tätigkeit nicht **Rechtsprechungsgleichheit** iS einer gerichtsübergreifend gleichheitskonformen Rechtsanwendung sicherstellen (zum Ganzen *Schulte*, Rechtsprechungseinheit als Verfassungsauftrag, 1986). Eine für sich verfassungs- und gesetzeskonforme Auslegung und Anwendung des Rechts verstößt insb. nicht deswegen gegen Art. 3 I, weil andere Gerichte dieselbe Rechtsvorschrift in vergleichbaren Fällen anders auslegen (BVerfG 6. 5. 1987 E 75, 329, 347 = NJW 1987, 3175; st. Rspr.). Das Spannungsfeld zwischen Einzelfallgerechtigkeit und gleichmäßiger richterlicher Rechtsanwendung wird lediglich abgemildert durch das Rechtsmittelrecht (Divergenzrevision) und die den obersten Bundesgerichten zugewiesene Aufgabe, die Rechtsprechungseinheit zu wahren (Art. 95 III; Gesetz zur Wahrung der Einheitlichkeit der Rspr. der obersten Gerichtshöfe des Bundes). Aber über die einfachgesetzlich angeordnete Bindungswirkung höchstrichterlicher Entscheidungen im Einzelfall hinaus gebietet Art. 3 I keine weitergehenden Folgepflichten für nachgeordnete Gerichte.

19 Die Rspr. hat auch keine kontinuierliche Entscheidungspraxis, also **Rechtsprechungseinheit in der Zeit,** zu gewährleisten. Eine starre Selbstbindung der Gerichte an ihre ständige Rspr. widerspricht dem Interesse der Rechtsentwicklung und -fortbildung sowie der notwendigen Offenheit für neue Argumente und bessere Erkenntnis (BVerfG 26. 6. 1991 E 84, 212, 227 f. = AP GG Art. 9

A. Der allgemeine Gleichheitssatz (Art. 3 I GG) Art. 3 GG 10

Arbeitskampf Nr. 117). Der Gleichheitssatz kann aber dann (und erst dann) verletzt sein, wenn eine einzelne Entscheidung die Bahnen organischer Fortentwicklung der Rspr. so sehr verlässt, dass sie als objektiv willkürlich bezeichnet werden muss (BVerfG 11. 11. 1964 E 18, 224, 240; offengelassen BVerfG 26. 6. 1991 E 84, 226, 227 = AP GG Art. 9 Arbeitskampf Nr. 117, wo – positiv – darauf abgestellt wird, dass sich die geänderte Rspr. des BAG zum Arbeitskampfrecht „im Rahmen vorhersehbarer Entwicklung" hielt. Siehe auch Rn. 22). Rechtlich gebotener **Vertrauensschutz** in den Fortbestand einer gefestigten Rspr. kann sich allerdings aus dem Rechtsstaatsprinzip ergeben und bei dessen Anwendung eine sachliche oder zeitliche Beschränkung der geänderten Rechtserkenntnis gebieten. Dies gilt namentlich dann, wenn die Rspr. zu irreversiblen Rechtshandlungen und wirtschaftlichen Dispositionen geführt hat (BAG 20. 11. 1990 AP BetrAVG § 1 Ablösung Nr. 14 = NZA 1991, 477, 480 f.); zu berücksichtigen sind Gesichtspunkte der Zumutbarkeit und des Gemeinwohls, etwa übermäßige Kostenbelastung oder die faktische Undurchführbarkeit einer Rückabwicklung (BAG 28. 7. 1992 AP BetrAVG § 1 Gleichbehandlung Nr. 18 = NZA 1993, 215, 219 f.; zum Ganzen umfassend und krit. *Louven*, Problematik und Grenzen rückwirkender Rspr. des BAG; vgl. auch *Medicus* NJW 1995, 2577 f.; *Löwisch*, FS 100 Jahre Arbeitsgerichtsverband, 1994, 601).

Für die Rspr. hat Art. 3 I Bedeutung vor allem als Prüfungsmaßstab arbeitsrechtlicher Normen. 20 Die Verfassungskonformität der **Entscheidungsgrundlagen** ist stets (inzident) von Amts wegen zu prüfen. Der Amtsermittlungsgrundsatz gilt auch für die tatsächlichen Verhältnisse, die für die verfassungsrechtliche Beurteilung erheblich sind; sie sind nach den Grundsätzen des § 293 ZPO zu ermitteln. Das gilt auch bei der Inzidentkontrolle von TV (BAG 4. 3. 1993 AP BGB § 622 Nr. 40 mit krit. Anm. *Hergenröder* = NZA 1993, 995, 996; BAG 16. 9. 1993 AP BGB § 622 Nr. 42 = NZA 1994, 221).

Bei der **Auslegung und Anwendung** von Gesetzes- und Tarifrecht hat die Rspr. den allg. Gleich- 21 heitssatz vor allem insoweit zu beachten, als sie das Recht fortbildet oder durch Konkretisierung ausformt. Sie darf dabei keine Differenzierungen zugrundelegen, die – als Norm formuliert – dem Gesetzgeber verwehrt wären (BVerfG 14. 1. 1987 E 74, 129, 149 = AP BetrAVG § 1 Unterstützungskassen Nr. 11; BVerfG 11. 6. 1991 E 84, 197, 199; vgl. auch Einl. Rn. 87).

Das BVerfG überprüft fachgerichtliche Entscheidungen darüber hinaus am Maßstab des Art. 3 I, 22 wenn diese mit der Begründung angegriffen werden, sie verstießen gegen das **Willkürverbot**. Eine Verletzung des Gleichheitssatzes in seiner Bedeutung als Willkürverbot kommt allerdings nicht schon bei jedem Rechtsfehler in Betracht; selbst eine zweifelsfrei fehlerhafte Gesetzesanwendung begründet noch keinen Verstoß gegen den allg. Gleichheitssatz. Hinzukommen muss vielmehr, dass die fehlerhafte Rechtsanwendung unter Berücksichtigung der das Grundgesetz beherrschenden Gedanken nicht mehr verständlich ist und sich daher der Schluss aufdrängt, dass sie auf sachfremden Erwägungen beruht (BVerfG 13. 1. 1987 E 74, 102, 127 = AP GG Art. 12 Nr. 59; BVerfG [Kammer] 18. 2. 1993 AP BeschFG 1985 § 2 1985 Nr. 25; BVerfG 3. 11. 1992 E 87, 273 = AP BRAGO § 31 Nr. 5; st. Rspr.). Die betonte Zurückhaltung wird allerdings vom BVerfG nicht immer praktiziert (vgl. zB BVerfG [Kammer] 7. 11. 1995 AP BGB § 611 Ehegatten-Arbeitsverhältnis Nr. 5; zur verbreiteten Kritik vgl. *Miebach*, Zur Willkür- und Abwägungskontrolle des BVerfG bei der Verfassungsbeschwerde gegen Gerichtsurteile, 1990, S. 53 ff.; *Winter*, FS für Merz, 1992, S. 611 ff. mwN).

3. Verwaltung. Die im Bereich des Arbeitsrechts tätigen Behörden haben den Gleichheitssatz vor 23 allem bei der Ausfüllung von Beurteilungs- und Ermessensspielräumen zu beachten, etwa bei der Aufsichtstätigkeit im Bereich des Arbeitsschutzes oder der Zustimmung zur Kündigung von Schwerbehinderten. Bei der strikt gesetzesgebundenen Verwaltung hat das Gebot der Rechtsanwendungsgleichheit neben dem Vorrang des Gesetzes (Art. 20 III) keine selbständige Bedeutung. Die Behörden haben in ihrem jeweiligen Zuständigkeitsbereich die Rechtsanwendungsgleichheit auch in der Zeit zu beachten (**Selbstbindung**). Von einer ständigen Verwaltungspraxis darf die Verwaltung nicht ohne sachlichen Grund abw.; dieser kann in Bes. des Einzelfalles liegen, aber auch in einer generellen Neuorientierung der Verwaltungspraxis selbst. Ermessensleitende oder -bindende **Verwaltungsvorschriften** indizieren eine nach Art. 3 I zu beachtende Selbstbindung und entfalten so mittelbar Außenwirkung.

Unmittelbar grundrechtsgebunden ist die öffentl. Verwaltung ferner bei ihrer normsetzenden 24 Tätigkeit. Sie muss bei **Verordnungsrecht** den ihr durch die Verordnungsermächtigung belassenen Gestaltungsspielraum gleichheitskonform ausfüllen. Differenzierungen haben nach Art und Gewicht sachgebietsbezogen zu sein. Aus Inhalt und Zweck der Ermächtigung ergeben sich zugleich Maßstäbe für die Sachgerechtigkeit und Verhältnismäßigkeit getroffener Unterscheidungen.

Die **Allgemeinverbindlicherklärung von TV** nach § 5 TVG steht als Sonderfall staatlicher Norm- 25 setzung (BVerfG 24. 5. 1977 E 44, 322, 343, 346 = AP TVG § 5 Nr. 15; 15. 7. 1980 E 55, 7, 20 ff. = AP TVG § 5 Nr. 17) in der Letzt- und Alleinverantwortung des Ministeriums bzw. der Bundesregierung. Der erforderliche Antrag einer TVPartei und das Einvernehmen des Tarifausschusses können ihnen

Prüfungsprogramm (*Jarass* NJW 1997, 2545; *Sachs* JuS 1997, 129; *Bryde* Jura 1999, 36). Näher dazu Rn. 40.

35 **2. Ungleichbehandlung/Gruppenbildung.** Eine Verletzung des allg. Gleichheitssatzes setzt voraus, dass **vergleichbare Sachverhalte, Gruppen oder Personen** in wesentlicher Hinsicht ungleich oder wesentlich unterschiedliche Sachverhalte, Gruppen oder Personen gleich behandelt werden. Für die Vergleichsgruppenbildung bedarf es eines Aktes wertender Erkenntnis, um den Bezugspunkt für die wesentliche Übereinstimmung bzw. Differenz der zum Vergleich gestellten Sachverhalte, Gruppen oder Personen erfassen zu können. Die Vergleichsgruppenbildung erweist sich in den umstrittenen Fällen oft als die entscheidende Weichenstellung. Der Vergleich von Unvergleichbarem („Äpfel mit Birnen") bewirkt nur zusätzlichen Rechtfertigungsbedarf, ist aber im Ergebnis unschädlich. Hingegen führt eine Vergleichsgruppenbildung, die ganz Unterschiedliches zusammenfasst, zu gleichheitswidrigen Ergebnissen. Das streitige Problem lässt sich mit einer solchen Methode unkenntlich machen. Ein anschauliches Beispiel bietet die Rspr. des EuGH zur Überstundenvergütung für Teilzeitkräfte (15. 12. 1994, NZA 1995, 218). Verglichen werden dort nicht Überstunden von Voll- und Teilzeitkräften, sondern Arbeitsstunden der gleichen Anzahl, gleichgültig ob sie die regelmäßig geschuldete Arbeitszeit übersteigen (bei Teilzeitkräften) oder nicht (bei Vollzeitkräften). Bei einem solchen Vergleichsmaßstab lassen sich dann in der Tat Voll- und Teilzeitkräfte nicht mehr unterscheiden, der Gleichheitsverstoß wird unsichtbar gemacht. Die größten Schwierigkeiten der Vergleichsgruppenbildung ergeben sich beim Vergleich von Vergütungsregelungen. Vergleichsgruppenbildung und Rechtmäßigkeitsprüfung sind hier fast identisch (vgl. BAG 23. 8. 1995 AP BGB § 612 Nr. 48). Soweit die Struktur des Regelungsgegenstandes dies zulässt, ist zunächst von einem fiktiven **Maßstab schematischer Gleichbehandlung** im jeweiligen Ordnungsbereich auszugehen. Im Zweifel bedarf jede Ungleichbehandlung einer sachlichen Rechtfertigung (vgl. aber Rn. 49).

36 Die festgestellte Ungleichbehandlung muss für die Betroffenen einen **Nachteil** bewirken, sich also negativ auf die tatsächlichen Lebensverhältnisse auswirken. Bereits ein geringer Nachteil kann ausreichen (BVerfG 15. 10. 1985 E 71, 39, 50). Die formale Struktur des Gleichheitssatzes hat zur Folge, dass die Vorenthaltung lediglich geringfügiger Leistungen nicht aus dem Anwendungsbereich herauszunehmen ist (anders für den arbeitsrechtlichen Gleichbehandlungsgrundsatz *Marhold/Beckers* AR-Blattei SD 800.1 Rn. 110 ff.). Auch eine **Saldierung mit etwaigen Vorteilen** ist erst bei der Rechtfertigung einer Differenzierung zu prüfen.

37 **3. Differenzierungsmerkmale und -ziele.** Jede festgestellte Ungleichbehandlung bedarf der Rechtfertigung durch ein legitimes Regelungsziel. Differenzierungskriterium und -ziel müssen nicht in der Weise verfassungsrechtlich fundiert sein, dass nur im Grundgesetz ausdrücklich benannte Rechtfertigungsgründe herangezogen werden dürften (s. etwa die Rücksichtnahme auf die Opfer des DDR-Regimes als sachlicher Grund für die generelle Nichtanrechnung von Dienstzeiten, die bei den DDR-Grenztruppen verbracht wurden BAG 23. 6. 1994 AP TVG § 1 TV: DDR Nr. 13 = NZA 1995, 851, 853). So dürfen auch **wirtschafts- und beschäftigungspolitische Differenzierungsziele** mitberücksichtigt werden, etwa bei Schwellenwerten für arbeitsrechtlichen Schutz. Entspr. gilt für das Ziel einer Mittelstandsförderung durch größere arbeitsmarktpolitische Freizügigkeit (BAG 19. 4. 1990 AP KSchG 1969 § 23 Nr. 8 = NZA 1990, 724).

38 Auf dem Gebiet des **Arbeitsrechts** besteht ein breiter Gestaltungs- und Differenzierungsbedarf zur Verwirklichung unterschiedlichster wirtschafts-, beschäftigungs-, sozial- und gesellschaftspolitischer Vorstellungen. Bei ihrer Umsetzung hat der Gesetzgeber weitgehende Freiheit. Er muss aber im Grenzbereich neben den Grundrechten der AG (vorrangig Art. 12 I) auch die aus den Freiheitsrechten der Beschäftigten und dem Sozialstaatsprinzip folgenden Schutzpflichten berücksichtigen. Seine Regelungsmacht bei der Festlegung der Sachverhalte, die im Rechtssinne als gleich anzusehen sein sollen (BVerfG 9. 3. 1994 E 90, 145, 196 = NJW 1994, 1577), und bei der damit verbundenen Befugnis, Differenzierungskriterien und -ziele zu normieren, wird durch das Erfordernis hinreichender Sachgerechtigkeit begrenzt. Das gilt im Prinzip auch für die TVParteien (s. o. Rn. 26 und Einl. Rn. 57 f.).

39 Entscheidend ist die Sachgerechtigkeit von Differenzierungskriterien und -zielen, die sich bei einer **objektiven Gesamtbetrachtung** erschließen müssen. Die subjektive „Willkür" des Normgebers und dessen fehlerhafte Vorstellungen schließen nicht aus, dass es objektiv vernünftige und sachliche Gründe für eine Regelung gibt; Mängel der Motive führen für sich allein nicht zur Verfassungswidrigkeit (BVerfG 26. 4. 1978 E 48, 227, 237). Andererseits wird eine Verletzung des Gleichheitssatzes nicht dadurch unschädlich, dass dem Normgeber ein Irrtum unterlaufen ist, der ihm nicht vorgeworfen werden kann (BAG 7. 3. 1995 AP BetrAVG § 1 Gleichbehandlung Nr. 26 = NZA 1996, 48, 49).

40 **4. Abgestufte Prüfungsintensität.** Die vom Normgeber herangezogenen Rechtfertigungsgründe unterliegen je nach Anknüpfungspunkt und Art der Differenzierung einer abgestuften Intensität der Kontrolle. Eine intensivere, um Verhältnismäßigkeit bemühte Kontrolle ist regelmäßig dann

vorzunehmen, wenn eine **Ungleichbehandlung von Personengruppen** vorliegt (BVerfG 22. 2. 1994 E 90, 46, 56 = NZA 1994, 661, 662). Der je zu belassende Gestaltungsspielraum wird dabei umso kleiner, je stärker sich die Ungleichbehandlung von Personen auf die Ausübung grundrechtlich geschützter Freiheiten nachteilig auswirken kann; in solchen Fällen ist nach der „neuen Formel" (Rn. 33) im Einzelnen nachzuprüfen, ob für die vorgesehene Differenzierung Unterschiede von solcher Art und von solchem Gewicht bestehen, dass sie die ungleichen Rechtsfolgen rechtfertigen können (ebd.; BVerfG 30. 5. 1990 E 82, 126, 146 = AP BGB § 622 Nr. 28; BVerfG 11. 1. 1995 E 92, 53 = AP GG Art. 3 Nr. 209 unter B I 1; BVerfG 4. 7. 1995 E 92, 365, 407 f. = AP AFG § 116 Nr. 4). Die Bindung wird bei der Ungleichbehandlung von Personengruppen umso enger, je mehr sich die personenbezogenen Merkmale den in Art. 3 III genannten annähern und je größer deshalb die Gefahr ist, dass eine an sie anknüpfende Ungleichbehandlung zur **Diskriminierung einer Minderheit** führt (BVerfG 10. 1. 1995 E 92, 26, 51 f. = AP GG Art. 9 Nr. 76 unter B II 4 a) bb)).

Bei lediglich **verhaltensbezogenen Unterschieden** hängen das Maß der Bindung und die Intensität 41 der Nachprüfung davon ab, inwieweit die Betroffenen auf die Verwirklichung der Unterscheidungsmerkmale einwirken, die nachteiligen Folgen also vermeiden können (BVerfG 7. 10. 1980 E 55, 72, 89 = NJW 1981, 46; BVerfG 14. 12. 1994 E 91, 346, 363 = NJW 1995, 2977; st. Rspr.). Ist ihnen das ohne weiteres möglich, zB ein bestimmtes prozessuales oder rechtsgeschäftliches Verhalten, kommt nur eine Willkürprüfung in Betracht; ein Verstoß gegen Art. 3 I kann dann nur festgestellt werden, wenn die Unsachlichkeit der Differenzierung evident ist (BVerfG 14. 12. 1994 E 91, 346, 363; BVerfG 11. 1. 1995 E 92, 53, 69 = AP GG Art. 3 Nr. 209).

Hingegen verengt sich der Gestaltungsspielraum des Normgebers, wenn erheblich in den **Schutz-** 42 **bereich eines speziellen Freiheitsrechts** eingegriffen wird (etwa bei berufsbezogenen Prüfungen; dazu BVerfG 6. 12. 1988 E 79, 212, 218 = NVwZ 1989, 645). Das Gleiche gilt, wenn ein bes. Gleichheitssatz oder ein grundgesetzlicher Schutzauftrag berührt ist (zB Art. 6 IV; dazu BVerfG 4. 10. 1983 E 65, 104, 112 f = AP MuSchG 1968 § 8 a Nr. 5; BAG 20. 8. 2002 AP GG Art. 6 Abs. 4 Mutterschutz Nr. 10; keine Erstreckung auf Adoptivmütter und Väter – dazu BVerfG [Kammer] 2. 2. 1982 AP MuSchG 1968 § 8 a Nr. 2; BAG 27. 7. 1983 AP MuSchG 1968 § 8 a Nr. 3; 31. 1. 1985 AP MuSchG 1968 § 8 a Nr. 6 = NZA 1986, 138).

5. Legitimationszusammenhang. Soweit die differenzierende Regelung anhand der „neuen For- 43 mel" zu überprüfen ist, also einer intensiveren Kontrolle unterliegt, ist zweierlei zu fordern: Eine sach(bereichs)bezogene Auswahl des Differenzierungsgrundes (BVerfG 30. 5. 1990 E 82, 126, 146 = AP BGB § 622 Nr. 28) und ein sachgerechter Zusammenhang zwischen diesem und den daran anknüpfenden Differenzierungsfolgen. Die Beurteilung dieses „Legitimationszusammenhanges" hängt von der Eigenart des jeweiligen Sachgebietes, den in der Realität vorgefundenen Verhältnissen und ihrer rechtlichen Gestaltung sowie von Sinn und Zweck der Normierung ab; sie kann daher nicht abstrakt und allg. bewertet werden. Außerdem sind die Beurteilungs- und Gestaltungsspielräume des jeweiligen Normgebers zu respektieren. Die Gerichte haben allein die Einhaltung äußerster Grenzen sicherzustellen, also nicht zu prüfen, ob der Normgeber die jeweils zweckmäßigste oder gerechteste Lösung gefunden hat (**kein Optimierungsgebot;** BVerfG 7. 10. 1980 E 55, 72, 90 = NJW 1981, 46; BVerfG 26. 3. 1980 E 54, 11, 25 f. = AP GG Art. 3 Nr. 116; BVerfG 29. 11. 1989 E 81, 108, 117 f.; BAG 25. 2. 1987 AP BAT § 52 Nr. 3 = NZA 1987, 667, 668; BAG 2. 4. 1992 § 622 BGB Nr. 38 = NZA 1992, 886; BAG 23. 6. 1994 AP TVG § 1 TV: DDR Nr. 13 = NZA 1995, 851).

Bei der gebotenen Bewertung hat das **Ausmaß der Differenzierungsfolgen** entscheidende Bedeu- 44 tung. Die regelungsbedingten Nachteile sind zu gewichten und bezogen auf das Regelungsziel als Mittel zum Zweck zu würdigen. Geringfügige Nachteile oder Belastungen können aus Typisierungsgründen gerechtfertigt sein (*Jarass/Pieroth* Rn. 16). Außerdem ist zu prüfen, inwieweit **vorteilhafte Regelungen,** die in sachlichem Zusammenhang mit der Benachteiligung stehen, der benachteiligten Personengruppe zugute kommen und kompensierend wirken (BVerfG 22. 2. 1994 E 90, 46, 59 = NZA 1994, 661). Insb. den TVParteien muss es wegen der durch die Verfassung garantierten **Tarifautonomie** und des auf Kompromiss angelegten Verfahrens überlassen bleiben, in eigener Verantwortung Zugeständnisse durch Vorteile auszugleichen (BAG 21. 3. 1991 AP BGB § 622 Nr. 31 = NZA 1991, 803, 805 f.; BAG 17. 10. 1995 AP BGB § 242 Gleichbehandlung Nr. 132 = NZA 1996, 656, 657). Zwar ist auch hier ein Regelungszusammenhang der in die Gesamtbetrachtung eingestellten Normen erforderlich (*Hanau/Kania,* Ungleichbehandlung von Arbeitern und Angestellten in den TV des öffentl. Dienstes, 34), er lässt sich aber wegen der Eigenart von Tarifverhandlungen nachträglich nur noch in groben Zügen ermitteln. Das muss genügen (vgl. BAG 6. 8. 2002 AP BetrVG 1972 § 99 Eingruppierung Nr. 27).

Bei der Bewertung arbeitsrechtlicher Regelungen kommt es auf die **spezifische Funktion des** 45 **Arbeitsrechts** an. Im Sozialversicherungs- oder Steuerrecht getroffene Differenzierungen sind wegen ihrer öffentlich-rechtlichen Zwecksetzung nicht ohne weiteres auf das Arbeitsrecht übertragbar (BAG

7. 3. 1995 AP BetrAVG § 1 Nr. 26 = NZA 1996, 48, 51; BAG 28. 3. 1996 AP BeschFG 1985 § 2 Nr. 49 = NZA 1996, 1280, 1281).

46 Das Gebot sachgerechter Differenzierung knüpft nicht nur an tatsächliche Gegebenheiten an (soziale Bedürfnisse, wirtschaftliche Interessen usw.), sondern bezieht sich auch auf den rechtlichen Zusammenhang. In diesem Sinne verlangt er **Folgerichtigkeit** innerhalb der Rechtsordnung und ist insofern Ausdruck einer relativen Bindung an selbstgewählte Gerechtigkeitsmaßstäbe. Den Geboten der Folgerichtigkeit und entspr. **Systemgerechtigkeit** (dazu *Osterloh* in *Sachs* Rn. 98 ff.; *Starck* in *v. Mangoldt/Klein* Rn. 44 ff.; *Kirchhof* in HbStR V § 124 Rn. 222 ff.) kommt aber für die Auswahl von Differenzierungskriterien und -zielen sowie für deren Gewichtung nur dienende, keine selbständige Bedeutung zu, weil die Systematik eines Gesetzes oder Rechtsgebietes zur Disposition des Gesetzgebers stehen. Die Feststellung der „Systemwidrigkeit" einer getroffenen Differenzierung stößt daher bereits methodisch auf das Problem, dass es oft nur eine Frage der Sichtweise ist, ob eine Regelung als systemwidrige Abweichung oder als systemprägende Modifizierung zu werten ist. Die Schwierigkeiten einer Bestimmung der „Systemgrenzen" und die Möglichkeit „systemübergreifender" Ansätze kommen hinzu. Die neuere Rspr. sieht deshalb in einer – vermeintlichen oder festgestellten – **Systemwidrigkeit** allein noch keinen Verstoß gegen Art. 3 I (BVerfG 1. 7. 1987 E 76, 130, 139 f.; BVerfG 26. 4. 1988 E 78, 104, 123), sondern nur ein **Indiz für einen Gleichheitsverstoß** (BVerfG 23. 1. 1990 E 81, 156, 207 = AP AFG § 128 Nr. 1). Bei TV ist selbst eine solche Indizwirkung nicht generell anzuerkennen. Bei der gebotenen Gesamtbetrachtung ist zu berücksichtigen, dass punktuelle Benachteiligungen durch Zugeständnisse in anderem Zusammenhang kompensiert worden sein können (s. o. Rn. 27).

47 **6. Typisierung.** Gleichheitssatz und Individualgerechtigkeit können in einem Spannungsverhältnis stehen. Für die abstrakt-generelle Normsetzung des Gesetzgebers (BVerfG 15. 12. 1987 E 77, 308, 338 = AP GG Art. 12 Nr. 62; BVerfG 31. 5. 1988 E 78, 214, 226 f.; BVerfG 8. 6. 1993 E 89, 15, 24 = NJW 1994, 122 f.; st. Rspr.) und der TVParteien (BAG 28. 7. 1992 AP TVG § 1 TV: Seniorität = NZA 1993, 759, 760) ist – vor allem bei der Ordnung von Massenerscheinungen – die **Notwendigkeit einer Typisierung und Pauschalierung** von Tatbeständen als sachliche Rechtfertigung von Ungleichbehandlungen anerkannt (eingehend zu Gleichheitssatz und Typisierung *Huster*, Rechte und Ziele, 1993, 245 ff.; zum Verhältnis von Sozialstaatsgebot und Typisierung *V. Neumann*, DVBl. 1997, 92, 96). Eine Typisierung muss sach- und realitätsgerecht sein, sich also am tatsächlich typischen Fall orientieren, wobei die Freiräume bei einer Neuregelung komplexer, schwer überschaubarer Sachverhalte weiter sind (BVerfG 8. 4. 1987 E 75, 108, 162 = NJW 1987, 3115). Es darf nur eine verhältnismäßig kleine Gruppe benachteiligt werden und der Gleichheitsverstoß nicht sehr intensiv sein (BVerfG 30. 5. 1990 E 82, 126, 146 = AP BGB § 622 Nr. 28; BVerfG 26. 4. 1978 E 48, 227, 238; BVerfG 22. 2. 1994 E 90, 46, 59 = NZA 1994, 661, 663; BAG 7. 3. 1995 AP BetrAVG § 1 Gleichbehandlung Nr. 26 = NZA 1996, 48). Der hinnehmbare Anteil derjenigen, die durch Typisierung benachteiligt werden dürfen, ist nicht abstrakt zu bestimmen. Maßgebend sind Art und Gewicht der eintretenden Härten und Ungerechtigkeiten. Ferner kommt es darauf an, inwieweit sich diese unter Berücksichtigung der Praktikabilität des Normvollzuges vermeiden ließen (BVerfG 26. 4. 1978 E 48, 227, 239; 8. 10. 1991 E 84, 348, 365 = NJW 1992, 423; BVerfG 27. 1. 1998 E 97, 186 = AP KSchG 1969 Nr. 18 – Kleinbetriebsklausel und Teilzeitkräfte); Härteklauseln oder Billigkeitsregelungen können den Typisierungsspielraum erweitern (BVerfG 15. 12. 1987 E 77, 308, 335, 338 = AP GG Art. 12 Nr. 62).

48 **Stichtagsregelungen** als „Typisierung in der Zeit" sind ungeachtet der damit verbundenen Härten zur Abgrenzung des begünstigten Personenkreises zulässig. Das gilt für die Einführung von Leistungen ebenso wie bei dem Inkrafttreten belastender Regelungen. Die Wahl des Stichtages muss sich allerdings am gegebenen Sachverhalt orientieren und die Interessenlage der Betroffenen angemessen erfassen (BVerfG 6. 12. 1988 E 79, 212, 218 f. = NVwZ 1989, 645; BAG 14. 6. 1983 AP BGB § 242 Gleichbehandlung Nr. 58); abgestufte **Übergangsregelungen** können geboten sein (BVerfG 8. 4. 1986 E 71, 364, 397 = AP BetrAVG § 1 Versorgungsausgleich Nr. 1), etwa um schutzwürdiges Vertrauen in den Fortbestand einer bestimmten Rechtslage zu berücksichtigen oder um aus sozialpolitischen Erwägungen die Folgen gravierender Rechtsänderungen abzumildern. Bei Leistungen können auch **finanzielle und finanzpolitische Erwägungen** Stichtagsregelungen rechtfertigen (BAG 23. 2. 1994 ZTR 1994, 462; zu stichtagsbezogene Differenzierungen bei der Anrechnung von Vordienstzeiten BAG 28. 9. 1994 AP TVG § 1 Einzelhandel Nr. 51; zur betrieblichen Altersversorgung BAG 14. 1. 1986 AP BetrAVG § 1 Gleichbehandlung Nr. 5 = NZA 1987, 23; BVerfG [1. Kammer des Ersten Senats] 27. 11. 1989 AP BetrAVG § 1 Gleichbehandlung Nr. 5 a).

49 **7. Darlegungs- und Beweislast.** Der für die sachliche Rechtfertigung einer Differenzierung maßgebliche Zweck ist durch Auslegung unter Berücksichtigung des Regelungsinhaltes, des systematischen Zusammenhanges und der Entstehungsgeschichte (zB verworfener Normalternativen, Begründungen, Protokollnotizen) **zu ermitteln.** Für die staatliche und tarifliche Normsetzung gilt eine **relative Sachlichkeitsvermutung.** Verselbständigte Begründungs- oder Transparenzpflichten, wonach der Differenzierungszweck ausdrücklich festgelegt oder auf Rückfrage erläutert werden müsste, gibt

es nicht (anders mit Recht für den Gleichbehandlungsgrundsatz BAG 20. 7. 1993 AP BetrAVG § 1 Gleichbehandlung Nr. 11; vgl. auch 230 – BGB § 611 Rn. 748). Nachträgliche Erläuterungen und Auskünfte sind für die Zweckermittlung nur beachtlich, soweit sie in der Norm einen Niederschlag gefunden haben, wenn also der nach Wortlaut und Systematik erkennbare Regelungsgehalt mit ihnen vereinbar ist.

Die tatsächlichen Grundlagen der benannten Zwecke bzw. Differenzierungsziele eines Gesetzes oder TV sind ohne formelle Darlegungslast in entspr. Anwendung des § 293 ZPO **von Amts wegen aufzuklären** (BAG 4. 3. 1993 AP BGB § 622 Nr. 40 mit eingehender Besprechung von *Hergenröder*; BAG 16. 9. 1993 AP BGB § 622 Nr. 42 = NZA 1994, 221). Normstützende Rechtstatsachen („legislative facts") sind auch noch in der Revisionsinstanz zu ermitteln; das Revisionsgericht wird hier zum Tatsachengericht (insoweit dem BVerfG ähnlich). Die Einschätzungsprärogative und der Prognosespielraum, die aus Kompetenzgründen dem Normgeber zuzubilligen sind, wirken sich auch hier aus. Die tatsächlichen Annahmen und Prognosen unterliegen einer **abgestuften Nachprüfung**, die von einer bloßen Evidenz- über eine Vertretbarkeits- bis hin zu einer intensiven inhaltlichen Kontrolle reichen kann (BVerfG 1. 3. 1979 E 50, 290, 332 f = AP MitbestG § 1 Nr. 1). Die Anforderungen an den sachlichen Grund selbst bestimmen auch die Kontrolldichte hinsichtlich der tatsächlichen Grundlagen; hohe sachliche Anforderungen dürfen nicht durch gesenkte Anforderungen an die Tatsachenfeststellung unterlaufen werden. Bei diskriminierenden Gruppenmerkmalen oder ihnen nahekommenden Differenzierungen sind an das Vorliegen sachlich rechtfertigender Unterscheidungsgründe deutlich erhöhte Begründungsanforderungen zu stellen (*Colneric*, FS-Dieterich, 1999, S. 45).

Das Gebot der Amtsermittlung kann nicht immer verhindern, dass entscheidungserhebliche Rechtstatsachen unaufklärbar bleiben. Das Risiko des „non liquet"; also die **objektive Beweislast** muss eine Partei tragen, weil das Gericht eine Entscheidung nicht verweigern darf. Im Prinzip geht es um ein Zumutbarkeitsproblem, dessen Lösung jedoch auf formale Kriterien angewiesen ist (*Benda/Klein*, Lehrbuch des Verfassungsprozessrechts, Rn. 217 ff.). In der Regel wird die Ungewissheit in Bezug auf eine Ungleichbehandlung zu Lasten der Partei gehen, die die Regelung angreift, während der Gegenpartei, die sich auf die Regelung beruft, mit Zweifeln zu belasten ist, die in Bezug auf die sachlichen Gründe einer Differenzierung verblieben sind (ähnlich *Wiedemann* TVG Einl. Rn. 279 ff., der aber bei TV auch die Darlegungslast entspr. verteilen will).

Im Streit um Verletzungen des **Gleichbehandlungsgrundsatzes** besteht ein wesentlicher Unterschied: hier geht es um vertragsrechtliche Fragen. Deshalb gilt der zivilprozessuale Beibringungsgrundsatz und die Bindung des Revisionsgerichts an tatrichterliche Feststellungen. Da dem AN die Darlegung einer sachwidrigen Benachteiligung idR nicht in allen Einzelheiten möglich ist, hilft die Rspr. mit einer gestuften Darlegungslast und Vermutungen (BAG 5. 3. 1980 AP BGB § 242 Gleichbehandlung Nr. 44; BAG 9. 9. 1981 AP GG Art. 3 Nr. 117; BAG 20. 11. 1990 AP BetrAVG § 1 Gleichberechtigung Nr. 8; vgl. auch 230 – BGB § 611 Rn. 748).

V. Rechtsfolgen bei Gleichheitsverstößen

1. Verfassungskonforme Auslegung. Die Ungleichbehandlung durch eine Norm darf nur beanstandet werden, wenn der Gleichheitsverstoß nicht durch eine verfassungskonforme Auslegung vermieden werden kann (Einl. Rn. 13 und 81; BVerfG 22. 2. 1994 E 90, 46 = NZA 1994, 661, 663). Das gilt auch für die verfassungskonforme Auslegung von Tarifrecht (dazu BAG 30. 11. 1970 AP BGB § 242 Ruhegehalt Nr. 148 = BB 1971, 654; BAG 16. 2. 1978 AP BGB § 242 Ruhegehalt Nr. 178; BAG 30. 7. 1992 AP TVG § 1 TV Ang Bundespost Nr. 1 = NZA 1993, 324, 326; s. a. *Hartmann*, Gleichbehandlung und Tarifautonomie, 1994, S. 111–153). Dabei dürfen die Gerichte nicht ihre Kompetenzgrenze zu Lasten des Normgebers (Gesetzgeber; TVParteien) überschreiten; der Regelung darf durch Auslegung kein Inhalt unterschoben werden, der vom Normgeber ersichtlich nicht gewollt war (vgl. auch Einl. Rn. 81). Protokolle (BAG 21. 3. 1991 AP BGB § 622 Nr. 29 = NZA 1991, 797) oder gemeinsame Erklärungen vor bzw. nach Vertragsschluss (BAG 27. 6. 1986 § 7 BUrlG Abgeltung Nr. 28) sind zu berücksichtigen (*Liedmeier*, Die Auslegung und Fortbildung arbeitsrechtlicher Kollektivverträge, 1991, 101 ff., 109).

2. Gleichheitswidriges Gesetz. Der allg. Gleichheitssatz hat keine unmittelbar anspruchsbegründende Wirkung. Hat der Gesetzgeber mehrere Möglichkeiten, einen festgestellten Gleichheitsverstoß zu beheben, überlässt ihm das BVerfG aus kompetenzrechtlichen Gründen grds. die Entscheidung, in welcher Weise er den Anforderungen des Gleichheitssatzes genügen will. Das BVerfG sieht regelmäßig vom Nichtigkeitsausspruch (§ 78 Satz 1 BVerfGG) ab und beschränkt sich auf eine Unvereinbarkeitserklärung (BVerfG 30. 5. 1990 E 82, 126, 146 = AP BGB § 622 Nr. 28; BVerfG 28. 1. 1992 E 85, 191, 211 ff. = AP AZO § 19 Nr. 2; *Heußner* NJW 1982, 257 ff.). Der Gesetzgeber ist dann verpflichtet, die Rechtslage mit der Verfassung in Einklang zu bringen **(Korrekturpflicht)**. Bis zu einer Neuregelung sind anhängige Verfahren, in denen die Entscheidung von der verfassungswidrigen Norm abhängt, auszusetzen (BVerfG 2. 12. 1992 E 88, 5, 17 = AP Beratungshilfe § 2 Nr. 1; BAG

10 GG   Art. 3   Gleichheit vor dem Gesetz

21. 3. 1991 AP BGB § 622 Nr. 30 = NZA 1991, 801). Dies gilt auch für Verfahren, die Angehörige der gesetzlich begünstigten Gruppe betreffen (BAG 26. 1. 1982 AP HausarbTagsG NRW § 1 Nr. 29 = NJW 1982, 2573).

55   Der Gesetzgeber hat den Gleichheitsverstoß binnen angemessener Frist zu beseitigen. Das BVerfG kann ihm eine **Beseitigungsfrist** setzen. Für den Fall, dass der Gesetzgeber untätig bleibt, können die Gerichte zur Wahrung wirksamen Rechtsschutzes (Art. 19 IV, 20 III GG) ermächtigt werden, ausgesetzte Verfahren fortzuführen und verfassungskonform zu entscheiden (BVerfG 30. 5. 1990 E 82, 126, 146 = AP BGB § 622 Nr. 28). In Ausnahmefällen können zur Vermeidung von Rechtsunsicherheit (BVerfG 14. 7. 1986 E 73, 40, 101 f. = NJW 1986, 2487) oder im Interesse anderer übergeordneter Gesichtspunkte (zB der Finanz- und Haushaltswirtschaft) **Übergangsregelungen** getroffen werden (BVerfG 5. 3. 1991 E 84, 9, 22 – Ehenamen; 25. 9. 1992 E 87, 153, 177 – Existenzminimum im Steuerrecht).

56   Bei einer **Neuregelung** ist der Gesetzgeber gehalten, auch für die **Vergangenheit** eine den Grundsätzen des Art. 3 I entspr. Regelung zu suchen (BVerfG 8. 10. 1980 E 55, 100, 110 f.). Diese Verpflichtung erstreckt sich im Grundsatz auf den gesamten von der Unvereinbarkeitserklärung betroffenen Zeitraum und erfasst zumindest alle noch nicht bestands- oder rechtskräftig abgeschlossenen Sachverhalte (BVerfG 25. 9. 1992 E 87, 153, 178 = NJW 1992, 3153, 3156). Hiervon kann der Gesetzgeber nur unter bes. Voraussetzungen absehen, soweit eine Abhilfe unverhältnismäßig große Beeinträchtigungen anderer schutzwürdiger Belange, etwa finanzwirtschaftlicher Art, zur Folge hätte (BVerfG 23. 9. 1992 E 87, 114, 137 = NJW-RR 1993, 971; BVerfG 12. 3. 1996 E 94, 241, 266 = NJW 1996, 2293, 2295). Rechts- oder bestandskräftig gewordene Entscheidungen kann der Gesetzgeber von der Rückwirkung ausnehmen (BVerfG 12. 3. 1996 E 94, 241, 266 f. = NJW 1996, 2293, 2295 f.; s. a. BVerfG 25. 9. 1992 E 87, 153, 178 ff. = NJW 1992, 3153, 3156 f.). Zahlungsansprüche können für die Vergangenheit begrenzt werden (BVerfG 27. 11. 1997 E 97, 35 = AP RuhegeldG Hamburg § 3 Nr. 2 = NZA 1998, 247, 249).

57   In Ausnahmefällen genügt eine bloße Unvereinbarkeitserklärung mit Anwendungsverbot nicht. So ist eine **Nichtigkeitserklärung** im Bereich arbeitsrechtlicher Wahlgleichheit geboten, wenn die Grundsätze der Chancengleichheit verletzt wurden (BVerfG 22. 10. 1985 E 71, 81, 107 f = AP GG Art. 3 Nr. 142 – ANkammergesetz Bremen). In Fällen des gleichheitswidrigen Ausschlusses von Begünstigungen kann die mit Art. 3 I unvereinbare Ausschlussregelung für nichtig erklärt werden, wenn mit Sicherheit anzunehmen ist, dass der Gesetzgeber bei Beachtung des allg. Gleichheitssatzes die nach einer Teilnichtigerklärung verbleibende Regelung wählen müsste (BVerfG 18. 11. 1986 E 74, 9, 28 = AP AFG § 118 a Nr. 1; BVerfG 26. 1. 1993 E 88, 87, 101 f.), die vorenthaltene Begünstigung also auf die Ausgeschlossenen erstreckt werden würde („Anpassung nach oben"). Dies kommt insb. in Betracht, wenn ein Verfassungsauftrag die Ausweitung der vorenthaltenen Begünstigung verlangt (BVerfG 28. 11. 1967 E 22, 349, 360 = AP GG Art. 3 Nr. 101) oder wenn nach dem Regelungssystem, an dem der Gesetzgeber erkennbar festhalten will oder muss, allein die Ausweitung der Begünstigung folgerichtig erscheint (*Jarass/Pieroth* Rn. 42). Andererseits kann das BVerfG die Unvereinbarkeitserklärung auch in der Weise beschränken, dass dem Gesetzgeber zwar eine Neuregelung binnen bestimmter Frist aufgegeben wird, jedoch für die Übergangszeit die als verfassungswidrig erkannte Regelung weiter anwendbar bleibt; Hauptanwendungsbereich ist hier das Steuerrecht und das Sozialversicherungsrecht (BVerfG 25. 9. 1992 E 87, 153, 181 = NJW 1992, 3153; BVerfG 11. 1. 1995 E 92, 53, 73 f = AP GG Art. 3 Nr. 209).

58   **3. Gleichheitswidrige TV.** Bei gleichheitswidrigem Tarifrecht ergeben sich für die Arbeitsgerichte prozessuale Bes. Hier haben sie selbst die Verwerfungskompetenz, allerdings nicht in einem speziellen Normenkontrollverfahren (Ausnahme: Verfahren nach § 2 I Nr. 1 ArbGG), sondern in einem Parteiprozess, an dem nicht der oder die Normgeber selbst beteiligt sind, sondern regelmäßig nur normunterworfene AG und AN. Diese können auf Grund des rechtsstaatlichen Rechtsverweigerungsverbots eine abschließende Entscheidung verlangen. Die Arbeitsgerichte haben jedoch keine Möglichkeit, den TVParteien spezielle Normierungspflichten aufzuerlegen (BAG 14. 12. 1982 AP BetrAVG § 1 Besitzstand Nr. 1; BAG 13. 11. 1985 GG Art. 3 Nr. 136). Der Lösungsweg einer Unvereinbarkeitsentscheidung ist ihnen deshalb verschlossen (aA *Wiedemann* TVG Einl. Rn. 275 aE). Das BAG beurteilt gleichheitswidrige Tarifnormen konsequent als ganz oder tw. nichtig und sucht die dadurch entstehende ungewollte Regelungslücke durch ergänzende Auslegung des TV selbst zu schließen (zum Ganzen vgl. *Sachs* RdA 1989, 25 ff.; *Hartmann*, Gleichbehandlung und Tarifautonomie, S. 101 ff., 219 ff.; *Wiedemann* TVG Einl. Rn. 213 ff.).

59   Bei gleichheitswidrigem Ausschluss von einer tariflichen Begünstigung bewertet das BAG die Ausnahmeregelung zumeist als teilnichtig; der **Anspruch der benachteiligten ANgruppe** wird unmittelbar aus der fortbestehenden tarifvertraglichen Grundnorm oder im Wege einer ergänzenden Auslegung hergeleitet, wenn nach dem Regelungsgegenstand unter Berücksichtigung der Zusatzbelastung davon auszugehen ist, dass die Tarifparteien die Regelung auch mit erweitertem Anwendungsbereich getroffen hätten (für viele: BAG 7. 3. 1995 AP BetrAVG § 1 Gleichbehandlung Nr. 26; 7. 11. 1995 AP TVG § 1 TV: Metallindustrie Nr. 138; 13. 5. 1997 AP BetrAVG § 1 Gleichbehandlung

Nr. 36). Die **Tarifergänzung** nach Maßgabe eines hypothetischen (methodisch indes schwer feststellbaren) Willens der Tarifparteien kann jedoch einen rechtfertigungsbedürftigen Eingriff in die Koalitionsfreiheit (Art. 9 III) bewirken. Auszuwählen ist deshalb diejenige Ergänzungsmöglichkeit, die dem Regelungssystem des TV am nächsten kommt und keine ergänzende oder zweckändernde rechtpolitische Entscheidung erforderlich macht (BAG 14. 12. 1982 AP BetrAVG § 1 Besitzstand Nr. 1 = BB 1983, 1034). Entsprechendes gilt bei Verstößen gegen bes. Gleichheitsregeln etwa des Gemeinschaftsrechts (BAG 7. 11. 1995 AP EWG-Vertrag Art. 119 Nr. 71 = NZA 1996, 653) oder des einfachen Gesetzgebers (§ 2 BeschFG).

Bes. Zurückhaltung ist geboten, wenn die Anpassung nach oben eine nachhaltige **Erweiterung des** 60 **Dotierungs- oder Kostenrahmens** bewirkt (BAG 28. 5. 1996 AP TVG § 1 TV: Metallindustrie Nr. 143 = NZA 1997, 101). Dabei ist zu unterscheiden zwischen den Urteilsfolgen für die Vergangenheit und für die Zukunft. Bei der auch den Tarifparteien obliegenden Pflicht, Gleichheitsverstöße rückwirkend zu bereinigen, wartet das BAG nicht die (rückwirkende) Neuregelung der TVParteien ab, sondern billigt – tarifergänzend bzw. lückenfüllend – den in der **Vergangenheit** gleichheitswidrig ausgeschlossenen AN einen Anspruch zu, wenn nur auf diesem Wege dem Gleichheitssatz Rechnung getragen werden kann. Dies gilt namentlich dann, wenn Leistungen umstritten sind, die von den gleichheitswidrig Begünstigten nicht oder nicht mehr zurückgefordert werden können – etwa wegen Verjährungs- oder tariflicher Ausschlussfristen (BAG 13. 11. 1985 AP GG Art. 3 Nr. 136; BAG 28. 5. 1996 AP TVG § 1 TV: Metallindustrie Nr. 143 = NZA 1997, 101; krit. *Hartmann*, Gleichbehandlung und Tarifautonomie, S. 223 ff., 235; *Wiedemann* TVG Einl. Rn. 269). Der Kreis der Begünstigten muss aber zum Schutz vor Überlastung begrenzt werden (BVerfG 27. 11. 1997 E 97, 35 = AP RuhegeldG Hamburg § 3 Nr. 2).

Korrekturen des Tarifrechts für die **Zukunft** sind sehr viel problematischer, weil sie über den 61 Parteiprozess hinausweisen und dabei ein hohes Maß an Rechtsunsicherheit bewirken, zumal andere Gerichte nicht an die Bewertung des jeweiligen Prozessgerichts gebunden sind. Vor allem aber ist der Eingriff in die Tarifautonomie hier erheblich intensiver als bei der bloßen Bereinigung für einen zurückliegenden Zeitraum und für das anhängige Verfahren. Deshalb gebietet Art. 9 III GG in Verbindung mit dem Verhältnismäßigkeitsgrundsatz, dass die Arbeitsgerichte sich zunächst, soweit das nach Sachlage möglich und den Parteien zumutbar ist, auf eine **befristete Aussetzung** beschränken, um den TVParteien den Vortritt zu lassen (aA BAG 30. 5. 1991 AP BGB § 622 Nr. 29; wie hier *Hartmann*, Gleichbehandlung und Tarifautonomie, S. 249 ff.; *Wiedemann* TVG Einl. Rn. 275; *Baumann* RdA 1994, S. 272, 275, der aber zu Unrecht einen negatorischem Unterlassungsanspruch zubilligen will). Nach Ablauf der Frist kann das Prozessgericht dann den TV in der schon bisher weitgehend praktizierten Weise ergänzend auslegen, ohne sich der Rüge eines unverhältnismäßigen Eingriffs in die Tarifautonomie auszusetzen.

VI. Problematische Differenzierungsmerkmale

1. Betriebs- und Unternehmensgröße. Arbeitsrechtliche Schutzgesetze sind regelmäßig mit Kos- 62 ten- und Organisationsaufwand für die AG verbunden. Die entspr. Belastungen wirken sich aber je nach Unternehmensgröße unterschiedlich aus. Der Gesetzgeber berücksichtigt das punktuell durch Ausnahmen für Kleinbetriebe (**Kleinbetriebsklauseln**). Eine solche Privilegierung ist für das Kündigungsschutzrecht wegen der engeren persönlichen Beziehungen zwischen dem Inhaber und den AN, der typischerweise geringeren verwaltungsmäßigen und wirtschaftlichen Belastbarkeit sowie aus wirtschaftspolitischen Gründen als grds. sachgerecht anerkannt worden (BVerfG 27. 1. 1998 NZA 1998, 469; BAG 19. 4. 1990 AP KSchG 1969 § 23 Nr. 8 = NZA 1990, 724; zur Vereinbarkeit der §§ 9, 10 KSchG mit Art. 3 I: BVerfG [Kammer] 29. 1. 1990 NJW 1990, 1843 = NZA 1990, 535). Die Gestaltungsfreiheit des Gesetzgebers lässt dabei Raum für Variationen bei den Schwellenwerten und ihrer Berechnung, aber nicht bei Differenzierungen nach dem Beschäftigungsstatus (BAG 16. 1. 1992 AP AngestelltenKündigungsG § 2 Nr. 12 = NZA 1992, 591; BAG 17. 3. 1994 AP BGB § 622 Nr. 45 = NZA 1994, 785). Problematisch ist hier allerdings, dass auf die Betriebsgröße bzw. die Zahl der AN eines Betriebes abgestellt wird, die in Wirklichkeit keinen zuverlässigen Indikator für die Wirtschaftskraft eines Unternehmens bieten. Deshalb fordert Art. 3 I eine verfassungskonforme Interpretation, die die Unternehmensgröße berücksichtigt (BVerfG 27. 1. 1998 E 97, 169 u. 186 = AP KSchG 1969 § 23 Nr. 17 u. 18). In diesem Sinne hat das BAG die Kleinbetriebsklausel in § 111 BetrVG ausgelegt (8. 6. 1999 AP BetrVG 1972 § 111 Nr. 47).

An die Betriebsgröße anknüpfende **Umlagesysteme** sind geeignet, bei sozialstaatlich motivierter 63 Inanspruchnahme von AGn gleichheitswidrige, gar wettbewerbsverzerrende Effekte zu vermeiden (BAG 1. 11. 1995 AP MuSchG 1968 § 14 Nr. 13 = NZA 1996, 377). Sie müssen aber ihrerseits die Umlagelast gleichheitskonform gestalten (BVerfG 26. 4. 1978 E 48, 227; 15. 12. 1987 E 77, 308 = AP GG Art. 12 Nr. 62; problematisch deshalb § 14 I 1 MuSchG, vgl. BAG 1. 11. 1995 AP MuSchG 1968 § 14 Nr. 13, wonach die Regelung nur noch auf absehbare Zeit tolerabel ist).

Betätigung sowie die Zugehörigkeit zu entspr. Gemeinschaften und Organisationen (Sondervotum *Simon* BVerfGE 63, 298, 304; *Osterloh* in *Sachs* Rn. 302 ff.; *Heun* in *Dreier* Rn. 118 f.; *Starck* in *v. Mangoldt/Klein* Rn. 286; enger noch BVerfG 22. 5. 1975 E 39, 334, 368 [mit drei Sondervoten] = AP GG Art. 33 V Nr. 2; BAG 12. 3. 1986 AP GG Art. 33 II Nr. 23). Allerdings ergeben sich hier wie auch bei Art. 4 und 5 Modifikationen für den Bereich der Religionsgesellschaften (Art. 140) und im Drittwirkungsbereich für Rechtsverhältnisse mit Tendenzunternehmen (Art. 4 Rn. 26; Art. 5 Rn. 33 ff.).

77 **3. Begründungszusammenhang.** Die schwierigste und lebhaft umstrittene Frage ergibt sich daraus, dass nur die Unterscheidung **wegen** der genannten Merkmale verboten ist. Wann besteht ein solcher Begründungszusammenhang? Die strengste Auffassung geht von einem absoluten Anknüpfungsverbot aus, lässt also keine Regelung oder Maßnahme zu, die eines der verpönten Merkmale verwendet (*Sachs* HbStR § 126 Rn. 66; *Starck* in v. *Mangoldt/Klein* Rn. 264). Das ist zu starr und im Ergebnis auch zu eng. In dieser Form lässt sich das Modell nicht ausreichend abwägungsoffen durchhalten und insb. in seiner Schutzfunktion bei mittelbarer Diskriminierung (Rn. 78) nicht verwirklichen. Praktikabel und effizient ist nur ein Abwägungsmodell (BVerfG 28. 1. 1992 E 85, 191, 206 f. = AP AZO § 19 Nr. 2 unter C I; *Osterloh* in *Sachs* Rn. 239 ff., 254). Die verbotenen Merkmale dürfen zwar grds. nicht als Anknüpfung dienen (auch nicht als Teilaspekt in einem „Motivbündel"), ihre Verwendung kann aber gerechtfertigt sein. Die denkbaren **Rechtfertigungsgründe** lassen sich nicht auf eine allg. Formel bringen, weil die Schutzzwecke der einzelnen Verbotstatbestände zu unterschiedlich sind. Eine differenzierende Regelung darf diesem Schutzzweck nicht zuwiderlaufen. Dabei ist nach der herrschenden Lehre ein **strenger Maßstab** geboten (*Jarass/Pieroth* Rn. 121 und *Osterloh* in *Sachs* Rn. 254 mwN). Für Menschen mit Behinderungen und für Frauen enthält Art. 3 Sondertatbestände (vgl. nachfolgend Rn. 79 und 83 ff.).

78 Nach umstrittener aber richtiger Ansicht schützt Art. 3 III auch vor **mittelbarer Diskriminierung**, die nicht ausdrücklich an unzulässige Gruppenmerkmale anknüpft. Sie ist dann anzunehmen, wenn eine Regelung günstige oder nachteilige Rechtsfolgen von Merkmalen abhängig macht, die Angehörige einer der geschützten Gruppen signifikant leichter oder schwerer erfüllen können, mit der Folge dass sie von Vor- oder Nachteilen unverhältnismäßig häufiger betroffen sind. Solche „Schlagseite" einer Regelung begründet die (widerlegliche) Vermutung, dass eines der in Art. 3 III genannten Merkmale rechtspolitisch maßgebend war, ohne ausdrücklich genannt zu werden (*Osterloh* in *Sachs* Rn. 255 ff.). Speziell zur mittelbaren Diskriminierung von Frauen Art. 3 II Rn. 88.

C. Benachteiligung wegen Behinderung

79 Am 27. 10. 1994 wurde dem traditionellen Diskriminierungsverbot in Art. 3 III 2 ein bes. Verbot der Benachteiligung Behinderter hinzugefügt. Abw. von Satz 1 ist hier die **Bevorzugung** nicht untersagt. Arbeitsrechtliche Schutzvorschriften und Integrationshilfen wurden vielmehr bei der Verfassungsänderung gerade vorausgesetzt. Der **Förderungs- und Integrationsauftrag** des Sozialstaatsprinzips (BVerfG 18. 6. 1975 E 40, 121, 133) soll erkennbar mit Signalwirkung verstärkt werden (BT-Drucks. 12/8165 S. 29; *Heun* in *Dreier* Rn. 120; *Berlit* JöR 1996, 17, 60 f.). In den Worten des BVerfG: Die bes. Situation der Behinderten soll weder zu gesellschaftlichen noch zu rechtlichen Ausgrenzungen führen (8. 10. 1997 E 96, 288, 302 = NJW 1998, 131 unter C I 1 b).

80 Als **Behinderung** gilt eine nicht nur vorübergehende Beeinträchtigung, die auf einem regelwidrigen körperlichen, geistigen oder seelischen Zustand beruht (BVerfG 8. 10. 1997 E 96, 288, 301; 19. 1. 1999 E 99, 341, 356 f.). Der Grund der Behinderung ist unerheblich (*Jarass/Pieroth* Rn. 127). Entscheidend sind vielmehr die Art und das Ausmaß der Hilfsbedürftigkeit (*Heun* in *Dreier* Rn. 121; *Osterloh* in *Sachs* Rn. 308 ff.).

81 Aus diesem Begriff der Behinderung folgt, dass das Verbot der **Benachteiligung** vom Staat mehr verlangt als bei den Minderheitsgruppen des vorangehenden Satzes. Natürlich dürfen Behinderte genau wie diese grds. weder unmittelbar noch mittelbar durch Regelungen, die ungünstige Rechtsfolgen an ihre Behinderteneigenschaft knüpfen, belastet werden (zur Abwägung s. o. Rn. 77). Aber da die Behinderung gerade durch Hilfsbedürftigkeit manifest und damit definiert wird, besteht genau genommen schon in der Verursachung und Verstärkung von Hilfsbedürftigkeit eine unzulässige Benachteiligung. Motto: „Man ist nicht behindert, man wird behindert." Geboten ist eine Lebensumwelt, die keine Mobilitäts- und Entfaltungsbeschränkungen für Behinderte verursacht, also nicht zu deren Ausgrenzung führt. Inwieweit daraus **Leistungs- und Teilhaberechte** abzuleiten sind, ist allerdings stark umstritten und kaum geklärt (vgl. Übersicht bei Beaucamp DVBl 2002, 997, 1000). Das BVerfG hat ausdrücklich offen gelassen, ob sich aus Art. 3 III 2 originäre Leistungsansprüche ableiten lassen, aber die bes. Verantwortung" des Staates betont bei der schützenden Auslegung und Anwendung des Schulrechts gefordert (8. 10. 1997 E 96, 288, 303 = NJW 1998, 131). Eine entspr. **Ausstrahlungswirkung** im Zivilrecht ist unbestritten (vgl. *Osterloh* in *Sachs* Rn. 307; *Jarass/Pieroth*

Rn. 132). So hat das BVerfG eine Auslegung des Mietrechts gefordert, die einem behinderten Mieter den Einbau eines Treppenlifts ermöglicht (BVerfG-Kammer 28. 3. 2000 NJW 2000, 2658). Die Anwesenheit von Behinderten im Urlaubshotel darf nicht als Reisemangel gewertet werden (AG Kleve NJW 2000, 84; *Neuner* NJW 2000, 1822, 1833).

Die Bestimmung des gebotenen Mindestschutzes ergibt sich im **Arbeitsrecht** als Ergebnis einer 82 Interessenabwägung. Sie führt vor allem bei der Begründung und der Beendigung von Arbeitsverhältnissen zu Konflikten. Die Verfassungsergänzung durch Art. 3 III 2 scheint hier vielfach vernachlässigt zu werden. So lässt das BAG die **Frage nach der Schwerbehinderteneigenschaft** auch dort zu, wo sie für die vorgesehene Arbeit des behinderten Stellenbewerbers gar keine Rolle spielt; es hat eine unrichtige Beantwortung als arglistige Täuschung gewertet (BAG 5. 10. 1995 und 3. 12. 1998 AP BGB § 123 Nr. 40 und 49). Ich halte das für verfassungswidrig (ebenso *Däubler* Arbeitsrecht 2, Rn. 95; *Düwell* ZTR 2000, 408; *ders.* BB 2001, 1529; *Pahlen* RdA 2001, 143; 230 – BGB § 611 Rn. 347 mwN). Der Gesetzgeber hat seiner grundrechtlichen Schutzpflicht im SGB IX Rechnung getragen (vgl. insbesondere – 580 – SGB IX § 81). Die Tatsache, dass damit zugleich eine EG-Richtlinie umgesetzt wurde, hat nicht zur Folge, dass die verfassungskonforme Auslegung erst nach einer Vorlage an den EuGH möglich wäre (aA Schaub NZA 2003, 299).

D. Gleichberechtigung der Frauen (Art. 3 II und III GG)

I. Bedeutung und Systematik

Art. 3 II nennt Männer und Frauen in einem Atemzug, als ginge es für beide um die gleiche oder 83 doch vergleichbare Betroffenheit. In der Tat sind auch Männer gegen Diskriminierung wegen ihres Geschlechts geschützt; das ergibt sich aber schon aus Art. 3 III. Die rechtspolitische Stoßrichtung von Art. 3 II gilt der uralten und tiefverwurzelten **Benachteiligung von Frauen.** Die Norm wurde von den Müttern des Grundgesetzes gegen große Widerstände erkämpft und galt von Anfang an als rechts- und gesellschaftspolitischer Sprengsatz, dessen Wirksamkeit sogar durch eine Übergangsvorschrift (Art. 117 I) verzögert wurde (zur Entstehungsgeschichte vgl. *Pfarr,* Quoten und Grundgesetz, 1988 S. 36ff.; *Sacksofsky,* Das Grundrecht auf Gleichberechtigung, 2. Aufl., 1996 S. 323). Heute überwiegt die Ansicht, dass Art. 3 II eine spezielle Schutzpflicht zugunsten der Frauen begründet, die über das allg. Diskriminierungsverbot hinausgeht und dessen Durchsetzung in der Realität fordert (BVerfG 28. 1. 1992 E 85, 191, 207 = AP AZO § 19 Nr. 2; 16. 11. 1993 E 89, 276, 285 = AP BGB § 611a Nr. 9; *Osterloh* in *Sachs* Rn. 261; *Jarass/Pieroth* Rn. 81; aA *Starck* in *v. Mangoldt/Klein* Rn. 281).

Die spezielle Bedeutung von Art. 3 II neben Art. 3 III war lange Zeit unklar. Das BVerfG betrach- 84 tete beide Gleichheitsgebote bis 1991 als gleichbedeutend. Beide seien Differenzierungsverbote, die lediglich eine bes. Rechtfertigung verlangten. Erstmals in der Entscheidung zum Nachtarbeitsverbot betonte es den Unterschied: Während Art. 3 III als Differenzierungsverbot wirke, formuliere Art. 3 II ein Gleichberechtigungsgebot, das sich auf die gesellschaftliche Wirklichkeit beziehe, also positive Veränderungen fordere. Begründet wird damit eine grundrechtliche Schutzpflicht zugunsten der Frauen (BVerfG 16. 11. 1993 E 89, 276, 286 = AP BGB § 611a Nr. 9). Das führt insofern zu einer Kollision mit Art. 3 III, als die Verfassung selbst gegen das Differenzierungsverbot zu verstoßen scheint. Das BVerfG übersieht das nicht, sondern interpretiert Art. 3 II als Rechtfertigungstatbestand, der ausnahmsweise Regelungen zulässt, die Frauen begünstigen (28. 1. 1992 E 85, 191, 209 = AP AZO § 19 Nr. 2).

Inzwischen ist diese Auslegung des BVerfG durch den Verfassungsgeber bekräftigt worden. Nach 85 einer sehr kontroversen Diskussion in der gemeinsamen Verfassungskommission von Bundestag und Bundesrat (vgl. *Limbach/Eckertz-Höfer,* Frauenrechte im GG des geeinten Deutschland, 1993, S. 21 ff.) wurde Art. 3 II im Jahre 1994 ein zweiter Satz hinzugefügt, der ein **Staatsziel** formuliert. Er verlangt in Übereinstimmung mit der Rspr. des BVerfG, dass die Durchsetzung der Gleichberechtigung vom Staat gefördert wird. Der Zusatz stellt klar, dass Frauen auf gesellschaftliche Benachteiligung stoßen, die staatliche Fördermaßnahmen erforderlich machen. Das BVerfG sieht sich dadurch mit Recht in seiner Sicht bestätigt (24. 1. 1995 E 92, 91, 109; ebenso *Osterloh* in *Sachs* Rn. 262; *Kokott* NJW 1995, 1049; *Sacksofsky,* Das Grundrecht auf Gleichberechtigung, 2. Aufl. 1996, S. 403; aA: *Starck* in *v. Mangoldt/Klein* Rn. 281, der gerade umgekehrt die Ergänzung als Korrektur der bisherigen Rspr. versteht).

Ein weiteres Koordinationsproblem ergibt sich aus dem **Recht der EU.** Art. 141 (früher 119) 86 EGV verpflichtet die Mitgliedstaaten auf den Grundsatz des gleichen Entgelts für gleiche Arbeit (dazu 20 – EG Art. 141). Darüber hinaus enthalten zahlreiche RL Verbote der unmittelbaren und mittelbaren Diskriminierung von Männern und Frauen im Erwerbsleben (*Oetker/Preis* EAS Teil A). Für deren Auslegung ist der Europäische Gerichtshof zuständig, der bereits eine umfangreiche Rspr. entwickelt hat. Sie bindet die Gerichte der Mitgliedstaaten (*Wißmann* 20 – EG Vorbem. Rn. 13 und

Art. 234). Auch Art. 3 II ist „gemeinschaftsfreundlich" auszulegen (*Ebsen* RdA 1993, 11, 12; *Colneric* PersR 1994, 45, 46). Eine Richtervorlage an das BVerfG setzt daher voraus, dass der gemeinschaftsrechtliche Einfluss zuvor geklärt worden ist (BVerfG 28. 1. 1992 E 85, 191, 203 = AP AZO § 19 Nr. 2 unter B I).

II. Benachteiligung von Frauen

87 **1. Formen der Benachteiligung.** Bei Erlass des Grundgesetzes gab es noch eine Vielzahl gesetzlicher Regelungen, die ausdrücklich den Frauen Rechte vorenthielten oder sie Beschränkungen unterwarfen, vor allem im Familienrecht. So krasse Formen der Benachteiligung bestehen kaum noch. Immerhin musste das BVerfG noch im Jahre 1991 den Stichentscheid des Mannes bei der Bestimmung des Familiennamens für verfassungswidrig erklären (5. 3. 1991 E 84, 9 = NJW 1991, 1602). Im Arbeitsrecht galt eine der ersten Grundsatzentscheidungen dem Gebot der Lohngleichheit. In TV fanden sich idR prozentuale Lohnabschläge für Arbeitnehmerinnen, die gleiche Arbeit wie Männer verrichteten. Solche Klauseln erklärte das BAG für nichtig (15. 1. 1955 AP GG Art. 3 Nr. 4). Wie zäh auch hier die Beharrungskräfte wirken, belegt die Tatsache, dass erst im Jahre 1984 ein TV beanstandet wurde, der nur verheirateten Männern eine „Ehegattenzulage" zubilligte (BAG 13. 11. 1985 AP GG Art. 3 Nr. 136). Die Frage, ob bei der betrieblichen Altersversorgung in Versicherungsform die unterschiedliche Lebenserwartung von Männern und Frauen berücksichtigt werden darf, ist nach wie vor heftig umstritten (vgl. BetrAVG – 200 – Vorb. Rn. 45 f.; entschieden verneinend *Hensche* AuR 2002, 167; bejahend *Raulf/Gunia* NZA 2003, 534).

88 Sehr viel schwerer zu erfassen sind **mittelbare Benachteiligungen.** Sie ergeben sich aus der unterschiedlichen Prägung und Lebenssituation von Männern und Frauen. Regelungen, die diese Unterschiede nicht berücksichtigen und sich nur an der Interessenlage von Männern und deren Lebensbedingungen orientieren, wirken diskriminierend (*Pfarr/Bertelsmann,* Diskriminierung im Erwerbsleben. 1989 S. 111 ff.; *Fuchsloch,* Das Verbot der mittelbaren Geschlechtsdiskriminierung, 1995). Der europäische Gesetzgeber hat eine Definition der mittelbaren Diskriminierung formuliert. Nach der RL 97/80/EG v. 15. 12. 1997 (*Oetker/Preis* EAS Teil A Nr. 3530) liegt sie vor, „wenn dem Anschein nach neutrale Vorschriften, Kriterien oder Verfahren einen wesentlich höheren Anteil der Angehörigen eines Geschlechts benachteiligen, es sei denn, die betreffenden Vorschriften, Kriterien oder Verfahren sind angemessen und notwendig und durch nicht auf das Geschlecht bezogene sachliche Gründe gerechtfertigt". Im Gegensatz zum EuGH war diese Erkenntnis deutschen Gerichten lange Zeit unzugänglich. So empfahl das BAG in seinem ersten Lohngleichheitsurteil (vgl. Rn. 87) den Tarifparteien, an Stelle von Lohnabschlägen „Leichtlohngruppen" einzuführen, obwohl diese eine eklatante Form mittelbarer Diskriminierung darstellen. Ein weiteres Beispiel bilden Differenzierungen zum Nachteil von Teilzeitkräften, die in den meisten Branchen weit überwiegend Frauen sind (vgl. auch Rn. 65). Auch alle Regelungen, die eine kontinuierliche Arbeitsbiographie voraussetzen, diskriminieren Frauen mittelbar (eingehend *Bieback,* Die mittelbare Diskriminierung wegen des Geschlechts, 1997, S. 132). Zum Streitstand im Arbeitsrecht 230 – BGB § 611a Rn. 14 ff.

89 Das Hauptproblem der Benachteiligung von Frauen bilden nicht Gesetze und Kollektivverträge, sondern individuelle **Auswahlentscheidungen,** vor allem Einstellungen, Beförderungen und Kündigungen. Im Arbeitsrecht hat der Gesetzgeber immerhin versucht, seiner Schutzpflicht durch § 611a BGB zu genügen (sehr zögernd und zaghaft nach mehreren Rügen des EuGH). Bei der Auslegung und Anwendung dieser Vorschrift muss Art. 3 II beachtet werden (zu den Einzelheiten vgl. 230 – BGB § 611a). Die Gerichte müssen schon bei der Verfahrensgestaltung und **Beweislastverteilung** berücksichtigen, dass stark Vorurteile und traditionelle Rollenbilder in Personalentscheidungen einfließen (BVerfG 16. 11. 1993 E 89, 276, 288 f. = AP BGB § 611a Nr. 9 unter C I 2 d).

90 **2. Rechtfertigungsgründe.** Das BVerfG überprüfte Regelungen, die nach dem Geschlecht unterscheiden, ursprünglich nur mit Hilfe einer sehr großzügigen Formel. Sie seien verfassungsmäßig, wenn objektive biologische oder funktionale Unterschiede dies rechtfertigen. Allerdings müssten solche Unterschiede den Regelungsgegenstand so entscheidend prägen, dass vergleichbare Elemente daneben zurücktreten (für viele: 20. 3. 1963 E 15, 337, 343 = AP GG Art. 3 Nr. 76). Inzwischen arbeitet das Gericht mit einem außerordentlich **strengen Prüfungsmaßstab.** Differenzierende Regelungen sind danach nur ausnahmsweise zulässig, „soweit sie zur Lösung von Problemen, die ihrer Natur nach nur entweder bei Männern oder bei Frauen auftreten können, zwingend erforderlich sind" (BVerfG 28. 1. 1992 E 85, 191, 207 = AP GG Art. 3 Nr. 2 unter C I 2; 24. 1. 1995 E 92, 91, 109 = NJW 1995, 1733). Funktionale Unterschiede, die durch die **Rollenverteilung in Familie und Arbeitswelt** gekennzeichnet sind, können also Differenzierungen nicht mehr rechtfertigen, es sei denn, es ginge gerade um eine Angleichung, also um die Überwindung der vorgefundenen Rollenmodelle. In jedem Fall ist eine

strenge Verhältnismäßigkeitsprüfung der auf die Unterschiede bezogenen Rechtsfolgen geboten („zwingend erforderlich").

Bei **mittelbar wirksamen Unterscheidungen** lässt sich ein so scharfkantiges Prüfungsprogramm 91 nicht durchhalten. Die Rspr. lässt sie gelten, wenn ein objektives und nicht mit dem Geschlecht zusammenhängendes Bedürfnis für die Verwendung des Unterscheidungsmerkmals anzuerkennen ist. Die nachteiligen Folgen dürfen sich allerdings nicht unverhältnismäßig auswirken. Insb. muss die Gruppenbildung geeignet und erforderlich sein, um dem „objektiven Bedürfnis" zu genügen (dazu *Fuchsloch*, Das Verbot der mittelbaren Geschlechtsdiskriminierung, 1995, S. 80 ff.; *Bieback*, Die mittelbare Diskriminierung wegen des Geschlechts, 1997, S. 83 ff.; zur Diskriminierung bei der Arbeitsbewertung *Winter*, Gleiches Entgelt für gleichwertige Arbeit, 1998, S. 47 ff.).

III. Frauenförderung

Obwohl Art. 3 II ausdrücklich verlangt, dass bestehende Nachteile beseitigt, Frauen also kompen- 92 satorisch gefördert werden sollen, stoßen gerade Maßnahmen und Gleichstellungsgesetze, die dieses Ziel verfolgen, auf bes. heftige politische und **verfassungsrechtliche Kritik.** Das liegt daran, dass staatliche Maßnahmen auf diesem Gebiet höchst komplexe gesellschaftliche Zusammenhänge aufhellen und beeinflussen müssen. Es gibt Beispiele für offensichtlich verfehlte Ansätze. So konnte die Zubilligung bezahlter Hausarbeitstage nur für Frauen lediglich die bestehenden familiären Rollenbilder festigen und daher einer verfassungsrechtlichen Kontrolle nicht standhalten (BVerfG 13. 11. 1979 E 52, 369 = AP HausarbTagsG NRW § 1 Nr. 28). Ähnlich krit. sind unterschiedliche Altersgrenzen zu bewerten, die das BVerfG aber mit problematischer Begründung passieren ließ (28. 1. 1987 E 74, 163, 180 = AP AVG § 25 Nr. 3, dazu *Sacksofsky*, Das Grundrecht auf Gleichberechtigung, 2. Aufl. 1996, S. 74 ff.; EuGH 17. 5. 1990 AP EWG-Vertrag Art. 119 Nr. 20).

Die schärfsten Kontroversen hat das Thema ausgelöst, ob auch **Quoten** geeignet sind und gesetzlich 93 vorgeschrieben werden dürfen, um Frauen den Zugang zu Arbeitsplätzen und Aufstiegspositionen zu ermöglichen, wo sie signifikant unterrepräsentiert sind (zur Diskussion in der Literatur *Raasch*, Frauenquoten und Männerrechte, 1991; *Sacksofsky*, Das Grundrecht auf Gleichberechtigung, 2. Aufl. 1996, 179 ff., 405 ff.; *Schlachter*, Wege zur Gleichberechtigung, 1993, S. 40 ff.; *Slupik*, Die Entscheidung des GG für die Parität im Geschlechterverhältnis, 1988, S. 35 ff.; ablehnend *Starck* in v. *Mangoldt/ Klein* Rn. 290; *Sachs* NJW 1989, 553). Die Diskussion leidet darunter, dass nicht ausreichend zwischen unterschiedlichen legislatorischen Formen von Quoten unterschieden wird (*Pfarr*, Quoten und Grundgesetz, 1988, S. 202 ff.; Übersicht über die verschiedenen Landesgesetze *Schiek/Buhr* u. a., Frauengleichstellungsgesetze des Bundes und der Länder, 1996). Allen Ansätzen gemeinsam ist die Voraussetzung, dass auf einem abgrenzbaren Gebiet und bestimmten Positionen Männer in auffallender Weise dominieren, so dass der Anschein diskriminierender Auswahlentscheidungen oder Beschäftigungsbedingungen besteht und eine Korrektur nach Art. 3 II geboten ist. Aber die verschiedenen Quotenmodelle verfolgen dieses legitime Ziel auf unterschiedliche Weise. Ihre verfassungsrechtliche und europarechtliche Bewertung hängt davon ab, wieviel Spielraum für eine sachgerechte Personalpolitik verbleibt.

Am weitesten gehen **starre Ergebnisquoten.** Sie schreiben für die Stellen ein bestimmtes Verhält- 94 nis von Frauen und Männern vor ohne Rücksicht auf konkrete Entscheidungssituationen, zB die Zahl von Bewerberinnen und Bewerbern. Solche starren Quoten werden allg. als unzulässig angesehen (*Osterloh* in *Sachs* Rn. 286; anders bei Ausbildungsplätzen HessStGH 16. 4. 1997 ZBR 1997, 313; *Schiek* in *Schiek/Buhr* u. a., Frauengleichstellungsgesetze, Rn. 793 ff.). Weniger eindeutig sind **leistungsabhängige Entscheidungsquoten** zu bewerten. Sie setzen bei konkreten Auswahlverfahren an und verlangen bei gleicher Qualifikation die Bevorzugung der Frauen, wenn und solange sie in dem entspr. Bereich unterrepräsentiert sind. Solche Quoten finden sich in verschiedenen Landesgesetzen, leiden aber an zwei Schwächen. Auf der einen Seite sind sie zu weich, weil Qualifikation ein äußerst dehnbarer Begriff ist und von der entscheidenden Stelle, zB dem AG, geschlechtsspezifisch beeinflusst werden kann (anschaulich BVerfG 16. 11. 1993 E 89, 276, 289 f. = AP BGB § 611a Nr. 9 unter C I 2 e). Auf der anderen Seite sind solche Quoten zu starr, wenn sie Personalentscheidungen allein von der Qualifikation und dem Geschlecht abhängig machen. Deshalb hat der EuGH eine entspr. Regelung im Bremer Landesgleichstellungsgesetz beanstandet (17. 10. 1995 – Kalanke, AP EWGRichtl. 76/207 Nr. 6) und das BAG hat sie daraufhin für unanwendbar erklärt (5. 3. 1996 AP GG Art. 3 Nr. 226).

Hingegen wurde eine **flexible Entscheidungsquote** im Landesbeamtengesetz von NRW vom 95 EuGH nicht beanstandet, weil sie ausdrücklich zuließ, dass „sonstige Gründe" in der Person eines männlichen Mitbewerbers zu dessen Gunsten den Ausschlag geben können. (11. 11. 1997 – Marshall, AP EWGRichtl. 76/207 Nr. 14). In dieser Form sind Quoten auch verfassungsrechtlich zu billigen (*Osterloh* in *Sachs* Rn. 287 f.; *Jarass/Pieroth* Rn. 103; *Heun* in *Dreier* Rn. 100; *Kokott* FS-BVerfG, 2001, Bd. II S. 127, 153; aA *Starck* in v. *Mangoldt/Klein* Rn. 289). Sie können allerdings auch praktisch kaum noch wirksam kontrolliert werden, wirken also nur noch appelativ. Deshalb wird nunmehr verstärkt auf **Zielvorgaben** gesetzt: In den von dafür zuständigen Stellen selbst entwickelten Gleichstellungsplänen werden sie entspr. den personalwirtschaftlichen Möglichkeiten und Bedürfnissen festgelegt; die Einhaltung wird kontrolliert und sanktioniert. Verfassungsrechtlich lässt sich dagegen nichts einwenden (ebenso EuGH 28. 3. 2000, NZA 2000, 473 und HessStGH 16. 4. 1997 ZBR 1997, 313).

Art. 4 [Glaubens-, Gewissens- und Bekenntnisfreiheit]

(1) Die Freiheit des Glaubens, des Gewissens und die Freiheit des religiösen und weltanschaulichen Bekenntnisses sind unverletzlich.

(2) Die ungestörte Religionsausübung wird gewährleistet.

(3) [1] Niemand darf gegen sein Gewissen zum Kriegsdienst mit der Waffe gezwungen werden. [2] Das Nähere regelt ein Bundesgesetz.

Übersicht

	Rn.		Rn.
A. Glaubens- und Bekenntnisfreiheit	1	2. Eingriffe/Beeinträchtigungen	36
I. Bedeutung und Systematik	1	3. Schranken und Grenzen der Einschränkbarkeit	38
II. Individuelle Glaubensfreiheit	5	a) Staatliche Gesetze	38
1. Schutzbereich	5	b) Vertragsrecht	42
a) Religion und Weltanschauung	6	c) Kollektives Arbeitsrecht	48
b) Glaubensfreiheit	9	aa) Tarifrecht und „Dritter Weg"	49
c) Bekenntnisfreiheit	12	bb) Mitbestimmungsrecht	55
d) Ausübungsfreiheit	13		
2. Eingriffe/Beeinträchtigungen	14	B. Gewissensfreiheit	58
3. Schranken und Grenzen der Einschränkbarkeit	16	I. Bedeutung und Schutzbereich	58
4. Schutzfunktion im Arbeitsrecht	20	II. Eingriffe/Beeinträchtigungen	65
III. Kollektive Glaubensfreiheit	27	III. Schranken und Grenzen der Einschränkbarkeit	67
1. Schutzbereich	27	1. Ungeschriebene Schranken	67
a) Religionsgesellschaften und Weltanschauungsvereinigungen	28	2. Arbeitsrecht	69
b) Träger der kollektiven Glaubensfreiheit	32		

A. Glaubens- und Bekenntnisfreiheit

I. Bedeutung und Systematik

1   Die Freiheit des Glaubens, des religiösen und weltanschaulichen Bekenntnisses (Art. 4 I) sowie die Störungsfreiheit des gesamten religiösen oder weltanschaulichen Lebens (Art. 4 II) bilden **einheitlich das Grundrecht** der Glaubens- und Bekenntnisfreiheit (BVerfG 16. 10. 1968 E 24, 236, 245 f. = NJW 1969, 31). Es gilt für **jedermann**, also nicht nur für Deutsche, sondern ebenso für Ausländer und ihre spezifischen Formen religiöser Selbstdarstellung.

2   Das Grundrecht ist im Zusammenhang mit den durch **Art. 140 GG** einbezogenen Vorschriften der **Weimarer Reichsverfassung** (Art. 136 ff. WRV) zu lesen. Sie enthalten Bestimmungen zum Grundverhältnis von Staat und Religionsgesellschaften bzw. Weltanschauungsgemeinschaften (Art. 137 f. WRV) sowie zur individuellen Glaubensfreiheit (Art. 136 WRV). Diese Artikel der Weimarer Reichsverfassung sind vollständiger Bestandteil des Grundgesetzes und werden deshalb auf dieses abgestimmt interpretiert (BVerfG 14. 12. 1965 E 19, 226, 236 = AP GG Art. 2 Nr. 6; 25. 3. 1980 E 53, 366, 400 = AP GG Art. 140 Nr. 6; 4. 6. 1985 E 70, 138, 167 = AP GG Art. 140 Nr. 24; ebenso *Jarass/Pieroth* Rn. 3 mwN; MünchArbR/*Richardi* § 185 Rn. 4; hingegen betonen die Selbständigkeit der Regelungsbereiche *v. Campenhausen* HbStR VI § 136 Rn. 91; *Herzog* in *Maunz/Dürig* Rn. 28).

3   Das GG verlangt vom Staat **weltanschaulich-religiöse Neutralität** (Art. 4 I, Art. 3 III, Art. 33 III sowie Art. 136 I, IV und Art. 137 I WRV iVm. Art. 140). Es verwehrt die Einführung staatskirchlicher Rechtsformen und untersagt die Privilegierung bestimmter Bekenntnisse (BVerfG 8. 11. 1960 E 12, 1, 4; 11. 4. 1972 E 33, 23, 28 = NJW 1972, 1183). Die Glaubensfreiheit ist damit eine wichtige Grundsatzentscheidung, die auch im **Privatrecht** Beachtung verlangt. Geschützt ist die **individuelle** Glaubensfreiheit natürlicher Personen (Rn. 5 ff.). Daneben kommt das Grundrecht als **kollektive** Glaubensfreiheit religiösen und weltanschaulichen Gemeinschaften bzw. Vereinigungen zugute (Rn. 27 ff.).

4   Die Glaubensfreiheit ist ein **spezielles Freiheitsrecht**. Sie hat Vorrang gegenüber der durch Art. 2 I geschützten allg. Handlungsfreiheit (BVerfG 7. 4. 1964 E, 17, 302, 306 = AP GG Art. 4 Nr. 2), gegenüber der Meinungsfreiheit (Art. 5, vgl. BVerfG 19. 10. 1971 E 32, 98, 107 = NJW 1972, 327),

gegenüber der Versammlungsfreiheit (Art. 8, vgl. *Jarass/Pieroth* Rn. 6; aA *Herzog* in *Maunz/Dürig* Rn. 96) und Vereinigungsfreiheit (Art. 9, vgl. *Jarass/Pieroth* Rn. 6; Art. 9 Rn. 2 mwN; aA *Herzog* in *Maunz/Dürig* Rn. 97; BVerwG 23. 3. 1971 E 37, 344, 362 f. = NJW 1971, 1377). Zu weiteren Konkurrenzen vgl. *Jarass/Pieroth* Rn. 6. Die Gleichheitsrechte in Art. 3 und Art. 33 III haben neben Art. 4 I und II selbständige Bedeutung (vgl. Art. 3 Rn. 8).

II. Individuelle Glaubensfreiheit

1. Schutzbereich. Art. 4 I und II gewährleisten mit der Glaubens- und Bekenntnisfreiheit und mit 5 der ungestörten Religionsausübung einen von staatlicher Einflussnahme freien Rechtsraum, in dem sich jeder die Lebensform geben kann, die seiner religiösen und weltanschaulichen Überzeugung entspricht. Jeder darf danach über sein Bekenntnis und seine Zugehörigkeit zu einer Kirche oder Weltanschauungsgemeinschaft frei von staatlichem Zwang entscheiden (BVerfG 31. 3. 1971 E 30, 415, 423 = NJW 1971, 931; 19. 10. 1971 E 32, 98, 106 = NJW 1972, 327; BVerwG 27. 3. 1992 E 90, 112, 115 = NJW 1992, 2496). Daraus folgt auch die negative Freiheit der Ablehnung religiöser Bindungen und Symbole (BVerfG 16. 5. 1995 E 93, 1, 15; vgl. auch Rn. 19). Art. 4 enthält ein **individuelles Abwehrrecht.** Darüber hinaus gebietet er in seiner **Schutzfunktion** dem Staat, ausreichenden Raum für eine aktive Betätigung persönlicher Glaubensüberzeugungen zu gewährleisten und damit die Verwirklichung der autonomen Persönlichkeit auf weltanschaulich-religiösem Gebiet zu sichern (BVerfG 17. 12. 1975 E 41, 29, 49 = NJW 1976, 947; 16. 10. 1979 E 52, 223, 240 f. = NJW 1980, 575).

a) **Religion und Weltanschauung** sind gekennzeichnet durch die Gewissheit über Aussagen zum 6 Weltganzen sowie zur Herkunft und zum Ziel menschlichen Lebens. Die Begriffe Religion und Weltanschauung werden in Art. 4 nebeneinander gleichwertig verwendet und müssen deshalb nicht exakt gegeneinander abgegrenzt werden (BVerwG 27. 3. 1992 E 90, 112, 115 = NJW 1992, 2496; *Jarass/Pieroth* Rn. 8 mwN; *Kokott* in *Sachs* Rn. 20). Schwierig ist hingegen die Abgrenzung dieser Begriffe gegen allg. Überzeugungen und Tendenzen, die nicht den weitreichenden Schutz des Art. 4 genießen. Eine allzu enge, an objektiven Merkmalen orientierte Auslegung würde in Kauf nehmen, dass Überzeugungen, die für den einzelnen existenzielle Bedeutung haben, schutzlos blieben. Eine weite, allein auf das Selbstverständnis der Betroffenen abstellende Auslegung würde bedeuten, dass die Religionsbzw. Weltanschauungsfreiheit, letztlich alle menschlichen Handlungen und Eigenarten erfassen könnte (vgl. *Kokott* in *Sachs* Rn. 14 f.). Das BVerfG sucht einen Mittelweg. Es berücksichtigt zwar in erster Linie das Selbstverständnis der Betroffenen (BVerfG 11. 4. 1972 E 33, 23 = NJW 1972, 1183) bzw. der Religions- und Weltanschauungsgemeinschaft (BVerfG 16. 10. 1968 E 24, 236, 247 = NJW 1969, 31), fordert aber auf der anderen Seite, dass es sich dabei auch tatsächlich, nach geistigem Gehalt und äußerem Erscheinungsbild, um eine Religion oder Weltanschauung handeln kann. Dies im Streitfall zu prüfen und zu entscheiden, obliegt den staatlichen Organen, letztlich den Gerichten (vgl. BVerfG 5. 2. 1991 E 83, 341, 353 – Baha'i = NJW 1991, 2623; BAG 22. 3. 1995 AP ArbGG § 5 Nr. 21 = NZA 1995, 823 – Scientology).

Religion ist getragen von dem Glauben an eine umgreifende sinnerfüllte Wirklichkeit mit einem 7 transzendenten Bezug. Sie beruht auf der subjektiven Gewissheit der Eingliederung des einzelnen in einen Zusammenhang, der nicht mit menschlichen Maßstäben zu beurteilen und durch wissenschaftliche Erkenntnisquellen nicht erschöpfend zu klären ist. Bezugspunkt ist eine überweltliche Macht, mit der der einzelne Gläubige durch Gebete, Meditationen oder religiöse Übungen verbunden sein kann (vgl. Alt. Kom./*Preuß* Rn. 14; *Kokott* in *Sachs* Rn. 17 mwN).

Eine **Weltanschauung** beschränkt sich dagegen auf innerweltliche („immanente") Bezüge. Gemeint 8 sind gedankliche Systeme, die das Weltgeschehen in großen Zusammenhängen werten, ohne dabei auf Gott, das Jenseits, überhaupt auf Transzendenz zu verweisen. Auch die Modelle der Philosophie und der Wissenschaft zur umfassenden Erklärung des Weltgeschehens können Weltanschauungen in diesem Sinne, gleichzeitig aber auch durch Art. 5 geschützt sein (zum Begriff der Weltanschauung *v. Campenhausen* HbStR VI, § 136 Rn. 43; *Kokott* in *Sachs* Rn. 20 mwN).

b) Die **Glaubensfreiheit** bildet den Kern der Religionsfreiheit. Sie umfasst das religiöse Bekenntnis 9 und dessen Betätigung, gilt aber gleichermaßen für religionsfreie oder sogar religionsfeindliche Weltanschauungen. Insofern geht der Schutz der Glaubensfreiheit weiter als das Gebot religiöser Toleranz; er fordert Respektierung religiöser Bekenntnisse ebenso wie areligiöser Überzeugungen (vgl. BVerfG 8. 11. 1960 E 12, 1, 3 f.; 16. 10. 1979 E 52, 223, 240 f. = NJW 1980, 575). Zur Glaubensfreiheit gehört das Recht des Einzelnen, sein Verhalten an den Lehren seines Glaubens auszurichten und seiner inneren Glaubensüberzeugung gemäß zu leben. Geschützt sind nicht nur Handlungen, die auf imperativen Glaubenssätzen beruhen; in den Schutzbereich fallen auch Verhaltensweisen, die religiöse Lehren zwar nicht zwingend fordern, aber nahelegen, um einer Glaubenshaltung zu entspr. (BVerfG 19. 10. 1971 E 32, 98, 106 f. – Gesundbeter = NJW 1972, 327; 17. 12. 1975 E 41, 29, 49 – Simultanschule = NJW 1976, 947). Für den Gläubigen geht es auch hier um Bindungen, die er ohne ernste Gewissensnot nicht vernachlässigen kann.

10   Keine Rolle spielt, ob sich der Glaube auf dem Boden sittlicher Grundanschauungen entwickelt hat (BVerfG 17. 12. 1975 E 41, 29, 50 = NJW 1976, 947) oder christlichem Glauben entspricht (BVerfG 19. 10. 1971 E 32, 98, 106 = NJW 1972, 327). Vom Grundrechtsschutz erfasst wird auch die vereinzelte, von den offiziellen Lehren der religiösen und weltanschaulichen Vereinigungen abw. Glaubensüberzeugung (BVerfG 11. 4. 1972 E 33, 23, 28 f. – Eidesverweigerung = NJW 1972, 1183). Auch **Außenseitern** und **Sektierern** muss die ungestörte Entfaltung ihrer Persönlichkeit nach Maßgabe ihrer subjektiven Glaubensüberzeugungen gewährleistet sein, solange sie nicht in Widerspruch zu anderen Wertentscheidungen der Verfassung geraten (BVerfG 11. 4. 1972 E 33, 23, 29 = NJW 1972, 1183; zum Sektenbegriff BVerfG 26. 6. 2002 E 105, 279, 295). Nicht unter die Glaubensfreiheit fallen bloße geistige Techniken (offengelassen für „tranzendentale Meditation" BVerwG 23. 5. 1989 E 82, 76, 78 = NJW 1989, 2272) oder wirtschaftlichen Betätigungen, die Glaubensüberzeugung nur vorschieben (BAG 22. 3. 1995 AP ArbGG § 5 Nr. 21 = NZA 1995, 823: „Scientology"; s. u. Rn. 31, 35).

11   **Kirchenaustritt.** Die Glaubensfreiheit schließt auch die Freiheit ein, einer Kirche fernzubleiben und sich jederzeit von der kirchlichen Mitgliedschaft zu befreien (BVerfG 8. 2. 1977 E 44, 37, 49 = NJW 1977, 1279; BVerfG 7. 10. 1980 E 55, 32, 36). Niemand darf zu einer kirchlichen Handlung oder Feierlichkeit oder zur Teilnahme an religiösen Übungen oder zur Benutzung einer **religiösen Eidesform** gezwungen werden (Art. 136 Abs. 4 WRV), gleichgültig, ob dies aus Überzeugung oder aus purer Gleichgültigkeit geschieht. Für die Absage an Weltanschauungen und Sekten gilt entspr.

12   c) **Bekenntnisfreiheit** ist die Freiheit, religiöse und weltanschauliche Überzeugungen kundzutun, also die Freiheit des kultischen Handelns, der konfessionellen Lebensform und der Propaganda (vgl. BVerfG 8. 11. 1960 E 12, 1, 3 f.; 24. 4. 1985 E 69, 1, 33 f. = NJW 1985, 1519). Sie ist als grundrechtlich privilegierte Form der Kommunikation ein **Spezialfall der Meinungsfreiheit** (hM vgl. *Herzog* in *Maunz/Dürig* Rn. 83; Alt. Kom./*Preuss* Rn. 17; *Kokott* in *Sachs* Rn. 30). Die Freiheit des religiösen oder weltanschaulichen Bekenntnisses kann in unterschiedlicher Form ausgeübt werden, zB durch schriftliche oder mündliche Äußerungen, durch das Tragen von Symbolen oder einer den Glaubensgrundsätzen entspr. **Kleidung** (zum Kopftuch der Muslimin Rn. 22). Auch der Versuch, andere von ihrem Glauben abzuwerben, fällt in den Schutzbereich des Art. 4, soweit es mit den Mitteln geistiger Kommunikation und Überzeugungskraft geschieht, also nicht Druck, List oder andere unlautere Mittel verwandt werden (BVerfG 8. 11. 1960 E 12, 1, 4 f.; BVerwG 14. 11. 1980 E 61, 152, 161 = NJW 1981, 1460). Geschützt ist ferner die **negative Bekenntnisfreiheit**, so dass grds. niemand verpflichtet ist, seine religiöse Überzeugung zu offenbaren (Art. 136 III 1 WRV; vgl. aber Art. 136 III 2; dazu Rn. 17, 22, 46).

13   d) **Ausübungsfreiheit.** Das Grundrecht der ungestörten Religionsausübung (Art. 4 II) gilt zwar nach seinem Wortlaut nicht zugunsten weltanschaulicher Riten, das BVerfG schließt aber aus dem für den Staat verbindlichen Gebot religiöser Neutralität und dem Grundsatz der Parität der Kirchen und Bekenntnisse, dass sich der Schutz des Art. 4 II auch auf **Weltanschauungsgemeinschaften** erstreckt (BVerfG 16. 10. 1968 E 24, 236, 246 = NJW 1969, 31). Zur Religionsausübung gehören nicht nur kultische Handlungen sowie die Beachtung und Ausübung religiöser Gebräuche, sondern auch religiöse Erziehung, freireligiöse und atheistische Feiern sowie andere Äußerungen des religiösen und weltanschaulichen Lebens (BVerfG 17. 12. 1975 E 41, 29, 50 = NJW 1976, 947).

14   2. **Eingriffe/Beeinträchtigungen.** Die individuelle Glaubens- und Bekenntnisfreiheit dient primär der **Abwehr staatlicher Eingriffe.** Das Grundrecht ist beeinträchtigt, wenn der Staat Tätigkeiten regelt oder faktisch in erheblicher Weise behindert, die durch religiöse oder weltanschauliche Überzeugungen geleitet oder beeinflusst werden. Dies ist zB der Fall bei der Kirchensteuerpflicht (BVerfG 8. 2. 1977 E 44, 37, 50 ff. = NJW 1977, 1279), bei der Verpflichtung zu religiösem Eid im gerichtlichen Verfahren (BVerfG 11. 4. 1972 E 33, 23, 29 f. = NJW 1972, 1183), sowie bei Gerichtsverhandlungen oder Unterricht unter dem **Kruzifix** (BVerfG 17. 12. 1975 E 41, 29, 48 = NJW 1976, 947; BVerfG 17. 12. 1975 E 41, 29 = NJW 1976, 947; BVerfG 16. 5. 1995 E 93, 1 = NJW 1995, 2477). Auch in der Verhängung von Sperrzeiten in der Sozialversicherung kann eine Beeinträchtigung des Art. 4 liegen, wenn ein Arbeitsloser bei Annahme einer ihm vom Arbeitsamt angebotenen Arbeit gezwungen wäre, entgegen seiner religiösen Überzeugung und den Geboten seiner Glaubensgemeinschaft zu arbeiten. So kann die Arbeit am Sabbat für den gläubigen Juden ein wichtiger Grund sein, ein Arbeitsangebot iSd. § 119 I 1 Nr. 1 AFG abzulehnen (BSG 10. 12. 1980 E 51, 70, 72 f. = NJW 1981, 1526). Jede **Ungleichbehandlung** wegen des Glaubens beeinträchtigt nicht nur Art. 3 III, sondern auch Art. 4 I. Wenn der Staat Raum für die aktive Betätigung einer Glaubensüberzeugung schafft, kann sich daraus zugleich eine **Beeinträchtigung für Andersgläubige** ergeben, deren negative Bekenntnisfreiheit betroffen ist; für diese muss Freiwilligkeit gesichert werden, wie das BVerfG im Zusammenhang mit dem Schulgebet betont hat (vgl. BVerfG 16. 10. 1979 E 52, 223, 240 f. = NJW 1980, 575).

15   In seiner **Schutzfunktion** ist Art. 4 I beeinträchtigt, wenn der Staat nichts unternimmt, um signifikante und erhebliche Beeinträchtigungen der Glaubens- und Bekenntnisfreiheit durch gesell-

A. Glaubens- und Bekenntnisfreiheit   **Art. 4   GG 10**

schaftliche Kräfte zu verhindern. Im Geltungsbereich des Grundgesetzes leben Menschen aus den verschiedensten Kulturkreisen mit stark divergierenden religiösen und weltanschaulichen Vorstellungen und Lebensmustern. Daraus ergeben sich zwangsläufig Schutzbedürfnisse, vor allem für Minderheiten. Das gilt auch im **Arbeitsrecht**. Hier kann die Glaubensfreiheit von AN vor allem dadurch beeinträchtigt werden, dass ihnen arbeitsvertraglich Leistungs- oder Verhaltenspflichten auferlegt werden, deren Befolgung mit ihrem Glauben oder Bekenntnis unvereinbar ist (vgl. Rn. 20 ff.).

3. Schranken und Grenzen der Einschränkbarkeit. Die Glaubensfreiheit ist **ohne Gesetzesvorbehalt** gewährleistet. Das BVerfG lehnt es auch ab, eine Begrenzung des Art. 4 durch „Schrankenleihe" aus anderen Normen (Art. 2 I oder Art. 136 I WRV) zu übernehmen (BVerfG 11. 4. 1972 E 33, 23, 30 f. = NJW 1972, 1183; ebenso *Kokott* in *Sachs* Rn. 114 und *Morlok* in *Dreier* Rn. 89 ff.). Einige Autoren wollen hingegen Art. 136 I WRV als Vorbehalt des allg. Gesetzes interpretieren und wegen der Verweisung in Art. 140 auch als maßgebend für Art. 4 ansehen (vgl. Alt. Kom./*Preuß* Rn. 30; *Jarass/Pieroth* Rn. 31; *Starck* in v. *Mangoldt/Klein* Rn. 75 ff.; einschränkend auch v. *Campenhausen* HbStR VI § 136 Rn. 82). Das führt aber zu einem Wertungswiderspruch, weil dann die Gewissensfreiheit stärker geschützt erschiene als die Glaubensfreiheit (zu den Schranken der Gewissensfreiheit vgl. Rn. 67 f.).

Nur der **begrenzte Gesetzesvorbehalt des Art. 136 III 2 WRV** gilt nach einhelliger Ansicht auch 17 für Art. 4. Danach haben Behörden das Recht nach der Religionszugehörigkeit zu fragen, soweit davon Rechte und Pflichten abhängen oder eine gesetzlich angeordnete **statistische Erhebung** dies erfordert (BVerfG 15. 12. 1983 E 65, 1, 38 f. = NJW 1984, 419 „Volkszählung"). Zulässig ist zB die Angabepflicht auf der **Lohnsteuerkarte** (BVerfG 20. 6. 1978 E 49, 1, 38 f.; Kammer 25. 5. 2001 RDV 2002, 126).

Beschränkt wird die Glaubensfreiheit ferner und vor allem durch **kollidierendes Verfassungsrecht**. 18 In den Worten des BVerfG: Die Glaubensfreiheit ist zwar vorbehaltlos aber „nicht schrankenlos gewährleistet" (19. 10. 1971 E 32, 98, 107). Die vom GG anerkannte Gemeinschaftsbindung des Individuums rechtfertigt auch bei Grundrechten, die vorbehaltlos gewährleistet sind, äußerste Grenzziehungen. Auf die Glaubensfreiheit kann sich nicht berufen, wer die Schranken übertritt, die sich aus dem System der Grundsatzentscheidungen des Grundgesetzes ergeben (BVerfG 8. 11. 1960 E 12, 1, 4 f.). Aus der Glaubensfreiheit anderer und der Würde des Menschen folgt das verfassungsrechtliche **Toleranzgebot** (BVerfG 19. 10. 1971 E 32, 98, 107 f. = NJW 1972, 327; 17. 12. 1975 E 41, 29, 50 f. = NJW 1976, 947). Art. 4 schützt den einzelnen zwar gegen die Intoleranz seiner Mitmenschen, verpflichtet ihn aber gleichzeitig, anderen gegenüber die gleiche Duldsamkeit zu erweisen, die er für seine eigenen Überzeugungen in Anspruch nimmt (BVerwG 9. 11. 1962 AP GG Art. 4 Nr. 1 = NJW 1963, 1170: Werbung für Zeugen Jehovas durch Lehrherrn). Zur Kollision von Glaubens- und Berufsfreiheit vgl. BVerfG 15. 1. 2002 E 104, 337, 346 – Schächten.

Positive und **negative Glaubensfreiheit** begrenzen sich wechselseitig (BVerfG 16. 10. 1979 E 52, 19 223, 242, 246 f. = NJW 1980, 575), ohne dass eine von ihnen Vorrang beanspruchen dürfte (*Jarass/Pieroth* Rn. 30; *Kokott* in *Sachs* Rn. 27). Es ist primär Aufgabe des Gesetzgebers, unvermeidliche **Spannungsverhältnisse** nach dem Prinzip der Konkordanz zu lösen. Dass es sich hierbei um einen äußerst schwierigen Abwägungsvorgang handelt, zeigen die kontrovers diskutierten Entscheidungen des BVerfG zum Verhältnis von positiver und negativer Glaubensfreiheit im Schulwesen. Sie betreffen das Schulgebet in öffentl. Schulen (BVerfG 16. 10. 1979 E 52, 223 = NJW 1980, 575; vgl. dazu ferner BVerwG 30. 11. 1973 E 44, 196 = NJW 1974, 574 aA HessVGH NJW 1966, 814; vgl. zum Streitstand *Kokott* in *Sachs* Rn. 32 ff. und *Morlok* in *Dreier* Rn. 98 ff.) sowie das Kreuz im Klassenzimmer (BVerfG 16. 5. 1995 E 93, 1 = NJW 1995, 2477, vgl. dazu einerseits *Czermak* NJW 1995, 3348 und andererseits *Link* NJW 1995, 3353; zuvor schon BVerfG 17. 12. 1975 E 41, 29 = NJW 1976, 947). Die Entscheidung belegt die Sicht des BVerfG zur Gleichwertigkeit der durch Art. 4 geschützten Religionen und Weltanschauungen. Schon zuvor hatte das BVerfG entschieden, dass der Zwang, entgegen der eigenen religiösen oder weltanschaulichen Überzeugung in einem mit einem Kreuz ausgestatteten Gerichtssaal verhandeln zu müssen, das Grundrecht eines Prozessbeteiligten aus Art. 4 I verletzen kann (BVerfG 17. 7. 1973 E 35, 366, 373 ff. = NJW 1973, 2196).

4. Schutzfunktion im Arbeitsrecht. Die Glaubens- und Bekenntnisfreiheit ist wie die meisten 20 Grundrechte individuell weitgehend verfügbar (Einl. Rn. 63). Daraus können in der sozialen Wirklichkeit erhebliche Gefahren für die Realisierung des Grundrechts erwachsen. Art. 4 begründet deshalb Schutzpflichten des Staates (Rn. 15 und Einl. Rn. 33 ff.), die sich im Privatrecht vor allem zugunsten der AN auswirken. Sie richten sich primär an den Gesetzgeber, aber auch an die Rspr. Die grundrechtlich geschützte Glaubens- und Bekenntnisfreiheit ist bei der **Auslegung und Anwendung des Zivil- und Arbeitsrechts** zu beachten. Hier ergeben sich in einer multikulturellen, pluralistischen Gesellschaft viele Konflikte insb. bei starrer Handhabung religiöser oder weltanschaulicher Lebensregeln. Inwieweit innerhalb eines Arbeitsverhältnisses die Freiheit des AN unbeschränkt fortbesteht, sein Verhalten an den Lehren einer Religion bzw. Weltanschauung auszurichten und seiner Glaubensüberzeugung gemäß zu handeln (s. o. Rn. 12 f.), beantwortet sich nicht unmittelbar aus Art. 4, sondern aus dem Vertragsrecht im Allg. und dem konkreten Arbeitsvertrag im Bes.

21   Mit dem Abschluss des Arbeitsvertrages begründen die Vertragsparteien neben den Hauptleistungspflichten auch die **Pflicht zu gegenseitiger Rücksichtnahme.** Die privatautonome Begründung dieser Vertragspflicht, ihre Konkretisierung im Arbeitsverhältnis sowie die Beendigung der Vertragsbeziehungen sind einer gerichtlichen Inhaltskontrolle nur im Rahmen zivilrechtlicher Generalklauseln zugänglich. Dabei ist die Grundsatzentscheidung des Art. 4 angemessen zu berücksichtigen. Insb. muss der verfassungsrechtliche **Leitgedanke religiöser und weltanschaulicher Toleranz** so weit als möglich Geltung erlangen. Normalerweise können weder der AG noch der AN für ihren Glauben oder ihr Bekenntnis Vorrang beanspruchen. Weder „positive" noch „negative" Glaubens- bzw. Bekenntnisfreiheit sind grds. höher zu bewerten (Rn. 19). Beide sind für ihre Träger im Privatrechtsverkehr weitgehend verfügbar (vgl. Einl. Rn. 63 ff.). Da aber der Kern der Freiheitsrechte unverzichtbar ist (vgl. Einl. Rn. 66), kann von keinem der beiden Vertragsparteien verlangt werden, dass er sich mit dem Arbeitsvertrag verpflichtet, gegen schwerwiegende, die Substanz seines Glaubens betreffende Grundsätze zu verstoßen. Darüber hinaus besteht die wechselseitige Rücksichtspflicht, Glauben und Weltanschauung des Vertragspartners so weit als möglich zu respektieren. Zugunsten des AN ist zu berücksichtigen, dass er regelmäßig kaum Einfluss auf die Vertragsgestaltung hat.

22   Nach § 138 BGB sind Vereinbarungen sittenwidrig, die die Einstellung eines AN von der Mitgliedschaft bzw. dem Austritt aus einer Glaubensgemeinschaft oder dem **Verzicht auf religiöse Betätigung** abhängig machen. Deshalb verbieten sich grds. Fragen nach der Religionszugehörigkeit im Rahmen von Vorstellungsgesprächen (vgl. dazu aber auch Rn. 46). Die Bekenntnisfreiheit ist zumindest beeinträchtigt, wenn der AN sich vertraglich verpflichten muss, die Zurschaustellung religiöser Bekenntnisse durch Kleidung, Haartracht und Ansteckungssymbole zu unterlassen. Ob eine derartige Verpflichtung einer **richterlichen Inhaltskontrolle** Stand hält, ist im Einzelfall vor dem Hintergrund der geschuldeten Tätigkeit abzuwägen. Die Art dieser Tätigkeit kann ausnahmsweise religiöse und weltanschauliche Neutralität erfordern. So kann Lehrern und Ausbildern das Tragen religiöser Kleidung (zB das Kopftuch der Muslimin oder der typischen Farben der Bhagwan-Sekte) verboten werden (*Jarass/Pieroth* Rn. 39; *Kokott* in *Sachs* Rn. 56; aA Alt. Kom./*Preuß* Art. 4 Rn. 31). Zu weit geht es aber, die Eignung für den Schuldienst generell auszuschließen (*Böckenförde* NJW 2001, 723; *Morlok/Krüper* NJW 2003, 1020; aA BVerwG 4. 7. 2002 NJW 2002, 344, Verfassungsbeschwerde ist anhängig – 2 BvR 1436/02). Umstritten ist, inwieweit der AG im Geschäftsinteresse diskriminierende Vorurteile seiner Geschäftspartner vertraglich umsetzen darf (vgl. *Thüsing* NJW 2003, 405). Das BAG verlangt beim **Kopftuch** mit Recht Rücksicht auf die Glaubensüberzeugung von Musliminnen (10. 10. 2002 AP KSchG 1969 § 1 Verhaltensbedingte Kündigung Nr. 44 *[Adam]* = AR-Blattei ES 1020 Nr. 370 *[Dieterich]*, bestätigt durch BVerfG-Kammer 30. 7. 2003 – 1 BvR 792/03 –).

23   Selbst wenn die Tätigkeit keine Neutralität erfordert, darf jedenfalls keine **missbräuchliche Werbung** für eine Religion oder Weltanschauung betrieben werden. Dies gilt auf Grund der arbeitsvertraglichen Rücksichtspflichten im Verhältnis der Vertragsparteien und insb. auch bei Ausbildungsverhältnissen. Eine an sich erlaubte Glaubenswerbung oder Glaubensabwerbung ist zB missbräuchlich, wenn sie unmittelbar oder mittelbar mit Hilfe unlauterer Methoden betrieben wird, etwa mit Druckmitteln oder unlauteren Anreizen (BVerfG 8. 11. 1960 E 12, 1, 4 f.; BVerfG 14. 11. 1980 E 61, 152, 161 = NJW 1981, 1460). Ein Ausbilder, der minderjährige Auszubildende für den Übertritt zu einem anderen Glauben wirbt, verstößt gröblich gegen seine Schutz- bzw. Rücksichtnahmepflicht, zumindest wenn er seiner Werbung durch eine bevorzugte Behandlung für den Fall des Übertritts Nachdruck verleiht (vgl. BVerwG 9. 11. 1962 AP GG Art. 4 Nr. 1 = NJW 1963, 1170). Unzulässig ist auch eine den Betriebsfrieden störende Werbung.

24   Die in Art. 4 gewährleistete Glaubens- und Bekenntnisfreiheit begrenzt mittelbar auch die Ausübung des **Direktionsrechts,** das analog § 315 BGB billigem Ermessen entspr. muss. Die Rechtsordnung muss gewährleisten, dass der AG seine AN bei der Zuweisung von Arbeiten nicht in vermeidbare Gewissenskonflikte bringt (BAG 20. 12. 1984 AP BGB § 611 Direktionsrecht Nr. 27 = NZA 1986, 325). Stehen dem AG weniger belastende Alternativen problemlos zur Verfügung, ist es im Allg. geboten, diese zu nutzen und dem AN andere Arbeiten zuzuweisen (vgl. *Kokott* in *Sachs* GG Art. 4 Rn. 42; *Gamillscheg*, Die Grundrechte im Arbeitsrecht, S. 53).

25   Die Erfüllung religiöser Pflichten kann zu einem subjektiven **Leistungshindernis** iSd. § 616 BGB führen (BAG zur kirchlichen Eheschließung 27. 4. 1983 AP BGB § 616 Nr. 61 = NJW 1983, 2600; zur Gebetspause der Moslems LAG Hamm 26. 2. 2002 AuR 2003, 72). Ob ein AN im Einzelfall unter Berufung auf seinen Glauben oder seine Weltanschauung die Erfüllung arbeitsvertraglicher Pflichten verweigern kann, ist unter Einbeziehung der Umstände des Vertrages sowie des unverzichtbaren Schutzminimums der Glaubens- und Bekenntnisfreiheit festzustellen. Als Mittellösung kommt uU die Arbeitsbefreiung ohne **Lohnanspruch** in Betracht, zB bei hohen religiösen Feiertagen (zu eng LAG Düsseldorf 14. 2. 1963 JZ 1964, 258; krit. dazu *Canaris* AcP 184 [1984], 201, 239 Fn. 120). Konnte der AN bei Abschluss des Arbeitsvertrages voraussehen, dass er mit Aufgaben

betraut werden würde, die ihn in Konflikte mit seinem Glauben bringen, ist im Zweifel von einer vertraglichen Selbstbeschränkung auszugehen. Das Interesse der AG an der Einhaltung des Vertrages hat dann zunächst Vorrang (vgl. *Kokott* in *Sachs* Rn. 66). Die bloße abstrakte Möglichkeit genügt dafür aber nicht. Vielfach ergeben sich die Gewissenskonflikte erst in der aktuellen Arbeitssituation. Hier hilft im Rahmen des Zumutbaren die vertragliche Rücksichtspflicht bei fundamentalen und unüberwindbaren Glaubenshindernissen. Sie können ein Leistungsverweigerungsrecht begründen, rechtfertigen dann aber möglicherweise eine **personenbedingte Kündigung** (vgl. zum vergleichbaren Fall eines Gewissenskonflikts Rn. 69 ff.). War hingegen für den AG bei Abschluss des Arbeitsvertrages offensichtlich, dass der AN bestimmte Verhaltensweisen wegen seiner religiösen Überzeugung als schlechthin unerträglich empfinden muss, oder hat der AN dies sogar von sich aus offenbart, darf der AG später nicht verlangen, dass sich der AN über seine Glaubensgrundsätze hinwegsetzt.

Problematisch ist die Abwägung der individuellen Glaubens- und Bekenntnisfreiheit des AN mit 26 der **kollektiven Glaubensfreiheit** des AG. Durch die in Art. 4 I und II iVm. Art. 140 GG, Art. 137 WRV geschützte Selbstbestimmung ist Religions- und Weltanschauungsgemeinschaften ein **weiter Tendenzschutz** eingeräumt. Zumindest bei tendenznah beschäftigten AN kann ein Verhalten verlangt werden, das der Religion oder Weltanschauung ihres AG Rechnung trägt (ausführlich Rn. 42 ff.).

III. Kollektive Glaubensfreiheit

1. Schutzbereich. Ein bes. wichtiger Teil der Glaubensfreiheit ist die religiöse Vereinigungsfrei- 27 heit, also die **Freiheit des organisatorischen Zusammenschlusses** zum Zwecke des gemeinsamen öffentl. Bekenntnisses (BVerfG 25. 3. 1980 E 53, 366, 387 = AP GG Art. 140 Nr. 6). Diese Gewährleistung lässt sich als gemeinsame bzw. kollektive Glaubensfreiheit bezeichnen (vgl. BVerfG 21. 9. 1976 E 42, 312, 322 = AP GG Art. 140 Nr. 5; *Jarass/Pieroth* Rn. 3, 19; *Herzog* in *Maunz/Dürig* Rn. 93). Die notwendige Entfaltung eines Individualgrundrechts durch Institutionalisierung und Kollektivierung überlässt das GG normalerweise der Rspr. (vgl. Art. 5 Rn. 90; Art. 9 Rn. 38). Die kollektive Glaubensfreiheit wird hingegen mit Hilfe einer unübersichtlichen Verweisungstechnik konkretisiert: **Art. 140** verweist auf die einschlägigen Art. 136 bis 139 und 141 der **Weimarer Reichsverfassung**, die damit als Teil des GG weiterleben. Sie sind als Ausformung der Religionsfreiheit des Art. 4 I und II zu verstehen (BVerfG 19. 12. 2000, E 102, 370, 387 – Zeugen Jehovas; *Jarass/Pieroth* Rn. 3).

a) **Religionsgesellschaften und Weltanschauungsvereinigungen** haben nach Art. 140 GG iVm. 28 Art. 137 III WRV das Recht, ihre Angelegenheiten selbständig innerhalb der Schranken der für alle geltenden Gesetze zu ordnen und zu verwalten (**Selbstbestimmungsrecht**). Sie können ebenso wie andere juristische Personen, deren Zweck die Pflege oder Förderung eines religiösen Bekenntnisses oder die Verkündung des Glaubens ihrer Mitglieder ist, Träger des Grundrechts aus Art. 4 sein (vgl. BVerfG 4. 10. 1965 E 19, 129, 135 = AP GG Art. 4 Nr. 2 und 3; vgl. Rn. 32 ff.). Die Ordnung und Verwaltung der eigenen Angelegenheiten iSv. Art. 137 III WRV dient der kollektiven kirchlichen Bekenntnis- und Kultfreiheit. Deshalb können Beeinträchtigungen des kirchlichen Selbstbestimmungsrechts zugleich als Verletzung des Art. 4 gerügt werden (*Jarass/Pieroth* Rn. 3; MünchArbR/ *Richardi* § 192 Rn. 6 f.).

Die als **Körperschaften des öffentl. Rechts** (Art. 140 GG iVm. Art. 137 V WRV) anerkannten 29 „verfassten" Kirchen haben die Möglichkeit, die Eigenständigkeit ihrer Ordnung durch das **Instrumentarium des öffentl. Rechts** zu sichern (BVerfG 13. 12. 1983 E 66, 1, 19 = NJW 1984, 2401). Sie entscheiden selbst, welche Dienste es in ihren Einrichtungen geben soll und in welchen Rechtsformen sie wahrzunehmen sind. Die damit begründete Sonderstellung geht über die jeder Religionsgemeinschaft gewährte Verfassungsgarantie hinaus (MünchArbR/*Richardi* § 192 Rn. 18 mwN). Soweit Religionsgemeinschaften die Merkmale einer Körperschaft des öffentl. Rechts erfüllen (dazu BVerfG 19. 12. 2000, E 102, 370 – Zeugen Jehovas), können sie zur Bewältigung ihrer Aufgaben **Beamtenverhältnisse** begründen und dafür Kirchengesetze erlassen (vgl. §§ 121, 135 Satz 2 BRRG). Die Dienstverhältnisse werden dann durch Hoheitsakt begründet. Sie unterliegen nicht den Normen des Arbeitsrechts, sondern der kirchlichen Ordnung (vgl. MünchArbR/ *Richardi* § 192 Rn. 15 f. mwN). Ob das auch gegenüber **europäischem Gemeinschaftsrecht** gilt, ist bisher ungeklärt (bejahend *Müller-Vollbehr,* Europa und das Arbeitsrecht der Kirchen, 1999; *Richardi,* Arbeitsrecht in der Kirche, § 1 V; realistischer *Reichold* NZA 2001, 1054, 1058 und ZTR 2000, 57).

Die körperschaftlichen Glaubensgemeinschaften sind jedoch nicht dazu verpflichtet, für ihren 30 Dienst bes. öffentlich-rechtliche Gestaltungsformen zu entwickeln. Es bleibt ihnen unbenommen, sich wie jede Religions- oder Weltanschauungsgemeinschaft zur Regelung ihrer Dienst- und Arbeitsverhältnisse der **Privatautonomie** zu bedienen. Die Verfassungsgarantie des Selbstbestimmungsrechts sichert die Freiheit der Kirchen innerhalb der staatlich geordneten Arbeits- und Sozialverfassung. Schließen Religions- und Weltanschauungsgesellschaften **Arbeitsverträge** ab, nehmen sie die allg.

31. 1. 2001 NZA 2001, 717; BAG 23. 3. 1984 AP GG Art. 140 Nr. 16; *Richardi*, Arbeitsrecht in der Kirche §§ 5–8). Hätte die Geltung des Arbeitsrechts zur Folge, dass Arbeitsverhältnisse mit einer Religionsgemeinschaft unterschiedslos wie jedes andere Arbeitsverhältnis in der Wirtschaft zu behandeln wären, bliebe die Eigenart der Kirchen folgenlos. Dadurch würde deren Selbstbestimmungsrecht unverhältnismäßig eingeschränkt. Auslegungsspielräume sind deshalb, soweit erforderlich, zugunsten der verfassungsrechtlich geschützten Gemeinschaften zu nutzen. Das darf allerdings nicht dazu führen, dass die für alle geltenden Gesetze ihren **Schutzzweck** verfehlen. Wo diese Grenze verläuft, ist umstritten (zum Vertragsrecht Rn. 42 ff.; zum kollektiven Arbeitsrecht Rn. 48 ff.).

42   **b) Vertragsrecht.** In diesem Sinne sind nach der Rspr. des BAG nicht alle kirchlichen Arbeitsverhältnisse gleich zu behandeln. Vielmehr kommt es entscheidend auf Art und Umfang der **Loyalitätspflichten** des einzelnen AN an. Ursprünglich nahm das BAG für die Arbeitsgerichte in Anspruch, Kriterien für die Funktionsnähe und Loyalitätspflichtigkeit selbst zu bestimmen (vgl. für viele BAG 21. 10. 1982 und 23. 3. 1984 AP GG Art. 140 Nr. 14 und 16). Aber das wurde vom BVerfG (2. Senat) beanstandet. Es räumte den Kirchen die sehr weitgehende Befugnis ein, bindend festzustellen, welche AN Loyalitätspflichten unterliegen und wie weit diese Loyalitätspflichten gehen. Der Zweite Senat des BVerfG hob die beiden zitierten BAG-Urteile auf und verlangte eine Neubewertung nach den Maßstäben der Kirchen. Nach Auffassung des BVerfG regeln die Kirchen verbindlich die spezifischen Obliegenheiten ihrer AN nach ihrem Selbstverständnis. Sie bestimmten allein, welche kirchlichen Grundverpflichtungen die Rechtsbeziehungen prägen sollen, also auch, was „die Glaubwürdigkeit der Kirche und ihrer Verkündung erfordert"; was „spezifisch kirchliche Aufgaben" sind, was „Nähe" zu ihnen bedeutet und was als schwerer Verstoß gegen „wesentlichen Grundsätze der Glaubens- und Sittenlehre" anzusehen ist. **Kirchliche oder weltanschauliche Vorgaben** seien nur dann unverbindlich, wenn sie gegen Grundprinzipien der Rechtsordnung verstießen, etwa gegen das allg. Willkürverbot, die „guten Sitten" (§ 138 I BGB) oder den ordre public (Art. 6 EGBGB). Die Arbeitsgerichte müssten ferner sicherstellen, dass die kirchlichen Einrichtungen nicht im Einzelfall unzumutbare Anforderungen an die Loyalität ihrer Mitarbeiter stellten (vgl. BVerfG 4. 6. 1985 E 70, 138, 168 = AP GG Art. 140 Nr. 24).

43   Soweit keine unzumutbaren Anforderungen gestellt werden, sind die kirchlichen Vorgaben arbeitsgerichtlicher Kontrolle entzogen; dies gilt insb. für die Vertragsinhaltskontrolle (§ 242 BGB), die Vertragsausübungskontrolle (§ 315 BGB) sowie die Beendigungskontrolle (§ 626 BGB, § 1 KSchG). Die vorgegebenen Maßstäbe müssen im Zweifel durch **Rückfragen bei den zuständigen Kirchenbehörden** aufgeklärt werden. Die Bes. des kirchlichen Dienstes wird nämlich nur von den generellen und anerkannten Maßstäben der verfassten Kirchen bestimmt. Hingegen sind die speziellen Interessen der konkreten kirchlichen AG als Partei des Arbeitsvertrages nicht maßgebend (vgl. BVerfG 4. 6. 1985 E 70, 138, 166, 168 = AP GG Art. 140 Nr. 24).

44   Obwohl die Rspr. des BVerfG das Selbstbestimmungsrecht der Kirchen stark betont und die individuelle Glaubens- und Gewissensfreiheit im Kollisionsfall zu wenig berücksichtigt, wird dadurch die **arbeitsgerichtliche Kontrolle** nicht gegenstandslos. Selbst wenn zB nach kirchlichem Verständnis eine schwere Loyalitätspflichtverletzung vorliegt, folgt daraus allein noch nicht, dass eine deshalb ausgesprochene Kündigung nach staatlichem Recht (§ 1 KSchG, § 626 BGB) wirksam sein müsste. So bedarf es weiterhin stets einer konkreten Interessenabwägung, bei der nur die Abwägungsspielräume eingeschränkt sind. Absolute Kündigungsgründe (etwa bei Kirchenaustritt) gibt es nicht (vgl. zB BAG 16. 9. 1999 AP GrO kath. Kirche Art. 4 Nr. 1; *Stahlhacke/Preis/Vossen* Rn. 708; aA *Spengler* NZA 1987, 833, 835). Das BVerfG hat nicht die Interessenabwägung selbst beanstandet, sondern nur die Ermittlung und Gewichtung des festgestellten Loyalitätsverstoßes. Auch im Verständnis des BVerfG ist der Bestandsschutz des Arbeitsverhältnisses ein hoch anzusetzender Wert, der durch Art. 12 geschützt ist (vgl. dazu Art. 12 Rn. 34). Bei der Interessenabwägung müssen auch die Grundrechte der AN beachtet und gegen die kollektive Glaubensfreiheit abgewogen werden (BVerfG-Kammer 31. 1. 2001 NZA 2001, 717; 7. 3. 2002 NZA 2002, 609; *Jarass/Pieroth* Rn. 40; aA *Thüsing* EzA BGB § 611 Kirchliche Arbeitnehmer Nr. 47 a).

45   Einer gerichtlichen Bewertung entzogene **Loyalitätspflichtverletzungen** sind nach Ansicht des BVerfG zB der **Kirchenaustritt** (4. 6. 1985 E 70, 138, 165 ff. = AP GG Art. 140 Nr. 24; ebenso MünchArbR/*Richardi* § 193 Rn. 23 ff.; einschränkend BAG 12. 12. 1984 AP GG Art. 140 Nr. 21) sowie der öffentl. Eintritt des Arztes eines katholischen Krankenhauses für **Schwangerschaftsabbruch** (BVerfG 4. 6. 1985 E 70, 138 = AP GG Art. 140 Nr. 24). Ähnlich beurteilt das BAG Verstöße gegen das **kirchliche Eherecht,** jedenfalls soweit der AN durch seine vertragliche Arbeitsleistung Funktionen der Kirche wahrnimmt und an der Erfüllung des Verkündungsauftrags mitwirkt (BAG 25. 4. 1978 und 4. 3. 1980 AP GG Art. 140 Nr. 2 und 3 = NJW 1978, 2116 und 1980, 2211: Kindergartenleiterinnen; BAG 31. 10. 1984, 18. 11. 1986 und 25. 5. 1988 AP GG Art. 140 Nr. 20, 35 und 36: Lehrer an Schule mit kirchlicher Trägerschaft; BAG 14. 10. 1980 AP GG Art. 140 Nr. 7 = NJW 1981, 1228: Caritas-Angestellte; 24. 4. 1997 NZA 1998, 145: Mormonen-Priester). Selbst die im

außerdienstlichen Bereich ausgeübte **homosexuelle Praxis** eines Psychologen des Diakonischen Werks hat das BAG als Vertragsverletzung gewertet, allerdings eine Abmahnung gefordert (30. 6. 1983 AP GG Art. 140 Nr. 15 = NJW 1984, 1917; ebenso für einen evangelischen Hilfspfarrer das Verfassungs- und Verwaltungsgericht der Vereinigten Ev. Luth. Kirche Deutschlands 7. 9. 1984 AP GG Art. 140 Nr. 23; **aA mit Recht** LAG Baden-Württemberg 24. 6. 1993 NZA 1994, 416.). Zum Schutz der geschlechtlichen Orientierung vgl. Art. 2 Rn. 78.

Das kirchliche Selbstbestimmungsrecht wirkt sich bei der Anwendung des Zivil- und Individual- 46 arbeitsrechts in den verschiedenen Stadien eines Arbeitsverhältnisses aus. Für die **Einstellung** können Kirchen RL der Personalauswahl festlegen (BVerfG 4. 6. 1985 E 70, 138, 164 = AP GG Art. 140 Nr. 24); soweit es um die religiöse Dimension des kirchlichen Dienstes geht, darf ein kirchlicher AG die Einstellung von der Kirchenzugehörigkeit abhängig machen und sein entspr. **Fragerecht** ausüben (MünchArbR/*Richardi* § 193 Rn. 14). Hingegen gebietet das kirchliche Selbstbestimmungsrecht keine Ausnahme von gesetzlichen AGpflichten, die kirchliche Belange nicht berühren, wie zB die Pflicht zur Beschäftigung von **Schwerbehinderten.** Die Schwerbehindertenquote und die Ausgleichsabgabe (§ 11 SchwbG) ergeben sich aus einem für jedermann geltenden Gesetz (vgl. MünchArbR/*Richardi* § 193 Rn. 13).

Die Erfüllung kirchlicher Aufgaben lässt nicht überall eine scharfe Unterscheidung von dienst- 47 licher Loyalität und **außerdienstlichem Verhalten** zu. Deshalb erstreckt sich das Bestimmungsrecht der Kirchen und Weltanschauungsgemeinschaften recht weitgehend auch auf außerdienstliches Verhalten. So sind die Kirchen nach Ansicht des BVerfG befugt, ihren AN die Beachtung tragender Grundsätze der kirchlichen Glaubens- und Sittenlehre aufzuerlegen. Sie könnten verlangen, dass sie in ihrer Lebensgestaltung nicht gegen fundamentale Verpflichtungen verstoßen, die sich aus der Zugehörigkeit zur Kirche ergeben und jedem Kirchenmitglied obliegen (BVerfG 4. 6. 1985 E 70, 138, 165 = AP GG Art. 140 Nr. 24; BAG 14. 10. 1980 AP GG Art. 140 Nr. 7 = NJW 1981, 1228; zustimmend MünchArbR/*Richardi* § 193 Rn. 22 ff.). Dass auch die kollidierenden **Grundrechte der AN** Schutz gegen übermäßige Beschränkung verlangen, wird in dieser Rspr. zu wenig berücksichtigt (*Jarass/Pieroth* Rn. 37; Alt. Kom./*Preuß* Art. 140 Rn. 46 ff.; *Wieland*, Der Staat, 25 [1986], 340 ff.). Hier bahnt sich aber wohl ein Umschwung an. Der Kammerbeschluss v. 31. 1. 2001 (NZA 2001, 717) berücksichtigt und gewichtet ausdrücklich das Recht der freien Meinungsäußerung.

c) **Das kollektive Abeitsrecht** ist im Organisationsbereich der Glaubensgemeinschaften nur mit 48 Einschränkungen anwendbar. Ihr Selbstbestimmungsrecht, das ihnen durch Art. 137 III WRV gewährleistet ist, betrifft auch die Verfahren und Instrumente des kollektiven Interessenausgleichs, allerdings nur insoweit, als „die verfassungsrechtlich geschützte Eigenart des kirchlichen Dienstes in Frage gestellt wird" (BAG 1. 12. 1993 AP SGB VI § 41 N. 4 unter B II 7). Der Staat muss ihnen bei der Gestaltung ihrer sozialen Ordnung eigene Wege offen halten, damit sie von der Freiheit Gebrauch machen können, die zur Wahrung ihrer Aufgaben unerlässliche Organisation zu schaffen (BVerfG 25. 3. 1980 E 53, 366, 401 = AP GG Art. 140 Nr. 6; 17. 2. 1981 E 57, 220, 224 = AP GG Art. 140 Nr. 9). Diese partielle Freistellung von staatlichem Recht betrifft zum einen die kollektivrechtliche Gestaltung der Arbeitsbedingungen (Rn. 49 ff.); sie bezieht sich ferner auf die Formen der Mitbestimmung (Rn. 55 ff.).

aa) Tarifrecht und „Dritter Weg". Zwar ist Art. 9 III wegen seiner unmittelbaren Drittwirkung 49 als ein für alle geltendes Gesetz iSv. Art. 137 III WRV anzusehen (BVerfG 17. 2. 1981 E 57, 220, 248 = AP GG Art. 140 GG Nr. 9). Daraus folgt jedoch noch nicht, dass den geschützten Personen und Vereinigungen ein inhaltlich unbegrenzter Handlungsspielraum zur Verfügung stehen müsste. Die Ausgestaltung des Koalitionsrechts ist vielmehr Sache der Rechtsordnung, in erster Linie des Gesetzgebers (BVerfG 1. 3. 1971 E 50, 290, 368 = AP MitbestG § 1 Nr. 1; BVerfG 26. 6. 1991 E 84, 212, 225 = NZA 1991, 809, 810), der dabei das Selbstbestimmungsrecht der Kirchen angemessen zu berücksichtigen hat. Beide Grundrechte müssen beschränkt werden, damit beide zu optimaler Wirkung gelangen können (s. o. Einl. Rn. 71; weitergehend die Auffassung, die Art. 140 nicht als Konkretisierung der Religionsfreiheit, sondern als staatskirchenrechtliche Kollisionsregel betrachtet, vgl. zuletzt *Richardi/Thüsing* AuR 2002, 94, 96 f.). Bei der herzustellenden Konkordanz besteht das Problem, dass die kollektivvertragliche Regelung von Arbeits- und Wirtschaftsbedingungen ein TVSystem voraussetzt, das ohne die Möglichkeit von Arbeitskämpfen praktisch kaum funktionieren kann (vgl. dazu Art. 9 Rn. 83). Der **Arbeitskampf** wird jedoch von den Kirchen als unvereinbar mit ihrem kirchlichen Selbstverständnis abgelehnt, weil er als Ausdruck eines antagonistischen Interessenkonflikts dem Leitbild einer kirchlichen **Dienstgemeinschaft** widersprechen soll. Diese Begründung wird zwar im Schrifttum überwiegend akzeptiert (vgl. zB *Richardi,* Arbeitsrecht in der Kirche, § 10 Rn. 7 ff.; *Thüsing* ZTR 1999, 298), sie stößt aber zunehmend auf Bedenken, und zwar mit Recht (*Bieback* in Däubler, Arbeitskampfrecht, Rn. 498 ff., *Gamillscheg,* Kollektives Arbeitsrecht Bd. I S. 140 ff.; *Kühling* AuR 2001, 241; *Kempen/Zachert* TVG Grundl. Rn. 144; MünchArbR/*Otto* § 285 Rn. 217 ff.; *Zeuner* ZfA 1985, 127, 137 und schon *Nell-Breuning* AuR 1979, 1, 8). Die Lösung kann nicht in der Marginalisierung der Koalitionsfreiheit, sondern nur in der Kombination unterschiedlicher Regelungsmodelle bestehen.

50 Entscheiden sich die Kirchen freiwillig zum Abschluss von TV, wie zB die Nordelbische Kirche (ARRG vom 9. 6. 1979, GVBl. 1979, 193) sowie die Kirche von Berlin-Brandenburg (Tarifvertragsordnung vom 18. 11. 1979, KABl. 1979, 139), findet das TVG Anwendung. Dabei handelt es sich um ein für alle geltendes Gesetz iSd. Art. 137 III WRV (vgl. *Fitting* BetrVG § 118 Rn. 63; *Frank* RdA 1979, 86; *Pirson* RdA 1979, 65). Es regelt die Ordnungsprobleme, die sich aus dem Abschluss von TV ergeben. Die Anwendung des TVG ist allein Konsequenz der Rechtswahl. Der Abschluss **eigener TV** (bezeichnet als sog. „zweiter Weg"), ist aber in der evangelischen Kirche umstritten (vgl. MünchArbR/*Richardi* § 195 Rn. 7 ff.) und wird in der katholischen Kirche abgelehnt (vgl. Erklärung der deutschen Bischofskonferenz vom 27. 6. 1983, RdA 1984, 180 f.). Andererseits wird auch der ursprünglich sowohl in der evangelischen wie auch in der katholischen Kirche vertretene sog. **„erste Weg"**; dem Wesen des kirchlichen Dienstes wenig gerecht. Er war dadurch gekennzeichnet, dass die Kirchen durch ihre Leitungsorgane oder durch Kirchengesetze Arbeits- und Dienstvertragsordnungen erließen, in denen weitgehend auf das TVRecht des öffentl. Dienstes verwiesen wurde. Das **öffentl. Dienstrecht** nimmt aber auf das bekenntnismäßige Verständnis der Kirchen keine Rücksicht. Seine Übernahme wird nur als Notlösung angesehen (vgl. MünchArbR/*Richardi* § 195 Rn. 1 ff.).

51 Den Kirchen ist daher im Hinblick auf die notwendige Konkordanz von kirchlichem Selbstbestimmungsrecht und Betätigungsrecht der Koalitionen ein sog. **„Dritter Weg"** einzuräumen (vgl. dazu *Richardi*, Arbeitsrecht in der Kirche, § 10 Rn. 26 ff.; *Grethlein* NZA 1986 Beil. 1 S. 18). Anzuerkennen und zu ermöglichen sind **Kollektivvereinbarungen bes. Art,** die es gestatten, Interessenkonflikte in einer Form zu lösen, die Arbeitskämpfe entbehrlich machen können. Dies geschieht, indem allg. Bedingungen für die Vertragsverhältnisse („Dienstvertragsordnungen") durch paritätisch zusammengesetzte Kommissionen festgelegt werden. Derartige Regelungen beruhen bei der evangelischen Kirche auf einer RL der EKD vom 8. 10. 1976 (vgl. die Nachweise entspr. Ländergesetze bei MünchArbR/*Richardi* § 195 Rn. 8 aE und *Fitting* BetrVG § 118 Rn. 65). Die katholische Kirche hat ihr Arbeitsrecht durch die von der Deutschen Bischofskonferenz am 22. 9. 1993 verabschiedete, am 1. 1. 1994 in Kraft getretene „Grundordnung des kirchlichen Dienstes im Rahmen kirchlicher Arbeitsverhältnisse" (NZA 1994, 112 = NJW 1994, 1394) auf eine neue Basis gestellt und durch Kirchengesetze der Diözesen geregelt (vgl. *Richardi* aaO § 18; *ders.* NZA 1998, 1305).

52 Art. 9 III steht Regelungsverfahren nicht entgegen, die unter Wahrung des kirchlichen Sendungsauftrags einerseits und der Interessen der Mitarbeiter andererseits im Wege einer **paritätischen** und **partnerschaftlichen Konfliktlösung** zu einem angemessenen Interessenausgleich führen können (ausführlich MünchArbR/*Richardi* § 195; differenzierter MünchArbR/*Otto* § 285 Rn. 216; aA *Däubler* Tarifrecht Rn. 503). Art. 9 III gewährleistet nicht allein das geltende TVSystem als ausschließliche Form der Förderung von Arbeits- und Wirtschaftsbedingungen. Die sinnvolle Ordnung und Befriedung des Arbeitslebens ist auf konflikthafte Gestaltungen nicht zwingend angewiesen. Regelungsmodelle, die partnerschaftliches Zusammenwirken in den Vordergrund rücken, sind verfassungskonform, wenn sie Konflikte nicht leugnen und deren Klärung ermöglichen, ohne die Gewerkschaften als legitime Vertretung kollektiver Arbeitnehmerinteressen zurückzudrängen (vgl. zu Gewerkschaften ohne Streikbereitschaft BVerfG 6. 5. 1964 E 18, 18 = AP TVG § 2 Nr. 15; zur gesetzlichen Mitbestimmung BVerfG 1. 3. 1979 E 50, 290, 371 = AP MitbestG § 1 Nr. 1). „Dienstvertragsordnungen" der Kirchen besitzen allerdings keine staatliche Rechtsnormqualität; ob sie TV gleichgestellt sind, ist umstritten (dafür zB MünchArbR/*Richardi* § 195 Rn. 33 ff.; *Thüsing* RdA 2002, 306, 311, mwN; dagegen zutreffend *Hammer* AuR 2002, 49; *Wiedemann* TVG § 1 Rn. 129; *Fitting* BetrVG § 118 Rn. 64: nur interne Selbstbindung und Entscheidungsvorbereitung). Auch das BAG verlangt eine einzelvertragliche Bezugnahme (26. 5. 1993 AP AVR Caritasverband § 12 Nrn. 2, 3 und 4; 6. 12. 1990 AP BeschFG 1985 § 2 Nr. 12 unter II 2 b) und behält sich eine Inhaltskontrolle vor (kritisch dazu *Thüsing* NZA RR 1999, 561, 564 und NZA 2002, 306, 310).

53 Damit ist aber die Frage noch nicht beantwortet, ob das sozialpartnerschaftliche Konfliktlösungsverfahren des „Dritten Weges" ausreicht, um das **Streikrecht** der Gewerkschaften im kirchlichen Bereich gänzlich verdrängen zu können. Diese Frage ist umstritten und bisher noch nicht gerichtlich entschieden (die beiläufige Bemerkung in BAG 6. 11. 1996 AP AVR Caritas § 10 a Nr. 1 [unter I 2 a bb] beschreibt nur die Entstehung einer AVR). Beide Extrempositionen sind abzulehnen, weil sie den Erfordernissen praktischer Konkordanz nicht genügen. Einerseits muss ein „Dritter Weg" der Konflikte vermeidet, möglich bleiben. Andererseits verstößt die generelle Leugnung des Interessengegensatzes zwischen Arbeitgebern und Arbeitnehmern sowie die Interessenvertretung durch die Gewerkschaften gegen den Wesensgehalt von Art. 9 III. Deshalb kann das Arbeitskampfrecht nur insoweit ausgeschlossen werden, wie die innerkirchlichen Regelungsmodelle reale Verhandlungsparität unter Beteiligung der Gewerkschaften gewährleisten (MünchArbR/*Otto* § 285 Rn. 216). Daran fehlt es in der Katholischen Kirche und zumindest in einigen

A. Glaubens- und Bekenntnisfreiheit Art. 4 GG 10

Landeskirchen der EKD. Wo sich Bischof oder Synode ein Letztentscheidungsrecht vorbehalten, wird das Postulat der Dienstgemeinschaft zum irreführenden Etikett eines hierarchischen Leitungsprinzips, das sich schon im Stadium der Kompromisssuche steuernd auswirkt und gewerkschaftliche Interessenvertretung praktisch leer laufen ließe, bliebe nicht die ultima ratio des Arbeitskampfes.

Die **Gewerkschaften** müssen auch in kirchlichen Einrichtungen **Werbung** betreiben können. Dies **54** folgt aus der Freiheit der Koalitionsbetätigung (Art. 9 III). Nach der älteren Rspr. des BVerfG soll sich daraus allerdings kein Anspruch auf Duldung gewerkschaftlicher Werbe-, Informations- und Betreuungstätigkeit durch betriebsfremde Gewerkschaftsbeauftragte ergeben, falls auch anstaltsangehörige Gewerkschaftsmitglieder dafür zur Verfügung stehen. Die weitergehende Rechtsfortbildung des BAG auf diesem konfliktträchtigen Gebiet wurde beanstandet (BVerfG 17. 2. 1981 E 57, 220, 247 f. AP GG Art. 140 Nr. 9 und im Anschluss daran BAG 19. 1. 1982 AP GG Art. 140 Nr. 10; vgl. ferner MünchArbR/*Richardi* § 194 Rn. 30 ff.; krit. dazu *Herschel* AuR 1981, 265, 267; *Otto* EzA Anm. GG Art. 9 Nr. 32). Diese Rspr. beruhte aber auf einer grundrechtsdogmatischen Engführung, die das BVerfG inzwischen klarstellend beseitigt hat. Das Betätigungsrecht der Koalitionen und auch deren Mitgliederwerbung sind nicht lediglich in einem Kernbereich geschützt. Das gewerkschaftliche **Zutrittsrecht** kann auch bei kirchlichen Einrichtungen nur beschränkt werden, wenn und soweit im konkreten Fall der ungestörte Arbeitsgang oder der Betriebsfrieden dies gebieten (BVerfG 14. 11. 1995 E 93, 352, 359 = AP GG Art. 9 Nr. 80; vgl. auch Art. 9 Rn. 40).

bb) **Mitbestimmungsrecht.** Das Betriebsverfassungsgesetz ist kein für alle geltendes Gesetz iSd. **55** Art. 137 III WRV. Die öffentlich-rechtlich organisierten „verfassten" Kirchen sind aus dem Geltungsbereich des BetrVG ausgenommen (§ 130 BetrVG). § 118 II BetrVG enthält außerdem zugunsten von Religionsgemeinschaften und ihrer karitativen und erzieherischen Einrichtungen einen ausdrücklichen Vorbehalt. Mit diesen Ausnahmebestimmungen will der Gesetzgeber dem Grundrecht freier Religionsausübung und der Verfassungsgarantie kirchlicher Selbstbestimmung genügen (BVerfG 11. 10. 1977 E 46, 73 = AP GG Art 140 Nr. 1; BAG 11. 3. 1986 AP GG Art. 140 Nr. 25 = NZA 1985, 685; 210 – BetrVG § 118 Rn. 28). Eine dem § 118 II BetrVG entspr. Bestimmung enthält § 1 III Nr. 2 SprAuG. Auch die Gesetze über die Personalvertretung (§ 112 BPersVG) und die Mitbestimmung in Kapitalgesellschaften und Genossenschaften (§ 1 IV 2 MitbestG, § 81 II BetrVG 1952) klammern den Bereich der Religionsgemeinschaften und ihrer karitativen und erzieherischen Einrichtungen aus. Die Verfassungsgarantie des Selbstbestimmungsrechts beschränkt sich nicht auf die „verfasste" Kirche, sondern erstreckt sich auf die rechtlich verselbständigten karitativen und erzieherischen Einrichtungen, unabhängig von deren Rechtsform (BVerfG 11. 10. 1977 E 46, 73, 85 und 1. LS = NJW 1978, 581; BAG 10. 12. 1992 AP GG Art. 140 Nr. 41 = NZA 1993, 593; ebenso hM, zB MünchArbR/*Richardi* § 196 Rn. 2 m. zahlr. w. N. auch zur Gegenauffassung in Fn. 3; zur Abgrenzung vgl. Rn. 33).

Die in den Mitbestimmungsgesetzen ausgenommenen Religionsgemeinschaften und ihre karitativen **56** und erzieherischen Einrichtungen sind auf Grund der ihnen eingeräumten Rechtsetzungsgewalt befugt, für ihren Bereich ein **Mitarbeitervertretungsrecht** zu schaffen, um eine Mitwirkung und Mitbestimmung der im kirchlichen Dienst Beschäftigten zu verwirklichen. Hier ist zB das Kirchengesetz über Mitarbeitervertretungen in der evangelischen Kirche in Deutschland vom 6. 1. 1992 zu nennen, das von den meisten Gliedkirchen übernommen wurde, ferner die Ordnung für die Mitarbeitervertretungen in diakonischen Einrichtungen (MVO) vom 24. 9. 1973 idF vom 1. 4. 1983 (dazu BAG 11. 3. 1986 AP GG Art. 140 Nr. 25 = NZA 1986, 685) und die Rahmenverordnung für eine Mitarbeitervertretungsordnung im katholischen Bereich (vgl. zu der Fassung vom 1. 11. 1977 BVerfG 11. 10. 1977 E 46, 73 = AP Art 140 GG Nr. 1). Die Mitbestimmungsordnungen werden von den Kirchen als Teil der Organisation verstanden, die ihrem Sendungsauftrag dient; die Mitarbeitervertretung sei nicht nur als Interessenvertretung, sondern auch als kirchliches Amt anzusehen (BAG 11. 3. 1986 AP GG Art. 140 Nr. 25 = NZA 1986, 685).

Das Selbstbestimmungsrecht der Religionsgemeinschaften umfasst über die Befugnis zu eigenstän- **57** diger Rechtsetzung und Verwaltung hinaus im Bereich der eigenen Angelegenheiten auch die Kompetenz zur Kontrolle des selbstgesetzten Rechts durch **kircheneigene Gerichte** (*Maunz/Dürig* Art. 140 Rz. 18; *v. Campenhausen* Staatskirchenrecht S. 202 f.; *Richardi*, Arbeitsrecht in der Kirche, §§ 20, 21). Für eine staatliche Gerichtsbarkeit besteht in den Angelegenheiten der Kirche kein Bedürfnis, soweit eine Verletzung staatlichen Rechts ausscheidet. Staatliche Gerichte dürfen in den eigenen Angelegenheiten der Kirche nur prüfen, ob für alle geltenden Gesetze verletzt worden sind. Rechtsstaatliche Bedenken aus Art. 19 IV weist das BAG zurück, wenn bei Streitigkeiten zwischen einer Mitarbeitervertretung und dem kirchlichen AG eine **Schlichtungsstelle** entscheidet, die den rechtsstaatlichen Mindestanforderungen an ein Gericht genügt (BAG 25. 4. 1989 AP GG Art. 140 Nr. 34; 9. 9. 1992 AP Art. 140 Nr. 40). Die verfassungsrechtliche Rechtsschutzgarantie ist damit aber noch nicht abschließend geklärt (vgl. *Jarass/Pieroth* Rn. 20; *Schmidt-Aßmann* in *Maunz/Dürig* Art. 19 IV Rn. 115 mwN.).

B. Gewissensfreiheit

I. Bedeutung und Schutzbereich

58   Die Gewissensfreiheit ist mit der Glaubensfreiheit eng verbunden, nicht nur im Normtext, sondern auch nach Sinn und Zweck der Gewährleistung. Beide lassen sich als „Grundrecht der Sinnorientierung" kennzeichnen (*Morlok* in *Dreier* Rn. 21). Die Bes. der Gewissensfreiheit besteht in dem Fehlen eines kollektiven Bezugs. Gewissensgebote haben zwar ebenso wie Glaubensaussagen und weltanschauliche Überzeugungen historische und gesellschaftliche Wurzeln, aber diese bleiben hier rechtlich außer Betracht. Die **individuelle Sinnorientierung** allein ist entscheidend. Daraus ergeben sich spezielle Probleme der Definition (Rn. 59), der tatsächlichen Feststellung (Rn. 61) und der Schranken (Rn. 67). Hingegen entfallen alle Schutzbedürfnisse, die mit den Erfordernissen gemeinsamer Ausübung verbunden wären. Das erklärt die unterschiedlichen Rechtsfolgen der Gewährleistungen von Glaubens- und Gewissenfreiheit.

59   **Definition:** Gewissen ist ein seelisches und damit letztlich metajuristisches Phänomen (*Bethge* HbStR VI § 137 Rn. 3). Es bedarf dennoch der rechtlichen Definition, um geschützt werden zu können. Aber nur ein sehr offener, möglichst undifferenzierter Begriff kann der Aufgabe gerecht werden (*Herzog* in *Maunz/Dürig* Rn. 124). Das BVerfG definiert das Gewissen „als ein (wie immer begründbares, jedenfalls aber) real erfahrbares seelisches Phänomen, dessen Forderungen, Mahnungen und Wahrnehmungen für den Menschen unmittelbar evidente Gebote unbedingten Sollens sind … In diesem Sinne ist die Gewissensentscheidung immer situationsbezogen … an den Kategorien von „Gut" und „Böse" orientiert. Der Einzelne kann sie nicht ohne ernsthafte Gewissensnot verletzen" (BVerfG 20. 12. 1966 E 12, 45, 54 f. – Kriegsdienstverweigerung). Das BAG und die herrschende Lehre sind dem gefolgt (BAG 20. 12. 1984 AP BGB § 611 Direktionsrecht Nr. 27 und 24. 5. 1989 AP BGB § 611 Gewissensfreiheit Nr. 1; *Bethge* HbStR § 137 Rn. 10 ff.; *Kokott* in *Sachs* Rn. 74; *Morlok* in *Dreier* Rn. 57 ff.; *Konzen/Rupp*, Gewissenskonflikte im Arbeitsverhältnis, S. 13 ff.).

60   Geschützt ist nicht nur die Gewissensbildung als „Gedankenfreiheit in Gewissensfragen" („**forum internum**"), sondern auch die Freiheit, seinem Gewissen durch Tun oder Unterlassen zu folgen („**forum externum**"). Hier muss sich niemand ethische Postulate vorschreiben oder inhaltlich bewerten lassen. Es kommt also nicht darauf an, ob ein bestimmter Gewissenskonflikt von anderen nachvollzogen werden kann (aA *Brox* in Anm. zu AP BGB § 611 Direktionsrecht Nr. 27) oder gar auf allg. Verständnis stößt. Andererseits können aber bloße Skrupel und Bedenken nicht genügen. Deshalb besteht die Schwierigkeit für den Betroffenen darin, seine Konfliktlage glaubhaft zu machen, und zwar umso mehr, je ungewöhnlicher und irrationaler das behauptete Gewissensgebot anderen erscheint.

61   **Gewissensprüfung:** Wenn auch eine Rationalitätsprüfung unzulässig ist, so muss doch die Ernsthaftigkeit des Gewissensgebots, seine Unbedingtheit im Konfliktfall geprüft werden können, wobei die **Darlegungslast** trägt, wer sich auf sein Gewissen beruft, um bestehende Rechtspflichten abzuwehren. Er muss dann die ethischen Gebote nachvollziehbar beschreiben und ihre Dringlichkeit verständlich machen können. Das „Ob" eines Gewissenskonflikts unterliegt zwar keiner Kontrolle, aber das „Wie" und das „Warum" müssen plausibel sein. Dabei können **Indiztatsachen** helfen. Selten bieten Standesgrundsätze, Ethikkodizes oder ähnliche RL geeignete Anhaltspunkte (zu diesen vgl. *Wendeling-Schröder*, Autonomie im Arbeitsrecht, S. 61 ff.). Die Rspr. berücksichtigt bei der Kriegsdienstverweigerung aus Gewissensgründen die Bereitschaft zur „lästigen Alternative" als „Probe auf das Gewissen" (BVerfG 24. 4. 1985 E 69, 1, 25 ff.). Das ist auf andere Zusammenhänge nur begrenzt übertragbar (*Konzen/Rupp*, Gewissenskonflikte im Arbeitsverhältnis S. 75). Beweiskräftiger ist die Bereitschaft zur Konsequenz, also das dauernde Einstehen für ein ethisches Gebot ohne Rücksicht auf nachteilige Folgen (*Böckenförde* VVDStRl. 28 [1970], 71 ff.). Die Mitgliedschaft in Vereinen und Parteien sowie frühere Gewissensbekundungen (zB Kriegsdienstverweigerung) sind aussagekräftig. Auch die Konsistenz einer Begründung kann als Indiz dienen. Die Anforderungen dürfen aber nicht überspannt werden. Die Gewissensprüfung darf nicht ihrerseits das Gewissen oder gar die Menschenwürde verletzen (*Herzog* in *Maunz/Dürig* Rn. 160, 162). Insb. darf die Möglichkeit eines Gewissenswandels nicht ausgeschlossen werden (BAG 24. 5. 1989 AP BGB § 611 Gewissensfreiheit Nr. 1 unter B I 2 b) gg)).

62   Wie alle Grundrechte so hat auch die Gewissensfreiheit in erster Linie **Abwehrfunktion.** Sie gewährleistet, dass niemand von der öffentl. Gewalt gezwungen wird, gegen Gebote und Verbote seines Gewissens zu handeln (BVerfG 30. 6. 1988 E 78, 391, 395). Der Staat hat Gewissensentscheidungen so weit als möglich zu respektieren. Bei der Auslegung und Anwendung des einfachen Rechts gilt für die Gerichte insoweit ein „Wohlwollensgebot" (*Kokott* in *Sachs* GG Rn. 78). Darüber hinaus hat der Staat auf Grund der **Schutzfunktion** des Grundrechts darauf zu achten, dass die Gewissensfreiheit nicht durch andere Bürger verletzt werden kann und dass auch das Zivilrecht in diesem Sinne ausgelegt und angewandt wird. Hier gilt nichts anderes als bei der Religionsfreiheit (Rn. 20 ff.),

B. Gewissensfreiheit   Art. 4   GG   10

allerdings stellt sich das zusätzliche Problem, dass für die Ge- und Verbote des Gewissens objektivierbare Vorgaben, die sich durch Auskünfte oder Auslegung klären ließen, weitgehend fehlen (Rn. 61). Die Überwindung dieser Schwierigkeit gehört zu den Pflichten, die Art. 4 I den Gerichten auferlegt, auch dies eine Rechtsfolge der grundrechtlichen Schutzfunktion (*Ruffert*, Vorrang der Verfassung, S. 508 ff. mwN).

Träger des Grundrechts ist jede natürliche Person. Ausländer sind nicht ausgenommen. Hingegen 63 können sich juristische Personen nicht auf das Grundrecht der Gewissensfreiheit berufen (BVerfG-Kammer 18. 10. 1998 AP LohnFG § 1 Nr. 84 a).

Konkurrenzen: Art. 4 I ist lex specialis gegenüber Art. 2 I. Hingegen ist das Recht zur Kriegs- 64 dienstverweigerung (Art. 4 III) die speziellere Norm, die der allg. Gewissensfreiheit vorgeht. Wenn Religions- und Gewissensfreiheit gleichzeitig betroffen sind, muss die Religionsfreiheit Vorrang haben, weil sie weitergehende Rechtsfolgen begründet (vgl. *Bethge* HbStR § 137 Rn. 31). Sitzblockaden als politische Agitation sind hingegen idR nur durch Art. 8 geschützt (*Kokott* in *Sachs* Rn. 77).

II. Eingriffe/Beeinträchtigungen

In die Gewissensfreiheit wird eingegriffen, wenn der Staat moralische Haltungen und Wertkonzepte 65 zu beeinflussen sucht. Schon der staatliche Zwang, seine sittlichen Überzeugungen zu offenbaren, ist ein Eingriff, der jedoch dort, wo der Grundrechtsträger sich selbst abwehrend auf sein Gewissen beruft, in Grenzen unvermeidbar ist (vgl. Rn. 61). **Gesetzliche Verhaltenspflichten** greifen in die Gewissensfreiheit ein, wenn sie ein Tun oder Unterlassen fordern, das ethischen Grundüberzeugungen des Verpflichteten widersprechen (vgl. zu Krankenkassenbeiträgen mit Wirkung für Schwangerschaftsabbrüche BVerfG 18. 4. 1984 E 67, 26, 37).

Eine Verletzung der grundrechtlichen Schutzpflicht kommt insb. im Zivilrecht in Betracht, vor 66 allem dort, wo **vertragliche Pflichten** die Gewissensfreiheit beschränken können (Rn. 62). Hier ist aber zu berücksichtigen, dass auch die Privatautonomie grundrechtlich gewährleistet ist (Art. 2 Rn. 27 ff.) und dass der Grundrechtsträger seine Freiheit vertraglich einschränken kann (Einl. Rn. 68 ff.). Im Vertragsrecht kann es also nur um einen Ausgleich gehen, vor allem um die Konkretisierung vertraglicher Rücksichtspflichten (zum vergleichbaren Problem bei der Glaubensfreiheit Rn. 20 ff.). Die Generalklauseln des BGB und des Arbeitsrechts sind flexibel genug, um der Schutzfunktion des Art. 4 I ausreichend Geltung zu verschaffen.

III. Schranken und Grenzen der Einschränkbarkeit

1. Ungeschriebene Schranken. Die Gewissensfreiheit ist **ohne Gesetzesvorbehalt** gewährleistet. 67 Wenn man das wörtlich nimmt, ergibt sich eine absurde Konsequenz, die das System eines demokratischen Rechtsstaates sprengen müsste: Alle Gesetze stünden unter dem ungeschriebenen Vorbehalt, dass sie nur insoweit Geltung beanspruchen können, wie sie sich mit den höchst subjektiven Ge- und Verboten individueller Moralvorstellungen der einzelnen Bürgerinnen und Bürger vereinbaren lassen. Eine Rechtsordnung mit dieser Prämisse wäre praktisch undurchführbar und als freiheitliches System auch theoretisch unsinnig. Das erklärt die verschiedenen Versuche, die Gesetzesvorbehalte anderer Grundrechte (Art. 2 I, Art. 5 II oder Art. 136 I WRV) analog anzuwenden (vgl. die Nachweise bei *Kokott* in *Sachs* Rn. 109 ff.). Solche „Schrankenleihe" lässt sich aber nicht plausibel begründen. Das BVerfG sucht einen Mittelweg mit der Formel, dass auch vorbehaltlos gewährleistete Grundrecht nicht schrankenlos, sondern zum Schutze der **Grundrechte Dritter und anderer Rechtswerte mit Verfassungsrang** beschränkbar sind (BVerfG 19. 10. 1971 E 32, 98, 107 f.; 16. 10. 1979 E 52, 223, 246 f.; *Bethge* HbStR VI § 137 Rn. 26 ff. mit der berechtigten Warnung vor einer inflationären Handhabung dieser Formel Rn. 29 ff.; zB reichen bloße Funktionsinteressen der Arbeitslosenversicherung zur Schrankenlegitimation nicht aus; aA BSG 25. 11. 1987 E 83, 358, 360 f.).

Daraus folgt, dass es kein generelles Recht zum **zivilen Ungehorsam** aus Gewissensgründen geben 68 kann, der Staat jedoch verpflichtet ist, für Gewissensnöte Vorkehrungen zu treffen. Diese müssen zunächst organisatorischer und prozeduraler Art sein, indem bei vorhersehbaren Gewissenskonflikten soweit als möglich Verhaltensalternativen eröffnet werden (*Bethge* HbStR VI § 137 Rn. 35; *Morlok* in *Dreier* GG Art. 4 Rn. 126). Zum anderen muss der Gesetzgeber durch Generalklauseln, Ausnahme- und Härteregelungen Wertungsspielräume zulassen, umso das grundrechtliche „**Wohlwollensgebot**" zu erfüllen (*Morlok* in *Dreier* GG Art. 4 Rn. 129). Schließlich ist bei staatlichen Sanktionen wegen Pflichtverletzungen auf schwerwiegende Gewissenskonflikte Rücksicht zu nehmen (Problem der Gewissenstäter im Strafrecht).

2. Arbeitsrecht. Für Gewissenskonflikte im **Arbeitsverhältnis** gilt im Prinzip das Gleiche wie 69 bei Konflikten aus religiösen oder weltanschaulichen Gründen (vgl. Rn. 20 ff.). Hier wie dort geht es um die Abwägung und den Ausgleich gegenläufiger Grundrechtspositionen und Interessen im Rahmen der zivil- und arbeitsrechtlichen Generalklauseln, vor allem der vertraglichen

Rücksichts- und Förderungspflichten unter dem Leitprinzip wechselseitiger **Toleranz.** Die Privatrechtsordnung ist für dieses Abwägungsprogramm ausreichend flexibel. Schon bei der Begründung des Arbeitsverhältnisses, vor allem aber bei dessen inhaltlicher Ausgestaltung gelten die Grundsätze von **Treu und Glauben** sowie verwandte Wertungsmaßstäbe (§§ 138, 242, 305, 315 BGB). Bei der Beendigung vermitteln neben § 242 BGB vor allem § 1 KSchG und § 626 BGB die „Einbruchstellen" für das Toleranzgebot der Verfassung. Die Gerichte sind verpflichtet, die Schutzfunktion der Gewissensfreiheit bei der Konkretisierung der Generalklauseln zu berücksichtigen. Diese einzelfallbezogene Abwägung lässt sich nur schwer in allg. Regeln fassen (eingehend aber restriktiv *Konzen/Rupp,* Gewissenskonflikte im Arbeitsverhältnis, S. 107 ff., die aber zu statisch auf die Vorhersehbarkeit eines Gewissenskonflikts abstellen; offener mit Recht MünchArbR/Blomeyer § 48 Rn. 42; *Derleder* AuR 1991, 193, 198 f.; *Däubler,* Arbeitsrecht 2, Rn. 630 ff.).

70 In der **Rspr.** stehen ganz im Vordergrund Konflikte aus pazifistischer Überzeugung. Aber auch Umweltgefahren und Schwangerschaftsabbrüche haben zu Konflikten geführt (zahlreiche Beispiele bei *Wendeling-Schröder,* Autonomie im Arbeitsrecht, S. 17 ff.; *Kohte* NZA 1989, 161, 162). Das BAG hat sich zweimal eingehend mit der Problematik befassen müssen. In beiden Fällen hatten AN aus Gewissensgründen die Arbeit verweigert und waren deshalb entlassen worden. Ihre Revisionen hatten Erfolg. Im ersten Fall hatte es ein Drucker abgelehnt, Werbematerial für kriegsverharmlosende „Landser-Literatur" herzustellen (20. 12. 1984 AP BGB § 611 Direktionsrecht Nr. 27). Im zweiten Fall hatte sich ein Arzt geweigert, an einem Forschungsprojekt teilzunehmen; es ging um die Entwicklung eines Medikaments, mit dem Brechreiz gemindert werden soll; nach unternehmensinternen Prognosen bestanden bes. Gewinnchancen im militärischen Bereich wegen der Einsatzmöglichkeit bei atomarer Verstrahlung (24. 5. 1989 AP BGB § 611 Gewissensfreiheit Nr. 1). In beiden Fällen hielt das BAG die Ernsthaftigkeit des Gewissenskonflikts für hinreichend belegt durch Indiztatsachen. Der Blickwinkel eines unbefangenen Dritten sei kein Maßstab. Auch dürften an die **Vorhersehbarkeit** des Konflikts zurzeit des Vertragsschlusses keine zu hohen Anforderungen gestellt werden, zumal zusätzliche Erkenntnisse die Gewissensbelastung im Laufe der Zeit verschärfen könnten (24. 5. 1989, AP BGB § 611 Gewissensfreiheit Nr. 1 unter B I 2 b) gg)). Für die Billigkeit der AGweisung komme es entscheidend auf die **betrieblichen Erfordernisse** an, insb. auf bestehende Ausweichmöglichkeiten. Das Gewicht des Kündigungsgrundes hänge von der **Wiederholungswahrscheinlichkeit** ab. Insgesamt wird hier ein praktikables Abwägungsprogramm deutlich.

71 Gewissenskonflikte ergeben sich nicht nur bei der Arbeitsleistung selbst, sie können auch die Rücksichtspflichten des AN betreffen, insb. seine **Verschwiegenheitspflicht.** Wenn ein AN aus Gewissensgründen glaubt Unternehmensinterna nicht geheim halten zu dürfen, Mißstände oder Gefahren offenbaren zu müssen, macht er gleichzeitig von seiner Meinungsfreiheit Gebrauch (dazu Art. 5 Rn. 37), verletzt jedoch zwangsläufig die Loyalitätsinteressen des AG. Die Rechtslage wird dadurch noch kompliziert, dass auch Geheimhaltungsbedürfnisse Dritter (Kunden, Kollegen, Mandanten, Patienten) und das Informationsinteresse der Öffentlichkeit (Aufsichts- und Strafverfolgungsbehörden, Finanzamt, Presse) eine Rolle spielen (eingehend *Wendeling-Schröder,* Autonomie im Arbeitsrecht, S. 70 ff.; *Deiseroth,* Whistleblowing in Zeiten von BSE, 2001). Fest steht, dass der AG nicht verlangen kann, strafbares oder sittenwidriges Verhalten geheimzuhalten. Auf der anderen Seite sind selbstverständlich standesrechtliche und gesetzliche Verschwiegenheitspflichten zu wahren (zB §§ 17, 18, 20 UWG, §§ 79, 120 BetrVG, §§ 93, 116 AktG; § 9 VI BBiG). Ebenso gehen gesetzliche Anzeige- und Auskunftspflichten den vertraglichen Pflichten vor (zB § 3 II BSeuchG). Aber innerhalb dieser Grenzen liegt das Abwägungsproblem: Die Gewissensfreiheit des AN und das Loyalitätsinteresse des AG müssen im Wege beiderseitiger Rücksichtnahme ausgeglichen werden. Dazu näher 230 § 611 BGB Rn. 995 ff. und MünchArbR/*Blomeyer* § 53 Rn. 62 ff.

Art. 5 [Recht der freien Meinungsäußerung, Pressefreiheit, Rundfunkfreiheit]

(1) ¹Jeder hat das Recht, seine Meinung in Wort, Schrift und Bild frei zu äußern und zu verbreiten und sich aus allgemein zugänglichen Quellen ungehindert zu unterrichten. ²Die Pressefreiheit und die Freiheit der Berichterstattung durch Rundfunk und Film werden gewährleistet. ³Eine Zensur findet nicht statt.

(2) Diese Rechte finden ihre Schranken in den Vorschriften der allgemeinen Gesetze, den gesetzlichen Bestimmungen zum Schutze der Jugend und in dem Recht der persönlichen Ehre.

(3) ¹Kunst und Wissenschaft, Forschung und Lehre sind frei. ²Die Freiheit der Lehre entbindet nicht von der Treue zur Verfassung.

Übersicht

	Rn.
A. Überblick	1
B. Meinungs- und Informationsfreiheit (Art. 5 I 1)	3
I. Bedeutung	3
II. Schutzbereich	5
1. Meinungsfreiheit	5
2. Informationsfreiheit	13
3. Konkurrenzen	15
III. Eingriffe/Beeinträchtigungen	16
1. Abwehrfunktion	16
2. Schutzfunktion	18
IV. Schranken und Grenzen der Beschränkbarkeit	20
1. Prinzip der Wechselwirkung	20
2. Gesetzesvorbehalte	22
3. Rechtsprechung	25
V. Meinungsfreiheit im Arbeitsrecht	28
1. Spezielle Interessenlage	28
2. Gesetzliche Einschränkungen	31
3. Vertragliche Einschränkungen	38
4. Sonderstellung des Betriebsrats	40
C. Pressefreiheit (Art. 5 I 2 Alt. 1)	44
I. Schutzbereich	44
1. Bedeutung und Abgrenzung	44
2. Presse	52
3. Träger des Grundrechts	59

	Rn.
II. Eingriffe/Beeinträchtigungen	60
III. Schranken und Grenzen der Beschränkbarkeit	64
1. Schranken und Zensurverbot	64
2. Wechselwirkung	66
3. Grundrechte Dritter	68
IV. Pressefreiheit im Arbeitsrecht	71
1. Arbeitsvertragsrecht	73
2. Betriebsverfassungsrecht	79
3. Arbeitskampfrecht	82
D. Rundfunkfreiheit (Art. 5 I 2 Alt. 2)	88
I. Bedeutung und Eigenart	88
II. Schutzbereich	90
1. Der verfassungsrechtliche Rundfunkbegriff	90
2. Geschützte Tätigkeiten	92
3. Träger des Grundrechts	94
III. Eingriffe/Beeinträchtigungen	96
IV. Schranken und Grenzen der Beschränkbarkeit	98
V. Rundfunkfreiheit im Arbeitsrecht	100
1. Allgemeines	100
2. Arbeitsvertragsrecht	102
3. Kollektives Arbeitsrecht	106

A. Überblick

Art. 5 faßt **verschiedene Einzelgrundrechte** in sehr lapidarer Formulierung zusammen: die Meinungs- und Informationsfreiheit, die Presse-, Rundfunk- und Filmfreiheit (Art. 5 I) sowie die Freiheit der Kunst und die Freiheit der Wissenschaft (Art. 5 III). Gemeinsam ist ihnen, dass sie die geistige Freiheitsentfaltung gewährleisten und der Kommunikation dienen. Insoweit besteht eine Verwandtschaft mit der Versammlungsfreiheit (Art. 8) und der Vereinigungsfreiheit (Art. 9). 1

Art. 5 unterscheidet zwei Gruppen von Grundrechten: solche mit und ohne Gesetzesvorbehalt. Die Schrankenregelung des Art. 5 II gilt nur für die Meinungs- und Informationsfreiheit sowie die Presse-, Rundfunk- und Filmfreiheit. Hingegen werden die Freiheit der Kunst und der Wissenschaft in Art. 5 III vorbehaltlos gewährleistet. Sie enthalten Einrichtungsgarantien und folgen ganz eigenen Strukturprinzipien, die im Folgenden nicht kommentiert werden sollen, weil das den Rahmen dieses Kommentars sprengen würde. Ich beschränke mich auf die Erläuterung von Art. 5 I und II. 2

B. Meinungs- und Informationsfreiheit (Art. 5 I 1)

I. Bedeutung

Das BVerfG hat die Bedeutung der Meinungsfreiheit von Anfang an stark betont. Schon im Lüth-Urteil hat es von dem „vornehmsten Menschenrecht" gesprochen (15. 1. 1958 E 7, 198, 208). Vor allem hat es immer wieder hingewiesen, dass die Kommunikationsgrundrechte für ein freiheitliches demokratisches Gemeinwesen schlechthin konstituierend sind. Sie ermöglichen erst die ständige **geistige Auseinandersetzung**, die das Lebenselement der demokratischen Staatsform bildet. Nur der ungehemmte und unreglementierte Meinungsbildungsprozess kann das liberale Klima schaffen, das dazu erforderlich ist (st. Rspr. vgl. 15. 11. 1982 E 62, 230, 246; 16. 6. 1981 E 57, 295, 323). 3

Die konstitutive Bedeutung für die parlamentarische Demokratie hat Rspr. und Lehre frühzeitig dazu veranlasst, die Funktion der Kommunikationsgrundrechte bis hin zu Teilhaberechten und institutionellen Gewährleistungen auszuweiten. Vor allem aber ist seit dem Lüth-Urteil unbestritten, dass sie auch im **Zivilrecht** gewährleistet sein müssen, was nur durch eine entspr. Ausgestaltung, Auslegung und Anwendung der maßgebenden Zivilgesetze erreicht werden kann (grundlegend 15. 1. 1958 E 7, 198, 205 ff.). Das gilt auch und bes. im **Arbeitsrecht** (Rn. 28 ff.). Im Sinne dieser Schutzfunktion hatte 4 schon die Weimarer Reichsverfassung in Art. 118 gefordert, dass die Meinungsfreiheit durch kein Arbeits- oder Anstellungsverhältnis gehindert werden dürfe. Das gilt für beide Vertragsteile, AN und AG.

II. Schutzbereich

5 **1. Meinungsfreiheit.** Tragendes Merkmal des Schutzbereichs der Meinungsfreiheit ist die persönliche **Meinung.** Kennzeichnend ist ihre Subjektivität: Das Element der Stellungnahme, des Dafürhaltens und Meinens im Rahmen einer geistigen Auseinandersetzung; unerheblich sind die Bedeutsamkeit, die Richtigkeit oder gar Vernünftigkeit einer Äußerung (BVerfG 14. 3. 1972 E 33, 1, 14; 22. 6. 1982 E 61, 1, 7 ff.). Selbst polemische und beleidigende Werturteile fallen in den Schutzbereich, soweit sie als Teil des Meinungskampfes verstanden werden müssen. Diese Grenze überschreitet erst die sogenannte „Schmähkritik"; die nur noch auf Verunglimpfung abzielt, für die also Meinungsbildung – und sei es in noch so polemischer und zugespitzter Form – keine Rolle mehr spielt (26. 6. 1990 E 82, 272, 283 f. – Zwangsdemokraten; 9. 10. 1991 E 85, 1, 16 – Bayer-Aktionäre).

6 Vom subjektiv wertenden Meinen lässt sich theoretisch die reine **Tatsachenbehauptung** unterscheiden. Sie ist an sich, wie auch Angaben statistischer Art, einem Wahrheitsbeweis zugänglich. Da eine erwiesen oder sogar bewusst unwahre Tatsachenbehauptung keinen Informationswert hat und zum Meinungsbildungsprozess nichts beitragen kann, fällt sie nach Ansicht des BVerfG aus dem Schutzbereich des Art. 5 I heraus (9. 10. 1991 E 85, 1, 15; *Grimm* NJW 1995, 1697, 1699). Anders als bei der eigentlichen Meinung, die überdreht, sinnlos, sogar einfach albern sein kann, soll es hier also auf den Wert des Beitrags zum Meinungsbildungsprozess ankommen. Das ist eigentlich widersprüchlich.

7 Die Unterscheidung hat aber aus einem anderen Grunde kaum Bedeutung. Wie das BVerfG selbst hervorhebt, sind die subjektiven und objektiven Elemente einer Meinungsäußerung regelmäßig so eng verknüpft und wechselseitig aufeinander bezogen, dass sie sich praktisch nicht trennen lassen, soll nicht die Freiheit der Meinungsäußerung leerlaufen (9. 10. 1991 E 85, 1, 15 – Bayer-Aktionäre; 13. 4. 1994 E 90, 241, 147 – Auschwitzlüge; 31. 10. 1996 E 94, 1, 7 – Sterbehilfe). **Meinungsbezogene Tatsachenbehauptungen** fallen auch dann in den Schutzbereich des Art. 5 I, wenn sie offensichtlich falsch sind. Im Zweifel ist eine solche Bezogenheit anzunehmen (BVerfG 9. 10. 1991, E 85, 1 = NJW 1992, 1439). Einige Autoren halten die ganze Unterscheidung mit guten Gründen für untauglich und wollen falsche Tatsachenbehauptungen ebenso wie unhaltbare Meinungen prinzipiell in den Grundrechtsschutz einbeziehen, ihre Schutzwürdigkeit erst bei den Schranken der Meinungsfreiheit und der Abwägung mit kollidierenden Rechten Dritter berücksichtigen (*Schmidt-Jortzig* HbStR VI § 141 Rn. 20). Jede Äußerung, die einem individuellen Mitteilungsbedürfnis entspricht, genieße den Schutz von Art. 5 I (*Herzog* in *Maunz/Dürig* Art. 5 I, II Rn. 55; *Schulze-Fielitz* in *Dreier* Art. 5 I, II Rn. 47).

8 Wie bei allen Grundrechten ist auch hier die negative Form des Verhaltens mitgeschützt, also die Freiheit, keine Meinung zu haben oder zu äußern **(negative Meinungsfreiheit)**. Niemand soll gezwungen werden, sich im Meinungskampf festzulegen oder eine fremde Meinung als eigene verbreiten zu müssen (BVerfG 22. 1. 1997 E 95, 173, 182). Insoweit muss sich auch niemand ausfragen lassen (*Jarass/Pieroth* Rn. 6 b; *Herzog* in *Maunz/Dürig* Art. 5 I, II Rn. 43). Das gilt allerdings nicht für rein statistische Angaben und Mitteilungen ohne jedes subjektive Element (BVerfG 15. 12. 1983 E 65, 1, 40 f. – Volksbefragung).

9 Die **Form der Meinungsäußerung** ist gleichgültig, soweit es nur um den Schutzbereich geht. Die in Art. 5 I 1 erwähnten Medien „Wort, Schrift und Bild" sind nur Beispiele. Meinungen können auch gestisch und mimisch geäußert werden oder in der Kleidung und sonstigem Verhalten zum Ausdruck kommen (hL für viele *Bethge* in *Sachs* Rn. 44; *Schmidt-Jortzig* HbStR VI § 141 Rn. 23). Bes. die verbreiteten Anstecknadeln und Plaketten haben immer wieder zu Konflikten geführt (BVerfG 23. 10. 1985 E 71, 108 – „Atomkraft? – Nein, danke"). Schwierigkeiten bereitet die Unterscheidung der Merkmale „äußern" und „verbreiten"; die jedoch kaum praktische Bedeutung hat. Es geht nur um unterschiedliche Grade der Außenwirkung. Geschützt ist jedenfalls der gesamte Prozess der Meinungsweitergabe (*Schulze-Fielitz* in *Dreier* Art. 5 I, II Rn. 49 mwN).

10 Auch die inhaltliche Gestaltung der Meinungsäußerung ist gleichgültig. Auch **Polemik** fällt in den Schutzbereich (BVerfG-Kammer 16. 10. 1998 NZA 1999, 77). Echte oder rhetorische **Fragen** sind für die geistige Auseinandersetzung bedeutsam und deshalb ebenfalls geschützt (BVerfG 9. 10. 1991 E 85, 23 = NJW 1992, 1442). Das Gleiche gilt für **satirische Verfremdung** (BVerfG 25. 3. 1992 E 86, 1 = NJW 1992, 2073; BVerfG-Kammer 12. 11. 1997 NJW 1998, 1386). Eine bes. scharfe Waffe im Meinungskampf ist das wörtliche **Zitat** von fremden Meinungsäußerungen oder von Aktenbestandteilen. Auch hier unterscheidet das BVerfG zwischen richtigen und falschen Zitaten; letztere sind nicht geschützt (3. 6. 1980 E 54, 208 – *Böll/Walden*; 3. 12. 1985 E 71, 206, 216 – § 353 d StGB).

11 Obwohl das BVerfG entscheidend auf den gesellschaftlichen Meinungsbildungsprozess abstellt, sind die Motive der Meinungsäußerung unerheblich. Die Kundgabe einer Meinungsäußerung ist also auch

dann geschützt, wenn sie ausschließlich **wirtschaftliche Ziele** verfolgt, zB bei rein kommerziell vertriebenen Presseerzeugnissen (BVerfG 23. 3. 1971 E 30, 336, 352; 31. 10. 1984 E 68, 226, 233). Bei der **Reklame** unterscheidet das BVerfG nach deren Inhalt. Dient sie nur der Umsatzsteigerung, wird sie als Teil der Berufsausübung iSd. Art. 12 I gewertet (10. 12. 1975 E 40, 371, 382); enthält sie hingegen wertende, meinungsbildende Bestandteile, verfolgt sie also weitergehende Ziele, so wird sie auch von Art. 5 I geschützt (19. 11. 1985 E 71, 162, 175 – Frischzellentherapie; 22. 1. 1997 E 95, 173, 182 – Tabakwerbung; 12. 12. 2000 E 102, 347, 359 – Schockwerbung; BVerfG-Kammer 7. 11. 2002 ZIP 2002, 2230 – Rankinglisten).

Schließlich nehmen auch **Boykottaufrufe** am Schutz der Meinungsfreiheit teil, soweit ihnen eine bestimmte Meinungskundgabe zugrunde liegt. Ob diese Form der Teilnahme am Meinungskampf privaten oder altruistischen Motiven dient, ist unerheblich. Auch eine wirtschaftliche Machtstellung ändert nichts am Schutzbereich des Art. 5 I. Das gilt jedoch nur, solange der Aufruf sich auf die Überzeugungskraft von Darlegungen, Erklärungen und Erwägungen beschränkt; die Androhung schwerwiegender Nachteile oder die Ausnutzung sozialer und wirtschaftlicher Machtpositionen ist nicht durch das Grundrecht der freien Meinungsäußerung geschützt (BVerfG 26. 2. 1969 E 25, 256, 264; BAG 4. 6. 1998 AP BGB § 823 Nr. 7 unter B III 2 a; *Bethge* in *Sachs* Rn. 37; eingehend *Wendt* in *v. Münch/Kunig* Rn. 14). 12

2. Informationsfreiheit. Als selbständiges Grundrecht steht die Informationsfreiheit neben der Meinungsfreiheit. Sie gewährleistet das Recht, sich aus allg. zugänglichen Quellen ungehindert zu unterrichten. Das ist die Voraussetzung einer selbständigen Meinungsbildung, die der Meinungsäußerung vorausgeht und deshalb für den Diskurs einer demokratischen Öffentlichkeit vergleichbare Bedeutung hat (BVerfG 3. 10. 1969 E 27, 71, 83 ff.). Die Informationsfreiheit umfasst ein gegen den Staat gerichtetes **Recht auf Zugang,** wenn eine Informationsquelle im staatlichen Verantwortungsbereich liegt und dazu bestimmt ist, der Öffentlichkeit zur Verfügung zu stehen (BVerfG 24. 1. 2001 E 103, 44; ergänzend zur Medienberichterstattung: 9. 2. 1994 E 90, 27, 31 f.). 13

Nach verbreiteter, aber nicht näher begründeter Ansicht soll die Informationsfreiheit nur Abwehrfunktion haben (*Bethge* in *Sachs* Rn. 59; *Schmidt-Jortzig* HbStR VI § 141 Rn. 35; vgl. auch BVerwG 13. 12. 1984 E 70, 310). Es soll also nur um die Abwehr von Informationsbehinderungen durch den Staat gehen. Das BVerfG sieht das mit Recht anders (9. 2. 1994 E 90, 27, 33 = NJW 1994, 1147 – Parabolantenne des Mieters). Im Arbeitsrecht lassen sich mannigfache Informationsbehinderungen denken, die **Schutzpflichten** auslösen, und zwar sowohl in den Betrieben (vgl. *Simitis/Kreuder* NZA 1992, 1009), wie auch in den Verbänden (vgl. das rechtsvergleichende Beispiel bei *Gamillscheg,* Kollektives Arbeitsrecht I, § 9 Fn. 79). 14

3. Konkurrenzen. Die Meinungsfreiheit geht als spezielleres Grundrecht der allg. Handlungsfreiheit vor. Hingegen wird ihr Schutz ersetzt durch die spezielleren Grundrechte der Pressefreiheit, der Rundfunk- und Filmfreiheit (Art. 5 I 2) sowie der Freiheit von Kunst und Wissenschaft (Art. 5 III). Auch die Glaubensfreiheit (Art. 4 I) ist als spezielleres Grundrecht anzusehen. Andere Grundrechte können verstärkend und tw. verdrängend hinzutreten, insb. die Versammlungsfreiheit (Art. 8), die Koalitionsfreiheit (Art. 9 III) und das Post- und Fernmeldegeheimnis (Art. 10 I). Eine Verstärkung ergibt sich ferner mittelbar aus dem Diskriminierungsverbot des Art. 3 III, soweit dort eine Benachteiligung oder Bevorzugung wegen politischer Anschauungen verboten wird (vgl. zu Einzelheiten *Schmidt-Jortzig* HbStR VI § 141 Rn. 36 ff.; *Bethge* in *Sachs* Rn. 47 f.). 15

III. Eingriffe/Beeinträchtigungen

1. Abwehrfunktion. Die Meinungsäußerungsfreiheit wird durch jede staatliche Regelung oder Entscheidung beeinträchtigt, die die Äußerung oder Verbreitung von Meinungen verbietet, erschwert oder durch Sanktionen verhindert (*Jarass/Pieroth* Rn. 9; *Schultze-Fielitz* in *Dreier* Art. 5 I, II Rn. 95). Das bedarf nicht ausgesprochener „Maulkorbgesetze"; auch gesetzliche Zurückhaltungsgebote wie § 74 II BetrVG, die bestimmte Meinungsäußerungen um des Betriebsfriedens willen unterbinden wollen, greifen in die Meinungsfreiheit ein und bedürfen deshalb der Rechtfertigung und einer meinungsfreundlichen Interpretation (BVerfG 28. 4. 1976 E 42, 133, 139 f. = AP BetrVG 1972 § 74 Nr. 2). In die negative Meinungsfreiheit wird eingegriffen, soweit Menschen zu einer Meinungsäußerung gezwungen werden (BVerfG 15. 12. 1983 E 65, 1, 40 f. – Volksbefragung; 22. 1. 1997 E 95, 173, 182 – Zigarettenwerbung). 16

Der Eingriff kann auch in einer behördlichen oder gerichtlichen Entscheidung liegen, die ein Verbot ausspricht oder eine Sanktion verhängt. Zivilgerichtliche Unterlassungsurteile oder die Verurteilung zur Zahlung hoher Schmerzensgeldbeträge stehen in ihrer Eingriffsintensität unter Umständen einem Strafurteil nicht nach. Sie haben das BVerfG viel früher und auch öfter beschäftigt. 17

2. Schutzfunktion. Das Meinungsklima und die Streitkultur eines Landes hängen natürlich keineswegs nur von der Zurückhaltung öffentl. Gewalt ab. „Wes Brot ich eß, des Lied ich sing"; diese alte Volksweisheit bringt die Wirkungen sozialer und wirtschaftlicher Abhängigkeit auf den 18

30 Im Konfliktfall stellt sich zunächst die Frage, ob eine **Meinungsäußerung** vorliegt, die in den Schutzbereich des Art. 5 I fällt. Darüber lässt sich oft streiten (vgl. zur Schmähkritik Rn. 5, zur unwahren Tatsachenbehauptung Rn. 6). Wenn ein Lehrer im Sprachunterricht einen scheußlichen „Judenwitz" übersetzen lässt (BAG 5. 11. 1992 AuR 1993, 124), ist das durchaus zweifelhaft; wenn ein Arzt seiner Patientin zu Desinfektionszwecken ein Hakenkreuz auf den Körper malt (LAG Köln 17. 12. 1993 AuR 1994, 315), ist das ausgeschlossen. Nicht jede Entgleisung ist als Meinungsäußerung zu verstehen. Aber in der Masse der Fälle, die die Arbeitsgerichte beschäftigen, ist die Meinungsäußerung klar und stellt sich nun auch das Problem der Schranken.

31 **2. Gesetzliche Einschränkungen.** Auch im Arbeitsleben gelten zunächst die **Schranken der allg. Gesetze** ohne sozialpolitische Zielsetzung. Äußerungen, die als Volksverhetzung strafbar sind, werden vom Grundrecht der freien Meinungsäußerung nicht gedeckt (BAG 14. 2. 1996 AP BGB § 620 Verdacht strafbarer Handlung Nr. 26 = NZA 1996, 873). Das Gleiche gilt natürlich dann, wenn der Tatbestand einer Formalbeleidigung erfüllt ist (BAG 15. 12. 1977 AP BGB § 626 Nr. 69 – „Machenschaften der BR-Klicke"). Allerdings darf politische Agitation nicht voreilig mit einer Formalbeleidigung gleichgestellt werden; dass AG oder BR als zu bekämpfende Gegner dargestellt werden, genügt keineswegs (so aber BAG 13. 10. 1977 AP KSchG 1969 § 1 Verhaltensbedingte Kündigung Nr. 1 unter III 3 b). Der Vorwurf der Formalbeleidigung wird in der Praxis inflationär eingesetzt.

32 Der Allgemeine Ehrenschutz des Straf- und Deliktsrechts reicht selbstverständlich nicht aus, um die Eigenart arbeitsvertraglicher Rechtsbeziehungen vollständig zu erfassen, wenn Meinungsäußerungen von AN im Streit sind. Das erklärt die Suche nach spezifisch arbeitsrechtlichen Normen, die als allg. Gesetze iSv. Art. 5 II Schranken ziehen. Das BAG hat sich in vielen Entscheidungen mit **„Grundregeln über das Arbeitsverhältnisse"** beholfen, die es ausdrücklich zu den allg. Gesetzen iSv. Art. 5 GG rechnet. Eine solche Grundregel sei „das Pflichtgebot, sich so zu verhalten, dass der Betriebsfrieden nicht ernstlich und schwer gefährdet wird, und dass die Zusammenarbeit im Betrieb mit den übrigen AN, aber auch mit dem AG, für diese zumutbar bleibt" (3. 12. 1954 AP KSchG § 13 Nr. 2). Später hat das BAG die Formel sogar dahin verschärft, die Meinungsschranke bedeute, dass der AN nicht den Interessen des AG zuwiderhandeln oder diese beeinträchtigen dürfe (28. 9. 1972 AP BGB § 134 Nr. 2 unter II 2 b). Das kann nicht richtig sein. Abgesehen davon, dass völlig offen bleibt, welchem allg. Gesetz diese Regel zu entnehmen sein soll, würde sie den absoluten Vorrang der AGInteressen postulieren, also die freie Meinungsäußerung im Arbeitsverhältnis ausschließen, sobald sich AG gestört fühlen können. Inzwischen entspricht es allg. Ansicht, dass die maßgebende **Schrankenregelung aus § 242 BGB** abzuleiten ist. Diese Vorschrift verlangt von allen Vertragspartnern Rücksichtnahme auf die Belange des jeweils anderen. Eine solche Generalklausel bedarf einer Konkretisierung im Wege richterrechtlicher Regelbildung, die das BAG offenbar mit der Formulierung von „Grundregeln" anstrebte. Dem BAG ist auch darin zu folgen, dass richterrechtliche Grundsätze, die als allg. Gesetzen abgeleitet wurden, geeignet sind, Schranken iSv. Art. 5 II zu bilden (BVerfG 14. 2. 1973 E 34, 269, 292 – Soraya). Aber auch bei diesen ist das Prinzip der Wechselwirkung zu beachten, so dass der Meinungsfreiheit soweit als möglich Raum bleiben muss (vgl. Rn. 20, 25). Diesen verfassungsrechtlichen Auftrag verfehlte die Formel des BAG schon im Ansatz (*Preis/Stoffels* RdA 1996, 210, 212 mwN in Fn. 38).

33 Eine verfassungskonforme Lösung ergibt sich, wenn man die prinzipielle **Zweiseitigkeit der Rücksichtspflichten** des § 242 BGB beachtet (zutreffend MünchArbR/*Blomeyer* § 53 Rn. 82ff.). Auf der einen Seite müssen AN die betrieblichen und unternehmerischen Belange berücksichtigen (vgl. § 611 BGB Rn. 992ff.), auf der anderen Seite hat aber der AG die Meinungsfreiheit seiner Mitarbeiter zu achten. Er ist verpflichtet, deren Meinungen und Äußerungen (auch rechts- und linksradikale) soweit als möglich zu tolerieren und auch deren Kritik an seiner Betriebsführung und Unternehmenspolitik hinzunehmen. Die Grenze ist erst erreicht, wenn konkrete Gefahren für Betriebsabläufe oder für die Außenwirkung des Unternehmens drohen. Selbst dann müssen seine Reaktionen oder Sanktionen (zB Abmahnung, ordentliche oder außerordentliche Kündigung) dem Verhältnismäßigkeitsprinzip entspr. Auf Störungen des Vertrauensverhältnisses kann er sich nur berufen, wenn sich das aus dem Inhalt oder der Art des Vertrages ergibt (dazu Rn. 38f.). Bes. heikel ist die Bewertung rassistischer und ausländerfeindlicher Äußerungen wegen ihrer schwer fassbaren Fernwirkung (zBBAG 1. 7. 1999 AP BBiG § 15 Nr. 11). Auch hier ist aber eine konkrete Abwägung unerlässlich; das Postulat eines „betrieblichen Tabubereichs" (MünchArbR/*Berkowski* § 137 Rn. 177) ist abzulehnen, weil es die betroffenen Interessen ausblendet und ihre Gewichtung entbehrlich machen würde.

34 Die meisten Urteile und Stellungnahmen im Schrifttum betreffen parteipolitische Agitation im Betrieb (Plaketten, Aufkleber, Flugblätter) und die Frage, wann die betrieblichen Belange konkret gestört sind. Dabei wird viel mit einem verschwommenen **Schutz des Betriebsfriedens** argumentiert. Daran ist richtig, dass die Zusammenarbeit von Menschen u. a. auch auf atmosphärische Rahmenbedingungen angewiesen ist. Aber dabei muss die gleiche Toleranz vorausgesetzt werden, die auch außerhalb des Betriebes im gesellschaftlichen Umfeld erwartet wird. Heftige Meinungsverschiedenheiten sind normal und der Arbeitsplatz keine Enklave. Wie sehr die Berufung auf den Betriebsfrieden zum beliebig verwendbaren Begründungsansatz einer scharf restriktiven Praxis gemacht werden kann, zeigt das Urteil des BAG zur Anti-Strauß-Plakette. Danach soll der Betriebsfrieden schon dann

gestört sein, wenn der zuständige Meister und ein weiterer Mitarbeiter Anstoß nehmen und der betroffene AN sich in „ungehöriger Weise" der Anordnung des technischen Direktors widersetzt, die beanstandete Plakette zu entfernen (9. 12. 1982 AP BGB § 626 Nr. 73 unter II 5 a; dazu krit. *Kohte* AuR 1984, 125; *Zachert* AuR 1984, 289; *Otto* AuR 1984, 289; MünchArbR/*Berkowsky* § 137 Rn. 186). Im Allgemeinen kann das Tragen einer Plakette, die für ein zulässiges Ziel wirbt, nicht beanstandet werden (*Preis/Stoffels* RdA 1996, 210, 214; *Buschmann/Grimberg* AuR 1989, 65, 76). Es ist auch nicht einzusehen, dass diese Form der Meinungsäußerung in der Vervielfachung als „Beflaggungseffekt" unzumutbar werden könnte (so aber *Söllner*, FS für Herschel, 1982, S. 389, 400).

Eine etwas andere Interessenlage ergibt sich bei AN mit **Öffentlichkeitskontakt** (zB als Repräsen- **35** tant gegenüber Kunden, Lieferanten oder Besuchern). Hier wird geltend gemacht, Meinungsäußerungen würden uU dem AG zugerechnet. In der Tat muss sich ein Unternehmen nicht gefallen lassen, als Meinungsträger oder gar -verstärker instrumentalisiert zu werden. Aber auch hier besteht die Gefahr einer allzu pauschalen Argumentation. Entgegen *Blomeyer* (MünchArbR § 53 Rn. 88) ergibt sich ein solcher Zurechnungszusammenhang keineswegs schon dann, wenn ein Privatwagen mit Parteipostern auf dem Firmenparkplatz abgestellt wird. Die konkrete Gefahr der Zurechnung von unangemessenen oder gar geschäftsschädigenden Meinungsäußerungen muss nachvollziehbar belegt werden können.

Eine allg. **Tendenzförderungspflicht** besteht nicht (aA *Buchner* ZfA 1979, 335). Bergarbeiter, die die **36** Verstaatlichung der Kohleindustrie, Bankkaufleute, die eine Verschärfung der Bankenaufsicht, Brauereiarbeiter, die ein Verbot der Alkoholwerbung fordern, sie alle verhalten sich nicht vertragswidrig, sondern machen von ihrer Meinungsfreiheit in zulässiger Weise Gebrauch (*Kissel* NZA 1988, 145, 150; *Preis/Stoffels* RdA 1996, 210, 215). Für Tendenzunternehmen gelten arbeitsvertragliche Bes. (Rn. 38 f.).

Einen zweiten Schwerpunkt der Diskussion bilden die verschiedensten Fälle von **Kritik am AG**. **37** Auch hier ist von dem Grundsatz der Meinungsfreiheit auszugehen, vor allem bei politischen Fragen (BVerfG-Kammer 16. 10. 1998 NZA 1999, 77). Eine Bes. besteht, wenn es um das Beseitigen von Mißständen geht, die im eigenen Interesse des AG liegt und für die infolgedessen betriebsinterne Zuständigkeits- und Verfahrensregeln vorgesehen sind. Darüber hinaus besteht regelmäßig eine institutionelle Interessenvertretung der AN im Betrieb. Daraus folgt im Rahmen des Möglichen und Zumutbaren die Pflicht, betriebsbezogene Kritik zunächst intern vorzubringen und mit arbeitsrechtlichen Instrumenten Abhilfe anzustreben. Das Recht der freien Meinungsäußerung endet jedoch nicht an dieser Grenze. Die sog. „**Flucht in die Öffentlichkeit**" muss als „Notausgang" offen bleiben, zumindest dann, „wenn es um die Aufdeckung von gewichtigen Mißständen geht, durch die die Öffentlichkeit betroffen ist und denen durch betriebsinternes Vorstelligwerden nicht erfolgreich begegnet werden kann" (BGH 20. 1. 1981 BGHZ 80, 25, 28 f. = NJW 1981, 1089 – Wallraff; eingehend *Wendeling-Schröder*, Autonomie im Arbeitsrecht, S. 197 ff.; zum Schutz für „whistleblowing" in den USA *Deiseroth*, Berufsethische Verantwortung in der Forschung, S. 233 ff.). Die zuständige **Gewerkschaft** ist keine „Öffentlichkeit" in diesem Sinne, sondern Teil des arbeitsrechtlichen Korrekturverfahrens (aA LAG Baden-Württemberg 20. 10. 1976 EzA KSchG § 1 Verhaltensbedingte Kündigung Nr. 8 mit krit. Anm. v. *Weiß*). Bei **Straftatbeständen** besteht eine staatsbürgerliche Pflicht zur Aufklärung. Die Aussage in einem staatsanwaltlichen Ermittlungsverfahren darf grds. nicht zu arbeitsrechtlichen Sanktionen führen (BVerfG – Kammer 2. 7. 2001 NZA 2001, 888; dazu *Deiseroth* AuR 2002, 161 und *M. Müller* NZA 2002, 424).

3. Vertragliche Einschränkungen der Meinungsfreiheit sind von den gesetzlichen Schranken des **38** Art. 5 II scharf zu unterscheiden. Sie können strengere Zurückhaltungsgebote und Schweigepflichten begründen, weil die Meinungsfreiheit wie alle anderen Freiheitsgewährleistungen weitgehend zur Disposition des Grundrechtsträgers steht (Einl. Rn. 68 ff.). Ausdrückliche Vertragsklauseln in diesem Sinne sind zwar selten, aber auch entbehrlich, wenn sich entspr. Bindungen stillschweigend aus der Art des Arbeitsverhältnisses ergeben. Das gilt vor allem für **Tendenzunternehmen** und **Kirchen**, thematisch begrenzt ferner für **bestimmte Berufe** mit standesrechtlichen Bindungen und uU auch für AN mit herausgehobenen oder repräsentativen Funktionen. Eine Sonderstellung in diesem Sinne nimmt schließlich der **öffentl. Dienst** ein, von dem ganz allg. funktionsbezogene Zurückhaltung erwartet werden darf. Das ist der Grund, warum zB Lehrer in staatlichen Schulen während ihres Schuldienstes keine Anti-Atomkraft-Plaketten tragen durften (BAG 2. 3. 1982 AP GG Art. 5 I – Meinungsfreiheit Nr. 8). Auf Angestellte der Deutschen Lufthansa lässt sich das nicht übertragen (LAG Frankfurt/Main 21. 9. 1990 LAGE Art. 4 Nr. 4). Auch ist der öffentl. Dienst kein homogener Block; der Grad der politischen Loyalitätspflicht hängt vielmehr von Status, Stellung und Aufgabenkreis ab (st. Rspr. BAG 31. 3. 1976 AP GG Art. 3 II Nr. 2 = NJW 1976, 1708; 28. 9. 1989 AP KSchG 1969 § 1 – Verhaltensbedingte Kündigung Nr. 24 = NJW 1990, 1196).

Auch **kollektivvertragliche Regelungen,** die den Normadressaten Zurückhaltung auferlegen, gehö- **39** ren in diesen Zusammenhang. Sie sind als privatautonome Beschränkungen der Meinungsfreiheit zu werten und wirksam, soweit ein Zusammenhang mit der Art des Arbeitsverhältnisses besteht (Einl. Rn. 47 und 53). Abw. davon bewertet die hL den 8 I 1 BAT als „allg. Gesetz" und damit als Schranke iS von Art. 5 II (Rn. 22). Das ist zwar unzutreffend, aber für das Ergebnis unschädlich, weil die privatautonome Legitimation der Beschränkung ausreicht.

Dieterich

40 **4. Sonderstellung des Betriebsrats.** Auch der BR kann sich bei seiner Öffentlichkeitsarbeit auf das Recht der freien Meinungsäußerung berufen (*Müller/Boruttau* NZA 1996, 1071; allg. zu seiner Grundrechtsfähigkeit *Richardi* BetrVG Einl. Rn. 112 f.). Er ist dabei nicht auf bestimmte Räumlichkeiten oder Medien beschränkt. Im Rahmen seiner Zuständigkeit kann er selbst darüber entscheiden, wann und in welchem Umfang er eine öffentl. Stellungnahme für angebracht hält. Das gleiche Recht nimmt selbstverständlich auch der AG in Anspruch. Es geht hier also um „das Informationsgleichgewicht" (*Simitis/Kreuder* NZA 1992, 1009, 1013).

41 Allerdings ist die Freiheit des BR nicht unbeschränkt. Eine formale Grenze ergibt sich zunächst aus der **Kostenbelastung**, die mit der Öffentlichkeitsarbeit des BR verbunden ist. Der AG muss zwar solche Kosten tragen (§ 40 BetrVG), jedoch nach einhelliger Auffassung nur im Rahmen der Erforderlichkeit. Dieser Rechtsgrundsatz gilt als allg. Gesetz iSv. Art. 5 II. Er darf allerdings nicht zum Instrument der Meinungssteuerung gemacht werden.

42 Darüber hinaus müssen AG und BR im Interesse vertrauensvoller Zusammenarbeit und auch zum Schutze der Meinungsfreiheit der Belegschaft Grenzen beachten, die in **§ 74 II BetrVG** geregelt sind. Sie dürfen nichts tun, was den Betriebsfrieden stört und haben darüber hinaus (!) jede parteipolitische Betätigung im Betrieb zu unterlassen, soweit es nicht um Angelegenheiten tarifpolitischer, sozialpolitischer und wirtschaftlicher Art geht, die den Betrieb oder seine AN unmittelbar betreffen. Diese Regelung ist ebenfalls ein allg. Gesetz iSv. Art. 5 II (BVerfG 28. 4. 1976 E 42, 133 = AP BetrVG 1972 § 74 Nr. 2; 210 – BetrVG § 74 Rn. 21).

43 Wie alle Schrankengesetze muss auch § 74 II 3 BetrVG in Wechselwirkung mit Art. 5 I ausgelegt werden (s. o. Rn. 20). Umstritten ist insb. die Frage, was hier unter **„parteipolitischer Betätigung"** zu verstehen ist. Der Begriff soll nach der Rspr. des BAG und verbreiteter Lehre weit ausgelegt werden. Die Schranke erstrecke sich auf politische Richtungen sowie auf einzelne repräsentative Persönlichkeiten der Politik; die Unterscheidung zwischen „parteipolitisch" und „allgemeinpolitisch" sei weder sinnvoll, noch möglich (BAG 21. 2. 1978 und 12. 6. 1986 AP BetrVG 1972 § 74 Nr. 1 und 5; MünchArbR/*v. Hoyningen-Huene* § 293 Rn. 54; weitere Nachw. bei 210 – BetrVG § 74 Rn. 25). Nach meiner Ansicht schränkt diese Auslegung das Grundrecht der Meinungsfreiheit übermäßig ein. Richtig ist allerdings, dass der **BR als Organ** nur für die gesamte Belegschaft sprechen kann. Ferner trifft es zu, dass die Einzelnen **BRmitglieder**, deren persönliche Meinungsfreiheit betroffen ist, ihren Amtsbonus nicht missbrauchen dürfen; das ist ein geläufiges Problem bei allen Amtsträgern. Aber nicht jede persönliche Meinungsäußerung zu allgemeinpolitischen Themen (zB pazifistischer oder ökologischer Art) ist in einer freiheitlichen Gesellschaft und im Geiste des Art. 5 als Missbrauch iS einer politischen Stellungnahme anzusehen. Beim Verteilen von Flugblättern kommt es entscheidend auf den Inhalt und die Begleitumstände an. Das Tragen einer pazifistischen oder ökologischen Plakette ist mE im Allg. als Ausdruck eines persönlichen Bekenntnisses keine Aufforderung zur Diskussion, so lästig solche plakativen Äußerungen uU auch wirken mögen. Auch hier gilt: Im Zweifel für die Meinungsfreiheit – auch und gerade des Andersdenkenden (*Fitting* BetrVG § 74 Rn. 50; GK-BetrVG/ *Kreutz* § 74 Rn. 98; *Derleder* AuR 1988, 17).

C. Pressefreiheit (Art. 5 I 2 Alt. 1)

I. Schutzbereich

44 **1. Bedeutung und Abgrenzung.** Das Grundrecht der Pressefreiheit ist nicht nur ein Unterfall der durch Art. 5 I 1 geschützten Meinungsfreiheit. Der Schutzbereich bezieht sich auf die Institution der freien Presse und dient damit sowohl den im Pressewesen in Ausübung ihrer Funktion tätigen Personen, wie auch den institutionell-organisatorischen Voraussetzungen und Rahmenbedingungen einer freien Presse (st. Rspr. des BVerfG, vgl. 6. 10. 1959 E 10, 118, 121; 9. 10. 1991 E 85, 1, 12 f. = NJW 1992, 1439; 14. 7, 1994 E 91, 125, 134; vgl. auch BAG 15. 11. 1982 AP GG Art. 5 Abs. 1 Pressefreiheit Nr. 1). Handelt es sich dagegen nur um die Frage, ob eine bestimmte Äußerung erlaubt ist, insb. ob ein Dritter sie für ihn nachteilige Äußerung hinzunehmen hat, ist ungeachtet des Verbreitungsmediums Art. 5 I 1 einschlägig (BVerfG 9. 10. 1991 E 85, 1, 12 f. = NJW 1992, 1439). Zu sonstigen Konkurrenzfragen *Bethge* in *Sachs* Rn. 89.

45 Die Pressefreiheit schützt einerseits den Einzelnen vor staatlichen Beeinträchtigungen bei der Herstellung und Verbreitung von Presseerzeugnissen. Neben dieses **Individualgrundrecht** tritt die **institutionelle Garantie** der freien Presse als selbständige Gewährleistung. Daraus folgt die Freiheit der Gründung von Presseorganen, ein freier Zugang zu den Presseberufen sowie Auskunftspflichten der öffentl. Behörden (BVerfG 5. 8. 1966 E 20, 162, 175 f.; 6. 2. 1979 E 50, 234, 240). Die institutionelle Garantie erfordert eine privatwirtschaftliche und privatrechtliche Organisation der Presse (vgl. BVerfG 5. 8. 1966 E 20, 162, 174 f. – Spiegel; 25. 1. 1984 E 66, 116, 133 – Wallraff).

46 Das Grundrecht bezweckt in erster Linie die **Abwehr staatlicher Eingriffe**. Die Garantie eines Abwehrrechts hat vor dem Hintergrund der Erfahrungen der vom NS-Staat „gleichgeschalteten" Presse- und Funkmedien bes. Gewicht (vgl. zu den Motiven MünchArbR/*Rüthers* § 201 Rn. 25). Eine

freie, nicht gelenkte und keiner Zensur unterworfene Presse ist ein Wesensmerkmal des demokratischen Staates. Regelmäßig erscheinende, die Politik begleitende Informationen und Kommentare sind für die moderne Demokratie unentbehrlich (BVerfG 5. 8. 1966 E 20, 162, 174; 25. 1. 1984 E 66, 116, 133).

Darüber hinaus hat aber auch die Pressefreiheit **Schutzfunktion.** Das Grundrecht erlegt dem Staat 47 als objektive Grundsatznorm Schutzpflichten auf (vgl. BVerfG 6. 6. 1989 E 80, 124, 133 = NJW 1989, 2877). Sie treffen in erster Linie den **Gesetzgeber.** Er hat im Rahmen des ihm zustehenden weiten Gestaltungsspielraums die Funktionsbedingungen eines freien Pressewesens zu gewährleisten (vgl. *Bethge* in *Sachs* Rn. 73). Der Gesetzgeber ist aber weder gehalten noch steht es ihm frei, der Pressefreiheit absoluten Vorrang vor anderen wichtigen Gemeinschaftsgütern einzuräumen. Es bedarf einer sorgsamen Abwägung, ob und inwieweit die Erfüllung publizistischer Aufgaben einen Vorrang der Pressefreiheit gegenüber anderen gewichtigen Interessen des freiheitlich-demokratischen Staates oder seiner Bürger erfordert (vgl. BVerfG 1. 10. 1987 E 77, 65, 75 ff. = NJW 1988, 329).

Beispiele für **gesetzliche Sicherungen** der Pressefreiheit: Die Vorschriften in § 53 V, § 97 II 3 und V 48 StPO sowie § 98 I StPO enthalten einen Informantenschutz und einen Schutz der von ihnen mitgeteilten Informationen, Ton-, Bild- und Datenträger. Gesetzlich nicht geschützt ist dagegen das selbst recherchierte Material (vgl. zu dieser noch immer umstrittenen Unterteilung BVerfG 1. 10. 1987 E 77, 65 = NJW 1988, 329; krit. mit Beispielen von Beschlagnahmen *Kerscher* NJW 1997, 1350). Der in § 1 II BbgPresseG verankerte Grundsatz der „Polizeifestigkeit des Presserechts" verbietet jegliche präventive ordnungsbehördliche oder polizeiliche Sondermaßnahme zur Einschränkung der Pressefreiheit, sofern diese gegen den Inhalt des Presseerzeugnisses gerichtet ist (vgl. zur Polizeifestigkeit als historisch gewachsenem Prinzip OVG Brandenburg 17. 3. 1997, NJW 1997, 1387). **§ 118 BetrVG** sichert den Tendenzschutz von Presseunternehmen gegenüber Einflüssen von Betriebsvertretungen bei der Ausübung von Mitbestimmungsrechten, allerdings nur insoweit, als Berichterstattung oder Meinungsäußerung den Unternehmenszweck kennzeichnen (vgl. Rn. 79 sowie 210 – BetrVG § 118 Rn. 15).

Die entspr. Schutzpflicht trifft nicht nur den Gesetzgeber, sondern auch die **Gerichte.** Daraus 49 ergeben sich Konsequenzen bei der Auslegung und Anwendung **bürgerlich-rechtlicher Vorschriften** (vgl. BVerfG 25. 1. 1984 E 66, 116, 130 ff., 135). Schon in der „Blinkfuer-Entscheidung" hat das BVerfG das nachdrücklich betont (vgl. 26. 2. 1969 E 25, 256). Das Ziel der Pressefreiheit, eine diskursive Bildung öffentl. Meinung zu ermöglichen, erfordert u. a. den freien **Wettbewerb veröffentlichter Meinungen,** der nicht durch wirtschaftliche Druckmittel gestört werden darf. Die Rspr. muss das bei der Auslegung des Zivilrechts beachten. Die entspr. Schutzpflicht dient jedoch nur dem Ziel, die Gestaltung und Verbreitung von Presseerzeugnissen mit angemessenen Mitteln zu sichern (vgl. BVerfG 26. 2. 1969 E 25, 256, 268). Der veröffentlichte Boykottaufruf ist deshalb vom Schutz der Pressefreiheit ausgenommen, wenn dadurch eigene wirtschaftliche Interessen verfolgt werden (vgl. BVerfG 15. 11. 1982 E 62, 230, 243 f.), während uneigennützige Ziele und Belange von öffentl. Interesse eine andere Abwägung gebieten (BVerfG 15. 1. 1958 E 7, 198 – Lüth).

Lebhaft umstritten und nicht völlig geklärt ist die Frage, ob Art. 5 I 2 den Staat zum Schutz der 50 Journalisten auch gegenüber ihrem Verleger verpflichtet, ob also eine **„innere Pressefreiheit"** von Verfassungs wegen gewährleistet sein muss. Einigkeit besteht dahin, dass die Pressefreiheit ohne ein Mindestmaß an **Unabhängigkeit der publizistischen Mitarbeiter** nicht funktionieren kann. Die Frage ist nur, ob die Garantie einer freien privatwirtschaftlichen Struktur der Presse (Rn. 45) vereinbar ist mit gesetzlichen Vorgaben für den presseinternen Abstimmungsprozess oder gar mit zwingenden Ordnungsmodellen, die sich gegen den Verleger richten und dessen Freiheit zugunsten der redaktionellen Unabhängigkeit beschränken. Die herrschende Lehre verneint das (*Bethge* in *Sachs* Rn. 81; *Bullinger* HStR § 142 Rn. 62; *Degenhart* Bonner Kom. Art. 5 I und II Rn. 391 ff.; *Scholz,* Pressefreiheit und Arbeitsverfassung, S. 106 ff.; *Starck* in *v. Mangoldt/Klein* Rn. 59 f.; aA *Hoffmann-Riem/Plander,* Grundfragen der Pressereform S. 104 ff.; *Stammler,* Die Presse als soziale und verfassungsrechtliche Institution, S. 232 ff.).

In der Tat ist es wohl kaum möglich, innerhalb einer privatwirtschaftlich strukturierten Presse die 51 komplizierte, nuancenreiche und situationsabhängige Abstimmung zwischen dem Verleger und seinen publizistischen Mitarbeitern gleichsam presseinstitutionell geordnet unmittelbar aus Art. 5 I 2 abzuleiten. Dass die Grundrecht der Pressefreiheit ist insoweit offen. Umso bedeutsamer wird allerdings bei dieser Sachlage der **Meinungs- und Gewissensschutz der Redakteure** (Art. 5 I 1 und Art. 4 I). Kein Presseangehöriger darf innerhalb der vorgegebenen Tendenz angewiesen werden, eine andere als die eigene Meinung publizistisch zu vertreten (*Bethge* bei *Sachs* Rn. 82; MünchArbR/*Rüthers* § 201 Rn. 86; *Dörner/Schaub* in *Löffler* Presserecht BT ArbR Rn. 87 ff.; für Rundfunkredakteure *Deiseroth* AuR 2001, 161; LAG Baden-Württemberg 2. 8. 2000 AuR 2001, 192). Daraus ergeben sich Mindestanforderungen in Bezug auf die publizistische Freiheit. Dafür kann uU auch Vorsorge in Gestalt organisatorischer Festlegungen erforderlich sein (Rn. 76).

2. Presse. Der Begriff Presse ist weit und formal auszulegen. Er umfasst alle **Druckerzeugnisse** wie 52 Zeitungen, Zeitschriften, Bücher, Plakate, Flugblätter, Handzettel. Ebenso wird **Werkszeitungen** der Grundrechtsschutz zuteil; sie unterscheiden sich von Presseerzeugnissen, die dem Publikum allg. zum Kauf angeboten werden, vor allem dadurch, dass sie lediglich unternehmensintern verteilt werden. Für die Funktion des Grundrechts, eine staatlich nicht reglementierte, offene Kommunikation zu gewährleisten, ist dieser Unterschied unerheblich. Die Ermöglichung freier individueller und öffentl. Meinungsbildung wird nicht nur von allg. zugänglichen, sondern auch von gruppeninternen Publikationen erfüllt. Entscheidend für den Grundrechtsschutz der Presse ist allein das Kommunikationsmedium, nicht der Vertriebsweg oder Empfängerkreis (BVerfG 8. 10. 1996, E 95, 28 = AP GG Art. 5 I Pressefreiheit Nr. 3). Das gilt dann auch für Betriebszeitungen der AN (*Däubler,* Arbeitsrecht 1, Rn. 783). Dem Grundrechtsschutz des Art. 5 I unterliegen ferner **elektronische Medien,** die zur Verbreitung von Nachrichten oder Meinungen an einen individuell unbestimmten Personenkreis eingesetzt werden und dabei nicht unter den Rundfunk oder Filmbegriff fallen, zB CD's oder Videos als Nachrichtenträger (vgl. *Bullinger* in *Löffler,* Presserecht, Einl. Rn. 4 „elektronische Presse"; *Bethge* in *Sachs* Rn. 68, 88).

53 Geschützt sind **alle Verhaltensweisen** von der Informationsbeschaffung bis zur Verbreitung der Nachrichten und Meinungen (vgl. BVerfG 14. 7. 1994 E 91, 125, 134) sowie der Werbung (BVerfG 12. 12. 2000 E 102, 347, 359). In den Schutzbereich fällt schon die **Festlegung der Tendenz** von Presseerzeugnissen (BVerfG 6. 11. 1979 E 52, 283, 296 f. = AP BetrVG 1972 § 118 Nr. 14; näher Rn. 58). Nicht geschützt ist die (Zweit-)Verwertungstätigkeit (vgl. BVerfG 23. 3. 1988 E 78, 101, 103).

54 Grundlage einer freiheitlichen Presse ist zunächst die **Beschaffung von Informationen,** unabhängig davon, wie sie stammen und ob sie rechtmäßig erlangt sind (vgl. BVerfG 14. 7. 1994 E 91, 125, 134). Es ist keine Frage des Schutzbereichs, sondern der Anwendung der grundrechtsbeschränkenden allg. Gesetze, ob die Verbreitung rechtswidrig erlangter Informationen zulässig ist. Dabei ist sowohl hinsichtlich des Inhalts der Informationen als auch der Art ihrer Erlangung zu differenzieren. Der gänzliche Ausschluss rechtswidrig beschaffter Informationen aus dem Schutzbereich des Art. 5 I würde dessen Wirkung gerade in Fällen beseitigen, in denen es seiner bes. bedarf, zB zur Aufdeckung schwerer Verbrechen (vgl. BVerfG 25. 1. 1984 AP Art. 5 Abs. 1 Pressefreiheit Nr. 2). Unerlässlich ist deshalb auch ein gewisser Schutz im **Vertrauensverhältnis** zwischen Presse und privaten Informanten. Eine solche Informationsquelle wird nur dann ergiebig sein, wenn der Informant auf die Wahrung des **Redaktionsgeheimnisses** grds. vertrauen kann (vgl. BVerfG 5. 8. 1966 E 20, 162, 176; BVerfG 8. 10. 1996 E 95, 28, 36 = AP GG Art. 5 I Pressefreiheit Nr. 3). In den Schutzbereich der Pressefreiheit fällt weiterhin das **Chiffregeheimnis** (BVerfG 10. 5. 1983 E 64, 108, 115) sowie die Entscheidung, ob die Veröffentlichung des Beitrags mit oder ohne Autorenangabe erfolgt.

55 Der Grundrechtsschutz ist von der **Art des Druckerzeugnisses** unabhängig (vgl. dazu *Jarass/Pieroth* Rn. 26; *Herzog* in *Maunz/Dürig* Rn. 128; *Bethge* in *Sachs* Rn. 69). Er ist weder Erzeugnissen der Unterhaltungs- und Sensationspresse (vgl. BVerfG 14. 2. 1973 E 34, 269, 283) noch dem Anzeigenteil bzw. Anzeigenblättern zu versagen. Eine Unterscheidung zwischen geschützten und nicht geschützten Teilen einer Zeitung lässt Art. 5 I 2 nicht zu. Das Grundrecht schützt den gesamten Inhalt des Presseorgans (vgl. BVerfG 4. 4. 1967 E 21, 271, 278 = NJW 1967, 976; 10. 5. 1983 E 64, 108, 118; 8. 10. 1996 E 95, 28 = AP GG Art. 5 I Pressefreiheit Nr. 3 für das „Offen-Gesagt-Programm" als Bestandteil einer Werkszeitung).

56 Geschützt ist auch die rein **subjektive Meinungsäußerung** (vgl. zB BVerfG 6. 10. 1959 E 10, 118, 121; zur Meinungsfreiheit der Redakteure vgl. auch Rn. 51 und 76). Es würde dem Grundgedanken der Pressefreiheit widersprechen, Journalisten öffentl. Kritik nur unter der Voraussetzung zuzubilligen, dass sie durch Tatsachen belegt und für den Durchschnittsleser überprüfbar sein müsste. Jeder soll – auch in der Presse – frei sagen können, was er denkt, selbst wenn er keine nachprüfbaren Gründe für sein Urteil angeben kann (vgl. BVerfG 11. 5. 1976 E 42, 163, 170 f; 22. 6. 1982 E 61, 1, 7); er soll auch die Form seiner Äußerung selbst bestimmen dürfen (vgl. BVerfG 20. 4. 1982 E 60, 234, 241 zur Bezeichnung „Kredithai"). Da jede zur Meinungsbildung beitragende öffentl. Äußerung Aufmerksamkeit erregen muss, sind einprägsame, auch starke Formulierungen hinzunehmen. Zumal im politischen Meinungskampf gehört dazu auch überspitzte und **polemische Kritik,** weil sonst die Gefahr einer Lähmung oder Verengung des Meinungsbildungsprozesses zu befürchten wäre (vgl. BVerfG 23. 3. 1971 E 30, 336, 347; 14. 2. 1973 E 34, 269, 283; 13. 5. 1980 E 54, 129, 138 f. – Kunstkritik; 13. 4. 1994 E 90, 241, 247 – Auschwitzlüge).

57 Nicht geschützt ist dagegen die **bewusst wahrheitswidrige Berichterstattung,** beispielsweise in Form eines **erfundenen Interviews** (vgl. BVerfG 14. 2. 1973 E 34, 269, 283; vgl. zu Fällen vorsätzlicher Falschberichterstattung in der Presse BGH 15. 11. 1994 NJW 1995, 861 – Caroline von Monaco; OLG Dresden 14. 11. 1996 NJW 1997, 1379 – Justus Frantz). Nur dann, wenn der Leser zutreffend unterrichtet wird, kann sich die öffentl. Meinung richtig bilden. Inwieweit Berichte, die – möglicherweise unter Zeitdruck – unzureichend recherchiert sind und sich als wahrheitswidrig erweisen, noch von der Pressefreiheit erfasst werden, bestimmt sich nach allg., die Pressefreiheit nach Art. 5 II beschränkenden Gesetzen (zur publizistischen Sorgfalt Rn. 69).

58 Zur Pressefreiheit gehört schon die **Grundentscheidung** über **Tendenz und Stil eines Publikationsorgans.** Die Aufgabe der Presse, umfassende Information zu ermöglichen, die Vielfalt der bestehenden Meinungen wiederzugeben und selbst Meinungen zu bilden, setzt die Existenz selbständiger, vom Staat unabhängiger und nach ihrer Tendenz, politischen Färbung oder weltanschauli-

chen Grundhaltung miteinander konkurrierender Presseerzeugnisse voraus. Deshalb darf die Wahl der Grundrichtung nicht beeinflusst werden. Der Staat darf die Presse auch keinen fremden – nichtstaatlichen – Einflüssen unterwerfen oder öffnen, soweit diese mit dem durch Art. 5 I 2 begründeten Postulat unvereinbar wären. Das ist der Grund für Regelungen des **Tendenzschutzes,** die das Verhältnis zwischen dem Verleger und dem **BR** eines Pressebetriebes zum Gegenstand haben (vgl. BVerfG 6. 11. 1979 E 52, 283, 296 ff. sowie Leitsätze 1 und 2; BAG 1. 9. 1987 AP BetrVG 1972 § 101 Nr. 10 = NZA 1988, 99; näher Rn. 79 ff.).

3. Träger des Grundrechts sind all diejenigen, die in enger organisatorischer Bindung zu den 59 geschützten Tätigkeiten stehen. Auf den Grundrechtsschutz können sich alle natürlichen Personen berufen, unabhängig davon, welcher Staatsbürgerschaft sie angehören und ob sie minder- oder volljährig sind. Gemeint sind insb. **Verleger, Produzenten, Redakteure** und **Journalisten** (zu deren internem Verhältnis Rn. 50 f. und 71 ff.). Dass ein Zeitungsverlag auch dazu betrieben wird, um Gewinn zu erzielen, ist unerheblich (vgl. BAG 14. 11. 1975 AP BetrVG 1972 § 118 Nr. 5). **Vertriebsunternehmer** (Presse-Grossisten) können sich (unter den gegenwärtigen Vertriebsbedingungen) ebenfalls auf den Grundrechtsschutz berufen (vgl. BVerfG 13. 1. 1988 E 77, 346, 354). **Nicht** in den Schutz der Pressefreiheit einbezogen sind **Leser** und Konsumenten der geschützten Medien, ferner **Leserbriefschreiber,** die von ihrer Meinungsfreiheit Gebrauch machen und allein durch sie geschützt sind (vgl. *Bethge* in *Sachs* Art. 5 Rn. 76). In den Schutzbereich des Grundrechts eingeschlossen ist dagegen die Entscheidung, ob Zuschriften Dritter in die Publikation aufgenommen werden. Der Schutz der Pressefreiheit umfasst auch die Wiedergabe von Beiträgen Außenstehender, die nicht beruflich im Pressewesen tätig sind (BVerfG 8. 10. 1996 E 95, 28, 36 = AP GG Art. 5 I Pressefreiheit Nr. 3).

II. Eingriffe/Beeinträchtigungen

Der klassische Eingriffstyp, die **Zensur,** wird in Art. 5 I 3 ausdrücklich verboten. In die geschützten 60 Aktionsräume der Pressefreiheit kann aber auch durch **andere staatliche Maßnahmen** unmittelbar oder mittelbar eingegriffen werden. Solche Eingriffe liegen vor, wenn der Staat Verlegern oder Redakteuren die Berufsausübung untersagt (vgl. 6. 10. 1959 E 10, 118, 121), wenn er recherchiertes Material beschlagnahmt (BVerfG 4. 3. 1981 E 56, 247), wenn Reporter von Gerichtsverhandlungen ausgeschlossen (vgl. BVerfG 6. 2. 1979 E 50, 234, 241 ff.; 11. 11. 1992 E 87, 334, 339) oder Redaktionsräume durchsucht werden, wenn Aussagen über Pressetätigkeiten erzwungen (BVerfG 28. 11. 1973 E 36, 193, 204) oder das Redaktionsgeheimnis in sonstiger Weise beeinträchtigt wird (BVerfG 10. 5. 1983 E 64, 108, 115), wenn der Staat politisch ungelegene Berichterstatter nicht zu Pressekonferenzen zulässt (BVerfG 6. 2. 1979 E 50, 234, 241 ff.) oder ähnliche staatliche Leistungen verweigert (dazu *Jarass/Pieroth* Rn. 31; *Bullinger* HbStR § 142 Rn. 68 ff.).

Art. 5 I 2 schützt die Pressetätigkeit nicht nur vor staatlichen Beschränkungen, sondern wirkt sich 61 auch auf Leistungen aus, die der Staat der Presse gewährt. Die Pressefreiheit begründet im Förderungsbereich für den Staat eine inhaltliche **Neutralitätspflicht,** die jede Differenzierung nach Meinungen verbietet. Staatliche Förderungen sind nur zulässig, wenn eine Einflussnahme auf Inhalt und Gestaltung einzelner Presseerzeugnisse sowie Verzerrungen des publizistischen Wettbewerbs insgesamt vermieden werden (vgl. 6. 6. 1989 E 80, 124, 131 ff., 135 sowie Leitsätze 1 und 2).

Die Pressefreiheit des Verlegers ist schon dann betroffen, wenn er Druckerzeugnisse mit der von 62 ihm vorgegebenen Tendenz nicht veröffentlichen kann, weil er **sozialem Druck** ausgesetzt ist. Dies ist zB der Fall, wenn sein Unternehmen mit dem Ziel **bestreikt** wird, auf die redaktionelle Arbeit Einfluss zu nehmen (vgl. *Jarass/Pieroth* Rn. 72; *Starck* in *v. Mangoldt/Klein* Rn. 48; weitergehend MünchArbR/*Rüthers* § 201 Rn. 113 ff., s. u. Rn. 82). Ebenso können Einflüsse der betrieblichen **Mitbestimmung** auf die Tendenzbestimmung des Verlegers die Pressefreiheit einschränken (vgl. BVerfG 6. 11. 1979 E 52, 283, 297 f. = AP BetrVG 1972 § 118 Nr. 14; BAG 1. 9. 1987 AP BetrVG 1972 § 101 Nr. 10 = NZA 1988, 99; s. u. Rn. 79).

Das Grundrecht ist ferner beeinträchtigt, wenn die **Rspr.** die Schutzfunktion der Pressefreiheit 63 überhaupt nicht berücksichtigt oder unzutreffend einschätzt und die Entscheidung auf der Verkennung des Grundrechtseinflusses beruht. Beispielsweise fehlt es an der vom Grundgesetz geforderten Abwägung zwischen dem vom Betriebsverfassungsrecht geschützten Rechtsgut der vertrauensvollen Zusammenarbeit und der Pressefreiheit, wenn ein Gericht davon ausgeht, dass Werkszeitungen nicht unter den Schutz des Art. 5 I 2 fallen (BVerfG 8. 10. 1996 E 95, 28 = AP GG Art. 5 I Pressefreiheit Nr. 3). Im Individualarbeitsrecht würde die Pressefreiheit des Verlegers einer Zeitung faktisch beeinträchtigt, wenn Redakteure in ihren Artikeln die Tendenz der Zeitung missachten könnten, ohne dass eine rechtliche Handhabe dagegen zugestanden würde.

III. Schranken und Grenzen der Beschränkbarkeit

1. Schranken und Zensurverbot. Die Pressefreiheit ist wie die Meinungsfreiheit durch allg. Geset- 64 ze, durch gesetzliche Bestimmungen zum Schutze der Jugend und durch das Recht zur Wahrung der persönlichen Ehre eingeschränkt (Art. 5 I 2). Wegen der Schrankensystematik kann im Grundsatz auf die Ausführungen zur Meinungsfreiheit verwiesen werden (vgl. Rn. 20 ff.). Allgemein iSv. Art. 5 II sind Gesetze nur dann, wenn sie dem Schutz eines schlechthin zu schützenden Rechtsgutes dienen (BVerfG 4. 4. 1967 E 21, 271, 280; 14. 1. 1998 E 97, 125, 146 = NJW 1998, 1381). Zu den allg. Gesetzen, die die Pressefreiheit tw. erheblich beschränken können, gehören auch die Vorschriften des individuellen und des kollektiven Arbeitsrechts (vgl. *Reuter*, FS Kissel, S. 941, 943; *Bullinger* in Löffler Presserecht Einl. Rn. 5).

65 Das **Zensurverbot** bildet eine **Schranke der Beschränkungsmöglichkeiten** nach Art. 5 II. Es verbietet jede Form von Vor- bzw. Präventivzensur durch staatliche Stellen (20. 10. 1992 E 87, 209, 230). Schon die Existenz eines Kontroll- und Genehmigungsverfahrens lähmt die Presse. Das gilt auch für die Abhängigkeit wirtschaftlicher Vorteile (zB Steuervergünstigungen) von bestimmten inhaltlichen Vorgaben (*Hoffmann-Riem* HbVerfR § 7 Rn. 46). Deswegen darf es keine Ausnahme vom Zensurverbot geben, auch nicht durch allg. Gesetze (BVerfG 25. 4. 1972 E 33, 52, 72). Zulässig ist dagegen eine Nachzensur, soweit sie nur dazu dient, die allg. Regeln über die Meinungs- und Pressefreiheit, also die Schranken des Art. 5 II zu realisieren (vgl. *Bethge* in *Sachs* Rn. 132). Das Zensurverbot gilt auch nicht für das Verhältnis zwischen angestelltem Redakteur und Verleger. Dies bedeutet allerdings nicht, dass der Verleger die von einem Redakteur erstellten Beiträge ohne Einschränkung zensieren dürfte. Vielmehr können sich insoweit Beschränkungen unter dem Gesichtspunkt der Meinungsfreiheit ergeben (vgl. Rn. 71, 76).

66 **2. Wechselwirkung.** Einschränkende allg. Gesetze müssen ihrerseits die Bedeutung der Pressefreiheit respektieren. Sie sind stets mit Blick auf die Pressefreiheit auszulegen und anzuwenden, da Äußerungen in der Presse idR zur Bildung der öffentl. Meinung beitragen sollen (vgl. Rn. 21). Es besteht eine Vermutung zugunsten der Pressefreiheit. Selbst eine prinzipiell zulässige Beschlagnahme von Material, das durch Journalisten recherchiert wurde, stellt eine Beeinträchtigung der durch Art. 5 I 2 geschützten Tätigkeiten dar. Das BVerfG verlangt, dass der mit der Rechtsanwendung bezweckte Erfolg gegen die nachteiligen Auswirkungen auf die Pressefreiheit abgewogen und insb. auch am Maßstab des Verhältnismäßigkeitsprinzips gemessen wird (BVerfG 4. 3. 1981 E 56, 247, 247 ff.).

67 Wie allerdings die „richtige" Lösung einer **bürgerlich-rechtlichen Streitigkeit** auszusehen hat, bei der die Pressefreiheit zu beachten ist, schreibt Art. 5 I 2 nicht vor (vgl. BVerfG 11. 5. 1976 E 42, 143, 148 f.; 25. 1. 1984 E 66, 116, 135). Im Rahmen der auslegungsfähigen Tatbestandsmerkmale einfacher Gesetze muss eine Abwägung zwischen den grundrechtlichen Belangen und dem gesetzlich geschützten Rechtsgut vorgenommen werden (std. Rspr. vgl. zB BVerfG 15. 1. 1958 E 7, 198, 205 ff. = NJW 1958, 257; 15. 11. 1982 E 62, 230, 244 ff. = AP GG Art. 5 Abs. 1 Pressefreiheit Nr. 1; 8. 10. 1996 E 95, 28, 34 f. = AP GG Art. 5 I Pressefreiheit Nr. 3 und ergänzend *Kittner* AuR 1997, 294 f.).

68 **3. Grundrechte Dritter.** Eine Abwägung ist im Presserecht vor allem bei der Auslegung und Anwendung zivil- und strafrechtlicher Vorschriften erforderlich (zB bei den §§ 823 I und II, 1004 BGB analog; §§ 185 ff., 193 StGB), soweit sich Fragen nach der publizistischen Sorgfalt bei wahrheitswidriger Berichterstattung stellen und Grundrechte Dritter von Bedeutung sind. Zur Grundrechtskollision allg. Einl. Rn. 70.

69 Die wahrheitswidrige Berichterstattung kann Schadenersatz- bzw. Schmerzensgeld und Unterlassungs- bzw. Richtigstellungsansprüche auslösen. Die Presse ist deshalb gehalten, Nachrichten und Behauptungen, die sie weitergibt, auf ihren **Wahrheitsgehalt** zu prüfen (vgl. zB BGH 26. 11. 1996 NJW 1997, 1148 „Stern-TV"; *Peters*, NJW 1997, 1334 ff.). Andererseits dürfen die Anforderungen an die **publizistische Sorgfaltspflicht** nicht überspannt werden. Sie müssen im Licht des Art. 5 I 2 so bemessen sein, dass die Presse ihrer Aufgabe gerecht werden kann. Das gilt vor allem dann, wenn über Angelegenheiten berichtet wird, die für die Allgemeinheit von erheblicher Bedeutung sind (vgl. BVerfG 9. 10. 1991 E 85, 1, 15 = NJW 1992, 1439; BGH, 30. 1. 1996, NJW 1996, 1131). Als Auslegungshilfe zur Bestimmung des Umfangs der einzelnen Pflichten kann der Pressekodex des Deutschen Presserats herangezogen werden (Wortlaut bei *Löffler* Presserecht BT StandesR Anh. A; vgl. allg. dazu *Peters* NJW 1997, 1334, 1335).

70 Bes. Schwierigkeit bereitet es den Zivilgerichten, die Kollision von **Pressefreiheit** und **Persönlichkeitsrecht** abzuwägen. Beide Rechtsgüter müssen geschützt werden. Dabei steigt die Bedeutung der Pressefreiheit in dem Maße, in dem der konkrete Fall im Interesse der öffentl. Information liegt und der Meinungsbildung dient (vgl. BVerfG 14. 2. 1973 E 34, 269, 283 – Soraya; 3. 12. 1985 E 71, 206, 220 – Anklageschrift). Auf der anderen Seite wirkt der Schutz des Persönlichkeitsrechts umso stärker, je weiter die Information in die Privat-, Geheim- bzw. Intimsphäre eingreift (zur Sphärenabstufung Art. 2 Rn. 39 ff.) und je größer die erzielte Wirkung bei einer breiten Leserschaft ist (BVerfG 14. 1. 1998 E 97, 125 = NJW 1998, 1381 unter B II 3 a; bes. krass BAG 18. 2. 1999 NZA 1999, 645 – „faulste Mitarbeiterin Deutschlands"). Ob das eine oder andere Grundrecht überwiegt, lässt sich nur in Grundzügen beschreiben und bedarf deshalb stets einer Einzelfallbetrachtung (umfangreiche Rechtsprechungsübersichten und Nachweise bei *Wenzel*, Das Recht der Wort- und

Bildberichterstattung, und *Löffler* Presserecht – LPG § 6; speziell zum Ehrenschutz *Kübler* NJW 1999, 281).

IV. Pressefreiheit im Arbeitsrecht

Die **Grundrechtskollisionen** im Arbeitsrecht der Presseunternehmen sind kompliziert. Hier sind auf Seiten der angestellten Journalisten (also der Redakteure) neben deren Vereinigungs- und Berufsfreiheit auch deren Meinungs- und Gewissensfreiheit zu berücksichtigen, und zwar jeweils auch in ihrer Schutzfunktion. Diese verpflichtet den Staat (Gesetzgeber und Gerichte) zum Ausgleich konfligierender Freiheitsausübung (s. o. Einl. Rn. 38 ff.), also auch im Verhältnis zur Berufs- und Pressefreiheit ihrer Arbeitgeber. Die entspr. Aufgabe muss das Arbeitsrecht leisten. Daraus ergeben sich Modifikationen, die es aber nicht rechtfertigen, von einem Sonderarbeitsrecht zu sprechen (zutreffend *Dörner/Schaub* bei *Löffler* Presserecht BT ArbR Rn. 9 gegen *Reuter*, FS Kissel, 1994, S. 941 und *Rüthers* in MünchArbR § 201 Rn. 1 ff.). 71

Alle Modifikationen zielen im Ansatz auf einen **pressespezifischen Tendenzschutz,** der schon den Abschluss des Arbeitsvertrages beeinflusst (Rn. 73), vor allem aber die beiderseitigen Loyalitäts- und Rücksichtspflichten prägt (Rn. 75 f.). Das kollektive Arbeitsrecht, vor allem das Betriebsverfassungsrecht (Rn. 79), aber auch das Tarif- und Arbeitskampfrecht (Rn. 82) müssen ebenfalls die bes. Funktion und Schutzbedürftigkeit der Presse beachten. Dabei gilt es nicht um ein Programm der Verteilung von „**Medienmacht**" wie *Rüthers* überspitzt formuliert (MünchArbR § 201 Rn. 4). Ein entspr. Verteilungskonzept bieten weder die Grundrechte, die nur Freiheiten postulieren und entspr. Grenzen markieren (Über- und Untermaßverbote), noch das Arbeitsrecht, das sozialpolitischen Zwecken dient, dem also kein medienpolitisches Programm zu entnehmen ist. 72

1. Arbeitsvertragsrecht. Die Tendenzbezogenheit der Tätigkeit von Redakteuren zeigt sich schon bei deren **Einstellung.** Während Bewerber grds. nicht nach politischen und religiösen Überzeugungen befragt werden dürfen (vgl. Art. 2 Rn. 96 ff.), rechtfertigt der Tendenzschutz im Pressearbeitsrecht eine weitergehende Aufklärung bezogen auf die grds. Ausrichtung der Presseerzeugnisse, für die der Bewerber als Tendenzträger tätig werden soll. Auf **tendenzbezogene Fragen** muss er also „Farbe bekennen". Dabei gilt allerdings der Grundsatz der Verhältnismäßigkeit. Allzu detaillierte oder tendenzferne Fragen muss der Bewerber nicht beantworten. Das Gleiche gilt für Fragen, die die Intimsphäre oder die Ehre des AN berühren (*Reuter,* FS für Kissel, 1994, S. 941, 945). Ein „Recht auf Lüge" (dazu Art. 2 Rn. 98) wird hier allerdings nicht anzuerkennen sein. Dem Bewerber ist zuzumuten, eine für unzulässig gehaltene Frage zurückzuweisen und nicht etwa tendenzkonforme Ansichten oder biographische Details vorzutäuschen. Extrem schwierig wird die Grenzziehung, wenn Fragen nicht eine bestimmte Tendenz, sondern gerade umgekehrt die **Unabhängigkeit der Berichterstattung** sichern sollen. So wurde bei Wirtschaftsredakteuren nach Nebentätigkeiten und privatem Aktienbesitz gefragt (BAG 28. 5. 2002 AP BetrVG § 87 Ordnung des Betriebes Nr. 39). Das ist nur bei signifikanten Interessenkollisionen und in engen Grenzen der Verhältnismäßigkeit zu rechtfertigen. 73

Im Schrifttum wird die weitergehende Auffassung vertreten, Presseunternehmen könnten frei darüber entscheiden, ob sie tendenzbezogenes Personal fest anstellen oder nur als **freie Mitarbeiter** tätig werden lassen wollen. Das soll ein elementarer Garantiebestandteil der Presse- und Rundfunkfreiheit sein (MünchArbR/*Rüthers* § 201 Rn. 21). Zur Begründung wird auf die Entscheidung des BVerfG zu den freien Mitarbeitern der Rundfunkanstalten verwiesen (13. 1. 1982 E 59, 231 = AP GG Art. 5 I Rundfunkfreiheit Nr. 1; vgl. auch Kammerbeschluss vom 3. 12. 1992 AP GG Art. 5 I Rundfunkfreiheit Nr. 5). Diese Entscheidungen enthalten jedoch keine so weitgehenden Grundsätze (BVerfG-Kammer 18. 2. 2000, NZA 2000, 653). Sie sind auch nicht auf die Einstellungspraxis von Presseunternehmen übertragbar. Rundfunkanstalten müssen im Gegensatz zur Presse den Rundfunkauftrag realisieren und deshalb verschiedene Tendenzen in gleichgewichtiger Vielfalt zur Geltung bringen. Daraus ergeben sich personalpolitische Zwänge, die bei Presseunternehmen nicht auftreten (*Dörner/Schaub* in *Löffler* Presserecht BT ArbR Rn. 43 f., 68; vgl. auch Rn. 78). 74

Die Arbeitspflicht der Redakteure ist geprägt durch das Gebot der **Tendenzloyalität.** In erster Linie ist es Sache des Arbeitsvertrages, den entspr. Rahmen näher zu bestimmen. Das geschieht vielfach im Wege der Verweisung auf **redaktionelle RL** oder Redaktionsstatuten, die die Tendenz des Presseerzeugnisses festlegen. Diese binden dann auch den Verleger selbst. Tendenzwidrige Weisungen muss ein Redakteur nicht befolgen, weil sie den vertraglichen Rahmen überschreiten (MünchArbR/*Rüthers* § 201 Rn. 87; *Dörner/Schaub* in *Löffler* Presserecht BT ArbR Rn. 90). Andererseits kann der Redakteur dem Gebot der Tendenzloyalität nicht abw. Überzeugungen unter Berufung auf seine Meinungs- und Gewissensfreiheit entgegenhalten, weil er auf diese Freiheiten bei Abschluss des Arbeitsvertrages im Rahmen der ihm bekannten Tendenz verzichtet hat (zum Grundrechtsverzicht vgl. Einl. Rn. 68 ff.). 75

Die Abstraktionshöhe von Redaktionsrichtlinien und -statuten hat zur Folge, dass sie der Alltagsarbeit von Pressejournalisten nur einen weiten Rahmen setzen können. Inwieweit Redakteure darü- 76 ber hinaus **Detailanweisungen** ihres Verlegers befolgen müssen, hängt in erster Linie von ihrer vertraglichen Stellung und Festlegungen im Arbeitsvertrag ab, uU auch von Kollektivverträgen. Generelle Kompetenzgrenzen lassen sich aus Art. 5 I 2 nicht ableiten (vgl. Rn. 50). Das ändert nichts daran, dass ein Mindestmaß an **publizistischer Unabhängigkeit** zu den Funktionsmerkmalen einer freien Presse gehört und die beiderseitigen Rechte und Pflichten prägt, wenn nicht ausdrücklich etwas anderes vereinbart wurde. Es ist aber Sache der arbeitsrechtlichen Praxis, für diese „innere Pressefreiheit" im untechnischen Sinne sachgerechte Verfahrensregeln zu entwickeln. Das Mindestmaß an Autonomie, das Redakteuren verbleiben muss, ergibt sich aus deren Meinungs- und Gewissensfreiheit (Art. 5 I 1 und Art. 4 I). Das Direktionsrecht des Verlegers reicht deshalb nie bis in alle Details der journalistischen Arbeit. Innerhalb ihres vertraglichen Aufgabenbereichs und im Rahmen der vereinbarten Ausrichtung eines Blattes müssen Redakteure keine Positionen vertreten, die ihrer Überzeugung widersprechen (vgl. Rn. 51). Das entspricht allg. Ansicht und deckt sich mit dem Mindestschutz, den Art. 4 I 1 und 5 I 1 gebieten. Dieser Mindeststandard sollte in Redaktionsrichtlinien fixiert werden, damit die Grenze nicht im einzelnen Konfliktfall durch die Gerichte gezogen werden muss.

77 Die Pflicht zur Tendenzloyalität kann sich auf den **außerdienstlichen Bereich** erstrecken. Hier ist allerdings zusätzlich das allg. Persönlichkeitsrecht des Redakteurs zu berücksichtigen. Auf der anderen Seite ist anzuerkennen, dass zumindest bei Redakteuren der Richtungspresse tendenzwidriges Verhalten im privaten Bereich zu Zweifeln an der Glaubwürdigkeit führen kann und damit auch die Wirkung der publizistischen Tätigkeit schwächt. Die beiderseitigen Grundrechtspositionen müssen bei der Konkretisierung der vertraglichen Rücksichtspflichten, die sich aus § 242 BGB ergeben, berücksichtigt und abgewogen werden. Probleme bereiten hier vor allem tendenzwidrige journalistische **Nebentätigkeiten**. Aber auch die private oder öffentl. **Lebensführung** kann ausnahmsweise zu Konflikten führen und sich als vertragswidrig erweisen (vgl. die Beispiele bei MünchArbR/*Rüthers* § 201 Rn. 69 ff.; *Dörner/Schaub* in *Löffler* Presserecht BT ArbR Rn. 96).

78 Im Schrifttum wird die Auffassung vertreten, das Grundrecht der Pressefreiheit verlange, dass der **Bestandsschutz** der Presseredakteure im Vergleich zu dem Bestandsschutz anderer Arbeitsverhältnisse geringer sein müsse (MünchArbR/*Rüthers* § 201 Rn. 82; *Löffler/Rieker*, Handbuch des Presserechts Kap. 34, Rn. 19). Zumindest müsse der Abschluss von befristeten Arbeitsverhältnissen im Pressebereich erleichtert sein (*Hesse/Schaffeld/Rübenach*, Arbeitsrecht der Pressejournalisten, Rn. 16). Das soll sich aus der Rspr. des BVerfG zum Arbeitsrecht der Tendenzträger in Rundfunkanstalten ergeben (13. 1. 1982 E 59, 231 = AP GG Art. 5 I Rundfunkfreiheit Nr. 1 und im Anschluss daran BAG 13. 1. 1983 AP BGB § 611 Abhängigkeit Nr. 42 und 43). Diese Rspr. stützt sich aber entscheidend auf Bes. und Zwänge, die mit der Erfüllung des Rundfunkauftrages verbunden sind, deren Erwägungen sich nicht auf die Situation von Printmedien übertragen lassen. Im Gegenteil: der Tendenzschutz der Presse verlangt sogar eine gewisse Kontinuität der Linie des einzelnen Presseerzeugnisses, das mit anderen konkurriert. Ein bes. Bedürfnis erleichterter Befristung von Arbeitsverhältnissen besteht daher nicht (zutreffend *Dörner/Schaub* in *Löffler* Presserecht BT ArbR Rn. 67 f.).

79 **2. Betriebsverfassungsrecht.** Eine Fülle von Problemen ergeben sich beim Tendenzschutz im Betriebsverfassungsrecht. Es liegt auf der Hand, dass die Mitbestimmung des BR vielfältige Einflüsse auf die Führung und Ausrichtung eines Presseunternehmens ermöglicht, bes. bei personellen und wirtschaftlichen Maßnahmen. Art. 5 I 2 verpflichtet Gesetzgebung und Rspr., die Verleger vor solchen Einflüssen zu schützen, soweit sie mit den Funktionsbedingungen einer freien Presse unvereinbar sind (BVerfG 6. 11. 1979 E 52, 283 = AP BetrVG 1972 § 118 Nr. 14). Dieser Schutzfunktion dient die Generalklausel des § 118 I 1: Die Vorschriften des Betriebsverfassungsgesetzes finden danach keine Anwendung auf Presseunternehmen und -betriebe, soweit deren Eigenart der Mitwirkung des BR entgegensteht („**Eigenartsklausel**"). Im Schrifttum ist die Abgrenzung in vielen Einzelheiten umstritten (vgl. 210 – BetrVG § 118 Rn. 5 ff.). Die hL vertritt die sog. „Maßnahmetheorie". Danach sind Tendenzunternehmen nicht generell von der betrieblichen Mitbestimmung ausgeschlossen; es kommt vielmehr auch bei tendenzbedingten personellen Maßnahmen darauf an, wie diese sich im Einzelfall auswirken. Die Informations- und Anhörungspflichten des PresseAG bleiben in jedem Fall bestehen (BVerfG 6. 11. 1979 E 52, 283 = AP BetrVG 1972 § 118 Nr. 14; zur Mitbestimmung bei der Lage der Arbeitszeit BVerfG-Kammer 15. 12. 1999 AuR 2000, 143; zu den Einzelheiten vgl. auch § 118 BetrVG Rn. 20 ff.; *Sterzel*, Tendenzschutz und Grundgesetz, 2001).

80 Danach ergeben sich verfassungsrechtliche Probleme, wenn dem BR oder speziellen Redaktionsvertretungen **weitergehende Mitwirkungsrechte** eingeräumt werden. Hier ist vor allem danach zu differenzieren, mit welchem Regelungsinstrument und mit welchem Ziel das geschieht. Gesetzliche Mitwirkungsrechte, die die verlegerischen Kompetenzen beschneiden, müssen sich mit dem Einwand einer übermäßigen Beschränkung der Pressefreiheit auseinandersetzen. **Tarifliche Regelungen** dieser Art sind nicht ausgeschlossen (vgl. auch BAG 31. 1. 1995 AP BetrVG § 118 Nr. 56). Die Einzelheiten

sind umstritten, aber zurzeit nicht aktuell (vgl. die Nachweise bei MünchArbR/*Rüthers* § 201 Rn. 107 ff. einerseits, *Däubler,* Arbeitsrecht 1, Rn. 1185 andererseits).

Hingegen sind **freiwillige Redaktionsstatute** weit verbreitet, zweckmäßig und unproblematisch, soweit die Rechte des BR nicht beeinträchtigt werden. Es handelt sich um arbeitsvertragliche Einheitsregelungen zwischen dem Verleger und den Redakteuren (BAG 19. 6. 2001 AP BetrVG 1972 § 3 Nr. 3 unter II 2 a). Aber auch freiwillige BV wären mE möglich. Dabei erübrigt sich eine Diskussion der Frage, ob die Pressefreiheit zur freien Disposition der Grundrechtsträger steht, ein Verleger also auf sein Grundrecht verzichten kann (vgl. zum Grundrechtsverzicht Einl. Rn. 62 ff.). Jedenfalls steht die Tendenz eines Presseerzeugnisses zur Disposition des Verlegers, so dass auch der entspr. Tendenzschutz freiwillig aufgegeben werden kann. Allerdings wäre der unverzichtbare Kern von Art. 5 I tangiert, wenn ein Redaktionsstatut, das die Tendenz einer Zeitschrift prägt, aus Gründen des Vertrags- oder Kündigungsrechts praktisch jeder **Ablösung** entzogen wäre. Wie sich das vermeiden lässt, ist streitig (vgl. einerseits BAG aaO, andererseits *Auer* EzA BetrVG 1972 § 118 Nr. 73; *Franzen* SAE 2002, 281; *Rüthers* RdA 2002, 360 mit flexiblen Ablösungskonzepten). 81

3. Arbeitskampfrecht. Soweit die Arbeitsbedingungen in Presseunternehmen den Regelungsgegenstand von TV bilden können, dürfen sie auch durch Arbeitskampf erzwungen werden. Der hohe Stellenwert der Pressefreiheit und der Tendenzautonomie der Verleger erfordern nicht etwa wirtschaftsfriedliche Formen der sozialpolitischen Auseinandersetzung. Es gibt kein generelles Gebot, wonach Arbeitskämpfe die Presse schonen müssten, weil sie zwangsläufig das Medienangebot vorübergehend einschränken (BVerfG 26. 6. 1991 E 84, 212, 232 = AP GG Art. 9 Arbeitskampf Nr. 117 unter C II; BAG 12. 3. 1985 AP GG Art. 9 Arbeitskampf Nr. 84 unter II 1 d; *Brox/Rüthers* Arbeitskampfrecht Rn. 96; *Däubler,* Arbeitsrecht 1, Rn. 536; *Degenhart,* Bonner Kom. Art. 5 I u. II Rn. 403; MünchArbR/*Otto* § 285 Rn. 222 ff.; *Dörner/Schaub* in *Löffler* Presserecht BT ArbR Rn. 447 ff.; aA *Löffler* NJW 1962, 1601, 1602; *Hesse/Schaffeld/Rübenach,* Arbeitsrecht der Pressejournalisten, Rn. 708). 82

Allerdings ist das Grundrecht der Pressefreiheit bei der richterrechtlichen Ausgestaltung des Arbeitskampfrechts zu beachten. Seine Schutzfunktion gebietet den Gerichten, dafür zu sorgen, dass die Funktionsbedingungen der freien Presse nicht nachhaltig und in einer das Meinungsspektrum verzerrenden Weise gestört werden (*Degenhart,* Bonner Kom. Art. 5 I u. II Rn. 404). Daraus ergeben sich **Beschränkungen** für die kampftaktischen Spielräume und den Umfang der Angriffs- und Abwehrmittel. 83

Eine **totale Ausschaltung** sämtlicher Presseerzeugnisse oder die Lahmlegung aller für den normalen Meinungskampf relevanten Medien betrachtet die hL als unzulässig, wie auch die gezielte Ausschaltung bestimmter publizistischer Tendenzen (*Brox/Rüthers* Arbeitskampfrecht Rn. 96; MünchArbR/*Otto* § 285 Rn. 227; *Dörner/Schaub* in *Löffler* Presserecht BTArbR Rn. 449), ist aber in dieser Zuspitzung praxisfern und unwahrscheinlich (*Weiß* AuR 1984, 97, 103). 84

Hingegen sind arbeitskampfspezifische Beschneidungen des Meinungsspektrums und Einschränkungen des Informationsangebots normal und praktisch unvermeidbar. Deshalb wird gelegentlich gefordert, es müssten wenigstens **Notausgaben** ermöglicht oder gar sichergestellt werden (*Löffler/Ricker,* Handbuch des Presserechts, Kap. 36 Rn. 22). Das ist jedoch nach weit überwiegender Ansicht abzulehnen; Zeitungsverlage sind keine „lebenswichtigen Betriebe"; eine Notdienst zu gewährleisten hätten (*Degenhart* in Bonner Kom. Art. 5 I u. II Rn. 412; *Brox/Rüthers* Arbeitskampfrecht Rn. 96; MünchArbR/*Otto* § 285 Rn. 227; *Dörner/Schaub* in *Löffler* Presserecht BTArbR Rn. 448). 85

Gelegentlich haben Drucker im Laufe von Arbeitskämpfen in die redaktionelle Arbeit eingegriffen, indem sie **krit. Artikel** über ihre Gewerkschaft oder den Streik schwärzten oder durch weiße Flecken ersetzten (so während des Druckerstreiks 1976 bei der Bild-Zeitung). Gerechtfertigt wurde das als Notwehr gegen Medienmacht und als Druckmittel zur Erzwingung einer Gegendarstellung (*Bieback* in *Däubler* Arbeitskampfrecht Rn. 532 ff.). Dem kann nicht gefolgt werden. Eine Vermischung von Arbeits- und Meinungskampf ist mit Art. 5 I 2 unvereinbar (eingehend *Degenhart* in Bonner Kom. Art. 5 I und II Rn. 414 ff. mwN; im Ergebnis ebenso *Reuter* ZfA 1990, 535, 556 f.; *Dörner/Schaub* in *Löffler* Presserecht BTArbR Rn. 452). Im Übrigen können Gegendarstellungen von der betroffenen Gewerkschaft gerichtlich erzwungen werden. Allenfalls in Sonderfällen kommt ein individuelles Leistungsverweigerungsrecht aus Gewissensgründen in Betracht (vgl. Art. 4 Rn. 69 f.). 86

Auch die **Aussperrung** kann als Abwehrkampfmittel nur in den Grenzen zugelassen werden, die Art. 5 I 2 berücksichtigen. Sie darf also nicht als Mittel des Meinungskampfes dienen oder zum Totalausfall führen. Es trifft nicht zu, dass die Meinungs- und Wettbewerbsneutralität nur durch flächendeckende Aussperrungen erreichbar ist (BVerfG 26. 6. 1991 E 84, 212, 232 = AP GG Art. 5 Arbeitskampfrecht Nr. 117 unter C II; MünchArbR/*Otto* § 285 Rn. 229; aA *Rüthers* Anm. zu EzA GG Art. 9 Arbeitskampf Nr. 37 unter B II 4). Die Bes. von Presseunternehmen sind dennoch für Einzelfragen von Bedeutung (vgl. zur eingeschränkten Beschäftigungspflicht bei Wellenstreiks Art. 9 Rn. 141). 87

Dieterich

D. Rundfunkfreiheit (Art. 5 I 2 Alt. 2)

I. Bedeutung und Eigenart

88 Neben der Pressefreiheit ist auch die Rundfunkfreiheit von **zentraler Bedeutung** für das geistige Klima und den offenen Diskurs im demokratischen Staat. Hörfunk und Fernsehen ergänzen die Rolle der traditionellen Printmedien und sind in ihrer meinungsbildenden Funktion kaum zu überschätzen. Das hat das BVerfG schon früh erkannt und immer wieder betont (28. 2. 1961 E 12, 205, 260 f. – Deutschland Fernsehen; 14. 7. 1994 E 91, 125, 134 – Fernsehen im Gerichtssaal). Der gesteigerte Einfluss der elektronischen Massenmedien begründe eine bes. Verantwortung; das BVerfG spricht sogar von einer „öffentlichrechtlichen Aufgabe" (27. 7. 1971 E 31, 314, 329). Es handele sich um **„dienende Freiheit"** (E 31, 314, 324 ff.), ein problematischer Ansatz, der auf andere Grundrechte nicht übertragbar ist.

89 Die Grundsätze der Pressefreiheit lassen sich zwar im Prinzip auf die neuen elektronischen Medien übertragen, aber deren Eigenart und Wirkung verursachen viele **spezielle Probleme** und Schutzbedürfnisse. Schon die Definition des Rundfunks ist viel komplizierter als die der Presse (Rn. 90). Vor allem aber sind Einrichtung und Betrieb von Sendern auf staatliche Leistungen und Strukturen angewiesen, woraus sich verfassungsrechtliche Probleme ergeben. Auch die spezifischen „Marktbedingungen"; insb. die Finanzierung und das Verhältnis zu den Hörern und Zuschauern verlangen nach staatlicher Regulierung. Das BVerfG hat in einer langen Kette von Entscheidungen mit den Mitteln des Richterrechts Grundsätze einer differenzierten **„Rundfunkordnung"** aus Art. 5 I 2 abgeleitet. Diese ist gekennzeichnet durch das Zusammenspiel von öffentl. und privatem Rundfunk (vgl. *Bullinger* HbStR § 142 Rn. 87 ff.; *Hoffmann-Riem* HbVerfR § 7 Rn. 48 ff.; *Bethge* in *Sachs* GG Art. 5 Rn. 95 ff.; *Degenhart* in Bonner Kom. Art. 5 I u. II Rn. 526 ff.; *Schulze-Fielitz* in *Dreier* GG Art. 5 I, II Rn. 181 ff.).

II. Schutzbereich

90 **1. Der verfassungsrechtliche Rundfunkbegriff** stellt auf die Herstellungs- und Verbreitungsmethode ab. Verschiedene Staatsverträge bemühen sich um Definitionen, die allerdings keinen Verfassungsrang beanspruchen und durch die technologische Entwicklung überholt werden können. Fest steht, dass vor allem **Hörfunk und Fernsehen** gemeint sind. Der Rundfunkbegriff ist gekennzeichnet durch das sendetechnische Element elektromagnetischer Schwingungen und durch das inhaltliche Kriterium der Ausrichtung auf einen offenen Empfängerkreis. Durch letzteres unterscheidet sich Rundfunk von individuellen Kommunikationsformen. Auch neuartige Angebote der Sender wie Pay-TV, Videotext oder Abruf- und Zugriffsdienste werden von dem verfassungsrechtlichen Rundfunkbegriff erfasst; der Schutzbereich ist offen für neue Entwicklungen (BVerfG 24. 3. 1987 E 74, 297, 350 f.). Die „neuen Medien" führen hier aber zu manchen Abgrenzungsproblemen (zahlr. Nachw. bei *Degenhart* in Bonner Kom. Art. 5 I u. II Rn. 517 ff.).

91 Der **Inhalt** der Sendungen ist für den Rundfunkbegriff unerheblich. Wenn Art. 5 I 2 von der Freiheit der **Berichterstattung** spricht, so soll damit der Schutzbereich nicht etwa auf Informationsvermittlung beschränkt werden. Es spielt keine Rolle, ob Sendungen primär der Information, der Bildung, der Unterhaltung oder anderen Zwecken dienen (BVerfG 13. 1. 1982 E 59, 231, 258 = AP GG Art. 5 I Rundfunkfreiheit Nr. 1). Auch **Werbesendungen** sind nicht ausgenommen, allerdings weniger intensiv geschützt (*Bethge* in *Sachs* Rn. 108; *Jarass/Pieroth* Rn. 38; zu Wahlsendungen vgl. BVerwG 17. 10. 1986 E 75, 67, 70 = NJW 1987, 270).

92 **2. Geschützte Tätigkeiten** sind alle, die mit der Veranstaltung von Rundfunk im beschriebenen Sinne zusammenhängen und nicht rein fernmeldetechnischen Charakter tragen. Was die Informationsbeschaffung und Verbreitung anbelangt, gilt im Prinzip das Gleiche wie bei der Presse (Rn. 53 ff.; vgl. insb. BVerfG 1. 10. 1987 E 77, 65, 74 ff. – Filmbeschlagnahme). Bes. ergeben sich aber aus den Voraussetzungen des Rundfunkbetriebs, die den Zugang wirtschaftlich und technisch erschweren und staatliche Zulassungsverfahren erforderlich machen. Dennoch fällt nach herrschender Lehre auch die **Gründung von Rundfunkunternehmen** in den Schutzbereich des Art. 5 I 2, allerdings mit sehr weitreichenden Vorbehalten im Hinblick auf die Frequenzvergabe und die strukturellen Rahmendingungen einer dualen Rundfunkordnung: *Bethge* spricht deshalb von einer bloßen „Vorwirkung" (Sachs/*Bethge* Rn. 112). Seit dem 6. Rundfunkurteil des BVerfG (5. 2. 1991 E 83, 238 – LRG-NW = NJW 1991, 899) ist selbst das zweifelhaft (vgl. *Degenhart* in Bonner Kom. Art. 5 I u. II Rn. 659 a).

93 Eine empfindliche Schwachstelle der Rundfunkfreiheit bilden alle Fragen, die mit der **Finanzierung** zusammenhängen. Die dem öffentlich-rechtlichen Rundfunk gemäße Finanzierungsform ist die Rundfunkgebühr, die die Bundesländer festsetzen. Hinzu kommt aber die Werbefinanzierung, deren Umfang den öffentlich-rechtlichen Anstalten nicht völlig freistehen kann, trotz oder auch wegen des Wettbewerbs mit privaten Sendern, die sich allein aus Werbeeinnahmen finanzieren. Das BVerfG hat hier Kompromissformeln entwickelt, die einerseits die Programmfreiheit des Rundfunks gewähr-

leisten, andererseits aber auch Geboten der Wirtschaftlichkeit genügen sollen (6. 10. 1992 E 87, 181 = NJW 1992, 3285; 22. 2. 1994 E 90, 60 = NJW 1994, 1942). Grds. bestimmen die Rundfunkanstalten über Art und Umfang ihrer Aufgabenerfüllung selbst. Ihnen ist insoweit die Einschätzungsprärogative zuzubilligen. Sie können aber nicht verlangen, die Rundfunkgebühren selbst festsetzen zu dürfen.

3. Träger des Grundrechts sind alle natürlichen und juristischen Personen, die Rundfunk veranstalten wollen, und zwar schon als Bewerber um eine Lizenz (BVerfG 20. 2. 1998 E 97, 298). Das gilt nicht nur für private Veranstalter, sondern auch für die öffentlich-rechtlichen Rundfunkanstalten. Sie sind zwar Teil der Staatsorganisation im weitesten Sinne, können aber im Rahmen ihrer Aufgaben Staatsunabhängigkeit verlangen und vor dem BVerfG durchsetzen (BVerfG 13. 1. 1982 E 59, 231 = AP GG Art. 5 Rundfunkfreiheit Nr. 1). Nach außen sind auch alle Mitarbeiter im Rahmen ihrer programmbezogenen Rolle als Träger der Rundfunkfreiheit gegen Eingriffe und Beschränkungen geschützt (*Hoffmann-Riem* HbVerfR § 7 Rn. 33; *Starck* in *v. Mangoldt/Klein* Rn. 123 aE). – Die Empfänger der Rundfunksendungen können sich hingegen nicht auf Art. 5 I 2 berufen. Sie sind durch das Grundrecht der Informationsfreiheit geschützt (BVerfG 11. 10. 1988 E 79, 29, 42; dazu Rn. 13 f.). 94

Umstritten ist die Frage der „**inneren Rundfunkfreiheit**"; ob sich also die Journalisten auch innerhalb der Rundfunkanstalten auf die grundrechtlich gewährleistete Rundfunkfreiheit berufen können und als Mitarbeiter privater Sender durch staatliche Verfahrensregeln entspr. geschützt werden müssen. Wie bei der Pressefreiheit (Rn. 50) wird das überwiegend abgelehnt (*Bethge* in *Sachs* Rn. 109; *Degenhart* Bonner Kom. Art. 5 I u. II, Rn. 687 ff.; *Starck* in *v. Mangoldt/Klein* Rn. 123). Das ist hier aber weniger plausibel, weil der Staat ohnehin im Wege der Ausgestaltung für eine Rundfunkordnung sorgen muss, die die interne Meinungsvielfalt sichert (*Schulze-Fielitz* in *Dreier* Art. 5 I, II Rn. 238). Das BVerfG hält zwar formale Sicherungen der inneren Rundfunkfreiheit nicht für verfassungsrechtlich geboten, wohl aber für vorteilhaft und deshalb für ein erlaubtes Kriterium bei der Zulassung privaten Rundfunks (5. 2. 1991 E 83, 238, 318 f. – LRG-NW). Soweit gesetzliche oder tarifvertragliche Sicherungen der inneren Rundfunkfreiheit fehlen, ist es Sache der Rspr., die Unabhängigkeit der Redakteure mit den Mitteln des Zivilrechts abzusichern (*Deiseroth* AuR 2001, 161). 95

III. Eingriffe/Beeinträchtigungen

Der Staat greift in die Rundfunkfreiheit durch alle **Maßnahmen** ein, die Rundfunkanstalten oder -unternehmen in ihrer geschützten Tätigkeit behindern. Das ist nicht nur bei unmittelbarer Einflussnahme auf die Programmauswahl und -gestaltung der Fall. Auch **mittelbare Einflüsse** durch Vorgaben auf technischem und organisatorischem Gebiet sowie bei der Finanzierung müssen sich am Maßstab des Art. 5 I 2 messen lassen (vgl. BVerfG 4. 11. 1986 E 73, 118 ff. – niedersächsisches LRG; 5. 2. 1991 E 83, 238 – LRG-NW). Auch bei der Auswahl, Einstellung und Beschäftigung derjenigen Mitarbeiter, die bei der Programmgestaltung mitwirken, sind die Sender durch Art. 5 I 2 geschützt (BVerfG 13. 1. 1987 E 59, 231 = AP GG Art. 5 Abs. 1 Rundfunkfreiheit Nr. 1; dazu Rn. 100 ff.). 96

Die **Schutzfunktion** ist hier bes. deutlich. Aufgrund der speziellen Gegebenheiten und der herausragenden Rolle des Rundfunks ist der Staat verpflichtet, die technischen, wirtschaftlichen und rechtlichen Voraussetzungen zu schaffen, von denen die Wahrnehmung der Freiheit und der Aufgaben des Rundfunks zwangsläufig abhängen. Geboten sind „materielle, organisatorische und Verfahrensregeln" (BVerfG 16. 6. 1981 E 57, 295, 320 – saarländisches LRG). Zuständig sind primär die Bundesländer (BVerfG 28. 2. 1961 E 12, 225 ff. – Deutschland-Fernsehen), die auch die Rundfunkgebühren festsetzen müssen (Rn. 93). Ihr **gesetzgeberischer Gestaltungsfreiraum** ist zwar erheblich, aber durch die Verfassung geleitet und begrenzt. Bleiben sie untätig oder sind ihre Regelungen ungeeignet, so verletzen sie Art. 5 I 2 (*Hoffmann-Riem* HbVerfR § 7 Rn. 34 f.). Tatsächlich besteht eine sehr umfangreiche und regelungsdichte Rundfunkgesetzgebung. Die **Auslegung** und Anwendung dieser Gesetze und Staatsverträge sind ebenfalls an Art. 5 I 2 zu messen. Das betrifft vor allem die Landesmedienanstalten und die Gerichte. 97

IV. Schranken und Grenzen der Beschränkbarkeit

Der Schrankenvorbehalt des Art. 5 II 1 und das Zensurverbot des Art. 5 I 3 betreffen auch die Rundfunkfreiheit. Im Prinzip gilt also das Gleiche wie für die Meinungs- und Pressefreiheit (Rn. 20 ff. und 64 ff.). Allerdings können die speziellen Wirkungen der Rundfunkberichterstattung weitergehende Beschränkungen rechtfertigen (BVerfG 14. 7. 1994 E 91, 125, 135 – Gerichtsberichterstattung). 98

Die Rechtslage ist hier insgesamt sehr viel unübersichtlicher. Angesichts der regelungsintensiven Rundfunkordnung, die naturgemäß nicht nur Handlungsmöglichkeiten bietet, sondern auch Grenzen setzt, stellt sich die Frage, was dabei grundrechtsgebotene **Ausgestaltung** und was **Grundrechtsbeschränkung** ist. Das BVerfG unterscheidet nach dem Zweck einer Regelung: Schrankengesetze ermöglichen Eingriffe, um anderen Schutzgütern Geltung zu verschaffen. Hingegen dienen Ausgestaltungsgesetze der Rundfunkfreiheit selbst im Interesse einer freien, individuellen und ungestörten Meinungsbildung (3. 6. 1986 E 73, 118, 166; 24. 3. 1987 E 74, 297, 343). Hier geht es zwar auch um den Ausgleich von kollidierenden Rechtspositionen, aber mit dem Ziel der Optimierung von Kom- 99 munikationsinteressen (*Hoffmann-Riem* HbVerfR § 7 Rn. 34; *Bethge* in *Sachs* Rn. 158 ff. [mit Beispielen]; *Jarass/Pieroth* Rn. 42, 44; krit. *Starck* in *v. Mangoldt/Klein* Art. 5 I, II Rn. 119 ff.).

V. Rundfunkfreiheit im Arbeitsrecht

100 1. **Allgemeines.** Die Vorschriften des individuellen und kollektiven Arbeitsrechts sind **allg. Gesetze** iSv. Art. 5 II (vgl. auch Rn. 22 ff. und 64). Auch die richterrechtlichen Grundsätze, die im Arbeitsrecht eine erhebliche Rolle spielen, gehören dazu (BVerfG 13. 1. 1982 E 59, 231, 264 = AP GG Art. 5 I Rundfunkfreiheit Nr. 1 unter C II 2 b); sie unterliegen nicht etwa intensiverer Kontrolle als Gesetzesrecht (BVerfG-Kammer 3. 12. 1992 AP GG Art. 5 I Rundfunkfreiheit Nr. 5). Sie müssen sich aber wie diese am Maßstab der Rundfunkfreiheit messen lassen, dürfen also nicht unverhältnismäßig eingreifen (vgl. auch Rn. 66 zur Pressefreiheit).

101 Wesentlicher Teil der Rundfunkfreiheit ist die Programmfreiheit im Sinne eines Verbots jeder fremden Einflussnahme auf Auswahl, Inhalt und Ausgestaltung der einzelnen Sendungen. Dabei geht es nicht wie bei der Pressefreiheit um Tendenzschutz, sondern um **Programmvielfalt und Ausgewogenheit**, die nur durch flexible Kombination unterschiedlicher Tendenzen, Inhalte und Formen erreichbar ist. Das setzt voraus, dass Mitarbeiter zur Verfügung stehen, die den entspr., oft wechselnden Anforderungen genügen. Die Auswahl, Einstellung und Beschäftigung von Mitarbeitern, die die Programme von Hörfunk- und Fernsehsendungen gestalten, müssen von fremden und vor allem von staatlichen Einflüssen möglichst unabhängig sein. Die Sender sollen grds. frei entscheiden können, ob sie programmgestaltende Mitarbeiter fest oder nur für bestimmte Projekte einstellen wollen. Bei der Auslegung und Anwendung arbeitsrechtlicher Schutzvorschriften ist das zu berücksichtigen, andererseits ebenso, dass diese auch ihrerseits grundrechtlichen Gewährleistungen dienen.

102 2. **Arbeitsvertragsrecht.** Anlass, auf diese Zusammenhänge hinzuweisen und die Rspr. des BAG zu beanstanden, sah das BVerfG in seinem Beschluss vom 13. 1. 1982 (E 59, 231 = AP GG Art. 5 I Rundfunkfreiheit Nr. 1). Die Praxis der Rundfunkanstalten, ihre Mitarbeiter weitgehend nicht als AN zu behandeln, sondern unabhängig von der Art und Dauer ihrer Tätigkeit nur als „**freie Mitarbeiter**", die auf der Grundlage von formalisierten Werkverträgen zB als Kameramann oder Moderator, als Orchestermusiker oder Regisseur beschäftigt wurden, war auf den energischen Widerstand der Arbeitsgerichte gestoßen. Diese hatten darauf beharrt, dass zwingendes Arbeitsrecht nicht zur Disposition der Rundfunkanstalten stehen könne. In einer Serie von Entscheidungen hatte das **BAG** mit Hilfe seiner bekannten typologischen Methode (vgl. 210 – BGB § 611 Rn. 65) umstrittene Arbeitsbeziehungen bewertet und vielfach Lohnfortzahlung im Krankheitsfall und Kündigungsschutz mit der Begründung zugebilligt, die betroffenen Mitarbeiter seien entgegen ihrer unzutreffenden Bezeichnung als AN zu behandeln. Dabei wurde allerdings nicht danach unterschieden, welche Bedeutung die Mitarbeiter für die Programmgestaltung hatten; die Ausstrahlungswirkung der Rundfunkfreiheit wurde kaum thematisiert (vgl. aber *Hilger* RdA 1981, 265). Dieser Begründungsansatz greift nach Ansicht des **BVerfG** zu kurz. Es sei nicht auszuschließen, dass anders entschieden worden wäre, wenn die Arbeitsgerichte die Programmfreiheit und das damit verbundene Bedürfnis flexibler Personaldisposition klarer gesehen und stärker berücksichtigt hätten. Zumindest müsse die Möglichkeit der Befristung offen bleiben, weil es mit Art. 5 I 2 nicht mehr vereinbar wäre, wenn die Rundfunkfreiheit erst in einem etwaigen Kündigungsschutzprozess arbeitsrechtlich relevant würde.

103 Das **BAG** hat die Vorgaben des BVerfG inzwischen in mehreren Entscheidungen umgesetzt. Zwar könne im Rundfunkbereich kein spezieller **ANBegriff** gelten, aber die Möglichkeiten der **Befristung** seien im Vergleich mit anderen Arbeitsverhältnissen erheblich weitergehend, um den Flexibilitätsbedürfnissen der Sender genügen zu können. Der Bestandsschutz von Arbeitsverhältnissen programmgestaltender Mitarbeiter sei entspr. eingeschränkt (vgl. zum ANbegriff BAG 13. 1. 1983, 9. 6. 1993 und 30. 11. 1994, AP BGB § 611 Abhängigkeit Nr. 42, 66 und 74; zur Befristung BAG 11. 12. 1991 und 24. 4. 1996, AP BGB § 620 Befristeter Arbeitsvertrag Nr. 144 und 180). Diese Rspr. ist auf **Kritik** gestoßen. Ihr ist vorgeworfen worden, sie entspreche nicht ausreichend den Vorgaben der Verfassung, weil sie an dem traditionellen ANbegriff festhalte (*Rüthers* RdA 1985, 129 ff. und *Degenhart* in Bonner Kom. Art. 5 I u. II Rn. 696, beide mwN). Das ist unzutreffend. Das BVerfG hat den Fachrichtern die einfachrechtliche Klärung der Frage überlassen, wie sich die Sender die erforderliche Flexibilität ihrer Personalplanung und -disposition verschaffen können. Dieses Ziel würde überschritten, ja sogar verfehlt, wenn um der Flexibilität willen die Anwendbarkeit des Arbeitsrechts insgesamt zur Disposition stünde. Schutzlos blieben dann Grundrechtspositionen der Rundfunkmitarbeiter, nämlich Art. 3 I und Art. 12 I (zutreffend *Otto* AuR 1983, 1 ff.; *Wank* RdA 1982, 363 ff.). Das BVerfG hat inzwischen klargestellt, dass die freie Wahl des Arbeitsplatzes (Art. 12 I) einen Mindestbestandsschutz fordert (24. 4. 1991 E 84, 133, 146 = AP GG Art. 12 Nr. 70; 21. 2. 1995 E 92, 140, 150 = NZA 1995, 619). Dieses Grundrecht ist mit der Rundfunkfreiheit in Konkordanz zu bringen (*Breuer* HbStR § 147, Rn. 101; *Wieland* in *Dreier* GG Art. 12, Rn. 172; im Ergebnis auch BVerfG-Kammer 18. 2. 2000, NZA 2000, 653).

Für die erleichterte Befristungsmöglichkeit kommt es entscheidend auf eine Abgrenzung der 104
Gruppe **programmgestaltender Mitarbeiter** an. Entspr. heftig war die Reaktion auf die tastenden
Bemühungen des **BAG**, diesen Mitarbeitertyp zu erfassen (vgl. *Rüthers* RdA 1985, 129, 142 ff.; zur
Konkretisierungskompetenz der TVParteien vgl. *Otto* RdA 1984, 260 ff.; *Löwisch/Schüren*, Befristete
Vertragsverhältnisse programmgestaltender Mitarbeiter der Rundfunkanstalten, 1983). Das **BVerfG**
hält die Merkmale dieser Gruppe für erfüllt, „wenn die Rundfunkmitarbeiter typischerweise ihre
eigene Auffassung zu politischen, wirtschaftlichen, künstlerischen oder anderen Sachfragen, ihre
Fachkenntnisse und Informationen, ihre individuelle künstlerische Befähigung und Aussagekraft
in die Sendung einbringen, wie dies etwa bei Regisseuren, Moderatoren, Kommentatoren, Wissenschaftlern und Künstlern der Fall ist" (BVerfG-Kammer 3. 12. 1992 AP GG Art. 5 I Rundfunkfreiheit
Nr. 5).

Der Einfluss der Rundfunkfreiheit betrifft nicht nur den Arbeitsplatzschutz. Das Flexibilitäts- 105
bedürfnis wirkt sich auch bei anderen Personalmaßnahmen aus und kann eine Anpassung der Arbeitsbedingungen erforderlich machen (BVerfG-Kammer 3. 12. 1992 aE). Der **Umfang des Direktionsrechts**, der im Rahmen des § 315 BGB der Konkretisierung bedarf, kann ebenfalls nicht ohne Berücksichtigung des Art. 5 I 2 bestimmt werden. Der Schutz der Programmautonomie kann uU verhindern,
dass sich bestimmte Programmfunktionen im Laufe der Zeit arbeitsvertraglich verfestigen und Besitzstände begründen (eingehend *Rüthers/Buhl* ZfA 1986, 19 ff., die aber den Arbeitsplatzschutz zT
unterbewerten).

3. Kollektives Arbeitsrecht. Die Rundfunkfreiheit führt ferner zu Einschränkungen der **Mitbestim-** 106
mung. Für die Privatsender ergibt sich das aus § 118 I Nr. 2 BetrVG, der „im Lichte der Verfassung"
entspr. auszulegen ist (BAG 11. 2. 1992 und 27. 7. 1993, AP BetrVG 1972 § 118 Nr. 50, 51; *Richardi*
BetrVG § 118 Rn. 89 f.; *Fitting* BetrVG § 118 Rn. 28; 210 – BetrVG § 118 Rn. 15). Für die öffentlichrechtlichen Rundfunkanstalten sind vorwiegend die Länder zuständig, die das Personalvertretungsrecht tw. in Staatsverträgen geregelt haben. Auch sie müssen Art. 5 I 2 beachten (vgl. für Rundfunkanstalten des Bundesrechts *Dietz/Richardi* BPersVG § 69 Rn. 84). Die Probleme sind weitgehend
vergleichbar, die sich in Presseunternehmen ergeben (Rn. 79 ff.; zur „inneren Rundfunkfreiheit" vgl. Rn. 95).

Weitgehend ungeklärt ist bisher die Frage, inwieweit auch die **Tarifautonomie** durch die Rundfunk- 107
freiheit eingeschränkt wird. Die privatautonome Legitimationsgrundlage tariflicher Regelungen (Einl.
Rn. 47) scheint hier bes. evident, weil es sich fast ausschließlich um HausTV handelt, die von den
Anstalten selbst abgeschlossen werden, so dass ein Schutz gegen Freiheitsbeschränkungen entbehrlich
zu sein scheint. Aber diese Sicht würde die dienende Funktion der Rundfunkfreiheit (Rn. 88) und die
Informationsfreiheit der Rundfunkteilnehmer (Rn. 13) vernachlässigen. Die Träger der Rundfunkfreiheit können über ihre Grundrechtsposition nur in Grenzen frei verfügen (eingehend und überzeugend *Otto* RdA 1984, 261 ff.; vgl. auch Einl. Rn. 94). Dass sie diese Grenze überschreiten, ist
allerdings unwahrscheinlich, wenn ihre Entscheidungsfreiheit nicht stark eingeschränkt wird.

Schon das **Arbeitskampfrecht** ist daher durch Art. 5 I 2 beeinflusst. Es gilt ähnliches wie im Presse- 108
bereich (Rn. 82 ff.). Allerdings wird man hier nicht ohne weiteres sagen können, dass jede zulässige
Regelung auch erzwungen werden darf. Jedenfalls muss der Programmfreiheit Vorrang eingeräumt
werden. Regelungen, die diese beschränken, sind kein zulässiges Kampfziel, selbst wenn sie als
Ergebnis freier Programmplanung regelbar wären.

Auch bei der Durchführung von Arbeitskämpfen ergeben sich Unterschiede im Vergleich zur 109
Presse. Die totale Ausschaltung des öffentl. Rundfunks für ganze Sendegebiete würde die Informationsfreiheit der Öffentlichkeit übermäßig beschränken. Das ist wohl der Grund für kampftaktische
Erwägungen, die weniger weit gehen und auf die Eigenart des Rundfunks abzielen (vgl. *Löwisch* RdA
1987, 219 ff.). Auch hier gilt der Grundsatz, dass die Gerichte eine Vermischung von Arbeits- und
Meinungskampf nicht dulden dürfen.

Art. 6 [Ehe und Familie; Mutterschutz]

(1) Ehe und Familie stehen unter dem besonderen Schutze der staatlichen Ordnung.

(2) ¹Pflege und Erziehung der Kinder sind das natürliche Recht der Eltern und die zuvörderst
ihnen obliegende Pflicht. ²Über ihre Betätigung wacht die staatliche Gemeinschaft.

(3) Gegen den Willen der Erziehungsberechtigten dürfen Kinder nur auf Grund eines Gesetzes
von der Familie getrennt werden, wenn die Erziehungsberechtigten versagen oder wenn die
Kinder aus anderen Gründen zu verwahrlosen drohen.

(4) Jede Mutter hat Anspruch auf den Schutz und die Fürsorge der Gemeinschaft.

(5) Den unehelichen Kindern sind durch die Gesetzgebung die gleichen Bedingungen für ihre
leibliche und seelische Entwicklung und ihre Stellung in der Gesellschaft zu schaffen wie den
ehelichen Kindern.

A. Übersicht

1 Art. 6 fasst mehrere Grundrechtsnormen mit unterschiedlichen Zielen zusammen. Gemeinsam ist ihnen der familiäre Lebensbereich. Dem Staat wird seine Rolle im **Verhältnis zu Ehe und Familie, Eltern und Kindern** verbindlich zugewiesen. Diesen Bereich soll er einerseits als personalen Freiraum respektieren, andererseits soll er durch gesetzgeberische Ausgestaltung und effektiven Schutz gewährleisten, dass die Voraussetzungen freiheitlicher Lebensformen hier tatsächlich bestehen. Art. 6 enthält Abwehrrechte, Schutzpflichten, Institutsgarantien und Diskriminierungsverbote.

2 **Absatz 1** gewährleistet ganz allg. den Schutz von Ehe und Familie als einem geschlossenen Autonomie- und Lebensbereich. Die **Absätze 2, 3 und 5** betreffen das Verhältnis von Eltern und Kindern als einem speziellen Schutzbereich mit großer gesellschaftlicher Relevanz. **Absatz 4** betont schließlich die bes. Rolle der Mutter und den speziellen Schutzbedarf, der sich aus den Belastungen durch Schwangerschaft, Geburt, Stillzeit und Kinderbetreuung ergibt. Für das Arbeitsrecht haben nur die Absätze 1 und 4 eine Bedeutung, die der Erläuterung bedarf. Die Grundrechte, die das Eltern-Kind-Verhältnis und die Stellung nichtehelicher Kinder betreffen, bleiben daher im Folgenden außer Betracht.

B. Ehe und Familie

I. Bedeutung und Systematik

3 Der Schutz von Ehe und Familie dient als **Freiheitsrecht** der persönlichen Entfaltung in einem abgeschirmten Autonomie- und Lebensbereich (BVerwG 29. 10. 1992 E 91, 120 = NVwZ 1993, 696). Insoweit unterscheidet er sich nicht grds. von anderen Freiheitsrechten in seiner **Abwehr- und Schutzfunktion** (vgl. Einl. Rn. 25 ff.). Daneben hat er aber als **Institutsgarantie** bewahrende Funktion und reicht damit über subjektive Rechte einzelner Grundrechtsträger hinaus. Die Institutsgarantie verlangt eine gesetzliche Ausgestaltung, die überkommene Strukturprinzipien als **„Ordnungskern"** bewahrt, ohne sich gesellschaftlichen Entwicklungen zu verschließen (BVerfG 18. 4. 1989 E 80, 81; 17. 7. 2002 E 105, 313; *Schmitt-Kammler* in *Sachs* Rn. 27 mwN; *Robbers* in *v. Mangoldt/Klein* Rn. 6 f.). Als Institutsgarantie will Art. 6 I nicht nur den Einzelnen in einer gelebten Gemeinschaft schützen, sondern diese Gemeinschaft selbst gewährleisten (BVerfG 12. 5. 1987 E 76, 1, 45). Zur Verfassungs- und Ideengeschichte vgl. *Gröschner* in *Dreier* Rn. 1 ff.

II. Schutzbereiche

4 **1. Ehe** iSd. GG ist nach st. Rspr. des BVerfG das staatlich beurkundete und auf Dauer angelegte Zusammenleben von Mann und Frau in einer umfassenden Lebensgemeinschaft, die als unauflöslich gedacht ist (grundlegend BVerfG 29. 7. 1959 E 10, 59, 66). Dem „Ordnungskern" des Schutzbereichs liegt das Bild der verweltlichten bürgerlich-rechtlichen Ehe zugrunde, zu dem es auch gehört, dass sich die Ehepartner scheiden lassen können und damit ihre Eheschließungsfreiheit wiedererlangen (BVerfG 4. 5. 1971 E 31, 58, 82 f.). Eheähnliche Lebensgemeinschaften werden von diesem traditionellen Ehebegriff nicht erfasst (BVerfG 14. 11. 1973 E 36, 146, 165). Dementsprechend hat das BVerfG auch gleichgeschlechtlichen Partnerschaften bisher den Schutz des Art. 6 I versagt (Kammer 4. 10. 1993 NJW 1993, 3058).

5 Geschützt ist jedes Verhalten, das das eheliche Zusammenleben betrifft, von der Eheschließung bis zur Auflösung. Auch die Folgewirkungen einer durch Tod oder Scheidung beendeten Ehe können noch in den Schutzbereich des Art. 6 I fallen, zB Unterhaltsregelungen (BVerfG 28. 2. 1980 E 53, 257, 297; 10. 1. 1984 E 66, 84, 93). Hingegen ist der Entschluss, keine Ehe einzugehen, nur durch die allg. Handlungsfreiheit geschützt (BVerfG 24. 3. 1981 E 56, 363, 384).

6 **2. Familie** ist sehr viel schwerer zu definieren. Der Schutzbereich ist noch stärker von sozialen Wandlungsprozessen abhängig. Während ursprünglich die typische Kleinfamilie (verheiratete Eltern mit ihren eigenen Kindern) als „Ordnungskern" angesehen wurde, Familie also nur als Erweiterung der Ehe galt, hat die Rspr. die beiden Schutzbereiche inzwischen „entkoppelt". Familie entwickelt sich von der „Erziehungsgemeinschaft" zur familiären „Beistandsgemeinschaft" (*Gröschner* in *Dreier* Rn. 5 ff.). Das BVerfG sieht sie als einen „Raum für Ermutigung und Zuspruch"; der auch noch für erwachsene Familienmitglieder seine zentrale Bedeutung behalte (14. 4. 1989 E 80, 81, 91). Dennoch hält die hL an einer elternbezogenen Familiendefinition fest, die zwar Adoptiv-, Stief- und Pflegekinder einbezieht, jedoch Lebensgemeinschaften und elternlose Geschwister bisher nicht als Familie anerkennt (*Jarass/Pieroth* Rn. 4; *Schmitt-Kammler* in *Sachs* Rn. 16; offener *Robbers* in *v. Mangoldt/Klein* Rn. 88; *Gröschner* in *Dreier* Rn. 51). Die Beziehung eines Vaters zu seinem unehelichen Kind ist sogar dann als Familie anzusehen, wenn das Kind in einer anderen Familie lebt (BVerfG 9. 4. 2003 – 1 BvR 1493/96 u. 1724/01 – unter C II 1). Die Entwicklung ist noch nicht abgeschlossen. Es zeichnet sich

B. Ehe und Familie   Art. 6   GG 10

aber ab, dass die Schutzwirkung jedenfalls abgestuft sein muss, je nachdem, ob es sich um eine Lebens- und Erziehungsgemeinschaft, eine Hausgemeinschaft oder eine bloße Begegnungsgemeinschaft handelt (BVerfG 14. 4. 1989 E 80, 81, 91).

III. Ausgestaltung, Beeinträchtigung, Schranken

Die Rechtsinstitute der Ehe und der Familie bedürfen einer einfachrechtlichen **Ausgestaltung**. Der 7 Gesetzgeber hat zwar dabei Gestaltungsfreiheit, muss aber den „Ordnungskern" der Institute wahren (Rn. 3). Die gesetzliche Ausgestaltung des Ehe- und Familienrechts, die diese Voraussetzung erfüllt, wirkt zugleich als Konkretisierung des Schutzbereichs und damit als Maßstab für Regelungen und Maßnahmen, die anderen staatlichen Zwecken dienen.

Eingriffe sind staatliche Maßnahmen, die die Bereitschaft zur Eheschließung und partnerschaftliche 8 Lebensformen in Ehe und Familie stören oder sonst beeinträchtigen (BVerfG 3. 10. 1989 E 81, 1, 6). Das gilt sowohl im immateriell-persönlichen als auch im materiell-wirtschaftlichen Bereich (BVerfG 21. 10. 1980 E 55, 114, 126 f.). Als Abwehrrecht garantiert Art. 6 I die Freiheit, über die Art und Weise der Gestaltung des ehelichen und familiären Zusammenlebens selbst zu entscheiden. Der Staat hat individuelle Gestaltungen zu respektieren, insb. bei der steuerlichen und sozialpolitischen Lastenverteilung (BVerfG 3. 11. 1982 E 61, 319, 347; 10. 11. 1998 E 99, 216, 231; *Jarass/Pieroth* Rn. 17 ff.; *Schmitt-Kammler* in *Sachs* Rn. 35 ff. mwN).

Die **Schutzfunktion** wird in Art. 6 I ausdrücklich betont. Der Staat hat die Pflicht, Ehe und Familie 9 vor Beeinträchtigungen durch gesellschaftliche Kräfte zu bewahren (BVerfG 21. 10. 1980 E 55, 114, 126; 28. 4. 1992 E 87, 1, 35). Auch hier gilt, wie stets bei grundrechtlichen Schutzpflichten (vgl. Einl. Rn. 42 ff.), dass der Gesetzgeber bei der Auswahl geeigneter Mittel und Wege frei ist (BVerfG 28. 4. 1992 E 87, 1, 36). Auch der Verwaltung und den sie kontrollierenden Gerichten muss ein Beurteilungsspielraum zugebilligt werden (BVerfG 23. 6. 1982 E 61, 18, 27). Sie dürfen jedoch das einfache Recht nicht in einer Weise auslegen und anwenden, die geeignet ist, den autonomen Bereich von Ehe und Familie zu beeinträchtigen (BVerfG 18. 3. 1970 E 28, 104, 112; 23. 6. 1982 E 61, 18, 25). So müssen sie zB bei der Entscheidung über ein Aufenthaltsbegehren bestehende eheliche und familiäre Bindungen in einer Weise berücksichtigen, „die der großen Bedeutung entspricht, welche das Grundgesetz dem Schutz von Ehe und Familie erkennbar beimisst" (BVerfG 12. 5. 1987 E 76, 1 Leitsatz 2).

In der grundrechtlichen Pflicht zu Schutz und Förderung enthalten ist im Umkehrschluss ein 10 **Benachteiligungsverbot**. Ehe und Familie dürfen im Vergleich zu anderen Lebens- und Erziehungsgemeinschaften rechtlich nicht schlechter gestellt werden (st. Rspr. und hL *Badura* in *Maunz/Dürig* Rn. 31; *Schmitt-Kammler* in *Sachs* Rn. 32; krit. *Kingreen*, Die verfassungsrechtliche Stellung der nichtehelichen Lebensgemeinschaft im Spannungsfeld zwischen Freiheits- und Gleichheitsrechten, 1995, S. 136 ff., 207 ff.). Das bedeutet nun aber nicht etwa, dass nichteheliche Lebensgemeinschaften um der Förderung der herkömmlichen Ehe willen benachteiligt werden müssten (*Burgi* in *Friauf/Höfling* Rn. 31; *Krings* ZRP 2000, 410; *Robbers* in *v. Mangoldt/Klein* Rn. 50). Ein „Abstandsgebot" ist Art. 6 I nicht zu entnehmen. Deshalb ist der Gesetzgeber nicht gehindert, gleichgeschlechtliche Lebenspartnerschaften rechtlich abzusichern (BVerfG 17. 7. 2002 E 105, 313, 348).

Schranken sind in Art. 6 I nicht normiert. Ehe und Familie sind vorbehaltlos gewährleistet. 11 Dennoch sind freiheitsbeschränkende Eingriffe möglich, soweit sie durch kollidierendes Verfassungsrecht legitimiert werden können (*Jarass/Pieroth*, Rn. 15; *Robbers* in *v. Mangoldt/Klein*, Rn. 29; *Schmitt-Kammler* in *Sachs* Rn. 21). Das BVerfG hatte sich aber fast ausschließlich mit Fragen der Schutzpflicht und des Benachteiligungsverbotes zu befassen, wo es ohnehin stets um die Abwägung kollidierender Gemeinschaftsbelange geht, eine bloße Eingriffskontrolle also nicht genügt. Der Gesetzgeber hat bei der Förderung von Ehe und Familie „vor allem auf die Funktionsfähigkeit und das Gleichgewicht des Ganzen zu achten"; was die Berücksichtigung der unterschiedlichsten Gemeinschaftsbelange erfordert (BVerfG 29. 5. 1990 E 82, 60, 81 f.).

IV. Arbeitsrechtliche Einzelprobleme

1. Bestandsschutz. Schon sehr früh hatte sich das BAG mit den damals verbreiteten „Zölibats- 12 klauseln" zu befassen. Die Einstellung einer Krankenschwester war an die Bedingung geknüpft worden, dass das Arbeitsverhältnis mit Ablauf des Monats, in dem eine Ehe geschlossen wird, automatisch endet. Ähnliche Klauseln gab es bei vielen Frauenberufen, zB bei Stewardessen. Das BAG erklärte sie für nichtig (10. 5. 1957 AP GG Art. 6 Ehe und Familie Nr. 1). Die Begründung stellte zwar damals auf die unmittelbare Drittwirkung der Grundrechte ab, die das BAG inzwischen mit Recht aufgegeben hat (vgl. Einl. Rn. 17), aber eine gerichtliche Inhaltskontrolle in Erfüllung der grundrechtlichen Schutzpflicht (vgl. Art. 2 Rn. 30 ff.) führt hier zu demselben Ergebnis. Das BVerwG, das eine vergleichbare Regelung bei Bereitschaftspolizisten zu beurteilen hatte, will stattdessen je nach Fallgestaltung differenzieren, zB auf eine bestehende Schwangerschaft abstellen (22. 2. 1962 E 14, 21); das genügt nicht (*Gröschner* in *Dreier* Rn. 37; *Pieroth/Schlink* Rn. 654; *Robbers* in *v. Mangoldt/Klein* Rn. 52; aA *Schmidt-Kammler* in *Sachs* Rn. 24; *Hillgruber*, Der Schutz des Menschen vor sich selbst,

S. 149 ff.). Ausnahmsweise anders zu beurteilen sind „Zölibatsklauseln" und Kündigungen wegen eines Eheschlusses nur im **Bereich der Kirchenautonomie** und nur für diejenigen Arbeitnehmer, deren Tätigkeit in der Außenwirkung mit dem Verkündigungsauftrag der Kirchen identifiziert wird (st. Rspr. des BAG, zuletzt 31. 10. 1984 AP GG Art. 140 Nr. 20; *Lecheler* HbStR Bd. 6 § 133 Rn. 117; vgl. auch Art. 4 Rn. 42 ff.).

13   **2. Betriebliche Altersversorgung.** Das arbeitsrechtliche Teilgebiet, bei dem sich die Frage nach dem Schutz von Ehe und Familie relativ oft stellt, ist die betriebliche Altersversorgung und dabei speziell die Hinterbliebenenversorgung als einer wirtschaftlich bedeutsamen Folgewirkung der ehelichen Lebensgemeinschaft. Auch sie fällt in den Schutzbereich des Art. 6 I (Rn. 5). Das BAG hatte sich wiederholt mit Regelungen zu befassen, die auf familiäre Entscheidungen mit Versorgungsnachteilen reagierten, hat sie aber in keinem Fall beanstandet. Das bestätigt die Feststellung des BVerfG, dass die Schutzfunktion des Art. 6 I „nicht das Maß an Verbindlichkeit" erreicht, „das der Institutsgarantie oder dem Freiheitsrecht eigen ist" (18. 4. 1989 E 80, 81, 93).

14   So hat das BAG gebilligt, dass Versorgungszusagen durch **„Getrenntlebensklauseln"** bloße Versorgungsehen auszuschließen suchen. Danach erlischt die Anwartschaft auf Hinterbliebenenrente, wenn die Ehepartner auf Dauer getrennt leben (BAG 6. 9. 1979 AP BGB § 242 Ruhegehalt Nr. 183; 28. 3. 1995 AP BetrAVG § 1 Hinterbliebenenversorgung Nr. 14). Aus dem gleichen Grunde wurden **Spätehenklauseln** gebilligt, die Versorgungsansprüche von einer bestimmten Mindestdauer der Ehe abhängig machen (BAG 11. 8. 1987 AP BetrAVG § 1 Hinterbliebenenversorgung Nr. 4). Auch eine ganz außergewöhnliche Altersdifferenz kann Kürzungen rechtfertigen. Problematischer sind **Wiederverheiratungsklauseln,** die die Hinterbliebenenversorgung entfallen lassen, sobald die Witwe oder der Witwer erneut heiraten. Das BAG lässt sie sogar dann gelten, wenn die Rente im Gegensatz zu § 46 III SGB VI auch nach Auflösung der zweiten Ehe nicht wieder aufleben soll (16. 4. 1997 AP BetrAVG § 1 Hinterbliebenenversorgung Nr. 16). Mit dem fehlenden Versorgungsbedarf lässt sich das nicht mehr rechtfertigen.

15   **3. Tarifvertragsrecht.** Tarifverträge sind nicht unmittelbar an die Grundrechte gebunden (umstritten, vgl. Einl. Rn. 46 ff.). Dennoch ist Art. 6 I in seiner freiheitsbewahrenden Abwehrfunktion von den TVParteien zu beachten, weil die Institutsgarantie des Art. 6 I nicht zur privatautonomen Disposition steht. Zölibatsklauseln oder Kündigungserleichterungen aus Anlass einer Eheschließung könnten also auch in TV nicht wirksam vereinbart werden (vgl. Einl. Rn. 52 ff.). Ebenso beansprucht das Verbot der Benachteiligung von Ehe und Familie als **spezieller Gleichheitssatz** im TV Beachtung (vgl. Einl. Rn. 57 f.; Beispiel: BAG 25. 2. 1987 AP BAT § 52 Nr. 3).

16   Hingegen haben die TVParteien nicht die Pflicht, durch Regelungen zum bes. Schutz von Ehe und Familie beizutragen. Diese **Schutzpflicht** trifft nur die „staatliche Ordnung". Soweit der tarifliche Schutz insoweit lückenhaft erscheint, müssen Gesetzgebung und Rspr. für Abhilfe sorgen. Deshalb halte ich es auch nicht für möglich, bei der Auslegung tariflicher Regelungen das Ziel der Förderung von Ehe und Familie zu unterstellen. Allerdings sind auch TV an das Verbot mittelbarer Diskriminierung von Frauen (Art. 3 Rn. 88 und Art. 9 Rn. 76) und an das spezielle Diskriminierungsverbot des Art. 6 IV gebunden (Rn. 25). Das wird vielfach zum gleichen Ergebnis führen.

C. Grundrechtlicher Mutterschutz

I. Funktion und Bedeutung

17   Der Absatz 4 ist gleichsam der archimedische Punkt des Art. 6. Er schützt die Quelle der familiären Schutzbereiche durch ein spezielles Grundrecht der Mutter. Dessen Schutzfunktion wird durch einen bindenden, also auch verfassungsgerichtlich durchsetzbaren **Gesetzgebungsauftrag** verstärkt. Die bes. Belastungen, denen Mütter aus biologischen, emotionalen und gesellschaftlichen Gründen ausgesetzt sind, sollen angemessen ausgeglichen werden (BVerfG 25. 1. 1972 E 32, 273 = AP MuSchG § 9 Nr. 1). Viele spezialgesetzlichen Regelungen, vor allem auch im Mutterschutzgesetz, bemühen sich um diesen Auftrag. Ob er allerdings bereits erfüllt ist, lässt sich mit guten Gründen bezweifeln (*Gröschner* in *Dreier* Rn. 11 f.). Die nach wie vor bestehenden Defizite erweisen sich zugleich als Hindernisse bei der Erfüllung des Schutzauftrags in Art. 3 II. Daraus ergibt sich eine Herausforderung auch an die Rspr.

II. Schutzbereich

18   Die scheinbar klare Bezeichnung des personellen Schutzbereiches erweist sich als auslegungsbedürftig. Der verfassungsrechtliche Begriff der Mutter ist sowohl in personeller wie auch in zeitlicher Hinsicht nicht ganz eindeutig.

19   Einigkeit besteht immerhin darüber, dass die **leibliche Mutter** geschützt ist, und zwar schon während der Schwangerschaft und unabhängig von familiären Bezügen (Ersatz- oder Leihmutter, verheiratet oder unverheiratet). Im Umkehrschluss nimmt die hL Adoptiv- und Pflegemütter pauschal

aus und verweist sie in den Schutzbereich von Art. 6 I (*Gröschner* in *Dreier* Rn. 110; *Jarass/Pieroth* Rn. 44; *Schmitt-Kammler* in *Sachs* Rn. 84; *Zacher* HbStR Bd. 6 § 134 Rn. 115; auch BAG 27. 7. 1983 AP MuSchG 1968 § 8 a Nr. 3). Dieser biologischen Betrachtungsweise hält *Robbers* (in *v. Mangoldt/ Klein* Rn. 290) entgegen, dass die „soziale Mutter" nicht weniger schutzbedürftig sei. Da das BVerfG Art. 6 IV als spezifische Konkretisierung des Sozialstaatsprinzips interpretiert (25. 1. 1972 E 32, 273, 279 = AP MuSchG 1968 Nr. 1 letzter Abs.), erscheint dieser Einwand auf den ersten Blick schlüssig. Das Gegenteil ergibt sich aber bei einer systematischen Würdigung, die Art. 3 II berücksichtigt. Die nachfolgend erörterte Abgrenzungsproblematik macht das noch deutlicher.

Die **zeitliche Dimension** des Schutzbereichs ist bisher ungeklärt. Fest steht, dass der Schutz mit 20 Beginn der Schwangerschaft einsetzt (BVerfG 13. 11. 1979 E 52, 357, 365 = AP MuSchG 1968 § 9 Nr. 7). Hingegen hat das BVerfG offen gelassen, ob er über die ersten Monate nach der Geburt hinausreicht (12. 3. 1996 E 94, 241, 259). Im Schrifttum werden dazu ganz unterschiedliche Ansichten vertreten. Während *Maunz* auf die Dauer der Hilfsbedürftigkeit des Kindes abstellt (*Maunz/Dürig* Rn. 145), wollen andere den Schutz bis zur Volljährigkeit des Kindes und sogar darüber hinaus reichen lassen (*Gröschner* in *Dreier* Rn. 108; *Robbers* in *v. Mangoldt/Klein* Rn. 292). Zu berücksichtigen ist aber, dass Art. 6 IV bei Sachverhalten ausscheiden muss, die nicht allein Mütter betreffen (BVerfG 7. 7. 1992 E 87, 1, 42 und 12. 3. 1996 E 94, 241, 259; *Jarass/Pieroth* Rn. 44). Das ergibt sich aus einer Zusammenschau mit Art. 3 II. Die Verfassung erstrebt eine Angleichung der Lebensverhältnisse von Männern und Frauen; sie kann daher nicht Regelungen gebieten, die der Kinderbetreuung im Sinne eines traditionellen Rollenbildes allein der Mutter zuordnen. Nur die natürlichen Belastungen durch Schwangerschaft, Geburt und Stillzeit treffen unabhängig von gesellschaftlichen Entwicklungen allein die leibliche Mutter und bedürfen daher eines bes. Schutzes.

III. Schutz und Fürsorge

Der Staat muss die bes. Belastungen der Mutterschaft abmildern und die damit verbundenen Lasten 21 angemessen ausgleichen. Er hat zwar (wie immer) einen Ermessensspielraum. Es gibt aber ein Untermaß, das nicht unterschritten werden darf. Dazu gehört vor allem der öffentlich-rechtliche Gesundheits- und Arbeitsschutz sowie eine sozialrechtliche Sicherung im Krankheitsfall, aber auch zivilrechtliche Mindeststandards (*Zacher* HbStR § 134 Rn. 118). So hat das BVerfG die **Inhaltskontrolle** von einseitig belastenden Eheverträgen gefordert (6. 2. 2001 E 103, 89) und sogar mietrechtlichen Kündigungsschutz angemahnt (28. 5. 1993 E 88, 203, 260).

Vor allem das **Arbeitsrecht** ist hier gefordert. Unbestritten wirkt Mutterschaft in der wettbewerbs- 22 fixierten und rein leistungsorientierten Arbeitswelt als schweres Handicap. Davon sind nicht nur Schwangere, sondern ganz allg. junge Frauen im gebärfähigen Alter belastet. Der Staat ist verpflichtet, ihre Arbeitsplatzrisiken und wirtschaftlichen Belastungen abzumildern, sowie ihnen den Zugang zum Arbeitsmarkt zu erleichtern. Er hat auch mit dem Mutterschutzgesetz nur die unmittelbaren Schutzbedürfnisse geregelt, seine Schutzpflicht reicht aber darüber hinaus und verlangt auch die Abwehr **mittelbarer Beeinträchtigungen** (*Robbers* in *v. Mangoldt/Klein* Rn. 300; *Gröschner* in *Dreier* Rn. 111, der hier gravierende Defizite moniert; offen gelassen in BVerfG 23. 4. 1974 E 37, 121, 126 = AP MuSchG 1968 § 14 Nr. 1).

Der **Arbeitsplatzschutz** des § 9 MuSchG geht zwar sehr weit und ist für die betroffenen Arbeit- 23 geber uU hart, das BVerfG hat das aber gebilligt. Es hat sogar eine Erweiterung gefordert, als eine frühere Fassung des Gesetzes den Sonderschutz entfallen ließ, wenn die Schwangerschaft unverschuldet nicht rechtzeitig mitgeteilt wurde (13. 11. 1979 E 52, 357 = AP MuSchG 1968 Nr. 7). Ebenso wurden Regelungen des Einigungsvertrages beanstandet, die einen Arbeitsplatzverlust ohne jeden Mutterschutz vorsahen (24. 4. 1991 E 84, 133 = AP GG Art. 12 Nr. 70; 10. 3. 1992 E 85, 360 = AP Einigungsvertrag Art. 38 Nr. 1).

Der Arbeitsplatzschutz des § 9 MuSchG bedarf der Ergänzung durch ausreichende **Entgeltsiche-** 24 **rung.** Das MuSchG erreicht das mit Hilfe des Mutterschaftsgeldes der Krankenkasse (§ 13 MuSchG) und eines Zuschusses, den der Arbeitgeber zu leisten hat (§ 14 MuSchG). Das BVerfG hat diese Lastenverteilung bisher gebilligt (23. 4. 1974 E 37, 121 = AP MuSchG 1968 § 14 Nr. 1) und das BAG ist ihm mit dem Hinweis auf eine entspr. „Verantwortungsbeziehung" gefolgt (st. Rspr. zuletzt mit deutlichen Skrupeln: 1. 11. 1995 AP MuSchG 1968 § 14 Nr. 13). Ein Abwägungsproblem ergibt sich hier aber nicht nur durch die Grundrechtsschutz des belasteten Arbeitgeber. Problematisch sind vielmehr auch die mittelbaren Folgen für Arbeitnehmerinnen. Eine Belastung, die als unangemessen oder sogar als unzumutbar empfunden wird, verursacht zwangsläufig Einstellungshürden für junge Frauen. Der gesetzliche Mutterschutz kann dadurch leerlaufen oder sogar dem Schutzauftrag des Art. 3 II entgegenwirken (ebenso 500 – MuSchG § 14 Rn. 2; *Gröschner* in *Dreier* Rn. 111). Der Gesetzgeber ist hier gefordert. Eine Verfassungsbeschwerde wurde bereits zur Entscheidung angenommen.

Der grundrechtliche Anspruch auf Schutz und Fürsorge begründet nicht nur die Pflicht, gesetzli- 25 chen Mutterschutz zu schaffen und auszugestalten. Er ist darüber hinaus als **spezielles Diskriminierungsverbot** zu verstehen (BVerfG 4. 10. 1983 E 65, 104, 113 = AP MuSchG § 8 a Nr. 5 unter B I;

Willensbildungsprozesse in einem freiheitlichen und pluralistisch verfassten Gemeinwesen (*Bauer* aaO Rn. 23).

2 Art. 9 fasst zu diesem Zweck zwei tatbestandlich selbständige Gewährleistungen zusammen. Während die allg. Vereinigungsfreiheit (**Art. 9 I**) durch ihre Zweckoffenheit und Funktionsvielfalt gekennzeichnet wird, dient die Koalitionsfreiheit (**Art. 9 III**) als qualifizierter Spezialtatbestand einem bes. Schutzbedürfnis mit einem eigenständigen Regelungskonzept (Rn. 18 ff.). Hier geht es um Vereinigungen mit einem ganz bestimmten Zweck, nämlich zur „Wahrung und Förderung der Arbeits- und Wirtschaftsbedingungen". Entspr. unterschiedlich sind die betroffenen Lebensbereiche. Anwendungsfeld des Art. 9 I ist das Gebiet des Vereins- und Gesellschaftsrechts im weitesten Sinn. Hingegen bedeutet Art. 9 III praktisch die **„Magna Charta des kollektiven Arbeitsrechts"** (*Zöllner* AöR 68 [1973], 71, 72). Daraus ergeben sich erhebliche Unterschiede in Bezug auf die erforderliche Ausgestaltung, die Grundrechtsträger und die grundrechtlichen Schranken.

3 Für die Gründungs- und Betätigungsfreiheit der **Parteien** besteht in Art. 21 ein Spezialgrundrecht (*Ipsen* in *Sachs* Art. 21 Rn. 28; aA *Grimm* HdbVerfR § 14 Rn. 30), allerdings ergänzt durch Art. 9 I, soweit Art. 21 keine Regelungen enthält (*Jarass/Pieroth* Art. 21 Rn. 3; *Löwer* in *v. Münch/Kunig* Rn. 9). Entspr. gilt für **Religionsgemeinschaften**, soweit Art. 140 eingreift (vgl. dazu Art. 4 Rn. 28).

B. Allgemeine Vereinigungsfreiheit (Art. 9 I)

I. Schutzbereich

4 **1. Schutzgegenstand. Vereinigung** ist der Oberbegriff für Vereine und Gesellschaften (vgl. Art. 9 II und 18). Gemeint ist das gesamte Spektrum von „Vereinen, Verbänden und Assoziationen aller Art" (BVerfG 18. 12. 1974 E 38, 281, 503 = AP GG Art. 9 Nr. 23 unter C II 3 a). Dazu gehören neben dem traditionellen Vereinsleben auch Bürgerinitiativen, Interessenverbände sowie Kapital- und Handelsgesellschaften bis hin zu Unternehmensfusionen und Konzernen (*Höfling* in *Sachs* Rn. 7 ff.; *Jarass/Pieroth* Rn. 3; *Bauer* in *Dreier* Rn. 33 ff.). Jeder Zusammenschluss zu einem gemeinsamen Zweck mit einem Mindestmaß an zeitlicher und organisatorischer Stabilität fällt in den Schutzbereich der allg. Vereinigungsfreiheit. Auf die Rechtsform kommt es nicht an. Voraussetzung ist allerdings **Freiwilligkeit**. Zwangszusammenschlüsse zu öffentl. Vereinigungen werden nicht erfasst.

5 Bei großen **Kapitalgesellschaften** und **Konzernverflechtungen** kann man immerhin Zweifel hegen, ob von einem personalen Element, das doch für alle Grundrechte bestimmend ist, überhaupt noch die Rede sein kann. Das BVerfG hat diese Zweifel deutlich formuliert, die Frage aber offengelassen (1. 3. 1979 E 50, 290, 355 f. = AP MitbestG § 1 Nr. 1 unter C III 2 b). In der Tat entspr. Kapitalgesellschaften nicht dem historisch geprägten Leitbild des Art. 9 I. Das rechtfertigt es aber nicht, sie ganz aus dessen Schutzbereich herauszunehmen. Ihre Bes. muss vielmehr bei der gesetzlichen Ausgestaltung (dazu Rn. 9) angemessen berücksichtigt werden (ebenso *Bauer* in Dreier Rn. 30; *Jarass/Pieroth* Rn. 4).

6 **2. Schutzumfang. Individuelle Vereinigungsfreiheit:** Geschützt ist die Bildung von Vereinigungen. Damit ist aber nicht nur die Gründung als solche gemeint. Dazu gehört vielmehr ebenso die Freiheit des Beitritts und des Verbleibens sowie ihr Gegenteil, also das Recht des Fernbleibens (negative Vereinigungsfreiheit). Geschützt ist ferner die Betätigung innerhalb des Vereinslebens und seiner Organisation.

7 Nach der st. Rspr. des BVerfG ist die Vereinigungsfreiheit ein **Doppelgrundrecht**. Geschützt ist nicht nur die individuelle Freiheit der potentiellen oder realen Mitglieder, sondern auch die Vereinigung selbst als **kollektive Vereinigungsfreiheit** (BVerfG 24. 2. 1971 E 227, 241 = AP GG Art. 9 Nr. 22 unter C I 1; 1. 3. 1979 E 50, 290, 354 = AP MitbestG § 1 Nr. 1 unter C III 2 a; 9. 10. 1991 E 84, 372, 378; ablehnend im Hinblick auf Art. 19 III *Höfling* in *Sachs* GG Rn. 26 mwN). Dieser Schutz erfasst das „Recht auf Entstehen und Bestehen" sowie die „Selbstbestimmung über die eigene Organisation, das Verfahren ihrer Willensbildung und die Führung ihrer Geschäfte"; wozu auch die „Freiheit der Selbstdarstellung und Mitgliederwerbung" gehört (BVerfG 14. 5. 1985 E 70, 1, 25 = NJW 1986, 772). Der jeweilige Vereinszweck und dessen Realisierung unterfallen hingegen nicht dem Schutzbereich des Art. 9 I, der ja – im Gegensatz zu Art. 9 III – zweckindifferent definiert ist. Bei ihrer Teilnahme am allg. Rechtsverkehr sind Vereinigungen nur durch die übrigen Grundrechte in Verbindung mit Art. 19 III geschützt (*Höfling* in *Sachs* Rn. 20; *Jarass/Pieroth* Rn. 9).

8 **3. Grundrechtsträger.** Die allg. Vereinigungsfreiheit ist als individuelles Bürgerrecht nur **Deutschen** gewährleistet (im Gegensatz zur Koalitionsfreiheit, vgl. Rn. 27). Das einfache Recht unterscheidet aber nicht nach Nationalitäten (zB § 1 I VereinsG). Für EU-Bürger besteht eine entspr. Verpflichtung nach Art. 52 II, 58 EGV. Im Übrigen gewährleistet das Auffanggrundrecht des Art. 2 I weitgehende Angleichung (Einl. Rn. 4).

II. Ausgestaltung, Eingriff

Die Vereinigungsfreiheit bedarf der rechtlichen **Ausgestaltung**. Ohne funktionstaugliches Vereins- und Gesellschaftsrecht kann sie nicht wahrgenommen werden. Der Staat ist daher grundrechtlich verpflichtet, für eine „Mindestausstattung" zu sorgen. Diese rechtliche Strukturierung ist keine Grundrechtsbeeinträchtigung, sondern im Gegenteil Grundrechtsvollzug, der nur durch das Untermaßverbot (Einl. Rn. 38) begrenzt ist. Der Gesetzgeber verfügt also über einen weiten Gestaltungsfreiraum (BVerfG – Kammer 19. 1. 2001 – 1 BvR 1759/91 – Genossenschaftsgesetz; BVerfG 1. 3. 1979 E 50, 290, 354 f. = AP MitbestG § 1 Nr. 1 unter C III 2 a; *Höfling* in *Sachs* Rn. 36 f.; *Bauer* in *Dreier* Rn. 47). Dieser ist auch für die richterliche Rechtsfortbildung maßgebend. 9

Im Gegensatz dazu bedeuten alle belastenden Regelungen, Maßnahmen oder Entscheidungen des Staates, die nicht nur der Funktionsfähigkeit des Vereins- oder Gesellschaftsrechts dienen sollen, einen **Eingriff** in den Schutzbereich des Art. 9 I. Sie bedürfen der Rechtfertigung und müssen den Verhältnismäßigkeitsgrundsatz beachten (Einl. Rn. 27). Das gilt für Verbote und rechtliche Behinderungen aller Art, zB Konzessionssysteme, Kontrollverfahren, Beitrittszwänge usw. Auch faktische Beeinträchtigungen wie nachrichtendienstliche Ausforschung und Unterwanderung fallen in den Schutzbereich des Art. 9 I (*Höfling* in *Sachs* Rn. 34; *Jarass/Pieroth* Rn. 12). 10

Die **Vereinigungen selbst** sind nicht unmittelbar an die Grundrechte, also auch nicht an Art. 9 I gebunden. Der Staat muss aber im Rahmen seiner Ausgestaltungspflicht (Rn. 9) Vorkehrungen treffen, um absehbaren Freiheitsbeschränkungen oder Gleichheitsverletzungen durch Satzungs- oder Gesellschaftsvertragsrecht zu begegnen. Insoweit ist wiederum das Untermaßverbot maßgebend (Einl. Rn. 38). Gesetzgebung und Rspr. verfügen also über einen großen Beurteilungsfreiraum, soweit es nicht um diskriminierendes Satzungsrecht geht (vgl. Art. 3 Rn. 11). 11

III. Schranken

Art. 9 II errichtet eine spezielle Schranke der Vereinigungsfreiheit. Diese ist aber nach einhelliger Ansicht irreführend formuliert (Rn. 13) und bedeutet im Übrigen auch keine abschließenden Regelung (Rn. 14). 12

Nähme man **Art. 9 II** wörtlich, so handelte es sich um eine Begrenzung des Schutzbereichs mit unmittelbarer Verbotswirkung. Das wäre jedoch systemwidrig und unpraktikabel. Die Reglung ist vielmehr als Eingriffsvorbehalt zu verstehen, der einer vereinsrechtlichen Regelung bedarf und erst durch eine Verbotsverfügung konstitutive Wirkung entfalten kann (*Bauer* in *Dreier* Rn. 49; *Höfling* in *Sachs* Rn. 38; *Jarass/Pieroth* Rn. 15; *Scholz* in *Maunz/Dürig* Rn. 113 u. 132). Maßgebend sind die §§ 3 ff. VereinsG. 13

Obwohl ein weitergehender Gesetzesvorbehalt fehlt, gilt auch hier ein verfassungsimmanenter Vorbehalt für **kollidierendes Verfassungsrecht**. Zum Schutze anderer Rechtsgüter mit Verfassungsrang, insb. der Grundrechte Dritter, kann auch die allg. Vereinigungsfreiheit beschränkt werden (BVerfG 24. 2. 1971 E 30, 227, 241 = AP GG Art. 9 Nr. 22 unter C I 4). Das gilt zB für Fusionsverbote im Interesse der Wettbewerbsfreiheit. Der Verweis auf allg. Gemeinwohlbelange reicht dazu aber nicht aus (*Bauer* in *Dreier* Rn. 54; *Höfling* in *Sachs* Rn. 40; *Jarass* in *Jarass/Pieroth* Rn. 20). 14

C. Koalitionsfreiheit

I. Struktur und Bedeutung

1. Vorgeschichte. Das Grundgesetz umreißt die Koalitionsfreiheit in einem einzigen Satz (Art. 9 III 1) als das individuelle Recht, sich mit einem bestimmten Ziel, nämlich zur Wahrung und Förderung der Arbeits- und Wirtschaftsbedingungen, zu vereinigen. Der Grund dieser speziellen Gewährleistung neben der allg. Vereinigungsfreiheit, ihre bes. Bedeutung und das damit gesicherte Schutzkonzept lassen sich diesen dürren Worten allein nicht entnehmen. Vorausgesetzt wird die Kenntnis der europäischen und der deutschen **Sozial- und Verfassungsgeschichte** seit dem Entstehen der Industriegesellschaft in der Mitte des 19. Jahrhunderts. 15

Im Verlaufe heftiger Konflikte hatten sich Vereinigungen von Arbeitnehmern und Arbeitgebern gebildet und nach erbitterten Arbeitskämpfen schließlich Verfahren und Formen entwickelt, mit deren Hilfe sich die antagonistischen Interessengegensätze ausgleichen und rechtlich kanalisieren ließen. Die **Weimarer Republik** hatte den rechtlichen Ertrag dieser Erfahrungen, der schon vorher vom Staat zumindest toleriert worden war, in aller Form festgeschrieben und sogar grundrechtlich gewährleistet (Art. 159 und 165 WRV). Der **Nationalsozialismus** hatte das alles zwar beseitigt, aber nach 1945 galt es als absolut selbstverständlich, dass an die Rechts- und Verfassungstradition vor 1933 möglichst nahtlos anzuknüpfen sei. Auch die Besatzungsmächte der britischen und der amerikanischen Zone betrachteten sie als Grundlage des neu aufzubauenden demokratischen Rechtsstaats. So trat schon am 9. 4. 1949, also vor dem Grundgesetz, im „Vereinigten Wirtschaftsgebiet" das **Tarifvertragsgesetz** in Kraft, das im Wesentlichen noch heute gilt (zur Geschichte des kollektiven Arbeitsrechts eingehend 16

Gamillscheg Kollektives ArbeitsR I § 2; knapper MünchArbR/*Löwisch*/*Rieble* § 242; speziell zur Geschichte des Tarifrechts *Wiedemann* TVG Geschichte).

17 Die geschichtliche Erfahrung und ihr rechtlicher Ertrag werden in der sehr allg. und offenen Formulierung des Art. 9 III zu einer grundrechtlichen Gewährleistung verdichtet. Bei der **Auslegung** hat das BVerfG von Anfang an betont, dass Voraussetzung und Rechtsfolgen der Koalitionsfreiheit nur unter Berücksichtigung seiner **historischen Entwicklung** angemessen erfasst und entfaltet werden können (st. Rspr.; für viele BVerfG 1. 3. 1979 E 50, 290, 367 = AP MitbestG § 1 Nr. 1 unter C IV 1 und schon BVerfG 18. 11. 1954 E 4, 96, 106 u. 108 – AP GG Art. 9 Nr. 1 unter C II b, wo allerdings auch bereits auf das Erfordernis der Rechtsfortbildung verwiesen wird). Nachdem die Grundrechtscharta der EU die Koalitionsfreiheit ebenfalls garantiert (Art. 28), wird die Auslegung auch durch Rechtsvergleichung beeinflusst werden. Verschiedene völkerrechtliche Verträge verpflichten die Bundesrepublik im gleichen Sinne (*Gamillscheg* Kollektives ArbeitsR I S. 50 ff.; MünchArbR/*Löwisch*/ *Rieble* § 242 Rn. 64 ff.).

18 **2. Schutzbedarf.** Die Erfahrung der spannungsreichen Sozialgeschichte in der 2. Hälfte des 19. Jahrhunderts hat zunächst und vor allem die Einsicht in spezifische Schutzbedürfnisse vermittelt. Der blinde Glaube des liberalen Bürgertums an die Leistungsfähigkeit einer möglichst uneingeschränkten **Privatautonomie** fand zwar noch einmal Ausdruck in einer bedeutenden Kodifikation, dem BGB, erwies sich aber angesichts der gewaltigen Spannungen der Industriegesellschaft und der sozialen Frage als lebensfremd. Die Masse der abhängig Beschäftigten war keineswegs in der Lage, die eigenen Interessen mit den Mitteln des Individualvertrages zu wahren, vielmehr dringend auf Hilfe und Beistand angewiesen. Hier zeigte sich ein Schutzbedürfnis, dass der Staat nur sehr begrenzt abdecken kann, weil Gesetzgeber und Rspr. weder über ausreichend flexible Instrumente noch über das erforderliche Detailwissen verfügen, um den gestörten Vertragsmechanismus zu ersetzen. Immerhin entstand im Laufe der Zeit ein ausdifferenziertes Arbeitsrecht und das gesamte Zivilrecht wurde immer mehr sozialstaatlich imprägniert, aber das Schutzbedürfnis der „strukturell ungleichen Verhandlungsstärke" blieb. Unter der Geltung des Grundgesetzes ergibt sich daraus eine **Schutzpflicht des Staates** (vgl. Art. 2 Rn. 27 ff.).

19 Die Arbeitnehmer hatten schon früh die Möglichkeiten der Selbsthilfe genutzt, sich in Gewerkschaften zusammengeschlossen und mit den Mitteln des Arbeitskampfes kollektive Regelungen erzwungen. Hier hatte sich aber schnell ein weiteres Schutzbedürfnis gezeigt. Der obrigkeitliche Staat hatte den streitbaren und sozialpolitisch ausgreifenden Ansatz der **Gewerkschaftsbewegung** als Kampfansage verstanden, abgelehnt und bekämpft. Der nationalsozialistische Staat hat die Gewerkschaften sofort aufgelöst und ihre Repräsentanten persönlich verfolgt. Nach diesen Erfahrungen stand fest, dass der Sozialstaat sich nicht damit begnügen kann, lediglich die Bildung von Gewerkschaften und Arbeitgeberverbänden zu gewährleisten (dazu hätte die allg. Vereinigungsfreiheit genügt), sondern dass auch deren Existenzvoraussetzungen gesichert, sowie die spezifische Thematik und Methodik ihres kollektiven Interessenausgleichs gegen staatliche Eingriffe und andere Störungen geschützt werden muss.

20 **3. Schutzkonzept.** Ausdrücklich genannt wird in Art. 9 III allerdings nur die Freiheit zur Vereinigung selbst, und ferner die spezifische Zweckrichtung der geschützten Koalitionen. Es war aber nie zweifelhaft, dass diese Spezialregelung sinnlos wäre, wenn sie nicht zugleich als **Gewährleistung der kollektiven Ausgleichsverfahren** verstanden werden könnte, also der Tarifautonomie und des Arbeitskampfrechts. Das ist nicht nur für die Koalitionen eine unverzichtbare Voraussetzung wirksamer Betätigung und damit Existenzgrundlage; zugleich folgt daraus für den Staat, dass er bei der Erfüllung seiner grundrechtlichen Schutzpflicht in Bezug auf Privatautonomie, Persönlichkeitsschutz und Berufsfreiheit entlastet wird. Die komplizierte Aufgabe, antagonistische Interessen und kollidierende Grundrechtspositionen lebensnah und angemessen differenziert auszugleichen, ist in einer freiheitlich verfassten Gesellschaftsordnung praktisch nur mit Hilfe kollektiver Interessenvertretung und den Mitteln des kollektiven Vertragsmechanismus befriedigend zu lösen (BVerfG 2. 3. 1993 E 88, 103, 114 ff. = AP GG Art. 9 Arbeitskampf Nr. 126 unter C II 1). Das wird durch die Gewährleistung der Koalitionsfreiheit in Art. 9 III anerkannt, und gleichzeitig wird das Schutzkonzept der **Privatautonomie auf kollektiver Ebene** abgesichert. Die entspr. Verantwortung für wirtschaftliche und gesellschaftliche Entwicklungen tragen danach die Koalitionen des Art. 9 III als soziale Gegenspieler, ohne dass sie dadurch zu staatlichen Organen mit entspr. Pflichten würden (vgl. Rn. 55).

II. Schutzbereich

21 **1. Koalitionsbegriff.** Die sachliche Grenze der Koalitionsfreiheit ergibt sich aus den Merkmalen derjenigen Vereinigungen, die die in Art. 9 III genannten Ziele verfolgen. Für sie hat sich im Verfassungsrecht der Begriff „Koalitionen" eingebürgert, obwohl die Bezeichnung im Grundgesetz selbst nicht verwendet wird. Die eigenständige **Begriffsbildung** hat den Vorteil, den Koalitionsbegriff deutlich von den engeren Begriffen „Gewerkschaft" und „Arbeitgeberverband" zu unterscheiden (vgl. zur Tariffähigkeit Rn. 65). Im Arbeitsrecht wird vielfach auch von Berufsverbänden gesprochen

(Wiedemann/*Oetker* TVG § 2 Rn. 155), was jedoch mit Unschärfen und Überschneidungen verbunden ist.

Koalitionen müssen zunächst die Merkmale einer **Vereinigung** iS von Art. 9 I erfüllen, also freiwillig zustande gekommen sein und eine gewisse Stabilität aufweisen (Rn. 4). Es genügt aber schon ein kurzes Bündnis von Außenseitern, die sich zweckgebunden an eine vorhandene Koalition anlehnen (BVerfG 26. 6. 1991 E 84, 212, 225 = AP GG Art. 9 Arbeitskampf Nr. 117 unter C I 1 b). 22

Der bes. Zweck der Vereinigung muss in der Wahrung und Förderung der **Arbeits- und Wirtschaftsbedingungen** bestehen. Dieses Begriffspaar ist als funktionale Einheit zu verstehen. Es geht also nicht allein um Entgelte und materielle Arbeitsbedingungen, andererseits auch nicht um reine Wirtschaftsbedingungen, die sich nur sehr mittelbar (wie alle Wirtschaftsbedingungen) auch auf den Arbeitsmarkt und die Arbeitsbedingungen auswirken können (Investitionen, Subventionen, Unternehmensverbindungen usw.). Nach der gängigen Formel der herrschenden Lehre ist die Gesamtheit der Bedingungen gemeint, unter denen abhängige Arbeit geleistet und eine sinnvolle Ordnung des Arbeitslebens ermöglicht wird (*Gamillscheg* Kollektives ArbeitsR I S. 219 ff.; MünchArbR/*Löwisch*/*Rieble* § 243 Rn. 1 ff.; *Säcker*/*Oetker*, Grundlagen und Grenzen der Tarifautonomie, 1992, S. 33, 72; *Wiedemann* TVG Einl. Rn. 99; *Zachert* AR-Blattei SD 1650.1 Rn. 170 ff.; enger *Zöllner*/*Loritz*, Arbeitsrecht § 8 III 1; weiter *Kittner*/*Schiek*, Alt.Kom. zum GG Rn. 93). Das ist allerdings wenig aussagekräftig angesichts der Breite und Komplexität wirtschaftlicher und sozialer Zusammenhänge und der schnell wechselnden Konfliktfelder im Zuge eines rasanten Strukturwandels. Der Grenzverlauf lässt sich nur problemorientiert und zeitoffen bestimmen (informativ *Säcker*/*Oetker* aaO). 23

Das Abgrenzungsproblem hat wenig Bedeutung, soweit die Koalitionen als Interessenverbände getrennt auftreten. Insoweit sind sie nicht einmal auf das Aufgabenfeld des Art. 9 III beschränkt. Sie können auch weitergehende Ziele verfolgen und insoweit den Schutz des Art. 9 I beanspruchen (MünchArbR/*Löwisch*/*Rieble* § 243 Rn. 4). Rechtspolitisch brisant ist die Abgrenzung nur, soweit die Koalitionen gemeinsam Arbeits- und Wirtschaftsbedingungen regulieren wollen, wenn also die **Tarifautonomie** betroffen ist und eine Kompetenzüberschreitung gerügt wird. Konflikte ergeben sich vor allem bei Regelungen, die in unternehmerische Dispositionen oder in die Unternehmensverfassung unmittelbar eingreifen. Aber auch übermäßige Eingriffe in die Privatsphäre (Art. 2 Rn. 39) können problematisch sein. Im Streitfall stehen die Arbeitsgerichte hier vor der Aufgabe, das Begriffspaar „Arbeits- und Wirtschaftsbedingungen" zu präzisieren. Das ist ein Problem praktischer Konkordanz zwischen Art. 9 III und den übrigen Freiheitsrechte (vgl. Rn. 70 ff.). 24

Weitere Merkmale des Koalitionsbegriffs sind von Rspr. und Wissenschaft aus dem Erfordernis der **Funktionsfähigkeit** abgeleitet worden. Dabei wird vielfach zu schematisch formuliert und nicht deutlich genug zwischen den Merkmalen der Koalitionseigenschaft und den Voraussetzungen der Tariffähigkeit unterschieden. Als Koalition iS von Art. 9 III können Vereinigungen allerdings dann nicht gelten, wenn sie von ihrem sozialen Gegenspieler strukturell abhängig sind, sei es finanziell oder auf Grund organisatorischer Verflechtung. Das wird mit dem Stichwort **Gegnerfreiheit** und **Gegnerunabhängigkeit** stark verkürzt zum Ausdruck gebracht (*Höfling* in *Sachs* Rn. 56 ff.; *Jarass*/*Pieroth* Rn. 24; die dort zitierte Rspr. des BVerfG betrifft nur die Tariffähigkeit). Die Gewährleistung der Koalitionsfreiheit darf aber nicht durch überspannte Anforderungen ausgehöhlt werden. Tendenzen dieser Art ist das BVerfG schon im Mitbestimmungsurteil entgegengetreten (BVerfG 1. 3. 1979 E 50, 290 = AP MitbestG § 1 Nr. 1 unter C IV 2 c). Partielle Kooperation gehört zum Prinzip der Sozialpartnerschaft, dem Art. 9 III keinesfalls entgegenwirken will. Auch finanzielle Effekte des Zusammenwirkens schaden nicht (BVerfG – Kammer 10. 12. 1985 AP BetrVG 1972 § 40 Nr. 20 a unter 2 b bb); MünchArbR/*Löwisch*/*Rieble* § 243 Rn. 53 ff.). **Überbetrieblichkeit** ist in diesem Zusammenhang allenfalls als Teilaspekt und Indiztatsache von begrenztem Interesse (*Höfling* in *Sachs* Rn. 57; MünchArbR/*Löwisch*/*Rieble* § 243 Rn. 61; zur Koalition der DGB-Mitarbeiter BAG 17. 2. 1998 AP GG Art. 9 Nr. 87 zust. *Oetker*). 25

Von den Funktionsmerkmalen des Koalitionsbegriffs zu unterscheiden sind die engeren Voraussetzungen der Tariffähigkeit. Hier verlangt die Rspr. ein Mindestmaß an Durchsetzungsfähigkeit, eine gewisse **„Mächtigkeit"**; die eine Koalition im Allg. nur im Laufe der Zeit entwickeln kann (vgl. Rn. 65). Aber der Schutz des Art. 9 III greift schon vorher ein und wirkt auch außerhalb tariflicher Auseinandersetzungen (BVerfG – Kammer 26. 1. 1995 NJW 1995, 3377). 26

2. Grundrechtsträger. Im Gegensatz zur allg. Vereinigungsfreiheit (Rn. 8) gilt die Koalitionsfreiheit für „jedermann"; also auch für Ausländer. Der ergänzenden Hinweis auf „alle Berufe" verweist jedoch einschränkend auf die soziale Funktion der Koalitionsfreiheit. Gemeint sind **Berufsangehörige**, die ihre Arbeits- und Wirtschaftsbedingungen gemeinsam wahren und fördern wollen. Das sind vor allem Arbeitnehmer und ihre sozialen Gegenspieler, die Arbeitgeber (BVerfG 26. 6. 1991 E 84, 212, 225 = AP GG Art. 9 Arbeitskampf Nr. 117 unter C I 1 a), ferner Auszubildende, aber auch Beamte, Richter und Soldaten (BVerfG 30. 11. 1965 E 19, 303 = AP GG Art. 9 Nr. 7; BVerfG 7. 4. 1981 E 57, 29, 35 = AP GG Art. 9 Nr. 34). Für Heimarbeiter wurde das ebenfalls bereits geklärt (BVerfG 27. 2. 1973 E 34, 307 AP HAG § 19 Nr. 7). Selbst Rentner und Arbeitslose können den Schutz der Koalitionsfreiheit beanspruchen (*Gamillscheg* Kollektives ArbeitsR I S. 179). 27

28 Trotz der weiten Fassung des Art. 9 III entspricht es der historischen Entwicklung (vgl. Rn. 15 ff.), dass im Schrifttum vor allem die **arbeitsrechtliche Prägung** des Grundrechts betont und demgemäss primär auf die Arbeitnehmer- bzw. Arbeitgebereigenschaft abgestellt wird (*Gamillscheg* Kollektives ArbeitsR I S. 158 ff.; *Jarass/Pieroth* Rn. 26; MünchArbR/*Löwisch/Rieble* § 243 Rn. 21; *Scholz* in *Maunz/Dürig* Rn. 178; *Zachert* AR-Blattei SD 1650.1 Rn. 71). Aber natürlich darf der Schutzbereich nicht allein von der einfachrechtlichen Vertragsgestaltung abhängen (*Löwisch/Rieble* aaO Rn. 22). Die Koalitionsfreiheit kann vertraglich gar nicht eingeschränkt werden (Art. 9 III 2, vgl. auch Rn. 42). Im Zuge der aktuellen Strukturveränderungen des Arbeitslebens mit starker Zunahme wirtschaftlich abhängiger Kleinstunternehmer (Einfirmenvertretern, Dienstleistern, freien Mitarbeitern) ergäbe sich sonst eine breite Schutzlücke, die Art. 9 III gerade ausschließen soll. Auch die Versuche des Gesetzgebers, **arbeitnehmerähnliche Personen** zu definieren (§ 12 a TVG, § 5 I 1 ArbGG) sind für die Verfassungsauslegung zwar informativ, aber nicht maßgebend. Entscheidend sind vielmehr die **persönliche Arbeitsleistung in wirtschaftlicher Abhängigkeit** und das Erfordernis, die individuelle **Verhandlungsschwäche** mit Hilfe kollektiver Interessenvertretung auszugleichen (vgl. Rn. 18, 19). Im Grds. besteht hier Einigkeit (*Gamillscheg* aaO S. 178 f.; *Löwisch/Rieble* aaO Rn. 22; *Scholz* in *Maunz/Dürig* Rn. 180; *Zachert* aaO Rn. 72 ff.). Die Abgrenzung im Einzelnen ist jedoch bisher noch kaum geklärt (informativ und bahnbrechend Kretzschmar, Die Rolle der Koalitionsfreiheit für Beschäftigungsverhältnisse jenseits des Arbeitnehmerbegriffs, 2003).

29 Arbeitgeber sind zwar grds. ebenfalls koalitionsberechtigt (vgl. Rn. 27), bei juristischen Personen gelten jedoch Einschränkungen. Als **juristische Personen des Privatrechts** erreichen sie den Grundrechtsschutz nur auf dem Umweg über Art. 19 III, der aber „inländischen" Gesellschaften vorbehalten ist. Bei ausländischen Gesellschaften muss allerdings genügen, dass sie in Deutschland anerkannt sind (*Scholz* in *Maunz/Dürig* Rn. 188). **Juristische Personen des öffentl. Rechts** sind hingegen grds. nicht grundrechtsfähig (Einl. Rn. 8). Koalitionsfreiheit können sie selbst dann nicht beanspruchen, wenn sie grundrechtlich geschützten Lebensbereichen dienen, wie zB Rundfunkanstalten (BVerfG 13. 1. 1982 E 59, 231, 255 = AP Art. 5 I Rundfunkfreiheit Nr. 1 unter B I; vgl. auch Einl. Rn. 8). Auch die Verleihung der Tariffähigkeit begründet nicht den Schutz des Art. 9 III, sondern ist eine Beschränkung der anderen Grundrechtsträger, die der Rechtfertigung bedarf (BVerfG 19. 10. 1966 E 20, 312, 318 f. = AP TVG § 2 Nr. 24 unter C I und II). Infolgedessen sind Tarifgemeinschaften der öffentl. Arbeitgeber ebenfalls keine durch Art. 9 III geschützten Koalitionen (*Höfling* in *Sachs* Rn. 114; *Berlit* ZTR 1994, 143; aA *Depenheuer* ZTR 1993, 364).

30 **3. Schutzumfang. a) Individuelle Koalitionsfreiheit.** Die Koalitionsfreiheit ist nach dem Wortlaut von Art. 9 III zunächst ein **Individualgrundrecht**. Sie gewährleistet insoweit das Recht des Einzelnen zur Gründung, zum Beitritt und zum Verbleib sowie zu jeder **koalitionsspezifischen Tätigkeit** innerhalb und außerhalb des Verbandes. Diese Tätigkeiten sind allerdings nicht alle gleichermaßen bedeutsam für die Existenzfähigkeit und Durchsetzungskraft einer Koalition, was im Falle der Kollision mit andere Rechtspositionen berücksichtigt werden muss. Daraus folgt aber nicht, dass der Schutz der koalitionsmäßigen Betätigung auf einen **Kernbereich** beschränkt wäre, also nur das Unerlässliche für den Koalitionszweck in den Schutzbereich der Koalitionsfreiheit fiele. Das hat das BVerfG klargestellt (BVerfG 14. 11. 1995 E 93, 352 = AP GG Art. 9 Nr. 80 unter Aufhebung von BAG 13. 11. 1991 AP BGB § 611 Abmahnung Nr. 7). Jahrelang hatte es restriktiver judiziert und die Rspr. des BAG entspr. beeinflusst, was in den Entscheidungsgründen eingeräumt und belegt wird.

31 Zahlreiche Konflikte hatten sich bisher an der gewerkschaftlichen **Werbung** im Betrieb und dem **Zugangsrecht** von Gewerkschaftsvertretern entzündet (BVerfG 17. 2. 1970 E 28, 295; BVerfG 17. 2. 1981 E 57, 220 = AP GG Art. 140 Nr. 9; BVerfG 14. 11. 1995 E 93, 352 = AP GG Art. 9 Nr. 80; zur BAG-Rspr. Überblick bei *Däubler*, Gewerkschaftsrechte im Betrieb, 9. Aufl. 1998 Rn. 283; *Löwer* in *v. Münch/Kunig* GG Rn. 70 „Betätigung" und Rn. 71 „Werbung"; *Zachert* AR-Blattei SD 1650.1 Rn. 192; vgl. auch Rn. 40). Diese Rspr. ist durch die Entscheidung des BVerfG von 1995 weitgehend überholt. Erforderlich ist eine Abwägung des gewerkschaftlichen Interesses an koalitionsspezifischer Aktivität mit den berechtigten Interessen des Arbeitgebers an reibungslosem Arbeitsablauf (BVerfG 14. 11. 1995 aaO [Rn. 30] letzter Absatz). Zum entsprechenden Schutz der kollektiven Koalitionsfreiheit vgl. Rn. 40.

32 **b) Negative Koalitionsfreiheit.** Der Schutz der Koalitionsfreiheit schließt auch das Recht ein, aus einer Koalition auszutreten oder Koalitionen generell fernzubleiben, also die **negative Koalitionsfreiheit** (BVerfG 1. 3. 1979 E 50, 290, 367 = AP MitbestG § 1 Nr. 1 unter C IV 1; BVerfG 14. 6. 1983 E 64, 208, 213 = AP BergmannVersorgSchein § 9 Nr. 21 unter B I; BAG GS 29. 11. 1967 AP GG Art. 9 Nr. 13). Das entspricht fast einhelliger Auffassung im Schrifttum (*Bauer* in *Dreier* Rn. 76; *Höfling* in *Sachs* Rn. 65; *Jarass/Pieroth* Rn. 25; MünchArbR/*Löwisch/Rieble* § 245 Rn. 39; *Scholz* in *Maunz/Dürig* Rn. 226). Im arbeitsrechtlichen Schrifttum erheben dagegen einige Autoren Bedenken mit der Begründung, die Gleichsetzung von positiver und negativer Koalitionsfreiheit widerspreche der „Verfassungserwartung"; die auf leistungsfähige Koalitionen setze, also das Engagement für Koalitionen höher bewerte als Passivität (*Däubler/Hege* Koalitionsfreiheit Rn. 169; *Gamillscheg* Kollektives ArbeitsR I S. 382 ff.; *Zachert* AR-Blattei SD 1650.1 Rn. 64, 57). Diese Wertung wird aber

von der herrschenden Rspr. und Lehre keineswegs ausgeschlossen. Im Falle einer Kollision der negativen Koalitionsfreiheit des Einzelnen mit der kollektiven Koalitionsfreiheit (zu dieser Rn. 38) ist sie vielmehr bei der erforderlichen Abwägung zu berücksichtigen. Die Funktionsfähigkeit des kollektiven Schutzkonzepts (Rn. 20) hat Vorrang (aA *Reuter* RdA 1994, 152, 163).

Die Diskussion um die negative Koalitionsfreiheit entzündet sich ständig an der Rechtsstellung der **33** **Außenseiter** im kollektiven Arbeitsrecht. Die dabei zu beurteilenden Problemlagen unterscheiden sich aber erheblich. Einigkeit besteht darüber, dass Organisations- oder Absperrklauseln (**"closed shop"**) ebenso unzulässig sind wie der Ausschluss von Gewerkschaftsmitgliedern bei der Einstellung oder bei betrieblichen Vergünstigungen. Hingegen ist die Diskussion um die Zulässigkeit von **Differenzierungsklauseln** bis heute nicht zur Ruhe gekommen (Streitstand und Rspr. bei *Gamillscheg* Kollektives ArbeitsR Bd. I S. 355 ff. und *Wiedemann* TVG Einl. Rn. 298 ff.). Es geht um Regelungen, die dem Arbeitgeber verbieten, bestimmte tarifliche Leistungen auch Außenseitern vertraglich zuzubilligen. Solche Gleichstellung ist an sich üblich, belastet aber die Gewerkschaften organisationspolitisch nicht unerheblich, weil „Trittbrettfahrer" dadurch beitragsfrei die gleiche Rechtsstellung erreichen wie ihre gewerkschaftlich organisierten Kollegen. Bei Abwägung der kollidierenden Grundrechtspositionen erscheinen deshalb Differenzierungsklauseln, die nur diesen Vorteil zumindest tw. kompensieren, selbst dann gerechtfertigt, wenn davon „milder Druck" zum Gewerkschaftsbeitritt ausgehen mag (*Gamillscheg* Kollektives ArbR Bd. I § 7 III 8 b, S. 359; *Wiedemann* TVG Einl. Rn. 304). Auch der Große Senat des BAG verlangt grds. eine solche Abwägung, hielt aber im Anlassfall die Differenzierung beim Urlaubsgeld für undurchsichtig und „sozialinadäquat" (BAG GS 29. 11. 1967 AP GG Art. 9 Nr. 13 unter Teil IV, VIII 5 c). Das lässt vieles offen (vgl. LAG Hamm 11. 1. 1994 LAGE TVG § 4 Nr. 4; eingehend mit Berechnungsvorschlägen *Däubler* BB 2002, 1643 ff.).

Eine Tendenz zur Überdehnung des Schutzumfanges zeigt sich auch bei anderen Außenseiterpro- **34** blemen. Die negative Koalitionsfreiheit schützt nicht vor allen Lebensäußerungen der Koalitionen und vor jeder Fernwirkung ihrer kollektiven Interessenwahrung (zB im Arbeitskampf, vgl. Rn. 160, 214), soweit davon kein starker Druck zur Koalitionsmitgliedschaft ausgeht (MünchArbR/*Löwisch/Rieble* § 244 Rn. 4 f.). Die Tatsache allein, dass Nichtorganisierte von der Rechtsordnung anders behandelt werden als Organisierte, bedeutet keine Verletzung der negativen Koalitionsfreiheit (BVerfG 20. 7. 1971 E 31, 297, 302 = AP ArbGG § 11 Nr. 34 unter B I 2). Deshalb können Außenseiter auch von ihrem Arbeitgeber **keine Gleichstellung mit Tarifgebundenen** verlangen (BAG 20. 7. 1960 AP TVG § 4 Nr. 7; anders bei einer tariflichen Überlastungsgrenze BAG 21. 1. 1987 AP GG Art. 9 Nr. 47).

Andererseits ist Art. 9 III aber auch nicht zuständig für den Schutz vor fremdbestimmter Normie- **35** rung (zusammenfassend *Schubert* RdA 2001, 199). Die Erstreckung der normativen Wirkung auf Außenseiter durch **Allgemeinverbindlichkeitserklärung** nach § 5 TVG oder durch Rechtsverordnung nach § 1 III a AEntG beruht auf einem Rechtsetzungsakt des Staates und ist von diesem zu verantworten (BVerfG 24. 5. 1977 E 44, 322 = AP TVG § 5 Nr. 15; 15. 7. 1980 E 55, 7 = AP TVG § 5 Nr. 17; BVerfG – Kammer – 18. 7. 2000 NZA 2000, 948). Ein Eintrittsdruck kann davon nicht ausgehen. Das gilt auch für die **Nachwirkung** nach § 4 V TVG (BVerfG – Kammer – 3. 7. 2000 NZA 2000, 947). Ebenso wenig berührt die Außenseiterwirkung der **betrieblichen und betriebsverfassungsrechtlichen Tarifnormen** nach § 4 I 2 TVG die negative Koalitionsfreiheit (MünchArbR/*Löwisch/Rieble* § 245 Rn. 46; aA *Schleusener* ZTR 1998, 100, 101; *Reuter* DZWir 1995, 533, 555; offenbar auch *Säcker/Oetker*, Grundlagen und Grenzen der Tarifautonomie, 1992, S. 141; *Veit*, Die funktionale Zuständigkeit des Betriebsrats 1998, S. 74 ff.). Ein Verfassungsproblem ergibt sich hier nur aus der Berufsfreiheit des Außenseiters und der insoweit begrenzten Legitimationsgrundlage von Betriebsnormen (*Dieterich* FS-Däubler 1999, S. 451, 456 ff.; ähnlich *Schubert* RdA 2001, 199, 207). Aus den gleichen Gründen ist auch Vergabegesetzen, die eine Tariftreue-Verpflichtung fordern, keine Verletzung der negativen Koalitionsfreiheit vorzuwerfen (aA BGH 18. 1. 2000 AP GWB § 20 Nr. 1 unter B II 3; *Löwisch* DB 2001; 1090; *Scholz* RdA 2001, 193).

Die negative Koalitionsfreiheit schützt nicht nur eine Entscheidung gegen jede kollektive Interes- **36** senvertretung, sondern auch die **Auswahlentscheidung** zB zwischen Richtungs- und Einheitsgewerkschaft. Wer sich allerdings zum Eintritt in eine DGB-Gewerkschaft entscheidet, akzeptiert damit auch deren Organisationsstruktur. Deshalb ist es nicht zu beanstanden, wenn das Prinzip „ein Betrieb, eine Gewerkschaft" satzungsmäßig abgesichert wird (zu eng MünchArbR/*Löwisch/Rieble* § 245 Rn. 59).

Schließlich darf auch der **Austritt** aus einer Koalition nicht übermäßig erschwert werden. Der BGH **37** hat eine Kündigungsfrist von 3 Monaten gebilligt, 15 Monate hingegen beanstandet (BGH 4. 7. 1977 AP GG Art. 9 Nr. 25; BGH 22. 9. 1980 AP GG Art. 9 Nr. 3). Eine Pflicht zur Rückzahlung von Streikunterstützung ist nicht zulässig (ArbG Ahrensburg 12. 4. 1996 NJW 1996, 2516). Der Austritt aus dem AG-Verband ist gleichermaßen geschützt. Seine Verhinderung ist daher kein zulässiges Streikziel (BAG 20. 12. 2002 – 1 AZR 96/02 – unter B I 3 b bb).

c) Kollektive Koalitionsfreiheit. Nach st. Rspr. des BVerfG und herrschender Meinung ist **38** Art. 9 III als **Doppelgrundrecht** zu verstehen. Geschützt ist nicht nur die Freiheit des Einzelnen, sondern darüber hinaus auch diejenige der Koalitionen selbst, also ihr Bestand, ihre organisatorische Ausgestaltung und ihre koalitionsspezifische Betätigung (für viele BVerfG 26. 6. 1991 E 84, 212, 225 =

D. Tarifautonomie

I. Begriff und Funktion

50　Die Sozialgeschichte aller Industrienationen belegt und die Verfassung geht davon aus, dass die Koalitionen der sozialen Gegenspieler die Wahrung und Förderung der Arbeits- und Wirtschaftsbedingungen nur erreichen können, indem sie ihre gegenläufigen Interessen und Vorstellungen zum Ausgleich bringen. Sie benötigen dazu die Möglichkeit, sich auf Regelungen zu einigen, die sie gegenüber ihrer Mitgliedschaft verantworten und gegenüber abw. Individualinteressen durchsetzen können. Diese Möglichkeit will die Verfassung mit Art. 9 III gewährleisten, in dem sie mit der Tarifautonomie einen **Freiraum zu autonomer Rechtsgestaltung** offen hält (BVerfG st. Rspr seit 18. 11. 1954 E 4, 96 = AP GG Art. 9 Nr. 1). Die koalitionsmäßige Betätigung der sozialen Gegenspieler wird hier als Zwillingsgrundrecht zu einer Teilgewährleistung von zentraler Bedeutung, und zwar sowohl für die Grundrechtsträger selbst als auch für das sozialstaatliche Gemeinwesen.

51　Für die Koalitionen ist das Vorhandensein und die praktische Wirksamkeit der Tarifautonomie eine **verbandspolitische Existenzfrage.** Ihre Attraktivität hängt ganz wesentlich von ihren tarifpolitischen Erfolgen ab. Diese wiederum sind auf ein funktionsfähiges Tarifsystem angewiesen und durch staatliche Intervention nachhaltig zu erschüttern (so ausdrücklich, allerdings folgenlos BVerfG 3. 4. 2001 E 103, 293, 305 = AR-Blattei ES 1650 Nr. 21 unter B 2 [krit. *Dieterich*] = NZA 2001, 777, 778).

52　Die Verfassung erwartet aber darüber hinaus von der Tarifautonomie die Erfüllung **sozialstaatlicher Funktionen,** nämlich „den im öffentl. Interesse liegenden Zweck, in dem von der staatlichen Rechtsetzung freigelassenen Raum das Arbeitsleben im Einzelnen durch TV sinnvoll zu ordnen, insb. die Höhe der Arbeitsvergütung für die verschiedenen Berufstätigkeiten festzulegen und so letztlich die Gemeinschaft sozial zu befrieden" (BVerfG 6. 5. 1964 E 18, 18, 28 = AP TVG § 2 Nr. 15 unter B II 1). Das entspricht einem Schutzkonzept (Rn. 20) mit weitreichenden sozial- und gesellschaftspolitischen Konsequenzen (*Wiedemann* TVG Einl. Rn. 3 ff.). Die damit verbundene „Verfassungserwartung" (HbStR/*Isensee* § 57 Rn. 86) ist aber nicht gleichbedeutend mit einem Auftrag; sie begründet keine **Regelungspflicht** (BVerfG 19. 10. 1966 E 20, 312, 320 = AP TVG § 2 Nr. 24 unter II). Art. 9 III ist trotz seiner sozialstaatlichen Funktionen ein Freiheitsrecht (missverständlich BVerfG 26. 5. 1970 E 28, 295, 304 = AP GG Art. 9 Nr. 16 unter B II 1 a und *Gamillscheg* Kollektives ArbR Bd. I § 7 II 1 e mwN).

53　Das anspruchsvolle Schutzkonzept der Verknüpfung antagonistischer Interessen zu einem Zwillingsgrundrecht und zu einer staatsentlastenden Kompetenzverlagerung ist an spezifische **Funktionsvoraussetzungen** gebunden. Schon als verfassungsrechtliche Teilgewährleistung ist die Tarifautonomie nicht einfach iS einer Addition der kollektiven Koalitionsfreiheiten zu verstehen. Deren Inhalt und Umfang bedürfen vielmehr der Koordinierung und Strukturierung, insb. im Hinblick auf individualrechtliche Positionen. Darüber hinaus muss die Tarifautonomie ausgestaltet und in die Gesamtrechtsordnung integriert werden (Rn. 80). Das bedarf einer Vielzahl konkretisierender Regelungen, die den Gestaltungsfreiraum der Koalitionen teils einschränken, andererseits aber auch über die verfassungsrechtliche Gewährleistung des Art. 9 III hinaus erweitern können (Rn. 58). Deshalb ist es wichtig, bei der Diskussion über Rechtsfragen der Tarifautonomie deutlich zu unterscheiden zwischen der **verfassungsrechtlichen und der arbeitsrechtlichen Ebene.** Von dieser Unterscheidung hängt der rechtspolitische Gestaltungsfreiraum des Gesetzgebers ab (Rn. 84); auch die zahlreichen Rechtsstreitigkeiten, die die Gerichte gerade auf diesem Gebiet beschäftigen, sind in unterschiedlicher Weise zu klären je nach dem, ob es um die Auslegung der Verfassung oder um einfaches Gesetzesrecht geht (Einl. Rn. 13, 14).

II. Inhalt und Umfang

54　**1. Kollektive Privatautonomie.** Bei Inkrafttreten des GG waren die TVO der Weimarer Republik und das TVG vom 9. 4. 1949 bekannt und als Leitbilder der Tarifautonomie zweifellos prägend. Dennoch sollte keine konkrete Ausformung des Tarifrechts verfassungsrechtlich festgeschrieben werden. Gewährleistet werden hingegen die Voraussetzungen und Strukturprinzipien kollektiver Privatautonomie. Dazu gehört zunächst die Möglichkeit der sozialen Gegenspieler, frei zu entscheiden, ob und mit welchem Inhalt eine Vereinbarung getroffen wird, die ihrem Koalitionszweck dienen soll. Die Offenheit der Verfassung in Bezug auf die Vertragstypik machte das BVerfG deutlich, in dem es in seinem ersten einschlägigen Urteil zwar von dem Erfordernis eines sachgerechten „Tarifvertragssystems" sprach, dessen Substrat aber ganz allg. als **„Gesamtvereinbarung"** bezeichnete (BVerfG 18. 11. 1954 E 4, 96, 106 = AP GG Art. 9 Nr. 1 unter C 2 b) aa; ebenso BVerfG 24. 5. 1977 E 44, 322, 341 = AP TVG § 5 Nr. 15 unter B II 1 b aa). Die Praxis wird naturgemäß von den TV bestimmt, wie sie das TVG vorsieht, aber andere Vereinbarungsformen stehen den Koalitionen frei (BAG 3. 11. 1997 AP TVG § 1 Nr. 29). Auch sie werden vom Schutzbereich der Tarifautonomie gedeckt.

D. Tarifautonomie **Art. 9 GG 10**

Der **privatrechtliche Charakter** des Tarifrechts war zunächst nicht ganz klar. In frühen Urteilen 55 sprach das BVerfG von einer „öffentl. Aufgabe"; die den Koalitionen durch Art. 9 III „zugewiesen" sei (BVerfG 26. 5. 1970 E 28, 295, 304 = AP GG Art. 9 Nr. 16 unter B II 1 a). Das klang, als ob die Tarifautonomie ein öffentlich-rechtliches Regelungsmandat darstellte. Später wurde dann aber klargestellt und mehrfach wiederholt, dass Tarifautonomie darauf angelegt ist, den Vertragsmechanismus von der individualvertraglichen Ebene auf die Ebene der Koalitionen zu verlagern, um eine gleichgewichtige Verhandlungssituation zu erreichen (BVerfG 26. 6. 1991 E 84, 212, 229 = AP GG Art. 9 Arbeitskampf Nr. 117 unter C I 3 b a; 4. 7. 1995 E 92, 365, 395 = AP AFG § 116 Nr. 4 unter C I 1 c). Die Charakteristik der Privatautonomie, die von der Verhandlungsebene unabhängig ist, bleibt somit gewahrt. Daran kann auch die Tatsache nichts ändern, dass die Schutzwirkung kollektiver Gesamtvereinbarungen auf unmittelbare und zwingende Wirkung angewiesen ist (dazu Rn. 59). Das TVG trägt dem Rechnung, in dem es tariflichen Regelungen den Charakter von **Rechtsnormen** verleiht (§ 1 I TVG). Aber damit sind und konnte die verfassungsrechtliche Struktur der Tarifautonomie nicht verändert werden (*Gamillscheg* Koll. ArbR Bd. I § 1 II 5; MünchArbR/*Löwisch/Rieble* § 253 Rn. 19; *Rieble*, ZfA 2000, 5, 23 f.; aA offenbar *Wiedemann* TVG Einl. Rn. 355 „öffentl. Gewalt im weiteren Sinne"; unentschieden *Kempen/Zachert* TVG Grundl. Rn. 63 „Kombination von demokratischen und privatautonomen Normsetzungsprinzipien").

2. Mitgliedschaftliche Legitimation. Kollektive Privatautonomie bedeutet, dass sich die Koalitio- 56 nen bei ihren Gesamtvereinbarungen auf die Legitimation durch ihre Mitglieder stützen können und müssen. Der **Schutzbereich** der Tarifautonomie ist insoweit **personell begrenzt** (BVerfG 24. 5. 1977 E 44, 322, 347 f. = AP TVG § 5 Nr. 15 unter B II 2 b; BVerfG 14. 6. 1983 E 64, 208, 215 = AP BergmannVersorgSchein § 9 Nr. 21 unter B II 1; *Scholz* in *Maunz/Dürig* Rn. 300; MünchArbR/*Löwisch/Rieble* § 246 Rn. 86; *Waltermann* ZfA 2000, 53, 61; dezidiert aA *Gamillscheg* Koll. ArbR Bd. I § 15 III 3 b). Das entspricht dem verfassungsrechtlichen Begründungszusammenhang. Tarifautonomie als koalitionsmäßige Betätigung wird durch die kollektive Koalitionsfreiheit gewährleistet, die ihrerseits als realisierung und Verstärkung der individuellen Koalitionsfreiheit zu verstehen ist, ohne dass die Koalitionen deshalb als bloße Vertreterinnen oder Treuhänderinnen gelten (Rn. 38).

Diese rechtliche Sicht entspricht entgegen der Kritik von *Gamillscheg* (Koll. ArbR Bd. I § 15 III 57 3 b) durchaus der **gesellschaftlichen Realität**. Existenzgrundlage, Selbstverständnis und Durchsetzungsfähigkeit der Koalitionen stehen und fallen mit der Zahl und der Zusammensetzung ihrer Mitgliedschaft. Weder ihre Erfolge noch ihre Misserfolge und Versäumnisse sind verständlich, wenn man ihren Charakter als mitgliedschaftliche Interessenvertretung vernachlässigt. Dass sie sich in der Vergangenheit im westlichen Teil der Bundesrepublik faktisch die Stellung von Repräsentanten breiter sozialer Gruppierungen erwerben konnten und dass ihre Abschlüsse als Leitlinien für ganze Branchen wirksam wurden, verdanken sie nicht einem „Auftrag der Verfassung" (*Gamillscheg*), sondern ihrer Durchsetzungskraft und Kompromissfähigkeit; beides beruht auf der stabilen Grundlage einer loyalen Mitgliedschaft, die keineswegs als auf Dauer gesichert anzusehen ist (*Dieterich* AuR 2000, 441; *Hensche* ArbGeg 34 [1997], S. 35 ff.). Die Verfassung kann den Koalitionen kein Reservat, sondern nur Windschutz bieten.

Wenngleich somit Art. 9 III **keine Gewährleistung einer Repräsentation** für ganze Berufskreise 58 enthält (BVerfG 24. 5. 1977 E 44, 322, 344 = AP TVG § 5 Nr. 15 unter B II 1 b cc) [2]), ist doch der Gesetzgeber nicht gehindert, die Koalitionen auf Grund ihrer tatsächlich erreichten Stellung als solche zu behandeln und für seine eigenen Regelungsaufgaben gleichsam in Dienst zu nehmen. Auf diese Weise werden dann Außenseiter im Ergebnis doch von Tarifnormen erfasst (vgl. Rn. 35). Diese Wirkung ist aber keine Folge der Tarifautonomie. Auch die verbreitete Vertragspraxis, auf TV zu verweisen, entspricht zwar der Verfassungserwartung, ist aber nicht durch Art. 9 III gewährleistet.

3. Unmittelbare und zwingende Wirkung. a) Das wichtigste Merkmal einer Gesamtvereinbarung 59 iS der grundrechtlich gewährleisteten Tarifautonomie ist deren unmittelbare und zwingende Wirkung. Nur eine kollektive Regelung, die sich unabdingbar gegen **abweichende Vereinbarungen** durchsetzt, kann ihre Aufgaben iS des verfassungsrechtlichen Schutzkonzepts erfüllen. Das entspricht der einhelligen Auffassung in Rspr. und Wissenschaft (BVerfG 24. 5. 1977 E 44, 322, 340 f. = AP TVG § 5 Nr. 15 unter B II 1 b) aa „unabdingbare Gesamtvereinbarung"; *Däubler*, TV Rn. 362; *Gamillscheg* Koll. ArbR Bd. I § 7 II 1 b; *Höfling* in *Sachs* Rn. 90; MünchArbR/*Löwisch/Rieble* § 246 Rn. 81; *Scholz* in *Maunz/Dürig* Rn. 301; *Waltermann* ZfA 1999, 1251, 1272). Darüber hinaus müssen sich TV auch gegenüber **betrieblichen Regelungen** durchsetzen können. Ein Vorrang abw. Partikularinteressen würde ebenfalls die Funktionsfähigkeit der Tarifautonomie tiefreichend stören (BAG 20. 4. 1999 AP GG Art. 9 Nr. 89; DKK/*Berg* § 77 Rn. 62; *Fitting* § 77 Rn. 67; *Dieterich* RdA 2002, 1, 12, 16, alle mwN).

Das geltende Arbeitsrecht erfüllt die Vorgaben der Verfassung, in dem es TV für die Mitglieder der 60 vertragsschließenden Koalitionen mit **normativer Wirkung** ausstattet (§§ 1 I; 4 I TVG) und ihnen generell Vorrang vor BV einräumt (§ 77 III BetrVG). Der konstruktive Zusammenhang dieser Regelungen mit den Vorgaben des Art. 9 III ist Gegenstand eines dogmatischen Theorienstreits (kurzer Überblick bei *Höfling* in *Sachs* Rn. 91 f.; eingehend *Gamillscheg* Koll. ArbR Bd. I § 15 III 2 und 3;

Wiedemann FS-Dieterich 1999, S. 661 ff.). Dessen praktische Bedeutung ist jedoch gering. Insb. stellt sich nicht die Frage, ob auch „andere Regelungsformen oder Selbstregulierungssysteme" den Anforderungen des Art. 9 III genügt hätten (dafür *F. Kirchhof*, Private Rechtsetzung, 1987 S. 179 f., 181 ff.; dagegen MünchArbR/*Löwisch/Rieble* § 246 Rn. 81). Wichtig ist immerhin die Unterscheidung zwischen verfassungsrechtlichen Vorgaben und einfachrechtlicher Realisierung. Eine effektive Regelungsbefugnis ist grundrechtlich gewährleistet, während der Rechtsnormcharakter erst im Vollzug dieser Gewährleistung gesetzlich eingeräumt wurde. Im Ergebnis sind TV in ihrem normativen Teil materielle Gesetze, die sich von formellen Gesetzen durch zwei Bes. unterscheiden: ihre privatautonome Legitimationsgrundlage und ihre personell dementspr. begrenzte Wirksamkeit.

61   b) Die **zwingende Wirkung** der Tarifnormen gilt nach dem TVG nicht ausnahmslos. Zum einen können die Tarifparteien selbst Abweichungen zulassen (§ 4 III und IV TVG, § 77 III 2 BetrVG); das entspricht unmittelbar Sinn und Zweck der Tarifautonomie und erweitert die Gestaltungsmöglichkeiten der Koalitionen erheblich. Tarifliche Öffnungsklauseln (dazu TVG § 4 Rn. 48 ff.) und nachträgliche Genehmigungen sind die verfassungskonformen Instrumente, mit denen die Koalitionen **Flexibilisierung** und **Dezentralisierung** erreichen können, soweit ihnen das tarifpolitisch sinnvoll erscheint (*Dieterich* RdA 2002, 1, 6 f.; *Oppolzer/Zachert*, Krise und Zukunft des Flächentarifvertrages, 2000).

62   Die zweite Einschränkung ist das **Günstigkeitsprinzip** (§ 4 III TVG). Arbeitsverträge können zugunsten der Arbeitnehmer von TV abw., und zwar unabhängig von den Vorstellungen und Zielen der TVParteien (anders noch § 1 I 1 TVO). Hier stellt sich die Frage, ob diese Beschränkung der tariflichen Gestaltungsmacht auch einer verfassungsrechtl. Grenze der kollektiven Koalitionsfreiheit entspricht, ob sie also verfassungsrechtlich geboten war, oder ob der Gesetzgeber damit in die Koalitionsfreiheit eingegriffen hat. Die Frage ist im Schrifttum streitig. Einige Autoren betrachten das Günstigkeitsprinzip als das zwingende Ergebnis praktischer Konkordanz von Koalitionsfreiheit und Privatautonomie (*Belling*, Das Günstigkeitsprinzip im Arbeitsrecht, 1984, S. 60 ff.: MünchArbR/*Richardi* § 10 Rn. 33). Die Gegenmeinung weist demgegenüber mit Recht darauf hin, dass das Verhältnis von Koalitions- und Vertragsfreiheit nicht als Antagonismus verstanden werden darf (vgl. auch Rn. 74) und auch Höchstbegrenzungen im Rahmen eines tarifautonomen Schutzkonzepts uU sinnvoll sein können (*Bieback* ZfA 1979, S. 453, 477; *Däubler*, TV Rn. 197; *Zachert* in *Kempen/Zachert* TVG § 4 Rn. 164). In der Tat verläuft die Grenze der Tarifautonomie differenzierter, als das Günstigkeitsprinzip nach § 4 III TVG zulässt. Das Problem ist rechtspolitisch z. Zt. nicht aktuell.

63   c) Aktuell ist hingegen die Diskussion um den **Günstigkeitsvergleich.** Sie wird mit dem Ziel geführt, die zwingende Wirkung der TV zu lockern. Die Vergleichsmaßstäbe, mit deren Hilfe der Grenzverlauf zwischen zulässigen und unzulässigen Vereinbarungen zu bestimmen ist, ergeben sich nicht aus dem TVG unmittelbar, sondern mussten von der Rspr. entwickelt werden (vgl. 600 TVG § 4 Rn. 65 ff.; Wiedemann/*Wank* TVG § 4 Rn. 432 ff.). Das BAG hat aus der Funktion der Tarifautonomie abgeleitet, dass ein Sachgruppenvergleich vorzunehmen ist, bei dem subjektive Vorstellungen und individuelle Lebensumstände nur begrenzt zu berücksichtigen sind (st. Rspr zuletzt BAG 20. 4. 1999 AP GG Art. 9 Nr. 89). Im Gegensatz dazu wollen einige Autoren im Rahmen des Günstigkeitsvergleichs beschäftigungssichernde Zusagen berücksichtigen und zur Kompensation untertariflicher Leistungen zulassen (*Adomeit* NJW 1984, S. 26; *Buchner* NZA 1999, S: 897, 907 f.; *Lesch* DB 2000, S. 322, 324 f.). Einige Autoren halten das sogar für verfassungsrechtlich geboten (*Freihube* DB 2000, S. 1022; *Hromadka* DB 2003, 42, 43; *Niebler/Schmiedl* BB 2001, S: 1631, 1635; *Schliemann* NZA 2003, 122, 128). In die gleiche Richtung zielen rechtspolitische Initiativen, die die Rspr. des BAG durch eine Änderung des § 4 III TVG korrigieren wollen (*Hromadka* NZA 1996, S: 1233; FDP-Fraktion BT-Drucks. 14/6548).

64   Diese Argumente und Vorschläge treffen die Funktionsfähigkeit der Tarifautonomie im Kern und verkennen dessen Schutzkonzept grundlegend. Gerade die existentielle Angewiesenheit auf Arbeitsmöglichkeiten begründet das **Schutzbedürfnis**, das durch kollektive Interessenwahrung aufgefangen werden soll und nur mit Hilfe zwingender Regelungen abzusichern ist. Könnte deren zwingende Wirkung genau dort durchbrochen werden, wenn sich das **Arbeitsplatzrisiko** aktualisiert, würden TV zu bloßen RL für „Schönwetterzeiten". Die Koalitionen verlören mit der Verminderung ihrer Regelungsmacht einen wesentlichen Teil ihrer Existenzberechtigung, und zwar die Gewerkschaften stärker als die Arbeitgeberverbände (vgl. im Einzelnen *Dieterich* RdA 2002, 1, 14 f.; *Hanau* RdA 1993, 1, 6; *Söllner* NZA 2000 Sonderbeil. zu Heft 24, 33; Wiedemann/*Wank* TVG § 4 Rn. 458 ff.).

65   **4. Tariffähigkeit.** Die Funktionsbedingungen der Tarifautonomie gebieten eine Einschränkung der beteiligten Akteure. Nicht jede Koalition iS von Art. 9 III ist in der Lage, den von der Verfassung freigehaltenen Raum sinnvoll zu gestalten. Dazu bedarf es zusätzlich zu den allg. Koalitionsmerkmalen (vgl. Rn. 21 ff.) bes. Eigenschaften, die die Erwartung der Verfassung an die Leistungsfähigkeit des kollektiven Vertragsmechanismus rechtfertigen können. Diese fehlen mit Sicherheit bei bloßen Spontanzusammenschlüssen. Das BAG hat aber darüber hinaus bei der Auslegung des **Gewerkschaftsbegriffs** iS des § 2 TVG zusätzliche Anforderungen entwickelt (vgl. die Nachweise bei TVG-600- § 2 Rn. 9 ff.). Vor allem sei ein Mindestmaß an Durchsetzungsfähigkeit und sozialpolitischer „**Mächtig-**

D. Tarifautonomie Art. 9 GG 10

keit" unverzichtbar. Das BVerfG hat diese Rspr. gebilligt (BVerfG 20. 10. 1981 E 58, 233 = AP TVG § 2 Nr. 31) und schließlich sogar als verfassungsrechtlich geboten betrachtet (BVerfG 24. 2. 1999 E 100, 214, 223 = AP BetrVG 1972 § 20 Nr. 18 unter B II 2 b bb). Soweit dagegen Einwände erhoben werden (*Gamillscheg* Koll. ArbR Bd. I § 8 IV 3 d; Wiedemann/*Oetker* TVG § 2 Rn. 317 ff. mwN), beruht die Kritik auf übermäßigem Vertrauen in die Selbstregulierung der kollektiven Verbandsstrukturen. Ich halte die Einschätzung der Gerichte für realistischer.

Bei **Arbeitgeberverbänden** soll die Tariffähigkeit nach Ansicht des BAG nicht an die einschrän- 66 kende Voraussetzung der Mächtigkeit gebunden sein (BAG 20. 11. 1990 AP TVG § 2 Nr. 40). Das wird aus der gesetzlichen Regelung abgeleitet, wonach auch einzelne Arbeitgeber tariffähig sind (§ 2 I TVG). Überzeugend ist das nicht. Die Gründe, die für die spezielle Tariffähigkeit einzelner Arbeitgeber angeführt werden und die Sonderstellung rechtfertigen, sind auf Arbeitgeberverbände nicht ohne weiteres übertragbar (ebenso *Schaub* TVG-600-§ 2 Rn. 17; *Schrader* NZA 2001, 1339; Wiedemann/*Oetker* TVG § 2 Rn. 316). Auch aus der Sicht betroffener Arbeitgeber ist es ein Unterschied, ob sie sich selbst in einem FirmenTV tarifvertraglich gebunden haben oder ob ihnen die Verhandlungsergebnisse eines völlig machtlosen Verbandes in Form eines FlächenTV aufgebürdet werden.

5. Arbeitskampffreiheit. Ein Katalog der Funktionsbedingungen kollektiver Privatautonomie wäre 67 unvollständig ohne Hinweis auf den Arbeitskampf. Er ist die koalitionsspezifische Aktivität, die im Vorfeld und am Rande kollektiver Verhandlungen die vielfach erforderliche Bewegungsenergie erzeugt. Die **Sozialgeschichte** des Tarifrechts ist untrennbar verbunden mit der Erfahrung zahlloser Streiks und auch drückender Abwehraussperrungen. Statistisch gesehen spielen Arbeitskämpfe zwar heute bei uns im Vergleich zu anderen Ländern nur noch eine untergeordnete Rolle, aber die relativ geringe Zahl der ausgefallenen Arbeitsstunden darf nicht über die erhebliche Bedeutung hinwegtäuschen, die allein schon dem Druckpotenzial glaubwürdiger Streikfähigkeit und Streikwilligkeit zukommt (so schon deutlich BVerfG 6. 5. 1964 E 18, 18, 30 = AP TVG § 2 Nr. 15 unter B III 1). Ohne Arbeitskampfrecht wäre die Tarifautonomie in den Worten des BAG „kollektives Betteln" (BAG 10. 6. 1980 AP GG Art. 9 Arbeitskampf Nr. 64 unter A I 2 a).

Der enge **Funktionszusammenhang** des kollektiven Vertragsmechanismus mit dem Arbeitskampf 68 ist vom BAG immer klar erkannt worden (so schon der erste Beschluss des Großen Senats v. 28. 1. 1955 AP GG Art. 9 Arbeitskampf Nr. 1 und sehr nachdrücklich BAG 10. 6. 1980 AP GG Art. 9 Arbeitskampf Nr. 64 unter A I). Dennoch dauerte es lange, bis die Rspr. anerkannte, dass damit auch die verfassungsrechtliche Gewährleistung des Art. 9 III verbunden sein muss. Diese Konsequenz war im Grunde unausweichlich, seitdem geklärt war, dass eine **Zwangsschlichtung** mit der Koalitionsfreiheit grds. unvereinbar ist (BVerfG 6. 5. 1964 E 18, 18, 30 = AP TVG § 2 Nr. 15 unter B III 2 a; ebenso die hL *Däubler,* Arbeitskampfrecht Rn. 105 z; MünchArbR/*Löwisch/Rieble* § 246 Rn. 103 ff.; *Löwer* in v. *Münch/Kunig* Rn. 58; *Scholz* in *Maunz/Dürig* Rn. 285). Inzwischen hat das BVerfG klargestellt, dass Art. 9 III als koalitionsmäßige Betätigung auch Arbeitskampfmaßnahmen schützt, zumindest insoweit, als sie erforderlich sind, um **Parität am Verhandlungstisch** zu erreichen und damit eine funktionierende Tarifautonomie sicherzustellen (BVerfG 26. 6. 1991 E 84, 212, 225 = AP GG Art. 9 Arbeitskampf Nr. 117 unter C I 1 a; BVerfG 4. 7. 1995 E 92, 365, 393 f. = AP AFG § 116 Nr. 4 unter C I 1 a).

Tarifautonomie und Arbeitskampfrecht sind allerdings nicht so eng miteinander verbunden, dass 69 das eine ohne das andere nicht in Betracht käme. Sie betreffen keine völlig deckungsgleichen **Sachbereiche** So gibt es einerseits Tarifautonomie auch dort, wo Arbeitskämpfe ausgeschlossen sind. Koalitionen können zB von vornherein Arbeitskämpfe satzungsmäßig ausschließen (BVerfG 6. 5. 1964 E 18, 18 = AP TVG § 2 Nr. 15; vgl. auch zum „Dritten Weg" der Kirchen Art. 4 Rn. 49 ff.). Ferner können bestimmte Tarifziele ganz oder zeitweise (zB wegen der vereinbarten Friedenspflicht) nur mit friedlichen Mitteln erreichbar sein. Andererseits sind aber auch Arbeitskämpfe möglich, die keine tariflich regelbaren Ziele verfolgen. Sie können sich gegen eine aktuelle Maßnahme richten, die als ungerecht oder übermäßig belastend empfunden wird. Lebhaft diskutiert werden ferner Sympathie- und Demonstrationsstreiks. Die insoweit restriktive Rspr. der deutschen Arbeitsgerichte (Rn. 111 ff.) ist durch das Ministerkomitee des Europarats als Verstoß gegen die Europäische Sozialcharta beanstandet worden (Rn. 102). Ob und inwieweit die entspr. Engführung des Streikrechts auch gegen Art. 9 III verstößt, musste verfassungsgerichtlich noch nicht geklärt werden. Jedenfalls geht es in diesem Zusammenhang nicht um die Tarifautonomie.

III. Grenzen der Tarifautonomie

1. Arbeits- und Wirtschaftsbedingungen. Die Zweckbestimmung der Koalitionsfreiheit in 70 Art. 9 III dient nicht nur als Merkmal des Koalitionsbegriffs und damit des Schutzbereichs der Koalitionsfreiheit (Rn. 23). Sie markiert zugleich die Grenze der mitgliedschaftlichen Legitimationsgrundlage (vgl. Einl. Rn. 52) und damit die **Kompetenzgrenze** der Tarifautonomie. Das Begriffspaar Arbeits- und Wirtschaftsbedingungen kennzeichnet den Sachbereich, den die Koalitionen „in eigener Verantwortung ohne staatliche Einflussnahme gestalten" können (BVerfG 26. 5. 1970 E 28, 295, 304 =

AP GG Art. 9 Nr. 16 unter B II 1 a). Das erfordert eine Bestimmtheit oder doch wenigstens Bestimmbarkeit, die es den Gerichten im Streitfall erlaubt, Kompetenzüberschreitungen festzustellen und zu bewerten. Eine abschließende Definition wird allerdings nie erreichbar sein. Zu komplex sind die Regelungszusammenhänge und zu schnell wandeln sich die aktuellen Regelungsfragen (Rn. 23).

71   Einigkeit besteht immerhin dahin, dass das Begriffspaar einen unteilbaren Sinn- und Lebenszusammenhang bezeichnet. Gemeint sind alle Faktoren, die die Voraussetzungen und Bedingungen persönlich geleisteter Arbeit beeinflussen und der generellen Regelung in einem TV zugänglich sind (eingehend *Gamillscheg* Koll. ArbR Bd. I § 6 II; *Säcker/Oetker,* Grundlagen und Grenzen der Tarifautonomie, 1992, S. 48 ff.; *Wiedemann* TVG Einl. Rn. 95 ff.). Hinter den sehr allg. Formeln und allen denkbaren Abgrenzungsmerkmalen steht ein Problem **praktischer Grundrechtskonkordanz.** Es geht um das Verhältnis der Tarifautonomie als kollektivem Schutzkonzept zu den Individualgrundrechten und der individuellen Interessenwahrung einzelner Betroffener. Grds. soll der kollektive Vertragsmechanismus den erforderlichen Ausgleich übernehmen und den Staat von der entspr. Aufgabe entlasten. Aber das setzt die bes. Sachnähe und das mitgliedschaftliche Mandat voraus. Beides begründet die spezielle Kompetenz der Koalitionen und rechtfertigt die Zurückhaltung des Staates. Diese Voraussetzung ist bei allen Regelungsfragen erfüllt, die eng mit den Gegebenheiten des Arbeitslebens und des Arbeitsmarktes zusammenhängen.

72   Daraus ergibt sich das Erfordernis einer Grenzziehung nach zwei Seiten. Einerseits werden Fragen der **privaten Lebensführung** allenfalls ausnahmsweise von der Tarifautonomie erfasst, so dass die meisten Individualgrundrechte gar nicht mit Art. 9 III kollidieren können (Einl. Rn. 53). Andererseits gilt das auch für rein wirtschaftliche Fragen und unternehmerische Grundentscheidungen. Sie erfüllen uU nicht beide Merkmale des Doppelbegriffs Arbeits- und Wirtschaftsbedingungen. Hier geht es um die **Berufsfreiheit der Arbeitgeber,** also um die Kollision mit Art. 12 (hL, vgl. *Hanau/Thüsing* ZTR 2001, 1, 3 f.; *Wiedemann* TVG Einl. Rn. 454 ff.; *Zachert* AR-Blattei SD 1650.1 Rn. 175 f.). Der Grenzverlauf ist heftig umstritten. Je nachdem, welche Anforderungen man an den Zusammenhang von Arbeits- und Wirtschaftsbedingungen stellt, kommt man zu ganz unterschiedlichen Ergebnissen. Zumindest diejenigen Materien, die die Koalitionen schon bei Inkrafttreten des GG in Anspruch genommen hatten, können als abgesichert gelten (BVerfG 24. 4. 1996 E 94, 268, 283 = AP HRG § 57 a Nr. 2 unter C I 1). Darüber hinaus muss die Tarifautonomie aber auch auf vielfältige neue Herausforderungen und Regelungsbedürfnisse reagieren (eingehend *Säcker/Oetker,* aaO). Die Grenze ist daher zukunftsoffen zu verstehen (*Höfling* in *Sachs* Rn. 88; vgl. auch Einl. Rn. 52 ff.).

73   Die Rspr. sucht eine Lösung von Fall zu Fall (BAG 3. 4. 1990 und 26. 4. 1990 AP GG Art. 9 Nr. 56 und 57; 22. 1. 1991 AP GG Art. 12 Nr. 67). In neuerer Zeit wird bes. die Frage diskutiert, ob den Koalitionen ein **beschäftigungspolitisches Mandat** zukommt. Bestritten wird das mit dem angeblich allzu begrenzten Interessenspektrum der Tarifparteien und den weitreichenden Folgen für die Arbeitsplatzchancen Dritter (*Rieble* ZTR 1993, 54; *Zöllner* DB 1998, 2121; einschränkend auch *Gitter/Börner* RdA 1990, 129, 134). Diese Einwände sind nicht überzeugend und richten sich im Grunde gegen das Schutzkonzept der Tarifautonomie insgesamt. Arbeitslosigkeit ist ein Übel, das die Arbeitnehmerschaft ganz bes. (sei es aktuell oder als Gefahr) schwer belastet. Daher gehören beschäftigungspolitische Ergebnisse zu den klassischen Regelungszielen der Tarifpolitik. Sie prägen die Verhandlungen der Tarifparteien, ihren öffentl. Meinungskampf und ihre verbandspolitische Selbstdarstellung. Auch und gerade auf diesem gebiet ist die Kompetenz und Kreativität der Koalitionen unverzichtbar (*Däubler,* DB 1989, 2534; *Dieterich* RdA 2002, 1, 10; *Hanau/Thüsing* ZTR 2001, 1, 6; *Kempen* in FS-Hanau, 1999, S. 529; *Konzen,* NZA 1995, 913, 917 f.; *Waltermann,* NZA 1991, 755; *Zachert,* DB 2001, 1198; im Ergebnis auch *Säcker/Oetker,* Grundlagen und Grenzen der Tarifautonomie, 1992, S. 98 f.). So hat das BVerfG eine tarifliche Vorruhestandsregelung akzeptiert, deren Ziel darin bestand, das Ausscheiden älterer AN zu erleichtern, um die Neueinstellung Arbeitsloser zu ermöglichen (Kammer-Beschl. 10. 9. 1991 NZA 1992, 125).

74   **2. Grundrechtsbindung.** Das Problem **praktischer Grundrechtskonkordanz,** das bei der Abgrenzung der Koalitionskompetenz (Rn. 70 ff.) nur die Bedeutung eines Auslegungskriteriums hat, steht bei der Diskussion um die Grundrechtsbindung von TV ganz im Mittelpunkt (zum Streitstand Einl. Rn. 46 ff.). Aus verfassungsrechtlicher Perspektive geht es bei dieser Streitfrage um das Verhältnis der kollektiven Koalitionsfreiheit mit ihrer wichtigsten Ausübungsform zu den individuellen Grundrechtspositionen der Tarifnormadressaten, die durch zwingende Regelungen zwangsläufig in ihrer Vertrags- und Berufsfreiheit eingeschränkt werden. Praktische Konkordanz erfordert einen Ausgleich, der die konfligierenden Grundrechte so weit als möglich schont (vgl. Einl. Rn. 71).

75   Ein solcher Ausgleich ist nicht erreichbar, wenn man TV wie formelle Gesetze undifferenziert an alle Grundrechte bindet. Dadurch würde nämlich den Individualgrundrechten stets der Vorrang vor Art. 9 III eingeräumt. Das **Schutzkonzept** der kollektiven Privatautonomie würde ignoriert. Die Tarifparteien erschienen als staatliche Organe, die sich weder auf Grundrechte noch auf eine privatautonome Legitimationsgrundlage stützen können. Das lässt sich nicht begründen, führt zu praktisch unbefriedigenden Ergebnissen (Einl. Rn. 47 ff.) und ist mit Art. 9 III unvereinbar (*Höfling* in *Sachs* Rn. 93). Das Gleiche gilt auch für die Ansicht von *Löwisch,* das TVG habe konkludent eine generelle

D. Tarifautonomie　　　　　　　　　　　　　　　　　　　　　　　　Art. 9　GG　10

Bindung der TV an die Grundrechte angeordnet, in dem es ihnen Rechtsnormqualität verlieh (RdA 2000, 312, 313 und SAE 2001, 295, 296). Also Grundrechtsbindung nicht kraft Verfassung, sondern auf Grund einfachgesetzlicher Regelung und ergänzenden Richterrechts. Das ist schon als Auslegung nicht überzeugend, weil es dem Gesetzgeber unterstellt, die Eigenart kollektiver Privatautonomie völlig zu ignorieren. Aber vor allem überschritte eine gesetzliche Regelung, die so weitgehend in die Tarifautonomie eingriffe, den Rahmen zulässiger Ausgestaltung. Eine Pauschalverweisung wäre nicht durch erkennbare Störungen des kollektiven Vertragsmechanismus veranlasst, sondern hätte im Gegenteil unkalkulierbare Funktionsstörungen zur Folge.

Richtig ist allerdings, dass die Tarifautonomie durch individuelle Grundrechtspositionen begrenzt **76** wird. Der **Grenzverlauf** ist jedoch differenzierter. Er ergibt sich zunächst aus einer grundrechtsgeleiteten Interpretation des Kompetenzbereichs der „Arbeits- und Wirtschaftsbedingungen" (Rn. 72). Darüber hinaus trifft den Staat eine Schutzpflicht, wo der kollektive Vertragsmechanismus typische Funktionsstörungen erkennen lässt. Daraus folgt, dass ganz generell die Wahrung der **Gleichheitssätze** gewährleistet sein muss, die Tarifautonomie also durch Art. 3 begrenzt ist (vgl. Art. 3 Rn. 26 ff.). Die meisten Entscheidungen des BAG zur Grundrechtsbindung von TV betreffen Streitfragen, bei denen Gleichheitsverstöße gerügt wurden. Rechtspolitische Brisanz erhält das Konkordanzproblem jedoch dann, wenn die individuelle **Berufsfreiheit** gegen die Koalitionsfreiheit durchgesetzt werden soll. Denn das Schutzkonzept der Tarifautonomie hat ja gerade den Zweck, mit den Mitteln der kollektiven Privatautonomie kollidierende Berufsfreiheiten auszugleichen. Eine Privilegierung der individuellen Berufsfreiheit wäre systemwidrig und würde die Tarifautonomie von der kaum kalkulierbaren Tarifzensur der Arbeitsgerichte abhängig machen. Das kann nicht richtig sein (*Dieterich* in FS-Wiedemann, 2002, S. 229, 241 ff.; vgl. auch Einl. Rn. 56 und Art. 12 Rn. 41 ff.).

3. Gemeinwohlbindung. Das Konzept kollektiver Privatautonomie dient nicht nur dem Ausgleich **77** gegensätzlicher Grundrechtspositionen (vgl. Rn. 74). Die Verfassung erwartet darüber hinaus eine „sinnvolle Ordnung des Arbeitslebens" (Rn. 52). Was die sachkundigen Interessenvertreter beider Seiten für ihren Regelungsbereich aushandeln, ist Teil eines gesamtgesellschaftlichen Klärungsprozesses, dessen Ergebnissen dem Gemeinwohl eher gerecht werden als staatliche Intervention (BVerfG 2. 3. 1993 E 88, 103, 114 ff. = AP GG Art. 9 Arbeitskampf Nr. 126 unter C II 1). Die damit verbundenen Folgen gelten damit auch wirtschafts- und beschäftigungspolitisch als akzeptabel, so lange der Gesetzgeber nicht mit einem speziellen Regelungsziel korrigierend eingreift (zu den Voraussetzungen und Grenzen vgl. Rn. 84 ff.). Mit anderen Worten: Das Gemeinwohl ist dem antagonistischen **Zusammenwirken der Koalitionen** anvertraut (MünchArbR/*Richardi* § 240 Rn. 29 im Anschluss an *Lerche* mwN).

Dennoch wird im Schrifttum die These vertreten, es gebe eine Gemeinwohlbindung als unge- **78** schriebene Grenze der Tarifautonomie (*Gamillscheg* Koll. ArbR Bd. I § 7 III 1; *Zöllner/Loritz*, Arbeitsrecht § 38 V; zurückhaltender *Scholz* in *Maunz/Dürig* Rn. 275; missverständlich BVerfG 18. 12. 1974 E 38, 281, 307 = AP GG Art. 9 Nr. 23 unter C II 3 c). Wenn das nicht mehr bedeuten soll als ein „Verbot der arbeits- und wirtschaftsverfassungsrechtlichen Systemveränderung" (so *Scholz*), ist eine bes. Kompetenzgrenze entbehrlich. Die rechtliche Ausgestaltung der Tarifautonomie (vgl. Rn. 80 ff.) lässt einen Systembruch ohnehin nicht zu. Abzulehnen ist ein Postulat der Gemeinwohlbindung jedoch, wenn es als unmittelbar verbindliche Vorgabe von den Koalitionen beachtet und von den Gerichten kontrolliert werden soll (so *Gamillscheg* und *Zöllner/Loritz*). Das Gemeinwohl ist ein **wirtschafts- und sozialpolitisch offener Begriff**, der mit den Mitteln der Rechtsfindung und -anwendung allein nicht konkretisierbar, also auch nicht justiziabel ist. Die Arbeitsgerichte können und dürfen Tarifnormen nur auf ihre Rechtmäßigkeit, nicht aber auf ihre Zweckmäßigkeit überprüfen (BAG 19. 12. 1958 AP TVG § 2 Nr. 2). Alles andere bedeutet Tarifzensur und ist unzulässig (BVerfG 26. 6. 1991 E 84, 212, 231 = AP GG Art. 9 Arbeitskampf Nr. 117 unter C I 3 b) cc). Eine rechtspolitische Bewertung der Verhandlungsergebnisse durch die Arbeitsgerichte hätte für das gesamte Konzept kollektiver Interessenwahrung systemsprengende Konsequenzen (*Däubler* ArbR Bd. 1 Rn. 276; *Dieterich* RdA 2002, 1, 10 f.; *Henssler* ZfA 1998, 1, 21 f.; *Kissel* Arbeitskampfrecht § 10 Rn. 41; MünchArbR/*Richardi* § 240 Rn. 30; *Söllner* ArbR § 17 I 5 a; wohl auch *Wiedemann* TVG Einl. Rn. 351 f.).

IV. Ausgestaltung und Einschränkung

1. Die Doppelrolle des Gesetzgebers. Die Tarifautonomie gewährleistet eine Regelungsprärogative, **79** aber kein Regelungsmonopol (BVerfG 24. 4. 1996 E 94, 268, 284 = AP HRG § 57 a Nr. 2 unter C II 1). Der Staat wird durch sie zwar entlastet, aber nicht aus seiner umfassenden Verantwortung für das Gemeinwohl entlassen. Dabei ist sein Verhältnis in Bezug auf die Tarifautonomie ambivalent. Zum einen wird er durch Art. 9 III verpflichtet, ein funktionsfähiges TV-System bereitzustellen (st. Rspr. seit BVerfG 18. 11. 1954 E 4, 96, 106 = AP GG Art. 9 Nr. 1 unter C 2 b a; nachdrücklich BVerfG 1. 3. 1979 E 50, 290, 368 f. = AP MitbestG § 1 Nr. 1 unter C IV 1). Zum anderen aber und genau entgegengesetzt hat er den auf diese Weise ausgestalteten Autonomiebereich zu respektieren, darf diesen also nur unter bes. Voraussetzungen durch eigene Aktivitäten schmälern. Der Gestaltungsfreiraum des Gesetzgebers (und korrespondierend auch der gerichtlichen Rechtsfortbildung) unterscheidet sich wesentlich, je nach dem, um welche der beiden Funktionen es geht. Diesen Unterschied bringt das BVerfG auch begrifflich zum Ausdruck. Im einen Fall spricht es von Ausgestaltung, im anderen von Beschränkung oder Eingriff (zur Begriffsbildung eingehend HbStR/*Lerche* § 121 Rn. 37 ff.).

80   **2. Ausgestaltung/Umgestaltung.** Die Ausgestaltung ist gekennzeichnet durch das Regelungsziel, die rechtlichen Voraussetzungen eines praxistauglichen Tarifsystems zu schaffen und aufrecht zu erhalten. Die Verfassung konnte zwar das TVG voraussetzen, aber dessen Regelungen sollten nicht verfassungsrechtlich festgeschrieben werden. Gesetzgeber und Rspr. bleiben vielmehr aufgerufen, das geltende Recht sachgemäß fortzubilden und notfalls veränderten Voraussetzungen anzupassen (BVerfG 1. 3. 1979 E 50, 290, 369 = AP MitbestG § 1 Nr. 1 unter C IV 1). Im Schrifttum wird vorgeschlagen, solche Anpassung als **Umgestaltung** zu bezeichnen, weil sie an strengere Voraussetzungen gebunden ist als die Gewährleistung einer Grundausstattung (*Butzer* RdA 1994, 375, 381; *Söllner* NZA 2000 Sonderbeil. zu Heft 24, 33, 36; dazu *Dieterich* RdA 2002, 1, 12).

81   Die Ausgestaltung der Tarifautonomie kann mit Regelungen verbunden sein, die die **Koalitionsfreiheit tw. einschränken** (BVerfG 1. 3. 1979 E 50, 290, 368 = AP MitbestG § 1 Nr. 1 unter C IV 1). Das ergibt sich schon allein daraus, dass gegenläufige Interessen und Rechtspositionen koordiniert bzw. konkordiert werden müssen, soll ein geregelter Klärungsprozess zu einem Kompromiss und einer formalen Normierung führen können. So rechtfertigt sich zB eine Begrenzung der zwingenden Wirkung (Rn. 62), der Tariffähigkeit (Rn. 65) und vor allem der Arbeitskampffreiheit (nachfolgend Rn. 91 ff.). Solche Begrenzungen müssen aber stets der Funktionsfähigkeit des TV dienen und bezogen darauf dem Grundsatz der Verhältnismäßigkeit genügen. **Gesetzliche Öffnungsklauseln,** die die zwingende Wirkung der TV praktisch aufheben, um bei drohendem Arbeitsplatzverlust vertragliche Abweichungen zulassen (so FDP-Gesetzentwürfe 28. 1. 2000 BT-Drucks. 1426/12 und 4. 7. 2001 BT-Drucks. 14/6548) sind verfassungswidrig (*Dieterich* DB 2001, 2398 und RdA 2002, 1, 13 mwN).

82   Ein solches Ergebnis könnte auch nicht durch verfassungsgeleitetes **Richterrecht** erreicht werden (so aber *Freihube* DB 2000, 1022; *Niebler/Schmiedl* BB 2001, 1631, 1635; wohl auch *Schliemann* NZA 2003, 122). Begründet wird das mit der angeblich nachrangigen Rolle der kollektiven Koalitionsfreiheit bzw. der Tarifautonomie. Das ist grundrechtsdogmatisch nicht haltbar (vgl. Rn. 38).

83   Die Ausgestaltung der Tarifautonomie unterscheidet sich von dem Eingriff in Grundrechte vor allem dadurch, dass sie nicht dem rechtspolitischen Belieben überlassen ist, sondern eine **Verfassungspflicht** darstellt. Dar Staat darf Funktionsdefizite und Störungen nicht einfach hinnehmen. Er muss tätig werden. Dadurch ergibt sich eine Grenze, die bei der Abwehr von Grundrechtseingriffen keine Rolle spielt: das **Untermaßverbot.** Der säumige Staat verhält sich verfassungswidrig. Allerdings ist hier nicht der Gesetzgeber allein gefordert; die Rspr. kann und muss gesetzesvertretend tätig werden, wo die Funktionsfähigkeit der Tarifautonomie in Gefahr ist (Rn. 87). Mit dem TVG hat der Gesetzgeber seine Ausgestaltungspflicht erfüllt. Eine Beschränkung der kollektiven Regelungsbefugnis auf bestimmte Gegenstände ist dem TVG nicht zu entnehmen (aA *Rieble* ZTR 1993, 54, 55).

84   **3. Einschränkung.** Wie die Koalitionsfreiheit insgesamt (Rn. 48), so ist auch die Teilgewährleistung der Tarifautonomie nicht jedem staatlichen Eingriff entzogen. Zum Schutz anderer Rechtsgüter oder Gemeinwohlbelange mit Verfassungsrang sind Beschränkungen im Rahmen der Verhältnismäßigkeit möglich. Die nahe liegende und praktisch bedeutsamste Form einer Beschränkung besteht in der gesetzlichen Regelung von Materien, die zum Funktionsbereich der Tarifautonomie gehören. Der Gestaltungsfreiraum der Koalitionen wird durch **Gesetze auf dem Gebiet der Arbeits- und Wirtschaftsbedingungen** stets mehr oder weniger geschmälert und bedarf daher eines bes. Regelungsziels, das die Tarifparteien entweder nicht effektiv verfolgen oder nicht befriedigend erreichen können.

85   Das BVerfG hatte Eingriffe dieser Art in den letzten Jahren dreimal zu bewerten. Bereits in der ersten Entscheidung entwickelte es ein differenziertes **Prüfungsprogramm** (BVerfG 24. 4. 1996 E 94, 268 = AP HRG § 57a Nr. 2). Es ging um die Befristung der Arbeitsverhältnisse wissenschaftlicher Mitarbeiter nach dem HRG. Als Eingriffsgrund sah das BVerfG den Schutz der Wissenschaftsfreiheit an. Bei der Verhältnismäßigkeitskontrolle unterschied es zwei Kriterien, deren gewicht von Fall zu Fall differieren könne. Zunächst komme es auf die Sachnähe der Koalitionen an: Die Wirkkraft der Tarifautonomie nehme in dem Maße zu, in dem eine Materie und deren Konfliktpotential von den Tarifparteien angemessen erfasst und geregelt werden könne. Das gelte vor allem für Löhne und andere materielle Arbeitsbedingungen. Zum anderen müsse die Intensität des Eingriffs berücksichtigt werden. Dieser wirke bes. stark, soweit tarifliche Regelungen üblich seien, und am intensivsten, wenn bestehendes Tarifrecht verdrängt werde. „Die Abstufung des Schutzes, den Art. 9 III gewährt, wirkt sich in

D. Tarifautonomie

den Anforderungen aus, die an die Rechtfertigung von Eingriffen zu stellen sind. Je gewichtiger der Schutz, den Art. 9 III insofern verleiht, desto schwerwiegender müssen die gründe sein, die einen Eingriff rechtfertigen sollen" (aaO S. 285 unter C II 1).

In den beiden späteren Entscheidungen hat das BVerfG dieses Prüfungsprogramm bestätigt, aber auch dessen geringe Stringenz deutlich gemacht (BVerfG 27. 4. 1999 E 100, 271 = AP GG Art. 9 Nr. 88 = AR-Blattei ES 1650 Nr. 20 krit. *Dieterich*; BVerfG 3. 4. 2001 E 103, 293 = AP BUrlG § 10 Kur Nr. 2 = AR-Blattei ES 1650 Nr. 21 krit. *Dieterich*). Beide Beschlüsse betrafen Gesetze mit beschäftigungspolitischer Zielsetzung. Das BVerfG akzeptierte das mit dem Hinweis auf das Sozialstaatsprinzip. Obwohl es in beiden angegriffenen Regelungen um materielle Arbeitsbedingungen ging (Lohnhöhe und Urlaub) und im jüngsten Fall sogar in bestehende TV korrigierend eingegriffen wurde, bejahte das BVerfG die Verhältnismäßigkeit. Diese Großzügigkeit ergab sich daraus, dass das Gericht rechtstatsächlichen Einschätzungen des Gesetzgebers auch da den Vorrang einräumte, wo sie von den zuständigen TVParteien erkennbar nicht geteilt wurden. Hier zeigt sich das Problem der **Einschätzungsprärogative.** Die Tarifautonomie ist substanzlos, wenn den Koalitionen nicht korrespondierend eine eigene **Einschätzungsprärogative** zugebilligt wird. Deren viel zitierte Sachnähe kann nur dann nutzbar werden, wenn sie im Rahmen der Verhältnismäßigkeitsprüfung berücksichtigt werden muss und nur mit nachprüfbarer Begründung beiseite geschoben werden kann (*Dieterich* AuR 2001, 390, 392; *Gamillscheg* Koll. ArbR Bd. I S. 815; *Kühling* in abw. Meinung BVerfGE 94, 294 ff. = AP HRG § 57 a Nr. 2 aE). Dieses Problem ist noch nicht gelöst. **86**

V. Rechtsschutz und Kontrolle

Die Gewährleistung der Tarifautonomie stellt die Gerichte vor die gleiche Doppelaufgabe wie den Gesetzgeber (Rn. 78). Die Rspr. muss zur **Ausgestaltung** beitragen, so weit das erforderlich ist und der Gesetzgeber untätig bleibt. Darauf beruht die ausgedehnte Rspr. zum Arbeitskampfrecht (vgl. Abschnitt E). Das BVerfG hat sie als notwendige Voraussetzung eines funktionsfähigen Tarifsystems verstanden und gebilligt (BVerfG 2. 3. 1993 E 88, 103 = AP GG Art. 9 Arbeitskampf Nr. 126). Aber auch die Durchsetzung der tarifvertraglichen Vereinbarungen ist auf die Rspr. angewiesen. Deshalb hat das BAG den Koalitionen im Wege des Richterrechts einen Unterlassungsanspruch zugebilligt, wo ihre TV durch betriebliche Regelungen unterlaufen werden sollen (BAG 20. 4. 1999 AP GG Art. 9 Nr. 89). Die Entscheidung ist lebhaft umstritten (für viele *Buchner* NZA 1999, 897; *Wiedemann* RdA 2000, 169). **87**

Auf der anderen Seite gilt auch für die Rspr. das Verfassungsgebot, die Tarifautonomie zu respektieren, also nicht durch eigene Wertungen zu korrigieren. Das wird aktuell, wo im Zuge eines Prozesses die Überprüfung des maßgebenden TV verlangt wird. Soweit gesetzliche Kontrollmaßstäbe fehlen und nur allg. Prinzipien anzuwenden sind, besteht die **Gefahr der Tarifzensur.** Es ist nicht Aufgabe der Arbeitsgerichte zu prüfen, ob die Tarifparteien die sachgerechteste und zweckmäßigste Regelung getroffen haben (BAG 10. 10. 1989 AP TVG § 1 Vorruhestand Nr. 3; 12. 3. 1992 AP BeschFG 1985 § 4 Nr. 1; 23. 6. 1994 AP EWG-Vertrag Art. 40 Nr. 18; 27. 2. 1996 AP BetrAVG § 1 Gleichbehandlung Nr. 28). Abzulehnen ist auch jede Kontrolle des Meinungsbildungsprozesses, zB der Zusammensetzung einer Verhandlungskommission (BAG 14. 7. 1981 AP TVG § 1 Verhandlungspflicht Nr. 1) oder der Voraussetzungen des Abbruchs druckfreier Verhandlungen (Rn. 131). **88**

Deshalb ist auch die vielfach verwendete Formel, wonach TV an die allg. Grundsätze des Arbeitsrechts gebunden sind, irreführend und im Ergebnis zu weitgehend. Soweit es sich bei diesen Grundsätzen um Ergebnisse der Gesetzesauslegung handelt, ist ihre bes. Erwähnung überflüssig. Soweit es sich aber um Richterrecht handelt, das Maßstäbe der Inhaltskontrolle von Verträgen oder BV konkretisiert, ist es idR auf TV nicht übertragbar. Das BAG hat deshalb die Rechtsfigur des **tarifdispositiven Richterrechts** gebildet (dazu 600 – TVG § 1 Rn. 160 f.). Das dient dem Schutz der Tarifautonomie. Die Gerichte dürfen nicht frei entscheiden, ob sich ihre Kontrollmaßstäbe zu Befristungen, freiwilligen Leistungen oder nachvertraglichen Rücksichtspflichten auch gegenüber Tarifnormen durchsetzen sollen. Wenn sie das bejahen wollen, müssen sie sich auf Rechtsgründe stützen, die Vorrang gegenüber der Tarifautonomie beanspruchen können (MünchArbR/*Löwisch*/*Rieble* § 259 Rn. 11; großzügiger *Wiedemann* TVG Einl. Rn. 411; enger *Kempen*/*Zachert* TVG Grundl. Rn. 237). **89**

Auch TV können gegen Verfassungsgrundsätze verstoßen, uU auch gegen Grundrechte (Rn. 74 ff.), insb. gegen Art. 3 (Art. 3 Rn. 26). Sie überschreiten dann die grenze der Tarifautonomie. Das haben die Arbeitsgerichte im Streitfall zu klären. Sie sind dabei ihrerseits der Kontrolle des BVerfG unterworfen. Die unterlegene Partei kann gegen ein Urteil, das sie in ihren Grundrechten verletzt, **Verfassungsbeschwerde** einlegen (Einl. Rn. 84). Auch die Koalitionen müssen zunächst den Rechtsweg beschreiten, bevor sie im Fall ihres Unterliegens das BVerfG anrufen können. Hingegen ist eine Verfassungsbeschwerde, die sich unmittelbar gegen einen TV richtet, nicht zulässig, weil es sich hier nicht um „öffentl. Gewalt" handelt (BAG ArbGG 1979 § 72 a Nr. 27 unter II 2 d; MünchArbR/*Löwisch*/*Rieble* § 266 Rn. 41; aA *Gamillscheg* Koll. ArbR Bd. I § 16 I 1 b; *Wiedemann* TVG Einl. Rn. 355). **90**

E. Arbeitskampfrecht

I. Der Arbeitskampf: Begriff und Typik

91 Es gibt keine gesetzliche Begriffsbestimmung des Arbeitskampfes und auch die Rspr. sah dafür bisher keinen Anlass. Im Schrifttum finden sich dazu differenzierte Überlegungen, deren praktische Bedeutung gering ist (MünchArbR/*Otto* § 281 Rn. 1 ff.; *Däubler* Arbeitskampfrecht Rn. 54 ff.; *Kissel* Arbeitskampfrecht § 13). Im weitesten Sinne kann man darunter jede **kollektive Maßnahme von AN oder AG** verstehen, die die **Gegenseite zielgerichtet unter Druck** setzen soll. Das schließt auch kollektive Kaufverweigerungen und Demonstrationen in der Freizeit ein. Für das Arbeitsrecht relevant sind hingegen kollektive Störungen der Arbeitsbeziehungen. Darunter würde dann allerdings auch die gemeinsame Wahrnehmung arbeitsvertraglicher Rechte (zB Zurückbehaltungsrecht, fristgerechte Kündigung) fallen, was nur die Konturen verwischte. Die typischen Rechtsfragen des Arbeitskampfes stellen sich hier nicht, sondern vor allem dann, wenn die Erfüllung arbeitsvertraglicher Pflichten vorübergehend verweigert wird. Auf Seiten der AN ist das klassische Kampfmittel der Streik, also die kollektive Arbeitsniederlegung. Das Arbeitskampfmittel der AG ist die Aussperrung, also die Annahmeverweigerung der Arbeitsleistung und Einstellung der Entgeltzahlung. Fragen der Rechtmäßigkeit stellen sich aber auch bei anderen Kampfmitteln, vor allem mit Rücksicht auf eine vereinbarte Friedenspflicht (dazu Rn. 119 und 278).

92 Innerhalb des breiten Spektrums kollektiver Auseinandersetzungen ist es üblich und sinnvoll, nach den Kampfmitteln und -zielen zu unterscheiden. Auf der Seite der AN treten hier als **Kampfmittel** zu den unterschiedlichsten Streikformen (Flächenstreiks, Schwerpunktstreiks, Wechsel- und Wellenstreiks, Warnstreiks) auch untypische Druckmittel wie Betriebsblockaden und Boykotts. Auf Seiten der AG kommen als Kampfmittel, die arbeitsvertragliche Pflichten suspendieren, praktisch nur die Angriffs- und Abwehraussperrung in Betracht wenn man nicht die suspendierende Betriebsstilllegung nach der BAG-Rechtsprechung als eigenes Abwehrkampfmittel wertet, was aber abzulehnen ist (dazu Rn. 211 ff.).

93 Die Unterscheidung nach **Kampfzielen** dient nicht nur der Klassifizierung, sondern betrifft zugleich umstrittene Rechtmäßigkeitsgrenzen. So ist zwar die Zulässigkeit von Abwehraussperrungen geklärt (BVerfG 26. 6. 1991 E 84, 212, 225 = AP GG Art. 09 Arbeitskampf Nr. 117), bei der Angriffsaussperrung aber nach wie vor umstritten (Rn. 240 ff.); Eine ähnliche Grenze verläuft zwischen tarifbezogenen Arbeitskämpfen, die Tarifverhandlungen anstoßen oder forcieren sollen (Rn. 67 ff.), und sonstigen Kampfzielen (betrieblichen oder politischen; Rn. 116). Auf der Grenze liegen Sympathiearbeitskämpfe, die tarifliche Auseinandersetzungen in einem anderen Tarifgebiet unterstützen sollen (Rn. 115).

94 In engem Zusammenhang mit der Unterscheidung nach dem Kampfziel steht die nach der **organisatorischen Trägerschaft**. Die klassischen Arbeitskämpfe werden von einer Koalition getragen, einer Gewerkschaft bzw einem AGverband oder einem einzelnen AG, der keinem Verband angehört. Sie haben das Kampfgeschehen zu organisieren, zu kontrollieren und öffentl. zu verantworten. Kampfmaßnahmen ohne verbandsmäßige Unterstützung stoßen auf rechtliche Bedenken und auf Misstrauen, das in der überspitzten Bezeichnung „wilde Streiks" oder „wilde Aussperrung" seinen Ausdruck finde (Rn. 118).

II. Funktion und Bedeutung

95 Die **Sozialgeschichte** aller Industrienationen wurde geprägt und strukturiert durch heftige und zT spektakuläre Arbeitskämpfe. Sie galten lange als unerlaubte und sogar strafbare Handlungen, bis ihre legitime Funktion als kollektive Selbsthilfe und sozialpolitischer Reformimpuls anerkannt und in Grenzen rechtsstaatlich integriert wurde (zusammenfassend *Gamillscheg* Koll. ArbR Bd. I § 2, 3 d; § 20 I 2; *Däubler* Arbeitskampfrecht Bd. 1 Teil A; *Kissel* Arbeitskampfrecht § 2; MünchArbR/*Otto* § 282 Rn. 1 ff.).

96 Die **wirtschaftliche und soziale Bedeutung** der Arbeitskämpfe und dementspr. auch des Arbeitskampfrechts dürfen nach wie vor nicht unterschätzt werden, obwohl die Zahl der durch Arbeitskämpfe tatsächlich ausgefallenen Arbeitsstunden in Deutschland im Vergleich zu anderen Ländern gering ist (Vergleichszahlen bei *Gamillscheg* Koll. ArbR Bd. I § 20 I 3; MünchArbR/*Otto* § 282 Rn. 41 f.). Im Rahmen der eingespielten Meinungsbildungsprozesse verhindert normalerweise schon die glaubhafte Möglichkeit einer Kampfmaßnahme, dass Verhandlungen blockiert oder sinnlos verzögert werden (Rn. 68).

97 Das entspr. **Druckpotential** entsteht für beide Seiten dadurch, dass sowohl Streiks als auch Aussperrungen zunächst eine Selbstschädigung bedeuten. Die AN verlieren Beschäftigung und Entgelt, die AG erleiden Produktions- und Umsatzausfälle, längerfristig auch Marktanteileinbußen, beides gleichermaßen durch Streiks wie durch Aussperrungen. Die **wirtschaftlichen Belastungen** gehen aber erheblich über diese unmittelbaren Folgen hinaus. Die kampfbeteiligten Koalitionen sind durch

E. Arbeitskampfrecht **Art. 9 GG 10**

Unterstützungsleistungen an ihre Mitglieder belastet. Auf Seiten der AN wird bei Streik- und Aussperrungsbeschlüssen nicht zwischen Mitgliedern und Außenseitern unterschieden. Und die Fernwirkungen außerhalb des Kampfgebietes wachsen als Folge der ständigen (auch grenzüberschreitenden) Arbeitsteilung der Wirtschaft um So stärker, je länger ein Arbeitskampf andauert.

Trotz dieser Belastungen für die gesamte Volkswirtschaft hat sich die Erkenntnis durchgesetzt, dass **98** die Möglichkeit von Arbeitskämpfen nicht nur für ein funktionierendes Tarifsystem unverzichtbar ist (Rn. 67 ff.), sondern ganz allg. als „Unruhe" im Ausgleichsmechanismus einer sozialen Marktwirtschaft dient. Das ändert allerdings nichts daran, dass **freiwillige Schlichtungsverfahren** zu begrüßen sind, weil sie die gesamtgesellschaftlichen Kosten verringern, durch die zügige Beendigung von Arbeitskämpfe oder durch deren Vermeidung (dazu Rn. 279 ff.).

III. Rechtsgrundlagen

1. Verfassung. Der Begriff ‚Arbeitskampf' wird in der Verfassung ausschließlich im Art. 9 III 3 GG **99** in Bezug auf Notstandsmaßnahmen erwähnt. Das bedeutet aber nicht, dass die Verfassung zum allg. Thema Arbeitskampf keine Aussagen erlaubt. Die Rspr. hat allerdings zunächst eine eindeutige Stellungnahme vermieden, obwohl der Zusammenhang mit der Tarifautonomie nicht übersehen wurde (vgl. Rn. 67 ff.). 1991 hat sich das BVerfG dann eindeutig zur verfassungsrechtlichen **Gewährleistung des Arbeitskampfs** bekannt (BVerfG 26. 6. 1991 E 84, 212, 225 = AP GG Art. 09 Arbeitskampf Nr. 117). Es geht aus von der Bestands- und Betätigungsgarantie der Koalitionen. Zu dieser Betätigungsgarantie gehöre der Abschluss von TV. Die Wahl der Mittel, die sie – die Koalitionen – „zur Erreichung dieses Zwecks für erforderlich halten, überlässt Art. 9 III GG grds. den Koalitionen. Soweit die Verfolgung des Vereinigungszwecks von dem Einsatz bestimmter Mittel abhängt, werden daher auch diese vom Schutz des Grundrechts umfasst. Zu den geschützten Mitteln zählen auch Arbeitskampfmaßnahmen, die auf den Abschluss von TV gerichtet sind. Sie werden jedenfalls insoweit von der Koalitionsfreiheit erfasst, als sie allg. erforderlich sind, um eine funktionierende Tarifautonomie sicherzustellen". Diese Auffassung hat das BVerfG dann in der Folgezeit mehrfach bekräftigt (2. 3. 1993 E 88, 103 = AP GG Art. 9 Arbeitskampf Nr. 126; 4. 7. 1995 E 92, 365 = AP AFG § 116 Nr. 4). Daraus folgt: a) die Freiheit der Koalitionen, über die Mittel, die sie zur Erreichung ihres koalitionsgemäßen Zwecks für geeignet halten, frei zu entscheiden; – b) die verfassungsrechtliche Gewährleistung des Arbeitskampfes zumindest insoweit, als es um den Abschluss eines rechtmäßigen TV geht; – c) die verfassungsrechtlich gewährleistete Freiheit der Auswahl der Mittel des Arbeitskampfes im Einzelnen. Dabei setzt das BVerfG voraus, dass sowohl Arbeitskampfmaßnahmen der AN wie der AG verfassungsrechtlich gewährleistet sind, und zwar ausdrücklich Streik wie Abwehraussperrung.

2. Bundesgesetze. Zur näheren Ausgestaltung des Arbeitskampfes bedarf es einer gesetzlichen **100** Regelung (vgl. BVerfG 2. 3. 1993 E 88, 103 = AP GG Art. 9 Arbeitskampf Nr. 126). Das ist nur bei Einzelfragen geschehen (§ 2 I Nr. 2 ArbGG, § 74 II BetrVG, § 66 II BPersVG, Art. 1 § 11 V AÜG, § 25 KSchG, § 91 VI SGB IX (zuvor § 21 VI SchwbG), §§ 36 III, 146, 174 SGB III). Indessen fehlt eine Gesamtregelung: Der Währungsunionsvertrag mit der ehemaligen DDR (BGBl. 1990 II S. 537) bestimmte zwar im Art. 17, dass ua. das Arbeitskampfrecht „entspr. dem Recht der Bundesrepublik Deutschland" in der DDR gelte, enthält aber keinerlei normative Konkretisierung, verweist also praktisch auf das, was Rspr. und Lehre als „Regelung" des geltenden Rechts entwickelt hat (vgl. *Kissel* NZA 1990, 545; *Preis* ZfA 1992, 62, 133; *Müller* DB 1992, 269, 273 Fn. 43; zur ähnlich gelagerten Situation im Tarifrecht vgl. *Gitter*, FS für Kissel, 1994, S. 265). Das BAG betrachtet das **TVG** als rechtliche Grundlage tarifbezogener Arbeitskämpfe (BAG 10. 6. 1980 AP GG Art. 9 Arbeitskampf Nr. 64 unter A II 4). Ein 1988 von den Professoren *Birk, Konzen, Löwisch, Raiser* und *Seiter* vorgelegter Entwurf „Gesetz zur Regelung kollektiver Arbeitskonflikte" hat bis heute keine Realisierungschance. Gleichermaßen fehlt eine Vereinbarung der TVGparteien über die Austragung ihrer tariflichen Auseinandersetzungen, wie sie vom BAG gefordert wird (BAG GS 21. 4. 1971 AP GG Art. 9 Arbeitskampf Nr. 43; BAG 10. 6. 1980 AP GG Art. 9 Arbeitskampf Nr. 64).

3. Landesrecht. Das Streikrecht ist in einigen Landesverfassungen grds. gewährleistet: Art. 18 III **101** Berlin, Art. 51 II Brandenburg, Art. 51 III Bremen, Art. 29 IV Hessen, Art. 66 II Rheinland-Pfalz, Art. 56 II Saarland, Art. 37 II Thüringen. Mangels einer umfassenden bundesrechtlichen Regelung besteht rein theoretisch eine partielle Gesetzgebungskompetenz der Länder. Soweit jedoch allg. Grundsätze des Arbeitskampfrechts von der Rspr. aus Sinn und Zweck bundesgesetzlicher Vorschriften abgeleitet wurden, können sie durch Landesrecht nicht aufgehoben werden. Mit dem Grundsatz Bundesrecht bricht Landesrecht hat das BAG begründet, dass das generelle Aussperrungsverbot in Art. 29 der hessischen Verfassung nicht für Abwehraussperrungen gilt (BAG 26. 4. 1988 AP GG Art. 9 Arbeitskampf Nr. 101).

4. Internationales Recht. Die **Europäische Sozialcharta** (BGBl. 1964 II S. 1262) gewährleistet in **102** II Art. 6 Nr. 4 a „das Recht der AN und der AG auf kollektive Maßnahmen einschließlich des Streik-

Rn. 29). Auch kann eine tarifliche Wiedereinstellungsklausel am Ende eines Arbeitskampfes erkämpft werden, da sie rechtsbegründender Natur ist.

114 **d) Politischer Arbeitskampf.** Ein Arbeitskampf, der sich nicht gegen einen AG oder AGVerband richtet und auch kein Ziel verfolgt, das mit den Mitteln des kollektiven Arbeitsrechts regelbar wäre, sondern Gesetzgebung, Verwaltung oder Rspr. zu bestimmten Regelungen oder Entscheidungen zwingen will, sprengt den Rahmen des Zivilrechts. Die rechtsstaatliche Verfassung gewährleistet ein politisches Widerstandsrecht nur im Rahmen des Art. 20 IV (dazu eingehend *Herzog* in *Maunz/Dürig* Art. 20 unter IX). Darüber hinausgehend werden zwar auch Formen des zivilen Ungehorsams vielfach toleriert. Aber dies alles betrifft das Verhältnis Staat – Bürger. Den Arbeitsgerichten fehlt eine legitimierende Rechtsgrundlage, um darüber zu befinden, ob und inwieweit wegen politischer Zielsetzungen arbeitsvertragliche Pflichten ausgesetzt und Dritte geschädigt werden dürfen (zur Legitimationsgrenze BVerfG 2. 3. 1993 E 88, 103 = AP GG Art. 9 Arbeitskampf Nr. 126; zum politischen Arbeitskampf *Gamillscheg* Koll. ArbR Bd. I § 22 V 3 a; *Kissel* Arbeitskampfrecht § 24 III; MünchArbR/*Otto* § 285 Rn. 37 ff.; krit. dazu *Däubler* ArbR Bd. 1 Rn. 509 mwN; aus der Rspr. LAG Hamm 17. 4. 1985 BB 1985, 1396 = DB 1985, 2691; LAG Rheinland-Pfalz 5. 3. 1986 LAGE GG Art. 9 Arbeitskampf Nr. 26; ArbG Hagen 23. 1. 1991 AP GG Art. 9 Arbeitskampf Nr. 118; ArbG Osnabrück 4. 6. 1996 NZA-RR 1996, 341).

115 **e) Solidaritätsarbeitskampf.** Abgrenzungsprobleme ergeben sich bei Arbeitskämpfen, die kein eigenes Reglungsziel verfolgen, sondern den „Hauptarbeitskampf" in einem anderen räumlichen oder fachlichen Tarifgebiet zugunsten einer Kampfpartei beeinflussen sollen. Das BAG spricht etwas zu gefühlsbetont von „Sympathiestreiks" (krit. Dazu *Bieback* in *Däubler* Arbeitskampfrecht Rn. 320). Solche Arbeitskämpfe sind nach der Rspr. unzulässig, wenn der Kampfgegner keine Möglichkeit hat, durch Nachgeben oder direkte Einflussnahme die für ihn schädlichen Folgen abzuwehren (BAG 5. 3. 1985 AP GG Art. 9 Arbeitskampf Nr. 85 = EzA GG Art. 9 Arbeitskampf Nr. 57 krit. *Weiss* = SAE 1986, 60 zust. *Lieb*; BAG 12. 1. 1988 AP GG Art. 9 Arbeitskampf Nr. 90 zust. *Rüthers/Berghaus* = EzA GG Art. 9 Arbeitskampf Nr. 73 *Preis*; krit. *Plander* ZTR 1989, 135). Otto bezeichnet diese Fallkonstellation drastisch als **„wirtschaftliche Geiselnahme"** (MünchArbR/*Otto* § 286 Rn. 44; zust. *Kissel* Arbeitskampfrecht § 24 Rn. 27).

116 In der Realität des Arbeits- und Wirtschaftslebens sind allerdings die Einfluss- und Reaktionsmöglichkeiten oft nicht so klar begrenzbar wie die Ausgangsthese erwarten lässt. Wirtschaftliche Beziehungen (zB im Konzern) und verbandsmäßige Verflechtungen können die Kampfgebietsgrenzen auf unterschiedliche Weise verwischen (BAG 5. 3. 1985 AP GG Art. 9 Arbeitskampf Nr. 85 unter II 4). Eine solche Verzahnung entsteht auch bei FirmenTV, die auf einen umkämpften VerbandsTV verweisen (BAG 18. 2. 2003 – 1 AZR 142/02 –). Der Versuch einer Typisierung von Grenzüberschreitungen, die für das Kräfteverhältnis im Arbeitskampf bedeutsam werden, kann Vollständigkeit nicht erwarten (vgl. *Däubler* ArbR Bd. 1 Rn. 667 ff.; MünchArbR/*Otto* § 286 Rn. 45 ff.). Eine eigene Fallgruppe bilden **„Neutralisierungsstreiks"**; die dazu dienen, indirekte Streikarbeit zu verhindern (BAG aaO). Abgrenzungsprobleme ergeben sich hier zu einer „wirtschaftlichen Betriebsblockade"; die zu weit ginge (MünchArbR/*Otto* § 286 Rn. 51).

117 **f) Demonstrationsarbeitskampf.** Es gibt Arbeitskämpfe, bei denen es nur um den nachhaltigen und kollektiven Hinweis auf Meinungen iSv. Art. 5 GG geht. Dabei fehlt vielfach die Tarifbezogenheit der Druckausübung, so dass ein solcher Arbeitskampf nach dem Gesagten unzulässig ist. Proteste und Demonstrationen allein können es nicht rechtfertigen, der Arbeit fernzubleiben oder die Arbeit niederzulegen, um damit auf allgemeine Missstände oder soziale Unzuträglichkeiten hinzuweisen (BAG 23. 10. 1984 AP GG Art. 9 Arbeitskampf Nr. 82; LAG Schleswig-Holstein 18. 1. 1995 NZA 1995, 842 – L –; LAG Rheinland-Pfalz 5. 3. 1986 LAGE GG Art. 9 Arbeitskampf Nr. 26).

118 **g) Tariffähige Kampfparteien.** Als Instrument zur Durchsetzung tariflicher Regelungen (Rn. 111) muss der Arbeitskampf von einer tariffähigen Koalition aktiv geführt werden und sich gegen einen tariffähigen Gegner richten (BAG 7. 6. 1988 AP GG Art. 9 Arbeitskampf Nr. 106). Auf Seiten der AN kann er daher grds. (vgl. aber Rn. 102) nur **von einer Gewerkschaft getragen** werden; hierzu ist in jedem Falle der kollektiven Arbeitsniederlegung eine ausdrückliche Erklärung der Gewerkschaft erforderlich – andernfalls liegt ein „wilder" Streik vor, der rechtswidrig ist (BAG 7. 6. 1988 AP GG Art. 9 Arbeitskampf Nr. 106; BAG 31. 10. 1995 AP GG Art. 9 Arbeitskampf Nr. 140). Allerdings kann eine Koalition einen zunächst nicht von ihr getragenen Arbeitskampf im Laufe des Konflikts „übernehmen" mit der Folge, dass er von Anfang an als koalitionsgetragen anzusehen ist. (Zur Übernahme einer „wilden Aussperrung" vgl. BAG 31. 10. 1995 AP GG Art. 9 Arbeitskampf Nr. 140 = AR-Blattei ES 170.1 Anm. *Löwisch*) Meinungsverschiedenheiten oder Kompetenzüberschreitungen innerhalb der gewerkschaftlichen Organe sind nur von verbandsinterner Bedeutung (BAG 17. 12. 1976 AP GG Art. 9 Arbeitskampf Nr. 51). – Auf Seiten der AG kann der Arbeitskampf um einen VerbandsTV nur von einem AGVerband getragen werden und bedarf ebenfalls eines ausdrücklichen Beschlusses (BAG 31. 10. 1995 AP GG Art. 9 Arbeitskampf Nr. 140).

3. Wahrung der Friedenspflicht. Der Zweck der Tarifautonomie, das Arbeitsleben in dem von der 119 staatlichen Rechtssetzung freigelassenen Raum durch TV sinnvoll zu ordnen und zu befrieden (Rn. 20, 52), kann nur dann erreicht werden, wenn ein TV während seiner Geltungsdauer respektiert und nicht durch einen Arbeitskampf in Frage gestellt wird. Das ist im Zweifel dessen Geschäftsgrundlage. Der TV begründet deshalb für die Vertragsparteien und die tarifgebundenen AG und AN in der Regel eine Friedenspflicht, die einen Arbeitskampf unzulässig macht. Soweit die Friedenspflicht reicht, vermittelt sie beiden Seiten Planungssicherheit. Deshalb ist jedes Kampfmittel rechtswidrig, das dazu dient, eine kollektive Regelung vor dem Ende ihrer Laufzeit oder eines vereinbarten Schlichtungsverfahrens zu beseitigen oder zu ändern.

Die Friedenspflicht ist **gegenständlich beschränkt.** Sie erstreckt sich nur auf solche Arbeits- und 119a Wirtschaftsbedingungen, die tariflich geregelt sind; sei es ganz konkret oder doch eindeutig sinngemäß. Der Grenzverlauf ist durch Auslegung zu ermitteln (BAG 10. 12. 2002 – 1 AZR 96/02 unter B I 2; *Otto,* FS-Wiedemann, 2002, S. 401, 414; *Jakobs* ZTR 2001, 249, 254). Eine absolute Friedenspflicht ist dem TV nicht immanent, sie kann aber ausdrücklich vereinbart werden, zB in Verbindung mit einer **tariflichen Schlichtungsordnung.** Ob und inwieweit die Friedenspflicht andererseits auch eingeschränkt werden kann, so dass tariflich geregelte Gegenstände weiteren Auseinandersetzungen ausgesetzt bleiben, ist streitig. Die hL sucht hier nach zwingenden Grenzen (vgl. *Wiedemann* TVG § 1 Rn. 66; MünchArbR/*Löwisch/Rieble* § 277 Rn. 14). Dafür sind aber Gründe, die vor Art. 9 III Bestand haben könnten, nicht ersichtlich. Auch das ist also zulässig.

4. Wahrung des Gemeinwohls. In Rspr. und Schrifttum wird in sehr allg. Form auf eine unge- 120 schriebene Grenze des Arbeitskampfes verwiesen: „Das Gemeinwohl darf nicht offensichtlich verletzt werden (BAG GS 21. 4. 1971 AP GG Art. 9 Arbeitskampf Nr. 43 unter II A 1; im Sinne eines allg. Appells auch BVerfG 18. 12. 1974 E 38, 281, 307 = AP GG Art. 9 Nr. 23 unter C II 3 c; *Gamillscheg* Koll. ArbR Bd. I § 24 V 4; *Seiter,* Streikrecht und Aussperrungsrecht, 1975, S. 542 ff.). Das ist zwar im Prinzip richtig, aber in dieser Allgemeinheit nichts sagend und ohne nähere Konkretisierung sogar irreführend.

Soweit es um die Tarifforderung geht, also die Tarifautonomie betroffen ist, hat die Gemeinwohl- 121 bindung keine eigenständige Bedeutung (Rn. 77 f.). Eine gerichtliche Kontrolle der **Angemessenheit von Tarifzielen** ist auch im Arbeitskampf unzulässig (BVerfG 26. 6. 1991 E 84, 212, 231 = AP GG Art. 9 Arbeitskampf Nr. 117 unter C I 3 b cc). Der Gesetzgeber allein hat die Aufgabe und demokratische Legitimation, das Gemeinwohl zu definieren und zu konkretisieren. Seine verfassungsmäßigen Vorgaben binden die Beteiligten selbstverständlich schon bei der Formulierung ihrer Kampfziele (MünchArbR/*Otto* § 282 Rn. 94).

Für die Art und Weise der Kampfführung gilt zwar ebenfalls das Primat des Gesetzgebers. Aber 122 hier hat ein Aspekt der Gemeinwohlbindung zu richterrechtlicher Konkretisierung geführt: Die Pflicht der kampfführenden Gewerkschaft zu **Notstandsarbeiten** (dazu Rn. 180). Darüber hinausgehend ist die Forderung erhoben worden, im Bereich der **Daseinsvorsorge,** insb. bei lebenswichtigen Versorgungsbetrieben Arbeitskämpfe ganz generell nicht zuzulassen (HbStR/*Scholz* § 151 Rn. 111; *Zöllner/Loritz,* Arbeitsrecht § 40 VI 7 b). Ein so weitgehendes und unspezifisches Streikverbot lässt sich jedoch nicht begründen (*Gamillscheg* Koll. ArbR Bd. I § 24 V c, S. 1177; *Kissel* Arbeitskampfrecht § 34 Rn. 45). Zu berücksichtigen ist allerdings die Eigenart solcher kampfbetroffener Unternehmen bei der Durchführung von Arbeitskämpfen.

5. Verhältnismäßigkeit. Als zentralen Grundsatz für die Durchführung von Arbeitskämpfen hat 123 das BAG den Grundsatz der Verhältnismäßigkeit herausgestellt (grundlegend im Anschluss an Vorläufer BAG GS 21. 4. 1971 AP GG Art. 9 Arbeitskampf Nr. 43). Aus diesem sehr allg. Abwägungspostulat hat es in st. Rspr. konkretisierende Prinzipien für die Art der Kampfmittel und die Intensität ihrer Verwendung abgeleitet. Immer geht es darum, bezogen auf ein vorgegebenes Kampfziel zu würdigen, ob ein Kampfmittel oder eine Kampfmaßnahme geeignet, erforderlich und proportional bzw. angemessen eingesetzt werden (BAG 10. 6. 1980 AP GG Art. 9 Arbeitskampf Nr. 65 unter B I; 12. 3. 1985 AP GG Art. 9 Arbeitskampf Nr. 84; BAG 11. 5. 1993 AP FeiertagslohnzG § 1 Nr. 63). Das BAG betrachtet den Verhältnismäßigkeitsgrundsatz als umfassendes Rechtsprinzip und bezeichnet ihn wie das BVerfG synonym auch als **Übermaßverbot.**

a) Prüfungsprogramm. Eine so allg. formulierte Rechtmäßigkeitsgrenze wirkt zwar unmittelbar 124 einleuchtend und wird auch im Schrifttum inzwischen fast einhellig anerkannt (vgl. zum Verhältnismäßigkeitsprinzip im Zivilrecht *Hirschberg* 1981, insbes. S. 153 ff.; *Kissel* Arbeitskampfrecht § 29 Rn. 4 ff.; *Preis,* FS-Dieterich 1999, S. 429 ff.). Das Problem ist nur seine Konkretisierung für die vielfältigen und kaum vorauszusagenden Problemlagen des Arbeitskampfrechts (deshalb generell ablehnend *Däubler* ArbR Bd. 1 Rn. 518 ff.). Es stellt die Rspr. vor die nahezu unlösbare Aufgabe eines rationalen Prüfungsprogramms: Einerseits muss die Rechtmäßigkeit eines Arbeitskampfes wegen des erheblichen Aufwands und der weitreichenden Folgen vorhersehbar sein. Andererseits lässt sich die soziale Sprengkraft des Arbeitskampfgeschehens nicht in ein rechtliches Korsett zwängen. Das wäre auch kontraproduktiv. Würde der Arbeitskampf zu einem rechtsgeleiteten Ritual, ginge das Druckpotential hypothetischer Arbeitskämpfe verloren. Arbeitskämpfe würden nicht vermieden, sondern bei brisanten Themen und sozialen Spannungen zur Pflichtübung der Verbände. Vor allem aber kämen die Gerichte zwangsläufig in die Lage, im Hinblick auf die gewählten Mittel die Tarifziele bewerten und gewichten zu müssen. Eine Tarifzensur ist aber auch in dieser mittelbaren und rein kampfbezogenen Form unzulässig (BVerfG 26. 6. 1991 E 84, 212, 231 = AP GG Art. 9 Arbeitskampf Nr. 117 unter C I 3 b cc; BAG 10. 6. 1980 AP GG Art. 9 Arbeitskampf Nr. 64 unter B I 2 b). Daraus folgt, dass das Übermaßverbot nur äußerste Grenzen markieren kann, die zudem der näheren Konkretisierung bedürfen (dazu nachfolgend).

125 **b) Missbrauchsverbot.** Am deutlichsten kommt die hier auf Extremfälle beschränkte Handhabung des Verhältnismäßigkeitsgrundsatzes in dem Postulat zum Ausdruck, Arbeitskämpfe dürften nicht auf die Existenzvernichtung der Gegenseite abzielen, ihn nicht in den Ruin treiben wollen. Die Fortführung der Arbeit nach Beendigung des Arbeitskampfes müsse möglich bleiben (BAG 30. 3. 1982 AP GG Art. 9 Arbeitskampf Nr. 74 unter III 1; BAG 11. 5. 1993 AP FeiertagslohnzG § 1 Nr. 63 unter II 2). Nur das entspreche dem Ziel des tarifbezogenen Arbeitskampfes. Das BAG spricht hier merkwürdig unjuristisch von einem **Fairnessgebot.** Aber *Otto* weist mit Recht darauf hin, dass es im Grunde um das Verbot des Rechtsmissbrauchs geht. Die kampfführenden Parteien dürfen zwar durchaus bemüht sein, der Gegenseite hohe Kosten entstehen zu lassen, damit sie möglichst schnell einem TV zustimmt, aber sie dürfen von diesem Recht nicht objektiv zweckwidrig und rücksichtslos Gebrauch machen (MünchArbR/*Otto* § 285 Rn. 124). Daraus folgt auch die Pflicht zu Erhaltungsarbeiten (Rn. 174).

126 **c) Ultima-ratio-Prinzip.** Auch für den Beginn des Arbeitskampfes hat das BAG versucht, aus dem Verhältnismäßigkeitsprinzip konkrete Verhaltenspflichten abzuleiten. Unter der Bezeichnung „Ultima-ratio-Prinzip" hat der Große Senat schon 1971 gefordert, ein Arbeitskampf dürfe erst nach Ausschöpfung aller Verständigungsmöglichkeiten begonnen werden, also das letzte mögliche Mittel sein (BAG GS 21. 4. 1971 AP GG Art. 9 Arbeitskampf Nr. 43 unter Teil III A 2 a). Das war, gemessen am Verhältnismäßigkeitsgrundsatz, erstaunlich starr formuliert und erwies sich in der folgenden Zeit auch als lebensfremd, weil die Erforderlichkeit eines Arbeitskampfes von den verschiedensten Begleitumständen abhängt und das Ende aller Verständigungsmöglichkeiten ebenfalls. Das musste das BAG in drei Warnstreikentscheidungen einräumen (BAG 17. 12. 1976 AP GG Art. 9 Arbeitskampf Nr. 51; 12. 9. 1984 AP GG Art. 9 Arbeitskampf Nr. 81 und 21. 6. 1988 AP GG Art. 9 Arbeitskampf Nr. 108). In der letzten Entscheidung hat es auf die Kontrolle des maßgebenden Zeitpunktes ganz verzichtet. Das Ultima-ratio-Prinzip verlange keine **förmliche Erklärung des Scheiterns** der Verhandlungen. Vielmehr liege schon in der Einleitung von Arbeitskampfmaßnahmen die freie und nicht nachprüfbare Entscheidung, dass die Verhandlungsmöglichkeiten als erschöpft anzusehen sind, solange nicht wenigstens begleitende Kampfmaßnahmen ergriffen werden (aaO 2. Leitsatz).

127 Diese Aufweichung des Ultima-ratio-Prinzip ist im Schrifttum lebhaft kritisiert worden; zumindest müsse eine gewisse Zeit druckfrei verhandelt und das Scheitern dann förmlich erklärt werden (vgl. die Nachweise bei *Gamillscheg* Koll. ArbR Bd. I § 24 III 3 d; *Löwisch/Rieble* AR-Blattei SD 170.1 Rn. 22 und 74; *Brox/Rüthers* Arbeitskampfrecht Rn. 201). Praktisch durchsetzbar und auch berechtigt erscheint nur die Forderung nach **Rechtsklarheit.** Auch Das BAG verlangt bei einem Verbandsarbeitskampf einen Beschluss der zuständigen Gremiums über Beginn, Umfang und Ende des Arbeitskampfes, der der Gegenseite zugehen muss (BAG 31. 10. 1995 AP GG Art. 9 Arbeitskampf Nr. 140; dazu auch Rn. 130 ff.). Im Übrigen bleibt vom Ultima-ratio-Prinzip wohl kaum mehr als das Erfordernis, dass überhaupt eine Tarifforderung aufgestellt und zurückgewiesen worden sein muss (MünchArbR/*Otto* § 285 Rn. 102 ff.; *Kissel* Arbeitskampfrecht § 30 Rn. 46 ff.), selbst das aber nur dann, wenn die Gegenseite nicht Verhandlungen von vornherein und generell abgelehnt hat (BAG 9. 4. 1991 AP GG Art. 9 Arbeitskampf Nr. 116 unter II 3).

128 **d) Arbeitskampfparität.** Schließlich hat das BAG auch das **Paritätsprinzip** mit dem Übermaßverbot in Verbindung gebracht. Schon in der ersten Entscheidung des Großen Senats von 1955 (BAG GS 28. 1. 1955 AP GG Art. 9 Arbeitskampf Nr. 1) hatte das BAG den Arbeitskampf als Ringen um gleichwertige Verhandlungschancen verstanden und daraus ein **maßstabbildendes Strukturprinzip** des gesamten Arbeitskampfrechts abgeleitet: Das Paritätsprinzip. Auch das Aussperrungsrecht sah es durch dieses Prinzip begründet. Dieser Ansatz wurde dann in den drei Aussperrungsurteilen vom 10. 6. 1980 (AP GG Art. 9 Arbeitskampf Nr. 64; 65 u. 66) ausdifferenziert. Es gehe nicht nur um eine formale Symmetrie der Kampfmittel, sondern um ihre tatsächliche Wirkung bei Tarifverhandlungen, dies allerdings nicht in einer der denkbaren Einflüsse rechnerisch erfassbaren Genauigkeit, sondern nur in einer **abstrakt-typisierenden Form** bezogen auf die Verhandlungsstärke im aktuellen Tarifkonflikt (näher dazu MünchArbR/*Otto* § 282 Rn. 71 ff.; *Kissel* Arbeitskampfrecht § 32 Rn. 18 ff., 25 ff.; kritisch *M. Hensche* RdA 1996, 293, weil unpraktisch und entbehrlich). Für die Abwehraussperrung folgerte das BAG, dass deren Umfang in einem quantitativ und zeitlich angemessenen Verhältnis zu den spezifischen Belastungen eines Schwerpunktstreiks stehen müsse. In gleicher Weise hat es später auch

die Abwehr eines Kurzstreiks bewertet (BAG 11. 8. 1992 AP GG Art. 9 Arbeitskampf Nr. 124; näheres dazu Rn. 234 ff.).

V. Formale Erfordernisse der Rechtsklarheit

Zusätzlich zu den allg. Rechtmäßigkeitserfordernissen (Tarifbezogenheit, Rn. 111, Ende der Friedenspflicht Rn. 119, Verhältnismäßigkeit, Rn. 123) müssen vor Beginn eines Arbeitskampfes formale Voraussetzungen erfüllt werden, die der Rechtsklarheit dienen. Die weitgehenden Rechtsfolgen und praktischen Konsequenzen für die unmittelbar Kampfbeteiligten und die mittelbar Kampfbetroffenen gebieten, dass Beginn, Umfang und Ende des Arbeitskampfes sowie gegebenenfalls die tragenden Verbände eindeutig feststellbar sind (*Wissmann* ArbRGeg 35 (1998) S. 115, 123). Eine Pflicht zur **Vorankündigung** besteht hingegen nicht. **129**

Erforderlich ist ein **Arbeitskampfbeschluss** oder Kampfaufruf. Bei einem Verbandsarbeitskampf muss der Vorstand oder das nach Satzung zuständige Organ entscheiden, ob, ab wann und inwieweit gestreikt oder ausgesperrt werden soll. Bei der Übernahme eines wilden Arbeitskampfes muss der Zeitpunkt der Übernahme geklärt werden (BAG 31. 10. 1995 AP GG Art. 9 Arbeitskampf Nr. 140 = AR-Blattei ES 170.1 Anm. *Löwisch*). **130**

Ob diesem Beschluss von Rechts wegen eine **Urabstimmung** vorangehen muss, wird diskutiert. Eine dahin gehende ausdrückliche staatliche Rechtsnorm ist nicht vorhanden. Aus Art. 9 III GG kann auch unter Berücksichtigung des Ultima-Ratio-Prinzips eine solche Notwendigkeit nicht unmittelbar hergeleitet werden (hM, vgl. *Gamillscheg* S. 1153; *Brox/Rüthers* Rn. 203; *Däubler* Arbeitskampfrecht Rn. 222; MünchArbR/*Otto* § 285 Rn. 108; *Zöllner/Loritz* S. 417; aA *Löwer* in *v. Münch/Kunig* Rn. 71 S. 619). Die Frage der Notwendigkeit einer Urabstimmung gehört zum Selbstverwaltungsrecht der Verbände. Das gilt auch dann, wenn eine Urabstimmung der Mitglieder in der Satzung vorgesehen ist. Darin liegt keine Rechtmäßigkeitsgrenze mit Außenwirkung. **131**

Wichtig ist hingegen die **Bekanntmachung** des Kampfbeschlusses. Die Verbandsmitglieder und der Kampfgegner müssen erkennen können, von wem der Beschluss stammt, wen er vertritt, um welche Kampfmaßnahme es geht, wer zur Teilnahme am Arbeitskampf aufgerufen wird und wann die Maßnahmen beginnen bzw. enden sollen (BAG 31. 10. 1995 AP GG Art. 9 Arbeitskampf Nr. 140; BAG 23. 10. 1996 AP GG Art. 9 Arbeitskampf Nr. 146 = EzA GG Art. 9 Arbeitskampf Nr. 26 Anm. *Otto*; krit. *Lieb* SAE 1996, 182, 189 f.). Es handelt sich um eine rechtsgeschäftsähnliche Handlung, die das Arbeitskampfrecht der darin angesprochenen AN bzw. AG aktualisiert (zutreffend MünchArbR/*Otto* § 285 Rn. 115). **132**

Für die Art der Bekanntmachung bzw der möglichen **Kenntnisnahme** lassen sich keine engen Formvorschriften begründen. Das BAG geht davon aus, dass normalerweise die unmittelbar Betroffenen der Gegenseite informiert werden, also die bestreikten AG bzw die ausgesperrten AN. Aber auch die Information des gegnerischen Verbandes komme in Betracht, sogar eine Verlautbarung über die Medien könne genügen, wenn sie die erforderlichen Informationen hinreichend klar zum Ausdruck bringe (BAG 23. 10. 1996 AP GG Art. 9 Arbeitskampf Nr. 146). Hier stellt sich dann allerdings die Frage, ob die Gegenseite die entspr. Information auch tatsächlich erhalten hat. Es wird genügen müssen, dass dazu typischerweise die Möglichkeit bestand (*Otto* EzA GG Art. 9 Arbeitskampf Nr. 126 unter I 2 b). **133**

Umstritten ist die Frage, ob bei fehlen der Bekanntmachung oder anfänglichen Defiziten eine **rückwirkende Heilung** möglich ist. *Otto* verneint das (MünchArbR/§ 285 Rn. 116). *Löwisch* hält dies hingegen für möglich (AR-Blattei ES 170.1 Nr. 42 unter 3). Er sieht in der Rspr. des BAG zutreffend eine großzügige Tendenz. Möglicherweise wird man aber nach den Rechtsfolgen differenzieren müssen. Das Problem ist noch nicht abschließend geklärt. **134**

VI. Arbeitskampfrisiko

Arbeitskämpfe bedienen sich der Begleitschäden als Druckpotential, um dadurch Verhandlungsbereitschaft und Nachgiebigkeit zu erreichen. Solche Schäden entstehen allerdings nicht nur bei unmittelbar Beteiligten, sondern auch in unbeteiligten Unternehmen der Abnehmer und Zulieferer (Fernwirkung). Damit stellt sich die Frage, wer die durch einen Arbeitskampf entstehenden Schadensrisiken trägt. Auszugehen ist von der allg. arbeitsrechtlichen **Betriebsrisikolehre,** die die Schuldrechtsreform nicht antasten will (vgl. § 615 S. 3 BGB). Danach trägt grds. der AG das Betriebs- oder Wirtschaftsrisiko; er muss also den Lohn selbst dann zahlen, wenn er AN ohne sein Verschulden aus betriebstechnischen Gründen nicht beschäftigen kann (Betriebsrisiko, BAG 30. 1. 1991 AP BGB § 615 Betriebsrisiko Nr. 33) oder wenn die Fortsetzung des Betriebs wegen Auftrags- oder Absatzmangels wirtschaftlich sinnlos wird (Wirtschaftsrisiko, BAG 23. 6. 1994 AP BGB § 615 Nr. 56). **135**

Die Betriebsrisikolehre wird jedoch den bes. Risikosituationen, die durch Arbeitskämpfe entstehen, nicht gerecht. „Wer sich zum Kampf entschließt, muss auch das Risiko des Kampfes tragen" (BAG 28. 1. 1955 AP GG Art. 9 Arbeitskampf Nr. 1 unter II 3). Deshalb trägt **bei unmittelbarer Betei-** **136**

ligung am Arbeitskampf jeder Kampfbeteiligte aus Gründen der Arbeitskampfparität das Risiko der Nichtarbeit selbst.

137 Differenzierter ist die Risikoverteilung bei Störungen auf Grund eines fremden Arbeitskampfes **(Fernwirkung)**: Die isolierte Anwendung der Betriebsrisikolehre müsste hier dazu führen, dass bei Arbeitsausfall Verzug des AG eintritt (§ 615 BGB), das Lohnrisiko des Arbeitskampfes würde allein beim AG liegen. Eine solche Betrachtung würde indessen die Eigenheiten des Arbeitskampfes als eines kollektiven Phänomens mit kampftaktischen Optionen nicht angemessen berücksichtigen. Vielmehr müssen nach der grdl. Entscheidung des BAG (22. 12. 1980 AP GG Art. 9 Arbeitskampf Nr. 70) für dieses **Arbeitskampfrisiko andere Grundsätze** gelten als für das allg. Betriebs- und Wirtschaftsrisiko: „Die Last der Beschäftigungs- und Lohnzahlungspflicht kann bei legitimen Streiks den mittelbar betroffenen AG nicht uneingeschränkt aufgebürdet werden. Die Ursachen und Folgen der Fernwirkungen von Arbeitskämpfen, insb. soweit sie kampftaktisch bestimmt sind, müssen bei der Risikoverteilung berücksichtigt werden". Deshalb unterscheidet sich das Arbeitskampfrisiko von dem allg. Betriebsrisiko.

138 Die Rspr. stellt entscheidend auf den Grundsatz der **Kampfparität** ab. Das Gleichgewicht der Kräfte wird nicht allein durch Schäden beeinflusst, „die in den unmittelbar kampfbetroffenen Betrieben für die AN und die Gewerkschaften einerseits wie auch für die AG und ihre Verbände andererseits entstehen. Auch die Fernwirkungen in ‚Drittbetrieben' können das Verhandlungsgleichgewicht wesentlich beeinflussen" (BAG 22. 12. 1980 AP GG Art. 9 Arbeitskampf Nr. 129; zum Kurzarbeitergeld vgl. auch BVerfG 4. 7. 1995 E 92, 365, 397 = AP AFG § 116 Nr. 4 unter C I 2). Allerdings ist nicht jede irgendwie geartete Folge des Arbeitskampfes in die Paritätsbetrachtung einzubeziehen; maßgebend sind nur diejenigen Belastungen, die sich auf die Kampf- und Verhandlungschancen auswirken. Eine Durchbrechung des allg. Betriebs- und Wirtschaftsrisikos zugunsten arbeitskampfrechtlicher Grundsätze ist nur insoweit gerechtfertigt, wie die Fernwirkungen eines Arbeitskampfes unmittelbar oder mittelbar zu einer konkreten **Störung des Kräfteverhältnisses** führen können (BAG 22. 12. 1980 AP GG Art. 9 Arbeitskampf Nr. 129). Wie sich das im Streitfall bestimmen lässt, ist lebhaft umstritten (vgl. *Kissel* Arbeitskampfrecht § 33 Rn. 122 ff.; MünchArbR/ *Otto* § 290 Rn. 28 ff.).

139 Das BAG hat eine solche **Kampfbezogenheit** angenommen bei einem mittelbar betroffenen Betrieb, der zu derselben Branche gehörte wie der des umkämpften TV; die Belegschaft wurde von derselben Gewerkschaft vertreten, die auch den Arbeitskampf führte; der AG war Mitglied eines örtlichen AGVerbandes, der seinerseits im Gesamtverband organisiert war, dem auch der unmittelbar kampfbeteiligte AGVerband angehörte, und der die Kampftaktik und die Verhandlungspolitik koordinierte (BAG 22. 12. 1980 AP GG Art. 9 Arbeitskampf Nr. 129 unter C I 2 b 4). Andererseits hat das BAG Schadensersatzansprüche gegen den AG aus seinen **Geschäftsbeziehungen zu Dritten** nicht als paritätsrelevant angesehen, da es hier nicht um die Folgen des Arbeitskampfrechts, sondern um die Reaktion der Rechtsordnung auf fehlerhaftes Verhalten geht (BAG 22. 12. 1980 AP GG Art. 9 Arbeitskampf Nr. 129 unter C I 2 b 3). Die im Zusammenhang mit der mittelbaren Arbeitskampfbetroffenheit zutage tretenden **Fehldispositionen** können ebenso wenig als paritätsrelevant angesehen werden wie das allg. Marktrisiko.

140 Im **unmittelbar kampfbetroffenen Betrieb** oder Betriebsteil gilt dagegen folgendes: Die Einzelnen unmittelbar arbeitskampfbeteiligten AN (streikend oder ausgesperrt) erhalten kein Entgelt. Davon getrennt zu bewerten ist die Frage nach dem Lohnanspruch der arbeitswilligen AN: Hier ist ein Lohnanspruch nur zu bejahen und damit dem AG das Arbeitskampfrisiko aufzubürden, wenn die Fortsetzung des Betriebs oder von Betriebsteilen dem AG möglich und wirtschaftlich zumutbar wäre und der Betrieb vom AG in Reaktion auf den Streik nicht insgesamt stillgelegt wird (BAG 14. 12. 1993 AP GG Art. 9 Arbeitskampf Nr. 129 unter I 3 b; BAG 11. 7. 1995 AP GG Art. 9 Arbeitskampf Nr. 138 u. 139 Anm. *Konzen*; vgl. zur Stilllegung auch Rn. 211).

141 Die Grenze zwischen unmittelbar und mittelbar Betroffenen lässt sich natürlich kampftaktisch verschieben, um die Zahl unmittelbar Betroffener klein, die mittelbaren Schäden für die Gegenseite aber möglichst groß werden zu lassen. Diese Kampftaktik treibt der sog. **„Wellenstreik"** so auf die Spitze, dass das BAG sich zu einer weiteren Modifizierung der Risikoverteilung gezwungen sah. Die Bes. besteht hier in dem Überraschungseffekt. Eine kleine Gruppe von AN legt überraschend für kurze Zeit die Arbeit nieder (zB die Drucker für die Dauer des unversierbaren Andrucks einer Zeitung), um sie nach einiger Zeit ebenso überraschend wieder anzubieten, wenn das dem AG voraussichtlich nichts mehr nützt. Dieser wird natürlich versuchen, im Zuge eines Arbeitskampfes für solche Überraschungen vorzusorgen (Notprogramm, Aushilfskräfte, Fremdvergabe) und kann dann seine streikbeteiligte Stammbelegschaft uU nicht sofort wieder beschäftigen, wenn sie an den Arbeitsplatz zurückkehrt. Das BAG hat dazu entschieden, dass die AN hier das Entgeltrisiko insoweit tragen müssen, als die Unmöglichkeit oder Unzumutbarkeit ihrer Beschäftigung in engem zeitlichen und organisatorischen Zusammenhang zu einer Abwehrmaßnahme steht, die der AG als zwingend ansehen durfte. (BAG 12. 11. 1996 AP GG Art. 9 Arbeitskampf Nr. 147; BAG 17. 2. 1998 AP GG Art. 9 Nr. 152 zust. *Oetker*; BAG 15. 12. 1998 AP GG Art. 9 Arbeitskampf Nr. 154 und 155 Anm. *Otto* mit Übersicht über die Reaktionen im Schrifttum). Anders als

der Wellenstreik soll der sog. **Flexistreik** (IG Metall 2002) die Fernwirkungen möglichst gering halten.

VII. Staatliche Neutralität im Arbeitskampf

1. Die Doppelrolle. Die grundrechtliche Gewährleistung der Arbeitskampffreiheit gebietet im gesamten Tarifgeschehen staatliche Neutralität. Deshalb **darf der Staat nicht handelnd in Arbeitskämpfe eingreifen,** diese etwa verbieten oder die unterbleibenden Arbeiten ersatzweise durchführen lassen, darf nicht auf den Arbeitskampf bezügliche Druckschriften beschlagnahmen, Versammlungen und Demonstrationen verhindern oder auflösen usw., darf nicht in irgendeiner Weise zugunsten eines der Kontrahenten eingreifen und auch keine Zwangsschlichtung durchsetzen (Rn. 68). Aber auch hier zeigt sich die Ambivalenz und die Rolle des Staates im kollektiven Arbeitsrecht. Seine Ausgestaltungspflicht betrifft nicht nur die Bereitstellung eines funktionsfähigen TV (Rn. 79), sondern auch das entspr. Arbeitskampfrecht, dessen Entwicklung und Kontrolle weitgehend der Rspr. zugewiesen ist (Rn. 87). 142

2. Polizeieinsatz. Aufgabe der Polizei ist nach der übereinstimmenden Rechtslage der Bundesländer die Abwehr von Gefahren für die öffentl. Sicherheit und Ordnung. Das Arbeitskampfgeschehen mag gelegentlich vergleichbar störend wirken, indessen sind dies sozialadäquate Folgen des verfassungsrechtlich geschützten Arbeitskampfes, die kein polizeiliches Einschreiten rechtfertigen. Soweit aber im Zusammenhang mit einem Arbeitskampf strafbare Handlungen begangen werden, ist die Zuständigkeit der Polizei zum Einschreiten, und zwar sowohl zur Vorbeugung weiterer Straftaten als auch zur Ermittlung strafbarer Handlungen, gegeben. In der aufgeheizten Atmosphäre eines Arbeitskampfes wird allerdings oft allzu schnell von „Nötigung" gesprochen (vgl. eingehend *Däubler* ArbR Bd. 1 Rn. 647 ff.). 143

Die Neutralitätspflicht gilt in gleicher Weise für die **Feuerwehr,** für Technische Hilfswerke und andere Hilfs- und Vorsorgeeinrichtungen. Sie alle dürfen in keiner Weise das Arbeitskampfgeschehen gezielt beeinflussen. 144

3. Allgemeiner Beamteneinsatz. Der Staat darf mit Rücksicht auf seine Neutralitätspflicht keine Beamten einsetzen, um außerhalb des staatlichen Bereichs arbeitskampfbedingt unerledigte Arbeitsaufgaben ausführen zu lassen. Darin läge eine Störung der Arbeitskampfparität, da der durch den Arbeitskampf beabsichtigte Druck auf die Gegenseite abgemildert würde. Deshalb kommt es hier nicht darauf an, ob die Beamten individuell zu einer solchen Tätigkeit bereit sind oder nicht. Zum Arbeitskampf im öffentl. Dienst selbst vgl. Rn. 148 ff. 145

4. Neutralität im sozialen Bereich. a) Sozialversicherungen. Weder Streik noch Aussperrung beenden das versicherungsrechtliche Beschäftigungsverhältnis. In der Krankenversicherung besteht die Versicherungspflicht fort, ebenso der Anspruch auf Versicherungsleistungen (§ 192 I Nr. 1 SGB V). – In der gesetzlichen Rentenversicherung wird das Versicherungsverhältnis suspendiert; da vom Arbeitskampf betroffene AN nicht gegen Entgelt beschäftigt sind (§ 1 SGB VI), ruht die Versicherungspflicht mit entspr. negativem Einfluss auf mögliche spätere Leistungen, vgl. aber § 122 SGB VI. – Unfallversicherungsschutz besteht nur für Unfälle, die der AN bei Ausübung der versicherten Tätigkeit erleidet (§§ 7, 8 SGB VII). Unfälle in Folge einer Streikteilnahme sind nach ganz hM nicht geschützt (*Colneric* in *Däubler*, Arbeitskampfrecht Rn. 790; Brox/Rüthers/*Jülicher* Arbeitskampfrecht Rn. 824). Auf Mutterschafts- und Erziehungsgeld hat die Arbeitskampfbetroffenheit keinen Einfluss (§§ 13, 14 MuSchG). Arbeitslosengeld wird während der Arbeitskampfdauer nicht geleistet (vgl. dazu 540 – SGB III § 146; zur Verfassungsmäßigkeit dieser Vorschrift BVerfG 4. 7. 1995 E 92, 365 = AP AFG § 116 Nr. 4 und 540 – SGB III § 146 Rn. 3 mwN). Wegen Kurzarbeitergeld vgl. § 174 SGB III. Zur Arbeitsvermittlung während des Arbeitskampfes vgl. § 36 III SGB III. (Eingehend zu den sozialversicherungsrechtlichen Auswirkungen des Arbeitskampfes MünchArbR/*Otto* § 292.) 146

b) Sozialhilfe. Hat unmittelbar nichts mit Arbeitskämpfen zu tun. Nach § 11 BSHG erhält jeder Hilfe zum Lebensunterhalt, der ihn nicht oder nicht ausreichend aus eigenen Kräften und Mitteln beschaffen kann. Nun sieht zwar § 25 BSHG vor, dass bei Arbeitsverweigerung kein Anspruch auf Sozialhilfe besteht, da es sich aber bei der Teilnahme am Streik um die Ausübung eines verfassungsmäßigen Rechts handelt, ist § 25 BSHG nicht anwendbar. Die staatliche Neutralitätspflicht steht der Gewährung von Sozialhilfe nicht entgegen: Bei den Leistungen der Sozialhilfe geht es nicht um Lohnersatz, sondern um die Sicherung des Existenzminimums, das auf den Verfassungsprinzipien der Menschenwürde und des Sozialstaats beruht. 147

5. Staat als Arbeitgeber. a) Privatrechtliche Arbeitsverhältnisse. Der Staat (Bund, Länder, Gemeinden usw.) ist nicht nur Dienstherr der im öffentlich-rechtlichen Dienst- und Treueverhältnis stehenden Beamten, sondern auch AG der Angestellten und Arbeiter im öffentl. Dienst. Für diese Arbeitsverhältnisse gilt uneingeschränkt das allg. (privatrechtliche) Arbeitsrecht. **Der Staat ist insoweit in der gleichen Rechtsstellung wie jeder andere private AG.** Demgemäß kann er als AG der 148

Angestellten und Arbeiter auch bestreikt werden. Selbst eine Aussperrung kann in den dafür geltenden allg. Grenzen in Betracht kommen, wenn auch die öffentl. Aufgaben hier engere Grenzen ziehen. Wenn der Staat als AG an einem Arbeitskampf beteiligt, also selbst Arbeitskampfpartei ist, kann er die kampftaktischen Möglichkeiten in gleicher Weise nutzen wie jeder andere private AG. Insoweit entfällt seine Neutralitätspflicht.

149 **b) Streikarbeit durch Beamte.** Will der Staat (als privatrechtlicher AG) seine Beamten auf arbeitskampfbedingt unbesetzten Arbeitsplätzen einsetzen, entsteht ein spezielles Problem: Beamte dürfen nicht streiken (Rn. 184). Umstritten war jedoch, ob und inwieweit sie auf bestreikten Arbeitsplätzen eingesetzt werden können, wenn die entspr. Aufgabe zu ihrem Tätigkeitsgebiet gehört. BVerwG und BAG hatten die Auffassung vertreten, Beamte dürften solche „Streikarbeit" nicht ablehnen (BVerwG 10. 5. 1984 AP GG Art. 9 Arbeitskampf Nr. 87; BAG 10. 9. 1985 AP GG Art. 9 Arbeitskampf Nr. 86). Diese Rspr. hat das BVerfG korrigiert. Mangels gesetzlicher Regelung ist die **Anordnung von Streikarbeit durch den Dienstherrn** unzulässig (BVerfG 2. 3. 1993 E 88, 103 = AP GG Art. 9 Arbeitskampf Nr. 126; mit anderer Begründung MünchArbR/*Otto* § 287 Rn. 40 mwN). Solange die Rechtslage insoweit noch nicht geklärt war, konnte die Streikarbeit allerdings nicht einfach verweigert werden; die Beamten waren auf den Rechtsweg verwiesen (BVerfG 7. 11. 1994 AP GG Art. 9 Arbeitskampf Nr. 144). – Soweit Beamte zur Streikarbeit bereit sind, ist die Rechtslage anders. Als vom Arbeitskampf unmittelbar betroffener AG kann der Staat wie ein privater AG arbeitsbereite Arbeitskräfte auf arbeitskampfbedingt unbesetzten Arbeitsplätzen einsetzen. Der **Einsatz von dienstbereiten Beamten** auf kampfbedingt unbesetzten Dienstposten ist daher zulässig.

VIII. Betriebsverfassung im Arbeitskampf

150 Das BetrVG enthält zum Arbeitskampf nur die Bestimmung im § 74 II (ähnlich § 66 BPersVG), dass Maßnahmen des Arbeitskampfes zwischen AG und BR unzulässig sind, dass aber Arbeitskämpfe tariffähiger Parteien „hierdurch" nicht berührt werden. Das BetrVG enthält **keine ausdrückliche Einschränkung** der Kompetenzen des BR für den Fall eines Arbeitskampfes und ist somit während eines Arbeitskampfes grds. anzuwenden (BAG 5. 5. 1987 AP BetrVG 1972 § 44 Nr. 4): Das Amt des BR bleibt während des Arbeitskampfes unberührt, wie auch die Ausübung des BRMandats. Alle Maßnahmen des AG, für die der BR ein Beteiligungsrecht hat, bedürfen grds. auch während eines Arbeitskampfes der Beteiligung des BR.

151 Jedoch ist nach der Rspr. im Rahmen einer **arbeitskampfkonformen Auslegung des BetrVG** der BR während eines Arbeitskampfes gehindert, einzelne Beteiligungsrechte bei denjenigen Maßnahmen des AG auszuüben, die durch das Arbeitskampfgeschehen bedingt sind und auf dieses einwirken (BAG 5. 5. 1987 AP BetrVG 1972 § 44 Nr. 4): Hier entstünden Konfliktsituationen, die vom BR kaum oder nur schwer zu bewältigen seien. Falls der BR eine sonst mögliche „Abwehrmaßnahme" vereitele und dadurch zum Nachteil des AG in das Kampfgeschehen eingreife, werde die materielle Parität gestört, die gegenüber dem Betriebsverfassungsrecht Vorrang beanspruche (BAG 22. 12. 1980 AP GG Art. 9 Arbeitskampf Nr. 70, 71; BAG 30. 8. 1994 AP GG Art. 9 Arbeitskampf Nr. 132).

152 Spruchpraxis: Die Anordnung von **Überstunden** für die arbeitswilligen AN während eines Streiks zur Aufrechterhaltung des Betriebs bedarf entgegen § 87 I Nr. 3 BetrVG nicht der Zustimmung des BR (BAG 24. 4. 1979 AP GG Art. 9 Arbeitskampf Nr. 63). Das Gleiche gilt für Schichtverschiebungen, Versetzungen und Einstellungen von Streikbrechern. Der BR behält hier aber seinen **Unterrichtungsanspruch** (BAG 10. 12. 2002 – 1 ABR 7/02 –). Sperrt der AG nur einen Teil der in seinem Betrieb beschäftigten AN aus, so hat der BR nicht mitzubestimmen, wenn der AG zur Unterscheidung den mit dem BR vereinbarten **Werksausweis** dahin verändert, dass dieser des Ausweisinhaber für die Dauer der Aussperrung zusätzlich als nicht ausgesperrten AN kennzeichnet (BAG 16. 12. 1986 AP BetrVG 1972 § 87 Ordnung des Betriebs Nr. 13). – **Betriebsversammlungen** können während eines Arbeitskampfes in den davon betroffenen Betrieben stattfinden: Bei der Betriebsversammlung handelt es sich um ein Organ der auch im Arbeitskampf grds. fortgeltenden Betriebsverfassung. Deshalb kann der BR auch während des Arbeitskampfes ohne Rücksicht auf (s)eine Streikbeteiligung eine Betriebsversammlung einberufen und durchführen. Die teilnehmenden AN haben Anspruch auf die Vergütung nach § 44 BetrVG ohne Rücksicht darauf, ob sie sich am Streik beteiligen oder nicht; diese Zahlungspflicht stört nicht die Kampfparität. Anders wäre nur zu entscheiden, wenn die Betriebsversammlung als Instrument des Arbeitskampfes missbraucht würde (BAG 5. 5. 1987 AP BetrVG 1972 § 44 Nr. 4, 6). – Eine während eines Streiks ausgesprochene arbeitgeberseitige **Kündigung** bedarf zu ihrer Wirksamkeit der vorherigen Anhörung des BR, wenn die Kündigung aus anderen als arbeitskampfbedingten Gründen erfolgt (BAG 6. 3. 1979 AP BetrVG 1972 § 102 Nr. 20).

153 Umstritten ist die Frage, inwieweit der BR nach dem BetrVG ein Mitbestimmungsrecht hat, wenn ein durch Fernwirkung in seiner Funktionsfähigkeit beeinträchtigter Betrieb ganz oder tlw. eingestellt werden soll/muss: Läge es in der Entscheidungsfreiheit des AG, ob und wie der Betrieb wegen der

Fernwirkung eines Arbeitskampfes eingeschränkt wird und welche AN davon betroffen sein sollen, ergäbe sich daraus die Möglichkeit der „kalten Aussperrung". Nach der Rspr. ist diese Möglichkeit jedoch ausgeschlossen. Das BAG unterscheidet dabei zwischen den rechtlichen Voraussetzungen einer Stilllegung einerseits und der Entscheidung über die konkrete Durchführung der Stilllegung andererseits. Die Ermittlung des konkreten Rahmens, **ob** und in welchem **Umfang** der AG wegen der Fernwirkungen des fremden Arbeitskampfes AN nicht mehr beschäftigen kann mit der Folge der Befreiung von der Lohnzahlungspflicht (entgegen § 615 BGB), unterliegt nicht der Mitbestimmung, weil es sich um eine Rechtsfrage handelt, die im Streitfall der gerichtlichen Nachprüfung unterliegt. **Wie** innerhalb dieses rechtlich vorgegebenen Rahmens dann allerdings die innerbetriebliche Umsetzung vorgenommen wird, unterliegt der Mitbestimmung (BAG 22. 12. 1980 AP GG Art. 9 Arbeitskampf Nr. 71).

Für eine mitbestimmungspflichtige Entscheidung des AG ist jedoch kein Raum, wo sich in bes. Fällen betriebliche Störungen oder wirtschaftliche Schwierigkeiten so unvermittelt und eindeutig unvermeidbar auswirken, dass es einer Konkretisierung des betrieblichen Geschehens auf Grund der Fernwirkung mit der Folge der Lohnzahlungsentlastung nicht bedarf, sondern die fernwirkungsbedingte Störung zu einer **innerbetrieblichen Automatik** führt (BAG 22. 12. 1980 AP GG Art. 9 Arbeitskampf Nr. 71). 154

F. Streik

I. Begriff und Arten

Der Streik ist das primäre Arbeitskampfmittel der AN bzw der Gewerkschaften. Er besteht in der von einer Mehrzahl von AN planmäßig und gemeinschaftlich durchgeführten Arbeitsniederlegung. Ziel des Streiks ist es, durch die gemeinschaftliche Vorenthaltung der Arbeitsleistung Druck auf den Kampfgegner auszuüben, um dessen Verhandlungsbereitschaft zu beeinflussen. Dieser Druck wird bewirkt durch Schäden, die dem AG dadurch entstehen, dass er die vorenthaltene Arbeitskraft nicht wirtschaftlich nutzen kann. Auf die Höhe des entstehenden Schadens kommt es dabei grds. nicht an. Jedoch ergibt sich aus dem Charakter des Streiks, dass durch die Vorenthaltung der Arbeitsleistung nur eine Unterbrechung des betrieblichen Geschehens bezweckt wird. „Er ist nicht auf eine Veränderung des Betriebs gerichtet, dieser soll vielmehr nach Beendigung des Streiks fortgesetzt werden" (BAG 30. 3. 1982 AP GG Art. 9 Arbeitskampf Nr. 74). Die beiderseitigen Hauptpflichten aus dem Arbeitsvertrag werden suspendiert. 155

Herkömmlicherweise sind folgende **Streikformen** (mit tw. unterschiedlicher rechtlicher Bewertung) zu unterscheiden: **Generalstreik:** Alle AN eines Wirtschaftsgebiets legen die Arbeit nieder, bringen also das gesamte Wirtschaftsleben zum Stillstand. – **Vollstreik:** Nach dem Streikplan werden alle AG eines Wirtschaftszweiges bestreikt (Flächenstreik) oder einzelne AG von allen ihren AN. – **Teil-/Schwerpunktstreik:** Im Gegensatz zum Vollstreik wird hier nur in Teilbereichen des Tarifgebiets oder nur in einzelnen Betrieben oder gar Betriebsteilen gestreikt. Kampftaktischer Hintergrund solcher beschränkten Streiks ist das Bemühen der Gewerkschaft, mit einem Mindestmaß an eigenen Aufwendungen (insb. Organisation und Streikunterstützung) ein Höchstmaß an belastendem Druck zu erreichen, bes. dadurch, dass die durch den Teilstreik hervorgerufenen Funktionsstörungen über den bestreikten Bereich hinaus wirken, wie beim Streik gegen Schlüsselbetriebe, funktionswichtige Teilbereiche eines Betriebs usw. Zugespitzt wird diese Kampftaktik mit dem **Wellenstreik** (Rn. 135). – **Gewerkschaftsstreik/wilder Streik:** Beim Gewerkschaftsstreik wird der Streik der AN von einer Gewerkschaft „getragen"; beruht also auf dem Aufruf einer Gewerkschaft zum Streik oder seiner nachträglichen Billigung. Soweit ein Streik nicht von einer Gewerkschaft getragen wird, spricht man vom „wilden"; also koalitionslosen Streik. – **Politischer Streik:** Hierunter wird ein Streik verstanden, der sich gegen den Staat richtet (Rn. 114). – Die aufgeführten Streikformen sind keine abschließende Zusammenstellung; wegen der **Kampfmittelfreiheit** steht es den Arbeitskampfführenden frei, neue Formen zu entwickeln (vgl. Rn. 266 ff.). 156

Der **Warnstreik** ist eine Sonderform des Streiks, der in seiner Begrifflichkeit und in seiner (schwankenden) rechtlichen Bewertung durch die Rspr. erhebliche Diskussionen und Unsicherheiten hervorgerufen hat. Die Arbeitsniederlegung dient hier im Zusammenhang mit einem Tarifkonflikt zur Unterstützung der verhandlungsführenden Gewerkschaft. Charakteristisch ist die bes. Streiktaktik, eine Vielzahl von Betrieben zu unterschiedlichen Tageszeiten kurzzeitig und dadurch mit einem geringen Einsatz und Aufwand zu bestreiken, um virulente Kampfbereitschaft deutlich zu machen. Das BAG sah zunächst den Warnstreik nach Ablauf der Friedenspflicht als rechtliche Sonderform des Streiks an, der wegen seines milden Drucks mit dem Ultima-Ratio-Prinzip vereinbar sei (BAG 17. 12. 1976 AP GG Art. 9 Arbeitskampf Nr. 51; BAG 12. 9. 1984 AP GG Art. 9 Arbeitskampf Nr. 81). Nach der neueren Rspr. des BAG (21. 6. 1988 AP GG Art. 9 Arbeitskampf Nr. 108) bedeutet der Warnstreik jedoch wie jeder andere Streik auch, dass die Versuche druckfreier Verhandlungen als 157 gescheitert angesehen werden; das Ultima-Ratio-Prinzip steht dem nicht entgegen (zuletzt BAG 31. 10. 1995 AP GG Art. 9 Arbeitskampf Nr. 140; vgl. auch Rn. 126 f.).

II. Potentielle Streikbeteiligung

158 1. **Arbeitnehmerseite.** Zur Teilnahme am Streik sind alle Beschäftigten im weitesten Sinne berechtigt, soweit sich der Streikaufruf der Gewerkschaft auf sie bezieht. Hierher gehören auch die Leitenden Angestellten (§ 5 III BetrVG), ebenso die **Auszubildenden,** jedenfalls dann, wenn sich der Streik auch auf ihre Arbeitsbedingungen bezieht (BAG 30. 8. 1994 AP GG Art. 9 Arbeitskampf Nr. 131). Aus § 12a TVG folgt, dass auch **arbeitnehmerähnliche Personen** streiken können, in dem sie die Pflichten ihres Dauerschuldverhältnisses suspendieren. Wegen der Beamten vgl. Rn. 184.

159 Streik als Nichterbringung der geschuldeten Arbeitsleistung setzt begrifflich die Pflicht zur Arbeitsleistung voraus. Indessen können vor allem aus Solidarität auch solche AN sich dem Streik anschließen, deren **Arbeitspflicht ruht,** zB wegen Krankheit (Rn. 189) oder Urlaubs (Rn. 200); das gilt auch für schon ausgesperrte AN.

160 Das Recht zur **Teilnahme am Streik** folgt aus der Freiheit zur **koalitionsgemäßen Betätigung.** Der Kreis der zum Streik berechtigten AN geht daher über die unmittelbar tarifbetroffenen Koalitionsangehörigen hinaus: Nach hM können sich auch **Nichtorganisierte** und Andersorganisierte am Streik beteiligen, da das Ergebnis des Streiks auch ihnen faktisch zugute kommt (BAG 22. 3. 1994 AP GG Art. 9 Arbeitskampf Nr. 130). Maßgebend ist auch für sie der gewerkschaftliche Streikaufruf, der abgesehen von der fehlenden Gewerkschaftsmitgliedschaft, „passen" muss. Die potentielle Beteiligung der Nichtorganisierten rechtfertigt es andererseits, sie auch mit den negativen Streikfolgen zu belasten. Diese Belastung wird „durch die Vorteile aufgewogen, die sich mittelbar auch für sie durch eine effiziente Tarifpraxis und Erfolge der gewerkschaftlichen Tarifpolitik ergeben. Eine unzulässige Beeinträchtigung der negativen Koalitionsfreiheit liegt darin nicht" (BAG 22. 3. 1994 AP GG Art. 9 Arbeitskampf Nr. 130; wegen der fehlenden Streikunterstützung vgl. BAG 10. 6. 1980 AP GG Art. 9 Arbeitskampf Nr. 66).

161 2. **Arbeitgeberseite. a) Streik um Verbandstarifverträge.** Streikgegner kann bei einem angestrebten VerbandsTV die Gesamtheit aller Mitglieder dieses Verbandes sein, aber auch einzelne Betriebe oder Betriebsteile von Verbandsangehörigen. Ein Nicht-Verbandsangehöriger steht außerhalb der durch den Streik um einen VerbandsTV unmittelbar herbeigeführten Drucksituation, er kann die Tarifforderung nicht erfüllen und ist auch an einen schließlich zustande kommenden VerbandsTV rechtlich nicht gebunden (§§ 3, 4 TVG); dennoch hat der BGH (19. 1. 1978 AP GG Art. 9 Arbeitskampf Nr. 56; zust. *Seiter* EzA GG Art. 9 Arbeitskampf Nr. 21; *Konzen* SAE 1980, 22; MünchArbR/*Otto* § 285 Rn. 68) den Streik gegen einen Nichtverbandsangehörigen als zulässig angesehen, ebenso tendiert das BAG aus tarifpraktischen Überlegungen dahin (9. 4. 1991 AP GG Art. 9 Arbeitskampf Nr. 116; dazu krit. *Lieb* SAE 1993, 268 und FS für Kissel, 1994, S. 653 ff.; *Häuser,* FS für Kissel, 1994, S. 297 ff.; *Thüsing,* Außenseiter im Arbeitskampf, 1996 S. 140).

162 b) **Streik um Firmentarifverträge.** Da jeder AG tariffähig ist (§ 2 I TVG), kann er grds. auch mit dem Ziel bestreikt werden, einen **Firmentarifvertrag** abzuschließen. Daran ändert seine Mitgliedschaft in einem AGverband nichts, weil diese seine Tariffähigkeit nicht aufheben kann. Das entspricht der ganz hL (BAG 10. 12. 2002 – 1 AZR 96/02 – unter B I 1; *Gamillscheg* Koll. ArbR Bd. I § 21 II 5 c; Jacobs ZTR 2001, 249 ff.; *Kissel* Arbeitskampfrecht § 26 Rn. 115; Wiedemann/*Oetker* TVG § 2 Rn. 131; MünchArbR/*Otto* § 285 Rn. 66; aA *Brox/Rüthers* Arbeitskampfrecht Rn. 137; *Hanau/Thüsing* ZTR 2002, 506, 509; *Reuter* NZA 2001, 1097; *Schleusener* NZA 1998, 239). Soweit die Verbandssatzung Mitgliedern den Abschluss eines FirmenTV untersagt, hat das nur verbandsinterne Rechtsfolgen; die Wirksamkeit eines FirmenTV und folglich auch die Rechtmäßigkeit eines darauf gerichteten Streiks bleiben davon unberührt (BAG 4. 5. 1955 AP GG Art. 9 Arbeitskampf Nr. 2; BAG 4. 4. 2001 AP TVG § 4 Tarifkonkurrenz Nr. 26 unter II 1 b cc).

163 Allerdings kann sich die **Friedenspflicht aus dem VerbandsTV** auch zugunsten der einzelnen Verbandsmitglieder auswirken. Inwieweit diese vor Streiks geschützt sind, die sie zum Abschluss von FirmenTV zwingen sollen, ist eine Frage der Auslegung der Vereinbarungen auf Verbandsebene. Maßgebend ist vor allem der Regelungsumfang des VerbandsTV (Rn. 119). Soweit eine Frage im zuständigen VerbandsTV geregelt ist, kann ein abw. FirmenTV normalerweise nicht erzwungen werden (BAG 8. 2. 1957 AP TVG § 1 Friedenspflicht Nr. 1; Wiedemann/*Oetker* TVG § 2 Rn. 132; aA *Kempen/Zachert* TVG § 2 Rn. 101). Es gibt jedoch Ausnahmen. Vor allem wirkt die Friedenspflicht natürlich nicht zugunsten von Mitgliedern ohne Tarifbindung (MünchArbR/*Otto* § 285 Rn. 144). Enthält der VerbandsTV eine Öffnungsklausel zugunsten von FirmenTV, so ist auch die Friedenspflicht entspr. eingeschränkt (*Gamillscheg* Koll. ArbR Bd. I § 21 Fn. 150, S. 1005; *Oetker* aaO Rn. 137). Das LAG Köln hat mit Recht darauf aufmerksam gemacht, dass sogar die Tarifpraxis Ausnahmen rechtfertigen kann; das gilt zB, wenn ein Unternehmen seit langem eigene FirmenTV abschließt, die von den VerbandsTV abw. (LAG Köln 14. 6. 1996 NZA 1997, 327 ff.).

III. Streikbeginn

Der Streik wird geprägt durch den **Streikbeschluss der Gewerkschaft**. Mit ihm ruft die Gewerkschaft gem. ihrer Satzung ihre Mitglieder zum Streik auf, wobei die für den Streik ausersehenen Beschäftigten und der Beginn des Streiks bestimmt werden, wie auch die zu bestreikenden Betriebe/Betriebsteile. Das gilt ebenso für die „Übernahme" eines zunächst nicht gewerkschaftsgetragenen („wilden") Streiks durch die Gewerkschaft. Der Streikaufruf ist von Bedeutung für die praktische Durchführung des Streiks wie auch für seine rechtliche Bewertung und die des Verhaltens der Streikenden im Einzelnen (Rn. 129 ff.). 164

Durch den Streikaufruf werden die davon erfassten Beschäftigten im Verhältnis zu ihrem AG **berechtigt, am Streik teilzunehmen** und ihre vertragliche Arbeitspflicht zu suspendieren. Ob der AN von diesem Recht Gebrauch macht und am Streik teilnimmt, ist allerdings seine freie **Entscheidung**. Auch der Zeitpunkt steht ihm innerhalb des Zeitrahmens, den der Streikbeschluss setzt, frei. Er kann sich also dem Streik auch erst im Laufe des Konflikts anschließen, was die Personalplanung des AG sehr erschwert (dazu Rn. 208, 211). Inwieweit der Streikaufruf für die Gewerkschaftsmitglieder koalitionsinterne Pflichten begründet, etwa am Streik auch effektiv teilzunehmen und „Streikarbeit" zu verweigern, ist im Verhältnis zum AG ohne rechtliche Bedeutung. Der AN, der nicht vom Streikaufruf erfasst wird, kann hingegen nicht rechtmäßig streiken. 165

Diejenigen Beschäftigten, die sich am Streik beteiligen, ihre Arbeitspflicht also suspendieren wollen, müssen das gegenüber ihrem AG zum Ausdruck bringen. In aller Regel geben die zum Streik Aufgerufenen keine förmliche **Streik-Teilnahme-Erklärung** ab; die Streikwilligen, gewerkschaftlich organisierte wie Außenseiter, bekunden ihre Streikteilnahme vielmehr konkludent durch die Niederlegung ihrer Arbeit bzw. durch Nichterscheinen am Arbeitsplatz (BAG 15. 1. 1991 AP GG Art. 9 Arbeitskampf Nr. 114). Der betroffene AG kann im Regelfall davon ausgehen, dass die AN, die nach einem gewerkschaftlichen Streikaufruf nicht zur Arbeit erscheinen, von ihrem Streikrecht Gebrauch machen und damit konkludent ihre Arbeitspflicht suspendieren (BAG 1. 10. 1991 AP GG Art. 9 Arbeitskampf Nr. 121). 166

Schlüssiges Verhalten fehlt bei AN, die schon vor Streikbeginn von der Arbeit befreit waren, zB wegen Krankheit (BAG 24. 4. 1961 AP ArbKrankhG § 1 Nr. 31) oder wegen Urlaubs (9. 2. 1982 AP BUrlG § 11 Nr. 16); insoweit ist deshalb eine **Klarstellung** erforderlich. Das gilt ebenso bei anderen nicht zur Arbeitsleistung verpflichteten AN; hier kann der AG nicht davon ausgehen, dass sie am Streik teilnehmen (BAG 31. 5. 1988 AP FeiertagslohnzahlungsG § 1 Nr. 81). Vielmehr bedarf es einer deutlichen Streikteilnahme-Erklärung; dasselbe gilt, wenn die Arbeitsleistung nicht an einem innerbetrieblichen Arbeitsplatz zu erbringen ist, sondern vom AG eine Arbeitsverweigerung nur zeitversetzt erkannt werden kann, wie bei Reisenden, auswärtigen Monteuren, Fernfahrern, Telearbeitnehmern. Umgekehrt ist aber auch eine Klarstellung erforderlich, wenn ein AN nur sein Zeitguthaben verwenden, aber nicht am Arbeitskampf teilnehmen will. 167

Streikteilnahme bedeutet die Ausübung des Rechts, die geschuldete Arbeitsleistung zu verweigern, also die Vorenthaltung der Arbeitsleistung, zu der der AN vertraglich verpflichtet ist. Die Arbeit kann bei einem normalen Streikaufruf nur **insgesamt** vorenthalten werden; das Verrichten nur eines Teils der geschuldeten Arbeit, ist kein Streik im üblichen Sinne. Der Grundsatz der freien Kampfmittelwahl würde allerdings auch Kampfformen mit reduzierter Arbeitsleistung ermöglichen. Darüber zu entscheiden ist aber nicht Sache des einzelnen AN, sondern des Kampfbeschlusses der Gewerkschaft. 168

Der nicht am Streik teilnehmende AN ist unverändert entspr. seinem Arbeitsvertrag zur Arbeitsleistung verpflichtet. Der AG kann, wenn er den bestreikten Betrieb ganz oder tlw. aufrecht erhalten will, die Arbeitswilligen auch auf anderen Arbeitsplätzen einsetzen. Allerdings ist sein **Direktionsrecht als Streikfolge eingeschränkt**: Der arbeitswillige AN kann gegen seinen Willen nicht auf solchen Arbeitsplätzen eingesetzt werden, die durch die Streikteilnahme anderer AN unbesetzt sind. Das gilt nicht für Notdienste, zu denen der AN ordnungsgemäß eingeteilt ist. Andere „Streikarbeit" kann der AN verweigern (BAG 25. 7. 1957 AP BGB § 615 Betriebsrisiko Nr. 3), denn es ist ihm nicht zuzumuten, den Streikenden in den Rücken zu fallen. 169

IV. Streikposten

Streikposten sind Personen, die in enger räumlicher Nähe zur Arbeitsstelle postiert sind und Arbeitswillige zur Solidarität mit den Streikenden und zur Streikteilnahme überreden wollen. Diese Tätigkeit ist für streikbeteiligte AN vom Streikrecht mit umfasst. Soweit andere Personen als Streikposten tätig sind, ist das im Rahmen der allg. Meinungsfreiheit wie auch der allg. koalitionsgemäßen Betätigungsfreiheit zulässig (BAG 21. 6. 1988 AP GG Art. 9 Arbeitskampf Nr. 108). 170

Als **Beeinflussung** der Arbeitswilligen gilt dabei aber nur gütliches Zureden und der Appell an die Solidarität. Handlungen, die darüber hinausgehen und die Freiheit der Arbeitswilligen aktiv einschränken oder gar strafrechtlich relevant sind, werden durch das Streikrecht nicht gedeckt und sind rechtswidrig (BAG 21. 6. 1988 AP GG Art. 9 Arbeitskampf Nr. 108). Unzulässig ist demgemäß die Verhin- 171

Dieterich

derung des Zu- und Abgangs von Waren und Kunden sowie die Behinderung arbeitswilliger AN am Betreten des Betriebs.

172 Das exzessive Verhalten von Streikposten stellt im Verhältnis zum AG eine Verletzung des Rechts am eingerichteten und ausgeübten Gewerbebetrieb gem. § 823 I BGB dar (BAG 21. 6. 1988 AP GG Art. 9 Arbeitskampf Nr. 109). Im Verhältnis zu den arbeitswilligen AN liegt eine unerlaubte Freiheitsbeschränkung vor, die ebenfalls Deliktsansprüche begründet. Anspruchsgegner dieser Ansprüche sind die unmittelbar Handelnden, uU auch die streikführende Gewerkschaft und die für sie Handelnden. Eine Gewerkschaft, die zum Streik aufruft, ist verpflichtet, das Kampfverhalten der AN zu beobachten und ggf. auf diese dahin einzuwirken, dass sie die Grenzen ihres Streikaufrufs und des damit aktualisierten Streikrechts nicht überschreiten (BAG 21. 6. 1988 AP GG Art. 9 Arbeitskampf Nr. 108). Auch die örtlichen Streikleiter der Gewerkschaft müssen auf die Störer einwirken, soweit sie von deren Verhalten Kenntnis haben (BAG 21. 6. 1988 AP GG Art. 9 Arbeitskampf Nr. 108).

173 Zu unterscheiden von Kompetenzüberschreitungen einzelner Streikposten, die nicht durch einen Streikaufruf gedeckt sind, ist die **Betriebsblockade** als selbständiges Kampfmittel. Ihre Zulässigkeit ist umstritten, aber noch nicht gerichtlich geklärt (vgl. Rn. 271).

V. Erhaltungs- und Notstandsarbeiten

174 **1. Erhaltungsarbeiten.** Aus dem Verbot des ruinösen Arbeitskampfes (Rn. 125) folgt, dass die sächlichen Voraussetzungen des Betriebs für die von vornherein beabsichtigte **Fortführung des Betriebs und der Arbeit nach Streikende** gesichert werden müssen. Anlagen, Rohstoffe und Produkte, also die **Substanz** der sächlichen Betriebsmittel, dürfen nicht zerstört werden, so dass die Arbeit nach Beendigung des Streiks an der Stelle wieder aufgenommen werden kann, an der sie bei Beginn des Streiks unterbrochen worden ist. Deshalb müssen die zur Erhaltung der Substanz des bestreikten Betriebs erforderlichen Arbeiten trotz des Streiks durchgeführt werden. Die grds. Notwendigkeit solcher Erhaltungsarbeiten während des Arbeitskampfes und die entspr. Pflicht dazu ist allg. anerkannt und zwar auch von den Koalitionen (vgl. § 8 der ArbeitskampfRL des DGB, RdA 1974, 306 f.; Übersicht bei MünchArbR/*Otto* § 285 Rn. 138 ff.).

175 Vom Zweck der Erhaltungsarbeiten her muss es sich um Tätigkeiten handeln, die aus tatsächlichen Gründen erforderlich sind, um das Unbrauchbarwerden der sächlichen Betriebsmittel zu verhindern (BAG 31. 1. 1995 AP GG Art. 9 Arbeitskampf Nr. 135). Sie dienen der Erhaltung und Sicherung von Produktionsmitteln und Arbeitsplätzen (BAG 30. 3. 1982 AP GG Art. 9 Arbeitskampf Nr. 74), um die technische **Existenzvernichtung des Betriebs** zu verhindern und die Fortführung von Arbeit und Produktion nach Streikende sicherzustellen. Welche Erhaltungsarbeiten zu diesem Zweck erforderlich sind, ist auf Grund der allg. industriellen und speziell-betrieblichen Gegebenheiten für jeden einzelnen Betrieb nach den objektiv vorliegenden Merkmalen zu beantworten, kann sich also mit Entwicklung und Dauer des Streikgeschehens ändern (*Heckelmann*, Erhaltungsarbeiten im Arbeitskampf, 1984; *Kissel* Arbeitskampfrecht § 43 Rn. 16 ff.; *Oetker*, Die Durchführung von Not- und Erhaltungsarbeiten bei Arbeitskämpfen, 1984).

176 Die technisch-organisatorischen Tatbestände, die die Notwendigkeit von Erhaltungsarbeiten begründen, sind zu unterscheiden und abzugrenzen von den mit jedem Streik angestrebten **wirtschaftlichen Schäden**, die nicht durch Erhaltungsarbeiten verhindert werden müssen (BAG 30. 3. 1982 AP GG Art. 9 Arbeitskampf Nr. 74; *Heckelmann* aaO S. 19; aA *Löwisch/Mikosch* ZfA 1978, 153, 161; *von Stebut* Anm. zu AP GG Art. 9 Arbeitskampf Nr. 74; *Hromadka* SAE 1983, 61). Auch die Wahrung des Kundenstammes und des kaufmännischen Rufes oder drohender Auftragsverlust rechtfertigen als normale Folge der streikbedingten Arbeitsverweigerung im Allg. keine Erhaltungsarbeiten (*Oetker* aaO, S. 22). Auch Nachteile, die dem AG wegen der streikbedingt nicht rechtzeitigen Leistung im Rahmen von Verträgen mit Dritten drohen, rechtfertigen Erhaltungsarbeiten nicht; das gilt für Vertragsstrafen wie für Schadensersatzansprüche.

177 Erhaltungsarbeiten können in der eingeschränkten Fortsetzung der Produktion bestehen, wenn dies aus technischen Gründen erforderlich ist, um die **Betriebsanlagen** selbst vor Schäden zu bewahren. Es kann sich aber auch um die fachgerechte Stilllegung von Anlagen handeln, wenn die Wiederaufnahme der Arbeit nach Streikende das erfordert (*Heckelmann* aaO S. 20). Als Beispiele werden immer wieder genannt: Hochöfen, überflutungsgefährdete Bergwerke, laufende chemische Prozesse, zu melkende Kühe, Tiere auf dem Transport (*Däubler* AuR 1997, 14). Zu den Erhaltungsarbeiten rechnen auch die Maßnahmen, die erforderlich sind, um den Betrieb und seine Einrichtungen und Bestände vor dem unbefugten **Zugriff Dritter** zu schützen. Auch das ist uU Voraussetzung für die Wiederaufnahme der Produktion nach Streikende (*Oetker* aaO S. 15). Das gilt nicht nur für Produktionsanlagen im herkömmlichen Sinne, sondern auch für vergleichbare Fremdgefährdungstatbestände (BAG 8. 6. 1982 DB 1982, 1827 = AuR 1982, 224). **Feuerschutz** und andere vergleichbare Vorsorgearbeiten gegen Schädigungen, die die Wiederaufnahme der Arbeit nach Streikende gefährden können, gehören ebenfalls zu den erforderlichen Erhaltungsarbeiten, sofern die entspr. Gefährdung nicht durch die streikunterlaufende Fortsetzung der Betriebstätigkeit verursacht wird.

Hierher können ausnahmsweise auch **Abwicklungsarbeiten** gehören, die erforderlich sind, um den 178 endgültigen Verderb von Halbfertig- oder Fertigerzeugnissen oder von anderen Warenvorräten zu verhindern (BAG 30. 3. 1982 AP GG Art. 9 Arbeitskampf Nr. 74). Soweit solche Schäden allerdings „sachlogisch notwendige Folgen der Vorenthaltung von Arbeitsleistung" sind (*Oetker* aaO S. 12), gehören sie grds. zu den dem Streik immanenten Schäden, die keine Erhaltungsarbeiten rechtfertigen (str., vgl. LAG Frankfurt 22. 4. 1969 AuR 1970, 349; *Kissel* Arbeitskampfrecht § 43 Rn. 26; *Löwisch/ Mikosch* ZfA 1978, 153, 162). In der Frage, ob die Entgegennahme von zugelieferten Waren und deren sachgemäße Aufbewahrung Erhaltungsarbeiten fordern, ist zu unterscheiden: Soweit diese Waren dazu dienen, die alsbaldige Betriebsfortsetzung nach Streikende zu gewährleisten, ist die Notwendigkeit von Erhaltungsarbeiten zu bejahen (*Oetker* aaO S. 35), im Übrigen nicht, auch nicht bei Gefahr des Verderbens.

Erhaltungsarbeiten können auch durch **öffentlich-rechtliche Vorschriften** geboten sein. Das ist der 179 Fall, wenn allein im Hinblick auf das Vorhandensein einer betrieblichen Anlage oder von Rohstoffen, Materialien oder Produkten die Vornahme bestimmter Sicherungen (zB zur Vermeidung von Immissionen) zwingend geboten ist und nur durch die Durchführung dieser Arbeiten behördliche Betriebsschließungen abgewendet werden können. Zu den Erhaltungsarbeiten gehören dann auch die dafür erforderlichen Folgearbeiten (Heizung, Beleuchtung, büromäßige Abwicklung usw.). Auch hier ist eine enge Auslegung geboten (vgl. BAG 30. 3. 1982 AP GG Art. 9 Arbeitskampf Nr. 74).

2. Notstandsarbeiten. Auch während eines Streiks muss die Versorgung der Bevölkerung mit 180 lebensnotwendigen Diensten und Gütern sichergestellt werden. Die Erforderlichkeit solcher Notstandsarbeiten ist im Prinzip nahezu einhellig anerkannt (BAG 31. 1. 1995 AP GG Art. 9 Arbeitskampf Nr. 135). Abgeleitet wird diese Verpflichtung aus der Gemeinwohlbindung aller Arbeitskämpfe (Rn. 122): Die Wahrung offensichtlicher Bedürfnisse der Allgemeinheit und damit auch die Gewährleistung eines diesbezüglichen Notdienstes ist Voraussetzung für die Rechtmäßigkeit eines Arbeitskampfes (BAG 21. 4. 1971 AP GG Art. 9 Arbeitskampf Nr. 43). Entscheidend abzustellen ist dabei auf die Rechtsgüterabwägung zwischen dem Arbeitskampfrecht aus Art. 9 III GG einerseits und den durch Arbeitskampf beeinträchtigten Rechtsgütern andererseits im Sinne von Herstellung praktischer Konkordanz. Rspr. zu Grenzfällen fehlt. Offenbar können sich die Streitparteien insoweit regelmäßig einigen. Das gilt allerdings nicht für den Bereich der **Medien**. Lebhaft umstritten ist nach wie vor das Verhältnis von Streikrecht und Pressefreiheit (vgl. Art. 5 Rn. 82 ff.).

3. Konkretisierung. a) Vereinbarung. Erfahrungsgemäß werden die Fragen der Erhaltungs- und 181 Notstandsarbeiten durch Vereinbarung geregelt, sei es in einem TV, sei es zwischen örtlicher Streikleitung und dem bestreikten AG, aber auch unter Beteiligung des BR. Für solche Notdienst-Vereinbarungen gilt die allg. Vertragsfreiheit (BAG 22. 3. 1994 AP GG Art. 9 Arbeitskampf Nr. 130 unter II 4). Diese Vereinbarungen regeln normalerweise nur die Beziehungen zwischen den Vertragsparteien selbst, auch was die Zahl und Auswahl der zu beschäftigenden AN angeht. Die Rechtsbeziehungen zwischen dem AG und den vorgesehenen AN werden dadurch allein noch nicht unmittelbar gestaltet (BAG 14. 12. 1993 AP GG Art. 9 Arbeitskampf Nr. 129; BAG 31. 1. 1995 AP GG Art. 9 Arbeitskampf Nr. 135). Soweit ein TV keine abschließende Regelung enthält, bedarf es vielmehr noch der **Umsetzung** dieser Notdienstvereinbarung in die einzelnen Arbeitsverhältnisse. Maßgebend sind die normalen vertraglichen Arbeitspflichten der AN, die unabhängig von dem Streikaufruf der Gewerkschaft bestanden. Die Regelung der Erhaltungs- und Notstandsarbeiten in einer Notdienstvereinbarung ist praktisch eine Einschränkung des Streikaufrufs mit der Folge, dass im Streikrecht insoweit nicht besteht. Die betroffenen AN sind somit zur Arbeitsleistung arbeitsvertraglich verpflichtet. Die Auswahl der AN ist nach sachlichen, arbeitsplatzbezogenen Gesichtspunkten vorzunehmen (BAG 31. 1. 1995 AP GG Art. 9 Arbeitskampf Nr. 135 unter II 2 c; LAG Hamm 16. 7. 1993 NZA 1994, 430).

b) Entscheidung des Arbeitgebers. Grundsätzlich sind die kampfführenden Parteien verpflichtet, 182 eine Einigung über Art, Umfang und Form der Erhaltungsarbeiten zu versuchen, notfalls mit Hilfe eines Schlichtungsverfahrens (*Gaumann* DB 2001, 1722 ff.). Gelingt das nicht und müssen im Interesse der Erbringung von eilbedürftigen Arbeiten schnelle Entscheidungen getroffen werden, stellt sich die Frage nach einer **Notkompetenz**. Sie ist gerichtlich noch nicht entschieden (vgl. BAG 30. 3. 1982 AP GG Art. 9 Arbeitskampf Nr. 74; BAG 8. 6. 1982 DB 1982, 1827 = AuR 1982, 224). Die Argumente für die Zuständigkeit des AG dürften überwiegen: seine genaue Kenntnis der betrieblichen Situation und sein arbeitsvertragliches Direktionsrecht (auch bzgl. der Außenseiter) verschaffen ihm die erforderliche Sachnähe. Das mit der Entscheidungskompetenz verbundene Übergewicht wird begrenzt dadurch, dass seine Anordnungskompetenz rechtlich gebunden ist. Voraussetzungen und Umfang der Notkompetenz sind Rechtsfragen, die im Eilverfahren überprüft werden können. Personalentscheidungen unterliegen dem Gleichbehandlungsgrundsatz und der Bindung an „billiges Ermessen" nach § 315 BGB (*Kissel* Arbeitskampfrecht § 43 Rn. 101 ff.). Zu diesem billigen Ermessen gehört es zB auch, dass der AG zunächst Arbeitswillige zu Erhaltungsarbeiten einsetzt (*Heckelmann*, Erhaltungsarbeiten im Arbeitskampf, 1984, S. 23; *Löwisch/Mikosch* ZfA 1978, 153, 162); zu Neueinstellungen ist er aber nicht verpflichtet (*Heckelmann* S. 23; aA *Säcker* GewM 1972, 287, 293). Eine Beschränkung auf gewerkschaftlich nicht organisierte AN ist unzulässig: Das würde gegen deren Koalitionsfreiheit verstoßen wie auch gegen den Gleichbehandlungsgrundsatz. Ebenso ist aber auch eine gezielte Bevorzugung von Gewerkschaftsmitgliedern unzulässig (BAG 31. 1. 1995 AP GG Art. 9 Arbeitskampf Nr. 135 unter II 2 c).

VI. Streik im öffentlichen Dienst

183 Für den öffentl. Dienst gilt im Arbeitskampf nichts anderes als für die Privatwirtschaft; deshalb ist ein Streik im öffentl. Dienst grds. unter denselben Voraussetzungen zulässig. Indessen ergeben sich sowohl aus dem Beamtenrecht wie auch aus den vom öffentl. Dienst wahrgenommenen Aufgabenbereichen Besonderheiten.

184 **1. Beamte.** Das **Beamtenverhältnis** ist öffentlich-rechtlich ausgestaltet, die Arbeitsbedingungen werden einseitig durch Gesetz und/oder VO geregelt. Es fehlt daher die Möglichkeit, durch TV das Beamtenverhältnis ganz oder tw. zu gestalten. Ein Streik kann nicht „tarifbezogen" (Rn. 111) sein und gilt schon deshalb als unzulässig. Unabhängig davon wird ein **Streikrecht der Beamten** und aller anderen in einem öffentlich-rechtlichen Dienstverhältnis Stehenden wie Richter und Soldaten ganz überwiegend **abgelehnt**: „Wenige Aussagen des Arbeitskampfrechts können sich auf eine ähnlich solide Grundlage stützen" (*Gamillscheg* § 23 I 5 a S. 1109 – umfassend; MünchArbR/*Otto* § 278 Rn. 186 mwN; aA *Däubler/Bieback* Rn. 466 ff.; *Hoffmann*, AöR 91 (1966) S. 141, 183 ff. mwN; *Blanke* AuR 1989, 1, 7 ff.). Maßgebend sind für die Ablehnung des Streikrechts der Beamten folgende Überlegungen: „Beamte sind nach einhelliger und ständiger höchstrichterlicher Rspr. im Hinblick auf ihre bes., verfassungsrechtlich verankerten Pflichten und Rechte gegenüber der Allgemeinheit gem. Art. 33 V GG, §§ 52, 54 BBG, §§ 35, 36 BRRG nicht befugt, zur Förderung gemeinsamer Berufsinteressen kollektive wirtschaftliche Kampfmaßnahmen zu ergreifen ... Deshalb und im Blick auf die gesetzliche Regelung seiner Bezüge und sonstigen Rechte und Pflichten steht der Beamte von vornherein außerhalb des auf jeweils solidarische Vertretung der Gruppeninteressen von AN einerseits und AG andererseits angelegten Systems von TV und Arbeitskampf" (eingehend BVerwG 10. 5. 1984 AP GG Art. 9 Arbeitskampf Nr. 87 = NZA 1984, 401 = NJW 1984, 2713; BGH 31. 1. 1978 AP GG Art. 9 Arbeitskampf Nr. 61 unter I vor 1). Mit der Ablehnung eines Streikrechts für Beamte ist indessen noch nicht die Rechtsstellung der Beamten im Arbeitskampf insgesamt geklärt. Der **Einsatz von Beamten** im Rahmen eines Arbeitskampfes, an dem der Dienstherr nicht unmittelbar als AG beteiligt ist, zur Dienstleistung auf arbeitskampfbedingt unbesetzten Arbeitsplätzen, ist auf Grund der staatlichen Neutralitätspflicht unzulässig (Rn. 145). Soweit der Dienstherr unmittelbar arbeitskampfbetroffen ist, kann er Beamte nicht zur Streikarbeit verpflichten (Rn. 149).

185 **2. Angestellte.** Den **Angestellten und Arbeitern** ist die Koalitionsfreiheit auch im öffentl. Dienst gewährleistet (BVerfG 2. 3. 1993 E 88, 103 = AP GG Art. 9 Arbeitskampf Nr. 126), denn ihre Arbeitsbedingungen werden durch TV ausgehandelt. „Wegen ihrer Unterlegenheit sind sie dabei auch auf das Druckmittel des Arbeitskampfes angewiesen. Soweit der Staat von der Möglichkeit Gebrauch macht, Arbeitskräfte auf privatrechtlicher Basis als AN zu beschäftigen, unterliegt er dem Arbeitsrecht, dessen notwendiger Bestandteil eine kollektive Interessenwahrnehmung ist" (BVerfG 2. 3. 1993 E 88, 103, 114 = AP GG Art. 9 Arbeitskampf Nr. 126 unter C II 1). AN im öffentl. Dienst unterliegen daher keiner Einschränkung ihres Streikrechts über die allg. Zulässigkeitsvoraussetzungen einer Streikteilnahme hinaus; jedoch kann hier die Gemeinwohlbindung in manchen Bereichen des öffentl. Dienstes bes. Zurückhaltung und spezielle Notdienste erforderlich machen (Rn. 122, 180).

VII. Rechtsfolgen im Einzelarbeitsverhältnis

186 **1. Grundsatz.** Durch die Teilnahme an einem rechtmäßigen Streik wird das Arbeitsverhältnis in seinem Bestand nicht berührt (Rn. 110). Die streikweise Arbeitsverweigerung stellt zwar tatbestandsmäßig eine Verletzung der arbeitsvertraglichen Pflichten dar, wird aber durch den Arbeitskampf gerechtfertigt. Die durch den Kampfaufruf der Gewerkschaft angesprochenen AN dürfen an einem rechtmäßigen Streik teilnehmen. „Während der Teilnahme an einem rechtmäßigen Streik sind die beiderseitigen Rechte und Pflichten aus dem Arbeitsverhältnis **suspendiert**. Die AN sind nicht zur Erbringung der Arbeitsleistung verpflichtet, verlieren aber gleichzeitig den Lohnanspruch" (BAG 22. 3. 1994 AP GG Art. 9 Arbeitskampf Nr. 130 unter II 3 a mwN).

187 **2. Entgeltansprüche. a) Lohn und Gehalt.** Da durch die Streikteilnahme die Arbeitspflicht aus dem Arbeitsverhältnis suspendiert wird, hat der AN für die Zeit seiner Streikteilnahme **keinen Lohnanspruch** (BAG 22. 3. 1994 AP GG Art. 9 Arbeitskampf Nr. 130 unter II 3 a). Das gilt jedoch nur, wenn der Arbeitsausfall allein auf der Streikteilnahme beruht. Die **Höhe** des Lohnausfalls richtet sich nach der effektiven Dauer der streikbedingten Arbeitsverweigerung. Bei Vergütung nach Stunden ist das meist einfach. Bei Tages-, Wochen- oder Monatsvergütung ist eine entspr. Berechnung auf der Grundlage der normalen Arbeitszeit vorzunehmen. Im TV vereinbarte Regelungen über die Berech-

nungsmethode für Tatbestände, bei denen eine Vergütung nicht für einen vollen Monat zusteht, gelten auch hier, zB für jeden Kalendertag des Monatsgehalts.

Eine Bes. ergibt sich bei gleitender Arbeitszeit für die **Gleitzeitkonten:** Hier kann in einer BV **188** bestimmt werden, dass Zeiten der Teilnahme an einem Arbeitskampf nicht zur Kürzung des Entgelts, sondern zur Belastung des Gleitzeitkontos führen (BAG 30. 8. 1994 AP GG Art. 9 Arbeitskampf Nr. 132). Soweit über die Teilnahme am Arbeitskampf nichts bestimmt ist, führen arbeitskampfbedingte Ausfallzeiten nicht zu einer Belastung des Gleitzeitkontos, sondern zu einer Minderung des Arbeitsentgelts (BAG 30. 8. 1994 AP GG Art. 9 Arbeitskampf Nr. 131).

b) **Entgeltfortzahlung im Krankheitsfalle.** Ein AN, der durch **Arbeitsunfähigkeit infolge Krank-** **189** **heit** an seiner Arbeitsleistung verhindert ist, verliert dadurch nicht den Anspruch auf Arbeitsentgelt, § 3 EFZG. Der Anspruch auf Entgeltfortzahlung besteht aber nur dann, wenn der arbeitsunfähig erkrankte AN ohne die Arbeitsunfähigkeit einen Vergütungsanspruch gehabt hätte; die Arbeitsunfähigkeit muss die alleinige Ursache für den Ausfall der Arbeitsleistung sein (BAG st. Rspr., vgl. 1. 10. 1991 AP GG Art. 9 Arbeitskampf Nr. 121). Somit hat ein AN, der während seiner Streikteilnahme erkrankt, keinen Anspruch auf Entgeltfortzahlung, da seine Arbeitsleistung schon aus einem anderen Grund als dem der Arbeitsunfähigkeit entfällt. Wohl aber kann er seine Streikteilnahme durch Erklärung gegenüber dem AG beenden mit der Folge, dass der AG dann zur Lohnfortzahlung verpflichtet ist (*Brox/Rüthers* Rn. 663; *Däubler/Colneric* Arbeitskampfrecht Rn. 572; aA *Buchner* DB 1966, 110, 111).

War die Arbeitsunfähigkeit hingegen schon vor dem Beginn des Streiks eingetreten, so dauert die **190** krankheitsbedingte Pflicht des AG zur Lohnfortzahlung auch im Arbeitskampf fort, der arbeitsunfähig erkrankte AN gilt nicht als am Streik beteiligt (BAG 1. 10. 1991 AP GG Art. 9 Arbeitskampf Nr. 121); etwas anderes gilt nur dann, wenn der AN sich dem Streik trotz seiner Krankheit ausdrücklich oder konkludent anschließt.

Der Entgeltfortzahlungsanspruch entfällt ferner auch dann, wenn der bereits vor Streikbeginn **191** erkrankte AN wegen des Streiks nicht mehr im Betrieb hätte weiter arbeiten können (BAG 1. 10. 1991 AP GG Art. 9 Arbeitskampf Nr. 121). Die Tage der streikbedingten Stilllegung des Betriebs fallen in die Sechswochenfrist des § 3 I 1 EFZG, diese Frist wird um die Streiktage nicht verlängert (BAG 8. 3. 1973 AP LFZG § 1 Nr. 29 mit Anm. *Reuß*).

c) **Mutterschaftsentgelt.** Die Weitergewährung des Durchschnittsverdienstes nach § 11 MuSchG **192** setzt voraus, dass das Beschäftigungsverbot die alleinige Ursache für das Nichtleisten der Arbeit ist. Der schwangeren Frau steht kein Anspruch auf Entgeltfortzahlung zu, wenn andere als die genannten Beschäftigungsverbote allein oder zusätzlich dazu führen, dass sie keine Arbeit leistet und deshalb kein oder ein geringeres Arbeitsentgelt erhält. Der Ursachenzusammenhang ist unterbrochen, soweit der Verdienstausfall seine ausschließliche Ursache nicht in dem aus Gründen des Mutterschutzes erteilten Beschäftigungsverbot hat (BAG 5. 7. 1995 AP MuSchG 1968 § 3 Nr. 7). Eine solche Unterbrechung bedeutet auch die Teilnahme an einem Streik.

d) **Feiertagslohn.** Eine Pflicht zur Entgeltfortzahlung für Arbeitszeit, die infolge eines gesetzlichen **193** Feiertags ausfällt (§ 2 EFZG), besteht nur, wenn der Feiertag die **alleinige Ursache** für den Arbeitsausfall gewesen ist; dagegen entsteht der Anspruch auf Feiertags-Entgeltfortzahlung nicht, wenn die Arbeit auch aus anderen Gründen ausgefallen ist. Zu diesen „anderen" Gründen gehört auch die Teilnahme an einem Streik (BAG 1. 3. 1995 AP FeiertagslohnzahlungsG § 1 Nr. 68; BAG 23. 10. 1996 NZA 1997, 397).

Umgekehrt muss aber Feiertagslohn gezahlt werden, wenn der Arbeitskampf diesen Feiertag **194** ausdrücklich ausgeklammert hat, wenn also der Arbeitskampf unmittelbar vor dem Feiertag endet oder sich unmittelbar anschließt – in beiden Fällen ist dann als einzige Ursache für den Arbeitsausfall der gesetzliche Feiertag anzusehen (BAG 11. 5. 1993 AP FeiertagslohnzahlungsG § 1 Nr. 63). Für die Feststellung, ob ein feiertagsbedingter Arbeitsausfall vorliegt, kommt es auch hier allein darauf an, welche Arbeitszeit für den AN gegolten hätte, wenn der betreffende Tag kein Feiertag gewesen wäre (BAG 9. 10. 1996 AP EntgeltFG § 2 Nr. 3 = NZA 1997, 444). – Soweit jedoch die gewerkschaftliche Erklärung der Aussetzung des Streiks gezielt nur einen Feiertag ausspart, wird dies nicht als arbeitskampfunterbrechend anerkannt (BAG 1. 3. 1995 AP FeiertagslohnzahlungsG § 1 Nr. 68).

e) **Zuschläge, Zulagen.** Bei Zulagen und Zuschlägen richtet sich die Wirkung einer streikbedingt **195** unterbleibenden Arbeitsleistung nach dem anspruchsbegründenden Tatbestand. Eine allg. Firmen-Zulage zum Tariflohn teilt das Schicksal des allg. Vergütungsanspruchs. Für persönliche Zulagen, die an bes. persönliche Merkmale anknüpfen (Erfahrung, Zusatzkenntnisse usw.) gilt dasselbe, da sie mit der Arbeitsleistung untrennbar verbunden sind. Soweit die Zulagen unmittelbar an eine effektiv erbrachte Arbeitsleistung anknüpfen, entfällt der Anspruch darauf wie auf die Arbeitsvergütung selbst. Das gilt zB für Zuschläge für Mehrarbeit, Nachtarbeit, Schmutzarbeit.

3. **Sonderzahlungen des AG.** Zahlungen des AG über den vereinbarten Lohn und die gesetzlich **196** vorgeschriebenen Leistungen hinaus sind in der Rspr. nicht wie Zulagen und Zuschläge unmittelbar an

die erbrachte Arbeitsleistung gebunden. Für sie stellt sich die Frage, ob und inwieweit Zeiten der Teilnahme an einem Streik zu Kürzungen führen.

197 **a) Jährliche Sonderzahlungen/Gratifikationen.** Solche Leistungen werden ggf. in TV oder BV festgelegt. Wenn damit die im zurückliegenden Jahr für den Betrieb geleistete Arbeit zusätzlich anerkannt werden soll, setzen sie den Bestand des Arbeitsverhältnisses voraus. Die tatsächliche Arbeitsleistung kann aber aus einer Vielzahl von Gründen während des Jahres tw. ausgefallen sein (Arbeitsunfähigkeit, Urlaub usw.); es ist zulässig, in der die Sonderzahlung begründenden Vereinbarung zu bestimmen, welche Zeiten der unterbliebenen Arbeitsleistung den Anspruch auf die Sonderzahlung mindern oder ausschließen. Eine zugelassene Kürzung wegen „ruhenden" Arbeitsverhältnisses erfasst auch das Ruhen während des Streiks (BAG 3. 8. 1999 AP GG Art. 9 Arbeitskampf Nr. 156). Wird eine solche Regelung nicht getroffen, kommt es auf die tatsächliche Arbeitsleistung nicht an (BAG 5. 8. 1992 AP BGB § 611 Gratifikation Nr. 143; BAG 11. 10. 1995 AP TVG § 1 TV: Metallindustrie Nr. 133); wird nur für bestimmte Fälle der Arbeitsunterbrechung eine Kürzung vorgesehen, so ist anzunehmen, dass andere Fälle unterbliebener Arbeitsleistung den Anspruch auf die Sonderzahlung nicht mindern oder ausschließen. Das gilt dann auch für die Zeiten einer Streikteilnahme (BAG 20. 12. 1995 AP GG Art. 9 Arbeitskampf Nr. 141).

198 **b) Anwesenheitsprämien.** Soweit eine Anwesenheitsprämie an AN gezahlt wird, die während eines bestimmten Zeitraums keine Ausfallzeiten aufweisen (gleichgültig aus welchem berechtigtem Grund), entfallen die Voraussetzungen für die Gewährung der Prämie auch bei Arbeitsausfall durch Streikteilnahme (BAG 31. 10. 1995 AP GG Art. 9 Arbeitskampf Nr. 140). Eine Maßregelung iSv. § 612a BGB liegt darin nicht.

199 **c) Beihilfen.** Soweit Beihilfen im Krankheitsfalle vereinbart sind, kommt es für eine Berücksichtigung der Teilnahme am Streik darauf an, ob der Anspruch allein auf das Bestehen des Arbeitsverhältnisses begründet wird oder weitere Voraussetzungen erfüllt sein müssen. Soweit keine zusätzlichen Voraussetzungen aufgestellt sind, besteht der Beihilfeanspruch auch für Streikzeiten; denn der Beihilfeanspruch dient der Freistellung von notwendigen Aufwendungen im Krankheitsfalle, die die streikbedingte Suspendierung des Arbeitsverhältnisses nicht beeinflusst (BAG 5. 11. 1992 AP BAT § 40 Nr. 7). Eine den Beihilfeanspruch ausschließende Streikbeteiligung hat das BAG jedoch angenommen, soweit eine Gleichstellung mit den „im Dienst befindliche Beamten" zugesagt worden war. Der Streikende sei nicht in gleicher Weise „im Dienst" (BAG 5. 11. 1992 AP BAT § 40 Nr. 7). Das ist nicht überzeugend.

200 **4. Urlaub/Arbeitsbefreiung.** Die Teilnahme am Streik hat auf den **Urlaubsanspruch** selbst und seine Dauer keinen Einfluss, der Urlaubsanspruch knüpft lediglich an das Bestehen des Arbeitsverhältnisses an ohne Rücksicht auf die tatsächlich erbrachte Arbeitsleistung (§ 4 BUrlG; grdl. BAG 28. 1. 1982 AP BUrlG § 3 Nr. 11). Auch die Bindung der Urlaubsgewährung an das Kalenderjahr ändert sich nicht, so dass eine spätere Gewährung des Urlaubs nur nach § 7 III BUrlG möglich ist. Die Streikteilnahme schafft keine „dringenden betrieblichen oder in der Person des AN liegenden Gründe" für die Urlaubsübertragung (LAG Nürnberg 25. 1. 1995 NZA 1995, 854). Die Dauer der Streikteilnahme kann jedoch Einfluss haben auf die Berechnung des Urlaubsentgelts nach § 11 BUrlG.

201 Hat ein AN bewilligten Urlaub bereits angetreten, so ruht seine Hauptpflicht zur Arbeitsleistung unter Fortzahlung seines Entgelts (§ 11 BUrlG). Ein bereits angetretener Urlaub wird nicht dadurch unterbrochen, dass währenddessen der Betrieb bestreikt wird (BAG 9. 2. 1982 AP BUrlG § 11 Nr. 16). Der Anspruch auf Urlaubsentgelt bleibt so lange unberührt, wie sich der AN dem Streik nicht anschließt (vgl. BAG 15. 1. 1991 AP GG Art. 9 Arbeitskampf Nr. 114). Hat ein AN bewilligten Urlaub nicht angetreten, so steht es ihm ebenfalls frei, sich entweder am Streik zu beteiligen oder den Urlaub anzutreten (BAG 9. 2. 1982 AP BUrlG § 11 Nr. 16). Die **Anschließung** des beurlaubten (urlaubsberechtigten) AN bedarf der Erklärung gegenüber dem AG, die allerdings auch durch konkludente Handlung (zB Tätigkeit als Streikposten) abgegeben werden kann. Die Tatsache allein, dass der AN nicht zur Arbeit erscheint, spricht in diesen Fällen nicht für seine Streikteilnahme. Mit der Anschließung an den Streik endet die Arbeitsfreistellung auf Grund Urlaubs (mit Entgeltfortzahlung). Das Ruhen der Arbeitspflicht ergibt sich jetzt nicht aus der Streikbeteiligung. Der Vergütungsanspruch fällt weg, der nicht verbrauchte Urlaubsanspruch besteht fort.

202 Beteiligt sich ein AN am Streik, so kann er während der Zeit des Streiks nicht Urlaub fordern, denn das Arbeitsverhältnis ist hinsichtlich der Arbeitspflicht durch die Streikteilnahme suspendiert, so dass eine Urlaubsgewährung begrifflich ausscheidet (BAG 15. 6. 1964 AP GG Art. 9 Arbeitskampf Nr. 35). Voraussetzung für die Gewährung des Urlaubs wäre, dass der AN seine Teilnahme am Streik beendet und seine Arbeitsbereitschaft anzeigt (BAG 24. 9. 1996 NZA 1997, 507). Diese **Beendigungserklärung** kann jedoch nicht schon im schlichten Urlaubsantrag gesehen werden, sonst hätte der AG die Entscheidung in der Hand, dem AN Urlaub zu bewilligen oder ihn zur Fortsetzung seiner durch den Streik zunächst unterbrochenen Arbeitsleistung zu verpflichten (LAG Nürnberg 25. 1. 1995 NZA 1995, 854; *Dersch/Neumann* BUrlG § 3 Rn. 46).

Ein tarifvertraglich vereinbarter Verfalltag für die Urlaubsansprüche bleibt auch während des **203** Arbeitskampfes maßgeblich: Durch die Suspendierung der Arbeitspflichten während des Streiks wird der **Verfall von Urlaubsansprüchen** nicht ausgeschlossen. Eine Schadensersatzpflicht des AG wegen des Verfalls des Urlaubsanspruchs ist nur dann gegeben, wenn er sich zum Zeitpunkt des Verfalls in Schuldnerverzug befunden hat (BAG 24. 9. 1996 AP BUrlG § 7 Nr. 22 = NZA 1997, 507).

Die Pflicht zur Zahlung des Urlaubsentgelts besteht auch für die Zeit, in der der Betrieb infolge des **204** Streiks zum Erliegen kommt und die Lohnansprüche der arbeitsbereiten AN entfallen: Die Grundsätze über das **Arbeitskampfrisiko** (Rn. 135 ff.) gelten nur für das Lohnrisiko, wenn der nicht am Streik beteiligte AN seine Arbeitsleistung anbietet, die der AG aber infolge der Auswirkungen des Streiks nicht annehmen kann. Demgegenüber sind die rechtmäßig streikenden AN nicht zur Arbeitsleistung verpflichtet. Das Austauschverhältnis der beiderseitigen Rechte und Pflichten ist während des Urlaubs nicht gestört (BAG 9. 2. 1982 AP BUrlG § 11 Nr. 16).

Die Überlegungen zum Entgeltanspruch im Urlaub gelten auch für Zeiten, bei denen aus anderen **205** Gründen bereits vor Beginn des Streiks die **Befreiung von der Arbeitspflicht** feststand, so etwa bei Beschäftigungsverboten nach dem MuSchG (Rn. 191) oder bei **Kurzarbeit**. Entsprechendes gilt für Befreiung von der Arbeitspflicht unter Fortzahlung des Entgelts zur Teilnahme an einer **Schulungsveranstaltung** (BAG 15. 1. 1991 AP GG Art. 9 Arbeitskampf Nr. 114) oder bei Arbeitsbefreiung nach § 15 a BAT (BAG 7. 4. 1992 AP GG Art. 9 Arbeitskampf Nr. 122).

5. Kündigung des Arbeitgebers. Das allg. Kündigungsrecht des AG wird durch den Streik grds. **206** nicht verändert, da ja das Arbeitsverhältnis fortbesteht. Jedoch kann auf die Arbeitsverweigerung in Ausübung des Streikrechts eine Kündigung nicht gestützt werden. Kommen aber bes. Umstände hinzu, kann eine allg. ordentliche, unter bes. Umständen sogar eine außerordentliche Kündigung gerechtfertigt sein. Voraussetzung ist allerdings, dass der Kündigungsgrund nicht als Angriff oder Abwehr im Arbeitskampf dient. Deshalb kann die Absicht, eine unbefristete Ersatzkraft für einen bestreikten Arbeitsplatz einzustellen, nicht die Kündigung des streikenden AN rechtfertigen. Ist hingegen absehbar, dass der Arbeitskräftebedarf nach Beendigung des Arbeitskampfes reduziert werden soll, muss der AG mit der Kündigungserklärung nicht bis zum Ende des Arbeitskampfes warten (*Löwisch* AR-Blattei SD 170.3.1 Rn. 38 f.; weitergehend *Brox/Rüthers*, Arbeitskampfrecht Rn. 311; MünchArbR/*Otto* § 288 Rn. 23).

VIII. Gegenstrategie des AG

Als Reaktion auf Streiks bieten sich den betroffenen AG drei strategische Optionen, die sich gegen- **207** seitig ausschließen und unterschiedliche Rechtsfolgen auslösen. Die geläufigste und normale Reaktion besteht in dem Versuch, den Streik ins Leere laufen zu lassen, den Arbeitsausfall so weit als möglich zu kompensieren und den Umfang der Streikteilnahme durch eine „**Strategie der offenen Tür**" zu minimieren. Die Schwierigkeit dieser Strategie besteht darin, dass ihr die erforderliche Planungssicherheit durch die streikenden AN entzogen werden kann, was zu schwer kalkulierbaren Risiken führt, und zwar auch in Bezug auf die Lohnzahlungspflicht (Rn. 140, 208). Diese Risiken können durch die **Strategie des Duldens** vermieden werden, in dem der Betrieb in genau dem Umfang und für genau die Dauer stillgelegt wird, die der Streikaufruf vorgibt. Die Gewerkschaft wird gleichsam beim Wort genommen (Rn. 211 ff.). Diese Strategie ist allerdings dann untauglich, wenn gerade die gegenständliche oder zeitliche Begrenzung des Streiks mit bes. Belastungen für die AG und ihren kollektiven Zusammenhalt verbunden ist („Minimax-Taktik"). Soweit hier auch die Strategie der offenen Tür versagt, bleibt als Ausweg nur die **Abwehraussperrung**, die den Kampfrahmen ausweitet mit der Folge, dass im Bereich der Aussperrung das Entgeltrisiko von den betroffenen AN zu tragen ist (Rn. 215).

1. Betriebsfortführung. Soweit der Betrieb fortgeführt werden soll, ergibt sich für dem AG neben **208** organisatorisch-technischen Probleme ein zentrales Problem der **Personalplanung**. Er muss wissen, welche Belegschaft ihm zur Verfügung steht und trägt das Entgeltrisiko für alle arbeitswilligen AN, deren Beschäftigung ihm möglich und zumutbar ist (Rn. 140). Aber jeder einzelne AN kann frei entscheiden, ob, ab wann und wie lange er sich dem Streik anschließen will (Rn. 165). Das ist der Grund für die unterschiedlichsten Versuche, die Arbeitsbereitschaft durch zusätzliche Anreize zu fördern und die AN von der Streikteilnahme abzuhalten.

Zulässig sind solche **Streikbruchprämien** unter der Voraussetzung, dass sie vor oder während des **209** laufenden Arbeitskampfes zugesagt werden, um die Fortsetzung des Betriebes zu ermöglichen (BAG 28. 7. 1992 AP GG Art. 9 Arbeitskampf Nr. 123 unter III; LAG Köln LAGE GG Art. 9 Arbeitskampf Nr. 17; *Belling* NZA 1990, 214, 215 ff.; *Löwisch/Krauß* AR-Blattei SD 170.3.1 Rn. 78 f.; nur bei der Anwerbung von Ersatzkräften: MünchArbR/*Otto* § 287 Rn. 50). Allerdings gilt dies nur, wenn der Anreiz ausschließlich auf die gewünschte Arbeitsleistung abzielt, also nicht zwischen Gewerkschaftsmitgliedern und Außenseitern differenziert (insoweit aA *Löwisch/Krauß* aaO; offen gelassen in BAG aaO).

210 Um **unzulässige Maßregelung** handelt es sich hingegen, wenn bes. Leistungen erst nach Beendigung des Arbeitskampfes gleichsam als Belohnung für unterlassene Streikbeteiligung zugesagt und gezahlt werden (BAG 4. 8. 1987 AP GG Art. 9 Arbeitskampf Nr. 88; BAG 11. 8. 1992 AP GG Art. 9 Arbeitskampf Nr. 124; BAG 13. 7. 1993 AP GG Art. 9 Arbeitskampf Nr. 127). Darin liegt eine Benachteiligung der am Streik beteiligten AN wegen der Ausübung ihres Streikrechts und damit eine Maßregelung iSv § 612a BGB. Das Gleiche gilt für jede Vorenthaltung betriebsüblicher Leistungen allein wegen der Streikteilnahme (MünchArbR/*Otto* § 287 Rn. 58 f.). Hingegen sieht das BAG keine Maßregelung in der nachträglichen Gewährung einer Prämie für zusätzliche Erschwerungen und Belastungen, die erheblich über normale Streikarbeit hinausgehen (BAG 28. 7. 1992 AP GG Art. 9 Arbeitskampf Nr. 123; ähnlich für die Übernahme nicht geschuldeter Tätigkeiten LAG Rheinland-Pfalz 30. 5. 1996 LAGE GG Art. 9 Arbeitskampf Nr. 62).

211 **2. Betriebsstilllegung.** Nach der inzwischen gefestigten Rspr. des BAG ist ein bestreikter AG nicht rechtlich verpflichtet, Widerstand zu leisten und den Betrieb soweit als möglich aufrechtzuerhalten. Er kann sich auch dem Streikbeschluss beugen, seine betriebliche Tätigkeit im Umfang und für die Dauer des maßgebenden Streikbeschlusses einstellen und damit die Arbeitspflicht der streikwilligen AN suspendieren. (grundlegend BAG 22. 3. 1994 AP GG Art. 9 Arbeitskampf Nr. 130 [skeptisch *Oetker*] = EzA GG Art. 9 [krit. *Fischer/Rüthers*] = AR-Blattei ES 170.2 Nr. 39 = [krit. *Löwisch*]; SAE 1994, 254; krit. *Lieb*; bestätigt BAG 31. 1. 1995, 27. 6. 1995, 11. 7. 1995 AP GG Art. 9 Arbeitskampf Nr. 135, 137, 138 u. 139 [krit. *Konzen*]). Anlass dieser Rspr. waren Fallgestaltungen, in denen arbeitswillige AN geltend machten, der AG könne sie weiterbeschäftigen, wenn er ihren sehr speziellen Vorschlägen einer betrieblichen Umorganisation und Spezialisierung folge. Demgegenüber wies das BAG darauf hin, dass zurzeit des Arbeitskampfes die weitere Entwicklung regelmäßig völlig unsicher ist und auch in den Ausgangsfällen unkalkulierbar war (BAG 22. 3. 1994 AP GG Art. 9 Arbeitskampf Nr. 130 unter II 3 c). Ganz allg. erscheint dem BAG eine nachträgliche Kontrolle der unternehmerischen Reaktion durch die Arbeitsgerichte unangemessen und verfehlt. Der AG muss über die Aufrechterhaltung des Betriebes allein entscheiden können, so lange der Kampfrahmen dadurch weder eingeschränkt noch erweitert wird, kampftaktische Nebeneffekte und Störungen der Kampfparität also ausscheiden.

212 Allerdings muss der AG gegenüber den betroffenen arbeitswilligen AN **Klarheit** schaffen, von welcher Rechtslage sie ausgehen müssen. Will der AG den Betrieb fortsetzen, müssen sie ihre Arbeit weiterhin ordnungsgemäß anbieten. Deshalb fehlt es an einer Betriebsstilllegung, solange sich der AG nicht festlegen, sondern alle Optionen offen halten will (BAG 11. 7. 1995 AP GG Art. 9 Arbeitskampf Nr. 138 u. 139 Anm. *Konzen*). Bei einem Kurzstreik muss ferner deutlich gemacht werden, ob die Betriebsstilllegung den zeitlichen Rahmen des Streikaufrufs überschreiten soll; das wäre nämlich nur mit einer Aussperrung möglich, die an andere formale Voraussetzungen geknüpft ist (BAG 27. 6. 1995 AP GG Art. 9 Arbeitskampf Nr. 137), insb. eines Verbandsbeschlusses bedarf (Rn. 215).

213 Die Rspr. des BAG ist im Schrifttum auf **heftige Kritik** gestoßen (aktuelle Übersicht bei MünchArbR/*Otto* § 286 Rn. 112 ff.; *Kissel* Arbeitskampfrecht § 33 Rn. 113 ff.). Sie füge sich nicht harmonisch in den geschlossenen Typenkanon der Arbeitskampfmittel; sie benachteilige arbeitswillige AN, denen das Entgeltrisiko ohne Not aufgebürdet werde; sie nütze dem AG weniger als eine Aussperrung, die wegen ihrer formalen Anforderungen vorzuziehen sei, obwohl sie weitergehende Belastungen für die AN zur Folge hat. Im Grunde gehe es um eine „Zwangssolidarisierung" und damit um einen Eingriff in die negative Koalitionsfreiheit.

214 Das BAG hat trotz dieser Kritik an seiner Rspr. festgehalten, mE mit Recht (zustimmend auch *Buschmann* AuR 1996, 39 f.; *Hanau* NZA 1996, 841, 846 f.). Das Grundrecht der Koalitionsfreiheit ist nicht verletzt (vgl. auch *Gamillscheg* FS-Blanpain, 1998, S. 735, 741 ff.; *Oetker* Anm. zu BAG 22. 3. 1994 AP GG Art. 9 Arbeitskampf Nr. 130 unter IV 4 d); die Auswirkungen eines Arbeitskampfes berühren nicht den Schutzbereich der negativen Koalitionsfreiheit (Rn. 34). Die Sorge um den Entgeltanspruch arbeitswilliger AN erscheint widersprüchlich und wenig plausibel, wenn gleichzeitig das Recht zur Abwehraussperrung reklamiert wird, das Außenseiter nicht weniger, sondern mehr belastet. Auch der polemische Begriff „Zwangssolidarisierung" wirkt lebensfremd angesichts der Tatsache, dass es um eine völlig freie Entscheidung des AG geht, der wohl kaum koalitionspolitische Interessen der Gewerkschaft bedient. Insgesamt beruht die Kritik der Wissenschaft auf der Vorstellung eines abgeschlossenen und dogmatisch „ausgeformten Systems des Arbeitskampfrechts" (*Konzen*), das nicht mehr angetastet werden darf. Übersehen wird dabei zum einen, dass das Arbeitskampfrecht ausschließlich Richterrecht ist, seine Fortbildung also der Rspr. obliegt. Zum anderen wird übersehen, dass sich die Rahmenbedingungen des Arbeitslebens wie auch die Arbeitskampfpraxis in einem starken und ständigen Wandlungsprozess befinden, den die Rspr. aufnehmen muss. Das Recht zur Betriebsstilllegung ermöglicht den Unternehmen schnelle und betriebsspezifische Reaktionen, die mit dem gewichtigen Instrument einer Abwehraussperrung nicht erreichbar wären und die auch eine gerichtliche Kontrolle der Verteilung des Arbeitskampfrisikos nicht leisten kann.

215 **3. Abwehraussperrung.** Die dritte Reaktionsmöglichkeit auf einen Streik bietet sich dem AG in der Abwehraussperrung. Sie steht aber weder in den Voraussetzungen noch in den Wirkungen der

eben beschriebenen Betriebsstilllegung gleich. Bei Arbeitskämpfen, die um einen VerbandsTV geführt werden, kann der einzelne AG nicht allein entscheiden, ob das Kampfmittel der Aussperrung sinnvoll und angemessen ist; es bedarf vielmehr eines **Verbandsbeschlusses**. (BAG 31. 10. 1995 AP GG Art. 9 Arbeitskampf Nr. 140 = AR-Blattei ES 170.1 Anm. *Löwisch*; vgl. auch Rn. 245). Legitim ist eine Abwehraussperrung dann, wenn sie dazu dienen soll, den Kampfrahmen (in den Grenzen der Verhältnismäßigkeit) zu erweitern und die Kostenbelastungen dementsprechend zu verschieben (BAG 10. 6. 1980 AP GG Art. 9 Arbeitskampf Nr. 64 LS 3 b; vgl. auch Rn. 233). Innerhalb des gegenständlichen und zeitlichen Rahmens, den der Streikaufruf selbst markiert, besteht dafür kein Bedürfnis.

IX. Beendigung des Streiks

Wie beim Streikbeginn (Rn. 164) muss auch bei der Beendigung scharf unterschieden werden zwischen der individuellen Streikteilnahme des einzelnen AN und der Beendigung des kollektiven Konflikts. Jeder AN kann während eines Streiks frei entscheiden, ob und wie lange er an dem Streik teilnimmt (Rn. 165). Er kann also auch die Streikteilnahme vorzeitig beenden, während seine Kollegen den Kampf fortsetzen. 216

Der Streik insgesamt endet durch eine Entscheidung der Gewerkschaft. Deren Streikleitung erklärt den Kampf für beendet, und zwar für alle Streikteilnehmer verbindlich (BAG 1. 10. 1991 AP GG Art. 9 Arbeitskampf Nr. 121). Es muss sich nicht um die Erklärung der endgültigen Beendigung des Arbeitskampfes handeln, es kann auch um eine vorübergehende Unterbrechung gehen (BAG 1. 3. 1995 AP FeiertagslohnzahlungsG § 1 Nr. 68). Für die Form und die Bekanntmachung einer solchen Erklärung bestehen allerdings mit Rücksicht auf die erforderliche Rechtsklarheit Mindestanforderungen (dazu Rn. 129 ff.). Die kollektive Beendigung hat zur Folge, dass sich die Arbeitsverhältnisse mit allen gegenseitigen Rechten und Pflichten so fortsetzen, wie sie bei Beginn des Streiks bestanden haben. Die Suspendierung der Arbeitspflicht erlischt. Nimmt der AG das Angebot der AN auf Wiederaufnahme der Arbeit nicht an, gerät er in Annahmeverzug nach § 615 BGB. 217

X. Rechtswidriger Streik

1. Das Verhältnis des Arbeitgebers zur Gewerkschaft. Der von einem rechtswidrigen Arbeitskampf betroffene AG kann st. Rspr. Von der streikführenden Gewerkschaft die Unterlassung von Maßnahmen des Arbeitskampfes verlangen (BAG 27. 6. 1989 AP GG Art. 9 Arbeitskampf Nr. 113 unter II 1). Das durch einen solchen **Unterlassungsanspruch** geschützte Rechtsgut ist der eingerichtete und ausgeübte Gewerbebetrieb, § 823 I BGB (BAG 12. 9. 1984 AP GG Art. 9 Arbeitskampf Nr. 81; BAG 9. 4. 1991 AP GG Art. 9 Arbeitskampf Nr. 116). Auch ein vorbeugender Unterlassungsanspruch ist anzuerkennen, soweit dafür ein rechtliches Interesse besteht. 218

Als Anspruchsgrundlage kann auch die tarifliche Friedenspflicht (Rn. 103) herangezogen werden: Diese besteht zwar primär nur zwischen den TVParteien selbst, nicht auch im Verhältnis zu den tarifgebundenen Mitgliedern der TVPartei. Einem TV kommt jedoch Schutzwirkungen zugunsten der tarifgebundenen Mitglieder zu. Diese Schutzwirkung kann auch Grundlage für einen Unterlassungsanspruch der einzelnen Tarifgebundenen sein (*Gamillscheg* Koll. ArbR Bd. I § 22 II 3 a; *Löwisch/ Krauß* AR-Blattei SD 170.3.3 Rn. 13; aA MünchArbR/*Otto* § 289 Rn. 4; *Waas*, Drittwirkungen der Friedenspflicht, 2001, S. 93 f.). 219

Möglich ist ferner ein **Schadensersatzanspruch** des AG (zur Schadensberechnung vgl. BAG 5. 3. 1985 AP GG Art. 9 Arbeitskampf Nr. 85; BAG 7. 6. 1988 AP GG Art. 9 Arbeitskampf Nr. 106). Dieser Anspruch setzt ein Verschulden voraus. Angesichts der fehlenden normativen Regelung des Arbeitskampfrechts und der sich wandelnden Rspr. Ist aber die Grenze der Rechtmäßigkeit vielfach zweifelhaft, so dass sich die Frage des schuldausschließenden **Rechtsirrtums** stellt. War der Irrtum der Gewerkschaft über die Rechtmäßigkeit des Streiks bei Beachtung der im Verkehr erforderlichen Sorgfalt unvermeidbar, kann ihr kein Schuldvorwurf gemacht werden (BAG 21. 3. 1978 AP GG Art. 9 Arbeitskampf Nr. 62). Hier hat sich im Laufe der Rspr. ein Wandel vollzogen: Von der ursprünglichen strengen Auffassung, dass derjenige, der bei zweifelhafter Rechtslage einen Streik beginne, das Risiko tragen müsse (BAG 31. 10. 1958 AP TVG § 1 Friedenspflicht Nr. 2) ist das BAG mit Rücksicht auf Art. 9 III abgerückt. Wenn zu einer streitigen Frage keine höchstrichterliche Rspr. Vorliegt, kann einer Gewerkschaft grds. nicht zugemutet werden, auf die Durchsetzung ihrer Forderung von vornherein zu verzichten (BAG 21. 3. 1978 AP GG Art. 9 Arbeitskampf Nr. 62). Voraussetzung ist aber, dass beachtliche Gründe für die Rechtmäßigkeit sprechen und die Rechtslage nicht vorher zu klären war (BAG 10. 12. 2002 – 1 AZR 96/02 – unter B II). 220

Eine **Feststellungsklage**, beschränkt auf Feststellung der Rechtswidrigkeit eines Streiks, betrachtet das BAG mangels Vorliegens eines Rechtsverhältnisses zwischen AG und Gewerkschaft als unzulässig (BAG 12. 9. 1984 AP GG Art. 9 Arbeitskampf Nr. 81; BAG 27. 6. 1989 AP GG Art. 9 Arbeitskampf Nr. 113) Das ist nicht zwingend und wird auch nicht konsequent durchgehalten (vgl. MünchArbR/ *Otto* § 293 Rn. 22). 221

222 Beliebt und zahlreich sind Anträge auf Erlass **Einstweilige Verfügungen** mit dem Ziel, die Durchführung eines Streiks verbieten zu lassen (Beispiele bei *Däubler* ArbR Bd. 1 Rn. 640 f.). Aus der Sicht der AG handelt es sich um einen Rechtsbehelf, der mit einem Minimum an Aufwand eine maximale Wirkung erzielt. Der zu sichernde Unterlassungsanspruch wird bei Erlass einer Einstweiligen Verfügung praktisch erfüllt; der große Mobilisierungsaufwand, der mit einem Streikaufruf verbunden ist, lässt sich kaum über die Dauer eines Rechtsmittelverfahrens und bis zum Ende eines Hauptprozesses aufrechterhalten. Es handelt sich also um eine **Leistungsverfügung**. Darin liegt aber zugleich die Problematik wegen der verfassungsrechtlichen Gewährleistung des Arbeitskampfs, die Unsicherheit seiner rechtlichen Grundlagen und die Schwierigkeit einer nachträglichen Korrektur oder Kompensation. Es besteht daher Einigkeit, dass große Zurückhaltung angebracht ist, andererseits aber erhebliche Meinungsverschiedenheiten darüber, welche Ausnahmen von den allg. Grundsätzen eines normalen Verfahrens nach den §§ 935 ff. ZPO hier gelten müssen (vgl. *Däubler* ArbR Bd. 1 Rn. 643 ff.; *Henniges,* Einstweiliger Rechtsschutz gegenüber gewerkschaftlichen Streiks, 1987; GMP/*Germelmann* § 62 ArbGG Rn. 91; *Löwisch* AR-Blattei SD 170.3.3 Rn. 78 ff.; MünchArbR/*Otto* § 293 Rn. 25 ff.; GK-ArbGG/*Vossen* § 62 Rn. 81).

223 Der erste Streitpunkt betrifft den **Verfügungsanspruch,** der von der Rechtswidrigkeit des Streiks abhängig ist. Hier ist vieles noch ungeklärt und auch für die streikende Gewerkschaft bis zu einer höchstrichterlichen Entscheidung oft kaum vorhersehbar. Bei solchen Grenzfällen würde eine Klärung verhindert, wenn schon im summarischen Verfügungsverfahren (uU in der 1. Instanz) die Rechtmäßigkeitsfrage „abgewürgt" werden könnte. Eine Unterlassungsverfügung setzt deshalb voraus, dass die Rechtswidrigkeit des Streiks ohne rechtsfortbildende Überlegungen feststellbar ist (LAG Frankfurt AuR 1970, 218; LAG Stuttgart 8. 8. 1973 AuR 1974, 316; LAG Düsseldorf DB 1979, 176; LAG Köln 14. 6. 1996 NZA 1997, 327; *Henniges* aaO S. 85; MünchArbR/*Otto* § 293 Rn. 31; *Zeuner* RdA 1971, 7). Allerdings gilt das nur, soweit Arbeitskämpfe insgesamt verboten werden sollen, also nicht bei Streit um die Rechtswidrigkeit einzelner Kampfmaßnahmen (ähnlich GMP/*Germelmann* § 62 ArbGG Rn. 92).

224 Die verfassungsrechtliche Bedeutung des Arbeitskampfrechts muss auch bei der Gewichtung des **Verfügungsgrundes** und dessen Glaubhaftmachung berücksichtigt werden. Je einschneidender sich die Unterlassungsverfügung auf die Durchführung eines Arbeitskampfes und dessen Folgen auswirkt, desto schwerer müssen die Nachteile wirken, die dem betroffenen AG durch die Kampfmaßnahme zugefügt werden (LAG Köln aaO; GMP/*Germelmann* aaO; MünchArbR/*Otto* aaO Rn. 32 f.; weitergehend *Däubler* ArbR Bd. 1 Rn. 644; *Dorndorf* in *Dorndorf/Weiss,* Warnstreiks und vorbeugender Rechtsschutz, 1983 S. 55; *Faupel* DB 1971, 868; sie verlangen generell auf Seiten des Antragstellers Existenzgefährdung).

225 **2. Das Verhältnis des Arbeitgeberverbandes zur Gewerkschaft.** Soweit eine AGKoalition als Tarifgegner mit einem rechtswidrigen Streik angegriffen wird, hat sie gegen die Gewerkschaft einen Unterlassungsanspruch. Dieser kann sich aus einer tarifvertraglichen oder in einem Schlichtungsabkommen übernommenen Friedenspflicht ergeben (Rn. 119). Der AGVerband kann außerdem aus eigenem Recht verlangen, dass der Tarifgegner einen rechtswidrigen Arbeitskampf unterlässt; das folgt aus § 1004 iVm. § 823 I BGB und Art. 9 III GG: Der verfassungsrechtliche Schutz des Art. 9 III GG richtet sich nicht nur gegen Eingriffe durch den Staat, sondern auch gegen Beeinträchtigungen von privater Seite, also auch gegen die Störung der koalitionsgemäßen Betätigung durch konkurrierende Koalitionen und den sozialen Gegenspieler (Rn. 42). Sowohl Gewerkschaften wie auch AGVerbände haben daher nicht nur einen Anspruch auf Unterlassen unerlaubter Störungen ihrer Organisation und ihrer Tätigkeit durch staatliche Maßnahmen, sondern auch einen eigenen Anspruch gegen den sozialen Gegenspieler, rechtswidrige Arbeitskämpfe zu unterlassen (BAG 26. 4. 1988 AP GG Art. 9 Arbeitskampf Nr. 101; st. Rspr., vgl. 27. 6. 1989 AP GG Art. 9 Arbeitskampf Nr. 113 unter II 1).

226 **3. Das Verhältnis des Arbeitgebers zu den Arbeitnehmern.** Der rechtswidrige Streik vermag die Pflichten aus dem Arbeitsverhältnis nicht zu suspendieren, der AN ist trotz des „Streiks" unverändert zu seiner Arbeitsleistung verpflichtet. Wer an einem rechtswidrigen Streik teilnimmt, verletzt seinen Arbeitsvertrag. Der AG hat also gegen den streikbeteiligten AN den allg. **Erfüllungsanspruch.** Eine Erfüllungs- oder Unterlassungsklage wäre allerdings wegen § 888 II ZPO ziemlich sinnlos. Interessanter sind für den AG vertragsrechtliche **Schadensersatzansprüche.** Sie ergeben sich nach neuem Recht aus § 280 BGB iVm. §§ 283, 275 BGB. Es können sich auch deliktische Schadensersatzansprüche ergeben, da ein rechtswidriger Streik in den eingerichteten und ausgeübten Gewerbebetrieb iSd. § 823 I BGB eingreifen kann. Nach der st. Rspr. des BAG hat ein von der Gewerkschaft getragener Streik allerdings die Vermutung der Rechtmäßigkeit für sich (BAG 19. 6. 1973 AP GG Art. 9 Arbeitskampf Nr. 47). Nur bes., von der Gegenseite zu beweisende zusätzliche Umstände können zur Rechtswidrigkeit des Streiks führen. Diese Vermutung der Rechtmäßigkeit schlägt auch durch auf die Beurteilung der Teilnahme des einzelnen AN an einem solchen Streik (BAG 29. 11. 1983 AP BGB 626 Nr. 78 unter III 1 b).

227 Da die Teilnahme am rechtswidrigen Streik eine Vertragsverletzung darstellt, kann sie uU eine ordentliche wie auch eine außerordentliche **Kündigung** rechtfertigen. Dabei sind allerdings alle

G. Aussperrung   Art. 9 **GG 10**

Umstände des Einzelfalles zu beachten und die Interessen der Parteien gegeneinander abzuwägen, insb. einerseits der Grad der Beteiligung des AN an der Arbeitsniederlegung und die Erkennbarkeit der Rechtswidrigkeit, andererseits ein etwaiges eigenes rechtswidriges, die Arbeitsniederlegung mit auslösendes Verhalten des AG. Der Gesichtspunkt der Solidarität kann vor allem bei einer „schlichten" Teilnahme an der Arbeitsniederlegung zugunsten des AN sprechen (BAG 14. 2. 1978 AP GG Art. 9 Arbeitskampf Nr. 58, 59; BAG 29. 11. 1983 AP BGB § 626 Nr. 78). Zur ordentlichen Kündigung vgl. auch § 1 KSchG Rn. 289 ff.; zur außerordentlichen Kündigung vgl. § 626 BGB Rn. 103 ff.

Wegen der **Aussperrung** bei rechtswidrigem Streik vgl. Rn. 238 ff.   **228**

4. Rechtswidrige Streikmaßnahmen. Das für einen rechtswidrigen Streik insgesamt Gesagte gilt   **229**
entspr. für einzelne rechtswidrige Streikmaßnahmen, zB Exzesse der Streikposten (dazu näher *Steinbrück*, Streikposten und einstweiliger Rechtsschutz im Arbeitskampfrecht der BRD, 1992). Deren Rechtswidrigkeit hat allerdings nicht zur Folge, dass die Rechtmäßigkeit des Streiks insgesamt in Frage gestellt werden könnte (MünchArbR/*Otto* § 287 Rn. 22). Bei einzelnen abgrenzbaren Streikmaßnahmen kann auch gegen den betreffenden AN allein eine einstweilige Verfügung auf Unterlassung ergehen (*Stein/Jonas/Grunsky* vor § 935 ZPO Rn. 73 a).

G. Aussperrung

I. Begriff

Aussperrung als Arbeitskampfmittel der AG ist die generelle Zurückweisung der Arbeitsleistung   **230**
unter Verweigerung der Lohnzahlung als Mittel der kollektiven Druckausübung zur Erreichung eines Tarifziels. Zu unterscheiden sind lösende und suspendierende Aussperrung: Durch die lösende Aussperrung wird das Arbeitsverhältnis insgesamt kampfweise beendet, während die suspendierende Aussperrung nur die Hauptpflichten aus dem Arbeitsverhältnis während des Arbeitskampfes ruhen lässt, vergleichbar der Suspendierungswirkung des Streiks der AN (Rn. 155 f.). Die lösende Aussperrung, die früher die Regel war, ist heute auf Grund der Rspr. des BAG zur Verhältnismäßigkeit (Rn. 234 ff.) praktisch ausgeschlossen (*Gamillscheg* Koll. ArbR Bd. I § 21 III 6 d; *Kissel* Arbeitskampfrecht § 52 Rn. 52 ff., 72; MünchArbR/*Otto* § 285 Rn. 132 f.). Zu unterscheiden sind weiter Abwehraussperrung und Angriffsaussperrung: Die Abwehraussperrung ist die Reaktion der AGSeite auf einen gegen sie gerichteten Streik (Rn. 233). Die Angriffsaussperrung ist die Eröffnung des Arbeitskampfes durch die AGSeite, um einen ihr genehmen TV zu erzwingen (Rn. 240).

II. Der Grundsatzstreit

Die Aussperrung ist das wohl am meisten umstrittene Institut des gesamten Arbeitskampfrechts.   **231**
Der Stand der Rspr. lässt sich dahin zusammenfassen: Die ursprüngliche Gleichbewertung von Streik und Aussperrung (BAG GS 28. 1. 1955 AP GG Art. 9 Arbeitskampf Nr. 1) wurde stufenweise aufgegeben. Grds. gilt heute nur noch die **suspendierende** Aussperrung als zulässig (BAG GS 21. 4. 1971 AP GG Art. 9 Arbeitskampf Nr. 43) und zwar **unter der Voraussetzung der Wahrung der Verhältnismäßigkeit:** Die Funktionsfähigkeit des TVsystems setze ein annäherndes Verhandlungsgleichgewicht zwischen den Tarifpartnern voraus; keine Seite dürfe in der Lage sein, der anderen Seite den Inhalt von TV zu diktieren. Die AN seien dringend auf den Streik angewiesen, ihre Kampftaktik könne aber zu einem Übergewicht führen, so dass zur Sicherung des Verhandlungsgleichgewichts die AG das Abwehrmittel der Aussperrung benötigten; allerdings dürfe das Kampfmittel der Aussperrung nicht die grundrechtliche Gewährleistung des Streikrechts beeinträchtigen, müsse daher aus Übermaßverbot entsprochen werden (BAG 6. 6. 1980 AP GG Art. 9 Arbeitskampf Nr. 64; BAG 12. 3. 1985 AP GG Art. 9 Arbeitskampf Nr. 84; BAG 26. 4. 1988 AP GG Art. 9 Arbeitskampf Nr. 101; BAG 7. 6. 1988 AP GG Art. 9 Arbeitskampf Nr. 107). Das BVerfG hat diese Bewertung verfassungsrechtlich bestätigt (26. 6. 1991 E 84, 212 = AP GG Art. 9 Arbeitskampf Nr. 117). Eine quantitativ (uU auch zeitlich) begrenzte Abwehraussperrung ist danach möglich. Die Voraussetzungen und Grenzen einer Angriffsaussperrung sind noch ungeklärt (Rn. 241, 242).

Diese Rspr. steht in Einklang mit der ganz überwiegenden Meinung in der Literatur (*Gamillscheg*   **232**
§ 21 III 4 mwN; *Brox/Rüthers* Rn. 184 ff.; *Kissel* Arbeitskampfrecht § 52 Rn. 70 ff.; *Löwisch/Rieble* AR-Blattei SD 170.2 Rn. 173 ff.; MünchArbR/*Otto* § 284 Rn. 31). Sie ist aber nicht unumstritten. Während die einen die Legitimität der Aussperrung nach wie vor grds. bestreiten und die Paritätsbetrachtung des BAG ablehnen (*Däubler* ArbR Bd. 1 Rn. 611 ff. mwN), äußern andere Bedenken gegen eine Tendenz zu nachhaltiger Zurückdrängung der Aussperrung (vgl. *Zöllner* DB 1985, 2450; *Schmidt-Preuß* BB 1986, 1093, 1097).

III. Die Voraussetzungen der Zulässigkeit

233 **1. Abwehraussperrung gegen rechtmäßigen Streik.** Die Abwehraussperrung setzt begrifflich einen Streik voraus, der auf die Erzwingung eines TV gerichtet und kampftaktisch „enggeführt" ist, zB einen begrenzten Teilstreik (BAG 10. 6. 1980 AP GG Art. 9 Arbeitskampf Nr. 64; 12. 3. 1985 AP GG Art. 9 Arbeitskampf Nr. 84) oder einen Kurzstreik (BAG 11. 8. 1992 AP GG Art. 9 Arbeitskampf Nr. 124; vgl. Rn. 141). Die Legitimation der Abwehraussperrung besteht darin, das kampftaktisch erzielte Verhandlungsübergewicht der Gewerkschaft zu kompensieren. Dabei ist keine Personenidentität von Streikenden und Auszusperrenden erforderlich, vielmehr ergibt sich der kampftaktische Effekt gerade aus der Erweiterung des Kampfrahmens nach Zahl und Dauer der betroffenen AN.

234 Von zentraler Bedeutung für die Rechtmäßigkeit einer Abwehraussperrung ist die Wahrung der **Verhältnismäßigkeit** (Rn. 128). Nur solche Abwehraussperrungen sind als verhältnismäßig anzuerkennen, die sich auf die **Herstellung der Verhandlungsparität** beschränken (BAG 10. 6. 1980 AP GG Art. 9 Arbeitskampf Nr. 64; BAG 12. 3. 1985 AP GG Art. 9 Arbeitskampf Nr. 84; BAG 11. 8. 1992 AP GG Art. 9 Arbeitskampf Nr. 124). Dabei folgt die Beurteilung der Parität einer abstrakt-materiellen Betrachtungsweise: Es werden nur Kriterien berücksichtigt, die einer typisierenden Betrachtung zugänglich sind, nicht dagegen situationsbedingte Vor- oder Nachteile, selbst wenn diese sich im konkreten Arbeitskampf auswirken mögen. Das schließt es nicht aus, die bes. Situation eines mittelständischen Unternehmens zu berücksichtigen, das Kurzstreiks einer Gewerkschaft ausgesetzt ist (BAG 11. 8. 1992 AP GG Art. 9 Arbeitskampf Nr. 124).

235 Angesichts des Fehlens gesetzlicher und auch tarifvertraglicher Regelungen einerseits und des rechtsstaatlichen Erfordernisses der Vorhersehbarkeit andererseits, hat das BAG (10. 6. 1980 AP GG Art. 9 Arbeitskampf Nr. 64) **Leitlinien** aufgestellt, die zukünftigen Arbeitskampfparteien zur Wahrung des Grundsatzes der Verhältnismäßigkeit Orientierungshilfe bieten sollen: a) Grenze für Arbeitskampfmaßnahmen ist das Tarifgebiet; b) die konjunkturelle Lage und die Konkurrenzsituation ist einer generalisierenden Betrachtung nicht zugänglich; c) hingegen kann die Zahl der am Arbeitskampf Teilnehmenden als geeigneter Anknüpfungspunkt berücksichtigt werden. Daraus lässt sich in groben Zügen ein **Quotenschema** für die Verhältnismäßigkeit der Aussperrung ableiten: 1) Wenn durch einen Streikbeschluss weniger als 25% der AN des Tarifgebietes zur Arbeitsniederlegung aufgefordert werden, handelt es sich um einen eng geführten Teilstreik, bei dem eine starke Belastung für die Solidarität der AG und damit eine Verschiebung des Kräftegleichgewichts anzunehmen ist. Hier muss die AGSeite den Kampfrahmen bis zu 25% der betroffenen AN erweitern können. – 2) Werden mehr als 25% der AN zum Streik aufgerufen, ist das Bedürfnis der AG entspr. geringer, die Aussperrung wird nur noch bis zum Erreichen von 50% der damit insgesamt vom Arbeitskampf betroffenen AN als zulässig angesehen. – 3) Ist die Hälfte oder mehr der AN des Tarifgebietes zum Streik aufgerufen, scheint „manches dafür zu sprechen, dass eine Störung der Kampfparität nicht mehr zu befürchten ist". Maßgebend für die Prüfung der Frage, ob die Grenzen einer zulässigen Aussperrung eingehalten worden sind, kommt es auf den Aussperrungsbeschluss und nicht auf die Zahl der AN an, die tatsächlich ausgesperrt werden (BAG 7. 6. 1988 AP GG Art. 9 Arbeitskampf Nr. 107; LAG Mecklenburg-Vorpommern 18. 7. 1996 NZA-RR 1997, 163 = LAGE GG Art. 9 Arbeitskampf Nr. 64; aA LAG Hamm 9. 12. 1982 DB 1983, 558).

236 Dieser Versuch des BAG, für zukünftige Aussperrungssituationen eine Konkretisierungshilfe zur Verhältnismäßigkeit an die Hand zu geben (sog. **Aussperrungs-Arithmetik**), ist zunächst stark kritisiert worden (*Hanau* AfP 1980, 126; *Kittner* AuR 1981, 289; *Konzen/Scholz* DB 1989, 1593; *Seiter* RdA 1981, 65; *Otto* RdA 1981, 285, 292; *Mayer-Maly* AP GG Art. 9 Arbeitskampf Nr. 64–66; *Richardi* JZ 1985, 410; *Lieb* DB 1984 Beil. 12; *Schmidt-Preuß* BB 1986, 1093). Ihr wurde rechtspolitische Einseitigkeit und Regulierungsehrgeiz mit zu starren Ergebnissen vorgeworfen (gegen diese Überinterpretation nur *Dieterich*, FS-Herschel, 1982, S. 107 ff.). Inzwischen mehren sich die Stimmen, die den Ansatz des BAG im Prinzip billigen (*Däubler* AuR 1982, 361; *Löwisch/Rieble* AR-Blattei SD 170.2 Rn. 183; *Raiser* RdA 1987, 201, 207 f.; widersprüchlich *Kissel* Arbeitskampfrecht § 53 Rn. 12 und 17) oder zumindest den befriedenden Effekt der Rspr. in den letzten 20 Jahren positiv registrieren (*Gamillscheg* Koll. ArbR Bd. I § 24 III 2 S. 1141 ff.), immerhin ein Erfolg, der nach den dramatischen Prognosen der ersten Kritiker nicht zu erwarten gewesen wäre.

237 In der Folgezeit hat das BAG diese Rspr. in Einzelheiten präzisiert und vor allem klargestellt, dass es sich nur um Indizwerte für Normalfälle handelt und andere Fallgestaltungen abgewandelte Quantifizierungen erforderlich machen können. So wurde in der Entscheidung vom 12. 3. 1985 (AP GG Art. 9 Arbeitskampf Nr. 84) unabhängig von den früheren Quoten ein eindeutiges Missverhältnis zwischen der Zahl der Streikenden und der der Ausgesperrten angenommen. Die Aussperrung brachte an jedem Arbeitskampftag zweieinhalb mal so viele verlorene Arbeitstage wie vorher in zwei Wochen Streik insgesamt. Ähnlich wurde in der Entscheidung vom 11. 8. 1992 (AP GG Art. 9 Arbeitskampf Nr. 124) Unverhältnismäßigkeit angenommen bei einer zweitägigen Aussperrung als Reaktion auf einen halbstündigen Kurzstreik. In weiteren Entscheidungen vom 31. 5. 1988 (AP Feiertagslohnfort-

G. Aussperrung   Art. 9 GG 10

zahlungsG § 1 Nr. 57) und vom 7. 6. 1988 (AP GG Art. 9 Arbeitskampf Nr. 107) kam es für die Entscheidung auf die Quotenfrage nicht an, weil die AG jedenfalls die mit der Entscheidung vom 10. 6. 1980 aufgestellten Grenzen genau eingehalten hatten. Das bestätigt die Erfahrung, dass sich im Arbeitskampfrecht selten die gleichen Abläufe wiederholen.

2. Abwehraussperrung gegen rechtswidrigen Streik. Beim rechtswidrigen Streik stellt sich die **238** Arbeitsverweigerung durch die AN als Verletzung der vertraglichen Hauptpflicht dar (Rn. 226). Die Gewerkschaft verletzt ihre Friedenspflicht und greift darüber hinaus in den eingerichteten und ausgeübten Gewerbebetrieb des AG ein (Rn. 218, 225). Hiergegen können der AG und sein Verband auf dem **Rechtsweg** vorgehen. Je nach den Umständen kann auch eine ordentliche oder sogar eine außerordentliche Kündigung in Betracht kommen (Rn. 227). Dennoch hat das BAG früher angenommen, die AG könnten hier zusätzlich das Kampfmittel der **Abwehraussperrung** anwenden (BAG 27. 9. 1957 AP GG Art. 9 Arbeitskampf Nr. 6; 21. 4. 1971 AP GG Art. 9 Arbeitskampf; Nr. 43 unter III D 2 a; 14. 2. 1978 AP GG Art. 9 Arbeitskampf Nr. 58 unter 4).

Diese Rspr. wird sich nicht aufrechterhalten lassen. Sie war von Anfang an kaum vereinbar mit dem **239** Erfordernis der Tarifbezogenheit zulässiger Arbeitskampfziele (Rn. 111), dessen Relativität hier bes. deutlich wurde. Inzwischen hat das BAG aber auch die Bedeutung des Verhältnismäßigkeitsgrundsatzes so stark herausgearbeitet (Rn. 123 ff.; 234 ff.), dass sich die uneingeschränkte Zulässigkeit einer Abwehraussperrung bei rechtswidrigen Streiks nicht mehr widerspruchsfrei begründen lässt. Normalerweise bietet eine Aussperrung keine nennenswerten Vorteile neben dem Recht der Entgeltverweigerung, der Kündigung und den Rechtsbehelfen der ZPO, die auch dem AGverband zur Verfügung stehen. (Rn. 225). Es **fehlt** daher an der **Erforderlichkeit** (ebenso *Colneric* in *Däubler* Arbeitskampfrecht Rn. 1177; *Brox/Rüthers*, Arbeitskampfrecht Rn. 217; *Kissel* Arbeitskampfrecht § 53 Rn. 40 ff.; *Seiter*, Streikrecht und Aussperrungsrecht S. 372 ff.; im Ansatz auch *Zöllner/Loritz* Arbeitsrecht § 40 IX 3; aA *Löwisch/Rieble* AR-Blattei SD 170.2 Rn. 100, 103; *Scholz/Konzen*, Die Aussperrung im System von Arbeitsverfassung und kollektivem Arbeitsrecht S. 227 ff.; *Richardi* NJW 1979, 2057, 2063).

3. Angriffsaussperrung. Angriffsaussperrung liegt vor, wenn die AGSeite im Tarifgebiet den **240** Arbeitskampf eröffnet (BAG 10. 6. 1980 AP GG Art. 9 Arbeitskampf Nr. 64). Während die suspendierende Abwehraussperrung als Reaktion auf einen gewerkschaftlichen Streik nach Rspr. und überwiegender Meinung in der Wissenschaft als zulässig anzusehen ist (Rn. 231), stößt die Angriffsaussperrung überwiegend zumindest auf Skepsis.

Rspr.: Der GS des BAG hat 1955 von „der (praktisch seltenen) legitimen Aggressivaussperrung" **241** gesprochen (28. 1. 1955 AP GG Art. 9 Arbeitskampf Nr. 1 unter II, 3) und damit ihre rechtliche Zulässigkeit unterstellt. Die Frage ihrer Zulässigkeit war in der Folgezeit nicht mehr Gegenstand von Gerichtsentscheidungen; die Urteile zur Zulässigkeit von Aussperrungen beschränkten sich auf die Abwehraussperrung mit suspendierender Wirkung (BVerfG 26. 6. 1991 E 84, 212 = AP GG Art. 9 Arbeitskampf Nr. 117; BAG GS 21. 4. 1971 AP GG Art. 9 Arbeitskampf Nr. 43; BAG 10. 6. 1980 AP GG Art. 9 Arbeitskampf Nr. 64 bis 66; BAG 7. 6. 1988 AP GG Art. 9 Arbeitskampf Nr. 107). Dieser Befund bestätigt die Einschätzung des BAG, dass die AGSeite praktisch kaum auf ein Angriffsmittel angewiesen ist (10. 6. 1980 AP GG Art. 9 Arbeitskampf Nr. 64 unter A I 2 a, c).

Auch das **wissenschaftliche Schrifttum** behandelt angesichts dieser Entwicklung der Rspr. und der **242** Interessenlage, die sich in der Arbeitskampfpraxis seit Jahrzehnten manifestiert, fast ausschließlich die Abwehraussperrung. Die Stellungnahmen zur Angriffsaussperrung differieren zwischen der völligen Ablehnung einerseits (zB *Däubler/Wolter* Arbeitskampfrecht S. 662 ff. mwN; *Dütz* DB 1979 Beil. 14; *Raiser*, Die Aussperrung nach dem Grundgesetz, 1975 S. 85 f.; *Seiter*, Streikrecht und Aussperrungsrecht, S. 330 ff.) und ihrer generellen Billigung andererseits (*Lieb* DB 1980, 2188; *Kissel* Arbeitskampfrecht § 53 Rn. 52 ff.; *Konzen* AcP 177, 473, 537; *Löwisch*, Schlichtung und Arbeitskampfrecht, Rn. 331 ff.; *Rüthers* Anm. zu EzA GG Art. 9 Arbeitskampf Nr. 74 unter D II). Zwischen diesen Extremen wird mit unterschiedlichen Begründungen und Voraussetzungen eine eingeschränkte Zulässigkeit angenommen (MünchArbR/*Otto* § 286 Rn. 66 ff.; *Brox/Rüthers* Rn. 186 ff.; *Gamillscheg* Koll. ArbR Bd. I § 21 III 5 (4) S. 1039).

Stellungnahme: Maßgebend sind auch hier die Erfordernisse einer funktionsfähigen Tarifautono- **243** mie, die für AN und AG gleichermaßen gewährleistet ist und im Rahmen der Verhältnismäßigkeit (insb. also der Erforderlichkeit) auch Kampfmittel rechtfertigt; es geht um die Herstellung des Verhandlungsgleichgewichts (BVerfG 26. 6. 1991 E 84, 212, 229 = AP GG Art. 9 Arbeitskampf Nr. 117 unter C I b). Nur ist die Ausgangslage für AG und AN sehr verschieden, nicht nur was die tarifpolitischen Ziele, sondern auch, was die Mittel zu ihrer Durchsetzung anbelangt. Was das BAG dazu im Zusammenhang mit der suspendierenden Abwehraussperrung ausgeführt hat und zu seiner restriktiven Rspr. führte (vgl. Rn. 233 ff.), gilt natürlich grds. auch für die Angriffsaussperrung. Immerhin ist nicht zu bestreiten, dass stark veränderte Ausgangsbedingungen denkbar sind, die die Agseite zwingen, die Initiative zu ergreifen. So könnte bei völlig anderen Rahmenbedingungen und Tarifzielen (zB Betriebsnormen) der kollektive Vertragsmechanismus blockiert werden. Die entspr. Hypothesen im Schrifttum (*Otto* und *Gamillscheg* aaO) wirken zwar äußerst theoretisch, sind aber nicht auszuschließen.

Dieterich

IV. Aussperrungskompetenz

244 Während der Streik als kollektive Maßnahme der AN von einer Gewerkschaft als TVPartei getragen wird (Rn. 118), ist bei der Aussperrung zu unterscheiden: Je nachdem, ob der Arbeitskampf um einen VerbandsTV oder um einen FirmenTV geführt wird, ist Arbeitskampfpartei die AGKoalition oder der einzelne AG. Das hat sowohl Bedeutung dafür, wer Streikgegner der Gewerkschaft ist (Rn. 161, 162), als auch dafür, wem das Recht zusteht, über das Ob und das Wie einer Aussperrung zu entscheiden.

245 Soweit es um einen **VerbandsTV** geht, liegt die Entscheidung über den Aufruf zur Aussperrung bei der AGKoalition. Hierzu bedarf es eines Koalitionsbeschlusses (BAG 31. 10. 1995 AP GG Art. 9 Arbeitskampf Nr. 140). Fehlt eine Aussperrungsermächtigung durch den AGVerband, so handelt es sich um eine „wilde" Aussperrung, die rechtswidrig ist (BAG 31. 10. 1995 AP GG Art. 9 Arbeitskampf Nr. 140 unter I 1; LAG Hamm 21. 8. 1980 AP GG Art. 9 Arbeitskampf Nr. 72 mit zust. Anm. *Löwisch/Mikosch*; LAG Nürnberg 6. 2. 1995 NZA 1996, 784 – L –; *Däubler/Wolter* ArbKRecht Rn. 939 f.; *Gamillscheg* Koll. ArbR Bd. I § 22 IV 7; *Seiter* Streik und Aussperrung, S. 339; aA *Brox/Rüthers* ArbK Rn. 53).

246 Soweit der Arbeitskampf um einen **Firmentarif** geführt wird, ist es Sache des einzelnen AG, über die Aussperrung (formlos) zu entscheiden. Wenn die Gewerkschaft gegen ihn einen Streik führt (Rn. 162), so folgt aus dem Gebot der Verhandlungs- und Kampfparität, dass der AG grds. das Recht hat, im Rahmen der Verhältnismäßigkeit mit einer Aussperrung zu reagieren (BAG 11. 8. 1992 AP GG Art. 9 Arbeitskampf Nr. 124; 27. 6. 1995 AP GG Art. 9 Arbeitskampf Nr. 137; vgl. Rn. 248).

247 Eine bes. Situation ergibt sich im Arbeitskampf um einen Verbandstarif für AG, die dem AGVerband zwar nicht angehören (**Außenseiter**), aber in ihrem Betrieb den VerbandsTV regelmäßig anwenden. Das BVerfG sieht den Außenseiter als berechtigt an, sich der Verbands-Aussperrung anzuschließen. Es handele sich dabei um eine koalitionsgemäße Betätigung, nämlich um ein Kampfbündnis mit dem Verband, das den Abschluss eines TV im Interesse des Außenseiters beeinflussen solle (BVerfG 26. 6. 1991 E 84, 212, 225 = AP GG Art. 9 Arbeitskampf Nr. 117 unter C I 1 b; krit. *Konzen* SAE 1991, 335, 341).

V. Auszusperrende Arbeitnehmer

248 **1. Gewerkschaftsmitglieder und Außenseiter.** Nach st. Rspr. sind nicht nur die Mitglieder der kampfführenden Gewerkschaft am Arbeitskampf beteiligt, sondern im Rahmen des Streikbeschlusses die gesamte Belegschaft. Deshalb kann auch die Abwehraussperrung nicht nach der Gewerkschaftszugehörigkeit differenzieren (BAG GS 21. 4. 1971 AP GG Art. 9 Arbeitskampf Nr. 43 unter III B 3 mwN; *Gamillscheg* Koll. ArbR Bd. I § 21 III 7 b; *Löwisch/Rieble* AR-Blattei SD 170.2 Rn. 90 MünchArbR/*Otto* § 285 Rn. 59). Er darf das sogar nicht einmal, weil er sonst die positive Koalitionsfreiheit der Gewerkschaftsmitglieder verletzt (BAG 10. 6. 1980 AP GG Art. 9 Arbeitskampf Nr. 66). Hingegen ist der AG nicht gehindert, bei der Reaktion auf einen Warnstreik nur streikbeteiligte AN (ohne Rücksicht auf deren Gewerkschaftszugehörigkeit) auszusperren (BAG 11. 8. 1992 AP GG Art. 9 Arbeitskampf Nr. 124; *Löwisch/Rieble* AR-Blattei SD 170.2 Rn. 92 f.). Darin liegt keine Maßregelung, sondern die Konsequenz seiner Kampftaktik der offenen Tür und der Sinn einer „Warnaussperrung".

249 **2. Betriebsratsmitglieder.** Das BRMandat ist vom Arbeitskampf unabhängig; die BRMitglieder haben ihr Amt auch während des Arbeitskampfes wahrzunehmen (Rn. 150). Dennoch kann ein BRMitglied mit suspendierender Wirkung ausgesperrt werden (BAG 25. 10. 1988 AP GG Art. 9 Arbeitskampf Nr. 110), davon wird aber sein BRAmt nicht berührt. Entsprechendes gilt für Personalratsmitglieder und ANVertreter im Aufsichtsrat.

250 **3. Schwerbehinderte Menschen.** Das SGB IX enthält kein ausdrückliches Aussperrungsverbot. Aus einer Gesamtschau des Gesetzes folgt, dass der schwerbehinderte Mensch keinen unbedingten Beschäftigungsanspruch hat, der von allen betrieblichen Bes. losgelöst ist. Deshalb kann er suspendierend ausgesperrt werden (zum SchwbG: BAG 7. 6. 1988 NZA 1988, 892 und 7. 6. 1988 AP GG Art. 9 Arbeitskampf Nr. 107). Entsprechendes gilt für die Vertrauensperson der schwerbehinderten Menschen (§ 94 SGB IX).

251 **4. Erkrankte.** Der arbeitsunfähig erkrankte AN ist nicht zur Arbeitsleistung verpflichtet. Eine Suspendierung der Arbeitspflicht ist also denkgesetzlich ausgeschlossen. Es stellt sich aber die Frage, ob die Aussperrung als Rechtsinstitut nur darauf beschränkt ist, eine bestehende Beschäftigungspflicht zu suspendieren, oder ob es nicht vielmehr ganz allg. um die Suspendierung der beiderseitigen Hauptpflichten geht. Letzteres nimmt das BAG an: Zu den Hauptpflichten des AG, die durch die Aussperrung suspendiert werden, gehört nicht nur die Gegenleistung für tatsächlich geleistete Arbeit, sondern gehören auch alle Lohnersatzleistungen, die an die Stelle einer aus anderen Gründen ausfallenden Vergütung treten. Danach kann auch ein erkrankter AN ausgesperrt werden und verliert dadurch für die Dauer seiner Aussperrung die Lohnersatzleistung „Entgeltfortzahlung im Krankheits-

G. Aussperrung Art. 9 GG 10

falle" (BAG 7. 6. 1988 AP GG Art. 9 Arbeitskampf Nr. 107). – Vergleichbares gilt für die aus anderen Gründen von der Arbeitspflicht befreiten AN, die sich ja dennoch jederzeit dem Arbeitskampf anschließen könnten.

5. Schwangere. Entspr. den Überlegungen zum Schutz der Schwerbehinderten und arbeitsunfähig 252 erkrankten AN hält das BAG auch die suspendierende Aussperrung von schwangeren AN für zulässig. Dabei unterscheidet es nicht danach, ob die Aussperrung schon vor oder erst nach Beginn der Schutzfrist bzw. der Beschäftigungsverbote erfolgt (BAG 22. 10. 1986 AP MuSchG 1968 § 14 Nr. 4).

VI. Beginn und Ende der Aussperrung

Der Aussperrungsbeschluss des AGVerbandes (Rn. 245) oder die Aussperrungsentscheidung des 253 einzelnen AG im Falle eines umkämpften FirmenTV führt noch nicht zur Suspendierung der Hauptpflichten in den einzelnen Arbeitsverhältnissen, sondern bedarf der Umsetzung gegenüber den auszusperrenden AN durch eine entspr. **Erklärung.** Der AG muss die Aussperrung der ANSeite gegenüber zum Ausdruck bringen (BAG 27. 6. 1995 AP GG Art. 9 Arbeitskampf Nr. 137), entweder gegenüber den einzelnen AN oder ihrer Gewerkschaft bzw dem Streikkomitee. Das muss in einer hinreichend klaren Form geschehen (BAG 27. 6. 1995 AP GG Art. 9 Arbeitskampf Nr. 137 unter I 3 b), denn die AN müssen mit Rücksicht auf ihre Reaktionsmöglichkeiten wissen, ob im Verhalten des AG eine Kampfmaßnahme zu sehen ist (BAG 31. 10. 1995 AP GG Art. 9 Arbeitskampf Nr. 140).

Diese **Aussperrungserklärung bedarf keiner bes. Form,** sie kann auch konkludent abgegeben 254 werden (BAG 27. 6. 1995 AP GG Art. 9 Arbeitskampf Nr. 137 unter I 3 b); die tatsächliche Vollziehung kann bei äußerlich erkennbarer Eindeutigkeit zugleich die konkludente Aussperrungserklärung darstellen und mit ihr zusammenfallen – aber Vorsicht ist geboten: Fordert der AG die AN zum Verlassen der Arbeitsplätze auf, so muss er dabei deutlich machen, ob er die AN damit aussperren oder nur auf eine streikbedingte Betriebsstörung reagieren will (BAG aaO). Auch das Nach-Hause-Schicken der AN mit der Begründung, ein geordneter Arbeitsablauf sei angesichts eines vorangegangenen Kurzstreiks und zu erwartender weiterer Kurzstreiks (sog. Warnstreiks) nicht gesichert, reicht nicht aus (BAG 27. 6. 1995 AP GG Art. 9 Arbeitskampf Nr. 137).

Sofern es um einen Verbandstarif geht, muss der AG zusätzlich darauf hinweisen, dass die Aus- 255 sperrung **vom AGVerband getragen** wird (BAG 31. 10. 1995 AP GG Art. 9 Arbeitskampf Nr. 140), also keine „wilde" und damit rechtswidrige Aussperrung darstellt, denn diese Kenntnis ist ausschlaggebend für die Reaktionsmöglichkeiten der ANSeite. Auch an diese Klarstellung dürfen indessen keine bes. hohen oder gar förmlichen Anforderungen gestellt werden; es reicht aus, wenn sich die Mitwirkung des AGVerbandes aus den Umständen ergibt. Das ist schon dann der Fall, wenn der AGVerband bereits öffentl. für den Fall von Kurzstreiks Aussperrungen in den etwa betroffenen Unternehmen angekündigt hatte (BAG 31. 10. 1995 AP GG Art. 9 Arbeitskampf Nr. 140 unter I 2 b) bb). Bes. wichtig ist ein klarstellender Hinweis, wenn eine Aussperrung zunächst wegen der fehlenden Aussperrungsermächtigung des AGVerbandes als „wild" und damit rechtswidrig anzusehen war, dann aber während der Aussperrung vom AGVerband übernommen und damit rechtmäßig wurde.

Für die **Beendigung** der Aussperrung gilt im Prinzip das Gleiche wie für ihren Beginn. Sie muss 256 von dem AGVerband bzw dem einzelnen AG beschlossen und eindeutig bekannt gemacht werden.

Mit dem Ende der suspendierenden Aussperrung lebt das Arbeitsverhältnis wieder in vollem 257 Umfange auf: Der AN muss die Arbeit wieder aufnehmen, der AG ist verpflichtet, den AN wieder zur Arbeit zuzulassen. Der AG hat lediglich einen geringen zeitlichen Spielraum, den Beginn der Wiederaufnahme der Arbeit den betrieblichen und marktmäßigen Erfordernissen anzupassen, die sich aus der Arbeitsunterbrechung ergeben (BAG GS 21. 4. 1971 AP GG Art. 9 Arbeitskampf Nr. 43 unter Teil III C 1).

VII. Erhaltungsarbeiten

Die Notwendigkeit von Erhaltungsarbeiten besteht bei der Aussperrung genau so wie beim Streik. 258 Deshalb will auch eine Aussperrung nicht zu einem Verlust der Produktionsanlagen, Produktionsmittel und Arbeitsplätze führen, die Fortsetzung der Arbeit muss sichergestellt sein. Der AG hat es in der Hand, die auszusperrenden AN so zu bestimmen, dass die Erhaltungsarbeiten sichergestellt sind. Soweit jedoch Streikende ausgesperrt werden, führt deren selektive Herausnahme aus der Aussperrung durch den AG für sich allein noch nicht dazu, dass sie Erhaltungsarbeiten verrichten müssen. Ihre Streikbeteiligung steht nicht zur Disposition des AG. Es muss hinzu kommen, dass die streikenden AN auch nach dem zu Erhaltungsarbeiten beim Streik Gesagten (Rn. 181) für bestimmte Erhaltungsarbeiten einvernehmlich „eingeteilt" werden.

VIII. Rechtsfolgen im Einzelarbeitsverhältnis

1. Ausgesperrte Arbeitnehmer. Durch die Suspendierung der Hauptpflichten aus dem Arbeitsver- 259 hältnis entfällt die Lohnzahlungspflicht des AG mangels Gegenleistung; der AG braucht auch keine

Lohnersatzleistungen zu erbringen, die sonst an die Stelle einer ausfallenden Vergütung treten, zB Entgeltfortzahlung an Feiertagen und im Krankheitsfall, Mutterschaftsgeld (BAG 22. 10. 1986 AP MuSchG 1968 § 14 Nr. 4). Darin kann auch kein Verstoß gegen § 612 a BGB gesehen werden. Wegen Zuschlägen und Zulagen, Sozialleistungen des AG, Urlaub und Kündigung sowie Sozialversicherung vgl. Rn. 195 ff.

260 **2. Nichtausgesperrte Arbeitnehmer.** Das Arbeitsverhältnis Nichtausgesperrter besteht grds. fort mit allen beiderseitigen Rechten und Pflichten. Jedoch kann die zu erbringende Arbeitsleistung im Rahmen der Kampftaktik des AG verändert werden (Rn. 169). Auch ist der AG als verpflichtet anzusehen, einem AN, dessen „normale" Arbeit aussperrungsbedingt nicht mehr ausgeübt werden kann, auf dessen Verlangen nach Maßgabe der betrieblichen Möglichkeiten im Rahmen seiner Fürsorgepflicht eine andere Tätigkeit zu übertragen. Die Grundsätze der Verteilung des Arbeitskampfrisikos gelten wie für den Streik auch für die rechtmäßige Aussperrung (BAG 22. 12. 1980 AP GG Art. 9 Arbeitskampf Nr. 71; vgl. Rn. 136).

IX. Rechtswidrige Aussperrung

261 **1. Rechtsstellung der Arbeitnehmer.** Bei rechtswidriger Aussperrung besteht das Arbeitsverhältnis unverändert mit allen gegenseitigen Rechten und Pflichten fort. Der AG gerät durch die rechtswidrige Aussperrung in Annahmeverzug, § 615 BGB. Er hat die Arbeitsvergütung für den Aussperrungszeitraum zu zahlen als ob der AN gearbeitet hätte. Soweit dem ausgesperrten AN weitergehende Schäden entstanden sind, kann er diese auf grund der Vertragsverletzung vom AG ersetzt verlangen. Er kann sogar vorbeugend auf Unterlassung der rechtswidrigen Aussperrung klagen. Der AN kann das Arbeitsverhältnis ferner aus wichtigem Grund kündigen.

262 Soweit AN von dem rechtswidrigen Aussperrungsbeschluss nicht betroffen sind, ändert sich nichts an ihrer Rechtsstellung. Auch die Grundsätze des Arbeitskampfrisikos (Rn. 137 ff.) gelten hier nicht, denn die Folgen seines rechtswidrigen Aussperrens muss der AG selbst voll tragen.

263 **2. Verhältnis Gewerkschaft/Arbeitgeber.** Eine Gewerkschaft, die die ausgesperrten AN organisiert, hat ein schutzwürdiges Interesse daran, dass die rechtswidrige Aussperrung möglichst schnell beendet wird. Sie kann dies entweder durch Arbeitskampf oder im Wege einer Unterlassungsklage zu erreichen suchen: Als Rechtsgrundlage dafür kommt die Friedenspflicht aus einem TV oder aus einem Schlichtungsabkommen in Frage; das setzt allerdings voraus, dass der aussperrende AG tarifgebunden und damit auch selbst friedenspflichtig ist (vgl. Rn. 119). Ein Unterlassungsanspruch kann daneben auf §§ 1004, 823 I BGB iVm. Art. 9 III GG gestützt werden, denn der verfassungsrechtliche Schutz des Art. 9 III GG richtet sich nicht nur gegen Beeinträchtigungen durch den Staat, sondern auch gegen Beeinträchtigungen durch den sozialen Gegenspieler (vgl. Rn. 42 ff.).

264 **3. Verhältnis Gewerkschaft/Arbeitgeberverband.** Wird die rechtswidrige Aussperrung vom AG-Verband getragen, ist auch dieser neben den einzelnen aussperrenden AG Adressat von Gegenansprüchen der Gewerkschaft, und zwar sowohl aus verletzter Friedenspflicht als auch auf Grund der Schutzpflicht aus Art. 9 III GG iVm. § 823 I BGB (vgl. zur entspr. Rechtslage bei rechtswidrigen Streiks Rn. 225).

265 **4. Rechtswidrige Aussperrung und Mitbestimmung.** Während im Zusammenhang mit einem rechtmäßigen Arbeitskampf die Mitbestimmungsrechte des BR erheblichen arbeitskampfbedingten Einschränkungen unterliegen (Rn. 150 ff.), gilt das nicht für die rechtswidrige Aussperrung: Da die Arbeitsverhältnisse aller rechtswidrig ausgesperrten AN unverändert und uneingeschränkt fortbestehen, und im Verhältnis zwischen ihnen und dem AG wegen der Rechtswidrigkeit der Aussperrung keine „mitbestimmungsfreien" Kampfinteressen des AG anerkannt werden können, liegen die Gründe für eine Einschränkung der betrieblichen Mitbestimmung im Interesse der Arbeitskampfparität hier nicht vor. Das bedeutet, dass auch während der Dauer der rechtswidrigen Aussperrung die Kompetenzen des BR uneingeschränkt bestehen mit allen Rechtsbehelfen und Sanktionen, die bei Verletzung des Mitbestimmungsrechts gelten.

H. Atypische Arbeitskampfmittel

I. Freiheit der Kampfmittelwahl

266 Streik und Aussperrung sind zwar die klassischen Arbeitskampfmittel, aber die Geschichte der Arbeitskämpfe in allen Industrienationen kennt viele Versuche, das Arsenal zu erweitern. So bezeichnet das BAG zB den Boykott als „geschichtlich überkommene Kampfmaßnahme" BAG 17. 12. 1976 AP GG Art. 9 Arbeitskampf Nr. 51). Es kennt keinen Typenzwang. „Die Koalitionen sollen ... die Mittel, die sie zur Erreichung ihres Zwecks für geeignet halten, selbst wählen können. Zu den geschützten Mitteln zählen jedenfalls die Arbeitskampfmaßnahmen, die erforderlich sind, um eine funktionierende Tarifautonomie sicher zu stellen." (BVerfG 2. 3. 1993 E 88, 103 = AP GG Art. 9 Arbeitskampf Nr. 126 unter C II 1; dazu auch HbVerfR/*Farthmann/Coen* § 19 Rn. 146 ff.).

H. Atypische ArbeitskampfmittelArt. 9GG10

Im Einzelnen können sich hier allerdings viele Zweifelsfragen ergeben, weil die Konkretisierungen 267
der allg. Grundsätze durch die Rspr. nicht ohne weiteres auf neue und atypische Kampfformen
übertragbar sind. Ihre schädigenden Effekte sind zum Teil schärfer (Betriebsblockade und -besetzung),
tw. auch schwerer zu fassen (verdeckte Arbeitsverweigerung). Auch ergeben sich zusätzliche Probleme
durch überschießende Wirkungen (Boykott). Die Rspr. konnte bisher noch kaum zur Klärung beitragen.

II. Partielle Arbeitsverweigerung

1. Offene Leistungsbeschränkung. AN können versuchen, den AG dadurch unter Druck zu 268
setzen, dass sie ihre Arbeitsleistung nicht insgesamt verweigern, sondern nur einschränken. Dem
traditionellen Streik am nächsten kommt dieses Kampfmittel, wenn die Beschränkung in einem
entspr. Kampfbeschluss genau bezeichnet wird und die Rechtsfolge der entspr. Teilsuspendierung,
also auch der Entgeltkürzung kalkulierbar ist. Denkbar wäre die Weigerung, bestimmte Maschinen
zu bedienen oder Büroarbeiten zu leisten („Bleistiftstreik"; *Reuß* RdA 1972, 321, 322). Ebenso
kommt die Verweigerung von Überstunden und Sonntagsarbeit als Kampfmittel in Betracht. Wenn
die allg. Voraussetzungen legitimer Arbeitskämpfe gewahrt sind (Friedenspflicht, Verhältnismäßigkeit,
Kampfbeschluss der Gewerkschaft), sind solche Kampfformen rechtmäßig (*Gamillscheg* Koll.
ArbR Bd. I § 21 II 1 c, S. 987 f.; MünchArbR/*Otto* § 286 Rn. 54; *Däubler* Arbeitskampfrecht Rn.
1441 f.).

2. Verdeckte Leistungsbeschränkung. Schwieriger zu bewerten sind Kampfformen, die den Sinn 269
haben, Umfang und Intensität der Leistungsbeschränkung zu verbergen und die Rechtsfolge der
Entgeltminderung zu vermeiden. Vor allem **Bummelstreiks** haben die Rspr. wiederholt beschäftigt
(RG 9. 6. 1925 RGZ 111, 105, 112; 30. 3. 1926 RGZ 113, 197, 200; BGH 31. 1. 1978 AP GG Art. 9
Arbeitskampf Nr. 62). Zu ihrer Rechtfertigung wird angeführt, dass der vertragsmäßige Leistungsgrad
keine konstante Größe und Leistungszurückhaltung immerhin milder als Leistungsverweigerung
sei (*Däubler* Arbeitskampfrecht Rn. 1445, 1456; *Löwisch/Rieble* AR-Blattei SD 170.2 Rn. 256).
Demgegenüber beurteilt die zitierte Rspr. Bummelstreiks als sittenwidrig. Auch ich halte
das Kampfmittel wegen seiner Verschleierungstaktik für unlauter (ebenso MünchArbR/*Otto* § 286
Rn. 53). Es geht eben nicht um ein „vorübergehendes Leistungstief" (*Däubler* aaO), sondern um
geplante und koordinierte Schädigung, die das Licht einer Verhältnismäßigkeitskontrolle nicht scheuen
darf.

Das gilt nicht in gleicher Weise für den „**Dienst nach Vorschrift**"; der allerdings nur im öffentl. 270
Dienst praktikabel ist. Hier hat der AG selbst Leistungsmaßstäbe in Gestalt von Dienstanweisungen
formuliert, die er grds. gegen sich gelten lassen muss. Nun erfordern allerdings generelle und abstrakte
Regelungen stets ein gewisses Mitdenken der Anwender; viele Dienstandweisungen sind auch höchst
allg. gehalten, bedürfen also einer sinnvollen Konkretisierung. Wenn die AN sich hier gezielt und
kollektiv dümmer stellen, als sie sind, so handelt es sich um eine Variante des Bummelstreiks. Wenn sie
hingegen klare Anweisungen wörtlich befolgen, obwohl sie wissen, dass der Arbeitsablauf dadurch
verzögert und der erwartete Leistungsgrad gemindert wird, so halte ich das für legitim (ebenso
Däubler Arbeitskampfrecht Rn. 1460). Der AG hat eine probate Reaktionsmöglichkeit: er kann seine
Dienstanweisungen korrigieren. Im Streitfall wird allerdings die Abgrenzung schwierig sein.

III. Aktive Produktionsbehinderung

Im Zuge kollektiver Auseinandersetzungen kommt es gelegentlich zu Kampfmaßnahmen, durch die 271
Betriebe aktiv daran gehindert werden, ihre Tätigkeit fortzusetzen. Ein Mittel dazu ist die **Betriebsblockade:**
Die AN riegeln alle Zugänge des Betriebs ab, um Streikarbeit zu verhindern und gleichzeitig
die Zulieferung von Material und die Auslieferung hergestellter Produkte unmöglich zu machen. Das
gleiche Ziel kann auch mit **Betriebsbesetzungen** verfolgt und erreicht werden, bei denen die AN die
Betriebsräume nicht mehr verlassen und damit die reguläre Weiterarbeit verhindern.

Es handelt sich nach den Maßstäben des Deliktrechts um einen massiven Eingriff in den einge- 272
richteten und ausgeübten Gewerbebetrieb und bei der Betriebsbesetzung darüber hinaus um eine
intensive Eigentumsverletzung. Die hL hält sie deshalb für unzulässig (vgl. MünchArbR/*Otto* § 286
Rn. 58 ff.; *Gamillscheg* Koll. ArbR Bd. I § 21 V i S: 1057 ff.; *Kissel* Arbeitskampfrecht § 61 Rn. 78 ff.,
102 ff.). Auch die Rspr. geht offenbar von ihrer Rechtswidrigkeit aus, allerdings auf der Grundlage von
Sachverhalten, bei denen ein Streik außer Kontrolle geraten war (BAG 14. 2. 1978 AP GG Art. 9
Nr. 59 unter 6 am Ende; BAG 21. 6. 1988 AP GG Art. 9 Arbeitskampf Nr. 108 unter II 1 Abs. 2;
LAG Schleswig-Holstein 25. 6. 1986 NZA 1987, 65; LAG Köln 2. 7. 1984 NZA 1984, 402). Auch
Gamillscheg (aaO) scheint an solche Sachverhalte zu denken, wenn er die Dominanz radikaler Minderheiten
befürchtet.

Demgegenüber ist darauf hinzuweisen, dass auch aktive Behinderungen des Betriebsablaufs als 273
Mittel eines tarifbezogenen und gewerkschaftlich organisierten Arbeitskampfes im Grunde nur das
erreichen wollen, was auch ein effektiver Streik erreichen würde, uU sogar deutlich weniger belastend

wirken, wenn sie sich nur auf eine kurze und demonstrative Aktion beschränken, um öffentl. Aufmerksamkeit zu erreichen („**Demonstrationsbesetzung**"). Soweit also das traditionelle Kampfmittel des Streiks auf Grund technologischer und wirtschaftlicher Entwicklungen wirkungslos werden sollte, weil sich die schlichte Arbeitsniederlegung durch die AG mühelos kompensieren ließe (etwa in Zeitungsdruckereien oder in der Seeschifffahrt), müssten den Gewerkschaften uU auch Kampfmittel der aktiven Produktionsbehinderung verfügbar sein (HbVerfR/*Farthmann/Coen* § 19 Rn. 148; *Däubler* ArbR Bd. 1 Rn. 711; *Treber*, Aktiv produktionsbehindernde Maßnahmen, 1996, S. 461 ff.; weitergehend *Wolter* in *Däubler* Arbeitskampfrecht Rn. 300 ff.). Derzeit scheint mir allerdings eine so weitgehende Ergänzung des Kampfarsenals nicht erforderlich. So hat sich etwa der Wellenstreik als wirksames Kampfmittel im Bereich des Zeitungsdrucks erwiesen (Rn. 141) und auch das Ziel, die öffentl. Meinung zu mobilisieren, ist offenbar nicht auf die bes. intensive Rechtsverletzung der Betriebsblockade oder -besetzung angewiesen.

IV. Boykott

274   Der Boykott gehört zu den ältesten Kampfmitteln in sozialen Auseinandersetzungen ganz allg. und speziell bei tarifbezogenen Konflikten (BAG 19. 10. 1976 APTVG § 1 Form Nr. 6 unter 4: „geschichtlich überkommene Arbeitskampfmaßnahme"). Er zielt auf den geschäftlichen Verkehr des Kampfgegners, indem entweder nur die eigenen geschäftlichen Kontakte mit ihm abgebrochen, oder auch Dritte zum Abbruch aufgefordert werden. Im Grunde ist ein „Primärboykott" mit jedem Streik insofern verbunden, als Streikarbeit verhindert und Streikbrecher abgehalten werden sollen. Das BAG spricht insoweit von „Absperrung"; die es vom eigentlichen Boykott unterscheidet (20. 12. 1963 AP GG Art. 9 Arbeitskampf Nr. 34 LS 1). Denkbar ist auch die Kombination von Sympathiestreik und Boykott (vgl. die Weigerung von Hafenarbeitern, Schiffe mit Billigflaggen zu entladen: BAG TVG § 1 Form Nr. 6). Die Kampfmittelfreiheit umfasst aber auch Boykottaufrufe zum sonstigen Geschäftsverkehr, soweit diese die Friedenspflicht und das Übermaßverbot beachten (*Gamillscheg* Koll. ArbR Bd. I § 21 1 S. 1053 f.; MünchArbR/*Otto* § 286 Rn. 119; *Däubler* ArbR Bd. 1 Rn. 674 f.; *Binkert*, Gewerkschaftliche Boykottmaßnahmen im System des Arbeitskampfrechts, 1981, S. 110 ff.; aA *Kissel* Arbeitskampfrecht § 61 Rn. 127 f.; *Löwisch/Rieble* AR-Blattei SD 170.2 Rn. 349; *G. Müller*, Arbeitskampf und Recht, 1987, S. 136).

275   Erfolg haben weitgefasste Boykottaufrufe nur in Verbindung mit intensiver **Öffentlichkeitsarbeit.** Diese gewinnt aber ohnehin zunehmender Bedeutung bei Arbeitskämpfen. Beispiele aus jüngster Zeit zeigen, dass das Firmen-Image als wertvolles Werbeargument gilt, und zwar auch in Bezug auf das soziale Klima eines Unternehmens. Die betroffenen AG sind dabei keineswegs schutzlos, sondern reagieren erfahrungsgemäß ihrerseits mit Pressekampagnen.

V. Kollektive Ausübung individueller Rechte

276   Vielfach werden auch Massenkündigungen sowie die gemeinsame Ausübung von Zurückbehaltungsrechten als Kampfmaßnahmen diskutiert. Auch das BAG hat einmal in einem ungewöhnlichen Fall angenommen, die gleichartige und gleichzeitige Änderungskündigung einer Gruppe von AN mit dem Ziel, höhere Löhne zu erzwingen, sei kollektiver Arbeitskampf und während laufender TVverhandlungen rechtswidrig (BAG 28. 4. 1966 AP GG Art. 9 Arbeitskampf Nr. 37, krit. *Mayer-Maly*). Gemeinsam ausgeübte Zurückbehaltungsrechte hingegen unterscheidet das BAG scharf von Arbeitskampfmaßnahmen (20. 12. 1963 AP GG Art. 9 Arbeitskampf Nr. 32 unter B I 1).

277   Demgegenüber besteht im Schrifttum weitgehende Einigkeit darüber, dass die Bündelung individueller Rechte allein nicht ausreicht, um sie kollektivrechtlichen Beschränkungen zu unterwerfen. Insb. enthält Art. 9 III keine Verbotsnorm dahin, dass Individualrechte nicht kollektiv ausgeübt werden dürften. Vielmehr entscheidet grds. allein das **Arbeitsvertragsrecht** über die Wirksamkeit der rechtsgestaltenden Erklärungen, und zwar unabhängig davon, ob sie individuell oder koordiniert ausgeübt werden (*Brox/Rüthers*, Arbeitskampfrecht Rn. 552 ff.; *Däubler* Arbeitskampfrecht Rn. 1396 ff.; *Gamillscheg* Koll. ArbR Bd. I § 21 II 2 a, S. 989; *Kissel* Arbeitskampfrecht § 61 Rn. 20 und 39; MünchArbR/*Otto* § 286 Rn. 121 ff.; *Löwisch/Rieble* AR-Blattei SD 170.2 Rn. 293 ff.).

278   Eine andere Frage ist, ob eine Gewerkschaft ihre **Friedenspflicht** verletzt, wenn sie während der Laufzeit eines TV ihrem Änderungsverlangen dadurch Nachdruck verleiht, dass sie ihre Mitglieder zu Massenkündigungen aufruft und die entspr. Kampagne auch organisiert. Das wird in der Tat als Umgehung des kollektivvertraglichen Streikverbots zu werten sein und damit als Verstoß gegen die Friedenspflicht (*Brox/Rüthers* aaO Rn. 565 ff.; *Gamillscheg* aaO § 22 II 5 a; MünchArbR/*Otto* § 286 Rn. 126; wohl auch *Däubler* aaO Rn. 1398). Die einzelnen AN und die Wirksamkeit ihrer Kündigung bzw Zurückbehaltung berührt das jedoch nicht (aA *Zöllner/Loritz*, Arbeitsrecht § 40 V 2 a).

I. Schlichtung

I. Begriff und Erscheinungsformen

Kollektive Konflikte werden normalerweise ohne Arbeitskämpfe gelöst. Nicht nur die Allgemeinheit, sondern auch die Koalitionen selbst sind an friedlichen Lösungsformen stark interessiert, um die Kosten und Schadensfolgen von Arbeitskämpfe zu vermeiden. Deshalb unterwerfen sich die Tarifparteien häufig **formalisierten Verfahren zur Klärung streitiger Regelungsfragen,** wenn ihre normalen Tarifverhandlungen festfahren. Solche Schlichtungsverfahren können aus Anlass eines aktuellen Streits ad hoc eingeschaltet werden; vielfach werden sie aber schon vorbeugend in tariflichen Schlichtungsabkommen geregelt (Rn. 281). Diese erstrecken idR die tarifliche Friedenspflicht auf die Dauer des Verfahrens (Beispiele bei *Löwisch/Rumler* AR-Blattei SD 170.11 Rn. 16 f.). 279

Charakteristisch für alle Schlichtungsverfahren ist die Beteiligung von Neutralen, die als Vorsitzende oder Sachverständige zur Versachlichung des Meinungsaustauschs beitragen sollen. Das Verfahren endet entweder mit einer Einigung der Tarifparteien oder mit einem förmlichen Spruch des Schlichtungsorgans bzw des neutralen Vorsitzenden. Die Bedeutung des Verfahrens hängt davon ab, wie weitgehend sich die Tarifparteien im Voraus gebunden haben. Am schwächsten wirken Schlichtungsverfahren, deren Einschaltung im Belieben der beteiligten Tarifparteien steht. Vielfach gilt jedoch **Schlichtungszwang,** dh. die Tarifparteien verpflichten sich im Voraus, keine Kampfmaßnahmen zu ergreifen, bevor nicht wenigstens ein Einigungsversuch im Rahmen des Schlichtungsverfahrens unternommen wurde und gescheitert ist. Am weitesten gehen Schlichtungsordnungen, die eine **verbindliche Schlichtung** vorsehen; hier haben sich die Parteien dem Spruch des Schlichtungsorgans vertraglich unterworfen. 280

II. Rechtsgrundlagen und Grenzen

1. Tarifliche Schlichtungsabkommen. Praktische Bedeutung haben vor allem die autonomen Schlichtungsabkommen der Koalitionen. Sie sind TV und richten sich nach dem TVG, bedürfen also der Schriftform (§ 1 II TVG). Schon 1954 vereinbarten die BdA und der DGB das Muster einer Schlichtungsvereinbarung (RdA 1954, 383 f.). Die positive Einstellung der Verbände zum Schlichtungswesen wurde allerdings zeitweilig getrübt durch das Urteil des BAG zum Metallarbeiterstreik Schleswig-Holstein (BAG 31. 10. 1958 AP TVG § 1 Friedenspflicht Nr. 2 = BAGE 6, 321, 353). Inzwischen verfügen wieder fast alle wirtschaftlich bedeutsamen Branchen über tarifliche Schlichtungsordnungen, die sich jedoch in vielen Punkten stark unterscheiden (tabellarischer Überblick bei *Knevels* ZTR 1988, 414 f.). 281

Eine Zwangsschlichtung kommt nur in Betracht, soweit sich die Tarifparteien dem Schlichtungsspruch im Rahmen ihrer Tarifautonomie selbst unterworfen haben. Hingegen würde eine **staatliche Zwangsschlichtung** gegen Art. 9 III verstoßen (Rn. 68). Deshalb kann eine tarifliche Schlichtungsordnung auch nicht für allgemeinverbindlich erklärt werden (*Löwisch/Rumler* AR-Blattei SD 170.11 Rn. 24). Soweit Landesgesetze früher anderes vorgesehen hatten, sind sie nichtig oder längst aufgehoben worden. Die Einzige noch bestehende Ausnahme in der Landesschlichtungsordnung Baden wurde nie praktisch (MünchArbR/*Otto* § 296 Rn. 12, 13). 282

2. Staatliche Schlichtung. Nach 1945 schaffte die Militärregierung mit dem Kontrollratsgesetz Nr. 35 vom 20. 8. 1946 (Abl. KR S. 174) die Rechtsgrundlage für Schlichtungsstellen der Länder. Einige von ihnen haben das aufgegriffen und **Landesschlichter** oder **Schlichtungsausschüsse** eingerichtet. Ihre Aufgabe besteht in der Vermittlung im Regelungsstreit auf Wunsch der streitenden Parteien. Im Landesteil Baden kann der Schlichter sich auch aus Vermittlung anbieten (§ 6 LSchliO Baden). Aber auch hier geht es um Vertragshilfe und nicht um Zwangsschlichtung, allerdings mit Einlassungszwang, was problematisch erscheint (vgl. zu den Einzelheiten der unterschiedlichen Verfahren MünchArbR/*Otto* § 296; *Kissel* Arbeitskampfrecht § 70 Rn. 10 ff.; *Löwisch/Rumler* AR-Blattei SD 170.11 Rn. 57 ff.; zu den praktischen Erfahrungen *Knevels* ZTR 1988, 408, 411 f.). 283

Streitig ist, ob der Gesetzgeber ein obligatorisches Schlichtungsverfahren einführen könnte, auf das sich die Tarifparteien generell oder auf Antrag einer Seite einlassen müssten. Selbst wenn ein solches Verfahren nur mit einem unverbindlichen Vermittlungsvorschlag enden soll, läge darin ein Eingriff in die Tarifautonomie, weil der Spielraum der Tarifparteien durch den Druck der Öffentlichkeit eingeschränkt würde. Nur eine Gefährdung überragend wichtiger Gemeinschaftsgüter könnte einen solchen Eingriff rechtfertigen (weitergehend MünchArbR/*Otto* § 296 Rn. 31 f. mwN). Soweit hier schon die Rechtmäßigkeit des Streiks begrenzt ist, sind ohnehin die staatlichen Gerichte zuständig, eine Zwangsschlichtung ist also nicht erforderlich (*Kissel* Arbeitskampfrecht § 70 Rn. 35 f.). 284

Art. 12 [Berufsfreiheit]

(1) ¹Alle Deutschen haben das Recht, Beruf, Arbeitsplatz und Ausbildungsstätte frei zu wählen. ²Die Berufsausübung kann durch Gesetz oder auf Grund eines Gesetzes geregelt werden.

(2) Niemand darf zu einer bestimmten Arbeit gezwungen werden, außer im Rahmen einer herkömmlichen allgemeinen, für alle gleichen öffentlichen Dienstleistungspflicht.

(3) Zwangsarbeit ist nur bei einer gerichtlich angeordneten Freiheitsentziehung zulässig.

I. Eigenart und Bedeutung

1   Art. 12 I ist neben Art. 14 die für das Arbeits- und Wirtschaftsleben zentrale Grundsatznorm und das **Hauptgrundrecht der freien wirtschaftlichen Betätigung** (*Tettinger* in *Sachs* Rn. 179). Seine Bedeutung für das Arbeitsrecht war allerdings lange Zeit unscharf. Noch bei der Staatsrechtslehrertagung im Jahre 1984 wurde allg. konstatiert, dass die Berufsfreiheit der abhängigen Arbeit bislang kaum entfaltet und auch in der Gerichtspraxis fast bedeutungslos geblieben war (vgl. *Lecheler* VVDStRL 43 [1985], 48, 65 mwN). Das hat sich durch die Rspr. des BVerfG in den letzten 15 Jahren grundlegend geändert. Heute kann man Art. 12 I als „Grundrecht der Arbeit" bezeichnen (*Söllner* AuR 1991; 45, 46).

2   Ideengeschichtlich wurzelt das Grundrecht in der Gewerbefreiheit des 19. Jahrhunderts, also einem Schutzrecht unternehmerischer Betätigung. Aber schon das Apotheken-Urteil des BVerfG betonte **den personalen Bezug** des Grundrechts. Verbürgt sei mehr als die Freiheit selbständiger Ausübung eines Gewerbes. Es gehe um Arbeit als Beruf und Lebensgrundlage mit Wert und Würde für alle sozialen Schichten (11. 6. 1958 E 7, 377, 397). Dieser Persönlichkeitsbezug bestehe zwar auch bei juristischen Personen und verwirkliche sich sogar in der Unternehmerfreiheit von Großunternehmen, sei dort aber nur schwach ausgebildet, so dass die Regelungsbefugnisse des Gesetzgebers hier weiter gingen als bei persönlicher Berufsausübung (BVerfG 1. 3. 1979 E 50, 290, 363 f. = AP MitbestG § 1 Nr. 1 unter C III 3 a) aa)). Solche Akzentuierung konnte den irrigen Eindruck erwecken, Art. 12 I sei eine „Magna Charta" der freien Berufe oder des Mittelstandes.

3   Das **Bundesarbeitsgericht** hat das naturgemäß umfassender gesehen. Aber obwohl es zunächst von der unmittelbaren Geltung der Grundrechte im Zivilrecht ausging (Einl. Rn. 17), hat es zur Konkretisierung des Grundrechts der Berufsfreiheit kaum beigetragen. Eine Bestandsaufnahme von 1984 (*Heither* JöR 33 (1984), 315) dokumentiert nur Rspr. zu vertraglichen Wettbewerbs- und Nebentätigkeitsverboten sowie Rückzahlungsklauseln. Für die viel existenzielleren Fragen des Kündigungsschutzes wurde die Berufung auf Art. 12 ausdrücklich zurückgewiesen (23. 9. 1976 AP KSchG 1969 § 1 Wartezeit Nr. 1). Entgegen seinem hochgreifenden Ansatz hat sich das BAG immer bemüht, Entscheidungen allein auf der Grundlage des einfachen Rechts zu finden und zu begründen. In der Tat: Der Ausbau grundrechtsdogmatischer Strukturen kann nicht Sache der Fachgerichte sein. Deren Aufgabe besteht in der Realisierung der Grundrechte im einfachen Recht.

4   Inzwischen ist die **sozialstaatliche Substanz** des Art. 12 I durch das BVerfG breit entfaltet worden. Als Auftakt kann das Urteil zum numerus clausus gelten (18. 7. 1972 E 33, 303), mit dem das BVerfG zum Erstenmal ein „**Teilhaberecht**" aus Art. 12 I ableitete. Der Staat dürfe sich nicht auf die Freihaltung des Zugangs zu seinen Ausbildungsstätten beschränken, sondern müsse – im Rahmen des möglichen – auch die Voraussetzungen für ihre Nutzung schaffen. Den Realitäten und Zwängen des Arbeitslebens stellte sich das BVerfG mit dem Handelsvertreter-Beschluss. Der Staat müsse schützend aktiv werden, wo Teilnehmer des Arbeitslebens offensichtlich außerstande seien, ihre Berufsfreiheit wahrzunehmen. Gesetzgeber und Gerichte treffe eine grundrechtliche **Schutzpflicht** (7. 2. 1990 E 81, 242 = AP GG Art. 12 Nr. 65). Die Umbruchsituation in den neuen Ländern hat dann die Problematik des Arbeitsplatzverlustes ins Blickfeld des BVerfG gerückt. Die freie Wahl des Arbeitsplatzes schließe die Freiheit ein, eine konkrete Beschäftigungsmöglichkeit beizubehalten; auch insoweit bestehe eine grundrechtliche Schutzpflicht (24. 4. 1991 E 84, 133, 146 f. – Warteschleife = AP GG Art. 12 Nr. 70). Und schließlich wurde erkannt, dass auch die Verfallbarkeit betrieblicher Versorgungsanwartschaften ein zentrales Problem der Berufsfreiheit betrifft (15. 7. 1998 E 98, 365 = AP BetrAVG § 18 Nr. 26).

5   Ein **Grundrecht auf Arbeit** ergibt sich aus alledem nicht. Der Einzelne hat kein subjektives Recht auf Verschaffung eines Arbeitsplatzes oder auf eine entspr. Bestandsgarantie (BVerfG 24. 4. 1991 E 84, 133, 146 = AP GG Art. 12 Nr. 70 unter C III 1). Der Staat ist zwar zu arbeitsmarktpolitischer Aktivität im Rahmen seiner Haushaltswirtschaft verpflichtet, das folgt aber nicht aus einem Grundrecht, sondern aus Art. 109 II; zu den Erfordernissen gesamtwirtschaftlichen Gleichgewichts, von denen diese Vorschrift spricht, gehört auch ein befriedigendes Beschäftigungsniveau (*Wieland* in *Dreier* Rn. 33). Einige Landesverfassungen gehen hier deutlich weiter (vgl. die Nachw. bei *Däubler*, Arbeitsrecht 2, Rn. 30 ff.).

II. Schutzbereich

1. Beruf/Arbeitsplatz/Ausbildungsstätte. Beruf ist nach der Rspr. des BVerfG jede Tätigkeit, die 6 der Schaffung und Erhaltung einer Lebensgrundlage dient (11. 6. 1958 E 7, 377, 397; 18. 6. 1980 E 54, 301, 313). Der Begriff suggeriert zwar eine gewisse Dauerhaftigkeit, es besteht aber Einigkeit, dass sich daraus kein praktisch bedeutsames Abgrenzungsmerkmal ergibt; auch Aushilfs- und Erprobungstätigkeiten gehören zum Beruf. Ebenso werden Zweit- und Nebenberufe geschützt. Nebentätigkeiten von Beamten sollen zwar nach der Rspr. des BVerfG nur durch Art. 2 I geschützt sein (12. 4. 1972 E 33, 44, 48; ebenso BVerwG 26. 6. 1980 E 60, 254, 255), das ist aber nach jetzt herrschender Lehre nicht überzeugend (vgl. *Scholz* in *Maunz/Dürig* Rn. 203 f.; *Tettinger* in *Sachs* Rn. 33; *Jarass/Pieroth* Rn. 6 mwN). Der Begriff ist weit offen für jede dem Erwerb dienende Betätigung. Die Frage, ob eine Tätigkeit sozial akzeptiert und erlaubt ist, betrifft nicht den Schutzbereich, sondern dessen Schranken (zu diesen vgl. Rn. 22 ff.). Nicht unter die Berufsfreiheit fallen private Betätigungen und Hobbys.

Arbeitsplatz ist die konkrete Betätigungsmöglichkeit, die es erlaubt berufliche Arbeit zu verrichten. 7 Der Begriff „Arbeitsplatz" ist nicht räumlich definiert, sondern meint alle materiellen und organisatorischen Voraussetzungen und Rahmenbedingungen, und zwar für Selbständige ebenso wie für abhängig Beschäftigte (BVerfG 24. 4. 1991 E 84, 133, 146 = AP GG Art. 12 Nr. 70; *Tettinger* in *Sachs* Rn. 64; *Wieland* in *Dreier* Rn. 54). Für AN geht es vor allem um bestehende Beschäftigungsmöglichkeiten und konkrete Vertragspartner sowie um die Bestandssicherheit der arbeitsvertraglichen Beziehungen; gewährleistet werden also gleichermaßen Mobilität wie Immobilität. Die allg. Gegebenheiten des Arbeitsmarktes gehören hingegen nicht zum Schutzbereich des Arbeitsplatzes (vgl. auch Rn. 5 und 34 ff.).

Ausbildungsstätte bedeutet im Kontext des Art. 12 I nicht jede Bildungsmöglichkeit, sondern nur 8 eine berufsbezogene Einrichtung. Gemeint ist die betriebliche und überbetriebliche Lehrlingsausbildung, Hochschulen und Akademien, Vorbereitungsdienst und Einrichtungen des „Zweiten Bildungsweges" (Nachw. bei *Tettinger* in *Sachs* Rn. 67 f. und *Wieland* in *Dreier* Rn. 55).

2. Geschützte Betätigung. Geschützt ist die Freiheit der **Auswahl** und der **Ausübung** von 9 erwerbsbezogenen Tätigkeiten in allen denkbaren Formen. Die unterschiedliche Begriffsbildung der beiden Sätze von Art. 12 I bedeutet nicht, dass zwischen zwei Entscheidungsstadien grds. unterschieden werden könnte. Schon im „Apotheken-Urteil" hat das BVerfG klargestellt, dass Wahl und Ausübung nur verschiedene Blickwinkel eines einheitlichen Lebenssachverhalts bilden (11. 6. 1958 E 7, 377, 400). Allerdings glaubte das BVerfG anfangs, mit Hilfe dieser Begriffe unterschiedliche Grade von Eingriffsintensitäten kennzeichnen zu können („Stufentheorie"), aber auch das hat sich als wenig ergiebig erwiesen (Rn. 26).

Geschützt ist auch die **negative Berufsfreiheit,** also die Entscheidung, von einer Erwerbstätigkeit 10 abzusehen (BVerfG 21. 10. 1981 E 58, 358, 364) oder den Beruf aufzugeben (BVerfG 21. 6. 1989 E 80, 257, 263 – Höchstaltersgrenze). Das bedeutet natürlich nicht, dass der Staat verpflichtet wäre, eine solche Entscheidung durch unterhaltssichernde Regelungen oder Leistungen möglich zu machen.

Die Freiheit der **Arbeitsplatzwahl** ist betroffen, wenn der Staat den Einzelnen an der Aufnahme 11 einer konkreten Beschäftigungsmöglichkeit hindert, ihn zur Annahme eines bestimmten Arbeitsplatzes zwingt, die Aufgabe eines Arbeitsplatzes verlangt oder ihn daran hindert. Der Begriff „Arbeitsplatz" ist nicht im arbeitsrechtlichen Sinne zu verstehen; gemeint ist jede Arbeitsmöglichkeit unabhängig von der Vertragsform (Werk-, Dienst- oder Arbeitsvertrag). Mit der Wahlfreiheit ist zwar weder der Anspruch auf Bereitstellung eines Arbeitsplatzes, noch eine Bestandsgarantie verbunden, wohl aber die Anerkennung eines spezifischen Schutzbedürfnisses; auch Machtausübung mit privatrechtlichen Gestaltungsmitteln kann diese Freiheit beeinträchtigen. (BVerfG 24. 4. 1991 E 84, 133, 146 f. = AP GG Art. 12 Nr. 70 unter C III 1; 21. 2. 1995 E 92, 140, 150 = NZA 1995, 619). Staatliche Maßnahmen der Arbeitsmarktpolitik betreffen nicht die Arbeitsplatzwahl. Auch der gesetzliche Kündigungsschutz beeinträchtigt nicht etwa die Berufsfreiheit potentieller Arbeitsplatzbewerber, die auf freiwerdende Stellen hoffen (aA *Reuter* RdA 1978, 344 ff.; *Papier* RdA 2000, 1, 4; *Oetker* RdA 1997, 9, 20 mwN). Besetzungsregeln und Einstellungsrichtlinien, die unmittelbar in den Wettbewerb um vorhandene Arbeitsplätze eingreifen, betreffen hingegen die Freiheit der Arbeitsplatzwahl.

3. Grundrechtsträger sind nur **Deutsche** iSv. Art. 116. Das führt in der Praxis zu Wertungswider- 12 sprüchen und bedarf der Abmilderung (vgl. Einl. Rn. 4). Vor allem bei EG-Ausländern lässt sich die Unterscheidung nicht durchhalten. Der EuGH betrachtet die Berufsfreiheit als einen allg. Grundsatz des Gemeinschaftsrechts (*Tettinger* in *Sachs* Rn. 19, *Stadler*, Die Berufsfreiheit in der Europäischen Gemeinschaft, 1980). Das führt im Ergebnis über Art. 2 I zu einer vergleichbaren Rechtsstellung (*Wieland* in *Dreier* Rn. 66; aA *Erichsen* HbStR VI § 152 Rn. 47 ff.).

Juristische Personen sind nach einhelliger Auffassung durch Art. 12 I geschützt, wenn sie einer 13 Erwerbstätigkeit nachgehen, die ebenso von einer natürlichen Person ausgeübt werden könnte

25 **2. Verhältnismäßigkeitsprüfung/Stufenlehre.** Die materielle Grenze der Einschränkbarkeit wird durch den **Grundsatz der Verhältnismäßigkeit** markiert. Je intensiver die Berufsfreiheit eingeschränkt wird, desto schwerer müssen die Gründe dafür wiegen und desto strenger ist die Kontrolle des BVerfG im Rahmen des Prüfungsprogramms der Verhältnismäßigkeit (Geeignetheit, Erforderlichkeit und Zumutbarkeit; vgl. dazu Einl. Rn. 27 und Art. 2 Rn. 18). Grds. übt das BVerfG allerdings betonte Zurückhaltung bei der Bewertung gesetzgeberischer Ziele, Lagebeurteilungen und Prognosen. Auf dem Gebiete der Arbeitsmarkt-, Sozial- und Wirtschaftsordnung gebühre dem Gesetzgeber ein bes. weitgehender Einschätzungs- und Prognosevorrang (BVerfG 6. 10. 1987 E 77, 84, 106 f. = NJW 1988, 1195; 17. 11. 1992 E 87, 363, 383 = NVwZ 1993, 878). Das bedeutet praktisch die Beschränkung der gerichtlichen Nachprüfung auf eine Vertretbarkeitskontrolle auf der Basis der dem Gesetzgeber verfügbaren Fakten. Immerhin wird eine Nachbesserung innerhalb angemessener Zeit gefordert, wenn sich die Fakten als falsch erweisen oder grundlegend verändern (BVerfG 3. 6. 1980 E 54, 173, 202; 17. 10. 1990 E 83, 1, 21 ff.).

26 Um die Eingriffsintensität einer Berufsfreiheitsbeschränkung erfassen zu können, ordnet sie das BVerfG in einem ersten Prüfungsschritt einer von drei Kategorien zu, die schon im Apotheken-Urteil von 11. 6. 1958 (E 7, 377, 405 ff.) entwickelt und als „**Stufenlehre**" bezeichnet wurden. Danach ist der Gesetzgeber am freiesten bei Regelungen der Berufsausübung; hier genügen „vernünftige Erwägungen des Gemeinwohls". Eingriffe in die Freiheit der Berufswahl wiegen weitaus schwerer und müssen deshalb an strengere Anforderungen gebunden werden. Bei Berufswahlbeschränkungen ist zwischen subjektiven und objektiven Zulassungsvoraussetzungen zu unterscheiden. Während die Ersteren nur an persönliche Eigenschaften oder Leistungen anknüpfen und deshalb weniger intensiv wirken, betrachtete das BVerfG objektive Zulassungsvoraussetzungen (zB Bedürfnisprüfungen) als schwerste Form eines Eingriffs in die Berufsfreiheit, die nur zur Abwehr nachweisbar oder höchstwahrscheinlich schwerwiegender Gefahren für ein überragend wichtiges Gemeinschaftsgut gerechtfertigt seien. Eingriffe in die Arbeitsplatzwahl stellt das BVerfG Berufswahlbeschränkungen gleich (21. 2. 1995 E 92, 140, 151 = NZA 1995, 619 unter C I 2).

27 Im Laufe einer umfangreichen Kasuistik hat sich das BVerfG mehr und mehr davon überzeugen lassen, dass die drei Stufen weder ausreichen, um das **differenzierte Spektrum** staatlicher Interventionen zu erfassen, noch zuverlässige Indikatoren der Eingriffsintensitäten bieten. Eine klare Trennung ist wegen des weiten Berufsbegriffs oft gar nicht möglich. So können Regeln der Berufsausübung wie Zugangsvoraussetzungen wirken (BVerfG 23. 3. 1960 E 11, 30; 6. 10. 1987 E 77, 84, 106). Inkompatibilitätsgrundsätze haben sowohl objektive als subjektive Elemente; die Eingriffsintensität hängt vor allem von der Konkurrenzsituation ab (BVerfG 4. 11. 1992 E 87, 287, 317 = NJW 1993, 317). Insgesamt hat die Stufenlehre zwar noch **didaktische Funktion**, aber das Abwägungsprogramm des BVerfG arbeitet nicht mit drei Stufen, sondern mit einer ansteigenden Rampe (Überblicke bei *Tettinger* in *Sachs* Rn. 100 ff.; *Wieland* in *Dreier* Rn. 101 ff.; *Jarass/Pieroth* Rn. 24 ff.; *Manssen* in *v. Mangoldt/Klein,* Rn. 133 ff.; alle mit zahlr. Nachw. auch zur Kritik an der Stufenlehre, die schon 1958 einsetzte).

28 **3. Grundgesetzliche Schranken.** Das Grundgesetz selbst beschränkt die Berufsfreiheit. So enthält **Art. 48** Schutzvorschriften zugunsten von Abgeordneten (Urlaub, Kündigungsschutz), die auch private Arbeitgeber binden. **Art. 140** iVm. **Art. 139** WRV schützt den Sonntag und staatlich anerkannte Feiertage als Tage der Arbeitsruhe und beschränkt damit die Berufsfreiheit beider Arbeitsvertragsparteien. Schließlich eröffnet **Art. 33 II** die Möglichkeit zu Sonderregelungen für den öffentl. Dienst und bildet damit eine zusätzliche Schranke (vgl. *Jarass/Pieroth* Rn. 59). Hingegen bildet die Schutzfunktion anderer Grundrechte keine Schranke; sie führt nur zu einer Kollision, die Gesetzgeber und Rspr. im Wege praktischer Konkordanz auflösen müssen (Rn. 21 und Einl. Rn. 70 ff.).

V. Arbeitsrechtliche Problemschwerpunkte

29 **1. Abschlussfreiheit.** Schon die Abschlussfreiheit des AG, also die Freiheit der Entscheidung, ob und mit wem Arbeitsverträge geschlossen werden, halten manche für ein Kernstück der **Berufsfreiheit des AG** (*Hillgruber* ZRP 1995, 6, 7). Tatsächlich kennt das Arbeitsrecht eine Vielzahl von Vorschriften und Grundsätzen, die den Entscheidungsfreiraum des AG mehr oder weniger stark einschränken: Verfahrensvorschriften, Vorgaben für das Auswahlermessen, Abschlussverbote, punktuell sogar Übernahmepflichten (§ 78a BetrVG, § 10 AÜG, § 613a BGB). Alle diese Regelungen greifen in die Freiheit der Berufsausübung des AG ein, bedürfen also „vernünftiger Erwägungen des Gemeinwohls"; die die Eingriffsintensität legitimieren können. Sie müssen sich am Übermaßverbot messen lassen. Ihre Verfassungsmäßigkeit lässt sich aber angesichts des gesetzgeberischen Gestaltungsfreiraums im Allg. kaum ernsthaft anzweifeln (vgl. die Übersichten bei MünchArbR/*Buchner* § 39 Rn. 44 ff.; *Otto,* Personale Freiheit und soziale Bindung, § 2).

30 Problematisch sind allerdings echte individualrechtliche **Kontrahierungszwänge**. Manche Autoren halten sie für generell verfassungswidrig (MünchArbR/*Buchner* § 39 Rn. 47), andere fordern sie wenigstens als Sanktion bei Verstößen gegen die Diskriminierungsverbote des Art. 3 II und III (*Ha-*

V. Arbeitsrechtliche Problemschwerpunkte   Art. 12   GG 10

nau, FS Kahn-Freund, 1980, 457, 470). *Gamillscheg* will überhaupt nur sachbezogene Gründe bei der Einstellungsentscheidung zulassen (FS W. Weber, 1974, 793, 802) ebenso *Däubler* (Arbeitsrecht 2, Rn. 84). Nach meiner Ansicht sind gesetzliche Kontrahierungszwänge zur Sicherung verfassungsrechtlicher Grundsatzentscheidungen (wie zB Art. 3 II und III, Art. 5 I, Art. 9 III) im Rahmen der Verhältnismäßigkeit zulässig. Sie bedürfen allerdings einer **gesetzlichen Grundlage** (Art. 12 I 2; weitergehend wohl *Neuner* JZ 2003, 57, 61). Will der Gesetzgeber nicht so weit gehen, einen gesetzlichen Kontrahierungszwang zu begründen, verletzt er das Untermaßverbot zu Lasten diskriminierter Bewerber oder Bewerberinnen, wenn er keine anderen wirkungsvollen Sanktionen schafft, insb. Schadensersatzansprüche. Die **Rspr.** muss die ihr dafür gebotenen Instrumente nutzen (BVerfG 16. 11. 1993 E 89, 276 = AP BGB § 611 a Nr. 9; im gleichen Sinne zum Schutz der Meinungsfreiheit bei der Übernahme von Auszubildenden BVerfG 19. 5. 1992 E 86, 122 = AP GG Art. 5 Meinungsfreiheit Nr. 12).

2. Inhaltskontrolle von Arbeitsverträgen. Praktisch bedeutsamer, aber weit weniger umstritten ist 31 die Ausstrahlungswirkung der Berufsfreiheit bei der gerichtlichen **Inhaltskontrolle von Arbeitsverträgen.** Jeder richterliche Eingriff in den Vertragsinhalt ist theoretisch zugleich ein Grundrechtseingriff in die Vertrags- und in die Berufsfreiheit sowohl des AG als auch des AN. Aber praktisch ist die Freiheit des Vertragspartner höchst ungleich verteilt. Der Vertragsinhalt wird idR nicht ausgehandelt, sondern vom Arbeitgeber weitgehend diktiert. Das BVerfG fordert daher bei „strukturell ungleicher Verhandlungsstärke" sowie einseitig und übermäßig stark belastendem Verhandlungsergebnis zu Lasten des unterlegenen Teils eine **Kompensation** durch das Recht. Zumindest im Rahmen der Generalklauseln müssen die Gerichte ihrer grundrechtlichen Schutzpflicht genügen (vgl. Einl. Rn. 40 und Art. 2 Rn. 33 ff.; ferner eingehend 230 – BGB § 310 Rn. 40 ff.).

Das BAG hat schon lange vor der Bürgschaftsentscheidung des BVerfG (19. 10. 1993 E 89, 214 = 32 AP GG Art. 2 Nr. 35) arbeitsvertragliche Regelungen inhaltlich überprüft und korrigiert, allerdings mit sehr unterschiedlichen Begründungsansätzen (krit. dazu *Fastrich*, Richterliche Inhaltskontrolle im Privatrecht, S. 164 ff. und *Preis*, Grundlagen der Vertragsgestaltung im Arbeitsrecht, S. 149 ff.). Auf die Ausstrahlungswirkung des Art. 12 hat es sich nur selten bezogen. Das geschah vor allem bei den verschiedensten **Rückzahlungsklauseln**, die als Kündigungserschwerungen erkannt und hinsichtlich ihrer Intensität und sachlichen Rechtfertigung überprüft wurden (29. 6. 1962 AP GG Art. 12 Nr. 25; 24. 2. 1975 AP GG Art. 12 Nr. 50; 27. 10. 1978 AP BGB § 611 Gratifikation Nr. 99 unter I; 11. 4. 1990 AP BGB § 611 Ausbildungsbeihilfe Nr. 14 unter III 1). Bei den **Verfallklauseln** in Versorgungszusagen wurde dieser Ansatz merkwürdigerweise nicht aufgegriffen, aber mit anderer Begründung das gleiche Ziel verfolgt (10. 3. 1972 AP BGB § 242 Ruhegehalt Nr. 156). Hier hat das BVerfG inzwischen sehr weitreichende Grundsätze entwickelt, die auch den Gesetzgeber binden (15. 7. 1998 E 98, 365 = AP BetrAVG § 18 Nr. 26). Man kann jetzt von einem **grundrechtlichen Mobilitätsschutz** sprechen. In diesem Sinne hat das BAG schon früher bei der Fortbildung des Rechts der nachvertraglichen **Wettbewerbsverbote** wiederholt auf Art. 12 abgestellt (13. 9. 1969 AP BGB § 611 Konkurrenzklausel Nr. 24 unter V 3 b; 8. 2. 1974 AP HGB § 74 c unter III 4; ebenso auch der BGH: 28. 4. 1986 AP GG Art. 12 Nr. 57). Auf der gleichen Linie liegt die Rspr. zu **Nebentätigkeitsverboten**; sie sind nach der Rspr. des BAG wegen Art. 12 nur wirksam, soweit berechtigte Interessen des AG anerkannt werden können (BAG 3. 12. 1970 AP BGB § 626 Nr. 60; 20. 11. 1988 AP BGB § 611 Doppelarbeitsverhältnis Nr. 3).

Ein neues Anwendungsfeld für grundrechtsgeleitete Vertragsinhaltskontrolle hat sich auf dem 33 Gebiet des **Berufssports** ergeben, wo **Transferentschädigungen** üblich sind und lange Zeit unbeanstandet blieben, obwohl sie für die betroffenen Sportler (meist Fußballer oder Eishockeyspieler) einem Berufsverbot gleichkommen können. Das LAG Berlin hat hier erstmals die Willkürkontrolle mit der Schutzfunktion des Art. 12 begründet (21. 6. 1979 AP BGB § 611 Berufssport Nr. 3). Das BAG ist gefolgt (15. 11. 1989 und 11. 11. 1996 AP BGB § 611 Berufssport Nr. 6 und 12). Die Abgrenzung im Einzelnen ist allerdings noch wenig geklärt (vgl. *Däubler* Anm. zu AP BGB § 611 Berufssport Nr. 6; *Arens/Scheffer*, AR-Blattei 1480.2 Rn. 233 ff.; MünchArbR/*Gitter* § 202 Rn. 41 a ff.). Der grenzüberschreitende Transfer in Europa wird auch durch Art. 48 EGV gewährleistet (EuGH 15. 12. 1995 AP BGB § 611 Berufssport Nr. 10 – Bosmann).

3. Arbeitsplatzschutz. Schwerpunkt und Prüfstein der arbeitsrechtlichen Bedeutung des Art. 12 ist 34 der Kündigungsschutz. Auch hier sind beide Vertragsparteien betroffen und sowohl die Abwehr- wie auch die Schutzfunktion der Berufsfreiheit wirksam. Der Arbeitgeber darf an einmal begründete Dauerschuldverhältnisse nicht unbegrenzt, also übermäßig gebunden werden; andererseits bedarf der AN des Schutzes gegen einseitige Ausübung privater Gestaltungsmacht, soll seine Freiheit der Arbeitsplatzwahl nicht leerlaufen. Der **gesetzliche Kündigungsschutz** entspricht diesen Vorgaben der Verfassung mit einem differenzierten und komplizierten Regelwerk, das insgesamt zwar in dieser konkreten Ausgestaltung nicht verfassungsrechtlich geboten ist, aber weder das Übermaßverbot, noch das Untermaßverbot verletzt (BVerfG 24. 4. 1991 E 84, 133, 147 = AP GG Art. 12 Nr. 70 unter C III 1; 27. 1. 1998 E 97, 169 = AP KSchG 1969 § 23 Nr. 17). Voraussetzung ist allerdings, dass die Arbeitsgerichte die Generalklauseln verfassungskonform auslegen und anwenden (vgl. zu Beanstandungen BVerfG 21. 2. 1995 E 92, 140, 153 = NZA 1995, 619; BVerfG 8. 7. 1997 E 96, 152 = AP GG Art. 33 II

Nr. 37; Kammer 19. 3. 1998 NZA 1998, 587 u. 588; ferner *Hanau* FS Dieterich 1999, S. 201, 205 ff.; *Kühling* FS Dieterich 1999, S. 325, 327 ff.), denn nicht nur der Gesetzgeber, auch die **Rspr.** ist an die Grundrechte gebunden, muss diese also im Rahmen ihrer subsidiären Konkretisierungskompetenz berücksichtigen (vgl. Einl. Rn. 12 f. und Rn. 80 f.). Das BAG hat mit dieser Begründung den Tatbestand der Verdachtskündigung eingegrenzt (14. 9. 1994 AP BGB § 626 Verdacht strafbarer Handlung Nr. 24 unter II 3 c) und bei Fehlgehen der Prognose einer betriebsbedingten Kündigung einen Wiedereinstellungsanspruch zugebilligt (27. 2. 1997 AP KSchG 1969 § 1 Wiedereinstellung Nr. 1). Auch bei der Kontrolle befristeter Arbeitsverträge lässt es sich von der Schutzfunktion des Art. 12 leiten (vgl. *I. Schmidt* FS Dieterich 1999, S. 585).

35 Die rechtspolitische Brisanz des verfassungsrechtlichen **Untermaßverbots** ergibt sich aus der Tendenz des Gesetzgebers, den geltenden Kündigungsschutz abzubauen. So hatte das Arbeitsrechtliche Beschäftigungsförderungsgesetz vom 26. 9. 1996 Betriebe bis einschließlich 10 AN von der Geltung des KSchG ausgenommen (inzwischen durch Gesetz vom 27. 9. 1998 wieder rückgängig gemacht). Das legte die Frage nahe, ob hier der grundrechtlich geforderte **Mindestschutz** durch die Rechtsordnung noch gewährleistet war. Die Frage wurde zwar einhellig mit dem Hinweis auf den Gestaltungsfreiraum des Gesetzgebers und die Auffangfunktion der zivilrechtlichen Generalklauseln (vor allem §§ 138 und 242 BGB) bejaht, aber gleichzeitig gefordert, dass auch außerhalb des Kündigungsschutzgesetzes ein Mindestbestandsschutz gewährleistet bleibt. Allerdings ist noch ungeklärt, welchen Mindeststandard Art. 12 I fordert und welchen „Kündigungsschutz zweiter Klasse" (*Hanau* FS Dieterich, 1999, S. 201, 207) die Generalklauseln tatsächlich bieten.

36 Es liegt auf der Hand, dass aus der Verfassung keine bestimmten Regelungen abgeleitet werden können, die als Untergrenze den Mindeststandard markieren. Die Abgrenzungsfrage stellt sich sehr differenziert, je nach dem welches **spezielle Schutzbedürfnis** angesprochen ist; Schutz vor Überraschung, Schutz gegen Diskriminierung, Schutz der Entscheidungsfreiheit (vgl. *Hanau* FS Dieterich 1999, S. 201; *Oetker* RdA 1997, 9; *ders.* AuR 1997, 41; *Otto* FS Wiese 1998, S. 353; *Preis* NZA 1997, 1256). Als zusammenfassende Formel lässt sich immerhin festhalten, dass das Bestandsschutzinteresse des AN und die bes. Gefährdungslagen nicht völlig vernachlässigt werden dürfen (*Oetker* RdA 1997, 9, 19). Es muss von einem angemessenen Ausgleich der gegenläufigen Grundrechtspositionen gesprochen werden können (BVerfG 27. 1. 1998 E 97, 169, 176 f. = AP KSchG 1969 § 23 Nr. 17 unter B I 3 a). Evident **unsachliche Gründe** und Gründe, die mit dem Arbeitsverhältnis nichts zu tun haben, muss die Rechtsordnung ausschließen. Die zivilrechtlichen Generalklauseln können dafür sorgen. Sie ergänzen den speziellen Kündigungsschutz und sind entspr. auszulegen (BVerfG 27. 1. 1998 E 97, 169 = AP KSchG 1969 § 23 Nr. 17; *Dieterich,* AR-Blattei ES 1020 Anm. zu Nr. 345, 346; *Oetker* AuR 1997, 41, 47 ff.; *Otto* JZ 1998, 852; *Lakies* DB 1997, 1078, 1081; MünchArbR/*Wank* § 122 Rn. 33 ff.). Die Darlegungs- und Beweislast im Prozess muss dieser Ergänzungsfunktion angepasst sein. Nur effektiv wirksame Rechtsbehelfe genügen der grundrechtlichen Schutzpflicht. Deshalb muss mE eine Kündigung zumindest dann begründet werden, wenn der AN dies verlangt und seinen Verdacht unsachlicher Gründe darlegen kann. Die Verfassung gebietet hier eine abgestufte Darlegungs- und Beweislastverteilung (BVerfG 27. 1. 1998 E 97, 169, 179 = AP KSchG 1969 § 23 Nr. 17).

37 Ein Sonderproblem bieten **betriebsbedingte Kündigungen** außerhalb des KSchG. Wenn ihre Gründe nicht nur vorgeschoben sind, ist ihre Sachbezogenheit im Zweifel unangreifbar. Sie führen aber zu einem **Auswahlproblem**, es sei denn, der ganze Betrieb geschlossen wird. Das BAG hat im Zusammenhang mit den Sonderkündigungstatbeständen nach dem Einigungsvertrag erkannt, dass diese Auswahlentscheidung den Gleichheitssatz (Art. 3 I) berührt und nach § 242 iV mit § 315 BGB nicht willkürlich sein darf (19. 1. 1995 AP Einigungsvertrag Art. 13 Nr. 12). Der durch Art. 12 gewährleistete Mindestschutz beeinflusst in gleicher Weise den Grundsatz von Treu und Glauben. Zwar gebietet er keine nähere Abwägung aller betroffenen Interessen, aber die Auswahlentscheidung muss sich wenigstens auf Erwägungen stützen, die erkennen lassen, dass soziale Belange der gekündigten und der vergleichbaren AN nicht völlig unberücksichtigt geblieben sind (BAG 21. 2. 2001 AP BGB § 242 Kündigung Nr. 12 [krit. Richardi] = AR-Blattei ES 1020 Nr. 361 [zust. *Dieterich*] = RdA 2002, 99 [zust. Otto]; *Kiel/Koch,* Die betriebsbedingte Kündigung, Rn. 12; *Oetker* AuR 1997, 41, 52). Das BVerfG hat ferner die Berücksichtigung von werdenden Müttern, Schwerbehinderten, älteren AN und Alleinerziehenden bes. angemahnt (24. 4. 1991 E 84, 133, 154 ff. = AP GG Art. 12 Nr. 70 unter C III 3 d cc und 4. Speziell zu Schwerbehinderten *Dörner* FS Dieterich 1999, S. 83). Auch darf langjährige Mitarbeit und das dadurch erdiente Vertrauen bei der Auswahlentscheidung nicht bedeutungslos sein (BVerfG 27. 1. 1998 E 97, 169, 179 = AP KSchG 1969 § 23 Nr. 17 unter B I 3 b) cc).

38 Der grundrechtlich gebotene Mindestbestandsschutz für Arbeitsplätze ist nicht auf Arbeitsverhältnisse beschränkt. Der Begriff „Arbeitsplatz" in Art. 12 reicht über das Arbeitsrecht hinaus (Rn. 7). Auch für Selbständige ist die freie Wahl des Arbeitsplatzes gewährleistet. Die Schutzfunktion des Art. 12 greift daher auch zu ihren Gunsten ein, soweit ihre Privatautonomie bedroht ist (Rn. 4, Einl. Rn. 33 ff., Art. 2 Rn. 27 ff.). Daraus folgt, dass auch **arbeitnehmerähnliche Personen** (vgl. 230 – BGB § 611 Rn. 133) bei einer Kündigung ihres Vertrages nicht völlig schutzlos sein dürfen (*Oetker* FS 50 Jahre Arbeitsgerichtsbarkeit Rheinland-Pfalz 1999, S. 271; zur vorangehenden Diskussion *Pfarr* FS Kehrmann 1996, S. 75, 89 f.).

4. Mitbestimmung. Aus der Sicht der Arbeitgeber ist ein anderes Teilrechtsgebiet viel grund- 39
rechtssensibler: die Mitbestimmung. In der Tat bedeutet die Beteiligung der AN an Entscheidungen
der **Betriebsorganisation,** der **Personalwirtschaft** und der **Unternehmensführung** für Arbeitgeber
eine erhebliche Beschränkung in der Freiheit der Berufsausübung. Diese ist aber prinzipiell gerechtfertigt durch den „sozialen Bezug" und die „soziale Funktion" des Unternehmerberufs, soweit er
nur mit Hilfe anderer ausgeübt werden kann, die ebenfalls durch Art. 12 geschützt sind (BVerfG
1. 3. 1979 E 50, 290, 365 = AP MitbestG § 1 Nr. 1 unter C III 3 a) bb)). Die Grenze bildet also nur
das Übermaßverbot. Hier ist noch vieles streitig. Das BVerfG hat in seinem Mitbestimmungsurteil
keineswegs einen „unantastbaren Kernbereich" gegen jede Mitbestimmung abgeschottet, wie *Beuthin* meint (ZfA 1988, 1, 2; an der zitierten Stelle [E 50, 290, 350], wird lediglich, die Eingriffsintensität des MitbestG referiert, um die Entscheidungserheblichkeit zu klären; zutreffend *C. J. Müller,* Die Berufsfreiheit des AG, S. 214). Die Arbeitsgerichte müssen also bei der Auslegung der
einzelnen Mitbestimmungstatbestände darauf achten, dass der Grundsatz der Verhältnismäßigkeit
nicht verletzt wird (Rn. 25). Das bedeutet praktisch, dass die Eingriffsintensität zu ermitteln und zu
würdigen ist. Eine gesetzliche Regelung, die für unternehmerische Entscheidungen keinen angemessenen Spielraum lässt, ist im Zweifel unverhältnismäßig (in diesem Sinne wohl auch BAG 16. 12.
1986 AP BetrVG 1972 § 87 Prämie Nr. 8 unter B I 1 a). Das Gleiche gilt für Regelungen durch
zwingende Sprüche von Einigungsstellen (*Papier* RdA 1989, 137, 143; *C. J. Müller,* Die Berufsfreiheit des AG, S. 215 ff.).

Das BAG widmet diesem Problem bisher wenig Aufmerksamkeit. In zwei lebhaft umstrittenen 40
Entscheidungen hat es betont, dass die betriebliche Mitbestimmung auch Fragen betrifft, die von
großer unternehmerischer Bedeutung sind. Im einen Fall ging es um die regelmäßige Arbeitszeit in
einem Kaufhaus (31. 8. 1982 AP BetrVG 1972 § 87 Arbeitszeit Nr. 8), im zweiten Fall um das
Initiativrecht des BR zur Einführung von Kurzarbeit (4. 3. 1986 AP BetrVG 1972 § 87 Kurzarbeit
Nr. 3). Beide Entscheidungen begründen zwar eingehend und überzeugend, warum das BetrVG
keine immanente Schranke enthält, die den BR von unternehmerischen Entscheidungen generell ausschließt;
aber die grundrechtliche Schranke des Art. 12, die eine übermäßige Einschränkung der Unternehmerfreiheit abwehrt, wird mit keinem Wort erwähnt. Das BVerfG hat allerdings die Verfassungsbeschwerde gegen den Kaufhaus-Beschluss nicht angenommen (BVerfG-Kammer 18. 12. 1995 AP
BetrVG 1972 § 87 Arbeitszeit Nr. 15; krit. dazu *Scholz* NJW 1986, 1587). Dennoch wird das Problem
nicht zur Ruhe kommen, weil der Begründungsansatz des BAG praktisch unbegrenzbar ist und das
Gericht die Möglichkeit einer Grenzziehung sogar ausdrücklich bestreitet (31. 8. 1982 AP BetrVG
1972 § 87 Arbeitszeit Nr. 8 unter B III 2 b letzter Abs.). Das lässt aber Art. 12 nicht zu.

5. Tarifvertragsrecht. Schließlich wird auch die uralte Streitfrage nach den **Grenzen der Tarif-** 41
autonomie vor allem in Verbindung mit Art. 12 diskutiert. Sowohl AN wie AG reklamieren einen
kollektivfreien Bereich immer dann, wenn kollektive Regelungen ihren individuellen Interessen (beruflichen oder unternehmerischen) unerwünschte Grenzen setzen. Die damit gestellte Abgrenzungsfrage verlangt vor allem die nähere Bestimmung des Begriffspaares **„Arbeits- und Wirtschaftsbedingungen".** Art. 9 III bestimmt nämlich, was als koalitionsmäßige Betätigung gelten und Gegenstand
tariflicher Regelung sein kann. Obwohl damit eine Grenze von zentraler Bedeutung für das Arbeitsrecht benannt wird, wird eine endgültige Klärung voraussichtlich nie gelingen, weil immer neue tarifpolitische Ansätze die Diskussion entfachen (Einl. Rn. 52 ff., Art. 9 Rn. 70 ff.).

Der Streit beschränkt sich aber nicht auf diese äußerste Grenze, die immerhin an verfassungsrecht- 42
liche Begriffe anknüpft. Darüber hinaus soll Art. 12 auch innerhalb des Bereichs der Arbeits- und
Wirtschaftsbedingungen einen **kollektivfreien Bereich** öffnen. Dabei ist aber äußerste Vorsicht geboten. Es ist nämlich zu berücksichtigen, dass sowohl AN wie auch AG ihre Berufsfreiheit im Arbeitsleben vertraglich einschränken müssen, um ihre konträren Interessen angemessen ausgleichen zu
können. Dieser Ausgleich ist aber mit den Mitteln des Individualvertrags nicht zuverlässig erreichbar
(vgl. Rn. 20), die Verfassung erwartet ihn von der Tarifautonomie, also von einem kollektiven Interessenausgleich mit privatautonomen Mitteln (Art. 9 Rn. 20, 54), von „kollektiver Privatautonomie".
Deshalb kann eine Einschränkung dieser Form der Grundrechtsausübung nur dort in Betracht kommen, wo entweder die Berufsfreiheit unverfügbar ist oder eine Unterwerfung unter Tarifrecht fehlt,
weil der Verbandsbeitritt keine so weitreichende Bedeutung hat (Einl. Rn. 55 f., 62 ff.). Dafür lässt sich
mit einiger Sicherheit immerhin ein Beispiel nennen: Eine Tarifregelung, die außerordentliche Kündigungen aus wichtigem Grund ausschließt; Altersgrenzen sind hingegen tariflich regelbar (Einl.
Rn. 56).

Im Schrifttum werden jedoch sehr viel weitergehende Einschränkungen der Tarifautonomie dis- 43
kutiert, vor allem zum Schutze der **Unternehmerfreiheit** (*Gamillscheg,* Kollektives Arbeitsrecht I,
S. 339 ff.; MünchArbR/*Löwisch/Rieble* § 259 Rn. 56 ff.; *Säcker/Oetker,* Grundlagen und Grenzen der
Tarifautonomie, S. 285 ff.; *Beuthin* ZfA 1984, S. 1 ff.; *H. Wiedemann* RdA 1986, 231 ff.). Das leuchtet
nur dort ein, wo die Intensität der Freiheitsbeschränkung einem Ausschluss der außerordentlichen
Kündigung vergleichbar ist. Bei einer Tarifregelung, die lediglich die ordentliche Kündigung untersagt,
ist das nicht der Fall, weil ja die Möglichkeit der außerordentlichen Kündigung fortbesteht (BAG

28. 3. 1985 AP BGB § 626 Nr. 86; 5. 2. 1998 AP BGB § 626 Nr. 143). Das entspricht der weit überwiegenden Ansicht (*Löwisch/Rieble* TVG § 1 Rn. 562; *Kania/Kramer* RdA 1995, 287, 289; *Oetker* RdA 1997, 91; wohl auch *Papier* RdA 1989, 137, 140). Hingegen sind Betriebsverfassungsnormen denkbar, die die Mitbestimmung in wirtschaftlichen Angelegenheiten so weit ausdehnen, dass sie die Unternehmensführung praktisch entziehen. Das ist nicht zulässig (*Säcker/Oetker*, Grundlagen und Grenzen der Tarifautonomie, S. 318; *H. Wiedemann* RdA 1986, 231, 236 ff.; wohl aA *Däubler* TV Rn. 1110 ff.). Eine schärfere Grenzlinie wird sich nur an konkreten Fällen herausbilden lassen (Beispiele für tastende Versuche BAG 3. 4. 1990 AP GG Art. 9 Nr. 56 zu Zeitzuschlägen in einem Personalbemessungssystem; 27. 6. 1989 AP GG Art. 9 Arbeitskampf Nr. 113 zum Arbeitszeitende im Einzelhandel).

Art. 14 [Eigentum, Erbrecht und Enteignung]

(1) ¹ Das Eigentum und das Erbrecht werden gewährleistet. ² Inhalt und Schranken werden durch die Gesetze bestimmt.

(2) ¹ Eigentum verpflichtet. ² Sein Gebrauch soll zugleich dem Wohle der Allgemeinheit dienen.

(3) ¹ Eine Enteignung ist nur zum Wohle der Allgemeinheit zulässig. ² Sie darf nur durch Gesetz oder auf Grund eines Gesetzes erfolgen, das Art und Ausmaß der Entschädigung regelt. ³ Die Entschädigung ist unter gerechter Abwägung der Interessen der Allgemeinheit und der Beteiligten zu bestimmen. ⁴ Wegen der Höhe der Entschädigung steht im Streitfalle der Rechtsweg vor den ordentlichen Gerichten offen.

I. Bedeutung und Eigenart

1   Die Eigentumsgarantie ist in der Formulierung des BVerfG „eine Wertentscheidung von bes. Bedeutung für den sozialen Rechtsstaat" (7. 8. 1962 E 14, 263, 277 = AP GG Art. 14 Nr. 13). Daraus folgt, dass das GG wirtschaftspolitisch nicht völlig „neutral"; sondern nur „relativ offen" sein kann (BVerfG 1. 3. 1979 E 50, 290, 338 = AP MitbestG § 1 Nr. 1 unter C II). Mit der Gewährleistung unternehmerischen Eigentums legt sich die Verfassung auf eine marktmäßige und wettbewerblich organisierte **Wirtschaftsordnung** fest; mit dem Prinzip der Sozialbindung des Absatzes 2 und dem Enteignungsvorbehalt in Absatz 3 sowie durch Art. 15 macht sie aber zugleich unmißverständlich klar, dass sie rücksichtslosen „Marktradikalismus" ablehnt. Das ist der berechtigte Kern der Ansicht *Nipperdeys* (Soziale Marktwirtschaft und Grundgesetz, S. 64 f.).

2   In seiner **Normstruktur** unterscheidet sich Art. 14 wesentlich von den meisten anderen Freiheitsrechten. Das ergibt sich zunächst schon daraus, dass sein Schutzgegenstand normativ geschaffen werden muss. Das einfache Recht formuliert, was verfassungsrechtlich abgesichert wird; Art. 14 gewährleistet ein Grundrecht nach Maßgabe der Inhaltsbestimmung durch Gesetze, die allerdings verfassungskonform sein müssen (Wechselwirkung). Zum anderen betrifft die Gewährleistung die Zurechnungsbeziehung zwischen Rechtsträgern und Gegenständen, die sie gegen andere Rechtsträger abgrenzt. Seine Funktion ist also immer auch „drittgerichtet" (*Gallwas* Grundrechte Rn. 529). Dieser komplexen Struktur ist mit dem zweipoligen Modell eines subjektiv-öffentlichen Rechts allein nicht beizukommen. Deshalb wurde Art. 14 schon früh und einhellig nicht nur als **Bestandsgarantie** zugunsten der Rechtsinhaber, sondern darüber hinaus auch als **Einrichtungs- und Institutsgarantie** verstanden. Der Gesetzgeber ist verpflichtet, das Eigentum als Rechtsinstitut normativ so auszugestalten, dass seine Kernelemente, nämlich Privatnützigkeit und Verfügungsbefugnis, zur Geltung kommen (*Badura* HbVerfR § 10 Rn. 32 ff.; *Papier* in *Maunz/Dürig* Rn. 11; *Wendt* in *Sachs* Rn. 10 f.; *Wieland* in *Dreier* Rn. 24 u. 117). Im Ergebnis wird allerdings mit dieser Formel nicht viel mehr erreicht als andere Freiheitsrechte mit ihrem objektivrechtlichen Gehalt und ihrer Schutzfunktion bewirken (skeptisch auch *Leisner* HbStR § 149 Rn. 13 ff.).

3   Art. 14 ist das einzige Grundrecht, das seinen Schrankenvorbehalt in einer sozialstaatlichen Formulierung ausdrückt, indem es die **Gemeinwohlbindung** betont. Auch dieses bedeutet aber allein noch keine wesentliche Abweichung von anderen Grundrechten unter Gesetzesvorbehalt. Jede Freiheit ist gemeinschaftsgebunden. Das GG sieht Grundrechtsträger nur als Glieder einer Gesellschaft und Bürger eines sozialen Rechtsstaates (zum Sozialstaatsprinzip als generellem Abwägungskriterium (Einl. Rn. 79). Die bes. Betonung hat hier die zusätzliche Funktion einer RL bei der notwendigen Inhaltsbestimmung (Rn. 9), die bei anderen Freiheitsrechten entbehrlich ist.

II. Schutzbereich

4   1. **Eigentum** im verfassungsrechtlichen Sinne ist mehr als das Sacheigentum nach § 903 BGB. Jedes vermögenswerte Recht, das dem Inhaber ebenso ausschließlich wie Eigentum an einer Sache zur privaten Nutzung und zur eigenen Verfügung zugeordnet ist, steht unter dem Schutz des Art. 14 I. Ob es sich um ein absolutes Recht oder um eine bloße Forderung handelt, ist unerheblich (BVerfG 7. 7. 1971 E 31, 229 u. 248 = AP GG Art. 14 Nr. 21 u. 22 – Urheberrecht; 24. 4. 1998 NJW 1999, 3704

– Arbeitnehmererfindungsrecht; 9. 1. 1991 E 83, 201, 208 = NJW 1991, 1807 – Vorkaufsrecht; 27. 4. 1999 E 100, 289 – Aktienrecht). Konsequenterweise hat das BVerfG auch das Besitzrecht des Mieters als geschützt betrachtet (26. 5. 1993 E 89, 1, 5 = NJW 1993, 2035), obwohl es ein vom Eigentümer vermitteltes Recht ist und natürlich auch der Vermieter Eigentumsschutz genießt. Solche Grundrechtskollision ist nichts Ungewöhnliches (Einl. Rn. 70 ff. u. 76 ff.). Ihre Auflösung ist Sache des einfachen Rechts, hier des Mietrechts, das die kollidierenden Rechtspositionen auszugestalten und abzugrenzen hat.

Umstritten ist die Frage, ob das **Unternehmen,** bzw. der „eingerichtete und ausgeübte Gewerbebetrieb" iSd. Zivilrechtsprechung zu § 823 I BGB unter die Eigentumsgarantie des Art. 14 fällt. Im Schrifttum wird das überwiegend bejaht (vgl. BGH 10. 7. 1980 E 78, 41, 44 = NJW 1980, 270; *Depenheuer* in *v. Mangoldt/Klein* Rn. 135 f.; *Wendt* in *Sachs* Rn. 26 mwN). Hingegen hat das BVerfG dies betont offengelassen und deutliche Zweifel geäußert („nur tatsächliche – nicht aber rechtliche – Zusammenfassung": 22. 5. 1979 E 51, 193, 221 f.). In der Tat hat das Zivilrecht bisher kein konkretes Rechtsinstitut „Unternehmen" so verfasst, dass es der rechtlichen Anerkennung bedürfte. Es verwendet nur einen Sammelbegriff für wirtschaftlich verbundene Betriebsmittel, Rechte, Chancen und faktische Gegebenheiten. Da der Wert des Ganzen größer ist als die Summe seiner Teile, kann im Schadenersatzrecht auf eine solche Gesamtbetrachtung in der Tat nicht verzichtet werden, hingegen sind das **Vermögen** und Erwerbschancen keine Rechtspositionen iSd. Eigentumsgarantie (*Wieland* in *Dreier* Rn. 44 ff.; *Jarass/Pieroth* Rn. 15). Der Schutz des Unternehmens wird dadurch nicht lückenhaft, weil Art. 12 die unternehmerische Tätigkeit einschließlich ihrer Funktionsvoraussetzungen schützt (Art. 12 Rn. 14 u. 16). 5

Ähnlich umstritten ist die grundrechtliche Absicherung von **Betriebs- und Geschäftsgeheimnissen.** Im Schrifttum werden sie neuerdings mit Urheberrechten gleichgesetzt und als „geronnene wirtschaftliche Leistung" dem Eigentumsschutz des Art. 14 I zugeordnet (*Breuer* HbStR VI § 148 Rn. 27 mwN). Das ist eine problematische Aufweichung des Eigentumsbegriffs (*A. Wolff* NJW 1997, 98 ff.) und Grenzverwischung zu Art. 12. Das BVerfG wird diesem Vorschlag kaum folgen. 6

Vermögenswerte **öffentlich-rechtliche Ansprüche und Anwartschaften** fallen tw. in den Schutzbereich des Art. 14. Hier ergeben sich allerdings Abgrenzungsfragen, die noch wenig geklärt sind. Das BVerfG billigt ihnen Eigentumsschutz nur dann zu, wenn sie auf eigenen Leistungen des Berechtigten beruhen; es verlangt aber nicht, dass diese Eigenleistungen zur Finanzierung der Rechtsposition ausreichen. Immerhin sei der Eigentumsschutz umso stärker, je höher der eigene Anteil sei (BVerfG 28. 2. 1980 E 53, 257, 292 = AP GG Art. 14 Nr. 25 unter C I 1 a) am Ende). Hingegen genießen reine Fürsorgeleistungen des Staates keinen Eigentumsschutz; das Gleiche gilt für Rechtspositionen, über die deren Inhaber nicht verfügen kann. **Sozialversicherungsrechtliche Ansprüche** sind im Allg. durch Art. 14 geschützt. Das gilt selbst dann, wenn staatliche Zuschüsse den Beitragsanteil übersteigen (BVerfG 16. 7. 1985 E 69, 272, 301 = NJW 1986, 39 unter C I 2 a; Einzelheiten und weitere Nachweise bei *Papier* in *Maunz/Dürig* II Rn. 149 ff.; *Wendt* in *Sachs* Rn. 28 ff.; *Jarass/Pieroth* Rn. 11). Der Einigungsvertrag hat in der DDR erworbene Rentenanwartschaften gleichgestellt und ihnen damit den Schutz der Art. 14 verschafft (BVerfG 28. 4. 1999 E 100, 1, 33). Hinterbliebenenrenten gelten jedoch als vorwiegend fürsorgerisch motiviert (BVerfG 18. 2. 1998 E 97, 271). Bei Kurzarbeitergeld hat das BVerfG Zweifel geäußert, ob sie nach Voraussetzung und Zweck als eigentumsähnliche Rechtsposition gelten können (4. 7. 1995 E 92, 365, 405 f. = AP AFG § 116 Nr. 4 unter C III 1). 7

2. Grundrechtsträger. Der personelle Schutzbereich erstreckt sich auf alle natürlichen Personen, sowie nach § 19 III auf inländische juristische Personen und Personenvereinigungen, hingegen nicht auf ausländische juristische Personen (BVerfG 1. 3. 1967 E 21, 207). Hier hilft nur Art. 3 I. Juristische Personen des öffentl. Rechts genießen ebenfalls nach herrschender Rspr. und Lehre grds. keinen Eigentumsschutz (vgl. Überblicke bei *Wendt* in *Sachs* Rn. 16 ff.; *Jarass/Pieroth* Rn. 27). Für die Kirchen gilt dies nach einhelliger Ansicht nicht. (Zur Kirchengutsgarantie vgl. BVerfG 13. 10. 1998 E 99, 100, 120.) 8

3. Konkurrenzen. Der Schutz der Zuordnungsbeziehung in Art. 14 überschneidet sich vielfach mit dem Schutz von Handlungsfreiheiten, weil geschützte Rechtspositionen die sächliche Grundlage der Freiheitsausübung bilden können, zB Urheberrechte in Bezug auf Pressefreiheit, Eigentum an Produktionsmitteln in Bezug auf Unternehmensfreiheit (Rn. 19). Zu unterscheiden ist danach, welcher Schutzbereich am meisten betroffen ist (Einl. Rn. 69). Ein umfassender Schutzbereich „Wirtschaftsfreiheit"; der gleichermaßen von den Art. 2, 12 und 14 erfasst würde, ist abzulehnen (*Wieland* in *Dreier* Rn. 153). Zur Abgrenzung von Art. 12 vgl. Art. 12 Rn. 16: ferner BGH 27. 2. 1975 AP GG Art. 14 Nr. 24 unter I 1. 9

III. Inhaltsbestimmung und Schrankensetzung

1. Die Unterscheidung. Art. 14 I 2 fasst in einem Satz zwei gesetzgeberische Aufgaben zusammen, die unterschiedlichen Zielen dienen, sich aber in ihrer praktischen Wirkung kaum trennen lassen: **Inhaltsbestimmung** ist die generelle und abstrakte Festlegung von Rechten und Pflichten hinsichtlich 10

zwar damals (mit betonter Zurückhaltung) nicht beanstandet, es hat aber die Kernbereichslehre inzwischen aufgegeben und bei der Gewerkschaftswerbung im Betrieb eine Abwägung der betroffenen Interessen gefordert (14. 11. 1995 E 93, 352, 358 = AP GG Art. 9 Nr. 80 unter B I 3). Danach muss der AG Werbemaßnahmen der Gewerkschaften dulden, soweit nicht seine eigenen Verwertungsinteressen gemindert oder der Betriebsablauf gestört werden (Art. 9 Rn. 40).

22 **3. Eigentumspositionen der Arbeitnehmer.** Nicht anders als für AG gilt auch für AN, dass die Inhaltsbestimmung und der Schutz ihrer Eigentumspositionen in erster Linie Aufgabe des allg. Zivilrechts ist. Aber der Unterschied besteht darin, dass für die Existenz- und Freiheitssicherung der AN bes. wichtige Eigentumspositionen im Arbeitsrecht wurzeln. Das gilt vor allem für **Lohn- und betriebliche Versorgungsansprüche** (*K. Hesse*, Grundzüge des Verfassungsrechts, Rn. 444; *Däubler* AuR 1984, 1, 7 mwN; zu Versorgungsansprüchen BAG 12. 3. 1996 AP RuhegeldG Hamburg § 3 Nr. 1). Nicht nur bereits entstandene Ansprüche, sondern auch schon rechtlich gesicherte **Anwartschaften** können rechtlich so verfestigt sein, dass sie durch Art. 14 geschützt werden. Das BAG hat das zunächst für unverfallbare Versorgungsanwartschaften angenommen (17. 1. 1980 AP BGB § 242 Ruhegehalt Nr. 185; 21. 8. 1980 AP BetrAVG § 1 Wartezeit Nr. 7 unter I 3). In der Konsequenz dieser Rspr. muss für den erdienten Teil verfallbarer Anwartschaften im Ansatz gleiches gelten, wenn auch mit minderem Bestandsschutz (*Stumpf*, FS für Herschel, 1982, S. 409, 419; jetzt auch BAG – jedenfalls nach Ablauf der Wartezeit – 12. 3. 1996 AP RuhegeldG Hamburg § 3 Nr. 1 unter II 2 a; dazu BVerfG-Kammer 3. 12. 1998 AR-Blattei ES 460.5 Nr. 29). Auch künftig anwachsende Anspruchsteile sind – bei entspr. Rechtsgrundlage – geschützt, was allerdings keineswegs besagt, dass sie unantastbar wären (BAG 28. 5. 2002 AP RuhegeldG Hamburg § 2a Nr. 1). Insb. gewährleistet die Verfassung keinen Insolvenzschutz der Versorgungsanwartschaften (BAG 4. 4. 2000 AP BetrAVG § 2 Nr. 32). Deren Bestandsschutz ist nur angemessen zu berücksichtigen, soweit Obergrenzen und Anrechnungsvorbehalte sowie Widerrufs- oder Ablösungstatbestände rechtlich zu würdigen sind (*Däubler* AuR 1984, 1, 7 ff.; *Gamillscheg*, Die Grundrechte im Arbeitsrecht, S. 70). Gesetzgeber und Rspr. haben dem Rechnung getragen (vgl. die Kommentierung zum BetrAVG). Das BVerfG hat zwar § 18 BetrAVG für verfassungswidrig erklärt, dies aber allein mit Art. 3 und 12 begründet (15. 7. 1998 E 98, 365 = AP BetrAVG § 18 Nr. 26).

23 Die konkrete Grundlage des Arbeitsverhältnisses, der **Arbeitsplatz**, ist keine eigentumsähnliche Rechtsposition, sondern eine Erwerbsmöglichkeit, die in den Schutzbereich des Art. 12 fällt (BVerfG 24. 4. 1991 E 84, 133, 157 = AP GG Art. 12 Nr. 70 unter C IV). Generelle **Abfindungen** als Ausgleich für Arbeitsplatzverluste sind daher von Art. 14 nicht geboten. Hingegen ist der durch die §§ 9, 10 KSchG vorgesehene Abfindungsanspruch, der bei rechtswidrigen Kündigungen auf Antrag festgesetzt werden kann, eine eigentumsähnliche Rechtsposition. Er bildet den gesetzlichen Wertersatz für den Arbeitsplatz und dient der Genugtuung für erlittenes Unrecht. Wie alle erdienten Ansprüche genießt er als „geronnene Arbeit" den Schutz des Art. 14. Seine Anrechnung auf Arbeitslosengeld, wie sie § 140 SGB III aF vorsah, war daher verfassungsrechtlich problematisch (eingehend *Gagel/Kreitner* in ArbRGeg. 35 [1998] S. 33 ff.).

20. Vertrag zur Gründung der Europäischen Gemeinschaft

Vom 25. März 1957 (BGBl. II S. 766, in der Fassung des Amsterdamer Vertrags vom 2. Oktober 1997 (BGBl. II 1998 S. 386, 465, ber. 1999 II S. 416). Geändert durch den Vertrag von Nizza vom 26. Februar 2001 (BGBl. II S. 1666)

– Auszug –

Vorbemerkung zum EG: Das Verhältnis des Gemeinschaftsrechts zum nationalen Recht

I. Charakter und Erscheinungsformen des Gemeinschaftsrechts

Im Unterschied zu klassischen völkerrechtlichen Verträgen hat der EWGV – jetzt EG – eine 1 eigenständige **supranationale Rechtsordnung** geschaffen. Diese beruht auf der Beschränkung der nationalen Souveränität zu Gunsten der Gemeinschaft, die mit eigenen Hoheitsrechten ausgestattet ist (grundlegend EuGH 5. 2. 1963 Van Gend & Loos Slg. 1963, 1, 24; 15. 7. 1964 Costa./.E. N. E. L. Slg. 1964, 1251, 1269). In Deutschland ist diese Übertragung von Hoheitsrechten nach Art. 23 (früher Art. 24) GG zulässig. Das Gemeinschaftsrecht beschränkt sich demnach nicht darauf, Rechte und Pflichten der Mitgliedstaaten zu begründen. Es greift vielmehr unmittelbar gestaltend in deren Rechtsordnungen ein. Es stellt einen Rechtskörper dar, der für die Mitgliedstaaten und deren Bürger verbindlich und auch von den innerstaatlichen Gerichten anzuwenden ist (EuGH 15. 7. 1964 Costa./E. N. E. L. Slg. 1964, 1251, 1269). Zur Auslegung von Gemeinschaftsrecht s. Art. 234 Rn. 9.

Seit dem Vertrag über die Europäische Union vom 7. 2. 1992 (EU – „Vertrag von Maastricht") ist 2 die **EG Bestandteil der Europäischen Union** (EU – Art. 1 III EU). Die EG ist also nicht etwa durch die EU ersetzt worden. Das durch Art. 8 EU wesentlich geänderte Gemeinschaftsrecht ist nunmehr Teil des Rechts der EU, besteht aber als eigenständige Rechtsordnung fort. Die im EU enthaltenen materiellen und Kompetenzregelungen außerhalb des Gemeinschaftsrechts sind bisher arbeitsrechtlich ohne Bedeutung und bleiben hier außer Betracht.

Kernbestand des Gemeinschaftsrechts ist das **Primärrecht**. Hierbei handelt es sich, soweit aus 3 arbeitsrechtlicher Sicht von Interesse, in erster Linie um den EG einschließlich der Anhänge, Zusatzprotokolle und -vereinbarungen zum EG. Zum Primärrecht gehört zB das Protokoll über die Satzung des EuGH vom 26. 2. 2001 (BGBl. II S. 1687, s. Art. 245 I 1 EG). Weiter zählen zum Primärrecht die ungeschriebenen Grundsätze des Gemeinschaftsrechts, wie die Verhältnismäßigkeit und der Vertrauensschutz (EuGH 12. 12. 1996 Accrington Beef Slg. 1996, I-6699, 6730 ff.), der allg. Gleichheitssatz (EuGH 19. 10. 1977 Ruckdeschel Slg. 1977, 1753, 1770), die Rechtssicherheit (EuGH 14. 3. 2000 Scientology Slg. 2000, I-1335, 1363), das Verbot des Rechtsmissbrauchs (EuGH 12. 5. 1998 Kefalos Slg. 1998, I-2843, 2869), das Recht des AN auf freie Wahl des AG (EuGH 16. 12. 1992 Katsikas Slg. 1992, I-6577, 6609 = AP BGB § 613 a Nr. 97), die Koalitionsfreiheit der Gemeinschaftsbediensteten (EuGH 8. 10. 1974 Gewerkschaftsbund Europäischer öffentlicher Dienst Slg. 1974, 917, 924), die Gewährleistung eines effektiven Rechtsschutzes (EuGH 22. 9. 1998 Coote Slg. 1998, I-5199, 5220 = NZA 1998, 1223) sowie im Zusammenhang damit der Effektivitätsgrundsatz und der Äquivalenzgrundsatz, wonach das innerstaatliche Verfahrensrecht die Ausübung gemeinschaftsrechtlicher Rechte des Bürgers nicht übermäßig erschweren und nicht weniger effektiv schützen darf als Rechte, die auf innerstaatlichem Recht beruhen (EuGH 24. 9. 2002 Grundig Italiana Slg. 2002, I-8003, 8026). Auch sonstige Grundrechte, wie sie in der Europäischen Konvention zum Schutze der Menschenrechte und Grundfreiheiten gewährleistet sind und wie sie sich aus den gemeinsamen Verfassungstraditionen der Mitgliedstaaten ergeben, sind zugleich allg. Rechtsgrundsätze des Gemeinschaftsrechts (Art. 6 II EU; vgl. EuGH 29. 5. 1997 Kremzow Slg. 1997, I-2629, 2645; 28. 3. 1996 Gutachten Slg. 1996, I-1763, 1789). Der am 8. 12. 2000 in Nizza vom Europäischen Parlament, dem EU-Rat und der EU-Kommission feierlich proklamierten „Charta der Grundrechte der EU" fehlt zwar die Verbindlichkeit; sie kann aber bei der Auslegung von Gemeinschaftsrecht Bedeutung erlangen. Der Vertrag über die Gründung der Europäischen Atomgemeinschaft (EAGV, jetzt EA) enthält auch arbeitsschutzrechtliche Regelungen (Art. 30 ff.). Der Vertrag über die Gründung der Europäischen Gemeinschaft für Kohle und Stahl (EGKSV, dann KS) hat am 23. 7. 2002 geendet.

Alles vom Primärrecht abgeleitete Gemeinschaftsrecht wird als **Sekundärrecht** bezeichnet. Es ist 4 gegenüber dem Primärrecht nachrangig und muss sich daher hinsichtlich seiner Gültigkeit an diesem

Amtsträgers nicht an. Das nationale Gericht hat zu beurteilen, ob ein hinreichend qualifizierter Verstoß vorliegt. Danach hat der BGH im Fall Brasserie du pêcheur einen Schadensersatzanspruch verneint, weil es bis zur entgegenstehenden Entscheidung des EuGH nicht offenkundig war, dass das deutsche Reinheitsgebot für Bier nicht durch das Erfordernis des Gesundheitsschutzes gerechtfertigt ist (BGH 24. 10. 1996 BGHZ 134, 30, 36).
– Zwischen diesem Verstoß und dem Schaden besteht ein unmittelbarer **Kausalzusammenhang**.

Die Durchsetzung des Anspruchs richtet sich nach nationalem Haftungsrecht, woraus sich allerdings keine höheren Anforderungen ergeben dürfen als für Klagen, die nur nationales Recht betreffen; außerdem darf es nicht übermäßig erschwert werden, die Entschädigung zu erlangen (EuGH 22. 4. 1997 Sutton Slg. 1997, I-2163, 2191).

III. Vorrang vor nationalem Recht

13   1. **Allgemeines.** Sämtliches Gemeinschaftsrecht, also sowohl Primär- als auch Sekundärrecht, beansprucht **Vorrang** vor dem nationalen Recht. Dieser Anspruch beruht auf der Übertragung von Hoheitsrechten auf die EG (Rn. 1) und besteht daher im Verhältnis zu allem nationalen Recht. Demnach hat auch jüngeres nationales Recht gegenüber älterem Gemeinschaftsrecht zurückzutreten (EuGH 15. 7. 1964 Costa./.E. N. E. L. Slg. 1964, 1251, 1269). Der Vorrang besteht nicht nur gegenüber staatlich gesetztem Recht, sondern auch gegenüber **TV** (vgl. zum Verbot der Diskriminierung wegen des Geschlechts Art. 4 der RL 75/117/EWG und Art. 3 II der RL 76/207/EWG; EuGH 31. 5. 1995 Royal Copenhagen Slg. 1995, I-1275, 1314 = AP EWG-Vertrag Art. 119 Nr. 68; 8. 4. 1976 Defrenne II Slg. 1976, 455, 476). Der Vorrang des Gemeinschaftsrechts wird von der deutschen Rechtsprechung im Grundsatz anerkannt (zB BVerfG 28. 1. 1992 AP AZO § 19 Nr. 2; BAG 5. 3. 1996 AP GG Art. 3 Nr. 226); vgl. aber Rn. 15.

14   Das Gemeinschaftsrecht beansprucht Vorrang auch gegenüber dem **nationalen Verfassungsrecht** (vgl. zum Vorrang der Gleichbehandlungs-RL 76/207 vor Art. 12 a GG EuGH 11. 1. 2000 Kreil Slg. 2000, I-69, 95 ff. = AP EWG-RL Nr. 76/207 Nr. 19). Eine Prüfung von Gemeinschaftsrecht an den Maßstäben des GG ist nach dieser Sicht ausgeschlossen (EuGH 17. 12. 1970 Internationale Handelsgesellschaft Slg. 1970, 1125, 1135). Insoweit ist die praktische Bedeutung des Vorrangs allerdings begrenzt. Die gemeinsamen Verfassungsüberlieferungen der Mitgliedstaaten hinsichtlich des Grundrechtsschutzes gehören nämlich den allg. Rechtsgrundsätzen des Gemeinschaftsrechts, deren Wahrung der EuGH zu sichern hat (grundlegend EuGH 14. 5. 1974 Nold Slg. 1974, 491, 507).

15   Hinsichtlich möglicher Kollisionen des Gemeinschaftsrechts mit dem GG besteht ein – bisher nicht ausgetragener – **Konflikt mit dem BVerfG:** Dieses hat sich die Prüfung sekundären Gemeinschaftsrechts daraufhin vorbehalten, ob es sich in den Grenzen der an die EG übertragenen Hoheitsrechte hält (BVerfG 12. 10. 1993 Maastricht BVerfGE 89, 155, 188). Außerdem geht das BVerfG grds. von seiner Kompetenz zur Prüfung von Sekundärrecht auf Grundrechtsverstöße aus. Diese nimmt es jedoch nicht in Anspruch, solange die EG, insb. die Rechtsprechung des EuGH, einen wirksamen Grundrechtsschutz gegenüber der Hoheitsgewalt der Gemeinschaft gewährleistet, welcher dem vom GG als unabdingbar gebotenen Grundrechtsschutz im Wesentlichen gleichzuachten ist. Unter dieser Voraussetzung nimmt das BVerfG entspr. Verfassungsbeschwerden und Richtervorlagen nicht mehr zur Entscheidung an (BVerfG 7. 6. 2000 Bananenmarkt BVerfGE 102, 147; 22. 10. 1986 Solange II BVerfGE 73, 339, 387).

16   2. **Gemeinschaftsrechtskonforme Auslegung.** Aus dem Vorrang des Gemeinschaftsrechts und dem in diesem enthaltenen Grundsatz der Gemeinschaftstreue (Art. 10 EG) folgt zunächst, dass es allen Trägern öffentl. Gewalt in den Mitgliedstaaten obliegt, im Rahmen ihrer jeweiligen Zuständigkeit die erforderlichen Maßnahmen zu treffen, um die sich aus einer RL nach Art. 249 III EG ergebenden Verpflichtungen des Mitgliedstaats zu erfüllen. Zu diesen gehört vor allem die Übereinstimmung des nationalen Rechts mit den Vorgaben des Gemeinschaftsrechts. Zu diesem Zweck hat jedes nationale Gericht die **Auslegung des innerstaatlichen Rechts** so weit wie möglich am Wortlaut und Zweck einschlägiger RL auszurichten (EuGH 14. 7. 1994 Faccini Dori Slg. 1994, I-3347, 3357; 10. 4. 1984 von Colson und Kamann Slg. 1984, 1891, 1909 = AP BGB § 611a Nr. 1; BAG 5. 3. 1996 AP GG Art. 3 Nr. 226). Die Verpflichtung zur gemeinschaftsrechtskonformen Auslegung gilt auch für nationales Recht, das älter ist als die RL. Auch besteht sie unabhängig davon, ob der nationale Gesetzgeber überhaupt schon zur Umsetzung tätig geworden ist (BAG 2. 4. 1996 AP BetrVG 1972 § 87 Gesundheitsschutz Nr. 5). Die weitergehende Forderung (so möglicherweise EuGH 8. 10. 1987 Kolpinghuis Nijmegen Slg. 1987, 3969, 3987), nationales Recht bereits vor Ende der Umsetzungsfrist RLkonform auszulegen, findet in Art. 249 III EG keine Stütze (BGH 5. 2. 1998 ZIP 1998, 1084, 1087; ebenso durch Verweigerung der Antwort auf eine Vorlagefrage vor Fristende EuGH 25. 10. 2001 Finalarte Slg. 2001, I-7831, 7898 = AP AEntG § 1 Nr. 8; gegen unmittelbare Anwendbarkeit einer RL vor Fristende und Umsetzung EuGH 15. 3. 2001 Mazzoleni Slg. 2001, I-2189, 2219 f. = AP EWG-RL 96/71 Nr. 2). Eine solche gemeinschaftsrechtskonforme Auslegung „im Vorgriff" ist aber möglich

III. Vorrang vor nationalem Recht   Vorb. EG 20

(BGH aaO; abw. – RLkonforme Auslegung vor Fristablauf nur zulässig, wenn Umsetzung bereits erfolgt – *Ehricke* EuZW 1999, 553).

Die **Grenzen einer gemeinschaftsrechtskonformen Auslegung** werden durch die allg. Aus- 17 legungsregeln bestimmt. Es gelten dieselben Grundsätze wie für die verfassungskonforme Auslegung (BAG 5. 3. 1996 AP GG Art. 3 Nr. 226). Danach geht die Auslegung zwar vom Wortlaut der Vorschrift aus, ist aber nicht in jedem Fall durch diesen begrenzt. Lassen Sinn und Zweck des Gesetzes erkennen, dass der Gesetzgeber nicht alle Konsequenzen der gewählten Gesetzesfassung bedacht hat, so muss eine auslegungsfähige Regelung einschränkend oder ergänzend in dem Sinne verstanden werden, den der Gesetzgeber bei voller Kenntnis der Probleme normiert hätte. Die Auslegung darf aber den erkennbaren Willen des Gesetzgebers nicht verändern (zB BVerfG 24. 5. 1995 BVerfGE 93, 37, 79 f.; BAG 18. 2. 2003 NZA 2003, 742, 747; vgl. auch *Schnorbus* AcP Bd. 201 (2001), 860 ff.).

3. Anwendungsvorrang im Normenkonflikt. Eine vorrangige Anwendung von Gemeinschafts- 18 recht kommt nur in Betracht, soweit **unmittelbar anwendbares** Gemeinschaftsrecht betroffen ist, also Vorschriften, die Rechte und Pflichten im Verhältnis zwischen AN und AG oder zwischen ihnen und staatlichen Stellen erzeugen können (dazu Rn. 5 f.). Im Verhältnis zu staatlichen Stellen, auch in ihrer Rolle als AG, können dies auch Vorschriften einer RL sein (Rn. 9 f.). Die gemeinschaftsrechtliche Regelung geht vor, soweit sie zwingend an einen Tatbestand Rechtsfolgen knüpft, die mit denjenigen nicht vereinbar sind, welche sich für denselben Tatbestand aus dem nationalen Recht ergeben. Hinsichtlich deutscher arbeitsrechtlicher Vorschriften hat sich die Frage der vorrangigen Anwendung von Gemeinschaftsrecht im Zusammenhang mit den Diskriminierungsverboten wegen der Staatsangehörigkeit (zB Art 39 EG, vgl. EuGH 20. 10. 1993 Spotti Slg. 1993, I-5185, 5202 = AP EWG-Vertrag Art. 48 Nr. 17; BAG 20. 9. 1995 AP HRG § 57 b Nr. 4) oder des Geschlechts (zB Art. 141 EG, EuGH 13. 7. 1989 Rinner-Kühn Slg. 1989, 2743, 2757 = AP EWG-Vertrag Art. 119 Nr. 16; BAG 9. 10. 1991 AP LohnFG § 1 Nr. 95; 31. 7. 1996 AP MuSchG § 14 Nr. 15) gestellt. Wegen Unvereinbarkeit mit einer hinreichend bestimmten RLvorschrift hatte im öffentl. Dienst deutsches Gesetzesrecht außer Anwendung zu bleiben (BAG 5. 3. 1996 AP GG Art. 3 Nr. 226). Enthält das Gemeinschaftsrecht – wie häufig bei arbeitsrechtlichen RL (ausdrücklich zB Art. 8 Betriebsübergangs-RL 2001/23/EG) – nur Mindestregelungen, so stehen diese einer Anwendung für den AN günstigerer Vorschriften des nationalen Rechts nicht entgegen.

Das innerstaatliche Gericht hat **von Amts wegen zu prüfen,** ob das von ihm für entscheidungs- 19 erheblich gehaltene nationale Recht unmittelbar anwendbarem Gemeinschaftsrecht widerspricht. Diese Pflicht ist gemeinschaftsrechtlicher Natur. Daher kann der nationale Gesetzgeber das Gericht nicht daran hindern, innerstaatliches Recht auf seine Vereinbarkeit mit dem Gemeinschaftsrecht zu überprüfen (EuGH 14. 12. 1995 – Peterbroeck – Slg. 1995, I-4599, 4621).

Anwendungsvorrang des Gemeinschaftsrechts bedeutet, dass es von Amts wegen anstelle des 20 widersprechenden nationalen Rechts vom Gericht anzuwenden ist. Da jedes nationale Gericht im Rahmen seiner Zuständigkeit für die volle Wirksamkeit der Vorschriften des Gemeinschaftsrechts Sorge zu tragen hat, muss es entgegenstehendes nationales Recht ohne weiteres außer Anwendung lassen. Es bedarf also nicht der vorherigen Beseitigung der gemeinschaftsrechtswidrigen Vorschrift durch den Gesetzgeber, die Tarifvertragsparteien oder in einem gerichtlichen Verfahren (EuGH 7. 2. 1991 Nimz Slg. 1991, I-297, 321 = AP BAT § 23 a Nr. 25; BAG 9. 10. 1991 AP LohnFG § 1 Nr. 95). Ein Verwerfungsmonopol eines bestimmten Gerichts und eine daraus resultierende Vorlagepflicht, wie sie in Art. 100 GG für den Fall der Verfassungswidrigkeit eines Gesetzes enthalten sind, bestehen nicht. Daher hat jedes Gericht für Arbeitssachen ein nationales Gesetz unangewendet zu lassen, wenn es der Meinung ist, das Gesetz sei mit unmittelbar anwendbarem Gemeinschaftsrecht (zu RL vgl. Rn. 8 ff.) nicht vereinbar. Dies gilt auch für TV (EuGH 7. 2. 1991 Nimz Slg. 1991, I-297, 321 = AP BAT § 23 a Nr. 25). Das Fehlen eines förmlichen Verwerfungsverfahrens kann dazu führen, dass jedenfalls solange, wie eine Klärung durch den EuGH aussteht, nationale Gerichte die Vereinbarkeit innerstaatlichen Rechts mit dem Gemeinschaftsrecht und daher auch die Frage, ob es noch anzuwenden ist, unterschiedlich beurteilen.

Anders als die Verfassungswidrigkeit führt die Gemeinschaftsrechtswidrigkeit einer nationalen 21 Vorschrift nicht etwa zu deren Nichtigkeit. Die nationale **Rechtsnorm besteht vielmehr fort** und ist wieder anzuwenden, sobald die Gemeinschaftsrechtswidrigkeit entfällt. Dieser Fall kann nicht nur dann eintreten, wenn das einschlägige Gemeinschaftsrecht geändert wird. Die erneute Anwendung kommt auch beim Wandel tatsächlicher Gegebenheiten in Betracht, die zur Gemeinschaftsrechtswidrigkeit geführt haben. So ist es vorstellbar, dass eine Vorschrift zunächst wegen mittelbar diskriminierender Wirkung gemeinschaftsrechtswidrig ist, sich später aber die Geschlechterverteilung unter den von der Regelung Begünstigten und den von ihr Benachteiligten so sehr ändert, dass sie keine mittelbare Diskriminierung mehr begründet (näher zu den Voraussetzungen Art. 141 Rn. 17).

Art. 39 (ex-Art. 48) [Freizügigkeit der Arbeitnehmer]

(1) Innerhalb der Gemeinschaft ist die Freizügigkeit der Arbeitnehmer gewährleistet.

(2) Sie umfaßt die Abschaffung jeder auf der Staatsangehörigkeit beruhenden unterschiedlichen Behandlung der Arbeitnehmer der Mitgliedstaaten in bezug auf Beschäftigung, Entlohnung und sonstige Arbeitsbedingungen.

(3) Sie gibt – vorbehaltlich der aus Gründen der öffentlichen Ordnung, Sicherheit und Gesundheit gerechtfertigten Beschränkungen – den Arbeitnehmern das Recht,
a) sich um tatsächlich angebotene Stellen zu bewerben;
b) sich zu diesem Zweck im Hoheitsgebiet der Mitgliedstaaten frei zu bewegen;
c) sich in einem Mitgliedstaat aufzuhalten, um dort nach den für die Arbeitnehmer dieses Staates geltenden Rechts- und Verwaltungsvorschriften eine Beschäftigung auszuüben;
d) nach Beendigung einer Beschäftigung im Hoheitsgebiet eines Mitgliedstaats unter Bedingungen zu verbleiben, welche die Kommission in Durchführungsverordnungen festlegt.

(4) Dieser Artikel findet keine Anwendung auf die Beschäftigung in der öffentlichen Verwaltung.

Schrifttum: *Gutmann,* Die Assoziationsfreizügigkeit türkischer Staatsangehöriger, 2. Aufl. 1999; *Hailbronner* (Hrsg.), 30 Jahre Freizügigkeit in Europa, 1999; *Heinze,* Reichweite und Grenze der Freizügigkeit als Grundfreiheit für Arbeitsuchende, in Heinze u. a. (Hrsg), 9. Bonner Europa-Symposion Arbeitsförderung in Europa 1997, S. 53; *Lichtenberg/Limme/Gümrükcu,* Gastarbeiter – Einwanderer – Bürger? Die Rechtstellung türkischer Arbeitnehmer in der EU, 1996; *Veltmann,* Der Anwendungsbereich des Freizügigkeitsrechts der Arbeitnehmer gemäß Art. 48 EGV, 2000; *Weiß,* Die Personenverkehrsfreiheiten von Staatsangehörigen assoziierter Staaten, 1998.

I. Einleitung

1   Art. 39 gewährleistet die Freizügigkeit der AN. Dies ist eine Grundfreiheit der EG (EuGH 6. 6. 2000 Angonese Slg. 2000, I-4139, 4173 = AP EG Art. 39 Nr. 3) und damit neben dem freien Warenverkehr (Art. 23, 28), der freien Dienstleistung (Art. 49, 50) und dem freien Kapitalverkehr (Art. 56) als Bestandteil des freien Personenverkehrs Merkmal des **Binnenmarktes** (vgl. Art. 3 I Buchst. c). Sie ist unmittelbar anwendbar, verleiht also dem einzelnen AN Rechte (EuGH 15. 12. 1995 Bosman Slg. 1995, I-4921, 5066 f. = AP BGB § 611 Berufssport Nr. 10; 16. 6. 1992 Kommission ./. Luxemburg Slg. I-3958, 3963; vgl. Vorb. Rn. 5). In der Präambel der VO 1612/68 (ABl. 1968 L 257 S. 2, zuletzt geändert ABl. 1992 L 245 S. 1) ist sogar die Rede von einem **Grundrecht** der AN. Sekundärrechtlich wird die Freizügigkeit der AN durch die VO 1612/68 konkretisiert sowie durch eine Reihe von RL betreffend das Einreise- und Aufenthaltsrecht, die im deutschen AufenthG/EWG (22. 7. 1969 BGBl. I S. 927 zuletzt geändert 2001 BGBl. I S. 3306), umgesetzt worden sind. Daneben regelt VO 1251/70 (ABl. 1970 L 142 S. 25) das Verbleiberecht aus dem Arbeitsleben ausgeschiedener AN. Für die Systeme der sozialen Sicherheit greifen die Wanderarbeitnehmer-VO 1408/71 (ABl. 1971 L 149 S. 2 zuletzt geändert ABl. 2001 L 187 S. 1) nebst Durchführungs-VO 574/72 (ABl. 1972 L 74 S. 1 zuletzt geändert ABl. 2001 L 187 S. 1), die auf Art. 42 gestützt sind (ausführlich zu dieser hier nicht zu behandelnden sozialrechtlichen Flankierung zB Hanau/Steinmeyer/Wank/*Steinmeyer* §§ 20 ff.).

II. Berechtigte

2   **1. Unionsbürger.** Art. 39 II spricht von den AN der Mitgliedstaaten. Diese Formulierung sagt nicht eindeutig aus, dass damit nur AN mit der Staatsangehörigkeit eines Mitgliedstaats gemeint sind, sondern könnte auf die bloße Zugehörigkeit zum Arbeitsmarkt eines Mitgliedstaats abstellen, die auch bei Drittstaatsangehörigen gegeben sein kann. Nach Art. 1 I VO 1612/68 ist aber der gleichberechtigte Zugang zur Beschäftigung in der EG von der Staatsangehörigkeit eines Mitgliedstaats abhängig. Demnach müssen auch Art. 39 ff. so verstanden werden, dass die Anwendbarkeit der Freizügigkeitsvorschriften grds. eine **EG-Staatsangehörigkeit** voraussetzt (*Grabitz/Hilf/Randelzhofer/Forsthoff* Rn. 67; Hanau/Steinmeyer/Wank/*Hanau* § 15 Rn. 9). Die Feststellung, wer Staatsangehöriger ist, obliegt den Mitgliedstaaten selbst. Unschädlich ist es, zusätzlich zur Staatsangehörigkeit eines Mitgliedstaats der Gemeinschaft auch eine Drittstaatsangehörigkeit zu besitzen, selbst wenn nach dem Recht des Aufnahmestaats ausschließlich die Drittstaatsangehörigkeit Anerkennung findet (vgl. EuGH 7. 7. 1992 Micheletti Slg. 1992, I-4239, 4262 zur Niederlassungsfreiheit). Eine Reihe von Mitgliedstaaten hat Erklärungen abgegeben, die den Kreis ihrer Staatsangehörigen iSd. Gemeinschaftsrechts näher bestimmen sollen. So hat die Bundesrepublik anlässlich der Unterzeichnung von EWGV und EAG erklärt, dass Deutsche iSd. Gemeinschaftsrechts alle Deutsche iSd. Art. 116 GG sind, nicht nur diejenigen, deren Staatsangehörigkeit sich aus dem Staatsangehörigkeitsgesetz ergibt. Umfangreiche Sonderregelungen ergeben sich auch aus einer Erklärung Großbritanniens (ABl. 1972, L 73 S. 196) in Verbindung mit dem British Nationality Act 1981, zB bezüglich der Bewohner der Kanal-

II. Berechtigte

inseln und der Insel Man (Überblick über die Sonderregelungen für die einzelnen Mitgliedstaaten bei *Grabitz/Hilf/Randelzhofer/Forsthoff* vor Art. 39–55 Rn. 14 ff.). Dementspr. können sich **Drittstaatsangehörige**, auch wenn sie in einem Mitgliedstaat der Gemeinschaft ansässig sind und dem dortigen Arbeitsmarkt regulär angehören, nicht auf die Freizügigkeitsvorschriften des Gemeinschaftsrechts berufen (EuGH 5. 7. 1984 Meade Slg. 1984, 2631, 2638; vgl. auch *Groeben/Thiesing/Ehlermann/Wölker* Rn. 41; *Grabitz/Hilf/Randelzhofer/Forsthoff* vor Art. 39–55 Rn. 23 ff. Bezüglich der Angehörigen mit der EG assoziierter Staaten s. Rn. 5). Keine gemeinschaftsrechtliche Freizügigkeit genießen auch Staatenlose und Flüchtlinge. Drittstaatsangehörige können deshalb nur dann eine Arbeitserlaubnis bekommen, wenn kein AN aus einem EU-Mitgliedstaat zur Verfügung steht. S. auch Rn. 4.

2. Angehörige des Europäischen Wirtschaftsraumes. Neben der Staatsangehörigkeit eines Mitgliedstaats der Gemeinschaft ist auch die Zugehörigkeit zu einem Mitgliedstaat des **Europäischen Wirtschaftsraums** (Norwegen, Island, Liechtenstein) ausreichend. Dies ergibt sich aus dem Art. 39 nachgebildeten Art. 28 EWR-Abkommen sowie Anhang V hierzu (näher *Welte* ZAR 1994, 80). Allerdings entfalten die Regelungen des EWR und damit auch das daraus folgende Diskriminierungsverbot zugunsten von WanderAN aus den EWR-Staaten keine Rückwirkung und können somit keine Anwendung auf vor Bildung des EWR abgeschlossene Sachverhalte finden.

3. Aus EU- und EWR-Mitgliedstaaten entsandte Drittstaatsangehörige. Diese können sich nicht auf Art. 39 berufen. Aus der **Dienstleistungsfreiheit** (Art. 49) ergibt sich jedoch das Recht der im EU- und EWR-Bereich niedergelassenen Unternehmen (Arbeitgeber), bei ihnen ordnungsgemäß beschäftigte Drittstaatsangehörige vorübergehend in andere Mitgliedstaaten zu entsenden (EuGH 9. 8. 1994 Vander Elst Slg. 1994, I-3803, 3825 = AP EWG-Vertrag Art. 59 Nr. 1; dazu *Hailbronner*, FS Everling, 1995, 399; *Wichmann*, Dienstleistungsfreiheit und grenzüberschreitende Entsendung von Arbeitnehmern, 1998; *Häußler* ZAR 2000, 24). Infolgedessen ist der Zugang zum europäischen Arbeitsmarkt für Drittstaatsangehörige eröffnet. Die gerichtliche Durchsetzung dieser Rechte soll allerdings nur dem AG möglich sein. S. auch Rn. 41 und die Kommentierung des AEntG.

4. Angehörige assoziierter Staaten. Freizügigkeitsrechte, die freilich im Umfang hinter Art. 39 zurückbleiben, bestehen auch für Angehörige verschiedener Drittstaaten außerhalb des EWR auf Grund von völkerrechtlichen Verträgen mit diesen Staaten. So ergibt sich aus dem **Assoziationsabkommen** zwischen der EG und der Türkei von 1963 und den dazu ergangenen **Assoziationsratsbeschlüssen**, die den Rang von Gemeinschaftsrecht haben, ein Recht auf weitere Arbeits- und Aufenthaltserlaubnisse bei einjähriger ordnungsgemäßer Beschäftigung (s. EuGH 10. 2. 2000 Nazli Slg. 2000, I-957, 983; *Delbrück/Tietje* ZAR 1995, 29; *Gutmann* AuR 2000, 81; *ders.*, Die Assoziationsfreizügigkeit türkischer Arbeitnehmer, 2. Aufl. 1999). Bedeutung kommt insb. dem Diskriminierungsverbot des Art. 3 I des ARB 3/80 zu (EuGH 4. 5. 1999 Sema Sürül Slg. 1999, I-2685, 2773 = AuR 2000, 111; *Hänlein* ZAR 1998, 21) und dem Recht Familienangehöriger aus Art. 7 S. 2 ARB 1/80 auf Zugang zum Arbeitsmarkt (EuGH 19. 11. 1998 Akman Slg. 1998, I-7537, 7545; *Lang* ZAR 1999, 69; *Gutmann*, S 112). Weiter gibt es Abkommen (Art. 310) mit den meisten Staaten Mittel- und Osteuropas sowie mit den Maghreb-Staaten, die eine Zusammenarbeit im Bereich der Arbeitskräfte vorsehen (Näher Hanau/Steinmeyer/Wank/*Hanau* § 15 Rn. 254 ff.). Dabei handelt es sich allerdings, soweit hier von Interesse, lediglich um ein Diskriminierungsverbot und nicht um die Begründung eigenständiger Aufenthaltsrechte (für Algerien EuGH 5. 4. 1995 Krid Slg. 1995, I-729, 740; für Marokko EuGH 2. 3. 1999 Eddline El-Yassini Slg. 1999, I-1209, 1246, wo ausdrücklich auf die Unterschiede zwischen dem Abkommen mit der Türkei und demjenigen mit Marokko im Hinblick auf Aufenthaltsrechte hingewiesen wird). Das Diskriminierungsverbot in Art. 37 I des Abkommens mit Polen ist im Verhältnis zwischen AG und AN unmittelbar anwendbar (EuGH 29. 1. 2002 Pokrzeptowicz-Meyer Slg. 2002, I-1049, 1082 = AP HRG § 57 c Nr. 11; BAG 14. 8. 2002 AP HRG § 57 b Nr. 27), ebenso dasjenige in Art. 38 I des Abkommens mit der Slowakei (EuGH 8. 5. 2003 Kolpak Rs. C-438/00) sowie diejenigen für türkische, marokkanische und algerische AN (EuGH 4. 5. 1999 Sema Sürül Slg. 1999, I-2685, 2773 f. = AuR 2000, 111; BAG 22. 3. 2000 AP HRG § 57 b Nr. 24).

5. Arbeitnehmer. Art. 1 I VO 1612/68 erwähnt als Kriterium der ANEigenschaft eine „Tätigkeit im Lohn- oder Gehaltsverhältnis". Daraus hat der EuGH als Voraussetzung der ANEigenschaft abgeleitet, dass eine **weisungsgebundene Erbringung von Leistungen für einen Dritten gegen eine Vergütung** erforderlich ist (EuGH 3. 7. 1986 Lawrie-Blum Slg. 1986, 2121, 2144; 31. 5. 1989 Bettray Slg. 1989, 1621, 1645). Der ANBegriff ist vom Gemeinschaftsrecht vorgegeben und daher gemeinschaftsweit einheitlich zu verstehen. Daher können die Mitgliedstaaten keine weiteren als die oben genannten Voraussetzungen für die ANEigenschaft iSd. Freizügigkeitsbestimmungen aufstellen (EuGH 21. 6. 1988 Lair Slg. 1988, 3161, 3201; 21. 6. 1988 Brown Slg. 1988, 3205, 3244). Nach Gemeinschaftsrecht soll kein Arbeitsverhältnis vorliegen, wenn eine Tätigkeit als „völlig untergeordneten und unwesentlichen" (EuGH 23. 3. 1982 Levin Slg. 1982, 1035, 1050) Beschäftigungen besteht, bei denen nicht Leistungen von „einem gewissen wirtschaftlichen Wert" (EuGH 3. 7. 1986 Lawrie-Blum Slg. 1986, 2121, 2144) erbracht werden. Folgende Kriterien sind danach für die Feststellung eines Arbeitsverhältnisses ohne Bedeutung: eine bestimmte Mindestdauer des Arbeitsverhältnisses (EuGH 21. 6. 1988 Lair Slg. 1988, 3161, 3201; 21. 6. 1988 Brown Slg. 1988, 3205, 3244), die Unterscheidung zwischen Arbeitern und Angestellten (EuGH 31. 5. 1989 Bettray Slg. 1989, 1621, 1645) sowie zwischen Voll- und Teilzeitarbeitskräften (EuGH 23. 3. 1982 Levin Slg. 1982, 1035, 1050). Demnach kann auch bei einer wöchentlichen Arbeitszeit von nur zwölf Stunden (EuGH 3. 6. 1986 Kempf Slg. 1986, 1741, 1750) oder einer unter dem branchenüblichen Mindesteinkommen liegenden Bezahlung, die nicht die einzigen Einkünfte darstellt (EuGH 23. 3. 1982 Levin Slg. 1982, 1035, 1050; 3. 6. 1986 Kempf Slg. 1986, 1741, 1750), die ANEigenschaft zu bejahen sein. Ebenso kann die Beschäftigung an zwei Tagen pro Woche bei einer Gesellschaft, deren Geschäftsführer und Alleingesellschafter die Ehepartner ist, ein Arbeitsverhältnis begründen (EuGH 8. 6. 1999 Meeusen Slg. 1999, I-3289, 3311 = AP EG-Vertrag Art. 48 Nr. 9). Den Anforderungen eines Arbeitsverhältnisses iSd. des Gemeinschaftsrechts genügt dagegen nicht die bloße Erfüllung familiärer Pflichten (BVerwG 24. 10. 1984 NJW 1985, 1301). Tätigkeiten, bei denen therapeutische und soziale Aspekte im Vordergrund stehen, sollen die ANEigenschaft nicht begründen; es soll dann an ihrer Einstufung als wirtschaftliche Tätigkeit fehlen (EuGH 31. 5. 1989 Bettray Slg. 1989, 1621, 1646 zu einem niederländischen Programm zur Wiedereingliederung Drogensüchtiger). Beschäftigte nach § 19 BSHG sollen indes Arbeitnehmer sein (EuGH 26. 11. 1998 Birden Slg. 1998, I-7747, 7778). Unter den Begriff des AN iSd. Art. 39 ff. fallen auch Personen, die sich in einem **Berufsausbildungsverhältnis** befinden, in dessen Rahmen sie eine Vergütung erhalten. Davon geht auch § 1 I AufenthG/EWG aus. Dementspr. sind türkische Auszubildende AN iSd. Assoziationsabkommens und genießen dessen Schutz (EuGH 19. 11. 2002 Bülent Kurz = InfAuslR 2003, 41). Aufgrund der entgeltlichen Arbeitsleistung nehmen am Wirtschaftsleben Referendare und sonstige Beschäftigte im öffentl. Dienst (EuGH 3. 7. 1986 Lawrie-Blum Slg. 1986, 2121; 15. 1. 1998 Schöning-Kougebetopoulou Slg. 1998, I-47, 60 ff. = AP EG-Vertrag Art. 48 Nr. 1) sowie Berufssportler (EuGH 15. 12. 1995 Bosman Slg. 1995, I-4921, 5063 = AP BGB § 611 Berufssport Nr. 10) teil.

7   Die ANEigenschaft von **Geschäftsführern** ist differenziert zu beurteilen. Der EuGH lehnt unter Verweis auf die Niederlassungsfreiheit die ANEigenschaft eines Geschäftsführers und Alleingesellschafters ab (27. 6. 1996 Asscher Slg. 1996, I-3089, 3121). Hingegen geht er inzident von der ANEigenschaft eines Geschäftsführers aus, wenn es sich nicht um eine Ein-Mann-Gesellschaft handelt (EuGH 7. 5. 1998 Clean Car Slg. 1998, I-2521, 2537 ff.). Wenn der EuGH in seinen Entscheidungen vom 29. 10. 1998 (Kommission ./. Spanien Slg. 1998, I-6717, 6744) und vom 9. 3. 2000 (Kommission ./. Belgien Slg. 2000, I-1221, 1246) die Vereinbarkeit eines Wohnsitzerfordernisses für Geschäftsführer an der Niederlassungsfreiheit und Dienstleistungsfreiheit gemessen hat, war dies wohl darin begründet, dass die Wohnsitzklausel auch für das Unternehmen galt. **Prostituierte** gehen ebenfalls einer entgeltlichen Arbeitsleistung nach, allerdings unter Berücksichtigung des Vorbehalts nach Art. 39 III (EuGH 18. 5. 1982 Adoui Slg. 1982, 1665, 1707; VGH Mannheim 11 S 1387/99; s. auch BVerfG 22. 3. 2000 AuR 2000, 188; *Callies/Ruffert/Brechmann* Rn. 17).

8   Die ANEigenschaft erlischt grds. mit der Beendigung des Arbeitsverhältnisses (EuGH 31. 5. 2001 Leclere Slg. 2001, I-4265, 4313 = EuZW 2001, 440). Das (aktuelle) Bestehen eines Arbeitsverhältnisses iSd. Gemeinschaftsrechts ist allerdings nicht ausnahmslos Voraussetzung für die Inanspruchnahme der Freizügigkeitsrechte. Dies ergibt sich schon daraus, dass das Freizügigkeitsrecht gem. Art. 39 III Buchst. a, b auch ein Recht auf Einreise zum Zwecke der Bewerbung beinhaltet. Erhalten bleiben der ANStatus und damit die Privilegien des Freizügigkeitsrechts auch **früheren WanderAN**, die nunmehr im Aufnahmestaat eine (auch universitäre) Berufsausbildung aufnehmen, soweit diese in einem gewissen Zusammenhang mit der vorherigen Berufsausübung steht (EuGH 31. 5. 2001 Leclere Slg. 2001, I-426s5, 4313 = EuZW 2001, 440; 21. 6. 1988 Lair Slg. 1988, 3161, 3200. Vgl. unten Rn. 15 ff.).

9   **6. Arbeitgeber. Auch der AG** kann sich auf die Freizügigkeit berufen, wenn er einen AN eines Mitgliedstaates beschäftigen möchte und ihm dies von staatlicher Seite unter Hinweis auf den fehlenden Wohnsitz oder die fehlende nationale Staatsangehörigkeit des AN verweigert wird (EuGH 7. 5. 1998 Clean Car Slg. 1998, I-2537, 2545). In dem vom EuGH entschiedenen Fall wollte ein österreichischer AG einen Geschäftsführer bestellen, der seinen Wohnsitz außerhalb Österreichs hatte. Der EuGH stellt darauf ab, dass die ANFreizügigkeit ihre Wirkung nicht voll entfalten könnte und umgangen würde, wenn die Mitgliedstaaten dem AG die Einstellung nicht ortsansässiger AN verbieten könnten (vgl. auch Art. 2 VO 1612/68).

10 **7. Räumlicher Geltungsbereich.** Grds. erfasst die Freizügigkeit nur die Fälle, die einen relevanten **Auslandsbezug** aufweisen (EuGH 28. 1. 1992 Steen Slg. 1992, I-341, 357; 2. 7. 1998 Kapasakalis Slg. 1998, I-4239, 4250). Dafür genügt es, wenn der AN die Grenze zum Erreichen des Arbeitsplatzes überschreitet, sog. GrenzAN (EuGH 27. 11. 1997 Meints Slg. 1997, I-6689, 6721; EuGH 8. 6. 1999 Meeusen Slg. 1999, I-3289, 3312 f. = AP EG-Vertrag Art. 48 Nr. 9). Die Tätigkeit muss auch nicht im Gemeinschaftsgebiet ausgeübt werden. Es genügt, wenn ein hinreichend enger Bezug zum Recht eines Mitgliedstaates und damit zu den einschlägigen Regeln des Gemeinschaftsrechts besteht (EuGH 30. 4. 1996 Boukhalfa Slg. 1996, I-2253, 2278; BAG 8. 8. 1996 AP EWG-Vertrag Art. 48 Nr. 22 m. Anm. *Waas*; *Lenz/Scheuer* Rn. 2).

III. Verpflichtete

Zur Gewährung der Freizügigkeit ist vor allem der Staat verpflichtet, in dem der AN tätig werden 11
will („**Aufnahmestaat**"). Aber auch der **Heimatstaat** darf der Freizügigkeit keine Hindernisse in den
Weg legen (EuGH 15. 12. 1995 Bosman Slg. 1995, I-4921, 5068 f. = AP BGB § 611 Berufssport Nr. 10;
26. 1. 1999 Terhoeve Slg. 1999, I-345, 386). Für die Frage, ob und inwieweit **Private** (etwa AG,
AGVerbände und sonstige Organisationen) durch Art. 39 gebunden sind, ist zu differenzieren. In
Bezug auf das Diskriminierungsverbot greift unmittelbar Art. 7 IV VO 1612/68, der alle Bestimmungen in Einzel- und Tarifverträgen betreffend den Zugang zur Beschäftigung, die Beschäftigung und die
Entlohnung sowie alle übrigen Arbeitsbedingungen von Rechts wegen für nichtig erklärt, soweit sie
Staatsangehörige anderer Mitgliedstaaten diskriminieren (EuGH 12. 12. 1974 Walrave Slg. 1974, 1405,
1420; zu den Rechtsfolgen s. Rn. 40). Der EuGH hat eine Bindung für Private auch außerhalb des
Diskriminierungsverbots jedenfalls bei Vorschriften von Verbänden (Gewerkschaften und AGVerbände, Sportverbände ua.) bejaht, die zur kollektiven Regelung unselbständiger Arbeit dienen, sog.
„intermediäre Gewalten". Diese privaten Vereinigungen nehmen im Arbeitsrecht gesetzesgleiche
Gewalt wahr. Eine Beschränkung auf behördliche Maßnahmen würde die gleichmäßige Anwendung
des Freizügigkeitsrechts gefährden (EuGH 15. 12. 1995 Bosman Slg. 1995, I-4921, 5066 = AP BGB
§ 611 Berufssport Nr. 10 zu Transferentschädigungen auf Grund Sportverbandsrecht; bzgl. verbandsrechtlicher Transferfristen vgl. EuGH 13. 4. 2000 Lehtonen Slg. 2000, I-2681, 2729 = AP EG Art. 39
Nr. 1; s. a. *Callies/Ruffert/Brechmann* Rn. 51; *Roth*, FS für Everling, 1231, 1238; aA *Burgi* EWS 1999,
327, 331, der die Bindung von Verbänden mangels Kompetenz der Gemeinschaft zur umfassenden
Regelung des Privatrechts kritisiert). Nach EuGH 6. 6. 2000 Angonese Slg. 2000, I-4139, 4172 f. = AP
EG Art. 39 Nr. 3 gilt Art. 39 ebenso wie Art. 141 auch gegenüber Privatpersonen. Der Hinweis auf
Art. 141 lässt es erwägenswert erscheinen, § 611 a BGB analog anzuwenden, s. auch Rn. 40.

IV. Einzelne Rechte

1. Einreise- und Aufenthaltsrechte. a) Erwerbszweck. Art. 39 III gewährt den Unionsbürgern ein 12
Einreise- und Aufenthaltsrecht zu **Zwecken der unselbständigen Beschäftigung** (EuGH 4. 12. 1974
van Duyn Slg. 1974, 1337, 1347; 8. 4. 1976 Royer Slg. 1976, 497, 512). Hiervon zu unterscheiden ist
das Recht der Unionsbürger nach Art. 18 EG, sich vorbehaltlich der im Gemeinschaftsrecht enthaltenen Beschränkungen und Bedingungen im Hoheitsgebiet der Mitgliedstaaten frei zu bewegen und
aufzuhalten. Dies zielt auf diejenigen Unionsbürger ab, die keine der von einer wirtschaftlichen
Zwecksetzung abhängigen Personenverkehrsfreiheiten (dies sind neben der Freizügigkeit der AN die
Niederlassungsfreiheit gem. Art. 43 ff. und die Dienstleistungsfreiheit gem. Art. 49 ff.) für sich in
Anspruch nehmen können, da sie sich nicht zu Erwerbszwecken in anderen Mitgliedstaaten aufhalten
wollen.

b) Während der Berufstätigkeit. Insoweit folgen **Aufenthalts- und Einreiserecht** unmittelbar aus 13
Art. 39 III Buchst. b und c, während die Einzelheiten sich für Deutschland aus dem AufenthG/EWG
(Umsetzung der RL 68/360) ergeben. Den Mitgliedstaaten ist nicht gestattet, die bezweckte Ausübung
einer Erwerbstätigkeit schon bei der Einreise zu überprüfen. Dies ergibt sich aus einem Vergleich des
Art. 3 RL 68/360 mit Art. 4, wonach der Nachweis eines Arbeitsverhältnisses nur für das Aufenthaltsrecht, nicht aber für das Einreiserecht erforderlich ist. Die Einreisevorschriften der RL 68/360 sind in
§§ 2, 10 AufenthG/EWG in deutsches Recht umgesetzt worden. Zum Nachweis ihres Aufenthaltsrechts erhalten die EG-WanderAN vom Aufnahmestaat gem. Art. 4 II RL 68/360 eine deklaratorische
(vgl. EuGH 12. 5. 1998 Martínez Sala Slg. 1998, I-2691, 2723 f.) „**Aufenthaltserlaubnis** für Angehörige eines Mitgliedstaats der EWG", deren zwingender Wortlaut sich aus der Anlage zur RL ergibt
(„Diese Aufenthaltserlaubnis wird auf Grund der Verordnung (EWG) Nr. 1612/68 des Rates der
Europäischen Gemeinschaften vom 15. Oktober 1968 und der zur Durchführung der RL des Rates
vom 15. Oktober 1968 erlassenen Vorschriften ausgestellt. Gemäß der genannten Verordnung hat der
Inhaber dieser Aufenthaltserlaubnis unter denselben Bedingungen wie die [für die Bundesrepublik:
deutschen] AN das Recht auf Zugang zu Beschäftigungen im Lohn- oder Gehaltsverhältnis und auf
deren Ausübung im [für die Bundesrepublik: deutschen] Hoheitsgebiet."). Über die Vorlage des
Einreisedokuments sowie einer Arbeitsbescheinigung, welche die Dauer des Beschäftigungsverhältnisses erkennen lässt (Art. 6 III RL 68/360), hinaus dürfen keine weiteren Unterlagen, wie zB der
Nachweis der Zugehörigkeit zu einem bestimmten System der sozialen Sicherheit, zur Ausstellung der
Aufenthaltserlaubnis-EG verlangt werden (EuGH 5. 2. 1991 Roux Slg. 1991, I-273, 291 f.). Nach
Art. 6 I RL 68/360 muss die Aufenthaltserlaubnis für das gesamte Hoheitsgebiet des Aufnahmestaats
gelten, eine Mindestgültigkeitsdauer von fünf Jahren haben und ohne weiteres zu verlängern sein.
Nach Art. 6 II sind bis zu sechsmonatige oder durch Militärdienst gerechtfertigte Aufenthaltsunterbrechungen unerheblich. Nur für Arbeitsverhältnisse, die voraussichtlich zwischen drei Monaten und
einem Jahr dauern, lässt Abs. 3 die Erteilung einer auf diese Dauer befristeten Aufenthaltserlaubnis-EG zu.

Rahmen haben sie auch einen Anspruch auf Gleichbehandlung nach Art. 7 VO 1251/70 (*Groeben/ Thiesing/Ehlermann/Wölker* Art. 48 Rn. 88). Ein vom WanderAN abgeleitetes Verbleiberecht zu Ausbildungszwecken besteht für Kinder, die selbst keine EU-Bürger sind, auch nach Scheidung der Ehe der Eltern und Übertragung des Sorgerechts auf den Elternteil, der nicht EU-Bürger ist; auch dieser Elternteil hat insoweit ein Verbleiberecht selbst dann, wenn der andere Elternteil inzwischen nicht mehr als WanderAN beschäftigt ist (EuGH 17. 9. 2002 Baumbast Slg. 2002, I-7091, 7159 ff. = NJW 2002, 3610 ff.).

24 g) **Ordre-Public-Vorbehalt.** Die Rechte des Art. 39 III – und nur diese – werden unter dem Vorbehalt von aus Gründen der öffentl. Ordnung, Sicherheit und Gesundheit gerechtfertigten Beschränkungen gewährt. Damit stehen diese Rechte unter dem Vorbehalt des ordre public der Mitgliedstaaten. Dieser Vorbehalt wird seinerseits durch das **Verhältnismäßigkeitsprinzip** beschränkt (EuGH 18. 5. 1989 Kommission ./. Deutschland Slg. 1989, 1263, 1292). Konkretisiert wird der Ordre-Public-Vorbehalt durch die RL 64/221 (ABl. 1964 L S. 850), die durch § 12 AufenthG/EWG in deutsches Recht umgesetzt ist.

25 Nicht jede beliebige Gefährdung der öffentl. Sicherheit und Ordnung ist für die Berufung auf den Ordre-Public-Vorbehalt ausreichend. Vielmehr ist eine tatsächliche und hinreichend **schwere Gefährdung** erforderlich, die ein Grundinteresse der Gesellschaft berührt (EuGH 27. 10. 1977 Bouchereau Slg. 1977, 1999, 2013; 18. 5. 1982 Adoui Slg. 1982, 1665, 1707; 18. 5. 1989 Kommission ./. Deutschland Slg. 1989, 1263, 1291). Weiterhin müssen die Gefährdungen der öffentl. Sicherheit und Ordnung (nicht der öffentl. Gesundheit) iSd. Ordre-Public-Vorbehalts auf dem **persönlichen Verhalten** des Betreffenden beruhen, wie sich aus Art. 3 I RL 64/221 und § 12 III AufenthG/EWG ergibt. Dies verbietet den Mitgliedstaaten vom Einzelfall losgelöste Erwägungen oder pauschale Wertungen (EuGH 26. 2. 1975 Bonsignore Slg. 1975, 297, 307; 8. 4. 1976 Royer Slg. 1976, 497, 514). In einer früheren Entscheidung sah der EuGH schon die Mitgliedschaft in einer bestimmten Gemeinschaft für die Berufung auf den Ordre-Public-Vorbehalt als ausreichend an, auch wenn diese nicht insgesamt verboten war, aber von den Behörden als gesellschaftsgefährdend angesehen wurde (EuGH 4. 12. 1974 van Duyn Slg. 1974, 1337, 1350, wonach die britischen Behörden einer Angehörigen der Scientology Church aus den Niederlanden, die in Großbritannien für die Scientology Church arbeiten wollte, die Einreise verweigern dürfen). Später betonte der EuGH in diesem Zusammenhang, dass es bei der Bewertung des persönlichen Verhaltens der einzelnen nicht zu ungerechtfertigten Ungleichbehandlungen zwischen Inländern und WanderAN kommen dürfe. Allerdings ist es zulässig, einem WanderAN gegenüber auch Maßnahmen zu ergreifen, die bei einem eigenen Staatsangehörigen ausgeschlossen sind; das gilt zB für die Beschränkung des Aufenthalts auf einen Teil des Hoheitsgebiets als mildere Maßnahme, wenn Umstände vorliegen, die eine Ausweisung rechtfertigen würden (EuGH 26. 11. 2002 Aitor Oteiza Olazabal InfAuslR 2003, 45 f.). Voraussetzung ist aber, dass der Mitgliedstaat das fragliche Verhalten auch bei seinen eigenen Staatsangehörigen mit effektiven Maßnahmen bekämpft. So darf ein Mitgliedstaat nicht den Angehörigen anderer Mitgliedstaaten die Einreise wegen eines Verhaltens untersagen, das er bei seinen eigenen Staatsangehörigen duldet, ohne tatsächliche und effektive Gegenmaßnahmen zu ergreifen (EuGH 18. 5. 1982 Adoui Slg. 1982, 1665, 1707). Demzufolge ist auch ein auf einen Teil des jeweiligen Hoheitsgebiets beschränktes Aufenthaltsverbot nur zulässig, wenn vergleichbare Sanktionen auch Einheimischen gegenüber zur Anwendung gelangen (EuGH 26. 11. 2002 Aitor Oteiza Olazabal InfAuslR 2003, 45 f.; 28. 10. 1975 Rutili Slg. 1975, 1219, 1234).

26 Gem. Art. 3 II RL 64/221 und § 12 IV AufenthG/EWG sind **strafrechtliche Verurteilungen** nicht allein ausreichend, um eine Maßnahme mit dem Ordre-Public-Vorbehalt zu begründen. Daraus wird geschlossen, dass auf den Ordre-Public-Vorbehalt gestützte Ausweisungen zu Zwecken der Generalprävention unzulässig sind (EuGH 26. 2. 1975 Bonsignore Slg. 1975, 297, 307; 18. 5. 1982 Adoui Slg. 1982, 1665, 1708). Zulässig sind dagegen Gründe der **Spezialprävention**, insb. wenn die Umstände einer früheren strafrechtlichen Verurteilung eine gegenwärtige Gefährdung der öffentl. Sicherheit und Ordnung begründen (EuGH 27. 10. 1977 Bouchereau Slg. 1977, 1999, 2012; HessVGH 20. 10. 1992 InfAuslR 1993, 50, 51 f. betont, dass auch bei schwersten Verfehlungen [Vatermord durch 14- bzw. 15 jährige Griechen] eine im Einzelfall begründete Prognose für die Gefährdung der öffentl. Sicherheit und Ordnung erforderlich ist). Als unzulässig wird deshalb die auf den Ordre-Public-Vorbehalt gestützte Ausweisung von Straffälligen angesehen, deren Strafe zur Bewährung ausgesetzt wurde (BVerwG 27. 10. 1978 BVerwGE 57, 61, 68). Auch wenn persönliches Verhalten, etwa der Konsum von Rauschgift, nach nationalem Recht eine Gefährdung der öffentl. Sicherheit darstellt, rechtfertigt dies noch nicht die automatische Ausweisung, da es sich hierbei um eine Ausweisung aus generalpräventiven und nicht aus spezialpräventiven Gründen handelt (EuGH 19. 1. 1999 Calfa Slg. 1999, I-11, 31; 10. 2. 2000 Nazli Slg. 2000, I-957, 992). Nicht zu rechtfertigen ist eine Ausweisung wegen des Ablaufs der Gültigkeit der Einreisepapiere, wie sich aus Art. 3 III RL 64/221 und § 12 V AufenthG/ EWG ergibt (EuGH 5. 2. 1991 Roux Slg. 1991, I-273, 294). In derartigen Fällen müssen immer weitere Gesichtspunkte hinzutreten, die nach den oben aufgeführten Kriterien auf eine Gefährdung der öffentl. Sicherheit und Ordnung schließen lassen (EuGH 8. 4. 1976 Royer Slg. 1976, 497, 513). Art. 4 I RL 64/221 verweist wegen der **Krankheiten oder Gebrechen**, die ein Einreiseverbot oder die Ver-

weigerung der ersten Aufenthaltserlaubnis rechtfertigen können, auf einen Anhang zur RL. § 12 VI AufenthG/EWG enthält eine diesem Anhang entspr. Aufzählung von Krankheiten. Nach Erteilung der ersten Aufenthaltserlaubnis kann das Auftreten von Krankheiten und Gebrechen eine Ausweisung gem. Abs. 2 nicht mehr rechtfertigen.

2. Recht auf Zugang zur Beschäftigung. Das Recht auf gleichen Zugang zu Beschäftigung wurzelt 27 in Art. 39 II und III, da es sowohl Elemente der Bewerbung, Abs. 3 Buchst. a, als auch Elemente der Gleichbehandlung, Abs. 2, enthält. Die Frage der Zuordnung dieses Rechts hat hinsichtlich des Vorbehaltes nach Art. 39 III bes. Bedeutung, da die Beschränkung nicht im Rahmen des Art. 39 II greift (vgl. Rn. 24). Sie ist in dem Sinne zu beantworten, dass es sich bei dem Zugangsrecht um eine bes. Ausprägung des **Gleichbehandlungsgrundsatzes** handelt, der einen Vorbehalt der öffentl. Ordnung nicht zulässt (*Groeben/Thiesing/Ehlermann/Wölker* Art. 48 Rn. 92; *Hanau/Steinmeyer/Wank/ Hanau* § 15 Rn. 117; aA *Grabitz/Hilf/Randelzhofer/Forsthoff* Rn. 209). Für diese Sichtweise spricht bereits, dass die bloße Ausländereigenschaft keine bes. Gefahr für die öffentl. Ordnung zu begründen vermag, der Vorbehalt setzt gerade Umstände in der Person des AN voraus (vgl. Rn. 25, 26). Das Recht auf gleichen Zugang zur Beschäftigung hat daneben Grundrechtsgehalt und ist mit dem Grundrecht der Berufsfreiheit vergleichbar (zum Verhältnis Grundfreiheiten und Grundrechte *Callies/Ruffert/Kingreen* Art. 6 EU Rn. 78 ff.). Konkretisiert wird das Recht auf gleichen Zugang durch Art. 1–6 VO 1612/68.

Unabhängig von einem Einreise- und Aufenthaltsrecht ist für die Aufnahme einer Beschäftigung in 28 der Bundesrepublik durch einen ausländischen Staatsangehörigen grds. die Erteilung einer Arbeitserlaubnis gem. § 284 SGB III erforderlich. Allerdings haben Angehörige der EG-Mitgliedstaaten ein gemeinschaftsrechtliches Zutrittsrecht zum Arbeitsmarkt anderer Mitgliedstaaten. Daher bedürfen nach § 284 I Nr. 1 SGB III Ausländer, denen nach den Rechtsvorschriften der EG oder nach dem Abkommen über den EWR Freizügigkeit zu gewähren ist, **keiner Arbeitserlaubnis.**

Art. 4 I VO 1612/68 verbietet es den Mitgliedstaaten, auf Staatsangehörige der anderen Mitglied- 29 staaten **Quotenregelungen** anzuwenden, die den Zugang von Ausländern zu bestimmten Beschäftigungen zahlen- oder anteilmäßig beschränken. Unzulässig ist deshalb auch die Beschränkung der Beschäftigung von Angehörigen anderer Mitgliedstaaten in **Berufssportvereinen** (EuGH 15. 12. 1995 Bosman Slg. 1995, I-4921, 5074 ff. = AP BGB § 611 Berufssport Nr. 10). Art. 4 II VO 1612/68 gebietet es, AN aus anderen Mitgliedstaaten als Inländer mitzuzählen, wenn Vergünstigungen für ein Unternehmen von einer bestimmten Quote dort beschäftigter inländischer AN abhängen. Drittstaatsangehörigen, die eine Arbeitserlaubnis benötigen, darf sie nur erteilt werden, wenn weder Deutsche noch Ausländer, die ihnen hinsichtlich der Arbeitserlaubnis rechtlich gleichgestellt sind, zur Verfügung stehen (§ 285 I Nr. 2 SGB III). Art. 6 I VO 1612/68 verbietet es den Mitgliedstaaten, bei Angehörigen anderer Mitgliedstaaten einen anderen Maßstab für die gesundheitliche und berufliche Qualifikation für eine bestimmte Tätigkeit anzulegen als bei eigenen Staatsangehörigen. Daraus ergibt sich freilich noch nicht zwingend das Verbot, für bestimmte Tätigkeiten eine im Inland absolvierte Ausbildung zu verlangen. Die Lösung des Problems der mittelbaren Diskriminierung von WanderAN im Rahmen der **Anerkennung ausländischer Diplome und Befähigungsnachweise** ergibt sich demnach nicht aus Art. 6 VO 1612/68. Sie ist vielmehr in den von der Gemeinschaft erlassenen Rechtsakten zu suchen, die sich auf die Anerkennung von Berufsausbildungen aus anderen Mitgliedstaaten beziehen (näher dazu Hanau/Steinmeyer/Wank/*Hanau* § 15 Rn. 402 ff.). Daneben sind die Mitgliedstaaten verpflichtet, entspr. Anerkennungs- und Prüfungsverfahren für fremde Diplome oder Berufsausbildungen zu schaffen. Unter sachlichen Gesichtspunkten müssen in diesen Verfahren die attestierten Fähigkeiten mit dem national bescheinigten Diplom verglichen werden. Bei objektiver Gleichwertigkeit darf die Anerkennung nicht verweigert werden (EuGH 7. 5. 1991 Vlassopoulou Slg. 1991, I-2357, 2384; 7. 5. 1992 Borrell Slg. 1992, I-3003, 3028; vgl. für Rechtsanwälte EuGH 7. 11. 2000 Luxemburg ./. EP und Rat Slg. 2000, I-9131; BVerwG 26. 10. 1999 NJW 2000, 753; neuerdings auch Gesetz vom 9. 3. 2000 zur Umsetzung der RL 98/5, BGBl. I, 182). Diese Rspr. im Bereich der Niederlassungsfreiheit ist auch für die Freizügigkeit maßgeblich (*Groeben/Thiesing/Ehlermann/Wölker* Art. 48 Rn. 35; *Callies/Ruffert/Brechmann* Rn. 54).

Eine Ausnahme vom Verbot der mittelbaren Diskriminierung im Rahmen des Zugangs zur Beschäf- 30 tigung wird für Regelungen gemacht, die bestimmte **Sprachkenntnisse** voraussetzen. Diese können sich zwar als mittelbare Diskriminierung aus Gründen der Staatsangehörigkeit (dazu Rn. 34) darstellen, sind aber im Rahmen des für die einzelne Stelle Erforderlichen als Zugangsvoraussetzung zulässig (28. 11. 1989 Groener Slg. 1989, 3967, 3992; vgl. Art. 3 I VO 1612/68). Allerdings besteht eine Ausnahme von diesem Grundsatz, wenn für ortsansässige Personen eine bes. Sprachregelung greift, auf die sich Fremde nicht berufen können, zB die zulässige Verwendung der deutschen Sprache bei Behörden und vor Gericht nur für in Bozen (Italien) ansässige deutschsprachige Personen (EuGH 24. 11. 1998 Bickel und Franz Slg. 1998, I-7637, 7655) oder Nachweis erforderlicher Sprachkenntnisse nur durch ein in einer bestimmten Provinz ausgestelltes Zeugnis (EuGH 6. 6. 2000 Angonese Slg. 2000, I-4139, 4172 ff. = AP EG Art. 39 Nr. 3).

31 Art. 11 VO 1612/68 räumt das Recht, im Hoheitgebiet irgendeine Tätigkeit im Lohn- oder Gehaltsverhältnis (nicht selbständig) auszuüben, dem **Ehegatten** sowie denjenigen **Kindern** des WanderAN ein, die noch nicht 21 Jahre alt sind oder denen er Unterhalt gewährt. Das gilt auch und gerade dann, wenn sie keine EG- oder EWR-Staatsangehörigkeit haben. Der persönliche Anwendungsbereich des Art. 11 VO 1612/68 ist damit enger als der des Art. 10 VO 1612/68, der den Kreis der aufenthaltsberechtigten Familienmitglieder festlegt. Die Aufnahme einer Tätigkeit dürfte in vielen Fällen die **Unterhaltsgewährung** entfallen lassen. Der Anwendungsbereich des Art. 11 VO 1612/68 wäre somit erheblich eingeengt, wenn man daraus auf den Wegfall des Berufsausübungsrechts für die drittstaatsangehörigen, über 21 Jahre alten Kinder des WanderAN schließen wollte. Erfasst wären dann nur noch die Fälle, in denen die Unterhaltsgewährung trotz der Aufnahme einer Tätigkeit fortgesetzt wird. Es liegt daher nahe, für das Kriterium der Unterhaltsgewährung auf den Zeitpunkt des erstmaligen Zutritts zum Arbeitsmarkt abzustellen.

32 **3. Beschäftigung in der öffentlichen Verwaltung.** Art. 39 IV nimmt die Beschäftigung in der öffentl. Verwaltung von der Anwendung des Art. 39 aus (eine entspr. Regelung enthält Art. 45 für die Niederlassungsfreiheit). Nur eine **gemeinschaftseinheitliche Auslegung** des Begriffs „öffentl. Verwaltung" kann Einheit und Wirksamkeit des Gemeinschaftsrechts sicherstellen. Entscheidend ist, ob die Stelle eine bes. Verbundenheit ihres Inhabers zum Staat erfordert, weil die Tätigkeit mit der Ausübung hoheitlicher Befugnisse und mit der Verantwortung für die Wahrung der allg. **Belange des Staates** oder der anderen öffentl. Körperschaften zu tun hat (EuGH 17. 12. 1980 Kommission ./. Belgien Slg. 1980, 3881, 3900). Das ist außerhalb des öffentl. Dienstes stets zu verneinen, zB für AN privater Sicherheitsdienste (EuGH 31. 5. 2001 Kommission ./. Italien Slg. 2001, I-4363, 4386 f. = EuZW 2001, 603; vgl. auch EuGH 29. 10. 1998 Kommission ./. Spanien Slg. 1998, I-6732, 6742). Danach werden erhebliche Teile des öffentl. Dienstes von der Ausnahme nicht erfasst. So hat der EuGH dem Anwendungsbereich des Art. 39 IV nicht hinzugerechnet die Tätigkeiten von Handwerkern, Bau- und Hilfsarbeitern, Lokomotivführern, Krankenschwestern und pflegern, die von öffentl. AG beschäftigt werden (26. 5. 1982 Kommission ./. Belgien Slg. 1982, 1845, 1852), Studienreferendaren (3. 7. 1986 Lawrie-Blum Slg. 1986, 2121, 2146), Lehrern (27. 11. 1991 Bleis Slg. 1991, I-5627, 5641), Fremdsprachenlektoren an Universitäten (30. 5. 1989 Allué und Coonan Slg. 1989, 1591, 1610), Forschern im nationalen Forschungsrat, soweit nicht mit staatlichen Leitungs- oder Beratungsfunktionen betraut (16. 6. 1987 Kommission ./. Italien Slg. 1987, 2625, 2639) und staatlichen Wirtschaftsprüfern (EuGH 13. 7. 1993 Thijssen Slg. 1993, I-4047, 4073). Im Allg. liegen Forschung, Gesundheitswesen, Straßen- und Schienenverkehr, Post- und Fernmeldewesen sowie die Versorgung mit Wasser, Gas und Elektrizität auch außerhalb von Art. 39 IV, selbst wenn sie von Gebietskörperschaften betrieben werden (EuGH 2. 7. 1996 Kommission ./. Luxemburg Slg. 1996, I-3207, 3257 f. = AP EWG-Vertrag Art. 48 Nr. 23). Ohne Bedeutung ist, ob mit der fraglichen Tätigkeit AN oder Beamte beschäftigt sind (EuGH 3. 6. 1986 Kommission ./. Frankreich Slg. 1986, 1725, 1738).

33 **4. Diskriminierungsverbot. a) Unmittelbare und mittelbare Diskriminierung.** Art. 12 I EG verbietet jede Benachteiligung aus Gründen der Staatsangehörigkeit (zu Diskriminierungen auf Grund Rasse oder ethnischer Herkunft RL 2000/43 ABl. 2000 L 180 S. 22, umzusetzen bis zum 19. 7. 2003; zu Diskriminierungen auf Grund Religion oder Weltanschauung, Behinderung, Alter oder sexueller Ausrichtung RL 2000/78 ABl. 2000 L 303 S. 16, umzusetzen bis zum 2. 12. 2003; beide RL beruhen auf Art. 13 EG). Als Spezialvorschrift hierzu, die insoweit eine Berufung auf Art. 12 EG ausschließt (EuGH 13. 4. 2000 Lehtonen Slg. 2000, I-2681, 2730 = AP EG Art. 39 Nr. 1), legt Art. 39 II fest, dass die Freizügigkeit der AN jede auf der Staatsangehörigkeit beruhende unterschiedliche Behandlung der AN (der Mitgliedstaaten) und ihrer Angehörigen in Bezug auf Beschäftigung, Entlohnung und sonstige Arbeitsbedingungen verbietet. Näher ausgeführt wird dieser Grundsatz schließlich durch die Art. 7 bis 9 VO 1612/68 (s. *Groeben/Thiesing/Ehlermann/Wölker* Art. 48 Rn. 41 ff. insb. zur Sozialhilfe).

34 Eine **unmittelbare Diskriminierung** liegt vor, wenn die Staatsangehörigkeit das für eine Benachteiligung gegenüber Inländern maßgebliche Kriterium ist (zB keine Zulassung von Ausländern zur Tätigkeit in einem privaten Wachdienst, EuGH 31. 5. 2001 Kommission ./. Italien Slg. 2001, I-4363, 4377 ff. = EuZW 2001, 603). Dagegen handelt es sich um eine **mittelbare Diskriminierung,** wenn auf andere Unterscheidungsmerkmale als die Staatsangehörigkeit abgestellt wird und dies tatsächlich zu einer Benachteiligung von Ausländern führt; der EuGH spricht insoweit auch von „versteckter Diskriminierung" (zB EuGH 30. 11. 2000 ÖGB Slg. 2000, I-10497, 10549 = AP EG Art. 39 Nr. 10; st. Rspr. seit EuGH 12. 2. 1974 Sotgiu Slg. 1974, 153, 164 f.). Hieraus kann aber ebenso wenig wie bei der mittelbaren Diskriminierung wegen des Geschlechts (Art. 141 Rn. 16) geschlossen werden, eine Diskriminierung sei nur anzunehmen, wenn der Urheber der Regelung oder Maßnahme in diskriminierender Absicht handelt. Als mittelbar diskriminierend sind demnach Voraussetzungen anzusehen, an die das nationale Recht belastende Rechtsfolgen knüpft, wenn diese Voraussetzungen zwar unabhängig von der Staatsangehörigkeit gelten, aber im wesentlichen oder ganz überwiegend WanderAN betreffen. Diskriminierend sind außerdem unterschiedslos geltende Voraussetzungen für günstige Rechtsfolgen, wenn diese Voraussetzungen von inländischen AN leichter zu erfüllen sind als von WanderAN,

IV. Einzelne Rechte   Art. 39 (ex-Art. 48) **EG 20**

und schließlich Voraussetzungen, bei denen die Gefahr besteht, dass sie sich besonders zum Nachteil der WanderAN auswirken (zu allem EuGH 23. 5. 1996 O'Flynn Slg. 1996, I-2617, 2638 f.). Danach sind die Verbote der mittelbaren Diskriminierung wegen der Staatsangehörigkeit (Art. 39) und wegen des Geschlechts (Art. 141) zwar strukturähnlich; die Feststellung einer mittelbaren Diskriminierung nach Art. 39 erfordert aber nicht in gleicher Weise wie im Anwendungsbereich des Art. 141 (dazu Art. 141 Rn. 17) zwingend einen statistischen Vergleich zweier Gruppen. Der Grund hierfür ist, dass sich das Diskriminierungsverbot mit dem ebenfalls in Art. 39 enthaltenen Verbot der Beschränkung der Freizügigkeit (Rn. 41 ff.) teilweise überschneidet (dazu *Grabitz/Hilf/Randelzhofer/Forsthoff* Rn. 145) und deshalb, anders als bei Art. 141, die Vergleichsgruppen einer Quantifizierung nicht zugänglich sind: Geschützt sind neben den bereits als WanderAN tätigen auch diejenigen AN, die erst erwägen, in einem anderen Mitgliedstaat Arbeit aufzunehmen. Im Übrigen kann das Verbot mittelbarer Diskriminierung auch AN schützen, die Angehörige des Mitgliedstaats sind, von dem eine diskriminierende Maßnahme oder Regelung ausgeht (EuGH 22. 11. 1995 Vougioukas Slg. 1995, I-4033, 4065; 23. 2. 1994 Scholz Slg. 1994, I-505, 521). Das kommt dann in Betracht, wenn der betroffene AN wegen eines Auslandsbezugs benachteiligt wird, zB Nichtanrechnung ausländischer Beschäftigungszeiten für Anspruch auf Zulage im Inland (vgl. GA Léger in Rs. C-224/01 Köbler). Zur Zulässigkeit einer Benachteiligung von WanderAN aus sachlichem Grund Rn. 37.

Bes. bei einer Benachteiligung wegen ausländischen **Wohnsitzes** ist an eine mittelbare Diskriminie- 35 rung zu denken (EuGH 7. 5. 1998 Clean Car Slg. 1998, I-2537, 2546; 29. 10. 1998 Kommission ./. Spanien Slg. 1998, I-6717, 6742). Dies gilt zB für das Anknüpfen an den Wohnsitz bei der Gewährung von Steuervergünstigungen wie des Ehegattensplittings oder des Jahressteuerausgleichs, wenn Gebietsfremde bzw. deren Haushalt nahezu ihr gesamtes Einkommen in dem Beschäftigungsstaat erzielt haben und ihnen dort die Steuervergünstigungen auf Grund einer Wohnsitzklausel vorenthalten bleiben. In diesem Fall kann weder der Wohnsitzstaat noch der Beschäftigungsstaat die bes. persönlichen Verhältnisse des AN berücksichtigen und seine steuerlichen Vergünstigungen an ihn weitergeben (EuGH 12. 12. 2002 De Groot EuZW 2003, 114 ff.; 14. 2. 1995 Schumacker Slg. 1995, I-249, 261; 16. 5. 2000 Zurstrassen Slg. 2000, I-3337, 3363). Das Vorenthalten von Steuervergünstigungen ohne Vorliegen dieser Voraussetzungen stellt hingegen keine mittelbare Diskriminierung dar, da Gebietsfremde und Gebietsansässige dann nicht in einer vergleichbaren Lage sind (EuGH 14. 9. 1999 Gschwind Slg. 1999, I-5451, 5490). Das BAG (27. 6. 2002 AP EG Art. 39 Nr. 12) hat dem EuGH die Frage vorgelegt, ob Art. 39 dadurch verletzt wird, dass bei der Ermittlung der Bemessungsgrundlage für eine tarifliche Überbrückungsbeihilfe die fiktive deutsche Lohnsteuer auch dann zugrunde zu legen ist, wenn der AN im Ausland wohnt, dort steuerpflichtig und deshalb im Ergebnis eine niedrigere Nettozahlung erhält als bei Steuerpflicht in Deutschland; das BAG sieht hierin keine verbotene Diskriminierung. Unzulässig ist es, wenn die Zahlung eines staatlichen Einkommenszuschusses zur Gewährleistung eines Mindesteinkommens von einem inländischen Wohnsitz abhängig gemacht wird (EuGH 20. 6. 2002 Kommission ./. Luxemburg Slg. 2002, I-5899, 5914).

Zur mittelbaren Diskriminierung geeignet sind auch **sonstige geographische Anknüpfungspunkte**, 36 da bei WanderAN vielfach einzelne Sachverhalte wie zB Geburtsort, Herkunftsort, Ort des Qualifikationserwerbs, der Eheschließung etc. auf das Ausland hinweisen (EuGH 5. 3. 1998 Molenaar Slg. 1998, I-843, 891 = AP EG-Vertrag Art. 48 Nr. 2 zum Pflegegeld; 12. 5. 1998 Martínez Sala Slg. 1998, I-2691, 2724 ff. = AP EG-Vertrag Art. 48 Nr. 6 zum Erziehungsgeld). Auch die geringere Beweiskraft von ausländischen Personenstands- oder Geburtsurkunden stellt eine mittelbare Diskriminierung dar (EuGH 2. 12. 1997 Dafeki Slg. 1997, I-6761, 6780). Bes. Anforderungen an die Änderung des Geburtsdatums, die gleichermaßen für in- und ausländische Urkunden gelten, stellen allein wegen der erhöhten Betroffenheit ausländischer Bürger keine mittelbare Diskriminierung dar, da nationale Urkunden gleichbehandelt werden (EuGH 14. 3. 2000 Kocak Slg. 2000, I-1287, 1330). Weiterhin kann eine mittelbare Diskriminierung auch in der benachteiligenden Behandlung bestimmter **Berufsgruppen** liegen, wenn sich diese in der Hauptsache aus WanderAN zusammensetzen (so EuGH 30. 5. 1989 Allué und Coonan Slg. 1989, 1591, 1610, bezüglich der bes. Befristungsmöglichkeiten für Hochschullektoren in Italien, die dort zu 75% Ausländer seien; erneut EuGH 26. 6. 2001 Kommission ./. Italien Slg. 2001, I-4923, 4955 = AP EG Art. 39 Nr. 9 für diese Berufsgruppe). Soweit eine Regelung auf **Beschäftigungszeiten** im gesamten öffentl. Dienst eines Landes abstellt, muss sie dem öffentl. Dienst anderer Mitgliedstaaten gleichstellen (EuGH 15. 1. 1998 Schöning-Kougebetopoulou Slg. 1998, I-47, 68 = AP EG-Vertrag Art. 48 Nr. 1; 12. 3. 1998 Kommission ./. Griechenland Slg. 1998, I-1095, 1117); die Anrechnung ausländischer Beschäftigungszeiten darf nicht unter engeren Voraussetzungen erfolgen als diejenige von inländischen (EuGH 30. 11. 2000 ÖGB Slg. 2000, I-10497, 10549 = AP EG Art. 39 Nr. 10). Bei der Anrechnung inländischer Tätigkeiten dürfen solche Tätigkeiten, die im Wesentlichen von Ausländern wahrgenommen werden (zB Fremdsprachenlektoren), nicht weniger berücksichtigt werden als typischerweise von Inländern ausgeübte (EuGH 26. 6. 2001 Kommission ./. Italien Slg. 2001, I-4923, 4957 = AP EG Art. 39 Nr. 9).

Mittelbare Diskriminierungen sind **zulässig**, wenn sie den sachlichen Unterschieden des zu 37 regelnden Sachverhalts Rechnung tragen (EuGH 12. 2. 1974 Sotgiu Slg. 1974, 153, 165). Sie müssen auf objektiven, von der Staatsangehörigkeit unabhängigen Gründen beruhen und in einem angemessenen Verhältnis zum verfolgten Zweck stehen (EuGH 7. 5. 1998 Clean Car Slg. 1998, I-2521, 2547; 15. 1. 1998 Schöning-Kougebetopoulou Slg. 1998, I-47, 68 f. = AP EG-Vertrag Art. 48 Nr. 1; 23. 5. 1996 O'Flynn Slg. 1996, I-2617, 2639; 2. 8. 1993 Allué Slg. 1993, I-4309, 4334). Daher darf ein sachlicher Grund nur in dem Rahmen zu tatsächlichen Benachteiligungen von WanderAN führen, der zur Verfolgung des ihm zugrundeliegenden und vom Gemeinschaftsrecht gebilligten Zwecks geeignet ist. Dies wurde zB bejaht für die Kohärenz des Steuersystems (EuGH 28. 1. 1992 Bachmann Slg. 1992, I-249, 283; abl. *Wernsmann* EuR 1999, 754, 769 ff.). Die Zulässigkeit wurde etwa verneint bei geringerer Beweiskraft von ausländischen Personenstandsurkunden (EuGH 2. 12. 1997 Dafeki Slg. 1997, I-6761, 6780) und bei einem Wohnsitzerfordernis für die Sicherstellung von Zustellungen und der Vollstreckung von Strafen (EuGH 7. 5. 1998 Clean Car Slg. 1998, I-2521, 2548).

38   b) **Arbeitsbedingungen.** Der weite Begriff der Arbeitsbedingungen, der dem freizügigkeitsrechtlichen Diskriminierungsverbot zugrunde liegt (Art. 7 VO 1612/68), macht öffentlich- und privatrechtliche Regelungen im Arbeitsleben schwer vorstellbar, die nicht dem Gleichbehandlungsgebot unterliegen. So sind freiwillig gewährte **Nebenleistungen** nach der Rspr. des EuGH (12. 2. 1974 Sotgiu Slg. 1974, 153, 164 = AP EWG-Vertrag Art. 177 Nr. 6) ebenso erfasst wie Vorschriften über die Voraussetzungen von Beförderungen oder den Abschluss **unbefristeter Verträge** (16. 6. 1987 Kommission ./. Italien Slg. 1987, 2625, 2640; insb. in Bezug auf Fremdsprachenlektoren EuGH 20. 10. 1993 Spotti Slg. 1993, I-5185, 5207 f. = AP EWG-Vertrag Art. 48 Nr. 17; BAG 15. 3. 1995 AP BAT § 2 SR 2 y Nr. 10; dazu *Hanau*, Forschung und Lehre, 1996, 368; BAG 12. 2. 1997 AP HRG § 57 b Nr. 13). Dies gilt aber nicht für drittstaatsangehörige Ehegatten eines Unionsbürgers, der von der Freizügigkeit keinen Gebrauch gemacht hat (EuGH 5. 6. 1997 Uecker und Jacquet Slg. 1997, I-3171, 3189), oder die Anrechnung von Wehrdienstzeiten auf die Dauer der **Betriebszugehörigkeit** (EuGH 15. 10. 1969 Ugliola Slg. 1969, 363, 369 f.). Mit dem Gleichbehandlungsgebot unvereinbar ist weiterhin eine Vorschrift, die den bes. **Kündigungsschutz** für Schwerbehinderte von Voraussetzungen abhängig macht, die für Inländer nicht gelten (EuGH 13. 12. 1972 Marsman Slg. 1972, 1243, 1248 f.). Entspr. gilt für die Gewährung von Waisenrenten (EuGH 25. 6. 1997 Romero Slg. 1997, I-3659, 3686).

39   c) **Vorbehalt der öffentlichen Verwaltung.** Art. 8 I Satz 1 2. Halbs. VO 1612/68 gestattet es allerdings, Angehörige anderer Mitgliedstaaten von der Teilnahme an der Verwaltung von Körperschaften des öffentl. Rechts und der Ausübung öffentlich-rechtlicher Ämter auszuschließen. Ebenso wie bei Art. 39 IV handelt es sich hier um eine **eng auszulegende** Ausnahmeregelung. Sie entfaltet daher nur Wirkung für Aufgaben, die mit der Wahrnehmung **hoheitlicher Befugnisse** verbunden sind (EuGH 17. 12. 1980 Kommission ./. Belgien Slg. 1980, 3881, 3902; 4. 7. 1991 ASTI Slg. 1991, I-3507, 3531). Auf keinen Fall einzuschränken ist auf diesem Wege das aktive Wahlrecht zu Berufsvertretungen, auch wenn diese öffentlich-rechtlichen Körperschaften sind und hoheitliche Befugnisse wahrnehmen (EuGH 4. 7. 1991 ASTI Slg. 1991, I-3507, 3531). Vom Vorbehalt des Art. 8 I Satz 1, 2. Halbs. VO 1612/68 nicht erfasst ist schließlich die Betätigung in Personalvertretungen im öffentl. Dienst, so dass EG-WanderAN hier auch das passive Wahlrecht genießen. Für ehrenamtliche Richter der Arbeitsgerichtsbarkeit wird dagegen die deutsche Staatsangehörigkeit verlangt, § 21 II Satz 1 Nr. 3 ArbGG.

40   d) **Rechtsfolgen einer Diskriminierung.** Die diskriminierende Bestimmung oder Vereinbarung ist infolge Art. 7 IV VO 1612/68 **unwirksam.** An ihre Stelle tritt die Regelung, die für die Nicht-Diskriminierten gilt („Anpassung nach oben" EuGH 26. 1. 1999 Terhoeve Slg. 1999, I-345, 394; 15. 1. 1998 Schöning-Kougebetopoulou Slg. 1998, I-47, 70 = AP EG-Vertrag Art. 48 Nr. 1). Der EuGH beruft sich insoweit auf seine st. Rspr. zu Art. 141 (s. dort Rn. 23). Ein diskriminierendes Gesetz wird im Wege des Anwendungsvorrangs verdrängt; anzuwenden ist die Regelung, die gegenüber den übrigen Betroffenen gilt (EuGH 26. 1. 1999 Terhoeve Slg. 1999, I-345, 394; vgl. Vorb. Rn. 18 ff.). Wenig erörtert wurde bisher, ob sich aus dem Diskriminierungsverbot ein Einstellungs- oder Entschädigungsanspruch gegen private AG ergibt, die eine Einstellung (oder Beförderung) unterlassen, weil ein AN einem anderen Mitgliedstaat angehört. Zumindest für einen **Entschädigungsanspruch** ließe sich anführen, dass das Diskriminierungsverbot dem Bewerber gegenüber dem AG einen Anspruch auf Einbeziehung in das Auswahlverfahren gibt (EuGH 6. 6. 2000 Angonese Slg. 2000, I-AP EG Art. 39 Nr. 3) und insoweit und wegen der strukturellen Übereinstimmung mit dem Verbot der Diskriminierung auf Grund des Geschlechts beim Zugang zur Beschäftigung die für diesen geltenden Sanktionen (s. § 611a BGB Rn. 31 ff.) hier ihre Entsprechung finden müssten (so Hanau/Steinmeyer/Wank/*Hanau* § 15 Rn. 211 ff.). Zwar könnte eine solche Analogie nicht auf die den Staatsorganen obliegende Pflicht zur Umsetzung einer RL (wie im Fall des § 611a BGB der RL 76/207) gestützt werden, möglicherweise aber auf die Gewährleistungspflicht des Art. 39 I iVm. den in Art. 10 EG normierten Erfüllungs- und Unterstützungspflichten.

5. Beschränkungsverbot. Über den Wortlaut des Art. 39 hinaus enthält die Freizügigkeit nach der **41** Rechtsprechung des EuGH nicht nur ein Diskriminierungs-, sondern auch ein Beschränkungsverbot. Dieses verlangt die Beseitigung aller **ungerechtfertigten Hemmnisse** für die Aufnahme der Beschäftigung, selbst wenn diese gleichermaßen für Inländer gelten (diese Entwicklung begann bei der Dienstleistungsfreiheit mit der Entscheidung des EuGH 3. 12. 1974 van Binsbergen Slg. 1974, 1299; seitdem hat der EuGH seine Rspr. ausgebaut, zB EuGH 13. 4. 2000 Lehtonen Slg. 2000, I-2681, 2714 = AP EG Art. 39 Nr. 1). Hemmnisse gegen die Beschäftigung ausländischer AN im Rahmen einer **Entsendung** durch ihren (ausländischen) AG können sich auch daraus ergeben, dass für solche Fälle (auf Grund des AEntG) die günstigeren inländischen Arbeitsbedingungen vorgeschrieben und so Kostenvorteile beim Einsatz dieser AN beseitigt werden. Dem steht Art. 39 nicht entgegen. Die Vorschrift ist nicht anwendbar, denn solche AN begehren keinen Zutritt zum Arbeitsmarkt des Staates, in den sie entsandt werden. Sie kehren nach Erfüllung ihrer Aufgabe in ihr Herkunftsland zurück (EuGH 25. 10. 2001 Finalarte Slg. 2001, I-7831, 7897 = AP AEntG § 1 Nr. 8). Eine derartige Regelung kann aber die Dienstleistungsfreiheit nach Art. 49, 50 EG beeinträchtigen, sofern sie nicht dem Schutz der entsandten AN dient. ANSchutz ist ein zwingender Grund des Allgemeininteresses, der die Einschränkung von Grundfreiheiten der EG rechtfertigen kann (vgl. EuGH 17. 10. 2002 Payroll Data Services NZA 2002, 1275; 24. 1. 2002 Portugaia Construcoes Slg. 2002, I-787, 811 ff. = AP EG Art. 49 Nr. 4). Das BAG hat dem EuGH die Frage vorgelegt, ob die Bürgenhaftung des Generalunternehmers für Entgeltansprüche entsandter AN ausländischer Subunternehmen nach § 1 a AEntG mit Art. 49 EG vereinbar ist, obwohl der Entgeltschutz der betroffenen AN nicht vorrangiges Ziel des Gesetzes ist (BAG 6. 11. 2002 AP AEntG § 1 a Nr. 1).

In der Rspr. (ausgehend von EuGH 7. 7. 1976 Watson Slg. 1976, 1185, 1196 ff.), die sich unmittel- **42** bar auf Art. 39 bezieht, finden sich Anhaltspunkte dafür, dass der EuGH Verstöße gegen die ANFreizügigkeit nicht mehr vom Vorliegen einer Ausländerdiskriminierung abhängig machen, sondern nur noch danach fragen will, ob die Inanspruchnahme der **ANFreizügigkeit erschwert** wird, ohne dass es dabei darauf ankäme, dass sich die Situation für Inländer günstiger darstellt (bes. deutlich EuGH 15. 12. 1995 Bosman Slg. 1995, I-4921, 5067 ff. = AP BGB § 611 Berufssport Nr. 10). Das BAG (20. 11. 1996 AP BGB § 611 Berufssport Nr. 12) hat unter ausdrücklicher Bezugnahme auf das Bosman-Urteil, aber gestützt auf § 138 BGB iVm. Art. 12 GG angenommen, dass auch die Festlegung von Transferentschädigungen, die innerdeutsche Vereinswechsel nach Vertragsablauf erschweren, nichtig ist. Der Schutz des Art. 39 gegen staatliche Maßnahmen, welche die ANFreizügigkeit beschränken, kommt auch Angehörigen des betreffenden Mitgliedstaats zugute, soweit sie von der Freizügigkeit Gebrauch gemacht haben oder machen wollen. So können Beschäftigungszeiten an Hochschulen anderer Mitgliedstaaten beim Anspruch eines Inländers auf eine Zulage, der von einer Mindestdauer der Tätigkeit als Hochschullehrer abhängig ist, nicht unberücksichtigt bleiben (vgl. GA Léger in Rs. C-224/01 Köbler). Soweit wegen des Beschränkungsverbots für Ausländer allerdings stärkere Beschränkungen für Inländer verbleiben, die von der Freizügigkeit keinen Gebrauch gemacht haben, verstößt das nicht gegen europäisches Recht (EuGH 16. 6. 1994 Steen Slg. 1994, I-2715, 2724).

Nicht abschließend geklärt ist, inwieweit für den AN **nachteilige Berufsausübungsregeln** hinsicht- **43** lich der Beendigung oder der Begründung des Arbeitsverhältnisses, wie etwa die Verfallbarkeit von Anwartschaften auf betriebliche Altersversorgung gem. § 1 BetrAVG oder der Verlust sonstiger Vergütigungen bei Beendigung des Arbeitsverhältnisses oder bes. Fristen für den Arbeitsbeginn, eine unzulässige Behinderung der Freizügigkeit darstellen. Die EG-RL 98/49 (ABl. 1998 L 209 S. 46) verbietet den Verlust von Anwartschaften auf betriebliche Altersversorgung nicht (krit. hierzu *Steinmeyer* EuZW 1999, 645, 649). Die Versagung von Abfindungsansprüchen („Abfertigungen"), die im Fall eines von AN nicht zu vertretenden Arbeitsplatzverlustes bestehen, bei freiwilligem Ausscheiden aus dem Arbeitsverhältnis mit dem Ziel des Wechsels in einen anderen Mitgliedstaat ist keine Behinderung der Freizügigkeit; der Anspruchsverlust ist zu ungewiss und wirkt zu indirekt auf die Freizügigkeit ein, als dass er diese wirklich beeinträchtigen könnte (EuGH 27. 1. 2000 Graf Slg. 2000, I-493, 523 = AP EG Art. 39 Nr. 2). Dagegen stellt das Verbot, einen Profisportler aus einem anderen Mitgliedstaat vor Ablauf einer Karenzzeit in Spielen um die nationale Meisterschaft einzusetzen, eine Beschränkung der Freizügigkeit dar; diese kann allerdings durch objektive Gründe, die nur den Sport als solchen betreffen, gerechtfertigt sein (EuGH 13. 4. 2000 Lehtonen Slg. 2000, I-2681, 2734 f. = AP EG Art. 39 Nr. 1).

Das Beschränkungsverbot steht Maßnahmen der Mitgliedstaaten, die dem Schutz von **Allgemein-** **44** **wohlinteressen** dienen und dem Verhältnismäßigkeitsgrundsatz entsprechen, nicht entgegen (EuGH 26. 2. 1991 Kommission ./. Frankreich Slg. 1991, I-659, 686 ff.; 26. 2. 1991 Kommission ./. Italien Slg. 1991, I-709, 723 f.; 26. 2. 1991 Kommission ./. Griechenland Slg. 1991, I-727, 741 f.). Auch sind die Mitgliedstaaten befugt, Umgehungen ihrer Rechtsvorschriften durch die Inanspruchnahme der Freiheiten des EG zu verhindern (EuGH 7. 2. 1979 Knoors Slg. 1979, 399, 410; 3. 10. 1990 Bouchoucha Slg. 1990, I-3551, 3568; 7. 7. 1992 Singh Slg. 1992, I-4265, 4295; 9. 3. 1999 Centros Slg. 1999, I-1459, 1496).

AP EG-Vertrag Art. 119 Nr. 14); andere geldwerte Sozialleistungen (EuGH 13. 7. 1989 AP EWG-Vertrag Art. 119 Nr. 16) wie Personalrabatt oder vergünstigte Nutzung von Betriebseinrichtungen (EuGH 17. 2. 1998 AP EG-Vertrag Art. 119 Nr. 9). Weiter wurde dazu vom EuGH ein Ersatz der Schulungskosten von BRMitgliedern gezählt (EuGH 4. 6. 1992 AP EWG-Vertrag Art. 119 Nr. 39; dagegen BAG 20. 10. 1993 AP BetrVG 1972 § 37 Nr. 90; abschwächend EuGH 6. 2. 1996 AP EWG-Vertrag Art. 119 Nr. 72; BAG 5. 3. 1997 AP BetrVG 1972 § 37 Nr. 123). Beträge, die zur Absicherung der AN während Zeiten der Nichtleistung vertraglich geschuldeter Dienste gezahlt werden, fallen ebenso unter den Entgeltbegriff (EuGH 13. 2. 1996 AP EWG-Vertrag Art. 119 Nr. 74) wie Leistungen während der Mutterschutzzeiten (EuGH 27. 10. 1998 EuR 1999, 242; BAG 31. 7. 1996 AP MuSchG 1968 § 14 Nr. 15) und Leistungen aus Anlass der Beendigung des Beschäftigungsverhältnisses (EuGH 14. 12. 1993 AP EWG-Vertrag Art. 119 Nr. 54).

7   Auf Grund des Arbeitsverhältnisses gewährte Leistungen sind auch dann „Entgelt", wenn daneben sozialpolitische Zwecke verfolgt werden, zB im Falle von Betriebsrenten (EuGH 28. 9. 1994 AP EWG-Vertrag Art. 119 Nr. 56; BAG 23. 1. 1990 AP BetrAVG § 1 Gleichberechtigung Nr. 7 und betrieblicher Hinterbliebenenversorgung (EuGH 9. 10. 2001 AP BetrAVG Pensionskasse Nr. 5; BAG 19. 11. 2002 NZA 2003, 380). Prinzipiell unterfallen dem Entgeltbegriff auch: die Beamtenversorgung (EuGH 28. 9. 1994 EuZW 1995, 152; EuGH 29. 11. 2001 NZA 2002, 143; 12. 9. 2002 NZA 2002, 1141) oder gesetzliche Alterssicherungssysteme ersetzende Zusatzrentensysteme (EuGH 25. 5. 2000 AP EG Art. 141 Nr. 2); der tarifliche Aufstockungsbetrag für Altersteilzeitarbeit (BAG 20. 8. 2002 NZA 2003, 510); Entgeltfortzahlung im Krankheitsfalle (EuGH 13. 7. 1989 AP EWG-Vertrag Art. 119 Nr. 16), Entschädigung wegen sozial ungerechtfertigter Kündigung (EuGH 17. 5. 1990 AP EWG-Vertrag Art. 119 Nr. 20; EuGH 9. 2. 1999 AR-Blattei ES 800.2 Nr. 9); tarifliche Vorruhestandsentschädigung (EuGH 13. 7. 2000 Slg. 2000/I, 6155) oder Übergangsgeld bei Beendigung des Arbeitsverhältnisses (EuGH 27. 6. 1990 AP EWG-Vertrag Art. 119 Nr. 21). Nur wenn die sozialpolitischen Erwägungen derart überwiegen, dass es an einer inhaltlichen Abhängigkeit von der Arbeitsleistung fehlt, wie bei den typischerweise unmittelbar durch Gesetz geregelten, zwingend für allg. bestimmte Gruppen geltenden Sozialversicherungsleistungen (EuGH 6. 10. 1993 AP EWG-Vertrag Art. 119 Nr. 49), ist Art. 141 nicht anwendbar. Die Höhe des vom AG gezahlten Beitrages steht bei solchen Leistungen nicht zur Disposition der Vertragsparteien, sondern wird gesetzlich festgelegt, um sozialpolitische Ziele des Staates umzusetzen. Ein öffentl. Versorgungssystem, das notwendig durch Gesetz geregelt wird, ist dennoch „Entgelt" iSd. Art. 141, wenn es nur für eine bes. Gruppe von AN eingerichtet ist (vgl. EuGH 12. 9. 2002 NZA 2002, 1141) und seine Leistungen von der Beschäftigungszeit und der Entgelthöhe des AN abhängen, statt allein von der Erfüllung gesetzlicher Voraussetzungen.

8   **3. Gleichheit des Entgelts.** Nach Art. 141 II muss nach Akkord bezahlte Arbeit auf Grund der gleichen Maßeinheit entlohnt werden, nach Zeit bezahlte Arbeit muss bei gleichem Arbeitsplatz gleich entlohnt werden. Damit muss bei vereinbartem Zeitlohn derselbe Betrag bezahlt werden, bei leistungsabhängigem Entgelt muss dieselbe Berechnungsmethode zugrunde gelegt werden (*Schlachter* EAS B 4100 Rn. 27). Auch Zeitlohn darf individuellen Leistungsunterschieden entspr. differenziert gezahlt werden; dies allerdings nicht vom Beginn der verglichenen Beschäftigungsverhältnisse an, da bei Einstellung die (künftigen) subjektiven Leistungsunterschiede noch gar nicht bekannt sein können (EuGH 26. 6. 2001 NZA 2001, 883). Handelt es sich um Stücklohnsysteme, muss trotz der Abhängigkeit des Entgelts von der individuellen Leistung ein etwa gewährter fester Entgeltbestandteil bei gleicher und gleichwertiger Arbeit grds. gleich hoch sein (EuGH 31. 5. 1995 AP EWG-Vertrag Art. 119 Nr. 68). Dabei gilt der Grundsatz der Entgeltgleichheit für jeden einzelnen Entgeltbestandteil gesondert (EuGH 17. 5. 1990 AP EWG-Vertrag Art. 119 Nr. 20); eine Gesamtbetrachtung würde die gerichtliche Kontrolle der Beachtung dieses Grundsatzes derart erschweren, dass die Wirksamkeit des Gemeinschaftsrechts dadurch beeinträchtigt würde (EuGH 30. 3. 2000 AP EWG-RL 75/117 Nr. 15; EuGH 26. 6. 2001 NZA 2001, 883). Bei der Entgeltgleichheit ist Regelungsziel somit ausdrücklich die Erzielung derselben Ergebnisse für Angehörige beider Geschlechter.

9   **4. Gleiche Arbeit.** Gleiche Arbeit liegt jedenfalls vor, wenn der Inhalt der Tätigkeit derselbe ist oder die Tätigkeiten einander so ähnlich sind, dass die damit Beschäftigten einander ersetzen könnten (*Schlachter* EAS B 4100 Rn. 29). Dabei kommt es auf die tatsächlichen Anforderungen des Arbeitsplatzes an, nicht auf vertragliche Vereinbarung oder tarifliche Einstufung. Der EuGH stellt weitergehend auf die Faktoren „Art der Arbeit, Ausbildungsanforderungen und Arbeitsbedingungen" ab (11. 5. 1999 NZA 1999, 699). Unterschiedliche berufliche Qualifikationen, die ein breiteres Einsatzgebiet eröffnen, begründen demzufolge selbst dann die fehlende Gleichheit der Arbeit, wenn zwei ANGruppen derzeit mit denselben Aufgaben betraut werden (EuGH 11. 5. 1999 NZA 1999, 699 f.). Unerheblich ist, dass die Vergleichspersonen nicht gleichzeitig beschäftigt sind: Die Arbeitsleistung des Vorgängers am Arbeitsplatz ist tauglicher Vergleichsmaßstab (EuGH 28. 9. 1994 AP EWG-Vertrag Art. 119 Nr. 57). Dies kann allerdings nur bei im Übrigen gleichgebliebenen Rahmenbedingungen zutreffen, damit zB eine deutlich verschlechterte wirtschaftliche Lage des Unternehmens auch bei „gleicher Arbeit" berücksichtigt werden kann (EuGH 28. 9. 1994 AP EWG-Vertrag Art. 119 Nr. 57; vgl. EuGH 27. 3. 1980 Slg. 1980, 1275). Auf den zeitlichen Umfang der vereinbarten Arbeitsleistung

III. Entgeltgleichheitsgrundsatz Art. 141 (ex-Art. 119) EG 20

kommt es dagegen nicht an: Vollzeit- und Teilzeitkräfte leisten die gleiche Arbeit (EuGH 31. 3. 1981 AP EWG-Vertrag Art. 119 Nr. 2).

5. **Gleichwertige Arbeit.** Art. 141 hat das Entgeltgleichheitsgebot ausdrücklich auf Beschäftigte 10 erstreckt, die „gleichwertige" Arbeit leisten. Damit wird der in Art. 1 der RL 75/117/EWG (AblEG 1975 L 45/19) formulierte Grundsatz aufgegriffen, den der EuGH (31. 3. 1981 AP EWG-Vertrag Art. 119 Nr. 2) allerdings zuvor schon auf Art. 119 aF angewendet hatte.

Wie die Gleichwertigkeit **festgestellt** wird, gibt das geschriebene Gemeinschaftsrecht nicht vor; ein 11 Verweis auf die unterschiedlichen Konzeptionen der Mitgliedstaaten ist dies aber nicht: Auf Dauer ist die Einheitlichkeit des Gemeinschaftsrechts nur zu erreichen, wenn die beträchtlichen Differenzen zwischen Rechtsordnungen mit sehr weitem Gleichwertigkeitsbegriff (UK; Irland) und dem eher engen deutschen Verständnis verbindlich beseitigt werden (*Callies/Ruffert-Krebber* Rn. 58 ff.). Nach deutscher Rspr. (BAG 23. 8. 1995 AP BGB § 612 Nr. 48) ist der Normzweck entscheidend, durch Einbeziehung gleichwertiger Arbeit sicherzustellen, dass unwichtige Unterschiede der Arbeitsleistung die Entgeltgleichheit nicht hindern. Zur Feststellung berufen sind (1) tarifliche Eingruppierungsvorschriften oder (2) Unternehmerentscheidungen; in beiden Fällen muss die gerichtliche Durchsetzbarkeit des Entgeltgleichheitsgrundsatzes gewährleistet werden.

a) Handelt es sich um **tarifliche Eingruppierung**, kann das Gericht die Überprüfung nicht unter 12 Hinweis auf eine Einschätzungsprärogative der Tarifparteien verweigern, denn die Eingruppierung der Tätigkeiten in unterschiedliche Tarifgruppen ist nicht selbst schon eine Rechtfertigung für Entgeltunterschiede (EuGH 27. 10. 1993 AP EWG-Vertrag Art. 119 Nr. 50; BAG 7. 3. 1995 AP BetrAVG § 1 Gleichbehandlung Nr. 26). Vielmehr müssen auch die Tarifparteien den Entgeltgleichheitsgrundsatz beachten (*Wißmann* FS Dieterich 1999 S. 683). Sie müssen die Gruppen so bilden, dass nicht nur die bes. Fähigkeiten bewertet werden, die den Angehörigen des einen Geschlechts typischerweise eigen sind (Körperkraft), aber die typischerweise an das andere Geschlecht gestellten Anforderungen (Geschicklichkeit) unberücksichtigt bleiben (EuGH 1. 7. 1986 AP EWG-Vertrag Art. 119 Nr. 3; BAG 29. 7. 1992 AP TVG § 1 Tarifverträge: Einzelhandel Nr. 32 = NZA 1993, 181; LAG Hamm 11. 8. 1997 AuR 1998, 291). Eine diskriminierungsfreie Gruppenbildung hat somit die folgenden Gesichtspunkte zu beachten: Die Differenzierungskriterien müssen durchschaubar sein; sie müssen die Art der zu verrichtenden Arbeit richtig und vollständig widerspiegeln, und sie müssen gleichmäßig angewendet sowie diskriminierungsfrei gewichtet werden (*Winter*, Gleiches Entgelt für gleichwertige Arbeit, 1998, S. 114 ff.).

b) Handelt es sich dagegen um eine Bestimmung der Wertigkeit der Arbeitsleistung durch **vertrag-** 13 **liche Eingruppierung** oder einseitige Festlegung durch den AG, muss die Frage der Gleichwertigkeit äußerlich unterschiedlicher Tätigkeiten zumindest gerichtlich überprüfbar bleiben.

6. **Diskriminierung auf Grund des Geschlechts.** Art. 141 bezweckt nicht, den Grundsatz „gleicher 14 Lohn für gleiche Arbeit" (dazu BAG 21. 6. 2000 AP BGB § 612 Nr. 60) im Arbeitsverhältnis generell vorzuschreiben, sondern verbietet lediglich die geschlechtsbedingt unterschiedliche Entlohnung; eine Benachteiligung auf Grund der sexuellen Orientierung wird nicht erfasst (EuGH 17. 2. 1998 AP EG-Vertrag Art. 119 Nr. 9). Die Gleichbehandlung wird rein formal gesehen: Erhält die eine Gruppe für dieselbe Anzahl geleisteter Arbeitsstunden dasselbe Entgelt wie die andere, ist keine Benachteiligung gegeben; daher haben auch Teilzeitkräfte solange keinen Anspruch auf Überstundenzuschläge, wie sie zwar länger als ihre vertraglich geschuldete Arbeitszeit, aber nicht über die Regelarbeitszeit für Vollzeitkräfte hinaus arbeiten (EuGH 15. 12. 1994 AP EWG-Vertrag Art. 119 Nr. 65). An einer Benachteiligung fehlt es, wenn der AG eine freiwillige Sonderleistung davon abhängig macht, dass der Empfänger zum Zeitpunkt der Gewährung aktiv im Beschäftigungsverhältnis stehen (EuGH 21. 10. 1999 AP EG-Vertrag Art. 119 Nr. 14); Erziehungsurlauberinnen dürften also ausgenommen werden, auf Grund von Mutterschutzzeiten Abwesende dagegen nicht.

Eine geringere Vergütung darf weder unmittelbar noch mittelbar auf Grund des Geschlechts gezahlt 15 werden (BAG 14. 3. 1989 AP BetrAVG § 1 Gleichberechtigung Nr. 5). Dass neben der unmittelbaren auch die mittelbare Benachteiligung von Art. 141 erfasst ist, ist dem Wortlaut der Norm nicht zu entnehmen. Ausdrücklich erwähnt wird diese Unterscheidung in Art. 2 I der RL 76/207 EWG (AblEG 1976 L 39/40) zur Gleichbehandlung der Geschlechter, doch zieht sie der EuGH (13. 5. 1986 AP EWG-Vertrag Art. 119 Nr. 10; vgl. *Pfarr* NZA 1986, 585) für alle Diskriminierungsverbote heran (BAG 5. 10. 1993 AP BetrAVG § 1 Lebensversicherung Nr. 20).

a) Eine **unmittelbare Benachteiligung** liegt vor, wenn direkt nach dem Geschlecht der Betroffenen 16 unterschieden wird, also zB die Höhe der Frauenlöhne durch einen prozentualen Abschlag gegenüber Männerlöhnen definiert wird (BAG 15. 1. 1955 AP GG Art. 3 Nr. 4 = NJW 1955, 684), oder Kindererziehungszeiten bei der Rente nur für Mütter berücksichtigt werden (EuGH 29. 11. 2001 NZA 2002, 143). Den wichtigsten aktuellen Anwendungsfall stellt derzeit das unterschiedliche Rentenzugangsalter dar, das jedoch gem. Art. 7 der RL 79/7 EWG von den Mitgliedstaaten von der Gleichbehandlung ausgenommen werden darf. Weiter liegt eine unmittelbare Diskriminierung vor, wenn der Nachteil an Tatsachen anknüpft, die nur von Angehörigen des einen Geschlechts erfüllt werden, wie

Schlachter 183

Schwangerschaft und Geburt (EuGH 8. 11. 1990 AP EWG-Vertrag Art. 119 Nr. 23; EuGH 14. 7. 1994 AP EWG-RL 76/207 Nr. 5; EuGH 19. 11. 1998 NZA 1999, 757). In beiden Fällen weiß der Handelnde zwar idR, dass hier nach dem Geschlecht unterschieden wird, auf eine etwaige Benachteiligungsabsicht kommt es aber nicht an.

17   b) Eine **mittelbar benachteiligende Regelung** knüpft nicht direkt an das Geschlecht an, sondern an Merkmale, die zwar bei beiden Geschlechtern vorliegen können, tatsächlich jedoch überwiegend gerade von dem einen Geschlecht verwirklicht werden, ohne dass die Verwendung des Kriteriums gerechtfertigt werden könnte (vgl. Art. 2 RL 97/80/EG über die Beweislast; dazu *Schlachter* RdA 1998, 321; *Bergwitz* DB 1999, 94). Die fragliche Regelung kann im Arbeitsvertrag, BV, TV oder im Gesetz getroffen worden sein; Bsp.: Teilzeitarbeit (EuGH 13. 5. 1986 AP EWG-Vertrag Art. 119 Nr. 10; vgl. *Pfarr* NZA 1986, 585; EuGH 7. 2. 1991 AP BAT § 23 a Nr. 25; BAG 2. 12. 1992 AP BAT § 23 a Nr. 28); unständige Beschäftigung; befristete Beschäftigung; Zulagen für Verheiratete, oder für generell bekundete Versetzungsbereitschaft; Heimarbeit; uU genügt sogar die Festlegung von gesonderten Lohngruppen für reine Frauenberufe (EuGH 27. 10. 1993 AP EWG-Vertrag Art. 119 Nr. 50). Auf eine Benachteiligungsabsicht der Handelnden kommt es auch hier wieder nicht an (aA *Thüsing* NZA 2000, 570). So kann ein betriebliches Entgeltsystem insgesamt mittelbar diskriminierend sein, wenn es lediglich im Durchschnitt zu einer deutlich geringeren Entlohnung der mit gleichwertigen Tätigkeiten beschäftigten Gruppe führt, aber so undurchschaubar ausgestaltet ist, dass das Merkmal nicht herausgearbeitet werden kann, dessen Verwendung diesen Effekt verursacht (EuGH 17. 10. 1989 AP EWG-Vertrag Art. 119 Nr. 19; BAG 23. 9. 1992 AP BGB § 612 Diskriminierung Nr. 1; EuGH 6. 2. 1996 AP EWG-Vertrag Art. 119 Nr. 72).

18   aa) **Statistischer Vergleich.** Das Vorliegen einer mittelbaren Benachteiligung wird durch den statistischen Vergleich zweier Gruppen festgestellt (EuGH 27. 10. 1993 AP EWG-Vertrag Art. 119 Nr. 50). Das dient allerdings nicht dem Zweck, schematische Gleichbehandlung der Gruppen im Ergebnis durchzusetzen, sondern es handelt sich um eine Methode zur Senkung der Beweisanforderungen für die Geschlechtsabhängigkeit einer Benachteiligung im konkreten Einzelfalle (*Schlachter* NZA 1995, 393, 396). Die geringere Entlohnung einer bestimmten Person wird dadurch als „wahrscheinlich geschlechtsbedingt" ausgewiesen, dass sich das dafür ausschlaggebende Differenzierungskriterium typischerweise und überwiegend (BAG 23. 2. 1994 AP EWG-Vertrag Art. 119 Nr. 51; BAG 20. 8. 2002 NZA 2003, 510) gerade zu Lasten des einen Geschlechts auswirkt: Dass die von der Unterscheidung Benachteiligten überwiegend dem einen Geschlecht angehören, genügt dafür allein allerdings nicht. Vielmehr muss das zahlenmäßige Verhältnis unter den Begünstigten wesentlich anders als das unter den Benachteiligten sein (EuGH 9. 2. 1999 Slg. 1999/I S. 681 ff.; BAG 19. 4. 1995 AP BGB § 242 Gleichbehandlung Nr. 124; BAG 5. 3. 1997 AP BetrVG 1972 § 37 Nr. 123; *Schlachter* NZA 1995, 393, 396; *Wiedemann* FS Gnade 1992 S. 135, 142 f.). Mehr als eine erhöhte Wahrscheinlichkeit der Kausalität von Geschlechtszugehörigkeit und dem Betroffensein durch den Nachteil lässt sich mit der Statistik allerdings nicht feststellen. Daher ist die weitere Verwendung mittelbar benachteiligender Kriterien auch nicht automatisch untersagt, sondern nur in den Fällen, in denen die Wahrscheinlichkeit nicht entkräftet werden kann, Rn. 19.

19   bb) Die **Vergleichsgruppen** dürfen nicht willkürlich zusammengestellt werden. Eine hinreichende Wahrscheinlichkeit für das Vorliegen eines geschlechtsbedingten Nachteils liefert der Gruppenvergleich nur, wenn grds. alle Personen betrachtet werden, auf die sich das untersuchte Kriterium auswirken kann (EuGH 31. 5. 1995 AP EWG-Vertrag Art. 119 Nr. 68): Ein einzelvertraglich generell vereinbartes Differenzierungskriterium kann alle Betriebsangehörigen betreffen, eine Tarifklausel die Tarifgebundenen und Gleichgestellten, eine gesetzliche Differenzierung dagegen alle Adressaten (*Wißmann* FS Wlotzke 1996 S. 807; *Löwisch/Zimmermann* ZTR 2000, 387). Verglichen wird die Gruppe, die durch den Einsatz des Kriteriums belastet wird mit der Gesamtgruppe derjenigen, auf die die Unterscheidung angewendet werden kann. Wahrscheinlich „geschlechtsbedingt" ist die Belastung dann, wenn in der benachteiligten Gruppe ein Geschlecht erheblich stärker vertreten ist als in der Gesamtgruppe (BAG 23. 2. 1994 AP EWG-Vertrag Art. 119 Nr. 51). Gelegentlich wird auf das Geschlechterverhältnis in der von der Regel begünstigten Gruppe abgestellt (EuGH 6. 2. 1996 AP EWG-Vertrag Art. 119 Nr. 72) Vergleichsgegenstand ist grds. jeder konkrete Entgeltbestandteil gesondert, damit die Nichtgewährung von Vergünstigungen nicht im Wege der Gesamtbetrachtung ausgeglichen werden kann (EuGH 17. 5. 1990 AP EWG-Vertrag Art. 119 Nr. 20); anderes gilt für undurchschaubare Entgeltsysteme (Rn. 15).

20   Eine weitere Prüfung, ob die nachteilige Wirkung auch anders als mit dem Geschlecht erklärt werden kann, ist zur Darlegung der „Geschlechtsbedingtheit" des Nachteils nicht erforderlich (*Wißmann* ZTR 1994, 223, 224 f.; *Schlachter* NZA 1995, 393, 397; *Callies/Ruffert-Krebber* Rn. 44; offengelassen von BAG 23. 2. 1994 AP EWG-Vertrag Art. 119 Nr. 51; BAG 2. 12. 1992 AP BAT § 23 a Nr. 28; abl. Grabitz/Hilf/*Langenfeld* Rn. 33).

21   cc) **Gerechtfertigte Unterscheidung.** Eine mittelbar benachteiligend wirkende Unterscheidung darf verwendet werden, wenn sie gerechtfertigt werden kann. Gerechtfertigt ist eine Differenzierung, wenn sie zur Verwirklichung eines mit dem Gemeinschaftsrecht vereinbarten, unternehmerischen

Bedürfnisses dient (BAG 23. 1. 1990 AP BetrAVG § 1 Gleichberechtigung Nr. 7) und für dieses Ziel in geeigneter, erforderlicher sowie verhältnismäßiger Weise eingesetzt wird (EuGH 13. 5. 1986 AP EWG-Vertrag Art. 119 Nr. 10; BAG 5. 3. 1997 AP BetrVG 1972 § 37 Nr. 123; *Pfarr* NZA 1986, 585; *Hanau/Preis* ZfA 1988, 177, 191). Das wurde etwa für hohe Qualifikation (EuGH 11. 5. 1999 AP EG-Vertrag Art. 141 Nr. 1; BVerwG 21. 12. 2000 RiA 2002, 145), für die Bereitschaft zur Versetzung und zum Leisten von Überstunden anerkannt, soweit diese Voraussetzungen am konkreten Arbeitsplatz sachlich erforderlich sind (EuGH 17. 10. 1989 AP EWG-Vertrag Art. 119 Nr. 19). Herrscht auf dem Arbeitsmarkt ein Mangel an Bewerbern mit bestimmter Qualifikation, kann zur Gewinnung solcher Kräfte ein höheres Entgelt geboten werden (EuGH 27. 10. 1993 AP EWG-Vertrag Art. 119 Nr. 50). Wird zum Ausgleich für ungünstige Arbeitszeiten (Schichtdienst) eine Arbeitszeitverkürzung gewährt, kann dies den anderen Berufsgruppen gegenüber ungünstigeres Grundgehalt rechtfertigen (EuGH 30. 3. 2000 AP EWG-RL 75/117 Nr. 15).

Dagegen sind allg. Aussagen über ganze ANGruppen wie zB geringere betriebliche Verbundenheit **22** oder geringere Arbeitsmotivation von Teilzeitkräften, keine tauglichen Rechtfertigungsgründe (EuGH 13. 7. 1989 AP EWG-Vertrag Art. 119 Nr. 16; EuGH 7. 2. 1991 AP BAT § 23 a Nr. 25; vgl. *Mauer* NZA 1991, 501; vgl. BAG 23. 2. 1994 AP EWG-Vertrag Art. 119 Nr. 50). Nach Ansicht des EuGH ist jedoch eine Unterscheidung nach der Betriebszugehörigkeitsdauer stets gerechtfertigt (EuGH 17. 10. 1989 AP EWG-Vertrag Art. 119 Nr. 19), da größere Berufserfahrung idR bessere Arbeitsleistung zur Folge habe. Haushaltserwägungen oder Sparzwänge sind dagegen keine Rechtfertigung für geschlechtsabhängige Einsparungen (EuGH 6. 4. 2000 AP EWG-RL 76/207 Nr. 21); notwendige Einsparungen müssen vielmehr „geschlechtsneutral" erreicht werden. Dass ein Differenzierungsmerkmal durch TV oder **Gesetz** vorgegeben ist, genügt als Rechtfertigung nicht: Da sich das Entgeltgleichheitsgebot auch an die TVParteien und an den Gesetzgeber richtet, müssen deren Normen gleichfalls auf das Vorliegen eines Rechtfertigungsgrundes überprüft werden, falls sie mittelbar benachteiligende Differenzierungskriterien enthalten (EuGH 7. 2. 1991 AP BAT § 23 a Nr. 25 sowie *Mauer* NZA 1991, 501; EuGH 27. 10. 1993 AP EWG-Vertrag Art. 119 Nr. 50; BAG 7. 3. 1995 AP BetrAVG § 1 Gleichbehandlung Nr. 26). Hier besteht der Rechtfertigungsgrund in einem objektiven, sozialpolitischen Konzept, zu dessen Verwirklichung die Verwendung des benachteiligenden Merkmals geeignet und erforderlich ist (BAG 19. 3. 2002 ZTR 2002, 481). Als ein Indiz für das Vorliegen objektiver, nicht diskriminierender Gründe ist der Umstand, dass ein insgesamt benachteiligendes Entgeltgefüge gerade von den Tarifparteien festgesetzt worden ist, jedoch gewertet worden (EuGH 31. 5. 1995 AP EWG-Vertrag Art. 119 Nr. 68).

dd) Beweislast. Nach allg. Beweislastregeln muss der Anspruchsteller eine geschlechtsbedingt **23** geringere Entlohnung trotz gleicher/gleichwertiger Arbeit darlegen und beweisen (EuGH 27. 10. 1993 AP EWG-Vertrag Art. 119 Nr. 50; EuGH 26. 6. 2001 NZA 2001, 883). Dabei sieht die BeweislastRL (RL 97/80/EG; dazu *Schlachter* RdA 1998, 321; *Bergwitz* DB 1999, 94) vor, dass der Tatbestand der Benachteiligung lediglich glaubhaft gemacht werden muss; die Glaubhaftmachung hat eine Beweislastumkehr zur Folge. Die Tatsache der Eingruppierung in dieselbe tarifliche Entgeltgruppe allein ist kein Beleg dafür, dass Beschäftigte die gleiche oder eine gleichwertige Arbeit verrichten (EuGH 26. 6. 2001 NZA 2001, 883); die Eingruppierung ist insoweit lediglich ein Indiz, das durch Gesichtspunkte verstärkt werden muss, die die Art der betroffenen Tätigkeit betreffen. Weiter lässt der EuGH in speziellen Fällen Beweiserleichterungen zu, etwa bei Undurchschaubarkeit des Entlohnungssystems (EuGH 17. 10. 1989 AP EWG-Vertrag Art. 119 Nr. 19) oder bei nicht nachvollziehbarer Kombination fester und variabler Entgeltbestandteile von Stücklohnsystemen (EuGH 31. 5. 1995 AP EWG-Vertrag Art. 119 Nr. 68), wenn sie durchschnittlich erheblich niedrigere Entlohnung für eine Gruppe zur Folge haben. Dann muss der AG die dafür maßgeblichen Kriterien aufdecken und ihre Verwendung rechtfertigen. Für das Vorhandensein von Rechtfertigungsgründen trifft die Beweislast stets den AG (EuGH 13. 5. 1986 AP EWG-Vertrag Art. 119 Nr. 10; vgl. *Pfarr* NZA 1986, 585); lediglich in einem Vertragsverletzungsverfahren liegt die Beweislast beim Mitgliedsstaat.

7. Rechtsfolge. Ein Verstoß gegen den Entgeltgleichheitsgrundsatz führt zur Unwirksamkeit nur **24** der benachteiligenden Differenzierung selbst; im Übrigen bleibt der Vertrag wirksam. Art. 141 verpflichtet zur Herstellung der Gleichbehandlung bei der Entlohnung, über die Höhe des beiden Gruppen gleichermaßen zustehenden Entgelts ist damit nichts ausgesagt. Dabei hat der EuGH den Grundsatz aufgestellt, dass Lohngleichheit nur durch Angleichung „nach oben" hergestellt werden könne (EuGH 25. 5. 1971 Slg. 1971, 445; EuGH 27. 6. 1990 AP EWG-Vertrag Art. 119 Nr. 21; BAG 7. 11. 1995 AP EWG-Vertrag Art. 119 Nr. 71; BAG 19. 3. 2002 ZTR 2002, 481; *Colneric* BB 1988, 968, 969; aA *Lenz/Junghanns* Art. 119 Rn. 30), um der in Art. 136 I EG verankerten Verpflichtung zu entsprechen, auf eine Verbesserung der Lebens- und Arbeitsbedingungen der Beschäftigten hinzuwirken; das gilt allerdings nur solange, wie keine Maßnahmen zur Beseitigung der Ungleichbehandlung getroffen worden sind. Die benachteiligende Differenzierung ist somit für in der Vergangenheit liegende Zeiten nicht anzuwenden, sondern bis zu einer ordnungsgemäßen Umsetzung des Gleichbehandlungsgebots bleibt die günstigere Regelung das einzig gültige Bezugssystem (EuGH 7. 2. 1991

AP BAT § 23 a Nr. 25; LAG Hamm 11. 8. 1997 AuR 1998, 291 mit Anm. *Feldhoff; Mauer* NZA 1991, 501). Die benachteiligten AN können solange dasselbe Entgelt wie die übrigen Beschäftigten verlangen. Wird das Gebot der Gleichbehandlung anschließend in einer Neuregelung beachtet, kann dies unter Beachtung des Vertrauensschutzes auch auf geringerem Niveau erfolgen. Daher ist eine Senkung der Leistungen zulässig (EuGH 28. 9. 1994 AP BetrAVG § 1 Gleichbehandlung Nr. 21), sofern dies nur für beide Geschlechter gleichermaßen gilt.

IV. Betriebsrentensysteme und das Protokoll zu Art. 119 EGV

25 Nach der Rspr. des EuGH werden zwar gesetzliche Sozialversicherungssysteme vom Entgeltgleichheitsgrundsatz nicht erfasst, wohl aber Betriebsrenten (EuGH 10. 2. 2000 AP BetrAVG § 1 Teilzeit Nr. 14). In der Protokollerklärung zu Art. 141 wird der Geltungsbereich dieser Vorschrift dahingehend präzisiert, dass Leistungen aus einem Betriebsrentensystem grds. nicht umfasst werden, sofern sie für Beschäftigungszeiten vor dem 17. 5. 1990 gewährleistet werden. Damit sollte die Rspr. des EuGH (17. 5. 1990 AP EWG-Vertrag Art. 119 Nr. 20) zur Gemeinschaftsrechtswidrigkeit unterschiedlicher Altersgrenzen in der betrieblichen Altersversorgung in ihrer Rückwirkung beschränkt werden, weil diese Entscheidung erhebliche finanzielle Auswirkungen hatte: Sie hatte nicht nur die Beiträge zum Versorgungssystem, sondern auch die Leistungen aus diesem System als „Entgelt" eingeordnet und dem Gleichbehandlungsgrundsatz unterstellt (*Höfer* BetrAVG 1995, 119; *Löwisch* BB 2000, 821). Doch hat der EuGH selbst nachfolgend eine Rückwirkung seiner Rspr. ausgeschlossen (EuGH 28. 9. 1994 AP BetrAVG § 1 Gleichbehandlung Nr. 20), so dass Rechtsverhältnisse nicht der unmittelbaren Wirkung des Art. 141 unterliegen, wenn und soweit sich ihre Wirkungen vor dem 17. 5. 1990 erschöpft haben (EuGH 10. 2. 2000 AP BetrAVG § 1 Teilzeit Nr. 14). Dass das BAG ein solches Rückwirkungsverbot nicht anwenden will, wenn der Ausschluss Teilzeitbeschäftigter von der betrieblichen Altersversorgung an Art. 3 GG gemessen wird, war verfassungsrechtlich nicht zu beanstanden (BVerfG 5. 8. 1998 AP GG Art. 101 Nr. 56; 19. 5. 1999 NZA 1999, 815).

26 Der Anspruch auf *Zugang* zu einem Betriebsrentensystem wird von Art. 141 ebenfalls umfasst, obwohl er sich nur mittelbar auf die Renten-(= Entgelt-)Höhe auswirkt (EuGH 17. 5. 1990 AP EWG-Vertrag Art. 119 Nr. 20; 12. 9. 2002 NZA 2002, 1141) von der zeitlichen Einschränkung der unmittelbaren Wirkung von Art. 141 nicht umfasst, sondern kann rückwirkend für Zeiten ab 8. 4. 1976 geltend gemacht werden (EuGH 11. 12. 1997 AP EG-Vertrag Art. 119 Nr. 8; 10. 2. 2000 AP BetrAVG § 1 Teilzeit Nr. 14). Die zeitliche Beschränkung der Wirkungen der EuGH-Rspr. war damit begründet worden, dass die AG/Rentenversicherungsträger wegen der in der RL zur Betriebsrente enthaltenen Ausnahmeregelungen eine unterschiedliche Behandlung bei den Rentenleistungen für noch nicht verboten halten konnten. Diese Vorstellung durfte aber hinsichtlich des Zugangs zu Betriebsrentensystemen niemand entwickeln, da der EuGH das Diskriminierungsverbot in dieser Frage bereits seit 1986 (EuGH 13. 5. 1986 AP EWG-Vertrag Art. 119 Nr. 10) anwendet. Zahlung kann dabei auch schon für alle Zeiten verlangt werden, die seit 8. 4. 1976 (Anerkennung der unmittelbaren Wirkung des Entgeltgleichheitsgrundsatzes) hätten berücksichtigt werden müssen. Obwohl das Gemeinschaftsrecht in der Auslegung des EuGH eine absolute Rückwirkungssperre für die unmittelbare Wirkung des Art. 141 anordnet, können sich AN für vor dem 8. 4. 1976 (EuGH 10. 2. 2000 AP BetrAVG § 1 Teilzeit Nr. 14) liegende Zeiträume auf nationale Rechtsgrundlagen berufen (krit. *Huep* RdA 2001, 325, 330), sofern das nationale Recht weiterreichende Ansprüche als das Gemeinschaftsrecht formuliert.

V. Ermächtigungsgrundlage (Abs. 3)

27 Der Rat der EU wird ermächtigt, zur Gewährleistung von Entgeltgleichheit und Chancengleichheit im Arbeitsrecht, Maßnahmen im Verfahren nach Art. 251 EG zu beschließen. Die Regelung setzt gedanklich die Existenz eines allg., nicht auf das Entgelt begrenzten Gleichbehandlungsanspruch voraus (MünchArbR/*Birk* § 19 Rn. 328 f.; aA Grabitz/Hilf/*Langenfeld* Rn. 4), dessen Inhalt und Schranken primärrechtlich aber nicht festgelegt werden; dennoch muss er selbst Teil des Primärrechts sein. Der Inhalt dieses Gleichbehandlungsgrundsatzes ist dann nach Maßgabe der RL zu konkretisieren, wie dies der EuGH bereits früher zum Verhältnis des Art. 119 aF zur RL 75/117/EWG entschieden hatte (EuGH 31. 3. 1981 AP EWG-Vertrag Art. 119 Nr. 2). Das Verfahren für Maßnahmen zur Förderung der Gleichbehandlung ist ebenfalls nicht hinreichend eindeutig bestimmt, da eine Abgrenzung zur Befugnisnorm des Art. 137 Abs. 1, 2 EG nicht vorgenommen wird (näher MünchArbR/*Birk* § 19 Rn. 332). Unklar bleibt zudem, ob Abs. 3 die Gemeinschaft zu Maßnahmen „umgekehrter Diskriminierung" ermächtigt. Die Befugnis zur Förderung der Chancengleichheit spricht für eine Erlaubnis zur inhaltlichen Ausgestaltung des Gleichbehandlungsgrundsatzes, aber die Beschränkung auf Maßnahmen zur „Anwendung" der Gleichheitsgrundsätze eher dagegen (ebenso *Calliess/Ruffert-Krebber* Rn. 100).

VI. Spezifische Vergünstigungen (Abs. 4)

Abs. 4 erlaubt den Mitgliedstaaten, nicht der Gemeinschaft selbst, Maßnahmen der „positiven Diskriminierung" zu ergreifen, sofern dies der Erleichterung der Berufstätigkeit des unterrepräsentierten Geschlechts oder dem Nachteilsausgleich dient. Damit wird ein Anliegen des Art. 6 Abs. 3 des Protokolls über die Sozialpolitik in den EGV übernommen, allerdings in inhaltlich abgewandelter Form: Abs. 4 ist nicht mehr nur als Ausnahme vom Entgeltgleichheitsgebot formuliert, sondern gestattet Maßnahmen auch im Rahmen des allg. Gleichbehandlungsgebots des Abs. 3; zudem ist Abs. 4 geschlechtsneutral formuliert, kann Förderungsmaßnahmen also für beide Geschlechter legitimieren. Eine **Ausnahme** gem. Abs. 4 ist **nur zwecks effektiver Gewährleistung der Gleichstellung** zulässig; vom Grundsatz der Gleichbehandlung darf also nur abgewichen werden, wenn die geplanten Maßnahmen zur Durchsetzung dieses Ziels geeignet und erforderlich sind. Diese Voraussetzungen stehen unter einer Einschätzungsprärogative der Mitgliedstaaten, doch hat die Verhältnismäßigkeitsprüfung dem Ausnahmecharakter des Abs. 4 Rechnung zu tragen. Von der Öffnungsklausel Gebrauch machen dürfen nur die Mitgliedstaaten, eine Ausnahme zugunsten von Regelungen der Kollektivvertragsparteien ist davon nicht umfasst, solange diese nicht vom Mitgliedstaat ausdrücklich ermächtigt worden sind (*Calliess/Ruffert-Krebber* Rn. 85; zweifelnd *Hanau* FS Lüderitz 2000 S. 241, 262). 28

Die Maßnahme muss die von ihr Betroffenen *begünstigen*, also besserstellen; eine bereichsspezifische Begrenzung, etwa auf Wiedereingliederungsmaßnahmen, Schulungen usw. ist nicht vorgesehen. Kompensationsmaßnahmen im Entgeltbereich sind im Regelfalle weder geeignet noch hinreichend *spezifisch*, um die Berufstätigkeit zu erleichtern oder Benachteiligungen auszugleichen. Spezifisch in diesem Sinne kann eine Maßnahme nur sein, wenn sie gezielt zum Ausgleich der fraglichen Nachteile dient. Zur Erleichterung der Berufstätigkeit dient eine Maßnahme auch dann, wenn sie nicht unmittelbar als Gegenmaßnahme gegen eine Benachteiligung ergriffen wird; sie muss sich freilich positiv auf das *unterrepräsentierte Geschlecht* auswirken, also an einem Zahlenverhältnis ansetzen, das Indiz für die Feststellung einer mittelbaren Benachteiligung (Rn. 15) sein kann. Maßnahmen zur Verhinderung/Ausgleich von Benachteiligungen müssen dagegen unmittelbar als Gegenmittel gegen eine Diskriminierung ergriffen werden; zur „Verhinderung" einer Benachteiligung dient eine Förderung dann, wenn die Wahrscheinlichkeit ihres Eintritts konkret belegbar ist. Maßnahmen dieser Art können Quotenregelungen sein, wenn sie dem zu Art. 2 Abs. 4 der RL 76/207/EWG herausgearbeiteten Verhältnismäßigkeitsgrundsatz entsprechen (EuGH 11. 11. 1997 AP EWG-RL 76/207 Nr. 14; 28. 3. 2000 AP EWG-RL 76/207 Nr. 20). Eine Quotierung, die bei Vorliegen der erforderlichen Qualifikation die Einstellung von Bewerbern des unterrepräsentierten Geschlechts vorschreibt, ist unverhältnismäßig und von Abs. 4 nicht mehr gedeckt (EuGH 6. 7. 2000 AP EWG-RL 76/207 Nr. 22); um so mehr gilt dies bei zwar ausreichender, aber geringerer Eignung der bevorzugten Person (EuGH 6. 7. 2000 AP EWG-RL 76/207 Nr. 22), vgl. dazu § 611a BGB Rn. 21. 29

Art. 234 (ex-Art. 177) [Vorabentscheidung]

Der Gerichtshof entscheidet im Wege der Vorabentscheidung
a) über die Auslegung dieses Vertrags,
b) über die Gültigkeit und die Auslegung der Handlungen der Organe der Gemeinschaft und der EZB,
c) über die Auslegung der Satzungen der durch den Rat geschaffenen Einrichtungen, soweit diese Satzungen dies vorsehen.

Wird eine derartige Frage einem Gericht eines Mitgliedstaats gestellt und hält dieses Gericht eine Entscheidung darüber zum Erlaß seines Urteils für erforderlich, so kann es diese Frage dem Gerichtshof zur Entscheidung vorlegen.

Wird eine derartige Frage in einem schwebenden Verfahren bei einem einzelstaatlichen Gericht gestellt, dessen Entscheidungen selbst nicht mehr mit Rechtsmitteln des innerstaatlichen Rechts angefochten werden können, so ist dieses Gericht zur Anrufung des Gerichtshofes verpflichtet.

Schrifttum: *EuGH*, Hinweise zur Vorlage von Vorabentscheidungsersuchen durch die innerstaatlichen Gerichte, EuZW 1997, 142; *Borchardt*, Der Europäische Gerichtshof, 2000; *Brück*, Das Vorabentscheidungsverfahren vor dem Europäischen Gerichtshof als Bestandteil des deutschen Zivilprozesses, 2001; *Dauses*, Das Vorabentscheidungsverfahren nach Artikel 177 EG-Vertrag, 2. Aufl., 1995; *Hakenberg/Stix-Hackl*, Handbuch zum Verfahren vor dem Europäischen Gerichtshof, 2. Aufl., 2000; *Koenig/Sander*, Einführung in das EG-Prozeßrecht, 1997; *Rengeling/Middeke/Gellermann*, Rechtsschutz in der Europäischen Union, 1994.

dagegen Abkommen, die Mitgliedstaaten ohne Beteiligung der EG, wenn auch auf Grund einer EG-Richtlinie abschließen (EuGH 12. 11. 1998 Hartmann Slg. 1998, I-7083, 7089). Obwohl der EuGH ein Organ der EG ist, fallen Akte seiner Rechtsprechung nicht unter Abs. 1 (EuGH 5. 3. 1986 Wünsche Slg. 1986, 947, 953). Sie setzen kein Gemeinschaftsrecht, sondern erkennen es (zur Auslegung von EuGH-Urteilen durch nationale Gerichte Rn. 27).

12 Soweit Handlungen der Organe betroffen sind, kann – anders als beim Primärrecht – nach Abs. 1 Buchst. b nicht nur ihre Auslegung (dazu Rn. 9) Gegenstand des Vorabentscheidungsverfahrens sein, sondern auch ihre **Gültigkeit**. Prozessparteien können sich vor dem nationalen Gericht nämlich auf die Ungültigkeit von Sekundärrecht berufen (EuGH 11. 11. 1997 Eurotunnel Slg. 1997 I-6315, 6353). Maßstab einer Gültigkeitsprüfung nach dieser Vorschrift ist nur höherrangiges Gemeinschaftsrecht, nicht dagegen nationales Recht (EuGH 13. 12. 1979 Hauer Slg. 1979, 3727, 3744). Sie umfasst alle Fehler, auf die eine Nichtigkeitsklage nach Art. 230 gestützt werden könnte (EuGH 12. 12. 1972 International Fruit Company Slg. 1972, 1219, 1227). Wird die Gültigkeit von Sekundärrecht wegen Kompetenzüberschreitung der EG angegriffen, so konkurriert die vom BVerfG im Maastricht-Urteil (BVerfG 12. 10. 1993 BVerfGE 89, 155, 188) beanspruchte Prüfbefugnis (Vorb. Rn. 15) mit derjenigen des EuGH.

13 **4. Satzungen der vom Rat geschaffenen Einrichtungen.** Nach Abs. 1 Buchst. c entscheidet der EuGH im Vorabentscheidungsverfahren über die Auslegung solcher Satzungen, soweit diese das vorsehen. Die Vorschrift ist bisher ohne praktische Bedeutung, da entspr. Satzungsbestimmungen nicht bestehen. Soweit Satzungen durch Sekundärrecht gegeben sind, werden sie bereits von Abs. 1 Buchst. b erfasst (*Dauses* S. 64).

III. Vorlage durch Gericht

14 Nach Abs. 2 können Vorabentscheidungsverfahren nur von Gerichten, nicht dagegen von Verwaltungsbehörden oder gar von den Parteien des Ausgangsprozesses eingeleitet werden. Vorlagebefugt ist jedes **Gericht eines Mitgliedstaats** der EG. Eine Beschränkung in dem Sinne, dass nur bestimmte Gerichte den EuGH anrufen dürften, enthält Art. 234 nicht. Eine derartige Beschränkung, etwa der Ausschluss erstinstanzlicher Gerichte von der Vorlagebefugnis, kann auch nicht durch nationales Recht angeordnet werden (EuGH 14. 12. 1995 Peterbroeck Slg. 1995, I-4599, 4621). Gerichte von Drittstaaten oder internationale Gerichte sind keinem Mitgliedstaat zuzuordnen und daher nicht vorlagebefugt.

15 Der **Begriff des Gerichts** gehört dem Gemeinschaftsrecht an (zB EuGH 29. 11. 2001 De Coster Slg. 2001, I-9445, 9494). Er ist daher für alle Mitgliedstaaten einheitlich auszulegen (*Rengeling/Middeke/Gellermann* Rn. 357 f.). Der EuGH scheint von einem typologischen Begriffsverständnis auszugehen: Er formuliert, es sei „auf eine Reihe von Gesichtspunkten abzustellen, wie gesetzliche Grundlage der Einrichtung, ständiger Charakter, obligatorische Gerichtsbarkeit, streitiges Verfahren, Anwendung von Rechtsnormen durch die Einrichtung sowie deren Unabhängigkeit" (zB EuGH 30. 5. 2002 Schmid Slg. 2002, I-4573, 4606; 30. 11. 2000 Österreichischer Gewerkschaftsbund Slg. 2000, I-10497, 10545 = AP EG Art. 39 Nr. 10). Bei früherer Gelegenheit hat der EuGH auch die Voraussetzung betont, daß die Parteien nicht frei über die Befugnis haben dürfen, frei über die Zusammensetzung des Gerichts zu entscheiden (EuGH 17. 10. 1989 Danfoss Slg. 1989, 3199, 3224 = AP EWG-Vertrag Art. 119 Nr. 27). So ist ein Registergericht kein Gericht, weil es lediglich Verwaltungstätigkeit ausübt (EuGH 15. 1. 2002 Lutz Slg. 2002, I-547, 565 = EuZW 2002, 127 f.; 10. 7. 2001 HSB-Wohnbau Slg. 2001, I-5353, 5360 = NJW 2001, 3179). Zur geforderten Unabhängigkeit gehört, dass eine Einrichtung, bei der die Entscheidung einer Verwaltung angefochten werden kann, nicht mit dieser Verwaltung institutionell verbunden ist (EuGH 30. 5. 2002 Schmid Slg. 2002, I-4573, 4606). Auf die Bezeichnung der Stelle als Gericht kommt es nicht an.

16 Danach sind die deutschen **Gerichte für Arbeitssachen** aller Instanzen Gerichte iS des Art. 234 II. Soweit **Schiedsgerichte** zur Entscheidung arbeitsrechtlicher Rechtsstreitigkeiten überhaupt befugt sind (dazu §§ 4, 101 ArbGG), fallen sie nicht unter Art. 234 II, denn ihre Zuständigkeit und Zusammensetzung sind nicht gesetzlich festgelegt, sondern hängen vom Willen der Tarifparteien ab (vgl. zu privaten Schiedsgerichten EuGH 1. 6. 1999 Eco Swiss Slg. 1999, I-3055, 3092 = EuZW 1999, 565, 567; 23. 3. 1982 Nordsee Slg. 1982, 1095, 1110). Allerdings sieht der EuGH ein tarifvertragliches Schiedsgericht, dessen Zuständigkeit und Zusammensetzung unabhängig vom Parteiwillen gesetzlich vorgegeben und damit dem Mitgliedstaat zuzurechnen sind, als vorlageberechtigt an (EuGH 31. 5. 1995 Royal Copenhagen Slg. 1995, I-1275, 1295 = AP EWG-Vertrag Art. 119 Nr. 68; 17. 10. 1989 Danfoss Slg. 1989, 3199, 3224 = AP Art. 119 EWG-Vertrag Nr. 27). Solche Schiedsgerichte gibt es jedoch für Arbeitssachen nach deutschem Recht nicht.

17 Eine **Einigungsstelle** nach § 76 I BetrVG ist nicht vorlageberechtigt, ebenso wenig eine tarifliche Schlichtungsstelle nach § 76 VIII BetrVG. Soweit sie – das ist der Normalfall – in Regelungsstreitigkeiten tätig wird, fehlt es schon an der Voraussetzung, dass sie einen Rechtsstreit nach Rechtsnormen zu entscheiden hat. Überdies ist sie meist keine ständige Einrichtung (§ 76 I BetrVG). Selbst wenn es

sich um eine ständige Einigungsstelle (oder Schlichtungsstelle) nach § 76 I 2 BetrVG handelt und diese ausnahmsweise über Rechtsfragen zu entscheiden hat (dazu § 76 BetrVG Rn. 23), wird sie dadurch nicht zum Gericht iS des Abs. 2. Insoweit hat der Staat ihr nicht die Aufgabe übertragen, für die Beachtung seiner gemeinschaftsrechtlichen Verpflichtungen zu sorgen (vgl. EuGH 23. 3. 1982 Nordsee Slg. 1982, 1095, 1110). Vielmehr findet in Rechtsfragen vor der Einigungsstelle nur ein dem ArbG vorgeschaltetes Verfahren statt (vgl. BAG 11. 7. 2000 AP BetrVG 1972 § 109 Nr. 2; dagegen für den Fall der faktisch endgültigen Entscheidung durch einen gerichtsähnlichen Spruchkörper ohne effektive Kontrolle durch staatliche Gerichte EuGH 6. 10. 1981 Broekmeulen Slg. 1981, 2311, 2328).

IV. Vorlagebefugnis

Voraussetzung eines Vorabentscheidungsersuchens ist nach Abs. 2 zunächst, dass in einem **Prozess** 18 **vor einem nationalen Gericht** eine Frage des Gemeinschaftsrechts aufgeworfen wird. Einschränkungen hinsichtlich bestimmter Verfahrensarten bestehen nicht. So kann eine Vorlage nicht nur im Urteilsverfahren ergehen, sondern auch im arbeitsgerichtlichen Beschlussverfahren nach §§ 80ff. ArbGG und im Verfahren der freiwilligen Gerichtsbarkeit (EuGH 12. 11. 1974 Haaga Slg. 1974, 1201), das zB nach §§ 98 f. AktG für die Ermittlung des Mitbestimmungsstatus eines Unternehmens (vgl. § 99 AktG Rn. 12 ff.) arbeitsrechtliche Bedeutung hat. Auch im Verfahren des einstweiligen Rechtsschutzes ist ein Vorabentscheidungsersuchen zulässig (EuGH 13. 4. 2000 Lehtonen Slg. 2000, I-2681, 2725 = AP EG Art. 39 Nr. 1); zur Möglichkeit des beschleunigten Verfahrens in solchen Fällen vgl. Rn. 34. Schließlich kommt eine Vorlage auch im Rahmen der arbeitsgerichtlichen Überprüfung der Entscheidung eines Schiedsgerichts (vgl. EuGH 23. 3. 1982 Nordsee Slg. 1982, 1095, 1111) oder einer Einigungsstelle in Betracht. Dagegen können innerstaatliche Gerichte außerhalb eines anhängigen Verfahrens, zB nach dessen Abschluss beim vorlegenden Gericht (EuGH 21. 4. 1988 Pardini Slg. 1988, 2041, 2075), kein Rechtsgutachten vom EuGH einholen.

Die dem EuGH vorgelegte Frage des Gemeinschaftsrechts muss nach Auffassung des vorlegenden 19 Gerichts für dessen **Entscheidung erforderlich** sein. Entscheidungserheblich sind Normen des Gemeinschaftsrechts zum einen dann, wenn Rechtspositionen der Prozessbeteiligten unmittelbar aus ihnen abgeleitet werden. Dies umfasst auch die Frage, ob eine Norm des Gemeinschaftsrechts überhaupt einschlägig ist. Weiter erfasst Art. 234 II die Fälle, in denen ein Rückgriff auf Gemeinschaftsrecht nur wegen der Pflicht zur gemeinschaftsrechtskonformen Auslegung nationalen Rechts (Vorb. Rn. 16 f.) in Frage steht (EuGH 14. 9. 2000 Collino Slg. 2000, I-6659, 6699 = AP EWG-Richtlinie 77/187 Nr. 29). Schließlich ist die Vorlage auch zulässig, wenn sich das entscheidungserhebliche nationale Recht, ohne dass insoweit eine Verpflichtung bestünde, nach gemeinschaftsrechtlichen Regelungen richtet (EuGH 15. 1. 2002 Andersen Slg. 2002, I-379, 404 = DB 2002, 822, 823; 17. 12. 1998 IP Slg. 1998, I-8597, 8641 = NZA 1999, 811, 815; 17. 7. 1997 Leur-Bloem Slg. 1997, I–4161, 4200) Ob die Frage nach der Auslegung (oder Gültigkeit) des Gemeinschaftsrechts entscheidungsrelevant ist, beurteilt das vorlegende Gericht in eigener Verantwortung (EuGH 10. 7. 1997 Maso u. a. Slg. 1997, I-4051, 4071; 7. 12. 1995 Spano Slg. 1995, I-4321, 4345 = AP EWG-Richtlinie Nr. 77/187 Nr. 8). Grds. wird die Erforderlichkeit vom EuGH nicht überprüft, denn sie ist vom nationalen Recht abhängig, für dessen Auslegung dem EuGH Zuständigkeit und Sachkunde fehlen. Allerdings weist der EuGH ausnahmsweise das Vorabentscheidungsersuchen zurück, wenn er offensichtlich über einen konstruierten Rechtsstreit entscheiden oder Gutachten zu allgemeinen oder hypothetischen Fragen abgeben soll, wenn kein Zusammenhang zwischen der vom vorlegenden Gericht gestellten Frage und den Gegebenheiten oder dem Gegenstand des Ausgangsverfahrens besteht oder wenn der EuGH nicht über die tatsächlichen oder rechtlichen Angaben verfügt, die für eine zweckdienliche Beantwortung der Fragen erforderlich sind (EuGH 7. 1. 2003 BIAO DB 2003, 181; 8. 10. 2002 Viacom Outdoor Slg. 2002, I-8287, 8295 ff.; 13. 3. 2001 PreussenElektra Slg. 2001, 2099, 2176; 7. 12. 2000 Schnorbus Slg. 2000, I-10997, 11027 = AP EWG-Richtlinie 76/207 Nr. 24; 7. 12. 1995 Spano Slg. 1995, I-4321, 4345 = AP EWG-Richtlinie Nr. 77/187 Nr. 8; 13. 12. 1994 Grau-Hupka Slg. 1994, I-5535, 5551 = AP EWG-Vertrag Art. 119 Nr. 60). Vor Ablauf der Umsetzungsfrist und der Umsetzung in nationales Recht ist die Auslegung einer Richtlinie für ein nationales Gericht nicht entscheidungserheblich (EuGH 15. 3. 2001 Mazzoleni Slg. 2001, I-2189, 2219 = AP EWG-Richtlinie 96/71 Nr. 2).

Nach Abs. 2 kann das nationale Gericht des Ausgangsverfahrens dem EuGH die für entscheidungs- 20 erheblich gehaltene Frage des Gemeinschaftsrechts vorlegen, muss dies aber nicht tun. Ausnahmen bestehen nur für letztinstanzliche Gerichte (Rn. 23 ff.) sowie generell für den Fall, dass ein nationales Gericht eine gemeinschaftsrechtliche Vorschrift als ungültig ansieht (Rn. 29). Sonst steht es im **Ermessen des Gerichts,** ob es vorlegt oder nicht, welchen Inhalt ein Vorabentscheidungsersuchen ggfs. haben (EuGH 17. 6. 1999 Piaggio Slg. 1999, I-3735, 3759 = EuZW 1999, 530, 531; BFH 2. 4. 1996 BB 1996, 1974 f.) und in welchem Verfahrensstadium es erfolgen soll (EuGH 11. 6. 1987 Pretore di Salò Slg. 1987, 2545, 2568). Selbst wenn das Gericht Gemeinschaftsrecht anders auslegen will als der EuGH, folgt daraus keine Vorlagepflicht. Eine Vorlage sollte erst dann erfolgen, wenn der Sachverhalt und die innerstaatliche Rechtslage geklärt sind (EuGH 11. 6. 1987 Pretore di Salò Slg. 1987, 2545, 2568). Zwingend ist dies allerdings nicht (Beispiel einer Vorlage vor Klärung der einfachgesetzlichen Rechtslage nach deutschem Recht BAG 27. 6. 2000 AP EWG-Richtlinie 94/45 Nr. 1). Insbesondere kann es zweckmäßig sein, bei Zweifeln an der Verfassungsmäßigkeit innerstaatlichen Rechts und an der Übereinstimmung mit Gemeinschaftsrecht zuerst letztere zu klären (s. u. Rn. 39 ff.). Auch kann das vorlegende Gericht aus Gründen der Prozessökonomie von einer aufwändigen Sachaufklärung (zB der Feststellung der für eine mittelbare Diskriminierung maßgeblichen Zahlenverhältnisse – vgl. Art. 141 Rn. 17) zunächst absehen, wenn deren Erforderlichkeit von der Antwort des EuGH abhängt.

21 Über das Ob und Wie einer Vorlage entscheidet das Gericht **von Amts wegen** (*Dauses* S. 95; *Groeben/Thiesing/Ehlermann/Krück* Rn. 56). Ein entspr. Antrag ist weder erforderlich, noch bedarf er der förmlichen Bescheidung (BAG 20. 11. 2001 AP BetrVG 1972 § 113 Nr. 39). Die Verfahrensbeteiligten können ein Vorabentscheidungsersuchen lediglich anregen. Das Gemeinschaftsrecht gibt ihnen keine Mittel, es zu erzwingen oder zu verhindern (vgl. EuGH 11. 3. 1980 Foglia./. Novello I Slg. 1980, 745, 760; 22. 11. 1978 Mattheus./.Doego Slg. 1978, 2203, 2210). Das nationale Recht kann die Vorlagebefugnis nicht ausschließen oder einschränken. Allerdings steht Art. 234 Vorschriften des nationalen Prozessrechts nicht entgegen, die Rechtsbehelfe gegen ein Vorabentscheidungsersuchen oder dessen Verweigerung vorsehen (EuGH 12. 2. 1974 Rheinmühlen Slg. 1974, 139, 148). In anderen Mitgliedstaaten existieren zT derartige Rechtsbehelfe (zB Belgien EuGH 15. 12. 1995 Bosman Slg. 1995, I-4921, 5052 = AP BGB § 611 Berufssport Nr. 10). Dagegen lässt sie das deutsche Recht nicht zu, da anderenfalls ein Teil der Entscheidung in der Hauptsache – die Erheblichkeitsprüfung – in ein Beschwerdeverfahren verlagert würde; außerdem beschwert die Vorlage (oder ihr Unterbleiben) die Parteien nicht (hM, zB *Bauer/Diller* NZA 1996, 169, 170; *Dauses* S. 95; *Everling* DRiZ 1993, 5, 12; *Borchardt* Rn. 33; aA mit ausführlicher Begründung *Maschmann* NZA 1995, 920, 923 ff. mwN; *Pfeiffer* NJW 1994, 1996, 1998 ff.; für eine auf Verfahrensverstöße beschränkte Beschwerdemöglichkeit *Heß* ZZP 108 (1995), 59, 98).

22 Zu einer Frage, die der EuGH bereits entschieden hat, ist ein **erneutes Vorabentscheidungsersuchen** zulässig (EuGH 11. 6. 1987 Pretore di Salò Slg. 1987, 2545, 2568); die vom EuGH erlassene Verfahrensordnung vom 19. 6. 1991 (ABl. L 176 S. 7, zuletzt geändert 17. 9. 2002, ABl. L 272 S. 24 und L 281 S. 24) setzt diese Möglichkeit nunmehr in Art. 104 § 3 ausdrücklich voraus. Auf diese Weise kann das nationale Gericht den EuGH veranlassen, seine Meinung zu überprüfen und ggfs. zu modifizieren. Das nationale Recht kann ein erneutes Vorabentscheidungsersuchen nicht ausschließen. Gerade zu umstrittenen arbeitsrechtlichen Urteilen des EuGH ist von dieser Möglichkeit Gebrauch gemacht worden (vgl. EuGH 4. 6. 1992 Bötel Slg. 1992, I-3589, 3607 = AP EWG-Vertrag Art. 119 Nr. 39, mit zweifelnder Nachfrage BAG 20. 10. 1993 AP BetrVG 1972 § 37 Nr. 90, erneuter Antwort EuGH 6. 2. 1996 Lewark Slg. 1996, I-243, 260 = AP EWG-Vertrag Art. 119 Nr. 72 und schließlich BAG 5. 3. 1997 AP BetrVG 1972 § 37 Nr. 123). Der EuGH akzeptiert dies selbst dann, wenn die angezweifelte Entscheidung in demselben Ausgangsverfahren ergangen ist (zB EuGH 3. 6. 1992 Paletta I Slg. 1992, I-3423, 3458 = AP EWG-Verordnung Nr. 574/72 Art. 18 Nr. 1, mit Nachfrage BAG 27. 4. 1994 AP LohnFG § 1 Nr. 100 und erneuter Antwort EuGH 2. 5. 1996 Paletta II Slg. 1996, I- 2357, 2382 = AP EWG-Verordnung Nr. 574/72 Art. 18 Nr. 2). Allerdings fragt der EuGH in Fällen, in denen die Antwort auf die Vorlagefrage klar aus seiner schon vorliegenden Rspr. abgeleitet werden kann und er deshalb nach Art. 104 § 3 der Verfahrensordnung eine Entscheidung durch Beschluss ins Auge fasst, beim vorlegenden Gericht an, ob es sein Ersuchen aufrechterhalten will (zB EuGH 3. 7. 2001 CIG ./. Sergas Slg. 2001, I-5139, 5156).

V. Vorlagepflicht

23 **1. Letztinstanzliche Gerichte. a) Grundlagen.** Nach Abs. 3 sind nationale Gerichte, deren Entscheidungen mit Rechtsmitteln des innerstaatlichen Rechts nicht angefochten werden können, zur Vorlage nicht nur berechtigt, sondern auch verpflichtet. Auch insoweit ist (in Abs. 3 nicht ausdrücklich wiederholte) Voraussetzung, dass die gemeinschaftsrechtliche Frage **entscheidungserheblich** ist (dazu Rn. 19). Dabei genügt entspr. Parteivortrag nicht; vielmehr muss das nationale Gericht die Frage selbst für entscheidungserheblich halten (EuGH 6. 10. 1982 C. I. L. F. I. T. Slg. 1982, 3415, 3428). Über die Vorlage entscheidet das Gericht von Amts wegen (dazu Rn. 21). In Eil- und Zwischenverfahren besteht zwar eine Vorlagebefugnis (Rn. 18), aber keine Vorlagepflicht (EuGH 27. 10. 1982 Morson Slg. 1982, 3723, 3734).

24 Im Schrifttum ist str., **welche Gerichte** von der Vorschrift erfasst werden. Nach der abstrakten oder institutionellen Betrachtungsweise sollen dies nur die in der Gerichtshierarchie jeweils an oberster Stelle stehenden Gerichte sein, also in der Arbeitsgerichtsbarkeit das BAG (zB *Bleckmann*, Europarecht Rn. 921; *Dauses* S. 111). Nach der konkreten oder funktionellen Betrachtungsweise kommt es dagegen darauf an, ob im konkreten Fall gegen die Entscheidung des Gerichts noch ein Rechtsmittel eingelegt werden kann, ob also zB die Revision überhaupt statthaft ist (so die jetzt wohl hM, zB BVerfG 13. 6. 1997 AP GG Art. 101 Nr. 52; BayVerfGH 8. 2. 1985 NJW 1985, 2894, 2895; *Callies/Ruffert/Wegener* Rn. 19; *Grabitz/Wohlfahrt* Rn. 49; *Groeben/Thiesing/Ehlermann/Krück* Rn. 67; HKMM Rn. 28; *Heß* ZZP 108 (1995), 59, 79; *Koenig/Sander*, Rz 483; *Borchardt* Rn. 36; *Rengeling/Middeke/Gellermann* Rn. 384; *Schwarze* Rn. 41). Die konkrete Betrachtungsweise verdient den Vor-

V. Vorlagepflicht   Art. 234 (ex-Art. 177) **EG 20**

zug, denn sie wird am besten dem Zweck des Vorabentscheidungsverfahrens gerecht, die einheitliche Anwendung des Gemeinschaftsrechts und seine Einbeziehung in den Rechtsschutz der Marktbürger zu gewährleisten. Die damit verbundene stärkere Belastung des EuGH ist angesichts der bei den Instanzgerichten ohnehin vorhandenen Vorlagefreudigkeit kein durchgreifendes Gegenargument. Der EuGH hat noch nicht ausdrücklich Stellung genommen, scheint aber ebenfalls die konkrete Betrachtungsweise für zutreffend zu halten. So hat er das Friedensgericht Mailand beiläufig als ein unter Art. 177 III (jetzt Art. 234 III) fallendes Gericht bezeichnet (EuGH 15. 7. 1964 Costa/./.E. N. E. L. Slg. 1964, 1251, 1268) und kürzlich die obersten Gerichte und alle anderen, deren Entscheidungen nicht mehr mit Rechtsmitteln angegriffen werden können, als vorlagepflichtige Kategorien nebeneinander gestellt (EuGH 4. 6. 2002 Lyckeskog Slg. 2002, I-4839, 4885 = EuZW 2002, 476).

Zu den **Rechtsmitteln** gehören zunächst alle ordentlichen Rechtsbehelfe, mit denen die Überprüfung einer Gerichtsentscheidung durch ein höheres Gericht erreicht werden kann. Unschädlich ist, wenn ein Rechtsmittel der Zulassung durch das Rechtsmittelgericht bedarf, sofern letzteres vor der Entscheidung über die Zulassung eine umfassende Prüfung der im Interesse der Einheit des Gemeinschaftsrechts erheblichen Gesichtspunkte vornehmen kann (vgl. EuGH 4. 6. 2002 Lyckeskog Slg. 2002, I-4839, 4886 = EuZW 2002, 476). Im arbeitsgerichtlichen Urteilsverfahren kommen als Rechtsmittel Berufung (§ 64 ArbGG), Revision (§ 72 ArbGG) und Revisionsbeschwerde (§ 77 ArbGG) in Betracht, im Beschlussverfahren Beschwerde (§ 87 ArbGG) und Rechtsbeschwerde (§ 92 ArbGG). Überwiegend wird auch die Nichtzulassungsbeschwerde nach § 133 VwGO und nach § 115 II FGO als ein solches Rechtsmittel angesehen (BVerfG 31. 5. 1990 BVerfGE 82, 159, 196; BVerwG 20. 3. 1986 NJW 1987, 601; BFH 3. 2. 1987 NJW 1987, 3096; HKMM Rn. 29; *Schwarze* Rn. 42). Dagegen ist die **Nichtzulassungsbeschwerde** nach § 72a und § 92a ArbGG kein Rechtsmittel iSd. Abs. 3 (BVerfG 13. 6. 1997 AP GG Art. 101 Nr. 52; *Bertelsmann* NZA 1993, 775, 780; EAS/*Haedrich* B 1300 Rn. 86; *Schaub* NJW 1994, 81, 82; wohl auch *Borchardt* Rn. 37; aA *Bauer/Diller* NZA 1996, 169, 170; *Heß* ZZP 108 (1995), 59, 100; *Maschmann* NZA 1995, 920, 921). Sie kann anders als diejenigen nach § 133 VwGO und § 115 II FGO weder auf die grds. Bedeutung einer Frage des Gemeinschaftsrechts (BAG 16. 12. 1993 AP ArbGG 1979 § 72a Grundsatz Nr. 44) noch auf einen Verfahrensmangel (BAG 4. 5. 1994 AP ArbGG 1979 § 72a Nr. 31) gestützt werden, auch gehört der EuGH nicht zu den divergenzfähigen Gerichten. Eine Überwindung dieser Hindernisse durch gemeinschaftsrechtskonforme Auslegung (Vorb. Rn. 16 f.) der §§ 72a und 92a ArbGG ist angesichts des klaren Wortlauts des Gesetzes nicht möglich (a. A. *Maschmann* NZA 1995, 920, 931). Damit ist die Nichtzulassungsbeschwerde zum BAG regelmäßig zur Erreichung der Zwecke des Art. 234 ungeeignet. Damit gehört auch das LAG, wenn es die Revision (Rechtsbeschwerde) nicht zulässt, zum Kreis der nach Art. 234 Abs. 3 vorlagepflichtigen Gerichte. Zwar ist es aus Sicht der Praxis unbefriedigend, dass die Vorlagepflicht des LAG erst durch seine Entscheidung begründet wird, die Revision (Rechtsbeschwerde) nicht zuzulassen. Angesichts der Bedeutung des auch bei der Auslegung des Art. 234 geltenden (EuGH 6. 10. 1981 Broekmeulen Slg. 1981, 2311, 2328) Grundsatzes, dass das Gemeinschaftsrecht möglichst große Wirksamkeit haben muss, ist das aber in Kauf zu nehmen. Auch ein ArbG kann nach Abs. 3 vorlagepflichtig sein, wenn die Berufung nach § 64 ArbGG nicht statthaft ist.

Außerordentliche Rechtsbehelfe mit begrenzten Wirkungen wie die Verfassungsbeschwerde oder der Antrag auf Wiederaufnahme des Verfahrens zählen nicht zu den Rechtsmitteln iS des Abs. 3. Sie kommen auch gegen Entscheidungen der in der Gerichtshierarchie höchsten Gerichte in Betracht. Schon deshalb können sie die Vorlagepflicht nicht ausschließen (*Dauses* S. 111 f.; *Grabitz/Wohlfahrt* Rn. 50; *Groeben/Thiesing/Ehlermann/Krück* Rn. 69; *Rengeling/Middeke/Gellermann* Rn. 385).

b) Ausnahmen. Eine Vorlagepflicht besteht nicht, wenn ein erneutes Vorabentscheidungsersuchen sinnlos erscheint, weil der EuGH die Frage **schon entschieden** hat (BAG 31. 7. 1996 AP MuSchG § 14 Nr. 15). Dabei ist es unerheblich, in welcher Verfahrensart das geschehen ist, und ob die strittigen Fragen völlig identisch sind (EuGH 6. 10. 1982 C. I. L. F. I. T. Slg. 1982, 3415, 3429). Auch ist der Streitgegenstand des früheren Ausgangsverfahrens nicht maßgeblich, da es nicht um dessen Entscheidung, sondern um den vom EuGH bestimmten Gehalt der gemeinschaftsrechtlichen Norm geht (mißverständlich insoweit der Hinweis auf „einen gleichgelagerten Fall" in EuGH 27. 3. 1963 Da Costa Slg. 1963, 63, 80 f.). Ergeben sich nur deshalb, weil die Auskunft des EuGH zur Auslegung einer Norm abstrakt formuliert ist (Rn. 35), Zweifel bei deren Anwendung auf den Einzelfall, so verpflichtet das nicht zur erneuten Vorlage mit dem Ziel der Präzisierung (vgl. auch Rn. 11). Anderenfalls übernähme der EuGH die Subsumtionsarbeit des nationalen Gerichts (BAG 5. 3. 1996 Kalanke AP GG Art. 3 Nr. 226). Aus Art. 43 EuGH-Satzung (BGBl. 2001 II S. 1687) ergibt sich nichts Gegenteiliges; das dort vorgesehene besondere Verfahren der Urteilsauslegung durch den EuGH in Zweifelsfällen kann von innerstaatlichen Gerichten nicht beantragt werden (vgl. BAG 18. 2. 2003 NZA 2003, 742, 747). Dem oben dargestellten Verständnis entspricht es auch, wenn der EuGH in einem Fall, in dem er wegen der Existenz einschlägiger Rspr. einen Beschluss nach Art. 104 § 3 der Verfahrensordnung ins Auge fasst, beim vorlegenden Gericht anfragt, ob es sein Vorabentscheidungsersuchen aufrechterhält (vgl. EuGH 3. 7. 2001 CIG ./. Sergas Slg. 2001, I-5139, 5156). Unklar ist allerdings, ob

Wißmann

das BVerfG mit der Erwähnung des Falles, dass die Rspr. des EuGH „die entscheidungserhebliche Frage möglicherweise noch nicht erschöpfend beantwortet hat" (BVerfG 9. 1. 2001 NJW 2001, 1267 f.), insoweit einen strengeren Maßstab anlegen will.

28 Entspr. der Doktrin vom „acte clair" (näher *Dauses* S. 113 ff.) kann ein Vorabentscheidungsersuchen auch dann unterbleiben, wenn die richtige Auslegung des Gemeinschaftsrechts derart offenkundig ist, dass für vernünftige Zweifel keinerlei Raum bleibt (vgl. auch die Möglichkeit der Entscheidung des EuGH durch Beschluss in solchen Fällen nach Art. 104 § 3 Verfahrensordnung). Hierzu muss das nationale Gericht davon überzeugt sein, dass auch für die Gerichte der übrigen Mitgliedstaaten und den EuGH die gleiche Gewissheit bestünde. Dabei ist zu berücksichtigen, dass von den Normen des Gemeinschaftsrechts verbindliche, aber möglicherweise unterschiedliche Fassungen in sämtlichen Amtssprachen der EG bestehen (EuGH 6. 10. 1982 C. I. L. F. I. T. Slg. 1982, 3415, 3430). Die deutsche Rspr. macht von dieser Ausnahme Gebrauch (BAG 20. 11. 2001 AP BetrVG 1972 § 113 Nr. 39; 2. 4. 1996 AP BetrVG 1972 § 87 Gesundheitsschutz Nr. 5; vgl. auch BVerfG 9. 11. 1987 EuR 1988, 190, 193 f.; BVerwG 24. 6. 1982 BVerwGE 66, 29, 38; *Dauses* S. 117 hält diese Praxis für zu großzügig; *Everling* ZGR 1992, 376, 391 verlangt das Studium von Rspr. und Schrifttum in den anderen Mitgliedstaaten vor Berufung auf den acte clair). Verzichtet die EU-Kommission auf ein Vertragsverletzungsverfahren gegen einen Mitgliedstaat wegen mangelhafter Umsetzung einer Richtlinie, das nur auf eine bestimmte Auslegung dieser Richtlinie gestützt werden könnte, so kann allein hieraus nicht gefolgert werden, diese Auslegung sei iS eines „acte clair" auszuschließen (EuGH 22. 2. 2001 Valente Slg. 2001, I-1327, 1351).

29 **2. Instanzgerichte.** Ausnahmsweise kann eine ungeschriebene Vorlagepflicht auch für ein Gericht bestehen, dessen Entscheidung noch mit Rechtsmitteln angegriffen werden kann. Dies ist dann der Fall, wenn das Gericht **Gemeinschaftsrecht als ungültig** behandeln will (EuGH 17. 7. 1997 Krüger Slg. 1997, I-4517, 4554; 22. 10. 1987 Foto-Frost Slg. 1987, 4199, 4231; BVerfG 31. 5. 1990 BVerfGE 82, 159, 194). Die Vorlagepflicht korrespondiert zum Verwerfungsmonopol des EuGH, das aus dem Erfordernis der Einheit des Gemeinschaftsrechts folgt (*Dauses* S. 117 f.; HKMM Rn. 36; *Borchardt* Rn. 38). Dementspr. ist ein Instanzgericht nicht zur Vorlage verpflichtet, wenn es die im Verfahren angezweifelte Gültigkeit einer Norm des Gemeinschaftsrechts bejahen will (*Rengeling/Middeke/Gellermann* Rn. 379). Die im Rahmen der Gewährung einstweiligen Rechtsschutzes bestehende Befugnis des nationalen Gerichts, zur Schadensabwendung den Vollzug eines Verwaltungsaktes auszusetzen, der auf einer für ungültig gehaltenen EG-Verordnung beruht (EuGH 17. 7. 1997 Krüger Slg. 1997, I-4517, 4552; 21. 2. 1991 Zuckerfabrik Slg. 1991, I-415, 542), spielt im Arbeitsrecht bisher keine Rolle.

30 **3. Verletzung der Vorlagepflicht.** Auch wenn das Gericht nach Abs. 3 zu einem Vorabentscheidungsersuchen verpflichtet ist, können die Parteien (Beteiligten) des Ausgangsverfahrens die Vorlage nur im Ausnahmefall erzwingen. Das deutsche Prozessrecht kennt keine ordentlichen Rechtsbehelfe gegen die Verweigerung der Vorlage (Rn. 21). Nur dann, wenn die Vorlagepflicht „in objektiv willkürlicher Weise" verletzt ist, kann das BVerfG wegen **Verweigerung des gesetzlichen Richters** (Art. 101 Abs. 1 Satz 2 GG) mit der Verfassungsbeschwerde angerufen werden (BVerfG 5. 8. 1998 AP GG Art. 101 Nr. 56; 13. 6. 1997 AP GG Art. 101 Nr. 52; 8. 4. 1987 BVerfGE 75, 223, 234; 22. 10. 1986 „Solange II" BVerfGE 73, 339, 374). Diese Voraussetzungen liegen insb. dann vor, wenn das Gericht eine Vorlage trotz Zweifeln an der Auslegung von Gemeinschaftsrecht nicht in Erwägung zieht (BVerfG 31. 5. 1990 BVerfGE 82, 159, 195), über die Kollision zwischen EG-Richtlinien allein nach Maßstäben des innerstaatlichen Rechts und ohne Auseinandersetzung mit der europäischen Judikatur selbst entscheidet (BVerfG 9. 1. 2001 NJW 2001, 1267) oder sogar bewusst von der Rspr. des EuGH abweicht (BVerfG 8. 4. 1987 BVerfGE 75, 223, 245). Der Verfassungsverstoß soll nachträglich entfallen, wenn der EuGH später die Rechtsfrage iS der Entscheidung des nationalen Gerichts beantwortet (BVerfG 13. 6. 1997 AP GG Art. 101 Nr. 52); das erscheint bedenklich, weil Schutzobjekt des Art. 101 GG das Verfahren und nicht der Inhalt der Entscheidung ist. Das Fehlen einschlägiger Rspr. des EuGH begründet noch nicht die Willkür der Nichtvorlage (vgl. BAG 2. 4. 1996 AP BetrVG 1972 § 87 Gesundheitsschutz Nr. 5; aA HKMM Rn. 40). Vielmehr muss das Gericht seinen Beurteilungsspielraum hinsichtlich eines acte clair und damit der Notwendigkeit einer Vorlage (Rn. 28) in unvertretbarer Weise überschritten haben, zB weil eine andere Auslegung eindeutig vorzuziehen ist (BVerfG 5. 8. 1998 AP GG Art. 101 Nr. 56).

31 Verletzt ein nationales Gericht seine Vorlagepflicht, so liegt darin ein Verstoß des betreffenden Mitgliedstaats gegen seine Verpflichtungen aus dem EG. Daher kommt als gemeinschaftsrechtliche Sanktion ein **Vertragsverletzungsverfahren** nach Art. 226 EG in Betracht. Die entspr. Verurteilung eines Mitgliedstaats erschiene wegen der Unabhängigkeit der Rechtsprechung und wegen des Rechtskraftwirkung des Urteils im Ausgangsverfahren problematisch (vgl. *Borchardt* Rn. 44). Erstmalig ist jetzt allerdings ein solches Verfahren anhängig (C-129/00 Kommission ./. Italien). In den Schlussanträgen in der Sache Köbler (C-224/01) hält es GA Léger auch für möglich, dass nach dem Gemeinschaftsrecht ein Mitgliedstaat wegen der Verletzung der Vorlagepflicht durch ein nationales Gericht

einem Bürger zum Ersatz des hierdurch entstandenen Schadens verpflichtet ist (vgl. auch EG Vorb. Rn. 11).

VI. Gang des Vorabentscheidungsverfahrens

Das nationale Gericht setzt analog § 148 ZPO (*Heß* ZZP 108 (1995), 59, 88) das Ausgangsverfahren 32 aus und beschließt das **Vorabentscheidungsersuchen,** mit dem das Zwischenverfahren vor dem EuGH eingeleitet wird. Gemeinschaftsrechtliche Formerfordernisse hierfür bestehen nicht. Im Allg. sind aber in einer Begründung der Rahmen des innerstaatlichen Rechts und die sonstigen für die Vorlage maßgeblichen Tatsachen und Erwägungen darzustellen, damit der EuGH den Inhalt der Fragen richtig erfassen kann (vgl. EuGH 13. 4. 2000 Lehtonen Slg. 2000, I-2681, 2725 = AP EG Art. 39 Nr. 1; 26. 1. 1993 Telemarsicabruzzo Slg. 1993, I-393, 426; näher *Dauses* S. 123 ff.). Dies ermöglicht es dem EuGH auch, die nicht seltenen Vorabentscheidungsersuchen, die nach ihrem Wortlaut nicht vorlagefähige Fragen enthalten, so umzudeuten, dass sie einen zulässigen Inhalt haben (dazu Rn. 7) und er sie beantworten kann (EuGH 22. 9. 1988 Unilec Slg. 1988, 5075, 5119; 11. 6. 1987 Pretore di Salò Slg. 1987, 2545, 2569). Ausdrücklich ist eine Begründung allerdings nicht vorgeschrieben, gelegentlich unterbleibt sie auch. Die Vorlage ist nach Art. 23 I EuGH-Satzung vom fragenden Gericht unmittelbar dem EuGH zu übermitteln. Die Prozessakten sind beizufügen (EuGH, Hinweise S. 3; *Dauses* S. 129).

Da das vorlegende Gericht Herr des Ausgangsverfahrens bleibt, kann es die Vorlage zurücknehmen 33 mit der Folge, dass sich dadurch das **Verfahren vor dem EuGH erledigt** (BAG 17. 7. 1997 AP EWG-Richtlinie Nr. 77/187 Nr. 15; *Heß* ZZP 108 (1995), 59, 97; *Borchardt* Rn. 34). Die Vorlage ist zurückzunehmen, wenn die in ihr gestellte Frage des Gemeinschaftsrechts ihre Entscheidungserheblichkeit für das Ausgangsverfahren verliert, zB wegen Änderung des nationalen Rechts sowie bei Vergleich, Anerkenntnis oder Klagerücknahme. Weiteren Einfluss auf das Verfahren vor dem EuGH hat das vorlegende Gericht nicht. Es erhält zwar die gegenüber dem EuGH abgegebenen Erklärungen (Rn. 34), bekommt aber selbst keine Gelegenheit, zu diesen Stellung zu nehmen.

Nach Art. 23 I EuGH-Satzung stellt der EuGH das Vorabentscheidungsersuchen u. a. der EU- 34 Kommission, sämtlichen Mitgliedstaaten und den Parteien des Ausgangsverfahrens zu und gibt **Gelegenheit zur Stellungnahme** innerhalb von zwei Monaten (Art. 23 II EuGH-Satzung). Die dem vorlegenden Gericht im Rechtszug übergeordneten Gerichte werden vom EuGH nicht in das Verfahren einbezogen. Eine Stellungnahme der Bundesrepublik Deutschland wird von den fachlich jeweils zuständigen Bundesministerien erstellt und im Namen der Bundesregierung von Vertretern des Bundesministeriums der Finanzen abgegeben. Das BAG wird hierbei nicht beteiligt. Die Parteien des Ausgangsverfahrens können, abgesehen von ihrem Recht auf Stellungnahme, den Verfahrensablauf vor dem EuGH nicht gestalten. Regelmäßig findet eine mündliche Verhandlung statt (Art. 104 § 4 EuGH-Verfahrensordnung). Auf Antrag des vorlegenden Gerichts kann der EuGH-Präsident nach Art. 104 a EuGH-Verfahrensordnung in Fällen „außerordentlicher Dringlichkeit" ein **beschleunigtes Verfahren** mit erheblich verkürzten Fristen anordnen.

VII. Inhalt und Wirkung des Urteils

Die Antwort des EuGH auf das Vorabentscheidungsersuchen ergeht im Regelfall in Form eines 35 **Urteils.** Es wird durch die Schlussanträge des Generalanwalts vorbereitet (Art. 59 § 1 EuGH-Verfahrensordnung), die in der Amtlichen Sammlung des EuGH zusammen mit dem Urteil veröffentlicht und oft zu dessen Auslegung herangezogen werden. Das Urteil wird vom EuGH dem vorlegenden Gericht und nach Art. 64 § 2 EuGH-Verfahrensordnung abschriftlich auch den Parteien des Ausgangsverfahrens zugestellt. Da allein der Bestand und Inhalt von Gemeinschaftsrecht Gegenstand des Vorabentscheidungsverfahrens ist (Rn. 6 f.), ist auch der **Inhalt des Urteils** entspr. begrenzt. Daher entscheidet der EuGH nicht darüber, wie das Gemeinschaftsrecht auf den Ausgangsfall anzuwenden ist. Er präzisiert vielmehr in Form abstrakter Rechtssätze den Inhalt der gemeinschaftsrechtlichen Vorschrift, nach dem er gefragt wurde. Die Subsumtion des konkreten Sachverhalts unter diese Rechtssätze ist dann Sache des nationalen Gerichts (BAG 5. 3. 1996 Kalanke AP GG Art. 3 Nr. 226). Ausnahmsweise ergeht nach Art. 104 § 3 EuGH-Verfahrensordnung die Entscheidung ohne mündliche Verhandlung als **Beschluss,** wenn die vorgelegte Frage mit einer bereits entschiedenen Frage übereinstimmt oder anhand der bisherigen Rechtsprechung klar beantwortet werden kann, oder wenn hinsichtlich der Antwort kein Raum für vernünftige Zweifel besteht.

Die im Urteil enthaltene Antwort ist für das vorlegende Gericht **verbindlich** (EuGH 3. 2. 1977 36 Benedetti Slg. 1977, 163, 183), ebenso für alle anderen mit dem Ausgangsverfahren befassten Gerichte (BVerfG 8. 4. 1987 BVerfGE 75, 223, 234; BAG 8. 8. 1996 AP EWG-Vertrag Art. 48 Nr. 22; 2. 12. 1992 AP BAT § 23 a Nr. 28). Die nationale Gerichtsbarkeit muss daher, sofern sie nicht in der Sache ein erneutes Vorabentscheidungsersuchen an den EuGH richtet (Rn. 22) oder das Gemeinschaftsrecht nicht mehr als entscheidungserheblich ansieht (so im Fall BAG 26. 4. 2000 AP MTAng-LV § 22 Nr. 3), den Fall nunmehr auf der Grundlage der Rechtssätze entscheiden, die der EuGH in dem Urteil als

25. Gesetz über befristete Arbeitsverträge mit Ärzten in der Weiterbildung

Vom 15. Mai 1986 (BGBl. I S. 742)
Zuletzt geändert durch Gesetz vom 16. Februar 2002 (BGBl. I S. 693)

(BGBl. III/FNA 800-24)

§ 1 Befristung von Arbeitsverträgen

(1) Ein die Befristung eines Arbeitsvertrages mit einem Arzt rechtfertigender sachlicher Grund liegt vor, wenn die Beschäftigung des Arztes seiner zeitlich und inhaltlich strukturierten Weiterbildung zum Facharzt oder dem Erwerb einer Anerkennung für einen Schwerpunkt oder dem Erwerb einer Zusatzbezeichnung, eines Fachkundenachweises oder einer Bescheinigung über eine fakultative Weiterbildung dient.

(2) Die Dauer der Befristung des Arbeitsvertrages bestimmt sich im Rahmen der Absätze 3 und 4 ausschließlich nach der vertraglichen Vereinbarung; sie muß kalendermäßig bestimmt oder bestimmbar sein.

(3) [1] Ein befristeter Arbeitsvertrag nach Absatz 1 kann auf die notwendige Zeit für den Erwerb der Anerkennung als Facharzt oder den Erwerb einer Zusatzbezeichnung, höchstens bis zur Dauer von acht Jahren, abgeschlossen werden. [2] Zum Zweck des Erwerbs einer Anerkennung für einen Schwerpunkt oder des an die Weiterbildung zum Facharzt anschließenden Erwerbs einer Zusatzbezeichnung, eines Fachkundenachweises oder einer Bescheinigung über eine fakultative Weiterbildung kann ein weiterer befristeter Arbeitsvertrag für den Zeitraum, der für den Erwerb vorgeschrieben ist, vereinbart werden. [3] Wird die Weiterbildung im Rahmen einer Teilzeitbeschäftigung abgeleistet und verlängert sich der Weiterbildungszeitraum hierdurch über die zeitlichen Grenzen der Sätze 1 und 2 hinaus, so können diese um die Zeit dieser Verlängerung überschritten werden. [4] Erfolgt die Weiterbildung nach Absatz 1 im Rahmen mehrerer befristeter Arbeitsverträge, so dürfen sie insgesamt die zeitlichen Grenzen nach den Sätzen 1, 2 und 3 nicht überschreiten. [5] Die Befristung darf den Zeitraum nicht unterschreiten, für den der weiterbildende Arzt die Weiterbildungsbefugnis besitzt. [6] Beendet der weiterzubildende Arzt bereits zu einem früheren Zeitpunkt den vom ihm nachgefragten Weiterbildungsabschnitt oder liegen bereits zu einem früheren Zeitpunkt die Voraussetzungen für die Anerkennung im Gebiet, Schwerpunkt, Bereich sowie für den Erwerb eines Fachkundenachweises oder einer Bescheinigung über eine fakultative Weiterbildung vor, darf auf diesen Zeitpunkt befristet werden.

(4) Auf die jeweilige Dauer eines befristeten Arbeitsvertrages nach Absatz 3 sind im Einvernehmen mit dem zur Weiterbildung beschäftigten Arzt nicht anzurechnen:
1. Zeiten einer Beurlaubung oder einer Ermäßigung der Arbeitszeit um mindestens ein Fünftel der regelmäßigen Arbeitszeit, die für die Betreuung oder Pflege eines Kindes unter 18 Jahren oder eines pflegebedürftigen sonstigen Angehörigen gewährt worden sind, soweit die Beurlaubung oder die Ermäßigung der Arbeitszeit die Dauer von zwei Jahren nicht überschreitet,
2. Zeiten einer Beurlaubung für eine wissenschaftliche Tätigkeit oder eine wissenschaftliche oder berufliche Aus-, Fort- oder Weiterbildung im Ausland, soweit die Beurlaubung die Dauer von zwei Jahren nicht überschreitet,
3. Zeiten einer Beurlaubung nach § 8a des Mutterschutzgesetzes oder § 15 des Gesetzes über die Gewährung von Erziehungsgeld und Elternzeit und Zeiten eines Beschäftigungsverbots nach den §§ 3, 4, 6 und 8 des Mutterschutzgesetzes, soweit eine Beschäftigung nicht erfolgt ist,
4. Zeiten des Grundwehr- und Zivildienstes und
5. Zeiten einer Freistellung zur Wahrnehmung von Aufgaben in einer Personal- oder Schwerbehindertenvertretung, soweit die Freistellung von der regelmäßigen Arbeitszeit mindestens ein Fünftel beträgt und die Dauer von zwei Jahren nicht überschreitet.

(5) Die arbeitsrechtlichen Vorschriften und Grundsätze über befristete Arbeitsverträge sind nur insoweit anzuwenden, als sie den Vorschriften der Absätze 1 bis 4 nicht widersprechen.

(6) Die Absätze 1 bis 5 gelten nicht, wenn der Arbeitsvertrag unter den Anwendungsbereich des Hochschulrahmengesetzes in der Fassung der Bekanntmachung vom 19. Januar 1999 (BGBl. I S. 18), zuletzt geändert durch Artikel 1 des Gesetzes vom 16. Februar 2002 (BGBl. I S. 693), fällt.

§ 2 Berlin-Klausel. *(gegenstandslos)*

§ 3 Inkrafttreten
Dieses Gesetz tritt am Tage nach der Verkündung in Kraft.

I. Normzweck

Das Gesetz über befristete Arbeitsverträge mit Ärzten in der Weiterbildung regelt die befristete **1** Beschäftigung von **Ärzten in der Weiterbildung,** sofern diese nicht unter den Geltungsbereich des HRG fallen. Bis zum 22. 2. 2002 waren auch die Arbeitskräfte ausgenommen, die unter den Geltungsbereich des Gesetzes über befristete Arbeitsverträge mit wissenschaftlichem Personal an Hochschulen und Forschungseinrichtungen fielen. Dieses Gesetz ist aber mit Wirkung vom 23. 2. 2002 durch Art. 2 des Fünften Gesetzes zur Änderung des HRG und anderer Vorschriften vom 16. 2. 2002 (BGBl. I S. 693) ersatzlos aufgehoben worden, sie fallen nunmehr unter den Geltungsbereich von § 57d HRG und damit des HRG selbst, so dass sich im Ergebnis die Abgrenzung des Anwendungsbereiches nicht ändert. Bis zum Inkrafttreten des TzBfG am 1. 1. 2001 bestätigte das ÄArbVtrG die Rspr. zu § 620 BGB, indem es voraussetzte, dass es zur wirksamen Befristung von Arbeitsverträgen eines sie rechtfertigenden sachlichen Grundes bedarf. Seit dem 1. 1. 2001 ergänzt es die Bestimmungen des TzBfG, indem es neben dessen § 14 I einen weiteren Sachgrund schafft. Das ÄArbVtrG soll den Abschluss befristeter Arbeitsverträge mit Ärzten in der Weiterbildung erleichtern. Es war ursprünglich bis zum 31. 12. 1997 befristet, wurde aber mit Änderungsgesetz vom 16. 12. 1997 (BGBl. I S. 2994) mit Wirkung vom 20. 12. 1997 (APS/*Schmidt* Rn. 2) entfristet.

II. Anwendungsbereich

Der persönliche Geltungsbereich umfasst ausschließlich **approbierte Ärzte.** Die zeitlich vor der **2** Approbation liegende Ausbildung wird nicht erfasst (KR/*Lipke* §§ 1, 2, 3 ÄArbVtrG Rn. 6b). Die Weiterbildung von Zahnärzten und Tierärzten wird gleichfalls nicht erfasst, sondern bestimmt sich nach allg. arbeitsrechtlichen Grundsätzen (vgl. LAG Sachsen-Anhalt 10. 7. 1997 LAGE BGB § 620 Nr. 52; KR/*Lipke* §§ 1, 2, 3 ÄArbVtrG Rn. 6b).

Findet die ärztliche Weiterbildung an Universitäten, an staatlichen Forschungseinrichtungen sowie **3** an überwiegend staatlich oder auf der Grundlage von Art. 91b GG finanzierten Forschungseinrichtungen statt, greifen die §§ 54, 57ff. HRG ein. Das ÄArbVtrG kommt vor allem zur Anwendung, wenn die Ausbildung in **Krankenhäusern kommunaler, kirchlicher oder freier Träger** durchgeführt wird.

Die Befristungsregeln der Abs. 1 bis 4 haben **Vorrang vor anderen arbeitsrechtlichen Grund- 4 sätzen.** Diese sind nur anzuwenden, wenn und soweit sie den Vorschriften dieses Gesetzes nicht widersprechen. Insofern kommt vorrangig das am 1. 1. 2001 in Kraft getretene TzBfG in Betracht. Da das ÄArbVtrG in § 1 III 5 und 6 Mindestbefristungszeiten vorschreibt, darf bei Einstellung eines Arztes zur Weiterbildung keine Befristung nach § 14 II oder III TzBfG vereinbart werden (BBDW/ *Bader* § 620 BGB Rn. 49; zu § 1 BeschFG 1996: *Dreher* DB 1999, 1396, 1397; KR/*Lipke* §§ 1, 2, 3 ÄArbVtrG Rn. 8; aA *Kuhla/Schleusener* MedR 1999, 23, 27).

III. Befristungsgrund

Ein die Befristung rechtfertigender sachlicher Grund liegt nach § 1 I vor, wenn die Beschäftigung **5** des Arztes seiner Weiterbildung zum Facharzt oder dem Erwerb einer Anerkennung für ein Teilgebiet oder dem Erwerb einer Zusatzbezeichnung dient. Eine Befristung nach § 1 I setzt voraus, dass der Arzt ganz überwiegend zu seiner Weiterbildung beschäftigt wird. Es genügt nicht, dass die Beschäftigung diesen Zweck fördert (aA zur aF des Gesetzes: BAG 24. 4. 1996 AP HRG § 57b Nr. 10). Die Weiterbildung muss den **wesentlichen Inhalt des Arbeitsverhältnisses** ausmachen. Sie muss „zeitlich und inhaltlich strukturiert" sein. Mehrere Befristungen für ein und denselben Weiterbildungszweck sind nicht statthaft (BT-Drucks. 13/8668 S. 5; KR/*Lipke* §§ 1, 2, 3 ÄArbVtrG Rn. 11a). Der Befristungsgrund muss nicht ausdrücklich im Arbeitsvertrag genannt sein. § 57b V HRG aF findet keine entspr. Anwendung (BAG 24. 4. 1996 AP HRG § 57b Nr. 10). Wird der Arbeitsvertrag nach § 1 IV Nr. 5 verlängert, so ist nicht der Verlängerungsvertrag, sondern der ursprüngliche Vertrag der Befristungskontrolle zu unterziehen (BAG 23. 2. 2000 AP HRG § 57b Nr. 26 zu § 57c VI Nr. 5 HRG). Die Befristungsabrede ist **schriftlich** niederzulegen (seit dem 1. 5. 2000 § 623 BGB, seit dem 1. 1. 2001 § 14 IV TzBfG).

IV. Befristungsdauer

6 Nach § 1 II unterliegt die Dauer des Vertrags der Vereinbarung der Arbeitsvertragsparteien. Die Befristung muss eine **Zeitbefristung** sein, sich also nach dem Kalender bestimmen lassen. Eine Zweckbefristung ist ausgeschlossen, ebenso eine auflösende Bedingung (Annuß/Thüsing/*Lambrich* § 23 TzBfG Rn. 104). Es kann daher nicht vereinbart werden, dass das Arbeitsverhältnis mit dem Erwerb der Qualifikation ende (BAG 14. 8. 2002 AP ÄArbVtrG § 1 Nr. 1; KR/*Lipke* §§ 1, 2, 3 ÄArbVtrG Rn. 19; aA *Heinze* NJW 1987, 2278, 2279 f.). Ist unzulässigerweise eine Zweckbefristung vereinbart worden, besteht ein unbefristetes Arbeitsverhältnis, wenn der AN § 17 TzBfG beachtet (BAG 14. 8. 2002 AP ÄArbVtrG § 1 Nr. 1; vgl. Rn. 15). Die Befristungsdauer darf den Zeitraum nicht unterschreiten, für den der weiterbildende Arzt die Weiterbildungsbefugnis besitzt (Annuß/Thüsing/*Lambrich* § 23 TzBfG Rn. 107). Deshalb darf für die gesamte Weiterbildung nur eine einzige Befristung vereinbart werden. Eine „Zerstückelung" in mehrere Verträge scheidet aus (KR/*Lipke* §§ 1, 2, 3 ÄArbVtrG Rn. 14; aA zum alten Recht LAG Berlin 22. 4. 1991 ZTR 1991, 337).

7 Die Höchstbefristungsdauer ist abw. von § 57 c IV HRG aF auf **acht Jahre** festgelegt. Sie kann nicht durch einen **Wechsel der Weiterbildungsstelle** überschritten werden (KR/*Lipke* §§ 1, 2, 3 ÄArbVtrG Rn. 12 b). Die Regelung des § 57 c II 2 HRG aF, wonach nur Arbeitsverhältnisse bei derselben Hochschule zusammengerechnet werden, ist nicht übernommen worden. Ist ein Arzt zunächst im Hochschulbereich, dann im Bereich des ÄArbVtrG zu Zwecken der Weiterbildung tätig, findet eine Zusammenrechnung statt (Annuß/Thüsing/*Lambrich* § 23 TzBfG Rn. 106; *Baumgarten* ZTR 1987, 114).

8 Schließt sich an die Facharztausbildung oder an den Erwerb einer Zusatzbezeichnung eine weitere Phase an, die die Anerkennung für einen Schwerpunkt oder den Erwerb einer Zusatzbezeichnung, eines Fachkundenachweises oder einer Bescheinigung über eine fakultative Weiterbildung zum Gegenstand hat, so kann nach § 1 III 2 **ein weiterer befristeter Arbeitsvertrag** abgeschlossen werden. Seine Dauer richtet sich nach dem Zeitraum, den die jeweilige Weiterbildungsordnung vorsieht. Die Zwei-Jahres-Grenze der Urfassung des Gesetzes ist ersatzlos entfallen.

9 Das Gesetz lässt in zwei Fällen eine nachträgliche Änderung des Endtermins zu. Wird die Weiterbildung wegen einer **Teilzeitbeschäftigung** verlängert, erlaubt § 1 III 3 die entspr. Verlängerung der Höchstfristen. § 1 III 6 gestattet eine einmalige **Neubefristung,** wenn das Weiterbildungsziel schon zu einem früheren Zeitpunkt erreicht wird. In diesem Fall darf das Fristende einvernehmlich vorverlegt werden.

10 § 1 IV gewährt wie § 57 c VI HRG aF einen **Anspruch auf Abschluss eines Arbeitsvertrags** für die Dauer der nach dieser Vorschrift anrechenbaren Unterbrechungszeiten eines nach § 1 III befristeten Arbeitsverhältnisses. Dieser Anspruch soll auch dann bestehen, wenn der in der Weiterbildung stehende Arzt die nach der jeweiligen Weiterbildungsordnung vorgeschriebenen Beschäftigungszeiten bereits vor Beginn des Unterbrechungszeitraumes zurückgelegt hat (BAG 24. 4. 1996 AP HRG § 57 b Nr. 10 = NZA 1997, 256). Verweigert der AG den Abschluss einer Verlängerungsvereinbarung, ist Rechtsschutz in Form einer Leistungsklage zu erlangen (BAG 12. 1. 2000 – 7 AZR 764/98 – RzK I 9 d Nr. 70).

V. Abdingbarkeit; Kündigung

11 Das ÄArbVtrG ist **zweiseitig zwingendes Recht** (KR/*Lipke* §§ 1, 2, 3 ÄArbVtrG Rn. 9 a; Annuß/Thüsing/*Lambrich* § 23 TzBfG Rn. 109). Von den Bestimmungen des Gesetzes kann auch tarifvertraglich nicht abgewichen werden.

12 Ist die **ordentliche Kündigung** vertraglich nicht vorgesehen, kann gem. § 15 III TzBfG beiderseits (aA KDZ/*Däubler* Rn. 20; Annuß/Thüsing/*Lambrich* § 23 TzBfG Rn. 110 [allein von Seiten des AG] ausschließlich aus wichtigem Grund außerordentlich gekündigt werden.

13 Wird die Mindestfrist des § 1 III 5 nicht beachtet, gilt der Arbeitsvertrag als über den richtigen Zeitraum abgeschlossen. Wird die **Höchstfrist überschritten,** ist die Befristungsabrede unwirksam. Es besteht ein unbefristetes Arbeitsverhältnis (APS/*Schmidt* Rn. 27; aA KR/*Lipke* §§ 1, 2, 3 ÄArbVtrG Rn. 23). Wird das wirksam befristete Arbeitsverhältnis über den Endtermin hinaus fortgesetzt, kann unter den Voraussetzungen des § 15 V TzBfG ein unbefristetes Arbeitsverhältnis begründet werden.

VI. Übergangsvorschrift

14 Vor dem 20. 12. 1997 vereinbarte befristete Arbeitsverträge zur Weiterbildung von Ärzten sind nach altem Recht abzuwickeln. Eine erneute Befristung ist seit dem 20. 12. 1997 nur noch nach neuem Recht erlaubt. Seither ist eine abkürzende korrigierende Befristung des Arbeitsvertrags gem. § 1 III 6 auch für Altverträge möglich.

VII. Klagefrist

15 Bei Streitigkeiten über die wirksame Befristung des Arbeitsvertrags findet § 17 TzBfG Anwendung (KR/*Lipke* §§ 1, 2, 3 ÄArbVtrG Rn. 9 d; Annuß/Thüsing/*Lambrich* § 23 TzBfG Rn. 111).

30. Gesetz über zwingende Arbeitsbedingungen bei grenzüberschreitenden Dienstleistungen (Arbeitnehmer-Entsendegesetz – AEntG)

Vom 26. Februar 1996 (BGBl. I S. 227)

Zuletzt geändert durch Gesetz vom 23. Dezember 2002 (BGBl. I S. 4607)

(BGBl. III/FNA 810-1-56)

§ 1 [Anwendungsbereich]

(1) [1] Die Rechtsnormen eines für allgemeinverbindlich erklärten Tarifvertrages des Bauhauptgewerbes oder des Baunebengewerbes im Sinne der §§ 1 und 2 der Baubetriebe-Verordnung vom 28. Oktober 1980 (BGBl. I S. 2033), zuletzt geändert durch Artikel 1 der Verordnung vom 13. Dezember 1996 (BGBl. I S. 1954), die
1. die Mindestentgeltsätze einschließlich der Überstundensätze oder
2. die Dauer des Erholungsurlaubs, das Urlaubsentgelt oder ein zusätzliches Urlaubsgeld
zum Gegenstand haben, finden auch auf ein Arbeitsverhältnis zwischen einem Arbeitgeber mit Sitz im Ausland und seinem im räumlichen Geltungsbereich des Tarifvertrages beschäftigten Arbeitnehmer zwingend Anwendung, wenn der Betrieb überwiegend Bauleistungen im Sinne des § 211 Abs. 1 des Dritten Buches Sozialgesetzbuch erbringt und auch inländische Arbeitgeber ihren im räumlichen Geltungsbereich des Tarifvertrages beschäftigten Arbeitnehmern mindestens die am Arbeitsort geltenden tarifvertraglichen Arbeitsbedingungen gewähren müssen. [2] Ein Arbeitgeber im Sinne des Satzes 1 ist verpflichtet, seinem im räumlichen Geltungsbereich eines Tarifvertrages nach Satz 1 beschäftigten Arbeitnehmer mindestens die in dem Tarifvertrag vorgeschriebenen Arbeitsbedingungen zu gewähren. [3] Dies gilt auch für einen unter den Geltungsbereich eines Tarifvertrages nach Satz 1 fallenden Arbeitgeber mit Sitz im Inland unabhängig davon, ob der Tarifvertrag kraft Tarifbindung nach § 3 des Tarifvertragsgesetzes oder aufgrund der Allgemeinverbindlicherklärung Anwendung findet. [4] Tarifvertrag nach Satz 1 ist auch ein Tarifvertrag, der die Erbringung von Montageleistungen auf Baustellen außerhalb des Betriebssitzes zum Gegenstand hat.

(2) Absatz 1 gilt unter den dort genannten Voraussetzungen auch für allgemeinverbindlich erklärte Tarifverträge im Bereich der Seeschiffahrtsassistenz.

(2a) Wird ein Leiharbeitnehmer von einem Entleiher mit Tätigkeiten beschäftigt, die in den Geltungsbereich eines für allgemeinverbindlich erklärten Tarifvertrages nach Absatz 1, Absatz 2 oder Absatz 3 oder einer Rechtsverordnung nach Absatz 3a fallen, so hat ihm der Verleiher zumindest die in diesem Tarifvertrag oder dieser Rechtsverordnung vorgeschriebenen Arbeitsbedingungen zu gewähren sowie die der gemeinsamen Einrichtung nach diesem Tarifvertrag zustehenden Beiträge zu leisten.

(3) [1] Sind im Zusammenhang mit der Gewährung von Urlaubsansprüchen nach Absatz 1 die Einziehung von Beiträgen und die Gewährung von Leistungen durch allgemeinverbindliche Tarifverträge einer gemeinsamen Einrichtung der Tarifvertragsparteien übertragen, so finden die Rechtsnormen solcher Tarifverträge auch auf einen ausländischen Arbeitgeber und seinen im räumlichen Geltungsbereich des Tarifvertrages beschäftigten Arbeitnehmer zwingend Anwendung, wenn in den betreffenden Tarifverträgen oder auf sonstige Weise sichergestellt ist, daß
1. der ausländische Arbeitgeber nicht gleichzeitig zu Beiträgen nach dieser Vorschrift und Beiträgen zu einer vergleichbaren Einrichtung im Staat seines Sitzes herangezogen wird und
2. das Verfahren der gemeinsamen Einrichtung der Tarifvertragsparteien eine Anrechnung derjenigen Leistungen vorsieht, die der ausländische Arbeitgeber zur Erfüllung des gesetzlichen, tarifvertraglichen oder einzelvertraglichen Urlaubsanspruchs seines Arbeitnehmers bereits erbracht hat.

[2] Ein Arbeitgeber im Sinne des Absatzes 1 Satz 1 ist verpflichtet, einer gemeinsamen Einrichtung der Tarifvertragsparteien die ihr nach Satz 1 zustehenden Beiträge zu leisten. [3] Dies gilt auch für einen unter den Geltungsbereich eines Tarifvertrages nach Satz 1 fallenden Arbeitgeber mit Sitz im Inland unabhängig davon, ob der Tarifvertrag kraft Tarifbindung nach § 3 des Tarifvertragsgesetzes oder aufgrund der Allgemeinverbindlicherklärung Anwendung findet.

(3a) ¹Ist ein Antrag auf Allgemeinverbindlicherklärung eines Tarifvertrages nach Absatz 1 Satz 1 oder Absatz 3 Satz 1 gestellt worden, kann das Bundesministerium für Arbeit und Sozialordnung unter den dort genannten Voraussetzungen durch Rechtsverordnung ohne Zustimmung des Bundesrates bestimmen, daß die Rechtsnormen dieses Tarifvertrages auf alle unter den Geltungsbereich dieses Tarifvertrages fallenden und nicht tarifgebundenen Arbeitgeber und Arbeitnehmer Anwendung finden. ²Vor Erlaß der Rechtsverordnung gibt das Bundesministerium für Arbeit und Sozialordnung den in den Geltungsbereich der Rechtsverordnung fallenden Arbeitgebern und Arbeitnehmern sowie den Parteien des Tarifvertrags Gelegenheit zur schriftlichen Stellungnahme. ³Die Rechtsverordnung findet auch auf ein Arbeitsverhältnis zwischen einem Arbeitgeber mit Sitz im Ausland und seinem im Geltungsbereich der Rechtsverordnung beschäftigten Arbeitnehmer zwingend Anwendung. ⁴Unter den Geltungsbereich eines Tarifvertrages nach Absatz 1 oder Absatz 3 fallende Arbeitgeber mit Sitz im Inland sind verpflichtet, ihren Arbeitnehmern mindestens die in der Rechtsverordnung vorgeschriebenen Arbeitsbedingungen zu gewähren sowie einer gemeinsamen Einrichtung der Tarifvertragsparteien die ihr nach Satz 1 zustehenden Beiträge zu leisten; dies gilt unabhängig davon, ob die entsprechende Verpflichtung kraft Tarifbindung nach § 3 des Tarifvertragsgesetzes oder aufgrund der Rechtsverordnung besteht. ⁵Satz 4 Halbsatz 1 gilt auch für Arbeitgeber mit Sitz im Ausland und ihre im Geltungsbereich der Rechtsverordnung beschäftigten Arbeitnehmer.

(4) Für die Zuordnung zum betrieblichen Geltungsbereich eines Tarifvertrages nach den Absätzen 1, 2, 3 und 3a gelten die vom Arbeitgeber mit Sitz im Ausland im Inland eingesetzten Arbeitnehmer in ihrer Gesamtheit als Betrieb.

(5) Von einer nach Absatz 2a, Absatz 3 Satz 1 und 2 oder Absatz 3a Satz 1 und 5 bestehenden Verpflichtung zur Zahlung von Beiträgen an eine gemeinsame Einrichtung der Tarifvertragsparteien kann bei der Beschäftigung eines Arbeitnehmers nach Absatz 1 oder eines Leiharbeitnehmers nach Absatz 2a in Ausnahmefällen abgesehen werden, wenn dies in dem betreffenden Fall wegen des geringen Umfangs der zu erbringenden Leistungen angemessen und begründet erscheint.

I. International-privatrechtliche und europarechtliche Grundlagen

1   Die grenzüberschreitende Entsendung von AN hat wegen der unterschiedlichen Lohnhöhen in Europa dazu geführt, dass zahlreiche AN aus Niedriglohnländern zu den Arbeitsbedingungen ihres Herkunftsstaates in der Bundesrepublik tätig geworden sind (*v. Danwitz* EuZW 2002, 237). Vor Erlass des AEntG gab es kaum eine rechtliche Möglichkeit, den daraus resultierenden Wettbewerbsnachteil deutscher Unternehmen zu verhindern. Die Entsendung als solche kann nicht unterbunden werden, da sie eine zulässige Vertragsgestaltung darstellt und im Rahmen der EG zudem Ausdruck der Dienstleistungsfreiheit (Art. 49, 50 EG) ist. Die Arbeitsbedingungen entsandter AN konnten ebenso wenig deutschem Recht unterstellt werden: Dienstleistungsanbieter unterliegen nach dem gemeinschaftsrechtlichen Herkunftslandprinzip dem Recht des Niederlassungsstaates. Dasselbe gilt nach den Grundsätzen des Internationalen Arbeitsrechts: Nach **Art. 30 II Nr. 1 EGBGB** (MünchArbR/*Birk* § 20; *Schlachter* NZA 2000, 57) unterliegen Arbeitsverhältnisse entsandter AN bei objektiver Anknüpfung (EGBGB Rn. 7) grds. dem Recht des Staates, in dem der AN in Erfüllung des Vertrages gewöhnlich seine Arbeit verrichtet, selbst wenn er vorübergehend in einen anderen Staat entsandt ist. AN, die von ausländischen Bauunternehmen zur vorübergehenden Durchführung von Bauarbeiten ins Inland entsandt werden, unterliegen deshalb grds. ihrem heimischen Arbeitsrecht (*Schlachter* NZA 2000, 57; *Wank/Börgmann* NZA 2001, 177). Damit ist nach überwiegender Ansicht (aA vgl. *Franzen* DZWir 1996, 89, 91; *Deinert* RdA 1996, 339, 344; *Hanau* FS Everling 1995 S. 415, 428) die Geltung inländischer allgemeinverbindlicher TV ausgeschlossen (BAG 4. 5. 1977 AP TVG § 1 Tarifverträge Bau Nr. 30). Hat der ausländische AG in seinem Sitzstaat AN nur zur Ausführung eines Projektes in Deutschland angeworben, ändert sich an dem Ergebnis idR nichts: Zwar liegt hier der gewöhnliche Arbeitsort (Art. 30 I Nr. 1 EGBGB) in Deutschland, das gemeinsame Heimatrecht ist aber wegen der typischerweise engeren Verbindung (Art. 30 II aE vgl. EGBGB Rn. 12) idR dennoch berufen. Bei dauerhaft wechselnden Einsatzstaaten der entsandten AN ist gem. Art. 30 II Nr. 2 EGBGB wiederum das Recht der einstellenden Niederlassung des AG berufen. In allen Entsendekonstellationen gilt somit im Regelfalle international-privatrechtlich das Heimatrecht der ausländischen AG (*Schlachter* NZA 2002, 1242 ff.). Gem. § 285 I Nr. 3 SGB III dürfte zwar ausländischen AN eine Arbeitserlaubnis nur erteilt werden, wenn der Ausländer nicht zu ungünstigeren Arbeitsbedingungen als vergleichbare deutsche AN beschäftigt wird; ein subjektiver Anspruch auf Auszahlung der gleichen Vergütung wird zugunsten des AN dadurch aber nicht begründet. AN von Unternehmen aus der EU und dem Europäischen Wirtschaftsraum benötigen keine solche Arbeitserlaubnis. Zur Erlaubnis für drittstaatsangehörige entsandte AN vgl. EuGH (9. 8. 1994 Slg. 1994/I, S. 3808). Ebenso verbleibt ein AN, der von einem ausländischen Unternehmen vorübergehend ins Inland entsandt wird, in seiner heimischen Sozialversicherung (Art. 14 EWG-VO Nr. 1408/71; § 5 SGB IV).

I. International-privatrechtliche und europarechtliche Grundlagen   § 1   AEntG   30

Die aus der dargestellten Rechtslage folgenden Wettbewerbsnachteile von Unternehmen aus Hoch- 2
lohnländern konnten nur reguliert werden, indem die Durchsetzung von Mindestarbeitsbedingungen des Aufnahmelandes gegenüber entsandten AN zugelassen wurde. Rechtstechnisch ist dies möglich durch Schaffung international zwingender Eingriffsnormen iSd. Art. 34 EGBGB (vgl. EGBGB Rn. 16; *Wimmer* IPRax 1995, 207, 211; *Stoll*, Eingriffsnormen im Internationalen Privatrecht, 2002, S. 63 ff.). Diesen Weg ist sowohl die EG mit Art. 3 I Entsende-RL wie auch § 7 AEntG gegangen: Für das Arbeitsrecht (nicht für das Sozialversicherungsrecht) erreicht die **EG-RL 96/71 v. 16. 12. 1996 über die Entsendung von AN,** dass das inländische Recht über den dort maßgeblichen Umfang (Rn. 1) hinaus auf aus dem Ausland entsandte AN angewendet wird. Sie stützt sich auf Art. 57 II, 66 EGV (= Art. 47 II, 55 EG), die RL über die Aufnahme und Ausübung selbständiger Tätigkeiten im Rahmen der Niederlassungs- und Dienstleistungsfreiheit vorsehen. Sie enthält teils eine Verpflichtung, teils eine Ermächtigung zur zwingenden Anwendung des inländischen Arbeitsrechts. Dies hindert den nationalen Gesetzgeber daran, mit seinen Regelungen hinter der Umsetzungspflicht zurückzubleiben und über die Umsetzungsermächtigungen hinauszugehen (*Rebhahn*, Das Recht der Arbeit, Wien, 1999, 173, 177, im Ergebnis auch *Birk* RdA 1999, 13, 17), – zumindest wenn die RL wirksam zustande gekommen ist (Rn. 3).

Die Vereinbarkeit des Gesetzes und damit inzidenter auch der RL mit der **Dienstleistungsfreiheit** 3
gem. Art. 59 EGV (= Art. 49 EG) wurde vielfach bezweifelt: Das primäre Gemeinschaftsrecht setzt sowohl dem zulässigen Inhalt von RL Grenzen als auch dem mitgliedstaatlichen Kollisionsrecht. Sowohl die Entsende-RL selbst wie auch das EntG sind daher auf ihre Vereinbarkeit mit dem EGV überprüfbar. Dabei wird insb. das Fehlen einer Rechtsgrundlage für die zentralen Inhalte der Entsende-RL (Erstreckung von tarifvertraglichen Mindestlöhnen auf entsandte AN) im Schrifttum angenommen (*Franzen* ZEuP 1997, 1055; *Eichenhofer* ZIAS 1996, 61; *Koenigs* DB 1995, 1710; *Fritzsche*, Die Vereinbarkeit des AEntG sowie der erfassten TV mit höherrangigem Recht, 2001, S. 138 ff.; *Gronert*, Die Entsendung von AN im Rahmen der grenzüberschreitenden Erbringung von Dienstleistungen, 2001, S. 96 ff.; anders *Hanau* NJW 1996, 1369; *Däubler* EuZW 1997, 613; *Birk* RdA 1999, 13; *Stoll*, Eingriffsnormen im Internationalen Privatrecht, 2002, S. 84 ff.). Das für Klagen gegen die Urlaubskasse des Baugewerbes zuständige ArbG Wiesbaden hat den EuGH gem. Art. 177 EGV (= Art. 234 EG) angerufen, um die materielle Vereinbarkeit der Urlaubsregelung des AEntG mit dem Primärrecht zu klären (NZA-RR 1998, 217; dazu *Wank/Börgmann* NZA 2001, 177). Der EuGH hatte mittlerweile verschiedentlich Gelegenheit, zur materiellen Vereinbarkeit der in der RL vorgegebenen Regelungen Stellung zu nehmen, dies allerdings jeweils anhand von Bestimmungen nationaler Umsetzungsgesetze, deren Vereinbarkeit mit der Dienstleistungsfreiheit bezweifelt worden waren. Die Rspr. geht dahin, dass grds. nicht nur eine Diskriminierung wegen der Staatsangehörigkeit gegen die Dienstleistungsfreiheit verstößt, sondern auch solche Beschränkungen, die unterschiedslos auf inländische und ausländische Dienstleistende angewendet werden, wenn sie ausschließlich auf ausländische Dienstleistende nachteilig wirken. Zu den Maßnahmen, die eine grenzüberschreitende Dienstleistung weniger attraktiv machen und daher die Grundfreiheit beeinträchtigen, gehört auch das Auferlegen von Kosten und anderen wirtschaftlichen und administrativen Belastungen. Allerdings darf die Dienstleistungsfreiheit durch Maßnahmen beschränkt werden, die einem zwingenden Allgemeininteresse entsprechen, für in- und ausländische Dienstleistende unterschiedslos gelten und in verhältnismäßiger Weise angewendet werden. Dies setzt voraus, dass das zwingende Allgemeininteresse nicht bereits durch Vorschriften im Sitzstaat des Dienstleistenden ausreichend geschützt wird. Zu den bereits anerkannten zwingenden Gründen des Allgemeininteresses zählt auch der ANSchutz (EuGH 15. 3. 2001 AP EWG-RL 96/71 Nr. 2; 25. 10. 2001 NZA 2001, 1377; 24. 1. 2002 NZA 2002, 207).

Zu prüfen bleibt daher regelmäßig die gleichmäßige und verhältnismäßige Anwendung der Schutz- 4
maßnahmen sowie die Frage, ob Regelungen des Entsendestaates den ANSchutz nicht bereits ebenfalls sicherstellen. Der Umstand allein, dass das AEntG gerade (BT-Drucks. 13/2414 unter A. I. der Begründung) die Wettbewerbsverzerrung durch Anbieter aus Niedriglohnländern verhindern will, lässt den ANSchutz als Rechtfertigungsgrund für die Beschränkung der Dienstleistungsfreiheit jedenfalls nicht entfallen (EuGH 25. 10. 2001 NZA 2001, 1377; zust. *v. Danwitz* EuZW 2002, 237; *Schlachter* NZA 2002, 1242; krit. *Kort* NZA 2002, 1248; *Gerken/Löwisch/Rieble* BB 1995, 2370). Daraus lässt sich schließen, dass Mindestlohnvorschriften des Aufnahmestaates grds. auf entsandte AN erstreckt werden dürfen (EuGH 23. 11. 1999 AP EGV Art. 59 Nr. 1 Tz. 42; genau gegenteilig interpretiert *Krebber* ZEuP 2001, 357, 377, diese Entscheidung). Doch kann sich ein Unternehmen mit Sitz in einer Grenzregion auf unverhältnismäßig belastende Auswirkungen auf die bei ihm beschäftigten Grenzgänger berufen (EuGH 15. 3. 2001 NZA 2001, 554). In die Verhältnismäßigkeitsprüfung der Mindestentgelte ist daher die Gesamtbelastung, einschließlich Steuern und Sozialversicherungsbeiträgen, beider Rechtsordnungen einzubeziehen (EuGH NZA 2001, 554). Weiter ist grds. die Einbeziehung ausländischer Anbieter in das Urlaubskassenverfahren zulässig, soweit dies den sozialen Schutz der entsandten AN verbessert (EuGH 23. 11. 1999 AP EGV Art. 59 Nr. 1; 25. 10. 2001 NZA 2001, 1377) und die Durchführung nicht unverhältnismäßig belastet. Dasselbe gilt ebenfalls für die Anwendbarkeit solcher TVNormen auf ausländische Anbieter, die eine über die

rige) Doppelbelastung ausländischer AG dadurch, dass die TVParteien zur Regelung von Ausnahmen und Anrechnungsvorschriften verpflichtet werden. Es muss sichergestellt sein, dass der ausländische AG nicht auf Grund des TV/der RechtsV gem. Abs. 3 S. 4 zu vergleichbaren Einrichtungen in seinem Herkunftsland beitragspflichtig ist. Der TV lässt die Beitragspflicht zur Urlaubskasse daher völlig entfallen, soweit für den Entsendezeitraum Beiträge zu einer Urlaubskasse des Sitzstaates entrichtet worden sind. Im Übrigen sind die im Entsendestaat erbrachten Leistungen anzurechnen, der AG ist in Deutschland lediglich in Höhe der Differenz noch der gemeinsamen Einrichtung beitragspflichtig. Ein Verstoß gegen Art. 14 Nr. 1a VO 1408/71 liegt darin nicht (aA *Selmayr* ZfA 1996, 615, 650), denn in Abs. 3 geht es nicht um Sozialabgaben iSd. VO, sondern um Entgeltbestandteile. Weiterhin werden Urlaubsleistungen für das laufende Kalenderjahr angerechnet, die der AG bereits vor der Entsendung erbracht hat. Auch ein Verstoß gegen das (tarifrechtliche) Günstigkeitsprinzip wird vermieden, da Abs. 3 seinem Normzweck nach die Fälle nicht erfasst, in denen die Sozialleistungen des Entsendestaates für die entsandten AN günstiger gestaltet sind als im deutschen TV.

III. Verordnungsermächtigung (Abs. 3 a)

13 Die Vorschrift gibt die Möglichkeit, die Mindestarbeitsbedingungen iSd. Abs. 1 und der Sozialkassenverfahren iSd. Abs. 3 auf alle nicht tarifgebundenen inländischen AG im Geltungsbereich des TV per V zu erstrecken; von der VOErmächtigung wird regelmäßig Gebrauch gemacht (derzeit 3. VO über zwingende Arbeitsbedingungen im Baugewerbe, BGBl. I/2002, S. 3372, befristet bis zum 30. 8. 2004). Die Geltungserstreckung gilt ebenso für ausländische AG wegen ihrer nach Deutschland entsandten AN. Die in Abs. 1, 3 vorausgesetzte AVE der fraglichen TV ist gerade nicht erforderlich, vielmehr genügt es, dass ein Antrag auf AVE gestellt worden ist. Von den Voraussetzungen einer AVE (TVG § 5) ist diese Verordnung daher nicht abhängig (*Bieback* RdA 2000, 207, 211; aA *Blanke* AuR 1999, 417, 426; *Büdenbender* RdA 2000, 193, 196). Fraglich ist allerdings, ob damit eine materiell voraussetzungslose Ermessensentscheidung des BMA gewollt war. Aus der Gesetzgebungsgeschichte (BT-Drucks. 14/151) ergibt sich das nicht; klar ist nur, dass es insb. nicht des Einvernehmens mit dem paritätisch besetzten Ausschuss, § 5 I TVG, bedarf (*Koberski/Asshoff/Hold* Rn. 99). Der in Abs. 3 a ausdrücklich geforderte „Antrag auf AVE" spricht dafür, dass der bloße Antrag auf Erlass der RechtsV nicht genügt. Ist aber insoweit auf § 5 I TVG Bezug genommen, ist es nicht ausgeschlossen, dass ein lediglich formell gestellter, inhaltlich aber nicht berücksichtigungsfähiger Antrag nicht genügt. Die 50%-Klausel sowie das öffentl. Interesse an einer AVE, § 5 I Nr. 1, 2 TVG, könnten die Ermessensentscheidung des Ministeriums binden (*Büdenbender* RdA 2000, 193, 197 ff.). Das BVerfG (18. 7. 2000 AP AEntG § 1 Nr. 4) hat auf die Erfüllung der materiellen Voraussetzungen einer AVE allerdings gerade nicht abgestellt, sondern die in Abs. 3 a S. 2 genannten Beteiligungsmöglichkeiten der Tarifparteien sowie der Außenseiter genügen lassen.

14 Gegen die Verfassungsmäßigkeit der VOErmächtigung sind zahlreiche Bedenken vorgetragen worden (*Badura* FS Söllner 2000 S. 111, 118; *Gerken/Löwisch/Rieble* BB 1995, 2370; *Koenigs* DB 1995, 1710; *Strohmeier* RdA 1998, 339; *v. Danwitz* RdA 1999, 322), etwa dass den Anforderungen des Art. 80 I 2 GG an die erforderliche Bestimmtheit der Ermächtigung nicht genügt wird, dass die Koalitionsfreiheit der Außenseiter verletzt wird bzw. die Tarifautonomie, die Unternehmerfreiheit und die Vertragsfreiheit. Das BVerfG hat in einem Kammerbeschluss die VO-Ermächtigung für verfassungsgemäß erklärt (BVerfG 18. 7. 2000 AP AEntG § 1 Nr. 4; ebenso BAG 25. 6. 2002 NZA 2003, 275; Hess. LAG 10. 4. 2000 AR-Blattei ES 370.3 Nr. 3; dazu *Kreiling* NZA 2001, 1118; *Bieback* RdA 2000, 207; *Schwab* AR-Blattei SD 370.3 Rn. 34; abl. *Scholz* SAE 2000, 266).

15 Die RechtsV gilt auch für inländische AG und AN, die in den Geltungsbereich des zugrunde liegenden TV fallen (S. 1), wenn sie nicht tarifgebunden sind. Darüber hinaus bestimmt S. 4, dass mindestens die in der RechtsV vorgesehenen Bedingungen zu gewähren sind, unabhängig von der rechtlichen Konstruktion der Leistungsverpflichtung. Dies belegt, dass im Wege eines verschlechternden FirmenTV von den Mindestbedingungen der RechtsV nicht zum Nachteil der AN abgewichen werden darf. Auch eine verdeckte Diskriminierung (*Junker/Wichmann* NZA 1996, 505, 510) ausländischer Dienstleister ist damit ausgeschlossen (*Wank/Börgmann* NZA 2001, 177, 182). Der EuGH (24. 1. 2002 NZA 2001, 207) hat eine – durch S. 4 allerdings gerade ausgeschlossene – Ausweichmöglichkeit nur der inländischen AG durch Abschluss von FirmenTV als unzulässige Diskriminierung ausländischer Anbieter eingeordnet.

IV. Betriebsfiktion (Abs. 4)

16 Da TV ihren Geltungsbereich vielfach an den Betrieb(-sabteilungen) und die dort geleistete Tätigkeit anknüpfen, hätte die Einbeziehung ausländischer AG problematisch werden können, sofern diese nicht mit dem gesamten Betrieb in Deutschland tätig werden, sondern lediglich einzelne AN entsenden. Zudem wäre der Einwand, dass es sich unter Einbeziehung der im Herkunftsland verbliebenen AN um einen „Mischbetrieb" handele, der insgesamt gerade nicht zeitlich überwiegend Bauleistungen

erbringt, schwer überprüfbar gewesen. Daher stellt Abs. 4 insoweit ausschließlich auf die Gruppe der nach Deutschland entsandten AN ab. Dabei handelt es sich allerdings um eine Benachteiligung ausländischer Dienstleister gegenüber einheimischen Konkurrenten, die den TV der Bauwirtschaft nicht unterliegen, wenn sie als Mischbetrieb überwiegend nicht Bauleistungen erbringen. Dass sich ausländische Anbieter auf diesen Umstand nicht berufen können, widerspricht dem Gemeinschaftsrecht (EuGH 25. 10. 2001 NZA 2001, 1377; v. *Danwitz* EuZW 2002, 237, 242 f.) und wird vom Gesetzgeber entspr. angepasst werden müssen. Die Gemeinschaftsrechtswidrigkeit von § 1 Abs. 4 führt zur Unanwendbarkeit dieser Bestimmung; statt dessen gilt die allgemeine Regelung über Mischbetriebe in § 1 Abs. 1 S. 1.

V. Schwellenfrist (Abs. 5)

Eine generelle Karenzzeit für sehr kurzfristige Beschäftigungen sieht das Gesetz gerade nicht vor, 17 vielmehr ist es grds. vom ersten Tag der Entsendung an anwendbar. Doch kann wegen Geringfügigkeit der zu erbringenden Leistungen davon abgesehen werden, einen AG zur Zahlung von Beiträgen an eine Sozialkasse heranzuziehen. Dies gilt auch für LeihAN. Für die Ausnahmeerteilung ist die BA zust., § 2 IV.

§ 1 a [Haftung zur Zahlung des Mindestentgelts]

¹ Ein Unternehmer, der einen anderen Unternehmer mit der Erbringung von Bauleistungen im Sinne des § 211 Abs. 1 des Dritten Buches Sozialgesetzbuch beauftragt, haftet für die Verpflichtungen dieses Unternehmers, eines Nachunternehmers oder eines von dem Unternehmer oder einem Nachunternehmer beauftragten Verleihers zur Zahlung des Mindestentgelts an einen Arbeitnehmer oder zur Zahlung von Beiträgen an eine gemeinsame Einrichtung der Tarifvertragsparteien nach § 1 Abs. 1 Satz 2 und 3, Abs. 2 a, 3 Satz 2 und 3 oder Abs. 3 a Satz 4 und 5 wie ein Bürge, der auf die Einrede der Vorausklage verzichtet hat. ² Das Mindestentgelt im Sinne des Satzes 1 umfaßt nur den Betrag, der nach Abzug der Steuern und der Beiträge zur Sozialversicherung und zur Arbeitsförderung oder entsprechender Aufwendungen zur sozialen Sicherung an den Arbeitnehmer auszuzahlen ist (Nettoentgelt).

Die Vorschrift normiert eine verschuldensunabhängige Generalunternehmerhaftung für das Min- 1 destentgelt und die Sozialkassenbeiträge. Sie soll sicherstellen, dass ein Anreiz besteht, lediglich mit korrekt handelnden Subunternehmern zusammenzuarbeiten (*Blanke* AuR 1999, 417, 422; *Rieble/Lessner* ZfA 2002, 29, 32). Ob korrektes Verhalten überhaupt gewährleistet werden kann, etwa durch entspr. Vertragsgestaltung, ist strittig, insb. wegen der erschwerten Überprüfbarkeit und fehlender Weisungsbefugnis des Generalunternehmers (*Harbrecht* BauR 1999, 1376 ff.; *C. Meyer* AuA 1999, 113, 114). Allenfalls wird sich der Generalunternehmer durch Einbehalt von Entgeltbestandteilen bzw. mit Hilfe beigebrachter Bankbürgschaften (OLG Stuttgart 28. 9. 2001 BauR 2002, 1013) wegen möglicher Forderungen gem. § 1 a sichern können. Die Rspr. geht von der Zumutbarkeit entsprechender Maßnahmen aus (BAG 6. 11. 2002 NZA 2003, 490; LAG Düsseldorf 10. 7. 2002 NZA-RR 2003, 10). Die öffentlich-rechtlichen Kontroll- und Sanktionsregelungen des Gesetzes sind hier nicht einschlägig, so dass lediglich eine Haftung des Generalunternehmers angeordnet wird, die sich auf die AN seiner Subunternehmer und deren Subunternehmern sowie auf die Urlaubskasse erstreckt. Auch diese Regelung bezieht sich nicht nur auf aus dem Ausland entsandte, sondern auf alle AN von Subunternehmen. Wegen größerer Schwierigkeiten bei der zutreffenden Einschätzung der Gefährlichkeit ihrer Beauftragung werden aber ausländische Subunternehmer regelmäßig als riskanter eingestuft werden; dadurch wird die Attraktivität ihrer Dienstleistung verringert.

Die Vorschrift bezieht sich nach ihrem Regelungszweck nur auf den Generalunternehmer, nicht auf 2 den Bauherren als „Unternehmer" iSd. § 14 BGB (BAG 6. 11. 2002 NZA 2003, 490). Bezüglich eines Subunternehmers, der seinerseits Nachunternehmer beauftragt, werden zT alle Unternehmen als erfasst angesehen (*Koberski/Asshoff/Hold* Rn. 11; *Harbrecht* BauR 1999, 1376, 1377). Soweit die Vorschrift auf Unternehmen begrenzt ist, die im Rahmen ihrer gewerblichen Tätigkeit Bauaufträge vergeben, fällt die öffentl. Hand aus dem Anwendungsbereich heraus, selbst wenn sie wie ein Unternehmen am Markt auftritt (*C. Meyer* AuA 1999, 113, 114; *Koberski/Asshoff/Hold* Rn. 10).

Die in § 1 a vorgesehene Haftung greift ein, sobald ein Unternehmen Bauarbeiten in Auftrag 3 gegeben hat, Mindestnormen iSd. § 1 geschaffen worden sind und Mindestentgelt oder Beiträge an die gemeinsamen Einrichtungen nicht gezahlt worden sind. Der Grund für die Nichtleistung ist unerheblich, auch für insolvenzbedingten Zahlungsausfall ist zu haften. Die Haftung geht über den Mindestlohn gem. § 1 auch dann nicht hinaus, wenn einem AN im konkreten Fall ein höherer Entgeltanspruch zusteht. Sie besteht für alle Ansprüche gegen die „Nachunternehmerkette". Dagegen setzt die Norm kein Verschulden des Generalunternehmers voraus, soll also selbst dann eingreifen, soweit eine Nichtleistung an die AN/die gemeinsame Einrichtung weder erkennbar noch verhinderbar war. Eine solche Auslegung dürfte aber gegen Art. 12 GG verstoßen. Anders die Rspr. (BAG 6. 11. 2002 NZA 2003,

Schlachter

490; LAG Düsseldorf 10. 7. 2002 NZA-RR 2003, 10) mit der Begründung, dass die Regelung zur wirksamen Durchsetzung des Schutzzwecks geeignet, erforderlich und verhältnismäßig ist. Das BVerfG hatte jedoch festgestellt (10. 11. 1998 AP AFG § 128a Nr. 3 = NZA 1999, 191), dass einem Unternehmer auferlegte Geldleistungspflichten für Vorgänge, die er nicht zu verantworten hat, mit Art. 12 GG unvereinbar sind. Bezogen auf eine unmittelbar die unternehmerische Betätigung selbst enthaltende Aktivität wie der Beschäftigung und Entlohnung von AN kann nichts anderes gelten. Eine verfassungskonforme Auslegung von § 1a erfordert deshalb, die Generalunternehmerhaftung auf Maßnahmen zu beschränken, deren Erforderlichkeit dem Unternehmer erkennbar und deren Abwehr ihm zumutbar sind (aA BAG 6. 11. 2002 NZA 2003, 490). Weitergehend hält *Badura* FS Söllner 2000 S. 222 ff. § 1a für verfassungswidrig (ebenso *v. Danwitz* RdA 1999, 322; *Rieble/Lessner* ZfA 2002, 83; aA *Koberski/Asshoff/Hold* Rn. 4ff.). Bedenken hat das BAG jedoch hinsichtlich eines möglichen Verstoßes gegen die Dienstleistungsfreiheit Art. 49 EG, weil das Gesetz vorrangig die deutsche Bauwirtschaft statt der entsandten AN schützt (BAG 6. 11. 2002).

4 Für das nicht gezahlte Mindestentgelt iSv. S. 2 haftet ein Generalunternehmer wie ein Bürge nach Verzicht auf die Einrede der Vorausklage, §§ 765, 771, 773 I Nr. 1 BGB. Festzustellen ist somit das Bestehen der Hauptschuld, deren rechtzeitige Geltendmachung innerhalb der tariflichen Ausschlussfristen (*Vogel* BauR 2002, 1013) und das Bestehen von Einreden gem. § 768 BGB.

§ 2 [Prüfung und Kontrolle]

(1) Für die Prüfung der Arbeitsbedingungen nach § 1 sind die Bundesanstalt für Arbeit und die Behörden der Zollverwaltung zuständig.

(2) ¹ §§ 304 bis 307 des Dritten Buches Sozialgesetzbuch sind entsprechend anzuwenden mit der Maßgabe, daß die dort genannten Behörden auch Einsicht in Arbeitsverträge, Niederschriften nach § 2 des Nachweisgesetzes und andere Geschäftsunterlagen nehmen können, die mittelbar oder unmittelbar Auskunft über die Einhaltung der Arbeitsbedingungen nach § 1 geben, und die nach § 306 Abs. 1 des Dritten Buches Sozialgesetzbuch zur Mitwirkung Verpflichteten diese Unterlagen vorzulegen haben. ² § 308 Abs. 3 des Dritten Buches Sozialgesetzbuch findet entsprechende Anwendung. ³ Die genannten Behörden dürfen nach Maßgabe der datenschutzrechtlichen Vorschriften auch mit Behörden anderer Mitgliedstaaten des Europäischen Wirtschaftsraums, die entsprechende Aufgaben wie nach diesem Gesetz durchführen oder für die Bekämpfung illegaler Beschäftigung zuständig sind oder Auskünfte geben können, ob ein Arbeitgeber die Arbeitsbedingungen nach § 1 einhält, zusammenarbeiten. ⁴ Für die Datenverarbeitung, die dem in Absatz 1 genannten Zweck oder der Zusammenarbeit mit den Behörden des Europäischen Wirtschaftsraums dient, findet § 67 Abs. 2 Nr. 4 des Zehnten Buches Sozialgesetzbuch keine Anwendung.

(2a) Soweit die Rechtsnormen eines für allgemeinverbindlich erklärten Tarifvertrages nach § 1 Satz 1 Nr. 1 oder einer entsprechenden Rechtsverordnung nach § 1 Abs. 3a auf das Arbeitsverhältnis Anwendung finden, ist der Arbeitgeber verpflichtet, Beginn, Ende und Dauer der täglichen Arbeitszeit des Arbeitnehmers aufzuzeichnen und diese Aufzeichnungen mindestens zwei Jahre aufzubewahren.

(3) Jeder Arbeitgeber mit Sitz im Ausland ist verpflichtet, die für die Kontrolle der Einhaltung der Rechtspflichten nach § 1 Abs. 1 Satz 2, Abs. 2a, 3 Satz 2 und Abs. 3a Satz 5 erforderlichen Unterlagen im Inland für die gesamte Dauer der tatsächlichen Beschäftigung des Arbeitnehmers im Geltungsbereich dieses Gesetzes, mindestens für die Dauer der gesamten Bauleistung, insgesamt jedoch nicht länger als zwei Jahre in deutscher Sprache, auf Verlangen der Prüfbehörde auch auf der Baustelle, bereitzuhalten.

(4) Für die Entscheidung gemäß § 1 Abs. 5 ist die Bundesanstalt für Arbeit zuständig.

I. Europarechtliche Zulässigkeit

1 Seit der Entscheidung des EuGH v. 23. 11. 1999 (AP EGV Art. 53 Nr. 1) wurde klargestellt, dass es das Gemeinschaftsrecht den Mitgliedstaaten nicht verbietet, die Beachtung der eigenen allgemeinverbindlichen Mindestregelungen mit geeigneten Mitteln durchzusetzen. Allerdings steht die Rechtfertigungswirkung unter dem Vorbehalt, dass die AN nicht durch Schutzbestimmungen des Entsendestaates in vergleichbarem Umfang geschützt werden.

II. Prüfungsverfahren

2 Die Kontrollbefugnisse dienen der Prüfung, ob die Mindestarbeitsbedingungen gem. § 1 eingehalten werden. Die Einhaltung der auch außerhalb der Bauindustrie anwendbaren Mindestbedingungen gem. § 7 wird nicht in vergleichbarer Weise behördlich überprüft. Hinsichtlich dieser Bedingungen schien eine Kontrolle auf Grund behördlicher Sonderzuständigkeit offenbar nicht

II. Prüfungsverfahren § 2 AEntG 30

vordringlich, während die Bedingungen gem. § 1 als anfällig für Missachtung angesehen wurden. Insb. wurde befürchtet, dass betroffene AN weder ihre Ansprüche selbst geltend machen würden (vgl. § 8) noch auch nur den Tatbestand einer Rechtsverletzung aufdecken würden (*Koberski/ Asshoff/Hold* Rn. 13).

1. Zuständigkeit. Die für Außenprüfungen zust. Stellen der BA und die Hauptzollämter haben im 3 Baubereich gleichermaßen und gleichrangig Prüfungen nach dem AEntG durchzuführen. Sie können die in § 304 SGB III genannten Behörden unterstützend heranziehen, dh. beispielsweise die Kranken-, Unfall- und Rentenversicherungsträger, die Finanzbehörden, die Sozialhilfeträger und die Arbeitsschutzbehörden. Die Kontrolle ist gerichtet auf Einhaltung der Arbeitsbedingungen gem. § 1; diese sind dafür zunächst einmal zu ermitteln. Für Prüfungen von AG, bei denen WerkvertragsAN im Rahmen bilateraler Regierungsvereinbarungen beschäftigt werden, besteht weiterhin eine vorrangige Zuständigkeit der Sonderprüfgruppen. Der Bereich der Seeschifffahrtsassistenz (§ 1 I) wird ausschließlich von den Dienststellen der Bundeszollverwaltung geprüft.

Die Prüfbehörden können in eigener Verantwortung entscheiden, wie sie vorgehen wollen. Die in 4 Abs. 2 genannten Optionen sind nicht abschließend. Aus datenschutzrechtlichen Gründen ist ausdrücklich die Zulässigkeit der Zusammenarbeit mit den entspr. Behörden in Mitgliedstaaten des EWR geregelt. Die Sondervorschrift des § 67 II Nr. 4 SGB X über den Schutz der Sozialdaten ist daher bei der Datenverarbeitung im Rahmen der Kontrollbefugnisse für unanwendbar erklärt worden; statt dessen gilt § 308 I SGB III, der den Datenaustausch weitgehend zulässt. Mitwirkungsverpflichtete sind neben dem AG selbst auch die AN sowie alle, die bei der Prüfung in Geschäftsräumen oder auf Grundstücken des AG angetroffen werden, § 304 III SGB III. Inhalt der Mitwirkungspflicht besteht primär in der Erteilung von Auskünften. Den AG trifft nicht nur die Duldungspflicht, er hat vielmehr Unterlagen in Deutschland bereitzuhalten und vorzulegen (Abs. 2), Aufzeichnungen über die Arbeitszeit vorzunehmen (Abs. 2 a) und Unterlagen aufzubewahren. Die Unterlagen müssen in deutscher Sprache abgefasst sein und auf ausdrückliches Verlangen der Prüfbehörde auch auf der Baustelle bereitgehalten werden (dazu *Marschall* NZA 1998, 633, 635). Nach Ansicht des EuGH (25. 10. 2001 NZA 2001, 1377) ist die Auferlegung zusätzlicher Auskunftspflichten zwar eine Beschränkung der Dienstleistungsfreiheit ausländischer AG, diese kann aber durch objektive Unterschiede im Kontrollbedürfnis gerechtfertigt sein; dies wäre aber konkret anders zu beurteilen, wenn die nach dem Recht des Sitzstaates zu führenden Unterlagen für die erforderlichen Kontrollen ausreichen.

2. Ermittlung des Mindestentgelts. Die BA hat das Vorgehen bei Prüfung und Kontrolle wie folgt 5 in einem Runderlass näher festgelegt: Nach dem TV zur Regelung der Mindestlöhne im Baugewerbe ist maßgeblicher Mindestlohn der Gesamttarifstundenlohn, der sich aus dem Tarifstundenlohn und dem Bauzuschlag zusammensetzt. Es handelt sich dabei um einen Bruttolohn. Bei der Prüfung, ob der AG dem AN den nach § 1 geschuldeten Mindestlohn zahlt, ist von folgenden Grundsätzen auszugehen: Vom AG gezahlte Zulagen oder Zuschläge (mit Ausnahme des Bauzuschlages) werden nicht als Bestandteile des Gesamttarifstundenlohnes berücksichtigt. Hierzu zählen insb. Mehrarbeitszuschläge, Nachtzuschläge, Sonn- und Feiertagszuschläge, Auslösungen, Erschwerniszuschläge. Zahlungen, die im Arbeitsvertrag als Differenzausgleich zwischen dem heimischen Lohn und dem nach § 1 geschuldeten Lohn ausgewiesen sind, werden als Bestandteil des Gesamttarifstundenlohnes berücksichtigt. Zahlt der AG dem AN einen (zB monatlichen) Gesamtbetrag, mit dem der AN auch seine Aufwendungen für Unterkunft und/oder Verpflegung selbst bestreiten soll, so ist von dem Gesamtbetrag die nach der SachbezV jeweils niedrigste Stufe für Unterkunfts- bzw. Verpflegungsleistungen abzuziehen. Gewährt der AG zusätzlich zum Lohn geldwerte Sachleistungen wie zB Unterkunft und/oder Verpflegung, so wird deren Geldwert nicht als Lohnbestandteil berücksichtigt. Zahlt der AG den Lohn nur abzüglich von Kosten für arbeitgeberseitige Leistungen (zB Unterkunft, Verpflegung) aus, so ist lediglich dieser tatsächlich ausgezahlte Betrag als Mindestlohnzahlung zu berücksichtigen (*Koberski/ Asshoff/Hold* Rn. 7). Wird das Entgelt monatlich in gleicher Höhe gezahlt, obwohl flexible Arbeitszeit mit Einsatzzeiten abhängig vom Arbeitsanfall vereinbart worden sind, ist der tatsächlich geleistete Stundenlohn derart zu ermitteln, dass das im maßgeblichen Zeitraum gewährte Entgelt durch die erbrachte Stundenzahl dividiert wird (OLG Karlsruhe NJW 2002, 3267).

Bei der Ermittlung des Mindeststundenlohnes ist wie folgt vorzugehen: 6

a) Personenbefragung. Anlässlich der Personenbefragung ist zu klären, welche Zahlungen der AN erhält, ob darin og. nicht zu berücksichtigende Bestandteile enthalten sind, wieviele Arbeitsstunden im Abrechnungszeitraum geleistet wurden, welche Auszahlungsmodalitäten vereinbart wurden sowie, ob und ggf. in welcher Höhe Sozialversicherungsbeiträge und Steuern abgeführt werden. Sofern die Abführung von Sozialversicherungsbeiträgen und Steuern behauptet wird, ist dies durch prüfbare Unterlagen zu belegen. Werden solche nicht vorgelegt, wird der Nettolohn als Berechnungsgrundlage für den Mindestlohn zugrunde gelegt.

b) Prüfung der Geschäftsunterlagen. An die Personenbefragung hat sich grds. die Prüfung der 7 Geschäftsunterlagen anzuschließen. Soweit Angaben anlässlich der Personenbefragung gemacht wurden, sind diese anhand der Geschäftsunterlagen zu überprüfen sowie noch fehlende Angaben zur Feststellung des Bruttolohnes zu ermitteln.

8 Zu berücksichtigen sind die tatsächlich geleisteten Arbeitsstunden, auch wenn ein Verstoß gegen das ArbZG vorliegt; in diesem Fall sind die für die Verfügung und Ahndung dieser Verstöße nach Landesrecht zust. Behörden, das sind idR die Gewerbeaufsichtsämter oder die Ämter für Arbeitsschutz, zu unterrichten. Werden Akkordlöhne gezahlt, sind die Abrechnungszeiträume und die in dieser Zeit geleisteten Arbeitsstunden zur Ermittlung des Mindestlohnes zu berücksichtigen. Da der TV über den Mindestlohn keine Zuschläge für Überstunden oder Sonn- und Feiertagsarbeit vorsieht, ist auch bei diesen Arbeitsstunden nur von dem Mindestlohn auszugehen.

9 **c) Auszahlungsmodalitäten.** Für die Fälligkeit des Lohnes im Bau(haupt)gewerbe wurde im TV v. 4. 7. 2002 vereinbart, dass der Anspruch auf den Mindestlohn spätestens zur Mitte des Monats fällig wird, der auf den Monat folgt, für den er zu zahlen ist. Der TV ist auch insoweit allgemeinverbindlich. Außerhalb des Tarifbereiches für das Bau(haupt)gewerbe ist abzustellen auf evtl. einzelvertragliche Regelungen, die jedoch ihre Grenzen im jeweiligen Heimratrecht des AG finden. Sofern Abschlagszahlungen im Inland und Restzahlungen im Heimtland behauptet werden, ist dies durch prüfbare Unterlagen durch den AG zu belegen.

10 **d) Unterlagen.** Es können alle Unterlagen des AG eingesehen werden, soweit sie zur Feststellung des Mindestlohnes erforderlich sind, auch wenn diese nicht in Erfüllung einer Rechtspflicht, sondern freiwillig erstellt wurden. Gem. Abs. 3 ist der AG mit Sitz im Ausland verpflichtet, die für die Kontrolle der Einhaltung der Rechtspflichten nach § 1 I, II a und III S. 2 erforderlichen Unterlagen im Inland bereitzuhalten. Hierzu gehören auch solche, die eine Beitragszahlung an eine Urlaubskasse (ggf. auch im Heimatland) belegen. Den AG mit Sitz im Ausland treffen nur eingeschränkt Aufzeichnungs- oder Buchführungspflichten nach deutschem Recht, insoweit gilt auch hier regelmäßig das Heimatrecht des AG.

§ 3 [Anmeldung]

(1) ¹ Von einem Arbeitgeber mit Sitz im Ausland, der einen oder mehrere Arbeitnehmer innerhalb des Geltungsbereichs dieses Gesetzes beschäftigt, ist vor Beginn jeder Bauleistung eine schriftliche Anmeldung in deutscher Sprache bei dem für den Ort der Bauleistung zuständigen Landesarbeitsamt vorzulegen, die die für die Prüfung wesentlichen Angaben enthält. ² Wesentlich sind die Angaben über
1. Namen, Vornamen und Geburtsdaten der von ihm im Geltungsbereich dieses Gesetzes beschäftigten Arbeitnehmer,
2. Beginn und voraussichtliche Dauer der Beschäftigung,
3. Ort der Beschäftigung (Baustelle),
4. den Ort im Inland, an dem die nach § 2 Abs. 3 erforderlichen Unterlagen bereitgehalten werden,
5. Name, Vorname, Geburtsdatum und Anschrift in Deutschland des verantwortlich Handelnden,
6. Name, Vorname und Anschrift in Deutschland eines Zustellungsbevollmächtigten, soweit dieser nicht mit dem in Nummer 5 genannten verantwortlich Handelnden identisch ist.

(2) Überläßt ein Verleiher mit Sitz im Ausland im Rahmen des Arbeitnehmerüberlassungsgesetzes einen oder mehrere Arbeitnehmer zur Arbeitsleistung einem Entleiher im Geltungsbereich dieses Gesetzes, so hat er vor Beginn jeder Bauleistung dem für den Ort der Bauleistung zuständigen Landesarbeitsamt schriftlich eine Anmeldung in deutscher Sprache mit folgenden Angaben zuzuleiten:
1. Namen, Vornamen und Geburtsdaten der von ihm in den Geltungsbereich dieses Gesetzes überlassenen Arbeitnehmer,
2. Beginn und Dauer der Überlassung,
3. Ort der Beschäftigung (Baustelle),
4. den Ort im Inland, an dem die nach § 2 Abs. 3 erforderlichen Unterlagen bereitgehalten werden,
5. Name, Vorname und Anschrift in Deutschland eines Zustellungsbevollmächtigten,
6. Name und Anschrift des Entleihers.

(3) Der Arbeitgeber oder der Verleiher hat der Anmeldung eine Versicherung beizufügen, daß er die in § 1 vorgeschriebenen Arbeitsbedingungen einhält.

(4) ¹ Die Landesarbeitsämter stellen unverzüglich den Hauptzollämtern oder den für diese tätig werdenden Stellen Abdrucke aller eingegangenen Anmeldungen zur Verfügung. ² Den Landesarbeitsämtern obliegt die Unterrichtung der zuständigen Finanzämter.

1 Die Anmeldeverpflichtung gilt ausschließlich für den Baubereich, da hier angesichts der meist nur kurzen Verweildauer der entsandten AN die Überprüfung bes. schwierig ist (*Koberski/Asshoff/Hold*

Rn. 2). Die Anmeldung ist schriftlich auf einem amtlichen Vordruck einzureichen. Zur Anmeldung verpflichtet werden lediglich AG mit Sitz im Ausland, Inländer werden nicht erfasst. Daher könnte eine gemeinschaftswidrige Diskriminierung vorliegen. Doch ist angesichts der handwerks- bzw. gewerberechtlichen Pflichten deutscher Unternehmen keine Benachteiligung anzunehmen, da die bloße Anmeldung von AN demgegenüber weniger eingreifend wirkt. Die Meldepflicht steht nach Ansicht des OLG Düsseldorf (16. 3. 2000 AP AEntG § 3 Nr. 1) im Einklang mit dem EU-Vertrag.

Die geforderten Angaben sind nicht nur bei der Errichtung der Baustelle zu machen (OLG Hamm 8. 10. 1999 NStZ-RR 2000, 55: die Meldung muss vor Beginn der Bauleistung vorliegen), sondern auch hinsichtlich später auf eine bereits betriebene Baustelle entsandter Personen. Dass auch eine Abmeldung erforderlich ist, zB wenn AN ausgetauscht und turnusmäßig auf mehreren Baustellen beschäftigt werden, schreibt das Gesetz nicht vor. **Abs. 2** erstreckt die Informationspflichten auf auswärtige Verleiher, wenn die überlassenen AN im Inland tätig werden. Ob der Entleiher seinen Unternehmenssitz im Inland oder im Ausland hat, ist für die Meldepflicht unbeachtlich. Das OLG Karlsruhe (25. 7. 2001 wistra 2001, 477) legt die Meldepflicht einschränkend dahin aus, dass sie ausnahmsweise unbeachtlich sei, sofern der AG selbst feststellen könne, dass keinerlei Mindestarbeitsbedingungen iSd. § 1 Abs. 2 a bestehen, auf deren Einhaltung er verpflichtet ist. 2

Die in **Abs. 3** geforderte Versicherung des gesetzeskonformen Verhaltens soll AG/Verleiher den Bestand und den Umfang der Pflichten aus § 1 deutlich vor Augen führen. Die Verpflichtung zur Abgabe einer „Tariftreueerklärung" wird damit nicht begründet (dazu: BGH 18. 1. 2000 NZA 2000, 327), da sich Abs. 3 nur auf die durch AVE oder VO auf die AG selbst anwendbaren TVNormen erstreckt. **Abs. 4** stellt den reibungslosen Informationsfluss zwischen den wichtigsten Prüfbehörden sicher. Meldepflichten bzgl. des Urlaubskassenverfahrens begründet der allgemeinverbindliche, und daher gem. § 1 III auch vom auswärtigen AG zu beachtende TV über das Sozialkassenverfahren (VTV; dazu *Wank/Börgmann* NZA 2001, 177, 184 ff.). 3

§ 4 [Zustellung]

Für die Anwendung dieses Gesetzes gilt die im Inland gelegene Baustelle als Geschäftsraum und der mit der Ausübung des Weisungsrechts des Arbeitgebers Beauftragte als Gehilfe im Sinne des § 11 Abs. 3 des Verwaltungszustellungsgesetzes.

Da ein AG mit Sitz im Ausland in Deutschland häufig keine Geschäftsräume unterhält, ist die Zustellung von Schriftstücken problematisch, die etwa ab Zugang Fristen in Lauf setzen sollen. Daher ist die Fiktion des § 4 erforderlich, jedenfalls wenn eine Meldung iSd. § 3 I Nr. 6 nicht erfolgt ist. Zustellungsempfänger ist der vom AG mit der Wahrnehmung des Weisungsrechts Beauftragte, der mit dem „verantwortlich Handelnden" gem. § 3 I Nr. 5 identisch ist. Die Fiktion gilt nur im Baubereich. 1

§ 5 [Ordnungswidrigkeiten; Sanktionen]

(1) Ordnungswidrig handelt, wer vorsätzlich oder fahrlässig
1. entgegen § 1 Abs. 1 Satz 2 oder Abs. 3 a Satz 5 als Arbeitgeber mit Sitz im Ausland oder entgegen § 1 Abs. 1 Satz 3 oder Abs. 3 a Satz 4 als Arbeitgeber mit Sitz im Inland einem Arbeitnehmer eine dort genannte Arbeitsbedingung nicht gewährt,
1 a. entgegen § 1 Abs. 2 a den vorgeschriebenen Mindestlohn nicht zahlt,
2. entgegen § 1 Abs. 3 Satz 2 oder Abs. 3 a Satz 5 als Arbeitgeber mit Sitz im Ausland oder entgegen § 1 Abs. 3 Satz 3 oder Abs. 3 a Satz 4 als Arbeitgeber mit Sitz im Inland einen Beitrag nicht leistet,
3. entgegen § 2 Abs. 2 Satz 1, auch in Verbindung mit § 306 Abs. 1 des Dritten Buches Sozialgesetzbuch, eine Prüfung nicht duldet, bei einer Prüfung nicht mitwirkt, eine genannte Unterlage nicht oder nicht vollständig vorlegt, eine Auskunft über Tatsachen, die darüber Aufschluß geben, ob die Arbeitsbedingungen nach § 1 eingehalten werden, nicht, nicht richtig oder nicht vollständig erteilt, entgegen § 2 Abs. 2 Satz 1 in Verbindung mit § 306 Abs. 1 des Dritten Buches Sozialgesetzbuch das Betreten des Grundstückes oder eines Geschäftsraumes nicht duldet, entgegen § 2 Abs. 2 Satz 1 in Verbindung mit § 306 Abs. 2 Satz 1 des Dritten Buches Sozialgesetzbuch die erforderlichen Daten nicht oder nicht vollständig zur Verfügung stellt, entgegen § 2 Abs. 2 a eine Aufzeichnung nicht, nicht richtig oder nicht vollständig erstellt oder nicht mindestens zwei Jahre aufbewahrt, entgegen § 2 Abs. 3 eine Unterlage nicht, nicht in deutscher Sprache, nicht für die vorgeschriebene Dauer oder entgegen einem Verlangen der Prüfbehörde nicht auf der Baustelle bereithält und entgegen § 3 die Anmeldung oder die Versicherung gegenüber dem zuständigen Landesarbeitsamt nicht, nicht richtig, nicht vollständig oder nicht rechtzeitig vorlegt.

(2) Ordnungswidrig handelt, wer Bauleistungen im Sinne des § 211 Abs. 1 des Dritten Buches Sozialgesetzbuch in erheblichem Umfang ausführen läßt, indem er als Unternehmer einen ande-

wegen einer Ordnungswidrigkeit nach § 5 Abs. 1 oder 2 an oder verlangt von Bewerbern die Vorlage entsprechender Auskünfte aus dem Gewerbezentralregister, die nicht älter als drei Monate sein dürfen.

1 § 6 erweitert die möglichen Sanktionen über das Instrumentarium des § 5 hinaus auf Mittel des Wirtschaftsrechts. Damit weicht das Gesetz von dem Grundsatz ab, dass sich die Vergabe öffentl. Aufträge an der Wirtschaftlichkeit zu orientieren hat und vergabefremde Zwecke nicht berücksichtigt werden sollen. Zum Ausschluss berechtigt sind öffentl. Auftraggeber iSd. § 98 GWB. Der Ausschluss verhindert die Teilnahme an einem Wettbewerb um öffentl. Aufträge. Regelungsvorbild ist § 5 SchwArbG. Rechtsfolge ist der Ausschluss vom Wettbewerb für eine „angemessene Zeit"; dies gibt den Auftraggebern einen Beurteilungsspielraum; eine Orientierung an § 5 SchwArbG (bis zu 3 Jahren) ist angemessen.

2 Der Ausschluss vom Wettbewerb setzt voraus, dass eine Ordnungswidrigkeit von einigem Gewicht vorliegt (Geldbuße von mindestens 2500 €), und dass die Vergabestelle von der Tatsache der Verhängung einer Geldbuße in maßgeblicher Höhe überhaupt erfahren. Die durch § 5 VI vorgesehene Pflicht zur Eintragung von Bußgeldentscheidungen in Höhe von mehr als 200 € in das Gewerbezentralregister erlaubt diese Feststellung; die datenschutzrechtliche Zulässigkeit einer Information durch die zust. Behörde begründet S. 3 als Spezialvorschrift. S. 2 erlaubt den Ausschluss bereits vor Durchführung des Bußgeldverfahrens, sofern die Beweislage für das Vorliegen einer schweren Verfehlung genügend Anhaltspunkte bietet. Die hierin liegende Durchbrechung des Prinzips der Unschuldsvermutung ist auch angesichts des Normzwecks unverhältnismäßig.

3 Verschiedene Bundesländer und Gemeinden machen die Vergabe öffentl. Bauaufträge von „Tariftreueerklärungen" abhängig, dh. der Verpflichtung zur Einhaltung bestimmter TV. Der BGH hält dies für verfassungswidrig und hat die Frage dem BVerfG vorgelegt (18. 1. 2000 ZIP 2000, 426; krit. dazu *Schwab* NZA 2001, 701). Im Verhältnis zu ausländischen Dienstleistern stellt das OLG Brandenburg (2. 3. 2000 RiW 2000, 463 LS) die Zulässigkeit von Tariftreueerklärungen in Frage, weil insoweit das AEntG vorrangig sei.

§ 7 [Anwendungsbereich]

(1) **Die in Rechts- oder Verwaltungsvorschriften enthaltenen Regelungen über**
1. **die Höchstarbeitszeiten und Mindestruhezeiten,**
2. **den bezahlten Mindestjahresurlaub,**
3. **die Mindestentgeltsätze einschließlich der Überstundensätze,**
4. **die Bedingungen für die Überlassung von Arbeitskräften, insbesondere durch Leiharbeitsunternehmen,**
5. **die Sicherheit, den Gesundheitsschutz und die Hygiene am Arbeitsplatz,**
6. **die Schutzmaßnahmen im Zusammenhang mit den Arbeits- und Beschäftigungsbedingungen von Schwangeren und Wöchnerinnen, Kindern und Jugendlichen und**
7. **die Gleichbehandlung von Männern und Frauen sowie andere Nichtdiskriminierungsbestimmungen**

finden auch auf ein Arbeitsverhältnis zwischen einem im Ausland ansässigen Arbeitgeber und seinem im Inland beschäftigten Arbeitnehmer zwingend Anwendung.

(2) **Die Arbeitsbedingungen nach Absatz 1 Nr. 1 und 4 bis 7 betreffenden Rechtsnormen eines für allgemeinverbindlich erklärten Tarifvertrages nach § 1 Abs. 1 finden unter den dort genannten Voraussetzungen auch auf ein Arbeitsverhältnis zwischen einem Arbeitgeber mit Sitz im Ausland und seinem im räumlichen Geltungsbereich dieses Tarifvertrages beschäftigten Arbeitnehmer zwingend Anwendung.**

1 Die Vorschrift übernimmt Art. 3 der Entsende-RL, ist aber mit der Formulierung in § 1 nur unzureichend abgestimmt (krit. *Krebber* IPRax 2001, 22, 24). Für durch Rechts- und Verwaltungsvorschriften festgelegte Mindestarbeitsbedingungen gilt § 7 allg., also auch in der Bauwirtschaft. Dagegen sind tarifliche Regelungen nur im Bausektor auf solche ausländische AG anwendbar, die AN im Inland beschäftigen; zum ANBegriff § 8 Rn. 2. Eine Entsendungssituation wird nach dem Wortlaut nicht vorausgesetzt, wohl aber in **Abs. 1** eine Beschäftigung des AN im Inland. In Deutschland angeworbene Ortskräfte eines AG mit Sitz im Ausland werden daher von § 7 ebenso erfasst wie entsandte Beschäftigte.

2 Abs. 1 Nr. 1 erfasst Regelungen der §§ 3, 5 ArbZG, die auch bisher schon als Eingriffsnormen iSd. Art. 34 EGBGB anerkannt waren. Weitere Vorgaben finden sich im SeemannsG, im FahrpersonalG sowie im LadenschlussG. Abs. 1 Nr. 2 erfasst neben dem Mindesturlaub des § 3 BUrlG auch die Regelung zur Entgeltbestimmung (§ 11 BUrlG). Inhaltlich unterscheidet sich Abs. 1 Nr. 2 (bezahlter Mindestjahresurlaub) von § 1 I, der auch ein zusätzliches Urlaubsgeld regelt; letzteres dürfte vom Mindestanspruch nicht mehr umfasst sein, so dass § 1 I hier als Sonderregelung für den Bausektor zu verstehen ist. Abs. 1 Nr. 3 erfasst Mindestentgeltsätze, die in Deutschland jedoch gesetzlich nicht geregelt sind; das Gesetz über Mindestarbeitsbedingungen ist bislang nicht praktisch geworden.

Anwendbar wäre insoweit § 10 I 1 BBiG, der dem Auszubildenden eine „angemessene Vergütung" zuspricht (vgl. BBiG § 10 Rn. 3). Für andere Beschäftigte käme allenfalls die Rspr. zum Lohnwucher (LAG Berlin 20. 2. 1998 LAGE BGB § 138 Nr. 11; offengelassen BAG 23. 5. 2001 EzA BGB § 138 Nr. 29) in Betracht, die eine Bemessungsgrundlage für Mindestsätze bereitstellt; lehnt man dies ab, hätte Abs. 1 Nr. 3 in Deutschland praktisch keinen Anwendungsbereich. Abs. 1 Nr. 4 erfasst die Regelungen des AÜG hinsichtlich der gewerblichen ANÜberlassung, die auch bisher schon zwingend galten (*Rieble/Lessner* ZfA 2002, 29, 32); doch hat der Gesetzgeber über die „insbesondere" genannten Leiharbeitsunternehmen hinaus offenbar auch andere Überlassungsformen einbezogen. Abs. 1 Nr. 5 erfasst das Arbeitsschutzrecht, das auch bisher schon als international zwingend galt. Abs. 1 Nr. 6 bezieht die Schutzmaßnahmen von MuSchG und JArbSchG ein, die im Zusammenhang mit Arbeits- und Beschäftigungsbedingungen stehen; das dürfte über die bislang als Eingriffsnormen anerkannten Regelungskomplexe hinausgehen. Abs. 1 Nr. 7 erfasst „Nichtdiskriminierungsbestimmungen", eine zuvor nicht gebräuchliche Bezeichnung für Benachteiligungsverbote. Inhaltlich ausgefüllt werden sollte der Begriff durch die gemeinschaftsrechtlichen Benachteiligungsverbote, auf die der hier offenbar bewusst eingesetzte Sprachgebrauch der RL Bezug nimmt.

Abs. 2 stellt für Regelungen durch TV nicht auf eine Beschäftigung im Inland (so Abs. 1), sondern 3 auf eine Tätigkeit „im räumlichen Geltungsbereich des TV" ab; dies kann jedoch nach dem Normzweck nur ins Inland entsandte AN erfassen: Im Ausland durchgeführte Arbeitsverhältnisse sollen dem Gesetz auch dann nicht unterliegen, wenn ein inländischer TV im Ausland durchgeführte Arbeitsverhältnisse regelt.

Rechtsfolge von § 7 ist die Unterstellung des Arbeitsverhältnisses entsandter AN unter ein „Misch- 4 recht", bestehend aus dem für sie maßgeblichen Arbeitsvertragsstatut ihres gewöhnlichen (ausländischen) Arbeitsorts und den von § 7 für zwingend erklärten deutschen Bestimmungen. Allerdings hat der Gesetzgeber die praktische Handhabung nicht geklärt, insb. in den Fällen, in denen Anspruchsvoraussetzungen zeitanteilig erdient werden, und durch die – idR kurzfristige – Entsendung in Deutschland nicht erdient werden können. Um dem Schutzzweck des Gesetzes gerecht zu werden, scheint eine Anrechung von im Ausland verbrachten „Vordienstzeiten" auf die Wartefrist für den gesetzlichen Urlaubsanspruch erforderlich zu sein (vgl. *Däubler* RIW 2000, 255, 259).

Über die praktischen Anwendungsschwierigkeiten hinaus könnte § 7 weitere Probleme verursa- 5 chen, da die Vorschrift als authentische Definition des Begriffs der arbeitsrechtlichen „international zwingenden" Normen iSd. Art. 34 EGBGB verstanden werden kann (*Hanau* FS Everling 1995 S. 415, 429). Diese würde zwar die bei der Ermittlung von zwingenden Eingriffsnormen sonst auftretenden Abgrenzungsprobleme (vgl. EGBGB Rn. 16 ff.) verringern, würde aber zu einer deutlichen Ausweitung des Anwendungsbereichs von Art. 34 EGBGB führen. Angesichts der bes. Zwecke des AEntG, die die Auswahl der in § 7 beschriebenen Materie erklärt, stellt die Norm keine überzeugende Anknüpfungsgrundlage für eine erweiternde Interpretation der „Eingriffsnormen" dar.

§ 8 [Klagemöglichkeit]

¹ Ein Arbeitnehmer, der in den Geltungsbereich dieses Gesetzes entsandt ist oder war, kann eine auf den Zeitraum der Entsendung bezogene Klage auf Gewährung der Arbeitsbedingungen nach §§ 1, 1a und 7 auch vor einem deutschen Gericht für Arbeitssachen erheben. ² Diese Klagemöglichkeit besteht auch für eine gemeinsame Einrichtung der Tarifvertragsparteien nach § 1 Abs. 3 in bezug auf die ihr zustehenden Beiträge.

Die Vorschrift setzt Art. 6 der Entsende-RL 96/71/EG um, um eine eigene *internationale* Zustän- 1 digkeit inländischer Gerichte zu begründen. Dies war erforderlich, da Art. 19 EuGVVO für die Zuständigkeit auf den „gewöhnlichen" Arbeitsort als Gerichtsstand abstellt, der in den Entsendefällen idR im jeweiligen Entsendestaat verbleibt (ArbG Wiesbaden 7. 10. 1997 DB 1997, 2284; aA *Koberski/Asshoff/Hold* Rn. 5). Der entsandte AN müsste seine Ansprüche aus §§ 1, 1 a, 7 daher im Entsendestaat geltend machen. Eine Klage vor ausländischen Gerichten müsste indessen die Wirksamkeit des AEntG beeinträchtigen, wenn diese kein gesteigertes Interesse daran zeigen, deutsches Recht anzuwenden, soweit es die Beseitigung von Wettbewerbsvorteilen der Unternehmen des Entsendestaates geradezu bezweckt (*Jayme/Kohler* IPRax 1996, 377, 382; MünchArbR/*Birk* § 23 Rn. 33 ff.). Mit der Begründung einer Internationalen Zuständigkeit der Gerichte des Empfangsstaates wird daher gewährleistet, dass materielles und Prozessrecht gleichlaufen. Zugleich regelt § 8 die *sachliche* Zuständigkeit der Arbeitsgerichte (BAG 11. 9. 2002 NZA 2003, 62). Der Normzweck einer effektiven und einheitlichen Durchsetzung des AEntG gebietet eine einheitliche Zuständigkeit derselben Gerichtsbarkeit für Streitigkeiten aller anspruchsberechtigten AN.

Klageberechtigt vor den Arbeitsgerichten sind gemeinsame Einrichtungen der TVParteien wegen 2 ihnen zustehender Beiträge aus § 1 Abs. 3 (BAG 11. 9. 2002 NZA 2003, 62), darüber hinaus AN, die nach Deutschland entsandt worden sind oder waren. Dass die Bürgenhaftung des Generalunternehmers, § 1 a, ebenfalls in die sachliche Zuständigkeit der Arbeitsgerichte fällt, ergibt sich weiterhin aus § 2 Abs. 3 ArbGG, da ein unmittelbarer Zusammenhang zur Beitragsforderung der gemeinsamen

1994, 3288, 3290; *Hüffer* Rn. 11; KölnKomm/*Koppensteiner* Rn. 20; MünchGesR IV/*Krieger* § 68 Rn. 7).

5 Herrschende Unternehmen können **juristische und natürliche Personen** (grdl. BGH 16. 9. 1985 Z 95, 330, 337 mwN; vgl. auch BGH 25. 11. 1996 BB 1997, 489 f.; OLG Celle 18. 11. 1998 AG 1999, 572, 573) aber auch rechtsfähige Personengesellschaften, die öffentliche Hand (grdl. zu der Letztgenannten BGH 13. 10. 1977 Z 69, 334, 336 ff.; BGH 17. 3. 1997 Z 135, 107, 113 f.; vgl. *Emmerich/ Habersack* Rn. 26 ff.) oder Gewerkschaften (*Hüffer* Rn. 13; KölnKomm/*Koppensteiner* Rn. 33) sein, sofern sie die vorgenannten Voraussetzungen erfüllen.

6 **2. Abhängiges Unternehmen.** Im Gegensatz zum herrschenden Unternehmen ist der Begriff des abhängigen Unternehmens weit zu interpretieren. Da es nicht darauf ankommt, ob Interessen außerhalb der eigenen Gesellschaft verfolgt werden, ist praktisch jede Gesellschaft Unternehmen, ohne dass es auf die Höhe der Beteiligung des herrschenden Unternehmens ankommt (*Emmerich/Habersack* Rn. 24 f.; KölnKomm/*Koppensteiner* Rn. 53; *Hüffer* Rn. 14).

III. Rechtliche Selbständigkeit

7 Für die in § 15 vorausgesetzte rechtliche Selbständigkeit der Unternehmen ist, unabhängig von der Rechtsfähigkeit, die Zuordnung zu verschiedenen Rechtsträgern maßgebend (*Hüffer* Rn. 15; Köln-Komm/*Koppensteiner* Rn. 54; GroßKomm/*Windbichler* Rn. 14).

IV. Rechtsfolgen

8 Der Begriff „verbundene Unternehmen" dient als Anknüpfungspunkt für zahlreiche aktienrechtliche Regelungen, vgl. insb. §§ 90 I 2, III 1, 131 I 2.

§ 16 In Mehrheitsbesitz stehende Unternehmen und mit Mehrheit beteiligte Unternehmen

(1) Gehört die Mehrheit der Anteile eines rechtlich selbständigen Unternehmens einem anderen Unternehmen oder steht einem anderen Unternehmen die Mehrheit der Stimmrechte zu (Mehrheitsbeteiligung), so ist das Unternehmen ein in Mehrheitsbesitz stehendes Unternehmen, das andere Unternehmen ein an ihm mit Mehrheit beteiligtes Unternehmen.

(2) ¹Welcher Teil der Anteile einem Unternehmen gehört, bestimmt sich bei Kapitalgesellschaften nach dem Verhältnis des Gesamtnennbetrags der ihm gehörenden Anteile zum Nennkapital, bei Gesellschaften mit Stückaktien nach der Zahl der Aktien. ²Eigene Anteile sind bei Kapitalgesellschaften vom Nennkapital, bei Gesellschaften mit Stückaktien von der Zahl der Aktien abzusetzen. ³Eigenen Anteilen des Unternehmens stehen Anteile gleich, die einem anderen für Rechnung des Unternehmens gehören.

(3) ¹Welcher Teil der Stimmrechte einem Unternehmen zusteht, bestimmt sich nach dem Verhältnis der Zahl der Stimmrechte, die es aus den ihm gehörenden Anteilen ausüben kann, zur Gesamtzahl aller Stimmrechte. ²Von der Gesamtzahl aller Stimmrechte sind die Stimmrechte aus eigenen Anteilen sowie aus Anteilen, die nach Absatz 2 Satz 3 eigenen Anteilen gleichstehen, abzusetzen.

(4) Als Anteile, die einem Unternehmen gehören, gelten auch die Anteile, die einem von ihm abhängigen Unternehmen oder einem anderen für Rechnung des Unternehmens oder eines von diesem abhängigen Unternehmens gehören und, wenn der Inhaber des Unternehmens ein Einzelkaufmann ist, auch die Anteile, die sonstiges Vermögen des Inhabers sind.

1 Die Norm definiert den Begriff der Mehrheitsbeteiligung und löst eine widerlegbare Abhängigkeitsvermutung aus (vgl. § 17 II sowie dort Rn. 8 f.). Eine Mehrheitsbeteiligung liegt nach § 16 I vor, wenn die Mehrheit der Anteile eines rechtlich selbständigen Unternehmens einem anderen Unternehmen gehört (sog. Anteilsmehrheit) oder dem anderen Unternehmen die Mehrheit der Stimmen zusteht (sog. Stimmenmehrheit).

2 Anteils- und Stimmenmehrheit werden idR zusammenfallen, können aber auch voneinander abweichen, namentlich bei der Ausgabe von Mehrstimmaktien (§ 12 II 2) oder stimmrechtsloser Vorzugsaktien (§§ 12 I 2, 139 ff.). Die Berechnung der Anteils- und der Stimmenmehrheit ist in Abs. 2 und 3 näher geregelt. Mittelbare Beteiligungen werden dem Unternehmen unter den Voraussetzungen des Abs. 4 zugerechnet.

§ 17 Abhängige und herrschende Unternehmen

(1) Abhängige Unternehmen sind rechtlich selbständige Unternehmen, auf die ein anderes Unternehmen (herrschendes Unternehmen) unmittelbar oder mittelbar einen beherrschenden Einfluß ausüben kann.

(2) Von einem in Mehrheitsbesitz stehenden Unternehmen wird vermutet, daß es von dem an ihm mit Mehrheit beteiligten Unternehmen abhängig ist.

I. Allgemeines

Die in § 17 umschriebene Abhängigkeit eines Unternehmens von einem anderen ist der zentrale Anknüpfungspunkt des Konzernrechts. Er stellt durch die Vermutung in § 18 I 3 nicht nur den praktisch wichtigsten Bezugspunkt für den Konzernbegriff dar, sondern bildet auch die Grundlage für die gesetzliche (§§ 311 bis 318) Haftung im faktischen Konzern. 1

II. Abhängigkeitsbegriff

Nach § 17 I liegt Abhängigkeit vor, wenn ein (herrschendes) Unternehmen auf ein anderes (abhängiges) Unternehmen unmittelbar oder mittelbar beherrschenden Einfluss ausüben kann. 2

1. Beherrschender Einfluss. Die Möglichkeit zur Ausübung eines beherrschenden Einflusses muss durch **gesellschaftsrechtliche Einwirkungsmöglichkeiten** auf das andere Unternehmen vermittelt werden. Damit scheiden rein wirtschaftliche Abhängigkeiten aus, die auf externen Austauschbeziehungen, wie Liefer- oder Kreditverträgen, beruhen (grdl. BGH 26. 3. 1984 Z 90, 381, 395 f.; GroßKomm/*Windbichler* Rn. 12 f.; KölnKomm/*Koppensteiner* Rn. 50; *Hüffer* Rn. 8). Eine Beherrschung entsteht zwingend durch Abschluss eines Unternehmensvertrags nach § 291 (§ 18 I 2, vgl. dort Rn. 6). 3

In Anknüpfung an § 17 II kann eine Beherrschung ausgeübt werden, wenn der ausübbare Einfluss nach Art und Umfang den Einflussmöglichkeiten einer Mehrheitsbeteiligung iSv. § 16 gleichkommt (*Geßler/Hefermehl/Eckardt/Kropff* Rn. 25; *Hüffer* Rn. 5). Er kann auch bei einer **Minderheitsbeteiligung** vorliegen, wenn rechtliche oder tatsächliche Gegebenheiten (zB Hauptversammlungsmehrheit) einen beherrschenden Einfluss vermitteln (BGH 13. 10. 1977 Z 69, 334, 347; BGH 17. 3. 1997 Z 135, 105, 114 f.; vgl. GroßKomm/*Windbichler* Rn. 23 f. mwN). 4

Ein beherrschender Einfluss wird vorrangig dadurch indiziert, dass das herrschende Unternehmen die **personelle Besetzung der Verwaltungsorgane** des anderen Unternehmens maßgeblich beeinflussen kann, da die Organmitglieder regelmäßig den Interessen des herrschenden Unternehmens entsprechen werden (*Emmerich/Sonnenschein/Habersack* § 3 II 2 a; MünchKommAktG/*Bayer* Rn. 27; KölnKomm/*Koppensteiner* Rn. 19; *Hüffer* Rn. 5). Rein personelle Verflechtungen zwischen den Unternehmen begründen nach hM nicht zwingend eine solche Abhängigkeit (KölnKomm/*Koppensteiner* Rn. 52; aA *Säcker* ZHR 151 [1987], 59; s. auch GroßKomm/*Windbichler* Rn. 43 ff.). 5

Abhängigkeiten können auch durch Satzungsbestimmungen, die einem Gesellschafter einen bes. **Einfluss auf die Geschäftsführung** der Gesellschaft einräumen (*Emmerich/Sonnenschein/Habersack* § 3 II 5 a; KölnKomm/*Koppensteiner* Rn. 43). In der AG kommt dies wegen § 23 V praktisch nur bei der Ausgabe von Mehrstimmaktien (§ 12 II) in Betracht. 6

2. Möglichkeit der Einflussnahme. Die Beherrschung setzt nicht voraus, dass von der bestehenden Einflussmöglichkeit Gebrauch gemacht wird; es genügt, wenn es dem herrschenden Unternehmen möglich ist, seinen Willen im abhängigen Unternehmen durchzusetzen (BGH 4. 3. 1974 Z 62, 193, 201; *Hüffer* Rn. 6; vgl. GroßKomm/*Windbichler* Rn. 19 f.). 7

III. Abhängigkeitsvermutung

§ 17 II stellt die **widerlegbare** Vermutung auf, dass eine Mehrheitsbeteiligung (vgl. § 16) ein Abhängigkeitsverhältnis begründet. Infolge der damit bewirkten Umkehr der Darlegungs- und Beweislast obliegt es demjenigen, der sich auf die Unabhängigkeit der Unternehmen beruft, Tatsachen vorzutragen, welche die vermutete Beherrschung entkräften (*Hüffer* Rn. 18; GroßKomm/*Windbichler* Rn. 70). 8

Als die Vermutung **widerlegende Tatsachen** kommen alle Umstände in Betracht, die den Einfluss des mit Mehrheit beteiligten Unternehmens auf die personelle Zusammensetzung der Verwaltungsorgane des anderen Unternehmens nachhaltig abschwächen. Ausgeräumt wird sie insb. durch Satzungsbestimmungen, die das **Stimmrecht** weitgehend beschränken, zB Höchststimmrechte gem. § 134 I 2, qualifizierte Beschlussmehrheiten (vgl. *Emmerich/Sonnenschein/Habersack* § 3 IV 1 b; KölnKomm/*Koppensteiner* Rn. 86 f.) oder **Stimmbindungsverträge**, die eine Ausübung der Stimmenmehrheit ausschließen (vgl. hierzu KölnKomm/*Koppensteiner* Rn. 88). Sie kann auch durch sog. **Entherrschungsverträge** widerlegt werden (vgl. hierzu *Emmerich/Sonnenschein/Habersack* § 3 IV 2; KölnKomm/*Koppensteiner* Rn. 89; GroßKomm/*Windbichler* Rn. 80 ff. mwN). 9

IV. Gemeinschaftsunternehmen

10 Ein Gemeinschaftsunternehmen liegt vor, wenn ein Unternehmen von mindestens zwei anderen Unternehmen in der Weise beherrscht wird, dass erst die Summe des Einflusspotentials zu einer Abhängigkeit führt (*Emmerich/Sonnenschein/Habersack* § 3 III 1; *Hüffer* Rn. 13; KölnKomm/*Koppensteiner* Rn. 70 mwN). Die mehrfache Abhängigkeit setzt eine **Koordination der Einflusspotentiale** der beteiligten Mutterunternehmen voraus, die durch vertragliche Vereinbarungen, aber auch in Form eines Gleichordnungskonzerns (vgl. § 18 Rn. 7) hergestellt werden kann (*Hüffer* Rn. 15; KölnKomm/*Koppensteiner* Rn. 74).

11 Dass bei **paritätischen Gemeinschaftsunternehmen,** dh. bei einer paritätischen Beteiligung beider Mutterunternehmen, grds. eine Abhängigkeit auf Grund des faktischen Einigungszwanges besteht bzw. zu vermuten ist (so *Säcker* NJW 1980, 401, 404; *Klinkhammer*, Mitbestimmung in Gemeinschaftsunternehmen, 1977, S. 70 ff.), verneint die hM (BGH 5. 8. 1979 Z 74, 359, 366; *Hüffer* Rn. 16; KölnKomm/*Koppensteiner* Rn. 75; *Steindorff* NJW 1980, 1921, 1922); im Regelfall werden sich bei der Feststellung keine Unterschiede ergeben.

12 Das Abhängigkeitsverhältnis besteht zu den gemeinsam herrschenden Unternehmen und nicht zu der häufig zwischen ihnen bestehenden GbR (grdl. BGH 4. 3. 1974 Z 62, 193, 195 ff.; MünchKommAktG/*Bayer* Rn. 83; KölnKomm/*Koppensteiner* Rn. 71). Im Regelfall wird auch ein Konzern iSv. § 18 I begründet (vgl. § 18 Rn. 5). Zu den mitbestimmungsrechtlichen Besonderheiten § 5 MitbestG Rn. 10.

V. Rechtsfolgen

13 Wichtigste Rechtsfolge der Abhängigkeit ist die **Konzernvermutung nach § 18 I 3** (vgl. dort Rn. 6). Daneben dient sie als Anknüpfungspunkt für zahlreiche andere Regelungen: zB die Beschränkung der Zahl der ARMandate (§ 100 Rn. 4) und die Genehmigungspflicht der Kreditgewährung an ARMitglieder (§ 115), vgl. ausführlich GroßKomm/*Windbichler* Rn. 4 ff.

§ 18 Konzern und Konzernunternehmen

(1) ¹Sind ein herrschendes und ein oder mehrere abhängige Unternehmen unter der einheitlichen Leitung des herrschenden Unternehmens zusammengefaßt, so bilden sie einen Konzern; die einzelnen Unternehmen sind Konzernunternehmen. ²Unternehmen, zwischen denen ein Beherrschungsvertrag (§ 291) besteht oder von denen das eine in das andere eingegliedert ist (§ 319), sind als unter einheitlicher Leitung zusammengefaßt anzusehen. ³Von einem abhängigen Unternehmen wird vermutet, daß es mit dem herrschenden Unternehmen einen Konzern bildet.

(2) Sind rechtlich selbständige Unternehmen, ohne daß das eine Unternehmen von dem anderen abhängig ist, unter einheitlicher Leitung zusammengefaßt, so bilden sie auch einen Konzern; die einzelnen Unternehmen sind Konzernunternehmen.

1 **1. Allgemeines.** § 18 definiert den Konzern als die Zusammenfassung mehrerer Unternehmen unter einer einheitlichen Leitung eines anderen Unternehmens und differenziert zwischen dem praktisch wichtigen **Unterordnungskonzern** (Abs. 1) sowie dem **Gleichordnungskonzern** (Abs. 2). Im Vergleich zum Abhängigkeitstatbestand kommt dem Konzernbegriff eine weitaus geringere Bedeutung zu, weil die Mehrheit der gesetzlichen Regelungen bereits an ersteren anknüpft (vgl. aber GroßKomm/*Windbichler* Rn. 8 ff.).

2 **2. Unterordnungskonzern.** Nach § 18 I 1 liegt ein Unterordnungskonzern vor, wenn ein herrschendes ein oder mehrere abhängige Unternehmen unter einheitlicher Leitung zusammengefasst hat. Die so zusammengefassten Unternehmen sind Konzernunternehmen (§ 18 I 1 2. Halbs.).

3 a) **Einheitliche Leitung.** Das zentrale Konzernierungsmerkmal ist die einheitliche Leitung der Unternehmen. Sie ist gegeben, wenn die bestimmenden **Leitungs- und Planungsentscheidungen** in den Händen des herrschenden Unternehmens liegen und dieses seine unternehmerische Zielkonzeption in den beteiligten Unternehmen verwirklicht (im Einzelnen str.; vgl. KölnKomm/*Koppensteiner* Rn. 17 ff.; *Hüffer* Rn. 8 ff.; GroßKomm/*Windbichler* Rn. 24 ff. jeweils mwN). Im Regelfall liegt eine einheitliche Leitung bei **einheitlicher Finanzplanung und -kontrolle** der beteiligten Unternehmen vor (*Emmerich/Sonnenschein/Habersack* § 4 III 1a; *Hüffer* Rn. 9, 11; KölnKomm/*Koppensteiner* Rn. 20; vgl. auch *Scheffler* AG 1990, 173 ff.).

4 b) **Konzern im Konzern.** Von einem Konzern im Konzern wird gesprochen, wenn innerhalb einer mehrstufigen Abhängigkeit die einheitliche Leitung sowohl durch die Muttergesellschaft, als auch durch die Tochtergesellschaft in der Enkelgesellschaft ausgeübt wird. Dieser Tatbestand der Konzernierung wird für das gesellschaftsrechtlich orientierte Konzernrecht einhellig abgelehnt, da er für die Lösung der dort auftretenden Probleme nicht erforderlich ist (vgl. im Einzelnen *Emmerich/Sonnenschein/Habersack* § 4 III 2; *Hüffer* Rn. 14; KölnKomm/*Koppensteiner* Rn. 22). Eine andere Beurteilung gilt jedoch für die Konzernzurechnung im Mitbestimmungsrecht, vgl. § 5 MitbestG Rn. 8 ff.

c) Gemeinschaftsunternehmen. Gemeinschaftsunternehmen (vgl. § 17 Rn. 10 ff.) stehen bei ein- 5
heitlicher Ausübung der Leitung in einem Konzernverhältnis zu den beteiligten herrschenden Unternehmen (*Emmerich/Sonnenschein/Habersack* § 4 III 2; KölnKomm/*Koppensteiner* Rn. 25).

d) Konzernvermutungen. Soweit zwischen den Unternehmen ein **Beherrschungsvertrag** besteht 6
(§ 291 I 1. Fall) oder das eine Unternehmen in das andere **eingegliedert** ist (§§ 319 ff.), wird nach § 18 I 2 **unwiderlegbar vermutet,** dass zwischen den beteiligten Unternehmen ein Konzernverhältnis besteht. Auch für den Fall der Abhängigkeit stellt § 18 I 3 die Vermutung für das Bestehen einer einheitlichen Leitung auf. Sie kann jedoch im Einzelfall durch Widerlegung der in § 17 II vermuteten Abhängigkeit (vgl. dort Rn. 8 f.) oder des in § 18 I 3 unterstellten Sachverhalts der einheitlichen Leitung entkräftet werden. Letzterer wird insb. durch den Nachweis von Umständen widerlegt, nach denen eine finanzielle Koordinierung der Gesellschaften ausgeschlossen ist (*Hüffer* Rn. 19; GroßKomm/*Windbichler* Rn. 36 ff. mwN). Zur Konzernvermutung bei Gemeinschaftsunternehmen § 5 MitbestG Rn. 10 f.

3. Gleichordnungskonzern. Bei einem Gleichordnungskonzern sind nach § 18 II mehrere Unter- 7
nehmen unter einer einheitlichen Leitung zusammengefasst, ohne dass zwischen den beteiligten Unternehmen ein Beherrschungs- bzw. Abhängigkeitsverhältnis besteht (vgl. auch § 291 II). Ihrer Rechtsnatur nach sind Gleichordnungskonzerne GbR (*Emmerich/Sonnenschein/Habersack* § 4 IV 2 a; *Hüffer* Rn. 20; vgl. auch *K. Schmidt* ZHR 155 [1991], 417 ff.).

4. Rechtsfolgen. Der Tatbestand des Unterordnungskonzerns hat primär für die (Konzern-)Rech- 8
nungslegung der Unternehmen Bedeutung (vgl. §§ 290 ff. HGB). Andere Anknüpfungspunkte finden sich in § 97 (Statusverfahren) und in § 100 II 2 (vgl. dort Rn. 3). Für den Gleichordnungskonzern werden nur die Rechtsfolgen des § 15 praktisch relevant (vgl. dort Rn. 8).

Vierter Teil. Verfassung der Aktiengesellschaft

Zweiter Abschnitt. Aufsichtsrat

Schrifttum: *Hachenburg/Raiser* GmbHG, 8. Aufl., 1991, § 52; *Hoffmann/Preu*, Der Aufsichtsrat, 5. Aufl., 2003; *Lutter/Krieger*, Rechte und Pflichten des Aufsichtsrats, 4. Aufl., 2002; *Scholz/Schneider* GmbHG, 9. Aufl., 2002, § 52.

§ 95 Zahl der Aufsichtsratsmitglieder

[1] Der Aufsichtsrat besteht aus drei Mitgliedern. [2] Die Satzung kann eine bestimmte höhere Zahl festsetzen. [3] Die Zahl muß durch drei teilbar sein. [4] Die Höchstzahl der Aufsichtsratsmitglieder beträgt bei Gesellschaften mit einem Grundkapital

        bis   zu   1 500 000   Euro neun,
        von mehr als   1 500 000   Euro fünfzehn,
        von mehr als 10 000 000   Euro einundzwanzig.

[5] Durch die vorstehenden Vorschriften werden hiervon abweichende Vorschriften des Gesetzes über die Mitbestimmung der Arbeitnehmer vom 4. Mai 1976 (Bundesgesetzbl. I S. 1153), des Montan-Mitbestimmungsgesetzes und des Gesetzes zur Ergänzung des Gesetzes über die Mitbestimmung der Arbeitnehmer in den Aufsichtsräten und Vorständen der Unternehmen des Bergbaus und der Eisen und Stahl erzeugenden Industrie vom 7. August 1956 (Bundesgesetzbl. I S. 707) – Mitbestimmungsergänzungsgesetz – nicht berührt.

§ 95 beschränkt den Spielraum der Satzung im Hinblick auf die Größe des AR. Damit wird zum 1
einen die Möglichkeit der Hauptversammlung begrenzt, die Beteiligung von ANVertretern durch Verminderung der ARGröße zu beeinflussen. Zum anderen soll die Einführung von Höchstzahlen die Effektivität der ARArbeit gewährleisten (*Hüffer* Rn. 1; KölnKomm/*Mertens* Rn. 5).

S. 5 stellt den **Vorrang der mitbestimmungsrechtlichen Regelungen** klar. Soweit eine Gesellschaft 2
einem der genannten Gesetze unterliegt, gelten die dortigen Bestimmungen zur Zusammensetzung des AR (vgl. § 7 MitbestG, § 4 Montan-MitbestG, § 5 MitbestErgG).

Der **Anwendungsbereich** der Vorschrift beschränkt sich auf mitbestimmungsfreie Unternehmen 3
und solche, die § 76 ff. BetrVG 1952 unterliegen. Nach der gesetzlichen Grundregel in S. 1 muss der AR mindestens aus drei Mitgliedern bestehen. Nach S. 2 kann eine höhere, nicht aber eine variable Mitgliederzahl bestimmt werden (*Hüffer* Rn. 3). Den Gestaltungsspielraum der Satzung begrenzen S. 3 und 4 durch das Erfordernis der Dreiteilbarkeit und am Grundkapital orientierte Höchstzahlen, für die das tatsächlich ausgegebene Grundkapital maßgeblich ist (KölnKomm/*Mertens* Rn. 13).

4 Bei **Änderungen der ARGröße durch die Satzung** ist zwischen der Erhöhung und der Verminderung zu unterscheiden. Soweit die Zahl der ARMandate **erhöht** wird, ist unabhängig vom Mitbestimmungsstatut eine Ergänzungswahl durch die Hauptversammlung bzw. nach dem einschlägigen Mitbestimmungsgesetz durchzuführen. Bei einer **Verminderung** der ARGröße, namentlich auch soweit die Gesellschaft dem BetrVG 1952 unterliegt, bleiben nach hM die ARMitglieder bis zum Ablauf der Amtszeit im Amt (OLG Hamburg 26. 8. 1988 DB 1988, 1941, 1941 f.; OLG Dresden 18. 2. 1997 ZIP 1997, 589, 591; *Martens* DB 1978, 1065, 1069; *Hüffer* Rn. 5; KölnKomm/*Mertens* Rn. 25 mwN). Näher zu den Voraussetzungen des Statusverfahrens §§ 97 bis 99 Rn. 3 ff.

5 **Verstöße** gegen S. 1 und 3 führen zur Nichtigkeit der Satzungsbestimmung (ebenso *Hüffer* Rn. 7; tlw. aA KölnKomm/*Mertens* Rn. 16; *Geßler/Hefermehl/Eckardt/Kropff* Rn. 21). Bei einer Verletzung von S. 2 und 4 gilt anstelle der Satzungsbestimmung die gesetzliche Regelung. Ein Hauptversammlungsbeschluss über die Bestellung der ARMitglieder ist nach § 250 I Nr. 3 nur nichtig, wenn die nach § 95 oder den Mitbestimmungsgesetzen zulässige Höchstzahl überschritten wird. Alle nicht hierunter fallenden Verletzungen des Gesetzes oder der Satzung führen lediglich zur Anfechtbarkeit des Beschlusses (*Hüffer* Rn. 7).

§ 96 Zusammensetzung des Aufsichtsrats

(1) Der Aufsichtsrat setzt sich zusammen
bei Gesellschaften, für die das Mitbestimmungsgesetz gilt, aus Aufsichtsratsmitgliedern der Aktionäre und der Arbeitnehmer,
bei Gesellschaften, für die das Montan-Mitbestimmungsgesetz gilt, aus Aufsichtsratsmitgliedern der Aktionäre und der Arbeitnehmer und aus weiteren Mitgliedern,
bei Gesellschaften, für die die §§ 5 bis 13 des Mitbestimmungsergänzungsgesetzes gelten, aus Aufsichtsratsmitgliedern der Aktionäre und der Arbeitnehmer und aus einem weiteren Mitglied,
bei Gesellschaften, für die § 76 Abs. 1 des Betriebsverfassungsgesetzes 1952 gilt, aus Aufsichtsratsmitgliedern der Aktionäre und der Arbeitnehmer,
bei den übrigen Gesellschaften nur aus Aufsichtsratsmitgliedern der Aktionäre.

(2) Nach anderen als den zuletzt angewandten gesetzlichen Vorschriften kann der Aufsichtsrat nur zusammengesetzt werden, wenn nach § 97 oder nach § 98 die in der Bekanntmachung des Vorstands oder in der gerichtlichen Entscheidung angegebenen gesetzlichen Vorschriften anzuwenden sind.

1 Abs. 1 unterstreicht die Maßgeblichkeit der Mitbestimmungsgesetze für die gruppenmäßige Zusammensetzung des AR (vgl. die Kommentierungen zu §§ 6 f. MitbestG; §§ 4, 9 Montan-MitbestG; § 76 I BetrVG 1952). Darüber hinaus hat er keinen weiteren Regelungsgehalt.

2 Abs. 2 schreibt den **Grundsatz der Amtskontinuität** fest. Die Zusammensetzung des AR gilt danach als richtig, solange im Statusverfahren nach den §§ 97 ff. keine andere verbindliche Feststellung getroffen worden ist (OLG Düsseldorf 10. 10. 1995 AG 1996, 87 f.).

§ 97 Bekanntmachung über die Zusammensetzung des Aufsichtsrats

(1) ¹Ist der Vorstand der Ansicht, daß der Aufsichtsrat nicht nach den für ihn maßgebenden gesetzlichen Vorschriften zusammengesetzt ist, so hat er dies unverzüglich in den Gesellschaftsblättern und gleichzeitig durch Aushang in sämtlichen Betrieben der Gesellschaft und ihrer Konzernunternehmen bekanntzumachen. ²In der Bekanntmachung sind die nach Ansicht des Vorstands maßgebenden gesetzlichen Vorschriften anzugeben. ³Es ist darauf hinzuweisen, daß der Aufsichtsrat nach diesen Vorschriften zusammengesetzt wird, wenn nicht Antragsberechtigte nach § 98 Abs. 2 innerhalb eines Monats nach der Bekanntmachung im Bundesanzeiger das nach § 98 Abs. 1 zuständige Gericht anrufen.

(2) ¹Wird das nach § 98 Abs. 1 zuständige Gericht nicht innerhalb eines Monats nach der Bekanntmachung im Bundesanzeiger angerufen, so ist der neue Aufsichtsrat nach den in der Bekanntmachung des Vorstands angegebenen gesetzlichen Vorschriften zusammenzusetzen. ²Die Bestimmungen der Satzung über die Zusammensetzung des Aufsichtsrats, über die Zahl der Aufsichtsratsmitglieder sowie über die Wahl, Abberufung und Entsendung von Aufsichtsratsmitgliedern treten mit der Beendigung der ersten Hauptversammlung, die nach Ablauf der Anrufungsfrist einberufen wird, spätestens sechs Monate nach Ablauf dieser Frist insoweit außer Kraft, als sie den nunmehr anzuwendenden gesetzlichen Vorschriften widersprechen. ³Mit demselben Zeitpunkt erlischt das Amt der bisherigen Aufsichtsratsmitglieder. ⁴Eine Hauptversammlung, die innerhalb der Frist von sechs Monaten stattfindet, kann an Stelle der außer Kraft tretenden Satzungsbestimmungen mit einfacher Stimmenmehrheit neue Satzungsbestimmungen beschließen.

d) Nicht erfasste Tatbestände. Keine Anwendung findet das Statusverfahren zB bei einer veränderten Zusammensetzung der Belegschaft, die zu einem anderen Gruppenproporz nach § 15 I MitbestG führt, und bei Änderungen im Konzernverbund, soweit die maßgeblichen Schwellenzahlen unberührt bleiben (*Hanau/Ulmer* § 6 Rn. 16; tw. aA *Martens* DB 1978, 1065, 1069 f.).

2. Außergerichtliches Verfahren nach § 97. Der Vorstand ist verpflichtet, für eine gesetzmäßige Zusammensetzung des AR zu sorgen. Das Statusverfahren ermöglicht es ihm, auf einfache und kostengünstige Weise eine verbindliche Feststellung über die für die Gesellschaft maßgebliche ARZusammensetzung herbeizuführen.

a) Bekanntmachung. Nach § 97 I 1 hat der Vorstand das Verfahren unverzüglich (§ 121 I 1 BGB) durch die Bek. einzuleiten, wenn der AR seiner Ansicht nach fehlerhaft zusammengesetzt ist. Die Bek. erfolgt in der in § 97 I 1 beschriebenen Weise, wobei für die einmonatige Anfechtungsfrist die Bek. im BAnz. maßgeblich ist (§ 97 II).

Die Bek. beinhaltet neben der Mitteilung über die nach Ansicht des Vorstands fehlerhafte Zusammensetzung die Angabe der anzuwendenden gesetzlichen Vorschrift (*Oetker* ZHR 149 [1985], 575, 590). Im Hinblick auf die sachgemäße Ausübung des Anfechtungsrechts durch die hierzu berechtigten Organe und Gruppen ist darüber hinaus die Anzahl der beschäftigten AN und der konzernzugehörigen Unternehmen anzugeben (*Oetker* ZHR 149 [1985], 575, 590; aA KölnKomm/*Mertens* § 97 bis 99 Rn. 10). Nach § 97 I 3 muss die Bek. die bei einer Nichtanrufung des zust. Gerichtes eintretenden Rechtsfolgen benennen.

b) Rechtswirkungen. Die Bek. löst die Sperrwirkung nach § 97 III aus, die ein zweites paralleles außergerichtliches Verfahren ausschließt. Soweit kein Antrag auf gerichtliche Entscheidung gestellt wird, ist die in der Bek. angegebene ARZusammensetzung verbindlich. In der sich anschließenden zweiten Stufe erfolgt die Anpassung der Satzung und Neubestellung des gesamten AR; vgl. im Einzelnen § 97 II 2 bis 4. Wird der Antrag auf gerichtliche Entscheidung fristgemäß gestellt, so entfaltet die Bekanntmachung nach § 97 I keine Rechtswirkungen, es schließt sich das gerichtliche Verfahren nach § 98 an.

3. Gerichtliches Verfahren nach den §§ 98, 99. Das gerichtliche Verfahren wird bei Anfechtung der Bek. nach § 97 und unabhängig davon auf Antrag eines nach § 98 II Antragsberechtigten durchgeführt.

a) Antragsberechtigung. Die antragsberechtigten Organe bzw. Gruppen zählt § 98 II abschließend auf. Während die Antragsberechtigung der in Nr. 1 bis 5 Genannten an keine weiteren Voraussetzungen gebunden ist, haben die in Nr. 6 bis 10 Genannten zusätzlich die Wahrnehmung von mitbestimmungsrechtlichen Belangen nachzuweisen (*Hanau/Ulmer* § 6 Rn. 32). S. 2 eröffnet über Nr. 6 hinaus eine Antragsberechtigung für die im MitbestG genannten AN, nicht aber für die leitenden Angestellten.

b) Verfahren. Für die gerichtliche Entscheidung ist gem. § 98 I 1 das **LG** am Sitz der Gesellschaft zust. Neben den vorrangigen § 99 II bis VI kommt nach § 99 I subsidiär das FGG zur Anwendung (zu den Einzelheiten *Hüffer* § 99 Rn. 1 ff.; KölnKomm/*Mertens* §§ 97 bis 99 Rn. 40 ff.). Gegen die Entscheidung des LG ist die **sofortige Beschwerde** zum OLG statthaft, gegen dessen Entscheidung gem. § 99 III 6 iVm. § 28 II FGG die **Divergenzvorlage** eröffnet ist.

Die **Kosten des Verfahrens** trägt grds. die Gesellschaft (§ 99 IV 7). Eine abw. Entscheidung kann das Gericht treffen, wenn dies der Billigkeit entspricht. Die außergerichtlichen Kosten der Beteiligten werden nicht erstattet (§ 99 IV 9). Hierdurch ist nur ein prozessualer Kostenerstattungsanspruch ausgeschlossen; **materiellrechtliche Kostenerstattungsansprüche** (zB § 40 BetrVG) bleiben unberührt.

c) Rechtsfolgen. Entspricht die Zusammensetzung des AR nicht der gerichtlichen Entscheidung, so ist nach § 98 IV der AR entspr. der festgestellten Zusammensetzung zu bilden. Hierfür gelten die Regelungen des AktG bzw. des anzuwendenden Mitbestimmungsgesetzes (vgl. § 101).

§ 100 Persönliche Voraussetzungen für Aufsichtsratsmitglieder

(1) ¹Mitglied des Aufsichtsrats kann nur eine natürliche, unbeschränkt geschäftsfähige Person sein. ²Ein Betreuter, der bei der Besorgung seiner Vermögensangelegenheiten ganz oder teilweise einem Einwilligungsvorbehalt (§ 1903 des Bürgerlichen Gesetzbuchs) unterliegt, kann nicht Mitglied des Aufsichtsrats sein.

(2) ¹Mitglied des Aufsichtsrats kann nicht sein, wer
1. bereits in zehn Handelsgesellschaften, die gesetzlich einen Aufsichtsrat zu bilden haben, Aufsichtsratsmitglied ist,
2. gesetzlicher Vertreter eines von der Gesellschaft abhängigen Unternehmens ist, oder

3. gesetzlicher Vertreter einer anderen Kapitalgesellschaft ist, deren Aufsichtsrat ein Vorstandsmitglied der Gesellschaft angehört.
² Auf die Höchstzahl nach Satz 1 Nr. 1 sind bis zu fünf Aufsichtsratssitze nicht anzurechnen, die ein gesetzlicher Vertreter (beim Einzelkaufmann der Inhaber) des herrschenden Unternehmens eines Konzerns in zum Konzern gehörenden Handelsgesellschaften, die gesetzlich einen Aufsichtsrat zu bilden haben, inne hat. ³ Auf die Höchstzahl nach Satz 1 Nr. 1 sind Aufsichtsratsämter im Sinne der Nummer 1 doppelt anzurechnen, für die das Mitglied zum Vorsitzenden gewählt worden ist.

(3) Die anderen persönlichen Voraussetzungen der Aufsichtsratsmitglieder der Arbeitnehmer sowie der weiteren Mitglieder bestimmen sich nach dem Mitbestimmungsgesetz, dem Montan-Mitbestimmungsgesetz, dem Mitbestimmungsergänzungsgesetz und dem Betriebsverfassungsgesetz 1952.

(4) Die Satzung kann persönliche Voraussetzungen nur für Aufsichtsratsmitglieder fordern, die von der Hauptversammlung ohne Bindung an Wahlvorschläge gewählt oder auf Grund der Satzung in den Aufsichtsrat entsandt werden.

1 1. **Allgemeines.** Die Vorschrift, die auch für die Vertreter der AN gilt, stellt persönliche Voraussetzungen für ARMitglieder auf und beschränkt im Hinblick darauf den Gestaltungsspielraum der Satzung. Die Mandatsbeschränkungen in Abs. 2 sollen die Effektivität der ARArbeit gewährleisten und eine Machtkonzentration verhindern.

2 2. **Persönliche Voraussetzungen.** Nach Abs. 1 kann nur eine natürliche, unbeschränkt geschäftsfähige Person Mitglied des AR werden. Das schließt juristische Personen und Minderjährige zwingend von der Übernahme eines Mandats aus. Weitere Voraussetzungen, wie eine bes. Qualifikation oder der Besitz von Gesellschaftsaktien, bestehen nicht.

3 Die Mandatsbeschränkungen in Abs. 2 gelten grds. für alle ARMitglieder, können für ANVertreter aber nur im Fall der Nr. 1 praktisch werden. Nr. 1 beschränkt die Zahl der ausgeübten Mandate in obligatorischen AR auf 10. Hierauf werden gem. S. 2 fünf ARSitze nicht angerechnet, die ein gesetzlicher Vertreter eines herrschenden Konzernunternehmens in dem AR der Konzerntöchter innehat (sog. Konzernprivileg). Die zulässige Höchstzahl nach Nr. 1 verringert sich ggf. nach S. 3.

4 Gem. Nr. 2 kann ein **gesetzlicher Vertreter** eines von der Gesellschaft abhängigen Unternehmens nicht Mitglied des AR des herrschenden Unternehmens sein, um dem natürlichen Organisationsgefälle im Konzern Rechnung zu tragen. Das **Verbot der Überkreuzverflechtungen** in Nr. 3 soll eine unabhängige und unparteiische Überwachungstätigkeit sichern (KölnKomm/*Mertens* Rn. 21). Danach ist ein gesetzlicher Vertreter einer anderen Kapitalgesellschaft von der Ausübung eines ARMandates in der Gesellschaft ausgeschlossen, wenn gleichzeitig ein Vorstandsmitglied der Gesellschaft Mitglied des AR der anderen Gesellschaft ist. Die Mitgliedschaft im AR eines konkurrierenden Unternehmens ist dagegen nach hM kein Hinderungsgrund (KölnKomm/*Mertens* Rn. 11; aA *Lutter*, FS für Beusch, 1993, S. 509ff.) kann aber unter Umständen zur Abberufung nach § 103 III führen (vgl. § 103 Rn. 10).

5 Die Verweisung auf die Mitbestimmungsgesetze in Abs. 3 konkretisiert die persönlichen Voraussetzungen für Vertreter der AN; vgl. hierzu § 7 II bis IV MitbestG, §§ 4 II, 6 I Montan-MitbestG, §§ 5, 6 MitbestErgG, § 76 II 2 BetrVG 1952.

6 3. **Erweiterung durch Satzungsbestimmungen.** Nach Abs. 4 kann die Satzung für ARMitglieder der Aktionäre weitere persönliche Voraussetzungen aufstellen, wenn sie von der Hauptversammlung ohne Bindung an einen Wahlvorschlag gewählt (vgl. § 101 I 2) oder auf Grund der Satzung entsandt werden. Die persönlichen Voraussetzungen für ANVertreter kann die Satzung nicht erweitern, da anderenfalls die Wahlfreiheit der AN beeinträchtigt würde (BGH 21. 2. 1963 Z 39, 116, 122f.).

7 4. **Rechtsfolgen bei Verstoß.** Maßgeblicher Zeitpunkt für das Vorliegen der persönlichen Voraussetzungen ist, wie sich aus § 250 I Nr. 4 ergibt, der Beginn der Amtszeit. Das Fehlen persönlicher Voraussetzungen nach § 100 I und II bei Beginn der Amtszeit führt zur Nichtigkeit des Wahlbeschlusses nach § 250 I Nr. 4. Soweit persönliche Voraussetzungen nach Amtsantritt wegfallen, erlischt das Amt des ARMitglieds (*Hüffer* Rn. 11; KölnKomm/*Mertens* Rn. 32). Beim Wegfall der persönlichen Voraussetzungen für ANVertreter (vgl. Rn. 5) sind die Sonderregelungen der Mitbestimmungsgesetze anzuwenden.

§ 101 Bestellung der Aufsichtsratsmitglieder

(1) ¹ Die Mitglieder des Aufsichtsrats werden von der Hauptversammlung gewählt, soweit sie nicht in den Aufsichtsrat zu entsenden oder als Aufsichtsratsmitglieder der Arbeitnehmer nach dem Mitbestimmungsgesetz, dem Mitbestimmungsergänzungsgesetz oder dem Betriebsverfassungsgesetz 1952 zu wählen sind. ² An Wahlvorschläge ist die Hauptversammlung nur gemäß §§ 6 und 8 des Montan-Mitbestimmungsgesetzes gebunden.

(2) ¹Ein Recht, Mitglieder in den Aufsichtsrat zu entsenden, kann nur durch die Satzung und nur für bestimmte Aktionäre oder für die jeweiligen Inhaber bestimmter Aktien begründet werden. ²Inhabern bestimmter Aktien kann das Entsendungsrecht nur eingeräumt werden, wenn die Aktien auf Namen lauten und ihre Übertragung an die Zustimmung der Gesellschaft gebunden ist. ³Die Aktien der Entsendungsberechtigten gelten nicht als eine besondere Gattung. ⁴Die Entsendungsrechte können insgesamt höchstens für ein Drittel der sich aus dem Gesetz oder der Satzung ergebenden Zahl der Aufsichtsratsmitglieder der Aktionäre eingeräumt werden. ⁵§ 4 Abs. 1 des Gesetzes über die Überführung der Anteilsrechte an der Volkswagenwerk Gesellschaft mit beschränkter Haftung in private Hand vom 21. Juli 1960 (Bundesgesetzbl. I S. 585), zuletzt geändert durch das Zweite Gesetz zur Änderung des Gesetzes über die Überführung der Anteilsrechte an der Volkswagenwerk Gesellschaft mit beschränkter Haftung in private Hand vom 31. Juli 1970 (Bundesgesetzbl. I S. 1149), bleibt unberührt.

(3) ¹Stellvertreter von Aufsichtsratsmitgliedern können nicht bestellt werden. ²Jedoch kann für jedes Aufsichtsratsmitglied mit Ausnahme des weiteren Mitglieds, das nach dem Montan-Mitbestimmungsgesetz oder dem Mitbestimmungsergänzungsgesetz auf Vorschlag der übrigen Aufsichtsratsmitglieder gewählt wird, ein Ersatzmitglied bestellt werden, das Mitglied des Aufsichtsrats wird, wenn das Aufsichtsratsmitglied vor Ablauf seiner Amtszeit wegfällt. ³Das Ersatzmitglied kann nur gleichzeitig mit dem Aufsichtsratsmitglied bestellt werden. ⁴Auf seine Bestellung sowie die Nichtigkeit und Anfechtung seiner Bestellung sind die für das Aufsichtsratsmitglied geltenden Vorschriften anzuwenden.

1. **Allgemeines.** Nach § 101 werden die ARMitglieder durch Wahl der Hauptversammlung, Entsendung oder entspr. dem anzuwendenden Mitbestimmungsgesetz bestellt. Abs. 3 eröffnet die Möglichkeit, Ersatzmitglieder zu bestellen.

Hinsichtlich der **Stellung des ARMitglieds zur Gesellschaft** ist zwischen der Bestellung und der Anstellung zu unterscheiden (vgl. *Hüffer* Rn. 2; KölnKomm/*Mertens* Rn. 5). Die Bestellung ist ein körperschaftlicher Rechtsakt, der neben dem Wahl- bzw. Entsendungsakt der Bekanntgabe und der zumindest konkludenten Annahme durch den Gewählten bedarf. Mit der Annahme entsteht ein organschaftliches Verhältnis zur Gesellschaft, welches das AktG und die Satzung näher ausgestaltet. Nach zutreffender hM besteht daneben ein Anstellungsverhältnis, auf das, abhängig von der Entgeltlichkeit, die §§ 675, 611 ff. BGB oder die §§ 662 ff. BGB Anwendung finden (vgl. KölnKomm/*Mertens* Rn. 5 ff.; aA *Geßler/Hefermehl/Eckardt/Kropff* Rn. 54).

2. **Bestellung durch die Hauptversammlung.** Abs. 1 weist die Kompetenz zur Bestellung der ARMitglieder grds. der Hauptversammlung zu, beschränkt sie aber gleichzeitig auf die ARMandate, die nicht durch Entsendung (II) oder Wahl der AN besetzt werden. Bei der Wahl ist die Hauptversammlung frei nur bei einem Wahlvorschlag nach den §§ 6 und 8 Montan-MitbestG gebunden (§ 103 I 2). Das Wahlverfahren der Hauptversammlung gestalten die §§ 121 ff. näher aus. Nach § 124 II 1 ist in der Bek. über die Einberufung der Hauptversammlung anzugeben, nach welchen gesetzlichen Vorschriften der AR zusammenzusetzen ist. Zur Wahl der ARMitglieder ist gem. § 133 die Mehrheit der Stimmen erforderlich, soweit die Satzung keine qualifizierte Mehrheit verlangt (BGH 13. 3. 1980 Z 76, 191, 193).

3. **Bestellung der Arbeitnehmervertreter.** Die ANVertreter werden nach Maßgabe des anzuwendenden Mitbestimmungsgesetzes bestellt (vgl. §§ 9 ff. MitbestG, § 6 Montan-MitbestG, §§ 7 ff. MitbestErgG, § 76 BetrVG 1952).

4. **Entsendung.** Nach Abs. 2 kann die Satzung zugunsten eines Aktionärs für höchstens ein Drittel der Anteilseignervertreter im AR ein Entsendungsrecht einräumen. Das Entsendungsrecht der Gewerkschaften nach § 7 MitbestErgG aF ist im Jahre 1981 entfallen.

5. **Ersatzmitglieder.** Abs. 3 erklärt die Bestellung von Stellvertretern für unzulässig, ermöglicht den Aktionären und AN aber für jedes ihrer ARMitglieder, ein Ersatzmitglied zu bestellen. Ausgeschlossen ist dies nach S. 2 nur für das weitere Mitglied iSv. § 4 I lit. c Montan-MitbestG. Ob das für die Bestellung zust. Organ von seiner Befugnis in § 101 III Gebrauch macht, steht in seinem Ermessen (BayObLG 29. 3. 2000 AG 2001, 50, 51).

Für die **Bestellung** des Ersatzmitglieds, das nach S. 3 gleichzeitig mit dem ARMitglied bestellt werden muss, gelten die gleichen Regeln wie bei der Bestellung des ordentlichen Mitglieds. Ersatzmitglieder der Anteilseigner können grds. für mehrere ARMitglieder in der Weise bestellt werden, dass sie mit der ersten Nachfolge in den AR ihre Ersatzberechtigung für die übrigen ARMitglieder nicht verlieren (BGH 15. 12. 1986 Z 99, 211, 214; vgl. *Rellermeyer* ZGR 1987, 563 ff.). Bei ANVertretern lassen die Mitbestimmungsgesetze eine Mehrfachbestellung nur eingeschränkt zu, vgl. im Einzelnen § 17 MitbestG und die entspr. WO.

Mit dem Wegfall des ordentlichen Mitglieds (zB Amtsniederlegung oder Tod) rückt das Ersatzmitglied in dessen Rechtsstellung ein. Die **Amtszeit** wird durch die des Vorgängers bestimmt (vgl.

§ 102 II), die Satzung kann diese aber für Vertreter der Anteilseigner auf die Zeit bis zu einer Nachwahl beschränken (vgl. zur Abberufung § 103 V).

9   **6. Fehlerhafte Bestellung.** Die Rechtsfolgen einer fehlerhaften Bestellung richten sich nach den für das jeweilige ARMitglied anzuwendenden Vorschriften. Für die Vertreter der Aktionäre gelten die §§ 250 ff., bei den ANVertretern die mitbestimmungsrechtlichen Vorschriften, vgl. § 22 MitbestG, § 10 k MitbestErgG, § 76 BetrVG 1952.

10   Hinsichtlich der **Rechtsstellung eines fehlerhaft bestellten ARMitglieds** ist zu differenzieren. Die Verantwortlichkeit des ARMitglieds richtet sich unabhängig von der fehlerhaften Bestellung nach den §§ 116 S. 1, 93 (RG 9. 10. 1936 Z 152, 273, 279; *Hüffer* Rn. 17). Bei einer Anfechtung der Bestellung ist das ARMitglied bis zur Rechtskraft des Urteils wie ein vollwertiges Mitglied zu behandeln (KölnKomm/*Mertens* Rn. 97; *Geßler/Hefermehl/Eckardt/Kropff* Rn. 124; GroßKomm/*Schmidt* § 252 Rn. 12). Eine nichtige Bestellung entfaltet demgegenüber keine Rechtswirkungen. Die Wirksamkeit der Beschlüsse des AR ist danach zu beurteilen, ob sie auch ohne die Stimme des betreffenden ARMitglieds fehlerfrei, insb. unter Beachtung der erforderlichen Mehrheit und der Beschlussfähigkeit, zustande gekommen sind (*Hüffer* Rn. 17).

§ 102 Amtszeit der Aufsichtsratsmitglieder

(1) ¹Aufsichtsratsmitglieder können nicht für längere Zeit als bis zur Beendigung der Hauptversammlung bestellt werden, die über die Entlastung für das vierte Geschäftsjahr nach dem Beginn der Amtszeit beschließt. ²Das Geschäftsjahr, in dem die Amtszeit beginnt, wird nicht mitgerechnet.

(2) Das Amt des Ersatzmitglieds erlischt spätestens mit Ablauf der Amtszeit des weggefallenen Aufsichtsratsmitglieds.

1   Die Norm beschränkt den Gestaltungsspielraum der Satzung hinsichtlich der Amtszeit und deren Höchstdauer. Sie gilt ohne Einschränkungen für die Vertreter der Anteilseigner und der AN, vgl. § 15 I MitbestG, § 10 c MitbestErgG, § 76 II 1 BetrVG 1952.

2   Entspr. dem Wortlaut bezieht sich die Amtszeit und damit die Amtsperiode auf das einzelne ARMitglied. Die daraus resultierende Unabhängigkeit der einzelnen Amtszeiten überwindet die Praxis durch die satzungsmäßige Festlegung von ARPerioden.

3   Nach Abs. 1 können ARMitglieder nicht länger als bis zum Ende der ersten Hauptversammlung bestellt werden, die über die Entlastung für das vierte Geschäftsjahr beschließt. Die **Höchstdauer** beträgt somit idR fünf Jahre. Beschließt die hiernach maßgebliche Hauptversammlung nicht über die Entlastung des AR, so verlängert sich entgegen der bislang hM (*Hüffer* Rn. 3; *Geßler/Hefermehl/ Eckardt/Kropff* Rn. 9; MünchGesR IV/*Hoffmann-Becking* § 30 Rn. 36; aA KölnKomm/*Mertens* Rn. 5) die Amtszeit des ARMitglieds nicht (BGH 24. 6. 2002 NJW-RR 2002, 1461, 1462). Die Zugehörigkeit zum AR endet vielmehr spätestens in dem Zeitpunkt, in dem die Hauptversammlung über die Entlastung für das vierte Geschäftsjahr seit Amtsantritt hätte beschließen müssen (BGH 24. 6. 2002 NJW-RR 2002, 1461, 1462). Zur vorzeitigen Beendigung der Amtszeit § 103 Rn. 12 f.

§ 103 Abberufung der Aufsichtsratsmitglieder

(1) ¹Aufsichtsratsmitglieder, die von der Hauptversammlung ohne Bindung an einen Wahlvorschlag gewählt worden sind, können von ihr vor Ablauf der Amtszeit abberufen werden. ²Der Beschluß bedarf einer Mehrheit, die mindestens drei Viertel der abgegebenen Stimmen umfaßt. ³Die Satzung kann eine andere Mehrheit und weitere Erfordernisse bestimmen.

(2) ¹Ein Aufsichtsratsmitglied, das auf Grund der Satzung in den Aufsichtsrat entsandt ist, kann von dem Entsendungsberechtigten jederzeit abberufen und durch ein anderes ersetzt werden. ²Sind die in der Satzung bestimmten Voraussetzungen des Entsendungsrechts weggefallen, so kann die Hauptversammlung das entsandte Mitglied mit einfacher Stimmenmehrheit abberufen.

(3) ¹Das Gericht hat auf Antrag des Aufsichtsrats ein Aufsichtsratsmitglied abzuberufen, wenn in dessen Person ein wichtiger Grund vorliegt. ²Der Aufsichtsrat beschließt über die Antragstellung mit einfacher Mehrheit. ³Ist das Aufsichtsratsmitglied auf Grund der Satzung in den Aufsichtsrat entsandt worden, so können auch Aktionäre, deren Anteile zusammen den zehnten Teil des Grundkapitals oder den anteiligen Betrag von einer Million Euro erreichen, den Antrag stellen. ⁴Gegen die Entscheidung ist die sofortige Beschwerde zulässig.

(4) Für die Abberufung der Aufsichtsratsmitglieder, die weder von der Hauptversammlung ohne Bindung an einen Wahlvorschlag gewählt worden sind noch auf Grund der Satzung in den Aufsichtsrat entsandt sind, gelten außer Absatz 3 das Mitbestimmungsgesetz, das Montan-Mitbestimmungsgesetz, das Mitbestimmungsergänzungsgesetz und das Betriebsverfassungsgesetz 1952.

(5) Für die Abberufung eines Ersatzmitglieds gelten die Vorschriften über die Abberufung des Aufsichtsratsmitglieds, für das es bestellt ist.

1. Allgemeines. Die Norm regelt zusammenfassend die Abberufung von ARMitgliedern. Neben der Abberufung durch den jeweils Bestellungsberechtigten (Abs. 1, 2 und 4) sieht Abs. 3 ein gerichtliches Abberufungsverfahren aus wichtigem Grund vor. Gem. Abs. 5 finden die Vorschriften über die Abberufung auf die noch nicht in den AR nachgerückten Ersatzmitglieder entspr. Anwendung (vgl. § 101 III). 1

Die Abberufung ist ein körperschaftlicher Rechtsakt, welcher der Bekanntgabe an das betroffene ARMitglied bedarf. Nach richtiger Ansicht genügt es, den Abberufungsbeschluss dem ARMitglied gegenüber irgendwie zu verlautbaren (KölnKomm/*Mertens* Rn. 10; MünchGesR IV/*Hofmann-Becking* § 30 Rn. 52; aA *Hüffer* Rn. 5; *Geßler/Hefermehl/Eckardt/Kropff* Rn. 14). Eine wirksame Abberufung führt neben dem Verlust des ARAmts auch zum Ende des Anstellungsverhältnisses. Etwaige Vergütungsansprüche des ARMitglieds erlöschen für die Zukunft (RG 31. 3. 1908 Z 68, 223, 225 ff.; *Hüffer* Rn. 6; KölnKomm/*Mertens* Rn. 5). 2

2. Abberufung durch die Hauptversammlung. Nach Abs. 1 kann die Hauptversammlung nach freien Ermessen die von ihr bestellten ARMitglieder abberufen. Hierzu bedarf es eines ausdrücklichen Beschlusses mit einer Mehrheit von drei Viertel der abgegebenen Stimmen (§ 103 I 2). Die Satzung kann andere Mehrheiten und weitere Erfordernisse verfahrensrechtlicher Art bestimmen (§ 103 I 3). Unwirksam ist eine Satzungsbestimmung, die unterschiedliche Mehrheiten aufstellt (BGH 15. 12. 1986 Z 99, 211, 215) oder die Mehrheitserfordernisse nach dem Anlass der Abberufung differenziert (*Hüffer* Rn. 4; KölnKomm/*Mertens* Rn. 15). 3

3. Abberufung durch den Entsendungsberechtigten. Abs. 2 räumt dem Entsendungsberechtigten die Befugnis ein, das entsandte ARMitglied jederzeit abzuberufen und durch ein anderes zu ersetzen. Bei Wegfall des satzungsmäßigen Entsendungsrechts kann auch die Hauptversammlung mit einfacher Stimmenmehrheit das entsandte ARMitglied abberufen (§ 103 II 2). 4

4. Abberufung nach Mitbestimmungsrecht. Nach Abs. 4 gelten für die ARMitglieder, die auf Grund mitbestimmungsrechtlicher Vorschriften in den AR gewählt worden sind, die Abberufungsvorschriften des § 23 MitbestG, § 11 Montan-MitbestG, § 10 m MitbestErgG, § 76 V BetrVG 1952. 5

5. Gerichtliches Abberufungsverfahren. Das gerichtliche Verfahren zur Abberufung aus wichtigem Grund (§ 103 III) ist unabhängig von den übrigen Abberufungskompetenzen der Abs. 1, 2 und 4. Es soll der Gesellschaft ermöglichen, sich von einem untragbar gewordenen ARMitglied zu trennen. 6

a) Antragsberechtigung. Den Antrag zur Einleitung des Verfahrens kann gem. § 103 III 1 nur der AR stellen. Bei der Beschlussfassung, für die die einfache Stimmenmehrheit genügt (§ 103 III 2), ist das betroffene ARMitglied nicht stimmberechtigt (*Hüffer* Rn. 12; KölnKomm/*Mertens* Rn. 29; Hanau/*Ulmer* § 6 Rn. 70; aA *Geßler/Hefermehl/Eckardt/Kropff* Rn. 34; MünchGesR IV/*Hofmann-Becking* § 30 Rn. 55; *Hoffmann/Kirchhoff*, FS für Beusch, 1993, S. 377, 380). Soweit dieses auf Grund der Satzung in den AR entsandt worden ist, steht nach § 103 III 3 auch einer Aktionärsminderheit, deren Anteile 10% des Grundkapitals oder einen Nennwert von 1 Million Euro erreichen, das Antragsrecht zu. 7

b) Wichtiger Grund. Die Abberufung setzt einen wichtigen Grund in der Person des ARMitglieds voraus. Der BGH bejahte früher das Vorliegen eines wichtigen Grundes, wenn ein krasses gesellschaftswidriges Verhalten vorliegt oder das Mitglied schlechthin untragbar für die Gesellschaft geworden ist (BGH 21. 2. 1963 Z 39, 111, 123). Heute wird jedoch darauf abgestellt, ob bei Abwägung der beteiligten Interessen ein Verbleiben des ARMitglieds in der Gesellschaft bis zum Ende der Amtszeit nicht zumutbar ist (OLG Hamburg 23. 1. 1990 ZIP 1990, 311, 313; vgl. LG Frankfurt aM 14. 10. 1986 NJW 1987, 505, 506; *Hofmann* BB 1973, 1081 ff.; *Hüffer* Rn. 10; KölnKomm/*Mertens* Rn. 32). 8

Ein wichtiger Grund **liegt vor**, wenn ein ARMitglied auf Grund einer Tätigkeit außerhalb der Gesellschaft in einen Pflicht- und Interessenkonflikt mit den Unternehmenszielen gerät, namentlich durch das Eintreten für politische Zielsetzungen, die den Unternehmensgegenstand unterminieren (LG Hamburg 15. 9. 1989 ZIP 1990, 102; OLG Hamburg 23. 1. 1990 ZIP 1990, 311), einzelne ARMitglieder sich im Hinblick auf ein geplantes Fusionsvorhaben mit einer negativen Stellungnahme an das Bundeskartellamt wenden (LG Frankfurt aM 14. 10. 1986 NJW 1987, 505) oder Mitglieder des AR 9 ohne Wissen des Vorstands Kontakt zu Geschäftspartnern der Gesellschaft aufnehmen (OLG Zweibrücken 28. 5. 1990 AG 1991, 70). Auch eine Verletzung der Verschwiegenheitspflichten kann abhängig von Art und Umfang der Pflichtverletzung einen wichtigen Grund darstellen (AG München 2. 5. 1985 ZIP 1985, 1139).

10 Bei einer Tätigkeit des ARMitglieds im Vorstand oder AR eines Konkurrenzunternehmens wird tw. ein Abberufungsgrund angenommen (*Lutter*, FS für Beusch, 1993, S. 509, 521 ff.). Richtigerweise ist dies jedoch nur bei Anhaltspunkten zu bejahen, welche die konkrete Gefahr eines nicht überbrückbaren Pflichten- und Loyalitätskonflikts begründen (vgl. KölnKomm/*Mertens* Rn. 34; *Hüffer* Rn. 13 a f.).

11 c) **Verfahren.** Über den Antrag entscheidet gem. § 14 iVm. § 145 I FGG das AG des Sitzes der Gesellschaft im Verfahren der freiwilligen Gerichtsbarkeit. Gegen den Beschluss des AG ist nach § 103 III 4 die sofortige Beschwerde und gegen die Entscheidung des Beschwerdegerichts die sofortige weitere Beschwerde nach § 29 FGG gegeben. Da die Beschwerde keine aufschiebende Wirkung hat, erlischt das Amt des ARMitglieds bereits mit Bekanntgabe der stattgebenden Entscheidung gem. § 16 I FGG. Soweit diese durch die Beschwerdeinstanz aufgehoben wird, lebt die Mitgliedschaft des abberufenen ARMitglieds nur wieder auf, wenn zwischenzeitlich kein neues ARMitglied das Amt übernommen hat (OLG Köln 12. 10. 1988 ZIP 1989, 572, 574; KölnKomm/*Mertens* Rn. 42).

12 **6. Sonstige Beendigungsgründe.** Weitere Gründe einer Beendigung des Mandats sind der Tod, der Wegfall der persönlichen Voraussetzungen nach § 100 I, II (vgl. dort Rn. 2 ff.) sowie die wirksame Anfechtung der Bestellung nach den §§ 251, 252 bzw. § 22 MitbestG und § 76 BetrVG 1952. Das Mandat endet nicht durch die Auflösung der Gesellschaft oder eine formwechselnde Umwandlung, welche die Voraussetzungen des § 203 UmwG erfüllt (s. dazu Einl. MitbestG Rn. 19).

13 Eine **Amtsniederlegung** ist zulässig (vgl. *Singhof* AG 1998, 318 ff.; *Wardenbach* AG 1999, 74), sie erfordert nach nunmehr einhelliger Ansicht keinen wichtigen Grund (*Hüffer* Rn. 17; KölnKomm/*Mertens* Rn. 56). Zur Wirksamkeit ist nach hM die Erklärung gegenüber dem Vorstand erforderlich (*Hüffer* Rn. 17; *Geßler/Hefermehl/Eckardt/Kropff* § 102 Rn. 34; aA KölnKomm/*Mertens* Rn. 58: Aufsichtsratsvorsitzender).

§ 104 Bestellung durch das Gericht

(1) ¹Gehört dem Aufsichtsrat die zur Beschlußfähigkeit nötige Zahl von Mitgliedern nicht an, so hat ihn das Gericht auf Antrag des Vorstands, eines Aufsichtsratsmitglieds oder eines Aktionärs auf diese Zahl zu ergänzen. ²Der Vorstand ist verpflichtet, den Antrag unverzüglich zu stellen, es sei denn, daß die rechtzeitige Ergänzung vor der nächsten Aufsichtsratssitzung zu erwarten ist. ³Hat der Aufsichtsrat auch aus Aufsichtsratsmitgliedern der Arbeitnehmer zu bestehen, so können auch den Antrag stellen
1. der Gesamtbetriebsrat der Gesellschaft oder, wenn in der Gesellschaft nur ein Betriebsrat besteht, der Betriebsrat, sowie, wenn die Gesellschaft herrschendes Unternehmen eines Konzerns ist, der Konzernbetriebsrat,
2. der Gesamt- oder Unternehmenssprecherausschuss der Gesellschaft oder, wenn in der Gesellschaft nur ein Sprecherausschuss besteht, der Sprecherausschuss sowie, wenn die Gesellschaft herrschendes Unternehmen eines Konzerns ist, der Konzernsprecherausschuss,
3. der Gesamtbetriebsrat eines anderen Unternehmens, dessen Arbeitnehmer selbst oder durch Delegierte an der Wahl teilnehmen, oder, wenn in dem anderen Unternehmen nur ein Betriebsrat besteht, der Betriebsrat,
4. der Gesamt- oder Unternehmenssprecherausschuss eines anderen Unternehmens, dessen Arbeitnehmer selbst oder durch Delegierte an der Wahl teilnehmen, oder, wenn in dem anderen Unternehmen nur ein Sprecherausschuss besteht, der Sprecherausschuss,
5. mindestens ein Zehntel oder einhundert der Arbeitnehmer, die selbst oder durch Delegierte an der Wahl teilnehmen,
6. Spitzenorganisationen der Gewerkschaften, die das Recht haben, Aufsichtsratsmitglieder der Arbeitnehmer vorzuschlagen,
7. Gewerkschaften, die das Recht haben, Aufsichtsratsmitglieder der Arbeitnehmer vorzuschlagen.
⁴Hat der Aufsichtsrat nach dem Mitbestimmungsgesetz auch aus Aufsichtsratsmitgliedern der Arbeitnehmer zu bestehen, so sind außer den nach Satz 3 Antragsberechtigten auch je ein Zehntel der wahlberechtigten in § 3 Abs. 1 Nr. 1 des Mitbestimmungsgesetzes bezeichneten Arbeitnehmer oder der wahlberechtigten leitenden Angestellten im Sinne des Mitbestimmungsgesetzes antragsberechtigt. ⁵Gegen die Entscheidung ist die sofortige Beschwerde zulässig.

(2) ¹Gehören dem Aufsichtsrat länger als drei Monate weniger Mitglieder als die durch Gesetz oder Satzung festgesetzte Zahl an, so hat ihn das Gericht auf Antrag auf diese Zahl zu ergänzen. ²In dringenden Fällen hat das Gericht auf Antrag den Aufsichtsrat auch vor Ablauf der Frist zu ergänzen. ³Das Antragsrecht bestimmt sich nach Absatz 1. ⁴Gegen die Entscheidung ist die sofortige Beschwerde zulässig.

(3) Absatz 2 ist auf einen Aufsichtsrat, in dem die Arbeitnehmer ein Mitbestimmungsrecht nach dem Mitbestimmungsgesetz, dem Montan-Mitbestimmungsgesetz oder dem Mitbestimmungsergänzungsgesetz haben, mit der Maßgabe anzuwenden,
1. daß das Gericht den Aufsichtsrat hinsichtlich des weiteren Mitglieds, das nach dem Montan-Mitbestimmungsgesetz oder dem Mitbestimmungsergänzungsgesetz auf Vorschlag der übrigen Aufsichtsratsmitglieder gewählt wird, nicht ergänzen kann,
2. daß es stets ein dringender Fall ist, wenn dem Aufsichtsrat, abgesehen von dem in Nummer 1 genannten weiteren Mitglied, nicht alle Mitglieder angehören, aus denen er nach Gesetz oder Satzung zu bestehen hat.

(4) ¹Hat der Aufsichtsrat auch aus Aufsichtsratsmitgliedern der Arbeitnehmer zu bestehen, so hat das Gericht ihn so zu ergänzen, daß das für seine Zusammensetzung maßgebende zahlenmäßige Verhältnis hergestellt wird. ²Wenn der Aufsichtsrat zur Herstellung seiner Beschlußfähigkeit ergänzt wird, gilt dies nur, soweit die zur Beschlußfähigkeit nötige Zahl der Aufsichtsratsmitglieder die Wahrung dieses Verhältnisses möglich macht. ³Ist ein Aufsichtsratsmitglied zu ersetzen, das nach Gesetz oder Satzung in persönlicher Hinsicht besonderen Voraussetzungen entsprechen muß, so muß auch das vom Gericht bestellte Aufsichtsratsmitglied diesen Voraussetzungen entsprechen. ⁴Ist ein Aufsichtsratsmitglied zu ersetzen, bei dessen Wahl eine Spitzenorganisation der Gewerkschaften, eine Gewerkschaft oder die Betriebsräte ein Vorschlagsrecht hätten, so soll das Gericht Vorschläge dieser Stellen berücksichtigen, soweit nicht überwiegende Belange der Gesellschaft oder der Allgemeinheit der Bestellung des Vorgeschlagenen entgegenstehen; das gleiche gilt, wenn das Aufsichtsratsmitglied durch Delegierte zu wählen wäre, für gemeinsame Vorschläge der Betriebsräte der Unternehmen, in denen Delegierte zu wählen sind.

(5) Das Amt des gerichtlich bestellten Aufsichtsratsmitglieds erlischt in jedem Fall, sobald der Mangel behoben ist.

(6) ¹Das gerichtlich bestellte Aufsichtsratsmitglied hat Anspruch auf Ersatz angemessener barer Auslagen und, wenn den Aufsichtsratsmitgliedern der Gesellschaft eine Vergütung gewährt wird, auf Vergütung für seine Tätigkeit. ²Auf Antrag des Aufsichtsratsmitglieds setzt das Gericht die Auslagen und die Vergütung fest. ³Gegen die Entscheidung ist die sofortige Beschwerde zulässig. ⁴Die weitere Beschwerde ist ausgeschlossen. ⁵Aus der rechtskräftigen Entscheidung findet die Zwangsvollstreckung nach der Zivilprozeßordnung statt.

1. Allgemeines. Nach § 104 kann ein beschlussunfähiger (Abs. 1) oder unterbesetzter AR (Abs. 2) 1 auf Antrag durch eine gerichtliche Entscheidung ergänzt werden, um die Funktions- und Arbeitsfähigkeit des AR sicherzustellen (BGH 24. 6. 2002 NJW-RR 2002, 1461, 1462; *Hüffer* Rn. 1). Ein beschlussunfähiger AR kann nach § 104 I auf die zur Beschlussfähigkeit notwendige Zahl von ARMitgliedern ergänzt werden.

2. Beschlussunfähigkeit. Der AR einer mitbestimmten Gesellschaft ist beschlussunfähig, wenn ihm 2 weniger als die Hälfte der erforderlichen Mitgliederzahl angehört, vgl. § 28 MitbestG, § 10 MontanMitbestG. Soweit die Gesellschaft dem BetrVG 1952 unterliegt oder mitbestimmungsfrei ist, bestimmt sich die Beschlussfähigkeit nach § 108 II.

3. Antragsberechtigung. Den Antrag kann nach § 104 I 1 der Vorstand, jedes ARMitglied und 3 jeder Aktionär stellen. Der Vorstand ist nach § 104 I 2 verpflichtet, den Antrag unverzüglich (§ 121 I 1 BGB) zu stellen, sofern nicht die rechtzeitige Ergänzung vor der nächsten ARSitzung zu erwarten ist. Daneben sind die in § 104 I 3 Nr. 1 bis 7 genannten Gremien, Organisationen und Gruppen sowie die im MitbestG definierten AN (§ 104 I 4) zur Antragstellung berechtigt.

4. Ergänzung bei Unterbesetzung. Eine Ergänzung des AR ist nach § 104 II 1 möglich, wenn 4 diesem länger als drei Monate weniger als die durch Gesetz und Satzung vorgeschriebene Zahl von Mitglieder angehören. Den Antrag können alle in Abs. 1 genannten Antragsberechtigten stellen (§ 104 II 3), eine Verpflichtung hierzu trifft sie jedoch – wie § 104 I bestätigt – nicht. Das gilt auch für den Vorstand einer mitbestimmten Gesellschaft (BayObLG 29. 3. 2000 AG 2001, 50, 51).

Die Dreimonatsfrist ist nicht einzuhalten, wenn ein dringender Fall iSv. § 104 II 2 vorliegt. Das ist 5 gem. § 104 III Nr. 2 immer zu bejahen, wenn die Gesellschaft der Mitbestimmung nach dem MitbestG, dem Montan-MitbestG oder MitbestErgG unterliegt. Im Übrigen ist Dringlichkeit anzunehmen, wenn bei wichtigen Entscheidungen auf Grund der Unterrepräsentierung einer Interessengruppe konkrete Auswirkungen auf das Beschlussergebnis zu erwarten sind (KölnKomm/*Mertens* Rn. 13; *Hüffer* Rn. 7).

Oetker

6   **5. Gerichtliche Entscheidung.** Über den Antrag entscheidet gem. § 145 I FGG iVm. § 14 das AG am Sitzes der Gesellschaft im Verfahren der freiwilligen Gerichtsbarkeit. Gegen den Beschluss ist gem. § 104 I 5 bzw. § 104 II 4 die sofortige Beschwerde und gegen die Entscheidung des Beschwerdegerichts die sofortige weitere Beschwerde gegeben. Zur Beschwerdebefugnis OLG Dresden 30. 9. 1997 AG 1998, 427.

7   Bei der Entscheidung, insb. bei der Auswahl, ist das Gericht frei, jedoch im Rahmen des § 104 IV an Einschränkungen gebunden (BayObLG 20. 8. 1997 ZIP 1997, 1883, 1884 f.). Wenn der AR auch aus Vertretern der AN zu bestehen hat, ist er nach § 104 IV 1 so zu ergänzen, dass das für die Zusammensetzung des AR maßgebliche zahlenmäßige Verhältnis unter Beachtung der Parität und des Gruppenproporzes hergestellt wird (*Hüffer* Rn. 9; *Hanau/Ulmer* § 6 Rn. 61). Bei der Ergänzung wegen Beschlussunfähigkeit nach Abs. 1 hat das Gericht nach § 104 IV 2 den AR abw. hiervon unter weitgehender Herstellung der gruppenmäßigen Zusammensetzung zu ergänzen, bis die Beschlussfähigkeit erreicht ist (KölnKomm/*Mertens* Rn. 15; *Geßler/Hefermehl* Rn. 32).

8   Das vom Gericht bestellte ARMitglied muss nach § 104 IV 3 die bes. persönlichen Voraussetzungen aufweisen, die Gesetz oder Satzung aufstellen, insb. auch die erweiterten mitbestimmungsrechtlichen Voraussetzungen, vgl. § 100 Rn. 5. Im Rahmen des § 104 IV 4 ist das Gericht gehalten die nach dem Mitbestimmungsrecht bestehenden Vorschlagsrechte zu berücksichtigen, vgl. § 16 II MitbestG, § 6 I, III Montan-MitbestG, § 76 III BetrVG 1952 sowie BayObLG 20. 8. 1997 ZIP 1997, 1883, 1884.

9   **6. Rechtsstellung des Bestellten.** Nach § 104 V erlischt das Amt des gerichtlich bestellten ARMitglieds, wenn der Mangel behoben ist. Dies ist bei der Ergänzung wegen Beschlussunfähigkeit nach § 104 I der Fall, wenn der AR auch ohne das gerichtlich bestellte Mitglied seine Beschlussfähigkeit wiedererlangt hat, bei der Ergänzung nach § 104 II nur dann, wenn die Unterbesetzung beseitigt worden ist (zur Unverhältnismäßigkeit einer Nachwahl LAG Köln 30. 6. 2000 NZA-RR 2001, 317 f.). Der Mangel iSv. § 104 V ist behoben, wenn das ARMitglied ordentlich bestellt wird oder die in der Satzung festgelegten Bestimmungen über die Mitgliederzahl und die Beschlussfähigkeit heruntergesetzt werden (*Hüffer* Rn. 13).

10 Das gerichtlich bestellte ARMitglied hat während seiner Amtszeit dieselben Rechte und Pflichten wie ein ordentlich bestelltes Mitglied, insb. auch einen Vergütungsanspruch, § 104 VI. Auf Antrag setzt das zust. Gericht (Rn. 6) die von der Gesellschaft zu zahlenden Auslagen und die Vergütung fest, vgl. im Einzelnen § 104 VI.

§ 105 Unvereinbarkeit der Zugehörigkeit zum Vorstand und zum Aufsichtsrat

(1) Ein Aufsichtsratsmitglied kann nicht zugleich Vorstandsmitglied, dauernd Stellvertreter von Vorstandsmitgliedern, Prokurist oder zum gesamten Geschäftsbetrieb ermächtigter Handlungsbevollmächtigter der Gesellschaft sein.

(2) [1] Nur für einen im voraus begrenzten Zeitraum, höchstens für ein Jahr, kann der Aufsichtsrat einzelne seiner Mitglieder zu Stellvertretern von fehlenden oder behinderten Vorstandsmitgliedern bestellen. [2] Eine wiederholte Bestellung oder Verlängerung der Amtszeit ist zulässig, wenn dadurch die Amtszeit insgesamt ein Jahr nicht übersteigt. [3] Während ihrer Amtszeit als Stellvertreter von Vorstandsmitgliedern können die Aufsichtsratsmitglieder keine Tätigkeit als Aufsichtsratsmitglied ausüben. [4] Das Wettbewerbsverbot des § 88 gilt für sie nicht.

1   **1. Allgemeines.** § 105 regelt die Inkompatibilität der ARMitgliedschaft mit der Mitgliedschaft im Vorstand und der Ausübung weiterer leitender Funktionen. Damit setzt die Norm die Funktionsabgrenzung zwischen dem Geschäftsführungsorgan Vorstand und dem Überwachungsorgan AR auch in personeller Hinsicht um. Die in Abs. 2 ermöglichte Bestellung von ARMitgliedern zu Stellvertretern von Vorstandsmitgliedern durchbricht partiell den Inkompatibilitätsgrundsatz.

2   Der Unvereinbarkeitsgrundsatz in § 105 I stellt keinen absoluten Vorrang des ARMandats gegenüber den anderen dazu inkompatiblen Rechtsstellungen auf. Vielmehr besteht dahingehend eine Priorität, dass die Eingehung der späteren Rechtsstellung unzulässig ist, sofern die frühere bei Übernahme des Amts nicht gleichzeitig aufgegeben wird (KölnKomm/*Mertens* Rn. 5).

3   **2. Unvereinbare Rechtsstellungen.** Nach § 105 I 1. und 2. Fall kann ein ARMitglied nicht zugleich Mitglied des Vorstands oder dauernder Stellvertreter eines Vorstandmitglieds derselben Gesellschaft sein. Zur Mitgliedschaft in Vorstand und AR verschiedener Gesellschaften vgl. § 100 Rn. 4. Unvereinbar mit dem ARAmt sind nach § 105 I 3. und 4. Fall auch die Stellung eines Prokuristen, unabhängig von der Art der Prokura, und eines Generalhandlungsbevollmächtigten iSv. § 54 I 1. Fall HGB. Im Anwendungsbereich des MitbestG ist dessen § 6 II 2 zu beachten (vgl. § 6 MitbestG Rn. 6). Auf andere als in § 105 I genannte Rechtsstellungen, zB nicht erfasste Funktionen der Leitungsebene, ist die Inkompatibilitätsregel nicht anzuwenden (*Hüffer* Rn. 5; KölnKomm/*Mertens* Rn. 12).

3. Rechtsfolgen bei Verstoß. Für die Inkompatibilität zwischen ARMandat und den damit unvereinbaren Rechtsstellungen ist der Zeitpunkt des Amtsantritts maßgeblich. Die Bestellung ist bis zur auch konkludent erklärbaren Niederlegung des anderen Amtes schwebend unwirksam. Wird das Amt nicht niedergelegt, so ist die Bestellung nach § 134 BGB bzw. analog § 250 I nichtig (*Hüffer* Rn. 6). Die Stellung eines Prokuristen oder Generalhandlungsbevollmächtigten kann abw. von den Vertretungsregeln des BGB bzw. des HGB durch Erklärung gegenüber der Gesellschaft beendet werden (*Brox* NJW 1967, 804 f.; KölnKomm/*Mertens* Rn. 14).

4. ARMitglied als stellvertretendes Vorstandsmitglied. Nach Abs. 2 kann der AR einzelne seiner Mitglieder zu Stellvertretern von fehlenden oder verhinderten Vorstandsmitgliedern für eine im Voraus zu bestimmende Amtszeit von höchstens einem Jahr bestellen. Ein Fehlen in diesem Sinne ist gegeben, wenn die nach Gesetz, Satzung oder Geschäftsordnung vorgeschriebene Mitgliederzahl unterschritten ist. Ein Vorstandsmitglied ist verhindert, wenn es infolge langer Abwesenheit dauernd an der Ausübung des Vorstandsamts gehindert ist (*Hüffer* Rn. 7; KölnKomm/*Mertens* Rn. 18, 19; *Geßler/Hefermehl/Eckardt/Kropff* Rn. 24, 25).

Die Bestellung erfolgt durch Beschluss des AR, bei dem auch das zu bestellende Mitglied stimmberechtigt ist. Soweit die Gesellschaft dem MitbestG unterliegt, ist für die Beschlussfassung § 29 MitbestG und nicht § 31 MitbestG anzuwenden (KölnKomm/*Mertens* Rn. 16; *Krieger*, Personalentscheidungen des AR, 1981, S. 228 ff.).

Das zum Stellvertreter eines Vorstandsmitglieds bestellte ARMitglied tritt in dessen Rechtsposition mit allen sich daraus ergebenden Rechten und Pflichten mit Ausnahme des Wettbewerbsverbots nach § 88 (§ 105 II 4) ein. Während der Amtszeit als Stellvertreter von Vorstandsmitgliedern ruht das ARMandat (vgl. § 105 II 3).

§ 106 Bekanntmachung der Änderungen im Aufsichtsrat

Der Vorstand hat jeden Wechsel der Aufsichtsratsmitglieder unverzüglich in den Gesellschaftsblättern bekanntzumachen und die Bekanntmachung zum Handelsregister einzureichen.

Die Vorschrift regelt die Publizität der personellen ARZusammensetzung. Der Vorstand ist verpflichtet, eine personelle Veränderung in der Zusammensetzung des AR in den Gesellschaftsblättern (§ 25) bekanntzumachen und die Bekanntmachung zum Handelsregister einzureichen. Bei Eintritt neuer ARMitglieder ist deren Name, Beruf und Wohnort analog §§ 40 I Nr. 3, 124 III 3 anzugeben (KölnKomm/*Mertens* Rn. 4).

§ 107 Innere Ordnung des Aufsichtsrats

(1) ¹Der Aufsichtsrat hat nach näherer Bestimmung der Satzung aus seiner Mitte einen Vorsitzenden und mindestens einen Stellvertreter zu wählen. ²Der Vorstand hat zum Handelsregister anzumelden, wer gewählt ist. ³Der Stellvertreter hat nur dann die Rechte und Pflichten des Vorsitzenden, wenn dieser behindert ist.

(2) ¹Über die Sitzungen des Aufsichtsrats ist eine Niederschrift anzufertigen, die der Vorsitzende zu unterzeichnen hat. ²In der Niederschrift sind der Ort und der Tag der Sitzung, die Teilnehmer, die Gegenstände der Tagesordnung, der wesentliche Inhalt der Verhandlungen und die Beschlüsse des Aufsichtsrats anzugeben. ³Ein Verstoß gegen Satz 1 oder Satz 2 macht einen Beschluß nicht unwirksam. ⁴Jedem Mitglied des Aufsichtsrats ist auf Verlangen eine Abschrift der Sitzungsniederschrift auszuhändigen.

(3) ¹Der Aufsichtsrat kann aus seiner Mitte einen oder mehrere Ausschüsse bestellen, namentlich, um seine Verhandlungen und Beschlüsse vorzubereiten oder die Ausführung seiner Beschlüsse zu überwachen. ²Die Aufgaben nach Absatz 1 Satz 1, § 59 Abs. 3, § 77 Abs. 2 Satz 1, § 84 Abs. 1 Satz 1 und 3, Abs. 2 und Abs. 3 Satz 1, § 111 Abs. 3, §§ 171, 314 Abs. 2 und 3 sowie Beschlüsse, daß bestimmte Arten von Geschäften nur mit Zustimmung des Aufsichtsrats vorgenommen werden dürfen, können einem Ausschuß nicht an Stelle des Aufsichtsrats zur Beschlußfassung überwiesen werden. ³Dem Aufsichtsrat ist regelmäßig über die Arbeit der Ausschüsse zu berichten.

Schrifttum: *Brinkschmidt*, Protokolle des Aufsichtsrats und seiner Ausschüsse, 1992; *Paefgen*, Struktur und Aufsichtsratsverfassung der mitbestimmten AG, 1982; *Peus*, Der Aufsichtsratsvorsitzende, 1983; *Rellermeyer*, Aufsichtsratsausschüsse, 1986; *Säcker*, Aufsichtsratsausschüsse nach dem Mitbestimmungsgesetz 1976, 1979.

I. Allgemeines

1 **1. Regelungsinhalt.** § 107 regelt die innere Ordnung des AR, namentlich die Wahl des Vorsitzenden und seines Stellvertreters (Abs. 1), die Anfertigung von Sitzungsniederschriften (Abs. 2) sowie die Bildung von Ausschüssen (Abs. 3). Die unvollständig gehaltene Regelung überlässt der Satzung bzw. der GeschO bei der näheren Ausgestaltung der inneren Ordnung des AR und seiner Ausschüsse einen weiten Spielraum.

2 **2. Geschäftsordnung, Satzung.** Die innere Organisation des AR obliegt vorrangig dem AR, der diese regelmäßig durch eine mit einfacher Stimmenmehrheit zu beschließende GeschO näher ausgestaltet (*Hüffer* Rn. 23). Diese bleibt solange in Kraft, bis sie der AR durch Beschluss ändert bzw. aufhebt, verliert ihre Geltung aber nicht mit Ende der Amtsperiode (OLG Hamburg 23. 7. 1982 WM 1982, 1090, 1092; *Hüffer* Rn. 24; *Geßler/Hefermehl/Eckardt/Kropff* Rn. 59; aA *Säcker* DB 1977, 2031, 2035 f.). Regelungsgegenstände der GeschO sind insb. das Verfahren zur Einberufung einschließlich der Bekanntmachung der Tagesordnung, das Abstimmungsverfahren und die Einsetzung und Besetzung von Ausschüssen.

3 Regelungen durch die Satzung sind zulässig, wenn die Selbstorganisationsautonomie des AR gewahrt bleibt. Als höherrangige Norm gehen wirksame Satzungsbestimmungen der vom AR beschlossenen GeschO vor (BGH 5. 6. 1975 Z 64, 325, 327 f.).

II. Aufsichtsratsvorsitzender und Stellvertreter

4 **1. Allgemeines.** Nach § 107 I 1 wählt der AR aus seiner Mitte einen Vorsitzenden und mindestens einen Stellvertreter. Unterbleibt die Wahl, so kommt eine gerichtliche Bestellung des Vorsitzenden analog § 104 in Betracht, da anderenfalls die Funktionsfähigkeit des AR auf Grund der ihm nach dem AktG und den Mitbestimmungsgesetzen zustehenden Kompetenzen beeinträchtigt ist (KölnKomm/*Mertens* Rn. 18; *Hanau/Ulmer* § 27 Rn. 4; *Hüffer* Rn. 3 b; aA *Lutter/Krieger* Rn. 535; *Geßler/Hefermehl/Eckardt/Kropff* Rn. 8; MünchGesR IV/*Hoffmann-Becking* § 31 Rn. 7).

5 **2. Wahl des Aufsichtsratsvorsitzenden.** Im Anwendungsbereich des MitbestG ist dessen § 27 zu beachten. Außerhalb davon, dh. insb. im Anwendungsbereich der übrigen Mitbestimmungsgesetze, erfolgt die Wahl des Vorsitzenden und seines Stellvertreters entspr. dem AktG. Die Wahl, bei welcher der zu wählende Kandidat stimmberechtigt ist, erfordert die einfache Stimmenmehrheit, sofern die Satzung auch in qualifizierter Form mögliche Mehrheitserfordernisse aufstellt (*Hüffer* Rn. 3; *Lutter/Krieger* Rn. 538; aA KölnKomm/*Mertens* Rn. 9). Die Wahl bedarf zu ihrer Wirksamkeit der Annahme durch den Gewählten und ist vom Vorstand zum Handelsregister anzumelden (§ 107 I 2).

6 **3. Rechtsstellung des Aufsichtsratsvorsitzenden. a) Amtszeit.** Die Amtszeit kann grds. durch Satzung, GeschO oder Wahlbeschluss festgelegt werden, endet aber stets mit dem Ende der Mitgliedschaft im AR (RG 19. 3. 1910 Z 73, 234, 237; KölnKomm/*Mertens* Rn. 24; *Lutter/Krieger* Rn. 540).

7 **b) Abberufung/Amtsniederlegung.** Der AR kann die Bestellung durch Beschluss, welcher der gleichen Mehrheit wie der Wahlbeschluss bedarf, jederzeit widerrufen. Die Satzung und die GeschO können Verfahren und Voraussetzungen der Abberufung näher ausgestalten, wobei die Abberufung aus wichtigem Grund mit einfacher Mehrheit möglich sein muss (vgl. KölnKomm/*Mertens*, Rn. 31; *Lutter/Krieger* Rn. 542). Zu § 27 MitbestG s. dort Rn. 4.

8 **c) Aufgaben und Befugnisse.** Aufgaben und Befugnisse des ARVorsitzenden regelt das Gesetz nur vereinzelt. Ihm steht die Befugnis zur Einberufung (§ 110 I 1) und Leitung der ARSitzung zu (Köln-Komm/*Mertens* Rn. 39), daneben all diejenigen Aufgaben und Rechte, die dem Vorsitzenden eines Gremiums üblicherweise zustehen (KölnKomm/*Mertens* Rn. 35; *Hüffer* Rn. 5). Hierzu gehört die allg. Koordination der ARTätigkeit, insb. hinsichtlich der Arbeit der Ausschüsse und die Einhaltung der Ordnungsmäßigkeit der ARSitzungen. Hinzu kommt die Funktion als Repräsentant des AR gegenüber dem Vorstand und der Hauptversammlung sowie der Öffentlichkeit und daneben regelmäßig auch die Vertretung gegenüber dem Vorstand (vgl. § 112). Zu den bes. Funktionen nach dem MitbestG vgl. dort § 29 Rn. 3, 5.

9 **4. Stellvertreter.** Nach § 107 I 1 können ein oder mehrere Stellvertreter bestellt werden, deren Amtszeit von der des Vorsitzenden abweichen kann (KölnKomm/*Mertens* Rn. 25; *Lutter/Krieger* Rn. 541; zur Bestellung weiterer Stellvertreter BGH 25. 2. 1982 Z 83, 106 sowie § 27 MitbestG Rn. 7). Besonderheiten bei der Wahl sowie der Rechtsstellung der Stellvertreter bestehen nach § 27 MitbestG (vgl. dort).

10 Der Stellvertreter hat gem. § 107 I 3 die Rechte und Pflichten des Vorsitzenden, wenn dieser verhindert ist. Das ist der Fall, wenn der ARVorsitzende eine ihm obliegende Maßnahme innerhalb des zur Verfügung stehenden Zeitraums nicht selbst wahrnehmen kann, dagegen nicht, wenn er zur Wahrnehmung nicht gewillt ist (*Hüffer* Rn. 7; KölnKomm/*Mertens* Rn. 66). Außerhalb des Vertretungsfalls hat der Stellvertreter mit Ausnahme des § 27 III MitbestG keine herausgehobene Rechtstellung (Köln-Komm/*Mertens* Rn. 64; aA *Peus* S. 205 ff.).

III. Niederschrift über die Sitzung

1. Protokollierung. Nach § 107 II ist über die Sitzungen des AR eine Niederschrift anzufertigen, 11 zu deren Erstellung entgegen § 109 ein Protokollführer hinzugezogen werden kann, wenn kein ARMitglied widerspricht (*Hüffer* Rn. 12; MünchGesR IV/*Hoffmann-Becking* § 31 Rn. 45; für Mehrheitsbeschluss *Brinkschmidt* S. 52; *Lutter/Krieger* Rn. 581). Das vom ARVorsitzenden zu unterzeichnende Sitzungsprotokoll muss nach § 107 II 2 Ort und Tag der Sitzung, die Teilnehmer, die Gegenstände der Tagesordnung, den wesentlichen Inhalt der Verhandlungen und die Beschlüsse enthalten. Nach § 107 II 4 ist allen Mitgliedern des AR auf ihr Verlangen das Protokoll der ARSitzungen und der Ausschusssitzungen auszuhändigen.

2. Funktion. Die Niederschrift hat Beweisfunktion, sie begründet eine tatsächliche Vermutung für 12 die Richtigkeit und Vollständigkeit ihres Inhalts, insb. über den Sitzungsverlauf und die gefassten Beschlüsse (KölnKomm/*Mertens* Rn. 79; *Hüffer* Rn. 13; ausführlich *Brinkschmidt* S. 33 ff.). Für die Wirksamkeit der Beschlüsse hat sie nach § 107 II 3 keine Bedeutung.

3. Vorlage und Beschlagnahme. Eine Vorlagepflicht gegenüber gesellschaftsfremden Dritten 13 kommt im Rahmen der gesetzlichen Vorschriften in Betracht. Sie besteht im Zuge steuerlicher Buch- und Betriebsprüfungen gegenüber der Finanzbehörde, beschränkt auf den zur Durchführung der Maßnahme erforderlichen Umfang (BFH 11. 7. 1967 BStBl. II S. 365; BFH 27. 6. 1968 BStBl. II S. 592), des Weiteren aber auch gegenüber parlamentarischen Untersuchungsausschüssen, soweit die Tätigkeit der Gesellschaft zulässiger Gegenstand der Untersuchung ist (BVerfG 1. 10. 1987 E 77, 1, 43 ff.).

IV. Aufsichtsratsausschüsse

1. Allgemeines. Nach § 107 III kann der AR aus seiner Mitte Ausschüsse bestellen, vor allem zur 14 Vorbereitung seiner Verhandlungen und Beschlüsse sowie zur Überwachung von deren Ausführung. Die Delegation von Aufgaben auf Ausschüsse soll eine effiziente ARarbeit verwirklichen.

In Konkretisierung der durch die Satzung nicht beschränkbaren Organisationsautonomie des AR 15 entscheidet dieser grds. eigenverantwortlich über Bildung und personelle Zusammensetzung bzw. Besetzung der Ausschüsse (BGH 25. 2. 1982 Z 83, 106, 112, 115; BGH 17. 5. 1993 Z 122, 342, 357 f.; *Paefgen* S. 308 ff., 319 ff.; KölnKomm/*Mertens* Rn. 90). Nach dem MitbestG besteht eine Verpflichtung zur Bildung des sog. Vermittlungsausschusses (vgl. § 27 MitbestG Rn. 8 ff.). Eine vergleichbare Bestimmung enthält § 8 II Montan-MitbestG für die Wahl des „neutralen" ARMitgliedes.

2. Bestellung. Über die Bildung eines Ausschusses und Bestellung der Mitglieder beschließt der AR 16 mit einfacher Stimmenmehrheit. In Gesellschaften, die dem MitbestG unterliegen, findet § 29 MitbestG und nicht § 27 MitbestG Anwendung (MünchGesR IV/*Hoffmann-Becking* § 32 Rn. 18; Hanau/*Ulmer* § 25 Rn. 126; aA *Fitting/Wlotzke/Wißmann* § 29 Rn. 41).

3. Besetzung. Für die Bildung des Vermittlungsausschusses nach dem MitbestG gilt die Sonder- 17 regelung des § 27 III MitbestG (vgl. dort Rn. 8 ff.). Über die Besetzung der sonstigen Ausschüsse entscheidet der AR autonom (vgl. die Nachweise bei Rn. 15). Dem Grunde nach besteht diese Organisationsautonomie auch in mitbestimmten Gesellschaften, wird bei diesen aber durch den Zweck der Mitbestimmung überlagert. Dies führt jedoch nicht dazu, dass die personelle Zusammensetzung der Ausschüsse der des GesamtAR entsprechen muss (BGH 17. 5. 1993 Z 122, 342, 355 ff. mwN; aA *Säcker* S. 56 ff.). Allerdings dürfen die ANVertreter bei der Besetzung der Ausschüsse nicht allein auf Grund ihrer Gruppenzugehörigkeit von der Mitarbeit ausgeschlossen werden, ohne dass dafür im Einzelfall erhebliche sachliche Gründe vorliegen (BGH 17. 5. 1993 Z 122, 342, 355; *Hüffer* Rn. 21; KölnKomm/*Mertens* Rn. 108 ff. mwN; *Hanau/Ulmer* § 25 Rn. 127; *Henssler*, 50 Jahre BGH, Bd. II, 2000, S. 387, 395 ff.; *Lutter/Krieger* Rn. 635; MünchGesR IV/*Hoffmann-Becking* § 32 Rn. 20; tw. aA *Zöllner*, FS für Zeuner, 1994, S. 161, 182 ff.). Das gilt nicht nur im Anwendungsbereich des MitbestG, sondern auch für solche Unternehmen, deren AR nach den §§ 76 ff. BetrVG 1952 zusammenzusetzen ist (s. aber einschränkend *Altmeppen*, FS für Brandner, 1996, S. 3 ff.; wohl auch *Lutter/Krieger* Rn. 636).

Ob wegen des Diskriminierungsverbots die Beteiligung wenigstens eines ANVertreters an den 18 Ausschüssen geboten ist, hängt von den Umständen des Einzelfalls ab. In Unternehmen, in denen der AR nach dem MitbestG paritätisch besetzt ist, werden allg. höhere Anforderungen an den sachlichen Grund für den völligen Ausschluss der ANVertreter von der Beteiligung an den Ausschüssen zu stellen sein (KölnKomm/*Mertens* Rn. 112 mwN; s. auch *Henssler*, 50 Jahre BGH, Bd. II, 2000, S. 387, 396 f.; *Oetker* ZGR 2000, 19, 52 ff.).

19 Deshalb sind ANVertreter an sog. beschließenden **Personalausschüssen** zu beteiligen, welche die Bestellung der Mitglieder des gesetzlichen Vertretungsorgans vorbereiten, insb. die Bedingungen der Anstellung festlegen (BGH 17. 5. 1993 Z 122, 342, 360; *Brandes* WM 1994, 2177, 2182; KölnKomm/ *Mertens* Rn. 112). Ebenso ist eine Beteiligung der ANVertreter an Ausschüssen angezeigt, die über die **Ausübung eines Zustimmungsvorbehalts** nach § 111 IV 2 (vgl. dort Rn. 12 ff.) entscheiden (OLG München 27. 1. 1995 ZIP 1995, 1753, 1754; zustimmend *Wank* EWiR 1995, 605 f.; aA OLG Hamburg 15. 9. 1995 ZIP 1995, 1673, 1675 f.; *Fleck* EWiR 1995, 1147 f.; *Jaeger* ZIP 1995, 1735, 1737). Ferner wird an **Ausschüssen mit sozialem Tätigkeitsfeld** regelmäßig eine Beteiligung geboten sein (*Rellermeyer* S. 107; *Lutter/Krieger* Rn. 636; MünchGesR IV/*Hoffmann-Becking* § 32 Rn. 19). Bei **Prüfungsausschüssen** (audit committees) kommt eine Nichtbeteiligung der ANVertreter allenfalls in Betracht, wenn keiner von ihnen die notwendige fachliche Qualifikation besitzt.

20 Auch bei sog. **Beteiligungsausschüssen**, die nach § 32 MitbestG über die Ausübung von Beteiligungsrechten entscheiden, liegt regelmäßig kein sachlicher Grund für den Ausschluss der ANVertreter vor. Der Regelungszweck des § 32 MitbestG (vgl. dort Rn. 1) wird durch die Beteiligung der ANVertreter nicht berührt, da für Entscheidungen iSv. § 32 I 2 MitbestG nur die Stimmen der Anteilseigner maßgeblich sind (*Hanau/Ulmer* § 32 Rn. 28; *Raiser* § 32 Rn. 22; aA *Paefgen* S. 383 ff.; KölnKomm/*Mertens* Anh. § 117 B § 32 MitbestG Rn. 22).

21 **4. Grenzen der Aufgabendelegierung.** Nach § 107 III 2 sind bestimmte Entscheidungen des AR dem Plenum vorbehalten. Hierunter fallen insb. die Wahl des Vorsitzenden, die Bestellung zum Vorstand und der Widerruf aus wichtigem Grund sowie die Festlegung des Katalogs zustimmungspflichtiger Geschäfte nach § 111 IV 2. Darüber hinaus kann der GesamtAR die Überwachung des Vorstands nicht auf einen Ausschuss zur ausschließlichen Wahrnehmung delegieren (KölnKomm/ *Mertens* Rn. 130; *Rellermeyer* S. 32 ff.; *Lutter/Krieger* Rn. 625).

22 Dem AR bleibt es unbenommen, die Vorbehaltsentscheidung einem Ausschuss zur Vorbereitung zu übertragen, so zB die Auswahl und die Anstellungsbedingungen eines Vorstandsmitglieds (*Hüffer* Rn. 18; *Lutter/Krieger* Rn. 626). Die Tätigkeit der Ausschüsse darf die Entscheidungen des GesamtAR jedoch nicht präjudizieren (BGH 24. 11. 1980 Z 79, 38 ff.; *Hüffer* Rn. 18).

23 Die Delegierung an die Ausschüsse berührt nicht die Kompetenz des AR, diese Aufgaben wieder an sich zu ziehen und im Plenum zu entscheiden. Das schließt ein umfassendes Informationsrecht gegenüber den Ausschüssen ein (KölnKomm/*Mertens* Rn. 128; *Rellermeyer* S. 204 ff.; *Lutter/Krieger* Rn. 628); § 107 III 3 sichert dies durch eine Pflicht des Ausschusses zur Unterrichtung ab. Für Form und Inhalt der Berichterstattung an das Plenum enthält das Gesetz keine Vorgaben, mit einem Ergebnisbericht genügt der Ausschuss seiner Verpflichtung in § 107 III 3 (Reg. Begr., BT-Drucks. 14/8769, 16; *Lutter/Krieger* Rn. 628); die Einzelheiten kann der AR in seiner GeschO oder bei der Einsetzung des Ausschusses festlegen.

24 **5. Verfahren.** Für das gesetzlich nicht geregelte Verfahren in den Ausschüssen sind die Vorschriften für den GesamtAR entspr. heranzuziehen. Einberufung und Leitung der Sitzungen obliegt regelmäßig dem Ausschussvorsitzenden. Über die Sitzung ist entspr. § 107 II eine Niederschrift anzufertigen (vgl. Rn. 9 ff.). Das Verfahren im Übrigen können die GeschO und die Satzung näher ausgestalten (vgl. dazu Rn. 2 f.).

25 Für die in § 107 III 2 vorausgesetzten beschließenden Ausschüsse ist die Beschlussfähigkeit zu beachten (vgl. § 108 Rn. 9 ff.). Das Zweitstimmrecht des ARVorsitzenden nach § 29 II MitbestG ist nicht auf den Vorsitzenden des Ausschusses übertragbar; Satzung oder GeschO können ihm dieses aber einräumen (BGH 25. 2. 1982 Z 83, 144, 147 f.).

§ 108 Beschlußfassung des Aufsichtsrats

(1) Der Aufsichtsrat entscheidet durch Beschluß.

(2) [1] Die Beschlußfähigkeit des Aufsichtsrats kann, soweit sie nicht gesetzlich geregelt ist, durch die Satzung bestimmt werden. [2] Ist sie weder gesetzlich noch durch die Satzung geregelt, so ist der Aufsichtsrat nur beschlußfähig, wenn mindestens die Hälfte der Mitglieder, aus denen er nach Gesetz oder Satzung insgesamt zu bestehen hat, an der Beschlußfassung teilnimmt. [3] In jedem Fall müssen mindestens drei Mitglieder an der Beschlußfassung teilnehmen. [4] Der Beschlußfähigkeit steht nicht entgegen, daß dem Aufsichtsrat weniger Mitglieder als die durch Gesetz oder Satzung festgesetzte Zahl angehören, auch wenn das für seine Zusammensetzung maßgebende zahlenmäßige Verhältnis nicht gewahrt ist.

(3) [1] Abwesende Aufsichtsratsmitglieder können dadurch an der Beschlußfassung des Aufsichtsrats und seiner Ausschüsse teilnehmen, daß sie schriftliche Stimmabgaben überreichen lassen. [2] Die schriftlichen Stimmabgaben können durch andere Aufsichtsratsmitglieder überreicht werden. [3] Sie können auch durch Personen, die nicht dem Aufsichtsrat angehören, übergeben werden, wenn diese nach § 109 Abs. 3 zur Teilnahme an der Sitzung berechtigt sind.

(4) **Schriftliche, fernmündliche oder andere vergleichbare Formen der Beschlussfassung des Aufsichtsrats und seiner Ausschüsse sind vorbehaltlich einer näheren Regelung durch die Satzung oder eine Geschäftsordnung des Aufsichtsrats nur zulässig, wenn kein Mitglied diesem Verfahren widerspricht.**

Schrifttum: *Axhausen,* Die Anfechtbarkeit aktienrechtlicher Aufsichtsratsbeschlüsse, 1986; *Gawrisch,* Ermessensentscheidungen des Aufsichtsrates und ihre gerichtliche Kontrolle, 2000; *Krebs,* Interessenkonflikte bei Aufsichtsratsmandaten in der Aktiengesellschaft, 2002; *Lemke,* Der fehlerhafte Aufsichtsratsbeschluß, 1994; *Matthießen,* Stimmrecht und Interessenkollision im Aufsichtsrat, 1989.

I. Allgemeines

§ 108 regelt die Grundsätze der Beschlussfassung des AR und seiner Ausschüsse. Entscheidungen muss der AR nach Abs. 1 durch Beschluss fassen; für die Beschlussfähigkeit sind die in Abs. 2 aufgestellten Mindestanforderungen zu beachten. Außerdem lässt § 108 die Abstimmung durch Stimmboten (Abs. 3) sowie die Beschlussfassung ohne Sitzung zu (Abs. 4). 1

II. Beschlussfassung des Aufsichtsrats

1. Entscheidung durch Beschluss. Der Beschluss ist die Bildung des Organwillens durch Abstimmung über einen Antrag (KölnKomm/*Mertens* Rn. 6; *Hüffer* Rn. 3). Gegenstand eines Beschlusses können neben Handlungen, an die kraft Gesetzes oder Satzung Rechtswirkungen geknüpft werden, auch sonstige Erklärungen sein, die der AR auf Grund Gesetzes abgeben muss. In Betracht kommen insb. Willenserklärungen des AR (zB nach §§ 112, 88 I, 89 I und V), nicht aber rein tatsächliche Äußerungen und Stellungnahmen, soweit sie keine Rechtswirkungen entfalten (KölnKomm/*Mertens* Rn. 11). Eine Beschlussfassung ist ferner erforderlich, wenn ein Mitglied des AR eine Entscheidung durch Beschluss beantragt (*Hüffer* Rn. 2). 2

2. Beschlussfassung. Der AR kann aus Gründen der Rechtssicherheit, insb. im Hinblick auf die Feststellung der Beschlussfähigkeit und des Abstimmungsergebnisses, seine Beschlüsse nur ausdrücklich fassen (BGH 6. 4. 1964 Z 41, 282, 286; BGH 19. 12. 1988 NJW 1989, 1928, 1929). Liegt ein derartiger Beschluss vor, ist dessen Inhalt aber nach den allg. Auslegungsregeln zu ermitteln (BGH 19. 12. 1988 NJW 1989, 1928, 1929; KölnKomm/*Mertens* Rn. 13). 3

a) **Beschlussfassung in der Sitzung.** Der gesetzliche Regelfall ist die Beschlussfassung in der Sitzung. Eine Sitzung in diesem Sinne ist jede unmittelbare Kommunikation zwischen den ARMitgliedern bei gleichzeitiger allseitiger Sicht- und Hörbarkeit (KölnKomm/*Mertens* Rn. 15). 4

Abs. 3 ermöglicht den abwesenden ARMitgliedern die **schriftliche Stimmabgabe** durch sog. Stimmboten innerhalb einer Sitzung und gleicht damit die Nachteile aus, die aus der Unzulässigkeit der Bestellung von Stellvertretern resultieren (vgl. § 101 III 1). Die vorgefertigte Stimmerklärung können andere ARMitglieder (§ 108 III 2) oder Personen, die nach § 109 III zur Teilnahme an der Sitzung berechtigt sind (§ 108 III 3), überreichen. Das Schriftformerfordernis wird auch durch Telegramm, Telex oder Telefax erfüllt (KölnKomm/*Mertens* Rn. 20; *Kindl* ZHR 166 [2002], 335, 347; *Lutter,* FS für Duden, 1977, S. 280 f.; differenzierend *Lutter/Krieger* Rn. 601; aA *Hanau/Ulmer* § 25 Rn. 30). 5

Eine wirksame Stimmbotschaft muss den Willen des abwesenden ARMitglieds zur Geltung bringen; der Stimmbote darf keinerlei Entscheidungsspielraum haben (*Lutter,* FS für Duden, 1977, S. 276). Über die konkrete Verfahrensweise der Stimmbotschaft besteht Uneinigkeit (vgl. KölnKomm/*Mertens* Rn. 20 mwN). Im Interesse einer flexiblen Handhabung kann der Bote, ggf. nach Unterrichtung des abwesenden ARMitglieds über den Gang der Beratungen, ein nach dessen konkreten Weisungen ausgefülltes Blankett in der Sitzung überreichen (KölnKomm/*Mertens* Rn. 27; *Lutter,* FS für Duden, 1977, S. 276; MünchGesR IV/*Hoffmann-Becking* § 31 Rn. 79; aA *Hanau/Ulmer* § 25 Rn. 30). 6

b) **Beschlussfassung ohne Sitzung.** § 108 IV lässt die Beschlussfassung ohne Sitzung mit schriftlicher oder fernmündlicher Stimmabgabe zu; dem ist die Stimmabgabe durch Telefax gleichzustellen (*Hüffer* Rn. 16; *Lutter/Krieger* Rn. 604; s. näher *Kindl* ZHR 166 [2002], 335 ff.). Voraussetzung ist jedoch, dass nach ordnungsgemäßer Unterrichtung über Beschlussantrag und Form der Beschlussfassung kein ARMitglied dieser Form der Stimmabgabe widerspricht; das gilt auch, wenn es sich um eine Pflichtsitzung des AR handelt (§ 110 III) und er diese als „virtuelle" Sitzung abhält (vgl. § 110 Rn. 8). Sollte sich ein Mitglied nicht äußern, so liegt darin weder ein Widerspruch noch eine Stimmenthaltung (KölnKomm/*Mertens* Rn. 32; *Lutter/Krieger* Rn. 604). Die Satzung und die GeschO des AR können eine nähere Bestimmung treffen; diese kann auch das Widerspruchsrecht des einzelnen ARMitglieds durch eine Mehrheitsentscheidung des AR ablösen (*Kindl* ZHR 166 [2002], 335, 338 f.). 7

c) **Gemischte Abstimmung.** Zulässig ist auch eine gemischte Abstimmung, bei der ein Teil der Stimmen in der Sitzung abgegeben und den abwesenden ARMitgliedern ermöglicht wird, ihre Stimmen nachträglich innerhalb einer angemessenen Frist abzugeben (*Hüffer* Rn. 16; KölnKomm/*Mertens* Rn. 19). Dem darf jedoch entspr. § 108 IV kein ARMitglied widersprechen. 8

9 **3. Beschlussfähigkeit.** Ein wirksamer Beschluss setzt die Beschlussfähigkeit des AR voraus. Sie liegt nach § 108 II 2 vor, wenn mindestens die Hälfte der Mitglieder an der Beschlussfassung teilnehmen, aus denen er nach Gesetz oder Satzung zu bestehen hat. Diese Regelung ist nach dem MitbestG, dem Montan-MitbestG oder dem MitbestErgG insoweit zwingend, als die Satzung keine geringeren Anforderungen aufstellen darf (vgl. § 28 MitbestG, § 10 Montan-MitbestG, § 11 MitbestErgG).

10 In allen übrigen Gesellschaften, einschließlich den nach dem BetrVG 1952 mitbestimmten Unternehmen, kann die Satzung die Beschlussfähigkeit gem. § 108 II 1 unter Beachtung der zwingenden Regelungen und Grundsätze näher regeln. So ist zB eine Regelung unzulässig, nach der die Beschlussfähigkeit von der Teilnahme bestimmter ARMitglieder abhängt (BGH 25. 2. 1982 Z 83, 151, 154 ff.).

11 Nach § 108 II 3 müssen in jedem Fall mindestens drei Mitglieder an der Beschlussfassung teilnehmen, während die bloße Unterbesetzung nicht die Beschlussunfähigkeit zur Folge hat, auch wenn dies eine Gruppenparität berührt (§ 108 II 4).

12 **4. Abstimmung. a) Erforderliche Stimmenmehrheit.** Die Annahme bzw. Ablehnung eines Beschlussantrags erfordert grds. die Mehrheit der abgegebenen Stimmen (§ 29 I MitbestG bzw. § 32 I 3 BGB analog). Anderenfalls ist dieser mangels erforderlicher Mehrheit abgelehnt. Stimmenthaltungen und ungültige Stimmen werden bei der Feststellung des Stimmverhältnisses nicht mitgezählt (BGH 25. 2. 1982 Z 83, 35, 36 f.; BGH 8. 12. 1988 Z 106, 179, 183 f.).

13 **Abw. Mehrheitserfordernisse** bestehen nach dem MitbestG für die Wahl des ARVorsitzenden (§ 27 MitbestG) und die Bestellung des gesetzlichen Vertretungsorgans (§ 31 MitbestG) sowie bei der Ausübung von Beteiligungsrechten nach § 32 MitbestG bzw. § 15 MitbestErgG, zu den Einzelheiten dort. Für mitbestimmungsfreie und nach dem BetrVG 1952 mitbestimmte Gesellschaften kann die Satzung qualifizierte Mehrheiten festlegen, sofern die Funktionsfähigkeit des AR bei der Erfüllung der gesetzlichen Pflichten gewährleistet bleibt (vgl. KölnKomm/*Mertens* Rn. 46; *Geßler/Hefermehl/Eckardt/Kropff* Rn. 22).

14 **b) Stimmrecht und Stimmrechtsausschluss.** Aus dem Grundsatz der gleichen Berechtigung aller ARMitglieder folgt die Gleichwertigkeit aller Stimmen. Im Anwendungsbereich des MitbestG steht dem ARVorsitzenden nach § 29 II und § 31 IV MitbestG bei Stimmengleichheit ein Zweitstimmrecht zu. In allen übrigen Gesellschaften kann die Satzung dem ARVorsitzenden oder seinem Stellvertreter ein Recht zum Stichentscheid einräumen (*Hüffer* Rn. 8; KölnKomm/*Mertens* Rn. 45).

15 Ein **Stimmrechtsausschluss** greift entspr. § 34 BGB ein, wenn die Beschlussfassung die Vornahme eines Rechtsgeschäfts mit dem ARMitglied oder die Einleitung oder Erledigung eines Rechtsstreits zwischen ihm und der Gesellschaft betrifft. Dies gilt nach dem Normzweck auch, wenn die Beschlussfassung ein Rechtsgeschäft mit einer anderen Gesellschaft betrifft, bei der das ARMitglied zugleich Organmitglied ist (*Hanau/Ulmer* § 25 Rn. 27; aA KölnKomm/*Mertens* Rn. 51; *Geßler/Hefermehl/Eckardt/Kropff* Rn. 29).

16 Kein Stimmverbot besteht bei Abstimmungen, die die **innere Ordnung des AR** betreffen, wie zB die Wahl des ARVorsitzenden (*Hüffer* Rn. 9; KölnKomm/*Mertens* Rn. 50). Andererseits wird bei Abstimmungen über die Bestellung eines ARMitglieds zum Vorstand ein Stimmrechtsausschluss für das betreffende ARMitglied tw. befürwortet (so *Hanau/Ulmer* § 31 Rn. 18 a; *Hüffer* Rn. 9; aA KölnKomm/*Mertens* Rn. 50; *Lutter/Krieger* Rn. 343, 606).

17 Eine Erweiterung des Stimmrechtsausschlusses auf Fälle, die zu einem Interessenkonflikt bei AN-Vertretern führen können, namentlich bei Abstimmungen über arbeitskampf- oder tarifpolitische Entscheidungen, lehnt die hM ab (*Hanau/Ulmer* § 25 Rn. 28; KölnKomm/*Mertens* Rn. 53; aA *Säcker* DB 1977, 1794; *Wiedemann*, Gesellschaftsrecht I, 1980, S. 632). Gegen einen Stimmrechtsausschluss lässt sich der Grundsatz der gleichen Berechtigung und Verpflichtung der ARMitglieder und deren Verpflichtung auf das Unternehmensinteresse anführen (vgl. hierzu BGH 26. 11. 1988 Z 106, 54, 65).

18 **c) Geheime Abstimmung.** Der AR fasst seine Beschlüsse grds. in geheimer Abstimmung (*Hanau/Ulmer* § 25 Rn. 26; *Hüffer* Rn. 5 f.; *Lutter/Krieger* Rn. 598; *Peus*, Der Aufsichtsratsvorsitzende, 1983, S. 120 ff.; aA KölnKomm/*Mertens* Rn. 38), wenn dies ein Mitglied verlangt (*Peus* DStR 1996, 1656 f.; für Minderheit von zwei Mitgliedern *Ulmer* AG 1982, 300, 305 f.; für Mehrheitsbeschluss *Hüffer* Rn. 5 a). Die geheime Abstimmung wirkt sachfremder Druckausübung und der Gefahr einer Disziplinierung der jeweiligen Gruppe entgegen (*Hanau/Ulmer* § 25 Rn. 26; *Peus*, Der Aufsichtsratsvorsitzende, 1983, S. 122). Haftungsrechtliche Gesichtspunkte treten in den Hintergrund (vgl. dazu KölnKomm/*Mertens* Rn. 38 mwN), denn auch den dissentierenden ARMitgliedern obliegt es, gegen einen sorgfaltswidrigen Beschluss vorzugehen (*Hanau/Ulmer* § 25 Rn. 26).

III. Fehlerhafte Aufsichtsratsbeschlüsse

19 **1. Grundsätze.** Ein fehlerhafter ARBeschluss liegt vor, wenn das Beschlussverfahren unter Mängeln leidet oder der Beschluss seinem Inhalt nach gegen Gesetz oder Satzung verstößt. Die dogmatische Einordnung des fehlerhaften ARBeschlusses ist im Hinblick auf Geltendmachung und Rechtsfolgen der Fehlerhaftigkeit umstritten.

Eine verbreitete Meinung differenziert zwischen nichtigen und anfechtbaren ARBeschlüssen, überwiegend in Anlehnung an die §§ 241 ff. (OLG Hamburg 6. 3. 1992 AG 1992, 197 f.; *Baums* ZGR 1983, 300, 305 ff.; *Lemke* S. 94 ff.; s. auch *Lutter/Krieger* Rn. 611 ff.). Demgegenüber lehnt der BGH die entspr. Anwendung der §§ 241 ff. im Grundsatz ab, lässt jedoch offen, ob bei der Fehlerhaftigkeit zwischen nichtigen und anfechtbaren Beschlüssen zu unterscheiden ist (BGH 17. 5. 1993 Z 122, 342, 347 ff.; zust. *Hüffer* Rn. 18 f.; *Kindl* DB 1993, 2065 ff.). 20

2. Beschlussfehler und Folgen. Nach der Rspr. des BGH sind ARBeschlüsse nichtig, die verfahrensmäßig oder inhaltlich gegen zwingendes Gesetzes- oder Satzungsrecht verstoßen (BGH 17. 5. 1993 Z 122, 342, 351). Nichtigkeit wird idR bei schweren inhaltlichen Mängeln des Beschlusses sowie bei schwerwiegenden Verfahrensfehlern, wie Beschlussunfähigkeit, gesetzwidriger Zusammensetzung des AR und Kompetenzüberschreitung anzunehmen sein. Bei Verstößen gegen reine Ordnungsvorschriften oder minderschweren Verfahrensfehlern, die keine konkreten Auswirkungen auf das Beschlussergebnis hatten oder welche die Mitwirkungsrechte von ARMitgliedern nur unwesentlich berühren, tritt keine Nichtigkeit ein. 21

3. Geltendmachung. Die Nichtigkeit eines ARBeschlusses kann mit einer Feststellungsklage von jedem gerichtlich geltend gemacht werden, der ein rechtliches Interesse an dieser Feststellung hat. Nach Ansicht des BGH ist der zur Geltendmachung des Beschlussmangels berechtigte Personenkreis durch sachgerechte Bestimmung des erforderlichen Rechtsschutzinteresses zu begrenzen (BGH 17. 5. 1993 Z 122, 342, 351). Im Regelfall werden die AR- und die Vorstandsmitglieder zur Geltendmachung des Beschlussmangels berechtigt sein, die Aktionäre jedoch nicht (KölnKomm/*Mertens* Rn. 89; vgl. auch *Hachenburg/Raiser* § 52 Rn. 83). 22

Die Klage ist gegen die Gesellschaft, vertreten durch den Vorstand, zu richten (BGH 15. 11. 1982 Z 85, 293, 295; BGH 17. 5. 1993 Z 122, 342, 344 ff.; OLG Düsseldorf 22. 6. 1995 ZIP 1995, 1183, 1187; KölnKomm/*Mertens* Rn. 90; aA *Hommelhoff* ZHR 143 [1979], 288, 313 ff.). Eine Frist für die Geltendmachung, orientiert an der einmonatigen Anfechtungsfrist des § 246, besteht nicht (dafür aber OLG Hamburg 6. 3. 1992 AG 1992, 197, 199; *Lemke* S. 183 ff.). Allerdings kommt eine Verwirkung in Betracht, soweit der Beschlussmangel nicht binnen angemessener Zeit gegenüber dem ARVorsitzenden und daran anschließend gegenüber dem Gericht geltend gemacht wird (BGH 17. 5. 1993 Z 122, 342, 351; *Hüffer* Rn. 20; vgl. auch *Lutter/Krieger* Rn. 615). Dies betrifft vorwiegend minderschwere Mängel, wie Verstöße gegen Verfahrensvorschriften (BGH 17. 5. 1993 Z 122, 342, 351), oder aber widersprüchliches Verhalten. Bei bes. schwerwiegenden Mängeln scheidet eine Verwirkung regelmäßig aus (*Hachenburg/Raiser* § 52 Rn. 84). 23

Ein die Nichtigkeit feststellendes rechtskräftiges **Urteil** wirkt analog § 248 I für und gegen alle Aktionäre sowie die Mitglieder des Vorstands und des AR (*Baums* ZGR 1983, 300, 308; *Hachenburg/Raiser* § 52 Rn. 82; KölnKomm/*Mertens* Rn. 91 mwN; tw. aA *Lemke* S. 176). Der BGH erwägt eine ähnliche Rechtskraftwirkung in Anlehnung an die Rspr. zum Vereinsrecht (BGH 17. 5. 1993 Z 122, 342, 350 unter Hinweis auf BGH 25. 5. 1992 NJW-RR 1992, 1209). Erfasst der zur Nichtigkeit führende Fehler nur einen Teil des Beschlusses, so können die Grundsätze zur Teilnichtigkeit von Rechtsgeschäften entspr. § 139 BGB Anwendung finden (BGH 15. 11. 1993 Z 124, 111, 121 f.; *Brandes* WM 1994, 2177, 2182). 24

§ 109 Teilnahme an Sitzungen des Aufsichtsrats und seiner Ausschüsse

(1) ¹An den Sitzungen des Aufsichtsrats und seiner Ausschüsse sollen Personen, die weder dem Aufsichtsrat noch dem Vorstand angehören, nicht teilnehmen. ²Sachverständige und Auskunftspersonen können zur Beratung über einzelne Gegenstände zugezogen werden.

(2) Aufsichtsratsmitglieder, die dem Ausschuß nicht angehören, können an den Ausschußsitzungen teilnehmen, wenn der Vorsitzende des Aufsichtsrats nichts anderes bestimmt.

(3) Die Satzung kann zulassen, daß an den Sitzungen des Aufsichtsrats und seiner Ausschüsse Personen, die dem Aufsichtsrat nicht angehören, an Stelle von verhinderten Aufsichtsratsmitgliedern teilnehmen können, wenn diese sie hierzu in Textform ermächtigt haben.

(4) Abweichende gesetzliche Vorschriften bleiben unberührt.

1. Allgemeines. § 109 regelt, welche Personen zur Teilnahme an den Sitzungen des AR und seiner Ausschüsse berechtigt sind. Nach Abs. 3 können bei Verhinderung eines Mitglieds Personen zur Teilnahme an den Sitzungen ermächtigt werden, die nicht dem AR angehören. 1

2. Teilnahmeberechtigte Personen. a) Aufsichtsratsmitglieder. Die Mitglieder des AR haben kraft Amtes ein unentziehbares Recht, aber auch die Pflicht zur Teilnahme an den Sitzungen des AR (KölnKomm/*Mertens* Rn. 7 f.; *Hüffer* Rn. 2; *Lutter/Krieger* Rn. 578). Die Teilnahmeberechtigung besteht selbst dann, wenn das ARMitglied in Bezug auf den betreffenden Beratungsgegenstand einem Stimmrechtsausschluss unterliegt (KölnKomm/*Mertens* Rn. 8). 2

3 Ein **Ausschluss von der Sitzung** kann durch den ARVorsitzenden ausgesprochen werden. Hieran sind jedoch strenge Anforderungen zu stellen. Er kommt erst in Betracht, wenn konkrete Anhaltspunkte dafür bestehen, dass durch die Teilnahme wichtige Belange der Gesellschaft beeinträchtigt werden könnten, so zB bei drohendem Geheimnisverrat (*Hüffer* Rn. 2; *Lutter/Krieger* Rn. 578; aA *Geßler/Hefermehl/Eckardt/Kropff* Rn. 9) oder die erforderliche Sitzungsordnung anders nicht hergestellt werden kann (KölnKomm/*Mertens* Rn. 8).

4 **b) Vorstandsmitglieder.** Nach Abs. 1 können Vorstandsmitglieder an den Sitzungen des AR teilnehmen, ohne dass es eines bes. Anlasses bedarf (s. dazu *Schneider* ZIP 2002, 873 ff.). Der Vorstand bzw. seine Mitglieder sind zur Teilnahme verpflichtet, wenn der AR dies verlangt (*Hüffer* Rn. 3; MünchGesR IV/*Hoffmann-Becking* § 31 Rn. 44). Ein gesetzliches Teilnahmerecht zugunsten der Vorstandsmitglieder besteht nicht (KölnKomm/*Mertens* Rn. 9; *Hüffer* Rn. 3; *Geßler/Hefermehl/ Eckardt/Kropff* Rn. 6; *Lutter/Krieger* Rn. 580).

5 **c) Sachverständige und Auskunftspersonen.** § 109 I 2 ermöglicht dem AR, Sachverständige und Auskunftspersonen zur Beratung einzelner Gegenstände hinzuzuziehen. Zur Teilnahme berechtigt sind alle Personen, die auf Grund ihrer Sachkunde bzw. ihres Informationsstandes zum Beratungsgegenstand etwas beitragen können (vgl. *Dreher*, FS für Ulmer, 2003, S. 87, 94 ff.; *Geßler/Hefermehl/ Eckardt/Kropff* Rn. 13; *Hüffer* Rn. 5). Die Hinzuziehung sachkundiger Dritter wird jedoch durch den Grundsatz der eigenverantwortlichen Amtsausübung begrenzt, der eine über den Einzelfall hinausgehende dauernde Teilnahme und Beratung durch nicht dem AR angehörige Personen ausschließt (BGH 15. 12. 1982 Z 85, 293, 295 ff.; KölnKomm/*Mertens* Rn. 15).

6 **d) Fehlerfolgen.** Nehmen nicht teilnahmeberechtigte Personen an der ARSitzung teil, so führt dies nach hM grds. nicht zur Nichtigkeit der gefassten Beschlüsse (BGH 24. 2. 1954 Z 12, 327, 330; BGH 17. 4. 1967 Z 47, 341, 349 f.; *Geßler/Hefermehl/Eckardt/Kropff* Rn. 5; *Hüffer* Rn. 4).

7 **3. Teilnahme an Ausschusssitzungen.** Zur **Teilnahme an Ausschusssitzungen** sind die Mitglieder des Ausschusses berechtigt. ARMitglieder, die dem betreffenden Ausschuss nicht angehören, haben nach § 109 II ein Recht zur Teilnahme an dessen Sitzung. Der ARVorsitzende, nicht der Vorsitzende des Ausschusses, hat jedoch nach § 109 II die Befugnis, ausschussfremde ARMitglieder von den Ausschusssitzungen auszuschließen, sofern dies nicht in genereller Weise erfolgt oder zu einer Diskriminierung einzelner oder einer Gruppe von ARMitgliedern führt (vgl. hierzu § 107 Rn. 18 f.; sowie *Hüffer* Rn. 6; *Geßler/Hefermehl/Eckardt/Kropff* Rn. 22).

8 **4. Teilnahme von Beauftragten.** Gem. Abs. 3 kann die Satzung zulassen, dass bei Verhinderung eines ARMitglieds eine nicht zum AR gehörende Person zur Teilnahme an den Sitzungen berechtigt ist. Dies setzt voraus, dass das ARMitglied objektiv verhindert ist und den Beauftragten ermächtigt, wobei die Textform (§ 126 b BGB) zu wahren ist. Der Beauftragte hat die Stellung eines Boten und kann innerhalb seiner Ermächtigung Erklärungen des verhinderten ARMitglieds abgeben und vorformulierte Anträge stellen, hat aber kein eigenes Rede- und Antragsrecht (*Hüffer* Rn. 7; KölnKomm/ *Mertens* Rn. 29; *Lutter/Krieger* Rn. 579; zur Botenschaft bei der Abstimmung vgl. § 108 Rn. 5.

§ 110 Einberufung des Aufsichtsrats

(1) ¹Jedes Aufsichtsratsmitglied oder der Vorstand kann unter Angabe des Zwecks und der Gründe verlangen, daß der Vorsitzende des Aufsichtsrats unverzüglich den Aufsichtsrat einberuft. ²Die Sitzung muß binnen zwei Wochen nach der Einberufung stattfinden.

(2) Wird dem Verlangen nicht entsprochen, so kann das Aufsichtsratsmitglied oder der Vorstand unter Mitteilung des Sachverhalts und der Angabe einer Tagesordnung selbst den Aufsichtsrat einberufen.

(3) ¹Der Aufsichtsrat muss zwei Sitzungen im Kalenderhalbjahr abhalten. ²In nichtbörsennotierten Gesellschaften kann der Aufsichtsrat beschließen, dass eine Sitzung im Kalenderhalbjahr abzuhalten ist.

1 **1. Allgemeines.** Die Vorschrift regelt die Grundlagen der Einberufung des AR. Im Einzelnen wird das Recht zur Einberufung (Abs. 1) und ein damit korrespondierendes Selbsthilferecht der ARMitglieder und des Vorstands (Abs. 2) normiert und eine Mindestzahl von ARSitzungen vorgeschrieben (Abs. 3). Innerhalb dieses Rahmens kann die Satzung oder die GeschO die weiteren Modalitäten der Einberufung festlegen.

2 **2. Einberufung durch den Aufsichtsratsvorsitzenden.** Der in § 110 I vorausgesetzte Regelfall ist die Einberufung durch den ARVorsitzenden bzw. im Falle seiner Verhinderung durch dessen Stellvertreter, die unter Angabe von Ort, Tag und Zeit der Sitzung aber nicht notwendig in schriftlicher Form erfolgt. Dabei ist eine angemessene Frist zwischen der Einberufung und der Sitzung einzuhalten (*Hüffer* Rn. 3; *Lutter/Krieger* Rn. 569).

Die **Tagesordnung** wird üblicherweise mit der Einberufung mitgeteilt, kann aber auch separat unter 3
Einhaltung einer angemessenen Frist bekanntgegeben werden (KölnKomm/*Mertens* Rn. 4). In ihr sind
die Beschlussgegenstände so konkret anzugeben, dass es den ARMitgliedern möglich ist, über die
Teilnahme zu entscheiden und sich auf die Sitzung vorzubereiten (KölnKomm/*Mertens* Rn. 4). Eine
förmliche Tagesordnung ist nicht zwingend erforderlich (dagegen *Hüffer* Rn. 4), wird aber idR am
ehesten diesen Anforderungen gerecht.

3. Einberufungsantrag. Nach Abs. 1 können einzelne ARMitglieder oder der Vorstand vom AR- 4
Vorsitzenden die Einberufung des AR verlangen. Der Antrag muss den Zweck, dh. den Gegenstand
der Einberufung, und den Grund für die Notwendigkeit sowie den Zeitpunkt der Einberufung
angeben. Der ARVorsitzende ist grds. verpflichtet, dem Verlangen durch unverzügliche (§ 121 I 1
BGB) Einberufung des AR zu entsprechen. Die Sitzung muss spätestens zwei Wochen nach der
Einberufung stattfinden (§ 110 I).

Der ARVorsitzende kann die Einberufung ablehnen, wenn das Verlangen rechtsmissbräuchlich ist 5
(KölnKomm/*Mertens* Rn. 11; MünchGesR IV/*Hoffmann-Becking* § 31 Rn. 38; *Lutter/Krieger*
Rn. 573). Hieran sind jedoch hohe Anforderungen zu stellen. Ein Rechtsmissbrauch ist zB in Betracht
zu ziehen, wenn der AR schon abschließend unter Berücksichtigung aller entscheidungsrelevanten
Umstände entschieden hat oder der Berufungsgegenstand ausschließlich gesellschaftsexterne Angele-
genheiten betrifft (KölnKomm/*Mertens* Rn. 11). Nicht genügend ist, dass die durch die Einberufung
angestrebte Beschlussfassung keine Aussicht auf Erfolg hat (*Hüffer* Rn. 7; KölnKomm/*Mertens*
Rn. 11).

4. Selbsteinberufung. Das Selbsthilferecht in Abs. 2 ermöglicht es einem einzelnen ARMitglied 6
sowie dem Vorstand, den AR selbst einzuberufen, sofern ein Einberufungsantrag nach Abs. 1 erfolglos
blieb. Das ist der Fall, wenn die Sitzung nicht unverzüglich bzw. innerhalb der Zweiwochenfrist (§ 110
I 2) zu dem im Verlangen angegebenen Beschlussgegenstand einberufen wird (*Hüffer* Rn. 9).

Von der Befugnis zur Selbsteinberufung ist unverzüglich Gebrauch zu machen, anderenfalls erlischt 7
diese. Die Zweiwochenfrist des § 110 I 2 findet keine Anwendung (*Hüffer* Rn. 9; KölnKomm/*Mertens* Rn. 20). Mit der Einberufung ist neben den allg. Angaben (Rn. 2 f.) auch der Sachverhalt mitzuteilen, welcher der Selbsteinberufung zugrunde liegt (§ 110 II aE). Bei der Beschlussfassung sind die
allg. Wirksamkeitsvoraussetzungen wie zB die Beschlussfähigkeit einzuhalten.

5. Mindestzahl der Aufsichtsratsitzungen. Nach Abs. 3 ist der AR grds. zwingend mindestens 8
zweimal im Kalenderhalbjahr einzuberufen. Die halbjährliche zweimalige Einberufung sieht der
Gesetzgeber bei börsennotierten Gesellschaften als Grundvoraussetzung einer wirksamen ARTätigkeit an, verzichtet aber auf eine spezielle Sanktion, wenn die Zahl der notwendigen Pflichtsitzungen
das gesetzliche Maß unterschreitet. Sie kann nicht generell durch eine Beschlussfassung außerhalb der
Sitzung ersetzt werden (KölnKomm/*Mertens* Rn. 29; *Geßler/Hefermehl/Eckardt/Kropff* Rn. 44). Da
§ 110 III 1 nicht mehr verlangt, dass der AR „zusammentritt" steht der Wortlaut („abhalten") einer
„virtuellen" Sitzung jedoch nicht entgegen (Reg. Begr., BT-Drucks. 14/8769, 17; *Knigge* WM 2002,
1729, 1732 f.). Bei Abstimmungen in derartigen Sitzungen ist jedoch § 108 IV zu beachten (*Lutter/
Krieger* Rn. 568; aA *Kindl* ZHR 166 [2002], 335, 345). Das gilt auch für die nach Abs. 3 abzuhaltenden
Pflichtsitzungen des AR (einschränkend *Neuling* AG 2002, 610 ff.: nicht bei Bilanzsitzung wegen der
Teilnahme des Abschlussprüfers). Über die **Lage der Sitzungen** entscheidet der ARVorsitzende nach
pflichtgemäßem Ermessen, er kann sie auf beide Quartale verteilen, ist hierzu aber im Gegensatz zu
§ 110 III aF nicht verpflichtet. Bei nichtbörsennotierten Gesellschaften kann der AR beschließen, die
Zahl der Sitzungen auf eine pro Kalenderhalbjahr zu beschränken; die Satzung kann dies nicht
festlegen. Das Einberufungsrecht des einzelnen ARMitgliedes (§ 110 I) bleibt hiervon unberührt (Reg.
Begr., BT-Drucks. 14/8769, 17).

§ 111 Aufgaben und Rechte des Aufsichtsrats

(1) Der Aufsichtsrat hat die Geschäftsführung zu überwachen.

(2) ¹Der Aufsichtsrat kann die Bücher und Schriften der Gesellschaft sowie die Vermögensgegenstände, namentlich die Gesellschaftskasse und die Bestände an Wertpapieren und Waren,
einsehen und prüfen. ²Er kann damit auch einzelne Mitglieder oder für bestimmte Aufgaben
besondere Sachverständige beauftragen. ³Er erteilt dem Abschlußprüfer den Prüfungsauftrag für
den Jahres- und den Konzernabschluß gemäß § 290 des Handelsgesetzbuchs.

(3) ¹Der Aufsichtsrat hat eine Hauptversammlung einzuberufen, wenn das Wohl der Gesellschaft es fordert. ²Für den Beschluß genügt die einfache Mehrheit.

(4) ¹Maßnahmen der Geschäftsführung können dem Aufsichtsrat nicht übertragen werden.
²Die Satzung oder der Aufsichtsrat hat jedoch zu bestimmen, daß bestimmte Arten von Geschäften nur mit seiner Zustimmung vorgenommen werden dürfen. ³Verweigert der Aufsichtsrat
seine Zustimmung, so kann der Vorstand verlangen, daß die Hauptversammlung über die Zu-

stimmung beschließt. ⁴ Der Beschluß, durch den die Hauptversammlung zustimmt, bedarf einer Mehrheit, die mindestens drei Viertel der abgegebenen Stimmen umfaßt. ⁵ Die Satzung kann weder eine andere Mehrheit noch weitere Erfordernisse bestimmen.

(5) Die Aufsichtsratsmitglieder können ihre Aufgaben nicht durch andere wahrnehmen lassen.

Schrifttum: *Semler*, Leitung und Überwachung. Die Leitungsaufgabe des Vorstandes und die Überwachungsaufgabe des Aufsichtsrats in der Aktiengesellschaft, 1996; *Theisen*, Grundsätze einer ordnungsgemäßen Information des Aufsichtsrats, 3. Aufl., 2002.

I. Allgemeines

1 § 111 regelt die Überwachung der Geschäftsführung durch den AR. Hierzu wird ihm ein Einwirkungsinstrumentarium zur Verfügung gestellt (Abs. 2 bis 4), das durch Befugnisse nach anderen Vorschriften ergänzt wird (vgl. Rn. 19 ff.). Abs. 5 schließt die dauernde Wahrnehmung des ARMandats durch Dritte aus (vgl. Rn. 26).

II. Überwachungsaufgabe

2 **1. Adressat und Gegenstand.** Nach § 111 I hat der AR die Geschäftsführung des Vorstands zu überwachen. Adressat dieser Aufgabe ist der AR als Organ, nicht dessen Mitglieder (BGH 25. 3. 1991 Z 114, 127, 130; *Hüffer* Rn. 9; KölnKomm/*Mertens* Rn. 10); dies schließt die Unterstützung und Vorbereitung durch Ausschüsse oder einzelne Mitglieder nicht aus.

3 Die Überwachung umfasst nicht die gesamte Geschäftsführung des Vorstands. Vielmehr unterliegen ihr nur solche Geschäftsführungsmaßnahmen, die bes. Bedeutung für die Leitung der Gesellschaft haben; regelmäßig sind dies Leitungsmaßnahmen, aber auch wesentliche Einzelmaßnahmen (*Hüffer* Rn. 3; *Lutter/Krieger* Rn. 63; MünchGesR IV/*Hoffmann-Becking* § 29 Rn. 23). Als Anhaltspunkt für die Konkretisierung dienen die Berichtpflichten des Vorstands nach § 90 I (vgl. Rn. 10 f.; *Hüffer* Rn. 3; *Hanau/Ulmer* § 25 Rn. 50; *Semler* S. 20).

4 In zeitlicher Hinsicht umfasst die Überwachung abgeschlossene Geschäftsführungsvorgänge. Grundlage sind hierbei vorrangig die nach § 90 I Nr. 2 und 3 zu erstattenden Berichte (Rn. 10 f.) und der nach § 171 I zu prüfende Jahresabschluss und Lagebericht (Rn. 22). Über eine vergangenheitsbezogene Kontrolle hinaus erstreckt sich die Überwachung auch auf die gegenwärtige Geschäftsführung und grds. Fragen der künftigen Geschäftspolitik (BGH 25. 3. 1991 Z 114, 127, 129 f.; MünchGesR IV/*Hoffmann-Becking* § 29 Rn. 30 f.; *Lutter/Krieger* Rn. 30; *Hüffer* Rn. 5).

5 Die Überwachungsaufgabe umfasst auch die Beratung des Vorstands, da diese das vorrangige Mittel einer in die Zukunft gerichteten Kontrolle ist (BGH 25. 3. 1991 Z 114, 127, 130; *Hüffer* Rn. 5; s. auch *Henze* BB 2000, 209, 214; *Lutter/Krieger* Rn. 94 ff.; *Lutter/Kremer* ZGR 1992, 87, 88 ff.; *Deckert* AG 1997, 109, 111 ff.).

6 **2. Maßstäbe der Überwachung.** Der AR hat über Rechtmäßigkeit, Ordnungsmäßigkeit sowie über Zweckmäßig- bzw. Wirtschaftlichkeit der Geschäftsführung zu wachen (BGH 25. 3. 1991 Z 114, 127, 129 f.; *Henze* BB 2000, 209, 214 f.; *Lutter/Krieger* Rn. 71 ff.; *Hüffer* Rn. 6; *Semler* S. 68 ff.).

7 Bei der Rechtmäßigkeitskontrolle hat der AR darauf zu achten, dass sich die Geschäftsführung des Vorstands im Rahmen der Gesetze hält (*Semler* S. 69 ff.; *Lutter/Krieger* Rn. 22). Das betrifft neben den Vorschriften des AktG und des sonstigen Wirtschaftsrechts die Satzung und den dort festgelegten Unternehmensgegenstand. Die Ordnungsmäßigkeit zielt hingegen auf die Gewährleistung einer fehlerfreien Entscheidungsbasis ab. Danach ist die Geschäftsführung so zu organisieren, dass die Leitung des Unternehmens auf hinreichenden und zutreffenden Entscheidungsgrundlagen aufbaut (*Semler* S. 68 f.; *Scholz/Schneider* § 52 Rn. 65). Die Kontrolle der Zweckmäßig- und Wirtschaftlichkeit erstreckt sich im Wesenlichen auf grds. Fragen der Rentabilität des Unternehmens (vgl. im Einzelnen *Semler* S. 71 f.; *Lutter/Krieger* Rn. 83 f.).

8 **3. Intensität der Überwachung.** Die Intensität der Überwachung hängt von der wirtschaftlichen Lage der Gesellschaft ab (vgl. im Einzelnen *Semler* S. 87 ff.; *ders*. AG 1984, 141 ff.; *Hüffer* Rn. 7; *Lutter/Krieger* Rn. 86 ff.; krit. KölnKomm/*Mertens* Rn. 20; *Claussen* AG 1984, 20, 21). Bei normalem Geschäftsverlauf kann sich der AR zurückhalten und auf eine allg. Kontrolle beschränken. Eine Verschlechterung der Lage des Unternehmens zwingt ihn zu einer Intensivierung der Überwachungstätigkeit (vgl. *Semler* S. 87 ff.; *Lutter/Krieger* Rn. 87 ff.; KölnKomm/*Mertens* Rn. 20). Ob der AR gegen rechtswidrige Geschäftsführungsmaßnahmen des Vorstands einschreiten muss, hängt von den Umständen des Einzelfalls ab. Bei schwerwiegenden Unregelmäßigkeiten und der Verletzung von Rechtsvorschriften ist im Regelfall eine Einwirkungspflicht anzunehmen; anders hingegen bei nur geringfügigen Verstößen, die keinen wesentlichen Einfluss auf die Rentabilität der Gesellschaft haben (s. auch LG Stuttgart 29. 10. 1999 DB 1999, 2462 ff.).

III. Mittel der Überwachung

1. Berichtspflichten des Vorstands. Die vom Vorstand nach § 90 periodisch zu erstattenden Berichte bilden die wesentliche Grundlage der Überwachungstätigkeit. Der Vorstand ist verpflichtet, über die in § 90 I aufgezählten Gegenstände innerhalb eines bestimmten Turnus (§ 90 II) ordnungsgemäß (§ 90 IV) Bericht zu erstatten. Außerhalb der periodischen Berichterstattung ist dem ARVorsitzenden aus wichtigem Anlass zu berichten (§ 90 I 2). Darüber hinausgehende Berichte hat der Vorstand auf Verlangen des GesamtAR zu erstatten (§ 90 III). Auch ein einzelnes ARMitglied kann Berichte des Vorstands an den GesamtAR anfordern (§ 90 III 2). 9

2. Meinungsäußerung und Beanstandung. Der AR kann auf der Grundlage der ihm nach § 90 vorgelegten Berichte zu den Berichtsgegenständen Stellung nehmen und die Geschäftsführung ggf. beanstanden (*Lutter/Krieger* Rn. 101; *MünchGesR IV/Hoffmann-Becking* § 29 Rn. 29). Auch wenn diese Meinungsäußerung für den Vorstand rechtlich unverbindlich ist, wirkt sie mittelbar auf dessen Geschäftsführung ein, da dieser regelmäßig zur Überprüfung seiner Geschäftsführungsmaßnahmen angehalten ist. 10

3. Einsichts- und Prüfungsrecht. Nach § 111 II kann der AR die Bücher und Schriften der Gesellschaft sowie die Vermögensgegenstände einsehen. Das Einsichts- und Prüfungsrecht ist eine notwendige Fortsetzung der dem Vorstand nach § 90 obliegenden Berichtspflichten (*Hüffer* Rn. 12) und kommt nur aus konkretem Anlass in Betracht (KölnKomm/*Mertens* Rn. 42). **Gegenstand** der Einsichtnahme sind alle Unterlagen der Gesellschaft und deren Vermögensgegenstände, einschließlich der Produktionsanlagen. Bei der Wahrnehmung des Einsichts- und Prüfungsrechts ist der AR zur Befragung von Vorstandsmitgliedern und Angestellten befugt, sofern diese einen sachlichen Bezug zum Gegenstand der Einsichtnahme haben (KölnKomm/*Mertens* Rn. 45; s. auch *Brandi* ZIP 2000, 173 ff.). Der AR kann nach § 111 II einzelne ARMitglieder und bes. Sachverständige mit der Ausübung des Einsichts- und Prüfungsrechts beauftragen; dies schließt die Einsetzung eines Ausschusses ein (*Geßler/Hefermehl/Eckardt/Kropff* Rn. 40; *MünchGesR IV/Hoffmann-Becking* § 29 Rn. 33; *Hüffer* Rn. 12). Die Beauftragung von Sachverständigen ist nur zeitlich und gegenständlich begrenzt zulässig (BGH 15. 11. 1982 Z 85, 293, 296). 11

4. Zustimmungsvorbehalt. a) Allgemeines. Nach der Funktionsaufteilung zwischen Vorstand und AR obliegt allein dem Vorstand die Geschäftsführung der Gesellschaft, während der AR von deren Ausübung nach § 111 IV 1 grds. ausgeschlossen und auf die Überwachung der Geschäftsführung beschränkt ist. § 111 IV 2 durchbricht diese Kompetenzabgrenzung, indem die Vornahme bestimmter Geschäftsführungsmaßnahmen von der Zustimmung des AR abhängig gemacht werden muss. Mit der Aufstellung eines Zustimmungsvorbehalts wird der AR an der Geschäftsführung des Vorstands beteiligt. Er erlangt hierdurch jedoch keine gleichberechtigte Stellung hinsichtlich der Geschäftsführung neben dem Vorstand, da die Aufstellung von Vorbehalten kein eigenes Initiativrecht begründet (*MünchGesR IV/Hoffmann-Becking* § 29 Rn. 37). Zur Formulierung eines Katalogs zustimmungspflichtiger Geschäfte sind das Satzungsorgan und der AR verpflichtet. Über den Umfang der aufzunehmenden Geschäftsführungsmaßnahmen entscheidet das Satzungsorgan bzw. der AR aber nach pflichtgemäßem Ermessen; dabei darf die Eigenverantwortlichkeit des Vorstands für Maßnahmen des gewöhnlichen Geschäftsbetriebs nicht gefährdet werden. 12

b) Aufstellung. Die Hauptversammlung und der AR haben nach § 111 IV 2 eine konkurrierende Pflicht zur Anordnung eines Zustimmungsvorbehalts. Begründet die Satzung das Zustimmungserfordernis, so kann es der AR nicht aufheben (*Lutter/Krieger* Rn. 36; *Hüffer* Rn. 17; *Götz* ZGR 1990, 633, 634 ff.). Der Satzung ist es verwehrt, die Befugnis des AR zur Aufstellung von Zustimmungsvorbehalten auszuschließen oder einzuschränken (*Götz* ZGR 1990, 633, 637; *Geßler/Hefermehl/Eckardt/Kropff* Rn. 63). Der AR entscheidet über den Inhalt des Zustimmungskatalogs nach eigenem Ermessen. Im Einzelfall kann sich dieses zu einer Aufnahmepflicht verdichten, insb. wenn eine gesetzwidrige Geschäftsführungsmaßnahme des Vorstands nicht anders unterbunden werden kann (BGH 15. 11. 1993 Z 124, 111, 127; hierzu *Boujong* AG 1995, 203, 206; *Götz* ZGR 1990, 633, 639; *Hüffer* Rn. 17; KölnKomm/*Mertens* Rn. 79). 13

c) Schranken. Zustimmungsvorbehalte können nur für nach Art, Gegenstand und Risiko bedeutsame Geschäfte, nicht aber für Maßnahmen des gewöhnlichen Geschäftsbetriebs aufgestellt werden, da anderenfalls die Eigenverantwortlichkeit des Vorstands gefährdet würde. Auch Einzelmaßnahmen können einem Zustimmungsvorbehalt unterworfen werden, wenn das Geschäft erhebliche Bedeutung für die Gesellschaft hat (BGH 15. 11. 1993 Z 124, 111, 127; *Götz* ZGR 1990, 633, 642 f.; *Hüffer* Rn. 18; KölnKomm/*Mertens* Rn. 65). Inhaltlich müssen Zustimmungsvorbehalte so bestimmt sein, dass für die Beteiligten erkennbar ist, welche Geschäftsführungsmaßnahmen der Zustimmung des AR unterliegen; generalklauselartige Vorbehalte sind unzulässig (*Götz* ZGR 1990, 633, 640; *Lutter/Krieger* Rn. 109; *Hüffer* Rn. 18). 14

15 d) **Erteilung der Zustimmung.** Der Zustimmungsvorbehalt entfaltet keine Außenwirkung (Köln-Komm/*Mertens* Rn. 86). Der Vorstand ist jedoch im Innenverhältnis verpflichtet, die Zustimmung des AR vor der Vornahme des Geschäfts einzuholen (*Hüffer* Rn. 19). Nur in dringenden Fällen kann er hiervon absehen, wenn er zB pflichtgemäß davon ausgehen kann, der AR werde der Geschäftsführungsmaßnahme zustimmen (KölnKomm/*Mertens* Rn. 62; MünchGesR IV/*Hoffmann-Becking* § 29 Rn. 39).

16 Die Zustimmung zu einer Geschäftsführungsmaßnahme liegt grds. im Ermessen des AR, dabei kann er eine eigene unternehmenspolitische Konzeption gegenüber dem Vorstand verfolgen (KölnKomm/*Mertens* Rn. 85; *Lutter/Krieger* Rn. 116). Bei einer Verweigerung der Zustimmung kann der Vorstand nach § 111 IV 3 eine Beschlussfassung der Hauptversammlung herbeiführen. Für den ersetzenden Beschluss bedarf es einer qualifizierten von der Satzung nicht abänderbaren Mehrheit von drei Viertel der abgegebenen Stimmen (§ 111 IV 4, 5).

IV. Einberufung der Hauptversammlung

17 Nach § 111 III hat der AR die Hauptversammlung einzuberufen, wenn das Wohl der Gesellschaft dies erfordert. Zur Beschlussfassung genügt gem. § 111 III 2 zwingend die einfache Mehrheit. Die Entscheidung liegt im pflichtgemäßen Ermessen des AR.

18 Gegenstand einer durch den AR einberufenen Hauptversammlung können alle Entscheidungen sein, die in deren Zuständigkeitsbereich fallen (*Hüffer* Rn. 13; *Lutter/Krieger* Rn. 123). Darüber hinaus wird es auch für zulässig erachtet, dass der AR die Hauptversammlung zur Erörterung von Geschäftsführungsmaßnahmen einberuft (*Geßler/Hefermehl/Eckardt/Kropff* Rn. 54; *Lutter/Krieger* Rn. 123; MünchGesR IV/*Semler* § 35 Rn. 9). Für eine Erweiterung der Einberufungskompetenz auf Geschäftsführungsmaßnahmen finden sich jedoch keine Anhaltspunkte im Gesetz. Vielmehr ist diese im Umkehrschluss aus § 119 II abzulehnen (vgl. *Hüffer* Rn. 14). Ein Einberufungsrecht des AR wird andererseits im Anschluss an die vom BGH entwickelten Grundsätze bei solchen Geschäftsführungsmaßnahmen des Vorstands in Betracht kommen, die wesentliche Strukturveränderungen der Gesellschaft zum Inhalt haben (BGH 25. 2. 1982 Z 83, 122, 131; vgl. hierzu *Hüffer* § 119 Rn. 16 ff. mwN).

V. Weitere Befugnisse des Aufsichtsrats

19 **1. Personalkompetenz.** Neben der Überwachung der Geschäftsführung obliegt dem AR die umfassende Personalkompetenz in Bezug auf die Bestellung und Abberufung des Vorstands (§ 84). Der AR hat nach § 84 I den Vorstand zu bestellen und die Anstellungsverträge abzuschließen. Bei einem mehrgliedrigen Vorstand kann der AR einen Vorsitzenden ernennen (§ 84 II). In paritätisch mitbestimmten Unternehmen bestellt der AR auch den Arbeitsdirektor (vgl. § 33 MitbestG, § 13 Montan-MitbestG).

20 Dem AR ist auch die Abberufung des Vorstands zugewiesen (§ 84 III). Die Bestellung zum Vorstandsmitglied und Vorstandsvorsitzenden kann widerrufen werden, wenn ein wichtiger Grund vorliegt. Hierfür kommen vor allem grobe Pflichtverletzung, Unfähigkeit oder Vertrauensentzug durch die Hauptversammlung in Betracht (§ 84 III 2). Letzterer liegt regelmäßig in der Verweigerung der Entlastung.

21 **2. Geltendmachung von Schadensersatzansprüchen.** In seiner Funktion als gesetzlicher Vertreter ist der AR nach den §§ 112, 93 dazu berufen, Schadensersatzansprüche gegen die Vorstandsmitglieder geltend zu machen. Soweit der AR davon ausgehen kann, dass der Vorstand die Gesellschaft in vorwerfbarer Weise durch ein gegen Gesetz oder Satzung verstoßendes Verhalten geschädigt hat, ist er verpflichtet, die Schadensersatzansprüche gerichtlich durchzusetzen. Eine andere Beurteilung kann sich ergeben, wenn die Interessen der Gesellschaft der Geltendmachung entgegenstehen, insb. eine Auseinandersetzung wirtschaftliche Schwierigkeiten der Gesellschaft zur Folge hätte (BGH 21. 4. 1997 Z 135, 244, 255 f.; hierzu auch *Heermann* AG 1998, 201; *Kindler* ZHR 162 [1998], 101; *Thümmel* DB 1997, 1117; aA OLG Düsseldorf 27. 6. 1995 ZIP 1995, 1183 ff. [hierzu *Jaeger/Trölitzsch* ZIP 1995, 1157 ff.]).

22 **3. Feststellung des Jahresabschlusses.** Der AR hat nach den §§ 170 ff. den durch den Vorstand vorzulegenden Jahresabschluss zu prüfen und ihn nach Billigung gemeinsam mit dem Vorstand festzustellen (vgl. hierzu MünchGesR IV/*Hoffmann-Becking* §§ 44 ff.; *Schulze-Osterloh* ZIP 1998, 2129, 2133 f.).

23 **4. Sonstige Befugnisse.** Nach § 77 II kann die Satzung die Kompetenz zu einer GeschO für den Vorstand auf den AR übertragen. In Gesellschaften, die dem MitbestG unterliegen, bedarf die Ausübung von Beteiligungsrechten der Zustimmung des AR (vgl. § 32 MitbestG). Die Erklärung zum **Corporate Governance Kodex** nach § 161 ist neben dem Vorstand auch vom AR abzugeben.

VI. Rechtsstellung der Aufsichtsratsmitglieder

1. Allgemeines. Die Mitglieder des AR haben, unabhängig von wem sie bestellt werden, die gleichen 24
Rechte und Pflichten (BGH 25. 2. 1982 Z 83, 106, 112 f.; BGH 15. 12. 1986 Z 99, 211, 216; BGH
15. 11. 1993 Z 124, 111, 127; *Lutter/Krieger* Rn. 691; MünchGesR IV/*Hoffmann-Becking* § 33
Rn. 1 f.; ausdrücklich § 4 III Montan-MitbestG). Entspr. ihrer gleichen Berechtigung und Verpflichtung stehen allen ARMitgliedern die gleichen Mitwirkungs-, Informations- und Stimmrechte zu; sie sind aber auch im gleichen Maße zur Mitwirkung verpflichtet und gegenüber der Gesellschaft haftungsrechtlich verantwortlich.

Im Rahmen ihrer Organtätigkeit sind die ARMitglieder weder an Weisungen des Bestellungsorgans, 25
des Entsendungsberechtigten oder eines Dritten gebunden (vgl. *Lutter/Krieger* Rn. 692; MünchGesR
IV/*Hoffmann-Becking* § 33 Rn. 6 ff.; vgl. § 4 III Montan-MitbestG) noch können sie sich selbst dem
Weisungsrecht eines Dritten unterwerfen (MünchGesR IV/*Hoffmann-Becking* § 33 Rn. 7; *Hanau/
Ulmer* Rn. 78).

Ein weiteres Wesensmerkmal des ARMandats ist die Eigenverantwortlichkeit der Amtsausübung, 26
welche die ARMitglieder zur persönlichen Wahrnehmung der Aufgaben verpflichtet. Unzulässig ist
deshalb nach § 111 V eine dauerhafte Übertragung der Aufgaben auf Dritte (BGH 15. 11. 1982 Z 85,
293, 295 f.; *Hüffer* Rn. 23; KölnKomm/*Mertens* Rn. 89 ff.).

2. Arbeitnehmervertreter. Besonderheiten ergeben sich bei ANVertretern im AR, da sie regel- 27
mäßig in einem Arbeitsverhältnis zur Gesellschaft stehen. Im Hinblick auf die aus dem Arbeitsvertrag geschuldete Tätigkeit gilt für die ANVertreter ein allg. Benachteiligungsverbot, das eine sachlich nicht gerechtfertigte Schlechterstellung wegen der Tätigkeit im AR verbietet. Dies ergibt sich außerhalb der Montanmitbestimmung aus § 26 MitbestG (vgl. dort Rn. 6) und § 76 II 5 BetrVG 1952 iVm. § 78 BetrVG (*Köstler/Kittner/Zachert/Müller* Rn. 730 ff.; im Einzelnen dazu § 78 BetrVG); in Unternehmen, die der Montanmitbestimmung unterliegen, folgt es aus einer Rechtsanalogie zu den vorgenannten Vorschriften bzw. aus § 612a BGB. Ein absoluter Kündigungsschutz zugunsten der ANVertreter besteht nicht (vgl. § 26 MitbestG Rn. 7).

Soweit es die Wahrnehmung der ARTätigkeit erfordert, sind die ANVertreter von ihren arbeits- 28
vertraglichen Verpflichtungen freizustellen. Ob in diesem Fall ein Anspruch auf Entgeltfortzahlung
besteht, ist differenziert zu beurteilen; vgl. § 26 MitbestG Rn. 4.

Probleme können sich ergeben, wenn das Unternehmen von einem **Arbeitskampf** unmittelbar 29
betroffen ist. Die Beteiligung an einem **rechtswidrigen Streik** stellt eine Verletzung des Arbeitsvertrags dar und kann im Einzelfall eine Kündigung des Arbeitsverhältnisses rechtfertigen (GK-BetrVG/
Kraft § 76 BetrVG 1952 Rn. 137). Sie stellt darüber hinaus auch eine Verletzung der gesellschaftsrechtlichen Pflichten des ARMitglieds gegenüber dem Unternehmen dar und kann unter Umständen eine
gerichtliche Abberufung (dazu § 103) oder eine Abberufung nach den anzuwendenden Mitbestimmungsgesetz (vgl. § 103 Rn. 5) rechtfertigen.

Bei einem **rechtmäßigen Streik** ist ein **passive Streikteilnahme** grds. zulässig (KölnKomm/*Mertens* 30
Anh. § 117 B § 25 MitbestG Rn. 13; *Dietz/Richardi* § 76 BetrVG 1952 Rn. 179 f.; GK-BetrVG/*Kraft*
§ 76 BetrVG 1952 Rn. 139; *Köstler/Kittner/Zachert/Müller* Rn. 739). Eine darüber hinausgehende
aktive Streikbeteiligung soll nach verbreiteter Ansicht mit der bes. Pflichtenbindung gegenüber dem
Unternehmen nicht vereinbar sein (KölnKomm/*Mertens* Anh. § 117 B § 25 MitbestG Rn. 13; GK-
BetrVG/*Kraft* § 76 BetrVG 1952 Rn. 139 f.; *Geßler/Hefermehl/Eckardt/Kropff* § 96 Rn. 63; aA *Gaumann/Schafft* DB 2000, 1514, 1517 f.; *Hanau/Ulmer* § 26 Rn. 23; *Köstler/Kittner/Zachert/Müller*
Rn. 740; MünchArbR/*Wißmann* § 384 Rn. 10, § 380 Rn. 23; im Grundsatz auch *Jacklofsky*, Arbeitnehmerstellung und Aufsichtsratsamt, 2001, S. 135 ff.).

§ 112 Vertretung der Gesellschaft gegenüber Vorstandsmitgliedern

Vorstandsmitgliedern gegenüber vertritt der Aufsichtsrat die Gesellschaft gerichtlich und außergerichtlich.

1. Allgemeines. § 112 regelt die Vertretung der Gesellschaft gegenüber den Vorstandsmitgliedern 1
(vgl. *Schwarz* ZfgG 52 [2002], 61 ff.). Abw. von § 78 steht dem AR die Vertretungsbefugnis gegenüber
den Vorstandsmitgliedern zu. Weitere Vertretungszuständigkeiten des AR begründet das AktG für die
Beauftragung von Sachverständigen nach § 111 II 2 und die Prozessvertretung im Rahmen einer
Anfechtungs- oder Nichtigkeitsklage nach § 246 II, 249 I 1.

§ 112 soll die unbefangene Vertretung der Gesellschaft sicherstellen, um eine Beeinflussung durch 2
sachfremde Erwägungen auszuschließen (BGH 8. 2. 1988 Z 103, 213, 216; BAG 4. 7. 2001 AP BGB
§ 611 Organvertreter Nr. 18; *Hüffer* Rn. 1; KölnKomm/*Mertens* Rn. 2). Maßgeblicher **Regelungszweck** ist die abstrakte Gefährdung, die bei typisierter Betrachtung von einer Vertretung des Vorstands
mit seinen Mitgliedern ausgeht (BGH 23. 9. 1996 AG 1997, 123; BAG 4. 7. 2001 AP BGB § 611
Organvertreter Nr. 18; *Hüffer* Rn. 2; vgl. auch *Werner* ZGR 1989, 369, 371 ff.); der Nachweis einer
konkreten Gefahr der Befangenheit ist nicht erforderlich.

3 **2. Anwendungsbereich. a) Persönlicher Anwendungsbereich.** Die Vertretungszuständigkeit besteht gegenüber Vorstandsmitgliedern. Erfasst werden damit sowohl die amtierenden als auch die werdenden Vorstandsmitglieder, unabhängig davon, ob ihre Bestellung wirksam ist (*Hüffer* Rn. 2; KölnKomm/*Mertens* Rn. 12; *Werner* ZGR 1989, 369, 376 f.). Daneben resultiert aus dem Regelungszweck auch eine Vertretungsbefugnis gegenüber den ausgeschiedenen Vorstandsmitgliedern (BGH 8. 2. 1988 Z 103, 213, 216 ff.; BGH 28. 4. 1997 DB 1997, 1445; BAG 4. 7. 2001 AP BGB § 611 Organvertreter Nr. 18; *Werner* ZGR 1989, 369, 377 ff.; *Brandner*, FS für Quack, 1991, S. 206 f.; aA *Geßler/Hefermehl/Eckardt/Kropff* Rn. 8; zur Kritik vor allem *Behr/Kindl* DStR 1999, 119 ff.), insb. soweit der Widerruf Gegenstand der Auseinandersetzung ist (*Hüffer* Rn. 2). Die Vertretungszuständigkeit des AR besteht ebenfalls gegenüber Familienmitgliedern, wenn der fragliche Gegenstand im Vorstandsverhältnis wurzelt (LG München I 18. 7. 1995 AG 1996, 38; KölnKomm/*Mertens* Rn. 11; aA OLG München 25. 10. 1995 WM 1996, 346).

4 **b) Sachlicher Anwendungsbereich.** Die Vertretungsbefugnis erstreckt sich auf alle Rechtsgeschäfte und Rechtshandlungen mit Vorstandsmitgliedern ohne Rücksicht auf deren Umfang, einschließlich der Geschäfte des täglichen Lebens (*Hüffer* Rn. 3; KölnKomm/*Mertens* Rn. 15). Das gilt auch im Hinblick auf die Kündigung des ruhenden Arbeitsverhältnisses eines ausgeschiedenen Vorstandsmitgliedes, wenn die Kündigungsgründe ihren Ursprung in der früheren Vorstandstätigkeit haben (BAG 4. 7. 2001 AP BGB § 611 Organvertreter Nr. 18; LAG Köln 30. 11. 1999 EWiR 2000, 653 f.). In diesem Rahmen obliegt dem AR als gesetzlichem Vertreter iSv. § 51 I ZPO die Prozessvertretung in allen Rechtsstreitigkeiten. Zur Zustellung einer Klage s. OLG Hamburg 4. 5. 2001 NZG 2001, 898 f.

5 **3. Ausübung der Vertretungsmacht.** Grds. steht die Vertretungsbefugnis dem GesamtAR zu. Ihre Ausübung setzt einen entspr. Beschluss voraus (§ 108 I), der von der Mehrheit gegenüber dem Vorstandsmitglied erklärt werden kann (OLG Frankfurt 23. 4. 1981 AG 1981, 230, 231; KölnKomm/*Mertens* Rn. 22; zweifelnd *Hüffer* Rn. 5). Bei der Entgegennahme von Erklärungen genügt in Rechtsanalogie zu § 78 I 2 sowie § 28 II BGB, § 125 II 3 HGB die Abgabe gegenüber einem ARMitglied (*Hüffer* Rn. 4; *Geßler/Hefermehl/Eckardt/Kropff* Rn. 15; MünchGesR IV/*Hoffmann-Becking* § 31 Rn. 88; aA KölnKomm/*Mertens* Rn. 23).

6 Die Vertretungsbefugnis kann grds. auf Ausschüsse oder einzelne ARMitglieder übertragen werden. Bei der Delegation an einen Ausschuss ist eine Vertretung im Rahmen der dem AR nach § 107 III vorbehaltenen Entscheidungen nicht möglich (KölnKomm/*Mertens* Rn. 26). Der AR kann zwar ein einzelnes ARMitglied zur Erklärung ermächtigen. In jedem Fall muss dem AR aber die Willensbildung überlassen bleiben (*Hüffer* Rn. 5; *Lutter/Krieger* Rn. 418; KölnKomm/*Mertens* Rn. 27 f.).

7 **4. Fehlerhafte Vertretung.** Wird die Gesellschaft fehlerhaft durch den Vorstand vertreten, ist das betreffende Geschäft schwebend unwirksam, der AR kann dieses aber analog § 177 ff. BGB genehmigen (OLG Celle 25. 2. 2002 BB 2002, 1438 f.; *Hüffer* Rn. 7; *Werner* ZGR 1989, 369, 392 ff.; *Lutter/ Krieger* Rn. 413; aA für Nichtigkeit OLG Hamburg 16. 5. 1986 AG 1986, 259, 260; KölnKomm/ *Mertens* Rn. 5 [s. aber *Mertens*, FS für Lutter, 2000, S. 523, 531 ff.]; *Schmits* AG 1992, 149, 155).

8 Eine **fehlerhafte prozessuale Vertretung** der Gesellschaft hat die Unzulässigkeit der Klage zur Folge; die Prozessführung des Vorstands kann der AR jedoch genehmigen (BGH 13. 2. 1989 NJW 1989, 2055 f.; BGH 22. 4. 1991 AG 1991, 269 f.; BAG 4. 7. 2001 AP BGB § 611 Organvertreter Nr. 18; *Hüffer* Rn. 8; *Brandner*, FS für Quack 1991, S. 201, 202). Eine Verweigerung der Genehmigung durch den AR ist grds. nicht rechtsmissbräuchlich (BGH 22. 4. 1991 AG 1991, 269 f.).

§ 113 Vergütung der Aufsichtsratsmitglieder

(1) ¹Den Aufsichtsratsmitgliedern kann für ihre Tätigkeit eine Vergütung gewährt werden. ²Sie kann in der Satzung festgesetzt oder von der Hauptversammlung bewilligt werden. ³Sie soll in einem angemessenen Verhältnis zu den Aufgaben der Aufsichtsratsmitglieder und zur Lage der Gesellschaft stehen. ⁴Ist die Vergütung in der Satzung festgesetzt, so kann die Hauptversammlung eine Satzungsänderung, durch welche die Vergütung herabgesetzt wird, mit einfacher Stimmenmehrheit beschließen.

(2) ¹Den Mitgliedern des ersten Aufsichtsrats kann nur die Hauptversammlung eine Vergütung für ihre Tätigkeit bewilligen. ²Der Beschluß kann erst in der Hauptversammlung gefaßt werden, die über die Entlastung der Mitglieder des ersten Aufsichtsrats beschließt.

(3) ¹Wird den Aufsichtsratsmitgliedern ein Anteil am Jahresgewinn der Gesellschaft gewährt, so berechnet sich der Anteil nach dem Bilanzgewinn, vermindert um einen Betrag von mindestens vier vom Hundert der auf den geringsten Ausgabebetrag der Aktien geleisteten Einlagen. ²Entgegenstehende Festsetzungen sind nichtig.

1 **1. Allgemeines.** Ein Vergütungsanspruch für die ARTätigkeit kann nur unter den Voraussetzungen des § 113 begründet werden. Die Vorschrift setzt einen Vergütungsanspruch der ARMitglieder voraus und überträgt die Zuständigkeit für dessen Festlegung der Hauptversammlung (§ 113 I 2, II). Weiterer

Verträge mit Aufsichtsratsmitgliedern § 114 AktG 50

Regelungsgegenstand ist die materielle Begrenzung der Vergütungshöhe, einschließlich der zu gewährenden Gewinntantieme (§ 113 I 3, III).

Die mit der Kompetenzzuweisung verwirklichte Publizität und eröffnete Möglichkeit der Anfechtung eines diesbezüglichen Hauptversammlungsbeschlusses (KölnKomm/*Mertens* Rn. 4; *ders.*, FS für Steindorff, 1990, S. 173, 174; *Lutter* AG 1979, 85, 88) bezweckt in erster Linie den Schutz der Gläubiger und Aktionäre der Gesellschaft (*Hüffer* Rn. 1). 2

2. Zuständigkeit. Die Vergütung kann durch Satzung oder Hauptversammlungsbeschluss bewilligt werden (§ 113 I 2); die Zuständigkeit der Hauptversammlung ist zwingend und darf nicht dadurch unterlaufen werden, dass der Vorstand zur näheren Ausgestaltung der Vergütungsregelung ermächtigt wird (LG München I 7. 12. 2000 DB 2001, 193). Soweit die Festsetzung in der Satzung erfolgt, kann sie abw. von § 179 mit einfacher Stimmenmehrheit herabgesetzt werden (§ 113 I 4). Die Bewilligung der Vergütung für die Mitglieder des ersten AR obliegt der Hauptversammlung, die über deren Entlastung beschließt (§ 113 II 1, 2). 3

3. Vergütungsanspruch. a) Bestandteile. Bestandteile der Vergütung können alle in § 87 I aufgezählten Entgelte sein. Üblich sind Satzungsregelungen, die neben einem festen ein variables Entgelt vorsehen, das an die ausgeschüttete Dividende gekoppelt ist. Soweit die Gewinntantieme auf der Grundlage des festgestellten Bilanzgewinns berechnet wird, ist § 113 III zu beachten. Zu aktienkursorientierten Vergütungsbestandteilen *Roller*, Die Vergütung des Aufsichtsrats in Abhängigkeit vom Aktienkurs, 2000; *Wellkamp* WM 2001, 489 ff. 4

Nicht zur Vergütung gehören die von der Gesellschaft zu ersetzenden **Auslagen der ARMitglieder,** wie Reise- und Übernachtungskosten. Sie sind unabhängig von etwaigen Satzungsregelungen nach § 670 BGB analog zu ersetzen (*Hüffer* Rn. 2; *Geßler/Hefermehl/Eckardt/Kropff* Rn. 14; MünchGesR IV/*Hoffmann-Becking* § 33 Rn. 12). Zur Pauschalierung von Aufwendungsersatz BAG 27. 10. 1998 AP BetrVG 1972 § 87 Lohngestaltung Nr. 99. 5

b) Angemessenheit. Nach § 113 I 3 soll die Vergütung in einem angemessenen Verhältnis zu den Aufgaben der ARMitglieder und zur Lage der Gesellschaft stehen. Bei der Festsetzung der Höhe gilt der Grundsatz der Gleichbehandlung aller ARMitglieder (vgl. § 111 Rn. 24). In diesem Rahmen kann nach den wahrgenommenen Funktionen und Aufgaben differenziert werden, namentlich bei der Vergütung des ARVorsitzenden und seines Stellvertreters (*Hüffer* Rn. 4; MünchGesR IV/*Hoffmann-Becking* § 33 Rn. 16; KölnKomm/*Mertens* Rn. 9, 13). 6

c) Steuerliche Behandlung. Die Vergütung ist bei der Gesellschaft gem. § 10 Nr. 4 KStG nur zur Hälfte als Betriebsausgabe abzugsfähig. Von den ARMitgliedern ist sie als Einnahme aus selbständiger Tätigkeit zu versteuern. ANvertreter können den an die Hans-Böckler-Stiftung abgeführten Teil ihrer Vergütung (zur Rechtswirksamkeit verbandsrechtlicher Verpflichtungen OLG Frankfurt a. M. 22. 8. 2001 NZA-RR 2002, 531, 533 f.) als Betriebsausgabe geltend machen (BFH 9. 10. 1980 BStBl. II 1981, 29; aA als Spende gem. § 10 b I EStG GK-BetrVG/*Kraft* § 76 BetrVG 1952 Rn. 130 mwN). Als Einnahme aus selbständiger Tätigkeit ist die ARVergütung grds. umsatzsteuerpflichtig (BFH 2. 10. 1986 AG 1987, 180). 7

4. Fehlerhafte Vergütungsregelungen. Vergütungsregelungen und -absprachen, die nicht den Voraussetzungen des § 113 entsprechen, sind nichtig. Dies gilt auch für Beraterverträge, die ARMitgliedern eine Vergütung für Tätigkeiten gewähren, deren Erfüllung zum organschaftlichen Aufgabenbereich des AR gehört (BGH 25. 3. 1991 Z 114, 127, 129 f.; BGH 4. 7. 1994 Z 126, 340, 346 ff.; *Hüffer* Rn. 5; *Lutter/Kremer* ZGR 1992, 87, 91 f.; *Beater* ZHR 157 [1993], 420, 432 ff.). Zu sonstigen Verträgen vgl. § 114. 8

§ 114 Verträge mit Aufsichtsratsmitgliedern

(1) **Verpflichtet sich ein Aufsichtsratsmitglied außerhalb seiner Tätigkeit im Aufsichtsrat durch einen Dienstvertrag, durch den ein Arbeitsverhältnis nicht begründet wird, oder durch einen Werkvertrag gegenüber der Gesellschaft zu einer Tätigkeit höherer Art, so hängt die Wirksamkeit des Vertrags von der Zustimmung des Aufsichtsrats ab.**

(2) ¹Gewährt die Gesellschaft auf Grund eines solchen Vertrags dem Aufsichtsratsmitglied eine Vergütung, ohne daß der Aufsichtsrat dem Vertrag zugestimmt hat, so hat das Aufsichtsratsmitglied die Vergütung zurückzugewähren, es sei denn, daß der Aufsichtsrat den Vertrag genehmigt. ²Ein Anspruch des Aufsichtsratsmitglieds gegen die Gesellschaft auf Herausgabe der durch die geleistete Tätigkeit erlangten Bereicherung bleibt unberührt; der Anspruch kann jedoch nicht gegen den Rückgewähranspruch aufgerechnet werden.

1. Allgemeines. Nach § 114 unterliegen bestimmte Verträge zwischen den ARMitgliedern und der Gesellschaft der Zustimmung des AR, um Umgehungen des § 113 zu verhindern und einer sachfremden Beeinflussung der ARMitglieder durch vom Vorstand gewährte unzulässige Sondervergütungen entgegenzuwirken (KölnKomm/*Mertens* Rn. 2; *Hüffer* Rn. 1). § 114 II normiert einen eigen- 1

Oetker 247

ständigen aktienrechtlichen Rückforderungsanspruch für die auf Grund eines unzulässigen Vertrags gewährten Vergütungen. Die Vorschrift ist auch anwendbar, wenn die Beratung gegenüber dem AR erfolgen soll (vgl. *Lutter/Drygala*, FS für Ulmer, 2003, S. 381 ff.).

2 **2. Anwendungsbereich. a) Vertragsarten.** Zustimmungspflichtig sind nur Dienst- und Werkverträge, die eine Tätigkeit höherer Art iSv. § 627 BGB zum Gegenstand haben (*Beater* ZHR 157 [1993], 420, 426 f.; KölnKomm/*Mertens* Rn. 10; *Hüffer* Rn. 3); dies sind zB Dienstleistungen oder Beratungen, die bes. Kenntnisse erfordern. Nicht erfasst werden die Arbeitsverträge der ANVertreter, sofern keine über das gewöhnliche Arbeitsverhältnis hinausgehenden Vereinbarungen hinzukommen (*Hüffer* Rn. 3).

3 **b) Aufsichtsratsmitglieder.** Das Zustimmungserfordernis erstreckt sich auf Verträge mit ARMitgliedern ohne Rücksicht darauf, ob der Vertrag vor oder nach Amtsantritt geschlossen worden ist (BGH 25. 3. 1991 Z 114, 127, 133; BGH 4. 7. 1994 Z 126, 340, 346 ff.; *Mertens*, FS für Steindorff, 1990, S. 173, 182 f.; *Hüffer* Rn. 2; *Lutter/Kremer* ZGR 1992, 87, 99). Nicht zustimmungspflichtig sind Verträge mit ARMitgliedern verbundener Unternehmen (KölnKomm/*Mertens* Rn. 8; *Hüffer* Rn. 2; MünchGesR IV/*Hoffmann-Becking* § 33 Rn. 29; für Beraterverträge mit Tochtergesellschaften *Lutter/Kremer* ZGR 1992, 87, 104 f.). In Fortführung des Rechtsgedankens in § 115 III ist § 114 jedoch entsprechend anzuwenden, wenn der Vertrag mit einer Gesellschaft abgeschlossen wird, deren gesetzlicher Vertreter dem AR angehört (LG Köln 8. 5. 2002 AG 2003, 167).

4 **c) Tätigkeit außerhalb des Aufsichtsrats.** Der Vertrag muss eine Tätigkeit zum Gegenstand haben, die nicht zum organschaftlichen Aufgabenbereich des ARMitglieds gehört, anderenfalls ist der Vertrag nichtig, vgl. § 113 Rn. 8. Zulässig sind solche Verträge, die Fragen eines bestimmten Fachgebiets betreffen und regelmäßig ein über die ARTätigkeit hinausgehendes Sonderwissen erfordern. Bei der erforderlichen Abgrenzung ist ausschließlich auf die Art der Tätigkeit, nicht auf deren Umfang abzustellen (BGH 25. 3. 1991 Z 114, 127, 130; BGH 4. 7. 1994 Z 126, 340, 344; KG 25. 9. 1995 AG 1997, 42, 43; *Hüffer* Rn. 5; s. auch *Lutter/Drygala*, FS für Ulmer, 2003, S. 381, 388 ff.). Ein nach § 114 zu genehmigender Vertrag muss eindeutige Feststellungen ermöglichen, ob die zu erbringende Leistung jenseits des organschaftlichen Aufgabenbereichs liegt (BGH 4. 7. 1994 Z 126, 340, 344; *Mertens*, FS für Steindorff, 1990, S. 173, 175).

5 **d) Zustimmung durch den Aufsichtsrat.** Solange der AR die Zustimmung nicht erteilt, ist der Vertrag schwebend unwirksam (KölnKomm/*Mertens* Rn. 11) und bei einer endgültigen Verweigerung nichtig. Einen Anspruch aus § 280 I BGB iVm. § 311 II BGB löst die Zustimmungsverweigerung nicht aus (*Hüffer* Rn. 6).

6 **3. Rückgewähr der Vergütung.** Die Vergütung ist nach § 114 II 1 zurückzugewähren, solange eine Zustimmung durch den AR unterbleibt. Das ARMitglied seinerseits hat nach § 114 II 2 einen Bereicherungsanspruch gegen die Gesellschaft, der aber regelmäßig durch § 814 BGB ausgeschlossen sein dürfte. Mit dem Bereicherungsanspruch kann nicht gegen den Rückforderungsanspruch der Gesellschaft aufgerechnet werden (§ 113 II 2 aE).

§ 115 Kreditgewährung an Aufsichtsratsmitglieder

(1) ¹Die Gesellschaft darf ihren Aufsichtsratsmitgliedern Kredit nur mit Einwilligung des Aufsichtsrats gewähren. ²Eine herrschende Gesellschaft darf Kredite an Aufsichtsratsmitglieder eines abhängigen Unternehmens nur mit Einwilligung ihres Aufsichtsrats, eine abhängige Gesellschaft darf Kredite an Aufsichtsratsmitglieder des herrschenden Unternehmens nur mit Einwilligung des Aufsichtsrats des herrschenden Unternehmens gewähren. ³Die Einwilligung kann nur für bestimmte Kreditgeschäfte oder Arten von Kreditgeschäften und nicht für länger als drei Monate im voraus erteilt werden. ⁴Der Beschluß über die Einwilligung hat die Verzinsung und Rückzahlung des Kredits zu regeln. ⁵Betreibt das Aufsichtsratsmitglied ein Handelsgewerbe als Einzelkaufmann, so ist die Einwilligung nicht erforderlich, wenn der Kredit für die Bezahlung von Waren gewährt wird, welche die Gesellschaft seinem Handelsgeschäft liefert.

(2) Absatz 1 gilt auch für Kredite an den Ehegatten, Lebenspartner oder an ein minderjähriges Kind eines Aufsichtsratsmitglieds und für Kredite an einen Dritten, der für Rechnung dieser Personen oder für Rechnung eines Aufsichtsratsmitglieds handelt.

(3) ¹Ist ein Aufsichtsratsmitglied zugleich gesetzlicher Vertreter einer anderen juristischen Person oder Gesellschafter einer Personenhandelsgesellschaft, so darf die Gesellschaft der juristischen Person oder der Personenhandelsgesellschaft Kredit nur mit Einwilligung des Aufsichtsrats gewähren; Absatz 1 Satz 3 und 4 gilt sinngemäß. ²Dies gilt nicht, wenn die juristische Person oder die Personenhandelsgesellschaft mit der Gesellschaft verbunden ist oder wenn der Kredit für die Bezahlung von Waren gewährt wird, welche die Gesellschaft der juristischen Person oder der Personenhandelsgesellschaft liefert.

(4) Wird entgegen den Absätzen 1 bis 3 Kredit gewährt, so ist der Kredit ohne Rücksicht auf entgegenstehende Vereinbarungen sofort zurückzugewähren, wenn nicht der Aufsichtsrat nachträglich zustimmt.

(5) Ist die Gesellschaft ein Kreditinstitut oder Finanzdienstleistungsinstitut, auf das § 15 des Gesetzes über das Kreditwesen anzuwenden ist, gelten anstelle der Absätze 1 bis 4 die Vorschriften des Gesetzes über das Kreditwesen.

Die Norm soll der Gefahr sachfremder Beeinflussung des AR durch den Vorstand entgegenwirken, die mit der grds. zulässigen Kreditgewährung an Mitglieder des AR verbunden ist. Eine Kreditgewährung seitens des Vorstands hängt deshalb von der Einwilligung des AR ab. 1

Einwilligungspflichtig ist die Kreditgewährung an die Mitglieder des AR (§ 115 I 1) sowie an nahe stehende Angehörige (§ 115 II), an ARMitglieder in bestimmten verbundenen Unternehmen (§ 115 I 2) und Gesellschaften, zu der in der Person des ARMitglieds begründete personelle Verflechtungen bestehen (§ 115 III). 2

Der AR hat vor der Kreditgewährung seine Zustimmung durch Beschluss zu erteilen, der bestimmte inhaltliche Anforderungen erfüllen muss (§ 115 I 3 bis 5). Ein ohne Zustimmung gewährter Kredit ist sofort zurückzugewähren, soweit der AR diesem nicht nachträglich zustimmt (§ 115 IV). 3

§ 116 Sorgfaltspflicht und Verantwortlichkeit der Aufsichtsratsmitglieder

¹ Für die Sorgfaltspflicht und Verantwortlichkeit der Aufsichtsratsmitglieder gilt § 93 über die Sorgfaltspflicht und Verantwortlichkeit der Vorstandsmitglieder sinngemäß. ² Die Aufsichtsratsmitglieder sind insbesondere zur Verschwiegenheit über erhaltene vertrauliche Berichte und vertrauliche Beratungen verpflichtet.

§ 93 AktG lautet:

§ 93 Sorgfaltspflicht und Verantwortlichkeit der Vorstandsmitglieder

(1) ¹ Die Vorstandsmitglieder haben bei ihrer Geschäftsführung die Sorgfalt eines ordentlichen und gewissenhaften Geschäftsleiters anzuwenden. ² Über vertrauliche Angaben und Geheimnisse der Gesellschaft, namentlich Betriebs- oder Geschäftsgeheimnisse, die ihnen durch ihre Tätigkeit im Vorstand bekanntgeworden sind, haben sie Stillschweigen zu bewahren.

(2) ¹ Vorstandsmitglieder, die ihre Pflichten verletzen, sind der Gesellschaft zum Ersatz des daraus entstehenden Schadens als Gesamtschuldner verpflichtet. ² Ist streitig, ob sie die Sorgfalt eines ordentlichen und gewissenhaften Geschäftsleiters angewandt haben, so trifft sie die Beweislast.

(3) Die Vorstandsmitglieder sind namentlich zum Ersatz verpflichtet, wenn entgegen diesem Gesetz
1. Einlagen an die Aktionäre zurückgewährt werden,
2. den Aktionären Zinsen oder Gewinnanteile gezahlt werden,
3. eigene Aktien der Gesellschaft oder einer anderen Gesellschaft gezeichnet, erworben, als Pfand genommen oder eingezogen werden,
4. Aktien vor der vollen Leistung des Ausgabebetrags ausgegeben werden,
5. Gesellschaftsvermögen verteilt wird,
6. Zahlungen geleistet werden, nachdem die Zahlungsunfähigkeit der Gesellschaft eingetreten ist oder sich ihre Überschuldung ergeben hat,
7. Vergütungen an Aufsichtsratsmitglieder gewährt werden,
8. Kredit gewährt wird,
9. bei der bedingten Kapitalerhöhung außerhalb des festgesetzten Zwecks oder vor der vollen Leistung des Gegenwerts Bezugsaktien ausgegeben werden.

(4) ¹ Der Gesellschaft gegenüber tritt die Ersatzpflicht nicht ein, wenn die Handlung auf einem gesetzmäßigen Beschluß der Hauptversammlung beruht. ² Dadurch, daß der Aufsichtsrat die Handlung gebilligt hat, wird die Ersatzpflicht nicht ausgeschlossen. ³ Die Gesellschaft kann erst drei Jahre nach der Entstehung des Anspruchs und nur dann auf Ersatzansprüche verzichten oder sich über sie vergleichen, wenn die Hauptversammlung zustimmt und nicht eine Minderheit, deren Anteile zusammen den zehnten Teil des Grundkapitals erreichen, zur Niederschrift Widerspruch erhebt. ⁴ Die zeitliche Beschränkung gilt nicht, wenn der Ersatzpflichtige zahlungsunfähig ist und sich zur Abwendung des Insolvenzverfahrens mit seinen Gläubigern vergleicht oder wenn die Ersatzpflicht in einem Insolvenzplan geregelt wird.

(5) ¹ Der Ersatzanspruch der Gesellschaft kann auch von den Gläubigern der Gesellschaft geltend gemacht werden, soweit sie von dieser keine Befriedigung erlangen können. ² Dies gilt jedoch in anderen Fällen als denen des Absatzes 3 nur dann, wenn die Vorstandsmitglieder die Sorgfalt eines ordentlichen und gewissenhaften Geschäftsleiters gröblich verletzt haben; Absatz 2 Satz 2 gilt sinngemäß. ³ Den Gläubigern gegenüber wird die Ersatzpflicht weder durch einen Verzicht oder Vergleich der Gesellschaft noch dadurch aufgehoben, daß die Handlung auf einem Beschluß der Hauptversammlung beruht.

Oetker

⁴ Ist über das Vermögen der Gesellschaft das Insolvenzverfahren eröffnet, so übt während dessen Dauer der Insolvenzverwalter oder der Sachwalter das Recht der Gläubiger gegen die Vorstandsmitglieder aus.
(6) Die Ansprüche aus diesen Vorschriften verjähren in fünf Jahren.

Schrifttum: *Hübner* Managerhaftung, 1992; *Klinkhammer/Rancke*, Verschwiegenheitspflicht der Aufsichtsratsmitglieder, 1978; *Lutter*, Information und Vertraulichkeit im Aufsichtsrat, 2. Aufl., 1984; *Mutter*, Unternehmerische Entscheidungen und Haftung des Aufsichtsrats der Aktiengesellschaft, 1994; *Säcker*, Informationsrechte der Betriebs- und Aufsichtsratsmitglieder und Geheimnissphäre des Unternehmens, 1979; *von Stebut*, Geheimnisschutz und Verschwiegenheitspflicht im Aktienrecht, 1972.

I. Allgemeines

1 § 116 regelt die Sorgfalts- und Verschwiegenheitspflicht sowie die Verantwortlichkeit der ARMitglieder. Wegen der Verweisung auf § 93 finden im Grundsatz die für den Vorstand geltenden Regelungen Anwendung. Auf Grund der spezifischen Organstellung des AR ergeben sich aber auch zahlreiche Besonderheiten (vgl. Rn. 5, 17; *Hüffer* Rn. 1; *Geßler/Hefermehl/Eckardt/Kropff* Rn. 7 ff.). Bes. hervorgehoben ist die Pflicht zur Verschwiegenheit (§ 116 S. 2 sowie Rn. 10 ff.).

2 Dem mit der Anwendung der Sorgfalt eines ordentlichen und gewissenhaften Geschäftsleiters (§ 93 I 1) umschriebenen maßgeblichen Anknüpfungspunkt kommt nach überwiegender Ansicht eine Doppelfunktion zu (*Hüffer* § 93 Rn. 3; *KölnKomm/Mertens* § 93 Rn. 6 f.). Er beschreibt nicht nur einen allg. Verschuldensmaßstab, sondern beinhaltet in generalklauselartiger Weise objektive Verhaltenspflichten, die einer näheren Konkretisierung im Einzelfall bedürfen.

II. Sorgfalts- und Verhaltenspflichten

3 **1. Grundsätze.** Grds. gelten für alle ARMitglieder unabhängig von ihrer Herkunft und ihren Kenntnissen die gleichen Sorgfaltspflichten (*Hüffer* Rn. 2; *MünchGesR IV/Hoffmann-Becking* § 33 Rn. 45; *Hanau/Ulmer* § 25 Rn. 118; *Lutter/Krieger* Rn. 846; *KölnKomm/Mertens* Rn. 10; aA *Geßler/ Hefermehl/Eckardt/Kropff* Rn. 10). Jedes ARMitglied muss diejenigen Mindestkenntnisse und -fähigkeiten besitzen oder sich aneignen, die es benötigt, um alle normalerweise anfallenden Geschäftsvorgänge beurteilen zu können (BGH 15. 11. 1982 Z 85, 293, 295; *Hüffer* Rn. 2; *KölnKomm/Mertens* Rn. 6). Das gilt auch für ANVertreter im AR (vgl. *Edenfeld/Neufang* AG 1999, 49 ff.; *Jacklofsky*, Arbeitnehmerstellung und Aufsichtsratsamt, 2001, S. 280 ff.; *Jürgens*, Mitbestimmung und Verantwortlichkeit, 2001, S. 107 ff.; *Schlüter*, FS für Baetge, 1997, S. 981, 994 ff.; mit Differenzierungen jedoch *Henssler*, 50 Jahre BGH, Bd. II, 2000, S. 387, 414 ff.).

4 Differenzierungen hinsichtlich der an die ARMitglieder zu stellenden Sorgfaltspflichten sind auf Grund der jeweils wahrgenommenen Funktion bzw. der Ressortverteilung im AR, aber auch nach der Art und Größe des Unternehmens möglich (LG Hamburg 16. 12. 1980 ZIP 1981, 194, 197; *Hüffer* Rn. 3; *Lutter/Krieger* Rn. 848 f.; *MünchGesR IV/Hoffmann-Becking* § 33 Rn. 45).

5 **2. Allgemeine Sorgfaltspflichten.** Die von den ARMitgliedern einzuhaltende Sorgfalt orientiert sich an der Organfunktion des GesamtAR. Im Mittelpunkt der einzelnen ARMitglieder treffenden Sorgfaltspflichten steht die Überwachungsfunktion (vgl. hierzu § 111 Rn. 2 ff.). Abw. von § 93 I 1 haben die ARMitglieder die Sorgfaltspflichten einzuhalten, die eine ordentliche und gewissenhafte Erfüllung der Aufgaben des AR erfordert (*Hüffer* Rn. 2; *Scholz/Schneider* § 52 Rn. 358; *MünchGesR IV/Hoffmann-Becking* § 33 Rn. 45).

6 Bei der Wahrnehmung der Überwachungsaufgabe sind die ARMitglieder insb. verpflichtet, für eine funktionsgerechte Organisation des AR und ausreichende Berichterstattung durch den Vorstand zu sorgen (*KölnKomm/Mertens* Rn. 9 ff.). Soweit Anhaltspunkte für eine fehlerhafte Geschäftsführung vorliegen, haben die ARMitglieder auf entspr. Maßnahmen des GesamtAR hinzuwirken.

7 **3. Treuepflicht.** Die Mitglieder des AR stehen gegenüber der Gesellschaft in einem bes. Treueverhältnis (*Lutter* S. 122; *Hüffer* Rn. 4), das sie zur Loyalität gegenüber der Gesellschaft und zur Wahrung des Unternehmensinteresses verpflichtet (*KölnKomm/Mertens* Rn. 22 ff.; *Lutter/Krieger* Rn. 765).

8 Der Charakter des ARMandats als Nebenamt bedingt jedoch, dass das ARMitglied bei Interessenkonflikten im Rahmen seiner Organtätigkeit nicht stets den Belangen der Gesellschaft den Vorrang einräumen muss (*Hüffer* Rn. 4; *KölnKomm/Mertens* Rn. 28; *Fleck*, FS für Heinsius, 1991, S. 89, 91; *Ulmer* NJW 1980, 1603, 1606). Die ARMitglieder unterliegen weder einem Wettbewerbsverbot (*KölnKomm/Mertens* Rn. 29; *Ulmer* NJW 1980, 1603, 1606), noch sind sie gehindert, im Rahmen selbständiger Vertragsbeziehungen mit der Gesellschaft einen eigenen Vorteil zu erstreben (*Fleck*, FS für Heinsius, 1991, S. 89, 91; *Ulmer* NJW 1980, 1603, 1606 f.).

9 Eine **Treuwidrigkeit** ist anzunehmen, wenn ARMitglieder ihr Mandat und die dadurch erlangten Kenntnisse willkürlich und ausschließlich eigennützig benutzen, namentlich beim Missbrauch von Insiderkenntnissen (*Fleck*, FS für Heinsius, 1991, S. 89, 91; *KölnKomm/Mertens* Rn. 29; vgl. auch *Ulmer* NJW 1980, 1603, 1606). Gleiches gilt, wenn ein ARMitglied seine Stellung gebraucht, um die Gesellschaft zu gesellschaftsschädigenden Handlungen zu veranlassen (BGH 21. 2. 1979 NJW 1980, 1629 f.; BGH 6. 12. 2001 AG 2002, 347, 351; *Hüffer* Rn. 5; *KölnKomm/Mertens* Rn. 30).

4. Verschwiegenheitspflicht. Die ARMitglieder haben nach § 116 S. 1 iVm. 10
§ 93 I 2 über vertrauliche Angaben und Geheimnisse der Gesellschaft, die ihnen durch ihre ARTätigkeit bekanntgeworden sind, Stillschweigen zu bewahren. Dieser allg. Grundsatz besteht neben § 116 S. 2 (Reg. Begr., BT-Drucks. 14/8769, 18), der die Vertraulichkeit bes. betont und bezüglich der erhaltenen Berichte sowie Beratungen präzisiert. Die ergänzende Regelung in § 116 S. 2 führt nicht dazu, dass für den AR höhere Verschwiegenheitspflichten als für den Vorstand gelten (Rechtsausschuss, BT-Drucks. 14/9029, 18). Die Verschwiegenheitspflicht, die ein notwendiges Korrelat zur Berichtspflicht des Vorstands ist (*Hüffer* Rn. 6; *Lutter* S. 121 f.), gilt für alle ARMitglieder gleichermaßen (BGH 5. 7. 1975 Z 64, 325, 330; *Geßler/Hefermehl/Eckardt/Kropff* Rn. 29 ff.; KölnKomm/*Mertens* Rn. 50; *Lutter/Krieger* Rn. 248). Damit sind auch die **ANVertreter** betreffenden Einschränkungen der Verschwiegenheitspflicht zugunsten der BR oder der Belegschaft ausgeschlossen (aA aber *Köstler/Kittner/Zachert/Müller* Rn. 547 ff.; *Kittner* ZHR 136 [1972], 208, 231; wie hier KölnKomm/*Mertens* Rn. 51; *Lutter* S. 151 ff.; GK-BetrVG/*Kraft* § 76 BetrVG 1952 Rn. 117; MünchArbR/*Wißmann* § 380 Rn. 20, § 384 Rn. 10). UU kann es jedoch im Interesse des Unternehmens notwendig sein, eine im AR besprochene Angelegenheit mit den AN zu erörtern, um Missverständnisse auszuräumen, Gerüchten entgegenzutreten oder Unruhen zu vermeiden (BGH 5. 7. 1975 Z 64, 325, 331).

Die Verschwiegenheitspflicht kann in der Satzung nicht begrenzt oder erweitert werden (BGH 11 5. 7. 1975 Z 64, 325, 327 ff., 330 ff.). Der Umfang der Verschwiegenheitspflicht beurteilt sich nach dem objektiv zu bestimmenden Interesse der Gesellschaft an der Geheimhaltung (BGH 5. 7. 1975 Z 64, 325, 329; *Lutter* S. 132; MünchGesR IV/*Hoffmann-Becking* § 33 Rn. 33).

Welche Tatsachen der Verschwiegenheitspflicht unterliegen, hat das ARMitglied nach objektiven 12 Kriterien eigenverantwortlich zu entscheiden. Im Grundsatz wird den Gesellschaftsinteressen der Vorrang vor den Informationsinteressen Dritter einzuräumen sein. So unterliegen die Beratung und das Abstimmungsverhalten im AR grds. der Verschwiegenheitspflicht (KölnKomm/*Mertens* Rn. 49; *Säcker/Oetker* NJW 1986, 803, 806 f.; MünchGesR IV/*Hoffmann-Becking* § 33 Rn. 33). Das gilt insbes. wenn AR oder Vorstand einzelne Informationen oder Vorgänge als „vertraulich" bezeichnen. Inwieweit hiervon Ausnahmen gemacht werden können, ist letztlich anhand des Einzelfalls zu entscheiden, kommt idR aber nur in krassen Fällen in Betracht (vgl. im Einzelnen *Lutter* S. 161 f.; MünchGesR IV/*Hoffmann-Becking* § 33 Rn. 33).

III. Verantwortlichkeit

1. Grundsätze. ARMitglieder, die ihre Pflichten verletzen, sind der Gesellschaft nach § 116 S. 1 13 iVm. § 93 II zum Schadensersatz verpflichtet. Hinsichtlich der Geltendmachung und der Verjährung des Schadensersatzanspruchs findet § 93 IV bis VI sinngemäße Anwendung.

2. Haftungsvoraussetzungen. a) Aufsichtsratmitglieder. Der Haftung nach § 116 S. 1 iVm. 14 § 93 II unterliegen alle zum AR bestellten Personen, ohne Rücksicht auf die Wirksamkeit der Bestellung. Die Haftung beginnt mit Übernahme des ARAmts und endet mit Ablauf der Amtszeit (vgl. § 103 Rn. 12 f.).

b) Pflichtverletzung. Das ARMitglied muss eine ihn treffende Sorgfalts- oder Verhaltenspflicht 15 verletzt haben. Diese kann sich aus § 93 III ergeben. In erster Linie kommt sie aber im Zusammenhang mit der Überwachung in Betracht, so zB wenn ARMitglieder Unregelmäßigkeiten in der Geschäftsführung trotz gegebener Anhaltspunkte nicht nachgehen (*Lutter/Krieger* Rn. 319; s. auch LG Stuttgart 29. 10. 1999 DB 1999, 2462 ff.) oder hinnehmen, dass die Einleitung eines Insolvenzverfahrens nur verzögert betrieben wird, obwohl die Insolvenz offensichtlich ist (BGH 9. 7. 1979 Z 75, 96, 106 ff.; s. auch LG Bielefeld 16. 11. 1999 BB 1999, 2630 ff.).

c) Verschulden. Die Pflichtverletzung ist verschuldet, wenn die Sorgfalt eines ordentlichen und 16 gewissenhaften ARMitglieds nicht beachtet wird (vgl. Rn. 5). Bei dem im Einzelfall zu konkretisierenden Verschuldensmaßstab ist zu berücksichtigen, dass der AR im Vergleich zum Vorstand einen anderen Funktions- und Aufgabenbereich hat und bei der Erfüllung seiner Aufgaben nur zeitlich begrenzt in Anspruch genommen werden kann.

d) Schaden. Die verschuldete Pflichtverletzung muss zu einem Schaden der Gesellschaft geführt 17 haben. Hierbei wird es sich idR um einen Vermögensschaden handeln. Ob der Schaden nur auf solche Vermögensbeeinträchtigungen zu beschränken ist, die dem Unternehmenszweck widersprechen (so KölnKomm/*Mertens* § 93 Rn. 23 ff.; MünchGesR IV/*Wiesner* § 26 Rn. 10), ist zweifelhaft (vgl. *Hüffer* § 93 Rn. 15).

3. Beweislastumkehr. Nach § 116 S. 1 iVm. § 93 II 2 liegt die Beweislast für die Anwendung der 18 Sorgfalt eines ordentlichen und gewissenhaften ARMitgliedes beim Inanspruchgenommenen. IdR hat der Anspruchsteller, dh idR die Gesellschaft, nur das Vorliegen einer Pflichtverletzung und eines dazu kausalen Schadens einschließlich dessen Höhe zu beweisen (vgl. hierzu auch *Fleck* GmbHR 1997, 237 ff.). Das ARMitglied seinerseits muss zur Abwendung des Schadensersatzanspruchs wenigstens den Beweis für ein nicht schuldhaftes Handeln führen.

19 **4. Andere Anspruchsgrundlagen.** Neben der Organhaftung nach § 116 S. 1 iVm. § 93 II bestehen weitere den AR betreffende aktienrechtliche Haftungsnormen: § 117 bei vorsätzlicher Schadenszufügung unter Benutzung des Einflusses auf die Gesellschaft (vgl. hierzu BGH 4. 3. 1985 Z 94, 55, 57 ff.; BGH 22. 6. 1992 NJW 1992, 3167, 3171 f.) und §§ 310, 318 II bei konzernrechtlichen Sachverhalten. Daneben finden die allg. bürgerlich-rechtlichen Haftungsnormen Anwendung. Namentlich kann sich eine Schadensersatzverpflichtung der ARMitglieder bei Verletzung der Insolvenzantragspflicht des Vorstands gem. § 92 II iVm. den §§ 823 II, 830 II BGB ergeben (BGH 9. 7. 1979 Z 75, 96, 107; vgl. KölnKomm/*Mertens* § 92 Rn. 48 f. mwN).

60. Arbeitsgerichtsgesetz (ArbGG)

In der Fassung der Bekanntmachung vom 2. Juli 1979 (BGBl. I S. 853, ber. S. 1036)
Zuletzt geändert durch Gesetz vom 8. August 2002 (BGBl. I S. 3140)

(BGBl. III/FNA 320-1)

Erster Teil. Allgemeine Vorschriften

§ 1 Gerichte für Arbeitssachen

Die Gerichtsbarkeit in Arbeitssachen – §§ 2 bis 3 – wird ausgeübt durch die Arbeitsgerichte – §§ 14 bis 31 –, die Landesarbeitsgerichte – §§ 33 bis 39 – und das Bundesarbeitsgericht – §§ 40 bis 45 – (Gerichte für Arbeitssachen).

I. Der Rechtsweg zu den Gerichten für Arbeitssachen

1. Allgemeines. Die Arbeitsgerichte bzw. ihre Vorläufer, die Gewerbe- und Kaufmannsgerichte, 1 wurden ursprünglich als besondere Zivilgerichte geschaffen, um arbeitsgerichtliche Verfahren schneller und kostengünstiger abzuwickeln, die besonderen Kenntnisse von Personen aus dem Arbeitsleben zu nutzen und eine besondere Spezialisierung der Richterschaft zu erreichen. Diese Gründe sprechen auch heute noch für die Beibehaltung der Arbeitsgerichtsbarkeit als selbständige Gerichtsbarkeit. In Art. 95 GG wird die Arbeitsgerichtsbarkeit als eigenständige und gegenüber den anderen Fachgerichtsbarkeiten gleichwertige Gerichtsbarkeit genannt. Auch gegenüber der Zivilgerichtsbarkeit besteht hinsichtlich des Rechtswegs nach der Einführung der §§ 17, 17a GVG kein besonderes Nähe- bzw. Verwandtschaftsverhältnis mehr, dass bei der Anwendung und Auslegung von Normen über die Zuständigkeiten und den Rechtsweg, insbesondere bei der gerichtsbarkeitsübergreifenden Verweisung von Verfahren zu berücksichtigen ist. Zu Aufrechnung und Widerklage § 2 Rn. 41 ff., zum Vorabentscheidungsverfahren über den Rechtsweg vgl. § 48 Rn. 2 ff. sowie zur funktionellen Zuständigkeit der Gerichte für Arbeitssachen § 8 Rn. 2 f. Für die Erhebung der Verfassungsbeschwerde gegen Entscheidungen der ArbG und die Richtervorlage nach Art. 100 GG gelten für die Gerichte für Arbeitssachen keine Besonderheiten; zum Vorabentscheidungsverfahren nach Art. 234 EUV vgl. Art. 234 Rn. 1 ff. Für das Gebiet der neuen Bundesländer bestehen Sonderregelungen nur noch im Gebührenrecht (§ 12 Rn. 3), deren Verfassungsmäßigkeit allerdings zweifelhaft geworden ist.

II. Deutsche Gerichtsbarkeit

1. Exterritorialität, Stationierungsstreitkräfte. Das ArbGG setzt voraus, dass überhaupt ein 2 deutsches Gericht zur Entscheidung des Rechtsstreites befugt ist. Daran fehlt es in den Fällen der Exterritorialität (§§ 18 ff. GVG). Der BRD steht es frei, in internationalen Verträgen die deutsche Gerichtsbarkeit auszuschließen. Dies u. a. geschehen für das Personal der Europäischen Weltraumforschungsorganisation (BAG 24. 1. 1958 AP Truppenvertrag Art. 44 Nr. 12). Ein ausländischer Staat ist hinsichtlich Bestandsstreitigkeiten mit Konsulatsangestellten, die nach dem Inhalt ihres Arbeitsverhältnisses originär konsularische (hoheitliche) Aufgaben wahrnehmen, grundsätzlich nicht der deutschen Gerichtsbarkeit unterworfen (BAG 3. 7. 1996 AP GVG § 20 Nr. 1 = NZA 1996, 1229). Anders ist es bei Bestandsstreitigkeiten von Arbeitnehmern, die keine hoheitlichen Aufgaben wahrnehmen (BAG 20. 11. 1997 AP GVG § 18 Nr. 1 = NZA 1998, 813). Für die Abgrenzung maßgeblich ist nicht Motiv oder Zweck der Staatstätigkeit, sondern die Natur der staatlichen Handlung oder des entstandenen Rechtsverhältnisses (BAG 23. 11. 2000 AP GVG § 20 Nr. 2 = NZA 2001, 683). Für arbeitsrechtliche Streitigkeiten der zivilen Arbeitskräfte bei den in der BRD stationierten Truppen der NATO sind die deutschen ArbG zuständig (BAG 29. 1. 1986 AP TVAL II § 48 Nr. 2; 15. 5. 1991 AP BGB § 611 Persönlichkeitsrecht Nr. 23 = NZA 1992, 43). Die Klage ist im Wege der Prozessstandschaft gegen die BRD zu richten.

2. Kirchen. Soweit die Kirchen innerhalb der für alle geltenden Gesetze ihre Angelegenheiten 3 verwalten und ordnen, errichten sie ihre eigenen Gerichte (Art. 140 GG, 137 WRV). Staatliche Gerichte sind für Streitigkeiten von kirchlichen Beamten, Geistlichen und Ordensangehörigen nicht zuständig (einschränkend BGH 28. 3. 2003 NJW 2003, 2097). Das gilt auch für exklaustrierte, noch nicht säkularisierte Ordensgeistliche (BAG 7. 2. 1990 AP GG Art. 140 Nr. 37 = NJW 1990, 2082). Dagegen gilt für AN der Kirchen in privatrechtlichen Arbeitsverhältnissen das staatliche Arbeitsrecht und damit auch der Rechtsweg zu den Gerichten für Arbeitssachen. Dieser wird auch nicht durch die

Vereinbarung einer Anrufungspflicht einer kirchliche Schiedsstelle ausgeschlossen (BAG 18. 5. 1999 AP ArbGG 1979 § 4 Nr. 1 = NZA 1999, 1350; zu den Schlichtungsstellen der ev. Kirche *Schliemann* NZA 2000, 1311). Die ArbG sind aber weitgehend an die von der Kirche festgelegten Loyalitätspflichten gebunden, soweit die Verfassung das Recht der Kirchen anerkennt, hierüber selbst zu befinden. Es ist das Recht der Kirchen, verbindlich zu bestimmen, was „die Glaubwürdigkeit der Kirche und ihrer Verkündigung erfordert", was „spezifisch kirchliche Aufgaben" sind, was „Nähe" zu ihnen bedeutet, welches die „wesentlichen Grundsätze der Glaubenslehre und Sittenlehre" sind und was als ggf. schwerer Verstoß gegen diese anzusehen ist. Den ArbG obliegt aber die Beantwortung der Frage, ob der geltend gemachte Sachverhalt vorliegt und die Verletzung von Loyalitätspflichten die Kündigung des kirchlichen Arbeitsverhältnisses sachlich rechtfertigt, was sich nach dem staatlichen Kündigungsrecht (§§ 626 BGB, 1 KSchG) beurteilt (BVerfG 4. 6. 1985 AP GG Art. 140 Nr. 24 = NJW 1986, 367). Zum Selbstbestimmungsrecht der Kirchen zählt auch die Einrichtung von Mitarbeitervertretungen. Der Rechtsweg zu den ArbG ist ausgeschlossen, soweit es um Rechte und Pflichten der kirchlichen Mitarbeitervertretungen geht (BAG 11. 3. 1986 AP GG Art. 140 Nr. 25 = NJW 1986, 2591 = NZA 1986, 685; 25. 4. 1989 AP GG Art. 140 Nr. 34 = NJW 1989, 2284).

III. Internationale Zuständigkeit

4   **1. Grundsatz. a) Örtliche Zuständigkeit nach der ZPO.** Das ArbGG gilt örtlich in der gesamten Bundesrepublik. Ob ein deutsches oder ausländisches Gericht zuständig ist, richtet sich nach der internationalen Zuständigkeit. Für diese sind bei Fehlen von Regelungen in internationalen Verträgen oder Abkommen grundsätzlich die Vorschriften der ZPO über die örtliche Zuständigkeit (§§ 12 ff. ZPO) maßgeblich (BAG 9. 10. 2002 AP ZPO § 38 Nr. 18 = NZA 2003, 339), zu Ausnahmen Rn. 2, 5. Wichtigste Gerichtsstände sind der allgemeine Gerichtsstand, derjenige des Aufenthaltsorts (§ 20 ZPO), der Niederlassung (§ 21 ZPO) und des Erfüllungsorts (§ 29 ZPO, dazu auch § 48 Rn. 20; Art. 27 EGBGB Rn. 8). Ist ein deutsches Gericht örtlich zuständig, ist es auch international zuständig (BAG 3. 5. 1995 AP Internat. Privatrecht, Arbeitsrecht Nr. 32 = NZA 1995, 1191; 26. 2. 1985 AP Internat. Privatrecht, Arbeitsrecht Nr. 23 = NJW 1985, 2910 = NZA 1985, 635). Einschränkungen bestehen lediglich beim Gerichtsstand des Vermögens (§ 23 ZPO). Dieser ist nur gegeben, wenn der Rechtsstreit einen hinreichenden Bezug zum Inland aufweist (BAG 17. 7. 1997 AP ZPO § 38 Internationale Zuständigkeit Nr. 13 = NJW 1997, 3482). Nach Art. 6 der Entsenderichtlinie sind die ArbG des Staates, in dem der AN tätig ist, zuständig für Klagen, mit denen in der Richtlinie garantierte Arbeitsbedingungen geltend gemacht werden. Diese Bestimmung ist nunmehr in § 8 AEntG in nationales Recht umgesetzt worden, die nicht nur die internationale Zuständigkeit deutscher Gerichte, sondern auch die sachliche Zuständigkeit der Gerichte für Arbeitssachen begründet (BAG 11. 9. 2002 AP ArbGG 1979 § 2 Nr. 82 = NZA 2003, 62). Zum kollektiven Internationalen Arbeitsrecht Art. 27 EGBGB Rn. 22.

5   **b) EuGVVO.** Für Bürger der EU-Mitgliedstaaten (Ausnahme: Dänemark) richtet sich die internationale Zuständigkeit seit dem 1. 3. 2002 nach der VO (EG) Nr. 44/2001 des Rates vom 22. 12. 2000 über die gerichtliche Zuständigkeit und die Anerkennung und Vollstreckung von Entscheidungen in Zivil- und Handelssachen – EuGVVO I (ABl. EG 2001 vom 16. 1. 2001 L 12/1). Diese löst das bisher geltende Übereinkommen der Europäischen Gemeinschaft über die gerichtliche Zuständigkeit und die Vollstreckung gerichtlicher Entscheidungen in Zivil- und Handelssachen (EuGVÜ) ab. Für den Bereich des Individualarbeitsrechts schafft die EuGVVO einen eigenen und abschließenden Katalog von Zuständigkeitsregeln, die denen der ZPO vergehen. Arbeitgeber und Arbeitnehmer können danach vor den Gerichten des Staates verklagt werden, in dem sie ihren Wohnsitz haben (§§ 19 Nr. 1, 20 I EuGVVO). Daneben kann der Arbeitnehmer Klage gegen den Arbeitgeber auch am Gerichtsstand der Niederlassung (§§ 5 Nr. 5, 19 Nr. 2 lit. b EuGVVO) oder des Orts, an dem die Arbeit gewöhnlich oder zuletzt verrichtet worden ist, erheben (§ 19 Nr. 2 lit. a EuGVVO, vgl. EuGH 10. 4. 2003 NJW 2003, 2224 = NZA 2003, 711; 9. 1. 1997 AP Brüsseler Abkommen Art. 5 Nr. 2 zur grenzüberschreitenden Beschäftigung; zur Bestimmung des Erfüllungsorts BAG 9. 10. 2002 AP ZPO § 38 Nr. 18 = NZA 2003, 339). Die Bestimmungen sind auch dann anzuwenden, wenn das Zustandekommen des Vertrages, aus dem der Klageanspruch hergeleitet wird oder die zuständigkeitsbegründende Verpflichtung zwischen den Parteien streitig ist (BAG 12. 6. 1986 AP Brüsseler Abkommen Art. 5 Nr. 1). Eine Vereinbarung über die internationale Zuständigkeit ist nur unter den engen Voraussetzungen des Art. 21 EuGVVO möglich (dazu *Maurer* FA 2002, 130). Auch Organvertreter und Handelsvertreter gelten als AN iSd. EuGVVO, wenn sie weisungsabhängig beschäftigt werden.

6   **c) Vereinbarung.** Haben die Parteien eines Arbeitsvertrages mit Auslandsberührung außerhalb des Geltungsbereichs der EuGVVO (Rn. 5) die Geltung ausländischen Rechts und die ausschließliche Zuständigkeit ausländischer Gerichte vereinbart, dann richtet sich die Frage, ob eine Zuständigkeitsvereinbarung zustande gekommen ist, nach dem vereinbarten ausländischen Recht. Dagegen ist die Wirkung einer solchen Gerichtsstandsvereinbarung von dem angerufenen deutschen Gericht nach deutschem Recht zu beurteilen (BAG 29. 6. 1978 AP ZPO § 38 Internationale Zuständigkeit Nr. 8 = NJW 1979, 1119; vgl. auch Art. 27 EGBGB Rn. 4 ff. zur Rechtswahlfreiheit).

2. Verfahrensfragen. Das Vorliegen der internationalen Zuständigkeit ist in allen Instanzen von **7** Amts wegen zu prüfen (BAG 26. 2. 1985 AP Internat. Privatrecht, Arbeitsrecht Nr. 23 = NJW 1985, 2910 = NZA 1985, 635; 5. 9. 1972 AP BGB § 242 Ruhegehalt Nr. 159). Fehlt die internationale Zuständigkeit, ist eine Verweisung an das ausländische Gericht nicht möglich. Die Klage ist als unzulässig abzuweisen. Ist die internationale Zuständigkeit gegeben, kann dies durch Zwischenurteil (§ 280 ZPO) ausgesprochen werden (BAG 23. 11. 2000 AP GVG § 20 Nr. 2 = NZA 2001, 683).

§ 2 Zuständigkeit im Urteilsverfahren

(1) Die Gerichte für Arbeitssachen sind ausschließlich zuständig für
1. bürgerliche Rechtsstreitigkeiten zwischen Tarifvertragsparteien oder zwischen diesen und Dritten aus Tarifverträgen oder über das Bestehen oder Nichtbestehen von Tarifverträgen;
2. bürgerliche Rechtsstreitigkeiten zwischen tariffähigen Parteien oder zwischen diesen und Dritten aus unerlaubten Handlungen, soweit es sich um Maßnahmen zum Zwecke des Arbeitskampfes oder um Fragen der Vereinigungsfreiheit einschließlich des hiermit im Zusammenhang stehenden Betätigungsrechts der Vereinigungen handelt;
3. bürgerliche Rechtsstreitigkeiten zwischen Arbeitnehmern und Arbeitgebern
   a) aus dem Arbeitsverhältnis;
   b) über das Bestehen oder Nichtbestehen eines Arbeitsverhältnisses;
   c) aus Verhandlungen über die Eingehung eines Arbeitsverhältnisses und aus dessen Nachwirkungen;
   d) aus unerlaubten Handlungen, soweit diese mit dem Arbeitsverhältnis im Zusammenhang stehen;
   e) über Arbeitspapiere;
4. bürgerliche Rechtsstreitigkeiten zwischen Arbeitnehmern oder ihren Hinterbliebenen und
   a) Arbeitgebern über Ansprüche, die mit dem Arbeitsverhältnis in rechtlichem oder unmittelbar wirtschaftlichem Zusammenhang stehen;
   b) gemeinsamen Einrichtungen der Tarifvertragsparteien oder Sozialeinrichtungen des privaten Rechts über Ansprüche aus dem Arbeitsverhältnis oder Ansprüche, die mit dem Arbeitsverhältnis in rechtlichem oder unmittelbar wirtschaftlichem Zusammenhang stehen,
   soweit nicht die ausschließliche Zuständigkeit eines anderen Gerichts gegeben ist;
5. bürgerliche Rechtsstreitigkeiten zwischen Arbeitnehmern oder ihren Hinterbliebenen und dem Träger der Insolvenzsicherung über Ansprüche auf Leistungen der Insolvenzsicherung nach dem Vierten Abschnitt des Ersten Teils des Gesetzes zur Verbesserung der betrieblichen Altersversorgung;
6. bürgerliche Rechtsstreitigkeiten zwischen Arbeitgebern und Einrichtungen nach Nummer 4 Buchstabe b und Nummer 5 sowie zwischen diesen Einrichtungen, soweit nicht die ausschließliche Zuständigkeit eines anderen Gerichts gegeben ist;
7. bürgerliche Rechtsstreitigkeiten zwischen Entwicklungshelfern und Trägern des Entwicklungsdienstes nach dem Entwicklungshelfergesetz;
8. bürgerliche Rechtsstreitigkeiten zwischen den Trägern eines freiwilligen sozialen Jahres und Helfern nach dem Gesetz zur Förderung eines freiwilligen sozialen Jahres und bürgerliche Rechtsstreitigkeiten zwischen den Trägern des freiwilligen ökologischen Jahres und Teilnehmern nach dem Gesetz zur Förderung eines freiwilligen ökologischen Jahres;
9. bürgerliche Rechtsstreitigkeiten zwischen Arbeitnehmern aus gemeinsamer Arbeit und aus unerlaubten Handlungen, soweit diese mit dem Arbeitsverhältnis im Zusammenhang stehen;
10. bürgerliche Rechtsstreitigkeiten zwischen behinderten Menschen im Arbeitsbereich von Werkstätten für behinderte Menschen und den Trägern der Werkstätten aus den in § 138 des Neunten Buches Sozialgesetzbuch geregelten arbeitnehmerähnlichen Rechtsverhältnissen.

(2) Die Gerichte für Arbeitssachen sind auch zuständig für bürgerliche Rechtsstreitigkeiten zwischen Arbeitnehmern und Arbeitgebern,
a) die ausschließlich Ansprüche auf Leistung einer festgestellten oder festgesetzten Vergütung für eine Arbeitnehmererfindung oder für einen technischen Verbesserungsvorschlag nach § 20 Abs. 1 des Gesetzes über Arbeitnehmererfindungen zum Gegenstand haben;
b) die als Urheberrechtsstreitsachen aus Arbeitsverhältnissen ausschließlich Ansprüche auf Leistung einer vereinbarten Vergütung zum Gegenstand haben.

(3) Vor die Gerichte für Arbeitssachen können auch nicht unter die Absätze 1 und 2 fallende Rechtsstreitigkeiten gebracht werden, wenn der Anspruch mit einer bei einem Arbeitsgericht anhängigen oder gleichzeitig anhängig werdenden bürgerlichen Rechtsstreitigkeit der in den Absätzen 1 und 2 bezeichneten Art in rechtlichem oder unmittelbar wirtschaftlichem Zusammenhang steht und für seine Geltendmachung nicht die ausschließliche Zuständigkeit eines anderen Gerichts gegeben ist.

(4) Auf Grund einer Vereinbarung können auch bürgerliche Rechtsstreitigkeiten zwischen juristischen Personen des Privatrechts und Personen, die kraft Gesetzes allein oder als Mitglieder des Vertretungsorgans der juristischen Person zu deren Vertretung berufen sind, vor die Gerichte für Arbeitssachen gebracht werden.
(5) In Rechtsstreitigkeiten nach diesen Vorschriften findet das Urteilsverfahren statt.

I. Allgemeines

1   **1. Grundsatz.** § 2 regelt die Zulässigkeit des Rechtswegs zu den Gerichten für Arbeitssachen und die Zuweisung der in § 2 genannten Streitigkeiten in das Urteilsverfahren (§ 2 V). In § 2 I, II ist die ausschließliche Zuständigkeit geregelt, in § 2 III die Zuständigkeit kraft Sachzusammenhangs und in § 2 IV die fakultative Zuständigkeit bei Rechtsstreitigkeiten von Organmitgliedern. Die Norm wird ergänzt durch § 2 a, der eine entspr. Regelung für das Beschlussverfahren enthält.

2   **2. Abdingbarkeit.** Ausschließliche Zuständigkeit bedeutet, dass nur die Gerichte für Arbeitssachen für die Entscheidung des Rechtsstreits zuständig sind. Es kann weder eine andere Gerichtsbarkeit vereinbart noch ihre Zuständigkeit im Wege rügeloser Einlassung begründet werden (§ 39 ZPO). Mögliche Ausnahmen ergeben sich aber aus § 2 III, IV (dazu Rn. 34, 40) und wenn der Rechtsstreit auf Grund einer rechtskräftigen Verweisung eines anderen Gerichts an einer anderen Gerichtsbarkeit zu den Gerichten für Arbeitssachen gelangt. Wird eine nach §§ 2, 2 a den Arbeitsgerichten zugewiesene Streitigkeit vor einem Gericht einer anderen Gerichtsbarkeit anhängig, ist das Verfahren nach § 17 a II GVG an die ArbG zu verweisen. Hat das ArbG den Rechtsweg im Vorabentscheidungsverfahren verfahrensfehlerfrei bejaht, sind das Berufung- und Revisionsgericht an die Entscheidung gebunden (§ 17 a V GVG). Zum Vorabentscheidungsverfahren nach den §§ 17, 17 a GVG vgl. § 48 Rn. 2 ff.

3   **3. Urteilsverfahren/Beschlussverfahren.** Die in § 2 genannten Verfahren sind im Urteilsverfahren zu entscheiden (§ 2 V). Bei den in § 2 a aufgeführten kollektiven Streitigkeiten findet hingegen das Beschlussverfahren (§ 2 a I) statt. Urteils- und Beschlussverfahren schließen sich wechselseitig aus. Wird ein Rechtsstreit in der falschen Verfahrensart anhängig gemacht, ist es in entspr. Anwendung der §§ 17, 17 a GVG in die zutreffende Verfahrensart überzuleiten. Die Berufungs- bzw. Revisionsinstanz ist regelmäßig an die erstinstanzlich durchgeführte Verfahrensart gebunden (§ 17 a V GVG, zu den Ausnahmen § 48 Rn. 12 ff.). Die Bindungswirkung erstreckt sich auch auf die anzuwendenden Verfahrensgrundsätze (Parteiprozess bzw. Amtsermittlungsgrundsatz). Hat das ArbG unzutreffend – aber mit Bindungswirkung – den Rechtsstreit dem Urteilsverfahren zugewiesen, sind die nur im Beschlussverfahren beteiligtenfähigen „Stellen" auch im Urteilsverfahren als prozessfähig anzusehen, insoweit ist § 10 analog anzuwenden (GMP/*Matthes* § 2 a Rn. 85 f.).

II. Die Einzelfälle des § 2 I

4   **1. Bürgerlicher Rechtsstreit. a) Begriff.** Die Gerichte für Arbeitssachen sind nach § 2 I nur zuständig für bürgerliche Rechtsstreitigkeiten (vgl. § 13 GVG). Eine bürgerlich-rechtliche Streitigkeit ist gegeben, wenn der Streitgegenstand eine unmittelbare Rechtsfolge des Zivilrechts darstellt, dh. sich die Parteien einander gleichberechtigt gegenüberstehen (BAG 10. 9. 1985 AP GG Art. 9 Arbeitskampf Nr. 86 = NJW 1986, 210; *Kissel* GVG § 13 Rn. 11). Dafür ist die Natur des Rechtsverhältnisses entscheidend, aus dem der Klageanspruch hergeleitet wird (GmS-OGB 10. 4. 1986 AP GVG § 13 Nr. 3 = NJW 1986, 2359; 4. 6. 1974 AP RVO § 405 Nr. 3 = NJW 1974, 2087). Maßgeblich ist, ob der zur Klagebegründung vorgetragene Sachverhalt für die aus ihm hergeleitete Rechtsfolge von Rechtssätzen des bürgerlichen oder des öffentl. Rechts geprägt wird. Dabei obliegt dem Gericht die Entscheidung darüber, ob und ggf. welche Anspruchstatbestände auf Grund des ermittelten Sachverhalts erfüllt sind. Die Auswahl den anzuwendenden Anspruchsgrundlage ist nicht Sache der klagenden oder der beklagten Partei (BAG 16. 2. 2000 AP ArbGG 1979 § 2 Nr. 70 = NJW 2000, 1438 = NZA 2000, 385). Lässt sich das prozessuale Begehren aus mehreren Klagegründen herleiten, muss das angerufene Gericht den Rechtsstreit umfassend unter allen rechtlichen Gesichtspunkten entscheiden. Daher genügt es, wenn das angerufene Gericht für einen Klagegrund zuständig ist (BAG 18. 8. 1997 AP HGB § 74 Nr. 70 = NJW 1998, 1091 = NZA 1997, 1362 – sog. rechtswegüberschreitende Kompetenz). Bei teilbaren Streitgegenständen besteht die Zuständigkeit der Gerichte für Arbeitssachen nach § 2 I, II jedoch nur für die arbeitsrechtliche Streitigkeit (BAG 13. 1. 2003 – 5 AS 7/02 – NJW 2003, 1068 = NZA 2003, 286 – Abtretung). Besteht aber zwischen den Parteien eine **Beziehung, die dem Zivilrecht zugeordnet wird,** ist es unerheblich, ob die Anspruchsgrundlage für den hieraus geltend gemachten Anspruch dem öffentl. Recht angehört, öffentl.-rechtl. Vorfragen zu entscheiden sind (Rn. 5 f.) oder eine der Parteien ansonsten mit hoheitlichen Befugnissen ausgestattet ist. So fallen insb. die Streitigkeiten der Dienstordnungs-Angestellten trotz ihrer Beschäftigung bei den Trägern der Sozialversicherung unter § 2 I, II.

5   **b) Öffentlich-rechtliche Rechtsverhältnisse.** Keine bürgerlichen Rechtsstreitigkeiten sind gegeben, wenn die Parteien über Ansprüche aus einem öffentlich-rechtlichen Rechtsverhältnis streiten, inner-

halb derer sie zueinander in einem Subordinationsverhältnis stehen. Der Rechtsweg zu den ArbG ist aber gegeben, wenn es sich um eine bürgerlich-rechtliche Streitigkeit nach § 2 I handelt, in deren Rahmen öffentlich-rechtliche Vorfragen von Bedeutung sind. Zu Ansprüchen aus dem Sozialversicherungs- und Steuerrecht Rn. 6 f. Zu den bürgerlich-rechtlichen Streitigkeiten zählen nicht Streitigkeiten aus öffentlich-rechtlich ausgestalteten Ausbildungsverhältnissen. Die ArbG sind daher nicht zuständig für Klagen einer ausländischen Rechtsreferendarin auf Vergütung (BAG 28. 6. 1989 AP ArbGG 1979 § 2 Nr. 13 = NZA 1990, 325), Schadensersatz wegen verzögerter Ausbildung in einem Referendarverhältnis (BAG 14. 12. 1988 AP ArbGG 1979 § 2 Nr. 12 = NZA 1989, 820) oder Zulassung zur wissenschaftlichen Ausbildung und Prüfung in einer sonderpädagogischen Fachrichtung (BAG 22. 9. 1999 AP ArbGG 1979 § 2 Nr. 67 = NZA 2000, 55). Zum Rechtsweg bei Streitigkeiten aus dem Beamtenverhältnis § 5 Rn. 11.

c) **Ansprüche in Zusammenhang mit dem Sozialversicherungs- und Steuerrecht.** Bei diesen 6 Ansprüchen ist zwischen Rechtswegzuständigkeit und Begründetheit zu unterscheiden. Für die Sozialversicherungspflicht ist regelmäßig (zu Ausnahmen Rn. 6 a) nicht das Arbeitsverhältnis, sondern das sozialversicherungsrechtliche **Beschäftigungsverhältnis** maßgeblich. Aus dem Arbeitsvertrag ergeben sich keine eigenständigen vertraglichen Verpflichtungen des AG zur Beitragsabführung an die Sozialversicherungsträger, auch eine entsprechende Nebenpflicht besteht nicht. Vielmehr folgen diese ausschließlich aus dem Bestehen eines Beschäftigungsverhältnisses (§ 7 I SGB IV) und der sich daraus ergebenden Beitragspflicht der Arbeitsvertragsparteien. Das Beschäftigungsverhältnis begründet sowohl für den AN wie auch den AG gegenüber den Sozialversicherungsträgern öffentlich-rechtliche Leistungspflichten. Über dessen Inhalt und Umfang entscheiden ausschließlich die Sozialgerichte (§ 55 SGG). Entsprechendes gilt für die Berechnung und Abführung von Lohnsteuer durch den Arbeitgeber. Die Gerichte für Arbeitssachen können schon wegen der fehlenden Beteiligung der Steuerbehörden bzw. Einzugsstellen und der damit verbundenen Gefahr widersprechender Entscheidungen nicht mit Bindungswirkung gegenüber Dritten festlegen, ob ein Betrag abgabenpflichtig ist oder nicht (BAG 26. 5. 1998 AP TVG § 1 Tarifverträge: Bau Nr. 207 = DB 1998, 2615). Aus diesem Grund ist der Rechtsweg zu den Sozialgerichten gegeben für Rechtsstreitigkeiten über das Bestehen der Versicherungspflicht in der gesetzlichen Krankenversicherung (BAG 30. 8. 2000 AP ArbGG § 2 Nr. 75 = NZA 2000, 1359; 11. 7. 1975 AP SGG § 1 Nr. 55), um die Zuschusspflicht zur gesetzlichen Kranken- und Pflegeversicherung (§ 257 SGB V, dazu BAG 1. 6. 1999 AP SGB V § 257 Nr. 1 = NJW 2000, 1811 = NZA 1999, 1174; vgl. auch GmS-OGB 4. 6. 1974 AP RVO § 405 Nr. 3 = NJW 1974, 2087) oder bei Schadensersatzansprüchen einer Krankenkasse gegenüber einem Vorstandsmitglied nach § 42 II SGB IV (LAG Sachsen-Anhalt 10. 3. 1999 NZS 1999, 472). Gleiches gilt, wenn zwischen den Arbeitsvertragsparteien Meinungsverschiedenheiten über die Verpflichtung des AG zur Abführung von Sozialversicherungsbeiträgen bestehen, wobei unerheblich ist, ob diese nur dem Grunde nach, sondern auch der Höhe nach streitig ist (BAG 27. 1. 1982 – 5 AZR 777/79 – nv.; LAG Frankfurt 14. 7. 1995 LAGE § 2 ArbGG 1979 Nr. 19 = NZA-RR 1996, 66; LAG Düsseldorf 29. 2. 1988 LAGE § 2 ArbGG 1979 Nr. 7 = DB 1988, 1504; BSG 7. 6. 1979 AP RVO §§ 394, 395 Nr. 4; aA aber LAG Rheinland-Pfalz 23. 8. 2001 AuR 2002, 118 – Student).

Ist die **Übernahme von Abgaben** zwischen den Parteien im Streit, ist der Rechtsweg zu den ArbG 6 a nach § 2 I nur eröffnet, wenn sich die Verpflichtung zur Beitragszahlung bzw. -übernahme sowohl dem Grunde wie auch der Höhe nach aus einer besonderen, dh. eigenständigen tarif- oder arbeitsvertraglichen Vereinbarung zwischen AG und AN ergibt; das Bestehen eines Arbeitsverhältnisses allein ist hierzu nicht ausreichend (Rn. 6). Eine solche Vereinbarung liegt regelmäßig in einer **Nettolohnvereinbarung,** in der sich der AG unabhängig von der bestehenden Abgabenpflicht zur Zahlung der vereinbarten (Netto-)Vergütung verpflichtet hat. Ansonsten wird diese Entscheidung von den Finanzbehörden und Sozialversicherungsträgern getroffen (BAG 10. 11. 1982 AP TVG § 1 Tarifverträge – Bau Nr. 44 = DB 1983, 615 – Verpflegungszuschuss; aA aber BAG 9. 11. 1988 AP KSchG § 10 Nr. 6 = NJW 1989, 1381 = NZA 1989, 270 – Sozialversicherungsabgaben auf eine Abfindung). Besteht keine Vereinbarung über die Abgabentragung, ist der Rechtsstreit an die zuständige Sozial- bzw. Finanzgerichtsbarkeit zu verweisen. Macht der Anspruchsteller hingegen eine entsprechende vertragliche Absprache geltend, handelt es sich um einen sog. sic-non-Fall (Rn. 46), für den der Rechtsweg zu den ArbG gegeben ist. Stehen hingegen die Pflicht zur Beitragszahlung und die Höhe der Beiträge fest, sind zB Streitigkeiten um das sog. Nachholverbot (§ 28 g SGB IV) nach § 2 I vor den ArbG auszutragen (BAG 15. 12. 1993 AP §§ 394, 395 RVO Nr. 9 = NZA 1994, 620; 21. 3. 1984 AP ArbGG 1979 § 2 Nr. 1 = BB 1985, 200 – Schutzvorschriften für den AN; LAG Berlin 3. 6. 1986 LAGE §§ 394, 395 RVO Nr. 1). Die Zuständigkeit der ArbG besteht auch bei einem Streit aus einer Altersteilzeitvereinbarung über die Frage, in welcher Höhe der AG den vereinbarten Aufstockungsbetrag zur gesetzlichen Rentenversicherung zu erbringen hat (LAG Köln 16. 1. 2002 ZTR 2002, 294) oder um die Rückzahlung rechtsgrundlos gezahlter Beitragszuschüsse zur freiwilligen Pflegeversicherung des AN (§ 61 I 1 SGB XI, LAG Berlin 8. 3. 2001 ZTR 2001, 567). Zur Rechtslage bei einem Streit um Arbeitspapiere Rn. 25.

7 **2. Streitigkeiten aus Tarifverträgen (§ 2 I Nr. 1). a) Tarifvertrag.** Die ArbG sind ausschließlich zuständig für bürgerliche Rechtsstreitigkeiten zwischen TVParteien oder zwischen diesen und Dritten aus TV oder über das Bestehen oder Nichtbestehen von TV. Erfasst werden Rechtsstreitigkeiten der TVParteien aus dem obligatorischen Teil des TV (§ 1 TVG Rn. 56 ff.). Parteien können nur TVParteien sein. Die Klage kann sich richten auf die Durchführung des TV gegen den Tarifpartner (BAG 11. 9. 1991 AP TVG § 1 Durchführungspflicht Nr. 6 = NZA 1992, 321; § 9 TVG Rn. 8 ff.), die Pflicht zur Einwirkung auf Verbandsmitglieder, den TV einzuhalten (BAG 29. 4. 1992 AP TVG § 1 Durchführungspflicht Nr. 3 = NZA 1992, 846), Wahrung der Friedenspflicht sowie die Unterlassung von Arbeitskampfmaßnahmen. Zu den Voraussetzungen der Feststellungsklage § 9 TVG Rn. 15.

8 **b) Auslegungsstreitigkeiten.** Unter § 2 I Nr. 1 fallen daneben Rechtsstreitigkeiten über die Auslegung des normativen Teils des TV oder einzelner Vorschriften. Hierzu gehören die Auslegungsstreitigkeiten nach § 9 TVG (BAG 25. 9. 1987 AP BeschFG § 1 Nr. 1 = NZA 1988, 358; 30. 5. 1984 TVG § 9 Nr. 3 = NZA 1984, 300), insb. soweit Durchführungs- und Friedenspflichten davon abhängen (BAG 29. 4. 1992 AP TVG § 1 Durchführungspflicht Nr. 3 = NZA 1992, 846; 24. 2. 1987 BetrVG 1972 § 80 Nr. 28 = NZA 1987, 674). So kann Gegenstand eines Rechtsstreits sein, ob der TV nach seinem Geltungsbereich eine genau bestimmte ANGruppe erfasst (BAG 23. 2. 1995 AP TV Ang Bundespost § 1 Nr. 2 = NZA 1996, 109).

9 **c) Bestehen bzw. Wirksamkeit des Tarifvertrags.** Zu den Rechtsstreitigkeiten über Bestehen oder Nichtbestehen von TV zählen auch die Frage der Wirksamkeit des Tarifvertragsabschlusses, seiner Auslegung und Vereinbarkeit mit höherrangigem Recht, seines räumlichen, fachlichen und betrieblichen Geltungsbereichs (bedenklich aber BAG 10. 5. 1989 AP TVG § 2 Tarifzuständigkeit Nr. 6 = NZA 1989, 687 – Verfahren nach § 97 geboten) oder die Wirksamkeit seiner Kündigung. Ausreichend ist, wenn über einzelne Normen des Tarifvertrags gestritten wird (BAG 28. 9. 1977 AP TVG 1969 § 9 Nr. 1 = DB 1978, 303). Ferner gehören zur Zuständigkeit der ArbG Fragen über Umfang und Wirksamkeit der Allgemeinverbindlichkeit (§ 5 TVG). Dagegen sind die Rechtsstreitigkeiten zwischen der TVPartei und den für die Allgemeinverbindlichkeit zuständigen Behörden (BAM/LAM) öffentlich-rechtliche Streitigkeiten (BVerwG 6. 6. 1958 AP TVG § 5 Nr. 6 = NJW 1958, 1794).

10 **d) Dritte.** Zuständig sind die Gerichte für Arbeitssachen für Rechtsstreitigkeiten zwischen den TVParteien und Dritten aus dem Tarifvertrag. Dritte sind alle, die nicht selbst TVPartei sind, zB andere Koalitionen, Mitglieder einer anderen TVPartei, Außenseiter). Unter den Voraussetzungen des § 66 ZPO können tarifgebundene Parteien eines Individualrechtsstreits einem Verfahren nach § 9 TVG als Nebenintervenient beitreten. Für Streitigkeiten aus dem Mitgliedschaftsverhältnis zu einer TVPartei ist der Rechtsweg zu den ordentlichen Gerichten gegeben (Rn. 15).

11 **3. Unerlaubte Handlungen im Zusammenhang mit einem Arbeitskampf und der Vereinigungsfreiheit (§ 2 I Nr. 2). a) Grundsatz.** Die Gerichte für Arbeitssachen sind zuständig für Rechtsstreitigkeiten zwischen tariffähigen Parteien oder zwischen diesen und Dritten aus unerlaubten Handlungen, soweit es sich um Maßnahmen zum Zwecke des Arbeitskampfes oder um Fragen der Vereinigungsfreiheit einschließlich des hiermit im Zusammenhang stehenden Betätigungsrechts der Vereinigungen handelt. Die Zuständigkeit besteht nur für bürgerliche Rechtsstreitigkeiten. Um eine solche handelt es sich auch, wenn eine öffentlich-rechtliche Körperschaft des AG Beamte oder bestimmten ANStellen einsetzt (BAG 18. 9. 1985 AP GG Art. 9 Arbeitskampf Nr. 86 = NJW 1986, 210 = NZA 1985, 814). Über die Einhaltung der Neutralitätspflicht der BA entscheiden die Sozialgerichte (§ 51 I SGG).

12 **b) Arbeitskampf.** Die unerlaubte Handlung muss zum Zweck des Arbeitskampfes erfolgen; unzureichend sind unerlaubte Handlungen, die nur anlässlich eines Arbeitskampfes begangen werden. Unerlaubte Handlung ist jedes rechtswidrige Verhalten, das zum Schadensersatz führt. Das kann auch der Arbeitskampf selbst sein, weshalb auch Streitigkeiten bei einem unzulässigen Arbeitskampf vor den Arbeitsgerichten auszutragen sind (GMP/*Matthes* § 2 Rn. 36; aA BGH 29. 9. 1954 AP ArbGG 1953 § 2 Nr. 2 = NJW 1954, 1804 – politischer Streik). Der Begriff der unerlaubten Handlung ist weit auszulegen. Es kommt nicht darauf an, ob die Voraussetzungen des § 823 I BGB vorliegen (GMP/*Matthes* § 2 Rn. 34; *Grunsky* § 2 Rn. 70). Für die Zulässigkeit ist es daher ausreichend, wenn der Kläger geltend macht, dass es sich um eine Maßnahme im Rahmen eines Arbeitskampfes handelt; die Rechtswidrigkeit und das Verschulden sind erst im Rahmen der Begründetheit von Bedeutung. Als einzelne Maßnahmen im Rahmen eines Arbeitskampfes werden zB die Verweigerung von Notdienstarbeiten, Werksbesetzungen, Behinderung oder Benachteiligung von Arbeitswilligen, Behinderung von Tarifvertragsverhandlungen erfasst. Kraft ausdrücklicher Zuweisung ist der Rechtsweg zu den Arbeitsgerichten nicht für Amtspflichtverletzungen nach § 839 BGB eröffnet, selbst wenn sie in Zusammenhang mit einem Arbeitskampf stehen (BAG 14. 12. 1998 AP GVG § 17 a Nr. 38 = NZA 1999, 390).

13 Zu den Rechtsstreitigkeiten zwischen den tariffähigen Parteien und Dritten gehören Ansprüche der AN bei **rechtswidriger Aussperrung** (zB Vergütung) oder **Schadensersatzansprüche der AG bei rechtswidrigem Streik.** Dritte sind auch die nur mittelbar vom Arbeitskampf betroffenen AG, soweit sie Schadensersatzansprüche gegen die am Arbeitskampf Beteiligten geltend machen. Dritter ist aber

II. Die Einzelfälle des § 2 I § 2 ArbGG 60

nicht der BR bzw. einzelne BRMitglieder, wenn ihnen eine Amtspflichtverletzung vorgeworfen wird, insoweit liegt eine Streitigkeit nach § 2 a Nr. 1 vor.

c) **Vereinigungsfreiheit.** Fragen der Vereinigungsfreiheit und des Betätigungsrechts der Koalitionen **14** werden betroffen, wenn es sich um Streitigkeiten über die positive oder negative Koalitionsfreiheit (BAG 18. 8. 1987 AP ArbGG 1979 § 72 a Grundsatz Nr. 33 = DB 1987, 2264), das Zutrittsrecht zum Betrieb für Gewerkschaftsbeauftragte oder deren Werbemaßnahmen (BAG 14. 2. 1978 AP GG Art. 9 Nr. 26 = NJW 1979, 1844), die Zulässigkeit einer Wahl von gewerkschaftlichen Vertrauensleuten (BAG 8. 12. 1978 AP Art. 9 GG Nr. 28) oder die Unterlassung von Äußerungen eines Gewerkschaftssekretärs über mangelnde Tariftreue eines AG (BAG 29. 10. 2001 AP ArbGG 1979 § 2 Nr. 80 = NZA 2002, 166) handelt.

Umstritten ist die Zuständigkeit für **Streitigkeiten der Koalitionen untereinander**, soweit die **15** Vereinigungsfreiheit betroffen ist. Insoweit geht der BGH (BGH 18. 5. 1971 AP GG Art. 5 Abs. 1 Meinungsfreiheit Nr. 6 = NJW 1971, 1655; 7. 1. 1964 AP BGB § 1004 Nr. 1) von der Zuständigkeit der ordentlichen Gerichte aus, während das arbeitsrechtliche Schrifttum zutreffend den Rechtsweg zu den Gerichten für Arbeitssachen für einschlägig ansieht (GMP/*Matthes* § 2 Rn. 46; GK-ArbGG/*Wenzel* § 2 Rn. 102; *Hauck/Helml* § 2 Rn. 16). Dem ist zu folgen, da die Zuweisung in § 2 I Nr. 2 einschränkungslos erfolgt ist. Gleiches gilt entgegen der Auffassung der Rspr. (BGH 28. 9. 1972 AP GG Art. 9 Nr. 21 = NJW 1973, 35) auch für **Streitigkeiten der Koalition und ihren Mitgliedern**, soweit die Vereinigungsfreiheit berührt wird. Dies kann zB der Fall sein, wenn dem Antragsteller die Aufnahme in den Verband versagt wird, bei seinem Ausschluss oder einem Streit um die Dauer der einschlägigen Kündigungsfrist. Für andere Streitigkeiten aus dem Mitgliedschaftsverhältnis sind dagegen die ordentlichen Gerichte zuständig, etwa für Beitrags- und Leistungsklagen (ebenso *Schaub* ArbGV § 10 Rn. 45; aA GMP/*Matthes* § 2 Rn. 47).

4. Bürgerliche Rechtsstreitigkeiten zwischen Arbeitnehmer und Arbeitgeber (§ 2 I Nr. 3). 16 a) Arbeitnehmer-/Arbeitgeberbegriff. Die Gerichte für Arbeitssachen haben eine umfassende Zuständigkeit für alle bürgerlich-rechtlichen Streitigkeiten zwischen AN und AG (BAG 23. 2. 1979 AP GG Art 9 Nr. 30; 14. 11. 1979 AP TVG § 4 Nr. 2 Gemeinsame Einrichtungen = NJW 1980, 1710). Für den **ANBegriff** des ArbGG gilt § 5 I. Danach sind AN Arbeiter, Angestellte und die zu ihrer Berufsausbildung Beschäftigten, auf eine weitergehende Definition ist der Gesetzgeber verzichtet. Für die Auslegung und Begriffsbestimmung wird daher auf den allg. ANBegriff zurückgegriffen. Als solcher gilt, wer auf Grund eines privatrechtlichen Vertrags im Dienste eines anderen zur Leistung weisungsgebundener, fremdbestimmter Arbeit in persönlicher Abhängigkeit verpflichtet ist (BAG 16. 2. 2000 AP ArbGG 1979 § 2 Nr. 70 = NJW 2000, 1438 = NZA 2000, 385; zum ANBegriff § 611 Rn. 44 ff.).

Auch für das ArbGG gilt der allgemeine **AGBegriff** (§ 611 BGB Rn. 209). Danach ist AG derjenige, **16 a** der zumindest einen AN beschäftigt. Als AG gilt zunächst die natürliche oder juristische Person, zu der der AN in einem Arbeitsverhältnis (Rn. 15) steht (zur GbR § 10 Rn. 13). Diesem steht bei der Zuständigkeitsbestimmung nach § 2 I der persönlich haftende Gesellschafter einer Personen- oder Handelsgesellschaft (BAG 1. 3. 1993 AP ArbGG 1979 § 2 Nr. 25 = NZA 1993, 617 – KG; 6. 5. 1986 AP HGB § 128 Nr. 8 – OHG) gleich, nicht dagegen der Kommanditist (BAG 23. 6. 1992 AP ArbGG 1979 § 2 Nr. 23 = NZA 1993, 862). AG iSd. § 2 I gilt auch als Organ der juristischen Person handelnden natürlichen Personen (BAG 24. 6. 1996 AP ArbGG 1979 § 2 Nr. 39 = NJW 1996, 2885 = NZA 1997, 115 – Geschäftsführer) und die Partei kraft Amtes (LAG Berlin 6. 12. 2002 NZA 2003, 630; LAG Mecklenburg-Vorpommern 6. 11. 2000 ZInsO 2000, 680 – Insolvenzverwalter). Die Mitarbeiter einer GmbH sind dann keine AN, wenn sie alle deren Gesellschafter und zu Geschäftsführern bestellt sind (BAG 10. 4. 1991 AP BGB § 611 Abhängigkeit Nr. 54 = NZA 1991, 856; zum Geschäftsführer einer GmbH § 7 SGB IV Rn. 21). Ansonsten kann ein Gesellschafter einer Personenhandelsgesellschaft oder ein Anteilsinhaber einer juristischen Person deren AN sein, wenn er abhängig beschäftigt wird (OLG Köln 5. 10. 2000 BB 2001, 538 – Gesellschafter einer GbR). Die AGStellung kann von mehreren natürlichen oder juristischen Personen bzw. rechtlich selbständigen Gesellschaften wahrgenommen werden (BAG 27. 3. 1981 AP BGB § 611 Arbeitnehmergruppe Nr. 1 = NJW 1984, 1703). Nicht nach § 2 I Nr. 3, sondern nach § 3 ist der Rechtsweg zu den Arbeitsgerichten eröffnet, wenn der AN einen Gesellschafter oder eine Konzernobergesellschaft seines AG im Wege der **Durchgriffshaftung** in Anspruch nimmt (BAG 15. 2. 2000 AP ArbGG 1979 § 2 Nr. 71 = NJW 2000, 2690 = NZA 2000, 671; 13. 6. 1997 AP ArbGG 1979 § 3 Nr. 5 = NJW 1998, 261 = NZA, 1997, 1128; LAG Frankfurt 16. 10. 2001 BB 2002, 104 – „Strohmannfirma"). Gleiches gilt, wenn ein AN Ansprüche aus einem Arbeitsverhältnis gegen den vollmachtlosen Vertreter des AG geltend macht (BAG 7. 4. 2003 AP ArbGG 1979 § 3 Nr. 6 = NZA 2003, 813; LAG Hamm 6. 1. 1997 AP ArbGG 1979 § 3 Nr. 3 = NZA-RR 1997, 356).

b) **Streitigkeiten aus dem Arbeitsverhältnis. aa) Arbeitsverhältnis.** Nach § 2 I Nr. 3 a sind die **17** ArbG zuständig für Streitigkeiten aus dem Arbeitsverhältnis. Die Rechtsstreitigkeit muss aus einem Arbeitsverhältnis ergeben, das zurzeit der Klage besteht, bestand hat oder hätte begründet werden sollen. Arbeitsverhältnis ist auch das Beschäftigungsverhältnis, das sich bei einem unwirksamen oder angefochtenen Arbeitsvertragsschluss ergibt (faktisches Arbeitsverhältnis, dazu § 611 Rn. 170) oder die vertragliche Beziehung, die den Fälle der fehlgeschlagenen Vergütungserwartung (BAG 28. 9. 1977 AP BGB § 612 Nr. 29 = NJW 1978, 444) zu Grunde gelegen hat, sofern nur **die tatsächliche Arbeitsleistung einvernehmlich erbracht worden ist.** Keine Ansprüche aus dem Arbeitsverhältnis sind die Entschädigungsansprüche ehemaliger Zwangsarbeiter, da diese ihre Arbeitsleistung nicht auf Grund einer rechtsgeschäftlich eingegangenen Verpflichtung erbracht haben (BAG 16. 2. 2000 AP ArbGG 1979 § 2 Nr. 70 = NJW 2000, 1438 = NZA 2000, 385; *Kreft* JbArbR 38 [2001], 71). Kein Arbeitsverhältnis wird auch begründet, wenn ein Sozialhilfeempfänger durch Verwaltungsakt (§ 19 II 1, III BSHG) zur Arbeitsleistung herangezogen wird (BAG 14. 12. 1988 – 5 AZR 760/87 – nv.; BVerwG 10. 12. 1992 Buchholz 436.0 § 19 BSHG Nr. 9). Kraft ausdrücklicher gesetzlicher Regelung (§ 10 AÜG) wird der Arbeitsvertragsschluss fingiert bei unerlaubter Arbeitnehmerüberlassung und unter den Voraussetzungen von § 10 Arbeitssicherstellungsgesetz. Als Arbeitsverhältnis gilt schließlich das Berufsausbildungsverhältnis (arg. § 3 II BBiG).

18   bb) **Einzelfälle.** Zu den von § 2 I Nr. 3 a erfassten Ansprüchen der AN gehören Ansprüche auf Vergütung, Urlaub, Auslagen, Schadensersatz usw. Zu den Ansprüchen des AG gehören Schadensersatzansprüche, Rückforderungsansprüche (LAG Berlin 8. 3. 2001 ZTR 2001, 567 – Zuschuss zur privaten Pflegeversicherung), Auskunfts- oder Herausgabeansprüche oder ein Streit um das Bestehen einer internen Fortbildungsmaßnahme (VGH München 14. 6. 2002 NVwZ 2002, 1392 – BfA). Um eine Streitigkeit nach Nr. 3a handelt es sich auch, wenn um die Rückzahlung eines Darlehens gestritten wird, das auf einer entsprechenden Umwandlung von Lohnrückständen beruht. Nicht hierhin zählen Rückzahlungsansprüche aus einem Beamtenverhältnis oder öffentlich-rechtlichen Beschäftigungsverhältnissen (BAG 10. 10. 1990 AP ArbGG 1979 § 2 Nr. 17 = NJW 1991, 943 = NZA 1991, 180). Ohne Bedeutung ist, auf welche Anspruchsgrundlage die Klage gestützt wird (Rn. 4). Daher sind die ArbG auch zuständig für Freistellungsansprüche aus § 2 I Nr. 3 SGB III. Individualrechtliche Ansprüche aus dem Arbeitsverhältnis können sich zB auch aus dem BetrVG ergeben (dazu Rn. 20). Es handelt sich auch dann um Ansprüche aus dem Arbeitsverhältnis, wenn aus einem Vergleich oder Scheck über eine arbeitsrechtliche Forderung herrühren (BAG 7. 11. 1996 AP ArbGG 1979 § 46 Nr. 1 = NJW 1997, 758 = NZA 1997, 228) oder gegen arbeitsrechtliche Titel im Wege der Vollstreckungsgegenklage (§ 767 ZPO) vorgegangen wird (OLG Frankfurt 10. 12. 1984 MDR 1985, 330). Dagegen schließt ein Anspruch aus Geschäftsführung ohne Auftrag begrifflich ein Arbeitsverhältnis aus. Streitigkeiten aus einem Redaktionsstatut können unter § 2 I Nr. 3 a, b fallen, wenn es Gegenstand des Arbeitsvertrags geworden ist (BAG 21. 5. 1999 AP BGB § 611 Zeitungsverlage Nr. 1 = NZA 1999, 837). Der Auskunftsanspruch des LeihAN gegen den Entleiher (§ 13 AÜG) ist hingegen vor den ordentlichen Gerichten zu verfolgen, da zwischen dem LeihAN und dem Entleiher kein Arbeitsverhältnis besteht.

19   cc) **Wohnraum.** Bei Streitigkeiten aus der Überlassung von Wohnraum in Zusammenhang mit einem Arbeitsverhältnis ist zwischen Werkmietwohnungen und Werkdienstwohnungen zu differenzieren. **Werkmietwohnungen** sind solche, die in Hinblick auf das Arbeitsverhältnisses vermietet werden (§ 576 BGB). Arbeits- und Mietvertrag bestehen unabhängig voneinander, für letzteres gelten die allg. Vorschriften des Mietrechts mit den Besonderheiten der §§ 576 ff. BGB für die Kündigung. Streitigkeiten aus dem Mietverhältnis gehören vor die ordentlichen Gerichte (§ 29 a ZPO; hierzu BAG 24. 1. 1990 AP ArbGG 1979 § 2 Nr. 16 = NZA 1990, 539). Streiten die Parteien im Rahmen einer Lohnklage über die Höhe des Mietzinses, sind für die Vergütungsansprüche die ArbG und für den Streit aus dem Mietverhältnis die ordentlichen Gerichte nach § 29 a ZPO ausschließlich zuständig. Hinsichtlich der klageweise geltend gemachten Ansprüche aus dem Mietverhältnis (zB Räumung) ist der Rechtsstreit an das Amtsgericht zu verweisen, während die Lohnansprüche vor dem Arbeitsgericht zu verfolgen sind (BAG 22. 7. 1998 AP ZPO § 36 Nr. 55 = NZA 1998, 1190; LAG München 10. 3. 1998 LAGE § 17 GVG Nr. 1; aA LAG Baden-Württemberg 25. 7. 1997 LAGE § 2 ArbGG 1979 Nr. 26). Zur Aufrechnung mit einer Mietforderung Rn. 42 ff. Von Werkmietwohnungen sind **Werkdienstwohnungen** (§ 576 b BGB) zu unterscheiden, die dem AN im Rahmen des Arbeitsverhältnisses überlassen werden. Hier besteht kein eigenständiges Mietverhältnis, vielmehr berechtigt (und verpflichtet) der Arbeitsvertrag zur Nutzung des Wohnraums. Daher ist für alle Streitigkeiten über eine Werksdienstwohnung (auch Räumung) der Rechtsweg zu den ArbG gegeben (BAG 2. 11. 1999 AP ArbGG 1979 § 2 Nr. 68 = NZA 2000, 277; LAG Berlin 14. 9. 1993 LAGE § 2 ArbGG 1979 Nr. 15).

20   dd) **Betriebsverfassungsrechtliche Vorfragen.** Die ArbG sind im Urteilsverfahren auch zuständig, wenn der AN Ansprüche aus dem Arbeitsverhältnis geltend macht, die sich aus dem BetrVG ergeben oder mit diesem in Zusammenhang stehen. Voraussetzung ist jedoch, dass der Anspruch auf dem Arbeitsvertrag beruht. Dies ist der Fall bei dem allg. Weiterbeschäftigungsanspruch (BAG GS 27. 2. 1985 AP BGB § 611 Beschäftigungspflicht Nr. 14 = NJW 1985, 2968 = NZA 1985, 702), dem Weiterbeschäftigungsanspruch nach § 102 V BetrVG, einem Weiterbeschäftigungsverlangen eines Auszubildenden nach § 78 a BetrVG; zum Entbindungsanspruch des AG siehe § 78 a BetrVG Rn. 6) sowie dem Vergütungsanspruch für die Teilnahme an einer Betriebsversammlung (§ 44 BetrVG, dazu BAG 1. 10. 1974 AP BetrVG 1972 § 44 Nr. 2 = DB 1975, 310) sowie auf Nachteilsausgleich (§ 113 BetrVG).

II. Die Einzelfälle des § 2 I   § 2 **ArbGG** 60

Nach Ansicht des BAG sind auch die Ansprüche der Mitglieder der Betriebsverfassungs- bzw. Personalvertretungsorgane auf Fortzahlung ihrer Vergütung für die Zeit der Amtstätigkeit (zB § 37 II, VI BetrVG) im Urteilsverfahren zu verfolgen (BAG 14. 10. 1982 AP BetrVG § 40 Nr. 19 = DB 1983, 665; 18. 6. 1974 AP BetrVG 1972 § 37 Nr. 16). Dies soll sogar für Ansprüche aus § 37 III BetrVG gelten. Zumindest letzterem kann nicht gefolgt werden, da die Vergütungsansprüche für die Amtstätigkeit außerhalb der Arbeitszeit nicht auf dem Arbeitsvertrag, sondern auf Gesetz beruhen (zutreffend daher GMP/*Matthes* § 2 a Rn. 17). Bei Bestehen eines Restmandats sind Ansprüche wegen Arbeitszeitversäumnis und Vergütung der aufgewandten Zeit im Beschlussverfahren zu verfolgen, wenn der ursprüngliche Arbeitsvertrag bereits beendet ist. Dagegen sind Ansprüche auf Ersatz von Auslagen aus der BRTätigkeit nach allgemeiner Ansicht stets im Beschlussverfahren geltend zu machen. Zur Zuständigkeit des ArbG im Beschlussverfahren bei betriebsverfassungsrechtlichen Streitigkeiten vgl. § 2 a Rn. 2 ff.

ee) Arbeitnehmervertreter und Drittschuldner. Keine Ansprüche aus dem Arbeitsverhältnis sind 21 gegeben bei Streitigkeiten der ANVertreter aus ihrer Aufsichtsratsmitgliedschaft, diese sind vor den Zivilgerichten zu verfolgen; die Zuständigkeit der ArbG ist auf das Wahlverfahren beschränkt vgl. § 2 a Rn. 8. Ebenso liegt keine Streitigkeit aus dem Arbeitsverhältnis bei der Verletzung der Auskunftspflicht eines Drittschuldners nach § 840 ZPO vor (BAG 31. 10. 1984 AP ZPO § 840 Nr. 4 = NJW 1985, 1181 = NZA 1985, 289).

c) Bestandsstreitigkeiten. Die ArbG sind nach § 2 I Nr. 3 b ausschließlich zuständig für Rechts- 22 streitigkeiten über Bestehen oder Nichtbestehen eines Arbeitsverhältnisses. Erfasst werden Rechtsstreitigkeiten über die Begründung des Arbeitsverhältnisses oder seine Beendigung infolge Kündigung oder Anfechtung, auflösende Bedingung oder Befristung. Hierhin gehören aber auch Streitigkeiten über die Qualifikation eines Vertragsverhältnisses als Arbeitsverhältnis, insb. wenn über den **Status** als AN, arbeitnehmerähnliche Person oder freier Mitarbeiter gestritten wird.

d) Eingehung und Nachwirkung. Die ArbG sind ausschließlich zuständig für alle Rechtsstreitig- 23 keiten aus Verhandlungen über die Eingehung eines Arbeitsverhältnisses sowie aus dessen Nachwirkung (§ 2 I Nr. 3 c). Zu den Ansprüchen aus Verhandlungen über die Eingehung von Arbeitsverhältnissen gehören Schadensersatzansprüche aus Verschulden bei Vertragsschluss, Ersatz von Vorstellungskosten, Ansprüche aus Vorverträgen, Herausgabe von Bewerbungsunterlagen und Vernichtung des Personalfragebogens (BAG 6. 6. 1984 AP BGB § 611 Persönlichkeitsrecht Nr. 7 = NJW 1984, 2910 = NZA 1984, 321). Ansprüche aus der Nachwirkung sind Ansprüche auf Erteilung eines Zeugnisses und Schadensersatzansprüche bei unrichtiger Auskunft. Hierher gehören ferner Ansprüche auf Karenzentschädigung, Unterlassung von Wettbewerb (BAG 18. 8. 1997 AP HGB § 74 Nr. 70 = NZA 1997, 1362), Vorruhestandsleistungen (LAG Köln 16. 1. 2002 ZTR 2002, 294 – Altersteilzeit) oder die Nachversicherung in der Rentenversicherung (dazu Rn. 6 f.). Nicht von § 2 I Nr. 3 c erfasst werden Schadensersatzansprüche wegen angeblicher Nichteinhaltung der Sozietätszusage, selbst wenn diese mit einem früheren Arbeitsverhältnis in Zusammenhang steht (BAG 15. 8. 1975 AP ArbGG 1953 § 2 Zuständigkeitsprüfung Nr. 32 = NJW 1976, 206 – aber Zusammenhangsklage möglich).

e) Unerlaubte Handlungen. Die ArbG sind zuständig für unerlaubte Handlungen zwischen AG 24 und AN im Zusammenhang mit dem Arbeitsverhältnis (§ 2 I Nr. 3 d). Die unerlaubte Handlung darf nicht nur anlässlich des Arbeitsverhältnisses begangen worden sein, sondern muss in einer inneren Beziehung zu einem Arbeitsverhältnis der Parteien stehen. Dies ist der Fall, wenn sie in der Eigenart des Arbeitsverhältnisses und den ihm eigentümlichen Berührungspunkten und Reibungen ihre Ursache findet (BAG 11. 7. 1995 AP ArbGG 1979 § 2 Nr. 32 = NZA 1996, 951). Dies kann zB bei geschäftsschädigenden Äußerungen eines AN gegenüber Kollegen oder Dritten der Fall sein, wie auch dazu dienen, einen Konkurrenztätigkeit vorzubereiten (OLG Düsseldorf 19. 7. 2002 NZA-RR 2003, 211). Die Zuständigkeit ist auch dann gegeben, wenn ein AN einer juristischen Person deren Geschäftsführer aus unerlaubter Handlung verklagt, da § 2 I Nr. 3 d insoweit entspr. anzuwenden ist (BAG 24. 6. 1996 AP ArbGG 1979 § 2 Nr. 39 = NJW 1996, 2885 = NZA 1997, 115).

f) Arbeitspapiere. Nach § 2 I Nr. 3 e sind die ArbG ausschließlich zuständig für bürgerliche Rechts- 25 streitigkeiten über Arbeitspapiere. Nach zwischenzeitlich gefestigter Ansicht des BAG ist der Rechtsweg zu den Gerichten für Arbeitssachen nur bei Streitigkeiten um die Herausgabe der Arbeitspapiere, nicht aber auf deren Ausfüllen oder Berichtigung gegeben (BAG 11. 6. 2003 AP ArbGG 1979 § 2 Nr. 97 = NZA 2003, 877 – Lohnsteuerkarte; 30. 8. 2000 AP ArbGG 1979 § 2 Nr. 75 = NZA 2000, 1359; 15. 1. 1992 AP ArbGG 1979 Nr. 21 = NZA 1992, 996; ebenso BSG 12. 12. 1990 NJW 1991, 2101 = NZA 1991, 696; aA ArbG Bochum 25. 7. 1989 AuR 1990, 96). Die vom BAG vorgenommene Differenzierung ist jedoch wenig folgerichtig. Das Gericht leitet den Anspruch auf Herausgabe der Arbeitsbescheinigung als Nebenpflicht aus dem Arbeitsverhältnis ab; der AG soll dem AN zur Hilfe bei der Erlangung sozialrechtlicher Leistungen, ggf. durch Ausfüllen und Herausgabe dazu benötigter Bescheinigungen, verpflichtet sein (vgl. BAG 13. 5. 1970 AP BGB § 611 Fürsorgepflicht Nr. 79 = NJW 70, 1654; 2. 6. 1960 AP BGB § 611 Fürsorgepflicht Nr. 56 = BB 60, 983 = DB 60, 1159). Folgt man dem ist es nicht einsichtig, warum sich diese Pflichtenstellung in der bloßen Herausgabe der Arbeitspapiere erschöpfen soll, vielmehr kann das Ziel nur erreicht werden, wenn der AG die Papiere auch inhaltlich zutreffend ausfüllt (ähnlich GMP/*Matthes* § 2 Rn. 76 ff.). Besteht aber eine arbeitsrechtliche Nebenpflicht, so gehören auch Streitigkeiten um die inhaltliche Korrektur und ggf. um Schadensersatzansprüche aus einer unrichtigen Bescheinigung vor die ArbG, da es letztlich auch um eine Pflichtenstellung aus dem Arbeitsverhältnis geht. Ob daneben § 312 SGB III ggf. für den AG eine inhaltsgleiche öffentlich-rechtliche Verpflichtung gegenüber der Arbeitsverwaltung begründet, ist für den Rechtsweg unerheblich. Der AN könnte daher nach beendeten Arbeitsverhältnis von den ArbG eine inhaltliche Korrektur der Angaben in den Arbeitspapieren erreichen, soweit die Angaben (1) objektiv unrichtig sind und (2) nicht zu einer Bindung der Sozialversicherungsträger oder Steuerbehörden führen. Eine Änderung der vom AG erklärten **Wertungen** kann er hingegen nicht verlangen. Dies betrifft etwa die Frage nach einem Verschuldensvorwurf bei der Auflösung des Arbeitsverhältnisses in Hinblick auf eine Sperrzeit (§ 144 SGB III). Allerdings erscheint es überlegenswert, den Inhalt der arbeitsrechtlichen Nebenpflicht auf die bloße Herausgabe der Arbeitspapiere zu beschränken, um so die Schnittstelle zwischen Arbeitsrecht und Sozialversicherungs- bzw. Steuerrecht trennschärfer gegeneinander abzugrenzen.

26 **5. Rechtlicher und wirtschaftlicher Zusammenhang (§ 2 I Nr. 4 a).** Die ArbG sind ausschließlich zuständig für Rechtsstreitigkeiten zwischen AN oder ihren Hinterbliebenen mit AG über Ansprüche, die mit dem Arbeitsverhältnis in rechtlichem oder unmittelbar wirtschaftlichem Zusammenhang stehen. Ein rechtlicher Zusammenhang ist gegeben, wenn der Anspruch auf dem Arbeitsverhältnis beruht oder durch dieses bedingt ist. Ein wirtschaftlicher Zusammenhang liegt vor, wenn der Anspruch seine Grundlage in dem Austauschverhältnis von Arbeit und Vergütung hat (GMP/*Matthes* § 2 Rn. 85). Zu letzteren zählen zB Ansprüche auf Versicherungsleistungen aus einer vom AG abgeschlossenen Versicherung (KG Berlin 22. 6. 2001 KGR Berlin 2001, 324). Hinterbliebene sind solche Personen, die beim Ableben des AN eigene Ansprüche erwerben, zB Sterbehilfen, Hinterbliebenenrenten oder Schadensersatzansprüche (§§ 844, 845 BGB). Die ausschließliche Zuständigkeit nach § 2 I Nr. 4 a und die Möglichkeit durch Zusammenhangsklage (§ 2 III) einen Anspruch vor dem ArbG geltend zu machen, überschneiden sich tw. Während für § 2 I Nr. 4 a eine Verbindung des geltend gemachten Anspruchs mit dem Arbeitsverhältnis erforderlich ist, reicht für die Klage nach § 2 III bereits ein Zusammenhang mit einem arbeitsrechtlichen Rechtsstreit aus (GMP/*Matthes* § 2 Rn. 82). Von § 2 I Nr. 4 a erfasst werden Streitigkeiten über Nebenleistungen aus dem Arbeitsverhältnis, insb. solche auf betriebliche Altersversorgung (BAG 29. 4. 1994 AP ArbGG 1979 § 2 Nr. 26 = NZA 94, 962 – Anordnung 54; BSG 24. 8. 1994 AP ArbGG 1979 § 2 Nr. 27 – Balletttänzer in der DDR). Für Versorgungsansprüche eines vorzeitig aus dem Amt ausgeschiedenen Richters, der eine Gleichstellung mit der Versorgung von AN des öffentl. Dienstes anstrebt, sind aber die Verwaltungsgerichte zuständig (BAG 17. 7. 1995 AP ArbGG 1979 § 2 Nr. 33 = NJW 1996, 413 = NZA 1995, 1175). Zum Begriff der gemeinsamen Einrichtung § 4 TVG Rn. 40 bzw. Sozialeinrichtung Rn. 28 sowie § 87 BetrVG Rn. 68; eine Zusammenhangsstreitigkeit kommt auch dann nicht in Betracht, wenn das Rechtsverhältnis einer der in § 5 I 3 genannten Personen ein Arbeitsverhältnis ist, da er kraft Fiktion nicht als ArbN gilt.

27 **6. Insolvenzsicherung.** Nach § 2 I Nr. 5 sind die ArbG ausschließlich zuständig für bürgerliche Rechtsstreitigkeiten zwischen AN und ihren Hinterbliebenen und dem Träger der Insolvenzsicherung über Ansprüche auf Leistungen der Insolvenzsicherung nach dem Vierten Abschnitt des ersten Teils des BetrAVG. Das sind Ansprüche bei Insolvenz des AG gegen den Pensionssicherungsverein (PSV) oder die Lastenausgleichbank (§ 14 I, II BetrAVG). Es muss sich um eine bürgerliche Rechtsstreitigkeit handeln, dh. Ansprüche gegen den AG oder dessen Sozialeinrichtung nach § 2 I Nr. 4 a,b. Zuständig sind die ArbG, wenn über die Kürzung der Leistungen der betrieblichen Altersversorgung gestritten wird oder soweit Ansprüche der AN auf den PSV übergegangen sind (§ 9 II BetrAVG; vgl. BAG 11. 11. 1986 AP ArbGG 1979 § 2 Nr. 6). Dagegen ist das Rechtsverhältnis zwischen dem Träger der Insolvenzsicherung und den einzelnen AG öffentlich-rechtlich ausgestaltet (§ 10 I BetrAVG). Für derartige Ansprüche sind die Verwaltungsgerichte zuständig. Die ordentlichen Gerichte sind zuständig für Streitigkeiten von NichtAN (§ 17 BetrAVG) und dem Träger der Insolvenzsicherung.

28 **7. Gemeinsame Einrichtungen und Sozialeinrichtungen.** Nach § 2 I Nr. 6 ArbGG sind die ArbG zuständig für bürgerliche Rechtsstreitigkeiten zwischen AG und gemeinsamen Einrichtungen der TVParteien oder Sozialeinrichtungen des privaten Rechts nach § 2 I Nr. 4 b, 5, soweit nicht die ausschließliche Zuständigkeit eines anderen Gerichtes gegeben ist. Zum Begriff der gemeinsamen Einrichtung vgl. § 4 Rn. 40. Sozialeinrichtungen sind von einem einzelnen AG oder mehreren AG errichtete Einrichtungen, die eine soziale Leistung nach allg. RL aus einer abgesonderten, bes. zu verwaltenden Vermögensmasse erbringen und der Verbesserung der sozialen Lebensbedingungen der AN und/oder ihrer Hinterbliebenen dienen (dazu auch § 87 BetrVG Rn. 68). Hierzu zählt auch eine Versicherungsgesellschaft, die nach ihrer Satzung der Pensions- und Hinterbliebenenversorgung der AN dient, selbst wenn diese eigene Beiträge leisten (KG Berlin 22. 6. 2001 KGR Berlin 2001, 324). Eine Sozialeinrichtung kann auch eine Beschäftigungs- und Qualifizierungsgesellschaft eines AG sein, wenn sie mit den früheren Beschäftigten befristete Arbeitsverhältnisse eingeht, um ihnen den Bezug von Kurzarbeiter-

geld zu ermöglichen (BAG 23. 8. 2001 AP ArbGG 1979 § 2 Nr. 77 = NZA 2002, 230). Bei den Gemeinsamen Einrichtungen der TVParteien wie auch den Sozialeinrichtungen muss es sich um rechtsfähige, zumindest passiv parteifähige Einrichtungen handeln. Nicht unter § 2 I Nr. 6 fallen die Zusatzversorgungskassen für die AN des öffentl. Dienstes, da sie nicht privatrechtlich organisiert sind; für sie ist der Rechtsweg zu den ordentlichen Gerichten gegeben (BAG 28. 4. 1981 AP TVG § 4 Gemeinsame Einrichtungen Nr. 3).

8. Entwicklungshilfe und Freiwilliges soziales Jahr. Die ArbG sind zuständig für bürgerliche 29 Rechtsstreitigkeiten zwischen Entwicklungshelfern und den Trägern des Entwicklungsdienstes nach dem Entwicklungshelfergesetz (§ 2 I Nr. 7), des Freiwilligen sozialen Jahres und Helfern nach dem Gesetz zur Förderung des Freiwilligen sozialen Jahres und bürgerliche Rechtsstreitigkeiten zwischen den Trägern des Freiwilligen ökologischen Jahres und Teilnehmern nach dem Gesetz zur Förderung eines Freiwilligen ökologischen Jahres (§ 2 I Nr. 8). Die ausdrückliche Zuweisung dieser Streitigkeiten zu den ArbG war erforderlich, weil es sich bei Entwicklungshelfern und den in Nr. 8 bezeichneten Personen um keine AN handelt (zu Entwicklungshelfern BSG 25. 6. 1981 NZA 1992, 87; BAG 27. 4. 1977 AP BGB § 611 Entwicklungshelfer Nr. 1 = BB 1977, 1304 sowie § 611 BGB Rn. 155).

9. Gemeinsame Arbeit. Nach § 2 I Nr. 9 sind die ArbG ausschließlich zuständig für bürgerliche 30 Rechtsstreitigkeiten zwischen AN aus gemeinsamer Arbeit und aus unerlaubten Handlungen, soweit diese mit dem Arbeitsverhältnis im Zusammenhang stehen (zu den Voraussetzungen Rn. 24). Die Vorschrift ist auch anwendbar, wenn die AN bei verschiedenen AG beschäftigt werden (LG Frankenthal 27. 6. 2002 NZA 2003, 751; LG Oldenburg 27. 5. 1994 DB 1994, 2244). Rechtsstreitigkeiten aus gemeinsamer Arbeit sind solche aus Gruppenarbeitsverhältnissen oder über Schadensersatzansprüche untereinander, zB bei Arbeitsunfällen oder bei einem Betriebsausflug. Hierhin gehört auch der Streit unter mehreren Chefärzten über die Honorarverteilung (BGH 26. 2. 1998 NJW 1998, 2745). Von § 2 I Nr. 9 erfasst werden Ansprüche auf Schadensersatz, Unterlassung von Ehrverletzungen usw., nicht aber Ansprüche wegen Tätlichkeiten unter Arbeitskollegen auf dem Weg zur Arbeitsstätte, wenn die Arbeitsleistung oder die Umstände, unter denen sie zu leisten ist, nicht hierfür zumindest mitursächlich war (BAG 11. 7. 1995 AP ArbGG 1979 § 2 Nr. 32 = NZA 1996, 951).

10. Behinderte Menschen. Durch die Neufassung des § 2 I hat der Gesetzgeber nunmehr klar- 31 stellend die Rechtsstreitigkeiten zwischen den im Arbeitsbereich von Werkstätten für behinderte Menschen Beschäftigten und den Trägern der Werkstätten aus den in § 138 SGB IX geregelten arbeitnehmerähnlichen Rechtsverhältnissen den ArbG zugewiesen (dazu *Schröder* ArbuR 2001, 172). Dies sind im Wesentlichen Streitigkeiten aus dem Werkstattvertrag (§ 138 SGB IX, dazu § 611 BGB Rn. 206), insb. dem leistungsabhängigen Steigerungsbetrag (§ 138 II IX). Soweit ein Arbeitsverhältnis begründet worden ist, folgt die Zuständigkeit bereits aus § 2 I Nr. 3.

III. Arbeitnehmererfindung (§ 2 II)

1. Eingeschränkte Zuständigkeit. § 2 II wiederholt die in § 39 I ArbnErfG enthaltene Regelung, 32 wonach für alle Rechtsstreitigkeiten über Erfindungen die AN die für Patentstreitsachen zuständigen Landgerichte (§ 143 PatG) zuständig sind. Hierunter fallen auch Verfahren zwischen ausgeschiedenen AN und früheren AG. § 2 II schränkt den Rechtsweg zu den ArbG für bürgerliche Rechtsstreitigkeiten zwischen AN und AG aus dem Arbeitsverhältnis (§ 2 I Nr. 3 a) und für Zusammenhangsklagen (§ 2 III) ein. Eine Zuständigkeit besteht daher nur für Ansprüche, die *(a)* ausschließlich Ansprüche auf Leistung einer festgestellten oder festgesetzten Vergütung für eine ANErfindung oder *(b)* für einen technischen Verbesserungsvorschlag (§ 20 I ArbnErfG) zum Gegenstand haben (BAG 9. 7. 1997 AP ArbGG 1979 § 2 Nr. 50 = NZA 1997, 1181; 12. 3. 1997 AP UrhG § 2 Nr. 1 = NZA 1997, 765). Hierzu zählen auch Klagen auf Auskunft oder Rechnungslegung.

2. Ausgenommene Streitigkeiten. Die ArbG sind dagegen nicht zuständig, wenn andere Ansprü- 33 che aus der ANErfindung oder der Urheberrechtsstreitigkeit erhoben werden. So sind für Auseinandersetzungen zwischen AN und AG über die Nutzung von Computerprogrammen, die der AN geschaffen oder eingebracht hat, die ordentlichen Gerichte zuständig (BAG 21. 8. 1996 AP ArbGG 1979 § 2 Nr. 42 = NZA 1996, 1342).

IV. Zusammenhangsklage (§ 2 III)

1. Grundsatz. Nach § 2 III ist die Zuständigkeit der ArbG erweitert für Rechtsstreitigkeiten, die 34 nicht unter den Zuständigkeitskatalog fallen, aber mit diesem in einem rechtlichen oder unmittelbar wirtschaftlichen Zusammenhang stehen. Die Zuständigkeit der ArbG für die Zusammenhangsklage ist fakultativ, weil sie erst durch eine entspr. Klageerhebung entsteht. Zweck der Vorschrift ist es, die Teilung rechtlich oder wirtschaftlich zusammenhängender Verfahren und divergierende Entscheidungen der ordentlichen Gerichte und der Gerichte für Arbeitssachen zu vermeiden (BAG 27. 2. 1975 AP ArbGG 1953 § 3 Nr. 1 = NJW 375, 1944). Dagegen besteht keine Möglichkeit, die in den §§ 2, 2a

35 **2. Verfassungsmäßigkeit.** Die Vorschrift ist verfassungsgemäß (aA *Kluth* NZA 2000, 1275), da durch die tatbestandsmäßigen Voraussetzungen der gesetzliche Richter ausreichend bestimmt wird. Zutreffend hat allerdings das BVerfG darauf hingewiesen, dass die Gefahr einer Manipulation des gesetzlichen Richters dann nicht ausgeschlossen werden kann, wenn der Kläger als Hauptklage eine Klage erhoben hat, bei der bereits die Rechtsbehauptung der ANEigenschaft zur Begründung der arbeitsgerichtlichen Zuständigkeit ausreicht (sog. sic-non-Fall, BVerfG 31. 8. 1999 AP ArbGG 1979 § 2 Zuständigkeitsprüfung Nr. 6 = NZA 1999, 1234, vgl. dazu Rn. 47). Durch die Zusammenhangsklage könnten dann weitere Streitgegenstände vor das ArbG gebracht werden, für die ansonsten zumindest die schlüssige Darlegung der ANEigenschaft erforderlich ist (sog. aut-aut bzw. et-et-Fälle). Aus diesem Grund ist § 2 III verfassungskonform dahingehend auszulegen, wenn der Hauptklage ein sic-non-Fall zu Grunde liegt (BAG 11. 6. 2003 AP ArbGG 1979 § 2 Nr. 78), der Anspruchsteller muss die Tatsachen für den Rechtsweg zu den ArbG zumindest schlüssig vortragen, Rn. 46. Nach anderer Ansicht wird § 2 III durch den auch im Prozessrecht geltenden Grundsatz von Treu und Glauben eingeschränkt; der Rechtsweg zu den ArbG für die mit der Zusammenhangsklage erhobenen Ansprüche ist ausgeschlossen, wenn die Hauptklage offensichtlich unbegründet ist (LAG Köln 5. 3. 1997 LAGE § 2 ArbGG 1979 Nr. 22 = MDR 1997, 75; 22. 9. 1993 LAGE § 2 ArbGG 1979 Nr. 14 = MDR 1994, 72). Auch Ansprüche von Organvertretern können unter diesen einschränkenden Voraussetzungen im Wege der Zusammenhangsklage vor die ArbG gebracht werden. Allerdings ist ein nur zeitlicher Zusammenhang zwischen dem behauptetem Arbeitsverhältnis und dem Rechtsverhältnis, dass der Organstellung zugrunde liegt, für die Begründung eines Zusammenhangs (Rn. 37) nicht ausreichend. Zur Zwischenfeststellungsklage Rn. 36.

36 **3. Voraussetzungen. a) Urteilsverfahren.** Gegenstand der Zusammenhangsklage muss eine bürgerlich-rechtliche Streitigkeit sein. Dies folgt aus § 2 V, wonach die Zusammenhangsklage im Urteilsverfahren zu verhandeln ist. Betriebsverfassungsrechtliche Angelegenheiten nach § 2 a können daher nicht Gegenstand einer Klage nach § 2 III sein. Für die Hauptklage muss der Rechtsweg zu den ArbG gegeben sein. Deren Zuständigkeit nur für einen Hilfsantrag (BAG 15. 8. 1975 AP ArbGG 1953 § 2 Zuständigkeitsprüfung Nr. 32 = NJW 1976, 206) oder eine Zwischenfeststellungsklage auf Feststellung gerade des Rechtsverhältnisses, von dessen rechtlicher Qualifikation die Zuständigkeit des einen oder anderen Rechtswegs abhängt (BAG 28. 10. 1993 AP ArbGG 1979 § 2 Nr. 19 = NJW 1994, 1172 = NZA 1994, 234), ist nicht ausreichend. Gleiches gilt, wenn durch Änderung des Tatsachenvortrages die Zuständigkeit nach § 2 I für Hauptklage entfällt (BAG 27. 2. 1975 AP ArbGG 1953 § 3 Nr. 1 = NJW 75, 1944). Die Erhebung einer Zusammenhangsklage kommt auch nicht in Betracht, wenn für die Streitigkeit die ausschließliche Zuständigkeit eines anderen Gerichts (zB nach § 29 a ZPO; § 143 PatG) gegeben ist oder ihre Erhebung vor dem ArbG durch Parteivereinbarung ausgeschlossen wurde (GMP/*Matthes* § 2 Rn. 130).

37 **b) Zusammenhang.** Die Klage nach § 2 III setzt voraus, dass der Rechtsstreitigkeit nicht unter den Zuständigkeitskatalog des § 2 I fällt, aber mit diesem in einem rechtlichen oder unmittelbar wirtschaftlichen Zusammenhang steht. Die Begriffe sind wegen der mit der Vorschrift bezweckten ganzeinheitlichen Streitentscheidung weit auszulegen. Ein rechtlicher Zusammenhang ist in den in § 33 ZPO genannten Fällen gegeben, während ein wirtschaftlicher Zusammenhang vorliegt, wenn die arbeitsrechtliche Streitigkeit und die Streitigkeit der Zusammenhangsklage aus dem gleichen einheitlichen Lebenssachverhalt entspringen und keine zufällige Verbindung besteht (BAG 18. 8. 1997 AP HGB § 74 Nr. 70 = NZA 1997, 1362; ArbG Bonn 3. 10. 1984 EzA § 2 ArbGG 1979 Nr. 4). Ausreichend ist auch ein Zusammenhang mit den Verteidigungsmitteln des Beklagten (BAG 23. 8. 2001 AP ArbGG 1979 § 2 Nr. 76 = DB 2002, 52).

38 Ein Zusammenhang besteht zB bei Widerklage (BAG 23. 8. 2001 AP ArbGG 1979 § 2 Nr. 76 = DB 2002, 52 zur Wider-Widerklage), einer Klage gegen den Schuldner und den Bürgen (BAG 11. 9. 2002 AP ArbGG 1979 § 2 Nr. 82 = NZA 2003, 62 zu § 1 a AEntG), der Verfolgung von Schadenersatzansprüchen gegen Mittäter oder den Drittschuldner wegen der Prozesskosten, die durch seine fehlende oder unrichtige Auskunft entstanden sind (BAG 23. 9. 1960 AP ArbGG 1953 § 61 Kosten Nr. 3 = NJW 61, 92; LAG Köln 17. 11. 1989 LAGE § 12 a ArbGG 1979 Nr. 14) sowie im Fall der Durchgriffshaftung (dazu Rn. 16, § 3 Rn. 3). Daneben kann es insb. bei gemischten Verträgen, von denen einer ein Arbeitsvertrag ist, zu Zusammenhangsstreitigkeiten kommen. Nur wenn um die Beendigung des gesamten Verhältnisses gestritten wird, liegt ein einheitlicher Rechtsstreit vor. Zuständig ist dann das Gericht, das für das wirtschaftliche Schwergewicht des Vertrages und das Vertragselement zuständig ist, das eine wirtschaftlich sinnvolle Beendigung ermöglicht (BAG 15. 8. 1975 AP ArbGG 1953 § 2 Zuständigkeitsprüfung Nr. 32; 24. 8. 1972 AP BGB § 611 Nr. 2 Gemischter Vertrag). Kein wirtschaftlicher Zusammenhang besteht bei dem Streit eines Prozessbevollmächtigten gegen seinen Mandanten wegen Gebühren und Auslagen im Zusammenhang mit einem

Rechtsstreit vor dem ArbG (BAG 28. 10. 1997 AP ArbGG 1979 § 2 Nr. 55 = NZA 1998, 219 – Zuständigkeit der ordentlichen Gerichte).

c) Zeitpunkt. Die Klage nach § III muss nicht in dem gleichen Rechtsstreit wie die Hauptklage, 39 sondern kann auch als selbständige Klage erhoben werden (GK-ArbGG/*Wenzel* § 2 Rn. 206). Sie erfordert keine Parteiidentität; es genügt, wenn die Partei der Hauptklage auch Partei der Zusammenhangsklage ist (BAG 2. 12. 1992 AP ArbGG 1979 § 2 Nr. 24 = NJW 1993, 1220). Der nach § 2 III erforderliche Zusammenhang besteht aber nur, wenn die Hauptklage erhoben ist oder gleichzeitig mit der Zusammenhangsklage erhoben wird. Ist die Zusammenhangsklage zuerst erhoben, wird nach hM das ArbG zuständig, wenn die Hauptklage später erhoben wird (LAG Düsseldorf 28. 11. 1991 LAGE § 2 ArbGG 1979 Nr. 10; OLG Düsseldorf 28. 1. 1997 NZA-RR 1997, 222; GMP/*Matthes* § 2 Rn. 122). Dem kann jedoch wegen des Wortlauts des § 2 III auch nicht aus prozessökonomischen Gründen gefolgt werden. Vielmehr wird die Zuständigkeit des ArbG in diesem Fall nur begründet, wenn die ursprüngliche Klage zurückgenommen und nach Anhängigkeit der Hauptklage erneut erhoben wird, was bei fristgebundenen Klagen zur Fristversäumung führen kann. Dementspr. entfällt die Zuständigkeit nach § 2 III, wenn die Klage zurückgenommen wird, bevor der Beklagte zur Hauptsache verhandelt hat (BAG 15. 8. 1975 AP ArbGG 1953 § 2 Zuständigkeitsprüfung Nr. 32 = NJW 1976, 206). Sie bleibt hingegen bestehen, wenn die Hauptklage zB abgetrennt (LAG Frankfurt 21. 12. 1998 AuR 1999, 198), später zurückgenommen, für erledigt erklärt, durch Teilurteil rechtskräftig abgewiesen (LAG Köln 28. 2. 1995 AP ArbGG 1979 § 2 Nr. 37) oder nur wegen der Zusammenhangsklage ein Rechtsmittel eingelegt wird (LAG Frankfurt 20. 1. 2000 NZA 2000, 1304; GMP/*Matthes* § 2 Rn. 125). Die Erhebung der Zusammenhangsklage kann wegen des Wortlauts des § 2 III („beim ArbG") nur erhoben werden, wenn der Rechtsstreit noch in der ersten Instanz anhängig ist (GK-ArbGG/*Wenzel* § 2 Rn. 212; aA GMP/*Matthes* § 2 Rn. 127 – auch Berufungsinstanz, sofern nicht ein Dritter erstmals einbezogen wird).

V. Organmitglieder (§ 2 IV)

Die Zuständigkeit der ArbG für Organmitglieder ist in § 2 IV geregelt. Hiernach kann mit Organen 40 von juristischen Personen des Privatrechts für bürgerliche Rechtsstreitigkeiten die Zuständigkeit der ArbG vereinbart werden. Wegen des eindeutigen Wortlauts der §§ 2 IV, 5 I 3 werden die parteifähigen Personengesellschaften von § 2 IV nicht erfasst, ebenso können Streitigkeiten der Organe von juristischen Personen des öffentl. Rechts nicht vor die ArbG gebracht werden. Zu Rechtswegstreitigkeiten von Organvertretern vgl. § 5 Rn. 6 ff. Die Vereinbarung nach § 2 IV kann generell oder für den Einzelfall getroffen werden und bereits im Anstellungs-, Gesellschaftsvertrag oder in der Satzung enthalten sein. Sie bedarf keiner Schriftform, da § 38 II ZPO von § 2 IV verdrängt wird. Eine Zuständigkeitsvereinbarung kann daher auch geschlossen werden, wenn die beklagte Partei sich mit einer Verhandlung vor dem ArbG ausdrücklich einverstanden erklärt (LAG Sachsen-Anhalt 20. 4. 1995 LAGE § 2 ArbGG 1979 Nr. 16). Eine rügelose Einlassung nach § 39 ZPO ist hingegen nicht ausreichend, da die Vorschrift auf das Verhältnis der ordentlichen Gerichte zu den ArbG keine Anwendung findet (GK-ArbGG/*Wenzel* § 2 Rn. 222; aA GMP/*Matthes* § 2 Rn. 137).

VI. Zuständigkeit in Sonderfällen

1. Verweisung und Widerklage. Die Zuständigkeit der ArbG kann sich auf Grund einer mit 41 Bindungswirkung ausgesprochenen Verweisung eines Gerichts eines anderen Rechtsweges ergeben (§ 17 a II GVG, dazu § 48 Rn. 12 f.). Wird in einem vor dem ArbG anhängigen Rechtsstreit eine Widerklage erhoben, kann sich die Zuständigkeit des ArbG aus § 2 I, III ergeben, letzteres wenn die Widerklage im Zusammenhang mit der (Haupt-)Klage steht. Fällt die Widerklage jedoch weder unter den Zuständigkeitskatalog des § 2 I und liegt auch eine Zusammenhangsstreitigkeit (§ 2 III, dazu Rn. 34 ff.) nicht vor, ist die Widerklage abzutrennen und an das Gericht des zuständigen Rechtswegs zu verweisen (GK-ArbGG/*Wenzel* § 2 Rn. 25).

2. Aufrechnung. a) Grundsatz. Wird in einer arbeitsgerichtlichen Streitigkeit mit einer Forderung 42 aufgerechnet, für die nach den §§ 2 I, II, 3 der Rechtsweg zu den ArbG gegeben ist, unterliegt die Entscheidung über die Aufrechnung keinen zuständigkeitsrechtlichen Bedenken. Regelmäßig wird auch ein Vorbehaltsurteil (§ 302 ZPO) nicht in Betracht kommen. Wird dagegen mit einer Forderung aufgerechnet, für die der Rechtsweg zu den ArbG nicht gegeben ist, ist zu differenzieren. Hat der Beklagte die Aufrechnung erklärt, wird aber die Klage bereits aus anderen Gründen abgewiesen, bedarf es keines Eingehens mehr auf die zur Aufrechnung gestellte Gegenforderung. Auch eine Vorabentscheidung nach den §§ 17, 17 a GVG ist nicht erforderlich, da über die rechtswegfremde Gegenforderung nicht mit Rechtskraftwirkung (§ 322 II ZPO) entschieden wird.

b) Rechtswegfremde Gegenforderung. Nach Inkrafttreten der §§ 17, 17 a GVG ist die Rechtslage 43 über die Zulässigkeit einer Entscheidung weitgehend ungeklärt, wenn es auf das Bestehen der zur Aufrechnung gestellten Gegenforderung ankommt. Einigkeit besteht nur für den Fall, dass die zur

Aufrechnung gestellte Gegenforderung rechts- bzw. bestandskräftig festgestellt oder unbestritten bzw. anerkannt ist. Unter diesen Voraussetzungen kann das ArbG auch über rechtswegfremde Gegenforderungen mit Rechtskraftwirkung entscheiden (vgl. BVerwG 31. 3. 1993 NJW 1993, 2255; offengelassen von BAG 22. 7. 1998 AP ZPO § 36 Nr. 55 = NZA 1998, 1190). Darüber hinaus bejaht ein Teil des Schrifttums die Entscheidungskompetenz des für die Klage zuständigen Gerichts auch für rechtswegfremde Forderungen (*Vollkommer*, FS Kissel, S. 1183, 1201 ff.), da es nach § 17 II 1 GVG den Rechtsstreit unter allen in Betracht kommenden rechtlichen Gesichtspunkten zu entscheiden habe. Eine Ausnahme soll lediglich für Forderungen bestehen, die nach dem GG einer bes. Gerichtsbarkeit zugewiesen sind (zB § 839 BGB). Die Gegenauffassung hält die Entscheidung über rechtswegfremde Forderungen grds. für unzulässig (Zöller/*Gummer* § 17 GVG Rn. 10 mwN). Nach einer vermittelnden Ansicht besteht zwischen ArbG und ordentlichen Gerichten eine wechselseitige Entscheidungskompetenz auch über an sich rechtswegfremde Aufrechnungsforderungen (LAG München 10. 3. 1998 LAGE § 17 GVG Nr. 1; ArbGG Passau 29. 10. 1991 NZA 1992, 428; GK-ArbGG/*Wenzel* § 2 Rn. 4), was dem Rechtszustand vor Inkrafttreten der §§ 17, 17 a GVG entspricht.

44 Nach der hier vertretenen Auffassung ist wie folgt zu differenzieren: über eine zur Aufrechnung gestellte rechtswegfremde Gegenforderung kann jedenfalls dann von den ArbG entschieden werden, wenn die Gegenforderung die Voraussetzungen des § 2 III erfüllt, sie also von dem Beklagten als Widerklage vor die ArbG gebracht werden könnte, soweit nicht eine ausschließliche Zuständigkeit eines anderen Gerichts bestimmt ist (BAG 23. 8. 2001 AP GVG § 17 Nr. 2 = NZA 2001, 1158; LAG Schleswig-Holstein 14. 9. 1994 LAGE § 2 ArbGG 1979 Nr. 18; GMP/*Matthes* § 2 Rn. 148; GK-ArbGG/*Wenzel* § 2 Rn. 30). Ansonsten fehlt es den ArbG an einer Entscheidungskompetenz. Hieran ändert auch § 17 II 1 GVG nichts, da die Aufrechnung kein „rechtlicher Gesichtspunkt" ist, sondern ein selbständiges Gegenrecht, das dem durch die Klage bestimmten Streitgegenstand einen weiteren selbständigen Gegenstand hinzufügt (BAG 23. 8. 2001 AP GVG § 17 Nr. 2 = NZA 2001, 1158; BFH 9. 4. 2002 NJW 2002, 3126). Auch der vermittelnden Ansicht ist nicht zu folgen, da wegen der durch die §§ 17, 17 a GVG geschaffenen Abgrenzung der einzelnen Rechtswege und ihrer Gerichtsbarkeiten die bes. Nähe der ArbG zu den ordentlichen Gerichten rechtlich bedeutungslos ist.

45 **c) Verfahren.** Vielmehr hat das ArbG über die Klageforderung durch Vorbehaltsurteil (§ 302 ZPO) zu entscheiden und im Übrigen den Rechtsstreit wegen der Gegenforderung an das Gericht der zuständigen Gerichtsbarkeit zu verweisen. Gegen diese Entscheidung können die Parteien Berufung bezüglich der Klageforderung bzw. sofortige Beschwerde hinsichtlich der Verweisung einlegen. Über die Zahlungsklage ist von dem ArbG durch Vorbehaltsurteil zu entscheiden, im Übrigen ist der Rechtsstreit bis zur rechtskräftigen Entscheidung des zuständigen Gerichts über die zur Aufrechnung gestellte Gegenforderung auszusetzen. Anschließend ist nach Auffassung des BAG das Nachverfahren vor dem ArbG durchführen (BAG 23. 8. 2001 AP GVG § 17 Nr. 2 = NZA 2001, 1158). Die erneute Verweisung an das ArbG für das Nachverfahren ist nicht erforderlich, da auch das Nachverfahren über die rechtskräftig festgestellte Gegenforderung von dem Gericht des anderen Rechtswegs durchgeführt werden kann (zutreffend insoweit GMP/*Matthes* § 2 Rn. 151). War die Aufrechnung begründet, ist das Vorbehaltsurteil insoweit aufzuheben (§ 302 IV 2 ZPO) und die Klage endgültig abzuweisen, ansonsten entfällt der Vorbehalt.

VII. Entscheidungsgrundlagen bei bürgerlich-rechtlichen Streitigkeiten

46 **1. Einteilung in Fallgruppen.** Bei den Anforderungen an den Vortrag zur Begründung der Rechtswegzuständigkeit unterscheidet das BAG nach dem Klageziel. Dabei kommen drei Fallgestaltungen in Betracht: Der Erfolg der Klage ist abhängig vom Vorliegen der ANEigenschaft des Klägers (**sog. sic-non-Fall**); das Klagebegehren kann auf eine arbeitsrechtliche oder eine bürgerlich-rechtliche Anspruchsgrundlage gestützt werden, die sich aber gegenseitig ausschließen (**sog. aut-aut-Fall**) oder ein (einheitlicher) Anspruch kann widerspruchslos sowohl auf eine arbeitsrechtliche als auch auf eine nicht arbeitsrechtliche Anspruchsgrundlage gestützt werden kann (**sog. et-et-Fall**). Als zulässig erachtet das BAG auch eine Wahlfeststellung bei der Begründung des Rechtswegs zu den Arbeitsgerichten, so kann die abschließende Beurteilung der ANEigenschaft des Anspruchsstellers offen gelassen werden, wenn dieser jedenfalls als arbeitnehmerähnliche Person anzusehen ist, da für Streitigkeiten aus beiden Rechtsverhältnissen die ArbG zuständig sind (BAG 14. 1. 1997 AP ArbGG 1979 § 2 Nr. 41 = NJW 1997, 1724 = NZA 1997, 399; BGH 4. 11. 1998 NJW 1999, 218 = NZA 1999, 53). Zur rechtswegüberschreitenden Kompetenz der Gerichte vgl. Rn. 4 f.

47 **2. Sic-non-Fälle.** Für diese ist kennzeichnend, dass nicht nur die Rechtswegzuständigkeit, sondern auch gleichzeitig der Erfolg der erhobenen Klage von dem ANStatus des Anspruchsstellers abhängig ist. Ist dieser kein Arbeitnehmer, wären nicht die Arbeitsgerichte, sondern die ordentlichen Gerichte zuständig. Jedoch ist mit der Verneinung der Zuständigkeit der Rechtsstreit auch in der Sache praktisch entschieden; die Klage müsste wegen der fehlenden Arbeitnehmereigenschaft vor dem ArbG sowohl wegen der fehlenden Rechtswegzuständigkeit wie auch in der Sache selbst ohne Erfolg bleiben. Die statusbegründenden Tatsachen sind daher für den Rechtsweg und die Sachentscheidung gleicher-

VII. Entscheidungsgrundlagen bei bürgerlich-rechtlichen Streitigkeiten § 2 ArbGG 60

maßen von Bedeutung, dh. doppelt relevant. Nach Auffassung des BAG reicht in diesen Fällen die bloße Rechtsbehauptung des Klägers, er sei AN, zur Begründung der arbeitsgerichtlichen Zuständigkeit aus. Ist sein Vortrag nicht schlüssig oder nicht erweislich, ist die Klage nicht als unzulässig, sondern als unbegründet abzuweisen (BAG 24. 4. 1996 AP ArbGG 1979 § 2 Zuständigkeitsprüfung Nr. 1 = NJW 1996, 2948 = NZA 1996, 1005; aA LAG Saarland 19. 12. 1997 NZA-RR 1998, 316). Diese Rspr. hat das BVerfG aus verfassungsrechtlicher Sicht nicht beanstandet, jedoch zu Recht auf die Gefahr der Manipulation hingewiesen, wenn der Kläger mit einer Zusammenhangsklage (§ 2 III) weitere Streitgegenstände mit dem sic-non-Fall verbindet (BVerfG 31. 8. 1999 AP ArbGG 1979 § 2 Zuständigkeitsprüfung Nr. 6 = NZA 1999, 1234, dazu Rn. 34 ff.).

Beispiele für Sic-non-Fälle sind die Statusklage auf Feststellung der ANEigenschaft, die nur auf die 48 Anwendung des KSchG gestützte Kündigungsschutzklage gegen eine ordentliche Kündigung, ebenso wenn die Unwirksamkeit mit einem Verstoß gegen ausschließlich für AN geltende Normen (zB. §§ 102 BetrVG, 85 SGB IX, 9 MuSchG, 623 BGB) begründet wird. Etwa anders gilt, wenn die Norm sowohl für Arbeits- wie auch für Dienstverhältnisse gilt (zB §§ 138, 242 BGB); in diesem Fall ist die Rechtsbehauptung nicht (mehr) ausreichend. Ein sic-non-Fall liegt unabhängig von den geltend gemachten Unwirksamkeitsgründen stets dann vor, wenn der Kläger das Bestehen bzw. Fortbestehen eines „Arbeitsverhältnisses" beantragt (BAG 17. 1. 2001 AP ArbGG 1979 § 2 Zuständigkeitsprüfung Nr. 10 = NJW 2001, 1374 = NZA 2001, 341; 19. 12. 2000 AP ArbGG 1979 § 2 Zuständigkeitsprüfung Nr. 9 = NJW 2001, 1373 = NZA 2001, 285). Auch Zahlungsklagen können Sic-non-Fälle darstellen, wenn die allein in Betracht kommende Anspruchsgrundlage nur für AN gilt, zB. die Klage auf Vergütung für die Zeit der verlängerten Kündigungsfristen (§ 622 BGB) bzw. Urlaubsabgeltung (LAG Köln 3. 4. 2001 NZA-RR 2001, 547) oder bei Ansprüchen aus dem arbeitsrechtlichen Gleichbehandlungsgrundsatz. Die zur Zuständigkeitsprüfung für Sic-non-Fälle entwickelten Grundsätze gelten aber nicht für die Frage der zulässigen Verfahrensart (Urteil-/Beschlussverfahren, LAG Frankfurt 12. 5. 1997 NZA 1997, 1360).

3. Übrige Fallgruppen. In aut-aut- bzw. et-et-Fällen reicht hingegen die bloße Rechtsbehauptung 49 des Klägers, er sei AN, nicht zur Begründung der arbeitsgerichtlichen Zuständigkeit aus. Umstritten ist jedoch, ob es ausreichend ist, dass er die Tatsachen, die zu der ANEigenschaft führen, schlüssig vorträgt oder ob darüber hinaus ihre Erweislichkeit erforderlich ist. Das BAG hat diese Frage zuletzt stets offen gelassen (BAG 10. 12. 1996 AP ArbGG 1979 § 2 Zuständigkeitsprüfung Nr. 4 = NZA 1997, 674), während es in älteren Entscheidungen noch die Erweislichkeit der die ANEigenschaft begründenden Tatsachen gefordert hat (BAG 28. 10. 1993 AP ArbGG 1979 § 2 Nr. 19 = NJW 1994, 1172 = NZA 1994, 234; 30. 8. 1993 AP GVG § 17 a Nr. 6 = NJW 1994, 604 = NZA 1994, 141; ebenso KG 30. 1. 2001 NJW-RR 2001, 1509 = NZA-RR 2001, 605; GMP/*Matthes* § 2 Rn. 192, 196 f.). Der ersteren Ansicht ist zu folgen, die schlüssige Darlegung der ANEigenschaft ist zur Begründung der Rechtswegzuständigkeit zu den Arbeitsgerichten ausreichend, die Erweislichkeit des klägerischen Vorbringens ist erst im Rahmen der Begründetheit zu berücksichtigen. Dies folgt letztlich aus den Aussagen des Gemeinsamen Senats der Obersten Gerichtshöfe des Bundes zur Abgrenzung der Zuständigkeiten der einzelnen Gerichtsbarkeiten, die sich nach der Natur des Rechtsverhältnisses richtet, aus dem der Klageanspruch hergeleitet wird; entscheidend dafür ist die wahre Natur des Anspruchs, wie er sich nach dem Sachvortrag des Klägers darstellt (GmS-OGB 10. 7. 1989 BGHZ 108, 284 = NJW 1990, 1527; 29. 10. 1987 BGHZ 102, 280 = NJW 1988, 2295; *Reinecke* ZfA 1998, 359, dazu auch Rn. 4 ff.). Die Frage ist aber nur von Bedeutung, wenn die zuständigkeitsbegründenden (und entscheidungserheblichen) Tatsachen zwischen den Parteien streitig sind. Als Beispiel für einen aut-aut-Fall wird vom BAG stets die Vergütungsklage aus einem Rechtsverhältnis genannt, dass der Kläger für ein Arbeitsverhältnis und die beklagte Partei für ein freies und (nicht arbeitnehmerähnliches) Mitarbeiterverhältnis hält (BAG 24. 4. 1996 AP ArbGG 1979 § 2 Zuständigkeitsprüfung Nr. 1 = NJW 1996, 2948 = NZA 1996, 1005). Hingegen ist die Feststellung der Unwirksamkeit einer fristlosen Kündigung als et-et-Fall anzusehen, wenn sich der Kläger darauf beschränkt, die Unwirksamkeit der Kündigung mit einem Verstoß gegen § 626 BGB zu begründen, da diese Norm für Arbeits- und Dienstverhältnisse gleichermaßen gilt.

4. Organvertreter. Für Streitigkeiten von Organvertretern (Geschäftsführer, Vorstand) aus dem 50 Anstellungsvertrages sind die ArbG regelmäßig nicht zuständig. So ist bei einem Streit um die **Organstellung** (zB der Abberufung) nicht das Arbeitsverhältnis, sondern der gesellschaftsrechtliche Teil der Rechtsbeziehung betroffen. Auch bei einer Auseinandersetzung über Rechte und Pflichten aus dem der Organstellung zu Grunde liegenden Anstellungsverhältnis ist der Rechtsweg zu den ArbG nicht gegeben, weil Organmitglieder nach § 5 I 3 nicht als AN gelten (dazu § 5 Rn. 6). Diese Fiktion betrifft gerade das der Organstellung zu Grunde liegende Rechtsverhältnis und gilt auch, wenn das Organmitglied geltend macht, er sei wegen seiner eingeschränkten Kompetenz in Wirklichkeit AN gewesen (BAG 23. 8. 2001 AP ArbGG 1979 § 5 Nr. 54 = NZA 2002, 52; 6. 5. 1999 AP ArbGG 1979 § 2 Nr. 46 = NJW 1999, 3069 = NZA 1999, 839). Dies gilt auch unabhängig davon, ob es zur vorgesehenen Bestellung als Vertretungsorgan kommt oder ob diese bereits beendet worden ist. Auch nach einer Abberufung wird das Anstellungsverhältnis nicht notwendigerweise beendet und ein

Arbeitsverhältnis neu begründet (BAG 25. 6. 1997 AP ArbGG 1979 § 5 Nr. 36 = NJW 1998, 260 = NZA 1997, 1363; dazu § 5 Rn. 7). Zur Möglichkeit der Zusammenhangsklage Rn. 35.

51 Bei Organmitgliedern (Geschäftsführer, Vorstand) unterscheidet das BAG für die Zulässigkeit des Rechtswegs zu den ArbG gleichfalls nach Fallgruppen. Allerdings ist der Rechtsweg zu den ArbG nur gegeben, wenn der Vertreter Rechte aus einem schon vor Abschluss des Anstellungsvertrags begründeten und angeblich weiter bestehenden Arbeitsverhältnisses herleitet oder wenn er Rechte mit der Begründung geltend macht, nach Abberufung habe sich das nicht gekündigte und fortgesetzte Anstellungsverhältnis in ein Arbeitsverhältnis umgewandelt. Seine Klage kann daher nur dann Erfolg haben, wenn er noch oder wieder AN ist (sic-non-Fall). Hat sich das Rechtsverhältnis, das Grundlage der Bestellung zum Organ war, nicht in ein Arbeitsverhältnis umgewandelt oder ist es durch den Abschluss des Anstellungsvertrags erloschen, ist die Klage nicht als unzulässig, sondern als unbegründet abzuweisen. Kann dagegen die Klage des ehemaligen Organmitglieds, der das Weiterbestehen oder die Neubegründung eines Arbeitsverhältnisses behauptet, auch dann Erfolg haben, wenn der Kläger nicht AN ist, ist die bloße Rechtsbehauptung unzureichend (dazu § 5 Rn. 7 f.).

§ 2 a Zuständigkeit im Beschlußverfahren

(1) Die Gerichte für Arbeitssachen sind ferner ausschließlich zuständig für
1. Angelegenheiten aus dem Betriebsverfassungsgesetz, soweit nicht für Maßnahmen nach seinen §§ 119 bis 121 die Zuständigkeit eines anderen Gerichts gegeben ist;
2. Angelegenheiten aus dem Sprecherausschußgesetz, soweit nicht für Maßnahmen nach seinen §§ 34 bis 36 die Zuständigkeit eines anderen Gerichts gegeben ist;
3. Angelegenheiten aus dem Mitbestimmungsgesetz, dem Mitbestimmungsergänzungsgesetz und dem Betriebsverfassungsgesetz 1952, soweit über die Wahl von Vertretern der Arbeitnehmer in den Aufsichtsrat und über ihre Abberufung mit Ausnahme der Abberufung nach § 103 Abs. 3 des Aktiengesetzes zu entscheiden ist;
3 a. Angelegenheiten aus den §§ 94, 95, 139 des Neunten Buches Sozialgesetzbuch;
3 b. Angelegenheiten aus dem Gesetz über europäische Betriebsräte, soweit nicht für Maßnahmen nach seinen §§ 43 bis 45 die Zuständigkeit eines anderen Gerichts gegeben ist;
3 c. Angelegenheiten aus § 18 a des Berufsbildungsgesetzes;
4. die Entscheidung über die Tariffähigkeit und die Tarifzuständigkeit einer Vereinigung.

(2) In Streitigkeiten nach diesen Vorschriften findet das Beschlußverfahren statt.

1   **1. Allgemeines.** Die Vorschrift regelt die ausschließliche Zuständigkeit (§ 2 Rn. 2) der ArbG im Beschlussverfahren und die Zuweisung der aufgezählten Streitigkeiten in das Beschlussverfahren. Unerheblich ist, ob eine bürgerlich-rechtliche Streitigkeit vorliegt. Die ausschließliche Zuständigkeit ist von Amts wegen zu prüfen. Über den Rechtsweg und die richtige Verfahrensart ist nach § 17 a II GVG, § 48 ArbGG (§ 2 Rn. 2 f.) zu entscheiden, ggf. ist das Verfahren in die richtige Verfahrensart zu verweisen. Eine Verbindung von Streitigkeiten im Urteils- und Beschlussverfahren nach § 147 ZPO ist nicht zulässig. Dagegen kann über kollektivrechtliche Vorfragen auch im Urteilsverfahren entschieden werden. Zu dem neu eingefügten § 2 I 3 c vgl. die Ausführungen bei § 18 b BBiG Rn. 1.

2   **2. Ausschließliche Zuständigkeit nach § 2 a I Nr. 2. a) Abgrenzung.** Die Gerichte für Arbeitssachen sind ausschließlich zuständig für Angelegenheiten aus dem BetrVG, nur für Maßnahmen nach den §§ 119 bis 121 BetrVG ist der Rechtsweg zu den ordentlichen Gerichten gegeben. Zur arbeitsgerichtlichen Zuständigkeit zählen insb. Streitigkeiten zwischen den Betriebsverfassungsorganen über ihre Stellung und die Reichweite der Rechte und Pflichten aus der Betriebsverfassung (BAG 16. 7. 1985 AP BetrVG 1972 § 87 Lohngestaltung Nr. 17 = DB 1986, 231; 19. 5. 1978 AP BetrVG 1972 § 88 Nr. 1 = DB 1978, 2225). Keine betriebsverfassungsrechtliche Streitigkeit nach § 2 a liegt vor, wenn die Anspruchsnorm zwar im BetrVG enthalten ist, diese aber einen individualrechtlichen Anspruch zum Gegenstand hat (Rn. 5, § 2 Rn. 20). Die ArbG auch nicht zuständig für Streitigkeiten aus dem Personalvertretungsrecht (§ 130 BetrVG). In diesen Streitigkeiten entscheiden die Verwaltungsgerichte.

3   **b) Streitigkeiten aus dem BetrVG.** Das Beschlussverfahren ist daher gegeben für Streitigkeiten über die Errichtung von Betriebsverfassungsorganen (BAG 8. 9. 2000 AP BetrVG 1972 § 47 Nr. 9 = NZA 2001, 116), die Durchführung und Gültigkeit ihrer Wahl (BAG 22. 3. 2000 AP AÜG § 14 Nr. 8 = NZA 2000, 1119), innerhalb ihrer Organe (BAG 15. 1. 1992 AP BetrVG 1972 § 26 Nr. 10 = NZA 1992, 1091), die sich aus dem BetrVG ergebenden Rechte und Pflichten (BAG 13. 3. 2001 NJW 2001, 3724 = NZA 2001, 1037 – tarifwidrige BV), Umfang der Kostentragungspflicht des AG (BAG 27. 7. 1994 AP BetrVG 1972 § 76 Nr. 4 = NZA 1995, 545 – Einigungsstelle; 18. 1. 1989 AP BetrVG 1972 § 40 Nr. 28 = NZA 1989, 641), Einrichtung und Tätigkeit einer Einigungsstelle (BAG 28. 2. 1984 AP BetrVG 1972 § 87 Tarifvorrang Nr. 4 = NZA 1984, 230) oder der Schwerbehindertenvertreter gegenüber AG und BR (BAG 21. 9. 1989 AP SchwbG 1986 § 25 Nr. 1 = NZA 1990, 362; LAG Köln 5. 7. 2001 AuR 2002, 37). Die ArbG sind schließlich zuständig für die Anfechtung der Anerkennung einer

Schulung als geeignet iSv. § 37 VII BetrVG (BAG 11. 8. 1993 AP BetrVG 1972 § 37 Nr. 92 = NZA 1994, 517).

c) Sonstige betriebsverfassungsrechtliche Streitigkeiten. Die ArbG sind ferner zuständig für 4 betriebsverfassungsrechtliche Streitigkeiten außerhalb des BetrVG. Hierzu gehören zB Streitigkeiten nach § 17 KSchG, § 9 ASiG, §§ 120 ff. InsO, § 21 a JArbSchG, § 14 AÜG und aus der Betriebsvertretung der bei den Stationierungsstreitkräften beschäftigten zivilen Arbeitskräfte (Art. 56 IX ZA-Nato-Truppenstatut, dazu BAG 12. 2. 1985 AP Nato-Truppenstatut Art. 1 Nr. 1). Nach § 2 a Nr. 3 a sind die ArbG nunmehr ausdrücklich zuständig in Streitigkeiten der Schwerbehinderten- und Werkstattvertretungen §§ 94 f., 139 SGB IX (vgl. BAG 21. 9. 1989 AP SchwbG 1986 § 25 Nr. 1 = NZA 1990, 362).

d) Betriebsverfassungsrechtliche Vorfragen. Die Zuständigkeit im Beschlussverfahren setzt stets 5 voraus, dass die Angelegenheit aus dem BetrVG selbst Gegenstand der Streitigkeit und nicht nur Vorfrage einer bürgerlich-rechtlichen Rechtsstreitigkeit ist (§ 20 Rn. 20). Damit ist zB über die Ersetzung der Zustimmung des BR zur Kündigung nach § 103 BetrVG im Beschlussverfahren zu befinden, während im Urteilsverfahren über die Wirksamkeit der Kündigung zu entscheiden ist. Werden Beamte eines Nachfolgeunternehmens der Deutschen Bundespost einem anderen Unternehmensteil zugewiesen und nimmt der BR ein Mitbestimmungsrecht in Anspruch, sind die ArbG zuständig (BAG 26. 6. 1996 AP ArbGG 1979 § 2 a Nr. 12 = NZA 1996, 1061). Zur Abgrenzung von im Urteilsverfahren zu verfolgenden Ansprüchen vgl. auch § 2 Rn. 20 sowie die Einzelkommentierung zum BetrVG.

e) Kirchen. Die Kirchen (Religionsgesellschaften) haben das Recht der Selbstbestimmung (Art. 140 6 GG iVm. Art. 137 WRV). Das Recht ihrer Mitarbeitervertretungen ist daher auch der staatlichen Arbeitsgerichtsbarkeit entzogen (BAG 25. 4. 1989 AP GG Art. 140 Nr. 34 = NJW 1989, 2284; 11. 3. 1986 AP GG Art. 140 Nr. 25 = NZA 1986, 685). Das gilt auch für die Erstattung der Kosten der Mitglieder der Mitarbeitervertretung (BAG 9. 9. 1992 AP GG Art. 140 Nr. 40 = NZA 1993, 597).

3. Sprecherausschussverfassung. Die ArbG entscheiden im Beschlussverfahren über Angelegen- 7 heiten aus dem SprAuG (Ausnahme: §§ 34 bis 36 SprAuG – ordentliche Gerichte). Hierzu gehören vor allem Streitigkeiten über die Bildung von Sprecherausschüssen, die Rechtsstellung ihrer Mitglieder sowie die Beteiligungsrechte. Daneben entscheiden die ArbG im Beschlussverfahren auch über die Zuordnung eines AN zu den leitenden Angestellten (§ 5 III BetrVG).

4. Mitbestimmungsgesetz. Die ausschließliche Zuständigkeit der ArbG ist gegeben für Angelegen- 8 heiten aus dem Mitbestimmungsgesetz, dem Mitbestimmungsergänzungsgesetz und dem Betriebsverfassungsgesetz 1952, soweit über die Wahl von Vertretern der AN in den Aufsichtsrat und über ihre Abberufung nach § 103 III AktG zu entscheiden ist. Hierzu gehören Rechtsstreitigkeiten um die Anfechtung und Nichtigkeit der Wahl der ANVertreter zum Aufsichtsrat, Streitigkeiten während des Wahlverfahrens sowie Rechtsstreitigkeiten um die Abberufung von Aufsichtsratsmitgliedern. Dagegen sind für Streitigkeiten der ANVertreter im Aufsichtsrat über die sich aus ihrem Amt ergebenden Rechte und Pflichten die ordentlichen Gerichte zuständig.

5. Tariffähigkeit und Tarifzuständigkeit. Die ArbG sind ausschließlich im Beschlussverfahren 9 zuständig für Streitigkeiten über die Tariffähigkeit und/oder die Tarifzuständigkeit einer Vereinigung. Die Rechtsstreitigkeiten können nicht als Vorfrage in einem anderen Rechtsstreit entschieden werden, dieses ist vielmehr auszusetzen (§ 97 V ArbGG). Auch die Frage der Tarifgebundenheit eines Mitglieds ohne Verbandstarifbindung (sog. OT-Mitgliedschaft) ist im Beschlussverfahren zu entscheiden (BAG 23. 10. 1996 AP TVG § 3 Verbandszugehörigkeit Nr. 15 = NZA 1997, 383).

§ 3 Zuständigkeit in sonstigen Fällen

Die in den §§ 2 und 2 a begründete Zuständigkeit besteht auch in den Fällen, in denen der Rechtsstreit durch einen Rechtsnachfolger oder durch eine Person geführt wird, die kraft Gesetzes an Stelle des sachlich Berechtigten oder Verpflichteten hierzu befugt ist.

1. Bedeutung. Nach § 3 besteht die ausschließliche Zuständigkeit in allen Fällen der §§ 2, 2 a 1 ArbGG auch dann fort, wenn das geltend gemachte Recht vor Rechtshängigkeit im Wege der Rechtsnachfolge auf einen anderen übergeht oder eine gesetzliche Prozessstandschaft besteht, das Recht an Stelle des sachlich Berechtigten oder Verpflichteten geltend zu machen. Die Vorschrift ergänzt § 261 III Nr. 2 ZPO, der das Fortbestehen der einmal begründeten Zuständigkeit für entspr. Änderungen nach Rechtshängigkeit regelt. § 3 will verhindern, dass über Inhalt und Umfang arbeitsrechtlicher Rechte und Pflichten verschiedene Gerichtsbarkeiten entscheiden müssen. Zur Begründung der Zuständigkeit nach § 3 ist bereits die Behauptung ausreichend, es liege eine gesetzliche Rechtsnachfolge oder Prozessstandschaft vor (BAG 15. 3. 2000 AP ArbGG 1979 § 2 Nr. 71 = NJW 2000, 2690 = NZA 2000, 671; aA GMP/*Matthes* § 3 Rn. 4). Von § 3 abw. Parteivereinbarungen sind unwirksam, da es sich um einen Fall der ausschließlichen Zuständigkeit handelt.

2. Rechtsnachfolge. a) Gesetz. Der Begriff der Rechtsnachfolge ist weit zu verstehen. Eine Rechtsnachfolge iSv. § 3 ist in allen Fällen der gesetzlichen Gesamt- oder Einzelrechtsnachfolge oder der Rechtsnachfolge kraft Rechtsgeschäfts gegeben. Erforderlich ist aber, das entweder die Rechte des Gläubigers oder die Pflichten des Schuldners von einer Person auf eine andere übergehen (BAG 20. 3. 2002 AP ArbGG 1979 § 2 Nr. 81 = NZA 2002, 695). Zur gesetzlichen Gesamtrechtsnachfolge zählen der Erbfall (BAG 7. 10. 1981 AP ArbGG 1979 § 48 Nr. 1 = NJW 1983, 839), die verschiedenen Umwandlungsarten (§ 1 UmwG) sowie eine Funktionsnachfolge (BAG 25. 10. 1983 – 3 AZR 406/81 – nv.). Eine gesetzliche Einzelrechtsnachfolge besteht bei den Forderungsübergängen nach §§ 426 II, 774 BGB, § 6 EFZG, § 9 II, III BetrAVG (BAG 11. 11. 1986 AP ArbGG 1979 § 2 Nr. 6), § 187 SGB III (vgl. BAG 12. 6. 1997 AP SGB X § 115 Nr. 11 = BB 1997, 1644) und § 115 SGB X (BAG 12. 6. 1997 AP ArbGG 1979 § 2 Nr. 49 = NJW 1997, 2774 = NZA 1997, 1070). Ferner ist der Pfändungsgläubiger eines Anspruches Rechtsnachfolger iSv. § 3 ArbGG. Umstritten ist, ob Schadensersatzansprüche nach § 840 II ZPO in die Zuständigkeit der ArbG oder der ordentlichen Gerichte gehören (für ersteres *Schaub* ArbGV § 10 Rn. 85 ff. – ArbG; dagegen BAG 31. 10. 1984 AP ZPO § 840 Nr. 4 = NJW 1985, 1181 = NZA 1985, 289). Für einen Rechtsstreit gegen den Kommanditisten nach § 171 HGB sind die ArbG aber nicht zuständig (BAG 23. 6. 1992 AP ArbGG 1979 § 2 Nr. 23 = NZA 1993, 862), ebenso wenig für originäre Schadensersatzansprüche aus § 826 BGB wegen einer Insolvenzverschleppung (BAG 20. 3. 2002 AP ArbGG 1979 § 2 Nr. 81 = NZA 2002, 695 – BfA).

b) Rechtsgeschäft. Eine Rechtsnachfolge auf Grund eines Rechtsgeschäfts liegt vor bei einem Arbeitsvertrag zu Gunsten oder mit Schutzwirkung für Dritte sowie im Falle der Abtretung (§ 398 BGB), eines Schuldbeitrittes (§§ 414 ff. BGB), der Bürgschaft (§ 774 BGB; offengelassen von BAG 11. 9. 2002 AP ArbGG 1979 § 2 Nr. 82 = NZA 2003, 62) oder in den Fällen der §§ 25, 28 HGB. Nach der Rspr. des BAG ist die Zuständigkeit auch gegeben, wenn im Wege der Durchgriffshaftung ein Anspruch aus dem Arbeitsverhältnis gegen den Alleingesellschafter einer Kapitalgesellschaft (BAG 13. 6. 1997 AP ArbGG 1979 § 3 Nr. 5 = NZA 1997, 1128) bzw. die Konzernobergesellschaft (BAG 15. 3. 2000 AP ArbGG 1979 § 2 Nr. 71 = NJW 2000, 2690 = NZA 2000, 671) geltend gemacht wird oder der Schuldner auf Grund eines privatrechtsgestalteten Verwaltungsakts für Versorgungsansprüche haftet (BAG 23. 10. 1990 AP ArbGG 1979 § 2 Nr. 18 = NZA 1991, 935), ebenso bei der Inanspruchnahme eines Vertreters ohne Vertretungsmacht (BAG 7. 4. 2003 AP ArbGG 1979 § 3 Nr. 6 = NJW 2003, 2554 = NZA 2003, 813).

3. Betriebsübergang. Kein Fall der gesetzlichen Rechtsnachfolge, sondern der ausschließlichen Zuständigkeit nach den §§ 2, 2 a ist bei Betriebsübergang nach § 613 a BGB gegeben. Der Betriebs- oder Betriebsteilerwerber tritt in die Arbeitsverhältnisse ein. Keine Rechtsnachfolge ist auch gegeben, wenn im Laufe des Verfahrens eine betriebsverfassungsrechtliche Stelle neu gewählt wird oder der Betrieb für einen anderen Inhaber übergeht (BAG 23. 6. 1992 AP ArbGG 1979 § 2 Nr. 23 = NJW 1993, 2891 = NZA 1993, 862). Besonderheiten bestehen bei der Privatisierung von Post und Bahn (vgl. BAG 28. 10. 1997 ArbGG 1979 Nr. 56 = NZA 1998, 165).

4. Prozessstandschaft. Diese liegt vor, wenn eine Person an Stelle des sachlich Berechtigten oder Verpflichteten ein Recht im eigenen Namen geltend machen kann. Hierzu sind berechtigt der Testamentvollstrecker, der Nachlass-, Zwangs- und der vorläufige bzw. endgültige Insolvenzverwalter für Ansprüche vor der Verfahrenseröffnung. Ferner ergibt sich eine gesetzliche Prozessstandschaft aus § 25 HAG, wonach die Länder für Heimarbeiter Entgeltansprüche geltend machen können (BAG 10. 4. 1984 AP HAG § 25 Nr. 4 = NZA 1985, 362) und aus § 48 TVAL II (BAG 29. 1. 1986 AP TVAL II § 48 Nr. 2 = NJW 1986, 2209 = NZA 1987, 384). Auf die gewillkürte Prozessstandschaft ist § 3 entspr. anzuwenden.

§ 4 Ausschluß der Arbeitsgerichtsbarkeit

In den Fällen des § 2 Abs. 1 und 2 kann die Arbeitsgerichtsbarkeit nach Maßgabe der §§ 101 bis 110 ausgeschlossen werden.

1. Allgemeines. Die ArbG sind in den Fällen des § 2 I und II ausschließlich zuständig. Eine Ausnahme besteht nur nach Maßgabe des in §§ 101 bis 110 geregelten Schiedsverfahrens. In anderen Fällen kann weder ein Schiedsverfahren noch der Rechtsweg zu einem anderen Gericht vereinbart werden. Zweck der Vorschrift ist es, eine einheitliche Anwendung und Auslegung des Arbeitsrechts zu gewährleisten. Dies gilt auch bei Inbezugnahme einer tariflichen Schiedsklausel (BAG 6. 8. 1997 AP TVG § 1 Tarifverträge: Bühnen Nr. 5 = NZA 1998, 220). Soweit die ArbG nach § 2 III und IV nur fakultativ zuständig sind, gilt der Ausschluss der Beschränkung der Schiedsgerichtsbarkeit nicht; die Zuständigkeit der Schiedsgerichte kann uneingeschränkt vereinbart werden. In diesem Fall sind die §§ 1025 ff. ZPO anwendbar.

2. Durchführungsregelung. a) Erfasste Streitigkeiten. Ein Schiedsverfahren kann nur anstatt einer im Urteilsverfahren zu verfolgenden Angelegenheit der § 2 I, II eingeführt werden, nicht jedoch in den in § 2 a aufgeführten Fällen. Hieraus leitet das BAG ab, dass Arbeitgeber und Betriebsrat keine verbindliche Streitbeilegung vereinbaren können. Vereinbarungen in einem Sozialplan, wonach Meinungsverschiedenheiten zwischen Arbeitgeber und AN abschließend durch die Einigungsstelle entschieden werden, stellen danach eine unzulässige Schiedsabrede dar (BAG 27. 10. 1987 AP BetrVG 1972 § 76 Nr. 22 = NZA 1988, 207). Lediglich die Vereinbarung einer zusätzlichen Entscheidung der Einigungsstelle ist zulässig. Dem kann wegen der Möglichkeit der Betriebspartner zu einer vorherigen Unterwerfungsmöglichkeit (§ 76 VI 2 BetrVG) nicht gefolgt werden.

b) Zusätzliches Vorverfahren. Der Ausschluss der Gerichte für Arbeitssachen kann allgemein oder nur für den Einzelfall (vgl. § 101 ArbGG) und nur durch die Tarifvertragsparteien erfolgen. Zulässig ist jedoch, dass von anderen als den Tarifvertragsparteien die Durchführung eines (unverbindlichen und zusätzlichen) außergerichtlichen Vorverfahrens vereinbart wird. Eine solche Vereinbarung ist auch für betriebsverfassungsrechtliche Streitigkeiten möglich. Liegt eine entsprechende Regelung vor, muss das vereinbarte Verfahren auch bei Fehlen einer anderweitigen Regelung von den Parteien bzw. den Beteiligten durchlaufen werden. Ein Antrag im Beschlussverfahren auf Feststellung des Inhaltes einer Betriebsvereinbarung ist daher unzulässig, solange ein vereinbartes Einigungsstellenverfahren nicht durchgeführt worden ist (BAG 20. 11. 1990 AP BetrVG 1972 § 76 Nr. 43 = NZA 1991, 473). Die Überprüfung eines etwaigen Spruchs ist aber in jedem Fall den Gerichten vorbehalten (vgl. § 76 VII BetrVG). Ist im Arbeitsvertrag eines kirchlichen Arbeitgebers vereinbart, zunächst eine kirchliche Schlichtungsstelle anzurufen, wird hierdurch aber nur ein Wahlrecht des Anspruchstellers begründet, an Stelle der staatlichen Gerichte zunächst ein Schlichtungsverfahren durchzuführen (BAG 18. 5. 1999 AP ArbGG 1979 § 4 Nr. 1 = NZA 1999, 1350; 26. 5. 1993 AP AVR Diakonisches Werk § 12 Nr. 3 = NZA 1994, 88).

3. Schiedsgutachten. Zulässig ist die Vereinbarung eines Schiedsgutachtens, da dadurch die ausschließliche Zuständigkeit der ArbG nicht berührt wird (*Hauck/Helml* § 4 Rn. 7; aA GMP/*Germelmann* § 4 Rn. 6 – Gedanke des § 101). Im Schiedsgutachten wird lediglich für die Parteien bindend festgestellt, ob ein Tatbestandsmerkmal gegeben ist oder nicht.

§ 5 Begriff des Arbeitnehmers

(1) ¹Arbeitnehmer im Sinne dieses Gesetzes sind Arbeiter und Angestellte sowie die zu ihrer Berufsausbildung Beschäftigten. ²Als Arbeitnehmer gelten auch die in Heimarbeit Beschäftigten und die ihnen Gleichgestellten (§ 1 des Heimarbeitsgesetzes vom 14. März 1951 – Bundesgesetzbl. I S. 191 –) sowie sonstige Personen, die wegen ihrer wirtschaftlichen Unselbständigkeit als arbeitnehmerähnliche Personen anzusehen sind. ³ Als Arbeitnehmer gelten nicht in Betrieben einer juristischen Person oder einer Personengesamtheit Personen, die kraft Gesetzes, Satzung oder Gesellschaftsvertrags allein oder als Mitglieder des Vertretungsorgans zur Vertretung der juristischen Person oder der Personengesamtheit berufen sind.

(2) Beamte sind als solche keine Arbeitnehmer.

(3) ¹Handelsvertreter gelten nur dann als Arbeitnehmer im Sinne dieses Gesetzes, wenn sie zu dem Personenkreis gehören, für den nach § 92 a des Handelsgesetzbuchs die untere Grenze der vertraglichen Leistungen des Unternehmers festgesetzt werden kann, und wenn sie während der letzten sechs Monate des Vertragsverhältnisses, bei kürzerer Vertragsdauer während dieser, im Durchschnitt monatlich nicht mehr als 1000 Euro auf Grund des Vertragsverhältnisses an Vergütung einschließlich Provision und Ersatz für im regelmäßigen Geschäftsbetrieb entstandene Aufwendungen bezogen haben. ² Das Bundesministerium für Arbeit und Sozialordnung und das Bundesministerium der Justiz können im Einvernehmen mit dem Bundesministerium für Wirtschaft und Technologie die in Satz 1 bestimmte Vergütungsgrenze durch Rechtsverordnung, die nicht der Zustimmung des Bundesrates bedarf, den jeweiligen Lohn- und Preisverhältnissen anpassen.

1. Allgemeines. Die Vorschrift regelt für das ArbGG, wer AN ist, was im Wesentlichen für die Zuständigkeit der Gerichte für Arbeitssachen von Bedeutung ist. Dagegen ist der Begriff des AG nicht geregelt. Er richtet sich nach allg. Arbeitsrecht (dazu § 2 Rn. 16).

2. Arbeitnehmer. a) Begriff. § 5 I 1 geht von dem allg. ANBegriff aus (§ 611 BGB Rn. 44 ff.; § 2 Rn. 16 a f.). AN sind Arbeiter und Angestellte sowie die zu ihrer Berufsausbildung Beschäftigten. Der Unterscheidung von Arbeitern und Angestellten kommt verfahrensrechtlich keine Bedeutung mehr zu.

b) Berufsausbildung. Zu ihrer Berufsausbildung sind alle Personen beschäftigt, denen auf Grund eines privatrechtlichen Rechtsverhältnisses auf betrieblicher Ebene Kenntnisse und Fähigkeiten vermittelt werden. Der Ausbildungsort und die -methode sind dabei nicht entscheidend. Auch Auszubildende in berufsbildenden Schulen und sonstigen Berufsbildungseinrichtungen (§ 1 V BBiG) können zum Kreis der Personen des § 5 I 1 zählen (BAG 24. 2. 1999 AP ArbGG 1979 § 5 Nr. 45 = NZA 1999,

557). Der Begriff ist weiter als der des BBiG (dazu § 1 BBiG Rn. 1) oder BetrVG (dazu § 5 BetrVG Rn. 10). Erforderlich ist aber, dass die ausgebildete Person einem Weisungsrecht des Ausbildenden hinsichtlich des Inhalts, der Zeit und des Orts der Tätigkeit unterliegt, nicht hingegen dass die Tätigkeit für ihn einen wirtschaftlichen Wert hat (BAG 24. 9. 2002 AP ArbGG 1979 § 5 Nr. 56 = MDR 2003, 156). Zu ihrer Berufsausbildung beschäftigt sind Auszubildende, Umschüler (BAG 21. 5. 1997 AP ArbGG 1979 § 5 Nr. 32 = NZA 1997; 1013; LAG Köln 8. 9. 1997 NZA-RR 1998, 135), Teilnehmer an berufsvorbereitenden Lehrgängen (BAG 10. 2. 1981 AP BetrVG 1972 § 5 Nr. 25), Rehabilitanden (LAG Rheinland-Pfalz 18. 11. 1998 MDR 1999, 552, sofern die Ausbildung im Vordergrund steht), Anlernlinge, Praktikanten, Volontäre und Altenpflegeaspiranten (LAG Köln 3. 7. 1998 ZTR 1998, 568). Notwendig ist jedoch stets, dass die Ausbildung auf Grund eines privatrechtlichen Vertrages und auf betrieblicher Ebene erfolgt (BAG 26. 1. 1994 AP BetrVG 1972 § 5 Nr. 54 = NZA 1995, 120). Für die Tätigkeit von Strafgefangenen in Vollzugsanstalten sind die ArbG nicht zuständig, selbst wenn zwischen dem Träger der Vollzugsanstalt und einem Strafgefangenen ein Berufsausbildungsverhältnis begründet wird (BAG 18. 11. 1986 AP ArbGG 1979 Nr. 2; 3. 10. 1978 AP BetrVG 1972 § 5 Nr. 18 = DB 1979, 1186).

4 **3. Heimarbeiter.** Nach der insoweit abschließenden und unwiderlegbaren Fiktion in § 5 I 2 1. Alt. gelten auch die in Heimarbeit Beschäftigten und die ihnen Gleichgestellten (§ 1 HAG) als AN im Verhältnis zu ihrem jeweiligen Auftraggeber oder Zwischenmeister. In Heimarbeit beschäftigt werden Heimarbeiter (§§ 1 I, 2 I HAG) und Hausgewerbetreibende (§§ 1 I, 2 II HAG) sowie die ihnen Gleichgestellten (§ 1 II HAG). Diese gelten nach § 5 I 2 bereits dann als AN, wenn eine förmliche Gleichstellung durch den Heimarbeitsausschuss (§ 4 HAG) erfolgt ist. Eine nur partielle Gleichstellung (§ 1 III 2, 3 HAG) ist ausreichend, auch die inhaltliche Richtigkeit der Entscheidung des Ausschusses für die ANEigenschaft ohne Bedeutung (GMP/*Müller-Glöge* § 5 Rn. 17). Zwischenmeister gelten gegenüber ihrem Auftraggeber nur als AN iSd. § 5 I 2, wenn sie nach § 1 II HAG den Heimarbeitern gleichgestellt worden sind.

5 **4. Arbeitnehmerähnliche Personen.** Sie unterscheiden sich von AN durch den Grad der persönlichen Abhängigkeit und gelten nach § 5 I 2 Alt. 2 als AN, obwohl sie Selbständige sind. Eine arbeitnehmerähnliche Person kann für mehrere Auftraggeber tätig sein, wenn die Beschäftigung für einen von ihnen überwiegt und die daraus fließende Vergütung die entscheidende Existenzgrundlage darstellt. Der Status ist für jedes einzelne Rechtsverhältnis zu beurteilen, ob noch eine Arbeitnehmerähnlichkeit vorliegt. Wird sie verneint, sind die ordentlichen Gerichte zuständig. Das BAG lässt im Rahmen der Rechtswegprüfung eine **Wahlfeststellung** zwischen der ANEigenschaft und der Zuordnung zu den arbeitnehmerähnlichen Personen zu. Für den Rechtsweg zu den Gerichten für Arbeitssachen ist es ausreichend, wenn der Kläger zumindest als arbeitnehmerähnliche Person anzusehen ist, eine rechtliche Festlegung auf die Qualifikation des Rechtsverhältnisses als Arbeitsverhältnis ist nicht erforderlich (BAG 16. 7. 1997 AP ArbGG 1979 § 5 Nr. 37 = NJW 1997, 2973 = NZA 1997, 1126; 14. 1. 1997 AP ArbGG 1979 § 2 Nr. 41 = NJW 1997, 1724 = NZA 1997, 399). Zum Begriff der arbeitnehmerähnlichen Person vgl. die ausführliche Darstellung in § 611 BGB Rn. 133 ff.

6 **5. Gesetzliche Vertreter. a) Gesetzliche Vertretungsmacht.** Kraft der unwiderlegbaren Fiktion des § 5 I 3 gelten unabhängig von ihrer materiell-rechtlichen Rechtsstellung Personen, die auf Grund Gesetz, Satzung oder Gesellschaftsvertrag zur Vertretung einer juristischen Person oder Personengesamtheit berufen sind, nicht als AN (Zusammenfassung der Rspr. bei *Reinicke* ZIP 1997, 1525; *Kamanabrou* DB 2002, 146; *Holthausen/Steinkrauss* NZA-RR 2002, 281; vgl. auch § 611 BGB Rn. 161). Nach dem Zweck der Vorschrift soll eine Person nicht als AN angesehen werden, die im Betrieb einer juristischen Person oder Personengesamtheit als Organ oder verfassungsmäßig berufener Vertreter die AGFunktion wahrnimmt. § 5 I 3 ist nicht anzuwenden, wenn die Vertretungsmacht nur auf rechtsgeschäftlicher Vollmacht beruht (BAG 13. 7. 1995 AP ArbGG 1979 § 5 Nr. 23 = NJW 1995, 3338 = NZA 1995, 1070 – Prokura; LAG Nürnberg 5. 3. 2001 AuR 2001, 199 – Geschäftsführer eines Vereins), denn für das Eingreifen der Fiktion ist das Bestehen der gesetzliche Vertretungsmacht Voraussetzung. Diese muss zudem gerade im Verhältnis zu der jeweiligen juristischen Person oder Personengesamtheit bestehen. Der Geschäftsführer einer Betriebskrankenkasse ist daher nur im Verhältnis zu dieser, nicht aber zu dem Trägerunternehmen, für das die Betriebskrankenkasse eingerichtet ist, als gesetzlicher Vertreter anzusehen. Auf einen weiteren mit dem Trägerunternehmen abgeschlossenen Dienstvertrag ist § 5 I 3 deshalb nicht anzuwenden; im Verhältnis zu diesem kann der Geschäftsführer der Betriebskrankenkasse daher arbeitnehmerähnliche Person sein (BAG 25. 7. 1996 AP ArbGG 1979 § 5 Nr. 28 = NJW 1996, 3293 = NZA 1997, 62).

7 **b) Betroffenes Rechtsverhältnis.** Bei einer Auseinandersetzung über Rechte und Pflichten aus dem der Organstellung zu Grunde liegenden Anstellungsverhältnis ist der Rechtsweg zu den ArbG nicht gegeben, weil Organmitglieder wegen § 5 I 3 nicht als AN gelten. Diese Fiktion betrifft stets das der Organstellung zu Grunde liegende Rechtsverhältnis. Da § 5 I 3 ausnahmslos gilt, ist es unerheblich, ob die gesetzliche Vertretungsmacht im Innenverhältnis beschränkt ist (BAG 17. 1. 1985 AP ArbGG 1979 § 5 Nr. 2 = NZA 1986, 68), das Organmitglied geltend macht, es sei wegen seiner eingeschränkten Kompetenz in Wirklichkeit AN gewesen (BAG 23. 8. 2001 AP ArbGG 1979 § 5 Nr. 54 = NZA 2002, 52; 6. 5. 1999 AP ArbGG 1979 § 2 Nr. 46 = NJW 1999, 3069 = NZA 1999, 839) oder sich durch die Vereinbarung der Organstellung an der ANeigenschaft nichts geändert hat. Der (fingierte) Status als Dienstnehmer bleibt auch dann bestehen, wenn die vertraglich vereinbarte Bestellung zum Geschäftsführer unterbleibt (BAG 25. 6. 1997 AP ArbGG 1979 § 5 Nr. 36 = NJW 1998, 260 = NZA 1997, 1363). Unerheblich ist auch, ob die Organstellung durch Abberufung beendet wurde oder die Ursache für den Streit nach der Abberufung entstanden ist. Das BAG begründet dies damit, dass das Anstellungsverhältnis auch nach der Abberufung nicht notwendig zum Arbeitsverhältnis wird (BAG 25. 6. 1997 AP ArbGG 1979 § 5 Nr. 36 = NJW 1998, 260 = NZA 1997, 1363). Dem ist im Ergebnis zuzustimmen, richtigerweise wird man zur Begründung aber auf den nach wie vor unveränderten Fortbestand des der ursprünglichen Organstellung zugrunde liegenden Rechtsverhältnisses abstellen. Nur wenn das ehemalige Organmitglied nach seiner Abberufung einen neuen Vertrag abschließt, gilt für diesen die Fiktion des § 5 I 3 nicht. Dem steht es gleich, wenn der bisherige Anstellungsvertrag dahingehend geändert wird, dass die Organstellung nicht mehr Vertragsgegenstand ist. In den letztgenannten Fällen kann daher geltend gemacht werden, dass die Beschäftigung als AN oder arbeitnehmerähnliche Person erfolgt. Die ArbG sind auch nicht zuständig, wenn ein AN Schadensersatzansprüche geltend macht, die sich aus einer früheren oder beabsichtigten Organstellung ergeben (LAG Nürnberg 18. 12. 2001 LAGE § 2 ArbGG 1979 Nr. 39).

c) **Einzelfälle.** Gesetzliche Vertreter und deshalb keine AN sind der Geschäftsführer einer Kreishandwerkerschaft, wenn er diese auf Grund der Satzung vertritt (BAG 11. 4. 1997 AP ArbGG 1979 § 2 Nr. 47 = NZA 1997, 902; LAG Niedersachsen 4. 2. 2002 NZA-RR 2002, 491 – Landesinnungsverband), AOK, Dienstordnungsangestellte einer AOK, die zum Geschäftsführer bestellt sind (BAG 30. 6. 1960 AP ArbGG 1953 § 5 Nr. 8) und der bes. Vertreter eines Vereins nach § 30 BGB, wenn ihre Vertretungsmacht auf der Satzung beruht (BAG 5. 5. 1997 AP ArbGG 1979 § 5 Nr. 31 = NZA 1997, 959). Auch Geschäftsführer einer Vor-GmbH (BAG 13. 5. 1996 AP ArbGG 1979 § 5 Nr. 27 = NJW 1996, 2678 = NZA 1996, 952) oder Vertreter eines ausländischen Kreditinstitutes nach § 53 II Nr. 1 KWG (BAG 15. 10. 1997 AP ArbGG 1979 § 5 Nr. 39 = NZA 1998, 51) sind keine AN. Umstritten ist, ob § 5 I 3 auch für **mittelbare Organvertreter** gilt. Nach Sinn und Zweck der Vorschrift (dazu Rn. 12) ist das jedenfalls für das Anstellungsverhältnis eines Geschäftsführers der Komplementär-GmbH einer GmbH & Co KG zu bejahen, die ihrerseits als persönlich haftende Gesellschafterin zur Vertretung der KG befugt ist (BAG 20. 8. 2003 – 5 AZB 79/02 – zVb; OLG Hamm 27. 3. 1998 NZA-RR 1998, 372; ArbG Jena 16. 11. 1998 NZA-RR 1999, 438; *Moll* RdA 2002, 226; aA BAG 13. 7. 1995 AP ArbGG 1979 § 5 Nr. 23 = NJW 1995, 3338 = NZA 1995, 1070 – Gesamtprokurist einer GmbH & Co KG; 10. 7. 1980 AP ArbGG 1979 § 5 Nr. 1 = NJW 1981, 302; LAG Köln 14. 10. 2002 ZIP 2003, 1101; GMP/*Müller-Glöge* § 5 Rn. 30 a).

d) **Ruhendes Arbeitsverhältnis.** Hat vor der Bestellung zum Organvertreter zwischen den Parteien ein Arbeitsverhältnis bestanden, kann dessen rechtliches Schicksal zu Zweifelsfragen führen. Das BAG hatte in zwei älteren Entscheidungen noch angenommen, dass im Zweifel das bisherige Arbeitsverhältnis durch den Abschluss des Anstellungsvertrags nur suspendiert wird und das Dienstverhältnis neben das ruhende Arbeitsverhältnis tritt (BAG 12. 3. 1987 AP ArbGG 1979 § 5 Nr. 6 = NZA 1987, 845; 17. 1. 1985 AP ArbGG 1979 § 5 Nr. 2 = NZA 1986, 68). Wird der Dienstvertrag beendet, sollte das Arbeitsverhältnis wieder aufleben. Diese Rspr. hat das Gericht zu Recht aufgegeben. Nunmehr gilt bei Fehlen einer anderweitigen Vereinbarung, dass das bisherige Arbeitsverhältnis mit dem Abschluss des Anstellungsvertrags endet und ein vertragliches Verhältnis begründet wird, für das der Rechtsweg zu den ArbG nicht gegeben ist (BAG 8. 6. 2000 AP ArbGG 1979 § 5 Nr. 46 = NJW 2000, 3732 = NZA 2000, 1013; 10. 12. 1996 AP ArbGG 1979 § 2 Zuständigkeitsprüfung Nr. 4 = NZA 1997, 674; 28. 9. 1995 AP ArbGG 1979 § 5 Nr. 24 = NJW 1996, 614 = NZA 1996, 143). Dies gilt wegen § 623 BGB aber nur, wenn die Aufhebungsvereinbarung über das bisherige Arbeitsverhältnis schriftlich abgeschlossen wird (dazu § 623 BGB Rn. 12). Auch ist es möglich, dass die Parteien das Ruhen bzw. Wiederaufleben des bisherigen Arbeitsverhältnisses oder den Neuabschluss eines Arbeitsvertrags in Zusammenhang mit dem Abschluss des Dienstvertrags vereinbaren. Wegen der neueren Rspr. muss diese Abrede aber hinreichend deutlich in der Vereinbarung zum Ausdruck kommen. Wird ein AN zum Geschäftsführer einer konzernabhängigen GmbH bestellt, wird dadurch ohne weiteres weder das Arbeitsverhältnis noch sein ANStatus zu seinem bisherigen AG aufgehoben (BAG 20. 10. 1995 AP ArbGG 1979 § 2 Nr. 36 = NZA 1996, 200).

e) **Prorogation.** Nach § 2 IV können bürgerliche Rechtsstreitigkeiten zwischen juristischen Personen des Privatrechts und Personen, die kraft Gesetzes allein oder als Mitglieder des Vertretungsorgans der juristischen Person zu deren Vertretung berufen sind, vor die Gerichte für Arbeitssachen gebracht werden (vgl. § 2 Rn. 40). Zur Möglichkeit des Urkundenprozesses eines Organvertreters vgl. *Fischer* NJW 2003, 333; *Pesch* NZA 2002, 957.

6. Beamte. Beamte sind keine AN (§ 5 II), für ihre Streitigkeiten sind die Verwaltungsgerichte zuständig. Dies gilt etwa, wenn ein der Bahn AG zugewiesener Beamter Ansprüche aus einem

Sozialplan geltend macht, der sein Beamtenverhältnis betrifft (BAG 24. 10. 1997 AP ArbGG 1979 § 2 Nr. 57 = NZA 1998, 165). Sie gelten als AN, wenn sie Ansprüche aus einem neben dem Beamtenverhältnis bestehenden oder vermeintlich bestehenden Arbeitsverhältnis geltend machen, ebenso bei Statusfragen, wenn der Anspruchsteller den Bestand eines Arbeitsverhältnisses behauptet (vgl. BAG 16. 6. 1999 AP ArbGG 1979 § 2 Nr. 65 = NZA 1999, 1008 – Anspruch auf Arbeitsvertragsschluss). Reklamiert der BR für die seinem Betrieb zugewiesenen Beamten ein Mitbestimmungsrecht, ist für die Entscheidung über den Streit, ob ein solches Mitbestimmungsrecht besteht, der Rechtsweg zu den Gerichten für Arbeitssachen eröffnet (BAG 25. 6. 1996 AP ArbGG 1979 § 2a Nr. 12 = NZA 1996, 1061 – personelle Einzelmaßnahme). § 5 II gilt auch für Kirchenbeamte (BAG 7. 2. 1990 GG Art. 140 Nr. 37 = NJW 1990, 2082), nicht jedoch für die Arbeitsverhältnisse der Kirche. Zur Rückforderung von Überzahlungen im Rahmen von öffentlich-rechtlichen Ausbildungsverhältnissen § 2 Rn. 5; vgl. auch § 611 BGB Rn. 152.

12   7. **Handelsvertreter.** Handelsvertreter sind grds. selbständige Kaufleute, so dass für sie die Zuständigkeit der ArbG nicht gegeben ist (vgl. § 611 BGB Rn. 117). Zuständig sind dagegen die ArbG für die sog. Handelsagenten, also solche Personen, die auf Grund eines Arbeitsverhältnisses wie Handelsvertreter tätig werden. Handelsvertreter gelten nur dann als AN iSd. ArbGG, wenn sie Einfirmenvertreter (§ 92a HGB) sind und während der letzten 6 Monate des Vertragsverhältnisses, bei kürzerer Vertragsdauer während dieser, im Durchschnitt monatlich nicht mehr als 1000,00 Euro auf Grund des Vertragsverhältnisses an Vergütung einschließlich Provision und Ersatz für im regelmäßigen Geschäftsbetrieb entstandenen Aufwendungen tatsächlich bezogen haben. Maßgeblich für die Berechnung des 6-Monats-Zeitraums ist die Zeit vor Rechtshängigkeit der Klage, selbst wenn der Handelsvertreter Ansprüche geltend macht aus einer Zeit, in der seiner Bezüge die Einkommensgrenze überstiegen haben. Zu berücksichtigen sind nur die tatsächlich erzielten Leistungen; Ansprüche, die in dem 6-Monats-Zeitraum verdient aber nicht zugeflossen sind, bleiben bei der Berechnung ebenso wie etwaige gezahlte Vorschüsse außer Betracht. Liegen die Voraussetzungen des § 5 III nicht vor, sind die ordentlichen Gerichte zuständig, unabhängig davon, ob die Handelsvertreter arbeitnehmerähnlich sind (GMP/*Müller-Glöge* § 5 Rn. 28; *Hauck/Helml* § 5 Rn. 17; aA *Grunsky* § 5 Rn. 22). Zur Zusammenhangsklage vgl. § 2 Rn. 34.

§ 6 Besetzung der Gerichte für Arbeitssachen

(1) **Die Gerichte für Arbeitssachen sind mit Berufsrichtern und mit ehrenamtlichen Richtern aus den Kreisen der Arbeitnehmer und Arbeitgeber besetzt.**

(2) *(weggefallen)*

1   1. **Allgemeines.** Die Vorschrift regelt allg. die Besetzung der Gerichte für Arbeitssachen. Wie das ArbG, LAG oder BAG besetzt wird, ergibt sich aus §§ 14 bis 31, 33 bis 39 und 40 bis 45 ArbGG. Berufsrichter ist, wer durch Aushändigung einer Urkunde zum Berufsrichter ernannt worden ist (vgl. § 8 DRiG). Nach Art. 97 GG sind die Richter unabhängig und nur dem Gesetz unterworfen. Die Rechtsstellung der Richter wird im Einzelnen geregelt durch das Deutsche Richtergesetz idF vom 19. 4. 1972 (BGBl. I S. 713) mit spät. Änd. sowie die Richtergesetze der Länder.

2   2. **Ehrenamtliche Richter. a) Zweck.** Nach § 44 DRiG dürfen ehrenamtliche Richter bei einem Gericht nur auf Grund eines Gesetzes und unter den gesetzlich bestimmten Voraussetzungen tätig werden. Die paritätische Beteiligung von ehrenamtlichen Richtern aus Kreisen der AN und AG hat bei den Gerichten für Arbeitssachen eine mehr als 100-jährige Tradition. Durch die Beteiligung ehrenamtlicher Richter soll erreicht werden, dass die Erfahrungen der beteiligten Berufskreise bei der Rechtsfindung berücksichtigt werden und die Entscheidungen eine größere Akzeptanz erhalten.

3   b) **Rechtsstellung.** Die ehrenamtlichen Richter haben grds. die gleichen Rechte und Pflichten wie die Berufsrichter (§ 53 II). Einzelne Aufgaben sind schon aus praktischen Gründen den Berufsrichtern vorbehalten. Nach § 53 I werden alle Verfügungen und Beschlüsse außerhalb der mündlichen Verhandlung vom Vorsitzenden vorgenommen, soweit nichts anders bestimmt ist. Er führt die Güteverhandlung (§ 54) und entscheidet in den Fällen des § 55. Gleichgestellt sind sie jedoch in der mündlichen Verhandlung. Sie haben das Recht, Fragen an die Parteien zu stellen. Ihre Stimme hat bei Beratungen das gleiche Gewicht (§§ 192 ff. GVG). Die ehrenamtlichen Richter sind in der Sache unabhängig und nur dem Gesetz unterworfen (Art. 97 I GG). Ihre persönliche Rechtsstellung ist bes. gesichert (§ 26). Sie sind an Weisungen und Empfehlungen der sie benennenden Organisationen nicht gebunden. Die ehrenamtlichen Richter haften wie die Berufsrichter nur im Rahmen von § 839 II BGB auf Schadensersatz, wenn die Pflichtverletzung in einer Straftat besteht.

4   c) **Ehrenamt.** Das Amt eines ehrenamtlichen Richters ist ein Ehrenamt. Bei der Übernahme handelt es sich um eine staatsbürgerliche Pflicht. Sie erhalten für die Amtstätigkeit kein Entgelt, sondern lediglich Aufwendungsersatz nach dem Gesetz über die Entschädigung der ehrenamtlichen Richter idF vom 1. 10. 1969 (BGBl. I S. 1753) mit spät. Änd. (EhRiG). Der ehrenamtliche Richter hat

Anspruch darauf, dass er zur Amtsausübung von der Arbeit unentgeltlich freigestellt wird (§ 616 BGB Rn. 7). Ein Anspruch auf Entgeltfortzahlung für die Amtstätigkeit besteht nach § 616 BGB, der jedoch arbeits- oder tarifvertraglich abbedungen werden kann.

§ 6a Allgemeine Vorschriften über das Präsidium und die Geschäftsverteilung

Für die Gerichte für Arbeitssachen gelten die Vorschriften des Zweiten Titels des Gerichtsverfassungsgesetzes nach Maßgabe der folgenden Vorschriften entsprechend:
1. Bei einem Arbeitsgericht mit weniger als drei Richterplanstellen werden die Aufgaben des Präsidiums durch den Vorsitzenden oder, wenn zwei Vorsitzende bestellt sind, im Einvernehmen der Vorsitzenden wahrgenommen. Einigen sich die Vorsitzenden nicht, so entscheidet das Präsidium des Landesarbeitsgerichts oder, soweit ein solches nicht besteht, der Präsident dieses Gerichts.
2. Bei einem Landesarbeitsgericht mit weniger als drei Richterplanstellen werden die Aufgaben des Präsidiums durch den Präsidenten, soweit ein zweiter Vorsitzender vorhanden ist, im Benehmen mit diesem wahrgenommen.
3. Der aufsichtführende Richter bestimmt, welche richterlichen Aufgaben er wahrnimmt.
4. Jeder ehrenamtliche Richter kann mehreren Spruchkörpern angehören.
5. Den Vorsitz in den Kammern der Arbeitsgerichte führen die Berufsrichter.

1. Allgemeines. Für das Präsidium und die Geschäftsverteilung der Gerichte für Arbeitssachen 1 gelten die Regelungen der §§ 21a bis 21i GVG. In den Nr. 1 bis 5 sind darüber hinaus Sonderregelungen für die ArbG und Landesarbeitsgerichte enthalten. Die Interessen der ehrenamtlichen Richter werden durch den Ausschuss der ehrenamtlichen Richter gewahrt (§ 29).

2. Präsidium. Nach § 21a GVG ist bei jedem Gericht ein Präsidium zu bilden. Dabei handelt es 2 sich um ein richterliches Selbstverwaltungsorgan zur Wahrnehmung von Aufgaben der Gerichtsverwaltung. Die Entscheidungen des Präsidiums werden von der richterlicher Unabhängigkeit umfasst (BGH 14. 9. 1990 NJW 1991, 423; LAG Frankfurt 15. 5. 1991 NZA 1992, 188). Nach § 21a GVG ist Mitglied des Präsidiums stets der Präsident oder der aufsichtführende Richter. Die Zahl der übrigen Mitglieder richtet sich nach der Zahl der Richterplanstellen (§§ 21a II, 21d I GVG). Bis zu einschließlich 7 Richterplanstellen gehören dem Präsidium alle wählbaren Richter an (§§ 21a II Nr. 5, 21b I 2 GVG), ansonsten werden die Mitglieder des Präsidiums gewählt. Für die Wahl besteht Wahlpflicht (BVerwG 23. 5. 1973 AP GVG § 21b Nr. 1). Aufgabe des Präsidiums ist die Verteilung der richterlichen Dienstgeschäfte und die Besetzung der Spruchkammern (§ 21e GVG). Das Präsidium bestimmt damit den gesetzlichen Richter; zum Bestimmungsrecht des Behördenleiters § 6a Nr. 3. Die richterlichen Aufgaben des Gerichts müssen nach der Regelung im Geschäftsverteilungsplan nach allgemeinen, abstrakten, sachlich-objektiven Merkmalen zugeordnet werden können (dazu BVerfG 8. 7. 1994 AP Art. 101 Nr. 53 = NJW 1997, 1497). Änderungen im laufenden Geschäftsjahr sind nur im Rahmen des § 21e III GVG zulässig (BAG 15. 3. 1995 AP BAT SR 2y § 2 Nr. 10 = NZA 1995, 1169 – Krankheit; BSG 15. 7. 1982 AP GVG § 21e Nr. 2; BVerwG 27. 12. 1979 Buchholz 300 § 21e GVG Nr. 5 – neuer Richter). Der Geschäftsverteilungsplan kann nur von den betroffenen Richtern (BVerwG 28. 11. 1975 AP GVG § 21e Nr. 1 = NJW 1976, 1224), nicht aber von den Parteien gerichtlich überprüft werden (LAG Frankfurt 10. 6. 1988 BB 1988, 2180).

3. Besetzung der Spruchkörper. Aus dem Geschäftsverteilungsplan muss sich die Zuteilung der 3 Richter auf die einzelnen Spruchkörper ergeben. Den Vorsitz in der Kammer hat nach Nr. 5 der Berufsrichter zu führen. Ein ehrenamtlicher Richter kann daher nicht mit der Vertretung des Vorsitzenden beauftragt werden. Zweifelhaft ist die Rechtslage im Falle der Tatbestandsberichtigung (§ 319 ZPO), wenn der Berufsrichter etwa wegen Besorgnis der Befangenheit abgelehnt wird. Insoweit wird die Bestimmung des § 319 ZPO vorgehen, wenn nicht das rechtliche Gehör der Parteien verletzt werden soll.

4. Ehrenamtlicher Richter. Ein ehrenamtlicher Richter kann mehreren Kammern oder Senaten 4 angehören (Nr. 4). Wird wegen Arbeitsüberlastung des LAG eine Hilfskammer eingerichtet (§ 21 GVG), können bereits zum LAG berufene und anderen Kammern zugewiesene ehrenamtliche Richter an die Hilfskammer zugewiesen werden (BAG 24. 3. 1998 AP GVG § 21e GVG Nr. 4 = NZA 1999, 107).

§ 7 Geschäftsstelle, Aufbringung der Mittel

(1) ¹Bei jedem Gericht für Arbeitssachen wird eine Geschäftsstelle eingerichtet, die mit der erforderlichen Zahl von Urkundsbeamten besetzt wird. ²Die Einrichtung der Geschäftsstelle bestimmt bei dem Bundesarbeitsgericht das Bundesministerium für Arbeit und Sozialordnung im Benehmen mit dem Bundesministerium der Justiz. ³Die Einrichtung der Geschäftsstelle bestimmt bei den Arbeitsgerichten und Landesarbeitsgerichten die zuständige oberste Landesbehörde.

(2) ¹Die Kosten der Arbeitsgerichte und der Landesarbeitsgerichte trägt das Land, das sie errichtet. ²Die Kosten des Bundesarbeitsgerichts trägt der Bund.

§ 8 Gang des Verfahrens

(1) Im ersten Rechtszug sind die Arbeitsgerichte zuständig.

(2) Gegen die Urteile der Arbeitsgerichte findet die Berufung an die Landesarbeitsgerichte nach Maßgabe des § 64 Abs. 1 statt.

(3) Gegen die Urteile der Landesarbeitsgerichte findet die Revision an das Bundesarbeitsgericht nach Maßgabe des § 72 Abs. 1 statt.

(4) Gegen die Beschlüsse der Arbeitsgerichte und ihrer Vorsitzenden im Beschlußverfahren findet die Beschwerde an das Landesarbeitsgericht nach Maßgabe des § 87 statt.

(5) Gegen die Beschlüsse der Landesarbeitsgerichte im Beschlußverfahren findet die Rechtsbeschwerde an das Bundesarbeitsgericht nach Maßgabe des § 92 statt.

1 1. **Allgemeines.** Die Vorschrift regelt die sachliche und funktionelle Zuständigkeit im Instanzenzug des Urteils- und Beschlussverfahrens, nicht jedoch die Aufgabenabgrenzung zwischen Vorsitzenden und Kammer oder Richter und Rechtspfleger. Die Regelung ist zwingend. Von ihr kann durch Parteivereinbarung nicht abgewichen werden. Wird die Klage beim LAG eingereicht, ist das Verfahren entspr. §§ 48 I, 17 a II 1 GVG an das ArbG zu verweisen.

2 2. **Eingangsgericht.** Die ArbG (§§ 14 bis 31) sind stets und unabhängig vom Streitwert oder der Bedeutung des Rechtsstreits zuständig im ersten Rechtszug. Die LAG (§§ 33 bis 39) und das BAG (§§ 40 bis 45) sind nur Rechtsmittelgerichte. Von diesem Grundsatz bestehen zwei Ausnahmen. LAG und BAG sind in erster und letzter Instanz zuständig für die Amtsentbindung und Amtsenthebung der bei ihnen ernannten ehrenamtlichen Richter (§§ 21 V, 27 Satz 2, 37 III, 43 III) sowie die Verhängung von Ordnungsgeldern ihnen gegenüber (§§ 21 V, 28, 37 III, 43 III). Eine weitere Ausnahme ergibt sich aus § 158 Nr. 5 SGB IX. Das BAG ist in erster und letzter Instanz zuständig für Rechtsstreitigkeiten aus dem SGB IX im Geschäftsbereich des BND, wenn der Rechtsweg zu den Gerichten für Arbeitssachen zulässig ist. Wird das Verfahren beim ArbG eingeleitet, ist das Verfahren an das BAG zu verweisen (§§ 48 I, 17 a II 1 GVG).

3 3. **Rechtsmittelgerichte.** Die LAG entscheiden über Berufungen gegen Urteile der ArbG im Urteilsverfahren (§§ 64 ff.) und Beschwerden gegen Beschlüsse der ArbG im Beschlussverfahren (§§ 87 ff.). Sie sind ferner zuständig für sofortige Beschwerden gegen Entscheidungen der ArbG (§ 78 I I iVm. §§ 567 ff. ZPO). Das BAG entscheidet in dritter Instanz über Revisionen (§§ 72 ff.) gegen Urteile der LAG und Sprungrevisionen (§ 76) gegen Urteile der ArbG sowie über Rechtsbeschwerden (§ 92), gegen die das Verfahren beendenden Beschlüsse der LAG und Sprungrechtsbeschwerden (§ 96 a) gegen die das Verfahren beendenden Beschlüsse der ArbG im Beschlussverfahren. Das BAG ist ferner zuständig für die Entscheidung über Nichtzulassungsbeschwerden im Urteils- und Beschlussverfahren (§§ 72 a ff., 92 a ArbGG), über die Revisionsbeschwerde (§ 77) sowie über die Rechtsbeschwerde gegen Beschwerdeentscheidungen der LAG im Falle ihrer Zulassung (§ 78) und in den Fällen der Vorabentscheidung über den Rechtsweg (§ 17 a II, III GVG).

§ 9 Allgemeine Verfahrensvorschriften

(1) Das Verfahren ist in allen Rechtszügen zu beschleunigen.

(2) Die Vorschriften des Gerichtsverfassungsgesetzes über Zustellungs- und Vollstreckungsbeamte, über die Aufrechterhaltung der Ordnung in der Sitzung, über die Gerichtssprache, über die Wahrnehmung richterlicher Geschäfte durch Referendare und über Beratung und Abstimmung gelten in allen Rechtszügen entsprechend.

(3) ¹Die Vorschriften über die Wahrnehmung der Geschäfte bei den ordentlichen Gerichten durch Rechtspfleger gelten in allen Rechtszügen entsprechend. ²Als Rechtspfleger können nur Beamte bestellt werden, die die Rechtspflegerprüfung oder die Prüfung für den gehobenen Dienst bei der Arbeitsgerichtsbarkeit bestanden haben.

(4) Zeugen und Sachverständige werden nach dem Gesetz über die Entschädigung von Zeugen und Sachverständigen entschädigt.

(5) ¹Alle mit einem befristeten Rechtsmittel anfechtbaren Entscheidungen enthalten die Belehrung über das Rechtsmittel. ²Soweit ein Rechtsmittel nicht gegeben ist, ist eine entsprechende Belehrung zu erteilen. ³Die Frist für ein Rechtsmittel beginnt nur, wenn die Partei oder der Beteiligte über das Rechtsmittel und das Gericht, bei dem das Rechtsmittel einzulegen ist, die Anschrift des Gerichts und die einzuhaltende Frist und Form schriftlich belehrt worden ist. ⁴Ist die Belehrung unterblieben oder unrichtig erteilt, so ist die Einlegung des Rechtsmittels nur innerhalb eines Jahres seit Zustellung der Entscheidung zulässig, außer wenn die Einlegung vor

Ablauf der Jahresfrist infolge höherer Gewalt unmöglich war oder eine Belehrung dahin erfolgt ist, daß ein Rechtsmittel nicht gegeben sei; § 234 Abs. 1, 2 und § 236 Abs. 2 der Zivilprozeßordnung gelten für den Fall höherer Gewalt entsprechend.

I. Beschleunigungsgrundsatz

1. Bedeutung. Der Beschleunigungsgrundsatz (für Bestandsstreitigkeiten gilt § 61 a I) stellt einen allg. Rechtsgrundsatz dar, der von allen Gerichten für Arbeitssachen (BAG 23. 2. 1967 AP ZPO § 256 Nr. 45 – Revisionsgericht) zu beachten ist. Zu seiner Konkretisierung hat der Gesetzgeber im arbeitsgerichtlichen Verfahren tw. bes. Fristenregelungen getroffen, die gegenüber den zivilprozessualen Vorschriften zu einer Verkürzung der Verfahrensdauer führen sollen (zB §§ 47 I, II, 57 I, 59, 60 I, 68). Im Übrigen ist die Bedeutung des Beschleunigungsgrundsatzes umstritten. Einigkeit besteht nur insoweit, dass allein auf einen Verstoß gegen § 9 I Rechtsmittel oder selbständige prozessuale Rügen nicht gestützt werden können (BAG 13. 5. 1981 AP TVG § 1 Tarifverträge: Presse Nr. 1 = NJW 1982, 302). Darüber hinaus ist der Beschleunigungsgrundsatz auch bei der Auslegung und Anwendung von Verfahrensvorschriften zu beachten, die Einfluss auf die Verfahrensdauer haben (Beispiele in Rn. 2; vgl. BAG 5. 8. 1982 AP ZPO § 794 Nr. 31 = NJW 1983, 2212; aA GMP/*Prütting* § 9 Rn. 5, 7; *Grunsky* § 9 Rn. 3) Einer raschen Verfahrensbeendigung ist durch § 9 I aber kein absoluter Vorrang gegenüber der Verwirklichung von materieller Gerechtigkeit eingeräumt worden. Deren Wert kann jedoch durch eine verzögerte oder verspätete Entscheidung beeinträchtigt werden. Dies gilt sowohl dann, wenn das Arbeitsverhältnis nicht besteht, da dieses durch eine gerichtliche Auseinandersetzung erhöhten Belastungen ausgesetzt ist, wie auch bei Bestandsstreitigkeiten. So stellen die Bezüge aus dem Arbeitsverhältnis für den AN vielfach seine alleinige wirtschaftliche Lebensgrundlage dar, während der AG wegen der drohenden Kostenbelastung durch mögliche Verzugslohnansprüche einem bes. wirtschaftlichen Risiko ausgesetzt ist. Das Interesse an einem baldigen Verfahrensabschluss überwiegt jedenfalls, wenn den Parteien hierdurch kein ins Gewicht fallender Nachteil entsteht.

Der Beschleunigungsgrundsatz ist zu berücksichtigen bei der Entscheidung über die Unzulässigkeit eines Rechtsmittels (BAG 2. 7. 1981 AP ZPO § 234 Nr. 13 – „alsbald"), Zurückverweisung wegen Verfahrensmängeln (BAG 29. 7. 1982 ArbGG 1979 § 83 Nr. 5 = DB 1983, 666; 27. 10. 1955 AP ZPO § 183 Nr. 1; dazu § 68 Rn. 2 ff.), der Fortsetzung des Verfahrens bei materiellrechtlichen Mängeln eines Prozessvergleichs (BAG 5. 8. 1982 AP ZPO § 794 Nr. 31 = NJW 1983, 2212), Fristverlängerungs- bzw. Vertagungsanträgen sowie dem Beschluss über die Aussetzung und das Ruhen des Verfahrens (BAG 26. 3. 1987 – 8 AZR 54/86 – nv.).

2. Aussetzung des Verfahrens. a) Voraussetzungen. Eine Aussetzung wegen Vorgreiflichkeit (§ 148 ZPO) kann im arbeitsgerichtlichen Verfahren regelmäßig nur im Einverständnis mit beiden Parteien erfolgen, da sich das Beschleunigungsgebot der §§ 9 I, 61 a I gegen die durch § 148 ZPO geschützte Verfahrensökonomie durchsetzt. Dies gilt umso mehr, je länger der Prozess durch die Aussetzung mutmaßlich verzögert wird (LAG München 22. 2. 1989 LAGE § 148 ZPO Nr. 20). Voraussetzung für die Aussetzung gegen den übereinstimmenden Willen der Parteien ist die positive Feststellung der Vorgreiflichkeit des anderen Rechtsstreits oder Verwaltungsverfahrens. Die anschließende Ermessensentscheidung ist aber nicht „frei"; sondern unter Beachtung der widerstreitenden Interessen zu treffen. Eine Aussetzung kommt auch in Hinblick auf ein beim BVerfG anhängiges Normenkontrollverfahren nur in Betracht, wenn das Gericht die Norm gleichfalls für verfassungswidrig hält (LAG Düsseldorf 12. 6. 1986 LAGE § 148 ZPO Nr. 16; LAG Hamm 7. 4. 1983 LAGE § 148 ZPO Nr. 11; aA LAG Köln 11. 9. 1987 LAGE § 148 ZPO Nr. 19), ebenso bei Anhängigkeit eines Verfahrens nach § 9 TVG (LAG Hamburg 9. 3. 2000 NZA-RR 2000, 483) und in Ausnahmefällen bei einer bevorstehenden höchstrichterlichen Entscheidung (BAG 24. 3. 1998 – 3 AZR 141/97 – nv.).

b) Bestandsstreitigkeiten. Bei Bestandsstreitigkeiten wird eine Aussetzung wegen § 61 a I regelmäßig ermessensfehlerhaft sein. Dies gilt zunächst bei Kündigungen von schwerbehinderten Menschen, bei denen zwar die Zustimmung des Integrationsamts vorliegt, diese aber wegen eines Widerspruchs oder einer Anfechtungsklage noch nicht bestands- bzw. rechtskräftig geworden ist. Nach Auffassung des BAG steht es im pflichtgemäßen Ermessen der Arbeitsgerichte, ob das Kündigungsverfahren nach § 148 ZPO bis zum Abschluss des Verwaltungsrechtsstreits ausgesetzt wird (vgl. nur BAG 20. 1. 2000 AP KSchG 1969 § 1 Krankheit Nr. 38 = NZA 2000, 768; 13. 9. 1995 AP BGB § 626 Verdacht strafbarer Handlung Nr. 25 = NJW 1996, 540 = NZA 1996, 81). Echte Vorgreiflichkeit iSd. § 148 ZPO liegt aber nur vor, wenn das Gericht die Kündigung als (arbeitsrechtlich) wirksam ansieht. Im Fall einer unwirksamen Kündigung kann der Klage unabhängig vom Ausgang des verwaltungsgerichtlichen Verfahrens stattgegeben werden (LAG Rheinland-Pfalz 9. 10. 1997 MDR 1998, 724; 16. 6. 1978 NJW 1978, 2263; gegen eine Aussetzung auch LAG Köln 19. 12. 1995 LAGE § 1 KSchG Krankheit Nr. 22 = NZA-RR 1996, 250). Aber selbst bei (arbeitsrechtlicher) Wirksamkeit der Kündigung spricht für die Fortführung neben dem Beschleunigungsgrundsatz und der langen Verfahrens-

60 ArbGG § 9   Allgemeine Verfahrensvorschriften

dauer bei den Verwaltungsgerichten vor allem die gesetzgeberische Wertung des § 88 Abs. 4 SGB IX, wonach Widerspruch und Anfechtungsklage gegen die Entscheidung des Integrationsamts eben keine aufschiebende Wirkung haben. Durch die Fortführung entsteht dem AN auch kein Nachteil, da er notfalls die Abänderung eines die Klage rechtskräftig abweisenden arbeitsgerichtlichen Urteils im Wege der Restitutionsklage gemäß § 580 Nr. 6 ZPO erreichen kann (BAG 26. 9. 1991 AP KSchG 1969 § 1 Krankheit Nr. 28 = NZA 1992, 1073).

5   Keine Aussetzung kommt auch beim Ausspruch **mehrerer Kündigungen** in Betracht; es ist regelmäßig ermessensfehlerhaft, die Verfahren wegen der zeitlich später ausgesprochenen Kündigung(en) bis zur rechtskräftigen Entscheidung der ersten Kündigungsschutzklage auszusetzen (LAG Frankfurt 13. 8. 1999 LAGE § 148 ZPO Nr. 36 = AuR 2000, 35; LAG Schleswig-Holstein 25. 9. 1998 AP ZPO § 148 Nr. 5; LAG Köln 24. 11. 1997 LAGE § 148 ZPO Nr. 32; LAG Düsseldorf 30. 3. 1995 NZA-RR 1996, 49). Gleiches gilt, wenn der Kläger im Wege der Klagehäufung im selben Rechtsstreit oder in einem gesonderten Verfahren **Verzugslohnansprüche** für die Zeit nach dem Wirksamwerden der Kündigung gerichtlich geltend macht (LAG Frankfurt 11. 8. 1999 LAGE § 148 ZPO Nr. 35; LAG Thüringen 18. 12. 1996 LAGE § 2 KSchG Nr. 21 – Änderungsschutzklage; LAG Köln 11. 3. 1993 MDR 1993, 684 – Hilfswiderklage des AG; 14. 12. 1992 LAGE § 148 ZPO Nr. 26; LAG Nürnberg 9. 7. 1986 NZA 1987, 211; aA LAG Baden-Württemberg 20. 6. 1996 NZA-RR 1997, 151; LAG Berlin 2. 12. 1993 LAGE § 148 ZPO Nr. 28; vgl. dazu *Dahlem/Wiesner* NZA-RR 2001, 169). Der AG kann seinerseits die Rückzahlung der geleisteten Beträge für den Fall der rechtskräftigen Abweisung der Kündigungsschutzklage mit einer Hilfswiderklage geltend machen.

II. Verweisung auf GVG, RPflG und ZSEG

6   **1. Gerichtsverfassungsgesetz.** Aufgrund der Verweisung in § 9 II gelten die Vorschriften des GVG über die Wahrnehmung richterlicher Geschäfte durch Referendare (§ 10 GVG), Zustellungs- und Vollstreckungsbeamte (§§ 154, 155 GVG), Gerichtssprache (§ 184 bis 191 GVG), Aufrechterhaltung der Ordnung in der Sitzung (§§ 176 bis 183 GVG) und Beratung und Abstimmung (§§ 192 bis 197 GVG). Daneben wird in §§ 6 a, 9 I, 13, 45 III und 52 ebenfalls auf das GVG verwiesen.

7   **2. Rechtspflegergesetz.** In allen Rechtszügen gelten die Vorschriften über die Wahrnehmung der Geschäfte bei den ordentlichen Gerichten durch Rechtspfleger entspr. Zum Rechtspfleger können nur Beamte bestellt werden, die die Rechtspflegerprüfung oder die Prüfung für den gehobenen Dienst bestanden haben. Nach § 2 III, V RPflG können auch Personen, die die Befähigung zum Richteramt besitzen, sowie Rechtsreferendare mit den Aufgaben des Rechtspflegers betraut werden. Die Aufgabe des Rechtspflegers bei den Gerichten für Arbeitssachen sind in § 3 Nr. 3, 4 RPflG aufgezählt.

8   **3. ZSEG.** Zeugen und Sachverständige werden nach dem Gesetz über die Entschädigung von Zeugen und Sachverständigen vom 1. 10. 1969 (BGBl. I S. 1756) entschädigt.

III. Rechtsmittelbelehrung

9   **1. Rechtsmittel und Rechtsbehelfe. a) Belehrungspflicht.** Alle Entscheidungen der ArbG im Urteils- und Beschlussverfahren, die mit einem befristeten Rechtsmittel angefochten werden können, müssen eine Rechtsmittelbelehrung enthalten. Ist ein Rechtsmittel nicht gegeben, ist entspr. zu belehren. Keine Rechtsmittelbelehrung ist vorgesehen für Entscheidungen, die mit unbefristeten Rechtsmitteln oder lediglich mit Rechtsbehelfen anfechtbar sind. Der Begriff des Rechtsmittels wird durch den Devolutiv- und Suspensiveffekt gekennzeichnet. Erster führt zu einer Überprüfung der Entscheidung in einer höheren Instanz, während der Suspensiveffekt den Eintritt der Rechtskraft hemmt. Zu den Rechtsmitteln zählen Berufung und Revision bzw. Beschwerde und Rechtsbeschwerde im Beschlussverfahren sowie die sofortige Beschwerde, die Revisionsbeschwerde und die Rechtsbeschwerde nach § 78 ArbGG. Gleiches gilt für Sprungrevision und -rechtsbeschwerde, über sie sind die Parteien ebenso zu belehren, soweit sie in Betracht kommen (BAG 16. 6. 1998 AP TVG § 1 Tarifverträge: Schuhindustrie Nr. 6 = NZA 1998, 1288). Keine Belehrungspflicht besteht hingegen bei Anschlussberufung und -revision (BAG 20. 2. 1997 AP ArbGG 1979 § 9 Nr. 16 = NZA 1997, 901), bei den sog. außerordentlichen Rechtsbehelfen, zB Wiederaufnahme des Verfahrens (§ 79), Wiedereinsetzung in den vorherigen Stand (§ 233 ff. ZPO) bzw. nachträgliche Zulassung der Kündigungsschutzklage (§ 5 KSchG), Abänderungsklage (§ 323 ZPO) und Vollstreckungsabwehrklage (§ 767 ZPO). Eine Belehrungspflicht über die Rüge nach § 321 a ZPO wird ebenfalls zu verneinen sein, weil es sich um einen Rechtsbehelf handelt. Kraft ausdrücklicher Regelung gilt § 9 V auch bei Entscheidungen in Ausbildungsstreitigkeiten (§ 111 II 4, dazu LAG Frankfurt 14. 6. 1989 DB 1990, 589).

10   *unbesetzt*

11   **b) Rechtsbehelfe.** Von den Rechtsmitteln sind die Rechtsbehelfe zu unterscheiden. Im Gegensatz zu den Rechtsmitteln führen sie regelmäßig nicht zu einem Suspensiv- oder Devolutiveffekt. Zu den Rechtsbehelfen gehören der Widerspruch gegen den Mahnbescheid, der Einspruch gegen ein Versäumnisurteil bzw. Vollstreckungsbescheid. Über Rechtsbehelfe besteht keine Belehrungspflicht nach § 9 V;

III. Rechtsmittelbelehrung　　　　　　　　　　　　　　　　　§ 9　ArbGG 60

soweit eine Belehrung zu erfolgen hat, ist dies gesetzlich bes. angeordnet, zB ist nach § 59 eine Partei auf die Einspruchsmöglichkeit gegen das Versäumnisurteil hinzuweisen (LAG Köln 7. 8. 1999 AP ArbGG 1979 § 9 Nr. 19; LAG Nürnberg 10. 5. 1988 LAGE § 59 ArbGG 1979 Nr. 1 – keine analoge Anwendung von § 9 V).

c) **Nichtzulassungsbeschwerde.** Ob die Nichtzulassungsbeschwerde ein Rechtsmittel darstellt, ist umstritten. Da im Verfahren nach § 72 a die Entscheidung des LAG nicht in vollem Umfang überprüft wird, kommt ihr ein Devolutiveffekt nur beschränkt zu, das BAG sieht sie daher nicht als Rechtsmittel an (BAG 1. 4. 1980 AP ArbGG 1979 § 72 a Nr. 5 = NJW 1980, 2599). Nach richtiger Ansicht ist sie ein Rechtsmittel iSd. § 9 V (GMP/*Prütting* § 9 Rn. 26; GK-ArbGG/*Bader* § 9 Rn. 88). Jedoch verlangt auch das BAG einen Hinweis über die Möglichkeit, eine Nichtzulassungsbeschwerde einzulegen (BAG 1. 4. 1980 AP ArbGG 1979 § 72 a Nr. 5 = NJW 1980, 2599). 12

2. **Form der Belehrung.** Die Rechtsmittelbelehrung ist Bestandteil der Entscheidung des Gerichtes und muss von der Unterschrift der Richter umfasst sein (§ 60 IV 1, § 69 I 1, § 75 II; BAG 6. 3. 1980 AP ArbGG 1979 Nr. 1 = NJW 1980, 1871; LAG Hamm 9. 8. 1984 LAGE § 9 ArbGG 1979 Nr. 2). Ein Hinweis auf eine nachfolgende oder auf die rückseitig befindliche Belehrung ist unzureichend (BAG 1. 3. 1994 AP ArbGG 1979 § 9 Nr. 10 = NJW 1994, 3181 = NZA 1994, 1053; vgl. auch BAG 30. 9. 1998 AP BBiG § 10 Nr. 8 = NJW 1999, 1205 = NZA 1999, 265 – Ausschuss nach § 111). 13

3. **Inhalt.** Die Rechtsmittelbelehrung muss die Prozessbeteiligten konkret und auf den Einzelfall bezogen informieren, ob und welches Rechtsmittel gegen die Entscheidung gegeben ist, bei welchem Gericht, in welcher Form (Schriftform bzw. Vertretungszwang, BAG 29. 4. 1983 AP ArbGG 1979 § 9 Nr. 2) und in welcher Frist das Rechtsmittel einzulegen ist (BAG 20. 2. 1997 AP ArbGG 1979 § 9 Nr. 16 = NZA 1997, 901). Es ist das statthafte Rechtsmittel zu bezeichnen und das Gericht mit vollständiger Anschrift und Telefaxnummer anzugeben (BAG 6. 3. 1980 AP ArbGG 1979 Nr. 1 = NJW 1980, 1871; LAG Rostock 21. 8. 1997 NZA-RR 1998, 32). Eine nur abstrakt erteilte Rechtsmittelbelehrung genügt den Anforderungen des § 9 V 3 regelmäßig nicht, da auch die nicht rechtskundige Partei erkennen soll, ob und welches Rechtsmittel einzulegen ist (LAG Bremen 24. 7. 2002 MDR 2003, 173 = NZA-RR 2003, 265 – Ausnahme Bestandsschutzstreitigkeit). Nicht erforderlich ist es aber, den Parteien individuell abgestimmte Belehrungen über ihre Rechtsmittelmöglichkeiten zu erteilen. Ausreichend ist es, wenn in der Belehrung das oder die konkret in der jeweiligen prozessualen Situation in Betracht kommenden Rechtsmittel bezeichnet werden. Das BAG hat – sehr weitgehend – bei unterschiedlichem Unterliegen und Obsiegen mehrerer Beklagten die Belehrung „Gegen dieses Urteil kann das Rechtsmittel der Berufung eingelegt werden. In vermögensrechtlichen Streitigkeiten kann Berufung nur eingelegt werden, sofern der Wert des Beschwerdegegenstandes ... übersteigt" als ausreichend angesehen (BAG 20. 2. 1997 AP ArbGG 1979 § 9 Nr. 16 = NZA 1997, 901; aA GMP/*Prütting* § 9 Rn. 38 ff.). Dagegen braucht über die Begründung des Rechtsmittels und deren Form und Frist nicht belehrt werden (Revision anhängig – 8 AZR 474/02). 14

4. **Fehlende oder fehlerhafte Rechtsmittelbelehrung. a) Grundsatz.** Die Frist für ein Rechtsmittel beginnt nur, wenn die Partei über das Rechtsmittel und das Rechtsmittelgericht belehrt worden ist (§ 9 V 3). Ist die Belehrung unterblieben oder unrichtig erteilt, ist die Einlegung innerhalb eines Jahres seit Zustellung der Entscheidung zulässig. Die Jahresfrist gilt dann nicht, wenn die Einlegung vor Ablauf der Jahresfrist infolge höherer Gewalt unmöglich war oder eine Belehrung dahin erfolgt ist, dass ein Rechtsmittel nicht gegeben sei. Keine Rechtsfolgen treten aber ein, wenn der Hinweis auf die Unanfechtbarkeit der Entscheidung unterblieben ist. Durch eine rechtsirrtümliche Rechtsmittelbelehrung wird auch die Anfechtbarkeit eines nicht anfechtbaren Urteils nicht begründet (BAG 20. 9. 2000 AP ArbGG 1979 § 72 Nr. 43 = NJW 2001, 244 = NZA 2001, 52; 10. 12. 1986 AP ZPO § 566 Nr. 3). Eine fehlerhafte Rechtsmittelbelehrung ändert daher nichts an der zuvor erfolgten oder verweigerten Zulassung des Rechtsmittels (BAG 4. 4. 1989 AP ArbGG 1979 § 64 Nr. 13 = NJW 1989, 2644 = NZA 1989, 693 – Berufung gegen zweites Versäumnisurteil; 24. 2. 1988 AP TVG § 1 Tarifverträge: Schuhindustrie Nr. 2 = NZA 1988, 553 – Revisionszulassung war erfolgt); zum Verkündungserfordernis § 64 Rn. 10 und § 72 Rn. 20. Die Rechtsmittelbelehrung ist auch fehlerhaft, wenn die Vorinstanz die Klage irrtümlich als unzulässig anstatt als unbegründet abgewiesen hat und das zulässige Rechtsmittel für die beklagte Partei nicht erwähnt (BAG 19. 11. 1985 AP TVG § 2 Tarifzuständigkeit Nr. 4 = NJW 1987, 514 = NZA 1986, 480) oder das in Betracht kommende Rechtsmittel falsch bezeichnet ist (BAG 3. 12. 1985 AP BAT § 74 Nr. 1 = DB 1986, 1980 – Revision/Rechtsbeschwerde). 15

b) **Wiedereinsetzung.** Im Falle der Verhinderung der Einhaltung der Jahresfrist auf Grund höherer Gewalt ist ein Wiedereinsetzungsantrag nach § 243 I, II und § 236 II ZPO erforderlich. Höhere Gewalt ist dabei mehr als ein Verschulden der Partei oder ihres Prozessbevollmächtigten (GK-ArbGG/*Bader* § 9 Rn. 110; *Hauck/Helml* § 10 Rn. 19; aA GMP/*Prütting* § 9 Rn. 50 f.). 16

c) **Unterbliebene Zustellung der Entscheidung.** Besonderheiten ergeben sich aus § 9 V, wenn die Entscheidung des ArbG oder LAG nicht oder nicht rechtzeitig zugestellt werden. Nach der zu §§ 516, 17

522 ZPO aF ergangenen Rspr. begann die einmonatige Berufungs- bzw. Revisionsfrist spätestens mit dem Ablauf von fünf Monaten nach der Verkündung des Urteils, wenn zu diesem Zeitpunkt die Zustellung des in vollständiger Form abgefassten Urteils noch nicht erfolgt ist. Da es wegen der fehlenden Zustellung der Entscheidung auch an einer Rechtsmittelbelehrung fehlt, begann im arbeitsgerichtlichen Verfahren mit Ablauf der Fünf-Monats-Frist der §§ 516, 552 ZPO noch nicht die einmonatige Rechtsmittelfrist, sondern wegen Fehlens der vorgeschriebenen Rechtsmittelbelehrung zunächst die Jahresfrist des § 9 V 4. Die Höchstfrist betrug daher insgesamt 17 (5 + 12) Monate. Bis zu diesem Zeitpunkt musste gegen eine nicht zugestellte Entscheidung das zulässige Rechtsmittel eingelegt werden, ansonsten trat mit Fristablauf Rechtskraft ein, selbst wenn anschließend noch eine Entscheidung zugestellt wurde, die die übliche Rechtsmittelbelehrung enthielt (BAG 6. 8. 1997 AP ZPO § 516 Nr. 8 = NZA 1998, 54). Das galt auch, wenn nach Ablauf von mehr als 16 Monaten eine Entscheidung zugestellt wurde, nach der die Rechtsmittelfrist einen Monat beträgt. Durch diese (unrichtige) Rechtsmittelbelehrung wurde die 17-Monats-Frist nicht verlängert. Wurde hingegen die Entscheidung noch vor Ablauf von 16 Monaten zugestellt, begann mit diesem Zeitpunkt die einmonatige Rechtsmittelfrist (BAG 8. 6. 2000 AP ArbGG 1979 § 66 Nr. 21 = NJW 2000, 3515; 23. 11. 1994 AP ArbGG 1979 § 9 Nr. 12 = NJW 1995, 2508 = NZA 1995, 654).

18   d) ZPO-Reformgesetz. Diese Rspr. war stets umstritten, da sie den Eintritt der Rechtskraft arbeitsgerichtlicher Entscheidungen über Gebühr hinauszögerte und sich in einem Spannungsverhältnis mit dem Beschleunigungsgrundsatz befand. In der Literatur war daher vorgeschlagen worden, dass die §§ 516, 552 ZPO aF hinter § 9 V als speziellere Norm zurücktreten (GMP/*Prütting* § 9 Rn. 58 ff.). Nach anderer Ansicht ist nach der Änderung des ArbGG durch das ZPO-ReformG 2002 § 9 V nicht mehr anwendbar, da die §§ 66 I, 74 I eigenständige Regelungen über die Rechtsmittelfristen darstellen, die zur Verdrängung von § 9 V führen (GMP/*Müller-Glöge* § 74 Rn. 5; *Schmidt/Schwab/Wildschütz* NZA 2001, 1217, 1218; im Ergebnis auch LAG Nürnberg 28. 10. 2002 LAGE § 66 ArbGG 1979 Nr. 18). Dem kann nicht gefolgt werden. Der Gesetzgeber des ZPO-ReformG 2002 hat an dem arbeitsgerichtlichen Rechtsmittelsystem keine Änderungen vornehmen wollen, die jetzige Form der §§ 66 I, 74 I ist lediglich aus Gründen der redaktionellen Vereinheitlichung mit den zivilprozessualen Vorschriften erfolgt. Damit wird es voraussichtlich bei der unter Rn. 17 dargestellten Rspr. des BAG bleiben (zu den Rechtsfolgen bei verspätet abgesetzten Urteilen § 66 Rn. 12).

19   5. Heilung, Kostenerhebung. Der Mangel der fehlenden oder unrichtigen Rechtsmittelbelehrung kann dadurch geheilt werden, dass das Gericht nach § 319 ZPO die Rechtsmittelbelehrung berichtigt und das Urteil erneut mit der Rechtsmittelbelehrung zustellt (LAG Rheinland-Pfalz 28. 1. 1999 NZA 1999, 1239), die Zustellung des Berichtigungsbeschlusses allein reicht nicht aus. Der Mangel ist auch dann geheilt, wenn die Partei rechtzeitig das zulässige Rechtsmittel einlegt. Sind einer Partei auf Grund einer fehlerhaften Rechtsmittelbelehrung und Rechtsmitteleinlegung Gerichtskosten entstanden, sind diese nach § 8 I GKG wegen unrichtiger Sachbehandlung nicht zu erheben.

§ 10 Parteifähigkeit

Parteifähig im arbeitsgerichtlichen Verfahren sind auch Gewerkschaften und Vereinigungen von Arbeitgebern sowie Zusammenschlüsse solcher Verbände; in den Fällen des § 2 a Abs. 1 Nr. 1 bis 3 c sind auch die nach dem Betriebsverfassungsgesetz, dem Sprecherausschussgesetz, dem Mitbestimmungsgesetz, dem Mitbestimmungsergänzungsgesetz, dem Betriebsverfassungsgesetz 1952, dem § 139 des Neunten Buches Sozialgesetzbuch, dem § 18 a des Berufsbildungsgesetzes und den zu diesen Gesetzen ergangenen Rechtsverordnungen sowie dem Gesetz über europäische Betriebsräte beteiligten Personen und Stellen beteiligte, in den Fällen des § 2 a Abs. 1 Nr. 4 auch die beteiligten Vereinigungen von Arbeitnehmern oder von Arbeitgebern sowie die oberste Arbeitsbehörde des Bundes oder derjenigen Länder, auf deren Bereich sich die Tätigkeit der Vereinigung erstreckt.

1   1. Begriff. Als Parteifähigkeit wird die Fähigkeit bezeichnet, Partei (Kläger oder Beklagter) eines Rechtsstreites zu sein. Durch § 10 werden die allg. Vorschriften der ZPO über die Parteifähigkeit für das Urteilsverfahren ergänzt. Daneben regelt die Vorschrift die Fähigkeit, Beteiligter eines Beschlussverfahrens zu sein.

2   2. Urteilsverfahren. a) Rechtsfähigkeit. Nach § 50 I ZPO ist parteifähig, wer rechtsfähig ist. Die Rechtsfähigkeit richtet sich nach materiellem Recht. Parteifähig sind alle natürlichen oder juristischen Personen des privaten oder öffentl. Rechts. Hierzu gehören auch die Kirchen. Parteifähig sind auch die Vorgesellschaften der juristischen Personen. Eine Vorgesellschaft ist dann gegeben, wenn der Gründungsvertrag bereits geschlossen, aber die Eintragung in die Register noch nicht erfolgt ist. Die Parteifähigkeit bleibt bis zum vollständigen Abschluss der Abwicklung erhalten (vgl. BAG 22. 3. 1988 AP ZPO § 50 Nr. 6 = NZA 1988, 841; 8. 11. 1962 AP GmbHG § 11 Nr. 1 = NJW 1963, 608). Die Parteifähigkeit ausländischer, natürlicher oder juristischer Personen richtet sich nach Art. 7 EGBGB und § 55 ZPO. Für die Beurteilung der Rechtsfähigkeit einer ausländischen juristischen Person ist

grundsätzlich das Recht des Staates maßgeblich, in dem die juristische Person ihren tatsächlichen Verwaltungssitz hat. Wird der Sitz der juristischen Person nach ihrer wirksamen Gründung in die Bundesrepublik verlagert, setzt sich die Rechtsfähigkeit nach dem ausländischen Recht nicht ohne weiteres fort. Sie ist nur anzuerkennen, wenn die Gesellschaft nach dem Recht des Gründungsstaates fortbesteht und nach deutschem Recht rechtsfähig (BGH 29. 1. 2003 NJW 2003, 1607) bzw. zum selbständigen Abschluss von Rechtsgeschäften befugt ist (BAG 11. 6. 2002 AP BetrVG 1972 § 99, 118 = NJW 2003, 843 = NZA 2003, 226 – Eintragung nach den §§ 13 d, 13 e HGB). Von den Regeln des deutschen internationalen Gesellschaftsrechts kann aber durch Staatsverträge abgewichen werden. Für den Bereich der EU hat der EuGH weitergehend entschieden, dass eine in einem Mitgliedstaat gegründete, dort zunächst ansässige und nach dem Recht des Mitgliedstaats rechtsfähige Gesellschaft, in einem anderen Mitgliedstaat die Rechtsfähigkeit und Parteifähigkeit besitzen muss, die diese Gesellschaft nach dem Recht ihres Gründungsstaats besitzt (EuGH 5. 11. 2002 NJW 2002, 3614; nachfolgend BGH 13. 3. 2003 NJW 2003, 1461 – fortbestehende Rechtsfähigkeit auch bei Verlegung des Sitzes in die Bundesrepublik).

b) Kapitalgesellschaften. Die Löschung einer GmbH im Handelsregister hat nur deklaratorische Bedeutung. Trotz der Löschung besteht die Parteifähigkeit jedenfalls dann fort, wenn noch verteilbares Vermögen vorhanden ist. Streitig ist nur, ob die Parteifähigkeit auch dann endet, wenn die Abwicklung abgeschlossen worden ist, bevor alle Gläubiger der Liquidationsgesellschaft befriedigt worden sind (BAG 17. 10. 1989 BetrVG 1972 § 111 Nr. 29 = NZA 1990, 443). Im Streit über die Partei- und Prozessfähigkeit einer beklagten GmbH wird diese als parteifähig behandelt (BAG 22. 3. 1988 AP ZPO § 50 Nr. 6 = NJW 1988, 2637 = NZA 1988, 841). Wird die beklagte GmbH während des Rechtsstreites aufgelöst, nach Anmeldung der Beendigung der Liquidation im Handelsregister gelöscht und ist außerdem kein verteilbares Vermögen mehr vorhanden, verliert sie auch dann nicht ihre Parteifähigkeit in einem Rechtsstreit, wenn Ansprüche geltend gemacht werden, die kein Aktivvermögen voraussetzen (BAG 9. 7. 1981 ZPO § 50 Nr. 4 = NJW 1982, 1831 – Kündigungsrechtsstreit; LAG Frankfurt 7. 9. 1998 LAGE § 50 ZPO Nr. 1 – Auskunftsanspruch; vgl. auch BFH 1. 10. 1992 NJW 1993, 2133). Eine wegen Vermögenslosigkeit gelöschte GmbH kann regelmäßig keine Ansprüche als Prozessstandschafter verfolgen (BAG 19. 3. 2002 AP GmbHG § 60 Nr. 1 = NZA 2003, 59). 3

c) Personengesellschaften. Nach § 124 I, § 161 II HGB sind auch die OHG und KG parteifähig. Dasselbe gilt für Partnerschaftsgesellschaften freier Berufe (§ 7 PartGG, § 124 HGB) und auch für die GbR, soweit sie durch Teilnahme am Rechtsverkehr eigene Rechte und Pflichten begründet (BVerfG 2. 9. 2002 NJW 2002, 3533 = JZ 2003, 43 mit abl. Anm. *Stürner*; BGH 29. 1. 2001 AP ZPO § 50 Nr. 9 = NJW 2001, 1056; vgl. auch BGH 15. 1. 2003 BB 2003, 438 – Rubrumsberichtigung; 18. 2. 2002 NZA 2002, 405; LAG Frankfurt 7. 8. 2001 BB 2002, 207; ArbG Verden 7. 5. 2003 NZA 2003, 918; aA noch BAG 6. 7. 1989 AP BGB § 705 Nr. 4 = NJW 1989, 3034 = NZA 1989, 961; dazu *Lessner/Klebeck* ZIP 2002, 1385; *Ulmer* ZIP 2003, 1113; *K. Schmidt* NJW 2003, 1897; *Diller* NZA 2003, 401). Die Klage kann daher gegen die Gesellschaft gerichtet werden; soll nicht nur gegen das Gesellschaftsvermögen vollstreckt werden, sind auch die einzelnen Gesellschafter zu verklagen. Ein nicht rechtsfähiger Verein ist nach § 50 II ZPO passiv parteifähig. Ob er nach den Grundsätzen der BGH-Entscheidung zur GbR auch die aktive Parteifähigkeit besitzt ist höchstrichterlich noch nicht entschieden, aber wohl zu bejahen. 4

d) Gewerkschaften und Arbeitgebervereinigungen. Nach § 10 Satz 1 sind im arbeitsgerichtlichen Verfahren auch Gewerkschaften und Vereinigungen von AG sowie Zusammenschlüsse solcher Verbände parteifähig. Dies auch dann, wenn sie in ihrer Eigenschaft als AG klagen oder verklagt werden (BGH 22. 12. 1960 AP ArbGG 1953 § 11 Nr. 25). Zum Begriff der Gewerkschaft vgl. § 2 TVG Rn. 1 ff. Überwiegend wird für die Parteifähigkeit auf den allg. arbeitsrechtlichen Gewerkschaftsbegriff zurückgegriffen (krit. GMP/*Germelmann* § 11 Rn. 57 ff.; *Schleusener* NZA 1999, 408). Dem ist zuzustimmen, da nicht ersichtlich ist, dass der Gesetzgeber im ArbGG einen eigenständigen Gewerkschaftsbegriff schaffen wollte. Bei einem Streit um die Gewerkschaftseigenschaft eines Verbandes gilt dieser für das betreffende Verfahren als parteifähig. Endet die Tariffähigkeit im Laufe des Verfahrens, endet damit auch die Parteifähigkeit (BAG 25. 9. 1990 AP TVG 1969 § 9 Nr. 8 = NZA 1991, 314). Unterorganisationen einer Gewerkschaft können – unbeschadet ihrer unselbständigen Tätigkeit als Organ der Hauptgewerkschaft – dann parteifähig sein, wenn sie körperschaftlich organisiert und gegenüber der Hauptorganisation weitgehend selbständig sind (BAG 29. 11. 1989 AP ArbGG 1979 § 10 Nr. 3 = NZA 90, 615; LAG Hamm 31. 5. 2000 NZA-RR 2000, 535). Der Landesbezirk des DGB ist nicht partei- oder beteiligtenfähig (LAG München 16. 7. 1997 LAGE BetrVG 1972 § 112 Interessenausgleich Nr. 1 = AuR 1998, 89). Zusammenschlüsse von AN und AGVerbänden sind die Spitzenverbände, zu deren satzungsgemäße Aufgaben der Abschluss von TV gehört (§ 2 II TVG, dort Rn. 32 ff.). Nicht parteifähig sind selbständige Vereinigungen von AN mit sozial- oder berufspolitischer Zwecksetzung (vgl. § 11 I 2 ArbGG). Etwas anderes gilt nur, wenn sie die Voraussetzungen des § 51 ZPO erfüllen. 5

3. Beschlussverfahren. Im Beschlussverfahren entspricht die Parteifähigkeit der Fähigkeit, Beteiligter eines Beschlussverfahrens zu sein. Dies sind grds. alle Rechtssubjekte, die auch im Urteilsver- 6 fahren nach §§ 10 Satz 1 Halbs. 1, 46 II parteifähig sind. Beteiligungsfähig sind darüber hinaus die in § 10 Halbs. 2 aufgezählten Personen und Stellen. Zum Restmandat des BR § 21 b BetrVG. Nach dem BetrVG sind beteiligungsfähig auch die Arbeitsgruppe (§ 28 a BetrVG), Gruppen von Arbeitnehmern, soweit ihnen durch das BetrVG bes. Rechte zuerkannt werden (zB § 86 a BetrVG), sowie die in Einheiten nach § 3 Abs. 1 Nr. 1 bis 3 BetrVG gebildeten ANVertretungen (§ 3 V 2 BetrVG). Darüber hinaus sind auch die Schwerbehindertenvertretung (§§ 94 f. SGB IX), der Vertrauensmann der Zivildienstleistenden und die Beauftragten des Arbeitgebers beteiligungsfähig, letzterer jedoch nur, soweit ihnen eigene Rechte verliehen worden sind (zB Beauftragter für Angelegenheiten der schwerbehinderten Menschen, §§ 98 ff. SGB IX). Hieraus folgt jedoch nicht, dass die in § 10 Halbs. 2 aufgezählten Personen und Stellen in den Beschlussverfahren stets zu beteiligen sind. Die Stellung als Beteiligter eines konkreten Beschlussverfahrens folgt vielmehr aus dem materiellen Recht (ausführlich § 83 Rn. 6 ff.). Von der Beteiligungsfähigkeit ist auch die Antragsbefugnis im Beschlussverfahren zu unterscheiden (dazu § 81 Rn. 9 f.).

7   **4. Prozessfähigkeit.** Prozessfähigkeit ist die Fähigkeit, Prozesshandlungen selbst oder durch einen gewählten Vertreter vorzunehmen. Für das arbeitsgerichtliche Verfahren gelten die allg. Vorschriften der ZPO (§§ 52 ff. ZPO). Eine Person ist prozessfähig, soweit sie sich durch Verträge verpflichten kann. Dies ist der Fall, wenn sie geschäftsfähig ist. Geschäftsunfähigen oder beschränkt Geschäftsfähigen (§§ 104, 106, 114 BGB) fehlt daher die Prozessfähigkeit. Minderjährige sind geschäftsfähig, soweit sie zum selbständigen Betrieb eines Erwerbsgeschäftes (§ 112 BGB) oder zum Abschluss eines Dienst- oder Arbeitsvertrags ermächtigt sind (§ 113 BGB); insoweit ist auch der Minderjährige prozessfähig. Wegen des Erziehungscharakters des Berufsausbildungsverhältnisses deckt die Ermächtigung nach § 113 BGB nicht die Eingehung von Ausbildungsverhältnissen. Juristische Personen und parteifähige Personenhandelsgesellschaften sind prozessunfähig, sie können nur durch ihre gesetzlichen Vertreter handeln. Dies sind bei einer Aktiengesellschaft der Vorstand (§ 78 I AktG) bzw. der Aufsichtsrat (§ 112 AktG, BAG 4. 7. 2001 AP BGB § 611 Organvertreter Nr. 18 = NZA 2002, 401), einer GmbH der/die Geschäftsführer (§ 35 GmbHG), Vereinen, Stiftungen und Genossenschaften der Vorstand (§§ 26 II, 86 BGB, 24 GenG), einer GbR, OHG, PartnerschaftsG und KG die Gesellschafter bzw. Komplementäre sowie Partner (§§ 125, 161 HGB, § 7 III PartGG) und einer KGaA der/die persönlich haftenden Gesellschafter (§ 278 II AktG).

8   Im **Beschlussverfahren** sind zunächst diejenigen Personen und Stellen prozessfähig, die diese Eigenschaft auch im Urteilsverfahren besitzen. Minderjährige sind im Beschlussverfahren prozessfähig, wenn sie betriebsverfassungsrechtliche Rechte wahrnehmen, hierzu zählt nicht das Weiterbeschäftigungsverlangen des Jugendvertreters nach § 78 a BetrVG. Schließlich sind auch diejenigen Stellen insoweit prozessfähig wie sie beteiligungsfähig sind, obwohl sie nur eingeschränkt vertragliche Verpflichtungen eingehen können.

9   **5. Prozessführungsbefugnis. a) Begriff.** Prozessführungsbefugnis ist die Berechtigung, ein eigenes oder fremdes Recht im eigenen Namen gerichtlich geltend zu machen. Prozessführungsbefugt ist damit der materiell-rechtlich Berechtigte und Verpflichtete. Ausnahmsweise kann auch ein Dritter prozessführungsbefugt sein, wenn er auf Grund des materiellen Rechts hierzu ermächtigt ist.

10 **b) Prozessstandschaft.** Eine gesetzliche Prozessstandschaft besteht nach §§ 265, 841 ZPO, § 25 HAG, § 13 I UWG und Art. 56 VIII ZA zum NATO-Truppenstatut (BAG 30. 11. 1984 AP ZA-Nato-Truppenstatut Art. 56 Nr. 6 – Bundesrepublik) sowie für die sog. Partei kraft Amtes (zB Insolvenzverwalter und Testamentsvollstrecker). Eine gewillkürte Prozessstandschaft kommt in Betracht, wenn der Dritte durch Rechtsgeschäft zur Prozessführung berechtigt ist. Sie ist nur zulässig, wenn der Dritte durch Rechtsgeschäft ermächtigt wird, das Recht im eigenen Namen geltend zu machen und der Prozessstandschafter ein eigenes schutzwürdiges Interesse hat (*Schaub* ArbGV § 16 Rn. 12 ff.).

11 **6. Prozessuales.** Die Partei-, Beteiligten- und Prozessfähigkeit ist vom Gericht in jeder Lage des Verfahrens von Amts wegen zu prüfen (§ 56 I ZPO; vgl. BAG 15. 9. 1977 AP ZPO § 56 Nr. 5). Die Parteien sind zwar grds. für das Vorliegen der Voraussetzungen für die Prozessführung darlegungs- und beweispflichtig. Jedoch ist das Gericht von Amts wegen zur Beweiserhebung, insb. zur Einholung eines Sachverständigengutachtens, verpflichtet, um bestehende Zweifel nach Möglichkeit aufzuklären. Nur wenn dies nicht möglich ist, gehen diese zu Lasten der jeweiligen Partei (BAG 20. 1. 2000 AP ZPO § 56 Nr. 6 = NZA 2000, 613; 1. 3. 1963 AP ZPO § 56 Nr. 2). Eine erteilte Prozessvollmacht bleibt aber wirksam, wenn die Partei nachträglich prozessunfähig wird. Besteht Streit über das Bestehen der Prozessvoraussetzungen, ist die Partei insoweit zuzulassen und kann auch Rechtsmittel einlegen (BAG 19. 11. 1985 AP TVG § 2 Tarifzuständigkeit Nr. 4 = NJW 1987, 514 = NZA 1986, 480). Über das Vorliegen der Prozessvoraussetzungen kann durch Zwischenurteil nach § 303 ZPO entschieden werden. Lässt sich nach Erschöpfung der zur Verfügung stehenden Erkenntnisquellen die Prozessfähigkeit nicht feststellen, ist die Klage als unzulässig abzuweisen, unabhängig davon, ob die Prozessfähigkeit beim Kläger, der beklagten Partei oder einem Beteiligten gefehlt hat. Ergeht dennoch eine Entscheidung, kann gegen diese Nichtigkeitsklage erhoben werden (*Schaub* ArbGV § 16 Rn. 11).

Der Mangel der Prozessvoraussetzungen kann geheilt werden, wenn die zuständige Partei die Prozessführung genehmigt (BAG 30. 9. 1970 AP ZPO § 56 Nr. 3; 13. 4. 1967 AP BGB § 1913 Nr. 1 = NJW 1967, 1437).

§ 11 Prozeßvertretung

(1) ¹Die Parteien können vor den Arbeitsgerichten den Rechtsstreit selbst führen oder sich vertreten lassen. ²Eine Vertretung durch Vertreter von Gewerkschaften oder von Vereinigungen von Arbeitgebern oder von Zusammenschlüssen solcher Verbände ist zulässig, wenn diese Personen kraft Satzung oder Vollmacht zur Vertretung befugt sind und der Zusammenschluß, der Verband oder deren Mitglieder Partei sind. ³Das gleiche gilt für die Prozeßvertretung durch Vertreter von selbständigen Vereinigungen von Arbeitnehmern mit sozial- oder berufspolitischer Zwecksetzung. ⁴Satz 2 gilt entsprechend für Bevollmächtigte, die als Angestellte juristischer Personen, deren Anteile sämtlich im wirtschaftlichen Eigentum einer der in Satz 2 genannten Organisationen stehen, handeln, wenn die juristische Person ausschließlich die Rechtsberatung der Mitglieder der Organisation entsprechend deren Satzung durchführt und wenn die Organisation für die Tätigkeit der Bevollmächtigten haftet. ⁵Mitglieder der in Satz 2 genannten Organisationen können sich durch einen Vertreter eines anderen Verbandes oder Zusammenschlusses mit vergleichbarer Ausrichtung vertreten lassen; Satz 4 gilt entsprechend.

(2) ¹Vor den Landesarbeitsgerichten und vor dem Bundesarbeitsgericht müssen die Parteien sich durch Rechtsanwälte als Prozeßbevollmächtigte vertreten lassen; zur Vertretung berechtigt ist jeder bei einem deutschen Gericht zugelassene Rechtsanwalt. ²An ihre Stelle können vor den Landesarbeitsgerichten Vertreter von Gewerkschaften oder von Vereinigungen von Arbeitgebern oder von Zusammenschlüssen solcher Verbände treten, wenn sie kraft Satzung oder Vollmacht zur Vertretung befugt sind und der Zusammenschluß, der Verband oder deren Mitglieder Partei sind. ³Absatz 1 Satz 4 und 5 gilt entsprechend.

(3) ¹Mit Ausnahme der Rechtsanwälte sind Personen, die die Besorgung fremder Rechtsangelegenheiten vor Gericht geschäftsmäßig betreiben, als Bevollmächtigte und Beistände in der mündlichen Verhandlung ausgeschlossen; § 157 Abs. 1 Satz 2 und Abs. 2 der Zivilprozeßordnung ist entsprechend anzuwenden. ²Dies gilt nicht für die in Absatz 1 Satz 2 bis 5, Absatz 2 Satz 2 und 3 genannten Personen.

I. Allgemeines

Die Vorschrift regelt das Auftreten und die Vertretung einer Partei vor den Gerichten für Arbeitssachen. Sie gilt für das Urteilsverfahren und über die Verweisungen in den §§ 80 II, 87 II 2, 92 II 2 auch für das Beschlussverfahren. Absatz 1 betrifft das Verfahren vor den ArbG, während Absatz 2 für Rechtsstreitigkeiten vor dem LAG und BAG anzuwenden ist. Die Regelung über Rechtsbeistände (§ 11 III) gilt für alle Instanzenzüge. Durch § 11 werden die §§ 78, 79, 90, 157 ZPO für das arbeitsgerichtliche Verfahren modifiziert. Soweit keine Sondervorschriften bestehen, gelten die §§ 78 ff. ZPO über die Verweisung in § 46 II.

II. Prozessvertretung in der ersten Instanz

1. Durch die Parteien selbst. Die Parteien können vor den Arbeitsgerichten den Rechtsstreit selbst führen oder sich vertreten lassen. Eine Partei, die den Rechtsstreit selbst führt, muss prozessfähig sein (§§ 51, 52 ZPO, dazu § 10). Sie kann sich durch jede prozessfähige Person vertreten lassen (§ 79 ZPO). Das können Freunde, Verwandte oder auch Angestellte des AG sein (zu eng ArbG Wiesbaden 12. 10. 2001 DB 2001, 2732 – AN der Holding ausgeschlossen; *Bürkle* BB 2002, 1538).

2. Rechtsbeistände. Nach § 11 III 1 sind Personen, die die Besorgung fremder Rechtsangelegenheiten vor Gericht geschäftsmäßig betreiben, als Bevollmächtigte und Beistände in der mündlichen Verhandlung ausgeschlossen, auch wenn sie in die Rechtsanwaltskammer (§ 209 BRAGO) aufgenommen sind (BAG 21. 4. 1988 AP ArbGG 1979 Prozessvertreter Nr. 10 = NZA 1989, 151; LAG Niedersachsen 13. 3. 2001 Rbeistand 2002, 6 mit abl. Anm. *Mouque*). Zu diesem Personenkreis gehören vor allem Rechtsbeistände und Rechtskonsulenten. Geschäftsmäßig ist die Vertretung dann, wenn die Absicht zugrunde liegt, wiederholt tätig zu sein und die Prozessvertretung zum Bestandteil der Beschäftigung wird (*Schaub* ArbGV § 17 Rn. 54 ff.). Von der Prozessvertretung ausgeschlossen sind auch Steuerberater und -bevollmächtigte. Nicht ausgeschlossen sind AN des AG, auch wenn sie wiederholt tätig werden, da sie als Vertreter ihrer eigenen Partei gelten.

Der Ausschluss nach § 11 III betrifft nur das Auftreten in der mündlichen Verhandlung, nicht dagegen andere Prozesshandlungen (BAG 26. 9. 1996 AP ArbGG 1979 § 11 Nr. 10 = NJW 1997, 1325 = NZA 1997, 174). Außerhalb der mündlichen Verhandlung können sie daher (verfahrensrechtlich) die Partei beraten und vertreten (GMP/*Germelmann* § 11 Rn. 41). Nach § 11 III 1 iVm. § 157 I 2 ZPO gilt der Ausschluss selbst dann, wenn der Rechtsbeistand einen abgetretenen Anspruch geltend macht oder seinerseits Unterbevollmächtigte beauftragt. Eines Beschlusses über den Ausschluss bedarf es nicht, da Rechtsbeistände kraft Gesetzes von der Verhandlung ausgeschlossen sind. Sofern die Partei nicht selbst anwesend ist, ist sie als säumig zu behandeln. Die Rechtshandlungen des Rechtsbeistandes in der mündlichen Verhandlung sind unwirksam, auch wenn sie nachträglich genehmigt werden. Die Zurückweisung eines Rechtsbeistandes kann nicht selbständig angefochten werden, sondern nur im Rahmen eines zulässigen Rechtsmittels überprüft werden (LAG Frankfurt 9. 6. 1965 NJW 1965, 74 – Assessor; aA LAG München 10. 3. 1989 LAGE ArbGG 1979 § 11 Nr. 7 – einfache Beschwerde kraft Gewohnheitsrecht).

5   **3. Prozessvertretung durch Rechtsanwälte. a) Rechtsanwalt.** Die Parteien können sich vor den Arbeitsgerichten durch jeden bei einem deutschen Gericht zugelassenen Rechtsanwalt vertreten lassen; ein bes. Vertretungszwang zB durch einen Fachanwalt für Arbeitsrecht besteht nicht. Eine Ausnahme gilt für Rechtsanwälte, die beim BGH zugelassen sind (§ 172 BRAO). Einem Rechtsanwalt gleichgestellt sind Rechtsanwaltsgesellschaften (§ 59 l BRAO). Vertretungsbefugt sind auch Syndikusanwälte, soweit sie nicht in dieser Eigenschaft für ihren AG tätig werden (§ 46 BRAO). Die Rechtsmitteleinlegung eines Syndikusanwaltes auf einem Firmenbogen mit dem Zusatz „Syndikusanwalt" ist unzulässig, wenn er ansonsten nicht eindeutig zu erkennen gibt, dass er als unabhängiger Rechtsanwalt auftritt (BAG 19. 3. 1996 AP ZPO § 519 b Nr. 21 = NJW 1996, 2254 = NZA 1996, 671). Ausländische Rechtsanwälte sind hinsichtlich der Vertretung inländischen Rechtsanwälten gleichgestellt, wenn sie sich in der BRD niedergelassen haben (§ 2 EuRAG). Besteht ein Vertretungszwang (§ 11 II), kann ein nur vorübergehend tätiger europäischer Rechtsanwalt Prozesshandlungen nur im Einvernehmen mit einem in der BRD zugelassenen Rechtsanwalt vornehmen (§ 28 EuRAG). Rechtsanwälte sind von der Vertretung ausgeschlossen, wenn sie aus der Anwaltschaft ausgeschlossen wurden (§ 114 Nr. 5 BRAO), die Zulassung zurückgenommen haben (§§ 14, 15 BRAO) oder ein Berufsverbot verhängt worden ist (BAG 16. 8. 1991 AP BRAO § 114a Nr. 1 = NZA 1992, 617).

6   **b) Untervollmacht.** Ein Rechtsanwalt kann Untervollmacht erteilen. Nach hM kommen als Unterbevollmächtigte vor dem ArbG in Betracht andere Rechtsanwälte (BAG 22. 5. 1990 AP ZPO § 519 Nr. 38 = NJW 1990, 2706 = NZA 1990, 828), Stationsreferendare (wegen des Fehlens eines Vertretungszwangs nach § 11 II, § 59 II BRAO), nebenberuflich beschäftigte Referendare (BAG 22. 2. 1990 AP ArbGG 1979 § 11 Prozessvertreter Nr. 12 = NZA 1990, 665), angestellte Assessoren und Bürovorsteher (LAG München 10. 3. 1989 LAGE § 11 ArbGG 1979 § 11 Nr. 7; krit. aber *Schaub* ArbGV § 17 Rn. 41) sowie Verbandsvertreter nach § 11 I 2.

7   **4. Verbandsvertreter. a) Begriff.** Die Parteien können sich durch Vertreter von Gewerkschaften, von Vereinigungen von AG oder von Zusammenschlüssen solcher Verbände vertreten lassen, wenn diese Personen kraft Satzung oder Vollmacht zur Vertretung befugt sind und der Zusammenschluss, der Verband oder deren Mitglieder Partei sind. Hierbei handelt es sich um eine Ausnahme von § 157 ZPO für den Bereich der Arbeitsgerichtsbarkeit. Für den Begriff der Gewerkschaft ist der allg. arbeitsrechtliche maßgebend (vgl. § 2 TVG Rn. 1 ff., 32 ff.). Die Vertretung von Mitgliedern der DGB-Einzelgewerkschaften durch die DGB-Rechtsschutz GmbH wird nach der Neufassung des § 11 I von Satz 4 umfasst (zum Streitstand bis zur Neuregelung vgl. 2 Aufl., § 11 Rn. 10). Nach § 11 I 5 kann sich eine Partei auch durch einen Vertreter eines anderen Verbandes oder Zusammenschlusses mit vergleichbarer Ausrichtung vertreten lassen. Hierunter ist nicht die fachliche Ausrichtung, sondern der generelle Verbandszweck (AN-/AGKoalition) gemeint (GMP/*Germelmann* § 11 Rn. 82 a). Die Sach- und Fachkompetenz des Verbandsvertreters ist durch das Gericht nicht zu überprüfen.

8   **b) Mitgliedschaft.** Der Verbandsvertreter ist nur dann postulationsfähig, wenn der Zusammenschluss, Verband oder deren Mitglieder Partei des Rechtsstreits sind. Die Tarifbindung des zu vertretenen Mitglieds ist nicht erforderlich (BAG 16. 11. 1989 AP ArbGG 1979 § 11 Prozessvertreter Nr. 11 = NZA 1990, 666; aA noch BAG 20. 2. 1986 AP ArbGG 1979 § 11 Prozessvertreter Nr. 8), vielmehr ist seine Mitgliedschaft im Verband ausreichend (GMP/*Germelmann* § 11 Rn. 61 f.; zur Verbandsmitgliedschaft ohne Tarifbindung vgl. § 2 TVG Rn. 14). Der Verbandsvertreter ist nicht postulationsfähig, wenn die Prozesspartei nicht (mehr) seinem Verband angehört (BAG 16. 5. 1975 AP ArbGG 1953 § 11 Nr. 35 = NJW 1975, 1798), die bis zum Ausscheiden vorgenommenen Handlungen bleiben aber wirksam. Bei mehreren Streitgenossen auf einer Seite ist es ausreichend, wenn nur einer von ihnen Verbandsmitglied ist (BAG 8. 12. 1970 AP BetrVG § 76 Nr. 21 = DB 1971, 633). Danach besteht für den Insolvenzverwalter keine Vertretungsmöglichkeit durch einen Verbandsvertreter, wenn der Gemeinschuldner nicht mehr Mitglied des AGVerbandes ist (BAG 20. 11. 1997 AP ArbGG 1979 § 11 Nr. 15 = NZA 1998, 334). Auch ein rechtsfähiges Berufsbildungswerk einer Gewerkschaft kann sich nicht durch Rechtssekretäre einer Gewerkschaft vertreten lassen, wenn dem Berufsbildungswerk nach der Satzung auch Nichtgewerkschaftsmitglieder angehören können (BAG 29. 1. 1992 AP ArbGG 1979 § 11 Prozessvertreter Nr. 14 = NZA 1993, 379). Zu den Verbandsvertreter zählen auch Vertreter der Innungen, die nach § 54 III Nr. 1 HandwO tariffähig sind.

c) **Vertretungsmacht.** Verbandsvertreter sind nur dann postulationsfähig, wenn sie kraft Satzung 9 oder Vollmacht zur Vertretung der Mitglieder befugt sind. Daneben bedürfen sie noch der Prozessvollmacht ihrer Partei, für diese gelten die allg. Vorschriften der §§ 80 ff. ZPO. Der Verband kann die Vertretungsvollmacht einschränken, zB auf Einzelfälle, für bestimmte Mitglieder, auf bestimmte Verfahren oder auf eine Instanz (BAG 29. 4. 1983 AP ArbGG 1979 § 9 Nr. 2). Die Verbände können die Vollmacht ihren Mitarbeitern (aA LAG Berlin 7. 8. 1995 LAGE § 11 ArbGG 1979 Nr. 10; krit. dazu BVerfG 10. 3. 1997 – 1 BvR 1872/95 – nv.) und Syndikusanwälten (dazu Rn. 5) erteilen. Die Vertretung des Mitglieds darf sich nicht außerhalb der satzungsgemäßen Aufgaben des Verbandes bewegen (BAG 20. 2. 1986 AP ArbGG 1979 § 11 Prozessvertreter Nr. 8 = BB 1986, 1784). Fehlt die Postulationsfähigkeit kann der Verbandsvertreter nach § 157 I ZPO zurückgewiesen werden. Dagegen obliegt dem Gericht keine Prüfungskompetenz, ob die Partei in dem richtigen Verband organisiert ist.

d) **Sonstige Vereinigungen.** Postulationsfähig sind auch Vertreter von selbständigen Vereinigungen 10 von AN mit sozial- oder berufspolitischer Zwecksetzung (§ 11 I 3). Dagegen werden Vertreter von AGVereinigungen nicht erfasst. Der Begriff der sozial- oder berufspolitischen Zwecksetzung ist weit auszulegen. Vertretungsbefugt sind zB die katholische ANBewegung, die christlichen Gewerkschaften, soweit ihnen die Tariffähigkeit fehlt und konfessionelle Zwecke nicht überwiegen, der Verband der Bergmanns-Versorgungsscheininhaber (LAG Hamm 19. 12. 1956 BB 1957, 78) oder der Allgemeine Beamtenschutzbund. Keine Vereinigungen iSd. § 11 I 3 sind die ANKammern in Bremen oder dem Saarland, die Schwerbehinderten- bzw. Kriegsopferverbände (ArbG Göttingen 2. 8. 1954 SAE 1955, 72) und solche Verbände, die unterschiedslos AN und AG aufnehmen. Nicht postulationsfähig sind auch die Zusammenschlüsse von Vereinigungen nach § 11 I 3.

e) **Rechtsstellung.** Die Verbandsvertreter haben im Allg. die gleiche Rechtsstellung wie die Rechts- 11 anwälte. Eine Zustellung an einen Verbandsvertreter kann daher im vereinfachten Zustellungsverfahren erfolgen (§ 50 II, §§ 174, 178 I Nr. 2 ZPO). Dagegen ist nicht vorgesehen, dass sie Schriftstücke selbst beglaubigen (§ 169 II ZPO) oder nach § 195 ZPO von Anwalt zu Anwalt zustellen. Sie haben ein Zeugnisverweigerungsrecht nach § 383 I Nr. 6 ZPO, wie gegenüber einem Anwalt können gegen sie keine Ordnungsmittel wegen Ungebühr (§ 178 GVG) verhängt werden, ebenso erfolgt über § 85 II ZPO eine Zurechnung ihres Verschuldens gegenüber der Partei (zur Zurechnung bei der Erhebung der Kündigungsschutzklage § 4 KSchG Rn. 6). Verbandsvertreter unterliegen nicht dem Standesrecht der Rechtsanwälte.

III. Prozessvertretung in den Rechtsmittelinstanzen

Im Urteilsverfahren vor den LAG besteht Vertretungszwang. Vertretungsberechtigt sind alle bei 12 einem deutschen Gericht zugelassenen Rechtsanwälte (Ausnahme § 172 I BRAO) und Vertreter von Gewerkschaften oder AGVerbänden (Rn. 7 ff.), nicht hingegen Vertreter von selbständigen Vereinigungen von AN mit sozial- oder berufspolitischer Zwecksetzung nach § 11 I 3 (Rn. 10). Die vor dem LAG Vertretungsberechtigten dürfen nur solchen Personen Untervollmacht erteilen, die selbst vor dem LAG postulationsfähig sind. Die Partei selbst ist vor dem LAG nur für die Prozesshandlungen postulationsfähig, die vor dem Urkundsbeamten der Geschäftsstelle vorgenommen werden können. Gegen ein Versäumnisurteil des LAG kann die Partei aber selbst Einspruch einlegen (§§ 64 VII, 59). Einen außergerichtlichen Vergleich kann die Partei als materiell-rechtliches Rechtsgeschäft mit der Gegenseite abschließen. Dieses wirkt nur prozessbeendend, wenn es dem Gericht vorgelegt wird. Vor dem BAG sind nur Rechtsanwälte postulationsfähig, jedoch kann dort jeder bei einem deutschen Gericht zugelassene Rechtsanwalt auftreten. Die Partei kann vor dem BAG gleichfalls Rechtshandlungen vor dem Urkundsbeamten der Geschäftsstelle vornehmen; der Einspruch gegen ein Versäumnisurteil des BAG durch die Partei selbst ist aber unzulässig.

IV. Beschlussverfahren

1. **Arbeitsgericht.** Für das Verfahren vor dem ArbG nimmt § 80 II auf das Urteilsverfahren erster 13 Instanz Bezug. Die Beteiligten können sich daher in erster Instanz selbst vertreten, soweit sie partei- und prozessfähig sind (§ 10 Rn. 6). Der BR wird durch seinen Vorsitzenden im Rahmen der gefassten Beschlüsse vertreten (§ 26 III 1 BetrVG). Dasselbe gilt für Gesamt- und KonzernBR. Der BR kann sich auch durch einen Rechtsanwalt vertreten lassen (§ 40 BetrVG Rn. 3).

2. **Rechtsmittelinstanzen.** Auch in der zweiten Instanz können sich die Beteiligten selbst vertreten 14 oder durch eine postulationsfähige Person vertreten lassen (§ 87 II 2). Lediglich die Beschwerdeschrift muss von einem Rechtsanwalt oder Verbandsvertreter unterzeichnet sein (§ 89 I). Auch im Rechtsbeschwerdeverfahren vor dem BAG gilt § 11 I entspr. (§ 92 II). Die Beteiligten können sich daher selbst vertreten oder durch einen Rechtsanwalt oder Verbandsvertreter vertreten lassen (BAG 20. 3. 1990 AP BetrVG 1972 § 99 Nr. 79 = NZA 1990, 699). Rechtsbeschwerdeschrift und -begründung müssen jedoch durch einen Rechtsanwalt unterzeichnet sein (§ 94 I).

§ 11 a Beiordnung eines Rechtsanwalts, Prozeßkostenhilfe

(1) ¹Einer Partei, die außerstande ist, ohne Beeinträchtigung des für sie und ihre Familie notwendigen Unterhalts die Kosten des Prozesses zu bestreiten, und die nicht durch ein Mitglied oder einen Angestellten einer Gewerkschaft oder einer Vereinigung von Arbeitgebern vertreten werden kann, hat der Vorsitzende des Arbeitsgerichts auf ihren Antrag einen Rechtsanwalt beizuordnen, wenn die Gegenpartei durch einen Rechtsanwalt vertreten ist. ²Die Partei ist auf ihr Antragsrecht hinzuweisen.

(2) Die Beiordnung kann unterbleiben, wenn sie aus besonderen Gründen nicht erforderlich ist, oder wenn die Rechtsverfolgung offensichtlich mutwillig ist.

(3) Die Vorschriften der Zivilprozeßordnung über die Prozeßkostenhilfe gelten in Verfahren vor den Gerichten in Arbeitssachen entsprechend.

(4) Das Bundesministerium für Arbeit und Sozialordnung wird ermächtigt, zur Vereinfachung und Vereinheitlichung des Verfahrens durch Rechtsverordnung mit Zustimmung des Bundesrates Vordrucke für die Erklärung der Partei über ihre persönlichen und wirtschaftlichen Verhältnisse (§ 117 Abs. 2 der Zivilprozeßordnung) einzuführen.

I. Allgemeines

1 Die Rechtsinstitute der Beiordnung eines Rechtsanwaltes und der Prozesskostenhilfe stehen nebeneinander. Sie ermöglichen auch finanziell Schwächeren anwaltliche Hilfe in Anspruch zu nehmen, unterscheiden sich aber in ihren Voraussetzungen und Wirkungen. Die Beiordnung eines Rechtsanwaltes kommt bereits in Betracht, wenn die Gegenseite durch einen Rechtsanwalt vertreten ist. Sie setzt nicht voraus, dass die Rechtsverfolgung Aussicht auf Erfolg verspricht. Dagegen ist für die Bewilligung von Prozesskostenhilfe die Erfolgsaussicht der Rechtsverfolgung oder -verteidigung erforderlich. Der Umfang der Kostenübernahme geht bei der Bewilligung von Prozesskostenhilfe über den der Beiordnung hinaus. Im Rahmen der Prozesskostenhilfe werden Anwalts- und Gerichtskosten, im Rahmen der Beiordnung nur die Anwaltskosten der Partei übernommen. In einem erstinstanzlich gestellten Antrag auf Beiordnung eines Prozessbevollmächtigten nach § 114 I ZPO ist regelmäßig als „Minus" auch der Antrag enthalten, eine Beiordnung nach § 11 a I zu gewähren (LAG Sachsen-Anhalt 8. 9. 1997 ArbGG 1979 § 11 a Nr. 7; LAG Düsseldorf 29. 10. 1986 LAGE § 11 a ArbGG 1979 Nr. 4; LAG Bremen 26. 2. 1986 LAGE § 11 a ArbGG 1979 Nr. 3; aA GMP/*Germelmann* § 11 a Rn. 3 – lediglich Aufklärungspflicht des Gerichts). Durch § 11 a nicht ausgeschlossen ist die Bewilligung von Beratungshilfe nach dem BeratungshilfeG vom 18. 6. 1980 (BGBl. I S. 689) mit spät. Änd., die aber die Vertretung im Verfahren vor den Gerichten für Arbeitssachen nicht umfasst. Für Prozesskostenhilfe in grenzüberschreitenden Streitsachen gilt die RL 2003/8/EG vom 27. 1. 2003 (ABl. EG Nr. L 26, S. 41), die von den Mitgliedsstaaten bis zum 30. 11. 2004 in nationales Recht umzusetzen ist (abgedruckt in NJW 2003, 1101).

II. Beratungshilfe

2 Einem Rechtsuchenden wird auf seinen Antrag Beratungshilfe gewährt in Form von Beratung und, soweit erforderlich Vertretung, wenn er die für eine anwaltliche Beratung erforderlichen Mittel nicht selbst aufbringen kann und die beabsichtigte Wahrnehmung seiner Rechte nicht mutwillig erscheint. Wegen der Einkommensverhältnisse gelten die Vorschriften zur Prozesskostenhilfe entspr. Der Antrag auf Beratungshilfe kann mündlich oder schriftlich bei dem Amtsgericht gestellt werden, in dessen Bereich der Ast. seinen allg. Gerichtsstand hat. Ist der Antrag begründet, stellt das Amtsgericht einen Beratungsschein für einen Rechtsanwalt aus. Dieser kann daneben noch eine Gebühr von 10,– Euro verlangen.

III. Beiordnung eines Rechtsanwalts

3 **1. Voraussetzungen.** Die Beiordnung eines Rechtsanwaltes oder einer Rechtsanwaltsgesellschaft (OLG Nürnberg 1. 7. 2002 Rpfleger 2002, 628) kann erfolgen, wenn *(1)* die Partei außerstande ist, ohne Beeinträchtigung des für sie und ihre Familien notwendigen Unterhalts die Kosten des Rechtsstreits zu bestreiten, *(2)* sie nicht durch ein Mitglied oder Angestellten einer Gewerkschaft oder einer Vereinigung von AG vertreten werden kann, *(3)* die Gegenseite durch einen Rechtsanwalt vertreten wird und *(4)* sie einen Antrag auf Beiordnung gestellt hat. Die Partei ist durch das Gericht auf ihr Antragsrecht hinzuweisen (§ 11 a I 2). Die Belehrung kann außerhalb der Sitzung erfolgen, sie ist jedoch aktenkundig zu machen. Ansonsten ist sie in das Protokoll aufzunehmen. Die Beiordnung erfolgt nur für das Urteil- und Beschlussverfahren vor dem ArbG, in den Rechtsmittelinstanzen ist die Partei auf die Bewilligung von Prozesskostenhilfe beschränkt (LAG Berlin 26. 8. 1980 AP ArbGG 1979 § 11 a Nr. 1 = DB 1981, 804). Ebenso wenig kommt eine Beiordnung für das Mahnverfahren oder die Verhandlung vor dem Schlichtungsausschuss in Ausbildungsstreitigkeiten (§ 111 II) in Betracht; gleiches gilt für das Beschwerdeverfahren gegen einen die Beiordnung ablehnenden Beschluss des ArbG.

III. Beiordnung eines Rechtsanwalts § 11a ArbGG 60

2. Berechtigte. Antragsberechtigt sind zunächst natürliche Personen unabhängig von ihrer Staats- 4
angehörigkeit (LAG Frankfurt 23. 8. 2000 LAGE ZPO § 114 Nr. 38) und Prozessfähigkeit. Auch
inländische juristische Personen können unter den Voraussetzungen des § 116 Nr. 2 ZPO Beiordnung
eines Anwalts verlangen (LAG Sachsen-Anhalt 26. 11. 1997 AnwBl 1998, 543 – Verein; zu § 116 Nr. 2
ZPO LAG Köln 9. 2. 1994 VersR 1994, 1253), da § 11a III auf die entspr. Vorschriften der ZPO
verweist (GMP/*Germelmann* § 11a Rn. 9). Gleiches gilt für die Partei kraft Amtes (§ 116 Nr. 1 ZPO,
BAG 8. 5. 2003 – 2 AZB 56/02 – zVb. – Insolvenzverwalter). Zu den Berechtigten zählen auch
Nebenintervenienten und Streitgenossen. § 11a gilt auch für das Beschlussverfahren. Eine Beiordnung
für einen BR oder ein BRMitglied im Verfahren nach § 2a kommt jedoch bei Bestehen eines Kosten-
erstattungsanspruchs (§ 40 I BetrVG) regelmäßig nicht in Betracht, insoweit fehlt es an der Bedürftigkeit. Ihre Beiordnung ist nur möglich, wenn der AG voraussichtlich nicht in der Lage sein wird, die
Anwaltskosten aufzubringen (LAG Rheinland-Pfalz 4. 5. 1990 LAGE § 116 ZPO Nr. 1 = NZA 1991,
32). Die BRMitglieder müssen sich aber nicht auf eine etwaige Verbandsmitgliedschaft und die sich
daraus ergebende Möglichkeit, gewerkschaftlichen Rechtsschutz in Anspruch zu nehmen, verweisen
lassen (LAG Hamm 13. 2. 1990 LAGE § 115 ZPO Nr. 42).

3. Rechtsanwalt. Die Vertretung der Gegenseite muss durch einen Rechtsanwalt erfolgen. Keine 5
Beiordnung erfolgt, wenn die Gegenpartei durch einen Verbandsvertreter (§ 11 I 2) vertreten
wird; eine analoge Anwendung von § 11a kommt nicht in Betracht (LAG Düsseldorf 9. 6. 1988
LAGE § 11a ArbGG 1979 Nr. 5). Dies gilt auch, wenn der Verbandsvertreter als Rechtsanwalt
zugelassen ist, jedoch als solcher im Rechtsstreit nicht tätig und bezeichnet wird (LAG Baden-Württemberg 17. 7. 1998 MDR 1998, 1169). Eine analoge Anwendung des § 11a ist nicht möglich, da der
Regelungszweck darin besteht, eine Benachteiligung derjenigen Parteien zu verhindern, die sich nicht
durch Verbandsvertreter vertreten lassen können, wenn der Gegner sich anwaltlichen Beistandes
bedienen kann.

4. Verbandsmitgliedschaft. Die Beiordnungsmöglichkeit entfällt nach § 11a I 1, wenn der Partei 6
die Vertretung durch einen Verbandsvertreter möglich ist. Ist der Ast. Mitglied einer AN- bzw.
AGKoalition nach § 11 I 2, kommt die Beiordnung nur in Betracht, wenn die erforderliche Wartezeit
für eine Vertretung durch den Verband noch nicht zurückgelegt worden ist oder die Vertretung für
die Partei nicht zumutbar ist. Da die Möglichkeit, die Vertretung durch den Verband in Anspruch zu
nehmen, einem vermögenswertem Recht gleichsteht, sind an die Unzumutbarkeit strenge Anforderungen zu stellen. Sie liegt regelmäßig nicht bereits dann vor, wenn Besprechungen und Verhand-
lungstermine nicht immer durch ein und dieselbe Person wahrgenommen werden können (LAG
Rheinland-Pfalz 7. 1. 1988 LAGE § 114 ZPO Nr. 13), die Gegenseite anwaltlich vertreten ist (LAG
Frankfurt 14. 8. 1987 ARST 1988, 163) oder der Rechtsschutzantrag aus von dem Mitglied zu
verantwortenden Gründen abgelehnt worden ist (LAG Frankfurt 8. 6. 1984 NZA 1984, 236). Etwas
anderes gilt hingegen, wenn die Partei auf Grund objektiver Anhaltspunkte nicht das notwendige
Vertrauen in die Vertretung durch den Verband hat (LAG Bremen 8. 11. 1994 LAGE § 115 ZPO
Nr. 48 = AuR 1995, 108 – substantiierte Darlegung erforderlich; LAG München 26. 6. 1987
AnwBl. 1987, 499) oder im Einzelfall aus Sicht eines verständigen Dritten die gewerkschaftliche
Vertretung ungeeignet ist (LAG Düsseldorf 25. 3. 1983 EzA § 115 ZPO Nr. 8; zB wegen einer
möglichen Interessenkollision). Ist der Ast. lediglich Mitglied in einem Verband iSd. § 11 I 3, gilt für
ihn die Einschränkung des § 11a I 1 nicht, was sich bereit aus dem Wortlaut ergibt („Gewerkschaft"
bzw. „Vereinigung von Arbeitgebern"; GMP/*Germelmann* § 11a Rn. 44f.; GK-*Bader* § 11a Rn. 193;
aA *Schaub* ArbGV § 18 Rn. 52). Über die Mitgliedschaft in einer Gewerkschaft oder AGVerband
hat sich der Ast. zu erklären, andernfalls kann die Beiordnung versagt werden (LAG Hamm 8. 6.
1993 LAGE § 118 ZPO Nr. 7).

5. Erfolgsaussichten. Die Beiordnung kann unterbleiben, wenn sie *(1)* aus bes. Gründen nicht 7
erforderlich ist (§ 11a II 1. Alt.). Dies ist der Fall, wenn die Partei bei einem einfach gelagerten
Streitstoff selbst über die erforderlichen Kenntnisse und Fähigkeiten verfügt, um den Rechtsstreit
selbst zu führen. Anders als für die Bewilligung von Prozesskostenhilfe ist für die Beiordnung nicht
notwendig, dass die Rechtsverfolgung aussichtsreich ist. Sie kann nur verweigert werden, wenn
(2) die Rechtsverfolgung offensichtlich mutwillig ist (§ 11a II 2. Alt.); die „einfache" Mutwilligkeit
iSd. § 114 Satz 1 ZPO ist nicht ausreichend. Offensichtlich mutwillig ist die Rechtsverfolgung nur
dann, wenn sie auf den ersten Blick erfolglos sein wird (LAG Düsseldorf 29. 10. 1986 LAGE § 11a
ArbGG 1979 Nr. 4). Erforderlich ist nicht, dass der Ast. (subjektiv) wider besseres Wissen handelt,
maßgeblich ist vielmehr die objektive Rechtslage. Offensichtliche Mutwilligkeit kann bei Bestehen
einer entgegenstehenden höchstrichterlichen Rspr. gegeben sein, nicht jedoch bei der Verfolgung von
Verzugslohnansprüchen vor rechtskräftiger Entscheidung über die Kündigungsschutzklage (LAG
Frankfurt 22. 10. 1984 NZA 1985, 196), Erhebung einer negativen Feststellungsklage bei voran-
gegangener Teilklage der Gegenpartei oder Beschreiten des falschen Rechtswegs (BAG 27. 10. 1992
AP ZPO 1977 § 281 Nr. 5 = NJW 1993, 751 = NZA 1993, 285; aA ArbG Hanau 16. 5. 1997 ARST
1998, 63).

einer Familiengemeinschaft zu Auswirkungen auf das Einkommen des Antragstellers. Die Aufwendungen des Ast. für den gemeinsamen Haushalt können als besondere Belastungen im Sinne des § 115 I 3 Nr. 4 ZPO das Einkommen mindern. Da diese Aufwendungen nicht beziffert werden können, ist zur Bemessung ihrer Höhe der Wert nach der sozialversicherungsrechtlichen SachbezugsVO vom 19. 12. 1994 (BGBl. I 3849) maßgeblich (LAG Hamm 31. 3. 1992 LAGE § 115 ZPO Nr. 44); maximal wird man eine besondere Belastung bis zur Höhe der Freibeträge nach § 115 I 3 Nr. 2 ZPO für Familienangehörige anerkennen können. Wirtschaftliche Vorteile, die der Ast. aus einer Haushaltsgemeinschaft zieht, sind bei der Feststellung der einzusetzenden Einkommens zu berücksichtigen. Auch hier wird man eine Bewertung anhand der SachbezugsVO vornehmen können; nach anderer Ansicht ist im Regelfall dem Ast. die Hälfte des Betrages zuzurechnen, um den die Nettoeinkünfte des Partners seine Nettoeinkünfte übersteigen (LAG Nürnberg 24. 1. 1990 LAGE § 115 ZPO Nr. 41).

20 ff) **Sachbezüge.** Gewährt der AG dem AN Sachbezüge (freie Kost, freie Wohnung, Dienstwagen mit Privatnutzungsmöglichkeit, Rabatte beim Einkauf etc.), sind diese dem Einkommen zuzurechnen, sofern ihnen Geldwert zukommt. Die Einzelheiten der Berechnung ergeben sich aus der DVO zu § 76 BSHG, die in § 2 wegen der Bewertung von Sachbezügen ihrerseits auf die SachbezugsVO vom 19. 12. 1994 (BGBl. I S. 3849) Bezug nimmt. § 6 Sachbezug VO verweist auf die steuerrechtlichen Vorschriften, sodass das auch für Privatfahrten nutzbare Firmenfahrzeug daher mtl. mit 1% des Listenpreises als geldwerter Vorteil anzurechnen ist (§ 8 II EStG).

21 gg) **Staatliche Leistungen, Sozialhilfe und Kindergeld.** Grundsätzlich zählen alle staatlichen und Leistungen der Sozialversicherungsträger, die der Ast. bezieht, zu seinem Einkommen. Das betrifft namentlich Arbeitslosengeld, Arbeitslosenhilfe, Wohngeld und Renteneinkünfte, aber auch Lohnersatzleistungen wie zB Krankengeld sowie vergleichbare Leistungen. Etwas anderes gilt nur, wenn die staatliche Zuwendung zweckbezogen ist und die Zweckerreichung durch die Anrechnung gefährdet wäre (§ 77 I 1 BSHG); anrechnungsfrei ist daher zB das **Erziehungsgeld** (§ 8 I BErzGG). Wird durch die Sozialamt Hilfe zum Lebensunterhalt gewährt, zählt auch diese zum Einkommen. Da ihre Bewilligung strengeren Voraussetzungen als die Prozesskostenhilfe unterliegt, kann einem **Sozialhilfeempfänger** regelmäßig ohne besondere Prüfung Prozesskostenhilfe ohne Ratenzahlung bewilligt werden, sofern ein aussagekräftiger Sozialhilfebescheid vorliegt (vgl. OLG München 18. 5. 1995 FamRZ 1996, 42; weitergehend LAG Rheinland-Pfalz 17. 6. 1994 ARST 1995, 190 – Sozialhilfe zählt nicht zum Einkommen). Die Berücksichtigung des **Kindergeldes** ist umstr. und von der Bestimmung seines Zuwendungszwecks abhängig. Wird es als Unterstützung des Kindes angesehen, kann es aufgrund der Regelung in § 77 I BSHG nicht dem Einkommen der Eltern zugerechnet werden (LAG Rheinland-Pfalz 22. 7. 1994 NZA 1995, 911; aA LAG Brandenburg 3. 11. 1998 JurBüro 1999, 143 – Unterstützung der Eltern). Wird das Einkommen bei den Eltern berücksichtigt, ist es der bezugsberechtigten Person zuzuordnen, ansonsten stellt es eigenes Einkommen der Kinder dar, das zur Verringerung des Freibetrages nach § 115 I 3 Nr. 2 ZPO führt.

22 hh) **Wohlfahrtsleistungen.** Entsprechend der Regelung in § 78 BSHG bleiben bei der Ermittlung des Einkommens Zuwendungen der freien Wohlfahrtspflege oder der Kirchen außer Betracht, soweit nicht die Zuwendung die Lage des Empfängers so günstig beeinflusst, dass daneben Sozialhilfe ungerechtfertigt wäre. Die Nichtanrechnung setzt die Freiwilligkeit der Leistung voraus. Leistungen, die auf Grund einer rechtlichen oder sittlichen Pflicht zugewendet werden, zählen als Einkommen. § 78 BSHG ist bei entsprechender Zweckbestimmung auf Zuwendungen Privater analog anzuwenden.

23 c) **Abzugsbeträge vom Einkommen.** Von dem Einkommen sind nach § 115 I 3 ZPO Abzüge vorzunehmen, die sich einerseits aus dessen Nr. 2–4, aber auch aus der Verweisung auf § 76 II, II a BSHG in § 115 I 3 Nr. 1 BSHG ergeben. Aus den in § 115 I 3 Nr. 2, 3 ZPO folgt dabei ein eigenständiger prozesskostenhilferechtlicher Begriff des Grundbedarfs des Ast., der durch die Berücksichtigung der tatsächlichen Wohnungskosten (Nr. 3) und die Anbindung an die §§ 79, 82 BSHG dynamisch ausgestaltet ist. Für eine Anrechnung weiterer einkommensmindernder Faktoren unter Rückgriff auf das GG und sonstige allgemeine Erwägungen bleibt daher kein Raum mehr. Die Abzugsbeträge umfassen zum einen die üblichen Abzüge vom Brutto- zum Nettoeinkommen zuzüglich Werbungskosten (§ 76 II BSHG); ergänzend treten die besonderen Belastungen aus § 115 I 3 Nr. 4 ZPO hinzu. Zusätzlich werden aus dem Bereich der privaten Lebenshaltungskosten die Aufwendungen für Wohnung und Heizung berücksichtigt (§ 115 Abs. 1 Nr. 3 ZPO). Schließlich sind noch die Freibeträge zu berücksichtigen, die sich aus § 115 I 3 Nr. 2 ZPO und § 76 II a, II Nr. 5 BSHG ergeben.

24 aa) **Steuern, Sozialversicherungsbeiträge und gleichgestellte Versicherungen (§ 76 II Nr. 1–3 BSHG).** Aufgrund der Verweisung in § 115 I 3 Nr. 1 ZPO sind zunächst die in § 76 II BSHG genannten Beträge vom Einkommen abzusetzen. Dies sind die auf das Einkommen entrichteten Steuern; hierzu zählen Lohn-, Einkommen- und Kirchensteuer sowie der Solidaritätszuschlag, nicht aber Gewerbe- und Umsatzsteuer (§ 76 II Nr. 1 BSHG). Abzusetzen sind auch die auf der Grundlage des Arbeitsverhältnisses vom AN abzuführenden Beitragsanteile zur Sozialversicherung (§ 76 II Nr. 2

Koch

IV. Prozesskostenhilfe § 11a ArbGG 60

BSHG). Berücksichtigungsfähig sind die Pflichtbeiträge zur gesetzlichen Rentenversicherung, sozialen Pflegeversicherung, gesetzlichen Krankenversicherung und Arbeitslosenversicherung; soweit keine Versicherungspflicht besteht, sind private Versicherungen in angemessenem Umfang berücksichtigungsfähig. Als Beiträge zu privaten Versicherungen sind nach § 76 II Nr. 3 BSHG die Prämien zu privaten Unfall-, Sterbegeld- oder Haftpflichtversicherungen sowie Hausrat-, Einbruch-, Diebstahl-, Feuer-, Wasserschaden- und Glasbruchversicherungen abzusetzen, soweit sie im Rahmen der üblichen Risikovorsorge liegen; hierzu gehören auch Beiträge im Rahmen der nach § 82 EStG geförderten Altersvorsorge („Riester-Rente"), § 76 II Nr. 3 BSHG. Ansonsten sind Lebensversicherungsbeiträge absetzbar, wenn und soweit nicht erwartet werden kann, dass für das Alter eine zur Deckung des Lebensbedarfs ausreichende Sozialversicherungsrente oder sonst ausreichendes Einkommen vorhanden sein wird und auch kein hierfür ausreichendes Vermögen zur Verfügung steht. Eine Kfz-Haftpflichtversicherung ist nur absetzbar, wenn das Fahrzeug für die Fahrt zur Arbeitsstätte benötigt wird; ihre Erreichbarkeit mit öffentlichen Verkehrsmitteln führt zu ihrer Nichtberücksichtigung.

bb) Werbungskosten (§ 76 II Nr. 4 BSHG). Zu den nach §§ 115 I 3 Nr. 1 ZPO, 76 II Nr. 4 BSHG 25 abzugsfähigen, weil mit der Erzielung des Einkommens verbundenen Aufwendungen zählen vor allem die notwendigen Aufwendungen für **Arbeitsmittel** und für die Fahrten zwischen Wohnung und Arbeitsstätte, notwendige **Beiträge für Berufsverbände** sowie die notwendigen Mehraufwendungen infolge der Führung eines doppelten Haushalts (§ 3 IV DVO zu § 76 BSHG). Die **Aufwendungen für Arbeitsmittel** können ohne besonderen Nachweis in Höhe von 5,20 € monatlich anerkannt werden; höhere Aufwendungen müssen nachgewiesen werden (§ 3 V DVO zu § 76 BSHG). Für die **Fahrten zwischen Wohnung und Arbeitsstätte** ist mindestens der Betrag für die tariflich günstigste Zeitkarte im öffentlichen Personennahverkehr abzusetzen; dies gilt auch dann, wenn tatsächlich das eigene Kfz verwendet wird (arg. § 3 VI Nr. 1 DVO zu § 76 BSHG). Ist ein öffentliches Verkehrsmittel nicht vorhanden oder dessen Benutzung unzumutbar und deshalb die Benutzung eines Kfz notwendig, können monatlich für die Benutzung des Kfz pro Entfernungskilometer 5,20 € angesetzt werden, wobei maximal 40 Entfernungskilometer berücksichtigungsfähig sind (§ 3 VI Nr. 2 DVO zu § 76 BSHG). Kleinstkraftwagen bis 500 ccm Hubraum können nach der genannten Vorschrift mit 3,70 € angesetzt werden, Motorrad oder -roller mit 2,30 € und ein Fahrrad mit Motor mit 1,30 €. Ist der Ast. außerhalb des Ortes beschäftigt, an dem er einen eigenen Hausstand unterhält, und kann ihm weder der Umzug noch die tägliche Rückkehr an den Ort des eigenen Hausstandes zugemutet werden, sind die durch die **Führung des doppelten Haushalts** ihm nachweislich entstehenden Mehraufwendungen, höchstens ein Betrag von 130,00 € monatlich sowie die anerkennungsfähigen Fahrtkosten für eine Familienheimfahrt monatlich abzusetzen (§ 3 VII DVO zu § 76 BSHG). **Weitere Werbungskosten** (z.B. Mehraufwendungen wegen berufsbedingter Abwesenheit vom Wohnort, die Kosten für ein Arbeitszimmer) können bei Nachweis ebenfalls abgesetzt werden; insoweit kann auch die steuerrechtliche Kasuistik zu den verschiedenen weiteren Aufwendungsarten zurückgegriffen werden. Da das Antragsformular zur Prozesskostenhilfe eine vollständige Erklärung zu den anfallenden Werbungskosten nicht gerade fördert, hat das Gericht bei erwerbstätigen Ast. ggf. durch gesonderte Hinweise auf eine vollständige Erklärung hinzuwirken.

cc) Freibeträge bei Erwerbstätigkeit (§ 76 II a BSHG). Nach § 76 II a Nr. 1 BSHG ist bei 26 Erwerbstätigen von dem Einkommen ein zusätzlicher Betrag „in angemessener Höhe" abzusetzen. Dieser Betrag ist als Anreiz gedacht, eine Erwerbstätigkeit trotz schwieriger persönlicher oder wirtschaftlicher Lage aufzunehmen oder beizubehalten. Mit ihm soll gleichzeitig anerkannt werden, dass mit der Erwerbstätigkeit im Regelfall über die Werbungskosten hinaus auch erhöhte Ausgaben im persönlichen Bereich einhergehen (zB Kleidung, Körperpflege). Erwerbstätig sind Personen, die unter Einsatz ihrer Arbeitskraft einem Erwerb nachgehen, bei einem ruhenden Arbeitsverhältnis ist der Freibetrag entspr. zu reduzieren. Die Berechnung des Freibetrags ist wegen der Unbestimmtheit der Norm umstr.; eine Bindung der Gerichte an eine RechtsVO nach § 76 III BSHG besteht nicht, da in § 115 I ZPO eine entspr. Verweisung fehlt. Nach den Empfehlungen des *Dt. Vereins für öffentliche und private Fürsorge* (Schriftenreihe Heft 55 Rn. 23 ff., s. u. www.deutscher-verein.de) ist eine Erhöhung von bis zu 50% des Sozialhilferegelsatzes für den Haushaltsvorstand als zusätzlicher Freibetrag als angemessen anzusehen. Dabei soll das an sich anrechenbare Einkommen vollständig frei bleiben, wenn es 25% des Eckregelsatzes nicht übersteigt. Liegt es höher, sollen jeweils 15% des Zusatzeinkommens frei bleiben, allerdings nie mehr als 50% des Regelsatzes. Da der Eckregelsatz der Sozialhilfe und der Freibetrag des Ast. nach § 115 I 3 Nr. 2 ZPO aus derselben Bezugsgröße abgeleitet werden, lässt sich das Berechnungsmodell auch in Prozentsätzen des Freibetrages nach § 115 I 3 Nr. 2 ZPO bestimmen. Danach ist bei erwerbstätigen ASt. zunächst ein zusätzlicher Freibetrag von 20% ihres Freibetrags nach § 115 I 3 Nr. 2 ZPO abzusetzen. Erzielt der Ast. trotz dieser Anrechnung noch anrechenbares Einkommen, ist nochmals der niedrigere Betrag aus dem 1,3-fachen Freibetrag nach § 115 I 3 Nr. 2 ZPO und dem verbleibenden anzurechnenden Einkommen in Höhe von 15% seines Nennbetrages als zusätzlicher Freibetrag abzusetzen.

Die Freibeträge erhöhen sich für die Personen, die trotz **beschränktem Leistungsvermögen** einem 27 Erwerb nachgehen (§ 76 II a Nr. 2 BSHG). Dies betrifft vorwiegend Personen ab dem 65. Lebensjahr,

Beschäftigte in einer Werkstatt für behinderte Menschen, Alleinerziehende mit ganztägiger Berufstätigkeit, sofern sie für ein Kind zu sorgen haben oder halbtags berufstätige Personen, die für zwei Kinder zu sorgen haben, die nicht eine Tagesstätte mit Ganztagsbetreuung oder eine ähnliche Einrichtung besuchen; die Kinder dürfen das 16. Lebensjahr nicht vollendet haben. Nach den Empfehlungen des *Dt. Vereins für öffentliche und private Fürsorge* (Schriftenreihe Heft 55 Rn. 24) ist für diesen Personenkreis ein max. zus. Freibetrag von 66% des Eckregelsatzes (entspr. etwa 50% des Freibetrages nach § 115 I 3 Nr. 2 ZPO) bei ähnlicher Staffelung wie bei den übrigen Erwerbstätigen angemessen. Noch höhere Feibeträge sollen den Personen zu Gute kommen, die von § 76 Abs. 2 a Nr. 3 BSHG erfasst sind (blinde und schwerstbehinderte Personen). Hier wird ein zusätzlicher Freibetrag in Höhe des vollen Eckregelsatzes empfohlen (*Dt. Verein* Rn. 25).

28   **dd) Freibetrag für Ast. und den Ehegatten (§ 115 I 3 Nr. 2 ZPO).** Vom berücksichtigungsfähigen Einkommen sind für den Ast. und dessen Ehegatten Freibeträge abzuziehen. Zum Ehegatten zählt auch der Lebenspartner nach § 1 LPartG, nicht aber andere Lebensgefährten, selbst wenn es sich um ein eheähnliches Verhältnis handelt. Lebt der Ast. mit einem Lebenspartner und Kindern in einer familienähnlichen Gemeinschaft, können Belastungen in Höhe der Freibeträge als Belastung wegen tatsächlich gewährten Unterhalts im Rahmen von § 115 I 3 Nr. 4 ZPO anerkannt werden. Der Abzugsbetrag beträgt 64% des Einkommensgrundbetrags, den ein Empfänger von Hilfe in bes. Lebenslagen nicht einsetzen muss (§ 79 I Nr. 1 BSHG). Seine Höhe wird jeweils jährlich vom BMJ bekannt gegeben, er beträgt seit dem 1. Juli 2003 364 Euro (BGBl. I S. 918). Diese typisierende Festsetzung ist verfassungsgemäß (BVerfG 25. 9. 1992 NJW 1992, 3193) und gewährleistet die Vorgaben des BVerfG, wonach dem Ast. auch nach Übernahme der Aufwendungen für die Prozesskosten der Sozialhilferegelsatz (§ 22 BSHG) verbleiben muss (BVerfG 26. 4. 1988 NJW 1988, 2231). Die Freibeträge für den Ehegatten und die weiteren unterhaltsberechtigten Personen (dazu Rn. 29) vermindern sich gem. § 115 I 3 Nr. 2 ZPO um die eigenen Einkünfte dieser Personen. Für die Berechnung der Einkünfte sind die Grundsätze anzuwenden, die für die Berechnung bei dem ASt. maßgeblich sind; insbes. sind daher die jeweiligen Abzugsbeträge nach den § 76 II, II a BSHG zu berücksichtigen (LAG Nürnberg 25. 8. 2000 LAGE § 115 ZPO Nr. 57).

29   **ee) Unterhaltsleistungen (§ 115 I 3 Nr. 2 ZPO).** Für jede Person, an die der Ast. Unterhaltszahlungen erbringt, sind 45% des Grundbetrags nach den § 79 I Nr. 1, 82 BSHG abzuziehen. Als Unterhaltspflicht gilt nur die gesetzliche, nicht hingegen die durch Vertrag begründete. Die letztgenannten Aufwendungen können nur im Rahmen des § 115 I 3 Nr. 4 ZPO als besondere Belastungen berücksichtigt werden. Die Höhe des Grundbetrags wird jährlich vom BMJ neu bekannt gegeben, er beträgt ab dem 1. Juli 2003 256 Euro (BGBl. I S. 918). Höhere Beträge, insbesondere für Kinder im Alter von 15–18 Jahren können gleichfalls nach § 115 I 3 Nr. 4 ZPO berücksichtigt werden, dazu *Zöller/Philippi* § 115 ZPO Rn. 34. Die Unterhaltsleistung kann durch eine Geldzahlung oder durch Betreuung geleistet werden, erforderlich ist aber, dass sie auch tatsächlich erbracht wird. Von einer Unterhaltsleistung kann ohne weiteren Nachweis ausgegangen werden, wenn entweder minderjährige oder noch in der Ausbildung befindliche Kinder in den Haushalt des Ast. aufgenommen worden sind, ggf. ist das Einkommen des betreuten Unterhaltsberechtigten anzurechnen (Rn. 28). Bei gemeinsamer Betreuung eines Kindes durch die getrennt lebenden oder geschiedenen Eltern ist der Freibetrag ungekürzt zu gewähren (str.). Wird der Unterhalt durch eine Geldrente geleistet, ist deren Höhe maßgeblich, sofern sie den Freibetrag nicht unterschreitet; lediglich unverhältnismäßig hohe Unterhaltszahlungen sind auf ein angemessenes Maß zu reduzieren. Bei gemischter Unterhaltsgewährung (Betreuung und Geldzahlung) ist der Geldwert des Betreuungsunterhalts zu schätzen. Beide Unterhaltsformen werden zusammengerechnet, ggf. auf eine angemessene Höhe zurückgeführt.

29 a **ff) Zusätzlicher Kinderfreibetrag nach § 76 II Nr. 5 BSHG.** Nach § 76 II Nr. 5 BSHG ist bis zum 30. 6. 2005 für minderjährige, unverheiratete Kinder des Ast. ein zusätzlicher Freibetrag in Höhe von monatlich 10,25 € bei einem Kind und von monatlich 20,50 € bei zwei und mehr Kindern im Haushalt abzusetzen. Diese in der Praxis gelegentlich nicht ausreichend zur Kenntnis genommene Regelung ist erstmals durch das Gesetz zur Familienförderung vom 28. 12. 1999 (BGBl. I, S. 2552) zeitlich befristet bis zum 30. 6. 2002 eingeführt worden. Die Geltungsdauer der Regelung ist sodann durch das Zweite Gesetz zur Familienförderung vom 16. 8. 2001 (BGBl. I S. 2074) sowie zuletzt durch Gesetz vom 27. 4. 2002 (BGBl. I S. 1462) verlängert worden. Mit den Gesetzen zur Familienförderung hat der Gesetzgeber auf die Entscheidung des BVerfG zum steuerfreien Betreuungsbedarf von Eltern (BVerfG 10. 11. 1998 NJW 1999, 557 = BVerfGE 99, 216) reagiert. Aufgrund dieser Zwecksetzung tritt dieser Freibetrag zu dem Freibetrag nach § 115 I 3 Nr. 2 ZPO hinzu.

30   **gg) Kosten der Unterkunft und Heizung (§ 115 I 3 Nr. 3 ZPO).** Abzugsfähig sind auch die Kosten der Unterkunft und deren Beheizung; nicht hierzu zählen die Aufwendungen für Strom und in Küche und Bad verwendetem Gas, da diese bereits in dem Freibetrag nach § 115 I 3 Nr. 2 ZPO enthalten sind. Berücksichtigt werden der Mietzins und etwaige Betriebskosten für die Unterkunft.

Bei selbstgenutzten Eigentumswohnungen oder Wohnhäusern können die Belastungen für die Zinsen für Fremdmittel, nicht aber die Tilgung sowie die Kosten der Instandhaltung (vgl. § 13 f WohngeldVO i. d. F. d. Bek. v. 19. 10. 2001, BGBl. I 2722) in Abzug gebracht werden. Stehen die Kosten der Unterkunft in einem auffälligen Missverhältnis zu den Verhältnissen der Partei, sind sie vom Gericht auf die angemessenen (ggf. zu schätzenden) Kosten zu reduzieren. Das Missverhältnis kann sich entweder an der unangemessenen Größe des Wohnraumes oder aus ihren unangemessen hohen Kosten ergeben; Wohnungskosten bis zu 50 Prozent des Nettoeinkommens dürften im Regelfall noch nicht als unangemessen zu bezeichnen sein.

hh) **Besondere Belastungen (§ 115 I 3 Nr. 4 ZPO).** Von dem Einkommen des Ast. sind nach § 115 I 3 Nr. 4 ZPO weitere Beträge abzuziehen, soweit dies mit Rücksicht auf die besonderen Belastungen des Ast. angemessen ist. Über diese Generalklausel werden Absetzbeträge anerkannt, die auf Belastungen des Ast. beruhen, die nicht vom Sozialhilferegelsatz und den anderen in § 115 I 3 ZPO genannten Aufwendungen erfasst werden. Hierzu zählen insb. **Kreditbelastungen,** wenn das Darlehen vor Verfahrensbeginn oder ohne Kenntnis von dem bevorstehenden Verfahren aufgenommen worden ist. Diese können abgesetzt werden, selbst wenn die Verbindlichkeit für Anschaffungen der allgemeinen Lebenshaltung eingegangen worden ist (einschränkend LAG Hamburg 13. 8. 1997 LAGE § 115 ZPO Nr. 52). Die Aufwendungen für Zinsen und Tilgung müssen allerdings von damaligem Zeitpunkt im Verhältnis zum bezogenen Einkommen angemessen gewesen sein, wobei Beurteilungszeitpunkt der jeweilige Vertragsabschluss ist. Eine zum Zeitpunkt der Anschaffung eines notwendigen Pkw eingegangene Kreditverpflichtung wird daher nicht dadurch unangemessen, wenn der Ast. arbeitslos wird und das Fahrzeug für eine berufliche Tätigkeit zunächst nicht benötigt (LAG Sachsen 13. 2. 1998 LAGE § 115 ZPO Nr. 54). Ansonsten können die steuerlich anerkannten Sonderausgaben auch hier als Leitlinie Berücksichtigung finden. Als besondere Belastung können daher insbesondere anerkannt werden Unterhaltsleistungen an Personen, die nicht von § 115 I 3 Nr. 2 ZPO erfasst sind, Aufwendungen für besondere Familienereignisse (Hochzeit, Geburt, Todesfall), durch Krankheit oder Pflegebedürftigkeit bedingte Mehraufwendungen, soweit sie nicht anderweitig erstattet werden sowie Kosten für Aus- und Weiterbildung.

d) **Anwendung der Tabelle.** Das tatsächlich feststellbare Einkommen des Ast. wird nach Maßgabe von § 115 I 3 ZPO reduziert. Das verbleibende Resteinkommen ist nach der Tabelle zu § 115 ZPO zur Finanzierung des Rechtsstreits einzusetzen.

3. **Vermögen. a) Begriff.** Unter Vermögen im Sinne von § 115 ZPO ist nur das materielle Vermögen zu verstehen, also Geld und sonstige geldwerte Gegenstände. Vermögensgegenstände können daher bewegliche und unbewegliche Sachen (auch Tiere § 90a BGB) sowie Forderungen und dingliche Rechte sein. Geldwerte Vermögensgegenstände können nur berücksichtigt werden, soweit sie verwertbar sind (§ 88 I BSHG), also soweit sie zu Geld gemacht werden können. Die Abgrenzung von Einkommen und Vermögen kann im Grenzbereich schwierig sein. Geld und Geldwerte gehören zum Vermögen, soweit sie nicht dem Einkommen zuzurechnen sind (*Dt. Verein,* Empfehlungen, Rn. 32). Damit zählen zum Vermögen alle Werte, die zu Beginn des Bewilligungsmonats vorhanden sind zuzüglich des zum Ende des Bewilligungsmonats nicht verbrauchten Einkommens. Maßgeblich für die Beurteilung der Höhe des Vermögens ist der Zeitpunkt, in dem der Ast. mit der Übernahme von Prozesskosten rechnen muss. Etwaige Zuwächse bis zur Bewilligungsreife des Antrags sind zu berücksichtigen, da neues Vermögen vorrangig für die Begleichung der Prozesskosten einzusetzen ist (LAG Hamburg 13. 8. 1997 LAGE § 115 ZPO Nr. 52).

Die **Abgrenzung zwischen Einkommen und Vermögen** hat eine besondere Bedeutung, da beim Einsatz des Vermögens regelmäßig unbeachtlich ist, wie es erworben worden ist. So bleibt zB das Schmerzensgeld bei der Bewertung als Einkommen außer Ansatz, während das hieraus erworbene Vermögen ohne weiteres einzusetzen ist, soweit nicht § 88 I, III BSHG einschlägig ist (OLG Zweibrücken 15. 8. 1997 JurBüro 1998, 478). Wird ein Vermögensgegenstand verwertet, gehören die zufließenden Mittel nicht zum Einkommen, sondern zum Vermögen. Fällige Forderungen, die zum Zwecke des Ansparens nicht realisiert werden, zählen ebenfalls zum Vermögen. Das Vermögen muss verwertbar sein. Das ist bei Geldvermögen und geldesgleichem Vermögen (zB Bankguthaben) stets der Fall. Andere Vermögensgegenstände gelten als verwertbar, wenn sie durch Veräußerung oder ähnliche Rechtsgeschäfte, zu denen auch die Beleihung gehört, zu einem Zufluss von Geld führen können (OVG Münster 17. 1. 2000 NVwZ-RR 2000, 685). Der erzielbare Erlös muss lediglich wirtschaftlich vertretbar sein und die Verwertung muss innerhalb eines absehbaren Zeitraums möglich sein. Die übliche Vorlaufzeit zum Verkauf einer Immobilie hindert nicht ihre Verwertung; gegebenenfalls ist für den Vermögenseinsatz im Rahmen der PKH eine Frist zu bestimmen, die den vermutlichen Zeitraum bis zur Veräußerung des Grundstücks umfasst (dazu auch Rn. 41).

b) **Schonvermögen (§ 88 II BSHG). aa) Grundsatz.** Aus sozialpolitischen Gesichtspunkten sind nach § 88 II BSHG eine Reihe von Vermögensgegenständen von der Verwertung ausgeschlossen. Hierzu zählen insbesondere der **Hausrat** (§ 88 II Nr. 3 BSHG): Zum Hausrat gehören insbesondere Möbel und die sonstige Wohnungseinrichtung, Haushaltsgeräte, Wäsche, Bücher etc. Ein Auto gehört nicht zum Hausrat (BVerwG 8. 7. 1991 – 5 B 57/91 – nv.; OVG Münster 27. 10. 1992 NJW 1993, 1412). Geschützt ist nur der angemessene Hausrat; dabei ist auf den Lebenszuschnitt vergleichbarer Bevölkerungsgruppen abzustellen, die Prüfung sollte aber nicht kleinlich erfolgen. **Vermögensgegenstände, die für die Erwerbstätigkeit unentbehrlich sind** (§ 88 II Nr. 4 BSHG): Hierzu zählen Gegenstände zur Berufsausbildung oder Erwerbstätigkeit, wenn ohne sie eine Ausbildung oder Erwerbstätigkeit unmöglich ist, zB ein Betriebsgrundstück, Arbeitsgerät jeder Art, Schutzkleidung, Fachliteratur usw. Ein Auto ist für die Erwerbstätigkeit bei Arbeitnehmers insb. dann unentbehrlich, wenn er anders nicht den Arbeitsplatz erreichen kann (OLG Köln 1. 8. 1997 FamRZ 1998, 1522), nicht hingegen, wenn der Arbeitsplatz mit öffentlichen Verkehrsmitteln erreichbar ist (OVG Münster 27. 10. 1992 NJW 1993, 1412).

36 bb) **Eigengenutztes Hausgrundstück.** Nach § 88 II Nr. 7 BSHG ist ein angemessenes Hausgrundstück, das vom Ast. allein oder zusammen mit Angehörigen ganz oder teilweise bewohnt wird, nicht einzusetzen. Das selbstgenutzte Hausgrundstück muss angemessen sein, wobei die Norm sieben Kriterien zur Prüfung der Angemessenheit vorgibt. Der angemessenen Wohnbedarf richtet sich nach der Anzahl der zum Haushalt gehörenden angehörigen Bewohner. Auch nach Aufhebung des 2. WohbauG wird auf die dortigen Obergrenzen für die Wohnfläche abzustellen sein (Einfamilienhaus: 130 qm bzw. Eigentumswohnung: 120 qm bei 4-Personen-Haushalt). Der Wert ist entsprechend zu vermindern, wenn die Wohnfläche von weniger als vier Personen genutzt wird (OLG Karlsruhe 29. 12. 1999 FamRZ 2001, 236 – 20 qm/Person). Die angemessenen Grundstücksgröße beträgt zwischen 250 qm (Reihenhaus) und 500 qm (freistehendes Einfamilienhaus). Mit dem Abstellen auf den Wert des Grundstücks soll sichergestellt werden, dass die Vorschrift nicht missbraucht wird. Ist das Haus bzw. die Wohnung zwar noch angemessen groß, jedoch auf Grund ihrer Lage unangemessen wertvoll, handelt es sich nicht mehr um Schonvermögen. Maßgeblich ist der Verkehrswert. Maßstab für einen noch angemessenen Wert können die vor Ort üblichen Kosten für den sozialen Wohnungsbau sein. Geschützt ist nur das selbst genutzte Hausgrundstück, das bereits bei Antragstellung vorhanden war und nicht erst während des Verfahrens erworben wird (OLG München 19. 8. 1998 FamRZ 1999, 303). Ansonsten stellen Immobilien Sachwerte dar, deren Verwertung im Regelfall zumutbar ist. Die Inanspruchnahme kann dabei sowohl durch Verkauf wie auch durch Beleihung erfolgen; sie wird nicht dadurch ausgeschlossen, dass sie mit finanziellen Einbußen verbunden ist.

37 cc) **Kleinere Barbeträge oder sonstige Geldwerte.** Nicht einzusetzen sind nach § 88 II Nr. 8 BSHG dem Vermögen zuzurechnende kleinere Barbeträge oder sonstige Geldwerte. Einzelheiten ergeben sich aus der zu § 88 IV BSHG ergangenen DVO v. 11. 2. 1988 (BGBl. I S. 150), wobei nach dem Gesetz keine Bindung der Gerichte besteht (str., Nachw. bei GK-ArbGG/*Bader* Rn. 84). Der Freibetrag für den Ast. beträgt z. Zt. 2301,00 Euro (§ 1 I Nr. 1 lit. b DVO). Er erhöht sich für den im Haushalt lebenden Ehegatten um 614,00 Euro und für jede weitere Person, die vom Antragsteller oder seinem Ehegatten überwiegend unterhalten wird, um weitere 256,00 Euro (§ 1 I Nr. 2 DVO). Nach § 2 I DVO kann der Schonbetrag „angemessen erhöht" werden, wenn im Einzelfall eine besondere Notlage des Ast. besteht. Dabei sollen einerseits die Kosten des Prozesses und andererseits besondere Belastungen des Ast. zu berücksichtigen sein. Zur Ausfüllung dieses Ermessensspielraums kann auf die Auslegung der „besonderen Belastungen" in § 115 I 3 Nr. 4 ZPO bei der Einkommensbemessung zurückgegriffen werden. So kann insbesondere dann ein größeres Schonvermögen verschont bleiben, wenn der Ast. dieses derzeit durch monatliche Verringerung zum Lebensunterhalt verwendet, da er kein Einkommen erzielen kann. § 2 DVO BSHG bietet auch eine geeignete Grundlage, um Abfindungszahlungen des Arbeitgebers angemessen zu berücksichtigen, wenn diese zum Bestreiten des Lebensunterhalts eingesetzt werden (dazu Rn. 39). Nach § 2 II DVO kann der Schonbetrag „angemessen herabgesetzt" werden, wenn die Bedürftigkeit vorsätzlich oder grob fahrlässig herbeigeführt wurde. Wird das Schonvermögen durch die liquiden Mittel nicht voll erreicht, können auch Sachwerte, insb. Kraftfahrzeuge ergänzend in die Freistellung einbezogen werden; maßgeblich ist dann der derzeitige mutmaßliche Verkaufserlös (BVerwG 19. 12. 1997 NJW 1998, 1879 – Wohnmobil). Bleiben kleinere Barbeträge beim Vermögenseinsatz außer Ansatz, sind die daraus gezogenen Früchte (Zinsen, Prämien etc) gleichwohl beim Einkommen zu berücksichtigen.

38 c) **Unzumutbarkeit des Vermögenseinsatzes (§ 88 III BSHG).** Der Einsatz und die Verwertung des Vermögens ist nach § 88 III BSHG ausgeschlossen, wenn dies für den Ast. oder seine unterhaltsberechtigten Angehörigen eine Härte bedeuten würde. Dieser Begriff ist im Zusammenhang mit den vorangehenden Vorschriften des Schonvermögen über das Schonvermögen zu bestimmen. Diese sollen gewährleisten, dass die Sozialhilfe nicht zu einer wesentlichen Beeinträchtigung der vorhandenen Lebensgrundlagen führt. Überdies soll verhindert werden, dass die Sozialhilfe, die im Idealfall lediglich eine vorübergehende Hilfe ist, zu einem wirtschaftlichen Ausverkauf führt, damit den Willen zur Selbsthilfe beeinträchtigt und zu einer nachhaltigen sozialen Herabstufung führt. Aus diesem Grund kommt es bei der Anwendung des § 88 III BSHG darauf an, ob die Anwendung der Regelvorschriften zu einem den Leitvorstellungen des § 88 II BSHG nicht entsprechenden Ergebnis führen würde (BVerwG 29. 4. 1993 BVerwGE 92, 254 = NVwZ 1994, 102).

IV. Prozesskostenhilfe § 11a ArbGG 60

d) Einzelfälle. aa) Arbeitsrechtliche Abfindungen. Eine Abfindung, die ein Arbeitnehmer vor 39
dem Arbeitsgericht erstritten hat oder die der Arbeitgeber aus anderen Gründen zahlt, zählt ab dem
Moment des Zuflusses zum Vermögen des Arbeitnehmers und ist daher nach den üblichen Grundsätzen einzusetzen (LAG Nürnberg, 27. 1. 2000 MDR 2000, 588; aA LAG Bremen, 20. 7. 1988
LAGE § 115 ZPO Nr. 29 – „soziales Schmerzensgeld"; wohl auch BFH, 2. 4. 1996 BFH/NV 1996,
785). Die weiteren Einzelheiten sind äußerst umstr. Teilweise bleiben solche Teile der Abfindung
unberücksichtigt, die der Arbeitnehmer für entgangenes Erwerbseinkommen erhält oder es werden
generell die Anteile der Abfindung herausgerechnet, die sich im Rahmen von §§ 9, 10 KSchG
bewegen (LAG Bremen 17. 4. 1998 LAGE § 115 ZPO Nr. 55 = MDR 1998, 801). Andere LAG
halten den Einsatz einer Abfindung nach § 88 III BSHG ganz oder ganz überwiegend für unzumutbar (LAG Schleswig-Holstein 24. 9. 1997, 5 Ta 153/97), wobei entweder eine auf den Einzelfall
abgestellte individuelle Bewertung der Vermögenssituation gefordert (LAG Niedersachsen 26. 7. 1998
LAGE § 120 ZPO Nr. 32) oder eine pauschalierte Betrachtungsweise herangezogen wird. So wird in
diesem Zusammenhang vertreten, dass lediglich 10% der Abfindungssumme als Vermögenswert
einzusetzen sei und dies auch nur, wenn die Abfindung das Schonvermögen nach § 88 II Nr. 8 BSHG
überschreitet (LAG Hamm 3. 4. 2002 ZVI 2002, 124; LAG Köln 17. 11. 1995 AnwBl. 1997, 238).
Nach der Gegenauffassung wird die Abfindung nur insoweit nicht berücksichtigt, wie die Grenzen
für das Schonvermögen nicht überstiegen werden (LAG Rheinland-Pfalz 6. 3. 1995 LAGE § 115
ZPO Nr. 51 = NZA 1995, 863). Dem ist zuzustimmen, jedoch ist zuvor zu entscheiden, ob nach § 2 I
DVO der in § 88 II Nr. 8 BSHG genannte Freibetrag maßvoll zu erhöhen ist (ähnlich LAG Hamburg
13. 8. 1997 LAGE § 115 ZPO Nr. 52). Unberücksichtigt bleibt die Abfindung nur insoweit, als sie
zum Ausgleich künftiger Einkommenseinbußen gezahlt wird; wird mit ihr dagegen ein erworbener
sozialer Besitzstand abgekauft oder entschädigt, ist sie einzusetzen, wenn sie das Schonvermögen
übersteigt. Zur Abgrenzung ist auf die Berechnung der berücksichtigungsfähigen Abfindung im
Rahmen des Arbeitslosengeld abzustellen (dazu § 143a SGB III Rn. 32). Ohne Bedeutung ist dementspr. die Höhe der Abfindung, selbst wenn sie nur zum Bestreiten der Verfahrenskosten ausreicht
(aA LAG Hamburg, 13. 8. 1997 LAGE § 115 ZPO Nr. 52). Unerheblich ist auch, wenn eine
Abfindung zur Tilgung vorhandener Schulden verwandt wird. Ist der AN aber durch eine Entscheidung des Familiengerichts verpflichtet, eine ihm zugeflossene Abfindung zur Erfüllung der Unterhaltsansprüche einzusetzen, muss die Abfindung insoweit außer Betracht bleiben (OLG Köln 20. 6.
1995 JurBüro 1996, 143).

bb) Durch Prozesserfolg erworbenes Vermögen. Obsiegt der AN im Verfahren und fließen ihm 40
daraufhin Geldbeträge zu, kann wegen der veränderten wirtschaftlichen Verhältnisse die Verpflichtung
entstehen, sich nachträglich an den Prozesskosten zu beteiligen (§ 120 IV ZPO). Diese kommt regelmäßig in Betracht, wenn die Freigrenze aus § 88 II Nr. 8 BSHG „deutlich überschritten" ist; die
Absicht, mit dem Vermögenszufluss wieder Schonvermögen zu erwerben, ist vom Gesetz nicht
geschützt (OLG Celle 8. 9. 2000 MDR 2001, 230; OLG Bamberg, 30. 10. 1990 JurBüro 1991, 255 –
Prozessvergleich). Etwas anders kann nur gelten, wenn es sich um eine pauschale Abfindung für
zukünftig noch zu erwartende Schäden in einem Schadensersatzprozess handelt. Hier kann es angezeigt sein, die zugeflossenen Mittel ganz oder teilweise nach § 88 III BSHG in Hinblick auf die
zukünftig zu erwartenden (Mehr-)Ausgaben außer Ansatz zu lassen.

cc) Lebensversicherungen, Spargut haben. Zu dem einzusetzenden Vermögen gehören grundsätz- 41
lich auch private Kapitallebensversicherungen, lediglich die sog. Riester-Rente zählt zum Schonvermögen (§ 88 II Nr. 1a BSHG). Die Lebensversicherung ist einzusetzen, wenn es ihr rechtlich
möglich ist, die Versicherungen (auch teilweise) zurückzukaufen (OLG Stuttgart 30. 9. 1998 FamRZ
1999, 598). Es begründet keine Härte, wenn der Rückkaufswert einer Lebensversicherung
um mehr als die Hälfte hinter den auf sie erbrachten Eigenleistungen zurückbleibt (BVerwG 19. 12.
1997 NJW 1998, 1879). Nur wenn sie zur Altersversorgung benötigt wird, kann ihre völlige
Verwertung unzumutbar sein. Auch Sparguthaben sind einzusetzen, wenn sie den in § 88 II Nr. 8
BSHG genannten Wert übersteigen. Dies gilt auch für besondere Sparformen, bei den das Sparvermögen besonders angelegt wird (OVG Lüneburg 3. 9. 1999 NVwZ-RR 2000, 166 – Prämiensparen;
OLG Koblenz 27. 8. 1999 MDR 1999, 1346 – Sparvertrag; LAG Nürnberg 14. 8. 1997 MDR 1997,
1153 = FamRZ 1998, 247 – Bundesschatzbriefe). Hängt die Verfügbarkeit von einem Zeitablauf oder
der Einhaltung von Kündigungsfristen ab, kann ein Zwischenkredit zumutbar sein; alternativ kann
die PKH auch mit der Bestimmung bewilligt werden, den Beitrag aus dem Vermögen zu einem
festen späteren Termin zu leisten, an dem das Geld zur Verfügung steht (OLG Koblenz 20. 8. 1999
FamRZ 2000, 1094).

dd) Schmerzensgeld. Nach § 77 BSHG kann die Zahlung eines Schmerzensgeldes (§ 253 BGB) 42
sozialhilferechtlich zwar nicht als Einkommen bewertet werden, dennoch kann ein Vermögensteil, der
auf eine Schmerzensgeldzahlung zurückgeht, einzusetzen sein, wenn dies zumutbar ist. Das ist der
Fall, wenn die Funktionen des Schmerzensgeldes, nämlich ausgleichende Erleichterungen und Annehmlichkeiten zu ermöglichen, nicht in erheblichem Maße beeinträchtigt werden (OLG Zweibrücken 15. 8. 1997 JurBüro 1998, 478).

43 **4. Die Ermittlung der persönliche und wirtschaftlichen Verhältnisse.** Einkommen und Vermögen sind im gesetzlichen Umfang einzusetzen. Es besteht daher kein Vorrang einer der beiden Selbstbeteiligungsformen. Prozesskostenhilfe muss daher im Zweifel sowohl unter Ratenzahlung als auch unter Beteiligung aus dem Vermögen bewilligt werden. Bei der Ermittlung des entscheidungsrelevanten Sachverhalts besteht keine logische Reihenfolge; diese ist vielmehr nach pragmatischen Gesichtspunkten vorzunehmen. Um den Aufwand zur Ermittlung der persönlichen und wirtschaftlichen Verhältnisse in Grenzen zu halten, sollte das Gericht von der Möglichkeit pauschalierter Betrachtung bzw. Schätzung soweit als möglich Gebrauch machen.

§ 12 Kosten

(1) Im Urteilsverfahren (§ 2 Abs. 5) werden Gebühren nach dem Verzeichnis der Anlage 1 zu diesem Gesetz erhoben.

(2) ¹Im Verfahren vor dem Arbeitsgericht wird eine einmalige Gebühr bis zu höchstens 500 Euro erhoben. ²Die einmalige Gebühr bestimmt sich nach der Tabelle der Anlage 2 zu diesem Gesetz. ³Der Mindestbetrag einer Gebühr ist zehn Euro. ⁴Absatz 2 der Vorbemerkung zu Teil 9 des Kostenverzeichnisses der Anlage 1 zum Gerichtskostengesetz ist im Verfahren vor dem Arbeitsgericht nicht anzuwenden.

(3) ¹Im Verfahren vor dem Landesarbeitsgericht und dem Bundesarbeitsgericht vermindern sich die Gebühren der Tabelle, die dem Gerichtskostengesetz als Anlage 2 beigefügt ist, um zwei Zehntel. ²Im übrigen betragen die Gebühr für das Verfahren und die Gebühr für das Urteil im Verfahren vor dem Landesarbeitsgericht das Eineinhalbfache und im Verfahren vor dem Bundesarbeitsgericht das Doppelte der Gebühr.

(4) ¹Kosten werden erst fällig, wenn das Verfahren in dem jeweiligen Rechtszug beendet ist, sechs Monate geruht hat oder sechs Monate von den Parteien nicht betrieben worden ist. ²Kostenvorschüsse werden nicht erhoben; dies gilt für die Zwangsvollstreckung auch dann, wenn das Amtsgericht Vollstreckungsgericht ist. ³Die Gerichtsvollzieher dürfen Gebührenvorschüsse nicht erheben. ⁴Soweit ein Kostenschuldner nach § 54 Nr. 1 oder 2 des Gerichtskostengesetzes haftet, ist § 49 des Gerichtskostengesetzes nicht anzuwenden. ⁵§ 49 des Gerichtskostengesetzes ist ferner nicht anzuwenden, solange der Kostenschuldner nach § 54 Nr. 1 oder 2 des Gerichtskostengesetzes bei einer Zurückverweisung des Rechtsstreits an die Vorinstanz nicht feststeht und der Rechtsstreit noch anhängig ist; § 49 des Gerichtskostengesetzes ist jedoch anzuwenden, wenn das Verfahren nach Zurückverweisung sechs Monate geruht hat oder sechs Monate von den Parteien nicht betrieben worden ist.

(5) In Verfahren nach § 2a Abs. 1, § 103 Abs. 3, § 108 Abs. 3 und § 109 werden Kosten nicht erhoben.

(5a) Kosten für vom Gericht herangezogene Dolmetscher und Übersetzer werden nicht erhoben, wenn ein Ausländer Partei und die Gegenseitigkeit verbürgt oder ein Staatenloser Partei ist.

(5b) *(aufgehoben)*

(6) ¹Die Justizverwaltungskostenordnung über Kosten im Bereich der Justizverwaltung und die Justizbeitreibungsordnung gelten entsprechend, soweit sie nicht unmittelbar Anwendung finden. ²Bei Einziehung der Gerichts- und Verwaltungskosten leisten die Vollstreckungsbehörden der Justizverwaltung oder die sonst nach Landesrecht zuständigen Stellen den Gerichten für Arbeitssachen Amtshilfe, soweit sie diese Aufgaben nicht als eigene wahrnehmen. ³Vollstreckungsbehörde ist für die Ansprüche, die beim Bundesarbeitsgericht entstehen, die Justizbeitreibungsstelle des Bundesarbeitsgerichts.

(7) ¹Für die Wertberechnung bei Rechtsstreitigkeiten über das Bestehen, das Nichtbestehen oder die Kündigung eines Arbeitsverhältnisses ist höchstens der Betrag des für die Dauer eines Vierteljahres zu leistenden Arbeitsentgelts maßgebend; eine Abfindung wird nicht hinzugerechnet. ²Bei Rechtsstreitigkeiten über wiederkehrende Leistungen ist der Wert des dreijährigen Bezugs und bei Rechtsstreitigkeiten über Eingruppierungen der Wert des dreijährigen Unterschiedsbetrages zur begehrten Vergütung maßgebend, sofern nicht der Gesamtbetrag der geforderten Leistungen geringer ist; bis zur Klageerhebung entstandene Rückstände werden nicht hinzugerechnet. ³§ 24 Satz 1 des Gerichtskostengesetzes findet keine Anwendung.

I. Allgemeines

1 Die Vorschrift enthält Sonderregelungen für die Erhebung und Berechnung von Gerichtskosten im arbeitsgerichtlichen Verfahren sowie Vorgaben für die Streitwertfestsetzung. Es gelten dabei die allg. Regeln des GKG und der ZPO, soweit es an einer Sonderregelung im ArbGG fehlt. Zu den Gerichtskosten gehören die Gebühren und Auslagen des Gerichtes. Die Gebühren sind die in den gesetzlich geregelten Fällen zu erhebenden öffentl. Abgaben. Auslagen sind die Aufwendungen des Gerichtes,

II. Kosten § 12 ArbGG 60

zB für die Entschädigungen für Zeugen, Sachverständige oder Zustellungen. Daneben gilt für die Verfahren der Arbeitsgerichtsbarkeit § 2 III GKG, wonach bundes- oder landesrechtliche Vorschriften über die persönliche Kostenfreiheit keine Anwendung finden; lediglich Regelungen über die sachliche Kostenfreiheit bleiben wirksam. Für die Kirchen wird aus Art. 140 GG eine allg. Kostenbefreiung hergeleitet (GK-ArbGG/*Wenzel* § 12 Rn. 11). Im Beschlussverfahren nach § 2a ArbGG sowie in Verfahren nach §§ 103 III, 108 III und 109 werden Kosten (Gebühren und Auslagen) nicht erhoben. Dies gilt auch für die Entschädigungen der Zeugen und Sachverständigen.

II. Kosten

1. Urteilsverfahren erster Instanz. a) Grundsatz. Im Urteilsverfahren werden Gebühren nach 2 dem Gebührenverzeichnis der Anlage 1 zu § 12 I ArbGG erhoben. Soweit dort Gebühren nicht vorgesehen sind, besteht Gebührenfreiheit. Im Urteilsverfahren vor dem ArbG wird eine einmalige Pauschalgebühr erhoben. Sie beträgt streitwertabhängig mindestens € 10,– und höchstens € 500,–, selbst wenn der Streitwert über € 12 000,– hinausgeht (vgl. Anlage 2 zu § 12 II). Zusätzlich sind die Auslagen des Gerichtes nach Teil 9 der Anlage 1 zum GKG, Kostenverzeichnis zu § 11 I GKG zu erstatten. Hierzu gehören Schreibauslagen, Zustellkosten sowie die Aufwendungen für Zeugen und Sachverständige.

Ob in den **neuen Bundesländern** nach Art. 8 iVm. Anlage 1 Kapitel III Sachgebiet A Abschnitt III 3 Nr. 19 eine Gebührenermäßigung erfolgen muss, ist tw. umstritten. Einigkeit besteht, dass eine Gebührenermäßigung dann vorzunehmen ist, wenn sich die Gebühren nach dem GKG richten. Dies ist der Fall bei Verfahren vor dem LAG und BAG sowie den Beschwerdeverfahren. Da die Regelung des Einigungsvertrags aber vorbehaltlich der bes. Bestimmungen im ArbGG gelten, kann ein Abschlag von der Pauschalgebühr der Anl. 2 nicht vorgenommen werden; insoweit liegt gerade eine eigenständige arbeitsgerichtliche Regelung vor. Auch eine analoge Anwendung der Regelungen des Einigungsvertrags kommt nicht in Betracht, da keine unbewusste Regelungslücke vorliegt (LAG Berlin 2. 4. 2001 – 17 Sa 1594/00 – zit. nach GMP/*Germelmann* § 12 Rn. 5a f.; aA LAG Sachsen-Anhalt 8. 5. 1995 NJW 1995, 669).

b) Pauschalgebühr. Grds. wird für die Verfahrensdurchführung vor den ArbG eine streitwert- 4 abhängige Pauschalgebühr erhoben, unabhängig davon, ob ein Mahnverfahren vorangegangen ist (Nr. 9110, 9111). Die Pauschalgebühr entfällt bei einer Verfahrensbeendigung ohne streitige Verhandlung oder durch einen vor Gericht abgeschlossenen oder ihm mitgeteilten Vergleich (Nr. 9112); dazu zählt auch ein Vergleichsschluss nach § 278 VI ZPO. Wird das Verfahren durch Versäumnisurteil, Beschluss nach § 91a ZPO, Anerkenntnis- bzw. Verzichtsurteil nach streitiger Verhandlung oder ein abgekürztes Urteil nach § 313a ZPO beendet, wird eine halbe (Nr. 9113, 9117) bzw. 3/10 Pauschalgebühr (Nr. 9118) berechnet. Das isolierte Mahnverfahren ist gleichfalls durch eine 1/2 Pauschalgebühr abgegolten. Nicht die Pauschalgebühr, sondern die Werte in der Tabelle der Anlage 2 zum GKG sind für die Verfahren des **einstweiligen Rechtsschutzes** maßgeblich. In diesen fällt streitwertabhängig eine 4/10 Gebühr nach der Tabelle der Anlage 2 zum GKG für das Antragsverfahren (Nr. 9150) und eine weitere 4/10 Gebühr für das Nachverfahren (Nr. 9151) an. Der Gebührenhöchstbetrag ist nach § 12 II 1 jedoch auch bei hohen Streitwerten auf € 500,– begrenzt; ebenso entfällt die Gebühr, wenn das Verfahren nichtstreitig erledigt wird (Nr. 9155). Nach § 34 GKG kann insb. bei einer „Flucht in die Säumnis" eine Verzögerungsgebühr erhoben werden (Nr. 9400; vgl. LAG Sachsen-Anhalt 8. 5. 2000 LAGE § 34 GKG Nr. 1). Die zurückweisende Entscheidung über eine Rüge nach § 321a ZPO (dazu § 61 Rn. 7) löst eine Pauschalgebühr von € 25,– aus (Nr. 9305).

c) Einzelfälle. Wird der Rechtsstreit teils durch Urteil und teils durch Vergleich erledigt, tritt die 5 Gebührenfreiheit nur für den durch Vergleich beendeten Teil ein (LAG Hamm 12. 8. 1966 DB 1966, 1523). Ein Vergleichsabschluss nach der Urteilsverkündung, aber vor dessen Zustellung führt nicht zum Wegfall der Pauschalgebühr, maßgeblich für ihr Entstehen ist der Zeitpunkt der Urteilsverkündung (LAG Berlin 8. 7. 1991 NZA 1992, 142; LAG Köln 21. 8. 1985 MDR 1986, 84; aA LAG Hamm 24. 7. 1974 AP ArbGG 1953 § 12 Nr. 12 = DB 1972, 1927). Ruht das Verfahren nach § 54 V und wird es anschließend länger als 6 Monate nicht betrieben, gilt dies als Klagerücknahme (§§ 54 V 2, 269 III bis V ZPO), weshalb nach Nr. 9112 keine Pauschalgebühr erhoben werden kann (LAG Rheinland-Pfalz 20. 2. 1991 LAGE § 54 ArbGG 1979 Nr. 4). Ein Vergleich in der Hauptsache lässt die Gebühren für das vorausgegangene Verfahren des einstweiligen Rechtsschutzes nicht entfallen, wenn dieses bereits beendet ist (LAG Schleswig-Holstein 21. 1. 1965 AuR 1965, 348). Wird ein Verfahren nach §§ 17, 17a GVG an das ArbG verwiesen, gelten für die Kostenberechnung die §§ 17b II GVG, 9 I GKG. Die vor dem unzuständigen Gericht entstandenen Kosten sind als vor dem ArbG entstandene zu behandeln; die Berechnung der Gerichtskosten erfolgt nach § 12, bereits geleistete Vorschüsse werden angerechnet. Wird das Verfahren an ein ordentliches Gericht verwiesen, ist die Vorschusspflicht in § 61 GKG zu beachten; die Wirkungen des § 12 IV 2 entfallen mit Rechtskraft des Verweisungsbeschlusses.

2. Urteilsverfahren zweiter und dritter Instanz. Vor dem LAG und BAG können eine Verfahrens- 6 und Urteilsgebühr anfallen (§ 12 III 2). Ihre Höhe folgt aus der Gebührentabelle in Anl. 2 zum GKG.

Die Gebühr ermäßigt sich beim LAG grds. um 2/10. Sowohl die Verfahrens- wie auch die Urteilsgebühr betragen das 1½-fache der auf diese Weise reduzierten Gebühr. Vor dem BAG betragen die Verfahrens- und Urteilsgebühr das Doppelte des um 2/10 verminderten Satzes. Die Gebühren und Privilegierungen richten sich nach Nr. 9130 ff. des Gebührenverzeichnisses. So entfällt die Verfahrensgebühr, wenn das Verfahren durch einen vor Gericht oder ihm mitgeteilten Vergleich beendet wird. Erfolgt der Vergleichsschluss nach einer Zurückverweisung, bleiben die bisher entstandenen Gebühren trotz der §§ 31, 27 GKG erhalten, der Wegfall der Verfahrensgebühr betrifft nur das (aktuelle) Verfahren vor dem LAG (GMP/*Germelmann* § 12 Rn. 58; aA LAG Hamm 1. 2. 1966 JVBl. 1966, 212). Auch für die Beschwerdeverfahren gelten die Gebühren nach der Anl. 2 zum GKG, eine Verfahrensgebühr entsteht stets in den in Nr. 9300 genannten Fällen, ansonsten nur, wenn die Beschwerde verworfen oder zurückgewiesen wird (Nr. 9302). Aufgrund spezieller Regelungen kann im Beschwerdeverfahren auch Gerichtsgebührenfreiheit bestehen, zB nach §§ 25 IV, 5 VI GKG, 16 V ZSEG, 12 V EhRiEG, 128 V BRAGO.

7   **3. Fälligkeit, Einziehung.** Im arbeitsgerichtlichen Urteilsverfahren werden die Kosten erst fällig, wenn das Verfahren in dem jeweiligen Rechtszug beendet ist, sechs Monate geruht hat oder sechs Monate von den Parteien nicht betrieben worden ist. Das Verfahren ist erst beendet, wenn über den gesamten Streitstoff in einer Instanz abschließend durch Urteil entschieden ist oder die Klage oder ein Rechtsmittel wirksam zurückgenommen worden sind. Ein Nichtbetreiben liegt vor, wenn die Parteien den Rechtsstreit nicht vorantreiben, obwohl dies möglich ist. Kein Fall des Nichtbetreibens liegt bei der Aussetzung und Unterbrechung eines Verfahrens vor. Kostenvorschüsse werden auch für Auslagen in allen Instanzen nicht erhoben. Dies gilt auch für die Zwangsvollstreckung und selbst dann, wenn das Amtsgericht oder der Gerichtsvollzieher Vollstreckungsbehörde ist. Nach § 12 VI sind für die Einziehung der Gebühren und Kosten die Vorschriften der Justizverwaltungskostenordnung maßgebend. Die Vollstreckungsbehörden oder der sonst zuständigen Stellen leisten Amtshilfe. In Ausnahmefällen kann eine Nichterhebung der Kosten wegen unrichtiger Sachbehandlung in Betracht kommen, zB bei verspäteter Absetzung der Entscheidung (BAG 18. 10. 1994 AP GKG § 8 Nr. 20 = NZA 1996, 807).

8   **4. Kostenschuldner.** Kostenschuldner im arbeitsgerichtlichen Verfahren ist idR derjenige, dem durch gerichtliche Entscheidung die Kosten des Rechtsstreits auferlegt worden sind (§ 54 I Nr. 1 GKG, sog. Entscheidungsschuldner). Durch § 12 IV 4 ist im arbeitsgerichtlichen Verfahren die sog. Zweitschuldnerhaftung nach § 49 GKG ausgeschlossen, dh. die obsiegende Kläger haftet auch dann nicht für die Gerichtskosten, wenn die unterlegene beklagte Partei zahlungsunfähig ist. Nach § 12 IV 5 hat jedoch derjenige, der das Verfahren beantragt oder veranlasst hat, die Gerichtskosten dann zu tragen, wenn der Rechtsstreit sechs Monate geruht oder von den Parteien nicht betrieben worden ist; die Vorschrift findet auch nach einer Zurückverweisung Anwendung.

9   **5. Auslagen, Dolmetscher.** Die Auslagen sind im arbeitsgerichtlichen Verfahren nach Anlage 1 zum GKG zu entrichten. Nach § 12 V a werden jedoch Kosten für vom Gericht herangezogene Dolmetscher und Übersetzer nicht erhoben, wenn ein Ausländer Partei und die Gegenseitigkeit verbürgt ist oder ein Staatenloser Partei ist. Die Vorschrift hat nicht den Zweck, den Ausländer besser als eine deutsche Partei zu stellen. Die Dolmetscherkosten fallen daher an, wenn dieser nicht im Interesse der Partei, sondern wegen eines sprachunkundigen Zeugen hinzugezogen wird (LAG Bremen 26. 11. 1997 LAGE § 12 ArbGG Nr. 5). Zurzeit ist die Gegenseitigkeit formell nur mit Italien (BArbBl. 1982 Nr. 7/8, S. 44), Indien (BArbBl. 1981 Nr. 4, S. 40) und der Türkei (BArbBl. 1981 Nr. 9, S. 61) verbürgt, nicht jedoch mit Portugal (LAG Frankfurt 22. 3. 1999 ARST 1999, 284).

III. Streitwertfestsetzung

10   **1. Grundsatz. a) Zweck.** Normzweck des § 12 VII ist es, aus sozialen Gründen das Verfahren vor den Arbeitsgerichten für die Parteien möglichst billig zu gestalten (BAG 30. 11. 1984 AP ArbGG 1979 § 12 Nr. 9 = NZA 1985, 369). Im arbeitsgerichtlichen Verfahren ist zwischen Kosten- bzw. Gebührenstreitwert und dem Rechtsmittelstreitwert zu unterscheiden. Für letzteren gelten nach § 2 ZPO die §§ 3 bis 9 ZPO, die über § 46 II auch vor den Arbeitsgerichten anwendbar sind. Nur soweit nach § 12 VII Sonderregelungen für Bestandsstreitigkeiten und Klagen auf wiederkehrende Leistungen enthält, gehen diese den Vorschriften der ZPO vor. § 12 VII gilt aber nicht für vergleichbare Streitigkeiten vor den ordentlichen Gerichten.

11   **b) Gerichtsgebühren.** Die Streitwertfestsetzung erfolgt in der ersten Instanz grds. im Urteil (§ 61 I) und hat nur für die **Zulässigkeit der Berufung** Bedeutung. Das Berufungsgericht ist bei der Ermittlung des Beschwerdewerts an die Streitwertfestsetzung des ArbG gebunden, wenn diese nicht offensichtlich unrichtig ist; die Bestimmung dient aber nur der Rechtsmittelklarheit (BAG 2. 3. 1983 AP ArbGG 1979 § 64 Nr. 6 = NJW 1984, 142). Für die Höhe der **Gerichtsgebühren** gilt § 25 II GKG; das Gericht hat durch Beschluss den Wert für die zu erhebenden Gebühren festzusetzen, wenn eine

III. Streitwertfestsetzung § 12 ArbGG 60

Entscheidung über den gesamten Streitgegenstand ergangen ist oder das Verfahren sich sonst erledigt hat. Funktional zuständig ist der Vorsitzende, nicht die Kammer (§ 53 I). Voraussetzung für eine Entscheidung nach § 25 II GKG ist jedoch, dass überhaupt Gerichtsgebühren und nicht nur Auslagen anfallen. Die Entscheidung nach § 25 II GKG ist erforderlich, da § 24 GKG im gesamten arbeitsgerichtlichen Verfahren keine Anwendung findet (§ 12 VII 3). Nach § 25 III GKG findet gegen den Beschluss eines ArbGG nach § 25 II GKG die Beschwerde statt, gegen Beschlüsse des LAG oder BAG ist sie nach hM (BAG 17. 3. 2003 AP ArbGG 1979 § 78 Nr. 3 = NZA 2003, 682; *Bader* NZA 2002, 121; *Kaiser* DB 2002, 324 f.) wegen § 5 II 3 GKG hingegen ausgeschlossen. Dagegen findet eine isolierte Anfechtung der Streitwertfestsetzung im Urteil nicht statt. Nur wenn die Festsetzung nach § 25 II GKG fälschlicherweise im Urteil vorgenommen worden ist, kann eine Beschwerde nach § 25 III GKG gegen die Festsetzung im Urteil erhoben werden (LAG Düsseldorf 2. 3. 2000 MDR 2000, 708).

c) **Rechtsanwaltsgebühren.** Für die Höhe der Gebühren des Rechtsanwalts gelten die §§ 9, 10 BRAGO. Ist ein Beschluss nach § 25 II GKG ergangen, ist die Höhe der dort festgesetzten (Gerichts-)Gebühren auch für die Berechnung der Vergütung des Rechtsanwalts maßgebend. § 9 II BRAGO ermöglicht es in diesem Fall dem Prozessbevollmächtigten, aus eigenem Recht und unabhängig vom Willen der vertretenen Partei, die Festsetzung zu beantragen und gegen eine entspr. Entscheidung nach § 25 GKG ggf. Rechtsmittel oder ein Rechtsbehelf einzulegen. Die Partei oder die Staatskasse sind nicht nach § 9 II BRAGO antragsberechtigt. Der Antrag des Rechtsanwalts kann in jedem Verfahrensstadium gestellt werden, also auch vor seinem Abschluss und Fälligkeit der Anwaltsgebühren. Die Frist für die Antragstellung wird nur durch die Grundsätze der Verwirkung begrenzt, da das Gesetz eine Antragsfrist nicht vorsieht. Vor einem Beschluss nach § 25 GKG sind alle Verfahrensbeteiligten formlos zu hören, da die Entscheidung ihnen gegenüber Bindungswirkung entfaltet. Der Beschluss ist zu begründen, hiervon kann abgesehen werden, wenn die Festsetzung antragsgemäß erfolgt. Das Gericht oder später das Rechtsmittelgericht der Hauptsache ist zur Abänderung der Festsetzung auch von Amts wegen befugt (§ 25 II 2 GKG). § 25 III GKG eröffnet die Streitwertbeschwerde, wenn die Beschwer (einschließlich der USt.) mehr als € 50,– beträgt. Die Beschwerde ist innerhalb von 6 Monaten nach Rechtskraft der Hauptsache oder anderweitiger Erledigung des Verfahrens einzulegen (§ 25 III 3, II 3 GKG), ausnahmsweise einen Monat nach Zustellung oder der formlosen Mitteilung des Beschlusses. Das LAG hat die Beteiligten vor seiner Entscheidung zu hören. Es kann auf die Beschwerde die Wertfestsetzung auch zu Lasten des Beschwerdeführers ändern, das Verbot einer „reformatio in peius" gilt im Beschwerdeverfahren nach § 25 III GKG nicht. Zur Zulässigkeit der weiteren Beschwerde § 78 Rn. 12. Die Änderung einer rechtskräftigen Entscheidung des LAG kann bei nicht verkündeten Beschlüssen bis zu einer Frist von 6 Monaten nach der Zustellung ggf. auf eine Gegenvorstellung hin erfolgen.

Wenn eine **Entscheidung nach § 25 II GKG nicht ergeht**, etwa weil keine Gerichtsgebühren zu erheben sind oder über einen Hilfsantrag nicht entschieden worden ist, kann entweder der Rechtsanwalt, die von ihm vertretene Partei, ein Erstattungspflichtiger oder ggf. die Staatskasse nach § 10 BRAGO die Festsetzung des Gegenstandswertes der anwaltlichen Tätigkeit beantragen. Der Antrag ist subsidiär gegenüber dem nach § 9 II BRAGO (BAG 30. 11. 1984 AP ArbGG 1979 § 12 Nr. 9 = NZA 1985, 369) und erst zulässig, wenn die Vergütung fällig (§ 16 BRAGO) ist; die Beteiligten sind vor der Entscheidung zu hören (§ 10 II 1, 3 BRAGO). Gegen die Festsetzung kann nach Maßgabe des § 10 III BRAGO Beschwerde eingelegt werden, wenn der Beschwerdegegenstand 50 Euro übersteigt. Eine Streitwertbeschwerde, die lediglich auf Grund einer „Anweisung" der Rechtsschutzversicherung zur Herabsetzung des Streitwerts eingelegt wird, ist unzulässig (LAG Düsseldorf 30. 12. 1994 MDR 1995, 1074). Im Zweifelsfall ist ein Antrag eines Rechtsanwalts auf „Streitwertfestsetzung" dahin auszulegen, dass der für die jeweilige Sachlage statthafte Antrag (§§ 25 II GKG, 9 II BRAGO oder § 10 BRAGO) gestellt sein soll.

2. Streitwertberechnung über Bestand oder Beendigung. a) Grundsatz. Für die Wertberechnung bei Rechtsstreitigkeiten über das Bestehen, das Nichtbestehen oder die Kündigung eines Arbeitsverhältnisses ist höchstens der Betrag des für die Dauer eines Vierteljahres zu leistenden Arbeitsentgeltes maßgebend. Eine Abfindung wird nicht hinzugerechnet (§ 12 VII 1). Dagegen sind weitere Leistungen (anteilig) zu berücksichtigen, zB ein 13. Monatsgehalt (LAG Köln 17. 11. 1995 MDR 1996, 505) oder die Benutzung eines Firmenfahrzeuges (LAG Köln 4. 3. 1994 NZA 1994, 1104). Erfasst werden von § 12 VII 1 alle Rechtsstreitigkeiten über Bestehen, Nichtbestehen oder Beendigung eines Arbeits- oder Berufsbildungsverhältnisses. Die Vorschrift ist auch in sog. sic-non-Fällen anwendbar, also wenn die Parteien gerade um die rechtliche Qualifikation des Vertragsverhältnisses streiten (LAG Nürnberg 20. 7. 2000 NZA-RR 2001, 53), bei Bestandsstreitigkeiten von arbeitnehmerähnlichen Personen und Handelsvertretern nach § 5 III. Sie gilt aber nur für das Verfahren vor den Arbeitsgerichten und ist daher bei Bestandsstreitigkeiten von Geschäftsführern vor den ordentlichen Gerichten nicht anzuwenden (KG Berlin 8. 11. 1996 KGR 1997, 228; LAG Düsseldorf 17. 1. 2002 NZA-RR 2002, 324).

15 **b) Regelstreitwert oder Obergrenze?** Ob die in § 12 VII 1 genannte Grenze des Vierteljahresverdienstes den Regelstreitwert für Bestandsschutzstreitigkeiten oder nur eine Obergrenze darstellt, war stets umstritten. Nach Auffassung der wohl hM handelt es sich um einen Regelstreitwert (GMP/*Germelmann* § 12 Rn. 93 ff.; GK-ArbGG/*Wenzel*, § 12 Rn. 131 ff. jeweils mit ausführlichen Nachweisen; LAG Hamm 15. 3. 1988 JurBüro 1988, 855; LAG München 21. 11. 1985 NZA 1986, 171). Eine niedrigere Bewertung kommt nach dieser Ansicht nur in Betracht, wenn sich aus dem Antrag ergibt, dass der Fortbestand nur für einen kürzeren Zeitraum geltend gemacht wird. Dagegen nimmt das BAG wegen des Normzwecks des § 12 VII (Rn. 10) zutreffend an, dass es sich bei dem Vierteljahresverdienst um eine Obergrenze handelt, die je nach Dauer des Arbeitsverhältnisses abzustufen ist. Nach seiner Ansicht sind bei einem Bestand des Arbeitsverhältnisses bis zu sechs Monaten ein Monatsverdienst, von sechs bis zwölf Monaten zwei Monatsverdienste und von mehr als einem Jahr drei Monatsverdienste als Streitwerte anzusetzen (BAG 30. 11. 1984 AP ArbGG 1979 § 12 Nr. 9 = NZA 1985, 369; ebenso LAG Rheinland-Pfalz 24. 3. 1986 NZA 1986, 496).

16 **c) Mehrere Kündigungen.** Auch wenn in einem Rechtsstreit mehrere Kündigungen angegriffen werden, gilt nach Meinung des BAG die Obergrenze von § 12 VII 1 (BAG 6. 12. 1984 AP ArbGG 1979 § 12 Nr. 8 = NZA 1985, 296; LAG München 20. 7. 2000 NZA-RR 2000, 661; LAG Nürnberg 7. 2. 1992 NZA 1992, 617 – jeweils bei zeitlicher Nähe; LAG Niedersachsen 8. 2. 1994 MDR 1994, 627). Nach der Gegenauffassung sind die Streitwerte regelmäßig zu addieren (LAG Hamburg 8. 2. 1994 NZA 1995, 495; LAG Nürnberg 23. 6. 1987 LAGE § 12 ArbGG 1979 Streitwert Nr. 78). Jedoch wird überwiegend bei der Höhe des Wertes, der zu dem Vierteljahreswert hinzuzurechnen ist, differenziert. Berücksichtigt werden die Zeiträume zwischen den Kündigungen und die zugrunde liegenden Kündigungsgründe. So werden tw. weitere Kündigungen, die innerhalb von sechs Monaten nach Zugang der ersten Kündigung ausgesprochen werden, nur mit einem weiteren Bruttomonatsverdienst zu bewertet (LAG Frankfurt 21. 1. 1999 LAGE § 12 ArbGG 1979 Streitwert Nr. 116 = NZA-RR 1999, 156; LAG Thüringen 23. 10. 1996 LAGE § 12 ArbGG 1979 Streitwert Nr. 107; ähnlich LAG Hamburg 15. 11. 1994 LAGE § 12 ArbGG 1979 Streitwert Nr. 102 – gleiche Kündigungsgründe). Schließlich wird vertreten, dass sich der Streitwert für die letzte Kündigung stets nach dem Vierteljahreswert richtet, während die vorangegangenen Kündigungen dann nicht mit dem vollen Wert des § 12 VII 1 berücksichtigt werden, wenn zwischen ihnen weniger als drei Monate liegen (LAG München 8. 5. 1989 LAGE § 12 ArbGG 1979 Streitwert Nr. 81). Nach der letztgenannten Auffassung gilt nur dann etwas anders, wenn die zweite Kündigung für den Fall der Unwirksamkeit der ersten Kündigung ausgesprochen wird; hier soll es bei einem Vierteljahresverdienst bleiben (GMP/*Germelmann* § 12 Rn. 101 f.).

17 **d) Klagehäufung.** Werden mit der Kündigungsschutzklage im Wege kumulativer Klagehäufung **Leistungsansprüche** geltend gemacht, ist zu differenzieren. Sind die Vergütungsansprüche vom Ausgang des Kündigungsschutzverfahrens unabhängig, sind die Streitwerte zu addieren. Wird zB im Zusammenhang mit einer Bestandsschutzklage ein Antrag auf zukünftig wiederkehrende Leistungen gestellt, dessen Begründetheit vom Ausgang des Feststellungsantrags abhängig ist, findet § 12 VII 2 keine Anwendung. Unter Berücksichtigung des sozialen Schutzzwecks des § 12 VII 1 ist dann das bei Beendigung des Rechtsstreits fällige rückständige Arbeitsentgelt in vollem Umfang und die Folgeansprüche insgesamt lediglich mit einem Monatsentgelt des Arbeitnehmers zu bewerten (LAG Hamm 30. 1. 2002 LAGE § 12 ArbGG 1979 Streitwert Nr. 126 = NZA-RR 2002, 380; NZA-RR 2002, 267; aA LAG Hamburg 5. 3. 2002 JurBüro 2002, 479 – Zusammenrechnung wegen fehlender Identität). Die Höchstgrenze des § 12 VII 1 gilt auch dann, wenn der Antrag nach § 4 KSchG mit einer **allgemeinen Feststellungsklage** (§ 256 ZPO) verbunden ist (BAG 6. 12. 1984 AP ArbGG 1979 § 12 Nr. 8 = NZA 1985, 296; i. E. auch LAG Hamm 3. 2. 2003 LAGE § 12 ArbGG 1979 Nr. 128 = NZA-RR 2003, 321). Eine Streitwerterhöhung tritt erst ein, wenn weitere Beendigungstatbestände tatsächlich in das Verfahren einbezogen werden (LAG Köln 8. 9. 1998 LAGE ArbGG 1979 § 12 Streitwert Nr. 115 = NZA 1999, 224; aA LAG Düsseldorf 27. 7. 2000 NZA-RR 2000, 613 – kein eigenständiger Wert). Wird mit der Kündigungsschutzklage der allg. **Weiterbeschäftigungsanspruch** geltend gemacht, wirkt dieser streitwerterhöhend (LAG Hamburg 2. 9. 2002 MDR 2002, 178; LAG Nürnberg 3. 1. 1989 NZA 1989, 862), wobei jedoch die Höhe umstr. ist. Im Allg. wird dafür 1 Monatsverdienst hinzukommen. Wird der Anspruch aber nur als unechter Hilfsantrag, also für den Fall des Obsiegens mit der Klage nach § 4 KSchG geltend gemacht, ist er nur zu berücksichtigen, wenn über ihn entschieden wird (LAG Schleswig-Holstein 14. 1. 2003 FA 2003, 192; LAG Düsseldorf 27. 7. 2000 NZA-RR 2000, 613; LAG Köln 4. 7. 1995 MDR 1995, 1150; aA stets für Addition: LAG Nürnberg 24. 8. 1999 BB 2001, 205; LAG Sachsen 15. 5. 1997 LAGE § 12 ArbGG 1979 Streitwert Nr. 111; LAG Köln 4. 7. 1995 LAGE § 19 GKG Nr. 1; LAG Rheinland-Pfalz 16. 4. 1992 = NZA 1992, 664; LAG München 30. 10. 1990 NZA 1992, 140; vgl. auch § 4 KSchG Rn. 103). Eine vergleichsweise vereinbarte **Freistellung** des AN von der Arbeitspflicht während der Kündigungsfrist rechtfertigt keine Erhöhung des Vergleichswertes, wenn die Parteien nicht vor Vergleichsschluss über die Freistellungsfrage gerichtlich oder außergerichtlich

III. Streitwertfestsetzung   § 12 **ArbGG 60**

gestritten haben (LAG Köln 29. 1. 2002 AR-Blattei ES 160.13 Nr. 233; ähnlich LAG Rheinland-Pfalz 19. 6. 2002 MDR 2002, 1397 – 10% der Vergütung während der Freistellung). Streitwerterhöhend wirken sich aber die Erhebung sonstiger Ansprüche im Kündigungsschutzprozess aus, also Klage auf Zeugnis, Arbeitspapiere, Urlaub usw.

e) **Änderungskündigung.** Für die Streitwertfestsetzung bei einer Änderungsschutzklage sind die 18 §§ 12 ff. GKG heranzuziehen. Danach ist grds. vom dreifachen Jahresbetrag des Wertes der Änderung auszugehen. Als Höchstgrenze ist aber § 12 VII 1, 2 entspr. heranzuziehen, mit der Folge, dass der Streitwert keine der beiden dort genannten Grenzen überschreiten darf, sondern die niedrigere von beiden maßgeblich ist (BAG 23. 9. 1989 AP GKG 1975 § 17 Nr. 1). Hat die Änderungskündigung keine Verdienstminderung zur Folge, ist der Wert nach § 3 ZPO zu schätzen und die Grenze nach § 12 VII 1 zu beachten (LAG Köln 19. 8. 1999 NZA-RR 2000, 662; LAG Frankfurt 18. 2. 1999 MDR 1999, 945; LAG Bremen 5. 5. 1987 NZA 1987, 716; aA LAG Berlin 29. 5. 1998 NZA-RR 1999, 45–2 Bruttoverdienste). Nimmt der AN die Änderungskündigung nicht unter Vorbehalt an, gelten die allg. Regeln wie bei der Kündigungsschutzklage (Rn. 15 f.).

3. Streitwert bei wiederkehrenden Leistungen. Bei Rechtsstreitigkeiten über wiederkehrende 19 Leistungen ist der Wert des dreijährigen Bezuges maßgebend (12 VIII 2). Hauptanwendungsfall der Vorschrift sind Eingruppierungsklagen, der Streitwert ist hier das 36-fache der Vergütungsdifferenz zwischen der begehrten und bisherigen Vergütungsgruppe. Bis zur Klageerhebung entstandene Rückstände werden nicht noch zusätzlich berücksichtigt; die Begrenzung des § 12 VII 2 gilt auch dann, wenn ausschließlich die bis zur Klageerhebung angefallenen Rückstände aus wiederkehrenden Leistungen eingeklagt werden (BAG 10. 12. 2002 AP ArbGG 1979 § 12 Nr. 24 = NZA 2003, 456). Wird in einer Eingruppierungsstreitigkeit keine Leistungsklage, sondern nur eine Feststellungsklage erhoben („... festzustellen, dass die beklagte Partei verpflichtet ist, dem Kläger Vergütung nach der VergGr. ... zu zahlen"; sog. Eingruppierungsfeststellungsklage), ist ein Abschlag von 20% nicht vorzunehmen (LAG Köln 27. 11. 1992 LAGE § 12 ArbGG 1979 Streitwert Nr. 95; LAG Baden-Württemberg 12. 7. 1990 JurBüro 1991, 665). § 12 VII 2 ist auch anzuwenden, wenn der AN Schadensersatz wegen künftig entgehender Gehaltsbezüge fordert und die entspr. Beträge in einer Summe auf einmal geltend macht, in diesem Fall bleibt es bei der Höchstgrenze von 3 Jahren (LAG Hamm 27. 9. 1990 LAGE § 12 ArbGG 1979 Streitwert Nr. 86).

4. Einzelfälle zur Streitwertbemessung im Urteilsverfahren. Mit der nachfolgenden Übersicht 20 soll ein Überblick über die Wertfestsetzungen der LAG in häufig vorkommenden Streitgegenständen im Urteilsverfahren gegeben werden. Zur Streitwertfestsetzung in Bestandsschutzstreitigkeiten vgl. Rn. 14 f.; die dort genannten Grundsätze gelten auch für die Entfristungsklage und bei der Kündigung eines **Berufsausbildungsverhältnisses**, Berechnungsgrundlage ist die Ausbildungsvergütung (vgl. BAG 22. 5. 1984 AP ArbGG 1979 § 12 Nr. 7; zur Klage auf wiederkehrende Leistungen und Eingruppierungsfeststellungsklage und Rn. 19.

a) **Abfindung.** (1) Einigen sich die Parteien auf die Beendigung des Arbeitsverhältnisses gegen 21 Zahlung einer Abfindung in entsprechender Anwendung der §§ 9, 10 KSchG, erhöht sich der Streitwert nicht um den Abfindungsbetrag; etwas anderes gilt auch nicht, wenn sie die Anrechnung einer tariflichen oder Sozialplanabfindung in den Vergleich aufnehmen (aA Erhöhung um 10% wegen des Titulierungsinteresses LAG Berlin 26. 10. 2001 AuA 2002, 93). (2) Die Abfindung nach §§ 9, 10 KSchG aus dem **Auflösungsurteil** wird dem Streitwert nicht hinzuaddiert. Nur wenn die Parteien in der Berufungsinstanz lediglich um die Abfindungshöhe streiten ist die Differenz zwischen den gegenseitigen Positionen als Streitwert maßgeblich (LAG Hamm 5. 12. 1996 LAGE § 269 ZPO Nr. 2; LAG Berlin 30. 11. 1987 MDR 1988, 346; LAG Nürnberg 14. 3. 1985 ARST 1987, 13). (3) Eine gesondert aufgrund **eigenständiger Anspruchsgrundlage** eingeklagte Abfindung etwa aus Sozialplan, Nachteilsausgleich, Vergleich wird mit ihrem Wert berücksichtigt im Fall objektiver Klagehäufung mit einer Kündigungsschutzklage deren Wert hinzuaddiert (LAG Köln 14. 9. 2001 NZA-RR 2002, 437; LAG Berlin 17. 3. 1995 NZA 1995, 1072; LAG Bremen 15. 3. 1983 LAGE § 12 ArbGG 1979 Streitwert Nr. 20; LAG Hamm 15. 10. 1981 LAGE § 12 ArbGG 1979 Streitwert Nr. 7; aA offenbar LAG Baden-Württemberg 5. 5. 1990 JurBüro 1990, 1267; LAG Düsseldorf 20. 7. 1987 LAGE § 12 ArbGG 1979 Streitwert Nr. 66 – keine Erhöhung).

b) **Abmahnung.** Der Streit um eine Abmahnung und ihre Entfernung aus Personalakte ist ins- 22 gesamt mit einem Monatsgehalt zu bewerten (LAG Düsseldorf 4. 9. 1995 NZA-RR 1996, 391; LAG Hamm 16. 8. 1989 = NZA 1990, 328; LAG Nürnberg 11. 11. 1992 NZA 1993, 430; LAG Hamburg 12. 8. 1991 LAGE § 12 ArbGG 1979 Streitwert Nr. 94; LAG Frankfurt 1. 3. 1988 LAGE § 12 ArbGG 1979 Streitwert Nr. 72; ähnlich LAG Schleswig-Holstein 7. 6. 1995 LAGE § 12 ArbGG 1979 Streitwert Nr. 103 – 1/3 des Wertes nach § 12 VII). Nach anderer Ansicht ist für das Entfernungsverlangen regelmäßig eine halbe Monatsvergütung und für den Widerruf bzw. die Rücknahme ein weiteres halbes Monatsgehalt anzusetzen (LAG Schleswig-Holstein 13. 12. 2000 NZA-RR 2001, 496). Bei mehreren Abmahnungen soll die erste und die zweite Abmahnung jeweils mit einen Monatsverdienst bewertet und weitere Abmahnungen innerhalb eines Zeitraums von 6 Monaten mit einem Drittel eines Monatsverdienstes bewertet werden (LAG Frankfurt 24. 5. 2000 NZA-RR 2000, 438; ähnlich LAG Düsseldorf 4. 9. 1995 NZA-RR 1996, 391).

23   c) **Aufhebungsvertrag.** Der Streitwert beträgt nach § 12 VII 1 einen Vierteljahresverdienst, auch wenn im Aufhebungsvertrag eine Abfindung vereinbart (BAG 16. 5. 2000 AP ArbGG 1979 § 12 Nr. 23 = NZA 2000, 1246; ähnlich LAG Bremen 31. 8. 1988 LAGE § 12 ArbGG 1979 Streitwert Nr. 75; aA AG Hamburg 19. 1. 1989 JurBüro 1989, 951).

24   d) **Auskunft.** Je nach Einzelfall 10–25% des Hauptanspruches (BAG 27. 5. 1994 AP § 64 ArbGG 1979 Nr. 17 = NZA 1994, 1054); allerdings Wert der Beschwer für Rechtsmittel des zur Auskunft verurteilten Beklagten nur in Höhe des Aufwandes für die Auskunftserteilung. Wird für den Fall der Nichterfüllung eine Entschädigung (§ 61 II) in bestimmter Höhe beansprucht, ist deren Wert regelmäßig als Streitwert anzusetzen.

25   e) **Direktionsrecht.** Bei einer Klage gegen eine Maßnahme handelt es sich um eine vermögensrechtliche Streitigkeit (BAG 28. 9. 1989 AP § 64 ArbGG 1979 Nr. 14 = NZA 1990, 202) und in der Regel mit einem Monatsgehalt zu bewerten (LAG Sachsen 31. 3. 1999 LAGE § 12 ArbGG 1979 Nr. 118 = DB 1999, 1508; aA LAG Sachsen 5. 3. 1997 LAGE § 12 ArbGG 1979 Streitwert Nr. 109 – Wert aus § 17 III GKG höchstens Vierteljahresverdienst). Bei einem Streit um die Rechtmäßigkeit einer **Versetzung** ist ein Bruttomonatsgehalt angemessen (LAG Nürnberg 27. 12. 1994 ARST 1995, 142; LAG Hamburg 30. 8. 1991 LAGE § 12 ArbGG 1979 Nr. 93; LAG München 28. 2. 1990 JurBüro 1990, 1609; aA LAG Bremen 31. 8. 1988 LAGE § 12 ArbGG 1979 Streitwert Nr. 75 – bei „weitreichenden Folgen" Vierteljahresverdienst).

26   f) **Einstweiliger Rechtsschutz.** Die Wertfestsetzung orientiert sich am Sicherungsinteresse des Anspruchstellers und ist zu schätzen; regelmäßig ist ein Wert von 1/3 des zu sichernden Anspruches angemessen; Erhöhung bis zum Wert des Anspruches möglich, wenn die Hauptsache praktisch miterledigt wird, zB bei Leistungsverfügung.

27   g) **Feststellungsklage.** Der Wert einer Feststellungsklage entspricht regelmäßig dem Wert des Anspruches abzüglich eines Abschlages von 20%. Dies gilt nicht bei Eingruppierungsfeststellungsklagen (Rn. 19), zur allgemeinen Feststellungsklage neben der Klage nach § 4 KSchG Rn. 17.

28   h) **Freistellung.** Die Vereinbarung einer Freistellung mit oder ohne Entgeltfortzahlung ist bei einem wertenden Vergleich zum Weiterbeschäftigungsantrag ausreichend mit einem Monatsverdienst bewertet, wenn sie über einen Monat hinausgeht (LAG Frankfurt 23. 4. 1999 NZA-RR 1999, 382; aA LAG Berlin 1. 10. 2001 MDR 2002, 59–10 bis 50% der auf den Freistellungszeitraum entfallenden Vergütung; LAG Sachsen-Anhalt 22. 11. 2000 NZA-RR 2001, 435 100%; LAG Schleswig-Holstein 20. 5. 1998 LAGE § 12 ArbGG 1979 Nr. 113 25%). Die Vereinbarung einer Freistellung unter Fortzahlung der Bezüge in einem Prozessvergleich ist aber nur streitwerterhöhend, wenn zuvor gerichtlich oder außergerichtlich Streit über die Freistellung bestand hat (LAG Köln 29. 1. 2002 LAGE § 12 ArbGG 1979 Streitwert Nr. 127; LAG Schleswig-Holstein 6. 6. 1997 MDR 1999, 814; LAG Hamm 17. 3. 1994 MDR 1994, 625).

29   i) **Konkurrentenklage.** Der Wert berechnet sich nach dem dreijährigen Unterschiedsbetrag (§ 17 III GKG) zwischen der Vergütung nach der ausgeübten Tätigkeit und der Vergütung, die für die angestrebte Tätigkeit gezahlt wird. Beim einstweiligen Rechtsschutzverfahren ist regelmäßig ein Abschlag von 50% angemessen, da es hier regelmäßig nur um die Neubescheidung der Bewerbung geht.

30   j) **Nichtvermögensrechtliche Streitigkeiten.** Der Streitwert ist nach § 12 II GKG im Einzelfall zu bestimmen, er darf 1 Mio. € nicht überschreiten.

31   k) **Teilzeitverlangen (§§ 8 TzBfG, 15 BErzGG, 15 b BAT/BAT-O).** Der Streitwert bemisst sich entsprechend den Grundsätzen wie bei einer Änderungskündigung, dh 36-facher Unterschiedsbetrag, aber begrenzt durch Obergrenze aus § 12 VII 1 (LAG Niedersachsen 14. 12. 2001 NZA-RR 2002, 550; LAG Frankfurt 28. 11. 2001 LAGE § 3 ZPO Nr. 15 = NZA 2002, 404; LAG Hamburg 8. 11. 2001 LAGE § 8 TzBfG Nr. 4 = NZA-RR 2002, 551; LAG Berlin 4. 9. 2001 LAGE § 3 ZPO Nr. 13 = NZA-RR 2002, 104; aA LAG Baden-Württemberg 15. 2. 2002 LAGE § 4 TzBfG Nr. 4 b = NZA-RR 2002, 325 – auch kein Rückgriff auf § 17 GKG möglich).

32   l) **Wiedereinstellung.** Wie Bestandsschutzstreitigkeit, da das wirtschaftliches Interesse des Arbeitnehmers auf die zukünftige Begründung eines Arbeitsverhältnisses gerichtet ist.

33   m) **Zeugnis.** Der Streitwert einer Klage auf **Erteilung** eines qualifizierten Zeugnisses beträgt ein Bruttomonatsgehalt (LAG Köln 26. 8. 1991 AnwBl. 1992, 496; LAG Frankfurt 9. 12. BB 1971, 653), bei einem Zwischenzeugnis ist ein halber Monatsverdienst angemessen (LAG Hamm 31. 8. 1989 JurBüro 1990, 39; aA LAG Hamburg 13. 11. 1987 JurBüro 1988, 1158; LAG Schleswig-Holstein 18. 3. 1986 AnwBl. 1987, 497 – jeweils voller Monatsverdienst). Bei einer **Berichtigung** eines bereits erteilten Zeugnisses kommt je nach dem Verhältnis der Bedeutung des Berichtigungsbegehrens zum Gesamtwert des Zeugnisses ein Abschlag vom vorgenannten Regelstreitwert in Betracht (LAG Köln 29. 12. 2000 MDR 2001, 717 = NZA-RR 2001, 324; LAG Schleswig-Holstein 6. 3. 1997 MDR 1999,

814 – zumindest ein halbes Monatsgehalt; LAG Düsseldorf 31. 7. 1991 NZA 1992, 524 – kein Abschlag bei umfangreicher Berichtigung). Die Aufnahme einer Verpflichtung zur Zeugniserteilung in einem Beendigungsvergleich führt nur zu einem **Vergleichsmehrwert**, wenn die Parteien hierüber bereits gerichtlich oder außergerichtlich gestritten haben (LAG Köln 21. 6. 2002 MDR 2002, 1441; 29. 12. 2000 NZA-RR 2001, 324; LAG Schleswig-Holstein 16. 10. 2000 JurBüro 2001, 196; LAG Baden-Württemberg 6. 6. 1983 DB 1984, 784; aA LAG Thüringen 14. 11. 2000 MDR 2001, 538; LAG Hamburg 15. 11. 1994 LAGE § 12 ArbGG 1979 Streitwert Nr. 102; LAG Bremen 23. 12. 1982 DB 1983, 1152 – jeweils 250 € Titularinteresse; LAG Düsseldorf 14. 5. 1985 LAGE § 3 ZPO Nr. 4 – ¼ Bruttomonatsverdienst).

n) Sonstige Streitgegenstände. Bei Streit um die Herausgabe von **Arbeitspapieren** ist nach der hier 34 vertretenen Auffassung ein Betrag von 50,00 € pro Arbeitspapier (Sozialversicherungsausweis, Arbeitsbescheinigung, Lohnsteuerkarte, Urlaubsbescheinigung) angemessen, allerdings werden gerade in diesem Bereich die unterschiedlichsten Beträge von den ArbG und LAG in Ansatz gebracht. Ein höherer Betrag kann aber für die Wertfestsetzung angemessen sein, wenn der Antrag auf Herausgabe mit dem auf Zahlung einer Entschädigung (§ 61 II) verbunden wird, dann ist dieser Betrag maßgeblich. Bei einer **Bruttolohnklage** ist der eingeklagte Bruttobetrag maßgebend, etwaige auf die BA übergegangenen Ansprüche sind aber streitwertmindernd zu berücksichtigen. Die **Ausgleichsklausel** im Prozessvergleich ist dann nicht streitwerterhöhend zu bewerten, wenn sie lediglich deklaratorischen Charakter hat (LAG Schleswig-Holstein 6. 3. 1997 MDR 1999, 814; LAG Rheinland-Pfalz 3. 4. 1984 NZA 1984, 99).

§ 12 a Kostentragungspflicht

(1) ¹In Urteilsverfahren des ersten Rechtszugs besteht kein Anspruch der obsiegenden Partei auf Entschädigung wegen Zeitversäumnis und auf Erstattung der Kosten für die Zuziehung eines Prozeßbevollmächtigten oder Beistandes. ² Vor Abschluß der Vereinbarung über die Vertretung ist auf den Ausschluß der Kostenerstattung nach Satz 1 hinzuweisen. ³Satz 1 gilt nicht für Kosten, die dem Beklagten dadurch entstanden sind, daß der Kläger ein Gericht der ordentlichen Gerichtsbarkeit, der allgemeinen Verwaltungsgerichtsbarkeit, der Finanz- oder Sozialgerichtsbarkeit angerufen und dieses den Rechtsstreit an das Arbeitsgericht verwiesen hat.

(2) ¹Werden im Urteilsverfahren des zweiten Rechtszugs die Kosten nach § 92 Abs. 1 der Zivilprozeßordnung verhältnismäßig geteilt und ist die eine Partei durch einen Rechtsanwalt, die andere Partei durch einen Verbandsvertreter nach § 11 Abs. 2 Satz 2, 4 und 5 vertreten, so ist diese Partei hinsichtlich der außergerichtlichen Kosten so zu stellen, als wenn sie durch einen Rechtsanwalt vertreten worden wäre. ² Ansprüche auf Erstattung stehen ihr jedoch nur insoweit zu, als ihr Kosten im Einzelfall tatsächlich erwachsen sind.

I. Ausschluss der Kostenerstattung

1. Allgemeines. Kostentragung und Kostenerstattung richten sich grds. nach den §§ 91 ff. ZPO. 1 Jedoch enthält § 12 a zur Verbilligung des arbeitsgerichtlichen Verfahrens eine Reihe von Ausnahmen. Die Vorschrift gilt in allen Verfahren des § 2; hierzu zählen nicht nur das Urteilsverfahren, sondern auch das Mahnverfahren und die Verfahren des einstweiligen Rechtsschutzes. § 12 a ist aber im Beschlussverfahren (BAG 27. 7. 1994 AP BetrVG 1972 § 76 a Nr. 4 = NZA 1995, 545; Ausnahme: § 126 InsO, vgl. auch Rn. 3), den Verfahren nach § 111 II und bei Zwangsvollstreckungsmaßnahmen (LAG Berlin 17. 2. 1986 DB 1986, 753; einschränkend LAG Rheinland-Pfalz 8. 4. 1991 LAGE § 12 a ArbGG 1979 Nr. 17 für das Klauselerteilungsverfahren) nicht anwendbar.

2. Ausschluss der Kostenerstattung erster Instanz. a) Grundsatz. Im Urteilsverfahren vor dem 2 ArbG besteht kein Anspruch der obsiegenden Partei auf Entschädigung wegen Zeitversäumnis und auf Erstattung der Kosten für die Hinzuziehung eines Prozeßbevollmächtigten oder Beistandes. Die Vorschrift beschränkt das Kostenrisiko in der ersten Instanz. Sie stellt aber auch eine erhebliche Belastung des Obsiegenden dar, weil er keine volle Kostenerstattung erlangt, was den Erfolg des Prozesses vernichten kann, etwa wenn der Streitwert sehr hoch war. Die Vorschrift ist verfassungsrechtlich unbedenklich (BVerfG 20. 7. 1971 AP ArbGG 1953 § 61 Nr. 12 = NJW 1971, 2302). Sie findet auch Anwendung, wenn zwei AG am Verfahren beteiligt sind.

b) Umfang. Der Ausschluss der Kostenerstattung im Urteilsverfahren gilt sowohl für den prozes- 3 sualen (§§ 91 ff. ZPO) wie auch für den materiell-rechtlichen Kostenerstattungsanspruch zB aus Verzug oder Schadensersatz (BAG 30. 4. 1992 AP ArbGG 1979 § 12 a Nr. 6 = NJW 1993, 157 = NZA 1992, 1101). Hierzu zählt auch die Erstattung von erstinstanzlichen Rechtsanwaltskosten bei Verfolgung von Lohnansprüchen eines BRMitgliedes nach § 37 II BetrVG (BAG 30. 6. 1993 AP ArbGG 1979 § 12 Nr. 8 = NZA 1994, 284) oder einer Klage nach § 767 ZPO. Nicht ausgeschlossen ist der Anspruch auf Ersatz der Anwaltskosten, wenn der Drittschuldner seinen Auskunftspflichten nach § 840 II ZPO nicht nachkommt (BAG 16. 5. 1990 AP ZPO § 840 Nr. 6 = NJW 1990, 2643 = NZA

1991, 27; GMP/*Germelmann* § 12 a Rn. 11). Denkbar ist jedoch, dass trotz § 12 a ein materiell-rechtlicher Kostenerstattungsanspruch bei Vorliegen der Voraussetzungen des § 826 BGB besteht (ausdrücklich offen gelassen von BAG 23. 9. 1960 AP ArbGG 1953 § 61 Kosten Nr. 3 = NJW 1961, 92). Zur vertraglichen Übernahme der Prozesskosten Rn. 8.

4   c) **Fiktive Kostenerstattung.** Ausgeschlossen ist der Anspruch eines Verfahrensbeteiligten (Partei, Nebenintervenienten oder Streitgenossen) auf eine Kostenerstattung für die Hinzuziehung eines Prozessbevollmächtigten (Rechtsanwalt/Verbandsvertreter), Beistandes, Unterbevollmächtigten oder Verkehrsanwalts. Der Ausschluss betrifft den Anspruch auf jegliche Kostenerstattung (Gebühren und Auslagen, Porto und Fahrtkosten) einschließlich der darauf entfallenden Umsatzsteuer. Eine (fiktive) Erstattung der Rechtsanwaltskosten findet statt, wenn die Partei durch die Beauftragung eines Rechtsanwaltes erstattungsfähige Auslagen (dazu Rn. 6) einspart (einschränkend LAG Stuttgart 10. 4. 1985 AnwBl. 1986, 160 – keine Erstattung fiktiver Reisekosten, wenn die Partei mit Sicherheit nicht angereist wäre; LAG Köln 15. 10. 1982 LAGE § 91 ZPO Nr. 3 – keine Erstattungsfähigkeit, wenn Reisekosten außer Verhältnis). Die Erstattung der Anwaltskosten erfolgt bis zur Höhe der Einsparungen (LAG Nürnberg 22. 11. 1994 JurBüro 1995, 266). Gleiches gilt für den Anspruch eines Verfahrensbeteiligten wegen der erlittenen Zeitversäumnis, zB für die Klageerhebung, das Aufsuchen des Gerichtes oder des Bevollmächtigten oder das persönliche Erscheinen vor Gericht.

5   d) **Erstattungsfähige Kosten der Prozessführung.** Erstattungsfähig sind die Kosten eines Verfahrensbeteiligten für die Prozessführung, soweit es um Fahrt-, Verpflegungs- und Übernachtungskosten geht und sie zur zweckentsprechenden Rechtsverfolgung oder -verteidigung notwendig waren. Die Partei kann die Termine auch selbst wahrnehmen, selbst wenn ihr bei Vertretung durch einen Rechtsanwalt nur geringere Kosten entstanden wären (LAG Hamburg 13. 8. 1992 LAGE § 12 a ArbGG 1979 Nr. 18). Kein Anspruch auf Erstattung der Kosten für die Terminswahrnehmung besteht aber, wenn der AG am Gerichtsstand des Erfüllungsorts verklagt wird (LAG Düsseldorf 30. 11. 1989 LAGE § 12 a ArbGG 1979 Nr. 13). Bei juristischen Personen des öffentl. Rechts ist die Kostenerstattung ausgeschlossen, wenn am Gerichtsort eine Außenstelle besteht, der Termin aber von Bediensteten einer auswärtigen Hauptverwaltung wahrgenommen wird (LAG Berlin 6. 7. 1994 DB 1994, 1628; LAG Niedersachsen 11. 12. 1989 LAGE § 91 ZPO Nr. 15; LAG Hamm 12. 1. 1984 LAGE § 91 ZPO Nr. 5; LAG Köln 9. 6. 1983 LAGE § 91 ZPO Nr. 4). Entsprechendes gilt auch für die Privatwirtschaft (LAG Nürnberg 23. 11. 1992 LAGE § 91 ZPO Nr. 20). Eine Ausnahme kann in beiden Fällen gelten, wenn dargelegt wird, dass sich in der Außenstelle oder der Niederlassung keine zur Prozessführung geeignete Person befunden hat. Erstattungsfähig sind schließlich Auslagen für Büromaterial.

6   **3. Belehrung.** Nach § 12 a I 2 ist vor Abschluss der Vereinbarung über die gerichtliche Vertretung auf den Ausschluss der Kostenerstattung hinzuweisen (dazu *Weimar*, ArbuR 2003, 172). Der Partei sind auf Verlangen die voraussichtlichen Kosten mitzuteilen. Unterbleibt die Belehrung, kann ein Schadensersatzanspruch gegen den Prozessbevollmächtigten aus Verschulden bei Vertragsschluss bestehen. Der Anspruch ist auf das negative Interesse gerichtet, also auf den Betrag, der nicht entstanden wäre, wenn die Belehrung rechtzeitig erfolgt wäre. Mit ihm kann gegen die Gebührenforderung aufgerechnet werden. Die Belehrung kann unterbleiben, wenn feststeht, dass eine Rechtsschutzversicherung in vollem Umfang eintritt und die Partei kein Kostenrisiko treffen kann (GMP/*Germelmann* § 12 a Rn. 30). Die mögliche Bewilligung von Prozesskostenhilfe schließt hingegen die Belehrungspflicht nicht aus.

II. Ausnahmen von dem Ausschluss der Kostenerstattung

7   **1. Verweisung.** § 12 a findet keine Anwendung, wenn dem Beklagten Kosten dadurch entstehen, dass der Kläger ein Gericht der ordentlichen Gerichtsbarkeit, der allg. Verwaltungsgerichtsbarkeit, der Finanz- und Sozialgerichtsbarkeit angerufen und dieses den Rechtsstreit an das ArbG verwiesen hat. Auch nach der Neufassung des § 12 a ist umstritten, ob insoweit ein voller Erstattungsanspruch für die bei unzuständigen Gericht entstandenen Kosten besteht (LAG Frankfurt 8. 3. 1999 NZA-RR 1999, 498; OLG Schleswig-Holstein 1. 11. 1994 AnwBl 1995, 207; GMP/*Germelmann* § 12 a Rn. 18) oder nur die rechnerischen Mehrkosten zu ersetzen sind (LAG Bremen 5. 7. 1996 NZA-RR 1997, 26; ArbG Siegen 26. 2. 1998 NZA-RR 1999, 213; *Schaub* ArbGV § 49 Rn. 13 ff.). Für letztere Sichtweise spricht § 17b II 2 GVG, wonach der Kläger nur die Mehrkosten zu trägt, wenn er zunächst das unzuständige Gericht angerufen hat, selbst wenn er in der Hauptsache obsiegt. Nicht zu erstatten sind Kosten für eine Widerklage, die der Beklagte bei dem unzuständigen Gericht erhoben hat (LAG Baden-Württemberg 9. 8. 1984 NZA 1985, 132). Wird zunächst das unzuständige ArbG angerufen und dann der Rechtsstreit in einen anderen zuständigen Gerichtszweig verwiesen, sind die beim ArbG angefallenen Kosten nicht erstattungsfähig. Die Kosten werden nur dann erstattungsfähig, wenn sie später noch einmal entstehen (OLG Brandenburg 9. 3. 2000 MDR 2000, 788; OLG Karlsruhe 1. 8. 1991 JurBüro 1991, 1637).

Zweiter Teil. Aufbau der Gerichte für Arbeitssachen

Erster Abschnitt. Arbeitsgerichte

§ 14 Errichtung und Organisation

(1) In den Ländern werden Arbeitsgerichte errichtet.

(2) Durch Gesetz werden angeordnet
1. die Errichtung und Aufhebung eines Arbeitsgerichts;
2. die Verlegung eines Gerichtssitzes;
3. Änderungen in der Abgrenzung der Gerichtsbezirke;
4. die Zuweisung einzelner Sachgebiete an ein Arbeitsgericht für die Bezirke mehrerer Arbeitsgerichte;
5. die Errichtung von Kammern des Arbeitsgerichts an anderen Orten;
6. der Übergang anhängiger Verfahren auf ein anderes Gericht bei Maßnahmen nach den Nummern 1, 3 und 4, wenn sich die Zuständigkeit nicht nach den bisher geltenden Vorschriften richten soll.

(3) Mehrere Länder können die Errichtung eines gemeinsamen Arbeitsgerichts oder gemeinsamer Kammern eines Arbeitsgerichts oder die Ausdehnung von Gerichtsbezirken über die Landesgrenzen hinaus, auch für einzelne Sachgebiete, vereinbaren.

(4) [1] Die zuständige oberste Landesbehörde kann anordnen, daß außerhalb des Sitzes des Arbeitsgerichts Gerichtstage abgehalten werden. [2] Die Landesregierung kann ferner durch Rechtsverordnung bestimmen, daß Gerichtstage außerhalb des Sitzes des Arbeitsgerichts abgehalten werden. [3] Die Landesregierung kann die Ermächtigung nach Satz 2 durch Rechtsverordnung auf die zuständige oberste Landesbehörde übertragen.

(5) Bei der Vorbereitung gesetzlicher Regelungen nach Absatz 2 Nr. 1 bis 5 und Absatz 3 sind die Gewerkschaften und Vereinigungen von Arbeitgebern, die für das Arbeitsleben im Landesgebiet wesentliche Bedeutung haben, zu hören.

§ 15 Verwaltung und Dienstaufsicht

(1) [1] Die Geschäfte der Verwaltung und Dienstaufsicht führt die zuständige oberste Landesbehörde. [2] Vor Erlaß allgemeiner Anordnungen, die die Verwaltung und Dienstaufsicht betreffen, soweit sie nicht rein technischer Art sind, sind die in § 14 Abs. 5 genannten Verbände zu hören.

(2) [1] Die Landesregierung kann durch Rechtsverordnung Geschäfte der Verwaltung und Dienstaufsicht dem Präsidenten des Landesarbeitsgerichts oder dem Vorsitzenden des Arbeitsgerichts oder, wenn mehrere Vorsitzende vorhanden sind, einem von ihnen übertragen. [2] Die Landesregierung kann die Ermächtigung nach Satz 1 durch Rechtsverordnung auf die zuständige oberste Landesbehörde übertragen.

§ 16 Zusammensetzung

(1) [1] Das Arbeitsgericht besteht aus der erforderlichen Zahl von Vorsitzenden und ehrenamtlichen Richtern. [2] Die ehrenamtlichen Richter werden je zur Hälfte aus den Kreisen der Arbeitnehmer und der Arbeitgeber entnommen.

(2) Jede Kammer des Arbeitsgerichts wird in der Besetzung mit einem Vorsitzenden und je einem ehrenamtlichen Richter aus Kreisen der Arbeitnehmer und der Arbeitgeber tätig.

§ 17 Bildung von Kammern

(1) Die zuständige oberste Landesbehörde bestimmt die Zahl der Kammern nach Anhörung der in § 14 Abs. 5 genannten Verbände.

(2) [1] Soweit ein Bedürfnis besteht, kann die Landesregierung durch Rechtsverordnung für die Streitigkeiten bestimmter Berufe und Gewerbe und bestimmter Gruppen von Arbeitnehmern Fachkammern bilden. [2] Die Zuständigkeit einer Fachkammer kann durch Rechtsverordnung auf die Bezirke anderer Arbeitsgerichte oder Teile von ihnen erstreckt werden, sofern die Erstreckung für eine sachdienliche Förderung oder schnellere Erledigung der Verfahren zweckmäßig ist. [3] Die Rechtsverordnungen auf Grund der Sätze 1 und 2 treffen Regelungen zum Übergang anhängiger

Koch

Verfahren auf ein anderes Gericht, sofern die Regelungen zur sachdienlichen Erledigung der Verfahren zweckmäßig sind und sich die Zuständigkeit nicht nach den bisher geltenden Vorschriften richten soll. ⁴ § 14 Abs. 5 ist entsprechend anzuwenden.

(3) Die Landesregierung kann die Ermächtigung nach Absatz 2 durch Rechtsverordnung auf die zuständige oberste Landesbehörde übertragen.

§ 18 Ernennung der Vorsitzenden

(1) Die Vorsitzenden werden auf Vorschlag der zuständigen obersten Landesbehörde nach Beratung mit einem Ausschuß entsprechend den landesrechtlichen Vorschriften bestellt.

(2) ¹ Der Ausschuß ist von der zuständigen obersten Landesbehörde zu errichten. ² Ihm müssen in gleichem Verhältnis Vertreter der in § 14 Abs. 5 genannten Gewerkschaften und Vereinigungen von Arbeitgebern sowie der Arbeitsgerichtsbarkeit angehören.

(3) Einem Vorsitzenden kann zugleich ein weiteres Richteramt bei einem anderen Arbeitsgericht übertragen werden.

(4)–(6) *(weggefallen)*

(7) Bei den Arbeitsgerichten können Richter auf Probe und Richter kraft Auftrags verwendet werden.

§ 19 Ständige Vertretung

(1) Ist ein Arbeitsgericht nur mit einem Vorsitzenden besetzt, so beauftragt das Präsidium des Landesarbeitsgerichts einen Richter seines Bezirks mit der ständigen Vertretung des Vorsitzenden.

(2) ¹ Wird an einem Arbeitsgericht die vorübergehende Vertretung durch einen Richter eines anderen Gerichts nötig, so beauftragt das Präsidium des Landesarbeitsgerichts einen Richter seines Bezirks längstens für zwei Monate mit der Vertretung. ² In Eilfällen kann an Stelle des Präsidiums der Präsident des Landesarbeitsgerichts einen zeitweiligen Vertreter bestellen. ³ Die Gründe für die getroffene Anordnung sind schriftlich niederzulegen.

§ 20 Berufung der ehrenamtlichen Richter

(1) ¹ Die ehrenamtlichen Richter werden von der zuständigen obersten Landesbehörde oder von der von der Landesregierung durch Rechtsverordnung beauftragten Stelle auf die Dauer von fünf Jahren berufen. ² Die Landesregierung kann die Ermächtigung nach Satz 1 durch Rechtsverordnung auf die zuständige oberste Landesbehörde übertragen.

(2) Die ehrenamtlichen Richter sind in angemessenem Verhältnis unter billiger Berücksichtigung der Minderheiten aus den Vorschlagslisten zu entnehmen, die der zuständigen Stelle von den im Land bestehenden Gewerkschaften, selbständigen Vereinigungen von Arbeitnehmern mit sozial- oder berufspolitischer Zwecksetzung und Vereinigungen von Arbeitgebern sowie von den in § 22 Abs. 2 Nr. 3 bezeichneten Körperschaften oder deren Arbeitgebervereinigungen eingereicht werden.

§ 21 Voraussetzungen für die Berufung als ehrenamtlicher Richter

(1) ¹ Als ehrenamtliche Richter sind Personen zu berufen, die das fünfundzwanzigste Lebensjahr vollendet haben. ² Es sind nur Personen zu berufen, die im Bezirk des Arbeitsgerichts als Arbeitnehmer oder Arbeitgeber tätig sind.

(2) ¹ Vom Amt des ehrenamtlichen Richters ist ausgeschlossen,
1. wer infolge Richterspruchs die Fähigkeit zur Bekleidung öffentlicher Ämter nicht besitzt oder wegen einer vorsätzlichen Tat zu einer Freiheitsstrafe von mehr als sechs Monaten verurteilt worden ist;
2. wer wegen einer Tat angeklagt ist, die den Verlust der Fähigkeit zur Bekleidung öffentlicher Ämter zur Folge haben kann;
3. wer das Wahlrecht zum Deutschen Bundestag nicht besitzt.

² Personen, die in Vermögensverfall geraten sind, sollen nicht als ehrenamtliche Richter berufen werden.

(3) Beamte und Angestellte eines Gerichts für Arbeitssachen dürfen nicht als ehrenamtliche Richter berufen werden.

(4) ¹ Das Amt des ehrenamtlichen Richters, der zum ehrenamtlichen Richter in einem höheren Rechtszug berufen wird, endet mit Beginn der Amtszeit im höheren Rechtszug.

3. **Verfahren.** Das Amtsenthebungsverfahren wird durch einen Antrag der zuständigen Stelle (§ 20) 4
in Gang gesetzt. Bejaht diese eine grobe Amtspflichtverletzung, so ist das Verfahren einzuleiten. Für
das weitere Verfahren wird auf § 21 V 2 bis 5 verwiesen. Da in einem gerichtsförmigen Verfahren
entschieden wird, bestehen gegen die Regelungen keine verfassungsrechtlichen Bedenken. Nimmt die
Klärung der geltend gemachten Amtspflichtverletzungen gem. § 27 einige Zeit in Anspruch und ist
dem Amtsenthebungsverfahren Erfolgsaussicht beizumessen, kann der ehrenamtliche Richter gem.
§ 21 V 5 durch einstweilige Anordnung von der Ausübung des Richteramtes vorläufig suspendiert
werden (LAG Hamm 28. 1. 1993 NZA 1993, 479).

§ 28 Ordnungsgeld gegen ehrenamtliche Richter

¹ Die vom Präsidium für jedes Geschäftsjahr im voraus bestimmte Kammer des Landesarbeitsgerichts kann auf Antrag des Vorsitzenden des Arbeitsgerichts gegen einen ehrenamtlichen Richter, der sich der Erfüllung seiner Pflichten entzieht, insbesondere ohne genügende Entschuldigung nicht oder nicht rechtzeitig zu den Sitzungen erscheint, ein Ordnungsgeld festsetzen.
² Vor dem Antrag hat der Vorsitzende des Arbeitsgerichts den ehrenamtlichen Richter zu hören.
³ Die Entscheidung ist endgültig.

§ 29 Ausschuß der ehrenamtlichen Richter

(1) ¹ Bei jedem Arbeitsgericht mit mehr als einer Kammer wird ein Ausschuß der ehrenamtlichen Richter gebildet. ² Er besteht aus mindestens je drei ehrenamtlichen Richtern aus den Kreisen der Arbeitnehmer und der Arbeitgeber in gleicher Zahl, die von den ehrenamtlichen Richtern aus den Kreisen der Arbeitnehmer und der Arbeitgeber in getrennter Wahl gewählt werden. ³ Der Ausschuß tagt unter der Leitung des aufsichtführenden oder, wenn ein solcher nicht vorhanden oder verhindert ist, des dienstältesten Vorsitzenden des Arbeitsgerichts.

(2) ¹ Der Ausschuß ist vor der Bildung von Kammern, vor der Geschäftsverteilung, vor der Verteilung der ehrenamtlichen Richter auf die Kammern und vor der Aufstellung der Listen über die Heranziehung der ehrenamtlichen Richter zu den Sitzungen mündlich oder schriftlich zu hören. ² Er kann den Vorsitzenden des Arbeitsgerichts und den die Verwaltung und Dienstaufsicht führenden Stellen (§ 15) Wünsche der ehrenamtlichen Richter übermitteln.

§ 30 Besetzung der Fachkammern

¹ Die ehrenamtlichen Richter einer Fachkammer sollen aus den Kreisen der Arbeitnehmer und der Arbeitgeber entnommen werden, für die die Fachkammer gebildet ist. ² Werden für Streitigkeiten der in § 22 Abs. 2 Nr. 2 bezeichneten Angestellten Fachkammern gebildet, so dürfen ihnen diese Angestellten nicht als ehrenamtliche Richter aus Kreisen der Arbeitgeber angehören. ³ Wird die Zuständigkeit einer Fachkammer gemäß § 17 Abs. 2 erstreckt, so sollen die ehrenamtlichen Richter dieser Kammer aus den Bezirken derjenigen Arbeitsgerichte berufen werden, für deren Bezirke die Fachkammer zuständig ist.

§ 31 Heranziehung der ehrenamtlichen Richter

(1) Die ehrenamtlichen Richter sollen zu den Sitzungen nach der Reihenfolge einer Liste herangezogen werden, die der Vorsitzende vor Beginn des Geschäftsjahres oder vor Beginn der Amtszeit neu berufener ehrenamtlicher Richter gemäß § 29 Abs. 2 aufstellt.

(2) Für die Heranziehung von Vertretern bei unvorhergesehener Verhinderung kann eine Hilfsliste von ehrenamtlichen Richtern aufgestellt werden, die am Gerichtssitz oder in der Nähe wohnen oder ihren Dienstsitz haben.

1. **Allgemeines.** In § 6a ist geregelt, dass die ehrenamtlichen Richter den Kammern des Gerichtes 1
zugeteilt werden. Sind die ehrenamtlichen Richter allen oder einzelnen Kammern zugeteilt, so bedarf
es einer Regelung, in welcher Reihenfolge sie zu den einzelnen Sitzungen herangezogen werden,
damit das Gebot des gesetzlichen Richters gewahrt bleibt. § 31 konkretisiert für die Heranziehung
der ehrenamtlichen Richter die Garantie des gesetzlichen Richters (BVerfG 6. 2. 1998 AP GG
Art. 101 Nr. 55 = NZA 1998, 445). Die Vorschrift gilt für das Urteils- und Beschlussverfahren vor
dem ArbG, für das Berufungs- und Beschwerdeverfahren (§§ 87 ff.) enthält § 39 inhaltsgleiche
Regelungen.

2. **Liste.** a) **Zuordnung.** Sind die ehramtlichen Richter einer oder mehreren, nicht aber allen 2
Kammern zugeteilt, haben der Vorsitzende bzw. die Vorsitzenden eine Liste der ehrenamtlichen

Richter getrennt nach AN und AG aufzustellen, aus der die Reihenfolge ihrer Heranziehung ersichtlich wird. Sind dagegen die ehrenamtlichen Richter allen Kammern eines Gerichtes zugeteilt, ist es ausreichend, dass das Präsidium des Gerichtes eine Liste für die Kammern des Gerichtes aufstellt und die jeweiligen Vorsitzenden die Liste billigen (BAG 30. 1. 1963 AP ArbGG 1953 § 39 Nr. 2; GK-ArbGG/*Dörner* § 31 Rn. 5; *Hauck/Helml* § 31 Rn. 3; aA GMP/*Prütting* § 31 Rn. 8).

3   **b) Reihenfolge.** Das Gesetz schreibt nicht vor, in welcher Reihenfolge die ehrenamtlichen Richter in die Liste aufgenommen werden. Üblicherweise wird die alphabetische Reihenfolge gewählt, im Geschäftsverteilungsplan muss weiterhin festgelegt werden, ob zu Beginn des Geschäftsjahres die Reihenfolge fortgesetzt oder neu begonnen wird. Werden während eines Geschäftsjahres ehrenamtliche Richter neu berufen, müssen diese vom Präsidium zugeteilt werden, daneben hat der Geschäftsverteilungsplan zu bestimmen, an welcher Stelle sie bei der Heranziehung zukünftig berücksichtigt werden. Vor Aufstellung der Liste ist der Ausschuss (§ 29) zu hören.

4   **c) Abweichung.** Bei der Heranziehung der ehrenamtlichen Richter ist der Vorsitzende an die Reihenfolge der Liste gebunden. Hiervon kann nur abgewichen werden, wenn der ehrenamtliche Richter verhindert ist (Krankheit, Urlaub usw.). Weicht der Vorsitzende willkürlich von der Reihenfolge der Liste ab, liegt ein Verstoß gegen Art. 101 GG vor (BAG 2. 3. 1962 AP ArbGG 1953 § 39 Nr. 1). Ein solcher Verstoß kann den absoluten Revisionsgrund des § 547 Nr. 1 ZPO darstellen. Nach Erschöpfung des Rechtsweges ist die Verfassungsbeschwerde gegeben. Wird dagegen irrtümlich gegen die Liste verstoßen, ist dies unschädlich (BAG 16. 9. 1982 AP BGB § 123 Nr. 24 = NJW 1984, 446).

5   **3. Heranziehung. a) Sitzungstag.** Nach hM ist unter Sitzung der einzelne Sitzungstag und nicht der jeweilige Termin in einer Streitsache zu verstehen (GK-ArbGG/*Dörner* § 31 Rn. 7; *Hauck/Helml* § 31 Rn. 5). Bei einer Verlegung oder Vertagung einer Sache sind dann die nach der Liste heranzuziehenden ehrenamtlichen Richter und nicht die ursprünglich festgelegten bzw. geladenen Richter heranzuziehen. Bei Entscheidungen, die ohne mündliche Verhandlung durch Beschluss ergehen können, ist deshalb der maßgebliche Sitzungstag der jeweilige Beratungstermin. Die Festlegung, welche ehrenamtlichen Richter an der Beschlussfassung zu beteiligen sind, muss nachprüfbar sein und dokumentiert werden. Das BVerfG sieht es daher als unzulässig an, wenn für eine Entscheidung ohne mündliche Verhandlung beliebig eine der demnächst anberaumten Sitzungen zur Beratung ausgewählt wird (BVerfG 6. 2. 1998 AP GG Art. 101 Nr. 55 = NJW 1998, 445).

6   **b) Folgetermine.** Die einmal mit der Sache befassten ehrenamtlichen Richter dürfen nur dann erneut zu einem Fortsetzungstermin an einem anderen Sitzungstag herangezogen werden, wenn dies im Geschäftsverteilungsplan auf Grund einer abstrakt-generellen Regelung so vorgesehen ist. Ein Verstoß gegen die §§ 31, 39 kann einen absoluten Revisionsgrund iSv. § 547 Nr. 1 ZPO begründen (BAG 26. 9. 1996 AP ArbGG 1979 § 39 Nr. 3 = NZA 1997, 333; 16. 11. 1995 AP Einigungsvertrag Anlage I Kapitel XIX Nr. 54 = NZA 1996, 589). Eine Regelung im Geschäftsverteilungsplan, die dem Vorsitzenden oder der Kammer ein Ermessen bei der Hinzuziehung der ehrenamtlichen Richter einräumt, ist daher unwirksam (BAG 16. 5. 2002 AP GG Art. 101 Nr. 61 = MDR 2003, 47 - Verschiebung des Verkündungstermins bis zur Wiederernennung des ehrenamtlichen Richters). Gleiches gilt für einen entspr. Beschluss der Kammer, in der gleichen Besetzung (weiter) zu verhandeln (aA noch BAG 19. 6. 1973 AP GG Art. 9 Arbeitskampf Nr. 47 = NJW 1973, 1994; 2. 3. 1962 AP ArbGG 1953 § 39 Nr. 1). Dies gilt auch dann, wenn die Parteien mit der Handhabung des Gerichts einverstanden sind (BAG 25. 8. 1983 AP ZPO § 551 Nr. 11). Fehler bei der Heranziehung der ehrenamtlichen Richter in einer Sache führen aber nicht im Wege des sogenannten Domino-Effekts dazu, dass in den Folgeterminen in (allen) anderen Sachen der gesetzliche Richter nicht gewahrt ist (BAG 7. 5. 1998 AP ZPO § 551 Nr. 49 = NZA 1998, 1301). Ist nach einer Regelung im Geschäftsverteilungsplan mit den bisherigen ehrenamtlichen Richtern weiterzuverhandeln, ist bei Verhinderung eines der ehrenamtlichen Richter an seiner Stelle der nach der Reihenfolge der Liste nächstberufene ehrenamtliche Richter heranzuziehen (BAG 16. 10. 1974 AP BAT §§ 22, 23 Nr. 81). Werden dieselben ehrenamtlichen Richter zu einem Fortsetzungstermin herangezogen und finden an dem Sitzungstag noch andere Termine statt, muss ggf. mit verschiedenen ehrenamtlichen Richtern verhandelt werden.

7   **4. Hilfsliste.** Für den Fall einer unvorhergesehenen Verhinderung eines ehrenamtlichen Richters kann eine Hilfsliste aufgestellt werden. In die Hilfsliste werden solche ehrenamtlichen Richter aufgenommen, die am Gerichtssitz oder in dessen unmittelbarer Nähe wohnen. Die Aufstellung der Hilfsliste erfolgt nach denselben Grundsätzen wie die Aufstellung der Liste der ehrenamtlichen Richter. Es müssen also regelmäßig nach der Liste die ehrenamtlichen Richter abtelefoniert werden.

§ 32. *(weggefallen)*

Zweiter Abschnitt. Landesarbeitsgerichte

§ 33 Errichtung und Organisation

¹ In den Ländern werden Landesarbeitsgerichte errichtet. ² § 14 Abs. 2 bis 5 ist entsprechend anzuwenden.

§ 34 Verwaltung und Dienstaufsicht

(1) ¹ Die Geschäfte der Verwaltung und Dienstaufsicht führt die zuständige oberste Landesbehörde. ² § 15 Abs. 1 Satz 2 gilt entsprechend.

(2) ¹ Die Landesregierung kann durch Rechtsverordnung Geschäfte der Verwaltung und Dienstaufsicht dem Präsidenten des Landesarbeitsgerichts übertragen. ² Die Landesregierung kann die Ermächtigung nach Satz 1 durch Rechtsverordnung auf die zuständige oberste Landesbehörde übertragen.

§ 35 Zusammensetzung, Bildung von Kammern

(1) ¹ Das Landesarbeitsgericht besteht aus dem Präsidenten, der erforderlichen Zahl von weiteren Vorsitzenden und von ehrenamtlichen Richtern. ² Die ehrenamtlichen Richter werden je zur Hälfte aus den Kreisen der Arbeitnehmer und der Arbeitgeber entnommen.

(2) Jede Kammer des Landesarbeitsgerichts wird in der Besetzung mit einem Vorsitzenden und je einem ehrenamtlichen Richter aus den Kreisen der Arbeitnehmer und der Arbeitgeber tätig.

(3) ¹ Die zuständige oberste Landesbehörde bestimmt die Zahl der Kammern. ² § 17 gilt entsprechend.

§ 36 Vorsitzende

Der Präsident und die weiteren Vorsitzenden werden auf Vorschlag der zuständigen obersten Landesbehörde nach Anhörung der in § 14 Abs. 5 genannten Gewerkschaften und Vereinigungen von Arbeitgebern als Richter auf Lebenszeit entsprechend den landesrechtlichen Vorschriften bestellt.

§ 37 Ehrenamtliche Richter

(1) Die ehrenamtlichen Richter müssen das dreißigste Lebensjahr vollendet haben und sollen mindestens fünf Jahre ehrenamtliche Richter eines Gerichts für Arbeitssachen gewesen sein.

(2) Im übrigen gelten für die Berufung und Stellung der ehrenamtlichen Richter sowie für die Amtsenthebung und die Amtsentbindung die §§ 20 bis 28 entsprechend.

§ 38 Ausschuß der ehrenamtlichen Richter

¹ Bei jedem Landesarbeitsgericht wird ein Ausschuß der ehrenamtlichen Richter gebildet. ² Die Vorschriften des § 29 Abs. 1 Satz 2 und 3 und Abs. 2 gelten entsprechend.

§ 39 Heranziehung der ehrenamtlichen Richter

¹ Die ehrenamtlichen Richter sollen zu den Sitzungen nach der Reihenfolge einer Liste herangezogen werden, die der Vorsitzende vor Beginn des Geschäftsjahres oder vor Beginn der Amtszeit neu berufener ehrenamtlicher Richter gemäß § 38 Satz 2 aufstellt. ² § 31 Abs. 2 ist entsprechend anzuwenden.

Dritter Abschnitt. Bundesarbeitsgericht

§ 40 Errichtung

(1) Das Bundesarbeitsgericht hat seinen Sitz in Erfurt.

(1 a) *(aufgehoben)*

(2) ¹ Die Geschäfte der Verwaltung und Dienstaufsicht führt das Bundesministerium für Arbeit und Sozialordnung im Einvernehmen mit dem Bundesministerium der Justiz. ² Das Bundesmi-

nisterium für Arbeit und Sozialordnung kann im Einvernehmen mit dem Bundesministerium der Justiz Geschäfte der Verwaltung und Dienstaufsicht auf den Präsidenten des Bundesarbeitsgerichts übertragen.

§ 41 Zusammensetzung, Senate

(1) ¹ Das Bundesarbeitsgericht besteht aus dem Präsidenten, der erforderlichen Zahl von Vorsitzenden Richtern, von berufsrichterlichen Beisitzern sowie ehrenamtlichen Richtern. ² Die ehrenamtlichen Richter werden je zur Hälfte aus den Kreisen der Arbeitnehmer und der Arbeitgeber entnommen.

(2) Jeder Senat wird in der Besetzung mit einem Vorsitzenden, zwei berufsrichterlichen Beisitzern und je einem ehrenamtlichen Richter aus den Kreisen der Arbeitnehmer und der Arbeitgeber tätig.

(3) Die Zahl der Senate bestimmt das Bundesministerium für Arbeit und Sozialordnung im Einvernehmen mit dem Bundesministerium der Justiz.

§ 42 Bundesrichter

(1) ¹ Für die Berufung der Bundesrichter (Präsident, Vorsitzende Richter und berufsrichterliche Beisitzer nach § 41 Abs. 1 Satz 1) gelten die Vorschriften des Richterwahlgesetzes. ² Zuständiges Ministerium im Sinne des § 1 Abs. 1 des Richterwahlgesetzes ist das Bundesministerium für Arbeit und Sozialordnung; es entscheidet im Benehmen mit dem Bundesministerium der Justiz.

(2) Die zu berufenden Personen müssen das fünfunddreißigste Lebensjahr vollendet haben.

§ 43 Ehrenamtliche Richter

(1) ¹ Die ehrenamtlichen Richter werden vom Bundesministerium für Arbeit und Sozialordnung für die Dauer von fünf Jahren berufen. ² Sie sind im angemessenen Verhältnis unter billiger Berücksichtigung der Minderheiten aus den Vorschlagslisten zu entnehmen, die von den Gewerkschaften, den selbständigen Vereinigungen von Arbeitnehmern mit sozial- oder berufspolitischer Zwecksetzung und Vereinigungen von Arbeitgebern, die für das Arbeitsleben des Bundesgebietes wesentliche Bedeutung haben, sowie von den in § 22 Abs. 2 Nr. 3 bezeichneten Körperschaften eingereicht worden sind.

(2) ¹ Die ehrenamtlichen Richter müssen das fünfunddreißigste Lebensjahr vollendet haben, besondere Kenntnisse und Erfahrungen auf dem Gebiet des Arbeitsrechts und des Arbeitslebens besitzen und sollen mindestens fünf Jahre ehrenamtliche Richter eines Gerichts für Arbeitssachen gewesen sein. ² Sie sollen längere Zeit in Deutschland als Arbeitnehmer oder als Arbeitgeber tätig gewesen sein.

(3) Für die Berufung, Stellung und Heranziehung der ehrenamtlichen Richter sowie für die Amtsenthebung und die Amtsentbindung sind im übrigen die Vorschriften der §§ 21 bis 28 und des § 31 entsprechend anzuwenden mit der Maßgabe, daß die in § 21 Abs. 5, § 27 Satz 2 und § 28 Satz 1 bezeichneten Entscheidungen durch den vom Präsidium für jedes Geschäftsjahr im voraus bestimmten Senat des Bundesarbeitsgerichts getroffen werden.

§ 44 Anhörung der ehrenamtlichen Richter, Geschäftsordnung

(1) Bevor zu Beginn des Geschäftsjahres die Geschäfte verteilt sowie die berufsrichterlichen Beisitzer und die ehrenamtlichen Richter den einzelnen Senaten und dem Großen Senat zugeteilt werden, sind je die beiden lebensältesten ehrenamtlichen Richter aus den Kreisen der Arbeitnehmer und der Arbeitgeber zu hören.

(2) ¹ Der Geschäftsgang wird durch eine Geschäftsordnung geregelt, die das Präsidium beschließt; sie bedarf der Bestätigung durch den Bundesrat. ² Absatz 1 gilt entsprechend.

§ 45 Großer Senat

(1) Bei dem Bundesarbeitsgericht wird ein Großer Senat gebildet.

(2) Der Große Senat entscheidet, wenn ein Senat in einer Rechtsfrage von der Entscheidung eines anderen Senats oder des Großen Senats abweichen will.

(3) ¹ Eine Vorlage an den Großen Senat ist nur zulässig, wenn der Senat, von dessen Entscheidung abgewichen werden soll, auf Anfrage des erkennenden Senats erklärt hat, daß er an seiner Rechtsauffassung festhält. ² Kann der Senat, von dessen Entscheidung abgewichen werden soll,

wegen einer Änderung des Geschäftsverteilungsplanes mit der Rechtsfrage nicht mehr befaßt werden, tritt der Senat an seine Stelle, der nach dem Geschäftsverteilungsplan für den Fall, in dem abweichend entschieden wurde, nunmehr zuständig wäre. ³ Über die Anfrage und die Antwort entscheidet der jeweilige Senat durch Beschluß in der für Urteile erforderlichen Besetzung.

(4) Der erkennende Senat kann eine Frage von grundsätzlicher Bedeutung dem Großen Senat zur Entscheidung vorlegen, wenn das nach seiner Auffassung zur Fortbildung des Rechts oder zur Sicherung einer einheitlichen Rechtsprechung erforderlich ist.

(5) ¹ Der Große Senat besteht aus dem Präsidenten, je einem Berufsrichter der Senate, in denen der Präsident nicht den Vorsitz führt, und je drei ehrenamtlichen Richtern aus den Kreisen der Arbeitnehmer und Arbeitgeber. ² Bei einer Verhinderung des Präsidenten tritt ein Berufsrichter des Senats, dem er angehört, an seine Stelle.

(6) ¹ Die Mitglieder und die Vertreter werden durch das Präsidium für ein Geschäftsjahr bestellt. ² Den Vorsitz im Großen Senat führt der Präsident, bei Verhinderung das dienstälteste Mitglied. ³ Bei Stimmengleichheit gibt die Stimme des Vorsitzenden den Ausschlag.

(7) ¹ Der Große Senat entscheidet nur über die Rechtsfrage. ² Er kann ohne mündliche Verhandlung entscheiden. ³ Seine Entscheidung ist in der vorliegenden Sache für den erkennenden Senat bindend.

1. Allgemeines. Beim BAG wird wie bei allen obersten Gerichtshöfen der einzelnen Gerichtszweige 1 ein Großer Senat (GS) gebildet. Er dient dazu, die Rechtseinheit zwischen den Senaten zu wahren und ggf. das Recht fortzubilden. Geht es um die Rechtseinheit zwischen den einzelnen Gerichtszweigen bzw. den obersten Gerichtshöfen des Bundes, ist der Gemeinsame Senat der obersten Gerichtshöfe des Bundes zuständig (Art. 95 GG).

2. Besetzung. Der GS setzt sich zusammen aus dem Präsidenten des BAG und je einem berufs- 2 richterlichen Mitglied der Senate, in denen der Präsident nicht den Vorsitz führt, sowie je drei ehrenamtlichen Richtern aus Kreisen der AG und AN (§ 45 V 1). Da das BAG zurzeit zehn Senate hat, besteht der GS aus 16 Mitgliedern. Der Präsident ist geborenes Mitglied, die übrigen Mitglieder werden durch das Präsidium bestimmt. Vor der Zuteilung sind die ehrenamtlichen Richter nach § 44 zu hören. Bei Verhinderung des Präsidenten tritt ein Mitglied seines Senates an seine Stelle (§ 45 V 2).

3. Zuständigkeit des Großen Senats. a) Grundsatz. Die Zuständigkeit des GS ist abschließend in 3 § 45 II bis IV geregelt. In allen anderen Fällen muß der erkennende Senat selbst entscheiden, soweit nicht ein Normenkontrollverfahren beim BVerfG (Art. 100 GG) oder ein Vorabentscheidungsverfahren beim EuGH (Art. 234 EGV Rn. 1 ff.) durchzuführen ist.

b) Divergenz. Der GS ist zuständig, wenn ein Senat in einer Rechtsfrage von der Entscheidung 4 eines anderen Senates oder des GS abweichen will (§ 45 II). Die Rechtsfrage, bei der die Divergenz auftritt, muss klärungsfähig und -bedürftig sein (zum Begriff vgl. § 72 Rn. 15 f.); sie kann die Zulässigkeit oder die Begründetheit einer Klage bzw. Antrags betreffen. Unerheblich ist, in welcher Entscheidungsform (Urteil/Beschluss) der frühere Rechtssatz enthalten ist. Unzureichend ist jedoch eine Aufnahme in einen Vorlagebeschluss eines anderen Senates an den GS (BAG 20. 8. 1986 AP ArbGG 1979 § 72 a Divergenz Nr. 18). Nicht divergenzfähig ist gleichfalls ein Rechtssatz in einer Entscheidung, die inzwischen von einem anderen Senat aufgegeben worden ist. Der Rechtssatz muss sowohl für die frühere wie auch jetzige Entscheidung tragend sein. Eine Vorlagepflicht besteht daher nicht, wenn ein für eine Rechtsfrage unzuständiger Senat beiläufig eine Meinung im Zuständigkeitsbereich eines anderen Senats äußert (BAG 16. 1. 1991 AP TVG § 1 Tarifverträge: Metallindustrie Nr. 95 = NZA 1991, 679).

Die Vorlage ist nur zulässig, wenn der Senat, von dessen Entscheidung abgewichen werden soll, auf 5 **Anfrage** des erkennenden Senats zuvor erklärt hat, dass er an seiner Rechtsauffassung festhält (§ 45 III 1). Hat inzwischen die Zuständigkeit der Senate gewechselt, ist für die Anfrage der jetzt zuständige Senat zuständig. Über Anfrage und Antwort entscheidet der jeweilige Senat durch Beschluss unter Hinzuziehung der ehrenamtlichen Richter.

c) Grundsätzliche Bedeutung. Nach § 45 IV kann der erkennende Senat auch eine Frage von 6 grundsätzlicher Bedeutung dem GS zur Entscheidung vorlegen, wenn das nach seiner Auffassung zur Fortbildung des Rechts oder zur Sicherung einer einheitlichen Rspr. erforderlich ist. Zur Rechtsfortbildung berechtigt sind aber auch die einzelnen Senate. Diese (unklare) Zuständigkeitsabgrenzung begegnet daher unter dem Gesichtspunkt des gesetzlichen Richters Bedenken, da taugliche Kriterien für die Abgrenzung fehlen, wann die „grundsätzliche Bedeutung" der Rechtsfrage noch in die Zuständigkeit der Einzelsenate fällt (ebenso ArbGV/*Düwell* § 45 Rn. 16 f.; GK-ArbGG/*Dörner* § 45 Rn. 37 ff., 42). Andererseits kann der Begriff der grundsätzlichen Bedeutung nicht wie in § 72 II ausgelegt werden, da dann kaum eine Zuständigkeit zur Rechtsfortbildung für Fachsenate verbliebe (unklar insoweit GMP/*Prütting* § 45 Rn. 34). Aus diesem Grund sollte von der Anwendung der Vorschrift nur zurückhaltend Gebrauch gemacht werden. Eine Vorlage an den GS wegen grundsätzlicher Bedeutung wird nur in Betracht kommen, wenn die Rechtsfrage entweder mehrere Fachsenate oder ein Rechtsgebiet betrifft, bei dem größere Schnittstellen zu Entscheidungen anderer Gerichtsbarkeiten bestehen (zB Beschränkung der ANHaftung, Begriff der arbeitnehmerähnlichen Person). Bejaht der Fachsenat jedoch die Voraussetzungen des § 45 IV, ist er wegen Art. 101 II GG zur Vorlage an den GS verpflichtet, ein Ermessen besteht insoweit nicht.

7 **4. Verfahren.** Den Vorsitz im GS führt der Präsident, bei dessen Verhinderung das dienstälteste Mitglied des GS. Dies braucht nicht der Vizepräsident zu sein, selbst wenn er dem GS angehört. Bei Abstimmungen gibt im Falle von Stimmengleichheit die Stimme des Vorsitzenden den Ausschlag. Zur Vorbereitung der Entscheidung des GS werden zwei Berichterstatter ernannt (§ 7 III GO des BAG). Der GS kann nach seinem Ermessen mit oder ohne mündliche Verhandlung entscheiden (BAG 2. 11. 1983 AP ArbGG 1979 § 45 Nr. 1 = NJW 1984, 1990).

8 Der GS prüft nach, ob die behauptete Divergenz oder die grundsätzliche Bedeutung der Rechtssache tatsächlich vorliegt (BAG GS 27. 2. 1985 AP BGB § 611 Beschäftigungspflicht Nr. 14 = NJW 1985, 2968 = NZA 1985, 702) und ob die Rechtsfrage klärungsfähig und -bedürftig ist (BAG 3. 12. 1991 AP BetrVG 1972 § 87 Lohngestaltung = NZA 1992, 749). Dies ist erforderlich, da anders als für die Revisionszulassung keine Bindung an die Vorlageentscheidung besteht; eine § 72 III vergleichbare Vorschrift fehlt. Die Entscheidung ergeht durch Beschluss. Bei Unzulässigkeit der Vorlage wird die Entscheidung der Rechtsfrage abgelehnt. Über die Zulässigkeit der Vorlage kann durch Zwischenbeschluss (§§ 280, 303 ZPO) entschieden werden (BAG 2. 11. 1983 AP ArbGG 1979 § 45 Nr. 1 = NJW 1984, 1990). Ist die Vorlage zulässig, wird allein über die Rechtsfrage entschieden, dagegen nicht über den gesamten Rechtsstreit. Zu einer Entscheidung kommt es nicht, wenn die Zuständigkeit des GS wegfällt, weil sich der Rechtsstreit ohne Sachentscheidung erledigt hat (BAG 4. 9. 1987 AP ArbGG 1979 § 45 Nr. 11 = NJW 1988, 990 = NZA 1988, 259). Die Entscheidung des GS kann nicht unmittelbar mit der Verfassungsbeschwerde angegriffen werden, sondern nur die nachfolgende Entscheidung des später erkennenden Senats (BVerfG 4. 5. 1971 AP GG Art. 9 Nr. 19 = NJW 1971, 1212).

9 **5. Ausgangsrechtsstreit.** Die Entscheidung des GS ist den Parteien des Ausgangsrechtsstreites zuzustellen; diese sind im Fall einer mündlichen Verhandlung von dem erkennenden Senat zu laden (§ 138 III GVG). Der erkennende Senat ist an den Beschluss gebunden (§ 45 VII 3). Eine weitere Vorlage kommt nur dann in Betracht, wenn neue oder andere Rechtsfragen auftreten. Treten im Ausgangsrechtsstreit Umstände ein, nach denen es auf die Rechtsfrage nicht mehr ankommt, ist die Vorlage an den GS zurückzunehmen.

10 **6. Gemeinsamer Senat.** Nach Art. 95 III GG ist ein Gemeinsamer Senat der obersten Gerichtshöfe des Bundes zu bilden. Dies ist durch das Gesetz zur Wahrung der Einheitlichkeit der Rspr. der obersten Gerichtshöfe des Bundes vom 19. 6. 1968 (BGBl. I S. 661 – RsprEinhG) geschehen. Der Gemeinsame Senat entscheidet, wenn ein oberster Gerichtshof in einer Rechtsfrage von der Entscheidung eines anderen obersten Gerichtshofs oder des Gemeinsamen Senates abweichen will (§ 2 RsprEinhG). Das Verfahren beim Gemeinsamen Senat wird durch einen Vorlagebeschluss eingeleitet. Die Entscheidung des Gemeinsamen Senates ist für den vorlegenden Senat bindend (§ 16 RsprEinhG).

Dritter Teil. Verfahren vor den Gerichten für Arbeitssachen

Erster Abschnitt. Urteilsverfahren

Erster Unterabschnitt. Erster Rechtszug

§ 46 Grundsatz

(1) Das Urteilsverfahren findet in den in § 2 Abs. 1 bis 4 bezeichneten bürgerlichen Rechtsstreitigkeiten Anwendung.

(2) [1] Für das Urteilsverfahren des ersten Rechtszugs gelten die Vorschriften der Zivilprozeßordnung über das Verfahren vor den Amtsgerichten entsprechend, soweit dieses Gesetz nichts anderes bestimmt. [2] Die Vorschriften über den frühen ersten Termin zur mündlichen Verhandlung und das schriftliche Vorverfahren (§§ 275 bis 277 der Zivilprozeßordnung), über das vereinfachte Verfahren (§ 495 a der Zivilprozeßordnung), über den Urkunden- und Wechselprozeß (§§ 592 bis 605 a der Zivilprozeßordnung), über die Entscheidung ohne mündliche Verhandlung (§ 128 Abs. 2 der Zivilprozessordnung) und über die Verlegung von Terminen in der Zeit vom 1. Juli bis 31. August (§ 227 Abs. 3 Satz 1 der Zivilprozeßordnung) finden keine Anwendung. [3] § 127 Abs. 2 der Zivilprozessordnung findet mit der Maßgabe Anwendung, dass die sofortige Beschwerde bei Bestandsschutzstreitigkeiten unabhängig von dem Streitwert zulässig ist.

I. Allgemeines

Aus § 46 I ergibt sich, in welchen Fällen das Urteilsverfahren Anwendung findet. Abs. 2 regelt, 1
welche Verfahrensvorschriften in der ersten Instanz anzuwenden bzw. ausgenommen sind. Zur Abgrenzung von Urteils und Beschlussverfahren vgl. § 2 Rn. 3 sowie zu den Wirkungen einer Schiedsklausel § 4 Rn. 1.

II. Anzuwendende Vorschriften

1. Bezugnahme auf die ZPO. Für das Verfahren vor dem Arbeitsgerichten erster Instanz gelten 2
zunächst die Sonderregeln der §§ 46 bis 63. Diese werden über die Verweisung in § 46 II ergänzt
durch die Vorschriften der ZPO über das Verfahren vor den Amtsgerichten (§§ 495 bis 510 b ZPO),
soweit sie nicht in den §§ 46 ff. ausdrücklich ausgenommen sind oder durch die Sondervorschriften
des ArbGG wegen der Eigenarten des arbeitsgerichtlichen Verfahrens verdrängt werden. Über § 495
ZPO gelten schließlich die Vorschriften über das Verfahren vor den Landgerichten (§§ 253 bis 494
ZPO).

2. Ausgenommene Vorschriften. Nach § 46 II 2 finden im arbeitsgerichtliche Verfahren keine 3
Anwendung die Vorschriften über den frühen ersten Termin zur mündlichen Verhandlung und das
schriftliche Vorverfahren (§§ 275 bis 277 ZPO); insoweit stellen die Regelungen über die Güteverhandlung (§ 54) und die Vorbereitung der streitigen Verhandlung (§§ 56, 61 a) Sonderregelungen zur
Verfahrensbeschleunigung dar. Wegen des Mündlichkeitsgrundsatzes sind die Vorschriften über das
schriftliche Verfahren (§ 128 II ZPO) vor den Arbeitsgerichten erster Instanz nicht anzuwenden.
Dagegen ist das schriftliche Verfahren im Berufungs- und Revisionsverfahren zulässig (§ 64 VII,
§ 72 VI). Ausgenommen ist schließlich das vereinfachte Verfahren (§ 495 a ZPO).

Ein **Urkunden- und Wechselprozess** findet im gesamten arbeitsgerichtlichen Verfahren nicht statt. 4
Ausgeschlossen ist aber nur die bes. Verfahrensart der §§ 592 bis 605 a ZPO. Die Gerichte für Arbeitssachen sind zuständig, wenn eine arbeitsrechtliche Forderung aus einem Wechsel oder Scheck geltend
gemacht wird (BAG 7. 11. 1996 AP ArbGG 1979 § 46 Nr. 1 = NJW 1997, 758 = NZA 1997, 226; aA
OLG Hamm 18. 5. 1980 NJW 1980, 1399).

III. Allgemeine Verfahrensgrundsätze

1. Grundsatz der Mündlichkeit. a) Mündliche Verhandlung. Er besagt, dass der Rechtsstreit 5
mündlich zu verhandeln (§ 128 I ZPO) ist und dass ein Urteil auf Grundlage des in der mündlichen
Verhandlung vorgetragenen Tatsachenstoffes ergehen muss. Dabei ist nur das Parteivorbringen zu
berücksichtigen, über das mündlich verhandelt worden ist (BAG 23. 1. 1996 AP § 64 ArbGG 1979
Nr. 20 = NJW 1996, 2749 = NZA 1996, 838). Entscheidungen des Gerichts, die nicht Urteile sind
(Beschlüsse und Verfügungen) können ohne mündliche Verhandlung ergehen (§ 128 IV ZPO). Ist nur
noch über die Kosten zu entscheiden, kann auch diese Entscheidung ohne mündliche Verhandlung
ergehen, selbst wenn hierfür ein Urteil erforderlich ist (§ 128 III ZPO). Nach der Neufassung des
§ 46 II zum 1. 1. 2002 ist § 128 III ZPO auch im arbeitsgerichtlichen Verfahren anwendbar. Der
Grundsatz der mündlichen Verhandlung steht einer schriftlichen Verfahrensvorbereitung nicht entgegen. Die mündliche Verhandlung wird geschlossen, wenn nach Ansicht des Gerichts die Sache
vollständig erörtert ist. Nach § 156 ZPO, der über § 46 II auch vor den Arbeitsgerichten gilt, kann das
Gericht wieder in die mündliche Verhandlung eintreten. Die Entscheidung nach § 156 ZPO ist grds.
eine Ermessensentscheidung der Kammer, der Vorsitzende kann sie gegenüber den ehrenamtlichen
Richtern nur anregen. Die Wiedereröffnung ist nicht bereits dann geboten, wenn nach Schluss der
mündlichen Verhandlung noch Angriffs- oder Verteidigungsmittel vorgebracht werden (GK-ArbGG/
Dörner § 46 Rn. 23; GMP/*Germelmann* § 46 Rn. 29). Eine Pflicht zum Wiedereintritt in die mündliche Verhandlung besteht aber, wenn erkennbar wird, dass dem Gericht zuvor ein rügbarer Verfahrensfehler unterlaufen ist, insb. eine Verletzung der Pflichten aus § 139 ZPO oder des Anspruchs auf
rechtliches Gehör (§ 156 II Nr. 1 ZPO). Gleiches gilt bei einem glaubhaft gemachten Vortrag von
Wiederaufnahmegründen (§ 156 II Nr. 2 ZPO nF) und bei Ausscheiden eines Richters vor der Beratung und Abstimmung (§ 156 II Nr. 3 ZPO nF). Jedenfalls in den aufgezählten Fällen ist das Ermessen
des Gerichts auf Null reduziert, wobei der Gesetzgeber davon ausgegangen ist, dass die Aufzählung
als nicht abschließend anzusehen ist (BT-Drucks. 14/4722 S. 79).

b) Schriftsatznachlass. Eine tw. Durchbrechung des Mündlichkeitsgrundsatzes stellt der im arbeits- 6
gerichtlichen Verfahren auf Grund der Bezugnahme in § 46 II anwendbare § 283 ZPO dar (zweifelnd
noch BAG 3. 12. 1985 AP TVG § 1 Tarifverträge: Großhandel Nr. 5). Danach kann einer Partei
nachgelassen werden, Schriftsätze nachzureichen, wenn das Vorbringen der Gegenseite zwar spät
erfolgt, aber in der mündlichen Verhandlung nicht von vornherein ausgeschlossen werden oder deshalb unberücksichtigt bleiben kann, weil er nicht entscheidungserheblich ist. Dies führt dazu, dass die
durch den Schriftsatznachlass begünstigte Partei zu den im letzten Schriftsatz des Gegners vorgetrage-

60 ArbGG § 46 Grundsatz

nen Tatsachen ergänzend vortragen kann. In diesem Fall ist die mündliche Verhandlung zu schließen und Verkündigungstermin anzuberaumen. Die Kammer kann dann am Sitzungstag nicht abschließend beraten und muss nach Eingang des nachgelassenen Schriftsatzes erneut zusammentreten. Das Gericht hat bei der dann stattfindenden Beratung zu entscheiden, ob das nachgelassene Vorbringen dazu führt, den vorangegangenen Vortrag des Gegners als verspätet zurückzuweisen, weil eine Wiedereröffnung der mündlichen Verhandlung erforderlich wird. Keine Zurückweisung darf erfolgen, wenn der vorausgehende Vortrag im nachgelassenen Schriftsatz nicht bestritten wird oder dessen Inhalt nicht erheblich ist (BAG 2. 3. 1989 AP BGB § 130 Nr. 17 = NJW 1989, 2213 = NZA 1989, 635; aA wohl LAG Köln 2. 6. 1995 LAGE § 67 ArbGG 1979 Nr. 4, das auch bereits die Anberaumung eines Verkündungstermins als Verzögerung ansehen will). In beiden Fällen ist das Vorbringen aus dem vorangegangenen Schriftsatz ohne Wiedereintritt in die mündliche Verhandlung für die Entscheidung zu berücksichtigen. Zur Zurückweisung von verspätetem Vorbringen § 56 Rn. 8.

7   **2. Verhandlungsgrundsatz. a) Parteivorbringen.** Er besagt, dass das Gericht grds. alle Umstände zu berücksichtigen hat, die Gegenstand der mündlichen Verhandlung geworden sind, gleichgültig, ob sie von der darlegungspflichtigen Partei vorgetragen worden sind oder nicht (BAG 18. 10. 1984 AP KSchG 1969 § 1 Soziale Auswahl Nr. 6 = NJW 1985, 2046 = NZA 1985, 423). Er hat zur Folge, dass allein die Parteien darüber entscheiden, welche Tatsachen sie dem Gericht unterbreiten wollen und sich das Gericht auf die Prüfung der vorgebrachten Angriffs- und Verteidigungsmittel beschränken muss (BAG 16. 3. 1972 AP ZPO § 542 Nr. 1). Diese Grundsätze gelten auch bei offenkundigen Tatsachen, diese müssen von zumindest einer Partei in das Verfahren eingeführt werden (BAG 25. 10. 1989 AP BGB § 611 Direktionsrecht Nr. 36 = NZA 1990, 561). Jedoch darf das Gericht auch ohne entspr. Parteivortrag Tatsachen, deren Gegenteil offenkundig ist, nicht berücksichtigen (BAG 9. 12. 1997 AP BetrVG § 77 Tarifvorbehalt Nr. 11 = NZA 1998, 661; 17. 1. 1996 AP BetrAVG § 16 Nr. 35 = NZA 1997, 155). Danach ist es unzulässig, wenn das Gericht für eine Partei Akten, zu denen diese selbst nicht Stellung nehmen konnte, liest und entscheidet, was es daraus für die Partei Günstiges oder Ungünstiges verwerten will (BAG 25. 2. 1993 AP Einigungsvertrag Anlage I Kap XIX Nr. 10 = NZA 1993, 1036) oder Kündigungsgründe berücksichtigt, die der AG bisher nicht in das Verfahren eingeführt hat (BAG 20. 4. 1994 AP BGB § 626 Einigungsvertrag = NZA 1994, 1026). Das Gericht ist zur Klarstellung eines zweifelhaften Sachvortrags verpflichtet (§ 139 I, III ZPO) bzw. hat die Parteien nach §§ 56, 61 a zu ergänzendem Vortrag anzuhalten.

8   **b) Ausländisches Recht.** Nicht der Verhandlungs-, sondern der Untersuchungsgrundsatz findet bei der Ermittlung von ausländischem Recht, Gewohnheitsrecht und Satzungen Anwendung (§ 293 ZPO, dazu *Hetger* FamRZ 1995, 654; *Sommerlad/Schrey* NJW 1991, 1377). Ausländisches Recht kann insbesondere auch bedeutsam werden für die Frage der Parteifähigkeit ausländischer juristischer Personen. Danach ist das ausländische Recht zu ermitteln, das sich auf Grund der Rechtslehre und Rspr. entwickelt hat (BGH 23. 4. 2002 DB 2002, 1822 = BB 2002, 1227 – auch Rechtspraxis). Dabei ist das Gericht aber nicht an die in der ZPO enthaltenen Beweismittel gebunden (LAG Hamm 19. 1. 1989 BB 1989, 2191 – Echtheit einer Urkunde). Tragen die Parteien übereinstimmend den Inhalt des anzuwendenden ausländischen Rechts vor, kann das Gericht diesen Vortrag aber regelmäßig als richtig zugrunde legen (BAG 10. 4. 1975 AP Internationales Privatrecht, Arbeitsrecht Nr. 12 = DB 1975, 1896).

9   **c) Tarifnormen.** Auf tarifliche Normen sind die Grundsätze des § 293 ZPO anzuwenden, soweit der TV kraft Tarifbindung (§ 3 I TVG) oder Allgemeinverbindlicherklärung (§ 5 TVG) Anwendung findet, nicht hingegen bei nur einzelvertraglicher Bezugnahme. Ergibt sich aus dem Vortrag der Parteien im Rechtsstreit, dass tarifliche Normen bestehen könnten, die für die Entscheidung des Rechtsstreits erheblich sind, muss das Gericht prüfen, ob die tariflichen Normen für das einzelne Arbeitsverhältnis einschlägig sind (BAG 29. 3. 1957 AP TVG § 4 Tarifkonkurrenz Nr. 4 = NJW 57, 1006). Dazu gehört auch die Frage, wann ein TV wirksam geworden ist (BAG 20. 3. 1997 AP TVG § 4 Ausschlussfristen Nr. 137 = NZA 1997, 896 – Unterschrift der TVParteien). Eine subjektive Beweislast besteht im Anwendungsbereich des § 293 ZPO nicht (BAG 9. 8. 1995 AP ZPO § 293 Nr. 1 = NZA 1996, 994). Das BAG billigt den Gerichten bei der Einholung von Rechtsauskünften über die Tarifvertragsauslegung einen Ermessensspielraum zu. Die Auskunft darf aber nicht auf die Beantwortung einer Rechtsfrage, sondern nur über das Vorliegen von Tatsachen, zB das tatsächliche Tarifgeschehen oder einvernehmliche tarifliche Übungen, gerichtet sein (BAG 18. 8. 1999 AP TVG § 3 Nr. 22 = NZA 2000, 432; vgl. auch BAG 6. 12. 1998 AP TVG § 1 Tarifverträge: Steine-Erden Nr. 5 = NZA 1999, 1287 – unzulässige Frage nach der „Eigenständigkeit" einer Tarifnorm).

10 **3. Dispositionsmaxime.** Sie besagt, dass die Parteien über Beginn und Ende des Verfahrens entscheiden. Nach der Dispositionsmaxime entscheidet der Kläger, ggf. mit Zustimmung des Beklagten, über die Klagerücknahme (§ 279 ZPO), die Klageänderung (§§ 263 ff. ZPO), Verzicht und Anerkenntnis (§ 306 ZPO) sowie die Erledigung der Hauptsache (§ 91 a ZPO). Die Dispositionsmaxime gilt auch für den Abschluss von Vergleichen, wobei anerkannt ist, dass das Gericht nicht verpflichtet ist, an dem Zustandekommen eines gesetzes- bzw. sittenwidrigen Vergleichen mitzuwirken. Dessen Protokollierung kann abgelehnt werden, wenn ein entspr. Verstoß offensichtlich ist (ArbGV/*Ziemann* § 46 Rn. 5).

§ 46 a Mahnverfahren

(1) Für das Mahnverfahren vor den Gerichten für Arbeitssachen gelten die Vorschriften der Zivilprozeßordnung über das Mahnverfahren einschließlich der maschinellen Bearbeitung entsprechend, soweit dieses Gesetz nichts anderes bestimmt.

(2) Zuständig für die Durchführung des Mahnverfahrens ist das Arbeitsgericht, das für die im Urteilsverfahren erhobene Klage zuständig sein würde.

(3) Die in den Mahnbescheid nach § 692 Abs. 1 Nr. 3 der Zivilprozeßordnung aufzunehmende Frist beträgt eine Woche.

(4) ¹Wird rechtzeitig Widerspruch erhoben und beantragt eine Partei die Durchführung der mündlichen Verhandlung, so hat die Geschäftsstelle dem Antragsteller unverzüglich aufzugeben, seinen Anspruch binnen zwei Wochen schriftlich zu begründen. ²Bei Eingang der Anspruchsbegründung bestimmt der Vorsitzende den Termin zur mündlichen Verhandlung. ³Geht die Anspruchsbegründung nicht rechtzeitig ein, so wird bis zu ihrem Eingang der Termin nur auf Antrag des Antragsgegners bestimmt.

(5) Die Streitsache gilt als mit Zustellung des Mahnbescheids rechtshängig geworden, wenn alsbald nach Erhebung des Widerspruchs Termin zur mündlichen Verhandlung bestimmt wird.

(6) Im Falle des Einspruchs wird Termin bestimmt, ohne daß es eines Antrags einer Partei bedarf.

(7) Das Bundesministerium für Arbeit und Sozialordnung wird ermächtigt, durch Rechtsverordnung mit Zustimmung des Bundesrates den Verfahrensablauf zu regeln, soweit dies für eine einheitliche maschinelle Bearbeitung der Mahnverfahren erforderlich ist (Verfahrensablaufplan).

(8) ¹Das Bundesministerium für Arbeit und Sozialordnung wird ermächtigt, durch Rechtsverordnung mit Zustimmung des Bundesrates zur Vereinfachung des Mahnverfahrens und zum Schutze der in Anspruch genommenen Partei Vordrucke einzuführen. ²Dabei können für Mahnverfahren bei Gerichten, die die Verfahren maschinell bearbeiten, und für Mahnverfahren bei Gerichten, die die Verfahren nicht maschinell bearbeiten, unterschiedliche Vordrucke eingeführt werden.

I. Allgemeines

Für das Mahnverfahren vor den Gerichten für Arbeitssachen (dazu *Steffen/Steffen*, AR-Blattei SD 1180) gelten die §§ 688 ff. ZPO entspr., soweit in § 46 a keine Sonderregelungen enthalten sind. Ausgeschlossen ist nach § 46 II 2 ArbGG das Urkunden-, Scheck- und Wechselmahnverfahren (§ 703 a ZPO). Besonderheiten gelten für die Zuständigkeit und die Widerspruchsfrist (§ 46 a II, III). Für die Durchführung des arbeitsgerichtlichen Mahnverfahrens müssen schließlich die allg. Prozessvoraussetzungen vorliegen, also Partei- und Prozessfähigkeit, gesetzliche Vertretung und Rechtsschutzbedürfnis.

II. Voraussetzungen des Mahnverfahrens

1. Zuständigkeit. Nach § 689 II 1 ZPO ist für das Mahnverfahren ausschließlich das Amtsgericht am Wohnsitz des Ast. zuständig. Nach § 46 a II ist für die Durchführung des Mahnverfahrens das ArbG zuständig, das für die im Urteilsverfahren erhobene Klage zuständig sein würde; dem Antragsteller wird hierdurch ein Wahlrecht unter den verschiedenen in Betracht kommenden Gerichtsständen (§§ 12, 13, 17, 21, 29, 38 II, III ZPO) auch für das Mahnverfahren ermöglicht. Eine Verweisung wegen örtlicher Unzuständigkeit kann nur erfolgen, wenn das angerufene ArbG unter keinem Gesichtspunkt für die Durchführung des Mahnverfahrens zuständig ist; das Mahnverfahren ist dann auf Antrag des Gläubigers oder nach dessen Anhörung an das örtlich zuständige ArbG zu verweisen; § 48 I gilt entspr. (aA GK-ArbGG/*Bader* § 46 a Rn. 17; GMP/*Germelmann* § 46 a Rn. 13 – Abgabe). Nach Erlass des Mahnbescheids ist eine Verweisung nur möglich, wenn das Gericht feststellt, dass der Mahnbescheid dem Schuldner unter der angegebenen Anschrift nicht zugestellt werden kann und der Gläubiger deshalb eine neue Anschrift des Schuldners bekannt gibt, wonach die Zuständigkeit eines anderen Mahngerichts begründet ist (BAG 28. 12. 1981 AP ZPO § 26 Nr. 28). Eine Bindungswirkung hinsichtlich der örtlichen Zuständigkeit tritt jedoch nur für das Mahnverfahren ein (BAG 4. 9. 1973 AP ZPO § 36 Nr. 14).

2. Besondere Voraussetzungen des Mahnverfahrens. Nach § 688 I ZPO ist das Mahnverfahren nur zulässig wegen Ansprüchen auf Zahlung einer bestimmten Geldsumme in Euro. Noch auf Deutsche Mark lautende Beträge sind mit dem amtlichen Umrechnungskurs (1 = DM 1,95583) umzurechnen. Muss die Zustellung des Mahnbescheids im Ausland erfolgen, findet das Mahnverfahren nur statt, soweit das Anerkennungs- und Vollstreckungsausführungsgesetz (AVAG) vom 19. 2. 2001 (BGBl. I S. 288) dies vorsieht (Übersicht über die geltenden Abkommen in § 1 AVAG mit den

Besonderheiten der §§ 35 ff. AVAG bei Baumbach/*Hartmann* Schlussanh. V). Ist danach das Mahnverfahren zulässig, kann der Anspruch auch die Zahlung einer bestimmten Geldsumme in ausländischer Währung zum Gegenstand haben (§ 32 I 2 AVAG). Leitet sich die Zuständigkeit des ausländischen Gerichts aus einer Gerichtsstandsvereinbarung ab, sind die erforderlichen Schriftstücke dem Antrag beizufügen (§ 32 II AVAG). Weiterhin beträgt bei Zustellungen nach dem AVAG die Widerspruchsfrist einen Monat (§ 32 III 1 AVAG). Zur Bestellung eines inländischen Zustellungsbevollmächtigtem vgl. § 32 III 2, 3 AVAG; für Zustellungen innerhalb der EU gelten die Bestimmungen des EG-Zustellungsdurchführungsgesetzes vom 9. 7. 2001 (BGBl. I S. 1356).

4   **3. Gegenleistung.** Das Mahnverfahren ist ausgeschlossen, wenn die Mahnforderung von einer noch nicht erbrachten Gegenleistung abhängig ist (§ 688 II Nr. 2 ZPO); maßgebend dafür ist der Zeitpunkt des Erlasses des Mahnbescheides oder die Zustellung des Mahnbescheides durch öffentl. Bekanntmachung erfolgen müsste (§ 688 II Nr. 3 ZPO).

III. Durchführung des Mahnverfahrens

5   **1. Antrag. a) Vordruckzwang.** Das Mahnverfahren wird nur auf Antrag durchgeführt, hierfür ist das für den Mahnantrag vorgeschriebene Formular zu verwenden (§§ 703 c II, 702 I ZPO); vgl. dazu die auf Grund der Ermächtigung in § 46 a VII ergangene VO vom 15. Dezember 1977 (BGBl. I S. 2625) mit späteren. Änderungen. Der Antrag muss handschriftlich unterzeichnet werden, seine Übermittlung durch Telefax oder Telekopie ist zulässig. Nach § 1 I 2 Nr. 1 der VO entfällt der Vordruckzwang und in entspr. Anwendung des § 690 III ZPO die handschriftliche Unterzeichnung, wenn der Antragsteller das Mahnverfahren maschinell betreibt. Kein Vordruckzwang besteht auch bei einer Zustellung des Mahnbescheids im Ausland oder nach Art. 32 des ZA zum NATO-Truppenstatut (§ 1 I 2 Nr. 2 der VO).

6   **b) Inhalt.** Der Mahnantrag muss die in § 690 I ZPO aufgezählten Angaben enthalten; hierzu gehören: *(1)* Die Bezeichnung der Parteien, ihrer gesetzlichen Vertreter und ggf. der Prozessbevollmächtigten; *(2)* die Bezeichnung des Gerichtes, bei dem der Antrag gestellt wird; *(3)* die Bezeichnung des Anspruches unter bestimmter Angabe der verlangten Leistung; Haupt- und Nebenforderungen sind gesondert und einzeln zu bezeichnen; *(4)* die Erklärung, dass der Anspruch nicht von einer Gegenleistung abhängt oder diese bereits erbracht ist; dagegen bedarf es nicht der Bezeichnung des Gerichtes, das für ein streitiges Verfahren zuständig ist, da für das Mahnverfahren bereits ein für das nachfolgende Streitverfahren zuständiges Gericht angerufen ist (§ 46 a II).

7   **c) Bezifferung.** Der Anspruch ist zu beziffern und anzugeben, für welchen Zeitraum Leistungen verlangt werden. Wegen des Fehlens einer Schlüssigkeitsprüfung ist der Sachverhalt nur so darzustellen, dass die Zuständigkeit der Gerichte für Arbeitssachen erkennbar wird. Bei der Geltendmachung der Zinsen reichen der Zinssatz und Laufzeit sowie die Angabe des Geldbetrages, aus dem Zinsen verlangt werden, aus.

8   **2. Zurückweisung des Antrags.** Über den Antrag auf Erlass des Mahnbescheides entscheidet der Rechtspfleger (§ 9 III; § 20 Nr. 1 RPflG). Er prüft dabei nur, ob die allg. und bes. Prozessvoraussetzungen vorliegen, nicht aber die schlüssige Darlegung des geltend gemachten Anspruchs. Der Antrag ist zurückzuweisen, wenn *(1)* die gesetzlichen Voraussetzungen der §§ 688, 689, 690, 703 c II ZPO (Rn. 2 f.) nicht gegeben sind oder *(2)* er nur wegen eines Teiles des Anspruches nicht erlassen werden kann (§ 691 I Nr. 1, 2 ZPO). Vor der Zurückweisung ist der Antragsteller zu hören (§ 691 I 2 ZPO) und eine Frist zu setzen, innerhalb derer die Mängel zu beheben sind. Die Fristsetzung ist mit einem Hinweis auf die ansonsten beabsichtigte Zurückweisung des Antrags zu verbinden. Die ablehnende Entscheidung ergeht durch Beschluss, der zu begründen und von Amts wegen zuzustellen ist (§ 329 III ZPO).

9   Gegen den **Zurückweisungsbeschluss** ist die Erinnerung innerhalb von zwei Wochen (§ 573 I 1 ZPO) zulässig. Über sie entscheidet nach § 11 II 3 RPflG der Richter. Er kann die Erinnerung zurückweisen oder den Rechtspfleger anweisen, den Mahnbescheid zu erlassen. Hat der Richter die Erinnerung zurückgewiesen, findet gegen diese Entscheidung die sofortige Beschwerde nur nach Maßgabe von § 691 III 1 ZPO statt. Die Zurückweisung erwächst aber wegen der fehlenden Schlüssigkeitsprüfung nicht in Rechtskraft; der Antragsteller kann seinen Antrag im Urteilsverfahren weiterverfolgen.

10 **3. Erlass des Mahnbescheides.** Der Rechtspfleger erlässt den Mahnbescheid, wenn die gesetzlichen Voraussetzungen gegeben sind. Der Inhalt des Mahnbescheides richtet sich nach § 692 ZPO. Er enthält den Hinweis, dass das Gericht die Schlüssigkeit des Klageanspruches nicht geprüft hat (§ 692 I Nr. 2 ZPO) sowie die Aufforderung an den Antragsgegner, innerhalb einer Woche ab Zustellung des Mahnbescheides entweder die behauptete Schuld zu begleichen oder dem Gericht mitzuteilen, ob und in welchem Umfang dem geltend gemachten Anspruch widersprochen wird (§ 692 I Nr. 3 ZPO). Der Mahnbescheid wird von Amts wegen zugestellt (§ 693 I ZPO). Der Antragsteller wird von der Zustellung benachrichtigt (§ 693 II ZPO). Soll durch die Zustellung eine Frist gewahrt werden oder die

Verjährung gehemmt werden, tritt diese Wirkung bereits mit Eingang des Mahnantrags ein, wenn nur die Zustellung demnächst erfolgt (§ 167 ZPO, dazu § 218 BGB Rn. 16). Die Verjährung wird auch dann gehemmt, wenn vor ihrem Ablauf ein Mahnbescheid beim unzuständigen ArbG beantragt, auf entspr. Antrag das Verfahren an das zuständige ArbG abgegeben und der von diesem erlassene Mahnbescheid nach Ablauf der Verjährungsfrist demnächst zugestellt wird (BAG 13. 5. 1987 AP BGB § 209 Nr. 3). Die Unterzeichnung des Mahnbescheides kann durch einen Faksimile-Stempel erfolgen.

4. Widerspruch. a) Einlegung. Wird der Mahnbescheid erlassen, kann der Antragsgegner Widerspruch einlegen (§ 694 I ZPO); er soll hierfür den Vordruck benutzen (§ 692 I Nr. 5 ZPO). Zwingend vorgeschrieben ist dies aber nicht. Der Widerspruch ist schriftlich einzulegen; die ordnungsgemäße Bevollmächtigung muss im Mahnverfahren nicht nachgewiesen, sondern nur versichert werden (§ 703 S. 2 ZPO). Der Widerspruch kann auch vor dem Urkundsbeamten der Geschäftsstelle abgegeben werden (§ 702 I 1 ZPO). Eine Begründung des Widerspruches ist nicht vorgeschrieben. 11

b) Frist. Die Widerspruchsfrist beträgt nach § 46a III eine Woche. Ein außerhalb der Wochenfrist eingegangener Widerspruch ist zulässig, solange der Vollstreckungsbescheid noch nicht erlassen ist (§ 694 I ZPO). Dies ist erst der Fall, wenn der Rechtspfleger ihn unterzeichnet und in den Geschäftsgang gegeben hat. Ist der Widerspruch rechtzeitig eingegangen, kann ein Vollstreckungsbescheid nicht mehr ergehen. Ist bei Eingang des Widerspruchs der Vollstreckungsbescheid bereits erlassen, wird der Widerspruch als Einspruch gegen den Vollstreckungsbescheid behandelt (§ 694 II 1 ZPO). 12

c) Anspruchsbegründung. Wird rechtzeitig Widerspruch erhoben und hat eine Partei die Durchführung der mündlichen Verhandlung beantragt, so hat die Geschäftsstelle dem Antragsteller unverzüglich aufzugeben, seinen Anspruch binnen zwei Wochen schriftlich zu begründen (§ 46a IV). Der Antrag auf Durchführung der mündlichen Verhandlung kann bereits im Mahnantrag oder im Widerspruch enthalten sein, aber auch unabhängig hiervon gestellt werden. Nach Eingang der Anspruchsbegründung bestimmt der Vorsitzende Termin zur Güteverhandlung (§ 54 IV 2). Geht eine Anspruchsbegründung nicht rechtzeitig ein, wird bis zu ihrem Eingang der Termin nur auf Antrag des Antragsgegners bestimmt (§ 46a IV 2). Wird kein Antrag gestellt, werden die Akten nach Ablauf von sechs Monaten nach der Aktenordnung weggelegt. Die Streitsache gilt nur dann als mit Zustellung des Mahnbescheides rechtshängig geworden, wenn nach Erhebung des Widerspruches Termin zur mündlichen Verhandlung bestimmt wird (§ 46a V). Dem Antragsteller wird der Widerspruch und der Zeitpunkt seines Einganges mitgeteilt (§ 695 I ZPO). Dagegen wird dem Antragsgegner der Antrag auf Erlass eines Mahnbescheides oder Vollstreckungsbescheides nicht mitgeteilt (§ 702 II ZPO). 13

IV. Vollstreckungsbescheid

1. Erlass. Nach Ablauf der Widerspruchsfrist erlässt das Gericht auf Antrag einen Vollstreckungsbescheid, wenn der Antragsgegner nicht rechtzeitig Widerspruch erhoben hat (§ 699 I 1 ZPO) oder der Widerspruch zurückgenommen wird (§ 697 IV ZPO). Nach § 699 I 2 ZPO kann der Antrag auf Erlass des Vollstreckungsbescheides nicht vor Ablauf der Widerspruchsfrist (§ 46a III) gestellt werden; ein früher gestellter Antrag ist zurückzuweisen. Für den Antrag besteht gleichfalls Vordruckzwang (§ 703c II ZPO). Er hat die Erklärung zu enthalten, ob und welche Zahlungen auf den Mahnbescheid geleistet worden sind (§ 699 I 2 ZPO). Ist kein Widerspruch erhoben worden und beantragt der Antragsteller den Erlass des Vollstreckungsbescheides nicht binnen einer sechsmonatigen Frist, die mit Zustellung des Mahnbescheides beginnt, entfallen die Wirkungen des Mahnbescheides. Dasselbe gilt, wenn der Vollstreckungsbescheid rechtzeitig beantragt ist, der Antrag aber zurückgewiesen wird. 14

Die **Entscheidung** über den Erlass des Vollstreckungsbescheides trifft der Rechtspfleger (§ 20 Nr. 1 RPflG; § 9 III). Er hat von Amts wegen zu prüfen, ob die Voraussetzungen vorliegen. Ist dies nicht der Fall, wird der Antrag durch Beschluss zurückgewiesen. Der Beschluss ist dem Antragsteller formlos mitzuteilen. Der Antragsteller hat dagegen die Erinnerung nach § 11 I 1 RPflG. Ansonsten erlässt der Rechtspfleger den Vollstreckungsbescheid, der anschließend von Amts wegen zuzustellen ist (§ 699 IV 1 ZPO). Der Vollstreckungsbescheid steht einem arbeitsgerichtlichen Versäumnisurteil gleich, er ist damit nach § 62 I vorläufig vollstreckbar. Zweifelhaft wird zunehmend, ob nicht in entspr. Anwendung von § 9 V aus verfassungsrechtlichen Gründen eine Rechtsmittelbelehrung beigefügt werden muss (verneinend: LAG Köln 7. 8. 1998 AP ArbGG 1979 § 9 Nr. 19 – keine Analogie; LAG Nürnberg 10. 5. 1988 LAGE § 59 ArbGG 1979 Nr. 1, dazu § 9 Rn. 9 f.). 15

2. Einspruch. a) Einlegung. Gegen den Vollstreckungsbescheid kann in entspr. Anwendung von § 59 binnen einer Woche Einspruch eingelegt werden. Der Einspruch muss schriftlich oder zur Niederschrift der Geschäftsstelle erfolgen. Nach § 700 III ZPO findet § 340 I, II ZPO nicht aber dessen Abs. 3 entspr. Anwendung. Es brauchen daher die Angriffs- und Verteidigungsmittel nicht bezeichnet werden. Ist der Einspruch zulässig, hat das Gericht Termin zur mündlichen Verhandlung zu bestimmen (§ 700 VI ZPO). Es ist Kammertermin anzuberaumen, da der Vollstreckungsbescheid einem Versäumnisurteil gleichsteht; die Ansetzung einer Güteverhandlung ist unzulässig. Dem Antragsteller wird aufgegeben, seinen Anspruch zu begründen (§§ 700 III 2, 697 I ZPO). 16

17 **b) Unzulässiger Einspruch.** Nach § 46 a VI kann Termin zur mündlichen Verhandlung auch ohne hierauf gerichteten Antrag bestimmt werden. Ob 46 a VI Sonderregelung zu § 700 IV ist und deshalb auch im Fall des unzulässigen Einspruchs zwingend Termin zu bestimmen ist, ist streitig (bejahend LAG Bremen 17. 8. 1988 LAGE § 46 a ArbGG 1979 Nr. 1; LAG Baden-Württemberg 11. 12. 1990 LAGE § 46 a ArbGG 1979 Nr. 2; zu Recht aA LAG Baden-Württemberg 27. 5. 1993 NZA 1994, 575; GK-ArbGG/*Bader* § 46 a Rn. 80; GMP/*Germelmann* § 46 a Rn. 29; *Oetker* NZA 1989, 201, 202 f.). Nach § 341 II ZPO, der die Durchführung einer mündlichen Verhandlung nunmehr ausdrücklich ins Ermessen des Gerichts stellt, muss die Entscheidung in Form eines Urteils ergehen. Deshalb wirken an ihr stets die ehrenamtlichen Richter mit. Die Verwerfung des Einspruchs als unzulässig fällt nicht unter die Alleinentscheidungsbefugnisse des Vorsitzenden.

18 **c) Säumnis.** Ist im Termin zur mündlichen Verhandlung die Partei, die Einspruch eingelegt hat, säumig, hat ein zweites Versäumnisurteil zu ergehen (§ 345 ZPO). Dieses setzt Zulässigkeit des Einspruchs, Vorliegen der Voraussetzungen für den Erlass des Vollstreckungsbescheides, Zulässigkeit und Schlüssigkeit der Klage voraus. Die Schlüssigkeit der Klage ist vom Gericht zu prüfen, da eine richterliche Prüfung der dem Vollstreckungsbescheid zugrunde liegenden Forderung bis dahin nicht stattgefunden hat (BGH 6. 5. 1999 NJW 1999, 2599; ähnlich BAG 2. 2. 1994 AP ZPO § 513 Nr. 8 = NZA 1994, 1102). Ist dagegen die Klage unzulässig oder unschlüssig, wird der Vollstreckungsbescheid durch unechtes Versäumnisurteil aufgehoben und die Klage abgewiesen (§ 700 VI ZPO).

V. Kosten und Prozesskostenhilfe

19 Nach Nr. 9100 des Gebührenverzeichnisses der Anlage 1 zu § 12 I fällt für die Entscheidung über den Antrag auf Erlass eines Mahnbescheides eine halbe Gebühr an. Daneben entstehen regelmäßig Auslagen für die Zustellung. Bei Überleitung in das Klageverfahren entsteht eine weitere halbe Gebühr (Nr. 9110). Wird im Streitverfahren die Klage zurückgenommen oder ein Vergleich geschlossen, entfallen die bisher entstandenen Gebühren (Nr. 9112), nicht aber der Auslagen. Es besteht keine Vorschusspflicht (§ 12 IV 2). Im Mahnverfahren kann Prozesskostenhilfe bewilligt werden, eine Beiordnung eines Rechtsanwalts wird aber regelmäßig nicht erforderlich sein. Zuständig für die Bewilligung ist der Rechtspfleger. Die bewilligte Prozesskostenhilfe erstreckt sich nicht auf das anschließende Streitverfahren.

§ 46 b Einreichung elektronischer Dokumente

(1) ¹Soweit für vorbereitende Schriftsätze und deren Anlagen, für Anträge und Erklärungen der Parteien sowie für Auskünfte, Aussagen, Gutachten und Erklärungen Dritter die Schriftform vorgesehen ist, genügt dieser Form die Aufzeichnung als elektronisches Dokument, wenn dieses für die Bearbeitung durch das Gericht geeignet ist. ²Die verantwortende Person soll das Dokument mit einer qualifizierten elektronischen Signatur nach dem Signaturgesetz versehen.

(2) ¹Die Bundesregierung und die Landesregierungen bestimmen für ihren Bereich durch Rechtsverordnung den Zeitpunkt, von dem an elektronische Dokumente bei den Gerichten eingereicht werden können, sowie die für die Bearbeitung der Dokumente geeignete Form. ²Die Landesregierungen können die Ermächtigung durch Rechtsverordnung auf die jeweils zuständige oberste Landesbehörde übertragen. ³Die Zulassung der elektronischen Form kann auf einzelne Gerichte oder Verfahren beschränkt werden.

(3) Ein elektronisches Dokument ist eingereicht, sobald die für den Empfang bestimmte Einrichtung des Gerichts es aufgezeichnet hat.

1 **1. Allgemeines.** Die Vorschrift wurde durch das Gesetz zur Anpassung der Formvorschriften des Privatrechts und anderer Vorschriften an den modernen Rechtsgeschäftsverkehr vom 13. 7. 2001 – FormVAnpG (BGBl. I S. 1542) mit Wirkung zum 1. 8. 2001 in das ArbGG eingefügt. Sie regelt die Verwendung von elektronischen Medien im Verfahren vor dem ArbG und dient gleichzeitig der Umsetzung der Richtlinien 1999/93/EG über die gemeinschaftlichen Rahmenbedingungen für elektronische Signaturen vom 13. 12. 1999 und 2000/31/EG über den elektronischen Geschäftsverkehr vom 8. 6. 2000. § 46 b verdrängt als Sonderregelung für das arbeitsgerichtliche Verfahren den nahezu gleich lautenden § 130 a ZPO; neben § 46 b anwendbar sind jedoch die §§ 299 III, 299 a ZPO, die perspektivisch die Führung einer Verfahrensakte als elektronisches Dokument ermöglichen sollen.

2 **2. Inhalt.** Die Vorschrift gilt für alle im Verfahren zu wechselnden Schriftsätze, dh. sowohl für bestimmende als auch für nicht bestimmende. Sie erstreckt sich auch auf die Anlagen, auf Anträge und Erklärungen der Parteien sowie auf Auskünfte, Aussagen, Gutachten und Erklärungen Dritter. Ist für diese Schriftsätze oder Erklärungen gesetzlich die Schriftform vorgesehen, wird dieser Form genügt, wenn das elektronische Dokument für die Bearbeitung durch das Gericht geeignet ist. Zur Bestimmung der entspr. Anforderungen enthält § 46 b II eine Verordnungsermächtigung, von der bisher noch kein Gebrauch gemacht worden ist. Nach § 46 b I 2 soll zur Eindämmung von Missbrauch und

Fälschungsgefahr das Dokument von der verantwortlichen Person mit einer qualifizierten elektronischen Signatur nach dem Signaturgesetz versehen werden. Bei § 46 I 2 handelt es sich jedoch um eine Sollvorschrift, ein nicht mit der geforderten Signatur eingereichter Schriftsatz ist dennoch wirksam bei Gericht eingegangen (ebenso GMP/*Germelmann* § 46b Rn. 13; aA Thomas/Putzo/*Reicholdt* § 130a Rn. 2).

§ 46b III bestimmt, dass ein elektronisches Dokument erst dann bei Gericht eingereicht ist, sobald 3 die für den Empfang bestimmte Einrichtung des Gerichtes es aufgezeichnet hat. Erst nach Vollzug des Aufzeichnungsvorgangs ist der **Zugang** bewirkt (dazu *Bacher* MDR 2002, 669).

§ 47 Sondervorschriften *über Ladung* und Einlassung

(1) Die Klageschrift muß mindestens eine Woche vor dem Termin zugestellt sein.
(2) Eine Aufforderung an den Beklagten, sich auf die Klage schriftlich zu äußern, erfolgt in der Regel nicht.

1. Allgemeines. Die Vorschrift regelt nur noch die Einlassungsfrist im arbeitsgerichtlichen Verfahren. Die Sonderregelung für die Ladungsfrist ist durch die Beschleunigungsnovelle vom 21. 5. 1979 (BGBl. I S. 545) aufgehoben worden. In der Amtlichen Anmerkung heißt es: Die Worte „Ladung und" sind gegenstandslos. 1

2. Einlassungsfrist. a) Begriff. Einlassungsfrist ist diejenige Frist, die der Beklagte beanspruchen 2 kann, um sich auf den Rechtsstreit vorzubereiten (§ 274 III 1 ZPO). Die Klageerhebung richtet sich nach § 46 II, § 253 ZPO. Mit der Einreichung der Klageschrift bei Gericht wird die Sache anhängig, mit ihrer Zustellung rechtshängig (§ 261 I ZPO). Zwischen der Zustellung der Klageschrift und dem Termin muss mindestens eine Woche liegen (§ 47 I). Die Fristberechnung richtet sich nach § 222 I ZPO, §§ 187 I, 188 II BGB. Hiernach bleibt der Tag der Zustellung außer Betracht, so dass die Frist in der Folgewoche an dem der Zustellung entspr. Tag abläuft. Fällt der letzte Tag der Frist auf einen Sonntag, einen allg. Feiertag oder einen Sonnabend (§ 222 II ZPO), endet die Frist am nächsten Werktag.

b) Geltungsbereich. Die Einlassungsfrist muss gewahrt werden bei Klagen, -erweiterungen und 3 Widerklagen, nicht hingegen in den Verfahren des einstweiligen Rechtsschutzes, bei Mahnverfahren und bei öffentl. Zustellung der Klage. Bei einer Zustellung im Ausland hat der Vorsitzende bei der Festsetzung des Termins die Einlassungsfrist zu bestimmen (§ 46 II, §§ 274 III 3, 199 bis 202 ZPO). Wegen des Gebots des rechtlichen Gehörs wird idR eine wesentlich längere Frist festzusetzen sein (GK-ArbGG/*Bader* § 47 Rn. 34 – vier Wochen).

c) Abkürzung. Die Einlassungsfrist kann auf Antrag des Klägers abgekürzt werden (§ 46 II, § 226 4 ZPO). Vor der Abkürzung braucht der Gegner nicht gehört zu werden. Die Abkürzung darf aber nicht zu einer Verkürzung des rechtlichen Gehörs in der anberaumten Verhandlung führen. Die Entscheidung über die Abkürzung der Einlassungsfrist ist zu begründen, auch wenn sie antragsgemäß erfolgt. Wird die Abkürzung abgelehnt, kann sie mit der sofortigen Beschwerde angefochten werden (§ 78, § 567 I Nr. 2 ZPO). Wird die Einlassungsfrist antragsgemäß verkürzt, erfolgt die Überprüfung mit der Endentscheidung. Eine Verlängerung der Einlassungsfrist ist nicht vorgesehen.

d) Vertagung. Ist die Einlassungsfrist nicht eingehalten, ist der Termin zur mündlichen Verhand- 5 lung auf Rüge des Beklagten zu vertagen. Ein Versäumnisurteil kann gegen den Beklagten nicht erlassen werden (§ 335 I Nr. 2 ZPO). Verhandelt der erschienene Beklagte zur Hauptsache, wird der Mangel nach § 295 ZPO geheilt.

3. Ladungsfrist. Die Ladungsfrist liegt zwischen der Zustellung der Ladung und dem Terminstag 6 (§ 217 ZPO). Sie ist bei allen Terminsbestimmungen einzuhalten, auch bei Terminsverlegungen sowie bei der Zustellung von Klageerweiterungen und Widerklagen. Die Ladungsfrist beträgt nach § 46 II, § 217 ZPO in der ersten Instanz drei Tage, da es sich nicht um einen Anwaltsprozess handelt (§ 11 I 1 ArbGG). Die Fristberechnung erfolgt nach § 222 ZPO. Auch die Ladungsfrist kann auf Antrag abgekürzt werden; eine Verlängerung ist nicht vorgesehen (§ 224 II ZPO). Die Abkürzung von Amts wegen kommt auch in den Verfahren des einstweiligen Rechtsschutzes nicht in Betracht, vielmehr hat der Antragsteller ggf. die Fristverkürzung für den Fall einer mündlichen Verhandlung vorsorglich zu beantragen. Der Antrag muss ausdrücklich gestellt werden (GK-ArbGG/*Bader* § 47 Rn. 22; aA GMP/*Germelmann* § 47 Rn. 18 – konkludente Antragstellung, wenn ohne mündliche Verhandlung beantragt ist). Die Entscheidung ergeht durch den Vorsitzenden ohne mündliche Verhandlung (§§ 226 III, 225 I ZPO, 53 I 1). Einer vorherigen Anhörung des Gegners bedarf es nicht. Wird die beantragte Fristverkürzung abgelehnt, kann hiergegen sofortige Beschwerde eingelegt werden, was angesichts des Zeitablaufs kaum Erfolg versprechend sein dürfte. Gegenüber einer Bewilligung steht der belasteten Partei kein gesondertes Rechtsmittel zu; es bleibt die Rüge einer unzureichenden Terminsvorbereitung (ggf. im Berufungsverfahren).

7 **4. Aufforderung zur Gegenäußerung.** Eine Aufforderung des Beklagten zur schriftlichen Gegenäußerung erfolgt idR nicht (§ 47 II). Das Gesetz will eine mündliche Erörterung erreichen, um auch schreibungewandten Parteien ausreichend gerecht zu werden. Das Güteverfahren braucht nicht schriftlich vorbereitet werden, die Vorschriften über das schriftliche Vorverfahren (§§ 275 bis 277 ZPO) sind in erster Instanz nicht anwendbar. Die beklagte Partei kann aber zur Äußerung aufgefordert werden, wenn dies zur Vorbereitung des Termins sachgemäß ist (zB Erklärung über die Echtheit der bisher nur vom Kläger als Ablichtungen beigefügten Urkunden). An das Unterbleiben einer angeforderten Äußerung sind aber keine Rechtsfolgen geknüpft.

§ 48 Rechtsweg und Zuständigkeit

(1) Für die Zulässigkeit des Rechtsweges und der Verfahrensart sowie für die sachliche und örtliche Zuständigkeit gelten die §§ 17 bis 17 b des Gerichtsverfassungsgesetzes mit folgender Maßgabe entsprechend:
1. Beschlüsse entsprechend § 17 a Abs. 2 und 3 des Gerichtsverfassungsgesetzes über die örtliche Zuständigkeit sind unanfechtbar.
2. Der Beschluß nach § 17 a Abs. 4 des Gerichtsverfassungsgesetzes ergeht, sofern er nicht lediglich die örtliche Zuständigkeit zum Gegenstand hat, auch außerhalb der mündlichen Verhandlung stets durch die Kammer.

(2) ¹Die Tarifvertragsparteien können im Tarifvertrag die Zuständigkeit eines an sich örtlich unzuständigen Arbeitsgerichts festlegen für
1. bürgerliche Rechtsstreitigkeiten zwischen Arbeitnehmern und Arbeitgebern aus einem Arbeitsverhältnis und aus Verhandlungen über die Eingehung eines Arbeitsverhältnisses, das sich nach dem Tarifvertrag bestimmt,
2. bürgerliche Rechtsstreitigkeiten aus dem Verhältnis einer gemeinsamen Einrichtung der Tarifvertragsparteien zu den Arbeitnehmern oder Arbeitgebern.

²Im Geltungsbereich eines Tarifvertrags nach Satz 1 Nr. 1 gelten die tarifvertraglichen Bestimmungen über das örtlich zuständige Arbeitsgericht zwischen nicht tarifgebundenen Arbeitgebern und Arbeitnehmern, wenn die Anwendung des gesamten Tarifvertrags zwischen ihnen vereinbart ist. ³Die in § 38 Abs. 2 und 3 der Zivilprozeßordnung vorgesehenen Beschränkungen finden keine Anwendung.

I. Allgemeines

1 Nach § 48 und §§ 17 bis 17 b GVG ist die Zulässigkeit des Rechtswegs, die richtige Verfahrensart und die örtliche Zuständigkeit in einem Vorabentscheidungsverfahren zu klären. Hierdurch sollen Verfahrensverzögerungen und Rechtswegstreitigkeiten weitgehend vermieden werden. Das Vorabentscheidungsverfahren soll zu einer frühzeitigen und bindenden Entscheidung über die Zulässigkeit des beschrittenen Rechtswegs und die örtliche Zuständigkeit führen (*Kissel* NZA 1995, 345). Da die §§ 17, 17 a GVG von der Gleichwertigkeit aller Rechtswege ausgehen, ist die Abgrenzung der ArbG nicht nur gegenüber den Verwaltungs-, Finanz- und Sozialgerichten, sondern auch gegenüber den ordentlichen Gerichten keine Frage der sachlichen Zuständigkeit, sondern der Zulässigkeit des Rechtswegs (BAG 26. 3. 1992 AP ArbGG 1979 § 48 Nr. 7 = NZA 1992, 954; OLG Frankfurt 26. 9. 1994 NJW-RR 1995, 319). Aus diesem Grund besteht keine Eilzuständigkeit der Amtsgerichte in den Verfahren des einstweiligen Rechtsschutzes (Arrest, einstweilige Verfügung). Die ArbG haben daher ggf. einen Bereitschafts- bzw. Eildienst sicherzustellen.

II. Vorabentscheidungsverfahren

2 **1. Anwendungsbereich.** Ist zweifelhaft, ob für ein Verfahren der Rechtsweg zu den Arbeitsgerichten gegeben ist, hat ein Vorabentscheidungsverfahren nach den §§ 17, 17 a GVG stattzufinden. Die Vorschrift ist zwingend. Die Zulässigkeit des Rechtswegs kann weder durch Parteivereinbarung noch durch rügelose Einlassung begründet werden (Ausnahme: § 2 IV, vgl. § 2 Rn. 40). Nicht von § 48 erfaßt wird die Prüfung der internationalen Zuständigkeit, da das GVG nur für innerstaatliche Gerichte gilt (LAG Rheinland-Pfalz 15. 10. 1991 NZA 1992, 138). Sie ist daher in jeder Instanz von Amts wegen zu prüfen (BAG 26. 2. 1985 AP Internat. Privatrecht Nr. 23 = NJW 1985, 2910 = NZA 1985, 635). Sind die deutschen ArbG nicht zuständig, ist die Klage nach wie vor als unzulässig abzuweisen. Zur örtlichen Zuständigkeit Rn. 16. Läßt sich das prozessuale Begehren aus mehreren Klagegründen herleiten, muss das angerufene Gericht den Rechtsstreit umfassend unter allen rechtlichen Gesichtspunkten entscheiden. Daher genügt es, wenn das angerufene Gericht für einen Klagegrund zuständig ist (BAG 18. 8. 1997 AP HGB § 74 Nr. 70 = NJW 1998, 1091 = NZA 1997, 1362 – sog. rechtswegüberschreitende Kompetenz).

II. Vorabentscheidungsverfahren

2. Erforderlichkeit. Eine Vorabentscheidung des ArbG muss stattfinden, wenn entweder das Gericht selbst Zweifel an der Rechtswegzuständigkeit hat oder eine Partei die Zulässigkeit des beschrittenen Rechtsweges rügt (§ 17a III 2 GVG). Die Rüge kann vor Rechtskraft der Vorabentscheidung zurückgenommen oder für erledigt erklärt werden (BGH 11. 1. 2001 NJW-RR 2001, 1007); allerdings ist das erstinstanzliche Gericht auch in diesem Fall wegen § 17a III 1 GVG nicht an einer Vorabentscheidung von Amts wegen gehindert. Die §§ 17, 17a GVG sind nicht nur im Urteils-, sondern auch im Beschlussverfahren anwendbar, obwohl der Wortlaut nur Kläger/Beklagte nennt, im Mahnverfahren und in den Verfahren des einstweiligen Rechtsschutzes (BAG 24. 5. 2000 AP GVG § 17 Nr. 45 = NJW 2000, 2524 = NZA 2000, 903) sowie im Prozesskostenhilfeverfahren (BGH 16. 7. 2001 NJW 2001, 3633; zur Bindungswirkung Rn. 13). Sie finden keine Anwendung auf das Verhältnis der einzelnen Spruchkörper eines Gerichts zueinander, zB wenn nach § 17 II (ArbGG) durch RechtsVO bes. Fachkammern gebildet worden sind. Werden in einer Klageschrift mehrere prozessual selbständige Ansprüche erhoben, ist für jeden dieser Ansprüche gesondert zu prüfen, ob der gewählte Rechtsweg zulässig ist (BAG 13. 1. 2003 – 5 AS 7/02 – NJW 2003, 1068 = NZA 2003, 285; BGH 5. 6. 1997 NJW 1998, 826). Entsprechendes gilt bei einer Klageänderung, auch hier ist bei Zweifeln des Gerichts oder auf Rüge über den Rechtsweg vorab zu entscheiden. Maßgeblicher Zeitpunkt ist die letzte mündliche Verhandlung vor dem Arbeitsgericht. Durch eine nach Rechtshängigkeit eintretende Veränderung der den Rechtsweg begründenden Umstände wird die Zulässigkeit des beschrittenen Rechtsweges nicht berührt (§ 17 I 1 GVG). Ändert sich aber der Klagegrund während des Verfahrens, ist ggf. über den Rechtsweg neu zu entscheiden; hingegen kann die Rechtswegzuständigkeit erhalten bleiben, wenn nur die beklagte Partei ausgewechselt wird (LAG Bremen 5. 7. 2002 AP ZPO § 261 Nr. 2).

3. Entscheidung. Über die Zulässigkeit des Rechtsweges hat stets das ArbG zu entscheiden. Das LAG ist nur dann zuständig, wenn nach einer zulässigen Klageänderung in der Berufungs- bzw. Beschwerdeinstanz Zweifel an der Zuständigkeit für den geänderten Antrag bestehen oder die beklagte Partei ausdrücklich eine entspr. Rüge erhebt (vgl. aber Rn. 3 zur Rücknahme und Erledigungserklärung). Die Entscheidung muss stets durch Beschluss und vor anderen Zulässigkeits- bzw. Sachfragen erfolgen (BGH 23. 9. 1992 NJW 1993, 470 – Beurteilung des Feststellungsinteresses), insb. ist eine Verbindung der Entscheidung über den Rechtsweg mit der Entscheidung im Urteil unzulässig (dazu Rn. 10 f.). Auch ein Versäumnisurteil kann bei einer erhobenen Rüge der beklagten Partei nicht ergehen (GMP/*Germelmann* § 48 Rn. 65). Der Beschluss kann ohne mündliche Verhandlung erlassen werden, muss aber begründet werden (§ 17a IV 1, 2 GVG). Die ehrenamtlichen Richter sind stets hinzuzuziehen (§ 48 I Nr. 2), da die Vorabentscheidung keine verfahrensbeendende Entscheidung iSd. § 55 III ist (aA LAG Niedersachsen 23. 1. 1995 LAGE § 48 ArbGG 1979 Nr. 10). Vor einer Entscheidung ist stets beiden Parteien rechtliches Gehör zu gewähren. Die Prüfung erfolgt nach dem Streitgegenstand, wie er sich aus dem Sachvortrag des Klägers und seinen Anträgen ergibt. Das Gericht entscheidet auf Grund des klägerischen Vorbringens, ob nach §§ 2, 2a ArbGG der Rechtsweg zu den Gerichten für Arbeitssachen gegeben ist und ob es in der richtigen Verfahrensart angegangen und örtlich zuständig ist. Für das Prüfungsverfahren gelten die in § 2 Rn. 4 ff., 46 dargestellten Grundsätze.

4. Inhalt. Gegenstand der Entscheidung nach den §§ 17, 17a GVG ist nur die Zulässigkeit des beschrittenen Rechtsweges. Hält das Gericht den Rechtsweg zu den Arbeitsgerichten für gegeben, spricht es dies im Tenor der Entscheidung aus. Ist es der Auffassung, dass der beschrittene Rechtsweg nicht gegeben ist, hat es zunächst die Feststellung über die Unzulässigkeit des Rechtsweges im Tenor aufzunehmen und darüber hinaus eine Verweisung an das zuständige Gericht des zulässigen Rechtsweges auszusprechen (§ 17a II 1 GVG); eine Klageabweisung durch Urteil als unzulässig, zB weil der Kläger kein AN ist, kommt nicht in Betracht. Sind mehrere Gerichte zuständig, erfolgt die Verweisung an das vom Kläger ausgewählte Gericht oder, sofern die Wahl unterbleibt, an ein von Amts wegen bestimmtes Gericht. Der Beschluss enthält keine Kostenentscheidung (§ 17b II GVG, dazu Rn. 14), aber eine Rechtsmittelbelehrung.

5. Rechtsmittel. a) Beschwer. Gegen die Entscheidung des ArbG steht der unterlegenen Partei unabhängig vom Streitwert stets das Rechtsmittel der sofortigen Beschwerde zu (§ 17a IV 3 GVG iVm. § 78 ArbGG). Voraussetzung ist das Vorliegen einer Beschwer. Diese fehlt, wenn beide Parteien übereinstimmend die Verweisung in den Rechtsweg beantragt haben, an den die Verweisung vom ArbG auch ausgesprochen worden ist. Dies gilt für den Kläger aber dann nicht, wenn sein Verweisungsantrag nur hilfsweise gestellt worden ist und er vorrangig am Rechtsweg zu den ArbG festhalten wollte. Hat das Gericht von Amts wegen eine Vorabentscheidung getroffen und haben beide Parteien keine Rüge erhoben, sind diese auch gleichermaßen beschwerdeberechtigt. Die sofortige Beschwerde kann nicht darauf gestützt werden, dass in den falschen Rechtsweg verwiesen worden ist, nicht jedoch auf eine vermeintlich unrichtige Entscheidung über die örtliche oder sachliche Zuständigkeit des Gerichts in dem Rechtsweg, in dem verwiesen worden ist (Amtsgericht statt Landgericht, dazu BAG 20. 9. 1995 AP GVG § 17a Nr. 23 = NJW 1996, 742 = NZA 1996, 112), da insoweit keine Bindungswirkung durch den Beschluss entsteht.

7 b) Frist. Die Frist für die sofortige Beschwerde beträgt zwei Wochen und beginnt mit der Zustellung des Beschlusses an die Parteien. Die sofortige Beschwerde kann jedoch auch vor der Zustellung des Beschlusses eingelegt werden (BAG 22. 10. 1999 AP ZPO § 577 Nr. 4 = NZA 2000, 503). Wird der Beschluss eines ordentlichen Gerichts den Parteien nicht oder verspätet zugestellt, beginnt die Frist zur Einlegung der sofortigen Beschwerde fünf Monate nach der Verkündung (analog §§ 516, 522 ZPO aF) oder – bei nicht verkündeten Beschlüssen – fünf Monate nach der formlosen Mitteilung des Verweisungsbeschlusses (BAG 1. 7. 1992 AP ZPO § 36 Nr. 39 = NZA 1992, 1047). Wird ein vom ArbG verkündeter Beschluss nach § 17 a GVG später als fünf Monate seit der Verkündung zugestellt, schloss sich nach bisheriger Ansicht des BAG an den Lauf der Fünf-Monats-Frist zusätzlich die Jahresfrist des § 9 V 4 an (BAG 5. 8. 1996 AP GVG § 17 a Nr. 25 = NJW 1997, 343 = NZA 1996, 1175; dazu § 9 Rn. 15 ff.). Wird der Beschluss nicht oder nicht rechtzeitig angefochten, entfaltet er Bindungswirkung (Rn. 12 ff.). Die Beschwerde ist wahlweise beim ArbG oder dem zuständigen LAG einzulegen.

8 c) Verfahren. Über die sofortige Beschwerde entscheidet zunächst das erstinstanzliche ArbG im Abhilfeverfahren (§§ 78 ArbGG, 572 I ZPO). Die Abhilfeentscheidung ergeht durch die Kammer, dh. unter Hinzuziehung der ehrenamtlichen Richter (zum Abhilfeverfahren § 78 Rn. 9). Gegen die abhelfende Entscheidung steht dem nunmehr erstmals beschwerten Beschwerdegegner bei Vorliegen der allg. Voraussetzungen die sofortige Beschwerde zu (Thomas/Putzo/*Reichold* § 572 Rn. 5). Auf Grund der ausdrücklichen Regelung in § 78 S. 2 ArbGG entscheidet das LAG ohne Beteiligung der ehrenamtlichen Richter, selbst wenn es eine Beweisaufnahme für erforderlich hält. Eine Zurückverweisung an das ArbGG ist unzulässig (BAG 17. 2. 2003 AP ArbGG 1979 § 68 Nr. 6 = NZA 2003, 517). Das LAG hat die weitere sofortige Beschwerde zum BAG unter den Voraussetzungen des § 72 II zuzulassen, dies gilt auch in Verfahren des einstweiligen Rechtsschutzes (BGH 30. 9. 1999 NJW 1999, 3785). Eine Anfechtung der Nichtzulassung der weiteren sofortigen Beschwerde ist in § 17 a IV GVG nicht vorgesehen, § 72 a ist auch nicht entsprechend anwendbar (BAG 19. 12. 2002 AP ArbGG 1979 § 72 a Nr. 47 = NZA 2003, 287; 22. 2. 1994 AP ArbGG 1979 § 78 Nr. 2 = NJW 1994, 2110 = NZA 1995, 1223). Dies gilt selbst wenn die Entscheidung des Beschwerdegerichts gegen ein Verfahrensgrundrecht verstößt; in krassen Fällen hat das BAG zur Vermeidung einer Verfassungsbeschwerde eine Korrekturmöglichkeit des Beschwerdegerichts zugelassen (BAG 22. 10. 1999 AP ZPO § 577 Nr. 4 = NZA 2000, 503; dazu auch § 78 Rn. 15). Das BAG ist an die Zulassung der weiteren sofortigen Beschwerde durch das LAG gebunden, seine Entscheidung ergeht gleichfalls ohne Hinzuziehung der ehrenamtlichen Richter (BAG 10. 12. 1992 AP GVG § 17 a Nr. 4 = NZA 1993, 619). Auf die Beschwerde nach § 17 a IV an die obersten Bundesgerichte sind im Übrigen die Vorschriften über die Rechtsbeschwerde (§§ 574 ff. ZPO) anzuwenden (BAG 26. 9. 2002 AP GVG § 17 a Nr. 48 = NJW 2002, 3725 = NZA 2002, 1302; BGH 12. 11. 2002 NJW 2003, 433: 16. 10. 2002 DB 2003, 198; dazu § 78 Rn. 11). Bis zur rechtskräftigen Beendigung des Vorabentscheidungsverfahrens ist der Rechtsstreit vor dem ArbG/LAG auszusetzen (BAG 26. 3. 1992 AP ArbGG 1979 § 48 Nr. 7 = NZA 1992, 954).

9 d) Entscheidung der Beschwerdegerichte. Die Beschwerde kann nur darauf gestützt werden, dass die Entscheidung über die Zulässigkeit des Rechtsweges unzutreffend erfolgt ist. Hierzu zählt auch, ob an ein Gericht des zutreffenden Rechtsweges verwiesen worden ist, da dieser Ausspruch gleichfalls von der Bindungswirkung (Rn. 12 ff.) der Vorabentscheidung erfasst wird. Keiner Beurteilung der Rechtsmittelgerichte unterliegt allerdings die Frage, ob ein anderes Gericht des Rechtsweges (zB Amts- oder Landgericht) sachlich zuständig ist (BAG 20. 9. 1995 AP GVG § 17 a Nr. 23 = NJW 1996, 742 = NZA 1996, 112). Dementspr. können die Rechtsmittelgerichte bei einer Verweisung an eine andere Gerichtsbarkeit entweder *(1)* die Beschwerde zurückweisen, *(2)* die Entscheidung des ArbG aufheben und die Zulässigkeit des Rechtsweges zu den Gerichten für Arbeitssachen feststellen oder *(3)* sich darauf beschränken, den Rechtsweg oder das Gericht, an den bzw. das der Rechtsstreit verwiesen wird, neu zu bestimmen.

10 e) Unterbliebene Vorabentscheidung. aa) Rechtsmittel. Hat das ArbG eine erhobene Rüge der beklagten Partei übergangen und unmittelbar durch Urteil entschieden, soll nach dem Grundsatz der Meistbegünstigung die unterlegene Partei entweder sofortige Beschwerde bzw. Berufung (im Beschlussverfahren: Beschwerde, §§ 87 ff.) einlegen können (*Schenkel* MDR 2003, 136). Jedoch ist wie folgt zu differenzieren: Ist der Kläger im Urteil unterlegen, kann er nur Berufung, nicht aber sofortige Beschwerde einlegen, durch die unterbliebene Rechtswegentscheidung ist er nicht beschwert; etwas anderes gilt, wenn er die Verweisung nicht nur hilfsweise beantragt hat. Hingegen steht der beklagten Partei die Wahlmöglichkeit zwischen sofortiger Beschwerde und Berufung stets zu, obwohl sie zwar nicht durch die Sachentscheidung (Klageabweisung), wohl aber durch deren Form und das Fehlen einer Bindungswirkung beschwert wird. Hält die beklagte Partei aber ihre vor dem ArbG erhobene Rüge in der zweiten Instanz nicht mehr aufrecht oder wird sie für erledigt erklärt, tritt die Bindungswirkung (nachträglich) ein, das Verfahren ist vor den Gerichten für Arbeitssachen fortzusetzen.

11 bb) Weiteres Verfahren. Das LAG darf allein wegen der unterbliebenen Rechtswegentscheidung das Verfahren nicht an das ArbG zurückverweisen, da eine Bindungswirkung trotz der entspr.

II. Vorabentscheidungsverfahren § 48 ArbGG 60

Regelung in § 65 nicht eintritt. Hält das LAG die Zulässigkeit des Rechtsweges nicht für gegeben, hat es dies durch Beschluss auszusprechen und in diesem unter Abänderung des arbeitsgerichtlichen Urteils den Rechtsstreit an das zuständige Gericht des zulässigen Rechtsweges zu verweisen (BAG 26. 3. 1992 AP ArbGG 1979 § 48 Nr. 7 = NZA 1992, 954; BGH 4. 3. 1998 NJW 1998, 2057). Lässt es hiergegen keine weitere Beschwerde zu, ist der Beschluss rechtskräftig und bindet das Gericht, an das verwiesen wurde, hinsichtlich des Rechtsweges. Umstritten ist, ob das LAG nach einer unterbliebenen Rechtswegentscheidung des ArbG auch zu einer Vorabentscheidung durch Beschluss verpflichtet ist, wenn es die Zulässigkeit des beschrittenen Rechtsweges bejaht. Dies wird stets dann zu bejahen sein, wenn es die weitere sofortige Beschwerde zum BAG zulässt (§ 17 a IV 4, 5 GVG), dessen Prüfungsumfang sich auf die Rechtswegfrage beschränkt. In anderen Fällen wird eine Vorabentscheidung für entbehrlich gehalten, wenn das Berufungsgericht nicht nur die Zulässigkeit des Rechtswegs bejaht hätte, sondern auch bei einer Vorabentscheidung keinen Anlass zur Zulassung der weiteren sofortigen Beschwerde gesehen hätte (BGH 18. 11. 1998 NJW 1999, 651). Dabei wird verkannt, dass eine Bindungswirkung nach dem Gesetz nur bei einer rechtskräftigen Vorabentscheidung durch Beschluss eintritt. Überdies ist das Abstellen auf eine (nur fiktive und damit letztlich spekulative) Zulassungsentscheidung nicht sachgerecht, da es den Parteien die Möglichkeit zur Reaktion auf die Rechtsauffassung des Gerichts nimmt.

6. Bindungswirkung. a) Voraussetzungen. Ist die Zulässigkeit des Rechtsweges rechtskräftig im 12 Rahmen eines Vorabentscheidungsverfahrens festgestellt worden, sind sämtliche Rechtsmittelgerichte hieran gebunden (§§ 65, 73 II, 88, 93 II ArbGG), selbst wenn die Entscheidung nach ihrer Auffassung offensichtlich unzutreffend ist. Gleiches gilt, wenn das erstinstanzliche Gericht den Rechtsweg ohne bes. Ausführungen, dh. stillschweigend im Urteil bejaht hat und die Parteien eine Rüge nach § 17 a III 2 GVG nicht erhoben haben (BAG 8. 6. 1999 AP BetrAVG § 1 Lebensversicherung Nr. 26 = NZA 1999, 1103; 9. 7. 1996 AP GVG § 17 a Nr. 24 = NJW 1996, 3430 = NZA 1996, 1117; BGH 19. 11. 1993 NJW 1994, 387). Die Bindungswirkung entfällt nur, wenn *(1)* das erstinstanzliche Gericht trotz Rüge einer oder beider Parteien über die Zulässigkeit des Rechtsweges nicht vorab durch Beschluss, sondern durch Urteil entschieden hat (Rn. 10) oder *(2)* der Verweisungsbeschluss offensichtlich gesetzwidrig ist. Rechtskräftige Verweisungsbeschlüsse, die zwar fehlerhaft, aber nicht offensichtlich gesetzwidrig sind, entfalten daher Bindungswirkung (BAG 19. 3. 2003 AP ZPO § 36 Nr. 59 = NZA 2003, 683; 1. 7. 1992 AP ZPO § 36 Nr. 39 = NZA 1992, 1047; 29. 6. 1992 NZA 1992, 1049; BGH 13. 11. 2001 NZA 2002, 637; 24. 2. 2000 NJW 2000, 1343). Dies gilt auch, wenn ein Gericht seine Rechtswegzuständigkeit zunächst bejaht und erst später verneint (BGH 26. 7. 2001 NJW 2001, 3631). **Offensichtlich gesetzwidrig** ist ein Verweisungsbeschluss nur dann, wenn er *(1)* jeder Rechtsgrundlage entbehrt, *(2)* willkürlich gefasst ist (dazu *Fischer* MDR 2002, 1401) oder *(3)* auf der Versagung rechtlichen Gehörs gegenüber den Verfahrensbeteiligten und/oder einem von ihnen beruht (BAG 22. 10. 1999 AP ZPO § 577 Nr. 4 = NZA 2000, 503). Ersteres hat die Rspr. bisher nur angenommen bei der Verneinung des Rechtsweges für die Klage eines vorzeitig aus dem Amt ausgeschiedenen Richters, der hinsichtlich der Altersversorgung die Gleichstellung mit AN des öffentl. Dienstes verlangt (BAG 17. 7. 1995 AP ArbGG 1979 § 2 Nr. 33 = NJW 1996, 413 = NZA 1995, 1175). Willkürlichkeit kann insb. in Betracht kommen bei Übersehen bzw. Übergehen der eigenen Zuständigkeit (zB. bei zulässiger Gerichtsstandsvereinbarung, Ausübung eines Wahlrechts oder mehreren in Betracht kommenden Gerichtsständen, BGH 10. 9. 2002 BGHReport 2003, 42) oder falscher Information durch das Gericht (BayObG 7. 11. 2000 NJW-RR 2001, 928 – Drohung mit abweisendem Prozessurteil). Ein Verweisungsbeschluss ist hingegen nicht offensichtlich gesetzwidrig, nur weil ihn der Vorsitzende allein erlassen hat (BAG 10. 1. 1994 – 5 AS 21/93 – nv.) oder das ArbG bzw. LAG von der höchstrichterlichen Rspr. abgewichen sind (BAG 6. 1. 1998 – 5 AS 24/97 – nv.; BGH 9. 7. 2002 NJW-RR 2002, 1498 = MDR 2002, 1450).

b) Umfang. Rechtskräftige Verweisungsbeschlüsse von einem Rechtsweg in den anderen sind für 13 das Gericht, an das verwiesen worden ist, hinsichtlich des Rechtswegs bindend (§§ 17 a II 3 GVG, 48 I). Vorangegangene Verweisungen innerhalb eines (Zivilkammer/KfH) oder mehrerer Gerichte desselben Rechtsweges (zB wegen örtlicher Unzuständigkeit) schließen die Weiterverweisung in einen anderen Rechtsweg nicht aus (BAG 4. 1. 1993 AP ZPO § 36 Nr. 42 = NJW 1993, 1878 = NZA 1993, 522; LAG Nürnberg 21. 5. 2001 AuR 2001, 319). Etwas anderes gilt nur, wenn zuvor eine (ggf. inzidenter getroffene) positive Entscheidung über den beschrittenen Rechtsweg getroffen worden ist. § 17 a II 3 GVG erstreckt die Bindungswirkung aber nur auf den Rechtsweg, nicht hingegen auf die funktionelle (Amtsgericht/Landgericht) oder örtliche Zuständigkeit des anderen Rechtsweges. Das Gericht, an das verwiesen worden ist, ist daher nicht daran gehindert, wegen örtlicher Unzuständigkeit innerhalb „seines" Rechtsweges weiterzuverweisen (BAG 14. 1. 1994 AP ZPO § 36 Nr. 43 = NZA 1994, 478; 1. 7. 1992 AP ZPO § 36 Nr. 39 = NZA 1992, 1047). Die Verweisung erfasst auch den Hilfsantrag, jedoch besteht insoweit keine Bindungswirkung; das Gericht, an das verwiesen worden ist, ist nicht gehindert nach Abweisung des Hauptantrags den Hilfsantrag bei Unzulässigkeit des Rechtswegs zurück- oder weiterzuverweisen (BAG 22. 7. 1998 – 5 AS 30/98 – nv.). Keine Bindungswirkung besteht auch im Verhältnis eines Prozesskostenhilfeverfahrens zum nachfolgenden Hauptsacheverfahren (BAG 27. 10. 1992 AP ZPO § 281 Nr. 5 = NJW 1993, 751 = NZA 1993, 285).

14 **7. Kosten.** Nach § 17 b II 1 GVG gilt der Grundsatz der Kosteneinheit. Über die Kosten wird mit der Hauptsache entschieden. Die durch die Anrufung des unzuständigen Gerichtes erwachsenen Mehrkosten sind dem obsiegenden Kläger aufzuerlegen (dazu § 12 a Rn. 7).

15 **8. Wirkungen der Verweisung.** Das abgebende Gericht darf die Akten nicht vor Rechtskraft des Verweisungsbeschlusses an das Gericht, an das der Rechtsstreit verwiesen worden ist, übersenden (BAG 1. 7. 1992 AP ZPO § 36 Nr. 39 = NZA 1992, 1047). Mit der Rechtskraft des Verweisungsbeschlusses wird der Rechtsstreit bei dem Gericht, an das verwiesen ist, anhängig (§ 17 b I 1 GVG). Die Wirkungen der Rechtshängigkeit bleiben bestehen. Soweit durch die Klageerhebung Fristen einzuhalten waren, gilt diese Wirkung weiter. Für das weitere Verfahren gelten die Vorschriften des angewiesenen Gerichtes. Dieses hat den Anspruch unter jedem rechtlichen Gesichtspunkt zu überprüfen. Das LAG darf im Berufungsverfahren die Zulässigkeit des beschrittenen Rechtswegs auch dann nicht prüfen, wenn das Landgericht einen Rechtsstreit über Schadensersatzansprüche, die unter anderem auf Amtspflichtverletzung gestützt werden, an das ArbG verwiesen hat (BAG 14. 12. 1998 AP GVG § 17 a Nr. 38 = NJW 1999, 413 = NZA 1999, 390).

16 **9. Örtliche Zuständigkeit.** § 48 I stellt klar, dass die §§ 17, 17 a GVG (dazu Rn. 2 ff.) grds. mit einigen Modifizierungen auch für die Entscheidung der ArbG über die örtliche Zuständigkeit gelten. Der Beschluss ist unanfechtbar, soweit er sich auf einen Ausspruch zur örtlichen Zuständigkeit beschränkt (§ 48 I Nr. 1). Er wird vom Vorsitzenden allein erlassen (§ 48 I Nr. 2). Dies gilt auch, wenn über ihn in der Kammerverhandlung entschieden wird. Die Entscheidung ist zu begründen (§§ 48 I, 17 a IV 2 GVG), lediglich formelhafte Wendungen reichen hierfür nicht (BAG 3. 11. 1993 AP GVG § 17 a Nr. 11 = NZA 1994, 479). Wird innerhalb einer Gerichtsbarkeit wegen örtlicher Unzuständigkeit verwiesen, ist dieser Beschluss grds. für das Gericht, an das verwiesen worden ist, bindend, es sei denn, es liegt ausnahmsweise eine offensichtliche Gesetzeswidrigkeit vor. Dies ist der Fall, wenn *(1)* den Parteien vor der Entscheidung kein rechtliches Gehör gewährt worden ist oder *(2)* – bei mehreren zuständigen Gerichten – sich das weiterverweisende Gericht willkürlich über die vom Kläger getroffene Wahl hinwegsetzt (BAG 14. 1. 1994 AP ZPO § 36 Nr. 43 = NJW 1994, 1815 = NZA 1994, 478; BGH 10. 9. 2002 NJW 2002, 3634 – Willkür nach Rechtsänderung). Bei der Entscheidung über die örtliche Zuständigkeit ist von dem angerufenen Gericht eine ggf. von den Parteien getroffene nachträgliche Gerichtsstandsvereinbarung zu beachten; ebenso die Ausübung des Wahlrechts unter mehreren in Betracht kommenden Gerichtsständen (dazu auch § 46 a Rn. 2). Die Bindungswirkung besteht schließlich dann nicht, wenn sich das verweisende Gericht über die Zuordnung des von ihm für maßgeblich gehaltenen Ortes (zB Wohnsitz, Sitz, Erfüllungs- bzw. Begehungsort) zu dem Bezirk des Gerichts, an das verwiesen worden ist, erkennbar geirrt hat (BAG 11. 11. 1996 AP ZPO § 36 Nr. 51 = NZA 1997, 228; 31. 1. 1994 AP ZPO § 36 Nr. 44 = NZA 1994, 959). Stellt das Gericht auf einen Rechtsbehelf einer der Parteien fest, dass es an der Gewährung rechtlichen Gehörs gefehlt hat, kann es seine ursprüngliche Entscheidung wegen ihrer fehlenden Bindungswirkung aufheben und unter Berücksichtigung des übergangenen Vorbringens erneut entscheiden (ähnlich GMP/*Germelmann* § 48 Rn. 66 unter Hinweis auf § 321 a ZPO). Wird die Rüge der örtlichen Unzuständigkeit übergangen, bleibt es jedoch für die Rechtsmittelinstanz bei der Prüfungssperre der §§ 65, 73 II (BAG 5. 9. 1995 AP TVG § 1 Vorruhestand Nr. 24 = NZA 1996, 610).

III. Die Bestimmung des zuständigen Gerichtes nach § 36 ZPO

17 **1. Kompetenzkonflikt.** Durch die Regelungen in §§ 17 bis 17 b GVG ist ein positiver oder negativer Kompetenzkonflikt weitgehend ausgeschlossen. Gleichwohl kann die Bestimmung des zuständigen Gerichtes notwendig werden. Das Verfahren richtet sich nach § 36 Nr. 6 ZPO. Zuständig war in der Vergangenheit das jeweilige Bundesgericht im ursprünglich beschrittenen Rechtsweg. Nach § 36 II ZPO sind jetzt weitgehend die OLG/LAG zuständig. In negativen Kompetenzkonflikten zwischen Gerichten verschiedener Gerichtsbarkeiten sind die oberste Gerichtshöfe des Bundes zur Bestimmung des zuständigen Gerichts berufen (BAG 22. 7. 1998 AP ZPO § 36 Nr. 55 = NZA 1998, 1190; vgl. auch BGH 13. 11. 2001 NZA 2002, 637 – Wahrung der funktionierenden Rechtspflege und zur Rechtssicherheit). Zuständig ist derjenige oberste Gerichtshof des Bundes, der zuerst um eine Entscheidung nach § 36 ZPO ersucht werde (BAG 13. 1. 2003 – 5 AS 7/02 – NJW 2003, 1068 = NZA 2003, 285). Ein Antrag nach § 36 ZPO ist unzulässig, wenn bereits ein Gericht die Unzulässigkeit des zu ihm beschrittenen Rechtsweges rechtskräftig ausgesprochen hat (BGH 12. 3. 2002 AP ZPO § 36 Nr. 56 = NZA 2002, 1109).

18 **2. Bestimmung.** Auch bei Bestimmung des zuständigen Gerichtes ist die bindende Wirkung von Verweisungsbeschlüssen (§§ 48 ArbGG, 17 a II 3 GVG) zu beachten (BAG 17. 7. 1995 AP ArbGG 1979 § 2 Nr. 33 = NJW 1996, 413 = NZA 1995, 1175; 1. 7. 1992 AP ZPO § 36 Nr. 39 = NZA 1992, 1047). Es ist damit das durch Beschluss zuerst angewiesene Gericht als zuständig zu bestimmen. Nur

wenn der Verweisungsbeschluss ausnahmsweise nicht bindend war (Rn. 12, 16), ist an das Gericht zu verweisen, an das die Sache durch den zweiten Verweisungsbeschluss gelangt ist, sofern dieser Bindungswirkung hat (BAG 3. 11. 1993 AP GVG § 17 a Nr. 11 = NZA 1994, 479; 14. 1. 1994 AP ZPO § 36 Nr. 43 = NJW 1994, 1815 = NZA 1994, 478). Ein gemeinsamer Gerichtsstand für einen Rechtsstreit gegen Betriebsveräußerer und Betriebserwerber kann nach § 36 Nr. 3 ZPO nicht bestimmt werden, wenn der Rechtsstreit gegen einen der Beteiligten durch bindenden Beschluss an ein anderes Gericht verwiesen worden ist, da auf der Beklagtenseite keine notwendige, sondern nur eine einfache Streitgenossenschaft besteht (BAG 13. 11. 1996 AP ZPO § 36 Nr. 52 = NZA 1997, 227). Eine Widerklage, die sich gegen einen bislang am Rechtsstreit nicht beteiligten Drittwiderbeklagten richtet, bedarf einer Gerichtsstandsbestimmung (BAG 16. 5. 1997 AP ZPO § 36 Nr. 53 = NZA 1997, 1071).

IV. Örtliche Zuständigkeit

1. Allgemeiner Gerichtsstand. Das ArbGG enthält keine eigenständigen Regelungen über die örtliche Zuständigkeit im Urteilsverfahren. Maßgeblich sind daher über § 46 II 1 die Vorschriften der ZPO in den §§ 12–40. Kommen mehrere Gerichtsstände in Betracht hat der Kläger ein Wahlrecht (zum Mahnverfahren § 46 a Rn. 2). Nach § 12 ZPO kann die beklagte Partei an ihrem allgemeinen Gerichtsstand verklagt werden. Der allgemeine Gerichtsstand des AN bestimmt sich nach seinem Wohnsitz (§§ 13 ZPO, 7 BGB), gleiches gilt für den AG, wenn dieser eine natürliche Person ist. Bei parteifähigen Personengesellschaften und juristischen Personen befindet sich der allgemeine Gerichtsstand an dem Ort, an dem die Gesellschaft ihren Sitz hat (§ 17 ZPO); für Behörden gilt § 18 ZPO.

2. Besondere Gerichtsstände. a) Erfüllungsort. Nach § 29 I ZPO kann die Klage auch am Gericht des Ortes erhoben werden, an dem die streitige Verpflichtung zu erfüllen ist. Bei Arbeitsverhältnissen ist dabei regelmäßig von einem einheitlichen (gemeinsamen) Erfüllungsort auszugehen (vgl. § 611 BGB Rn. 806). Dies ist der Ort, an dem der Arbeitnehmer die Arbeitsleistung zu erbringen hat, dh. der tatsächliche Mittelpunkt seiner Berufstätigkeit. Auf die Frage, von wo aus das Arbeitsentgelt gezahlt wird und sich die ANVertretung befindet, kommt es regelmäßig nicht an (BAG 3. 11. 1993 AP GVG § 17 a Nr. 11 = NZA 1994, 479; aA *Krasshöfer/Molkenbur* NZA 1988, 236, 237 f.; *Ostrop/Zumkeller* NZA 1994, 644; 1995, 16). Der Gerichtsstand bleibt auch nach Beendigung des Arbeitsverhältnisses bestehen (BAG 26. 9. 2000 AP ArbGG 1979 § 72 a Grundsatz Nr. 61= NZA 2001, 286). Wird der AN vom Betrieb des AG aus an wechselnden Orten eingesetzt (Montagearbeiter), bleibt der Sitz des AG Erfüllungsort der Arbeitsleistung. Bei Reisenden, die von ihrem Wohnsitz aus einen größeren Bezirk zu betreuen haben, gilt ihr Wohnsitz als Erfüllungsort. Unerheblich ist, ob der Reisende täglich an diesen Wohnsitz zurückkehrt und in welchem Umfang er vom Betrieb Anweisungen für die Gestaltung seiner Reisetätigkeit erhält (BAG 12. 6. 1986 AP Brüsseler Übereinkommen Art. 5 Nr. 1 = NJW-RR 1988, 482; *Müller* BB 2002, 1094; aA ArbG Mainz 26. 2. 2003 NZA-RR 2003, 324). Für einen Außendienstmitarbeiter ist dasjenige ArbG örtlich zuständig, in dessen Bereich der Schwerpunkt der tatsächlichen Arbeitsleistung liegt. Lässt sich ein derartiger Schwerpunkt nicht eindeutig bestimmen, ist der Ort maßgeblich, von dem aus die tatsächliche Arbeitsleistung gelenkt wird, was im Regelfall der Sitz oder eine Niederlassung des AG sein wird (ArbG Regensburg 16. 3. 1994 NZA 1995, 96; dazu *Ehler* BB 1995, 1849). Besteht die Verpflichtung zur Arbeitsleistung aus einem Bündel von gleichwertigen Einzelpflichten mit unterschiedlichen Leitungsorten und liegen diese Orte nicht nur in einem Gerichtsbezirk, scheidet bei Streitigkeiten über den Bestand des Arbeitsverhältnisses der besondere Gerichtsstand des Erfüllungsortes aus (ArbG Bamberg 9. 11. 1994 NZA 1995, 864). Die Annahme, am Wohnsitz des Außendienstmitarbeiters liege der den besonderen Gerichtsstand des Erfüllungsortes begründende Schwerpunkt des Arbeitsverhältnisses, hat keine gesetzliche Grundlage.

b) Weitere besondere Gerichtsstände. Der AG kann nach § 21 ZPO auch am Sitz einer selbständigen Niederlassung verklagt werden. Dies ist jede vom AG an einem anderen Ort als dem seines Sitzes, für eine gewisse Dauer errichtete, auf seinen Namen und für seine Rechnung betriebene und in der Regel zum selbständigen Geschäftsabschluss und Handeln berechtigte Geschäftsstelle (LAG Frankfurt 31. 7. 1987 DB 1988, 816). Die Klage kann beim örtlich zuständigen ArbG der Niederlassung erhoben werden, sofern ihr Gegenstand einen Bezug zum dortigen Geschäftsbetrieb hat. Daneben kommen schließlich die besonderen Gerichtsstände der unerlaubten Handlung (§ 32 ZPO) und der Widerklage (§ 33 ZPO) in Betracht. Zum besonderen Gerichtsstand bei geschlechtsspezifischen Diskriminierungen § 61 b Rn. 6.

3. Gerichtsstandsvereinbarung. Die Zuständigkeit eines örtlich an sich unzuständiges Gerichtes kann von den Parteien auch durch eine Vereinbarung begründet werden. Dies gilt zunächst für den Fall, dass eine der Parteien im Inland über keinen allgemeinen Gerichtsstand verfügt und die sonstigen, in § 38 II ZPO genannten formellen Voraussetzungen erfüllt sind. Darüber hinaus kann vor Anhängigkeit, aber nach Entstehen einer Streitigkeit eine Gerichtsstandsvereinbarung getroffen werden, sofern sie nur ausdrücklich und schriftlich geschlossen wird (§ 38 III Nr. 1 ZPO). Nach Rechtshängigkeit kann die Zuständigkeit eines unzuständigen ArbG schließlich durch rügeloses Einlassen begründet werden, wenn der Beklagte die örtliche Unzuständigkeit des angerufenen Gerichts trotz eines Hinweises des Gerichts nicht gerügt hat. Mit der Antragstellung in der mündlichen Verhandlung wird das angerufene Gericht dann örtlich zuständig. Eine unter Missachtung einer dem Gericht bekannten und wirksamen Gerichtsstandsvereinbarung vorgenommene Verweisung ist willkürlich und entfaltet keine Bindungswirkung.

V. Tarifvertragliche Zuständigkeitsregelung

23 **1. Inhalt.** Nach § 48 II können die TVParteien die Zuständigkeit eines an sich örtlich unzuständigen ArbG festlegen. Die Vereinbarung muss im normativen Teil des TV erfolgen. Möglich ist die Begründung einer ausschließlichen oder zusätzlichen Zuständigkeit. Die abweichende Zuständigkeitsbestimmung ist nur zulässig für bürgerliche Rechtsstreitigkeiten zwischen AN und AG aus einem Arbeitsverhältnis und aus Verhandlungen über die Eingehung eines Arbeitsverhältnisses, das sich nach einem TV bestimmt. Wegen dieses insoweit eindeutigen und mit § 2 I Nr. 3 a übereinstimmenden Wortlauts gilt § 48 II nicht für Bestandsstreitigkeiten sowie für Ansprüche aus der Nachwirkung eines Arbeitsverhältnisses (§ 2 I Nr. 3 c 2. Alt.) oder aus unerlaubter Handlung (§ 2 I Nr. 3 d, ebenso GMP/ *Germelmann* § 48 Rn. 102; GK-ArbGG/*Bader* § 48 Rn. 95).

24 **2. Tarifvertrag.** Ein Arbeitsverhältnis richtet sich nach einem TV, wenn die Parteien tarifgebunden sind (§ 3 TVG; vgl. § 3 Rn. 5 ff.), der TV allgemeinverbindlich ist (§ 5 TVG Rn. 1 ff.) oder individualvertraglich in Bezug genommen ist (§ 3 TVG Rn. 40). Die Bezugnahme muss sich auf den gesamten TV und nicht nur einzelne Teile beziehen. Die Vereinbarung kann im Voraus erfolgen und unterliegt nicht der Schriftform nach § 38 II, III ZPO (§ 48 II 3). Sie kann nur im räumlichen, fachlichen und personellen Geltungsbereich des Tarifvertrags erfolgen, da einheitliche Arbeitsbedingungen für Tarifgebundene und Außenseiter ermöglicht werden sollen.

25 **3. Gemeinsame Einrichtungen.** Nach § 48 II Nr. 2 kann für bürgerliche Rechtsstreitigkeiten aus dem Verhältnis einer gemeinsamen Einrichtung der Tarifvertragsparteien zu den AN oder AG die örtliche Zuständigkeit eines ArbG festgelegt werden. Streitigkeiten mit Hinterbliebenen (§ 2 I Nr. 4) werden durch diese Vorschrift nicht erfasst.

§ 48 a. *(aufgehoben)*

§ 49 Ablehnung von Gerichtspersonen

(1) **Über die Ablehnung von Gerichtspersonen entscheidet die Kammer des Arbeitsgerichts.**
(2) **Wird sie durch das Ausscheiden des abgelehnten Mitglieds beschlußunfähig, so entscheidet das Landesarbeitsgericht.**
(3) **Gegen den Beschluß findet kein Rechtsmittel statt.**

I. Allgemeines

1 Die Vorschrift enthält Regelungen zur Ablehnung von Gerichtspersonen. Sie wird ergänzt durch die §§ 41 bis 49 ZPO, die über § 46 II im arbeitsgerichtlichen Verfahren anzuwenden sind. Durch den Ausschluss und die Ablehnungsmöglichkeit von Gerichtspersonen soll sichergestellt werden, dass im Einzelfall eine Gerichtsperson, bei der die Gewähr der Unparteilichkeit bietet, am weiteren Verfahren nicht mehr mitwirkt. Während bei Vorliegen einer der Ausschließungsgründe des § 41 ZPO die Person kraft Gesetzes von der weiteren Beteiligung ausgeschlossen ist, wird sowohl den Parteien wie auch der betroffenen Gerichtsperson durch die Ablehnung (§ 42 ZPO) und dem damit verbundenen Antragsrecht ermöglicht, eine gerichtliche Entscheidung über die Konfliktlage herbeizuführen. § 49 I gilt über die Bezugnahme in §§ 64 VI, 72 IV für alle drei Instanzen, Abs. 2 nur für die ArbG, während der Rechtsmittelausschluss in § 49 III nicht nur im erstinstanzlichen Verfahren, sondern auch vor den LAG anzuwenden ist. § 49 gilt nicht nur im Urteilsverfahren, sondern auch im Mahn- und Beschlussverfahren (§ 80 II).

II. Personenkreis

2 Gerichtspersonen sind die Berufsrichter und ehrenamtlichen Richter. Erfasst werden aber auch die Urkundsbeamten der Geschäftsstelle (§ 49 ZPO) und die Rechtspfleger (§ 10 RpflG). Auch über ein Ablehnungsgesuch gegen die Letztgenannten entscheidet nach § 49 I die Kammer. Keine Gerichtspersonen sind hingegen die Schreibkräfte, Gerichtswachtmeister und Geschäftsstellenverwalter (GK-ArbGG/*Dörner* § 49 Rn. 4); sie können nicht abgelehnt werden. Sonderregeln bestehen für Sachverständige (§ 406 ZPO), Dolmetscher (§ 191 GVG) und Gerichtsvollzieher (§ 155 GVG). Auf Vorsitzende von Einigungsstellen wird § 1032 ZPO entspr. angewandt (BAG 9. 5. 1995 AP BetrVG

1972 § 76 Einigungsstelle Nr. 2 = NZA 1996, 156). Die Ablehnung eines Richters ist auch dann möglich, wenn bereits ein Ausschließungsgrund nach § 41 ZPO vorliegt.

III. Ausschluss

1. Ausschließungsgründe. a) Partei. Nach § 41 Nr. 1 ZPO ist ein Richter von der Amtsausübung ausgeschlossen in Sachen, in denen er selbst Partei ist oder bei denen er zu einer Partei in dem Verhältnis eines Mitberechtigten, Mitverpflichteten oder Regresspflichtigen steht. Partei ist jeder Prozessbeteiligte, auf die sich die Rechtskraft erstreckt (GMP/*Germelmann* § 49 Rn. 7; GK-ArbGG/ *Dörner* § 49 Rn. 6). Ausgeschlossen sind daher Kläger und Beklagte, Antragsteller und die Beteiligten im Beschlussverfahren, Streitgenossen und Streithelfer, Insolvenzverwalter und Gemeinschuldner. Eine Mitberechtigung und Mitverpflichtung iSd. Nr. 1 ist gegeben bei den Gesellschaftern einer Personengesellschaft und bei Vorständen oder Geschäftsführern von Kapitalgesellschaften. Die Voraussetzungen liegen hingegen nicht vor bei Aktionären, einer Mitgliedschaft des Richters in einer Gewerkschaft, die als Bevollmächtigte einer Partei auftritt oder wenn ein Arbeitskollege des Richters Partei ist. In dem letztgenannten Fall kommt nur eine Ablehnung nach § 42 ZPO in Betracht.

b) Verwandtschaftsverhältnis. Ausgeschlossen ist ein Richter, wenn er Lebenspartner (§ 41 Nr. 2 a ZPO) oder Ehegatte einer Partei ist, auch wenn er die Ehe nicht mehr besteht (§ 41 Nr. 2 ZPO). Gleiches gilt, wenn er in einem in § 41 Nr. 3 ZPO genannten Verwandtschaftsverhältnis zu einer Partei steht. Die Verwandtschaft zu einem Prozessbevollmächtigten ist nicht ausreichend (aA LSG Schleswig-Holstein 5. 3. 1998 NJW 1998, 2925), kann aber die Besorgnis der Befangenheit (§ 42 ZPO) rechtfertigen.

c) Vertreter. Ausgeschlossen ist die Gerichtsperson, wenn sie in derselben Sache als Prozessbevollmächtigter oder Beistand einer Partei bestellt oder als gesetzlicher Vertreter aufzutreten berechtigt ist oder war (§ 41 Nr. 4 ZPO). Die Regelung gilt auch für Unterbevollmächtigte (§ 53 BRAO). Ist auf einer Prozessvollmacht eine Mehrzahl von Prozessvertretern aufgeführt, sind sie alle von der Mitwirkung ausgeschlossen, selbst wenn sie intern nicht mit der Prozessführung befasst waren (GMP/ *Germelmann* § 49 Rn. 9).

d) Zeuge/Sachverständiger. Ausgeschlossen ist, wer in der Sache als Zeuge oder Sachverständiger vernommen worden ist (§ 41 Nr. 5 ZPO). Notwendig ist die Vernehmung; unzureichend ist lediglich die Benennung im Prozess, weil sonst eine Gerichtsperson leicht ausgeschaltet werden könnte. Sie ist aber ausgeschlossen, wenn sie in einem anderen Verfahren zu demselben Sachverhalt vernommen worden ist. Die Abgabe einer dienstlichen Äußerung führt nicht zum Ausschluss, da eine dienstliche Äußerung nicht einer Vernehmung als Zeuge gleichzusetzen ist (BAG 7. 5. 1998 AP ZPO § 551 Nr. 49 = NZA 1998, 1301).

e) Früheres Verfahren. Nach § 41 Nr. 6 ZPO ist schließlich ein Richter ausgeschlossen, der in einem früheren Rechtszug oder im schiedsrichterlichen Verfahren bei der Entscheidung mitgewirkt hat; ausgenommen sind die Tätigkeiten eines beauftragten oder ersuchten Richters. Eine Mitwirkung liegt nur vor, wenn der Richter materiell an der Entscheidung beteiligt gewesen ist, ihre bloße Verkündung ist nicht ausreichend. Von § 41 Nr. 6 ZPO erfasst ist nicht nur die Mitwirkung an einer die Instanz abschließenden Entscheidung, sondern auch die Beteiligung im Nachverfahren, in den Verfahren des einstweiligen Rechtsschutzes, einem Versäumnisurteil oder einer ein Versäumnisurteil bestätigenden Entscheidung, soweit die Schlüssigkeit zu überprüfen war (BAG 7. 2. 1968 AP ZPO § 41 Nr. 3 = NJW 1968, 814). Dies ist nicht der Fall bei einem die Klage abweisenden Versäumnisurteil, bei dem wegen der Säumnis des Klägers eine Schlüssigkeitsprüfung nicht erforderlich ist. Schließlich liegt keine Mitwirkung vor, wenn der Richter lediglich an einem Beweisbeschluss oder einer Beweisaufnahme mitgewirkt hat oder an einer Entscheidung, die vom Rechtsmittelgericht aufgehoben und zurückverwiesen worden ist. Die bloße Durchführung des Gütetermins in einem vorangegangenen Verfahren fällt auch nicht unter § 41 Nr. 6 ZPO. Ein Mitglied einer Einigungsstelle ist ausgeschlossen, wenn es an der Beschlussfassung teilgenommen hat und die Gültigkeit des Spruchs zur Überprüfung des Gerichts ansteht. Die vorprozessuale Erörterung eines späteren Verfahrens führt zwar nicht nach § 41 Nr. 6 ZPO zum Ausschluss, kann aber die Besorgnis der Befangenheit begründen (GMP/*Germelmann* § 49 Rn. 24; aA wohl LAG Sachsen 21. 12. 2000 MDR 2001, 516).

2. Entscheidung über die Ausschließung. Der Ausschluss einer Gerichtsperson nach § 41 ZPO ist von Amts wegen zu beachten. An Stelle des ausgeschlossenen Richters tritt der geschäftsplanmäßige Vertreter bzw. bei den ehrenamtlichen Richtern der Nächste auf der Liste. Bei Zweifeln über die Ausschließung entscheidet die Kammer nach Anhörung der Parteien und unter Ausschluss des betroffenen Richters (BVerfG 8. 6. 1993 AP ArbGG 1979 § 49 Nr. 3 = NJW 1993, 2229).

IV. Ablehnung

1. Voraussetzungen. Die Ablehnung einer Gerichtsperson ist möglich, wenn ein gesetzlicher Ausschließungsgrund (Rn. 2 ff.) oder die Besorgnis der Befangenheit besteht (§ 42 I ZPO). Die Ablehnung

fungsinstanz mitgewirkt, ist der absolute Revisionsgrund nach § 547 Nr. 2 ZPO gegeben. Ist das Urteil bereits rechtskräftig, kann ein Wiederaufnahmegrund nach § 579 I Nr. 2 ZPO gegeben sein.

19   b) **Ablehnung.** Auch der abgelehnte Richter hat sich nach Eingang des Ablehnungsgesuchs zunächst weiterer Prozesshandlungen zu enthalten. Eine Ausnahme gilt nach § 47 ZPO nur für solche Handlungen, die keinen Aufschub gestatten. Zu diesen gehören regelmäßig die Ladung oder Abladung von Parteien bzw. Zeugen; in Ausnahmefällen auch die Durchführung einer Beweisaufnahme, wenn das Beweismittel später nicht mehr zur Verfügung steht. Wird das Gesuch für begründet erklärt, darf auch er weitere Prozesshandlungen in dem Verfahren nicht mehr vornehmen, anderenfalls liegt gleichfalls ein absoluter Revisions- (§ 547 Nr. 3 ZPO) oder Wiederaufnahmegrund (§ 579 I Nr. 3 ZPO) vor. Ein auf Besorgnis der Befangenheit des Richters gestütztes Ablehnungsgesuch bewirkt aber keine Unterbrechung des Verfahrens oder Hemmung von Notfristen (BAG 28. 12. 1999 AP ArbGG 1979 § 49 Nr. 7 = DB 2000, 884).

§ 50 Zustellung

(1) ¹Die Urteile werden von Amts wegen binnen drei Wochen seit Übergabe an die Geschäftsstelle zugestellt. ²§ 317 Abs. 1 Satz 3 der Zivilprozeßordnung ist nicht anzuwenden.

(2) Die §§ 174, 178 Abs. 1 Nr. 2 der Zivilprozessordnung sind auf nach § 11 zur Prozessvertretung zugelassenen Personen entsprechend anzuwenden.

(3) *(aufgehoben)*

I. Allgemeines

1   Von der Verweisung in § 46 II werden auch die Vorschriften der ZPO über die Zustellung erfasst. Die §§ 166 bis 195 ZPO sind daher grds. anwendbar, soweit nicht § 50 Besonderheiten für das arbeitsgerichtliche Verfahren regelt. Die Vorschrift gilt kraft ausdrücklicher Verweisung auch im Berufungs-, Revisions- und Beschlussverfahren (§§ 64 VII, 72 VI, 80 II). Durch das Gesetz zur Reform des Verfahrens bei Zustellungen im gerichtlichen Verfahren – ZustRG – vom 25. 6. 2001 (BGBl. I S. 1206) sind die Zustellungsvorschriften der ZPO geändert und neu gefasst worden. Die Neuregelung sieht erhebliche Vereinfachungen vor und kommt mit insgesamt weniger Vorschriften aus. Dabei ist auch den neuen Übermittlungsmethoden Rechnung getragen worden (Telekopie; elektronisches Dokument). Das Gesetz ist am 1. 7. 2002 ohne bes. Übergangsvorschrift in Kraft getreten; es ist seit diesem Zeitpunkt auf Zustellungshandlungen anzuwenden, selbst wenn die Zustellung schon vor diesem Zeitpunkt eingeleitet war (Thomas/Putzo/*Putzo*, Vor § 166 Rn. 1). Zur Rechtslage bis zum 30. 6. 2002 vgl. die Kommentierung in der 2. Aufl.

II. Zustellung

2   1. **Verfahren. a) Begriff.** Zustellung ist die Bekanntgabe eines Schriftstückes an den Zustellungsadressaten in der gesetzlich vorgeschriebenen Form (§ 166 I ZPO). Die Beurkundung des Vorgangs ist nicht Bestandteil der Zustellung, sondern dient nur ihrem Nachweis (§ 182 I ZPO). Durch die Zustellung wird der Zustellungsadressat in die Lage versetzt, vom Inhalt des Schriftstückes Kenntnis zu nehmen.

3   b) **Amtszustellung.** Nach den §§ 46 II 1 ArbGG, 166 II ZPO erfolgen Zustellungen grds. von Amts wegen, soweit nichts anderes vorgeschrieben ist. Die Amtszustellung gilt für die Zustellung der Klageschrift, von Ladungen, Prozesserklärungen, Entscheidungen und Rechtsmitteln. Das Verfahren richtet sich nach den §§ 166 bis 190 ZPO. Im **Parteibetrieb** zugestellt werden *(1)* durch Beschluss erlassene Arrestbefehle und einstweilige Verfügungen (§ 62 ArbGG, §§ 902 II, 936, 922 II ZPO); wird durch Urteil entschieden, bleibt es bei der Amtszustellung (§ 50 I 1), *(2)* Prozessvergleiche, soweit aus ihnen die Zwangsvollstreckung erfolgen soll (§§ 794 I Nr. 1, 795, 750 I ZPO) und Urkunden (§ 794 I Nr. 5 ZPO) sowie *(3)* Urteile als Voraussetzung für die Zwangsvollstreckung (§ 750 ZPO). Für die Zustellung im Parteibetrieb gelten die §§ 191 bis 194 ZPO. Nach wie vor können Schriftsätze, auch solche, die normalerweise von Amts wegen zuzustellen sind, von Anwalt zu Anwalt zugestellt werden; hierfür gilt § 195 ZPO.

4   c) **Zustellungsarten.** Die Zustellung wird vom Urkundsbeamten der Geschäftsstelle des Gerichts, bei dem der Prozess anhängig ist, nicht nur veranlasst, sondern auch durchgeführt (§ 168 I 1 ZPO). Dies geschieht entweder *(1)* durch Übergabe des Schriftstücks an den Zustellungsempfänger in der Amtsstelle (§ 173 ZPO), *(2)* Übersendung gegen Empfangsbekenntnis an bestimmte Personen (§ 174 ZPO) oder *(3)* Versenden als Einschreiben mit Rückschein (§ 175 ZPO). An Stelle der Übersendung gegen Empfangsbekenntnis kann an geeignete Personen auch *(4)* durch Telekopie oder elektronisches Dokument zugestellt werden (§ 174 II, III ZPO). Der Urkundsbeamte kann schließlich *(5)* die Post als Beliehene (§ 33 I PostG) oder *(6)* einen Justizbediensteten mit der Ausführung der Zustellung beauftragen (§ 168 I 2 ZPO). In den zuletzt genannten Fällen hat er dem Zustellungsbeauftragten das

II. Zustellung § 50 ArbGG 60

Schriftstück in einem verschlossenen Umschlag mit einer vorbereiteten Zustellungsurkunde zu übergeben (§ 176 ZPO). Der so Beauftragte hat dann nach den §§ 177 bis 181 ZPO zu verfahren (§ 176 II ZPO). Für den Auftrag an die Post ist ein dafür vorgesehener Vordruck zu verwenden (§ 168 I 3 ZPO). Die unter (1) bis (6) dargestellten Zustellungsarten stehen gleichwertig nebeneinander; der Urkundsbeamte entscheidet nach pflichtgemäßen Ermessen. Verspricht die Zustellung nach § 168 I ZPO keinen Erfolg kann nach dessen Abs. 2 der Vorsitzende den Gerichtsvollzieher oder eine zu ersuchende Behörde mit der Zustellung beauftragen. Das Verfahren richtet sich dann nach den §§ 176 I, II, 177 bis 181 ZPO. Der Urkundsbeamte der Geschäftsstelle hat die notwendigen Ausfertigungen und beglaubigten Abschriften zu fertigen (§ 169 II 1 ZPO).

2. Zustellungsempfänger. Die Zustellung muss an den richtigen Zustellungsempfänger erfolgen. 5
Bei mehreren Beklagten oder Streitgenossen ist an jeden zuzustellen. Bei der einfachen Nebenintervention wird nur an die Hauptpartei zugestellt, bei nicht prozessfähigen oder juristischen Personen an den gesetzlichen Vertreter (§ 170 ZPO). Kann ein Bevollmächtigter eine schriftliche Vollmacht vorlegen, ist die Zustellung an ihn mit derselben Wirkung wie an den Vertretenen möglich (§ 171 ZPO, dazu *Hentzen* MDR 2003, 361). Hat eine Partei einen Bevollmächtigten bestellt, ist an diesen zuzustellen (§ 172 ZPO), anderenfalls ist die Zustellung unwirksam. Führt der Urkundsbeamte die Zustellung selbst durch (§§ 173 bis 175 ZPO), ist die Zustellung fehlgeschlagen, wenn sie den Adressat nicht erreicht. Findet die Zustellung durch einen Beauftragten statt, kann sie an jedem Ort erfolgen, an dem der Zustellungsempfänger angetroffen wird (§ 177 ZPO). Verweigert er die Annahme, ist das zuzustellende Schriftstück am Ort der Zustellung zurückzulassen. Hat der Zustellungsempfänger keine Wohnung oder ist ein Geschäftslokal nicht vorhanden, ist das zuzustellende Schriftstück zurückzusenden; mit der Annahmeverweigerung gilt die Zustellung als erfolgt (§ 179 ZPO). Etwas anderes gilt nur für die Zustellung durch Einschreiben mit Rückschein; bei Verweigerung der Annahme wird das Schriftstück als unzustellbar zurückgesendet.

3. Ersatzzustellung. Sie erfolgt, wenn der Zustellungsadressat nicht angetroffen wird. Die Neu- 6
regelung vereinfacht und vereinheitlicht die Ersatzzustellung stark. Wird der Zustellungsadressat in der Wohnung, dem Geschäftsraum oder einer Gemeinschaftseinrichtung (zB Altenheim, Kaserne, Studentenwohnheim) nicht angetroffen, kann die Zustellung nach § 178 I ZPO *(1)* in der **Wohnung** entweder an erwachsene Familienangehörige, eine im Familienhaushalt beschäftigte Person oder einen erwachsenen ständigen Mitbewohner (§ 178 I Nr. 1 ZPO), *(2)* in **Geschäftsräumen** an eine dort beschäftigte Person (§ 178 I Nr. 2 ZPO) sowie *(3)* in **Gemeinschaftseinrichtungen** an deren Leiter oder eine dazu ermächtigte Person (§ 178 I Nr. 3 ZPO) erfolgen. Die Ersatzzustellung an diese Personen hat nur zu unterbleiben, wenn die Person an dem Rechtsstreit als Gegner des Zustellungsadressaten beteiligt ist (§ 178 II ZPO). Diese Vorschrift ist wegen einer möglichen Interessenkollision des Annehmenden weit auszulegen. Unzulässig ist daher die Ersatzzustellung an einen AN des AG, wenn das Einkommen des AN gepfändet und zur Einziehung überwiesen worden ist. Wird eine ersatzzustellfähige Person nicht angetroffen, kann in den Fällen des § 178 I Nr. 1, 2 ZPO (Wohnung, Geschäftsraum) das Schriftstück in eine gesicherte Aufbewahrungseinrichtung (Briefkasten o. ä.) gelegt werden; die Zustellung gilt mit Einlegen in das Behältnis als bewirkt (§ 180 ZPO). Wenn dies nicht möglich ist, kann gemäß § 181 ZPO eine Niederlegung bei der Post oder der Geschäftsstelle des für den Ort der Zustellung örtlich zuständigen Amtsgerichts erfolgen. Gleiches gilt bei der Zustellung in Gemeinschaftsunterkünften (§ 178 I Nr. 3 ZPO). Die Ersatzzustellung durch Niederlegung ist in allen Fällen des § 180 Satz 1 ZPO möglich, sofern eine Zustellung durch Einlegen in die gesicherte Aufbewahrungseinrichtung nicht möglich ist. Dies gilt wegen der ausdrücklichen Bezugnahme in § 180 ZPO auch bei Gewerbetreibenden, die ein bes. Geschäftslokal haben, sofern eine Zustellung nach § 178 I Nr. 2 ZPO nicht vorgenommen werden kann.

4. Beurkundung. Über die Zustellung ist ein Nachweis zu führen. Dieser kann entweder durch 7
einen Vermerk auf dem Schriftstück bzw. in der Akte (§ 173 ZPO), ein Empfangsbekenntnis (§ 174 I 2 ZPO), einen Rückschein (§ 175 ZPO) oder durch eine Zustellungsurkunde (§ 182 I ZPO) erfolgen. Der Zustellungsurkunde kommt die bes. Beweiskraft des § 418 ZPO zu; dem Rückschein nur die einer einfachen Urkunde. Die Rspr., nach der wesentliche Fehler in der Urkunde die Zustellung als unwirksam erscheinen lassen (BAG 9. 11. 1978 AP BGB § 242 Ruhegeld Nr. 179 = DB 1979, 410; 22. 6. 1972 AP ZPO § 829 Nr. 3), dürfte danach überholt sein, denn die Zustellungsurkunde ist nicht Wirksamkeitserfordernis für die Zustellung, sondern dient nur noch ihrem Nachweis.

5. Fehlerhafte Zustellung. Ist die Zustellung fehlerhaft erfolgt, kann sie mit Wirkung für die 8
Zukunft wiederholt werden. Ist dem Zustellungsadressaten das Schriftstück tatsächlich zugegangen, gilt es als in diesem Zeitpunkt zugestellt (§ 189 ZPO), selbst wenn durch die Zustellung eine Notfrist in Gang gesetzt wird.

6. Zustellung ins Ausland, Parteienbetrieb und öffentliche Zustellung. Die Auslandszustellung 9
richtet sich nach § 183 ZPO und ist wesentlich vereinfacht worden. Die Vorschrift gilt subsidiär gegenüber spezielleren internationalen Abkommen. Soweit auf Grund völkerrechtlicher Vereinbarun-

gen Schriftstücke unmittelbar durch die Post übersandt werden dürfen, ist auch die Zustellung per Einschreiben mit Rückschein zulässig. Für die Zustellung im Parteibetrieb gelten die §§ 191 bis 194 ZPO. Die öffentl. Zustellung richtet sich nach den §§ 186 bis 188 ZPO; die bisher obligatorische Veröffentlichung im Bundesanzeiger ist entfallen.

III. Arbeitsrechtliche Sondervorschriften

10   1. **Amtszustellung und Frist.** In § 50 I wird der Grundsatz wiederholt, dass alle Urteile von Amts wegen zuzustellen sind (Rn. 3). Dies gilt für alle Verfahren und alle Instanzen und das Beschlussverfahren. Nach hM sind entgegen § 699 IV 2 ZPO auch Vollstreckungsbescheide von Amts wegen zuzustellen (GMP/*Germelmann* § 50 Rn. 8; aA GK-ArbGG/*Dörner* § 50 Rn. 22). Die Zustellung hat binnen drei Wochen seit Übergabe der Urteile an die Geschäftsstelle zu erfolgen. Die Frist beginnt, wenn das Urteil in vollständiger Form abgefasst und unterschrieben der Geschäftsstelle übergeben worden ist. § 317 I 3 ZPO, wonach der Vorsitzende auf übereinstimmenden Antrag der Parteien die Zustellung verkündeter Urteile aussetzen kann, ist wegen §§ 9 I, 61 a I nicht anzuwenden.

11   2. **Gleichstellung von Verbandsvertretern. a) Zustellungsempfänger.** Gewerkschaftssekretäre und Vertreter von AGVerbänden sind nur Rechtsanwälten gleichgestellt, soweit sie Zustellungsempfänger des Schriftstücks sind. § 50 II verweist nicht auf § 195 ZPO, weshalb der Verbandsvertreter nicht von Anwalt zu Anwalt aktiv zustellen kann. Zustellungen an einen Verbandsvertreter sind hingegen durch Empfangsbekenntnis, Telekopie oder als elektronisches Dokument (§ 174 ZPO) zulässig; die Aushändigung kann auch an eine bei dem Verband beschäftigte Person erfolgen (§ 178 I Nr. 2 ZPO). Das Empfangsbekenntnis muss dagegen stets von einer postulationsfähigen Person unterschrieben werden (BAG 27. 5. 1971 AP ZPO § 212 a Nr. 4; LAG Hamm 10. 7. 1991 AuR 1992, 61; zum Stationsreferendar BAG 3. 10. 1975 AP ZPO § 212 a Nr. 5). Eine vereinfachte Zustellung ist nicht möglich, wenn der Gewerkschaftssekretär einen nicht organisierten AN vertreten hat (BAG 16. 5. 1975 AP ArbGG 1953 § 11 Nr. 35 = NJW 1975, 1798). Die Gleichstellung nach § 174 ZPO erfasst auch das Beschlussverfahren (BAG 17. 2. 1983 AP ZPO § 212 a Nr. 6).

12   b) **Empfangsbekenntnis.** Die Zustellung nach § 174 ZPO setzt voraus, dass *(1)* das zuzustellende Schriftstück in den Gewahrsam einer Person kommt, *(2)* der Zustellungsempfänger den Willen hat, das zuzustellende Schriftstück entgegenzunehmen und *(3)* ein Empfangsbekenntnis ausstellt (BAG 2. 12. 1994 AP ZPO § 212 a Nr. 10 = NJW 1995, 1916 = NZA 1995, 287). Der Zustellungsempfänger kann das Empfangsbekenntnis in beliebiger Form ausstellen (BAG 27. 5. 1971 AP ZPO § 212 a Nr. 4). Die Zustellung gegen Empfangsbekenntnis ist zu dem Zeitpunkt als bewirkt anzusehen, in dem der Anwalt durch Datierung und Unterschrift seinen entspr. Willen zur Entgegennahme bekundet hat (LAG Köln 9. 6. 1995 NZA-RR 1996. 148), der Eingang in seiner Kanzlei ist nicht entscheidend. Der Gegenbeweis unrichtiger Datierung ist unbeschränkt zulässig (BAG 30. 5. 1974 AP ArbGG 1953 § 92 Nr. 14 = DB 1974, 1728; LAG Köln 27. 2. 1987 MDR 1987, 699). Ergibt das Empfangsbekenntnis berechtigte Zweifel an der Richtigkeit des vermerkten Zustellungsdatums, trägt der Anwalt die volle Darlegungs- und Beweislast dafür, dass er unverschuldet erst erhebliche Zeit nach Eingang des Urteils in der Kanzlei positive Kenntnis von der Zustellung erlangt hat.

§ 51 Persönliches Erscheinen der Parteien

(1) ¹Der Vorsitzende kann das persönliche Erscheinen der Parteien in jeder Lage des Rechtsstreits anordnen. ²Im übrigen finden die Vorschriften des § 141 Abs. 2 und 3 der Zivilprozeßordnung entsprechende Anwendung.

(2) ¹Der Vorsitzende kann die Zulassung eines Prozeßbevollmächtigten ablehnen, wenn die Partei trotz Anordnung ihres persönlichen Erscheinens unbegründet ausgeblieben ist und hierdurch der Zweck der Anordnung vereitelt wird. ²§ 141 Abs. 3 Satz 2 und 3 der Zivilprozeßordnung findet entsprechende Anwendung.

I. Allgemeines

1   Die Vorschrift will die Anwesenheit der Parteien vor Gericht sicherstellen, soweit dies dem Gericht für den Verfahrensverlauf als zweckmäßig erscheint. § 51 stellt für das arbeitsgerichtliche Verfahren eine Sonderregelung dar, die zur Nichtanwendbarkeit der §§ 141 I, 278 III 1 ZPO führt, da diese für die Anordnung des persönlichen Erscheinens im Güteversuch und der mündlichen Verhandlung abw. Regelungen enthalten. Dies gilt zunächst für die Zuständigkeit. Im arbeitsgerichtlichen Verfahren werden Maßnahmen nach § 51 stets vom Vorsitzenden allein angeordnet, während sie im Zivilprozess vom Gericht getroffen werden. Daneben ist die Anordnung nach den §§ 141 I 1, 278 III 1 ZPO eine gebundene Ermessensentscheidung, § 51 hingegen belässt dem Vorsitzenden einen größeren Entscheidungsspielraum. Schließlich kann das persönliche Erscheinen der Parteien vor dem ArbG und LAG zur mündlichen Verhandlung mit dem Ziel der Herbeiführung einer gütlichen Streitbeilegung ange-

II. Anordnung des persönlichen Erscheinens

ordnet werden, während es nach § 141 I 1 ZPO nur zur Sachverhaltsaufklärung zulässig ist. § 51 gilt im Urteils- und Beschlussverfahren vor dem ArbG und LAG (zu Einschränkungen Rn. 14 sowie § 80 Rn. 3). Vor dem BAG kann das persönliche Erscheinen nur unter den Voraussetzungen des § 141 ZPO angeordnet werden, da § 51 nicht von der Bezugnahme in § 72 VI erfasst ist. Über die Verweisung in §§ 72 V, 92 II ArbGG, 555 ZPO gilt § 141 I 1 ZPO auch vor dem BAG, jedoch erfolgt in dritter Instanz eine Sachverhaltsaufklärung nur im Ausnahmefall.

II. Anordnung des persönlichen Erscheinens

1. Partei. Die Anordnung des persönlichen Erscheinens einer oder beider Parteien steht im Ermessen des Vorsitzenden (Rn. 5), der das Erscheinen nur einer oder beider Parteien anordnen kann. Wer Partei ist, richtet sich nach § 50 ZPO bzw. § 10. Partei ist auch der Streithelfer einer Hauptpartei (§ 69 ZPO), dagegen nicht der Nebenintervenient (§ 66 ZPO). Ist die Partei geschäftsunfähig oder eine juristische Person, ist das Erscheinen ihres gesetzlichen Vertreters anzuordnen (LAG Hamm 25. 1. 1999 LAGE ArbGG 1979 § 51 Nr. 6 = MDR 1999, 825; LAG Köln 15. 3. 1996 AuR 1996, 459). Wer gesetzlicher Vertreter ist, bestimmt sich nach materiellem Recht. Die zum Erscheinen verpflichtete Person muss namentlich benannt werden, bei einer juristischen Person ist das jeweilige Mitglied des Vertretungsorgans zu bezeichnen (LAG Düsseldorf 6. 1. 1995 MDR 1996, 98). 2

2. Anordnung. a) Begründung. Die Entscheidung über die Anordnung des persönlichen Erscheinens erfolgt außerhalb der mündlichen Verhandlung durch prozessleitende Verfügung, ansonsten durch Beschluss. Eine Begründung ist nicht vorgesehen, auch wird überwiegend die Angabe des Anordnungszwecks nicht als notwendig, sondern nur als zweckmäßig angesehen (LAG Nürnberg 25. 11. 1988 LAGE § 141 ZPO Nr. 6; GK-ArbGG/*Schütz* § 51 Rn. 12; GMP/*Germelmann* § 51 Rn. 12). Dem ist nicht zuzustimmen, die Angabe des Anordnungszwecks ist wegen des Gebots des fairen Verfahrens Wirksamkeitsvoraussetzung für die Ladung einer Partei nach § 51 (ebenso LAG Brandenburg 23. 5. 2000 NZA 2001, 173; LAG Hamm 22. 12. 1994 LAGE § 51 ArbGG 1979 Nr. 5). Die Pflicht zum Erscheinen besteht für die Partei nur unter den in § 51 genannten Voraussetzungen. Die fehlende Angabe des Anordnungsgrundes nimmt ihr aber die Möglichkeit, vor dem Termin auf die sie belastende Maßnahme angemessen zu reagieren, insb. eine Befreiung zu erwirken oder für eine sachgerechte Vertretung zu sorgen. Soll der Sachverhalt aufgeklärt werden, ist das Gericht aber nicht zur Angabe einer genau bezeichneten Tatsache verpflichtet (so aber *Tschöpe/Fleddermann* NZA 2000, 1270 f.), da sich der Klärungsbedarf oftmals erst aus dem Verhandlungsverlauf ergibt, insb. bei einer Erörterung des Streitverhältnisses in der Güteverhandlung. 3

b) Form. Die Anordnung muss unterschrieben sein, eine Paraphe ist nicht ausreichend (LAG Rheinland-Pfalz 19. 11. 1993 ARST 1994, 138; LAG Hamm 11. 3. 1982 EzA ZPO § 141 Nr. 2). Von der Unterzeichnung muss auch der Anordnungszweck umfasst sein. Ist das persönliche Erscheinen einer Partei angeordnet, ist diese von Amts wegen durch die Geschäftsstelle zu laden. Die Ladung ist der Partei selbst formlos mitzuteilen (§ 141 II 2 ZPO), auch wenn sie einen Prozessbevollmächtigten bestellt hat. Ihre Zustellung kann aber zweckmäßig sein, da der Zugang der Ladung ggf. für die Verhängung von Ordnungsmaßnahmen bedeutsam werden kann (Rn. 8). In der Ladung ist die Partei auf die Folgen ihres Ausbleibens hinzuweisen (§ 141 III 2 ZPO). Erfolgt die Anordnung zur Sachverhaltsaufklärung, soll in der Ladung bes. darauf hingewiesen werden, dass ein Bevollmächtigter, der zwar auskunftsbereit, aber zur Aufklärung des Sachverhalts nicht in der Lage ist, ausgeschlossen werden kann (LAG Hamm 29. 11. 1990 DB 1991, 1684). Die Prozessbevollmächtigten beider Parteien sind von der Anordnung des persönlichen Erscheinens und der Ladung zu unterrichten. 4

3. Ermessen. a) Gebundenes Ermessen. § 51 stellt die Anordnung des persönlichen Erscheinens in das Ermessen des Vorsitzenden. Abzuwägen sind bei der Entscheidung stets die Vorteile, die sich für die Beschleunigung des Verfahrens aus der Anwesenheit der Partei ergeben und die Belastungen, die ihr durch die Terminswahrnehmung entstehen (zB Zeitaufwand, Reisekosten). Maßnahmen nach § 51 sind unzulässig, wenn sie nur der Disziplinierung der Partei oder ihres Bevollmächtigten dienen oder zur Förderung des Verfahrensabschlusses nicht geeignet sind. Dies ist der Fall, wenn entweder im Zeitpunkt der Anordnung oder später ersichtlich ist, dass der mit ihr verfolgte Zweck nicht erreicht werden kann. Von der Anordnung zur Sachverhaltsaufklärung kann beispielsweise abzusehen sein, wenn Rechtsfragen zu entscheiden sind, der Sachverhalt unstreitig ist oder die Partei eindeutig erklärt hat, sie wolle ihr bisheriges Vorbringen nicht ergänzen bzw. sich nicht weiter einlassen. Zur Herbeiführung einer gütlichen Einigung kann das Erscheinen nicht angeordnet werden, wenn feststeht, dass die Partei sich nicht vergleichen will. Der Abschluss eines Vergleichs darf durch eine Anordnung nach § 51 nicht erzwungen oder gefördert werden, selbst wenn der Vergleich aus Sicht des Gerichts für die Partei vorteilhaft ist (dazu auch Rn. 10). 5

b) Verhältnismäßigkeit. Selbst wenn die Anwesenheit einer Partei der Verfahrensförderung dient, kann eine entspr. Anordnung dennoch ermessensfehlerhaft sein, wenn das Ziel auch durch gleich 6 geeignete, aber die Partei weniger belastende Maßnahmen erreicht werden kann. Dies kann etwa ein schriftlich begründeter Vergleichsvorschlag des Gerichts sein, ein Hinweis- und Aufklärungsbeschluss zu einzelnen Tatsachen oder die Befragung der Partei im Wege der Rechtshilfe (§ 13). Zwar wird in § 51 nicht auf § 141 I 2 ZPO verwiesen, jedoch sind die dort genannten Gründe für ein Absehen von einer Anordnung zum persönlichen Erscheinen (große Entfernung, sonstige wichtigen Gründe) auch im Rahmen der Ermessensausübung bei Maßnahmen nach § 51 zu berücksichtigen.

7 **4. Entschuldigung.** Die zum Erscheinen verpflichtete Partei kann sich vor dem Termin entschuldigen, wenn sie durch Krankheit, Urlaub, Ortsabwesenheit oder anderer dringender Geschäfte am Erscheinen verhindert ist. Zur Entsendung eines Vertreters Rn. 9 f. Maßnahmen wegen des Ausbleibens sind auch dann unzulässig, wenn das Ausbleiben der Partei rechtzeitig und genügend entschuldigt ist, § 381 I ZPO ist insoweit entspr. heranzuziehen. Eine Verhinderung muss danach dem Gericht unverzüglich (dh. ohne schuldhaftes Zögern) mitgeteilt werden, damit ggf. über eine Terminsverlegung entschieden werden kann (LAG Köln 15. 3. 1996 AuR 1996, 459). Erfolgt die Mitteilung nicht rechtzeitig, ist von Ordnungsmaßnahmen nur dann abzusehen, wenn die Partei glaubhaft macht, dass sie an der verspäteten Entschuldigung kein Verschulden trifft (§ 381 I 2 ZPO).

8 **Unzureichend** ist eine nachträgliche Entschuldigung, wenn der Termin vergessen wurde (LAG Düsseldorf 1. 3. 1993 LAGE ArbGG 1979 § 51 Nr. 4) oder die Partei ihr Ausbleiben damit erklärt, dass ihr eine Angestellte ihres Bevollmächtigten erklärt habe, sie brauche zum Termin nicht zu erscheinen (LAG Frankfurt 17. 7. 1986 NZA 1987, 284). Gleiches gilt, wenn sie diese Auskunft von ihrem Bevollmächtigten erhalten hat, da sich die Partei entweder über § 85 II ZPO ein Vertreterverschulden zurechnen lassen muss (so LAG Rheinland-Pfalz 19. 4. 1985 LAGE ArbGG 1979 § 51 Nr. 2; dagegen LAG Köln 27. 7. 1987 LAGE § 141 ZPO Nr. 5; GK-ArbGG/*Schütz* § 51 Rn. 36 – strafähnlicher Charakter steht Zurechnung entgegen) oder ein individuelles Fehlverhalten vorliegt. Auf Grund der mit der Ladung verbundenen Belehrung darf die Partei regelmäßig nicht auf die Auskunft des Bevollmächtigten vertrauen, sondern muss eine Entbindung durch das Gericht erwirken (ähnlich LAG Frankfurt 30. 11. 1995 LAGE § 141 ZPO Nr. 7; LAG Köln 14. 11. 1994 NZA 1995, 864; GMP/*Germelmann* § 51 Rn. 25). Der Vorsitzende hat über die Entschuldigung nach pflichtgemäßem Ermessen zu entscheiden. Erfolgt sie erst nach dem Termin, sind etwaige Ordnungsmaßnahmen wieder aufzuheben, wenn sie als ausreichend anzusehen ist (§ 381 I 3 ZPO). Kein Ordnungsgeld darf auch verhängt werden, wenn der Zugang des Ladungsschreibens von der Partei bestritten wird und ihr Gegenteiliges nicht nachgewiesen werden kann; eine bes. Glaubhaftmachung darf von der Partei nicht verlangt werden (GK-ArbGG/*Schütz* § 51 Rn. 22; aA GMP/*Germelmann* § 51 Rn. 17).

9 **5. Vertreter. a) Sachverhaltsaufklärung.** Das Ausbleiben einer Partei bleibt auch folgenlos, wenn sie zur Verhandlung einen Vertreter entsendet, der zur Aufklärung des Sachverhalts in der Lage und zur Abgabe der gebotenen Erklärungen, insb. zu einem Vergleichsabschluss ermächtigt ist (§ 51 I iVm. § 141 III 2 ZPO). Der Vertreter muss über die Einzelheiten des Sachverhaltes informiert und in der Lage sein, entspr. Fragen des Gerichtes zu beantworten. Er verfügt über einen ausreichenden Kenntnisstand, wenn auch die persönlich geladene Partei zu einer besseren Auskunftserteilung nicht in der Lage wäre (LAG Nürnberg 25. 11. 1988 LAGE § 141 ZPO Nr. 6). Eine unmittelbare Sachkenntnis ist nicht notwendig. Damit kann auch der Prozessbevollmächtigte nach einer entspr. Erklärung (LAG Frankfurt 6. 4. 1962 AuR 1962, 314) selbst Vertreter iSv. § 141 ZPO sein, insb. wenn er bereits vorprozessual mit der Sache befasst war. Ansonsten wird aber regelmäßig seine einfache Unterrichtung durch die Partei ebenso wenig für die Herstellung eines vergleichbaren Kenntnisstandes genügen, wie eine Lektüre der bisherigen Schriftsätze (LAG Rheinland-Pfalz 19. 4. 1985 LAGE § 51 ArbGG 1979 Nr. 2; enger LAG Hamm 28. 10. 1971 MDR 1972, 362; zum Streitstand *Tschöpe/Fleddermann* NZA 2000, 1271 ff.).

10 **b) Vergleichsschluss.** Ob die Ermächtigung zum Vergleichsabschluss die Vollmacht umfassen muss, einen Vergleich unwiderruflich abzuschließen, ist umstritten. Nach der hier vertretenen Auffassung (Rn. 5) kann die Herbeiführung eines Vergleichs durch das Gericht nicht erzwungen werden, weshalb Ordnungsmittel, die auf der Unwilligkeit oder fehlenden Bereitschaft zum Vergleichsschluss einer Partei oder ihres Vertreters beruhen, stets unzulässig sind. Eine Partei, die trotz des Hinweises in der Ladung auf den Vergleichsschluss keinen entspr. bevollmächtigten Vertreter entsendet, bringt damit zum Ausdruck, dass sie keinen Vergleich abschließen will. Hierzu darf sie aber auch von Ordnungsmaßnahmen nicht angehalten werden. Folgt man dem nicht, so wird tw. vertreten, dass eine Vollmacht zu einem nur widerruflichen Vergleichsschluss wegen der nicht sichergestellten Verfahrenserledigung nicht ausreicht (GMP/*Germelmann* § 51 Rn. 21; GK-ArbGG/*Schütz* § 51 Rn. 25) bzw. es entscheidend ist, ob die Partei im Fall ihrer Anwesenheit einen unwiderruflichen Vergleich abgeschlossen hätte (insoweit konsequent LAG Brandenburg 23. 5. 2000 NZA 2001, 173; LAG Nürnberg 25. 11. 1988 LAGE § 141 ZPO Nr. 6), während die Gegenansicht stets auch einen Abschluss unter Widerruf für ausreichend hält (*Schaub* ArbGV § 29 Rn. 62). Die Vollmacht zum Vergleichsschluss muss nicht vorgelegt werden.

III. Rechtsfolgen des Ausbleibens

1. Ordnungsmaßnahmen. Das Gericht kann bei Ausbleiben der Partei Ordnungsmaßnahmen 11 ergreifen. In Betracht kommt die Verhängung eines Ordnungsgeldes oder die Zurückweisung des Prozessbevollmächtigten der Partei. Nach hM können beide Maßnahmen kumulativ und unabhängig voneinander ergriffen werden (GMP/*Germelmann* § 51 Rn. 26; GK-ArbGG/*Schütz* § 51 Rn. 34; aA Gift/*Baur* Teil E Rn. 442). Voraussetzung ist die *(1)* ordnungsgemäße Anordnung nach § 51 durch den Vorsitzenden (Rn. 3, 5 f.) sowie *(2)* Ladung der Partei (Rn. 2, 4), *(3)* ihre fehlende bzw. unzureichende Entschuldigung (Rn. 7 f.) und *(4)* Entsendung eines ungeeigneten Vertreters (Rn. 9 f.). Der Ausschluss des Prozessbevollmächtigten kommt darüber hinaus nur in Betracht, wenn *(5)* durch das Ausbleiben der Partei der mit der Anordnung ihres Erscheinens verbundene Zweck vereitelt wird (§ 51 II; vgl. (LAG Hamm 22. 12. 1994 LAGE ArbGG 1979 § 51 Nr. 5; 12. 11. 1997 LAGE ArbGG 1979 § 51 Nr. 14). Die Verhängung eines Ordnungsgeldes kommt hingegen bereits unter den unter *(1)* bis *(4)* genannten Voraussetzungen in Betracht, da die Vereitelung des Anordnungszwecks in § 141 II, III ZPO nicht genannt ist (LAG Baden-Württemberg 3. 8. 1987 NZA 1987, 827; vgl. aber Rn. 13).

2. Ordnungsgeld. Bleibt eine Partei im Termin aus, kann gegen sie Ordnungsgeld wie gegen einen 12 im Verhandlungstermin nicht erschienenen Zeugen festgesetzt werden (§ 51 I 2, § 141 III ZPO). Das Ordnungsgeld beträgt zwischen 5 bis 1000 Euro (§ 6 I EGStGB) und kann auch gegenüber juristischen Personen verhängt werden. Das Verschulden des gesetzlichen Vertreters wird der Partei zugerechnet (§ 51 II ZPO). Das Ordnungsgeld gegen eine juristische Person wird gegen diese und nicht gegen deren Vertreter festgesetzt (LAG Hamm 25. 1. 1999 LAGE ArbGG 1979 § 51 Nr. 6 = MDR 1999, 825). Unzulässig, da in § 141 III ZPO nicht vorgesehen, ist die Verhängung von Ordnungshaft, Auferlegung der Kosten des Termins (LAG Berlin 17. 11. 1977 AP ZPO § 141 Nr. 2) oder der Vorführung der Partei. Allerdings kommt alternativ die Auferlegung einer Verzögerungsgebühr (§ 34 GKG) in Betracht.

Ein Ordnungsgeldbeschluss gegen eine nicht erschienene Partei ist aber nicht (mehr) zulässig, wenn 13 die Sachverhaltsaufklärung im Termin auf andere Weise erfolgt, das Verfahren beendet wird oder entscheidungsreif ist. Dies folgt aus dem Zweck des § 141 ZPO, der nicht der Sicherung der Autorität des Gerichts dient, sondern Erzwingungsmaßnahmen ermöglichen will, durch die eine Partei veranlasst werden soll, in der ihr zumutbaren Weise zur Förderung des Prozesses beizutragen. Dieser Zweck kann aber nicht mehr erreicht werden, wenn das Verfahren zum Zeitpunkt der Verhängung bereits abgeschlossen ist (LAG Schleswig-Holstein 16. 1. 2003 NZA-RR 2003, 215; LAG Niedersachsen 7. 8. 2002 MDR 2002, 1333; LAG Sachsen-Anhalt 24. 2. 1995 BB 1995, 1962 – Urteil; LAG Baden-Württemberg 3. 8. 1987 NZA 1987, 827 – Klagerücknahme; LAG Rheinland-Pfalz 5. 8. 1987 ARST 1988, 79; LAG Düsseldorf 1. 8. 1985 LAGE § 51 ArbGG 1979 Nr. 3 – Entscheidungsreife).

3. Zurückweisung eines Prozessbevollmächtigten. Der Vorsitzende kann nach § 51 II 1 neben der 14 Verhängung des Ordnungsgeldes bei unentschuldigtem Ausbleiben einer Partei die Zulassung eines Prozessbevollmächtigten ablehnen, wenn die in Rn. 11 unter *(1)* bis *(4)* genannten Voraussetzungen vorliegen und *(5)* hierdurch der Zweck der Anordnung vereitelt wird. Hiervon ist auszugehen, wenn der Prozessbevollmächtigte zur Aufklärung des Sachverhaltes nicht in der Lage ist, die unentschuldigt ferngebliebene Partei jedoch zur Aufklärung des Sachverhalts hätte beitragen können (LAG Köln 12. 11. 1997 LAGE § 513 ZPO Nr. 14); zum Vergleichsschluss Rn. 10. Die Vorschrift findet nur vor dem ArbG und nicht vor dem LAG Anwendung, da hier Vertretungszwang für die Parteien besteht. Der Ausschluss gilt nur für den einzelnen Termin; er kann jedoch bei Vorliegen der Voraussetzungen des § 51 II 1 in einem späteren Termin erneut erfolgen. Der Ausschluss des Prozessbevollmächtigten ist auch im Gütetermin zulässig (GMP/*Germelmann* § 51 Rn. 28 – „wenig sinnvoll"; GK-ArbGG/*Schütz* § 51 Rn. 26; ArbG-V/*Ziemann* § 51 Rn. 25). Wird die Zulassung abgelehnt und ist auch für die Partei kein anderer Vertreter zugegen, ist die Partei säumig, weshalb bei Vorliegen der übrigen Voraussetzungen auf Antrag Versäumnisurteil ergehen kann.

4. Gerichtliche Entscheidung. Die Verhängung der nach § 51 möglichen Ordnungsmaßnahmen 15 steht im Ermessen des Gerichts („kann"). Vor der Entscheidung ist zunächst der belasteten Partei bzw. dem anwesenden Prozessbevollmächtigten rechtliches Gehör zu gewähren. Aus diesem Grund wird auf ein Ordnungsgeld regelmäßig nicht bereits in der mündlichen Verhandlung erkannt werden können. Die Entscheidungen über die Zurückweisung und das Ordnungsgeld ergehen durch Beschluss; zuständig ist stets der Vorsitzende (§ 53 I), selbst wenn die Verhängung des Ordnungsgeldes noch in der mündlichen Verhandlung erfolgt (GK-ArbGG/*Schütz* § 51 Rn. 34; ArbG-V/*Ziemann* § 51 Rn. 22; aA LAG Schleswig-Holstein 16. 1. 2003 NZA-RR 2003, 215; LAG Bremen 4. 8. 1993 MDR 1993, 1007; GMP/*Germelmann* § 51 Rn. 24 – Kammer). Das Gericht muss sowohl bei der Zurückweisung des Prozessbevollmächtigten wie auch bei der Verhängung des Ordnungsgeldes die negativen Folgen des Ausbleibens der Partei positiv feststellen können. Die Entscheidung muss daher erkennen lassen, auf welche Weise die Partei die Förderungspflicht verletzt hat (LAG Bremen 24. 1.

2002 LAGE 51 ArbGG 1979 Nr. 8). Dies ist insb. problematisch bei einem Vertreter, der sich weigert, einen Vergleich abzuschließen, da hieraus nicht ohne weiteres entnommen werden kann, dass ihm die Abschlussvollmacht gefehlt hat. Bei der Bestimmung der Höhe des Ordnungsgeldes sind schließlich die finanziellen Verhältnisse der Partei zu berücksichtigen (LAG Düsseldorf 1. 3. 1993 LAGE § 51 ArbGG 1979 Nr. 4).

IV. Rechtsbehelfe

16 Gegen die Anordnung des persönlichen Erscheinens ist ein Rechtsbehelf nicht gegeben. Die Partei kann sich allerdings entschuldigen. Gegen die Verhängung eines Ordnungsgeldes sowie die Auferlegung einer Verzögerungsgebühr ist die sofortige Beschwerde gegeben (§ 380 III ZPO, § 34 GKG). Gegen den Beschluss, mit dem ein Prozessbevollmächtigter zurückgewiesen wird, ist ein Rechtsmittel nicht gegeben (LAG Hamm 4. 10. 1984 MDR 1985, 435). Es kann lediglich in der Hauptsache mit den zulässigen Rechtsbehelfen gerügt werden, ein Fall der Säumnis habe nicht vorgelegen.

§ 52 Öffentlichkeit

¹ Die Verhandlungen vor dem erkennenden Gericht einschließlich der Beweisaufnahme und der Verkündung der Entscheidung ist öffentlich. ² Das Arbeitsgericht kann die Öffentlichkeit für die Verhandlung oder für einen Teil der Verhandlung ausschließen, wenn durch die Öffentlichkeit eine Gefährdung der öffentlichen Ordnung, insbesondere der Staatssicherheit, oder eine Gefährdung der Sittlichkeit zu besorgen ist oder wenn eine Partei den Ausschluß der Öffentlichkeit beantragt, weil Betriebs-, Geschäfts- oder Erfindungsgeheimnisse zum Gegenstand der Verhandlung oder der Beweisaufnahme gemacht werden; außerdem ist § 171b des Gerichtsverfassungsgesetzes entsprechend anzuwenden. ³ Im Güteverfahren kann es die Öffentlichkeit auch aus Zweckmäßigkeitsgründen ausschließen. ⁴ § 169 Satz 2 sowie die §§ 173 bis 175 des Gerichtsverfassungsgesetzes sind entsprechend anzuwenden.

I. Allgemeines

1 **1. Zweck.** Vor den Arbeitsgerichten gilt wie bei den Gerichten aller anderen Gerichtszweige der Grundsatz der Öffentlichkeit (§§ 169 ff. GVG). Durch ihn soll ein rechtsstaatliches Verfahren gewährleistet und das Vertrauen der Bevölkerung in die Rspr. gestärkt werden. In § 52 sind eine Reihe von Ausnahmen enthalten, die zum Teil auf Zweckmäßigkeitserwägungen insb. bei der Durchführung eines Güteverfahrens beruhen. In der Praxis wird von dem Ausschluss kaum Gebrauch gemacht.

II. Grundsatz der Öffentlichkeit

2 **1. Öffentlichkeit. a) Begriff.** Die Verhandlung, Beweisaufnahme und die Verkündung der Entscheidung sind öffentlich (§ 52 Satz 1). Öffentlichkeit bedeutet, dass beliebige Zuhörer die Möglichkeit des Zutritts haben. Hiervon zu unterscheiden ist die Parteiöffentlichkeit, dh. die Frage, in welchem Umfang die am Verfahren Beteiligten an der Verhandlung oder Verkündung teilnehmen können. Sie ist für das zivil- und arbeitsgerichtliche Verfahren in den Vorschriften der §§ 128, 357 ZPO geregelt (BAG 25. 2. 1983 – 2 AZR 324/81 – nv.). Voraussetzung für eine öffentl. Verhandlung iSd. §§ 169 ff. GVG ist, dass der Verhandlungstermin bekannt gemacht wird. Ausreichend ist ein Terminsaushang an einer frei zugänglichen Stelle im Gericht. Das Gerichtsgebäude selbst muss ungehindert zugänglich sein. Unschädlich ist jedoch, wenn sich die Zuhörer durch eine Klingel Einlass verschaffen müssen (BVerwG 23. 11. 1989 NJW 1990, 1249). Daneben ist das Gericht verpflichtet, auf Anfrage über die auf dem Terminsaushang enthaltenen Angaben Auskunft zu erteilen.

3 **b) Beschränkungen.** Die Vorschriften über die Öffentlichkeit der Verhandlung sind nur verletzt, wenn die Ausschließung oder Beschränkung der Öffentlichkeit entweder auf einer Anordnung des Gerichts beruht oder wenn eine tatsächlich eingetretene Beschränkung des Zugangs zum Sitzungssaal vom Gericht nicht sofort beseitigt wird, obwohl es die Beschränkung bemerkt hat oder bei Anwendung der gebotenen Aufmerksamkeit jedenfalls hätte bemerken müssen (BAG 12. 4. 1973 AP BGB § 611 Direktionsrecht Nr. 24 = DB 1973, 1904). Eine versehentliche und dem Gericht unbekannt gebliebene Behinderung ist danach unschädlich, zB wenn die Tür ins Schloss gefallen ist, dies aber nicht bemerkt wird (BVerwG 18. 1. 1984 NJW 1985, 448). Kein Verstoß gegen die Öffentlichkeit ist gegeben, wenn wegen großen Andranges Platzkarten ausgegeben werden. Aber auch insoweit darf der Zugang nicht auf einzelne Gruppen beschränkt werden, darüber hinaus sollten Vertreter der Medien zugelassen werden. Kein Verstoß gegen das Gebot der Öffentlichkeit liegt schließlich vor, wenn der Vorsitzende einen von einer Partei benannten anwesenden Zeugen, über dessen Vernehmung noch zu entscheiden ist, unmittelbar nach Eröffnung der Verhandlung veranlasst oder auffordert, den Sitzungssaal bis zur Zeugenvernehmung zu verlassen (BAG 21. 1. 1988 AP ZPO § 394 Nr. 1 = BB 1988, 1330).

2. Einzelne Verfahrensabschnitte. Der Grundsatz der Öffentlichkeit betrifft die Verhandlung, die **4** Beweisaufnahme (auch wenn sie außerhalb des Gerichtsgebäudes durchgeführt wird) und die Verkündung der Entscheidung. Die Verhandlung beginnt mit dem Aufruf der Sache (§ 220 I ZPO) und endet mit ihrer Schließung (§ 136 IV ZPO). Nichtöffentlich ist dagegen die Beweisaufnahme vor dem beauftragten oder ersuchten Richter (§ 13). Die Verkündung der Entscheidung ist öffentlich, selbst wenn das Gericht eine Entscheidung im schriftlichen Verfahren verkündet. Nur ausnahmsweise kann nach § 173 II GVG unter den Voraussetzungen der §§ 171 b, 172 GVG auch die Verkündung der Urteilsgründe oder eines Teils der Gründe nichtöffentlich erfolgen (§ 52 Satz 4, § 173 GVG). War die Öffentlichkeit zuvor ausgeschlossen, bedarf es wegen § 173 I GVG keines bes. Beschlusses über ihre Wiederherstellung. Da das Gebot der Öffentlichkeit nur die Möglichkeit der Anwesenheit von beliebigen Zuhörern verlangt, ist es unschädlich, wenn die Parteien von einem anberaumten oder vorverlegten Verkündungstermin erst so spät erfahren, dass sie hieran nicht mehr teilnehmen können (BAG 25. 2. 1983 – 2 AZR 324/81 – nv.). Im Protokoll ist festzuhalten, dass öffentlich verhandelt worden ist (§ 160 I Nr. 5 ZPO). Will die Partei geltend machen, dass gegen das Öffentlichkeitsgebot verstoßen worden ist, muss sie die Beweiskraft einer etwaigen gegenteiligen Feststellung im Protokoll entkräften (vgl. § 165 I ZPO). Nach § 160 a I ZPO kann der Inhalt des Protokolls auf Ton- oder Datenträger vorläufig aufgezeichnet werden.

3. Ton- und Fernseh-Rundfunk-Aufnahmen. Nach § 52 Satz 4 iVm. § 169 Satz 2 GVG sind Ton- **5** und Fernsehaufnahmen sowie Ton- und Filmaufnahmen unzulässig, soweit sie zum Zwecke der öffentl. Vorführung oder Veröffentlichung ihres Inhaltes vorgenommen werden. Zulässig sind solche Aufnahmen außerhalb der mündlichen Verhandlung, also vor Beginn und nach Beendigung der Verhandlung sowie in den Verhandlungspausen. Zum Schutz des Persönlichkeitsrechts ist aber eine Erlaubnis der Behördenleitung, nicht aber der im Gerichtssaal Anwesenden erforderlich (zum Persönlichkeitsrecht der Gerichtspersonen BVerfG 21. 7. 2001 NJW 2001, 2890). Zulässig sind auch handschriftliche Aufzeichnungen zum Zwecke der Berichterstattung durch die Presse.

III. Ausschluss der Öffentlichkeit

1. Allgemeines. In Satz 2 und 3 sind fünf Fälle des Ausschlusses der Öffentlichkeit enthalten. Der **6** Ausschluss kann sich auf Teile wie auch auf die ganze Verhandlung beziehen. Das Gericht hat von Amts wegen zu entscheiden, ob der Ausschluss wegen Gefährdung der öffentl. Ordnung oder Sittlichkeit (Rn. 7), des Persönlichkeitsschutzes (Rn. 8) oder aus Zweckmäßigkeitsgründen (Rn. 11) vorgenommen werden soll. Bei seiner Entscheidung hat das Gericht die Interessen der Öffentlichkeit an der Transparenz der Verhandlung und das jeweils durch die Vorschrift geschützte Rechtsgut gegeneinander abzuwägen. Soweit der Ausschluss der Öffentlichkeit von einem Antrag eines Betroffenen abhängig ist, kann dieser jederzeit zurückgenommen werden; die Öffentlichkeit ist dann unverzüglich wieder herzustellen. Die unter Ausschluss der Öffentlichkeit vorgenommenen Prozesshandlungen brauchen nicht wiederholt zu werden, da die Rücknahme nur ex nunc wirkt.

2. Gefährdung der öffentlichen Ordnung. Die Öffentlichkeit kann ausgeschlossen werden, wenn **7** durch die Öffentlichkeit eine Gefährdung der öffentl. Ordnung, insb. der Staatssicherheit, oder der öffentl. Sicherheit zu erwarten ist. Die öffentl. Ordnung ist dann gefährdet, wenn außerhalb des Gerichtssaals in der Bevölkerung oder der am Arbeitsleben Beteiligten Ausschreitungen drohen. Unzureichend ist die Gefährdung der Ordnung im Gerichtssaal, da diese mit Ordnungsmitteln zu beseitigen ist (§§ 176 ff. GVG). Die Staatssicherheit ist gefährdet, wenn im verteidigungs- und nachrichtendienstlichen Bereich Umstände erörtert werden müssen, die geheimhaltungsbedürftig sind. Soweit aber arbeitsrechtliche Ansprüche des AN von ihrer Darlegung im Verfahren abhängig sind, ist er von seinem ArbG regelmäßig gegenüber den Prozessbevollmächtigten und dem Gericht von der Schweigepflicht zu befreien (BAG 25. 8. 1966 AP BGB § 611 Schweigepflicht Nr. 1 = NJW 1967, 125; LAG Nürnberg 30. 9. 1989 ZTR 1987, 246 – Eingruppierung). Eine Gefährdung der Sittlichkeit kann eintreten, wenn im Rahmen von Verfahren wegen Mobbing und nach dem BeschSchG sexuelle Handlungen zu erörtern sind; insoweit kommt auch ein Ausschluss nach § 171 b GVG in Betracht (Rn. 8).

3. Persönlicher Lebensbereich. Nach § 52 Satz 2 iVm. § 171 b GVG kann die Öffentlichkeit aus- **8** geschlossen werden, wenn dies zum Schutz des persönlichen Lebensbereiches eines Prozessbeteiligten notwendig ist. Dies sind die Parteien, Nebenintervenienten und Zeugen sowie am Beschlussverfahren alle Beteiligten. Geschützt sind aus dem persönlichen Lebensbereich insb. medizinische Diagnosen sowie gesundheitliche und familiäre Umstände. Unzureichend ist aber, wenn die Erörterung lediglich zu einer Kränkung führt oder eine Empfindsamkeit auslöst. Die Öffentlichkeit ist bei Vorliegen der Voraussetzungen auf entspr. Antrag des Betroffenen zwingend auszuschließen (§ 171 b II GVG). Der Ausschluss ist unzulässig, wenn ihm die betroffene Person widerspricht (§ 171 b I 2 GVG).

4. Betriebs- und Geschäftsgeheimnisse. Die Öffentlichkeit kann ausgeschlossen werden, wenn eine **9** Partei den Ausschluss beantragt, weil Betriebs-, Geschäfts- oder Erfindungsgeheimnisse zum Gegenstand der Verhandlung oder der Beweisaufnahme gemacht werden. Das Gericht hat die Partei auf ihr

Antragsrecht hinzuweisen. Der Begriff des Betriebs- und Geschäftsgeheimnisses entspricht dem des BetrVG (dazu § 79 BetrVG Rn. 2). Erfindungsgeheimnis ist nicht nur die patentierte oder sonst geschützte Erfindung, sondern alle Entwicklungs- und Forschungsergebnisse, die patent- und gebrauchsmusterfähig sind (*Kissel* § 172 Rn. 76). Da das Steuergeheimnis nicht bes. erwähnt ist, kommt ein Ausschluss nur in Betracht, wenn es zugleich ein Geschäftsgeheimnis darstellt.

10 **5. Verschwiegenheit.** Ist die Öffentlichkeit in den Fällen der Rn. 7 bis 9 ausgeschlossen worden, kann das Gericht nach § 174 III GVG durch einen Beschluss ein bes. und strafbewehrtes Schweigegebot verhängen. Dies ist insb. dann geboten, wenn der AG seiner Darlegungslast nur durch die Preisgabe von Betriebs- oder Geschäftsgeheimnissen genügen kann (BAG 23. 4. 1985 AP BetrAVG § 16 Nr. 16 = NZA 1985, 499 – betriebliche Altersversorgung). Die Entscheidung ist anfechtbar, die Beschwerde hat aber keine aufschiebende Wirkung.

11 **6. Güteverfahren.** Nach § 52 Satz 3 kann im Güteverfahren allein aus Zweckmäßigkeitsgründen die Öffentlichkeit ausgeschlossen werden. Hierdurch soll die gütliche Beilegung des Rechtsstreites erleichtert werden. Wird im Anschluss an eine Güteverhandlung streitig verhandelt oder eine Entscheidung verkündet, ist die Öffentlichkeit wieder herzustellen. Die Verhängung eines Schweigegebotes ist in § 52 Satz 3 nicht vorgesehen und daher unzulässig.

IV. Verfahren

12 **1. Verhandlung.** Ob die Öffentlichkeit auszuschließen ist, ist noch in öffentl. Verhandlung zu erörtern, es sei denn, dass ein Beteiligter den Ausschluss beantragt oder bereits geheimhaltungsbedürftige Tatsachen erörtert werden (§ 174 I GVG). Die Entscheidung erfolgt durch Beschluss, der idR öffentlich verkündet wird (§ 174 I 2 GVG). Die Entscheidung trifft in der Güteverhandlung der Vorsitzende, ansonsten die Kammer, da über den Ausschluss mündlich verhandelt werden muss. Die Entscheidung über den Ausschluss der Öffentlichkeit ist stets unanfechtbar (vgl. § 171 b III GVG; *Kissel* § 174 Rn. 48). Sein Ergebnis ist überdies im Protokoll festzuhalten (§ 160 I Nr. 5 ZPO), zu dessen Beweiskraft Rn. 4.

13 **2. Verletzung des Grundsatzes der Öffentlichkeit.** Die Verletzung des Grundsatzes der Öffentlichkeit ist ein Verfahrensmangel. Ist sie vom ArbG zu Unrecht ausgeschlossen worden, bleibt dies in der Berufungsinstanz folgenlos, da eine Zurückverweisung aus diesem Grund nicht in Betracht kommt. Hat dagegen das LAG die Öffentlichkeit zu Unrecht ausgeschlossen oder nicht ausgeschlossen, stellt dies nach § 547 Nr. 6 ZPO einen absoluten Revisionsgrund dar, der nach statthafter Revision zur Aufhebung führt. Dies kann allein dann zweifelhaft sein, wenn die Öffentlichkeit zu Unrecht nicht ausgeschlossen war, weil die Verletzung des Geheimhaltungsinteresses einer Partei nicht wieder beseitigt werden kann.

§ 53 Befugnisse des Vorsitzenden und der ehrenamtlichen Richter

(1) ¹Die nicht auf Grund einer mündlichen Verhandlung ergehenden Beschlüsse und Verfügungen erläßt, soweit nichts anderes bestimmt ist, der Vorsitzende allein. ²Entsprechendes gilt für Amtshandlungen auf Grund eines Rechtshilfeersuchens.

(2) Im übrigen gelten für die Befugnisse des Vorsitzenden und der ehrenamtlichen Richter die Vorschriften der Zivilprozeßordnung über das landgerichtliche Verfahren entsprechend.

1 **1. Allgemeines.** Die Vorschrift dient der Abgrenzung der Befugnisse des Vorsitzenden und der ehrenamtlichen Richter. Die Übertragung der Zuständigkeit auf den Vorsitzenden für die nicht auf Grund der mündlichen Verhandlung ergehenden Beschlüsse und Verfügungen ist notwendig, da die ehrenamtlichen Richter nur zu den streitigen Verhandlungen herangezogen werden. Die Verteilung der Zuständigkeiten ist zwingend, von ihr kann nicht im Einvernehmen mit den Parteien abgewichen werden. Im Berufungsverfahren gilt § 53 über § 64 VII unverändert, im Revisionsverfahren mit der Maßgabe, dass an die Stelle des Vorsitzenden der Senat durch seine berufsrichterlichen Mitglieder entscheidet (BAG 2. 6. 1954 AP ArbGG 1953 § 53 Nr. 1).

2 **2. Abgrenzung der Zuständigkeiten.** Außerhalb der mündlichen Verhandlung erlässt der Vorsitzende die Beschlüsse und Verfügungen allein (§ 53 I). Für den Begriff des Beschlusses und der Verfügung ist die allg. zivilprozessuale maßgebend. § 53 erfasst somit alle Entscheidungen, die nicht Urteile sind. Der Vorsitzende ist auch zuständig für die Durchführung eines Rechtshilfeersuchens (§ 13) und soweit ihm im Gesetz ausdrücklich bes. Befugnisse zugewiesen werden (zB bei sitzungspolizeilichen Maßnahmen, Beratung und Abstimmung, Entscheidung über die örtliche Zuständigkeit vgl. § 48 Rn. 16). Abw. von § 53 II entscheidet die Kammer auch dann, wenn zwar keine mündliche Verhandlung, aber die Hinzuziehung der ehrenamtlichen Richter ausdrücklich vorgesehen ist, zB bei Entscheidungen über die Ablehnung von Gerichtspersonen (§ 49), nachträgliche Zulassung als Kündigungsschutzklage (§ 5 IV KSchG), Zulässigkeit des beschrittenen Rechtswegs (§ 48 I Nr. 2), Verwer-

fung eines unzulässigen Einspruchs (§ 341 II ZPO, dazu § 46a Rn. 16) bzw. einer unzulässigen Berufung (§ 66 II 2), Tatbestandsberichtigung (§ 320 ZPO) und Urteilsergänzung (§ 321 ZPO).

Nach § 53 II gelten für die Befugnisse des Vorsitzenden und der ehrenamtlichen Richter die 3 Abgrenzungen im landgerichtlichen Verfahren entspr. Hiernach ist der Vorsitzende insb. zuständig für die Terminsbestimmung (§ 216 II ZPO), die Eröffnung, Leitung und Schließung der mündlichen Verhandlung (§ 136 ZPO) sowie die Aufrechterhaltung der Ordnung in den Sitzungen (§ 9 II). Die ehrenamtlichen Richter haben die gleichen richterlichen Befugnisse wie die beisitzenden Richter bei den Landgerichten. Sie können. § 136 III ZPO Fragen stellen, entscheiden nach § 140 ZPO mit, wenn der Vorsitzende eine Frage nicht zulassen will und gem. § 156 ZPO über eine bereits geschlossene Verhandlung, die wiedereröffnet werden soll. Durch die Neufassung des § 139 ZPO ist klargestellt, dass die richterliche Aufklärungs- und Fürsorgepflicht in der mündlichen Verhandlung nicht nur dem Vorsitzenden, sondern der gesamten Kammer obliegt. Dagegen können den ehrenamtlichen Richtern selbst bei Verhinderung des Vorsitzenden keine einzelnen richterlichen Handlungen übertragen werden, die ansonsten den Berufsrichtern vorbehalten sind.

§ 54 Güteverfahren

(1) ¹Die mündliche Verhandlung beginnt mit einer Verhandlung vor dem Vorsitzenden zum Zwecke der gütlichen Einigung der Parteien (Güteverhandlung). ²Der Vorsitzende hat zu diesem Zwecke das gesamte Streitverhältnis mit den Parteien unter freier Würdigung aller Umstände zu erörtern. ³Zur Aufklärung des Sachverhalts kann er alle Handlungen vornehmen, die sofort erfolgen können. ⁴Eidliche Vernehmungen sind jedoch ausgeschlossen. ⁵Der Vorsitzende kann die Güteverhandlung mit Zustimmung der Parteien in einem weiteren Termin, der alsbald stattzufinden hat, fortsetzen.

(2) ¹Die Klage kann bis zum Stellen der Anträge ohne Einwilligung des Beklagten zurückgenommen werden. ²In der Güteverhandlung erklärte gerichtliche Geständnisse nach § 288 der Zivilprozeßordnung haben nur dann bindende Wirkung, wenn sie zu Protokoll erklärt worden sind. ³ § 39 Satz 1 und § 282 Abs. 3 Satz 1 der Zivilprozeßordnung sind nicht anzuwenden.

(3) Das Ergebnis der Güteverhandlung, insbesondere der Abschluß eines Vergleichs, ist in die Niederschrift aufzunehmen.

(4) Erscheint eine Partei in der Güteverhandlung nicht oder ist die Güteverhandlung erfolglos, schließt sich die weitere Verhandlung unmittelbar an oder es ist, falls der weiteren Verhandlung Hinderungsgründe entgegenstehen, Termin zur streitigen Verhandlung zu bestimmen; diese hat alsbald stattzufinden.

(5) ¹Erscheinen oder verhandeln beide Parteien in der Güteverhandlung nicht, ist das Ruhen des Verfahrens anzuordnen. ²Auf Antrag einer Partei ist Termin zur streitigen Verhandlung zu bestimmen. ³Dieser Antrag kann nur innerhalb von sechs Monaten nach der Güteverhandlung gestellt werden. ⁴Nach Ablauf der Frist ist § 269 Abs. 3 bis 5 der Zivilprozeßordnung entsprechend anzuwenden.

I. Allgemeines

1. Zweck. Die Güteverhandlung ist zwar Teil der mündlichen Verhandlung, ihr aber als bes. Ver- 1 fahrensabschnitt vorangestellt. Sie dient in bes. Maß der Herbeiführung einer gütlichen Einigung zwischen den Parteien und ggf. der Vorbereitung der streitigen Verhandlung. § 54 verdrängt § 278 II–V ZPO, der für das Verfahren vor den Zivilgerichten in bestimmten Fällen eine Güteverhandlung vorsieht. Auch § 278 V 2 ZPO, wonach der Vorsitzende den Parteien in geeigneten Fällen eine außergerichtliche Streitschlichtung vorschlagen kann, ist wegen der Geltung des Beschleunigungsgrundsatzes (§ 9 I) nicht anzuwenden (aA GMP/*Germelmann* § 54 Rn. 3a). § 54 gilt nur für das Urteilsverfahren, § 80 II 2 eröffnet dem Vorsitzenden aber auch im Beschlussverfahren die Möglichkeit, eine Güteverhandlung durchzuführen.

II. Güteverhandlung

1. Erforderlichkeit. Die Durchführung einer Güteverhandlung ist nicht erforderlich *(1)* in Verfah- 2 ren des einstweiligen Rechtsschutzes, *(2)* bei einem Einspruch gegen einen Vollstreckungsbescheid, da dieser einem Versäumnisurteil gleichsteht, *(3)* einer Klageänderung, *(4)* Erhebung einer Widerklage, *(5)* einem Parteiwechsel oder *(6)* nach einer Verweisung, wenn in der Güteversuch bereits stattgefunden hat. Ansonsten ist die Güteverhandlung obligatorisch, selbst wenn die Parteien auf einen Gütesuch verzichtet haben, ein solcher erkennbar aussichtslos erscheint oder in Ausbildungsstreitigkeiten eine Verhandlung vor dem Schlichtungsausschuss vorausgegangen ist.

2. Vorbereitung. Ob zur Vorbereitung der Güteverhandlung prozessleitende Verfügungen ergehen 3 können, ist umstritten, aber zu verneinen. Anordnungen nach § 56 sind nicht zulässig, da die Vorschrift nur die Vorbereitung der streitigen Verhandlung betrifft (aA ArbGV/*Ziemann* § 54 Rn. 17). Eine vorbereitende Ladung von Zeugen und Sachverständigen zur Güteverhandlung kommt daher nicht in Betracht; die in § 56 Nr. 1 bis 4 genannten Vorbereitungshandlungen können nur für eine sich ggf. unmittelbar anschließende mündlichen Verhandlung getroffen werden. Daneben erfolgt wegen § 47 II idR auch keine Aufforderung an den Beklagten, sich auf die Klage schriftlich zu äußern. Gesetzgeberisches Motiv ist, die gütliche Einigung durch einen substantiierten Vortrag des Beklagten nicht zu erschweren. Vorbereitende Maßnahmen sind schließlich auch nicht nach den §§ 273 II, 129 II zulässig, da diese Regelungen durch die §§ 56 I, 47 II verdrängt werden (aA GMP/*Germelmann* § 54 Rn. 17 für die Mitteilung von Urkunden). An der Gerichtsstelle anwesende Personen kann der Vorsitzende informatorisch befragen (§ 54 I 2, 3); eine förmliche Beweisaufnahme hat aber vor der Kammer stattzufinden (§ 58). Allerdings ist denkbar, dass die Aussage protokolliert wird und im Einverständnis der Parteien im Wege des Urkundenbeweises verwertet wird (*Schaub*, ArbGV, § 28 Rn. 15; aA GK-ArbGG/*Schütz* § 54 Rn. 37 f.).

4   **3. Verlauf.** Anträge werden in der Güteverhandlung nicht gestellt (LAG München 24. 1. 1989 NJW 1989, 1502 = NZA 1989, 863); zum Übergang in die weitere Verhandlung Rn. 7. Nach § 54 III bleiben prozesshindernde Einreden erhalten, auch wenn sie in der Güteverhandlung nicht vorgebracht werden; die §§ 39 Satz 1, 282 III 1 ZPO sind insoweit nicht anzuwenden. Die Güteverhandlung findet vor dem Vorsitzenden statt. Die ehrenamtlichen Richter sind nicht hinzuzuziehen und dürfen daher nicht (auch nicht als „Unbeteiligte") auf der Richterbank Platz nehmen. Ihre Anwesenheit im Verhandlungssaal ist hingegen zulässig. Auf eine Zuwiderhandlung kann aber ein Befangenheitsantrag oder ein Rechtsmittel allein nicht gestützt werden. Nach § 9 II iVm. § 10 Satz 1 GVG kann der Vorsitzende die Leitung der Güteverhandlung einem zur Ausbildung zugewiesenen Referendar übertragen. Der Verlauf und das Ergebnis der Güteverhandlung sind im Protokoll festzuhalten (§§ 159 I, 160 ZPO); das in der Güteverhandlung erklärte gerichtliche Geständnis ist nur wirksam und hat Bindungswirkung, wenn es zu Protokoll genommen worden ist (§ 54 II 2).

5   Die Güteverhandlung ist grds. in einem Termin durchzuführen. Jedoch ist es zulässig, im Einverständnis aller Prozessbeteiligten eine **zweite** oder **weitere Güteverhandlungen** durchzuführen, die jedoch alsbald, dh. regelmäßig binnen zwei Wochen stattfinden müssen (ArbGV/*Ziemann* § 54 Rn. 16 b). In einer zusätzlichen Güteverhandlung kann bei Säumnis einer Partei nur Versäumnisurteil ergehen, wenn die Parteien mit ihrer Durchführung einverstanden waren. Eine Entscheidung nach Aktenlage (§ 251 a ZPO) scheidet hingegen aus, da noch keine Anträge gestellt worden sind (LAG Frankfurt 26. 3. 1992 NZA 1992, 1103; aA ArbG Berlin 13. 7. 1987 NZA 1988, 260).

6   In der Güteverhandlung hat der Vorsitzende das gesamte Streitverhältnis unter Würdigung aller Umstände mit den Parteien zu erörtern. Zweckmäßigerweise wird zunächst der Sachverhalt aufzuklären sein, hieran kann sich die Erörterung der Rechtslage anschließen. Die Aussprache soll offen erfolgen und den Parteien die Risiken des Verfahrens aufzeigen. Ein übermäßiges Drängen auf eine gütliche Einigung hat zu unterbleiben, wenn eine oder beide Parteien erklären, dass eine vergleichsweise Beendigung des Rechtsstreits für sie nicht in Betracht kommt. Die Erörterung in der Güteverhandlung ist daneben so umfassend vorzunehmen, dass auch eine nicht rechtskundig vertretene Partei in die Lage versetzt wird, die streitige Verhandlung vor der Kammer unter Beachtung der vom Gericht ggf. erteilten Auflagen (§ 56 I) vorzubereiten (LAG Niedersachsen 12. 12. 1989 LAGE § 56 ArbGG 1979 Nr. 2).

7   **4. Vorbereitung der streitigen Verhandlung.** Bleibt die Güteverhandlung erfolglos, wird regelmäßig ein gesonderter Termin zur Durchführung der mündlichen Verhandlung anberaumt. Eine unmittelbar folgende streitige Verhandlung ist regelmäßig ausgeschlossen, da entweder keine ehrenamtlichen Richter zur Verfügung stehen oder der Termin durch Schriftsätze vorbereitet werden muss. Am Ende der Güteverhandlung wird daher üblicherweise ein Beschluss verkündet, der eine Terminsbestimmung und Auflagen für den schriftsätzlichen Vortrag enthält. Sind die Parteien bei der Verkündung anwesend, erfolgt eine bes. Ladung und Zustellung nicht (§ 218 ZPO).

III. Beendigung des Verfahrens

8   **1. Klagerücknahme.** Eine Klagerücknahme kann im arbeitsgerichtlichen Urteilsverfahren bis zum Beginn der mündlichen Verhandlung ohne Zustimmung des Gegners erfolgen, da in der Güteverhandlung regelmäßig keine Antragstellung erfolgt (Rn. 4; § 54 II 1). Auf Antrag des Beklagten sind dem Kläger die Kosten des Verfahrens aufzuerlegen (§ 269 III, IV ZPO). Ist die Zustimmung des Beklagten zur Klagerücknahme erforderlich, ist er zur Stellungnahme aufzufordern. Seine ausdrückliche Einverständniserklärung wird fingiert, wenn dem Beklagten der Schriftsatz mit der Klagerücknahme zugestellt wird und er dieser nicht binnen einer Notfrist von zwei Wochen widerspricht. Dies gilt jedoch nur, wenn er zugleich über die Folgen seiner Untätigkeit belehrt wird (§ 269 II ZPO). Wird die Klagerücknahme im Termin erklärt, ist § 269 II ZPO entspr. anzuwenden; dem nicht anwesenden Beklagten ist dann das Protokoll mit der Belehrung zuzustellen. Wird die Frist des § 269 II 4 ZPO versäumt, kann hiergegen Wiedereinsetzung in den vorherigen Stand beantragt werden. Besteht

III. Beendigung des Verfahrens　　　　　　　　　　　　　　§ 54 ArbGG 60

zwischen den Parteien Streit über die Zulässigkeit oder Wirksamkeit der Klagrücknahme, ist hierüber mündlich zu verhandeln. Ist die Klagrücknahme unwirksam, kann dies durch Zwischenurteil (§ 303 ZPO) ausgesprochen werden; ansonsten entscheidet das Gericht durch Feststellungsurteil über ihre Wirksamkeit (Zöller/*Greger* § 269 Rn. 19 b). Zur Klagrücknahme außerhalb der Güteverhandlung § 55 Rn. 3.

2. Klagverzicht und Anerkenntnis. Der Kläger kann auf den Klageanspruch ganz oder tw. 9 verzichten (§ 306 ZPO), hierdurch ist er, anders als bei der Klagrücknahme, an der Erhebung einer neuen Klage gehindert. Ein Klagverzicht ist unwirksam, wenn mit ihm auf tarifliche Rechte oder Rechte aus einer BV verzichtet wird und die erforderliche Zustimmung nicht vorliegt (§ 4 IV TVG, § 77 IV BetrVG). Bei einem Klagverzicht erfolgt eine entspr. Verurteilung nur auf Antrag, während ein Anerkenntnisurteil (§ 307 ZPO) einen Antrag des Klägers nicht voraussetzt. Wird ein Klagverzicht oder ein Anerkenntnis erklärt, ist das Güteverfahren beendet und es schließt sich unmittelbar die weitere Verhandlung an (§ 55 IV 1 analog). In dieser ergeht dann nach Antragstellung die entspr. Entscheidung. Zuständig ist stets der Vorsitzende allein (§ 55 I Nr. 2, 3). Gerichtsgebühren entstehen bei einer Beendigung durch Klagrücknahme, -verzicht oder Anerkenntnis ohne streitige Verhandlung nicht, ansonsten fällt eine halbe Gebühr an (Gebührenverzeichnis Nr. 9112, 9113 zu § 12 I).

3. Erledigung der Hauptsache. Erklären beide Parteien den Rechtsstreit in der Hauptsache über- 10 einstimmend für erledigt, ist dieser beendet. Der Vorsitzende entscheidet über die Gerichtsgebühren unter den Voraussetzungen der §§ 53, 55 III durch Beschluss, da nur noch die Kostentragungspflicht im Streit ist (§ 128 III ZPO). Erfolgt die Erklärung in der mündlichen Verhandlung, sind die ehrenamtlichen Richter an der Entscheidung zu beteiligen (GMP/*Germelmann* § 55 Rn. 8). Der Beschluss löst jedoch eine halbe Gebühr aus (Gebührenverzeichnis Nr. 9118 zu § 12 I), so dass eine Klagrücknahme für den Kläger möglicherweise vorteilhafter sein kann. Die Parteien können auf eine Entscheidung nach § 91 a ZPO verzichten, in diesem Fall entsteht keine Gebühr, soweit noch nicht streitig verhandelt worden ist.

4. Vergleich. Die Parteien können sich im Gütetermin vergleichen. Der Vergleich ist in das Protokoll 11 aufzunehmen (§ 54 III) und nach Verlesung von den Parteien zu genehmigen (§ 162 I ZPO). Das Verfahren kann auch nach § 278 VI ZPO durch die Annahme eines gerichtlichen Vergleichsvorschlags beendet werden. Die Vorschrift ist trotz ihrer systematischen Stellung auch im arbeitsgerichtlichen Verfahren anwendbar. Die Parteien brauchen danach zum Vergleichsschluss nicht mehr vor Gericht erscheinen. Der Vorsitzende hat den Vorschlag in schriftlicher Form den Parteien zuzuleiten, dies kann im Rahmen eines Anschreibens wie auch eines Beschlusses erfolgen. Der Vergleichstext muss exakt vorformuliert werden, da die Parteien nur eine vorbehaltlose Annahme erklären können. Eine unter Bedingungen oder Vorbehalt erklärte Annahme ist ebenso wenig ausreichend, wie eine vorab erklärte Zustimmung zu bestimmten Änderungsvorschlägen, selbst wenn diese vorher abgesprochen worden sind. In diesem Fall ist ein erneuter Vergleichsvorschlag des Gerichts erforderlich. Das Gericht stellt durch Beschluss das Zustandekommen und den Inhalt des Vergleichs sowie die Verfahrensbeendigung fest. Der Vergleichstext ist in den Tenor aufzunehmen. Gegen den Beschluss findet kein Rechtsmittel statt, § 83 ist auch nicht entspr. anzuwenden. Möglich ist nur eine Berichtigung, da § 164 ZPO auch für den Beschluss des Gerichts gilt (§ 278 VI 3 ZPO). Besteht Streit über die Wirksamkeit des Vergleichsschlusses oder ob das Verfahren durch seinen Abschluss vollständig beendet worden ist, ist Termin zur mündlichen Verhandlung anzuberaumen (BT-Drucks. 14/4722 S. 82), in dem der Rechtsstreit über diese Frage fortgesetzt wird. Das Gericht entscheidet dann in der Sache oder stellt durch Urteil fest, dass der Rechtsstreit durch den Vergleich beendet ist (dazu *Abramenko* NJW 2003, 1356).

5. Säumnis einer oder beider Parteien. Erscheint der Kläger in der Güteverhandlung nicht, schließt 12 sich die weitere Verhandlung an, in der auf Antrag des Beklagten klagabweisendes Versäumnisurteil ergehen kann. Erscheint der Beklagte in der Güteverhandlung nicht, kann auf Antrag des Klägers Versäumnisurteil ergehen, sofern die Klage schlüssig war, andernfalls wird sie durch unechtes Versäumnisurteil abgewiesen. Eine Säumnisentscheidung kann auch ergehen, wenn eine erschienene Partei nicht verhandelt, insb. keine Erklärungen zur Sache abgibt (§§ 333, 334 ZPO; zum Begriff § 59 Rn. 2). Erscheinen oder verhandeln beide Parteien in der Güteverhandlung nicht, ist das Ruhen des Verfahrens anzuordnen (§ 54 V 1). Termin zur streitigen Verhandlung ist nur auf Antrag einer Partei anzuberaumen. Wird der Antrag nicht innerhalb einer Frist von sechs Monaten gestellt, gilt nach § 54 V 4 die Klage mit der Kostenfolge des § 269 III bis V als zurückgenommen (LAG Rheinland-Pfalz 20. 2. 1991 LAGE ArbGG 1979 § 54 Nr. 4 – Gebührenberechnung; LAG Düsseldorf 31. 3. 1982 LAGE ArbGG 1979 § 54 Nr. 1); Voraussetzung ist allerdings, dass die Terminsansetzung ordnungsgemäß erfolgt ist (LAG Düsseldorf 13. 7. 1984 LAGE ArbGG 1979 § 54 Nr. 3). Im Fall der Säumnis einer oder beider Parteien entscheidet stets der Vorsitzende allein (§ 55 I Nr. 4). § 54 V ist nicht analog auf die Fälle des einvernehmlichen Ruhens oder des Nichtbetreibens eines Verfahrens anzuwenden (LAG Saarland 9. 6. 2000 NZA-RR 2000, 546; LAG Hamm 21. 7. 1983 LAGE ArbGG 1979 § 54 Nr. 2). Durch das Nichtbetreiben kann die Hemmung der Verjährung bzw. die Wirkung einer zunächst wirksamen gerichtlichen Geltendmachung erlöschen (dazu § 218 BGB Rn. 24).

§ 55 Alleinentscheidung durch den Vorsitzenden

(1) Der Vorsitzende entscheidet allein
1. bei Zurücknahme der Klage;
2. bei Verzicht auf den geltend gemachten Anspruch;
3. bei Anerkenntnis des geltend gemachten Anspruchs;
4. bei Säumnis einer Partei;
5. bei Säumnis beider Parteien;
6. über die einstweilige Einstellung der Zwangsvollstreckung;
7. über die örtliche Zuständigkeit;
8. über die Aussetzung des Verfahrens;
9. im Fall des § 321 a Abs. 4 der Zivilprozessordnung, sofern die Rüge als unzulässig verworfen wird oder sich gegen ein Urteil richtet, das vom Vorsitzenden allein erlassen worden ist.

(2) ¹Der Vorsitzende kann in den Fällen des Absatzes 1 Nr. 1, 3 und 5 bis 8 eine Entscheidung ohne mündliche Verhandlung treffen. ²Dies gilt mit Zustimmung der Parteien auch in dem Fall des Absatzes 1 Nr. 2.

(3) Der Vorsitzende entscheidet ferner allein, wenn in der Verhandlung, die sich unmittelbar an die Güteverhandlung anschließt, eine das Verfahren beendende Entscheidung ergehen kann und die Parteien übereinstimmend eine Entscheidung durch den Vorsitzenden beantragen; der Antrag ist in die Niederschrift aufzunehmen.

(4) ¹Der Vorsitzende kann vor der streitigen Verhandlung einen Beweisbeschluß erlassen, soweit er anordnet
1. eine Beweisaufnahme durch den ersuchten Richter;
2. eine schriftliche Beantwortung der Beweisfrage nach § 377 Abs. 3 der Zivilprozeßordnung;
3. die Einholung amtlicher Auskünfte;
4. eine Parteivernehmung;
5. die Einholung eines schriftlichen Sachverständigengutachtens.
²Anordnungen nach den Nummern 1 bis 3 und 5 können vor der streitigen Verhandlung ausgeführt werden.

I. Allgemeines

1   **1. Zuständigkeit.** Die Vorschrift regelt die Alleinentscheidungskompetenz des Vorsitzenden in der Güteverhandlung und der mündlichen Verhandlung. Sie ergänzt damit § 53, der die Befugnisse des Vorsitzenden außerhalb der mündlichen Verhandlung bestimmt. Die §§ 349 II, 358 a ZPO sind im arbeitsgerichtlichen Verfahren nicht anzuwenden. Auf Grund der Bezugnahme in § 64 VII ist § 55 I, II, IV im Berufungsverfahren entspr. anzuwenden; § 527 III ZPO wird verdrängt. Für das Revisions- und Beschlussverfahren gilt die Vorschrift nicht.

2   **2. Gesetzlicher Richter.** Die Regelung in § 55 I über die Alleinentscheidungsbefugnisse des Vorsitzenden ist zwingend, durch sie wird der gesetzliche Richter bestimmt. In den in § 55 I Nr. 1 bis 9 genannten Fällen entscheidet der Vorsitzende stets ohne Beteiligung der ehrenamtlichen Richter, selbst wenn die Entscheidung in der mündlichen Verhandlung ergeht (aA *Schaub* ArbGV § 29 Rn. 2). Die Anwesenheit der ehrenamtlichen Richter auf der Richterbank ist hingegen unschädlich. Entscheidet der Vorsitzende allein, obwohl ein Fall der §§ 53 bis 55 nicht vorliegt, ist daher das Gericht nicht ordnungsgemäß besetzt. Gleiches gilt im umgekehrten Fall, wenn an Stelle des Vorsitzenden die Kammer entscheidet. Wird erstinstanzlich die funktionelle Zuständigkeit verkannt, kommt wegen § 68 eine allein hierauf gestützte Zurückverweisung nicht in Betracht. Nur wenn die Entscheidung mit einer statthaften Sprungrevision angegriffen wird, liegt der absolute Revisionsgrund des § 547 Nr. 1 ZPO vor. Entsprechendes gilt für ein Berufungsurteil, bei dem die funktionelle Zuständigkeit verkannt wird. Ist die Entscheidung bereits rechtskräftig, kann ein Wiederaufnahmegrund nach § 579 I Nr. 1 ZPO gegeben sein (GK-ArbGG/*Schütz* § 55 Rn. 7 f.).

II. Einzelfälle der Alleinentscheidung

3   **1. Klagerücknahme, Verzicht und Anerkenntnis.** Der Vorsitzende entscheidet allein nach einer wirksamen Rücknahme der Klage. Über einen Antrag nach § 269 IV ZPO entscheidet der Vorsitzende außerhalb der mündlichen Verhandlung nach § 53, in der Güteverhandlung nach § 54 und in der streitigen Verhandlung nach § 55 I Nr. 1. Bei Streit über die Zulässigkeit und die Wirksamkeit einer Klagerücknahme entscheidet die Kammer. Bei Verzicht und Anerkenntnis muss das Verzichts- bzw. Anerkenntnisurteil (§ 55 I Nr. 2, 3) durch den Vorsitzenden allein ergehen, selbst wenn eine streitige Verhandlung vorausgegangen ist. Bezieht sich der Verzicht oder das Anerkenntnis nur auf einen abtrennbaren Teil des Anspruches, ergeht ein entspr. Teilurteil (BAG 26. 10. 1979 AP KSchG 1969 § 9 Nr. 5 = NJW 1980, 1484).

2. Säumnis der Parteien. Bei Säumnis einer oder beider Parteien (§ 55 I Nr. 4, 5) entscheidet der 4 Vorsitzende allein. Dies gilt wegen des Grundsatzes des gesetzlichen Richters (Rn. 2) auch dann, wenn die Säumnis in der mündlichen Verhandlung besteht, in der die ehrenamtlichen Richter anwesend sind (LAG Berlin 14. 7. 1997 NZA 1998, 167; LAG Rheinland-Pfalz 14. 3. 1997 NZA 1997, 1072; aA ArbG Bamberg 29. 10. 1997 NZA 1998, 904). Anders als nach der früheren Fassung des Gesetzes braucht die Entscheidung aber nicht auf Grund der Säumnis zu ergehen. Hieraus folgt, dass der Vorsitzende sowohl ein echtes als auch ein unechtes (klagabweisendes) Versäumnisurteil erlassen muss. Von § 55 I Nr. 4, 5 nicht erfasst wird die Entscheidung über einen zulässigen Einspruch gegen ein Versäumnisurteil oder einen Vollstreckungsbescheid, wenn beide Parteien in der daraufhin anberaumten mündlichen Verhandlung anwesend sind (aA *J. Griebeling* NZA 2002, 1073). Die Alleinentscheidungsbefugnis soll auch für eine Entscheidung nach Aktenlage (§ 331a ZPO) bestehen, die aber nur dann zulässig ist, wenn bereits eine mündliche Verhandlung vorangegangen ist, in der die Parteien Anträge gestellt haben (GMP/*Germelmann* § 55 Rn. 17f.; GK-ArbGG/*Schütz* § 55 Rn. 17; aA LAG Frankfurt 31. 10. 2000 MDR 2001, 517; LAG Berlin 3. 2. 1997 LAGE ZPO § 251a Nr. 1; *Lepke* DB 1997, 1566 – Güteverhandlung ist ausreichend). Wird eine Entscheidung nach Lage der Akten abgelehnt, findet ein Rechtsmittel nicht statt (§ 336 II ZPO). Eine Entscheidung nach § 55 I Nr. 4, 5 darf nur erfolgen, wenn die allg. Voraussetzungen für eine Säumnisentscheidung vorliegen (vgl. BAG 14. 11. 1985 AP ZPO § 251a Nr. 1; dazu § 59 Rn. 2).

3. Zwangsvollstreckung, örtliche Zuständigkeit, Aussetzung und Rüge bei Verletzung des 5 **rechtlichen Gehörs.** Der Vorsitzende entscheidet über die einstweilige Einstellung der Zwangsvollstreckung außerhalb der mündlichen Verhandlung bereits nach § 53, im Berufungsverfahren nach §§ 62, 64 VII, §§ 707, 719, 769 ZPO. Nach § 55 I Nr. 6 gilt dies auch, wenn eine mündliche Verhandlung stattgefunden hat. Auch Entscheidungen über die örtliche Zuständigkeit (§ 55 I Nr. 7) und über die Aussetzung eines Verfahrens (§ 55 I Nr. 8) ergehen stets durch den Vorsitzenden allein, selbst wenn zuvor mündlich verhandelt worden ist. Von § 55 I Nr. 8 nicht erfasst werden Entscheidungen über die Vorlage an den EuGH (Art. 234 EG-V) oder das BVerfG (Art. 100 GG), diese erfolgen stets unter Beteiligung der ehrenamtlichen Richter. Nur soweit in der Vorlageentscheidung von dem Ausspruch einer Verfahrensaussetzung abgesehen worden ist, kann diese Entscheidung durch den Vorsitzenden allein ergehen. Zu den Voraussetzungen für die Aussetzung eines Verfahrens wegen Vorgreiflichkeit § 9 Rn. 3. Wird die Rüge nach § 321a ZPO (dazu § 61 Rn. 7 ff.) erhoben, besteht das Alleinentscheidungsrecht nur im Fall ihrer Unzulässigkeit oder wenn sie sich gegen eine Entscheidung richtet, die nach § 55 III vom Vorsitzenden allein getroffen worden ist.

4. Alleinentscheidung auf Antrag. Nach § 55 III entscheidet der Vorsitzende allein auf überein- 6 stimmenden Antrag der Parteien. Das Einverständnis muss noch vor dem Scheitern der Güteverhandlung erklärt werden (LAG Hamm 2. 1. 1997 LAGE § 60 KO Nr. 3), die Erklärungen können auch noch in einem weiteren Gütetermin erfolgen. Sie sind in das Protokoll aufzunehmen und unwiderruflich. Voraussetzung für die Alleinentscheidungsbefugnis ist aber stets, dass eine das Verfahren vor dem ArbG abschließende Entscheidung ergehen kann. Dies kann ein stattgebender Verweisungsbeschluss (LAG Niedersachsen 23. 1. 1995 LAGE ArbGG 1979 § 48 Nr. 10) oder ein sonstiger, das Verfahren beendender Beschluss (zB § 91a ZPO) sein. Nicht ausreichend ist hingegen ein Beweisbeschluss, ebenso wird die nachträgliche Zulassung der Klage als Kündigungsschutzklage (§ 5 KSchG) nicht von § 55 III erfasst (LAG Frankfurt 19. 12. 1986 LAGE ArbGG 1979 § 55 Nr. 1; aA LAG Frankfurt 27. 3. 1987 LAGE ArbGG 1979 § 55 Nr. 2 – selbständiges Nebenverfahren; GK-ArbGG/*Schütz* § 55 Rn. 37). Die Durchführung einer Beweisaufnahme steht der Alleinentscheidung des Vorsitzenden nicht entgegen, wenn sämtliche Beweismittel präsent sind. Erweist sich nach ihrer Durchführung, dass eine Vertagung notwendig ist, muss das Verfahren vor dem Kammer fortgesetzt werden, ggf. ist die Beweisaufnahme zu wiederholen. Nach Durchführung der Kammerverhandlung kommt eine Entscheidung durch den Vorsitzenden allein nicht in Betracht.

5. Beweisbeschluss vor der streitigen Verhandlung. Der Vorsitzende kann vor der streitigen 7 Verhandlung einen Beweisbeschluss erlassen (§ 55 V), soweit er *(1)* die Beweisaufnahme durch den ersuchten Richter; hierzu gehören die Rechtshilfeersuchen, *(2)* eine schriftliche Beantwortung der Beweisfrage nach § 377 III ZPO; *(3)* die Einholung amtlicher Auskünfte, *(4)* die Parteivernehmung sowie *(5)* die Einholung eines Sachverständigengutachtens anordnet. Der Beweisbeschluss dient der beschleunigten Durchführung des Verfahrens. Die Anordnungen nach *(1)* bis *(3)* und *(5)* können bereits vor der streitigen Verhandlung ausgeführt werden; Zeugen können nach § 56 I Nr. 4 zum Termin vorbereitend geladen werden.

§ 56 Vorbereitung der streitigen Verhandlung

(1) ¹Der Vorsitzende hat die streitige Verhandlung so vorzubereiten, daß sie möglichst in einem Termin zu Ende geführt werden kann. ²Zu diesem Zweck soll er, soweit es sachdienlich erscheint, insbesondere

1. den Parteien die Ergänzung oder Erläuterung ihrer vorbereitenden Schriftsätze sowie die Vorlegung von Urkunden und von anderen zur Niederlegung bei Gericht geeigneten Gegenständen aufgeben, insbesondere eine Frist zur Erklärung über bestimmte klärungsbedürftige Punkte setzen;
2. Behörden oder Träger eines öffentlichen Amtes um Mitteilung von Urkunden oder um Erteilung amtlicher Auskünfte ersuchen;
3. das persönliche Erscheinen der Parteien anordnen;
4. Zeugen, auf die sich eine Partei bezogen hat, und Sachverständige zur mündlichen Verhandlung laden sowie eine Anordnung nach § 378 der Zivilprozeßordnung treffen.
³ Von diesen Maßnahmen sind die Parteien zu benachrichtigen.

(2) ¹ Angriffs- und Verteidigungsmittel, die erst nach Ablauf einer nach Absatz 1 Satz 2 Nr. 1 gesetzten Frist vorgebracht werden, sind nur zuzulassen, wenn nach der freien Überzeugung des Gerichts ihre Zulassung die Erledigung des Rechtsstreits nicht verzögern würde oder wenn die Partei die Verspätung genügend entschuldigt. ² Die Parteien sind über die Folgen der Versäumung der nach Absatz 1 Satz 2 Nr. 1 gesetzten Frist zu belehren.

I. Allgemeines

1   Die Vorschrift regelt die Befugnisse des Vorsitzenden bei der Vorbereitung der streitigen Verhandlung sowie den Ausschluss von Parteivorbringen in der ersten Instanz. Für Bestandsstreitigkeiten gilt § 61 a. Über die Verweisung in § 64 VII ist § 56 grds. auch im Berufungsverfahren, nicht hingegen im Revisionsverfahren anzuwenden, da sie in § 72 VI nicht genannt ist. § 56 I gilt auch im Beschlussverfahren (§ 80 II), während § 56 II von der Sonderregelung in § 83 I a verdrängt wird.

II. Vorbereitung der streitigen Verhandlung

2   **1. Konzentrationsmaxime.** § 56 I gilt nur für die Vorbereitung der streitigen Verhandlung und der Folgetermine, sie ist auf die Vorbereitung des Gütetermins nicht anzuwenden (dazu § 54 Rn. 8). Die Vorbereitungsmaßnahmen dienen der Beschleunigung des Verfahrens, das nach dem Willen des Gesetzgebers nach Möglichkeit in einem Termin zu Ende geführt werden soll. Die Aufzählung der möglichen Vorbereitungshandlungen in § 56 I ist nicht abschließend. Vielmehr kann der Vorsitzende alle gesetzlich zulässigen Maßnahmen ergreifen, die sachlich geboten sind, damit der Termin in einer Verhandlung zu Ende geführt werden kann. Die in § 56 I bezeichneten Maßnahmen stehen nicht im freien, sondern im pflichtgemäßen Ermessen des Vorsitzenden; er ist zur Vornahme der geeigneten Vorbereitungsmaßnahmen verpflichtet (LAG Berlin 24. 10. 1988 LAGE § 611 BGB Gefahrgeneigte Arbeit Nr. 6 = NZA 1989, 236; zutreffend GK-ArbGG/*Dörner* § 56 Rn. 6). Bei mehreren möglichen Maßnahmen besteht lediglich ein Beurteilungsermessen, welche Maßnahmen zunächst durchgeführt werden. Allerdings kann auf eine Verletzung der Vorbereitungspflicht ein Rechtsmittel allein nicht gestützt werden, ein fortgesetzter Verstoß gegen § 56 I kann aber Gegenstand von Maßnahmen der Dienstaufsicht sein (GK-ArbGG/*Dörner* § 56 Rn. 6).

3   **2. Richterliche Aufklärung.** Nach § 56 I Nr. 1 hat der Vorsitzende den Parteien die Ergänzung oder Erläuterung der bereits in ihren vorbereitenden Schriftsätzen angesprochenen Punkte aufzugeben (LAG Köln 30. 1. 1998 NZA 1998, 1284). Die aufklärungsbedürftigen Punkte sind genau zu bezeichnen (BAG 19. 6. 1980 AP ArbGG 1979 § 56 Nr. 1 = DB 1980, 2399; LAG Nürnberg 18. 12. 1989 LAGE § 56 ArbGG 1979 Nr. 1). Unzureichend ist daher die allg. Aufforderung zur Klage oder Klageerwiderung Stellung zu nehmen. Die Hinweispflicht betrifft auch den Vortrag der Parteien, der zur Durchführung einer Beweisaufnahme erforderlich ist. Hat zB eine beweisbelastete Partei die ladungsfähige Anschrift eines Zeugen nicht angegeben, ist sie regelmäßig auf die gebotene Vervollständigung der Angaben hinzuweisen (BVerfG 26. 10. 1999 AP GG Art. 103 Nr. 63 = NJW 2000, 945; LAG Frankfurt 17. 5. 1993 § 373 ZPO Nr. 3).

4   Zu den vorbereitenden Maßnahmen zählt auch die Anordnung über die Vorlegung von Urkunden und anderen zur Niederlegung bei Gericht geeigneten Gegenständen. Von der Befugnis der Vorsitzenden gedeckt sind auch **Anordnungen gegenüber Dritten**, soweit diese nach den §§ 142 bis 144 ZPO zulässig sind. Zwar ist § 56 I Nr. 1 im ZPO-RG redaktionell nicht an § 273 I Nr. 5 ZPO angeglichen worden, dieses Versäumnis beruht aber offenbar auf einem Versehen des Gesetzgebers. Aus der Gesetzesgeschichte wird jedenfalls nicht erkennbar, dass die Befugnisse nach der ZPO und dem ArbGG voneinander abweichen sollten. Eine Anordnung ist nur zulässig, wenn sich die Partei auf die Urkunden berufen hat (weitergehend LAG München 11. 11. 1977 EzB BBiG § 15 Abs. 3 Nr. 10 – Vorlage des Kündigungsschreibens auch wenn sich keine Partei darauf berufen hat). Die Vorlage von Personalakten kommt nur mit Einverständnis der Parteien in Betracht (BAG 13. 2. 1974 AP BAT § 70 Nr. 4). Hat das Gericht Prozessakten nur zur Information und Ergänzung des beiderseitigen Parteivorbringens bezogen, entsteht keine Beweisgebühr (LAG Düsseldorf 5. 8. 1982 LAGE § 31 BRAGO Nr. 5).

3. Auskunft von Behörden und persönliches Erscheinen. Der Vorsitzende kann Behörden oder 5
Träger eines öffentl. Amtes um Mitteilung von Urkunden oder um Erteilung amtlicher Auskünfte
ersuchen (§ 55 I Nr. 2) und das persönliche Erscheinen von Parteien anordnen (§ 56 I Nr. 3, dazu
ausführlich § 51 Rn. 2 ff.). Allein für die prozessleitende Einholung einer amtlichen Auskunft oder die
Anordnung des persönlichen Erscheinens einer Partei entsteht noch keine Beweisgebühr (LAG Frankfurt 12. 2. 1999 LAGE § 31 BRAGO Nr. 22; LAG Nürnberg 3. 3. 1998 JurBüro 1998, 361 – unterbliebene Parteivernehmung).

4. Zeugen und Sachverständige. Nach § 55 I Nr. 4 soll der Vorsitzende im Interesse der Verfah- 6
rensbeschleunigung die Beweisaufnahme vor der Kammer vorbereiten. Hierzu kann er Sachverständige und Zeugen laden, letztere jedoch nur, soweit sich eine Partei auf sie bezogen hat. Mit der Ladung
ist ihnen in Hinblick auf etwaige Zeugnisverweigerungsrechte oder erforderliche Aussagegenehmigungen der voraussichtliche Gegenstand der Vernehmung mitzuteilen, anderenfalls kann bei Ausbleiben
des Zeugen ein Ordnungsgeld gegen ihn nicht verhängt werden (BAG 29. 10. 1980 AP BAT 1975
§§ 22, 23 Nr. 41). Die Angabe eines genauen Beweisthemas ist bei einer Ladung nach § 56 I nicht
erforderlich (§ 358 ZPO) und vielfach wegen der notwendigen Unvorgenommenheit des Zeugen auch
nicht geboten. In geeigneten Fällen sind die Zeugen mit der vorbereitenden Ladung aufzufordern,
aussageerleichternde Unterlagen, die sich in ihrem Besitz befinden, zum Termin mitzubringen (§ 378
ZPO). Eine Ladung von Zeugen hat zu unterbleiben, wenn die entscheidungserheblichen Tatsachen
unstreitig sind, weil sie zB im Gütetermin zugestanden worden sind (BAG 28. 4. 1982 AP BAT 1975
§§ 22, 23 Nr. 60). Allerdings sind die Auslagen für vorbereitend geladene Zeugen auch zu erheben,
wenn sie unvernommen entlassen werden (LAG Schleswig-Holstein 29. 4. 1997 – 4 Ta 33/97 – juris).
Auch durch die vorbereitende Ladung von Zeugen bzw. Sachverständigen entsteht noch keine Beweisgebühr (LAG Nürnberg 23. 10. 1995 JurBüro 1996, 263; LAG Düsseldorf 5. 8. 1982 LAGE § 31
BRAGO Nr. 5; LAG Hamm 21. 10. 1971 NJW 1972, 1685).

5. Rechtliches Gehör. Von den getroffenen Maßnahmen sind die Parteien zu benachrichtigen (§ 56 7
I 3). Die Parteien sollen sich auf die getroffenen Maßnahmen einrichten können. Dies entspricht dem
Grundsatz des rechtlichen Gehöres.

III. Zurückweisung von Parteivorbringen

1. Nichtzulassung von nicht fristgemäßem Parteivorbringen. Nach § 56 II 1 sind Angriffs- oder 8
Verteidigungsmittel, die erst nach Ablauf einer nach § 56 I 2 Nr. 1 gesetzten Frist vorgebracht werden,
nur zuzulassen, wenn nach der freien Überzeugung des Gerichtes ihre Zulassung die Erledigung des
Rechtsstreits nicht verzögern würde oder wenn die Partei die Verzögerung genügend entschuldigt. Die
Partei ist mit dem Vorbringen nach dem Gesetzeswortlaut bereits dann ausgeschlossen, wenn die
Voraussetzungen vorliegen; ein **Ermessensspielraum** ist nicht vorgesehen. Das BVerfG sieht in der
Nichtberücksichtigung von Vorbringen keinen Verstoß gegen den Grundsatz des rechtlichen Gehörs,
wenn es aus Gründen des formellen Rechts nicht berücksichtigt wird (BVerfG 3. 8. 1989 AP GG
Art. 103 Nr. 40; 2. 7. 1979 AP GG Art. 103 Nr. 31).

Angriff- und **Verteidigungsmittel** sind alle tatsächlichen Behauptungen oder deren Bestreiten, die 9
Erhebung von Einwendungen und Einreden sowie das Vorbringen von Beweismitteln und Beweiseinreden (§ 282 I ZPO), ferner Verzicht und Anerkenntnis. Auch bei der Anfechtung (BAG 9. 11.
1983 AP ZPO § 340 Nr. 3 = NZA 85, 130) und Aufrechnung (BGH 30. 5. 1984 NJW 1984, 1964)
handelt es sich um Verteidigungsmittel, wenn die zugrunde liegenden Tatsachen in das Verfahren
eingeführt werden (dazu auch § 67 Rn. 9). Angriffs- und Verteidigungsmittel sind nicht der Angriff
oder die Verteidigung selbst wie zB die Klage, Klageerweiterung, Klageänderung, Widerklage, der
Antrag auf Auflösung des Arbeitsverhältnisses (§ 9 KSchG) oder die Äußerung von Rechtsansichten.
Zu unstreitigem Vorbringen Rn. 11.

Voraussetzung der Nichtzulassung ist eine wirksame **Auflage** nach § 56 I 2 Nr. 1. Es muss dem- 10
entspr. eine fristgebundene Auflage unter Bezeichnung der klärungsbedürftigen Punkte gesetzt worden sein. Nicht ausreichend ist es, wenn einer Partei lediglich aufgegeben wird, auf das Vorbringen der
Gegenseite fristgebunden zu erwidern (BAG 19. 6. 1980 AP ArbGG 1979 § 56 Nr. 1 = DB 1980, 2399;
BGH 15. 3. 1990 NJW-RR 1990, 856). Eine Ausnahme gilt nur dann, wenn die Einzelnen klärungsbedürftigen Punkte vorher im Rahmen der Erörterung der Sach- und Rechtslage genau bezeichnet und
im Protokoll so festgehalten wurden, dass kein Zweifel über den Inhalt der Auflage besteht (LAG
Nürnberg 18. 12. 1989 LAGE § 56 ArbGG 1979 Nr. 1). Die Anordnung ist mit vollem Namen des
Richters zu unterzeichnen (LAG Hamm 22. 7. 1982 LAGE § 340 ZPO Nr. 2). Sofern sie nicht in
einem Termin verkündet worden ist, ist sie den Parteien zuzustellen (§ 329 II ZPO). Die Frist muss
angemessen sein, ansonsten kann das Vorbringen nicht zurückgewiesen werden. Auch eine anwaltlich
vertretene Partei ist über die Rechtsfolgen verspäteten Vorbringens zu belehren, allerdings genügt in
diesem Fall der Hinweis auf die gesetzlichen Vorschriften (LAG Schleswig-Holstein 12. 1. 1989
NJW-RR 1989, 441). Die Belehrung kann mündlich erfolgen, wenn die Auflage im Termin verkündet
wird; anderenfalls ist die Belehrung mit der Fristsetzung zuzustellen (§ 329 II ZPO).

11 Die Partei ist nur mit solchen Angriffs- oder Verteidigungsmitteln ausgeschlossen, wenn bei deren Berücksichtigung eine **Verzögerung des Rechtsstreits** einträte. Unstreitiges oder unerhebliches Vorbringen führt niemals zu einer Verzögerung und darf nicht ausgeschlossen werden. Eine Verzögerung liegt nur vor, wenn der Rechtsstreit bei Zulassung länger dauern würde als bei Nichtzulassung des Vortrages. Dies ist nicht der Fall, wenn der Rechtsstreit bei Zulassung gleich lang dauern würde (es ist ohnehin ein weiterer Termin erforderlich), sondern nur, wenn ein neuer, ansonsten nicht erforderlicher Termin durchzuführen ist. Ob auch in der Einräumung eines Schriftsatznachlasses (§ 283 ZPO) und der deshalb notwendigen Anberaumung eines Verkündungstermins eine Verzögerung liegen kann, ist umstritten. Dies ist zu bejahen, wenn ansonsten eine Entscheidung noch am gleichen Tag verkündet worden wäre (LAG Köln 2. 6. 1995 LAGE § 67 ArbGG 1979 Nr. 4; aA BAG 2. 3. 1989 AP BGB § 130 Nr. 17 = NJW 1989, 2213 = NZA 1989, 635; vgl. BGH 26. 11. 1984 NJW 1985, 1556; dazu auch § 46 Rn. 6).

12 Verspätetes Vorbringen ist stets zu berücksichtigen, wenn die Verzögerung auf einer **Fehlleistung des Gerichtes** beruht. Das Gericht ist bei nicht fristgemäßem Vorbringen aus rechtsstaatlichen Gründen gehalten, alle ihm zur Verfügung stehenden Maßnahmen zu ergreifen, um die Verzögerung zu verhindern (BVerfG 21. 2. 1990 NJW 1990, 2373). In Betracht kommt zB die Einräumung einer zusätzlichen Schriftsatzfrist vor dem Termin oder eine Zeugenladung im Wege prozessleitender Verfügung. Ein Zeitraum von zehn Tagen zwischen Eingang des Schriftsatzes und Termin ist dafür noch als ausreichend angesehen worden (BAG 23. 11. 1988 AP TVG § 1 Tarifverträge: Bau Nr. 104 = NJW 1989, 1236 = NZA 1989, 436). Bleibt der vorbereitend geladene Zeuge unentschuldigt oder entschuldigt dem Termin fern, soll eine Zurückweisung unzulässig sein (BGH 19. 10. 1988 NJW 1989, 719; 23. 4. 1986 NJW 1986, 2319). Dem ist dann nicht zu folgen, wenn das Ausbleiben des Zeugen auf der zu kurzfristigen Ladung beruht. Anderseits ist das Gericht nicht gehalten, Eilmaßnahmen zu ergreifen (GMP/*Germelmann* § 56 Rn. 26; GK-ArbGG/*Dörner* § 56 Rn. 38; *Hauck/Helml* § 56 Rn. 14). Keine Verzögerung tritt ein, wenn die Partei einen Zeugen zum Termin mitbringt. Dagegen kommt es zu einer Verzögerung, wenn Gegenzeugen geladen und vernommen werden müssen oder der Partei Schriftsatznachlass zur Glaubwürdigkeit des Zeugen einzuräumen ist (LAG Köln 2. 6. 1995 LAGE § 67 ArbGG 1979 Nr. 4).

13 Verspätetes Vorbringen, das die Entscheidung verzögert, muss berücksichtigt werden, wenn die Verspätung genügend **entschuldigt** wird. Der Partei wird ein Verschulden ihres Prozessbevollmächtigten zugerechnet (§ 85 II ZPO). Zuzulassen ist der Vortrag, wenn überhaupt kein Verschulden vorliegt sowie dann, wenn vernünftige Entschuldigungsgründe bestehen, zB Erkrankung oder Überlastung der Partei oder ihres Vertreters, Urlaub, Verzögerung der Postlaufzeit oder in jedem Fall bei Verschulden des Gerichtes. Das Gericht darf ein verspätetes Vorbringen nicht wegen Unglaubwürdigkeit des vorgetragenen Entschuldigungsgrundes zurückweisen, ohne dass es die Partei zur Glaubhaftmachung aufgefordert (§ 296 IV ZPO analog, Rn. 16) und ihr dazu binnen einer regelmäßig kurzen Frist in angemessener Weise Gelegenheit gegeben hat (BGH 10. 3. 1986 NJW 1986, 3193).

14 **2. Entscheidung.** Vor der Nichtzulassung von Parteivorbringen nach § 56 II ist der Partei stets (auch bei Schriftsatznachlass § 46 Rn. 6) rechtliches Gehör zu gewähren, dabei ist auf die Verzögerung und die Möglichkeit der Entschuldigung hinzuweisen. Die zurückweisende Entscheidung erfolgt idR zusammen mit der Endentscheidung, bei der das Vorbringen der Partei so darzustellen und zu berücksichtigen ist, als ob diese den Sachverhalt nicht vorgetragen hätte (BGH 17. 4. 1996 NJW-RR 1996, 961). Zurückgewiesen werden kann aber nur tatsächliches Vorbringen, nicht der Angriff oder die Verteidigung selbst. Auch die Zulassung des Vorbringens wird nicht bes. dargestellt. Die Nichtzulassung ist nur mit der Endentscheidung anfechtbar. Ist diese unanfechtbar, kommt die Einlegung einer Verfassungsbeschwerde in Betracht. Die Kontrolle der Fachgerichte durch das BVerfG bei der Zurückweisung von Vorbringen geht dabei über eine bloße Willkürkontrolle hinaus (BVerfG 26. 10. 1999 AP GG Art. 103 Nr. 63 = NJW 2000, 945). Hat das ArbG zu Recht Vorbringen nicht zugelassen, ist die Partei auch in der Berufungsinstanz damit ausgeschlossen (§ 67 I). Die Zulassung verspäteten Vorbringens ist gleichfalls nicht anfechtbar, selbst wenn sie zu Unrecht erfolgt ist, da die Verzögerung ohnehin nicht eingetreten ist.

15 **3. Konkurrenzen.** § 56 II ist gegenüber §§ 273, 296 I ZPO Spezialregelung. Diese finden daher keine Anwendung, lediglich § 340 III 3 ZPO verweist für die Einspruchsschrift auf § 296 I ZPO (LAG Düsseldorf 17. 2. 1989 LAGE § 340 ZPO Nr. 3; LAG Berlin 12. 12. 1988 LAGE § 340 ZPO Nr. 4). Neben § 56 II gilt jedoch § 296 II ZPO, da die Parteien auch im Urteilsverfahren die allg. **Prozessförderungspflicht** (§ 282 I, II ZPO) haben (LAG Köln 10. 7. 1984 LAGE § 528 ZPO Nr. 2). Im Unterschied zu § 56 II kommt eine Zurückweisung von Vorbringen nach § 296 II auch in Betracht, wenn eine Fristsetzung für die schriftsätzlichen Erklärungen einer Partei unterblieben ist. Voraussetzung ist jedoch, dass *(1)* entweder Sachvortrag oder Beweismittel verspätet vorgebracht werden, *(2)* die andere Partei das Vorbringen sofort oder in einem nachgelassenen Schriftsatz rechtswirksam bestreitet, *(3)* es zu einer Verzögerung des Rechtsstreits kommt (zum Verzögerungsbegriff Rn. 11) und *(4)* die Verspätung auf grober Nachlässigkeit beruht. Grob nachlässig handelt eine Partei nur, wenn sie ihre Prozessförderungspflicht in bes. hohem Maße vernachlässigt, sie also dasjenige

unterlässt, was nach dem Stand des Verfahrens jeder Partei als notwendig hätte einleuchten müssen (BGH 24. 9. 1986 NJW 1987, 501). Das Vorliegen des erforderlichen Verschuldensmaßstabs muss das Gericht positiv feststellen (BVerfG 29. 11. 1990 NJW 1991, 2275). Für das Vorliegen einer groben Nachlässigkeit kann aber bei einem objektiv schwerwiegenden Verstoß gegen die allg. Prozessförderungspflicht eine Vermutung sprechen, die dann von der Partei zu entkräften ist (Zöller/*Greger* § 296 Rn. 30). Anders als nach § 56 II steht der Ausschluss von Vorbringen nach § 296 II ZPO im Ermessen des Gerichts, er ist auch bei nicht mehr mit ordentlichen Rechtsmitteln anfechtbaren Entscheidungen stets zu begründen.

Gleichfalls nicht durch § 56 II verdrängt wird § 296 III ZPO, wenn auch die Regelung im arbeitsgerichtlichen Verfahren kaum von praktischer Bedeutung ist (zur sog. Ausländersicherheit, § 110 ZPO LAG Frankfurt 9. 2. 1998 ARST 1999, 141). Auch § 296 IV ZPO findet Anwendung im arbeitsgerichtlichen Verfahren, da § 56 II insoweit eine Regelungslücke enthält. Das Gericht kann daher verlangen, dass die **Entschuldigungsgründe glaubhaft** gemacht werden. Vorbringen, dass nach Schluss der mündlichen Verhandlung erfolgt, kann nicht ausgeschlossen werden, da es ohnehin nach § 296 a ZPO unberücksichtigt bleibt. Zur Wiedereröffnung der mündlichen Verhandlung s. § 46 Rn. 5. 16

4. Vermeidung der Zurückweisung. Eine Partei kann die Zurückweisung von Vorbringen verhindern, wenn sie im Termin zur mündlichen Verhandlung auf eine Antragstellung verzichtet (**Flucht in die Säumnis**). Zwar kann in diesem Fall auf Antrag des Gegners Versäumnisurteil ergehen, das vorläufig vollstreckbar ist; die Partei kann ihr bisheriges Vorbringen in der Einspruchsbegründung ergänzen oder auf den bereits erfolgten Vortrag Bezug nehmen. Allerdings hat die Partei keinen Anspruch auf eine Terminsbestimmung, durch die eine Verzögerung vermieden wird. Jedoch darf bei einer aus sachwidrigen Gründen vorgenommenen kurzeitigen Terminierung keine Zurückweisung erfolgen (dazu LAG Berlin 12. 12. 1988 LAGE § 340 ZPO Nr. 4), ebenso ist das Gericht auch bei einem knappen Zeitrahmen verpflichtet, alle zumutbaren Maßnahmen zur Durchführung einer Beweisaufnahme zu treffen (Rn. 12). 17

Nach wie vor möglich ist im arbeitsgerichtlichen Verfahren das Zurückhalten von Tatsachenvortrag und seine Einführung erst in der zweiten Instanz (**Flucht in die Berufung**). Eine Zurückweisung von Tatsachen, die erstmals in der Berufungsbegründung bzw. -erwiderung vorgebracht worden sind, ist nur möglich, wenn ihre Berücksichtigung zu einer Verzögerung des Berufungsverfahrens führen würde und/oder die Partei die Verspätung nicht genügend entschuldigt oder das Vorbringen in der Vorinstanz aus grober Nachlässigkeit unterblieben ist (§ 67 II, III); § 531 II Nr. 3 ZPO gilt für das Verfahren vor dem LAG nicht. 18

Schließlich kann der Kläger durch eine Änderung seines Antrags und der Beklagte durch **Erhebung einer Widerklage** die Entscheidung hinauszögern, wenn die Änderung der jeweiligen Anträge im Termin erfolgt. Der Präklusion unterliegen nur die Angriffs- und Verteidigungsmittel, nicht aber der Angriff selber; von einem Ausschluss kann daher nur der den Anträgen zu Grunde liegende Tatsachenvortrag bzw. das Beweisangebot erfasst werden. Zwar kann das Gericht grds. durch Teilurteil (§ 301 ZPO) entscheiden, dies setzt aber voraus, dass Entscheidungsreife hinsichtlich eines selbständigen prozessualen Anspruchs besteht. Hieran fehlt es, wenn die Klageforderung nur betragsmäßig erhöht wird, der vom Kläger verfolgte Anspruch aber unverändert erhalten bleibt (BGH 26. 4. 1989 NJW 1989, 2821). Entsprechendes gilt für die Widerklage; grds. darf über Klage und Widerklage nur gemeinsam entschieden werden, wenn sie einen einheitlichen Gegenstand betreffen. Eine Entscheidung durch Teilurteil ist nur zulässig, wenn die Gefahr widersprüchlicher Entscheidungen im Teil- und Schlussurteil ausgeschlossen ist (BGH 28. 11. 2002 NJW-RR 2003, 303 = DB 2003, 553; 15. 6. 1991 NJW 1991, 2699). 19

§ 57 Verhandlung vor der Kammer

(1) ¹**Die Verhandlung ist möglichst in einem Termin zu Ende zu führen.** ²**Ist das nicht durchführbar, insbesondere weil eine Beweisaufnahme nicht sofort stattfinden kann, so ist der Termin zur weiteren Verhandlung, die sich alsbald anschließen soll, sofort zu verkünden.**
(2) **Die gütliche Erledigung des Rechtsstreits soll während des ganzen Verfahrens angestrebt werden.**

1. Geltungsbereich. Die Vorschrift soll zur Beschleunigung des Verfahrens beitragen, aber auch die bes. Pflicht des Gerichts zur Herbeiführung einer gütlichen Beilegung des Rechtsstreits hervorheben. Sie gilt kraft ausdrücklicher Bezugnahme im Berufungs- (§ 64 VII) bzw. Revisionsverfahren (§ 72 VI) sowie im gesamten Beschlussverfahren (§§ 80 II, 87 II, 92 II). Damit ist klargestellt, dass nicht nur im Gütetermin sondern auch in der streitigen Verhandlung vorrangig eine gütliche Beilegung des Rechtsstreites angestrebt werden soll. Das entspricht § 278 I ZPO und der Kostenprivilegierung von Vergleichen (Gebührenverzeichnis Nr. 9112 zu § 12 I). 1

2. Vertagung. Das ArbGG enthält keine Sonderregelungen über die mündliche Verhandlung, deren Ablauf sich daher nach den §§ 136, 137 ZPO richtet. Das Verfahren ist grds. im ersten Kammertermin 2

Koch

zu Ende zu führen (§ 57 I 1). Ist dies nicht möglich, weil zB eine Beweisaufnahme nicht stattfinden kann, ist der Fortsetzungstermin sofort festzusetzen und zu verkünden. Einer bes. Ladung der anwesenden Parteien bedarf es dann nicht mehr. Neben der Unmöglichkeit einer sofortigen Beweisaufnahme kommt als Vertagungsgrund noch die Erforderlichkeit einer ergänzenden Stellungnahme auf Grund neuer rechtlicher oder tatsächlicher Umstände oder das entschuldigte Ausbleiben einer persönlich geladenen Partei in Betracht. Keine Vertagungsgründe sind die mangelhafte Vorbereitung einer Partei oder ihres Prozessbevollmächtigten (§ 227 ZPO). Die neue Verhandlung soll alsbald stattfinden. Ist ein erneuter Auflagenbeschluss erforderlich, ist auch dieser sofort zu verkünden. Etwas anderes gilt nur, wenn die Kammer seine Abfassung dem Vorsitzenden übertragen hat. Wird ein Termin zur Verkündung einer Entscheidung bestimmt, ist dies keine Vertagung (§ 310 ZPO). Die Vertagung eines Termins ist grds. nicht anfechtbar. Eine Ausnahme gilt nur, wenn die Vertagung einer Aussetzung des Verfahrens gleichkommt (LAG Köln 12. 9. 1995 LAGE § 57 ArbGG 1979 Nr. 1; LAG Baden-Württemberg 12. 7. 1985 NZA 1985, 636; 24. 9. 1985 NZA 1986, 338).

§ 58 Beweisaufnahme

(1) ¹Soweit die Beweisaufnahme an der Gerichtsstelle möglich ist, erfolgt sie vor der Kammer. ²In den übrigen Fällen kann die Beweisaufnahme, unbeschadet des § 13, dem Vorsitzenden übertragen werden.

(2) ¹Zeugen und Sachverständige werden nur beeidigt, wenn die Kammer dies im Hinblick auf die Bedeutung des Zeugnisses für die Entscheidung des Rechtsstreits für notwendig erachtet. ²Im Falle des § 377 Abs. 3 der Zivilprozeßordnung ist die eidesstattliche Versicherung nur erforderlich, wenn die Kammer sie aus dem gleichen Grunde für notwendig hält.

1 **1. Geltungsbereich.** Die Vorschrift regelt nur die wenigen arbeitsgerichtlichen Besonderheiten des Beweisrechts und gilt sowohl im Berufungsverfahren (§ 64 VII) als auch im Beschlussverfahren (§ 80 II). Im Revisions- und Rechtsbeschwerdeverfahren ist § 58 nicht anzuwenden, da es in den §§ 72 IV, 92 II insoweit an einer Verweisung fehlt. Im Übrigen gelten nach § 46 II die allg. Vorschriften der ZPO.

2 **2. Allgemeines.** Die allg. Grundlagen des Beweisrechts sind in den §§ 284 bis 294 ZPO geregelt. Hervorzuheben ist der Grundsatz der freien Beweiswürdigung (§ 286 ZPO), der auch im arbeitsgerichtlichen Verfahren gilt. Die allg. Vorschriften zu Durchführung der Beweisaufnahme enthalten die §§ 355 bis 370 ZPO. Zulässig sind im arbeitsgerichtlichen Verfahren die selben Beweismittel wie im Zivilprozess: Augenschein (§§ 371 bis 372 a ZPO), Zeugen (§§ 373 bis 402 ZPO), Sachverständige (§§ 402 bis 414 ZPO), Urkunden (§§ 415 bis 444 ZPO) und Parteivernehmung (§§ 445 bis 455 ZPO). Die §§ 478 bis 484 ZPO enthalten die allg. Regeln zur Vereidigung, von denen § 58 II tw. abweicht (dazu unten Rn. 5). Das selbständige Beweisverfahren, das in den §§ 485 bis 494 a ZPO geregelt ist, ist auch im arbeitsgerichtlichen Verfahren anwendbar.

3 **3. Besonderheiten des arbeitsgerichtlichen Verfahrens.** § 58 I ordnet an, dass die Beweisaufnahme stets vor der Kammer zu erfolgen hat, wenn diese im Gericht möglich ist. Damit folgt die Vorschrift dem Grundsatz der Unmittelbarkeit des Verfahrens. Davon werden Ausnahmen zugelassen. Die Kammer kann sich des Rechts und der Pflicht der gemeinsamen Beweisaufnahme begeben, muss sie an einem Ort stattfinden muss, etwa bei einer sog. Ortsbesichtigung (Augenschein). Daneben kann der Vorsitzende ohne Beteiligung der ehrenamtlichen Richter auch die Beweisaufnahme durch den ersuchten Richter (§ 13) anordnen (§ 55 IV Nr. 1).

4 Im Allg. wird angenommen, dass die Kammer, vor der die Beweisaufnahme stattgefunden hat, nicht in der selben **Besetzung**, dh. mit denselben ehrenamtlichen Richtern, die instanzabschließende Entscheidung treffen muss (GMP/*Prütting* § 58 Rn. 46). Das widerspricht dem Grundsatz der Unmittelbarkeit und unterläuft dessen Sinn des § 58 I 1. Allerdings muss die Hinzuziehung der gleichen ehrenamtlichen Richter zwingend im Geschäftsverteilungsplan des Gerichts geregelt sein; die Hinzuziehung allein durch Beschluss der Kammer ist unzulässig, dazu § 31 Rn. 6.

5 Sowohl im Zivilprozess als auch im arbeitsgerichtlichen Verfahren werden Zeugen und Sachverständige regelmäßig nicht **vereidigt**. Anders als im Zivilprozess (§ 391 ZPO) ist im arbeitsgerichtlichen Verfahren eine Vereidigung nur zulässig, wenn die Bedeutung der Aussage für den Rechtsstreit dies erfordert, nicht aber, zur Herbeiführung einer wahren Aussage. Die für den Zivilprozess wohl streitige Frage, ob bei einer schriftlichen Beantwortung einer Beweisfrage die eidesstattliche Versicherung als Aussagebekräftigung an Stelle eines Eides zulässig ist oder nicht, wird für das arbeitsgerichtliche Verfahren durch § 58 II 2 entschieden. Danach ist diese möglich, aber nur erforderlich, wenn *(1)* die Kammer dies beschließt und *(2)* wegen der Bedeutung des Aussage für den Rechtsstreit

§ 59 Versäumnisverfahren

¹ Gegen ein Versäumnisurteil kann eine Partei, gegen die das Urteil ergangen ist, binnen einer Notfrist von einer Woche nach seiner Zustellung Einspruch einlegen. ² Der Einspruch wird beim Arbeitsgericht schriftlich oder durch Abgabe einer Erklärung zur Niederschrift der Geschäftsstelle eingelegt. ³ Hierauf ist die Partei zugleich mit der Zustellung des Urteils schriftlich hinzuweisen. ⁴ § 345 der Zivilprozeßordnung bleibt unberührt.

I. Allgemeines

Die Vorschrift regelt Teilbereiche des Versäumnisverfahrens. Soweit in ihr keine Sonderregelungen enthalten sind, gelten über § 46 II 1 die §§ 330 bis 347 ZPO für das Verfahren vor dem ArbG entspr. Ausgenommen sind §§ 331 III, 335 I Nr. 4 ZPO, weil es kein schriftliches Vorverfahren gibt (§ 46 II 2). Nach § 64 VII gilt § 59 auch im Berufungsverfahren. Dagegen wird für das Revisionsverfahren in § 72 VI nicht auf § 59 Bezug genommen. Versäumnisurteile des BAG sind nach den §§ 555, 330 ff. ZPO für vorläufig vollstreckbar zu erklären (BAG 28. 10. 1981 AP ZPO § 522a Nr. 6 = NJW 1982, 1175). Im Beschlussverfahren findet kein Säumnisverfahren statt (§ 83 IV 2). 1

II. Voraussetzungen des Versäumnisurteils

1. Säumnis. Ein Versäumnisurteil darf nur ergehen, wenn die allg. Prozessvoraussetzungen gegeben sind und die säumige Partei zum Termin ordnungsgemäß unter Wahrung der Ladungs- und Einlassungsfristen geladen worden ist. Nicht statthaft ist der Erlass eines Versäumnisurteils bei Säumnis in einem Verkündungstermin oder wenn ausschließlich eine Beweisaufnahme erfolgen soll, ebenso bei einer Zeugenvernehmung durch den ersuchten Richter. Gleiches gilt bei einer Verhandlung über einen Tatbestandsberichtigungsantrag oder wenn das Verfahren nach den §§ 239 ff. ZPO unterbrochen ist. Säumig ist eine Partei, wenn sie im Termin nicht erscheint oder im Termin nicht verhandelt (§ 333 ZPO). Verhandeln ist jede aktive Beteiligung an der Erörterung des Rechtsstreits vor Gericht. Dies ist jedes Verhandeln zur Sache, auch ein Verhandeln zu den Prozessvoraussetzungen (vgl. BGH 15. 12. 1992 NJW 1993, 861; OLG Bamberg 24. 8. 1995 NJW-RR 1996, 317), jedoch ist die Stellung eines Sachantrags unverzichtbar (BAG 4. 12. 2002 AP ZPO § 333 Nr. 1 = NZA 2003, 341). Dagegen liegt kein Verhandeln zur Sache vor, wenn nur Anträge zur Vertagung, Aussetzung, Trennung oder Verbindung von Rechtsstreitigkeiten gestellt werden oder eine Richterablehnung erfolgt. Regelmäßig ist ein Verhandeln gegeben, wenn (Sach-)Anträge gestellt werden (§ 297 ZPO) und auf das frühere Sachvorbringen verwiesen wird. Hat eine Partei im Termin zunächst verhandelt, dann aber nach der Beweisaufnahme keine Anträge mehr gestellt, liegt wegen der Einheit des Termins kein Fall der Säumnis vor (BGH 9. 10. 1974 NJW 1974, 2322). Dies gilt auf Grund der ausdrücklichen Regelung in § 334 ZPO auch, wenn eine Partei zwar in dem Termin verhandelt, sich jedoch über Tatsachen, Urkunden oder Anträge auf Parteivernehmung nicht erklärt, ein solches Verhalten kann aber nach § 138 ZPO für die Partei negative Folgen haben. 2

2. Echtes und unechtes Versäumnisurteil. Versäumnisurteil ist nur die gegen die säumige Partei auf Grund der Säumnis ergehende Entscheidung (sog. echtes Versäumnisurteil). Hiervon zu unterscheiden ist das unechte Versäumnisurteil, das bei Säumnis einer Partei gegen die erschienene Gegenpartei ergeht. Hier trifft das Gericht inhaltlich die gleiche Entscheidung, die es auch bei Erscheinen der säumigen Partei getroffen hätte (BAG 10. 6. 1988 AP BGB § 626 Ausschlussfrist Nr. 27 = NJW 1989, 733 = NZA 1989, 105), zB die Abweisung der Klage als unzulässig oder unbegründet. Ein echtes Versäumnisurteil enthält weder Tatbestand noch Entscheidungsgründe (§ 313 b ZPO), während das unechte Versäumnisurteil wie ein streitiges Urteil mit Tatbestand und Entscheidungsgründen abzufassen ist. Unterschiede bestehen auch in den Rechtsmitteln; nur gegen ein echtes Versäumnisurteil ist der Einspruch statthaft. Beim unechten Versäumnisurteil bestehen keine Unterschiede zu den ansonsten statthaften Rechtsmitteln, auch die Rechtsmittelbelehrung richtet sich nach § 9 V. 3

3. Versäumnisurteil gegen den Kläger. Auf Antrag des Beklagten wird gegen den nicht erschienenen Kläger die Klage abgewiesen (§ 330 ZPO). Der Antrag auf Erlass eines Versäumnisurteils liegt bereits im Abweisungsantrag. Liegen die allg. Prozessvoraussetzungen nicht vor und können sie auch nicht geheilt werden, ist die Klage unabhängig vom Antrag des Beklagten durch unechtes Versäumnisurteil als unzulässig abzuweisen (OLG München 16. 6. 1987 NJW-RR 1989, 1405). Auch gegen die Partei, an deren Prozessfähigkeit Zweifel bestehen, kann ein Versäumnisurteil nicht erlassen werden. Zunächst ist die Frage der Prozessfähigkeit zu klären (BAG 28. 2. 1974 AP ZPO § 56 Nr. 4). 4

4. Versäumnisurteil gegen den Beklagten. Auf Antrag des Klägers wird gegen den Beklagten nur dann ein Versäumnisurteil erlassen, wenn sein tatsächliches mündliches Vorbringen den Klageantrag rechtfertigt. Wegen der Säumnis gilt das tatsächliche mündliche Vorbringen des Klägers als zugestanden (§ 331 I 1 ZPO). Die Klage muss daher „schlüssig" sein. Hat der Kläger rechtshindernde oder rechtsvernichtende Einwände als unstreitig vorgetragen, ist die Klage unschlüssig, weshalb kein Ver- 5 säumnisurteil ergehen kann (BAG 14. 6. 1994 AP BGB § 196 Nr. 15 = NZA 1995, 1056; OLG Düsseldorf 5. 2. 1991 NJW 1991, 2089). Die Geständnisfiktion erfasst nicht die Tatsachen, die die Zuständigkeit des Gerichts auf Grund der Gerichtsstände des Erfüllungsortes oder der Gerichtsstandsvereinbarung begründen (§§ 331, 29 II, 38 ZPO). Diese sind vom Kläger nachzuweisen. Soweit die Klage schlüssig ist und die Tatsachen zugestanden bzw. in erforderlichem Umfang nachgewiesen sind, ist dem Antrag stattzugeben. Soweit dies nicht der Fall ist, ist die Klage abzuweisen (§ 331 II ZPO).

6   **5. Zurückweisung des Antrages auf Erlass eines Versäumnisurteils. a) Gesetzliche Hinderungsgründe.** Der Antrag auf Erlass eines Versäumnisurteils oder einer Entscheidung nach Lage der Akten (§ 331a ZPO, dazu auch § 55 Rn. 4) ist zurückzuweisen, wenn ein Hinderungsgrund aus § 335 I ZPO besteht. Dies ist zunächst der Fall, wenn die erschienene Partei den Nachweis für das Vorliegen der allg. Prozessvoraussetzungen oder der bes. Zulässigkeitsvoraussetzungen für ein Versäumnisurteil nicht erbringen kann (§ 335 I Nr. 1, dazu Rn. 2, 5). Steht ihr Fehlen endgültig fest, ist die Klage durch unechtes Versäumnisurteil abzuweisen. Der Antrag ist nach § 335 I Nr. 2 ZPO auch zurückzuweisen, wenn aus den Akten nicht festgestellt werden kann, dass die säumige Partei ordnungsgemäß geladen worden ist (LAG Hamm 18. 2. 1981 LAGE § 345 ZPO Nr. 2). Gleiches gilt, wenn ihr ein entscheidungserhebliches tatsächliches mündliches Vorbringen oder ein Sachantrag nicht rechtzeitig mittels Schriftsatz mitgeteilt worden ist (§ 335 I Nr. 3 ZPO). Dies wird auch für neue Beweismittel gelten (vgl. OLG Frankfurt 25. 11. 1992 FamRZ 1993, 1467). Einer Mitteilung bedarf es dann nicht, wenn der Tatsachenvortrag bereits in einer früheren Verhandlung erfolgt ist. Ein Versäumnisurteil kann auch auf einen im Termin geänderten Antrag ergehen, wenn dieser durch die Umstellung ermäßigt wird. § 335 I Nr. 3 gilt nur für ein Versäumnisurteil gegen den Beklagten, da ein Versäumnisurteil gegen den Kläger bzw. Rechtsmittelführer bereits dann ergeht, wenn dieser im Termin nicht erscheint.

7   **b) Sonstige Hinderungsgründe.** Nach § 337 ZPO ist der Erlass eines Versäumnisurteils auch bei einer **zu kurz bemessenen Einlassungs- und Ladungsfrist** (§§ 226, 239 III, 274 III ZPO; § 47 Rn. 2) unzulässig oder wenn die Partei **ohne ihr Verschulden** am Erscheinen verhindert war. Unverschuldet ist eine kurzfristig aufgetretenen Krankheit, eine Autopanne (BAG 19. 10. 1971 AP ZPO § 337 Nr. 3 = NJW 1972, 790; LAG Köln 6. 10. 1997 LAGE § 513 ZPO Nr. 13; einschränkend BGH 19. 11. 1998 NJW 1999, 724 für widrige Verkehrsverhältnisse), das Übersehen eines Benachrichtigungszettels bei Niederlegung der Ladung zur Post (LAG Baden-Württemberg 24. 3. 1983 EzA ZPO § 513 Nr. 6) oder wenn sie zuvor mitteilt hat, sie sei mittellos und könne die Reisekosten nicht bezahlen (LAG Hessen 30. 5. 1994 NZA 1995, 239). Bei Rechtsanwälten kann auch ein Nichterscheinen als unverschuldet gelten, wenn der gegnerische Anwalt entgegen einer Zusage im Versäumnisurteil nimmt (OLG Karlsruhe 19. 12. 1973 NJW 1974, 1096; zur Verfassungswidrigkeit von § 13 BRAO BVerfG 14. 12. 1999 AP ZPO § 337 Nr. 4 = NJW 2000, 347), bei einem Gericht die Übung besteht, bei einem durch einen Verbandsvertreter oder Rechtsanwalt vertretenen Partei eine gewisse Zeitspanne zu warten (BGH 9. 10. 1975 NJW 1976, 1096 – 15 Minuten) oder ein Prozesskostenhilfegesuch bisher nicht oder erst unmittelbar vor dem Termin beschieden worden ist (OLG Brandenburg 27. 2. 2001 NJW-RR 2002, 285; aA OLG Koblenz 15. 6. 1989 NJW 1990, 382). Die Säumnis ist verschuldet, wenn ein Vertreter bei Anordnung des persönlichen Erscheinens berechtigt zurückgewiesen und auf diese Folgen zuvor hingewiesen worden ist (LAG Hamm 18. 2. 1981 LAGE § 345 ZPO Nr. 2). Ebenso ist das Gericht nicht gehindert, ein Versäumnisurteil zu erlassen, wenn eine Partei vor dem Termin Vertagung beantragt hat und dieser Antrag noch nicht beschieden ist (LAG Berlin 23. 10. 1969 AP ZPO § 337 Nr. 2).

8   **6. Rechtsbehelfe.** Erlässt das Gericht ein Versäumnisurteil, ist der Einspruch (Rn. 9 ff.) unabhängig davon gegeben, ob ein Fall der Säumnis vorgelegen hat (BGH 11. 5. 1994 NJW-RR 1995, 257; 3. 12. 1993 NJW 1994, 665 – keine Berufung). Weist das Gericht den Antrag auf Erlass eines Versäumnisurteils zurück, ist die nicht erschienene Partei zu dem neuen Termin zu laden (§§ 335 II, 337 Satz 2 ZPO). Wird der Antrag auf Erlass eines Versäumnisurteils zurückgewiesen, findet hiergegen die sofortige Beschwerde statt (§ 336 I 1 ZPO). Wird hierauf der zurückweisende Beschluss aufgehoben, ist die nicht erschienene Partei zu dem neuen Termin nicht zu laden (§ 336 I 2 ZPO).

III. Einspruch

9   **1. Statthaftigkeit des Einspruches, Einspruchsfrist.** Die Partei, gegen die ein Versäumnisurteil erlassen ist, steht gegen ein echtes Versäumnisurteil der Einspruch zu (§§ 59, 338 ZPO). Da über den Einspruch dieselbe Instanz entscheidet, ist der Einspruch mangels Devolutiveffekt ein Rechtsbehelf. Zu den Rechtsmitteln gegen ein unechtes Versäumnisurteil Rn. 8 sowie § 64 Rn. 5 f.; § 72 Rn. 4. Die Einspruchsfrist ist gegenüber dem Zivilprozess im Interesse der Verfahrensbeschleunigung verkürzt und beträgt eine Woche. Die Fristberechnung erfolgt nach § 222 ZPO, §§ 187 ff. BGB. Die Einspruchsfrist endet daher an dem Tag der folgenden Woche, der nach seiner Benennung dem Zustellungstag entspricht. Ist dies ein Sonnabend, Sonntag oder allg. Feiertag, endet die Frist an dem darauf

folgenden Werktag (§ 222 II ZPO). Da die Einspruchsfrist eine Notfrist ist, kann bei ihrer Versäumung die Wiedereinsetzung in den vorigen Stand in Betracht kommen.

2. Form. Der Einspruch wird beim ArbG schriftlich oder durch Abgabe einer Erklärung zur Niederschrift der Geschäftsstelle eingelegt. Dagegen ist ein fernmündlich erfolgter Einspruch unzulässig, auch wenn die Geschäftsstelle hierüber ein Schriftstück aufnimmt. Die schriftliche Einlegung kann auch durch Computerfax (LAG Köln 10. 4. 2001 ZTR 2001, 431), Telefax, Telekopie, Telegramm oder Fotokopie eines handschriftlichen Einspruches (LAG Nürnberg 16. 6. 1982 NJW 1983, 2285) erfolgen. Notwendig ist jedoch, dass die Unterschrift des Originals erkennbar ist. Der Einspruch kann auch vor Zustellung des Versäumnisurteils zum Sitzungsprotokoll erfolgen, wenn die Partei nach Verkündung des Versäumnisurteils erscheint. Für den Einspruch gilt auch im Berufungsrechtszug kein Vertretungszwang nach § 11 ArbGG. Wird der Einspruch durch einen vollmachtlosen Vertreter eingereicht, ist die Heilung des Mangels mit rückwirkender Kraft möglich, sofern die Prozessführung zulässig ist (LAG Rheinland-Pfalz 22. 6. 1988 LAGE § 59 ArbGG 1979 Nr. 2). Nach § 340 a ZPO soll die Partei bei der schriftlichen Einlegung des Einspruchs die erforderliche Anzahl von Abschriften einreichen.

3. Einspruchsschrift. Der Inhalt der Einspruchsschrift richtet sich nach § 340 II ZPO. Die Einspruchsschrift muss enthalten *(1)* die Bezeichnung des Urteils, gegen das der Einspruch gerichtet war und *(2)* die Erklärung, dass gegen dieses Urteil Einspruch eingelegt werde. Soll das Urteil nur zum Teil angefochten werden, ist der Umfang der Anfechtung zu bezeichnen. Der Einspruch ist auch dann zulässig, wenn das Urteil nur unzureichend bezeichnet wird, sofern nur die angefochtene Entscheidung ggf. durch Auslegung ermittelt werden kann. Es ist auch nicht erforderlich, dass der Rechtsbehelf ausdrücklich als Einspruch bezeichnet wird, sofern sich aus dem Gesamtzusammenhang ergibt, dass die Partei das Versäumnisurteil nicht hinnehmen will. Dies kann zB der Fall sein, wenn die Partei nur ihr Nichterscheinen im Termin entschuldigt (BAG 11. 3. 1971 AP ZPO § 340 Nr. 2). Ein Wiedereinsetzungsgesuch ist bei Versäumung der Einspruchsfrist regelmäßig zugleich als Einspruch anzusehen (BVerfG 2. 3. 1993 NJW 1993, 1635). Nach § 340 III ZPO hat die Partei ihre Angriffs- und Verteidigungsmittel, soweit es nach der Prozesslage einer sorgfältigen und auf Förderung des Verfahrens bedachten Prozessführung entspricht, sowie Rügen, welche die Zulässigkeit der Klage betreffen, in der Einspruchsschrift vorzutragen. Der Vortrag ist aber keine Zulässigkeitsvoraussetzung für den Einspruch (BAG 9. 11. 1983 AP ZPO § 340 Nr. 3 = NZA 1985, 130). Die Partei kann aber mit verspätetem Vorbringen ausgeschlossen werden (BAG 9. 11. 1983 NZA 1985, 130; OLG München 8. 11. 1988 NJW-RR 1989, 255; BGH 7. 4. 1992 NJW-RR 1992, 957).

4. Belehrung. Nach § 59 Satz 3 sind die Parteien mit Zustellung des (echten) Versäumnisurteils zugleich über den Einspruch und seine Form und Frist zu belehren. § 9 V ist weder direkt noch analog anzuwenden, weil es sich bei diesem Hinweis nicht um ein Rechtsmittel, sondern einen Rechtsbehelf handelt (dazu § 9 Rn. 11). Fehlt bei der Zustellung des Versäumnisurteils eine Rechtsbehelfsbelehrung, beginnt die Einspruchsfrist nicht zu laufen. Das Versäumnisurteil muss mit einer Rechtsbehelfsbelehrung erneut zugestellt werden. Zum unechten Versäumnisurteil Rn. 8.

5. Wirkung des Einspruches. Ist der Einspruch zulässig, wird der Rechtsstreit, soweit der Einspruch reicht, in die Lage zurückversetzt, in der er sich vor Eintritt der Säumnis befand (§ 342 ZPO). Alle früheren Prozesshandlungen des Gerichts und der Parteien bleiben wirksam. Eine Zurückweisung von Vorbringen ist jedoch ohne weitere Fristsetzung unter den Voraussetzungen des § 340 III ZPO zulässig (dazu § 56 Rn. 10). Versäumnisurteile der ArbG und LAG sind vorläufig vollstreckbar (§ 62 I 1), die Zwangsvollstreckung kann jedoch einstweilen eingestellt werden (§ 62 I 3). Versäumnisurteile des BAG müssen für vorläufig vollstreckbar erklärt werden.

IV. Verfahren bei Einspruch

1. Zulässigkeitsprüfung. Das Gericht hat von Amts wegen zu prüfen, ob der Einspruch an sich statthaft und in der gesetzlichen Form und Frist eingelegt ist. Fehlt es hieran, ist er als unzulässig zu verwerfen (§ 341 I ZPO). Die Entscheidung kann ohne mündliche Verhandlung ergehen, muss aber unter Beteiligung der ehrenamtlichen Richter durch Urteil erfolgen, was sich aus § 341 II ZPO ergibt. Da im arbeitsgerichtlichen Verfahren Urteile durch die Kammer ergehen, soweit kein Fall des § 55 I, III gegeben ist, kann der Vorsitzende über einen unzulässigen Einspruch nicht allein entscheiden. § 53 I ist weder direkt noch entspr. anwendbar, da dieser nur Beschlüsse und Verfügungen erfasst und die §§ 53, 55 keine analogiefähige Lücke lassen (aA GMP/*Germelmann* § 59 Rn. 40) oder sich die Entscheidungsbefugnis aus § 55 I Nr. 4 ergibt (so *J. Griebeling* NZA 2002, 1073). Entscheidet das ArbG fehlerhaft durch Beschluss, ist nach dem Grundsatz der Meistbegünstigung gegen diese Entscheidung sowohl sofortige Beschwerde (mit Abhilfemöglichkeit) wie auch die Berufung zulässig (LAG Hamm 28. 2. 2002 AuR 2002, 198). Das Berufungsbericht entscheidet in jedem Fall durch Urteil. Wird mündliche Verhandlung anberaumt, ist gleichfalls unter Hinzuziehung der ehrenamtlichen Richter zu entscheiden.

15 **2. Wiedereinsetzung in den vorherigen Stand.** Ist auch der Einspruch verspätet, kann die säumige Partei gegen die Versäumung der Einspruchsfrist Wiedereinsetzung in den vorherigen Stand (§ 233 ff. ZPO) beantragen. Die Frist für die Wiedereinsetzung (2 Wochen), die Berechnung des Fristbeginns (Behebung des Hindernisses für die Einspruchseinlegung) und die Höchstfrist (1 Jahr) ergeben sich aus § 234 ZPO. Erforderlich ist regelmäßig ein entsprechender Antrag (§ 236 ZPO), der sich jedoch auch aus dem Vorbringen der Partei ergeben kann. Ausnahmsweise kann das Antragserfordernis entfallen, wenn *(1)* die versäumte Prozesshandlung nachgeholt worden ist und *(2)* die Tatsachen offenkundig sind, aus denen das fehlende Verschulden der Partei oder ihres Bevollmächtigten erkennbar wird (BAG 27. 2. 2002 – 2 AZR 427/01 – nv.; BGH 24. 5. 2000 NJW-RR 2000, 1590). Zu den Voraussetzungen für das fehlende Verschulden gelten die Ausführungen zur nachträglichen Zulassung der Kündigungsschutzklage § 5 KSchG Rn. 2 ff. sinngemäß. Das ArbG wird regelmäßig eine (ablehnende) Entscheidung über den Wiedereinsetzungsantrag mit der Entscheidung über die Verwerfung des Einspruchs verbinden (§ 238 I 1 ZPO). Nur im Ausnahmefall kann es auch erst über die Zurückweisung der Wiedereinsetzung durch (Zwischen-)Urteil entschieden, gesagt dass die Berufung statthaft ist, wenn auch die Hauptsache berufungsfähig ist. Nach der Rechtskraft des Zwischenurteils ist dann über den Einspruch zu entscheiden (§ 238 I 2 ZPO). Hat das ArbG gleichzeitig, aber in getrennten Entscheidungen zu Lasten der säumigen Partei entschieden, muss diese gegen beide Entscheidungen Rechtsmittel einlegen, eine isolierte Anfechtung ist nicht ausreichend (vgl. BGH 16. 4. 2002 NJW 2002, 2397). Gegen die Gewährung der Wiedereinsetzung findet ein Rechtsmittel nicht statt (§ 238 II ZPO), sie wird regelmäßig im (Sach-)Urteil mitausgesprochen.

16 **3. Sachentscheidung.** Ist der Einspruch statthaft und zulässig, ist der Termin zur mündlichen Verhandlung über den Einspruch und die Hauptsache zu bestimmen und den Prozessparteien bekannt zu machen (§ 341 a ZPO). Nach § 340 a ZPO ist die Einspruchsschrift der Gegenpartei zuzustellen. Dabei ist mitzuteilen, wann das Versäumnisurteil zugestellt und der Einspruch eingelegt worden ist. Nur in dem auf den Einspruch anberaumten Termin beide Parteien erscheinen, wird über Einspruch und Hauptsache verhandelt. Bleibt es bei der im Versäumnisurteil getroffenen Entscheidung, ist im Tenor auszusprechen, dass das Versäumnisurteil aufrechterhalten bleibt und die ursprünglich säumige Partei auch die weiteren Kosten des Rechtsstreits zu tragen hat. Andernfalls wird das Versäumnisurteil in dem neuen Urteil aufgehoben (§ 343 ZPO), jedoch trägt die säumige Partei stets die durch die Säumnis entstandenen Kosten, wenn das Versäumnisurteil rechtmäßig ergangen ist (§ 344 ZPO), was zur Klarstellung im Tenor auszusprechen ist.

17 **4. Verfahren bei erneuter Säumnis.** Erscheint im Termin zur weiteren Verhandlung die Partei, die das Versäumnisurteil erstritten hat, nicht, so kann, wenn die Voraussetzungen eines Versäumnisurteils vorliegen, ein echtes Versäumnisurteil gegen sie ergehen. Das erste Versäumnisurteil ist dann aufzuheben. Erscheint die zunächst säumige Partei auch in dem auf den Einspruch anberaumten Termin nicht, ist der Einspruch im Wege des zweiten Versäumnisurteils zu verwerfen (§§ 59 Satz 4 ArbGG, 345 ZPO). Ein weiterer Einspruch steht ihr nicht zu, es erfolgt lediglich eine Prüfung, ob die allg. Prozessvoraussetzungen und ein Fall der (erneuten) Säumnis besteht. Umstritten ist jedoch, ob vor Erlass eines zweiten Versäumnisurteils eine weitere Schlüssigkeitsprüfung erforderlich ist, durch die das Gericht seine ursprüngliche Entscheidung, die zum Erlass des (ersten) Versäumnisurteils geführt hat, überprüft (so insb. BAG 2. 2. 1994 AP ZPO § 513 Nr. 8 = NZA 1994, 1102). Dies ist schon im Hinblick auf den Wortlaut des § 345 ZPO und in Hinblick auf die Bindungswirkung von Urteilen (§ 318 ZPO) zu verneinen, zumal das BAG die gegen das zweite Versäumnisurteil gerichtete Berufung nicht mit der Begründung zulassen will, dass die Klage nicht schlüssig gewesen ist. Etwas anderes gilt nur, wenn sich der Einspruch gegen einen Vollstreckungsbescheid richtet, bei dem die gesetzlich vorgesehene Schlüssigkeitsprüfung (§ 700 VI ZPO) bis zur mündlichen Verhandlung über den Einspruch nicht erfolgen konnte (so auch BGH 5. 6. 1999 NJW 1999, 2599). Gegen ein zweites Versäumnisurteil ist die Berufung stets statthaft (§ 64 Rn. 18).

18 **5. Gebühren.** Wird der Rechtsstreit durch ein Versäumnisurteil beendet, ermäßigt sich die Verfahrensgebühr in der ersten Instanz auf die Hälfte (Nr. 9113 Gebührenverzeichnis zu § 12 I), im Berufungsverfahren auf $^4/_{10}$ (Nr. 9122).

§ 60 Verkündung des Urteils

(1) [1] Zur Verkündung des Urteils kann ein besonderer Termin nur bestimmt werden, wenn die sofortige Verkündung in dem Termin, auf Grund dessen es erlassen wird, aus besonderen Gründen nicht möglich ist, insbesondere weil die Beratung nicht mehr am Tage der Verhandlung stattfinden kann. [2] Der Verkündungstermin wird nur dann über drei Wochen hinaus angesetzt, wenn wichtige Gründe, insbesondere der Umfang oder die Schwierigkeit der Sache, dies erfordern. [3] Dies gilt auch dann, wenn ein Urteil nach der Lage der Akten erlassen wird.

zung des § 547 Nr. 1 ZPO gestützt werden (BAG 26. 6. 2001 AP ArbGG 1979 § 72 a Nr. 45 = NJW 2001, 3142 = NZA 2001, 1036; 20. 2. 2001 AP ArbGG 1979 § 72 Nr. 45 = NZA 2001, 912). Eine instanzbeendende Entscheidung eines LAG ist aber nach Ablauf der Fünf-Monats-Frist auf eine **Verfassungsbeschwerde** hin aufzuheben, da das Fehlen einer vollständig abgefassten Entscheidung den Zugang zur Revisionsinstanz in verfassungsrechtlich unzulässiger Weise erschwert; nach Ablauf von fünf Monaten kann das Revisionsgericht die Gründe für die Nichtzulassung nicht mehr überprüfen. Die Jahresfrist für die Einlegung der Verfassungsbeschwerde (§ 93 BVerfGG) beginnt dementspr. nach Ablauf von 5 Monaten nach der Verkündung (BVerfG 26. 3. 2001 AP GG Art. 20 Nr. 33 = NJW 2001, 2161 = NZA 2001, 982).

§ 61 Inhalt des Urteils

(1) Den Wert des Streitgegenstandes setzt das Arbeitsgericht im Urteil fest.

(2) ¹ **Spricht das Urteil die Verpflichtung zur Vornahme einer Handlung aus, so ist der Beklagte auf Antrag des Klägers zugleich für den Fall, daß die Handlung nicht binnen einer bestimmten Frist vorgenommen ist, zur Zahlung einer vom Arbeitsgericht nach freiem Ermessen festzusetzenden Entschädigung zu verurteilen.** ² Die Zwangsvollstreckung nach §§ 887 und 888 der Zivilprozeßordnung ist in diesem Falle ausgeschlossen.

(3) **Ein über den Grund des Anspruchs vorab entscheidendes Zwischenurteil ist wegen der Rechtsmittel nicht als Endurteil anzusehen.**

I. Allgemeines

Die Vorschrift ergänzt hinsichtlich Form und Inhalt des Urteils die über § 46 II anwendbaren 1
§§ 313 bis 313 b ZPO. Außerdem sind die §§ 9 V, 64 III a zu beachten; danach muss das Urteil eine Rechtsmittelbelehrung und, wenn die Berufung ohnehin statthaft ist, im Tenor einen Ausspruch zur Berufungszulassung enthalten (dazu § 64 Rn. 10). Für das Verfahren vor dem LAG gelten § 61 II, III (dazu § 69 Rn. 4) und vor dem BAG § 61 II entspr. Nach § 61 III kann zwar über den Grund des Anspruches durch Zwischenurteil entschieden werden, anders als nach § 304 II ZPO kann das Grundurteil aber nicht selbständig angefochten werden, auch wenn das ArbG in dem Grundurteil ein Rechtsmittel ausdrücklich zugelassen hat (BAG 1. 12. 1975 AP ArbGG 1953 § 61 Grundurteil Nr. 2).

II. Streitwertfestsetzung

Den Wert des Streitgegenstandes setzt das ArbG im Urteil fest. Die Streitwertfestsetzung nach § 61 2
ist lediglich für die Zulässigkeit der Berufung von Bedeutung, die in vermögensrechtlichen Streitigkeiten nur statthaft ist, wenn der Wert des Beschwerdegegenstandes € 600,– übersteigt. Zur Bindungswirkung der Festsetzung § 64 Rn. 13 und zum Gebührenstreitwert § 12 Rn. 10. Der Streitwert ist in jedem Urteil des ArbG festzusetzen, also in einem Endurteil, Teilurteil (§ 301 ZPO), Vorbehaltsurteil (§ 302 ZPO) und Zwischenurteil über die Zulässigkeit der Klage (§ 280 I ZPO). Dagegen ist umstritten, ob eine Streitwertfestsetzung auch erfolgen muss, wenn eine Berufung gegen das Urteil ausnahmsweise nicht statthaft ist. Dies gilt für Zwischenurteile nach § 303 ZPO, Grundurteile (§ 304 ZPO) sowie bei Zwischenurteilen, gegen die das Rechtsmittel der sofortigen Beschwerde gegeben ist (§ 64 Rn. 3). Dabei wird zutreffend vertreten, dass die Festsetzung wegen der fehlenden Berufungsmöglichkeit nicht erforderlich ist (GMP/*Germelmann* § 61 Rn. 14; *Schaub* ArbGV § 48 Rn. 18), obwohl der Gegenauffassung zuzugeben ist, dass der Wortlaut von § 61 einschränkungslos für alle arbeitsgerichtlichen Urteile gilt (GK-ArbGG/*Dörner* § 61 Rn. 18; *Hauck/Helml* § 61 Rn. 3). Die Streitwertfestsetzung erfolgt im Tenor des Urteils und ist mit der Berufung nicht gesondert anfechtbar (LAG Mainz 21. 12. 1984 NZA 1985, 195). Unzureichend ist eine Streitwertfestsetzung in den Gründen. Ist die Streitwertfestsetzung irrtümlich unterblieben, kann eine Urteilsberichtigung nach § 319 ZPO oder eine Urteilsergänzung nach § 321 ZPO in Betracht kommen. Die Berechnung des Streitwertes erfolgt nach den §§ 3 bis 9 ZPO sowie §§ 10 bis 20 GKG. Jedoch werden diese Vorschriften durch § 12 VII überlagert, dazu § 12 Rn. 10.

III. Verurteilung zur Vornahme einer Handlung

1. Anwendungsbereich. Die Entscheidung nach § 61 II steht anders als nach § 510 b ZPO nicht im 3
Ermessen des Gerichts. Der Beklagte ist auf Antrag des Klägers im Falle seiner Verurteilung zur Vornahme einer Handlung stets zu einer Entschädigung zu verurteilen, wenn die Handlung nicht innerhalb der im Urteil zu bestimmenden Frist vorgenommen wird. § 61 II gilt nur für diejenigen Leistungsurteile, bei denen die Zwangsvollstreckung nach §§ 887, 888 ZPO erfolgt. Die Verurteilung zu einer Entschädigung kommt deshalb in Betracht bei einer Entscheidung über die Erbringung der Arbeitsleistung, Erteilung einer Auskunft, Abrechnung und Ausfüllung der Arbeitspapiere. Die Zahlung einer Entschädigung darf hingegen nicht erfolgen bei einem Urteil auf Unterlassung oder

Duldung, Herausgabe von Sachen (zB der Arbeitspapiere) oder Abgabe einer Willenserklärung. In diesen Fällen erfolgt die Vollstreckung nach §§ 890, 883 bzw. 894 ZPO.

4   **2. Entscheidung des Gerichts.** Die Verurteilung erfolgt nur auf Antrag des Klägers. Der Kläger trägt die Darlegungs- und Beweislast, dass ihm ein Schaden entstanden ist. Die Schadenshöhe ist zu beziffern, soweit dies möglich ist. Zulässig ist, dass der Kläger die Höhe der Entschädigung und die Länge der zu bestimmenden Frist in das Ermessen des Gerichtes stellt. Jedoch sind dann die Umstände darzulegen, aus denen auf die Schadenshöhe geschlossen werden kann (GMP/*Germelmann* § 61 Rn. 31; *Hauck/Helml* § 61 Rn. 8). Über den Antrag ist zusammen mit dem Antrag auf Verpflichtung zur Vornahme der Handlung zu entscheiden. Nach überwiegender Meinung kann nicht jeweils durch Teilurteil entschieden werden (GMP/*Germelmann* § 61 Rn. 37; GK-ArbGG/*Dörner* § 61 Rn. 26; *Hauck/Helml* § 61 Rn. 9; aA *Grunsky* § 61 Rn. 13).

5   **3. Fristbestimmung.** Die Länge der Frist richtet sich nach den Umständen des Einzelfalles. Sie darf nicht kürzer sein als die Rechtsmittelfrist (BAG 5. 6. 1985 AP TVG § 1 Tarifverträge: Bau Nr. 67). Zu berücksichtigen ist, wie lange die beklagte Partei braucht, um die Handlung vorzunehmen. Ist der Beklagte innerhalb einer Frist von sechs Wochen nach Urteilszustellung zur Erfüllung gehalten, kann er auch noch später erfüllen, wenn das Urteil zunächst mit Rechtsmitteln angefochten, aber später bestätigt wird (BAG 28. 10. 1992 AP ArbGG 1979 § 61 Nr. 8 = NZA 1993, 520).

6   **4. Rechtsfolgen.** Ist der Beklagte zur Vornahme der Handlung und Zahlung der Entschädigung verurteilt worden, ist die Zwangsvollstreckung nach §§ 887, 888 ZPO ausgeschlossen. Macht der AN neben der Herausgabe der ausgefüllten Lohnsteuerkarte zugleich für den Fall nicht fristgerechter Herausgabe uneingeschränkt eine Entschädigung geltend, sind mit dieser sämtliche Schadensersatzansprüche wegen der Nichtherausgabe (entgangene Lohnsteuererstattung) abgegolten (BAG 20. 2. 1997 AP BGB § 611 Haftung des Arbeitgebers Nr. 4 = NZA 1997, 880). Nach Ablauf der gesetzten Frist wandelt sich der Erfüllungsanspruch in einen Schadensersatzanspruch um (aA BAG 4. 10. 1989 AP ArbGG 1979 Nr. 9 = NJW 1990, 1008). Die Verurteilung zur Auskunftserteilung und Zahlung einer Entschädigung schließt bei fehlender Auskunftserteilung die Geltendmachung eines Leistungsanspruchs, der sich aus der Auskunft ergeben könnte, nicht aus. Der Beweis kann mit allen Beweismitteln geführt und die Höhe der geschuldeten Leistung ggf. nach § 287 II ZPO geschätzt werden (BAG 6. 5. 1987 AP ArbGG 1979 Nr. 7). Behauptet der Beklagte die rechtzeitige Erfüllung der Vornahme der Handlung, muss er dies im Wege der Vollstreckungsgegenklage geltend machen (BAG 28. 10. 1992 AP ArbGG 1979 § 61 Nr. 8 = NZA 1993, 520). Der Kläger kann aber die ursprünglich geschuldete Leistung nach Ablauf der Frist noch annehmen. Er verliert dann den Entschädigungsanspruch (BAG 4. 10. 1989 AP ArbGG 1979 § 61 Nr. 9 = NZA 1990, 1008; 11. 7. 1975 AP ArbGG 1953 § 61 Zwangsvollstreckung Nr. 3). Ist der Antrag auf Entschädigung abgewiesen worden, weil der Schaden nicht schlüssig dargelegt worden ist, bleibt der Erfüllungsanspruch unberührt.

IV. Rügeverfahren nach § 321 a ZPO

7   **1. Zweck.** Mit dem Urteil des ArbG ist der erste Rechtszug grds. abgeschlossen. Eine Überprüfung der eigenen Entscheidung ist dem Gericht grds. nicht möglich; diese obliegt der Rechtsmittelinstanz. Durch das ZPO-ReformG ist mit der Einführung des Rügeverfahrens (§ 321 a ZPO) die Möglichkeit geschaffen worden, nicht rechtsmittelfähige Urteile, die unter Verletzung des Anspruchs auf rechtliches Gehör zu Stande gekommen sind, auf Antrag einer Überprüfung mit Abhilfemöglichkeit des Ausgangsgerichts zu unterziehen. Zweck ist die Entlastung der Verfassungsgerichtsbarkeit im Bund und den Ländern. Die Vorschrift ist auf Urteile der Berufungsinstanz nicht anzuwenden (OLG Oldenburg 14. 10. 2002 NJW 2003, 149). Eine ohne vorheriges Rügeverfahren erhobene Verfassungsbeschwerde ist unzulässig (BVerfG 10. 2. 2003 – 1 BvR 131/03). Zur außerordentlichen Beschwerde § 78 Rn. 15.

8   **2. Verfahren.** § 321 a I ZPO regelt die Voraussetzungen, unter denen die Verletzung des rechtlichen Gehörs zulässig und begründet ist, sowie die Rechtsfolge. Nach Nr. 1 darf die Sache nicht berufungsfähig sein, daneben muss eine Verletzung des Anspruchs auf rechtliches Gehör vorliegen (Nr. 2). Der gerügte Verfahrensverstoß muss schließlich entscheidungserheblich sein. Dies ist entgegen dem engeren Wortlaut nach dem Willen des Gesetzgebers bereits dann der Fall, wenn nicht ausgeschlossen werden kann, dass ohne den Verfahrensfehler die Entscheidung anders ausgefallen wäre (BT-Drucks. 14/4722 S. 85).

9   In § 321 a II ZPO werden **Form** und **Frist der Rüge** geregelt, die durch Einreichung eines Schriftsatzes beim ArbG zu erheben ist. Der Schriftsatz muss enthalten *(1)* die Bezeichnung des Prozesses, der fortgeführt werden soll, *(2)* die Darlegung der Verletzung des rechtliches Gehörs und *(3)* die Entscheidungserheblichkeit (dazu Rn. 8). Im Einzelnen wird man verlangen müssen, dass die Partei die Handlung oder Unterlassung des Gerichts, durch die der Anspruch auf rechtliches Gehör verletzt worden sein soll, genau bezeichnet. Dabei dürfen allerdings nicht die gleichen Anforderungen wie an die Zulässigkeit einer Verfahrensrüge gestellt werden, da vor dem ArbG kein Vertretungszwang besteht (aA *Schmidt/Schwab/Wildschütz* NZA 2001, 1161, 1166). Dies gilt auch deshalb, weil mit der

Entscheidung über die Unzulässigkeit zugleich die Frage des gesetzlichen Richters berührt wird (vgl. BVerfG 23. 8. 1995 AP ArbGG 1979 § 72 a Nr. 31 = NZA 1996, 616). Erfüllt die Rüge die formellen Anforderungen nicht, ist sie als unzulässig zu verwerfen.

Die **Rügefrist** beträgt zwei Wochen und ist eine Notfrist; bei schuldloser Fristversäumnis besteht 10 daher die Möglichkeit der Wiedereinsetzung. Die Frist beginnt mit Zustellung des vollständig abgefassten Urteils oder im Falle der Entbehrlichkeit der Entscheidungsgründe nach 313 a I 2 ZPO-ReformG mit Zustellung des Protokolls. Die Rüge ist kein Rechtsmittel, weshalb eine entspr. Belehrung nach § 9 V ebenso wenig wie ein Hinweis auf § 321 a ZPO erforderlich ist. § 321 a III ZPO stellt zur Verfahrensweise klar, dass dem Gegner nur rechtliches Gehör gewährt werden muss, wenn nicht unmittelbar eine Verwerfung der Rüge als unzulässig oder die Zurückweisung als unbegründet beabsichtigt ist. In den zuletzt genannten Fällen kann ohne Anhörung des Gegners entschieden werden.

3. Entscheidung des Gerichts. Nach § 321 a IV ZPO prüft das Gericht die Einhaltung der gesetzli- 11 chen Frist und Form sowie die Statthaftigkeit der Rüge von Amts wegen. Das Verfahren ist der Verfahrensweise bei Einspruch gegen ein Versäumnisurteil nachgebildet. Erfüllt die Rüge die formellen Anforderungen nicht, ist sie als unzulässig zu verwerfen. Ist sie unbegründet, ist sie zurückzuweisen. Die Entscheidung ergeht stets durch unanfechtbaren Beschluss, so dass eine mündliche Verhandlung nicht erforderlich ist (§ 128 IV ZPO). Der Vorsitzende entscheidet nach § 55 I Nr. 9 nur dann allein, wenn die Rüge unzulässig ist oder sich gegen eine Alleinentscheidung (§ 55 III) richtet; § 53 I wird insoweit durch die Sonderregelung in § 55 I Nr. 9 verdrängt. In allen anderen Fällen ist die Kammer zuständig, die Mitwirkung der gleichen ehrenamtlichen Richter hat der Gesetzgeber aber nicht angeordnet.

Ist die Rüge zulässig und begründet, wird das **Verfahren** vor dem ArbG **fortgeführt** (§ 321 a V 1 12 ZPO). Satz 2 bestimmt, dass der Prozess in die Lage zurückversetzt wird, in der er sich vor Schluss der mündlichen Verhandlung befand. Wegen der fehlenden Möglichkeit des ArbG zum Übergang in das schriftliche Verfahren muss erneut mündlich verhandelt werden. Die daraufhin zu treffende Entscheidung ist zu fassen wie die Entscheidung nach Einspruch gegen ein Versäumnisurteil, denn § 321 a V 3 ZPO verweist auf § 343 ZPO. Es ist also das mit der Rüge angefochtene Urteil aufrecht zu erhalten oder aufzuheben und durch eine andere Entscheidung zu ersetzen. Über § 321 a VI ZPO ist § 707 I 1, II ZPO entspr. anzuwenden. Das vollstreckbare Urteil bleibt bis zur Entscheidung nicht nur über die Rüge, sondern auch über die Hauptsache wirksam. Die Einstellung der Zwangsvollstreckung richtet sich nach § 62 I 2, 3; zu den anfallenden Kosten § 12 Rn. 4.

§ 61 a Besondere Prozeßförderung in Kündigungsverfahren

(1) **Verfahren in Rechtsstreitigkeiten über das Bestehen, das Nichtbestehen oder die Kündigung eines Arbeitsverhältnisses sind nach Maßgabe der folgenden Vorschriften vorrangig zu erledigen.**

(2) **Die Güteverhandlung soll innerhalb von zwei Wochen nach Klageerhebung stattfinden.**

(3) **Ist die Güteverhandlung erfolglos oder wird das Verfahren nicht in einer sich unmittelbar anschließenden weiteren Verhandlung abgeschlossen, fordert der Vorsitzende den Beklagten auf, binnen einer angemessenen Frist, die mindestens zwei Wochen betragen muß, im einzelnen unter Beweisantritt schriftlich die Klage zu erwidern, wenn der Beklagte noch nicht oder nicht ausreichend auf die Klage erwidert hat.**

(4) **Der Vorsitzende kann dem Kläger eine angemessene Frist, die mindestens zwei Wochen betragen muß, zur schriftlichen Stellungnahme auf die Klageerwiderung setzen.**

(5) **Angriffs- und Verteidigungsmittel, die erst nach Ablauf der nach Absatz 3 oder 4 gesetzten Fristen vorgebracht werden, sind nur zuzulassen, wenn nach der freien Überzeugung des Gerichts ihre Zulassung die Erledigung des Rechtsstreits nicht verzögert oder wenn die Partei die Verspätung genügend entschuldigt.**

(6) **Die Parteien sind über die Folgen der Versäumung der nach Absatz 3 oder 4 gesetzten Fristen zu belehren.**

1. Allgemeines. In § 61 a I ist eine bes. Prozessförderung von Bestandsstreitigkeiten vorgesehen. 1 Wie diese im Einzelnen erfolgt, steht im Ermessen des Gerichtes. Die in § 61 a II bis VI enthaltenen Vorgaben sollen möglichst verhindern, dass der gekündigte AN während der Dauer des Verfahrens aus dem Arbeitsverhältnis ausscheiden muss. Aus diesem Grund steht § 61 a regelmäßig einer Aussetzung des Kündigungsrechtsstreits entgegen (dazu § 9 Rn. 3). § 61 a verdrängt als speziellere Vorschrift § 56 II. Für das Berufungsverfahren gilt § 64 VIII. Das Gesetz sieht keine Rechtsfolgen bei Verstößen des Vorsitzenden gegen § 61 a vor, die Parteien sind auf die Erhebung einer Dienstaufsichtsbeschwerde beschränkt.

2. Anwendungsbereich. Die Vorschrift knüpft an die §§ 2 I Nr. 3 b, 12 VII an. Erfasst werden 2 deshalb alle Rechtsstreitigkeiten über das Bestehen oder Nichtbestehen eines Arbeitsverhältnisses, also neben Kündigungsstreitigkeiten und Entfristungsklagen alle Verfahren, in denen um die wirksame

Koch

Begründung eines Arbeitsverhältnisses und seinen Bestand gestritten wird. Hierzu zählen auch Klagen wegen der Anfechtung eines Arbeitsverhältnisses (§§ 119, 123 BGB) und Statusklagen. Ansprüche aus Annahmeverzug (§ 615 BGB) oder auf Weiterbeschäftigung fallen unter § 61 a, wenn diese gleichzeitig mit der Bestandsstreitigkeit geltend gemacht werden. Nicht erfasst sind Klagen auf eine bestimmte Beschäftigung in einem bestehenden Arbeitsverhältnis.

3. Besonderheiten bei der Prozessförderung. Nach § 61 a II soll die Güteverhandlung innerhalb von zwei Wochen nach Klageerhebung stattfinden, zum Ablauf der Güteverhandlung vgl. §§ 54 Rn. 4 ff. Die Aufforderung zur Stellungnahme an den Beklagten (§ 61 a III) ergeht nur, wenn die Klage zulässig und schlüssig ist, ansonsten ist dem Kläger Gelegenheit zur Stellungnahme zu geben. Der Vorsitzende kann von der Aufforderung auch absehen, wenn der Beklagte bereits ausreichend auf die Klage erwidert hat. Der Inhalt und die Fristsetzung für die Erwiderung des Klägers (§ 61 a IV) können bereits im Auflagenbeschluss enthalten sein, der nach dem Scheitern der Güteverhandlung ergeht. Zulässig ist aber auch die Erteilung der Auflage erst nach Eingang des Schriftsatzes des Beklagten. Zur Zurückweisung von verspätetem Vorbringen § 56 Rn. 8.

§ 61 b Besondere Vorschriften für Klagen wegen geschlechtsbedingter Benachteiligung

(1) Eine Klage auf Entschädigung nach § 611 a Abs. 2 des Bürgerlichen Gesetzbuches muß innerhalb von drei Monaten, nachdem der Anspruch schriftlich geltend gemacht worden ist, erhoben werden.

(2) ¹Machen mehrere Bewerber wegen Benachteiligung bei der Begründung eines Arbeitsverhältnisses oder beim beruflichen Aufstieg eine Entschädigung nach § 611 a Abs. 2 des Bürgerlichen Gesetzbuches gerichtlich geltend, so wird auf Antrag des Arbeitgebers das Arbeitsgericht, bei dem die erste Klage erhoben ist, auch für die übrigen Klagen ausschließlich zuständig. ²Die Rechtsstreitigkeiten sind von Amts wegen an dieses Arbeitsgericht zu verweisen; die Prozesse sind zur gleichzeitigen Verhandlung und Entscheidung zu verbinden.

(3) Auf Antrag des Arbeitgebers findet die mündliche Verhandlung nicht vor Ablauf von sechs Monaten seit Erhebung der ersten Klage statt.

I. Normzweck

1 § 61 b regelt die Durchsetzung der in § 611 a II, III BGB vorgesehenen Entschädigungsansprüche wegen geschlechtsbedingter Benachteiligung bei der Begründung eines Arbeitsverhältnisses und beim beruflichen Aufstieg (§ 61 b II). Durch die in Abs. 1 enthaltene Ausschlussfrist soll sichergestellt werden, dass alle mit derselben diskriminierenden Handlung zusammenhängenden Verfahren innerhalb eines festen Zeitrahmens eingeleitet und gleichzeitig durchgeführt werden (BT-Drucks. 12/5468 S. 45). Dies war nach der ursprünglichen Gesetzesfassung zwingend erforderlich, um die seinerzeit noch vorgesehene Haftungsobergrenze für mehrere im selben Verfahren liegende Benachteiligungshandlungen praktisch handhabbar zu machen. Da diese Haftungsbegrenzung gemeinschaftsrechtswidrig war (EuGH 22. 4. 1997 AP BGB § 611 a Nr. 13 = NZA 1997, 645), ist sie aufgehoben worden; die Zusammenführung mehrerer Schadensersatzklagen durch § 61 b wird daher zT für entbehrlich gehalten (GMP/*Germelmann* Rn. 2; BT-Drucks. 13/7896); nach Stellungnahmen aus der Arbeitsgerichtsbarkeit zufolge besteht dagegen das rechtspolitische Bedürfnis nach Beibehaltung der Summenbegrenzung fort (vgl. Mitteilungen des Arbeitsgerichtsverbandes Nr. 60/1997, S. 3 ff.). Zu den Voraussetzungen für den Entschädigungsanspruch und zum Entschädigungsumfang vgl. die Kommentierung bei § 611 a BGB.

II. Klagefrist (Abs. 1)

2 **1. Ausschlussfrist.** § 61 b I legt die Frist zur Klageerhebung bei Entschädigungsansprüchen aus § 611 a II, III, V BGB fest. Es handelt sich um eine materiell-rechtliche Ausschlussfrist, die von Amts wegen zu beachten ist und deren Nichteinhaltung zum **Verfall** des Anspruchs führt (zur grds. Vereinbarkeit von Ausschlussfristen mit dem Gemeinschaftsrecht EuGH 1. 12. 1998 EuZW 1999, 249). Eine verspätet erhobene Klage ist als unbegründet abzuweisen, eine Wiedereinsetzung in den vorigen Stand ist im Gesetz bewusst nicht vorgesehen (BT-Drucks. 12/5468 S. 44), um in absehbarer Zeit Rechtsklarheit zu schaffen. Auf die Kenntnis des Klägers von der Frist kommt es grds. nicht an (§ 218 BGB Rn. 35). Im Übrigen können die von der Rspr. entwickelten Grundsätze zur Anwendung tariflicher Ausschlussfristen auf § 61 b übertragen werden, so dass auch die Einrede der Arglist gegen den Ablauf der Verfallfrist in Betracht kommt (dazu § 4 TVG Rn. 108; aA GMP/*Germelmann* Rn. 14).

3 **2. Berechnung.** Der Entschädigungsanspruch muss nach § 611 a IV innerhalb einer angemessenen Frist nach Ablehnung der Bewerbung schriftlich beim AG geltend gemacht werden. Da der AN durch

IV. Verzögerte mündliche Verhandlung (Abs. 3)

die bloße Ablehnung der Bewerbung nicht erkennen kann, ob sie durch eine Benachteiligung iSd. § 611 a BGB verursacht wurde, darf an dieses Ereignis der Beginn einer Ausschlussfrist nicht geknüpft werden (GMP/*Germelmann* Rn. 10). Die Frist darf nämlich, um den Anforderungen des EuGH (22. 4. 1997 AP BGB § 611 a Nr. 13 = NJW 1997, 1839 = NZA 1997, 645) nachzukommen, nicht hinter der Regelung vergleichbarer Ansprüche zurückbleiben. Sie wurde aber lediglich hinsichtlich ihrer Dauer der für Schadensersatzansprüche im angestrebten Arbeitsverhältnis maßgeblichen Ausschlussfrist angepasst. Zugleich wurde in § 611 a Abs. 4 S. 3 BGB eine Mindestfrist von zwei Monaten, eine Höchstfrist von sechs Monaten vorgegeben. An die gem. § 611 a IV BGB jeweils einschlägige Frist schließt sich diejenige aus Abs. 1 an: Wird der Entschädigungsanspruch vom Unternehmen nicht erfüllt, ist spätestens drei Monate nach der schriftlichen Geltendmachung die Klage beim zuständigen ArbG zu erheben. Der Bewerber ist berechtigt, statt der schriftlichen Geltendmachung des Anspruchs beim AG sofort Klage zu erheben, da die Frist des Abs. 1 die zweite Stufe einer zweistufigen gesetzlichen Ausschlussfrist enthält; in diesem Falle ist aber die Frist des § 611 a IV BGB zu beachten, nicht die Dreimonatsfrist des § 61 b I; diese Frist steht nur zur Verfügung, wenn der Anspruch fristgerecht vorher geltend gemacht worden ist. Eine anderweitige Schadensersatzklage wegen der Benachteiligung oder ein Auskunftsanspruch wegen der Höhe der entgangenen Vergütung beeinflussen den Fristablauf nicht, da sie für die Entschädigung nach § 611 a II BGB nicht vorgreiflich sind; eine Stufenklage wäre nur fristwahrend, wenn der Anspruch erst nach einer Auskunft des Schuldners beziffert werden kann (BAG 23. 2. 1977 AP TVG § 4 Ausschlussfristen Nr. 58 = NJW 1977, 1551) **und** dies Voraussetzung für die Leistungsklage ist. Die Bewerber müssen den Anspruch aus § 611 a II, III, V BGB jedoch betragsmäßig nicht bestimmen, die Höhe der beanspruchten Entschädigung kann vielmehr in das Ermessen des Gerichts gestellt werden, § 287 ZPO.

III. Verfahren (Abs. 2)

1. Geltungsbereich. § 61 b II enthielt in seiner aF zugleich eine materiell-rechtliche Regelung zur 4 Einschränkung des Inhaltes von Ansprüchen aus § 611 a II BGB gegenüber einer Mehrzahl von Klägern (Rn. 1). Die Neufassung regelt nur noch Verfahrensfragen zur Durchsetzung der materiellen Ansprüche aus § 611 a BGB. Sie ist nach ihrem Wortlaut sowie Sinn und Zweck nicht auf Ersatzansprüche aus anderweitigen Benachteiligungen (GMP/*Germelmann* Rn. 6) übertragbar.

2. Klage mehrerer Bewerber. Eine Geltendmachung von Ansprüchen durch mehrere Bewerber 5 setzt voraus, dass diese form- und fristgerecht Klage beim ArbG erheben. Die Klagen müssen nicht bei demselben ArbG anhängig gemacht worden sein. Inhaltlich muss es sich um Leistungsklagen auf Entschädigung iSd. § 611 a II, III, V BGB handeln; wegen der Möglichkeit einen unbestimmten Leistungsantrag zu stellen, fehlt einer Feststellungsklage regelmäßig das Rechtsschutzinteresse.

3. Örtliche Zuständigkeit. Erheben mehrere Personen Klage wegen geschlechtsbedingter Benach- 6 teiligung bei der Begründung eines Arbeitsverhältnisses oder beim Aufstieg, begründet ein formloser Antrag des AG einen ausschließlichen Gerichtsstand bei dem ArbG, das als erstes eine Klage zugestellt hat, § 253 I ZPO (GK-ArbGG/*Dörner* Rn. 37). Die §§ 12 ff. ZPO sind dadurch ausgeschlossen, auch rügelose Einlassung (§ 39 ZPO) kann keine abweichende Zuständigkeit begründen. Die später erhobenen Klagen sind von Amts wegen an dieses Gericht zu verweisen und zur gemeinsamen Entscheidung zu verbinden; ein Ermessen steht dem Gericht nicht zu. Ist nicht zu ermitteln, welche Klage zuerst erhoben wurde, wird das zuständige Gericht entsprechend § 36 ZPO vom nächsthöheren Gericht bestimmt (BT-Drucks. 12/5468 S. 46).

Ist die Verweisung unterblieben, zB weil dem ArbG die Existenz weiterer Klagen nicht bekannt 7 war, kann der AG den Antrag nach Abs. 2 nicht mehr in der Berufungsinstanz stellen. Gem. § 17 a V GVG iVm. § 48 ist die Entscheidung des ArbG über die örtliche Zuständigkeit bindend und kann in der Berufungsinstanz nicht mehr korrigiert werden; entsprechendes muss für eine Entscheidung auf den Antrag gem. Abs. 2 S. 1 gelten. Daher ist es Sache des AG, das Gericht rechtzeitig auf die Existenz mehrerer Klagen hinzuweisen.

IV. Verzögerte mündliche Verhandlung (Abs. 3)

Im Gegensatz zu dem Beschleunigungsgrundsatz (§ 9 I) sieht § 61 b IV eine Verschiebung der 8 mündlichen Verhandlung vor dem ArbG vor, die auf Antrag des AG nicht vor Ablauf von sechs Monaten seit Erhebung der ersten Klage stattfinden darf. Die Möglichkeit des Hinausschiebens besteht nur für die Kammerverhandlung, nicht hingegen für die Güteverhandlung, da in dieser ohne Zustimmung des AG keine (Sach-)Entscheidung ergehen kann. Die Verschiebung muss ausdrücklich beantragt werden, der Antrag nach Abs. 2 ist aber nicht ausreichend. Der Gesetzgeber hat auf diese Weise verfahrensmäßig absichern wollen, dass das einheitliche Verfahren vor dem ausschließlich zuständigen Gericht (Abs. 2) unter Einbeziehung aller fristgerecht erhobenen Klagen ermöglicht wird. Dies ist indessen infolge der Veränderung des § 611 a IV 3 BGB nicht mehr gewährleistet, denn diejenigen Bewerber, die die Fristen in § 611 a IV BGB und § 61 b I vollständig ausschöpfen, haben –

bei Vorliegen der Voraussetzungen des § 611 a IV 3 BGB – erst nach Ablauf von neun Monaten ihre Klagen eingereicht. Bis zu diesem Zeitpunkt ist eine Inanspruchnahme des Unternehmens wegen desselben Vorfalls möglich. Insoweit dürfte es sich um ein redaktionelles Versehen des Gesetzgebers handeln, da ein Auseinanderfallen der maßgeblichen Fristen den Normzweck (Rn. 1) erheblich beeinträchtigt.

9 Weitere Voraussetzungen für das Verschieben der mündlichen Verhandlung bestehen nicht, ein (formloser) Antrag ist ausreichend. Nach dem Normzweck ist nicht vorausgesetzt, dass schon eine weitere Klage anhängig ist (aA GMP/*Germelmann* Rn. 30 unter Berufung auf den Wortlaut); der AG kann den Antrag daher bereits auf die erste Klage hin stellen, sofern die Möglichkeit weiterer Klagen innerhalb der Frist besteht.

§ 62 Zwangsvollstreckung

(1) ¹Urteile der Arbeitsgerichte, gegen die Einspruch oder Berufung zulässig ist, sind vorläufig vollstreckbar. ²Macht der Beklagte glaubhaft, daß die Vollstreckung ihm einen nicht zu ersetzenden Nachteil bringen würde, so hat das Arbeitsgericht auf seinen Antrag die vorläufige Vollstreckbarkeit im Urteil auszuschließen. ³In den Fällen des § 707 Abs. 1 und des § 719 Abs. 1 der Zivilprozeßordnung kann die Zwangsvollstreckung nur unter derselben Voraussetzung eingestellt werden.

(2) ¹Im übrigen finden auf die Zwangsvollstreckung einschließlich des Arrestes und der einstweiligen Verfügung die Vorschriften des Achten Buchs der Zivilprozeßordnung Anwendung. ²Die Entscheidung über den Antrag auf Erlaß einer einstweiligen Verfügung kann in dringenden Fällen, auch dann, wenn der Antrag zurückzuweisen ist, ohne mündliche Verhandlung ergehen.

I. Allgemeines

1 Die Vorschrift enthält zur Beschleunigung des arbeitsgerichtlichen Verfahrens Sonderregeln für die vorläufige Vollstreckbarkeit, die Einstellung der Zwangsvollstreckung sowie für das Verfahren der einstweiligen Verfügung. Soweit die Sonderregeln nicht eingreifen, finden auf die Zwangsvollstreckung die Vorschriften der ZPO entspr. Anwendung (§ 61 II 1). Die Vorschrift gilt nach § 64 VII auch im Berufungsverfahren. Für das Revisionsverfahren ist in § 72 V nicht in Bezug genommen. Für das Beschlussverfahren wird in § 85 I 2 lediglich auf § 61 I 2, 3 verwiesen; im Übrigen enthält § 85 eigene Verweisungen auf anwendbare Vorschriften für die Zwangsvollstreckung und den einstweiligen Rechtsschutz. Nach § 61 II 1 finden die Vorschriften des Achten Buches der ZPO auch wegen des Arrestes und der einstweiligen Verfügung (§§ 916 bis 945 ZPO) Anwendung.

II. Vorläufige Vollstreckbarkeit

2 **1. Grundsatz.** Nach § 62 I 1 sind alle End – und Teilurteile, nicht dagegen Zwischenurteile nach § 304 ZPO, der ArbG und LAG vorläufig vollstreckbar, auch wenn sie noch nicht rechtskräftig sind. Hierzu gehören zählen auch die (Gestaltungs-)Urteile bei Auflösung des Arbeitsverhältnisses nach §§ 9, 10 KSchG hinsichtlich der festgesetzten Abfindung (BAG 9. 12. 1987 AP ArbGG 1979 § 62 Nr. 4 = NZA 1988, 329). Es bedarf daher im Urteilstenor keines bes. Ausspruchs über die vorläufige Vollstreckbarkeit. Urteile im Arrest- und Verfügungsverfahren sind schon nach allg. Zivilprozessrecht vorläufig vollstreckbar. Die Vorschrift erfasst dagegen nicht sonstige Vollstreckungstitel nach § 794 ZPO, also Vergleiche, Beschlüsse usw.

3 **2. Ausschließung der vorläufigen Vollstreckbarkeit im Urteil. a) Verfahren.** Das ArbG hat nach § 61 I die vorläufige Vollstreckbarkeit im Urteil auszuschließen, wenn der Beklagte *(1)* einen Antrag stellt, *(2)* darlegt, dass ihm die Vollstreckung einen nicht zu ersetzenden Nachteil bringen würde und *(3)* dies glaubhaft macht (§ 294 ZPO). Der Ausschluss der Vollstreckbarkeit erfolgt nur auf Antrag. Die Entscheidung nach § 61 I ist in den Tenor aufzunehmen und in den Entscheidungsgründen zu begründen. Wird er versehentlich nicht beschieden oder übergangen, kommt unter den Voraussetzungen der §§ 319, 321 ZPO die Berichtigung bzw. Ergänzung des Urteils in Betracht. Die Vollstreckbarkeit wird nach § 62 I 2 grundsätzlich ohne Sicherheitsleistung ausgeschlossen. Lediglich bei einer Vollstreckungsgegen- oder Drittwiderspruchsklage kann nach §§ 769, 771 III ZPO die Zwangsvollstreckung mit und ohne Sicherheitsleistung eingestellt werden (LAG Nürnberg 7. 5. 1999 BB 1999, 1387 – Vergleich; LAG Frankfurt 3. 10. 1988 – 1 Ta 336/88 – nv.; LAG Köln 16. 6. 1983 DB 1983, 1827; aA LAG Bremen 24. 6. 1996 AP ArbGG 1979 § 62 Nr. 7 = NZA 1987, 338; LAG Berlin 28. 4. 1986 LAGE § 62 ArbGG 1979 Nr. 16). Gleiches gilt bei Entscheidungen nach § 732 ZPO (Erteilung der Vollstreckungsklausel), § 766 ZPO (Erinnerung gegen die Art und Weise der Zwangsvollstreckung) und § 768 ZPO (Klage gegen Vollstreckungsklausel). Die Zwangsvollstreckung kann in diesen Fällen auch tw. ausgeschlossen werden.

III. Zwangsvollstreckung § 62 ArbGG 60

b) Nachteil. Ein nicht zu ersetzender Nachteil ist mehr als ein schwer zu ersetzender Nachteil und 4 liegt vor, wenn er nicht abgewendet und bei Wegfall des Vollstreckungstitels nicht durch Geld oder andere Mittel ausgeglichen werden kann. Durch die vorläufige Vollstreckbarkeit sollen keine endgültigen Verhältnisse geschaffen werden. Umstritten ist, ob die Erfolgsaussichten eines Rechtsmittels zu berücksichtigen sind (verneinend GMP/*Germelmann* § 62 Rn. 14; aA *Groeger* NZA 1994, 251). Es ist jedoch zu differenzieren; ist nach dem bisherigen Vorbringen absehbar, dass das Rechtsmittel keinen Erfolg haben wird, kann durch die vorläufige Vollstreckbarkeit kein unersetzbarer Nachteil entstehen. Ansonsten ist bei der **Durchsetzung eines Titels auf Unterlassung, Duldung oder Vornahme einer Handlung** eine Abwägung der Interessen des Klägers an der Beibehaltung der Vollstreckbarkeit mit denen des Beklagten vorzunehmen (LAG Düsseldorf 4. 10. 1979 LAGE § 62 ArbGG 1979 Nr. 1), da in diesen Fällen die durch die Vollstreckung entstehenden Folgen nicht mehr rückgängig gemacht werden können. Bei der Vollstreckung des allg. Weiterbeschäftigungsanspruches wird ein nicht zu ersetzender Nachteil regelmäßig zu verneinen sein, da der AG eine Gegenleistung für die Vergütung erhält (BAG GS 27. 2. 1985 AP BGB § 611 Beschäftigungspflicht Nr. 14 = NJW 1985, 2968 = NZA 1985, 702). Etwas anderes gilt aber, wenn eine Beschäftigungsmöglichkeit nicht besteht und erst geschaffen werden müsste. Ein nicht zu ersetzender Nachteil, der zur Einstellung der Zwangsvollstreckung führen kann, kommt zB in Betracht bei der **Vollstreckung von Zahlungstiteln** bei Vermögenslosigkeit des AN (LAG Frankfurt 8. 1. 1992 NZA 1992, 427), einer konkreten Gefährdung der Zahlungsfähigkeit des AG oder wenn konkrete Anhaltspunkte bestehen, dass sich der Vollstreckungsgläubiger in ein Land außerhalb der EU absetzen will, um sich der Rückabwicklung zu entziehen (LAG Schleswig-Holstein 12. 6. 1998 LAGE § 62 ArbGG 1979 Nr. 25). Die Ausländereigenschaft allein ist nicht ausreichend (aA wohl noch ArbG Reutlingen 8. 2. 1980 AP ArbGG 1979 § 62 Nr. 1).

3. Nachträgliche Einstellung der Zwangsvollstreckung. Hat der Beklagte einen Antrag nach § 62 5 I 2 nicht gestellt oder war dieser nicht erfolgreich, kann die Zwangsvollstreckung auch nach Verkündung des Urteils eingestellt werden. Die nachträgliche Einstellung der Zwangsvollstreckung kommt in Betracht, wenn *(1)* gegen eine rechtskräftige Entscheidung eine Wiedereinsetzung in den vorigen Stand beantragt worden ist, *(2)* die Wiederaufnahme des Verfahrens erfolgt (§ 707 I ZPO) oder *(3)* bei Einspruch oder Berufung gegen ein vorläufig vollstreckbares Urteil (§ 719 I ZPO). Die Einstellung erfolgt nur unter denselben Voraussetzungen, unter denen ein Ausschluss der Zwangsvollstreckung erfolgen kann (dazu bereits Rn. 3 f.). Umstritten ist, ob die Zwangsvollstreckung nach § 62 I 3 gegen Sicherheitsleitung eingestellt werden kann. Dies wird zu Recht mit der Begründung verneint, dass § 707 I 1 ZPO durch die Verweisung in § 62 I 3 auf Satz 2 eingeschränkt wird, der eine Einstellung der Zwangsvollstreckung im Urteil gegen Sicherheitsleistung nicht zulässt (LAG Frankfurt 27. 11. 1985 LAGE § 62 ArbGG 1979 Nr. 1 = BB 1986, 948; GMP/*Germelmann* § 62 Rn. 35; aA LAG Köln 19. 9. 1999 NZA-RR 1998, 36; LAG Düsseldorf 28. 2. 1992 LAGE § 62 ArbGG Nr. 18 = NZA 1992, 618, dazu auch *Beckers* NZA 1997, 1322). Die Entscheidung über den Antrag kann ohne mündliche Verhandlung ergehen, dem Antragsgegner ist aber rechtliches Gehör zu gewähren. Auch eine vorläufige Einstellung (zB bis zum Vorliegen der Berufungsbegründung/-erwiderung) ist zulässig. Die zu begründende Entscheidung ergeht durch Beschluss ohne Beteiligung der ehrenamtlichen Richter (§§ 53 I 1, 55 I Nr. 6, 64 VII ArbGG).

4. Rechtsmittel. Gegen die Entscheidung des Vorsitzenden des ArbG ist grundsätzlich die sofortige 6 Beschwerde an das LAG gegeben (§ 793 ZPO, § 62 II 1 ArbGG). Lediglich bei einer Entscheidung über die Einstellung in den Fällen des § 707 I ZPO ist die Anfechtung ausgeschlossen (§ 707 II 2 ZPO); sie kann gleichwohl in Ausnahmefällen bei erkennbar fehlender Ermessensausübung oder grober Gesetzwidrigkeit gegeben sein (LAG Thüringen 29. 12. 1997 NZA 1998, 1358; LAG Frankfurt 4. 3. 2002 LAGE § 62 ArbGG 1979 Nr. 27 = NZA-RR 2003, 219). Gegen die Entscheidung des Vorsitzenden des LAG ist ein Rechtsmittel nicht statthaft, es sei denn, das LAG hat die Rechtsbeschwerde ausdrücklich zugelassen (§ 574 I Nr. 2 ZPO).

III. Zwangsvollstreckung

1. Zuständigkeit. Nach § 61 II 1 richtet sich die Zwangsvollstreckung nach den Vorschriften des 7 Achten Buches der ZPO. Die allg. Vollstreckungsvoraussetzungen (Titel, Klausel, Zustellung) müssen vorliegen. Der Gerichtsvollzieher ist sachlich und funktionell für jede Vollstreckung zuständig, die nicht den Amtsgerichten oder dem ArbG als Prozessgericht zugewiesen ist (§ 753 I ZPO). Die wichtigsten Fälle der Vollstreckung durch den Gerichtsvollzieher sind in §§ 808, 883 bis 885 ZPO enthalten. Das sind die Beitreibung von Geldforderungen durch Pfändung in das bewegliche Vermögen und die Wegnahme von Gegenständen (Herausgabeansprüche). Die örtliche Zuständigkeit der Gerichtsvollzieher ist in den §§ 12 ff. ZPO, 154 GVG und durch Vorschriften der Landesjustizverwaltung (Gerichtsvollzieherordnung) geregelt.

Das **Amtsgericht** ist vor allem Vollstreckungsgericht, wenn Forderungen gepfändet werden sollen. 8 In Betracht kommen in erster Linie der Erlass eines Pfändungs- und Überweisungsbeschlusses. Auch insoweit werden vom Amtsgericht keine Kostenvorschüsse erhoben (§ 12 IV 2 ArbGG). Bleibt aber die Vollstreckung erfolglos, haftet der Antragsteller auf die Kosten nach Maßgabe der §§ 12 IV ArbGG, 49 GKG.

9   Das **ArbG** ist als Prozessgericht für Vollstreckungsmaßnahmen zuständig, wenn die Verurteilung zu einer *(1)* vertretbaren Handlung (§ 887 ZPO), *(2)* unvertretbaren Handlung (§ 888 ZPO) oder *(3)* einer Unterlassung (zB von Wettbewerb oder zur Duldung der Vornahme einer Handlung) vollstreckt werden muss (§ 890 ZPO).

10 **2. Rechtsbehelfe.** Wird die Art und Weise der Zwangsvollstreckung durch den Gerichtsvollzieher oder das Amtsgericht gerügt, ist der Rechtsbehelf der Erinnerung an das Amtsgericht gegeben (§ 766 ZPO). Dies ist zB der Fall, wenn Gegenstände gepfändet werden, die der Pfändung nicht unterliegen. Gegen Beschlüsse des Amtsgerichtes ist das Rechtsmittel der sofortigen Beschwerde statthaft (§ 793 ZPO), über die das Landgericht entscheidet. Gegen Vollstreckungshandlungen des ArbG als Prozessgericht ist allein das Rechtsmittel der sofortigen Beschwerde gegeben (§ 78).

11 Soll dagegen eingewandt werden, dass die im Urteil enthaltene Verpflichtung nach der Letzten mündlichen Verhandlung erfüllt worden ist (zB durch Zahlung), muss der Vollstreckungsschuldner Vollstreckungsgegenklage (§ 767 ZPO) erheben. Wird im Rahmen der Vollstreckung in die Rechte Dritter, zB durch Pfändung eines dem Schuldner nicht gehörenden Gegenstandes, eingegriffen, kann der Dritte Drittwiderspruchsklage (§ 771 ZPO) erheben. Bei einstweiligen Anordnungen des ArbG im Rahmen der §§ 769, 771 ZPO nach § 769 ZPO ist die sofortige Beschwerde nach § 793 ZPO statthaft (LAG Frankfurt 10. 9. 1997 MDR 1998, 925; GMP/*Germelmann* § 62 Rn. 62; aA LAG Berlin 21. 6. 1989 LAGE § 769 ZPO Nr. 2; LAG Hamm 26. 5. 1988 LAGE § 769 ZPO Nr. 1).

IV. Arrest

12 **1. Persönlicher und dringlicher Arrest.** Der Arrest ist zulässig zur Sicherung der Zwangsvollstreckung wegen einer Geldforderung oder eines Anspruches, der in eine Geldforderung übergehen kann (§ 916 I ZPO). Es sind zu unterscheiden zwischen dem dinglichen und dem persönlichen Arrest. Der dingliche Arrest findet statt, wenn zu befürchten ist, dass ohne dessen Verhängung die Vollstreckung des Urteils vereitelt oder wesentlich erschwert werden würde. Der persönliche Sicherheitsarrest findet nur statt, wenn er zur Sicherung der Zwangsvollstreckung in das Vermögen des Schuldners erforderlich ist. Die Vollziehung des persönlichen Sicherheitsarrestes richtet sich, wenn sie durch Haft erfolgt, nach den Vorschriften der §§ 904 bis 913 ZPO und, wenn sie durch sonstige Beschränkungen der persönlichen Freiheit erfolgt, nach den vom Arrestgericht zu treffenden bes. Anordnungen, für welche die Beschränkung der Haft maßgebend sind (§ 933 ZPO).

13 **2. Voraussetzungen.** Ein Arrest setzt voraus *(1)* einen Arrestantrag, *(2)* einen Arrestanspruch, *(3)* einen Arrestgrund und *(4)* die Glaubhaftmachung von Arrestanspruch und -grund (§ 294 ZPO). Der Arrestantrag kann schriftlich oder mündlich bei dem Gericht angebracht werden (§ 920 III ZPO). Es besteht daher auch vor dem LAG kein Vertretungszwang, wenn das LAG Arrestgericht ist. Ein Arrestgrund ist gegeben, wenn die Besorgnis besteht, dass ohne Verhängung des Arrestes die Vollstreckung des Urteils vereitelt oder wesentlich erschwert wird (§ 917 I ZPO). Als ein zureichender Arrestgrund wird angesehen, wenn das Urteil ansonsten im Ausland außerhalb der EU vollstreckt werden müsste (EuGH 10. 2. 1994 EuZW 1994, 216). Ein Arrestgrund wurde auch bejaht, auch wenn bereits im Titel vorliegt (OLG Hamm 27. 11. 1989 NJW-RR 1990, 1536). Dagegen wurde ein Arrestgrund verneint, wenn sich nur die Vermögenslage des Schuldners verschlechtert (OLG Frankfurt 11. 4. 1995 Rechtspfleger 1995, 468). Für den persönlichen Arrest kann ein Arrestgrund gegeben sein, wenn der Schuldner das Gebiet der EU erlassen will. Im Allg. erfolgt keine Freiheitsentziehung, ausreichend ist die Einziehung der Ausweisdokumente.

14 **3. Verfahren.** Zuständig für den Arrest ist das Gericht der Hauptsache (§ 919 ZPO). Dies kann auch das LAG sein, wenn bereits Berufung eingelegt ist (§ 943 I ZPO). Ist die Hauptsache bereits im Revisionsverfahren anhängig, ist das ArbG Arrestgericht. Dagegen besteht keine Eilzuständigkeit des Amtsgerichtes mehr, § 942 ZPO betrifft nur die örtliche Zuständigkeit (vgl. auch § 48 Rn. 1). Das Gericht kann über den Arrestantrag nach pflichtgemäßem Ermessen mit und ohne mündliche Verhandlung entscheiden (§ 921 I ZPO). Die Durchführung einer mündlichen Verhandlung steht – anders als bei der einstweiligen Verfügung – im Ermessen des Gerichts. Von ihr kann abgesehen werden, wenn dies im Interesse eines effektiven Rechtsschutzes notwendig ist, zB bes. Eile geboten ist oder sonstige Gründe vorliegen, die eine bes. Dringlichkeit begründen.

15 **4. Entscheidung.** Entscheidet das Gericht auf Grund mündlicher Verhandlung, ergeht ein Endurteil durch die Kammer (§ 922 I ZPO). Unter den allg. Voraussetzungen von § 64 ArbGG ist die Berufung an das LAG möglich. Entscheidet das LAG, ist eine Revision (§ 72 IV) ebenso wie eine Rechtsbeschwerde unstatthaft (§ 72 IV), selbst wenn ein Rechtsmittel vom LAG ausdrücklich zugelassen wird (BAG 22. 1. 2003 AP ArbGG 1979, § 78 Nr. 1 = NJW 2003, 1621 = NZA 2003, 399). Entscheidet das ArbG mit oder ohne vorherige Anhörung des Arrestgegners ohne mündliche Verhandlung, ergeht die Entscheidung durch den Vorsitzenden der Kammer (§§ 53, 64 VII) durch Beschluss (§ 921 ZPO;

aA LAG Nürnberg 1. 4. 1999 NZA 2000, 335 – Kammer). Gegen den stattgebenden Beschluss ist nur der Widerspruch nach § 924 ZPO gegeben. Über diesen entscheidet die Kammer des ArbG nach vorheriger mündlicher Verhandlung durch Endurteil, gegen das unter den Voraussetzungen des § 64 die Berufung statthaft ist. Weist dagegen das Gericht ohne mündliche Verhandlung den Antrag auf Erlass des Arrestes ab, findet gegen den Beschluss die sofortige Beschwerde statt (§ 567 ZPO). Erlässt das Gericht einen Arrestbefehl, ist nach § 923 ZPO ein Geldbetrag festzusetzen durch dessen Hinterlegung die Vollziehung des Arrestes gehemmt wird.

5. Vollziehung und Aufhebung des Arrestes. Der Arrest wird entspr. den Vorschriften über die Zwangsvollstreckung vollzogen (§ 928 ZPO). Die Zustellung des Arrestes muss im Parteibetrieb innerhalb einer Woche erfolgen. Nach § 929 III ZPO kann die Vollziehung bereits vor Zustellung erfolgen. Eine Vollstreckungsklausel für den Arrest ist nur erforderlich, wenn die Vollziehung für oder gegen eine andere im Arrestbefehl genannte Person erfolgen soll (§ 929 I ZPO). Nach Ablauf eines Monats ist die Vollziehung unzulässig (§ 929 II ZPO). Die Art der Vollziehung ist in den §§ 930 bis 934 ZPO geregelt.

Der Arrest ist aufzuheben, wenn *(1)* er zu Unrecht erlassen worden ist, *(2)* dem Antragsteller aufgegeben worden ist, Klage zur Hauptsache zu erheben und diese nicht oder nicht fristgemäß erhoben worden ist (§ 926 II ZPO) und *(3)* bei Veränderung der Umstände, die zu seinem Erlass geführt haben.

V. Einstweilige Verfügung

1. Voraussetzungen. Für den Erlass der einstweiligen Verfügung gelten die Vorschriften der §§ 935 bis 945 ZPO. Dabei gelten grds. die Vorschriften für den Arrest, soweit für das einstweilige Verfügungsverfahren keine Besonderheiten geregelt sind (§ 936 ZPO). Auch die einstweilige Verfügung dient grds. nur der Sicherung von Ansprüchen. Nur in Ausnahmefällen kann sie auch auf Erfüllung gerichtet sein. Die einstweilige Verfügung setzt voraus *(1)* einen Antrag auf Erlass einer einstweiligen Verfügung, *(2)* einen Verfügungsanspruch, *(3)* einen Verfügungsgrund und *(4)* die Glaubhaftmachung von Verfügungsanspruch und Verfügungsgrund. Ein Verfügungsgrund ist gegeben, wenn nach einem objektiven Urteil die Befürchtung besteht, dass die Verwirklichung des Individualanspruches durch bevorstehende Veränderung des bestehenden Zustandes gefährdet wird (§ 935 ZPO).

2. Verfügungsarten. Die einstweilige Verfügung ist als Sicherungs- oder Regelungsverfügung sowie zur Erfüllung einer bestimmten Leistung statthaft. Eine Sicherungsverfügung (§ 935 ZPO) ist zulässig, wenn zu befürchten ist, dass durch eine Veränderung des bestehenden Zustandes die Verwirklichung des Rechts einer Partei vereitelt oder wesentlich erschwert werden könnte. Durch die Regelungsverfügung (§ 940 ZPO) wird ein einstweiliger Zustand in Bezug auf ein streitiges Rechtsverhältnis geregelt, sofern diese Regelung, insb. bei dauerndem Rechtsverhältnis zur Abwendung wesentlicher Nachteile oder zur Verhinderung drohender Gewalt oder aus anderen Gründen nötig erscheint. In Ausnahmefällen kann aber die einstweilige Verfügung bereits auf die Erfüllung eines Anspruches gerichtet sein. Dies kann in Betracht kommen, wenn ein Teil des Entgeltanspruches im Wege der einstweiligen Verfügung zugesprochen wird, weil der Gläubiger sonst in eine Notlage geraten würde (vgl. LAG Köln 9. 2. 1991 NZA 1991, 396; LAG Schleswig-Holstein 26. 8. 1958 AP ZPO § 940 Nr. 1), zB weil der Anspruch auf Sozialleistungen nicht realisiert werden kann. Weiterhin ist die Leistungsverfügung zulässig zur Sicherung eines nachvertraglichen Wettbewerbsverbots.

3. Verfahren. Zuständig für den Erlass der einstweiligen Verfügung ist stets das ArbG der Hauptsache (§§ 937, 943 ZPO), die Eilzuständigkeit der Amtsgerichte ist nach Inkrafttreten der §§ 17, 17a GVG entfallen (§ 48 Rn. 1). Nach § 62 II 2 kann vom ArbG oder LAG nur in dringenden Fällen ohne mündliche Verhandlung entschieden werden, selbst wenn der Antrag zurückgewiesen werden soll (LAG Hamburg 18. 7. 2002 NZA-RR 2003, 104; LAG Frankfurt 28. 1. 2002 NZA-RR 2002, 424 – LAG). Für den Verfahrensverlauf und die Rechtsbehelfe gelten die Ausführungen zum Arrest sinngemäß (vgl. Rn. 15 ff.).

VI. Schutzschrift

In Wettbewerbsprozessen ist das Rechtsinstitut der Schutzschrift entwickelt worden. Erwartet ein Verfügungsgegner, dass gegen ihn eine einstweilige Verfügung ausgebracht wird, kann er sich an die potenziell zuständigen Gerichte wenden und eine Schutzschrift einreichen. Namentlich bei Arbeitskämpfen werden Schutzschriften eingereicht, um *(1)* den Antrag auf einstweilige Verfügung zurückzuweisen oder *(2)* zumindest nicht ohne mündliche Verhandlung zu entscheiden. Wegen des Grundsatzes des rechtlichen Gehörs ist das Sachvorbringen aus der Schutzschrift bei der Entscheidung über den Antrag der nachfolgenden einstweiligen Verfügung zu berücksichtigen. Die Kosten einer Schutzschrift können im nachfolgenden Verfahren erstattungsfähig sein (BGH 13. 2. 2003 NJW 2003, 1257).

§ 63 Übersendung von Urteilen in Tarifvertragssachen

¹Rechtskräftige Urteile, die in bürgerlichen Rechtsstreitigkeiten zwischen Tarifvertragsparteien aus dem Tarifvertrag oder über das Bestehen oder Nichtbestehen des Tarifvertrags ergangen sind, sind alsbald der zuständigen obersten Landesbehörde und dem Bundesminister für Arbeit und Sozialordnung in vollständiger Form abschriftlich zu übersenden. ²Ist die zuständige oberste Landesbehörde die Landesjustizverwaltung, so sind die Urteilsabschriften auch der obersten Arbeitsbehörde des Landes zu übersenden.

1　**1. Allgemeines.** Die Vorschrift dient der Durchführung von § 9 TVG. In den dort genannten Fällen entfalten rechtskräftige Entscheidungen der Gerichte für Arbeitssachen Bindungswirkung. Mit der Übersendung der Urteile an die zuständigen Behörden soll gewährleistet werden, dass das Regelungsziel von § 9 TVG erreicht wird.

2　**2. Übersendungspflicht.** Die Vorschrift ist enger gefasst als § 2 I Nr. 1 (dazu § 2 Rn. 7). Die Übersendungspflicht bezieht sich nur auf Urteile in Rechtsstreitigkeiten zwischen den TVParteien, nicht dagegen auf Urteile in Rechtsstreitigkeiten zwischen TVParteien und Dritten (GK-ArbGG/*Stahlhacke* § 63 Rn. 3; *Hauck/Helml* § 63 Rn. 3; aA *Grunsky* § 63 Rn. 3). Sie besteht nur, wenn über den Inhalt oder das Bestehen bzw. Nichtbestehen des TV gestritten wird, nicht bei einer Entscheidung nach § 97 über die Tariffähigkeit oder Tarifzuständigkeit. Von § 63 sind nur Sachurteile erfasst, da nur diese Bindungswirkung entfalten können. Wird die Berufung gegen ein Urteil des ArbG als unzulässig verworfen, ist nur dieses und nicht die Entscheidung des LAG zu übersenden.

3　**3. Form und Frist der Übersendung.** Die Urteile sind schriftlich in vollständiger Form abschriftlich zu übersenden. Bei einer Anonymisierung muss gewährleistet sein, dass der zugrunde liegende Tarifvertrag erkennbar bleibt, weil sonst der verfolgte Zweck nicht erreicht werden kann. Die Übersendung muss unverzüglich nach Eintritt der Rechtskraft erfolgen, wenngleich das Gesetz eine verspätete oder unterbliebene Versendung nicht sanktioniert. Zuständig ist der Kammervorsitzende des ArbG, selbst wenn im Instanzenzug ein höheres Gericht entschieden hat.

Zweiter Unterabschnitt. Berufungsverfahren

§ 64 Grundsatz

(1) Gegen die Urteile der Arbeitsgerichte findet, soweit nicht nach § 78 das Rechtsmittel der sofortigen Beschwerde gegeben ist, die Berufung an die Landesarbeitsgerichte statt.

(2) Die Berufung kann nur eingelegt werden,
a) wenn sie in dem Urteil des Arbeitsgerichts zugelassen worden ist,
b) wenn der Wert des Beschwerdegegenstandes 600 Euro übersteigt,
c) in Rechtsstreitigkeiten über das Bestehen, das Nichtbestehen oder die Kündigung eines Arbeitsverhältnisses oder
d) wenn es sich um ein Versäumnisurteil handelt, gegen das der Einspruch an sich nicht statthaft ist, wenn die Berufung oder Anschlussberufung darauf gestützt wird, dass der Fall der schuldhaften Versäumung nicht vorgelegen habe.

(3) Das Arbeitsgericht hat die Berufung zuzulassen, wenn
1. die Rechtssache grundsätzliche Bedeutung hat,
2. die Rechtssache Rechtsstreitigkeiten betrifft
   a) zwischen Tarifvertragsparteien aus Tarifverträgen oder über das Bestehen oder Nichtbestehen von Tarifverträgen,
   b) über die Auslegung eines Tarifvertrags, dessen Geltungsbereich sich über den Bezirk eines Arbeitsgerichts hinaus erstreckt, oder
   c) zwischen tariffähigen Parteien oder zwischen diesen und Dritten aus unerlaubten Handlungen, soweit es sich um Maßnahmen zum Zwecke des Arbeitskampfes oder um Fragen der Vereinigungsfreiheit einschließlich des hiermit im Zusammenhang stehenden Betätigungsrechts der Vereinigungen handelt, oder
3. das Arbeitsgericht in der Auslegung einer Rechtsvorschrift von einem ihm im Verfahren vorgelegten Urteil, das für oder gegen eine Partei des Rechtsstreits ergangen ist, oder von einem Urteil des im Rechtszug übergeordneten Landesarbeitsgerichts abweicht und die Entscheidung auf dieser Abweichung beruht.

(3 a) ¹Die Entscheidung des Arbeitsgerichts, ob die Berufung zugelassen oder nicht zugelassen wird, ist in den Urteilstenor aufzunehmen. ²Ist dies unterblieben, kann binnen zwei Wochen ab Verkündung des Urteils eine entsprechende Ergänzung beantragt werden. ³Über den Antrag kann die Kammer ohne mündliche Verhandlung entscheiden.

(4) Das Landesarbeitsgericht ist an die Zulassung gebunden.

(5) Ist die Berufung nicht zugelassen worden, hat der Berufungskläger den Wert des Beschwerdegegenstandes glaubhaft zu machen; zur Versicherung an Eides Statt darf er nicht zugelassen werden.

(6) ¹Für das Verfahren vor den Landesarbeitsgerichten gelten, soweit dieses Gesetz nichts anderes bestimmt, die Vorschriften der Zivilprozeßordnung über die Berufung entsprechend. ²Die Vorschriften über das Verfahren vor dem Einzelrichter finden keine Anwendung.

(7) Die Vorschriften des § 49 Abs. 1 und 3, des § 50, des § 51 Abs. 1, der §§ 52, 53, 55 Abs. 1, 2 und 4, der §§ 56 bis 59, 61 Abs. 2 und 3 und der §§ 62 und 63 über Ablehnung von Gerichtspersonen, Zustellungen, persönliches Erscheinen der Parteien, Öffentlichkeit, Befugnisse des Vorsitzenden und der ehrenamtlichen Richter, Vorbereitung der streitigen Verhandlung, Verhandlung vor der Kammer, Beweisaufnahme, Versäumnisverfahren, Inhalt des Urteils, Zwangsvollstreckung und Übersendung von Urteilen in Tarifvertragssachen gelten entsprechend.

(8) Berufungen in Rechtsstreitigkeiten über das Bestehen, das Nichtbestehen oder die Kündigung eines Arbeitsverhältnisses sind vorrangig zu erledigen.

I. Allgemeines

Die Berufung ist ein Instrument zur Fehlerkontrolle und -beseitigung der Urteile der ArbG durch das LAG. Die Berufung hat Suspensiveffekt (§ 707 ZPO) und Devolutiveffekt. Neues Sachvorbringen ist nur in den Grenzen von § 67 möglich. In bes. Fällen kann gegen ein Urteil des ArbG auch die sofortige Beschwerde statthaft sein (vgl. Rn. 3). Im Beschlussverfahren entspricht die Beschwerde (§ 87) der Berufung. 1

II. Statthaftigkeit der Berufung

1. Berufungsfähigkeit. Berufungsfähig sind grds. nur Endurteile oder diesen gleichgestellte Urteile der ArbG. Hierzu gehören Teilurteile (§ 301 ZPO), Vorbehaltsurteile (§ 302 ZPO), Ergänzungsurteile (§ 321 ZPO), Zwischenurteile über die Zulässigkeit der Klage (§ 280 II ZPO) und wenn der Antrag auf Wiedereinsetzung in den vorigen Stand abgelehnt worden ist (BGH 15. 10. 1981 NJW 1982, 184) sowie Urteile im einstweiligen Rechtsschutz. Nicht berufungsfähig sind Zwischenurteile, mit denen über den Grund des Anspruches oder ein Zwischenstreit entschieden wird (§§ 61 III; §§ 303, 304 ZPO), diese können nach § 512 ZPO nur zusammen mit dem Endurteil angegriffen werden. Gegen erste Versäumnisurteile ist nicht die Berufung, sondern der Einspruch gegeben. Gegen zweite Versäumnisurteile ist die Berufung nur mit der Begründung zulässig, dass ein Fall der Säumnis nicht vorgelegen habe (§ 514 II 1 ZPO), dazu § 59 Rn. 17. 2

2. Sofortige Beschwerde. Nicht berufungsfähig sind Urteile der ArbG, gegen die sofortige Beschwerde statthaft ist. Dies ist der Fall bei Zulassung oder Zurückweisung eines Streitgenossen (§ 71 II ZPO), der Kostenentscheidung bei einem Anerkenntnisurteil (§ 99 II ZPO), Zwischenurteil über ein Aussageverweigerungsrecht eines Zeugen (§ 387 III ZPO). 3

3. Meistbegünstigung. Hat das ArbG anstatt durch Urteil durch Beschluss entschieden, ist nach dem Grundsatz der Meistbegünstigung sowohl die Berufung als auch die sofortige Beschwerde statthaft (BAG 5. 12. 1984 AP ArbGG 1979 § 72 Nr. 3). Ein Rechtsmittel ist jedoch nur dann gegeben, wenn auch gegen die in richtiger Form erlassene Entscheidung ein Rechtsmittel zulässig wäre. Das Berufungsgericht entscheidet in diesem Fall durch Urteil und nicht durch Beschluss (BAG 26. 3. 1992 AP ArbGG 1979 § 48 Nr. 7 = NZA 1992, 954). Nach dem Grundsatz der Meistbegünstigung ist die Berufung auch im umgekehrten Fall statthaft, wenn das ArbG zu Unrecht durch kontradiktorisches Urteil entschieden oder im Rubrum eine falsche Bezeichnung gewählt hat (Urteil statt Versäumnisurteil; 2. Versäumnisurteil statt Versäumnisurteil). 4

III. Berufungsmöglichkeiten

1. Abschließende Aufzählung. § 64 II zählt enumerativ die Fälle auf, in denen gegen ein Urteil des ArbG Berufung eingelegt werden kann. Sind die dort genannten Voraussetzungen nicht gegeben, ist die Berufung unzulässig. Dies gilt auch bei schwersten Gesetzesverstößen und greifbarer Gesetzwidrigkeit. Die ursprünglich in § 64 II enthaltene Unterscheidung zwischen nichtvermögensrechtlichen und vermögensrechtlichen Streitigkeiten bei der Statthaftigkeit der Berufung ist durch das Arbeitsgerichtsbeschleunigungsgesetz vom 30. 3. 2000 (BGBl. I S. 333) mit Wirkung zum 1. Mai 2000 aufgegeben worden, weil nichtvermögensrechtliche Streitigkeiten nur eine geringe Bedeutung hatten. Ist die Berufung gegen eine Entscheidung nicht statthaft, wird sie auch nicht durch eine entspr. Rechtsmittelbelehrung eines ArbG eröffnet (BAG 23. 6. 1993 AP KSchG 1969 § 9 Nr. 23 = NJW 1994, 1428 = NZA 1994, 264). 5

6 **2. Zulassung der Berufung. a) Bindung.** Die Berufung ist zulässig, wenn sie vom ArbG zugelassen worden ist (§ 64 II lit. a). Das ArbG muss die Berufung zulassen, wenn die in § 64 III genannten Zulassungsgründe gegeben sind; einen Ermessens- oder Beurteilungsspielraum hat das ArbG nicht. Das LAG ist an die Zulassung gebunden (§ 64 IV), selbst wenn es die Voraussetzungen anderes beurteilt. Etwas anderes gilt nur, wenn die Berufung gegen ein Urteil zugelassen wird, gegen das die Berufung unstatthaft ist (Rn. 3). Die Nichtzulassung der Berufung durch das ArbG kann nicht eigenständig angefochten werden, § 72 a ist nicht entspr. anzuwenden (LAG Köln 26. 6. 2001 MDR 2001, 1374). Die Zulassung kann wie die Revisionszulassung beschränkt werden (dazu § 72 Rn. 23).

7 **b) Zulassungsgründe.** Die Berufung ist zuzulassen, wenn die Rechtssache **grundsätzliche Bedeutung** hat (§ 64 III Nr. 1). An den Begriff sind geringere Anforderungen zu stellen als bei § 72 II. Ausreichend ist es, wenn die grundsätzliche Bedeutung nur für den Bezirk des LAG besteht. Die Rechtsfrage, wegen derer die Zulassung erfolgt, muss aber klärungsfähig und -bedürftig sein (dazu § 72 Rn. 12).

8 Die Berufung ist nach § 64 III Nr. 2 zuzulassen, wenn die Rechtssache **Rechtsstreitigkeiten** betrifft *(1)* zwischen TVParteien aus TV oder über das **Bestehen oder Nichtbestehen von TV**, *(2)* über die **Auslegung eines TV**, dessen Geltungsbereich sich über den Bezirk eines Arbeitsgerichtes hinaus erstreckt, oder *(3)* zwischen tariffähigen Parteien oder zwischen diesen und Dritten aus unerlaubten Handlungen, soweit es sich um Maßnahmen zum Zwecke des **Arbeitskampfes** oder um Fragen der **Vereinigungsfreiheit** einschließlich des hiermit im Zusammenhang stehenden Betätigungsrechts der Vereinigungen handelt. Die Zulassungsgründe entsprechen denen des § 72 II (dazu § 72 Rn. 8 ff.).

9 Die Berufung ist schließlich zuzulassen, wenn das ArbG in der **Auslegung einer Rechtsvorschrift** von einem ihm im Verfahren vorgelegten Urteil, das für oder gegen eine Partei des Rechtsstreites ergangen ist, oder **von einem Urteil des im Rechtszug übergeordneten LAG** abweicht und die Entscheidung auf dieser Abweichung beruht (§ 64 III Nr. 3). Die Vorschrift dient der Wahrung der Rechtseinheit im Bezirk des LAG. Die Entscheidung muss nur vorgelegt werden, wenn das ArbG sie nicht kennt (GK-ArbGG/*Vossen* § 64 Rn. 71). An die Form stellt das Gesetz keine bes. Anforderungen, die Vorlage einer einfachen Ablichtung ist daher ausreichend. Auch ein für oder gegen den Rechtsvorgänger einer Partei ergangenes Urteil erfüllt die Voraussetzungen des § 64 III Nr. 3. Für die Zulassung ist es erforderlich, dass die Abweichung von den Rechtssätzen entscheidungserheblich ist. Weicht die Entscheidung des ArbG von der Entscheidung eines nicht im Instanzenzug übergeordneten LAG oder des BAG ab, ist der Zulassungsgrund nicht gegeben. Regelmäßig wird die Berufung in diesem Fall aber wegen grundsätzlicher Bedeutung (§ 64 III Nr. 1) zuzulassen sein.

10 **c) Zulassungsentscheidung. aa) Erforderlichkeit.** Die Entscheidung über die Zulassung erfolgt von Amts wegen, entspr. Anträge der Parteien stellen für das Gericht nur Anregungen dar. Nach § 64 III a muss die Entscheidung über die Zulassung oder Nichtzulassung der Berufung in den Tenor des Urteils aufgenommen werden. Der Ausspruch über die Statthaftigkeit des Rechtsmittels muss immer dann aufgenommen werden, wenn eine Berufungsmöglichkeit nicht ohnehin nach § 64 II lit. c, d (Bestandsstreitigkeit, 2. Versäumnisurteil) gegeben ist. Dies gilt nicht nur, wenn der **Beschwerdewert** des Rechtsstreits 600 Euro insgesamt nicht übersteigt, sondern auch dann, wenn nach dem Tenor die Beschwer einer Partei 600 Euro nicht übersteigt. Noch nicht höchstrichterlich entschieden ist, ob § 64 III a darüber hinaus stets und unabhängig von der Wertgrenze bzw. der Beschwer einer Partei eine Entscheidung über die Zulassung erfordert. Dies wird nach Sinn und Zweck der Norm zu bejahen sein. Durch die Aufnahme der Zulassungsentscheidung soll die Partei bereits vor der Urteilszustellung eindeutig erkennen können, ob und ggf. in welchem Umfang ihr die Möglichkeit zur Rechtsmitteleinlegung eröffnet worden ist. Diese Voraussetzungen sind nur erfüllt, wenn aus dem verkündeten Tenor und ungeachtet einer möglichen Beschwer für die Partei ersichtlich ist, ob das Gericht die Voraussetzungen des § 64 II lit. a bejaht hat, was insb. bei teilbaren Streitgegenständen von Bedeutung sein kann (ebenso *Stock* NZA 2001, 481, 484; wohl auch GMP/*Germelmann* § 64 Rn. 30 a ff., 31 a; ähnlich auch *Jauernig* NJW 2003, 465, 467 für § 511 ZPO).

11 **bb) Nachträgliche Zulassungsentscheidung.** Ist eine an sich erforderliche Zulassungsentscheidung im Tenor unterblieben, kann jede Partei binnen zwei Wochen ab der Urteilsverkündung durch Schriftsatz oder zur Niederschrift der Geschäftsstelle eine Ergänzung des Urteils beantragen. Die Frist läuft stets ab Verkündung der Entscheidung, selbst wenn das Urteil noch nicht zugestellt oder das Sitzungsprotokoll noch nicht übersandt worden ist. Bei Fristversäumnis findet eine Wiedereinsetzung nicht statt, da es sich nicht um eine Notfrist handelt. Über den Antrag entscheidet die Kammer in der gleichen Besetzung. Die Durchführung einer mündlichen Verhandlung ist nicht vorgesehen, aber wahlweise möglich.

12 Das ArbG kann die **Zulassungsentscheidung ohne Antrag einer der Parteien nicht nachholen** (aA *Lakies* BB 2000, 667, 669), ebenso führt auch eine nachträgliche Berufungszulassung in den Entscheidungsgründen nicht zur Zulässigkeit der Berufung (GK-ArbGG/*Vossen* § 64 Rn. 62a; *Appel/Kaiser* AuR 2000, 281, 282; aA *Ostowicz/Künzl/Schäfer* Rn. 176, 226; zur bis zum 30. 4. 2000 geltenden Rechtslage auch BAG 11. 12. 1998 AP ArbGG 1979 § 64 Nr. 30 = NJW 1999, 1420 = NZA 1999, 333). Dem steht auch die Rspr. des BVerfG nicht entgegen, wonach der Zugang zu dem in den

III. Berufungsmöglichkeiten § 64 ArbGG 60

Verfahrensordnungen vorgesehenen Instanzenzug durch das Rechtsstaatsprinzip gewährleistet ist (BVerfG 26. 3. 2001 AP GG Art. 20 Nr. 33 = NJW 2001, 2161 = NZA 2001, 982; 15. 1. 1992 AP ArbGG 1979 § 64 Nr. 16 = NJW 1992, 1496 = NZA 1992, 383). Nach dem ausdrücklichen Wortlaut in § 64 III a 2 steht es ausschließlich im Belieben der Parteien, eine fehlende Entscheidung über die Zulässigkeit der Berufung zu erzwingen. Nehmen sie die Gelegenheit nicht wahr, zB weil sie kein Interesse an der Fortführung des Rechtsstreits haben, ist auch eine weitere Korrekturmöglichkeit durch das Gericht verfassungsrechtlich nicht geboten. § 64 III a verdrängt auch § 321 ZPO, der eine Urteilsergänzung auch bei dem Übergehen einer Nebenentscheidung vorsieht (GMP/*Germelmann* § 64 Rn. 31 c ff.; im Ergebnis auch GK-ArbGG/*Vossen* § 64 Rn. 64). Auch eine Nachholung durch eine Urteilsberichtigung wird kaum in Betracht kommen, da durch das Unterbleiben der Entscheidung nach § 64 III a allein die Voraussetzungen des § 319 ZPO nicht erfüllt sind. Etwas anderes kann gelten, wenn die Zulassungsentscheidung Gegenstand der verkündeten Entscheidungsgründe war.

3. Überschreitung des Beschwerdewertes. a) Berechnung, Beschwer. Die Berufung ist statthaft, 13 wenn der Wert des Beschwerdegegenstandes 600,– Euro übersteigt (§ 64 II lit. b). Voraussetzung der Berufung ist daher die Beschwer einer Partei. Ein Kläger ist durch ein Urteil beschwert, wenn es hinter seinem in der ersten Instanz gestellten Antrag zurückbleibt (formelle Beschwer). Daneben ist der Wert des Beschwerdegegenstandes abhängig von dem in der nächsten Instanz gestellten Antrag. Ob dieser 600,– Euro übersteigt, ist aus dem festgesetzten Streitwert zu ermitteln (BAG 30. 11. 1984 AP ArbGG 1979 § 12 Nr. 9 = NJW 1985, 2494 = NZA 1985, 369; 2. 3. 1983 ArbGG 1979 § 64 Nr. 6). Ein Beklagter ist dann beschwert (materielle Beschwer), wenn er eine für ihn günstigere Entscheidung begehrt. Materiell beschwert ist der Beklagte wegen der unterschiedlichen Rechtskraftwirkungen auch dann, wenn die Klage anstatt als unbegründet bereits als unzulässig abgewiesen worden ist (BAG 19. 11. 1985 AP TVG § 2 Tarifzuständigkeit Nr. 4 = NJW 1987, 514 = NZA 1986, 480). Unberücksichtigt bleiben bei der Berechnung der Beschwer Zinsen und Verfahrenskosten.

b) Klagehäufung. Werden mehrere Klageanträge gestellt, ist ihr Wert für die Berechnung der 14 Beschwer zusammenzurechnen. Eine Berufung ist unzulässig, wenn sich der Berufungskläger bei einem teilbaren Streitgegenstand in seiner Begründung nur gegen eine Verurteilung wendet, die unterhalb des Beschwerdewerts liegt (LAG Rheinland-Pfalz 10. 4. 2001 AuR 2001, 359). Bei Haupt- und Hilfsanträgen erfolgt eine Wertaddition nur, wenn über beide Anträge entschieden wird. Wird der Hauptantrag abgewiesen und nach dem Hilfsantrag entschieden, liegt der Beschwerdewert im Streitwert des Hauptantrages. Ist bei einem Bruttoantrag nur zu einem Nettobetrag verurteilt, ergibt sich für den Kläger der Beschwerdewert aus der Differenz zum ursprünglich eingeklagten Bruttobetrag ohne Berücksichtigung der Arbeitgeberbeiträge. Ist der Klageantrag in zulässiger Weise nicht beziffert worden, ist der Kläger dann beschwert, wenn das Urteil hinter dem von ihm anzugebenden Orientierungswert zurückbleibt. Hat er einen solchen nicht genannt, kann er wegen der Höhe des zuerkannten Betrags keine Berufung einlegen (LAG Hamm 5. 12. 1996 LAGE § 64 ArbGG 1979 Nr. 32). Zum Teil wird allerdings auch vertreten, dass eine Beschwer dann nicht gegeben sei, wenn das Gericht überhaupt etwas zugesprochen hat (*Hauck/Helml* § 64 Rn. 4). Keine Beschwer des Klägers ist daher gegeben, wenn das Gericht auf seinen Antrag das Arbeitsverhältnis gegen Zahlung einer Abfindung auflöst und er die festgesetzte Abfindung nicht angreift (BAG 23. 6. 1993 AP KSchG 1969 § 9 Nr. 23 = NJW 1994, 1428 = NZA 1994, 264). Bei der Stufenklage richtet sich die Beschwer der zur Auskunft verurteilten Partei nicht nach der Höhe des Zahlungsanspruches, sondern nach ihrem Aufwand zur Auskunftserteilung (BAG 27. 5. 1994 AP ArbGG 1979 § 64 Nr. 17 = NZA 1994, 1054). In Eingruppierungsstreitigkeiten nach dem BAT bleibt die Sonderzuwendung unberücksichtigt (BAG 4. 9. 1996 AP ArbGG 1979 § 12 Nr. 19 = NZA 1997, 283).

c) Bindung. Im Allg. kann der Beschwerdewert nicht höher sein als der im Urteil festgesetzte 15 Streitwert (§ 61 I). Ist der Kläger in der ersten Instanz in vollem Umfang unterlegen, stimmen bei uneingeschränkter Berufungseinlegung Streit- und Beschwerdewert überein (BAG 13. 1. 1988 AP ArbGG 1979 § 64 Nr. 11 = NZA 1988, 705). Im Interesse der Rechtsmittelklarheit ist das LAG an die Streitwertfestsetzung gebunden. Dies gilt nur dann nicht, wenn diese wie offensichtlich unrichtig ist (BAG 27. 5. 1994 ArbGG 1979 § 64 Nr. 17 = NZA 1994, 1054; 11. 6. 1986 AP ArbGG 1979 § 61 Nr. 3; krit. aber GK-ArbGG/*Vossen* § 64 Rn. 39 ff.). Dies ist dann der Fall, wenn er sich unter keinem vernünftigen Gesichtspunkt begründen lässt. Bei der Berechnung des Beschwerdewertes bleiben Nebenforderungen (Zinsen und Kosten) unberücksichtigt (§ 4 I ZPO).

d) Zeitpunkt. Für die Feststellung des Beschwerdewertes ist der Zeitpunkt der Einlegung der 16 Berufung maßgebend (§ 4 I ZPO; Revision anhängig – 3 AZR 35/03). Der Berufungskläger hat den Wert glaubhaft zu machen (§ 64 V), ansonsten ist er zu schätzen. Der Wert kann nicht dadurch erhöht werden, dass mit der Berufung der Kläger die Klage erhöht oder der Beklagte eine Widerklage erhebt. Andererseits ist eine Berufung unzulässig, wenn der Wert des Beschwerdegegenstandes vor der Berufungseinlegung unter die Rechtsmittelgrenze sinkt, insb. wenn die verurteilte Partei zwischenzeitlich die im erstinstanzlichen Urteil festgestellte Verpflichtung nicht nur zur Abwendung der Zwangsvollstreckung erfüllt hat (LAG Frankfurt 11. 11. 1985 LAGE § 64

- § 51 I über das persönliche Erscheinen; dagegen ist auf die Vorschrift wegen der Zurückweisung eines Prozessbevollmächtigten nicht verwiesen;
- § 52 über die Öffentlichkeit;
- § 53 über die Befugnisse des Vorsitzenden und der ehrenamtlichen Richter;
- § 55 I, II und IV. Insoweit ist verwiesen auf die Befugnisse des Vorsitzenden erster Instanz. Dagegen ist nicht verwiesen auf Abs. 3, weil in der zweiten Instanz keine Güteverhandlung stattfindet;
- § 56 über die Vorbereitung der streitigen Verhandlung;
- § 57 über die Verhandlung vor der Kammer;
- § 58 über die Beweisaufnahme;
- § 59 über das Versäumnisverfahren;
- § 61 II, III über die Verkündung des Urteils;
- § 62 über die Zwangsvollstreckung;
- § 63 über die Übersendung von Urteilen in Tarifvertragssachen.

Da auf § 46 nicht verwiesen ist, kann anders als bei den Gerichten erster Instanz auch ohne mündliche Verhandlung im schriftlichen Verfahren nach § 128 II ZPO entschieden werden. Zur Entscheidung bei Zweifeln über den beschrittenen Rechtsweg in der Berufungsinstanz § 48 Rn. 2.

V. Beschleunigung in Bestandsschutzstreitigkeiten

28 Nach § 64 VIII sind Berufungen über das Bestehen oder Nichtbestehen oder die Kündigung eines Arbeitsverhältnisses vorrangig zu erledigen. Wird die Vorschrift verletzt, sind im Gesetz keine Sanktionen vorgesehen (vgl. auch § 61 a Rn. 1).

§ 65 Beschränkung der Berufung

Das Berufungsgericht prüft nicht, ob der beschrittene Rechtsweg und die Verfahrensart zulässig sind und ob bei der Berufung der ehrenamtlichen Richter Verfahrensmängel unterlaufen sind oder Umstände vorgelegen haben, die die Berufung eines ehrenamtlichen Richters zu seinem Amte ausschließen.

I. Allgemeines

1 Die Vorschrift ist im Zusammenhang mit der Neuregelung des Verweisungsrechts nach § 48 iVm. §§ 17 ff. GVG (vgl. § 48) neugefasst und durch das ZPO-ReformG redaktionell an das zivilgerichtliche Berufungsrecht angepasst worden. Da die Zulässigkeit des Rechtsweges, die Verfahrensart und die Zuständigkeit zur Verfahrensbeschleunigung grds. mit Abschluss des erstinstanzlichen Verfahrens feststehen sollen, enthalten die §§ 65 ArbGG, 513 II ZPO eine entspr. Beschränkung des Prüfungsumfangs des Berufungsgerichts.

II. Beschränkung des Nachprüfungsrechtes des LAG

2 **1. Zulässigkeit des Rechtsweges und der Verfahrensart.** § 48 ArbGG iVm. § 17 GVG sieht für die Prüfung der Zulässigkeit des Rechtsweges und der richtigen Verfahrensart ein Vorabentscheidungsverfahren vor. § 65 ergänzt diese Regelung dahin, dass das LAG nicht erneut über die Zulässigkeit des Rechtswegs und die Verfahrensart entscheidet (vgl. § 17 a V GVG). Das Vorabentscheidungsverfahren ist unter § 48 Rn. 2 ff. ausführlich dargestellt, zur Bindungswirkung von Verweisungsbeschlüssen insb. § 48 Rn. 12. Eine Ausnahme von der eingeschränkten Überprüfung besteht dann, wenn das ArbG die Prüfung noch nicht vornehmen konnte, weil zB die Klage in der Berufungsinstanz erweitert, eine Widerklage erhoben oder eine Aufrechnung (§ 530 ZPO) erklärt wird. In diesen Fällen ist das LAG zur Prüfung der Zulässigkeit des beschrittenen Rechtswegs verpflichtet.

3 **2. Zuständigkeit.** Durch das ZPO-ReformG ist § 65 redaktionell angepasst worden. Die früher in der Vorschrift enthaltene Beschränkung des Prüfungsumfangs hinsichtlich der Zuständigkeit des erstinstanzlichen Gerichts konnte entfallen, da § 513 II ZPO eine inhaltsgleiche Regelung enthält, die auch im arbeitsgerichtlichen Berufungsverfahren anzuwenden ist. Danach kann die Berufung nicht darauf gestützt werden, dass das ArbG seine Zuständigkeit zu Unrecht angenommen hat. § 513 II enthält eine Prüfungssperre zumindest hinsichtlich der örtlichen Zuständigkeit des erstinstanzlichen Gerichts. Die fehlende Nachprüfung der **örtlichen Zuständigkeit** folgt zusätzlich aus § 48 I Nr. 1, da Beschlüsse der ArbG zur örtlichen Zuständigkeit unanfechtbar sind (dazu § 48 Rn. 16). Eine Ausnahme von der Prüfungssperre besteht nur, wenn das ArbG die Rüge der örtlichen Zuständigkeit verfahrensfehlerhaft behandelt (BAG 5. 9. 1995 AP TVG § 1 Vorruhestand Nr. 24 = NZA 1996, 610). Eine Verkennung der **internationalen Zuständigkeit** (§ 1 Rn. 4) kann hingegen in allen Instanzen gerügt werden (BAG 26. 2. 1985 AP Internat. Privatrecht Nr. 23 = NJW 1985, 2910 = NZA 1985, 635, dazu auch § 48 Rn. 2), sie wird von § 513 II nicht erfasst. Ob auch Fehler bei der funktionellen

Zuständigkeit von § 65 erfasst werden, ist umstritten (dafür Zöller/*Gummer* § 513 Rn. 7; aA GMP/ *Germelmann* § 65 Rn. 8), aber für die arbeitsgerichtliche Verfahren ohne Bedeutung. Selbst bei einer fehlerhaften Zuweisung des Verfahrens innerhalb der Spruchkörper des Gerichts (allg. Kammern/ Fachkammer) ist die Zurückverweisung wegen § 68 ausgeschlossen.

3. Berufung der ehrenamtlichen Richter. Das LAG überprüft nicht, ob bei der Berufung der 4 ehrenamtlichen Richter *a)* Verfahrensmängel unterlaufen sind, *b)* Umstände vorgelegen haben, die die Berufung eines ehrenamtlichen Richters zu seinem Amt ausschließen (§§ 21 bis 23) oder *c)* die oberste Landesbehörde bzw. zuständige Stelle bei der Berufung Fehler begangen hat. Gleichfalls unbeachtlich für das Berufungsverfahren ist der Fortfall der Berufungsvoraussetzungen und eine etwaige Verletzung der Amtspflichten der ehrenamtlichen Richter, die an der erstinstanzlichen Entscheidung mitgewirkt haben. Dagegen können Verfahrensfehler, die nach der Berufung der beteiligten ehrenamtlichen Richter aufgetreten sind, überprüft werden. Hierzu gehören zB eine nach § 45 II DRiG notwendige Vereidigung, Verletzung der Reihenfolge bei der Heranziehung der ehrenamtlichen Richter (§ 31) und ob ein ehrenamtlicher Richter kraft Gesetzes von der Ausübung des Richteramtes ausgeschlossen war (§ 41 ZPO).

4. Verfahrenswidrige Überprüfung. Hat das LAG zu Unrecht die nach § 65 ausgeschlossenen 5 Verfahrensmängel überprüft, ist sein Urteil auf Rüge in der Revisionsinstanz aufzuheben und das Verfahren zurückzuverweisen, wenn es auf dem Verfahrensfehler beruht (§§ 562, 563 ZPO). Eine Zurückverweisung unterbleibt, wenn sich der Verstoß gegen § 65 bei der Entscheidung nicht ausgewirkt hat. Dies ist zB der Fall, wenn das LAG zutreffend die Zulässigkeit des beschrittenen Rechtswegs bejaht hat. Hat das LAG entgegen § 65 das Verfahren an ein Gericht eines anderen Rechtswegs verwiesen, tritt für das angegangene Gericht wegen der offensichtlichen Gesetzwidrigkeit keine Bindungswirkung ein (§ 48 Rn. 12).

§ 66 Einlegung der Berufung, Terminbestimmung

(1) ¹Die Frist für die Einlegung der Berufung beträgt einen Monat, die Frist für die Begründung der Berufung zwei Monate. ²Beide Fristen beginnen mit der Zustellung des in vollständiger Form abgefassten Urteils, spätestens aber mit Ablauf von fünf Monaten nach der Verkündung. ³Die Berufung muß innerhalb einer Frist von einem Monat nach Zustellung der Berufungsbegründung beantwortet werden. ⁴Mit der Zustellung der Berufungsbegründung ist der Berufungsbeklagte auf die Frist für die Berufungsbeantwortung hinzuweisen. ⁵Die Fristen zur Begründung der Berufung und zur Berufungsbeantwortung können vom Vorsitzenden einmal auf Antrag verlängert werden, wenn nach seiner freien Überzeugung der Rechtsstreit durch die Verlängerung nicht verzögert wird oder wenn die Partei erhebliche Gründe darlegt.

(2) ¹Die Bestimmung des Termins zur mündlichen Verhandlung muss unverzüglich erfolgen. ² § 522 Abs. 1 der Zivilprozessordnung bleibt unberührt; die Verwerfung der Berufung ohne mündliche Verhandlung ergeht durch Beschluss der Kammer. ³ § 522 Abs. 2 und 3 der Zivilprozessordnung findet keine Anwendung.

I. Allgemeines

Die Vorschrift regelt die Art und Weise der Berufungseinlegung. Daneben gelten die Vorschriften 1 der ZPO. Auf sie wird in § 87 II für die Einlegung der Beschwerde im Beschlussverfahren verwiesen. Durch § 66 II 3 ist klargestellt, dass die Vorschriften über die Zurückweisung der Berufung durch einstimmigen Beschluss im arbeitsgerichtlichen Berufungsverfahren nicht anzuwenden sind.

II. Berufung

1. Berufungseinlegung. a) Gericht. Für die Einlegung der Berufung gelten über § 64 VI ergänzend 2 die Vorschriften der ZPO. Nach § 519 I ZPO ist die Berufung durch Einreichung der Berufungsschrift bei dem LAG als Berufungsgericht einzulegen. Die Berufungsschrift kann auch bei den Außenkammern eines LAG oder bei diesen für das Stammgericht eingelegt werden (BAG 23. 9. 1981 AP ArbGG 1979 § 64 Nr. 2 = NJW 1982, 1119). War die Berufung aber an das ArbG adressiert, geht die Berufung erst bei Berufungsgericht tatsächlich eingeht. Das gilt auch, wenn ArbG und LAG über eine gemeinsame Postannahmestelle verfügen (BAG 29. 5. 2001 AP ArbGG 1979 § 66 Nr. 24 = NJW 2002, 845 = NZA 2002, 347). Auf ein Aktenzeichen kann zur Zuordnung erst zurückgegriffen werden, wenn der Schriftsatz nicht adressiert ist. Das ArbG ist zur Weiterleitung des fehlgeleiteten Schriftsatzes an das Berufungsgericht verpflichtet (BVerfG 20. 6. 1995 AP ArbGG 1979 § 9 Nr. 15 = NJW 1995, 3173). Wird die Berufung statt an das LAG an das ArbG adressiert und verzögert sich die Weiterleitung des Schriftsatzes an das LAG, ist Wiedereinsetzung nur dann zu gewähren, wenn der Schriftsatz bei unverzögerter Weiterleitung im ordentlichen Geschäftsgang noch fristgerecht beim LAG eingegangen wäre (BAG 20. 8. 1997 AP ArbGG 1979 § 66 Nr. 19 = NJW 1998,

von 17 Monaten. Jedes andere Ergebnis wäre auch widersprüchlich, weil sonst die Berufungsfrist bei nicht zugestellten Urteilen kürzer wäre als bei zugestellten Urteilen mit fehlender Rechtsmittelbelehrung. Für eine mit der ZPO-Reform beabsichtigte Änderung der Rechtslage enthält auch die Gesetzesbegründung keine Anhaltspunkte.

13   3. **Berufungsbegründung. a) Anwendbare Vorschriften.** Nach § 520 I ZPO ist die Berufung zu begründen. Die Berufungsbegründung kann entweder bereits in der Berufungsschrift oder in einer bes. Berufungsbegründung erfolgen. § 520 III ZPO enthält die Anforderungen an den Inhalt der Berufungsbegründung vor den Zivilgerichten. Diese Regelung ist im arbeitsgerichtlichen Berufungsverfahren über § 64 VI grds. anwendbar, lediglich § 520 III Nr. 4 ZPO wird durch § 67 verdrängt. Nach anderer Ansicht sind auch § 520 III Nr. 2 und 3 ZPO nicht anzuwenden, da das Berufungsverfahren vor dem LAG nicht als Rechtsprüfungsverfahren ausgestaltet ist (GMP/*Germelmann* § 64 Rn. 54 a f.). Diese Sichtweise findet aber im Wortlaut und der Systematik des Gesetzes keine Stütze. Zwar ermöglicht § 67 viel weiter bisher neues Vorbringen der Parteien, im ArbGG besteht aber keine Vorschrift, die Sonderregelungen zum eingeschränkten Prüfungsumfang der LAG oder dem Inhalt der Berufungsbegründung enthalten. Diese muss daher enthalten *(1)* die Erklärung, inwieweit das Urteil angefochten wird und welche Abänderung des Urteils beantragt wird (Berufungsanträge); ein gesonderter Berufungsantrag ist nicht erforderlich, wenn nicht dem innerhalb der Begründungsfrist eingegangenen Schriftsätzen eindeutig entnehmen lässt, in welchem Umfang und mit welchem Ziel das Urteil angefochten werden soll (BGH 4. 9. 2002 NJW 2002, 3783). *(2)* die Bezeichnung der Umstände, aus denen sich die Rechtsverletzung und deren Erheblichkeit für die angefochtenen Entscheidung ergibt (Rn. 27) und *(3)* die Bezeichnung konkreter Anhaltspunkte, die Zweifel an der Richtigkeit oder Vollständigkeit der Tatsachenfeststellungen im angefochtenen Urteil begründen und deshalb eine erneute Feststellung gebieten (Rn. 29). Schließlich sind *(4)* die nach § 67 zulässigen neuen Angriffs- und Verteidigungsmittel vom Berufungskläger in der Berufungsbegründung vorzubringen (dazu § 67 Rn. 7); zum Inhalt der Berufungsbegründung im Zivilprozess (*Stockmann* NJW 2003, 169).

14   **b) Einzelfallbezogene Auseinandersetzung.** Der Berufungskläger muss sich in der Berufungsbegründung mit den Gründen des angefochtenen Urteils einzelfallbezogen auseinandersetzen. Dazu ist regelmäßig anzugeben, weshalb er das Urteil oder einzelne seiner Teile für unrichtig hält. Eine Auseinandersetzung mit der angefochtenen Entscheidung ist nur entbehrlich, wenn die Berufung ausschließlich auf neues Vorbringen gestützt wird (BGH 1. 6. 1967 NJW 1967, 1863) oder das Urteil bis zum Ablauf der Berufungs- und Berufungsbegründungsfrist noch nicht in vollständiger Form zugestellt ist. Im letzteren Fall ist es ausreichend, wenn auf die bisher nicht erfolgte Zustellung verwiesen wird (BAG 24. 9. 1996 AP BUrlG § 7 Nr. 22 = NZA 1997, 507), sich der Berufungsführer nur hypothetisch mit den Entscheidungsgründen auseinandersetzt (BAG 13. 9. 1995 AP ArbGG 1979 § 66 Nr. 12 = NJW 1996, 1430 = NZA 1996, 446) oder sich spekulativ mit den seiner Ansicht vom Gericht als tragend angesehenen Gründen auseinandersetzt (BAG 6. 3. 2003 AP ArbGG 1979 § 64 Nr. 32 = NZA 2003, 814).

15   **c) Darlegungsumfang.** Wird die Rechtsanwendung des ArbG gerügt (§ 520 III Nr. 2 ZPO), muss der Berufungskläger die entspr. Rechtssätze bzw. den Subsumtionsvorgang im Urteil und seine Entscheidungserheblichkeit so bezeichnen, dass das LAG erkennen kann, was im Einzelfall beanstandet wird. Nur formelhafte Wendungen („das Urteil wird einer rechtlichen Überprüfung nicht standhalten") ohne konkreten Bezug zu den Rechtsausführungen in der Entscheidung reichen nicht aus. Ebenso ist es nicht ausreichend, wenn sich der Berufungskläger nur auf sein erstinstanzliches Vorbringen bezieht (BAG 15. 8. 2002 AP ZPO 519 Nr. 55 = NZA 2003, 576). Dabei kann die Rechtsverletzung (zum Begriff § 73 Rn. 5) sowohl in der Anwendung und Auslegung des Verfahrensrechts (also auch bei der Tatsachenfeststellung) wie auch des materiellen Rechts liegen. Wird geltend gemacht, dass das ArbG eine unrichtige oder unvollständige Tatsachenfeststellung getroffen hat (§ 520 III Nr. 3 ZPO), müssen zunächst die vermeintlich fehlerhaft festgestellten Tatsachen in der Berufungsschrift bezeichnet werden. Anschließend ist unter Bezugnahme auf das erstinstanzliche Vorbringen der Parteien darzulegen, worin der verfahrensrechtliche Verstoß des ArbG (Übergehen eines Beweisantritts, unrichtige Auslegung von Vorbringen) liegt oder neue Tatsachen (§ 67) vorgetragen werden, die die Tatsachenfeststellung des ArbG in Frage stellen (Rn. 29). Zur Beweisrüge vgl. auch § 74 Rn. 26.

16   Sind **mehrere aufeinander folgende Kündigungen** ausgesprochen, ist es für eine ordnungsgemäße Berufungsbegründung auch hinsichtlich der weiteren Kündigung ausreichend, wenn der Rechtsmittelführer das Urteil bezüglich der ersten Kündigung mit bestimmt bezeichneten Gründen angreift (BAG 5. 10. 1995 AP ZPO § 519 Nr. 48 = NZA 1996, 651). Ist eine Entscheidung auf zwei voneinander unabhängige selbständig tragende Gründe gestützt, muss in beiden Begründungen zur Stellung genommen werden. Setzt sich die Berufungsbegründung nur mit einer der beiden Erwägungen des ArbG auseinander, ist die Berufung insgesamt unzulässig (BAG 11. 3. 1998 AP ZPO § 519 Nr. 49 = NZA 1998, 959; BGH 13. 11. 1997 NJW 1998, 1081). Eine schlüssige oder rechtlich haltbare Berufungsbegründung setzt § 520 III ZPO aber nicht voraus, deshalb ist es für die Ordnungsmäßigkeit der Berufungsbegründung unschädlich, wenn die rechtliche Beurteilung des Berufungsklägers vom Gericht nicht geteilt wird (BAG 15. 8. 2002 AP ZPO 519 Nr. 55 = NZA 2003, 576). Bei teilbaren

Streitgegenständen führt die fehlende Auseinandersetzung mit der angefochtenen Entscheidung zur teilweisen Unzulässigkeit der Berufung

d) Frist. Die Frist für die Berufungsbegründung beträgt zwei Monate. Sie beginnt mit der Zustellung des in vollständiger Form abgefaßten Urteils, spätestens nach fünf Monaten (§ 66 I 2). Berufungs- und Berufungsbegründungsfrist beginnen dementspr. zum gleichen Zeitpunkt (dazu Rn. 7). Hinsichtlich der Formalien unterliegt die Berufungsbegründungsschrift den gleichen Anforderungen wie die Berufungsschrift (Rn. 2 ff.). 17

e) Verlängerung. Nach § 66 I 5 kann die Berufungsbegründungsfrist auf Antrag vom Vorsitzenden verlängert werden, wenn nach seiner freien Überzeugung *(1)* der Rechtsstreit durch die Verlängerung nicht verzögert wird oder *(2)* der Berufungskläger erhebliche Gründe darlegt. Eine zweite Verlängerung ist stets ausgeschlossen, selbst wenn das Urteil des ArbG noch nicht zugestellt worden ist und die weitere Verlängerung dem Berufungskläger erst die Auseinandersetzung mit den Entscheidungsgründen ermöglichen würde (BAG 6. 12. 1994 AP ArbGG 1979 § 66 Nr. 7 = NJW 1995, 2054 = NZA 1995, 549). Bei einer irrtümlichen (zweiten) Verlängerung besteht für den Rechtsmittelführer kein Vertrauensschutz. Eine nach Ablauf der Berufungsbegründungsfrist eingegangene Berufungsbegründung ist aber bei fehlender Urteilszustellung regelmäßig als zulässige Wiederholung der Berufung mit gleichzeitiger Begründung anzusehen (BAG 13. 9. 1995 AP ArbGG 1979 § 66 Nr. 12 = NJW 1996, 1430 = NZA 1996, 446). § 66 I 5 enthält keine Regelung über die Dauer der Verlängerung der Berufungsbegründungsfrist. Diese ist zunächst abhängig vom Antrag des Berufungsklägers und der durch die Verlängerung eintretenden Verzögerung des Verfahrens. Tw. wird vertreten, dass eine Verlängerung über einen Monat nicht in Betracht kommt (GMP/*Germelmann* § 66 Rn. 31). Diese Sichtweise ist mit dem Gesetzeswortlaut nicht vereinbar (GK-ArbGG/*Vossen* § 66 Rn. 116a). Eine Verlängerung kann vielmehr nur abgelehnt werden, sofern eine Verzögerung beim Abschluss des Rechtsstreits konkret zu befürchten ist. Maßgeblich ist der bereits festgesetzte oder voraussichtliche Termin für die Berufungsverhandlung. Enthält der Beschluss des Gerichts kein Datum für den Ablauf der Begründungsfrist, ist jedenfalls der ursprüngliche Fristablauf aufgehoben. Bei nicht antragsgemäßer Entscheidung kann der Berufungskläger auch auf die Festsetzung eines über seinen Antrag hinausgehenden Zeitpunkts vertrauen. 18

Der Fristverlängerungsantrag muss **innerhalb der Berufungsbegründungsfrist** bei Gericht eingehen, kann aber noch nach Fristablauf beschieden werden (BAG 8. 6. 1994 AP ZPO 1977 § 233 Nr. 31 = NJW 1995, 548). Er unterliegt als bestimmender Schriftsatz dem Vertretungszwang und muss von einem Rechtsanwalt oder Verbandsvertreter (§ 11 II) eigenhändig unterzeichnet sein, die Gründe für die Fristverlängerung sind im Antrag glaubhaft zu machen. Zu den erheblichen Gründen zählen neben laufenden Vergleichsverhandlungen, Urlaub, Krankheit insb. eine bes. starke Arbeitsbelastung des Bevollmächtigten. Dazu ist es regelmäßig nicht erforderlich, dass die Gründe für die behauptete Belastung und ihre Auswirkungen auf das konkrete Verfahren bes. dargelegt und glaubhaft gemacht werden (BVerfG 12. 1. 2000 NZA 2000, 446; aA LAG Berlin 14. 12. 2000 MDR 2001, 770; 26. 1. 1990 LAGE § 66 ArbGG 1979 Nr. 8). Ihre Substantiierung und ergänzende Glaubhaftmachung kann nur verlangt werden, wenn Anhaltspunkte dafür vorliegen, dass die angegebenen Gründe nicht zutreffen (BAG 4. 2. 1994 AP ArbGG 1979 § 66 Nr. 5 = NJW 1995, 150 = NZA 1994, 907). Das Risiko, dass einem Verlängerungsantrag nicht entsprochen wird, trägt aber der Berufungskläger, selbst wenn die dafür erforderlichen Voraussetzungen vorliegen. Etwas anderes gilt nur, wenn der Rechtsmittelführer mit großer Wahrscheinlichkeit mit der Bewilligung der Fristverlängerung rechnen darf, weil dies dem normalen Lauf der Dinge entspricht (BAG 27. 9. 1994 AP ArbGG 1979 § 66 Nr. 6 = NJW 1995, 1446 = NZA 1995, 189). Eine Ablehnung des Antrags darf regelmäßig nicht ohne Gewährung des rechtlichen Gehörs erfolgen, insb. wenn die Versagung darauf gestützt wird, die Gründe seien nicht nach § 224 II ZPO glaubhaft gemacht worden (BAG 4. 2. 1994 AP ArbGG 1979 § 66 Nr. 5 = NJW 1995, 150 = NZA 1994, 907). 19

III. Berufungsbeantwortung

Nach § 66 I 3 muss die Berufung innerhalb einer Frist von einem Monat nach Zustellung der Berufungsfrist beantwortet werden. Der Berufungsbeklagte ist auf diese Frist ausdrücklich hinzuweisen (§ 66 I 4). Durch die Frist für die Berufungsbeantwortung soll das Verfahren beschleunigt werden, sie kann wie die Frist für die Berufungsbegründung einmal auf Antrag verlängert werden (§ 66 I 5). Für die Fristberechnung und die Fristverlängerung gelten die Ausführungen zur Berufungsbegründung entspr. (Rn. 13). Im Eilverfahren kann die Frist nur abgekürzt werden, wenn dem Berufungsbeklagten ausreichend Zeit für seinen Vertrag bleibt. Die Fristversäumnis ist darüber hinaus nur für die Präklusion von Vorbringen von Bedeutung (vgl. § 67). 20

IV. Terminsbestimmung

Nach § 66 II 1 muss unverzüglich Termin zur mündlichen Verhandlung bestimmt werden. Eine Terminsbestimmung ist entbehrlich, wenn die Berufung unzulässig ist. Bestandsschutzstreitigkeiten 21

Zulassung die Erledigung des Rechtsstreits nicht verzögern würde oder wenn die Partei die Verspätung genügend entschuldigt. ²Der Entschuldigungsgrund ist auf Verlangen des Landesarbeitsgerichts glaubhaft zu machen.

(3) Neue Angriffs- und Verteidigungsmittel, die im ersten Rechtszug entgegen § 282 Abs. 1 der Zivilprozessordnung nicht rechtzeitig vorgebracht oder entgegen § 282 Abs. 2 der Zivilprozessordnung nicht rechtzeitig mitgeteilt worden sind, sind nur zuzulassen, wenn ihre Zulassung nach der freien Überzeugung des Landesarbeitsgerichts die Erledigung des Rechtsstreits nicht verzögern würde oder wenn die Partei das Vorbringen im ersten Rechtszug nicht aus grober Nachlässigkeit unterlassen hatte.

(4) ¹Soweit das Vorbringen neuer Angriffs- und Verteidigungsmittel nach den Absätzen 2 und 3 zulässig ist, sind diese vom Berufungskläger in der Berufungsbegründung, vom Berufungsbeklagten in der Berufungsbeantwortung vorzubringen. ²Werden sie später vorgebracht, sind sie nur zuzulassen, wenn sie nach der Berufungsbegründung oder der Berufungsbeantwortung entstanden sind oder das verspätete Vorbringen nach der freien Überzeugung des Landesarbeitsgerichts die Erledigung des Rechtsstreits nicht verzögern würde oder nicht auf Verschulden der Partei beruht.

I. Allgemeines

1   Neue Angriffs- und Verteidigungsmittel können wie im zivilgerichtlichen Berufungsverfahren im Interesse der Verfahrensbeschleunigung nur eingeschränkt vorgebracht werden. Durch das ZPO-ReformG ist die Zulässigkeit von neuem Vorbringen in der zweiten Instanz erheblich beschränkt worden. Nach den §§ 528 I Nr. 2, 531 II ZPO hat das Berufungsgericht bei seiner Verhandlung und Entscheidung neues Tatsachenvorbringen nur zu berücksichtigen, wenn *(1)* ein Gesichtspunkt erstinstanzlich erkennbar übersehen oder für unbeachtlich gehalten worden ist, *(2)* infolge eines Verfahrensmangels im ersten Rechtszug nicht geltend gemacht wurde oder *(3)* seine Geltendmachung nicht auf Grund einer Nachlässigkeit der Partei unterblieben ist. Diese Grundsätze sind im Verfahren vor dem LAG nicht anzuwenden, da § 67 insoweit eine verdrängende Sonderregelung enthält. Die durch das ZPO-ReformG vorgenommene Änderung in § 67 ist nur redaktioneller Art, inhaltlich hat der Gesetzgeber den bisher geltenden Rechtszustand festgeschrieben.

2   § 67 I regelt dabei klarstellend, dass bereits in erster Instanz wirksam ausgeschlossenes Vorbringen auch im Berufungsverfahren unberücksichtigt bleibt. § 67 II entspricht dem bisherigen § 67 I 1, 2 ArbGG aF, wonach nicht fristgemäß vorgebrachte Angriffs- und Verteidigungsmittel im Berufungsverfahren nur eingeschränkt zuzulassen sind. § 67 III übernimmt die bisher auf Grund der Verweisung auf § 528 II ZPO aF geltende Regelung, die einen Verstoß gegen die allg. Prozessförderungspflicht sanktioniert. § 67 IV entspricht § 67 II ArbGG aF. Neben § 67 sind im arbeitsgerichtlichen Berufungsverfahren noch die §§ 532, 533 ZPO anwendbar (Rn. 9).

II. Ausschluss von Angriffs- und Verteidigungsmitteln

3   **1. Bereits erstinstanzlich ausgeschlossenes Vorbringen.** Nach § 67 I bleiben Angriffs- und Verteidigungsmittel, die das ArbG zu Recht ausgeschlossen hat, auch in der Berufungsinstanz ausgeschlossen. Dies gilt auch, wenn ihre Berücksichtigung den Berufungsrechtsstreit nicht verzögern würde (zur Verfassungsmäßigkeit BVerfG 30. 1. 1985 NJW 1985, 1149). Das LAG hat jedoch nachzuprüfen, ob das Vorbringen vom ArbG zu Recht ausgeschlossen worden ist (dazu § 56 Rn. 8 ff.). Eine Entschuldigung für die Fristversäumung in der Vorinstanz kann in der zweiten Instanz grds. nicht mehr nachgeholt werden. Unzulässig ist es auch, eine zu pauschale und daher nicht ausreichende Entschuldigung in der Berufungsinstanz zu ergänzen. Ihre Nachholung oder Ergänzung ist im Verfahren vor dem LAG nur möglich, wenn sie in der Vorinstanz ohne Verschulden der Partei unterblieben ist (BVerfG 14. 4. 1987 NJW 1987, 2003). Wird der erstinstanzlich ausgeschlossene Vortrag im Berufungsverfahren unstreitig, ist er zuzulassen, da *unstreitiges Vorbringen* stets zu berücksichtigen ist (BGH 31. 8. 1980 NJW 1980, 945; GK-ArbGG/*Vossen* § 67 Rn. 26; einschränkend bei Erforderlichkeit einer Beweisaufnahme *Crückeberg* MDR 2003, 10; nur bei ansonsten evident unrichtiger Entscheidung OLG Hamm 10. 2. 2003 MDR 2003, 650). War der Ausschluss durch das ArbG zu Unrecht erfolgt, ist die Partei mit ihrem Vortrag in der Berufungsinstanz unter den Voraussetzungen von § 67 IV zuzulassen. Hat andererseits das ArbG Vorbringen zugelassen, das bei Beachtung der §§ 56 II, 61 a III, IV auszuschließen war, ist das Berufungsgericht daran gebunden, weil die bereits in der ersten Instanz eingetretene Verzögerung in der Berufungsinstanz nicht mehr korrigiert werden kann.

4   **2. Unterbliebener Vortrag trotz Fristsetzung. a) Neues Vorbringen.** Neue Angriffs- oder Verteidigungsmittel (§ 56 Rn. 9), die entgegen einer nach §§ 56 I 2, 61 a III, IV gesetzten Frist nicht vorgebracht wurden, sind nur unter den Voraussetzungen des § 67 II zuzulassen. Wie bei § 67 I unterliegt die Wirksamkeit der erstinstanzlichen Fristsetzung der Rechtskontrolle durch das LAG.

III. Prozessförderung in der Berufungsinstanz

Die Angriffs- und Verteidigungsmittel sind neu, wenn sie in der ersten Instanz nicht vorgetragen oder wieder fallengelassen worden sind (BGH 28. 5. 1998 NJW 1998, 2977). Eine Zurückweisung kann nicht erfolgen, wenn das ArbG Parteivortrag unberücksichtigt gelassen hat, weil es ihn nicht für schlüssig angesehen hat oder weil er erst zum Schluss der mündlichen Verhandlung erfolgt ist. Zur Beurteilung, ob ein Vorbringen neu ist, ist auf das arbeitsgerichtliche Urteil abzustellen. Die Tatsachen können sich sowohl im Tatbestand wie in den Entscheidungsgründen befinden. Neu kann auch die Substantiierung eines vor dem ArbG nur pauschal erfolgten Vortrags sein oder ein neuer bzw. inhaltlich geänderter Beweisantritt. Ein in der Berufungsinstanz gestellter Beweisantrag ist nicht deshalb verspätet, weil die Partei in der ersten Instanz der vom Gegner beantragten urkundenbeweislichen Verwertung der Akten über die Beweisaufnahme eines anderen Verfahrens zugestimmt und deshalb den Beweisantrag unterlassen hat (BAG 12. 10. 1989 AP BGB § 611 Haftung des Arbeitnehmers Nr. 97 = NJW 1990, 468 = NZA 1990, 97).

b) Verzögerung. Eine Zurückweisung darf trotz des erstinstanzlich unterbliebenen Vortrags nicht 5 erfolgen, wenn nach der freien Überzeugung des LAG seine Zulassung die Erledigung des Rechtsstreites nicht verzögern würde (BAG 5. 7. 1978 AP BAT 1975 §§ 22, 23 Nr. 7). Zum Verzögerungsbegriff § 56 Rn. 11. Die Zurückweisung von Vorbringen ist ausgeschlossen, wenn zwar durch seine Zulassung eine Verzögerung eintritt, die Verspätung aber von der Partei genügend entschuldigt wird. Dazu ist ihr vor einer beabsichtigten Zurückweisung rechtliches Gehör zu gewähren. Auf Verlangen sind Entschuldigungsgründe glaubhaft zu machen, ein „non-liquet" geht zu Lasten der Partei (GK-ArbGG/*Vossen* § 67 Rn. 55). Kann diese ihre fehlende Verantwortlichkeit für das Unterbleiben des Vorbringens nicht ausräumen, ist das Vorbringen vom LAG nicht zuzulassen, ein Ermessensspielraum besteht nicht.

3. Verstoß gegen die allgemeine Prozessförderungspflicht. Nach § 67 III dürfen Angriffs- oder 6 Verteidigungsmittel, die in der ersten Instanz entgegen der allg. Prozessförderungspflicht (§ 282 ZPO) nicht rechtzeitig vorgetragen worden sind, in der Berufungsinstanz nur zugelassen werden, wenn *(1)* ihre Zulassung nach der freien Überzeugung des Gerichtes die Erledigung des Rechtsstreits nicht verzögern würde oder *(2)* die Partei das Vorbringen in der ersten Instanz nicht aus grober Nachlässigkeit unterlassen hat. Eine solche liegt vor, wenn eine Partei in bes. schwerwiegender Weise die Prozessförderungspflicht verletzt, dh. gegen Verhaltenspflichten verstoßen hat, die von jeder Partei erwartet werden können (BVerfG 30. 1. 1985 NJW 1985, 1149). Die Partei muss sich ein Verschulden ihres Prozessbevollmächtigten zurechnen lassen. Eine grobe Nachlässigkeit scheidet aus, wenn das Gericht selbst Fehler bei der Prozessleitung begangen hat und diese für das Unterbleiben des Vortrags (mit-)ursächlich sind. Dies kann der Fall sein, wenn nicht hinreichend von dem richterlichen Fragerecht Gebrauch gemacht worden ist. Würde bei Berücksichtigung des Vorbringens eine Verfahrensverzögerung eintreten oder kann die Partei das Unterbleiben ihres Vorbringens in der ersten Instanz nicht ausreichend entschuldigen, ist der Ausschluss des entspr. Vorbringens zwingend, einen Ermessensspielraum hat das LAG nicht.

III. Prozessförderung in der Berufungsinstanz

1. Zulässiges Vorbringen. Soweit neue Angriffs- oder Verteidigungsmittel nach § 67 II, III zulässig 7 ist, sind sie vom Berufungskläger in der Berufungsbegründung, vom Berufungsbeklagten in der Berufungsbeantwortung vorzubringen (§ 67 IV 1). Werden sie später vorgebracht, sind sie nur zuzulassen, wenn sie nach der Berufungsbegründung bzw. der Berufungsbeantwortung entstanden sind oder das verspätete Vorbringen *a)* nach der freien Überzeugung des LAG die Erledigung des Rechtsstreits nicht verzögern würde oder *b)* nicht auf Verschulden der Partei beruht. Einer bes. Fristsetzung durch das Berufungsgericht bedarf es nicht, da der Fristlauf durch § 66 vorgegeben ist (BAG 5. 9. 1985 AP TVG § 4 Besitzstand Nr. 1 = NZA 1986, 472). Nach Ablauf der Frist entstanden sind auch solche Angriffs- und Verteidigungsmittel, die sich aus der Ausübung eines Gestaltungsrechts ergeben, zB der Anfechtung. Unerheblich ist, ob die Partei das Gestaltungsrecht auch früher hätte ausüben können. Auch der Antrag auf Auflösung des Arbeitsverhältnisses kann nach § 9 I Satz 3 KSchG bis zum Schluss der mündlichen Verhandlung gestellt werden. Der Verspätung kann jedoch neues Vorbringen einer Partei unterliegen, mit dem der Antrag erst begründet wird.

Früher entstandene Angriffs- oder Verteidigungsmittel sind dann zu berücksichtigen, wenn sie nach 8 der freien Überzeugung des LAG die Erledigung des Rechtsstreits nicht verzögern würde oder nicht auf **Verschulden der Partei** beruht. Das Gericht hat zumutbare prozessleitende Verfügungen zu treffen, also zB die erforderlichen Zeugen zu laden (BAG 23. 11. 1988 AP TVG § 1 Tarifverträge: Bau = NJW 1989, 1236 = NZA 1989, 436) oder die Parteien darauf hinzuweisen, notfalls die Zeugen zum Termin zu stellen (BAG 22. 1. 1987 – 2 AZR 63/86 – nv.). Früher entstandene Angriffs- oder Verteidigungsmittel sind auch dann zuzulassen, wenn das verspätete Vorbringen nicht auf Verschulden einer Partei beruht. Nicht erforderlich ist grobe Nachlässigkeit. Es genügt jedes Verschulden. Die Partei muss sich ein Verschulden ihres Prozessbevollmächtigten zurechnen lassen (§ 85 II ZPO). § 67

7 **bb) Grundurteil.** § 538 II Nr. 4 ZPO ist für das arbeitsgerichtliche Verfahren ohne Bedeutung. Ein über den Grund erkennendes Zwischenurteil nach § 61 III ist nicht als Endurteil anzusehen. Wird gleichwohl gegen ein Grundurteil Berufung eingelegt, ist diese als unzulässig zu verwerfen, da sie nicht statthaft ist. Bei einer Stufenklage auf Rechnungslegung und Zahlung kann das ArbG den Anspruch auf Rechnungslegung verneinen, das Berufungsgericht jedoch bejahen. In diesen Fällen kann das Berufungsgericht den Auskunftsanspruch zuerkennen und im Übrigen wegen des Zahlungsanspruches an das ArbG zurückverweisen (BAG 21. 9. 2000 AP BGB § 242 Auskunftspflicht Nr. 35 = NZA 2001, 1093; LAG Köln 11. 8. 1992 NZA 1993, 864; GMP/*Germelmann* § 68 Rn. 18; *Hauck/Helml* § 69 Nr. 7 – bedenklich angesichts des Beschleunigungsgebotes).

8 **cc) Versäumnis-/Anerkenntnisurteil.** Eine Zurückverweisung ist möglich, wenn ein Versäumnisurteil nach § 514 II ZPO aufgehoben wird, weil ein Fall der Säumnis nicht vorgelegen hat (§ 538 II Nr. 6 ZPO) oder statt eines beantragten Versäumnisurteils durch streitiges Endurteil entschieden wird (LAG Rheinland-Pfalz 4. 3. 1997 NZA 1997, 1071). § 538 II Nr. 6 ZPO gilt entspr. bei Aufhebung eines Anerkenntnisurteils, weil ein Anerkenntnis nicht vorlag oder wirksam widerrufen worden ist (GK-ArbGG/*Vossen* § 68 Rn. 28). Zum Antragserfordernis Rn. 5.

9 **dd) Teilurteil.** Bei einem Teilurteil kommt eine Zurückverweisung in Betracht, wenn die Voraussetzungen des § 301 ZPO nicht vorgelegen haben (LAG Rheinland Pfalz 10. 7. 1997 NZA 1998, 903), zB bei einem Streit um eine Abmahnung (LAG Düsseldorf 13. 8. 1987 LAGE § 611 BGB Abmahnung Nr. 8) oder wenn das ArbG über eine Kündigung entschieden hat, ohne vorhergehende Beendigungstatbestände zu bescheiden (LAG Frankfurt 20. 9. 1999 NZA-RR 2000, 413; LAG Düsseldorf 28. 2. 1997 LAGE § 4 KSchG Nr. 35). Ist lediglich nicht erkennbar, über welchen Teil das ArbG entschieden hat, ist eine Zurückverweisung nicht möglich, das LAG muss den nicht entschiedenen Teil an sich ziehen (BAG 12. 8. 1993 BMT-G II SR 2a § 2 Nr. 1 = NZA 1994, 133). Auch über den Antrag nach § 4 KSchG und den vom AG hilfsweise gestellten Auflösungsantrag muss – vom Fall des Anerkenntnisses abgesehen – in ein und demselben Urteil entschieden werden, wenn die Kündigungsschutzklage zugesprochen wird. Ein Teilurteil über den Kündigungsschutzantrag, das die Entscheidung über den Auflösungsantrag einem späteren Urteil vorbehält, ist nicht zulässig, der Rechtsstreit ist an die Vorinstanz zurückzuverweisen (BAG 29. 1. 1981 AP KSchG 1969 § 9 Nr. 6; LAG Rheinland-Pfalz 10. 7. 1997 LAGE § 68 ArbGG 1979 Nr. 4 = NZA 1998, 903; LAG Köln 25. 4. 1997 MDR 1997, 1132).

§ 69 Urteil

(1) ¹**Das Urteil nebst Tatbestand und Entscheidungsgründen ist von sämtlichen Mitgliedern der Kammer zu unterschreiben.** ²**§ 60 Abs. 1 bis 3 und Abs. 4 Satz 2 bis 4 ist entsprechend mit der Maßgabe anzuwenden, dass die Frist nach Absatz 4 Satz 3 vier Wochen beträgt und im Falle des Absatzes 4 Satz 4 Tatbestand und Entscheidungsgründe von sämtlichen Mitgliedern der Kammer zu unterschreiben sind.**

(2) **Im Urteil kann von der Darstellung des Tatbestandes und, soweit das Berufungsgericht den Gründen der angefochtenen Entscheidung folgt und dies in seinem Urteil feststellt, auch von der Darstellung der Entscheidungsgründe abgesehen werden.**

(3) ¹**Ist gegen das Urteil die Revision statthaft, so soll der Tatbestand eine gedrängte Darstellung des Sach- und Streitstandes auf der Grundlage der mündlichen Vorträge der Parteien enthalten.** ²**Eine Bezugnahme auf das angefochtene Urteil sowie auf Schriftsätze, Protokolle und andere Unterlagen ist zulässig, soweit hierdurch die Beurteilung des Parteivorbringens durch das Revisionsgericht nicht wesentlich erschwert wird.**

(4) ¹**§ 540 Abs. 1 der Zivilprozessordnung findet keine Anwendung.** ²**§ 313 a Abs. 1 Satz 2 der Zivilprozessordnung findet mit der Maßgabe entsprechende Anwendung, dass es keiner Entscheidungsgründe bedarf, wenn die Parteien auf sie verzichtet haben; im Übrigen sind die §§ 313 a und 313 b der Zivilprozessordnung entsprechend anwendbar.**

I. Allgemeines

1 § 69 ist durch das ZPO-ReformG 2002 neu gefasst worden, jedoch hat sich der Gesetzgeber inhaltlich darauf beschränkt, den zuvor durch die Verweisung auf § 543 ZPO geltenden Rechtszustand für die LAG festzuschreiben. In § 69 I wird im Wesentlichen auf die erstinstanzlichen Bestimmungen zur Urteilsabfassung verwiesen, während § 69 II, III Vorschriften über die Aufnahme und den Inhalt von Tatbestand und Entscheidungsgründen enthält. Abs. 4 erklärt schließlich die für die für das zivilgerichtliche Berufungsverfahren geltende Bestimmung über die Urteilsabfassung für nicht anwendbar. Für das Beschlussverfahren gilt nur § 69 I 2 auf Grund der Verweisung in § 91 I 2 entspr.

II. Form und Inhalt des Urteils

1. Unterzeichnung. a) Pflicht. Das Urteil nebst Tatbestand und Entscheidungsgründen ist von 2 sämtlichen Mitgliedern der Kammer zu unterzeichnen, die an der Entscheidung mitgewirkt haben. In Abweichung vom Urteil erster Instanz unterschreiben in Berufungsverfahren stets die ehrenamtlichen Richter auch Tatbestand und Entscheidungsgründe. Wird ein von der Kammer gefälltes Urteil ohne Beteiligung der ehrenamtlichen Richter verkündet, ist die Urteilsformel von dem Vorsitzenden und den ehrenamtlichen Richtern zu unterschreiben (§ 69 I 2 iVm. § 60 III). Die Unterzeichnung erfolgt mit dem vollen Familiennamen; die Unterschrift muss noch individuelle Schriftzüge erkennen lassen. Die Unterschrift kann von keinem Richter verweigert werden, weil er zB überstimmt worden ist oder mit Teilen der Entscheidungsgründe nicht einverstanden ist. In diesen Fällen ist über den Urteilsinhalt erneut zu beraten und ggf. abzustimmen. Der überstimmte Richter muss dann unterschreiben. Ist die Unterschrift versehentlich unterblieben, kann sie auch noch nach Einlegung eines Rechtsmittels nachgeholt werden. Jedoch ist die ursprüngliche Zustellung mangelhaft und muss nach der nachgeholten Unterzeichnung erneut erfolgen.

b) Verhinderung. Im Falle der Verhinderung eines Richters an der Unterschrift aus triftigen 3 Gründen tatsächlicher oder rechtlicher Art unterschreibt für den ehrenamtlichen Richter der Vorsitzende, im Falle der Verhinderung des Vorsitzenden der dienstälteste ehrenamtliche Richter, der an der Entscheidung mitgewirkt hat (§§ 64 VI iVm. §§ 525, 315 I 2 ZPO). Der Verhinderungsgrund ist anzugeben. Ob er tatsächlich vorgelegen hat, wird vom Revisionsgericht nur auf Rüge des Revisionsklägers und auch nur dann nachgeprüft, wenn dieser nachvollziehbar darlegt, dass der Vermerk auf willkürlichen und sachfremden Erwägungen oder einer Verkennung des Begriffs der Verhinderung beruht. Als Verhinderungsgrund anerkannt sind eine längere Erkrankung des Richters, längerfristige (BAG 17. 8. 1999 AP ZPO § 551 Nr. 51 = NZA 2000, 54) berufliche örtliche Abwesenheit oder Ausscheiden aus dem Amt auf Grund von Tod, Versetzung in den Ruhestand, Versetzung an ein anderes Gericht oder Ablauf der Amtszeit. Ist der Vorsitzende auf Dauer an der Urteilsabsetzung verhindert, geht diese Verpflichtung auf die ehrenamtlichen Richter über.

2. Inhalt des Urteils. a) Grundsatz. Für das Berufungsurteil gilt nach § 64 VI iVm. § 525 ZPO die 4 Vorschrift des § 313 ZPO. Danach enthält auch das Berufungsurteil ein Rubrum, die Urteilsformel, Tatbestand und Entscheidungsgründe sowie einen Ausspruch darüber, ob ein Rechtsmittel zugelassen oder nicht zugelassen wird (§ 64 III a). Der Tatbestand ist entbehrlich, wenn gegen das Urteil ein Rechtsmittel unzweifelhaft nicht eingelegt werden kann (§ 313 a I 1 ZPO). Dies betrifft nur Urteile im einstweiligen Rechtsschutz, da diese nicht revisibel sind (§ 72 IV) und auch eine Nichtzulassungsbeschwerde nicht eingelegt werden kann. Darüber hinaus können die Entscheidungsgründe nur entfallen, wenn die Parteien auf sie verzichten (§§ 313 a I 2 ZPO, 69 IV 2). Wird das Urteil noch im Termin, in dem die mündliche Verhandlung geschlossen worden ist, verkündet, sind Tatbestand und Entscheidungsgründe entbehrlich, wenn beide Parteien auf ein Rechtsmittel verzichten; ist das Urteil nur für eine Partei anfechtbar, ist ein Verzicht der beschwerten Partei ausreichend (§ 313 a II 1, 2 ZPO). Sind Tatbestand und Entscheidungsgründe danach entbehrlich, besteht eine Kostenprivilegierung auf 3/10 (Nr. 9125 des zu § 12 I ergangenen Gebührenverzeichnisses). Abkürzungsmöglichkeiten bestehen schließlich bei Versäumnis-, Anerkenntnis- und Verzichtsurteilen nach §§ 313 b I ZPO, 69 IV 2.

b) Tatbestand. Nach § 69 II, III 1 kann von der gänzlichen Darstellung des Tatbestandes nur 5 abgesehen werden, wenn das LAG die Revision gegen sein Urteil nicht zugelassen hat (BAG 14. 9. 1994 AP TVG § 1 Tarifverträge: Apotheke Nr. 2 = NZA 1995, 537). Hat das BAG auf Nichtzulassungsbeschwerde die Revision zugelassen, ist aber im Revisionsverfahren das Berufungsurteil aufzuheben und die Sache zurückzuverweisen, da es an einer Beurteilungsgrundlage für das Revisionsgericht fehlt (BAG 15. 8. 2002 AP ZPO 1977 § 543 Nr. 12). Allerdings besteht nach § 69 III 2 ZPO für das LAG die Möglichkeit, auf das angefochtene Urteil, Schriftsätze, Protokolle und andere Unterlagen Bezug zu nehmen, so dass sich eindeutig ergeben kann, von welchem Sachverhalt das LAG ausgegangen ist (BAG 7. 12. 1988 AP § 543 ZPO 1977 Nr. 8 = NJW 1989, 1627 = NZA 1989, 527). Ein sog. abgekürzter Tatbestand muss bei einer Bezugnahme den Sachvertrag nicht in allen Einzelheiten wiedergeben. Hat das LAG von der Darstellung des Tatbestandes ausdrücklich abgesehen, liegt hierin keine Bezugnahme auf den Tatbestand des ArbG. Ist die Revision statthaft, darf das LAG den Tatbestand in aller Regel nicht völlig durch eine Bezugnahme ersetzen, da damit nur der erstinstanzliche Streitgegenstand dargestellt wird und nicht die Entwicklung im Berufungsverfahren (BAG 28. 5. 1997 AP ZPO § 543 Nr. 9 = NZA 1998, 279). Die alleinige Bezugnahme auf den Tatbestand des erstinstanzlichen Urteils ist nur ausreichend, wenn das Vorbringen unstreitig ist und in der Berufungsinstanz keine neuen Tatsachen mehr vorgetragen worden sind. Im Allg. wird dies nur möglich sein, wenn lediglich eine Rechtsfrage zur Entscheidung steht. Eine Bezugnahme ist aber nicht zulässig, wenn der Tatbestand erster Instanz selbst unklar oder widersprüchlich ist.

Koch

9. 9. 1981 AP TVG § 1 Tarifverträge: Metallindustrie Nr. 9; 3. 11. 1982 AP ArbGG 1979 § 72 a Nr. 17). In diesen Fällen kommt allenfalls eine Zulassung wegen Divergenz in Betracht, wenn das LAG von der Rspr. abweicht. Nicht klärungsfähig und -bedürftig ist auch, wenn eine gesetzliche oder tarifliche Regelung völlig eindeutig ist (BAG 25. 10. 1989 AP ArbGG 1979 Grundsatz Nr. 39 = NZA 1990, 536).

13   **d) Allgemeine Bedeutung.** Die Beantwortung der Rechtsfrage muss von allg. Bedeutung für die Rechtsordnung sein. Sie muss über den Einzelfall hinaus Bedeutung haben, so dass sie der Wahrung der Rechtseinheit oder der Rechtsfortbildung dient. Unzureichend ist, wenn nur das Rechtsverhältnis der Parteien oder wenige Rechtsverhältnisse betroffen werden (BAG 24. 3. 1987 AP ArbGG 1979 § 72 a Grundsatz Nr. 31 = NZA 1988, 259; 20. 10. 1982 AP ArbGG 1979 § 72 a Grundsatz Nr. 24). Als Anhaltspunkt geht das BAG vereinzelt davon aus, dass etwa 20 Personen betroffen sein müssen (BAG 26. 9. 2000 AP ArbGG 1979 § 72 a Grundsatz Nr. 55 = NJW 2001, 390 = NZA 2001, 286; 15. 11. 1995 AP ArbGG 1979 § 72 a Grundsatz Nr. 49 = NZA 1996, 550). Nicht von allg. Bedeutung für die Rechtsordnung sind Rechtsfragen, deren Entscheidung von außer Kraft getretenen oder geänderten Gesetzen oder TV abhängt (BAG 24. 3. 1993 AP ArbGG 1979 § 72 Nr. 21 = NZA 1993, 849).

14   Die grundsätzliche Bedeutung kann darin liegen, dass die tatsächlichen Auswirkungen der Entscheidung von **erheblicher wirtschaftlicher Tragweite** für die Allgemeinheit oder einen größeren Teil der Allgemeinheit sind (BAG 5. 12. 1979 AP ArbGG 1979 § 72 a Grundsatz Nr. 1 = NJW 1980, 1812). Unzureichend ist aber, wenn die Entscheidung des Rechtsstreits nur für die Parteien erhebliche Auswirkungen hat. Das Gesetz hat die früher zulässige Streitwertrevision abgeschafft. Im Allg. wird aber die grundsätzliche Bedeutung zu bejahen sein, wenn die Parteien oder die hinter ihnen stehenden Organisationen Musterprozesse führen. Dagegen kommt eine Zulassung nicht in Betracht, wenn die Rechtsnorm nur im Bereich eines LAG gilt. Etwas anderes kann dann in Betracht kommen, wenn in den einzelnen LAG-Bezirken zwar unterschiedliche Rechtsnormen gelten, diese aber wortgleich sind und keine Anhaltspunkte für eine unterschiedliche Auslegung bestehen (BAG 24. 3. 1993 AP ArbGG 1979 § 72 Nr. 21 = NZA 1993, 849). Ein Streit um eine Firmentarifvertrag kann grundsätzliche Bedeutung haben, wenn es für die Geltendmachung von tariflichen Rechten auf Grund auswärtiger Betriebsstätten auch Gerichtsstände in Bezirken anderer Landesarbeitsgerichte gibt als dem, in dessen Bezirk das betreffende Unternehmen seinen Sitz hat (BAG 26. 9. 2000 AP ArbGG 1979 § 72 a Grundsatz Nr. 61 = NJW 2001, 390 = NZA 2001, 286).

15   **3. Zulassung wegen Divergenz. a) Grundsatz.** Das LAG hat die Revision zuzulassen, wenn das Urteil von einer Entscheidung des Bundesverfassungsgerichtes, des Gemeinsamen Senats der obersten Gerichtshöfe des Bundes, des BAG oder, solange eine Entscheidung des BAG in der Rechtsfrage nicht ergangen ist, von einer Entscheidung einer anderen Kammer desselben LAG oder eines anderen LAG abweicht und die Entscheidung auf dieser Abweichung beruht. Weicht das LAG von einer Entscheidung eines nicht aufgezählten Gerichtes ab, so kommt eine Zulassung wegen Divergenz nicht in Betracht. Vielmehr kann allenfalls eine Zulassung wegen grundsätzlicher Bedeutung in Betracht kommen. Auch Urteile der selben Kammer des LAG sind nicht divergenzfähig (BAG 21. 2. 2002 AP ArbGG 1972 § 72 a Nr. 43 = NJW 2002, 2582 = NZA 2002, 758).

16   **b) Rechtssatz.** Die Zulassung hat nur zu erfolgen, wenn das LAG einen abstrakten Rechtssatz aufstellt, der von einem abstrakten Rechtssatz in einer Entscheidung eines divergenzfähigen Gerichtes abweicht. Ergibt sich der Rechtssatz lediglich aus einem Beweisbeschluss oder einer anderen das Verfahren betreffenden Entscheidung, rechtfertigt dies die Revisionszulassung nicht (BAG 9. 1. 1989 AP ArbGG 1979 § 72 a Divergenz Nr. 23; 17. 11. 1988 AP ArbGG 1979 § 72 a Divergenz Nr. 22 = DB 1989, 1428). Hat das LAG nach § 69 III ein abgekürztes Urteil erlassen, muss sich der Rechtssatz aus der Entscheidung des ArbG ergeben (BAG 3. 2. 1981 ArbGG 1979 § 72 a Divergenz Nr. 4). Ob der abstrakte Rechtssatz, von dem abgewichen wird, sich in einem Urteil oder Beschluss befindet, ist unerheblich.

17   **c) Zeitpunkt.** Der Rechtssatz, von dem abgewichen wird, muss vor der Entscheidung des LAG ergangen sein (BAG 10. 2. 1981 AP ArbGG 1979 § 72 a Divergenz Nr. 6). Es muss eine Abweichung zu der letzten Entscheidung bestehen. Unerheblich ist eine Divergenz zu einer früheren, inzwischen aufgehobenen Entscheidung (BAG 15. 7. 1986 AP ArbGG 1979 § 92 a Nr. 5 = NZA 1986, 843). Eine Entscheidung eines LAG ist nur solange divergenzfähig wie eine Entscheidung des BAG dazu noch nicht ergangen ist (BAG 10. 2. 1988 AP ArbGG 1979 § 92 a Nr. 6 = NZA 1988, 519). Zu den divergenzfähigen Entscheidungen des BAG gehören auch solche, in denen die Sache aufgehoben und zurückverwiesen worden ist (BAG 24. 10. 1988 AP ArbGG 1979 § 72 a Divergenz Nr. 21). Nicht divergenzfähig ist ein Vorlagebeschluss an den Großen Senat (BAG 20. 8. 1986 AP ArbGG 1979 § 72 a Divergenz Nr. 18).

18   **d) Inhaltsgleiche Regelungen.** Die Entscheidungen müssen im Allgemeinen bes. gesetzliche oder tarifliche Regelungen betreffen. Unzureichend ist, wenn die Rechtsfrage in verschiedenen Gesetzen oder tariflichen Regelungen auftaucht. Insoweit können nämlich die TVParteien von unterschiedlichen

IV. Zulassungsentscheidung § 72 ArbGG 60

Rechtssätzen ausgegangen sein. Eine Einschränkung ist dann zu machen, wenn die verschiedenen TV, namentlich im Bereich der Metallindustrie, in den Bestimmungen wortgleich sind und lediglich in einzelnen Überleitungsbestimmungen voneinander abweichen (vgl. BAG 8. 12. 1994 AP ArbGG 1979 § 72 a Divergenz Nr. 28 = NJW 1995, 1693 = NZA 1995, 447). Allerdings muss der Beschwerdeführer zur Begründung einer rechtserheblichen Divergenz darlegen, dass die unterschiedlichen Rechtsnormen einen identischen Regelungsgegenstand betreffen. Eine (völlige) wörtliche Übereinstimmung muss bei inhaltlicher Identität der angeführten Rechtsnormen nicht vorliegen (offengelassen von BAG 20. 8. 2002 AP ArbGG 1979 § 72 a Nr. 45), eine bloße Vergleichbarkeit der Regelungsinhalte genügt hingegen nicht.

e) **Entscheidungserheblichkeit.** Der abw. vom LAG aufgestellte Rechtssatz muss für die Entscheidung tragend sein. Dies ist er dann, wenn bei einer abw. rechtlichen Beurteilung die Entscheidung anders ausfallen würde. Gibt das LAG für seine Entscheidung mehrere Begründungen, Haupt- und Hilfsbegründungen, Alternativbegründungen, bei der nur eine Begründung eine Divergenz enthält, beruht die Entscheidung nicht auf dem Rechtssatz. Das BAG könnte auch auf eine Nichtzulassungsbeschwerde eine Begründung, die keine Divergenz enthält, bestätigen, ohne dass zu der abw. Rechtsauffassung etwas gesagt werden müsste (BAG 9. 12. 1980 AP ArbGG 1979 § 72 a Divergenz Nr. 3 = NJW 1981, 1687). 19

IV. Zulassungsentscheidung

1. **Form.** Liegen die Zulassungsvoraussetzungen vor, muss das LAG über die Zulassung von Amts wegen entscheiden. Ein Antrag der Parteien ist nicht notwendig; er stellt lediglich eine Anregung an das Gericht dar. Die Zulassung muss im Tenor des Urteils erfolgen. Eine ordnungsgemäße Revisionszulassung wird durch eine **entgegengesetzte Rechtsmittelbelehrung** nicht beseitigt (BAG 17. 6. 1993 AP BeschFG 1985 § 2 Nr. 32 = NZA 1994, 764; 24. 2. 1988 AP TVG § 1 Tarifverträge: Schuhindustrie Nr. 2 = NZA 1988, 553). 20

Das BAG ist zunächst in st. Rspr. davon ausgegangen, dass die Revisionszulassung nur dann wirksam ist, wenn sie als Bestandteil des Urteilstenors oder als Teil der Gründe verkündet worden ist, im letzteren Fall kam eine Berichtigung nach § 319 ZPO in Betracht (BAG 23. 11. 1994 AP ArbGG 1979 § 72 Nr. 27 = NZA 1995, 596; 19. 8. 1986 AP ZPO Nr. 20 = NJW 1987, 1221 = NZA 1986, 843). Für die **Berichtigung** reichte es aber nicht aus, wenn das Gericht nur den Eindruck erweckt hat, es werde die Revision zulassen (BVerfG 15. 1. 1992 NJW 1992, 1496 = NZA 1992, 383). 21

Durch die Hinzufügung des § 72 I 2 hat der Gesetzgeber nunmehr eine Klarstellung vorgenommen. Die Entscheidung, ob die Revision zugelassen oder nicht zugelassen wird, ist in den **Urteilstenor** aufzunehmen. Ist dies unterblieben, kann binnen zwei Wochen ab Verkündung des Urteils eine entspr. Ergänzung beantragt werden. Über den Antrag kann die Kammer ohne mündliche Verhandlung entscheiden (zu Einzelheiten § 64 Rn. 10 ff.). 22

2. **Umfang der Revisionszulassung.** Das LAG kann die Revision in vollem Umfang zulassen. Dann kann jede Partei Revision einlegen, die durch das Urteil beschwert ist. Es kann aber auch die Revision für einen tatsächlich und rechtlich abtrennbaren Teil nur tw. oder nur für eine Partei zulassen (BAG 8. 2. 1994 AP ArbGG 1979 § 72 Nr. 23 = NZA 1994, 908). Die Beschränkung soll sich auch aus den Entscheidungsgründen ergeben können (BAG 28. 5. 1998 AP ArbGG 1979 § 72 Nr. 36 = NJW 1998, 3222 = NZA 1998, 1023), was aber angesichts der Neufassung des § 72 I 2 zweifelhaft erscheint. Eine beschränkte Revisionszulassung ist als möglich angesehen worden nur für den Kläger oder den Beklagten, bei subjektiver Klagehäufung für einzelne Streitgenossen (GMP/*Müller-Glöge* § 72 Rn. 30), von Klage und Widerklage, von Berufung und Anschlussberufung, bei Aufrechnung von Forderung und Gegenforderung, von einem für mehrere Streitgegenstände, auch wenn sie voneinander abhängen (BAG 28. 5. 1986 AP BGB § 620 Befristeter Arbeitsvertrag Nr. 101 = NZA 1986, 820). 23

Dagegen ist es unzulässig, die **Revisionszulassung** auf einzelne Rechtsfragen, Anspruchsgrundlagen, Angriffs- oder Verteidigungsmittel zu **beschränken** (BAG 9. 3. 1995 BGB § 626 Nr. 123 = NZA 1995, 777; 18. 12. 1984 BGB § 626 Nr. 89 = NZA 1986, 95). Dies gilt auch dann, wenn das LAG rechtsfehlerhaft durch Teilurteil über einzelne Anspruchsgrundlagen entschieden hat (vgl. BAG 18. 5. 1988 BAT §§ 22, 23 Datenverarbeitung Nr. 2). 24

Die **Beschränkung** der Zulassung muss **eindeutig** sein. Ist das nicht der Fall, gilt die Revision als unbeschränkt zugelassen (BAG 6. 9. 1990 AP BGB § 615 Nr. 47 = NZA 1991, 221). Ist die Revision nur beschränkt zugelassen, kann sich auch eine Anschlussrevision nur auf den zugelassenen Teil beziehen (BAG 19. 10. 1982 AP ArbGG 1979 § 72 Nr. 1 = DB 1983, 240). 25

3. **Wirkung der Revisionszulassung. a) Bindung.** Durch die Zulassung der Revision wird diese statthaft. Dies gilt auch dann, wenn der Zulassungsgrund inzwischen weggefallen ist, weil die Rechtsfrage in einem anderen Verfahren entschieden worden ist. 26

Das BAG ist an die Zulassung der Revision durch das LAG gebunden. Das BAG darf die Rechtmäßigkeit der Zulassung nicht nachprüfen. Es ist damit unerheblich, ob das LAG die Zulassung begründet oder wie sie begründet wird. 27

Koch 395

werden, dass es von einem anderen Rechtsbegriff ausgegangen ist (BAG 10. 12. 1997 AP ArbGG 1979 § 72 a Nr. 40 = NZA 1998, 500).

10   Die Auslegung muss **Rechtsbegriffe** des TV betreffen. Dagegen ist unerheblich, ob der Tarifvertrag kraft Tarifbindung (§ 3 TVG), Allgemeinverbindlicherklärung (§ 5 TVG) oder einzelvertraglicher Bezugnahme gilt. Keine TV sind Verordnungen der EU (BAG 9. 11. 1993 AP ArbGG 1979 § 72 a Grundsatz Nr. 43 = NJW 1994, 880 = NZA 1995, 482), die ArbeitsvertragsRL der Kirchen (BAG 7. 9. 1988 AP ArbGG 1979 § 72 a Grundsatz Nr. 36 = NJW 1989, 549 = NZA 1988, 842), der BAT kirchlicher Fassung, der in Wirklichkeit eine ArbeitsvertragsRL darstellt (BAG 5. 1. 1989 ArbGG 1972 § 72 a Grundsatz Nr. 37 = NJW 1990, 2033 = NZA 1989, 769), VergütungsRL (BAG 12. 11. 1991 AP ArbGG 1979 § 72 a Grundsatz Nr. 42; 13. 1. 1987 AP ArbGG 1979 § 72 a Grundsatz Nr. 30), Betriebs- oder Dienstvereinbarungen, Dienstordnungen oder bindende Festsetzungen.

11   Der **Geltungsbereich des TV** muss sich **über den Bezirk des LAG hinaus erstrecken**. Dieser wird durch Außenkammern eines LAG nicht erweitert (BAG 29. 9. 1982 AP ArbGG 1979 § 72 a Nr. 15). Ausreichend ist aber, wenn ein Tarifvertrag, dessen Geltungsbereich sich nur auf einen LAG-Bezirk erstreckt, in einem bestimmten Regelungsbereich wortgleich in einem anderen LAG-Bezirk gilt und aus dem Gesamtzusammenhang keine Umstände ersichtlich sind, die eine gesonderte Auslegung zulassen (BAG 24. 3. 1993 AP ArbGG 1979 § 72 a Nr. 21 = NZA 1993, 849). Zulässig ist eine Nichtzulassungsbeschwerde wegen eines HausTV, wenn ein Arbeitgeber für seine in einem LAG-Bezirk liegenden Betriebe ein Haustarifvertrag abschließt und in den außerhalb liegenden Betrieben diesen Tarifvertrag vertraglich in Bezug nimmt (BAG 30. 11. 1994 AP ArbGG 1979 § 72 a Nr. 46 Grundsatz = NZA 1995, 438) oder es auf Grund auswärtiger Betriebsstätten auch Gerichtsstände in Bezirken anderer LAG gibt als dem, in dessen Bezirk das betreffende Unternehmen seinen Sitz hat (BAG 26. 9. 2000 AP ArbGG 1979 § 72 a Grundsatz Nr. 61 = NJW 2001, 390 = NZA 2001, 286). Dagegen ist unzureichend, wenn ein Tarifvertrag nur in einem Bezirk gilt und außerhalb des Bezirkes auf diesen verwiesen wird.

12   **5. Rechtsstreitigkeiten zwischen tariffähigen Parteien und diesen und Dritten (Abs. 1 Nr. 3).** Die Nichtzulassungsbeschwerde kann auf Streitigkeiten zwischen tariffähigen Parteien oder zwischen diesen und Dritten aus unerlaubten Handlungen gestützt werden, soweit es sich um Maßnahmen zum Zwecke des Arbeitskampfes oder um Fragen der Vereinigungsfreiheit einschließlich des hiermit im Zusammenhang stehenden Betätigungsrechts der Vereinigungen handelt. Prozesspartei muss immer eine tariffähige Partei sein und die unerlaubte Handlung zum Zwecke des Arbeitskampfes erfolgt sein (BAG 18. 8. 1987 AP ArbGG 1979 § 72 a Grundsatz Nr. 33 = DB 1987, 2264).

III. Divergenzbeschwerde

13   **1. Voraussetzungen.** Die Nichtzulassungsbeschwerde kann auf eine Divergenz der angefochtenen Entscheidung zu einer Entscheidung eines divergenzfähigen Gerichtes, wie sie in § 72 II Nr. 2 aufgezählt sind, gestützt werden. Die Rechtsausführungen müssen divergieren; kein Rechtssatz ist im berichtenden Teil einer Entscheidung des BVerfG enthalten (BAG 10. 3. 1999 AP ArbGG 1979 § 72 a Nr. 41 = NZA 1999, 726).

14   Nicht divergenzfähig sind die Entscheidungen anderer, nicht in § 72 a genannter Gerichte (BAG 21. 2. 2002 AP ArbGG 1979 § 72 a Nr. 43 = NJW 2002, 2582 = NZA 2002, 758 – gleiche Kammer des LAG), also auch der anderen obersten Gerichtshöfe des Bundes, der Oberlandesgerichte oder Landesverfassungsgerichte sowie des EuGH. Verletzt ein LAG seine Vorlagepflicht, kommt die Erhebung einer Verfassungsbeschwerde in Betracht (dazu § 234 EGV Rn. 30).

15   **2. Abstrakter Rechtssatz.** Die Divergenzbeschwerde setzt voraus, dass in der anzufechtenden Entscheidung vom LAG zu einer bestimmten Rechtsfrage ein fallübergreifenden Rechtssatz aufgestellt worden ist, der von einem Rechtssatz einer der in § 72 I Nr. 2 genannten Gerichte zu derselben Rechtsfrage abweicht. Die Rechtssätze müssen zumindest dem Regelungsgegenstand inhaltlich gleiche Rechtsnormen betreffen (BAG 8. 12. 1994 AP ArbGG 1979 § 72 a Divergenz Nr. 28 = NJW 1995, 1693 = NZA 1995, 447; 28. 4. 1998 AP ArbGG 1979 § 72 a Divergenz Nr. 37 = NZA 1998, 900). Kein Rechtssatz ist aufgestellt, wenn nur eine Gesetzesvorschrift zitiert wird (BAG 16. 9. 1997 AP ArbGG 1979 § 72 a Divergenz Nr. 36 = NZA 1998, 54) oder lediglich Rechtssätze des BAG wörtlich übernommen werden (BAG 18. 1. 2001 NZA-RR 2001, 383).

16   Die divergierenden Rechtssätze können sich auch aus **fallbezogenen Ausführungen** der LAG ergeben. Erforderlich ist aber, dass die Ausführungen des LAG zwingend den Schluss zulassen, von welchem Rechtssatz es ausgegangen ist. Bei einer Haupt- und Hilfsbegründung des LAG ist die Divergenzbeschwerde unbegründet, wenn das LAG nur in der Hilfsbegründung einen divergierenden Rechtssatz aufgestellt hat. Eine Nichtzulassungsbeschwerde hat nur dann Erfolg, wenn sowohl die Haupt- wie die Hilfsbegründung eine Divergenz enthält (BAG 27. 10. 1998 AP ArbGG 1979 § 72 a Divergenz Nr. 39 = NJW 1999, 1419 = NZA 1999, 222).

3. Beurteilungszeitpunkt. Die Divergenz muss im Zeitpunkt der Entscheidung des LAG bestehen. 17
Die angezogene Entscheidung muss daher im Allg. vor der angefochtenen Entscheidung ergangen sein.
Zulässig ist dagegen, wenn die angezogene Entscheidung nach der angefochtenen Entscheidung
ergangen ist, aber lediglich wiederholend auf einen bereits früher aufgestellten Rechtssatz verweist
(BAG 15. 11. 1994 AP ArbGG 1979 § 72 a Divergenz Nr. 27 = NZA 1995, 286). Eine andere Entscheidung wäre Förmelei. Gleichwohl sollte die Erstentscheidung herangezogen werden. Eine Divergenzbeschwerde ist unbegründet, wenn die Divergenz zum Entscheidungszeitpunkt des BAG nicht
mehr besteht (BAG 3. 11. 1982 AP ArbGG 1979 § 72 a Divergenz Nr. 17; GMP/*Müller-Glöge* § 72 a
Rn. 18; GK-ArbGG/*Ascheid* § 72 a Rn. 37).

IV. Einlegung und Begründung der Nichtzulassungsbeschwerde

1. Einlegung, Form und Frist. Die Nichtzulassungsbeschwerde ist bei dem BAG innerhalb einer 18
Notfrist von einem Monat nach Zustellung des in vollständiger Form abgefassten Urteils schriftlich
einzulegen (Abs. 2 Satz 1). Die Fristberechnung richtet sich nach §§ 221, 222 ZPO.

Aus dem **Beschwerdeschriftsatz** muss sich ergeben, für und gegen wen er eingereicht wird, ebenso 19
ist das angefochtene Urteil eindeutig zu bezeichnen. Zweckmäßigerweise ist das Datum, Aktenzeichen
und Gericht anzugeben sowie die Erklärung abzugeben, dass Nichtzulassungsbeschwerde eingereicht
wird. Eine unzulässige Revision kann regelmäßig nicht in eine Nichtzulassungsbeschwerde umgedeutet werden (einschränkend GMP/*Müller-Glöge* § 72 a Rn. 21; *Hauck/Helml/Helml* § 72 a Rn. 9).
Die Nichtzulassungsbeschwerde kann auf einzelne Streitgegenstände beschränkt werden, im Übrigen
tritt dann Rechtskraft ein. Die Nichtzulassungsbeschwerde kann ohne Zustimmung des Gegners
zurückgenommen werden oder übereinstimmend für erledigt erklärt werden (BAG 24. 6. 2003 – 9
AZN 319/03 – zVb.).

Der Beschwerdeschrift soll eine Ausfertigung oder beglaubigte Abschrift des Urteils beigefügt 20
werden, gegen das die Revision eingelegt werden soll.

Auch für die Nichtzulassungsbeschwerde kann **Prozesskostenhilfe** beantragt werden. Unzulässig 21
ist eine bedingte Nichtzulassungsbeschwerde für den Fall, dass Prozesskostenhilfe bewilligt wird
(vgl. BAG 13. 12. 1995 AP ArbGG 1979 § 72 a Nr. 36 = NZA 1996, 554). Dagegen ist eine
hilfsweise Nichtzulassungsbeschwerde zulässig (GMP/*Müller-Glöge* § 72 a Rn. 23; *Hauck/Helml*
§ 72 a Rn. 9).

2. Begründung der Nichtzulassungsbeschwerde. Die Nichtzulassungsbeschwerde muss innerhalb 22
einer Notfrist von zwei Monaten nach Zustellung des in vollständiger Form abgefassten Urteils
begründet werden. Für die Fristberechnung gelten §§ 221, 222 ZPO. Eine Verlängerung der Begründungsfrist ist im Gesetz nicht vorgesehen. Bei Fristversäumnis ist die Wiedereinsetzung in den vorigen
Stand zulässig.

Zur Begründung einer Grundsatzbeschwerde muss dargelegt werden, dass *(1)* die Sache einen 23
privilegierten Rechtsstreit nach § 72 a I betrifft und *(2)* grundsätzliche Bedeutung hat. Im Falle der
Nichtzulassungsbeschwerde wegen Auslegung eines TV (Rn. 8 ff.) ist der tarifliche Rechtsbegriff und
seine Auslegung genau zu bezeichnen. Fehlt es an entspr. Darlegungen, ist die Nichtzulassungsbeschwerde unzulässig. Dagegen gehört zur Begründetheit, ob eine grundsätzliche Bedeutung der
Rechtssache tatsächlich gegeben ist.

Bei der Divergenzbeschwerde hat der Beschwerdeführer die **angezogene Entscheidung so deut-** 24
lich zu bezeichnen, dass das Beschwerdegericht sie leicht auffinden kann. Im Allg. werden daher
Datum und Aktenzeichen des Gerichtes anzugeben sein. Wünschenswert ist auch die Angabe der
Fundstelle. Darüber hinaus ist in der Beschwerdebegründung sowohl der Rechtssatz aus der angezogenen wie der anzufechtenden Entscheidung anzugeben und dass der abw. Rechtssatz für die
Entscheidung des Gerichtes erheblich war. Der Beschwerdeführer genügt seiner Begründungslast
nicht schon dadurch, dass er die von der Rspr. der anderen Gerichte abw. Erwägungen des LAG
wiedergibt. Hat das LAG seiner Subsumtion keinen Obersatz vorangestellt, muss der sich aus den
Ausführungen des LAG ergebende Rechtssatz selbst formuliert werden (BAG 14. 2. 2001 AP
ArbGG 1979 § 72 a Divergenz Nr. 42 = NZA 2001, 520). Ob tatsächlich eine Divergenz vorliegt,
wird dagegen erst bei der Begründetheit der Beschwerde geprüft. Enthält das angefochtene Urteil
mehrere Begründungen (Haupt- und Hilfsbegründungen, Alternativbegründungen), muss jede
einzelne angegriffen werden (BAG 6. 12. 1994 AP ArbGG 1979 § 72 a Nr. 32 = NJW 1995, 1573 =
NZA 1995, 445).

3. Wirkung der Nichtzulassungsbeschwerde. Die Einlegung der Nichtzulassungsbeschwerde hat 25
aufschiebende Wirkung (§ 72 a IV 1). Der Eintritt der Rechtskraft der Entscheidung wird gehemmt. Das LAG ist zu einer Änderung der Entscheidung nicht befugt (§ 72 a V 1). Betrifft die
Nichtzulassungsbeschwerde nur einen Teil der Entscheidung, wird diese im Übrigen rechtskräftig.
Nach § 72 a IV 2 iVm. § 719 II und III ZPO kann das BAG auf Antrag des Schuldners die
Zwangsvollstreckung einstweilen einstellen, wenn sie zu einem nicht zu ersetzenden Nachteil
führen würde.

Koch 399

V. Entscheidung über die Nichtzulassungsbeschwerde

26 **1. Beschluss.** Das BAG entscheidet über die Nichtzulassungsbeschwerde durch Beschluss, der ohne mündliche Verhandlung ergehen kann. Er soll eine kurze Begründung enthalten (§ 72 a V 4). Von ihr kann abgesehen werden, wenn sie nicht geeignet ist, zur Klärung der Voraussetzungen des § 72 a I und des § 72 II beizutragen.

27 Die Nichtzulassungsbeschwerde wird als **unzulässig** verworfen, wenn sie nicht statthaft oder nicht form- und fristgerecht eingelegt wird. Enthält das Urteil mehrere Streitgegenstände, muss jeder Einzelne mit der Nichtzulassungsbeschwerde angegriffen werden. Soweit dies nicht geschieht, wird sie als unzulässig verworfen (BAG 6. 12. 1994 AP ArbGG 1979 § 72 a Nr. 32 = NJW 1995, 1573 = NZA 1995, 445). Zur Zulässigkeit gehört die Darlegung der grundsätzlichen Bedeutung bei der Grundsatzbeschwerde und die Darlegung der divergierenden Rechtssätze bei der Divergenzbeschwerde.

28 Ist die Nichtzulassungsbeschwerde zulässig, aber **nicht begründet**, wird sie zurückgewiesen. Ist sie dagegen zulässig und begründet, weil das LAG die Zulassungsvoraussetzungen verkannt hat, wird die Revision zugelassen. Das BAG ist an den vom Beschwerdeführer geltend gemachten Zulassungsgrund gebunden. Es überprüft dagegen nicht, ob auch andere Zulassungsgründe vorliegen. Mit der Zulassung der Revision ist daher noch keine Aussage über die Erfolgsaussichten der nachfolgenden Revision verbunden.

29 **2. Hinzuziehung der ehrenamtlichen Richter.** An der Entscheidung über die Nichtzulassungsbeschwerde wirken grds. die ehrenamtlichen Richter mit (BVerfG 23. 8. 1995 AP GG Art. 101 Nr. 49 = NZA 1996, 616 = NZA-RR 1996, 26). Dies gilt sowohl dann, wenn mit als auch ohne mündliche Verhandlung entschieden wird.

30 Die ehrenamtlichen Richter sind nur dann nicht hinzuzuziehen, wenn die Nichtzulassungsbeschwerde als **unzulässig** verworfen wird, weil sie nicht statthaft oder nicht in der gesetzlichen Form und Frist eingelegt und begründet worden ist (§ 72 a V 3). Bei der Grundsatzbeschwerde wirken sie auch mit, wenn sie als unzulässig verworfen wird, weil die grundsätzliche Bedeutung oder das Vorliegen eines privilegierten Rechtsstreites (§ 72 a I iVm. § 72 II) nicht dargelegt worden ist.

31 **3. Wirkung und Rechtsmittel.** Wird die Nichtzulassungsbeschwerde als unzulässig verworfen oder als unbegründet zurückgewiesen, wird das Urteil der LAG rechtskräftig (§ 72 a V 6). Ist die Nichtzulassungsbeschwerde begründet und wird die Revision zugelassen, beginnt mit der Zustellung der Entscheidung der Lauf der Revisionsfrist (§ 72 a V 7). Die Vorschrift ist entspr. anzuwenden auf den Lauf der Revisionsbegründungsfrist (§ 74 I 2), da das Gesetz insoweit eine Regelungslücke enthält. Über die Möglichkeit, Revision einzulegen, belehrt das BAG (§ 9 V).

32 Gegen den abweisenden Beschluss des BAG ist ein Rechtsmittel nicht gegeben. Es kann allenfalls unter den allg. Voraussetzungen Verfassungsbeschwerde eingelegt werden.

33 **4. Kosten und Streitwert.** Wird die Nichtzulassungsbeschwerde als unzulässig verworfen oder als unbegründet zurückgewiesen, hat der Beschwerdeführer die Kosten zu tragen (§ 97 ZPO). Ist die Beschwerde begründet und wird die Revision zugelassen, fallen gesonderte Kosten nicht an. Die Kosten des Beschwerdeverfahrens sind Teil der Kosten des Revisionsverfahrens. Wird trotz Revisionszulassung diese nicht eingelegt, hat der Beschwerdeführer die Kosten des Nichtzulassungsverfahrens zu tragen. Für das Nichtzulassungsverfahren fällt nach Nr. 9302 des Gebührenverzeichnisses zu § 12 Anhang 1 eine 8/10-Gebühr an.

34 Der Streitwert ist der des gesamten Rechtsstreits, wenn in vollem Umfang Beschwerde eingelegt wird; sonst beträgt er den Wert desjenigen Teils des Streitgegenstandes, wegen des Beschwerde eingelegt wird. Der Streitwert ist von Amts wegen festzusetzen (§ 25 GKG). Zu den Rechtsanwaltsgebühren *Schneider* MDR 2003, 491.

§ 73 Revisionsgründe

(1) **Die Revision kann nur darauf gestützt werden, daß das Urteil des Landesarbeitsgerichts auf der Verletzung einer Rechtsnorm beruht.**

(2) **§ 65 findet entsprechende Anwendung.**

I. Allgemeines

1 **1. Verletzung einer Rechtsnorm.** Die Vorschrift regelt für das Arbeitsgerichtsverfahren, auf welche Gründe die Revision gestützt werden kann. Die Vorschrift unterscheidet sich von § 545 I ZPO, da die Verletzung einer beliebigen Rechtsnorm ausreicht. Es braucht sich nicht um Bundesrecht zu handeln oder um eine Vorschrift, die über den Geltungsbereich eines (LAG) Bezirks hinausgeht. Neben § 73 sind §§ 546, 561 ZPO anwendbar. In den Fällen des § 547 ZPO ist stets anzunehmen, dass die Entscheidung auf der Rechtsverletzung beruht.

II. Verletzung einer Rechtsnorm § 73 ArbGG 60

2. Veränderung der Sach- und Rechtslage. Das Revisionsgericht ist keine neue Tatsacheninstanz. 2
Es ist an den vom LAG festgestellten Tatbestand gebunden (§ 559 ZPO). Eine unrichtige Tatsachenfeststellung kann mit dem Antrag auf **Tatbestandsberichtigung** (§ 320 ZPO) angegriffen werden (BAG 6. 9. 1994 AP BAT § 50 Nr. 17 = NZA 1995, 953). Zu den Tatsachenfeststellungen gehören auch solche in den Entscheidungsgründen.

Nur ausnahmsweise können **neue Tatsachenfeststellungen** berücksichtigt werden (BAG 13. 4. 3
1994 AP TVG § 1 Einzelhandel Nr. 45 = NZA 1994, 945). Dies ist der Fall, wenn sie *(1)* unstreitig sind oder von den Parteien unstreitig gestellt werden; *(2)* gemäß § 55 III Nr. 2 b ZPO einen Verfahrensmangel begründen sollen (§ 559 I 2 ZPO), *(3)* von Amts wegen zu berücksichtigende Sachurteilsvoraussetzungen betreffen und Belange der Gegenpartei nicht vernachlässigt werden; hierzu gehört zB die Eröffnung eines Insolvenzverfahrens oder *(4)* nach der mündlichen Verhandlung vor dem Berufungsgericht entstanden sind und auch unter Berücksichtigung der Rechtsauffassung des Berufungsgerichtes zu einer anderen Beurteilung der Rechtslage geführt hätten. Dies gilt zB für Veränderungen im Rahmen der Zwangsvollstreckung (BAG 16. 5. 1990 AP ZPO § 554 Nr. 21 = NJW 1990, 2641 = NZA 1990, 825).

Änderungen der Rechtslage sind auch in der Revisionsinstanz zu berücksichtigen. Hierzu gehören 4
Rechtsänderungen von Gesetzen, TV oder rechtskräftige Entscheidungen vorgreiflicher Verfahren. Hierzu gehört zB die Anerkennung als Schwerbehinderter, Erteilung behördlicher Genehmigungen sowie neue Tatsachen, die Grundlage eines Wiederaufnahmeverfahrens sein können (GK-ArbGG/*Ascheid* § 73 Rn. 72; *Grunsky* § 73 Rn. 31).

II. Verletzung einer Rechtsnorm

1. Anzuwendendes Recht. Das auf den Sachverhalt anzuwendende Recht, insb. Bundes- und 5
Landesrecht hat das Revisionsgericht zu kennen.

Andere Rechtsvorschriften, insb. ausländisches Recht, TV, Gewohnheitsrecht, Satzungen, BV usw. 6
hat das Revisionsgericht nach § 293 ZPO zu ermitteln. Dabei kann es die Ermittlungen selbst vornehmen oder den Rechtsstreit an das LAG zurückverweisen (BAG 10. 4. 1975 AP Internationales Privatrecht, Arbeitsrecht Nr. 12 = NJW 1975, 2160).

Bei der Anwendung von TV ist zu unterscheiden: Das Gericht ermittelt nur von Amts wegen den 7
Inhalt eines TV. Dagegen bedarf es des Sachvortrages der Parteien, ob ein Arbeitsverhältnis dem Geltungsbereich eines TV unterfällt. Ist ein Tarifvertrag kraft Tarifbindung oder Allgemeinverbindlichkeit anwendbar, kann auch in der Revisionsinstanz noch nachgeprüft werden, ob und ggf. zu welchem Zeitpunkt er wirksam zustande gekommen ist (BAG 20. 3. 1997 AP TVG § 4 Ausschlussfristen Nr. 137 = NZA 1997, 896; 20. 4. 1994 AP TVG § 1 Tarifverträge: DDR Nr. 9 = NZA 1994, 1090).

2. Die einzelnen Rechtsnormen. Rechtsnormen sind alle Gesetze, RechtsVO, Verwaltungsvor- 8
schriften, soweit sie objektives Recht enthalten, ausländisches Recht (BAG 24. 8. 1989 AP Internationales Privatrecht, Arbeitsrecht Nr. 28 = NZA 1990, 841). Die Vorschriften können enthalten sein im ausländischen Recht, Staatsverträgen, Recht der EU, des Bundes und der Länder, sowie im vorkonstitutionellen Recht, soweit es noch weitergilt.

Revisibel sind Satzungen und Statute öffentlich-rechtlicher und privater juristischer Personen (Kör- 9
perschaften, Anstalten, Stiftungen des öffentl. Rechts; Satzungen der Kapitalgesellschaften sowie der rechtsfähigen und nicht rechtsfähigen Vereine). Revisibel ist auch kirchliches Recht, Gewohnheitsrecht und betriebliche Übungen, nicht hingegen nur behördenintern wirkende Verwaltungsvorschriften, Erlasse oder Dienstanweisungen.

Rechtsnormen können **im materiellen Recht** und im **Verfahrensrecht** enthalten sein. Verfahrens- 10
mängel werden aber nicht von Amts wegen (§ 557 III 2 ZPO), sondern nur auf zulässige Verfahrensrügen überprüft.

Rechtsnormen sind enthalten im normativen Teil von TV und BV (BAG 30. 8. 1994 AP GG Art. 9 11
Arbeitskampf Nr. 132 = NZA 1995, 183; 30. 9. 1971 AP TVG § 1 Auslegung Nr. 121), in Dienstordnungen der Sozialversicherungsträger (BAG 26. 9. 1984 AP BGB § 611 Dienstordnungs-Angestellte Nr. 59 = NZA 1985, 90), bindenden Festsetzungen der Heimarbeitsausschüsse (BAG 12. 8. 1976 AP HAG § 19 Nr. 9 = NJW 1977, 166), Erlassen und EingruppierungsRL (BAG 29. 8. 1984 AP BAT 1975 §§ 22, 23 Nr. 93).

3. Unbestimmte Rechtsbegriffe. Unbestimmte Rechtsbegriffe sind nach der Rspr. des BAG nur 12
begrenzt revisibel. Zu den unbestimmten Rechtsbegriffen gehören der wichtige Grund (§ 626 BGB), die Sozialwidrigkeit einer Kündigung (§ 1 KSchG), Treu und Glauben (§ 242 BGB) und das billige Ermessen (§ 315 BGB). Eine Rechtsverletzung liegt nur vor, wenn der unbestimmte Rechtsbegriff selbst verkannt ist und bei der Subsumtion des Sachverhaltes der Begriffsumfang verlassen wird, Denkgesetze oder allg. Erfahrungssätze verletzt werden, bei einer gebotenen Interessenabwägung nicht der gesamte Sachverhalt berücksichtigt wird oder das Ergebnis in sich widersprüchlich ist (BAG 29. 10. 1997 AP ZPO § 554 Nr. 30 = NZA 1998, 336; 21. 5. 1992 AP KSchG 1969 § 1 Verhaltens-

bedingte Kündigung Nr. 28 = NJW 1993, 154 = NZA 1992, 1028; 24. 7. 1991 AP BetrVG 1972 § 78 a Nr. 23 = NZA 1992, 174).

13 Die Rspr. wird gelegentlich kritisiert (vgl. GK-ArbGG/*Ascheid* § 73 Rn. 22 ff.; *Grunsky* § 73 Rn. 6). Ihr ist aber zu folgen. Das BAG legt im Interesse der Rechtseinheit den unbestimmten Rechtsbegriff verbindlich aus. Lediglich in Randbereichen wahrt es einen Beurteilungsspielraum der Tatsacheninstanzen. Dieser mag in Eingruppierungsprozessen nur noch gering sein. Er kann aber namentlich dann nicht beseitigt werden, wenn es um die Berücksichtigung der Umstände des Einzelfalles wie zB in § 626 BGB geht.

14 **4. Ermessen.** Beschränkt revisibel ist eine Entscheidung nur dann, wenn dem LAG bei seiner Entscheidung ein Ermessen eingeräumt ist. Das Revisionsgericht setzt nicht sein Ermessen an die Stelle des Ermessens des LAG. Das LAG hat zB bei der einseitigen Leistungsbestimmung nach billigem Ermessen zu entscheiden. Revisibel ist nur, ob *(1)* das LAG überhaupt erkannt hat, dass es einen Ermessensspielraum hat, *(2)* es die Voraussetzungen und Grenzen des Ermessens richtig bestimmt und eingehalten hat und *(3)* das Ermessen fehlerfrei ausgeübt worden ist, ob also alle relevanten Umstände berücksichtigt worden sind (BAG 29. 1. 1992 AP BGB § 611 Lehrer Nr. 104 = NZA 1992, 853; 16. 10. 1991 AP BErzGG § 19 Nr. 1 = NZA 1992, 793). In Ausnahmefällen kann das BAG selbst beurteilen, was billigem Ermessen entspricht, wenn alle entscheidungserheblichen Tatsachen festgestellt sind (BAG 19. 6. 1985 AP BAT § 4 Nr. 11).

15 Auf die Verletzung einer Sollvorschrift kann die Revision nicht gestützt werden.

16 **5. Denkgesetze und allgemeine Erfahrungssätze.** Die Revision kann gestützt werden auf die Verletzung der Denk- und Erfahrungssätze. Revisibel sind auch Rechenfehler, soweit sie nicht ohnehin wegen offenbarer Unrichtigkeit berichtigt werden.

17 **6. Verträge und Willenserklärungen.** Bestimmungen in Arbeitsverträgen und die Auslegung einzelner Willenserklärungen sind grds. nicht revisibel. Gleichwohl gibt es von diesem Rechtsgrundsatz zahlreiche Ausnahmen. Revisibel ist die Auslegung von Verträgen und Willenserklärungen, wenn das Berufungsgericht alle erforderlichen Feststellungen getroffen hat und weitere Feststellungen nicht mehr in Betracht kommen (BAG 28. 2. 1991 AP ZPO § 550 Nr. 21 = NZA 1991, 685; 17. 5. 1984 AP BAT § 55 Nr. 3 = NZA 1985, 62) oder wenn eine Vertragsurkunde auszulegen ist und bes. Umstände des Einzelfalles, die der Auslegung eine bestimmte Richtung geben können, ausscheiden (BAG 28. 2. 1990 AP BeschFG 1985 § 1 Nr. 14 = NZA 1990, 746). Unbegrenzt revisibel sind in einer Vielzahl von Fällen gleich lautende verwandte Arbeitsverträge, weil bei ihnen Umstände des Einzelfalles nicht in Betracht kommen (BAG 28. 6. 1985 AP BetrVG 1972 § 112 Nr. 33 = NZA 1986, 258). Hierzu gehören Formular- und Musterverträge, die von Verbänden und Behörden herausgegeben oder benutzt werden, Ausgleichsquittungen usw. Enthält ein Mustervertrag neben vorgedruckten Klauseln einzelne Individualabreden, soll der ganze Vertrag als nichttypischer Vertrag anzusehen sein (BAG 16. 10. 1987 AP BAT § 53 Nr. 2 = NZA 1988, 877; krit. GK-ArbGG/*Ascheid* § 73 Rn. 39).

18 Bei **atypischen Verträgen** kann in der Revisionsinstanz nachgeprüft werden, ob *(1)* gegen materiellrechtliche Auslegungsregeln verstoßen worden ist (§§ 133, 157 BGB), *(2)* Denkgesetze und Erfahrungssätze verletzt sind oder *(3)* der Tatsachenstoff vollständig verwertet wurde (BAG 26. 5. 1992 AP HGB § 74 Nr. 63 = NZA 1992, 976; 22. 9. 1992 AP BetrVG 1972 § 87 Lohngestaltung Nr. 54 = NZA 1993, 232). Das Revisionsgericht prüft jedoch nur nach, ob die Auslegung möglich ist, nicht ob sie richtig ist (BAG 5. 5. 1988 AP AÜG § 1 Nr. 8 = NZA 1989, 18), eine gebotene Auslegung unterlassen wurde (BAG 10. 2. 1992 AP TVG § 4 Ausschlussfristen Nr. 115 = NZA 1992, 881) oder umgekehrt, ob eine eindeutige Bestimmung ausgelegt wurde (BAG 14. 9. 1972 AP BGB § 133 Nr. 34) bzw. rechtsirrtümlich die Voraussetzungen einer ergänzenden Vertragsauslegung angenommen wurden (BAG 8. 11. 1972 AP BGB § 157 Nr. 3 = NJW 1973, 822).

19 **7. Prozesshandlungen.** Sie unterliegen in vollem Umfang der Überprüfung durch das Revisionsgericht (BAG 20. 4. 1983 TVAL II § 21 Nr. 2). Voll überprüft werden damit auch Prozessvergleiche, obwohl sie regelmäßig individuelle Vereinbarungen enthalten (zu Recht daher aA GK-ArbGG/*Ascheid* § 73 Rn. 43).

20 **8. Verfahrensfehler.** Bei Verfahrensfehlern ist zunächst zu überprüfen, ob das Gericht sie von Amts wegen zu berücksichtigen hatte (§ 557 III 2 ZPO). Waren die Verfahrensfehler nicht von Amts wegen zu berücksichtigen, kommen im Wesentlichen die Erhebung der Aufklärungsrüge (§§ 139 I, III ZPO) oder der Beweisrüge (§ 286 ZPO) in Betracht (dazu § 74 Rn. 25 f.).

21, 22 *(unbesetzt)*

III. Kausalität der Rechtsverletzung

23 Eine Revision ist nur dann begründet, wenn der Urteilsinhalt auf der Verletzung einer Rechtsnorm beruht (§ 73 I). Erweist sich das Urteil aus anderen Gründen als richtig, ist die Revision unbegründet (§ 561 ZPO). Liegt ein absoluter Revisionsgrund vor (Rn. 22), bedarf es keiner bes. Feststellung, dass

das Urteil darauf beruht. Bei einem Verfahrensverstoß im Übrigen ist ausreichend, dass die Möglichkeit nicht auszuschließen ist, dass ohne den Fehler die Entscheidung günstiger ausgefallen wäre.

IV. Absolute Revisionsgründe

1. Übersicht. In § 547 ZPO sind die absoluten Revisionsgründe zusammengefasst. Liegen deren 24 Voraussetzungen vor, wird unwiderruflich vermutet, dass die Entscheidung auf ihnen beruht. Die Berücksichtigung eines absoluten Revisionsgrundes setzt aber voraus, dass die Revision an sich statthaft und zulässig ist. Eine Nichtzulassungsbeschwerde kann nicht auf das Vorliegen eines absoluten Revisionsgrundes gestützt werden (BAG 26. 6. 2001 AP ArbGG 1979 § 72 a Nr. 45 = NJW 2001, 3142 = NZA 2001, 1036; 20. 2. 2001 AP ArbGG 1979 § 72 Nr. 45 = NZA 2001, 912).

2. Nicht ordnungsgemäße Besetzung des Gerichtes (§ 547 Nr. 1 bis 3 ZPO). Das Gericht ist dann 25 nicht vorschriftsmäßig besetzt (§ 547 Nr. 1 ZPO), wenn die Berufsrichter nicht ordnungsgemäß nach § 8 DRiG berufen worden sind, die ehrenamtlichen Richter nicht vereidigt oder ihre Amtszeit abgelaufen ist oder sie willkürlich außerhalb der Liste zu den Sitzungen herangezogen worden sind (BAG 26. 9. 1996 AP ArbGG 1979 § 39 Nr. 3 = NZA 1997, 333; 25. 8. 1993 AP ZPO § 551 Nr. 11). Fehler bei der Heranziehung der ehrenamtlichen Richter in einer Sache führen nicht im Wege des sogenannten Domino-Effekts dazu, dass in den Folgeterminen in (allen) anderen Sachen der gesetzliche Richter nicht gewahrt ist (BAG 7. 5. 1998 AP ZPO § 551 Nr. 49 = NZA 1998, 1301). Der absolute Revisionsgrund ist unabhängig davon gegeben, ob die Parteien mit der Mitwirkung des Richters einverstanden sind oder nicht (BAG 25. 8. 1983 AP ZPO § 551 Nr. 11). Das Gericht ist auch dann nicht ordnungsgemäß besetzt, wenn ein Richter während der Verhandlung abwesend ist oder schläft. Kein absoluter Revisionsgrund ist gegeben, wenn nach einer Vertagung eines Rechtsstreits andere Richter an einer Entscheidung mitwirken als diejenigen, vor denen die Beweisaufnahme stattgefunden hat. Hat eine nach der Geschäftsverteilung nicht zuständige Kammer eines Landesarbeitsgerichts entschieden, so liegt der absolute Revisionsgrund nicht vor, wenn sie irrtümlich ihre Zuständigkeit angenommen hat (BAG 3. 9. 1991 AP BetrAVG § 1 Überversorgung Nr. 3 = NZA 1992, 515). Anders ist es dagegen, wenn sie bewusst außerhalb der Geschäftsverteilung tätig geworden ist. Die fehlerhafte Berufung der ehrenamtlichen Richter ist nicht nachprüfbar (§ 65).

Ein absoluter Revisionsgrund ist gegeben (§ 547 Nr. 2, 3 ZPO), wenn ein Richter an der Entschei- 26 dung mitgewirkt hat, der entweder kraft Gesetzes von der Mitwirkung ausgeschlossen war (§ 41 ZPO) oder mit Erfolg abgelehnt worden ist (§ 42 ZPO).

3. Fehlerhafte Entscheidung über die Zuständigkeit (§ 551 Nr. 4 ZPO aF). Nach der Neufassung 27 der absoluten Revisionsgründe durch das ZPO-ReformG stellt es keinen Grund für eine Zurückverweisung mehr dar, wenn das Berufungsgericht seine Zuständigkeit oder Unzuständigkeit zu Unrecht angenommen hat, dazu auch § 65 Rn. 2.

4. Fehlerhafte Vertretung (§ 547 Nr. 4 ZPO). Der absolute Revisionsgrund ist gegeben, wenn die 28 Partei nicht nach den gesetzlichen Vorschriften vertreten war und die Prozessführung weder ausdrücklich noch stillschweigend genehmigt hat.

5. Verletzung der Vorschriften über die Öffentlichkeit (§ 547 Nr. 5 ZPO). Eine Verletzung der 29 Vorschriften über die Öffentlichkeit ist insb. gegeben, wenn die Öffentlichkeit bei der mündlichen Verhandlung zu Unrecht ausgeschlossen worden ist oder trotz Vorliegens der Voraussetzungen nicht ausgeschlossen worden ist (§ 52 iVm. § 169 Satz 2, §§ 173 bis 175 GVG).

6. Entscheidung ohne Entscheidungsgründe (§ 547 Nr. 6 ZPO). Der absolute Revisionsgrund ist 30 gegeben, wenn Gründe vollständig fehlen oder völlig unverständlich oder nichts sagend sind. Das Gleiche gilt, wenn das Urteil keinen Tatbestand enthält, lückenhaft oder widersprüchlich ist. Der absolute Revisionsgrund ist aber dann nicht gegeben, wenn das LAG zulässigerweise nach § 69 III 2 auf das Urteil des ArbG Bezug genommen hat (BAG 24. 6. 1980 AP ZPO § 543 Nr. 2 = NJW 1981, 2078). Das Berufungsgericht kann nach § 69 III 2 auch auf ein vorangegangenes Revisionsurteil nach Aufhebung und Zurückverweisung Bezug nehmen (BAG 7. 12. 1988 AP ZPO 1977 § 543 Nr. 8 = NJW 1989, 1627 = NZA 1989, 527). Keine Bezugnahme auf das erstinstanzliche Urteil ist gegeben, wenn das Berufungsgericht nach § 69 II von der Darstellung des Tatbestandes Abstand nimmt (BAG 30. 10. 1987 AP ZPO 1977 § 543 Nr. 7 = NJW 1988, 843 = NZA 1988, 218).

Nach dem Beschluss des Gemeinsamen Senats der obersten Gerichtshöfe des Bundes (GmS-OGB 31 27. 4. 1993 AP ZPO § 551 Nr. 21 = NJW 1993, 2603 = NZA 1993, 1147) ist ein absoluter Revisionsgrund gegeben, wenn Tatbestand und Entscheidungsgründe des Urteils des LAG nicht binnen fünf Monaten nach Verkündung schriftlich niedergelegt, von den Richtern unterschrieben der Geschäftsstelle übergeben worden ist. Dieser Rspr. hat sich das BAG angeschlossen (BAG 4. 8. 1993 AP ZPO § 551 Nr. 22 = NZA 1993, 1150). Um das Urteil ist nur bei fristgemäß erhobener Verfahrensrüge aufzuheben (BAG 15. 11. 1995 AP ZPO § 551 Nr. 34 = NJW 1996, 870 = NZA 1996, 277; 23. 11. 1994 AP BAT 1975 §§ 22, 23 Nr. 190; 12. 1. 1994 AP TVG § 1 Tarifverträge: Rundfunk Nr. 22 = NZA 1995,

AP TVG § 1 Tarifverträge: Bundesbahn Nr. 6 = NZA 1986, 169). Zureichend ist auch, wenn die Aufhebung des Urteils und die Zurückweisung des Rechtsstreites beantragt wird, wenn sich aus dem Vorbringen im Übrigen ergibt, dass der ursprüngliche Sachantrag weiter verfolgt werden soll (BAG 22. 10. 1982 AP BetrVG 1972 § 99 Nr. 24 = NZA 1986, 235). Nach Ablauf der Revisionsbegründungsfrist kann der Antrag nicht mehr erweitert werden, da das Urteil wegen des nicht angefochtenen Teils rechtskräftig geworden ist.

20 c) **Klageänderung.** Das Revisionsgericht ist an die von den Parteien gestellten Revisionsanträge gebunden. Aufgabe des Revisionsgerichtes ist es zu überprüfen, ob die Vorinstanz fehlerfrei entschieden hat. Zur Bindung an den festgestellten Sachverhalt § 73 Rn. 2f. Eine Klageänderung ist in der Revisionsinstanz grds. unzulässig (BAG 16. 11. 1982 AP SchwbG § 42 Nr. 8 = NJW 1983, 2215), ebenso die erstmalige Erhebung der Widerklage oder einer Zwischenfeststellungsklage.

21 Das BAG hat in der Revisionsinstanz den Übergang von der Leistungsklage zur Feststellungsklage für zulässig gehalten (BAG 3. 9. 1986 AP BAT 1975 §§ 22, 23 Nr. 125; 17. 10. 1972 AP BGB § 620 Nr. 8). Dagegen wird umgekehrt nicht das Gleiche gelten, weil es wegen der Höhe der Leistungen häufig nicht unstreitig zu stellender weiterer Feststellungen bedarf (aA *Hauck/Helml* § 74 Rn. 14). In der Revisionsinstanz ist es prozessual zulässig, den früheren Hauptantrag als Hilfsantrag und umgekehrt den früheren Hilfsantrag als Hauptantrag zu stellen (BAG 4. 5. 1977 AP BGB § 611 Bergbau Nr. 17). Ist Revision über den Hauptantrag eingelegt, ist auch über den Hilfsantrag zu entscheiden. Ferner kann in der Revisionsinstanz erstmals über den Antrag nach § 717 III ZPO entschieden werden (BAG 23. 12. 1961 AP ZPO § 717 Nr. 2 = NJW 1962, 1125).

22 **4. Materielle Revisionsgründe.** Wenn der Revisionskläger einen materiell-rechtlichen Fehler rügen will, hat er die Umstände darzulegen, aus denen sich die Rechtsverletzung ergeben soll. Die Bezeichnung der verletzten Rechtsnorm oder des verletzten Rechtsgrundsatz ist nach der Neufassung des § 551 III Nr. 2 ZPO durch das ZPO-ReformG nicht mehr erforderlich. Unzureichend sind jedoch nach wie nur allg. Rügen, das angefochtene Urteil sei fehlerhaft, verletze das Recht. Eine irrtümliche Falschbezeichnung der gerügten Vorschriften oder Rechtsgrundsätze ist unschädlich, da das Revisionsgericht nur an die Anträge, dagegen nicht an die geltend gemachten Revisionsgründe gebunden ist. Die Rspr. verlangt jedoch, dass die Revisionsbegründung den **Rechtsfehler** des LAG **aufzeigen** muss; Gegenstand und Richtung des Revisionsangriffs müssen erkennbar sein. Die Revisionsbegründung muss daher eine Auseinandersetzung mit den Urteilsgründen des angefochtenen Urteils enthalten. Dies erfordert eine konkrete Darlegung der Gründe, aus denen das angefochtene Urteil rechtsfehlerhaft sein soll. Dadurch soll u. a. sichergestellt werden, dass der Prozessbevollmächtigte des Revisionsklägers das angefochtene Urteil genau durchdenkt. Daneben soll die Revisionsbegründung durch ihre Kritik des angefochtenen Urteils zur richtigen Rechtsfindung durch das Revisionsgericht beitragen (BAG 30. 5. 2001 – 4 AZR 272/00 – nv.; 29. 10. 1997 AP ZPO § 554 Nr. 30 = NZA 1998, 336; 16. 8. 1991 AP SchwbG 1986 § 15 Nr. 2 = NZA 1992, 23). Für die ordnungsgemäße Revisionsbegründung unerheblich ist, ob der Rechtsfehler vorliegt. Da materiellen Fehlern von Amts wegen nachgegangen wird, können materielle Rügen auch noch nach Ablauf der Revisionsbegründungsfrist erhoben werden.

23 Hat das angefochtene Urteil über **mehrere Streitgegenstände** entschieden, muss sich die Revisionsbegründung mit allen angefochtenen Teilen auseinandersetzen und für jeden Streitgegenstand begründet werden. Soweit eine Begründung fehlt, ist die Revision unzulässig (BAG 16. 10. 1991 AP SchwbG 1986 § 18 Nr. 1 = NZA 1992, 503; 16. 4. 1997 AP ArbGG 1979 § 72 Nr. 35 = DB 1997, 2284). Eine Ausnahme von diesem Rechtsgrundsatz gilt dann, wenn die Entscheidung über den einen Streitgegenstand notwendig von dem anderen korrekt angefochtenen abhängt (BAG 15. 11. 1994 AP BeschFG 1985 § 2 Nr. 39 = NZA 1995, 936; 24. 3. 1977 AP BGB § 630 Nr. 12; 9. 4. 1991 AP BetrVG 1972 § 18 Nr. 8).

24 **5. Verfahrensrügen.** Wird eine Verfahrensrüge nach § 551 III Nr. 2b ZPO erhoben, muss der Revisionskläger auch die Tatsachen innerhalb der Begründungsfrist vortragen, aus denen sich der Verfahrensverstoß ergibt. Gleichwohl ist insoweit zu unterscheiden. Ist der Verfahrensfehler von Amts wegen zu berücksichtigen, ist die Rüge des Verfahrensmangels entbehrlich, ansonsten muss sie erhoben werden. Auf nicht von Amts wegen zu berücksichtigende Verfahrensmängel wird das Urteil nur überprüft, wenn sie **ordnungsgemäß gerügt** worden sind. Wird die Rüge nicht innerhalb der Revisionsbegründungsfrist erhoben, kann sie nicht mehr nachgeschoben werden. Mit der Rüge ist ferner darzulegen, dass das Urteil auf dem Verfahrensfehler beruht. Bei Verfahrensmängeln reicht es aus, dass das Urteil möglicherweise auf dem Verfahrensmangel beruht. Eine Verfahrensrüge ist auch dann notwendig, wenn ein absoluter Revisionsgrund gegeben ist. Dies gilt insb. bei verspäteter Urteilsabsetzung (BAG 12. 1. 1994 AP TVG § 1 Tarifverträge: Rundfunk = NZA 1995, 36; 23. 11. 1994 AP BAT 1975 §§ 22, 23 Nr. 190). Dagegen kann nicht gerügt werden, das LAG habe zu Unrecht eine Klageänderung als sachdienlich angesehen oder verspätetes Vorbringen zu Unrecht zugelassen, da insoweit die eingetretenen Verzögerungen nicht mehr beseitigt werden können.

Bei der **Aufklärungsrüge** ist darzulegen, dass *(1)* für das Gericht eine Aufklärungspflicht bestanden 25 hat und *(2)* diese verletzt worden ist, *(3)* was die Partei vorgetragen hätte, wenn das Gericht seiner Aufklärungspflicht genügt hätte und *(4)* dass danach die Entscheidung anders ausgefallen wäre (BAG 15. 12. 1994 AP KSchG 1969 § 1 Betriebsbedingte Kündigung Nr. 67 = NJW 1995, 1982 = NZA 1995, 521).

Bei der **Beweisrüge** ist zu unterscheiden zwischen der Übergehung eines Beweisantritts und der 26 Beweiswürdigung. Hat das LAG einen Beweisantrag übergangen, ist darzulegen, *(1)* welche Tatsachen beweiserheblich waren, *(2)* wo sich der Beweisantritt in den Akten befindet (Schriftsatz, Seitenzahl); soweit der Beweisantritt schon in der ersten Instanz erfolgt ist, warum das LAG davon ausgehen musste, dass er aufrechterhalten worden ist, *(3)* was die Beweisaufnahme ergeben hätte und *(4)* dass die Verfahrensverletzung entscheidungserheblich war. Bei der Rüge wegen fehlerhafter Beweiswürdigung kann im Allg. nur gerügt werden, die Beweiswürdigung verstoße gegen Erfahrungs- und Denkgesetze und sei in sich widersprüchlich (BAG; 25. 2. 1987 AP TVG § 1 Tarifverträge: Bau Nr. 81; 17. 11. 1958 AP KSchG § 3 Nr. 18). Wird gerügt, das Urteil sei so spät zugestellt worden, dass ein Tatbestandsberichtigungsantrag nicht mehr hätte gestellt werden können, muss angegeben werden, welcher Antrag gestellt worden wäre und dass das Urteil auf dem Fehler beruht.

Es steht grds. im Ermessen des Berufungsgerichtes, ob es die im ersten Rechtszug gehörten Zeugen 27 nochmals nach § 398 ZPO vernimmt oder sich mit der Verwertung der protokollierten erstinstanzlichen und gemäß § 526 ZPO vorgetragenen Aussagen begnügt. Das ist aber dann nicht möglich, wenn das Berufungsgericht die Glaubwürdigkeit der erstinstanzlich gehörten Zeugen anders als der Richter erster Instanz beurteilt und dies die Tatsachenfeststellung beeinflusst (BAG 26. 9. 1989 AP ZPO § 398 Nr. 3 = NZA 1990, 74). Wird ein Sachverständigengutachten als unzutreffend gerügt, muss ausgeführt werden, welche in der Fachliteratur oder in Fachzeitschriften erörterten oder sonst zugänglichen Erkenntnisse der Sachverständige bei Erstattung des Gutachtens nicht berücksichtigt hat und inwiefern bei Verwertung dieser Erkenntnisse ein anderes Ergebnis zu erwarten gewesen wäre (BAG 21. 11. 1996 AP BAT SR 2 d § 2 Nr. 1 = NZA 1997, 1174).

IV. Sonstige Regelungen

1. Terminierung. Nach § 74 II 1 muss die Bestimmung des Termins zur mündlichen Verhandlung 28 unverzüglich erfolgen. Bei der Terminsbestimmung ist der arbeitsgerichtliche Beschleunigungsgrundsatz zu beachten. Ladungs- und Einlassungsfristen müssen jedoch gewahrt bleiben. Im Allg. erfolgt die Terminierung nach der Reihenfolge des Eingangs. Dies ist nach der Rspr. des BVerfG bei überbesetzten Senaten schon zur Wahrung des gesetzlichen Richters notwendig.

2. Verwerfung der unzulässigen Revision. Nach § 74 II 2 bleibt § 552 I ZPO unberührt. Danach 29 hat das Revisionsgericht von Amts wegen zu prüfen, ob die Revision an sich statthaft ist und ob sie in der gesetzlichen Form und Frist eingelegt und begründet ist. Mangelt es an einem dieser Erfordernisse, ist die Revision als unzulässig zu verwerfen. Unzulässig ist eine Revision, wenn sie nicht zugelassen ist, nicht form- und fristgemäß bei Gericht eingegangen ist oder die Partei nicht beschwert ist. Eine Beschwer kann sich auch aus der Begründung ergeben, wenn eine Klage als unzulässig statt als unbegründet abgewiesen worden ist, oder das LAG zu Unrecht an die erste Instanz zurückverwiesen hat (BAG 24. 4. 1996 AP ArbGG 1979 § 68 Nr. 2 = NJW 1996, 3430). Die Revision ist aber zulässig, wenn sie auf die Verletzung nicht revisiblen Rechts gestützt wird (GMP/*Müller-Glöge* § 74 Rn. 44; aA aber BAG 2. 2. 1983 AP ArbGG 1979 § 73 Nr. 1) oder eine verzichtbare Verfahrensrüge erstmals in der Revisionsinstanz erhoben wird (BAG 17. 4. 1985 AP TVG § 1 Tarifverträge: Presse Nr. 4).

Die Verwerfung der Revision erfolgt **ohne mündliche Verhandlung durch Beschluss** der Berufs- 30 richter ohne Hinzuziehung der ehrenamtlichen Richter. Die Verwerfung kann auch für einzelne Teile der Revision erfolgen. Der Beschluss kann nachträglich nicht geändert werden, auch wenn er zu Unrecht ergangen ist. Insoweit kann allenfalls Verfassungsbeschwerde eingelegt werden. Ist die Zulässigkeit einer Revision zweifelhaft, sie aber jedenfalls unbegründet, soll die Zulässigkeit ausnahmsweise zugunsten des Rechtsmittelführers unterstellt werden, wenn eine Klärung der Zulässigkeit die Entscheidung des Rechtsstreits erheblich verzögern würde (BAG 29. 7. 1997 AP BetrAVG § 6 Nr. 24 = NZA 1998, 544).

3. Einstellung der Zwangsvollstreckung. Die Zwangsvollstreckung kann unter den Voraussetzun- 31 gen von § 719 II ZPO durch das BAG eingestellt werden. Die Einstellung erfolgt nicht, wenn die Revision nicht begründet ist oder bei einem zeitlich befristeten Urteil dem Urteil jede Wirkung genommen würde, sofern die Interessen des Gläubigers überwiegen. Hat das LAG die Zwangsvollstreckung ausgeschlossen, kann das Revisionsgericht nach § 558 ZPO das Urteil für vollstreckbar erklären.

4. Rücknahme und Verzicht auf Revision. Die Revision kann nach § 72 V iVm. §§ 565, 516 ZPO 32 zurückgenommen werden (vgl. § 64 Rn. 24), ebenso kann auf ihre Einlegung verzichtet werden (§ 72 V iVm. §§ 566, 514 ZPO, dazu § 64 Rn. 20).

33 5. **Anschlussrevision.** Nach § 72 V iVm. § 554 ZPO kann sich der Revisionsbeklagte bis zum Ablauf eines Monats nach der Zustellung der Revisionsbegründung der Revision anschließen, selbst wenn er auf die Revision verzichtet hat. Durch das ZPO-ReformG 2002 ist die Möglichkeit zur Einlegung einer selbständigen Anschlussrevision entfallen, statthaft ist nur noch die unselbständige Anschlussrevision oder soweit zulässig, die Einlegung einer eigenständigen Revision durch den Revisionsbeklagten.

34 Die Anschließung erfolgt durch Einreichung der Revisionsanschlussschrift bei dem Revisionsgericht (§ 554 I 2 ZPO). Die Anschlussrevision muss in der Anschlussschrift begründet werden (§ 554 III 1 ZPO), für den Inhalt der Begründung gelten die allg. Grundsätze über die Revisionsbegründung (§§ 549 I 2, 550, 551 III ZPO, dazu § 74 Rn. 14 ff.). Ist die Revision nur beschränkt zugelassen, kann sich auch die Anschlussrevision nur auf den Teil beziehen, für den die Revision zugelassen worden ist (BAG 21. 10. 1982 AP GG Art. 140 Nr. 14 = NJW 1984, 826). Nach §§ 554 IV verliert die Anschließung ihre Wirkung, wenn die Revision zurückgenommen oder als unzulässig verworfen wird. Dasselbe gilt bei einer Rücknahme oder dem Verzicht auf die Revision.

§ 75 Urteil

(1) ¹ **Die Wirksamkeit der Verkündung des Urteils ist von der Anwesenheit der ehrenamtlichen Richter nicht abhängig.** ² Wird ein Urteil in Abwesenheit der ehrenamtlichen Richter verkündet, so ist die Urteilsformel vorher von sämtlichen Mitgliedern des erkennenden Senats zu unterschreiben.

(2) **Das Urteil nebst Tatbestand und Entscheidungsgründen ist von sämtlichen Mitgliedern des erkennenden Senats zu unterschreiben.**

I. Allgemeines

1 Die Vorschrift regelt Verkündung und Unterzeichnung des Revisionsurteils, ergänzend gelten über § 72 V die §§ 555 bis 559 und 562 bis 565 ZPO. Dort werden die Vorschriften der §§ 310 bis 312, 313 bis 313 b und 315 ZPO in Bezug genommen.

II. Verkündung des Revisionsurteils

2 1. **Verkündung.** Die Revisionsurteile müssen verkündet werden, um wirksam zu werden. Dies gilt auch dann, wenn das BAG nach § 128 ZPO im schriftlichen Verfahren entscheidet.

3 Die Verkündung richtet sich nach § 72 V iVm. §§ 557, 310 bis 312 ZPO. Danach wird das Urteil in dem Termin, in dem die mündliche Verhandlung geschlossen wird, oder in einem sofort anzuberaumenden Termin verkündet. Der Verkündungstermin wird nur dann über drei Wochen hinaus angesetzt, wenn wichtige Gründe, insb. der Umfang oder die Schwierigkeit der Sache es erfordern (§ 310 I ZPO). Wird das Urteil nicht in dem Termin, in dem die mündliche Verhandlung geschlossen wird, verkündet, muss es bei der Verkündung in vollständiger Form abgefasst sein. § 60 gilt im Revisionsverfahren nicht.

4 Nach § 75 I 1 ist die Wirksamkeit der Verkündung des Urteils nicht von der **Anwesenheit der ehrenamtlichen Richter** abhängig. Wird ein bes. Verkündungstermin angesetzt, kann der Vorsitzende das Urteil allein verkünden (§ 311 IV ZPO). Wird das Urteil in Abwesenheit der ehrenamtlichen Richter verkündet, ist die Urteilsformel vorher von sämtlichen Mitgliedern des erkennenden Senats zu unterschreiben (§ 75 I 2).

5 Das Urteil wird durch **Vorlesung der Urteilsformel** verkündet (§ 311 II 1 ZPO). Wird das Urteil in einem bes. Verkündungstermin verkündet, kann die Verlesung der Urteilsformel durch die Bezugnahme auf die Urteilsformel ersetzt werden, wenn in dem Verkündungstermin von den Parteien niemand erschienen ist. Die Entscheidungsgründe werden durch Vorlesung der Urteilsgründe oder durch mündliche Mitteilung des wesentlichen Inhalts verkündet, wenn es das Gericht für angemessen erachtet (§ 311 II ZPO).

6 2. **Inhalt des Revisionsurteils.** Der Inhalt des Revisionsurteils richtet sich nach § 313 ZPO. Das Urteil enthält das Rubrum, die Bezeichnung des Gerichtes und die Namen der Richter, den Tag, an dem die mündliche Verhandlung geschlossen worden ist, die Urteilsformel, den Tatbestand und die Entscheidungsgründe.

7 **Ausnahmen vom Begründungszwang** bestehen bei Verfahrensrügen und wenn die Parteien nach § 313 a ZPO auf Tatbestand und Entscheidungsgründe verzichten. Nach § 564 ZPO braucht die Entscheidung nicht begründet zu werden, soweit das Revisionsgericht Rügen von Verfahrensmängeln nicht für durchgreifend erachtet. Dies gilt nicht für Rügen nach § 547 ZPO. Nach § 313 a I ZPO bedarf es eines Tatbestandes nicht, wenn ein Rechtsmittel gegen das Urteil unzweifelhaft nicht eingelegt werden kann. Die Aufnahme von Entscheidungsgründen ist entbehrlich, wenn die Parteien auf sie verzichtet haben. In diesem Fall tritt eine Kostenprivilegierung nach Nr. 9134 des als Anlage zu § 12 I

Der vor Erlass des Urteils gestellte Antrag ist im Urteil, sonst durch Beschluss zu bescheiden. Wird 3
der Antrag im Urteil beschieden, erfolgt die Zulassung im Tenor (vgl. §§ 64 III a, 72 I 2). Zumindest
ist die Zulassung mitzuverkünden. Bei **Zulassung im Urteil** bedarf es keiner vorherigen Zustimmung
des Gegners; seine Zustimmungserklärung ist im Original oder in beglaubigter Abschrift der Revisionsschrift beizufügen, die Übersendung einer unbeglaubigte Fotokopie ist nicht ausreichend (BVerfG
15. 2. 1993 AP ArbGG 1979 § 76 Nr. 8 = NJW 1994, 649). Wird die **Sprungrevision zugelassen**, hat
die durch die Entscheidung beschwerte Parteiein **Wahlrecht** zwischen der Berufung und der Sprungrevision; hierauf ist in der Rechtsmittelbelehrung hinzuweisen. Soweit nach § 64 erforderlich, umfasst
die Zulassung der Sprungrevision zugleich auch die Zulassung der Berufung.

Erfolgt die **Zulassung** auf nachträglich gestellten Antrag **durch Beschluss,** ist dem Antrag die 4
schriftliche Zustimmung des Gegners im Original oder in Form einer beglaubigten Abschrift beizufügen. Sowohl der Antrag wie auch die Zustimmung unterliegen keinem Vertretungszwang. Sie können
daher auch von der Partei selbst oder ihren Prozessbevollmächtigten (Rechtsanwalt, Verbandsvertreter) erklärt werden (BAG 17. 4. 1985 AP BAT § 37 Nr. 7 = NJW 1987, 732 = NZA 1986, 171; 13. 10.
1982 AP ArbGG 1979 § 76 Nr. 3 = NJW 1983, 1079; aA 25. 4. 1979 AP ArbGG 1953 § 76 Nr. 1 =
NJW 1979, 2422). Der Beschluss über die Zulassung ergeht ohne der mündlichen Verhandlung und
kann daher nach § 53 I auch durch den Vorsitzenden allein erfolgen.

3. Zulassung. Die Sprungrevision ist nur zuzulassen, wenn die Rechtssache grundsätzliche Bedeu- 5
tung hat (§ 72 Rn. 9) und einen der in § 76 II Nr. 1 bis 3 aufgeführten Rechtsstreitigkeiten betrifft.
Diese entsprechen den in § 72 a I Nr. 1 bis 3 genannten Verfahren, auf die eine Nichtzulassungsbeschwerde gestützt werden kann. Liegen diese Voraussetzungen vor, hat das ArbG die Sprungrevision zuzulassen, ein Ermessen besteht nicht. Liegen sie nur tw. vor, ist sie tw. zuzulassen. In anderen
Fällen darf die Zulassung nicht erfolgen.

Hat das ArbG die Sprungrevision zugelassen, ist das **BAG hieran gebunden** (§ 76 II 2). Das BAG 6
hat hiervon die eine Ausnahme gemacht, wenn es sich nicht um einen Rechtsstreit nach § 72 II Nr. 1
bis 3 handelt (BAG 22. 2. 1985 AP ArbGG 1979 § 76 Nr. 4 = NJW 1985, 2974 = NZA 1985, 436) oder
auch die Revision in keinem Fall statthaft wäre (BAG 14. 10. 1982 AP ArbGG 1979 § 76 Nr. 2 = NJW
1984, 254). Nach dieser Meinung besteht die Bindung nur an die Bewertung der grundsätzlichen
Bedeutung. Insoweit hatte der Dritte Senat die übrigen Senate angerufen, ob an der bisherigen Rspr.
festgehalten wird (BAG 25. 4. 1996 AP ArbGG 1979 § 76 Nr. 10 = NZA 1997, 231), zu einer
Entscheidung des GS ist es aber nicht gekommen.

Mit der Zulassung der Sprungrevision durch Urteil oder Beschluss und Zustellung der Entscheidung 7
beginnt die Revisions- und Revisionsbegründungsfrist, wenn die entspr. Rechtsmittelbelehrung beigefügt ist. Hat das ArbG durch nachträglichen Beschluss die Zulassung abgelehnt, beginnt mit der
Zustellung die Berufungsfrist. Dagegen ist die Entscheidung des ArbG, die Revision nicht zuzulassen,
selbst rechtkräftig. Einen Rechtsbehelf zur Herbeiführung der Zulassung gibt es nicht.

4. Einlegung der Sprungrevision. Wird die Sprungrevision zugelassen, kann die beschwerte Partei 8
Berufung oder Revision einlegen. Wird Revision eingelegt, wird eine zuvor eingelegte Berufung
unzulässig. Die Einlegung der Sprungrevision enthält keinen Verzicht auf die Berufung. Der Verzicht
wirkt auch dann, wenn die Sprungrevision zurückgenommen oder als unzulässig verworfen wird, es
sei denn, dass sie verworfen worden ist, weil die Zulassung nicht bindend war. In diesem Fall ist nach
Wiedereinsetzung in den vorigen Stand die Berufung zulässig.

Ist die Sprungrevision im Urteil zugelassen, ist die **Zustimmungserklärung** zur Durchführung der 9
Sprungrevision dieser bei der Einlegung beizufügen; die Erklärung des Einverständnisses mit der
Zulassung der Sprungrevision ist nicht ausreichend (BAG 4. 12. 2002 AP ArbGG 1979 § 76 Nr. 14 =
NZA 2003, 344). Die Zustimmung muss eindeutig erklärt werden; sie gilt als Verzicht auf die
Berufung. Die Zustimmung unterliegt nicht dem Anwaltszwang (BAG 28. 10. 1986 ArbGG 1979 § 76
Nr. 7 = BB 1987, 2028). Die Zustimmungserklärung liegt idR noch nicht in dem eigenen Antrag der
anderen Partei, die Sprungrevision zuzulassen (BAG 16. 6. 1998 AP TVG § 1 Tarifverträge: Schuhindustrie = NZA 1998, 1288). Ist die Zustimmungserklärung bereits in der Sitzungsniederschrift des
ArbG enthalten, ist diese in beglaubigter Abschrift oder als beglaubigte Ablichtung vorzulegen.
Ausreichend ist die direkte Übermittlung der Zustimmungserklärung an das BAG durch den Gegner.
Die Schriftform ist unter den gleichen Voraussetzungen gewahrt, die für die Berufungseinlegung gelten
(§ 66 Rn. 2 ff.), die Übermittlung einer beglaubigten Abschrift der Zustimmungserklärung ist aber
nicht genügend (GMP/*Müller-Glöge* § 76 Rn. 17). Ist die Zustimmung beim BAG eingegangen, kann
sie nicht widerrufen werden.

5. Entscheidung des BAG. Ist die Sprungrevision durch Urteil zugelassen und bis zum Ablauf der 10
Revision eine Zustimmung des Gegners nicht beigefügt, ist die Revision unzulässig. Ist die Frist ohne
Verschulden versäumt worden, kommt eine Wiedereinsetzung in Betracht. Dem Revisionskläger ist
jedoch ein Verschulden des Revisionsgegners zuzurechnen.

11 Die Sprungrevision kann nicht auf Mängel des Verfahrens gestützt werden (§ 76 IV ArbGG). Sollen Verfahrensmängel gerügt werden, ist Berufung einzulegen (BAG 28. 5. 1998 AP BGB § 611 Bühnenengagementsvertrag Nr. 52 = NZA 1998, 1015).

12 Das BAG kann in der Sache entscheiden. Ist eine Aufhebung oder Zurückverweisung notwendig, kann diese Zurückverweisung nach § 76 VI 1 nach dem Ermessen des BAG entweder an das ArbG oder das LAG erfolgen. Eine Verletzung der gesetzlichen Richters besteht bei dieser Wahlmöglichkeit nicht, da sich die geschäftsplanmäßige Zuständigkeit nach dem Geschäftsverteilungsplan der Gerichte richtet (BAG 12. 6. 1996 AP ArbGG 1979 § 96 a Nr. 2 = NZA 1997, 565). Hat das BAG an das LAG zurückverwiesen, hat dies die Sache so zu behandeln, als ob zulässig Berufung eingelegt worden ist (§ 76 VI 2).

§ 77 Revisionsbeschwerde

[1] Gegen den Beschluss des Landesarbeitsgerichts, der die Berufung als unzulässig verwirft, findet die Rechtsbeschwerde nur statt, wenn das Landesarbeitsgericht sie in dem Beschluss zugelassen hat. [2] Für die Zulassung der Rechtsbeschwerde gilt § 72 Abs. 2 entsprechend. [3] Über die Rechtsbeschwerde entscheidet das Bundesarbeitsgericht ohne Zuziehung der ehrenamtlichen Richter. [4] Die Vorschriften der Zivilprozessordnung über die Rechtsbeschwerde gelten entsprechend.

1 **1. Allgemeines.** Hat das LAG die Berufung nach § 66 II durch Beschluss als unzulässig verworfen, ist die Revisionsbeschwerde nur zulässig, wenn die allg. zivilprozessualen Voraussetzungen vorliegen und sie vom LAG in seinem Verwerfungsbeschluss zugelassen worden ist (BAG 8. 11. 1979 AP ArbGG 1979 § 77 Nr. 2 = BB 1980, 212; 25. 10. 1979 Nr. 1 = NJW 1980, 1128). Hat das LAG die Berufung durch Urteil verworfen, ist nur unter den Voraussetzungen des § 72 die Revision zulässig. § 77 ist entspr. anzuwenden, wenn das LAG durch Beschluss die Wiedereinsetzung in den vorigen Stand wegen Versäumung der Berufung oder Berufungsbegründungsfrist zurückgewiesen (BAG 23. 5. 1989 AP ZPO 1977 § 233 Nr. 14 = NJW 1989, 2708 = NZA 1989, 818) oder in anderer Weise über die Zulässigkeit der Berufung entschieden hat.

2 **2. Einlegung der Revisionsbeschwerde. a) Statthaftigkeit.** Die Revisionsbeschwerde ist nur zulässig, wenn sie das LAG zugelassen hat. Ist im Tenor des Beschlusses kein Ausspruch zur Zulassung enthalten, können die Parteien nach § 64 III a binnen zwei Wochen nach der Verkündung oder Zustellung der Entscheidung eine Ergänzung des Tenors beantragen. Daneben kommt in Ausnahmefällen eine Berichtigung nach § 319 ZPO in Betracht, während eine Ergänzung (§ 321 ZPO) regelmäßig ausscheiden wird (dazu § 64 Rn. 11 ff.). Hat das LAG zunächst die Berufung als unzulässig verworfen, kann die Revisionsbeschwerde noch in dem Beschluss zugelassen werden, in dem über die Wiedereinsetzung in den vorigen Stand entschieden wird. Die Zulassung der Revisionsbeschwerde ist aber unwirksam, wenn der Verwerfungsbeschluss in einem Verfahren des einstweiligen Rechtsschutzes ergangen ist (GMP/*Müller-Glöge* § 77 Rn. 4; GK-ArbGG/*Ascheid* § 77 Rn. 12; vgl. BAG 22. 1. 2003 AP ArbGG 1979 § 78 Nr. 1 = NJW 2003, 1621 = NZA 2003, 399).

3 **b) Zulassungsgründe.** Die Zulassung muss wegen der Bedeutung der Rechtssache erfolgt sein. Eine Zulassung wegen Divergenz ist nicht vorgesehen; allerdings wird häufig in diesen Fällen die Bedeutung der Rechtssache vorliegen. Der Wortlaut „Bedeutung der Rechtssache" und „grundsätzliche Bedeutung der Rechtssache" in § 72 II Nr. 1 weicht voneinander ab. Die Streitfrage, ob beide Tatbestandsmerkmale gleich auszulegen sind, ist zu bejahen, hat aber keine praktische Bedeutung. Die Nichtzulassung ist unanfechtbar. Das BAG ist an die Zulassung durch das LAG gebunden. Hat das LAG die Zulassung auf Divergenz gestützt, ist die Zulassung jedenfalls nicht nichtig (GMP/*Müller-Glöge* § 77 Rn. 7; GK-ArbGG/*Ascheid* § 77 Rn. 16; aA *Grunsky* § 77 Rn. 1).

4 **c) Rechtsmittelbelehrung.** Die Entscheidung über die Zulassung muss eine Rechtsmittelbelehrung enthalten. Gegen die Nichtzulassung ist ein Rechtsmittel nicht gegeben. Die Nichtzulassung der Revisionsbeschwerde kann nicht mit der Beschwerde nach § 72 a ArbGG angefochten werden (BAG 23. 5. 2000 AP ArbGG 1979 § 77 Nr. 10 = NJW 2000, 2525 = NZA 2000, 844; 25. 10. 1979 AP ArbGG 1979 § 77 Nr. 1 = NJW 1980, 1128; 8. 11. 1979 AP ArbGG 1979 § 77 Nr. 2 = BB 1980, 212), obwohl eine Nichtzulassungsbeschwerde gegen ein Urteil, das die Berufung als unzulässig verwirft, zulässig ist. Die unterschiedliche Behandlung unterliegt keinen verfassungsrechtlichen Bedenken (vgl. BVerfG 10. 8. 1978 AP ArbGG 1953 § 77 Nr. 19).

5 **3. Verfahren.** Für die Revisionsbeschwerde gelten die Vorschriften der §§ 574 ff. ZPO über das Rechtsbeschwerdeverfahren. Sie ist binnen einer Notfrist von einem Monat nach Zustellung des Beschlusses durch Einreichen einer Beschwerdeschrift beim BAG (nicht beim LAG) einzulegen. Wird die Revisionsbeschwerde erst nachträglich nach § 64 III a zugelassen, beginnt die Frist erst mit Zustellung des zulassenden Beschlusses. Für die Einlegung besteht Vertretungszwang, die Beschwerdeschrift muss daher von einem Rechtsanwalt unterzeichnet werden. Wird die Frist für die Einlegung

versäumt, ist Wiedereinsetzung in den vorigen Stand möglich (§ 233 ZPO). Enthält der Verwerfungsbeschluss keine Rechtsmittelbelehrung, gilt § 9 V 4 ArbGG. Die Revisionsbeschwerde ist binnen eines Monats zu begründen, die Frist kann nach § 551 II ZPO verlängert werden, wenn der Gegner einwilligt (§ 551 II 5 ZPO) oder bei fehlender Einwilligung um zwei Monate, wenn keine Verzögerung eintritt oder der Beschwerdeführer erhebliche Gründe darlegt.

4. Entscheidung des BAG. Die Entscheidung über die Revisionsbeschwerde erfolgt durch das BAG ohne Hinzuziehung der ehrenamtlichen Richter unabhängig davon, ob mit oder ohne mündliche Verhandlung entschieden wird. Ist die Revisionsbeschwerde nicht form- und fristgerecht eingelegt worden oder vom LAG nicht zugelassen, wird sie als unzulässig verworfen. Ist sie unbegründet, wird sie zurückgewiesen. Ist sie zulässig und begründet, wird der Verwerfungsbeschluss idR aufgehoben. Damit steht die Zulässigkeit der Berufung fest, da das LAG an die Entscheidung gebunden ist (§ 563 II ZPO). Ausnahmsweise kann auch eine Aufhebung und Zurückverweisung zur erneuten Verhandlung über die Zulassung der Berufung in Betracht kommen, wenn das LAG verfahrensfehlerhaft entschieden hat und die Sache nicht entscheidungsreif ist. Eine Zurückverweisung erfolgt auch, wenn die Entscheidung des LAG nicht mit einem Tatbestand versehen ist.

Vierter Unterabschnitt. Beschwerdeverfahren

§ 78 [Beschwerdeverfahren]

¹ Hinsichtlich der Beschwerde gegen Entscheidungen der Arbeitsgerichte oder ihrer Vorsitzenden gelten die für die Beschwerde gegen Entscheidungen der Amtsgerichte maßgebenden Vorschriften der Zivilprozessordnung entsprechend. ² Für die Zulassung der Rechtsbeschwerde gilt § 72 Abs. 2 entsprechend. ³ Über die sofortige Beschwerde entscheidet das Landesarbeitsgericht ohne Hinzuziehung der ehrenamtlichen Richter, über die Rechtsbeschwerde das Bundesarbeitsgericht.

I. Allgemeines

Das ZPO-ReformG 2002 hat das Beschwerderecht grundlegend neu gestaltet. Die Unterscheidung zwischen fristgebundener sofortiger Beschwerde ohne Abhilfemöglichkeit und einfacher Beschwerde mit Abhilfemöglichkeit ist aufgegeben worden. Es gibt nur noch die fristgebundene sofortige Beschwerde mit Abhilfemöglichkeit. Hieran kann sich die Rechtsbeschwerde anschließen, wenn diese zugelassen wird. § 70 ArbGG aF konnte wegen der Änderung in § 78 und der Neufassung der §§ 567 ff. ZPO entfallen. § 78 erklärt nach wie vor hinsichtlich der sofortigen Beschwerde gegen Entscheidungen der ArbG und ihrer Vorsitzenden die Vorschriften der ZPO für entspr. anwendbar. Eine sofortige Beschwerde gegen Entscheidungen der LAG oder ihrer Vorsitzenden wird dadurch aber nicht eröffnet. Diese ist nur bei Zulassung als Rechtsbeschwerde möglich (§ 78 Satz 2).

II. Sofortige Beschwerde

1. Statthaftigkeit. Nach § 567 I Nr. 1 ZPO ist die sofortige Beschwerde in allen ausdrücklich im Gesetz genannten Fällen statthaft sowie gegen alle eine mündliche Verhandlung nicht erfordernde Entscheidungen, durch die ein das Verfahren betreffendes Gesuch einer Partei zurückgewiesen wird (§ 567 I Nr. 2 ZPO). Fehlt es hieran, ist die sofortige Beschwerde nicht statthaft.

Ausdrücklich vorgesehen ist die sofortige Beschwerde in
§ 71 II ZPO (Zwischenurteil über Nebenintervention),
§§ 91 a II, 99 II ZPO (Kostenentscheidungen),
§§ 104 III, 107 III ZPO (Kostenfestsetzung),
§ 127 II, III ZPO (Bewilligung der Prozesskostenhilfe),
§ 135 III ZPO (Rückgabe von Urkunden unter Anwälten),
§ 252 ZPO (Aussetzung der Verfahrens),
§ 269 V ZPO (Wirkungen der Klagerücknahme),
§ 319 III ZPO (Urteilsberichtigung),
§ 336 I ZPO (Zurückweisung eines Antrages auf Erlass eines Versäumnisurteils),
§§ 380 III, 390 III, 409 II (Ordnungsmitteln gegen Zeugen und Sachverständige),
§ 387 III ZPO (Zwischenurteil über Rechtmäßigkeit einer Zeugnisverweigerung);
§ 406 V ZPO (Ablehnung eines Sachverständigen wegen Befangenheit),
§ 691 III ZPO (Zurückweisung des Mahnantrags),
§ 793 (Entscheidungen im Zwangsvollstreckungsverfahren),
§ 934 IV ZPO (Aufhebung des Arrestes),
§ 5 KSchG (nachträgliche Zulassung der Kündigungsschutzklage) und
§ 17 a II, III GVG (Zulässigkeit des Rechtsweges).

4   **Nicht beschwerdefähig** sind dagegen solche Fälle, in denen kraft ausdrücklicher Regelung ein Rechtsmittel nicht eingelegt werden kann. Hierzu gehören vor allem
   § 49 III (Ablehnung von Gerichtspersonen),
   § 157 II ZPO (Zurückweisung von Prozessbevollmächtigten),
   § 225 III ZPO (Ablehnung einer Fristverlängerung),
   § 238 ZPO (Entscheidung bei Wiedereinsetzung),
   § 320 IV ZPO (Berichtigung des Tatbestandes),
   § 406 V ZPO (Ablehnung eines Sachverständigen),
   § 567 II ZPO (Entscheidungen über Prozesskosten),
   § 707 ZPO (einstweilige Einstellung der Zwangsvollstreckung,
   § 171 b I, II GVG (Ausschluss der Öffentlichkeit) und
   § 10 III 1 BRAGO (Wertfestsetzung für die Rechtsanwaltsgebühren).

5   **2. Beschwerdefrist und -form.** § 569 I ZPO enthält eine Regelfrist von 2 Wochen für die Einlegung der sofortigen Beschwerde, soweit im Gesetz nicht anderes bestimmt ist (wie zB in § 127 II, III 3 ZPO für die Prozesskostenhilfe). Die 2-Wochen-Frist ist eine Notfrist, wodurch die Möglichkeit der Wiedereinsetzung eröffnet ist. Sie beginnt, auch soweit nicht anderes bestimmt ist, mit Zustellung der angefochtenen Entscheidung; bei verkündeten Beschlüssen spätestens fünf Monate nach der Verkündung. Liegen die Voraussetzungen einer Restitutions- oder Nichtigkeitsklage vor, gelten auch für die sofortige Beschwerde die entspr. Notfristen.

6   Die sofortige Beschwerde wird grds. durch Einreichen einer **Beschwerdeschrift** eingelegt (§ 569 II ZPO). Im Verfahren vor dem ArbG kann sie auch zu Protokoll der Geschäftsstelle erklärt werden (§ 569 III Nr. 1 ZPO), da das Verfahren im ersten Rechtszug nicht als Anwaltsprozess geführt wird. Nach § 569 II 2 ZPO muss die Beschwerdeschrift bestimmten Mindestanforderungen genügen, erforderlich ist die Bezeichnung der angefochtenen Entscheidung und die Erklärung, dass dagegen Beschwerde eingelegt wird.

7   **3. Begründung.** Nach § 571 I ZPO soll die sofortige Beschwerde begründet werden, ein Verstoß gegen die Begründungspflicht führt aber zu keinen bes. prozessualen Folgen, insb. nicht zur Unzulässigkeit der sofortigen Beschwerde (BT-Drucks. 14/4722 S. 113). Nach § 571 IV 2 ZPO kann das Gericht eine schriftliche Erklärung anordnen, die auch zu Protokoll der Geschäftsstelle erklärt werden kann. Die sofortige Beschwerde kann auf neues Vorbringen gestützt werden (§ 571 II 1 ZPO), jedoch ermöglicht § 571 III 1 ZPO es dem Vorsitzenden oder dem Beschwerdegericht, den Beteiligten Fristen für das weitere Vorbringen zu setzen. Nicht fristgemäßes Vorbringen ist nach § 571 III 2 ZPO nur ausnahmsweise zuzulassen, wenn die Erledigung des Beschwerdeverfahrens nicht verzögert oder die Verspätung genügend entschuldigt wird, wobei der Entschuldigungsgrund auf entspr. Verlangen glaubhaft zu machen ist (§ 571 III 3 ZPO). Eine bes. Hinweispflicht auf die möglichen Präklusionsfolgen wie zB in den §§ 56 II 2, 61 a VI enthalten ist, fehlt und kann auch nicht durch Analogie begründet werden. In Hinblick auf die Gewährung eines fairen Verfahrens und die Bedeutung des Anspruchs auf rechtliches Gehör ist aber zumindest ein entspr. Hinweis geboten.

8   **4. Aufschiebende Wirkung.** Die sofortige Beschwerde hat grds. keine aufschiebende Wirkung (§ 570 I ZPO). Diese tritt nur ein, wenn die Festsetzung eines Ordnungs- oder Zwangsgeldes angegriffen wird. Jedoch können das Gericht bzw. der Vorsitzende, der die Entscheidung erlassen hat (§ 570 II ZPO) oder das Beschwerdegericht (§ 570 III ZPO) die Vollziehung der angefochtenen Entscheidung aussetzen.

9   **5. Abhilfeentscheidung.** Nach § 572 I ZPO entscheidet stets der Ausgangsrichter, ob er der sofortigen Beschwerde abhelfen will. Die Durchführung eines Abhilfeverfahrens ist Voraussetzung für eine Entscheidung des Beschwerdegerichts. Demgegenüber wird vertreten, dass das Beschwerdegericht auch ohne vorangegangene Abhilfeentscheidung zuständig ist, wenn die sofortige Beschwerde nicht beim Erstgericht, sondern sogleich beim Beschwerdegericht eingelegt wird (OLG Frankfurt 24. 5. 2002 MDR 2002, 1391). Dem kann nicht gefolgt werden, die Zuständigkeit geht vielmehr erst mit der Entscheidung des Erstgerichts auf das nächst höhere Gericht über. Nach dem Gesetzeswortlaut führt die Möglichkeit zur Einlegung des Rechtsmittels beim Beschwerdegericht nicht zur Unanwendbarkeit des § 572 I ZPO. Dies folgt auch aus der Regelung in § 575 I, V ZPO. Das Beschwerdegericht kann anders als das Rechtsbeschwerdegericht die Aktenvorlage nicht beim Erstgericht anfordern, vielmehr legt das Erstgericht dem Beschwerdegericht die Akte vor, wenn es der sofortigen Beschwerde nicht vollständig abhilft. Schließlich stünde der gesetzliche Richter in unzulässiger Weise zur Disposition des Rechtsmittelführers. Eine starre Vorlagefrist an das Beschwerdegericht bei Nichtabhilfe besteht nicht, nach § 572 I ZPO ist die Sache aber unverzüglich vorzulegen. Das ArbG hat vor der Vorlage zu prüfen, ob das Beschwerdevorbringen eine andere Sachentscheidung rechtfertigt, neues Vorbringen ist zu berücksichtigen. Ist keine Abhilfe beabsichtigt, ist eine Anhörung des Beschwerdegegners entbehrlich, ansonsten ist stets rechtliches Gehör zu gewähren. Die Entscheidung über die Abhilfe ergeht durch Beschluss, selbst wenn das Beschwerdevorbringen aus Sicht des ArbG eine Korrektur der getroffenen Entscheidung nicht erfordert. Hilft das ArbG der sofortigen Beschwerde ab, hat es gleich-

zeitig über die Kosten zu entscheiden. Die erstmals beschwerte Partei kann gegen einen sie belastenden Abhilfebeschluss unter den allg. Voraussetzungen sofortige Beschwerde einlegen. Die Entscheidung über die Abhilfe ist stets zu begründen, insb. wenn der Beschwerdeführer das Rechtsmittel auf neues Vorbringen gestützt hat. Ist die Ausgangsentscheidung unter Beteiligung der ehrenamtlichen Richter (zB §§ 17a GVG, 5 KSchG) ergangen, sind diese auch zu der Abhilfeentscheidung heranzuziehen. Nicht erforderlich ist es jedoch, dass die Kammer in der gleichen Besetzung über die Abhilfe entscheidet. Allerdings ist der Zeitpunkt der Abhilfeentscheidung aktenkundig zu machen, damit die Heranziehung der ehrenamtlichen Richter nachvollzogen werden kann, wünschenswert wäre auch eine entspr. Mitteilung an die Parteien über den beabsichtigten Entscheidungszeitpunkt. Hat das ArbG die Abhilfeentscheidung ohne Beteiligung der ehrenamtlichen Richter getroffen, soll eine Zurückverweisung durch das LAG möglich sein (LAG Frankfurt 7. 8. 2002 AuR 2003, 46). Dem ist wegen des Beschleunigungsgebot zu folgen (BAG 17. 2. 2003 AP ArbGG 1979 § 68 Nr. 6 = NZA 2003, 517), wenngleich § 68 im Beschwerdeverfahren keine Anwendung findet. Da die entspr. Abhilfeentscheidungen (§§ 5 KSchG, 17a GVG) jedoch stets im Rahmen eines anhängigen Verfahrens getroffen werden, führt die mit einer Zurückverweisung verbundene Verfahrensverzögerung regelmäßig dazu, dass das LAG eine Sachentscheidung zu treffen hat; dies gilt auch, wenn bei der Entscheidung ein Ermessens- bzw. Beurteilungsspielraum besteht, den das ArbG verkannt hat.

6. Entscheidung des LAG. Wird der sofortigen Beschwerde nicht abgeholfen, entscheidet das LAG 10 als Beschwerdegericht. Dies gilt auch, wenn die sofortige Beschwerde nicht zulässig ist. Die Entscheidung ergeht durch den Vorsitzenden allein, selbst wenn erstinstanzlich die Kammer entschieden hat. Das LAG prüft nach § 572 II ZPO, ob die sofortige Beschwerde statthaft ist und in der gesetzlichen Form und Frist eingelegt ist. Ist sie unzulässig oder zwischenzeitlich die erforderliche Beschwer entfallen, ist die sofortige Beschwerde zu verwerfen. Ist sie zulässig, aber unbegründet, ist sie zurückzuweisen. Ist die Beschwerde zulässig und begründet, hebt das LAG die angefochtene Entscheidung auf und entscheidet in der Sache selbst. Das LAG kann den Rechtsstreit nach einer Sachentscheidung an das ArbG zurückverweisen und dem Gericht unter dessen Vorsitzenden die Anordnungen nach § 572 III ZPO übertragen (LAG Sachsen 8. 4. 1997 NZA 1998, 223); das ArbG ist an die Rechtsauffassung des LAG gebunden. Über die Kosten ist nach §§ 91, 97 ZPO zu entscheiden. § 572 IV ZPO stellt klar, dass die Entscheidung über die sofortige Beschwerde durch Beschluss ergeht und eine mündliche Verhandlung nicht erforderlich ist (§ 128 IV ZPO).

III. Rechtsbeschwerde

1. Zweck. Zweck der durch das ZPO-ReformG neu eingefügten Rechtsbeschwerde ist die Herbei- 11 führung einer höchstrichterlichen Entscheidung auch im Bereich der Nebenentscheidungen, soweit ihr Gegenstand von grundsätzlicher Bedeutung ist. Wie bisher bestehen daneben Sondervorschriften über das Rechtsmittel gegen Entscheidungen des LAG bei Verwerfung der Berufung (§ 77) bzw. einer Vorabentscheidung über den beschrittenen Rechtsweg (§ 17a IV 4, 5 GVG).

2. Zulässigkeit. Die Rechtsbeschwerde ist nach § 574 I Nr. 2 ZPO nur statthaft, wenn sie das LAG 12 durch Beschluss ausdrücklich zugelassen hat, § 574 I Nr. 1 ZPO ist wegen der fehlenden Bezugnahme im arbeitsgerichtlichen Verfahren nicht anwendbar. Nach § 78 Satz 2 gelten für die Zulassungsentscheidung nicht die in § 574 III 1, II ZPO genannten Voraussetzungen, vielmehr richten sich die Anforderungen für die Zulassung ausschließlich nach § 72 II (dazu § 72 Rn. 9ff.). Wie bei der Revision ist das BAG an die Zulassung durch das LAG gebunden (§ 574 III 2 ZPO, zu Ausnahmen § 72 Rn. 27 f.). Das BAG hat die Statthaftigkeit der Rechtsbeschwerde trotz entspr. Zulassung durch das LAG verneint bei der nachträglichen Zulassung der Kündigungsschutzklage (BAG 20. 8. 2002 AP KSchG 1969 § 5 Nr. 14 = NJW 2002, 3650 = NZA 2002, 1228; zu Recht krit. *Schwab* NZA 2002, 1378; *Dietermann/Gaumann* NJW 2003, 799 – Verletzung des gesetzlichen Richters), im einstweiligen Verfügungsverfahren (BAG 22. 1. 2003 AP ArbGG 1979 § 78 Nr. 1 = NJW 2003, 1621 = NZA 2003, 399) oder bei der Streitwertfestsetzung (BAG 17. 3. 2003 AP ArbGG 1979 § 78 Nr. 3 = NZA 2003, 682; BGH 1. 10. 2002 NJW 2003, 70). Die Rechtsbeschwerde im PKH-Verfahren nur wegen der persönlichen Verhältnisse oder Verfahrensfragen zugelassen werden (BGH 21. 11. 2002 NJW 2003, 1126). Hat das LAG die Voraussetzungen für die Zulassung verneint, kann diese Entscheidung nicht eigenständig angefochten werden (BAG 19. 12. 2002 AP ArbGG 1979 § 72a Nr. 47 = NJW 2003, 1069 = NZA 2003, 287), auf die Möglichkeit einer Einführung der Nichtzulassungsbeschwerde hat der Gesetzgeber bewusst verzichtet (BT-Drucks. 14/4722 S. 69). Die Zulassung ist im Tenor auszusprechen, § 64 III a ist nicht anzuwenden. Ist Rechtsbeschwerde erhoben, kann bis zum Ablauf einer Notfrist von einem Monat nach Zustellung der Rechtsbeschwerdebegründung eine unselbständige Anschlussrechtsbeschwerde erhoben werden (§ 574 IV ZPO).

3. Frist, Form und Begründung. Die Erhebung der Rechtsbeschwerde ist fristgebunden, sie ist 13 innerhalb eines Monats nach Zustellung des Beschlusses beim BAG einzulegen (§ 575 I ZPO); ein Abhilfeverfahren findet nicht statt. Eine fristwahrende Einlegung beim LAG ist nicht vorgesehen. Für ihre Einlegung besteht Vertretungszwang (§ 11 II), sie kann daher nur von einem Rechtsanwalt erhoben werden. Die Rechtsbeschwerde muss stets innerhalb der Monatsfrist für ihre Einlegung begründet werden. Die Frist kann bis zu zwei Monaten verlängert werden, wenn hierdurch keine Verzögerung des Rechtsstreits eintritt oder erhebliche Gründe vom Rechtsmittelführer dargelegt werden bzw. – ohne zeitliche Begrenzung – bei Einwilligung des Gegners (§ 575 II iVm. § 551 II 5, 6 ZPO). Die Anforderungen für die Begründung der Rechtsbeschwerde enthält § 575 III ZPO, sie entsprechen im Wesentlichen den Anforderungen an die Revisionsbegründung. Notwendig ist ein Rechtsbeschwerdeantrag und die Angabe der Rechtsbeschwerdegründe (bestimmte Bezeichnung der Umstände aus denen sich die Rechtsverletzung ergibt und/oder Bezeichnung des Verfahrensmangels). Für das Rechtsbeschwerdeverfahren kann PKH bewilligt werden (BGH 19. 12. 2002 NJW 2003, 1192).

14   **4. Entscheidung des Rechtsbeschwerdegerichts.** Das BAG verwirft die Rechtsbeschwerde, wenn sie nicht statthaft oder nicht in der gesetzlichen Form bzw. Frist eingelegt und begründet ist (§ 577 I ZPO). Ansonsten entsprechen die Entscheidungsbefugnisse denen im Revisionsverfahren (§ 577 III bis V ZPO). Die Entscheidung ergeht stets durch Beschluss, also ohne mündliche Verhandlung (§ 128 IV ZPO) und Hinzuziehung der ehrenamtlichen Richter (vgl. § 77 Satz 2).

IV. Außerordentliche Beschwerde

15   **1. Begriff.** Eine außerordentliche Beschwerde war nach hM vor Inkrafttreten des ZPO-ReformG gegen unanfechtbare Beschlüsse (nicht: gegen Urteile) gegeben, wenn eine greifbare Gesetzwidrigkeit vorliegt. Eine solche wird angenommen, wenn die angegriffene Entscheidung mit der geltenden Rechtsordnung schlechthin unvereinbar ist, weil sie jeder gesetzlichen Grundlage entbehrt und inhaltlich dem Gesetz fremd ist (BAG 29. 8. 2001 AP ZPO § 319 Nr. 24 = NJW 2002, 1142 = NZA 2002, 286; 22. 10. 1999 AP ZPO § 577 Nr. 4 = NZA 2000, 503; 21. 4. 1998 AP ArbGG 1979 § 78 Nr. 5 = NZA 1998, 1357; GMP/*Müller-Glöge* § 78 Rn. 3). Nicht ausreichend ist, wenn die angefochtene Entscheidung „lediglich" fehlerhaft ist (BAG 19. 6. 2002 ArbuR 2002, 470). Bei Vorliegen der Voraussetzungen für eine begründete außerordentliche Beschwerde ist auch das Ausgangsgericht zur Korrektur seiner Entscheidung berechtigt, insoweit ist die Bindungswirkung der unanfechtbaren Beschlüsse durchbrochen.

15 a **2. Zulässigkeit.** Insbesondere der BGH hat nach Inkrafttreten des ZPO-ReformG die Zulässigkeit der außerordentlichen Beschwerde unter Hinweis auf die Regelung in § 321 a ZPO verneint, da der Gesetzgeber zu erkennen gegeben habe, dass ihm die zugrunde liegende Problematik bekannt sei, er aber von einer weitergehenden Normsetzung abgesehen habe (BGH 7. 3. 2002 NJW 2002, 1577; dazu *Lipp* NJW 2002, 1700). Nach Auffassung des BGH ist ein Gericht auf eine (fristgebundene) Gegenvorstellung hin bei greifbarer Gesetzwidrigkeit seiner Entscheidung berechtigt und verpflichtet, seine Entscheidung zu korrigieren. Wird der Verfassungsverstoß nicht beseitigt, komme allein die Verfassungsbeschwerde in Betracht. Dem kann nicht gefolgt werden; durch § 321 a ZPO wollte der Gesetzgeber lediglich die Verfassungsgerichtsbarkeit vor Rügen gegen nicht berufungsfähige Urteile wegen Verletzung des rechtlichen Gehörs entlasten, zur außerordentlichen Beschwerde mit ihrem über die Gehörsrüge hinausgehenden Anwendungsbereich enthält die Gesetzesbegründung hingegen keine Äußerung. Nachfolgend hat das BVerfG entschieden, dass es verfassungsrechtlich geboten ist, eine fachgerichtliche Korrekturmöglichkeit zu schaffen, mit der die letzte vorgesehene Instanz aufgetretene Verstöße gegen Art. 103 I GG beseitigen kann. Es hat den Gesetzgeber verpflichtet, bis zum 31. 12. 2004 abschließend die Voraussetzungen für die Überprüfbarkeit von Entscheidungen zu regeln, wenn die Verletzung des rechtlichen Gehörs gerügt wird (BVerfG 30. 4. 2003 NJW 2003, 1924).

V. Entscheidungen des LAG und BAG

16   **1. LAG.** Die Entscheidungen der LAG und ihrer Vorsitzenden sind grds. der sofortigen Beschwerde entzogen. Eine Ausnahme besteht nur, wenn die Rechtsbeschwerde unter den Voraussetzungen des § 72 II zugelassen wird (BAG 22. 2. 1994 AP ArbGG 1979 § 78 Nr. 2 = NJW 1994, 2110 = NZA 1995, 1223; 7. 1. 1980 AP ArbGG 1979 § 78 Nr. 1 = BB 1980, 371). Zur fehlenden Statthaftigkeit der Nichtzulassungsbeschwerde Rn. 12. Sofern das LAG an seine einmal getroffene Entscheidung nicht gebunden ist, kann die beschwerte Partei Gegenvorstellung erheben. Auch eine an das BAG gerichtete sofortige Beschwerde kann als Gegenvorstellung ausgelegt werden. Ist dagegen das LAG an seine Entscheidung gebunden, ist eine Gegenvorstellung unzulässig; in Betracht kommt dann nur die Einlegung einer außerordentlichen Beschwerde, wenn die Voraussetzungen vorliegen (dazu Rn. 15). Zur weiteren Beschwerde im Rechtshilfeverfahren § 13 Rn. 4.

17   **2. BAG.** Gegen Beschlüsse und Verfügungen des BAG ist grds. kein Rechtsmittel gegeben. Soweit die getroffene Entscheidung keine Bindungswirkung entfaltet, kann sie wie beim LAG auf eine Gegenvorstellung hin abgeändert werden. Bindungswirkung entfalten insb. die Nichtzulassungsbeschwerde und Entscheidungen im Wiederaufnahmeverfahren (GMP/*Müller-Glöge* § 78 Rn. 18), nicht hingegen Entscheidungen, die den Gang des Verfahrens betreffen und solche im Rahmen der Zwangsvollstreckung.

Fünfter Unterabschnitt. Wiederaufnahme des Verfahrens

§ 79 [Wiederaufnahme des Verfahrens]

¹ Die Vorschriften der Zivilprozeßordnung über die Wiederaufnahme des Verfahrens gelten für Rechtsstreitigkeiten nach § 2 Abs. 1 bis 4 entsprechend. ² Die Nichtigkeitsklage kann jedoch nicht auf Mängel des Verfahrens bei der Berufung der ehrenamtlichen Richter oder auf Umstände, die die Berufung eines ehrenamtlichen Richters zu seinem Amt ausschließen, gestützt werden.

I. Allgemeines

Nach Satz 1 gelten für das Urteilsverfahren die Vorschriften der ZPO über die Wiederaufnahme des Verfahrens entspr. Die Wiederaufnahme des Verfahrens erfolgt bei rechtskräftigen Entscheidungen, bei schweren Verfahrensmängeln oder bei falschen Urteilsgrundlagen. 1

II. Voraussetzungen der Wiederaufnahme des Verfahrens

1. Wiederaufnahme. Die Wiederaufnahme eines durch rechtskräftiges Endurteil geschlossenen Verfahrens kann durch Nichtigkeitsklage oder durch Restitutionsklage erfolgen (§ 578 I ZPO). 2

2. Rechtskräftiges Urteil. Voraussetzung ist ein rechtskräftiges Urteil. Unerheblich ist die Rechtsnatur des Urteils. In Betracht kommen daher auch Prozessurteile, Versäumnisurteile, Urteile im einstweiligen Rechtsschutz. Über den Wortlaut des § 578 I ZPO ist aber die Wiederaufnahme auch bei urteilsersetzenden Beschlüssen möglich, zB Entscheidungen nach §§ 522 I, 552 ZPO (GK-ArbGG/*Ascheid* § 79 Rn. 9; *Hauck/Helml* § 79 Rn. 2). Das Gleiche gilt für Beschlüsse, durch die eine Nichtzulassungsbeschwerde verworfen oder zurückgewiesen worden ist (BAG 11. 1. 1995 AP ZPO § 579 Nr. 5 = NJW 1995, 2125 = NZA 1995, 550; 18. 10. 1990 AP ZPO § 579 Nr. 2 = NJW 1991, 1252 = NZA 1991, 363). In diesen Fällen wird über den Wiederaufnahmeantrag durch Beschluss entschieden, der ohne mündliche Verhandlung ergehen kann. 3

Keine Wiederaufnahme ist möglich bei Vorbehalts- und Zwischenurteilen (§§ 302, 280 ZPO). Insoweit besteht kein Bedürfnis nach § 583 ZPO. Bei Scheinurteilen ist keine Nichtigkeitsklage, sondern eine Feststellungsklage nach § 256 ZPO zu erheben. Bei Nichturteilen wird der bisherige Rechtsstreit fortgesetzt. Ist ein Verfahren durch einen Prozessvergleich abgeschlossen worden, wird das bisherige Verfahren fortgesetzt, wenn der Vergleich unwirksam ist. 4

III. Nichtigkeitsklage

1. Verfahrensvorschriften. Eine Nichtigkeitsklage findet bei Verletzung der in § 579 abschließend aufgezählten Verfahrensvorschriften statt (BAG 21. 7. 1993 AP ZPO § 579 Nr. 4; BGH 11. 12. 2002 NJW 2003, 1326 – fehlerhafte öffentliche Zustellung). 5

Eine Nichtigkeitsklage kann darauf gestützt werden, dass **das Gericht nicht ordnungsgemäß besetzt war**. Dies ist der Fall, wenn § 309 ZPO verletzt worden ist oder an Stelle der Kammer der Vorsitzende allein entschieden hat. Dagegen kann die Nichtigkeitsklage nicht darauf gestützt werden, dass an Stelle des Vorsitzenden allein die Kammer entschieden hat (GMP/*Müller-Glöge* § 79 Rn. 5; GK-ArbGG/*Ascheid* § 79 Rn. 22). Die Nichtigkeitsklage kann nicht auf Mängel des Verfahrens bei der Berufung der ehrenamtlichen Richter oder auf Umstände, die die Berufung eines ehrenamtlichen Richters zu seinem Amt ausschließen, gestützt werden (Satz 2). Dagegen ist die Nichtigkeitsklage gegeben, wenn nicht ein ehrenamtlicher Richter von Arbeitgeber- und Arbeitnehmerseite mitgewirkt hat oder die Reihenfolge der Heranziehung nach § 31 verletzt wurde. 6

Die Nichtigkeitsklage findet statt (§ 579 I Nr. 3 ZPO), wenn ein Richter bei der Entscheidung mitgewirkt hat, der von der Ausübung des Richteramtes kraft Gesetzes ausgeschlossen (§ 41 ZPO) war, sofern nicht dieses Hindernis mittels eines Ablehnungsgesuches oder eines Rechtsmittels ohne Erfolg geltend gemacht ist. Dasselbe gilt, wenn bei der Entscheidung ein Richter mitgewirkt hat, obgleich er wegen Besorgnis der Befangenheit abgelehnt (§ 42 ZPO) und das Ablehnungsgesuch für begründet erachtet worden ist (§ 579 I Nr. 3 ZPO). Die Vorschrift ist entspr. anzuwenden auf Urkundsbeamte. 7

Ferner findet die Nichtigkeitsklage statt, wenn eine **Partei** in dem Verfahren **nicht nach der Vorschrift des Gesetzes vertreten** war, sofern sie nicht die Prozessführung ausdrücklich oder stillschweigend genehmigt hat. Nr. 4 gilt entspr. bei fehlender Parteifähigkeit oder wenn der Beklagte wegen öffentl. Zustellung von dem Prozess gegen ihn nichts erfahren hat (KG NJW-RR 1987, 1215). Gelegentlich wird eine entspr. Anwendung bejaht, wenn das Gericht versehentlich das rechtliche Gehör verletzt hat (dagegen BAG 21. 7. 1993 AP ZPO § 579 Nr. 4; Bayerischer VGH 24. 4. 1991 = PersR 1992, 79). 8

2. Subsidiarität. Die Nichtigkeitsklage ist nach § 579 II ZPO in den Fällen des § 579 II Nr. 1 und 3 ZPO unzulässig, wenn der Kläger bei Anwendung der gebotenen Sorgfalt die Nichtigkeit mittels eines 9

Rechtsmittels geltend machen konnte. Zum Rechtsmittel zählt hier auch der Einspruch gegen ein Versäumnisurteil (BAG 21. 7. 1993 AP ZPO § 579 Nr. 4).

IV. Restitutionsklage

10   **1. Zulässigkeit.** Die Restitutionsklage findet in den Fällen des § 580 ZPO statt. Die Aufzählung ist abschließend. Die Klage ist aber nach § 582 ZPO subsidiär. Hiernach ist sie nur zulässig, wenn die Partei ohne ihr Verschulden außerstande war, den Restitutionsgrund in dem früheren Verfahren, insb. durch Einspruch oder Berufung oder mittels Anschließung an eine Berufung geltend zu machen.

11   **2. Restitutionsgrund.** Die Restitutionsklage findet statt, wenn im Rahmen einer Parteivernehmung sich der Gegner einer vorsätzlichen oder fahrlässigen Verletzung der Eidespflicht schuldig gemacht hat (§ 580 Nr. 1 ZPO). Ausreichend ist, wenn die Aussage in Nebenpunkten falsch war.

12   Restitutionsgrund ist die Urkundenfälschung. Unerheblich ist, wer sie begangen hat (§ 580 Nr. 2 ZPO).

13   Restitutionsgrund ist ein falsches Zeugnis oder Gutachten (§ 580 Nr. 3 ZPO). Dolmetscher stehen Sachverständigen gleich.

14   Restitutionsgrund ist, wenn das Urteil von dem Vertreter der Partei oder von dem Gegner oder dessen Vertreter durch eine in Beziehung auf den Rechtsstreit verübte strafbare Handlung erwirkt ist (§ 580 Nr. 4 ZPO). Es fallen hierunter vor allem Straftaten des gesetzlichen oder rechtsgeschäftlichen Vertreters nach §§ 156, 160, 240, 263, 266 StGB.

15   Restitutionsgrund ist die Amtspflichtverletzung des Richters; dies ist der Fall, wenn ein Richter bei dem Urteil mitgewirkt hat, der sich in Beziehung auf den Rechtsstreit einer strafbaren Verletzung seiner Amtspflichten gegen die Partei schuldig gemacht hat (§ 580 Nr. 5 ZPO). Die Vorschrift gilt entspr. für Urkundsbeamte.

16   Restitutionsgrund ist nach § 580 Nr. 6 ZPO, wenn das Urteil eines ordentlichen Gerichts, eines früheren Sondergerichts oder eines Verwaltungsgerichtes, auf welches das Urteil begründet ist, durch ein anderes rechtskräftiges Urteil aufgehoben ist.

17   Schließlich ist Restitutionsgrund, wenn die Partei *(1)* ein in derselben Sache erlassenes, früher rechtskräftig gewordenes Urteil oder *(2)* eine andere Urkunde auffindet oder zu benützen in den Stand gesetzt wird, die eine ihr günstigere Entscheidung herbeigeführt haben würde. Urkunde iSd. ZPO ist die Verkörperung einer Willensäußerung durch Schriftzeichen. Auffinden bedeutet, dass Existenz oder Verbleib der Urkunde bis zum maßgebenden Zeitpunkt dem Restitutionskläger unverschuldet unbekannt war. Zu benutzen in den Stand gesetzt wird eine Partei, die Existenz und Verbleib der Urkunde nicht kannte und sie bis zum maßgebenden Zeitpunkt nicht vorlegen konnte. Die Urkunde muss eine günstigere Entscheidung für die Partei herbeiführen. Der nach Rechtskraft eines klageabweisenden Kündigungsschutzurteils erlassene Feststellungsbescheid des Versorgungsamtes, in dem eine zum Zeitpunkt der Kündigung bereits bestandene Schwerbehinderteneigenschaft festgestellt wird, stellt einen Restitutionsgrund dar (BAG 15. 8. 1984 AP SchwbG § 12 Nr. 13 = NJW 1985, 1485).

V. Wiederaufnahmeverfahren

18   **1. Zuständigkeit.** Die Zuständigkeit für die Wiederaufnahmeklage richtet sich nach § 584 ZPO. Gegen Vollstreckungsbescheide im Mahnverfahren, die einem Versäumnisurteil gleichstehen, ist die Wiederaufnahmeklage an das Gericht zu richten, das im Streitverfahren zuständig gewesen wäre.

19   **2. Frist.** Die Klagen sind vor Ablauf der Notfrist eines Monats zu erheben. Die Frist beginnt mit dem Tage, an dem die Partei von dem Anfechtungsgrund Kenntnis erhalten hat, jedoch nicht vor eingetretener Rechtskraft des Urteils. Kenntnis bedeutet dabei grds. die positive, sichere Kenntnis der Tatsachen, die den Wiederaufnahmegrund ausfüllen. Dem positiven Wissen stehen Tatsachen gleich, deren Kenntnisnahme sich die Partei bewusst verschließt. Weiß sie schon länger um die Anfechtungsgründe, unterlässt sie es aber, sich positive, sichere Kenntnis der näheren Umstände zu verschaffen, hemmt dies den Fristlauf in § 586 I ZPO nicht (BAG 20. 8. 2002 AP ZPO § 586 Nr. 2 = NZA 2003, 453). Nach Ablauf von fünf Jahren, von dem Tage der Rechtskraft des Urteils an gerechnet, sind die Klagen unstatthaft (§ 586 ZPO). Besonderheiten der Fristberechnung ergeben sich bei Nichtigkeitsklagen nach § 586 III ZPO.

20   **3. Inhalt der Klageschrift.** Der Inhalt der Klageschrift ergibt sich aus §§ 587, 588 ZPO.

21   **4. Prüfung.** Das Gericht hat nach § 589 ZPO von Amts wegen zu prüfen, ob die Klage an sich statthaft und ob sie in der gesetzlichen Form und Frist erhoben ist. Mangelt es an einem dieser Erfordernisse, so ist die Klage als unzulässig zu verwerfen. Die Tatsachen, die ergeben, dass die Klage vor Ablauf der Notfrist erhoben ist, sind glaubhaft zu machen.

22   **5. Erneute Verhandlung.** Die Hauptsache wird nach § 590 I ZPO, insoweit sie von dem Anfechtungsgrunde betroffen ist, von neuem verhandelt. Das Gericht kann anordnen, dass die Verhandlung

und Entscheidung über Grund und Zulässigkeit der Wiederaufnahme des Verfahrens vor der Verhandlung über die Hauptsache erfolgt.

6. Rechtsmittel. Rechtsmittel sind insoweit zulässig, als sie gegen die Entscheidungen der mit der Klage befassten Gerichte überhaupt stattfinden (§ 591 ZPO).

Zweiter Abschnitt. Beschlußverfahren

Erster Unterabschnitt. Erster Rechtszug

§ 80 Grundsatz

(1) Das Beschlußverfahren findet in den in § 2 a bezeichneten Fällen Anwendung.

(2) ¹Für das Beschlußverfahren des ersten Rechtszugs gelten die für das Urteilsverfahren des ersten Rechtszugs maßgebenden Vorschriften über Prozeßfähigkeit, Prozeßvertretung, Ladungen, Termine und Fristen, Ablehnung und Ausschließung von Gerichtspersonen, Zustellungen, persönliches Erscheinen der Parteien, Öffentlichkeit, Befugnisse des Vorsitzenden und der ehrenamtlichen Richter, Vorbereitung der streitigen Verhandlung, Verhandlung vor der Kammer, Beweisaufnahme, gütliche Erledigung des Verfahrens, Wiedereinsetzung in den vorigen Stand und Wiederaufnahme des Verfahrens entsprechend, soweit sich aus den §§ 81 bis 84 nichts anderes ergibt. ²Der Vorsitzende kann ein Güteverfahren ansetzen; die für das Urteilsverfahren des ersten Rechtszugs maßgebenden Vorschriften über das Güteverfahren gelten entsprechend.

(3) § 48 Abs. 1 findet entsprechende Anwendung.

I. Allgemeines

Im Beschlussverfahren entscheiden die Gerichte über die Tariffähigkeit und -zuständigkeit einer Vereinigung, vor allem aber über die Befugnisse und Pflichten im Rahmen der Mitbestimmung. **Abs. 1** bestimmt mit der Verweisung auf § 2 a, welche Fälle in dieser Verfahrensart verhandelt werden (s. § 2 a Rn. 10 ff.). Auf Streitigkeiten aus dem BPersVG sind nach § 83 II BPersVG die Vorschriften zum Beschlussverfahren entsprechend anzuwenden, Streitigkeiten aus den Landespersonalvertretungsgesetzen können nach § 106 BPersVG im Beschlussverfahren verhandelt werden, wenn es die Ländergesetze vorsehen. Beim Beschlussverfahren handelt es sich um ein Rechtsprechungsverfahren (GMP/*Matthes* Rn. 6; GK-ArbGG/*Dörner* Rn. 2) eigener Art; es ist in den nachfolgenden Vorschriften – soweit die Bestimmungen reichen – abschließend geregelt. Urteils- und Beschlussverfahren schließen sich gegenseitig aus. Das Verhältnis der beiden Verfahrensarten zueinander ist in § 48 I bestimmt. Danach hat das Arbeitsgericht von Amts wegen zu prüfen, welche Verfahrensart für den Antrag bzw. die Klage gegeben ist und ggf. den Streit nach. §§ 17 ff. GVG in die zutreffende Verfahrensart zu verweisen (s. § 81 Rn. 1; § 48 Rn. 2 ff.). Zwischen beiden Verfahren bestehen **terminologische Unterschiede:** Die Parteien des Beschlussverfahrens heißen Antragsteller und sonstige Beteiligte (§ 81), die mündliche Verhandlung wird als Anhörung bezeichnet (§ 83 Abs. 4) und das Verfahren wird nicht durch eine Klage, sondern durch einen Antrag eingeleitet. Die Instanz beendende Entscheidung ist der Beschluss (§ 85), gegen den das Rechtsmittel der Beschwerde (§ 87) und ggf. das weitere Rechtsmittel der Rechtsbeschwerde zum BAG (§ 92) gegeben ist. Erhebliche Unterschiede zur ZPO weisen die eigentlichen Verfahrensvorschriften auf. Es gilt ein **eingeschränkter Untersuchungsgrundsatz.** Das Gericht hat im Rahmen der gestellten Anträge den für die Entscheidung erheblichen Sachverhalt von Amts wegen zu erforschen. Die Beteiligten müssen daran mitwirken (s. § 83 Rn. 2). Auch die erforderlichen Beweise hat das Gericht von Amts wegen zu erheben, wobei es nicht auf die Beweisantritte der Beteiligten beschränkt ist. Die Beteiligten können zur Sachverhaltsaufklärung vernommen werden. § 138 III ZPO – die Fiktion des Geständnisses durch Nichtbestreiten – gilt nicht; ein Versäumnisverfahren gegen ausgebliebene Beteiligte findet daher nicht statt (s. § 83 Rn. 1).

II. Anwendbare Vorschriften

Nach **Abs. 2** gelten für das Beschlussverfahren in der ersten Instanz bestimmte Vorschriften des arbeitsgerichtlichen Urteilsverfahrens. Die Vorschriften der ZPO gelten auch, soweit sie in § 80 nicht ausdrücklich aufgeführt sind. Die bes. prozessualen Regelungen in den §§ 80 ff. und die für anwendbar erklärten Vorschriften zum Urteilsverfahren decken nicht alles ab. Sie dürfen keine Fragen ungeregelt bleiben, die in jedem gerichtlichen Verfahren auftreten können und zu entscheiden sind (GMP/*Matthes* Rn. 42 ff.; GK-ArbGG/*Dörner* Rn. 24). Soweit sich Verweisungen finden – neben § 80 Abs. 2 auch in §§ 85, 87 Abs. 2 und 92 Abs. 2, wird deutlich, dass das Beschlussverfahren insgesamt auf dem

Eisemann

arbeitsgerichtlichen Urteilsverfahren bzw. der ZPO aufbaut. Lücken in der Regelung dieses Verfahrens sind daher unter Rückgriff auf die ZPO zu schließen, soweit sein besonderer Charakter nicht entgegensteht (BAG 16. 7. 1996 AP BetrVG 1972 § 76 Nr. 53; GMP/*Matthes* Rn. 43). Ein Beschlussverfahren kann daher wegen Vorgreiflichkeit nach § 148 ZPO **ausgesetzt** werden (GMP/*Matthes* Rn. 43; ArbGV/*Koch* Rn. 3; GK-ArbGG/*Dörner* Rn. 26). Es gelten die Regelungen über die **Rechtshängigkeit** (§ 261 ZPO; BAG v. 16. 7. 1996 AP BetrVG 1972 § 76 Nr. 53). § 253 ZPO ist auf den Mindestinhalt der **Antragschrift** anzuwenden (BAG 8. 11. 1983 AP BetrVG 1972 § 87 Arbeitszeit Nr. 11; v. 24. 2. 1987 AP BetrVG 1972 § 80 Nr. 28). Beschlüsse können nach § 319 ZPO **berichtigt** (BAG 14. 11. 1958 AP ArbGG 1953 § 81 Nr. 6) und nach § 321 ZPO **ergänzt** werden (BAG 21. 6. 1957 AP ArbGG 1953 § 81 Nr. 2); Tatbestände sind nach § 320 ZPO zu berichtigen (GMP/*Matthes* Rn. 43) und bei der Verletzung des rechtlichen Gehörs können die Beteiligten ein Verfahren nach § 321 a ZPO anstrengen (GK-ArbGG/*Dörner* Rn. 26).

3   Die **Regelungen zur Prozessfähigkeit** im Urteilsverfahren gelten nach Abs. 2 entspr. Über § 46 II wird damit auf § 50 ZPO Bezug genommen. Voraussetzung ist danach die Parteifähigkeit, für die wiederum im Beschlussverfahren die besonderen Regelungen in § 10 heranzuziehen sind. Für die **Prozessvertretung** gilt § 11. Betriebsverfassungsrechtliche Stellen können sich durch einen Verbandsvertreter vertreten lassen, wenn mindestens ein Mitglied der Stelle Mitglied des entsprechenden Verbandes ist (BAG 3. 12. 1954 AP ArbGG 1953 § 11 Nr. 7). Der BR kann sich jedoch auch dann durch einen Rechtsanwalt vertreten lassen, wenn eine Verbandsvertretung möglich ist (BAG 4. 12. 1979 AP BetrVG 1972 § 40 Nr. 18). Für den **Ausschluss** und die **Ablehnung von Gerichtspersonen** wird auf § 49 und ergänzend auf §§ 41 ff. ZPO verwiesen. Dabei gelten alle Beteiligten als Partei im Sinne des § 41 ZPO (GMP/*Matthes* Rn. 50; GK-ArbGG/*Dörner* Rn. 39; aA *Grunsky* Rn. 34). Nach § 41 VI ZPO ist in Streitigkeiten über einen Einigungsstellenspruch der Vorsitzende dieser Einigungsstelle ausgeschlossen (GMP/*Matthes* Rn. 50; GK-ArbGG/*Dörner* Rn. 40). Die spiegelbildliche Regelung findet sich in § 98 Abs. 1 Satz 4. **Zustellungen** an Organe der Betriebsverfassung müssen nach § 170 II ZPO an den Vorsitzenden erfolgen. Eine Ersatzzustellung nach § 178 I ZPO ist nur zulässig, wenn die betriebsverfassungsrechtliche Stelle eigene Geschäftsräume hat (GK-ArbGG/*Dörner* Rn. 42), es sei denn, die Postannahmestelle des AG ist damit betraut, auch die Post für das betriebsverfassungsrechtliche Organ entgegen zu nehmen (BAG 20. 1. 1976 AP BetrVG 1972 § 47 Nr. 2). Das Gericht kann nach § 141 ZPO das **persönliche Erscheinen** der Beteiligten bzw. der Vorsitzenden einer betriebsverfassungsrechtlichen Stelle zur Sachverhaltsaufklärung anordnen (GMP/*Matthes* Rn. 52). Erscheinen sie nicht, kommt allerdings der Ausschluss ihres Prozessbevollmächtigten nach § 51 II 1 nicht in Betracht (GK-ArbGG/*Dörner* Rn. 45). Für die **Antragsrücknahme** sieht § 81 II 2 eine Sonderregelung vor. **Verzicht** und **Anerkenntnis** sind auch im Beschlussverfahren möglich, soweit die Beteiligten über den Gegenstand verfügen können, § 83 a I (GMP/*Matthes* Rn. 55). Die Wiedereinsetzung in den vorigen Stand – §§ 233 ff. ZPO (BAG 28. 8. 1969 AP ArbGG 1953 § 92 Nr. 11) – und die Wiederaufnahme des Verfahrens – §§ 578 ff. ZPO – richten sich über §§ 80 II, 46 II nach den Vorschriften der ZPO (GMP/*Matthes* Rn. 61; GK-ArbGG/*Dörner* Rn. 62).

4   Der Vorsitzende kann nach **Abs. 2 Satz 2** ein **Güteverfahren** ansetzen, er muss es nicht. Die Durchführung dieses Verfahrens liegt in seinem Ermessen (BT-Drucks. 14/2490 S. 12; ArbGV/*Koch* Rn. 12). Es findet nicht automatisch statt. Ohne Anordnung des Vorsitzenden beginnt das Beschlussverfahren vor der Kammer mit dem Anhörungstermin. Die Bezugnahme auf die im Urteilsverfahren geltenden Vorschriften zur Güteverhandlung ist missverständlich. Sie gelten nur, soweit nicht der besondere Charakter des Beschlussverfahrens oder seine gesetzliche Regelung entgegenstehen. Eine Güteverhandlung kann angesetzt werden, wenn das Verfahren nach § 83 a I durch Vergleich beendet werden darf, weil die Beteiligten über den Streitgegenstand verfügen können. Nur in diesem Fall kann es zu einer schnellen Beendigung des Verfahrens beitragen. Wo von vornherein mit einer gütlichen Einigung nicht zu rechnen ist, weil die Beteiligten in der Regel eine gerichtliche Entscheidung wünschen oder eine Einigung nach § 83 a I ausgeschlossen ist, sollte das Güteverfahren unterbleiben (ArbGV/*Koch* Rn. 12). Ein Güteverfahren verbietet sich wegen der Eilbedürftigkeit im Verfahren nach § 98 (ArbGV/*Koch* Rn. 12; GK-ArbGG/*Dörner* Rn. 56). Die Güteverhandlung findet nach § 54 I 1 ohne Beisitzer statt. Unter den Voraussetzungen des § 54 I 5 kann sich ein **weiterer Gütetermin** anschließen. Da es im Beschlussverfahren keine Säumnisentscheidung gibt, sind § 55 I Nr. 4 und 5 nicht anwendbar (GK-ArbGG/*Dörner* Rn. 53). Eine **Alleinentscheidung** durch den Vorsitzenden auf Antrag der Beteiligten bleibt auch nach Einführung des Gütetermins ausgeschlossen (ArbGV/*Koch* Rn. 13; aA GK-ArbGG/*Dörner* Rn. 55; GMP/*Matthes* Rn. 57). Bei der Verhandlung nach § 55 III handelt es sich um eine streitige Verhandlung nach Abschluss des Gütetermins. Die Vorschrift wird so von der Verweisung des Abs. 2 Satz 2 nicht erfasst. Die **Endentscheidung** in der Hauptsache ergeht daher im Beschlussverfahren stets durch die Kammer. Der Vorsitzende ist befugt, nach § 55 IV vor der mündlichen Anhörung einen **Beweisbeschluss** zu erlassen (GK-ArbGG/*Dörner* Rn. 50). Die sonstigen Befugnisse des Vorsitzenden ergeben sich aus § 53 I und § 55 I Nr. 2, 3, 6–8. Ziffer 1 ist nicht anwendbar wegen der Sonderregelung in § 81 II. Da im Beschlussverfahren keine Säumnisentscheidungen ergehen können, sind auch die Ziffern 4 und 5 nicht anzuwenden (GK-ArbGG/*Dörner* Rn. 48, 49). Die mündliche Anhörung ist entsprechend § 56 I durch Auflagen und sonstige sachdien-

liche Anordnungen so vorzubereiten, dass dem Beschleunigungsgrundsatz Rechnung getragen wird. Den Beteiligten können nach § 83 I a Fristen gesetzt werden. Dabei handelt es sich um Ausschlussfristen des Beschlussverfahrens, nicht um allgemeine Ausschlussfristen (s. § 83 Rn. 3).

§ 81 Antrag

(1) **Das Verfahren wird nur auf Antrag eingeleitet; der Antrag ist bei dem Arbeitsgericht schriftlich einzureichen oder bei seiner Geschäftsstelle mündlich zur Niederschrift anzubringen.**

(2) ¹Der Antrag kann jederzeit in derselben Form zurückgenommen werden. ²In diesem Fall ist das Verfahren vom Vorsitzenden des Arbeitsgerichts einzustellen. ³Von der Einstellung ist den Beteiligten Kenntnis zu geben, soweit ihnen der Antrag vom Arbeitsgericht mitgeteilt worden ist.

(3) ¹Eine Änderung des Antrags ist zulässig, wenn die übrigen Beteiligten zustimmen oder das Gericht die Änderung für sachdienlich hält. ²Die Zustimmung der Beteiligten zu der Änderung des Antrags gilt als erteilt, wenn die Beteiligten sich, ohne zu widersprechen, in einem Schriftsatz oder in der mündlichen Verhandlung auf den geänderten Antrag eingelassen haben. ³Die Entscheidung, daß eine Änderung des Antrags nicht vorliegt oder zugelassen wird, ist unanfechtbar.

I. Allgemeines

Der in **Abs. 1** beschriebene Antrag ist ein **Sachantrag**, der den Verfahrensgegenstand bestimmt 1 (BAG 27. 10. 1992 AP BetrVG Lohngestaltung 1972 § 87 Nr. 61) und nicht die Verfahrensart festlegt (GMP/*Matthes* Rn. 3; aA GK-ArbGG/*Leinemann/Schütz* Rn. 6; *Grunsky* § 80 Rn. 8 f.). Sie unterliegt nicht der Disposition der Beteiligten (BAG 5. 4. 1984 AP BetrVG 1972 § 78 a Nr. 13). Der Antragsteller muss weder ein Beschlussverfahren beantragen, noch kann er die Verfahrensart wählen (aA *Fitting* nach § 1 Rn. 11). Der Antrag darf daher nicht als unzulässig zurückgewiesen werden, weil die falsche Verfahrensart „gewählt" wurde (GK-ArbGG/*Leinemann/Schütz* § 80 Rn. 26). Das Gericht hat nach § 48 von Amts wegen zu prüfen, welche Verfahrensart für den Antrag gegeben ist und verhandelt dann entsprechend. Es muss das Verfahren vorab nur dann durch Beschluss nach den §§ 48 iVm. 17 ff. GVG in die zutreffende Verfahrensart überführen, wenn die Parteien bzw. die Beteiligten über die Verfahrensart streiten (GMP/*Matthes* Rn. 4; GK-ArbGG/*Leinemann/Schütz* § 80 Rn. 27). Für die **Antragschrift** gilt § 253 II, IV und V ZPO grundsätzlich entsprechend (BAG 8. 11. 1983 AP BetrVG 1972 § 87 Lohngestaltung Nr. 18). Sie muss nach § 253 II Nr. 2 ZPO einen bestimmten Sachantrag enthalten sowie den Sachverhalt darstellen, aus dem sich die konkrete, dem Gericht zur Entscheidung vorgelegte Streitfrage ergibt (GK-ArbGG/*Leinemann/Schütz* Rn. 25). Ohne eine derartige Antragsbegründung ist der Antrag unzulässig. Deshalb ist bei fristgebundenen Anträgen – zB in den Fällen der §§ 100 Abs. 2 Satz 3 und 103 Abs. 2 BetrVG – die Frist durch einen Antrag ohne Begründung nicht gewahrt. Die Begründung lässt sich in diesen Fällen nicht nachholen (BAG 26. 5. 1988 AP BetrVG 1972 § 76 Nr. 26). Entgegen § 253 II Nr. 1 ZPO müssen die übrigen Beteiligten in der Antragsschrift weder genannt werden noch ist ihre Nennung für das Gericht bindend, da das Gericht von Amts wegen zu ermitteln hat, wer im Verfahren zu beteiligen ist (GMP/*Matthes* Rn. 11; GK-ArbGG/*Leinemann/Schütz* Rn. 27; s. § 83 Rn. 5). Das Gericht hat ggf. nach § 139 ZPO und § 83 I und I a den Antragsteller zur Ergänzung der Antragsbegründung aufzufordern und auf einen sachdienlichen Antrag hinzuwirken.

II. Antragsart

Im Beschlussverfahren sind wie im Urteilsverfahren Leistungs-, Feststellungs-, und Gestaltungs- 2 anträge zulässig (GMP/*Matthes* Rn. 14 ff.; GK-ArbGG/*Leinemann/Schütz* Rn. 9). **Leistungsanträge** gehen regelmäßig entsprechenden Feststellungsanträgen vor, weil aus ihnen vollstreckt werden kann (BAG 19. 6. 1984 AP BetrVG 1972 § 92 Nr. 2), es sei denn das Feststellungsverfahren ist geeignet, weil es zu einer umfassenden Bereinigung des Streits führen kann (BAG 15. 12. 1998 AP BetrVG 1972 § 80 Nr. 56). Die Verpflichtung zur zukünftigen Vornahme einer Handlung nach § 259 ZPO ist zulässig (BAG 17. 5. 1983 AP BetrVG 1972 § 80 Nr. 19). Mit einem Leistungsantrag kann auch die Freistellung von Verbindlichkeiten (BAG v. 27. 3. 1979 AP ArbGG 1953 § 80 Nr. 7) sowie die Verpflichtung zur Duldung oder Unterlassung begehrt werden (BAG 22. 7. 1980 AP BetrVG 1972 § 74 Nr. 3). Gegenstand eines **Feststellungsantrages** kann nach § 256 I ZPO das Bestehen oder Nichtbestehen eines Rechtsverhältnisses oder bestimmter Rechte aus einem Rechtsverhältnis sein (BAG 22. 10. 1985 AP BetrVG 1972 § 87 Werkmietwohnungen Nr. 5). Hauptanwendungsfall sind Anträge auf Feststellung des Bestehens oder Nichtbestehens von Mitbestimmungsrechten (BAG 15. 12. 1998 AP BetrVG 1972 § 80 Nr. 56); Gegenstand des Antrags kann auch die Frage sein, ob von einem Mitbestimmungsrecht eine bestimmte Detailregelung, ein bestimmtes Regelungsverlangen des Betriebsrats gedeckt ist (BAG 13. 10. 1987 AP BetrVG 1972 § 87 Arbeitszeit Nr. 24). Geeignet sind Feststellungsanträge auch zur Klärung von Statusfragen – Wahlrecht, Zuordnung eines Arbeitnehmers zu einem bestimmten Betrieb oder zur Gruppe der leitenden Angestellten, Feststellung der Betriebseigenschaft iSv. § 1 BetrVG (BAG 11. 1. 1995 AP BetrVG 1972 § 99 Nr. 65) oder die Feststellung des Tendenzcharakters eines Unternehmens (BAG 21. 7. 1998 AP BetrVG 1972 § 118 Nr. 63). Auch die Unwirksamkeit des Spruchs einer Einigungsstelle wird nur festgestellt. Man kann nicht beantragen, dass er aufgehoben wird (BAG 4. 5. 1993 AP GewO § 105 a Nr. 1; BAG vom 20. 7. 1999 – 1 ABR 66/98). Zwischenfeststellungsanträge sind möglich (BAG 1. 2. 1989 AP BetrVG 1972 § 99 Nr. 63). Anträge auf Feststellung von Tatsachen sind unzulässig (BAG 22. 10. 1985 AP BetrVG 1972 § 87 Werkmietwohnungen Nr. 5). Die Feststellung eines vergangenen Rechtsverhältnisses ist auch im Beschlussverfahren nur zulässig, wenn sich aus ihr noch Rechtsfolgen für die Gegenwart oder Zukunft ergeben (BAG 18. 2. 2003 – 1 ABR 17/02; BAG 28. 5. 2002 APZA-Nato-Truppenstatut Art. 56 Nr. 23). **Gestaltungsanträge** dienen der Durchsetzung eines Rechts auf Begründung, Änderung oder Aufhebung eines Rechtsverhältnisses. Dem Gestaltungsantrag liegt kein Anspruch (Verpflichtung eines Schuldners zu einem Tun, Dulden oder Unterlassen) zugrunde; er ist darauf gerichtet, durch eine rechtsändernde (konstitutive) Entscheidung eine bisher nicht vorhandene Rechtslage zu schaffen. Der Beschluss bedarf keiner Vollstreckung, da mit der formellen Rechtskraft die vom Antragsteller angestrebte Rechtsfolge von selbst eintritt (ArbGV/*Koch* Rn. 3; *Thomas/Putzo* Vorbemerkung § 253 Rn. 5). Gestaltungsanträge werden gestellt in Verfahren nach § 23 I BetrVG (Auflösung des Betriebsrates oder Ausschluss eines Mitgliedes), Zustimmungsersetzungsverfahren (bei personellen Einzelmaßnahmen nach § 99 BetrVG oder nach § 103 II BetrVG – außerordentliche Kündigung eines Betriebsratsmitgliedes) sowie im Verfahren nach § 78 a IV BetrVG (Auflösung des Arbeitsverhältnisses eines Jugend- und Auszubildendenvertreters). Auch Entscheidungen in Einigungsstelleneinsetzungsverfahren (§ 76 II BetrVG, § 98) sowie in Wahlanfechtungsverfahren nach § 19 BetrVG haben gestaltende Wirkung. Dagegen ist die Nichtigkeit einer Betriebsratswahl mit einem Feststellungsantrag geltend zu machen (BAG 29. 5. 1991 AP BetrVG 1972 § 9 Nr. 2).

III. Bestimmtheit

3   Auch im Beschlussverfahren besteht gem. §§ 80 II, 46 II iVm. § 253 II Nr. 2 ZPO das Erfordernis, einen hinreichend bestimmten Antrag zu stellen. **Leistungsanträge** müssen die begehrte Leistung so genau bezeichnen, dass der Anspruchsgegner sein Risiko erkennen und sich demgemäss erschöpfend verteidigen kann (BGH 24. 11. 1980 DB 1981, 366). Ein entsprechender Beschluss muss die Grenzen der Rechtskraft erkennen lassen und durch klare Anordnungen eine Vollstreckung ermöglichen. Ein **Feststellungsantrag** genügt dem Bestimmtheitsgebot, wenn er diejenigen Maßnahmen des Arbeitgebers bzw. die betrieblichen Vorgänge, für die der Betriebsrat ein Beteiligungsrecht beansprucht, so genau bezeichnet, dass mit der Entscheidung feststeht, für welche Maßnahme oder welchen Vorgang das Mitbestimmungsrecht bejaht oder verneint worden ist (BAG 4. 12. 1990 AP BetrVG 1972 § 97 Nr. 1; BAG 15. 1. 2002 AP BetrVG 1972 § 87 Gesundheitsschutz Nr. 12; NZA 02, 995). Probleme ergeben sich, wenn in einem Feststellungs- oder Unterlassungsantrag im Wesentlichen nur der **Wortlaut der Norm**, die das streitige Mitbestimmungsrecht regelt, wiedergegeben wird. Wenn zwischen den Beteiligten gerade die Frage im Streit ist, ob eine bestimmte Verfahrensweise eine mitbestimmungspflichtige Maßnahme darstellt, der AG sich aber nicht grundsätzlich weigert, den Betriebsrat zu beteiligen, würde eine derart pauschale Feststellung oder Unterlassungsanordnung keine Klärung des wirklichen Streits herbeiführen, sondern das Problem in das Vollstreckungsverfahren verlagern. Der Antrag muss daher so genau gefasst werden, dass der Arbeitgeber auf Grund einer entsprechend tenorierten Entscheidung genau weiß, welches Verhalten ihm für eine konkrete Konfliktsituation aufgegeben worden ist (BAG 17. 3. 1987 AP BetrVG 1972 § 23 Nr. 7). Anders liegt der Fall, wenn der Arbeitgeber generell die Beachtung von Mitbestimmungsrechten verweigert, es also keinen Streit um die Auslegung eines Mitbestimmungstatbestandes in einem konkreten Fall geht. Hier genügt es zur Gewährung effektiven Rechtsschutzes, wenn der Arbeitgeber durch einen auf den Gesetzeswortlaut beschränkte Feststellung bzw. durch einen Unterlassungstitel zur Beachtung der Mitbestimmungsrechte angehalten wird. Nicht um eine Frage der Bestimmtheit des Antrags, sondern der Begründetheit handelt es sich bei dem sogenannten **Globalantrag**, mit dem von einer Betriebspartei eine konkret bezeichnete Handlung, Duldung oder Unterlassung für viele denkbare Fallkonstellationen verlangt wird (vgl. BAG 22. 10. 1985 AP BetrVG 1972 § 87 Nr. 18 Lohngestaltung). Wenn der geltend gemachte Anspruch nicht in jeder dieser Fallkonstellationen besteht, muss der Antrag als unbegründet zurückgewiesen werden (ArbGV/*Koch* Rn. 3). Das Gericht darf nicht dahin erkennen, dass der geltend gemachte Anspruch unter einschränkenden Voraussetzungen gegeben ist, die nicht vom Antragsteller zum Inhalt des Antrags gemacht wurden. Eine derartige Verfahrensweise verstieße gegen § 308 ZPO, da nicht weniger als beantragt zugesprochen wird, sondern etwas anderes (BAG 18. 9. 1991 AP BetrVG 1972 § 40 Nr. 41; BAG 3. 5. 1994 AP BetrVG 1972 § 23 Nr. 23).

IV. Auslegung des Antrags

4   Durch eine gerichtliche Entscheidung soll der Streit zwischen den Beteiligten möglichst umfassend geklärt und damit Rechtsfrieden herbeigeführt werden. Auslegungsfähige Anträge müssen daher vom

VI. Antragsrücknahme und -änderung § 81 ArbGG 60

Gericht unter Berücksichtigung der Antragsbegründung und des vorgetragenen bzw. von Amts wegen ermittelten Sachverhalts dem eigentlichen Verfahrensziel des Antragstellers entsprechend verstanden werden (BAG 3. 12. 1985 und 18. 12. 1986 AP BetrVG 1972 § 99 Nr. 28, 33). Wegen des größeren Allgemeininteresses an den im Beschlussverfahren zu entscheidenden Sachverhalten ist das Gericht bei der Auslegung des Antrags freier als im Urteilsverfahren. So hat in einem Zustimmungsersetzungsverfahren nach § 99 IV BetrVG, in dem sich herausstellt, dass die Zustimmung des Betriebsrats bereits nach § 99 III 2 BetrVG als erteilt gilt, das Gericht dies auch ohne einen ausdrücklich darauf gerichteten Antrag festzustellen (BAG v. 18. 10. 1988 AP BetrVG 1972 § 99 Nr. 57). **Grenze der Auslegung** ist § 308 ZPO: Das Gericht darf keinem Beteiligten etwas zusprechen, was nicht beantragt ist (BAG 27. 10. 1992 AP BetrVG 1972 § 87 Lohngestaltung Nr. 61). Die Auslegung darf sich nicht über einen eindeutigen und daher nicht auslegungsbedürftigen Antrag hinwegsetzen (BAG 27. 3. 1979 AP Nr. 7 zu § 80 ArbGG 1953). Gerade in einem solchen Fall hat das Gericht nach § 139 ZPO darauf hinzuwirken, dass der Antrag so gestellt wird, dass er dem wirklichen Verfahrensziel entspricht.

V. Antragshäufung

Auch im Beschlussverfahren ist es zulässig, dass der Antragsteller mehrere Anträge gleichzeitig stellt 5 – **objektive Antragshäufung** (GMP/*Matthes* Rn. 21; GK-ArbGG/*Leinemann/Schütz* Rn. 20). Einen Fall der gesetzlichen Antragshäufung enthält § 100 II 3 BetrVG. Der antragstellende Arbeitgeber ist nach dieser Vorschrift gehalten, bei Widerspruch des BR gegen eine vorläufige personelle Maßnahme nach § 100 I BetrVG gleichzeitig den Zustimmungsersetzungsantrag nach § 99 IV und den Feststellungsantrag nach § 100 II 3 BetrVG zu stellen (BAG 15. 9. 1987 AP BetrVG 1972 § 99 Nr. 46). § 260 ZPO findet im Beschlussverfahren keine Anwendung; die verschiedenen Anträge müssen sich daher nicht gegen denselben Beteiligten richten. Es ist auch denkbar, dass zu jedem Antrag unterschiedliche Personen und Stellen zu beteiligen sind. In diesem Fall kann eine Verfahrenstrennung (§ 145 ZPO) oder eine Entscheidung durch Teilbeschluss (§ 301 ZPO) sinnvoll sein. **Hilfsanträge** kommen in Betracht in einer Kombination von Leistungs-(Unterlassungs-)Anträgen und hilfsweisen Feststellungsanträgen. Zulässig ist ein Hilfsantrag auf Ausschluss aus dem Betriebsrat nach § 23 I BetrVG in einem Zustimmungsersetzungsverfahren nach § 103 II BetrVG (BAG 21. 2. 1978 AP BetrVG 1972 § 74 Nr. 1), ein hilfsweiser Zustimmungsersetzungsantrag kombiniert mit dem Hauptantrag auf Feststellung, dass die Zustimmung des Betriebsrats zu einer personellen Maßnahme als erteilt gilt (BAG 28. 1. 1996 AP BetrVG 1972 § 99 Nr. 34) sowie ein Hauptantrag im Verfahren nach § 78 a II und III BetrVG auf Feststellung der Nichtbegründung des Arbeitsverhältnisses wegen Fehlens der Voraussetzungen iVm. einem Hilfsantrag auf Auflösung eines solchen Arbeitsverhältnisses wegen Unzumutbarkeit der Weiterbeschäftigung nach § 78 a IV BetrVG (BAG 11. 1. 1995 AP BetrVG 1972 § 78 a Nr. 24). Auch **Wideranträge** sind zulässig (GK-ArbGG/*Leinemann/Schütz* Rn. 23). So kann der Widerantrag auf Aufhebung einer personellen Einzelmaßnahme nach § 101 BetrVG in einem vom AG eingeleiteten Zustimmungsersetzungsverfahren nach § 99 IV BetrVG gestellt werden. Unzulässig ist der als Widerantrag formulierte Abweisungsantrag (BAG 8. 8. 1989 AP BetrVG 1972 § 106 Nr. 6).

VI. Antragsrücknahme und -änderung

Der Antrag kann bis zur Verkündung einer Entscheidung in der ersten Instanz jederzeit in der Form, 6 in der er gestellt wurde ohne Zustimmung der übrigen Beteiligen zurückgenommen werden (GMP/*Matthes* Rn. 73; GK-ArbGG/*Leinemann/Schütz* Rn. 151). Nach Verkündung der Entscheidung erfordert die Rücknahme entsprechend § 87 II 3 die Zustimmung der übrigen Beteiligten (GMP/*Matthes* Rn. 74; GK-ArbGG/*Leinemann/Schütz* Rn. 151). Bei mehreren Antragstellern kann jeder seinen Antrag selbst dann zurücknehmen, wenn eine bestimmte Mindestzahl von Antragstellern Sachentscheidungsvoraussetzung ist – zB in den Fällen des § 19 II und 23 I BetrVG (BAG 10. 6. 1983 AP BetrVG 1972 § 19 Nr. 10). Wurde einer von mehreren Anträgen in erster Instanz zurückgenommen, kann er von dem LAG erneut gestellt werden (BAG 12. 11. 2002 AP BetrVG 1972 § 99 Einstellung Nr. 43). Gegen den **Einstellungsbeschluss** nach Abs. 2 S. 2 sind die Beschwerde nach § 87 bzw. die Rechtsbeschwerde nach § 92 statthaft (GMP/*Matthes* § 81 Rn. 80; GK-ArbGG/*Leinemann/Schütz* Rn. 157). Erst dadurch beendet die Instanz. § 269 III und IV ZPO sind nicht anwendbar (GMP/*Matthes* Rn. 82). Im Beschlussverfahren erfolgt weder eine Kostenentscheidung noch eine Kostenerstattung (BAG 31. 10. 1972 AP BetrVG 1972 § 40 Nr. 2; BAG 20. 4. 1999 AP ArbGG 1979 § 81 Nr. 43).

Die Regelungen in Abs. 3 über die **Antragsänderung** in der ersten Instanz entsprechen § 263 ZPO. 7 § 264 ZPO – Sachdienlichkeit der Klageänderung kraft Gesetzes – ist im Beschlussverfahren entsprechende anwendbar (BAG 14. 1. 1983 AP BetrVG 1972 § 19 Nr. 9). Eine Antragsänderung liegt vor, wenn sich der Verfahrensgegenstand ändert – dies ist ggf. durch Auslegung zu ermitteln – oder wenn die Person des Antragstellers bzw. desjenigen Beteiligten, gegen den ein Recht geltend gemacht wird, wechselt. Auch in dem Beitritt weiterer Antragsteller ist eine Antragsänderung zu sehen (BAG 31. 1. 1989 AP ArbGG 1979 § 81 Nr. 12). Der Antragsänderung müssen alle Beteiligten zustimmen, nicht nur der „Antragsgegner" (GMP/*Matthes* Rn. 87; GK-ArbGG/*Leinemann/Schütz* Rn. 164; aA *Grun-*

sky Rn. 12). Das Gesetz kennt neben dem Antragsteller keine unterschiedlichen Formen der Beteiligung (vgl. § 83 Rn. 6). Abs. 3 S. 2 reicht weiter als § 267 ZPO. Die **Zustimmungsfiktion** greift schon, wenn nur die Abweisung des geänderten Antrags beantragt wird ohne der Änderung zu widersprechen (BAG 23. 4. 1991 AP BetrVG 1972 § 98 Nr. 7). Die Zustimmung wird nur fingiert, wenn alle Beteiligten zur mündlichen Anhörung erscheinen bzw. sich schriftsätzlich einlassen (GMP/*Matthes* Rn. 89; GK-ArbGG/*Leinemann/Schütz* Rn. 167). § 83 a III (Zustimmungsfiktion durch Zeitablauf) gilt nicht für die Antragsänderung (GMP/*Matthes* Rn. 89). Das Gericht kann durch einen nach Abs. 3 S. 3 unanfechtbaren **Zwischenbeschluss** entsprechend § 303 ZPO über die Zulässigkeit der Antragsänderung entscheiden. Sie kann auch in den Gründen eines Beschlusses nach § 84 erörtert werden. Wird der Antrag wegen einer unzulässigen Antragsänderung im Endbeschluss zurückgewiesen, ist die Beschwerde nach § 87 statthaft.

VII. Rechtsschutzbedürfnis

8   Der Antragsteller muss ein rechtlich geschütztes Interesse an der von ihm begehrten gerichtlichen Entscheidung haben. Auch im Beschlussverfahren ist die Beantwortung abstrakter Rechtsfragen nicht Aufgabe des Gerichts (BAG 24. 2. 1987 AP ArbGG 1979 § 80 Nr. 28). Für **Leistungsanträge** besteht regelmäßig ein Rechtsschutzinteresse (BAG 21. 9. 1989 AP BetrVG 1972 § 99 Nr. 72). Wird der in der Antragsschrift geltend gemachte Anspruch nach Anhängigkeit der Sache erfüllt oder seine Erfüllung unmöglich, so wird der Antrag damit nicht unzulässig, sondern unbegründet (GMP/*Matthes* Rn. 29; GK-ArbGG/*Leinemann/Schütz* Rn. 117). Ggfl. kann der Antrag nach § 264 Nr. 3 ZPO geändert oder das Verfahren für erledigt erklärt werden. Für **Gestaltungsanträge** fehlt das Rechtsschutzbedürfnis, wenn die gerichtliche Entscheidung keine gestaltende Wirkung mehr haben kann (ArbGV/*Koch* Rn. 26; GK-ArbGG/*Leinemann/Schütz* Rn. 119). Dies ist bei Anträgen nach § 23 I BetrVG der Fall, wenn die Amtszeit abgelaufen und das BRMitglied nicht wiedergewählt worden ist (BAG 8. 12. 1961 AP BetrVG § 23 Nr. 7). Anträgen auf Zustimmungsersetzung fehlt das Rechtsschutzbedürfnis, wenn die Zustimmung des BR nachträglich erteilt oder eine personelle Maßnahme nach § 99 BetrVG zwischenzeitlich beendet wurde (BAG 26. 4. 1990 AP ArbGG 1979 § 83 a Nr. 3). Eine Wahlanfechtung wird unzulässig, wenn die Amtszeit des gewählten Organs abgelaufen ist (BAG 13. 5. 1998 AP MitbestG § 21 Nr. 1), nicht aber, wenn das Organ seinen Rücktritt erklärt, da in diesem Fall der BR nach den §§ 22, 13 II 3 BetrVG geschäftsführend im Amt bleibt (BAG 29. 5. 1991 AP BetrVG 1972 § 4 Nr. 6). Für **Feststellungsanträge** ist nach § 256 I ZPO ein besonderes Feststellungsinteresse erforderlich (BAG 15. 12. 1998 AP BetrVG 1972 § 80 Nr. 56; BAG 17. 8. 1999 AP BetrVG 1972 § 77 Nr. 79). Es liegt regelmäßig vor, wenn sich der BR in einer Angelegenheit ernsthaft eines Mitbestimmungsrechts berühmt (BAG 13. 10. 1987 AP ArbGG 1979 § 81 Nr. 7). Es fehlt grundsätzlich, wenn ein Leistungsantrag gestellt werden kann (BAG 19. 6. 1984 AP BetrVG 1972 § 92 Nr. 2). Es fehlt ebenso, wenn die Betriebsparteien einen bereits abgeschlossenen Vorgang zum Streitgegenstand machen, der im Zeitpunkt der Entscheidung keine Rechtswirkungen mehr entfaltet oder in Zukunft entfalten wird (BAG 5. 10. 2000 DB 01, 2056; BAG 15. 1. 2002 AP BetrVG 1972 § 87 Gesundheitsschutz Nr. 12 = NZA 2002, 995) – Beispiel: Es soll festgestellt werden, dass die Anordnung von Überstunden in einem Eilfall zu einem zurückliegenden Zeitpunkt mitbestimmungspflichtig war. In diesem Fall würde das Gericht ein Rechtsgutachten erstellen (GK-ArbGG/*Leinemann/Schütz* Rn. 125; BAG 29. 7. 1982 AP ArbGG 1979 § 83 Nr. 5; BAG 10. 4. 1984 AP ArbGG 1979 § 81 Nr. 3). Ein Interesse an einer gerichtlichen Feststellung besteht nur dann, wenn künftige Fälle zum Gegenstand der Entscheidung gemacht werden – Beispiel: Es soll festgestellt werden, dass die Anordnung von Überstunden auch in – vom AG so bezeichneten – Eilfällen der Mitbestimmung unterliegt. Mit einem derartigen Antrag kann mit Rechtskraftwirkung für künftige gleichgelagerte Fälle entschieden und damit der Streit zwischen den Beteiligten tatsächlich befriedet werden (BAG 20. 4. 1999 AP ArbGG 1979 § 81 Nr. 43; GMP/*Matthes* Rn. 26). Zulässig ist dagegen ein Antrag auf Feststellung des Bestehens eines Mitbestimmungsrechts, wenn der Arbeitgeber ohne Beteiligung des Betriebsrats Zulagen bereits angerechnet hat, da eine nachzuholende mitbestimmte Entscheidung auch noch mit Wirkung für die Vergangenheit Zahlungspflichten begründen kann (BAG 14. 12. 1995 AP BPersVG § 82 Nr. 1). **Einzelfälle:** Beantragt ein AG die Feststellung des Nichtbestehens eines Mitbestimmungsrechts des BR, so ist der Antrag zulässig, wenn sich der BR ernsthaft eines Mitbestimmungsrechts in einer Angelegenheit berühmt (BAG 13. 10. 1987 AP ArbGG 1979 § 81 Nr. 7). Der Antrag eines BR auf Feststellung eines Mitbestimmungsrechts wird unzulässig, wenn entweder zu dieser Frage zwischen den Beteiligten eine Betriebsvereinbarung geschlossen wird (BAG 12. 1. 1988 AP ArbGG 1979 § 81 Nr. 8) oder wenn eine Einigungsstelle in der streitigen Angelegenheit durch Spruch entscheidet (BAG 13. 10. 1987 AP ArbGG 1979 § 81 Nr. 7).

VIII. Antragsteller

9   Antragsteller im Beschlussverfahren kann sein, wer **beteiligtenfähig** ist (GK-ArbGG/*Leinemann/Schütz* Rn. 43). Nach § 50 ZPO parteifähig und damit beteiligtenfähig sind natürliche und juristische Personen. Daneben sind im Beschlussverfahren gem. § 10 auch Gewerkschaften und die in § 10

2. Halbsatz genannten Stellen beteiligtenfähig. Antragsteller können auch einzelne Mitglieder dieser Stellen sein (GK-ArbGG/*Leinemann/Schütz* Rn. 43). Tritt während des Verlaufs des Verfahrens eine personelle Veränderung in einer solchen Stelle ein, so bleibt ihre Identität als Antragsteller hiervon unberührt (BAG 25. 4. 1978 AP BetrVG 1972 § 80 Nr. 11). Geht in der streitbefangenen Angelegenheit während des laufenden Verfahrens die Zuständigkeit auf eine andere betriebsverfassungsrechtliche Stelle (zB vom BR auf den GesamtBR) über, so wird diese Stelle Beteiligte (BAG 18. 10. 1988 AP ArbGG 1979 § 81 Nr. 10). Nach Beendigung der Amtszeit ohne Neuwahl bleibt die Beteiligtenfähigkeit der Stelle für das laufende Verfahren erhalten (BAG 25. 8. 1981 AP ArbGG 1979 § 83 Nr. 2). Auch im Beschlussverfahren kann es zu einer **Mehrheit von Antragstellern** kommen. Notwendig ist diese Mehrheit, wenn sie auf Grund gesetzlicher Bestimmungen Sachentscheidungsvoraussetzung ist – Wahlanfechtung nach § 19 BetrVG; Ausschluss aus dem Betriebsrat, § 23 I BetrVG. Diese **notwendige Mehrheit** muss nicht nur bei Antragstellung, sondern während des gesamten Verfahrens bestehen; fällt die Zahl der Antragsteller während des Laufs des Verfahrens unter das gesetzliche vorgeschriebene Mindestmaß, so werden die verbleibenden Anträge unzulässig (BAG 14. 2. 1978 AP BetrVG 1972 § 19 Nr. 7). Bei notwendiger Antragstellermehrheit kann über die Anträge nur einheitlich entschieden werden (GK-ArbGG/*Leinemann/Schütz* Rn. 57). Dasselbe gilt für den Fall, dass mehrere selbständig antragsberechtigte Gruppen und Stellen nebeneinander eine Anfechtung oder einen Ausschluss aus dem Betriebsrat betreiben, so dass mehrere nebeneinander anhängige Verfahren zu verbinden sind (BAG 26. 11. 1968 AP BetrVG § 76 Nr. 18). Bei **tatsächlicher Mehrheit** von Antragstellern können unterschiedliche Anträge mit unterschiedlichen Verfahrenszielen gestellt werden, deren Zulässigkeit jeweils gesondert geprüft werden muss (GK-ArbGG/*Leinemann/Schütz* Rn. 53). Nimmt ein Antragsteller seinen Antrag zurück, muss über die restlichen Anträge entschieden werden. Beteiligte können selbst einen Antrag stellen und werden damit zu Antragstellern (BAG 31. 1. 1989 AP ArbGG 1979 § 81 Nr. 12). Stellen sie den gleichen Antrag wie der Antragsteller, muss ausgelegt werden, ob sie eine eigene Sachentscheidung anstreben oder den Antragsteller nur unterstützen (BAG 25. 8. 1981 AP ArbGG 1979 § 823 Nr. 2). Letzteres führt nicht zu einer Mehrheit der Antragsteller. Die Anträge brauchen daher jedenfalls nicht ausdrücklich beschieden werden (BAG 26. 3. 1987 AP BetrVG 1972 § 26 Nr. 7; GMP/*Matthes* Rn. 49; GK-ArbGG/*Leinemann/Schütz* Rn. 55).

IX. Antragsbefugnis

Die Antragsbefugnis entspricht der **Prozessführungsbefugnis** im Zivilprozess (ArbGV/*Koch* Rn. 9; GMP/*Matthes* Rn. 56 vgl. hierzu Münch KommM/*Lindacher* vor § 50 Rn. 41 ff.; *Zöller* vor § 50 Rn. 18 ff.) und der Klagebefugnis (§ 42 II VwGO) im verwaltungsgerichtlichen Verfahren. Diese Prozessvoraussetzung soll „Popularklagen" ausschließen (BAG 18. 2. 2003 – 1 ABR 17/02; BAG 30. 10. 1986 AP BetrVG 1972 § 47 Nr. 6). Die Antragsbefugnis in betriebsverfassungsrechtlichen Streitigkeiten hängt davon ab, ob die streitgegenständlichen Normen des Betriebsverfassungsgesetzes dem Antragsteller **eigene Rechtspositionen** zuordnen, die durch den Antrag geschützt werden sollen (BAG 18. 2. 2003 – 1 ABR 17/02; BAG 30. 10. 1986 AP BetrVG 1972 § 47 Nr. 6), oder solche Rechtspositionen aus abgetretenem Recht geltend gemacht werden (BAG 15. 1. 1992 AP BetrVG 1972 § 40 Nr. 41). Dabei genügt es grundsätzlich, wenn der Antragsteller behauptet, Träger des streitbefangenen Rechts zu sein und dies nach dem Inhalt der einschlägigen Norm des BetrVG zumindest möglich ist (GMP/*Matthes* Rn. 56). Ob dem Antragsteller das geltend gemachte Recht tatsächlich zusteht, ist eine Frage der Begründetheit (ArbGV/*Koch* Rn. 9; GK-ArbGG/*Leinemann/Schütz* Rn. 67). Für Leistungsanträge gilt dies generell. Bei Feststellungs- und Gestaltungsanträgen ist erforderlich, dass die den Streitgegenstand betreffenden betriebsverfassungsrechtlichen Normen dem Antragsteller eine eigene Rechtsposition einräumen, die ihm erlaubt, sie mit seinem Antrag zu schützen (BAG 23. 2. 1988 AP ArbGG 1979 § 81 Nr. 9; GK-ArbGG/*Leinemann/Schütz* Rn. 73; ähnlich GMP/*Matthes* Rn. 58). Die Antragsbefugnis ist von Amts wegen in jeder Lage des Verfahrens bis in die Rechtsbeschwerdeinstanz zu prüfen (BAG 15. 8. 1978 AP BetrVG 1972 § 23 Nr. 1). Fehlt sie, ist der Antrag unzulässig (ArbGV/*Koch* Rn. 9; GK-ArbGG/*Leinemann/Schütz* Rn. 61). Wird sie verneint, bleibt der Antragsteller Beteiligter und kann Rechtsmittel einlegen (BAG 25. 8. 1981 AP ArbGG 1979 § 83 Nr. 2). Eine **ausdrückliche gesetzliche Regelung** der Antragsbefugnis für den Arbeitgeber findet sich für den Streit um die Zuordnung von Betriebsteilen in § 18 II BetrVG, für die gesetzlich geregelten Fällen der Wahlanfechtung in § 19 II BetrVG sowie für die Auflösung eines betriebsverfassungsrechtlichen Gremiums bzw. des Ausschlusses einzelner Mitglieder in den §§ 23, 48, 56, 65 I, 73 II, 73 b II BetrVG. Weiterhin ist der Arbeitgeber nach § 76 II und V BetrVG befugt, die Einsetzung einer Einigungsstelle zu betreiben bzw. ihren Spruch anzufechten und bei personellen Maßnahmen das Zustimmungsersetzungsverfahren zu betreiben – §§ 99 IV, 100 II, 103 II BetrVG. Der Arbeitgeber ist nicht befugt, analog § 19 I BetrVG eine betriebsratsinterne Wahl anzufechten, da ihm keine Kontrollfunktion über die Geschäftsführung des Betriebsrats zusteht (*Fitting* § 26 Rn. 48). Die Antragsbefugnis für eine bestimmte Anzahl von **Arbeitnehmern** ist geregelt für die Wahlanfechtung, die Bestellung eines Wahlvorstandes – §§ 16 II, 17 II, 18 I, 63 III BetrVG – sowie die Auflösung des BR bzw. den Ausschluss einzelner Mitglieder. **BR** und **Wahlvorstand** sind antragsbefugt bei der Zuordnung eines

Betriebsteils nach § 18 II BetrVG. Ansonsten ist dem Betriebsrat in § 23 I 2 BetrVG ausdrücklich die Antragsbefugnis verliehen für den Ausschluss einzelner Mitglieder aus einem betriebsverfassungsrechtlichen Gremium. Der BR ist weiterhin antragsbefugt bei der Durchsetzung von Freistellungs- und Kostenersatzansprüchen für seine Mitglieder (BAG 27. 3. 1979 AP ArbGG 1953 § 80 Nr. 7); er verliert jedoch die Antragsbefugnis, wenn er die Ansprüche an einen Dritten abtritt (BAG 15. 1. 1992 AP BetrVG 1972 § 40 Nr. 41). Die im Betrieb vertretenen **Gewerkschaften** sind bei der Zuordnung von Betriebsteilen sowie in Wahlangelegenheiten und bei der Auflösung eines betriebsverfassungsrechtlichen Gremiums bzw. dem Ausschluss eines Mitgliedes antragsbefugt. Gewerkschaften und Arbeitgeberverbände sind befugt, AG bzw. BR im Beschlussverfahren verpflichten zu lassen, tarifwidrige Betriebsvereinbarungen nicht mehr anzuwenden (BAG 20. 4. 1999 AP GG Art. 9 Nr. 89).

11 Einen Fall der **gesetzlichen Prozessstandschaft** regelt § 23 III BetrVG, indem er den Gewerkschaften das Recht zubilligt, Ansprüche des Betriebsrates gegen den Arbeitgeber auf Handlung, Duldung oder Unterlassung geltend zu machen. So sind die Gewerkschaften jedenfalls in einem Verfahren nach § 23 III BetrVG antragsbefugt, soweit sie beantragen, dem Arbeitgeber aufzugeben, die Durchführung einer tarifwidrigen Betriebsvereinbarung zu unterlassen (BAG 20. 8. 1991 AP BetrVG 1972 § 77 Tarifvorbehalt Nr. 2). In bestimmten Fällen ist auch im Beschlussverfahren eine **gewillkürte Prozessstandschaft** zulässig. So können Gesamt- oder KonzernBR, die vom BR ermächtigt wurden, für ihn eine bestimmte Angelegenheit zu regeln, auch befugt sein, einen entsprechenden Rechtsstreit für ihn zu führen (BAG 6. 4. 1976 AP BetrVG 1972 § 50 Nr. 2). Der BR kann Kostenansprüche seiner Mitglieder geltend machen (BAG 9. 9. 1975 AP ArbGG 1953 § 83 Nr. 6). Er macht eigene Ansprüche geltend, wenn er nach. § 37 VI BetrVG die Freistellung eines Mitgliedes zum Besuch einer Schulungsveranstaltung verlangt (BAG 6. 11. 1973 AP BetrVG 1972 § 37 Nr. 5). Der BR kann nicht Individualansprüche einzelner Arbeitnehmer geltend machen, auch wenn sie kollektivrechtlichen Ursprungs sind, wie zB aus einem TV (BAG 16. 7. 1985 AP BetrVG 1972 § 87 Lohngestaltung Nr. 17) oder aus einem Sozialplan (BAG 17. 10. 1989 AP BetrVG 1972 § 112 Nr. 53). Der BR kann endlich nicht die Unwirksamkeit der Befristung eines Arbeitsvertrages im Beschlussverfahren geltend machen (BAG 5. 5. 1992 NZA 92, 1089).

§ 82 Örtliche Zuständigkeit

¹Zuständig ist das Arbeitsgericht, in dessen Bezirk der Betrieb liegt. ²In Angelegenheiten des Gesamtbetriebsrats, des Konzernbetriebsrats, der Gesamtjugendvertretung oder der Gesamt-Jugend- und Auszubildendenvertretung, des Wirtschaftsausschusses und der Vertretung der Arbeitnehmer im Aufsichtsrat ist das Arbeitsgericht zuständig, in dessen Bezirk das Unternehmen seinen Sitz hat. ³Satz 2 gilt entsprechend in Angelegenheiten des Gesamtsprecherausschusses, des Unternehmenssprecherausschusses und des Konzernsprecherausschusses. ⁴In Angelegenheiten eines Europäischen Betriebsrats, im Rahmen eines Verfahrens zur Unterrichtung und Anhörung oder des besonderen Verhandlungsgremiums ist das Arbeitsgericht zuständig, in dessen Bezirk das Unternehmen oder das herrschende Unternehmen nach § 2 des Gesetzes über Europäische Betriebsräte seinen Sitz hat. ⁵Bei einer Vereinbarung nach § 41 des Gesetzes über Europäische Betriebsräte ist der Sitz des vertragschließenden Unternehmens maßgebend.

I. Vorbemerkung

1 Die Zuständigkeitsregelung in § 82 ist abschließend und **zwingend** (BAG 19. 6. 1986 AP ArbGG 1979 § 82 Nr. 1). Eine andere örtliche Zuständigkeit kann weder durch Parteivereinbarung noch durch rügelose Einlassung begründet werden (GK-ArbGG/*Dörner* Rn. 3; GMP/*Matthes* Rn. 2; *Hauck* Rn. 1). Kommt nach § 82 die Zuständigkeit mehrerer Arbeitsgerichte in Betracht, kann der Antragsteller wählen (GMP/*Matthes* Rn. 2; *Hauck* Rn. 1). Die örtliche Zuständigkeit des angerufenen Gerichts ist **Sachentscheidungsvoraussetzung** und deshalb von Amts wegen zu prüfen (GMP/*Matthes* Rn. 4; *Hauck* Rn. 2). Die örtliche Unzuständigkeit stellt das Arbeitsgericht durch nicht anfechtbaren Vorabbeschluss fest und verweist an das örtlich zuständige Gericht. Für das **Verfahren** gilt § 48 iVm. §§ 17 ff. GVG (s. § 48 Rn. 3 ff.).

II. Allgemeine Zuständigkeit

2 Im Beschlussverfahren richtet sich die örtliche Zuständigkeit des ArbG nach dem **Sitz des Betriebes.** Besteht ein Betrieb, für den ein gemeinsamer BR gewählt wurde, aus mehreren Teilen (zB Verkaufsstellen, Filialen), die in den Bezirken mehrerer ArbG liegen, so ist das ArbG am Sitz der Betriebsleitung zuständig, auch wenn sich eine streitige Angelegenheit auf eine außerhalb dieses Gerichtsbezirks liegende Betriebs- oder Verkaufsstelle bezieht (GMP/*Matthes* Rn. 8; GK-ArbGG/*Dörner* Rn. 5 a). In originären Angelegenheiten des **GesamtBR** (§ 50 I BetrVG), des KonzernBR und der übrigen in Satz 2 genannten Stellen ist das ArbG am Unternehmenssitz zuständig, dh. an dem Ort, wo die Verwaltung geführt wird – § 17 I ZPO. Dabei kommt es nicht darauf an, wer Antragsteller und

wer Beteiligter ist (GK-ArbGG/*Dörner* Rn. 11). Entscheidend ist im Übrigen das materielle Betriebsverfassungsrecht (BAG 19. 6. 1986 AP ArbGG 1979 § 82 Nr. 1). Sind diesen Stellen – zB nach § 50 II BetrVG – Angelegenheiten übertragen, bleibt es bei der Zuständigkeit des Gerichts des Betriebssitzes (ArbGV/*Koch* Rn. 2; GK-ArbGG/*Dörner* Rn. 12). Daher ist auch im Streit um die orginäre Zuständigkeit des GesamtBR das ArbG am Sitz des Unternehmens zuständig (BAG 19. 6. 1986 AP ArbGG 1979 § 82 Nr. 1). Ist dem GesamtBR von einem EinzelBR die Angelegenheit nach § 50 II übertragen worden, ist das ArbG am Sitz des Betriebes zuständig (ArbGV/*Koch* Rn. 2; GK-ArbGG/*Döring* Rn. 12; GMP/*Matthes* Rn. 11). Dies gilt auch, wenn mehrere BR dieselbe Angelegenheit auf den GesamtBR übertragen haben (GK-ArbGG/*Döring* Rn. 12; GK/*Matthes* Rn. 11) und selbst dann, wenn alle BR dies getan haben (GK-ArbGG/*Döring* Rn. 12; aA GMP/*Matthes* Rn. 11). Die Übertragung macht aus der Angelegenheit materiell-rechtliche keine des GesamtBR, der auch in diesem Fall keine GesamtBV abschließen darf und für jeden Betrieb gesonderte BV abschließen müsste, was freilich in der Praxis kaum jemals geschieht. Wird für ein Unternehmen mit mehreren Betrieben nach § 3 I Ziff. 1 a) BetrVG ein **unternehmenseinheitlicher BR** gebildet oder werden mehrere Betriebe nach § 3 Ziff. 1 b) BetrVG zusammengefasst, ist das ArbG am Sitz des Unternehmens örtlich zuständig, weil es sich dabei meist um den Ansprechpartner des BR handelt (GK-ArbGG/*Döring* Rn 13 c). Werden **Spartenbetriebsräte** nach § 3 I Nr. 2 BetrVG innerhalb eines Betriebes gebildet, bleibt es bei der Zuständigkeit des für den Sitz des Betriebes örtlich zuständigen ArbG, werden sie betriebsübergreifend gebildet, ist das ArbG am Sitz des Unternehmens zuständig (GK-ArbGG/*Dörner* Rn. 13 d). Dasselbe gilt für die **anderen Arbeitnehmervertretungsstrukturen** nach § 3 I Nr. 3 BetrVG (GK-ArbGG/*Dörner* Rn. 13 e) und die **zusätzlichen** betriebsverfassungsrechtlichen **Vertretungen und Gremien** nach § 3 I Ziff. 4 und 5 BetrVG (GK-ArbGG/*Dörner* Rn. 13 f). Bei Streitigkeiten um Beteiligungsrechte eines **europäischen BR** ist nach Satz 4 iVm. § 2 EBRG das ArbG am Sitz des Unternehmens bzw. der herrschenden Unternehmens örtlich zuständig. Nach Satz 5 gilt für Streitigkeiten aus einer vor dem 22. 9. 1996 abgeschlossenen Vereinbarung über grenzübergreifende Mitwirkung von Arbeitnehmervertretungen – § 41 EBRG – der Sitz des vertragschließenden Unternehmens als maßgeblich für die örtliche Zuständigkeit. Bei **ausländischen Unternehmen** gilt als Unternehmenssitz der Ort im Inland, von dem aus die inländische Betätigung zentral geleitet wird (BAG 31. 10. 1975 AP BetrVG 1972 § 106 Nr. 2).

III. Sonderfälle

Wird um die **Tariffähigkeit oder Tarifzuständigkeit** einer Vereinigung gestritten (§ 2a Abs. 1 **3** Nr. 3), ist das ArbG örtlich zuständig, in dessen Bezirk die Vereinigung ihren Sitz hat, deren Tariffähigkeit oder Tarifzuständigkeit umstritten ist, unabhängig davon, ob diese Vereinigung Antragsteller oder sonstiger Beteiligter ist (ArbGV/*Koch* Rn. 4; GK-ArbGG/*Dörner* Rn. 18; GMP/*Matthes* § 83 Rn. 14 mwN). Im Streitigkeiten um die **Anerkennung einer Schulungsveranstaltung** nach § 37 VII BetrVG sind vor dem ArbG auszutragen, in dessen Bezirk die zuständige Behörde ihren Sitz hat (ArbGV/*Koch* Rn. 4; GMP/*Matthes* Rn. 15). Bei Streitigkeiten der **Schwerbehindertenvertretung** und den **Vertretungen nach § 18a BBiG** ist das Gericht am Sitz des Betriebes örtlich zuständig, in Angelegenheiten der Gesamt- und Konzernschwerbehindertenvertretung ist der Sitz des Unternehmens entscheidend (GK-ArbGG/*Dörner* Rn. 19, 21).

§ 83 Verfahren

(1) ¹**Das Gericht erforscht den Sachverhalt im Rahmen der gestellten Anträge von Amts wegen.** ²**Die am Verfahren Beteiligten haben an der Aufklärung des Sachverhalts mitzuwirken.**

(1 a) ¹**Der Vorsitzende kann den Beteiligten eine Frist für ihr Vorbringen setzen.** ²Nach Ablauf einer nach Satz 1 gesetzten Frist kann das Vorbringen zurückgewiesen werden, wenn nach der freien Überzeugung des Gerichts seine Zulassung die Erledigung des Beschlussverfahrens verzögern würde und der Beteiligte die Verspätung nicht genügend entschuldigt. ³Die Beteiligten sind über die Folgen der Versäumung einer nach Satz 1 gesetzten Frist zu belehren.

(2) **Zur Aufklärung des Sachverhalts können Urkunden eingesehen, Auskünfte eingeholt, Zeugen, Sachverständige und Beteiligte vernommen und der Augenschein eingenommen werden.**

(3) **In dem Verfahren sind der Arbeitgeber, die Arbeitnehmer und die Stellen zu hören, die nach dem Betriebsverfassungsgesetz, dem Sprecherausschussgesetz, dem Mitbestimmungsgesetz, dem Mitbestimmungsergänzungsgesetz, dem Betriebsverfassungsgesetz 1952, den §§ 94, 95, 139 des Neunten Buches Sozialgesetzbuch, dem § 18a des Berufsbildungsgesetzes und den zu diesen Gesetzen ergangenen Rechtsverordnungen sowie dem Gesetz über Europäische Betriebsräte im einzelnen Fall beteiligt sind.**

(4) ¹**Die Beteiligten können sich schriftlich äußern.** ²Bleibt ein Beteiligter auf Ladung unentschuldigt aus, so ist der Pflicht zur Anhörung genügt; hierauf ist in der Ladung hinzuweisen. ³Mit Einverständnis der Beteiligten kann das Gericht ohne mündliche Verhandlung entscheiden.

(5) Gegen Beschlüsse und Verfügungen des Arbeitsgerichts oder seines Vorsitzenden findet die Beschwerde nach Maßgabe des § 78 statt.

I. Untersuchungsgrundsatz

1 Wegen der Bedeutung der Entscheidungen will man im Beschlussverfahren nicht den am Verfahren Beteiligten allein überlassen, den entscheidungserheblichen Sachverhalt beizubringen. Sie bestimmen und begrenzen grundsätzlich durch ihren Antrag den Verfahrensgegenstand und sind nach **Abs. 1 Satz 2** zur Mitwirkung an der Sachverhaltsaufklärung verpflichtet. Im Übrigen ist das Gericht nach **Abs. 1 Satz 1 von Amts wegen** selbst dafür verantwortlich, dass die Entscheidung auf einem zutreffenden und vollständigen Sachverhalt beruht. Das Gericht muss zunächst die Sachentscheidungsvoraussetzungen aufklären. Dann hat es von Amts wegen zu prüfen, wer im Verfahren zu beteiligen ist (BAG 26. 11. 1968 AP BetrVG § 76 Nr. 18). Schließlich muss das Gericht alle für die Sachentscheidung erheblichen, für und gegen die Begründetheit des Antrags sprechenden Tatsachen erforschen. Der **Umfang der Ermittlungspflicht** des Gerichts bestimmt sich aus dem Vorbringen der Beteiligten, aus dem sich Anhaltspunkte dafür ergeben müssen, dass und wie weitere Tatsachen zu ermitteln sind. Eine „uferlose Ermittlungstätigkeit ins Blaue hinein" ist nicht geboten (ArbGV/*Koch* Rn. 5; GMP/*Matthes* Rn. 87; GK-ArbGG/*Dörner* Rn. 133). Der Untersuchungsgrundsatz hat zur Folge, dass Gerichte an **Geständnisse** nicht gebunden sind und dass § 138 III ZPO nicht für das Beschlussverfahren gilt; Zugeständnisse werden nicht fingiert (GK-ArbGG/*Dörner* Rn. 148; GMP/*Matthes* Rn. 93). Jedoch bedarf es in der Regel keiner Beweisaufnahme, wenn die Beteiligten einen Sachverhalt übereinstimmend vortragen oder wenn das substantiierte Vorbringen eines Beteiligten von dem anderen nicht bestritten wird und sich keine Zweifel an dessen Richtigkeit aufdrängen (BAG 10. 12. 1992 AP ArbGG 1979 § 87 Nr. 4; BAG 17. 6. 1998 EzA § 40 BetrVG 1972 Nr. 84). § 331 I ZPO ist nicht anwendbar, sodass das **Nichterscheinen** eines Beteiligten im Anhörungstermin nicht als Zugeständnis des Vortrags der übrigen Beteiligten gilt. Es gibt deshalb beim Ausbleiben eines Beteiligten in der mündlichen Anhörung auch keinen „**Versäumnisbeschluss**" (GK-ArbGG/*Dörner* Rn. 166). Das Gericht hat in diesem Fall auch die dem Säumigen günstigen Tatsachen zu ermitteln und zu verwerten; Abs. 4 S. 2 sieht als einzige Folge der Säumnis vor, dass bei unentschuldigten Ausbleiben eines Beteiligten insoweit der Pflicht zur Anhörung genügt ist. Dies gilt sogar beim unentschuldigten Ausbleiben aller Beteiligten einschließlich des Antragstellers; das Gericht hat in diesem Fall über den angekündigten Antrag nach Lage der Akten zu entscheiden, ggf. indem es einen Auflagenbeschluss erlässt. Die **Verspätungsvorschriften** der §§ 56 II sowie §§ 296 I und 296 II iVm. § 282 I und II ZPO sind nicht anwendbar (GMP/*Matthes* Rn. 95). Sachvortrag kann daher grundsätzlich nur wegen Fristüberschreitungen oder sonstigen Nachlässigkeiten unter den Voraussetzungen des Abs. 1 a als verspätet zurückgewiesen werden (GK-ArbGG/*Dörner* Rn. 156; s. Rn. 3).

2 **1. Mitwirkung der Beteiligten.** Aus **Abs. 1 S. 2** ergibt sich zunächst, dass der Antragsteller diejenigen Tatsachen vorzutragen hat, aus denen er sein mit dem Antrag verfolgtes Begehren herleitet (BAG 9. 9. 1975 AP ArbGG 1953 § 83 Nr. 6). Dies bedeutet nicht, dass der Antragsteller einen vollständigen und schlüssigen Sachverhalt darlegen muss. Die Abweisung eines Antrags mangels Substantiierung ist im Beschlussverfahren ohne weitere richterliche Aufklärungsbemühungen ausgeschlossen. Es verpflichtet den Antragsteller jedoch, auf eine vom Gericht erteilte Auflage hin die Antragsbegründung zu konkretisieren und zu vervollständigen (GK-ArbGG/*Dörner* Rn. 131). Andererseits ist die richterliche Bewertung eines Vorbringens als nicht ausreichender Vortrag nur statthaft, wenn das Gericht auf seine Einschätzung hingewiesen und zur Ergänzung des Vorbringens anhand konkreter Fragestellungen aufgefordert hat (BAG 11. 3. 1998 AP BetrVG 1972 § 40 Nr. 57). Die Mitwirkungspflicht trifft neben dem Antragsteller auch die übrigen Beteiligten (ArbGV/*Koch* Rn. 2; GK-ArbGG/*Dörner* Rn. 123). Sie sind verpflichtet, unabhängig von ihren eigenen Interesse am Ausgang des Verfahrens, die ihnen bekannten entscheidungserheblichen Tatsachen vollständig vorzutragen. Um dies sicherzustellen, soll das Gericht den Beteiligten konkrete Auflagen erteilen und zur Verfahrensbeschleunigung Fristen setzen. Die **Weigerung** eines Beteiligten, an der Sachverhaltsaufklärung mitzuwirken, entbindet das Gericht nicht von der Pflicht, alle anderen Erkenntnismöglichkeiten auszuschöpfen. Sie kann aber dazu führen, dass das Gericht für weitere Ermittlungen keinen Anlass oder keine Möglichkeiten hat. Nach entsprechender Belehrung kann die Weigerung vom Gericht nach § 286 I ZPO gewürdigt werden (ArbGV/*Koch* Rn. 2; GK-ArbGG/*Dörner* Rn. 126). Das erforderliche Beweismaß für einen ansonsten feststellungs- und beweisbelasteten Beteiligten kann sich damit verringern (BAG 25. 3. 1992 AP BetrVG 1972 § 2 Nr. 4). Zur Aufklärung des Sachverhalts stehen dem Gericht die im Einzelnen in Abs. 2 aufgeführten Maßnahmen zur Verfügung. Ggf. muss sich das Gericht auch der in § 56 I für das Urteilsverfahren bestimmten Mittel zur Sachaufklärung bedienen, insbesondere das persönlichen Erscheinens der Beteiligten bzw. ihrer gesetzlichen Vertreter anordnen (GMP/*Matthes* Rn. 98). Ordnet das Gericht nach § 80 iVm. 56 I Nr. 3 das **persönliche Erscheinen** von Beteiligten an, gilt auch § 141 II und III ZPO (GK-ArbGG/*Dörner* Rn. 139). Kann der Sachverhalt auf Grund einer schriftlichen Stellungnahme aufgeklärt werden, entfällt nach dem Rechtsgedanken des Abs. 4 Satz 2

I. Untersuchungsgrundsatz § 83 ArbGG 60

die Möglichkeit, ein Ordnungsgeld festzusetzen (ArbGV/*Koch* Rn. 2). Wegen des Untersuchungsgrundsatzes kann eine Vertreter nicht nach § 51 II 1 zurückgewiesen werden (GK-ArbGG/*Dörner* Rn. 139; GMP/*Matthes* Rn. 100; aA *Grunsky* § 80 Rn. 36).

Abs. 1 a weist für die **Zurückweisung verspäteten Vorbringens** gegenüber den für das Urteils- 3 verfahren geltenden Vorschriften einige Besonderheiten auf, die auf den Untersuchungsgrundsatz zurückzuführen sind. Die Bestimmung ändert nichts am Vorrang richterlicher Aufklärungspflicht. Bei der Aufforderung durch das Gericht, genau zu konkret bezeichneten Sachverhalten vorzutragen geht es daher im Beschlussverfahren nicht um die Substantiierung eines Sachvortrags, sondern allein um die **Mitwirkung** nach Abs. 1 Satz 2. Nach wie vor ist damit im Beschlussverfahren – auch für den Anwendungsbereich von Abs. 1 a – ausgeschlossen, *jeden* Sachvortrag als verspätet zurückzuweisen. Die Vorschrift bezieht sich nur auf solche Angaben eines Beteiligten, die ohne ihn nicht zu klären oder zu ermitteln sind, weil sie aus seiner Sphäre stammen, nur er selbst über sie verfügen kann und ihre Klärung ohne seine Mitwirkung dem Gericht nicht oder nur unter großen Schwierigkeiten möglich ist. Darüber hinaus **muss** verspätetes Vorbringen – anders als bei den §§ 56 II ArbGG, 296 I ZPO – nicht zurückgewiesen werden, es **kann** zurückgewiesen werden. Dem Gericht wird damit ein Ermessensspielraum eingeräumt, seine Entscheidung unter Abwägung seiner Verpflichtung zur Amtsermittlung und den Erfordernissen einer Beschleunigung zu treffen (BT-Drucks. 14/2490 S. 12). Es ist daher nicht gehalten, Fristüberschreitungen und dadurch entstehende Verzögerungen unbegrenzt hinzunehmen. Es kann bei erheblichen, nicht entschuldigten Verzögerungen in der Erfüllung der gerichtlichen Auflagen seine Ermittlungsbemühungen insoweit beenden und auf Grund des bisher erforschten Sachverhalts entscheiden (GMP/*Matthes* Rn. 95; *Grunsky* Rn. 7), wenn auch die übrigen Beteiligten zum Sachverhalt nichts beitragen können oder ihr Vortrag ebenfalls als verspätet zurückgewiesen werden darf (ähnlich GK-ArbGG/*Dörner* Rn. 157). Voraussetzung ist dabei stets eine Verzögerung des Verfahrens bei Zulassung *und* eine nicht genügende Entschuldigung der Verspätung durch den Beteiligten. Auch im Beschlussverfahren gilt der absolute Verzögerungsbegriff (ArbGV/*Koch* Rn. 11). Entscheidend ist nicht, ob das Verfahren bei rechtzeitigem Vorbringen schneller zu Ende gegangen wäre, sondern allein, ob es bei Zulassung des Vorbringens länger dauern würde (zu Einzelheiten und den übrigen Voraussetzungen s. § 56 Rn. 8 ff.). Ist das Vorbringen zu Recht als verspätet zurückgewiesen worden, kann es nach § 87 III 1 in der Beschwerdeinstanz nicht nachgeholt werden. Wurde es in erster Instanz nicht als verspätet zurückgewiesen, darf dies auch in der Beschwerdeinstanz aus den Gründen der ersten Instanz nicht mehr geschehen (BVerfG 26. 1. 1995 – 1 BvR 1068/93). Weil es im Beschlussverfahren kein Versäumnisurteil gibt, können die Beteiligten nicht in die Säumnis fliehen, um ihr bei Anwesenheit im Termin verspätetes Vorbringen nach Einspruch gegen ein Versäumnisurteil nachzuholen.

2. Feststellungslast. Eine **Darlegungslast** wie im Zivilprozess gibt es im Beschlussverfahren nicht. 4 Jedoch trifft bei Anwendung des Untersuchungsgrundsatzes den Beteiligten, der einen Anspruch oder ein Recht behauptet, das Risiko, dass das Gericht wegen seines unzulänglichen Vortrages und mangels anderweitiger Aufklärungsmöglichkeiten nicht den für eine positive Entscheidung erforderlichen Sachverhalt feststellen kann; ihn trifft die **Feststellungslast** (GMP/*Matthes* Rn. 96; aA *Hauck* Rn. 6). In welchem Umfang der Antragsteller zunächst von sich aus Tatsachen vortragen muss, die seinen Antrag begründen, hängt von den Besonderheiten der Anspruchs- oder Rechtsgrundlagen ab. So muss der Betriebsrat, der eine über die Mindeststaffel des § 38 I BetrVG hinausgehende Freistellung von Betriebsratsmitgliedern verlangt, zunächst detailliert die besonderen Umstände darlegen, aus denen sich die zusätzliche Belastung des Betriebsrats, welche die weitergehende Freistellung rechtfertigen soll, und deren voraussichtliche Dauer ergibt; der Vortrag muss so konkret sein, dass dem Arbeitgeber eine sachliche Erwiderung möglich ist (BAG 26. 7. 1989 AP BetrVG 1972 § 38 Nr. 10). In einem Zustimmungsersetzungsverfahren nach § 103 II BetrVG darf das Gericht einen bestimmten Sachverhalt, der im Laufe des Verfahrens bekannt wird, zur Rechtfertigung der beabsichtigten Kündigung nur dann heranziehen, wenn der Arbeitgeber sich gerade auch auf diese Tatsachen als Kündigungsgrund beruft (BAG 27. 1. 1977 AP BetrVG 1972 § 103 Nr. 7).

3. Beweisverfahren. Eine **Beweisführungslast** ist dem Beschlussverfahren fremd (BAG 21. 10. 5 1980 AP BetrVG 1972 § 54 Nr. 1). Der Untersuchungsgrundsatz verpflichtet das Gericht zur Beweiserhebung von Amts wegen. Es muss den Beteiligten die Bezeichnung geeigneter Beweismittel aufgeben. Ein Beweisantritt der Beteiligten ist nicht erforderlich (ArbGV/*Koch* Rn. 5; GK-ArbGG/*Dörner* Rn. 150; GMP/*Matthes* Rn. 102). Dies bedeutet jedoch nicht, dass eine Beweisaufnahme im Belieben des Gerichts steht; es ist verpflichtet, angebotene Beweise (auch beantragte Gegenbeweise) zu erheben, wenn die Wahrheit einer entscheidungserheblichen Tatsache nicht feststeht (BAG 25. 9. 1986 AP BetrVG 1972 § 1 Nr. 7). Über § 80 II gelten im Rahmen der Besonderheiten des Beschlussverfahrens für die Beweisaufnahme die Vorschriften des Urteilsverfahrens. Abs. 2 ermächtigt bzw. verpflichtet das Gericht ausdrücklich auch zur **Vernehmung der Beteiligten.** Es handelt sich um eine Parteivernehmung Die §§ 445 bis 447 ZPO sind nicht anzuwenden (GMP/*Matthes* Rn. 104; *Hauck* Rn. 7). Die bloße Anhörung ist nicht schon Parteivernehmung. Auch im Beschlussverfahren gelten die Regeln zur **objektiven Beweislast** (GK-ArbGG/*Dörner* Rn. 153). Sie richtet sich nach der dem

Verfahren zugrundeliegenden materiellen Vorschrift oder den allgemeinen zivilprozessualen Grundsätzen (GK-ArbGG/*Dörner* Rn. 153). Sind anspruchs- oder rechtsgründende Tatsachen zwischen den Beteiligten streitig und kann vom Gericht weder durch weitere Sachverhaltsaufklärung noch durch Würdigung der vorgetragenen oder sonst ermittelten Tatsachen oder durch eine Beweisaufnahme die Richtigkeit der einen oder der anderen Behauptung festgestellt werden, gehen im Regelfall Zweifel an der Erweislichkeit einen Tatsache zu Lasten des Beteiligten, der ansonsten von ihrem Vorliegen begünstigt würde (GMP/*Matthes* § 83 Rn. 96; *Hauck* Rn. 6).

II. Beteiligte

6   Subjekte des Beschlussverfahrens sind nicht Parteien, sondern Beteiligte. Aus der einheitlich verwendeten Terminologie des Gesetzes folgt, dass das Beschlussverfahren nur einen einheitlichen Beteiligtenbegriff kennt und sich damit jede Differenzierung zwischen „notwendigen" Beteiligten und sonstigen Beteiligten, denen jeweils unterschiedliche Rechte und Pflichten im Verfahren zukommen, verbietet (GMP/*Matthes* Rn. 8, 17; *Grunsky* § 80 Rn. 28). Auch einen „Antragsgegner" sieht das Gesetz nicht vor (BAG 20. 4. 1999 AP ArbGG 1979 § 81 Nr. 43; GMP/*Matthes* Rn. 15; teilweise abweichend GK-ArbGG/*Dörner* Rn. 37). Die Person oder Stelle, gegen die sich der geltend gemachte Anspruch oder das geltend gemachte Recht richten, ist „übriger Beteiligter" iSd. § 83a II 1 (BAG 20. 7. 1982 AP BetrVG 1952 § 76 Nr. 26). Das Rubrum muss daher im Beschlussverfahren so aussehen: „In dem Beschlussverfahren des Antragstellers, mit den Beteiligten ..." (GMP/*Matthes* Rn. 17). Aus **Abs. 3** lässt sich weder entnehmen, wer im konkreten Verfahren zu beteiligen ist (ArbGV/*Koch* Rn. 15; GK-ArbGG/*Dörner* Rn. 35; aA BAG 25. 8. 1981 AP ArbGG 1979 § 83 Nr. 2) noch ist der BR nach dieser Vorschrift stets zu beteiligen (BAG 11. 11. 1998 AP BetrVG 1972 § 50 Nr. 18). Dies ergibt sich vielmehr entweder aus einer ausdrücklichen gesetzlichen Anordnung oder sonst aus der unmittelbaren Betroffenheit einer betriebsverfassungsrechtlichen Rechtsposition (BAG 11. 11. 1998 AP BetrVG 1972 § 50 Nr. 18; GK-ArbGG/*Dörner* Rn. 42; GMP/*Matthes* Rn. 9) bzw. nach Inkrafttreten des EBRG aus der Betroffenheit in der europäisch mitbestimmungsrechtlichen Position. Die Rechtsstellung eines Beteiligten erwirbt man weder durch eigene Handlung noch durch eine Handlung des Gerichts (BAG 15. 11. 1963 AP TVG § 14 Nr. 2). Die Beteiligtenstellung hängt nicht vom Willen des Betroffenen ab. Sie kann nicht vereinbart werden (GK-ArbGG/*Dörner* Rn. 50). Sie folgt dem materiellen Recht (BAG 20. 4. 1999 AP ArbGG 1979 § 81 Rn. 43). Das Gericht hat nur für jeden einzelnen Sachantrag (BAG 11. 11. 1998 AP BetrVG 1972 § 50 Nr. 18) zu ermitteln, wer Beteiligter ist (BAG 20. 7. 1982 AP BetrVG 1952 § 76 Nr. 26). Allein der **Antragsteller** wird mit dem Stellen des Sachantrags kraft „eigenen Rechts" Beteiligter. Er gehört nicht zu den Beteiligten des Abs. 3 (BAG 25. 8. 1981 AP ArbGG 1979 § 83 Nr. 2). Er ist vielmehr stets beteiligt, da das Beschlussverfahren nach § 81 I einen Antragsteller voraussetzt, der mit seinem Antrag den Verfahrensgegenstand umschreibt und die Grundlage für die Beurteilung gibt, wer sonst noch zu beteiligen ist (GK-ArbGG/*Dörner* Rn. 26; GMP/*Matthes* Rn. 12). Wer daneben **Beteiligter** ist, richtet sich danach, welche Personen oder Stellen durch die vom Antragsteller begehrte Entscheidung in ihrer betriebsverfassungsrechtlichen Rechtsstellung unmittelbar betroffen sind (BAG 25. 9. 1986 AP BetrVG 1972 § 1 Nr. 7; BAG 11. 11. 1998 AP BetrVG 1972 § 50 Nr. 18). Eine Beteiligung kommt nicht in Betracht, wenn nur die individualrechtliche Position einer Person oder bloße rechtliche Interessen durch die Entscheidung berührt wird (BAG 3. 12. 1985 AP BetrVG 1972 § 99 Nr. 31).

7   In betriebsverfassungsrechtlichen Streitigkeiten ist regelmäßig der **AG** zu beteiligen. Auch Wahlanfechtungsverfahren (BAG 4. 12. 1986 AP BetrVG 1972 § 19 Nr. 13) sowie betriebsratsinterne Streitigkeiten mit unmittelbarer Auswirkung – zB die Wahl des BRVorsitzenden – berühren die Rechtsstellung des Arbeitgebers in der Betriebsverfassung. Dagegen ist der Arbeitgeber bei einem Streit, der nicht in seine betriebsverfassungsrechtliche Stellung eingreift – zB Streitigkeiten innerhalb des BR über seine interne Geschäftsführung – nach Abs. 3 lediglich zu hören. Einzelne **AN** sind als Antragsteller beteiligt – zB bei der Wahlanfechtung sowie in Verfahren nach § 23 I BetrVG. Ansonsten sind sie nur zu beteiligen, soweit sie in ihrer betriebsverfassungsrechtlichen Stellung unmittelbar betroffen sind – zB bei einem Streit um den betriebsverfassungsrechtlichen Status als leitender Angestellter (BAG 23. 1. 1986 AP BetrVG 1972 § 5 Nr. 31) oder bei Streitigkeiten um das aktive oder passive Wahlrecht (ArbGV/*Koch* Rn. 17). Nicht zu beteiligen sind von personellen Einzelmaßnahmen betroffene Arbeitnehmer in Verfahren nach den §§ 98 V, 99 IV, 101 und 104 BetrVG (BAG 27. 5. 1982 AP ArbGG 1979 § 80 Nr. 3; 3. 12. 1985 AP BetrVG 1972 § 99 Nr. 31). Nach § 103 II 2 und III 2 BetrVG ist das Betriebsratsmitglied im Zustimmungsersetzungsverfahren zu beteiligen, wenn es gekündigt oder so versetzt werden soll, dass dies zu einen Verlust seines Amts oder der Wählbarkeit führen würde.

8   Unmittelbar betroffen und daher zu beteiligen ist der **BR**, wenn es um seinen Bestand (BAG 14. 1. 1983 AP BetrVG 1972 § 19 Nr. 9) – Wahlanfechtung, Auflösung nach § 23 I BetrVG – oder seine Zusammensetzung (ArbGV/*Koch* Rn. 18) – Gruppenschutz, Ersatzmitglieder, Vorsitzender bzw. Stellvertreter – geht. Dies gilt entsprechend für die Errichtung des GesamtBR oder die Anfechtung der Wahl einer Jugendvertretung (BAG 13. 3. 1991 AP BetrVG 1972 § 60 Nr. 2). In einem Streit um seine

eigenen Beteiligungsrechte ist der BR immer zu beteiligen (ArbGV/*Koch* Rn. 18; GK-ArbGG/*Dörner* Rn. 82), es sei denn er hat den GesamtBR mit der Wahrung seiner Rechte nach § 50 II BetrVG beauftragt. Der BR ist auch zu beteiligen, wenn ein Mitglied Ansprüche auf Erstattung von Kosten der Amtstätigkeit oder eines Schulungsbesuches geltend macht (BAG 3. 4. 1979 AP BetrVG 1972 § 40 Nr. 16), wenn nicht die Kostenerstattungsansprüche abgetreten wurden und über ihre Berechtigung dem Grunde nach kein Streit besteht (BAG 15. 1. 1992 AP BetrVG 1972 § 40 Nr. 43). Bei der Anfechtung einer betriebsratsinternen Wahl wegen Verstoßes gegen Gruppenschutzbestimmungen sind neben dem BR und den gewählten Mitgliedern sämtliche Angehörigen der betroffenen Gruppe zu beteiligen (BAG 15. 1. 1992 AP BetrVG 1972 § 26 Nr. 10). Die **Jugend- und Auszubildendenvertretung** ist neben dem BR nur zu beteiligen, wenn es um die Wahrnehmung ihrer Rechte gegenüber dem Betriebsrat geht (ArbGV/*Koch* Rn. 20; GK-ArbGG/*Dörner* Rn. 92) oder eines ihrer Mitglieder eigene Kostenerstattungsansprüche gegen den Arbeitgeber verfolgt (BAG 30. 3. 1994 AP BetrVG 1972 § 40 Nr. 42). Kraft ausdrücklicher Anordnung in § 78a IV 2 ist die Jugend- und Auszubildendenvertretung zu beteiligen, wenn über die Frage gestritten wird, ob mit einem Mitglied der Jugend- und Auszubildendenvertretung ein Arbeitsverhältnis zustande gekommen oder aufzulösen ist. Der **Wahlvorstand** ist zu beteiligen, soweit es um seine Amtshandlungen bis zur Durchführung der Wahl und Konstituierung des BR geht (ArbGV/*Koch* Rn. 22; GK-ArbGG/*Dörner* Rn. 97), nicht jedoch in einem Wahlanfechtungsverfahren, auch wenn die Gründe für die Anfechtung aus seiner Bestellung herrühren (BAG 14. 1. 1983 AP BetrVG 1972 § 19 Nr. 9). Einzelne **Organmitglieder** sind zu beteiligen, soweit es um ihre eigenen Rechte gegenüber dem Organ oder dem Arbeitgeber geht (GK-ArbGG/*Dörner* Rn. 101), so zB bei der Erforderlichkeit einer Schulungsveranstaltung (BAG 28. 1. 1975 AP BetrVG 1972 § 37 Nr. 20) oder der Kostenerstattung für einen Schulungsbesuch oder sonstiger Amtstätigkeit (BAG 24. 8. 1976 AP ArbGG 53 § 95 Nr. 2), soweit die Ansprüche nicht abgetreten wurden. **Gewerkschaften** sind in den Fällen, in denen ihnen das BetrVG ein eigenes Antragsrecht einräumt, nur dann zu beteiligen, wenn sie selbst Antragsteller sind, zB selbst die Wahl angefochten haben (BAG 19. 9. 1985 AP BetrVG 1972 § 19 Nr. 12; 27. 1. 1993 AP BetrVG 1972 § 76 Nr. 29). Ansonsten sind Gewerkschaften auch dann nicht zu beteiligen, wenn das Bestehen eines Mitbestimmungsrechts oder die Wirksamkeit einer BV von Tarifvorschriften abhängt (BAG 25. 2. 1982 AP BetrVG 1972 § 87 – Prämie – Nr. 2; 9. 2. 1984 AP BetrVG 1972 § 77 Nr. 9). Im Verfahren nach § 126 InsO sind neben dem **Insolvenzverwalter** und dem BR die im Antrag bezeichneten AN beteiligt (BAG 20. 1. 2000 AP InsO § 126 Nr. 1). **Dritte** dürfen nicht beteiligt werden. Eine Beiladung mittelbar betroffener Personen oder Stellen entsprechend den §§ 65 VwGO, 60 FGO und 65 SGG kommt nicht in Betracht (GMP/*Matthes* Rn. 27); das Beschlussverfahren verweist ausschließlich in die ZPO. Nebenintervention oder Streitverkündung sind nicht möglich (GK-ArbGG/*Dörner* Rn. 52 ff.). Die §§ 44 ff. ZPO sind über die §§ 80 II, 46 II nicht unmittelbar in Bezug genommen. Die Anwendung weiterer Vorschriften der ZPO im Beschlussverfahren ist nur zulässig, soweit sich aus den §§ 81 ff. nichts anderes ergibt. Die Beteiligung in diesem Verfahren ist davon unabhängig, ob man sich selbst oder Dritte daran beteiligen will. Sie folgt unmittelbar aus dem materiellen Recht (GK-ArbGG/*Dörner* Rn. 55; GMP/*Matthes* Rn. 24). Wird eine betriebsverfassungsrechtliche Stelle beteiligt, so ist ein Wechsel der Mitglieder – zB durch Neuwahl – unerheblich. Geht während des Verfahrens das umstrittene Beteiligungsrecht auf ein anderes betriebsverfassungsrechtliches Organ über, so wird dieses beteiligt (BAG 18. 10. 1988 AP ArbGG 1979 § 81 Nr. 10). Bei einem **Betriebsübergang** bleibt der BR Beteiligter, sofern die Identität des Betriebes fortbesteht (BAG 11. 10. 1995 AP BetrVG 1972 § 21 Nr. 2). An Stelle des Betriebsveräußerers ist der Betriebserwerber zu beteiligen (BAG 5. 2. 1991 AP BGB § 613a Nr. 89; BAG 23. 9. 1996 AP ArbGG 1979 § 97 Nr. 4). Die Änderung der Beteiligtenstellung kann sich auch im Laufe eine Verfahrens aus einer Änderung des Sachantrags ergeben (BAG 11. 11. 1998 AP BetrVG 1972 § 50 Nr. 18).

III. Beteiligung

Die **Beteiligtenstellung** ist vom Gericht in jeder Lage des Verfahrens zu **prüfen** (BAG 18. 10. 1988 9 AP ArbGG 1979 § 81 Nr. 10). Wenn das Gericht die Beteiligten ermittelt hat, sind sie **von Amts wegen** tatsächlich am Verfahren zu **beteiligen;** dh., ihnen ist der Antrag zuzustellen, sie sind zu hören und zur mündlichen Anhörung zu laden. Etwaige Erklärungen zum Verfahren – §§ 81 III, 83a III – sind von ihnen einzuholen; gerichtliche Entscheidungen sind ihnen zuzustellen, auch wenn sie sich im Verfahren nicht geäußert haben oder zum Anhörungstermin nicht erschienen sind (BAG 6. 10. 1978 AP BetrVG 1972 § 101 Nr. 2). Wird in den Gründen eines Beschlusses ausgeführt, dass und warum Personen oder Stellen nicht im Verfahren beteiligt wurden, so ist die Entscheidung auch diesen Personen oder Stellen zuzustellen, damit ihnen gegenüber die Rechtsmittelfrist in Lauf gesetzt wird (GMP/*Matthes* § 84 Rn. 19).

Wird im laufenden Verfahren oder in der Rechtsmittelinstanz festgestellt, dass nach materiellem 10 Recht zu Beteiligende bisher nicht tatsächlich beteiligt wurden, so ist dieser **Verfahrensfehler** (BAG 20. 2. 1986 AP BetrVG 1972 § 63 Nr. 1) jederzeit dadurch zu beseitigen, dass die betreffende Person oder Stelle künftig beteiligt wird (BAG 28. 8. 1988 AP BetrVG 1972 § 99 Nr. 55; GK-ArbGG/*Dörner*

Rn. 60). Schriftsätze der übrigen Beteiligten sind zuzustellen bzw. zuzusenden, eine Anhörung ist nachzuholen. Eine fehlerhafte Nichtbeteiligung kann auch dadurch geltend gemacht werden, dass gegen eine gerichtliche Entscheidung das statthafte Rechtsmittel eingelegt wird (BAG 30. 8. 1963 AP ArbGG 1953 § 88 Nr. 2). Im umgekehrten Falle – Hinzuziehung von Personen und Stellen, die nicht Beteiligte sind – hat das Gericht – ggf. in der Rechtsmittelinstanz – den Fehler dadurch zu beheben, dass eine weitere Beteiligung im Verfahren unterbleibt (BAG v. 31. 5. 1983 AP BetrVG 1972 § 118 Nr. 27; BAG 18. 12. 1990 AP TVG § 1 Tarifverträge Metallindustrie Nr. 98). Das Gericht muss in diesem Fall den zu Unrecht Beteiligten einen rechtlichen Hinweis sowie Gelegenheit zur Stellungnahme geben (BAG 31. 5. 1983 AP BetrVG 972 § 118 Nr. 27). Einer förmlichen Entscheidung bedarf es nicht; es kann jedoch ein Zwischenbeschluss nach § 303 ZPO mit diesem Inhalt ergehen (GMP/*Matthes* Rn. 34). Ein förmlicher Verwerfungsbeschluss ist erforderlich, wenn ein zu Unrecht Beteiligter gegen die ergangene Entscheidung Rechtsmittel einlegt (GK-ArbGG/*Dörner* Rn. 64; GMP/*Matthes* Rn. 34).

IV. Anhörung

11 Die mündliche Anhörung erfolgt – ggf. nach Durchführung eines Güteverfahrens – nach **Abs. 4** vor der Kammer. Die Verhandlung ist nach § 57 I möglichst in einem Termin durchzuführen. Sie ist deshalb nach § 56 I vom Vorsitzenden entsprechend vorzubereiten. Soweit es der Beschleunigung dient, kann nach § 55 IV vorab vom Kammervorsitzenden ein Beweisbeschluss ergehen (GK-ArbGG/*Dörner* Rn. 159; GMP/*Matthes* Rn. 106). Nach § 137 I ZPO beginnt die Anhörung regelmäßig mit der Stellung der **Anträge**. Die Stellung eines Antrages ist jedoch nicht zwingend erforderlich, da auch der Antragsteller nach Abs. 4 S. 2 folgenlos ausbleiben kann und in diesem Fall über den in der Antragsschrift angekündigten Antrag verhandelt und entschieden wird (BAG 27. 3. 1979 AP ArbGG 1953 § 80 Nr. 7). Auch ein dem Klageabweisungsantrag im Urteilsverfahren entsprechender Antrag der übrigen Beteiligten ist für eine die Instanz beendende Entscheidung nicht erforderlich. Bei unentschuldigtem **Nichterscheinen** eines Beteiligten trotz Ladung und entsprechendem gerichtlichem Hinweis ist nach Abs. 4 S. 2 der Pflicht zur Anhörung genügt; schriftliche Äußerungen dieses Beteiligten sind daher zu berücksichtigen (GMP/*Matthes* Rn. 110). Weitere Nachteile entstehen einem ausgebliebenen Beteiligten nicht. Entschuldigt ein Beteiligter sein Ausbleiben ausreichend, ist der Anhörungstermin zu verlegen bzw. ein neuer Termin zu bestimmen (GK-ArbGG/*Dörner* Rn. 167; GMP/*Matthes* Rn. 112). Mit Einverständnis aller Beteiligten kann das Gericht nach Abs. 4 S. 3 auch im **schriftlichen Verfahren** entscheiden. Selbst wenn das Einverständnis aller Beteiligten vorliegt, steht es im Ermessen des Gerichts, ob mündlich verhandelt wird (GK-ArbGG/*Dörner* Rn. 170; GMP/*Matthes* Rn. 115). Von der Möglichkeit der schriftlichen Verfahrens wird das Gericht regelmäßig nur dann Gebrauch machen, wenn es bei vollständig aufgeklärtem Sachverhalt allein um Rechtsfragen geht, die einer Entscheidung bedürfen. Wenn schriftlich verfahren wird, ist nach § 60 I ein Verkündungstermin anzuberaumen, zu dem der Beschluss nach § 84 S. 3 iVm. § 60 IV 2 schriftlich abgefasst vorliegen muss. Der Beschlusstenor ist in diesem Fall von den ehrenamtlichen Richtern gem. § 60 III 2 zu unterschreiben.

V. Beschwerdeverfahren

12 Mit **Abs. 5** sind nicht instanzbeendende Beschlüsse nach § 84 angesprochen (GK-ArbGG/*Dörner* Rn. 178). Beschwerdefähige Entscheidungen iSd. Abs. 5 sind daher Anordnungen und Entscheidungen, die im Laufe des Verfahrens ergehen (zu den Einzelheiten s. § 78 Rn. 2). Gegen eine Vorabendscheidung über die zutreffende Verfahrensart nach § 80 III iVm. §§ 48 I, 17 ff. GVG ist nach § 17 a IV 3 GVG die sofortige Beschwerde nach § 567 I ZPO gegeben. Soweit Spezialgesetze (BRAGO, GKG) im Einzelfall nicht etwas anderes vorsehen, muss mit der Beschwerdeentscheidung nach § 78 S. 2 zugleich über die Zulassung einer Rechtsbeschwerde entschieden werden. Dabei kann das LAG auch im Beschlussverfahren die Rechtsbeschwerde gegen verfahrensbegleitende Beschlüsse jedenfalls dann zulassen. wenn es als Rechtsmittelgericht über eine sofortige Beschwerde nach § 78 iVm. § 83 V entscheidet (BAG 28. 2. 2003 AP ArbGG 1979 nF § 78 Nr. 2). Hat es in einem verfahrensbegleitenden Beschluss die Rechtsbeschwerde nicht zugelassen, findet eine gegen diese Entscheidung gerichtete Beschwerde an das BAG nicht statt (BAG 19. 12. 2002 AP ArbGG 1979 § 72 a Nr. 47).

§ 83 a Vergleich, Erledigung des Verfahrens

(1) **Die Beteiligten können, um das Verfahren ganz oder zum Teil zu erledigen, zur Niederschrift des Gerichts oder des Vorsitzenden einen Vergleich schließen, soweit sie über den Gegenstand des Vergleichs verfügen können, oder das Verfahren für erledigt erklären.**

(2) [1] **Haben die Beteiligten das Verfahren für erledigt erklärt, so ist es vom Vorsitzenden des Arbeitsgerichts einzustellen.** [2] **§ 81 Abs. 2 Satz 3 ist entsprechend anzuwenden.**

II. Erledigungserklärung

(3) ¹Hat der Antragsteller das Verfahren für erledigt erklärt, so sind die übrigen Beteiligten binnen einer von dem Vorsitzenden zu bestimmenden Frist von mindestens zwei Wochen aufzufordern, mitzuteilen, ob sie der Erledigung zustimmen. ²Die Zustimmung gilt als erteilt, wenn sich der Beteiligte innerhalb der vom Vorsitzenden bestimmten Frist nicht äußert.

I. Vergleich

Nach den §§ 80 II und 57 II ist das Gericht auch im Beschlussverfahren gehalten, auf eine Verfahrensbeendigung durch Vergleich hinzuwirken. Der Vergleich ist wie im Urteilsverfahren ein materiellrechtlicher und zugleich prozessualer Vertrag zwischen den Beteiligten (BAG 5. 8. 1982 AP ZPO § 794 Nr. 31). Er muss daher **von allen** am Verfahren **Beteiligen** geschlossen werden (GMP/*Matthes* Rn. 5; GK-ArbGG/*Dörner* Rn. 7). Wird der Vergleich nicht von allen Beteiligten geschlossen, so hat das Gericht die übrigen Beteiligten zur Erklärung darüber aufzufordern, ob sie sich dem Vergleich anschließen. § 83 a III gilt in diesem Falle nicht entsprechend (GMP/*Matthes* Rn. 6; GK-ArbGG/*Dörner* Rn. 8; aA *Wlotzke/Schwedes/Lorenz*, § 83 a Rn. 6). Für die Verfahrensbeendigung macht es zwar keinen Unterschied, ob einige Beteiligte sich zur erklärten Hauptsacheerledigung oder zu einem von anderen Beteiligten geschlossenen Vergleich nicht äußern. Der Vergleich ist aber Vollstreckungstitel. Daher kann er nicht durch Schweigen zustande kommen. Ist der Verfahrensgegenstand teilbar (objektive Antragshäufung) mit unterschiedlicher Beteiligung, ist in jedem Fall bei einem Teilvergleich nur die Zustimmung der von diesem Verfahrensteil Betroffenen erforderlich (GK-ArbGG/*Dörner* Rn. 9: GMP/*Matthes* Rn. 5). Durch einen Vergleich endet das Verfahren **ohne** förmlichen **Einstellungsbeschluss** (ArbGV/*Koch* Rn. 2; GK-ArbGG/*Dörner* Rn. 14), anders nur im Fall des § 278 VI ZPO. Vergleiche sind nach Maßgabe des § 85 I vollstreckbar. 1

Der Vergleich ist nur **zulässig**, wenn alle Beteiligten über den Gegenstand des Vergleichs verfügen können (GMP/*Matthes* Rn. 5; GK-ArbGG/*Dörner* Rn. 10; aA *Grunsky* Rn. 3). Damit soll sichergestellt werden, dass zwingende, insbesondere formelle betriebsverfassungsrechtliche Vorschriften – zB der Betriebsbegriff, Wahlrechtsvorschriften, Verfahrensvorschriften – nicht unterlaufen werden oder sich zwei Beteiligte zu Lasten eines Dritten vergleichen. In den Vergleich können nicht anhängige Streitpunkte einbezogen werden (GMP/*Matthes* Rn. 8; GK-ArbGG/*Dörner* Rn. 10). Die Verfügungsbefugnis der Beteiligten über einen Vergleichsgegenstand ist anhand des materiellen Rechts festzustellen (GMP/*Matthes* Rn. 5; GK-ArbGG/*Dörner* Rn. 11). Regelmäßig ist die Verfügungsbefugnis in vermögensrechtlichen Streitigkeiten gegeben. Bei Streitigkeiten über Mitbestimmungsrechte sind Vergleiche für den konkreten Fall zulässig. Der BR kann jedoch nicht wirksam auf Mitbestimmungsrechte in zukünftigen, anders gelagerten Fallgestaltungen verzichten (GMP/*Matthes* Rn. 9; GK-ArbGG/*Dörner* Rn. 13). Kann durch BV vom Gesetz abgewichen werden – wie zB in den §§ 38 I 3, 47 IV, 55 IV, 72 IV – sind nur die zum Abschluss dieser BV Berechtigten verfügungsbefugt (GK-ArbGG/*Dörner* Rn. 13 b). Ist nicht nach diesen Grundsätzen ein Vergleich **nicht zulässig**, hat er als solcher auch keine verfahrensbeendende Wirkung (GMP/*Matthes* Rn. 10; GK-ArbGG/*Dörner* Rn. 16). Das Gericht darf die Protokollierung eines unwirksamen Vergleichs nicht ablehnen (GMP/*Matthes* Rn. 10). Es hat jedoch die Beteiligten auf rechtliche Bedenken hinzuweisen (ArbGV/*Koch* Rn. 3). Der gleichwohl geschlossene Vergleich hat dann die Wirkung einer übereinstimmenden Erledigungserklärung; das Verfahren ist beendet, wenn es entsprechend Abs. 2 durch Beschluss eingestellt wird (GMP/*Matthes* Rn. 10; aA GK-ArbGG/*Dörner* Rn. 16). Innerhalb der Grenzen des § 242 BGB bleibt es den Beteiligten unbenommen, unter Hinweis auf die Unwirksamkeit des Vergleichs die Streitsache erneut anhängig zu machen. Auch **außergerichtliche Vergleiche** sind im Beschlussverfahren zulässig; sie haben jedoch als materieller Vertrag aus sich heraus keine verfahrensbeendende Wirkung (BAG 9. 7. 1981 AP BGB § 620 Bedingung Nr. 4; GK-ArbGG/*Dörner* Rn. 19), so dass noch die Antragsrücknahme bzw. Verfahrenserledigung erklärt werden muss. Geschieht dies nicht, so wird nach einem wirksam geschlossenen außergerichtlichen Vergleich regelmäßig das Rechtsschutzinteresse für das weiterbetriebene Verfahren fehlen. 2

II. Erledigungserklärung

Abs. 2 regelt die übereinstimmenden Erledigungserklärungen aller Beteiligten. Hier prüft das Gericht nicht, ob das Verfahren tatsächlich erledigt ist und ob die Beteiligten über den Verfahrensgegenstand verfügen können, da die Erledigungserklärungen lediglich eine Prozesshandlung darstellen (ArbGV/*Koch* Rn. 7; GK-ArbGG/*Dörner* Rn. 23; GMP/*Matthes* Rn. 14). Durch bekannt zu gebenden Beschluss, gegen den nach § 87 die Beschwerde statthaft ist (ArbGV/*Koch* Rn. 7; GK-ArbGG/*Dörner* Rn. 24), hat das Gericht das Verfahren einzustellen. 3

Abs. 3 sieht eine Sonderregelung gegenüber den Vorschriften der ZPO für den Fall vor, dass der **Antragsteller** einseitig das Verfahren für erledigt erklärt. Die Regelung ist für das Verfahren vor den Arbeitsgerichten bedeutungslos. Der Antragsteller kann hier nach § 81 II den Antrag ohne Zustimmung der übrigen Beteiligten jederzeit zurücknehmen. Die Erledigungserklärung ist als Verfahrenshandlung unwiderruflich. Die Zustimmungsfiktion setzt voraus, dass alle Beteiligten in dem gericht- 4

Eisemann

lichen Schreiben auf die Rechtsfolgen ihrer Nichtäußerung hingewiesen wurden (GK-ArbGG/*Dörner* Rn. 26). Bei der Frist des Abs. 3 Satz 1 handelt es sich nicht um eine Notfrist. Eine Wiedereinsetzung ist nicht möglich (GMP/*Matthes* Rn. 17; GK-ArbGG/*Dörner* Rn. 27). Gilt die Zustimmung nach diesen Grundsätzen als erteilt, so ist wie im Falle des Abs. 2 das Verfahren durch Beschluss einzustellen. Widerspricht ein Beteiligter der Erledigungserklärung, ist vom Gericht durch zu begründenden, beschwerdefähigen Beschluss die Erledigung des Verfahrens festzustellen und das Verfahren einzustellen, wenn es sich nach Rechtshängigkeit tatsächlich erledigt hat (GK-ArbGG/*Dörner* Rn. 30); ob der Antrag ursprünglich zulässig und begründet war, ist unerheblich (BAG 10. 2. 1999 AP ArbGG 1979 § 81 Nr. 43; BAG 14. 8. 2001 AP BetrVG 1972 § 21 b Nr. 1 = NZA 2002, 109). Dies gilt auch in den Rechtsmittelinstanzen, wenn nach der Entscheidung erster Instanz tatsächliche Umstände eintreten, die den Antragsteller hindern, seinen Antrag mit Aussicht auf Erfolg weiterzuverfolgen. Voraussetzung ist jedoch, dass das eingelegte Rechtsmittel zulässig war (BAG 10. 2. 1999 AP ArbGG 1979 § 83 a Nr. 5 und 6; BAG 19. 6. 2001 AP ArbGG 1979 § 83 a Nr. 8 = NZA 2002, 756). Fehlt ein erledigendes Ereignis, liegt in der einseitigen Erledigungserklärung des Antragstellers möglicherweise eine Antragsrücknahme (BAG v. 27. 8. 1996 AP ArbGG 1979 § 83 a Nr. 4). Für die einseitige Erledigungserklärung anderer **Beteiligter** ist Abs. 3 auch nicht entsprechend anwendbar (BAG 26. 3. 1991 AP BPersVG § 75 Nr. 32; GMP/*Matthes* Rn. 24; aA ArbGV/*Koch* Rn. 9). Auch im Beschlussverfahren bestimmt nur der Antragsteller, ob eine gerichtliche Entscheidung herbeigeführt bzw. was zur gerichtlichen Entscheidung gestellt werden soll. Daher kann auch nur der Antragsteller durch Erledigungserklärung auf eine gerichtliche Entscheidung im laufenden Verfahren verzichten (GK-ArbGG/*Dörner* Rn. 32; GMP/*Matthes* Rn. 24). Die Erledigungserklärung eines sonstigen Beteiligten ist jedoch Anlass für das Gericht, von Amts wegen zu prüfen, ob sich das Verfahren tatsächlich erledigt hat; denn in diesem Fall wird regelmäßig das Rechtsschutzbedürfnis für den Antrag entfallen sein (BAG 23. 1. 1986 AP BetrVG 1972 § 5 Nr. 31). Das Gericht darf nicht **von Amts wegen** ein Verfahren für erledigt erklären (GK-ArbGG/*Dörner* Rn. 33). Es muss aber prüfen, ob noch ein Rechtsschutzinteresse besteht, weil sich nach seinen Feststellungen das Verfahren erledigt hat. Ein Verfahren nach § 100 II 3 BetrVG zur Feststellung der Erforderlichkeit einer vorläufige personelle Maßnahme ist von Amts wegen einzustellen, wenn die Zustimmung des Betriebsrats zur personellen Maßnahme rechtskräftig ersetzt wird (aA GK-ArbGG/*Dörner* Rn. 35). Die Rechtshängigkeit dieses Antrags ist von vornherein auf die Zeit bis zur rechtskräftigen Entscheidung über den Zustimmungsersetzungsantrag begrenzt (BAG 18. 10. 1988 AP BetrVG 1972 § 100 Nr. 4).

§ 84 Beschluß

¹ Das Gericht entscheidet nach seiner freien, aus dem Gesamtergebnis des Verfahrens gewonnenen Überzeugung. ² Der Beschluß ist schriftlich abzufassen. ³ § 60 ist entsprechend anzuwenden.

I. Entscheidung

1   Der die **Instanz beendende Beschluss** entspricht dem Urteil im Urteilsverfahren. Nicht unter diese Vorschrift fallen verfahrensleitende Beschlüsse nach §§ 53 I, 83 V, die der Endentscheidung vorausgehen. Über Satz 3 iVm. § 60 gelten die Vorschriften der ZPO über das Urteil (§§ 300 ff., insbesondere auch §§ 313, 301 und 303 ZPO) entsprechend (GK-ArbGG/*Dörner* Rn. 4). Entgegen dem Wortlaut des Satzes 1 trifft das Gericht keine Ermessens-, sondern eine Rechtsentscheidung. Entscheidungsgrundlage ist der gestellte Antrag sowie der von Amts wegen unter Mitwirkung der Beteiligten festgestellte Sachverhalt. Aus der Formulierung des Satzes 1 folgt, dass das Gericht auch im Beschlussverfahren das Recht und die Pflicht hat, bei der Sachverhaltsfeststellung den Vortrag der Beteiligten nach § 286 I ZPO zu würdigen (vgl. GMP/*Matthes* § 58 Rn. 2).

2   Das Gericht entscheidet regelmäßig unter Mitwirkung der **ehrenamtlichen Richter,** auch wenn nach § 83 IV 3 ohne mündliche Verhandlung entschieden wird (GK-ArbGG/*Dörner* Rn. 2). Nur bei den im Rahmen des § 83 a auch im Beschlussverfahren zulässigen Anerkenntnis- oder Verzichtsbeschlüssen nach den §§ 306, 307 ZPO und in Verfahren nach § 98 entscheidet der Vorsitzende allein. Der gesamte Beschluss ist **schriftlich abzufassen.** „Tatbestand und Entscheidungsgründe" können nach § 313a II ZPO (nicht nach dessen Abs. 1) allenfalls in dem Umfang entfallen, wie dies im Urteilsverfahren der Fall ist (GMP/*Matthes* Rn. 11). Wegen der Rechtskraftwirkung des Beschlusses sind sämtliche Beteiligten im **Rubrum** aufzuführen, auch wenn sie sich nicht geäußert haben (GMP/*Matthes* Rn. 10). Anders als arbeitsgerichtliche Urteile sind die Beschlüsse nur in vermögensrechtlichen Streitigkeiten vorläufig vollstreckbar. Im **Entscheidungstenor** sollte daher zum Ausdruck kommen, ob der Beschluss nach § 85 I 2 vorläufig vollstreckbar ist (GMP/*Matthes* Rn. 12; GK-ArbGG/*Dörner* Rn. 11). Gegebenenfalls ist durch entsprechende Tenorierung die vorläufige Vollstreckbarkeit nach § 85 I 2 Halbs. 2 iVm. § 62 I 2 auszuschließen. Um Unklarheiten über die vorläufige Vollstreckbarkeit im Beschlussverfahren zu vermeiden, empfiehlt es sich für den Antragsteller, die gerichtliche Anordnung der vorläufigen Vollstreckbarkeit ausdrücklich zu beantragen. Eine **Kostenentscheidung** erfolgt wegen der in § 12 V festgeschriebenen Gerichtskostenfreiheit des Beschluss-

verfahrens auch nicht für die außergerichtlichen Kosten (BAG 31. 10. 1972 AP BetrVG 1972 § 40 Nr. 2; BAG 20. 4. 1999 AP ArbGG 1979 § 81 Nr. 43; GMP/*Matthes* Rn. 30). Im Übrigen sind die §§ 91 ff. ZPO im § 80 III nicht in Bezug genommen. Sie sind auch nicht entsprechend anwendbar (BAG 20. 4. 1999 AP ArbGG 1979 § 81 Nr. 43). Auch eine **Streitwertfestsetzung** nach § 61 I hat zu unterbleiben (GMP/*Matthes* Rn. 14; GK-ArbGG/*Dörner* Rn. 13). Die Festsetzung des Verfahrenswertes zur anwaltlichen Gebührenberechnung erfolgt auf Antrag durch gesonderten Beschluss nach § 10 BRAGO. Nach § 87 ist der Beschwerde gegen verfahrensbeendende Beschlüsse unabhängig von einem bestimmten Beschwerdewert statthaft. Der Beschluss ist analog § 9 V mit einer konkreten **Rechtsmittelbelehrung** zu versehen, die es den Beteiligten ermöglicht, sich allein aus dieser Belehrung über das für sie gegebene Rechtsmittel zu informieren (BAG 20. 2. 1997 AP ArbGG 1979 § 9 Nr. 16). Als Bestandteil des Beschlusses ist sie vom Vorsitzenden mit zu unterschreiben (BAG 1. 3. 1994 AP ArbGG 1979 § 9 Nr. 10). Die **Verkündung** der Entscheidung erfolgt durch die Kammer; im Falle eines besonderen Verkündungstermins nach § 60 I ist die Anwesenheit der ehrenamtlichen Richter nicht erforderlich, jedoch muss der Beschlusstenor dann nach § 60 III von den ehrenamtlichen Richtern unterschrieben sein. Der Beschluss ist nach den §§ 80 II, 50 I allen Beteiligten **förmlich zuzustellen.** § 320 ZPO – Tatbestandsberichtigung – und § 321 ZPO – Ergänzungsbeschluss – gelten entsprechend.

II. Rechtskraft

Beschlüsse können wie Urteile formelle und materielle Rechtskraft entfalten (BAG 20. 3. 1996 AP 3
BetrVG 1972 § 19 Nr. 32; BAG 16. 9. 1999 AP BetrVG 1972 § 103 Nr. 38). Für die **materielle Rechtskraft** gelten die Vorschriften der §§ 323, 325 ZPO. Sie steht einer erneuten Entscheidung der gleichen Streitfrage in einem anderen Verfahren entgegen, es sei denn, dass sich nach der Entscheidung die Gesetzeslage geändert hat oder wesentliche tatsächliche Veränderungen stattgefunden haben (BAG 20. 3. 1996 AP BetrVG 1972 § 19 Nr. 32). Rechtskräftige Beschlüsse wirken **für und gegen alle Beteiligten,** auch wenn sie nicht aktiv am Verfahren teilgenommen und sich nicht geäußert haben (ArbGV/*Koch* Rn. 5; GMP/*Matthes* Rn. 25; aA nur gegenüber tatsächlich Beteiligten GK-ArbGG/*Dörner* Rn. 26). Die Rechtskraft einer Entscheidung muss sich auch ein neugewählter Betriebsrat (BAG 27. 1. 1981 AP Nr. 2 zu § 80 ArbGG 1979) sowie der Betriebserwerber bei einem Betriebsübergang (BAG 5. 2. 1991 AP Nr. 89 zu § 613 a BGB) entgegenhalten lassen. Rechtskräftige Beschlüsse können auch **Dritte** binden. So wirken in der Regel gerichtliche Entscheidungen, die zwischen den Betriebsparteien ergangen sind, auch gegenüber den **AN,** die von dieser Entscheidung inhaltlich betroffen sind (BAG 10. 3. 1998 AP ArbGG 1979 § 84 Nr. 5). Das gilt insbesondere für rechtsgestaltende Entscheidungen – Wahlanfechtung, Ablösung des BR, Ausschließung eines BRMitgliedes – sowie bei feststellenden Statusentscheidungen – Zuordnung eines Betriebsteils nach § 18 II 2 BetrVG (BAG 9. 4. 1991 AP BetrVG 1972 § 18 Nr. 8), aktives und passives Wahlrecht, Arbeitnehmereigenschaft, leitender Angestellter (BAG 5. 2. 1991 AP BGB § 613 a Nr. 89; BAG 20. 3. 1996 BetrVG 1972 § 18 Nr. 32). Darüber hinaus sind Beschlüsse über den Inhalt von **BV** (BAG 17. 2. 1992 AP ArbGG 1972 § 84 Nr. 1) und **Einigungsstellenansprüchen** (BAG 17. 2. 1981 AP BetrVG 1972 § 112 Nr. 11) auch im Verhältnis zwischen AG und AN verbindlich, wenn eine Partei des Arbeitsvertrages hieraus Ansprüche oder Rechte herleitet. Das Gleiche gilt, wenn in einem Beschlussverfahren über das Bestehen von **Mitbestimmungsrechten** entschieden wurde und ein Arbeitnehmer daraufhin die Unwirksamkeit einer Maßnahme des Arbeitgebers wegen einer Verletzung dieser Mitbestimmungsrechte geltend macht (BAG 10. 3. 1998 AP ArbGG 1979 § 84 Nr. 5; BAG 21. 9. 1989 AP BetrVG 1972 § 99 Nr. 72) oder wenn ein AN im Hinblick auf einen Beschluss über das Vorliegen einer **Betriebsänderung** Abfindungsansprüche nach § 113 BetrVG begehrt (BAG 10. 11. 1987 AP BetrVG 1972 § 113 Nr. 15). Ist in einem Beschlussverfahren über die Erforderlichkeit einer **Schulungsveranstaltung** entschieden worden, so gilt dies auch für die nachfolgende Zahlungsklage eines BRMitgliedes, das Entgeltansprüche für die Zeit des Besuchs der Schulungsveranstaltung geltend macht (BAG 6. 5. 1975 AP BetrVG 1972 § 65 Nr. 5). Nach rechtskräftiger **Ersetzung der Zustimmung nach § 103 Abs. 2 BetrVG** steht im nachfolgenden Kündigungsschutzprozess des BRMitgliedes bindend fest, dass die außerordentliche Kündigung formell und materiell rechtmäßig ist, soweit im Beschlussverfahren darüber entschieden wurde. Wegen dieser Präklusionswirkung kann das gekündigte BRMitglied im Kündigungsschutzprozess nur noch geltend machen, der Arbeitgeber habe nicht unverzüglich nach Rechtskraft des Ersetzungsbeschlusses gekündigt, oder die Unwirksamkeit der Kündigung auf neue Tatsachen stützen, die im Beschlussverfahren noch nicht berücksichtigt werden konnten (BAG 24. 4. 1975 AP BetrVG 1972 § 103 Nr. 3; BAG 27. 1. 1977 AP BetrVG 1972 § 103 Nr. 7; BAG 23. 6. 1993 AP ArbGG 1979 § 83 a Nr. 2) wie zB die fehlende Zustimmung des Integrationsamts oder eine erst später mit Rückwirkung festgestellte Schwerbehinderung (BAG 11. 5. 2000 AP BetrVG 1972 § 103 Nr. 42). Wird im Verfahren nach § 103 BetrVG rechtskräftig festgestellt, dass eine Zustimmung des Betriebsrates nicht erforderlich war, gilt dies auch für das nachfolgende Kündigungsschutzverfahren (BAG 18. 9. 1997 AP BetrVG 1972 § 103 Nr. 35). Bei **Eingruppierungsstreitigkeiten** soll sich der Arbeitnehmer unmittelbar auf die Entscheidung in einem vorangegangenen

Zustimmungsersetzungsverfahren nach § 99 IV BetrVG stützen können, soweit dort eine bestimmte Entgeltgruppe als zutreffend ermittelt oder als unzutreffend ausgeschlossen wurde (BAG 3. 5. 1994 AP BetrVG 1972 § 99 Eingruppierung Nr. 2; GK-ArbGG/*Dörner* Rn. 38; aA GMP/*Matthes* Rn. 28).

§ 85 Zwangsvollstreckung

(1) ¹ Soweit sich aus Absatz 2 nichts anderes ergibt, findet aus rechtskräftigen Beschlüssen der Arbeitsgerichte oder gerichtlichen Vergleichen, durch die einem Beteiligten eine Verpflichtung auferlegt wird, die Zwangsvollstreckung statt. ² Beschlüsse der Arbeitsgerichte in vermögensrechtlichen Streitigkeiten sind vorläufig vollstreckbar; § 62 Abs. 1 Satz 2 und 3 ist entsprechend anzuwenden. ³ Für die Zwangsvollstreckung gelten die Vorschriften des Achten Buches der Zivilprozeßordnung entsprechend mit der Maßgabe, daß der nach dem Beschluß Verpflichtete als Schuldner, derjenige, der die Erfüllung der Verpflichtung auf Grund des Beschlusses verlangen kann, als Gläubiger gilt und in den Fällen des § 23 Abs. 3, des § 98 Abs. 5 sowie der §§ 101 und 104 des Betriebsverfassungsgesetzes eine Festsetzung von Ordnungs- oder Zwangshaft nicht erfolgt.

(2) ¹ Der Erlaß einer einstweiligen Verfügung ist zulässig. ² Für das Verfahren gelten die Vorschriften des Achten Buches der Zivilprozeßordnung über die einstweilige Verfügung entsprechend mit der Maßgabe, daß die Entscheidungen durch Beschluß der Kammer ergehen, erforderliche Zustellungen von Amts wegen erfolgen und ein Anspruch auf Schadensersatz nach § 945 der Zivilprozeßordnung in Angelegenheiten des Betriebsverfassungsgesetzes nicht besteht.

I. Vollstreckbarkeit

1 Rechtskräftige Beschlüsse sowie Vergleiche, die Beteiligten Verpflichtungen auferlegen, sind nach den Vorschriften der ZPO – mit den Maßgaben des Abs. 1 Satz 3 – vollstreckbar. Einen vollstreckbaren Inhalt hat ein Tenor, wenn das Gericht einem Beteiligten die Vornahme, Unterlassung oder Duldung einer Handlung aufgibt oder ihn verpflichtet, Sachen herauszugeben oder eine Zahlung zu leisten. Dabei darf über Art und Umfang der Verpflichtung im Zwangsvollstreckungsverfahren kein Zweifel bestehen (ArbGV/*Krönig* Rn. 3; GMP/*Matthes* Rn. 2). Nicht vollstreckbar sind gerichtliche Feststellungen sowie Gestaltungsbeschlüsse, deren Wirkung ohne Vollstreckung unmittelbar mit Rechtskraft des Beschlusses eintritt. Nach Abs. 1 Satz 2 sind Beschlüsse – anders als arbeitsgerichtliche Urteile – nur in **vermögensrechtlichen Streitigkeiten** vorläufig vollstreckbar. Hierbei handelt es sich um Streitigkeiten, mit denen in erheblichem Maß wirtschaftliche Zwecke verfolgt werden oder bei denen es um Ansprüche geht, die auf Geld oder geldwerte Leistungen gerichtet sind bzw. auf vermögensrechtlichen Beziehungen beruhen (BAG 28. 9. 1989 AP ArbGG 1979 § 64 Nr. 14). Dies sind im Beschlussverfahren im Wesentlichen nur Streitigkeiten über Kosten der Betriebsratstätigkeit, Sachmittel und Wahlkosten (ArbGV/*Krönig* Rn. 4; GMP/*Matthes* Rn. 6). Eine Streitigkeit ist nicht bereits dann vermögensrechtlicher Art, wenn in einem Streit über Beteiligungsrechte vermögenswerte Interessen der Arbeitnehmer und des Arbeitgebers berührt sind, weil es bei den Beteiligungsrechten nicht in erster Linie um die Verfolgung wirtschaftlicher Zwecke geht, sondern um die Teilhabe an der Gestaltung des Geschehens im Betrieb (ArbGV/*Krönig* Rn. 4; GMP/*Matthes* Rn. 6). Damit handelt es sich zB bei einem Verfahren über die Wirksamkeit eines Sozialplanes oder bei einem Verfahren über Fragen der betrieblichen Lohngestaltung nicht um vermögensrechtliche Streitigkeiten (LAG Niedersachsen 19. 12. 1986 DB 1987, 1440). Da aus dem **Beschlusstenor** nicht immer zweifelsfrei zu erkennen ist, ob es sich um eine vermögensrechtliche Streitigkeit handelt, empfiehlt es sich, dass das Gericht im Beschlusstenor die vorläufige Vollstreckbarkeit ausdrücklich anordnet (GK-ArbGG/*Leinemann*/*Senne* § 84 Rn. 11; GMP/*Matthes* § 84 Rn. 12). Ein besonderer Antrag des Antragstellers ist nicht erforderlich, eine entsprechende Anregung an das Gericht ist empfehlenswert. Für den **Ausschluss der vorläufigen Vollstreckbarkeit** oder die **Einstellung der Zwangsvollstreckung** gilt § 62 I 2 und 3 entsprechend (GMP/*Matthes* Rn. 8).

II. Vollstreckung

2 Da das Beschlussverfahren nur Beteiligte kennt, das Vollstreckungsverfahren nach der ZPO jedoch Gläubiger und Schuldner voraussetzt, regelt Abs. 1 Satz 3, dass der nach dem Beschluss verpflichtete Beteiligter als **Schuldner** und derjenige, der die Erfüllung der Verpflichtung auf Grund des Beschlusses verlangen kann, als **Gläubiger** iSd. ZPO gilt. Eine **Vollstreckung für betriebsverfassungsrechtliche Stellen** ist möglich. Die an sich nicht rechtsfähigen aber nach § 10 2. Halbsatz beteiligtenfähigen betriebsverfassungsrechtlichen Organe – BR, Wirtschaftsausschuss, Wahlvorstand – sind auch für das anschließende Zwangsvollstreckungsverfahren parteifähig (ArbGV/*Krönig* Rn. 10; GMP/*Matthes* Rn. 12). Soweit diesen Stellen im Vollstreckungstitel einen Anspruch zugesprochen wird, sind sie für das Vollstreckungsverfahren insoweit auch rechtsfähig und können in der Zwangsvollstreckung Rechte erwerben (GMP/*Matthes* Rn. 13; *Hauck* Rn. 5). Zugunsten des BR kann eine Pfändung betrieben werden (GMP/*Matthes* Rn. 13; *Grunsky* Rn. 4). Der BR kann Besitz an herauszugebenden Sachen

III. Vorläufiger Rechtsschutz § 85 ArbGG 60

erwerben und nach § 887 ZPO die Ersatzvornahme betreiben, wenn der Arbeitgeber verpflichtet wird, dem BR Sachmittel zur Verfügung zu stellen (BAG 21. 4. 1983 AP BetrVG 1972 § 40 Nr. 20). Eine **Vollstreckung gegen betriebsverfassungsrechtliche Stellen** ist nur teilweise möglich. Zulässig ist die Zwangsvollstreckung wegen der Herausgabe von Sachen, die sich im Besitz des Betriebsrats befinden oder zur Rückzahlung von geleisteten Vorschüssen nach § 883 ZPO (ArbGV/*Krönig* Rn. 11; GMP/*Matthes* Rn. 15, 16). Da betriebsverfassungsrechtliche Stellen nicht vermögensfähig sind, scheiden gegen sie gerichtete Zwangsvollstreckungsmaßnahmen aus, die im Vermögen des Schuldners voraussetzen (GK-ArbGG/*Vossen* Rn. 21; GMP/*Matthes* Rn. 14; *Hauck* Rn. 5). Eine Anordnung von Zwangs- oder Ordnungsgeld unmittelbar gegen den Betriebsrat oder eine Ersatzvornahme auf seine Kosten ist daher auch dann unzulässig, wenn der Betriebsrat über zweckgebundene Geldmittel – zB als Vorschuss auf Geschäftsführungskosten – verfügt (ArbGV/*Krönig* Rn. 13; GK-ArbGG/*Vossen* Rn. 24; GMP/*Matthes* Rn. 17; aA *Grunsky* Rn. 5). Denn auch hierbei handelt es sich nicht um das Vermögen des Betriebsrates. Da eine betriebsverfassungsrechtliche Stelle als solche nicht in Zwangs- oder Ordnungshaft genommen werden kann, entfallen somit alle unmittelbar gegen diese Stelle gerichteten Zwangsmaßnahmen nach den §§ 887, 888, und 890 ZPO auf Vornahme einer Handlung, Duldung oder Unterlassung (ArbGV/*Krönig* Rn. 14; *Hauck* Rn. 5).

Aus Titeln gegen eine betriebsverfassungsrechtliche Stelle kann weder unmittelbar **gegen ihre** 3 **Mitglieder** vollstreckt werden (ArbGV/*Krönig* Rn. 14; GK-ArbGG/*Vossen* Rn. 25; GMP/*Matthes* § 85 Rn. 17 ff.), noch lässt sich ein gegen eine dieser Stellen gerichteter Titel auf ihre Mitglieder umschreiben (GMP/*Matthes* Rn. 18; GK-ArbGG/*Vossen* Rn. 25; *Hauck* Rn. 5). Bei einem Titel auf Vornahme einer Handlung kann auf Antrag des Gläubigers die **Vollstreckungsklausel** gegen den Vorsitzenden oder bestimmte Mitglieder der Stelle entsprechend § 731 ZPO erteilt werden, sofern das betreffende Mitglied materiellrechtlich zur Vornahme der Handlung für die Stelle verpflichtet ist, deren Verpflichtung als solche rechtskräftig feststeht (LAG Hamburg 3. 9. 1987 NZA 1988, 371; ArbGV/*Krönig* Rn. 14; GMP/*Matthes* Rn. 19). Über einen Antrag hat das ArbG als Prozessgericht im Fall des § 731 ZPO („Klage vor dem Prozessgericht") im Beschlussverfahren zu entscheiden (GMP/*Matthes* Rn. 24; GK-ArbGG/*Vossen* Rn. 29). Ist die Vollstreckungsklausel gegen ein Mitglied der Stelle erteilt, so kann gegen dieses nach den §§ 887 bis 890 ZPO vollstreckt werden. Wurde einer Stelle ein Dulden oder ein Unterlassen aufgegeben, werden hierdurch sämtliche Mitglieder der Stelle verpflichtet; gegen ein der gerichtlichen Anordnung zuwiderhandelndes Mitglied der Stelle kann wiederum unmittelbar nach den Vorschriften der ZPO vollstreckt werden (GMP/*Matthes* Rn. 20).

Das **Verfahren** bei der Festsetzung eines Ordnungs- bzw. Zwangsgeldes sowie in den sonstigen 4 Fällen der Vollstreckung, in denen es einer gerichtlichen Entscheidung bedarf, regelt sich nicht nach den §§ 80 ff., sondern nach den Bestimmungen des 8. Buches der ZPO. Beschlüsse des Gerichts können nach § 891 ZPO ohne mündliche Verhandlung und daher nach § 53 I durch den Vorsitzenden allein getroffen werden. Gegen diese Beschlüsse ist nach § 793 ZPO iVm. § 78 die sofortige Beschwerde gegeben. Vollstreckungsrechtliche **Besonderheiten** regeln die §§ 23 III, 98 V, 101 Satz 2 und 104 Satz 2 BetrVG. In diesen Fällen ist der Rahmen für die Ordnungs- oder Zwangsgelder gegenüber den Vorschriften der ZPO deutlich herabgesetzt; nach Abs. 1 Satz 3 letzter Halbsatz darf Ordnungs- und Zwanghaft nicht verhängt werden. Auch für die Zwangsvollstreckung gilt das **Kostenprivileg** des Beschlussverfahrens nach § 12 V (GMP/*Matthes* Rn. 25). Schadensersatzansprüche nach § 717 II ZPO sind ausgeschlossen (GMP/*Matthes* Rn. 26; *Grunsky* Rn. 1).

III. Vorläufiger Rechtsschutz

Kostenerstattungsansprüche betriebsverfassungsrechtlicher Organe können über einen Arrest gesi- 5 chert werden (GK-ArbGG/*Vossen* Rn. 34; GMP/*Matthes* Rn. 28). Für die nach Abs. 2 auch im Beschlussverfahren zulässige einstweilige Verfügung gelten die Vorschriften der §§ 916 ff. ZPO. Danach ist Voraussetzung für den Erlass einer (Sicherungs-, Regelungs- oder Leistungs-)Verfügung, dass der Antragsteller einen Verfügungsanspruch sowie einen Verfügungsgrund hat bzw. glaubhaft gemacht hat. **Verfügungsanspruch** ist der materielle Anspruch, dessen Vereitelung oder Gefährdung durch Zeitablauf die einstweilige Verfügung verhindern soll. Im Betriebsverfassungsrecht können dies Ansprüche der Betriebsparteien aus Gesetzen, Tarifverträgen oder Betriebsvereinbarungen sein (BAG 24. 2. 1987 AP BetrVG 1972 § 77 Nr. 21). In der Praxis bedeutsam sind Ansprüche des BR gegen den AG auf Duldung des Betretens des Betriebs zum Zwecke der Amtsausübung von BRMitgliedern – zB nach dem Ausspruch einer Kündigung –, auf Durchführung einer Betriebsversammlung, auf Freistellung zum Besuch einer Schulungsveranstaltung, sowie Ansprüche des AG auf Unterlassung der Amtsausübung nach einem Amtsenthebungsverfahren oder auf Unterlassung von Maßnahmen, die gegen § 74 II BetrVG verstoßen (vgl. BAG AP BetrVG 1972 § 74 Nr. 3). Problematisch können Fälle sein, in denen **Beteiligungsrechte** des BR durch eine einstweilige Verfügung gesichert werden sollen. In einem solchen Verfahren wird regelmäßig beantragt, dem Arbeitgeber die Unterlassung der betriebsverfassungswidrigen Maßnahme (zB die Anordnung von Überstunden ohne Zustimmung des Betriebsrats) aufzugeben. Wenn man darauf abstellt, dass in diesem Fall der zu sichernde Anspruch nur dieser **Unterlassungsanspruch** sein kann, ist bereits im Verfügungsverfahren regelmäßig die Frage

Eisemann 437

des allgemeinen Unterlassungsanspruchs im Betriebsverfassungsrecht (hierzu BAG 3. 6. 1994 und 6. 12. 1994 AP BetrVG 1972 § 23 Nr. 23 und 24) oder des groben Verstoßes gem. § 23 III 1 BetrVG zu erörtern (s. § 23 BetrVG Rn. 34; Einl. vor § 74 BetrVG Rn. 28 ff.; § 111 BetrVG Rn. 24). Diese Betrachtungsweise trägt der Funktion des einstweiligen Rechtsschutzes nicht hinreichend Rechnung. Da das Gericht nach § 938 ZPO nach freiem Ermessen bestimmen kann, welche Anordnungen es treffen muss, kann eine einstweilige Verfügung in Form einer Regelungsverfügung auf vorläufiges Unterlassen einer bestimmten Maßnahme grundsätzlich unabhängig davon ergehen, ob es einen materiellen Unterlassungsanspruch gibt, wenn sie sich als mildeste geeignete Anordnung zur Erreichung des Regelungszwecks erweist (GMP/*Matthes* Rn. 34). Aus diesem Grund ist es grundsätzlich möglich, im einstweiligen Verfügungsverfahren den zum Interessenausgleich bestehenden **Beratungsanspruch** des Betriebsrats aus §§ 111, 112 I und II BetrVG dadurch vorläufig zu sichern, dass man dem Arbeitgeber untersagt, die geplante Betriebsänderung bis zu einer Hauptsacheentscheidung oder bis zu einer vom Gericht zu bestimmenden Frist durchzuführen (ArbGV/*Krönig* Rn. 30; LAG Hamburg 26. 6. 1997 NZA-RR 97, 296 LAG Frankfurt 6. 4. 1993 AuR 1994, 162; LAG Berlin 7. 9. 1995 NZA 1996, 1284 einerseits und GMP/*Matthes* Rn. 37; LAG Baden-Württemberg 28. 8. 1985 DB 1986, 805; LAG Rheinland-Pfalz 28. 3. 1989 NZA 1989, 863; LAG Köln 1. 9. 1995 NZA 1995, 966; LAG Schleswig-Holstein 13. 1. 1992 DB 1992, 1788; LAG Düsseldorf 19. 11. 1996 NZA-RR 97, 297 andererseits, s. auch § 23 BetrVG Rn. 34; Einl. vor § 74 BetrVG Rn. 32; § 111 BetrVG Rn. 24). Freilich darf die Planungsphase nicht schon überschritten sein, so dass sich der Interessenausgleich nicht mehr nachholen lässt (BAG 14. 9. 1976 AP BetrVG 1972 § 113 Nr. 2). Das Gericht würde sonst dem AG etwa Unmögliches aufgeben.

6   Ein **Verfügungsgrund** liegt vor, wenn die Besorgnis besteht, dass ohne die begehrte einstweilige Verfügung die Verwirklichung des Rechts, das Gegenstand des Verfügungsanspruchs ist, bis zur Verkündung (oder – bei nichtvermögensrechtlichen Streitigkeiten – bis zur Rechtskraft, § 85 I 2) einer Hauptsacheentscheidung vereitelt oder wesentlich erschwert wird. Wird durch die einstweilige Verfügung die Hauptsache vorweggenommen, ist eine umfassende Interessenabwägung unter Einschluss der Prüfung der Erfolgsaussichten in der Hauptsache erforderlich. Dabei ist auch zu beachten, dass Abs. 2 eine Schadensersatzklage aus § 945 ZPO ausschließt (GK-ArbGG/*Vossen* Rn. 55; *Hauck* Rn. 11; GMP/*Matthes* Rn. 36). Soweit es um die Sicherung von **Beteiligungsrechten** des BR geht, kommt es für die Interessenabwägung darauf an, wie stark die Beteiligungsrechte des BR ausgestaltet sind und ob die AN, zu deren Schutz die Beteiligungsrechte des BR bestehen, durch individualrechtliche Sanktionen im BetrVG hinreichend geschützt sind (*Hauck* Rn. 11; aA GMP/*Matthes* Rn. 37; s. auch Einl vor § 74 Rn. 29). Deshalb besteht regelmäßig – wegen der Unwirksamkeitsanordnung der Kündigung nach § 102 I 3 BetrVG – keine Eilbedürftigkeit, wenn der BR vor Ausspruch einer Kündigung nicht beteiligt wird. Dagegen sind die AN durch die Vorschriften über den Nachteilsausgleich nicht hinreichend gegen die Folgen einer Betriebsänderung ohne den Versuch eines Interessenausgleichs durch den AG geschützt, solange nach der Rechtsprechung (BAG 15. 10. 1979 AP BetrVG 1972 § 111 Nr. 5; BAG 20. 11. 2001 AP BetrVG 1972 § 113 Nr. 39 = NZA 02, 992) die eingeklagte Abfindung aus § 113 I und III BetrVG auf Sozialplansprüche anzurechnen ist. In **Wahlangelegenheiten** ist zu beachten, dass die Aussetzung eines Wahlverfahrens durch einstweilige Verfügung zu einem betriebsratslosen Zustand führen kann. Ein Verfügungsgrund wird daher regelmäßig nur dann vorliegen, wenn entweder die Verfahrensfehler so gravierend sind, dass die Nichtigkeit der Wahl droht, oder wenn die Wahl durch den Fehler anfechtbar wird und dieser Fehler in kurzer Zeit beseitigt werden kann (LAG München 14. 4. 1987 DB 1988, 347; LAG Köln 5. 7. 1987 DB 1987, 1996).

7   Über den Antrag auf Erlass einer einstweiligen Verfügung wird in einem **ordentlichen Beschlussverfahren** nach den Vorschriften der §§ 80 ff. entschieden. Obwohl nach § 920 II ZPO Verfügungsanspruch und Verfügungsgrund glaubhaft zu machen sind, gilt nach § 83 I 1 der **Untersuchungsgrundsatz**. Auch im einstweiligen Verfügungsverfahren hat der Richter den Sachverhalt in den Grenzen des § 83 der Dringlichkeit des Verfahrens angemessen zu erforschen (ArbGV/*Krönig* Rn. 31; GK-ArbGG/*Vossen* Rn. 73; GMP/*Matthes* Rn. 44). Nach § 937 II ZPO kann unter den dort genannten Voraussetzungen ohne mündliche Anhörung der Beteiligten entschieden werden. Abs. 2 schreibt aber auch für diesen Fall ausdrücklich vor, dass die Entscheidungen durch **Beschluss der Kammer** ergehen; § 944 ZPO – Alleinentscheidung durch den Vorsitzenden in dringenden Fällen – ist grundsätzlich nicht anzuwenden (BAG 28. 8. 1991 AP ArbGG 1979 § 85 Nr. 2). Durch gerichtsorganisatorische Maßnahmen ist sicherzustellen, dass ehrenamtliche Richter möglichst kurzfristig hinzugezogen werden können. Ausnahmsweise ist zur Sicherstellung effektiven Rechtsschutzes eine **Alleinentscheidung** durch den Vorsitzenden dann zulässig, wenn in einem äußerst eiligen Fall ehrenamtliche Richter nicht mehr rechtzeitig geladen werden können und daher die Einhaltung von Abs. 2 zu einer zwischenzeitlichen Erledigung der Hauptsache und damit zur Rechtsverweigerung durch das Gericht führte (ArbGV/*Koch* Rn. 33; GK-ArbGG/*Vossen* Rn. 80; *Grunsky* Rn. 18; MünchKommZPO/ *Heinze* § 935 Rn. 35). Hierbei ist jedoch genau zu prüfen, ob im Falle einer Rechtsverweigerung Rechtsgüter von erheblichem Gewicht verletzt würden und ob mit großer Wahrscheinlichkeit ein Erfolg des Antragstellers im Hauptsacheverfahren zu erwarten ist. Hat der Antragsteller diese beson-

dere Eilbedürftigkeit selbst herbeigeführt, ist eine Alleinentscheidung von vornherein ausgeschlossen. Die Entscheidung im einstweiligen Verfügungsverfahren ergeht durch **Beschluss**. Gegen den die einstweilige Verfügung erlassenden Beschluss ist der Widerspruch zulässig, § 924 ZPO, wenn **ohne mündliche Anhörung** entschieden wurde; über den Widerspruch wird nach mündlicher Anhörung durch Beschluss entschieden – § 925 ZPO –, gegen den die Beschwerde nach § 87 gegeben ist. Wird der Antrag ohne mündliche Anhörung zurückgewiesen – was nach § 62 II 2 nur bei besonderer Dringlichkeit zulässig ist (LAG Chemnitz 8. 4. 1997 NZA 98, 223; *Grunsky* § 62 Rn. 28) –, ist für den Antragsteller die sofortige Beschwerde nach § 567 ZPO gegeben, der das ArbG nach § 572 ZPO abhelfen kann (ArbGV/*Koch* Rn. 34). Weist das Arbeitsgericht den Antrag **nach mündlicher Anhörung** zurück oder wird die einstweilige Verfügung nach mündlicher Anhörung erlassen, ist die Beschwerde nach § 87 statthaft (ArbGV/*Koch* Rn. 34).

§ 86 *(weggefallen)*

Zweiter Unterabschnitt. Zweiter Rechtszug

§ 87 Grundsatz

(1) Gegen die das Verfahren beendenden Beschlüsse der Arbeitsgerichte findet die Beschwerde an das Landesarbeitsgericht statt.

(2) ¹Für das Beschwerdeverfahren gelten die für das Berufungsverfahren maßgebenden Vorschriften über die Einlegung der Berufung und ihre Begründung, über Prozeßfähigkeit, Ladungen, Termine und Fristen, Ablehnung und Ausschließung von Gerichtspersonen, Zustellungen, persönliches Erscheinen der Parteien, Öffentlichkeit, Befugnisse des Vorsitzenden und der ehrenamtlichen Richter, Vorbereitung der streitigen Verhandlung, Verhandlung vor der Kammer, Beweisaufnahme, gütliche Erledigung des Rechtsstreits, Wiedereinsetzung in den vorigen Stand und Wiederaufnahme des Verfahrens sowie die Vorschriften des § 85 über die Zwangsvollstreckung entsprechend. ²Für die Vertretung der Beteiligten gilt § 11 Abs. 1 entsprechend. ³Der Antrag kann jederzeit mit Zustimmung der anderen Beteiligten zurückgenommen werden; § 81 Abs. 2 Satz 2 und 3 und Absatz 3 ist entsprechend anzuwenden.

(3) ¹In erster Instanz zu Recht zurückgewiesenes Vorbringen bleibt ausgeschlossen. ²Neues Vorbringen, das im ersten Rechtszug entgegen einer hierfür nach § 83 Abs. 1a gesetzten Frist nicht vorgebracht wurde, kann zurückgewiesen werden, wenn seine Zulassung nach der freien Überzeugung des Landesarbeitsgerichts die Erledigung des Beschlußverfahrens verzögern würde und der Beteiligte die Verzögerung nicht genügend entschuldigt. ³Soweit neues Vorbringen nach Satz 2 zulässig ist, muß es der Beschwerdeführer in der Beschwerdebegründung, der Beschwerdegegner in der Beschwerdebeantwortung vortragen. ⁴Wird es später vorgebracht, kann es zurückgewiesen werden, wenn die Möglichkeit es vorzutragen vor der Beschwerdebegründung oder der Beschwerdebeantwortung entstanden ist und das verspätete Vorbringen nach der freien Überzeugung des Landesarbeitsgerichts die Erledigung des Rechtsstreits verzögern würde und auf dem Verschulden des Beteiligten beruht.

(4) Die Einlegung der Beschwerde hat aufschiebende Wirkung; § 85 Abs. 1 Satz 2 bleibt unberührt.

I. Allgemeines

Die Beschwerde ist das Rechtsmittel gegen alle **instanzbeendenden Entscheidungen** des Arbeits- 1
gerichts im Beschlussverfahren. In den Fällen der §§ 122 und 126 InsO findet eine Beschwerde an das LAG nicht statt. Das ArbG kann aber die Rechtsbeschwerde an das BAG zulassen (s. § 126 InsO Rn. 11). Die Beschwerde entspricht der Berufung im Urteilsverfahren. Sie ist statthaft gegen alle Beschlüsse des ArbG nach § 84 unabhängig von der Höhe der Beschwer oder einer Zulassung durch das Arbeitsgericht. Daneben ist die Beschwerde auch gegen verfahrenseinstellende Beschlüsse des ArbG nach §§ 81 II und 83 a II gegeben (LAG Rheinland-Pfalz 25. 6. 1982 EzA ArbGG 1979 § 92 Nr. 1; GMP/*Matthes* Rn. 5; GK-ArbGG/*Dörner* Rn. 3; aA *Grunsky* Rn. 2).

II. Verfahren

Abs. 2 verweist – ähnlich wie im erstinstanzlichen Beschlussverfahren § 80 II – für einige Rechts- 2
institute auf die Vorschriften des arbeitsgerichtlichen Berufungsverfahrens. Diese Verweisung ist unvollständig und kompliziert. Die anzuwendenden Vorschriften erschließen sich meist erst durch eine Doppelverweisung in die ZPO. Daneben fehlt eine Einschränkung der Verweisung im Blick auf

die nachfolgenden Vorschriften zum Beschwerdeverfahren. Im Ganzen ist die Vorschrift so zu verstehen, dass zunächst die ausdrücklich geregelten Besonderheiten des Beschwerdeverfahrens in den §§ 88 ff. zu beachten sind. Daneben sind die Vorschriften zum Berufungsverfahren in den §§ 64 ff. und über § 64 VI und VII in Verbindung mit § 46 II die Vorschriften über die Berufung und das erstinstanzliche Verfahren nach der ZPO anzuwenden, soweit die Besonderheiten des Beschlussverfahrens dem nicht entgegenstehen (GMP/*Matthes* § 87, 8 ff.; GK-ArbGG/*Dörner* Rn. 5). Dies führt ua. dazu, dass § 513 I ZPO jedenfalls im Beschlussverfahren nicht anwendbar ist (zum Urteilsverfahren § 66 Rn. 26–28 einerseits und ähnlich wie hier GMP/*Germelmann* § 64 Rn. 54 a andererseits). Das Beschwerdeverfahren ist insoweit im ArbGG eigenständig geregelt. In den §§ 87 ff. fehlt ein Verweis auf § 93. Auch beim Beschwerdeverfahren handelt es sich um eine volle zweite Tatsacheninstanz. Dies verträgt sich nicht mit einer am Revisionsrecht ausgerichteten Beschränkung des Prüfungsmaßstabes an Hand des § 546 ZPO.

III. Antragsrücknahme und -änderung

3   In der Beschwerdeinstanz ist die **Rücknahme** des Antrags nach Abs. 2 Satz 3 nur mit Zustimmung **aller Beteiligten** zulässig (GMP/*Matthes* Rn. 24; GK-ArbGG/*Dörner* Rn. 23; aA *Grunsky* Rn. 30). Sinn des Zustimmungserfordernisses ist es, zu verhindern, dass der Antragsteller sich nach einer für ihn ungünstigen erstinstanzlichen Entscheidung einseitig dem Verfahren entzieht und eine rechtskräftige Klärung der Streitfrage unmöglich macht (BAG 10. 6. 1986 AP BetrVG 1972 § 80 Nr. 26). Der Beschluss des Arbeitsgerichts wirkt gegenüber allen betriebsverfassungsrechtlichen Stellen, die in ihrer Rechtsstellung materiell betroffen sind. Die Zustimmung muss nicht ausdrücklich erteilt werden, obwohl eine Zustimmungsfiktion wie in § 83 a III nicht vorgesehen ist; denn § 269 II ZPO ist entsprechend anwendbar (aA GMP/*Matthes* Rn. 25; GK-ArbGG/*Dörner* Rn. 24). Im Beschlussverfahren kann die Rücknahme nicht schwieriger sein als im Urteilsverfahren. Bei wirksamer Rücknahme ist das Verfahren durch bekannt zu gebenden Beschluss nach § 81 II 2 und 3 einzustellen (GMP/*Matthes* Rn. 26; GK-ArbGG/*Dörner* Rn. 25). Mit der Einstellung endet die Rechtshängigkeit. Der angefochtene Beschluss wird nach § 269 III ZPO wirkungslos, was nach § 269 IV ZPO auf Antrag durch Beschluss auszusprechen ist. Eine **Antragsänderung** ist bei Sachdienlichkeit oder Zustimmung aller Beteiligten (s. § 81 Rn. 7) nach Abs. 2 S. 3 letzter Halbsatz, § 81 III auch noch im Beschwerdeverfahren zulässig. Die Nichtzulassung der Antragsänderung ist unanfechtbar (GK-ArbGG/*Dörner* Rn. 26).

IV. Zurückweisung verspäteten Vorbringens

4   **Abs. 3** enthält für das Beschlussverfahren eigenständige Regelungen. **Satz 1** entspricht § 67 I und betrifft die erneute Zurückweisung von nach wie vor streitigem Vorbringen, das schon in erster Instanz zurückgewiesen wurde (s. dort Rn. 3). Für den Ausschluss dieses Vorbringens kommt es nicht auf eine Verzögerung der Erledigung des Verfahrens an. Sonst ließe sich die Beschleunigung des Verfahrens in erster Instanz kaum durchsetzen. Wurde verspätetes Vorbringen in erster Instanz nicht zurückgewiesen, darf dies auch in der Beschwerdeinstanz aus den Gründen der ersten Instanz nicht geschehen (vgl. BVerfG 26. 1. 1995; AP ArbGG 1979 § 67 Nr. 3). Eine Beschleunigung lässt sich durch diese Zurückweisung nicht mehr erreichen. Im Beschwerdeverfahren ist im Einzelnen zu prüfen, ob das Vorbringen vom ArbG zu Recht zurückgewiesen wurde, vor allem, ob rechtliches Gehör gewährt wurde, ob Fristen wirksam gesetzt wurden, ob die Verzögerung durch prozessleitende Maßnahmen des Gerichts hätte vermieden werden können, ob die Verspätung nicht genügend entschuldigt wurde und ob das ArbG bei der Zurückweisung die Besonderheiten des Beschlussverfahrens bei der richterlichen Aufklärung eines Sachverhalts beachtet hat. **Satz 2** regelt, wie zu verfahren ist, wenn Beteiligten in erster Instanz eine Frist gesetzt wurde, sie dort ihrer Mitwirkungspflicht trotz Fristsetzung nicht nachgekommen sind und zu einem entscheidungserheblichen Punkt erstmals im Beschwerdeverfahren vortragen. Auch hier ist die ordnungsgemäße Fristsetzung durch das ArbG erste Voraussetzung für die Zurückweisung durch das Beschwerdegericht. Ein Vorbringen kann ebenso wenig als verspätet zurückgewiesen werden, wenn sich die Verzögerung des Verfahrens durch prozessleitende Maßnahmen vermeiden ließ. Im Übrigen sind (s. dort Rn. 3) einige Besonderheiten des Beschlussverfahrens zu beachten. So ist die Äußerung der übrigen Beteiligten – das Gesetz nennt sie „Beschwerdegegner" – auf die Beschwerdeschrift nach § 90 I grundsätzlich an keine Frist gebunden. Das Gericht kann hierfür aber eine Frist setzen. Dann läuft die Vorschrift nicht ins Leere. Die Bestimmung ändert im Übrigen nichts am Vorrang der richterlichen Aufklärungspflicht in zweiter Instanz. Enthalten fristgerecht eingereichte Beschwerdeschrift oder Beschwerdeerwiderung Anhaltspunkte für eine richterliche Aufklärung, muss ihnen nachgegangen werden, auch wenn der Vortrag nicht substantiiert ist. Dies gilt ebenso für Anhaltspunkte im erstinstanzlichen Vortrag, die mit der Beschwerdeschrift nicht aufgegriffen werden. Die Prüfung der Beschwerde ist damit nicht auf den Tatsachenvortrag beschränkt, den der Beschwerdeführer zur Grundlage seiner Beschwerde gemacht hat. Die Möglichkeit der Zurückweisung betrifft im Übrigen allein Angaben, die ohne die Mitwirkung

des betroffenen Beteiligten nicht zu klären sind. Das Vorbringen *kann*, es muss nicht zurückgewiesen werden. Eine Glaubhaftmachung des Entschuldigungsgrundes erfolgt wie im Urteilsverfahren nach § 67 II 2. Für die Zurückweisung nach **Satz 3** kommt es – anders als im Urteilsverfahren – nicht auf den Zeitpunkt der Entstehung eines entscheidungserheblichen Sachverhalts, sondern darauf an, ob die Möglichkeit des Vortrags vor Ablauf der Fristen gegeben war. Es handelt sich um eine rein sprachliche Anpassung an das Beschlussverfahren. In der Sache besteht kein Unterschied. Die Fristen des Satz 3 lassen sich außerhalb des § 66 I 5 nicht verlängern. Freilich ist das Gericht nicht verpflichtet, das Vorbringen zurückzuweisen, wenn es verspätet ist. Nach **Satz 4** *kann* – nicht muss – es das Vorbringen zurückweisen. Auch hier erfolgt die Glaubhaftmachung des fehlenden Verschuldens nach § 67 II 2. Regen alle Beteiligte gemeinsam an, ein Vorbringen trotz Verspätung nach Satz 1–3 und ungenügender Entschuldigung nicht zurückzuweisen, muss das Gericht dem folgen. Die Präklusionsvorschrift dient wie § 67 dem Interesse der Beteiligten an einer zügigen Erledigung des Rechtsstreits und nur in zweiter Linie der Entlastung der Gerichte (GMP/*Germelmann* § 67 Rn. 25).

V. Wirkung der Beschwerde

Die mit **Abs. 4** vorgesehene aufschiebende Wirkung gilt auch für die unzulässige Beschwerde, bis 5 sie rechtskräftig verworfen ist (GK-ArbGG/*Dörner* Rn. 34; GMP/*Matthes* Rn. 6). Der 2. Halbsatz ordnet an, dass Beschlüsse des ArbG trotz aufschiebender Wirkung der Beschwerde vorläufig vollstreckbar bleiben, soweit sie vermögensrechtliche Streitigkeiten betreffen (GK-ArbGG/*Dörner* Rn. 35; s. § 85 Rn. 1). Mit Einlegen der Beschwerde gelangt das Verfahren ohne weiteres zum Landesarbeitsgericht als Beschwerdeinstanz (Devolutiveffekt). Nur dieses ist für die weitere Bearbeitung zuständig; das ArbG kann der Beschwerde nicht abhelfen (GK-ArbGG/*Dörner* Rn. 35; GMP/*Matthes* Rn. 6).

§ 88 Beschränkung der Beschwerde

§ 65 findet entsprechende Anwendung.

Auf die Beschwerde hin wird der Rechtsstreit vom Landesarbeitsgericht in tatsächlicher und recht- 1 licher Hinsicht neu verhandelt. Auf die mit der Beschwerde vorgetragenen Gründe kommt es nicht an (GMP/*Matthes* Rn. 2). Die Vorschrift stellt klar, dass auch im Beschwerdeverfahren bestimmte Mängel im Verfahren des Arbeitsgerichts vom Landesarbeitsgericht nicht überprüft werden. Ohne Bedeutung ist die Vorschrift im Hinblick auf die im § 65 genannten Verfahrensmängel, da nach § 91 I 2 eine Zurückverweisung an das Arbeitsgericht ausgeschlossen ist. Dem Beschwerdegericht ist es durch die Verweisung auf § 65 auch verwehrt, die durch rechtskräftigen Vorabbeschluss nach § 48 in Verbindung mit § 17 b GVG geklärte Frage des **Rechtswegs**, der zutreffenden **Verfahrensart** (BAG 20. 4. 1999 AP GG Art. 9 Nr. 89) oder der **örtlichen Zuständigkeit** erneut einer rechtlichen Prüfung zu unterziehen (GK-ArbGG/*Dörner* Rn. 3–6). So wird das Verfahren beschleunigt. Dies gilt jedoch dann nicht, wenn das ArbG statt durch besonderen Vorabbeschluss in dem instanzbeendenden Beschluss nach § 84 inzident über die Zulässigkeit des Rechtswegs oder der Verfahrensart entschieden hat (BAG 20. 4. 1999 AP GG Art. 9 Nr. 89). Die Beschwerde ist dann nach dem **Meistbegünstigungsgrundsatz** als sofortige Beschwerde nach § 17 a IV GVG in Verbindung mit § 83 V und § 78 zu behandeln, sofern die Beschwerde – auch – darauf gestützt wird (GK-ArbGG/*Dörner* Rn. 8). Ist die sofortige Beschwerde begründet, so hat das LAG das Verfahren wieder in die richtige Bahn zu lenken (BAG 26. 3. 1992 AP ArbGG 1979 § 48 Nr. 7). Ist der Rechtsweg zu den Gerichten für Arbeitssachen nicht gegeben, so ist der Beschluss des ArbG aufzuheben und das Verfahren in die zuständige Gerichtsbarkeit zu verweisen (GMP/*Matthes* Rn. 9; GK-ArbGG/*Dörner* Rn. 11). Hat das ArbG fehlerhaft im Beschlussverfahren entschieden, so ist die Beschwerde als Berufung im Urteilsverfahren zu sehen und vom LAG nach den Vorschriften über das Urteilsverfahren zu verhandeln, da eine Zurückweisung allein wegen der erstinstanzlichen Entscheidung in der falschen Verfahrensart nach § 91 I 2 ausgeschlossen ist (GMP/*Matthes* Rn. 7; GK-ArbGG/*Dörner* Rn. 12).

§ 89 Einlegung

(1) **Die Beschwerdeschrift muß von einem Rechtsanwalt oder einer nach § 11 Abs. 2 Satz 2, 4 und 5 zur Vertretung befugten Person unterzeichnet sein.**

(2) [1] **Die Beschwerdeschrift muß den Beschluß bezeichnen, gegen den die Beschwerde gerichtet ist, und die Erklärung enthalten, daß gegen diesen Beschluß die Beschwerde eingelegt wird.** [2] **Die Beschwerdebegründung muß angeben, auf welche im einzelnen anzuführenden Beschwerdegründe sowie auf welche neuen Tatsachen die Beschwerde gestützt wird.**

(3) [1] **Ist die Beschwerde nicht in der gesetzlichen Form oder Frist eingelegt oder begründet, so verwirft sie die Kammer als unzulässig.** [2] **Der Beschluß kann ohne vorherige mündliche Verhand-**

lung ergehen; er ist endgültig. ³ Er ist dem Beschwerdeführer zuzustellen. ⁴ § 522 Abs. 2 und 3 der Zivilprozessordnung ist nicht anwendbar.

(4) ¹ Die Beschwerde kann jederzeit in der für ihre Einlegung vorgeschriebenen Form zurückgenommen werden. ² Im Falle der Zurücknahme stellt der Vorsitzende das Verfahren ein. ³ Er gibt hiervon den Beteiligten Kenntnis, soweit ihnen die Beschwerde zugestellt worden ist.

I. Sachentscheidungsvoraussetzungen

1   Die Zulässigkeit einer Beschwerde richtet sich nicht allein nach § 89. Die Vorschrift regelt die Einlegung einer Beschwerde und die Behandlung unzulässiger Beschwerden. Sie wird ergänzt durch die Vorschriften zum Einlegen einer Berufung – §§ 66 und 64 VI sowie die §§ 519, 520 ZPO.

2   **1. Beschwerdebefugnis.** Beschwerdebefugt sind alle im Verfahren zu Recht beteiligten oder zu beteiligenden (s. § 83 Rn. 5 ff.) Personen und Stellen (GMP/*Matthes* Rn. 3; GK-ArbGG/*Dörner* Rn. 6). Ein zu Unrecht vom ArbG Beteiligter ist nicht beschwerdebefugt (BAG 13. 3. 1984 AP ArbGG 1979 § 83 Nr. 9). Ein zu Unrecht nicht Beteiligter ist beschwerdebefugt und kann durch die Beschwerde seine weitere Beteiligung am Verfahren erreichen (BAG 10. 9. 1985 AP BetrVG 1972 § 117 Nr. 2). Ist die Beteiligung auf einen von mehreren Anträgen beschränkt, so besteht auch die Beschwerdebefugnis nur hinsichtlich dieses Antrags (BAG 31. 1. 1989 AP ArbGG 1979 § 81 Nr. 12). Ist für die Zulässigkeit eines Antrags eine Mindestzahl von Antragstellern vorgeschrieben (Wahlanfechtung, § 19 II 1 BetrVG; Amtsenthebung, § 23 I 1 BetrVG), ist jeder Antragsteller für sich beschwerdebefugt (GMP/*Matthes* Rn. 3). Legt nicht die erforderliche Mindestzahl von Antragstellern Beschwerde ein, so berührt dies nicht die Zulässigkeit der Beschwerde, sondern führt dazu, dass der Antrag unzulässig wird (BAG 12. 2. 1985 AP BetrVG § 76 Nr. 27). Der Wahlanfechtung können sich Anfechtungsberechtigte nicht dadurch anschließen, dass sie gegen die Entscheidung des ArbG Beschwerde einlegen (BAG 10. 6. 1983 AP BetrVG 1972 § 19 Nr. 10). Jedoch kann ein Beschwerdebefugter, der nicht innerhalb der für ihn geltenden Beschwerdefrist das Rechtsmittel eingelegt hat, sich der Beschwerde eines oder mehrerer anderer Antragssteller anschließen, um dadurch die vom Gesetz jeweils geforderte Mindestzahl an Antragsstellern zu erreichen (GMP/*Matthes* § 89 Rn. 3).

3   **2. Beschwer.** Der Beschwerdeführer muss durch die angefochtene Entscheidung beschwert sein. Er muss durch die Entscheidung in seiner kollektivrechtlichen Rechtsstellung, die seine Beteiligung begründet, in irgend einer Weise beeinträchtigt werden (BAG AP ArbGG 1979 § 11 Nr. 14; GMP/*Matthes* Rn. 8; GK-ArbGG/*Dörner* Rn. 8). Eine Beschwer wird nicht allein dadurch begründet, dass ein Beteiligter um Zurückweisung des Antrags gebeten hat, dem Antrag aber stattgegeben wurde; erforderlich ist eine materielle Beschwer (GMP/*Matthes* Rn. 8; GK-ArbGG/*Dörner* Rn. 8; aA BAG 19. 11. 1974 AP BetrVG 1972 § 5 Nr. 3). Für den Antragsteller ergibt sich die Beschwer aus einem Vergleich zwischen dem gestellten Antrag und der ergangenen Entscheidung (GMP/*Matthes* Rn. 7; GK-ArbGG/*Dörner* Rn. 7). Hierfür sind nicht nur der Tenor, sondern auch die Gründe der Entscheidung maßgebend, soweit sie in Rechtskraft erwachsen (BAG 14. 1. 1986 AP BetrVG 1972 § 87 – Lohngestaltung – Nr. 21). Der AG ist in Wahlanfechtungsverfahren stets beschwert, wenn die Wahl für unwirksam erklärt wird (BAG 4. 12. 1986 AP BetrVG 1972 § 19 Nr. 13). Der BR ist beschwert, wenn ein Zustimmungsersetzungsantrag nach § 99 Abs. 4 BetrVG mit der Begründung zurückgewiesen wird, die Zustimmung gelte als erteilt (BAG 22. 10. 1985 AP BetrVG 1972 § 99 Nr. 24). Er ist nicht beschwert, wenn ein zu seinen Gunsten gestellter Antrag der Gewerkschaft zurückgewiesen wird (BAG 29. 1. 1992 AP ArbGG 1979 § 11 – Prozessvertreter – Nr. 14).

4   **3. Einlegung.** Die Beschwerde muss beim **LAG** eingelegt werden. Geht sie beim ArbG ein, ist sie an das Landesarbeitsgericht weiterzuleiten; für die Einhaltung der Beschwerdefrist ist dann der Eingang beim LAG maßgeblich (GMP/*Matthes* Rn. 9). Haben ArbG und LAG einen gemeinsamen Briefkasten, geht die Beschwerdeschrift bei demjenigen Gericht ein, an das sie adressiert ist (BAG 29. 4. 1986 AP ZPO § 519 Nr. 36). Die Beschwerde ist nach § 87 II iVm. § 66 I 1 binnen einer **Frist** von einem Monat nach Zustellung des in vollständiger Form abgefassten Beschlusses – spätestens mit Ablauf von fünf Monaten nach seiner Verkündung – einzulegen (BAG 27. 11. 1973 AP ArbGG 1953 § 89 Nr. 9). § 9 V kann nicht mehr herangezogen werden (aA GK-ArbGG/*Dörner* Rn. 25; GMP/*Matthes* Rn. 11). Die Beschwerde müsste in diesen Fällen sonst vor ihrer Einlegung begründet werden (GMP/*Germelmann* § 66 Rn. 15 a). Die Folgen der fehlenden oder unzutreffenden Rechtsmittelbelehrung sind dieselben wie im Urteilsverfahren (s. § 9 Rn. 36). Die Beschwerdefrist kann nicht verlängert werden; unter den Voraussetzungen der §§ 233 ff. ZPO ist eine Wiedereinsetzung möglich (GMP/*Matthes* Rn. 12; GK-ArbGG/*Dörner* Rn. 21). Die Beschwerde muss **schriftlich** eingelegt werden. Die Beschwerdeschrift ist von einem Rechtsanwalt oder einem Verbandsvertreter nach § 11 II 2 zu unterzeichnen; der entsprechende Mangel kann nur in der Beschwerdefrist behoben werden (GMP/*Matthes* Rn. 13). Der Beschwerdeschrift muss nach Abs. 2 Satz 1 zu entnehmen sein, dass gegen einen nach Datum, Aktenzeichen und Gericht genau bezeichneten Beschluss Beschwerde eingelegt werden soll. In der Beschwerdeschrift ist anzugeben, wer Beschwerdeführer ist (BAG 23. 7. 1975 AP ZPO

IV. Rücknahme und Verzicht § 89 ArbGG 60

§ 518 Nr. 31). Nicht erforderlich ist es, die übrigen Beteiligten des Beschwerdeverfahrens zu bezeichnen (BAG 16. 9. 1986 AP ZPO § 518 Nr. 53).

4. Beschwerdebegründung. Die Beschwerde ist nach § 87 II iVm. § 66 I 1 innerhalb von zwei 5 Monaten nach Zustellung des in vollständiger Form abgefassten Beschlusses – spätestens 5 Monate nach seiner Verkündung – zu begründen. § 9 V ist nicht heranzuziehen (GMP/*Germelmann* § 66 Rn. 15 a, 16; aA GMP/*Matthes* Rn. 21). Auch im Übrigen gelten für die Beschwerdebegründung die Frist- und Formvorschriften der Berufungsbegründung. Die Begründungsschrift muss trotz unklaren Gesetzeswortlauts durch einen Rechtsanwalt oder einen Verbandsvertreter nach § 11 I 2 unterzeichnet sein (GMP/*Matthes* Rn. 24; GK-ArbGG/*Dörner* Rn. 33). Der Beschwerdebegründung muss entweder durch einen Antrag (BAG 3. 12. 1985 AP BAT § 74 Nr. 2) oder durch Ausführungen in der Begründung zu entnehmen sein, in welchem Umfang eine Abänderung des erstinstanzlichen Beschlusses begehrt wird (BAG 22. 10. 1985 AP BetrVG 1972 § 99 Nr. 24). Schließlich muss die Begründung nach Abs. 2 Satz 2 eine ausführliche Auseinandersetzung mit der angefochtenen Entscheidung enthalten. Die Beschwerde kann sich auf neue Tatsachen sowie auf Rechtsfehler des ArbG stützen, wobei das LAG nicht auf die Überprüfung der geltend gemachten Rechtsfehler beschränkt ist. Dabei ist § 513 I ZPO nicht anwendbar (zum Urteilsverfahren § 66 Rn. 26–28 einerseits und ähnlich den andererseits GMP/*Germelmann* § 64 Rn. 54 a). Das Beschwerdeverfahren ist insoweit im ArbGG eigenständig geregelt. In den §§ 87 ff. fehlt ein Verweis auf § 93. Auch beim Beschwerdeverfahren handelt es sich um eine volle zweite Tatsacheninstanz. Dies verträgt sich nicht mit einer am Revisionsrecht ausgerichteten Beschränkung des Prüfungsmaßstabes an Hand des § 546 ZPO.

II. Anschlussbeschwerde

Die Vorschriften über das Beschwerdeverfahren enthalten keine ausdrückliche Verweisung auf § 524 6 ZPO. Da das Beschwerdeverfahren dem Berufungsverfahren weitgehend angeglichen wurde, ist aber eine Anschlussbeschwerde auch im Beschlussverfahren zulässig (BAG 2. 4. 1987 AP ArbGG 1979 § 87 Nr. 3). Sie kann von jedem beschwerdebefugten Beteiligten (GMP/*Matthes* Rn. 33; GK-ArbGG/*Dörner* Rn. 40) eingelegt werden, auch wenn die für ihn geltende Beschwerdefrist verstrichen ist. Für Form, Frist und Inhalt der Anschlussbeschwerde gelten die Vorschriften über das Berufungsverfahren entsprechend. Sie muss nach § 524 II 2 ZPO innerhalb eines Monats nach Zustellung der Berufungsbegründungsschrift eingelegt werden und verliert nach § 524 IV ZPO ihre Wirkung, wenn die Beschwerde, der sie sich angeschlossen hat, als unzulässig verworfen oder zurückgenommen wird. Die alte Unterscheidung zwischen einer selbständigen und der unselbständigen Anschlussbeschwerde ist gegenstandslos. Die Anschlussbeschwerde wird unzulässig, wenn das Verfahren hinsichtlich der Beschwerde durch alle Beteiligte für erledigt erklärt, der Hauptantrag zurückgenommen oder der Gegenstand der Hauptbeschwerde verglichen wird (GK-ArbGG/*Dörner* Rn. 47; GMP/*Matthes* Rn. 39).

III. Entscheidung ohne mündliche Verhandlung

Abs. 3 regelt einmal den Fall, dass die Beschwerde unzulässig ist, weil sie nicht in der gesetzlichen 7 Form oder Frist eingelegt oder begründet wurde. Hier kann der Beschluss des LAG, mit dem die Beschwerde verworfen wird, ohne mündliche Anhörung ergehen. Über die Verwerfung entscheidet die Kammer des LAG (GK-ArbGG/*Dörner* Rn. 53; GMP/*Matthes* Rn. 47). Die Entscheidung ist nach Abs. 3 Satz 2 zweiter Halbsatz unanfechtbar unabhängig davon, ob eine mündliche Anhörung stattgefunden hat (BAG 25. 7. 1989 AP ArbGG 1979 § 92 Nr. 6). Abs. 3 ist auch auf Frist- oder Formmängel der Beschwerdebegründung anzuwenden (BAG 25. 7. 1989 AP ArbGG 1997 § 92 Nr. 6), wie der Wortlautrecht klarstellt. Die Vorschrift erfasst daneben alle Fälle, in denen die Verwerfung der Beschwerde ohne Beurteilung der materiellen Rechtslage möglich ist – zB den Verzicht auf die Beschwerde (GK-ArbGG/*Dörner* Rn. 52). Über Beschwerdebefugnis und Beschwer kann nicht ohne mündliche Anhörung entschieden werden (GMP/*Matthes* Rn. 46). Gegen einen entsprechenden Beschluss ist daher auch die Rechtsbeschwerde nach § 92 statthaft. Wird die Beschwerde eines Beteiligten als unzulässig verworfen, bleibt der Beschwerdeführer Beteiligter des Verfahrens, welches auf Grund der Beschwerde eines anderen Beteiligten in der Beschwerdeinstanz anhängig ist (BAG 26. 11. 1986 AP TVG § 2 Nr. 36). Satz 4 stellt klar, dass im Beschwerdeverfahren eine Entscheidung in der Sache auch dann stets durch die Kammer nach Anhörung der Beteiligten ergeht, wenn die Beschwerde keine Erfolgsaussichten hat.

IV. Rücknahme und Verzicht

Nach Abs. 4 kann die Beschwerde jederzeit **ohne Zustimmung** der übrigen Beteiligten zurück- 8 genommen werden, solange eine Entscheidung des Landesarbeitsgerichts noch nicht rechtskräftig geworden ist oder gegen sie Rechtsbeschwerde eingelegt wurde (GMP/*Matthes* Rn. 53; GK-ArbGG/ *Dörner* Rn. 58). Für die Rücknahme gelten dieselben Formvorschriften wie für die Einlegung der Beschwerde; sie muss also durch einen von einem Rechtsanwalt oder Verbandsvertreter unterzeichneten Schriftsatz gegenüber dem Gericht erfolgen oder entsprechend § 516 II ZPO zu Protokoll des

Gerichts erklärt werden (GMP/*Matthes* Rn. 54; GK-ArbGG/*Dörner* Rn. 57). Nach Rücknahme der Beschwerde ist das Verfahren vom Vorsitzenden durch **Beschluss** einzustellen. Der Beschluss ist den Beteiligten nach Abs. 4 S. 3 bekanntzugeben. Da dieser verfahrensbeendende Beschluss nach § 92 mit der Rechtsbeschwerde bzw. mit einer Nichtzulassungsbeschwerde anfechtbar ist (LAG Rheinland-Pfalz 25. 6. 1982 EZA ArbGG 1997 § 92 Nr. 1; GMP/*Matthes* Rn. 57; GK-ArbGG/*Dörner* Rn. 59), muss er förmlich zugestellt werden (aA GMP/*Matthes* Rn. 57). Die Rücknahme der Beschwerde führt dazu, dass eine bereits ergangene, noch nicht rechtskräftige Entscheidung des Beschwerdegerichts gegenstandslos und die arbeitsgerichtliche Entscheidung rechtskräftig wird, wenn nicht noch Beschwerden anderer Beteiligter anhängig sind (GMP/*Matthes* Rn. 60; GK-ArbGG/*Dörner* Rn. 60). Sofern die Rechtsmittelfrist noch nicht abgelaufen ist, kann auch eine zurückgenommene Beschwerde erneut eingelegt werden. Wurde einer von mehreren Anträgen in erster Instanz zurückgenommen, kann er vor dem LAG erneut gestellt werden (BAG 12. 11. 2002 AP BetrVG 1972 § 99 Einstellung Nr. 43). Auf die Beschwerde kann nach § 515 ZPO verzichtet werden. Der **Verzicht** führt zum endgültigen Verlust des Rechtsmittels und macht damit die Beschwerde unzulässig (GMP/*Matthes* Rn. 64; GK-ArbGG/*Dörner* Rn. 61). Die Erklärung erfolgt idR nach Verkündung der arbeitsgerichtlichen Entscheidung. Es ist – wie § 313a III ZPO zeigt – auch vor der Entscheidung des ArbG möglich, wenn alle Beteiligten sich hierauf geeinigt haben (GK-ArbGG/*Dörner* Rn. 62; aA GMP/*Matthes* Rn. 63). Der Verzicht kann auch gegenüber dem LAG zu Protokoll oder mit einem § 89 entsprechenden Schriftsatz erklärt werden (GMP/*Matthes* Rn. 62; GK-ArbGG/*Dörner* Rn. 61).

§ 90 Verfahren

(1) ¹**Die Beschwerdeschrift und die Beschwerdebegründung werden den Beteiligten zur Äußerung zugestellt.** ²**Die Äußerung erfolgt durch Einreichung eines Schriftsatzes beim Beschwerdegericht oder durch Erklärung zur Niederschrift der Geschäftsstelle des Arbeitsgerichts, das den angefochtenen Beschluß erlassen hat.**

(2) **Für das Verfahren sind die §§ 83 und 83a entsprechend anzuwenden.**

(3) **Gegen Beschlüsse und Verfügungen des Landesarbeitsgerichts oder seines Vorsitzenden findet kein Rechtsmittel statt.**

1   Beschwerdeschrift und -begründung sind nach **Abs. 1 S. 1** allen Beteiligten bzw. ihren Verfahrensbevollmächtigten und damit auch den irrtümlich vom Arbeitsgericht nicht Beteiligten oder nicht im Beschluss bzw der Beschwerdeschrift Genannten zuzustellen (GMP/*Matthes* Rn. 2; GK-ArbGG/*Dörner* Rn. 3). Steht schon mit Eingang der Beschwerdeschrift oder mit ihrer Begründung fest, dass die Beschwerde unzulässig ist, kann von der Zustellung abgesehen werden (GMP/*Matthes* Rn. 3; GK-ArbGG/*Dörner* Rn. 4). Mit der Zustellung der Beschwerdebegründung sind die Beteiligten – gegebenenfalls unter Fristsetzung – zur Stellungnahme aufzufordern. Diese sind verpflichtet sich zu äußern. Die Stellungnahme hat nach Abs. 1 Satz 2 schriftlich oder zu Protokoll der Geschäftsstelle des ArbG, das den angefochtenen Beschluss erlassen hat, zu erfolgen. Für die Stellungnahme besteht kein Vertretungszwang (BAG 20. 3. 1990 AP BetrVG 1972 § 99 Nr. 79).

2   **Abs. 2** bedeutet insbesondere, dass das Beschwerdegericht die Frage der Beteiligung zu prüfen und gegebenenfalls von Amts wegen zu korrigieren hat (s. § 83 Rn. 9, 10). Auch das LAG muss den Sachverhalt von Amts wegen aufklären. Dabei richtet sich die Nichtzulassung neuen Vorbringens nach § 87 III, § 83 I a und den allgemeinen Vorschriften. **Verspätungsvorschriften** nehmen auch dem Beschwerdegericht grundsätzlich nicht die Pflicht zur Aufklärung ab. Das bedeutet: Bei der Zurückweisung von Vorbringen nach Abs. 2 kann es nur um einen Sachvortrag gehen, der nicht schon nach § 87 III (s. dort Rn. 2) zurückzuweisen ist. So muss das Gericht allen bis zum Ablauf der Beschwerdebegründungsfrist in beiden Instanzen vorgetragenen Anhaltspunkten nachgehen. Es darf nach § 87 III 4 allenfalls den nicht fristgerechten Vortrag neuer Anhaltspunkte zurückweisen. Im Übrigen darf Vorbringen der Beteiligten allein unter den Voraussetzungen des § 83 Ia (s. dort Rn. 3) oder nach allgemeinen Grundsätzen zurückgewiesen werden. Diese Zurückweisung liegt im Ermessen des Gerichts. Auch in der Beschwerdeinstanz geht es insoweit allein um die Zurückweisung als Folge einer Verweigerung der rechtzeitigen Mitwirkung bei der Aufklärung von Sachverhalten, die nur mit Hilfe eines Beteiligten aufzuklären sind oder ohne ihn nur unter großen Schwierigkeiten aufgeklärt werden können. So sollte es kaum jemals zu einer Zurückweisung verspäteten Vorbringens nach Abs. 2 kommen. Auch im Beschwerdeverfahren kann der Streit durch **Vergleich** oder **Erledigungserklärung** beendigt werden. Voraussetzung für eine wirksame Erledigungserklärung ist, dass das eingelegte Rechtsmittel zulässig war (BAG 27. 8. 1996 AP ArbGG 1979 § 83a Nr. 4). Fehlt es an einem erledigenden Ereignis, so liegt in der einseitigen Erledigungserklärung möglicherweise eine nach § 87 II 3 mangels Zustimmung in der Rechtsmittelinstanz unzulässige Antragsrücknahme, so dass über den Antrag in der Sache zu entscheiden ist (BAG 27. 8. 1996 AP ArbGG 1979 § 83a Nr. 4).

3   Nach **Abs. 3** sind nur die Beschlüsse sowie Verfügungen des LAG oder des Vorsitzenden unanfechtbar, welche die Instanz nicht beenden (GMP/*Matthes* Rn. 13; GK-ArbGG/*Dörner* Rn. 17). Es handelt

sich bei dieser Vorschrift offensichtlich um ein Redaktionsversehen. Man hat wohl vergessen, sie bei der Reform des ArbGG zusammen mit § 70 zu streichen. Sachgesichtspunkte dafür, dass im Beschlussverfahren die Rechtsmittelfähigkeit anders geregelt ist, sind nicht erkennbar. Die Vorschrift gilt nur für Beschlüsse, die das Landesarbeitsgericht als Ausgangsgericht trifft, nicht für Beschlüsse, die es als Rechtsmittelgericht über Maßnahmen der Arbeitsgerichte trifft. Hier gilt nicht Abs. 3, sondern die §§ 83 V, 78 S. 1 und 2 iVm 574 I Nr. 2 ZPO (BAG 28. 2. 2003 AP ArbGG 1979 nF § 78 Nr. 2). Die Entscheidung über eine sofortige Beschwerde ist daher bei entsprechender Zulassung durch das Landesarbeitsgericht rechtsbeschwerdefähig (GK-ArbGG/*Dörner* Rn. 17).

§ 91 Entscheidung

(1) ¹Über die Beschwerde entscheidet das Landesarbeitsgericht durch Beschluß. ²Eine Zurückverweisung ist nicht zulässig. ³§ 84 Satz 2 gilt entsprechend.

(2) ¹Der Beschluß nebst Gründen ist von den Mitgliedern der Kammer zu unterschreiben und den Beteiligten zuzustellen. ²§ 69 Abs. 1 Satz 2 gilt entsprechend.

Diese Vorschrift regelt den **instanzbeendenden Beschluss,** mit dem über die Beschwerde entschieden wird. Er ist nach Abs. 1 Satz 3 in Verbindung mit § 84 Satz 2 schriftlich abzufassen, nach Abs. 2 vom Berufsrichter und den ehrenamtlichen Richtern zu unterschreiben und den Beteiligten zuzustellen. Die §§ 540 ZPO und 69 II, III und IV sind nicht anwendbar, wie die eingeschränkten Verweisungen in Abs. 2 S. 2 und in § 87 II zeigen (GK-ArbGG/*Dörner* Rn. 3; teilweise aA GMP/*Matthes* Rn. 5, 6). Der Beschluss des Landesarbeitsgerichts enthält daher stets „Tatbestand und Entschädigungsgründe". Der Tenor sollte verdeutlichen, ob die Entscheidung vorläufig vollstreckbar ist (GMP/*Matthes* Rn. 7). Über §§ 92 I 2, 72 I 2 ist § 64 III a entsprechend anzuwenden. Im Beschlusstenor ist daher aufzunehmen, ob die Rechtsbeschwerde zugelassen wird oder nicht. Ist dies unterblieben, kann der Tenor auf rechtzeitigen Antrag hin ergänzt werden. Wird die Rechtsbeschwerde zugelassen, ist dem Beschluss nach § 9 V eine Rechtsmittelbelehrung beizufügen, im Übrigen reicht ein Hinweis auf die Möglichkeit der Nichtzulassungsbeschwerde. Für die Verkündung des Beschlusses gelten nach Abs. 2 Satz 2 iVm § 69 I 2 die Regelungen für das Beschlussverfahren erster Instanz entsprechend. 1

Eine **Zurückweisung** an das ArbG ist nach Abs. 1 Satz 2 – anders als im Urteilsverfahren – nicht nur bei Verfahrensmängeln, sondern generell ausgeschlossen (GK-ArbGG/*Dörner* Rn. 5; GMP/*Matthes* Rn. 3). Erfolgt gleichwohl eine Zurückverweisung durch das LAG, die nicht erfolgreich mit der Rechtsbeschwerde angefochten wird, so ist das ArbG daran gebunden und hat erneut über die Sache zu entscheiden (GMP/*Matthes* § 91 Rn. 3; GK-ArbGG/*Dörner* Rn. 5). 2

Entscheidungen des LAG, mit denen die Rechtsbeschwerde nicht zugelassen wird, werden nicht mit der Verkündung, sondern frühestens mit Ablauf der Frist für die Einlegung der Nichtzulassungsbeschwerde **rechtskräftig** (GMP/*Matthes* Rn. 14; GK-ArbGG/*Dörner* Rn. 13). Dies gilt auch, wenn sich schon aus dem Beschluss ergibt, dass die Nichtzulassungsbeschwerde offensichtlich unstatthaft oder unzulässig ist (BAG 9. 7. 1998 AP BetrVG 1972 § 103 Nr. 36; GK-ArbGG/*Dörner* Rn. 13; GMP/*Matthes* Rn. 14). 3

Dritter Unterabschnitt. Dritter Rechtszug

§ 92 Rechtsbeschwerdeverfahren, Grundsatz

(1) ¹Gegen den das Verfahren beendenden Beschluß eines Landesarbeitsgerichts findet die Rechtsbeschwerde an das Bundesarbeitsgericht statt, wenn sie in dem Beschluß des Landesarbeitsgerichts oder in dem Beschluß des Bundesarbeitsgerichts nach § 92 a Satz 2 zugelassen wird. ²§ 72 Abs. 1 Satz 2, Abs. 2 und 3 ist entsprechend anzuwenden. ³In den Fällen des § 85 Abs. 2 findet die Rechtsbeschwerde nicht statt.

(2) ¹Für das Rechtsbeschwerdeverfahren gelten die für das Revisionsverfahren maßgebenden Vorschriften über Einlegung der Revision und ihre Begründung, Prozeßfähigkeit, Ladung, Termine und Fristen, Ablehnung und Ausschließung von Gerichtspersonen, Zustellungen, persönliches Erscheinen der Parteien, Öffentlichkeit, Befugnisse des Vorsitzenden und der Beisitzer, gütliche Erledigung des Rechtsstreits, Wiedereinsetzung in den vorigen Stand und Wiederaufnahme des Verfahrens sowie die Vorschriften des § 85 über die Zwangsvollstreckung entsprechend, soweit sich aus den §§ 93 bis 96 nichts anderes ergibt. ²Für die Vertretung der Beteiligten gilt § 11 Abs. 1 entsprechend. ³Der Antrag kann jederzeit mit Zustimmung des anderen Beteiligten zurückgenommen werden; § 81 Abs. 2 Satz 2 und 3 ist entsprechend anzuwenden.

(3) ¹Die Einlegung der Rechtsbeschwerde hat aufschiebende Wirkung. ²§ 85 Abs. 1 Satz 2 bleibt unberührt.

Eisemann

1. Allgemeines. Die Rechtsbeschwerde entspricht der Revision im Urteilsverfahren. Sie ist statthaft gegen **verfahrensbeendende Beschlüsse** des LAG, wenn das LAG oder das BAG sie zulässt. Auch Einstellungsbeschlüsse nach den §§ 89 IV 2, 87 II 3 beenden das Verfahren (GK-ArbGG/*Dörner* Rn. 5; s. § 81 Rn. 6; GMP/*Matthes* Rn. 6), verfahrensleitende Beschlüsse nach § 90 III beenden es nicht. Die Rechtsbeschwerde ist nach Abs. 1 S. 3 nicht statthaft in Fällen des einstweiligen Rechtsschutzes. Sie ist nach § 89 III ausdrücklich ausgeschlossen gegen Beschlüsse, mit denen die Beschwerde ohne Beurteilung der materiellen Rechtslage als unzulässig verworfen wird (s. § 89 Rn. 7). Sie ist nach § 98 II 4 nicht statthaft gegen Beschlüsse zur Bestellung eines Einigungsstellenvorsitzenden oder zur Bestimmung der Anzahl der Beisitzer. Die Rechtsbeschwerde ist in diesen Fällen auch dann nicht zulässig, wenn das Landesarbeitsgericht sie irrtümlich zugelassen hat (BAG 26. 7. 1989 AP ArbGG 1979 § 92 Nr. 6).

2. Zulassung. Aus der Verweisung in Abs. 1 Satz 2 folgt, dass die Rechtsbeschwerde wie die Revision im Urteilsverfahren bei einer **Abweichung** von einer Entscheidung der in § 72 I Nr. 2 genannten Gerichte oder bei **grundsätzlicher Bedeutung** zuzulassen ist. Divergenzfähig sind auch Entscheidungen der genannten Gerichte außerhalb des Beschlussverfahrens (GMP/*Matthes* Rn. 12; GK-ArbGG/*Dörner* Rn. 11). Entscheidungen anderer Gerichtsbarkeiten sind nicht divergenzfähig (BAG 9. 2. 1983 AP ArbGG 1979 § 72 a Grundsatz Nr. 25). Ist der Streitgegenstand teilbar, kann die Rechtsbeschwerde beschränkt zugelassen werden (GMP/*Matthes* Rn. 16; s. § 72 Rn. 23). Die Entscheidung über die Zulassung oder Nichtzulassung der Rechtsbeschwerde und dem Umfang der Zulassung ist nach Abs. 1 Satz 2 im **Tenor** des Beschlusses des Landesarbeitsgerichts auszusprechen (GMP/*Matthes* § 91 Rn. 8). Die frühere Rspr. des BAG zur Zulassung der Rechtsbeschwerde in den nichtverkündeten Gründen ist überholt (BAG 19. 3. 2003 – 5 AZN 751/02 zum Urteilsverfahren; GK-ArbGG/*Dörner* Rn. 12). Das BAG ist nach Abs. 1 Satz 2 iVm. § 72 III an die Zulassung der Rechtsbeschwerde gebunden. Dies gilt auch dann, wenn das LAG den Begriff der Divergenz verkannt oder die Zulassungsentscheidung nicht begründet hat und gilt nur dann nicht, wenn die Rechtsbeschwerde gesetzlich ausgeschlossen ist (BAG 25. 7. 1989 AP ArbGG 1979 § 92 Nr. 6). Auch im einstweiligen Verfügungsverfahren ist die Rechtsbeschwerde daher unzulässig, wenn das LAG sie entgegen **Abs. 1 Satz 3** zugelassen hat (BAG 22. 1. 2003 AP ArbGG 1979 nF § 78 Nr. 1 zum vorläufigen Rechtsschutz im Urteilsverfahren).

3. Verfahren. Wie das Beschwerdeverfahren ist auch das Rechtsbeschwerdeverfahren in den §§ 92 ff. nur lückenhaft geregelt. Es gelten deshalb allgemein die Vorschriften über die Revision im Urteilsverfahren und über diese die entsprechenden Vorschriften in der ZPO, soweit nachfolgend nichts Besonderes geregelt ist und die Besonderheiten des Beschlussverfahrens dem nicht entgegenstehen (GMP/*Matthes* Rn. 17). Durch die Verweisung in Abs. 2 Satz 2 auf § 11 ergibt sich, dass nach Einlegung und Begründung der Rechtsbeschwerde durch einen Rechtsanwalt – § 94 I und II – die Beteiligten sich vor dem Bundesarbeitsgericht selbst vertreten oder durch einen Verbandsvertreter vertreten lassen können (BAG 20. 3. 1990 AP BetrVG 1972 § 99 Nr. 79). Die Rücknahme des Antrags nach Abs. 2 Satz 2 entspricht der Regelung für das Beschwerdeverfahren (s. § 87 Rn. 3). Eine Antragsänderung ist in der Rechtsbeschwerdeinstanz nicht mehr möglich (GMP/*Matthes* Rn. 24; GK-ArbGG/*Dörner* Rn. 25). Ehrenamtliche Richter müssen stets an Entscheidungen mitwirken, die bei mündlicher Verhandlung nur mit ihnen ergehen dürften, soweit nicht ausdrücklich etwas anderes bestimmt wird wie bei der Verwerfung der Rechtsbeschwerde nach § 94 II 3 iVm. § 74 II (GMP/*Matthes* Rn. 20).

§ 92 a Nichtzulassungsbeschwerde

[1] Die Nichtzulassung der Rechtsbeschwerde durch das Landesarbeitsgericht kann selbständig durch Beschwerde angefochten werden, im Falle des § 92 Abs. 1 Satz 2 in Verbindung mit § 72 Abs. 2 Nr. 1 jedoch nur dann, wenn die Rechtssache Streitigkeiten über die Tariffähigkeit und Tarifzuständigkeit einer Vereinigung betrifft. [2] § 72 a Abs. 2 bis 5 ist entsprechend anzuwenden.

Die Vorschrift entspricht der Regelung über die Nichtzulassungsbeschwerde im Urteilsverfahren nach § 72 a (s. dort Rn. 2 ff.). Satz 1 2. Halbsatz enthält jedoch eine Besonderheit: Auf die **grundsätzliche Bedeutung** der Rechtssache kann die Nichtzulassungsbeschwerde im Beschlussverfahren nur dann gestützt werden, wenn das Verfahren Streitigkeiten nach § 2 a I Nr. 4 über die Tariffähigkeit und Tarifzuständigkeit einer Vereinigung betrifft. Damit ist nicht gemeint, dass sich die grundsätzliche Bedeutung gerade aus der Frage der Tariffähigkeit oder -zuständigkeit ergeben muss; es genügt, wenn sich irgendeine Rechtsfrage von grundsätzlicher Bedeutung in einer Streitigkeit nach §§ 2 a Abs. 1 Nr. 4, 97 stellt (GMP/*Matthes* Rn. 3; GK-ArbGG/*Ascheid* Rn. 9). Andererseits liegt nicht schon dann eine Rechtsfrage von grundsätzlicher Bedeutung vor, wenn sich die Frage nach der Tariffähigkeit oder -zuständigkeit in einem Verfahren nur als Vorfrage stellt (BAG 23. 10. 1991 AP ArbGG 1979 § 92 a – Grundsatz – Nr. 1). Gegen einen Beschluss des ArbG nach § 126 InsO findet die Nichtzulassungsbeschwerde an das BAG nicht statt (BAG 14. 8. 2001 – 2 ABN 20/01).

Einlegung §§ 93, 94 ArbGG 60

Für das **Verfahren** verweist Satz 2 auf die Regelungen im Urteilsverfahren in § 72 a II bis V. Die 2
Nichtzulassungsbeschwerde kann von jedem Beteiligten eingelegt werden, der bei Zulassung
der Rechtsbeschwerde rechtsmittelbefugt wäre (GMP/*Matthes* Rn. 9; GK-ArbGG/*Ascheid* Rn. 16). Die
Verweisung lässt offen, ob für die Einlegung und Begründung der Nichtzulassungsbeschwerde Anwaltszwang besteht. Wegen des durchgehend angeordneten Vertretungszwangs bei der Einlegung und
Begründung von Rechtsmitteln im Beschlussverfahren muss dies auch für die Nichtzulassungsbeschwerde gelten (GMP/*Matthes* Rn. 10; GK-ArbGG/*Ascheid* Rn. 17). Das LAG darf seine Zulassungsentscheidung nach § 72 a V 1 nicht abändern (GMP/*Matthes* Rn. 11).

§ 93 Rechtsbeschwerdegründe

(1) **Die Rechtsbeschwerde kann nur darauf gestützt werden, daß der Beschluß des Landesarbeitsgerichts auf der Nichtanwendung oder der unrichtigen Anwendung einer Rechtsnorm beruht.**

(2) **§ 65 findet entsprechende Anwendung.**

Die Vorschrift regelt, in welchem Umfang das BAG den Beschluss eines LAG überprüfen darf. Sie 1
entspricht der Regelung für das Urteilsverfahren in § 73 (s. dort Rn. 5 ff.). Da die Rechtsbeschwerde
nur auf die Verletzung von Rechtsnormen gestützt werden kann, bleibt das BAG auch im Beschlussverfahren Rechtsinstanz, nicht Tatsacheninstanz (GK-ArbGG/*Dörner* Rn. 2). Es ist an die tatsächlichen Feststellungen des LAG gebunden (BAG 27. 1. 1977 AP BetrVG 1972 § 103 Nr. 7). Nach Abs. 1 ist eine Rechtsnorm auch verletzt, wenn das LAG einen Verfahrensfehler begangen hat (GMP/
Matthes Rn. 5; GK-ArbGG/*Dörner* Rn. 5). Zu den denkbaren Verfahrensfehlern gehören insbesondere Verstöße gegen den Amtsermittlungsgrundsatz sowie eine fehlerhafte Beteiligung oder Nichtbeteiligung (GMP/*Matthes* Rn. 5). Verfahrensfehler werden auch im Beschlussverfahren nur auf Rüge
hin überprüft (BAG 1. 3. 1963 AP BetrVG § 37 Nr. 8). Eine Rechtsverletzung ist nur erheblich, wenn
die Entscheidung auf ihr beruht. Dies wird bei den in § 547 ZPO aufgelisteten Revisionsgründen, die
auch für das Beschlussverfahren Anwendung finden (GMP/*Matthes* Rn. 6; GK-ArbGG/*Dörner*
Rn. 6), unwiderleglich vermutet. Im Übrigen beruhen Entscheidungen schon dann auf der unrichtigen
Anwendung einer Verfahrensnorm, wenn die Möglichkeit einer anderen Entscheidung besteht (BAG
19. 3. 1974 AP BetrVG 1972 § 26 Nr. 1). Nach Abs. 3 iVm. § 65 kann die Rechtsbeschwerde nicht
darauf gestützt werden, dass Rechtsfehler bei der Bejahung des Rechtsweges, der Verfahrensart, der
Zuständigkeit oder der Berufung der ehrenamtlichen Richter gemacht wurden. Eine Rechtsbeschwerde, die ausschließlich auf Abs. 2 ausgeschlossene Gründe gestützt wird, ist unbegründet (GMP/
Matthes Rn. 7; s. im Übrigen § 88 Rn. 1).

§ 94 Einlegung

(1) **Die Rechtsbeschwerdeschrift und die Rechtsbeschwerdebegründung müssen von einem Rechtsanwalt unterzeichnet sein.**

(2) ¹**Die Rechtsbeschwerdeschrift muß den Beschluß bezeichnen, gegen den die Rechtsbeschwerde gerichtet ist, und die Erklärung enthalten, daß gegen diesen Beschluß die Rechtsbeschwerde eingelegt werde.** ²**Die Rechtsbeschwerdebegründung muß angeben, inwieweit die Abänderung des angefochtenen Beschlusses beantragt wird, welche Bestimmungen verletzt sein sollen und worin die Verletzung bestehen soll.** ³**§ 74 Abs. 2 ist entsprechend anzuwenden.**

(3) ¹**Die Rechtsbeschwerde kann jederzeit in der für ihre Einlegung vorgeschriebenen Form zurückgenommen werden.** ²**Im Falle der Zurücknahme stellt der Vorsitzende das Verfahren ein.**
³**Er gibt hiervon den Beteiligten Kenntnis, soweit ihnen die Rechtsbeschwerde zugestellt worden ist.**

Die Vorschrift bestimmt in den Absätzen 1 und 2 Form und Inhalt der Rechtsbeschwerde und ihrer 1
Begründung, in Abs. 3 ihre Rücknahme. Sie wird über die Verweisung in § 92 II 1 durch die Regelungen in § 74 I und V iVm. §§ 552 bis 554 ZPO ergänzt. Die Rechtsbeschwerde ist **statthaft**, soweit sie
sich gegen verfahrensbeendende Beschlüsse des LAG richtet und von diesem oder dem BAG zugelassen worden ist. **Rechtsbeschwerdebefugt** ist jeder Beteiligte (GK-ArbGG/*Dörner* Rn. 5; s. § 89
Rn. 2). Die **Rechtsbeschwerdefrist** beträgt nach § 74 I 1 einen Monat; es ist eine Notfrist. Sie beginnt
mit der Zustellung als in vollständiger Form abgefassten Beschlusses des LAG, spätestens fünf Monate
nach seiner Verkündung, selbst bei fehlender oder fehlerhafter Rechtsmittelbelehrung (s. § 89 Rn. 4;
aA GK-ArbGG/*Dörner* Rn. 11 a). Wiedereinsetzung in den vorigen Stand ist unter den Voraussetzungen der §§ 233 ff. ZPO möglich (GMP/*Matthes* Rn. 4; GK-ArbGG/*Dörner* Rn. 11 a). Nach Zulassung
durch das BAG beginnt die Frist nach § 92 a S. 2 iVm. § 72 a V 7 erst mit der Zustellung dieses
Beschlusses. Die Rechtsbeschwerde muss nach § 549 I ZPO beim Bundesarbeitsgericht eingelegt
werden.

Eisemann 447

2 Die Frist für die **Beschwerdebegründung** beträgt nach § 74 I 1 zwei Monate. Sie beginnt zum gleichen Zeitpunkt wie die Rechtsbeschwerdefrist und kann einmal bis zu einem Monat verlängert werden. Eine Wiedereinsetzung in den vorigen Stand ist möglich (GK-ArbGG/*Dörner* Rn. 13; GMP/*Matthes* Rn. 11). Ein ausdrücklicher Antrag ist nicht erforderlich, wenn nur aus der Begründung ersichtlich ist, wie weit die Rechtsbeschwerde reicht (BAG 22. 10. 1985 AP BetrVG 1972 § 99 Nr. 24). Eine Änderung des Sachantrags ist grundsätzlich nicht mehr zulässig (BAG 10. 4. 1984 AP ArbGG 1979 § 81 Nr. 3); anders nur, wenn der geänderte Sachantrag sich auf den vom Beschwerdegericht festgestellten Sachverhalt stützt (BAG 5. 11. 1985 AP BetrVG 1972 § 98 Nr. 2). Zur Begründung gelten die Sonderregelungen in **Abs. 2 Satz 2.** Danach muss der Beschwerdebegründung zu entnehmen sein, was der Beschwerdeführer an den Gründen der angefochtenen Entscheidung zu beanstanden hat und warum die Begründung des LAG fehlerhaft sein soll (GK-ArbGG/*Dörner* Rn. 20; GMP/*Matthes* Rn. 15). Deshalb ist eine Rechtsbeschwerdebegründung unzureichend, wenn nur eine Rechtsnorm bezeichnet und ausgeführt wird, das Beschwerdegericht habe den darin enthaltenen Rechtsbegriff verkannt (BAG 10. 4. 1984 AP ArbGG 1979 § 94 Nr. 1). Bei Verfahrensrügen sind nach § 551 Abs. 3 Nr. 2 b ZPO diejenigen Tatsachen darzutun, aus denen die Verletzung einer Verfahrensvorschrift folgt und wie sich dies auf die Entscheidung des LAG ausgewirkt hat (GK-ArbGG/*Dörner* Rn. 21). Verfahrensfehler werden auch in Beschlussverfahren nicht von Amtswegen geprüft und festgestellt (BAG 24. 5. 1957 AP ArbGG 1953 § 92 Nr. 7). Soweit Fehler des LAG bei der Sachaufklärung gerügt werden, muss die Beschwerdebegründung dartun, welche Ermittlungen das LAG fehlerhaft unterlassen hat und warum sich dem LAG weitere Ermittlungen hätten aufdrängen müssen (BAG 7. 11. 1975 AP BetrVG 1972 § 99 Nr. 3; GK-ArbGG/*Dörner* Rn. 21; aA GMP/*Matthes* § 94 Rn. 16). Soweit eine fehlerhafte Beteiligung gerügt wird, bedarf es keiner Begründung, dass die Entscheidung bei fehlerfreier Beteiligung anders ausgefallen wäre (BAG 10. 2. 1986 AP BetrVG 1972 § 63 Nr. 1).

3 Die **Anschlussrechtsbeschwerde** ist zulässig (BAG 11. 7. 1990 AP ZA-Nato-Truppenstatut – Art. 56 Nr. 9). Sie muss nach § 554 II 2 ZPO binnen einem Monat nach Zustellung der Rechtsbeschwerdebegründung eingelegt und nach § 554 III 1 ZPO in der Anschlussschrift – spätestens aber innerhalb der Frist für die Anschlussrechtsbeschwerde (GMP/*Matthes* Rn. 19) – begründet werden. Eine Verlängerung der Frist ist ausgeschlossen (GMP/*Matthes* Rn. 19; GK-ArbGG/*Dörner* Rn. 24), eine Wiedereinsetzung nicht mehr möglich (GMP/*Matthes* Rn. 19).

4 Die **Entscheidung über die Zulässigkeit** einer Rechtsbeschwerde richtet sich nach **Abs. 2 Satz 3** iVm. § 74 II 2 und § 522 I ZPO. Das BAG hat von Amts wegen zu prüfen, ob die Rechtsbeschwerde an sich statthaft und form- und fristgerecht eingelegt und begründet worden ist. Eine unzulässige Rechtsbeschwerde ist nach § 74 II 2 und 3 zu verwerfen. Die Entscheidung kann ohne mündliche Anhörung und in diesem Fall ohne Mitwirkung der ehrenamtlichen Richter ergehen (GMP/*Matthes* Rn. 23; GK-ArbGG/*Dörner* Rn. 25). Sie ist den Beschwerdeführern und den übrigen Beteiligten nach § 329 II ZPO formlos mitzuteilen (GK-ArbGG/*Dörner* Rn. 28; GMP/*Matthes* Rn. 24).

5 Die Rechtsbeschwerde kann nach **Abs. 3** zurückgewiesen werden; die Vorschrift entspricht § 89 IV (s. dort Rn. 8). Das Verfahren stellt nach Abs. 4 S. 2 der Vorsitzende allein ein (GK-ArbGG *Dörner* § 94 Rn. 31). Der Beschluss ist den Beteiligten nach Abs. 4 S. 3 formlos mitzuteilen (GMP/ *Matthes* Rn. 31), soweit ihnen die Rechtsbeschwerde zugestellt wurde.

§ 95 Verfahren

[1] **Die Rechtsbeschwerdeschrift und die Rechtsbeschwerdebegründung werden den Beteiligten zur Äußerung zugestellt.** [2] **Die Äußerung erfolgt durch Einreichung eines Schriftsatzes beim Bundesarbeitsgericht oder durch Erklärung zur Niederschrift der Geschäftsstelle des Landesarbeitsgerichts, das den angefochtenen Beschluß erlassen hat.** [3] **Geht von einem Beteiligten die Äußerung nicht rechtzeitig ein, so steht dies dem Fortgang des Verfahrens nicht entgegen.** [4] **§ 83 a ist entsprechend anzuwenden.**

1 Die Vorschrift wird ergänzt durch die in § 92 II in Bezug genommenen Vorschriften über das Revisionsverfahren. Die **Zustellung** nach S. 1 muss an die materiell Beteiligten erfolgen, nicht nur an die vom Beschwerdegericht Beteiligten oder die, welche sich dort geäußert haben (BAG 20. 7. 1982 AP BetrVG 1952 § 76 Nr. 26). § 83 wird für das Rechtsbeschwerdeverfahren nicht für anwendbar erklärt. Bei dem Rechtsbeschwerdeverfahren handelt es sich daher grundsätzlich um ein schriftliches Verfahren (BAG 22. 10. 1985 AP BetrVG 1972 § 99 Nr. 23). Für die **Äußerung** der Beteiligten nach Satz 2 besteht kein Vertretungszwang (GK-ArbGG/*Dörner* Rn. 6; GMP/*Matthes* Rn. 7). Da Satz 3 von einem rechtzeitigen Eingang der Äußerung spricht, wird das Bundesarbeitsgericht den Beteiligten regelmäßig eine Frist zur Äußerung setzen. Satz 3 sieht ausdrücklich vor, dass über die Rechtsbeschwerde zu entscheiden ist, auch wenn innerhalb der gesetzten Frist keine Äußerung erfolgt. Eine Fristverlängerung ist nicht ausdrücklich vorgesehen; sie hat jedoch zu erfolgen, wenn trotz des Beschleunigungsgebots der Grundsatz des rechtlichen Gehörs dies gebietet (GK-ArbGG/*Dörner* Rn. 7; GMP/*Matthes* Rn. 5). **Satz 4** stellt klar, dass auch in der Rechtsbeschwerdeinstanz das Verfahren durch Vergleich oder Erledigungserklärung beendet werden kann, soweit dies nach § 83 a möglich ist.

§ 96 Entscheidung

(1) ¹Über die Rechtsbeschwerde entscheidet das Bundesarbeitsgericht durch Beschluß. ²Die §§ 562, 563 der Zivilprozeßordnung gelten entsprechend.

(2) Der Beschluß nebst Gründen ist von sämtlichen Mitgliedern des Senats zu unterschreiben und den Beteiligten zuzustellen.

Die Vorschrift bestimmt die Einzelheiten einer abschließenden Sachentscheidung über die 1 Rechtsbeschwerde. Die Verweisung im Abs. 1 S. 2 ist nicht abschließend; es gelten notwendigerweise auch die §§ 559, 561 und 564 ZPO. Das BAG ist nach §§ 92 II 1, 72 V iVm. § 557 I ZPO auch dann an die gestellten **Anträge** gebunden, wenn das LAG den Antrag enger verstanden hat, als er gemeint war (BAG 14. 1. 1986 AP BetrVG 1972 § 87 Nr. 21). An die Beschwerdegründe ist es nicht gebunden (GMP/*Matthes* Rn. 6; GK-ArbGG/*Dörner* Rn. 4). **Verfahrensmängel** werden grundsätzlich nur auf Rüge hin geprüft. Etwas anderes gilt für die von Amts wegen zu beachtenden Verfahrensmängel (GMP/*Matthes* Rn. 8; GK-ArbGG/*Dörner* Rn. 5), wie die Zulässigkeit der Beschwerde (BAG 2. 9. 1980 AP ArbGG 1979 § 89 Nr. 1) oder das Bestehen eines Rechtsschutzinteresses (BAG 29. 7. 1982 AP ArbGG 1979 § 83 Nr. 5). Die Verfahrensart wird nach § 93 II iVm. § 65 nicht mehr geprüft. Beteiligungsmängel müssen grundsätzlich gerügt werden (GMP/*Matthes* Rn. 10; GK-ArbGG/*Dörner* Rn. 6). Dies können auch die bisher nicht hinzugezogenen Beteiligten tun (BAG 20. 2. 1986 AP BetrVG 1972 § 63 Nr. 1). Unabhängig davon besteht auch für das Rechtsbeschwerdegericht die Verpflichtung, alle materiell Beteiligten von Amts wegen zu beteiligen (GMP/*Matthes* Rn. 10). Die Rüge mangelhafter Sachaufklärung hat nur Erfolg, wenn das Beschwerdegericht hätte weiter aufklären müssen und nicht auszuschließen ist, dass die ermittelten Tatsachen zu einer anderen Entscheidung geführt hätten (GMP/*Matthes* Rn. 11; GK-ArbGG/*Dörner* Rn. 6). Die tatsächlichen **Entscheidungsgrundlagen** liefern die Feststellungen des Beschwerdegerichts an die das Rechtsbeschwerdegericht nach § 559 ZPO gebunden ist. Neues tatsächliches Vorbringen kann grundsätzlich nicht mehr berücksichtigt werden (GMP/*Matthes* Rn. 13; GK-ArbGG/*Dörner* Rn. 8). Hiervon gibt es zahlreiche Ausnahmen. Dies gilt einmal für Tatsachen zu Sachurteilsvoraussetzungen wie zum Rechtsschutzinteresse (BAG 23. 1. 1986 AP BetrVG 1972 § 5 Nr. 31) und für offenkundige und unstreitige neue Tatsachen (BAG 8. 10. 1985 AP BetrVG 1972 § 99 Nr. 22).

Der **Beschluss** des BAG ist schriftlich abzufassen und nach Abs. 2 von allen Mitgliedern des 2 Senats zu unterschreiben. Er ist nur nach mündlicher Anhörung zu verkünden (GMP/*Matthes* Rn. 24; GK-ArbGG/*Dörner* Rn. 10). Die Rechtsbeschwerde wird zurückgewiesen, wenn sie unbegründet ist. Dies ist nach § 561 ZPO auch der Fall, wenn die Beschwerdeentscheidung sich aus anderen Gründen als richtig erweist (GK-ArbGG/*Dörner* Rn. 11; GMP/*Matthes* Rn. 14). Bei begründeter Rechtsbeschwerde ist die Beschwerdeentscheidung nach § 562 I ZPO aufzuheben. Besteht die Rechtsverletzung in einem Verfahrensverstoß, auf den die Entscheidung beruht, muss nach § 562 II ZPO zugleich das Verfahren insoweit aufgehoben werden, als es durch den Verstoß betroffen wird. Sind nicht alle Beteiligten hinzugezogen worden, ist regelmäßig das ganze Verfahren betroffen (BAG 29. 3. 1974 AP ArbGG 1953 § 83 Nr. 5). Wird die Entscheidung des LAG aufgehoben, ist nach § 563 I 1 ZPO idR dorthin zurückzuverweisen. Unter den Voraussetzungen des § 563 III ZPO muss das Rechtsbeschwerdegericht selbst entscheiden. Danach kann ua. nicht zurückverwiesen werden, wenn kein Verfahrensfehler aber eine materielle Gesetzesverletzung vorliegt und die Sache entscheidungsreif ist. Dazu muss man davon ausgehen können, dass die Beteiligten auch unter den vom Rechtsbeschwerdegericht der Entscheidung zugrundegelegten rechtlichen Gesichtspunkten keine neuen Tatsachen mehr vorbringen werden oder ihr Vorbringen, weil es unstreitig ist, auch dort berücksichtigt werden kann. Ansonsten muss zurückverwiesen werden, damit die tatsächlichen Entscheidungsgrundlagen in der Beschwerdeinstanz geschaffen werden (BAG 9. 12. 1975 AP BetrVG 1972 § 118 Nr. 7).

§ 96 a Sprungrechtsbeschwerde

(1) ¹Gegen den das Verfahren beendenden Beschluß eines Arbeitsgerichts kann unter Übergehung der Beschwerdeinstanz unmittelbar Rechtsbeschwerde eingelegt werden (Sprungrechtsbeschwerde), wenn die übrigen Beteiligten schriftlich zustimmen und wenn sie vom Arbeitsgericht wegen grundsätzlicher Bedeutung der Rechtssache auf Antrag in dem verfahrensbeendenden Beschluß oder nachträglich durch gesonderten Beschluß zugelassen wird. ²Der Antrag ist innerhalb einer Notfrist von einem Monat nach Zustellung des in vollständiger Form abgefaßten Beschlusses schriftlich zu stellen. ³Die Zustimmung der übrigen Beteiligten ist, wenn die Sprung-

rechtsbeschwerde in dem verfahrensbeendenden Beschluß zugelassen ist, der Rechtsbeschwerdeschrift, andernfalls dem Antrag beizufügen.

(2) § 76 Abs. 2 Satz 2, 3, Abs. 3 bis 6 ist entsprechend anzuwenden.

1 Anders als im Urteilsverfahren kann die Sprungrechtsbeschwerde nach **Abs. 1** in allen Fällen der grundsätzlichen Bedeutung einer Rechtssache vom Arbeitsgericht zugelassen werden; die Einschränkungen des § 76 II 1 gelten nicht. Sie ist maW in allen Rechtsstreiten zulässig, die im Beschlussverfahren nach § 2a entschieden werden (GMP/*Matthes* Rn. 2). Voraussetzung für die Zulassung ist ein **Antrag.** Antragsberechtigt sind der Antragssteller sowie alle weiteren materiell Beteiligten, selbst wenn sie vom ArbG nicht hinzugezogen wurden (GMP/*Matthes* Rn. 4; GK-ArbGG/*Ascheid* Rn. 5). Wird die Zulassung schon im instanzbeendenden Beschluss des ArbG ausgesprochen, so ist die Zustimmung der Rechtsbeschwerde schriftlich beizufügen (GMP/*Matthes* Rn. 7). Wird die Zulassung der Sprungrechtsbeschwerde nachträglich beantragt, muss der Antragsteller die Zustimmung der übrigen Beteiligten dem Antrag beilegen (GMP/*Matthes* Rn. 7). Es ist grundsätzlich die Zustimmung aller vom ArbG zu Recht am Verfahren beteiligten Personen und Stellen erforderlich (GMP/*Matthes* Rn. 8). Stellt das BAG fest, dass das ArbG einen materiell zu Beteiligenden tatsächlich nicht beteiligt hat, so kann die Zulässigkeit der Sprungrechtsbeschwerde nicht mit der Begründung verneint werden, die Zustimmungserklärungen der rechtsfehlerhaft nicht beteiligten Personen und Stellen lägen nicht vor (GMP/*Matthes* Rn. 9; GK-ArbGG/*Ascheid* Rn. 13). Es fällt nicht in die Risikosphäre des Rechtsbeschwerdeführers, die vom ArbG fehlerhaft nicht beteiligten Personen und Stellen selbst zu ermitteln und deren Zustimmung zur Sprungrechtsbeschwerde einzuholen.

2 Das weitere **Verfahren** unterscheidet sich wegen der Bezugnahme in **Abs. 2** nicht von dem der Sprungrevision (s. § 76 Rn. 6 ff.). Hebt das BAG den Beschluss des ArbG auf, kann es nach § 76 VI an dies Gericht oder das LAG zurückverweisen. Anschlussrechtsbeschwerden sind zulässig (BAG 12. 6. 1996 AP ArbGG 1979 § 96a Nr. 2).

Vierter Unterabschnitt. Beschlussverfahren in besonderen Fällen

§ 97 Entscheidung über die Tariffähigkeit und Tarifzuständigkeit einer Vereinigung

(1) In den Fällen des § 2a Abs. 1 Nr. 4 wird das Verfahren auf Antrag einer räumlich und sachlich zuständigen Vereinigung von Arbeitnehmern oder von Arbeitgebern oder der obersten Arbeitsbehörde des Bundes oder der obersten Arbeitsbehörde eines Landes, auf dessen Gebiet sich die Tätigkeit der Vereinigung erstreckt, eingeleitet.

(2) Für das Verfahren sind die §§ 80 bis 84, 87 bis 96a entsprechend anzuwenden.

(3) Die Vorschrift des § 63 über die Übersendung von Urteilen gilt entsprechend für die rechtskräftigen Beschlüsse von Gerichten für Arbeitssachen im Verfahren nach § 2a Abs. 1 Nr. 4.

(4) ¹In den Fällen des § 2a Abs. 1 Nr. 4 findet eine Wiederaufnahme des Verfahrens auch dann statt, wenn die Entscheidung über die Tariffähigkeit und Tarifzuständigkeit darauf beruht, daß ein Beteiligter absichtlich unrichtige Angaben oder Aussagen gemacht hat. ² § 581 der Zivilprozeßordnung findet keine Anwendung.

(5) ¹Hängt die Entscheidung eines Rechtsstreits davon ab, ob eine Vereinigung tariffähig oder ob die Tarifzuständigkeit der Vereinigung gegeben ist, so hat das Gericht das Verfahren bis zur Erledigung des Beschlußverfahrens nach § 2a Abs. 1 Nr. 4 auszusetzen. ²Im Falle des Satzes 1 sind die Parteien des Rechtsstreits auch im Beschlußverfahren nach § 2a Abs. 1 Nr. 4 antragsberechtigt.

I. Allgemeines

1 Streitigkeiten über die Tarifzuständigkeit und Tariffähigkeit sind nach § 2a I Nr. 4 ausschließlich den Gerichten für Arbeitssachen zugewiesen. Die Entscheidungen ergehen nach § 2a II im Beschlussverfahren. § 97 regelt verfahrensrechtliche Besonderheiten dieser Streitigkeiten, ohne eine eigene Verfahrensordnung zu schaffen. Neben den Maßgaben in § 97 sind auch die Sonderregelungen zur Beteiligtenfähigkeit in § 10 zu beachten.

2 Wer mit normativer Wirkung für sich selbst oder seine Mitglieder Tarifverträge abschließen kann, ist **tariffähig** (BVerfG 19. 10. 1966 AP TVG § 2 Nr. 24). Das sind nach § 2 I TVG neben Gewerkschaften und AGVereinigungen einzelne AG sowie nach § 2 II und III TVG Zusammenschlüsse von Gewerkschaften und AGVereinigungen, die hierzu bevollmächtigt oder satzungsgemäß befugt sind. Gegenstand eines Verfahrens nach § 2a I Nr. 4 iVm. § 97 kann nicht nur der Streit um die Normsetzungsbefugnis einer Vereinigung, sondern auch ein Streit um die Gewerkschaftseigenschaft einer Vereinigung schlechthin sein (BAG 25. 11. 1986 AP TVG § 2 Nr. 36). **Tarifzuständigkeit** ist die Befugnis eines tariffähigen Verbandes, TV mit einem bestimmten räumlichen, betrieblichen und persönlichen Geltungsbereich abzuschließen (BAG 22. 11. 1988 AP TVG § 5 Tarifzuständigkeit Nr. 2). Den Um-

fang der Tarifzuständigkeit bestimmen die TVParteien in ihrer Satzung in freier Selbstbestimmung. Ein Streit über die Tarifzuständigkeit einer Koalition liegt daher auch dann vor, wenn ein AG einen gerichtlich geltend gemachten tariflichen Anspruch eines AN allein mit der Begründung leugnet, er sei als Mitglied ohne Verbandstarifbindung („OT-Mitglied") nicht tarifgebunden (BAG 23. 10. 1996 AP TVG § 3 Verbandszugehörigkeit).

II. Verfahren

Nach **Abs. 2** gelten für das Verfahren die allgemeinen Vorschriften. **Örtlich zuständig** ist das ArbG, in dessen Bezirk die Vereinigung, deren Tariffähigkeit oder Tarifzuständigkeit festgestellt werden soll, ihre Verwaltung tatsächlich führt oder ihren Sitz hat (GMP/*Matthes* § 82 Rn. 14; GK-ArbGG/*Leinemann* Rn. 53). Eine **einstweilige Verfügung** ist ausgeschlossen. § 85 ist nicht in Bezug genommen. Für den Antragsteller muss auch im Verfahren nach § 97 ein **Rechtsschutzinteresse** bestehen. Es fehlt im Streit zweier DGB-Gewerkschaften über ihre Tarifzuständigkeit, weil §§ 15, 16 der Satzung des DGB für diesen Fall ein verbindliches Schiedsverfahren vorsieht (BAG 25. 9. 1996 AP TVG § 2 Tarifzuständigkeit Nr. 10). Die **Entscheidung** ergeht durch die Kammer unter Mitwirkung der ehrenamtlichen Richter. Die **Rechtskraft** eines Beschlusses zur Tariffähigkeit einer Vereinigung besteht gegenüber jedermann (BAG 25. 11. 1986 AP TVG § 2 Nr. 36; GMP/*Matthes* Rn. 28; aA GK-ArbGG/*Leinemann* Rn. 69). Dies läuft weder auf ein gerichtliches Konzessionierungsverfahren für TVParteien hinaus, noch wird die Freiheit der Koalitionsbildung nach Art. 9 III GG berührt. Die Tariffähigkeit wird im Verfahren nach § 97 nicht begründet, sondern festgestellt. Der Beschluss über die Tarifzuständigkeit wirkt nur für Verfahren über das Bestehen oder Nichtbestehen von TV und über Ansprüche aus TV, die von der Vereinigung abgeschlossen worden sind (GMP/*Matthes* Rn. 29). Die **Vollstreckung** der Entscheidung scheidet von vornherein aus, weil mit einem Antrag nach § 97 nur ein Feststellungsbeschluss erreicht werden kann. **Abs. 4** erleichtert die **Wiederaufnahme des Verfahrens**. Anders als § 580 Nr. 1 ZPO, der eine vorsätzliche oder fahrlässige eidliche Falschaussage verlangt, genügen hier absichtliche unrichtige Angaben oder Aussagen eines Beteiligten. Eine rechtskräftige strafrechtlichen Verurteilung ist nach Abs. 4 S. 2 nicht erforderlich. Aus dieser Vorschrift folgt, dass die Voraussetzungen des § 580 bzw. des § 97 IV 1 das Gericht im Wiederaufnahmeverfahren selbst zu prüfen und festzustellen hat.

1. Antragsbefugnis. Zu den nach **Abs. 1** möglichen Antragstellern zählen auch die **Spitzenorganisationen**, sofern die Voraussetzungen des § 2 II oder III TVG vorliegen (BAG 15. 11. 1963 AP TVG § 14 Nr. 2). Die antragstellende Vereinigung ist räumlich und sachlich zuständig, wenn sich ihr aus der Satzung zu ermittelnder räumlicher und sachlicher Zuständigkeitsbereich wenigstens teilweise mit den Zuständigkeitsbereichen der Vereinigung deckt, deren Tariffähigkeit oder Zuständigkeit bestritten wird (BAG 10. 9. 1985 AP TVG § 2 Nr. 34). Der Streit über die Tariffähigkeit oder Zuständigkeit kann zwischen konkurrierenden Vereinigungen derselben Seite (Gewerkschaften oder Arbeitgeberverbände untereinander) geführt werden als auch zwischen den sozialen Gegenspielern (GMP/*Matthes* Rn. 15). Soweit der Antragsteller die Tariffähigkeit oder Zuständigkeit einer anderen Vereinigung bestreitet, muss er selbst tariffähig sein (GMP/*Matthes* Rn. 16; GK-ArbGG/*Leinemann* Rn. 19). Dagegen ist die Vereinigung, deren Tariffähigkeit bzw. Zuständigkeit bestritten wird, immer antragsbefugt (BAG 25. 11. 1986 AP TVG § 2 Nr. 36); in diesem Fall ist die Tariffähigkeit der antragstellenden Vereinigung eine Frage der Begründetheit. Der Einzelne **AG** ist antragsbefugt, wenn er nicht Mitglied in einem Arbeitgeberverband ist (BAG 10. 5. 1989 AP TVG § 6 Tarifzuständigkeit Nr. 2) und sich die Gewerkschaft der Fähigkeit und Zuständigkeit zum Abschluss eines FirmenTV berühmt (BAG 17. 2. 1970 AP TVG § 2 Tarifzuständigkeit Nr. 2). Antragsberechtigt ist nach Abs. 1 die **oberste Arbeitsbehörde** des Bundes bereits dann, wenn sich die Tätigkeit einer Vereinigung auf das Gebiet mehrerer Bundesländer erstreckt (GMP/*Matthes* Rn. 23). Nach der ausdrücklichen gesetzlichen Regelung in **Abs. 5** S. 2 sind auch die Parteien des Rechtsstreits antragsberechtigt, der nach Abs. 5 S. 1 bis zur Erledigung des Beschlussverfahrens nach § 2a Abs. 1 Nr. 4 ausgesetzt wurde.

2. Beteiligung. Da die Vorschrift keine Sonderregelung zur Beteiligung enthält, gelten die allgemeinen Grundsätze für das Beschlussverfahren (GMP/*Matthes* Rn. 21). Für die Beteiligung ist maßgeblich die unmittelbare Betroffenheit in der Rechtsstellung als AN- oder AGVereinigung. Daher ist die **Vereinigung**, deren Tariffähigkeit oder Zuständigkeit umstritten ist, zu beteiligen (BAG 10. 9. 1985 AP TVG § 2 Nr. 34). Zu beteiligen sind weiterhin alle Vereinigungen, deren örtliche und sachliche Zuständigkeit mit der Zuständigkeit der Vereinigung, deren Tariffähigkeit oder Zuständigkeit umstritten ist, wenigstens teilweise übereinstimmt. Da hier von eine Vielzahl von Verbänden betroffen sein können, genügt es, wenn die jeweiligen **Spitzenverbände** – meist DGB und BDA – beteiligt werden, die die Interessen der in ihrer Zuständigkeit betroffenen Vereinigungen wahrnehmen (BAG 25. 11. 1986 AP TVG § 2 Nr. 36; GMP/*Matthes* Rn. 23). Neben den Spitzenorganisationen können sich die örtlich und sachlich zuständigen Mitgliedsverbände dadurch beteiligen, dass sie als Antragsteller auftreten (BAG 25. 11. 1986 AP TVG § 2 Nr. 36). Dasselbe gilt für den jeweiligen Bundesinnungsverband des Handwerks, in dessen Bereich die umstrittene Vereinigung tätig wird (BAG 1. 2. 1983 AP ZPO § 322 Nr. 14). Die **oberste Arbeitsbehörde** eines Landes ist Beteiligte im Verfahren über die Tariffähigkeit einer Vereinigung, deren Zuständigkeit sich ausschließlich auf das Gebiet eines Landes erstreckt (GMP/*Matthes* Rn. 23) oder wenn sie Anlass für das Verfahren gegeben hat (BAG 15. 11. 1963 AP TVG § 2 Nr. 14). Die oberste Arbeitsbehörde des Bundes ist immer dann zu beteiligen, wenn sich die Zuständigkeit der umstrittenen Vereinigung über das Gebiet eines Landes hinaus erstreckt (BAG 25. 11. 1986 AP TVG § 2 Nr. 36; GMP/*Matthes* Rn. 23). Schließlich sind die Parteien des nach Abs. 5 S. 1 ausgesetzten Verfahrens zu beteiligen (GMP/*Matthes* Rn. 24).

III. Aussetzung anderer Verfahren

6   Für die Aussetzung nach **Abs. 5** ist ein entsprechender Antrag einer Partei nicht erforderlich (BAG 23. 10. 1996 AP TVG § 3 Verbandszugehörigkeit Nr. 15). Sie geschieht von Amts wegen. Es besteht insoweit – anders als im Fall des § 148 ZPO – kein Ermessen des Gerichts; die Verletzung des Aussetzungsgebots stellt einen Verfahrensfehler dar (GMP/*Matthes* Rn. 13). Die Fragen der Tariffähigkeit oder Tarifzuständigkeit dürfen daher nicht als Vorfragen in einem Rechtsstreit mit entschieden werden (GMP/*Matthes* Rn. 9). Als Ausgangsverfahren kommt jedes gerichtliche Verfahren – auch in einem anderen Rechtsweg (BAG 25. 9. 1996 AP ArbGG 1979 § 97 Nr. 4) – und in jeder Instanz in Betracht (BAG 23. 10. 1996 AP TVG § 3 Verbandszugehörigkeit Nr. 15; GK-ArbGG/*Leinemann* Rn. 59, 60). Eine Aussetzung ist nicht erforderlich, wenn zwischen den Parteien in diesen Fragen kein Streit besteht und auch von Amts wegen keine Bedenken zu erheben sind (BAG 22. 9. 1993 § 1 TVG – Tarifverträge: Bau Nr. 168; GMP/*Matthes* Rn. 11; aA GK-ArbGG/*Leinemann* Rn. 55) oder wenn zu diesen Fragen bereits eine rechtskräftige Entscheidung vorliegt (BAG 1. 12. 1983 AP ZPO § 322 Nr. 14). Soweit der Rechtsstreit ausgesetzt wird, ist das Gericht, bei dem das Verfahren über die Tariffähigkeit oder -zuständigkeit anhängig gemacht wird, an den Aussetzungsbeschluss gebunden (GMP/*Matthes* Rn. 13; GK/ArbGG/*Leinemann* Rn. 57). Das Verfahren nach § 97 wird durch den Aussetzungsbeschluss nicht von Amts wegen eingeleitet (GMP/*Matthes* Rn. 14). Es ist ein Antrag erforderlich (GK-ArbGG/*Leinemann* Rn. 65). Antragsberechtigt sind nach Abs. 5 S. 2 auch die Parteien des Ausgangsverfahrens. Nach Erledigung des Verfahrens ist das Ausgangsverfahren in der Instanz fortzuführen, die ausgesetzt hat (GK-ArbGG/*Leinemann* Rn. 67).

§ 98 Entscheidung über die Besetzung der Einigungsstelle

(1) ¹In den Fällen des § 76 Abs. 2 Satz 2 und 3 des Betriebsverfassungsgesetzes entscheidet der Vorsitzende allein. ²Wegen fehlender Zuständigkeit der Einigungsstelle können die Anträge nur zurückgewiesen werden, wenn die Einigungsstelle offensichtlich unzuständig ist. ³Für das Verfahren gelten die §§ 80 bis 84 entsprechend. ⁴Die Einlassungs- und Ladungsfristen betragen 48 Stunden. ⁵Ein Richter darf nur dann zum Vorsitzenden der Einigungsstelle bestellt werden, wenn aufgrund der Geschäftsverteilung ausgeschlossen ist, dass er mit der Überprüfung, der Auslegung oder der Anwendung des Spruchs der Einigungsstelle befasst wird. ⁶Der Beschluss des Vorsitzenden soll den Beteiligten innerhalb von zwei Wochen nach Eingang des Antrags zugestellt werden; er ist den Beteiligten spätestens innerhalb von vier Wochen nach diesem Zeitpunkt zuzustellen.

(2) ¹Gegen die Entscheidungen des Vorsitzenden findet die Beschwerde an das Landesarbeitsgericht statt. ²Die Beschwerde ist innerhalb einer Frist von zwei Wochen einzulegen und zu begründen. ³Für das Verfahren gelten § 87 Abs. 2 und 3 und die §§ 88 bis 90 Abs. 1 und 2 sowie § 91 Abs. 1 und 2 entsprechend mit der Maßgabe, dass an die Stelle der Kammer des Landesarbeitsgerichts der Vorsitzende tritt. ⁴Gegen dessen Entscheidungen findet kein Rechtsmittel statt.

I. Allgemeines

1   Die Vorschrift regelt einige verfahrensrechtliche Besonderheiten für die nach § 76 I 1 BetrVG zu bildende **Einigungsstelle**. Gegenstand des Verfahrens ist nach Satz 1 in Verbindung mit § 76 II 2 u. 3 BetrVG die Bestellung eines Einigungsstellenvorsitzenden und die Bestimmung der Zahl der Beisitzer, nicht die Ablehnung eines Einigungsstellenvorsitzenden. In den Grenzen des Abs. 1 Satz 1 hat das Gericht als Vorfrage auch die Zuständigkeit der Einigungsstelle zu prüfen. Das Einsetzungsverfahren ist in den Fällen anzuwenden, in denen nach § 76 V BetrVG der Spruch der Einigungsstelle die Einigung zwischen Arbeitgeber und Betriebsrat ersetzt. Daneben kann auch für freiwillige Einigungsstellen nach § 76 VI BetrVG die Einsetzung eines Einigungsstellenvorsitzenden oder die Bestimmung der Anzahl der Beisitzer beantragt werden, sofern sich die Betriebsparteien zuvor auf die Errichtung der Einigungsstelle geeinigt haben. Im Fall des § 112 II 1 Alt. 1 BetrVG (Interessenausgleich) ist wegen der Sonderregelung in § 112 II 2 BetrVG die Einigungsstelle auf Antrag nur einer Seite zu errichten, obwohl im Interessenausgleichsverfahren die Einigungsstelle nicht die Einigung zwischen

Arbeitgeber und Betriebsrat ersetzen kann (GMP/*Matthes* Rn. 8; GK-ArbGG/*Leinemann* Rn. 21). Die Vorschrift gilt nicht für das Errichten von Einigungsstellen nach den Personalvertretungsgesetzen (GK-ArbGG/*Leinemann* Rn. 5; GMP/*Matthes* Rn. 5). Sie gilt für die Errichtung von tariflichen Schlichtungsstellen, wenn dies im Tarifvertrag so vorgesehen ist (GMP/*Matthes* Rn. 4).

II. Zulässigkeit

Auch das Bestellungsverfahren wird nach § 81 I 1 nur auf Antrag eingeleitet. Für die **Antrags- 2 befugnis** sind eine Reihe von Spezialregelungen zu beachten. So ist in den Fällen der §§ 37 VI, 38 II und 95 I BetrVG der Arbeitgeber antragsbefugt, während im Fall § 85 II BetrVG nur der Betriebsrat die Einsetzung der Einigungsstelle betreiben kann. Soweit das BetrVG dem Betriebsrat ein volles Mitbestimmungsrecht gewährt, die Einigungsstelle also die Einigung zwischen Arbeitgeber und Betriebsrat ersetzt, können nach § 76 V BetrVG sowohl der Betriebsrat wie auch der Arbeitgeber den Antrag stellen. Im Fall des § 76 VI BetrVG (freiwillige Einigungsstelle) sind ebenfalls beide Betriebsparteien antragsbefugt; das erforderliche Einverständnis der jeweils anderen Seite ist eine Frage der Begründetheit (GMP/*Matthes* Rn. 16; GK-ArbGG/*Leinemann* Rn. 21). **Inhalt des Antrags** kann das Begehren sein, einen Einigungsstellenvorsitzenden zu bestellen und/oder die Zahl der Beisitzer zu bestimmen. Üblicherweise wird in dem Antrag die Person, die nach Auffassung des Antragstellers den Vorsitz der Einigungsstelle übernehmen soll, namentlich benannt und die Zahl der Beisitzer beziffert; erforderlich ist dies jedoch nicht (GK-ArbGG/*Leinemann* Rn. 41). Entsprechende Angaben im Antrag stellen nur eine Anregung an das Gericht dar, an die es nicht gebunden ist (LAG Hamm 4. 12. 1985 BB 1986, 258; GMP/*Matthes* Rn. 17; aA LAG Bremen 1. 7. 1988 AiB 88, 315; GK-ArbGG/*Leinemann* Rn. 42 f.). Sonst würde in aller Regel der den Vorsitzenden bestimmen, der zuerst das Arbeitsgericht anruft. Gerade im Streit um den Vorsitzenden darf ein solches „Wettrennen" nicht für die Entscheidung ausschlaggebend sein. Handelt es sich bei dem Vorschlag nur um eine Anregung, ist auch § 308 ZPO nicht verletzt, wenn das Gericht sich nicht aufgreift (s. weiter Rn. 5). Der Antrag muss **hinreichend bestimmt** sein; dh. der Regelungsgegenstand der Einigungsstelle muss so genau bezeichnet sein, dass in einem nachfolgendem Einigungsstellenverfahren und einer evtl. gerichtlichen Überprüfung der Zuständigkeit der Einigungsstelle oder des Spruches der Einigungsstelle klar ist, für welche Regelungsfragen sie eingesetzt wurde. Der Antrag erfordert nach § 253 II Nr. 2 ZPO eine **Begründung.** Ihr muss zu entnehmen sein, ob die Einigungsstelle in einem Fall der notwendigen Mitbestimmung nach § 76 V BetrVG oder als freiwillige Einigungsstelle nach § 76 VI BetrVG tätig werden soll. Im ersten Fall muss der konkrete Sachverhalt vorgetragen werden, für den ein Mitbestimmungsrecht besteht und in dem die Einigungsstelle den Regelungsstreit schlichten soll (LAG Düsseldorf 21. 8. 1987 NZA 1988, 211; GMP/*Matthes* Rn. 18). Der Begründung muss schließlich zu entnehmen sein, dass für den Antrag ein **Rechtsschutzinteresse** besteht. Dies ist nur gegeben, wenn der Antragsteller geltend macht, dass entweder die Gegenseite Verhandlungen verweigert oder aber mit dem ernsten Willen zur Einigung (§ 74 BetrVG) geführte Verhandlungen gescheitert sind (LAG Baden-Württemberg 16. 10. 1991 NZA 92, 186; Hessisches LAG 12. 11. 1991 NZA 92, 853; ArbGV/ *Koch* Rn. 12). Zur Begründung gehört nicht der Inhalt der gewünschten Regelung (GMP/*Matthes* Rn. 18). Signalisiert die andere Seite erst im Einsetzungsverfahren ihre zuvor verweigerte Verhandlungsbereitschaft, entfällt nicht das Rechtsschutzinteresse (LAG Baden-Württemberg 16. 10. 1991 NZA 92, 186).

III. Begründetheit

Das Gericht hat im Bestellungsverfahren nicht die Aufgabe, die Zuständigkeit der Einigungsstelle 3 abschließend zu prüfen und positiv oder negativ festzustellen. Sinn der Regelung in **Abs. 1 S. 1** ist es, in Zweifelsfällen der Einigungsstelle die Prüfung ihrer Zuständigkeit zu überlassen und so eine beschleunigte Durchführung des Einigungsstellenverfahrens zu ermöglichen. **Offensichtlich unzuständig** ist die Einigungsstelle für ein erzwingbares Einigungsstellenverfahren, wenn bei fachkundiger Beurteilung durch das Gericht *sofort* erkennbar ist, dass ein Mitbestimmungsrecht unter keinem rechtlichen Gesichtspunkt in Frage kommt (ArbGV/*Koch* Rn. 17; GK-ArbGG/*Leinemann* Rn. 32; GMP/*Matthes* Rn. 11), wenn das in Anspruch genommene Mitbestimmungsrecht offensichtlich nicht besteht (BAG 6. 12. 1983 AP BetrVG 1972 § 87 Überwachung Nr. 7), bei einem freiwilligen Einigungsstellenverfahren, wenn offensichtlich das erforderliche Einverständnis der Betriebspartner fehlt oder die Auseinandersetzung außerhalb ihrer Regelungskompetenz liegt (GK-ArbGG/*Leinemann* Rn. 30). Ein Mitbestimmungsrecht fehlt offensichtlich, wenn in dieser Frage eine ungekündigte und in ihrer Wirksamkeit nicht angezweifelte BV besteht (LAG Düsseldorf 9. 9. 1977 EzA BetrVG 1972 § 76 Nr. 16) oder wenn durch rechtskräftige Entscheidung zwischen den Betriebsparteien geklärt ist, dass dem BR in dieser Angelegenheit ein Mitbestimmungsrecht nicht zusteht (LAG Baden-Württemberg 3. 10. 1984 NZA 1985, 163). Der Antrag ist ebenfalls unbegründet, wenn die Amtszeit des BR offensichtlich beendet ist (LAG Hamburg 2. 11. 1988 BB 1989, 916), ein Sozialplan für einen Betrieb mit weniger als 20 Arbeitnehmern herbeigeführt werden soll (LAG Baden-Württemberg 16. 4. 1982 DB 82, 1628) oder ein Interessenausgleich nicht mehr möglich ist, weil die Betriebsänderung schon abgeschlossen (LAG Brandenburg 8. 7. 1997 AiB 97, 726) oder die Planungsphase schon beendet war (vgl. BAG 14. 9. 1976 AP BetrVG 1972 § 113 Nr. 2). Offensichtlich unzuständig ist die Einigungsstelle, wenn das ohne Zweifel unzuständige betriebsverfassungsrechtliche Organ ein Mitbestimmungsrecht für sich in Anspruch nimmt (LAG Frankfurt 15. 6. 1984 NZA 85, 33; LAG Hamburg 10. 4. 1991 DB 91, 2185). Gibt es zu einer Rechtsfrage eine gefestigte höchstrichterliche Rspr., dass dem BR kein Mitbestimmungsrecht zusteht, so ist davon auszugehen, dass kein ernsthafter Zweifel an der Unzuständigkeit der Einigungsstelle besteht (LAG München 13. 3. 1986 LAGE ArbGG 1979 § 98 Nr. 10; ArbGV/*Koch* Rn. 17). **Nicht offensichtlich unzuständig** ist die Einigungsstelle, wenn in Rechtssprechung oder Schrifttum umstritten ist, ob in dem streitigen Regelungsgegenstand ein Mitbestimmungsrecht besteht (LAG Niedersachsen 11. 11. 1993 LAGE ArbGG 1979 § 98 Nr. 27). Hat das BAG zu einer Rechtsfrage nur vereinzelt oder am Rande Stellung genommen und ist an dieser Rechtsauffassung beachtliche Kritik in der Literatur oder in der Instanzrechtsprechung geäußert worden, so kann die Unzuständigkeit der Einigungsstelle nicht als endgültig geklärt angesehen werden (LAG Baden-Württemberg 16. 10. 1991 NZA 92, 186; LAG Köln 11. 2. 1992 NZA 92, 1103). Ob die Einigungsstelle offensichtlich unzuständig ist, wenn Regelungsgegenstand der Ausspruch oder die Entfernung einer Abmahnung aus der Personalakte sein soll, hängt davon ab, wie der BR den Einsetzungsantrag begründet. Beruft er sich allein auf den individualrechtlichen Anspruch des AN auf Entfernung einer rechtswidrigen Abmahnung, so besteht offensichtlich kein Mitbestimmungsrecht des BR (LAG Berlin 19. 8. 1988 NZA 1988, 852). Macht der BR dagegen ein Mitbestimmungsrecht nach § 87 I Nr. 1 BetrVG unter dem Gesichtspunkt der Abmahnung als Betriebsbuße geltend, so kommt bei entsprechender Begründung die Einsetzung der Einigungsstelle in Betracht (LAG Hamburg 9. 7. 1985 LAGE ArbGG 1979 § 98 Nr. 7). Der Antrag auf Einsetzung eines Vorsitzenden für eine **freiwillige Einigungsstelle** nach § 76 VI BetrVG ist unbegründet, wenn offensichtlich ist, dass die zu bildende Einigungsstelle nicht tätig werden kann, weil das Einverständnis beider Betriebsparteien fehlt (GMP/*Matthes* Rn. 13; GK-ArbGG/*Leinemann* Rn. 36). Wird in einem Antrag die Einsetzung einer Einigungsstelle für mehrere **trennbare Regelungsgegenstände** beantragt, wäre die Einigungsstelle aber für eine oder mehrere dieser Regelungsfragen offensichtlich unzuständig, so ist im Tenor des Beschlusses zu bestimmen, für welche Fragen die Einigungsstelle eingesetzt wird; im Übrigen ist der Antrag zurückzuweisen (GMP/*Matthes* Rn. 24). Sind die Regelungsgegenstände nicht trennbar, ist die Einigungsstelle für alle Regelungsgegenstände einzusetzen, wenn nur für einen Teil festgestellt werden kann, dass sie nicht offensichtlich unzuständig ist (GK-ArbGG/*Leinemann* Rn. 30).

IV. Verfahren

4   Das Einsetzungsverfahren muss so zügig betrieben werden, dass der Beschluss des ArbG nach **Abs. 1 Satz 5** den Beteiligten innerhalb von zwei Wochen, spätestens innerhalb von vier Wochen nach Eingang des Antrags zugestellt wird. Wegen seiner besonderen Eilbedürftigkeit darf eine Gütesitzung nur angeordnet werden, wenn sich die streitige Verhandlung unmittelbar anschließt (ähnlich ArbGV/*Koch* § 60 Rn. 12; GMP/*Matthes* Rn. 21). Nach **Abs. 1 Satz 1 und Abs. 2 Satz 2** entscheidet stets der Vorsitzende allein. Zur Abkürzung der Ladungs- und Einlassungsfristen ist nach **Abs. 1 Satz 3** ein Beschluss nicht mehr erforderlich. **Abs. 1 Satz 4** bestätigt die Auffassung der hM (BVerwG 30. 6. 1983 DRiZ 84, 20; LAG Rheinland-Pfalz 23. 6. 1983 DB 84, 56; LAG Frankfurt 23. 6. 1988 DB 88, 2520; DKK/Berg § 76 Rn. 21), wonach Arbeitsrichter als Vorsitzende von Einigungsstellen nicht allein deshalb ungeeignet sind, weil sie im „eigenen" Bezirk tätig werden. Sie sind nur ausgeschlossen, wenn der richterliche Geschäftsverteilungsplan nicht verhindert, dass der Einigungsstellenvorsitzende als Richter mit dem eignen Einigungsstellenverfahren befasst werden kann (ArbGV/*Koch* Rn. 18; GK-ArbGG/*Leinemann* Rn. 51; aA GMP/*Matthes* Rn. 26). Die Vorschrift stellt andererseits klar, dass eine Nebentätigkeitsgenehmigung auch außerhalb des Einsetzungsverfahrens in Zukunft versagt werden muss, wenn die Voraussetzungen des Abs. 1 S. 4 nicht vorliegen (GK-ArbGG/*Leinemann* Rn. 51). Selbst eine insoweit fehlerhafte rechtskräftige Entscheidung im Einsetzungsverfahren ersetzt nicht die Genehmigung, weil für den eingesetzten Richter keine Pflicht zur Übernahme des Vorsitzes der Einigungsstelle besteht. Ansonsten gelten nach Abs. 1 Satz 3 die Vorschriften für das Beschlussverfahren in §§ 80 bis 84. Insbesondere kann der Antrag nach den allgemeinen Vorschriften zurückgenommen, für erledigt erklärt oder geändert werden; die Beteiligten können das Verfahren durch Vergleich beenden. Die Entscheidung ergeht nach § 83 IV 3 nach **mündlicher Anhörung,** es sei denn, der Vorsitzende entscheidet im Einvernehmen mit den Beteiligten im schriftlichen Verfahren. Eine **einstweilige Verfügung** kommt nicht in Betracht, da § 85 nicht für anwendbar erklärt worden ist. Sie ist angesichts von Abs. 1 Satz 3 nicht erforderlich. Auch im Einsetzungsverfahren gilt der Amtsermittlungsgrundsatz. Daher hat das Gericht gegebenenfalls von Amts wegen **Beweis** zu erheben, wenn der zugrundeliegende erhebliche Sachverhalt zwischen den Beteiligten streitig ist und anders nicht aufgeklärt werden kann (LAG Düsseldorf 21. 8. 1987 NZA 1988, 211; GMP/*Matthes* Rn. 21; aA LAG Berlin 27. 1. 1993 AiB 93, 733). Die Offen-

sichtlichkeitsprüfung betrifft allein die Rechtsfrage. Da aus dem Antrag idR nicht entnommen werden kann, ob eine Beweisaufnahme erforderlich sein wird, muss das Verfahren so zeitnah terminiert werden, dass die Frist des Abs. 1 Satz 5 auch eingehalten werden kann, wenn ein zusätzlicher Termin für eine Beweisaufnahme erforderlich wird. Wegen des begrenzten Prüfungsmaßstabs steht mit der Einsetzung weder für die Beteiligten noch für die Einigungsstelle die Zuständigkeit verbindlich fest. Der BR kann daher trotz rechtskräftiger Abweisung seines Antrags auf Einsetzen einer Einigungsstelle wegen offensichtlicher Unzuständigkeit im allgemeinen Beschlussverfahren feststellen lassen, ob in der streitigen Frage ein Mitbestimmungsrecht besteht. Wird dies rechtskräftig festgestellt, kann der Betriebsrat erneut die Bestellung eines Einigungsstellenvorsitzenden beantragen (BAG 25. 4. 1989 AP ArbGG 1979 § 98 Nr. 3). Den Beteiligten steht es daneben nach der Rechtsprechung frei, in einem **Vorabentscheidungsverfahren** die Frage des Bestehens oder Nichtbestehens eines Mitbestimmungsrechts und damit der Zuständigkeit der Einigungsstelle gerichtlich klären zu lassen (BAG vom 6. 12. 1983 AP BetrVG 1972 § 87 – Überwachung – Nr. 7). Das Bestellungsverfahren darf im Hinblick auf die Anhängigkeit eines solchen Beschlussverfahrens nicht **ausgesetzt** werden, da es Zweck des Bestellungsverfahrens ist, die Einigungsstelle beschleunigt einzusetzen (BAG 16. 3. 1982 AP BetrVG 1972 § 87 – Vorschlagswesen – Nr. 2).

V. Entscheidung

Wird der Antrag nicht wegen offensichtlicher Unzuständigkeit der Einigungsstelle zurückgewiesen, 5 so hat das Gericht eine bestimmte Person zum Vorsitzenden der Einigungsstelle zu bestellen und/oder die Zahl der Beisitzer festzusetzen. Die **Person des Vorsitzenden** sollte über die erforderliche Rechts- und Sachkunde verfügen und muss unparteiisch sein (GMP/*Matthes* Rn. 25; GK-BetrVG/*Leinemann* Rn. 44, 47). Damit sind nicht nur Richter der Arbeitsgerichtsbarkeit als Einigungsstellenvorsitzender geeignet (LAG Köln 21. 8. 1984 DB 85, 135). Das Gericht ist bei der Auswahl der zu bestellenden Person unter Beachtung der Grenzen des **Abs. 1 Satz 4** grundsätzlich frei und an die Vorschläge der Beteiligten nicht gebunden (s. Rn. 2). Das Auswahlermessen des Gerichts ist jedoch eingeschränkt, wenn gegen eine vom Antragsteller vorgeschlagene Person vom anderen Beteiligten keine oder keine beachtlichen Einwände erhoben werden und sich auch dem Gericht keine Bedenken hinsichtlich der Fachkunde und der Unparteilichkeit des Vorgeschlagenen aufdrängen. Eine nur schlagwortartige Ablehnung des vom Antragsteller vorgeschlagenen Einigungsstellenvorsitzenden reicht nicht aus (Hessisches LAG 23. 6. 1988 AuR 89, 186). Jedoch dürfen an die Substantiierung der von einem Beteiligten gegen den Vorschlag der anderen vorgebrachten Bedenken keine hohen Anforderungen gestellt werden. Die Funktion des Einigungsstellenvorsitzenden besteht nicht nur darin, die Verhandlungen in der Einigungsstelle sach- und rechtskundig zu leiten. Er ist für die Einigung regelmäßig auf das Vertrauen beider Betriebspartner in seine Unparteilichkeit angewiesen (ähnlich LAG Frankfurt 23. 6. 1988 BB 1988, 2173; GMP/*Matthes* Rn. 25; aA LAG Bremen 1. 7. 1988 AiB 1988, 315; ArbGV/*Koch* Rn. 18; GK-ArbGG/*Leinemann* Rn. 42 f.). Soweit nicht einer der Betriebspartner offensichtlich Obstruktion betreibt, sollte sich das Problem der Einsetzung gegen den Willen der anderen Seite in der Form regeln lassen, dass der Vorsitz das Amt nicht übernimmt. Die rechtskräftige Entscheidung ersetzt nur die Einigung zwischen den Betriebsparteien hinsichtlich der Person des Vorsitzenden. Sie verpflichtet ihn jedoch nicht zur Übernahme des Amtes (GMP/*Matthes* Rn. 33; GK-ArbGG/*Leinemann* Rn. 49). Lehnt er das Amt ab, ist eine erneutes Einsetzungsverfahrens erforderlich (GK-ArbGG/*Leinemann* Rn. 49; GMP/*Matthes* Rn. 33). Um dies zu vermeiden, ist es ratsam, dass sich die Beteiligten oder das Gericht vor einer Entscheidung der Zustimmung der vorgeschlagenen oder vom Gericht in Aussicht genommenen Person versichern. Die Beteiligten können sich auch nach rechtskräftiger Entscheidung auf einen anderen Vorsitzenden einigen.

Auch bei der **Anzahl der Beisitzer** ist das Gericht nicht an die Vorschläge der Beteiligten gebunden. 6 Sie richtet sich nach der Komplexität des Regelungsgegenstandes und den sonstigen Besonderheiten des Einzelfalls. Außer in einfach gelagerten Fällen wird anzunehmen sein, dass mindestens der Betriebsrat die fachkundige Unterstützung durch einen Rechtsanwalt oder einem Gewerkschaftssekretär benötigt. Hieraus folgt, dass im Regelfall zwei Beisitzer für jede Seite erforderlich sind (LAG München 15. 7. 1991 NZA 1992, 185; GMP/*Matthes* Rn. 31; GK-ArbGG/*Leinemann* Rn. 56). Eine größere Zahl von Beisitzern kommt in Betracht, wenn besonders schwierige oder umfangreiche Regelungsfragen zu entscheiden und deshalb besondere Kenntnisse oder Fertigkeiten für die sachgerechte Behandlung in der Einigungsstelle erforderlich sind (zB umfangreiche Sozialpläne, komplexe EDV- oder Entlohnungsfragen). Das Gericht kann nicht festlegen, ob und wie viele der Beisitzer aus dem Betrieb kommen müssen. Dies steht allein den Betriebspartnern zu (GMP/*Matthes* Rn. 31; GK-ArbGG/*Leinemann* Rn. 57). Auch nach rechtskräftiger Entscheidung können sich die Beteiligten auf eine andere Zahl von Beisitzern einigen. Daneben können sich Betriebsrat wie Arbeitgeber in der Einigungsstelle jeweils durch Verfahrensbevollmächtigte vertreten lassen. Die Vertretung des Betriebsrats durch einen Rechtsanwalt ist aber nur dann erforderlich, wenn der Betriebsrat nicht bereits eine rechtskundige Person als Beisitzer benannt hat.

VI. Rechtsmittel

7 Abs. 2 regelt Besonderheiten der **Beschwerde** gegen arbeitsgerichtliche Entscheidungen im Einsetzungsverfahren. Das Verfahren wird mit **Abs. 2 S. 2 und 3 ltzt. Halbs.** beschleunigt. Die Beschwerdefrist ist auf zwei Wochen verkürzt; innerhalb dieser Frist ist die Beschwerde auch zu begründen. Im Beschwerdeverfahren entscheidet nach Abs. 2 Satz 2 der Vorsitzende allein. Beschwerde und ihre Begründung müssen nicht in einem Schriftsatz enthalten sein. Eine Wiedereinsetzung in den vorigen Stand ist möglich (GMP/*Matthes* Rn. 40). Beschwerdeschrift und Begründung müssen von einem Rechtsanwalt oder Verbandsvertreter iSv. § 11 II 2 unterzeichnet sein (GMP/*Matthes* Rn. 40). Die Beschwerde kann sich sowohl auf Rechtsfehler des ArbG bei der Prüfung der offensichtlichen Unzuständigkeit als auch darauf stützen, die Bestellung einer bestimmten Person zum Vorsitzenden oder die Festsetzung der Anzahl der Beisitzer sei fehlerhaft. Beschwert ist ein Beteiligter schon dann, wenn er – auch ohne eine bestimmte Person vorgeschlagen zu haben – mit dem eingesetzten Vorsitzenden oder der Anzahl der Beisitzer nicht einverstanden ist. Gegen die Entscheidung ist nach Abs. 2 Satz 4 ein weiteres Rechtsmittel nicht gegeben. Im Übrigen gelten die Vorschriften über die Beschwerde im Beschlussverfahren (§§ 87 ff.) entsprechend.

§§ 99, 100 *(weggefallen)*

Vierter Teil. Schiedsvertrag in Arbeitsstreitigkeiten

§ 101 Grundsatz

(1) Für bürgerliche Rechtsstreitigkeiten zwischen Tarifvertragsparteien aus Tarifverträgen oder über das Bestehen oder Nichtbestehen von Tarifverträgen können die Parteien des Tarifvertrags die Arbeitsgerichtsbarkeit allgemein oder für den Einzelfall durch die ausdrückliche Vereinbarung ausschließen, daß die Entscheidung durch ein Schiedsgericht erfolgen soll.

(2) ¹Für bürgerliche Rechtsstreitigkeiten aus einem Arbeitsverhältnis, das sich nach einem Tarifvertrag bestimmt, können die Parteien des Tarifvertrags die Arbeitsgerichtsbarkeit im Tarifvertrag durch die ausdrückliche Vereinbarung ausschließen, daß die Entscheidung durch ein Schiedsgericht erfolgen soll, wenn der persönliche Geltungsbereich des Tarifvertrags überwiegend Bühnenkünstler, Filmschaffende, Artisten oder Kapitäne und Besatzungsmitglieder im Sinne der §§ 2 und 3 des Seemannsgesetzes umfaßt. ²Die Vereinbarung gilt nur für tarifgebundene Personen. ³Sie erstreckt sich auf Parteien, deren Verhältnisse sich aus anderen Gründen nach dem Tarifvertrag regeln, wenn die Parteien dies ausdrücklich und schriftlich vereinbart haben; der Mangel der Form wird durch Einlassung auf die schiedsgerichtliche Verhandlung zur Hauptsache geheilt.

(3) Die Vorschriften der Zivilprozeßordnung über das schiedsrichterliche Verfahren finden in Arbeitssachen keine Anwendung.

§ 102 Prozeßhindernde Einrede

(1) Wird das Arbeitsgericht wegen einer Rechtsstreitigkeit angerufen, für die die Parteien des Tarifvertrages einen Schiedsvertrag geschlossen haben, so hat das Gericht die Klage als unzulässig abzuweisen, wenn sich der Beklagte auf den Schiedsvertrag beruft.

(2) Der Beklagte kann sich nicht auf den Schiedsvertrag berufen,
1. wenn in einem Falle, in dem die Streitparteien selbst die Mitglieder des Schiedsgerichts zu ernennen haben, der Kläger dieser Pflicht nachgekommen ist, der Beklagte die Ernennung aber nicht binnen einer Woche nach der Aufforderung des Klägers vorgenommen hat;
2. wenn in einem Falle, in dem nicht die Streitparteien, sondern die Parteien des Schiedsvertrags die Mitglieder des Schiedsgerichts zu ernennen haben, das Schiedsgericht nicht gebildet ist und die den Parteien des Schiedsvertrags von dem Vorsitzenden des Arbeitsgerichts gesetzte Frist zur Bildung des Schiedsgerichts fruchtlos verstrichen ist;
3. wenn das nach dem Schiedsvertrag gebildete Schiedsgericht die Durchführung des Verfahrens verzögert und die ihm von dem Vorsitzenden des Arbeitsgerichts gesetzte Frist zur Durchführung des Verfahrens fruchtlos verstrichen ist;
4. wenn das Schiedsgericht den Parteien des streitigen Rechtsverhältnisses anzeigt, daß die Abgabe eines Schiedsspruchs unmöglich ist.

(3) In den Fällen des Absatzes 2 Nummern 2 und 3 erfolgt die Bestimmung der Frist auf Antrag des Klägers durch den Vorsitzenden des Arbeitsgerichts, das für die Geltendmachung des Anspruchs zuständig wäre.

(4) Kann sich der Beklagte nach Absatz 2 nicht auf den Schiedsvertrag berufen, so ist eine schiedsrichterliche Entscheidung des Rechtsstreits auf Grund des Schiedsvertrags ausgeschlossen.

§ 103 Zusammensetzung des Schiedsgerichts

(1) ¹Das Schiedsgericht muß aus einer gleichen Zahl von Arbeitnehmern und von Arbeitgebern bestehen; außerdem können ihm Unparteiische angehören. ²Personen, die infolge Richterspruchs die Fähigkeit zur Bekleidung öffentlicher Ämter nicht besitzen, dürfen ihm nicht angehören.

(2) Mitglieder des Schiedsgerichts können unter denselben Voraussetzungen abgelehnt werden, die zur Ablehnung eines Richters berechtigen.

(3) ¹Über die Ablehnung beschließt die Kammer des Arbeitsgerichts, das für die Geltendmachung des Anspruchs zuständig wäre. ²Vor dem Beschluß sind die Streitparteien und das abgelehnte Mitglied des Schiedsgerichts zu hören. ³Der Vorsitzende des Arbeitsgerichts entscheidet, ob sie mündlich oder schriftlich zu hören sind. ⁴Die mündliche Anhörung erfolgt vor der Kammer. ⁵Gegen den Beschluß findet kein Rechtsmittel statt.

§ 104 Verfahren vor dem Schiedsgericht

Das Verfahren vor dem Schiedsgericht regelt sich nach den §§ 105 bis 110 und dem Schiedsvertrag, im übrigen nach dem freien Ermessen des Schiedsgerichts.

§ 105 Anhörung der Parteien

(1) Vor der Fällung des Schiedsspruchs sind die Streitparteien zu hören.

(2) ¹Die Anhörung erfolgt mündlich. ²Die Parteien haben persönlich zu erscheinen oder sich durch einen mit schriftlicher Vollmacht versehenen Bevollmächtigten vertreten zu lassen. ³Die Beglaubigung der Vollmachtsurkunde kann nicht verlangt werden. ⁴Die Vorschrift des § 11 Abs. 1 gilt entsprechend, soweit der Schiedsvertrag nicht anderes bestimmt.

(3) Bleibt eine Partei in der Verhandlung unentschuldigt aus oder äußert sie sich trotz Aufforderung nicht, so ist der Pflicht zur Anhörung genügt.

§ 106 Beweisaufnahme

(1) ¹Das Schiedsgericht kann Beweise erheben, soweit die Beweismittel ihm zur Verfügung gestellt werden. ²Zeugen und Sachverständige kann das Schiedsgericht nicht beeidigen, eidesstattliche Versicherungen nicht verlangen oder entgegennehmen.

(2) ¹Hält das Schiedsgericht eine Beweiserhebung für erforderlich, die es nicht vornehmen kann, so ersucht es um die Vornahme den Vorsitzenden desjenigen Arbeitsgerichts oder, falls dies aus Gründen der örtlichen Lage zweckmäßiger ist, dasjenige Amtsgericht, in dessen Bezirk die Beweisaufnahme erfolgen soll. ²Entsprechend ist zu verfahren, wenn das Schiedsgericht die Beeidigung eines Zeugen oder Sachverständigen gemäß § 58 Abs. 2 Satz 1 für notwendig oder eine eidliche Parteivernehmung für sachdienlich erachtet. ³Die durch die Rechtshilfe entstehenden baren Auslagen sind dem Gericht zu ersetzen; die §§ 49 und 54 des Gerichtskostengesetzes finden entsprechende Anwendung.

§ 107 Vergleich

Ein vor dem Schiedsgericht geschlossener Vergleich ist unter Angabe des Tages seines Zustandekommens von den Streitparteien und den Mitgliedern des Schiedsgerichts zu unterschreiben.

§ 108 Schiedsspruch

(1) Der Schiedsspruch ergeht mit einfacher Mehrheit der Stimmen der Mitglieder des Schiedsgerichts, falls der Schiedsvertrag nichts anderes bestimmt.

(2) ¹Der Schiedsspruch ist unter Angabe des Tages seiner Fällung von den Mitgliedern des Schiedsgerichts zu unterschreiben und muß schriftlich begründet werden, soweit die Parteien nicht auf schriftliche Begründung ausdrücklich verzichten. ²Eine vom Verhandlungsleiter unter-

schriebene Ausfertigung des Schiedsspruchs ist jeder Streitpartei zuzustellen. ³ Die Zustellung kann durch eingeschriebenen Brief gegen Rückschein erfolgen.

(3) ¹ Eine vom Verhandlungsleiter unterschriebene Ausfertigung des Schiedsspruchs soll bei dem Arbeitsgericht, das für die Geltendmachung des Anspruchs zuständig wäre, niedergelegt werden. ² Die Akten des Schiedsgerichts oder Teile der Akten können ebenfalls dort niedergelegt werden.

(4) Der Schiedsspruch hat unter den Parteien dieselben Wirkungen wie ein rechtskräftiges Urteil des Arbeitsgerichts.

§ 109 Zwangsvollstreckung

(1) ¹ Die Zwangsvollstreckung findet aus dem Schiedsspruch oder aus einem vor dem Schiedsgericht geschlossenen Vergleich nur statt, wenn der Schiedsspruch oder der Vergleich von dem Vorsitzenden des Arbeitsgerichts, das für die Geltendmachung des Anspruchs zuständig wäre, für vollstreckbar erklärt worden ist. ² Der Vorsitzende hat vor der Erklärung den Gegner zu hören. ³ Wird nachgewiesen, daß auf Aufhebung des Schiedsspruchs geklagt ist, so ist die Entscheidung bis zur Erledigung dieses Rechtsstreits auszusetzen.

(2) ¹ Die Entscheidung des Vorsitzenden ist endgültig. ² Sie ist den Parteien zuzustellen.

§ 110 Aufhebungsklage

(1) Auf Aufhebung des Schiedsspruchs kann geklagt werden,
1. wenn das schiedsgerichtliche Verfahren unzulässig war;
2. wenn der Schiedsspruch auf der Verletzung einer Rechtsnorm beruht;
3. wenn die Voraussetzungen vorliegen, unter denen gegen ein gerichtliches Urteil nach § 580 Nr. 1 bis 6 der Zivilprozeßordnung die Restitutionsklage zulässig wäre.

(2) Für die Klage ist das Arbeitsgericht zuständig, das für die Geltendmachung des Anspruchs zuständig wäre.

(3) ¹ Die Klage ist binnen einer Notfrist von zwei Wochen zu erheben. ² Die Frist beginnt in den Fällen des Absatzes 1 Nr. 1 und 2 mit der Zustellung des Schiedsspruchs. ³ Im Falle des Absatzes 1 Nr. 3 beginnt sie mit der Rechtskraft des Urteils, das die Verurteilung wegen der Straftat ausspricht, oder mit dem Tage, an dem der Partei bekannt geworden ist, daß die Einleitung oder die Durchführung des Verfahrens nicht erfolgen kann; nach Ablauf von zehn Jahren, von der Zustellung des Schiedsspruchs an gerechnet, ist die Klage unstatthaft.

(4) Ist der Schiedsspruch für vollstreckbar erklärt, so ist in dem der Klage stattgebenden Urteil auch die Aufhebung der Vollstreckbarkeitserklärung auszusprechen.

Fünfter Teil. Übergangs- und Schlußvorschriften

§ 111 Änderung von Vorschriften

(1) ¹ Soweit nach anderen Rechtsvorschriften andere Gerichte, Behörden oder Stellen zur Entscheidung oder Beilegung von Arbeitssachen zuständig sind, treten an ihre Stelle die Arbeitsgerichte. ² Dies gilt nicht für Seemannsämter, soweit sie zur vorläufigen Entscheidung von Arbeitssachen zuständig sind.

(2) ¹ Zur Beilegung von Streitigkeiten zwischen Ausbildenden und Auszubildenden aus einem bestehenden Berufsausbildungsverhältnis können im Bereich des Handwerks die Handwerksinnungen, im übrigen die zuständigen Stellen im Sinne des Berufsbildungsgesetzes Ausschüsse bilden, denen Arbeitgeber und Arbeitnehmer in gleicher Zahl angehören müssen. ² Der Ausschuß hat die Parteien mündlich zu hören. ³ Wird der von ihm gefällte Spruch nicht innerhalb einer Woche von beiden Parteien anerkannt, so kann binnen zwei Wochen nach ergangenem Spruch Klage beim zuständigen Arbeitsgericht erhoben werden. ⁴ § 9 Abs. 5 gilt entsprechend. ⁵ Der Klage muß in allen Fällen die Verhandlung vor dem Ausschuß vorangegangen sein. ⁶ Aus Vergleichen, die vor dem Ausschuß geschlossen sind, und aus Sprüchen des Ausschusses, die von beiden Seiten anerkannt sind, findet die Zwangsvollstreckung statt. ⁷ Die §§ 107 und 109 gelten entsprechend.

§§ 112–116. *(weggefallen)*

§ 117 Verfahren bei Meinungsverschiedenheiten der beteiligten Verwaltungen

Soweit in den Fällen der §§ 40 und 41 das Einvernehmen nicht erzielt wird, entscheidet die Bundesregierung.

§§ 118–120. *(weggefallen)*

§ 121 Überleitungsvorschriften aus Anlaß des Gesetzes vom 21. Mai 1979

(1) Für Verfahren in Arbeitssachen, für die durch das neue Recht die Zuständigkeit der Gerichte für Arbeitssachen begründet wird und die vor dem 1. Juli 1979 bei Gerichten anderer Zweige der Gerichtsbarkeit anhängig sind, bleiben diese Gerichte bis zum rechtskräftigen Abschluß der Verfahren zuständig.

(2) Auf Klagen oder Anträge, die vor dem 1. Juli 1979 eingereicht waren, sind die bis dahin geltenden Vorschriften über die Kosten, die Kostentragungspflicht, das Güteverfahren und die Gebühren weiterhin anzuwenden.

(3) [1] Ist die mündliche Verhandlung vor dem 1. Juli 1979 geschlossen worden, so richten sich die Verkündung und der Inhalt der Entscheidung, die Zulässigkeit von Rechtsmitteln, die Rechtsmittelbelehrung, die Fristen zur Einlegung und Begründung eines zulässigen Rechtsmittels, die Begründung und die Beantwortung von Rechtsmitteln nach der bis zu diesem Zeitpunkt geltenden Fassung dieses Gesetzes. [2] Für die Zulässigkeit von Rechtsmitteln gilt dies auch dann, wenn die anzufechtende Entscheidung nach dem 30. Juni 1979 verkündet worden ist.

§ 121a Überleitungsvorschriften aus Anlaß des Gesetzes vom 26. Juni 1990

(1) Für Verfahren in Arbeitssachen, für die durch Artikel 1 Nr. 1 die Zuständigkeit der Gerichte für Arbeitssachen begründet wird und die vor dem Inkrafttreten dieses Gesetzes bei Gerichten anderer Zweige der Gerichtsbarkeit anhängig sind, bleiben diese Gerichte bis zum rechtskräftigen Abschluß des Verfahrens zuständig.

(2) Bis zur Bestimmung der zuständigen obersten Landesbehörde im Sinne des Artikels 1 Nr. 2, 4 bis 14 und 16 bleibt die jeweilige oberste Arbeitsbehörde des Landes zuständig.

§ 122 Geltung im Land Berlin. *(gegenstandslos)*

80. Gesetz über den Schutz des Arbeitsplatzes bei Einberufung zum Wehrdienst (Arbeitsplatzschutzgesetz – ArbPlSchG)

In der Fassung der Bekanntmachung vom 14. Februar 2001 (BGBl. I S. 253)

Geändert durch Gesetz vom 20. Dezember 2001 (BGBl. I S. 4013)

(BGBl. III/FNA 53-2)

Erster Abschnitt. Grundwehrdienst und Wehrübungen

§ 1 Ruhen des Arbeitsverhältnisses

(1) Wird ein Arbeitnehmer zum Grundwehrdienst oder zu einer Wehrübung einberufen, so ruht das Arbeitsverhältnis während des Wehrdienstes.

(2) [1] Einem Arbeitnehmer im öffentlichen Dienst hat der Arbeitgeber während einer Wehrübung Arbeitsentgelt wie bei einem Erholungsurlaub zu zahlen. [2] Zum Arbeitsentgelt gehören nicht besondere Zuwendungen, die mit Rücksicht auf den Erholungsurlaub gewährt werden.

(3) Der Arbeitnehmer hat den Einberufungsbescheid unverzüglich seinem Arbeitgeber vorzulegen.

(4) Ein befristetes Arbeitsverhältnis wird durch Einberufung zum Grundwehrdienst oder zu einer Wehrübung nicht verlängert; das Gleiche gilt, wenn ein Arbeitsverhältnis aus anderen Gründen während des Wehrdienstes geendet hätte.

(5) Wird der Grundwehrdienst oder die Wehrübung vorzeitig beendet und muss der Arbeitgeber vorübergehend für zwei Personen am gleichen Arbeitsplatz Lohn oder Gehalt zahlen, so werden ihm die hierdurch ohne sein Verschulden entstandenen Mehraufwendungen vom Bund auf Antrag erstattet.

Schrifttum: *Hahnfeld/Boehm-Tettelbach,* Wehrpflichtgesetz, Loseblattausg.; *Sahmer,* Gesetz über den Schutz des Arbeitsplatzes bei Einberufung zum Wehrdienst (Arbeitsplatzschutzgesetz), 3. Aufl., 1971.

I. Normzweck

1   Das ArbPlSchG ist ein Nebengesetz zum WPflG und zum SoldG. Es gilt im Bereich der Bundesrepublik Deutschland. Das ArbPlSchG regelt in Ausführung von § 31 SoldG die Rechtsfolgen, die sich aus Störungen ergeben, die Folge der Einberufung eines Wehrpflichtigen sind, der **Arbeitnehmer,** ein in **Heimarbeit Beschäftigter, Handelsvertreter, Beamter** oder **Richter** ist, vgl. im Übrigen § 15. Das ArbPlSchG soll die Wehrpflichtigen vor Nachteilen schützen und die in der beruflichen Laufbahn erlittenen Zeitverluste soweit wie möglich ausgleichen. Das ArbPlSchG enthält Schutzbestimmungen nur zugunsten von AN, deren Einberufung durch Maßnahmen veranlasst worden sind, die auf der deutschen Wehrgesetzgebung beruhen (BAG 5. 12. 1969 AP EWG-Vertrag Art. 177 Nr. 3). **AN aus Mitgliedstaaten der EWG sind jedoch gleichzubehandeln** (EuGH 15. 10. 1969 AP EWG-Vertrag Art. 177 Nr. 2; BAG 5. 12. 1969 AP EWG-Vertrag Nr. 3). Personen, die in Deutschland beschäftigt sind und die **nicht Staatsangehörige eines Mitgliedstaats der Europäischen Gemeinschaft** sind und nach außerdeutschem Recht zum Militärdienst in einem ausländischen Staat herangezogen werden, **unterfallen dem ArbPlSchG nicht** (EuGH 15. 10. 1969 AP EWG-Vertrag Art. 177 Nr. 2; BAG 22. 12. 1982 AP BGB § 123 Nr. 23 = NJW 1983, 2782; LAG Frankfurt/M. 2. 3. 1973 NJW 1974, 2198; BAG 30. 7. 1986 AP BUrlG § 13 Nr. 22 = NZA 1987, 13). Solche AN können sich hinsichtlich ihrer Arbeitspflicht auch nicht auf ein Leistungsverweigerungsrecht berufen, wenn sie in ihrem Heimatland ihrer Wehrpflicht nachkommen. Führt der wehrdienstbedingte Arbeitsausfall zu einer erheblichen Beeinträchtigung der betrieblichen Interessen, kann eine personenbedingte Kündigung sozial gerechtfertigt sein (BAG 20. 5. 1988 AP § 1 KSchG 1969 Personenbedingte Kündigung Nr. 9). Die Stellung des Wehrpflichtigen wird ergänzt durch das **Unterhaltssicherungsgesetz** und das **Wehrsoldgesetz.**

II. Geltungsbereich

2   Das ArbPlSchG ist in engem Zusammenhang mit dem WPflG zu sehen. Es berücksichtigt von den im WPflG vorgesehenen Wehrdienstarten: den Grundwehrdienst, die Wehrübung, den Wehrdienst als Soldat mit einer Verpflichtung von insgesamt höchstens zwei Jahren, § 16 a, den Wehrdienst in der Verfügungsbereitschaft sowie im Verteidigungsfall, § 16. Vom ArbPlSchG nicht erfasst wird die Zeit,

III. Ruhen des Arbeitsverhältnisses § 1 **ArbPlSchG 80**

die auf die Prüfung eines wehrdienstfähigen Wehrpflichtigen auf eine Eignung für eine bestimmte militärische Verwendung nach § 20 a WPflG entfällt und für Übungen zur Auswahl von freiwilligen Soldaten. Insoweit gilt § 17 III Eignungsübungsgesetz. Für Kurzübungen der Territorialreserve vgl. § 11 Rn. 2. Wer sich freiwillig verpflichtet, für begrenzte Zeit bis zu 15 Jahren Wehrdienst zu leisten, wird nach dem SoldG in das Dienstverhältnis eines Soldaten auf Zeit berufen. Ist ein entspr. Verpflichteter AN, ein in Heimarbeit Beschäftigter, Handelsvertreter oder Beamter, ist das ArbPlSchG für die zunächst auf 6 Monate festgelegte Dienstzeit mit der Maßgabe anzuwenden, dass für den Grundwehrdienst geltenden Vorschriften anzuwenden sind, § 16 a. Das **Gesetz gilt nicht nur für Deutsche, sondern auch für Ausländer und Staatenlose,** wenn sie in Deutschland beschäftigt sind und durch allg. Rechtsverordnung der Bundesregierung gemäß § 2 WPflG zum Wehrdienst in der Bundeswehr einberufen werden.

Das ArbPlSchG gilt nach § 59 des Bundesgrenzschutzgesetzes auch für **Grenzschutzdienstpflichtige,** nach § 78 I Nr. 1 ZDG für anerkannte Kriegsdienstverweigerer, sog. **Zivildienstleistende.** Durch den Zivildienst erfüllt der Wehrpflichtige, der als Kriegsdienstverweigerer anerkannt ist, seine Wehrpflicht, § 3 I WPflG. **AN, die nach den Vorschriften des Arbeitssicherstellungsgesetzes zum Zwecke der Verteidigung einschließlich des Schutzes der Zivilbevölkerung in ein Arbeitsverhältnis verpflichtet werden, können ebenfalls Regelungen des ArbPlSchG in Anspruch nehmen, § 15 I Arbeitssicherstellungsgesetz iVm. § 1 IV und V, §§ 2, 3 und 4 I, II bis IV, §§ 6, 12 I, 13, 14 a III, V und VI, 14 b I und V, wobei die §§ 14 a und 14 b mit der Maßgabe gelten, dass der AG erstattungspflichtig ist.** Das gilt auch für Frauen vom vollendeten 18. bis zum vollendeten 50. Lebensjahr, § 2 Arbeitssicherstellungsgesetz. Von den Zivildienstleistenden zu unterscheiden sind **diejenigen Dienstpflichtigen, die sowohl den Dienst mit der Waffe als auch den Ersatzdienst aus Gewissensgründen verweigern,** aber freiwillig in einem freien Arbeitsverhältnis zu einer Tätigkeit im Kranken-, Heil- oder Pflegebereich bereit sind, § 15 a ZDG. Für letztere **gelten die Bestimmungen des ArbPlSchG nicht** (krit. dazu KR/*Weigand* § 2 Rn. 8). Ebenso sind **Entwicklungshelfer** (vgl. § 1 I Ziff. 1 oder 2 EhfG), die anstatt des Wehrdienstes einen mindestens zweijährigen Entwicklungshilfsdienst leisten, **nicht in den Schutzbereich des ArbPlSchG einbezogen.**

§ 1 I gilt uneingeschränkt nur für AN der privaten Wirtschaft. Hierzu rechnen Arbeiter und Angestellte sowie die zur Berufsausbildung Beschäftigten, § 15 I. Zu Heimarbeitern vgl. § 7, zu Handelsvertretern § 8 und zu den zivilen Beschäftigten bei einer Truppe der drei alliierten Mächte Art. 56 I a ZA-NTS. Die Stellung der AN im öffentl. Dienst, vgl. dazu § 15 II, wird durch § 1 II modifiziert.

III. Ruhen des Arbeitsverhältnisses

Nach § 1 I ist **Voraussetzung für den Eintritt des Ruhens,** dass zum Zeitpunkt der Einberufung ein Arbeitsverhältnis besteht. Waren vertragliche Abmachungen bereits in dem Sinn bindend, dass der AN seine Arbeit später aufnehmen sollte und wird er vorher einberufen, tritt das Ruhen mit dem Zeitpunkt ein, zu dem die Arbeit hätte aufgenommen werden sollen. Das **Ruhen erfasst unbefristete, befristete und faktische Arbeitsverhältnisse.** Durch die Einberufung des AN wird das Arbeitsverhältnis nicht aufgelöst. Der Begriff Arbeitsverhältnis entspricht dem im allg. Arbeitsrecht. **Maßgebend für den Eintritt des Ruhens ist der Beginn des Wehrdienstes, nicht der des Dienstantritts.** Das Wehrdienstverhältnis eines Wehrpflichtigen beginnt mit dem Zeitpunkt, der für den Dienstantritt festgesetzt ist, § 2 SoldG. Die für den Dienstantritt festgelegte Zeit ist allein maßgebend für den Beginn des Ruhens der Rechte und Pflichten. Unerheblich ist, ob der AN dem Einberufungsbescheid Folge leistet (*Sahmer* E § 1 Nr. 27). Auch wenn der Wehrdienst wegen Krankheit nicht angetreten wird, tritt das Ruhen ein (VerwGH Baden-Württemberg 24. 2. 1987 AP ArbPlatzSchutzG § 11 Nr. 3). Endet ein Arbeitsverhältnis zu einem Zeitpunkt während des Wehrdienstes, ruhen die Rechte und Pflichten nur bis zum Zeitpunkt der Beendigung des Arbeitsverhältnisses. Der Ruhenszeitraum erfasst auch eine nach § 5 III WPflG nachzudienende Zeit. Das Wehrdienstverhältnis endet mit dem Ablauf des Tages, zu dem der Wehrpflichtige aus der Bundeswehr ausscheidet, § 2 SoldG.

Die Rechte und Pflichten aus dem Arbeitsverhältnis ruhen während der gesamten Dauer des Wehrdienstes. Endet ein Arbeitsverhältnis, zB wegen einer Befristung, zu einem Zeitpunkt während des Wehrdienstes, ruhen die Rechte und Pflichten nur bis zum Zeitpunkt der Beendigung des Arbeitsverhältnisses. Das Ruhen iSd. ArbPlSchG bedeutet, dass die gegenseitigen Hauptleistungspflichten aus dem Arbeitsverhältnis entfallen, soweit nicht ausdrücklich etwas anderes vereinbart ist. Abw. Vereinbarungen sind zugunsten des AN zulässig. Andere Pflichten, wie zB die Verschwiegenheitspflicht, Wettbewerbsverbote bleiben bestehen. Bei schwerwiegenden Vertragsverletzungen kommt hier eine außerordentliche Kündigung aus wichtigem Grund in Betracht, vgl. § 2 III 1.

Hauptleistungspflicht ist auf Seiten des AG die Entgeltzahlungspflicht und auf Seiten des AN die Arbeitspflicht. Der AN erhält bei Wegfall des Arbeitsentgelts auf Antrag Leistungen nach dem Unterhaltssicherungsgesetz und Leistungen nach dem Wehrsoldgesetz. Zum Entgelt rechnet nicht nur der Grundlohn, sondern es gehören dazu alle geldwerten Leistungen aus dem Arbeitsverhältnis (*Sahmer* E § 1 Nr. 8). Gratifikationen sind nur zu zahlen, wenn eine entspr. Rechtsgrundlage besteht (ArbG Hamm 14. 8. 1956 BB 1956, 785). Das gilt auch für Ergebnis- und Gewinnbeteiligungen (BAG 8. 11.

1962 AP ArbPlatzSchutzG § 6 Nr. 1). Auch Leistungen zur Vermögensbildung können unterbrochen werden, wenn der AN keinen Anspruch auf Entgeltfortzahlung hat.

8 Trotz des Eintritts des **Ruhens des Arbeitsverhältnisses** besteht die **Zugehörigkeit des AN zu seinem Betrieb** oder zu seiner Dienststelle fort. Alle Folgen, die an die Betriebszugehörigkeit anknüpfen, bleiben erhalten. Das Recht des AN, zum Betriebrat zu wählen oder gewählt zu werden, wird nicht berührt (BAG 29. 3. 1974 AP BetrVG 1972 § 19 Nr. 2). Nach § 13 I 2 BPersVG und tw. nach landesrechtlichen Vorschriften sind Beschäftigte die am Wahltag seit mehr als sechs Monaten unter Wegfall der Bezüge beurlaubt sind, nicht wahlberechtigt. Diese Vorschriften erfassen auch AN, die am Wahltag einen bereits sechs Monate übersteigenden Grundwehrdienst ableisten (BVerwG 20. 11. 1979 ZBR 1980, 322; aA *Sahmer* E § 1 Nr. 22). Gehört ein zum Wehrdienst Einberufener dem BR oder dem Personalrat an, erlischt sein Amt mit dem Eintritt des Ruhens nicht. Das gilt auch für leitende Angestellte nach dem SprAuG. Unberührt bleiben die Regelungen, wonach bei Verhinderung des Amtsinhabers ein Ersatzmitglied an seine Stelle tritt. Zu dem Einfluss des Ruhens auf Zahlungsansprüche, die an die tatsächlich geleistete Arbeitsleistung anknüpfen, wie zB Gratifikationen.

IV. Besonderheiten im öffentlichen Dienst

9 Die AN im öffentl. Dienst erhalten während einer Wehrübung Arbeitsentgelt wie bei einem Erholungsurlaub, § 1 II 1. Die Verpflichtung des öffentl. Dienstherrn nach Abs. 2 ist eine andere Art der Unterhaltsgewährung, die Abs. 1 im Übrigen unberührt lässt. Es entfallen nur bes. Zuwendungen, die mit Rücksicht auf den Urlaub gewährt werden, wie zB ein tarifliches Urlaubsgeld. § 1 II, wonach der AG einem AN im öffentl. Dienst während einer Wehrübung Arbeitsentgelt wie bei einem Erholungsurlaub zu zahlen hat, gilt nicht entspr. für den 16. Zivildienstmonat (BAG 18. 1. 1984 AP ZDG § 78 Nr. 1).

V. Beendigung des Ruhens

10 Das **Ruhen** des Arbeitsverhältnisses **hängt ab von der Dauer des Wehrdienstes.** Das Ruhen endet mit dem Ablauf des Tages, an dem der Soldat aus der Bundeswehr ausscheidet, § 2 SoldG. Hat das Ruhen des Arbeitsverhältnisses geendet, leben die Rechte und Pflichten aus dem Arbeitsverhältnis in vollem Umfang wieder auf (LAG Baden-Württemberg 29. 10. 1958 BB 1959, 739). Meldet der AN sich nicht beim AG zur Arbeitsleistung, verletzt er seine Arbeitspflicht mit allen sich daraus ergebenden Folgen. Der AG hat dem AN die ursprüngliche Beschäftigungsmöglichkeit anzubieten. Besteht diese nicht mehr, ist nach § 2 KSchG zu verfahren. Ist ein Betriebsübergang erfolgt, tritt nach § 613a BGB der Betriebserwerber in die Rechte und Pflichten aus dem Arbeitsverhältnis ein. Das Ruhen endet ebenfalls, wenn ein AN während des Grundwehrdienstes oder einer Wehrübung Berufssoldat wird, §§ 40, 41 SoldG. Durch die Ernennung zum Berufssoldaten wird das Wehrdienstverhältnis in ein Berufssoldatenverhältnis umgewandelt. Das Arbeitsverhältnis erlischt nicht. **Erkrankt ein AN** nach Erhalt des Einberufungsbescheids, aber vor Begründung des Wehrdienstverhältnisses, richtet sich die Entgeltfortzahlung bis zum Augenblick der Begründung des Wehrdienstverhältnisses nach den Bestimmungen des EFZG. Das gilt entspr., wenn der AN während der Wehrdienstzeit erkrankt und die Erkrankung das Ende des Ruhens der Rechte und Pflichten überdauert. Die Sechswochenfrist beginnt erst mit dem Wiederaufleben des Arbeitsverhältnisses zu laufen (BAG 2. 3. 1971 AP ArbPlatzSchutzG § 1 Nr. 1).

VI. Befristetes Arbeitsverhältnis

11 § 1 IV Halbs. 1 ist zugunsten des AN dispositiv. Für Probe- und Ausbildungszeiten gilt die speziellere Vorschrift des § 6 III, vgl. dort Rn. 18. § 1 IV Halbs. 2 erfasst solche unbefristeten Arbeitsverhältnisse, in deren Verlauf eine wirksame Beendigungsvereinbarung getroffen worden ist, der Beendigungszeitpunkt in die Zeit des Wehrdienstes fällt oder die auf Grund einer wirksamen Kündigung in diesem Zeitraum enden.

VII. Ersatzanspruch des Arbeitgebers

12 Durch die Einberufung zum Wehrdienst kann der AG gehalten sein, für den abwesenden AN eine Ersatzkraft einzustellen. Der AG wird sich hierbei hinsichtlich der Dauer der Beschäftigung an dem Ende des Grundwehrdienstes oder der Wehrübung orientieren. Wird der Grundwehrdienst oder die Wehrübung vorzeitig beendet, kann der Fall eintreten, dass vorübergehend neben dem jetzt wieder tätigen zurückgekehrten AN auch die Ersatzkraft zu bezahlen ist. Hier gewährt § 1 V einen öffentlich-rechtlichen Anspruch gegen den Bund (BVerwG 29. 9. 1982 MDR 1983, 696). **Voraussetzung für den Anspruch** ist in jedem Fall eine **vorzeitige**, also eine nicht reguläre **Beendigung des Wehrdienstes,** eine nicht mögliche sofortige Beendigung der Tätigkeit der Ersatzkraft, ein fehlendes Verschulden an den entstandenen Mehraufwendungen. Mehraufwendungen sind dann nicht verschuldet, wenn der Unternehmer bei der Einstellung der Ersatzkraft die unter Berücksichtigung aller Umstände zu erwartende Sorgfalt beachtet hat (BVerwG 2. 7. 1982 MDR 1983, 163). Ein Anspruch besteht nicht, wenn die Ersatzkraft anderweitig im Betrieb eingesetzt werden kann (*Sahmer* E § 1 Nr. 43).

Kündigungsschutz; Weiterbeschäftigung § 2 ArbPlSchG 80

Mehraufwendungen sind die Kosten, die für die Ersatzkraft üblicherweise zu zahlen sind. Mehr- 13
aufwendungen sind die Bruttobezüge zuzüglich aller zu zahlender Nebenkosten. Zahlung kann
frühestens von dem Tag an verlangt werden, zu dem dem Einberufenen wieder das Arbeitsentgelt zu
zahlen ist. Der Erstattungszeitraum erfasst Mehraufwendungen für die Zeit zwischen der vorzeitigen
Rückkehr des Wehrpflichtigen und der Beendigung des Arbeitsverhältnisses der Ersatzkraft, längstens
bis zu dem Tag, an dem der Wehrdienst regulär geendet hätte.

VIII. Mitteilungspflicht des Arbeitnehmers

Gemäß § 1 III hat der AN den Einberufungsbescheid unverzüglich, dh. ohne schuldhaftes Zögern, 14
dem AG vorzulegen. Die Verletzung der Pflicht nach Absatz 3 beeinflusst nicht den Beginn des
Ruhens des Arbeitsverhältnisses. Die Verletzung der Pflicht kann allenfalls Schadensersatzansprüche
des AG nach sich ziehen.

§ 2 Kündigungsschutz für Arbeitnehmer, Weiterbeschäftigung nach der Berufsausbildung

(1) Von der Zustellung des Einberufungsbescheides bis zur Beendigung des Grundwehrdienstes sowie während einer Wehrübung darf der Arbeitgeber das Arbeitsverhältnis nicht kündigen.

(2) ¹Im Übrigen darf der Arbeitgeber das Arbeitsverhältnis nicht aus Anlass des Wehrdienstes kündigen. ²Muss er aus dringenden betrieblichen Erfordernissen (§ 1 Abs. 2 des Kündigungsschutzgesetzes) Arbeitnehmer entlassen, so darf er bei der Auswahl der zu Entlassenden den Wehrdienst eines Arbeitnehmers nicht zu dessen Ungunsten berücksichtigen. ³Ist streitig, ob der Arbeitgeber aus Anlass des Wehrdienstes gekündigt oder bei der Auswahl der zu Entlassenden den Wehrdienst zu Ungunsten des Arbeitnehmers berücksichtigt hat, so trifft die Beweislast den Arbeitgeber.

(3) ¹Das Recht zur Kündigung aus wichtigem Grunde bleibt unberührt. ²Die Einberufung des Arbeitnehmers zum Wehrdienst ist kein wichtiger Grund zur Kündigung; dies gilt im Falle des Grundwehrdienstes von mehr als sechs Monaten für unverheiratete Arbeitnehmer in Betrieben mit in der Regel fünf oder weniger Arbeitnehmern ausschließlich der zu ihrer Berufsbildung Beschäftigten, wenn dem Arbeitgeber infolge Einstellung einer Ersatzkraft die Weiterbeschäftigung des Arbeitnehmers nach Entlassung aus dem Wehrdienst nicht zugemutet werden kann. ³Bei der Feststellung der Zahl der beschäftigten Arbeitnehmer nach Satz 2 sind teilzeitbeschäftigte Arbeitnehmer mit einer regelmäßigen wöchentlichen Arbeitszeit von nicht mehr als 20 Stunden mit 0,5 und nicht mehr als 30 Stunden mit 0,75 zu berücksichtigen. ⁴Satz 3 berührt bis zum 30. September 1999 nicht die Rechtsstellung der Arbeitnehmer, die am 30. September 1996 gegenüber ihrem Arbeitgeber Rechte aus der bis zu diesem Zeitpunkt geltenden Fassung der Sätze 3 und 4 hätten herleiten können. ⁵Eine nach Satz 2 zweiter Halbsatz zulässige Kündigung darf jedoch nur unter Einhaltung einer Frist von zwei Monaten für den Zeitpunkt der Entlassung aus dem Wehrdienst ausgesprochen werden.

(4) Geht dem Arbeitnehmer nach der Zustellung des Einberufungsbescheides oder während des Wehrdienstes eine Kündigung zu, so beginnt die Frist des § 4 Satz 1 des Kündigungsschutzgesetzes erst zwei Wochen nach Ende des Wehrdienstes.

(5) ¹Der Ausbildende darf die Übernahme eines Auszubildenden in ein Arbeitsverhältnis auf unbestimmte Zeit nach Beendigung des Berufsausbildungsverhältnisses nicht aus Anlass des Wehrdienstes ablehnen. ²Absatz 2 Satz 3 gilt entsprechend.

I. Verbot der ordentlichen Kündigung

Die Regelung in § 2 I betrifft die **ordentliche Kündigung** und geht über den allg. Kündigungs- 1
schutz hinaus. Sie erfasst auch solche AN, die vom Kündigungsschutz nicht erfasst sind. Maßgebend
ist der Zugang des Kündigungsschreibens, vgl. im Übrigen § 4 KSchG Rn. 25. Die Kündigung eines
Einberufenen ist auch unzulässig, wenn sie während der Probezeit ausgesprochen wird (ArbG Verden
22. 3. 1979 ARSt 1980, 27; KR/*Weigand* Rn. 19). Liegen die Voraussetzungen nach Absatz 1 nicht vor
und ist eine Kündigung zulässig, so sind nach Absatz 2 weitere Erfordernisse zu beachten. Absatz 3 stellt
klar, dass eine Kündigung aus wichtigem Grund zulässig ist. Absatz 4 bestimmt den Lauf der Frist des
KSchG nach Zustellung des Einberufungsbescheids oder während des Wehrdienstes.

§ 2 enthält **eigenständige Kündigungsverbote**. Die Vorschrift erfasst sowohl die Arbeitsverhältnisse 2
der privaten Wirtschaft als auch die im öffentl. Dienst. Soweit die persönlichen, § 1 I KSchG, und die
betrieblichen, § 23 KSchG, Voraussetzungen für die Anwendung des KSchG erfüllt sind, findet das
KSchG neben dem ArbPlSchG Anwendung. § 2 lässt das Recht des AN, sein Arbeitsverhältnis
während des Wehrdienstes oder einer Wehrübung selbst zu kündigen, unberührt (KR/*Weigand* Rn. 41).

Das Kündigungsrecht lebt bei Einberufung zum Wehrdienst mit der Entlassung aus ihm wieder auf. 3
Bei einer Wehrübung gilt das Kündigungsverbot nur für die Zeit von deren Beginn bis zum Ende der

Ascheid

Wehrübung. Das Kündigungsverbot gilt auch in den Fällen, in denen das KSchG keine Anwendung findet, also auch in Kleinbetrieben. Erfasst vom Verbot werden alle Kündigungsgründe: personenbedingte, verhaltensbedingte und betriebsbedingte. Die betriebsbedingte Kündigung ist auch bei einer Betriebsschließung ausgeschlossen (aA *Sahmer* E § 2 Nr. 11).

4 Soweit eine ordentliche Kündigung zulässig ist, darf der **AG** nach § 2 II 1 das Arbeitsverhältnis **nicht aus Anlass des Wehrdienstes kündigen.** Aus Anlass des Wehrdienstes wird gekündigt, wenn der **Wehrdienst** mit das **bestimmende Motiv für die Kündigung** war. Die Vorschrift erfasst auch eine nach Abs. 3 S. 1 an sich zulässige außerordentliche Kündigung aus wichtigem Grund, wenn sie lediglich aus Anlass des Wehrdienstes ausgesprochen worden ist, so wenn sie unmittelbar nach Beendigung einer Wehrübung erfolgt (LAG Hamm 26. 5. 1967 DB 1967, 1272; KR/*Weigand* Rn. 32).

5 § 2 II 2 enthält eine **Sonderregelung für ordentliche betriebsbedingte Kündigungen** solcher Arbeitsverhältnisse, auf die das KSchG Anwendung findet. Das Gesetz spricht hier zwar von Entlassung, gemeint ist jedoch die Kündigung selbst, nicht etwa der Zeitpunkt nach § 15 KSchG. § 2 II 2 bezieht sich auf Kündigungen von AN, die demnächst zum Wehrdienst einberufen werden oder die ihren Wehrdienst bereits abgeleistet haben.

6 § 2 II 3 regelt hiervon abw. die Beweislast ausschließlich für den Fall, dass der AN geltend macht, die Kündigung sei aus Anlass des Wehrdienstes erfolgt oder bei der Auswahl der zu Kündigenden sei der Wehrdienst zuungusten des AN berücksichtigt worden und wenn der AG das bestreitet. Der AG hat dann das Gericht davon zu überzeugen, dass andere Gesichtspunkte maßgebend waren. Bleiben Zweifel, ist von der Behauptung des AN auszugehen (KR/*Weigand* Rn. 36).

7 § 2 II 3 gilt entspr. bei der Ablehnung der Übernahme des Auszubildenden, § 2 V 2.

II. Kündigung aus wichtigem Grund

8 Nach § 2 III Satz 1 kann das **Arbeitsverhältnis auch während des Wehrdienstes aus wichtigem Grund gekündigt werden.** Der Begriff des wichtigen Grundes ist der jeweils in Frage kommenden Norm zu entnehmen, vgl. zB § 626 BGB. Es spielt keine Rolle, wann der wichtige Grund gesetzt worden ist. Eine außerordentliche Kündigung ist auch zulässig, wenn die Störung bereits vor Beginn des Wehrdienstes eingetreten ist und die Frist des § 626 II BGB nicht verstrichen ist. Eine Betriebsstillegung ist kein Grund zu einer außerordentlichen Kündigung, denn dem Wehrpflichtigen ist es selbst bei einer sozialen Auslauffrist nicht möglich, sich während des Wehrdienstes um einen anderen Arbeitsplatz zu bemühen (KR/*Weigand* Rn. 23; aA ArbG Bochum 17. 12. 1971 DB 1972, 441).

9 § 2 III 2 Halbs. 1 stellt klar, dass die **Einberufung zum Wehrdienst kein wichtiger Grund zur Kündigung** ist. Eine Ausnahme gilt nach § 2 II 2 Halbs. 2 nur für Inhaber von Kleinbetrieben. Danach kann **unverheirateten AN in Betrieben mit in der Regel fünf oder weniger AN ausschließlich der zu ihrer Berufsbildung Beschäftigten** im Fall des Grundwehrdienstes von mehr als sechs Monaten aus wichtigem Grund gekündigt werden, wenn dem AG infolge der Einstellung einer Ersatzkraft die Weiterbeschäftigung des AN nach der Entlassung aus dem Wehrdienst nicht zugemutet werden kann.

10 Die Vorschrift ist hinsichtlich der Sätze 3 und 4 geändert worden durch Art. 8 des Arbeitsrechtlichen Gesetzes zur Förderung von Wachstum und Beschäftigung (Arbeitsrechtliches Beschäftigungsförderungsgesetz) vom 25. 9. 1996 (BGBl. I S. 1476), vgl. insoweit die Voraufl.

11 Die **Einstellung einer Ersatzkraft** erfordert den Abschluss eines neuen Arbeitsvertrags mit dem Ziel, den konkreten Arbeitsplatz des Einberufenen zu besetzen. Es muss nachweislich ein anderer AN zu diesem Zweck neu eingestellt worden sein. Eine innerbetriebliche Umsetzung eines bereits eingestellten AN genügt nicht. Die Unzumutbarkeit der Weiterbeschäftigung muss der AG dartun. Eine Unzumutbarkeit liegt nicht vor, wenn der AG sich auf den Zeitpunkt der Rückkehr des Einberufenen hätte einstellen können, zB durch Abschluss eines möglichen befristeten Arbeitsverhältnisses (*Sahmer* E § 2 Nr. 14 e).

12 Eine nach Abs. 3 S. 2 Halbs. 2 **zulässige ordentliche Kündigung** darf **nur unter Einhaltung einer Frist von zwei Monaten für den Zeitpunkt der Entlassung aus dem Wehrdienst** ausgesprochen werden. Frühester Zeitpunkt der Kündigung ist der der Einstellung der Ersatzkraft. Der späteste liegt zwei Monate vor der Entlassung aus dem Grundwehrdienst. Die Kündigung kann nämlich nur für den Zeitpunkt der Entlassung aus dem Wehrdienst ausgesprochen werden, wobei nach Abs. 3 S. 3 eine Frist von mindestens zwei Monaten einzuhalten ist.

III. Folgen unzulässiger Kündigungen

13 Kündigungen, die entgegen den in § 2 enthaltenen Kündigungsverboten ausgesprochen worden sind, sind unwirksam, § 134 BGB (KR/*Weigand* Rn. 23; LAG Bremen 1. 7. 1964 NJW 1965, 127). Der **Unwirksamkeitsgrund unzulässiger Auswahlerwägungen** im Zusammenhang mit einer betriebsbedingten Kündigung, § 2 II 2, bezieht sich nur auf Arbeitsverhältnisse, die dem KSchG unterfallen und kann **nur im Zusammenhang mit einer rechtzeitig erhobenen Kündigungsschutzklage** geltend gemacht werden.

IV. Frist für Kündigungsschutzklage

Geht dem AN nach der Zustellung des Einberufungsbescheids oder während des Wehrdienstes eine Kündigung zu, beginnt nach § 2 IV die Drei-Wochen-Frist des § 4 S. 1 KSchG erst zwei Wochen nach Ende des Wehrdienstes. Versäumt er die Fünf-Wochen-Frist, gilt § 6 KSchG.

V. Auszubildende

§ 2 V gilt nur für Wehrpflichtige, die Auszubildende iSv. § 3 BBiG sind. Sie findet keine Anwendung auf andere Vertragsverhältnisse der Ausbildung iSv. § 19 BBiG. War die Ausbildung bereits beendet, greift der Schutz des Abs. 5 nicht. Angesprochen ist nur der Ausbildungsbetrieb des Auszubildenden. Die Ablehnung der Übernahme durch den AG eines anderen Betriebs wird nicht erfasst.

§ 2 V gibt dem Wehrpflichtigen keinen allg. Anspruch auf die Begründung eines Arbeitsverhältnisses. § 2 V ist insoweit kein Schutzgesetz iSv. § 823 II BGB. Wird die Übernahme allein aus Anlass des Wehrdienstes abgelehnt, macht der AG sich schadensersatzpflichtig (KR/*Weigand* Rn. 38; vgl. zur entspr. Benachteiligung eines Jugendvertreters BAG 12. 2. 1975 AP BetrVG 1972 § 78 Nr. 1).

§ 3 Wohnraum und Sachbezüge

(1) **Das Ruhen des Arbeitsverhältnisses (§ 1 Abs. 1) lässt eine Verpflichtung zum Überlassen von Wohnraum unberührt.**

(2) ¹**Für die Auflösung eines Mietverhältnisses über Wohnraum, der mit Rücksicht auf das Arbeitsverhältnis zur Unterbringung des Arbeitnehmers und seiner Familie überlassen ist, darf die durch den Grundwehrdienst oder eine Wehrübung veranlasste Abwesenheit des Arbeitnehmers nicht zu seinem Nachteil berücksichtigt werden.** ²**Dies gilt entsprechend für allein stehende Arbeitnehmer, die den Wohnraum während ihrer Abwesenheit aus besonderen Gründen benötigen.**

(3) ¹**Bildet die Überlassung des Wohnraumes einen Teil des Arbeitsentgelts, so hat der Arbeitnehmer für die Weitergewährung an den Arbeitgeber eine Entschädigung zu zahlen, die diesem Teil des Arbeitsentgelts entspricht.** ²**Ist kein bestimmter Betrag vereinbart, so hat der Arbeitnehmer eine angemessene Entschädigung zu zahlen.**

(4) ¹**Sachbezüge sind während des Grundwehrdienstes oder während einer Wehrübung auf Verlangen weiterzugewähren.** ²**Absatz 3 gilt sinngemäß.**

(5) **Die Absätze 3 und 4 finden keine Anwendung, wenn der Arbeitgeber nach diesem Gesetz das Arbeitsentgelt während des Wehrdienstes weiterzuzahlen hat.**

1. Allgemeines. Die Regelung in § 3 I und IV ist als Ausnahmebestimmung zu § 1 I zu sehen. Wird Wohnraum nicht als Arbeitsentgelt gewährt, stellt § 3 I nur klar, dass die Verpflichtung zum Überlassen der Räume unberührt bleibt. Fragen des Kündigungsrechts des Vermieters werden hier nicht angesprochen.

2. Wohnraum. Wohnraum iSv. § 3 I ist eine sog. **Werkmietwohnungen** nach § 565 b BGB oder eine **Werkdienstwohnung**, § 565 e BGB. Der überlassene Wohnraum ist ohne Rücksicht auf die aus § 1 I sich ergebenden Folgen weiterzugewähren. Der AN hat den Mietzins weiterzuentrichten. Stellt der Wohnraum einen Teil des Arbeitsentgelts dar, hat der AN nach Abs. 3 für die Weitergewährung an den AG eine Entschädigung zu zahlen, die diesem Teil des Arbeitsentgelts entspricht. Ist kein bestimmter Betrag vereinbart, hat der AN eine angemessene Entschädigung zu zahlen. Die anteilige Zahlungspflicht des AN rechtfertigt sich daraus, dass der der Gebrauchsüberlassung zuzuordnende Anteil der Arbeitsleistung nicht erbracht wird. Die Regelung des Abs. 3 gilt nach § 11 I 2 nicht bei Wehrübungen bis zur Dauer von drei Tagen, nach § 3 V dann nicht, wenn der AG nach dem ArbPlSchG das Arbeitsentgelt weiterzuzahlen hat: § 1 II, §§ 10, 14, 16. Die **Höhe der Entschädigung** entspricht nicht ohne weiteres dem üblichen Mietzins, der auf dem freien Markt für Wohnungen gleicher Art und Güte zu zahlen ist. Er kommt darauf an, ob der AG dem AN den Wohnraum zu günstigeren Konditionen überlassen hat, was vielfach bei Werkdienstwohnungen der Fall ist.

3. Kündigungsrecht des Vermieters. Nach § 3 II ist eine Kündigung des Vermieters, die mit der Abwesenheit des AN aus Anlass des Wehrdienstes begründet wird oder motiviert ist, unwirksam (LAG Frankfurt/M. 21. 7. 1966 AP BGB § 565 b Nr. 2). Das Kündigungsverbot greift nur, wenn der Wohnraum neben dem AN auch seiner Familie überlassen ist. Unter Familie sind alle Angehörigen des AN iSv. § 3 Unterhaltssicherungsgesetz zu verstehen (*Sahmer* E § 3 Nr. 9). Ist der **AN alleinstehend,** gilt das Verbot nach Abs. 2 S. 2 nur, wenn er den Wohnraum während seiner Abwesenheit aus bes. Gründen benötigt. Bes. Gründe sind solche, die es bei verständiger Würdigung der Situation des AN angezeigt erscheinen lassen, ihm das Wohnrecht zu belassen. Überhöhte Anforderungen sind unangebracht. Es genügt zB, dass der AN andernfalls eigene Möbel mit erhöhtem Aufwand unterbringen müsste (*Sahmer* E § 3 Nr. 10).

4 **4. Sachbezüge.** Zu den weiter zu gewährenden Sachbezügen gehören **Brennmaterial, Nahrungsmittel, Kleidung.** Voraussetzung ist die ausdrückliche Forderung des AN auf Weitergewährung. Für eine zurückliegende Zeit kann die Weitergewährung jedenfalls dann nicht geltend gemacht werden, wenn aus dem bisherigen Schweigen des AN ein Verzicht erkennbar wird oder wenn die Sachbezüge dem Zweck entspr. nicht mehr verwendet werden könnten. Nach Abs. 4 S. 2 gilt Abs. 3 sinngemäß, so dass der AN eine Entschädigung an den AG zu zahlen hat, wenn die Gewährung von Sachbezügen einen Teil des Arbeitsentgelts darstellt.

§ 4 Erholungsurlaub

(1) ¹Der Arbeitgeber kann den Erholungsurlaub, der dem Arbeitnehmer für ein Urlaubsjahr aus dem Arbeitsverhältnis zusteht, für jeden vollen Kalendermonat, den der Arbeitnehmer Wehrdienst leistet, um ein Zwölftel kürzen. ²Dem Arbeitnehmer ist der ihm zustehende Erholungsurlaub auf Verlangen vor Beginn des Wehrdienstes zu gewähren.

(2) Hat der Arbeitnehmer den ihm zustehenden Urlaub vor seiner Einberufung nicht oder nicht vollständig erhalten, so hat der Arbeitgeber den Resturlaub nach dem Wehrdienst im laufenden oder im nächsten Urlaubsjahr zu gewähren.

(3) Endet das Arbeitsverhältnis während des Wehrdienstes oder setzt der Arbeitnehmer im Anschluss an den Wehrdienst das Arbeitsverhältnis nicht fort, so hat der Arbeitgeber den noch nicht gewährten Urlaub abzugelten.

(4) Hat der Arbeitnehmer vor seiner Einberufung mehr Urlaub erhalten als ihm nach Absatz 1 zustand, so kann der Arbeitgeber den Urlaub, der dem Arbeitnehmer nach seiner Entlassung aus dem Wehrdienst zusteht, um die zuviel gewährten Urlaubstage kürzen.

(5) Für die Zeit des Wehrdienstes richtet sich der Urlaub nach den Urlaubsvorschriften für Soldaten.

1 **1. Normzweck.** Die Vorschrift **ändert und ergänzt** die Bestimmungen des Bundesurlaubsgesetzes im Hinblick auf die Besonderheiten, die sich durch die Ableistung des Wehrdienstes und das vorübergehende Ruhen des Arbeitsverhältnisses ergeben. Die Regelungen **mildern** die Folgen, die der Unternehmer auf Grund des Wehrdienstes seines Mitarbeiters zu tragen hat, und **sichern** dem AN seine wegen des Wehrdienstes nicht erfüllbaren Urlaubsansprüche. Daneben ist das Gesetz geeignet, die Durchsetzung von **Doppelansprüchen** zu verhindern.

2 Die Vergünstigungen des § 4 können die Arbeitsvertragsparteien nur in Anspruch nehmen, wenn ein AN **auf Grund deutschen Wehrrechts** und ein AN eines Mitgliedslandes der **EU** auf Grund seiner nationalen Wehrgesetzgebung einberufen wird (EuGH 15. 10. 1969 AP EWG-Vertrag § 177 Nr. 2 mit Anm. *Boldt* = BB 1969, 1313; BAG 30. 7. 1986 AP EWG-Vertrag § 13 Nr. 22 mwN = NZA 1987, 13). Im Arbeitsverhältnis mit einem Ausländer aus einem anderen Staat kann bei Ableistung des Wehrdienstes nach dem Recht des Heimatstaates auf die Möglichkeiten des § 4 nicht zurückgegriffen werden. Einzelheiten zum Geltungsbereich des ArbPlSchG siehe § 1 Rn. 2 ff.

3 Das Gesetz regelt vier Bereiche des Urlaubsrechts. Es handelt sich um die **Kürzung** des Erholungsurlaubs in § 4 I 1 und § 4 IV, die **Erteilung** des Urlaubs in § 4 I 2, die **Übertragung** in § 4 II und die **Abgeltung** in § 4 III. Betroffen sind dadurch § 3, § 5 III und § 7 I, III und IV BUrlG. Unberührt bleiben durch das ArbPlSchG die anderen Bestimmungen des BUrlG und andere Normen über die Entstehung des Urlaubs.

4 **2. Kürzung des Erholungsurlaubs.** Wegen der weitgehenden Identität der Regelungen von § 4 Abs. 1 ArbPlSchG und § 17 Abs. 1 BErzGG wird auf eine nähere Darstellung verzichtet. Es gelten die Ausführungen zu § 17 BErzGG Rn. 3 bis 10 sinngemäß.

5 **3. Gewährung des Urlaubs vor dem Grundwehrdienst.** Nach § 7 I BUrlG hat der AG gegenüber den vom AN geäußerten Urlaubswünschen unter den im Gesetz genannten Voraussetzungen ein **Leistungsverweigerungsrecht** bei der Erteilung des Urlaubs (§ 7 BUrlG Rn. 21 bis 27). Dieses Recht hat der AG dann **nicht**, wenn der AN seinen **Einberufungsbescheid** nach § 1 I **vorgelegt** hat, der AG den dem AN noch zustehenden Urlaub nach § 4 I **gekürzt** hat und der AN nunmehr vor Ableistung des Wehrdienstes **Urlaub verlangt.** Der AG **muss** Urlaub in Höhe des verbleibenden Anspruchs in der Zeit zwischen Vorlage des Einberufungsbescheids und der Einberufung **gewähren;** er kann sich auch nicht auf zwingende Gründe oder eine besondere Ausnahmesituation berufen (*Dörner* AR-Blattei Urlaub XIII, B III 2). Verweigert der AG den Urlaub, so hat der AN **kein Selbstbeurlaubungsrecht** (dazu ausführlich § 7 BUrlG Rn. 12 bis 14). Er kann nur versuchen, seinen Anspruch gerichtlich, ggf. im Wege des einstweiligen Rechtsschutzes durchzusetzen versuchen (*Dörner* AR-Blattei Urlaub XIII, B III 2; *Leinemann/Linck* Rn. 13; Kasseler Handbuch/*Hauck* 2. 4 Rn. 758).

6 Der gekürzte Urlaub wird wie jeder Urlaub durch **Freistellung** von der Arbeit erfüllt (§ 7 BUrlG Rn. 5). Der AN erhält sein **Urlaubsentgelt** nach Maßgabe des § 11 BUrlG und, falls das tariflich oder vertraglich vorgesehen ist, auch das **zusätzliche Urlaubsgeld,** es sei denn, die jeweiligen anspruchs-

begründenden Bestimmungen würden die Zahlung in diesem Fall nicht vorsehen (BAG 24. 10. 1989 AP BUrlG § 7 Abgeltung Nr. 52 = NZA 1990, 499; 28. 7. 1992 AP BErzGG § 17 Nr. 3 mit Anm. *Sibben* = NZA 1994, 27). Das gilt auch für den nach § 4 II **übertragenen Urlaub**.

4. Übertragung des Urlaubs. Wegen der weitgehenden Identität der Regelungen von § 4 Abs. 2 ArbPlSchG und § 17 Abs. 2 BErzGG wird in dieser Auflage hier auf eine nähere Darstellung verzichtet. Es gelten die Ausführungen zu § 17 BErzGG Rn. 11 bis 15 sinngemäß (siehe auch 1. Auflage Rn. 15 bis 18). 7

5. Abgeltung. Wegen der weitgehenden Identität der Regelungen von § 4 Abs. 3 ArbPlSchG und § 17 Abs. 3 BErzGG wird in dieser Auflage hier auf eine nähere Darstellung verzichtet. Es gelten die Ausführungen zu § 17 BErzGG Rn. 16 bis 18 sinngemäß. 8

6. Sonstiger Anwendungsbereich. a) Soldatenverhältnis. Von den Bestimmungen des § 4 I–IV bleibt der Urlaubsanspruch unberührt, den der Soldat nach § 28 Soldatengesetz in der Fassung der Bekanntmachung vom 14. 2. 2001 (BGBl. S 232) iVm. den Bestimmungen der Verordnung über den Urlaub der Soldaten in der Neufassung vom 14. 5. 1997 (BGBl. I S. 1134) erwirbt. Er tritt neben den gekürzten oder ungekürzten Anspruch aus dem Arbeitsverhältnis, § 4 V. 9

b) Zivildienstleistende. Die Bestimmungen des Arbeitsplatzschutzgesetzes gelten nach § 78 I Zivildienstgesetz für Zivildienstleistende entsprechend. § 4 ist daher ohne Einschränkung auch auf die Arbeitsverhältnisse anzuwenden, die während der Ableistung des Zivildienstes ruhen. 10

c) Wehrübungen. Der Anwendungsbereich des § 4 umfasst den Wehrdienst ableistenden AN in allen Arten, wie sie in § 4 Wehrpflichtgesetz seit der Neufassung vom 14. 7. 1994 (BGBl. I S. 1505) genannt sind. Die frühere Unterscheidung zwischen Grundwehrdienst und Wehrübungen ist mit der Änderung des § 4 im Gesetz vom 24. 7. 1995 (BGBl. I S. 962) aufgegeben (zurzeit gilt der Text in der Fassung vom 15. Dezember 1995, BGBl- I S. 1753). Deshalb ist der frühere § 4 V gestrichen mit der Folge, dass die Parteien auch bei einer wenigstens einen Monat lang andauernden Wehrübung die Rechte und Pflichten aus § 4 haben. 11

d) Eignungsübungen. Besonderheiten gelten für Eignungsübungen nach der Eignungsübungsverordnung. Das Eignungsübungsgesetz vom 20. 1. 1956 (BGBl. I S. 13) und die Bestimmungen in seiner Durchführungsverordnung vom 15. 2. 1956 (BGBl. I S. 71) sind in § 15 I BUrlG nicht genannt. Daraus kann aber nicht gefolgert werden, dass die dortigen urlaubsrechtlichen Vorschriften nicht mehr zur Anwendung kommen (so aber *Leinemann/Linck* § 15 BUrlG Rn. 22 ff.). Sie sind nämlich anders als die landesgesetzlichen Vorschriften nicht außer Kraft gesetzt worden. Mit den auf unbestimmte Zeit verlängerten Bestimmungen des zunächst befristet ergangenen Eignungsübungsgesetzes und seiner Verordnung sind diese Bestimmungen als fortgeltend anzusehen (im Ergebnis wie hier die hM: GK-BUrlG/*Berscheid* § 15 Rn. 6, *Dersch/Neumann* § 15 BUrlG Rn. 5, Kasseler Handbuch/ *Hauck* 4. Rn. 763 ff. und *Natzel* § 15 BUrlG Rn. 1). 12

e) Heimarbeiter. Die Bestimmungen des § 4 sind auf Heimarbeitsverhältnisse entsprechend anzuwenden, § 7 I. Das hat zur Folge, dass die Bestimmungen des § 12 BUrlG der **Kürzung, Erteilung, Übertragung und Befristung** nach § 4 nicht entgegenstehen. So erhält der wehrpflichtige Heimarbeiter nicht für 24 Werktage das Urlaubsentgelt nach § 12 Nr. 1 BUrlG, sondern für so viel Zwölftel, wie er in vollen Monaten Aufträge bearbeitet hat. Er kann den gekürzten Urlaub vor der Einberufung oder nach der Rückkehr vom Wehrdienst verlangen, ohne befürchten zu müssen, dass sein Anspruch durch Zeitablauf erloschen ist. 13

§ 5 *(weggefallen)*

§ 6 Fortsetzung des Arbeitsverhältnisses

(1) Nimmt der Arbeitnehmer im Anschluss an den Grundwehrdienst oder im Anschluss an eine Wehrübung in seinem bisherigen Betrieb die Arbeit wieder auf, so darf ihm aus der Abwesenheit, die durch den Wehrdienst veranlasst war, in beruflicher und betrieblicher Hinsicht kein Nachteil entstehen.

(2) ¹Die Zeit des Grundwehrdienstes oder einer Wehrübung wird auf die Berufs- und Betriebszugehörigkeit angerechnet; bei Auszubildenden und sonstigen in Berufsausbildung Beschäftigten wird die Wehrdienstzeit auf die Berufszugehörigkeit jedoch erst nach Abschluss der Ausbildung angerechnet. ²Die Zeit des Grundwehrdienstes oder einer Wehrübung gilt als Dienst- und Beschäftigungszeit im Sinne der Tarifordnungen und Tarifverträge des öffentlichen Dienstes.

(3) Auf Probe- und Ausbildungszeiten wird die Zeit des Grundwehrdienstes oder einer Wehrübung nicht angerechnet.

(4) ¹Auf Bewährungszeiten, die für die Einstufung in eine höhere Lohn- oder Vergütungsgruppe vereinbart sind, wird die Zeit des Grundwehrdienstes nicht angerechnet. ²Während der

Zeit, um die sich die Einstufung in eine höhere Lohn- oder Vergütungsgruppe hierdurch verzögert, erhält der Arbeitnehmer von seinem Arbeitgeber zum Arbeitsentgelt eine Zulage in Höhe des Unterschiedsbetrages zwischen seinem Arbeitsentgelt und dem Arbeitsentgelt, das ihm bei der Einstufung in die höhere Lohn- oder Vergütungsgruppe zustehen würde.

I. Benachteiligungsverbot

1 § 6 I schützt den AN, der während des Wehrdienstes seiner Arbeitspflicht nicht nachkommen kann, vor **Benachteiligungen in beruflicher und betrieblicher Hinsicht.** Bei der Auslegung von Abs. 1 ist zu beachten, dass die Abs. 2 bis 4 konkrete Ausgestaltungen des Benachteiligungsverbots normieren. § 6 I und § 1 I schließen sich gegenseitig aus. Solange die Rechte und Pflichten ruhen, kann für diese Ruhenszeit § 6 I nicht wirken. Das **Gesetz stellt** bei der Benachteiligung **auf berufliche und betriebliche Gegebenheiten** ab. Die Norm schreibt nicht vor, dass ein AN vergütungsrechtlich in jedem Fall so zu stellen ist, als wenn er während der Zeit des Grundwehrdienstes gearbeitet hätte. Er nimmt daher nicht an Zuschlägen und Zuwendungen teil, die ihre Grundlage in der tatsächlichen Ausübung des Berufs haben, denn die Rechte und Pflichten aus dem Arbeitsverhältnis ruhen (BAG 27. 1. 1981 AP BAT § 47 Nr. 2; BAG 7. 4. 1987 AP BAT § 47 Nr. 7; BAG 27. 1. 1994 AP ArbPlatzSchutzG § 6 Nr. 5; *Sahmer* E § 6 Nr. 1), vgl. auch Rn. 14. Das gilt auch, wenn tarifliche Sonderzuwendungen für AN, die als Soldat auf Zeit gedient haben, für die Monate der Dienstzeit gekürzt werden, nicht jedoch für AN, die Grundwehrdienst leisten (BAG 24. 1. 1996 AP ArbPlatzSchutzG § 6 Nr. 7 = NZA 1996, 780).

2 Abs. 1 erfasst **nur** die **AN,** die im Anschluss an den Wehrdient **wieder in den bisherigen Betrieb zurückkehren.** Hinsichtlich anderer AN vgl. § 6 I Eignungsübungsgesetz. Es genügt nicht, dass der AN nunmehr in einem anderen Betrieb des AG beschäftigt wird. Bei einer Betriebsveräußerung nach § 613 a BGB tritt der Erwerber in die Rechte und Pflichten aus dem Arbeitsverhältnis ein. Die Position des AN wird also nicht verschlechtert. Das Zurückkehren muss nicht sofort im Anschluss an den Wehrdienst erfolgen. Der AN kann sich kurz erholen und seinen Urlaub nehmen. Hat das Arbeitsverhältnis während des Wehrdienstes geendet und schließt der AN einen neuen Arbeitsvertrag mit seinem früheren AG, ergeben sich für den AN keine Rechte aus Absatz 1.

3 Unter einem **Nachteil iSv. Abs. 1** ist jede Art einer Diskriminierung im Betrieb oder Beruf zu verstehen. Auch Änderungen tatsächlicher Art erfüllen den Tatbestand, wie zB die Zuweisung eines schlechteren Raumes, die Zuordnung zu einem allseits nicht geschätzten Vorgesetzten (*Sahmer* E § 6 Nr. 4). Es kommt für die Benachteiligung nicht auf die subjektiven Vorstellungen des AG an, vielmehr muss ein objektiver Maßstab angelegt werden (BAG 4. 11. 1970 AP TVG § 1 Auslegung Nr. 119). Die Benachteiligung kann auch in einem Unterlassen bestehen, so wenn der AN nicht höhergruppiert oder von einer Zuwendung ausgeschlossen wird, sofern ihm diese Rechte einzelvertraglich oder tarifvertraglich zustehen. Keine Benachteiligung liegt vor, wenn der AN allg. Verschlechterungen hinnehmen muss. Das ist zB der Fall, wenn wegen schlechter Auftragslage mittlerweile die Arbeitszeit verkürzt worden ist. Ebenso liegt keine Diskriminierung vor, wenn der AN einer betrieblich sich ergebenden Versetzung folgen soll, die keinen Bezug zu seinem früheren Fernbleiben hat (*Hahnfeld/Boehm-Tettelbach*, Anhang 3 Rn. 3 b). Hingegen ist er zu beteiligen an allg. Verbesserungen, so, wenn mittlerweile bei allen AN die Löhne erhöht worden sind.

4 Bei **freiwilligen Wehrübungen** und sonstigen Dienstleistungen nach dem SoldG gilt § 10, bei Wehrübungen von nicht mehr als drei Tagen § 11 I, bei Wehrdienst in der Verfügungsbereitschaft § 16, bei Wehrdienst von Soldaten auf Zeit § 16 a.

5 Verstößt der AG gegen Absatz 1, hat der AN einen **Anspruch auf Unterlassung** der ihn benachteiligenden Maßnahme. Abs. 1 erfasst nur Benachteiligungen in der Zeit nach dem Wehrdienst.

II. Anrechnung der Wehrdienstzeit

6 Abs. 2 setzt voraus, dass der AN in den **alten Betrieb zurückgekehrt** ist. Die Regelung kann nicht zu Ungunsten des AN geändert werden. Wird nach dem Wehrdienst erstmals ein Arbeitsverhältnis begründet, gilt § 12 I, hinsichtlich der Anrechnung des Wehrdienstes auf bestimmte Wartezeiten im späteren Berufsleben § 13 I. Die Anrechnung bezieht sich auch nur auf den zu Beginn des Wehrdienstes ausgeübten Beruf. Ebenso wächst die Betriebszugehörigkeit nur in dem Betrieb an, dem der AN zu Beginn seiner Wehrdienstzeit angehörte.

7 **Anrechnung** bedeutet, dass die **Zeit des Wehrdienstes automatisch der Berufs- und/oder Betriebszugehörigkeit zuwächst.** Es bedarf nicht etwa einer Vereinbarung der Arbeitsvertragsparteien. Beruf iSd. Vorschrift ist die konkrete Art der Tätigkeit, die der AN ausübt, zB Schreiner, Schlosser, Buchhalter. Berufs- und Betriebszugehörigkeiten können eine Rolle spielen bei Höhergruppierungen. Die Betriebszugehörigkeit ist bedeutsam für die Wahlberechtigung zum BR, für Jubiläumszuwendungen und für Gratifikationen. Die automatische Anrechnung der Betriebszugehörigkeit kann, unbeschadet der Regelung in § 1 I, zur Erfüllung der Wartezeit nach § 1 KSchG führen, vgl. auch § 2 Rn. 1. Bei der Anrechnung kommt es auf die Mindestdauer des Grundwehrdienstes oder der Wehrübung nicht an. Bei Auszubildenden und sonstigen in Berufsausbildung Beschäftigten wird die Wehrdienst-

zeit auf die Berufszugehörigkeit angerechnet. Voraussetzung hierfür ist, dass der Beruf unmittelbar im Anschluss an die Ausbildung ausgeübt wird. Die Anrechung erfolgt hier erst nach Abschluss der Ausbildung. Außerdem gilt die Zeit des Grundwehrdienstes oder einer Wehrübung als Dienst- oder Beschäftigungszeit iSd. Tarifordnungen und TV des öffentl. Dienstes. Soweit TV dem AN günstigere Regelungen enthalten, gehen diese vor. Das Bundesarbeitsgericht (BAG 10. 9. 1980 AP TVG § 1 Auslegung Nr. 125) vertritt die Auffassung, wenn sich eine Tariflohnerhöhung gemäß den vorgesehenen Steigerungsstufen nach der Anzahl der **Beschäftigungsjahre** in der entspr. Gehaltsstufe richte, seien Wehrdienstzeiten nicht anzurechnen. Anders sei es, wenn es auf die Anzahl der **Dienstjahre** ankommen, vgl. auch Rn. 16.

Nach **Abs. 3** wird die **Zeit des Grundwehrdienstes oder einer Wehrübung, sofern der Wehrdienst** 8 **länger als drei Tage dauert, auf Probe- und Ausbildungszeiten selbst nicht angerechnet,** § 11 I 2. Damit wird zwingend dem Umstand Rechnung getragen, dass die Notwendigkeit einer tatsächlichen Ausbildung nicht durch Zeiten einer Nicht-Ausbildung ersetzt werden kann. Der Nachteil wird ausgeglichen durch die Zulage nach § 6 IV 2. Ausbildung iSd. Vorschrift ist jede planmäßige praktische und schulische Vermittlung von Kenntnissen. Hierzu rechnen insb. das Berufsausbildungsverhältnis, §§ 3 ff. BBiG, das Anlernverhältnis, das Umschulungsverhältnis, das Volontär- und Praktikantenverhältnis, § 19 BBiG. Die Dauer der Probezeit richtet sich nach der Vereinbarung der Parteien.

Der Regelung in Abs. 3 entspricht die in Abs. 4 im Hinblick auf Bewährungszeiten. Wenn für die 9 Einstufung in eine höhere Lohn- oder Vergütungsgruppe eine **Bewährungszeit** vereinbart ist, wird die Zeit des Grundwehrdienstes nicht angerechnet. Verzögert sich hierdurch die Höherstufung, erhält der AN von seinem AG zum Arbeitsentgelt eine Zulage in Höhe des Unterschiedsbetrags zwischen seinem Arbeitsentgelt und dem Arbeitsentgelt, das ihm bei der Einstufung in die höhere Gruppe zustehen würde. Abs. 4 S. 2 ist auf tarifliche Entgeltzahlungen, die einen Zeitaufstieg vorsehen, entspr. anzuwenden. § 6 enthält insoweit eine Lücke. Der Fall des Zeitaufstiegs wird nicht behandelt, obwohl er innerhalb des gesetzlichen Regelungsbereichs liegt, der auf der einen Seite durch die Behandlung der Berufs- und Betriebszugehörigkeit und auf der anderen Seite durch die Regelung der Bewährungszeit gebildet wird (BAG 28. 6. 1994 AP ArbPlatzSchutzG § 6 Nr. 6). Die Zahlung der Zulage erfolgt von dem Zeitpunkt an, in dem die Voraussetzung für die höhere Einstufung ohne den Wehrdienst erfüllt worden wäre.

Nach Art. 9 I EWG-VO 38/64 und Art. 7 EWG-VO 1612/68 muss bei einem **Wanderarbeitneh-** 10 **mer**, der Staatsangehöriger eines Mitgliedstaates der Europäischen Gemeinschaft ist, und der seine Tätigkeit in einem Unternehmen eines anderen Mitgliedstaates zur Erfüllung der Wehrdienstpflicht gegenüber seinem Heimatland hat unterbrechen müssen, die Wehrdienstzeit auf die Betriebszugehörigkeit angerechnet werden, soweit im Beschäftigungsland zurückgelegte Wehrdienstzeiten den einheimischen AN ebenfalls angerechnet werden (EuGH 15. 10. 1969 BB 1969, 1313; BAG 5. 12. 1969 AP Art. 177 EWG-Vertrag Nr. 3).

III. Verhältnis von Abs. 3 zu § 1 IV

Absatz 3 ist die speziellere Vorschrift zu § 1 IV. Befristete Arbeitsverhältnisse auf Probe sowie 11 sonstige Probe- und Bewährungszeiten, deren Ende in die Wehrdienstzeit fallen würde, enden nicht zu dem vorher bestimmten Zeitpunkt.

§ 7 Vorschriften für in Heimarbeit Beschäftigte

(1) Für in Heimarbeit Beschäftigte, die ihren Lebensunterhalt überwiegend aus der Heimarbeit beziehen, gelten die §§ 1 bis 4 sowie § 6 Abs. 2 sinngemäß.

(2) ¹ Vor und nach dem Wehrdienst dürfen in Heimarbeit Beschäftigte aus Anlass des Wehrdienstes bei der Ausgabe von Heimarbeit im Vergleich zu den anderen in Heimarbeit Beschäftigten des gleichen Auftraggebers oder Zwischenmeisters nicht benachteiligt werden; andernfalls haben sie Anspruch auf das dadurch entgangene Entgelt. ² Der Berechnung des entgangenen Entgelts ist das Entgelt zu Grunde zu legen, das der in Heimarbeit Beschäftigte im Durchschnitt der letzten zweiundfünfzig Wochen vor der Vorlage des Einberufungsbescheides beim Auftraggeber oder Zwischenmeister erzielt hat.

1. Allgemeines. Die Vorschrift ist eine **Sonderregelung für in Heimarbeit Beschäftigte.** Der Be- 1 griff der in Heimarbeit Beschäftigten entspricht dem in § 1 I Buchst. a und b HAG. Anstelle von § 6 I, der von der Anwendung ausgenommen ist, gilt die spezielle Regelung in § 7 II. Unter § 7 fallen nicht die fremden Hilfskräfte, § 2 VI HAG. Auf sie findet das ArbPlSchG unmittelbar Anwendung, denn sie sind AN. Von § 7 ebenfalls nicht erfasst werden Personen, die wegen ihrer bes. Schutzwürdigkeit den Heimarbeitern und Hausgewerbetreibenden gleichgestellt sind, § 1 II HAG. Voraussetzung für die Anwendung von § 7 ist, dass die Heimarbeiter oder Hausgewerbetreibenden bis zum Beginn des Wehrdienstes ihren Lebensunterhalt überwiegend aus der Heimarbeit bezogen haben. Das ist der Fall, wenn die Heimarbeit die Existenzgrundlage war (*Sahmer* E § 7 Nr. 4). § 7 findet auch Anwendung, wenn mehrere Heimarbeitsverhältnisse zugleich vorliegen.

2 2. **Ruhen des Beschäftigungsverhältnisses.** Nach § 7 I iVm. § 1 I bleibt das Beschäftigungsverhältnis eines Heimarbeiters oder eines Hausgewerbetreibenden zu seinem Autraggeber oder Zwischenmeister bestehen. Für die Dauer des Wehrdienstes ruhen jedoch die Rechte und Pflichten. Liegen mehrere Beschäftigungsverhältnisse in Heimarbeit vor, ruhen alle. Das Ruhen hat zur Folge, dass der Auftraggeber oder Zwischenmeister keine Heimarbeit mehr ausgeben muss und der Heimarbeiter keine Aufträge mehr zu erledigen braucht. Das Ruhen hindert nicht, dass nach Vereinbarung die Heimarbeit während des Wehrdienstes an mitarbeitende Familienmitglieder oder Hilfskräfte vergeben wird.

3 3. **Befristete Beschäftigungsverhältnisse.** Beschäftigungsverhältnisse in Heimarbeit, die von vornherein befristet waren, werden durch die Einberufung zum Wehrdienst oder zu einer Wehrübung nicht verlängert. Das gilt auch, wenn ein Beschäftigungsverhältnis in Heimarbeit aus anderen Gründen während des Wehrdienstes geendet hätte, § 1 IV. Die Bestimmungen über den Kündigungsschutz nach § 2 finden sinngemäß Anwendung. Der Auftraggeber oder Zwischenmeister darf nach § 2 I das Beschäftigungsverhältnis von der Zustellung des Einberufungsbescheids an bis zur Beendigung des Grundwehrdienstes sowie während einer Wehrübung nicht nach § 29 HAG kündigen. Im Übrigen darf es nicht aus Anlass des Wehrdienstes gekündigt werden, § 2 II 1. Ebenso gilt die bes. Beweislastregel des § 2 II 3, vgl. § 2 Rn. 9. Das Recht zur Kündigung ohne Einhaltung einer Kündigungsfrist gemäß § 7 bleibt unberührt, § 2 III 1.

4 4. **Benachteiligungsverbot.** Vor und nach dem Wehrdienst dürfen in Heimarbeit Beschäftigte nach Abs. 2 S. 1 aus Anlass des Wehrdienstes bei der Ausgabe von Heimarbeit im Vergleich zu anderen in Heimarbeit Beschäftigten des gleichen Auftraggebers oder Zwischenmeisters nicht benachteiligt werden. Für eine Benachteiligung genügt, dass objektiv eine schlechtere Lage wegen des Wehrdienstes geschaffen wird. Das ist insb. der Fall, wenn weniger Aufträge vergeben werden. Liegt eine Benachteiligung vor, hat der Betroffene gemäß § 7 II 1 Halbs. 2 Anspruch auf das dadurch entgangene Geld. Nach Abs. 2 S. 2 ist der Berechnung des entgangenen Entgelts das Entgelt zu Grunde zu legen, das der in Heimarbeit Beschäftigte im Durchschnitt der Letzten zweiundfünfzig Wochen vor der Vorlage des Einberufungsbescheids erzielt hat.

5 5. **Mitteilungspflicht.** Auch der in Heimarbeit Beschäftigte ist nach § 1 III verpflichtet, seinem Autraggeber oder Zwischenmeister die Einberufung zum Wehrdienst in Kenntnis zu bringen. Er hat den Einberufungsbescheid unverzüglich vorzulegen.

§ 8 Vorschriften für Handelsvertreter

(1) Das Vertragsverhältnis zwischen einem Handelsvertreter und einem Unternehmer wird durch Einberufung des Handelsvertreters zum Grundwehrdienst oder zu einer Wehrübung nicht gelöst.

(2) Der Handelsvertreter hat den Einberufungsbescheid unverzüglich den Unternehmern vorzulegen, mit denen er in einem Vertragsverhältnis steht.

(3) Ein befristetes Vertragsverhältnis wird durch Einberufung zum Grundwehrdienst oder zu einer Wehrübung nicht verlängert; das Gleiche gilt, wenn ein Vertragsverhältnis aus anderen Gründen während des Wehrdienstes geendet hätte.

(4) Der Unternehmer darf das Vertragsverhältnis aus Anlass der Einberufung des Handelsvertreters zum Grundwehrdienst oder zu einer Wehrübung nicht kündigen.

(5) ¹Ist dem Handelsvertreter ein bestimmter Bezirk oder ein bestimmter Kundenkreis zugewiesen und kann er während des Grundwehrdienstes oder während einer Wehrübung seine Vertragspflichten nicht in dem notwendigen Umfang erfüllen, so kann der Unternehmer aus diesem Grund erforderliche Aufwendungen von dem Handelsvertreter ersetzt verlangen. ²Zu ersetzen sind nur die Aufwendungen, die dem Unternehmer dadurch entstehen, dass er die dem Handelsvertreter obliegende Tätigkeit selbst ausübt oder durch Angestellte oder durch andere Handelsvertreter ausüben lässt; soweit der Unternehmer selbst die Tätigkeit ausübt, kann er nur die aufgewendeten Reisekosten ersetzt verlangen. ³Die Aufwendungen sind nur bis zur Höhe der Vergütung des Handelsvertreters zu ersetzen; sie können mit ihr verrechnet werden.

(6) Der Unternehmer ist, auch wenn der Handelsvertreter zum Alleinvertreter bestellt ist, während des Grundwehrdienstes oder einer Wehrübung des Handelsvertreters berechtigt, selbst oder durch Angestellte oder durch andere Handelsvertreter sich um die Vermittlung oder den Abschluss von Geschäften zu bemühen.

1 1. **Persönlicher Geltungsbereich.** Die Vorschriften des ArbPlSchG, die für AN gelten, sind auf selbständige Handelsvertreter, § 84 I HGB nicht anwendbar. Allein dieser Personenkreis wird von § 8 erfasst. Wer ohne selbständig zu sein, ständig damit betraut ist, für einen Unternehmer Geschäfte zu vermitteln oder in dessen Namen abzuschließen, gilt als Angestellter, § 84 II HGB. Für diese Personen gelten die Vorschriften des ArbPlSchG für AN. § 8 unterfallen Versicherungsvertreter, § 92 I HGB, und Bausparkassenvertreter, § 92 V HGB. Nicht erfasst ist der Gelegenheitsagent, da er nicht ständig für einen anderen tätig ist.

2. Fortbestehen des Vertragverhältnisses. Abs. 1 enthält eine § 1 I vergleichbare Regelung. Das Vertragsverhältnis besteht trotz der Einberufung fort. Die Bestimmung gilt für alle Vertragsverhältnisse eines Handelsvertreters. Das Gesetz ordnet, anders als bei § 1, kein Ruhen der gegenseitigen Rechte und Pflichten an. Der Handelsvertreter kann daher während des Wehrdienstes selbst oder durch Untervertreter tätig sein. Der Unternehmer hat seinen Verpflichtungen, insb. denen aus § 86 a HGB, nachzukommen. Der Handelsvertreter hat weiter Anspruch auf Provision, § 87 I HGB. Ist dem Handelsvertreter ein bestimmter Bezirk oder ein bestimmter Kundenkreis zugewiesen, § 87 II HGB, hat er Anspruch auf Provision für Geschäfte, die ohne seine Mitwirkung mit Personen seines Bezirks oder Kundenkreises während des Wehrdienstes abgeschlossen wurden. 2

3. Befristetes Vertragsverhältnis. Nach Abs. 3 wird ein befristetes Vertragsverhältnis durch die Einberufung zum Grundwehrdienst oder zu einer Wehrübung nicht verlängert. Das Gleiche gilt nach Abs. 2, wenn ein Vertragsverhältnis aus anderen Gründen während des Wehrdienstes geendet hätte, vgl. insoweit § 1 Rn. 8. 3

4. Ersatzanspruch des Unternehmers. Ist dem Handelsvertreter ein bestimmter Bezirk oder ein bestimmter Kundenkreis zugewiesen, § 87 II HGB, ist damit nach § 86 HGB die Pflicht verbunden, dass der Handelsvertreter sich um die Vermittlung oder den Abschluss von Geschäften bemüht. Abs. 5 regelt den Fall, dass der Handelsvertreter während des Grundwehrdienstes oder während einer Wehrübung seinen Vertragsverpflichtungen nicht in vollem Umfang genügen kann. Liegen diese Voraussetzungen vor, kann der Unternehmer aus diesem Grund erforderliche Aufwendungen von dem Handelsvertreter ersetzt verlangen, § 8 V 1. Die Handelsvertreterpflichten werden nicht in notwendigem Umfang erfüllt, wenn der Umsatz unter einen Wert sinkt, der bei normaler Tätigkeit hätte erreicht werden können. Zu ersetzen sind nur Aufwendungen, die aus der Übernahme der Aufgaben des Einberufenen durch den Unternehmer selbst oder durch einen hierfür eigens Beauftragten entstehen. Wird der Unternehmer selbst tätig, kann er nur die aufgewendeten Reisekosten – Fahrt- und Übernachtungskosten, die tatsächlich angefallen sind – ersetzt verlangen, § 8 V 2 Halbs. 2. Nach Abs. 5 S. 3 sind die Aufwendungen nur bis zur Höhe der Vergütung des Handelsvertreters zu ersetzen; sie können mit ihr verrechnet werden. Der Anspruch auf Aufwendungsersatz nach Abs. 5 besteht auch gegenüber einem Bezirksvertreter, der in einem bestimmten Bezirk Alleinvertreter ist. Abs. 6 lässt es zu, dass der Unternehmer auch im Fall eines Alleinvertreters während dessen Grundwehrdienst oder einer Wehrübung selbst oder durch Angestellte oder durch andere Handelsvertreter tätig wird. 4

5. Kündigungsschutz. Gemäß Abs. 4 darf der Unternehmer das Vertragsverhältnis aus Anlass der Einberufung des Handelsvertreters zum Grundwehrdienst oder zu einer Wehrübung nicht kündigen. Die Kündigungsmöglichkeiten nach §§ 89, 89 a HGB bleiben hiervon unberührt. Das Kündigungsverbot gleicht dem in § 2 II 1, vgl. insoweit § 2 Rn. 6. Abw. von § 2 ist in § 8 eine bes. Beweislastregel nicht normiert. Der Handelsvertreter muss daher die Tatsachen beweisen, aus denen zu folgern ist, dass die Kündigung aus Anlass des Wehrdienstes erfolgt ist. 5

6. Mitteilungspflicht. Nach Abs. 5 hat der Handelsvertreter den Einberufungsbescheid unverzüglich den Unternehmern vorzulegen, mit denen er in einem Vertragsverhältnis steht, vgl. insoweit § 1 Rn. 18. 6

§ 9 Vorschriften für Beamte und Richter

(1) Wird ein Beamter zum Grundwehrdienst einberufen, so ist er für die Dauer des Grundwehrdienstes ohne Bezüge beurlaubt.

(2) ¹ Wird ein Beamter zu einer Wehrübung einberufen, so ist er für die Dauer der Wehrübung mit Bezügen beurlaubt. ² Der Dienstherr hat ihm während dieser Zeit die Bezüge wie bei einem Erholungsurlaub zu zahlen. ³ Zu den Bezügen gehören nicht besondere Zuwendungen, die mit Rücksicht auf den Erholungsurlaub gewährt werden.

(3) Absatz 2 Satz 2 gilt für die bei der Deutschen Post AG, der Deutschen Postbank AG und der Deutschen Telekom AG beschäftigten Beamten mit der Maßgabe, dass der Bund den Aktiengesellschaften die Bezüge der Beamten für die Dauer der Wehrübung zu erstatten hat.

(4) Der Beamte hat den Einberufungsbescheid unverzüglich seinem Dienstvorgesetzten vorzulegen.

(5) Dienstverhältnisse auf Zeit werden durch Einberufung zum Grundwehrdienst oder zu einer Wehrübung nicht verlängert.

(6) Der Beamte darf aus Anlass der Einberufung zum Grundwehrdienst oder zu einer Wehrübung nicht entlassen werden.

(7) Dem Beamten dürfen aus der Abwesenheit, die durch den Wehrdienst veranlasst war, keine dienstlichen Nachteile entstehen.

Ascheid

(8) ¹Vorbereitungsdienst und Probezeiten werden um die Zeit des Grundwehrdienstes verlängert. ²Der Vorbereitungsdienst wird um die Zeit der Wehrübungen verlängert, die sechs Wochen im Kalenderjahr überschreitet. ³Die Verzögerungen, die sich daraus für den Beginn des Besoldungsdienstalters ergeben, sind auszugleichen. ⁴Nach Erwerb der Befähigung für die Laufbahn darf die Anstellung nicht über den Zeitpunkt hinausgeschoben werden, zu dem der Beamte ohne Ableisten des Wehrdienstes zur Anstellung herangestanden hätte. ⁵Das Ableisten der vorgeschriebenen Probezeit wird dadurch nicht berührt. ⁶Die Sätze 4 und 5 gelten für Beförderungen sinngemäß, sofern die dienstlichen Leistungen des Beamten eine Beförderung während der Probezeit rechtfertigen.

(9) § 4 Abs. 1, 2, 4 und 5 gilt für Beamte entsprechend.

(10) ¹Die Einstellung als Beamter darf wegen der Einberufung zum Grundwehrdienst oder zu einer Wehrübung nicht verzögert werden. ²Wird ein Soldat während des Grundwehrdienstes oder einer Wehrübung eingestellt, so sind die Absätze 1, 2 und 4 bis 9 entsprechend anzuwenden.

(11) ¹Die Absätze 1, 2 und 4 bis 7, 8 Satz 1 bis 3 und die Absätze 9 und 10 gelten für Richter entsprechend. ²Dienstzeiten, die Voraussetzung für eine Beförderung sind, beginnen mit dem Zeitpunkt, in dem der Richter ohne Ableisten des Wehrdienstes zur Ernennung auf Lebenszeit herangestanden hätte.

§ 10 Freiwillige Wehrübungen

Wird der Wehrpflichtige zu einer Wehrübung auf Grund freiwilliger Verpflichtung (§ 4 Abs. 3 Satz 1 und 2 des Wehrpflichtgesetzes) einberufen, so gelten die §§ 1 bis 4, die §§ 6 bis 9 sowie die §§ 14a und 14b nur, soweit diese Wehrübung allein oder zusammen mit anderen freiwilligen Wehrübungen im Kalenderjahr nicht länger als sechs Wochen dauert.

§ 11 Wehrübungen von nicht länger als drei Tagen

(1) ¹Wird ein Arbeitnehmer zu einer Wehrübung von nicht länger als drei Tagen einberufen, so ist er während des Wehrdienstes unter Weitergewährung des Arbeitsentgelts von der Arbeitsleistung freigestellt. ²Im Übrigen gelten die Vorschriften über Wehrübungen mit Ausnahme des § 1 Abs. 2, § 3 Abs. 3 und 4 und § 6 Abs. 3 entsprechend.

(2) ¹Das nach Absatz 1 gewährte Arbeitsentgelt sowie die hierauf entfallenden Arbeitgeberanteile von Beiträgen zur Sozialversicherung und zur Bundesanstalt für Arbeit werden vom Bund auf Antrag erstattet, wenn die ausfallende Arbeitszeit zwei Stunden am Tag überschreitet. ²Das gilt nicht für Arbeitnehmer im öffentlichen Dienst. ³Ist im arbeitsgerichtlichen Verfahren über einen Anspruch des Arbeitnehmers auf Weitergewährung von Arbeitsentgelt rechtskräftig entschieden, so ist diese Entscheidung für die Erstattung bindend. ⁴Die Bundesregierung wird ermächtigt, durch Rechtsverordnung das Erstattungsverfahren zu regeln.

(3) ¹Wird ein Beamter oder Richter zu einer Wehrübung von nicht länger als drei Tagen einberufen, so ist er während des Wehrdienstes mit Dienstbezügen oder Unterhaltszuschuss beurlaubt. ²Neben den Dienstbezügen oder dem Unterhaltszuschuss werden Zulagen weitergezahlt. ³Im Übrigen gelten die Vorschriften über Wehrübungen mit Ausnahme von § 9 Abs. 1, 2 und 8 entsprechend.

1   Angehörige der sog. **Territorialreserve** können jährlich zu mehreren **Wochenendübungen**, zu Abendübungen und zu einem **Übungslager** von mehreren Tagen Dauer einberufen werden. Diese Ausbildungsabschnitte sind Wehrübungen gemäß § 6 WehrpflG. Nach § 11 I sind wehrpflichtige AN, die zu einer Wehrübung von nicht länger als drei Tagen eingezogen werden, unter Weitergewährung ihres Entgelts von der Arbeit freizustellen (BVerwG 3. 2. 1972 AP ArbPlatzSchutzG § 11 Nr. 2 = NJW 1972, 1153). Das gilt, anders als beim Wehrdienst, auch für Probe- und Ausbildungszeiten. § 11 I und II ist eine Sondervorschrift für AN zu § 1 I und II. § 11 ist zwingendes Recht. Er schließt für Wehrübungen bis zu drei Tagen die Anwendung der anderen Vorschriften des ArbPlSchG aus, soweit sie nicht in Abs. 1 S. 2 ausdrücklich für anwendbar erklärt worden sind. § 11 greift auch in den Fällen, in denen die Wehrübung kürzer als drei Tage ist. Bei längeren Übungen finden die sonstigen Vorschriften des ArbPlSchG über Wehrübungen Anwendung.

2   **Im Übrigen bleiben die Rechte und Pflichten aus dem Arbeitsverhältnis bestehen.** Die Freistellung wirkt unmittelbar kraft Gesetzes, es bedarf keiner Vereinbarung zwischen AG und AN. Das Arbeitsentgelt ist für den gesamten Zeitraum der Freistellung zu zahlen, hierzu gehören auch die Anreise und Abreise des Wehrpflichtigen (LAG Saarland 8. 7. 1970 AP ArbPlatzSchutzG § 11 Nr. 1). Nimmt der AN im Anschluss an eine kurzfristige Wehrübung die Arbeit in seinem bisherigen Betrieb wieder auf, gilt § 6 I entspr. (*Sahmer* E § 11 Nr. 12ff.). Der AN darf wegen der Wehrübung in betrieblicher und beruflicher Hinsicht nicht benachteiligt werden.

Dem privaten **AG**, der das Entgelt weiterzuzahlen hat, gewährt § 11 II insoweit einen **Ersatz-** 3
anspruch, wenn die ausfallende Arbeit zwei Stunden am Tag überschreitet. Zum Entgelt gehören die
AGAnteile zu Beiträgen zur Sozialversicherung und zur Bundesanstalt für Arbeit. Findet die Wehrübung an einem gesetzlichen Feiertag statt, hat der AN ausschließlich einen Entgeltanspruch nach
dem ArbPlSchG. Die **Erstattung** erfolgt **nur auf Antrag.** Dieser ist zu stellen an die Wehrbereichs-
verwaltung. Das Erstattungsverfahren ist in der VO zu § 11 vom 21. 6. 1971 (BGBl. I S. 843) geregelt.
Das gilt nicht für AN im öffentl. Dienst. Zum Arbeitsentgelt gehören die Barbezüge und Sach-
zuwendungen, soweit sie vom AG in Erfüllung einer vertraglichen Pflicht erbracht sind. Kann
der AN wegen der Übung nicht mehr sinnvoll eingesetzt werden, ist der volle Ausfall, zB die volle
Schicht, zu zahlen. Die Erstattung beschränkt sich nicht auf die Zeit, die tatsächlich bei der Bundeswehr verbracht worden ist (VerwG Hannover 17. 2. 1967 BB 1967, 503; BVerwG 3. 2. 1972 AP
ArbPlatzSchutzG § 11 Nr. 2). Der Erstattungsanspruch bezieht sich auch auf den Arbeitslohn für die
Vorbereitung auf den Wehrdienst, wie Umkleide- und Anreisezeit (OVG Lüneburg 16. 1. 1968 DB
1968, 806). Hat der AN ein rechtskräftiges Urteil wegen des Anspruchs auf Weitergewährung von
Arbeitsentgelt gegen den AG erstritten, wirkt nach Absatz 2 Satz 3 die Rechtskraft dieses Urteils auch
im Erstattungsverfahren.

§ 11 a Bevorzugte Einstellung in den öffentlichen Dienst

(1) ¹Bewirbt sich ein Soldat oder entlassener Soldat bis zum Ablauf von sechs Monaten nach
Beendigung des Grundwehrdienstes um Einstellung in den öffentlichen Dienst, so hat er Vorrang
vor gesetzlich nicht bevorrechtigten Bewerbern gleicher Eignung. ²Das Gleiche gilt für Wehrpflichtige, die im Anschluss an den Grundwehrdienst eine für den künftigen Beruf im öffentlichen
Dienst vorgeschriebene, über die allgemeinbildende Schulbildung hinausgehende Ausbildung
ohne unzulässige Überschreitung der Regelzeit durchlaufen, wenn sie sich innerhalb von sechs
Monaten nach Abschluss dieser Ausbildung um Einstellung bewerben.

(2) ¹Haben sich die Anforderungen an die fachliche Eignung für die Einstellung in den öffentlichen Dienst für Wehrpflichtige im Sinne des Absatzes 1 Satz 2 während der wehrdienstbeding-
ten Verzögerung ihrer Bewerbung um Einstellung erhöht, so ist der Grad ihrer fachlichen
Eignung nach den Anforderungen zu prüfen, die zu einem Zeitpunkt bestanden haben, zu dem
sie sich ohne den Grundwehrdienst hätten bewerben können. ²Führt die Prüfung zu dem
Ergebnis, dass ein Wehrpflichtiger ohne diese Verzögerung eingestellt worden wäre, kann er vor
Bewerbern ohne Grundwehrdienst eingestellt werden. ³Die Zahl der Stellen, die Wehrpflichtigen in einem Einstellungstermin vorbehalten werden kann, bestimmt sich nach dem zahlenmäßigen Verhältnis der Bewerber mit wehrdienstbedingter Verzögerung zu denjenigen, bei
denen eine solche nicht vorliegt; Bruchteile von Stellen sind zugunsten der Wehrpflichtigen
aufzurunden.

Der **Anspruch auf eine vorrangige Einstellung** besteht **nur im öffentlichen Dienst** iSv. § 15 III. 1
Voraussetzung ist, dass der Wehrpflichtige den Grundwehrdienst leistet oder geleistet hat. Eine Wehrübung reicht nicht aus. Die Einstellungsbewerbung muss frühestens nach dem Beginn des Grundwehrdienstes und spätestens sechs Monate nach seiner Beendigung erfolgen. Ein Anspruch auf vorrangige
Einstellung besteht nach Abs. 1 S. 2 auch für Wehrpflichtige, die im Anschluss an den Grundwehrdienst eine für den künftigen Beruf im öffentl. Dienst vorgeschriebene, über die allgemeinbildende
Schulausbildung hinausgehende Ausbildung ohne unzulässige Überschreitung der Regelzeit durchlaufen, wenn sie sich innerhalb von sechs Wochen nach Abschluss dieser Ausbildung um Einstellung
bewerben. Anschluss bedeutet nicht, dass ein nahtloser Übergang von Wehrdienst zur Ausbildung
vorliegt. Die Einlegung einer Ruhe- oder Erholungspause ist unschädlich. Wird eine begonnene
Ausbildung nach dem Wehrdienst fortgesetzt, ist eine frühere Überschreitung der Regelzeit unschädlich.

Der **Anspruch** auf vorrangige Einstellung besteht **nur im Verhältnis des Soldaten** oder des ent- 2
lassenen Soldaten **zu einem anderen Bewerber, der weder nach dem ArbPlSchG noch nach einem
anderen Gesetz** einstellungsbevorrechtigt ist. Die Bewerbungsfristen in Abs. 1 S. 1 und 2 sind
Ausschlussfristen. Werden sie nicht eingehalten, erlischt die Einstellungsvorrecht. Die Regelung in
Abs. 2 S. 1 bezieht sich nur auf Wehrpflichtige iSv. Abs. 1 S. 2, also auf solche Wehrpflichtige, die ihre
Ausbildung im Anschluss an den Wehrdienst absolvieren. Die Begünstigung besteht darin, dass sie vor
einem nicht gedienten Bewerber eingestellt werden, obwohl der nicht gediente Bewerber nach aktuel-
lem Stand für die offene Stelle besser geeignet ist. Voraussetzung ist jedoch immer, dass sich die
Einstellungsvoraussetzungen inzwischen erhöht haben und dass der gediente Bewerber unter Zugrundelegung der früheren Anforderungen ohne Verzögerung eingestellt worden wäre. Bewerben sich
mehrere Einstellungsbevorrechtigte, kommt es für die Einstellung auf die bes. Anforderungen an, die
die ausgeschriebene Stelle erfordert (VGH Kassel 18. 2. 1985 NJW 1985, 1103). Bei unterschiedlicher
Eignung ist der Bessere einzustellen.

§ 12 Anrechnung der Wehrdienstzeit und der Zeit einer Berufsförderung bei Einstellung entlassener Soldaten

(1) ¹ Wird ein entlassener Soldat im Anschluss an den Grundwehrdienst oder an eine Wehrübung als Arbeitnehmer eingestellt, gilt § 6 Abs. 2 bis 4, nachdem er sechs Monate lang dem Betrieb oder der Verwaltung angehört. ² Das Gleiche gilt für Wehrpflichtige, die im Anschluss an den Grundwehrdienst oder eine Wehrübungszeit eine für den künftigen Beruf als Arbeitnehmer förderliche, über die allgemeinbildende Schulbildung hinausgehende Ausbildung durchlaufen und im Anschluss daran als Arbeitnehmer eingestellt werden. ³ Ist dem Soldaten infolge einer Wehrdienstbeschädigung nach Entlassung aus der Bundeswehr auf Grund des Soldatenversorgungsgesetzes Berufsumschulung oder Berufsfortbildung gewährt worden, so wird auch die hierfür erforderliche Zeit auf die Berufs- und Betriebszugehörigkeit oder als Dienst- und Beschäftigungszeit angerechnet.

(2) Die Besoldungsgesetze regeln unter Berücksichtigung des § 9 Abs. 7 und 11 die Anrechnung der Wehrdienstzeit auf das Besoldungsdienstalter für entlassene Soldaten, die nach dem Grundwehrdienst oder nach einer Wehrübung als Beamter oder Richter eingestellt werden.

(3) Bewirbt sich ein Soldat oder entlassener Soldat bis zum Ablauf von sechs Monaten nach Beendigung des Grundwehrdienstes oder einer Wehrübung um Einstellung als Beamter und wird er in den Vorbereitungsdienst eingestellt, so gelten Absatz 2 und § 9 Abs. 8 Satz 4 bis 6 entsprechend.

(4) Absatz 3 gilt entsprechend für einen Arbeitnehmer, dessen Ausbildung für ein späteres Beamtenverhältnis durch eine festgesetzte mehrjährige Tätigkeit im Arbeitsverhältnis an Stelle des sonst vorgeschriebenen Vorbereitungsdienstes durchgeführt wird.

1 Abs. 1 S. 1 ist eine Sonderregelung zu § 6 II bis IV, der die Anrechnung von einer Mindestzugehörigkeit zum Betrieb oder zur Verwaltung abhängig macht. § 12 erfasst einen anderen Personenkreis als § 1. **Geschützt sind entlassene Soldaten**, die im Anschluss an den Wehrdienst **erstmals AN werden oder die ein neues Arbeitsverhältnis bei ihrem früheren oder einem anderen AG begründen.** Das kann zB geschehen, weil das ursprüngliche Arbeitsverhältnis infolge einer Befristung geendet hat oder weil inzwischen eine Betriebsstilllegung erfolgt ist. Eine Anrechnung kommt aber erst in Betracht, wenn der wehrpflichtige AN dem Betrieb sechs Monate ununterbrochen angehört hat. Hat er vor dem Wehrdienst einen anderen Beruf ausgeübt als er es nach dem Wehrdienst tut, erfolgt die Anrechnung auf den Beruf, den er nach dem Wehrdienst ergriffen hat. Die erfassten Personen sollen die gleichen Vergünstigungen erlangen wie Wehrpflichtige, deren Arbeitsverhältnis nach § 1 I ruht und die nach dem Wehrdienst ihr bisheriges Arbeitsverhältnis fortsetzen. Entlassener Soldat iSv. Abs. 1 S. 1 ist der Wehrpflichtige, der aus einem der in § 29 WPflG genannten Gründe aus dem Wehrdienst entlassen wird.

2 Im Anschluss an den Wehrdienst bedeutet auch hier nicht, dass ein nahtloser Übergang vom Wehrdienst zum Arbeitsverhältnis gegeben sein muss. Eine kurze Erholungspause, vorübergehende Arbeitslosigkeit oder Krankheit sind unschädlich. Die Anrechnung erfolgt auf das erste Arbeitsverhältnis nach der Entlassung aus der Bundeswehr, das auf Dauer angelegt ist (BAG 22. 5. 1974 AP SoldG § 8 Nr. 1). Die Anrechnung von Wehrdienstzeiten nach Abs. 1 S. 1 erfolgt in Anwendung von § 6 II bei AN in der privaten Wirtschaft auf die Berufs- und Betriebszugehörigkeit, bei AN im öffentl. Dienst auf die Dienst- und Beschäftigungszeiten, vgl. § 6 Rn. 2. Ausbildungs- und Probezeiten werden nicht angerechnet, § 6 III. Die Anrechnung vollzieht sich automatisch. Voraussetzung für die Anrechnung ist – anders als bei § 6 –, dass der entlassene Soldat ununterbrochen sechs Monate lang dem Betrieb oder der Verwaltung angehört hat, in dem oder in der die Anrechnung erfolgen soll (*Sahmer* E § 12 Nr. 4). Schädlich ist nur eine rechtliche Unterbrechung, nicht eine tatsächliche, vgl dazu § 1 KSchG Rn. 83 ff. Die Anrechnung kann nach Abs. 1 nur in dem Betrieb erfolgen, in dem der Wehrpflichtige zuerst nach seinem Wehrdienst seine Arbeit aufnimmt. Bei einer Fortbildung oder Umschulung auf Grund einer im Wehrdienst erfolgten Beschädigung, vgl. Rn. 7, erfolgt die Anrechnung im Anschluss an die Fortbildung oder Umschulung. Zu dem Kreis der Begünstigten sind nach § 12 I 2 die Personen zu rechnen, die in § 11 a II S. 2 bezeichnet sind.

3 Der **Anspruch** nach § 12 I 3 bezieht sich auf **alle Maßnahmen, die der Erlangung und Wiedergewinnung der beruflichen Leistungsfähigkeit** dienen und die den Beschädigten befähigen, sich am Arbeitsplatz zu behaupten. Gehört zu diesen Maßnahmen eine Berufsfortbildung oder eine Berufsumschulung, wird sie nach Abs. 1 S. 3 erfasst. Die Erforderlichkeit der Maßnahme muss unter Zugrundelegung des einzelnen Falles beurteilt werden. Wird der Soldat nach seiner Entlassung beruflich fortgebildet oder umgeschult, werden diese Zeiten auf die Berufs- und Betriebszugehörigkeit oder die Dienst- und Beschäftigungszeit angerechnet. Hat der Soldat während des Wehrdienstes eine solche Maßnahme erfahren, greift Abs. 1 S. 3 nicht.

4 **Voraussetzung** ist eine **Wehrdienstbeschädigung** iSv. § 81 Soldatenversorgungsgesetz. Das ist eine gesundheitliche Schädigung, die durch eine Dienstverrichtung, durch einen während der Ausübung

des Wehrdienstes erlittenen Unfall oder durch die dem Wehrdienst eigentümliche Verhältnisse herbeigeführt worden ist. Als Wehrdienstbeschädigung gelten auch gesundheitliche Schädigungen, die ein Soldat außerhalb seines Dienstes, jedoch in seiner Eigenschaft als Soldat, dadurch erlitten hat, dass er im Hinblick auf sein dienstliches Verhalten oder wegen seiner Zugehörigkeit zur Bundeswehr aus Gründen, die er nicht zu vertreten hat, angegriffen wurde. Die Anrechnung nach Abs. 1 S. 3 erfolgt automatisch. Es bedarf nicht eines bes. Antrags.

§ 13 Anrechnung des Wehrdienstes im späteren Berufsleben

(1) **Die Zeit des Grundwehrdienstes und der Wehrübungen wird auf die bei der Zulassung zu weiterführenden Prüfungen im Beruf nachzuweisende Zeit einer mehrjährigen Tätigkeit nach der Lehrabschlußprüfung angerechnet, soweit eine Zeit von drei Jahren nicht unterschritten wird.**

(2) **Beginnt ein entlassener Soldat im Anschluss an den Grundwehrdienst oder eine Wehrübung eine für den künftigen Beruf als Beamter oder Richter über die allgemeinbildende Schulbildung hinausgehende vorgeschriebene Ausbildung (Hochschul-, Fachhochschul-, Fachschul- oder andere berufliche Ausbildung) oder wird diese durch den Grundwehrdienst oder durch Wehrübungen unterbrochen, so gelten für Beamte § 9 Abs. 8 Satz 4 bis 6 und § 12 Abs. 2, für Richter § 9 Abs. 11 Satz 2 und § 12 Abs. 2 entsprechend, wenn er sich bis zum Ablauf von sechs Monaten nach Abschluss der Ausbildung um Einstellung als Beamter oder Richter bewirbt und auf Grund dieser Bewerbung eingestellt wird.**

(3) **Für einen Arbeitnehmer, dessen Ausbildung für ein späteres Beamtenverhältnis durch eine festgesetzte mehrjährige Tätigkeit im Arbeitsverhältnis an Stelle des sonst vorgeschriebenen Vorbereitungsdienstes durchgeführt wird und dessen Anstellung durch Heranziehung zum Grundwehrdienst oder zu Wehrübungen verzögert wird, gelten § 9 Abs. 8 Satz 4 bis 6 und § 12 Abs. 2 entsprechend.**

Zweiter Abschnitt. Meldung bei den Erfassungsbehörden und Wehrersatzbehörden

§ 14 Weiterzahlung des Arbeitsentgelts

(1) **Wird ein Arbeitnehmer auf Grund der Wehrpflicht von der Erfassungsbehörde oder einer Wehrersatzbehörde aufgefordert, sich persönlich zu melden oder vorzustellen, so hat der Arbeitgeber für die ausfallende Arbeitszeit das Arbeitsentgelt weiterzuzahlen.**

(2) **Der Arbeitnehmer hat die Ladung unverzüglich seinem Arbeitgeber vorzulegen.**

(3) **Die Absätze 1 und 2 gelten entsprechend für den Arbeitnehmer, der zu Dienstleistungen nach § 51 Abs. 2, §§ 51 a, 54 Abs. 5 oder § 58 a des Soldatengesetzes herangezogen werden soll.**

§ 14 trägt dem Umstand Rechnung, dass der Ableistung der Wehrpflicht selbst Vorlaufzeiten 1 vorausgehen wie **Wehrerfassung und Musterung:** § 15 II WPflG (persönliches Erscheinen vor der Erfassungsbehörde), § 17 III WPflG (Vorstellung zur Musterung), Eignungsprüfung vor der Einberufung, § 20 a WPflG, § 23 I 4 WPflG (Vorstellung gedienter Wehrpflichtiger vor der Einberufung), § 24 VI Nr. 3 und 4 WPflG (Meldepflicht und Vorlage von Ausrüstungsstücken). § 14 gilt **nur für wehrpflichtige AN iSv. § 15 I**, nicht für die in Heimarbeit Beschäftigten und Handelsvertreter. § 14 ist **zwingendes Recht** und kann weder durch einzelvertragliche noch durch tarifvertragliche Regelungen abbedungen werden.

Erstattet wird nur **Arbeitsentgelt**. Soweit dem AN Aufwendungen entstehen, haftet hierfür nicht 2 der AG, sondern der Staat, vgl. § 15 V 1 WPflG. Die Melde- und Vorstellungszeit in Abs. 1 erfasst auch die für die Hin- und Rückreise notwendige Zeit. Ausfallende Arbeitszeit ist die gesamte Zeit, die der AN benötigt, um seiner Melde- und Vorstellungspflicht zu genügen, zB auch die der Säuberung und des Umkleidens. Ist die Teilnahme an einer schon begonnenen Schicht praktisch undurchführbar, gehört die ganze Schicht zur ausfallenden Arbeitszeit (LAG Niedersachsen 16. 9. 1968 BB 1969, 1226: Taxifahrer). Die **Höhe des Entgelts** richtet sich nach den Umständen des Einzelfalls. Bei Akkordarbeiten ist das zu ersetzen, was der AN ohne Arbeitsausfall verdient hätte.

Voraussetzung für einen **Ersatzanspruch** ist, dass der **AN aufgefordert worden ist, sich zu** 3 **melden** oder sich vorzustellen. Besuche bei den maßgebenden Behörden aus anderen Gründen werden nicht erfasst. Der AN muss iSv. Abs. 1 erscheinen, wenn an ihn eine amtliche Aufforderung zum Erscheinen ergangen ist. Ein Entgeltanspruch besteht nur, wenn der **Melde- oder Vorstellungstermin in die Arbeitszeit** fällt. Ein Anspruch besteht nicht, wenn der AN sich zu einem Zeitpunkt melden muss, zu dem er von der Arbeitspflicht befreit ist, zB wegen Urlaubs. Der AN hat den Nachweis für die zu vergütende Zeit zu erbringen. Hierfür reicht die Vorlage einer Bestätigung der Stelle aus, die den AN zum Erscheinen aufgefordert hat.

Dritter Abschnitt. Alters- und Hinterbliebenenversorgung

§ 14a Zusätzliche Alters- und Hinterbliebenenversorgung für Arbeitnehmer

(1) ¹Eine bestehende Versicherung in der zusätzlichen Alters- und Hinterbliebenenversorgung für Arbeitnehmer im öffentlichen Dienst wird durch Einberufung zum Grundwehrdienst oder zu einer Wehrübung nicht berührt. ²Dies gilt auch, wenn die zusätzliche Alters- und Hinterbliebenenversorgung durch Höherversicherung oder auf andere Weise gewährt wird.

(2) ¹Der Arbeitgeber hat während des Wehrdienstes die Beiträge (Arbeitgeber- und Arbeitnehmeranteil) weiterzuentrichten, und zwar in der Höhe, in der sie zu entrichten gewesen wären, wenn das Arbeitsverhältnis aus Anlass der Einberufung des Arbeitnehmers nicht ruhen würde. ²Nach Ende des Wehrdienstes meldet der Arbeitgeber die auf die Zeit des Wehrdienstes entfallenden Beiträge beim Bundesministerium der Verteidigung oder der von ihm bestimmten Stelle zur Erstattung an. ³Satz 2 gilt nicht im Falle des § 1 Abs. 2. ⁴Anträge auf Erstattung sind innerhalb eines Jahres nach Beendigung des Wehrdienstes zu stellen. ⁵Veränderungen in der Beitragshöhe, die nach dem Wehrdienst eintreten, bleiben unberücksichtigt.

(3) Für Arbeitnehmer, die einer Pensionskasse angehören oder als Leistungsempfänger einer anderen Einrichtung oder Form der betrieblichen oder überbetrieblichen Alters- und Hinterbliebenenversorgung in Betracht kommen, gelten Absatz 1 und Absatz 2 Satz 1, 2, 4 und 5 sinngemäß.

(4) ¹Einem Arbeitnehmer, der aus seinem Arbeitseinkommen freiwillig Beiträge für eine Höherversicherung in der gesetzlichen Rentenversicherung oder zu einer sonstigen Alters- und Hinterbliebenenversorgung leistet, werden diese auf Antrag für die Zeit des Wehrdienstes in Höhe des Betrages erstattet, der für die letzten zwölf Monate vor Beginn des Wehrdienstes durchschnittlich entrichtet worden ist, wenn die den Aufwendungen zu Grunde liegende Versicherung bei Beginn des Wehrdienstes mindestens zwölf Monate besteht und der Arbeitgeber nach den Absätzen 1 bis 3 nicht zur Weiterentrichtung verpflichtet ist; Einkünfte aus geringfügiger Beschäftigung im Sinne des § 8 des Vierten Buches Sozialgesetzbuch bleiben außer Betracht. ²Die Leistungen nach diesem Absatz dürfen, wenn Beiträge des Bundes zur gesetzlichen Rentenversicherung für die Zeit des Wehrdienstes entrichtet werden, 40 vom Hundert des Höchstbeitrages, der für die freiwillige Versicherung in der Rentenversicherung der Arbeiter oder Angestellten entrichtet werden kann, ansonsten den Höchstbeitrag nicht übersteigen. ³Anträge auf Erstattung sind innerhalb eines Jahres nach Beendigung des Wehrdienstes zu stellen.

(5) Absatz 4 gilt nicht bei Zahlung des Arbeitsentgelts nach § 1 Abs. 2, bei Gewährung von Leistungen nach den §§ 13 bis 13d des Unterhaltssicherungsgesetzes oder für Elternzeit.

(6) ¹Die Bundesregierung regelt durch Rechtsverordnung das Erstattungsverfahren sowie das Nähere hinsichtlich der betrieblichen oder überbetrieblichen Alters- und Hinterbliebenenversorgung; in ihr kann bestimmt werden, welche Einrichtungen als betriebliche oder überbetriebliche Alters- und Hinterbliebenenversorgung im Sinne des Gesetzes anzusehen sind. ²Der Bundesminister der Verteidigung kann im Einvernehmen mit dem Bundesministerium der Finanzen mit den Arbeitgebern eine pauschale Beitragserstattung und die Zahlungsweise vereinbaren.

§ 14b Alters- und Hinterbliebenenversorgung in besonderen Fällen

(1) ¹Einem Wehrpflichtigen, der am Tage vor Beginn des Wehrdienstverhältnisses (§ 2 des Soldatengesetzes) auf Grund einer durch Gesetz angeordneten oder auf Gesetz beruhenden Verpflichtung Mitglied einer öffentlich-rechtlichen Versicherungs- oder Versorgungseinrichtung seiner Berufsgruppe ist und von der Versicherungspflicht in der gesetzlichen Rentenversicherung befreit ist oder vor der Wehrdienstleistung in einem Zweig der gesetzlichen Rentenversicherung freiwillig versichert war, werden die Beiträge zu dieser Einrichtung auf Antrag in der Höhe erstattet, in der sie nach der Satzung oder den Versicherungsbedingungen für die Zeit des Wehrdienstes zu zahlen sind. ²Die Leistungen dürfen den Betrag nicht übersteigen, den der Bund für die Zeit des Wehrdienstes in der gesetzlichen Rentenversicherung zu entrichten hätte, wenn der Wehrpflichtige nicht von der Versicherungspflicht befreit worden wäre. ³Anträge auf Erstattung sind innerhalb eines Jahres nach Beendigung des Wehrdienstes zu stellen.

(2) ¹Einem Wehrpflichtigen, der nach § 14a nicht anspruchsberechtigt ist und Beiträge zur gesetzlichen Rentenversicherung oder zu einer sonstigen Alters- und Hinterbliebenenversorgung leistet, werden die Beiträge auf Antrag für die Zeit des Wehrdienstes erstattet. ²Beiträge, die freiwillig zur gesetzlichen Rentenversicherung entrichtet werden, soweit sie die Beiträge des Bundes zur gesetzlichen Rentenversicherung für die Zeit des Wehrdienstes übersteigen, und Beiträge zu einer sonstigen Alters- und Hinterbliebenenversorgung, die freiwillig entrichtet

werden, werden nur in Höhe des Betrages erstattet, der für die letzten zwölf Monate vor Beginn des Wehrdienstes durchschnittlich entrichtet worden ist, wenn die den Aufwendungen zu Grunde liegende Versicherung bei Beginn des Wehrdienstes mindestens zwölf Monate besteht. ³ Diese Beiträge müssen aus eigenen Einkünften aus Land- und Forstwirtschaft, Gewerbebetrieb, selbständiger Arbeit, nichtselbständiger Arbeit oder Lohnersatzleistungen geleistet worden sein; Einkünfte aus geringfügiger Beschäftigung im Sinne des § 8 des Vierten Buches Sozialgesetzbuch bleiben außer Betracht. ⁴ Anträge auf Erstattung sind innerhalb eines Jahres nach Beendigung des Wehrdienstes zu stellen. ⁵ Sind Zuschüsse dem Beitrag nach § 32 des Gesetzes über die Alterssicherung der Landwirte gewährt worden, ist mit den für den gleichen Zeitraum gezahlten Zuschüssen gegen den Erstattungsanspruch aufzurechnen.

(3) Die Leistungen nach Absatz 2 dürfen, wenn Beiträge des Bundes zur gesetzlichen Rentenversicherung für die Zeit des Wehrdienstes entrichtet oder Beiträge nach Absatz 1 erstattet werden, 40 vom Hundert des Höchstbeitrages, der für die freiwillige Versicherung in der Rentenversicherung der Arbeiter oder Angestellten entrichtet werden kann, ansonsten den Höchstbeitrag nicht übersteigen.

(4) Die Vorschriften der Absätze 1 und 2 gelten nicht bei Zahlung des Arbeitsentgelts nach § 1 Abs. 2, der Bezüge nach § 9 Abs. 2, bei Gewährung von Leistungen nach den §§ 13 bis 13 d des Unterhaltssicherungsgesetzes oder für Elternzeit.

(5) Für das Erstattungsverfahren gilt § 14 a Abs. 6 sinngemäß.

Die Vorschriften sollen sicherstellen, dass ein **Wehrdienstleistender durch seinen Wehrdienst** 1 **keine Nachteile hinsichtlich seiner Alters- und Hinterbliebenenversorgung erleidet.** Im Hinblick auf Wehrübungen vgl. die Einschränkung in § 10, für den Wehrdienst als Soldat auf Zeit § 16a I. Hinsichtlich der Anwendung früherer Vorschriften s. § 17 V, VI und VII. Die Vorschriften sollen dieses Ergebnis für alle in Frage kommenden Alterssicherungssysteme sicherstellen, bei denen sich nicht bereits ausdrücklich der erfasste Personenkreis auch auf Wehrdienstleistende bezieht (§ 3 S. 1 Nr. 3 SGB VI für die gesetzliche Rentenversicherung). Die Vorschriften beziehen sich deshalb nach ihrem Wortlaut auf *zusätzliche* Alters- und Hinterbliebenenversorgung. Die einzelnen Absätze der beiden Vorschriften tragen den Besonderheiten der einzelnen Formen der Alterssicherung Rechnung. Die Vorschriften gelten gemäß § 78 I Nr. 1 des Zivildienstgesetzes entsprechend auch für Zivildienstleistende mit der Maßgabe, dass an die Stelle des Bundesministeriums der Verteidigung und der von diesem bestimmten Stelle das Bundesministerium für Frauen und Jugend und die von diesem bestimmte Stelle treten.

Für alle diese Sicherungssysteme ist vorgesehen, dass der Arbeitgeber die **Beiträge** während des 2 Wehr- oder Zivildienstes weiter zu entrichten hat, er sie sich aber nach Ende des Wehrdienstes **erstatten** lassen kann.

Vierter Abschnitt. Schlussvorschriften

§ 15 Begriffsbestimmungen

(1) Arbeitnehmer im Sinne dieses Gesetzes sind Arbeiter und Angestellte sowie die zu ihrer Berufsausbildung Beschäftigten.

(2) Öffentlicher Dienst im Sinne dieses Gesetzes ist die Tätigkeit im Dienste des Bundes, eines Landes, einer Gemeinde (eines Gemeindeverbandes) oder anderer Körperschaften, Anstalten und Stiftungen des öffentlichen Rechts oder der Verbände von solchen; ausgenommen ist die Tätigkeit bei öffentlich-rechtlichen Religionsgesellschaften oder ihren Verbänden.

§ 16 Sonstige Geltung des Gesetzes

(1) Dieses Gesetz gilt auch im Falle des unbefristeten Wehrdienstes im Verteidigungsfall mit der Maßgabe, dass die Vorschriften über Wehrübungen anzuwenden sind.

(2) Dieses Gesetz gilt auch im Falle des sich an den Grundwehrdienst anschließenden freiwilligen zusätzlichen Wehrdienstes mit der Maßgabe, dass die Vorschriften über den Grundwehrdienst anzuwenden sind.

(3) ¹ Dieses Gesetz gilt auch im Falle des freiwilligen Wehrdienstes in besonderer Auslandsverwendung (§ 6 a des Wehrpflichtgesetzes) mit der Maßgabe, dass die Vorschriften über Wehrübungen entsprechend anzuwenden sind. ² § 10 findet keine Anwendung.

(4) ¹ Dieses Gesetz ist ferner anzuwenden auf Arbeits- und Dienstverhältnisse von Personen, die zu Dienstleistungen nach § 51 Abs. 2, §§ 51a, 54 Abs. 5 oder § 58 a des Soldatengesetzes herangezogen werden, mit der Maßgabe, dass die Vorschriften über Wehrübungen entsprechend anzuwenden sind. ² Absatz 3 Satz 2 gilt entsprechend.

Ascheid

§ 16 a Wehrdienst als Soldat auf Zeit

(1) Dieses Gesetz gilt auch im Falle des Wehrdienstes eines Wehrpflichtigen als Soldat auf Zeit
1. für die zunächst auf sechs Monate festgesetzte Dienstzeit,
2. für die endgültig auf insgesamt nicht mehr als zwei Jahre festgesetzte Dienstzeit
mit der Maßgabe, dass die für den Grundwehrdienst geltenden Vorschriften anzuwenden sind, ausgenommen § 9 Abs. 8 Satz 3, § 14 a und § 14 b.

(2) In den Fällen des Absatzes 1 Nr. 1 und 2 findet § 125 Abs. 1 Satz 1 des Beamtenrechtsrahmengesetzes keine Anwendung.

(3) (weggefallen)

(4) [1] Wird die Dienstzeit auf insgesamt mehr als zwei Jahre festgesetzt, so ist der Arbeitgeber durch die zuständige Dienststelle der Streitkräfte unverzüglich zu benachrichtigen. [2] Das Gleiche gilt, wenn ein Wehrpflichtiger während des Grundwehrdienstes zum Soldaten auf Zeit ernannt wird.

(5) Die Absätze 1 bis 4 gelten entsprechend im Falle einer Verlängerung der Dienstzeit nach Absatz 1 aus zwingenden Gründen der Verteidigung (§ 54 Abs. 3 des Soldatengesetzes).

1 § 16 a erstreckt das ArbPlSchG auf **Soldaten auf Zeit**, soweit die **Dienstzeit nicht mehr als zwei Jahre** beträgt. § 16 a schützt alle wehrpflichtigen AN, in Heimarbeit Beschäftigte, Handelsvertreter und Beamte. Auf Berufssoldaten und Richter findet die Vorschrift keine Anwendung. Richter scheiden aus dem Richterdienst aus, wenn sie zu Soldaten auf Zeit ernannt werden. Für Richter fehlt eine dem Abs. 2 vergleichbare Regelung. § 16 a setzt voraus, dass der Wehrpflichtige auf Grund freiwilliger Verpflichtung in das Wehrdienstverhältnis eines Soldaten auf Zeit berufen worden ist. Der Schutz dauert vorbehaltlich der Regelung in Abs. 4 höchstens zwei Jahre. Er beginnt mit dem Zeitpunkt, der für den Dienstantritt des Soldaten auf Zeit festgesetzt ist und endet mit dem Ablauf des Tages, an dem der Soldat aus der Bundeswehr ausscheidet. Die Regelung in Abs. 1 Nr. 1 trägt dem Umstand Rechnung, dass erst nach Ablauf von sechs Monaten über die endgültige Verwendung in der Bundeswehr entschieden wird. Der Arbeitsplatzschutz besteht unabhängig davon, ob der AN dann aus der Bundeswehr ausscheidet oder ob er für insgesamt zwei Jahre dienen wird.

2 § 16 a schließt die **übrigen Vorschriften** des ArbPlSchG **nicht aus**. Ein Wehrpflichtiger kann daher zunächst nach §§ 1 ff. und zu einem anderen Zeitpunkt, wenn er sich für zwei Jahre als Soldat auf Zeit verpflichtet hat, nach § 16 a geschützt werden.

§ 17 Inkrafttreten, Anwendung früherer Vorschriften

(1) (Inkrafttreten)

(2) Frühere Bestimmungen über den Einfluss des Wehrdienstes auf Arbeitsverhältnisse und Beamtenverhältnisse und die Eingliederung entlassener Soldaten in einem Zivilberuf sind bei Einberufung zur Bundeswehr nicht anzuwenden.

(3) Das Eignungsübungsgesetz bleibt unberührt.

(4) Für den verlängerten Grundwehrdienst, der nach § 2 des Gesetzes über die Dauer des Grundwehrdienstes und die Gesamtdauer der Wehrübungen in der vom 30. Dezember 1956 bis 2. Dezember 1960 geltenden Fassung vom 24. Dezember 1956 (BGBl. I S. 1017) und nach § 5 Abs. 2 des Wehrpflichtgesetzes in der vom 3. Dezember 1960 bis 28. März 1962 geltenden Fassung vom 14. Januar 1961 (BGBl. I S. 29) geleistet wurde sowie für den verkürzten Grundwehrdienst, der nach § 5 Abs. 2 und 3 des Wehrpflichtgesetzes in der vom 29. März 1962 bis 31. Dezember 1972 geltenden Fassung vom 28. September 1969 (BGBl. I S. 1773) geleistet wurde, gelten die Vorschriften dieses Gesetzes über den Grundwehrdienst.

(5) Für Wehrübungen von drei Monaten, die freiwillig im Anschluss an den vollen oder verkürzten Grundwehrdienst nach § 3 Abs. 2 des inzwischen außer Kraft getretenen Gesetzes über die Dauer des Grundwehrdienstes und die Gesamtdauer der Wehrübungen vom 24. Dezember 1956 (BGBl. I S. 1017) geleistet wurden, gelten die §§ 1 bis 3, 4 Abs. 5 sowie die §§ 6 bis 9, 13 und 14 a entsprechend.

(6) [1] Für Wehrpflichtige, die vor dem 1. Januar 1984 einberufen worden sind, bleiben die Vorschriften des § 14 a Abs. 4 und § 14 b Abs. 1 bis 3 in der bis dahin geltenden Fassung maßgebend. [2] Das Antragsrecht für die am 1. Januar 1984 bereits aus dem Wehrdienst entlassenen Wehrpflichtigen erlischt am 31. Mai 1984.

(7) Für Anspruchsberechtigte, die vor dem 1. Januar 1990 als Soldat eingestellt worden sind, bleiben die Vorschriften des § 14 a Abs. 4, des § 14 b Abs. 1 und 2 sowie des § 16 a Abs. 1 in der bis dahin geltenden Fassung maßgebend.

100. Gesetz über die Durchführung von Maßnahmen des Arbeitsschutzes zur Verbesserung der Sicherheit und des Gesundheitsschutzes der Beschäftigten bei der Arbeit (Arbeitsschutzgesetz – ArbSchG)

Vom 7. August 1996 (BGBl. I S. 1246)
Zuletzt geändert durch Gesetz vom 21. Juni 2002 (BGBl. I S. 2167)

(BGBl. III/FNA 805-3)

– Auszug –

Schrifttum: *Bücker/Feldhoff/Kohte,* Vom Arbeitsschutz zur Arbeitsumwelt, 1994; *Kittner/Pieper,* Arbeitsschutzgesetz, 3. Aufl., 2003; *dies.,* Arbeitsschutzrecht, 1999; *Kollmer,* Praxiskommentar Arbeitsschutzgesetz, Loseblatt; *Kollmer/Vogl,* Das neue Arbeitsschutzgesetz, 1997; *Lorenz,* Arbeitsschutzrecht, 2000; *Nöthlichs,* Arbeitsschutz und Arbeitssicherheit, Loseblattkommentar; *Wank,* Kommentar zum technischen Arbeitsschutz, 1999; *Wank/Börgmann,* Deutsches und europäisches Arbeitsschutzrecht, 1992.

Erster Abschnitt. Allgemeine Vorschriften

§ 1 Zielsetzung und Anwendungsbereich

(1) ¹Dieses Gesetz dient dazu, Sicherheit und Gesundheitsschutz der Beschäftigten bei der Arbeit durch Maßnahmen des Arbeitsschutzes zu sichern und zu verbessern. ²Es gilt in allen Tätigkeitsbereichen.

(2) ¹Dieses Gesetz gilt nicht für den Arbeitsschutz von Hausangestellten in privaten Haushalten. ²Es gilt nicht für den Arbeitsschutz von Beschäftigten auf Seeschiffen und in Betrieben, die dem Bundesberggesetz unterliegen, soweit dafür entsprechende Rechtsvorschriften bestehen.

(3) ¹Pflichten, die die Arbeitgeber zur Gewährleistung von Sicherheit und Gesundheitsschutz der Beschäftigten bei der Arbeit nach sonstigen Rechtsvorschriften haben, bleiben unberührt. ²Satz 1 gilt entsprechend für Pflichten und Rechte der Beschäftigten. ³Unberührt bleiben Gesetze, die andere Personen als Arbeitgeber zu Maßnahmen des Arbeitsschutzes verpflichten.

(4) Bei öffentlich-rechtlichen Religionsgemeinschaften treten an die Stelle der Betriebs- oder Personalräte die Mitarbeitervertretungen entsprechend dem kirchlichen Recht.

1. Zielsetzung. Während die Normierung von Zielsetzungen in manchen neueren Gesetzen als Hilfe bei der Auslegung einzelner Vorschriften dienen kann, lassen sich aus Abs. 1 keine zusätzlichen Erkenntnisse gewinnen (konkreter demgegenüber § 2 I). 1

2. Anwendungsbereich. a) Sachlicher Anwendungsbereich. Abw. von der Rechtslage vor dem ArbSchG gibt es grds. keine Sonderregelung für einzelne Branchen mehr. Insb. ist nunmehr auch der öffentl. Dienst in den Anwendungsbereich des Gesetzes einbezogen. Das gilt auch für die Beschäftigten der öffentlich-rechtlichen Religionsgemeinschaften. Da dort BetrVG und PersVG nicht gelten, beziehen sich Verweise auf Betriebs- oder Personalräte hier auf kirchliche Mitarbeitervertretungen, Abs. 4. 2

b) Persönlicher Anwendungsbereich. Der Anwendungsbereich ergibt sich aus §§ 1 II, 2 II, III. Adressaten sind grunds. alle „Beschäftigten", dh. alle AN und im öffentl. Dienst Beschäftigten. In Bezug auf AN gilt der allg. AN-Begriff (s. § 611 BGB Rn. 44 ff. einerseits, § 2 ArbZG Rn. 3 ff., 7 andererseits). Ausgenommen sind nach § 1 II 1 Hausangestellte in privaten Haushalten und nach § 1 II 2 Beschäftigte in den Branchen Seeschifffahrt und Bergbau (iS des Bundesberggesetzes); für sie gilt das ArbSchG subsidiär. Arbeitgeber sind alle privatrechtlichen AG ebenso wie alle Dienstherren iS des öffentl. Rechts. Gesetze, die andere Personen als AG zu arbeitsschutzrechtlichen Maßnahmen verpflichten (s. zB § 3 BauO NW den Bauherrn), bleiben unberührt, Abs. 3 S. 3. 3

3. Konkurrenzen. Im Hinblick auf AN und AG bleiben nach Abs. 3 S. 1, 2 andere Rechtsvorschriften unberührt. Hierzu zählen zB Vorschriften des allg. Gesundheitsschutzes, des Verbraucherschutzes oder des Umweltschutzes. 4

§ 2 Begriffsbestimmungen

(1) Maßnahmen des Arbeitsschutzes im Sinne dieses Gesetzes sind Maßnahmen zur Verhütung von Unfällen bei der Arbeit und arbeitsbedingten Gesundheitsgefahren einschließlich Maßnahmen der menschengerechten Gestaltung der Arbeit.

(2) Beschäftigte im Sinne dieses Gesetzes sind:
1. Arbeitnehmerinnen und Arbeitnehmer,
2. die zu ihrer Berufsbildung Beschäftigten,
3. arbeitnehmerähnliche Personen im Sinne des § 5 Abs. 1 des Arbeitsgerichtsgesetzes, ausgenommen die in Heimarbeit Beschäftigten und die ihnen Gleichgestellten,
4. Beamtinnen und Beamte
5. Richterinnen und Richter,
6. Soldatinnen und Soldaten,
7. die in Werkstätten für Behinderte Beschäftigten.

(3) Arbeitgeber im Sinne dieses Gesetzes sind natürliche und juristische Personen und rechtsfähige Personengesellschaften, die Personen nach Absatz 2 beschäftigen.

(4) Sonstige Rechtvorschriften im Sinne dieses Gesetzes sind Regelungen über Maßnahmen des Arbeitsschutzes in anderen Gesetzen, in Rechtsverordnungen und Unfallverhütungsvorschriften.

(5) ¹ Als Betriebe im Sinne dieses Gesetzes gelten für den Bereich des öffentlichen Dienstes die Dienststellen. ² Dienststellen sind die einzelnen Behörden, Verwaltungsstellen und Betriebe der Verwaltungen des Bundes, der Länder, der Gemeinden und der sonstigen Körperschaften, Anstalten und Stiftungen des öffentlichen Rechts, die Gerichte des Bundes und der Länder sowie die entsprechenden Einrichtungen der Streitkräfte.

1 Das Gesetz legt einen weiten Begriff des **Arbeitsschutzes** zugrunde. Hierzu rechnen nicht nur Maßnahmen der Verhütung von Arbeitsunfällen und arbeitsbedingten Gesundheitsgefahren, sondern zugleich auch Maßnahmen der menschengerechten Gestaltung der Arbeit.

2 Der **Beschäftigtenbegriff** des Gesetzes umfasst vier Gruppen; zum einen AN und, wie bei vielen arbeitsrechtlichen Gesetzen, auch die zu ihrer Berufsbildung Beschäftigten (die keine AN sind). Zum anderen werden Arbeitnehmerähnliche einbezogen, die als eine Gruppe der Selbständigen grds. nicht dem Anwendungsbereich arbeitsrechtlicher Gesetze unterliegen. Einen allg. Begriff des Arbeitnehmerähnlichen gibt es nicht, so dass hier im Wege der Verweisung auf § 5 Abs. 1 ArbGG Bezug genommen wird (mit Ausnahme der Heimarbeiter und der ihnen Gleichgestellten). Eine eigene Gruppe bilden die öffentlich-rechtlichen Beschäftigungsverhältnisse der Beamten, Richter und Soldaten. Schließlich sind auch die in Werkstätten für Behinderte Beschäftigten einbezogen. Eine Ausdehnung des Anwendungsbereichs ist durch eine Rechtsverordnung nach § 18 I 2 möglich.

3 Der **Arbeitgeberbegriff** des Abs. 3 korrespondiert dem AN-Begriff, so dass auch AG des öffentl. Dienstes hierzu gehören.

4 Der Kreis der „**sonstigen Rechtsvorschriften**" gem. Abs. 4 umfasst Gesetze, Rechtsverordnungen und Unfallverhütungsvorschriften; dazu gehören auch allg. Verwaltungsvorschriften, insb. nach § 15 III SGB VII. Einen eigenständigen Begriff des **Betriebs** kennt das Gesetz nicht. Für den öffentl. Dienst sind Dienstherren den Betrieben gleichgestellt, Abs. 5.

Zweiter Abschnitt. Pflichten des Arbeitgebers

§ 3 Grundpflichten des Arbeitgebers

(1) ¹ Der Arbeitgeber ist verpflichtet, die erforderlichen Maßnahmen des Arbeitsschutzes unter Berücksichtigung der Umstände zu treffen, die Sicherheit und Gesundheit der Beschäftigten bei der Arbeit beeinflussen. ² Er hat die Maßnahmen auf ihre Wirksamkeit zu überprüfen und erforderlichenfalls sich ändernden Gegebenheiten anzupassen. ³ Dabei hat er eine Verbesserung von Sicherheit und Gesundheitsschutz der Beschäftigten anzustreben.

(2) Zur Planung und Durchführung der Maßnahmen nach Absatz 1 hat der Arbeitgeber unter Berücksichtigung der Art der Tätigkeiten und der Zahl der Beschäftigten
1. für eine geeignete Organisation zu sorgen und die erforderlichen Mittel bereitzustellen sowie
2. Vorkehrungen zu treffen, daß die Maßnahmen erforderlichenfalls bei allen Tätigkeiten und eingebunden in die betrieblichen Führungsstrukturen beachtet werden und die Beschäftigten ihren Mitwirkungspflichten nachkommen können.

(3) Kosten für Maßnahmen nach diesem Gesetz darf der Arbeitgeber nicht den Beschäftigten auferlegen.

Allgemeine Grundsätze **§ 4 ArbSchG 100**

1 Im Bereich des technischen Arbeitsschutzes muss zwischen den **öffentlich-rechtlichen Pflichten** des AG und seinen privatrechtlichen Pflichten im Verhältnis zu seinen AN unterschieden werden. Die öffentlich-rechtlichen Pflichten des AG sind im ArbSchG geregelt, gleichsam dem Allgemeinen Teil des öffentlich-rechtlichen Arbeitsschutzrechts, und werden konkretisiert durch zahlreiche Spezialgesetze. Die privatrechtlichen Pflichten des AG folgen aus § 618 BGB, sie werden allerdings durch die öffentlich-rechtlichen Pflichten konkretisiert (zu Einzelheiten s. § 618 BGB Rn. 4). Pflichten des AN werden in §§ 15, 16 normiert.

2 Die entscheidende Aussage, dass der AG seinen Betrieb entspr. den **Anforderungen des Arbeitsschutzes** einzurichten und zu führen hat, fehlt in § 3 und auch sonst im Gesetz (vgl. demgegenüber § 618 I BGB – dort allerdings für die privatrechtliche Beziehung AG-AN – sowie früher § 120a I GewO für den öffentlich-rechtlichen Arbeitsschutz). Sie muss in Abs. 1 hineingelesen werden.

3 Auch eine weitere notwendige Aussage enthält das Gesetz nicht, nämlich dass für die Durchführung von Maßnahmen des Arbeitsschutzes das **Verhältnismäßigkeitsprinzip** gilt (vgl. früher § 120a I GewO: Verpflichtungen bestehen nur insoweit, „wie es die Natur des Betriebes gestattet"). Aus dem Merkmal „erforderliche Maßnahmen" sowie aus § 4 I ergibt sich, dass dieses Prinzip auch weiterhin zugrunde zu legen ist; dh. die Kosten des Arbeitsschutzes müssen in einem angemessenen Verhältnis zu dem Nutzen stehen.

4 Abs. 1 legt dem AG die Pflicht zur **Überprüfung,** zur **Anpassung** und zur **Verbesserung** auf. Er kann sich also nicht damit begnügen, dass einmal eine gesetzeskonforme Situation bestanden hat. Vielmehr muss er seinen Betrieb im Hinblick auf die Einhaltung des Arbeitsschutzes in angemessenen Abständen kontrollieren und ihn ggf. anpassen.

5 Es ist Sache des AG, durch seine Organisation den Arbeitsschutz zu gewährleisten. Soweit der Betrieb dem **ASiG** unterliegt, regeln sich die Anforderung nach diesem Gesetz (dazu *Anzinger/Bieneck*, Arbeitssicherheitsgesetz, 1998; *Aufhauser/Brunhöber/Igl*, Arbeitssicherheitsgesetz, 2. Aufl. 1997; *Kliesch/Nöthlichs/Wagner*, Arbeitssicherheitsgesetz, 1978; *Wank*, Kommentar zum technischen Arbeitsschutz, 1999, C), sonst nach dem Ermessen des AG.

6 Im Hinblick auf die Pflichten des AG aus Abs. 1 S. 1 besteht ein **Mitbestimmungsrecht des Betriebsrats** nach § 87 I Nr. 7 BetrVG. Es ist beschränkt auf Regelungen, dh. abstrakt-generelle Maßnahmen, und zwar auf solche, zu denen der AG verpflichtet ist; ob überhaupt eine Verpflichtung des AG besteht, ist eine mitbestimmungsfreie Rechtsfrage (BAG 6. 12. 1983 AP BetrVG 1972 § 87 Überwachung Nr. 7).

7 Die **Kosten** für Arbeitsschutzmaßnahmen sind vom AG zu tragen und dürfen nicht auf die Beschäftigten überwälzt werden, Abs. 3.

§ 4 Allgemeine Grundsätze

Der Arbeitgeber hat bei Maßnahmen des Arbeitsschutzes von folgenden allgemeinen Grundsätzen auszugehen:
1. Die Arbeit ist so zu gestalten, daß eine Gefährdung für Leben und Gesundheit möglichst vermieden und die verbleibende Gefährdung möglichst gering gehalten wird;
2. Gefahren sind an ihrer Quelle zu bekämpfen;
3. bei den Maßnahmen sind der Stand von Technik, Arbeitsmedizin und Hygiene sowie sonstige gesicherte arbeitswissenschaftliche Erkenntnisse zu berücksichtigen;
4. Maßnahmen sind mit dem Ziel zu planen, Technik, Arbeitsorganisation, sonstige Arbeitsbedingungen, soziale Beziehungen und Einfluß der Umwelt auf den Arbeitsplatz sachgerecht zu verknüpfen;
5. individuelle Schutzmaßnahmen sind nachrangig zu anderen Maßnahmen;
6. spezielle Gefahren für besonders schutzbedürftige Beschäftigtengruppen sind zu berücksichtigen;
7. den Beschäftigten sind geeignete Anweisungen zu erteilen;
8. mittelbar oder unmittelbar geschlechtsspezifisch wirkende Regelungen sind nur zulässig, wenn dies aus biologischen Gründen zwingend geboten ist.

1 Zwischen den hier genannten Grundsätzen besteht insofern eine **Rangfolge,** als bereits Gefährdungen vermieden werden müssen und Gefahren an der Quelle zu bekämpfen sind. Die Berücksichtigung des Standes der Technik geht über die der Regeln der Technik hinaus; gemeint ist ein fortschrittlicher Stand. Er muss berücksichtigt, aber nicht zwingend umgesetzt werden. Gesicherte arbeitswissenschaftliche Erkenntnisse liegen vor, wenn sie von der überwiegenden Zahl der Fachleute als richtig angesehen werden und sich in der Praxis bewährt haben.

2 Nr. 5 macht den **Vorrang von objektiven** vor individuellen **Schutzmaßnahmen** deutlich; der AG muss zuvor die baulichen, technischen und organisatorischen Maßnahmen treffen. Arbeitsschutzrechtliche Sondervorschriften für Frauen sind nach Nr. 8 nur ausnahmsweise aus biologischen Gründen zulässig.

3 Im Hinblick auf Arbeitsmittel nimmt § 4 der Betriebssicherheitsverordnung (**BetrSichV** vom 27. 9. 2002 dazu *v. Locquenghien/Ostermann/Klindt*, Betriebssicherheitsverordnung, 2002) die Grundsätze des § 4 ArbSchG auf.

§ 5 Beurteilung der Arbeitsbedingungen

(1) Der Arbeitgeber hat durch eine Beurteilung der für die Beschäftigten mit ihrer Arbeit verbundenen Gefährdung zu ermitteln, welche Maßnahmen des Arbeitsschutzes erforderlich sind.

(2) [1] Der Arbeitgeber hat die Beurteilung je nach Art der Tätigkeiten vorzunehmen. [2] Bei gleichartigen Arbeitsbedingungen ist die Beurteilung eines Arbeitsplatzes oder einer Tätigkeit ausreichend.

(3) Eine Gefährdung kann sich insbesondere ergeben durch
1. die Gestaltung und die Einrichtung der Arbeitsstätte und des Arbeitsplatzes,
2. physikalische, chemische und biologische Einwirkungen,
3. die Gestaltung, die Auswahl und den Einsatz von Arbeitsmitteln, insbesondere von Arbeitsstoffen, Maschinen, Geräten und Anlagen sowie den Umgang damit,
4. die Gestaltung von Arbeits- und Fertigungsverfahren, Arbeitsabläufen und Arbeitszeit und deren Zusammenwirken,
5. unzureichende Qualifikation und Unterweisung der Beschäftigten.

§ 6 Dokumentation

(1) [1] Der Arbeitgeber muß über die je nach Art der Tätigkeiten und der Zahl der Beschäftigten erforderlichen Unterlagen verfügen, aus denen das Ergebnis der Gefährdungsbeurteilung, die von ihm festgelegten Maßnahmen des Arbeitsschutzes und das Ergebnis ihrer Überprüfung ersichtlich sind. [2] Bei gleichartiger Gefährdungssituation ist es ausreichend, wenn die Unterlagen zusammengefaßte Angaben enthalten. [3] Soweit in sonstigen Rechtsvorschriften nichts anderes bestimmt ist, gilt Satz 1 nicht für Arbeitgeber mit zehn oder weniger Beschäftigten; die zuständige Behörde kann, wenn besondere Gefährdungssituationen gegeben sind, anordnen, daß Unterlagen verfügbar sein müssen. [4] Bei der Feststellung der Zahl der Beschäftigten nach Satz 3 sind Teilzeitbeschäftigte mit einer regelmäßigen wöchentlichen Arbeitszeit von nicht mehr als 20 Stunden mit 0,5 und nicht mehr als 30 Stunden mit 0,75 zu berücksichtigen.

(2) Unfälle in seinem Betrieb, bei denen ein Beschäftigter getötet oder so verletzt wird, daß er stirbt oder für mehr als 3 Tage völlig oder teilweise arbeits- oder dienstunfähig wird, hat der Arbeitgeber zu erfassen.

1 Der AG muss nicht nur bei neu eingestellten AN, sondern auch für alle bestehenden Arbeitsplätze eine **Gefährdungsbeurteilung** und eine Dokumentation vornehmen. Es sind so viele Beurteilungen anzustellen wie es Arten von Tätigkeiten gibt, § 5 II. Gefährdungen können sich aus dem Arbeitsplatz, aus den für die Arbeit verwandten oder aus auf die Arbeit einwirkenden Stoffen, aus Maschinen, Organisation und Verfahren ergeben, aber auch aus der Person des Beschäftigten. Im Hinblick auf Arbeitsmittel enthält § 3 der Betriebssicherheitsverordnung (BetrSichV v. 27. 9. 2002) mit den Anlagen 1 bis 5 eine Konkretisierung der Anforderungen an die Gefährdungsbeurteilung. Aufgrund der in § 6 normierten **Dokumentationspflicht** sind zum einen die Ergebnisse der Gefährdungsbeurteilung nach § 5 zu erfassen, ferner die vom AG festgelegten Maßnahmen des Arbeitsschutzes nach § 3 I sowie das Ergebnis der Überprüfung dieser Maßnahmen nach § 3 I 2. Zum anderen sind alle Unfälle zu erfassen, die auch nur zur tw. Arbeitsunfähigkeit von mehr als drei Tagen führen, Abs. 2 (s. auch § 193 I SGB III). Die Unterlagen des AG müssen verfügbar sein. Ausgenommen von den Verpflichtungen nach Abs. 1 sind Kleinbetriebe mit bis zu 10 Beschäftigten; die Pflicht zur Gefährdungsbeurteilung gilt auch für sie.

2 Soweit das deutsche Recht Ausnahmen hinsichtlich der Berichtspflicht von Betriebsärzten für Arbeitgeber mit höchstens 10 Beschäftigten vorsieht, verstößt dies nach Auffassung des EuGH (7. 2. 2002, EuZW 2002, 372 = NZA 2002, 321) gegen die **Richtlinie 89/391/EWG**. – § 6 BetrSichV sieht ein „Explosionsschutzdokument" unabhängig von der Beschäftigtenzahl vor.

§ 7 Übertragung von Aufgaben

Bei der Übertragung von Aufgaben auf Beschäftigte hat der Arbeitgeber je nach Art der Tätigkeiten zu berücksichtigen, ob die Beschäftigten befähigt sind, die für die Sicherheit und den Gesundheitsschutz bei der Aufgabenerfüllung zu beachtenden Bestimmungen und Maßnahmen einzuhalten.

Im Zusammenhang mit § 4 I Nr. 1 und Nr. 5 muss der AG vorrangig durch objektive Maßnahmen Gefährdungen ausschalten. Schon bei der Gefährdungsbeurteilung nach § 5 I muss er die Befähigung der Beschäftigten ermitteln. Gemeint sind körperliche und geistige Befähigungen.

§ 8 Zusammenarbeit mehrerer Arbeitgeber

(1) ¹Werden Beschäftigte mehrerer Arbeitgeber an einem Arbeitsplatz tätig, sind die Arbeitgeber verpflichtet, bei der Durchführung der Sicherheits- und Gesundheitsschutzbestimmungen zusammenzuarbeiten. ²Soweit dies für die Sicherheit und den Gesundheitsschutz der Beschäftigten bei der Arbeit erforderlich ist, haben die Arbeitgeber je nach Art der Tätigkeiten insbesondere sich gegenseitig und ihre Beschäftigten über die mit den Arbeiten verbundenen Gefahren für Sicherheit und Gesundheit der Beschäftigten zu unterrichten und Maßnahmen zur Verhütung dieser Gefahren abzustimmen.

(2) Der Arbeitgeber muß sich je nach Art der Tätigkeit vergewissern, daß die Beschäftigten anderer Arbeitgeber, die in seinem Betrieb tätig werden, hinsichtlich der Gefahren für ihre Sicherheit und Gesundheit während ihrer Tätigkeit in seinem Betrieb angemessene Anweisungen erhalten haben.

Abs. 1 meint Arbeitsstätten außerhalb des eigentlichen Betriebs, wie zB Baustellen. Eine bestimmte Form der Unterrichtung und Abstimmung ist nicht vorgeschrieben. In Abs. 2 geht es um die Unterrichtung im Hinblick auf Gefahren, die beim Einsatz von Fremdpersonal (zB Reparaturarbeiten) von der Arbeitsstätte und ihren Einrichtungen ausgehen. Weitergehend trifft den AG beim Einsatz von LeihAN gem. § 11 VI AÜG, einer spezielleren Vorschrift, die öffentlich-rechtliche Pflicht zur Anwendung des Arbeitsschutzrechts.

§ 9 Besondere Gefahren

(1) Der Arbeitgeber hat Maßnahmen zur treffen, damit nur Beschäftigte Zugang zu besonders gefährlichen Arbeitsbereichen haben, die zuvor geeignete Anweisungen erhalten haben.

(2) ¹Der Arbeitgeber hat Vorkehrungen zu treffen, daß alle Beschäftigten, die einer unmittelbaren erheblichen Gefahr ausgesetzt sind oder sein können, möglichst frühzeitig über diese Gefahr und die getroffenen oder zu treffenden Schutzmaßnahmen unterrichtet sind. ²Bei unmittelbarer erheblicher Gefahr für die eigene Sicherheit oder die Sicherheit anderer Personen müssen die Beschäftigten die geeigneten Maßnahmen zur Gefahrenabwehr und Schadensbegrenzung selbst treffen können, wenn der zuständige Vorgesetzte nicht erreichbar ist; dabei sind die Kenntnisse der Beschäftigten und die vorhandenen technischen Mittel zu berücksichtigen. ³Den Beschäftigten dürfen aus ihrem Handeln keine Nachteile entstehen, es sei denn, sie haben vorsätzlich oder grob fahrlässig ungeeignete Maßnahmen getroffen.

(3) ¹Der Arbeitgeber hat Maßnahmen zu treffen, die es den Beschäftigten bei unmittelbarer erheblicher Gefahr ermöglichen, sich durch sofortiges Verlassen der Arbeitsplätze in Sicherheit zu bringen. ²Den Beschäftigten dürfen hierdurch keine Nachteile entstehen. ³Hält die unmittelbare erhebliche Gefahr an, darf der Arbeitgeber die Beschäftigten nur in besonders begründeten Ausnahmefällen auffordern, ihre Tätigkeit wieder aufzunehmen. ⁴Gesetzliche Pflichten der Beschäftigten zur Abwehr von Gefahren für die öffentliche Sicherheit sowie die §§ 7 und 11 des Soldatengesetzes bleiben unberührt.

Nach Abs. 1 hat der AG Beschäftigten den Zugang zu besonders gefährlichen Arbeitsbereichen zu versagen, die nicht ausreichend über die Gefahren unterrichtet sind. Neben § 9 I gelten entspr. Pflichten nach § 20 DruckluftV, § 20 II GefStoffV, § 18 Nr. 1 RöntgenV ua.

Im Übrigen ist der AG nach Abs. 2, 3 verpflichtet, Vorkehrungen im Hinblick auf unmittelbare erhebliche Gefahren zu treffen. Zum einen gehört dazu die Unterrichtung, zum anderen muss der AG die AN in den Stand setzen, im Notfall ohne den zuständigen Vorgesetzten angemessene Entscheidungen zu treffen. Schließlich muss Vorsorge dafür getroffen werden, dass die AN den Arbeitsplatz sofort verlassen können. Ein Entfernungsrecht besteht nicht, wenn der Beschäftigten nur irrtümlich an eine Gefahr glaubt.

§ 10 Erste Hilfe und sonstige Notfallmaßnahmen

(1) ¹Der Arbeitgeber hat entsprechend der Art der Arbeitsstätte und der Tätigkeiten sowie der Zahl der Beschäftigten die Maßnahmen zu treffen, die zur Ersten Hilfe, Brandbekämpfung und Evakuierung der Beschäftigten erforderlich sind. ²Dabei hat er der Anwesenheit anderer Personen Rechnung zu tragen. ³Er hat auch dafür zu sorgen, daß im Notfall die erforderlichen Verbindungen zu außerbetrieblichen Stellen, insbesondere in den Bereichen der Ersten

über regeln §§ 15, 16 ArbSchG **öffentlich-rechtliche** Pflichten der Beschäftigten aus dem Arbeitsverhältnis. Die Vorschriften sind zugleich Konkretisierungen der privatrechtlichen Pflichten.

2   Während im Allg. die Pflichten aus diesem Gesetz den AG treffen sowie sonstige in § 13 genannte Personen, enthalten (nur) §§ 15, 16 **Pflichten der Beschäftigten**. Die Verpflichtung, für die eigene Sicherheit und Gesundheit zu sorgen, ist damit nicht nur Obliegenheit im eigenen Interesse, sondern Rechtspflicht. Eine entspr. Verpflichtung gilt gem. Abs. 1 S. 2 auch gegenüber anderen Personen, allerdings nur gegenüber Beschäftigten. Die bestimmungsgemäße Verwendung der in Abs. 2 genannten Hilfsmittel richtet sich nach Unterweisung und Weisung des AG, sonst nach dem Üblichen. Eine Pflicht zur Mitteilung besteht nur, wenn der Beschäftigte eine unmittelbare erhebliche Gefahr für die Sicherheit und Gesundheit feststellt, also nicht bei beliebigen Fehlern oder Gefahren; dagegen sind Defekte an den Schutzsystemen grds. zu melden. Die privatrechtliche Pflicht des AN geht allerdings über die nach § 16 I hinaus.

§ 17 Rechte der Beschäftigten

(1) ¹Die Beschäftigten sind berechtigt, dem Arbeitgeber Vorschläge zu allen Fragen der Sicherheit und des Gesundheitsschutzes bei der Arbeit zu machen. ²Für Beamtinnen und Beamte des Bundes ist § 171 des Bundesbeamtengesetzes anzuwenden. ³§ 60 des Beamtenrechtsrahmengesetzes und entsprechendes Landesrecht bleiben unberührt.

(2) ¹Sind Beschäftigte auf Grund konkreter Anhaltspunkte der Auffassung, daß die vom Arbeitgeber getroffenen Maßnahmen und bereitgestellten Mittel nicht ausreichen, um die Sicherheit und den Gesundheitsschutz bei der Arbeit zu gewährleisten, und hilft der Arbeitgeber darauf gerichteten Beschwerden von Beschäftigten nicht ab, können sich diese an die zuständige Behörde wenden. ²Hierdurch dürfen den Beschäftigten keine Nachteile entstehen. ³Die in Absatz 1 Satz 2 und 3 genannten Vorschriften sowie die Vorschriften der Wehrbeschwerdeordnung und des Gesetzes über den Wehrbeauftragten des Deutschen Bundestages bleiben unberührt.

1   Das **Vorschlagsrecht** der AN besteht für alle Fragen der Sicherheit und des Gesundheitsschutzes, auch über den eigenen Arbeitsplatz hinaus; eine bestimmte Form für die Ausübung besteht nicht. Beamte müssen gem. § 171 BBG den Dienstweg einhalten, Soldaten gem. § 7 SoldG.

2   Ein **außerbetriebliches Beschwerderecht** setzt eine konkrete Gefahr voraus, also eine Sachlage, die bei ungehindertem Ablauf des zu erwartenden Geschehens zu einem nicht unerheblichen Schaden führt. Es ist nicht erforderlich, dass eine konkrete Gefahr objektiv besteht, solange der Beschäftigte nur konkrete Anhaltspunkte für diese Annahme hat. Der AN darf sich nicht unmittelbar an die Aufsichtsbehörde wenden, sondern muss zunächst den AG zur Abhilfe auffordern. Weitere Voraussetzung ist, dass der AG der Beschwerde des Beschäftigten nicht abgeholfen hat. Zuständige Behörde und damit Adressat der Beschwerde ist regelmäßig das Gewerbeaufsichtsamt oder der Unfallversicherungsträger. Für seinen Anwendungsbereich geht § 21 VI 1 GefStoffV vor.

Vierter Abschnitt. Verordnungsermächtigungen

§ 18 Verordnungsermächtigungen

(1) ¹Die Bundesregierung wird ermächtigt, durch Rechtsverordnung mit Zustimmung des Bundesrates vorzuschreiben, welche Maßnahmen der Arbeitgeber und die sonstigen verantwortlichen Personen zu treffen haben und wie sich die Beschäftigten zu verhalten haben, um ihre jeweiligen Pflichten, die sich aus diesem Gesetz ergeben, zu erfüllen. ²In diesen Rechtsverordnungen kann auch bestimmt werden, daß bestimmte Vorschriften des Gesetzes zum Schutz anderer als in § 2 Abs. 2 genannter Personen anzuwenden sind.

(2) Durch Rechtsverordnungen nach Absatz 1 kann insbesondere bestimmt werden,
1. daß und wie zur Abwehr bestimmter Gefahren Dauer oder Lage der Beschäftigung oder die Zahl der Beschäftigten begrenzt werden muß,
2. daß der Einsatz bestimmter Arbeitsmittel oder -verfahren mit besonderen Gefahren für die Beschäftigten verboten ist oder der zuständigen Behörde angezeigt oder von ihr erlaubt sein muß oder besonders gefährdete Personen dabei nicht beschäftigt werden dürfen,
3. daß bestimmte, besonders gefährliche Betriebsanlagen einschließlich der Arbeits- und Fertigungsverfahren vor Inbetriebnahme, in regelmäßigen Abständen oder auf örtliche Anordnung fachkundig geprüft werden müssen,
4. daß Beschäftigte, bevor sie eine bestimmte gefährdende Tätigkeit aufnehmen oder fortsetzen oder nachdem sie sie beendet habe, arbeitsmedizinisch zu untersuchen sind und welche besonderen Pflichten der Arzt dabei zu beachten hat,
5. dass Ausschüsse zu bilden sind, denen die Aufgabe übertragen wird, die Bundesregierung oder das zuständige Bundesministerium zur Anwendung der Rechtsverordnung zu beraten, dem

Stand der Technik, Arbeitsmedizin und Hygiene entsprechende Regeln und sonstige gesicherte arbeitswissenschaftliche Erkenntnisse zu ermitteln sowie Regeln zu ermitteln, wie die in den Rechtsverordnungen gestellten Anforderungen erfüllt werden können. Das Bundesministerium für Arbeit und Sozialordnung kann die Regeln und Erkenntnisse amtlich bekannt machen.

Die **Verfassungsmäßigkeit** des § 18 ist zweifelhaft. Verordnungsermächtigungen müssen dem 1 Bestimmtheitsgebot des Art. 80 I 2 GG entsprechen. Das setzt voraus, dass das zugrundeliegende Gesetz die Kernaussagen selbst enthält, die durch Rechtsverordnung konkretisiert werden sollen. An derartigen Normierungen der elementaren AG-Pflichten (wie beispielsweise in § 618 BGB) fehlt es jedoch im Gesetz.

Neben den Rechtsverordnungen sind konkretisierende oder weitergehende **Unfallverhütungsvor-** 2 **schriften** der Unfallversicherungsträger zulässig.

§ 19 Rechtsakte der Europäischen Gemeinschaften und zwischenstaatliche Vereinbarungen

Rechtsverordnungen nach § 18 können auch erlassen werden, soweit dies zur Durchführung von Rechtsakten des Rates oder der Kommission der Europäischen Gemeinschaften oder von Beschlüssen internationaler Organisationen oder von zwischenstaatlichen Vereinbarungen, die Sachbereiche dieses Gesetzes betreffen, erforderlich ist, insbesondere um Arbeitsschutzpflichten für andere als in § 2 Abs. 3 genannte Personen zu regeln.

Schrifttum: EAS-*Börgmann*, Einzelrichtlinien zur Arbeitsschutzrahmenrichtlinie, B 6400; *Kollmer/Blachwitz/Kossens*, Die neuen Arbeitsschutzverordnungen, 1999; *Wank*, Kommentar zum technischen Arbeitsschutz, 1999, B; *Wlotzke*, Fünf Verordnungen zum Arbeitsschutzgesetz von 1996, NJW 1997, 1469.

Auch gegenüber § 19 bestehen die gleichen verfassungsrechtlichen Bedenken wie zu § 18 1 (s. v. *Danwitz*, Jura 2002, 98). – Auf der Grundlage des § 19 hat die Bundesregierung inzwischen mehrere **ArbeitsschutzRL** der EG durch Verordnungen umgesetzt, nämlich die RL 90/269/EWG bezüglich Lastenhandhabung, die RL 90/270/EWG bezüglich der Arbeit an Bildschirmgeräten, die RL 89/656/EWG bezüglich der Benutzung persönlicher Schutzausrüstungen, die Biostoff-RL 90/679/EWG, die RL 89/655/EWG bezüglich der Benutzung von Arbeitsmitteln sowie die RL 92/57/EWG bezüglich Baustellen.

§ 20 Regelungen für den öffentlichen Dienst *(nicht abgedruckt)*

Fünfter Abschnitt. Schlußvorschriften

§§ 21, 22 *(nicht abgedruckt)*

§ 23 Betriebliche Daten; Zusammenarbeit mit anderen Behörden; Jahresbericht

(1) ¹Der Arbeitgeber hat der zuständigen Behörde zu einem von ihr bestimmten Zeitpunkt Mitteilungen über
1. die Zahl der Beschäftigten und derer, an die er Heimarbeit vergibt, aufgegliedert nach Geschlecht, Alter und Staatsangehörigkeit,
2. den Namen oder die Bezeichnung und Anschrift des Betriebs, in dem er sie beschäftigt,
3. seinen Namen, seine Firma und seine Anschrift sowie
4. den Wirtschaftszweig, dem sein Betrieb angehört,

zu machen. ²Das Bundesministerium für Arbeit und Sozialordnung wird ermächtigt, durch Rechtsverordnung mit Zustimmung des Bundesrates zu bestimmen, daß die Stellen der Bundesverwaltung, denen der Arbeitgeber die in Satz 1 genannten Mitteilungen bereits auf Grund einer Rechtsvorschrift mitgeteilt hat, diese Angaben an die für die Behörden nach Satz 1 zuständigen obersten Landesbehörden als Schreiben oder auf maschinell verwertbaren Datenträgern oder durch Datenübertragung weiterzuleiten haben. ³In der Rechtsverordnung können das Nähere über die Formen der weiterzuleitenden Angaben sowie die Frist für die Weiterleitung bestimmt werden. ⁴Die weitergeleiteten Angaben dürfen nur zur Erfüllung der in der Zuständigkeit der Behörden nach § 21 Abs. 1 liegenden Arbeitsschutzaufgaben verwendet sowie in Datenverarbeitungssystemen gespeichert oder verarbeitet werden.

(2) ¹Die mit der Überwachung beauftragten Personen dürfen die ihnen bei ihrer Überwachungstätigkeit zur Kenntnis gelangenden Geschäfts- und Betriebsgeheimnisse nur in den gesetzlich geregelten Fällen oder zur Verfolgung von Gesetzwidrigkeiten oder zur Erfüllung von gesetzlich geregelten Aufgaben zum Schutz der Versicherten dem Träger der gesetzlichen Unfallversicherung oder zum Schutz der Umwelt den dafür zuständigen Behörden offenbaren. ²Soweit es sich bei Geschäfts- und Betriebsgeheimnissen um Informationen über die Umwelt im Sinne des Umweltinformationsgesetzes handelt, richtet sich die Befugnis zu ihrer Offenbarung nach dem Umweltinformationsgesetz.

(3) ¹Ergeben sich im Einzelfall für die zuständigen Behörden konkrete Anhaltspunkte für
1. eine Beschäftigung oder Tätigkeit von Ausländern ohne den erforderlichen Aufenthaltstitel nach § 4 Abs. 3 des Aufenthaltsgesetz,
2. Verstöße gegen die Mitwirkungspflicht nach § 60 Abs. 1 Satz 1 Nr. 2 des Ersten Buches Sozialgesetzbuch gegenüber einer Dienststelle der Bundesanstalt für Arbeit, einem Träger der gesetzlichen Kranken-, Pflege-, Unfall- oder Rentenversicherung oder einem Träger der Sozialhilfe oder gegen die Meldepflicht nach § 8 a des Asylbewerberleistungsgesetzes,
3. Verstöße gegen das Gesetz zur Bekämpfung der Schwarzarbeit,
4. Verstöße gegen das Arbeitnehmerüberlassungsgesetz,
5. Verstöße gegen die Vorschriften des Vierten und Siebten Buches Sozialgesetzbuch über die Verpflichtung zur Zahlung von Sozialversicherungsbeiträgen,
6. Verstöße gegen das Aufenthaltsgesetz,
7. Verstöße gegen die Steuergesetze,
unterrichten sie die für Verfolgung und Ahndung der Verstöße nach den Nummern eins bis sieben zuständigen Behörden, die Träger der Sozialhilfe sowie die Behörden nach § 71 des Aufenthaltsgesetzes. ²In den Fällen des Satzes 1 arbeiten die zuständigen Behörden insbesondere mit den Arbeitsämtern, den Hauptzollämtern, den Rentenversicherungsträgern, den Krankenkassen als Einzugsstellen für die Sozialversicherungsbeiträge, den Trägern der gesetzlichen Unfallversicherung, den nach Landesrecht für die Verfolgung und Ahndung von Verstößen gegen das Gesetz zur Bekämpfung der Schwarzarbeit zuständigen Behörden, den Trägern der Sozialhilfe, den in § 71 des Aufenthaltsgesetzes genannten Behörden und den Finanzbehörden zusammen.

(4) *(nicht abgedruckt)*

§ 24 Ermächtigung zum Erlaß von allgemeinen Verwaltungsvorschriften
(nicht abgedruckt)

§ 25 Bußgeldvorschriften

(1) Ordnungswidrig handelt, wer vorsätzlich oder fahrlässig
1. einer Rechtsverordnung nach § 18 Abs. 1 oder § 19 zuwiderhandelt, soweit sie für einen bestimmten Tatbestand auf diese Bußgeldvorschrift verweist, oder
2. a) als Arbeitgeber oder als verantwortliche Person einer vollziehbaren Anordnung nach § 22 Abs. 3 oder
   b) als Beschäftigter einer vollziehbaren Anordnung nach § 22 Abs. 3 Satz 1 Nr. 1 zuwiderhandelt.

(2) Die Ordnungswidrigkeit kann in den Fällen des Absatzes 1 Nr. 1 und 2 Buchstabe b mit einer Geldbuße bis zu fünftausend Euro, in den Fällen des Absatzes 1 Nr. 2 Buchstabe a mit einer Geldbuße bis zu fünfundzwanzigtausend Euro geahndet werden.

§ 26 Strafvorschriften

Mit Freiheitsstrafe bis zu einem Jahr oder mit Geldstrafe wird bestraft, wer
1. eine in § 25 Abs. 1 Nr. 2 Buchstabe a bezeichnete Handlung beharrlich wiederholt oder
2. durch eine in § 25 Abs. 1 Nr. 1 oder Nr. 2 Buchstabe a bezeichnete vorsätzliche Handlung Leben oder Gesundheit eines Beschäftigten gefährdet.

110. Arbeitszeitgesetz

Vom 6. Juni 1994 (BGBl. I S. 1170)
Zuletzt geändert durch Gesetz vom 21. Dezember 2000 (BGBl. I S. 1983)

(BGBl. III/FNA 8050-21)

Schrifttum: *Baeck/Deutsch,* Arbeitszeitgesetz, 1999; *Buschmann/Ulber,* Arbeitszeitgesetz, 3. Aufl., 2000; *Corlett/Queinnec/Paoli,* Die Gestaltung der Schichtarbeit, 1989; *Dobberahn,* Das neue Arbeitszeitgesetz in der Praxis, 2. Aufl. 1996; *Fechner,* Probleme der Arbeitsbereitschaft, 1963; *Hahn,* Nacht- und Schichtarbeit, Bd. I, 4. Aufl., 1988; *Janicki,* Aktuelle arbeitszeitrechtliche Probleme und der Entwurf eines Arbeitszeitgesetzes, 1992; *Linnenkohl,* Arbeitszeitgesetz, 1996; *Loritz,* Möglichkeiten und Grenzen der Sonntagsarbeit, 1989; *Menzel,* Menschliche Tag-Nacht-Rhythmik und Schichtarbeit, 1962; *Neumann/Biebl,* Arbeitszeitgesetz, 13. Aufl., 2001; *Reinders,* Das neue Arbeitszeitrecht, 1994; *Roggendorff,* Arbeitszeitgesetz, 1994; *Rischar,* Flexible Arbeitszeit in der Praxis, 2001; *Rutenfranz,* Ist die Nachtarbeit für Frauen gesundheitsgefährdender als für Männer?, 1969; *Ruthenfranz/Beermann/Löwenthal,* Nachtarbeit für Frauen, 1987; *Ulrich,* Schicht- und Nachtarbeit, 1964; *Salzmann,* Die Arbeitsbereitschaft als Gegenstand rechtlicher Wertung, Diss. Hamburg 1976; *Tietje,* Grundfragen des Arbeitszeitrechts, 2001; *Zmarzlik/Anzinger,* Arbeitszeitgesetz, 1995.

Erster Abschnitt. Allgemeine Vorschriften

§ 1 Zweck des Gesetzes

Zweck des Gesetzes ist es,
1. die Sicherheit und den Gesundheitsschutz der Arbeitnehmer bei der Arbeitszeitgestaltung zu gewährleisten und die Rahmenbedingungen für flexible Arbeitszeiten zu verbessern sowie
2. den Sonntag und die staatlich anerkannten Feiertage als Tage der Arbeitsruhe und der seelischen Erhebung der Arbeitnehmer zu schützen.

I. Entstehungsgeschichte und systematische Stellung des ArbZG

Nach zahlreichen Anläufen zur Neuregelung des Arbeitszeitrechts ist am 1. 7. 1994 das Gesetz zur Vereinheitlichung und Flexibilisierung des Arbeitszeitrechts vom 6. 6. 1994 (Arbeitszeitrechtsgesetz – ArbZRG) in Kraft getreten (BGBl. I S. 1170; vgl. ausführlich zur Entstehungsgeschichte Vorauf. § 1 Rn. 1; zu den Entwürfen für ein neues Arbeitszeitgesetz s. ua. *Hartmann* NZA 1993, 734; *Herschel* BB 1986, 348; *Janicki,* Aktuelle arbeitszeitrechtliche Probleme und der Entw. eines Arbeitszeitgesetzes, 1992; *Lörcher* AuR 1994, 49; *Menecke* ZTR 1993, 499; *Sondermann* DB 1993, 1992; *Wlotzke* NZA 1984, 182; *Zmarzlik* DB 1984, 1881; *ders.* DB 1985, 2349; *ders.* NZA Beil. 3/1987, 15). 1

Das als Artikelgesetz ausgestaltete ArbZRG enthält als Kernstück in Art. 1 das neue Arbeitszeitgesetz (ArbZG). Die im Jahre 1938 erlassene und inzwischen überholte Arbeitszeitordnung (AZO) ist durch das neue ArbZG vollständig ersetzt worden. Zu den Änderungen des ArbZG durch Art. 4 b des Entwurfs eines Gesetzes zu Reformen am Arbeitsmarkt i. d. F. des Beschlusses des Deutschen Bundestages vom 26. 9. 2003 (Stand: BR-Drucks. 676/03) s. Anhang zu §§ 25, 26. 2

Mit der Neuordnung des öffentlich-rechtlichen Arbeitszeitschutzes ist der gesamtdeutsche Gesetzgeber dem Auftrag aus Art. 30 des EVertr. nachgekommen, das öffentlich-rechtliche Arbeitszeitrecht einschließlich der Zulässigkeit von Sonn- und Feiertagsarbeit und den bes. Frauenarbeitsschutz neu zu kodifizieren. Zugleich hat der Gesetzgeber den Aufforderungen des BVerfG aus den Entscheidungen vom 13. 11. 1979 (AP HausarbTagsG Nordrh.-Westfalen § 1 Nr. 28) zum Hausarbeitstagsgesetz und vom 28. 1. 1992 (AP AZO § 19 Nr. 2 = NJW 1992, 964) zum Nachtarbeitsverbot für Arbeiterinnen entsprochen und verfassungskonforme Neuregelungen geschaffen. 3

Das Gesetzgebungsverfahren zum ArbZRG fiel zeitlich mit der Verabschiedung der RL 93/104/EG des Rates vom 23. 11. 1993 über bestimmte Aspekte der Arbeitszeitgestaltung zusammen (ABl. L 307 S. 13). Die Frist zur Umsetzung der ArbeitszeitRL 93/104/EG lief bis zum 23. 11. 1996 (zur RL und ihrer Umsetzung in nationales Recht s. *Balze* EAS B 3100; *Ende* AuR 1997, 137; *Lörcher* AuR 1994, 49; zur Gemeinschaftsrechtskonformität der RL s. EuGH 12. 11. 1996 NZA 1997, 23). Bei der Auslegung des ArbZG muss im Wege der **europarechtskonformen Auslegung** als Inhaltskontrolle geprüft werden, ob es mit der RL in Einklang steht oder ob es, um nicht gegen die RL zu verstoßen, nur in einem bestimmten Sinne ausgelegt werden kann. Eine europarechtskonforme Auslegung scheidet allerdings aus, wenn sie den Sinn der deutschen Rechtnorm verfälschen würde (ebenso BAG 18. 2. 2003 AP BGB § 611 Arbeitsbereitschaft Nr. 12). Entspricht das ArbZG der RL und gibt es mehrere 4

Auslegungsmöglichkeiten, so ist im Wege der europarechtskonformen Auslegung als Inhaltsbestimmung (= europarechtsorientierte Auslegung) diejenige zu wählen, die dem Zweck der RL am nächsten kommt. Der Geltungsbereich der RL wurde im Mai 2000 auf den Transportsektor, die Fischerei und die medizinische Ausbildung erweitert (s. zum Arbeitszeitrecht der EG *Wank* in *Hanau/Steinmeyer/ Wank*, Handbuch des europäischen Arbeits- und Sozialrechts, 2002, § 18 Rn. 289 ff.).

II. Zweckbestimmung

5   Während es früher nicht üblich war, die Zweckbestimmung in den Text eines Gesetzes aufzunehmen, hat sich in neuerer Zeit, vor allem im Bereich des Gesundheits-, Umwelt- und Arbeitsschutzes, eine abw. Praxis eingebürgert. Die Zweckbestimmung des Gesetzes begründet **keine Rechte** oder **Pflichten** für AN oder AG. Ebenso wenig kommt sie als eigenständige Rechtsgrundlage für behördliche Entscheidungen in Betracht (*Zmarzlik/Anzinger* Rn. 2). Gleichwohl hat die Aufnahme der Zweckbestimmung in das Gesetz ihren Sinn. Sie ermöglicht es, im Rahmen der teleologischen Auslegung bei einzelnen Bestimmungen des Gesetzes auf die Zwecke des Gesetzes zurückzugreifen. Auch bei Ermessensentscheidungen (s. zB § 7 V) müssen die Ziele des Gesetzes beachtet werden (*Zmarzlik/ Anzinger* Rn. 14). Ohne eine derartige Zweckbestimmung besteht die Gefahr, dass Interpreten, insb. im Rahmen der sog. objektiven Gesetzesauslegung, dem Gesetz Zwecke unterlegen, die der Gesetzgeber damit nicht verfolgen wollte. Eine derartige Zweckbestimmung enthält § 1. Zu den dort genannten Zwecken des gesamten Gesetzes treten die Zwecke der einzelnen Bestimmungen hinzu. Im Umkehrschluss zu der Aufzählung in § 1 ergibt sich, dass andere Zwecke vom Gesetz nicht verfolgt werden. Insb. liegen dem Gesetz keine arbeitsmarktpolitischen Zwecke zugrunde (*Baeck/Deutsch* Rn. 4; *Balze* EAS 3100 Rn. 19; *Dobberahn* Rn. 26; *Zmarzlik/Anzinger* Rn. 1).

III. Sicherheit und Gesundheitsschutz

6   § 1 Nr. 1 nennt an erster Stelle als Ziel des Gesetzes, die Sicherheit und den Gesundheitsschutz der AN bei der Arbeitszeitgestaltung zu gewährleisten. Diese Zielsetzung entspricht der Pflicht des Staates aus Art. 2 II 1 GG, durch geeignete Schutzvorschriften die **körperliche Unversehrtheit** der AN bei der Arbeit sicherzustellen (vgl. 10 GG Art. 2 Rn. 106 ff.; zuletzt BVerfG 28. 1. 1992 AP AZO § 19 Nr. 2 = NJW 1992, 964 zur Verpflichtung des Gesetzgebers, AN vor den schädlichen Folgen von Nachtarbeit zu bewahren).

7   Wenn es in § 1 Nr. 1 heißt, dass Sicherheit und Gesundheitsschutz der AN durch das ArbZG „gewährleistet" werden sollen, steht dies **nicht im Widerspruch** zu der auf Art. 118 a EGV gestützten **RL 93/104/EG** des Rates v. 23. 11. 1993 über bestimmte Aspekte der Arbeitszeitgestaltung (ABl. L 307 S. 18), wonach Zielsetzung der RL die „Verbesserung" von Sicherheit, Arbeitshygiene und Gesundheitsschutz der AN bei der Arbeit ist (so aber *Buschmann/Ulber* Rn. 5). Der moderne Gesetzgeber hat sich aus sprachkosmetischen Gründen angewöhnt, bei jeder Gesetzesänderung von „Verbesserung" zu sprechen, obwohl Zweck eines jeden Gesetzes eine Verbesserung sein sollte (*Junker* ZfA 1998, 105, 107).

IV. Flexible Arbeitszeiten

8   Weiteres in § 1 Nr. 1 hervorgehobenes Schutzziel des ArbZG ist es, die Rahmenbedingungen für flexible Arbeitszeiten zu verbessern. Dieses in der Vergangenheit sowohl im **Interesse der betrieblichen Produktion** als auch im **Interesse der AN** an der individuellen Gestaltung der täglichen und wöchentlichen Arbeitszeit immer wieder geforderte Ziel (*Löwisch* RdA 1984, 197, 200; *Sondermann* DB 1993, 1922; *Wlotzke* NZA 1984, 182; *Zmarzlik* NZA Beil. 3/1987, 23) wird vor allem dadurch erreicht, dass der bisherige Ausgleichszeitraum zur Einhaltung des Acht-Stunden-Tages von 2 Wochen (§ 4 I AZO) verlängert wurde (vgl. näher hierzu § 3) und die TVParteien oder die Betriebspartner die Möglichkeit erhalten haben, innerhalb eines bestimmten, gesundheitlich vertretbaren Rahmens abw. Regelungen zu vereinbaren (vgl. näher hierzu § 3 Rn. 18 ff.).

V. Sonntagsruhe und Feiertagsruhe

9   § 1 Nr. 2 hebt als gleichrangiges Schutzziel die Sonn- und Feiertagsruhe hervor. Die **Sonntagsruhe** war bereits durch Art. 139 WRV verfassungsrechtlich geschützt. Art. 140 GG hat Art. 139 WRV in das GG inkorporiert. Beide Vorschriften zusammen schaffen eine **institutionelle Garantie** des Sonntags (s. *Loritz* S. 15 ff.).

10   Die **Feiertage** sind demgegenüber weder generell noch als einzelne Feiertage verfassungsrechtlich geschützt. Ihre Gewährleistung beruht vielmehr nur auf einfachem Gesetz. Abgesehen vom 3. 10., einem Bundes-Feiertag, sind die Feiertage durch Landesgesetze geregelt. Ihre Zahl und ihre Verteilung sind in den einzelnen Bundesländern unterschiedlich (s. MünchArbR/*Anzinger* § 221 Rn. 7 f.).

11   Für die Auslegung kommt es des Weiteren darauf an, aus welchem Grunde Sonn- und Feiertage geschützt sind. Der ursprüngliche Gedanke des religiösen Feiertages wird jedenfalls in diesem Gesetz

nicht erwähnt, sondern – profan – die **Arbeitsruhe**. Aufgrund einer Empfehlung des Ausschusses für Arbeit und Sozialordnung (BT-Drucks. 12/6990 S. 8, 42) wurde in § 1 Nr. 2 der Zusatz eingefügt, dass der Sonntag und staatlich anerkannte Feiertage auch als Tage der „seelischen Erhebung der AN" zu schützen sind.

VI. Zweckkollision

Die drei Gesetzeszwecke werden in § 1 nebeneinander angeführt. Durch die Formulierung wird verdeckt, dass sich die **Teilzwecke** Gesundheitsschutz und Sonn- und Feiertagsschutz einerseits und Flexibilisierung der Arbeitszeit andererseits häufig widersprechen. So kann die Flexibilisierung eine Arbeit auch in der Nachtzeit und am Sonntag erfordern. Im Einzelfall muss dann doch auf die spezielle Bestimmung zurückgegriffen werden, die diese Zielkollision in einer bestimmten Weise gelöst hat (*Junker* ZfA 1998, 105, 106). Die Reihenfolge der Nennung im Gesetz besagt nichts über einen Vorrang (*Baeck/Deutsch* Rn. 10; aA Kasseler Handbuch/*Schliemann* 2.5 Rn. 38; *Zmarzlik/Anzinger* Rn. 7). 12

§ 2 Begriffsbestimmungen

(1) ¹Arbeitszeit im Sinne dieses Gesetzes ist die Zeit vom Beginn bis zum Ende der Arbeit ohne die Ruhepausen; Arbeitszeiten bei mehreren Arbeitgebern sind zusammenzurechnen. ²Im Bergbau unter Tage zählen die Ruhepausen zur Arbeitszeit.

(2) Arbeitnehmer im Sinne dieses Gesetzes sind Arbeiter und Angestellte sowie die zu ihrer Berufsbildung Beschäftigten.

(3) Nachtzeit im Sinne dieses Gesetzes ist die Zeit von 23 bis 6 Uhr, in Bäckereien und Konditoreien die Zeit von 22 bis 5 Uhr.

(4) Nachtarbeit im Sinne dieses Gesetzes ist jede Arbeit, die mehr als zwei Stunden der Nachtzeit umfaßt.

(5) Nachtarbeitnehmer im Sinne dieses Gesetzes sind Arbeitnehmer, die
1. auf Grund ihrer Arbeitszeitgestaltung normalerweise Nachtarbeit in Wechselschicht zu leisten haben oder
2. Nachtarbeit an mindestens 48 Tagen im Kalenderjahr leisten.

I. Geltungsbereich

Bevor man irgendeine Bestimmung des ArbZG auf einen Fall anwendet, ist zunächst zu klären, ob der Fall vom **Geltungsbereich des Gesetzes** erfasst wird. Hierbei ist zu unterscheiden zwischen dem persönlichen Geltungsbereich (Für welche Beschäftigten gilt das Gesetz?), dem sachlichen Anwendungsbereich (Für welche Betriebe und für welche Fallgestaltungen gilt das Gesetz?) und dem räumlichen Geltungsbereich (Für welches Gebiet gilt das Gesetz?). Schließlich ist, im Zusammenhang mit den Übergangsvorschriften der §§ 25, 26, der zeitliche Geltungsbereich zu klären. 1

II. Persönlicher Geltungsbereich

Unter den persönlichen Schutzbereich des ArbZG fallen alle **AN**, mit Ausnahme der in § 18 genannten. Diese klare Aussage steht so nicht im Gesetz; sie ergibt sich aber daraus, dass geschützte Personen der einzelnen Vorschriften AN sind, wobei der Begriff durch § 2 II „definiert" wird und § 18 Ausnahmen aufzählt. 2

III. Arbeitnehmer iSd. ArbZG

1. **Allgemeiner ANBegriff.** § 2 II enthält die Legaldefinition, dass AN iSd. Gesetzes Arbeiter und Angestellte sowie die zu ihrer Berufsbildung Beschäftigten sind. Der ANBegriff entspricht § 5 I BetrVG. Die in § 5 II BetrVG enthaltene Einschränkung des ANBegriffs hat der Gesetzgeber nicht übernommen. Daraus folgt, dass dem ArbZG ein über den ANBegriff des BetrVG hinausgehender **allgemeiner** arbeitsrechtlicher **Begriff des AN** zugrunde liegt (*Baeck/Deutsch* Rn. 82; *Zmarzlik/Anzinger* Rn. 22). Die Definition des ANBegriffs in § 2 II entspricht derjenigen, die in neueren arbeitsrechtlichen Gesetzen üblich ist. 3

Das **BAG** und die hM im **Schrifttum** definieren: AN ist, wer persönlich abhängig ist. Persönlich abhängig ist, wer örtlich, zeitlich und fachlich weisungsgebunden ist und in den Betrieb des Auftraggebers eingegliedert ist (s. zB BAG 28. 2. 1962 AP BGB § 611 Abhängigkeit Nr. 1; 25. 8. 1982 AP BGB § 611 Abhängigkeit Nr. 32; 13. 1. 1983 AP BGB § 611 Abhängigkeit Nr. 43; 20. 7. 1994 AP BGB § 611 Abhängigkeit Nr. 73; *Hueck/Nipperdey*, § 9 II; *Nikisch*, § 14 I; *Söllner*, § 28 IV 1). 4

Diese Definition ist methodisch fragwürdig. Zwischen den Merkmalen auf der Tatbestandsseite (Weisungsbindung) und den Rechtsfolgen (wie Lohnfortzahlung oder Kündigungsschutz) besteht **kein Sinnzusammenhang,** obwohl das bei teleologischer Begriffsbildung erforderlich wäre (krit. 5

110 ArbZG § 2   Begriffsbestimmungen

Berning, Die Abhängigkeit des Franchise-Nehmers, 1993, S. 89; *Bodenbender/Griese*, FS für Wlotzke, 1996, S. 3, 23 f.; *Diller*, Gesellschafter und Gesellschaftsorgane als AN, 1994, S. 101 ff.; *von Einem*, BB 1994, 60, 63; *Gittermann*, Arbeitnehmerstatus und Betriebsverfassung in Franchise-Systemen, 1995, 75 ff.; *Lieb* RdA 1977, 210, 215 f.; *Mohr*, Der ANBegriff im Arbeits- und Steuerrecht, 1994, S. 99; *Wank*, AN und Selbständige, 1988; *ders.* DB 1992, 90 ff.; *ders.* ZfS 1996, 387 ff.; *ders.* NZA 1999, 226 ff.; *Wiedemann*, Das Arbeitsverhältnis als Austausch- und Gemeinschaftsverhältnis, 1966, 13 ff.).

6   Die Merkmale müssen stattdessen einen Bezug zu dem Grund für die bes. Schutzgesetzgebung gerade für AN aufweisen; dieser Grund liegt in der sozialen **Schutzbedürftigkeit** dieser Gruppe von Beschäftigten.

7   **Teleologisch** ist daher eine Definition, die entweder Merkmale der sozialen Schutzbedürftigkeit zugrundelegt oder als Negativdefinition auf die Abgrenzung gegenüber den Selbständigen bezug nimmt, wie die folgende: „AN ist nicht, wer auf Grund freiwillig übernommenen Betriebsrisikos selbständig am Markt auftritt" (vgl. *Wank* RdA 1999, 297 ff. mwN).

8   Das ArbZG gilt auch für die bei den Stationierungsstreitkräften Beschäftigten, Art. 56 I Buchst. a des Zusatzabkommens zum NATO-Truppenstatut vom 3. 8. 1959 (BGBl. II S. 1218).

9   **2. Zu ihrer Berufsbildung Beschäftigte.** Zu den AN iSd. ArbZG gehören auch die zu ihrer Berufsbildung Beschäftigten über 18 Jahre (vgl. § 18 II). Hierzu zählen insb. die Auszubildenden iSv. § 3 BBiG und diejenigen, die in Vertragsverhältnissen nach § 19 BBiG beschäftigt sind, wie zB Volontäre und Praktikanten.

10   **3. Frauen.** Während die AZO noch bes. Beschäftigungsverbote und Beschäftigungbeschränkungen für Frauen enthielt, richtet sich das ArbZG in gleicher Weise an männliche und weibliche AN (vgl. auch *Baeck/Deutsch* Rn. 98 f.). So wird das früher in § 19 AZO enthaltene und sowohl vom EuGH für eine entspr. französische Vorschrift (EuGH 25. 7. 1991 AP EWG-Vertrag Art. 119 Nr. 28) als auch vom BVerfG (28. 1. 1992 AP AZO § 19 Nr. 2 = NJW 1992, 964) für verfassungswidrig erklärte **Nachtarbeitsverbot** für Arbeiterinnen aufgehoben. Nunmehr ist die Nachtarbeit für Männer und Frauen in gleicher Weise geregelt (näher dazu unter § 6). Auch das früher in der AZO enthaltene Beschäftigungsverbot für Frauen im Bauhauptgewerbe wird mit dem ArbZG beseitigt. Die VO über die Beschäftigung von Frauen auf Fahrzeugen vom 2. 12. 1971 (BGBl. I S. 1957) wurde durch Art. 21 S. 2 Nr. 19 ArbZRG aufgehoben.

11   Demgegenüber bleibt es dabei, dass Frauen im **Bergbau unter Tage** grds. nicht beschäftigt werden dürfen. Die entspr. Regelung in § 16 I AZO ist durch Art. 7 Nr. 1 ArbZRG neu in das BBergG eingefügt worden (§ 64 a BBergG; zur Vereinbarkeit des § 64 a BBergG mit Art. 3 II GG s. *Zmarzlik/Anzinger* Art. 7 ArbZRG Rn. 3; *Schulte/Schwarz*, Beschäftigung von Frauen in Bergwerken, 1982, S. 107 ff.).

12   Die Landesgesetze betr. **Hausarbeitstage** sind bereits seit längerem nichtig. Das BVerfG hatte das Hausarbeitstagsgesetz von Nordrhein-Westfalen in seiner Entscheidung vom 13. 11. 1979 (AP HausarbTagsG Nordrh.-Westfalen § 1 Nr. 28) für verfassungswidrig erklärt; die Aussagen der Entscheidung bezogen sich in gleicher Weise auf die Gesetze der anderen Bundesländer. Art. 19 I ArbZRG hebt nunmehr auch ausdrücklich die Hausarbeitstagsregelungen der einzelnen Bundesländer auf, und zwar rückwirkend ab 29. 1. 1980, dem Datum der Bekanntgabe der o. g. BVerfG-Entscheidung. Nach Art. 19 II 1 ArbZRG findet eine Rückabwicklung in Bezug auf von diesem Gesetz betroffene Arbeitsverhältnisse allerdings nicht statt.

13   **4. Ausnahmen.** § 18 zählt diejenigen ANGruppen auf, für die das Gesetz nicht gilt, und zwar leitende Angestellte, Leiter von öffentl. Dienststellen, AN in häuslicher Gemeinschaft mit ihnen anvertrauten Personen sowie Jugendliche unter 18 Jahren.

Wegen der Einzelheiten wird auf die Kommentierung zu § 18 verwiesen.

IV. Räumlicher Geltungsbereich

14   Als Vorschriften des öffentlich-rechtlichen Arbeitsschutzes gelten die Bestimmungen des ArbZG für alle AN, die auf dem Gebiet der BRD beschäftigt sind **(Territorialitätprinzip)**. Dabei kommt es weder auf die Staatsangehörigkeit noch auf den Wohnsitz des AG oder AN an. Umgekehrt gilt das ArbZG nicht für diejenigen deutschen AN, die im Ausland beschäftigt werden (BAG 12. 12. 1990 NZA 1991, 386). Für AN, die außerhalb des Gebietes der BRD beschäftigt werden, kann das ArbZG jedoch auf Grund privatrechtlicher Vereinbarung gelten.

V. Sachlicher Geltungsbereich

15   Während § 18 tw. für die Nichtanwendung des Gesetzes an bestimmte Personengruppen anknüpft, geht es bei dem sachlichen Anwendungsbereich des Gesetzes um die Ausnahmen für bestimmte Beschäftigungsbereiche und Beschäftigungsbetriebe. Hier sind zu nennen der liturgische Bereich, § 18 I Nr. 4, Kauffahrteischiffe, § 18 III, Luftfahrzeuge, § 20, sowie die Binnenschifffahrt, § 21. Wegen der Einzelheiten wird auf die Kommentierung der §§ 18 bis 21 verwiesen.

VI. Weitere Begriffsbestimmungen § 2 ArbZG 110

VI. Weitere Begriffsbestimmungen

Außer der Begriffsbestimmung des AN enthält § 2 weitere Begriffsbestimmungen, und zwar zu 16
Arbeitszeit, Nachtzeit, Nachtarbeit und NachtAN.

1. Arbeitszeit iSd. ArbZG. Das Gesetz enthält zwar eine Definition der Arbeitszeit in § 2 I 1. 17
Dabei geht es aber nur um die Arbeitszeit iSd. ArbZG. Dieses Gesetz regelt die Arbeitszeit allein
unter arbeitsschutzrechtlichen Gesichtspunkten (zum Arbeitszeitbegriff in anderen Zusammenhängen
auch *Buschmann* AuR 2003, 1). Daneben ist aber noch der vertragliche Arbeitszeitbegriff zu beachten,
wobei wiederum zwischen Individualarbeitsrecht und kollektivem Arbeitsrecht unterschieden werden
muss, so dass sich folgende Differenzierungen ergeben:
– arbeitsvertragliche Arbeitszeit
 – auf Grund Individualarbeitsvertrag
 – auf Grund Betriebsvereinbarung
 – auf Grund TV
– arbeitsschutzrechtliche Arbeitszeit.
Wenn auch die arbeitsvertragliche Arbeitszeit nicht Regelungsgegenstand dieses Gesetzes ist, muss 18
an dieser Stelle doch zur Verdeutlichung auch darauf eingegangen werden (s. auch zur flexiblen
Arbeitszeit § 3 Rn. 18 ff.).

2. Arbeitsvertragliche Arbeitszeit. Wann die Arbeitszeit des einzelnen AN liegt und wie lange er 19
arbeiten muss, ergibt sich aus dem Einzelarbeitsvertrag. Ist darin nichts geregelt, so gilt für beides –
für Lage und Dauer der Arbeitszeit – das Betriebsübliche (BAG 21. 12. 1954 AP BGB § 611 Lohnanspruch Nr. 2 = DB 1955, 314). Innerhalb einer gewissen Schwankungsbreite unterliegen Veränderungen dem Direktionsrecht des AG nach § 106 GewO (zB früherer Arbeitsbeginn; Zuteilung zu
einer Schicht; Versetzung in eine andere Schicht). Seine Grenze findet das Direktionsrecht, wenn in
den Kern der Vertragsbedingungen eingegriffen wird; so wenn der AN – in einem Betrieb, in dem
nicht ohnehin immer mit Nachtschichten für diese Art von Arbeit gerechnet werden muss – von der
Tagesschicht in die Nachtschicht versetzt wird (zur Mitbestimmung des BR s. Rn. 20). Umgekehrt
wird man die Versetzung von der Nachtschicht in die Tagesschicht als eine Verbesserung ansehen
können, die im Rahmen des Direktionsrechts liegt. Unter bestimmten Voraussetzungen ist der AG
verpflichtet, den NachtAN auf einen für ihn geeigneten Tagesarbeitsplatz umzusetzen, wenn der
NachtAN dies verlangt (§ 6 IV; näher dazu unter § 6). Änderungen jenseits des Direktionsrechts
bedürfen der einverständlichen Vertragsänderung oder lassen sich allenfalls im Wege einer Änderungskündigung (§ 2 KSchG) durchsetzen.

3. Mitbestimmung des BR. Besteht in einem Betrieb ein BR, so kann der AG die generelle Lage 20
der Arbeitszeit allerdings nicht einseitig festlegen, sondern gem. § 87 I Nr. 2 BetrVG nur einvernehmlich mit dem BR. Dieser ist allerdings nur zuständig für die Lage der Arbeitszeit (Beispiel:
Beginn 7 Uhr morgens, Ende 14.30 Uhr), nicht dagegen für die Dauer der Arbeitszeit (zB 35 Stunden
pro Woche; etwas anderes kann sich nur auf Grund einer Öffnungsklausel in einem TV ergeben; dazu
§ 87 BetrVG Rn. 25 ff.; zum Mitbestimmungsrecht des BR bei der Einführung von Bereitschaftsdienst s. BAG 29. 2. 2000 AP § 87 BetrVG 1972 Nr. 81 = EzA Nr. 61 zu § 87 BetrVG Arbeitszeit
m. Anm. *Wiese*; zur Leiharbeit s. BAG 15. 12. 1992 AP AÜG § 14 Nr. 7; zur Versetzung bei Nacht-
und Schichtarbeit s. § 6 Rn. 30). Das Mitbestimmungsrecht des BR findet seine Grenze, wenn
dadurch in die unternehmerische Entscheidungsfreiheit eingegriffen wird; das ist der Fall, wenn
dadurch die Regelung der Öffnungszeiten eines Kaufhauses von der Entscheidung des BR abhängt
(aA BAG 13. 10. 1987 AP BetrVG 1972 § 87 Arbeitszeit Nr. 24 = NZA 1988, 251). Der BR ist nur
zuständig für die allg. Regelung, also nur für einen sog. kollektiven Tatbestand. Wann demgegenüber
die Arbeitszeit des einzelnen AN liegt und welcher Schicht er zugeteilt wird, unterliegt dem
Direktionsrecht des AG.
Wegen der weiteren Mitbestimmungsrechte des BR wird auf die Kommentierung der jeweiligen 21
Paragraphen verwiesen.

4. Tarifverträge. Zwar nicht die Lage, wohl aber die Dauer der Arbeitszeit pro Woche ist üblicher- 22
weise in einem TV geregelt. Sofern AG und AN tarifgebunden sind (§ 3 TVG), gilt die Regelung
zwingend (§ 4 I TVG) auch für das einzelne Arbeitsverhältnis. Nimmt der Arbeitsvertrag auf den TV
Bezug, ohne dass beide Parteien tarifgebunden sind, so gelten diese Regelungen zwar nicht zwingend,
wohl aber kraft Vertrages. Auch tarifgebundene Vertragsparteien können vom TV abweichen, wenn
dies für den AN günstiger ist, § 4 III TVG. Das ist der Fall, wenn der AN weniger zu arbeiten braucht
(zB 34 statt 37 Stunden). Umstr. ist dagegen, ob die Vereinbarung einer längeren als der im TV
vorgesehenen Arbeitszeit für den AN günstiger ist, weil ein höherer Verdienst (allerdings bei mehr
Arbeit) für den AN günstiger ist (s. die Nachw. bei *Wank* NJW 1996, 2273, 2277 f. sowie bei
Wiedemann/Wank § 4 Rn. 479 ff.; gegen die Neuinterpretation des Günstigkeitsprinzips BAG 20. 4.
1999 AP BetrVG 1972 § 23 Nr. 30).

23 **5. Arbeitszeit und Vergütung.** Im Hinblick auf Einzelarbeitsvertrag, Betriebsvereinbarung und TV muss immer unterschieden werden zwischen der Regelung der Arbeitszeit und der Regelung der Vergütung. So hält sich der AN in der Pause beispielsweise zwar an seinem Arbeitsplatz auf; aber diese Zeit wird nicht vergütet (zu Waschen und Umkleiden s. BAG 11. 10. 2000 AP § 611 BGB Arbeitszeit Nr. 20). Die Arbeitsbereitschaft zählt nach der SIMAP-Entscheidung des EuGH (dazu Rn. 44 ff.) zwar als gesetzliche Arbeitszeit, kann aber geringer vergütet werden als die Vollarbeitszeit.

24 **6. Das Verhältnis der Arbeitszeit im arbeitsvertraglichen Sinne zur Arbeitszeit im arbeitsschutzrechtlichen Sinne.** Das – im ArbZG allein geregelte – Arbeitsschutzrecht legt nur fest, wie lange und wann der AN aus der Sicht des Staates höchstens zu arbeiten braucht und höchstens arbeiten darf. Wird – im Einzelarbeitsvertrag oder im TV – demgegenüber eine kürzere Arbeitszeit vereinbart, so ist diese verbindlich. Umgekehrt ist die Regelung im ArbZG insofern zwingend, als die arbeitsvertraglichen Rechtsgrundlagen sich nicht in Widerspruch zum ArbZG setzen dürfen. Abweichungen sind nur dann gestattet, wenn sie das ArbZG ausdrücklich vorsieht (*Baeck/Deutsch* Rn. 10).

25 **7. Arbeitszeit im arbeitsschutzrechtlichen Sinne.** Für das Arbeitsschutzrecht enthält § 2 I die Aussage, dass die Zeit vom Beginn bis zum Ende der Arbeit Arbeitszeit ist (rechtsvergleichend *Buschmann* FS Hanau, 1999, 197 ff., 200 f.). Damit zählt die Wegezeit, also die Zeit von der Wohnung des AN bis zum Betrieb, nicht als Arbeitszeit (BAG 26. 8. 1960 AP BGB § 611 Wegezeit Nr. 2). Dagegen gehören Wegezeiten zwischen dem Betrieb und den außerhalb des Betriebs gelegenen Arbeitsstellen zur Arbeitszeit iSd. § 2 I (BayObLG 23. 3. 1992 NZA 1992, 811; *Neumann/Biebl* Rn. 14; *Zmarzlik/Anzinger* Rn. 9). Offen ist, wann die Arbeit im Betrieb beginnt. Hierfür reicht es nicht, dass der AN das Betriebsgelände betritt (aA *Buschmann/Ulber* Rn. 3). Die Arbeitszeit beginnt vielmehr erst mit Aufnahme der tatsächlichen Arbeitsleistung des betroffenen AN an dem fraglichen Arbeitsplatz (*Baeck/Deutsch* Rn. 9; *Neumann/Biebl* Rn. 11; *Roggendorff* Rn. 31; *Zmarzlik/Anzinger* § 3 Rn. 11). Der Aufnahme der Arbeitsleistung steht das Bereithalten des AN zur Arbeit gleich (MünchArbR/*Blomeyer* § 48 Rn. 151). Von der gesetzlichen Arbeitszeit erfasst sind auch Vor- und Nacharbeiten, wie zB die Materialausgabe durch den AG oder das Säubern des Arbeitsplatzes. Wasch- und Umkleidezeiten gehören idR nicht zur gesetzlichen Arbeitszeit (BAG 25. 4. 1962 AP BGB § 611 Mehrarbeitsvergütung Nr. 6). Das Umkleiden zählt allerdings dann zur gesetzlichen Arbeitszeit, wenn es dienstlich angeordnet ist, wie bei Sicherheitskleidung oder bei einheitlicher Dienstkleidung (vgl. LAG Baden-Württemberg 12. 2. 1987 AiB 1987, 246; aA *Baeck/Deutsch* Rn. 9). Für die Frage, ob die Zeit des Umkleidens zur vergütungspflichtigen Arbeitszeit zählt, kommt es auf die Verhältnisse im Einzelfall an, wobei insb. die organisatorischen Gegebenheiten des jeweiligen Betriebes und die konkreten Anforderungen an den AN maßgebend sind (BAG 22. 3. 1995 AP BGB § 611 Arbeitszeit Nr. 8 = DB 1995, 2073; BAG 11. 10. 2000 AP BGB § 611 Arbeitszeit Nr. 20 = EzA Nr. 30 zu § 611 BGB; *Busch* BB 1995, 1690). Die gesetzliche Arbeitszeit endet, wenn der AN dem AG zur Arbeitsleistung nicht mehr zu Verfügung steht.

26 **Dienstreisezeiten** zählen grds. nicht zur gesetzlichen Arbeitszeit. Etwas anders gilt dann, wenn der AN durch die Dienstreise selbst seine vertraglichen Verpflichtungen erbringt (zB als Lkw-Fahrer) oder aber während der Dienstreise die Hauptleistung aus seinem Arbeitsverhältnis erfüllt (zB Bearbeitung der mitgeführten Akten; näher zur Dienstreise als Arbeitszeit *Loritz/Koch* BB 1987, 1102 ff.; *Loritz* NZA 1997, 1188).

27 Arbeitsvertraglich oder tarifvertraglich können auch die Zeiten vor der tatsächlichen Aufnahme oder dem Bereithalten der Arbeit zu vergüten sein. So kann nach der Protokollnotiz S. 2 zu § 15 VII BAT in der Fassung des 66. ÄnderungsTV zum BAT vom 24. 4. 1991 für den privatrechtlichen Beginn der Arbeitszeit auf die Ankunft an der Arbeitsstelle abgestellt. Diese Arbeitszeitdefinitionen des Arbeitsvertragsrechts gelten aber nicht für das ArbZG.

28 Während nach § 1 I 1 die Ruhepausen nicht zur Arbeitszeit gezählt werden, zählen sie im Bergbau nach S. 2 zur Arbeitszeit. Damit wird im Ergebnis eine Verkürzung der gesetzlich zulässigen Höchstarbeitszeit erreicht.

29 **8. Beschäftigung bei mehreren Arbeitgebern.** Da es um den gesundheitlichen Schutz des AN geht, ist es gleichgültig, aus welchen Arbeitsverhältnissen sich die gesamte Arbeitszeit zusammensetzt. Die Beschäftigungszeiten bei mehreren AG müssen daher gem. § 2 I 1 Halbs. 2 zusammengerechnet werden.

30 Der AN ist verpflichtet, den AG darauf aufmerksam zu machen, dass er bereits in einem Arbeitsverhältnis steht und dass deshalb der Spielraum für weitere Arbeitszeit begrenzt ist. Verstößt er gegen seine **Hinweispflicht,** macht er sich dem AG gegenüber aus Verschulden bei Vertragsschluss, §§ 311 II, 280 I BGB, schadensersatzpflichtig. Allerdings sind die Straf- und Bußgeldvorschriften der §§ 22 f. nur an AG gerichtet.

31 Den AG trifft eine Pflicht, sich nach anderen Arbeitsverhältnissen zu erkundigen, nur dann, wenn dafür Anhaltspunkte bestehen (zB ein junger, ausgebildeter AN sucht eine Teilzeitbeschäftigung ab einer bestimmten Tageszeit; zu weitgehend demgegenüber *Neumann/Biebl* Rn. 19; *Roggendorff* Rn. 49; *Zmarzlik/Anzinger* Rn. 8). Diese Pflicht betrifft nur das Arbeitsschutzrecht, nicht das Ver-

VI. Weitere Begriffsbestimmungen

tragsrecht, da insoweit im Hinblick auf Schadensersatzansprüche aus Verschulden bei Vertragsschluss (§ 311 II BGB) das Eigenverschulden des AN nach § 254 BGB ganz überwiegt. Den AG treffen bei Überschreitung der Höchstarbeitszeit die Sanktionen aus §§ 22 f. Eine analoge Anwendung der Vorschrift auf andere Rechtsverhältnisse, wie Dienst- oder Werkverträge, kommt nicht in Betracht (*Baeck/Deutsch* Rn. 17; aA *Buschmann/Ulber* Rn. 8).

9. Nachtzeit, Nachtarbeit, Nachtarbeitnehmer. § 2 enthält im Hinblick auf die Nachtarbeit bestimmte Definitionen; die materiellrechtlichen Regelungen dazu finden sich in §§ 6 und 7. Für die praktische Anwendung muss man das Gesetz in der Reihenfolge: § 6 – § 2 V – § 2 IV 4 – § 2 III lesen, also: NachtAN ist, wer in bestimmtem Umfang Nachtarbeit leistet, also Arbeit, die in die Nachtzeit fällt. 32

Arbeitsschutzrechtlich definiert das Gesetz in § 2 III die **Nachtzeit** als die Zeit zwischen 23 Uhr und 6 Uhr. In Übereinstimmung mit Art. 2 Nr. 3 der ArbeitszeitRL 93/104/EG umfasst die Nachtzeitspanne 7 Stunden. § 7 I Nr. 5 erlaubt es aber den TVParteien, den Beginn der siebenstündigen Nachtzeitraums auf die Zeit zwischen 22 und 24 Uhr zu verschieben. Als Festlegungszeiträume für die Nachtzeit kommen somit die Zeiträume von 22 Uhr–5 Uhr, 23 Uhr–6 Uhr oder 24 Uhr–7 Uhr in Betracht. Die zweite Satzhälfte des § 2 III, wonach in Bäckereien und Konditoreien Nachtzeit die Zeit von 22 bis 5 Uhr ist, wurde nachträglich durch Art. 2 Nr. 1 des Gesetzes zur Änderung des Gesetzes über den Ladenschluss und zur Neuregelung der Arbeitszeit in Bäckereien und Konditoreien vom 30. 7. 1996 (BGBl. I S. 1186) eingefügt. 33

Während § 19 I AZO für Arbeiterinnen als Nachtzeit die Zeitspanne zwischen 20 und 6 Uhr festlegte, erfasst die Regelung der Nachtzeit im ArbZG Männer und Frauen in gleicher Weise (zur Verfassungswidrigkeit des Nachtarbeitsverbotsverbot für Frauen s. oben Rn. 10f.). 34

Nachtarbeit liegt gem. § 2 IV stets dann vor, wenn die Arbeit **mehr als zwei Stunden** der Nachtzeit erfasst. Demgegenüber spricht die ArbeitszeitRL 93/104/EG von Nachtarbeit erst bei mindestens dreistündiger Beschäftigung während der Nachtzeit (vgl. Art. 2 Nr. 4 Buchst. a der RL). 35

Für den Begriff des **NachtAN** liegen zwei alternative Definitionen vor. Nach § 2 V Nr. 1 ist NachtAN zum einen, wer „normalerweise" Nachtarbeit in Wechselschicht leistet. Durch die Verwendung des Wortes „normalerweise" soll sichergestellt werden, dass AN, die nur ausnahmsweise Nachtarbeit in Wechselschicht zu leisten haben, nicht als NachtAN anzusehen sind (vgl. BT-Drucks. 12/6990 S. 43). Voraussetzung für Nr. 1 ist die Ableistung von Nachtarbeit in **Wechselschicht.** Sie liegt vor, wenn sich die AN regelmäßig oder unregelmäßig in der Schichtfolge ablösen; ausreichend ist, dass jede Schicht aus nur einem AN besteht (BAG 23. 9. 1960 AP AZO § 2 Nr. 4). 36

In der Wortwahl unterscheidet das Gesetz zwischen (Nr. 1) „zu leisten haben" und (Nr. 2) „leisten". Somit kommt es in Nr. 1 auf die rechtliche Verpflichtung an, in Nr. 2 dagegen auf die tatsächliche Leistung von 48 Stunden. Über den Wortlaut hinaus ist aber das Arbeitsschutzrecht für Nachtarbeit auch dann schon im Wege der **Prognose** zu berücksichtigen, wenn mit Sicherheit zu erwarten ist, dass der AN 48 Stunden in Nachtzeit beschäftigt werden wird (*Neumann/Biebl* Rn. 30; *Roggendorff* Rn. 65; aA *Junker* ZfA 1998, 105, 110 f. mwN). 37

10. Arbeitsbereitschaft, Bereitschaftsdienst und Rufbereitschaft. Außer den in § 2 aufgeführten Begriffsbestimmungen werden im ArbZG weitere grundlegende Begriffe genannt, aber nicht definiert. Hierzu zählen insb. die Begriffe Arbeitsbereitschaft, Bereitschaftsdienst und Rufbereitschaft. Diese Arbeitszeitformen stehen zur Vollarbeit in einem Stufenverhältnis. 38

a) Arbeitsbereitschaft. Die Arbeitsbereitschaft zählt zur **Arbeitszeit iSd. ArbZG.** Dies ergibt sich aus § 7 I Nr. 1 Buchst. a, wonach die Arbeitszeit über 10 Stunden am Tag hinaus verlängert werden kann, wenn in diese Zeit regelmäßig in erheblichem Umfang Arbeitsbereitschaft fällt. 39

Die Frage, wann Arbeitsbereitschaft im arbeitsschutzrechtlichen Sinne vorliegt, haben Rspr. und Literatur bis zum heutigen Tage nicht befriedigend beantworten können (zu den Problemen einer Definition der Arbeitsbereitschaft s. a. *Dietz* RdA 1969, S. 327; *Fechner,* Probleme der Arbeitsbereitschaft, 1963; *Herschel* RdA 1964, 401; *Gitter* ZfA 1983, 375; *Salzmann,* Die Arbeitsbereitschaft als Gegenstand rechtlicher Wertung, Diss. Hamburg 1976). Das BAG hat sich mit der Frage der Arbeitszeit weitgehend nur vergütungsrechtlich auseinandergesetzt. In diesem Sinne soll Arbeitsbereitschaft die „Zeit wacher Aufmerksamkeit im Zustand der Entspannung" sein (BAG 28. 1. 1981 AP MTL II § 18 Nr. 1). Diese **Leerformel** hilft nicht weiter (ebenso *Baeck/Deutsch* Rn. 33). Sie berücksichtigt nicht, dass die Übergänge zur Vollarbeit einerseits und zum Bereitschaftsdienst andererseits fließend sind. Am ehesten lässt sich der Begriff der Arbeitsbereitschaft definieren als „Bereithalten zur Arbeitstätigkeit, um ggf. von sich aus tätig zu werden" (*Gitter* ZfA 1983, 375, 406). In Zweifelsfällen muss allerdings für die Entscheidung, welche Arbeitszeitform vorliegt, zusätzlich auf die Intensität der Belastung des AN abgestellt werden (so bereits *Fechner* S. 55 ff.). Zu berücksichtigen sind in diesem Zusammenhang insb. die von *Fechner* (S. 33 ff.) entwickelten Kriterien, und zwar:
– Häufigkeit der Inanspruchnahme während der Arbeitsbereitschaft und ihre Dauer
– Dauer der Arbeitsbereitschaft selbst
– Einfluss auf den Lebensrhythmus
– Regelmäßigkeit und Unregelmäßigkeit von Unterbrechungen 40

– Verantwortlichkeit im Hinblick auf die Schwere der Folgen bei Versäumen rechtzeitigen Eingreifens
– Vorhandensein von Störfaktoren wie Lärm, Geräusche und Erschütterungen.

41 Vollarbeit und keine Arbeitsbereitschaft ist danach beispielsweise anzunehmen, wenn die Arbeit eines Telefonisten durch ganz kurze Pausen von ein bis zwei Minuten unterbrochen wird (*Roggendorff* Rn. 39). Braucht der Verkäufer dagegen das Telefon nur ausnahmsweise zu bedienen (zB außerhalb der Betriebszeiten), so verbleiben ihm geeignete Zeiträume zur Entspannung, so dass keine Vollarbeit, sondern lediglich Arbeitsbereitschaft vorliegt.

42 Arbeitsvertraglich muss Arbeitsbereitschaft **entlohnt** werden; jedoch kann der Lohn angesichts der geringeren Beanspruchung geringer sein (BAG 28. 11. 1973 AP MTB II § 19 Nr. 2). Die Höhe der Vergütung, die für die Arbeitsbereitschaft zu zahlen ist, richtet sich nach dem jeweiligen Arbeitsvertrag in seiner Ausgestaltung durch TV oder Betriebsvereinbarung (BAG 30. 1. 1985 AP BAT § 35 Nr. 2).

43 **b) Bereitschaftsdienst und Rufbereitschaft.** Während die Arbeitsbereitschaft zur Arbeitszeit im arbeitszeitrechtlichen Sinne gehört (vgl. § 7 I Nr. 1 a ArbZG), wurden Bereitschaftsdienst und Rufbereitschaft bisher zur Ruhezeit gerechnet (VGH Kassel 22. 4. 1985 NZA 1985, 782; *Baeck/Deutsch* Rn. 42, 48; *Dobberahn* Rn. 47; *Junker* ZfA 1998, 105, 109; *Neumann/Biebl* § 7 Rn. 14; *Roggendorff* Rn. 41; *Zmarzlik/Anzinger* Rn. 13; aA *Buschmann/Ulber* Rn. 17; zur bisherigen Einordnung von Bereitschaftsdienst und Rufbereitschaft als Ruhezeit vgl. § 5 Rn. 3; zur mitbestimmungsrechtlichen und zur vergütungsrechtlichen Einordnung des Bereitschaftsdienstes als Arbeitszeit s. BAG 29. 2. 2000 AP BetrVG 1972 § 87 Arbeitszeit Nr. 81; BAG 22. 11. 2000 AP TVG § 1 Tarifverträge: DRK Nr. 10). Nur im Falle tatsächlicher Inanspruchnahme während des Bereitschaftsdienstes und der Rufbereitschaft wurden diese Zeiten als Arbeitszeit angesehen (BAG 10. 1. 1991 NZA 1991, 516).

44 Diese Zuordnung ist für den Bereitschaftsdienst seit der **SIMAP**-Entscheidung des EuGH vom 3. 10. 2000 (AP Nr. 2 zu EWG-RL Nr. 93/104 = NZA 2000, 1227 = EAS RL 93/104/EWG Art. 2 Nr. 1 *(Wank)*) fraglich geworden. Der EuGH hat im Rahmen eines Vorabentscheidungsverfahrens judiziert, dass der ärztliche Bereitschaftsdienst „in Form der persönlichen Anwesenheit in der Gesundheitseinrichtung" abstrakt, also unabhängig von einer konkreten Inanspruchnahme, als Arbeitszeit iSd. RL 93/104/EG des Rates vom 23. 11. 1993 über bestimmte Aspekte der Arbeitszeitgestaltung (ArbeitzeitRL) einzuordnen sei.

45 Im Anschluss an diese Entscheidung ist zweifelhaft geworden, ob die bisherige deutsche Auslegung der Bestimmungen des öffentlich-rechtlichen Arbeitsschutzrechts, wonach Bereitschaftsdienst nicht Arbeitszeit iSd. ArbZG ist, den gemeinschaftsrechtlichen Anforderungen an die Umsetzung der ArbeitszeitRL gerecht wird (bejahend *Tietje*, Grundfragen des Arbeitszeitrechts, S. 134; *ders.* NZA 2001, 241, 243). Dies ist zu verneinen; arbeitszeitrechtlich ist auf Grund des Vorrangs des Gemeinschaftsrechts nunmehr auch in Deutschland der Bereitschaftsdienst als Arbeitszeit zu bewerten (ebenso jetzt BAG 18. 2. 2003 AP BGB § 611 Arbeitsbereitschaft Nr. 12). Da der deutsche Gesetzgeber die EG-ArbeitszeitRL bisher dahingehend verstanden hatte, dass Bereitschaftsdienst Ruhezeit iSd. ArbZG ist und der EuGH nunmehr entschieden hat, gemeinschaftsrechtlich sei Bereitschaftsdienst Arbeitszeit, muss das ArbZG an diese Rechtsprechung angepasst werden. Eine gemeinschaftsrechtskonforme Auslegung des Gesetzes ist nicht möglich (ebenso jetzt BAG 18. 2. 2003 AP BGB § 611 Arbeitsbereitschaft Nr. 12). Ihr stehen zwar nicht der Wortlaut des § 2 I ArbZG, jedoch systematische (vgl. §§ 5 III, 7 I Nr. 1 a ArbZG) sowie entstehungsgeschichtliche Gründe entgegen (BT-Drucks. 12/5888, S. 22; *Brixen* EuZW 2001, 421, 424 f.; *Ebener/Schmalz* DB 2001, 813, 818; aA *Hergenröder* RdA 2001, 346, 347 f.). Der Verpflichtung des deutschen Gesetzgebers, das ArbZG entspr. anzupassen, kann weder entgegengehalten werden, die Rechtsprechung des EuGH gelte nur zwischen den Parteien (so die Reaktion des BMA), noch eine fehlende Bindungswirkung der EuGH-Entscheidung auf nationaler Ebene (zur Bindungswirkung der EuGH-Rechtsprechung *Brixen* EuZW 2001, 421, 425; *Ebener/Schmalz* DB 2001, 813, 816; *Wank* FS Zielinski, Warschau 2002, S. 659, 673 ff.; *ders.* Anm. zu EuGH 3. 10. 2000 EAS RL 93/104/EWG Art. 2 Nr. 1). Im Verhältnis der Parteien des Arbeitsvertrages zueinander ist nach der BAG-Entscheidung das EuGH-Urteil nur anwendbar, wenn der Staat als AG auftritt. Die schon in der Vorauft. vertretene Ansicht, dass die Simap-Entscheidung auf das deutsche Arbeitsrecht zu übertragen ist, wird vom EuGH in der Rs. C-151/02 vom 9. 9. 2003 – Jaeger (dazu *Wank*, ZRP 2003) bestätigt. Nunmehr liegt der Beschluss des Deutschen Bundestages vom 26. 9. 2003 zum Entwurf des Gesetzes zu Reformen am Arbeitsmarkt mit der Änderung des ArbZG (Stand: BR-Drucks. 676/03) vor; vgl. dazu Anhang zu §§ 25, 26.

46 Nach der früheren Rspr. des BAG (die nach dem SIMAP-Urteil des EuGH nicht mehr aufrechterhalten wird), lag **Bereitschaftsdienst** vor, wenn sich der AN, ohne dass von ihm wache Achtsamkeit gefordert wurde, für Zwecke des Betriebs an einer bestimmten Stelle innerhalb oder außerhalb des Betriebs aufzuhalten hatte, damit er erforderlichenfalls seine volle Arbeitstätigkeit aufnehmen konnte (BAG 10. 6. 1959 AP AZO § 7 Nr. 5). Wurde der AN allerdings in dieser Zeit tatsächlich in Anspruch genommen, so zählten diese Zeiten zur gesetzlichen Arbeitszeit (BAG 10. 1. 1991 NZA 1991, 517). Nunmehr muss Bereitschaftsdienst iSd. ArbeitzeitRL **neu interpretiert** werden. Arbeitszeit im Gegensatz zur Ruhezeit liegt nach Art. 2 Nr. 1 der RL entweder vor, wenn der Arbeitnehmer arbeitet oder wenn er dem Arbeitgeber zur Verfügung steht und seine Tätigkeit ausübt oder Aufgaben wahr-

nimmt. Danach genügt es für den Begriff der Arbeitszeit im arbeitsschutzrechtlichen Sinne, dass der Arbeitnehmer dem Arbeitgeber am Arbeitsplatz zur Verfügung steht.

Kennzeichnend für den Bereitschaftsdienst ist, dass der AN in der **Verwendung seiner Zeit frei** ist. 47 Typischer Bereitschaftsdienst liegt vor bei Ärzten und beim Pflegepersonal in Krankenhäusern, wenn sie in eigenen oder ihnen eigens dafür zur Verfügung gestellten Zimmern tun und lassen können was sie wollen und nur in bes. Fällen (zB Notoperation) ihre Arbeit aufnehmen müssen (*Neumann/Biebl* § 7 Rn. 14 f.; *Roggendorff* Rn. 41).

Rufbereitschaft liegt vor, wenn der AN verpflichtet ist, sich zu Hause oder an einer frei gewählten 48 Stelle bereitzuhalten, damit er die Arbeit, falls erforderlich, alsbald aufnehmen kann (EuGH 3. 10. 2000 EAS RL 93/104/EWG Art. 2 Nr. 1 *(Wank)*; BAG 10. 6. 1959 AP AZO § 7 Nr. 5; BAG 29. 6. 2000 AP BAT § 15 Nr. 41 = NZA 2001, 165; BVerwG 19. 1. 1988 NZA 1988, 881; BAG 31. 1. 2002 NZA 2002, 871; Anordnung von Rufbereitschaft bei Mitführen eines Mobiltelefons s. BAG 26. 6. 2000 NZA 2001, 102; zur Rufbereitschaft bei einem „Facharzthintergrunddienst" s. BAG 31. 5. 2001 EzA § 242 BGB Gleichbehandlung Nr. 86 = NZA 2002, 351; ferner *Pieper* ZTR 2001, 292). An der für die Rufbereitschaft typischen Freiheit der Ortswahl fehlt es, wenn der AG zwar nicht den Aufenthaltsort festlegt, aber eine zeitlich kurze Frist setzt, innerhalb derer der AN die Arbeit aufgreifen muss (s. auch BAG 31. 5. 2001 EzA § 242 BGB Gleichbehandlung Nr. 86; 31. 1. 2002 NZA 2002, 871).

Die arbeitszeitrechtliche Behandlung von Bereitschaftsdienst und Rufbereitschaft ist unabhängig 49 von der Frage der **Vergütungspflicht** zu beantworten (vgl. BAG 11. 12. 1991 AP BMT-G II § 67 Nr. 1 = NZA 1992, 560 zur Frage, ob vergütungsrechtlich Arbeitszeit vorliegt; zur Berücksichtigung von Rufbereitschaft und Bereitschaftsdienst beim Urlaubsentgelt BAG 20. 6. 2000 AP § 1 Tarifverträge: Stahlindustrie Nr. 2; BAG 24. 10. 2000 AP BUrlG § 11 Nr. 50; § 11 BUrlG Rn. 14).

Zweiter Abschnitt. Werktägliche Arbeitszeit und arbeitsfreie Zeiten

§ 3 Arbeitszeit der Arbeitnehmer

¹ Die werktägliche Arbeitszeit der Arbeitnehmer darf acht Stunden nicht überschreiten. ² Sie kann auf bis zu zehn Stunden nur verlängert werden, wenn innerhalb von sechs Kalendermonaten oder innerhalb von 24 Wochen im Durchschnitt acht Stunden werktäglich nicht überschritten werden.

I. Grundregel des 8-Stunden-Tages an Werktagen

§ 3 ist die Kernvorschrift des ArbZG. Nach § 3 S. 1 darf die **werktägliche** Arbeitszeit der AN 1 **8 Stunden** nicht überschreiten. Im Gegensatz zum früheren Recht der AZO (§ 3 AZO) wird der 8-Stunden-Tag jedoch nicht als ausschließliche Regelarbeitszeit festgelegt. Die werktägliche Arbeitszeit darf nach § 3 S. 2 vielmehr auf bis zu **10 Stunden verlängert** werden, wenn diese Verlängerung innerhalb eines **Ausgleichszeitraums** von 6 Monaten oder 24 Wochen auf durchschnittlich 8 Stunden ausgeglichen wird. Anders als nach der AZO (§ 4 AZO) ist die Verlängerung der werktäglichen Arbeitszeit auf 10 Stunden an **keine Voraussetzungen** gebunden. § 3 erweitert damit die Möglichkeiten flexiblerer Arbeitszeitgestaltung. Zugleich ist mit § 3 eine gesetzliche Grundlage für sämtliche Gleitzeitmodelle mit Zeitausgleich geschaffen worden (*Anzinger* BB 1994, 1492, 1493; zu den Rechtsunsicherheiten unter der Geltung der AZO s. MünchArbR/*Anzinger*, 1. Aufl., § 210 Rn. 60; zur flexiblen Arbeitszeit s. u. Rn. 18 ff.).

Werktag ist jeder Tag, der nicht ein Sonn- oder gesetzlicher Feiertag ist. Werktag ist somit auch der 2 Samstag. Kirchliche Feiertage, die nicht zugleich gesetzliche Feiertage sind, werden als Werktage mitgezählt. Der Werktag **unterscheidet sich vom Kalendertag.** Während der Kalendertag um 0 Uhr beginnt und um 24 Uhr endet, wird der Werktag vom Beginn der Arbeitszeit des AN ab gezählt und endet 24 Stunden später. Beginnt die Arbeitszeit des AN um 9 Uhr des einen Kalendertages, endet der Werktag dieses AN 24 Stunden später, also um 9 Uhr des folgenden Kalendertages. Innerhalb dieses Zeitraums verbietet § 3 dem AG, die Arbeitszeitgrenze von 10 Stunden zu überschreiten. Das ArbZG geht damit vom **individuellen Werktag** des jeweiligen AN aus.

Durch die Möglichkeit, die werktägliche Arbeitszeit auf bis zu 10 Stunden zu verlängern, ist die 3 Mehrarbeit und damit der gesetzliche Mehrarbeitszuschlag, wie er noch in § 15 II AZO geregelt war, weggefallen. Es ist damit den Tarif-, Betriebs- oder Arbeitsvertragsparteien überlassen, von welcher Stunde an Arbeit als Mehrarbeit oder als Überstunde gelten soll und welcher Ausgleich (Freizeitausgleich oder zusätzliche Vergütung) zu gewähren ist (zur Vergütung von Rufbereitschaft und Bereitschaftsdienst nach dem BAT s. *Jobs/Zimmer* ZTR 1995, 483; zum Verfall von Arbeitszeitguthaben s. ArbG Stuttgart 23. 7. 2001 – 6 BV 167/00 nv.; zur Anwendbarkeit der NachweisRL und des NachwG bei Überstundenverpflichtungen s. EuGH 8. 2. 2001 AuR 2001, 108 m. Anm. *Buschmann*).

Die **Obergrenze** der zulässigen werktäglichen Arbeitszeit von 10 Stunden darf grds. nicht über- 4 schritten werden. Dies gilt selbst dann, wenn die Arbeitszeit in erheblichem Umfang aus Arbeitsbereitschaft besteht. Etwas anderes gilt nur dann, wenn die TVParteien oder die Betriebsparteien gem. § 7 I Nr. 1 Buchst. a eine abw. Vereinbarung getroffen haben oder einer der in §§ 7 IV, V, 14, 15 geregelten Fälle vorliegt (s. dazu unten bei den jeweiligen Paragrafen). Wird die täglich zulässige Höchstarbeitszeit infolge struktureller Mängel der Dienstplangestaltung überschritten, so stellt die Arbeitsverweigerung eines AN weder einen Grund zur außerordentlichen noch einen Grund zur ordentlichen Kündigung dar (vgl. LAG Baden-Württemberg 23. 11. 2000 AuR 2001, 512 m. Anm. *Perreng*). Arbeitsvertraglich führt der Verstoß gegen § 3 zur Nichtigkeit des Vertrages (LAG Nbg 29. 8. 1995 AP BGB § 134 Nr. 9; Thüringer LAG 19. 3. 2002 LAGE ArbZG § 3 Nr. 1).

5 Anders als die ArbeitszeitRL 93/104/EG enthält das ArbZG keine ausdrückliche Regelung über die zulässige **wöchentliche Höchstarbeitszeit**. Sie ergibt sich jedoch mittelbar daraus, dass § 3 S. 1 die werktägliche Arbeitszeit der AN im Ausgleichszeitraum im Durchschnitt auf 8 Stunden werktäglich begrenzt. Bei wöchentlich 6 Werktagen ergibt sich somit im Ausgleichszeitraum eine höchstzulässige wöchentliche Arbeitszeit von 48 Stunden. Insoweit entspricht § 3 ArbZG der Vorgabe des Art. 6 Nr. 2 der ArbeitszeitRL 93/104/EG, wonach die durchschnittliche Arbeitszeit pro Siebentageszeitraum 48 Stunden nicht überschreiten darf.

II. Ausgleich der verlängerten Arbeitszeiten

6 Der Ausgleich der über 8 Stunden hinausgehenden Arbeitszeitverlängerungen muss so erfolgen, dass im Durchschnitt 8 Stunden werktäglich innerhalb des für den Betrieb gewählten Ausgleichszeitraums nicht überschritten werden. Diese Voraussetzung ist erfüllt, wenn die Summe der vom einzelnen AN geleisteten Arbeitsstunden die Summe der für ihn in diesem Zeitraum zulässigen Stunden nicht überschreitet.

7 Im Hinblick auf den Ausgleichszeitraum für die verlängerten Arbeitszeiten steht dem AG nach § 3 S. 2 ein Wahlrecht zu. Nach dem Wortlaut des § 3 S. 2 kann er zwischen einem Ausgleichszeitraum von 6 Kalendermonaten oder 24 Wochen wählen.

8 Problematisch ist, ob der in § 3 S. 2 festgelegte Ausgleichszeitraum von 6 Kalendermonaten oder 24 Wochen im Einklang mit der ArbeitszeitRL 93/104/EG steht. Nach Art. 6 Nr. 2 der RL beträgt die durchschnittliche Arbeitszeit pro Siebentageszeitraum 48 Stunden einschließlich der Überstunden. Wie das ArbZG geht somit auch die RL von einer durchschnittlichen wöchentlichen Höchstarbeitszeit von 48 Stunden aus. Art. 16 Nr. 2 der ArbeitszeitRL ermächtigt die Mitgliedstaaten, für die durchschnittliche Arbeitszeit pro Siebentageszeitraum von 48 Stunden einen Bezugszeitraum von bis zu 4 Monaten festzulegen. Lediglich in den in Art. 17 der ArbeitszeitRL aufgeführten Ausnahmefällen darf der Bezugszeitraum auf 6 oder 12 Monate verlängert werden (unzutreffend daher *Linnenkohl* § 3 Rn. 18, der den Ausgleichszeitraum von 6 Monaten durch Art. 17 der ArbeitszeitRL 93/104/EG abgedeckt sieht). Der in § 3 S. 2 enthaltene Ausgleichszeitraum von 6 Monaten **verstößt** damit **gegen** den eindeutigen Wortlaut des Art. 16 Nr. 2 der **Richtlinie**. Ein Verstoß gegen die RL entfällt auch nicht deswegen, weil sie eine maximale wöchentliche Arbeitszeit von 78 Stunden mit Ausgleichsverpflichtung pro Woche zulässt, während nach dem ArbZG nur eine durchschnittliche wöchentliche Arbeitszeit von 48 Stunden im Ausgleichszeitraum zulässig ist (so aber *Anzinger*, FS Wlotzke, 1996, S. 427, 434 f.). Der Gemeinschaftsgesetzgeber hat in § 16 Nr. 2 der RL eindeutig den Ausgleichszeitraum für den Regelfall auf 4 Monate begrenzt und eine Ausnahme nur in den in Art. 17 aufgeführten Fällen zugelassen. Dadurch, dass das nationale Recht die Mindestgrenzen an anderer Stelle deutlich überschreitet, kann der eindeutige Verstoß gegen eine Richtlinienbestimmung nicht kompensiert werden (aA *Dobberahn* Rn. 14). Der in § 3 S. 2 enthaltene Ausgleichszeitraum von 6 Monaten oder 24 Wochen ist, da die ArbeitszeitRL 93/104/EG bis spätestens zum 23. 11. 1996 in nationales Recht umzusetzen war, gemeinschaftsrechtswidrig (*Balze* EAS B 3100 Rn. 63; *Buschmann/Ulber* Rn. 12; *Ende* AuR 1997, 1337; *Märkle/Petri* AuR 2000, 443).

9 Der AG ist nicht an das höchstzulässige Ausgleichszeitraum gebunden, sondern kann sich auch für einen kürzeren Ausgleichszeitraum entscheiden. Der **Ausgleichszeitraum** ist **variabel.** Der AG kann von einem auf einen anderen Ausgleichszeitraum wechseln (*Dobberahn* Rn. 30; *Neumann/Biebl* Rn. 8; *Roggendorff* Rn. 9; *Zmarzlik/Anzinger* Rn. 20). Der Wechsel zu einem anderen Ausgleichszeitraum setzt nicht voraus, dass der erste Ausgleichszeitraum bereits abgelaufen ist. Erforderlich ist nur, dass die Verlängerung der Arbeitszeit vor dem Wechsel zu einem anderen Ausgleichszeitraum voll ausgeglichen wurde (*Zmarzlik/Anzinger* Rn. 20).

10 Bei der Wahl des Ausgleichszeiträume ist der AG nicht auf das Kalenderjahr oder auf Kalenderwochen begrenzt. Als Ausgleichszeitraum kommt somit zB auch der Zeitraum von Oktober bis Januar in Betracht. Dagegen ist es unzulässig, bei der Wahl der Ausgleichszeiträume Kalendermonate zu überspringen, also zB als Ausgleichszeitraum die Monate Februar, April und Mai zu wählen. Dass als Ausgleichszeitraum nur zusammenhängende Kalendermonate in Betracht kommen, ergibt sich bereits aus dem Wortlaut des § 3 S. 2, der mit der Formulierung „innerhalb" einen zusammenhängenden Zeitraum als Ausgleichszeitraum voraussetzt (*Zmarzlik/Anzinger* Rn. 21).

11 Umstr. ist, ob der Ausgleich der längeren Arbeitszeit immer nur im Nachhinein erfolgen darf (so *Buschmann/Ulber* Rn. 7; *Roggendorff* Rn. 12) oder ob ein Ausgleich auch dadurch erfolgen darf, dass

die Tage mit kürzerer Arbeitszeit am Anfang liegen (so *Dobberahn* Rn. 32; *Erasmy* NZA 1994, 1105, 1106; Kasseler Handbuch/*Schliemann* 2.5 Rn. 177; *Zmarzlik* DB 1994, 1082, 1083; *Zmarzlik/Anzinger* Rn. 23). Für die erstgenannte Auffassung spricht die amtl. Begr. des RegE, in der es heißt, dass der Ausgleich auf die Durchschnittsgrenze von 8 Stunden „innerhalb der **folgenden** 6 Kalendermonte bzw. 24 Wochen" zu erfolgen hat (BT-Drucks. 12/5888 S. 24). Diese noch im RegE enthaltene Begr. hat in der Gesetzesfassung jedoch keinen Niederschlag mehr gefunden. Dies deutet darauf hin, dass der Gesetzgeber bewusst davon abgesehen hat, in § 3 S. 2 irgendwelche Vorgaben für die Wahl des Ausgleichszeitraums aufzunehmen (vgl. auch *Neumann/Biebl* Rn. 9). Dafür spricht auch, dass mit dem neuen ArbZG auch die Rahmenbedingungen für flexible Arbeitszeiten verbessert werden sollten. Hiervon ausgehend kann es aber keine Rolle spielen, ob die Tage mit längerer oder kürzerer Arbeitszeit am Anfang, am Ende oder in der Mitte des Ausgleichszeitraums liegen (*Baeck/Deutsch* Rn. 33; *Dobberahn* Rn. 32; *Junker* ZfA 1998, 105, 113 f.; *Zmarzlik/Anzinger* Rn. 23).

Streit besteht auch darüber, ob Urlaubstage und Krankheitstage sowie Tage sonstiger Arbeitsbefrei- 12 ung als Ausgleichstage in Betracht kommen. Für eine Berücksichtigung von Urlaubs- und Krankheitstagen bei der Ausgleichsregelung des § 3 S. 2 ist im Schrifttum geltend gemacht worden, dass die Ausgleichsregelung dazu diene, die höhere Beanspruchung der Arbeitskraft eines AN auszugleichen. Da die Gewährung von Urlaubstagen die Erholung des AN bezwecke, seien Urlaubstage in den Ausgleichszeitraum einzuberechnen. Bei Krankheitstagen könne im Grundsatz nichts anderes gelten. Für die **Berücksichtigung von Urlaubs-** und **Krankheitstagen** als Ausgleichstage spreche zudem, dass das ArbZG bezwecke, die Rahmenbedingungen für flexible Arbeitszeiten zu verbessern (*Dobberahn* Rn. 31). Diese Auffassung ist **abzulehnen**. Gegen sie spricht schon, dass das ArbZG richtlinienkonform auszulegen ist und dass der Wortlaut des Art. 16 Nr. 2 der ArbeitszeitRL 93/104/EG einer Berücksichtigung von Urlaubs- und Krankheitstagen als Ausgleichstagen entgegensteht (*Balze* EAS B 3100 Rn. 58; gegen eine Berücksichtigung von Urlaubs- und Krankheitstagen als Ausgleichstage grds. auch *Erasmy* NZA 1994, 1105, 1107; *Junker* ZfA 1998, 105, 112; *Roggendorff* Rn. 11; Kasseler Handbuch/*Schliemann* 2.5 Rn. 205 ff.; *Zmarzlik/Anzinger* Rn. 47 f.).

III. Sonderregelungen für bestimmte Arbeitnehmergruppen

1. Arbeitszeit von Jugendlichen. Gem. § 18 II gilt für die Beschäftigung von Personen unter 13 18 Jahren anstelle des ArbZG das JArbSchG. Für die Arbeitszeiten der Jugendlichen enthalten §§ 7 bis 10 JArbSchG Sonderregelungen. § 8 I JArbSchG begrenzt die zulässige Höchstarbeitszeit für Jugendliche grds. auf 8 Stunden täglich und 40 Stunden wöchentlich. Ferner dürfen Jugendliche grds. nur an den Werktagen von Montag bis Freitag beschäftigt werden (§ 16 JArbSchG). Wird die höchstzulässige werktägliche Arbeitszeit von 8 Stunden an einzelnen Werktagen verkürzt, so darf die Arbeitszeit nach § 8 II Buchst. a an den übrigen Werktagen derselben Woche auf bis zu 8 Stunden verlängert werden (zu weiteren Einzelheiten der Arbeitszeit für Jugendliche s. MünchArbR/*Zmarzlik* § 232 Rn. 4 ff.).

2. Arbeitszeit für werdende und stillende Mütter. Das ArbZG gilt, von wenigen Ausnahmen 14 abgesehen, für Männer und Frauen im gleichen Maße (s. oben § 2 Rn. 10 ff.). Eine Sonderregelung enthält das MuSchG für werdende und stillende Mütter. Nach § 8 I MuSchG dürfen werdende und stillende Mütter nicht mit Mehrarbeit beschäftigt werden. Was als Mehrarbeit iSd. § 8 I MuSchG gilt, wird in § 8 II bestimmt. Mehrarbeit ist danach jede Arbeit, die von Frauen unter 18 Jahren über 8 Stunden täglich oder 80 Stunden in der Doppelwoche geleistet wird. Bei werdenden und stillenden Frauen über 18 Jahren liegt Mehrarbeit vor, wenn die Arbeitszeit mehr als 8 Stunden täglich oder 90 Stunden in der Doppelwoche beträgt. Für die im Familienhaushalt mit hauswirtschaftlichen Arbeiten oder in der Landwirtschaft beschäftigten Frauen gilt als Mehrarbeit jede Arbeit, die 9 Stunden täglich oder 102 Stunden in der Doppelwoche überschreitet (zu weiteren Einzelheiten des Mehrarbeitsverbots für werdende und stillende Mütter s. *Zmarzlik/Zipperer/Viethen* § 8 Rn. 16 ff.).

3. Arbeitszeit von Kraftfahrern und Beifahrern. Die Sonderregelungen der Arbeitszeiten für 15 Kraftfahrer und Beifahrer in Nr. 50 und Nr. 53 der Ausführungsverordnung zur AZO (AVAZO) sind durch das ArbRZG aufgehoben worden (Art. 19 Nr. 2 ArbRZG). Das ArbZG findet somit auch auf Kraftfahrer und Beifahrer volle Anwendung. Spezielle Vorschriften betreffend Lenkzeiten, Lenkzeitunterbrechungen und Ruhezeiten enthält die VO (EWG) Nr. 3820/85 des Rates über die Harmonisierung bestimmter Sozialvorschriften im Straßenverkehr vom 20. 12. 1985 (ABl. L 370 S. 1) sowie das Europäische Übereinkommen über die Arbeit des im internationalen Straßenverkehr beschäftigten Personals (AETR). Für Kraftfahrer und Beifahrer, auf die die Regelungen der VO (EWG) Nr. 3820/85 oder des AETR anwendbar sind, gelten diese als speziellere Vorschriften vorrangig neben den Beschränkungen des ArbZG (zur VO EWG Nr. 3820/85 und zum AETR s. *Lindena* DB 1987, 688 ff.; *Neumann/Biebl* Rn. 12 ff.; *Roggendorff* Rn. 21 ff.; s. auch Thüringer LAG 19. 3. 2002 LAGE ArbZG § 3 Nr. 1).

leistung eines Anspruchs auf Feiertagsvergütung empfiehlt sich eine **Durchschnittsberechnung** (MünchArbR/*Schüren*, Ergänzungsband, § 165 Rn. 57 f.; zu den Problemen der Entgeltfortzahlung bei diskontinuierlicher Beschäftigung ausführlich MünchArbR/*Schüren*, Ergänzungsband, § 162 Rn. 227 ff.): Zunächst wird das Arbeitszeitvolumen pro Planperiode auf alle potentiellen Arbeitstage einschließlich der Feiertage in dieser Abrechnungseinheit verteilt. Dann werden die Arbeitsstunden, die auf Feiertage fallen, vom Gesamtbudget abgezogen. Die Vergütung bleibt konstant (BAG 3. 5. 1983 AP FeiertagslohnzahlungsG § 1 Nr. 39; BAG 28. 2. 1984 AP FeiertagslohnzahlungsG § 1 Nr. 43; MünchArbR/*Schüren*, Ergänzungsband, § 165 Rn. 57 mwN).

29   c) **Entgeltfortzahlung im Krankheitsfall.** Bei der Entgeltfortzahlung im Krankheitsfall nach § 3 I EFZG treten auf Grund des erforderlichen Kausalzusammenhangs zwischen krankheitsbedingter Arbeitsunfähigkeit und Arbeitsausfall ähnliche Probleme wie im Rahmen des Anspruchs auf Feiertagsvergütung auf. Auch hier kann es sinnvoll sein, in Fällen, bei denen die Krankheit des AN in Zeiten reicht, für die die Arbeitszeit noch nicht verplant ist, nach dem Durchschnittsprinzip (s. Rn. 28) vorzugehen (ausf., auch zur Berechnung auf der Grundlage der hypothetischen Arbeitszeitlage, MünchArbR/*Schüren*, Ergänzungsband, § 165 Rn. 59 ff. mwN).

30   d) **Entgeltfortzahlung bei persönlicher Verhinderung.** Ist ein AN für eine verhältnismäßig nicht erhebliche Zeit durch einen in seiner Person liegenden Grund ohne sein Verschulden an der Dienstleistung verhindert, behält er gem. § 616 Satz 1 BGB seinen Vergütungsanspruch. Der AN hat genauso wie in einem starren Arbeitszeitsystem auch bei flexibler Arbeitszeitgestaltung einen Anspruch auf bezahlte Freistellung von der Arbeit, wenn bereits eine verbindliche Regelung über die Arbeitszeitverteilung getroffen wurde (zur Unterrichtungspflicht gegenüber dem AN s. MünchArbR/*Schüren*, Ergänzungsband, § 165 Rn. 67 f.). Teilzeitbeschäftigten ist es aber auf Grund ihrer kürzeren Arbeitszeit regelmäßig zumutbar, gewisse Termine (zB Arzt- oder Behördentermine) in ihre Freizeit zu legen. Insoweit besteht mangels unverschuldeter persönlicher Verhinderung kein Anspruch aus § 616 S. 1 BGB (BAG 16. 12. 1993 AP BAT § 52 Nr. 5; LAG Köln 10. 2. 1993 LAGE BGB § 616 Nr. 7; MünchArbR/*Schüren*, Ergänzungsband, § 165 Rn. 68).

31   e) **Urlaubsanspruch.** Jeder AN hat in jedem Kalenderjahr Anspruch auf bezahlten Erholungsurlaub von mindestens 24 Werktagen (§§ 1, 3 I BUrlG). Bei AN in flexiblen Arbeitszeitmodellen ist dabei dem Umstand Rechnung zu tragen, dass diese idR nur zu einem gewissen Anteil im Jahr potentiell bestehenden Arbeitstage zur Arbeit eingesetzt werden (zum Urlaubsanspruch bei unregelmäßiger Verteilung der Arbeitszeit § 3 BUrlG Rn. 27 ff.).

32   Geringe Schwierigkeiten bereitet die Berechnung der Urlaubsdauer bei **Teilzeitkräften**, die nicht an allen Werktagen der Woche oder des Monats arbeiten. Ihr Urlaubsanspruch wird im gleichen Verhältnis gekürzt, wie die Anzahl ihrer Arbeitstage im Vergleich zu denen eines VollzeitAN vermindert ist (MünchArbR/*Schüren*, Ergänzungsband § 162 Rn. 246 ff., § 165 Rn. 74). In Fällen eines feststehenden Jahresarbeitszeitdeputats und gleichzeitiger Schwankungen im Hinblick auf die Dauer der täglichen Arbeitszeit sowie die Lage der wöchentlichen Arbeitszeit ist eine fiktive Durchschnittsarbeitszeit für den Urlaubstag zu unterstellen und auf dieser Grundlage die Urlaubsdauer für den AN zu berechnen (ausf. MünchArbR/*Schüren*, Ergänzungsband, § 165 Rn. 75 ff.).

§ 4 Ruhepausen

¹ Die Arbeit ist durch im voraus feststehende Ruhepausen von mindestens 30 Minuten bei einer Arbeitszeit von mehr als sechs bis zu neun Stunden und 45 Minuten bei einer Arbeitszeit von mehr als neun Stunden insgesamt zu unterbrechen. ² Die Ruhepausen nach Satz 1 können in Zeitabschnitte von jeweils mindestens 15 Minuten aufgeteilt werden. ³ Länger als sechs Stunden hintereinander dürfen Arbeitnehmer nicht ohne Ruhepause beschäftigt werden.

1   **1. Begriff der Ruhepause.** Die noch in der AZO enthaltene unterschiedliche Pausenregelung für Frauen und Männer (§ 12 II und § 18 AZO) wurde in § 4 aus Gründen der Gleichbehandlung und zur Vermeidung von Schwierigkeiten in der betrieblichen Praxis vereinheitlicht (BT-Drucks. 12/5888 S. 24).

2   Eine Legaldefinition des Begriffs „Ruhepause" enthält das ArbZG nicht. Nach der Rspr. des BAG zur AZO und der KrAZO sind Ruhepausen im Voraus festliegende Unterbrechungen der Arbeitszeit, in denen der AN weder Arbeit zu leisten noch sich dafür bereitzuhalten braucht, sondern frei darüber verfügen kann, wo und wie er diese Ruhezeit verbringen will (BAG 23. 9. 1992 AP AZO Kr. § 3 Nr. 6 = NZA 1993, 752).

3   Aus dem Zweck der Ruhepause, den AN ua. vor Übermüdung und damit einhergehenden Gesundheits- und Unfallrisiken zu schützen, folgt, dass Zeiten der Arbeitsbereitschaft keine Ruhepausen iSd. § 4 ArbZG sind (*Linnenkohl* Rn. 4; *Neumann/Biebl* Rn. 2). Da in Zeiten der Rufbereitschaft der AN tun und lassen kann was er will, dürfen Ruhepausen allerdings in die Zeit der Rufbereitschaft gelegt werden; gleiches gilt für Zeiten des Bereitschaftsdienstes, wenn eine ausreichende Möglichkeit zur Erholung gewährleistet ist (*Baeck/Deutsch* Rn. 10; *Roggendorff* Rn. 10; *Zmarzlik/Anzinger* § 3 Rn. 5; aA Kasseler Handbuch/*Schliemann* 2.5 Rn. 248).

2. Dauer und Lage der Ruhepausen. Die Mindestdauer der Ruhepausen ist nach der **Dauer** der 4
Arbeitszeit gestaffelt und beträgt bei einer Arbeitszeit von mehr als 6 bis zu 9 Stunden **30 Minuten**
und bei einer Arbeitszeit von mehr als 9 Stunden 45 Minuten, wobei die Ruhepausen nach § 4 S. 2 in
Zeitabschnitte von jeweils mindestens **15 Minuten** aufgeteilt werden können.

Anders als das JArbSchG (§ 11 II JArbSchG) enthält das ArbZG keine genaueren Vorgaben über 5
die zeitliche Lage der Ruhepausen. Aus dem Wortlaut des § 4 S. 1, wonach die Arbeitszeit durch
Ruhepausen zu **unterbrechen** ist, folgt jedoch, dass die Arbeit nicht mit einer Pause beginnen oder
enden darf (*Junker* ZfA 1998, 105, 116; *Linnenkohl* Rn. 9; *Neumann/Biebl* Rn. 6; *Zmarzlik/Anzinger* Rn. 16). Ferner schreibt § 4 S. 3 vor, dass eine Ruhepause *spätestens* nach 6 Stunden zu gewähren ist.

Abzulehnen ist die im Schrifttum vertretene Auffassung, dass Ruhepausen innerhalb der ersten 6
Stunde nach Beginn der Arbeitszeit und der letzten Stunde vor Arbeitsende grds. unzulässig sind
(so aber *Roggendorff* Rn. 14). Der Gesetzgeber hat nämlich bewusst davon abgesehen, die Regelung
des § 11 II 2 JArbSchG, nach der die Ruhepausen Jugendlicher frühestens eine Stunde nach Beginn
und spätestens eine Stunde vor Ende der Arbeit gewährt werden müssen, in das ArbZG aufzunehmen.

Die Ruhepause muss nach § 4 S. 1 **im Voraus** feststehen. Damit wird sichergestellt, dass der AN 7
sich auf die Pause einrichten und sie damit auch wirklich zur Erholung nutzen kann. Die Festlegung
der Ruhepausenzeiten muss jedoch nicht zeitlich exakt fixiert werden (aA *Buschmann/Ulber* Rn. 4).
Zulässig ist vielmehr auch, dass für die Ruhepause ein zeitlicher Rahmen festgelegt wird, in dem die
Ruhepause einzulegen ist (*Erasmy* NZA 1994, 1105, 1107; *Junker* ZfA 1998, 105, 115; *Neumann/Biebl*
Rn. 3). Der AG genügt seiner Pflicht zur Pausengewährung zB auch dann, wenn er für den Antritt der
Mittagspause die Zeit zwischen 12.00 bis 14.00 Uhr vorschreibt.

3. Aufenthalt während der Pause. Während der Ruhepause darf der AN nicht beschäftigt werden, 8
er ist vielmehr von der Arbeit freigestellt. Die noch in der AZO enthaltene Regelung über das Verbot
der Beschäftigung während der Ruhepause (§ 18 III AZO) hat der Gesetzgeber für so selbstverständlich erachtet, dass er eine gesetzliche Regelung für entbehrlich hielt (BT-Drucks. 12/5888 S. 24).

Es steht im Ermessen des AN, wie er die ihm zur Verfügung stehende Zeit gestaltet. Nicht zwingend 9
für die Pause ist, dass der AN auch das Betriebsgelände verlassen darf. Ob dem AN das Recht zusteht,
das Betriebsgelände während der gesetzlichen Ruhepause zu verlassen, bestimmt sich, sofern tarifvertragliche oder betriebliche Regelungen fehlen, vielmehr nach dem Einzelarbeitsvertrag.

4. Sonderregelungen für Jugendliche. Für die Ruhepausen Jugendlicher enthält § 11 JArbSchG 10
eine Sonderregelung. Nach § 11 I JArbSchG müssen Jugendlichen im Voraus feststehende Ruhepausen
von angemessener Dauer gewährt werden. Bei einer Arbeitszeit von mehr als viereinhalb bis zu sechs
Stunden muss die Ruhepause mindestens 30 Minuten und bei einer Arbeitszeit von mehr als sechs
Stunden mindestens 60 Minuten betragen. Die vorgeschriebene Mindestdauer der Ruhepausen kann
auf mehrere Pausen verteilt werden, wobei die Mindestdauer 15 Minuten nicht unterschreiten darf (zu
weiteren Einzelheiten s. MünchArbR/*Zmarzlik* § 232 Rn. 59 ff.).

5. Abweichungsmöglichkeiten. Die TVParteien oder ggf. die Betriebspartner können nach Maß- 11
gabe des § 7 Nr. 2, II Nr. 3 und 4 abw. Regelungen treffen (s. dazu unter § 7 I). Ferner sind unter
den in § 14 bestimmten Voraussetzungen Abweichungen von § 4 zulässig (s. dazu unter § 14).

6. Mitbestimmung des Betriebsrats. Nach § 87 I Nr. 2 BetrVG hat der BR bei der Festlegung der 12
gesetzlichen Ruhepausen ein Mitbestimmungsrecht. Ein Mitbestimmungsrecht des BR besteht jedoch
nicht, wenn in Einzelfällen die Lage der Pausen mit dem AN individuell vereinbart wird. Bei Fehlen
einer tarifvertraglichen Regelung unterliegt die Frage, ob die AN das Betriebsgelände während der
Pause verlassen dürfen, der Mitbestimmung des BR (BAG 21. 8. 1990 BetrVG § 87 Ordnung des
Betriebes Nr. 17 = NZA 1991, 154).

§ 5 Ruhezeit

(1) Die Arbeitnehmer müssen nach Beendigung der täglichen Arbeitszeit eine ununterbrochene
Ruhezeit von mindestens elf Stunden haben.

(2) Die Dauer der Ruhezeit des Absatzes 1 kann in Krankenhäusern und anderen Einrichtungen zur Behandlung, Pflege und Betreuung von Personen, in Gaststätten und anderen
Einrichtungen zur Bewirtung und Beherbergung, in Verkehrsbetrieben, beim Rundfunk sowie
in der Landwirtschaft und in der Tierhaltung um bis zu eine Stunde verkürzt werden, wenn
jede Verkürzung der Ruhezeit innerhalb eines Kalendermonats oder innerhalb von vier Wochen durch Verlängerung einer anderen Ruhezeit auf mindestens zwölf Stunden ausgeglichen
wird.

(3) Abweichend von Absatz 1 können in Krankenhäusern und anderen Einrichtungen zur
Behandlung, Pflege und Betreuung von Personen Kürzungen der Ruhezeit durch Inanspruch-

nahmen während des Bereitschaftsdienstes oder der Rufbereitschaft, die nicht mehr als die Hälfte der Ruhezeit betragen, zu anderen Zeiten ausgeglichen werden.[1)]

(4) Soweit Vorschriften der Europäischen Gemeinschaften für Kraftfahrer und Beifahrer geringere Mindestruhezeiten zulassen, gelten abweichend von Absatz 1 diese Vorschriften.

I. Grundsatz der Mindestruhezeit von 11 Stunden

1   Wie nach der AZO (§ 12 I 1 AZO), müssen AG den AN auch nach dem ArbZG (§ 5 I) eine ununterbrochene Ruhezeit von **mindestens 11 Stunden** gewähren. Eine gesetzliche Definition der Ruhezeit enthält das ArbZG nicht. Im Allg. wird Ruhezeit als die Zeit zwischen dem Ende der Arbeitszeit eines Arbeitstages und ihrem Wiederbeginn am nächsten Arbeitstag bezeichnet (BAG 23. 11. 1960 AP AZO § 6 Nr. 12; *Roggendorff* Rn. 10; *Zmarzlik/Anzinger* Rn. 5).

2   Mit dem Zweck der Ruhezeit, nämlich dem AN nach der täglichen Arbeitszeit die Möglichkeit zu gewähren, sich insb. durch Essen und Schlaf von den Belastungen der Arbeit zu erholen, ist es unvereinbar, wenn der AN während der Ruhezeit auch nur kurzfristig zur Vollarbeit oder Arbeitsbereitschaft herangezogen wird (*Dobberahn* Rn. 63; *Roggendorff* Rn. 11; *Linnenkohl* Rn. 7).

3   Ob Zeiten des **Bereitschaftsdienstes** oder der Rufbereitschaft in die elfstündige Mindestruhezeit fallen dürfen, ist umstr. Tw. wird diese Frage für den Fall bejaht, dass der AN zur Arbeitsleistung nicht herangezogen wird (*Dobberahn* § 6 Rn. 65; *Roggendorff* Rn. 11; Kasseler Handbuch/*Schliemann* 2.5 Rn. 277; *Tietje*, Grundfragen des Arbeitszeitrechts, S. 96). Umgekehrt wird zum Teil die Auffassung vertreten, dass weder Bereitschaftsdienst noch Rufbereitschaft in der Ruhezeit einbezogen werden dürften, da dies mit dem Erholungszweck der Ruhezeit unvereinbar sei (*Buschmann/Ulber* Rn. 2; *Linnenkohl* Rn. 7; *Zmarzlik/Anzinger* Rn. 14). Richtigerweise ist jedoch entsprechend der SIMAP-Entscheidung des EuGH (s. § 2 Rn. 44 f.) zwischen Bereitschaftsdienst und Rufbereitschaft zu unterscheiden. Das EuGH-Urteil ordnet den Bereitschaftsdienst – verstanden als persönliche Anwesenheit am Arbeitsplatz unabhängig von einer tatsächlichen Inanspruchnahme – der Arbeitszeit zu. Dagegen trifft der EuGH zur Rufbereitschaft keine Aussage. Insoweit bleibt es bei der vor der SIMAP-Entscheidung herrschenden Einstufung als Ruhezeit (s. § 2 Rn. 43). – Auch arbeitsfreie Zeiten, wie Urlaubstage oder sonstige Tage der Freistellung von der Arbeit, sind als Ruhezeit anzurechnen. Auch Sonn- und Feiertage zählen zur Ruhezeit iSd. § 5 I. Zu beachten ist jedoch, dass § 11 IV den AG verpflichtet, die Sonn- und Feiertagsruhe unmittelbar in Verbindung mit der Ruhezeit des § 5 I zu gewähren.

4   Die elfstündige Ruhepause muss dem AN **ununterbrochen** nach Beendigung der **täglichen Arbeitszeit** gewährt werden. Tägliche Arbeitszeit ist nicht die Arbeitszeit eines Kalendertages, sondern die individuelle tägliche Arbeitszeit des jeweiligen AN (s. oben § 3 Rn. 2). Ununterbrochen wird die Ruhepause nur dann gewährt, wenn der AG den AN nicht beschäftigt hat, und zwar auch nicht mit Bereitschaftsdienst oder Rufbereitschaft. Eine Aufteilung der elfstündigen Ruhezeit in Zeitabschnitte ist unzulässig. Hat der AG den AN während des Mindestruhezeitraums zur Arbeitsleistung herangezogen, so muss er die volle Ruhezeit im Anschluss an die Unterbrechung neu gewähren (*Neumann/Biebl* Rn. 4; *Roggendorff* Rn. 14; *Zmarzlik/Anzinger* Rn. 14).

4 a   Nach Art. 4b Nr. 1 des Entwurfs eines Gesetzes zu Reformen am Arbeitsmarkt idF des Beschlusses des Deutschen Bundestages vom 26. 9. 2003 (Stand: BR-Drucks. 676/03; s. Anhang zu §§ 25, 26) sollen in § 5 Abs. 3 die Worte „*des Bereitschaftsdienstes oder*" gestrichen werden. Das ist die Folge daraus, dass der Bereitschaftsdienst nach der Rspr. des EuGH nicht zur Ruhezeit gerechnet werden darf.

II. Verkürzung der Ruhezeit

5   § 5 II gestattet es dem AG, die elfstündige Ruhezeit in den in Abs. 2 genannten Beschäftigungsbereichen auf bis zu **10 Stunden zu verkürzen,** wenn jede Verkürzung der Ruhezeit innerhalb eines Kalendermonats oder innerhalb von 4 Wochen durch Verlängerung einer anderen Ruhezeit auf mindestens 12 Stunden ausgeglichen wird.

6   Wie sich aus der Formulierung des § 5 II („um bis zu 1 Stunde") ergibt, kann die Verkürzung auch minutenweise erfolgen. Umstr. ist, ob eine Verkürzung von weniger als einer Stunde notwendigerweise durch eine Verlängerung einer anderen Ruhezeit auf 12 Stunden ausgeglichen werden muss (so *Roggendorff* Rn. 19; Kasseler Handbuch/*Schliemann* 2.5 Rn. 287 ff.; *Zmarzlik/Anzinger* Rn. 29), oder ob eine **Gesamtabrechnung** dergestalt erfolgen darf, dass mehrere Verkürzungen zusammengefasst und dann durch eine Verlängerung einer anderen Ruhezeit auf mindestens 12 Stunden ausgeglichen werden (so *Neumann/Biebl* Rn. 5). Für die Zulässigkeit einer Gesamtabrechnung spricht, dass die Ausgleichsregelung des § 5 II darauf abzielt, die Verkürzung der Ruhezeiten innerhalb eines bestimmten Ausgleichszeitraums zu kompensieren. Müsste auch eine einmalige Verkürzung um nur wenige Minuten

---

[1)] Gem. Art. 4 b Nr. 1 des Entwurfs eines Gesetzes zu Reformen am Arbeitsmarkt idF des Beschlusses des Deutschen Bundestages vom 26. 9. 2003 (Stand: BR-Drucks. 676/03) sind mWv. 1. 1. 2004 die Wörter „des Bereitschaftsdienstes oder" zu streichen.

V. Sonderregelungen

durch eine Verlängerung einer anderen Ruhezeit auf 12 Stunden ausgeglichen werden, so würde dies zu einer „Überkompensation" führen, die sich weder aus dem Wortlaut des § 5 II noch aus dessen Zweck herleiten lässt und daher im Widerspruch zu der Zweckbestimmung des § 1 Nr. 1 steht, durch das ArbZG auch die Rahmenbedingungen für flexible Arbeitszeiten zu verbessern (*Dobberahn* Rn. 64; *Linnenkohl* Rn. 15). Zulässig ist es somit, zB drei Verkürzungen der Ruhezeiten um je 20 Minuten durch eine einmalige Verlängerung einer Ruhezeit auf 12 Stunden in einem von dem Betrieb gewählten Ausgleichszeitraum auszugleichen (aA *Baeck/Deutsch* Rn. 21; *Junker* ZfA 1998, 105, 118).

Als **Ausgleichszeitraum** für die Verkürzung der elfstündigen Mindestruhezeit auf bis zu 10 Stunden 7 kommen wahlweise der Kalendermonat oder 4 Wochen in Betracht. Kalendermonat ist der Monat des Kalenders, in dem die Ruhezeit verkürzt wurde oder verkürzt wird. Der Ausgleichszeitraum von 4 Wochen umfasst den Zeitraum von 4 zusammenhängenden Wochen, in dem die Ruhezeit verkürzt wurde oder verkürzt wird. Unerheblich ist, ob der Ausgleich der Ruhezeitverkürzung am Anfang, in der Mitte oder am Ende des Ausgleichszeitraums erfolgt (*Zmarzlik/Anzinger* Rn. 30).

III. Gewerbe mit Verkürzungsmöglichkeit

Die Beschäftigungsbereiche, in denen die elfstündige Ruhezeit des § 5 I um bis zu eine Stunde 8 verkürzt werden darf, sind in § 5 II abschließend aufgezählt. Vorrangig gehören hierzu Krankenhäuser und andere Einrichtungen zur Behandlung, Pflege und Betreuung von Personen. Zu den **Krankenhäusern** zählen die in § 107 I SGB V definierten Einrichtungen sowie die in § 107 II SGB V aufgeführten Vorsorge- und Rehabilitationseinrichtungen. **Andere Einrichtungen** zur Behandlung, Pflege und Betreuung von Personen sind zB Altenheime, Pflegeheime sowie Kinder- und Jugendheime.

Gaststätten sind Einrichtungen, die jedermann oder Angehörigen bestimmter Personengruppen 9 Getränke oder zubereitete Speisen verabreichen oder Gäste beherbergen, wie zB Hotels, Pensionen, Gasthöfe, Restaurants und Kantinen. Zu den **anderen Einrichtungen zur Bewirtung und Beherbergung** gehört zB die Bewirtung von Personen im Speisewagen der Eisenbahn oder durch einen Party-Service.

Unter **Verkehrsbetrieben** sind alle öffentl. und privaten Betriebe zu verstehen, deren Zweck auf die 10 Beförderung von Personen, Gütern oder Nachrichten gerichtet ist sowie die dazugehörigen selbständigen oder unselbständigen Hilfs- und Nebenbetriebe (Begr., BT-Drucks. 12/5888 S. 25).

Zum **Rundfunk** gehören der gesamte öffentlich-rechtliche und private Hörfunk und das öffentlich- 11 rechtliche und private Fernsehen. Die Möglichkeit, die Ruhezeit beim Rundfunk zu verkürzen, ist erst auf Beschluss des Deutschen Bundestages im Rahmen der parlamentarischen Beratungen in das Gesetz aufgenommen worden, um der Informationsvermittlungsaufgabe des Rundfunks Rechnung zu tragen (vgl. Begr. BT-Drucks. 12/6990 S. 9, 43).

Die Verkürzungsmöglichkeit bei der Ruhezeit nach § 5 II ist schließlich auch in der Landwirtschaft 12 und in der Tierhaltung zulässig. Zur **Landwirtschaft** gehören die Unternehmen, die der landwirtschaftlichen Unfallversicherung unterliegen. Mit Betrieben der **Tierhaltung** sind solche außerhalb der Landwirtschaft gemeint, wie zB Betriebe zur Haltung von Tieren zur Fleisch- und Eierversorgung oder zur Haltung von Tieren zu sportlichen, wissenschaftlichen oder unterhaltenden Zwecken.

IV. Spezielle Ausnahmen für Krankenhäuser und Pflegeeinrichtungen

Eine **über § 5 II hinausgehende Kürzung** der Ruhezeit wird durch § 5 III eröffnet. Danach kann 13 in Krankenhäusern und anderen Einrichtungen zur Behandlung, Pflege und Betreuung von Personen die Mindestruhezeit von 11 Stunden durch Inanspruchnahme während des Bereitschaftsdienstes oder der Rufbereitschaft auf bis zu **5 Stunden verkürzt** werden. Damit soll sichergestellt werden, dass in Krankenhäusern beschäftigte Personen, wie zB Ärzte oder Krankenschwestern, trotz Arbeitsleistung während des Bereitschaftsdienstes oder der Rufbereitschaft planmäßig im Anschluss an diese Dienste ihre Tätigkeit aufnehmen können, ohne dass im Anschluss an Arbeitsleistungen während dieser Dienste eine erneute zehnstündige Ruhezeit erforderlich wird (Begr., BT-Drucks. 12/5888 S. 25). Arbeitszeiten während des Bereitschaftsdienstes oder der Rufbereitschaft müssen ausgeglichen werden, allerdings nicht innerhalb eines gesetzlich vorgegebenen Zeitrahmens. – Die Vorschrift setzt voraus, dass Bereitschaftsdienst zur Ruhezeit zählt; das ist nach der SIMAP-Entscheidung des EuGH (s. § 2 Rn. 44 ff.) nicht mehr zulässig, so dass § 5 III leer läuft.

V. Sonderregelungen

1. Für Kraftfahrer und Beifahrer. Nach der VO (EWG) Nr. 3820/85 des Rates über die Harmoni- 14 sierung bestimmter Sozialvorschriften im Straßenverkehr vom 20. 12. 1985 (ABl. L 370 S. 1) sind für Kraftfahrer und Beifahrer geringere Mindestruhezeiten zulässig als nach § 5 I (zur Aufzeichnung von Lenkzeiten s. EuGH 8. 1. 2001 – Rs. C-297/99, Skills u a., AuR 2001, 104).

Nach 8 I der VO muss der Fahrer innerhalb jedes Zeitraums von 24 Stunden eine tägliche Ruhezeit 15 von mindestens 11 zusammenhängenden Stunden einlegen. Die Ruhezeit darf jedoch höchstens dreimal pro Woche auf nicht weniger als 9 zusammenhängende Stunden verkürzt werden, sofern bis zum Ende der folgenden Woche eine entspr. Ruhezeit zum Ausgleich gewährt wird. Ferner darf die

Ruhezeit an Tagen, an denen sie nicht verkürzt wird, innerhalb von 24 Stunden in zwei oder drei Zeitabschnitten genommen werden, von denen einer mindestens 8 zusammenhängende Stunden betragen muss und keiner weniger als 1 Stunde betragen darf. Als Ausgleich für die Aufteilung muss die Gesamtruhezeit an diesem Tag jedoch von 11 auf 12 Stunden verlängert werden. Nach Art. 11 der VO bleibt es den Mitgliedstaaten zwar freigestellt, strengere Regelungen festzulegen. Um Benachteiligungen deutscher Kraftfahrer und Beifahrer zu vermeiden, wurde von dieser Ermächtigung jedoch kein Gebrauch gemacht. § 5 IV regelt vielmehr ausdrücklich, dass abw. von § 5 I die Vorschriften der VO (EWG) Nr. 3820/85 gelten, soweit sie für Kraftfahrer und Beifahrer geringere Ruhezeiten zulassen.

16   **2. Für Jugendliche.** Für die Ruhezeiten von Jugendlichen enthält § 13 JArbSchG eine Sonderregelung. Danach dürfen Jugendliche nach Beendigung der täglichen Arbeitszeit nicht vor Ablauf einer ununterbrochenen Freizeit von mindestens 12 Stunden beschäftigt werden. Eine Verkürzung der täglichen Freizeit ist nur in Notfällen nach § 21 I JArbSchG zulässig. Zur Absicherung der zwölfstündigen Freizeit für Jugendliche gebietet § 14 I JArbSchG dem AG, Jugendlichen mindestens in der Zeit von 20 Uhr bis 6 Uhr eine absolute Nachtruhe zu gewähren. Dieser Grundsatz darf lediglich in den in § 14 II bis VII JArbSchG aufgeführten Ausnahmefällen durchbrochen werden (zu weiteren Einzelheiten s. MünchArbR/*Zmarzlik* § 232 Rn. 74 ff.).

VI. Abweichungsmöglichkeiten

17   Nach § 7 I Nr. 3 können es die TVParteien zulassen, dass die elfstündige Mindestruhezeit gem. § 5 I auf bis zu 9 Stunden verkürzt wird, wenn die Art der Arbeit dies erfordert und die Kürzung der Ruhezeit ausgeglichen wird. Ferner können die TVParteien oder auf Grund eines TV die Betriebspartner nach § 7 II Nr. 1 die Mindestruhezeit von 11 Stunden bei Vorliegen von Bereitschaftsdienst oder Rufbereitschaft den Besonderheiten dieser Dienste anpassen, wenn der Gesundheitsschutz der AN durch einen entspr. Zeitausgleich gewährleistet wird. § 7 II Nr. 2 bis 4 gestattet für bestimmte Bereiche weitere Abweichungen von § 5 I (zu den Einzelheiten s. unter § 7 Rn. 1 ff.). Abw. Regelungen sind ferner in den Fällen des § 14 zulässig (s. unter § 14). Schließlich können die Aufsichtsbehörden nach § 15 I Nr. 3 und 4 Abweichungen von § 5 bewilligen (s. unter § 15).

VII. Mitbestimmung des Betriebsrats

18   Die tägliche Ruhezeit als solche unterliegt nicht der erzwingbaren Mitbestimmung des BR. Da der BR nach § 87 I Nr. 2 BetrVG aber über Beginn und Ende der täglichen Arbeitszeit sowie über die Verteilung der Arbeitszeit auf die einzelnen Wochentage zwingend mitzubestimmen hat, kann der BR **mittelbar** auch auf die tägliche Ruhezeit der AN Einfluss nehmen (dazu § 87 BetrVG Rn. 25 ff.).

§ 6 Nacht- und Schichtarbeit

(1) **Die Arbeitszeit der Nacht- und Schichtarbeitnehmer ist nach den gesicherten arbeitswissenschaftlichen Erkenntnissen über die menschengerechte Gestaltung der Arbeit festzulegen.**

(2) ¹Die werktägliche Arbeitszeit der Nachtarbeitnehmer darf acht Stunden nicht überschreiten. ²Sie kann auf bis zu zehn Stunden nur verlängert werden, wenn abweichend von § 3 innerhalb von einem Kalendermonat oder innerhalb von vier Wochen im Durchschnitt acht Stunden werktäglich nicht überschritten werden. ³Für Zeiträume, in denen Nachtarbeitnehmer im Sinne des § 2 Abs. 5 Nr. 2 nicht zur Nachtarbeit herangezogen werden, findet § 3 Satz 2 Anwendung.

(3) ¹Nachtarbeitnehmer sind berechtigt, sich vor Beginn der Beschäftigung und danach in regelmäßigen Zeitabständen von nicht weniger als drei Jahren arbeitsmedizinisch untersuchen zu lassen. ²Nach Vollendung des 50. Lebensjahres steht Nachtarbeitnehmer dieses Recht in Zeitabständen von einem Jahr zu. ³Die Kosten der Untersuchungen hat der Arbeitgeber zu tragen, sofern er die Untersuchungen den Nachtarbeitnehmern nicht kostenlos durch einen Betriebsarzt oder einen überbetrieblichen Dienst von Betriebsärzten anbietet.

(4) ¹Der Arbeitgeber hat den Nachtarbeitnehmer auf dessen Verlangen auf einen für ihn geeigneten Tagesarbeitsplatz umzusetzen, wenn
   a) nach arbeitsmedizinischer Feststellung die weitere Verrichtung von Nachtarbeit den Arbeitnehmer in seiner Gesundheit gefährdet oder
   b) im Haushalt des Arbeitnehmers ein Kind unter zwölf Jahren lebt, das nicht von einer anderen im Haushalt lebenden Person betreut werden kann, oder
   c) der Arbeitnehmer einen schwerpflegebedürftigen Angehörigen zu versorgen hat, der nicht von einem anderen im Haushalt lebenden Angehörigen versorgt werden kann,
sofern dem nicht dringende betriebliche Erfordernisse entgegenstehen. ²Stehen der Umsetzung des Nachtarbeitnehmers auf einen für ihn geeigneten Tagesarbeitsplatz nach Auffassung des Arbeitgebers dringende betriebliche Erfordernisse entgegen, so ist der Betriebs- oder Personalrat zu hören. ³Der Betriebs- oder Personalrat kann dem Arbeitgeber Vorschläge für eine Umsetzung unterbreiten.

(5) Soweit keine tarifvertraglichen Ausgleichsregelungen bestehen, hat der Arbeitgeber dem Nachtarbeitnehmer für die während der Nachtzeit geleisteten Arbeitsstunden eine angemessene Zahl bezahlter freier Tage oder einen angemessenen Zuschlag auf das ihm hierfür zustehende Bruttoarbeitsentgelt zu gewähren.

(6) Es ist sicherzustellen, daß Nachtarbeitnehmer den gleichen Zugang zur betrieblichen Weiterbildung und zu aufstiegsfördernden Maßnahmen haben wie die übrigen Arbeitnehmer.

I. Menschengerechte Gestaltung der Nacht- und Schichtarbeit

Dass Nacht- und Schichtarbeit zu erheblichen **Störungen im Befinden** des AN führen kann, wird 1 durch vielfältige Untersuchungen belegt (vgl. *Corlett/Queinnec/Paoli*, S. 28 ff.; *Hahn* S. 26; *Menzel* S. 122 ff.; *Ruthenfranz* S. 16, 19 ff.; *Ruthenfranz/Beermann/Löwenthal* S. 28 ff.; *Ulrich* S. 37 ff.). Das BVerfG hat dem Gesetzgeber in seinem Urteil vom 28. 1. 1992 (AP AZO § 19 Nr. 2 = NJW 1992, 964) zum Nachtarbeitsverbot für Arbeiterinnen des § 19 AZO aufgegeben, geschlechtsneutrale Schutzvorschriften für alle NachtAN vorzusehen, um dem objektiven Gehalt der Grundrechte, insb. dem Recht auf körperliche Unversehrtheit gem. Art. 2 II 1 GG, Genüge zu tun (dazu 10 GG Art. 2 Rn. 107 ff.). Diesem Auftrag entspr. enthält § 6 Vorschriften zum Schutz vor Gefahren, die von Nacht- und Schichtarbeit ausgehen.

§ 6 I verpflichtet den AG, die Arbeitszeit der NachtAN und der SchichtAN nach den gesicherten 2 arbeitswissenschaftlichen Erkenntnissen über die menschengerechte Gestaltung der Arbeit festzulegen.

Der Begriff des **NachtAN** bestimmt sich nach der Legaldefinition des § 2 V (s. oben § 2 Rn. 32 ff.). 3 Dagegen ist der Begriff der Schichtarbeit gesetzlich nicht definiert. Nach der Rspr. des BAG liegt **Schichtarbeit** vor, wenn mindestens zwei AN ein und dieselbe Arbeitsaufgabe erfüllen, indem sie sich nach einem feststehenden und für sie überschaubaren Plan ablösen, so dass der eine AN arbeitet, während der andere arbeitsfreie Zeit hat, ohne dass der jeweils abgelöste Arbeitsplatz identisch sein muss, wenn nur die jeweils betroffenen AN gegenseitig untereinander austauschbar sind (BAG 18. 7. 1990 AP TVB II Berlin Nr. 1 = NZA 1991, 23).

Die Verpflichtung des AG zur menschengerechten Gestaltung der Nacht- und Schichtarbeit ist nicht 4 bußgeldbewehrt. Es handelt sich insoweit um eine **lex imperfecta** (*Dobberahn* Rn. 78; zum Streit um die Rechtsnatur der Vorschrift s. *Junker* ZfA 1998, 105, 120 f.). Kommt der AG seiner Verpflichtung aus § 6 I nicht nach, so kann die Aufsichtsbehörde gem. § 17 II die erforderlichen Maßnahmen anordnen.

Schicht- und Nachtarbeit müssen **menschengerecht** gestaltet werden. Der Begriff der menschen- 5 gerechten Gestaltung der Arbeit findet sich in verschiedenen Normen des Arbeitsschutzes wieder (s. zB § 91 BetrVG, § 6 I ASiG; § 19 I 1 ChemG). Die menschengerechte Arbeitsgestaltung bewegt sich im Regelfall unterhalb der Grenze einer unmittelbaren Gefahr für Leben und Gesundheit. Hierbei geht es um die Vermeidung bestimmter psychischer oder physischer Belastungen, die zwar nicht als unmittelbar krankheitsverursachend anzusehen sind, die aber doch das psychische oder physische Wohlbefinden beeinträchtigen können, uU sogar bei lange dauernder Wirkung das Entstehen bestimmter Krankheiten begünstigen (*Fitting* § 90 BetrVG Rn. 50 ff.; MünchArbR/*Wlotzke* § 206 Rn. 14; *Zöllner/Loritz* § 29 IV; *Zöllner* RdA 1973, 212 ff.).

Die menschengerechte Gestaltung der Nacht- und Schichtarbeit muss zudem auf gesicherten 6 arbeitswissenschaftlichen Erkenntnissen beruhen. Als **gesichert** sind solche Erkenntnisse anzusehen, wenn sie methodisch und ggf. statistisch abgesichert sind, die Fachleute vorherrschend der Meinung sind, dass die Erkenntnisse den Zielen des Arbeitsschutzes oder der menschengerechten Gestaltung der Arbeit entsprechen und sie auch mit angemessenen Mitteln realisierbar sind (*Fitting* § 90 BetrVG Rn. 57; *Opfermann/Streit* § 3 ArbStättV Rn. 45; MünchArbR/*Wlotzke* § 210 Rn. 14).

II. Höchstzulässige werktägliche Arbeitszeit der Nachtarbeitnehmer

Der in § 3 S. 1 enthaltene Grundsatz des Acht-Stunden-Tages gilt nach § 6 II 1 auch für NachtAN. 7 Wie für die übrigen AN darf auch die werktägliche Arbeitszeit der NachtAN auf bis zu 10 Stunden **verlängert** werden (§ 6 II 2). Aus Gründen des Gesundheitsschutzes der NachtAN engt § 6 II 2 Halbs. 1 jedoch den Zeitraum für den Ausgleich auf die Durchschnittsgrenze von 8 Stunden werktäglich auf den Kalendermonat oder die folgenden vier Wochen ein. Eine Art. 8 Ziff. 2 der EG-ArbeitszeitRL entspr. Regelung mit bes. Nachtarbeit fehlt noch im deutschen Recht.

Der verkürzte **Ausgleichszeitraum** von einem Kalendermonat oder 4 Wochen gilt für die gesamte 8 werktägliche Arbeitszeit des NachtAN, also auch für die Arbeitszeit, die nicht mehr zur Nachtarbeit iSd. § 2 III zählt (*Zmarzlik/Anzinger* Rn. 25). Nicht erforderlich ist, dass der Ausgleich zur Nachtzeit erfolgt (*Neumann/Biebl* Rn. 12).

Als Ausgleich für die Verlängerung der werktäglichen Arbeitszeit der NachtAN darf auch ein 9 kürzerer Ausgleichszeitraum als der Kalendermonat oder vier Wochen gewählt werden. Dagegen ist eine Verlängerung des Ausgleichszeitraums des § 6 II 2 nur durch TV oder Betriebsvereinbarung zulässig (§ 7 I Nr. 4 Buchst. b; s. dazu unten § 7).

Der verkürzte Ausgleichszeitraum des § 6 II 1 gilt auch für Zeiträume, in denen NachtAN urlaubs- 10 oder krankheitsbedingt keine Nachtarbeit leisten. Dagegen gilt nicht der verkürzte Ausgleichszeitraum des § 6 II 2, sondern der des § 3 S. 2, wenn NachtAN für längere Zeit nicht zur Nachtarbeit herangezogen werden (§ 6 II 3). Wann ein längerer Zeitraum iSd. S. 3 vorliegt, lässt das Gesetz offen. Ein längerer Zeitraum ohne Nachtarbeit ist jedenfalls dann anzunehmen, wenn der NachtAN für mehrere Monate hintereinander nicht zur Nachtarbeit herangezogen wird. Hat der NachtAN periodisch über das Jahr immer wieder für einen oder mehrere Monate Nachtarbeit zu leisten, so gilt nach dem Zweck des Gesetzes, den Gesundheitsschutz der NachtAN zu gewährleisten, der verkürzte Ausgleichszeitraum des § 6 II 2 (Kasseler Handbuch/*Schliemann* 2.5 Rn. 363; *Roggendorff* Rn. 18; *Zmarzlik/Anzinger* Rn. 26; aA *Baeck/Deutsch* Rn. 38).

III. Anspruch auf arbeitsmedizinische Untersuchung

11 Um einer drohenden Gesundheitsgefährdung durch Nachtarbeit vorzubeugen, räumt § 6 III den NachtAN **vor Aufnahme der Nachtarbeit** die Möglichkeit einer Untersuchung ihres Gesundheitszustands ein. Eine Pflicht zur Gesundheitsuntersuchung besteht allerdings nicht. Der Anspruch auf Untersuchung muss von dem NachtAN vielmehr geltend gemacht werden.

12 Verlangt der AN vor Aufnahme der Nachtarbeit eine arbeitsmedizinische Untersuchung, so kann der AN die Aufnahme der Nachtarbeit bis zu der Bekanntgabe des Untersuchungsergebnisses verweigern. Es besteht jedoch **kein Beschäftigungsverbot** (so aber *Neumann/Biebl* Rn. 14; *Linnenkohl* Rn. 18). Wenn der AN schon auf die vorherige Untersuchung verzichten kann, dann muss es ihm grds. auch überlassen bleiben, ob er schon vor Bekanntgabe des Untersuchungsergebnisses mit der Aufnahme der Nachtarbeit beginnen will.

13 Nach Ablauf von **drei Jahren** seit der Erstuntersuchung hat der NachtAN das Recht, sich **erneut** arbeitsmedizinisch untersuchen zu lassen. Nach Vollendung des **50. Lebensjahres** kann sich der NachtAN der Wiederholungsuntersuchung **jährlich** unterziehen.

14 § 6 III 3 verpflichtet den AG, die **Kosten der arbeitsmedizinischen Untersuchung** zu tragen. Zur Durchführung einer arbeitsmedizinischen Untersuchung sind im Regelfall nur Ärzte mit arbeitsmedizinischer Fachkunde (Arbeitsmediziner) qualifiziert, so dass der AG die Untersuchungskosten durch sonstige Mediziner nicht zu tragen braucht (*Reinders* Rn. 183; *Zmarzlik/Anzinger* Rn. 31). Die Kostentragungspflicht entfällt nach dem eindeutigen Wortlaut des § 6 III 3 auch dann, wenn der AG die Untersuchung für den AN kostenlos durch einen Betriebsarzt oder einen überbetrieblichen Dienst von Betriebsärzten anbietet, der AN die Untersuchung aber gleichwohl durch einen Arzt seiner Wahl durchführen lässt (aA *Buschmann/Ulber* Rn. 11). Aus § 6 III lässt sich nicht die Verpflichtung des AG herleiten, den Lohn für die Dauer der Untersuchung fortzuzahlen, wenn der AN die Untersuchung außerhalb seiner Schichtarbeitszeit vornehmen lässt (*Baeck/Deutsch* Rn. 48; *Junker* ZfA 1998, 105, 122; aA *Buschmann/Ulber* Rn. 10). Ob ein Lohnzahlungsanspruch des AN besteht, bestimmt sich allein nach allg. Bestimmungen, insb. nach tarifvertraglichen Regelungen und § 616 S. 1 BGB (*Baeck/Deutsch* Rn. 49).

IV. Umsetzungsanspruch

15 Nach Maßgabe des § 6 IV hat der AG den NachtAN auf dessen Verlangen auf einen für ihn geeigneten Tagesarbeitsplatz umzusetzen. Die – nicht straf- oder bußgeldbewehrte – öffentlich-rechtliche Pflicht, den NachtAN bei Vorliegen der gesetzlichen Voraussetzungen auf einen Tagesarbeitsplatz umzusetzen, besteht nur, wenn der AN dies **verlangt**. Der AN muss also seinen Anspruch gegenüber dem AG mündlich oder schriftlich geltend machen.

16 Eine Legaldefinition des Begriffs **Tagesarbeitsplatz** enthält das ArbZG nicht. Aus einem Umkehrschluss zu § 2 III ergibt sich jedoch, dass Tagesarbeitsplatz jeder Arbeitsplatz ist, bei dem die Arbeit im Regelfall außerhalb der gesetzlich festgelegten Nachtzeit von 23.00 bis 6.00 Uhr zu erbringen ist (*Linnenkohl* Rn. 21; *Zmarzlik/Anzinger* Rn. 40). Dieser Arbeitsplatz muss bereits vorhanden sein, dh. den AG trifft nicht die Pflicht, einen neuen Tagesarbeitsplatz zu schaffen (*Baeck/Deutsch* Rn. 56; Kasseler Handbuch/*Schliemann* 2.5 Rn. 381; *Junker* ZfA 1998, 105, 123). Ist ein geeigneter Tagesarbeitsplatz zwar vorhanden, aber bereits mit einem anderen Arbeitnehmer besetzt, so hat der NachtAN keinen Anspruch darauf, dass der AG diesen TagesAN versetzt und so einen Tagesarbeitsplatz frei macht (aA *Baeck/Deutsch* Rn. 58). Vom Direktionsrecht wäre eine derartige Umsetzung nicht gedeckt, und eine Änderungskündigung wäre unbegründet. Dagegen muss der AG andere Möglichkeiten prüfen, wie etwa eine teilweise Verschiebung der Arbeitszeit.

17 Ob ein Tagesarbeitsplatz für den NachtAN auch **geeignet** ist, beurteilt sich vorrangig nach der vertraglich übernommenen Arbeitspflicht (*Zmarzlik/Anzinger* Rn. 41; *Linnenkohl* Rn. 22; aA *Buschmann/Ulber* Rn. 13, die die Geeignetheit allein nach den individuellen Voraussetzungen des AN bestimmen wollen). Die neue Tätigkeit muss, abgesehen von der Lage der Arbeitszeit, ihrem Gesamtbild nach der bisherigen Tätigkeit entsprechen. Für die Beurteilung, ob die neue Tätigkeit der bisherigen Tätigkeit entspricht, kann auch die tarifvertragliche Eingruppierung nach Lohn- und Gehaltsgruppen mit den dazugehörigen Tätigkeitsmerkmalen herangezogen werden (MünchArbR/*Blomeyer* § 48 Rn. 23; *Zmarzlik/Anzinger* Rn. 41).

§ 6 IV zählt drei Fallgestaltungen auf, die einen Umsetzungsanspruch des AN begründen können. 18
§ 6 IV 1 Buchst. a legt dem AG die Pflicht zur Umsetzung auf, wenn nach arbeitsmedizinischer Feststellung die weitere Verrichtung von Nachtarbeit den AN in seiner Gesundheit gefährdet. Erforderlich ist eine **konkrete Gesundheitsgefährdung;** es muss also mit hinreichender Wahrscheinlichkeit eine Beeinträchtigung der Gesundheit bei weiterer Verrichtung von Nachtarbeit eintreten (*Roggendorff* Rn. 28). Damit der AG die Berechtigung des Umsetzungsverlangens beurteilen kann, muss der AN dem AG die arbeitsmedizinische Beurteilung, nicht jedoch den Untersuchungsbefund nachweisen.

Nach § 6 IV 1 Buchst. b kann der NachtAN die Umsetzung auf einen Tagesarbeitsplatz ferner dann 19
verlangen, wenn in seinem Haushalt ein **Kind unter 12 Jahren** lebt, das nicht von einer anderen im Haushalt lebenden Person betreut werden kann. Die zur Betreuung zur Verfügung stehende Person braucht keine Verwandte zu sein. Sie muss aber mit dem NachtAN in einem Haushalt leben und zur Betreuung geeignet sein. Die Altersgrenze von 12 Jahren ist in Anlehnung an § 45 SGB V gewählt worden.

Der NachtAN kann sein Umsetzungsverlangen schließlich auch darauf stützen, dass er einen 20
schwerpflegebedürftigen Angehörigen zu versorgen hat, der nicht von einem anderen im Haushalt lebenden Angehörigen versorgt werden kann (§ 6 IV 1 Buchst. c). Der Begriff der Schwerpflegebedürftigkeit ist § 53 SGB V entnommen (vgl. BT-Drucks. 12/5888 S. 26). § 53 I SGB V ist durch § 15 I SGB XI ersetzt worden. Schwerpflegebedürftige sind daher Angehörige des NachtAN, die einer der Pflegestufen I bis III zuzuordnen sind (*Zmarzlik/Anzinger* Rn. 53; aA *Fiedler/Schelter*, Arbeitszeitrechtsgesetz, 1994, S. 86, nach deren Ansicht „schwerpflegebedürftig" nur Personen der Pflegestufen II und III sind).

Ein Umsetzungsanspruch auf einen Tagesarbeitsplatz entfällt, wenn der Umsetzung **dringende** 21
betriebliche Erfordernisse entgegenstehen. Umstr. ist, ob dieses Tatbestandsmerkmal in Anlehnung an die von der Rspr. zu § 1 KSchG entwickelten Grundsätze auszulegen ist (so *Diller* NJW 1994, 2726, 2727; *Linnenkohl* Rn. 23; *Neumann/Biebl* Rn. 22), oder ob dieses Merkmal eher mit dem Begriff der dringenden betrieblichen Belange iSd. § 7 I BUrlG vergleichbar ist (so *Zmarzlik/Anzinger* Rn. 43). Für die zuletzt genannte Ansicht spricht, dass es bei § 6 IV nicht, wie bei § 1 II KSchG, um den Verlust des Arbeitsplatzes durch betriebsbedingte Kündigung geht, sondern darum, ob dem AN aus dringenden betrieblichen Gründen weiterhin die Beschäftigung in Nachtarbeit zuzumuten ist (so *Zmarzlik/Anzinger* Rn. 43).

Die dem Umsetzungsanspruch entgegenstehenden betrieblichen Gründe sind **dringend,** wenn die 22
Umsetzung des NachtAN auf einen Tagesarbeitsplatz bei Abwägung der beiderseitigen Interessen dem Betrieb nicht zumutbar ist (*Roggendorff* Rn. 36). Dem Umsetzungsanspruch des NachtAN können somit neben den Interessen eines AN, der versetzt werden müsste, damit ein Tagesarbeitsplatz frei wird, auch überwiegende Interessen des AG entgegenstehen.

Will der AG dem Umsetzungsverlangen wegen entgegenstehender dringender betrieblicher Erfor- 23
dernisse nicht entsprechen, so ist er nach § 6 IV 2 verpflichtet, den BR oder Personalrat **zu hören.** Die Anhörung ist **Wirksamkeitsvoraussetzung** für die Ablehnung eines Versetzungsverlangens aus dringenden betrieblichen Erfordernissen (*Neumann/Biebl* Rn. 23; *Linnenkohl* Rn. 25). Die Anhörungspflicht des AG umfasst die Pflicht des AG, dem BR oder Personalrat das Umsetzungsverlangen des NachtAN, die für eine Umsetzung in Betracht kommenden Tagesarbeitsplätze sowie die einer Umsetzung entgegenstehenden Gründe **mitzuteilen.** Der Betriebs- oder Personalrat ist berechtigt, dem AG Vorschläge für eine Umsetzung des NachtAN zu unterbreiten (§ 6 IV 3). Der AG ist jedoch an die Vorschläge des Betriebs- oder Personalrats nicht gebunden.

V. Ausgleichspflicht

§ 6 V gewährt den NachtAN einen **Ausgleich** für die mit Nachtarbeit verbundenen Beeinträchti- 24
gungen, sofern nicht auf Grund tarifvertraglicher Regelungen bereits ein Ausgleich erfolgt. Als Ausgleich für die während der Nachtzeit geleisteten Arbeitsstunden kommen Zuschläge auf das Bruttoarbeitsentgelt für die in Nachtarbeit geleistete Zeit oder bezahlte freie Tage in Betracht. Welche Form des Ausgleichs der AG wählt, liegt in seinem Ermessen. Der Auffassung, dass der AG vorrangig einen Ausgleich in Form freier Tage zu gewähren hat (so *Buschmann/Ulber* Rn. 19; *Linnenkohl* Rn. 34) steht der Wortlaut des § 6 V entgegen, der gerade keine Rangfolge der Ausgleichsmöglichkeiten vorschreibt (BAG 26. 8. 1997 AP § 87 BetrVG 1972 Arbeitszeit Nr. 74 = AuR 1998, 338, 339 m. Anm. *Ulber*).

Der Ausgleich muss **angemessen** sein. Ein Ausgleich ist angemessen, wenn zwischen der mit 25
Nachtarbeit verbundenen Erschwernis und dem Ausgleich ein ausgewogenes Verhältnis besteht (*Zmarzlik/Anzinger* Rn. 58). Soweit tarifliche Regelungen einen Ausgleich für Nachtarbeit vorsehen, können sie für nicht tarifgebundene AN nicht ohne Weiteres als Richtschnur herangezogen werden (BAG 5. 9. 2002 AP ArbZG § 6 Nr. 4). Wird für die in Nachtarbeit geleisteten Stunden bereits ein erhöhter Lohn gezahlt, so entfällt ein zusätzlicher Ausgleich, wenn die bereits im Lohn enthaltene Erhöhung angemessen ist.

VI. Benachteiligungsverbot

26 § 6 VI konkretisiert den allg. arbeitsrechtlichen Gleichbehandlungsgrundsatz. NachtAN müssen Weiterbildungsmaßnahmen sowie aufstiegsfördernde Maßnahmen in gleichem Maße offen stehen wie allen anderen AN. Kann ein NachtAN an solchen Maßnahmen wegen der Beschäftigung in Nachtarbeit nicht teilnehmen, so hat der AG die Arbeit so umzuorganisieren (zB durch Änderung des Schichtplans oder vorübergehende Umsetzung auf einen Tagesarbeitsplatz), dass auch NachtAN Zugang zu den betrieblichen Förderungsmaßnahmen haben.

VII. Sonderregelungen

27 **Werdende und stillende Mütter** dürfen nach § 8 I 1 MuSchG grds. nicht in der Nacht zwischen 20 und 6 Uhr beschäftigt werden. Ausnahmen gelten in den ersten vier Monaten der Schwangerschaft und für stillende Mütter in bestimmten Wirtschaftszweigen (§ 8 III MuSchG). Ferner kann in begründeten Einzelfällen die Aufsichtsbehörde Ausnahmen von dem Beschäftigungsverbot zwischen 20 und 6 Uhr zulassen.

28 Ebenfalls nicht in der Zeit von 20 Uhr bis 6 Uhr dürfen **Jugendliche** beschäftigt werden (§ 14 I JArbSchG). Ausnahmen sind lediglich in den in § 14 II bis VII JArbSchG aufgeführten Fällen oder durch Rechtsverordnung möglich (§ 21 b Nr. 2 JArbSchG).

VIII. Abweichungsmöglichkeiten

29 Eine Verlängerung der Arbeitszeit der NachtAN über 10 Stunden werktäglich kann in bestimmten Fällen in einem TV oder auf Grund eines TV in einer Betriebsvereinbarung zugelassen werden (§§ 7 I Nr. 4, 7 II Nr. 2, 3 und 4; dazu unter § 7 I). Abw. Regelungen sind ferner in den Fällen des § 14 zulässig (s. unter § 14). Ferner kann die Aufsichtsbehörde nach § 15 I Nr. 1 und 2 Abweichungen von § 6 II zulassen (s. unter § 15).

IX. Mitbestimmung des Betriebsrats

30 Der Mitbestimmung des BR nach § 87 I Nr. 2 BetrVG unterliegt sowohl die Frage, **ob** im Betrieb überhaupt in mehreren Schichten gearbeitet werden soll (BAG 28. 10. 1986 AP BetrVG 1972 § 87 Arbeitszeit Nr. 19 = NZA 1987, 248) als auch die der **Änderung** der Schichten (BAG 13. 7. 1977 AP BetrVG 1972 § 87 Kurzarbeit Nr. 2 = DB 1977, 2235). Unter das Mitbestimmungsrecht des BR aus § 87 I Nr. 2 BetrVG fällt auch die Frage, wann die einzelnen Schichten **beginnen** und **enden** sollen (BAG 26. 3. 1991 AP BetrVG 1972 § 87 Arbeitszeit Nr. 43 = NZA 1991, 783). Das Mitbestimmungsrecht erstreckt sich auch auf die **Festlegung der allgemeinen Grundsätze** über die Aufstellung eines Schichtplans (BAG 18. 4. 1989 AP BetrVG 1972 § 87 Arbeitszeit Nr. 34 = NZA 1989, 807). Dagegen ist die Zuweisung eines AN von einer Schicht in eine andere nicht nach § 87 I Nr. 2 BetrVG mitbestimmungspflichtig (*Fitting* § 87 BetrVG Rn. 123; *Gaul* NZA 1989, 48; *Meisel* NZA Beil. 3/1988, 3; aA BAG 27. 6. 1989 AP BetrVG 1972 § 87 Arbeitszeit Nr. 35 = NZA 1990, 35); insoweit kommt lediglich ein Mitbestimmungsrecht des BR nach § 99 BetrVG in Betracht. Die Zuweisung zu einer anderen Schicht als solche stellt jedoch noch keine mitbestimmungspflichtige Versetzung iSd. §§ 99, 95 III BetrVG dar. Hinzu kommen muss vielmehr noch eine erhebliche Änderung der Umstände, unter denen die Arbeit zu leisten ist (BAG 23. 11. 1993 AP BetrVG 1972 § 95 Nr. 33 = NZA 1994, 718). Vom Mitbestimmungstatbestand des § 87 I Nr. 2 BetrVG erfasst wird auch die **Wahl** und **Änderung des Ausgleichszeitraums** nach § 6 II 2. Des Weiteren hat der BR nach § 87 I Nr. 7 und Nr. 10 BetrVG darüber mitzubestimmen, ob ein Ausgleich für Nachtarbeit gem. § 6 V durch bezahlte freie Tage oder durch Entgeltzuschlag zu gewähren ist (BAG 26. 8. 1997 AP BetrVG 1972 § 87 Arbeitszeit Nr. 74 = AuR 1998, 338 m. Anm. *Ulber*).

§ 7 Abweichende Regelungen[1)]

(1) In einem Tarifvertrag oder auf Grund eines Tarifvertrags in einer Betriebsvereinbarung kann zugelassen werden,
1. abweichend von § 3
   a) die Arbeitszeit über zehn Stunden werktäglich auch ohne Ausgleich zu verlängern, wenn in die Arbeitszeit regelmäßig und in erheblichem Umfang Arbeitsbereitschaft fällt,
   b) einen anderen Ausgleichszeitraum festzulegen,
   c) ohne Ausgleich die Arbeitszeit auf bis zu zehn Stunden werktäglich an höchstens 60 Tagen im Jahr zu verlängern,

---

[1)] Zu den Änderungen durch Art. 4b Nr. 2 des Entwurfs eines Gesetzes zu Reformen am Arbeitsmarkt idF des Beschlusses des Deutschen Bundestages vom 26. 9. 2003 (Stand: BR-Drucks. 676/03), vgl. Rn. 27.

2. abweichend von § 4 Satz 2 die Gesamtdauer der Ruhepausen in Schichtbetrieben und Verkehrsbetrieben auf Kurzpausen von angemessener Dauer aufzuteilen,
3. abweichend von § 5 Abs. 1 die Ruhezeit um bis zu zwei Stunden zu kürzen, wenn die Art der Arbeit dies erfordert und die Kürzung der Ruhezeit innerhalb eines festzulegenden Ausgleichszeitraums ausgeglichen wird,
4. abweichend von § 6 Abs. 2
    a) die Arbeitszeit über zehn Stunden werktäglich hinaus auch ohne Ausgleich zu verlängern, wenn in die Arbeitszeit regelmäßig und in erheblichem Umfang Arbeitsbereitschaft fällt,
    b) einen anderen Ausgleichszeitraum festzulegen,
5. den Beginn des siebenstündigen Nachtzeitraums des § 2 Abs. 3 auf die Zeit zwischen 22 und 24 Uhr festzulegen.

(2) Sofern der Gesundheitsschutz der Arbeitnehmer durch einen entsprechenden Zeitausgleich gewährleistet wird, kann in einem Tarifvertrag oder auf Grund eines Tarifvertrags in einer Betriebsvereinbarung ferner zugelassen werden,
1. abweichend von § 5 Abs. 1 die Ruhezeiten bei Bereitschaftsdienst und Rufbereitschaft den Besonderheiten dieser Dienste anzupassen, insbesondere Kürzungen der Ruhezeit infolge von Inanspruchnahmen während dieser Dienste zu anderen Zeiten auszugleichen,
2. die Regelungen der §§ 3, 5 Abs. 1 und § 6 Abs. 2 in der Landwirtschaft der Bestellungs- und Erntezeit sowie den Witterungseinflüssen anzupassen,
3. die Regelungen der §§ 3, 4, 5 Abs. 1 und § 6 Abs. 2 bei der Behandlung, Pflege und Betreuung von Personen der Eigenart dieser Tätigkeit und dem Wohl dieser Personen entsprechend anzupassen,
4. die Regelungen der §§ 3, 4, 5 Abs. 1 und § 6 Abs. 2 bei Verwaltungen und Betrieben des Bundes, der Länder, der Gemeinden und sonstigen Körperschaften, Anstalten und Stiftungen des öffentlichen Rechts sowie bei anderen Arbeitgebern, die der Tarifbindung eines für den öffentlichen Dienst geltenden oder eines im wesentlichen inhaltsgleichen Tarifvertrags unterliegen, der Eigenart der Tätigkeit bei diesen Stellen anzupassen.

(3) ¹Im Geltungsbereich eines Tarifvertrags nach Absatz 1 oder 2 können abweichende tarifvertragliche Regelungen im Betrieb eines nicht tarifgebundenen Arbeitgebers durch Betriebsvereinbarung oder, wenn ein Betriebsrat nicht besteht, durch schriftliche Vereinbarung zwischen dem Arbeitgeber und dem Arbeitnehmer übernommen werden. ²Können auf Grund eines solchen Tarifvertrags abweichende Regelungen in einer Betriebsvereinbarung getroffen werden, kann auch in Betrieben eines nicht tarifgebundenen Arbeitgebers davon Gebrauch gemacht werden. ³Eine nach Absatz 2 Nr. 4 getroffene abweichende tarifvertragliche Regelung hat zwischen nicht tarifgebundenen Arbeitgebern und Arbeitnehmern Geltung, wenn zwischen ihnen die Anwendung der für den öffentlichen Dienst geltenden tarifvertraglichen Bestimmungen vereinbart ist und der Arbeitgeber die Kosten des Betriebs überwiegend mit Zuwendungen im Sinne des Haushaltsrechts decken.

(4) Die Kirchen und die öffentlich-rechtlichen Religionsgesellschaften können die in Absatz 1 oder 2 genannten Abweichungen in ihren Regelungen vorsehen.

(5) In einem Bereich, in dem Regelungen durch Tarifvertrag üblicherweise nicht getroffen werden, können Ausnahmen im Rahmen des Absatzes 1 oder 2 durch die Aufsichtsbehörde bewilligt werden, wenn dies aus betrieblichen Gründen erforderlich ist und die Gesundheit der Arbeitnehmer nicht gefährdet wird.

(6) Die Bundesregierung kann durch Rechtsverordnung mit Zustimmung des Bundesrates Ausnahmen im Rahmen des Absatzes 1 oder 2 zulassen, sofern dies aus betrieblichen Gründen erforderlich ist und die Gesundheit der Arbeitnehmer nicht gefährdet wird.

I. Abweichende Regelungen durch Tarifvertrag nach § 7 I und II

1. Allgemeines. § 7 I und II gestattet es den TVParteien, von den Arbeitszeitgrundnormen der §§ 3 **1** bis 6 abw. Regelungen in einem TV zuzulassen. Damit soll eine den konkreten betrieblichen Erfordernissen angepasste Lösung der Arbeitszeitfrage ermöglicht werden (vgl. Begr. BT-Drucks. 12/5888 S. 26). Der Gesetzgeber ist damit der Forderung nach größerer Flexibilität im Arbeitszeitrecht nachgekommen (ähnliche Zulassungsnormen bestehen bereits in anderen Gesetzen, wie etwa § 622 IV BGB, § 4 IV EFZG, § 21 a JArbSchG).

Die in § 7 I und II enthaltene gesetzliche Zulassung abw. Regelungen durch die **TVParteien selbst** **2** begegnet grds. keinen verfassungsrechtlichen Bedenken (zur Verfassungsmäßigkeit des § 7 I und II s. *Linnenkohl* Rn. 3; *Zmarzlik/Anzinger* Rn. 5 ff.; allg. zur Zulässigkeit tarifdispositiven Gesetzesrechts s. *Kempen/Zachert* Grundlagen Einl. Rn. 221 f.; *Löwisch/Rieble* § 1 Rn. 236 ff.; *Wiedemann* in: Wiedemann TVG, Einl. Rn. 394 ff.).

3   Die TVParteien brauchen abw. Regelungen jedoch nicht selbst zu treffen. Sie können vielmehr auch vereinbaren, dass Abweichungen nach § 7 I und II von den Betriebspartnern **in einer Betriebsvereinbarung** zugelassen werden können. Sofern den Betriebspartnern durch eine Tariföffnungsklausel auch die Regelung der öffentlich-rechtlich zulässigen Dauer der Arbeitszeit eingeräumt wird, ist dies verfassungswidrig. Die Betriebspartner sind nämlich nicht befugt, Regelungen der wöchentlichen Arbeitszeit mit normativer Wirkung für die nicht organisierten AN (sog. Außenseiter) zu vereinbaren. Die vom BAG (18. 8. 1987 AP BetrVG 1972 § 77 Nr. 23 = NZA 1987, 779) und von Teilen des Schrifttums (*Henssler* ZfA 1994, 487, 498 f.; *Linnenkohl* BB 1988, 1459; *Weyand* AuR 1989, 193, 197; *Zachert* RdA 1996, 140, 146) vertretene gegenteilige Auffassung verkennt, dass die Betriebspartner im Hinblick auf die Tarifaußenseiter nur handeln können, wenn ihnen dafür eine eigene Ermächtigungsgrundlage zur Verfügung steht. Nach § 87 BetrVG steht dem BR jedoch kein Mitbestimmungsrecht über die Dauer der wöchentlichen Arbeitszeit zu (BAG 13. 10. 1987 AP BetrVG 1972 Nr. 24 = NZA 1988, 509; *Buchner* RdA 1990, 1; *Richardi* § 87 BetrVG Rn. 323; GK-BetrVG/*Wiese* § 87 Rn. 202). Damit bliebe nur der Rückgriff auf eine allg. Allzuständigkeit der Betriebspartner, gestützt auf § 88 BetrVG. Die Ansicht, die eine derartige Allzuständigkeit bejaht, ist jedoch abzulehnen (für eine Allzuständigkeit des BR BAG 18. 8. 1987 AP BetrVG 1972 § 77 Nr. 23 = NZA 1987, 779; BAG (GS) 7. 11. 1989 AP BetrVG 1972 § 77 Nr. 46 = NZA 1990, 816; *Fitting* § 87 BetrVG Rn. 102 ff.; *Galperin/Löwisch* § 88 Rn. 1 ff.; GK-BetrVG/*Wiese* § 88 Rn. 7, 11; *Zöllner* ZfA 1988, 265, 275 f.). Zum einen unterliegt der Eingriff in die Rechte der AN aus Art. 12 I GG dem Gesetzesvorbehalt. § 88 BetrVG lässt aber eine Ermächtigung für eine Allzuständigkeit der Betriebspartner nicht erkennen. Zum anderen können die Tarifparteien den Betriebspartnern keine Regelungsmacht verleihen, die sie selbst nicht haben (keine Tarifautonomie gegenüber Außenseitern) und die die Betriebspartner auch nicht aus eigener Regelungsmacht haben (keine Allzuständigkeit des BR). Die gegenteilige Auffassung versucht, die Legitimationsgrundlage „Selbstbestimmung und Bindung nur der Verbandsmitglieder" auszutauschen gegen eine „Fremdbestimmung mit Erstreckung auf Außenseiter". Dies stellt aber einen unzulässigen Eingriff in die negative Koalitionsfreiheit der nicht tarifgebundenen AN dar (näher dazu *Wank* NJW 1996, 2273, 2280 f. m. zahlr. Nachw.).

4   **2. Abweichungsmöglichkeiten nach § 7 I.** Nach § 7 I **Nr. 1 Buchst. a** kann die Arbeitszeit tariflich über 10 Stunden werktäglich ohne Ausgleich verlängert werden, wenn in die Arbeitszeit regelmäßig und in erheblichem Umfang Arbeitsbereitschaft fällt (zum Begriff s. oben § 2 Rn. 39 ff.). Die Arbeitsbereitschaft muss regelmäßig anfallen. Für die Regelmäßigkeit reicht es aus, wenn stets oder doch zumindest an bestimmten Tagen erfahrungsgemäß Zeiten der Vollarbeit mit Zeiten der Arbeitsbereitschaft wechseln (*Neumann/Biebl* Rn. 18).

5   Die Arbeitsbereitschaft muss zudem in **erheblichem Umfang** bestehen. Ob die Arbeitsbereitschaft in erheblichem Umfang anfällt, richtet sich nach dem Verhältnis von Arbeit und Arbeitsbereitschaft. Der Anteil der Arbeitsbereitschaft ist jedenfalls dann erheblich, wenn er den Anteil der Vollarbeit überwiegt (*Zmarzlik/Anzinger* Rn. 20). Problematisch ist, wo die Untergrenze verläuft. Da § 7 I Nr. 1 Buchst. a keine Obergrenze für die Verlängerung zieht, wird man aus Gründen des Gesundheits- und Unfallschutzes verlangen müssen, dass die Arbeitsbereitschaft mindestens 30% der werktäglichen Arbeitszeit ausmacht (*Neumann/Biebl* Rn. 18; anders *Roggendorff* Rn. 36, nach dessen Auffassung der Anteil der Arbeitsbereitschaft mindestens 25 bis 30% betragen muss; differenzierend *Baeck/Deutsch* Rn. 44).

6   **§ 7 I Nr. 1 Buchst. b** gestattet den TVParteien, einen von § 3 abw. **Zeitraum als Ausgleich** für die Verlängerung der werktäglichen Arbeitszeit von 8 Stunden auf bis zu 10 Stunden zu vereinbaren. Eine zeitliche Begrenzung der Dauer des Ausgleichszeitraums sieht § 7 I Nr. 1 Buchst. b nicht vor. Dies steht jedoch im eindeutigen **Widerspruch** zu Art. 17 IV der **ArbeitszeitRL** 93/103/EG, wonach in TV oder Vereinbarungen zwischen Sozialpartnern auf keinen Fall Bezugszeiträume festgelegt werden dürfen, die 12 Monate überschreiten. Diese in der ArbeitszeitRL normierte Obergrenze gilt bei richtlinienkonformer Auslegung auch für § 7 I Nr. 1 Buchst. b.

7   Nach **§ 7 I Nr. 1 Buchst. c** können die TVParteien zulassen, dass abw. von § 3 an 60 Tagen im Jahr die werktägliche Arbeitszeit auf **bis zu zehn Stunden auch ohne Ausgleich** verlängert werden darf. Auch diese Regelung **widerspricht** der **ArbeitszeitRL**, nach der der Grundsatz der durchschnittlichen Arbeitszeit von 48 Stunden pro Siebentageszeitraum (Art. 6 Nr. 2 der Richtlinie) nur durchbrochen werden darf, wenn „die betroffenen AN gleichwertige Ausgleichsruhezeiten oder in Ausnahmefällen, in denen die Gewährung solcher Ausgleichsruhezeiten aus objektiven Gründen nicht möglich ist, einen angemessenen Schutz erhalten" (Art. 17 III der RL). Der Gesetzgeber ist daher verpflichtet, § 7 I Nr. 1 Buchst. c in Einklang mit Art. 17 der ArbeitszeitRL 93/104/EG zu bringen.

8   Nach **§ 7 I Nr. 2** können die TVParteien und ggf. die Betriebspartner für Schichtbetriebe (zum Begriff s. oben § 6 Rn. 3) und Verkehrsbetriebe (zum Begriff s. oben § 5 Rn. 10) abw. von § 4 S. 2 **Kurzpausen** von weniger als 15 Minuten zulassen. Die Kurzpausen müssen jedoch von **angemessener Dauer** sein. Kurzpausen sind dann von angemessener Dauer, wenn sie ihren Zweck, nämlich eine kurzfristige Erholung zu ermöglichen, noch erfüllen können. Im Regelfall werden daher nur Pausen

mit einer Mindestdauer von 5 Minuten als angemessen angesehen werden können (*Neumann/Biebl* Rn. 24; *Roggendorff* Rn. 40). § 7 I Nr. 2 lässt nur eine abw. Aufteilung der Pausen, nicht aber eine Kürzung der Gesamtpausenzeit des § 4 zu.

§ 7 I Nr. 3 überträgt die bisher in § 12 I 3 AZO enthaltene Zuständigkeit des Gewerbeaufsichts- 9 amtes zur abw. Regelung der Ruhezeiten auf die **TVParteien** und ggf. auf die Betriebspartner. Die TVParteien können es danach zulassen, dass die elfstündige Mindestruhezeit des § 5 I auf bis zu 9 Stunden gekürzt wird, wenn die Art der Arbeit dies erfordert und die Kürzung der Ruhezeit ausgeglichen wird. **Erforderlich** ist die Kürzung der Ruhezeit auf weniger als 11 Stunden, wenn die Arbeit sonst nicht oder nur unzureichend durchgeführt werden kann (*Zmarzlik/Anzinger* Rn. 32). Bei der Beurteilung der Erforderlichkeit ist den TVParteien ein weiter Beurteilungsspielraum zuzuerkennen (*Neumann/Biebl* Rn. 27).

§ 7 I Nr. 4 **Buchst. a** und **Buchst. b** enthalten § 7 Nr. 1 Buchst. a und b entspr. Ermächtigungen der 10 TVParteien und ggf. der Betriebspartner für NachtAN. Für die Nachtarbeit gelten damit hinsichtlich einer Verlängerung der Arbeitszeit über 10 Stunden hinaus dieselben Erweiterungsmöglichkeiten wie für die tägliche Arbeitszeit.

In § 7 I Nr. 5 werden die TVParteien und ggf. die Betriebspartner ermächtigt, den Beginn des 11 siebenstündigen Nachtzeitraums (§ 2 III) um bis zu zwei Stunden nach vorne zu verschieben. Frühester **Beginn des Nachtzeitraums** ist damit 22 Uhr. Mit § 7 I Nr. 5 soll den TVParteien die Möglichkeit eröffnet werden, den siebenstündigen Nachtzeitraum den branchenspezifischen Bedürfnissen anzupassen (vgl. Begr. BT-Drucks. 12/5888 S. 27).

3. Abweichungsmöglichkeiten nach § 7 II. § 7 II sieht für die TVParteien und ggf. für die Be- 12 triebspartner unter bestimmten Voraussetzungen weitere Abweichungsmöglichkeiten vor, wenn der Gesundheitsschutz der AN durch einen entspr. Zeitausgleich gewährleistet ist. Der **Zeitausgleich** in den in § 7 II aufgeführten Abweichungsmöglichkeiten ist **zwingend** und kann nicht durch andere Leistungen, wie zB Zuschläge, ersetzt werden.

§ 7 II Nr. 1 ermöglicht den TVParteien und ggf. den Betriebspartnern, die in § 5 I vorgeschriebene 13 ununterbrochene Ruhezeit von 11 Stunden bei **Bereitschaftsdienst** und **Rufbereitschaft** den Besonderheiten dieser Dienste **anzupassen**. Die Ruhezeit von 11 Stunden kann somit bei Vorliegen von Bereitschaftsdienst oder Rufbereitschaft (zu den Begriffen s. oben § 2 Rn. 43 ff.) reduziert werden. Die TVParteien und ggf. die Betriebspartner können aber auch zulassen, dass bei Inanspruchnahme während des Bereitschaftsdienstes oder der Rufbereitschaft die unterbrochenen Ruhezeiten zusammengelegt werden, was nach der Grundnorm des § 5 nicht zulässig ist (s. oben § 5 Rn. 1 ff.).

Für die **Landwirtschaft** (zum Begriff s. oben § 5 Rn. 12) ermächtigt § 7 II Nr. 2 die TVParteien 14 und ggf. die Betriebspartner, Abweichungen von den Höchstgrenzen der werktäglichen Arbeitszeit, einschließlich der Nachtarbeitszeit, sowie der Mindestruhezeit zuzulassen. Die Abweichungsbefugnis ist auf die Bestellungszeit und die Erntezeit beschränkt. Zur **Bestellungszeit** gehört die Zeit von der Bereitung des Bodens zur Aussaat bis zur Setzung der Pflanzen (*Zmarzlik/Anzinger* Rn. 46). **Erntezeit** ist die Zeit, in der die Früchte auf Grund ihres Reifegrades planmäßig vom Boden oder der Pflanze getrennt werden (*Zmarzlik/Anzinger* Rn. 47).

Nach § 7 II Nr. 3 kann von den arbeitszeitrechtlichen Grundnormen im Bereich der **Pflege** und 15 Betreuung abgewichen werden. Einrichtungen der Pflege und Betreuung sind neben Krankenhäusern ua. Altersheime, Jugendheime und Einrichtungen für Behinderte. Erfasst wird auch die ambulante häusliche Pflege.

§ 7 II Nr. 4 ermöglicht den TVParteien Abweichungen von den arbeitszeitrechtlichen Grundnor- 16 men, um sie der Eigenart der Tätigkeit bei **Verwaltungen** und Betrieben des Bundes, der Länder, der Gemeinden und sonstigen Körperschaften, Anstalten und Stiftungen des öffentl. Rechts anzupassen. Diese Stellen müssen der Tarifbindung eines für den öffentl. Dienst geltenden oder eines im Wesentlichen inhaltsgleichen TV unterliegen. Die Abweichungen von den arbeitszeitrechtlichen Grundnormen dürfen nicht beliebig erfolgen, sondern nur, um sie der **Eigenart der Tätigkeit** bei den in § 7 II Nr. 4 genannten Stellen anzupassen. Die bes. Eigenart kann sich zB aus den Besonderheiten der Zusammenarbeit von AN und Beamten ergeben (*Zmarzlik/Anzinger* Rn. 59).

II. Übernahme tarifvertraglicher Abweichungen nach § 7 III

1. Übernahme durch Betriebsvereinbarung. In § 7 III 1 wird den nicht tarifgebundenen AG im 17 Geltungsbereich eines TV die Möglichkeit eingeräumt, abw. tarifvertragliche Regelungen nach § 7 I und II in einer Betriebsvereinbarung zu **übernehmen**.

Diese Regelung bedeutet eine Ausnahme von § 77 III BetrVG. Auch für nichttarifgebundene AG 18 gilt grds., dass sie durch TV geregelte Materien nicht zum Inhalt einer Betriebsvereinbarung machen dürfen. Genau dies wird aber hier vom Gesetz vorausgesetzt.

Voraussetzung für die Übernahme abw. tarifvertraglicher Regelungen ist, dass der AG **nicht tarif-** 19 **gebunden** ist. An der Tarifgebundenheit des AG fehlt es, wenn der AG keinem abschließenden Verband angehört und er nicht selbst Partei eines FirmenTV ist (§ 3 I TVG).

20 Die Übernahme durch Betriebsvereinbarung setzt des Weiteren voraus, dass der Betrieb des AG vom räumlichen, betrieblichen und fachlichen **Geltungsbereich** des TV erfasst wird, aus dem die abw. tarifvertraglichen Regelungen übernommen werden sollen. Im Schrifttum wird die Ansicht vertreten, dass die Übernahme abw. Regelungen auch noch dann zulässig sein soll, wenn der TV bereits abgelaufen ist (*Linnenkohl* Rn. 13; *Neumann/Biebl* Rn. 46). Zur Begründung wird auf die Nachwirkung (§ 4 V TVG) des TV verwiesen. Diese Ansicht ist abzulehnen. § 7 III lässt die Übernahme nur im Geltungsbereich eines TV zu. Zu ihm gehört aber auch der **zeitliche Geltungsbereich**. Die Übernahme ist daher nur möglich, wenn der TV noch **in Kraft** ist (*Zmarzlik/Anzinger* Rn. 65).

21 Den Betriebspartnern steht es frei, ob sie von der Übernahmemöglichkeit nach § 7 III 1 Gebrauch machen wollen. Der Abschluss einer Betriebsvereinbarung kann damit **nicht** über die Einigungsstelle **erzwungen** werden (§ 76 V BetrVG). Die Betriebspartner können jedoch ein freiwilliges Einigungsstellenverfahren nach § 76 VI vorsehen.

22 **Gegenstand** einer Übernahmevereinbarung gem. § 7 III 1 ist nicht der gesamte TV, sondern sind nur die jeweils abw. tarifvertraglichen Regelungen nach § 7 I und II. Bei Vorliegen mehrerer Abweichungen können auch einzelne Abweichungen übernommen werden. Die einzelnen Abweichungen als solche dürfen jedoch nicht zu Lasten der AN abgeändert werden (*Roggendorff* Rn. 53; *Zmarzlik/Anzinger* Rn. 71).

23 **2. Übernahme durch Einzelvereinbarung.** Von der Übernahme abw. tarifvertraglicher Regelungen gem. § 7 I und II durch Betriebsvereinbarung ist die in § 7 III 2 enthaltene Möglichkeit der Übernahme durch arbeitsvertragliche Vereinbarung zu unterscheiden. Sie ist nur möglich in betriebsratslosen Betrieben, in denen der AG nicht tarifgebunden ist. Die arbeitsvertragliche Übernahme abw. tarifvertraglicher Regelungen bedarf einer schriftlichen Vereinbarung zwischen AG und AN. Das Schriftformerfordernis hat nicht bloß deklaratorische Bedeutung, sondern ist vielmehr konstitutive Voraussetzung für die Wirksamkeit der arbeitsvertraglichen Übernahmevereinbarung. Wie bei der Übernahme durch Betriebsvereinbarung brauchen nicht alle Abweichungsvereinbarungen übernommen zu werden; werden bei mehreren Abweichungen einzelne übernommen, so dürfen diese nicht zu Lasten des AN abgeändert werden.

III. Abweichungen für Kirchen (§ 7 IV)

24 Gem. § 18 I Nr. 4 wird nur der liturgische, nicht aber der außerliturgische Bereich der Kirchen und öffentlich-rechtlichen Religionsgemeinschaften vom Anwendungsbereich des ArbZG ausgeschlossen. Nach § 7 IV können die Kirchen und die öffentlich-rechtlichen Religionsgesellschaften für den außerliturgischen Bereich in gleicher Weise wie die TVParteien die in § 7 I und II genannten Abweichungen vom gesetzlichen Arbeitszeitschutz in ihren Regelungen vorsehen. Damit wird dem in Art. 140 GG iVm. Art. 137 III WRV verfassungsmäßig garantierten **Selbstbestimmungsrecht** der Kirchen und öffentlich-rechtlichen Religionsgemeinschaften **entsprochen**. Zu den Kirchen gehören auch deren karitative und erzieherische Einrichtungen, so dass die Kirchen auch insoweit abw. Regelungen iSd. § 7 I und II zulassen können (BT-Drucks. 12/5888 S. 28).

IV. Abweichungen durch aufsichtsbehördliche Bewilligungen (§ 7 V)

25 Die Notwendigkeit für abw. Regelungen von den arbeitsrechtlichen Grundnormen der §§ 3 bis 6 kann sich auch in Bereichen ergeben, in denen **Regelungen durch TV üblicherweise nicht** getroffen werden. § 7 V ermächtigt die Aufsichtsbehörde, die in § 7 I und II genannten Abweichungen für diese Bereiche als Ausnahme zu bewilligen. Zu Bereichen, in denen TV üblicherweise nicht abgeschlossen werden, gehören zB Rechtsanwälte und Notare, Wirtschaftsprüfer, Unternehmens- und Steuerberater, AG- und Unternehmerverbände, Gewerkschaften, Industrie-, Handels- und Handwerkskammern (vgl. BT-Drucks. 12/5888 S. 28). Die Ausnahmebewilligung darf jedoch nur unter der Voraussetzung erteilt werden, dass sie aus **betrieblichen Gründen** erforderlich ist und die **Gesundheit** der AN **nicht gefährdet** wird. Die Aufsichtsbehörde hat in ihrer Ermessensentscheidung die betrieblichen Interessen mit den Belangen des Gesundheitsschutzes der AN abzuwägen.

V. Abweichungen durch die Bundesregierung (§ 7 VI)

26 Nach § 7 VI kann die BReg. die in § 7 I und II genannten Abweichungen als Ausnahme durch Rechtsverordnung zulassen, sofern dies aus **betrieblichen Gründen** erforderlich ist und die Gesundheit der AN nicht gefährdet wird. Sofern die BReg. von der Ermächtigung des § 7 VI Gebrauch gemacht hat, geht die von ihr erlassene Verordnung etwaigen tariflichen Regelungen als höherrangiges Recht vor (*Zmarzlik/Anzinger* Rn. 96).

VI. Geplante Gesetzesänderung

Nach Art. 4 b[1) Nr. 1 des Entwurfs eines Gesetzes zu Reformen am Arbeitsmarkt idF des Beschlusses des Deutschen Bundestages vom 26. 9. 2003 (Stand: BR-Drucks. 676/03; s. Anhang zu §§ 25, 26) soll § 7 folgende neue Fassung erhalten:

(1) In einem Tarifvertrag oder auf Grund eines Tarifvertrags in einer Betriebs- oder Dienstvereinbarung kann zugelassen werden, 27
1. *abweichend von § 3*
    a) die Arbeitszeit über zehn Stunden werktäglich zu verlängern, wenn in die Arbeitszeit regelmäßig und in erheblichem Umfang Arbeitsbereitschaft oder Bereitschaftsdienst fällt,
    b) einen anderen Ausgleichzeitraum festzulegen,
2. *abweichend von § 4 Satz 2 die Gesamtdauer der Ruhepausen in Schichtbetrieben und Verkehrsbetrieben auf Kurzpausen von angemessener Dauer aufzuteilen,*
3. *abweichend von § 5 Abs. 1 die Ruhezeit um bis zu zwei Stunden zu kürzen, wenn die Art der Arbeit dies erfordert und die Kürzung der Ruhezeit innerhalb eines festzulegenden Ausgleichszeitraums ausgeglichen wird,*
4. *abweichend von § 6 Abs. 2*
    a) die Arbeitszeit über zehn Stunden werktäglich hinaus zu verlängern, wenn in die Arbeitszeit regelmäßig und in erheblichem Umfang Arbeitsbereitschaft oder Bereitschaftsdienst fällt,
    b) einen anderen Ausgleichszeitraum festzulegen,
5. *den Beginn des siebenstündigen Nachtzeitraums des § 2 Abs. 3 auf die Zeit zwischen 22 und 24 Uhr festzulegen.*

(2) Sofern der Gesundheitsschutz der Arbeitnehmer durch einen entsprechenden Zeitausgleich gewährleistet wird, kann in einem Tarifvertrag oder auf Grund eines Tarifvertrags in einer Betriebs- oder Dienstvereinbarung ferner zugelassen werden,
1. *abweichend von § 5 Abs. 1 die Ruhezeiten bei Rufbereitschaft den Besonderheiten dieses Dienstes anzupassen, insbesondere Kürzungen der Ruhezeit infolge von Inanspruchnahmen während dieses Dienstes zu anderen Zeiten auszugleichen,*
2. *die Regelungen der §§ 3, 5 Abs. 1 und § 6 Abs. 2 in der Landwirtschaft der Bestellungs- und Erntezeit sowie den Witterungseinflüssen anzupassen,*
3. *die Regelungen der §§ 3, 4, 5 Abs. 1 und § 6 Abs. 2 bei der Behandlung, Pflege und Betreuung von Personen der Eigenart dieser Tätigkeit und nach dem Wohl dieser Personen entsprechend anzupassen,*
4. *die Regelungen der §§ 3, 4, 5 Abs. 1 und § 6 Abs. 2 bei Verwaltungen und Betrieben des Bundes, der Länder, der Gemeinden und sonstigen Körperschaften, Anstalten und Stiftungen des öffentlichen Rechts sowie bei anderen Arbeitgebern, die der Tarifbindung eines für den öffentlichen Dienst geltenden oder eines im wesentlichen inhaltsgleichen Tarifvertrags unterliegen, der Eigenart der Tätigkeit bei diesen Stellen anzupassen.*

(2 a) In einem Tarifvertrag oder auf Grund eines Tarifvertrags in einer Betriebs- oder Dienstvereinbarung kann abweichend von den §§ 3 und 6 Abs. 2 zugelassen werden, die werktägliche Arbeitszeit auch ohne Ausgleich über acht Stunden zu verlängern, wenn in die Arbeitszeit regelmäßig und in erheblichem Umfang Arbeitsbereitschaft oder Bereitschaftsdienst fällt und durch besondere Regelungen sichergestellt wird, dass die Gesundheit der Arbeitnehmer nicht gefährdet wird.

(3) [1] Im Geltungsbereich eines Tarifvertrags nach Absatz 1, 2 oder 2 a können abweichende tarifvertragliche Regelungen im Betrieb eines nicht tarifgebundenen Arbeitgebers durch Betriebs- oder Dienstvereinbarung oder, wenn ein Betriebs- oder Personalrat nicht besteht, durch schriftliche Vereinbarung zwischen dem Arbeitgeber und dem Arbeitnehmer übernommen werden. [2] Können auf Grund eines solchen Tarifvertrags abweichende Regelungen in einer Betriebs- oder Dienstvereinbarung getroffen werden, kann auch in Betrieben eines nicht tarifgebundenen Arbeitgebers davon Gebrauch gemacht werden. [3] Eine nach Absatz 2 Nr. 4 getroffene abweichende tarifvertragliche Regelung hat zwischen nicht tarifgebundenen Arbeitgebern und Arbeitnehmern Geltung, wenn zwischen ihnen die Anwendung der für den öffentlichen Dienst geltenden tarifvertraglichen Bestimmungen vereinbart ist und die Arbeitgeber die Kosten des Betriebs überwiegend mit Zuwendungen im Sinne des Haushaltsrechts decken.

(4) Die Kirchen und die öffentlich-rechtlichen Religionsgemeinschaften können die in Absatz 1, 2 oder 2 a genannten Abweichungen in ihren Regelungen vorsehen.

(5) In einem Bereich, in dem Regelungen durch Tarifvetrag üblicherweise nicht getroffen werden, können die Ausnahmen im Rahmen des Absatzes 1, 2 oder 2 a durch die Aufsichtsbehörde bewilligt

---

[1)] Artikel 4 b dient der Restumsetzung der Richtlinie 93/104/EG des Rates vom 23. November 1993 über bestimmte Aspekte der Arbeitszeitgestaltung (ABl. EG Nr. L 307 S. 18) unter Gebrauchmachung von Artikel 18 Abs. 1 Buchstabe b der Richtlinie 93/104/EG.

werden, wenn dies aus betrieblichen Gründen erforderlich ist und die Gesundheit der Arbeitnehmer nicht gefährdet wird.

(6) Die Bundesregierung kann durch Rechtsverordnung mit Zustimmung des Bundesrates Ausnahmen im Rahmen des Absatzes 1 oder 2 zulassen, sofern dies aus betrieblichen Gründen erforderlich ist und die Gesundheit der Arbeitnehmer nicht gefährdet wird.

(7) ¹ Auf Grund einer Regelung nach Absatz 2a oder den Absätzen 3 bis 5 jeweils in Verbindung mit Absatz 2a darf die Arbeitszeit nur verlängert werden, wenn der Arbeitnehmer schriftlich eingewilligt hat. ² Der Arbeitnehmer kann die Einwilligung mit einer Frist von einem Monat schriftlich widerrufen. ³ Der Arbeitgeber darf einen Arbeitnehmer nicht benachteiligen, weil dieser die Einwilligung zur Verlängerung der Arbeitszeit nicht erklärt oder die Einwilligung widerrufen hat.

(8) ¹ Werden Regelungen nach Absatz 1 Nr. 1 und Nr. 4, Absatz 2 Nr. 2 bis 4 oder solche Regelungen auf Grund der Absätze 3 und 4 zugelassen, darf die Arbeitszeit 48 Stunden wöchentlich im Durchschnitt von zwölf Kalendermonaten nicht überschreiten. ² Erfolgt die Zulassung auf Grund des Absatzes 5, darf die Arbeitszeit 48 Stunden wöchentlich im Durchschnitt von sechs Kalendermonaten oder 24 Wochen nicht überschreiten.

(9) Wird die werktägliche Arbeitszeit über zwölf Stunden hinaus verlängert, muss im unmittelbaren Anschluss an die Beendigung der Arbeitszeit eine Ruhezeit von mindestens elf Stunden gewährt werden.

§ 8 Gefährliche Arbeiten

¹ Die Bundesregierung kann durch Rechtsverordnung mit Zustimmung des Bundesrates für einzelne Beschäftigungsbereiche, für bestimmte Arbeiten oder für bestimmte Arbeitnehmergruppen, bei denen besondere Gefahren für die Gesundheit der Arbeitnehmer zu erwarten sind, die Arbeitszeit über § 3 hinaus beschränken, die Ruhepausen und Ruhezeiten nach den §§ 4 und 5 hinaus ausdehnen, die Regelungen zum Schutz der Nacht- und Schichtarbeitnehmer in § 6 erweitern und die Abweichungsmöglichkeiten nach § 7 beschränken, soweit dies zum Schutz der Gesundheit der Arbeitnehmer erforderlich ist. ² Satz 1 gilt nicht für Beschäftigungsbereiche und Arbeiten in Betrieben, die der Bergaufsicht unterliegen.

1   Die Ermächtigung zum Erlass von Arbeitszeitbeschränkungen durch Rechtsverordnung ist aus § 9 II AZO übernommen und auf Ruhepausen und Ruhezeiten ausgedehnt worden. Die bisher auf Grund von § 9 II AZO erlassenen Arbeitszeitvorschriften sind gem. Art. 21 Nr. 4 bis 8 ArbZRG mit zwei Ausnahmen aufgehoben worden.

2   In zwei Bereichen sind die bisherigen Vorschriften aufrechterhalten worden.

3   In Kraft geblieben ist zum einen **§ 21 der Druckluftverordnung** – DruckluftV – v. 4. 12. 1972 (BGBl. I S. 1909; geändert durch Gesetz vom 12. 12. 1975, BGBl. I S. 965). Nach § 21 III DruckluftV muss bei Arbeiten in **Druckluft** zwischen zwei Arbeitsschichten eine arbeitsfreie Zeit von mindestens 12 Stunden liegen. Die Arbeitszeit in Druckluft darf einschließlich der Ein- und Ausschleusungszeiten höchstens 8 Stunden täglich und 40 Stunden wöchentlich betragen (§ 21 IV DruckluftV). Abw. von § 4 müssen bei den in Druckluft beschäftigten AN bereits bei einer Einsatzzeit von mehr als 4 Stunden Pausen in der Gesamtdauer von mindestens 30 Minuten gewährt werden (§ 21 V DruckluftV).

4   Eine weitere Sonderregelung enthält **§ 15a V GefStoffV** idF v. 26. 10. 1993 (BGBl. I S. 1783); geändert durch Art. 1 der Verordnung vom 10. 11. 1993, BGBl. I S. 1870). Danach dürfen AN, wenn die Auslöseschwelle für krebserzeugende Gefahrstoffe überschritten wird, täglich nicht länger als 8 Stunden und wöchentlich nicht länger als 40 Stunden – bei Vierschichtbetrieben 42 Stunden pro Woche im Durchschnitt von vier aufeinander folgenden Wochen – beschäftigt werden.

5   Der Erlass einer auf § 8 S. 1 gestützten Rechtsverordnung setzt voraus, dass die Beschäftigung von AN in dem betreffenden Beschäftigungsbereich oder mit der betreffenden Arbeit mit bes. Gefahren für die Gesundheit der AN verbunden ist und dass die Beschränkung der Arbeitszeit gem. § 3 oder die Ausdehnung der Ruhepausen oder Ruhezeiten erforderlich ist.

6   Für das Merkmal **besondere Gesundheitsgefahr** ist nicht erforderlich, dass eine konkrete Gesundheitsgefährdung zu erwarten ist; ausreichend ist vielmehr das Vorliegen einer **abstrakten** bes. Gesundheitsgefährdung (*Buschmann/Ulber* Rn. 2; *Linnenkohl* Rn. 4). Für die Beurteilung der **Erforderlichkeit** einer Beschränkung der Arbeitszeit oder der Ausdehnung der Ruhepausen oder Ruhezeiten ist dem Verordnungsgeber ein weiter Wertungs- und Gestaltungsspielraum einzuräumen (vgl. BVerfG 28. 1. 1992 AP AZO § 19 Nr. 2 = NJW 1992, 964).

7   Von der Verordnungsermächtigung des § 8 ausgenommen sind Beschäftigungsbereiche und Arbeiten in Betrieben, die der **Bergaufsicht** unterliegen. Für diese Bereiche können vergleichbare Regelungen nach § 66 iVm § 68 BBergG durch Rechtsverordnung des Bundesministers für Wirtschaft im Einvernehmen mit dem BMA erlassen werden.

Dritter Abschnitt. Sonn- und Feiertagsruhe

§ 9 Sonn- und Feiertagsruhe

(1) Arbeitnehmer dürfen an Sonn- und gesetzlichen Feiertagen von 0 bis 24 Uhr nicht beschäftigt werden.

(2) In mehrschichtigen Betrieben mit regelmäßiger Tag- und Nachtschicht kann Beginn oder Ende der Sonn- und Feiertagsruhe um bis zu sechs Stunden vor- oder zurückverlegt werden, wenn für die auf den Beginn der Ruhezeit folgenden 24 Stunden der Betrieb ruht.

(3) Für Kraftfahrer und Beifahrer kann der Beginn der 24stündigen Sonn- und Feiertagsruhe um bis zu zwei Stunden vorverlegt werden.

I. Grundsatz des Verbots der Beschäftigung an Sonn- und Feiertagen

Nach § 9 I ist die Beschäftigung von AN an Sonn- und gesetzlichen Feiertagen **grds. untersagt** 1 (zum Begriff des gesetzlichen Feiertages s. unter § 1 Rn. 10). Dieses Beschäftigungsverbot, das aus § 105b GewO übernommen worden ist, entspricht der verfassungsrechtlichen Gewährleistung der Sonntagsruhe und der gesetzlichen Feiertagsruhe in Art. 140 GG iVm. Art. 139 WRV (ausf. *Baeck/Deutsch* vor §§ 9 bis 13 Rn. 8ff.). § 9 I verbietet die Beschäftigung von AN in Vollarbeit. Der Begriff der Beschäftigung umfasst nicht nur die Beschäftigung in Vollarbeit, sondern **jede Art der Beschäftigung**. Verboten ist daher sowohl die Beschäftigung in Arbeitsbereitschaft, Bereitschaftsdienst und Rufbereitschaft als auch die Weiterbildung von AN im Betrieb (vgl. BayObLG 22. 1. 1986 BB 1986, 880). Vom Beschäftigungsverbot des § 9 I erfasst sind auch Beschäftigungen außerhalb des Betriebs. Da es sich bei § 9 I um eine **nicht dispositive** Vorschrift des öffentlich-rechtlichen Arbeitszeitschutzes handelt, liegt eine unzulässige Beschäftigung auch dann vor, wenn der AN die Beschäftigung am Sonn- oder gesetzlichen Feiertag **freiwillig** verrichtet. Um eine unzulässige Beschäftigung handelt es sich auch dann, wenn der AG sie nur **zulässt** oder **duldet** (BayObLG 17. 9. 1981 GewA 1981, 386). Individual- oder kollektivrechtliche Vereinbarungen, die gegen das Beschäftigungsverbot des § 9 I verstoßen, sind nach § 134 BGB nichtig.

Da § 9 I seinem ausdrücklichen Wortlaut nach nur die Beschäftigung von AN an Sonn- und Feier- 2 tagen verbietet, gilt das Beschäftigungsverbot **nicht** für die **selbständige Eigentätigkeit** des AG (*Zmarzlik/Anzinger* Rn. 5). Ebensowenig fällt unter das Beschäftigungsverbot des § 9 I das bloße automatische **Laufenlassen von Produktionsmaschinen**, vorausgesetzt, dass es auch keiner kurzzeitigen Beschäftigung von AN bedarf (*Linnenkohl* Rn. 5; *Zmarzlik/Anzinger* Rn. 5).

Die Dauer des Beschäftigungsverbots deckt sich mit dem Kalendersonntag oder dem Kalenderfeier- 3 tag und beträgt für jeden Sonn- und Feiertag 24 Stunden. Bei zwei aufeinander folgenden Sonn- und Feiertagen beträgt die Dauer des Beschäftigungsverbots 48 Stunden. Die noch in § 105b I 2 GewO enthaltene Regelung, wonach die den AN zu gewährende Ruhe für zwei aufeinander folgende Sonn- und Feiertage im Regelfall nur mindestens 36 Stunden zu dauern braucht, hat der Gesetzgeber nicht übernommen.

Nach § 11 IV ist die Sonn- oder Feiertagsruhe des § 9 den AN grds. unmittelbar in Verbindung mit 4 einer Ruhezeit nach § 5 zu gewähren. Die Ruhezeit eines AN im Zusammenhang mit einem Sonn- oder Feiertag beträgt damit im Regelfall 24 Stunden für den Sonn- oder Feiertag zuzüglich 11 Stunden Mindestruhezeit gem. § 5 I, **insgesamt** also **35 Stunden**.

II. Verschiebung der Sonn- und Feiertagsruhe

Nach § 9 II kann in mehrschichtigen Betrieben mit regelmäßiger Tag- und Nachtschicht der Beginn 5 oder das Ende der Sonn- und Feiertagsruhe um bis zu 6 Stunden vor- oder zurückverlegt werden. Zulässig ist nur die **Verlegung, nicht** aber eine **Verkürzung** der 24stündigen Sonn- oder Feiertagsruhe. Wird zB die Sonntagsruhe um 6 Stunden vorverlegt, so beginnt sie am Sonntag erst um 6 Uhr und dauert bis Montag 6 Uhr. Bei einer Zurückverlegung der Sonntagsruhe um 6 Stunden beginnt die Ruhezeit bereits am Samstag um 18 Uhr und endet am Sonntag um 18 Uhr. Der Zulässigkeit der Verschiebung steht es nicht entgegen, dass die letzte Schicht bereits am Freitag endet, also am Samstag überhaupt nicht gearbeitet wurde (aA *Roggendorff* Rn. 13). Die gegenteilige Auffassung ist abzulehnen. Sie findet zum einen im Wortlaut keine Stütze. Zum anderen spricht gegen sie, dass der Gesetzgeber mit der Regelung des § 9 II lediglich das Ziel verfolgte, wie bisher nach § 105b I 4 GewO einen flexiblen Schichtwechsel zu ermöglichen (*Baeck/Deutsch* Rn. 22; *Junker* ZfA 1998, 105, 125; *Zmarzlik/Anzinger* Rn. 41).

Die Verschiebung ist nur zulässig in Wechselschichtbetrieben mit **regelmäßiger** Tag- und Nacht- 6 schicht (zum Begriff der Schichtarbeit s. § 6 Rn. 3). Regelmäßig iSd. § 9 II bedeutet, dass sich Tag- und Nachtschicht nicht nur gelegentlich, sondern stets oder doch zumindest üblicherweise ablösen (*Linnenkohl* Rn. 11; *Zmarzlik/Anzinger* Rn. 40).

7 § 9 II lässt die Verlegung der Sonn- und Feiertagsruhe nur zu, wenn für die auf den Beginn der Ruhezeit folgenden 24 Stunden „der Betrieb ruht". Umstr. ist, ob die Verlegung nach § 9 II eine objektive Betriebsruhe voraussetzt, oder ob es ausreicht, wenn die Ruhezeit von 24 Stunden nur den einzelnen AN gewährt wird (für letzteres *Dobberahn* Rn. 98). Die überwiegende Auffassung im Schrifttum verlangt zu Recht eine **objektive Betriebsruhe** (*Baeck/Deutsch* Rn. 24 f.; *Buschmann/Ulber* Rn. 3; *Erasmy* NZA 1995, 97; *Linnenkohl* Rn. 15; *Neumann/Biebl* Rn. 6; *Roggendorff* § 15 Rn. 15; Kasseler Handbuch/*Schliemann* 2.5 Rn. 514; *Zmarzlik/Anzinger* Rn. 46). Hierfür spricht zum einen der Wortlaut des § 9 II, der auf den Betrieb als Ganzes abstellt (*Junker* ZfA 1998, 105, 125). Gestützt wird diese Auslegung auch dadurch, dass schon für die im Wortlaut identische Vorläufernorm des § 105 b I 4 GewO von der ganz überwiegenden Auffassung die Notwendigkeit einer objektiven Betriebsruhe verlangt wurde. Wenn der Gesetzgeber in Kenntnis dieser Sachlage gleichwohl am Wortlaut des § 105 b I 4 GewO festgehalten hat, so deutet dies darauf hin, dass er gerade keine Rechtsänderung gewollt hat (*Erasmy* NZA 1995, 97).

III. Vorverlegung für Kraftfahrer und Beifahrer

8 Das Beschäftigungsverbot für AN an Sonn- und Feiertagen gilt grds. auch für **Kraftfahrer und Beifahrer.** § 9 III gestattet jedoch die **Vorverlegung** der 24stündigen Sonn- und Feiertagsruhe um **bis zu 2 Stunden.** Damit wird dem „Sonntagsfahrverbot" in § 30 III StVO insoweit Rechnung getragen, als Kraftfahrer und Beifahrer, die vom ArbZG erfasst werden, an Sonn- und Feiertagen ab 22 Uhr beschäftigt werden dürfen (BT-Drucks. 12/5888 S. 28).

IV. Sonderregelungen

9 Nach § 8 I 1 MuSchG dürfen **werdende und stillende Mütter** an Sonn- und Feiertagen grds. ebenfalls nicht beschäftigt werden. Das Beschäftigungsverbot gilt jedoch nicht für Mütter, die im Familienhaushalt mit hauswirtschaftlichen Arbeiten beschäftigt werden (§ 8 I 2 MuSchG). Ausnahmen von dem grds. Beschäftigungsverbot des § 8 I 1 MuSchG gelten nach § 8 IV MuSchG nur in den dort genannten Bereichen und auch nur dann, wenn ihnen in jeder Woche einmal eine ununterbrochene Ruhezeit von mindestens 24 Stunden im Anschluss an eine Nachtruhe gewährt wird (vgl. im Einzelnen *Zmarzlik/Zipperer/Viethen* § 8 MuSchG Rn. 32 ff.). Auf die in §§ 10 und 13 aufgeführten Ausnahmen vom Verbot der Beschäftigung von AN an Sonn- und Feiertagen kann sich der AG gegenüber werdenden und stillenden Müttern dagegen nicht berufen. Außer den in § 8 IV vorgesehenen Ausnahmen können weitere Ausnahmen durch die Aufsichtsbehörde in begründeten Einzelfällen zugelassen werden (§ 8 VI MuSchG).

10 Für **Jugendliche** ergibt sich das Beschäftigungsverbot an Sonn- und Feiertagen aus §§ 17 I, 18 I JArbSchG. Ausnahmen von dem Beschäftigungsverbot sind nur in den in § 17 II aufgeführten Fällen zulässig, wobei jedoch an jedem zweiten Sonntag eine Beschäftigung unterbleiben soll. Mindestens zwei Sonntage im Monat müssen in jedem Fall beschäftigungsfrei bleiben (§ 17 II 2 JArbSchG). Für die Beschäftigung an einem Sonn- oder Feiertag muss dem Jugendlichen ein Ersatzruhetag an einem anderen berufsschulfreien Arbeitstag derselben Woche gewährt werden (§§ 17 III und 18 III JArbSchG).

V. Ausnahmeregelungen

11 Ausnahmen von dem Verbot der Beschäftigung von AN an Sonn- und Feiertagen sind zum einen in den in § 10 aufgeführten Fällen vorgesehen (s. unter § 10). Darüber hinaus können Ausnahmen durch Rechtsverordnung oder aufsichtsbehördliche Bewilligung zugelassen werden (s. unter § 13). Schließlich gestattet § 14 I Ausnahmen von dem Beschäftigungsverbot des § 9 für Notfälle und andere bes. Fälle (s. unter § 14).

VI. Mitbestimmung des Betriebsrats

12 Will der AG von der Möglichkeit des § 9 II Gebrauch machen und die 24stündige Sonn- oder Feiertagsruhe um bis zu 6 Stunden vor- oder zurückverlegen, so wird dadurch die Lage der Arbeitszeit berührt. Der BR hat daher nach **§ 87 I Nr. 2 BetrVG** darüber **mitzubestimmen**, ob überhaupt und ggf. in welchem Umfang eine Verschiebung der Sonn- oder Feiertagsruhe erfolgt. Dies gilt auch für die in § 9 III eröffnete Möglichkeit, für Kraftfahrer und Beifahrer die Sonn- oder Feiertagsruhe um bis zu 2 Stunden vorzuverlegen.

§ 10 Sonn- und Feiertagsbeschäftigung

(1) Sofern die Arbeiten nicht an Werktagen vorgenommen werden können, dürfen Arbeitnehmer an Sonn- und Feiertagen abweichend von § 9 beschäftigt werden
1. in Not- und Rettungsdiensten sowie bei der Feuerwehr,

I. Ausnahmen nach § 10 I

2. zur Aufrechterhaltung der öffentlichen Sicherheit und Ordnung sowie der Funktionsfähigkeit von Gerichten und Behörden und für Zwecke der Verteidigung,
3. in Krankenhäusern und anderen Einrichtungen zur Behandlung, Pflege und Betreuung von Personen,
4. in Gaststätten und anderen Einrichtungen zur Bewirtung und Beherbergung sowie im Haushalt,
5. bei Musikaufführungen, Theatervorstellungen, Filmvorführungen, Schaustellungen, Darbietungen und anderen ähnlichen Veranstaltungen,
6. bei nichtgewerblichen Aktionen und Veranstaltungen der Kirchen, Religionsgesellschaften, Verbände, Vereine, Parteien und anderer ähnlicher Vereinigungen,
7. beim Sport und in Freizeit-, Erholungs- und Vergnügungseinrichtungen, beim Fremdenverkehr sowie in Museen und wissenschaftlichen Präsenzbibliotheken,
8. beim Rundfunk, bei der Tages- und Sportpresse, bei Nachrichtenagenturen sowie bei den der Tagesaktualität dienenden Tätigkeiten für andere Presseerzeugnisse einschließlich des Austragens, bei der Herstellung von Satz, Filmen und Druckformen für tagesaktuelle Nachrichten und Bilder, bei tagesaktuellen Aufnahmen auf Ton- und Bildträger sowie beim Transport und Kommissionieren von Presseerzeugnissen, deren Ersterscheinungstag am Montag oder am Tag nach einem Feiertag liegt,
9. bei Messen, Ausstellungen und Märkten im Sinne des Titels IV der Gewerbeordnung sowie bei Volksfesten,
10. in Verkehrsbetrieben sowie beim Transport und Kommissionieren von leichtverderblichen Waren im Sinne des § 30 Abs. 3 Nr. 2 der Straßenverkehrsordnung,
11. in den Energie- und Wasserversorgungsbetrieben sowie in Abfall- und Abwasserentsorgungsbetrieben,
12. in der Landwirtschaft und in der Tierhaltung sowie in Einrichtungen zur Behandlung und Pflege von Tieren,
13. im Bewachungsgewerbe und bei der Bewachung von Betriebsanlagen,
14. bei der Reinigung und Instandhaltung von Betriebseinrichtungen, soweit hierdurch der regelmäßige Fortgang des eigenen oder eines fremden Betriebs bedingt ist, bei der Vorbereitung der Wiederaufnahme des vollen werktägigen Betriebs sowie bei der Aufrechterhaltung der Funktionsfähigkeit von Datennetzen und Rechnersystemen,
15. zur Verhütung des Verderbens von Naturerzeugnissen oder Rohstoffen oder des Mißlingens von Arbeitsergebnissen sowie bei kontinuierlich durchzuführenden Forschungsarbeiten,
16. zur Vermeidung einer Zerstörung oder erheblichen Beschädigung der Produktionseinrichtungen.

(2) Abweichend von § 9 dürfen Arbeitnehmer an Sonn- und Feiertagen mit den Produktionsarbeiten beschäftigt werden, wenn die infolge der Unterbrechung der Produktion nach Absatz 1 Nr. 14 zulässigen Arbeiten den Einsatz von mehr Arbeitnehmern als bei durchgehender Produktion erfordern.

(3) Abweichend von § 9 dürfen Arbeitnehmer an Sonn- und Feiertagen in Bäckereien und Konditoreien für bis zu drei Stunden mit der Herstellung und dem Austragen oder Ausfahren von Konditorwaren und an diesem Tag zum Verkauf kommenden Bäckerwaren beschäftigt werden.

(4) Sofern die Arbeiten nicht an Werktagen vorgenommen werden können, dürfen Arbeitnehmer zur Durchführung des Eil- und Großbetragszahlungsverkehrs und des Geld-, Devisen-, Wertpapier- und Derivatehandels abweichend von § 9 Abs. 1 an den auf einen Werktag fallenden Feiertagen beschäftigt werden, die nicht in allen Mitgliedstaaten der Europäischen Union Feiertage sind.

I. Ausnahmen nach § 10 I

1. Allgemeines. Der Katalog des § 10 I 1 enthält Ausnahmen vom Beschäftigungsverbot an Sonn- und Feiertagen (zur Sonn- und Feiertagsarbeit *Busemann* Arbeitsrechtslexikon Bd. I, Stand Oktober 2000 Nr. 314). Bei den in § 10 I aufgelisteten Ausnahmetatbeständen handelt es sich um **Ausnahmen kraft Gesetzes.** Der AG hat somit vor Inanspruchnahme einer der Ausnahmen des § 10 I **selbst zu prüfen**, ob die Voraussetzungen für die Zulässigkeit der Sonn- oder Feiertagsarbeit vorliegen. Anders als in den Fällen des § 13 III bis V bedarf er somit keiner Ausnahmegenehmigung durch die Aufsichtsbehörde. Der AG trägt für das Vorliegen eines Ausnahmetatbestandes nach § 10 I die ordnungswidrigkeiten- und strafrechtliche Verantwortung (§§ 22 I Nr. 5, 23). Bei Auslegungszweifeln kann er nach § 13 III Nr. 1 durch die Aufsichtsbehörde feststellen lassen, ob eine Beschäftigung nach § 10 I zulässig ist.

Die in § 10 I aufgelisteten 16 Ausnahmetatbestände stehen allesamt unter dem **Vorbehalt**, dass die Arbeiten nicht an Werktagen vorgenommen werden können. Der Gesetzgeber hat damit die bisher für einen Teil der früheren Ausnahmen nach § 105 c I Nr. 3 und 4 GewO geltende Einschränkung auf alle Ausnahmetatbestände erstreckt. Da der Gesetzgeber diese Erstreckung in Kenntnis der Auslegung des

§ 105 c I Nr. 3 und 4 GewO durch die Rspr. und Literatur vorgenommen hat, kann für die Beurteilung, ob Arbeiten nicht auf Werktage verlegt werden können, auf die zu § 105 c Nr. 3 und 4 GewO entwickelten Maßstäbe zurückgegriffen werden (*Dobberahn* Rn. 100; *Erasmy* NZA 1995, 97, 98; *Neumann/Biebl* Rn. 5; *Zmarzlik/Anzinger* Rn. 23). Die Voraussetzung, dass die Arbeiten nicht an Werktagen vorgenommen werden können, ist daher nicht nur dann erfüllt, wenn die Arbeiten aus rein **technischen Gründen** nicht auf Werktage verlagert werden können, sondern auch dann, wenn die Vornahme dieser Arbeiten an Werktagen für den Betrieb **unverhältnismäßige** wirtschaftliche oder soziale **Nachteile** zur Folge hätte (*Dobberahn* Rn. 100; *Erasmy* NZA 1995, 97, 98; *Roggendorff* Rn. 16; Kasseler Handbuch/*Schliemann* 2.5 Rn. 527; *Zmarzlik/Anzinger* Rn. 24; aA *Buschmann/Ulber* Rn. 3, nach deren Auffassung Sonn- und Feiertagsarbeit nur bei technischer Unmöglichkeit der Verlegung der Arbeiten auf einen Werktag zulässig sein soll). **Unzulässig** sind dagegen Arbeiten, die ohne Gefährdung des Betriebszwecks mit zumutbaren Gestaltungsmitteln auf einen Werktag verschoben werden können (*Neumann/Biebl* Rn. 5; *Roggendorff* Rn. 16). Für die Frage, ob zumutbare Gestaltungsmittel zur Vermeidung der Sonn- oder Feiertagsarbeit vorhanden sind, ist auf die Art der Arbeit und die konkreten betrieblichen Verhältnisse abzustellen (*Neumann/Biebl* Rn. 3; *Roggendorff* Rn. 17).

3   Liegt einer der Ausnahmetatbestände des § 10 I Nr. 1 bis 16 vor, so sind nicht nur die in dem Ausnahmetatbestand ausdrücklich genannten Arbeiten zulässig, sondern auch die dazugehörigen **Hilfs- und Nebenarbeiten**, die im unmittelbaren Zusammenhang mit den zugelassenen Arbeiten stehen (*Roggendorff* Rn. 13; *Zmarzlik/Anzinger* Rn. 29). Die Arbeiten sind jedoch dem **Umfang** nach auf die Arbeiten zu beschränken, die nicht an Werktagen vorgenommen werden können (*Zmarzlik/Anzinger* Rn. 26). Auch dürfen nur so viele AN mit den nicht verschiebbaren Arbeiten beschäftigt werden, wie für die Verrichtung der Arbeiten unbedingt erforderlich sind (*Neumann/Biebl* Rn. 4).

4   **2. Ausnahmetatbestände.** Nach § 10 I Nr. 1 ist die Beschäftigung von AN in Not- und Rettungsdiensten sowie bei der **Feuerwehr** vom Beschäftigungsverbot an Sonn- und Feiertagen ausgenommen. Für den Begriff „Not- und Rettungsdienste" kommt es nicht darauf an, ob diese institutionalisiert sind; entscheidend ist vielmehr die **helfende Funktion** der Dienste (*Zmarzlik/Anzinger* Rn. 30). Von dem Ausnahmetatbestand der Nr. 1 werden auch die handwerklichen Notdienste (zB Schlüssel- und Reparaturnotdienste), die Notrufzentralen (zB die Automobilclub-Notrufzentralen) und die zentralen Sperrannahmedienste von Banken und Kreditorganisationen erfasst (vgl. BT-Drucks. 12/5888 S. 29).

5   § 10 I Nr. 2 gestattet die Beschäftigung von AN an Sonn- und Feiertagen zur Aufrechterhaltung der **öffentlichen Sicherheit und Ordnung** sowie der Funktionsfähigkeit von Gerichten und Behörden und für Zwecke der Verteidigung. Da in den aufgeführten Bereichen idR Beamte, Richter und Soldaten eingesetzt werden, die keine AN iSv. § 2 II sind und daher vom persönlichen Geltungsbereich des ArbZG nicht erfasst werden, hat der Ausnahmetatbestand der Nr. 2 nur geringe praktische Bedeutung.

6   Nach § 10 I Nr. 3 dürfen AN abw. von § 9 in **Krankenhäusern** und anderen Einrichtungen zur Behandlung, Pflege und Betreuung von Personen an Sonn- und Feiertagen beschäftigt werden (zu den Begriffen Krankenhäuser und andere Einrichtungen zur Behandlung, Pflege und Betreuung von Personen s. § 5 Rn. 8). Von Nr. 3 wird auch die rein pflegerische Versorgung erfasst, so dass zu den anderen Einrichtungen auch ambulante Pflegedienste gehören (BT-Drucks. 12/5888 S. 29).

7   Gem. § 10 I Nr. 4 dürfen AN abw. von § 9 auch an Sonn- und Feiertagen in **Gaststätten** und anderen Einrichtungen zur Bewirtung und Beherbergung beschäftigt werden. Diese Ausnahme entspricht dem bisherigen § 105 i I GewO (zu den Begriffen Gaststätten und andere Einrichtungen zur Bewirtung und Beherbergung s. § 5 Rn. 9).

8   Die in § 10 I Nr. 5 geregelte Ausnahme vom Beschäftigungsverbot des § 9 entspricht ebenfalls dem bisherigen § 105 i I GewO und gilt für Musikaufführungen, **Theatervorstellungen**, Filmvorführungen, Schaustellungen, Darbietungen und ähnliche Veranstaltungen. Zu den anderen ähnlichen Veranstaltungen gehören insb. die Tätigkeiten des Schaustellergewerbes, wie zB die Schau-, Belustigungs-, Fahr-, Schieß- und Spielgeschäfte (*Zmarzlik/Anzinger* Rn. 43). Von Nr. 5 erfasst wird auch das Aufstellen und Betreiben von Musik- und Unterhaltungsautomaten (zB in Spielhallen) sowie die Beschäftigung von AN zur Beseitigung von Störungen an diesen Automaten (vgl. BVerwG 7. 10. 1965 AP GewO § 105 b Nr. 2).

9   § 10 I Nr. 6 gestattet Abweichungen von § 9 bei nichtgewerblichen Aktionen und Veranstaltungen der **Kirchen**, Religionsgesellschaften, Verbände, Vereine und anderer ähnlicher Vereinigungen. Die Aktionen und Veranstaltungen müssen **nichtgewerblich** sein, dh. sie dürfen nicht auf Gewinnerzielung gerichtet sein. Wird mit der Aktion oder Veranstaltung ein Reinerlös erzielt, so bleibt sie solange nichtgewerblich, wie ein gemeinnütziger Zweck im Vordergrund steht (*Zmarzlik/Anzinger* Rn. 47; zur geringen praktischen Bedeutung *Baeck/Deutsch* Rn. 47).

10   § 10 I Nr. 7 lässt die Beschäftigung von AN an Sonn- und Feiertagen in den aufgeführten Dienstleistungsbereichen zu. Zum **Sport** gehören nicht nur Wettkämpfe, sondern alle sportlichen Veranstaltungen (zB auch Schauturnen). Von dem Ausnahmetatbestand erfasst werden neben den AN, die Sport selbst ausüben, auch Helfer, Ordner, Betreuer und sonst mit dem Ablauf des Sportereignisses befasste AN. Für die Beschäftigung von AN in Bibliotheken gilt grds. das Verbot des § 9. Von dem

Beschäftigungsverbot ausgenommen sind lediglich **wissenschaftliche Präsenzbibliotheken**, wie zB Universitätsbibliotheken.

§ 10 I Nr. 8 gestattet Ausnahmen für den Rundfunk und die Presse. Die Ausnahmen für den Presse- und Druckbereich setzen stets den Bezug zur **Tagesaktualität** voraus (zum Begriff der Tagesaktualität s. *Berger-Delhey* ZTR 1994, 105, 109; *Neumann/Biebl* Rn. 27). Der Begriff der **Tagespresse** in Nr. 8 umfasst neben den Tageszeitungen auch Sonntagszeitungen, und zwar unabhängig davon, ob sie als reine Sonntagszeitungen nur am Sonntag oder als sog. siebte Ausgabe einer Tageszeitung am Sonntag erscheinen. Die Worte „einschließlich des Austragens" waren im RegE noch nicht enthalten und sind erst auf Beschluss des Deutschen Bundestages eingefügt worden. Damit wird die Beschäftigung von AN mit dem Austragen von Presseerzeugnissen an Sonn- und Feiertagen erlaubt (BT-Drucks. 12/6990 S. 13 und 43). Dagegen bleibt das Verteilen von reinem Werbematerial weiterhin unzulässig.

Nach **§ 10 I Nr. 9** gilt das Verbot des § 9 ferner nicht für Messen, Ausstellungen, Märkte und Volksfeste. Die Ausnahmeregelung der Nr. 9 trägt der Tatsache Rechnung, dass zu den sog. Marktprivilegien der nach § 69 GewO festgesetzten Messen, Ausstellungen, Märkte und Volksfeste seit jeher die Befreiung vom Verbot der Beschäftigung von AN an Sonn- und Feiertagen zählt (BT-Drucks. 12/5888). Der Begriff der Messe bestimmt sich nach § 64 I GewO. **Messe** ist danach eine zeitlich begrenzte, im Allg. regelmäßig wiederkehrende Veranstaltung, auf der eine Vielzahl von Ausstellern das wesentliche Angebot eines oder mehrerer Wirtschaftszweige ausstellt und überwiegend nach Muster an gewerbliche Wiederverkäufer, gewerbliche Verbraucher oder Großabnehmer vertreibt. Unter den Messebegriff iSv. Nr. 9 fallen nicht die sog. Haus- und Ordermessen, bei denen eine oder mehrere Firmen aus Anlass von nach § 69 festgesetzten Messen oder Ausstellungen eine Veranstaltung für gewerbliche Wiederverkäufer durchführen (MünchArbR/*Anzinger* § 221 Rn. 40; *Neumann/Biebl* Rn. 18; *Roggendorff* Rn. 23).

Volksfeste sind im Allg. regelmäßig wiederkehrende, zeitlich begrenzte Veranstaltungen, auf denen eine Vielzahl von Anbietern unterhaltende Tätigkeiten als Schausteller oder nach Schaustellerart ausübt oder Waren feilbietet, die üblicherweise auf Veranstaltungen dieser Art angeboten werden (§ 60 b I GewO).

§ 10 I Nr. 10 enthält eine Ausnahme für Verkehrsbetriebe sowie für den Transport und das Kommissionieren von leicht verderblichen Waren. Die Ausnahme für **Verkehrsbetriebe** entspricht dem bisherigen § 105 e GewO (zum Begriff des Verkehrsbetriebes s. § 5 Rn. 10). Die Ausnahme für den Transport und das Kommissionieren von leichtverderblichen Waren iSv. § 30 III Nr. 2 StVO geht auf die Beschlussempfehlung des Ausschusses für Arbeit und Sozialordnung zurück (BT-Drucks. 12/6990 S. 43). Nach dem bisherigen § 105 c I Nr. 4 GewO durften im Handelgewerbe an Sonn- und Feiertagen zwar Arbeiten zur Verhütung des Verderbens von Rohstoffen vorgenommen werden, umstr. war jedoch, ob hierzu auch das Kommissionieren von Frischwaren zählte (BVerwG 14. 11. 1989 GewA 1990, 66; OVG Münster 7. 10. 1993 GewA 1994, 170; VGH Baden-Württemberg 17. 11. 1989 GewA 1990, 407). Mit der Ausnahmeregelung für den Transport und das Kommissionieren leicht verderblicher Waren soll auch dem Bedürfnis des Verbrauchers nach Frischwaren schon am Montagmorgen Rechnung getragen werden (BT-Drucks. 12/6990 S. 43).

Zu den **leicht verderblichen Waren** gehören frische Milch und frische Milcherzeugnisse, frisches Fleisch und frische Fleischerzeugnisse, frischer Fisch und frische Fischerzeugnisse sowie leicht verderbliches Obst und Gemüse. Zum **Transport und Kommissionieren** gehören das Ausladen, Sortieren, Abpacken und Verladen der Ware, die Beförderung der Ware sowie die Auslieferung der kommissionierten Ware an die Kunden (*Zmarzlik/Anzinger* Rn. 79).

Eine Ausnahmeregelung gilt gem. **§ 10 I Nr. 11** auch für die Beschäftigung von AN an Sonn- und Feiertagen in den Energieversorgungs-, Wasserversorgungs-, Abfall- und Abwasserentsorgungsbetrieben. Zu den **Energieversorgungsbetrieben** gehören zB Elektrizitäts-, Gas-, Fernheiz- und Kernkraftwerke. Unter die Ausnahmeregelung der Nr. 11 fallen auch Zulieferbetriebe für Energieversorgungsunternehmen, sofern dort Arbeiten zur Aufrechterhaltung der Energieversorgung unerlässlich sind (BT-Drucks. 12/6990 S. 40). **Wasserversorgungsbetriebe** sind alle Betriebe zur Deckung des Wasserbedarfs mit Trinkwasser, wie zB Wasserwerke. **Abfallentsorgungsbetriebe** sind solche, die Abfälle sammeln, abnehmen oder beseitigen. Zu den **Abwasserentsorgungsbetrieben** gehören zB die Klärwerke.

§ 10 I Nr. 12 enthält eine Ausnahme vom Verbot der Beschäftigung von AN an Sonn- und Feiertagen in der **Landwirtschaft**, in der Tierhaltung sowie in Einrichtungen zur Behandlung und Pflege von Tieren (zu den Begriffen Landwirtschaft und Tierhaltung s. § 5 Rn. 12). Einrichtungen zur Behandlung und Pflege von Tieren sind zB Tierarztpraxen und Tierheime.

Nach **§ 10 I Nr. 13** dürfen AN an Sonn- und Feiertagen im Bewachungsgewerbe und bei der Bewachung von Betriebsanlagen beschäftigt werden. Der Begriff des Bewachungsgewerbes bestimmt sich nach § 34 a GewO. **Bewachungsgewerbe** ist danach das gewerbsmäßige Bewachen von Leben oder Eigentum fremder Personen. Zum Bewachungsgewerbe zählt zB die Bewachung von Betriebsanlagen durch AN von Wach- und Schließgesellschaften. Nicht von der Ausnahmeregelung der Nr. 11 erfasst wird dagegen die über den reinen Objektschutz hinausgehende Kontrolle vollautomatisch laufender Produktionsanlagen (*Neumann/Biebl* Rn. 36; *Roggendorff* Rn. 27).

19 **§ 10 I Nr. 14 erste Var.** gestattet die Beschäftigung von AN mit der Reinigung und Instandhaltung von Betriebseinrichtungen, soweit hiervon der regelmäßige Fortgang des eigenen oder eines fremden Betriebes abhängig ist. Diese Ausnahme entspricht dem bisherigen § 105c I Nr. 3 GewO. Arbeiten zur **Reinigung von Betriebseinrichtungen** sind solche, die darauf abzielen, die Betriebsstätten, die Maschinen, Apparate und sonstigen Betriebsvorrichtungen von Schmutz und Staub, Abfällen oder sonstigen Fremdkörpern zu reinigen (*Neumann/Biebl* Rn. 24; *Zmarzlik/Anzinger* Rn. 98). Zu den **Instandhaltungsarbeiten** iSd. ersten Var. der Nr. 14 gehören Arbeiten, durch die die Arbeitsstätte einschließlich der Maschinen, Werkzeuge und Geräte sowie die Fahrzeuge verwendungs- und einsatzbereit gehalten wird (*Neumann/Biebl* Rn. 37). Das Aufstellen neuer Maschinen und Anlagen ist keine Instandhaltung (*Roggendorff* Rn. 28). § 10 I Nr. 14 erste Var. gestattet allerdings nur die Reinigungs- und Instandhaltungsarbeiten, durch die der regelmäßige Fortgang des eigenen oder fremden Betriebs bedingt ist (OVG Hamburg 22. 2. 1963 GewA 1964, 59).

20 Nach **§ 10 I Nr. 14 zweite Var.**, der ebenfalls dem bisherigen § 105c I Nr. 3 GewO entspricht, dürfen AN abw. von § 9 auch bei der **Vorbereitung der Wiederaufnahme des vollen werktägigen Betriebs** beschäftigt werden. Zu den **Vorbereitungsarbeiten** gehören zB das Anfeuern der Öfen, die Inbetriebnahme von Förder- und Aufzugsanlagen oder das Ingangsetzen von Maschinen im Leerlauf. Auch das Ingangsetzen von Maschinen zur Produktionsaufnahme wird von der zweiten Var. der Nr. 14 erfasst, wenn damit technologisch bedingt eine Funktionsprüfung der Maschinen oder eine Prüfung des Produkts verbunden ist (BT-Drucks. 12/6990 S. 40; *Baeck/Deutsch* Rn. 105; *Erasmy* NZA 1995, 97, 99; *Neumann/Biebl* Rn. 40; Kasseler Handbuch/*Schliemann* 2.5 Rn. 568; abw. *Buschmann/Ulber* Rn. 11).

21 Einen neuen Ausnahmetatbestand stellt **§ 10 I Nr. 14 dritte Var.** dar, wonach die Beschäftigung von AN an Sonn- und Feiertagen bei der **Kontrolle der Funktionsfähigkeit von Datennetzen** zulässig ist. Der Grund für diesen neuen Ausnahmetatbestand ist in dem vermehrten bargeldlosen Zahlungsverkehr mit Eurocheque-Karten, Kreditkarten, Tankcards usw. zu sehen, der den ununterbrochenen Betrieb von Großrechnern erfordert (BT-Drucks. 12/5888 S. 29). Die Ausnahme in Nr. 14 dritte Var. ist aber nicht auf den Zahlungsverkehr der Banken und Sparkassen beschränkt, sondern gilt vielmehr für alle Datennetze und Rechnersysteme (*Zmarzlik/Anzinger* Nr. 124). Zu den Datennetzen und Rechnersystemen gehören auch die mit ihnen verbundenen Einzelkomponenten (*Neumann/Biebl* Rn. 42; ausf. *Baeck/Deutsch* Rn. 108). Aus der Formulierung „bei" der Aufrechterhaltung der Funktionsfähigkeit folgt, dass von der Ausnahmeregelung alle Arbeiten erfasst werden, die im Rahmen der Aufrechterhaltung der Funktionsfähigkeit von Datennetzen und Rechnersystemen anfallen (*Zmarzlik/Anzinger* Rn. 125).

22 Die beiden ersten Ausnahmetatbestände in § 10 I Nr. 15 gehen auf § 105c I Nr. 4 GewO zurück. Die **erste Var. der Nr. 15** gestattet die Beschäftigung von AN an Sonn- und Feiertagen mit Arbeiten zur Verhütung des Verderbens von Naturerzeugnissen oder Rohstoffen. Zu den **Rohstoffen** gehören sowohl die aus der Natur gewonnenen mineralischen, pflanzlichen und tierischen Erzeugnisse, wie zB Früchte, Milch und Fische, als auch die daraus hergestellten Zwischenprodukte (*Neumann/Biebl* Rn. 43). **Naturerzeugnisse** sind tierische und pflanzliche Erzeugnisse, die in naturbelassenem Zustand verbraucht oder zu anderen Produkten verarbeitet werden (*Roggendorff* Rn. 35). Die Sonn- und Feiertagsarbeit muss zur Verhütung des Verderbens erforderlich sein. Ein **Verderben** liegt vor, wenn sich die Rohstoffe oder Naturerzeugnisse infolge der Unterbrechung der Arbeit an Sonn- und Feiertagen so verändern, dass sie nicht mehr bestimmungsgemäß verwandt werden können (*Roggendorff* Rn. 35). Vor Inanspruchnahme der Ausnahmeregelung der ersten Var. der Nr. 15 muss der AG jedoch alle möglichen und ihm zumutbaren organisatorischen und technischen Maßnahmen ausschöpfen, um ein Verderben auch ohne die Beschäftigung von AN an Sonn- und Feiertagen zu verhindern. Als mögliche Maßnahmen kommen zB Kühlung, Einfrieren, Trocknen, Einsalzen oder eine bes. Verpackung in Betracht (*Neumann/Biebl* Rn. 44; *Roggendorff* Rn. 36).

23 Die **zweite Var. der Nr. 15** lässt abw. von § 9 die Sonn- und Feiertagsarbeit zur Verhütung des Misslingens von Arbeitsergebnissen zu. Der bisher in § 105c I Nr. 4 enthaltene Begriff „Arbeitserzeugnisse" ist durch den weiteren Begriff „**Arbeitsergebnisse**" ersetzt worden. Dieser erfasst nicht nur Arbeiten zur Herstellung von End- und Zwischenprodukten, sondern darüber hinaus auch alle sonstigen Arbeiten, wie zB Dienstleistungen. Von einem **Misslingen von Arbeitsergebnissen** ist auszugehen, wenn die Arbeitsergebnisse wegen der Unterbrechung der Sonn- und Feiertagsarbeit nicht gelingen oder Fehler aufweisen, die ihre Verwendung als bestimmungsgemäßes Arbeitsergebnis ausschließen oder wesentlich beeinträchtigen (*Roggendorff* Rn. 37; *Zmarzlik/Anzinger* Rn. 151).

24 Nach der Begr. des RegE liegt ein Misslingen von Arbeitsergebnissen bei kontinuierlicher Sonntagsarbeit des produzierenden Gewerbes idR dann vor, wenn wegen der Unterbrechung am Sonn- oder Feiertag nicht oder fehlerhaft gelungene (misslungene) Arbeitsergebnisse in Höhe von 5% einer Wochenproduktion an fehlerfreien Arbeitserzeugnissen anfallen. Bezugsmaßstab ist die Wochenproduktion von Montag 0 Uhr bis Samstag 24 Uhr mit 144 Arbeitsstunden (BT-Drucks. 12/5888 S. 29). Damit wird von den Grundsätzen ausgegangen, die von den Arbeitsschutzbehörden der Länder im Interesse der Einheitlichkeit des Verwaltungshandelns aufgestellt und beim Vollzug des § 105c I Nr. 4 GewO zugrunde gelegt worden sind (*Dobberahn* Rn. 110; *Roggendorff* Rn. 38; abw. *Buschmann/*

IV. Ausnahme nach § 10 IV   § 10 ArbZG 110

Ulber Rn. 12, nach deren Auffassung die Ausnahmeregelung der zweiten Var. der Nr. 15 enger auszulegen ist). Ein Misslingen kann nach der amtl. Begr. des RegE im Einzelfall auch schon bei einer Unterschreitung der 5%-Grenze zu bejahen sein (BT-Drucks. 12/5888 S. 29). Diese Klarstellung in der Begr. des RegE ist zu begrüßen. Eine starre 5%-Grenze würde nämlich den unterschiedlichen Industriezweigen nicht hinreichend Rechnung tragen und wäre daher im Hinblick auf ihre Vereinbarkeit mit dem Gleichheitssatz und dem Verhältnismäßigkeitsgrundsatz verfassungsrechtlich bedenklich (*Erasmy* NZA 1995, 97, 99; *Zmarzlik/Anzinger* Rn. 167).

Ein **neuer Ausnahmetatbestand** ist mit der **dritten Var. der Nr. 15** in das ArbZG aufgenommen 25 worden, nach der AN bei kontinuierlich durchzuführenden Forschungsarbeiten an Sonn- und Feiertagen beschäftigt werden dürfen. **Kontinuierlich durchzuführende Forschungsarbeiten** sind solche Forschungsarbeiten, die bereits an Werktagen begonnen wurden und deren Fortsetzung an Sonn- und Feiertagen erforderlich ist (*Linnenkohl* Rn. 95; *Roggendorff* Rn. 41). Zu den Forschungsarbeiten, die von der dritten Var. der Nr. 15 erfasst werden können, gehören zB die Durchführung, Auswertung und Beobachtung von wissenschaftlichen Experimenten über längere Zeiträume (*Zmarzlik/Anzinger* Rn. 207).

§ 10 I Nr. 16 ermöglicht die Beschäftigung von AN an Sonn- und Feiertagen, wenn die Produkti- 26 onsunterbrechung zu einer Zerstörung oder erheblichen Beschädigung der Produktionseinrichtungen führen würde. **Produktionseinrichtungen** sind alle Produktionsmittel oder Produktionsanlagen, mit denen Produkte hergestellt werden, wie zB Öfen, Maschinen, Fertigungsstraßen usw. Eine Beschädigung von Produktionseinrichtungen ist **erheblich**, wenn sie dem AG **nicht zumutbar** ist, zB wegen der entstehenden Kosten für die Schadensbeseitigung (*Linnenkohl* Rn. 100; MünchArbR/*Anzinger* § 221 Rn. 54; *Neumann/Biebl* Rn. 53; *Zmarzlik/Anzinger* Rn. 221).

II. Ausnahme nach § 10 II

Nach § 10 II dürfen AN an Sonn- und Feiertagen mit Produktionsarbeiten beschäftigt werden, 27 wenn die infolge der Unterbrechung der Produktion nach § 10 I Nr. 14 zulässige Beschäftigung der AN mit Reinigungs-, Instandhaltungs- und Vorbereitungsarbeiten den Einsatz von mehr AN als bei durchgehender Produktion erfordern würde. Mit der Regelung des § 10 II soll eine Verringerung der Zahl der von Sonntagsarbeit betroffenen AN erreicht werden (BT-Drucks. 12/5888). Es würde nämlich dem Sonn- und Feiertagsschutz zuwiderlaufen, wenn infolge der Unterbrechung der Produktion bei zulässigen Reparatur- und Instandhaltungsarbeiten iSv. § 10 I Nr. 14 mehr AN beschäftigt werden müssten als bei fortlaufender Produktion. Die Ausnahmeregelung des § 10 II ist ihrem eindeutigen Wortlaut nach auf zulässige Arbeiten nach § 10 I Nr. 14 beschränkt, so dass eine Erstreckung auf die anderen Ausnahmefälle des § 10 I unzulässig ist (*Neumann/Biebl* Rn. 54; *Roggendorff* Rn. 44; Kasseler Handbuch/*Schliemann* 2.5 Rn. 592; aA *Baeck/Deutsch* Rn. 148; *Dobberahn* Rn. 112; *Junker* ZfA 1998, 105, 125; krit. auch *Erasmy* NZA 1995, 97, 100).

Bei der Beurteilung der Frage, ob ein Einsatz von mehr „Arbeitnehmern" als bei durchgängiger 28 Produktion erforderlich ist, ist im Einzelfall nicht auf die Anzahl der AN, sondern auf die Gesamtzahl der von den AN in dem einen oder dem anderen Falle zu leistenden Arbeitsstunden abzustellen (*Erasmy* NZA 1995, 97, 100; *Linnenkohl* Rn. 106; *Neumann/Biebl* Rn. 55; *Roggendorff* Rn. 45). § 10 II ist daher zB nicht anwendbar, wenn mit Reinigungs- und Instandhaltungsarbeiten 8 teilzeitbeschäftigte AN mit jeweils 4 Stunden (32 sog. „Mannstunden") an Sonn- oder Feiertagen beschäftigt werden könnten, der AG statt dessen aber 6 AN mit jeweils 8 Stunden (48 „Mannstunden") beschäftigen will.

III. Ausnahme nach § 10 III

Nach § 10 III dürfen AN an Sonn- und Feiertagen in Bäckereien und Konditoreien für bis zu drei 29 Stunden mit der Herstellung und dem Austragen oder Ausfahren von Konditorwaren und an diesem Tag zum Verkauf von Bäckereiwaren beschäftigt werden. Mit dieser nachträglich durch das Gesetz zur Änderung des Gesetzes über den Ladenschluss und zur Neuregelung der Arbeitszeit in Bäckereien und Konditoreien vom 30. 7. 1996 (BGBl. I S. 1186) in das ArbZG eingefügten Ausnahme vom Beschäftigungsverbot des § 9 soll vor allem die Versorgung mit frischem Brot und Brötchen auch an Sonn- und Feiertagen ermöglicht werden.

IV. Ausnahme nach § 10 IV

Durch das Gesetz zur Einführung des Euro (Euro-Einführungsgesetz – EuroEG) vom 9. 6. 1998 30 (BGBl. I S. 1242) wurde mit Wirkung zum 1. 1. 1999 ein neuer § 10 IV eingefügt. Die Ausnahmevorschrift des Abs. 4 dient der Sicherung des Finanzstandorts Deutschland (BT-Drucks. 13/10 334 S. 42; *Baeck/Deutsch* Rn. 157). Die Bestimmung gilt für die Durchführung des Eil- und Großbetragszahlungsverkehrs und des Geld-, Devisen-, Wertpapier- und Derivathandels (zum Eil- und Großbetragszahlungssystem TARGET s. *Anzinger* NZA 1998, 845, 846; *Baeck/Deutsch* Rn. 160). Damit deutsche Kreditinstitute infolge der zunehmenden Vernetzung der Zahlungssysteme im Zuge der dritten Stufe der EG keine Nachteile im Wettbewerb mit Konkurrenten anderer Mitgliedsstaaten der EU erleiden, gestattet § 10 IV in Ausnahme zu § 9 I das Arbeiten an auf Werktage fallenden nicht EU-einheitlichen Feiertagen (BT-Drucks. 13/10 334 S. 42). Praktisch greift die Vorschrift damit an allen Feiertagen, außer dem 1. Weihnachtsfeiertag und dem Neujahrstag, sofern diese nicht auf einen Sonntag fallen (*Anzinger* NZA 1998, 845, 846; *Baeck/Deutsch* Rn. 1623).

§ 11 Ausgleich für Sonn- und Feiertagsbeschäftigung

(1) Mindestens 15 Sonntage im Jahr müssen beschäftigungsfrei bleiben.

(2) Für die Beschäftigung an Sonn- und Feiertagen gelten die §§ 3 bis 8 entsprechend, jedoch dürfen durch die Arbeitszeit an Sonn- und Feiertagen die in den §§ 3, 6 Abs. 2 und § 7 bestimmten Höchstarbeitszeiten und Ausgleichszeiträume nicht überschritten werden.

(3) ¹ Werden Arbeitnehmer an einem Sonntag beschäftigt, müssen sie einen Ersatzruhetag haben, der innerhalb eines den Beschäftigungstag einschließenden Zeitraums von zwei Wochen zu gewähren ist. ² Werden Arbeitnehmer an einem auf einen Werktag fallenden Feiertag beschäftigt, müssen sie einen Ersatzruhetag haben, der innerhalb eines den Beschäftigungstag einschließenden Zeitraums von acht Wochen zu gewähren ist.

(4) Die Sonn- oder Feiertagsruhe des § 9 oder der Ersatzruhetag des Absatzes 3 ist den Arbeitnehmern unmittelbar in Verbindung mit einer Ruhezeit nach § 5 zu gewähren, soweit dem technische oder arbeitsorganisatorische Gründe nicht entgegenstehen.

1 **1. Beschäftigungsfreie Sonntage.** Durch § 11 I soll sichergestellt werden, dass AN, die zulässigerweise an Sonntagen beschäftigt werden dürfen, wenigstens an 15 Sonntagen im Jahr beschäftigungsfrei bleiben. Die Mindestanzahl von 15 beschäftigungsfreien Sonntagen darf nur in den engen Grenzen des § 12 I Nr. 1 unterschritten werden.

2 **Beschäftigungsfrei** bedeutet, dass der AN mit keinerlei abhängiger Erwerbsarbeit beschäftigt werden darf. Unzulässig ist auch die Heranziehung der AN zum Bereitschaftsdienst oder zur Rufbereitschaft (s. näher zum Begriff Beschäftigung § 9 Rn. 1). § 11 I will nur jedem AN eine Mindestanzahl von beschäftigungsfreien Sonntagen sichern. Die Vorschrift ist deshalb nicht so zu verstehen, dass auch der ganze Betrieb an mindestens 15 Sonntagen ruhen muss (*Baeck/Deutsch* Rn. 8; *Erasmy* NZA 1995, 97, 102; *Junker* ZfA 1998, 105, 126 f.; *Neumann/Biebl* Rn. 2; *Roggendorff* § 10 Rn. 5; aA *Buschmann/Ulber* § 10 Rn. 1). Für die Mindestanzahl von 15 beschäftigungsfreien Sonntagen kommt es allein auf die Zahl der **tatsächlich beschäftigungsfreien** Sonntage an, so dass auch beschäftigungsfreie Sonntage im Urlaub oder in Zeiten sonstiger Arbeitsbefreiung anzurechnen sind (*Dobberahn* Rn. 110; *Linnenkohl* Rn. 7; *Neumann/Biebl* Rn. 4; *Roggendorff* Rn. 6).

3 Die Mindestanzahl von 15 beschäftigungsfreien Sonntagen muss **im Jahr** gewährt werden. Der Bezugszeitraum von einem Jahr ist nicht auf das Kalenderjahr festgelegt (*Junker* ZfA 1998, 105, 127; *Neumann/Biebl* Rn. 3; *Roggendorff* Rn. 5; *Zmarzlik/Anzinger* Rn. 15; nunmehr auch *Dobberahn* Rn. 119). Der AG kann den Bezugszeitraum eines Jahres auch in einer anderen üblichen Weise wählen. Wird ein AN erstmals am 15. 3. eines Jahres zur Sonntagsarbeit herangezogen, so genügt der AG den Anforderungen des § 11 I, wenn er ihm bis spätestens zum 14. 3. des Folgejahres 15 beschäftigungsfreie Sonntage gewährt.

4 **2. Arbeitszeitgrenzen für Sonn- und Feiertage.** Nach § 11 II sind die Vorschriften der §§ 3 bis 8 auf die Beschäftigung von AN an Sonn- und Feiertagen entspr. anzuwenden. AN dürfen daher an Sonn- und Feiertagen grds. nicht mehr als 8 Stunden beschäftigt werden (vgl. § 3 S. 1). Die Arbeitszeit kann jedoch auch an Sonn- und Feiertagen auf bis zu 10 Stunden verlängert werden, wenn innerhalb des für den Betrieb gewählten Ausgleichszeitraums an einem Werktag entspr. weniger gearbeitet wird. Ruhepausen und Ruhezeiten sind den an Sonn- und Feiertagen beschäftigten AN wie an Werktagen zu gewähren (vgl. §§ 3, 5). Die in § 6 II vorgesehenen Beschränkungen der Nachtarbeit gelten auch für die Beschäftigung von AN in Nachtarbeit an Sonn- und Feiertagen (vgl. § 6 Rn. 7 ff.).

5 **3. Ersatzruhetag.** § 11 III 1 bestimmt, dass dem AN für jeden Sonntag, an dem er beschäftigt wird, ein Ersatzruhetag an einem Werktag zu gewähren ist. Als Ersatzruhetag kommt **jeder Werktag**, also auch ein arbeitsfreier Samstag, in Betracht (BAG 12. 12. 2001, NZA 2002, 505 = AP ArbzG § 11 Nr. 1; *Baeck/Deutsch* Rn. 18; *Dobberahn* Rn. 122; *Erasmy* NZA 1995, 97, 103; *Junker* ZfA 1998, 105, 127; *Neumann/Biebl* Rn. 8; *Roggendorff* Rn. 12; Kasseler Handbuch/*Schliemann* 2.5 Rn. 612). Die gegenteilige Auffassung, wonach der Ersatzruhetag auf einen Beschäftigungstag fallen muss (so *Buschmann/Ulber* Rn. 3, jedoch ohne Begründung; *Ulber* AiB 1999, 181 f.), findet im Wortlaut des § 11 III keinerlei Stütze. Dass Ersatzruhetag jeder Werktag sein kann, unabhängig davon, ob dieser Werktag für den AN ohnehin frei ist oder nicht, wird auch durch die Begr. des RegE belegt, nach der die Regelung des § 11 III aus Arbeitsschutzgründen lediglich sicherstellen soll, dass AN wenigstens einen arbeitsfreien Tag in der Woche haben (BT-Drucks. 12/5888 S. 30).

Der Ersatzruhetag für Sonntagsarbeit muss dem AN innerhalb eines den Beschäftigungstag einschließenden Zeitraums von **zwei Wochen** gewährt werden. Der Ersatzruhetag kann im **vorhinein** gegeben werden. Dies folgt aus dem Wortlaut des § 11 III, wonach der Beschäftigungstag nur in den Ausgleichszeitraum eingeschlossen sein muss, ihm aber nicht folgen muss (*Baeck/Deutsch* Rn. 19; *Erasmy* NZA 1995, 97, 103; *Linnenkohl* Rn. 12; *Neuman/Biebl* Rn. 9; Kasseler Handbuch/*Schliemann* 2.5 Rn. 613; *Zmarzlik/Anzinger* Rn. 32; aA *Roggendorff* Rn. 13). 6

Der Ersatzruhetag steht auch AN zu, die an einem auf einen **Werktag fallenden Feiertag** beschäftigt werden. Anders als der Ausgleich für die Beschäftigung an einem Sonntag, braucht der Ersatzruhetag für die Beschäftigung an einem Werktagsfeiertag nicht innerhalb von zwei Wochen zu erfolgen, sondern als Ausgleichszeitraum stehen dem AG vielmehr **8 Wochen** zur Verfügung (§ 11 III 2). 7

4. Mindestruhezeit von 35 Stunden. § 11 IV verpflichtet den AG, den Ersatzruhetag grds. unmittelbar iVm. einer Ruhezeit nach § 5 zu gewähren. Damit soll sichergestellt werden, dass auch AN, die an Sonn- oder Feiertagen beschäftigt werden, grds. **eine wöchentliche Mindestruhezeit von 35 Stunden** gewährt wird (BT-Drucks. 12/5888 S. 30). Soweit technische oder arbeitsorganisatorische Gründe der Gewährung des Ersatzruhetages mit einer Ruhezeit nach § 5 entgegenstehen, kann die Mindestruhezeit **ausnahmsweise** auf bis zu 24 Stunden verkürzt werden. Als arbeitsorganisatorischer Grund kommt zB ein Schichtwechsel in Betracht (BT-Drucks. 12/5888 S. 30). Damit bleibt der häufig vorzufindende Schichtwechsel von der Samstags-Spätschicht mit Ende 22.00 Uhr und der darauf folgenden Frühschicht am Montag mit Beginn 6.00 Uhr weiterhin zulässig, obwohl die Ruhezeit nur 32 Stunden beträgt (*Neumann/Biebl* Rn. 13; zur Frage, ob alle technischen und arbeitsorganisatorischen Gründe den Ausnahmetatbestand erfüllen, vgl. *Baeck/Deutsch* Rn. 30 ff.). 8

§ 12 Abweichende Regelungen

¹In einem Tarifvertrag oder auf Grund eines Tarifvertrags in einer Betriebsvereinbarung *[Fassung ab 1. 1. 2004: Betriebs- oder Dienstvereinbarung]*[1]) kann zugelassen werden,
1. abweichend von § 11 Abs. 1 die Anzahl der beschäftigungsfreien Sonntage in den Einrichtungen des § 10 Abs. 1 Nr. 2, 3, 4 auf mindestens zehn Sonntage, im Rundfunk, in Theaterbetrieben, Orchestern sowie bei Schaustellungen auf mindestens acht Sonntage, in Filmtheatern und in der Tierhaltung auf mindestens sechs Sonntage im Jahr zu verringern,
2. abweichend von § 11 Abs. 3 den Wegfall von Ersatzruhetagen für auf Werktage fallende Feiertage zu vereinbaren oder Arbeitnehmer innerhalb eines festzulegenden Ausgleichszeitraums beschäftigungsfrei zu stellen,
3. abweichend von § 11 Abs. 1 bis 3 in der Seeschiffahrt die den Arbeitnehmern nach diesen Vorschriften zustehenden freien Tage zusammenhängend zu geben,
4. abweichend von § 11 Abs. 2 die Arbeitszeit in vollkontinuierlichen Schichtbetrieben an Sonn- und Feiertagen auf bis zu zwölf Stunden zu verlängern, wenn dadurch zusätzliche freie Schichten an Sonn- und Feiertagen erreicht werden.

²§ 7 Abs. 3 bis 6 findet Anwendung.

Nach dem Einleitungssatz des § 12 S. 1 können die TVParteien oder auf Grund eines TV die Betriebspartner nach Maßgabe dieser Vorschrift von § 11 abw. Regelungen treffen. 1

§ 12 S. 1 Nr. 1 ermöglicht den TVParteien und ggf. den Betriebspartnern, die Mindestanzahl von 15 beschäftigungsfreien Sonntagen im Jahr in den aufgeführten Bereichen auf die jeweils angegebene Mindestanzahl zu reduzieren. Eine weitergehende Verringerung der beschäftigungsfreien Sonntage ist nur in außergewöhnlichen Fällen nach Maßgabe des § 14 II zulässig (s. unter § 14). 2

Nach **§ 12 S. 1 Nr. 2** können die TVParteien zum einen zulassen, dass Ersatzruhetage für alle oder auch nur für einen Teil der auf einen Werktag fallenden Feiertage wegfallen. Ferner gestattet die Nr. 2, den Ausgleichszeitraum für die Gewährung eines Ersatzruhetages für Sonn- und Feiertagsarbeit abw. von § 11 III festzulegen. Die Abweichungsmöglichkeiten in Nr. 2 sollen dem Umstand Rechnung tragen, dass die in § 11 III bestimmten Ausgleichszeiträume und die Gewährung von Ersatzruhetagen in einigen Bereichen nicht für alle AN eingehalten werden können (BT-Drucks. 12/5888 S. 30). 3

Für die Seeschifffahrt gilt grds. das SeemannsG. Lediglich für die nicht in den Anwendungsbereich des SeemannsG fallenden Seeschiffe gestattet **§ 12 S. 1 Nr. 3** eine abw. Regelung der Lage der nach § 11 I bis III zu gewährenden Ersatzruhetage. § 12 S. 1 Nr. 3 ermöglicht dagegen nicht die Verringerung der Ersatzruhetage oder der Verlängerung der Höchstarbeitszeiten nach den §§ 3, 6 II und 7. Zu den nicht unter das SeemannsG fallenden Seeschiffen gehören zB Fischereischutzboote und Forschungsschiffe des Bundes. 4

Nach **§ 12 S. 1 Nr. 4** können die TVParteien und ggf. die Betriebspartner die Arbeitszeit in vollkontinuierlichen Schichtbetrieben an Sonn- und Feiertagen abw. von § 11 II von 8 auf **bis zu 12 Stun-** 5

---

[1]) Art. 4b Nr. 3 des Entwurfs eines Gesetzes zu Reformen am Arbeitsmarkt idF des Beschlusses des Deutschen Bundestages vom 26. 9. 2003 (Stand: BR-Drucks. 676/03); vgl. Anhang zu §§ 25, 26.

den verlängern, wenn dadurch zusätzliche freie Schichten an Sonn- und Feiertagen erreicht werden. Dies bedeutet, dass AN bei einer Schichtplangestaltung mit 12-Stunden-Schichten an Sonn- und Feiertagen mehr Sonn- und Feiertage frei haben müssen, als bei einer Schichtplangestaltung ohne 12-Stunden-Schichten (*Neumann/Biebl* Rn. 8; *Roggendorff* Rn. 14).

6 § 12 S. 2 bestimmt, dass § 7 III bis VI Anwendung findet. Nach § 12 S. 1 S. 2 iVm. § 7 III können danach auch in Betrieben nicht tarifgebundener AG die in einem TV zugelassenen Abweichungen nach § 12 S. 1 übernommen werden (s. im Einzelnen unter § 7 Rn. 17 ff.). Ferner können gem. § 12 S. 2 iVm. § 7 IV die Kirchen und öffentlich-rechtlichen Religionsgesellschaften die in § 12 S. 1 genannten Abweichungen in ihren Regelungen vorsehen (s. im Einzelnen § 7 Rn. 24 ff.). Nach § 12 S. 2 iVm. § 7 V und VI können die Aufsichtsbehörden oder die BReg. durch Rechtsverordnung die in § 12 S. 1 vorgesehenen Abweichungen als Ausnahmen aus betrieblichen Gründen zulassen (s. im Einzelnen § 7 Rn. 25 f.).

§ 13 Ermächtigung, Anordnung, Bewilligung

(1) Die Bundesregierung kann durch Rechtsverordnung mit Zustimmung des Bundesrates zur Vermeidung erheblicher Schäden unter Berücksichtigung des Schutzes der Arbeitnehmer und der Sonn- und Feiertagsruhe
1. die Bereiche mit Sonn- und Feiertagsbeschäftigung nach § 10 sowie die dort zugelassenen Arbeiten näher bestimmen,
2. über die Ausnahmen nach § 10 hinaus weitere Ausnahmen abweichend von § 9
   a) für Betriebe, in denen die Beschäftigung von Arbeitnehmern an Sonn- oder Feiertagen zur Befriedigung täglicher oder an diesen Tagen besonders hervortretender Bedürfnisse der Bevölkerung erforderlich ist,
   b) für Betriebe, in denen Arbeiten vorkommen, deren Unterbrechung oder Aufschub
      aa) nach dem Stand der Technik ihrer Art nach nicht oder nur mit erheblichen Schwierigkeiten möglich ist,
      bb) besondere Gefahren für Leben oder Gesundheit der Arbeitnehmer zur Folge hätte,
      cc) zu erheblichen Belastungen der Umwelt oder der Energie- oder Wasserversorgung führen würde,
   c) aus Gründen des Gemeinwohls, insbesondere auch zur Sicherung der Beschäftigung,
zulassen und die zum Schutz der Arbeitnehmer und der Sonn- und Feiertagsruhe notwendigen Bedingungen bestimmen.

(2) ¹Soweit die Bundesregierung von der Ermächtigung des Absatzes 1 Nr. 2 Buchstabe a keinen Gebrauch gemacht hat, können die Landesregierungen durch Rechtsverordnung entsprechende Bestimmungen erlassen. ²Die Landesregierungen können diese Ermächtigung durch Rechtsverordnung auf oberste Landesbehörden übertragen.

(3) Die Aufsichtsbehörde kann
1. feststellen, ob eine Beschäftigung nach § 10 zulässig ist,
2. abweichend von § 9 bewilligen, Arbeitnehmer zu beschäftigen
   a) im Handelsgewerbe an bis zu zehn Sonn- und Feiertagen im Jahr, an denen besondere Verhältnisse einen erweiterten Geschäftsverkehr erforderlich machen,
   b) an bis zu fünf Sonn- und Feiertagen im Jahr, wenn besondere Verhältnisse zur Verhütung eines unverhältnismäßigen Schadens dies erfordern,
   c) an einem Sonntag im Jahr zur Durchführung einer gesetzlich vorgeschriebenen Inventur,
und Anordnungen über die Beschäftigungszeit unter Berücksichtigung der für den öffentlichen Gottesdienst bestimmten Zeit treffen.

(4) Die Aufsichtsbehörde soll abweichend von § 9 bewilligen, daß Arbeitnehmer an Sonn- und Feiertagen mit Arbeiten beschäftigt werden, die aus chemischen, biologischen, technischen oder physikalischen Gründen einen ununterbrochenen Fortgang auch an Sonn- und Feiertagen erfordern.

(5) Die Aufsichtsbehörde hat abweichend von § 9 die Beschäftigung von Arbeitnehmern an Sonn- und Feiertagen zu bewilligen, wenn bei einer weitgehenden Ausnutzung der gesetzlich zulässigen wöchentlichen Betriebszeiten und bei längeren Betriebszeiten im Ausland die Konkurrenzfähigkeit unzumutbar beeinträchtigt ist und durch die Genehmigung von Sonn- und Feiertagsarbeit die Beschäftigung gesichert werden kann.

I. Erlass von Rechtsverordnungen

1 § 13 I Nr. 1 ermächtigt die BReg., durch Rechtsverordnung die Bereiche gesetzlich zulässiger Sonn- und Feiertagsbeschäftigung nach § 10 sowie die dort zugelassenen Arbeiten näher zu bestimmen. Damit soll die BReg. in die Lage versetzt werden, Missbräuchen bei der Anwendung der Ausnahmen des § 10 I und II zu begegnen und Grundlagen für eine einheitliche und vorhersehbare

Verwaltungspraxis zu schaffen (Begr. BT-Drucks. 12/5888 S. 30). Der Erlass einer Verordnung auf der Grundlage des § 13 I Nr. 1 muss zur **Vermeidung erheblicher Schäden** erforderlich sein, wobei die abstrakte Möglichkeit einer Schädigung genügt. Die Entscheidung, ob die BReg. von der Verordnungsermächtigung Gebrauch macht, steht in ihrem **Ermessen.** Sie hat bei ihrer Ermessensentscheidung den Schutz der AN und der Sonn- und Feiertagsruhe zu berücksichtigen.

§ 13 I Nr. 2 ermächtigt die BReg., durch Rechtsverordnungen über die Ausnahmen nach § 10 2 hinaus in den dort genannten Fällen **weitere Ausnahmen** vom Verbot der Beschäftigung von AN an Sonn- und Feiertagen zuzulassen. Die Verordnungsermächtigung des § 13 I Nr. 2 ist aus §§ 105 d und 105 e GewO übernommen und den heutigen Erfordernissen entspr. näher konkretisiert worden (Begr. BT-Drucks. 12/5888 S. 30). Inhaltlich **neu** ist die Anerkennung von **Umweltgesichtspunkten** als Grund für die Zulassung von Sonn- und Feiertagsarbeit (§ 13 I Nr. 2 Buchst. b cc). Bei der Ermächtigung in § 13 I Nr. 2 Buchst. c wird klargestellt, dass Ausnahmen vom Beschäftigungsverbot des § 9 auch aus Gründen des **Gemeinwohls** zugelassen werden können. Gründe des Gemeinwohls umfassen auch gesamtwirtschaftliche Gründe, wie zB die Existenzgefährdung von Betrieben und den damit verbundenen drohenden Verlust von Arbeitsplätzen sowie die angespannte internationale Wettbewerbssituation in der Branche (Begr. BT-Drucks. 12/5888 S. 30; s. auch RdA 1998, 115).

Soweit die BReg. von der Ermächtigung nach § 13 I Nr. 2 Buchst. a keinen Gebrauch macht, 3 können die **Landesregierungen** durch Rechtsverordnungen entspr. Bestimmungen erlassen. Die Ermächtigung für die Landesregierungen gilt damit nur für das Bedürfnisgewerbe. Eine Rechtsverordnung des Landes kommt nach der amtl. Begr. des RegE insb. dann in Frage, wenn das Regelungsbedürfnis **regionaler Art** ist (BT-Drucks. 12/5888 S. 30; s. auch RdA 1998, 115).

II. Behördliche Feststellung

Durch § 13 III Nr. 1 wird der **Aufsichtsbehörde** die Befugnis eingeräumt, bei Auslegungszweifeln 4 festzustellen, ob eine Beschäftigung an Sonn- und Feiertagen nach § 10 I und II zulässig ist. Die Vorschrift soll eine schnelle Klärung der Rechtslage ermöglichen (Begr. BT-Drucks. 12/5888 S. 30). Die Entscheidung der Aufsichtsbehörde ist ein Verwaltungsakt, der mit den üblichen Rechtsmitteln angefochten werden kann. Im Gegensatz zum bisherigen Recht kann der AG den Erlass eines feststellenden Verwaltungsakts nunmehr mit einer Verpflichtungsklage durchsetzen (*Neumann/Biebl* Rn. 12; *Roggendorff* Rn. 15; zur Klagebefugnis des AN gegen einen gewerbeaufsichtsrechtlichen Feststellungsbescheid BVerwG 19. 9. 2000 AP ArbZG § 10 Nr. 1 = JZ 2001, 304 m. Anm. *Schoch*).

III. Aufsichtsbehördliche Bewilligung von Sonn- und Feiertagsarbeit nach § 13 III

Nach § 13 III Nr. 2 kann die Aufsichtsbehörde unter den dort genannten Voraussetzungen, die den 5 Ermächtigungen in §§ 105 b II und in 105 f GewO nachgebildet sind, Sonn- und Feiertagsarbeit bewilligen. Bei der Entscheidung der Aufsichtsbehörde handelt es sich um eine **Ermessensentscheidung.** Die Ausnahmebewilligung der Aufsichtsbehörde kann mit Nebenbestimmungen versehen sein.

Eine über § 10 hinausgehende Bewilligung vom Verbot der Beschäftigung von AN an Sonn- und 6 Feiertagen kann nach § 13 III Nr. 2 Buchst. a im **Handelsgewerbe** an bis zu zehn Sonn- und Feiertagen im Jahr erteilt werden, wenn bes. Verhältnisse einen erweiterten Geschäftsbetrieb erforderlich machen. Der Begriff des Handelsgewerbes ist im ArbZG gesetzlich nicht definiert. Da der Gesetzgeber den Begriff der früheren Regelung des § 105 b II 1 GewO entnommen hat, ist der Begriff entspr. weit auszulegen. Das Handelsgewerbe umfasst den Umsatz von Waren aller Art und von Geld (BVerwG 14. 11. 1989 GewA 1990, 64; *Neumann/Biebl* Rn. 14). Zum Handelsgewerbe gehören insb. der gesamte Groß- und Einzelhandel, der Geld- und Kredithandel, die Buch-, Presse- und Zeitungsverlage sowie die Hilfsgewerbe des Handels, wie etwa Lagerung und Spedition (BVerwG 7. 10. 1965 AP GewO § 105 b Nr. 2; *Baeck/Deutsch* Rn. 36 mwN; *Roggendorff* Rn. 18).

Die Ausnahmegenehmigung darf nur erteilt werden, wenn bes. Verhältnisse einen erweiterten 7 Geschäftsverkehr an dem Sonn- oder Feiertag erforderlich machen. Als **besondere Verhältnisse** kommen nur außerbetriebliche Umstände in Betracht, die zudem so gewichtig sein müssen, dass sie eine Ausnahme von der Sonn- und Feiertagsarbeit rechtfertigen (*Neumann/Biebl* Rn. 15; *Roggendorff* Rn. 19; *Zmarzlik/Anzinger* Rn. 60). Bloße Rentabilitätsbeeinträchtigungen reichen für eine Ausnahmebewilligung nicht aus (VG Düsseldorf 18. 10. 1977 GewA 1978, 93). Bes. Verhältnisse können zB vorliegen, wenn mehrere oder einzelne Betriebe aus Anlass von Messen, Märkten oder Ausstellungen iSv. § 10 I Nr. 9 hiermit im Zusammenhang stehende Haus- und Ordermessen für gewerbliche Wiederverkäufer durchführen (vgl. VG Düsseldorf 2. 10. 1987 GewA 1988, 300).

Nach § 13 III Nr. 2 Buchst. b kann die Aufsichtsbehörde die Beschäftigung von AN an bis zu fünf 8 Sonn- und Feiertagen bewilligen, wenn **besondere Verhältnisse zur Verhütung eines unverhältnismäßigen Schadens** dies erfordern. Diese Ermächtigung ist an die bisherige Ermächtigung in § 105 f GewO angelehnt. Der Begriff „bes. Verhältnisse" ist weiter als der Begriff „nicht vorhersehbares Bedürfnis" iSv. § 105 f GewO (vgl. BT-Drucks. 12/6990 S. 40). Unter den Begriff „bes. Verhältnisse" fallen daher zum einen alle Fälle, die schon nach bisherigem Recht als „nicht vorhersehbares Bedürfnis" anerkannt waren, wie zB die plötzliche Erkrankung eines Teils der AN, die Unterbrechung des Fabrikationsbetriebs durch höhere Gewalt oder das verzögerte Eintreffen eines Transports von Rohmaterialien, die ausgeladen werden müssen (*Neumann/Biebl* Rn. 16; *Roggendorff* Rn. 22). Weitergehend fallen unter den Begriff „bes. Verhältnisse" aber auch sonstige vorübergehende Sondersituationen, die beim AG einen unverhältnismäßigen Schaden verursachen würden, wenn er nicht vom Verbot der Beschäftigung von AN an Sonn- und Feiertagen befreit wird (*Neumann/Biebl* Rn. 16).

9   Voraussetzung für die Ausnahmebewilligung nach § 13 III Nr. 2 Buchst. b ist, dass infolge der bes. Verhältnisse ein unverhältnismäßiger Schaden eintreten würde. Unter **Schaden** iSd. Ausnahmeregelung ist jede Vermögensminderung und jeder entgangene Gewinn zu verstehen, den der AG infolge der bes. Verhältnisse erleidet (*Dobberahn* Rn. 130; *Zmarzlik/Anzinger* Rn. 77).

10   **Unverhältnismäßig** ist der Schaden, wenn die wirtschaftlichen Auswirkungen für den Betrieb unter Berücksichtigung des Gewichts des Sonn- und Feiertagsbeschäftigungsverbots nicht zumutbar sind (*Zmarzlik/Anzinger* Rn. 78). An der Unverhältnismäßigkeit fehlt es, wenn der Schaden auch durch andere zumutbare Maßnahmen als die Sonn- und Feiertagsbeschäftigung verhindert oder gemildert werden kann.

11   Nach § 13 III Nr. 2 Buchst. c kann die Aufsichtsbehörde zur Durchführung einer gesetzlich vorgeschriebenen **Inventur** die Beschäftigung von AN an einem Sonntag im Jahr bewilligen. Zu den gesetzlich vorgeschriebenen Inventuren gehören zB die nach § 240 II HGB, § 153 I 1 InsO vorgeschriebenen Inventuren.

IV. Aufsichtsbehördliche Bewilligung von Sonn- und Feiertagsarbeit nach § 13 IV

12   Einen neuen, bisher gesetzlich nicht geregelten Ausnahmetatbestand enthält § 13 IV. Danach soll die Aufsichtsbehörde die Beschäftigung von AN an Sonn- und Feiertagen mit Arbeiten bewilligen, die aus chemischen, biologischen, technischen oder physikalischen Gründen einen ununterbrochenen Fortgang auch an Sonn- und Feiertagen erfordern. Ziel dieser Ausnahmeregelung ist es, Sonn- und Feiertagsarbeit für solche Arbeitsverfahren zu ermöglichen, die aus Gründen, die im Arbeitsverfahren selbst liegen, einen ununterbrochenen Fortgang des Verfahrens erfordern (BT-Drucks. 12/5888 S. 30). Die praktische Bedeutung dieser Ausnahmeregelung ist (noch) gering, da alle bisher gebräuchlichen Produktionstechniken, die aus chemischen, biologischen, technischen oder physikalischen Gründen einen ununterbrochenen Fortgang auch an Sonn- und Feiertagen erfordern, schon von den gesetzlichen Ausnahmeregelungen nach § 10 I Nr. 15 und 16 erfasst sein dürften (*Neumann/Biebl* Rn. 19). § 13 IV ist daher eher als eine „Option für die Zukunft" zu verstehen, mit der neue Produktionstechniken, die durch § 10 I Nr. 15 und 16 nicht erfasst sind, ermöglicht werden sollen (vgl. BT-Drucks. 12/6990 S. 41).

13   Auf Empfehlung des Bundestagsausschusses für Arbeit und Sozialordnung ist der noch in dem RegE enthaltene Begriff „kann" durch den strengeren Begriff „soll" ersetzt worden. Der Gesetzgeber hat damit den Spielraum der Aufsichtsbehörde erheblich verringert. Die Aufsichtsbehörde muss daher im Regelfall bei Vorliegen der tatbestandlichen Voraussetzungen die Ausnahmegenehmigung erteilen. Eine Versagung der Ausnahmegenehmigung ist nur noch in atypisch gelagerten Fällen zulässig (*Erasmy* NZA 1995, 97, 100; *Heenen*, FS Wlotzke, 1996, S. 513, 519; *Roggendorff* Rn. 27).

V. Aufsichtsbehördliche Bewilligung von Sonn- und Feiertagsarbeit zur Sicherung der Beschäftigung, § 13 V

14   Ebenfalls neu ist der Ausnahmetatbestand des § 13 V. Danach hat die Aufsichtsbehörde die Beschäftigung von AN an Sonn- und Feiertagen zu bewilligen, wenn bei einer weitgehenden Ausnutzung der gesetzlich zulässigen wöchentlichen Betriebszeiten und bei längeren Betriebszeiten im Ausland die Konkurrenzfähigkeit unzumutbar beeinträchtigt ist und durch die Genehmigung von Sonn- und Feiertagsarbeit die Beschäftigung gesichert werden kann. Vorrangiger Zweck des § 13 V ist es, den Wettbewerbsvorteil, den ausländische Konkurrenten des Antragstellers durch Sonn- und Feiertagsarbeit haben, auszugleichen (*Zmarzlik/Anzinger* Rn. 101).

15   Für eine Ausnahmebewilligung nach § 13 V ist zunächst erforderlich, dass der antragstellende Betrieb die gesetzlich zulässigen wöchentlichen Betriebszeiten weitgehend ausgenutzt hat. Eine **weitgehende Ausnutzung** der gesetzlich zulässigen wöchentlichen Betriebszeiten setzt voraus, dass auch samstags gearbeitet wird und deshalb nahezu vollständig die höchstmögliche Stundenzahl von 144 Wochenstunden erreicht wird (*Baeck/Deutsch* Rn. 72; *Heenen*, FS Wlotzke, 1996, S. 513, 522; *Junker* ZfA 1998, 105, 129; *Neumann/Biebl* Rn. 23; *Roggendorff* Rn. 37). Da die Ausnahmebewilligung nur eine „weitgehende" Ausnutzung der wöchentlichen Betriebszeiten verlangt, können bestimmte Stillstandszeiten, wie zB bei Betriebsurlaub, Umrüstungsarbeiten oder sonstige vom AG nicht zu vertretende Ausfallzeiten, berücksichtigt werden (vgl. BT-Drucks. 12/6990 S. 41; *Neumann/Biebl* Rn. 19; *Roggendorff* Rn. 37). Offengelassen hat der Gesetzgeber in § 13 V, wie lange die gesetzlich zulässige wöchentliche Betriebszeit ausgenutzt sein muss. Aus Gründen der Praktikabilität erscheint

es sachgerecht, als Mindestzeitraum den Zeitraum zugrunde zu legen, für den die Ausnahme beantragt ist (*Zmarzlik/Anzinger* Rn. 114).

§ 13 V setzt des Weiteren **längere Betriebszeiten im Ausland** voraus. Ob die Betriebszeiten im Ausland länger sind, bestimmt sich vorrangig nach der **gesetzlichen** Regelung der Betriebszeiten im Ausland für den oder die Konkurrenzbetriebe für die betreffende Betriebsart (*Zmarzlik/Anzinger* Rn. 118). Fehlt es im Ausland an speziellen gesetzlichen Arbeitszeitregelungen für die in Frage stehende Betriebsart, sind die Vereinbarungen zwischen den Sozialpartnern oder die statistisch belegten faktischen Verhältnisse als Maßstab zugrunde zu legen (*Dobberahn* Rn. 137; *Neumann/Biebl* Rn. 23). 16

Weiteres Tatbestandsmerkmal des § 13 V ist die **Beeinträchtigung der Konkurrenzfähigkeit.** Hiervon ist idR auszugehen, wenn die inländischen Fertigungskosten höher sind als die eines ausländischen Konkurrenten (*Erasmy* NZA 1990, 97, 101; *Neumann/Biebl* Rn. 26). Die Beeinträchtigung der Konkurrenzfähigkeit braucht nicht allein durch die längeren Betriebszeiten im Ausland bedingt zu sein. Dies ergibt sich aus dem Wortlaut des § 13 V, in dem es lediglich heißt: „bei" längeren Betriebszeiten im Ausland, nicht aber „durch" (*Baeck/Deutsch* Rn. 82; *Dobberahn* Rn. 138; *Erasmy* NZA 1995, 97, 101; *Heenen,* FS Wlotzke, 1996, S. 513, 524; Kasseler Handbuch/*Schliemann* 2.5 Rn. 708; *Zmarzlik/Anzinger* Rn. 127). **Unzumutbar** ist die Beeinträchtigung der Konkurrenzfähigkeit jedenfalls dann, wenn der Wettbewerbsvorteil der ausländischen Konkurrenz so groß ist, dass der Antragsteller ohne die Ausnahmebewilligung auf längere Sicht mit dem Verlust entscheidender Marktanteile rechnen muss. Nicht erforderlich ist, dass der Verlust von Marktanteilen zu einer Gefährdung des Betriebes führen kann (so aber *Roggendorff* Rn. 41). Müsste der AG abwarten, bis es zu einer Existenzgefährdung kommt, könnte eine Ausnahmebewilligung zu spät kommen und damit ihren Zweck, den Wettbewerbsvorteil ausländischer Konkurrenten des Antragstellers auszugleichen sowie Arbeitsplätze zu sichern, nicht mehr erfüllen (*Zmarzlik/Anzinger* Rn. 129; vgl. auch *Baeck/Deutsch* Rn. 83 f. mwN). 17

Schließlich muss durch die Genehmigung der Sonn- und Feiertagsarbeit die Beschäftigung gesichert werden können. Unter **Sicherung der Beschäftigung** ist sowohl die Erhaltung bestehender Arbeitsplätze als auch die Schaffung neuer Arbeitsplätze durch den Antragsteller zu verstehen (*Neumann/Biebl* Rn. 26; *Roggendorff* Rn. 41). Wie aus der Formulierung „gesichert werden kann" ersichtlich ist, darf vom AG insoweit nicht ein „mathematischer Nachweis" verlangt werden (*Erasmy* NZA 1995, 97, 102). 18

Die Erteilung der Ausnahmebewilligung nach § 13 V steht nicht im Ermessen der Aufsichtsbehörde. Die zuständige Behörde **muss** vielmehr bei Vorliegen der gesetzlichen Voraussetzungen die Ausnahmebewilligung erteilen. Da dem ArbZG eine Differenzierung zwischen sog. hohen Feiertagen (Weihnachten, Ostern und Pfingsten) und normalen Feiertagen fremd ist, ist eine Beschränkung der Ausnahmebewilligung allein auf normale Feiertage rechtswidrig (OVG NW 10. 4. 2000 DB 2000, 1671; VG Arnsberg 11. 12. 1996 DB 1997, 580). Nebenbestimmungen sind nur insoweit zulässig, wie durch sie sichergestellt werden soll, dass die gesetzlichen Voraussetzungen des Verwaltungsakts erfüllt werden. Die Aufsichtsbehörde ist daher grds. nicht berechtigt, eine Ausnahmebewilligung nach § 13 V mit einer auflösenden Bedingung des Inhalts zu versehen, dass die Bewilligung erlischt, falls es in dem betroffenen Produktionsbereich zu einer betriebsbedingten Kündigung kommt. Sie muss in derartigen Fällen vielmehr prüfen, ob die Ausnahmebewilligung aufrechterhalten werden kann, oder ob nach den Verwaltungsverfahrensgesetzen des jeweiligen Bundeslandes die Voraussetzungen für einen Widerruf der Ausnahmebewilligung vorliegen (OVG NW 10. 4. 2000 DB 2000, 1671; VG Arnsberg 11. 12. 1996 DB 1997, 580; ausführl. *Rose* DB 2000, 1662). 19

Vierter Abschnitt. Ausnahmen in besonderen Fällen

§ 14 Außergewöhnliche Fälle

(1) Von den §§ 3 bis 5, 6 Abs. 2, §§ 7, 9 bis 11 darf abgewichen werden bei vorübergehenden Arbeiten in Notfällen und in außergewöhnlichen Fällen, die unabhängig vom Willen der Betroffenen eintreten und deren Folgen nicht auf andere Weise zu beseitigen sind, besonders wenn Rohstoffe oder Lebensmittel zu verderben oder Arbeitsergebnisse zu mißlingen drohen.

(2) Von den §§ 3 bis 5, 6 Abs. 2, §§ 7, 11 Abs. 1 bis 3 und § 12 darf ferner abgewichen werden,
1. wenn eine verhältnismäßig geringe Zahl von Arbeitnehmern vorübergehend mit Arbeiten beschäftigt wird, deren Nichterledigung das Ergebnis der Arbeiten gefährden oder einen unverhältnismäßigen Schaden zur Folge haben würden,
2. bei Forschung und Lehre, bei unaufschiebbaren Vor- und Abschlußarbeiten sowie bei unaufschiebbaren Arbeiten zur Behandlung, Pflege und Betreuung von Personen oder zur Behandlung und Pflege von Tieren an einzelnen Tagen,

wenn dem Arbeitgeber andere Vorkehrungen nicht zugemutet werden können.

[Neuer Abs. 3 ab 1. 1. 2004:] [1)]
(3) Wird von den Befugnissen nach den Absätzen 1 oder 2 Gebrauch gemacht, darf die Arbeitszeit 48 Stunden wöchentlich im Durchschnitt von sechs Kalendermonaten oder 24 Wochen nicht überschreiten.

I. Ausnahmen nach § 14 I

1 § 14 I ist aus § 14 AZO übernommen worden, weil sich diese Regelung in der Praxis bewährt hat (BT-Drucks. 12/5888 S. 31). Danach darf der AG von den arbeitszeitrechtlichen Grundnormen der §§ 3 bis 5, 6 II sowie den §§ 7, 9 bis 11 in Notfällen und in außergewöhnlichen Fällen abweichen.

2 **Notfall** iSv. § 14 I ist ein ungewöhnliches, nicht vorhersehbares und vom Willen des Betroffenen unabhängiges Ereignis, das die Gefahr eines unverhältnismäßigen Schadens mit sich bringt (OLG Hamburg 24. 10. 1962 AP Bäckerarbeitsgesetz § 8 Nr. 1). Der Begriff des Notfalls setzt nicht voraus, dass zugleich ein öffentlicher Notstand oder ein öffentliches Interesse an der Durchführung der Arbeiten vorliegen muss (*Neumann/Biebl* Rn. 3; *Roggendorff* Rn. 11). Zu den Notfällen gehören insb. Fälle **höherer Gewalt**, wie zB Erdbeben, Überschwemmungen, Brände oder Stürme. Ein Notfall ist dagegen idR zu verneinen, wenn das Ereignis als Folge fehlerhafter Entscheidungen des AG eintritt (BAG 28. 2. 1958 BB 1958, 558; zu weiteren Fällen, in denen die Rspr. einen Notfall verneint hat, s. *Zmarzlik/Anzinger* Rn. 5). Bei strukturellen Mängeln des Dienstplans gilt § 14 nicht (LAG BW 23. 11. 2000 AuR 2001, 512).

3 **Außergewöhnliche Fälle** iSv. § 14 I sind bes. Situationen vorübergehender Art, die vom Willen des Betroffenen unabhängig sind, und deren Folgen nicht durch andere zumutbare Maßnahmen als durch Abweichung von den in § 14 I aufgeführten Arbeitszeitnormen zu beseitigen sind (*Zmarzlik/Anzinger* Rn. 6). Ein außergewöhnlicher Fall liegt nach einem unveröffentlichten Urteil des BAG zB vor, wenn die Beseitigung von Schnee und Eis durch einen Schulhausmeister zur Abwendung von Gefahren vorübergehender Art notwendig ist (BAG 17. 9. 1986 – 5 AZR 369/85 nv.). Der unerwartete Ausfall von Arbeitskräften durch Streik stellt für sich gesehen noch keinen außergewöhnlichen Fall dar (*Roggendorff* Rn. 15). Etwas anderes gilt dann, wenn die Folgen über die typischen streikbedingten Folgen hinausgehen, was zB dann anzunehmen ist, wenn der Abbruch einer betriebsvernichtenden Geschäftsbeziehung droht (vgl. OLG Celle 8. 10. 1986 NZA 1987, 284).

4 § 14 I setzt nicht voraus, dass die Folgen des Notfalles den AG treffen; sie können auch bei einem Dritten, etwa einem Kunden, auftreten (BVerwG 23. 6. 1992 GewA 1992, 383). AN dürfen in Notfällen und außergewöhnlichen Fällen jedoch nur mit **vorübergehenden Arbeiten** beschäftigt werden. Hierunter fallen nur die Arbeiten, die nicht allzu viel Zeit in Anspruch nehmen (*Zmarzlik/Anzinger* Rn. 8). Die Arbeiten müssen zudem auf das zur Beseitigung des Notfalles oder des außergewöhnlichen Falles erforderliche Maß beschränkt werden. Hierbei ist im Einzelfall eine **Güterabwägung** vorzunehmen. Die Abweichung von den in § 14 I genannten Arbeitszeitnormen muss gegenüber den durch das schädigende Ereignis bedrohten Rechtsgütern oder rechtlich geschützten Interessen das geringere Übel sein (*Roggendorff* Rn. 16; *Zmarzlik/Anzinger* Rn. 8). Wirtschaftliche Nachteile alleine können ein Abweichen von den in § 14 I genannten Arbeitszeitnormen nur dann rechtfertigen, wenn diese das dem AG zumutbare Maß überschreiten (vgl. BAG 28. 2. 1958 AP AZO § 14 Nr. 1).

II. Ausnahmen nach § 14 II

5 Im Gegensatz zu § 14 I erlauben die in § 14 II geregelten Ausnahmen keine Abweichung vom grds. Verbot der Beschäftigung von AN an Sonn- und Feiertagen des § 9. Andererseits ist für die Ausnahmetatbestände des § 14 II nicht erforderlich, dass die Abweichung von den genannten Arbeitszeitvorschriften unvorhersehbar ist.

6 **§ 14 II Nr. 1**, der im Wesentlichen aus § 14 AZO übernommen worden ist, ermöglicht dem AG vorübergehende Abweichungen von den §§ 3 bis 5, 6 II, §§ 7, 11 bis III und 12, wenn die Unterbrechung der Arbeit das Ergebnis der Arbeiten gefährden oder einen unverhältnismäßigen Schaden zur Folge haben würde. Damit soll vor allem den Interessen kleinerer Handwerksbetriebe Rechnung getragen werden (*Neumann/Biebl* Rn. 7).

7 Der Ausnahmetatbestand des § 14 II Nr. 1 setzt zunächst voraus, dass die **Zahl** der mit Mehrarbeit beschäftigten AN verhältnismäßig **gering** ist. In kleineren Betrieben wird man im Regelfall eine Zahl von bis zu 5 AN als noch gering ansehen können. In größeren Betrieben ist, wie aus der Formulierung „verhältnismäßig" deutlich wird, auf das Verhältnis zur gesamten Betriebsbelegschaft abzustellen (*Baeck/Deutsch* Rn. 25; *Zmarzlik/Anzinger* Rn. 13; aA *Roggendorff* Rn. 20, wonach die Zahl der AN objektiv gering sein muss).

8 Die AN dürfen ferner nur **vorübergehend** beschäftigt werden. Die noch im RegE enthaltene Formulierung „an einzelnen Tagen" ist durch das Merkmal „vorübergehend" ersetzt worden (vgl.

[1)] Art. 4b Nr. 4 des Entwurfs eines Gesetzes zu Reformen am Arbeitsmarkt idF des Beschlusses des Deutschen Bundestages vom 26. 9. 2003 (Stand: BR-Drucks. 676/03); vgl. Anhang zu §§ 25, 26.

BT-Drucks. 12/5888 S. 9; 12/6990 S. 17 und 44). Vorübergehend ist die Beschäftigung, wenn sie auf einzelne Tage beschränkt ist, wobei die Beschäftigung auch an mehreren Tagen hintereinander erfolgen kann (*Neumann/Biebl* Rn. 7; *Roggendorff* Rn. 20).

§ 14 II Nr. 1 setzt des Weiteren voraus, dass ohne ein Abweichen von den genannten Arbeitszeitnormen das Ergebnis der Arbeit gefährdet oder ein unverhältnismäßiger Schaden eintreten würde. Eine **Gefährdung des Arbeitsergebnisses** ist insb. dann anzunehmen, wenn die Arbeiten während der betriebsüblichen Arbeiten begonnen wurden, aber noch am selben Tag beendet werden müssen, damit der mit den Arbeiten verfolgte Zweck noch erreicht werden kann (*Zmarzlik/Anzinger* Rn. 15). Unter **Schaden** ist jede Vermögensminderung und jeder entgangene Gewinn zu verstehen, den der AG ohne die Mehrarbeit erleidet. **Unverhältnismäßig** ist ein Schaden, wenn er unter Berücksichtigung der zur Abwendung erforderlichen Mehrarbeit unverhältnismäßig schwer wiegt (*Baeck/Deutsch* Rn. 28; *Roggendorff* Rn. 21).

Schließlich dürfen dem AG **andere Vorkehrungen** nicht zugemutet werden können (§ 14 II aE). 10 Als andere Vorkehrungen kommen sowohl **technische Maßnahmen**, wie zB die Heranziehung von mehr oder leistungsfähigeren Maschinen, als auch organisatorische Maßnahmen, wie zB die Heranziehung von Aushilfskräften, in Betracht (*Neumann/Biebl* Rn. 7; *Roggendorff* Rn. 25).

Nach **§ 14 II Nr. 2** dürfen AN abw. von den §§ 3 bis 5, 6 II, §§ 7, 11 I bis III und 12 in bestimmten 11 Bereichen oder mit bestimmten Arbeiten beschäftigt werden, wenn dem AG andere Vorkehrungen nicht zugemutet werden können.

Die Ausnahmeregelung des § 14 II Nr. 2 gilt zunächst für die Beschäftigung bei Forschung und 12 Lehre. Die noch im RegE enthaltene Formulierung „bei Forschungsarbeiten" ist im Gesetzgebungsverfahren durch den Begriff „bei Forschung und Lehre" ersetzt worden (vgl. BT-Drucks. 12/5888 S. 9; 12/6990 S. 44). Arbeiten bei **Forschung und Lehre** sind Tätigkeiten, die darauf abzielen, in methodischer, systematischer und nachprüfbarer Weise neue Erkenntnisse zu gewinnen oder zu verwerten (vgl. BVerfG 29. 5. 1973 BVerfGE 35, 79, 113). Die Ausnahme gilt nur für die Forschenden und die Lehrenden, nicht aber für die Hilfskräfte; für sie kommt nur § 14 II Nr. 1 in Betracht (*Zmarzlik/Anzinger* Rn. 17; aA für technische Hilfskräfte *Baeck/Deutsch* Rn. 33).

Die Ausnahmeregelung des § 14 II Nr. 2 gilt ferner bei unaufschiebbaren **Vor- und Abschluss-** 13 **arbeiten**. Sie entspricht weitgehend § 5 III AZO. Nach der amtl. Begr. des RegE zählen zu den Vor- und Abschlussarbeiten Arbeiten zur Reinigung und Instandhaltung, soweit sich diese Arbeiten während des regelmäßigen Betriebes nicht ohne Unterbrechung oder erhebliche Störung ausführen lassen. Zu den Vor- und Abschlussarbeiten gehören ferner Arbeiten, von denen die Wiederaufnahme oder Aufrechterhaltung des vollen Betriebs arbeitstechnisch abhängt. Das Zuendebedienen der Kundschaft gilt bis zu einer halben Stunde je Tag als Abschlussarbeit (BT-Drucks. 5888 S. 31; gegen eine zeitliche Begrenzung auf bis zu 30 Minuten *Baeck/Deutsch* Rn. 37).

Die Ausnahmeregelung des § 14 II Nr. 2 gilt ferner bei unaufschiebbaren Arbeiten zur **Behand-** 14 **lung, Pflege und Betreuung von Personen**. Diese ergänzende Regelung ist wegen der Ausdehnung des Geltungsbereichs des ArbZG auf Krankenhäuser eingefügt worden (BT-Drucks. 12/5888 S. 31). Dem Tierschutz dient schließlich die Erstreckung der Ausnahmeregelung des § 14 II Nr. 2 auch auf die **Behandlung und Pflege von Tieren**.

§ 14 II Nr. 2 gestattet die Beschäftigung in allen Fällen nur an **einzelnen Tagen**. Zulässig ist die 15 Beschäftigung an mehreren Tagen hintereinander, nicht aber über Wochen oder Monate. Ferner darf im Hinblick auf § 7 I Nr. 1 die Ausnahme des § 7 II Nr. 2 im Regelfall nur an weniger als 60 Tagen im Jahr beansprucht werden (*Zmarzlik/Anzinger* Rn. 21; aA *Baeck/Deutsch* Rn. 43).

Wie die Ausnahmeregelung des § 14 II Nr. 1, setzt auch § 14 II Nr. 2 voraus, dass sich die Abwei- 16 chungen von den genannten Arbeitszeitnormen nicht durch andere dem AG zumutbare technische oder organisatorische Vorkehrungen vermeiden lassen.

Ob die gesetzlichen Voraussetzungen des § 14 I oder II für ein Abweichen von den genannten 17 Arbeitszeitvorschriften vorliegen, hat der AG in eigener Verantwortung festzustellen. Verletzt der AG seine Sorgfaltspflicht, so handelt er ordnungswidrig und begeht ggf. sogar eine Straftat (s. unter §§ 22, 23).

III. Sonderregelung für Jugendliche

Für Jugendliche gilt die Sonderregelung des § 21 JArbSchG, der eine Überschreitung der Arbeits- 18 zeitvorschriften nur mit vorübergehenden und unaufschiebbaren Arbeiten in Notfällen zulässt und auch nur, soweit erwachsene Beschäftigte nicht zur Verfügung stehen.

§ 15 Bewilligung, Ermächtigung

(1) **Die Aufsichtsbehörde kann**
1. eine von den §§ 3, 6 Abs. 2 und § 11 Abs. 2 abweichende längere tägliche Arbeitszeit bewilligen
   a) für kontinuierliche Schichtbetriebe zur Erreichung zusätzlicher Freischichten,
   b) für Bau- und Montagestellen,

2. eine von den §§ 3, 6 Abs. 2 und § 11 Abs. 2 abweichende längere tägliche Arbeitszeit für Saison- und Kampagnebetriebe für die Zeit der Saison oder Kampagne bewilligen, wenn die Verlängerung der Arbeitszeit über acht Stunden werktäglich durch eine entsprechende Verkürzung der Arbeitszeit zu anderen Zeiten ausgeglichen wird,
3. eine von den §§ 5 und 11 Abs. 2 abweichende Dauer und Lage der Ruhezeit bei Arbeitsbereitschaft, Bereitschaftsdienst und Rufbereitschaft den Besonderheiten dieser Inanspruchnahmen im öffentlichen Dienst entsprechend bewilligen,
4. eine von den §§ 5 und 11 Abs. 2 abweichende Ruhezeit zur Herbeiführung eines regelmäßigen wöchentlichen Schichtwechsels zweimal innerhalb eines Zeitraums von drei Wochen bewilligen.

(2) Die Aufsichtsbehörde kann über die in diesem Gesetz vorgesehenen Ausnahmen hinaus weitergehende Ausnahmen zulassen, soweit sie im öffentlichen Interesse dringend nötig werden.

(3) Das Bundesministerium der Verteidigung kann in seinem Geschäftsbereich durch Rechtsverordnung mit Zustimmung des Bundesministeriums für Arbeit und Sozialordnung aus zwingenden Gründen der Verteidigung Arbeitnehmer verpflichten, über die in diesem Gesetz und in den auf Grund dieses Gesetzes erlassenen Rechtsverordnungen und Tarifverträgen festgelegten Arbeitszeitgrenzen und -beschränkungen hinaus Arbeit zu leisten.

[Neuer Abs. 4 ab 1. 1. 2004:] [1]

(4) Werden Ausnahmen nach den Absätzen 1 oder 2 zugelassen, darf die Arbeitszeit 48 Stunden wöchentlich im Durchschnitt von sechs Kalendermonaten oder 24 Wochen nicht überschreiten.

I. Bewilligung längerer Arbeitszeiten

1   Nach § 15 I Nr. 1 kann die Aufsichtsbehörde für **kontinuierliche Schichtbetriebe** abw. von §§ 3, 6 II und 11 II die tägliche Höchstarbeitszeit von bis zu 10 Stunden auch über 10 Stunden mit oder ohne Ausgleichsverpflichtung verlängern. Die Ausnahmeregelung gilt sowohl für teil- als auch für vollkontinuierliche Schichtbetriebe (*Neumann/Biebl* Rn. 3; *Zmarzlik/Anzinger* Rn. 4). Die Bewilligung setzt jedoch voraus, dass durch die Verlängerung der täglichen Arbeitszeit **zusätzliche Freischichten** erreicht werden. Dies ist dann der Fall, wenn den AN mehr freie Tage zur Verfügung stehen als ohne die Verlängerung der täglichen Arbeitszeit (*Roggendorff* Rn. 8).

2   Die Aufsichtsbehörde kann die tägliche Höchstarbeitszeit über 10 Stunden hinaus auch für Bau- und Montagestellen bewilligen. **Baustellen** sind Stellen, an denen Arbeiten zur Errichtung, Änderung, Instandhaltung oder zum Abbruch einer baulichen Anlage iSd. Bauordnungsrechts der Bundesländer verrichtet werden (*Roggendorff* Rn. 9). **Montagestellen** sind Arbeitsstellen, auf denen idR vorgefertigte Teile oder Baugruppen zu einem fertigen Endergebnis montiert werden (vgl. § 2 I Bauordnung NRW).

3   Mit der Ausnahmeregelung des § 15 I Nr. 1 Buchst. a wird dem Umstand Rechnung getragen, dass Bau- und Montagestellen oft weit entfernt vom Betriebssitz der AG liegen und die AN während ihres Aufenthalts an der Bau- oder Montagestelle nicht zu ihrem Wohnort zurückkehren (*Neumann/Biebl* Rn. 4). Die Bewilligung sollte daher im Interesse des ANSchutzes davon abhängig gemacht werden, dass den AN für die verlängerte Arbeitszeit an der Bau- oder Montagestelle ein entspr. Ausgleich am Wohnort gewährleistet wird (*Zmarzlik/Anzinger* Rn. 10).

4   § 15 I Nr. 2 ermächtigt die Aufsichtsbehörde, die tägliche Arbeitszeit abw. von §§ 3, 6 II, 11 II auch für Saison- und Kampagnebetriebe zu verlängern. **Saisonbetriebe** sind Betriebe, die zwar ganzjährig arbeiten, jedoch zu bestimmten Zeiträumen des Jahres zu einer außergewöhnlich verstärkten Tätigkeit genötigt sind, wie zB Fremdenverkehrsbetriebe, Schokoladen-, Zucker- und Lebkuchenbetriebe. Anders als Saisonbetriebe arbeiten **Kampagnebetriebe** nicht über das ganze Jahr, sondern nur zu bestimmten Jahreszeiten, wie zB Fruchtkonservenfabriken.

5   Die Arbeitszeitverlängerung für Saison- und Kampagnebetriebe ist nur für die Zeit der Saison oder Kampagne und auch nur unter der Voraussetzung zulässig, dass ein **Ausgleich** der Verlängerung der Arbeitszeit durch eine entspr. Verkürzung der Arbeitszeit zu anderen Zeiten erfolgt.

II. Abweichende Ruhezeiten

6   Nach § 15 I Nr. 3 kann im öffentl. Dienst eine von den §§ 5 und 11 II abw. **Dauer und Lage der Ruhezeit** bei Arbeitsbereitschaft, Bereitschaftsdienst und Rufbereitschaft bewilligt werden (zu den Begriffen Arbeitsbereitschaft, Bereitschaftsdienst und Rufbereitschaft s. § 2 Rn. 39 ff.). **Öffentlicher Dienst** iSv. § 15 I Nr. 3 sind die Verwaltungen und Betriebe des Bundes, der Länder, der Gemeinden und sonstigen Körperschaften, Anstalten und Stiftungen des öffentl. Rechts. Mit der Ausnahmeregelung des § 15 I Nr. 3 sollen für den öffentl. Dienst flexiblere Regelungen hinsichtlich Dauer und Lage der Ruhezeit geschaffen werden, wie sie zB für Winterdienste erforderlich sind (BT-Drucks. 12/5888

---

[1] Art. 4b Nr. 5 des Entwurfs eines Gesetzes zu Reformen am Arbeitsmarkt idF des Beschlusses des Deutschen Bundestages vom 26. 9. 2003 (Stand: BR-Drucks. 676/03); vgl. Anhang zu §§ 25, 26.

S. 31). Mit dieser Vorschrift kann die Aufsichtsbehörde für den öffentl. Dienst insb. Ausnahmen von dem Grundsatz zulassen, dass AN, die während des Bereitschaftsdienstes oder einer Rufbereitschaft zur Arbeit herangezogen wurden, im Anschluss an die Arbeitsleistung die volle Ruhezeit erneut zu gewähren ist (s. § 5 Rn. 1 ff.).

§ 15 I Nr. 4 ermöglicht eine von den §§ 5 und 11 II abw. Ruhezeit zur Herbeiführung eines regel- 7 mäßigen wöchentlichen Schichtwechsels zweimal innerhalb eines Zeitraums von 3 Wochen. Zulässig ist nach dieser Ausnahmevorschrift **nur eine Verkürzung**, nicht aber eine Veränderung der Lage der Ruhezeit.

III. Weitergehende Ausnahmen nach § 15 II

Nach § 15 II kann die Aufsichtsbehörde über die in dem ArbZG vorgesehenen Ausnahmen hinaus 8 weitergehende Ausnahmen zulassen, soweit sie im öffentl. Interesse dringend nötig sind. Diese Regelung entspricht inhaltlich § 28 AZO. Wie sich aus dem Wortlaut des § 15 II ergibt („über die in diesem Gesetz vorgesehenen Ausnahmen hinaus") setzt die Zulassung einer Ausnahme nach § 15 II zunächst voraus, dass für den in Frage stehenden Fall eine Ausnahme oder Abweichungsmöglichkeit entweder im ArbZG nicht vorgesehen ist oder aber die vorgesehenen Ausnahmen nicht ausreichen (*Zmarzlik/Anzinger* Rn. 25). Ferner muss die Ausnahme im **öffentlichen Interesse nötig** sein, was dann der Fall ist, wenn ohne die Ausnahmeregelung der Allgemeinheit oder einem erheblichen Teil der Bevölkerung ein nicht nur geringfügiger Schaden droht (*Roggendorff* Rn. 13). Eine Bewilligung nach § 15 II kommt zB in Betracht bei Arbeiten zur Sicherung der Ernährung, zum Schutze größerer Mengen von Lebensmitteln vor dem Verderb, zur Aufrechterhaltung des Verkehrs sowie zur Versorgung mit Strom, Gas und Wasser (vgl. BAG 22. 3. 1978 AP BAT § 17 Nr. 4). Unter § 15 II fallen nach der amtl. Begr. des RegE auch Arbeiten aus Anlass von Dienst-, Werk- und Sachleistungen, die im Rahmen notstandsrechtlicher Regelungen zu erbringen sind (BT-Drucks. 12/5888 S. 31).

Die nach § 15 I und II möglichen Ausnahmen **können** von der Aufsichtsbehörde bewilligt werden. 9 Ein Rechtsanspruch auf Erteilung der Ausnahmebewilligung besteht grds. nicht. Die Aufsichtsbehörde hat bei Vorliegen der tatbestandlichen Voraussetzungen nach **pflichtgemäßem Ermessen** zu entscheiden. Bei der Ermessensentscheidung hat die Aufsichtsbehörde darauf zu achten, dass entspr. dem Zweck des Gesetzes die Gesundheit der AN durch überlange Arbeitszeiten nicht gefährdet wird (*Neumann/Biebl* Rn. 10; *Roggendorff* Rn. 4).

IV. Ausnahmen zur Verteidigung

§ 15 III ermächtigt das Bundesministerium für Verteidigung, aus **zwingenden Gründen der Ver-** 10 **teidigung** AN durch Rechtsverordnung zu verpflichten, über die im ArbZG und den auf Grund des ArbZG erlassenen Rechtsverordnungen und in TV festgelegten Arbeitszeitgrenzen und -beschränkungen hinaus Arbeit zu leisten.

Zwingende Gründe der Verteidigung liegen nicht nur im **Verteidigungsfall** (Art. 115 a GG) und 11 im **Spannungsfall** (Art. 80 a I oder III GG) vor, sondern können auch während einer dem Verteidigungs- oder Spannungsfall vorangehenden Spannungszeit bejaht werden (*Baeck/Deutsch* Rn. 41; *Zmarzlik/Anzinger* Rn. 43; differenzierend *Buschmann/Ulber* Rn. 6). Wenn das Bundesministerium der Verteidigung nach § 15 III eine Rechtsverordnung erlässt, so gelten die Rechtsnormen dieser Verordnung nach Art. 56 I Buchst. a des Zusatzabkommens zum NATO-Truppenstatut ohne Weiteres auch für die Arbeitsverhältnisse der zivilen Beschäftigten bei den Stationierungskräften in der Bundesrepublik Deutschland.

Fünfter Abschnitt. Durchführung des Gesetzes

§ 16 Aushang und Arbeitszeitnachweise

(1) Der Arbeitgeber ist verpflichtet, einen Abdruck dieses Gesetzes, der auf Grund dieses Gesetzes erlassenen, für den Betrieb geltenden Rechtsverordnungen und der für den Betrieb geltenden Tarifverträge und Betriebsvereinbarungen *[Fassung ab 1. 1. 2004: Betriebs- oder Dienstvereinbarung]*[1]) im Sinne des § 7 Abs. 1 bis 3 und des § 12 an geeigneter Stelle im Betrieb zur Einsichtnahme auszulegen oder auszuhängen.

(2) [1] Der Arbeitgeber ist verpflichtet, die über die werktägliche Arbeitszeit des § 3 Satz 1 hinausgehende Arbeitszeit der Arbeitnehmer aufzuzeichnen *[Fassung ab 1. 1. 2004: und ein Verzeichnis der Arbeitnehmer zu führen, die in eine Verlängerung der Arbeitszeit gemäß § 7 Abs. 7 eingewilligt haben.]*[1]) [2] Die Aufzeichnungen *[Fassung ab 1. 1. 2004: Nachweise]*[1]) sind mindestens zwei Jahre aufzubewahren.

---

[1]) Art. 4b Nr. 6 des Entwurfs eines Gesetzes zu Reformen am Arbeitsmarkt idF des Beschlusses des Deutschen Bundestages vom 26. 9. 2003 (Stand: BR-Drucks. 676/03); vgl. Anhang zu §§ 25, 26.

I. Aushangpflicht

1 § 16 I ist aus § 24 I Nr. 1 AZO übernommen worden, um den AN weiterhin zu ermöglichen, die für sie geltenden Schutzbestimmungen an geeigneter Stelle im Betrieb kennenzulernen.

2 Der AG ist verpflichtet, einen vollständigen Abdruck des ArbZG, also von Art. 1 ArbZRG, in deutscher Sprache und in der jeweils aktuellen Fassung auszulegen oder auszuhängen. Die Art. 2 bis 21 ArbZRG unterliegen nicht der Auslage- und Aushangpflicht.

3 Die Aushang- oder Auslageverpflichtung bezieht sich auf den **Betrieb**. Der Betriebsbegriff umfasst auch Verwaltungen. Für **Nebenbetriebe und Betriebsteile** gilt die Verpflichtung aus § 16 I dann, wenn sie vom Hauptsitz des Unternehmens oder des Betriebs räumlich so weit entfernt sind, dass eine Einsichtnahme in den Aushang oder die Auslage während der üblichen Arbeitszeit nicht möglich ist (*Zmarzlik/Anzinger* Rn. 5).

4 Neben dem Abdruck des ArbZG muss der AG auch die auf Grund des ArbZG erlassenen und für den Betrieb geltenden Rechtsverordnungen, die für den Betrieb geltenden TV iSd. § 7 I bis III und des § 12 sowie die für den Betrieb geltenden Betriebsvereinbarungen iSd. § 7 I bis III und des § 12 auslegen oder aushängen. Ausgelegt oder ausgehängt werden müssen nur die für den Betrieb **einschlägigen** Rechtsverordnungen (BT-Drucks. 12/5888 S. 31).

5 Der Aushang oder die Auslage hat an einer **geeigneten Stelle** im Betrieb zu erfolgen. Geeignet ist jede Stelle, an der der AN während seiner Anwesenheit im Betrieb ohne Hilfe Dritter den Text einsehen kann. Geeignete Stellen sind zB die Arbeits-, Aufenthalts- und Pausenräume, das Schwarze Brett sowie die Kantine. Nicht geeignet sind dagegen das Zimmer des AG oder des Vorgesetzten, da sich AN dort bei der Einsichtnahme beaufsichtigt fühlen könnten (*Neumann/Biebl* Rn. 3; *Roggendorff* Rn. 4).

6 Ein vorsätzlicher oder fahrlässiger Verstoß des AG gegen die Verpflichtung aus § 16 I stellt gem. § 22 I Nr. 8 eine **Ordnungswidrigkeit** dar. Der Verstoß kann mit einer Geldbuße bis zu € 2500,- geahndet werden. Dagegen können aus einer Verletzung des § 16 I **keine zivilrechtlichen Ansprüche** hergeleitet werden, da diese Vorschrift kein Schutzgesetz iSd. § 823 II BGB ist und ein Anspruch des AN auf Aushang auch nicht aus der allg. Fürsorgepflicht hergeleitet werden kann (*Neumann/Biebl* Rn. 4; *Zmarzlik/Anzinger* Rn. 19).

II. Aufzeichnungspflicht

7 Nach § 16 II 1 ist der AG verpflichtet, die über die werktägliche Arbeitszeit des § 3 S. 1 hinausgehende Arbeitszeit der AN aufzuzeichnen. Die Vorschrift ist § 24 I Nr. 3 AZO nachgebildet. Durch die Aufzeichnungspflicht soll die Aufsichtsbehörde in die Lage versetzt werden, die Einhaltung der Vorschriften des ArbZG in den Betrieben zu kontrollieren. Wegen der Erweiterung des Ausgleichszeitraums zur Erreichung der durchschnittlichen täglichen Höchstarbeitszeit und der umfangreichen Möglichkeiten, durch TV und Betriebsvereinbarung abw. Regelungen festzulegen, wäre die Überwachung nämlich nicht gewährleistet (Begr. BT-Drucks. 12/5888 S. 31).

8 Der AG muss zum einen die **8 Stunden überschreitende Arbeitszeit** an Werktagen aufzeichnen. Der Aufzeichnungspflicht unterliegt ferner jede Arbeitszeit an Sonn- und Feiertagen (*Baeck/Deutsch* Rn. 23; *Neumann/Biebl* Rn. 5; *Zmarzlik/Anzinger* Rn. 11). Der tw. vertretenen Auffassung, dass Beschäftigungszeiten an Sonn- oder Feiertagen nicht (so *Dobberahn* Rn. 165) oder nur insoweit, als sie acht Stunden überschreiten (so *Roggendorff* Rn. 7; Kasseler Handbuch/*Schliemann* 2.5 Rn. 776), aufgezeichnet werden müssen, steht der Wortlaut des § 16 II entgegen. Wird ein AN an einem Sonn- oder Feiertag beschäftigt, so handelt es sich nämlich um eine „über die werktägliche Arbeitszeit des § 3 S. 1 hinausgehende Arbeitszeit". Dass auch die Sonn- und Feiertagsarbeit aufzeichnungspflichtig ist, ergibt sich zudem aus dem Zweck des Gesetzes, nämlich der Aufsichtsbehörde zu ermöglichen, die Einhaltung des ArbZG, also auch das grds. Verbot der Sonn- und Feiertagsbeschäftigung (§ 9), zu kontrollieren. Bei Vertrauensarbeitszeit gelten keine Erleichterungen; aA *Schlottfelder/Moff* NZA 2001, 530.

9 Nicht aufzeichnungspflichtig ist dagegen der nach den § 3, 6 II und 11 II erforderliche Ausgleich der Mehrarbeit (*Baeck/Deutsch* Rn. 24; *Dobberahn* Rn. 165; *Zmarzlik/Anzinger* Rn. 11; aA *Neumann/Biebl* Rn. 5; *Roggendorff* Rn. 8; Kasseler Handbuch/*Schliemann* 2.5 Rn. 776). Wenn der Gesetzgeber auch insoweit eine Aufzeichnungspflicht gewollt hätte, so hätte er dies durch eine entspr. Formulierung im Wortlaut des § 16 II zum Ausdruck bringen müssen.

10 Der AG hat für die Erfüllung der Verpflichtung aus § 16 II 1 **keine bestimmte Form** vorgeschrieben. Als Arbeitszeitnachweise kommen daher zB in Betracht Stundenzettel, Stempeluhrkarten, Lohnlisten oder Arbeitszeitkarteien, auf denen die vom AN geleistete Arbeitszeit festgehalten wird. Eigenaufschreibungen der Beschäftigten sowie die Delegation der Aufzeichnungspflicht auf die Beschäftigten sind ebenfalls zulässig. Als Nachweise geeignet sind auch elektronische Datenverarbeitungsanlagen und sonstige Zeiterfassungssysteme, sofern die dort gespeicherten Daten für die Aufsichtsbehörde jederzeit abrufbar sind (*Zmarzlik/Anzinger* Rn. 12). Ebenfalls ausreichend sind Aufzeichnungen der geleisteten Arbeitszeit, die bereits auf Grund anderer Rechtsvorschriften erfolgen, wie zB der Verordnung (EWG) Nr. 3821/85 des Rates vom 20. 12. 1985 über das Kontrollgerät im Straßenverkehr (*Roggendorff* Rn. 10).

Aufzeichnungspflichtig ist die über 8 Stunden hinausgehende Arbeitszeit der **einzelnen AN**. Die 11 Vorschrift des § 16 II wurde aus § 24 I Nr. 3 AZO übernommen. Nach dieser Vorschrift war iVm. den Nrn. 30–32 der Ausführungsverordnung zur Arbeitszeitordnung (AVAZO) Beginn und Ende der täglichen Arbeitszeit des einzelnen AN aufzuzeichnen. Die summarische Erfassung der Gesamtarbeitszeit genügte danach nicht. Durch das ArbZG ist insofern keine Änderung eingetreten (aA *Neumann/Biebl* Rn. 5).

Der AG muss die Arbeitszeitaufzeichnungen **mindestens zwei Jahre aufbewahren**. Die Aufbewah- 12 rungsfrist wurde gegenüber dem RegE auf Beschlussempfehlung des Ausschusses für Arbeit und Sozialordnung von einem auf zwei Jahre verlängert (BT-Drucks. 12/5888 S. 10; 12/6990 S. 40). Die Berechnung der Zweijahresfrist erfolgt nach §§ 187 I, 188 II BGB.

Verstößt der AG vorsätzlich oder fahrlässig gegen die Aufzeichnungs- oder Aufbewahrungspflicht 13 des § 16 II, so begeht er gem. § 22 I Nr. 9 eine **Ordnungswidrigkeit**, die mit einer Geldbuße bis zu € 15 000,– geahndet werden kann.

§ 17 Aufsichtsbehörde

(1) Die Einhaltung dieses Gesetzes und der auf Grund dieses Gesetzes erlassenen Rechtsverordnungen wird von den nach Landesrecht zuständigen Behörden (Aufsichtsbehörden) überwacht.

(2) Die Aufsichtsbehörde kann die erforderlichen Maßnahmen anordnen, die der Arbeitgeber zur Erfüllung der sich aus diesem Gesetz und den auf Grund dieses Gesetzes erlassenen Rechtsverordnungen ergebenden Pflichten zu treffen hat.

(3) Für den öffentlichen Dienst des Bundes sowie für die bundesunmittelbaren Körperschaften, Anstalten und Stiftungen des öffentlichen Rechts werden die Aufgaben und Befugnisse der Aufsichtsbehörde vom zuständigen Bundesministerium oder den von ihm bestimmten Stellen wahrgenommen; das gleiche gilt für die Befugnisse nach § 15 Abs. 1 und 2.

(4) ¹Die Aufsichtsbehörde kann vom Arbeitgeber die für die Durchführung dieses Gesetzes und der auf Grund dieses Gesetzes erlassenen Rechtsverordnungen erforderlichen Auskünfte verlangen. ²Sie kann ferner vom Arbeitgeber verlangen, die Arbeitszeitnachweise und Tarifverträge oder Betriebsvereinbarungen *[Fassung ab 1. 1. 2004: Betriebs- u. Dienstvereinbarungen]*[1]) im Sinne des § 7 Abs. 1 bis 3 und des § 12 vorzulegen oder zur Einsicht einzusenden.

(5) ¹Die Beauftragten der Aufsichtsbehörde sind berechtigt, die Arbeitsstätten während der Betriebs- und Arbeitszeit zu betreten und zu besichtigen; außerhalb dieser Zeit oder wenn sich die Arbeitsstätten in einer Wohnung befinden, dürfen sie ohne Einverständnis des Inhabers nur zur Verhütung von dringenden Gefahren für die öffentliche Sicherheit und Ordnung betreten und besichtigt werden. ²Der Arbeitgeber hat das Betreten und Besichtigen der Arbeitsstätten zu gestatten. ³Das Grundrecht der Unverletzlichkeit der Wohnung (Artikel 13 des Grundgesetzes) wird insoweit eingeschränkt.

(6) Der zur Auskunft Verpflichtete kann die Auskunft auf solche Fragen verweigern, deren Beantwortung ihn selbst oder einen der in § 383 Abs. 1 Nr. 1 bis 3 der Zivilprozeßordnung bezeichneten Angehörigen der Gefahr strafgerichtlicher Verfolgung oder eines Verfahrens nach dem Gesetz über Ordnungswidrigkeiten aussetzen würde.

I. Regelungsinhalt

§ 17 regelt die Überwachungsaufgaben der Aufsichtsbehörden und deren hierzu notwendige Befug- 1 nisse. Die Regelungen sind weitgehend aus § 28 AZO übernommen und der modernen Rechtsentwicklung im Arbeitsschutzrecht angepasst worden (BT-Drucks. 12/5888 S. 32).

II. Aufsichtsbehörden

Nach § 17 I wird die Einhaltung des ArbZG und der auf Grund dieses Gesetzes erlassenen Rechts- 2 verordnungen von den Aufsichtsbehörden überwacht. Da nach Art. 83 GG die Bundesgesetze von den Ländern als eigene Angelegenheit durchgeführt werden, obliegt es den Ländern, zu bestimmen, welche Behörde als Aufsichtsbehörde sachlich zuständig ist. In der überwiegenden Zahl der Länder sind die staatlichen **Gewerbeaufsichtsämter** oder **Ämter für Arbeitsschutz** die sachlich zuständige Aufsichtsbehörde. Die örtliche Zuständigkeit richtet sich nach den Verwaltungsverfahrensgesetzen der Länder. IdR ist die Behörde örtlich zuständig, in deren Bezirk die Betriebsstätte betrieben wird. Für den öffentl. Dienst des Bundes sowie für die bundesunmittelbaren Körperschaften, Anstalten und Stiftungen des öffentl. Rechts ergibt sich die Überwachungszuständigkeit aus § 17 III. Danach werden die Aufgaben und Befugnisse der Aufsichtsbehörde vom zuständigen Bundesministerium oder den von ihm bestimmten Stellen wahrgenommen (ausf. zum Ganzen *Baeck/Deutsch* Rn. 4 ff.).

---

[1]) Art. 4 b Nr. 7 des Entwurfs eines Gesetzes zu Reformen am Arbeitsmarkt idF des Beschlusses des Deutschen Bundestages vom 26. 9. 2003 (Stand: BR-Drucks. 676/03); vgl. Anhang zu §§ 25, 26.

III. Maßnahmen der Aufsichtsbehörden

3   Damit die Aufsichtsbehörde die Einhaltung der von ihr zu überwachenden Arbeitszeitvorschriften auch durchsetzen kann, ermächtigt § 17 II die Aufsichtsbehörde, die **erforderlichen Maßnahmen anzuordnen**, die der AG zur Erfüllung der sich aus dem ArbZG und den auf Grund des ArbZG erlassenen Rechtsverordnungen ergebenden Pflichten zu treffen hat. Dabei stehen den Aufsichtsbehörden alle amtl. Befugnisse der Ortspolizeibehörden zu, insb. auch die Befugnis, die notwendigen Maßnahmen zu treffen, um eine im einzelnen Falle bestehende Gefahr für die öffentliche Sicherheit und Ordnung abzuwehren (BVerwG 4. 7. 1989 GewA 1990, 25; *Neumann/Biebl* Rn. 2; *Roggendorff* Rn. 2).

4   Macht die Aufsichtsbehörde von ihrer Anordnungsbefugnis nach § 17 II Gebrauch und ordnet sie im Einzelfall die erforderlichen Maßnahmen an, die der AG zu treffen hat, so handelt es sich hierbei um einen **Verwaltungsakt**, der der verwaltungsgerichtlichen Überprüfung unterliegt. In der Ordnungsverfügung kann die Aufsichtsbehörde zugleich Zwangsmittel androhen. Zur Durchsetzung einer sich aus dem ArbZG ergebenden Pflicht kann die Aufsichtsbehörde auch **gesetzeswiederholende Anordnungen** mit Zwangsgeldandrohung erlassen (VGH München 28. 10. 1993 GewA 1994, 192; *Zmarzlik/Anzinger* Rn. 10).

IV. Auskunfts- und Vorlagepflicht

5   § 17 IV 1 verpflichtet den AG, der Aufsichtsbehörde alle **erforderlichen Auskünfte** mitzuteilen, die die Aufsichtsbehörde zur Erfüllung ihrer Aufgaben benötigt. Die Auskunftspflicht des AG besteht erst dann, wenn die Aufsichtsbehörde dem AG gegenüber ein entspr. Verlangen erklärt hat. Dieses muss jedoch **nicht** in **Form** einer Anordnung an den AG gerichtet werden, sondern kann zB auch mündlich oder fernmündlich erfolgen (BT-Drucks. 12/5888 S. 32; aA *Baeck/Deutsch* Rn. 24, die in dem Auskunftsverlangen einen Verwaltungsakt iSd. § 35 VwVfG sehen). Die Auskunftspflicht setzt auch nicht voraus, dass der Verdacht auf einen Gesetzesverstoß besteht (*Zmarzlik/Anzinger* Rn. 19). Unzulässig ist jedoch die allgemeine, ungezielte Ausforschung des AG, die nur die behördliche Aufsicht erleichtern soll (OVG Berlin 18. 3. 1982 GewA 1982, 279).

6   Nach § 17 IV 2 muss der AG der Aufsichtsbehörde auf vorhandene Unterlagen über die Arbeitszeit sowie die TV und Betriebsvereinbarungen iSd. § 7 I bis III und des § 12 aushändigen oder zur Einsicht zusenden, damit sie ihre Aufgaben erfüllen kann. Die Vorlagepflicht besteht unabhängig von Besichtigungen (BT-Drucks. 12/5888 S. 32). Die Kosten der Übersendung der Unterlagen trägt der AG (*Zmarzlik/Anzinger* Rn. 20).

7   Ein AG, der vorsätzlich oder fahrlässig eine Auskunft nicht, nicht richtig oder nicht vollständig erteilt oder Unterlagen nicht vollständig vorlegt oder nicht einsendet, begeht eine Ordnungswidrigkeit nach § 22 II Nr. 10. Die Zuwiderhandlung gegen das Auskunfts- oder Vorlageverlangen ist jedoch nicht schon mit dem Erlass der behördlichen Anordnung, sondern erst dann bußgeldbewehrt, wenn die Anordnung für den AG verbindlich ist (OLG Hamm 7. 6. 1994 GewA 1994, 471).

V. Besichtigungsrecht

8   Nach § 17 V 1 ist es den Beauftragten der Aufsichtsbehörde gestattet, die **Arbeitsstätte zu betreten** und zu **besichtigen**. Um diese Befugnisse wahrzunehmen, braucht die Aufsichtsbehörde die Besichtigung weder vorher anzuordnen noch anzukündigen (vgl. Begr. BT-Drucks. 12/5888 S. 32; KG Berlin 16. 4. 1987 GewA 1987, 305; *Roggendorff* Rn. 23). Eine vorherige Ankündigung ist im Regelfall auch nicht zweckmäßig, weil sich der AG dann auf die Besichtigung einstellen und etwa vorhandene Missstände ggf. abstellen kann (*Neumann/Biebl* Rn. 5; *Roggendorff* Rn. 23).

9   Den Beauftragten der Aufsichtsbehörde stehen diese Befugnisse während der Betriebs- und Arbeitszeit uneingeschränkt zu. Außerhalb der Betriebs- und Arbeitszeit oder wenn sich die Arbeitsstätte in einer Wohnung befindet, stehen der Aufsichtsbehörde diese Befugnisse nur mit Einverständnis des Inhabers oder zur Verhütung von dringenden Gefahren für die öffentliche Sicherheit oder Ordnung zu. Diese Einschränkung des Besichtigungsrechts entspricht den vom BVerfG in seinem Beschluss vom 13. 10. 1971 im Zusammenhang mit Art. 13 GG aufgestellten Grundsätzen (s. BVerfG 13. 10. 1971 BVerfGE 32, 54, 75 f.; s. auch *Wank*, Telearbeit, 1997, Rn. 436 ff.).

10   § 17 V 2 verpflichtet den AG ausdrücklich, das Betreten und Besichtigen der Arbeitsstätten **zu gestatten**. Sein Hausrecht wird insoweit eingeschränkt. Verweigert der AG den Zutritt, so kann die Aufsichtsbehörde nach § 17 II eine Duldungsverfügung erlassen und im Wege des Verwaltungszwangs durchsetzen. Der AG, der das Betreten und Besichtigen seiner Arbeitsstätte entgegen § 17 V 2 nicht gestattet, handelt ordnungswidrig.

VI. Auskunftsverweigerungsrecht

11   Nach § 17 VI darf der zur Auskunft Verpflichtete die Auskunft auf solche Frage verweigern, deren Beantwortung ihn selbst oder einen nahen Angehörigen gem. § 383 I Nr. 1 bis 3 ZPO der Gefahr

strafrechtlicher Verfolgung oder eines Verfahrens nach dem OWiG aussetzen würde. Zu den nahen Angehörigen gehören der Verlobte, der Ehegatte, und zwar auch wenn die Ehe nicht mehr besteht, sowie die Personen, die mit dem Auskunftspflichtigen in gerader Linie verwandt oder verschwägert oder in der Seitenlinie bis zum 3. Grad verwandt oder bis zum 2. Grad verschwägert sind oder waren. Die Aufsichtsbehörde ist nicht verpflichtet, den Auskunftspflichtigen auf sein Auskunftsverweigerungsrecht hinzuweisen (BayObLG 11. 10. 1968 GewA 1969, 41). Nach dem eindeutigen Wortlaut des Abs. 6 kann der zur Auskunft Verpflichtete nur die Auskunft, nicht aber die Einsichtnahme und Herausgabe von Unterlagen verweigern (*Baeck/Deutsch* Rn. 38; *Roggendorff* Rn. 18; aA *Dobberahn* Rn. 167).

Sechster Abschnitt. Sonderregelungen

§ 18 Nichtanwendung des Gesetzes

(1) Dieses Gesetz ist nicht anzuwenden auf
1. leitende Angestellte im Sinne des § 5 Abs. 3 des Betriebsverfassungsgesetzes sowie Chefärzte,
2. Leiter von öffentlichen Dienststellen und deren Vertreter sowie Arbeitnehmer im öffentlichen Dienst, die zu selbständigen Entscheidungen in Personalangelegenheiten befugt sind,
3. Arbeitnehmer, die in häuslicher Gemeinschaft mit den ihnen anvertrauten Personen zusammenleben und sie eigenverantwortlich erziehen, pflegen oder betreuen,
4. den liturgischen Bereich der Kirchen und der Religionsgemeinschaften.

(2) Für die Beschäftigung von Personen unter 18 Jahren gilt anstelle dieses Gesetzes das Jugendarbeitsschutzgesetz.

(3) Für die Beschäftigung von Arbeitnehmern auf Kauffahrteischiffen als Besatzungsmitglieder im Sinne des § 3 des Seemannsgesetzes gilt anstelle dieses Gesetzes das Seemannsgesetz.

(4) *(aufgehoben)*

1. Nichtanwendung auf bestimmte Personengruppen. Um den Besonderheiten bei der Arbeitszeit bestimmter Personengruppen Rechnung zu tragen, nimmt § 18 I die in Nr. 1 bis 4 genannten Personengruppen von der Anwendung des ArbZG aus (vgl. BT-Drucks. 12/5888 S. 32; BR-Drucks. G 27/97, Weißbuch der EG-Kommission). Die Herausnahme dieser ANGruppen vom öffentlich-rechtlichen Arbeitszeitrecht steht im Einklang mit Art. 17 I der ArbeitszeitRL 94/194/EG, nach der unter Beachtung der allg. Grundsätze des Schutzes der Sicherheit und der Gesundheit der AN von den Grundsätzen der RL abgewichen werden darf, wenn die Arbeitszeit wegen der bes. Merkmale der ausgeübten Tätigkeit nicht gemessen oder nicht im Voraus festgelegt werden kann. Als Beispiele für solche Personen nennt die RL leitende Angestellte oder sonstige Personen mit selbständiger Entscheidungsbefugnis, Arbeitskräfte, die Familienangehörige sind sowie AN, die im liturgischen Bereich von Kirchen oder Religionsgemeinschaften beschäftigt sind. Dieser Personenkreis deckt sich weitgehend mit den in § 18 I aufgeführten Personengruppen. 1

Nach § 18 I Nr. 1 gilt das ArbZG **nicht für leitende Angestellte** iSd. § 5 III BetrVG. Mit der gesetzlichen Verweisung in § 18 I Nr. 1 auf § 5 III BetrVG wird nunmehr im Interesse der Rechtsklarheit für das ArbZG und das BetrVG ein einheitlicher Begriff des leitenden Angestellten zugrunde gelegt. Zu den Auslegungsfragen, ob ein AN leitender Angestellter iSd. § 5 III BetrVG und damit auch iSd. § 18 I Nr. 1 ist, kann daher auf die einschlägige Kommentarliteratur zu § 5 III BetrVG verwiesen werden (s. § 5 BetrVG Rn. 30 ff. mwN). 2

In Anlehnung an § 3 Buchst. i BAT werden auch Chefärzte vom Anwendungsbereich des Gesetzes ausgenommen (vgl. BT-Drucks. 12/5888 S. 32). **Chefarzt** ist, wer als Leiter einer Krankenhausabteilung innerhalb dieser Abteilung die Gesamtverantwortung für die Patientenversorgung trägt und Vorgesetzter des ärztlichen und nichtärztlichen Personals seiner Abteilung ist (MünchArbR/*Richardi* § 204 Rn. 14). Nicht zu den Chefärzten zählen Oberärzte, Assistenzärzte und Ärzte im Praktikum (MünchArbR/*Richardi* § 204 Rn. 15 ff.). Auf sie findet das ArbZG Anwendung. 3

Das ArbZG findet ferner keine Anwendung auf Leiter von öffentl. Dienststellen, deren Vertreter sowie Beschäftigte, die zu selbständigen Entscheidungen in Personalangelegenheiten befugt sind (§ 18 I Nr. 2). Der Gesetzgeber hat damit die Personen vom Anwendungsbereich des ArbZG ausgenommen, die nach §§ 7, 14 III BPersVG nicht zu den Personalvertretungen wählbar sind. 4

Während nach § 1 I AZO noch alle im Haushalt beschäftigten AN vom Anwendungsbereich ausgenommen waren, werden nach § 18 I Nr. 3 nur AN vom öffentlich-rechtlichen Arbeitszeitschutz ausgenommen, die in häuslicher Gemeinschaft mit den ihnen anvertrauten Personen zusammenleben und sie eigenverantwortlich erziehen, pflegen oder betreuen. Mit dieser Ausnahme soll den bes. Lebens- und Arbeitsbedingungen dieser AN Rechnung getragen werden, die eine durch das öffentlich-rechtliche Arbeitszeitrecht vorgeschriebene Unterscheidung zwischen Freizeit und Arbeitszeit nicht zulassen (vgl. BT-Drucks. 12/6990 S. 44). Zu dem Kreis der **anvertrauten Personen** zählen zB 5

Kinder im Bereich der SOS-Kinderdörfer, Behinderte, Pflegebedürftige, ältere Menschen, Alkohol- oder Drogenabhängige. Entscheidend ist, dass die AN mit den anvertrauten Personen in häuslicher Gemeinschaft **zusammenleben**, idR also mit ihnen gemeinsam wohnen und wirtschaften (*Zmarzlik/ Anzinger* Rn. 21).

6 Die Herausnahme des **liturgischen Bereichs** der Kirchen und Religionsgemeinschaften (§ 18 I Nr. 4) aus dem öffentlich-rechtlichen Arbeitszeitschutz war wegen Art. 4 II GG erforderlich, der die ungestörte Religionsausübung auch in zeitlicher Hinsicht gebietet (vgl. BT-Drucks. 12/5888 S. 33).

7 § 18 IV ArbZG ist durch das Gesetz zur Änderung des Gesetzes über den Ladenschluss und zur Neuregelung der Arbeitszeit in Bäckereien und Konditoreien vom 30. 7. 1996 (BGBl. I S. 1186) aufgehoben worden. Die Beschäftigung von AN in Bäckereien und Konditoreien fällt nunmehr unter das ArbZG.

8 **2. Jugendarbeitsschutzgesetz.** Nach § 18 II gilt für die Beschäftigung von Personen, die noch keine 18 Jahre sind, anstelle dieses Gesetzes das JArbSchG. Für die Arbeitszeiten der Jugendlichen enthalten §§ 7 bis 10 JArbSchG Sonderregelungen. § 8 I JArbSchG begrenzt die zulässige Höchstarbeitszeit für Jugendliche grds. auf **8 Stunden täglich** und **40 Stunden wöchentlich.** Ferner dürfen Jugendliche grds. nur an den Werktagen von Montag bis Freitag beschäftigt werden. Wird die höchstzulässige werktägliche Arbeitszeit von 8 Stunden an einzelnen Werktagen verkürzt, so darf die Arbeitszeit nach § 8 II a JArbSchG an den übrigen Werktagen derselben Woche auf bis zu achteinhalb Stunden verlängert werden. Ebenfalls strenger sind die Vorschriften über Mindestruhepausen sowie die Mindestruhezeit. Für Jugendliche muss die Ruhepause bei einer Arbeitszeit von mehr als viereinhalb bis zu sechs Stunden mindestens 30 Minuten und bei einer Arbeitszeit von mehr als sechs Stunden mindestens 60 Minuten betragen (§ 11 I JArbSchG). Nach § 13 JArbSchG dürfen Jugendliche nach Beendigung der täglichen Arbeitszeit nicht vor Ablauf einer ununterbrochenen Freizeit von mindestens 12 Stunden beschäftigt werden. Sonderregelungen gelten auch für die Nachtarbeit. § 14 I JArbSchG verbietet dem Grundsatz nach die Beschäftigung von Jugendlichen in der Zeit von 20 Uhr bis 6 Uhr. Ausnahmen sind lediglich in den in § 14 II bis VII JArbSchG aufgeführten Fällen oder durch Rechtsverordnung möglich (§ 21 b Nr. 2 JArbSchG).

9 **3. Seemannsgesetz.** Nach § 18 III findet für die Beschäftigung von AN auf Kauffahrteischiffen in einem Heuerverhältnis (§ 3 SeemannsG) anstelle des ArbZG das SeemannsG Anwendung. Der öffentlich-rechtliche Arbeitszeitschutz der Besatzungsmitglieder wird in §§ 84 bis 92 SeemannsG geregelt. Diese Vorschriften wurden durch Art. 11 ArbZRG an die neue Arbeitszeitkonzeption angepasst (vgl. BT-Drucks. 12/5888 S. 34).

§ 19 Beschäftigung im öffentlichen Dienst

Bei der Wahrnehmung hoheitlicher Aufgaben im öffentlichen Dienst können, soweit keine tarifvertragliche Regelung besteht, durch die zuständige Dienstbehörde die für Beamte geltenden Bestimmungen über die Arbeitszeit auf die Arbeitnehmer übertragen werden; insoweit finden die §§ 3 bis 13 keine Anwendung.

1 Nach § 19, der inhaltlich § 13 AZO entspricht, kann die zuständige Behörde die für Beamte geltenden Bestimmungen über die Arbeitszeit auf die AN übertragen. Die §§ 3 bis 13 finden dann insoweit keine Anwendung. Mit dieser Vorschrift soll dem Umstand Rechnung getragen werden, dass wegen der Zusammenarbeit von Beamten und AN ein Interesse an einer einheitlichen Arbeitszeit bestehen kann (BT-Drucks. 12/5888 S. 33).

2 Eine bes. Rechtsform ist für die Übertragung nicht vorgeschrieben. Sie kann durch Rechtsverordnung, Erlass oder eine andere Übertragungserklärung erfolgen; möglich ist auch eine Übertragung durch eine tarifvertragliche Regelung, die zugleich die einseitige Übertragungserklärung enthält (vgl. BAG 14. 4. 1966 AP AZO § 13 Nr. 2).

3 Die Übertragungsmöglichkeit gilt jedoch nur bei der Wahrnehmung **hoheitlicher Aufgaben.** Diese Einschränkung, die auf die Beschlussempfehlung des Ausschusses für Arbeit und Sozialordnung zurückgeht, soll zur Vermeidung von Wettbewerbsverzerrungen verhindern, dass der AG im öffentl. Dienst besser gestellt ist als ein privater AG (vgl. Begr. BT-Drucks. 12/6990 S. 44). Eine Übertragung ist daher in solchen Dienststellen ausgeschlossen, die keine hoheitlichen Aufgaben wahrnehmen und ausschließlich privatrechtlich tätig werden (zB kommunale Verkehrs- und Versorgungsbetriebe, die als „Eigenbetriebe" unmittelbar von der öffentl. Hand geführt werden).

4 Eine weitere Einschränkung ergibt sich aus dem Tarifvorbehalt des § 19, der eine Übertragung nur zulässt, soweit keine tarifvertragliche Regelung besteht. Da für die vom BAT erfassten Angestellten des öffentl. Dienstes die Arbeitszeit in den §§ 15 bis 17 BAT und für die Arbeiter von Bund, Ländern und Gemeinden die Arbeitszeit in den jeweiligen TV abschließend geregelt ist, ist die praktische Bedeutung des § 19 als gering anzusehen.

§ 20 Beschäftigung in der Luftfahrt

Für die Beschäftigung von Arbeitnehmern als Besatzungsmitglieder von Luftfahrzeugen gelten anstelle der Vorschriften dieses Gesetzes über Arbeits- und Ruhezeiten die Vorschriften über Flug-, Flugdienst- und Ruhezeiten der Zweiten Durchführungsverordnung zur Betriebsordnung für Luftfahrtgerät in der jeweils geltenden Fassung.

Das ArbZG gilt grds. auch für AN in der Luftfahrt. Lediglich für die Besatzungsmitglieder von Luftfahrzeugen gelten anstelle der Vorschriften des ArbZG über Arbeits- und Ruhezeiten die Vorschriften über Flug-, Flugdienst- und Ruhezeiten der Zweiten Durchführungsverordnung zur Betriebsordnung für Luftfahrtgerät vom 10. 3. 1982, zuletzt geändert durch Art. 1 der Verordnung v. 6. 1. 1999 (BAnz S. 497). § 20 trägt den Besonderheiten in der Luftfahrt Rechnung. Die aus Gründen der Verkehrssicherheit erlassenen Vorschriften bleiben unberührt und gehen den arbeitsschutzrechtlichen Regelungen vor (BT-Drucks. 12/5888 S. 33). 1

§ 21 Beschäftigung in der Binnenschiffahrt

¹ Die Vorschriften dieses Gesetzes gelten für die Beschäftigung von Fahrpersonal in der Binnenschiffahrt, soweit die Vorschriften über Ruhezeiten der Rheinschiffs-Untersuchungsordnung und der Binnenschiffs-Untersuchungsordnung in der jeweils geltenden Fassung dem nicht entgegenstehen. ² Sie können durch Tarifvertrag der Eigenart der Binnenschiffahrt angepaßt werden.

Das ArbZG gilt grds. auch für AN in der Binnenschifffahrt. Lediglich die Vorschriften über Ruhezeiten der Rheinschiffs-Untersuchungsordnung vom 26. 3. 1976 (BGBl. I S. 773) gehen den arbeitsschutzrechtlichen Regelungen vor. § 21 trägt damit den Besonderheiten in der Binnenschifffahrt Rechnung (BT-Drucks. 12/5888 S. 33). 1

Nach § 21 S. 2 können die Vorschriften des ArbZG durch TV der Eigenart der Binnenschifffahrt angepasst werden. Dies entspricht den Abweichungsmöglichkeiten, wie sie in § 7 und § 12 vorgesehen sind. 2

Siebter Abschnitt. Straf- und Bußgeldvorschriften

§ 22 Bußgeldvorschriften

(1) Ordnungswidrig handelt, wer als Arbeitgeber vorsätzlich oder fahrlässig
1. entgegen § 3 oder § 6 Abs. 2, jeweils auch in Verbindung mit § 11 Abs. 2, einen Arbeitnehmer über die Grenzen der Arbeitszeit hinaus beschäftigt,
2. entgegen § 4 Ruhepausen nicht, nicht mit der vorgeschriebenen Mindestdauer oder nicht rechtzeitig gewährt,
3. entgegen § 5 Abs. 1 die Mindestruhezeit nicht gewährt oder entgegen § 5 Abs. 2 die Verkürzung der Ruhezeit durch Verlängerung einer anderen Ruhezeit nicht oder nicht rechtzeitig ausgleicht,
4. einer Rechtsverordnung nach § 8 Satz 1, § 13 Abs. 1 oder 2 oder § 24 zuwiderhandelt, soweit sie für einen bestimmten Tatbestand auf diese Bußgeldvorschrift verweist,
5. entgegen § 9 Abs. 1 einen Arbeitnehmer an Sonn- oder Feiertagen beschäftigt,
6. entgegen § 11 Abs. 1 einen Arbeitnehmer an allen Sonntagen beschäftigt oder entgegen § 11 Abs. 3 einen Ersatzruhetag nicht oder nicht rechtzeitig gewährt,
7. einer vollziehbaren Anordnung nach § 13 Abs. 3 Nr. 2 zuwiderhandelt,
8. entgegen § 16 Abs. 1 die dort bezeichnete Auslage oder den dort bezeichneten Aushang nicht vornimmt,
9. entgegen § 16 Abs. 2 Aufzeichnungen nicht oder nicht richtig erstellt oder nicht für die vorgeschriebene Dauer aufbewahrt oder
10. entgegen § 17 Abs. 4 eine Auskunft nicht, nicht richtig oder nicht vollständig erteilt, Unterlagen nicht oder nicht vollständig vorlegt oder nicht einsendet oder entgegen § 17 Abs. 5 Satz 2 eine Maßnahme nicht gestattet.

(2) Die Ordnungswidrigkeit kann in den Fällen des Absatzes 1 Nr. 1 bis 7, 9 und 10 mit einer Geldbuße bis zu fünfzehntausend Euro, in den Fällen des Absatzes 1 Nr. 8 mit einer Geldbuße bis zu zweitausendfünfhundert Euro geahndet werden.

1. Bußgeldrechtliche Verantwortung. Wie sich aus der Formulierung des § 22 I „wer als Arbeitgeber" ergibt, trägt die bußgeldrechtliche Verantwortung für die Einhaltung der Schutzvorschriften des ArbZG allein der **Arbeitgeber** (LAG BW 23. 11. 2000 AuR 2001, 512). AG iSd. § 22 ist jeder, der 1 einen AN iSd. § 2 II beschäftigt. AG kann eine natürliche, eine juristische Person oder eine **Personenhandelsgesellschaft** sein. Ist der AG eine juristische Person oder eine Personenhandelsgesellschaft, so erstreckt § 9 I OWiG die bußgeldrechtliche Verantwortung auf die gesetzlichen Vertreter, die anstelle des eigentlichen Normadressaten handeln. Dem AG **gleichgestellt** sind nach § 9 II OWiG Personen, die vom Inhaber eines Betriebes oder einem sonst dazu Befugten beauftragt sind, den Betrieb ganz oder zum Teil zu leiten (zB Betriebsleiter, Betriebsabteilungsleiter), oder die ausdrücklich beauftragt sind, in eigener Verantwortung Aufgaben wahrzunehmen, die dem Inhaber des Betriebes obliegen (zB Werkmeister). Der AG muss jedoch durch geeignete Aufsichtsmaßnahmen sicherstellen, dass die Pflichten nach dem ArbZG erfüllt werden, andernfalls handelt er gem. § 130 OWiG selbst ordnungswidrig.

2 2. **Ordnungswidrigkeiten.** § 22 I enthält eine abschließende Aufzählung der Vorschriften des ArbZG, deren Verletzung als Ordnungswidrigkeit mit Geldbuße geahndet werden kann. Die Ordnungswidrigkeit setzt ein tatbestandsmäßiges, rechtswidriges und schuldhaftes Tun oder Unterlassen eines Menschen voraus (vgl. § 1 OWiG). § 22 bedroht sowohl vorsätzliche als auch fahrlässige Zuwiderhandlungen gegen die in § 22 I genannten Bestimmungen (zu den Schuldformen s. *Göhler*, Kommentar zum OWiG, 13. Aufl. 2002, vor § 1 Rn. 30). Die tatbestandsmäßige Verwirklichung der Bußgeldvorschriften des § 22 I ist rechtswidrig, wenn nicht ausnahmsweise ein Rechtfertigungsgrund vorliegt (zB Notwehr oder rechtfertigender Notstand iSd. §§ 15, 16 OWiG).

3 Ordnungswidrigkeiten nach § 22 I können mit einer Geldbuße bis zu **€ 15 000,–** verfolgt werden. Lediglich in den Fällen des § 22 I Nr. 8 beträgt die höchstzulässige Geldbuße **€ 2500,–**. Die Reduzierung der Höhe der Geldbuße bei Verstoß gegen die Aushangverpflichtung des § 16 I auf seinerzeit DM 5000,– wurde unter dem Gesichtspunkt der Verhältnismäßigkeit für geboten angesehen (vgl. BT-Drucks. 12/5888 S. 52).

4 Das Verfahren der Bußgeldfestsetzung richtet sich nach den §§ 35 ff. OWiG. Die **Verjährungsfrist** für die Verfolgung einer Ordnungswidrigkeit nach § 22 I beträgt **2 Jahre** (§ 31 I Nr. 2 OWiG).

§ 23 Strafvorschriften

(1) Wer eine der in § 22 Abs. 1 Nr. 1 bis 3, 5 bis 7 bezeichneten Handlungen
1. vorsätzlich begeht und dadurch Gesundheit oder Arbeitskraft eines Arbeitnehmers gefährdet oder
2. beharrlich wiederholt,
wird mit Freiheitsstrafe bis zu einem Jahr oder mit Geldstrafe bestraft.

(2) Wer in den Fällen des Absatzes 1 Nr. 1 die Gefahr fahrlässig verursacht, wird mit Freiheitsstrafe bis zu sechs Monaten oder mit Geldstrafe bis zu 180 Tagessätzen bestraft.

1 § 23 übernimmt die Vorschriften des § 25 IV und V AZO und qualifiziert bestimmte ordnungswidrige Handlungen als **Straftaten**, und zwar als Vergehen iSd. § 12 II StGB.

2 Eine Straftat nach § 23 I Nr. 1 begeht, wer vorsätzlich die in §§ 22 I Nr. 1 bis 3, 5 bis 7 bezeichneten Handlungen begeht und dadurch einen AN in seiner Gesundheit oder Arbeitskraft gefährdet. Zwischen der Zuwiderhandlung und der Gefährdung muss ein Kausalzusammenhang im strafrechtlichen Sinne bestehen. Die Gefährdung ist Tatbestandsmerkmal, auf das sich der Vorsatz erstrecken muss.

3 **Gesundheit** iSd. § 23 I Nr. 1 ist der intakte körperliche, geistige und seelische Zustand eines AN (*Roggendorff* Rn. 3). Unter **Arbeitskraft** ist die von Natur aus vorhandene oder durch Ausbildung oder Übung erworbene Fähigkeit eines AN, Arbeit zu leisten, zu verstehen (*Zmarzlik/Anzinger* Rn. 5). Die Gefährdung der Gesundheit oder Arbeitskraft setzt nicht den Eintritt einer Schädigung voraus; ausreichend ist vielmehr eine **konkrete Gefahr** für die Gesundheit oder Arbeitskraft (*Zmarzlik/Anzinger* Rn. 6). Ob eine solche bestanden hat, richtet sich insb. nach dem Grad der Beanspruchung, der übermäßigen Dauer der Arbeitszeit sowie der Nichteinhaltung von Ruhezeiten und Pausen (*Neumann/Biebl* Rn. 2).

4 Eine Straftat nach § 23 I Nr. 2 begeht, wer die in §§ 22 I Nr. 1 bis 3, 5 bis 7 bezeichneten Handlungen vorsätzlich begeht und diese Zuwiderhandlung beharrlich wiederholt. Erforderlich sind mindestens zwei Zuwiderhandlungen gegen die in § 22 I aufgeführten Bestimmungen. Eine **beharrliche** Zuwiderhandlung liegt vor, wenn der AG durch die erneute Zuwiderhandlung eine so rechtsfeindliche Einstellung gegen die jeweilige Vorschrift erkennen lässt, dass eine Ahndung mit Mitteln des Strafrechts gerechtfertigt erscheint (*Roggendorff* Rn. 4).

5 Eine Straftat nach § 23 II begeht, wer vorsätzlich einer der in § 23 I genannten Vorschriften zuwiderhandelt und dadurch fahrlässig einen AN in seiner Gesundheit oder Arbeitskraft gefährdet.

6 Straftaten nach § 23 I können mit Freiheitsstrafe bis zu einem Jahr oder mit Geldstrafe von 5 bis zu 360 Tagessätzen bestraft werden. Straftaten nach § 23 II sind mit Freiheitsstrafe bis zu sechs Monaten oder mit Geldstrafe bis zu 180 Tagessätzen bedroht. Die Festsetzung der Höhe des Tagessatzes richtet sich nach den persönlichen und wirtschaftlichen Verhältnissen des Täters. Dabei ist idR von dem

Nettoeinkommen auszugehen, das der Täter durchschnittlich an einem Tag hat oder haben könnte. Ein Tagessatz ist auf mindestens € 1,– und höchstens € 5000,– festzusetzen (§ 40 II StGB).

Achter Abschnitt. Schlußvorschriften

§ 24 Umsetzung von zwischenstaatlichen Vereinbarungen und Rechtsakten der EG

Die Bundesregierung kann mit Zustimmung des Bundesrates zur Erfüllung von Verpflichtungen aus zwischenstaatlichen Vereinbarungen oder zur Umsetzung von Rechtsakten des Rates oder der Kommission der Europäischen Gemeinschaften, die Sachbereiche dieses Gesetzes betreffen, Rechtsverordnungen nach diesem Gesetz erlassen.

Die Vorschrift soll die ggf. erforderlich werdende Erfüllung von Verpflichtungen aus zwischenstaatlichen Vereinbarungen oder die Umsetzung von Rechtsakten der EG durch Rechtsverordnung nach diesem Gesetz ermöglichen (BT-Drucks. 12/5888 S. 33). Da zwischenstaatliche Vereinbarungen idR nach Art. 59 II GG der Zustimmung oder der Mitwirkung der jeweils für die Bundesgesetzgebung zuständigen Körperschaften in Form von Bundesgesetzen bedürfen, ist insoweit die praktische Bedeutung als gering einzustufen (*Zmarzlik/Anzinger* Rn. 6). 1

§ 25 Übergangsvorschriften für Tarifverträge

¹Enthält ein bei Inkrafttreten dieses Gesetzes bestehender oder nachwirkender Tarifvertrag abweichende Regelungen nach § 7 Abs. 1 oder 2 oder § 12 Satz 1, die den in den genannten Vorschriften festgelegten Höchstrahmen überschreiten, so bleiben diese tarifvertraglichen Regelungen unberührt. ² Tarifverträgen nach Satz 1 stehen durch Tarifvertrag zugelassene Betriebsvereinbarungen gleich. ³ Satz 1 gilt entsprechend für tarifvertragliche Regelungen, in denen abweichend von § 11 Abs. 3 für die Beschäftigung an Feiertagen anstelle der Freistellung ein Zuschlag gewährt wird.

§ 26 Übergangsvorschrift für bestimmte Personengruppen

§ 5 ist für Ärzte und das Pflegepersonal in Krankenhäusern und anderen Einrichtungen zur Behandlung, Pflege und Betreuung von Personen erst ab 1. Januar 1996 anzuwenden.

Nach § 25 S. 1 gelten am 1. 7. 1994 bestehende oder nachwirkende TV weiter, auch wenn sie abw. Regelungen iSd. § 7 I und II oder des § 12 S. 1 treffen und dabei den in den genannten Vorschriften festgelegten Höchstrahmen überschreiten. Ohne eine derartige Vorschrift verlören solche entgegenstehenden tarifvertraglichen Regelungen mit In-Kraft-Treten dieses Gesetzes ihre Wirkung. Praktische Bedeutung hat die Übergangsregelung des § 25 S. 1 vor allem in den Fällen, in denen die TVParteien von der Möglichkeit des § 7 I AZO Gebrauch gemacht haben. Danach konnten die TVParteien die regelmäßige Arbeitszeit durch TV von 8 auf 10 Stunden täglich ohne Ausgleichsverpflichtung erhöhen. Nach der Neuregelung des § 7 I Nr. 1 Buchst. c ist dies nunmehr höchstens für 60 Tage im Jahr zulässig. Die Übergangsvorschrift des § 25 S. 1 kommt ferner für tarifvertragliche Regelungen aus den Beschäftigungsbereichen in Betracht, die weder der AZO noch der GewO unterfielen (s. *Roggendorff* Rn. 3). 1

Die Fortgeltung entgegenstehender tarifvertraglicher Regelungen iSd. § 25 S. 1 gilt jedoch nicht zeitlich unbefristet (so aber *Buschmann/Ulber* Rn. 1). Die Übergangszeit gilt, wie die Überschrift der Vorschrift zeigt, nur solange, bis sie durch einen neuen TV abgelöst werden oder die TVParteien jedenfalls eine neue Entscheidung treffen (BAG 12. 12. 2001 NZA 2002, 505; *Roggendorff* Rn. 4). Bei Abschluss eines neuen TV sind die TVParteien an den gesetzlich vorgeschriebenen Handlungsrahmen des ArbZG gebunden; sie können die Fortgeltung der abw. Regelungen nicht durch Verlängerung ihres bisherigen TV hinausschieben (*Zmarzlik/Anzinger* Rn. 7). 2

Nach § 25 S. 2 gilt das zu § 25 S. 1 Gesagte auch für **betriebliche Regelungen,** die auf einem bestehenden TV beruhen. Betriebsvereinbarungen, die die Höchstgrenzen in § 7 I und II oder § 12 S. 1 überschreiten und die nicht auf einer tarifvertraglichen Ermächtigung beruhen, haben mit In-Kraft-Treten des ArbZG, also zum 1. 7. 1994, ihre Wirksamkeit verloren. Dies gilt auch für einzelvertragliche Regelungen, die über die Grenzen des ArbZG hinausgehen (*Neumann/Biebl* Rn. 2; *Roggendorff* Rn. 5). 3

§ 25 S. 1 gilt entspr. für tarifvertragliche Regelungen, in denen abw. von § 11 III für die Beschäftigung an Feiertagen anstelle der Freistellung ein Zuschlag gewährt wird (§ 25 S. 3). Regelungen nach § 25 S. 3 brauchen eine Freizeitregelung nicht ausdrücklich zu ersetzen (BAG 12. 12. 2001 NZA 2002, 505). § 25 S. 3 findet auf die Beschäftigung an Sonntagen keine Anwendung. Für den Ausgleich bei 4

Sonntagsbeschäftigung gelten somit seit dem 1. 7. 1994 § 11 I und III 1 sowie § 12 S. 1 Nr. 1 und Nr. 2 zweiter Halbs. ohne Übergangszeitraum, es sei denn es handelt sich um eine abw. Regelung iSd. § 25 S. 1 oder 2 (*Zmarzlik/Anzinger* Rn. 29).

[Fassung von §§ 25, 26 ab 1. 1. 2004: §§ 25, 26 (gestrichen)] [1])

Anhang zu §§ 25, 26

5 Schon nach der Simap-Entscheidung des EuGH (s. § 2 Rn. 44) war deutlich, dass das ArbZG der Rechtsprechung des EuGH zum Bereitschaftsdienst angepasst werden muss. Das wurde durch die EuGH-Entscheidung in der Rs. C-151/02 vom 9. 9. 2003 – Jaeger (dazu *Wank*, ZRP 2003) bestätigt. Dass eine europarechtskonforme Auslegung nicht möglich ist, hatte das BAG (AP BGB § 611 Nr. 12 (*Trägner*) = NZA 2003, 742) bereits überzeugend dargelegt.

6 Im Anschluss an die neuere Entscheidung des EuGH haben die Fraktionen der SPD und Bündnis 90/Die Grünen einen Änderungsantrag zum Entwurf eines Gesetzes zu Reformen am Arbeitsmarkt – zu BT-Drucks. 15/1204 – vorgelegt. Danach werden die §§ 5, 7, 14, 15 und 16 geändert, §§ 25 und 26 werden aufgehoben. Dieses wurde in der Beschlussempfehlung zum Entwurf des Gesetzes zu Reformen am Arbeitsmarkt des Ausschusses für Wirtschaft und Arbeit modifiziert und bestätigt (Stand: BT-Drucks. 15/1587 und findet sich nunmehr im Entwurf eines Gesetzes zu Reformen am Arbeitsmarkt idF des Beschlusses des Deutschen Bundestages vom 26. 9. 2003 (Stand: BR-Drucks. 676/03). Die Änderungen werden hier bei den einzelnen Paragrafen wiedergegeben.

7 Zur Umsetzung der EG-rechtlichen Vorgaben wird dem Gestaltungsspielraum der TVP ein breiter Spielraum eingeräumt. Der Gesetzgeber hat ein abgestuftes Modell eingeführt. In der Begründung zum oben genannten Änderungsantrag heißt es dazu (Ausschussdrucksache 15 (9) 610 vom 10. September 2003):

8 „Die Tarifvertragsparteien erhalten die Möglichkeit, die Arbeitszeit auch über 10 Stunden je Werktag hinaus zu verlängern, wenn sie regelmäßig und zu einem erheblichen Teil Arbeitsbereitschaft oder Bereitschaftsdienst umfasst. Der Zeitraum, innerhalb dessen die Arbeitszeitverlängerung auf durchschnittlich acht Stunden werktäglich ausgeglichen werden muss, kann von den Tarifvertragsparteien auf bis zu zwölf Monate ausgedehnt werden."

„Fällt in die Arbeitszeit regelmäßig und in einem erheblichen Umfang Arbeitsbereitschaft oder Bereitschaftsdienst, können die Tarifvertragsparteien vereinbaren, dass die Arbeitszeit auch ohne Zeitausgleich über acht Stunden je Werktag hinaus verlängert werden darf. Ob und inwieweit eine Arbeitszeitgestaltung dieser Prägung erforderlich ist, kann je nach Branche unterschiedlich zu entscheiden sein. Deshalb wird die für besondere Dienstformen zulässige Verlängerung der Arbeitszeit über acht Stunden werktäglich unter Tarifvorbehalt gestellt. Bei Zulassung einer solchen Arbeitszeitverlängerung muss durch besondere Regelungen sichergestellt werden, dass die Gesundheit der Arbeitnehmer nicht gefährdet wird. Eine derartige Verlängerung der Arbeitszeit ohne Zeitausgleich darf nur dann erfolgen, wenn der einzelne Beschäftigte schriftlich einwilligt. Willigt er nicht ein oder widerruft er seine einmal erteile Einwilligung, darf er deshalb nicht benachteiligt werden."

Art. 17 Abs. 2 Ziff. 2.1. c) i) der Arbeitszeitrichtlinie lässt Abweichungen von den Art. 3, 4, 5, 8 und 16 durch TV im Bereich der Krankenhäuser zu.

11 Die §§ 5 III und 7 II Nr. 1 ArbZG, die Rufbereitschaft und Bereitschaftsdienst der Ruhezeit zuordnen, sollen nach dem Gesetzentwurf nur noch für die Rufbereitschaft gelten. Im Ergebnis zählt nach dem Gesetzesvorschlag der Bereitschaftsdienst also nicht mehr zur Ruhezeit. Nach Ansicht der Antragsteller ist in der Rs. C-397 bis 403/01, – Pfeiffer u. a., ein entsprechendes Urteil des EuGH auch zur Arbeitsbereitschaft zu erwarten.

12 Die Lösung des Gesetzgebers besteht darin, nunmehr höhere Arbeitszeiten vorzusehen, wenn in die Arbeitszeit in erheblichem Umfang Bereitschaftsdienst oder Rufbereitschaft fällt. Auch eine Arbeitszeit von mehr als zehn Stunden je Werktag ist danach durch TV zulässig.

---

[1]) Art. 4b Nr. 8 des Entwurfs eines Gesetzes zu Reformen am Arbeitsmarkt idF des Beschlusses des Deutschen Bundestages vom 26. 9. 2003 (Stand: BR-Drucks. 676/03; s. nachfolgend Rn. 5 ff.).

130. Altersteilzeitgesetz

Vom 23. Juli 1996 (BGBl. I S. 1078)
Zuletzt geändert durch Gesetz vom 23. Dezember 2002 (BGBl. I S. 4621)

(BGBl. III/FNA 810-36)

§ 1 Grundsatz

(1) Durch Altersteilzeitarbeit soll älteren Arbeitnehmern ein gleitender Übergang vom Erwerbsleben in die Altersrente ermöglicht werden.

(2) Die Bundesanstalt für Arbeit (Bundesanstalt) fördert durch Leistungen nach diesem Gesetz die Teilzeitarbeit älterer Arbeitnehmer, die ihre Arbeitszeit ab Vollendung des 55. Lebensjahres spätestens ab 31. Dezember 2009 vermindern und damit die Einstellung eines sonst arbeitslosen Arbeitnehmers ermöglichen.

1. **Gesetzeszweck.** Die Gewährung von Förderungsleistungen durch die BA soll AG und AN einen Anreiz bieten, die bisherige Frühverrentungspraxis mit der umfänglichen Inanspruchnahme der Sozialversicherung aufzugeben und stattdessen durch eine Reduzierung der Arbeitszeit nach der Vollendung des 55. Lebensjahres den Weg eines kontinuierlichen, „gleitenden" Übergangs vom Erwerbsleben in den Ruhestand zu wählen. Zugleich soll durch die Pflicht zur Einstellung eines Arbeitslosen oder der Übernahme eines Auszubildenden eine Entlastung des Arbeitsmarktes erreicht werden (BT-Drucks. 13/4336 S. 14 ff.; *Bauer* NZA 1997, 401; *Boecken* NJW 1996, 3386). 1

2. **Grundkonzeption.** Der AN, der bei Beginn der Altersteilzeit mindestens 55 Jahre alt sein und von den vergangenen fünf Jahren mindestens 1080 Kalendertage in einer versicherungspflichtigen Beschäftigung gestanden haben muss (§ 2 I), vereinbart mit seinem AG die Reduzierung der Arbeitszeit auf 50% der bisherigen regelmäßigen Wochenarbeitszeit, wobei eine blockweise Erbringung der Arbeit möglich ist (§ 2 II, III). Der AG zahlt zusätzlich zum Arbeitslohn einen Aufstockungsbetrag in Höhe von 20% des Teilzeit(brutto)arbeitsentgelts, mindestens jedoch so viel, dass der AN 70% des früheren *Netto*arbeitsentgelts erhält, sowie zusätzlich Beiträge zur gesetzlichen Rentenversicherung des AN so, als ob der AN 90% des bisherigen Arbeitsentgelts erhielte (§ 3 I Nr. 1). Stellt der AG zusätzlich aus Anlass des Übergangs des AN in die Altersteilzeitarbeit einen arbeitslos gemeldeten AN oder einen AN nach Abschluss der Ausbildung (in Unternehmen mit nicht mehr als 50 AN wahlweise auch einen Auszubildenden) auf dem freigemachten oder in diesem Zusammenhang durch Umsetzung frei gewordenen Arbeitsplatz versicherungspflichtig iSd. SGB III ein, erstattet die BA dem AG den an den älteren AN gezahlten Aufstockungsbetrag einschließlich der zusätzlichen Beiträge an die gesetzliche Rentenversicherung (§ 4). Diese Regelung ist bis zum 31. 12. 2009 befristet, § 16. 2

Die Vorteile des ATG liegen für den AltersteilzeitAN darin, dass er vor Beginn der Altersrente nicht in die Arbeitslosigkeit entlassen wird und die zusätzlichen Leistungen des AG (Aufstockungsbeträge zum Entgelt und zur Rentenversicherung) anders als bei einer Abfindung steuerfrei und ohne Anrechnung auf Sozialleistungen erhält. Der AG erhält die Möglichkeit zur personellen Umstrukturierung, ohne auf das Erfahrungspotenzial älterer AN verzichten zu müssen, und hat zugleich die Möglichkeit der flexibleren Gestaltung der Arbeitszeit; die BA schließlich wird dadurch entlastet, dass die Leistungen zur Förderung der Altersteilzeit regelmäßig geringer ausfallen als das Arbeitslosengeld für den älteren AN und überdies Einkommensersatzleistungen an den neu eingestellten Arbeitslosen oder Auszubildenden nicht zu erbringen sind (*Boecken* NJW 1996, 3386, 3387). 3

3. **Praktische Bedeutung** erlangt das ATG vor allem in den Branchen, in denen durch TV Einzelheiten der Inanspruchnahme von Altersteilzeit geregelt sind (*Bermig* AuA 1997, 216; *Rittweger* NZS 1999, 126; zum TV des öffentl. Dienstes *Hock/Klapproth* ZTR 2000, 97; *Lassner* PersRat 1998, 235; *Thiel* ZTR 1999, 193). Die gesetzliche Regelung birgt nämlich va. den Nachteil, dass sich der Aufstockungsbetrag von 20% auf mindestens 70% des letzten Nettoentgelts als zu gering erweist, um die AN zu einem Wechsel in die Altersteilzeit zu bewegen. Aus diesem Grunde bestimmen fast alle TV zur Altersteilzeit, dass der AG einen höheren Aufstockungsbetrag zu zahlen hat, wobei sich viele Branchen an dem Pilotabschluss in der Chemischen Industrie orientieren, der eine Aufstockung von 40% auf 85% des Nettoentgelts vorsieht. Außerdem kann das in der Praxis von über 90% aller Altersteilzeitbeschäftigten bevorzugte sog. Blockmodell, nach dem der AN nach Beginn der Altersteilzeit zunächst (bis zu drei Jahre, frühestens vom Beginn des 55. bis zum Ende des 57. Lebensjahres) weiter vollschichtig arbeitet, um anschließend für dieselbe Zeitdauer seine Vorleistung abzufeiern 4

("Freizeitphase"), nur in TV, durch Öffnungsklauseln zugelassenen Betriebsvereinbarungen und in Betriebs- und Individualvereinbarungen nicht tarifgebundener Arbeitsvertragsparteien im Geltungsbereich eines solchen TV zugelassen werden, § 2 II Nr. 1. Mittlerweile existieren in fast allen Branchen der Wirtschaft einschließlich des öffentl. Dienstes TV zur Altersteilzeit. Von den mittlerweile rund 400 TV werden über 14 Mio. Beschäftigte erfasst (*Moderegger* DB 2000, 1225, 1226).

5   4. **Vertragsgestaltung.** Altersteilzeit rechnet sich für den AN idR nur, wenn er höhere als die im Gesetz vorgesehenen Aufstockungsbeträge erhält, für den AG dagegen lediglich, wenn er sicher gehen kann, die Zuschüsse durch die BA auch tatsächlich zu erhalten und so zumindest einen Teil seiner zusätzlichen Aufwendungen ersetzt zu bekommen. Da die Förderung durch die BA an zahlreiche Voraussetzungen geknüpft ist (Einzelheiten § 2 Rn. 1 ff.), ist eine **äußerst sorgfältige Gestaltung der Altersteilzeitverträge** zwingend erforderlich (so zu Recht *Diller* NZA 1996, 847, 853; *Stindt* DB 1996, 2281, 2286 f.). Der Vertrag muss wegen § 7 I a SGB IV und § 14 IV TzBfG **schriftlich** und in jedem Falle vor Beginn der Altersteilzeitarbeit abgeschlossen werden, die rückwirkende Umwidmung angesparter Wertguthaben in Altersteilzeitarbeit ist unzulässig (Ziff. 2.1 V DA-ATG; vgl. auch LAG Hamm 23. 3. 2001 DB 2001, 1890 f.). **Mustervertrag** bei Preis/*Rolfs* Der Arbeitsvertrag, 2002, II A 30.

§ 2 Begünstigter Personenkreis

(1) Leistungen werden für Arbeitnehmer gewährt, die
1. das 55. Lebensjahr vollendet haben,
2. nach dem 14. Februar 1996 auf Grund einer Vereinbarung mit ihrem Arbeitgeber, die sich zumindest auf die Zeit erstrecken muß, bis eine Rente wegen Alters beansprucht werden kann, ihre Arbeitszeit auf die Hälfte der bisherigen wöchentlichen Arbeitszeit vermindert haben, und versicherungspflichtig beschäftigt im Sinne des Dritten Buches Sozialgesetzbuch sind (Altersteilzeitarbeit) und
3. innerhalb der letzten fünf Jahre vor Beginn der Altersteilzeitarbeit mindestens 1080 Kalendertage in einer versicherungspflichtigen Beschäftigung nach dem Dritten Buch Sozialgesetzbuch gestanden haben. Zeiten mit Anspruch auf Arbeitslosengeld oder Arbeitslosenhilfe sowie Zeiten, in denen Versicherungspflicht nach § 26 Abs. 2 des Dritten Buches Sozialgesetzbuch bestand, stehen der versicherungspflichtigen Beschäftigung gleich. § 427 Abs. 3 des Dritten Buches Sozialgesetzbuch gilt entsprechend.

(2) [1] Sieht die Vereinbarung über die Altersteilzeitarbeit unterschiedliche wöchentliche Arbeitszeiten oder eine unterschiedliche Verteilung der wöchentlichen Arbeitszeit vor, ist die Voraussetzung nach Absatz 1 Nr. 2 auch erfüllt, wenn
1. die wöchentliche Arbeitszeit im Durchschnitt eines Zeitraums von bis zu drei Jahren oder bei Regelung in einem Tarifvertrag, auf Grund eines Tarifvertrages in einer Betriebsvereinbarung oder in einer Regelung der Kirchen und der öffentlich-rechtlichen Religionsgesellschaften im Durchschnitt eines Zeitraums von bis zu sechs Jahren die Hälfte der bisherigen wöchentlichen Arbeitszeit nicht überschreitet und der Arbeitnehmer versicherungspflichtig beschäftigt im Sinne des Dritten Buches Sozialgesetzbuch ist und
2. das Arbeitsentgelt für die Altersteilzeitarbeit sowie der Aufstockungsbetrag nach § 3 Abs. 1 Nr. 1 Buchstabe a fortlaufend gezahlt werden.
[2] Im Geltungsbereich eines Tarifvertrages nach Satz 1 Nr. 1 kann die tarifvertragliche Regelung im Betrieb eines nicht tarifgebundenen Arbeitgebers durch Betriebsvereinbarung oder, wenn ein Betriebsrat nicht besteht, durch schriftliche Vereinbarung zwischen dem Arbeitgeber und dem Arbeitnehmer übernommen werden. [3] Können auf Grund eines solchen Tarifvertrages abweichende Regelungen in einer Betriebsvereinbarung getroffen werden, kann auch in Betrieben eines nicht tarifgebundenen Arbeitgebers davon Gebrauch gemacht werden. [4] Satz 1 Nr. 1, 2. Alternative gilt entsprechend. [5] In einem Bereich, in dem tarifvertragliche Regelungen zur Verteilung der Arbeitszeit nicht getroffen sind oder üblicherweise nicht getroffen werden, kann eine Regelung im Sinne des Satzes 1 Nr. 1, 2. Alternative auch durch Betriebsvereinbarung oder, wenn ein Betriebsrat nicht besteht, durch schriftliche Vereinbarung zwischen Arbeitgeber und Arbeitnehmer getroffen werden.

(3) [1] Sieht die Vereinbarung über die Altersteilzeitarbeit unterschiedliche wöchentliche Arbeitszeiten oder eine unterschiedliche Verteilung der wöchentlichen Arbeitszeit über einen Zeitraum von mehr als sechs Jahren vor, ist die Voraussetzung nach Absatz 1 Nr. 2 auch erfüllt, wenn die wöchentliche Arbeitszeit im Durchschnitt eines Zeitraums von sechs Jahren, der innerhalb des Gesamtzeitraums der vereinbarten Altersteilzeitarbeit liegt, die Hälfte der bisherigen wöchentlichen Arbeitszeit nicht überschreitet und der Arbeitnehmer versicherungspflichtig beschäftigt im Sinne des Dritten Buches Sozialgesetzbuch ist und die weiteren Voraussetzungen des Absatzes 2 vorliegen. [2] Die Leistungen nach § 3 Abs. 1 Nr. 1 sind nur in dem in Satz 1 genannten Zeitraum von sechs Jahren zu erbringen.

Begünstigter Personenkreis § 2 ATG 130

1. Überblick. Das ATG unterscheidet in seinen §§ 2 und 3 zwischen dem begünstigten Personenkreis und den Anspruchsvoraussetzungen. Um zu dem begünstigten Personenkreis zu gehören, müssen sechs Voraussetzungen kumulativ erfüllt sein: (1) Es muss sich um einen AN iSd. allg. arbeitsrechtlichen Begriffsbestimmung handeln, dazu § 611 BGB Rn. 44 ff.; (2) der AN muss das 55. Lebensjahr vollendet haben; (3) er muss innerhalb der letzten fünf Jahre mindestens 1080 Kalendertage (3 Jahre) in einer versicherungspflichtigen Beschäftigung iSd. SGB III gestanden haben; (4) er muss mit dem AG nach dem 14. 2. 1996 eine individualvertragliche Vereinbarung abgeschlossen haben, auf Grund derer er (5) seine Arbeitszeit auf die Hälfte der bisherigen wöchentlichen Arbeitszeit reduziert hat und (6) er muss auch während der Altersteilzeitarbeit iSd. SGB III versicherungspflichtig beschäftigt werden.

2. Vorbeschäftigungszeit. Der mindestens 55 Jahre alte AN muss innerhalb der letzten 5 Jahre vor Beginn der Altersteilzeitarbeit mindestens 1080 Tage in einer versicherungspflichtigen Beschäftigung iSd. SGB III gestanden haben, § 2 I Nr. 3. Diese Vorbeschäftigungszeit muss nicht unbedingt bei einem AG zurückgelegt worden sein (*Diller* NZA 1996, 847, 848). Zulässig ist es sogar, den Wechsel in die Altersteilzeitarbeit mit einem Wechsel des AG zu verbinden, wenn beide Beschäftigungsverhältnisse nahtlos aneinander anschließen (Ziff. 2.2 I DA-ATG).

Da das ATG wegen der Versicherungspflicht in der Vorbeschäftigungszeit auf das SGB III ausdrücklich Bezug nimmt, sind auch die Bestimmungen dieses Gesetzes über das Versicherungspflichtverhältnis zu berücksichtigen. Unterbrechungen des Arbeitsverhältnisses ohne Anspruch auf Arbeitsentgelt von bis zu einem Monat führen nicht zur Unterbrechung des Beschäftigungs- und damit des Versicherungsverhältnisses (§ 7 III 1 SGB IV), sodass auch derartige Zeiten zur Erfüllung der 1080 Tage mitzurechnen sind. Da die Versicherungspflicht auch beim Bezug von Krankengeld, Versorgungskrankengeld, Verletztengeld oder Übergangsgeld von einem Träger der medizinischen Rehabilitation fortbesteht (§ 26 II Nr. 1 SGB III; Einzelheiten dazu bei Gagel/*Fuchs* § 26 SGB III Rn. 30 ff.), kann auch der Bezug derartiger Entgeltersatzleistungen zur Erfüllung der Vorbeschäftigungszeit dienen.

Bei der Feststellung, ob das Beschäftigungsverhältnis versicherungspflichtig gewesen ist, ist zu berücksichtigen, dass die allg. Geringfügigkeitsgrenze in der Sozialversicherung (§ 8 SGB IV) im Recht der Arbeitsförderung nicht uneingeschränkt Anwendung findet. Gem. § 27 V SGB III sind in der Arbeitslosenversicherung neben den geringfügig Beschäftigten iSd. § 8 SGB IV auch solche Personen versicherungsfrei, die während der Zeit, in der ein Anspruch auf Arbeitslosengeld oder -hilfe besteht, eine **weniger als 15 Stunden wöchentlich umfassende Beschäftigung** ausüben, wobei gelegentliche Abweichungen von geringer Dauer unberücksichtigt bleiben. Maßgebend ist insofern also lediglich der Umfang der wöchentlichen Beschäftigung, während es auf die 400 €-Grenze nicht ankommt (Niesel/*Brand* § 27 SGB III Rn. 30). Außerdem findet eine Zusammenrechnung von Einkünften aus abhängiger Beschäftigung und solchen aus selbständigen Tätigkeiten (§ 8 III 1 SGB IV) generell nicht statt (§ 8 III 2 SGB IV; vgl. dort Rn. 23).

3. Vereinbarung nach dem 14. Februar 1996. AG und AN müssen nach dem 14. 2. 1996 eine individualvertragliche Vereinbarung über den Übergang des AN in die Altersteilzeit abgeschlossen haben, die sich zumindest auf die Zeit erstrecken muss, bis eine Rente wegen Alters erstmals beansprucht werden kann, § 2 I Nr. 2. Weder auf Grund des ATG noch der einschlägigen TV findet ein automatischer Wechsel in die Altersteilzeit statt, es bedarf in jedem Falle einer individuellen Abrede zur Änderung des Arbeitsvertrages (*Bauer* NZA 1997, 401, 402; *Rittweger/Petri/Schweikert* Rn. 9 ff.; Vertragsmuster bei Preis/*Rolfs*, Der Arbeitsvertrag, 2002, II A 30). Auf den Abschluss eines solchen Änderungsvertrages hat der AN **keinen gesetzlichen Anspruch** (auch nicht der schwerbehinderte AN aus § 81 V SGB IX; BAG 26. 6. 2001 AP ATG § 3 Nr. 2), wohl aber können durch TV oder Betriebsvereinbarung entspr. Rechtspositionen eingeräumt werden (vgl. BAG 28. 2. 1989 AP VRG § 2 Nr. 7; Muster einer Betriebsvereinbarung bei *Pahde* AiB 1998, 194, 203 f.). Die Kollektivvertragsparteien müssen dabei beachten, dass eine Anknüpfung des Anspruchs an das gesetzliche Rentenalter zu einer Diskriminierung wegen des Geschlechts führen kann (EuGH 20. 3. 2003 NZA 2003, 506). Der Altersteilzeitvertrag muss wegen § 7 Ia Nr. 1 SGB IV und § 14 IV TzBfG schriftlich und vor Beginn der Altersteilzeitarbeit abgeschlossen werden. Die rückwirkende Umwidmung eines in der Vergangenheit liegenden Zeitraums als „1. Block" ist unzulässig (*Gaul/Cepl* BB 2000, 1727).

Für Vereinbarungen über die Reduzierung der Arbeitszeit, **vor dem 14. 2. 1996** abgeschlossen worden sind, gilt das ATG nicht. Der AG erfährt auch bei einer Wiederbesetzung des Arbeitsplatzes keine Förderung durch die BA; allerdings braucht der AN beim vorzeitigen Übergang in den Ruhestand auch nicht die durch das Gesetz zur Förderung des gleitenden Übergangs in den Ruhestand (vom 23. 7. 1996, BGBl. I S. 1078) und das Wachstums- und Beschäftigungsförderungsgesetz (vom 25. 9. 1996, BGBl. I S. 1461) angehobenen Altersgrenzen und die dadurch verursachten Abschläge bei der früheren Inanspruchnahme von Rente aus der gesetzlichen Rentenversicherung gegen sich gelten zu lassen, § 237 IV SGB VI.

4. Herabsetzung der Arbeitszeit. Um zu dem begünstigten Personenkreis zählen zu können, muss der AN durch die Vereinbarung mit dem AG seine individuelle Arbeitszeit auf die Hälfte der bisherigen wöchentlichen Arbeitszeit reduziert haben, § 2 I Nr. 2 (vgl. BAG 20. 8. 2002 AP BGB § 611 Teilzeit Nr. 39). Dabei haben die Arbeitsvertragsparteien die bisherige Arbeitszeit sehr sorgfältig zu ermitteln und dabei die Berechnungsvorschrift des § 6 II (dort Rn. 2 f.) zu beachten, weil schon geringfügige Abweichungen, auch wenn sie auf einem Irrtum der Parteien beruhen, dazu führen, dass die Altersteilzeit nicht gefördert wird (*Diller* NZA 1996, 847, 848; insoweit zutreffend auch BSG 29. 1. 2001 AP ATG § 2 Nr. 1). Das ATG verlangt heute nicht mehr, dass der AN vor dem Übergang in die Altersteilzeit vollbeschäftigt gewesen sein muss (*Rittweger* NZS 2000, 240, 241; *Wolf* NZA 2000, 637, 638 f.). Diese zusätzliche Voraussetzung, die von Beginn an im Hinblick auf die mit ihr verbundene mittelbare Diskriminierung von Frauen gemeinschaftsrechtlich mehr als zweifelhaft war (*Preis/Rolfs* SGb 1998, 147, 149; aA BAG 26. 6. 2001 AP ATG § 3 Nr. 2; BSG 29. 1. 2001 AP ATG § 2 Nr. 1; LSG Sachsen NZS 2001, 438, 441 f.), ist seit dem 1. 1. 2000 entfallen (dazu *Moderegger* DB 2000, 90). Zum begünstigten Personenkreis gehört jedoch nicht, wer früher einmal bei dem Unternehmen beschäftigt war und nach einer Phase der Arbeitslosigkeit als Altersteilzeitbeschäftigter neu eingestellt wird (BSG 23. 7. 1992 SozR 3–4170 § 2 Nr. 1; aA *Rittweger/Petri/Schweikert* Rn. 19 ff.). Hinsichtlich der Verteilung der Arbeitszeit während der Altersteilzeitarbeit sind zwei Modelle zu unterscheiden, deren grdl. Unterschied in § 2 II 1 Nr. 1 nur unzureichend zum Ausdruck kommt:

8 **a) Kontinuierliche Arbeitsleistung.** Die kontinuierliche Arbeitsleistung (§ 2 II 1 Nr. 1 1. Halbs.) kann zwischen AG und AN in jedem Falle individualvertraglich vereinbart werden, auch wenn kein einschlägiger TV die Altersteilzeitarbeit vorsieht. „Kontinuierlich" in diesem Sinne ist aber nicht nur Halbtagsarbeit oder Arbeit an zweieinhalb Tagen in der Woche, sondern auch ein zeitlich weiterreichender Ausgleich mit zB wöchentlichem, monatlichem oder halbjährlichem Wechsel zwischen Vollzeitarbeit und Ruhephasen. Der höchstzulässige Ausgleichszeitraum beträgt nach § 2 II Nr. 1 drei Jahre, sodass der AN auch dann zum begünstigten Personenkreis gehört, wenn zB eine dreijährige Altersteilzeitarbeit in eine Arbeitsphase und eine Freistellungsphase von je eineinhalb Jahren aufgeteilt wird (*Köster* S. 41). Bei besonderem Beschäftigungsbedarf kann die Teilzeitvereinbarung zeitweise ausgesetzt und die Altersteilzeitarbeit unterbrochen werden. Dadurch verschiebt sich die Altersteilzeit um den Aussetzungszeitraum (Ziff. 2.2 XII DA-ATG).

9 **b) Blockmodell.** § 2 II 1 Nr. 1 gestattet es den TVParteien, den Ausgleichszeitraum auf bis zu sechs Jahre auszudehnen. Dadurch wird das in der Praxis ganz überwiegend (von über 90% aller AltersteilzeitAN) praktizierte sog. Blockmodell (zu ihm ausführlich *Ahlbrecht/Ickenroth* BB 2002, 2440 ff.; *Kerschbaumer/Tiefenbacher* AuR 1998, 58; *Leisbrock* S. 58 ff.) ermöglicht, in dem der AN nach Beginn der Altersteilzeitarbeit zunächst im bisherigen Umfang und anschließend genau so lange gar nicht mehr arbeitet. Viele TV überlassen die Entscheidung zwischen dem kontinuierlichen und dem Blockmodell den Betriebsparteien, die in ihren Betriebsvereinbarungen idR das Blockmodell präferieren.

10 Dieses Blockmodell kann jedoch nur in TV, durch eine tarifliche Öffnungsklausel zugelassenen Betriebsvereinbarungen oder einer Regelung der Kirchen und der öffentlich-rechtlichen Religionsgemeinschaften vorgesehen werden. Lediglich in Betrieben nicht tarifgebundener AG oder in Bereichen, in denen eine tarifvertragliche Regelung zur Verteilung der Altersteilzeitarbeit nicht getroffen ist oder üblicherweise nicht getroffen wird (vgl. Ziff. 2.3 IV DA-ATG), kann eine solche Regelung auch in selbständigen Betriebsvereinbarungen oder, wenn ein BR nicht besteht, schriftlichen Vereinbarungen zwischen dem AG und dem AN getroffen werden.

11 Klargestellt ist § 2 II 5 in der seit Januar 1998 geltenden Fassung, dass auch für **außertarifliche Angestellte** die Einführung des Blockmodells in Betriebs- oder Individualvereinbarungen zulässig ist, weil für diese Beschäftigten ex definitione tarifvertragliche Regelungen nicht getroffen werden. Trotz der primären Verweisung auf die Regelungsinstrumentarien des BetrVG, das für leitende Angestellte keine Anwendung findet (§ 5 III BetrVG), gehören zum hierdurch begünstigten Personenkreis auch **leitende Angestellte** (Ziff. 2.3 VI DA-ATG; *Diller* NZA 1998, 792, 796; *Wonneberger* DB 1998, 982, 986).

12 **c) Verteilzeitraum von mehr als sechs Jahren (Abs. 3).** Abs. 3 räumt darüber hinaus die Möglichkeit ein, das Altersteilzeitarbeitsverhältnis über einen Zeitraum von maximal zehn Jahren abzuschließen. Damit kann der gesamte Zeitraum vom Alter 55 bis zum Alter 65 mit Altersteilzeitarbeit überbrückt werden. Dabei lässt Abs. 3 eine zehnjährige Altersteilzeit in unverblockter Form (dh. mit einem Verteilzeitraum von bis zu drei Jahren) zwar auch ohne tarifvertragliche Vorgabe zu; soll jedoch während der zehnjährigen Altersteilzeit eine Verblockung von mehr als drei Jahren vorgenommen werden, ist dies nach Maßgabe des § 2 II Nr. 1 nur auf tarifvertraglicher Basis usw. möglich (*Köster* S. 41 f.). Vorbehaltlich einer weitergehenden Beschränkung in dem einschlägigen TV kann das Altersteilzeitarbeitsverhältnis mit einer je fünfjährigen Arbeits- und Freistellungsphase gestaltet werden (bisheriger Beschäftigungsumfang zwischen dem 55. und dem 60. Lebensjahr, völlige Freistellung vom 60. bis zum 65. Lebensjahr). Auch in diesem Falle ist die Förderungshöchstdauer jedoch auf sechs Jahre (im Beispielsfall also je drei Jahre vor und nach Vollendung des 60. Lebensjahres des AN) beschränkt (vgl. auch *Rittweger* NZS 2000, 393).

5. Fortlaufende Zahlung von Arbeitsentgelt und Aufstockungsbetrag. Sowohl bei kontinuierlicher Arbeitsleistung als auch im Blockmodell muss das Arbeitsentgelt und der darauf entfallende Aufstockungsbetrag (nicht aber der Aufstockungsbetrag zur Rentenversicherung) fortlaufend, dh. während der gesamten Dauer des Altersteilzeitarbeitsverhältnisses gezahlt werden, im Blockmodell also auch während der Freizeitphase (Ziff. 2.3 VIII DA-ATG; *Bauer* NZA 1997, 401, 403). Der AN erbringt während der Arbeitsphase also eine Vorleistung, sodass (tarif-)vertraglich sichergestellt sein muss, dass ihm das erarbeitete Entgelt nicht später rechtlich oder tatsächlich verwehrt werden kann (dazu § 8 Rn. 2 f.).

6. Versicherungspflichtige Beschäftigung. Durch die Herabsetzung der Arbeitszeit auf die Hälfte der bisherigen wöchentlichen Arbeitszeit darf schließlich die Versicherungspflichtgrenze des § 27 SGB III nicht unterschritten werden, damit der AlterszeitarbeitAN in allen Zweigen der Sozialversicherung versicherungspflichtig bleibt, § 2 I Nr. 2. Während diese Vorschrift bei bisher Vollzeitbeschäftigten idR keine Schwierigkeiten bereitet, da sie gewöhnlich die 400 €-Grenze des § 8 I SGB IV überschreiten (vgl. BAG 26. 6. 2001 AP ATG § 3 Nr. 2), kann sie bei Teilzeitbeschäftigten, deren bisheriges Arbeitsentgelt nicht das Doppelte dieses Wertes beträgt, faktisch zu einem unüberwindbaren Hindernis für den Übergang in die Altersteilzeit werden. Bei Arbeitsverhältnissen mit einem Altersteilzeitarbeitsentgelt zwischen 325 € und 400 € ist die Übergangsregelung des § 15 f (dort Rn. 1) zu beachten.

§ 3 Anspruchsvoraussetzungen

(1) Der Anspruch auf die Leistungen nach § 4 setzt voraus, daß
1. der Arbeitgeber auf Grund eines Tarifvertrages, einer Regelung der Kirchen und der öffentlich-rechtlichen Religionsgesellschaften, einer Betriebsvereinbarung oder einer Vereinbarung mit dem Arbeitnehmer
   a) das Arbeitsentgelt für die Altersteilzeitarbeit um mindestens 20 vom Hundert dieses Arbeitsentgelts, jedoch auf mindestens 70 vom Hundert des um die gesetzlichen Abzüge, die bei Arbeitnehmern gewöhnlich anfallen, verminderten bisherigen Arbeitsentgelts im Sinne des § 6 Abs. 1 (Mindestnettobetrag) aufgestockt hat und
   b) für den Arbeitnehmer Beiträge zur gesetzlichen Rentenversicherung mindestens in Höhe des Beitrags entrichtet hat, der auf den Unterschiedsbetrag zwischen 90 vom Hundert des bisherigen Arbeitsentgelts im Sinne des § 6 Abs. 1 und dem Arbeitsentgelt für die Altersteilzeitarbeit entfällt, höchstens bis zur Beitragsbemessungsgrenze, sowie
2. der Arbeitgeber aus Anlass des Übergangs des Arbeitnehmers in die Altersteilzeitarbeit
   a) einen beim Arbeitsamt arbeitslos gemeldeten Arbeitnehmer oder einen Arbeitnehmer nach Abschluss der Ausbildung auf dem freigemachten oder auf einem in diesem Zusammenhang durch Umsetzung freigewordenen Arbeitsplatz versicherungspflichtig im Sinne des Dritten Buches Sozialgesetzbuch beschäftigt; bei Arbeitgebern, die in der Regel nicht mehr als 50 Arbeitnehmer beschäftigen, wird unwiderleglich vermutet, dass der Arbeitnehmer auf dem freigemachten oder auf einem in diesem Zusammenhang durch Umsetzung frei gewordenen Arbeitsplatz beschäftigt wird,
   oder
   b) einen Auszubildenden versicherungspflichtig im Sinne des Dritten Buches Sozialgesetzbuch beschäftigt, wenn der Arbeitgeber in der Regel nicht mehr als 50 Arbeitnehmer beschäftigt und
3. die freie Entscheidung des Arbeitgebers bei einer über fünf vom Hundert der Arbeitnehmer des Betriebes hinausgehenden Inanspruchnahme sichergestellt ist oder eine Ausgleichskasse der Arbeitgeber oder eine gemeinsame Einrichtung der Tarifvertragsparteien besteht, wobei beide Voraussetzungen in Tarifverträgen verbunden werden können.

(1 a) ¹Bei der Ermittlung des Arbeitsentgelts für die Altersteilzeitarbeit nach Absatz 1 Nr. 1 Buchstabe a bleibt einmalig gezahltes Arbeitsentgelt insoweit außer Betracht, als nach Berücksichtigung des laufenden Arbeitsentgelts die monatliche Beitragsbemessungsgrenze überschritten wird. ²Die Voraussetzungen des Absatzes 1 Nr. 1 Buchstabe a sind auch erfüllt, wenn Bestandteile des Arbeitsentgelts, die für den Zeitraum der vereinbarten Altersteilzeitarbeit nicht vermindert worden sind, bei der Aufstockung außer Betracht bleiben.

(2) Für die Zahlung der Beiträge nach Absatz 1 Nr. 1 Buchstabe b gelten die Bestimmungen des Sechsten Buches Sozialgesetzbuch über die Beitragszahlung aus dem Arbeitsentgelt.

(3) Hat der in Altersteilzeitarbeit beschäftigte Arbeitnehmer die Arbeitsleistung oder Teile der Arbeitsleistung im voraus erbracht, so ist die Voraussetzung nach Absatz 1 Nr. 2 bei Arbeitszeiten nach § 2 Abs. 2 und 3 auch erfüllt, wenn die Beschäftigung eines beim Arbeitsamt arbeitslos gemeldeten Arbeitnehmers oder eines Arbeitnehmers nach Abschluß der Ausbildung auf dem freigemachten oder durch Umsetzung freigewordenen Arbeitsplatz erst nach Erbringung der Arbeitsleistung erfolgt.

I. Aufstockung des Arbeitsentgelts

1 Der AG muss das Arbeitsentgelt des AltersteilzeitAN um mindestens 20% (vom Altersteilzeitbrutto) auf mindestens 70% vom bisherigen Netto aufstocken und zur gesetzlichen Rentenversicherung Beiträge auf der Basis von insgesamt 90% des bisherigen Bruttoentgelts abführen, wobei die beiden letztgenannten vom-Hundert-Sätze jeweils durch die Beitragsbemessungsgrenze (§§ 159 f. SGB VI, 341 IV SGB III) begrenzt werden. **Höhere Aufstockungspflichten** ergeben sich regelmäßig aus TV oder Betriebsvereinbarungen und können auch einzelvertraglich vereinbart werden, im Zweifel gilt für ihre Berechnung die in § 15 Rn. 1 genannte RechtsV entsprechend (LAG Köln 28. 2. 2002 NZA-RR 2003, 204). Allerdings werden die über die gesetzliche Mindestsumme hinausgehenden Aufstockungsbeträge dem AG von der BA nicht erstattet (dazu auch § 4 Rn. 1).

2 **1. Aufstockung um 20% vom Altersteilzeitbrutto.** Der AG muss dem AN eine Aufstockung seines Altersteilzeit(brutto)arbeitsentgelts um mindestens 20% gewähren, § 3 I Nr. 1 Buchst. a. Die Höhe des Teilzeitarbeitsentgelts ist im Gesetz nicht festgelegt, sondern unterliegt grds. der freien Vereinbarung der Arbeitsvertragsparteien. Allerdings verbieten § 4 I 2 TzBfG und Art. 141 EG es, TeilzeitAN einen geringeren Stundenlohn zu gewähren als Vollzeitbeschäftigten (*Rolfs* RdA 2001, 129, 130 f.), wie auch die Arbeitsbedingungen für den AltersteilzeitAN im Übrigen wegen § 4 I TzBfG nicht ungünstiger sein dürfen als für vergleichbare AN (BAG 21. 1. 2003 – 9 AZR 4/02). Das ATG geht stillschweigend davon aus, dass das Bruttoentgelt des Altersteilzeitbeschäftigten 50% des bisherigen Bruttoentgelts beträgt (*Diller* NZA 1996, 847, 848).

3 Der Aufstockungsbetrag in Höhe von 20% ist auf das gesamte Teilzeitentgelt einschließlich der vermögenswirksamen Leistungen, Anwesenheitsprämien, Leistungs- und Erschwerniszulagen, einmaligen und wiederkehrenden Zuwendungen wie Weihnachtsgeld, Jubiläumszuwendungen, 13. und 14. Monatsgehalt oder zusätzliches Urlaubsgeld zu gewähren (§ 6 I; vgl. dort Rn. 1). Ausgenommen sind nach § 3 I a 2 lediglich solche Entgeltbestandteile (wie zB bestimmte Sachbezüge oder Zulagen), die dem AltersteilzeitAN in voller Höhe, also so gewährt werden, als ob er seiner Tätigkeit im bisherigen Umfang nachgingte.

4 **Einmalig gezahltes Arbeitsentgelt** wird bei der Berechnung des Zuschusses nicht auf einen längeren Zeitraum verteilt, sondern nur im Monat seiner Auszahlung berücksichtigt, was dazu führen kann, dass dem AN in diesem Monat kein zusätzlicher Aufstockungsbetrag zur Erreichung von 70% des bisherigen Nettos gezahlt zu werden braucht. Bei der Berechnung des Aufstockungsbetrages **unberücksichtigt bleiben dagegen Mehrarbeitszuschläge**, weil die Mehrarbeit außerhalb der Altersteilzeitarbeit erbracht wird (BAG 20. 6. 1989 AP TVG § 1 Vorruhestand Nr. 1; *Recht* NZS 1996, 552, 554). Bezieht der AN **Kurzarbeiter- oder Winterausfallgeld,** ist der Aufstockungsbetrag auf der Basis des für die Altersteilzeitarbeit vereinbarten Arbeitsentgelts zu berechnen, § 10 IV (Kasseler Handbuch/*Schlegel* 2.8 Rn. 139).

5 Die Aufstockung um 20% wird **nicht durch die Beitragsbemessungsgrenze begrenzt** (*Köster* S. 44). Bei sehr hohen Vergütungen kann also durch den Aufstockungsbetrag die Beitragsbemessungsgrenze auch überschritten werden. Würde allerdings diese Grenze deswegen überschritten, weil der AN eine Einmalzahlung (§ 23 a SGB IV) erhält oder zu beanspruchen hat, wird der Aufstockungsbetrag gem. § 3 I a 1 durch die Beitragsbemessungsgrenze begrenzt (Ziff. 3.1.1 II DA-ATG).

6 **2. Aufstockung auf 70% vom bisherigen Netto.** Werden mit der Aufstockung des Teilzeitbruttoentgelts nicht mindestens 70% des um die gesetzlichen Abzüge, die bei AN gewöhnlich anfallen, verminderten bisherigen Arbeitsentgelts erreicht, muss der AG eine weitere Aufstockung des Altersteilzeitarbeitsentgelts gewähren, bis 70% vom bisherigen Netto erreicht werden, § 3 I Nr. 3 Buchst. a (**Beispiel** [mit Werten von 2003]: Bisheriges Brutto [Steuerklasse III]: 2200 €; Altersteilzeitbrutto: 1100 €. Das bisherige Nettoeinkommen beträgt 1622,14 €, davon 70% sind 1135,50 €. Bei 1100 € brutto bleiben aber nur 870,66 € netto, sodass die Aufstockung um 20% = 220 € nicht ausreicht, um 70% des bisherigen Nettos zu erreichen, vielmehr muss der AG um insgesamt 264,84 € brutto = netto [§ 3 Nr. 28 EStG, s. Rn. 10] aufstocken.) Der sog. Mindestnettobetrag wird nicht auf Grund der individuellen Steuermerkmale des AN, sondern pauschaliert ermittelt und durch jährlich neu durch RechtsV (s. § 15 Rn. 1) festgesetzt. Wechselt der AN seine Steuerklasse, ist dies bei der Berechnung der Aufstockungsbeträge nur beachtlich, wenn die Änderung auch aus steuerlichen Gründen sinnvoll ist (LAG Nürnberg 6. 8. 2002 NZA-RR 2003, 95, 97 f.).

7 Die Aufstockung auf 70% des bisherigen Bruttoentgelts ist jedoch nur insoweit vorzunehmen, als das bisherige Bruttoentgelt die Beitragsbemessungsgrenze in der Arbeitslosen- und Rentenversicherung nicht übersteigt, § 6 I 1 (*Boecken* NJW 1996, 3386, 3388). Der maximale Mindestnettobetrag entspricht daher 70% des um die gesetzlichen Abzüge, die bei AN gewöhnlich anfallen, verminderten Arbeitsentgelts in Höhe der Beitragsbemessungsgrenze (2003: 5100 €/West bzw. 4250 €/Ost, davon 70% = 3570 €/West bzw. 2975 €/Ost, das entspricht bei Steuerklasse III einem maximalen Mindestnettobetrag von 2154,13 €/West bzw. 1853,64 €/Ost).

8 **3. Aufstockung in der Rentenversicherung.** Schließlich muss der AG für den AN Beiträge zur gesetzlichen Rentenversicherung so entrichten, als wenn der Altersteilzeitbeschäftigte 90% seines

Vollzeitarbeitsentgelts erhielte, höchstens jedoch bis zur Beitragsbemessungsgrenze, § 3 I Nr. 1 Buchst. b. Da der AN Anteile zum Gesamtsozialversicherungsbeitrag nur in Höhe seines Altersteilzeitentgelts, also ohne den Aufstockungsbetrag, zu tragen hat, muss der AG hinsichtlich des Aufstockungsbetrages zur gesetzlichen Rentenversicherung auch den ANAnteil tragen (§ 168 I Nr. 6 SGB VI; s. § 10 Rn. 5). Zum – nach § 187a SGB VI möglichen – **Ausgleich von Rentenminderungen** (zu deren Höhe *Rittweger* NZA 1999, 921) für die vorzeitige Inanspruchnahme der Rente wegen Arbeitslosigkeit oder nach Altersteilzeitarbeit (§ 237 SGB VI) ist der AG gesetzlich nicht verpflichtet, anders aber zB der TV über Altersteilzeit bei der Volkswagen AG vom 14. 7. 1997, der einen hälftigen Ausgleich vorsieht (s. auch *Rittweger* NZS 1999, 126, 128 f.). Wird durch die Gewährung einer Einmalzahlung trotz § 3 I a 1 die **monatliche Beitragsbemessungsgrenze überschritten,** sind vom AG Rentenversicherungsbeiträge auch für den übersteigenden Betrag bis zum Erreichen der anteiligen Jahresbeitragsbemessungsgrenze zu entrichten (§ 23a III SGB IV, vgl. *Recht* NZS 1996, 552, 554).

In der **gesetzlichen Kranken-, Pflege- und Arbeitslosenversicherung** ist eine Aufstockung vom 9 AG nicht vorzunehmen, hier wird als Bemessungsgrundlage allein das Altersteilzeitarbeitsentgelt herangezogen und werden Beiträge wie gewöhnlich je zur Hälfte vom AG und vom AN getragen. In der **betrieblichen Altersversorgung** (zu ihr Andresen/*Schirmer* Rn. 316 ff.; *Förster/Heger* DB 1998, 141 ff.) ist ein Ausgleich der durch die Altersteilzeit erlittenen Einkommenseinbußen gesetzlich nicht vorgesehen, obwohl sie – je nach Versorgungsmodell – noch erheblicher als in der gesetzlichen Rentenversicherung ausfallen können, insb., wenn als Betriebsrente ein bestimmter Prozentsatz vom letzten Bruttoarbeitsentgelt oder dem durchschnittlichen Arbeitsentgelt des letzten Beschäftigungsjahres gezahlt wird. In den einschlägigen TV, Betriebsvereinbarungen oder Individualarbeitsverträgen sollte daher klargestellt werden, dass als Bemessungsentgelt in der betrieblichen Altersversorgung das auf das frühere Entgelt hochgerechnete Einkommen als Bemessungsgrundlage heranzuziehen ist (fehlt eine solche Regelung, so dürfte eine Analogie zu § 10 I 1 zum selben Ergebnis führen; *Diller* NZA 1996, 847, 852) und der AG sich ggf. darüber hinaus verpflichtet, entspr. der Regelung für die gesetzliche Rentenversicherung auch Minderungen in der betrieblichen Altersversorgung weitgehend auszugleichen (*Kerschbaumer/Tiefenbacher* AuR 1998, 58, 60). Einige TV enthalten bereits derartige Vereinbarungen.

4. Steuerrechtliche Behandlung der Aufstockungsbeträge. Die Zahlung der Aufstockungsbeträge 10 ist, auch soweit sie über die gesetzliche Mindestgrenze hinaus gewährt werden, gem. § 3 Nr. 28 EStG steuer- und damit gem. § 1 ArEV sozialabgabenfrei (zu Neuerungen ab 2002 *Macher* NZA 2002, 142), wenn sie an einen zum nach § 2 begünstigten Personenkreis zählenden AN geleistet werden (vgl. *Diller* NZA 1996, 847, 849). Dies gilt unabhängig davon, ob die Altersteilzeit von der BA gefördert oder – zB mangels Wiederbesetzung des Arbeitsplatzes – nicht gefördert wird (BMF bei *Macher* NZA 1998, 1222; Spitzenverbände bei *Heinze/Ricken/Giesen* NZA 2001, 90). Um zu verhindern, dass durch einen überzogenen Aufstockungsbetrag eine verdeckte Abfindung gewährt wird (die nur bis zu einer gewissen Grenze, vgl. § 3 Nr. 9 EStG, steuerfrei ist und darüber hinaus nach Maßgabe der §§ 24 Nr. 1, 34 EStG der Besteuerung unterliegt), findet das Privileg des § 3 Nr. 28 EStG nur insoweit Anwendung, als durch den Aufstockungsbetrag das bisherige Nettoentgelt nicht überschritten wird (*Gagel/Vogt,* Beendigung von Arbeitsverhältnissen, Rn. 377; großzügiger *Bauer* NZA 1997, 401, 406). Jenseits dieser Grenze sind Zahlungen des AG zum Ausgleich von Rentenminderungen nach § 187a SGB VI nur zur Hälfte steuerfrei, § 3 Nr. 28 EStG. Zu beachten ist aber, dass die Aufstockungsbeträge gem. § 32b I Nr. 1 Buchst. g EStG dem Progressionsvorbehalt unterliegen, die übrigen steuerpflichtigen Einkünfte (einschließlich der Teilzeitentlohnung) also dem Steuersatz unterworfen werden, der sich bei Steuerpflichtigkeit der Aufstockungsbeträge ergeben würde (sog. „Schattenbesteuerung"; *Rittweger* NZS 1999, 126, 129; *ders.* NZS 2000, 240, 242). Die daraus resultierende steuerliche Mehrbelastung trägt, wenn nicht ausdrücklich etwas anderes vereinbart ist, der AN, ohne dass der AG sie ihm ersetzen müsste (BAG 25. 6. 2002 AP ATG § 3 Nr. 4; LAG Bremen 22. 3. 2001 NZA-RR 2001, 498, 499 ff.). Zur Ermittlung, Bewertung und **Bilanzierung der Rückstellungen** für Altersteilzeit vgl. BMF 11. 11. 1999 BStBl. I, S. 959; *Allary* ua., Die neue Altersteilzeit, S. 183 ff.; *Höfer/Kempkes* DB 1999, 2537 ff.; *Leisbrock* S. 117 ff.

II. Neueinstellung eines Arbeitnehmers

Zentrale Voraussetzung der Förderungsfähigkeit eines Altersteilzeitvertrages ist, dass der AG aus 11 Anlass des Übergangs des AN in die Altersteilzeitarbeit einen arbeitslos gemeldeten AN oder einen AN nach Abschluss der Ausbildung auf dem freigemachten oder auf einem in diesem Zusammenhang frei gewordenen Arbeitsplatz versicherungspflichtig iSd. SGB III beschäftigt. In Unternehmen mit nicht mehr als fünfzig Beschäftigten kann die Wiederbesetzung auch durch Einstellung eines Auszubildenden erfolgen, § 3 I Nr. 2 Buchst. b (*Rittweger* NZS 2000, 240 f.; *Wolf* NZA 2000, 637, 639). Die BA verlangt einen kausalen Zusammenhang zwischen dem Freiwerden des Arbeitsplatzes und der Neueinstellung (*Boecken* NJW 1996, 3388, 3389), und zwar sowohl in sachlicher wie in zeitlicher Hinsicht (Ziff. 3.1.3 III DA-ATG; *Diel* DB 1996, 1518, 1519).

12 **1. Sachlicher Zusammenhang.** In **Unternehmen mit bis zu 50 AN** wird nach § 3 I Nr. 2 Buchst. a 2. Halbs. unwiderleglich vermutet, dass eine in zeitlichem Zusammenhang (vgl. Rn. 19 ff.) mit dem Übergang des älteren AN in die Altersteilzeitarbeit vorgenommene Neueinstellung eines AN oder Übernahme eines Auszubildenden (§ 3 I Nr. 2 Buchst. b) auch in sachlichem Zusammenhang zu ihr steht. Das gilt selbst dann, wenn der neu eingestellte AN an einer völlig anderen Stelle im Unternehmen eingesetzt wird (BT-Drucks. 14/1831 S. 8; *Moderegger* DB 2000, 90). Sehr großzügig gewährt die BA dieses Privileg nicht nur Kleinunternehmen, sondern auch **selbständigen Organisationseinheiten** mit nicht mehr als 50 AN, selbst wenn das Unternehmen insgesamt mehr als 50 AN beschäftigt (Ziff. 3.1.3 X DA-ATG). Organisationseinheiten in diesem Sinne sind analog § 171 SGB III abgeschlossene Aufgabenbereiche, die sich nach ihrem Zweck nicht mit anderen Aufgabenbereichen überschneiden. Ein eigener Betriebszweck oder eine räumliche Trennung vom Hauptbetrieb sind nicht erforderlich, wenn nur eine relativ dauerhafte personalpolitische Abgrenzbarkeit gegeben ist (*Niesel/Roeder* § 171 SGB III Rn. 7).

13 In größeren Organisationseinheiten oder **Unternehmen mit mehr als 50 AN**, in denen diese Vermutung nicht Platz greift, ist der sachliche Zusammenhang ohne weiteres jedenfalls dann gegeben, wenn der Wiederbesetzer auf demselben Arbeitsplatz oder mit derselben Arbeit betraut wird wie bislang der AltersteilzeitAN. Die Förderungsfähigkeit auf derartige Fälle zu beschränken, wäre jedoch zu eng (*Stindt* DB 1996, 2281, 2283). Deshalb erkennt auch die BA an, dass bei Veränderung arbeitsplatzbezogener Tätigkeitsmerkmale insb. auf Grund der Veränderung in der Funktionalität des Arbeitsplatzes infolge der technischen Entwicklung oder des strukturellen Wandels der Anspruch auf Förderleistungen auch dann besteht, wenn der mit der Tätigkeit verbundene übergeordnete arbeitstechnische Zweck erhalten bleibt und auf dem veränderten Arbeitsplatz im Wesentlichen die gleichen Kenntnisse und Fertigkeiten verlangt werden (Ziff. 3.1.3 VII DA-ATG). Zur Erfüllung der Förderungsvoraussetzungen reicht es aus, wenn sich der Arbeitsplatz bereits im Moment der Wiederbesetzung funktional verändert, der neu geschaffene Arbeitsplatz in einem sachlich-funktionalen Zusammenhang zu dem auf Grund der Altersteilzeit frei gewordenen Arbeitsplatz steht und als Folge einer innerbetrieblichen Funktionsverlagerung entstanden ist, oder wenn Arbeitsplätze im Unternehmen wegfallen, die unter Weiterbeschäftigung der Wiederbesetzer zeitgleich an anderer Stelle des Unternehmens im gleichen funktionalen Zusammenhang neu entstehen (*Moderegger* DB 2000, 90 f.; *Wolf* NZA 2000, 637, 639 f.).

14 Zulässig ist es auch, wie § 3 I Nr. 2 Buchst. a ausdrücklich hervorhebt, den Arbeitsplatz des Wiederbesetzers erst durch **Umsetzungen** innerhalb des Betriebes, Unternehmens oder Konzerns (*Haupt/Welslau* DStR 1996, 1531, 1532) frei zu machen (*Moderegger* DB 2000, 90, 91). Die Arbeitsaufgabe des Wiederbesetzers braucht dann in keinem Zusammenhang mit derjenigen des AltersteilzeitAN mehr zu stehen, es genügt – vor allem bei langen Umsetzungsketten –, dass der AG den kausalen Zusammenhang zwischen dem Übergang des älteren AN in die Altersteilzeitarbeit und der Neueinstellung lückenlos nachweisen kann (*Haupt/Welslau* DStR 1996, 1531, 1532; *Recht* NZS 1996, 552, 555). Dabei kann der Nachweis einer Wiederbesetzungskette durch die Bestimmung von Funktionsbereichen, die BA und AG im Voraus gemeinsam festlegen, erleichtert werden. Insb. in größeren Betrieben und Unternehmen ist eine Wiederbesetzung als erfüllt anzusehen, wenn der frei gewordene Arbeitsplatz des AltersteilzeitAN funktionsadäquat mit einem Mitarbeiter nachbesetzt wird (Nachrücker) und ein Ausgebildeter oder arbeitslos gemeldeter AN einmündet (Wiederbesetzer). Voraussetzung ist lediglich, dass dieser Wiederbesetzer demselben Funktionsbereich angehört wie der in die Altersteilzeit gewechselte Mitarbeiter. Innerhalb eines Funktionsbereichs bzw. seiner Untergliederung ist für diesen Fall kein Nachweis einer Umsetzungskette erforderlich (sog. „funktionsbereichsbezogene Betrachtungsweise"; *Gaul/Cepl* BB 2000, 1727, 1730 f.). Dass durch die Umsetzungen der Arbeitsplatz an einem anderen Arbeitsort frei wird, ist – auch bei größerer räumlicher Distanz – kein Hinderungsgrund (Ziff. 3.1.3 IV DA-ATG).

15 **Nicht ausreichend** ist es demgegenüber, dass der AG völlig unabhängig vom Wechsel einzelner oder mehrerer AN in die Altersteilzeit neue Stellen schafft, die er dann mit einem Arbeitslosen oder einem Ausgebildeten besetzt. Wenn der Gesetzgeber ausdrücklich von „Umsetzung" spricht, dann wollte er damit gerade klarstellen, dass das bloße Halten des Gesamt-Personalbestandes durch die Schaffung völlig neuer Arbeitsplätze die Voraussetzungen des § 3 I Nr. 2 Buchst. a in Unternehmen mit mehr als 50 AN nicht erfüllt (*Diller* NZA 1996, 847, 850; *Reichling/Wolf* NZA 1997, 422, 423; vgl. auch BSG 29. 5. 1990 BSGE 67, 63, 66 zum VRG 1984). Eine reine Arbeitszeit-Volumenbetrachtung, die allein darauf abstellt, dass sich trotz Einrichtung von Altersteilzeitarbeitsplätzen das Gesamtvolumen nicht verringert hat, scheidet daher aus (*Diel* DB 1996, 1518, 1519; *Haupt/Welslau* DStR 1996, 1531, 1532; *Recht* NZS 1996, 552, 555). **Keine Förderleistungen** erbringt die BA auch dann, wenn durch die Altersteilzeit lediglich ansonsten anstehende Entlassungen vermieden werden oder ein AN eingestellt wird, der zwar als arbeitsuchend gemeldet und von Arbeitslosigkeit bedroht, aber (noch) nicht arbeitslos ist (BSG 30. 3. 1994 SozR 3–7825 § 2 Nr. 6).

16 Nicht ausdrücklich entschieden hat der Gesetzgeber die Frage, ob der **Wiederbesetzer in demselben Umfang beschäftigt** werden muss, in dem durch den Übergang des/der älteren AN in die Altersteilzeit Arbeitszeitkapazitäten frei geworden sind. Zum VRG 1984 hatte das BSG mehrfach erkannt, dass die Einstellung lediglich einer Teilzeitarbeitskraft den Anspruch auf Gewährung eines Zuschusses nicht auslöst, wenn der ausgeschiedene AN vollzeitbeschäftigt war (BSG 17. 10. 1990 SozR 3–7285

§ 2 Nr. 3; 23. 7. 1992 SozR 3–7825 § 2 Nr. 5). Diese Auffassung vertritt die BA auch zum ATG; sie erkennt lediglich geringfügige Abweichungen von bis zu 10% des Arbeitszeitvolumens an (Ziff. 3.1.3 XIII DA-ATG). Demgegenüber soll es nach der – im Gesetzestext des ATG allerdings nicht zum Ausdruck gekommenen – amtl. Begr. des Gesetzes zur Fortentwicklung der Altersteilzeit (BT-Drucks. 14/1831, dort S. 7) nunmehr ausreichen, dass der Wiederbesetzer im Falle der Inanspruchnahme von Altersteilzeit durch **Teilzeitbeschäftigte** für mindestens 15 Stunden wöchentlich beschäftigt wird, da dies Arbeitslosigkeit nach dem SGB III in jedem Falle ausschließt. Ob eine derart geringfügige Wiederbesetzung auch dann ausreicht, wenn ein bislang Vollzeitbeschäftigter in die Altersteilzeit wechselt, ist aber weiterhin offen (zum Diskussionsstand *Bauer* NZA 1997, 401, 404; *Diller* NZA 1996, 847, 849).

Voraussetzung der Förderungsfähigkeit von Altersteilzeit ist jedoch nicht, dass der Wiederbesetzer 17 vollzeitig beschäftigt wird. Gerade bei kontinuierlicher Arbeitsleistung des AltersteilzeitAN während der gesamten Dauer der Altersteilzeitarbeit kann auf dem in dieser Zeit frei gewordenen anderen halben Arbeitsplatz auch eine Halbtagskraft beschäftigt werden; ebenso zulässig ist es, dass anstelle eines im Blockmodell ausgeschiedenen Beschäftigten zwei oder mehr Teilzeitkräfte neu eingestellt werden, deren Arbeitszeitvolumen insgesamt die frei gewordene wöchentliche Arbeitszeit erreicht. Der oder die Wiederbesetzer müssen jedoch in einem **versicherungspflichtigen Beschäftigungsverhältnis iSd. SGB III** beschäftigt werden, die Neueinstellung eines AN mit weniger als 15 Stunden wöchentlich genügt ebenso wenig wie die Begründung eines Arbeitsverhältnisses im Ausland, das nicht der deutschen Sozialversicherung unterliegt (*Bauer* NZA 1997, 401, 404).

Ein vorübergehendes **Ruhen des Arbeitsverhältnisses** mit dem Wiederbesetzer auf Grund gesetzli- 18 cher Vorschriften, beispielsweise während des Wehr- oder Zivildienstes (§ 1 I ArbPlSchG), führt nicht zu einem Verlust der Förderung durch die BA. Durch seine Einberufung zum Wehr- oder Zivildienst aus einem bestehenden Arbeitsverhältnis heraus verliert der Wiederbesetzer seinen Arbeitsplatz nicht, dieser wird ihm vielmehr gesetzlich garantiert, sodass die durch seine Einstellung erfolgte Entlastung des Arbeitsmarktes fortwirkt (vgl. BSG 29. 11. 1988 SozR 7825 § 5 Nr. 1).

2. Zeitlicher Zusammenhang. Wenn § 3 I Nr. 2 verlangt, dass der Wiederbesetzer „aus Anlass" des 19 Übergangs des älteren AN in die Altersteilzeitarbeit eingestellt sein muss, so fordert das Gesetz damit auch und gerade für Kleinunternehmen, bei denen der sachliche Zusammenhang unwiderleglich vermutet wird, eine Mittel-Zweck-Verknüpfung zwischen beiden Ereignissen, die auch in einem gewissen zeitlichen Zusammenhang ihren Ausdruck finden muss (*Boecken/Spieß* Rn. 280). Insoweit ist zwischen dem kontinuierlichen Modell und dem Blockmodell zu differenzieren:

Im **kontinuierlichen Modell** (s. § 2 Rn. 8) wird nicht verlangt, dass Wiederbesetzung und Beginn 20 der Altersteilzeit zeitlich exakt zusammenfallen (BSG 9. 8. 1990 SozR 3–7825 § 2 Nr. 1), vielmehr gestattet das Gesetz sowohl eine frühere als auch eine spätere Einstellung des Wiederbesetzers, weil dem AG eine gewisse Suchfrist eingeräumt werden muss. Jedoch sind an die Darlegungen des AG bezüglich der Kausalität desto höhere Anforderungen zu stellen, je größer der Abstand zwischen dem Übergang in die Altersteilzeitarbeit und der Wiederbesetzung ist. Die Wiederbesetzung soll nach Auffassung der BA (Ziff. 3.1.3 XV DA-ATG) zwar regelmäßig erst ab dem Zeitpunkt erfolgen können, an dem der in Altersteilzeit beschäftigte AN den Arbeitsplatz im Rahmen der Altersteilzeitarbeit ganz oder tw. freimacht oder dieser durch Umsetzung frei wird. Beim Blockzeitmodell sei dies der Beginn der Freizeitphase bzw. das Ende der Vollarbeitsphase. Erfolge eine degressive bzw. kontinuierliche Verteilung der Arbeitszeit, könne die Wiederbesetzung ab Beginn der Altersteilzeit unabhängig von der individuellen Gestaltung erfolgen. In Übereinstimmung mit der Rspr. des BSG (BSG 9. 8. 1990 SozR 3–7825 § 2 Nr. 1) gestattet die BA jedoch die Einstellung eines Arbeitslosen zum Zwecke seiner Einarbeitung auch schon vor Beginn der Altersteilzeitarbeit (Ziff. 3.1.3 XVII DA-ATG). Maßgebend sind somit vorrangig die Gesamtumstände des Einzelfalles (BSG 9. 8. 1990 SozR 3–7825 § 2 Nr. 1; ähnlich *Bauer* NZA 1997, 401, 404), wobei im Sinne einer Faustregel die Sechs-Monats-Grenze des § 101 I SGB VI herangezogen werden kann (BSG 29. 5. 1990 BSGE 67, 63, 69; großzügiger Ziff. 3.1.3 XVII DA-ATG: zwölf Monate).

Im **Blockmodell** stellt sich die zusätzliche Frage, ob die Wiederbesetzung bereits bei Beginn der 21 Altersteilzeitarbeit vorgenommen werden darf oder muss, obwohl der AltersteilzeitAN zunächst weiterhin im bisherigen Umfang arbeitet, oder ob die Neueinstellung erst mit Beginn der Freistellungsphase, also der zweiten Hälfte der Altersteilzeitarbeit, erfolgen kann. Die BA vertritt die Auffassung, dass die Wiederbesetzung erst im zeitlichen Zusammenhang mit dem Beginn der Freistellungsphase erfolgen dürfe, weil die Wiederbesetzung erst dann erfolgen könne, wenn zumindest ein Teil des Arbeitsplatzes freigemacht worden sei (Ziff. 3.1.3 XV, XVII DA-ATG; ebenso *Leisbrock* S. 92 f.). Dem Gesetz lässt sich diese Einschränkung nicht entnehmen. In § 3 III heißt es ausdrücklich, dass im Blockmodell die Voraussetzung der Neueinstellung eines Arbeitslosen oder Ausgebildeten „auch erfüllt" ist, wenn sie erst mit Beginn der Freistellungsphase erfolge. Das Wort „auch" macht dabei eindeutig deutlich, dass der AG im Blockmodell ein Wahlrecht hat, ob er die Wiederbesetzung im (sachlichen und zeitlichen) Zusammenhang mit dem Beginn der Altersteilzeitarbeit oder dem Beginn der Freistellungsphase vornehmen will (wie hier *Köhler* AuA 1996, 299, 300).

22 Zu beachten ist in jedem Falle, dass die **Förderung** durch die BA **erst mit der tatsächlichen Wiederbesetzung** des Arbeitsplatzes **beginnt,** § 5 II 1. Einen rückwirkenden Beginn der Zuschusszahlung kennt das ATG nicht (vgl. BSG 29. 11. 1988 SozR 7825 § 2 Nr. 2). Die Vorschrift des § 5 II 2 über die Weitergewährung der Förderung für den Fall, dass nach dem Ausscheiden des (ersten) Wiederbesetzers der Arbeitsplatz weniger als drei Monate vakant bleibt, ist auf die „Suchphase" bei der erstmaligen Wiederbesetzung des Arbeitsplatzes nicht entspr. anzuwenden (aA *Bauer* NZA 1997, 401, 404).

23 **3. Einstellung eines Arbeitslosen, Ausgebildeten oder Auszubildenden.** Bei dem Wiederbesetzer muss es sich um einen gemeldeten Arbeitslosen (nicht notwendig einen Leistungsbezieher), um einen AN nach Abschluss der Ausbildung, in Kleinunternehmen mit maximal 50 Beschäftigten auch um einen Auszubildenden handeln, § 3 I Nr. 2. In der Praxis denken die Unternehmen, die von den Angeboten des ATG Gebrauch machen, vorwiegend an die Übernahme eigener Auszubildender (*Recht* NZS 1996, 552, 555). Der Vertrag mit dem Wiederbesetzer muss nicht auf unbestimmte Zeit, sondern kann nach Maßgabe des § 14 TzBfG oder von Sonderbefristungstatbeständen auch befristet abgeschlossen werden (**Schriftformerfordernis** des § 14 IV TzBfG beachten!). Allerdings stellt die Tatsache, dass die Förderungsleistungen auch dann über den gesamten Zeitraum der Altersteilzeitarbeit erbracht werden, wenn der Arbeitsplatz mindestens vier Jahre wiederbesetzt gewesen ist (§ 5 II 2), keinen Grund dafür dar, den Vertrag auf vier Jahre zu befristen.

24 Wird ein **Arbeitsloser** neu eingestellt, darf es sich hierbei – um eine nach Art. 39 EG unzulässige Diskriminierung ausländischer Beschäftigter (EuGH 15. 10. 1969 AP EWG-Vertrag Art. 177 Nr. 2; 15. 12. 1995 AP BGB § 611 Berufssport Nr. 10) zu vermeiden – auch um einen in einem anderen Mitgliedstaat der EU arbeitslos gemeldeten AN handeln, wenn das neu begründete Beschäftigungsverhältnis dem deutschen Sozialversicherungsrecht unterliegt. Nicht förderungsfähig ist die Einstellung eines AN, der (zB nach Zugang der Kündigung während der laufenden Kündigungsfrist) zwar als arbeitssuchend gemeldet und von Arbeitslosigkeit bedroht, aber noch nicht arbeitslos ist (BSG 30. 3. 1994 SozR 3–7825 § 2 Nr. 6). Formal genügt **ein Tag Arbeitslosigkeit,** das BSG hat aber schon zum VRG 1984 deutlich gemacht, dass das Merkmal „beim Arbeitsamt arbeitslos gemeldet" nur von solchen AN erfüllt wird, die ernsthaft bereit sind, die Vermittlungsdienste der BA in Anspruch zu nehmen. Die „Neueinstellung" eines AN, der einen im Übrigen ungefährdeten Arbeitsplatz innehatte und vom AG allein zu dem Zweck entlassen und wieder eingestellt worden ist, um anderenfalls nicht gegebene Voraussetzungen für den Anspruch des AG auf Zuschussleistungen zu erfüllen, führt nicht zur Förderungsfähigkeit der Altersteilzeit (BSG 25. 10. 1988 SozR 7825 § 2 Nr. 1; *Boecken* NJW 1996, 3386, 3389).

25 Als **AN nach Abschluss der Ausbildung** können nur Personen anerkannt werden, die vor ihrer Einstellung zur Wiederbesetzung des Arbeitsplatzes eine Erstausbildung (Berufsausbildung nach dem BBiG, der HandwO etc. oder Studium an einer Hochschule oder Fachhochschule), ausnahmsweise ein Volontariat oder eine vergleichbare Ausbildung (Ziff. 3.1.3.2 VI DA-ATG) abgeschlossen haben. Der Abschluss einer Weiterbildungs- oder Umschulungsmaßnahme erfüllt dagegen die Voraussetzungen des § 3 I Nr. 2 nicht (SG Stuttgart 10. 5. 1988 NZA 1989, 159). Die Übernahme des Ausgebildeten muss **im Anschluss** an das Ende der Ausbildung erfolgen, was aber Unterbrechungen bis zur Dauer der üblichen „Suchzeit" (die BA erkennt recht großzügig bis zu einem Jahr an, Ziff. 3.1.3.2 II DA-ATG) selbst dann nicht entgegensteht, wenn während dieser Zeit befristete Zwischenbeschäftigungen ausgeübt worden sind. Längere Unterbrechungen sind unschädlich, wenn sie auf Krankheit, Mutterschaft, Elternzeit, Wehr- oder Ersatzdienst etc. beruhen. Der AN muss nicht im gleichen Betrieb oder Unternehmen ausgebildet worden sein, Fremdübernahmen sind zulässig (*Bauer* NZA 1997, 401, 404). Der Förderung steht nicht entgegen, dass der AG **zur Übernahme rechtlich verpflichtet war** (§ 78 a BetrVG, tarifvertragliche Übernahmegebote usw.; Ziff. 3.1.3.2 IX DA-ATG und *Reichling/Wolf* NZA 1997, 422, 424).

26 Die Einstellung eines **Auszubildenden** zur Wiederbesetzung des Arbeitsplatzes ist nur in Unternehmen mit nicht mehr als 50 Beschäftigten zulässig, § 3 I Nr. 2 Buchst. b. Auszubildende in diesem Sinne sind zu ihrer Berufsausbildung beschäftigte Jugendliche und Erwachsene, die eine Erstausbildung in Betrieben der Wirtschaft, vergleichbaren Einrichtungen (zB des öffentl. Dienstes) oder bei Angehörigen freier Berufe in einem nach dem BBiG, der HandwO oder der SMAusbV anerkannten Ausbildungsberuf absolvieren (Ziff. 3.1.3.3 I DA-ATG). Nicht erforderlich ist, dass der Ausbildungsplatz durch eine Umsetzungskette frei geworden ist; der zeitliche Zusammenhang ist auch bei einer Einstellung von bis zu 6 (ausnahmsweise 12) Monaten vor oder nach dem Übergang des älteren AN in die Altersteilzeitarbeit gewahrt (Ziff. 3.1.3.3 II DA-ATG).

III. Überforderungsklausel

27 Um zu verhindern, dass die Unternehmen durch eine übermäßige Inanspruchnahme der Altersteilzeit überfordert werden, macht § 3 I Nr. 3 die Gewährung von Zuschüssen davon abhängig, dass die kollektivvertragliche Vereinbarung, die den AN einen Anspruch auf Übergang in die Altersteilzeit

einräumt, diese Rechtsposition nicht mehr als 5% der Beschäftigten des Betriebes gewährt. In TV kann alternativ oder kumulativ eine Ausgleichskasse der AG oder eine gemeinsame Einrichtung der TVParteien vorgesehen werden (vgl. auch § 9). Die Überforderungsklausel enthält einen (mittelbaren) **Eingriff in die Tarifautonomie,** indem sie es durch die Vorenthaltung von Fördermitteln verhindert, dass die Tarif- oder Betriebspartner einem höheren Anteil als 5% der Beschäftigten einen Rechtsanspruch auf Altersteilzeit einräumen.

Inhaltlich stellt die Überforderungsklausel auf die AN **eines Betriebes,** nicht eines Unternehmens 28 ab (*Bauer* NZA 1997, 401, 405). Als Berechnungsgrundlage dient die durchschnittliche Beschäftigtenzahl der letzten zwölf Monate, die zukünftige Entwicklung ist dagegen ebenso wenig zu berücksichtigen wie die regelmäßige Beschäftigtenzahl (§ 7; BAG 26. 5. 1992 AP VRG § 2 Nr. 13). Schwerbehinderte AN, diesen Gleichgestellte und Auszubildende werden gem. § 7 III 1 nicht, Teilzeitbeschäftigte bis zu 20 Wochenstunden zu 0,5, Teilzeitbeschäftigte mit bis zu 30 Wochenstunden zu 0,75 mitgezählt, § 7 III 2. Voll mitzuzählen sind AN, deren sozialversicherungsrechtliches Beschäftigungsverhältnis trotz Ruhen des Arbeitsverhältnisses fortbesteht, zB ElternzeitAN (BAG 26. 5. 1992 AP VRG § 2 Nr. 13). In **Betrieben mit weniger als 20 AN** wird durch § 3 I Nr. 3 ein Rechtsanspruch von AN generell ausgeschlossen (Andresen/*Kitzol* Rn. 564; *Recht* NZS 1996, 552, 553).

Gewährt ein TV oder eine Betriebsvereinbarung den AN, die bestimmte persönliche Voraussetzun- 29 gen erfüllen, einen **Rechtsanspruch** auf Übergang in die Altersteilzeitarbeit, ist der AG verpflichtet, diese Ansprüche solange zu erfüllen, bis die kollektivvertraglich festgesetzte Überforderungsgrenze (die durchaus unter 5% liegen kann und von vielen TV auf 3% festgesetzt worden ist) erreicht ist. Nicht organisierte AN erwerben aus dem TV zwar keinen Anspruch, sind aber, soweit der AG ihrem Antrag freiwillig nachkommt, bei der Erfüllung der Quote mit zu berücksichtigen (BAG 18. 9. 2001 AP ATG § 3 Nr. 3; LAG Köln 31. 3. 2000 NZA-RR 2001, 102). Eine Verpflichtung des AG zur vorrangigen Befriedigung von Ansprüchen tarifgebundener AN verstieße gegen die negative Koalitionsfreiheit aus Art. 9 III GG (BAG 21. 1. 1987 AP GG Art. 9 Nr. 47; 18. 9. 2001 AP ATG § 3 Nr. 3). Die Tarif- oder Betriebsparteien haben in ihren Vereinbarungen andere, weder unmittelbar noch mittelbar nach der Gewerkschaftszugehörigkeit differenzierende Regelungen vorzunehmen, etwa nach Alterspriorität oder nach sozialen Gesichtspunkten analog § 1 III KSchG. Besteht eine Regelung nicht, sind die Ansprüche vom AG in der Reihenfolge ihres Erwerbs und ihrer Geltendmachung zu befriedigen (BAG 21. 1. 1987 AP GG Art. 9 Nr. 47).

Besteht ein **Rechtsanspruch nicht,** kann der AG den Abschluss eines Altersteilzeitarbeitsvertrages 30 verweigern, nach Auffassung des BAG jedoch nur, wenn er dafür einen sachlichen Grund hat. Seine Entscheidung, in Einzelfällen den Übergang in die Altersteilzeit nicht zu ermöglichen, müsse billigem Ermessen entsprechen. § 315 I BGB sei entspr. anzuwenden (BAG 12. 12. 2000 AP ATG § 3 Nr. 1; 26. 6. 2001 AP ATG § 3 Nr. 2). Dabei darf der AG aber auch eigene, insb. wirtschaftliche Interessen berücksichtigen. Sein Ermessen ist nicht etwa soweit eingeschränkt, dass er den Antrag des AN nur aus *dringenden* betrieblichen Bedürfnissen ablehnen dürfte. Vielmehr handelt er schon dann nicht ermessensfehlerhaft, wenn er Altersteilzeitverträge mit AN nur aus denjenigen Bereichen abschließt, in denen ein abzubauender Stellenüberhang besteht (BAG 12. 12. 2000 AP ATG § 3 Nr. 1; LAG Köln 6. 10. 1999 NZA-RR 2000, 312, 313 f.). In gleicher Weise ermessensfehlerfrei handelt ein öffentlicher AG, der Anträge auf Altersteilzeit ablehnt, weil eine Haushaltssperre verhängt worden ist (LAG Schleswig-Holstein 16. 5. 2002 LAGReport 2002, 334, 335 f.).

§ 4 Leistungen

(1) **Die Bundesanstalt erstattet dem Arbeitgeber für längstens sechs Jahre**
1. **den Aufstockungsbetrag nach § 3 Abs. 1 Nr. 1 Buchstabe a in Höhe von 20 vom Hundert des für die Altersteilzeitarbeit gezahlten Arbeitsentgelts, jedoch mindestens den Betrag zwischen dem für die Altersteilzeitarbeit gezahlten Arbeitsentgelt und dem Mindestnettobetrag, und**
2. **den Betrag, der nach § 3 Abs. 1 Nr. 1 Buchstabe b in Höhe des Beitrags geleistet worden ist, der auf den Unterschiedsbetrag zwischen 90 vom Hundert des bisherigen Arbeitsentgelts im Sinne des § 6 Abs. 1 und dem Arbeitsentgelt für die Altersteilzeitarbeit entfällt.**

(2) ¹**Bei Arbeitnehmern, die nach § 6 Abs. 1 Satz 1 Nr. 1 oder § 231 Abs. 1 und 2 des Sechsten Buches Sozialgesetzbuch von der Versicherungspflicht befreit sind, werden Leistungen nach Absatz 1 auch erbracht, wenn die Voraussetzung des § 3 Abs. 1 Nr. 1 Buchstabe b nicht erfüllt ist.** ²**Dem Betrag nach Absatz 1 Nr. 2 stehen in diesem Fall vergleichbare Aufwendungen des Arbeitgebers bis zur Höhe des Beitrags gleich, den die Bundesanstalt nach Absatz 1 Nr. 2 zu tragen hätte, wenn der Arbeitnehmer nicht von der Versicherungspflicht befreit wäre.**

Liegen die Voraussetzungen der §§ 2 und 3 vollständig vor, hat insb. der AG den Arbeitsplatz mit 1 einem Arbeitslosen, Ausgebildeten oder – in Unternehmen mit bis zu 50 Beschäftigten – Auszubildenden wiederbesetzt, erstattet die BA ihm die Aufstockungsbeträge (zum Lohn bzw. Gehalt und zur gesetzlichen Rentenversicherung) in der gesetzlichen Höhe. Leistungen, die über § 3 I Nr. 1 hinausgehen, werden nicht erstattet, und zwar auch dann nicht, wenn der AG zu ihrer Zahlung auf Grund TV verpflichtet ist (*Boecken* NJW 1996, 3386, 3389). Die **Förderung beginnt** in jedem Falle **erst mit der Wiederbesetzung** des Arbeitsplatzes, das gilt auch im Blockmodell, § 12 III 1 (*Diller* NZA 1996, 847, 850; so zum VRG 1984 auch BSG 29. 11. 1988 SozR 7825 § 2 Nr. 2; LSG NW 26. 8. 1987 NZA 1988, 414, s. auch § 3 Rn. 22). Hier muss der AG also während der Arbeitsphase in Vorlage treten, kann aber gem. § 12 I 3 eine Vorabentscheidung des AA darüber beantragen, ob der Altersteilzeiter zum begünstigten Personenkreis (§ 2) gehört und damit – von der Wiederbesetzung abgesehen – die entscheidenden Fördervoraussetzungen vorliegen. Mit Beginn der Erstattung erhält der AG dann neben dem Ersatz der laufenden Aufstockungsbeträge in monatlichen Teilbeträgen auch die Förderleistungen für den bereits zurückgelegten Zeitraum, § 12 III 2, 3, sodass der Zuschuss während der Freizeitphase in doppelter Höhe gewährt wird (*Boecken/Spieß* Rn. 299; *Köster* S. 55). Dies gilt jedoch nicht für den Fall, dass ein Unternehmen mit nicht mehr als 50 Beschäftigten von der Möglichkeit Gebrauch gemacht hat, einen **Auszubildenden** einzustellen. § 3 III iVm. § 12 III findet hier keine Anwendung. Für Zeiten vor Beginn der tatsächlichen Beschäftigung werden dann keine Leistungen erbracht (Ziff. 4.1 VII DA-ATG). Erstattet werden auch Aufstockungsbeträge, die der AG auf Grund einer **rückwirkenden Tariflohnerhöhung** in einer Summe nachzuentrichten hat (BSG 15. 2. 1990 SozR 3–7825 § 3 Nr. 1). Die maximale Förderungsdauer beträgt sechs Jahre, § 4 I; das gilt auch in den Fällen des § 2 III.

2 Ist der Altersteilzeiter – insb. als Pflichtmitglied einer berufsständischen Versorgungseinrichtung, das von seinem Befreiungsrecht in der gesetzlichen Rentenversicherung Gebrauch gemacht hat (*Boecken* NJW 1996, 3386, 3390) – in der gesetzlichen Rentenversicherung **nicht versicherungspflichtig** (§§ 6 I 1 Nr. 1, 231 I, II SGB VI), steht der Förderung durch die BA nicht entgegen, dass die Voraussetzungen des § 3 I Nr. 1 Buchst. b (Aufstockung in der Rentenversicherung) nicht erfüllt sind. Allerdings erstattet die BA etwaige Aufstockungsleistungen des AG zu der Versorgungseinrichtung bis zu der Höhe, die sie zu erbringen hätte, wenn der Beschäftigte nicht von der Versicherungspflicht befreit wäre, § 4 II.

§ 5 Erlöschen und Ruhen des Anspruchs

(1) Der Anspruch auf die Leistungen nach § 4 erlischt
1. mit Ablauf des Kalendermonats, in dem der Arbeitnehmer die Altersteilzeitarbeit beendet oder das 65. Lebensjahr vollendet hat,
2. mit Ablauf des Kalendermonats vor dem Kalendermonat, für den der Arbeitnehmer eine Rente wegen Alters oder, wenn er von der Versicherungspflicht in der gesetzlichen Rentenversicherung befreit ist, eine vergleichbare Leistung einer Versicherungs- oder Versorgungseinrichtung oder eines Versicherungsunternehmens beanspruchen kann; dies gilt nicht für Renten, die vor dem für den Versicherten maßgebenden Rentenalter in Anspruch genommen werden können oder
3. mit Beginn des Kalendermonats, für den der Arbeitnehmer eine Rente wegen Alters, eine Knappschaftsausgleichsleistung, eine ähnliche Leistung öffentlich-rechtlicher Art oder, wenn er von der Versicherungspflicht in der gesetzlichen Rentenversicherung befreit ist, eine vergleichbare Leistung einer Versicherungs- oder Versorgungseinrichtung oder eines Versicherungsunternehmens bezieht.

(2) ¹Der Anspruch auf die Leistungen besteht nicht, solange der Arbeitgeber auf dem freigemachten oder durch Umsetzung freigewordenen Arbeitsplatz keinen Arbeitnehmer mehr beschäftigt, der bei Beginn der Beschäftigung die Voraussetzungen des § 3 Abs. 1 Nr. 2 erfüllt hat. ²Dies gilt nicht, wenn der Arbeitsplatz mit einem Arbeitnehmer, der diese Voraussetzungen erfüllt, innerhalb von drei Monaten erneut wiederbesetzt wird oder der Arbeitgeber insgesamt für vier Jahre die Leistungen erhalten hat.

(3) ¹Der Anspruch auf die Leistungen ruht während der Zeit, in der der Arbeitnehmer neben seiner Altersteilzeitarbeit Beschäftigungen oder selbständige Tätigkeiten ausübt, die die Geringfügigkeitsgrenze des § 8 des Vierten Buches Sozialgesetzbuch überschreiten oder auf Grund solcher Beschäftigungen eine Entgeltersatzleistung erhält. ²Der Anspruch auf die Leistungen erlischt, wenn er mindestens 150 Kalendertage geruht hat. ³Mehrere Ruhenszeiträume sind zusammenzurechnen. ⁴Beschäftigungen oder selbständige Tätigkeiten bleiben unberücksichtigt, soweit der altersteilzeitarbeitende Arbeitnehmer sie bereits innerhalb der letzten fünf Jahre vor Beginn der Altersteilzeitarbeit ständig ausgeübt hat.

(4) ¹Der Anspruch auf die Leistungen ruht während der Zeit, in der der Arbeitnehmer über die Altersteilzeitarbeit hinaus Mehrarbeit leistet, die den Umfang der Geringfügigkeitsgrenze des § 8 des Vierten Buches Sozialgesetzbuch überschreitet. ²Absatz 3 Satz 2 und 3 gilt entsprechend.

(5) § 48 Abs. 1 Nr. 3 des Zehnten Buches Sozialgesetzbuch findet keine Anwendung.

1 **1. Wegfall der Förderung.** Eine Förderung findet nicht statt, solange der AG auf dem freigemachten oder durch Umsetzung frei gewordenen Arbeitsplatz keinen AN (mehr) beschäftigt, § 5 II 1 (vgl. auch § 3 Rn. 22). Scheidet der Wiederbesetzer also aus dem Arbeitsverhältnis – gleich aus welchem Grunde – aus, muss der AG alsbald eine Ersatzkraft einstellen. Gelingt ihm dies innerhalb von drei Monaten, werden die Erstattungsbeiträge auch während der Vakanz des Arbeitsplatzes fortgezahlt.

Dasselbe gilt, wenn der Wiederbesetzer im kontinuierlichen Modell bereits vier Jahre, im Blockmodell mindestens zwei (Ziff. 5.1 IV DA-ATG; *Wolf* NZA 2000, 637, 642) Jahre beschäftigt gewesen ist, § 5 II 2. Dem liegt der Gedanke zugrunde, dass in diesem Fall die Nichtbesetzung des Arbeitsplatzes nicht mehr im Zusammenhang mit der Altersteilzeit stehen muss, sondern ihre Ursache in Veränderungen der Betriebsstruktur haben kann (BT-Drucks. 13/4336 S. 19). Allerdings wird es dem AG auf diese Weise auch ermöglicht, Personalabbaumaßnahmen mit geförderter Altersteilzeit zu kombinieren (*Rittweger* NZA 1998, 918, 919 f.).

2. Ruhen der Förderung. Um den arbeitsmarktpolitisch bezweckten Erfolg des ATG nicht dadurch zu gefährden, dass der Altersteilzeiter neben seiner Altersteilzeitarbeit (insb. im Blockmodell während der Freizeitphase) eine **mehr als nur geringfügige Beschäftigung ausübt**, ruht der Anspruch auf Förderleistungen gem. § 5 III, IV in der Zeit, in der der Altersteilzeiter Beschäftigungen oder selbständige Tätigkeiten ausübt, die die Geringfügigkeitsgrenze des § 8 SGB IV überschreiten oder er auf Grund einer solchen Beschäftigung eine Entgeltersatzleistung bezieht (vgl. LAG Rheinland-Pfalz 7. 6. 2002 LAGReport 2003, 47, 49 f.). 2

Zum Schutze von AN, die bereits **vor Beginn der Altersteilzeit einer Nebenbeschäftigung nachgegangen sind**, ordnet § 5 III 4 an, dass Beschäftigungen oder selbständige Tätigkeiten unberücksichtigt bleiben, soweit der AltersteilzeitAN sie bereits innerhalb der letzten fünf Jahre vor Beginn der Altersteilzeitarbeit ständig ausgeübt hat. Hiervon werden insb. Nebenerwerbslandwirte begünstigt (Ziff. 5.2 I DA-ATG). 3

3. Erlöschen der Förderung. Der Anspruch auf Förderung erlischt gem. § 5 I, wenn der AN die Altersteilzeitarbeit beendet, das 65. Lebensjahr vollendet, er eine Rente wegen Alters ohne Abschläge *beanspruchen* kann oder – wenn auch mit Abschlägen – eine Altersrente, Knappschaftsausgleichsleistung oder vergleichbare Leistung öffentlich-rechtlicher Art (zum Ruhegehalt eines wegen Dienstunfähigkeit in den Ruhestand versetzten Beamten BAG 24. 3. 1992 AP TVG § 1 Vorruhestand Nr. 9) *tatsächlich bezieht* sowie gem. § 5 III 2, wenn der Anspruch für mindestens 150 Kalendertage wegen der Aufnahme einer geringfügigen Beschäftigung geruht hat (*Boecken/Spieß* Rn. 292). Eine Beendigung der Altersteilzeitarbeit tritt im Blockmodell erst mit dem Ablauf der Freizeitphase ein. Die Förderung erlischt nicht, wenn der AN eine Altersrente nach Altersteilzeitarbeit mit Abschlägen (§ 77 II Nr. 2 Buchst. a SGB VI) zwar beanspruchen kann, aber tatsächlich (noch) nicht erhält (*Bauer* NZA 1997, 401, 405). 4

Leistungen der gesetzlichen Rentenversicherung gleich stehen solche aus einer Versicherungs- oder Versorgungseinrichtung oder eines Versicherungsunternehmens, § 5 I Nr. 2 und 3. Für die Vergleichbarkeit genügt es nicht, dass sie nach ihrem Zweck bei Eintritt eines Versorgungsfalles wie die gesetzliche Rente der Sicherung des Lebensunterhalts dienen und nicht bei vorzeitiger Inanspruchnahme durch versicherungsmathematische Abschläge die geplante Altersversorgung insgesamt gefährdet ist (so noch BAG 11. 10. 1988 AP VRG § 5 Nr. 1; 11. 10. 1988 AP VRG § 5 Nr. 2; 10. 10. 1989 AP TVG § 1 Vorruhestand Nr. 2). Vielmehr müssen die Leistungen insgesamt auch hinsichtlich ihres Umfangs denen der gesetzlichen Rentenversicherung vergleichbar sein. Muss der AN bei der vorzeitigen Inanspruchnahme einer befreienden Lebensversicherung deutlich höhere Abschläge hinnehmen als er bei vergleichbarem Versicherungsverlauf in der gesetzlichen Rentenversicherung zu erwarten hätte, fehlt es daher an der Vergleichbarkeit der privaten Vorsorge (BSG 31. 10. 1991 SozR 3–7825 § 5 Nr. 2; BAG 28. 7. 1992 AP VRG § 2 Nr. 14; zur kumulativen Absicherung des Altersrisikos durch die gesetzliche Rentenversicherung und eine befreiende Lebensversicherung BAG 14. 6. 1994 AP TVG § 1 Vorruhestand Nr. 18). 5

§ 6 Begriffsbestimmungen

(1) ¹Bisheriges Arbeitsentgelt im Sinne dieses Gesetzes ist das Arbeitsentgelt, das der in Altersteilzeitarbeit beschäftigte Arbeitnehmer für eine Arbeitsleistung bei bisheriger wöchentlicher Arbeitszeit zu beanspruchen hätte, soweit es die Beitragsbemessungsgrenze des Dritten Buches Sozialgesetzbuch nicht überschreitet. ² § 134 Abs. 2 Nr. 1 des Dritten Buches Sozialgesetzbuch gilt entsprechend.

(2) ¹Als bisherige wöchentliche Arbeitszeit ist die wöchentliche Arbeitszeit zugrunde zu legen, die mit dem Arbeitnehmer vor dem Übergang in die Altersteilzeitarbeit vereinbart war. ²Zugrunde zu legen ist höchstens die Arbeitszeit, die im Durchschnitt der letzten 24 Monate vor dem Übergang in die Altersteilzeitarbeit vereinbart war. ³Bei der Ermittlung der durchschnittlichen Arbeitszeit nach Satz 2 bleiben Arbeitszeiten, die die tarifliche regelmäßige wöchentliche Arbeitszeit überschritten haben, außer Betracht. ⁴Die ermittelte durchschnittliche Arbeitszeit kann auf die nächste volle Stunde gerundet werden.

(3) Als tarifliche regelmäßige wöchentliche Arbeitszeit ist zugrunde zu legen,
1. wenn ein Tarifvertrag eine wöchentliche Arbeitszeit nicht oder für Teile eines Jahres eine unterschiedliche wöchentliche Arbeitszeit vorsieht, die Arbeitszeit, die sich im Jahresdurchschnitt wöchentlich ergibt; wenn ein Tarifvertrag Ober- und Untergrenzen für die Arbeitszeit

vorsieht, die Arbeitszeit, die sich für den Arbeitnehmer im Jahresdurchschnitt wöchentlich ergibt,
2. wenn eine tarifliche Arbeitszeit nicht besteht, die tarifliche Arbeitszeit für gleiche oder ähnliche Beschäftigungen, oder falls eine solche tarifliche Regelung nicht besteht, die für gleiche oder ähnliche Beschäftigungen übliche Arbeitszeit.

1 **Abs. 1** definiert den Begriff des „bisherigen Arbeitsentgelts" nur unzureichend. Die Zwecksetzung des Gesetzes (§ 1 Rn. 1) lässt es geboten erscheinen, auf den sozialversicherungsrechtlichen Entgeltbegriff des § 14 SGB IV und der ArEV zurückzugreifen. Danach sind dem Arbeitsentgelt ua. auch vermögenswirksame Leistungen, Anwesenheitsprämien, Leistungs- und Erschwerniszulagen, pauschale Vergütungen für Bereitschaftsdienst und Rufbereitschaft, einmalige und wiederkehrende Zuwendungen wie Weihnachts- und Urlaubsgeld sowie Jubiläumszuwendungen, rückwirkende Lohnerhöhungen sowie Sachbezüge und sonstige geldwerte Vorteile wie Jahreswagenrabatte etc. hinzuzurechnen (Ziff. 3.1.1 III DA-ATG). Das so ermittelte bisherige Arbeitsentgelt ist für die Anwendung des Gesetzes allerdings nur insoweit zu berücksichtigen, als es die Beitragsbemessungsgrenze des SGB III (im Jahr 2003 5100 €/West, 4250 €/Ost) nicht überschreitet. Dadurch wird die Pflicht des AG zur Aufstockung des Teilzeitentgelts auf 70% des Vollzeitnettos und zur darüber hinausgehenden Aufstockung in der gesetzlichen Rentenversicherung begrenzt (s. § 3 Rn. 7 f.). Durch den Verweis auf § 134 II Nr. 1 SGB III wird das Arbeitsentgelt von Ehegatten oder Verwandten in gerader Linie höchstens auf den Betrag beschränkt, den familienfremde AN bei gleichartiger Beschäftigung gewöhnlich erhalten (Einzelheiten dazu bei *Gagel* § 134 SGB III Rn. 25 ff.).

2 **Abs. 2** bestimmt den für die Anwendung von § 2 zentralen Begriff der „bisherigen wöchentlichen Arbeitszeit", freilich auf recht komplizierte Art und Weise. In erster Linie maßgebend ist nach § 6 II 1 diejenige Arbeitszeit, die unmittelbar vor dem Übergang des AN in die Altersteilzeit regelmäßig wöchentlich geleistet worden ist, es sei denn, die für die letzten sechs Monate vor diesem Zeitpunkt vereinbarte Arbeitszeit wäre geringer gewesen (§ 6 II 2). Zeiträume, die infolge Sonderurlaubs etc. nicht mit Arbeitsleistung belegt sind, bleiben dabei außer Betracht (BAG 1. 10. 2002 BB 2003, 1123). Arbeitszeiten, die über die tarifliche regelmäßige Arbeitszeit (§ 6 III) hinausgehen, werden in keinem Falle berücksichtigt (§ 6 II 3).

3 Der bis zur Änderung des ATG zum 1. 1. 2000 zentrale Begriff der tariflichen regelmäßigen wöchentlichen Arbeitszeit (**Abs. 3**) hat seine Bedeutung durch die Öffnung der Altersteilzeit für Teilzeitbeschäftigte weitgehend verloren. Er ist nur noch als Hilfskriterium für die Festlegung der Obergrenze der „bisherigen wöchentlichen Arbeitszeit" (§ 6 II 3) von Belang. Selbst wenn AG und AN über einen längeren Zeitraum individualvertraglich eine längere als die tarifübliche Arbeitszeit vereinbart hatten, ist zur Berechnung der wöchentlichen Arbeitszeit während der Altersteilzeitarbeit (§ 2 I Nr. 2) die tarifliche regelmäßige wöchentliche Arbeitszeit heranzuziehen. Während der Altersteilzeitarbeit darf der AN mithin höchstens die Hälfte der tarifüblichen Arbeitszeit arbeiten, wenn sich nicht aus § 6 II ein geringerer Umfang ergibt.

§ 7 Berechnungsvorschriften

(1) ¹Ein Arbeitgeber beschäftigt in der Regel nicht mehr als 50 Arbeitnehmer, wenn er in dem Kalenderjahr, das demjenigen, für das die Feststellung zu treffen ist, vorausgegangen ist, für einen Zeitraum von mindestens acht Kalendermonaten nicht mehr als 50 Arbeitnehmer beschäftigt hat. ²Hat das Unternehmen nicht während des ganzen nach Satz 1 maßgebenden Kalenderjahrs bestanden, so beschäftigt der Arbeitgeber in der Regel nicht mehr als 50 Arbeitnehmer, wenn er während des Zeitraums des Bestehens des Unternehmens in der überwiegenden Zahl der Kalendermonate nicht mehr als 50 Arbeitnehmer beschäftigt hat. ³Ist das Unternehmen im Laufe des Kalenderjahrs errichtet worden, in dem die Feststellung nach Satz 1 zu treffen ist, so beschäftigt der Arbeitgeber in der Regel nicht mehr als 50 Arbeitnehmer, wenn nach der Art des Unternehmens anzunehmen ist, dass die Zahl der beschäftigten Arbeitnehmer während der überwiegenden Kalendermonate dieses Kalenderjahres 50 nicht überschreiten wird.

(2) ¹Für die Berechnung der Zahl der Arbeitnehmer nach § 3 Abs. 1 Nr. 3 ist der Durchschnitt der letzten zwölf Kalendermonate vor dem Beginn der Altersteilzeitarbeit des Arbeitnehmers maßgebend. ²Hat ein Betrieb noch nicht zwölf Monate bestanden, ist der Durchschnitt der Kalendermonate während des Zeitraums des Bestehens des Betriebes maßgebend.

(3) ¹Bei der Feststellung der Zahl der beschäftigten Arbeitnehmer nach Absatz 1 und 2 bleiben schwerbehinderte Menschen und Gleichgestellte im Sinne des Neunten Buches Sozialgesetzbuch sowie Auszubildende außer Ansatz. ²Teilzeitbeschäftigte Arbeitnehmer mit einer regelmäßigen wöchentlichen Arbeitszeit von nicht mehr als 20 Stunden sind mit 0,5 und mit einer regelmäßigen wöchentlichen Arbeitszeit von nicht mehr als 30 Stunden mit 0,75 zu berücksichtigen.

1 Die Berechnungsvorschrift steht im Zusammenhang mit den in § 3 I Nr. 2 Buchst. a und b genannten erleichterten Fördervoraussetzungen für Kleinunternehmen (unwiderlegliche Vermutung des sach-

lichen Zusammenhangs zwischen dem Übergang des älteren AN in die Altersteilzeit und der Neueinstellung sowie Gewährung der Förderung auch bei Einstellung eines Auszubildenden). Sie bestimmt, auf welche Weise die Beschäftigtenzahl zu errechnen ist.

§ 8 Arbeitsrechtliche Regelungen

(1) **Die Möglichkeit eines Arbeitnehmers zur Inanspruchnahme von Altersteilzeitarbeit gilt nicht als eine die Kündigung des Arbeitsverhältnisses durch den Arbeitgeber begründende Tatsache im Sinne des § 1 Abs. 2 Satz 1 des Kündigungsschutzgesetzes; sie kann auch nicht bei der sozialen Auswahl nach § 1 Abs. 3 Satz 1 des Kündigungsschutzgesetzes zum Nachteil des Arbeitnehmers berücksichtigt werden.**

(2) ¹**Die Verpflichtung des Arbeitgebers zur Zahlung von Leistungen nach § 3 Abs. 1 Nr. 1 kann nicht für den Fall ausgeschlossen werden, daß der Anspruch des Arbeitgebers auf die Leistungen nach § 4 nicht besteht, weil die Voraussetzung des § 3 Abs. 1 Nr. 2 nicht vorliegt.** ²**Das gleiche gilt für den Fall, daß der Arbeitgeber die Leistungen nur deshalb nicht erhält, weil er den Antrag nach § 12 nicht, nicht richtig, nicht vollständig oder nicht rechtzeitig gestellt hat oder seinen Mitwirkungspflichten nicht nachgekommen ist, ohne daß dafür eine Verletzung der Mitwirkungspflichten des Arbeitnehmers ursächlich war.**

(3) **Eine Vereinbarung zwischen Arbeitnehmer und Arbeitgeber über die Altersteilzeitarbeit, die die Beendigung des Arbeitsverhältnisses ohne Kündigung zu einem Zeitpunkt vorsieht, in dem der Arbeitnehmer Anspruch auf eine Rente nach Altersteilzeitarbeit hat, ist zulässig.**

1. Kündigungsrechtliche Stellung. Die arbeitsrechtliche Stellung des AltersteilzeitAN ist in § 8 nur unvollständig geregelt. Die allgemeinen arbeitsrechtlichen Regeln sind zu beachten, namentlich das Gleichbehandlungsgebot des § 4 I TzBfG findet Anwendung (BAG 21. 1. 2003 – 9 AZR 4/02; LAG Nürnberg 6. 8. 2002 NZA-RR 2003, 95, 98 f.). § 8 I bestimmt, dass die Möglichkeit eines AN zur Inanspruchnahme von Altersteilzeit keinen Kündigungsgrund darstellt (vgl. BAG 2. 4. 1987 AP BGB § 612a Nr. 1) und bei der sozialen Auswahl nach § 1 III KSchG nicht zu seinem Nachteil berücksichtigt werden darf. Damit schließt das Gesetz, das nur ein Angebot, keine Verpflichtung enthält (*Diller* NZA 1996, 847, 851), auch Änderungskündigungen zur Erzwingung der Altersteilzeit aus (*Stindt* DB 1996, 2281; unklar jetzt *Diller* NZA 1998, 792, 795) und beugt zugleich der Gefahr vor, dass auf den AN Druck ausgeübt wird, auf eine Altersteilzeitvereinbarung einzugehen (BT-Drucks. 14/1831 S. 9). Nicht geklärt hat der Gesetzgeber, welche Stellung dem AN kündigungsrechtlich zukommt, der bereits in die Altersteilzeit gewechselt ist (dazu *Stück* NZA 2000, 749 ff.; *Schafft* FA 2000, 370 ff.). Ausgangspunkt aller diesbezüglichen Überlegungen ist, dass der Altersteilzeitvertrag als zeitlich befristeter Vertrag gem. § 15 III TzBfG nur dann ordentlich kündbar ist, wenn dies ausdrücklich vereinbart worden ist (*Nimscholz* ZIP 2002, 1936, 1938). Im Übrigen muss zur Beurteilung der Frage, ob der AN mit weiter vollzeitbeschäftigten AN vergleichbar und daher in die soziale Auswahl einzubeziehen ist, auf die allg. Grundsätze des § 1 III KSchG zurückgegriffen werden. Danach ist entscheidend, ob der AG eine Organisationsentscheidung des Inhalts getroffen hatte, bestimmte Arbeitsplätze mit Vollzeit- bzw. Teilzeitkräften zu besetzen, oder ob er lediglich in einem bestimmten Bereich die Anzahl der insgesamt zu leistenden Arbeitsstunden reduzieren will (vgl. EuGH 26. 9. 2000 AP KSchG 1969 § 1 Soziale Auswahl Nr. 51; BAG 3. 12. 1998 AP KSchG 1969 § 1 Soziale Auswahl Nr. 39; 12. 8. 1999 AP KSchG 1969 § 1 Soziale Auswahl Nr. 44).

Im **Blockmodell**, in dem der AN während der ersten Hälfte eine Vorleistung erbringt (§ 2 Rn. 9), halten manche eine Kündigung während der Freizeitphase gem. § 242 BGB selbst dann, wenn vertraglich ausdrücklich zugelassen worden ist (§ 15 III TzBfG), gänzlich für ausgeschlossen (*Reichling/Wolf* NZA 1997, 422, 427; ähnlich *Nimscholz* ZIP 2002, 1936, 1938), weil der AN nicht Gefahr laufen dürfe, bereits erdiente Lohnansprüche wieder zu verlieren. Zur Erreichung dieses berechtigten Anliegens ist die Statuierung eines aus Treu und Glauben hergeleiteten Kündigungsverbots jedoch nicht erforderlich. Der AltersteilzeitAN erwirbt im Blockmodell während der Arbeitsphase einen Anspruch auf das volle Entgelt, die Forderung ist allerdings nur zur Hälfte durchsetzbar und wird wegen der zweiten Hälfte auf den entspr. Kalendermonat in der Freizeitphase betagt (*Rombach* RdA 1999, 194, 195). Genauso wenig, wie die Kündigung eines gewöhnlichen Arbeitsverhältnisses bereits entstandene, aber noch nicht fällige Entgeltansprüche zum Erlöschen bringt, sie vielmehr in ihrer Höhe und Fälligkeit unberührt lässt (vgl. APS/*Rolfs* § 628 BGB Rn. 8), tangiert eine Kündigung des Altersteilzeitarbeitsverhältnisses in der Freizeitphase nicht die Ansprüche des AN auf die bereits erdiente, aber noch nicht ausgezahlte Entgelthälfte (LAG Schleswig-Holstein 29. 10. 2002 LAGReport 2003, 120, 121). Eine ordentliche oder außerordentliche Kündigung des Arbeitsverhältnisses ist daher auch während der Freizeitphase im Blockmodell möglich, sie kann hier freilich regelmäßig nur auf verhaltensbedingte Gründe gestützt werden, die trotz der Freistellung des AN so schwerwiegend sind, dass sie die Kündigung iSv. § 1 KSchG sozial rechtfertigen bzw. einen wichtigen Grund iSd. § 626 I BGB darstellen (Verrat von Betriebs- oder Geschäftsgeheimnissen etc.; zutreffend *Stück* NZA

2000, 749, 751). Demgegenüber kommt eine betriebsbedingte Kündigung selbst in der Insolvenz des AG nicht in Betracht. Zwar hebt § 113 I 1 InsO die durch die Befristung des Altersteilzeitvertrages bestehende Kündigungssperre (§ 15 III TzBfG) auf, es fehlt aber am dringenden *betrieblichen* Erfordernis, das Arbeitsverhältnis mit dem ohnehin freigestellten AN zu beenden (BAG 5. 12. 2002 NJW 2003, 2258; LAG Niedersachsen 24. 5. 2002 NZA-RR 2003, 17, 18; aA *Hanau* ZIP 2002, 2028, 2031 f.; *Schweig/Eisenreich* BB 2003, 1434 ff.).

3   **2. Sicherung der Lohnansprüche im Blockmodell.** Da der AN im Blockmodell eine Vorleistung erbringt, müssen die Tarif-, Betriebs- oder Vertragspartner sicherstellen, dass seine Lohnansprüche auch im Falle der Insolvenz des AG gesichert sind (*Bermig* AuA 1997, 216, 217). § 7 d SGB IV enthält eine entspr., allerdings sanktionslose, Verpflichtung (*Rombach* RdA 1999, 194, 197 f.; *Wonneberger* DB 1998, 982, 984 f.). Sowohl lohnsteuer- als auch insolvenzrechtlich empfiehlt sich insoweit insb. das sog. Verpfändungsmodell, das seit langem bei der Sicherung von Versorgungsansprüchen geschäftsführender Gesellschafter von Kapitalgesellschaften eingesetzt wird. Dabei wird dem Inhaber des Arbeitszeitkontos das Wertpapier- bzw. Investmentdepot für die Rückdeckungsversicherung verpfändet, in die der entspr. in Geld bemessenen Arbeitszeitguthaben nebst AGAnteil am Gesamtsozialversicherungsbeitrag eingebracht werden (*Hanau/Arteaga* BB 1998, 2054 ff.; weitere Modelle bei *Langohr-Plato/Morisse* BB 2002, 2330; *Rittweger* NZS 1999, 126, 128). Nicht ausreichend ist demgegenüber die Bildung eines Unterkontos auf dem Geschäftskonto des AG, auch wenn AG und BR vereinbart haben, dass sie nur gemeinsam über dieses Konto verfügen können (LAG Niedersachsen 23. 9. 2002 ZIP 2003, 448, 449 ff.). Der vertraglichen Regelung bedarf auch, wie zu verfahren ist, wenn der AN beispielsweise durch Tod oder Eigenkündigung aus dem Arbeitsverhältnis ausscheidet (Regelungsvorschläge bei *Kerschbaumer/Tiefenbacher* AuR 1998, 58, 59 f.). Kraft Gesetzes ändert sich an der vereinbarten Fälligkeit der Bezüge hierdurch nichts, dh., der AN oder seine Hinterbliebenen erhalten für die gleiche Zeitdauer, die der AN bis zu seinem Ausscheiden oder Tod Altersteilzeit gearbeitet hat, weiterhin kontinuierlich das Entgelt zuzüglich der Aufstockungsbeträge.

4   **3. Koppelung des Aufstockungsbetrages an Bedingungen.** § 8 II verbietet vertragliche Vereinbarungen, nach denen die Zahlung des Aufstockungsbetrages davon abhängig gemacht wird, dass deren Erstattung wegen Scheiterns der Wiederbesetzung nicht erfolgt. Das Risiko, einen geeigneten AN als Wiederbesetzer zu finden und mit ihm förderungskonforme Vereinbarungen abzuschließen, soll vom AG auf den Altersteilzeitbeschäftigten verlagert werden können. Das Gleiche gilt für das Risiko der nicht rechtzeitigen oder ordnungsgemäßen Antragstellung oder sonstiger Mitwirkungshandlungen des AG im Verhältnis zur BA. Im **Umkehrschluss** wird aus dieser Regelung gefolgert, dass alle anderen Risiken vertraglich auf den Altersteilzeiter abgewälzt werden können (*Diller* NZA 1996, 847, 851). Die Erstattung der bereits gezahlten Aufstockungsbeträge kann daher – was bes. im kontinuierlichen Modell von Bedeutung ist – beispielsweise für den Fall vereinbart werden, dass der AltersteilzeitAN das Arbeitsverhältnis selbst kündigt oder ihm rechtswirksam gekündigt wird (*Bauer* NZA 1997, 401, 405), nicht dagegen dann, wenn das Arbeitsverhältnis mit der Ersatzkraft endet.

5   Eine Koppelung im vorbezeichneten Umfang ist jedoch dann unzulässig, wenn ein TV oder eine Betriebsvereinbarung dem AN einen **unbedingten Anspruch auf Wechsel in die Altersteilzeit** einräumt. Stellte der AG dann individualvertraglich die Zahlung der Aufstockungsbeträge unter gesetzlich zwar zulässige, in der Kollektivvereinbarung aber nicht vorgesehene Bedingungen, wären diese Vertragsklauseln wegen Verstoßes gegen die unmittelbare und zwingende Wirkung des TV (§ 4 I TVG) bzw. der Betriebsvereinbarung (§ 77 IV 1 BetrVG) unwirksam (*Diller* NZA 1996, 847, 851). Aus demselben Grunde kann auch die Zahlung höherer als im Gesetz vorgesehener Aufstockungsbeträge regelmäßig nicht an die Wiederbesetzung des Arbeitsplatzes geknüpft werden. § 8 II verbietet eine derartige Koppelung nur, soweit die Aufstockung in der gesetzlichen Höhe (§ 3 I Nr. 1) gewährt wird. Hat der AN aber kollektivvertraglich einen unbedingten Rechtsanspruch auf einen höheren Aufstockungsbetrag, kann dieser nicht einzelvertraglich unter der Bedingung des tatsächlichen Förderung der Altersteilzeit durch die BA gestellt werden.

6   Problematisch sind auch Vereinbarungen, nach denen der AN zur Erstattung der Aufstockungsbeträge verpflichtet sein soll, wenn er eine **mehr als nur geringfügige Nebenbeschäftigung aufnimmt**, die gem. § 5 III 1, 3 zum Ruhen und nach 150 Tagen sogar zum Erlöschen des Erstattungsanspruchs führt. Eine solche Regelung wird vor allem im Blockmodell für erforderlich gehalten (*Reichling/Wolf* NZA 1997, 422, 426), wenn der AG die Wiederbesetzung erst mit Beginn der Freizeitphase vorgenommen hat. Hier greift nämlich die in § 11 II vorgesehene Sanktion, dass der AN, der durch nicht unverzügliche Mitteilung einer Änderung der ihn betreffenden Verhältnisse die unrechtmäßige Gewährung von Zuschüssen veranlasst hat, zu deren Erstattung verpflichtet ist, nicht, weil der AG mangels Wiederbesetzung des Arbeitsplatzes noch gar keine Förderung erfahren hat. Zwar verstößt eine solche Vertragsklausel nicht gegen § 8 II (*Boecken* NJW 1996, 3386, 3391), ob sie allerdings mit der Berufsausübungsfreiheit des Art. 12 I GG ohne weiteres in Einklang steht, darf bezweifelt werden. Das BAG (BAG 18. 11. 1988 AP BGB § 611 Doppelarbeitsverhältnis Nr. 3) hat eine Vertragsklausel, nach der einer geringfügig Beschäftigten die Aufnahme einer weiteren geringfügigen Beschäftigung untersagt werden sollte, wegen Verstoßes gegen Art. 12 I GG verworfen.

Arbeitsrechtliche Regelungen § 8 ATG 130

Allerdings hat der 8. Senat auch erkannt, dass dem AG unabhängig von einer ausdrücklichen Vertragsabrede ein Schadensersatzanspruch zusteht, wenn der AN eine Nebentätigkeit aufnimmt, ohne dies dem AG anzuzeigen, und dadurch für den AG nachteilige sozialversicherungsrechtliche Konsequenzen entstehen. Die Schadensersatzpflicht umfasse jedoch nicht die Erstattung der AGAnteile zur Sozialversicherung, weil § 32 SGB I die Verlagerung von Beitragslasten auf den AN untersage (BAG 18. 11. 1988 AP BGB § 611 Doppelarbeitsverhältnis Nr. 3). Daraus folgt, dass der AG Schadensersatz in Höhe des Aufstockungsbetrages zum Teilzeitarbeitsentgelt, des darauf entfallenden ANAnteils zur Sozialversicherung und des weiteren Aufstockungsbetrages zur gesetzlichen Rentenversicherung (weil zur Tragung dieser Beiträge mangels zugrunde liegender Entgeltzahlung nur eine vertragliche, aber keine gesetzliche Verpflichtung besteht) beanspruchen kann. Die auf den Aufstockungsbetrag entfallenden AGAnteile sind demgegenüber nicht ersatzfähig. Eine Verletzung von Art. 12 I GG zu Lasten des AG liegt darin nicht (BSG 10. 9. 1987 NZA 1988, 629; 23. 2. 1988 SozR 2100 § 8 Nr. 5).

4. Befristung des Arbeitsverhältnisses. Da das Gesetz den gleitenden Übergang vom Erwerbsleben 7 in die Altersrente ermöglichen will, lässt § 8 III Vereinbarungen zu, nach denen der Altersteilzeitvertrag auf den Tag **befristet** wird, an dem der AN die Voraussetzungen für den Bezug von Altersrente nach Altersteilzeitarbeit (§ 237 SGB VI) – wenn auch mit Abschlägen (*Boecken* NJW 1996, 3386, 3391) – erfüllt. Wie bei anderen Regelungen, die auf das Erreichen einer bestimmten Altersgrenze abstellen, handelt es sich auch hier nicht um eine auflösende Bedingung, sondern um eine Befristung (vgl. BAG 11. 6. 1997 AP SGB VI § 41 Nr. 7; 14. 10. 1997 AP SGB VI § 41 Nr. 10; 14. 8. 2002 DB 2003, 394). Wegen der relativ komplexen rentenrechtlichen Voraussetzungen für den Bezug der Altersrente nach Altersteilzeitarbeit, die idR, aber durchaus nicht stets mit Vollendung des 60. Lebensjahres erfüllt sind, empfiehlt es sich, pauschal auf das Erfüllen dieser Anspruchsvoraussetzungen abzustellen, ohne sie im – wegen § 14 IV TzBfG und § 7 I a SGB IV schriftlich abzuschließenden – Arbeitsvertrag selbst näher zu konkretisieren. Außerdem kann der Altersteilzeitvertrag unter die auflösende Bedingung des Erlöschens der Förderleistungen nach § 5 gestellt werden (*Reichling/Wolf* NZA 1997, 422, 426).

Das **Verhältnis** von § 8 III **zu anderen Befristungsregelungen** gestaltet sich wie folgt: Gegenüber 8 der rentenrechtlichen Bestimmung des § 41 SGB VI genießt § 8 III als speziellere Regelung den Vorrang (BT-Drucks. 13/4877 S. 34; Küttner/*Kreitner* Personalbuch 2003, Altersteilzeit Rn. 6). Mit anderen gesetzlichen Befristungstatbeständen kann die Befristung des § 8 III kombiniert werden. So empfiehlt es sich, neben der Befristung auf die Erfüllung der Anspruchsvoraussetzungen auf Rente nach Altersteilzeit zugleich eine Befristung auf das Erreichen des 65. Lebensjahres nach § 14 I TzBfG zu vereinbaren, damit das Arbeitsverhältnis spätestens endet, wenn der AN die Regelaltersrente beanspruchen kann, falls der Rentenversicherungsträger – aus welchen Gründen auch immer – die Gewährung von Altersrente nach Altersteilzeitarbeit ablehnt. Eine Kombination der Befristung des § 8 III mit der des **§ 14 II TzBfG** scheidet dagegen ebenso wie eine solche mit **§ 14 III TzBfG** regelmäßig aus.

5. Betriebsübergang. Das Arbeitsverhältnis eines AltersteilzeitAN geht im Falle eines Betriebs- 9 übergangs nach § 613 a BGB auf den Erwerber des Betriebes oder Betriebsteils über, dem der AN zugeordnet ist. AN, die auf der Grundlage eines TV mit ihrem AG Altersteilzeitarbeit vereinbart haben und die von einer Ausgliederung ihres Betriebes/Betriebsteils betroffen sind, können die Altersteilzeitarbeit auch dann (weiterhin) wie vereinbart in Anspruch nehmen, wenn beim Betriebserwerber kein TV zur Altersteilzeit Anwendung findet (vgl. Ziff. 2.3 II DA-ATG). § 613 a BGB findet auch in der Freistellungsphase Anwendung, da das Arbeitsverhältnis – wenn auch ohne Arbeitspflicht – auch in dieser Zeit fortbesteht (vgl. zur entspr. Frage bei der Elternzeit BAG 2. 12. 1999 AP BGB § 613 a Nr. 188; *Leisbrock* S. 379).

6. Betriebsverfassungsrecht. Die Umwandlung eines Arbeitsverhältnisses in ein Altersteilzeit- 10 arbeitsverhältnis ist keine „Einstellung" iSv. § 99 I BetrVG (vgl. BVerwG 12. 6. 2001 AP ATG § 1 Nr. 1). Zweifelhaft ist dagegen, ob dem BR aus § 87 I Nr. 2 BetrVG ein Mitbestimmungsrecht bei der Lage und Verteilung der Arbeitszeit des Altersteilzeitbeschäftigten zusteht. *Bauer* (NZA 1997, 401, 403) und *Stindt* (DB 1996, 2281, 2286) vertreten die Ansicht, dass es sich bei § 2 II um eine gesetzliche Regelung handele, die die Arbeitszeitvereinbarung in die privatautonome Regelungsmacht der Arbeitsvertragsparteien überantworte. Dem kann nicht gefolgt werden. Gesetzliche oder tarifliche Regelungen gehen dem Mitbestimmungsrecht des BR nur insoweit vor, als sie selbst eine abschließende Regelung beinhalten (BAG 3. 12. 1991 AP BetrVG 1972 § 87 Lohngestaltung Nr. 51; 3. 12. 1991 AP BetrVG 1972 § 87 Lohngestaltung Nr. 52; 14. 12. 1993 AP BetrVG 1972 § 87 Lohngestaltung Nr. 65; *Fitting* § 87 Rn. 32). Wenn und soweit das Gesetz eine Sachentscheidung und damit eine „Regelung" nicht selbst trifft, verbleibt es beim Mitbestimmungsrecht des BR (BAG 21. 9. 1993 AP BetrVG 1972 § 87 Arbeitszeit Nr. 62; *Rombach* RdA 1999, 194, 196). Voraussetzung ist natürlich stets, dass die Regelung einen kollektiven Tatbestand betrifft (vgl. § 87 BetrVG Rn. 6), Einzelfallentscheidungen bleiben mitbestimmungsfrei.

Der AltersteilzeitAN ist grds. bei den BRWahlen wahlberechtigt und in den BR wählbar (ausf. 11 *Rieble/Gutzeit* BB 1998, 638). Abw. gilt nur für den im Blockmodell bereits endgültig aus dem Betrieb ausgeschiedenen AN (Freizeitphase), er ist weder bei der Bestimmung der Betriebsgröße zu berücksichtigen (LAG Düsseldorf 31. 10. 2002 DB 2003, 292) noch wahlberechtigt oder wählbar (OVG NW 15. 5. 2002 ZTR 2002, 553, 554 [zu § 10 PersVG NW]; LAG Düsseldorf 31. 10. 2002 DB 2003, 292; *Rieble/Gutzeit* BB 1998, 638, 641, 643; aA *Natzel* NZA 1998, 1262, 1265). Mit Beginn der Freistellungsphase erlischt seine Mitgliedschaft im BR (BVerwG 15. 5. 2002 AP BPersVG § 29 Nr. 1 [zu § 13 BPersVG]; OVG NW 15. 5. 2002 ZTR 2002, 553, 554 [zu § 10 PersVG NW]). Dasselbe gilt hinsichtlich der ANVertreter im AR nach dem BetrVG 1952 (BAG 25. 10. 2000 AP BetrVG § 76 Nr. 32; dazu *Haag/Gräter/Dangelmeier* DB 2001, 701), dem MitbestG und dem Montan-MitbestG.

§ 9 Ausgleichskassen, gemeinsame Einrichtungen

(1) Werden die Leistungen nach § 3 Abs. 1 Nr. 1 auf Grund eines Tarifvertrages von einer Ausgleichskasse der Arbeitgeber erbracht oder dem Arbeitgeber erstattet, gewährt die Bundesanstalt auf Antrag der Tarifvertragsparteien die Leistungen nach § 4 der Ausgleichskasse.

(2) Für gemeinsame Einrichtungen der Tarifvertragsparteien gilt Absatz 1 entsprechend.

§ 10 Soziale Sicherung des Arbeitnehmers

(1) ¹Beansprucht ein Arbeitnehmer, der Altersteilzeitarbeit (§ 2) geleistet hat und für den der Arbeitgeber Leistungen nach § 3 Abs. 1 Nr. 1 erbracht hat, Arbeitslosengeld, Arbeitslosenhilfe oder Unterhaltsgeld, erhöht sich das Bemessungsentgelt, das sich nach den Vorschriften des Dritten Buches Sozialgesetzbuch ergibt, bis zu dem Betrag, der als Bemessungsentgelt zugrunde zu legen wäre, wenn der Arbeitnehmer seine Arbeitszeit nicht im Rahmen der Altersteilzeit vermindert hätte. ² Kann der Arbeitnehmer eine Rente wegen Alters in Anspruch nehmen, ist von dem Tage an, an dem die Rente erstmals beansprucht werden kann, das Bemessungsentgelt maßgebend, das ohne die Erhöhung nach Satz 1 zugrunde zu legen gewesen wäre. ³ Änderungsbescheide werden mit dem Tag wirksam, an dem die Altersrente erstmals beansprucht werden konnte.

(2) ¹Bezieht ein Arbeitnehmer, für den die Bundesanstalt Leistungen nach § 4 erbracht hat, Krankengeld, Versorgungskrankengeld, Verletztengeld oder Übergangsgeld und liegt der Bemessung dieser Leistungen ausschließlich die Altersteilzeit zugrunde oder bezieht der Arbeitnehmer Krankentagegeld von einem privaten Krankenversicherungsunternehmen, erbringt die Bundesanstalt anstelle des Arbeitgebers die Leistungen nach § 3 Abs. 1 Nr. 1 in Höhe der Erstattungsleistungen nach § 4. ² Durch die Leistungen darf der Höchstförderzeitraum nach § 4 Abs. 1 nicht überschritten werden. ³ § 5 Abs. 1 gilt entsprechend.

(3) Absatz 2 gilt entsprechend für Arbeitnehmer, die nur wegen Inanspruchnahme der Altersteilzeit nach § 2 Abs. 1 Nr. 1 und 2 des Zweiten Gesetzes über die Krankenversicherung der Landwirte versicherungspflichtig in der Krankenversicherung der Landwirte sind, soweit und solange ihnen Krankengeld gezahlt worden wäre, falls sie nicht Mitglied einer landwirtschaftlichen Krankenkasse geworden wären.

(4) Bezieht der Arbeitnehmer Kurzarbeitergeld oder Winterausfallgeld, gilt für die Berechnung der Leistungen des § 3 Abs. 1 Nr. 1 und des § 4 das Entgelt für die vereinbarte Arbeitszeit als Arbeitsentgelt für die Altersteilzeitarbeit.

(5) ¹Sind für den Arbeitnehmer Aufstockungsbeträge zum Arbeitsentgelt und Beiträge zur gesetzlichen Rentenversicherung für den Unterschiedsbetrag zwischen dem Arbeitsentgelt für die Altersteilzeitarbeit und mindestens 90 vom Hundert des bisherigen Arbeitsentgelts nach § 3 Abs. 1 gezahlt worden, gilt in den Fällen der nicht zweckentsprechenden Verwendung von Wertguthaben für die Berechnung der Beiträge zur gesetzlichen Rentenversicherung der Unterschiedsbetrag zwischen dem Betrag, den der Arbeitgeber der Berechnung der Beiträge nach § 3 Abs. 1 Nr. 1 Buchstabe b zu Grunde gelegt hat, und 100 vom Hundert des bis zu dem Zeitpunkt der nicht zweckentsprechenden Verwendung erzielten bisherigen Arbeitsentgelts als beitragspflichtige Einnahme aus dem Wertguthaben; für die Beiträge zur Krankenversicherung, Pflegeversicherung oder nach dem Recht der Arbeitsförderung gilt § 23 b Abs. 2 und 3 des Vierten Buches Sozialgesetzbuch. ² Im Falle der Zahlungsunfähigkeit des Arbeitgebers gilt Satz 1 entsprechend, soweit Beiträge gezahlt werden.

1   **1. Kontinuierlicher Versicherungsschutz.** Die soziale Sicherung des Altersteilzeitbeschäftigten ist in § 10 nur tw. geregelt. Entscheidend ist zunächst, dass während der gesamten Dauer der Altersteilzeitarbeit, im Blockmodell bei kontinuierlicher Entgeltzahlung also auch in der Freizeitphase, ein **sozialversicherungspflichtiges Beschäftigungsverhältnis** gegen Arbeitsentgelt besteht, §§ 7 I a, 23 b I SGB IV. Der AltersteilzeitAN genießt folglich ununterbrochenen Sozialversicherungsschutz, und zwar unabhängig davon, ob die Altersteilzeitarbeit von der BA gefördert wird oder nicht. Allerdings werden bei Zeiten längerer Arbeitsunfähigkeit in der Arbeitsphase nach Ablauf des Entgeltfortzahlungszeitraums keine Wertguthaben mehr erzielt, die in der Freistellungsphase abgefeiert werden könnten. Daher endet das sozialversicherungsrechtliche Beschäftigungsverhältnis während der Freistellungsphase entspr. früher, der Versicherungsschutz entfällt (es sei denn, dass er infolge unmittelbar

anschließenden Arbeitslosengeld- oder Rentenbezugs fortbesteht oder der AN Wertguthaben auflösen kann, die er bereits vor Beginn der Altersteilzeitarbeit angespart hatte, § 2 III). Dies lässt sich verhindern, indem die Freistellungsphase in der Weise verkürzt wird, dass die Hälfte der in der Arbeitsphase ausgefallenen Arbeitszeit nachgearbeitet wird (*Debler* NZA 2001, 1285, 1286). Dasselbe Ergebnis wird erzielt, wenn das krankheitsbedingt ausgefallene Wertguthaben vor Beginn der Freistellungsphase auf andere Weise, zB Überstunden, angespart wird (Ziff. 2.2 VII, VIII DA-ATG). Dagegen ist eine Streckung des Wertguthabens durch eine geringere Entsparung etc. unzulässig.

2. Kranken- und Pflegeversicherung. Durch den Übergang in die Altersteilzeitarbeit kann das Arbeitsentgelt eines bislang in der gesetzlichen Krankenversicherung versicherungsfreien Beschäftigten unter die **Beitragsbemessungsgrenze absinken**. War der AN bislang freiwilliges Mitglied in der gesetzlichen Krankenversicherung, wird er jetzt Pflichtmitglied. War er dagegen privat versichert, kann er idR dort verbleiben, weil Beschäftigte, die erst nach Vollendung des 55. Lebensjahres in die Versicherungspflicht „hineinwachsen", unter den Voraussetzungen des § 6 III a SGB V versicherungsfrei bleiben (*Figge* DB 2000, 213). Sollten diese ausnahmsweise nicht vorliegen, besteht die Möglichkeit der Befreiung von der Versicherungspflicht zugunsten einer privaten Krankenversicherung nach Maßgabe des § 8 I Nr. 3 SGB V. In der **Pflegeversicherung** besteht sowohl für gesetzlich als auch für freiwillig Krankenversicherte Versicherungspflicht (§§ 20 I Nr. 1, III SGB XI). Privat krankenversicherte AN müssen sich privat pflegeversichern, §§ 22, 23 SGB XI. 2

Die **Beiträge** werden sowohl in der Arbeits- als auch in der Freistellungsphase auf der Basis des tatsächlich erzielten Arbeitsentgelts berechnet. Der Aufstockungsbetrag bleibt dabei außer Ansatz, da er nach § 3 Nr. 28 EStG steuer- und damit gem. § 1 ArEV beitragsfrei gezahlt wird (vgl. § 3 Rn. 10). Das gilt auch für Aufstockungsbeträge, die über dem gesetzlichen Mindestniveau des § 3 I Nr. 1 liegen und selbst dann, wenn die Altersteilzeit nicht von der BA gefördert wird. Ebenfalls nicht beitragspflichtig sind steuerfrei gezahlte Zulagen, und zwar auch dann, wenn ihre Auszahlung anteilig in die Freistellungsphase verschoben wird. Die Beiträge sind von AG und AN zu gleichen Teilen zu tragen (§ 249 I SGB V); es gilt – auch in der Freistellungsphase – der allg. Beitragssatz (§ 241 SGB V). 3

Bei **krankheitsbedingter Arbeitsunfähigkeit** (ausf. *Debler* NZA 2001, 1285 ff.; *Leisbrock* S. 191 ff.; zur Urlaubsabgeltung bei Erkrankung am Ende der Arbeitsphase LAG Hamburg 26. 6. 2002 AP ATG § 2 Nr. 2; ArbG Berlin 18. 10. 2001 ZTR 2002, 489) erhält der AN nach Maßgabe des EFZG oder weitergehender (tarif-)vertraglicher Bestimmungen zunächst für die Dauer von (mindestens) bis zu sechs Wochen Entgeltfortzahlung im Krankheitsfall. Nach Ablauf dieser Frist wird **außerhalb des Blockmodells** das Krankengeld (§ 47 SGB V) auf der Grundlage (nur) des Teilzeitarbeitsentgelts gewährt, die Aufstockungsbeträge werden von der BA übernommen, aber nur unter der zusätzlichen Voraussetzung, dass die Altersteilzeitarbeit nach der Wiederbesetzung des Arbeitsplatzes von ihr gefördert wird, § 10 II (*Rittweger/Petri/Schweikert* Rn. 6). Allerdings ist insoweit nicht erforderlich, dass die Fördervoraussetzungen dauernd vorliegen, es genügt, dass die BA einmal Leistungen erbracht hat (*Reichling/Wolf* NZA 1997, 422, 425). Zur Verwaltungsvereinfachung kann zwischen dem AG und dem AltersteilzeitAN vertraglich vereinbart werden, dass der AG sich den Anspruch des AN gegen die BA abtreten lässt (zulässig gem. § 53 II Nr. 1 SGB I) und die Zahlung der Aufstockungsbeträge selbst übernimmt (*Ahlbrecht/Ickenroth* BB 2002, 2440, 2445; vgl. den Mustervertrag bei Preis/*Rolfs* Der Arbeitsvertrag, 2002, II A 30 Rn. 28 ff.). Das Wiederbesetzungsrisiko bleibt aber auch hier beim AltersteilzeitAN, weil die Abtretung eines nicht existierenden Anspruchs ins Leere geht. **Im Blockmodell** wird während der Arbeitsphase das Krankengeld nicht auf der Basis des „erzielten", sondern nur des tatsächlich zugeflossenen (unaufgestockten halben) Arbeitsentgelts berechnet (§ 47 II 4, 5 SGB V, die Aufstockung übernimmt nach § 10 II die BA, allerdings nur bei geförderter Altersteilzeit (*Rittweger* NZS 1999, 126, 127). In der Freistellungsphase ruht der Anspruch auf Krankengeld gem. § 49 I Nr. 6 SGB V, weil der AN in dieser Zeit auch bei Arbeitsunfähigkeit seinen Lohnanspruch gegen den AG nicht verliert (LAG Köln 11. 5. 2001 NZA-RR 2002, 580, 581; *Boecken/Spieß* Rn. 357; *Debler* NZA 2001, 1285). Durch die zum 1. 1. 1996 rückwirkende (Art. 3 II des Gesetzes zur Fortentwicklung der Altersteilzeit vom 20. 12. 1999, BGBl. I S. 2494) Gleichstellung von AN, die bei Arbeitsunfähigkeit Krankentagegeld von einem privaten Krankenversicherungsunternehmen erhalten, mit den in der gesetzlichen Krankenversicherung Versicherten (§ 10 II 1), wird gewährleistet, dass die BA die Aufstockungsleistungen nach § 10 II anstelle des AG auch für diese AN übernimmt (BT-Drucks. 14/1831 S. 9; *Debler* NZA 2001, 1285, 1289). Zugleich werden privat krankenversicherte AN insoweit auch im Recht der gesetzlichen Rentenversicherung den gesetzlich Krankenversicherten gleichgestellt (§ 163 V 3 SGB VI; dazu *Wolf* NZA 2000, 637, 640 f.; zu Einzelheiten s. Ziff. 10.2 DA-ATG). Bei einer **vertraglichen Übernahme der Zahlung der Aufstockungsbeträge durch den AG** trägt dieser das Risiko der Wiederbesetzung des Arbeitsplatzes. Hat er nämlich – wenn auch wegen der ins Leere gehenden Abtretung rechtsgrundlos – diese Beträge erst einmal ausgezahlt, scheitert ein Rückforderungsanspruch an § 8 II 1 (zweifelnd *Reichling/Wolf* NZA 1997, 422, 425). 4

3. Rentenversicherung. Da der AG in der Rentenversicherung nach Maßgabe des § 3 I Nr. 1 Buchst. b aufstocken muss, gilt als **beitragspflichtiges Arbeitsentgelt** neben dem Arbeitsentgelt für die 5

Altersteilzeitarbeit auch der Unterschiedsbetrag zwischen diesem Arbeitsentgelt und mindestens 90% des bisherigen Arbeitsentgelts (zu diesem Begriff § 6 Rn. 1), wobei die Beitragsbemessungsgrenze zu beachten ist (**Beispiel** [mit Werten für 2003/West]: Bisheriges Arbeitsentgelt: 5600 €; Beitragsbemessungsgrenze: 5100 €. 90% des auf die Beitragsbemessungsgrenze begrenzten bisherigen Arbeitsentgelts: 5040 €. Davon sind abzuziehen das Arbeitsentgelt für die Altersteilzeitarbeit, also 2800 €, sodass als rentenversicherungspflichtiger Mindestunterschiedsbetrag nach § 163 V SGB VI 2240 € verbleiben). Den auf den Unterschiedsbetrag entfallenden Rentenversicherungsbeitrag trägt der AG allein, § 168 I Nr. 6 SGB VI. Weitere Besonderheiten sind bei Mehrarbeitszuschlägen, Einmalzahlungen, der Anwendung der sog. März-Klausel (§ 23 a IV SGB IV) und Kurzarbeiter- sowie Winterausfallgeld zu beachten.

6   Nach mindestens 24-monatiger Altersteilzeitarbeit kann ein AN, der das 60. Lebensjahr vollendet und die übrigen rentenrechtlichen Voraussetzungen erfüllt hat, **Altersrente nach Altersteilzeitarbeit** beanspruchen, § 237 SGB VI. Nicht erforderlich ist, dass diese Altersteilzeitarbeit von der BA gefördert worden ist, der Rentenanspruch ist von der Wiederbesetzung des Arbeitsplatzes nicht abhängig (*Bauer* NZA 1997, 401, 407; *Stindt* DB 1996, 2281, 2283). Bei Inanspruchnahme der Rente schon mit Beginn des 60. Lebensjahres muss der Rentner freilich – wenn er nicht freiwillig Ausgleichsbeiträge nach § 187 a SGB VI entrichtet hat – erhebliche Rentenabschläge von bis zu 18% hinnehmen (§ 77 II Nr. 2 Buchst. a SGB VI; Tabellen über die konkrete Abschlagshöhe ua. bei *Köster* S. 18 ff.), wenn nicht – wie beispielsweise nach dem AltersteilzeitTV für die Beschäftigten der Volkswagen AG – der AG auch diesen Nachteil ganz oder tw. ausgleicht.

7   **4. Arbeitslosenversicherung.** Während der Altersteilzeitarbeit besteht Versicherungs- und damit Beitragspflicht in der Arbeitslosenversicherung. **Leistungsrechtlich** wird die Stellung des AltersteilzeitAN dadurch verbessert, dass das Arbeitslosengeld (und ggf. die Arbeitslosenhilfe) auf der Basis des bisherigen Arbeitsentgelts berechnet wird, § 10 I. Dieses Privileg wird nicht nur bei geförderter Altersteilzeit, sondern immer schon dann gewährt, wenn der AG Leistungen nach § 3 I Nr. 1 erbracht hat; freilich nur so lange, wie der Beschäftigte noch keine Rente aus der gesetzlichen Rentenversicherung (und sei es mit Abschlägen) beanspruchen kann. Danach ist die Höhe des Arbeitslosengeldes usw. auf der Basis des tatsächlich erzielten Arbeitsentgelts neu festzusetzen (§ 10 I 2), wodurch erreicht werden soll, dass der Rentenantrag gestellt wird und die finanziellen Lasten von der Arbeitslosen- auf die Rentenversicherung übergehen. Liegt der Übergang in die Altersteilzeit noch keine drei Jahre zurück, ist allerdings § 131 II Nr. 2 SGB III (dazu *Gagel* § 131 SGB III Rn. 26 f.) zu beachten, der auch bei Lohnersatzleistungen des Arbeitsförderungsrechts in *nicht* geförderter Altersteilzeit Geltung beansprucht (*Köhler* AuA 1996, 299, 301). Zu **Abs. 4** vgl. § 3 Rn. 4 aE.

8   **5. Störfälle (Abs. 5).** Endet das Altersteilzeitarbeitsverhältnis vorzeitig (zB durch Kündigung, Insolvenz des AG, Tod des AN), gelten im unverblockten Modell keine Besonderheiten. Im **Blockmodell** führt § 23 b II SGB IV zu einer Verstetigung des Versicherungsschutzes bei diskontinuierlicher Arbeitsleistung auch in diesen sog. „Störfällen" (*Debler* NZA 2001, 1285, 1290 f.; *Nimscholz* ZIP 2002, 1936, 1937 f.). Da der AG während der Arbeitsphase den Rentenversicherungsbeitrag bereits auf (mindestens) 90% aufgestockt hat, braucht im Störfall nur noch die Differenz zu 100% ausgeglichen zu werden, § 10 V 1. Halbs. Für die übrigen Versicherungszweige gilt § 23 b II SGB IV dagegen uneingeschränkt, § 10 V 2. Halbs.

§ 11 Mitwirkungspflichten des Arbeitnehmers

(1) ¹Der Arbeitnehmer hat Änderungen der ihn betreffenden Verhältnisse, die für die Leistungen nach § 4 erheblich sind, dem Arbeitgeber unverzüglich mitzuteilen. ²Werden im Fall des § 9 die Leistungen von der Ausgleichskasse der Arbeitgeber oder der gemeinsamen Einrichtung der Tarifvertragsparteien erbracht, hat der Arbeitnehmer Änderungen nach Satz 1 diesen gegenüber unverzüglich mitzuteilen.

(2) ¹Der Arbeitnehmer hat der Bundesanstalt die dem Arbeitgeber zu Unrecht gezahlten Leistungen zu erstatten, wenn der Arbeitnehmer die unrechtmäßige Zahlung dadurch bewirkt hat, daß er vorsätzlich oder grob fahrlässig
1. Angaben gemacht hat, die unrichtig oder unvollständig sind, oder
2. der Mitteilungspflicht nach Absatz 1 nicht nachgekommen ist.
²Die zu erstattende Leistung ist durch schriftlichen Verwaltungsakt festzusetzen. ³Eine Erstattung durch den Arbeitgeber kommt insoweit nicht in Betracht.

1   Da die Förderung durch die BA ua. auch davon abhängig ist, dass der AltersteilzeitAN neben der Altersteilzeit und im Blockmodell auch in der Freizeitphase keine versicherungspflichtige Beschäftigung aufnimmt (§ 5 III), verpflichtet das Gesetz ihn, dies und andere ihn betreffende, förderungserhebliche Umstände dem AG unverzüglich mitzuteilen. Freilich genügt weder die gesetzliche Mitwirkungspflicht des § 11 I noch der Erstattungsanspruch aus § 11 II, um den berechtigten Interessen des AG vollständig gerecht zu werden. Im Rahmen des arbeitsrechtlich Zulässigen sollten daher einzelvertraglich weitere diesbezügliche Vereinbarungen getroffen werden, insb. im Blockmodell (s. § 8 Rn. 4 ff. und § 5 Rn. 2).

§ 12 Verfahren

(1) ¹Das Arbeitsamt entscheidet auf schriftlichen Antrag des Arbeitgebers, ob die Voraussetzungen für die Erbringung von Leistungen nach § 4 vorliegen. ²Der Antrag wirkt vom Zeitpunkt des Vorliegens der Anspruchsvoraussetzungen, wenn er innerhalb von drei Monaten nach deren Vorliegen gestellt wird, andernfalls wirkt er vom Beginn des Monats der Antragstellung. ³In den Fällen des § 3 Abs. 3 kann das Arbeitsamt auch vorab entscheiden, ob die Voraussetzungen des § 2 vorliegen. ⁴Mit dem Antrag sind die Namen, Anschriften und Versicherungsnummern der Arbeitnehmer mitzuteilen, für die Leistungen beantragt werden. ⁵Zuständig ist das Arbeitsamt, in dessen Bezirk der Betrieb liegt, in dem der Arbeitnehmer beschäftigt ist. ⁶Die Bundesanstalt erklärt ein anderes Arbeitsamt für zuständig, wenn der Arbeitgeber dafür ein berechtigtes Interesse glaubhaft macht.

(2) ¹Leistungen nach § 4 werden nachträglich jeweils für den Kalendermonat ausgezahlt, in dem die Anspruchsvoraussetzungen vorgelegen haben, wenn sie innerhalb von sechs Monaten nach Ablauf dieses Kalendermonats beantragt werden. ²Leistungen nach § 10 Abs. 2 werden auf Antrag des Arbeitnehmers monatlich nachträglich ausgezahlt.

(3) ¹In den Fällen des § 3 Abs. 3 werden dem Arbeitgeber die Leistungen nach Absatz 1 erst von dem Zeitpunkt an ausgezahlt, in dem der Arbeitgeber auf dem freigemachten oder durch Umsetzung freigewordenen Arbeitsplatz einen Arbeitnehmer beschäftigt, der bei Beginn der Beschäftigung die Voraussetzungen des § 3 Abs. 1 Nr. 2 erfüllt hat. ²Endet die Altersteilzeitarbeit in den Fällen des § 3 Abs. 3 vorzeitig, erbringt das Arbeitsamt dem Arbeitgeber die Leistungen für zurückliegende Zeiträume nach Satz 3, solange die Voraussetzungen des § 3 Abs. 1 Nr. 2 erfüllt sind und soweit dem Arbeitgeber entsprechende Aufwendungen für Aufstockungsleistungen nach § 3 Abs. 1 Nr. 1 und § 4 Abs. 2 verblieben sind. ³Die Leistungen für zurückliegende Zeiten werden zusammen mit den laufenden Leistungen jeweils in monatlichen Teilbeträgen ausgezahlt. ⁴Die Höhe der Leistungen für zurückliegende Zeiten bestimmt sich nach der Höhe der laufenden Leistungen.

(4) ¹Über die Erbringung von Leistungen kann das Arbeitsamt vorläufig entscheiden, wenn die Voraussetzungen für den Anspruch mit hinreichender Wahrscheinlichkeit vorliegen und zu ihrer Feststellung voraussichtlich längere Zeit erforderlich ist. ²Aufgrund der vorläufigen Entscheidung erbrachte Leistungen sind auf die zustehende Leistung anzurechnen. ³Sie sind zu erstatten, soweit mit der abschließenden Entscheidung ein Anspruch nicht oder nur in geringerer Höhe zuerkannt wird.

1 Die Förderleistungen werden von dem AA, in dessen Bezirk der Betrieb liegt, auf schriftlichen Antrag gewährt, **Abs. 1**. Auf Antrag des AG wird ein anderes AA für zuständig erklärt, wenn der AG dafür ein berechtigtes Interesse glaubhaft macht, zB ein überregional tätiges Unternehmen seine Anträge zentral bei einem AA bearbeiten und entscheiden lassen will (BT-Drucks. 14/1831 S. 9). Wird der Antrag innerhalb von drei Monaten nach Vorliegen aller Förderungsvoraussetzungen gestellt, wirkt er auf diesen Zeitpunkt zurück, sonst tritt seine Wirksamkeit erst mit dem Beginn des Monats der Antragstellung ein. Die Zahlung erfolgt monatlich postnumerando, **Abs. 2**. Dem AG ist es freigestellt, ob er die Leistungen jeden Monat neu beantragt oder blockweise in Abrechnungszeiträumen von maximal sechs Monaten zusammenfasst, § 12 II. Die Neufassung des **Abs. 3** durch das Gesetz zur Fortentwicklung der Altersteilzeit stellt klar, dass es sich bei dem in diesem Abs. genannten Anspruch nicht um Altersteilzeitförderung im eigentlichen Sinne, sondern um einen Anspruch auf Aufwendungsersatz handelt. Dieser Anspruch besteht nur, wenn dem AG trotz des „Störfalles" entspr. Aufwendungen verbleiben, also gezahlte Aufstockungsbeträge nicht mit fälligen Entgeltansprüchen des AN verrechnet worden sind (BT-Drucks. 14/1831 S. 9; *Wolf* NZA 2000, 637, 641).

2 **Abs. 4** ermöglicht im Interesse des AG die vorläufige Bewilligung (nicht: Ablehnung) von Leistungen. Gebrauch gemacht werden kann von dieser Möglichkeit insb., wenn zum Nachweis der Wiederbesetzung des Arbeitsplatzes lange Umsetzungsketten, uU in verschiedenen Betrieben des Unternehmens, dargelegt werden müssen, deren abschließende Prüfung durch die Arbeitsverwaltung längere Zeit beansprucht wird. Die Regelung ähnelt § 42 SGB I, sodass die dortigen Regelungen über die Erstattungspflicht, ihre Verjährung, Stundung, Niederschlagung und ihren Erlass entspr. herangezogen werden können (dazu Hauck/Noftz/*Rolfs* § 42 SGB I Rn. 43 ff.). Dagegen ist § 43 SGB I unanwendbar, weil die „vorläufige Leistung" nach § 12 IV gewährt wird, bevor endgültig feststeht, dass dem Berechtigten der Anspruch überhaupt zukommt.

§ 13 Auskünfte und Prüfung

§ 304 Abs. 1, §§ 305, 306, 315 und 319 des Dritten Buches und das Zweite Kapitel des Zehnten Buches Sozialgesetzbuch gelten entsprechend.

140. Gesetz zur Regelung der gewerbsmäßigen Arbeitnehmerüberlassung (Arbeitnehmerüberlassungsgesetz – AÜG)

In der Fassung der Bekanntmachung vom 3. Februar 1995 (BGBl. I S. 158)
Zuletzt geändert durch Gesetz vom 23. Dezember 2002 (BGBl. I S. 4607)

(BGBl. III/FNA 810-31)

Schrifttum: *Boemke,* Schuldvertrag und Arbeitsverhältnis, 1999; *ders.,* Arbeitnehmerüberlassungsgesetz, 2002; *Becker/Wulfgramm,* AÜG, Kommentar, 3. Aufl., 1985; *Engelbrecht,* Die Abgrenzung der Arbeitnehmerüberlassung von der Arbeitsvermittlung, Diss. Hamburg 1979; *Erdlenbruch,* Die betriebsverfassungsrechtliche Stellung gewerbsmäßig überlassener Arbeitnehmer, Frankfurt aM usw. 1992; *Franßen/Haesen,* Arbeitnehmerüberlassungsgesetz, Kommentar, Loseblatt, 1974; *Gick,* Gewerbsmäßige Arbeitnehmerüberlassung zwischen Verbot und Neugestaltung, 1984; *Hamann,* Erkennungsmerkmale der illegalen Arbeitnehmerüberlassung in Form von Scheindienst- und Scheinwerkverträgen, 1994; *Krüger,* Verbot der Leiharbeit - Gewerkschaftsforderung und Grundgesetz, 1986; *Leitner,* Arbeitnehmerüberlassung in der Grauzone zwischen Legalität und Illegalität, 1990; *Pieroth,* Arbeitnehmerüberlassung unter dem Grundgesetz, 1982; *Rosenstein,* Die Abgrenzung der Arbeitnehmerüberlassung vom Fremdfirmeneinsatz aufgrund Dienst- oder Werkvertrags, 1997; *Sandmann/Marschall,* AÜG, Kommentar, Loseblatt, Std. 2002; *Schubel/ Engelbrecht,* Kommentar zum Gesetz über die gewerbsmäßige Arbeitnehmerüberlassung, 1973; *Schüren,* AÜG, Kommentar, 1994, 2. Auflage 2003; *Ulber,* Arbeitnehmerüberlassungsgesetz und Arbeitnehmerentsendegesetz, Kommentar, 2. Aufl., 2002; *Vögele/Stein,* Fremdfirmen im Unternehmen, 1996; *Walle,* Der Einsatz von Fremdpersonal auf Werkvertragsbasis, 1998; *Witten,* Vertragsgestaltung und Gesetzesbindung im Recht der Zeitarbeit, 2002; *Worpenberg,* Die konzerninterne Arbeitnehmerüberlassung, 1993.

Einleitung

1   Die Zahl der Unternehmen, die gewerbsmäßige ANÜberlassungen betreiben und entspr. die Anzahl der in Leiharbeit Beschäftigten sind seit dem Inkrafttreten des AÜG im Jahre 1972 stetig angestiegen (Stand 1994: 146 188, 1995: 162 275, 1996: 177 632, 1997: 200 105, 1998: 232 242; 1999: 286 362 und 2000: 337 845, BA-Statistik jeweils zum Stichtag 31. 12.; wegen der oftmals kurzen Dauer der Beschäftigungsverhältnisse ist von mehr als 500 000 Beschäftigungsverhältnissen jährlich in der Zeitarbeitsbranche auszugehen (*Vollbracht/v. Seggern,* Arbeitgeber 2000, 30, 31). Nicht nur für die Entleiherunternehmen, denen die Substitution eigener AN durch LeihAN die Senkung von Personalkosten, einen flexibleren Einsatz von Arbeitskräften und die Erprobung von AN ohne arbeitsvertragliche Bindung ermöglicht, sondern insb. für Arbeitslose bietet Zeitarbeit eine Perspektive und oft auch ein Sprungbrett in eine Dauerbeschäftigung (*Hamann* WiVerw 1996, 213). Nach den Erkenntnissen der Bundesregierung münden bis zu 50% der LeihAN in den ersten Arbeitsmarkt (BT-Drucks. 14/4259, S. 2). Des Weiteren kann ANÜberlassung der Sicherung von Dauerarbeitsplätzen dienen; so wird sie für den Bereich Verkehr des öffentl. Dienstes als eine Möglichkeit angesehen, Arbeitsbedingungen auf das Niveau privater Unternehmen sozialverträglich anzugleichen, indem die bisherigen Arbeitsverhältnisse auf eine Personalvorhaltegesellschaft überführt werden und diese das alte, hohe Lohnniveau (zumindest vorübergehend) weiterzahlt (*Kokemohr* NZA 2000, 1077, 1078). Im Übrigen wird Zeitarbeit als ein geeignetes Instrument für den Abbau von Überstunden angesehen. Diese positiven Effekte der Zeitarbeit hat der Gesetzgeber gesehen und dadurch unterstützt, dass er Beschränkungen der ANÜberlassung mehrfach gelockert hat, zuletzt durch das „Erste Gesetz für moderne Dienstleistungen am Arbeitsmarkt" v. 23. 12. 2002 (BGBl. I S. 4607; zu den Rechtstatsachen Nachw. bei *Wank* NZA 2003, 14 ff., zur rechtspolitischen Beurteilung der Leiharbeit *Walwei* EuroAS 2002, 149; *Wank* RdA 2003, 1 ff.).

A. Rechtsgrundlagen

2   Die Rechtsgrundlagen für die rein inländische ANÜberlassung können sich ergeben aus dem Recht der EG, aus dem GG und aus einfachem Recht, insb. aus dem AÜG.

3   Bezüglich des **Gemeinschaftsrechts** sind die Bestimmungen betr. Freizügigkeit (Art. 39 ff. EGV), Niederlassungsfreiheit (Art. 43 ff. EGV) und Dienstleistungsfreiheit (Art. 49 ff. EGV) aus dem Primärrecht zu nennen (zum Sekundärrecht vgl. 2. Auflage Rn. 4 ff. sowie *Wank* in Hanau/Steinmeyer/Wank, Handbuch des europäischen Arbeits- und Sozialrechts, 2002, § 18 Rn. 285 ff. und den **Kom-**

A. Rechtsgrundlagen Einl. **AÜG 140**

missionsvorschlag KOM (2002) 149 endg. = BR-Drucks. 319/02; dazu *Thüsing* DB 2002, 2218; *Wank* NZA 2003, 14; *ders.* RdA 2003, 1, 10). Inzwischen liegt der geänderte Vorschlag für eine RL v. 28. 11. 2002 vor (KOM (2002) 701 endg.; dazu *Bertram* ZESAR 2003, 205 ff.; *Naderhirn* ZESAR 2003, 258; *Schüren*, 2. Aufl. Einl. Rn. 503 a ff.); er bleibt im Folgenden unberücksichtigt. Das BVerfG hat ein generelles Verbot der Leiharbeit im Hinblick auf Art. 12 GG für verfassungswidrig erklärt (BVerfG 4. 4. 1967 E 21, 261, 268 = AP AVAVG § 37 Nr. 7), wohl aber das sektorale Verbot für das Bauhauptgewerbe im früheren § 12 a AFG (jetzt § 1 b AÜG) für verfassungsmäßig gehalten (BVerfG 6. 10. 1987 E 77, 84).

Das AÜG vom 7. 8. 1972 (BGBl. I S. 1393) stellt nach zahlreichen Änderungen (Einzelheiten vgl. **4** 2. Auflage Rn. 9) in der Form der Fassung der Neubekanntmachung vom 3. 2. 1995 die Rechtsgrundlage im einfachen Recht dar. Eine gewichtige Neuerung erfolgte durch die Änderung von § 14 II 1 durch das Gesetz zur Reform des Betriebsverfassungsgesetzes vom 23. 7. 2001 (BGBl. I S. 1852); danach ist nur noch das passive Wahlrecht für LeihAN ausgeschlossen, und mit § 7 S. 2 BetrVG wird den LeihAN das aktive Wahlrecht zum EntleiherBR eingeräumt. Durch das Job-AQTIV-Gesetz vom 10. 12. 2001 (BGBl. I S. 3443) wurde insb. die höchstmögliche Überlassungsdauer von zwölf auf 24 Monate verlängert (dazu *Wank* RdA 2003, 1, 5 f.). Mit dem „**Ersten Gesetz für moderne Dienstleistungen am Arbeitsmarkt**" vom 23. 12. 2002 (BGBl. I S. 4607) erfuhr das AÜG erneut wichtige Änderungen: Bis dahin bezogen sich die Vorschriften des AÜG grundsätzlich auf das Rechtsverhältnis zwischen Verleiher und LeihAN, weil auch nur zwischen ihnen ein Arbeitsvertrag besteht und Regelungen wie zB §§ 10 V, 14 II, III und § 7 S. 2 BetrVG nur dem aus der atypischen Struktur der ANÜberlassung resultierenden Schutzbedürfnis der LeihAN Rechnung trugen (**verleiherbetriebsbezogenes Modell**). Um zu verhindern, dass die LeihAN das Beschäftigungsrisiko des Verleihers tragen, mussten LeihAN regelmäßig gemäß §§ 3 I Nr. 3, 9 Nr. 2 aF auf unbestimmte Dauer eingestellt werden (**Befristungsverbot**), die zur ausnahmsweise mögliche Befristung des Leiharbeitsvertrages durfte nach § 3 I Nr. 5 aF nicht parallel mit der Zeit der Überlassung an den Entleiher erfolgen (**Synchronisationsverbot**) und zudem war die höchstmögliche Überlassungsdauer an denselben Entleiher gemäß § 3 I Nr. 6 aF auf zuletzt 24 Monate begrenzt (**Überlassungsbegrenzung**). Das Gutachten der sog. Hartz-Kommission („Moderne Dienstleistungen am Arbeitsmarkt", August 2002) schlug in seinem Modul betr. ANÜberlassung (S. 157) eine Deregulierung – allerdings bezogen auf Personal-Service-Agenturen – vor. Das Erste Gesetz für moderne Dienstleistungen am Arbeitsmarkt v. 23. 12. 2002 (BGBl. I S. 4607), das teilweise auf das sog. Hartz-Gutachten zurückgeht (dazu *Wank* RdA 2003, 1, 6 ff.), hat den Deregulierungsvorschlag aufgegriffen und das Befristungsverbot, das Synchronisationsverbot sowie die Überlassungsbegrenzung aufgehoben (vgl. Art. 6, insbes. bezüglich §§ 3 und 9; dazu § 3 Rn. 1).

Im Hinblick auf die Frage, ob die Arbeitsbedingungen beim Verleiher (so bisher) oder diejenigen **5** beim Entleiher für LeihAN gelten sollen (s. zu den **beiden Grundmodellen** der Zeitarbeit *Wank* RdA 2003, 1, 3), hatte der Richtlinienentwurf eine Option für beide Möglichkeiten eröffnet (dazu *Wank* NZA 2003, 14, 17 ff.). Der deutsche Gesetzgeber entschied sich dafür, dass – wie in der Mehrzahl der EG-Mitgliedstaaten – die wesentlichen Arbeitsbedingungen im Entleiherbetrieb für die Zeit der jeweiligen Überlassung maßgeblich sein sollen (§ 3 I Nr. 1, § 9 Nr. 2), so dass insoweit gem. § 19 ab dem 1. 1. 2004 ein **entleiherbetriebsbezogenes Modell** gilt.

Zu diesem Modell gehört allerdings, dass Leiharbeitsverhältnisse auch nur befristet abgeschlossen **6** werden können. Möglicherweise wollte der Gesetzgeber das erreichen. Er hat aber durch Streichung der speziellen Befristungsvorschriften im AÜG bewirkt, dass nunmehr allein **das allgemeine Befristungsrecht** für LeihAN gilt, denn ausweislich der Gesetzesbegründung bleiben die Vorschriften über die Befristung von Arbeitsverhältnissen nach dem Teilzeit- und Befristungsgesetz unberührt (BT-Drucks. 15/25 S. 39). Allerdings ist str., inwieweit für Verleiher Befristungsmöglichkeiten bestehen. Soll im Rahmen der ANÜberlassung bspw. der LeihAN einen StammAN beim Entleiher vertreten, dann hätte der Entleiher selbst nach § 14 I Nr. 3 TzBfG einen befristeten Vertrag wegen Vertretung mit einem AN schließen können. Hingegen kann sich der Verleiher in einem solchen Fall nicht auf § 14 I Nr. 3 TzBfG berufen, weil bei ihm kein Vertretungsbedarf besteht.

Ein Befristungsgrund kann sich nur aus der Rechtsbeziehung zwischen Verleiher und LeihAN **7** ergeben, denn nur zwischen ihnen besteht ein (Leih-)Arbeitsvertrag, so dass auch nur aus den Umständen, welche die innerhalb dieser Rechtsbeziehung verbundenen Personen betreffen, Befristungsgründe herzuleiten sind. Insoweit kann sich der Verleiher bspw. auf § 14 II TzBfG (der aber für ihn ganz unpraktikabel ist, *Bauer/Krets* NJW 2003, 537, 539; *Hamann* Jura 2003, 361, 365; *Wank* NZA 2003, 14, 20) oder auf § 14 III TzBfG berufen. Fraglich ist aber, ob sich aus den Besonderheiten der Leiharbeit ein Sachbefristungsgrund ergibt. Die nahe liegendste Befristungsgrund des vorübergehenden Bedarfs gem. **§ 14 I 2 Nr. 1 TzBfG** ist erfüllt, wenn eine Prognose zum Zeitpunkt des Vertragsschlusses mit hinreichender Sicherheit ergibt, dass der Bedarf für die Tätigkeit des Verleihers und damit generell für Arbeitnehmerüberlassung künftig entfällt. Zu unterscheiden von diesem von vornherein feststehenden vorübergehenden Bedarf ist die jeder wirtschaftlichen Tätigkeit innewohnende Unsicherheit über die künftige Entwicklung (BT-Drucks. 14/4374, S. 19), die eine derartige Befristung gerade nicht rechtfertigt. Die Prognose des Verleihers, den LeihAN nur für eine bestimmte

Wank

Zeit zwecks Überlassung an einen Entleiher zu benötigen, stellt keine im Rahmen von § 14 I 2 Nr. 1 TzBfG zulässige Prognose dar, denn hier handelt es sich um das für den Verleiher **typische unternehmerische Beschäftigungsrisiko**, das nicht auf den LeihAN abgewälzt werden darf (*Wank* NZA 2002, 14, 20 f.; ebenso *Reinert* ZTR 2003, 106, 112; *Schüren/Behrend* NZA 2003, 521 ff.). Die Gegenansicht (*Bauer/Krets* NJW 2003, 537, 540; *Kokemoor* NZA 2003, 238, 241; *Thüsing* DB 2003, 446; *Ulber* AuR 2003, 7, 9; s. auch *Däubler* AiB 2002, 729, 732) verkennt, dass sich der Verleiher wegen des ursprünglichen Synchronisationsverbots gerade nicht darauf berufen konnte, er habe nur einen vorübergehenden, auf die Dauer der Überlassung bezogenen Bedarf. § 3 I Nr. 3 bis 5 aF verbot ihm genau dies ausdrücklich. Daraus folgte für die frühere Rechtslage, dass § 14 I 2 Nr. 1 TzBfG nicht galt. Allerdings war eine erste Befristung nach der Gesetzesänderung durch das AFRG ohne Sachgrund möglich. Dadurch, dass § 3 I Nr. 3 bis 5 aF aufgehoben wurde, greift § 14 I 2 Nr. 1 TzBfG nun nicht automatisch ein. Dass es vielmehr insoweit bei der allgemeinen Rechtslage verbleiben soll, nach der der Arbeitgeber das Einsatzrisiko entsprechend §§ 611, 615 BGB trägt, bestätigt der auch durch das Erste Gesetz für moderne Dienstleistungen am Arbeitsmarkt vom 23. 12. 2002 (BGBl. I S. 4607) nicht geänderte § 11 IV 2: Könnte der Arbeitsvertrag durch Befristung wegen vorübergehenden Bedarfs auf Zeiten der Überlassung beschränkt werden, würde die Lohnfortzahlungspflicht aus § 11 IV 2 umgangen (für einen Leiharbeitsvertrag über die Erste Überlassung hinaus auch *Ulber* AuR 2003, 7, 9). Auf die Literatur vor der Gesetzesänderung kann insoweit nicht zurückgegriffen werden (unzutr. *Thüsing* DB 2003, 446), da bis dahin – jedenfalls nach überwiegender Meinung – das AÜG als Spezialgesetz das TzBfG verdrängt hatte (Nachw. zum Streitstand bei *Witten* Vertragsgestaltung, S. 100 ff.). Nur eine speziell auf Verleiher bezogene gesetzliche Regelung unter Streichung des § 11 IV 2 könnte den Verleiher von dem allgemeinen Arbeitgeberrisiko, den Mitarbeiter nicht einsetzen zu können, befreien. Ebenfalls nicht einschlägig als Sachbefristung ist **§ 14 I 2 Nr. 2 TzBfG**, weil der Verleiher LeihAN nicht mit dem Zweck einstellt, sie an andere Arbeitgeber zu verlieren, soweit nicht ausnahmsweise eine vermittlungsorientierte ANÜberlassung erfolgen soll (vgl. *Wank* NZA 2003, 14, 21). Aus der Eigenart der Arbeitsleistung iSv. **§ 14 I 2 Nr. 4 TzBfG** ergibt sich schon deshalb keine Befristungsmöglichkeit der Leiharbeitsverträge, da LeihAN jede Art von Tätigkeiten ausüben. Die Befristung zur Erprobung gemäß **§ 14 I 2 Nr. 5 TzBfG**, die insbes. bei Langzeitarbeitslosen bedeutsam sein kann (*Kokemoor* NZA 2003, 238, 241), ist in der Regel nur möglich. Des Weiteren sind keine Umstände ersichtlich, die eine Befristung nach **§ 14 I 2 Nr. 6 bis 8 TzBfG** rechtfertigen könnten. Im Übrigen ist grds. auch kein gemäß **§ 14 I 1 TzBfG** nicht enumerierter Sachbefristungsgrund denkbar, da es sich in diesem Fall um solche Sachbefristungen handeln muss, die den Wertungen der genannten Befristungen entsprechen (hierzu MünchArbR/*Wank*, Ergänzungsband, § 116 Rn. 163). Vorstellbar ist allenfalls ein § 14 I 2 Nr. 1 TzBfG strukturell vergleichbarer Sachgrund, doch erfordere dies eine Neuinterpretation des TzBfG, die nur vom Gesetzgeber vorgenommen werden könnte, weil es andernfalls zu erheblichen Wertungswidersprüchen mit dem Kündigungsschutz und im Hinblick auf § 11 IV 2 käme (zum Ganzen *Schüren*, 2. Aufl., Einl. Rn. 219 ff.).

8   Da das Gesetz auf die Umstände beim Verleiher als Arbeitgeber des LeihAN abstellt, dieser sich aber auf keinen der im Gesetz genannten Befristungsgründe des Abs. 1 berufen kann, wurde das **gesetzgeberische Ziel verfehlt** (s. auch *Hümmerich/Holthausen/Welslau* NZA 2003, 7, 9 f.). Es wurde eine Kombination erreicht, die in dieser Form einmalig ist. Die Arbeitsbedingungen beim Entleiher richten sich für die Zeit der Überlassungen nach den entsprechenden Arbeitsbedingungen des Entleihers, für das Arbeitsverhältnis zwischen Verleiher und LeihAN besteht mit Ausnahme von § 14 II TzBfG keine Befristungsmöglichkeit, so dass der Verleiher neben dem Beschäftigungsrisiko nunmehr auch die Last zur Zahlung fremdbestimmter und regelmäßig höherer Vergütungen trägt (zu Einzelheiten s. *Wank* NZA 2003, 14, 20 f.).

B. Begriffsbestimmungen

9   Während der Arbeitsvertrag üblicherweise in einer zweigliedrigen Beziehung AG – AN besteht, ist die ANÜberlassung durch ein **Dreiecksverhältnis** aus Verleiher – Entleiher – AN gekennzeichnet. Die Besonderheit ergibt sich daraus, dass der AN vom Verleiher eingestellt wird, aber seine Arbeitsleistung beim Entleiher erbringt.

10 Die ANÜberlassung ist von der **Arbeitsvermittlung** abzugrenzen. Während der Arbeitsvermittler in keiner arbeitsrechtlichen Rechtsbeziehung zu den von ihm vermittelten AN steht, ist der Verleiher AG des Beschäftigten. Eigentlich schließen somit ANÜberlassung und Arbeitsvermittlung einander aus. Allerdings wird nach § 1 II unter bestimmten Voraussetzungen vermutet, dass eine ANÜberlassung Arbeitsvermittlung ist (s. § 1 Rn. 57 ff.).

11 Abzugrenzen ist die ANÜberlassung auch vom **eigenen Personaleinsatz** eines Unternehmers sowie von anderen Formen drittbezogenen Personaleinsatzes (s. § 1 Rn. 8 ff.).

12 Innerhalb der ANÜberlassung wird verbreitet zwischen der **echten ANÜberlassung** (der nichtgewerbsmäßigen ANÜberlassung) und der unechten ANÜberlassung (der gewerbsmäßigen ANÜberlassung iSd. AÜG) unterschieden. Dieser Sprachgebrauch ist irreführend (vgl. *Sandmann/Marschall*

AÜG Einl. Rn. 8) und wird hier vermieden. Zu unterscheiden ist vielmehr zwischen der gewerbsmäßigen ANÜberlassung, die Gegenstand des AÜG ist, und der nichtgewerbsmäßigen (ebenso *Boemke* § 1 Rn. 15).

Die gewerbsmäßige ANÜberlassung wiederum kann **genehmigt** oder ungenehmigt sein.

C. Dreiecksverhältnis Verleiher – Entleiher – Arbeitnehmer

I. Rechtsverhältnis zwischen Verleiher und Entleiher (Überlassungsverhältnis)

1. Allgemeines. Der Vertrag, durch den sich der Verleiher gegenüber dem Entleiher verpflichtet, 13 ihm AN zur Verfügung zu stellen (ANÜberlassungsvertrag), ist ein Vertrag eigener Art als Unterfall des Dienstverschaffungsvertrages (s. § 1 Rn. 33). Er bedarf gem. § 12 I 1 der Schriftform. Im Übrigen normiert § 12 Hinweispflichten (Hinweise zu den kaufmännischen und betriebswirtschaftlichen Erfordernissen bei Zeitarbeit bei *Schneider* in *Sandmann/Marschall,* Handbuch Zeitarbeit, 1999). Ab dem 1. 1. 2004 muss der Entleiher angeben, welche in seinem Betrieb für einen vergleichbaren AN wesentlichen Arbeitsbedingungen einschließlich des Arbeitsentgelts gelten.

a) Nach § 1 I **schuldet** der Verleiher die entgeltliche **Überlassung** von Arbeitskräften. Er schuldet 14 somit nicht die Erbringung einer eigenen Arbeitsleistung. Nach einer engen Auffassung ist der Verleiher nur verpflichtet, einen oder mehrere AN auszuwählen und zur Verfügung zu stellen (BAG 5. 5. 1992 AP BetrVG 1972 § 99 Nr. 97, obiter dictum). Weitergehend wird tw. die Haftung des Verleihers auch noch auf die Arbeitsaufnahme durch den AN bezogen (*Becker/Wulfgramm* § 12 AÜG Rn. 22; *Konzen* ZfA 1982, 259, 280 ff.). Das wird jedoch der Tatsache nicht gerecht, dass der Verleiher AG des Beschäftigten bleibt. Deshalb trifft ihn gegenüber dem Entleiher die Pflicht, den AN auch nach dem Arbeitsantritt zur Verfügung zu halten (*Schüren* AÜG Einl. Rn. 278 f.).

Schickt der Verleiher keinen geeigneten AN, so kommt er mit seiner Leistung gegenüber dem 15 Entleiher in **Verzug.** Steht ihm kein geeigneter AN zur Überlassung zur Verfügung, ist die Leistung unmöglich; der Verleiher haftet nach §§ 280 I, III, 283 BGB. Erweist sich der AN bei der Durchführung des ANÜberlassungsvertrages als ungeeignet, so ist der Verleiher verpflichtet, einen Ersatz zu stellen. Der Verleiher trägt das Beschaffungsrisiko und haftet gem. § 276 I 1 BGB auch ohne eigenes Verschulden.

b) Der **Entleiher ist verpflichtet,** die vereinbarte **Vergütung** für die ANÜberlassung zu zahlen. In 16 der Insolvenz des Entleihers kann der Insolvenzverwalter entweder gem. §§ 103, 80 I InsO Erfüllung des Überlassungsvertrages verlangen oder aber die Erfüllung des Vertrages ablehnen; in beiden Fällen ist die Vergütung Masseverbindlichkeit nach § 55 I Nr. 2 InsO. Die in den §§ 59, 61 KO vorgesehenen Konkursvorrechte sind in die Insolvenzordnung nicht übernommen worden, so dass der Verleiher seine Vergütung nur nach den §§ 174 ff. InsO fordern kann (zur früheren Rechtslage s. *Becker/Wulfgramm* § 12 AÜG Rn. 25; *Schüren* AÜG Einl. Rn. 318).

Kann der Entleiher den AN während der Überlassung nicht beschäftigen, so trägt er das Verwen- 17 dungsrisiko. Von seiner Pflicht zur Zahlung der Vergütung wird er nicht befreit.

Eine Nebenpflicht des Entleihers aus dem ANÜberlassungsvertrag besteht in der Einhaltung der 18 Arbeitsschutzvorschriften auch gegenüber dem Verleiher. Verletzt der AN seine Pflichten aus dem Arbeitsverhältnis, muss der Entleiher dies dem Verleiher mitteilen.

c) Regelmäßig ist das ANÜberlassungsverhältnis befristet und endet dann mit Ablauf der vertrag- 19 lich vorgesehenen Frist (s. § 12 Rn. 12 f.).

Eine ordentliche **Kündigung** des Vertrages scheidet angesichts der Befristung typischerweise aus. 20 Die Möglichkeit dazu kann allerdings vereinbart werden.

Eine außerordentliche Kündigung nach § 314 BGB, ein Rücktritt nach § 323 BGB in Fällen des 21 Verzugs oder der Schlechterfüllung möglich. Ist die zu leistende Arbeit nachholbar, kann der Entleiher dem Verleiher eine Frist setzen (§§ 323, 280 I, II, 281 BGB) und nach erfolglosem Fristablauf zurücktreten oder Schadensersatz verlangen.

Verstößt der Verleiher erheblich gegen seine Vertragspflichten und ist dem Entleiher eine weitere 22 Zusammenarbeit mit dem Verleiher nicht mehr zuzumuten, kann er den Vertrag wegen Schlechterfüllung kündigen und ggf. Schadensersatz geltend machen (§§ 314, 280 I, III, 281 BGB).

Ist die Leistung des AN nicht nachholbar, so kann der Entleiher gem. §§ 326 V, 323 BGB vom 23 Vertrag zurücktreten und ggf. Schadensersatz verlangen.

2. Leistungsstörungen. a) Leistungsstörungen auf Seiten des Verleihers. aa) Unmöglichkeit. 24 Verletzt der Verleiher seine Pflicht zur Überlassung der geschuldeten AN, so haftet er, wenn die Leistung nicht nachholbar ist, nach §§ 280 I, III, 283 BGB. Hierbei ist zu unterscheiden: Kann der Vertrag zwar als ganzer aufrechterhalten bleiben und liegt im Rahmen des Dauerschuldverhältnisses tw. Unmöglichkeit vor, so verliert der Verleiher für diese Zeit seinen Entgeltanspruch. Ist dagegen der Vertrag als ganzes nicht mehr durchführbar, so kommt eine Kündigung aus wichtigem Grund in Betracht, § 314 BGB. Grund kann einmal sein, dass wegen der Unmöglichkeit der Leistung das

Wank

Interesse an der Durchführung des Vertrages entfallen ist (§§ 314 II, 280, 281 I 3 BGB) oder dass wegen einer Pflichtverletzung das Vertrauensverhältnis zerstört ist (§ 281 II BGB).

25 **bb) Verzug.** Ist die Leistung des Verleihers nachholbar, so haftet der Verleiher nach §§ 280 I, II, 286 BGB.

26 **cc) Schlechtleistung.** Da der Verleiher nur die sachgerechte Auswahl schuldet, haftet er wegen Schlechterfüllung nur insoweit, als er einen ungeeigneten AN ausgewählt hat und ihn insoweit ein Verschulden trifft. Im Übrigen ist der AN bei der Leistung nicht sein Erfüllungsgehilfe (*Walker* AcP 194 (1994), 295, 298). Auch eine Haftung aus § 831 BGB besteht nicht. Hat der Verleiher keine Erlaubnis, so haftet er dem Entleiher für den Schaden, den dieser erlitten hat, weil er auf das Bestehen der Erlaubnis vertraut hat.

27 **b) Leistungsstörungen auf Seiten des Entleihers.** Hauptpflicht des Entleihers ist die Zahlung der Vergütung. Mit dieser Pflicht kann er in Verzug kommen. Nebenpflichten kann er verletzen, indem er dem LeihAN einen Personen- oder Sachschaden zufügt. Hinsichtlich des Personenschadens kommt eine Haftungsbeschränkung aus § 104 SGB VII zwar gegenüber dem LeihAN, nicht aber gegenüber dem Verleiher in Betracht, da diese Vorschrift nur die Betriebsgemeinschaft zwischen dem Entleiher und den bei ihm beschäftigten AN betrifft. Diese Vorschrift ist auch nicht analog anwendbar (*Schüren* AÜG Einl. Rn. 372): Der Entleiher haftet daher zum einen dem verletzten AN selbst aus unerlaubter Handlung und zum anderen dem Verleiher aus Schlechterfüllung des ANÜberlassungsvertrages (§§ 280 I, 241 II BGB). Im Falle der Lohnfortzahlung kann der Verleiher die Ansprüche des LeihAN gegen den Entleiher aus unerlaubter Handlung aus übergegangenem Recht nach § 6 EFZG geltend machen, sofern solche Ansprüche im Hinblick auf § 104 SGB VII überhaupt entstehen.

28 Im Hinblick auf eine Nebenpflichtverletzung durch **Abwerbung** sind zwei Fallgestaltungen zu unterscheiden. Wenn der Entleiher dem LeihAN anbietet, er könne nach Beendigung des Arbeitsverhältnisses mit dem Verleiher bei ihm einen Arbeitsplatz bekommen, so verletzt er damit nicht seine Pflichten aus dem Rechtsverhältnis zum Verleiher; das ergibt sich mittelbar aus § 9 Nr. 3 und 4 (§ 9 Nr. 4 und 5 aF), nach denen der Verleiher weder den Entleiher noch den LeihAN an einer derartigen Vereinbarung hindern kann. Dagegen bedeutet eine Abwerbung unter Bruch der Kündigungsfrist eine Pflichtverletzung des Entleihers gegenüber dem Verleiher (*Becker/Wulfgramm* § 9 AÜG Rn. 30 c; *Schüren* AÜG Einl. Rn. 364; umfassend zur Haftung im Verhältnis Verleiher-Entleiher *Brors* WiVerw 1996, 229 ff.).

II. Rechtsverhältnis zwischen Verleiher und Leiharbeitnehmer (Leiharbeitsverhältnis)

29 **1. Allgemeines.** Ein Arbeitsverhältnis besteht nur zwischen dem Verleiher und dem LeihAN. Zum Entleiher besteht kein Arbeitsverhältnis; jedoch nimmt der Entleiher tw. AGFunktionen wahr (partielle AGStellung; vgl. zu diesem Begriff *Heinze* ZfA 1976, 1983, 1993; *Weber* Anm. zu BAG 8. 11. 1978 AP AÜG § 1 Nr. 2). Nur im Falle des unwirksamen Arbeitsverhältnisses nach § 9 Nr. 1 wird gem. § 10 ein Arbeitsverhältnis zwischen AN und Entleiher fingiert. Die partielle Arbeitgeberstellung des Entleihers wurde allerdings dadurch verstärkt, dass den LeihAN durch § 7 S. 2 BetrVG ein aktives Wahlrecht zum Entleiherbetrieb eingeräumt wurde und dass auf Grund des Ersten Gesetzes für moderne Dienstleistungen am Arbeitsmarkt vom 23. 12. 2002 (BGBl. I S. 4607) die wesentlichen Arbeitsbedingungen im Entleiherbetrieb nunmehr auch für LeihAN gelten (§§ 3 I Nr. 3 und 9 Nr. 2).

30 **a) Der AN schuldet** die Leistung von abhängiger Arbeit. Da er diese Leistung gegenüber Dritten erbringen soll, bedarf es dazu gem. § 613 S. 2 BGB seiner Zustimmung (vgl. BAG 17. 1. 1979 AP BGB § 613 Nr. 2 m. Anm. *v. Hoyningen-Huene*). Als Nebenpflichten treffen den AN ua. Verschwiegenheitspflicht und Wettbewerbsverbot (*Becker/Wulfgramm* § 11 AÜG Rn. 36).

31 **b) Der Verleiher schuldet** die Zahlung der **Vergütung**. Da er der AG ist, trägt er das Beschäftigungsrisiko. Die Vergütung ist also gem. §§ 611, 615 BGB auch dann zu zahlen, wenn der Verleiher den AN nicht einsetzen kann (*Schüren* AÜG Einl. Rn. 167).

32 Nach der bis Ende 1998 geltenden KO konnte der AN im Konkurs des Verleihers Lohnrückstände während der letzten sechs Monate als Masseschulden nach § 59 I Nr. 3 KO geltend machen. Die seit dem 1. 1. 1999 geltende InsO sieht in § 55 keine derartigen Vorrechte mehr vor. Für Lohnrückstände während der letzten drei Monate hat der AN aber nach § 183 SGB III einen Anspruch auf **Insolvenzgeld**.

33 Den Verleiher treffen die üblichen AGPflichten. Dazu gehört die **Entgeltfortzahlung** aus den verschiedenen Gesetzesgrundlagen. Soweit der AN aus persönlichen Gründen an der Arbeitsleistung verhindert ist, hat er einen Lohnfortzahlungsanspruch auch nach § 616 BGB.

34 Der Verleiher ist als AG zur Gewährung von **Urlaub** verpflichtet. Die Bestimmungen des **Mutterschutzes**, insb. die Beschäftigungsverbote nach §§ 4, 8 MuSchG, muss neben dem Entleiher auch der Verleiher beachten.

35 Im Übrigen trifft den Verleiher die allg. arbeitsrechtliche **Fürsorgepflicht**.

C. Dreiecksverhältnis Verleiher – Entleiher – Arbeitnehmer

Um den Bestandsschutz des Arbeitsverhältnisses als Dauerschuldverhältnis zu sichern, hatte das 36 Gesetz bislang ein **Synchronisationsverbot,** § 3 I Nr. 3 und 5, § 9 Nr. 2 aF, und eine rückwirkende Unwirksamkeit von Kündigungen, § 9 Nr. 3 aF, normiert (s. Rn. 4).

Im Einzelnen ergab sich daraus, dass eine **Befristung** des Arbeitsvertrages erheblichen Beschrän- 37 kungen unterlag. Unwirksam war eine Befristung, die entspr. der Dauer der Ersten Überlassung gestaltet war, § 3 I Nr. 5. aF. Im Übrigen bedurfte die Befristung eines „sachlichen Grundes aus der Person des LeihAN", § 3 I Nr. 3 aF, während sonst für Befristungen die Gründe nach § 14 I 2 TzBfG galten (s. Nachw. in MünchArbR/*Wank,* Ergänzungsband, § 116 Rn. 62 ff.).

Durch das Erste Gesetze für moderne Dienstleistungen am Arbeitsmarkt v. 23. 12. 2002 (BGBl. I 38 S. 4607) wurden sowohl das **Synchronisationsverbot** als auch die entsprechenden Komplementärverbote **aufgehoben** (dazu *Wank* RdA 2003, 1, 8 f.). Daraus folgt – wahrscheinlich entgegen der Vorstellung des Gesetzgebers – aber nicht, dass nunmehr Leiharbeitsverträge auf die Dauer der Überlassung befristet werden könnten. Wegen der Aufhebung der Spezialvorschriften gelten nunmehr auch für Leiharbeitsverträge die allgemeinen Vorschriften des § 14 TzBfG. Die dort genannten Befristungsgründe würden für den Entleiher gelten; der Verleiher hat demgegenüber keinen Befristungsbedarf, aus § 14 I TzBfG ergibt sich keine Sachgrundbefristung für die Dauer der jeweiligen Überlassung (s. Rn. 6 ff.). Der Rückgriff auf § 14 II TzBfG ist unpraktikabel, da die jeweilige Verlängerung während der Überlassungszeit erfolgen müsste (Einzelheiten bei *Schüren/Behrend* NZA 2003, 521 f.; *Wank* NZA 2003, 14, 17 ff.). Im Ergebnis folgt daraus für die Praxis, dass Verleiher mit LeihAN unbefristete Arbeitsverträge schließen müssen.

Eine Kündigung ist als außerordentliche nach § 626 BGB oder als ordentliche Kündigung möglich. 39 Für die **ordentliche Kündigung** ergeben sich die Fristen aus § 622 BGB. § 622 V Nr. 1 BGB gilt für ANÜberlassungen nicht, § 11 IV.

Soweit das KSchG nicht eingreift (gegenüber AN, die weniger als sechs Monate im Betrieb beschäf- 40 tigt sind, § 1 I KSchG, sowie in Kleinbetrieben iSv. § 23 KSchG) bedarf die Kündigung keines Grundes, doch findet auch insoweit eine Missbrauchskontrolle statt (MünchArbR/*Wank* AÜG Rn. 33 f.).

Liegen die persönlichen und sachlichen Voraussetzungen für die Anwendung des KSchG vor, so 41 bedarf die Kündigung eines personen-, verhaltens- oder betriebsbedingten Grundes, § 1 II KSchG. Eine verhaltensbedingte Kündigung kann auf Pflichtverletzungen gegenüber dem Verleiher, aber auch auf solche gegenüber dem Entleiher gestützt werden. Eine betriebsbedingte Kündigung kommt in Betracht, wenn der Verleiher dauerhaft wegen fehlender Überlassungsaufträge seine Arbeitnehmer nicht beschäftigen kann. Den AG trifft für eine vorübergehende Zeitspanne die Pflicht, AN weiter unter Vertrag zu halten, auch wenn sie derzeit nicht beschäftigt werden können (LAG Köln 10. 12. 1998 AiB 2000, 55, 56 m. Anm. *Mayer; Dahl,* DB 2003, 1626; *Gentges,* Prognoseprobleme im Kündigungsschutzrecht, 1994, S. 263 ff.). Für die Bestimmung der zumutbaren Abwartefrist des AG kann allerdings nicht mehr auf § 9 Nr. 3 aF zurückgegriffen werden.

2. Leistungsstörungen. a) Ansprüche des LeihAN gegen den Verleiher. Hauptpflicht des Ver- 42 leihers ist die Zahlung der Vergütung. Im Falle des Verzugs kann der LeihAN seine Arbeitsleistung nach § 320 BGB zurückhalten (tw. wird auf § 273 BGB zurückgegriffen). Ferner kann er, nach Mahnung, Schadensersatz nach §§ 280 I, 281 BGB verlangen.

Nebenpflichten des Verleihers im Hinblick auf **Information** über das Gesetz und über die Vermitt- 43 lungserlaubnis ergeben sich aus § 11 II, III.

Der LeihAN kann im Übrigen beim Verleiher oder beim Entleiher einen Körper- oder einen Sach- 44 schaden erleiden. Für den **Körperschaden** haftet der Verleiher grds. nicht, § 104 SGB VII. Der Entleiher haftet nach § 104 SGB VII ebenfalls nicht (s. zu § 104 SGB VII *Rolfs* Nr. 570 SGB VII).

Für einen bei ihm erlittenen **Sachschaden** des LeihAN haftet der Verleiher ihm nach § 670 BGB 45 analog. Nach überwiegender Meinung haftet der Verleiher dem LeihAN auch für einen beim Entleiher erlittenen Sachschaden nach § 670 BGB analog iVm. § 278 BGB (RG 17. 12. 1942 Z 170, 216, 218). Hierbei wird der Entleiher zu Unrecht als Erfüllungsgehilfe des Verleihers angesehen (*Schüren* AÜG Einl. Rn. 392 ff.).

b) Ansprüche des Verleihers gegen den LeihAN. Ansprüche des Verleihers gegen den LeihAN 46 können sich aus §§ 280 I, III, 283 BGB, aus § 280 BGB oder aus unerlaubter Handlung (§§ 823 ff. BGB) ergeben (ausführlich zur Haftung des LeihAN *Schüren* AÜG Einl. Rn. 410 ff.). Die Haftung des LeihAN ist aber, wie allg. die ANHaftung, nach den Grundsätzen des innerbetrieblichen Schadensausgleichs eingeschränkt. Das bedeutet (BAG GS 27. 9. 1994 AP BGB § 611 Haftung des AN Nr. 103 = NZA 1994, 1083): Wenn einer der obengenannten Tatbestände erfüllt ist, so tritt auf der Rechtsfolgenseite eine Haftungsbeschränkung ein. Nach der neuesten Rspr. (BAG GS 27. 9. 1994 AP BGB § 611 Haftung des AN Nr. 103 = NZA 1994, 1083) ist wie folgt zu unterscheiden:
– Bei Vorsatz haftet der AN voll.
– Bei grober Fahrlässigkeit haftet der AN idR ebenfalls voll.
– Bei leichter Fahrlässigkeit ist die Haftung zwischen AG und AN zu teilen. Dabei kommt es auf das Merkmal „gefahrgeneigte Tätigkeit" nicht mehr an, es reicht eine betrieblich veranlasste in Abgrenzung zur privaten Tätigkeit.

Rentenversicherung, Unfallversicherung und Arbeitslosenversicherung. Auf die Ausführungen zur legalen ANÜberlassung wird verwiesen.

71 Neben dem Arbeitsverhältnis zwischen Verleiher und AN wird nach § 10 I ein **Arbeitsverhältnis zum Entleiher fingiert.** Damit würden zwei Arbeitsverhältnisse und zwei sozialversicherungsrechtliche Beschäftigungsverhältnisse nebeneinander bestehen; Verleiher und Entleiher müssten Sozialversicherungsbeiträge zahlen. Dieses Konkurrenzverhältnis ist in der Weise aufzulösen, dass danach zu unterscheiden ist, ob der Verleiher das Arbeitsentgelt zahlt oder nicht.

72 **Zahlt der Verleiher** das Arbeitsentgelt, so ist der Entleiher nicht zur Zahlung verpflichtet, § 422 I BGB. Damit besteht auch kein sozialversicherungspflichtiges Beschäftigungsverhältnis in der Beziehung zwischen LeihAN und Entleiher (*Schüren* Einl. Rn. 727).

73 **Zahlt der Verleiher kein Arbeitsentgelt,** besteht arbeitsrechtlich ein Anspruch des AN gegen den Entleiher. Damit lebt auch ein sozialversicherungsrechtliches Beschäftigungsverhältnis auf. Der Entleiher muss daher Beiträge zur Krankenversicherung, Pflegeversicherung, Rentenversicherung und Arbeitslosenversicherung des LeihAN zahlen sowie die Beiträge zur Unfallversicherung (*Schüren* Einl. Rn. 730 f.).

III. Legale Arbeitsvermittlung

74 Bei legaler Arbeitsvermittlung besteht zwischen dem Vermittler und dem AN kein Arbeitsverhältnis, sondern nur zwischen dem AG, an den der AN vermittelt wurde, und dem AN. Die sozialversicherungsrechtlichen Beziehungen zwischen dem vermittelten AN und dem AG unterscheiden sich nicht von denjenigen in anderen Arbeitsverhältnissen.

IV. Illegale Arbeitsvermittlung

75 Bei der illegalen Arbeitsvermittlung sind zwei Fälle zu unterscheiden, die echte illegale und die vermutete illegale Arbeitsvermittlung. Bei der echten illegalen Arbeitsvermittlung bestehen Rechtsbeziehungen nur zwischen dem AG, zu dem vermittelt wurde, und dem AN.

76 Daneben gibt es Fälle, in denen tatsächlich eine ANÜberlassung vorliegt, das Gesetz aber eine Arbeitsvermittlung vermutet, § 1 II iVm. § 3 I Nr. 1 bis 3 (vgl. zu den Lösungsmöglichkeiten § 13 Rn. 3 f.).

E. Grenzüberschreitende Arbeitnehmerüberlassung

77 Haben Verleiher und Entleiher ihren Sitz in verschiedenen Staaten, so treten kollisionsrechtliche Probleme auf den Gebieten des Arbeitsrechts, des Sozialversicherungsrechts und des Gewerberechts einschließlich des ANÜberlassungsrechts auf (s. zur Anwendbarkeit des AÜG auf in Deutschland tätige internationale Organisationen *Henrichs* RdA 1995, 158).

I. Internationales Arbeitsrecht

78 Wie bei der inländischen ANÜberlassung muss auf dem Gebiet des Arbeitsrechts auch hier das Dreiecksverhältnis Verleiher – Entleiher – LeihAN beachtet werden.

79 **1. Der ANÜberlassungsvertrag.** Der Vertrag zwischen Verleiher und Entleiher (s. o. Rn. 13 ff.) richtet sich nach dem Kollisionsrecht für Schuldverträge. Die Parteien haben ein Wahlrecht, ob sie das Recht des Staates anwenden wollen, in dem der Verleiher, oder das Recht des Staates, in dem der Entleiher seinen Sitz hat, Art. 27 EGBGB. Haben sie die Frage nicht entschieden, so gilt gem. Art. 28 I 1 EGBGB das Recht des Staates, zu dem der Vertrag seine engste Verbindung aufweist. Das ist idR das Recht des Staates, in dem der Verleiher seinen Sitz hat.

80 Obwohl auf diese Weise grds. eine ausländische Rechtsordnung zum Zuge kommt, wenn ein ausländischer Verleiher seine Arbeitskräfte nach Deutschland verleiht, gelten doch zwingende Bestimmungen des deutschen Privatrechts, Art. 34 EGBGB, sowie kraft des Territorialitätsprinzips die inländischen öffentlich-rechtlichen Vorschriften. Damit gelten auch gegenüber ausländischen Verleihern die **zwingenden Vorschriften des AÜG** über den Inhalt von ANÜberlassungsverträgen (allg. zum internationalen Arbeitsrecht *Wank* in Hanau/Steinmeyer/Wank, Handbuch des europäischen Arbeits- und Sozialrechts, 2002, § 31).

81 **2. Der Arbeitsvertrag zwischen Verleiher und LeihAN.** Auch der Verleiher und der LeihAN (s. o. Rn. 29 ff.) können nach deutschem Internationalen Arbeitsrecht das zwischen ihnen geltende Recht frei wählen, Art. 27 EGBGB. Anders als nach allg. Schuldrecht gilt aber hier ein kollisionsrechtliches Günstigkeitsprinzip zugunsten des AN, Art. 30 I EGBGB. Er genießt – wenn beispielsweise die Anwendbarkeit ausländischen Rechts vereinbart wurde – denselben Schutz, als wenn objektiv angeknüpft worden wäre. Schließt also beispielsweise ein portugiesischer Verleiher mit einem deutschen AN in Deutschland zum Einsatz in Deutschland einen Arbeitsvertrag nach portugiesischem Arbeitsrecht, so gelten für diesen Vertrag trotzdem die ANSchutzvorschriften des deutschen Rechts.

E. Grenzüberschreitende Arbeitnehmerüberlassung **Einl. AÜG 140**

Haben die Parteien das Vertragsstatut nicht geregelt, so greift eine objektive Anknüpfung ein. 82
Anzuknüpfen ist an das Recht des **gewöhnlichen Arbeitsortes**, Art. 30 II Nr. 1 EGBGB, oder an das Recht der einstellenden Niederlassung, Art. 30 II Nr. 2 EGBGB. Allerdings geht eine sich aus sonstigen Umständen ergebende engere Verbindung zu einer anderen Rechtsordnung vor, Art. 30 II aE EGBGB.

Unabhängig davon, welches Recht auf Grund subjektiver Anknüpfung (also auf Grund einer Wahl 83 durch die Parteien) oder auf Grund objektiver Anknüpfung gilt: Die im öffentl. Interesse zwingenden Normen des deutschen Arbeitsrechts (**Eingriffsnormen**, Art. 34 EGBGB) gelten unabhängig davon; insb. die Vorschriften des AÜG über den zwingenden Inhalt des Rechtsverhältnisses zwischen Verleiher und LeihAN (*Däubler* EuZW 1993, 373; *Deinert* RdA 1996, 343; *MünchArbR/Birk* § 20 Rn. 138). Darüber hinaus gelten auf Grund des Territorialitätsprinzips die in Deutschland geltenden öffentlich-rechtlichen Vorschriften auch dann, wenn im Übrigen eine ausländische Rechtsordnung gilt.

3. Das Rechtsverhältnis zwischen Entleiher und LeihAN. Wenn auch zwischen dem Entleiher 84 und dem LeihAN kein Arbeitsverhältnis besteht (s. o. Rn. 48 ff.), so bestehen doch eine Reihe arbeitsrechtlicher Rechte und Pflichten zwischen diesen beiden Parteien. Man kann insoweit von einem Quasi-Arbeitsverhältnis sprechen, auf das Art. 30 EGBGB anwendbar ist.

II. Arbeitnehmerüberlassung durch Ausländer, aus dem Ausland und in das Ausland

1. Allgemeines. Im Hinblick auf ANÜberlassung mit Auslandsbezug ist danach zu differenzieren, 85 ob der Verleiher Inländer oder Ausländer ist und ob die Überlassung vom Ausland ins Inland oder vom Inland ins Ausland erfolgt (zur Beschäftigung von ausländischen AN s. u. § 15).

Eine Erlaubnis zur ANÜberlassung ist, wenn kein Versagungsgrund gem. § 3 I vorliegt, an Deut- 86 sche grds. zu erteilen. Dagegen kann die Erlaubnis gegenüber Antragstellern, die nicht Deutsche sind, versagt werden, § 3 III. EG-Ausländer und Staatsangehörige eines Mitgliedstaats des EWR erhalten die Erlaubnis unter bestimmte Voraussetzungen wie Deutsche, § 3 IV. Das Gleiche gilt für bestimmte Ausländer auf Grund internationaler Abkommen gem. § 3 V.

Werden AN vom Ausland nach Deutschland zur Arbeitsleistung geschickt, so ist – ebenso wie bei 87 einem rein deutschen Sachverhalt – zwischen ANÜberlassung und drittbezogenem Personaleinsatz zu unterscheiden. Für die ANÜberlassung von einem ausländischen Betrieb aus gibt es gem. § 1 II keine Erlaubnis. Für den drittbezogenen Personaleinsatz trifft das AEntG eine Sonderregelung, ebenso gilt eine Sonderregelung für die Beschäftigung von AN aus Drittstaaten durch EG-Unternehmen.

2. AEntG. Durch Art. 10 des Gesetzes zu Korrekturen in der Sozialversicherung und zur Sicherung 88 der Arbeitnehmerrechte vom 19. 12. 1998 (BGBl. I S. 3843) wurde die Geltungsdauer des AEntG durch Aufhebung der bisher in § 8 AEntG enthaltene Befristung seit 1. 9. 1999 auf unbestimmte Zeit verlängert (zum Ganzen *Blanke* AuR 1999, 417; *Böhm* NZA 1999, 128). Das Gesetz, das nach Ansicht einiger Autoren sowohl gemeinschaftsrechtlichen (s. dazu jetzt EuGH 25. 10. 2001 Rs. 49/98 (Finalarte Sociedade de Construcao Civil Lda) EAS EG-Vertrag Art. 59 Nr. 43 = BB 2001, 2648; BAG 25. 6. 2002 AP AEntG Nr. 12 m. Anm. *Ulber*; vorher *Deinert* RdA 1996, 339; *Junker/Wichmann* NZA 1996, 505; *Selmayr* ZfA 1996, 615) als auch verfassungsrechtlichen Bedenken (*v. Danwitz* RdA 1999, 322, 324 ff.; *Strohmeier* RdA 1998, 339; anders Vorlagebeschluss des BAG 6. 11. 2002 – 5 AZR 617/01 (A) –) begegnet, sieht eine Beschränkung der kollisionsrechtlichen Wahlfreiheit vor. Es bezieht sich auf den Fall, dass der AG seinen Sitz im Ausland hat und AN in Deutschland beschäftigt, sofern der Betrieb überwiegend Bauleistungen erbringt (s. die Kommentare zum AEntG von *Kretz* und von *Koberski/Asshoff/Hold*). Ist der TV für allgemeinverbindlich erklärt worden (§ 5 TVG), enthält er eine Bestimmung über ein bestimmtes Mindestentgelt und gilt er entspr. auch für deutsche AG, so ist der für allgemeinverbindlich erklärte TV auch auf diese ANÜberlassung anwendbar. Der AG muss in einem solchen Falle vor Beginn der Betätigung die Beschäftigung beim zuständigen Landesarbeitsamt anmelden, § 2 AEntG.

3. Beschäftigung ausländischer AN aus Drittstaaten durch EU-Unternehmen. Nach der Rspr. 89 des EuGH (9. 8. 1994 Slg. I 94, 3803 [Vander Elst]) können EU-Unternehmen AN aus Drittstaaten im Rahmen von Dienst- oder Werkverträgen innerhalb der EU entsenden, sofern diese AN ordnungsgemäß und dauerhaft in dem entsendenden Unternehmen beschäftigt sind. Nach dem Dienstblatt-Runderlass 72/95 v. 8. 8. 1995 der Bundesanstalt für Arbeit erhalten die AN beschränkte Arbeitserlaubnis, wenn es sich um eine vorübergehende Dienstleistung handelt, der AN des Drittstaats dauerhaft und ordnungsgemäß, dh. seit mindestens 12 Monaten bei dem EU-Unternehmen legal beschäftigt ist, und der AN eine Aufenthalts- und ggf. eine Arbeitserlaubnis für das Land besitzt, in dem das entsendende Unternehmen seinen Sitz hat (s. auch *Marschner* NZA 1996, 186).

4. Arbeitnehmerüberlassung in das Ausland. Nach § 1 III Nr. 3 gilt das AÜG nicht, wenn ein 90 LeihAN in das Ausland überlassen wird; Voraussetzung ist, dass ein entspr. völkerrechtlicher Vertrag vorliegt, dass der Verleih an ein deutsch-ausländisches Gemeinschaftsunternehmen erfolgt und dass der Verleiher an diesem Gemeinschaftsunternehmen beteiligt ist.

§ 1 Erlaubnispflicht

(1) ¹Arbeitgeber, die als Verleiher Dritten (Entleihern) Arbeitnehmer (Leiharbeitnehmer) gewerbsmäßig zur Arbeitsleistung überlassen wollen, bedürfen der Erlaubnis. ²Die Abordnung von Arbeitnehmern zu einer zur Herstellung eines Werkes gebildeten Arbeitsgemeinschaft ist keine Arbeitnehmerüberlassung, wenn der Arbeitgeber Mitglied der Arbeitsgemeinschaft ist, für alle Mitglieder der Arbeitsgemeinschaft Tarifverträge desselben Wirtschaftszweiges gelten und alle Mitglieder auf Grund des Arbeitsgemeinschaftsvertrages zur selbständigen Erbringung von Vertragsleistungen verpflichtet sind. ³Für einen Arbeitgeber mit Geschäftssitz in einem anderen Mitgliedstaat des Europäischen Wirtschaftsraumes ist die Abordnung von Arbeitnehmern zu einer zur Herstellung eines Werkes gebildeten Arbeitsgemeinschaft auch dann keine Arbeitnehmerüberlassung, wenn für ihn deutsche Tarifverträge desselben Wirtschaftszweiges wie für die anderen Mitglieder der Arbeitsgemeinschaft nicht gelten, er aber die übrigen Voraussetzungen des Satzes 2 erfüllt.

(2) Werden Arbeitnehmer Dritten zur Arbeitsleistung überlassen und übernimmt der Überlassende nicht die üblichen Arbeitgeberpflichten oder das Arbeitgeberrisiko (§ 3 Abs. 1 Nr. 1 bis 3), so wird vermutet, dass der Überlassende Arbeitsvermittlung betreibt.

(3) Dieses Gesetz ist mit Ausnahme des § 1b Satz 1, des § 16 Abs. 1 Nr. 1b und Abs. 2 bis 5 sowie der §§ 17 und 18 nicht anzuwenden auf die Arbeitnehmerüberlassung
1. zwischen Arbeitgebern desselben Wirtschaftszweiges zur Vermeidung von Kurzarbeit oder Entlassungen, wenn ein für den Entleiher und Verleiher geltender Tarifvertrag dies vorsieht,
2. zwischen Konzernunternehmen im Sinne des § 18 des Aktiengesetzes, wenn der Arbeitnehmer seine Arbeit vorübergehend nicht bei seinem Arbeitgeber leistet, oder
3. in das Ausland, wenn der Leiharbeitnehmer in ein auf der Grundlage zwischenstaatlicher Vereinbarungen begründetes deutsch-ausländisches Gemeinschaftsunternehmen verliehen wird, an dem der Verleiher beteiligt ist.

I. Letzte Änderungen des § 1

1 § 1 wurde durch das Erste Gesetz für moderne Dienstleistungen am Arbeitsmarkt v. 23. 12. 2002 (BGBl. I S. 4607) geändert. In Abs. 1 wurde Satz 3 neu eingeführt. Nach der Rspr. des EuGH (EuGH 25. 10. 2001 C 493/99 NZA 2001, 1299) verstießen § 1 I und § 1b aF gegen das Gemeinschaftsrecht, soweit Unternehmen mit Geschäftssitz in anderen Mitgliedstaaten des europäischen Wirtschaftsraums in Deutschland im Rahmen einer Arbeitsgemeinschaft nur dann nicht unter das AÜG fielen, wenn für sie die gleichen deutschen TV wie für die anderen Mitglieder der Arbeitsgemeinschaft galten und die Ausnahmen vom Verbot der ANÜberlassung in den Baubereich nur geltend machen konnten, wenn sie von einem deutschen Rahmen- und Sozialkassentarif erfasst wurden (s. u. Rn. 67). In Abs. 2 wurde mit Wirkung ab dem 1. 1. 2004 (§ 19) die Voraussetzung gestrichen, dass die Dauer des Leiharbeitsverhältnisses zwölf Monate übersteigt; dies stellt eine redaktionelle Anpassung an § 3 dar.

II. Gesetzeszweck des AÜG

2 Zweck des Gesetzes ist zum einen die Regelung der legalen ANÜberlassung und zum anderen die Bekämpfung der illegalen ANÜberlassung (BT-Drucks. 6/2303 S. 9 f.).

III. Regelungsbereiche des Gesetzes

3 Die Leiharbeit nach dem AÜG betrifft verschiedene Rechtsbereiche. So ist das Schuldrecht, das Arbeitsrecht, das Sozialversicherungsrecht und das Gewerberecht betroffen; das Gewerberecht wird im AÜG eingehend geregelt, während Schuldrecht und Arbeitsrecht nur fragmentarisch normiert sind. Wichtige Einzelfragen des Individualarbeitsrechts sind im Gesetz überhaupt nicht enthalten, ebenso das Sozialversicherungsrecht (dazu Einl. Rn. 60 ff.). Auch die Abgrenzung zwischen ANÜberlassung und anderen Formen drittbezogenen Personaleinsatzes findet sich nicht im Gesetz.

Da das Gesetz vor dem Hintergrund einer Reihe von anderen Gesetzen nur einige Einzelfragen regelt, ist es tw. nur schwer verständlich (ausführlich Vorauflage, § 1 Rn. 2 ff.).

IV. Geltungsbereich des AÜG (Überblick)

4 **1. Räumlicher Geltungsbereich.** Aufgrund des Territorialitätsprinzips gilt das AÜG auf dem Gebiet der Bundesrepublik Deutschland. Es gilt für inländische Sachverhalte, für ausländische Sachverhalte, wenn ein deutscher Verleiher ins Ausland verleiht (s. aber auch § 1 III Nr. 3) sowie wenn ein ausländischer Verleiher in das Gebiet der Bundesrepublik Deutschland verleiht (s. zur grenzüberschreitenden ANÜberlassung Einl. Rn. 77 ff.).

2. Persönlicher Geltungsbereich. Das AÜG gilt für die Rechtsbeziehungen im Dreiecksverhältnis 5
zwischen Verleiher, Entleiher und LeihAN.

3. Sachlicher Geltungsbereich. Das AÜG betrifft nur die ANÜberlassung und nicht sonstige 6
Formen von drittbezogenem Personaleinsatz. Einige Abgrenzungsfragen, wie die zur Arbeitsvermittlung iSv. § 1 II und weitere Arten von ANÜberlassung (vgl. § 1 I 2, § 1 III Nr. 1–3) sind allerdings im Gesetz speziell geregelt.

Andere Abgrenzungen ergeben sich nicht unmittelbar aus dem Gesetz, so die zu Verträgen über 6a
drittbezogenen Personaleinsatz mit Erfüllungsgehilfen (wie Werkvertrag, Dienstvertrag, Geschäftsbesorgungsvertrag).

4. Zeitlicher Geltungsbereich. Durch das Erste Gesetz für moderne Dienstleistungen am Arbeits- 7
markt v. 23. 12. 2001 (BGBl. I S. 4607) wurde das Recht der ANÜberlassung zuletzt erheblich geändert. Die wichtigsten Änderungen gelten gem. § 19 erst ab dem 1. 1. 2004.

V. Arbeitnehmerüberlassung in Abgrenzung zu anderen Rechtsverhältnissen

Die ANÜberlassung ist *eine* Form des drittbezogenen Personaleinsatzes. (Erfüllt der AN nur 8
Pflichten, die seinem AG gegenüber einem fremden Auftraggeber obliegen, fehlt es an der Drittbeziehung, BAG 22. 6. 1994 NZA 1995, 462). Kennzeichnend für alle diese Formen ist ein Dreiecksverhältnis: Ein AN wird auf Grund einer (untechnisch gesprochen) Anweisung eines AG bei einem anderen beschäftigt.

Sonstige Formen drittbezogenen Personaleinsatzes sind die Arbeit auf Grund eines Werkvertrages, 9
eines Dienstvertrages, eines Geschäftsbesorgungsvertrages, eines Dienstverschaffungsvertrages oder auf Grund einer Arbeitsvermittlung (s. *Becker/Wulfgramm* Rn. 38 ff.; *Rosenstein* S. 86 ff.; *Schüren* Rn. 100 ff.; *Walle* S. 36 ff.; ferner *Hamann* S. 71 ff.; dort auch zu Gesamthafenbetrieb, Gestellungsvertrag, mittelbares Arbeitsverhältnis; des Weiteren BAG 5. 3. 1997 NZA 1997, 1165 zur Personalgestellung nach dem AsylVfG; BAG 1. 6. 1994 NZA 1995, 465 betr. Zivildienstschule).

1. Die Bedeutung der Abgrenzung und Abgrenzungskriterien. a) Allgemeines. Welche von den 10
unterschiedlichen zivilrechtlichen Gestaltungsformen im Einzelfall vorliegt, könnte angesichts der Privatautonomie gleichgültig sein, solange nur der ANSchutz gewährleistet ist und ein AG seine arbeitsvertraglichen Pflichten erfüllt. Auch soweit bei einer legalen ANÜberlassung der AG seine Pflichten erfüllt, hat die Qualifizierung im Hinblick auf den ANSchutz geringe Bedeutung.

Wichtig ist die Abgrenzung im Hinblick auf die **illegale** ANÜberlassung (zur Auftragsweitergabe 11
an illegal handelnde Subunternehmer, § 2 SchwArbG, s. *Grünberger* NJW 1995, 14, 15). Vor allem um sie zu verhindern, ist die legale ANÜberlassung stark reglementiert. Der Verleiher als AG braucht eine Erlaubnis, und der Inhalt des Vertrages zwischen Verleiher und LeihAN sowie der zwischen Verleiher und Entleiher unterliegen bestimmten Beschränkungen.

Es besteht die Gefahr, dass durch die Wahl eines anderen Vertragstyps die beteiligten Rechtsverhält- 12
nisse dem ANÜberlassungsrecht und damit der Kontrolle entzogen werden. Dieser Gedanke – **Umgehungen** durch die Wahl anderer Rechtsformen zu verhindern – ist für die gesamten nachfolgenden Erörterungen maßgeblich.

Arbeitsrechtlich spielt die Qualifizierung insofern eine Rolle, als bei illegaler ANÜberlassung ein 13
Arbeitsverhältnis nach § 10 AÜG zum Entleiher entsteht. Der AN kann die Gerichte über die Abgrenzung im Rahmen von Feststellungsklagen oder von Vergütungsklagen entscheiden lassen.

Sozialversicherungsrechtlich hat bei der legalen ANÜberlassung der Verleiher den Gesamtsozial- 13a
versicherungsbeitrag zu entrichten. Bei illegaler ANÜberlassung kommt eine Haftung des Entleihers in Betracht (s. Einl. Rn. 68 ff.).

Steuerrechtlich spielt die Abgrenzung für den Vorsteuerabzug nach § 15 I Nr. 1 UStG und bei der 13b
Umsatzsteuerpflicht nach §§ 1, 3 UStG eine Rolle.

Gewerberechtlich bedarf die ANÜberlassung – anders als die anderen Vertragsformen – der 13c
Erlaubnis.

Im **Straf- und Ordnungswidrigkeitenrecht** geht es um die Anwendbarkeit der §§ 15 ff. AÜG. 13d

b) Abgrenzung zum Werkvertrag. Theoretisch lässt sich die Abgrenzung zwischen beiden Gestal- 14
tungsformen einfach vollziehen. Beim Werkvertrag verpflichtet sich der Unternehmer, ein sog. Werk herzustellen, dh. einen bestimmten Erfolg herbeizuführen, § 631 BGB. Dabei kann er sich der Mithilfe anderer Personen als seiner Erfüllungsgehilfen bedienen, § 278 BGB. Er übt ihnen gegenüber das arbeitsrechtliche Weisungsrecht aus.

Beim ANÜberlassungsvertrag stellt der AG (= Verleiher) einem Dritten (= Entleiher) seine AN zur 14a
Verfügung. (Das AÜG gilt nicht, wenn nicht AN, sondern Selbständige überlassen werden, s. BAG 9. 11. 1994 AP AÜG § 1 Nr. 18). Er haftet also nicht für einen Erfolg, sondern nur für die richtige Auswahl und Bereitstellung von Arbeitskräften. Im Übrigen üben diese die Arbeit nach Weisungen des Entleihers aus.

14 b Diese scheinbar klare Abgrenzung wird durch atypische Gestaltungsformen, wie sie in der Praxis verbreitet sind, erschwert.
- So kann der Werkunternehmer mit dem Dritten statt eines einzelnen konkreten Werks eine Reihe von Einzelwerken auf Grund eines **Rahmenvertrages** anbieten.
- Die an den Werkunternehmer zu leistende **Vergütung** des Bestellers kann nach **Zeitabschnitten** statt nach einem Erfolg bemessen sein.
- Die entsandten AN können voll in die **Organisation** des Dritten **einbezogen** sein.

15 aa) **Rechtsprechung.** Die Rspr. geht aus von der Definition des Werkvertrages in § 631 BGB und von der Definition der ANÜberlassung in § 1 AÜG. Insofern ist dann entscheidend, ob der AN in den Betrieb des Dritten eingegliedert ist und den Weisungen des Dritten unterliegt (BAG 10. 2. 1977 AP BetrVG 1972 § 103 Nr. 9). Liegen diese Voraussetzungen vor, handelt es sich um ANÜberlassung und nicht um einen Werkvertrag. Auszugehen ist danach vom objektiven Geschäftsinhalt, der aus den schriftlichen Vereinbarungen und der praktischen Durchführung zu ermitteln ist. Bei einem Widerspruch zwischen Vertrag und Praxis entscheidet die tatsächliche Durchführung (BAG 15. 6. 1983 AP AÜG § 10 Nr. 5; BGH 25. 6. 2002 NZA 2002, 1086; BGH 21. 1. 2003 NZA 2003, 616). Dabei sei eine umfassende Würdigung der Begleitumstände vorzunehmen, wie: Aufsicht über die FremdfirmenAN, Gestellung von Werkzeug und Material durch den Einsatzbetrieb, die sonstige Geschäftstätigkeit des Auftragnehmers sowie ob er nach seiner materiellen Ausstattung in der Lage ist, auch einen anderen Geschäftszweck als die ANÜberlassung zu verfolgen (BAG 15. 6. 1983 AP AÜG § 10 Nr. 5). In weiteren Entscheidungen hat das BAG diesen Ansatz konkretisiert (BAG 30. 1. 1991 AP AÜG § 10 Nr. 8; 5. 3. 1991 AP BetrVG 1972 § 99 Nr. 90; 9. 7. 1991 AP BetrVG 1972 § 99 Nr. 94).

16 Das BAG unterscheidet zwischen vertraglichen Weisungen, die gegenständlich begrenzt seien und sich auf die Werkgegenstände bezögen, und arbeitsvertraglichen Weisungen. Im Hinblick auf die Eingliederung ist danach weder die Verweildauer noch die räumliche und sachliche Nähe der FremdAN zum Betriebszweck des Auftraggebers noch die enge Einbindung in den betrieblichen Arbeitsprozess von Bedeutung.

17 (1) **Eingliederung.** Indizien für eine Eingliederung in den Beschäftigungsbetrieb sind die Zusammenarbeit mit AN des Dritten, die Übernahme von Tätigkeiten, die früher AN des Dritten ausgeführt haben, die Stellung von Material sowie von Arbeitskleidung durch den Dritten.

18 (2) **Weisungsrecht.** Im Hinblick auf die Ausübung des Weisungsrechts unterscheidet das BAG. Soweit die Weisungen werkbezogen sind iSv. § 645 I 1 BGB, ist ein Weisungsrecht des Dritten kein Indiz für eine ANÜberlassung. Hierbei geht es beispielsweise um Stückzahl und Qualität der herzustellenden Ware.

18 a Indizcharakter im Hinblick auf die Annahme einer ANÜberlassung hat es demgegenüber, wenn der Dritte arbeitsrechtliche Weisungen gegenüber den AN ausübt. Das sei nämlich typisch für ANÜberlassungsverträge und nicht für Werkverträge. Insofern hat es indiziellen Charakter, wenn die AN durch Personal des Dritten beaufsichtigt werden. Das kann auch in der Weise geschehen, dass eigene AN des Dritten und die eingesetzten AN in derselben Arbeitsgruppe beschäftigt sind. Die Organisationsgewalt des Dritten ist ein weiteres Indiz für ANÜberlassung. Hierzu zählt es, wenn der Dritte die Zahl der AN, deren Arbeitszeit und deren Urlaubszeit bestimmen kann.

19 Gegen die Rspr. lässt sich der Einwand erheben, dass sie nicht klarstellt, auf welchen Grundgedanken die von ihr vorgenommene Abgrenzung beruht. Eine Vielzahl von Hilfsfaktoren hilft nicht weiter, solange nicht deutlich ist, unter welchem Leitgedanken sie zu sehen sind. Diese unteleologische Betrachtungsweise führt zu Rechtsunsicherheit.

20 bb) **Literatur.** Die Literatur (Darstellung bei *Hamann* S. 92 ff.; *Rosenstein* S. 36 ff., 139 ff.) folgt teils dem BAG (*Becker* DB 1988, 2561, 2565 f.; *Boemke* § 1 Rn. 74 ff.; *v. Hoyningen-Huene* BB 1985, 1669, 1672 f.; *Marschall* NZA 1984, 150 f.; *Marschner* NZA 1995, 668 ff.; *Schaub* NZA 1985, Beil. 3, S. 1, 4 f.), teils legt sie eigene Lösungsansätze zugrunde.

21 *Goebel* (BlStSozArbR 1973, 324) geht vom gesetzlichen Leitbild des Werkvertrages aus. – Entscheidend muss jedoch das Leitbild des ANÜberlassungsvertrages sein. *Ulber* (AuR 1982, 54) hält ANÜberlassungsverträge nur für zulässig, wenn die Arbeit aus dem Beschäftigungsgrundstück ausgeliedert ist oder es um einen eigenen Vertragsgegenstand geht. – Das zielt, ohne Anbindung im Gesetz, darauf ab, diese gesetzlich zulässige Gestaltungsform möglichst zu unterbinden. *Leitner* (NZA 1991, 293) will mit seiner Unterscheidung zwischen Verletzungstatbestand und Umgehungstatbestand den Anwendungsbereich des AÜG unangemessen stark zurückdrängen.

22 Mehrere Autoren sehen als maßgeblich an, ob die **Personalhoheit** auf den AG des Beschäftigungsbetriebes übergeht. Der Gedanke findet sich bei *Eckardt* (JA 1989, 393, 396 ff.), *Dauner-Lieb* (Anm. zu BAG 30. 1. 1993 SAE 1992, 217 ff. und NZA 1992, 817 ff.); *Düwell* (Kasseler Handbuch 4.5. Rn. 149 ff.) und *Walle* (S. 114 ff.). *Schüren* (FS Däubler, 90, 96 ff.; *ders.* WiVerw 2001, 173, 187 f.) stellt wegen der Schwierigkeiten bei der Abgrenzung anhand von Merkmalen bei der ANÜberlassung auf den Werkvertrag ab und sieht in Gewährleistungsrechten ein sicheres Indiz für einen Werkvertrag (vgl. auch BGH 12. 2. 2003 NJW 2003, 1821).

cc) **Stellungnahme.** Sowohl gegen die Rspr. als auch gegen die unterschiedlichen Meinungen in 23 der Literatur lässt sich einwenden, dass der teleologische Ansatz nicht genügend deutlich wird. Wenn es darum geht, eine juristische Definition aufzustellen, gibt es zwei Möglichkeiten: Die eine ist die beschreibende Methode (auch phänomenologische oder ontologische Methode). Dabei wird beschrieben, was der Autor für die typischen Merkmale eines Gegenstandes hält. Für die vorliegende Problematik wird also gefragt: Was ist typisch für einen Werkvertrag, was ist typisch für eine ANÜberlassung? Da sich diese Vorgehensweise am typischen Fall orientiert, führt sie – für den typischen Fall – auch zu richtigen Ergebnissen. Die Brauchbarkeit einer Definition erweist sich jedoch am kritischen Fall, am Grenzfall (Definition, von *finis* = Grenze). Dabei zeigen sich die methodischen Schwächen des nur beschreibenden Vorgehens. Es lässt sich nicht nachvollziehen, warum der eine Autor dieses und der andere Autor jenes Merkmal für typisch und damit im Zweifelsfall für ausschlaggebend hält. Das ist deshalb verständlich, weil man von typisch oder wesentlich immer nur sprechen kann im Hinblick auf eine bestimmte Fragehinsicht. Die einzig zulässige Fragehinsicht für die Auslegung von Gesetzesbegriffen ist aber die nach dem Zweck dieses Gesetzes.

Aus methodischer (und auch aus praktischer) Sicht ist von daher allein ein **teleologisches Vorgehen** 24 zulässig (s. *Wank*, Die juristische Begriffsbildung, 1985). Zwischen den Merkmalen auf der Tatbestandsseite einer Norm und der Rechtsfolgenseite der Norm muss ein Sinnzusammenhang bestehen. Für das AÜG bedeutet das: Welche Tatsachen als Grundlage der Tatbestandsseite haben den Gesetzgeber veranlasst, gerade die im AÜG angeordneten Rechtsfolgen aufzustellen? Anders gefragt, warum braucht man überhaupt ein AÜG und belässt es nicht, wie im übrigen Schuldrecht, bei der Vertragsfreiheit (im Ansatz ebenso [aber mit anderen Folgerungen] Kasseler Handbuch/*Düwell* 4.5. Rn. 149)? Der Grund dafür liegt darin, dass die Beschäftigung bei einem Verleiher für AN mit mehr Gefahren verbunden ist als die Beschäftigung bei einem anderen AG. Wer selbst mit von ihm produzierten Waren oder mit von ihm erbrachten Geldleistungen an den Markt tritt, benötigt und bekommt Kapital und Kredit. Er muss seine Vertragspflichten gegenüber seinen Auftraggebern und gegenüber seinen AN korrekt erfüllen, um am Markt bestehen zu können.

Demgegenüber braucht derjenige, der als Verleiher tätig wird, kein Kapital, keinen Produktions- 25 betrieb und so gut wie kein Büro. Das bringt die **Gefahr** mit sich, dass sich auf diesem Markt **unseriöse Verleiher** tummeln. § 3 I Nr. 1 und 2 lassen erkennen, welche AG nicht zugelassen sein sollen, nämlich unzuverlässige und solche ohne die erforderliche Betriebsorganisation. Damit wird auch klar, worum es bei der ANÜberlassung im Gegensatz zu den anderen Formen drittbezogenen Personaleinsatzes geht, nämlich um die Seriosität des AG und um die Gewährleistung bestimmter Vertragsinhalte, gesichert durch das Erlaubnisverfahren (s. zum Ganzen *Wank* Anm. zu BAG 15. 6. 1983 SAE 1985, 74 ff.; *ders.* RdA 2003, 1 f.; ferner *Rosenstein* S. 203 ff.).

Wenn damit der **Sinnzusammenhang zwischen Tatbestand** (ANÜberlassung) **und Rechtsfolge** 26 (Erlaubniszwang, Kontrolle des Vertragsinhalts) aufgezeigt ist, so muss dieser Sinnzusammenhang auch bei der Abgrenzung zwischen Werkverträgen und ANÜberlassungsverträgen durchschlagen. In einem Zweifelsfall zwischen Werkvertrag und ANÜberlassungsvertrag ist dann ein ANÜberlassungsvertrag zu bejahen, wenn die Ziele des Gesetzes umgangen werden; dagegen kann ein Werkvertrag bejaht werden, wenn die Gefahren nicht bestehen, vor denen das AÜG schützen will. Wer also eine eigene Betriebsorganisation hat, bei dem werden die Gefahren nicht vermutet (vgl. auch BAG 9. 11. 1994 AP AÜG § 1 Nr. 18). Demgegenüber ist die Weisungshoheit während des einzelnen Personaleinsatzes ein schwaches Indiz.

Von daher treffen die beiden von der Rspr. verwandten Leitgedanken – eigene **Betriebsorganisation** 27 und eigene **Personalhoheit** – der Sache nach das Richtige, während die Ansätze in der Literatur, die allein auf die Personalhoheit abstellen, einen wesentlichen Teil des Sinnzusammenhangs von Tatbestand und Rechtsfolge ausblenden.

c) **Abgrenzung zum Dienstvertrag.** In ihrer reinen Form lassen sich Dienstvertrag mit Erfüllungs- 28 gehilfen und ANÜberlassungsvertrag klar unterscheiden. Beim Dienstvertrag schuldet der Dienstnehmer eine bestimmte Dienstleistung, die er, wenn ihm das nach dem Vertrag entgegen § 613 S. 1 BGB erlaubt ist, auch durch Erfüllungsgehilfen erbringen kann. Die Erfüllungsgehilfen arbeiten dabei nach Weisung des Dienstnehmers. Demgegenüber stellt bei einem ANÜberlassungsvertrag der Verleiher die AN für bestimmte (Werk- oder) Dienstleistungen zur Verfügung, die sie nach Weisung des Entleihers verrichten. Dabei steht der Dienstvertrag mit Erfüllungsgehilfen dem ANÜberlassungsvertrag noch näher als der Werkvertrag.

Die **Rspr.** legt im Wesentlichen dieselben Abgrenzungskriterien zugrunde wie im Verhältnis Werk- 29 vertrag zu ANÜberlassungsvertrag (betr. Eingliederung und Weisungsrecht s. BAG 8. 11. 1978 AP AÜG § 1 Nr. 2; 28. 11. 1989 AP AÜG § 14 Nr. 5). Allerdings können die Kriterien Erfolg, Gewährleistung und Vergütungsgefahr hier nicht herangezogen werden.

Die **Literatur** stimmt wiederum teils dem BAG zu, teils legt sie abw. Kriterien zugrunde (*Becker* 30 ZfA 1978, 131, 143 f.; *ders.* DB 1988, 2561, 2566; *Becker/Wulfgramm* § 12 AÜG Rn. 37 ff.; *Hamann* S. 129 ff.; *Sandmann/Marschall* Rn. 21 ff.; *Schüren* Rn. 225 ff.).

det (vgl. dazu *Bastong* Arbeitgeber 1998, 284). Arbeitslose, insb. Schwervermittelbare, erhalten einen Arbeitsvertrag und werden in andere Betriebe verliehen mit dem Ziel, sie in feste Arbeitsstellen zu vermitteln. Die Differenz aus Verleihgebühr und tatsächlichen Personalkosten wird durch Sondermittel von Bund oder Land finanziert (s. Kasseler Handbuch/*Düwell* 4.5 Rn. 17f.).

52 **5. Personal-Service-Agenturen.** Im Anschluss an das Gutachten der sog Hartz-Kommission wurde durch das Erste Gesetz für moderne Dienstleistungen am Arbeitsmarkt vom 23. 12. 2002 (BGBl. I S. 4607) in § 37c SGB III die Einrichtung von Personal-Service-Agenturen normiert. Deren Aufgabe ist es nach § 37c I 2, „eine Arbeitnehmerüberlassung zur Vermittlung von Arbeitslosen in Arbeit durchzuführen sowie ihre Beschäftigten in verleihfreien Zeiten zu qualifizieren und weiterzubilden." Die PSA sollen jedoch gewinnorientiert am Markt auftreten (s. zu Einzelheiten *Bauer/Krets* NJW 2003, 537, 540; *Reipen* BB 2003, 787; *ders.* in Schüren, 2. Aufl., Anhang; *Ulber* AuR 2003, 7, 13ff.; *Wank* RdA 2003, 1, 6ff.), so dass sie keine gemeinnützige ANÜberlassung betreiben.

VII. Arbeitnehmerüberlassung und Arbeitsvermittlung, § 1 II

53 **1. Abgrenzung.** ANÜberlassung und Arbeitsvermittlung (zur Neuregelung der Arbeitsvermittlung s. *Kossens* DB 2002, 843) lassen sich grds. klar voneinander abgrenzen (s. *Boemke* Rn. 65; *Ulber* AuR 2001, 451, 455f.). Bei der ANÜberlassung stellt der Schuldner bei ihm beschäftigte AN einem anderen zur Arbeitsleistung zur Verfügung, wobei er deren AG bleibt (vgl. § 1 I 1). Die Arbeitsvermittlung wird in § 35 I 2 SGB III dahingehend legaldefiniert, das sie alle Tätigkeiten umfasst, „die darauf gerichtet sind, Ausbildungssuchende mit AG zur Begründung eines Ausbildungsverhältnisses und Arbeitsuchende mit AG zur Begründung eines Beschäftigungsverhältnisses zusammenzuführen", ohne dass es hierbei darauf ankommt, ob der angestrebte Vermittlungserfolg auch tatsächlich eintritt (*Marschner* AR-Blattei SD Nr. 215). Von daher kann eine ANÜberlassung zwar legal oder illegal sein; aber eine illegale ANÜberlassung wird dadurch nicht zur Arbeitsvermittlung (ebenso *Boemke/Lembke* DB 2002, 895). Dementspr. ist durch das AFRG auch die Abgrenzung zur Arbeitsvermittlung in § 1 AÜG weggefallen (s. Begründung zum AFRG, BT-Drucks. 13/4941 S. 247). Dennoch stellt § 1 II (weiterhin) die (wenigstens für die nichtgewerbliche Arbeitnehmerüberlassung BAG 21. 3. 1990 E 65, 43, 56 = SAE 1991, 149 m. Anm. *Gitter*) widerlegbare Vermutung auf, dass eine den gesetzlichen Anforderungen nicht genügende ANÜberlassung Arbeitsvermittlung sei (allg. zur Vermutung *Behrend* BB 2001, 2641 ff.). Die schon vorher nicht an das Job-AQTIV-Gesetz v. 10. 12. 2001 (BGBl. I S. 3443) angepasste Bezugnahme auf eine Vertragsdauer von mehr als zwölf Monaten (dazu 2. Aufl. § 1 Rn. 51) wurde durch das Erste Gesetz für moderne Dienstleistungen am Arbeitsmarkt v. 23. 12. 2002 (BGBl. I S. 4607) gestrichen.

54 Die Regelung des § 1 II ist **historisch** erklärbar, wenn sie auch weder früher sinnvoll war noch heute sinnvoll ist (krit. auch *Schüren* Rn. 332, 518; *Boemke* BB 2000, 2524f.). Zu der Zeit, als es einerseits das AÜG noch nicht gab und andererseits das BVerfG festgestellt hatte, dass es eine erlaubte Form der ANÜberlassung geben müsse (BVerfG 4. 4. 1967 E 21, 261 ff.), unterstellte das BSG Fälle unzulässiger ANÜberlassung den Vorschriften über die Arbeitsvermittlung (BSG 29. 7. 1990 AP AVAVG § 36 Nr. 9). Obwohl dieser Systembruch seit der Schaffung des AÜG überholt ist, hat § 1 II ihn festgeschrieben.

55 Noch aus einem anderen Grund ist die Vorschrift überholt. Bis zum 1. 1. 1994 bestand ein **Arbeitsvermittlungsmonopol** der BA nach § 4 AFG, mit einer eng begrenzten Ausnahme in § 23 AFG. Wenn also Arbeitsvermittlung vermutet wurde, so war die Rechtsfolge Unzulässigkeit dieser Betätigung. Inzwischen wurde jedoch durch das Erste Gesetz zur Umsetzung des Spar-, Konsolidierungs- und Wachstumsprogramms (1. SKWPG) v. 21. 12. 1993 (BGBl. I S. 2353) das Arbeitsvermittlungsmonopol der BA eingeschränkt. Seitdem können auch Private sowohl nichtgewerbsmäßige als auch gewerbsmäßige Arbeitsvermittlung betreiben (§§ 291 ff. SGB III, geändert seit dem 24. 3. 2002, BGBl. I S. 1130). – Der Gesetzgeber hat aber jedenfalls an der Unterscheidung zwischen ANÜberlassung und Arbeitsvermittlung festgehalten, weil zum einen unterschiedliche Zulassungsvoraussetzungen bestehen (Verleiherlaubnis oder Erlaubnis zur Arbeitsvermittlung) und weil die Rechtsfolgen unterschiedlich sind (AGStellung des Verleihers, aber nicht des Vermittlers; s. Begr. zum AFRG, BT-Drucks. 13/4941 S. 249).

56 § 1 II war bis zum AFRG vom 24. 3. 1997 in Zusammenhang mit **§ 13 aF** zu sehen, der einen Teil der Rechtsfolgen betraf. Die Vorschrift wurde aber durch das AFRG aufgehoben (dazu § 13 Rn. 3f.).

57 **2. Vermutung.** § 1 II enthält eine widerlegbare Vermutung (*Becker/Wulfgramm* Rn. 48; *Behrend* BB 2001, 2641, 2642; *Sandmann/Marschall* Rn. 61; *Schüren* Rn. 520; *Schüren/Behrend* NZA 2003, 521, 525f.). Wenn die BA dem AG einen der in Abs. 2 genannten Verstöße nachweist, so gilt seine Tätigkeit als Arbeitsvermittlung. Das betrifft sowohl die gewerbsmäßige als auch die nichtgewerbsmäßige ANÜberlassung (BAG 21. 3. 1990 AP AÜG § 1 Nr. 15 = NZA 1991, 269; *Becker/Wulfgramm* Rn. 46a; *Sandmann/Marschall* Rn. 53; *Schüren* Rn. 525).

58 Der AG kann die **Vermutung widerlegen.** So kann er nachweisen, dass der Verstoß einmalig war oder von geringem Gewicht. Ist die Vermutung widerlegt, so handelt es sich nicht um Arbeitsvermitt-

lung, sondern um ANÜberlassung. Ihre Zulässigkeit ist nach dem AÜG zu beurteilen (s. zur illegalen ANÜberlassung Einl. Rn. 68 ff.).

Wurde die Vermutung **nicht widerlegt,** so liegt kraft Gesetzes eine Arbeitsvermittlung vor. Hatte 59 der AG nur eine Erlaubnis zur ANÜberlassung, aber keine zur Arbeitsvermittlung (§ 291 SGB III), so kann ihm die Erlaubnis nach § 5 I Nr. 3 entzogen werden. Hatte der AG keine Erlaubnis zur ANÜberlassung, so entsteht kraft Gesetzes ein Arbeitsverhältnis zum Entleiher, wie bei der illegalen ANÜberlassung (so – noch vor der Abschaffung des § 13 und unter Berufung auf diese Vorschrift – BAG 10. 2. 1977 AP BetrVG 1972 § 103 Nr. 9; 23. 11. 1988 AP AÜG § 1 Nr. 14 m. Anm. *van Venrooy*; 21. 3. 1990 AP AÜG § 1 Nr. 15; *Becker/Wulfgramm* Rn. 51 e; *Sandmann/Marschall* Rn. 67; *Schüren* Rn. 595; für die Begründung eines Doppelarbeitsverhältnisses *Engelbrecht* S. 116 ff.; *Schüren* § 13 Rn. 53 ff.; *ders.* WiVerw 1996, 245, 255 f.; wohl auch BAG 15. 4. 1999 AP AÜG § 13 Nr. 1 m. Anm. *Urban* = NZA 2000, 102, 103). Sofern zwischen Verleiher und LeihAN ein Arbeitsvertrag geschlossen wurde, der aber unwirksam ist, da der Verleiher weder AG eines Arbeitsverhältnisses noch eines Leiharbeitsverhältnisses ist (*Behrend* BB 2001, 2641, 2643). Dies gilt auch nach Aufhebung von § 13 aF, doch ist das keine Folge der Vermutung. Vielmehr hat die Arbeitsvermittlung gem. § 1 II arbeitsrechtlich keine Auswirkungen mehr; die Rechtsfolgen treten nicht nach § 1 II, sondern nach §§ 9 Nr. 1, 10 ein (*Boemke* BB 2000, 2524).

VIII. Abordnung zu einer Arbeitsgemeinschaft, § 1 I 2 und 3

Unter bestimmten Voraussetzungen sind Fälle der Abordnung von AN zu einer Arbeitsgemein- 60 schaft des Baugewerbes von der Geltung des AÜG ausgenommen. **Zweck des Gesetzes** ist es, diese wirtschaftlich sinnvolle Form der Zusammenarbeit zu erleichtern (BT-Drucks. 10/4211 S. 32 f.). Durch die Fassung der Regelung wird gewährleistet, dass nur AG betroffen sind, die im Übrigen einen eigenen Betrieb unterhalten, so dass reine Verleihfirmen nicht von der Ausnahmevorschrift profitieren können. Im Übrigen wird der Sozialschutz der freigestellten AN durch die Bestimmungen des einschlägigen TV (BRTV-Bau) gewährleistet.

1. Voraussetzungen. § 1 I 2 stellt für die Herausnahme aus dem Gesetz folgende Voraussetzungen 61 auf: (a) Arbeitsgemeinschaft, (b) zum Zwecke der Herstellung eines Werks, (c) Mitgliedschaft des AG in der Arbeitsgemeinschaft, (d) Geltung eines TV für alle Mitglieder der Arbeitsgemeinschaft, (e) Verpflichtung aller Mitglieder zur selbständigen Erbringung von Vertragsleistungen, (f) Abordnung.

a) Arbeitsgemeinschaft. Das Gesetz sieht für die Arbeitsgemeinschaft (zur Arbeitsgemeinschaft s. 62 *Schwab* AR-Bl. SD 370.6) keine bestimmte Rechtsform vor. Insofern wäre auch eine Arbeitsgemeinschaft in Form einer GmbH möglich. In der Praxis sind Arbeitsgemeinschaften in aller Regel GbR iSv. §§ 705 ff. BGB. Welche Rechtsform die Mitglieder haben, ist gleichgültig (vgl. *Sandmann/Marschall* Rn. 52 f.; *Ulber* Rn. 181).

b) Herstellung eines Werks. Voraussetzung für die GbR ist nach § 705 BGB, dass ein gemeinsamer 63 Zweck verfolgt wird. Insoweit ist allerdings wegen § 1 I 2 zwischen Geschäftsbereich und Zweck zu unterscheiden. Der Geschäftsbereich der Arbeitsgemeinschaft kann in jeder beliebigen Branche liegen. So kann die Arbeitsgemeinschaft im Hinblick auf Großanlagen oder Montagen, aber auch im Hinblick auf Forschungsvorhaben gegründet worden sein. Die Privilegierung nach dem AÜG setzt jedoch voraus, dass der Zweck in der Herstellung eines Werkes liegt. Dabei ist der Ausdruck „Werk" iSv. § 631 BGB zu verstehen (ebenso *Sandmann/Marschall* Rn. 52 h; *Schüren* Rn. 461). Damit sind Arbeitsgemeinschaften ausgeschlossen, deren Zweck auf die Erfüllung einer Dienstleistung gerichtet ist.

c) Mitglied der Arbeitsgemeinschaft. Der AG muss Mitglied der Arbeitsgemeinschaft sein. Es 64 genügt also nicht, wenn er auf Grund eines Werkvertrages oder eines Dienstvertrages für die Arbeitsgemeinschaft tätig wird.

d) Geltung für alle Mitglieder. TV desselben Wirtschaftszweiges müssen für alle Mitglieder der 65 Arbeitsgemeinschaft gelten. Im TVRecht sind allerdings andere Geltungsbegriffe üblich, insb. der Begriff „fachliche Geltung" (s. *Wiedemann/Wank* § 4 Rn. 96 ff., 137, 174 ff.). Demgegenüber ist der Begriff „Tarifverträge desselben Wirtschaftszweiges" ein spezifisches Merkmal des AÜG. Bei teleologischer Auslegung erscheint es als angemessen, hierbei auf die Untergliederung des DGB zurückzugreifen (ebenso *Becker/Wulfgramm* Rn. 105; *Sandmann/Marschall* Rn. 52 k; *Schüren* Rn. 468 ff.).

Diese **TV müssen für alle Mitglieder der Arbeitsgemeinschaft gelten.** Diese Geltung kann einmal 66 dadurch eintreten, dass der AG Mitglied des vertragsschließenden AGVerbandes ist, § 3 TVG, oder dass der TV für allgemeinverbindlich erklärt worden ist, § 5 TVG. Zweifelhaft ist, ob der Ausdruck „gelten" nur diese Formen erfasst, oder ob auch eine Geltung kraft Vereinbarung ausreicht (abl. *Schüren* Rn. 472, 488). Praktisch ist eine derartige Geltungsvereinbarung allerdings schon dann nicht möglich, wenn der AG und ein AN bereits einem bestimmten anderen TV unterfallen. Möglich ist jedoch, dass ein nicht tarifgebundener AG die Geltung eines TV für das Arbeitsverhältnis mit einem zu einer Arbeitsgemeinschaft abgeordneten AN vereinbart, da der Wortlaut dies zulässt und der Sozialschutz des AN erreicht würde (s. auch *Boemke* Rn. 114).

67 Nach Auffassung des EuGH **verstieß** § 1 I 2 insoweit **gegen** die Dienstleistungsfreiheit nach **Art. 43 EGV**, als danach Unternehmen aus EG-Mitgliedstaaten ebenfalls deutschen Tarifverträgen unterliegen müssen, was eine Niederlassung in Deutschland erfordert (EuGH 25. 10. 2001 C-493/99 AP Art. 49 EG Nr. 3 = EuZW 2001, 757 = EAS Art. 59 EG-Vertrag Nr. 43 = NZA 2001, 1299). Diese Voraussetzung hebe im Ergebnis die Dienstleistungsfreiheit auf, die Beschränkungen für solche Personen beseitigen soll, die keine Niederlassung in dem Staat haben. Zwar könne der freie Dienstleistungsverkehr aus zwingenden Gründen des Allgemeininteresses beschränkt werden; doch sei im vorliegenden Fall nicht nachgewiesen, dass das Erfordernis einer Niederlassung im Mitgliedstaat unterschiedslos jedes Unternehmen der Arbeitsgemeinschaft erfüllen müsse, um den sozialen Schutz der AN des Baugewerbes zu erreichen. Diese Bedenken wurden durch die **neu** ins Gesetz eingefügte Regelung in § 1 I 3 ausgeräumt. Arbeitgeber mit Geschäftssitz im Ausland in einem anderen Mitgliedstaat des Europäischen Wirtschaftsraumes brauchen nicht demselben Tarifvertrag zu unterliegen wie die anderen Mitglieder der Arbeitsgemeinschaft. Allerdings müssen die sonstigen Voraussetzungen des § 1 I 2 erfüllt sein.

68 e) **Selbständige Erledigung von Vertragsleistungen.** Die Mitglieder der Arbeitsgemeinschaft müssen zur selbständigen Erledigung von Vertragsleistungen verpflichtet sein. Damit ist die Rechtsbeziehung zwischen dem Vertragspartner der Arbeitsgemeinschaft und dem Mitglied der Arbeitsgemeinschaft gemeint. Gegenüber der Arbeitsgemeinschaft ist das Mitglied auf Grund des Gesellschaftsvertrages zur Erbringung von Leistungen verpflichtet.

69 f) **Abordnung.** Voraussetzung ist des Weiteren die Abordnung des AN an eine derartige Arbeitsgemeinschaft. Der Ausdruck Abordnung wird im AÜG nicht definiert; er stammt aus dem Beamtenrecht. Auf das AÜG übertragen bedeutet er, dass das Arbeitsverhältnis zum Mitglied der Arbeitsgemeinschaft fortbesteht und der AN vorübergehend bei der Arbeitsgemeinschaft eingesetzt wird. Diese Abordnung ist gegen zwei andere Fälle abzugrenzen:

69 a § 1 I 2 geht davon aus, dass eigentlich eine ANÜberlassung iSv. S. 1 vorliegt. Gesetzestechnisch liegt eine Fiktion vor; die Formulierung „ist keine ANÜberlassung" ist daher irreführend; gemeint ist „gilt nicht als ANÜberlassung". An einer ANÜberlassung iSv. S. 1 fehlt es aber, wenn der AG selbst das Direktionsrecht weiterhin bei der Arbeitsleistung im Rahmen der Arbeitsgemeinschaft ausübt. Es fehlt dann schon an den Voraussetzungen des § 1 I 1 (ebenso *Schüren* Rn. 499).

69 b Möglich ist auch eine **Freistellung** nach den TV des Baugewerbes. Während bei der ANÜberlassung der Überlassende weiterhin AG bleibt, wird nach diesen TV vorübergehend ein Arbeitsverhältnis zwischen der Arbeitsgemeinschaft und dem überlassenen AN begründet. Auch dann greift § 1 I 2 AÜG nicht ein.

70 **2. Rechtsfolgen.** Sind alle Voraussetzungen erfüllt, greift das gesamte AÜG nicht ein. Fehlt auch nur eine dieser Voraussetzungen, ist die ANÜberlassung – sofern sie ohne Erlaubnis erfolgt – illegal, ggf. nach § 1 b.

IX. Arbeitnehmerüberlassung zur Vermeidung von Kurzarbeit und Entlassungen, § 1 III Nr. 1

71 Abs. 3 nimmt drei Fallgestaltungen vom Geltungsbereich des AÜG aus, die arbeitsplatzsichernde ANÜberlassung in Nr. 1, die konzerninterne ANÜberlassung in Nr. 2 und die Überlassung ins Ausland in Nr. 3. Zweck der Regelung in Nr. 1 ist es, eine in der Praxis bewährte Form von „Nachbarschaftshilfe" zu legalisieren (Prot. Nr. 45 des 11. BT-Ausschusses v. 16./17. 1. 1985, S. 307 ff., zit. bei *Sandmann/Marschall* Rn. 69).

72 **1. Voraussetzungen.** Die Vorschrift hat folgende Struktur: Wenn (a) ein Tarifvertrag, (b) der für Verleiher und Entleiher gilt, (c) für AG desselben Wirtschaftszweiges, (d) zur Vermeidung von Kurzarbeit oder Entlassungen vorsieht, dass das AÜG nicht gelten soll, dann ist das AÜG nicht anzuwenden.

73 a) **Tarifvertrag.** Das Gesetz begnügt sich nicht damit, bestimmte materielle Voraussetzungen für die Zulässigkeit dieser Form von Nachbarschaftshilfe aufzustellen, sondern bindet sie zusätzlich an das Bestehen eines entspr. TV. § 1 III Nr. 1 enthält insoweit eine Ermächtigungsgrundlage für TVParteien. Dabei sind die übrigen Tatbestandsvoraussetzungen der Regelungsmacht der TVPen entzogen. Sie können nur – für den Fall, dass die übrigen Tatbestandsvoraussetzungen vorliegen – regeln, dass das AÜG nicht gelten soll. Demgegenüber meint *Schüren* (Rn. 679 ff.), bezüglich des Merkmals „zur Vermeidung von Kurzarbeit oder Entlassungen" hätten die TVParteien einen Regelungsspielraum, hinsichtlich der anderen Merkmale dagegen nicht. – Diese Differenzierung steht mit dem Gesetz nicht in Einklang.

74 b) **Geltung für Verleiher und Entleiher.** Der TV muss sowohl für den Verleiher als auch für den Entleiher gelten. Insoweit ist streitig, ob es sich um denselben TV für Verleiher und Entleiher handeln muss oder ob für Verleiher und Entleiher verschiedene TV gelten können, die je für sich eine Ausnahme vom AÜG vorsehen. Nach *Schüren* (Rn. 695 ff.) braucht nicht derselbe TV zu gelten. Dem

Schutzzweck des Gesetzes sei auch genügt, wenn der TV sowohl des Verleihers als auch der des Entleihers die Nichtgeltung vorsähen. – Dem kann nicht zugestimmt werden (aA auch *Becker/Wulfgramm* Rn. 111). Der TV trifft seine Abgrenzung nicht abstrakt, sondern für Ausleihverträge zwischen den ihm angehörenden Verbandsmitgliedern. Auch könnten, würde man der Gegenansicht folgen, die Tatbestandsvoraussetzungen in den beiden TV unterschiedlich geregelt sein. – Zuzugeben ist der Gegenansicht, dass die Beschränkung auf AG desselben Wirtschaftszweiges wenig Sinn ergibt, wenn ohnehin derselbe TV gilt.

Der TV muss (für Verleiher und Entleiher) **gelten**. Das ist unstreitig dann der Fall, wenn der 75 Verleiher entweder selbst TVP oder Mitglied des tarifschließenden Verbandes ist (§ 3 TVG) oder wenn der TV für allgemeinverbindlich erklärt worden ist (§ 5 TVG). Umstritten ist, ob ein nicht auf diese Weise tarifgebundener AG die Geltung des einschlägigen TV individualrechtlich vereinbaren kann. Das ist zu bejahen (ebenso *Schüren* Rn. 709 ff.; aA *Becker/Wulfgramm* Rn. 111). Diese Auslegung entspricht der Regelung in § 622 II 2 BGB, § 22 II TzBfG, § 17 III 2 BetrAVG, § 13 I 2 BUrlG, § 4 IV EFZG, § 3 I Nr. 3 S. 3 AÜG nF).

c) **AG desselben Wirtschaftszweiges.** Das Merkmal desselben Wirtschaftszweiges ist weit auszule- 76 gen (MünchArbR/*Marschall* § 174 Rn. 66).

d) **Zur Vermeidung von Kurzarbeit oder Entlassungen.** Ausgenommen sind nur ANÜberlassun- 77 gen zur Vermeidung von Kurzarbeit oder Entlassungen. Nach *Schüren* ist dieses Merkmal insoweit tarifdispositiv, als der TV selbst regeln könne, was Kurzarbeit oder Entlassung iS dieser Bestimmung sei (*Schüren* Rn. 679). Diese Auffassung ist abzulehnen. Vielmehr sind die Begriffe „Kurzarbeit" und „Entlassung" vom AÜG vorgegeben. Allerdings werden die Begriffe im AÜG selbst nicht definiert. Hinsichtlich des Merkmals Kurzarbeit kann jedoch davon ausgegangen werden, dass damit die Kurzarbeit iSv. §§ 169 ff. SGB III gemeint ist. Da es um die Vermeidung und nicht um die Durchführung von Kurzarbeit geht, kann auch nur auf die materiell-rechtlichen Voraussetzungen nach dem SGB III abgestellt werden (§ 169 Nr. 1–3 SGB III) und nicht auf die verfahrensrechtlichen Voraussetzungen, wie die Anzeige (§ 169 Nr. 4).

Auch der Begriff „**Entlassungen**" ist im AÜG nicht definiert. Nach dem Gesetzeszweck muss es 78 sich um eine drohende Maßnahme aus betrieblichen Gründen handeln. Aus Gründen der Einheit der Rechtsordnung liegt eine Anknüpfung an § 17 KSchG und § 112 a BetrVG nahe (ebenso *Becker/Wulfgramm* Rn. 107; *Schüren* Rn. 663).

Die ANÜberlassung muss **zur Vermeidung** von Kurzarbeit oder Entlassungen erfolgen. Insoweit 79 findet eine zweifache Prüfung statt. Um Umgehungen zu verhindern, genügt nicht die subjektive Absicht des Verleihers, sondern die ANÜberlassung muss objektiv geeignet sein, Kurzarbeit oder Entlassungen zu verhindern (*Schüren* Rn. 668). Für Kurzarbeit bestimmt das SGB III bereits, dass nur vorübergehende, nicht branchentypische Arbeitsausfälle gemeint sind, § 170 SGB III. Derselbe Gedanke gilt auch im Hinblick auf Entlassungen: Nur wenn ein vorübergehender Arbeitsausfall vorliegt und durch die ANÜberlassung die Arbeitsplätze gerettet werden können, greift die Ausnahmevorschrift ein, nicht dagegen, wenn die Arbeitsplätze voraussichtlich ohnehin auf Dauer entfallen (*Schüren* Rn. 672 ff.).

2. Rechtsfolgen. Wenn die genannten tatbestandlichen Voraussetzungen vorliegen, ist das AÜG nicht 80 anwendbar. Nach Ansicht der Literatur gilt das auch für die anderen Artikel des AÜG als Artikelgesetz (*Becker/Wulfgramm* Rn. 103; *Sandmann/Marschall* Rn. 71; *Schüren* Rn. 775). Nach der Gesetzesänderung von März 1996 ist aber zwischen dem Artikelgesetz und dem AÜG selbst zu unterscheiden, so dass jedenfalls das Wortlautargument („dieses Gesetz") nicht mehr trägt; vom Sinn der Regelung her bleibt es aber dabei, dass z B die Anwendung des § 28 a IV SGB IV ausgeschlossen ist.

Durch die Neuregelung durch das AFRG wurde in der Einleitung zu Abs. 3 eingefügt „mit 81 Ausnahme des § 1 b Satz 1". Die heute in § 1 b S. 1 enthaltene Bestimmung befand sich vorher in § 12 a AFG und damit außerhalb des AÜG; da insoweit an der Rechtsfolge (Abs. 3 nicht als Ausnahme zu § 12 a AFG) nichts geändert werden sollte, musste § 1 b S. 1 ausdrücklich ausgenommen werden (Begründung zum AFRG, BT-Drucks. 13/4941 S. 248).

X. Konzerninterne Arbeitnehmerüberlassung, § 1 III Nr. 2

Zweck der Ausnahmevorschrift ist es, bürokratische Förmlichkeiten in einem Fall zu vermeiden, in 82 dem der Schutzzweck des Gesetzes auch ohne Erlaubnis gewährleistet ist. Die Vorschrift ist wie folgt strukturiert: Wenn Verleiher und Entleiher demselben Konzern angehören und die ANÜberlassung vorübergehend erfolgt, dann ist das Gesetz nicht anzuwenden.

1. Konzern. Hinsichtlich des Konzernbegriffs verweist das Gesetz selbst auf § 18 AktG. Auf die 83 Rechtsform der Unternehmen kommt es nicht an; es braucht sich nicht um Aktiengesellschaften oder KGaA zu handeln (allgA).

Der Konzernbegriff setzt sich aus zwei **Untermerkmalen** zusammen, nämlich mindestens zwei 84 rechtlich selbständige Unternehmen und unter einheitlicher Leitung.

Auf die Art des Konzerns kommt es dabei nicht an, also darauf, ob ein Unterordnungskonzern vorliegt (§§ 17, 18 I AktG) oder ein Gleichordnungskonzern (§ 18 II AktG), ob ein Vertragskonzern oder ein sog. faktischer Konzern. Die Konzernunternehmen müssen **rechtlich selbständig** sein. Ein Konzern liegt auch dann vor, wenn mehrere Unternehmen gemeinschaftlich ein anderes, rechtlich selbständiges Unternehmen haben (Gemeinschaftsunternehmen). Dagegen liegt beim gemeinsamen Betrieb mehrerer Unternehmen kein Konzern vor (*Schüren* Rn. 737).

85 Die rechtlich selbständigen Unternehmen müssen **unter einheitlicher Leitung** stehen. In Betracht kommt entweder ein Unterordnungskonzern oder ein Gleichordnungskonzern, § 18 II AktG. Beim vertraglichen Unterordnungskonzern beruht die Leitung auf einem Beherrschungsvertrag, § 291 AktG, oder auf einer Eingliederung, § 319 AktG. Beim faktischen Unterordnungskonzern fehlt es an einem Vertrag. Wenn aber bestimmte Indizien vorliegen, wird nach § 18 I 3 AktG das Vorliegen eines Konzerns vermutet. Beim Gleichordnungskonzern kann sich die einheitliche Leitung aus dem Gleichordnungsvertrag ergeben.

86 Der Arbeitseinsatz muss **zwischen den Konzernunternehmen** erfolgen. Dabei ist es unerheblich, ob vom beherrschenden an das abhängige Unternehmen ausgeliehen wird oder umgekehrt. Beim Gemeinschaftsunternehmen liegt jeweils ein Konzern mit einer der Mütter vor. Soweit in dieser Beziehung AN verliehen werden, greift § 1 III Nr. 2 ein. Dagegen gilt die Ausnahmebestimmung nicht, soweit die Mütter untereinander AN ausleihen, da zwischen ihnen kein Konzern besteht (*Schüren* Rn. 746).

87 § 1 III 1 sagt ausdrücklich, dass es sich um einen Fall der ANÜberlassung handelt. Individualrechtlich ist Voraussetzung, dass der AG zur Versetzung, insb. auf Grund eines konzernrechtlichen **Versetzungsvorbehalts**, berechtigt ist (*Wank/Jansen*, Lean Management und Business Reengineering aus arbeitsrechtlicher Sicht, 1995, S. 93 ff.).

88 § 1 III Nr. 2 findet auch in den Fällen Anwendung, in denen Kommunen ihre Organisation zT privatisieren und alle oder jedenfalls die Mehrheit der Anteile der AG, GmbH oder sonstigen Gesellschaft halten; die Kommunen üben als „herrschende Unternehmen" eine einheitliche Leitung aus (*Plander* NZA 2002, 69, 71).

89 **2. Vorübergehende Überlassung.** Die ANÜberlassung darf nur vorübergehend erfolgen. Zur Konkretisierung dieses Merkmals kann nicht auf eine bestimmte Zeitangabe zurückgegriffen werden. Mit dem BAG (5. 5. 1988 AP AÜG § 1 Nr. 8) ist das Merkmal vorübergehend zwar weit auszulegen, jedoch wird nur die langfristige, nicht aber die endgültig geplante ANÜberlassung von der Anwendung des AÜG ausgenommen (vgl. Hess. LAG 26. 5. 2000 DB 2000, 1968). Entscheidend ist, ob der AN nach der zugrunde liegenden Regelung in sein ursprüngliches Unternehmen zurückkehren soll oder ob er endgültig aus diesem Unternehmen ausscheidet (vgl. *B. Gaul* BB 1996, 1224; *Martens* DB 1985, 2144, 2149; *Rüthers/Bakker* ZfA 1990, 245, 298 f.; *Schüren* Rn. 752; *Wank/Jansen*, Lean Management, S. 108 f.; *Wiedemann* Anm. zu BAG 5. 5. 1988 AP AÜG § 1 Nr. 8).

90 **3. Rechtsfolgen.** Wegen der Rechtsfolgen wird auf Rn. 80 verwiesen. Wenn auch § 14 nicht gilt, so wird nach dem Zweck der Regelung die Anwendbarkeit des § 99 BetrVG im Entleiherbetrieb nicht ausgeschlossen (*Schüren* Rn. 773; aA *Becker/Wulfgramm* Rn. 104; *Sandmann/Marschall* Rn. 71). Bezüglich § 1 b wird auf Rn. 81 verwiesen.

XI. Überlassung ins Ausland, § 1 III Nr. 3

91 Durch das AFRG ist der Katalog der Ausnahmen durch Nr. 3 erweitert worden. Die Vorschrift betrifft die Übersendung eines oder mehrerer AN durch ein Unternehmen mit Geschäftssitz in Deutschland in das Ausland. Ein Verleih vom Ausland nach Deutschland wird von dieser Vorschrift nicht betroffen.

92 Voraussetzung für die Ausnahme vom AÜG ist, dass der Verleih an ein deutsch-ausländisches **Gemeinschaftsunternehmen** erfolgt, das auf der Grundlage zwischenstaatlicher Vereinbarungen gegründet worden ist, und dass der deutsche Verleiher daran einen Anteil hält. Als Beispiel kann der deutsch-chinesische Vertrag über die Förderung und den gegenseitigen Schutz von Kapitalanlagen vom 7. 10. 1983 (BGBl. 1985 II S. 30) genannt werden. Ob der entsandte AN Deutscher oder Ausländer ist, ist gleichgültig. Auch kommt es weder auf die Dauer der Überlassung noch auf die Größe des Anteils an, den der deutsche Verleiher am Gemeinschaftsunternehmen hält (vgl. Begründung zum AFRG, BT-Drucks. 13/4941 S. 248).

§ 1 a Anzeige der Überlassung

(1) Keiner Erlaubnis bedarf ein Arbeitgeber mit weniger als 50 Beschäftigten, der zur Vermeidung von Kurzarbeit oder Entlassungen an einen Arbeitgeber einen Arbeitnehmer bis zur Dauer von zwölf Monaten überläßt, wenn er die Überlassung vorher schriftlich dem für seinen Geschäftssitz zuständigen Landesarbeitsamt angezeigt hat.

IV. Rechtsfolgen § 1a AÜG 140

(2) In der Anzeige sind anzugeben
1. Vor- und Familiennamen, Wohnort und Wohnung, Tag und Ort der Geburt des Leiharbeitnehmers,
2. Art der vom Leiharbeitnehmer zu leistenden Tätigkeit und etwaige Pflicht zur auswärtigen Leistung,
3. Beginn und Dauer der Überlassung,
4. Firma und Anschrift des Entleihers.

I. Gesetzeszweck

Ebenso wie § 1 I 2, § 1 III Nr. 1 und Nr. 2 enthält § 1a eine Ausnahme von dem allg. Erlaubniserfordernis. Wie § 1 III Nr. 1 betrifft die Vorschrift die „Kollegenhilfe". Anders als in § 1 III Nr. 1 kommt es nicht darauf an, dass ein TV die Überlassungsmöglichkeit vorsieht. Das einschränkende Merkmal „AG desselben Wirtschaftszweiges" ist jetzt nur noch in § 1 III Nr. 1 enthalten, während dieser Passus in § 1 a nunmehr entfallen ist. 1

II. Geltungsbereich

1. Persönlicher Geltungsbereich. Die Vorschrift gilt seit der Änderung durch Gesetz v. 24. 3. 1997 für AG mit weniger als fünfzig Beschäftigten (vorher: weniger als zwanzig), wobei die Beschäftigtenzahl im Zeitpunkt der Überlassung gegeben sein muss. Sie gilt nicht für diejenigen AG, die eine Überlassungserlaubnis haben (BT-Drucks. 11/4952 S. 12). Das ist deshalb wichtig, weil diese AG anderenfalls, wenn sie die Erlaubnis nur unter Bedingungen oder Auflagen erhalten haben, auf § 1a ausweichen könnten. 2

Wie der Kreis der „**Beschäftigten**" abzugrenzen ist, ist deshalb zweifelhaft, weil die arbeitsrechtlichen Gesetze in der Regel von „AN" und nicht von „Beschäftigten" sprechen (s. jedoch § 2 II ArbSchG). § 1 a I spricht beim Schwellenwert von Beschäftigten, beim Überlassenen vom „AN" (Abs. 2 Nr. 1 und 2: „LeihAN"). Insoweit könnte „Beschäftigter" der weitere Begriff sein. 3

Sowohl zu den Beschäftigten als auch zu den AN gehören die **Arbeiter und Angestellten**. Auch geringfügig Beschäftigte gehören dazu. Auszubildende sind beim Schwellenwert (als Beschäftigte) zu berücksichtigen; dagegen sind sie nicht AN, die überlassen werden dürfen (vgl. 2. Aufl. Rn. 4). 4

2. Sachlicher Geltungsbereich. Da die nicht gewerbsmäßige ANÜberlassung ohnehin nicht erlaubnispflichtig ist, erfasst § 1 a nur die gewerbsmäßige ANÜberlassung. 5

III. Tatbestand

1. Zweck der Überlassung. Ebenso wie in § 1 III Nr. 1 sind ANÜberlassungen „zur Vermeidung von Kurzarbeit oder Entlassungen" privilegiert. Trotz des übereinstimmenden Wortlauts ergeben sich nach dem Zweck des Gesetzes tw. Unterschiede. Da das Gesetz selbst keine Legaldefinition enthält, kann hier – wie zu § 1 III Nr. 1 – bezüglich der **Kurzarbeit** auf die Regelungen in §§ 169 ff. SGB III verwiesen werden. 6

Im Hinblick auf „**Entlassungen**" konnte früher nicht auf die Mindestzahlen in § 17 KSchG, § 112 a BetrVG zurückgegriffen werden. Das ergab sich daraus, dass § 1a bis höchstens neunzehn Beschäftigte voraussetzte, während die Zahlenstaffeln der genannten Gesetze bei „mehr als 20 AN" beginnen. Nach der Gesetzesänderung von 1996 ist eine Anknüpfung an die genannten Vorschriften möglich. 7

Während bis zum 31. 12. 1993 auf Seiten des **Entleihers** Voraussetzung war, dass es sich um einen AG „**desselben Wirtschaftszweigs**" im selben oder unmittelbar angrenzenden Handwerkskammerbezirk" handelt, ist diese Voraussetzung inzwischen entfallen (durch Art. 2 Nr. 1 Buchst. b des Gesetzes zur Umsetzung des Spar-, Konsolidierungs- und Wachstumsprogramms im Bereich des Arbeitsförderungsgesetzes und anderer Gesetze – 1. SKWPG – vom 21. 12. 1993, BGBl. I S. 2353). Damit bestehen weder von der Art noch von der Größe des Entleiherbetriebes her bes. Voraussetzungen. 8

2. Dauer der Überlassung. Nach der Änderung durch das Erste Gesetz für moderne Dienstleistungen am Arbeitsmarkt v. 23. 12. 2002 (BGBl. I S. 4607) gibt es allgemein keine Begrenzung mehr für die Höchstdauer der ANÜberlassung; demgegenüber ist in § 1a die Begrenzung auf zwölf Monate erhalten geblieben. 9

3. Anzeige. Von dem umständlichen Verfahren der Genehmigung sind die genannten Unternehmen befreit. Allerdings müssen sie vor der Überlassung dem zuständigen Landesarbeitsamt eine Anzeige erstatten. Die Anzeige muss schriftlich erfolgen. Die in § 1 a II genannten Erfordernisse sind abschließend (*Schüren* Rn. 42). 10

IV. Rechtsfolgen

1. Der Tatbestand ist erfüllt. Wenn alle Voraussetzungen erfüllt sind, bedarf der Verleiher keiner Erlaubnis und betreibt legale ANÜberlassung. Zu beachten ist jedoch § 1b (anders als in § 1 III 11

Einleitungssatz ist dies in § 1 a nicht normiert): Auch im Rahmen der Kollegenhilfe ist eine Überlassung in Betriebe des Baugewerbes zu Arbeiten, die üblicherweise von Arbeitern verrichtet werden, unzulässig (*Sandmann/Marschall* Rn. 2; *Schüren* Rn. 54). Im Entleihbetrieb ist der BR nach § 14 III zu beteiligen.

12   **2. Der Tatbestand ist nicht erfüllt.** Die Anzeige kann ganz unterbleiben, verspätet oder unrichtig eingehen. Unterbleibt die vorherige Anzeige, so ist die ANÜberlassung illegal (s. zu den Konsequenzen Einl. Rn. 68 ff.). Für diesen Fall soll gem. § 10 I 1 ein Arbeitsverhältnis zum Entleiher fingiert werden (BT-Drucks. 11/4952 S. 9; *Schüren* § 1 a AÜG Rn. 65, 68); ob diese Lösung sachgerecht ist, ist zweifelhaft. Anders als in den sonstigen Fällen illegaler ANÜberlassung ist nämlich hier ein Betrieb mit eigenständigem Betriebszweig vorhanden und nicht ein bloßer Verleihbetrieb. Auch greifen die §§ 15 ff. ein.

13   Wird die Anzeige nach der Überlassung **nachgereicht**, so wirkt die Anzeige nicht zurück. Aber auch eine Heilung für die Zukunft tritt nach dem Zweck der Regelung nicht ein (*Schüren* Rn. 63 ff.).

14   Ist die Anzeige **unvollständig oder unrichtig**, so ist sie richtig zu vervollständigen. Der Behörde steht § 16 I Nr. 2 a als Sanktionsnorm zur Verfügung.

§ 1 b Einschränkungen im Baugewerbe

¹ Gewerbsmäßige Arbeitnehmerüberlassung in Betriebe des Baugewerbes für Arbeiten, die üblicherweise von Arbeitern verrichtet werden, ist unzulässig. ² Sie ist gestattet
  a) zwischen Betrieben des Baugewerbes und anderen Betrieben, wenn diese Betriebe erfassende, für allgemeinverbindlich erklärte Tarifverträge dies bestimmen,
  b) zwischen Betrieben des Baugewerbes, wenn der verleihende Betrieb nachweislich seit mindestens drei Jahren von denselben Rahmen- und Sozialkassentarifverträgen oder von deren Allgemeinverbindlichkeit erfasst wird.
³ Abweichend von Satz 2 ist für Betriebe des Baugewerbes mit Geschäftssitz in einem anderen Mitgliedstaat des Europäischen Wirtschaftsraumes gewerbsmäßige Arbeitnehmerüberlassung auch gestattet, wenn die ausländischen Betriebe nicht von deutschen Rahmen- und Sozialkassentarifverträgen oder für allgemeinverbindlich erklärten Tarifverträgen erfasst werden, sie aber nachweislich seit mindestens drei Jahren überwiegend Tätigkeiten ausüben, die unter den Geltungsbereich derselben Rahmen- und Sozialkassentarifverträge fallen, von denen der Betrieb des Entleihers erfasst wird.

1   § 1 b wurde durch das Erste Gesetz für moderne Dienstleistungen v. 23. 12. 2002 (BGBl. I S. 4607) am Arbeitsmarkt neu gefasst. Der neue S. 2 Buchst. b) entspricht dem bisherigen S. 2.

2   Für einen Teilbereich des Arbeitsmarktes ist die ANÜberlassung ausgeschlossen, **S. 1**. Vom Anwendungsbereich des § 1 b werden nur **Baubetriebe** erfasst (der Begriff wird in § 1 Baubetriebe-Verordnung definiert; s. BAG 17. 2. 2000 NJW 2000, 1559). Dies entspricht dem Geltungsbereich der §§ 209 ff. SGB III (Wintergeld und Winterausfallgeld; s. auch *Düwell* BB 1995, 1082, 1083). Betriebe des Baugewerbes sind solche, die gewerblich überwiegend Bauleistungen auf dem Baumarkt erbringen. Bauleistungen sind alle Leistungen, die der Herstellung, Instandhaltung, Änderung oder Beseitigung von Bauwerken dienen (§ 211 I 2 SGB III). Sog. Mischbetriebe (s. § 1 Rn. 34) werden von § 1 b erfasst, wenn sie überwiegend Bauleistungen erbringen. Bei den überlassenen Personen muss es sich um AN handeln.

3   Eine Überlassung kann vorliegen, wenn **Bedienungspersonal** im Zusammenhang mit der Leihe oder Miete einer Maschine oder sonstigem technischen Geräts erfolgt (vgl. zur Abgrenzung § 1 Rn. 35 ff.).

4   Erfasst werden schließlich nur die Tätigkeiten in Betrieben des Baugewerbes, die bei einem Einsatz von Arbeitskräften des Betriebes üblicherweise von **Arbeitern** verrichtet werden.

5   § 1 b bezieht sich nur auf die **gewerbsmäßige** Überlassung. Die Legaldefinition der gewerbsmäßigen ANÜberlassung findet sich in § 1 I (vgl. zur Gewerbsmäßigkeit § 1 Rn. 41 ff.).

6   Durch **S. 2 Buchst. b)** werden die Fälle der sog. „**Kollegenhilfe**" von dem Verbot des S. 1 ausgenommen. Nach der zu § 12 a AFG gegebenen Gesetzesbegründung wird damit einem anerkannten Interesse von AG und AN entsprochen. Mit der Regelung sollte die Wettbewerbsfähigkeit und Flexibilität der Betriebe im Baugewerbe erhöht und es sollten Entlassungen und Kurzarbeit verhindert werden (BT-Drucks. 12/7/564 S. 3). Voraussetzung ist allerdings, dass sowohl der verleihende als auch der entleihende Betrieb von demselben RahmenTV und von demselben SozialkassenTV erfasst werden. Damit wollte der Gesetzgeber die Finanzierung der im Baubereich bestehenden vier Sozialkassen (Gärten- und Landschaftsbau, Gerüstbau, Dachdeckerhandwerk und Bauhauptgewerbe) sichern und Wettbewerbsverzerrungen zwischen den Betrieben der verschiedenen Tarifbereiche verhindern (*Koberski/Asshoff/Hold* § 1 AEntG Rn. 185, 191). Die Tarifbindung kann auch durch eine Allgemeinverbindlicherklärung (§ 5 IV TVG) herbeigeführt worden sein. - Es ist zweifelhaft, ob der Gesetzgeber die ANÜberlassung im Baugewerbe auf die Kollegenhilfe beschränken kann; das Anliegen des Gesetzgebers, den Missbrauch von ANÜberlassung im Baugewerbe zu unterbinden, lässt sich auch

auf anderem Wege erreichen (vgl. *Buchner* NZA 2000, 905, 912; *Hanau* Gutachten D II 4 für den 63. DJT). Die Vorschrift wurde durch die Regelung in 2 Buchst. a) dahingehend geändert, dass nunmehr auch **von anderen Betrieben** in Baubetriebe und von Baubetrieben in andere Betriebe unter den genannten Voraussetzungen verliehen werden darf (dazu *Ulber* AuR 2003, 7, 8 f.).

Auch im Falle des S. 2 braucht der Verleiher eine **Verleiherlaubnis**. Eine Ausnahme besteht in den Fällen des § 1 III sowie des § 1 a. 7

Eine entgegen dem Verbot des § 1 b erfolgende Verleihung von Arbeitskräften macht den zwischen Verleiher und Entleiher geschlossenen Überlassungsvertrag gem. § 134 BGB **nichtig** (zu den weiteren Folgen im Verhältnis AN – Verleiher und AN – Entleiher vgl. die Kommentierung zu § 10 und BAG 8. 7. 1998 NZA 1999, 493 ff.). Ob für den den Fall, dass zwar eine allg. Erlaubnis, aber keine Erlaubnis zur Überlassung im Baugewerbe vorliegt, § 10 analog gilt, lässt BAG 17. 2. 2000 NJW 2000, 1557, 1558 offen. 8

Nach Auffassung des EuGH (25. 10. 2001 Rs. C 493/99 EuZW 2001, 757 = SAE 2002, 232 (*Boecken/Theiss*)) **verstieß § 1 b gegen die Dienstleistungsfreiheit** gem. Art. 43 EGV (zu den Gründen vgl. § 1 Rn. 67). Des Weiteren verstieß danach § 1 b gegen die Niederlassungsfreiheit nach Art. 43 EGV, da deutsche Zweigniederlassungen ausländischer Bauunternehmen nach deutschem Recht nur dann als „Betrieb des Baugewerbes" gelten, wenn mehr als die Hälfte der betrieblichen Gesamtarbeitszeit auf Bauleistungen entfällt. Hierdurch sei der Zugang ausländischer Bauunternehmen zum deutschen Markt erschwert, da auf diese Weise die Qualifizierung dieser deutschen Zweigniederlassungen von Kriterien abhängig gemacht werde, die die Zweigniederlassungen nur schwer erfüllen könnten, wenn sie lediglich Verwaltungs- oder kaufmännisches Personal im Mitgliedstaat einsetzten. Diesen Bedenken trägt der neue S. 3 Rechnung (dazu *Ulber* AuR 2003, 7, 8; vgl. auch § 1 Rn. 67). 9

§ 2 Erteilung und Erlöschen der Erlaubnis

(1) Die Erlaubnis wird auf schriftlichen Antrag erteilt.

(2) ¹Die Erlaubnis kann unter Bedingungen erteilt und mit Auflagen verbunden werden, um sicherzustellen, daß keine Tatsachen eintreten, die nach § 3 die Versagung der Erlaubnis rechtfertigen. ²Die Aufnahme, Änderung oder Ergänzung von Auflagen sind auch nach Erteilung der Erlaubnis zulässig.

(3) Die Erlaubnis kann unter dem Vorbehalt des Widerrufs erteilt werden, wenn eine abschließende Beurteilung des Antrags noch nicht möglich ist.

(4) ¹Die Erlaubnis ist auf ein Jahr zu befristen. ²Der Antrag auf Verlängerung der Erlaubnis ist spätestens drei Monate vor Ablauf des Jahres zu stellen. ³Die Erlaubnis verlängert sich um ein weiteres Jahr, wenn die Erlaubnisbehörde die Verlängerung nicht vor Ablauf des Jahres ablehnt. ⁴Im Falle der Ablehnung gilt die Erlaubnis für die Abwicklung der nach § 1 erlaubt abgeschlossenen Verträge als fortbestehend, jedoch nicht länger als zwölf Monate.

(5) ¹Die Erlaubnis kann unbefristet erteilt werden, wenn der Verleiher drei aufeinanderfolgende Jahre lang nach § 1 erlaubt tätig war. ²Sie erlischt, wenn der Verleiher von der Erlaubnis drei Jahre lang keinen Gebrauch gemacht hat.

Zweck der Vorschrift ist es, die Überwachung von Verleihbetrieben zu ermöglichen. 1

I. Antragsteller

Antragsteller können sowohl natürliche Personen sein als auch Personengesamtheiten und Personengesellschaften sowie juristische Personen des privaten und des öffentl. Rechts (§ 7 I 2). 2

Die Erlaubnis wird dem jeweiligen Antragsteller persönlich erteilt. Bei einer OHG oder KG kann Antragsteller die Gesellschaft selbst sein. Allerdings ist bei der Prüfung der Zuverlässigkeit auf die Person der persönlich haftenden Gesellschafter abzustellen. 2a

II. Antragsgegner

Antragsgegner ist die BA, § 17. Nach der internen Zuständigkeitsregelung der BA (amtliche Bekanntmachung v. 16. 8. 1972, BAnz 1972 Nr. 196 S. 5) ist das nach dem Geschäftssitz des Antragstellers zuständige Landesarbeitsamt zuständig. Für ausländische Antragsteller gilt eine bes. Regelung. – Eingereicht werden kann der Antrag bei jedem Arbeitsamt. 3

III. Verfahren

Der Antrag muss **schriftlich** gestellt werden; weitere Voraussetzungen stellt das Gesetz nicht auf. Allerdings besteht für den Antragsteller bei diesem mitwirkungsbedürftigen VA die Obliegenheit, dem Antragsgegner die erforderlichen Auskünfte zu erteilen. 4

5   Für das Verfahren gilt weder das VwVfG (s. § 2 II Nr. 4 VwVfG) noch das SGB IV oder das SGB X (s. die Aufzählung in Art. 2 § 1 SGB I). Auch eine analoge Anwendung scheidet aus, so dass auf die **allgemeinen Grundsätze** des Verwaltungsverfahrens zurückgegriffen werden muss (*Becker/ Wulfgramm* Rn. 2 ff.; *Sandmann/Marschall* Rn. 7; *Schüren* Rn. 8 ff.).

6   Für die **Erteilung** der Erlaubnis sieht das Gesetz keine Schriftform vor, sondern dieses Erfordernis ist nur in einer Dienstanweisung der BA enthalten. Sie führt nicht dazu, dass die Einhaltung der Schriftform Wirksamkeitsvoraussetzung ist (*Schüren* Rn. 19; aA *Becker/Wulfgramm* Rn. 7; *Franßen/ Haesen* Rn. 2). Die Erlaubnis wird mit ihrem Zugang wirksam.

7   Die BA kann die beantragte Erlaubnis entweder gem. § 2 erteilen oder gem. § 3 ablehnen. Im Falle der Erteilung sind Bedingung, Auflage, Widerrufsvorbehalt und Befristung als Nebenbestimmungen möglich.

8   **1. Bedingung.** Sind noch nicht alle Voraussetzungen für die Erlaubnis erfüllt, kommt eine aufschiebende Bedingung in Betracht. Dagegen scheidet eine auflösende Bedingung als sachgemäßes Mittel bei der ANÜberlassung aus.

9   **2. Auflage.** Anders als die drei anderen obengenannten Nebenbestimmungen kann die Auflage sowohl im Zeitpunkt der Erteilung der Erlaubnis als auch später vorgenommen werden, Abs. 2 S. 2. Erfüllt der Antragsteller eine Auflage nicht, so kann die Behörde sie im Wege des Verwaltungszwanges durchsetzen (BSG 19. 3. 1992 NZA 1993, 95, 96). Sie kann aber auch die Erlaubnis widerrufen, § 5 I Nr. 2, oder eine Buße verhängen, § 16 I Nr. 3.

10 **3. Widerrufsvorbehalt.** Mit einem Widerrufsvorbehalt darf eine Erlaubnis nur unter der Voraussetzung versehen werden, dass der Antrag zurzeit noch nicht abschließend beurteilt werden kann, Abs. 3.

11 **4. Befristung.** Grds. ist die Erlaubnis mit einer Befristung zu versehen, Abs. 4 S. 1, und zwar von einem Jahr. Der Antragsteller kann eine Verlängerung beantragen; dies muss jedoch spätestens drei Monate vor Ablauf des in der Erlaubnis genannten Jahreszeitraums geschehen, Abs. 4 S. 2. Geht der Antrag später ein, so *kann* die BA den Antrag noch bis zum Ablauf des Jahres genehmigen; jedoch muss das ausdrücklich erfolgen, Abs. 4 S. 3 greift nicht ein.

12 **5. Nachwirkung bei Ablehnung.** Die Behörde kann den Verlängerungsantrag ablehnen; insofern muss sie die gleichen Prüfungen anstellen wie bei der Erteilung der Erlaubnis.

13 Im Falle der Ablehnung tritt eine **Nachwirkung** ein. Die ANÜberlassungsverträge mit Entleihern und die Arbeitsverträge mit LeihAN bleiben insofern bestehen, als für eine Zeit von bis zu zwölf Monaten die Erlaubnis als fortbestehend fingiert wird, Abs. 4 S. 4.

14 Der Verleiher darf im Nachwirkungszeitraum **keine neuen Arbeitsverträge** mehr schließen, die bestehenden muss er auslaufen lassen. Soweit sie über zwölf Monate hinaus dauern würden, muss er sie kündigen; insb. auch unbefristete Arbeitsverträge. Eine außerordentliche Kündigung kommt nicht in Betracht, wohl aber eine ordentliche Kündigung aus betriebsbedingten Gründen nach § 1 II KSchG (bei Anwendbarkeit des Gesetzes nach §§ 1 I, 23 KSchG). Zur Kündigung von nach § 9 MuSchG geschützten AN muss der Verleiher gem. § 9 III MuSchG eine bes. Kündigungserlaubnis beantragen.

15 Verträge zwischen **Verleiher und Entleihern** muss der Verleiher entweder innerhalb der Zwölf-Monats-Frist auslaufen lassen oder aber ordentlich oder außerordentlich kündigen.

16 Lehnt die Behörde den rechtzeitig gestellten Verlängerungsantrag nicht bis zum Ablauf der Jahresfrist ab, so hat das **Schweigen** die Wirkung einer Erteilung der Verlängerungserlaubnis, Abs. 4 S. 3.

17 Frühestens nach drei Jahren kann einem Verleiher eine **unbefristete Erlaubnis** erteilt werden, Abs. 5 S. 1. Liegen gegen den Verleiher keine oder nur geringfügige Ablehnungsgründe vor, so muss die BA eine unbefristete Erlaubnis erteilen. Im anderen Fall kann weiterhin eine befristete Erlaubnis erteilt (oder die Verlängerung abgelehnt) werden.

18 Macht der Verleiher von der unbefristeten Erlaubnis drei Jahre lang **keinen Gebrauch,** indem er keine AN an Entleiher überlässt, so erlischt die Erlaubnis kraft Gesetzes, Abs. 5 S. 2.

19 **6. Sonstige Gründe für das Erlöschen der Erlaubnis.** Eine Reihe anderer Fälle des Erlöschens der Erlaubnis ist im Gesetz nicht geregelt. Stirbt der Verleiher, soll nach einer Meinung die Erlaubnis erlöschen (*Sandmann/Marschall* Rn. 23). Das ist wegen des Schutzes der LeihAN abzulehnen. Andererseits kann aber auch nicht der Ansicht zugestimmt werden, dass die Erben gem. § 46 GewO die Verleiherlaubnis unbeschränkt fortsetzen könnten (*Becker/Wulfgramm* Rn. 41). Vielmehr geht die Erlaubnis auf die Erben nur zur Abwicklung über; wollen sie das Unternehmen fortführen, müssen sie eine neue Erlaubnis beantragen (*Schüren* Rn. 81).

IV. Verwaltungsverfahren und gerichtliches Verfahren

20 Gegen die Versagung der Erlaubnis oder der Verlängerung der Erlaubnis oder gegen eine Erteilung unter Auflagen oder Bedingungen kann der Antragsteller beim Landesarbeitsamt **Widerspruch** ein-

legen. Für dieses Verfahren gelten die §§ 78 ff. SGG (*Becker/Wulfgramm* § 3 AÜG Rn. 96; *Sandmann/ Marschall* Art. 2 Rn. 11; *Schüren* Rn. 101). Zu den Einzelheiten des Verwaltungsverfahrens und des gerichtlichen Verfahrens vgl. 2. Aufl. Rn. 22–24.

§ 2 a Kosten

(1) Für die Bearbeitung von Anträgen auf Erteilung und Verlängerung der Erlaubnis werden vom Antragsteller Kosten (Gebühren und Auslagen) erhoben.

(2) ¹Die Vorschriften des Verwaltungskostengesetzes sind anzuwenden. ²Die Bundesregierung wird ermächtigt, durch Rechtsverordnung die gebührenpflichtigen Tatbestände näher zu bestimmen und dabei feste Sätze und Rahmensätze vorzusehen. ³Die Gebühr darf im Einzelfall 2500 Euro nicht überschreiten.

§ 2 a soll die Kosten und die Arbeitsbelastung der BA verringern. Die Kostenpflicht soll Antragsteller davon abhalten, Erlaubnisse auf Vorrat zu beantragen (*Schüren* Rn. 2). **1**

Der Antragsteller hat die der BA entstehenden Kosten unabhängig von seinem Geschäftssitz und einer möglicherweise dort bereits bestehenden Erlaubnis zu tragen (**Verursacherprinzip**). Kann die BA jedoch die für ein Genehmigungsverfahren in einem anderen EG-Staat oder EWR-Staat eingereichten Unterlagen verwenden, so kann dies zu einer Kostenminderung aus Billigkeitsgründen führen (EuGH 17. 12. 1981 AP EWG-Vertrag Art. 177 Nr. 9). **2**

Nur juristische Personen des öffentl. Rechts können gem. § 2 a II 1 iVm. § 8 VwKostG von der Gebührenpflicht **befreit** werden. Die anfallenden Kosten werden dem Antragsteller unabhängig vom Ausgang der Entscheidung auferlegt; dh. gleichgültig ob der Antrag genehmigt oder abgelehnt wird, hat er die Kosten zu tragen. **3**

Von der Kostenpflicht wird allein die Bearbeitung von Anträgen hinsichtlich einer Erteilung oder Verlängerung einer Erlaubnis umfasst. Die Kosten bestehen aus **Gebühren** oder Auslagen, für die die Begriffsbestimmungen des VwKostG gelten (§ 2 a II 1). **4**

Die Bundesregierung hat von der nach § 2 a II 2 bestehenden Ermächtigung Gebrauch gemacht und die Verordnung über die Kosten der Erlaubnis zur gewerbsmäßigen ANÜberlassung (**AÜKostV**) erlassen. In ihr werden gebührenpflichtige Tatbestände mit festen Sätzen festgelegt. Durch den Verweis auf das VwKostG war die Bundesregierung dabei an dessen Rahmen gebunden. Insb. ist danach gem. § 3 VwKostG bei der Festlegung der Gebührensätze der entstehende Verwaltungsaufwand und der wirtschaftliche Wert der Erlaubnis zu beachten. **5**

Die **Kostenschuld** entsteht mit Antragseingang bei der zuständigen Behörde, die Pflicht zur Erstattung von Auslagen mit der Aufwendung des entspr. Betrages (§ 11 VwKostG). Mit der Bekanntgabe wird die Kostenschuld fällig (§ 17 VwKostG). **6**

Die **Kostenentscheidung** kann gem. § 22 VwKostG zusammen mit der Sachentscheidung oder selbständig angefochten werden. Wird nur die Sachentscheidung angefochten, so erstreckt sich der Rechtsbehelf auch auf die Kostenentscheidung. **7**

§ 3 Versagung

(1) **Die Erlaubnis oder ihre Verlängerung ist zu versagen, wenn Tatsachen die Annahme rechtfertigen, daß der Antragsteller**
1. die für die Ausübung der Tätigkeit nach § 1 erforderliche Zuverlässigkeit nicht besitzt, insbesondere weil er die Vorschriften des Sozialversicherungsrechts, über die Einbehaltung und Abführung der Lohnsteuer, über die Arbeitsvermittlung, über die Anwerbung im Ausland oder über die Ausländerbeschäftigung, die Vorschriften des Arbeitsschutzrechts oder die arbeitsrechtlichen Pflichten nicht einhält;
2. nach der Gestaltung seiner Betriebsorganisation nicht in der Lage ist, die üblichen Arbeitgeberpflichten ordnungsgemäß zu erfüllen;
3. dem Leiharbeitnehmer für die Zeit der Überlassung an einen Entleiher die im Betrieb dieses Entleihers für einen vergleichbaren Arbeitnehmer des Entleihers geltenden wesentlichen Arbeitsbedingungen einschließlich des Arbeitsentgelts nicht gewährt, es sei denn, der Verleiher gewährt dem zuvor arbeitslosen Leiharbeitnehmer für die Überlassung an einen Entleiher für die Dauer von insgesamt höchstens sechs Wochen mindestens ein Nettoarbeitsentgelt in Höhe des Betrages, den der Leiharbeitnehmer zuletzt als Arbeitslosengeld erhalten hat; Letzteres gilt nicht, wenn mit demselben Verleiher bereits ein Leiharbeitsverhältnis bestanden hat. Ein Tarifvertrag kann abweichende Regelungen zulassen. Im Geltungsbereich eines solchen Tarifvertrages können nicht tarifgebundene Arbeitgeber und Arbeitnehmer die Anwendung der tariflichen Regelungen vereinbaren.

(2) **Die Erlaubnis oder ihre Verlängerung ist ferner zu versagen, wenn für die Ausübung der Tätigkeit nach § 1 Betriebe, Betriebsteile oder Nebenbetriebe vorgesehen sind, die nicht in einem**

ungeordnete Vermögensverhältnisse, die Begehung von im Zusammenhang mit der Verleihtätigkeit stehenden Straf- und Ordnungswidrigkeiten, die Beschäftigung unzuverlässigen Stammpersonals mit Führungsaufgaben, die sittenwidrige Abwerbung von AN unter Verleitung zum Vertragsbruch, das Fehlen elementarer Kenntnisse im Arbeits- und Sozialrecht sowie sonstige Unzuverlässigkeitsgründe, wie Geisteskrankheit, Drogenabhängigkeit oder fehlender Wohn- und Betriebssitz (vgl. *Becker/Wulfgramm* Rn. 26 ff.; *Schüren* Rn. 91 ff. sowie zu den Einzelheiten 2. Aufl. Rn. 14–19).

15   **2. Unzureichende Gestaltung der Betriebsorganisation, Nr. 2.** Nach Nr. 2 muss der Verleiher seinen Betrieb so organisieren, dass er die üblichen AGPflichten ordnungsgemäß erfüllen kann. Die in Nr. 2 genannten „üblichen AGPflichten" sind genauso zu verstehen wie in § 1 I Nr. 1. Erfasst werden die arbeits-, sozial- und steuerrechtlichen und die besonderen, sich aus der Eigenart des Leiharbeitsverhältnisses ergebenden Pflichten. Deren ordnungsgemäße Erfüllung muss gesichert werden (*Becker/Wulfgramm* Rn. 33). Das ist nicht möglich, wenn der Verleiher „vom Sofa aus" (BT-Drucks. 6/2303 S. 11), also ohne feste Betriebsstätte und ohne entsprechende Ausstattung, seinen Geschäften nachgeht und sich damit faktisch der Kontrolle von Behörde, Gericht und Sozialversicherungsträger entzieht (*Schüren* Rn. 103). Die Betriebsstätte muss von gewisser Dauer und die Zustellbarkeit der üblichen Post sichergestellt sein (*Sandmann/Marschall* Rn. 20). Eine Baubude, ein Campingwagen oder ein Hotelzimmer sind daher nicht ausreichend (*Boemke* Rn. 47; *Schüren* Rn. 104).

16   Das Maß der Betriebsorganisation ist letztlich größenabhängig. Es bestimmt sich immer im Hinblick auf das zu erreichende Ziel, die ordnungsgemäße und sachgerechte Erfüllung der AGPflichten. Die Abführung von Sozialversicherungsbeiträgen und Lohnsteuern, die rechtzeitige Auszahlung von Löhnen und Vorschüssen, von Aufwendungsersatz und Spesen sowie die damit verbundenen Melde-, Anzeige- und Auskunftspflichten müssen gesichert werden (*Becker/Wulfgramm* Rn. 33). Unter Umständen bedarf es einer umfangreichen Personalverwaltung mit ausreichend vorgebildeten Fachkräften und darüber hinaus eventuell eines bes. Aufsichtspersonals (*Sandmann/Marschall* Rn. 20). Der Verleiher kann sich zur Erfüllung seiner Pflichten Dritter bedienen (*Becker/Wulfgramm* Rn. 33). Neben eigenem Personal können dies auch Betriebsfremde sein. Geht es um fremde Rechts- oder Steuerangelegenheiten, müssen diese Personen allerdings dafür zugelassen sein (*Sandmann/Marschall* Rn. 20; *Schüren* Rn. 109).

17   **3. Aufhebung des Synchronisationsverbots und komplementärer Verbote, § 3 I Nr. 3 bis 5 aF.** Vor dem **Ersten Gesetz für moderne Dienstleistungen am Arbeitsmarkt** v. 23. 12. 2002 (BGBl. I S. 4607) enthielt § 3 I in den Nr. 3–6 eine für das deutsche Recht typische Regelung: LeihAN standen nach dieser Konzeption (vgl. *Wank* RdA 2003, 1, 3) in einem Dauerarbeitsverhältnis zum Verleiher; ihr Arbeitsvertrag durfte grundsätzlich nicht an die Zeitdauer der Überlassung gekoppelt werden (s. ergänzend §§ 3 I Nr. 6 aF, 11 IV 2). Damit trug einerseits der Verleiher das Beschäftigungsrisiko und musste den Lohn auch dann fortbezahlen, wenn er den AN vorübergehend nicht einsetzen konnte. Andererseits ließ sich mit dieser Regelung auch rechtfertigen, dass LeihAN üblicherweise nicht ein Entgelt in derselben Höhe erhielten wie AN in den Entleiherbetrieben (vgl. BT-Drucks. 15/25, S. 38, 39; s. zur Entgelthöhe einschränkend *Kvasnicka/Werwatz* BArbBl 2/2003, 2). Das o. g. Gesetz hat das Synchronisationsverbot und die komplementären Verbote beseitigt, nämlich in § 3 Nr. 3 aF, grundsätzlich unzulässige Befristung (s. Voraufl. Rn. 16 ff.), Nr. 4 aF, unzulässige Wiedereinstellung (s. Voraufl. Rn. 23 ff.), Nr. 5 aF, Beschränkung des Arbeitsverhältnisses auf die erstmalige Überlassung (s. Voraufl. Rn. 30 ff.) und Nr. 6 aF, Überschreitung der Überlassungsfrist (s. Voraufl. Rn. 36 ff.). Beibehalten wurde mit § 11 IV 2 die Unabdingbarkeit des § 615 BGB. Allerdings gelten diese Regelungen gem. § 19 erst ab dem 1. 1. 2004.

18   Die Vorschriften bezüglich der Befristung gingen als Sondervorschriften der Regelung im TzBfG vor. Nach dieser Streichung unterliegt die ANÜberlassungen in vollem Umfang den Rechtsvorschriften des **TzBfG**. Da auf Seiten des Verleihers keine Befristungsgründe speziell auf Grund der Leiharbeit eingreifen (str.; s. Einl. Rn. 7), führt die angebliche Aufhebung des Synchronisationsverbots zu einer Verschärfung gegenüber dem früheren Recht. Nach der Änderung des AÜG durch das AFRG war die erstmalige Befristung ohne Sachgrund und ohne zeitliche Begrenzung möglich. Der Verleiher muss nunmehr – abgesehen von den in Einl. Rn. 7 genannten Fällen – unbefristete Arbeitsverträge abschließen und darüber hinaus gegenüber früher gem. dem neu gefassten § 3 Nr. 3 höhere Löhne zahlen. Gesetzestechnisch ist von einem zwingenden Inhalt des Arbeitsvertrages auszugehen, wie er implizit durch § 3 Nr. 3 normiert wird. Arbeitsrechtlich knüpft § 9 an einen Verstoß die Rechtsfolge, dass der von der Verpflichtung aus § 3 Nr. 3 abweichende Arbeitsvertrag unwirksam ist; weitere Rechtsfolge ist nach § 10, dass der LeihAN kraft Gesetzes so gestellt wird, als ob der Vertrag den gesetzlich vorgeschriebenen Inhalt hätte.

19   **4. Grundsatz der Nichtdiskriminierung.** Abs. 1 Nr. 3 erhielt durch das o. g. Gesetz einen völlig neuen Inhalt, nämlich in Form des Diskriminierungsverbots. Die Vorschrift steht – anders als Nr. 1 und 2, aber ebenso wie Nr. 3 bis 6 aF – systematisch an der falschen Stelle. Der Sache nach geht es um den **zwingenden Inhalt von Arbeitsverträgen** zwischen Verleihern und LeihAN. Nach Nr. 3 muss der Verleiher dem LeihAN die wesentlichen Arbeitsbedingungen gewähren wie sie ein vergleichbarer

II. Die einzelnen Versagungsgründe § 3 AÜG 140

AN des Entleihers erhält (neudeutsch equal pay und equal treatment). Schon nach der Regelung in § 10 V aF, dem nur eine kurze Lebensdauer beschieden war, musste ein Verleiher dem LeihAN im Falle einer mehr als zwölf Monate dauernden Überlassung an denselben Entleiher dieselben Arbeitsbedingungen gewähren wie sie für vergleichbare StammAN galten (Voraufl. Rn. 29). Nach § 10 I 4 bestimmen sich Inhalt und Dauer des fingierten Arbeitsverhältnisses nach den für den Betrieb des Entleihers geltenden Vorschriften und sonstigen Regelungen. Trotz dieser Vorgängerregelungen ist die jetzige Vorschrift des § 3 I Nr. 3 im Ansatz völlig neu (*Rieble/Klebeck* NZA 2003, 24, 26; aA *Thüsing* DB 2003, 446), denn während § 10 I 4 und V nur Randfälle betrafen, gilt die neue Vorschrift (bis auf zwei Ausnahmen) für alle Leiharbeitsverhältnisse. Mit anderen Diskriminierungsverboten (Frauen, Befristung, Teilzeitarbeit) kann sie nicht verglichen werden (aA *Thüsing* DB 2003, 446): Dort geht es jeweils um Arbeitsbedingungen desselben Betriebs, während nach § 3 I Nr. 3 der Verleiher als AG die Arbeitsbedingungen eines anderen, ihm fremden Betriebes zugrunde legen muss.

Gesetzestechnisch wird in der unübersichtlich formulierten Vorschrift zunächst eine **Regel** auf- 20 gestellt (Nichtdiskriminierung), für die eine Ausnahme normiert wird (Überlassung zuvor arbeitsloser LeihAN). Dazu besteht dann aber wieder eine Rückausnahme (Vorbeschäftigungsverbot); dh. dann gilt wieder die Regel. Die Sätze 2 und 3 enthalten weitere, wichtige Ausnahmen. An die Nichtbeachtung des Diskriminierungsverbots wird die Versagung der Verleiherlaubnis geknüpft, § 9 Nr. 2. Rechtsfolge eines Verstoßes gegen § 9 Nr. 2 ist des Weiteren, dass der LeihAN kraft Gesetzes, § 10 IV, vom Verleiher die Gewährung der wesentlichen Arbeitsbedingungen eines vergleichbaren AN des Entleihers in gleicher Weise verlangen kann, als ob der Arbeitsvertrag wirksam wäre. (Zur Frage, ob die Bestimmung auch für die nichtgewerbsmäßige Arbeitnehmerüberlassung gilt, s. *Kokemoor* NZA 2003, 238, 241 f.; zum Übergangsrecht *ders.* aaO 242 f.).

a) Der Verleiher muss seinem AN die **wesentlichen Arbeitsbedingungen** wie im Entleiherbetrieb 21 gewähren (s. zum Ganzen *Schüren*, 2. Aufl., § 9 Rn. 178 ff.). Diese Verpflichtung wird in § 9 Nr. 2 und in § 10 IV wiederholt. Was wesentliche Arbeitsbedingungen sind, wird im AÜG nicht definiert. Insoweit kann aber bereits auf den Richtlinienentwurf der EG (dazu o. Einl. Rn. 3) zurückgegriffen werden, weil dieser in Art. 3 I die wesentlichen Arbeitsbedingungen verbindlich definiert und hierzu – anders als in Art. 3 II – nicht auf das einzelstaatliche Recht verweist. Danach sind wesentliche Arbeitsbedingungen (Art. 3 I Buchst. d) diejenigen Arbeitsbedingungen, die sich auf folgende Punkte beziehen: „i) Dauer der Arbeit, Ruhezeiten, Nachtarbeit, bezahlter Urlaub, arbeitsfreie Tage, ii) Arbeitsentgelt, iii) Arbeit von Schwangeren und Stillenden, Kindern und Jugendlichen, iv) Maßnahmen zur Bekämpfung jeglicher Diskriminierung auf Grund des Geschlechts, der Rasse oder der ethnischen Zugehörigkeit, der Religion oder Weltanschauung, einer Behinderung, des Alters oder der sexuellen Orientierung". Die Aufzählung ist abschließend. Soweit in der Lit. weitergehende Vertragsbedingungen genannt werden, wie zB Lohnfortzahlung im Krankheitsfalle (*Ulber* AuR 2003, 3, 10 f.), sind sie deshalb unbeachtlich. In diesem Zusammenhang ist in der RL nicht geregelt ist die Frage, ob **sachliche Gründe** eine unterschiedliche Behandlung von StammAN und LeihAN rechtfertigen können. Ein striktes Diskriminierungsverbot ist hier wie auch bei allen anderen Diskriminierungsverboten abzulehnen. Ausdrücklich auf sachliche Gründe Bezug nimmt Art. 6 Nr. 4 des Richtlinienvorschlags, wonach der LeihAN einen Anspruch auf Nutzung der sozialen Einrichtungen des Entleihers hat, „es sei denn eine unterschiedliche Regelung ist aus sachlichen Gründen gerechtfertigt." Dies muss auch für die vorgenannte Regelung gelten (s. *Lembke* BB 2003, 103; krit. *Thüsing* DB 2003, 446, 447).

Abzulehnen ist demgegenüber ein Rückgriff auf die verfehlte Regelung in der Nachweisrichtlinie 22 und im Nachweisgesetz (s. aber § 11, der auf das NachwG verweist). Obwohl der Gesetzgeber in beiden Fällen eine ganze Reihe von wesentlichen Arbeitsbedingungen aufführt, soll diese Enumeration nach ganz hM nicht abschließend sein – der Rechtssicherheit dient das sicher nicht (krit. *Wank* NZA 2003, 14, 18).

Zu den wesentlichen Arbeitsbedingungen zählt nicht nur das Arbeitsentgelt ieS, sondern dazu 23 gehören auch **Sonderzuwendungen** (vgl. auch § 10 Rn. 22 ff.). Erfasst werden auch Sachleistungen, wie die Überlassung eines Firmenwagens (*Bertram* ZESAR 2003, 208; *Rieble/Klebeck* NZA 2003, 23, 24 f.). Soweit diese eine Wartezeit voraussetzen, wird sie der LeihAN angesichts der üblicherweise kurzen Einsatzzeit regelmäßig nicht erfüllen. Ansonsten müssen sämtliche Sonderzuwendungen entweder an den LeihAN gewährt werden oder, wenn das unmöglich ist, in Geldwert umgerechnet werden (*Rieble/Klebeck* NZA 2003, 23, 25; krit. *Bauer/Krets* NJW 2003, 537, 539). Angesichts der Tatsache, dass dies auch für einen einmaligen kurzen Einsatz gilt, ist dies keine praktikable Regelung. Zu Ruhegeldansprüchen kommt es in aller Regel deshalb nicht, weil die Wartezeit im Entleiherbetrieb nicht ausreicht (*Bauer/Krets* aaO).

Vergleichsmaßstab sind die Arbeitsbedingungen für einen **vergleichbaren AN** des Entleihers (dazu 24 *Bertram* ZESAR 2003, 209 f.). Anders als in § 2 I 3, 4, § 3 II TzBfG und im Entwurf der Leiharbeitsrichtlinie (s. Einl. Rn. 3) wird weder in § 3 I Nr. 3 noch in § 10 I 4 der vergleichbare AN im AÜG definiert. Auf die genannten Regelungen kann aber zurückgegriffen werden. Am einfachsten ist es, wenn der LeihAN einen StammAN vertritt – dies ist der vergleichbare AN. Vergleichbar ist nicht nur ein AN mit der gleichen sondern auch einer mit einer ähnlichen Tätigkeit (BT-Drucks. 15/25, S. 38;

Art. 3 Abs. 1 Buchst. b RL-Entwurf; *Thüsing* DB 2003, 446, 447), dagegen reicht eine gleichartige Tätigkeit nicht als Vergleichsmaßstab.

25 Denkbar ist, dass es im Entleiherbetrieb **mehrere vergleichbare AN** gibt, die aber unterschiedlich entlohnt werden. Gelten ab einem Stichtag neue, eventuell auch schlechtere Arbeitsbedingungen, so ist der LeihAN wie ein neu in den Betrieb eintretender StammAN zu behandeln. Liegt der Lohnfindung keine Regel zugrunde, sondern beruht sie auf einer individuellen Handhabung, so gelten die jeweils ungünstigsten Arbeitsbedingungen (*Bauer/Krets* NJW 2003, 537, 539; *Lembke* BB 2003, 98, 101; *Thüsing* DB 2003, 446, 448).

25 a **Fehlt es an einem vergleichbaren AN** in demselben Betrieb, so muss auf die Arbeitsbedingungen in einem vergleichbaren Betrieb Bezug genommen werden (*Lembke* BB 2003, 98, 100; aA *Thüsing* DB 2003, 446, 447). Das gilt insbesondere, wenn LeihAN Spezialaufgaben wahrnehmen, für die im Entleiherbetrieb gerade keine Arbeitsplätze bestehen. Nach Art. 5 V des Entwurfs für die LeiharbeitsRL ist in diesem Fall auf den für die entleihende Unternehmen geltenden TV abzustellen oder auf den für das Verleihunternehmen geltenden TV oder auf die wesentlichen Arbeitsbedingungen gem. den nationalen Rechtsvorschriften und Gepflogenheiten (*Bauer/Krets* NJW 2003, 537, 529; *Lembke* BB 2003, 98, 101; nach *Rieble/Klebeck* NZA 2003, 23, 24 läuft § 3 I Nr. 3 dagegen in einem solchen Falle leer). Im Übrigen muss im Hinblick auf die Arbeitsbedingungen eines vergleichbaren AN unterschieden werden zwischen Arbeitsbedingungen, die an den Arbeitsplatz anknüpfen und solchen, die an die Person des AN anknüpfen (*Ulber* AuR 2003, 7, 11). Eine höhere Entlohnung, die aus dem Dienstalter des StammAN folgt, bleibt unberücksichtigt, während eine an den Arbeitsplatz anknüpfende Entlohnung auch den LeihAN zu gewähren ist.

26 Die Arbeitsbedingungen des Entleihers sind dem LeihAN für die **Zeit der Überlassung** zu gewähren. Die Verpflichtung besteht daher auch für die nur eintägige Überlassung eines einzelnen AN. Mit jedem Wechsel zu einem anderen Entleiher gelten wieder andere Arbeitsbedingungen.

27 Hingegen ist gesetzlich nicht geregelt, welchen Lohn der LeihAN in **Zeiten ohne Überlassung** erhält. Zur Regelung dieser Frage kann auch auf kein Modell der Leiharbeit im Ausland, in dem es seit längerem den Grundsatz der Nichtdiskriminierung gibt, zurückgegriffen werden, denn dort stellt sich diese Frage deshalb nicht, weil das Leiharbeitsverhältnis auf die Dauer der Überlassung befristet ist. Da in Deutschland der Leiharbeitsvertrag regelmäßig unbefristet ist (s. o. Rn. 18), muss zwar einerseits auch für diese Zeit ein Lohn gezahlt werden; andererseits gibt es dafür keine Vorgaben für dessen Höhe wie in § 3. Bei befristeten Leiharbeitsverträgen kann es nur dann zu einem Anspruch auf Fortzahlung der Vergütung kommen, wenn der Verleiher – was im Falle einer zulässigen Befristung unwahrscheinlich ist – den Leiharbeitsvertrag nicht auf die Dauer der Überlassung befristet hat.

Zunächst könnte vermutet werden, dass der Verleiher für Zeiten, in denen das Arbeitsverhältnis fortbesteht, ohne dass der LeihAN eingesetzt wird, in der Regelung der Lohnhöhe völlig frei ist (*Thüsing* DB 2003, 446, 447), so dass ggf. die Lohnhöhe zwischen den Verleiheinsätzen nur eine symbolische Höhe erreicht. Der freien Vereinbarung der Lohnhöhe steht aber insoweit entgegen, dass der Gesetzgeber es trotz Aufhebung des Synchronisationsverbots bei der Vorschrift des § 11 IV 2 belassen hat, wonach § 615 BGB für Leiharbeitsverhältnisse unabdingbar ist. Durch **§ 11 IV 2** soll nämlich verhindert werden, dass das dem Verleiher obliegende Beschäftigungsrisiko auf den LeihAN abgewälzt werden kann, indem eine Gestaltung des Leiharbeitsvertrags zur Umgehung dieser Risikoverteilung untersagt ist, nach welcher der Vergütungsanspruch bei Annahmeverzug vertraglich ausgeschlossen oder beschränkt ist (BT-Drucks. 6/2303, S. 14). Zwar folgt daraus nicht, dass dem LeihAN nach der ersten Überlassung der dort bezogene Lohn für die Zeit bis zur nächsten Überlassung fortzuzahlen ist (und für die Zeit nach der zweiten Überlassung der dort bezogene Lohn usw.), denn zur Höhe der Vergütung trifft § 11 IV 2 keine Aussage, und auch nach dem Willen des Gesetzgebers soll das in Zeiten des Nichtverleihs zu zahlende Entgelt weiterhin der Vereinbarung zwischen Verleiher und LeihAN unterliegen (BT-Drucks. 15/25, S. 38). Allerdings sind dem Verleiher all diejenigen Gestaltungsmöglichkeiten versagt, die jedenfalls iE dazu führen, dass der LeihAN in Zeiten des Nichtverleihs trotz bestehenden Leiharbeitsvertrages keinen Lohn bekommt. Danach erhält der LeihAN für diese Zeit den zwischen ihm und dem Verleiher vereinbarten Lohn, der infolge der Neuregelung von § 3 I Nr. 3 und der dadurch eintretenden Verteuerung von Leiharbeit relativ niedrig bemessen sein wird, weil der Verleiher nur noch in den verleihfreien Zeiten die Lohnhöhe beeinflussen kann.

27 a Fraglich ist, ob der Verleiher eine flexible Lohnhöhe für die Zeiten des Nichtverleihs dergestalt vereinbaren kann, dass der LeihAN verleihunabhängig und damit durchgängig denselben (Durchschnitts-)Lohn erhält, indem er für die Bemessung der Lohnhöhe in den Zeiten des Nichtverleihs festlegt, welche Abschläge vom (Durchschnitts-)Lohn vorzunehmen sind. Beispielsweise erhält ein für zwei Monate überlassener LeihAN infolge von § 3 I Nr. 3 120% des zwischen ihm und dem Verleiher vereinbarten Lohns, in dem verleihfreien Folgemonat auf Grund der Durchschnittslohnvereinbarung aber nur 60%, so dass sich insgesamt eine im Voraus kalkulierbare Lohnhöhe von 100% ergibt. Diese Lösung hat zwar den Vorteil, dass auf diese Weise die durch § 3 I Nr. 3 erfolgte Verteuerung von Leiharbeit kompensiert und sowohl für den Verleiher als auch für den LeihAN für die gesamte Vertragsdauer vorausehbar wird. Jedoch verstößt eine solche **Durchschnittslohnvereinbarung** gegen das mit § 3 I Nr. 3 verfolgte Ziel, Diskriminierungen von LeihAN gegenüber StammAN zu verhin-

II. Die einzelnen Versagungsgründe § 3 AÜG 140

dern (vgl. dazu BT-Drucks. 15/25, S. 38), denn die Durchschnittslohnvereinbarung stellt sich als eine Umgehung des Diskriminierungsverbotes dar.

Mithin kann zwar der Lohn zwischen den Verleiheinsätzen nach wie vor zwischen dem Verleiher 27 b und dem LeihAN vereinbart und muss gem. § 11 IV 2 gewährt werden, doch bestehen dabei Beschränkungen insoweit, als wegen § 3 I Nr. 3 dessen Höhe nicht flexibel bzw. in Abhängigkeit zum Entgelt während der Überlassungen gestaltet werden kann. Hierdurch erhält der LeihAN für die verleihfreien Zeiten ein der Höhe nach bereits bei Vertragsschluss festgelegtes Entgelt, das nur durch das für die Zeiten der Überlassungen gemäß § 3 I Nr. 3 variable Entgelt unterbrochen wird.

Die Erlaubnis ist nach § 3 Nr. 3 zu versagen, wenn die wesentlichen Arbeitsbedingungen nicht 28 gewährt werden. Ein **Günstigkeitsvergleich** mit den Arbeitsbedingungen beim Verleiher findet insoweit **nicht statt** (aA *Bauer/Krets* NJW 2003, 537, 538; *Thüsing* DB 2003, 446, 447; *Ulber* AuR 2003, 7, 11). Ohnehin betrifft die Günstigkeitsprinzip nach § 4 III TVG nur das Verhältnis TV/Einzelarbeitsvertrag; für das Gesetz/Einzelarbeitsvertrag gibt es dagegen auch im Arbeitsrecht kein allgemeines Günstigkeitsprinzip. Im Übrigen ist ein solcher Fall im Ansatz rechtlich und ferner praktisch kaum vorstellbar. Wenn der Verleiher nicht das Nettoarbeitsentgelt gem. § 3 I Nr. 3 S. 1 zahlt oder Tariflohn nach § 3 I Nr. 3 S. 2, 3, so bleibt ihm ohnehin nur die Möglichkeit, Arbeitsbedingungen gemäß denen im Entleiherbetrieb zu gewähren. Jedenfalls enthält das Gesetz keine Günstigkeitsklausel derart, „es sei denn, dass die Arbeitsbedingungen im Verleiherbetrieb günstiger sind" (vgl. demgegenüber § 10 I 5). Auch in der Praxis werden Löhne im Verleiherbetrieb kaum jemals günstiger sein als diejenigen im Entleiherbetrieb.

Werden mehrere LeihAN desselben Verleihers gleichzeitig in unterschiedlichen Entleiherbetrieben 29 beschäftigt, so erhalten Sie wegen der Bezugnahme auf die Entleiherbetriebe unterschiedliche Löhne; eine Gleichbehandlung wird durch Gesetz ausgeschlossen (*Bauer/Krets* NJW 2003, 537, 538).

b) Eine **Ausnahme** vom Diskriminierungsverbot gilt für die Beschäftigung eines zuvor **arbeitslosen** 30 **LeihAN** (vgl. auch Art. 5 IV des Entwurfs für eine LeiharbeitsRL; dazu *Wank* NZA 2003, 14, 19, 20). Der Begriff der Arbeitslosigkeit bestimmt sich nach § 118 SGB III, zusätzlich müssen die Anforderungen des § 117 SGB III erfüllt sein (*Ulber* AuR 2003, 7, 11). Erst recht ist die Vorschrift beim Bezug von Arbeitslosenhilfe anwendbar (*Kokemoor* NZA 2003, 338, 240). In diesem Fall braucht zwar nicht das Entgelt eines vergleichbaren AN im Entleiherbetrieb gezahlt zu werden. Die Entgelthöhe ist aber insoweit festgelegt, als das Nettoarbeitsentgelt mindestens den Betrag des letzten Arbeitslosengeldes des LeihAN betragen muss (dazu *Wank* NZA 2003, 14, 19).

Diese Ausnahme gilt aber dann wiederum nicht, wenn mit demselben Verleiher **bereits ein Leih-** 31 **arbeitsvertrag bestanden hatte.** Der Begriff desselben Verleihers ist ähnlich zu verstehen wie in § 14 II 2 TzBfG (dazu *Wank* in MünchArbR, Ergänzungsband, § 116, Rn. 195 ff.).

c) Von den Bestimmungen in § 3 I Nr. 3 S. 1 kann des Weiteren gem. S. 2 **durch TV abgewichen** 32 werden. Zwar kann in Fällen einer tarifdispositiven gesetzlichen Regelung grds. vom Gesetz zugunsten oder zu Lasten des AN abgewichen werden (*Ulber* AuR 2003, 7, 11). Da aber die gesetzliche Regelung schon das Optimum für den LeihAN bietet, kann es nur darum gehen, dass TV hiervon nach unten abweichen. Inhaltliche Beschränkungen gelten insoweit nicht (aA *Reim* ZTR 2003, 106, 110; *Schüren/Behrend* NZA 2003, 524 f.; *Ulber* AuR 2003, 7, 11; s. aber u. 35). Diese Regelung ist für das Arbeitsrecht **ausgesprochen ungewöhnlich.** Üblicherweise ist das Verhältnis von Gesetzgebung zu Tarifautonomie so zu verstehen, dass ein Gesetz ein Mindestniveau oder (inzwischen) ein mittleres Niveau zum Schutze von AN vorgibt; dass aber die TVPen die Möglichkeit haben, in Verhandlungen diese Regelung für AN zu verbessern.

Im Hinblick auf die Verfassungsmäßigkeit der Ausnahmeregelung des § 3 I Nr. 3 bestehen Beden- 33 ken; sie greift in die durch **Art. 9 III GG** geschützte Koalitionsfreiheit ein.

Der kollektivrechtliche Schutzbereich von Art. 9 III GG umfasst die koalitionsmäßige Betätigung zur Verfolgung der in Abs. 3 genannten Zwecke. Zwar ist das Grundrecht einer gesetzlichen Ausgestaltung zugänglich, doch muss der Gesetzgeber darin den geschützten Koalitionen ermöglichen, zur Wahrung und Förderung der Arbeits- und Wirtschaftsbedingungen Regelungen zu vereinbaren, die effektiv wirken (BVerfG vom 18. 11. 1954 E 4, 96, 106 = AP GG Art. 9 Nr. 1). Dazu gehört konsequenterweise auch, dass den TVPen in ihrem Aufgabenfeld der Vorrang gebührt und der Gesetzgeber nur subsidiär zuständig ist, wenn die TVPen ihrer Aufgabe nur unzureichend nachkommen. Die Normierung der Löhne und anderer materieller Arbeitsbedingungen ist zuallererst Aufgabe der TVPen (BVerfG 24. 4. 1996 E 94, 268, 283 = AP HRG § 57 a Nr. 2; BVerfG 27. 4. 1999 E 100, 271, 282 = AP GG Art. 9 Nr. 88; BVerfG vom 27. 4. 2001 E 103, 293, 304 = AP BUrlG § 10 Kur Nr. 2).

Infolge des Diskriminierungsverbotes von § 3 I Nr. 3 erhält ein LeihAN im Hinblick auf die 33 a wesentlichen Arbeitsbedingungen den höchstmöglichen Leistungsumfang stets dann, wenn diese gesetzliche Regelung eingreift. Die TV haben nur noch die Aufgabe diesen Leistungsumfang zu unterschreiten und auf diese Weise für LeihAN schlechtere Bedingungen zu normieren. Dadurch wird aber in die kollektive **positive Koalitionsfreiheit** eingegriffen, weil durch die gesetzliche Mindestvorgabe der wesentlichen Arbeitsbedingungen eine staatliche Lohnfindung zum Regelfall wird und die Koalitionen nur noch zu ihrer Verringerung tätig werden können (dazu *Rieble/Klebeck* NZA 2003, 23, 28; *Thüsing* DB 2003, 446, 449 f.).

34 Des Weiteren wird durch die Neuregelung von § 3 I Nr. 3 in die **negative Koalitionsfreiheit** des Art. 9 III GG eingegriffen, denn die Verleiher werden faktisch zur Mitgliedschaft in einer entsprechenden Koalition gezwungen, da für sie nur so die Möglichkeit besteht, schlechtere als die gesetzlichen Arbeitsbedingungen zu gewähren (vgl. *Hümmerich/Holthausen/Welslau* NZA 2003, 7, 10; *Rieble/Klebeck* NZA 2003, 23; *Thüsing* DB 2003, 446, 450). Daran ändert auch die **Bezugnahmeklausel** in § 3 I Nr. 3 aE nichts, denn die verdrängende Wirkung tritt nur ein, wenn auf den gesamten TV Bezug genommen wird, so dass nur die vollständige Übernahme der abweichenden wesentlichen Arbeitsbedingungen möglich ist. Auch bestehen Bedenken im Hinblick auf die Wahrung des Verhältnismäßigkeitsgrundsatzes.

35 Die abweichenden Regelungen können sich nur auf die Vorgaben in § 3 I Nr. 3 S. 1 beziehen. Andere gesetzliche Vorschriften, wie zB die Verpflichtung zum Abschluss eines unbefristeten Arbeitsvertrages gem. § 14 TzBfG, unterliegen nicht der Disposition der TVPen. TV können aber – entgegen § 11 IV 2 – ein einheitliches Konzept für Verleihzeiten und für verleihfreie Zeiten vorsehen (*Kokemoor* NZA 2003, 238, 241 sowie Rn. 27).

35 a Eine verdrängende Wirkung gegenüber der Regelung in § 3 I Nr. 3 S. 1 kommt auch einem nur **nachwirkenden TV** zu (*Thüsing* DB 2003, 446, 449).

III. Grenzüberschreitende gewerbsmäßige Arbeitnehmerüberlassung als Versagungsgrund (Abs. 2 bis 5)

36 **1. Vorbemerkung.** Die Erlaubnis ist nach **Abs. 2** zwingend zu versagen, wenn die Betriebsstätte des Verleihers weder im Inland noch in einem anderen EG- oder EWR-Staat liegt. Ohne diese Regelung wäre einem durch die BA kaum kontrollierbaren Missbrauch Tür und Tor geöffnet (Kasseler Handbuch/*Düwell* 4.5 Rn. 185).

37 Die Versagungsmöglichkeit nach **Abs. 3** auf Grund des Fehlens der **deutschen Staatsangehörigkeit** oder bezüglich einer juristischen Person, die nicht nach deutschem Recht gegründet wurde oder weder ihren satzungsmäßigen Sitz noch ihre Hauptverwaltung oder Hauptniederlassung in Deutschland hat, beruht nach den Erwägungen des Gesetzgebers darauf, dass ein Anspruch auf die Verleiherlaubnis nach Art. 12 GG nur deutschen natürlichen und juristischen Personen zusteht (BT-Drucks. 6/2303 S. 12, 21).

38 Zur Umsetzung der auch für Angehörige der EWR-Staaten geltenden Bestimmungen des EGV über die Dienstleistungs- und Niederlassungsfreiheit, Art. 43 ff., 49 ff. (früher Art. 52 ff., 59 ff. EGV) werden natürliche und juristische Personen aus dem Bereich der **EG** und der **EWR-Staaten** – juristische Personen nur unter bestimmten Voraussetzungen – durch die Gleichstellungsklausel des **Abs. 4** den deutschen Verleihern gleichgestellt.

39 Ebenso enthält **Abs. 5** eine Gleichbehandlungsklausel für die Staatsangehörigen von Drittstaaten, die sich auf Grund eines internationalen **Abkommens** im Geltungsbereich des AÜG niedergelassen haben. Diese Regelung ist im Hinblick auf Europa-Abkommen zur Gründung einer Assoziation mit Drittstaaten eingefügt worden (*Schüren* Rn. 188; BT-Drucks. 12/5502 S. 43).

40 **2. Fehlende Betriebsstätte im EG- oder EWR-Raum gem. Abs. 2.** Um LeihAN vor Missbräuchen durch ausländische Verleiher zu schützen, ist nach § 3 II die Verleiherlaubnis zwingend zu versagen, wenn die Betriebsstätte des Verleihers weder im Inland noch in einem EG-Mitgliedstaat noch im Bereich des EWR-Abkommens liegt (zur verfassungsrechtlichen Rechtfertigung dieser Berufsausübungsregelung *Becker/Wulframm* Rn. 68; *Schüren* Rn. 190), wobei sich der **räumliche Geltungsbereich** nach Art. 299 (früher Art. 227) EGV bestimmt. Ohne eine solche Regelung wäre eine Kontrolle der Verleihung von Arbeitskräften aus Drittstaaten außerhalb der genannten Bereiche kaum möglich. Den Anknüpfungspunkt für die Regelung des Abs. 2 bildet – unabhängig von der Staatsangehörigkeit oder dem Recht, nach dem die verleihende Gesellschaft oder juristische Person gegründet wurde (*Becker/Wulframm* Rn. 67) – einzig der Ort, an dem die Verleihertätigkeit ausgeübt wird (*Schüren* Rn. 193).

41 Es kommt nur darauf an, dass die AN von einer Betriebsstätte innerhalb des EG- oder EWR-Raumes nach Deutschland verliehen werden. Am **Einsatzort des AN** braucht der Verleiher keine Betriebsstätte zu haben. Eine derartige Bedingung würde auch gegen die europarechtlichen Vorgaben im Bereich der Niederlassungsfreiheit und der Dienstleistungsfreiheit verstoßen (Nachw. bei *Schüren* Rn. 192).

42 Mangels einer eigenständigen **Definition des Betriebs** durch das AÜG ist nach allg. Auffassung auf die betriebsverfassungsrechtlichen Bestimmungen der §§ 1 und 4 BetrVG zurückzugreifen (*Becker/Wulframm* Rn. 69; *Sandmann/Marschall* Rn. 43). Dies gilt ebenso für die Definition des Betriebsteils und des Nebenbetriebs (ausführlich zum Ganzen *Richardi* § 1 II und III, § 4 II BetrVG mwN).

43 Für ein Eingreifen des Versagungsgrundes gem. Abs. 2 müssen die Betriebe, Betriebsteile oder Nebenbetriebe außerhalb der EU oder des EWR-Raumes **für eine Verleihtätigkeit** iSv. § 1 **vorgese-**

III. Grenzüberschreitende gewerbsmäßige Arbeitnehmerüberlassung § 3 AÜG 140

hen sein. Das kann beispielsweise in der Weise der Fall sein, dass die Arbeitsverträge oder Geschäftsunterlagen in diesen Betrieben geführt werden (*Sandmann/Marschall* Rn. 44). Die bloße Belegenheit einer Betriebsstätte des Verleihers, die nichts mit der ANÜberlassung zu tun hat, rechtfertigt keine Versagung nach Abs. 2 (*Franßen/Haesen* Rn. 58; *Schüren* Rn. 198).

3. **Versagung der Tätigkeit von Nicht-EG- oder EWR-Angehörigen und vergleichbaren juristischen Personen gem. Abs. 3 und 4. a) Allgemeines.** Der fakultative Versagungsgrund des Abs. 3 und die Gleichstellungsklausel des Abs. 4 müssen im Zusammenhang gesehen werden (*Schüren* Rn. 186). Der natürlichen Person kann die Verleiherlaubnis versagt werden, wenn sie weder Deutscher noch Angehöriger eines EG- oder EWR-Staates ist (§ 3 III 1. Fall, IV 1), Gesellschaften oder juristischen Personen, wenn es ihnen an dem geforderten engen Bezug zu einem der obengenannten Staaten fehlt. Die Erteilung der Erlaubnis gem. Abs. 3 steht im Ermessen der Behörde. Es handelt sich mithin nicht um eine gebundene, sondern um eine sog. freie Erlaubnis (ausführlich *Friauf* JuS 1962, 422, 424 ff.). Hinsichtlich der Ausübung des durch die Abs. 3 und 4 eingeräumten Ermessens hat die Behörde die allg. und bes. verfassungs- und verwaltungsrechtlichen Schranken der Ermessensausübung zu beachten (*Schüren* Rn. 201). In Betracht kommen als typische Ermessensfehler die Ermessensunterschreitung und der Ermessensfehlgebrauch (dazu *Kopp/Ramsauer* VwVfG 7. Aufl. § 40 Rn. 59 ff.). 44

Ohne zwingende Versagungsgründe besteht ein unmittelbarer Anspruch auf eine Erlaubniserteilung 45 (*Becker/Wulfgramm* Rn. 86). Neben dem Europäischen Niederlassungsabkommen v. 13. 12. 1955 (in der Bundesrepublik seit dem 23. 2. 1965 in Kraft, BGBl. II S. 1099) gibt es noch eine Vielzahl bilateraler Abkommen, die in unterschiedlichem Umfang für die Ermessensausübung bezüglich einer Erteilung einer Erlaubnis relevant sind (zB § 14 II 2 AuslG und § 2 AEVO; vgl. dazu *Sandmann/ Marschall* Rn. 49 und *Schüren* Rn. 210). Aus § 6 I 2 der Verordnung über die Arbeitserlaubnis für nichtdeutsche AN kann sich ebenfalls eine Reduzierung des Ermessens ergeben (*Sandmann/Marschall* Rn. 48). Nach dieser Regelung ist die Arbeitserlaubnis für den ausländischen AN zu versagen, wenn er als LeihAN tätig werden will.

Der Versagungsgrund des Abs. 3 bezieht sich nur auf eine Erteilung, **nicht** auf die **Verlängerung** 46 der Verleiherlaubnis, so dass die Verlängerung der einem Nicht-EG- oder Nicht-EWR-Ausländer erteilten Erlaubnis nur nach Abs. 1 und 2 versagt werden kann (*Sandmann/Marschall* Rn. 52; *Schüren* Rn. 213 f.; deshalb schlagen *Franßen/Haesen* Rn. 65, vor, sich eine flexiblere Handhabung durch die Beifügung eines Widerrufsvorbehalts zu sichern).

Infolge der Änderungen des Staatsangehörigkeitsrechts durch das Erste Gesetz zur Reform des 47 Staatsangehörigkeitsrechts (StARG) werden von Art. 116 GG mit Wirkung zum 1. Januar 2000 alle deutschen Staatsangehörigen nach dem Staatsangehörigkeitsgesetz (StAG) erfasst, ferner Flüchtlinge oder Vertriebene deutscher Volkszugehörigkeit oder deren Ehegatten oder Abkömmlinge, sofern sie im Gebiet des Deutschen Reichs nach dem Stand vom 31. 12. 1937 Aufnahme gefunden haben und zwischen dem 30. 1. 1933 und dem 8. 5. 1945 Ausgebürgerte, soweit sie nach dem 8. 5. 1945 ihren Wohnsitz in Deutschland genommen und keinen entgegengesetzten Willen geäußert haben (zur alten Rechtslage ausführlich *Maunz/Dürig* Art. 116 GG Rn. 4 ff.: zu den Änderungen und der Umbenennung des RuStAG in StAG und insb. zu der Möglichkeit des Staatsangehörigkeitserwerbs durch Geburt im Inland s. *Renner* ZAR 1999, 154, 156 ff.; ferner *Huber/Butzke* NJW 1999, 2769).

In Ausprägung der Niederlassungs- und Dienstleistungsfreiheit (Art. 43 ff., 49 ff. EGV; Art. 31 ff., 48 36 ff. EWR-Abkommen) werden **EG- und EWR-Staatsangehörige** den Deutschen gleichgestellt (Abs. 4 S. 1). Soweit sie bereits in ihrem Heimatland Nachweise oder Sicherheiten für eine angestrebte Verleihtätigkeit erbracht haben, sind sie von der Erlaubnisbehörde des Antragslandes zu berücksichtigen (EuGH 17. 12. 1981 AP EWG-Vertrag Art. 177 Nr. 9).

b) **Gesellschaften und juristische Personen.** Beantragen Gesellschaften oder juristische Personen 49 eine Erlaubnis, so besteht nach der Systematik der Abs. 3 und 4 lediglich ein Anspruch auf eine Ermessensentscheidung, wenn diese weder nach deutschem Recht noch nach dem eines EG- oder EWR-Staates gegründet wurden (Abs. 3 2. Fall, 1. Unterfall, Abs. 4 S. 2); die Gesellschaft oder die juristische Person zwar nach dem Recht eines der vorgenannten Länder gegründet wurde, sie aber weder ihren satzungsmäßigen Sitz noch ihre Hauptverwaltung noch ihre Hauptniederlassung auf deren Staatsgebiet hat (Abs. 3 2. Fall, 2. Unterfall, Abs. 4 S. 2); die Gesellschaft zwar nach dem Recht der vorgenannten Länder gegründet wurde und sie auch ihren satzungsgemäßen Sitz auf deren Staatsgebiet hat, aber die von ihr ausgeübte Tätigkeit nicht in tatsächlicher und dauerhafter Verbindung zu der Wirtschaft eines EG- oder EWR-Staates steht (Abs. 4 S. 3).

Von dem Begriff der Gesellschaft werden nur diejenigen ohne eine eigene Rechtspersönlichkeit 50 erfasst (GbR, OHG, KG; insoweit weicht die Begriffsbestimmung des AÜG von der des Art. 58 II EGV ab, die rechtsfähige und nichtrechtsfähige Gesellschaften umfasst); unter den Begriff der **juristischen Person** fallen die mit einer eigenen Rechtspersönlichkeit ausgestatteten Gesellschaften (AG, GmbH, Genossenschaft).

Für die Feststellung, ob eine Gesellschaft oder juristische Person wirksam gegründet wurde, ist auf 51 die jeweiligen Vorschriften des Staates zurückzugreifen, nach dessen Recht die **Gründung** erfolgte (*Becker/Wulfgramm* Rn. 81; anders *Sandmann/Marschall* Rn. 53, nach deren Auffassung die Gesellschaft oder juristische Person der Rechtsordnung eines Mitgliedstaates der EG unterstehen muss; vgl. dagegen zutreffend *Schüren* Rn. 225).

52 Der **satzungsmäßige Sitz** ist der in der Gesellschaftssatzung genannte (*Schüren* Rn. 228). Darüber hinaus wird auch der in einem Gesellschaftsvertrag der juristischen Person genannte Sitz als satzungsmäßiger Sitz iSd. Regelung angesehen (*Becker/Wulfgramm* Rn. 82; *Sandmann/Marschall* Rn. 54). Der Unterschied zwischen der vom Gesetz genannten Hauptverwaltung und der Hauptniederlassung besteht darin, dass sich die Hauptverwaltung an dem Ort befindet, an dem die Organe der juristischen Person oder der Gesellschaft die Leitung tatsächlich ausüben (*Becker/Wulfgramm* Rn. 83). Von der Hauptniederlassung, die mit der Hauptverwaltung organisatorisch und räumlich vereinigt sein kann, wird der gewerbliche Mittelpunkt der Geschäftstätigkeit gebildet (*Becker/Wulfgramm* Rn. 83).

53 Für eine Gleichstellung der nach dem Recht eines EG- oder EWR-Staates gegründeten Gesellschaft oder juristischen Person ist es gem. § 3 IV 3 nicht ausreichend, dass sie nur ihren satzungsmäßigen Sitz, aber nicht die Hauptverwaltung oder Hauptniederlassung im Gründungstaat oder in einem anderen EG- oder EWR-Staat hat. Um die Existenz von „Briefkastenfirmen" zu verhindern, muss die ausgeübte Tätigkeit in **tatsächlicher und dauerhafter Verbindung** mit der Wirtschaft eines der vorgenannten Staaten stehen. Das ist dann anzunehmen, wenn die Gesellschaft oder juristische Person neben ihrem satzungsgemäßen Sitz dort auch eine Zweigniederlassung oder eine Betriebsstätte hat (*Becker/Wulfgramm* Rn. 91; *Schüren* Rn. 233). Die Zweigniederlassung bildet eine von der Hauptniederlassung abgezweigte Stelle, die mit einer gewissen Selbständigkeit ausgestattet ist und nicht nur gelegentlich Geschäfte in größerem Umfang tätigt (*Schüren* Rn. 233). Auch das Bestehen einer Betriebsstätte im Bereich der EG oder des EWR kann ausreichen (*Becker/Wulfgramm* Rn. 93 f.). Die Anforderungen an den Begriff der „Dauerhaftigkeit" dürfen nicht zu hoch gestellt werden, damit nicht bereits die Aufnahme einer Tätigkeit verhindert wird.

54 Auf die Staatsangehörigkeit der **Gesellschafter** oder der Organe der juristischen Person oder der Gesellschaft kommt es nicht an (*Sandmann/Marschall* Rn. 55).

55 **4. Gleichbehandlung auf Grund internationaler Abkommen gem. Abs. 5.** Aufgrund internationaler Abkommen in der Form bi- oder multilateraler Verträge können auch die Staatsangehörigen von nicht zur EG oder zum EWR-Raum zählenden Staaten gleichgestellt werden. Die Gleichbehandlung betrifft einmal die Staatsangehörigen der vertragschließenden Staaten; darüber hinaus haben auch Gesellschaften, die nach den Vorschriften des Drittlandes gegründet wurden, einen Anspruch auf die Erteilung der Verleiherlaubnis.

IV. Verfahren und Rechtsbehelfe

56 Das gesamte Verfahren der Erlaubniserteilung richtet sich weder nach den Regelungen des VwVfG noch nach denen des SGB (ausführlich *Schüren* Rn. 236 ff.). Anzuwenden sind nur die wenigen im AÜG selbst enthaltenen Verfahrensvorschriften und die allg. Grundsätze des Verwaltungsverfahrensrechts. Danach ist der Bescheid im Falle der Versagung schriftlich zu begründen (*Schüren* Rn. 238).

57 Gegen einen ablehnenden Bescheid des Landesarbeitsamtes kann **Widerspruch** eingelegt werden (§ 84 SGG). Das Widerspruchsverfahren richtet sich dann nach den speziellen Bestimmungen des SGG (ausführlich zum Verfahren *Becker/Wulfgramm* Rn. 96 ff.). Der Widerspruch hat keine aufschiebende Wirkung.

58 Hat das Widerspruchsverfahren keinen Erfolg, kann eine auf die Erteilung der Erlaubnis gerichtete **Vornahmeklage** (§ 54 I 1 SGG) oder eine auf die Erteilung einer ermessensfehlerfreien Entscheidung gerichtete Klage (Bescheidungsklage gem. § 54 II 2 SGG) erhoben werden (ausführlich zum Klageverfahren *Becker/Wulfgramm* Rn. 100 ff.).

§ 4 Rücknahme

(1) ¹Eine rechtswidrige Erlaubnis kann mit Wirkung für die Zukunft zurückgenommen werden. ²§ 2 Abs. 4 Satz 4 gilt entsprechend.

(2) ¹Die Erlaubnisbehörde hat dem Verleiher auf Antrag den Vermögensnachteil auszugleichen, den dieser dadurch erleidet, daß er auf den Bestand der Erlaubnis vertraut hat, soweit sein Vertrauen unter Abwägung mit dem öffentlichen Interesse schutzwürdig ist. ²Auf Vertrauen kann sich der Verleiher nicht berufen, wenn er
1. die Erlaubnis durch arglistige Täuschung, Drohung oder eine strafbare Handlung erwirkt hat;
2. die Erlaubnis durch Angaben erwirkt hat, die in wesentlicher Beziehung unrichtig oder unvollständig waren, oder
3. die Rechtswidrigkeit der Erlaubnis kannte oder infolge grober Fahrlässigkeit nicht kannte.
³Der Vermögensnachteil ist jedoch nicht über den Betrag des Interesses hinaus zu ersetzen, das der Verleiher an dem Bestand der Erlaubnis hat. ⁴Der auszugleichende Vermögensnachteil wird durch die Erlaubnisbehörde festgesetzt. ⁵Der Anspruch kann nur innerhalb eines Jahres geltend

gemacht werden; die Frist beginnt, sobald die Erlaubnisbehörde den Verleiher auf sie hingewiesen hat.
(3) **Die Rücknahme ist nur innerhalb eines Jahres seit dem Zeitpunkt zulässig, in dem die Erlaubnisbehörde von den Tatsachen Kenntnis erhalten hat, die die Rücknahme der Erlaubnis rechtfertigen.**

I. Allgemeines

Nach § 4 kann eine **rechtswidrige Erlaubnis** unter bestimmten Voraussetzungen zurückgenommen werden (ausführlich zu Entstehungsgeschichte und Regelungszweck *Becker/Wulfgramm* § 3 AÜG Rn. 1 ff.). § 5 hingegen regelt den Widerruf einer **rechtmäßigen Erlaubnis** (insoweit entspricht die Terminologie des AÜG der des SGB X und des VwVfG, §§ 44 ff. SGB X und §§ 48 f. VwVfG; *Becker/Wulfgramm* § 3 AÜG Rn. 7). 1

Die bloß rechtswidrige Erlaubnis ist von der nichtigen zu unterscheiden (§ 44 VwVfG, § 40 SGB X). Eine **nichtige Erlaubnis** ist von Anfang an unwirksam und für alle Beteiligten unbeachtlich (vgl. zur nichtigen Erlaubnis *Becker/Wulfgramm* AÜG Rn. 17, 19 f.). Eine dennoch erfolgende Aufhebung hätte lediglich eine klarstellende Bedeutung (*Becker/Wulfgramm* § 3 AÜG Rn. 16 mwN; *Schüren* § 3 AÜG Rn. 9) und wäre keine „echte", Ausgleichsansprüche nach § 4 II auslösende, Rücknahme. 2

II. Freie Rücknehmbarkeit nach Abs. 1

1. Grundsatz. Nach § 4 I kann eine rechtswidrig erteilte Erlaubnis zurückgenommen werden. Mit dieser Entscheidung für die grds. freie Rücknehmbarkeit der Erlaubnis hat sich der Gesetzgeber gegen einen Bestandsschutz entschieden (*Sandmann/Marschall* Rn. 3). Ein Vertrauensschutz auf Aufrechterhaltung der Erlaubnis besteht nicht; die für den Verleiher aus der Rücknahme erwachsenden Nachteile sollen durch eine Entschädigung nach Abs. 2 ausgeglichen werden (*Sandmann/Marschall* Rn. 7). 3

2. Rechtswidrigkeit. Das AÜG enthält keine Definition der Rechtswidrigkeit; sie beurteilt sich nach allg. Grundsätzen (*Becker/Wulfgramm* § 3 AÜG Rn. 9). Sie kann sich aus einer unrichtigen Anwendung des gesamten im Erlasszeitpunkt geltenden Rechts ergeben (*Becker/Wulfgramm* § 3 AÜG Rn. 23). Eine fehlerhafte Erteilung macht die Erlaubnis nicht notwendig rechtswidrig. Insb. in der Person des Verleihers vorliegende Versagungsgründe nach § 3 führen aber zu einer Rechtswidrigkeit. 4

Auf welchen Gründen die Rechtswidrigkeit beruht und ob diese der BA bekannt waren, ist unerheblich. Es kommt auf die objektiv bestehende Rechtswidrigkeit der Erlaubnis an; und zwar auf die **bei Erlass der Entscheidung bestehende**, zur Rechtswidrigkeit führende **Sachlage**. Spätere Änderungen, die im Falle einer Neuerteilung zu einer Rechtswidrigkeit führen würden, können nur durch einen Widerruf berücksichtigt werden (§ 5 I Nr. 3). So kommt es beispielsweise bei einer strafrechtlichen Verurteilung nicht auf deren Zeitpunkt, sondern auf den Zeitpunkt der Begehung der für die spätere Verurteilung maßgeblichen Tatsachen an (LSG Niedersachsen 22. 7. 1977 – L 7 S (Ar) 31/77 – nv.). 5

Die bloße Unrichtigkeit von Angaben ist unbeachtlich, wenn trotz ihrer Unrichtigkeit ein Anspruch auf Erlaubniserteilung bestand. Verfahrens- oder Formfehler sind ebenfalls unbeachtlich, wenn sie geheilt wurden (zB durch eine nachträgliche Antragstellung oder Begründung), wenn die Erlaubnis trotz des Fehlers zu Recht erteilt wurde, weil es bloß an der örtlichen Zuständigkeit fehlte, wenn ohnedies keine andere Entscheidung in der Sache hätte getroffen werden können oder wenn es sich um bloße **Bagatellfehler** handelt. Dabei kann es sich beispielsweise um offenbare Schreib- oder Rechenfehler, um die Benutzung eines rechtlich unzutreffenden Ausdrucks oder um eine falsche Personen- oder Unternehmensbezeichnung handeln (*Becker/Wulfgramm* § 3 AÜG Rn. 10). 6

Der Verstoß muss eine Rücknahme auch noch **im Zeitpunkt der Rücknahme** selbst rechtfertigen können. Dies ergibt sich aus dem Rechtsgedanken aus § 5 III, nach dem ein Widerruf dann unzulässig ist, „wenn eine Erlaubnis gleichen Inhalts neu erteilt werden müsste" (*Sandmann/Marschall* Rn. 6; vgl. auch *Becker/Wulfgramm* Rn. 13, die auf den allg. Rechtsgrundsatz der „dolo-agit-Einrede" verweisen). 7

Die Entscheidung über die Rücknahme liegt im **Ermessen** der BA, doch muss sie bei der Wahl ihrer Maßnahme das Verhältnismäßigkeitsprinzip beachten (*Becker/Wulfgramm* Rn. 29 f.; *Sandmann/Marschall* Rn. 7). Die Behörde muss im Rahmen der Sanktionsmöglichkeiten auch auf mildere Mittel als eine Rücknahme – zB auf eine nachträgliche Auflage – zurückgreifen. 8

Im Gegensatz zur Regelung des § 48 VwVfG kann die Rücknahme **nur für die Zukunft**, nicht auch für die Vergangenheit erfolgen (ex-nunc-Wirkung). 9

Für Verträge, die der Verleiher vor der Rücknahme geschlossen hat, besteht eine **Schonfrist** von zwölf Monaten (§ 4 I 2 iVm. § 2 IV 4). Bis zum Ablauf dieser Abwicklungsfrist bleiben die Verträge voll wirksam. 10

3. Rücknahmefrist. Die Rücknahme ist gem. § 4 III nur binnen eines Jahres möglich, nachdem die Behörde von den konkreten eine Rücknahme ermöglichenden Tatsachen amtlich positiv Kenntnis erhalten hat. Ein Kennenmüssen reicht nicht aus. Nach dem Grundgedanken des § 166 BGB hat sich die Behörde die (dienstliche) Kenntnis ihres gesamten Personals zurechnen zu lassen (LSG Niedersachsen 25. 11. 1993 – L 10 Ar 219/92 – nv.; *Becker/Wulfgramm* Rn. 36; aA LG Hannover 29. 2. 1996 – 19 O 145/95 – nv.). Anders als bei § 48 IV 2 VwVfG gilt die Ausschlussfrist nach dem AÜG auch in den Fällen, in denen der VA durch arglistige Täuschung, Drohung oder Bestechung erwirkt wurde. Die Beweislast für die Rechtswidrigkeit der Erlaubnis liegt bei der Behörde (*Sandmann/Marschall* Rn. 8). Anders sind nur die Fälle zu behandeln, in denen die Erlaubnis mit arglistigen Mitteln herbeigeführt wurde oder in denen die Aufklärung schuldhaft erschwert wird (*Becker/Wulfgramm* § 3 AÜG Rn. 32).

III. Ausgleichsanspruch nach Abs. 2

12 Unter bestimmten Voraussetzungen erhält der Verleiher nach der – bislang wenig praxisrelevanten – Regelung des Abs. 2 (*Sandmann/Marschall* Rn. 9) im Falle der Rücknahme einen Ausgleich.

13 Der Ausgleichsanspruch setzt in materiellrechtlicher Hinsicht voraus (zu den Formalien der Geltendmachung *Becker/Wulfgramm* Rn. 40; *Sandmann/Marschall* Rn. 11), dass der Verleiher auf den Fortbestand der Erlaubnis vertraute und dieses **Vertrauen** auch **schutzwürdig** war. In dieser Verlagerung der Vertrauensschutzfrage von einer Voraussetzung der Rücknahme zu einer Voraussetzung des Ausgleichsanspruchs nach der Rücknahme liegt die entscheidende Abkehr von den bislang in der Rspr. entwickelten Grundsätzen zur Rücknahme (*Becker/Wulfgramm* Rn. 41). Durch die freie Rücknehmbarkeit (allerdings verbunden mit dem sekundären Ausgleichsanspruch) wird die Stellung des Einzelnen gegenüber der Verwaltung geschwächt (*Becker/Wulfgramm* Rn. 41). Dies ist aber im Hinblick auf den Schutzzweck des AÜG gerechtfertigt.

14 Das Verhalten der Behörde muss auf Seiten des Betroffenen Vertrauen in die Beständigkeit des VA geweckt haben. Ein Vertrauen ist regelmäßig dann nicht gegeben, wenn einer der dem Verantwortungsbereich des Begünstigten zuzurechnenden **Ausschlussstatbestände** des Abs. 2 Nr. 1–3 vorliegt.

15 Darüber hinaus kann ein Vertrauen **aus ähnlichen Gründen** in der Person des Verleihers und bei einer Vertretung unter analoger Anwendung von § 166 BGB ausgeschlossen sein, denn die Aufzählung ist nicht abschließend (*Becker/Wulfgramm* Rn. 43). Bei juristischen Personen kommt es für die Erfüllung der Merkmale an deren Organe an (*Sandmann/Marschall* Rn. 11).

16 Besteht ein Ausgleichsanspruch, so ist dem Verleiher das **negative Interesse** zu ersetzen. Ersetzt werden also nur tatsächliche Aufwendungen, nicht jedoch erwartete Gewinne (sog. Erfüllungsinteresse; *Becker/Wulfgramm* Rn. 50).

17 Für den **Rechtsweg** gilt die Regelung des § 51 I SGG; beruft sich der ehemalige Erlaubnisinhaber darauf, dass die Rücknahme ihm gegenüber eine Enteignung darstelle, so kann er neben den SG auch die ordentlichen Gerichte anrufen (*Johlen* NJW 1976, 2155; *Becker/Wulfgramm* Rn. 51 a f.; s. auch Rn. 55 zum Klageverfahren).

§ 5 Widerruf

(1) Die Erlaubnis kann mit Wirkung für die Zukunft widerrufen werden, wenn
1. der Widerruf bei ihrer Erteilung nach § 2 Abs. 3 vorbehalten worden ist;
2. der Verleiher eine Auflage nach § 2 nicht innerhalb einer ihm gesetzten Frist erfüllt hat;
3. die Erlaubnisbehörde auf Grund nachträglich eingetretener Tatsachen berechtigt wäre, die Erlaubnis zu versagen, oder
4. die Erlaubsbehörde auf Grund einer geänderten Rechtslage berechtigt wäre, die Erlaubnis zu versagen; § 4 Abs. 2 gilt entsprechend.

(2) ¹Die Erlaubnis wird mit dem Wirksamwerden des Widerrufs unwirksam. ²§ 2 Abs. 4 Satz 4 gilt entsprechend.

(3) Der Widerruf ist unzulässig, wenn eine Erlaubnis gleichen Inhalts erneut erteilt werden müßte.

(4) Der Widerruf ist nur innerhalb eines Jahres seit dem Zeitpunkt zulässig, in dem die Erlaubnisbehörde von den Tatsachen Kenntnis erhalten hat, die den Widerruf der Erlaubnis rechtfertigen.

I. Allgemeines

1 Der Anwendungsbereich des § 5 umfasst, der verwaltungsrechtlichen Terminologie entspr. (*Becker/Wulfgramm* Rn. 7; ausführlich *Kopp/Ramsauer* VwVfG, 7. Aufl., § 48 Rn. 6 ff.), nur die Fälle, in denen die Verleiherlaubnis anfänglich rechtmäßig erteilt wurde (zur rechtswidrig erteilten Erlaubnis s. § 4).

II. Widerrufsgründe im Einzelnen

Als begünstigender VA kann eine rechtmäßig erteilte Erlaubnis nur widerrufen werden, wenn ein 2 **besonderer Grund** vorliegt. Solche dem Bestands- und Vertrauensschutzinteresse einerseits und dem öffentl. Interesse an der Aufhebung andererseits Rechnung tragenden Gründe finden sich in der abschließenden Regelung des § 5 I Nr. 1–4 (*Franßen/Haesen* Rn. 1). Sie lassen sich (mit *Becker/Wulfgramm* Rn. 5 f.) in zwei Hauptgruppen unterteilen:

In der ersten Gruppe – Nr. 1 und 2 – sind die Fälle geregelt, in denen der Verleiher **kein schutz-** 3 **würdiges Vertrauen** genießt, weil die Erlaubnis mit einem Widerrufsvorbehalt (Nr. 1) versehen war oder weil der Verleiher eine Auflage nicht erfüllt hat (Nr. 2).

In den Nr. 3 und 4 sind hingegen die Fälle **nachträglicher Rechtswidrigkeit** auf Grund des 4 Eintritts zwingender Versagungsgründe nach § 3 I Nr. 1 bis 3 oder auf Grund einer nachträglichen Änderung der Rechtslage (Nr. 4) erfasst.

II. Widerrufsgründe im Einzelnen

1. Vorbehalt des Widerrufs. Eine Erlaubnis kann nach **Nr. 1** widerrufen werden, wenn sich die 5 Behörde den Widerruf gem. § 2 III bei der Erteilung vorbehalten hat. Danach muss der Widerruf rechtmäßig vorbehalten worden sein, und die abschließende Prüfung der Verleiherlaubnis muss ergeben haben, dass der Erteilung ein Versagungsgrund nach § 3 entgegensteht.

Ein Widerruf ist gem. § 2 III bereits dann möglich, wenn sich im Rahmen einer **vorläufig erteilten** 6 **Erlaubnis** herausstellt, dass die mit ihrer Erteilung verbunden Risiken nicht länger tragbar sind (*Schüren* Rn. 16).

Die Fälle, in denen die Behörde auf Grund eines pflichtgemäß ausgeübten Ermessens nach § 3 III 7 eine Erlaubnis mit einem Widerrufsvorbehalt erteilt, werden nach dem eindeutigen Wortlaut der Nr. 1 nicht erfasst (*Sandmann/Marschall* Rn. 3; *Schüren* Rn. 13; aA *Franßen/Haesen* Rn. 3). § 2 III und § 5 I Nr. 1 gehen insoweit als Spezialvorschriften vor.

Für die Rechtmäßigkeit eines Widerrufs kommt es darauf an, dass der **Widerrufsvorbehalt** selbst 8 gem. § 2 III **rechtmäßig** ist (VGH Kassel 26. 4. 1988 NVwZ 1989, 165, 166; *Becker/Wulfgramm* Rn. 9; *Schüren* Rn. 14 mwN).

Nach § 2 III kann die Erlaubniserteilung unter Widerrufsvorbehalt nur in den Fällen erfolgen, in 9 denen es aus nicht aus der Sphäre des Antragstellers herrührenden und nicht seine Zuverlässigkeit betreffenden Gründen an der Beurteilungsreife fehlt. Weiterhin muss bei der abschließenden Beurteilung ein nicht ausräumbarer Versagungsgrund nach § 3 vorliegen (*Becker/Wulfgramm* Rn. 9; *Sandmann/Marschall* Rn. 2; *Schüren* Rn. 16).

2. Nichterfüllung einer Auflage. Von **Nr. 2** werden die Fälle erfasst, in denen der Verleiher 10 eine ihm nach § 2 II erteilte Auflage nicht innerhalb der gesetzten (angemessenen) Frist erfüllt hat. Die Widerrufsmöglichkeit beschränkt sich auf die nach § 2 II möglichen Auflagen. Das sind nur solche, in denen dem Verleiher ein positives Tun (Gebot) und nicht ein Unterlassen (Verbot) auferlegt wird (*Sandmann/Marschall* Rn. 4; *Schüren* Rn. 18). Die Ausübung des Widerrufs ist nicht von einem Verschulden des Verleihers abhängig. Ein fehlendes Verschulden wirkt sich aber auf das Ermessen aus und kann zur Unverhältnismäßigkeit des Widerrufs führen (*Schubel/Engelbrecht* Rn. 9; *Schüren* Rn. 19). Der Widerruf setzt keine Unanfechtbarkeit der Auflage voraus; ausreichend ist die Vollziehbarkeit (§ 6 I VwVG). Stellt sich die Rechtswidrigkeit der Auflage während des Widerspruchsverfahrens heraus, kommt ein Widerruf nicht in Betracht (*Franßen/Haesen* Rn. 6).

Bei der Ausübung dieses Widerrufsgrundes muss der **Verhältnismäßigkeitsgrundsatz** beachtet 11 werden. Daher führt die Nichteinhaltung geringfügiger Auflagen nicht schon zu einer Widerruflichkeit; vor einem Widerruf muss die Behörde zunächst versuchen, die Auflage im Wege der Verwaltungsvollstreckung durchzusetzen (*Becker/Wulfgramm* Rn. 11; *Schüren* Rn. 21).

Im Übrigen sieht das AÜG für den Fall, dass der Verleiher einer Auflage nicht nachkommt, die 12 Möglichkeit eines **Bußgeldes** vor (§ 16 I Nr. 3).

3. Nachträglicher Eintritt von Versagungsgründen. Der nachträgliche Eintritt eines Versagungs- 13 grundes nach **Nr. 3** bezieht sich auf sämtliche Versagungsgründe des § 3. Anfänglich nach der Regelung des § 3 bestehende Versagungsgründe können nur zu einer Rücknahme nach § 4 führen (LSG Celle 22. 7. 1977 EzAÜG Nr. 34; *Franßen/Haesen* Rn. 10). Im Interesse der freien Widerruflichkeit wird auch hier wieder auf eine Abwägung zwischen öffentl. und privaten Interessen im Einzelfall verzichtet (*Becker/Wulfgramm* Rn. 13).

Typische Anwendungsfälle sind diejenigen, in denen sich die Unzuverlässigkeit des Verleihers 14 hinsichtlich seiner AGPflichten erst im Nachhinein herausstellt oder in denen es nach der Aufnahme der Verleihtätigkeit zu der Eröffnung eines Insolvenzverfahrens kommt (*Sandmann/Marschall* Rn. 5).

Abw. von der Regelung des § 49 V 1 und 2 VwVfG erhält der Verleiher bei einem Widerruf nach 15 Nr. 3 keinen Ausgleichsanspruch.

16   **4. Änderung der Rechtslage.** Ein nach **Nr. 4** möglicher Widerruf wegen einer Änderung der Rechtslage führt, anders als in den Fällen der Nr. 1–3, analog § 4 II zu einem **Ausgleichsanspruch** (*Becker/Wulfgramm* Rn. 25).

17   Einigkeit besteht bei diesem Tatbestand jedenfalls dahingehend, dass im Falle einer Änderung einer Gesetzesvorschrift Nr. 4 erfüllt ist (*Becker/Wulfgramm* Rn. 15; *Schüren* Rn. 26). Umstritten ist jedoch, ob auch die **Änderung der** höchstrichterlichen **Rspr.** von Nr. 4 erfasst wird. Entgegen der Ansicht, dass dadurch lediglich eine bislang falsche Rechtsauslegung offengelegt wurde (*Becker/Wulfgramm*, Rn. 15; *Franßen/Haesen* Rn. 11), ist dieser Fall der Gesetzesänderung gleichzustellen (Nachw. bei *Schüren* Rn. 26).

18   Der **Widerruf wirkt ex nunc,** und zwar ab der Bekanntgabe des Widerrufs (*Becker/Wulfgramm* Rn. 23). Für die Abwicklung laufender Verträge gilt gem. § 5 II 2 die Vorschrift des § 2 IV 4 und damit die zwölfmonatige Abwicklungsfrist entsprechend.

III. Unzulässigkeit des Widerrufs

19   Der Widerruf ist gem. **Abs. 3** unzulässig, wenn eine Erlaubnis gleichen Inhalts erneut erteilt werden müsste. Diese Regelung dient nicht nur der Verfahrensvereinfachung, sie stellt auch klar, dass ein Anspruch auf Erlaubniserteilung vor einem nach Ermessen zulässigen Widerruf Vorrang hat und ist damit Ausdruck des Grundsatzes der Gesetzmäßigkeit der Verwaltung (*Becker/Wulfgramm* Rn. 17). Der Widerruf soll nicht zur Bestrafung des Verleihers, sondern nur zur Erreichung des gesetzmäßigen Zustandes dienen (*Schüren* Rn. 28).

20   Wie auch die Rücknahme, so ist der Widerruf gem. **Abs. 4** nur innerhalb eines Jahres nach der Erlangung der Kenntnis zulässig. Auch wegen der weiteren Einzelheiten stimmt die Regelung mit der gleich lautenden Regelung des § 4 überein.

§ 6 Verwaltungszwang

Werden Leiharbeitnehmer von einem Verleiher ohne die erforderliche Erlaubnis überlassen, so hat die Erlaubnisbehörde dem Verleiher dies zu untersagen und das weitere Überlassen nach den Vorschriften des Verwaltungsvollstreckungsgesetzes zu verhindern.

1   **1. Allgemeines.** Mit der Regelung des § 6 wird die BA verpflichtet und ermächtigt, nach den Vorschriften des VwVG Bund gegen die illegale Überlassung von AN vorzugehen. § 6 ist nur im Rahmen des AÜG auf eine entgegen § 1 erlaubnislos ausgeübte Verleihertätigkeit anzuwenden. Die Anwendung des VwVG Bund ergibt sich daraus, dass die BA nach § 17 mit der Durchführung dieses Gesetzes betraut ist. Die Befugnisse der BA reichen dabei von der Möglichkeit, eine einfache Untersagungsverfügung zu erlassen, bis hin zu ihrer Durchsetzung. Die Untersagungsverfügung bildet den Vollstreckungstitel für weitere Maßnahmen des Verwaltungszwangs, § 6 I VwVG.

2   **2. Untersagungsverfügung.** Eine nach § 6 erfolgende Untersagung stellt einen VA iSv. § 35 VwVfG dar, für den die für alle VA geltenden Grundsätze und Anforderungen gelten (ausführl. *Schüren* Rn. 15).

3   a) **Erlass und Adressat.** Der Erlass der Untersagungsverfügung steht nicht im Ermessen der Behörde; sie ist vielmehr zu einem **Einschreiten verpflichtet,** denn nur so lassen sich weitere Ordnungswidrigkeiten nach § 16 I Nr. 1 verhindern (*Noack* BB 1973, 1313, 1314; anders *Sandmann/Marschall* Rn. 3).

4   Richtiger **Adressat** der Verfügung ist der **Verleiher;** bei einer juristischen Person sind es deren Organe (LSG Niedersachsen 24. 2. 1981 – L 7 Ar 78/79 – nv.; SG Frankfurt 22. 8. 1986 NZA 1987, 40). Bei einem Strohmannverhältnis ist sowohl der Strohmann als auch der Hintermann richtiger Adressat der Verfügung (BVerwG 2. 2. 1982 DÖV 1982, 902; *Sandmann/Marschall* Rn. 5). Gegen den Entleiher kann die BA nur nach dem OWiG vorgehen.

5   § 6 gilt nur für die nach § 1 I 1 erlaubnispflichtige gewerbsmäßige ANÜberlassung. Soweit eine solche Überlassung tatsächlich erfolgt ist, steht die Möglichkeit zum Erlass einer Untersagungsverfügung außer Streit. Dies ist nach allg. Auffassung bereits der Fall, wenn ein **ANÜberlassungsvertrag abgeschlossen** wird (vgl. nur *Becker/Wulfgramm* Rn. 8; *Schüren* Rn. 7). Diese Auslegung des Merkmals „Überlassen" ergibt sich aus dem Normzweck des Erlaubnisvorbehalts in § 1 I 1, der einen effektiven Sozialschutz der LeihAN bezweckt. Eine Eingriffsmöglichkeit besteht darüber hinaus, wenn der Verstoß unmittelbar bevorsteht, da ein weiteres Zuwarten würde den Schutzweck des § 1 verfehlen (ebenso *Sandmann/Marschall* Rn. 2 und *Schüren* Rn. 8; abl. *Becker/Wulfgramm* Rn. 8). Deshalb reicht es für die Anwendung des § 6 bereits aus, wenn ein Verleiher werbend am Markt auftritt, da es bereits auf Grund dieser Werbung unmittelbar zum Abschluss von Arbeitsverträgen kommen kann (*Schüren* Rn. 8).

6   b) **Vollstreckungsverfahren.** Die Untersagungsverfügung muss als Vollstreckungstitel einen **vollstreckungsfähigen Inhalt** haben und sollte zweckmäßigerweise bereits mit der **Androhung** eines bestimmten **Zwangsmittels** versehen werden, § 13 II 1, III VwVfG (vgl. 2. Aufl. Rn. 6 f.).

c) **Durchsetzbarkeit.** Die Untersagungsverfügung ist grds. nur durchsetzbar, wenn der die Grundlage für die Anwendung des Zwangsmittels bildende Untersagungsbescheid unanfechtbar oder sofort vollziehbar ist. Das ist dann der Fall, wenn ein Widerspruch oder eine Klage keine aufschiebende Wirkung haben (*Sandmann/Marschall* Rn. 10; *Schüren*, Rn. 28: „arg. e §§ 86, 97 SGG"). Auch sind die Voraussetzungen der §§ 86 III und IV, 97 II SGG, nach denen im Rahmen des Widerspruchs- oder Klageverfahrens die aufschiebende Wirkung angeordnet werden kann, nicht gegeben (*Franßen/Haesen* Rn. 7). 7

d) **Zwangsmittel.** Soweit nicht bereits die Untersagungsverfügung mit der Androhung eines Zwangsmittels verbunden wurde (§ 13 II 1 VwVG), bedarf es vor der Anwendung des Zwangsmittels einer gesonderten Androhung nach § 13 I 1 VwVG. In ihr kann gem. § 9 VwVG ein Zwangsgeld oder unmittelbarer Zwang gegen den Verleiher angeordnet werden (§§ 11, 12 VwVG). Das Zwangsmittel muss genau bezeichnet werden; speziell für die Höhe des Zwangsgeldes muss ein genauer Betrag angegeben werden, der zwischen DM 3,– und DM 2000,– liegen kann (die gesetzliche Regelung wurde noch nicht auf Euro umgestellt). Dessen Höhe bemisst sich nach pflichtgemäßem Ermessen. Insb. sind dabei die Vermögensverhältnisse des Verleihers sowie die mit der illegalen Überlassung verbundenen Gefahren und deren Umfang zu berücksichtigen (*Sandmann/Marschall* Rn. 14). Jede einzelne Zuwiderhandlung, also Überlassung, führt dann verschuldensunabhängig zu einer Verwirkung der Geldstrafe. Darüber hinaus ist ein Zwangsgeld festzusetzen (§ 14 VwVG), sofern kein Fall sofortigen Vollzuges vorliegt, § 6 II VwVG. 8

Die Anwendung **unmittelbaren Zwanges** kommt nach dem Verhältnismäßigkeitsgrundsatz nur als letztes Mittel in Betracht. Die Zwangsmittel dürfen bis zur endgültigen Befolgung der Verpflichtung in unterschiedlicher Form und Höhe angewendet werden. Die erneute Androhung setzt jedoch voraus, dass das jeweils zuvor angedrohte Zwangsmittel erfolglos war. 9

e) **Rechtsmittel.** Gegen die Untersagungsverfügung kann sich der Verleiher mit dem Widerspruch (§§ 78 ff. SGG) und mit der Anfechtungsklage (§ 54 I 1 1. Fall SGG) zur Wehr setzen. Gegen die Androhung und die Festsetzung sind jeweils die gleichen Rechtsbehelfe möglich. Bereits durch die Untersagungsverfügung herbeigeführte Rechtsverletzungen können damit nicht angegriffen werden (§ 18 I 2, 3 VwVG; *Becker/Wulfgramm* Rn. 27; zu den Rechtsmitteln gegen die Anwendung der Zwangsmittel s. *Schüren* Rn. 45 f.). 10

§ 7 Anzeigen und Auskünfte

(1) ¹Der Verleiher hat der Erlaubnisbehörde nach Erteilung der Erlaubnis unaufgefordert die Verlegung, Schließung und Errichtung von Betrieben, Betriebsteilen oder Nebenbetrieben vorher anzuzeigen, soweit diese die Ausübung der Arbeitnehmerüberlassung zum Gegenstand haben. ²Wenn die Erlaubnis Personengesamtheiten, Personengesellschaften oder juristischen Personen erteilt ist und nach ihrer Erteilung eine andere Person zur Geschäftsführung oder Vertretung nach Gesetz, Satzung oder Gesellschaftsvertrag berufen wird, ist auch dies unaufgefordert anzuzeigen.

(2) ¹Der Verleiher hat der Erlaubnisbehörde auf Verlangen die Auskünfte zu erteilen, die zur Durchführung des Gesetzes erforderlich sind. ²Die Auskünfte sind wahrheitsgemäß, vollständig, fristgemäß und unentgeltlich zu erteilen. ³Auf Verlangen der Erlaubnisbehörde hat der Verleiher die geschäftlichen Unterlagen vorzulegen, aus denen sich die Richtigkeit seiner Angaben ergibt, oder seine Angaben auf sonstige Weise glaubhaft zu machen. ⁴Der Verleiher hat seine Geschäftsunterlagen drei Jahre lang aufzubewahren.

(3) ¹In begründeten Einzelfällen sind die von der Erlaubnisbehörde beauftragten Personen befugt, Grundstücke und Geschäftsräume des Verleihers zu betreten und dort Prüfungen vorzunehmen. ²Der Verleiher hat die Maßnahmen nach Satz 1 zu dulden. ³Das Grundrecht der Unverletzlichkeit der Wohnung (Artikel 13 des Grundgesetzes) wird insoweit eingeschränkt.

(4) ¹Durchsuchungen können nur auf Anordnung des Richters bei dem Amtsgericht, in dessen Bezirk die Durchsuchung erfolgen soll, vorgenommen werden. ²Auf die Anfechtung dieser Anordnung finden die §§ 304 bis 310 der Strafprozeßordnung entsprechende Anwendung. ³Bei Gefahr im Verzuge können die von der Erlaubnisbehörde beauftragten Personen während der Geschäftszeit die erforderlichen Durchsuchungen ohne richterliche Anordnung vornehmen. ⁴An Ort und Stelle ist eine Niederschrift über die Durchsuchung und ihr wesentliches Ergebnis aufzunehmen, aus der sich, falls keine richterliche Anordnung ergangen ist, auch die Tatsachen ergeben, die zur Annahme einer Gefahr im Verzuge geführt haben.

(5) Der Verleiher kann die Auskunft auf solche Fragen verweigern, deren Beantwortung ihn selbst oder einen der in § 383 Abs. 1 Nr. 1 bis 3 der Zivilprozeßordnung bezeichneten Angehörigen der Gefahr strafgerichtlicher Verfolgung oder eines Verfahrens nach dem Gesetz über Ordnungswidrigkeiten aussetzen würde.

I. Allgemeines

1 Mit der Regelung des § 7 soll es der Behörde ermöglicht werden, die zur Sicherstellung des sozialen Schutzes der LeihAN erforderlichen Kontrollen der Verleiher durchzuführen (*Becker/Wulfgramm* Rn. 2). Durch § 7 wird nur der **legale Verleiher** (s. *Sandmann/Marschall* Rn. 2; *Schüren* Rn. 5; aA *Franßen/Haesen* Rn. 27, nach deren Ansicht auch illegale Verleiher erfasst werden) verpflichtet, bestimmte nach der Erlaubniserteilung eintretende betriebliche und personelle Veränderungen und sonstige sich auf die Ausübung der ANÜberlassung beziehende Auskünfte gegenüber der BA abzugeben.

2 Gegen **illegale Verleiher** kann die BA nach § 6 vorgehen. § 7 ist insoweit nicht anzuwenden, da er nur auf die ordnungsgemäße Durchführung der ANÜberlassung zugeschnitten ist (*Schüren* Rn. 5 mwN).

II. Verfahren

3 Ein Auskunftsverlangen der BA nach Abs. 1 und 2 sowie deren Maßnahmen nach den Abs. 3 und 4 sind **VA**, die mit Widerspruch und Anfechtungsklage angegriffen werden können.

4 Ob der BA ein Recht zu einer Prüfung zusteht, kann durch eine Klage nach § 55 I Nr. 1 SGG auf Feststellung des Bestehens oder Nichtbestehens eines Rechtsverhältnisses überprüft werden (LSG NW 11. 4. 1979 – L 12 Ar 236/77 – nv.). Die nach Abs. 1, 2 und 3 S. 2 bestehenden Pflichten kann die BA im Wege des Verwaltungszwanges nach dem VwVG durchsetzen (BSG 12. 7. 1989 NZA 1990, 157, 158; 29. 7. 1992 NZA 1993, 525, 526).

5 Die Verletzung der Auskunftspflicht stellt eine gem. § 16 I Nr. 4–6 mit Bußgeld bedrohte **Ordnungswidrigkeit** dar.

6 Kommt der Verleiher seinen Pflichten mehr als nur geringfügig nicht nach, kann dies die Annahme einer Unzuverlässigkeit gem. § 3 I Nr. 1 begründen und zu einem **Widerruf** der Erlaubnis nach § 5 I Nr. 3 führen.

7 Der Verleiher hat von sich aus die nach der Erteilung der Erlaubnis eintretenden **Änderungen anzuzeigen**. Sämtliche vor der Erteilung der Erlaubnis eintretenden Änderungen muss der Verleiher noch im Rahmen des Antragsverfahrens nach § 1 angeben (*Schüren* Rn. 8). Liegen Anhaltspunkte für eine Veränderung vor, kann die Erlaubsnisbehörde den Verleiher zu einer entspr. Anzeige auffordern (MünchArbR/*Marschall* § 174 Rn. 150; *Schüren* Rn. 10). Für die Entgegennahme der Auskünfte ist das Landesarbeitsamt zuständig, in dessen Bezirk der Verleiher seinen Geschäftssitz hat; bei mehreren Niederlassungen ist der Hauptsitz ausschlaggebend. Für Verleiher aus Nicht-EG-Staaten ist das Landesarbeitsamt Hessen zuständig.

III. Auskunftspflichten

8 **1. Anzeigepflicht nach Abs. 1 S. 1.** Abs. 1 S. 1 statuiert eine Anzeigepflicht für eine beabsichtigte Verlegung, Schließung und Errichtung von Betrieben, Betriebsteilen oder Nebenbetrieben (zu den Begriffen Betrieb, Betriebsteil oder Nebenbetrieb vgl. oben, § 3 Rn. 42), also für bestimmte betriebliche Veränderungen.

9 Unter einer **Verlegung** ist jede örtliche Veränderung der Betriebsstätte unter Beibehaltung ihrer Identität zu verstehen (*Franßen/Haesen* Rn. 5) – unabhängig davon, ob sich damit der Landesarbeitsamtsbezirk ändert (*Sandmann/Marschall* Rn. 5).

10 Von dem Begriff der **Schließung** wird sowohl die endgültige Einstellung als auch die Veräußerung und Verpachtung des Betriebes erfasst. Mit der **Errichtung** ist die Eröffnung eines Betriebes, Betriebsteils oder Nebenbetriebs gemeint (*Schüren* Rn. 13).

11 Durch die Anzeigepflicht soll sichergestellt werden, dass der Erlaubnis trotz der auf Seiten des Verleihers anstehenden Veränderungen keine Hinderungsgründe nach § 3 I Nr. 2 entgegenstehen. Die Anzeigepflicht dient gleichzeitig auch den Interessen des Verleihers, der BA hat ihre Dienststellen angewiesen, dem Verleiher von einer sich auf die Erlaubnis auswirkenden Veränderung – auch bei einer solchen nach Abs. 1 S. 2 – innerhalb einer angemessenen Frist Kenntnis zu geben (*Sandmann/Marschall* Rn. 9).

12 Erst die Durchführung der angezeigten Veränderung, nicht schon deren Anzeige, setzt die **Jahresfrist** des § 5 IV für den Widerruf in Lauf (*Franßen/Haesen* Rn. 5).

13 **2. Anzeigepflicht bei personellen Veränderungen. Abs. 1 S. 2** soll die Zuverlässigkeit eines Verleihers, der keine natürliche Person ist, sichern. Die Regelung erfasst also bestimmte personelle Veränderungen. Bei einer Personengesamtheit (nichtrechtsfähiger Verein, Erbengemeinschaft), einer Personengesellschaft oder bei einer juristischen Person sind auf Grund einer Berufung nach Gesetz, Satzung oder Gesellschaftsvertrag erfolgende Änderungen in der Geschäftsführung oder Vertretung anzuzeigen (Beispiele bei *Becker/Wulfgramm* Rn. 5). Im Falle einer Insolvenz muss der allein vertretungsberechtigte Insolvenzverwalter (§ 80 I InsO) die Anzeige über die personelle Veränderung abgeben (*Becker/Wulfgramm* Rn. 5).

Eine rechtsgeschäftlich erfolgende Änderung einer **Vollmacht** (zB Prokura, Handlungsvollmacht) 14
fällt nicht unter die Anzeigepflicht (*Sandmann/Marschall* Rn. 10). Führt der Wechsel der Mitglieder
einer Gesamthand oder einer Gesellschaft zu einer neuen Gesamthand oder Gesellschaft, so ist eine
neue Erlaubnis nötig.

3. Auskünfte betr. Durchführung des AÜG. Die Auskunftspflicht nach **Abs. 2** erfasst alle für die 15
Durchführung des AÜG durch die BA erforderlichen Auskünfte. Die Auskunftspflicht trifft den
Verleiher; sofern dieser keine natürliche Person ist, trifft sie die in Abs. 1 S. 2 genannten Personen.
Der Verleiher kann sich zur Erfüllung der Auskunftspflicht Dritter bedienen.

Insb. ist der Verleiher bei einem entspr. Verlangen der Behörde verpflichtet, darüber Auskunft zu 16
erteilen, ob die Überlassung im Einklang mit den in § 3 geregelten Versagungsgründen erfolgt oder ob
Auflagen nach § 2 ordnungsgemäß eingehalten werden. Der Verleiher muss dem Auskunftsbegehren
innerhalb einer angemessen gesetzten Frist nachkommen. Die Auskünfte müssen nach S. 2 „wahrheitsgemäß, vollständig, fristgemäß und unentgeltlich" erteilt werden. Auf Verlangen der Behörde sind
die Auskünfte durch die Vorlage der **Geschäftsunterlagen** zu beweisen oder glaubhaft zu machen.
Geschäftliche Unterlagen sind alle schriftlichen Unterlagen, die mit der AN̈Überlassung in irgendeiner
Form zusammenhängen können (*Becker/Wulfgramm* Rn. 9). Grds. fallen unter diesen weit zu verstehenden Begriff Arbeitsverträge mit den LeihAN und Verleihverträge mit den Entleihern, die Buchhaltung und Unterlagen über die Abführung von Sozialversicherungsbeiträgen und Lohnsteuern sowie
der Schriftwechsel mit anderen Behörden und Verleihern (*Franßen/Haesen* Rn. 11; *Sandmann/Marschall* Rn. 15). Bei gemischten Unternehmen fallen die in dem nicht mit der AN̈Überlassung befassten
Unternehmensteil entstandenen und geführten Unterlagen nicht unter den Begriff der geschäftlichen
Unterlagen iSv. Abs. 2 (*Becker/Wulfgramm* Rn. 9).

Um eine wirksame Überprüfung durch die Erlaubnisbehörde sicherzustellen, hat der Verleiher seine 17
Geschäftsunterlagen drei Jahre lang **aufzubewahren, Abs. 2 S. 4**. Damit sind nicht nur die unmittelbar
Geschäftszwecken dienenden Unterlagen gemeint (so aber *Sandmann/Marschall* Rn. 17), sondern
vielmehr alle oben bereits im Rahmen der Vorlagepflicht genannten Dokumente, Datenträger oder
Tonbandaufzeichnungen. Für eine andere Auslegung lassen sich weder aus dem Gesetzestext noch aus
den Materialien Anhaltspunkte entnehmen (*Schüren* Rn. 35).

IV. Betretungsrecht

Abs. 3 gibt den von der Erlaubnisbehörde beauftragten Personen in begründeten Ausnahmefällen 18
das Recht, Grundstücke und Geschäftsräume des Verleihers zu betreten und Einsicht in die Geschäftsunterlagen zu nehmen. Es handelt sich hierbei um eine von der Durchsuchung nach Abs. 4 zu
unterscheidende behördliche Nachschau (*Sandmann/Marschall* Rn. 19), die sich auf die Besichtigung
des Betriebes und seiner Organisation sowie auf die Einsichtnahme in Unterlagen beschränkt. Für die
Ausübung dieser Nachschau bedarf es keines vorhergehenden gestaltenden VA oder einer Ankündigung der BA (BSG 29. 7. 1992 NZA 1993, 524; *Franßen/Haesen* Rn. 30).

Anders als bei einem Auskunftsbegehren nach Abs. 2 kann eine Überprüfung nur dann erfolgen, 19
wenn **konkrete Anhaltspunkte** für ein gesetzwidriges Verhalten des Verleihers vorliegen (BSG 29. 7.
1992 NZA 1993, 524, 525; *Sandmann/Marschall* Rn. 20; *Schüren* Rn. 40). Das ist beispielsweise dann
der Fall, wenn Beschwerden von LeihAN gegenüber der Erlaubnisbehörde vorliegen, ein Verleiher
eine Auskunft nur unvollständig erteilt oder unter Berufung auf sein Auskunftsrecht nach Abs. 5
verweigert (*Becker/Wulfgramm* Rn. 12; *Schüren* Rn. 40).

Auch hier ist der Grundsatz der **Verhältnismäßigkeit** zu beachten. Dies führt zwar nicht dazu, dass 20
die Behörde zunächst versuchen muss, Auskünfte bei dem Verleiher einzuholen, die von diesem nicht,
nicht glaubhaft oder unvollständig beantwortet wurden, um ein Vorgehen nach Abs. 3 zu rechtfertigen
(BSG 29. 7. 1992 NZA 1993, 524, 525; *Franßen/Haesen* Rn. 30; *Schüren* Rn. 41; aA LSG Duisburg
12. 10. 1988 EzAÜG Nr. 300; *Becker/Wulfgramm* Rn. 12), denn dies kann im Einzelfall den Zweck
der Nachschau vereiteln. Es kommt darauf an, ob das Auskunftsbegehren nach Abs. 2 ungeeignet ist
und den Erfolg der Nachschau vereiteln kann (so auch *Schüren* Rn. 41). Ist dies nicht der Fall, so muss
die Behörde zunächst nach Abs. 2 vorgehen.

Da auch **Geschäftsräume** in den Schutzbereich des Art. 13 I GG einbezogen sind (BVerfG 13. 10. 21
1971 NJW 1971, 2299 ff.), ist ein Betreten der Geschäftsräume und die Durchführung der Prüfung nur
zu den Zeiten gestattet, in denen die Räumlichkeiten üblicherweise zur geschäftlichen oder betrieblichen Nutzung dienen (BVerfG 13. 10. 1971 NJW 1971, 2299, 2301; BSG 29. 7. 1992 NZA 1993, 524,
526; *Schüren* Rn. 46 mwN; aA *Franßen/Haesen* Rn. 34). Aufgrund einer verfassungskonformen Auslegung des Art. 13 I GG dürfen Wohnräume nach Abs. 3 selbst dann nicht betreten werden, wenn sie
gleichzeitig als Geschäftsräume genutzt werden (BVerfG 13. 10. 1971 NJW 1971, 2299, 2300 f.; aA
Franßen/Haesen Rn. 31). Durch diese nach den Vorgaben des BVerfG erfolgende verfassungskonforme Auslegung wird zwar das Vorgehen nach Abs. 3 erschwert; aber die Durchsuchung von
Geschäftsräumen außerhalb der normalen Öffnungs- und Betriebszeiten und die Durchsuchung von
Wohnräumen ist nach Abs. 4 sowie im Rahmen eines Ordnungswidrigkeitsverfahrens möglich
(*Schüren* Rn. 47 mwN).

22 Die nach Abs. 3 S. 2 bestehende Duldungspflicht erfasst auch ein Mindestmaß an **Tätigwerden des Verleihers,** um den von der Erlaubnisbehörde ermächtigten Personen die Ausführung ihrer Besichtigungs- und Prüfungsrechte zu ermöglichen (*Becker/Wulfgramm* Rn. 14 a; *Schüren* Rn. 49). Er muss beispielsweise verschlossene Räume öffnen und Auskunft über den Aufbewahrungsort von Unterlagen geben (*Sandmann/Marschall* Rn. 25). Die Pflicht beschränkt sich auf ein passives Gewährenlassen, wenn der Verleiher sich auf sein Auskunftsverweigerungsrecht nach Abs. 5 beruft; denn er ist nicht dazu verpflichtet, zu seiner eigenen Überführung beizutragen (*Sandmann/Marschall* Rn. 21). Darüber hinaus umfasst die Prüfungsbefugnis auch das Recht, Geschäftsunterlagen vorübergehend zu einer eingehenden Prüfung gegen Quittungserteilung mitzunehmen (zutreffend *Sandmann/Marschall* Rn. 25 unter Verweis auf die ohnehin bestehende Vorlagepflicht nach Abs. 2).

23 Das Recht der Behörde nach Abs. 3 kann durch **Verwaltungszwang** durchgesetzt werden (BSG 29. 7. 1992 NZA 1993, 524, 526; 2. 7. 1989 NZA 1990, 157 f.; *Franßen/Haesen* Rn. 40). Als Zwangsmittel kommt allerdings im Rahmen der Duldungspflicht nach allg. Auffassung nur ein Zwangsgeld in Betracht, da die Anwendung unmittelbaren Zwangs nicht zu einer Umgehung der von Abs. 4 für eine Durchsuchung aufgestellten bes. Voraussetzungen führen darf (*Becker/Wulfgramm* Rn. 14 b; *Schüren* Rn. 51).

V. Durchsuchungsrecht

24 **1. Allgemeines.** Nach **Abs. 4** besteht für die BA ein Durchsuchungsrecht, das ebenso wie das Auskunfts- und Nachschaurecht der Durchführung des AÜG dient. Unter einer Durchsuchung ist die zwangsweise Suche ohne die Zustimmung oder gegen den Willen des Verleihers auf Grundstücken und in Räumen zur Sicherstellung von Unterlagen, die sich auf die Verleihtätigkeit beziehen, zu verstehen (*Sandmann/Marschall* Rn. 26; *Schüren* Rn. 53). Aus Abs. 2 S. 3 ergibt sich, dass diese Unterlagen auch sichergestellt werden können (*Sandmann/Marschall* Rn. 26; *Schüren* Rn. 53).

25 Die Durchsuchung setzt als besonders belastender Eingriff idR voraus, dass die BA die Wahrnehmung ihrer Kontrollbefugnisse zunächst mit **weniger einschneidenden Maßnahmen** versucht hat und damit das auch hier geltende Verhältnismäßigkeitsprinzip beachtet hat (vgl. 2. Aufl. Rn. 25).

26 **2. Richterliche Anordnung.** Eine Durchsuchung bedarf der richterlichen Anordnung. Für deren Erlass ist auf den Antrag der BA hin der Richter des Amtsgerichts zuständig, in dessen Bezirk die Durchsuchung vorgenommen werden soll. Anders als im Falle der Nachschau kann eine Durchsuchung **auch zur Nachtzeit** erfolgen, denn im Gegensatz zu Abs. 4 S. 3, der eine ohne richterliche Anordnung mögliche Durchsuchung bei Gefahr im Verzuge auf die Geschäftszeiten beschränkt, trifft Abs. 4 S. 1 keine solche Einschränkung (*Becker/Wulfgramm* Rn. 16; *Sandmann/Marschall* Rn. 28). Allerdings sind hier besonders hohe Anforderungen an die Wahrung des Verhältnismäßigkeitsgrundsatzes zu stellen, so dass eine nächtliche Durchsuchung die Ausnahme bilden wird (Beispiel bei *Sandmann/Marschall* Rn. 28; *Schüren* Rn. 57).

27 Nach Abs. 4 S. 2 kann der Betroffene die Durchsuchungsanordnung mittels **Beschwerde** nach §§ 304 ff. StPO anfechten. In geeigneten Fällen kann die BA in entspr. Anwendung des § 309 StPO angehört werden.

28 Eine **weitere Beschwerde** nach § 310 StPO ist nicht möglich, da diese nur in ganz bestimmten, nicht analogiefähigen Ausnahmefällen (Verhaftung, einstweilige Unterbringung) in Betracht kommt (*Lutz/Meyer-Goßner*, StPO, 46. Aufl. 2003, § 310 Rn. 4 mwN; *Becker/Wulfgramm* Rn. 16 a; *Franßen/Haesen* Rn. 48; *Schüren* Rn. 59; aA *Sandmann/Marschall* Rn. 29).

29 Ist die Durchsuchung bereits erfolgt, so kann die prozessual überholte Durchsuchungsanordnung nicht mehr angefochten werden; eine nachträgliche Feststellung der Rechtswidrigkeit kommt nur bei erheblichen Folgen eines Eingriffs oder bei einer konkreten Wiederholungsgefahr in Betracht (BGH 3. 6. 1978 NJW 1978, 1815).

30 **3. Gefahr im Verzuge.** Bei Gefahr im Verzuge sind Durchsuchungen gem. § 7 IV 3 auch **ohne richterliche Anordnung** während der Geschäftszeit möglich. Dies ist dann der Fall, wenn die vorherige Einholung der richterlichen Anordnung den Durchsuchungszweck gefährden würde (BVerwG 12. 12. 1967 DVBl. 1968, 752); beispielsweise weil konkrete Anhaltspunkte dafür vorliegen, dass der Verleiher bis zur Anordnung der Durchsuchung Unterlagen beseitigen, verfälschen oder wegschaffen wird. Ein rechtlicher oder tatsächlicher Irrtum der Behörde über das Vorliegen der Gefahr macht die Anordnung nicht unwirksam (*Becker/Wulfgramm* Rn. 17). Eine Gefahr im Verzug ist auch bei Verleihern anzunehmen, die ihre Tätigkeit nach dem Verlust ihrer Betriebsräume oder ihrer Organisation nunmehr ohne festen Geschäftssitz fortführen (MünchArbR/*Marschall* § 174 Rn. 164; *Sandmann/Marschall* Rn. 31; *Schüren* Rn. 60).

31 Mit der Geschäftszeit in S. 3 ist die allg. übliche, nicht die des konkreten Verleihers gemeint (*Sandmann/Marschall* Rn. 30; *Schüren* Rn. 61).

32 Die Rechtswidrigkeit einer nach Abs. 4 S. 3 erfolgten Durchsuchung kann unter Darlegung eines entspr. Feststellungsinteresses durch eine **Feststellungsklage** nach § 51 I Nr. 1 SGG festgestellt werden (LSG NW 11. 4. 1979 EzAÜG Nr. 73). Soweit die Durchsuchung und ihre Anordnung einen VA

darstellen (BSG 12. 7. 1989 NZA 1990, 157, 158), kann eine Fortsetzungsfeststellungsklage erhoben werden (§ 131 I 3 SGG analog; *Schüren* Rn. 62).

4. Niederschrift. Über jede Durchsuchung ist gem. § 7 IV 4 eine Niederschrift an Ort und Stelle 33 durch einen Beauftragten der BA anzufertigen und zu unterschreiben. Eine nachträgliche Anfertigung ist nicht ausreichend (*Sandmann/Marschall* Rn. 34). In ihr müssen Ort und Zeit der Durchsuchung, sämtliche Anwesenden, Gegenstand und Grund der Durchsuchung (soweit sich dies nicht bereits aus der richterlichen Anordnung ergibt) sowie deren wesentliche Ergebnisse festgehalten werden (*Schüren* Rn. 63 mwN). Auch die Tatsachen, die zur Annahme einer Gefahr im Verzuge führten, müssen aufgenommen werden (§ 7 IV 4 letzter HS.). Ein Verstoß gegen diese Formvorschrift macht die Durchsuchung nach Art. 13 II GG rechtswidrig.

Nach einer Anweisung der BA ist dem Verleiher auf Wunsch eine Abschrift auszuhändigen (*Sand-* 34 *mann/Marschall* Rn. 34).

VI. Auskunftsverweigerungsrecht

Eine Auskunft kann auf solche Fragen verweigert werden, deren Beantwortung den Verleiher selbst, 35 seinen Verlobten, seinen jetzigen oder früheren Ehegatten, Verwandte oder Verschwägerte in gerader Linie, Verwandte in der Seitenlinie bis zum dritten Grad oder Verschwägerte in der Seitenlinie bis zum zweiten Grad (Angehörige gem. § 383 I Nr. 1–3 ZPO) der Gefahr der Verfolgung einer Straftat oder Ordnungswidrigkeit aussetzen würde (insb. wegen der Straf- und Ordnungswidrigkeitstatbestände der §§ 15 ff.).

Ein Auskunftsverweigerungsrecht nach § 7 V steht regelmäßig dem Verleiher, bei Personenmehr- 36 heiten, Personengesellschaften und juristischen Personen dem Geschäftsführer oder dem gesetzlichen Vertreter zu. Auf das Auskunftsverweigerungsrecht muss sich der Verleiher ausdrücklich **berufen** (*Becker/Wulfgramm* Rn. 21; *Sandmann/Marschall* Rn. 36; *Schüren* Rn. 27).

Aus der bloßen Ausübung des Auskunftsverweigerungsrechts dürfen dem Betroffenen **keine Nach-** 37 **teile** erwachsen. Dadurch ist die Aufsichtsbehörde vielmehr dazu veranlasst, sich die von ihr benötigten Informationen auf eine andere Weise zu beschaffen (zB Nachschau).

§ 8 Statistische Meldungen

(1) ¹Der Verleiher hat der Erlaubnisbehörde halbjährlich statistische Meldungen über
1. die Zahl der überlassenen Leiharbeitnehmer getrennt nach Geschlecht, nach der Staatsangehörigkeit, nach Berufsgruppen und der Art der vor der Begründung des Vertragsverhältnisses zum Verleiher ausgeübten Beschäftigung,
2. die Zahl der Überlassungsfälle, gegliedert nach Wirtschaftsgruppen,
3. die Zahl der Entleiher, denen er Leiharbeitnehmer überlassen hat, gegliedert nach Wirtschaftsgruppen,
4. die Zahl und die Dauer der Arbeitsverhältnisse, die er mit jedem überlassenen Leiharbeitnehmer eingegangen ist,
5. die Zahl der Beschäftigungstage jedes überlassenen Leiharbeitnehmers, gegliedert nach Überlassungsfällen,

zu erstatten. ²Die Erlaubnisbehörde kann die Meldepflicht nach Satz 1 einschränken.

(2) Die Meldungen sind für das erste Kalenderhalbjahr bis zum 1. September des laufenden Jahres, für das zweite Kalenderhalbjahr bis zum 1. März des folgenden Jahres zu erstatten.

(3) ¹Die Erlaubnisbehörde gibt zur Durchführung des Absatzes 1 Erhebungsvordrucke aus. ²Die Meldungen sind auf diesen Vordrucken zu erstatten. ³Die Richtigkeit der Angaben ist durch Unterschrift zu bestätigen.

(4) ¹Einzelangaben nach Absatz 1 sind von der Erlaubnisbehörde geheimzuhalten. ²Die §§ 93, 97, 105 Abs. 1, § 111 Abs. 5 in Verbindung mit § 105 Abs. 1 sowie § 116 Abs. 1 der Abgabenordnung gelten nicht. ³Dies gilt nicht, soweit die Finanzbehörden die Kenntnisse für die Durchführung eines Verfahrens wegen einer Steuerstraftat sowie eines damit zusammenhängenden Besteuerungsverfahrens benötigen, an deren Verfolgung ein zwingendes öffentliches Interesse besteht, oder soweit es sich um vorsätzlich falsche Angaben des Auskunftspflichtigen oder der für ihn tätigen Personen handelt. ⁴Veröffentlichungen von Ergebnissen auf Grund von Meldungen nach Absatz 1 dürfen keine Einzelangaben enthalten. ⁵Eine Zusammenfassung von Angaben mehrerer Auskunftspflichtiger ist keine Einzelangabe im Sinne dieses Absatzes.

1. Allgemeines. Durch § 8 sollen speziell die durch gewerbsmäßige ANÜberlassung herbei- 1 geführten Änderungen auf dem Arbeitsmarkt statistisch erfasst werden, um zu zuverlässigen Marktanalysen zu gelangen (*Becker/Wulfgramm* Rn. 2). Aus dem auf Grund von § 8 ermittelten Zahlenmaterial werden regelmäßig in vierjährigem Turnus Erfahrungsberichte der Bundesregierung erstellt (s. Berichte der Bundesregierung über Erfahrungen bei der Anwendung des AÜG, BT-Drucks.

7/2365, 7/5631, 8/2025, 8/4479, 10/1934, 11/2639, 12/3180, 13/5498, 14/4220). Weiterhin wird dadurch mittelbar eine Überwachung der Verleiher beispielsweise hinsichtlich einer Einhaltung des § 3 I ermöglicht (vgl. *Schüren* Rn. 4).

2 **2. Durchführung.** Der Verleiher hat der Erlaubnisbehörde die statistischen Meldungen unaufgefordert und unentgeltlich zu erstatten. Die Behörde kann auch von sich aus zur Abgabe einer Meldung auffordern; die Aufforderung kann im Wege des Verwaltungszwangs durchgesetzt werden (*Becker/Wulfgramm* Rn. 4). Die Meldungen sind für das erste Kalenderhalbjahr gem. Abs. 2 bis zum 1. 9. des laufenden Jahres und für das zweite Halbjahr bis zum 1. 3. des Folgejahres abzugeben.

3 **Zuständig** ist das jeweilige Landesarbeitsamt, in dessen Bezirk der Verleiher seinen Geschäftssitz hat. Bei mehreren Niederlassungen kommt es auf den Hauptsitz an. Für Entleiher aus Nicht-EG-Staaten ist das Landesarbeitsamt Hessen zuständig.

4 Der **Inhalt der Meldung** ist in § 8 I 1 Nr. 1 bis 5 genau geregelt (ausführlich *Sandmann/Marschall* Rn. 3 ff.). Deren Umfang kann gem. Abs. 1 S. 2 durch die Erlaubnisbehörde eingeschränkt werden, was auch bereits tw. getan hat.

5 Die Angaben sind auf einem von der BA herausgegebenen **Formblatt** zu machen. Ausreichend ist aber auch eine Angabe der nachgefragten Daten ohne eine Benutzung der Vordrucke (*Becker/Wulfgramm* Rn. 6; aA *Schüren* Rn. 11). Mit seiner abschließenden Unterschrift übernimmt der Verleiher jeweils die Verantwortung für die Vollständigkeit und Richtigkeit der von ihm abgelieferten Daten (*Schüren* Rn. 11).

6 Der Verleiher macht sich einer **Ordnungswidrigkeit** gem. § 16 I Nr. 7 schuldig, wenn er die statistische Meldung gar nicht, unrichtig, unvollständig oder nicht fristgemäß abgibt. Dies kann andererseits regelmäßig zu einer Geldbuße nach § 16 II und bei mehrmaligen oder schwerwiegenden Verstößen zu einem Widerruf wegen einer nachträglich aufgetretenen Unzuverlässigkeit (§ 5 I Nr. 3) führen (*Becker/Wulfgramm* Rn. 8; *Schüren* Rn. 27).

7 **3. Geheimhaltungspflicht.** Nach § 8 IV 1 besteht eine Geheimhaltungspflicht der Erlaubnisbehörde bezüglich der nach Abs. 1 erstatteten Einzelangaben gegenüber Dritten (*Schüren* Rn. 18); innerhalb der mit der Durchführung des AÜG befassten Dienststellen und zwischen den Dienststellen der BA besteht hingegen keine Geheimhaltungspflicht (*Sandmann/Marschall* Rn. 22; *Schüren* Rn. 18; aA *Franßen/Haesen* Rn. 10). Mit Einzelangaben sind Angaben über bestimmte einzelne Personen gemeint, wie etwa über die individuellen Verhältnisse des Verleihers (Art und Umfang des Betriebes oder Gewinnspannen; *Becker/Wulfgramm* Rn. 9). Die Zusammenfassung von lediglich zwei Auskunftspflichtigen führt noch nicht dazu, dass keine geheimhaltungspflichtige Einzelangabe iSv. Abs. 4 S. 5 vorliegt, da mit den Verhältnissen vertraute Dritte daraus möglicherweise Rückschlüsse auf den Auskunftspflichtigen ziehen können (*Schüren* Rn. 14 mwN).

8 Abw. von den allg. Regeln der AO ist die Erlaubnisbehörde gem. Abs. 4 S. 2 auch gegenüber den **Finanzbehörden** zur Verschwiegenheit verpflichtet. Dies gilt allerdings gem. S. 3 nicht, wenn die Finanzbehörden die Angaben „für die Durchführung eines Verfahrens wegen einer Steuerstraftat oder eines damit zusammenhängenden Besteuerungsverfahrens" benötigen. Orientiert am Schutzzweck der Regelung setzt der Auskunftsanspruch der Finanzbehörde jedoch voraus, dass der Verdacht einer Steuerstraftat bereits durch andere Feststellungen begründet ist, der Auskunft aber eine, in gleichem Maße erfolgreiche Maßnahmen nicht greifbar sind (*Schüren* Rn. 17). Darüber hinaus muss ein zwingendes öffentliches Interesse vorliegen, oder der Verleiher oder die für ihn tätige Person muss vorsätzlich falsche Angaben gemacht haben. Ein zwingendes öffentliches Interesse kann nur bei besonders schwerwiegenden Fällen bejaht werden (*Becker/Wulfgramm* Rn. 11; *Sandmann/Marschall* Rn. 20).

§ 9 Unwirksamkeit

Unwirksam sind:
1. Verträge zwischen Verleihern und Entleihern sowie zwischen Verleihern und Leiharbeitnehmern, wenn der Verleiher nicht die nach § 1 erforderliche Erlaubnis hat,
2. Vereinbarungen, die für den Leiharbeitnehmer für die Zeit der Überlassung an einen Entleiher schlechtere als die im Betrieb des Entleihers für einen vergleichbaren Arbeitnehmer des Entleihers geltenden wesentlichen Arbeitsbedingungen einschließlich des Arbeitsentgelts vorsehen, es sei denn der Verleiher gewährt dem zuvor arbeitslosen Leiharbeitnehmer für die Überlassung an einen Entleiher für die Dauer von insgesamt höchstens sechs Wochen mindestens ein Nettoarbeitsentgelt in Höhe des Betrages, den der Leiharbeitnehmer zuletzt als Arbeitslosengeld erhalten hat; letzteres gilt nicht, wenn mit demselben Verleiher bereits ein Leiharbeitsverhältnis bestanden hat; ein Tarifvertrag kann abweichende Regelungen zulassen; im Geltungsbereich eines solchen Tarifvertrages können nicht tarifgebundene Arbeitgeber und Arbeitnehmer die Anwendung der tariflichen Regelungen vereinbaren,
3. Vereinbarungen, die dem Entleiher untersagen, den Leiharbeitnehmer zu einem Zeitpunkt einzustellen, in dem dessen Arbeitsverhältnis zum Verleiher nicht mehr besteht,

4. Vereinbarungen, die dem Leiharbeitnehmer untersagen, mit dem Entleiher zu einem Zeitpunkt, in dem das Arbeitsverhältnis zwischen Verleiher und Leiharbeitnehmer nicht mehr besteht, ein Arbeitsverhältnis einzugehen.

I. Allgemeines

§ 9 ist durch das Erste Gesetz für moderne Dienstleistungen am Arbeitsmarkt v. 23. 12. 2002 (BGBl. I S. 4607) geändert worden. Die früheren Nr. 2 und 3 wurden gestrichen, aus den früheren Nr. 4 und 5 wurden die Nr. 3 und 4. Nr. 2 wurde neu eingeführt; die Regelung entspricht § 3 I Nr. 3. Nach § 19 gilt die geänderte Fassung ab dem 1. 1. 2004.

§ 9 hat zwei unterschiedliche „Wirkrichtungen" (*Schüren* Rn. 1). Zum einen wird durch die Regelung der Nr. 1 die in § 10 geregelte Fiktion eines Arbeitsverhältnisses zwischen dem Entleiher und dem von einem illegal tätigen Verleiher überlassenen AN vorbereitet. Zum anderen werden die zwischen Verleiher und LeihAN unerwünschten Vertragsgestaltungen und die daraus resultierenden Rechtsfolgen benannt (*Schüren* Rn. 1).

Die unter der Anwendung des § 9 eintretende Rechtsfolge ist die **Unwirksamkeit** des Leiharbeitsverhältnisses (ausführlich zur rechtsdogmatischen Einordnung der Unwirksamkeit *Becker/Wulfgramm* Rn. 7 ff.). Zwar unterscheidet sich § 9 von den Nichtigkeitsfällen des BGB dadurch, dass er auch die Fälle späterer Unwirksamkeit erfasst; dennoch gelten die Vorschriften des BGB über nichtige Rechtsgeschäfte (*Sandmann/Marschall* Rn. 18). Auf die bei den einzelnen Nichtigkeitsgründen bestehenden Besonderheiten gegenüber den BGB-Vorschriften wird im Folgenden bei den einzelnen Vorschriften eingegangen. Darüber hinaus kann ein Verstoß gegen § 9 Nr. 2 zum Widerruf der Erlaubnis nach § 5 I Nr. 3 iVm. § 3 I führen.

II. Unwirksamkeitsgründe im Einzelnen

1. Fehlende Erlaubnis. Nach **Nr. 1** sind Überlassungs- und Leihverträge unwirksam, wenn dem Verleiher die nach § 1 erforderliche Erlaubnis fehlt. Dies gilt unabhängig davon, ob sie von Anfang an fehlte oder ob sie erst später wegfiel (z B durch Rücknahme, Widerruf, Eintritt einer auflösenden Bedingung, Ablehnung der Verlängerung; *Becker/Wulfgramm* Rn. 11 und 16). Die Unwirksamkeit tritt auch unabhängig davon ein, ob dem Vertragspartner des Verleihers das Fehlen oder der spätere Wegfall der Erlaubnis bekannt ist (*Sandmann/Marschall* Rn. 19). Allerdings ist der Verleiher gem. §§ 11 I Nr. 1, 12 I dazu verpflichtet, LeihAN und Entleiher über das Bestehen einer Erlaubnis und gem. §§ 11 III, 12 II über deren Wegfall zu unterrichten.

Ein Sonderfall besteht bei einer Rücknahme, einem Widerruf und einer Nichtverlängerung einer Erlaubnis. Hier werden die Verträge, die innerhalb der Abwicklungsfrist des § 2 IV 4 abgewickelt werden, nicht unwirksam (vgl. auch § 4 Rn. 10 und § 5 Rn. 18).

Die Unwirksamkeit tritt mit dem Wegfall der Erlaubnis und **nicht rückwirkend** ein. Daher genügt es auch nicht, dass die Voraussetzungen für einen Widerruf nach § 3 gegeben sind; vielmehr greift Nr. 1 nur ein, wenn die Erlaubnis tatsächlich nicht (mehr) besteht (*Sandmann/Marschall* Rn. 28; *Schüren* Rn. 13).

Das Unwerturteil wegen der illegalen Überlassung richtet sich gegen Verleiher und Entleiher. Dagegen soll der Schutz des LeihAN nicht gemindert werden. Das Leiharbeitsverhältnis wandelt sich deshalb mit dem Wegfall der Erlaubnis, soweit es vollzogen werden, in ein sog. **fehlerhaftes Arbeitsverhältnis** um (BAG 26. 7. 1984 EzAÜG Nr. 170; BGH 31. 3. 1982 AP AÜG § 10 Nr. 4; *Becker/Wulfgramm* Rn. 18; *Schüren* Rn. 15 und 18; aA *Sandmann/Marschall* § 10 Rn. 7 ff.).

Die **Abwicklung** des unwirksamen Vertragsverhältnisses zwischen Verleiher und Entleiher vollzieht sich nach Bereicherungsrecht, da es auf Grund der fehlenden Erlaubnis an einem Rechtsgrund für die ausgetauschten Leistungen fehlt (in diesem Zusammenhang ist § 817 S. 2 BGB zu beachten; BAG 17. 2. 2000 NJW 2000, 1557, 1558). Mangels Schutzbedürftigkeit des Entleihers wird ein faktischer ANÜberlassungsvertrag allg. abgelehnt (BAG 8. 11. 1979 AP AÜG § 10 Nr. 2; *Schüren* Rn. 26 mwN sowie zum Gesamtschuldnerregress Rn. 32 ff., 40 ff.).

Durch die **nachträgliche Erteilung** der Erlaubnis werden laufende Überlassungsverträge nicht rückwirkend geheilt. Umstritten ist, ob durch die Erlaubniserteilung eine Heilung für die Zukunft eintritt (so *Schüren* Rn. 29) oder ob es eines Neuabschlusses bedarf (so *Becker/Wulfgramm* Rn. 11). Hier auf § 139 BGB abzustellen und nach dem mutmaßlichen Willen der Parteien zu fragen ist nicht möglich (so aber *Schüren* Rn. 29). Die fehlende Erlaubnis führt nicht zu einer Teilunwirksamkeit, sondern zu einer gänzlichen Unwirksamkeit des Überlassungsvertrages. Allerdings ist regelmäßig in der Fortführung des Überlassungsvertrages ein konkludenter Neuabschluss zu sehen.

2. Diskriminierungsverbot. Durch das Erste Gesetz für moderne Dienstleistungen am Arbeitsmarkt v. 23. 12. 2002 (BGBl. I S. 4607) wurde **Nr. 2** der Regelung in § 3 I angepasst (vgl. § 3 Rn. 19 ff.). Die Bezugnahmen auf das Synchronisationsverbot und die ergänzenden Verbote sind entfallen. Stattdessen werden Verträge, die § 3 I Nr. 3 nicht entsprechen, für unwirksam erklärt. Auch enthält § 9 Nr. 2 eine § 3 I Nr. 3 S. 3 entsprechende **Bezugnahmeklausel**.

11   **3. Verbot der Eingehung eines Arbeitsverhältnisses gegenüber dem Entleiher.** Oftmals bedeutet die Überlassung für den LeihAN das „Sprungbrett" zu einem dauerhaften Arbeitsplatz beim Entleiher (**Klebeffekt**) (*Schüren* Rn. 137). Ein solcher Wechsel kann zwar mit erheblichen wirtschaftlichen Nachteilen für den Verleiher verbunden sein; gleichwohl hat der Gesetzgeber der verfassungsrechtlich geschützten Berufsfreiheit des LeihAN den Vorrang gegeben (*Becker/Wulfgramm* Rn. 30). Unwirksam ist deshalb nach **Nr. 3** eine Vereinbarung, nach der es dem Entleiher untersagt ist, mit dem LeihAN in dem Zeitpunkt ein Arbeitsverhältnis einzugehen, in dem das Arbeitsverhältnis zwischen Verleiher und LeihAN nicht mehr besteht.

12   Vom Schutzzweck der Nr. 3 her werden auch solche Abreden zwischen Entleiher und Verleiher erfasst, nach denen es dem Entleiher verboten ist, dem LeihAN eine Tätigkeit als AN im Entleiherbetrieb anzubieten (*Sandmann/Marschall* Rn. 29; *Schüren* Rn. 140). Eine solche Vereinbarung schränkt wie das ausdrückliche Einstellungsverbot das Überwechseln des LeihAN aus einem Leiharbeitsverhältnis in ein Stammarbeitsverhältnis ein.

13   Davon abzugrenzen ist die unlautere **ANAbwerbung.** Eine Aufforderung des Entleihers an den LeihAN, ohne Einhaltung der Kündigungsfrist vom Verleiher zu ihm zu wechseln, stellt eine Verleitung zum Vertragsbruch dar. Damit verletzt der Entleiher zum einen seine Vertragspflichten aus dem Überlassungsvertrag (*Schüren* Rn. 141), und zum anderen verstößt er gegen § 1 UWG (*Becker/Wulfgramm* Rn. 30 c).

14   Eine gegen Nr. 3 verstoßende Vertragsvereinbarung ist unwirksam; diese Unwirksamkeit lässt nach ihrem Schutzzweck den Rest des Vertrages unberührt. Erfasst werden außer dieser Vereinbarung nur noch vertragliche Abreden, die das Einstellungsverbot absichern sollen (*Becker/Wulfgramm* Rn. 30 a; *Schüren* Rn. 142: „Vertragsstrafen"). **§ 139 BGB** ist also **nicht anzuwenden**.

15   Ist der Verleihunternehmer im Besitz einer Erlaubnis zur Arbeitsvermittlung nach **§§ 291 ff. SGB III** (ausführlich zur privaten Arbeitsvermittlung *Scheurer* HwB AR Nr. 1445), so verstößt eine Vereinbarung zwischen Verleiher und Entleiher darüber, dass dem Verleiher bei einem nach dem Ende des Verleihs erfolgenden Verbleib des LeihAN im Betrieb des Entleihers eine Vermittlungsgebühr zu zahlen ist, nicht gegen Nr. 3 (aA AG Düsseldorf 17. 1. 2001 ZIP 2001, 438, wonach eine derartige Vereinbarung zu einem unzulässigen Hemmnis für eine Einstellung des AN durch den Verleiher führt, während der Berufsfreiheit des AN der Vorzug gebühre; so auch LAG Baden-Württemberg 3. 12. 1998 LAGE § 9 Nr. 5 AÜG; ausführlich *Rombach/Begerau* BB 2002, 937). Der gesetzgeberische Zweck der Nr. 3, die freie Wahl des Arbeitsplatzes und dadurch die Berufsfreiheit des LeihAN zu schützen, wird durch die Vereinbarung einer Vergütung nicht verletzt (zutreffend *Sandmann/Marschall* Rn. 29). Dies gilt allerdings nur solange, als sich die Vermittlungsgebühr im Rahmen des Üblichen hält und auf Grund ihrer Höhe in ihrer wirtschaftlichen Wirkung nicht einer Untersagung gleichkommt. Unzutr. ist die Ansicht, eine solche Vereinbarung sei unabhängig von der Höhe der Vermittlungsgebühr mangels eines direkten Gegenwertes unzulässig (AG Düsseldorf 17. 1. 2001 ZIP 2001, 438, 439), da der Entleiher auf diesem Wege einen AN gewinnt, von dessen Fähigkeiten er sich während der ANÜberlassung ein Bild machen kann. Zudem wird der AN dadurch geschützt, dass er in den Fällen, in denen ihm durch eine derartige Vereinbarung ein Schaden entsteht, diesen vom Verleiher nach Deliktsrecht ersetzen verlangen kann, da § 9 Nr. 3 AÜG ein Schutzgesetz iSv. § 823 II BGB ist (LAG Baden-Württemberg 3. 12. 1998 LAGE § 9 Nr. 5 AÜG).

16   **4. Verbot der Eingehung eines Arbeitsverhältnisses gegenüber dem LeihAN.** Den gleichen Zweck wie Nr. 3 verfolgt die Regelung der **Nr. 4**, nach der eine zwischen Verleiher und LeihAN getroffene Abrede, die es dem LeihAN verbietet, nach Beendigung des Leiharbeitsverhältnisses bei einem Entleiher als AN tätig zu werden, unwirksam ist. Damit soll dem LeihAN die Chance gesichert werden, seine nur kurzfristig angelegte Tätigkeit im Entleiherbetrieb in ein Dauerbeschäftigungsverhältnis umzuwandeln (LAG Köln 22. 8. 1984 DB 1984, 445).

17   Selbst wenn sich der Verleiher verpflichtet hat, dem LeihAN für den Zeitraum der Verbotsabrede eine Entschädigung zu zahlen, ist die Abrede nach § 9 Nr. 4 unwirksam. Nach überwiegender Auffassung geht die Regelung der Nr. 4 den allgemeinen Wettbewerbsbestimmungen (jetzt §§ 74 ff. HGB iVm §§ 6 II, 110 GewO) vor (vgl. nur LAG Köln 17. 5. 1984 EzAÜG Nr. 152 b; *Becker/Wulfgramm* Rn. 33; *Franßen/Haesen* Rn. 36; Kasseler Handbuch/*Düwell* 4.5 Rn. 362; aA *Schubel/Engelbrecht* Rn. 12; zum nachvertraglichen Wettbewerbsverbot bezüglich der Gründung eines eigenen Verleihunternehmens *Schüren* Rn. 148).

18   Während der Dauer des Arbeitsverhältnisses kann dem LeihAN nur nach den allg. Regeln eine **Nebentätigkeit** verboten werden. Eine Nebentätigkeit kann nach der Rspr. des BAG dem LeihAN nur untersagt werden, wenn sie die Erfüllung seiner Arbeitspflicht erheblich beeinträchtigen würde (BAG 26. 8. 1976 AP BGB § 626 Nr. 68 m. Anm. *Löwisch*; s. auch *Wank*, Nebentätigkeit, 1995, Rn. 83 ff.). Während der Dauer des Leiharbeitsverhältnisses besteht gem. § 60 HGB analog ein Wettbewerbsverbot für den LeihAN (LAG Berlin 9. 2. 1981 DB 1981, 1095), das jede Form von Konkurrenztätigkeit – ausgenommen deren Vorbereitung für die Zeit nach dem Ausscheiden aus dem Arbeitsverhältnis (BAG 16. 1. 1975 AP HGB § 60 Nr. 8; *Becker/Wulfgramm* Rn. 33 a; s. auch *Wank* Nebentätigkeit Rn. 24) – erfasst (*Schüren* Rn. 150).

Die Unwirksamkeit führt zu einer **Teilnichtigkeit** des zwischen LeihAN und Verleiher bestehenden 19
Leiharbeitsvertrages und erfasst auch, wie im Falle der Nr. 3, absichernde oder ergänzende Bestimmungen (zB eine Vertragsstrafe); das gesamte Leiharbeitsverhältnis wird davon nicht berührt. Eine vom Verleiher gezahlte „Karenzentschädigung" kann gem. § 817 BGB selbst dann nicht zurückgefordert werden, wenn der AN sich an die so abgesicherte Verpflichtung nicht hält (LAG Köln 22. 8. 1984 DB 1985, 445).

§ 10 Rechtsfolgen bei Unwirksamkeit

(1) ¹Ist der Vertrag zwischen einem Verleiher und einem Leiharbeitnehmer nach § 9 Nr. 1 unwirksam, so gilt ein Arbeitsverhältnis zwischen Entleiher und Leiharbeitnehmer zu dem zwischen dem Entleiher und dem Verleiher für den Beginn der Tätigkeit vorgesehenen Zeitpunkt als zustande gekommen; tritt die Unwirksamkeit erst nach Aufnahme der Tätigkeit beim Entleiher ein, so gilt das Arbeitsverhältnis zwischen Entleiher und Leiharbeitnehmer mit dem Eintritt der Unwirksamkeit als zustande gekommen. ²Das Arbeitsverhältnis nach Satz 1 gilt als befristet, wenn die Tätigkeit des Leiharbeitnehmers bei dem Entleiher nur befristet vorgesehen war und ein die Befristung des Arbeitsverhältnisses sachlich rechtfertigender Grund vorliegt. ³Für das Arbeitsverhältnis nach Satz 1 gilt die zwischen dem Verleiher und dem Entleiher vorgesehene Arbeitszeit als vereinbart. ⁴Im übrigen bestimmen sich Inhalt und Dauer dieses Arbeitsverhältnisses nach den für den Betrieb des Entleihers geltenden Vorschriften und sonstigen Regelungen; sind solche nicht vorhanden, gelten diejenigen vergleichbarer Betriebe. ⁵Der Leiharbeitnehmer hat gegen den Entleiher mindestens Anspruch auf das mit dem Verleiher vereinbarte Arbeitsentgelt.

(2) ¹Der Leiharbeitnehmer kann im Falle der Unwirksamkeit seines Vertrages mit dem Verleiher nach § 9 Nr. 1 von diesem Ersatz des Schadens verlangen, den er dadurch erleidet, daß er auf die Gültigkeit des Vertrages vertraut. ²Die Ersatzpflicht tritt nicht ein, wenn der Leiharbeitnehmer den Grund der Unwirksamkeit kannte.

(3) ¹Zahlt der Verleiher das vereinbarte Arbeitsentgelt oder Teile des Arbeitsentgelts an den Leiharbeitnehmer, obwohl der Vertrag nach § 9 Nr. 1 unwirksam ist, so hat er auch sonstige Teile des Arbeitsentgelts, die bei einem wirksamen Arbeitsvertrag für den Leiharbeitnehmer an einen anderen zu zahlen wären, an den anderen zu zahlen. ²Hinsichtlich dieser Zahlungspflicht gilt der Verleiher neben dem Entleiher als Arbeitgeber; beide haften insoweit als Gesamtschuldner.

(4) Der Leiharbeitnehmer kann im Falle der Unwirksamkeit der Vereinbarung mit dem Verleiher nach § 9 Nr. 2 von diesem die Gewährung der im Betrieb des Entleihers für einen vergleichbaren Arbeitnehmer des Entleihers geltenden wesentlichen Arbeitsbedingungen einschließlich des Arbeitsentgelts verlangen.

(5) *(weggefallen)*

I. Allgemeines

§ 10 wurde durch das Erste Gesetz für moderne Dienstleistungen am Arbeitsmarkt v. 23. 12. 2002 1
(BGBl. I S. 4607) den Änderungen in §§ 3 und 9 angepasst. Die Änderungen gelten ab dem 1. 1. 2004,
§ 19.

Durch § 10 werden die Folgen der Unwirksamkeit eines Arbeitsvertrages nach § 9 Nr. 1 (Abs. 1 bis 3) 2
und nach § 9 Nr. 2 geregelt (Abs. 4). Von § 10 werden auch die Fälle illegaler ANÜberlassung in der
Form von **Scheindienst- und Scheinwerkverträgen** erfasst (*Schüren* Rn. 1).

Diese in erster Linie dem Schutz des LeihAN dienende Vorschrift erfüllt zugleich eine mittelbare 3
Kontrollfunktion: Allein schon wegen der damit für ihn begründeten Gefahr, einen AN übernehmen
zu müssen, wird der Entleiher jeweils sorgfältig das Bestehen einer Erlaubnis prüfen (*Becker/Wulfgramm* Rn. 3).

II. Rechtsfolgen der Unwirksamkeit im Einzelnen

1. Arbeitsverhältnis zum Entleiher. Nach der Regelung des Abs. 1 wird zum Schutze des LeihAN 4
durch eine Fiktion ein Arbeitsverhältnis zum Entleiher begründet (zum rechtsdogmatischen Hintergrund *Becker/Wulfgramm* Rn. 8 f.). Die Regelung ist nicht abdingbar und kann auch nicht vom AN
durch einen Widerspruch verhindert werden (str., Nachw. bei Kasseler Handbuch/*Düwell* 4. 5.
Rn. 269; *Schüren* Rn. 35). Ihre Wirkung besteht darin, dass ohne eine vertragliche Einigung zwischen
Entleiher und LeihAN die Rechtswirkungen eines Arbeitsverhältnisses eintreten, wenn der gewerbsmäßig handelnde Verleiher nicht die nach § 1 erforderliche Erlaubnis hat. Für das Eingreifen der
Fiktion kommt es nur darauf an, dass die Erlaubnis fehlt. Ist der Leiharbeitsvertrag aus anderen
Gründen unwirksam (Geschäftsunfähigkeit, mangelnde Vertretungsbefugnis), so greift die Fiktion
nicht ein (*Sandmann/Marschall* Rn. 22). Verstößt eine illegale Überlassung auch gegen §§ 15 ff., so

steht das der Fiktion eines Arbeitsverhältnisses nicht entgegen (*Sandmann/Marschall* Rn. 22; *Schüren* Rn. 28; aA *Franßen/Haesen* § 15 AÜG Rn. 10). Für den Fall, dass die Erlaubnis später wegfällt, endet das Leiharbeitsverhältnis, und es entsteht ein Arbeitsverhältnis zwischen Entleiher und LeihAN.

5   Das **fingierte Arbeitsverhältnis beginnt in dem Zeitpunkt**, in dem der LeihAN nach dem Überlassungsvertrag die Tätigkeit beim Entleiher aufnehmen soll. Dafür ist auf den im Überlassungsvertrag genannten Zeitpunkt abzustellen (*Sandmann/Marschall* Rn. 4; *Becker/Wulfgramm* Rn. 12; aA *Schüren* Rn. 40f. und *Ulber* Rn. 21; *ders.*, AuR 1982, 54, 63). Fehlt es an der Vereinbarung eines festen Zeitpunktes oder lässt er sich im Nachhinein nicht mehr genau ermitteln, ist auf den Zeitpunkt der tatsächlichen Arbeitsaufnahme abzustellen (BAG 10. 2. 1977 AP BetrVG 1972 § 103 Nr. 9).

6   Voraussetzung für die Fiktion ist, dass die Beteiligten in dem vorgesehenen Zeitpunkt die ANÜberlassung noch tatsächlich durchführen wollen. Da nach § 9 Nr. 1 Überlassungsvertrag und Leiharbeitsvertrag unwirksam sind, werden die Beteiligten durch beide **nicht für die Zukunft** gebunden (*Schüren* Rn. 29). Die Fiktion kann nur in der tatsächlich übernommenen Person eintreten (*Schüren* Rn. 29).

7   **Fehlt die Erlaubnis bereits im Zeitpunkt des Arbeitsvertragsschlusses**, so ist der Arbeitsvertrag gem. § 9 Nr. 1 nichtig. Auch die später erfolgende Genehmigung kann den einmal nichtigen Arbeitsvertrag nicht heilen; es kommt nur ein Neuabschluss in Betracht.

8   Unabhängig davon, ob der LeihAN die Arbeit beim Entleiher aufnimmt, entsteht zu ihm das fingierte Arbeitsverhältnis im Zeitpunkt der zwischen Verleiher und Entleiher vereinbarten Arbeitsaufnahme (*Becker/Wulfgramm* Rn. 12).

9   Die Fiktionswirkung tritt **unabhängig vom Willen** oder von der Kenntnis der Beteiligten ein (BGH 8. 11. 1979 NJW 1980, 452). Selbst wenn der Verleiher das Bestehen einer Erlaubnis vorspiegelt oder deren späteren Wegfall nicht anzeigt, §§ 11 III, 12 II, oder wenn die Beteiligten der Auffassung sind, es handele sich um einen Werk- oder Dienstvertrag und nicht um unerlaubte gewerbsmäßige ANÜberlassung, greift die Fiktion ein (BGH 8. 11. 1979 EzAÜG Nr. 61; *Becker/Wulfgramm* Rn. 13; *Sandmann/Marschall* Rn. 5).

10   Für den Zeitraum zwischen dem Abschluss des Arbeitsvertrages und dem Zeitpunkt der vorgesehenen Aufnahme der Tätigkeit beim Entleiher besteht wegen der nach § 9 Nr. 1 eintretenden Nichtigkeit ein fehlerhaftes Arbeitsverhältnis zwischen Verleiher und LeihAN (*Becker/Wulfgramm* Rn. 14). Entfällt die Erlaubnis nach Abschluss des Arbeitsvertrages, aber vor dem für die Überlassung vorgesehenen Zeitpunkt, so besteht bis zu diesem Zeitpunkt ein wirksames und danach ein fehlerhaftes Leiharbeitsverhältnis (*Becker/Wulfgramm* Rn. 15).

11   Ist der AN in einem sog. **gemischten Unternehmen** beschäftigt, tritt die Unwirksamkeit nach § 9 Nr. 1 erst zum Zeitpunkt der erstmals unerlaubt erfolgenden Überlassung ein (*Sandmann/Marschall* Rn. 4).

12   Fällt die Erlaubnis **nach Beginn der Arbeitsaufnahme** weg (Abs. 1 S. 1 2. Halbs.), so entsteht das fingierte Arbeitsverhältnis zwischen LeihAN und Entleiher im Zeitpunkt des Erlöschens (zu den Folgen des Todes eines erlaubt tätigen Verleihers *Schüren* Rn. 47f.). Die Leiharbeits- und ANÜberlassungsverträge bleiben in den Fällen der Nichtverlängerung (§ 2 IV 3), der Rücknahme (§ 4) oder des Widerrufs (§ 5) bis zum Ablauf der zwölfmonatigen Abwicklungsfrist wirksam (§ 2 IV 4). Auch hier spielt eine Kenntnis der Beteiligten vom Erlöschen für die objektive Rechtsfolge jeweils keine Rolle.

13   Wegen der unabhängig vom Willen des LeihAN eintretenden zwingenden Fiktion des Arbeitsverhältnisses zwischen LeihAN und Entleiher wird die Ansicht vertreten, dass dem LeihAN im Wege verfassungskonformer Auslegung ein Widerspruchsrecht gegen die Fiktion wie bei dem (vor der Einfügung des § 613 a VI BGB) von der Rechtsprechung entwickelten Widerspruchsrecht des AN bei Betriebsübergängen zustehe (Hess. LAG 6. 3. 2001 LAGE Art. 12 GG Nr. 5 = DB 2001, 2104). Ansonsten werde die von Art. 12 I GG geschützte freie Wahl des Arbeitsplatzes verletzt, die die grds. Entscheidung des AN für eine konkrete Betätigungsmöglichkeit oder ein bestimmtes Arbeitsverhältnis umfasse. Die Auffassung ist abzulehnen. Zwar ist ein Bedürfnis zur Lösung des fingierten Arbeitsverhältnisses anzuerkennen; doch kann dem besser dadurch Rechnung getragen werden, dass das Fehlen der Erlaubnis oder ihr späterer Wegfall als ein für den LeihAN **wichtiger Grund** iSd. § 626 BGB anerkannt wird (*Becker/Wulfgramm* Rn. 38; *Sandmann/Marschall* Rn. 19; *Schüren* Rn. 105 (der den LeihAN aber grds. auf die ordentliche Kündigung verweisen will). Nach der Gegenauffassung stünde der LeihAN weder zum Verleiher noch zum Entleiher in einem Arbeitsverhältnis. Zudem würde das Widerspruchsrecht das bis zu seiner Ausübung fingierte Arbeitsverhältnis uU für eine längere Zeit rückwirkend aufheben und zu Problemen bei der Rückabwicklung führen.

14   **2. Inhalt des Arbeitsverhältnisses. a) Allgemeines.** Die in § 10 I 2 bis 5 getroffene Regelung über den Inhalt des fingierten Arbeitsverhältnisses ist nicht abschließend (S. 3 und 5). Darüber hinaus wird in S. 4 nur auf die im Betrieb geltenden Vorschriften und sonstigen Regelungen verwiesen. Fehlen sie im Entleiherbetrieb, so sind die in vergleichbaren Betrieben geltenden anzuwenden. Auch die üblichen AGPflichten im Bereich des Arbeits-, Steuer- und Sozialversicherungsrechts gelten, soweit das AÜG keine Sonderregelungen enthält.

15   Von bes. Bedeutung wird hier für den LeihAN der **Gleichbehandlungsgrundsatz**. Davon werden vor allem alle betrieblichen Sozialleistungen mit und ohne Entgeltcharakter erfasst. Kommt es in

diesem Zusammenhang auf die Dauer der Betriebszugehörigkeit an, dann sind nur die Zeiten des fingierten Arbeitsverhältnisses – sogar bis zu einer vierwöchigen Unterbrechung (BAG 10. 5. 1989 AP KSchG 1969 § 1 Wartezeit Nr. 7) – zu zählen. Vor dem Eintritt der Fiktion des § 10 I abgeleistete Arbeitszeiten werden nicht eingerechnet (ArbG Bochum 14. 1. 1982 DB 1982, 1623, 1624).

Beenden Entleiher und LeihAN das fiktive Arbeitsverhältnis durch den **Abschluss eines Arbeits-** 16 **vertrages**, so sind sie an die für das fiktive Arbeitsverhältnis geltenden Regelungen nicht mehr gebunden (BAG 19. 12. 1979 EzAÜG Nr. 64).

b) Arbeitszeit. Durch die **Fiktion des Abs. 1 S. 3** gilt die zwischen Verleiher und Entleiher vor- 17 gesehene Arbeitszeit auch für das Arbeitsverhältnis nach Abs. 1 S. 1. Dadurch soll der AN, der sich auf eine bestimmte Arbeitszeit eingestellt hat, vor unvorhersehbaren Änderungen geschützt werden (*Becker/Wulfgramm* Rn. 19). Darüber hinaus wird nach zutreffender Ansicht neben der Dauer auch die Lage des Arbeitsverhältnisses übertragen. Der Schutz wäre unvollständig, wenn der Schutz sich nicht auch auf die zwischen Verleiher und Entleiher vereinbarte Tageszeit, auf die sich der AN auch einstellt, erstrecken würde (*Becker/Wulfgramm* Rn. 19).

Die Bindung des Entleihers an die Arbeitszeitregelung des Überlassungsvertrages kann nicht weiter 18 reichen, als die des Verleihers im Rahmen des Leiharbeitsverhältnisses gereicht hätte (*Schüren* Rn. 83). Der Verleiher kann aber die **Arbeitszeit** nach billigem Ermessen (§ 106 GewO), ggf. innerhalb der tariflichen oder der durch Betriebsvereinbarung gezogenen Grenzen (§ 87 I Nr. 2 BetrVG) **bestimmen**. Dieses Recht kommt mit dem Eintritt der Fiktion dem Entleiher zu (*Schüren* Rn. 83). Eine Beschränkung dieses Rechts kommt nicht bereits dadurch zustande, dass der illegale Verleiher seine betriebsübliche Arbeitszeitregelung in den Leiharbeitsvertrag aufnimmt (BAG 23. 6. 1992 AP BGB § 611 Arbeitszeit Nr. 1), vielmehr muss sie ausdrücklich zum Inhalt des Arbeitsvertrages gemacht werden (*Schüren* Rn. 84).

Fehlen entspr. vertragliche Vereinbarungen, so sind gem. **Abs. 1 S. 4** subsidiär die im Entleiher- 19 betrieb geltenden Regelungen und sonstigen Vorschriften anzuwenden (kollektivvertragliche Regelungen aus TV oder Betriebsvereinbarung, ansonsten gilt die betriebsübliche Arbeitszeit). Gibt es keine entspr. Regelungen, muss auf die betriebsübliche Arbeitszeit vergleichbarer Betriebe zurückgegriffen werden.

Von den dadurch festgelegten Zeiten können zwar weder Entleiher noch AN einseitig Abstand 20 nehmen, jedoch ist eine Vereinbarung über eine Abweichung von der nach der Bestimmung des Abs. 1 S. 3 geltenden Arbeitszeit jederzeit möglich (*Becker/Wulfgramm* Rn. 23).

Der Entleiher hat auch im fingierten Arbeitsverhältnis die Vorschriften des **Arbeitszeitschutzes** zu 21 berücksichtigen (insb. ArbZG, JArbSchG und LadSchlG).

c) Arbeitsentgelt. Für das Arbeitsentgelt kommt es gem. Abs. 1 S. 4 grds. auf die im Entleiher- 22 betrieb geltenden Regelungen und Vorschriften an. Allerdings soll der LeihAN gem. Abs. 1 S. 5 mindestens das mit dem Verleiher vereinbarte Entgelt erhalten. Eine entspr. Regelung fehlt in § 3 I Nr. 3. Dieser **Mindestentgeltanspruch** gilt auch als Berechnungsgrundlage für die Beträge, die nach einem allgemeinverbindlichen TV an Gemeinsame Einrichtungen der Tarifparteien abzuführen sind (Hess. LAG 7. 6. 1993 EzAÜG § 10 Fiktion Nr. 77).

Der Begriff „Arbeitsentgelt" ist weit zu verstehen. Darunter fallen Gehalt, Lohn, Kindergeld, 23 Familienzulage, Trennungszulage, Urlaubsgeld, Provision und Auslösung sowie Sachleistungen (*Becker/Wulfgramm* Rn. 25; *Schüren* Rn. 89).

Sind LeihAN und Entleiher tarifgebunden, so sind die für den Entleiherbetrieb geltenden tariflichen 24 Entgeltregelungen anzuwenden, § 4 I 1 TVG. Werden übertarifliche Löhne an StammAN gezahlt, hat der LeihAN nach dem arbeitsrechtlichen Gleichbehandlungsgrundsatz einen Anspruch auf den gleichen Lohn.

Ohne eine kollektivvertragliche Regelung bemisst sich das Gehalt nach dem, was ein StammAN mit 25 vergleichbarer Tätigkeit in dem Betrieb erhält; ansonsten nach dem Arbeitsentgelt von StammAN in vergleichbaren Betrieben (BAG 21. 7. 1993 EzAÜG § 10 Fiktion Nr. 78).

In jedem Fall hat der LeihAN zumindest den Lohn zu bekommen, der mit dem Verleiher vereinbart 26 ist (Abs. 1 S. 5). Grds. werden davon alle arbeitsvertraglichen Abreden erfasst. Fraglich ist jedoch, ob das auch für die nicht in Bezug genommenen, sondern tarifrechtlich für das Leiharbeitsverhältnis geltenden Vorschriften gilt (bei Tarifbindung von Verleiher und LeihAN, § 4 I 1 TVG). Dies ist zu bejahen, denn der Schutzzweck der Regelung geht dahin, dem Leiharbeiter sein bisheriges Einkommen als Mindesteinkommen zu garantieren. Eine andere Auslegung würde die AN, bei denen die Tarifbindung auf Grund der Zugehörigkeit zur Gewerkschaft eintritt, gegenüber den nicht tarifgebundenen AN, bei denen der TV einzelvertraglich in Bezug genommen wird, ungerechtfertigt schlechter stellen (*Becker/Wulfgramm* Rn. 28).

d) Sonstige Arbeitsbedingungen. Gem. **Abs. 1 S. 4** sind hinsichtlich der sonstigen Arbeitsbedin- 27 gungen auf das fingierte Arbeitsverhältnis die im Entleiherbetrieb geltenden Vorschriften und sonstigen Regelungen anzuwenden. Soweit sie nicht bestehen, ist auf die Regelungen vergleichbarer Betriebe zurückzugreifen.

lung (§ 2 Abs. 4 Satz 4) und die gesetzliche Abwicklungsfrist (§ 2 Abs. 4 Satz 4 letzter Halbsatz) hinzuweisen.

(4) ¹ § 622 Abs. 5 Nr. 1 des Bürgerlichen Gesetzbuchs ist nicht auf Arbeitsverhältnisse zwischen Verleihern und Leiharbeitnehmern anzuwenden. ² Das Recht des Leiharbeitnehmers auf Vergütung bei Annahmeverzug des Verleihers (§ 615 Satz 1 des Bürgerlichen Gesetzbuchs) kann nicht durch Vertrag aufgehoben oder beschränkt werden; § 615 Satz 2 des Bürgerlichen Gesetzbuchs bleibt unberührt.

(5) ¹ Der Leiharbeitnehmer ist nicht verpflichtet, bei einem Entleiher tätig zu sein, soweit dieser durch einen Arbeitskampf unmittelbar betroffen ist. ² In den Fällen eines Arbeitskampfes nach Satz 1 hat der Verleiher den Leiharbeitnehmer auf das Recht, die Arbeitsleistung zu verweigern, hinzuweisen.

(6) ¹ Die Tätigkeit des Leiharbeitnehmers bei dem Entleiher unterliegt den für den Betrieb des Entleihers geltenden öffentlich-rechtlichen Vorschriften des Arbeitsschutzrechts; die hieraus sich ergebenden Pflichten für den Arbeitgeber obliegen dem Entleiher unbeschadet der Pflichten des Verleihers. ² Insbesondere hat der Entleiher den Leiharbeitnehmer vor Beginn der Beschäftigung und bei Veränderungen in seinem Arbeitsbereich über Gefahren für Sicherheit und Gesundheit, denen er bei der Arbeit ausgesetzt sein kann, sowie über die Maßnahmen und Einrichtungen zur Abwendung dieser Gefahren zu unterrichten. ³ Der Entleiher hat den Leiharbeitnehmer zusätzlich über die Notwendigkeit besonderer Qualifikationen oder beruflicher Fähigkeiten oder einer besonderen ärztlichen Überwachung sowie über erhöhte besondere Gefahren des Arbeitsplatzes zu unterrichten.

(7) Hat der Leiharbeitnehmer während der Dauer der Tätigkeit bei dem Entleiher eine Erfindung oder einen technischen Verbesserungsvorschlag gemacht, so gilt der Entleiher als Arbeitgeber im Sinne des Gesetzes über Arbeitnehmererfindungen.

I. Allgemeines

1   Die Regelungen des § 11 sind nur auf die **gewerbsmäßige ANÜberlassung** anwendbar; dies ergibt sich bereits aus der im Gesetz verwandten Terminologie, die der Kennzeichnung der gewerbsmäßigen ANÜberlassung in § 1 I entspricht (*Sandmann/Marschall* Rn. 3; *Schüren* Rn. 18; aA *Becker/Wulfgramm* Rn. 5, die § 11 V bis VII auf andere Leiharbeitsverhältnisse analog anwenden wollen). Die frühere Fassung hatte in Abs. 1 Nr. 1 bis 12 alle erforderlichen Angaben aufgezählt. Eines Blicks in das NachwG bedurfte es nicht, da § 11 dem NachwG vorging (s. Vorauf. Rn. 1). Nunmehr ist die Regelung unübersichtlicher. Der Verleiher muss zunächst die Voraussetzungen des NachwG prüfen und dabei die Besonderheiten der Leiharbeit berücksichtigen, und zusätzlich § 11 Abs. 1 Nr. 1 und 2 beachten.

2   Nach dem NachwG (ebenso nach dem früheren § 11, vgl. Vorauf. Rn. 2) hat der Verleiher zwei Möglichkeiten: Er kann in einen **schriftlichen Arbeitsvertrag** alle Angaben nach § 2 I–III NachwG sowie die nach § 11 I Nr. 1 und 2 AÜG aufnehmen, § 2 IV NachwG. Alternativ kann er einen Arbeitsvertrag ohne diese Angaben schließen; er muss dann aber spätestens einen Monat nach dem vereinbarten Beginn des Arbeitsverhältnisses dem Arbeitnehmer eine **Niederschrift** aushändigen, die die genannten Angaben enthält, § 2 I NachwG iVm. § 11 I AÜG.

3   Durch die Mitteilung der gesetzlich vorgesehenen Angaben soll der LeihAN **über seine Rechtsstellung** gegenüber dem Verleiher **informiert** werden. Mittelbar dient die Fixierung des Inhalts des Leiharbeitsverhältnisses der Kontrolle durch die BA, und auch der Entleiher ist im Falle der Unwirksamkeit des Vertrages über den wesentlichen Vertragsinhalt informiert (*Becker/Wulfgramm* Rn. 6).

4   Eine bes. **Form** ist für den Abschluss des Leiharbeitsvertrages nicht vorgesehen, vielmehr kann er auch mündlich geschlossen werden (MünchArbR/Marschall § 175 Rn. 7); demgegenüber bedarf der Überlassungsvertrag gem. § 12 I 1 der Schriftform.

5   Ein Verstoß gegen die Anforderungen des § 11 I führt nicht gem. § 125 BGB zu einer Nichtigkeit des Vertrages. Der Verleiher begeht eine mit einer Geldbuße bis zu 500 € zu ahnde Ordnungswidrigkeit iSd. § 16 I Nr. 8 (ArbG Stuttgart-Ludwigsburg 18. 3. 1976 – Ca 10 – 895/75 – nv.; Kasseler Handbuch/*Düwell* 4.5 Rn. 329). Anders als das NachwG selbst sieht das AÜG mit seinem Verweis auf das NachwG also eine Sanktion vor.

6   Durch die Bezugnahme auf das NachwG statt der früheren eigenständigen Regelung im AÜG (§ 11 I aF) muss der Verleiher nunmehr über die nach dem NachwG erforderlichen Angaben hinaus die in § 11 I Nr. 1 und 2 gennanten Angaben in die Niederschrift aufnehmen. Obwohl NachweisRL und NachwG eine umfassende Enumeration enthalten, wird sie von EuGH (8. 2. 2001 AP NachwG § 2 Nr. 4), BAG (23. 1. 2002 AP NachwG § 2 Nr. 5) und der ganz überwiegenden Literatur (s. für alle *Oetker* Anm. SAE 2002, 163, 166) als nicht abschließend verstanden (krit. *Wank* RdA 1996, 21, 23; *ders.* NZA 2003 14, 17). Wenn allerdings der Vorschlag für eine LeiharbeitsRL (s. Einl. Rn. 3) verabschiedet wird, könnte der deutsche Gesetzgeber für LeihAN eine abschließende Enumeration der wesentlichen Vertragsbedingungen vorsehen und damit zur Rechtssicherheit und Praktikabilität des Gesetzes beitragen.

II. Die im Einzelnen zu machenden Angaben

Nach § 2 I Nr. 1 NachwG iVm. § 11 I AÜG muss die Niederschrift (oder der schriftliche Arbeitsvertrag) **Name und Anschrift** der Vertragsparteien enthalten (vgl. § 11 I Nr. 1 und 2 aF); das zusätzliche Erfordernis in § 11 I Nr. 1 (Firma und Anschrift des Verleihers) ist daher überflüssig. 7

Nach § 2 I Nr. 2 NachwG ist der Zeitpunkt des **Beginns** des Arbeitsverhältnisses anzugeben (vgl. § 11 I Nr. 4 AÜG aF). Dabei ist der Zeitpunkt des Vertragsschlusses gemeint und nicht der Zeitpunkt der vorgesehenen Arbeitsaufnahme gemeint (*Grünberger* NJW 1995, 2809 f.). 8

Beim befristeten Arbeitsverhältnis muss nach § 2 I Nr. 3 NachwG die vorhersehbare **Dauer** des Arbeitsverhältnisses angegeben werden (vgl. § 11 I Nr. 4 AÜG aF). Nach der hier vertretenen Ansicht dürften Fälle einer nach § 14 TzBfG zulässigen Befristung selten sein (§ 1 Rn. 7). Die Dauer der Überlassung an denselben Betrieb ist nach dem Wegfall des § 10 V aF zeitlich nicht mehr begrenzt. 9

Nach § 2 I Nr. 4 NachwG muss der **Arbeitsort** am Sitz der Verleihfirma genannt werden (vgl. § 11 I Nr. 8 AÜG aF); zugleich müssen Niederschrift oder Vertrag darauf hinweisen, dass der AN für Zeiten des Einsatzes bei Entleihern an verschiedenen Orten beschäftigt werden kann (vgl. § 11 I Nr. 3 AÜG aF). Anzugeben sind das räumliche Einsatzgebiet (evtl. der Einsatzstaat) und die damit im Zusammenhang stehenden Sonderregelungen (Fahrtkosten, Wegezeitvergütung uä.), evtl. auch eine Rechtswahl (*Becker/Wulfgramm* Rn. 13; *Schüren* Rn. 25). Unter auswärtiger Arbeit ist nicht nur die Leistung im Ausland zu verstehen, sondern auch ein Leistungsort, der sich außerhalb des eigentlichen Arbeitsortes befindet (*Sandmann/Marschall* Rn. 9). 10

Niederschrift oder Vertrag müssen nach § 2 I Nr. 5 NachwG eine kurze Charakterisierung oder Beschreibung der vom AN zu leistenden **Tätigkeit** enthalten (vgl. § 11 I Nr. 3 AÜG aF). Dies kann in der Form einer konkreten oder einer bloß fachlichen Umschreibung geschehen, in die auch zu leistende Nebenarbeiten aufzunehmen sind. Ausreichend ist die Angabe eines charakteristischen Berufsbildes (*Richter/Mitsch* AuR 1996, 7, 10). Im Einzelnen wird die Tätigkeit durch das Direktionsrecht des Ver- oder Entleihers konkretisiert (*Schüren* Rn. 22). Andere Arbeiten können nur zugewiesen werden, wenn dies entspr. vereinbart wurde. Soll der LeihAN nicht nur bei Entleihern, sondern auch im Betrieb des Verleihers selbst eingesetzt werden, so muss dies ebenfalls in die Urkunde aufgenommen werden (*Becker/Wulfgramm* Rn. 13). 11

Im Hinblick auf Angaben zum **Entgelt** ist die Regelung in § 2 I Nr. 6 NachwG im Zusammenhang zu sehen mit § 3 I Nr. 3 AÜG. Es muss unterschieden werden zwischen den Verleihzeiten und den Zeiten ohne Verleih. 12

Für **Verleihzeiten** bestimmt § 3 I Nr. 3 S. 1, dass die wesentlichen Arbeitsbedingungen beim jeweiligen Entleiher maßgeblich sind. Eine konkrete Aufnahme in die Niederschrift oder in den Arbeitsvertrag ist daher gar nicht möglich; vielmehr kann nur auf die Regelung in § 3 I Nr. 3 verwiesen werden. Jedoch muss das bei der ersten Überlassung zu zahlende Entgelt – sofern es zu diesem Zeitpunkt bekannt ist – mitgeteilt werden (vgl. *Bauer/Krets* NJW 2003, 527, 529). Alle folgenden Änderungen durch neue Überlassungen müssen dann jeweils genannt werden. Gilt § 3 I Nr. 3 S. 1 nicht, weil die Parteien tarifgebunden sind oder weil der Vertrag auf einen LeiharbeitsTV Bezug nimmt, so muss im Hinblick auf § 2 I Nr. 6 NachwG auf die entsprechende Regelung im TV hingewiesen werden. 12 a

Für **Zeiten ohne Verleih** enthält § 3 keine Vorgabe; zu beachten ist aber gem. § 11 IV 2, dass § 615 BGB hier unabdingbar ist (s. § 3 Rn. 27). Die in der verleihfreien Zeit vom Verleiher an den LeihAN zu gewährenden Leistungen sind gem. § 11 I Nr. 2 nach Art und Höhe bereits in der Niederschrift anzugeben. 12 b

Angegeben werden muss zunächst die **Grundvergütung**. Des Weiteren bedarf es einer genauen Angabe der Bemessungsfaktoren, evtl. Zuschläge (Prämie, Provision) und der Lohnnebenleistungen mit Entgeltcharakter (Auslösung, Weihnachtsgeld, betriebliche Altersversorgung; s. dazu Kasseler Handbuch/*Düwell* 4.5 Rn. 336; *Schüren* Rn. 45). Die Angaben über die Zahlungsweise müssen Auskunft über Zahlungszeitraum und Zahlungstermin sowie über die Art der Zahlung geben. Auch Ansprüche auf Vorschusszahlung sind in die Urkunde aufzunehmen (*Franßen/Haesen* Rn. 7 und 10 c).

Sofern ein TV gilt, kann gem. § 2 III 1 NachwG auf den einschlägigen **TV** verwiesen werden. 12 c

Nach § 2 I Nr. 7 NachwG muss die vereinbarte **Arbeitszeit** angegeben werden (vgl. § 11 I Nr. 10 AÜG aF). Durch die Angabe wird verhindert, dass das Verbot der Aufhebung oder Beschränkung der §§ 611, 615 S. 1 BGB (§ 11 IV 2) unterlaufen wird (Kasseler Handbuch/*Düwell* 4.5 Rn. 340). Diese Angabe ist auch nötig, um die Entgeltfortzahlungsansprüche errechnen zu können. Die BA hält die Vereinbarung zwischen Verleiher und LeihAN über einen Arbeitseinsatz auf Abruf für unzulässig (Kasseler Handbuch/*Düwell* 4.5 Rn. 341). Das BSG lehnt eine Flexibilisierung der Arbeitszeit durch die Festlegung eines Jahresfixums (50 Tage), innerhalb dessen der Verleiher die Einsätze bedarfsgerecht festlegen kann, ab (BSG 29. 7. 1992 EzAÜG BeschFG Nr. 5). Die Angaben nach § 2 I Nr. 7 können durch einen Hinweis auf die einschlägigen Vorschriften oder des BV ersetzt werden, § 2 III 1 NachwG. 13

Angaben über den **Erholungsurlaub** sieht § 2 I Nr. 8 NachwG vor (vgl. § 11 I Nr. 9 AÜG aF). Die Angaben über den Urlaub umfassen zum einen Angaben über den Urlaubsanspruch selbst (*Franßen/Haesen* Rn. 7) und zum anderen über das Urlaubsgeld. Zu letzterem muss angeführt 14 werden, ob nur das gesetzliche Urlaubsentgelt (§ 11 BUrlG) oder auch zusätzliches Urlaubsgeld geleistet wird (*Schüren* Rn. 48). Die Angaben über die bei einer vorübergehenden Nichtbeschäftigung zu erbringenden Leistungen haben nur eine „Kontroll- und Klarstellungsfunktion" (*Schüren* Rn. 49), denn die Regelung der §§ 611, 615 S. 1 BGB, wonach der AG im Annahmeverzug dem AN gegenüber zur Fortzahlung des Lohns verpflichtet ist, ist nicht abdingbar, § 11 IV 2. Die Leistungen des Verleihers bei persönlicher Verhinderung, an Feiertagen, bei Mutterschutz und Erziehungsurlaub haben wohl deshalb keine Aufnahme in Nr. 7 gefunden, weil sie sich direkt aus dem Gesetz ergeben (*Schüren* Rn. 50). Der Verleiher kann die Angaben durch einen Hinweis auf die einschlägigen TV oder BV ersetzen, § 2 III 1 NachwG.

15   Die **Fristen für eine Kündigung** des Arbeitsverhältnisses sind ausdrücklich aufzunehmen, § 2 I Nr. 9 NachwG (vgl. § 11 I Nr. 5 AÜG aF). Wenn die gesetzlichen oder die tarifvertraglichen Kündigungsfristen gelten, bedarf es keiner expliziten Aufnahme, vielmehr reicht ein Verweis (MünchArbR/*Marschall* § 175 Rn. 20; *Franßen/Haesen* Rn. 7; aA *Sandmann/Marschall* Rn. 4). Die Verleihunternehmen unterfallen allerdings nicht dann schon dem fachlichen Geltungsbereich der für die Entleiher geltenden TV, wenn sie ihre LeihAN immer an Unternehmen verleihen, für die stets derselbe TV gilt (LAG Frankfurt aM 19. 12. 1972 DB 1973, 624); denn der reine Verleihbetrieb ist immer dem Dienstleistungsgewerbe, nicht dem Gewerbe des Entleiherbetriebes zuzuordnen (ArbG Lübeck 17. 1. 1978 EzAÜG Nr. 71; MünchArbR/*Marschall* § 174 Rn. 34). Ab dem 1. 1. 2004 ist der zwischen acht DGB-Gewerkschaften und dem Bundesverband Zeitarbeit e. V. (BZA) geschlossene MantelTV Zeitarbeit zu beachten; in § 9 lässt er Abweichungen von den gesetzlichen Kündigungsfristen zu. So kann zB bei Neueinstellungen die Kündigungsfrist während der ersten vierzehn Tage des Beschäftigungsverhältnisses arbeitsvertraglich auf einen Tag verkürzt werden. Für die LeihAN können tarifliche Regelungen ferner unmittelbar gelten, wenn sie einem Mischbetrieb angehören, also einem Betrieb, der die Arbeitskräfte sowohl im eigenen Unternehmen einsetzt als auch sie verleiht. Hier ist nach den allg. Regeln über eine Tarifgeltung zu entscheiden (*Schüren* Rn. 43). Wird die Geltung tariflicher Fristen für Nichttarifgebundene einzelvertraglich vereinbart, so muss nach der Rspr. der in Bezug genommene TV jedenfalls in der Urkunde bestimmt oder doch nach ihr bestimmbar sein (LSG Bremen 15. 3. 1983 – L 5 BR 11/82 – nv.; aA *Schüren* Rn. 36). Die Angaben nach § 2 I Nr. 9 NachwG können durch einen Hinweis auf die einschlägigen TV oder BV ersetzt werden, § 2 III 1 NachwG.

16   § 2 I Nr. 10 NachwG schreibt vor, dass in den Vertrag die auf das Arbeitsverhältnis anzuwendenden **Tarifverträge und Betriebsvereinbarungen** aufzunehmen sind. Als derartige TV kommen die jüngst geschlossenen TV speziell für die Zeitarbeit in Betracht (s. § 19); im Übrigen gelten TV für Mischbetriebe. Wegen des Umfangs und des möglicherweise sich ständig ändernden Inhalts der Betriebsvereinbarungen dürfte es ausreichen, dass der Vertrag einen Hinweis auf das Bestehen von Betriebsvereinbarungen zu bestimmten Regelungskomplexen enthält und dass die Betriebsvereinbarungen beim BR einsehbar sind (Kasseler Handbuch/*Düwell* 4.5 Rn. 344).

17   Wenn der LeihAN länger als einen Monat seine **Arbeitsleistung außerhalb der Bundesrepublik** zu erbringen hat, müssen zusätzliche Angaben nach § 2 II NachwG gemacht werden (früher § 11 I Nr. 12 AÜG aF). Anzugeben sind dann die Dauer der Auslandstätigkeit; die Währung, in der das Arbeitsentgelt geleistet wird; an den Auslandsaufenthalt gekoppelte zusätzliche Geld- und Sachleistungen sowie vertragliche Rückkehrbedingungen.

18   Schließlich muss nach § 11 I Nr. 1 AÜG (insoweit auch früher § 11 I Nr. 1) die **Erlaubnisbehörde** angegeben werden. Die anzugebende Erlaubnisbehörde muss nicht die wirklich zuständige sein. Anzugeben ist diejenige, die tatsächlich die Erlaubnis erteilt hat (*Franßen/Haesen* Rn. 7). Neben der Firma und der Anschrift müssen Ort und Datum der Erteilung der Erlaubnis enthalten sein. Durch diese Angabe soll der LeihAN vor den Folgen der fehlenden Verleiherlaubnis geschützt werden (§§ 9 Nr. 1, 10 I).

19   Für einige nach früherem Recht erforderliche Angaben ist die **Mitteilungspflicht entfallen**, so für Leistungen bei Krankheit (§ 11 I Nr. 7 aF) und für persönliche Daten des LeihAN (§ 11 I Nr. 2 aF). Zwar ist die Regelung des § 11 I 3 aF entfallen, nach der die Aufnahme weiterer Abreden in die Urkunde möglich war; fasst man § 2 I 2 NachwG als nicht abschließend auf, ist dies aber auch weiterhin möglich.

III. Merkblatt

20   § 11 II 1 verpflichtet den Verleiher, dem LeihAN bei Vertragsschluss ein Merkblatt mit dem wesentlichen Inhalt des AÜG zu übergeben. Den Text hat die BA festgelegt, die auch die Merkblätter in fast allen europäischen Sprachen vorhält (Dänisch, Deutsch, Englisch, Französisch, Griechisch, Italienisch, Niederländisch, Norwegisch, Portugiesisch, Schwedisch, Serbo-Kroatisch, Spanisch und Türkisch). Die Ausländer erhalten dieses Merkblatt – unabhängig von ihren deutschen Sprachkenntnissen (LSG Bremen 15. 3. 1983 L 5 BR 11/82 – nv.) – in der von der BA vorgehaltenen Muttersprache. Die Kosten dieses Merkblatts hat der Verleiher zu tragen (II 3). Soweit die BA kein Merkblatt in der Muttersprache des ausländischen AN vorhält, muss ihm der Verleiher ein Merkblatt auf eigene Kosten

IV. Benachrichtigungspflicht

Wenn die **Verleiherlaubnis** nach dem Abschluss des Verleihvertrages **wegfällt**, hat der Verleiher den LeihAN über diesen Umstand unverzüglich zu unterrichten (§ 11 III 1). Darüber hinaus hat er den Leiharbeiter auch über den Zeitpunkt des Wegfalls der Erlaubnis oder – sofern Zweifel bestehen – über den voraussichtlichen Zeitpunkt des Wegfalls zu unterrichten (*Franßen/Haesen* Rn. 17). Diese Unterrichtung ist an keine Form gebunden (*Becker/Wulfgramm* Rn. 16; aA *Schüren* Rn. 73). Fällt die Verleiherlaubnis weg, weil sie nicht verlängert (§ 2 IV 2), zurückgenommen (§ 4) oder widerrufen (§ 5) wird, so muss der Verleiher den LeihAN zusätzlich auf das voraussichtliche Ende der Abwicklung (§ 2 IV 4) und die gesetzliche Abwicklungsfrist von maximal zwölf Monaten hinweisen (§ 2 IV 4 2. Halbs.). Die Dauer der Abwicklungsfrist ist deshalb von Bedeutung, weil während dieser Zeit das Leiharbeitsverhältnis als fortbestehend fingiert wird; in diesem Zeitraum kann es nicht zu einem fingierten Arbeitsverhältnis mit dem Entleiher gem. § 10 I 1 kommen. 21

V. Unabdingbarkeit gem. Abs. 4

§ 11 IV ergänzt die Regelungen der §§ 3, 9 und 10. Auch durch diese Bestimmung soll sichergestellt werden, dass der Verleiher das von ihm zu tragende Beschäftigungsrisiko nicht auf den LeihAN abwälzt. Aus diesem Grunde werden bestimmte Vorschriften für zwingend erklärt. 22

Nach Abs. 4 S. 1 ist es dem Verleiher versagt, von der nach § 622 V Nr. 1 BGB bestehenden Möglichkeit, für Aushilfskräfte individualvertraglich kürzere als die in § 622 I BGB genannten **Kündigungsfrist** zu vereinbaren, Gebrauch zu machen. Eine tarifvertragliche Kürzung der Kündigungsfrist ist hingegen auch bei Leiharbeitsverhältnissen im Geltungsbereich eines TV möglich (*Becker/Wulfgramm* Rn. 28; *Sandmann/Marschall* Rn. 24; auf die im Entleiherbetrieb geltenden tariflichen Kündigungsfristen kann nicht verwiesen werden; aA *Franßen/Haesen* Rn. 25). Der nach allg. Regeln abdingbare Anspruch aus §§ 611, 615 S. 1 BGB, wonach der AN die Vergütung trotz Nichtleistung der Arbeit verlangen kann, wenn der AG mit der Annahme der Arbeitsleistung in Verzug kommt, kann nach § 11 IV 2 nicht ausgeschlossen oder beschränkt werden. 23

Im Falle des Annahmeverzuges ist ein AN grundsätzlich nach dem **Lohnausfallprinzip** so zu stellen, als wenn er gearbeitet hätte. Dafür erhält er die Vergütung einschließlich aller Nebenleistungen mit Entgeltcharakter (*Becker/Wulfgramm* Rn. 29 a). Soweit der Verleiher gem. § 3 I Nr. 3 dem LeihAN zur Gewährung des Arbeitsentgelts in Höhe von mit ihm vergleichbaren AN des Entleihers verpflichtet ist, muss der Verleiher an den LeihAN im Falle des Verzugs ein entsprechendes Entgelt zahlen. Dessen Höhe kennt der Verleiher aus den Angaben im Überlassungsvertrag gem. § 12 I 2. Für die Höhe des Annahmeverzugslohns in den verleihfreien Zeiten sind hingegen die Vereinbarungen zwischen Verleiher und LeihAN entscheidend (vgl. 3 Rn. 27). Die Anrechnungsbestimmung des § 615 S. 2 BGB, die festlegt, dass der AN all das anrechnen lassen muss, was er infolge des Unterbleibens der Arbeitsleistung erspart oder durch anderweitige Verwendung seiner Arbeitskraft oder zu erwerben böswillig unterlässt, ist – anders als § 615 S. 1 BGB – abdingbar. 24

§ 615 BGB enthält keine dem § 11 Nr. 3 KSchG vergleichbare Regelung, nach der sich der AN auch das anrechnen lassen muss, was er auf Grund **öffentlich-rechtlicher Leistungen** erhalten hat. Tw. wird vertreten, der AN müsse sich auch diese Leistungen anrechnen lassen; der Verleiher sei dann gegenüber der Stelle erstattungspflichtig, die die Leistung erbracht habe (Nachw. bei *Schüren* Rn. 87). Dabei wird jedoch übersehen, dass dies zu Lasten der BA geht. Wenn dem. § 143 III SGB III Arbeitslosengeld gewährt wird, geht der Anspruch des AN gegen den AG in Höhe des geleisteten Arbeitslosengeldes gem. § 115 SGB X auf die BA über. Auch bei der Leistung von Arbeitslosen- und Sozialhilfe geht der Anspruch gem. § 115 SGB X über. Würden die jeweiligen Leistungen auf den Vergütungsanspruch angerechnet werden, so wäre dies zum Nachteil des Leistenden und mit den gesetzlichen Regeln des Forderungsübergangs nicht vereinbar (ebenso *Schüren* Rn. 88 f.). 25

VI. Leistungsverweigerungsrecht im Arbeitskampf

Nach allg. Regeln kann der LeihAN nur bei einem Arbeitskampf im Verleihbetrieb gegen den Verleiher streiken, denn im Entleiherbetrieb kann er keine Tarifregelung erreichen, die unmittelbar seiner Besserstellung dient, weil die Besserstellung erst durch § 3 I Nr. 3 erfolgt. Bei einem Arbeitskampf im Betrieb des Entleihers gibt § 11 V 1 dem LeihAN ein Leistungsverweigerungsrecht. Der LeihAN soll nicht gegen seinen Willen als Streikbrecher im Entleiherbetrieb eingesetzt werden. Seine Leistungspflicht gegenüber dem Verleiher wird in dieser Hinsicht eingeschränkt. Kann der Verleiher daraufhin den LeihAN nicht einsetzen, so bleibt er nach §§ 611, 615 S. 1 BGB iVm. § 11 IV 2 AÜG und den Grundsätzen über die Verteilung des arbeitskampfbedingten Lohnrisikos zur Zahlung der Vergütung verpflichtet (*Schüren* Rn. 93 und 94 mit umfangr. Nachw.). Beruft der LeihAN sich nicht auf sein Leistungsverweigerungsrecht, so ist er im Entleiherbetrieb zur Arbeitsleistung verpflichtet. 26

Beteiligt er sich dennoch an Arbeitskampfmaßnahmen, so macht er sich wegen Verletzung der Treuepflicht gegenüber dem Verleiher und wegen Verletzung der Leistungspflicht gegenüber dem Entleiher schadensersatzpflichtig (*Schüren* Rn. 95). Seiner Hinweispflicht bezüglich des Leistungsverweigerungsrechts gem. § 11 V 2 genügt der Verleiher nicht schon dadurch, dass er den LeihAN bei Abschluss des Leiharbeitsvertrages auf dieses Recht hinweist. Vielmehr ist der LeihAN nach allg. Auffassung jeweils vor dem geplanten Arbeitseinsatz zu informieren, wenn der Entleiherbetrieb bereits von einem Arbeitskampf betroffen ist. Beginnt der Arbeitskampf erst nach der Überlassung, muss der Entleiher den LeihAN über sein Recht unverzüglich informieren (*Becker/Wulfgramm* Rn. 18).

VII. Verantwortlichkeit für die Einhaltung der öffentlich-rechtlichen Vorschriften des Arbeitsschutzrechts

27 **Abs. 6** nimmt Verleiher und Entleiher gleichermaßen hinsichtlich der Einhaltung der öffentlich-rechtlichen Vorschriften des Arbeitsschutzrechtes gegenüber dem LeihAN in die Verantwortung; § 11 VI ist Spezialvorschrift zu § 8 II ArbSchG. In erster Linie obliegt dem Entleiher die praktische Durchführung der Arbeitsschutzmaßnahmen; der Verleiher ist schon aus praktischen Gründen auf eine Kontrolle beschränkt (*Franßen/Haesen* Rn. 45; vgl. auch RL 91/383/EWG vom 25. 6. 1991, Abdruck RdA 1992, 143 ff.). In Umsetzung der RL 91/383/EWG treffen den Entleiher gegenüber dem LeihAN nach Abs. 6 S. 2 und 3 bestimmte Unterrichtungspflichten.

VIII. Arbeitnehmererfindung

28 Für eine interessengerechte Zuordnung der Verwertungsrechte bei einer ANErfindung fingiert § 11 VII den **Entleiher als AG** iSd. ArbnErfG. Die Verwertungsrechte für technische Erfindungen und Verbesserungsvorschläge, die der LeihAN beim Entleiher macht, fallen dem Entleiher zu; dafür erhält der LeihAN entspr. Vergütungsansprüche gegen den Entleiher. Nach dem Wortlaut des Abs. 7 kommt es nur darauf an, dass die Erfindung „während der Tätigkeit bei dem Entleiher" gemacht wurde. Nach allg. Auffassung ist dieser Wortlaut allerdings zu weit; er ist vielmehr dahingehend teleologisch zu reduzieren, dass es sich um Erfindungen und Verbesserungsvorschläge handeln muss, die auf den Betrieb des Entleihers bezogen sind (*Franßen/Haesen* Rn. 52; MünchArbR/*Marschall* § 175 Rn. 84), die also im Entleiherbetrieb entstanden oder maßgeblich auf der Tätigkeit in ihm und auf der dort gewonnenen Erfahrung beruhen (*Schüren* Rn. 106).

29 Nach § 2 ArbnErfG sind **Erfindungen** nur solche, die patent- oder gebrauchsmusterfähig sind. Unter diesen ist zwischen sog. gebundenen und freien Erfindungen zu unterscheiden (§§ 4 ff. ArbnErfG). Von den technischen Verbesserungsvorschlägen werden „qualifizierte technische Verbesserungsvorschläge" für sonstige technische Neuerungen erfasst, die nicht patent- oder gebrauchsmusterfähig sind (§§ 3, 20 I ArbnErfG).

IX. Rechtsfolgen der Verletzung von Hinweis- und Informationspflichten

30 Die Verletzung der **Hinweis- und Informationspflichten** nach § 11 I bis III und V 2 ist in mehrfacher Hinsicht von Bedeutung. Einmal kann sich der Verleiher bei schuldhafter Pflichtverletzung gegenüber dem LeihAN aus § 280 I BGB schadensersatzpflichtig machen (*Becker/Wulfgramm* Rn. 19; *Sandmann/Marschall* Rn. 4). Darüber hinaus ist die BA bei einer entspr. schweren Verletzung berechtigt, die Erlaubnis nicht zu verlängern oder sie zu widerrufen (*Schüren* Rn. 110 mwN). Eine fahrlässige oder vorsätzliche Verletzung der Pflichten nach § 11 I oder II kann als Ordnungswidrigkeit nach § 16 I Nr. 8 mit einer Geldbuße belegt werden.

§ 12 Rechtsbeziehungen zwischen Verleiher und Entleiher

(1) ¹Der Vertrag zwischen dem Verleiher und dem Entleiher bedarf der Schriftform. ²In der Urkunde hat der Verleiher zu erklären, ob er die Erlaubnis nach § 1 besitzt. ³Der Entleiher hat in der Urkunde anzugeben, welche besonderen Merkmale die für den Leiharbeitnehmer vorgesehene Tätigkeit hat und welche berufliche Qualifikation dafür erforderlich ist sowie welche im Betrieb des Entleihers für einen vergleichbaren Arbeitnehmer des Entleihers wesentlichen Arbeitsbedingungen einschließlich des Arbeitsentgelts gelten.

(2) ¹Der Verleiher hat den Entleiher unverzüglich über den Zeitpunkt des Wegfalls der Erlaubnis zu unterrichten. ²In den Fällen der Nichtverlängerung (§ 2 Abs. 4 Satz 3), der Rücknahme (§ 4) oder des Widerrufs (§ 5) hat er ihn ferner auf das voraussichtliche Ende der Abwicklung (§ 2 Abs. 4 Satz 4) und die gesetzliche Abwicklungsfrist (§ 2 Abs. 4 Satz 4 letzter Halbsatz) hinzuweisen.

(3) *(aufgehoben)*

I. Allgemeines

§ 12 regelt nur unvollkommen und nicht abschließend den Inhalt des ANÜberlassungsvertrages (*Schüren* Rn. 1 f.). In erster Linie dienen die Bestimmungen des § 12 I und II dem Schutz des Entleihers. Damit der Verleiher seiner Verpflichtung zur Gleichbehandlung der LeihAN in Bezug auf die wesentlichen Arbeitsbedingungen vergleichbarer AN des Entleihers nachkommen kann, bestimmt der geänderte Abs. 1, dass der Entleiher dem Verleiher diese Information erteilen muss (BT-Drucks. 15/25, S. 39). 1

Von bes. Bedeutung ist die Pflicht des Verleihers, zu erklären, ob er die nach § 1 notwendige Verleiherlaubnis hat, denn zwischen dem Entleiher und dem LeihAN wird im Falle der Unwirksamkeit des ANÜberlassungsvertrages nach § 9 Nr. 1 gem. § 10 I ein Arbeitsverhältnis fingiert. Daneben wird die Überwachung durch die Erlaubnisbehörde erleichtert und eine Nachprüfung gem. § 7 II möglich gemacht. 2

II. Inhalt der Urkunde

Für die Einhaltung der nach Abs. 1 S. 1 vorgeschriebenen Schriftform muss die Vertragsurkunde entweder von beiden Parteien **eigenhändig** durch Namensunterschrift oder durch notariell beglaubigtes Handzeichen **unterzeichnet** sein, § 126 BGB. Für die „Eigenhändigkeit" ist es ausreichend, wenn die Unterschrift von einer – bei juristischen Personen kraft Gesellschaftsvertrag oder Satzung – vertretungsberechtigten Person geleistet wird. In diese Urkunde sind sämtliche Vertragspunkte einschließlich eventuell einbezogener AGB aufzunehmen (*Franßen/Haesen* Rn. 13). Aufgrund der Warnfunktion des Schriftformerfordernisses sind auch Vorverträge schriftlich abzufassen (MünchArbR/ *Marschall* § 175 Rn. 56). Ein Formmangel führt nach § 125 BGB zu einer (Teil-)Nichtigkeit, die nach § 139 BGB im Zweifel eine Gesamtnichtigkeit des Vertrages bewirkt. Da das AÜG keine Heilungsmöglichkeit für Formmängel vorsieht (wie zB §§ 311 b I 2, 518 II BGB), kann der Formmangel nur unter ganz engen Voraussetzungen unbeachtlich sein (§ 242 BGB). 3

Wird der **formnichtige Überlassungsvertrag** gleichwohl durchgeführt, so wird die Ansicht vertreten, dass die von der Rspr. zu den fehlerhaften Gesellschafts- und Arbeitsverträgen aufgestellten Grundsätze entspr. gelten (*Becker/Wulfgramm* Rn. 16 a). – Dem steht jedoch entgegen, dass es im Verhältnis Verleiher-Entleiher an einer entspr. Interessenlage der Beteiligten fehlt. Weder der Verleiher noch der Entleiher sind in ihrer Position einem AN vergleichbar, für den ein erhöhtes Schutzbedürfnis besteht (*Schüren* Rn. 16). Darüber hinaus ist auch kein Grund ersichtlich, warum der Fall der Formnichtigkeit anders zu behandeln sein soll als der der fehlenden Erlaubnis, der nach allg. Auffassung nicht nach den Grundsätzen des fehlerhaften Arbeitsverhältnisses behandelt wird (BAG 8. 11. 1979 AP AÜG § 10 Nr. 2; *Becker/Wulfgramm* § 9 AÜG Rn. 18). 4

Sind im Rahmen des formnichtigen Überlassungsvertrages bereits Leistungen erbracht worden, so erfolgt die **Rückabwicklung** nach Bereicherungsrecht (BGH 17. 1. 1984 DB 1984, 1194). Der Bereicherungsumfang bestimmt sich nach der erhaltenen Arbeitsleistung. Der BGH hat den Verkehrswert der ANÜberlassung einschließlich des Verleihgewinns als Bereicherung angesehen. Stehen sich die erbrachte Arbeitsleistung und die gezahlte Überlassungsvergütung gegenüber, sind die Ansprüche zu saldieren. 5

III. Inhalt des Überlassungsvertrages

Der Inhalt des zwischen Verleiher und Entleiher geschlossenen Überlassungsvertrages wird von § 12 nicht vorgegeben (s. zum Überlassungsverhältnis Einl. Rn. 13 ff.). Allerdings verpflichtet Abs. 1 den Verleiher zu erklären, dass er die nach § 1 erforderliche Erlaubnis besitzt; überdies hat der Entleiher anzugeben, welche besonderen Merkmale die für den LeihAN vorgesehene Tätigkeit hat und welche berufliche Qualifikation dafür erforderlich ist sowie welche im Betrieb des Entleihers für einen vergleichbaren AN des Entleihers wesentlichen Arbeitsbedingungen einschließlich des Arbeitsentgelts gelten. Die **Hauptleistungspflichten des Verleihers** ergeben sich daraus aber noch nicht, sondern erst aus § 1 I, wonach der Verleiher die Überlassung von Arbeitskräften schuldet. Der Überlassungsvertrag entspricht keinem der im BGB geregelten bes. Schuldverhältnisse; es handelt sich bei ihm vielmehr um einen Unterfall des Dienstverschaffungsvertrages, auf den die Regeln des allg. Schuldrechts anzuwenden sind (s. auch *Sandmann/Marschall* Rn. 3). 6

Die Überlassung der AN stellt eine Gattungsschuld dar; ohne abweichende Vereinbarung muss der Verleiher **für die vorgesehene Arbeit geeignete AN** stellen (BGH 13. 5. 1975 AP AÜG § 12 Nr. 1; *Becker/Wulfgramm* Rn. 21). Entgegen *Becker/Wulfgramm* (Rn. 21) tritt nicht dadurch, dass der Verleiher einen bestimmten AN überlässt, eine Konkretisierung ein. Denn seine Leistungspflicht besteht darin, für die gesamte Überlassungsdauer einen geeigneten AN bereitzustellen (*Schüren* Rn. 24). Bei der konzerninternen Abordnung und bei der echten Leiharbeit wird hingegen ein bestimmter AN überlassen, der die Arbeitsleistung erbringen soll. Hier liegt demgemäß keine Gattungsschuld vor. Die Haftungsansprüche gegen den Verleiher im Falle einer Nichtleistung durch den AN bestimmen sich nach den §§ 280 I, III, 283 ff. BGB (s. o. Einl. Rn. 24 ff.). 7

8   Eine ausdrückliche **Nebenpflicht** des Verleihers findet sich in Abs. 2 in der Form der Hinweis- und Informationspflicht. Die frühere Meldepflicht des Verleihers nach Abs. 3 wurde durch das Erste Gesetz für moderne Dienstleistungen am Arbeitsmarkt v. 23. 12. 2002 (BGBl. I S. 4607) aufgehoben, weil sie als Folge der Aufhebung der Meldepflicht des Entleihers nach § 28 a SGB IV entfallen konnte. Darüber hinaus treffen den Verleiher die bei jedem Vertragsverhältnis üblichen Schutz- und Sorgfaltspflichten.

9   Nach § 12 I 3 muss der Entleiher angeben, welche **Anforderungen** er an die Tätigkeit des LeihAN stellt. Da der Verleiher nach § 3 I Nr. 3 verpflichtet ist, den LeihAN zu den im jeweiligen Entleiherbetrieb geltenden wesentlichen Arbeitsbedingungen zu beschäftigen, ist er auf die entsprechenden Angaben durch den jeweiligen Entleiher angewiesen. Deshalb sind nach § 12 I 2 die Angaben in den Überlassungsvertrag aufgenommen worden. Zusätzlich hat der LeihAN nach § 13 einen entsprechenden Anspruch gegen den jeweiligen Entleiher. Wegen der Einzelheiten wird auf die Kommentierung zu § 3 I Nr. 3 verwiesen.

10 Die **Hauptleistungspflicht des Entleihers** besteht darin, die vereinbarte Überlassungsvergütung zu zahlen (s. o. Einl. Rn. 16). Grds. ist der Verleiher vorleistungspflichtig; die Vorleistungspflicht kann jedoch im Überlassungsvertrag abbedungen oder modifiziert werden (*Schüren* Rn. 31). Die Annahme der Arbeitsleistung stellt keine Hauptleistungspflicht des Entleihers dar, denn die Pflicht zur Zahlung der Überlassungsvergütung besteht unabhängig davon, ob der Entleiher den ordnungsgemäß angebotenen AN einsetzt oder nicht (bloße Obliegenheit). Den Entleiher treffen vielfältige Nebenpflichten. In erster Linie muss er für die Sicherheit des vom LeihAN wahrgenommenen Arbeitsplatzes sorgen und die Fürsorgepflichten wahrnehmen. Da der Verleiher auch während der Überlassung der AG des LeihAN bleibt, hat er gegen den Entleiher einen Anspruch auf Information über das Leistungsverhalten des überlassenen AN (*Schüren* Rn. 35).

11 Regelmäßig enthalten die Überlassungsverträge **Allgemeine Geschäftsbedingungen** (zu deren typischer Ausgestaltung *Becker/Wulfgramm* Rn. 28). Sie unterliegen einer Inhaltskontrolle, die wegen § 310 I BGB auf § 307 I, II BGB begrenzt ist, soweit der Entleiher Unternehmer nach § 14 BGB ist.

IV. Beendigung des Überlassungsverhältnisses

12 Das Überlassungsverhältnis endet bei einer Befristung mit Zeitablauf und im Falle einer auflösenden Bedingung mit deren Eintritt (ausführlich *Becker/Wulfgramm* Rn. 54 ff.). Eine ordnungsgemäße **Kündigung** ist hier nur bei einer entspr. Vereinbarung möglich; eine außerordentliche Kündigung gem. § 314 I BGB ist hingegen, sofern ein wichtiger Grund in der Form einer erheblichen Pflichtverletzung vorliegt, sowohl von Seiten des Verleihers als auch von Seiten des Entleihers jederzeit möglich. Darüber hinaus können die Parteien das Vertragsverhältnis auch durch einen Aufhebungsvertrag beenden.

13 Der **Tod des LeihAN** beendet das Überlassungsverhältnis nicht, da sich die Leistungspflicht des Verleihers nicht auf die Überlassung dieses AN konkretisiert hat (vgl. oben Rn. 7; aA *Becker/Wulfgramm* Rn. 62). In den Fällen des nachträglichen **Wegfalls der Verleiherlaubnis** wird nicht automatisch auch das Überlassungsverhältnis beendet, da nach § 2 IV 4 eine maximal zwölfmonatige Abwicklungsfrist besteht. Beim Tode des Verleihers können dessen Erben in entspr. Anwendung von § 46 GewO iVm. § 2 IV 4 AÜG das Verleihgeschäft ebenfalls zur Abwicklung noch maximal zwölf Monate führen (vgl. *Schüren* Rn. 43; s. § 2 Rn. 19).

V. Unterrichtungspflichten

14 Nach **Abs. 2 S. 1** hat der Verleiher den Entleiher über den Zeitpunkt des **Wegfalls der Erlaubnis** unverzüglich zu unterrichten. Wenn der Wegfall der Erlaubnis sicher zu erwarten ist, hat der Verleiher über den möglichen Zeitpunkt zu unterrichten. Damit soll dem Entleiher die Möglichkeit gegeben werden, sich auf das Ende der Überlassungszeit einzustellen. Eine bes. Form ist für die Benachrichtigung nicht vorgesehen (so auch *Wulfgramm/Becker* Rn. 7; aA *Schüren* Rn. 48).

15 Auch wenn die Erlaubnis wegen einer **Nichtverlängerung** (§ 2 IV 3), wegen einer Rücknahme (§ 4) oder wegen eines Widerrufs erlischt, muss der Entleiher unverzüglich unterrichtet werden. Daneben besteht wegen der nach § 2 IV 4 letzter Halbs. bestehenden zwölfmonatigen Abwicklungsfrist eine bes. Hinweispflicht hinsichtlich des voraussichtlichen Endes der Geschäftsabwicklung sowie hinsichtlich des Ablaufs der Erlaubnisfiktion. Auch insoweit besteht keine Formvorschrift (*Becker/Wulfgramm* Rn. 9).

§ 13 Auskunftsanspruch des Leiharbeitnehmers

Der Leiharbeitnehmer kann im Falle der Überlassung von seinem Entleiher Auskunft über die im Betrieb des Entleihers für einen vergleichbaren Arbeitnehmer des Entleihers geltenden wesentlichen Arbeitsbedingungen einschließlich des Arbeitsentgelts verlangen.

I. Der Auskunftsanspruch des Leiharbeitnehmers, § 13

§ 13 in der vorliegenden Form wurde durch das Erste Gesetz für moderne Dienstleistungen am 1 Arbeitsmarkt v. 23. 12. 2002 (BGBl. I S. 4607) neu ins Gesetz eingeführt. Die Vorschrift steht im Zusammenhang mit der neuen Regelung, dass für Leiharbeitnehmer die wesentlichen Arbeitsbedingungen die für Arbeitnehmer des Entleihers gelten, § 3 I Nr. 3.

Der neue § 13 füllt eine Leerstelle aus, die dadurch entstanden war, dass der frühere § 13, der einen 1a ganz anderen Inhalt hatte, aufgehoben worden war.

Die Einhaltung der Verpflichtung aus § 3 I Nr. 3 wird doppelt abgesichert. Einerseits ist der 2 Entleiher gem. § 12 gegenüber dem Verleiher zur Auskunft verpflichtet, andererseits gewährt § 13 auch dem LeihAN einen entsprechenden Anspruch gegen den Entleiher. Sanktionen für den Fall, dass der Entleiher seinen Verpflichtungen nicht oder nicht richtig nachkommt, fehlen. Da zwischen Verleiher und Entleiher ein Überlassungsvertrag besteht, greifen die allgemeinen schuldrechtlichen Sanktionen. Zwischen Entleiher und LeihAN besteht jedoch kein Arbeitsvertrag, so dass sich vertragliche Ansprüche nur dann ergeben, wenn man insoweit einen Vertrag zugunsten Dritter (hier zugunsten des LeihAN) annimmt.

II. Kein Ausschluss des Entgelts, § 13 aF

Vor Aufhebung des § 13 aF diente diese Vorschrift der Ergänzung der Regelung des § 10 (BAG 3 26. 10. 1995 AP AÜG § 1 Nr. 19; BAG 28. 6. 2000 AuR 2001, 149). Während im Falle gewerbsmäßiger ANÜberlassung ohne Erlaubnis nach § 9 Nr. 1 die Verträge zwischen Verleihern und Entleihern sowie Verleihern und LeihAN unwirksam sind und gem. § 10 I ein Arbeitsverhältnis zum Entleiher fingiert wird, wurde der Schutz des AN im Falle **illegaler Arbeitsvermittlung** durch die **Fiktion eines Arbeitsverhältnisses zum Entleiher** gewährleistet (§ 13). Da die ANÜberlassung kein Arbeitsverhältnis zum Entleiher begründet, kann der Tatbestand der Arbeitsvermittlung nur unter den Voraussetzungen des § 1 II erfüllt sein. In den Fällen des Verstoßes gegen das frühere Synchronisationsverbot (§ 3 I Nr. 1 bis 5 aF) und der Überschreitung der früher höchstzulässigen Überlassungsdauer (§ 3 I Nr. 6 aF) wird sowohl bei gewerbsmäßiger als auch bei nichtgewerbsmäßiger ANÜberlassung unwiderlegbar vermutet, dass der Überlassende Arbeitsvermittlung betreibt. Die Rechtsfolge der echten illegalen sowie der nach § 1 II aF iVm. § 3 I aF nur vermuteten illegalen Arbeitsvermittlung regelte § 13 aF. Infolge der Fiktionswirkung des § 13 aF iVm. § 1 II aF wurde zwischen dem LeihAN und dem Entleiher ein Arbeitsverhältnis begründet (BAG 10. 2. 1977 AP BetrVG 1972 § 103 Nr. 9 m. Anm. *Moritz*; BAG 23. 11. 1988 AP AÜG § 1 Nr. 14 m. Anm. *van Venrooy*; BAG 21. 3. 1990 AP AÜG § 1 Nr. 15; BAG 1. 6. 1994 AP AÜG § 10 Nr. 11; BAG 26. 4. 1995 AP AÜG § 1 Nr. 19; *Becker/Wulfgramm* Art. 1 § 13 Rn. 3; *Schüren* § 13 Rn. 3, 33 ff.). Zugleich sollte nach herrschender Ansicht das Leiharbeitsverhältnis als unerlaubt „Vermittelnden" enden (BAG 10. 2. 1977 AP BetrVG 1972 § 103 Nr. 9 m. Anm. *Moritz*; MünchArbR/*Marschall* § 176 Rn. 16; aA *Engelbrecht* S. 122; *Schüren* § 13 Rn. 53 ff. sowie jetzt auch *Boemke* S. 605, die ein – kaum praktikables – Doppelarbeitsverhältnis befürworten).

Angesichts der seinerzeitigen ersatzlosen **Streichung des § 13 aF** und der damit einhergehenden 4 Beseitigung der arbeitsvertraglichen Fiktionswirkung des § 1 aF iVm. § 13 aF wurde kritisiert, der Gesetzgeber habe eine „Lücke in den Sozialschutz" (*Feuerborn/Hamann* BB 1997, 2530, 2534) der AN gerissen. Diese Kritik war aber überzogen. Zwar traf es zu, dass gegen den Willen des Entleihers arbeitsvertragliche Beziehungen zwischen AN und Entleiher nicht mehr kraft Gesetzes entstehen konnten (aA *KDZ/Zwanziger* § 3 AÜG Rn. 5; *Bauschke* NZA 2000, 1201, 2107). Denn für eine analoge Anwendung des § 10 I 1 (*Feuerborn/Hamann* BB 1997, 2530, 2534; Kasseler Handbuch/*Düwell*, 1997, 4.5 Rn. 314) fehlt es unter methodischen Aspekten bereits an der Planwidrigkeit der Regelungslücke (aA LAG Baden-Württemberg 15. 10. 1998 LAGE AÜG § 10 Nr. 2; *Groeger* DB 1998, 470, 471; iE auch *Rolfs* ZfA 1999, 403, 469). Auch fehlt es an einer vergleichbaren Interessenlage, denn die Fiktion des Arbeitsverhältnisses soll den AN davor bewahren, ohne AG dazustehen. Bei der vermuteten Arbeitsvermittlung iSv. § 1 II aF liegt aber gerade ein Arbeitsverhältnis zwischen AN und Verleiher vor (BAG 22. 3. 2000 AP BGB § 620 Befristeter Arbeitsvertrag Nr. 221; vgl. auch *Säcker/Kühnast* ZfA 2001, 117, 129 f.). Allein daraus, dass § 1 II aF bestimmte Formen der ANÜberlassung als Arbeitsvermittlung vermutete, konnte nicht gefolgert werden, dass hierdurch ein Arbeitsverhältnis zwischen AN und Drittem als zustandegekommen gelten soll (aA *Hager* Anm. zu BAG 28. 6. 2000 SAE 2000, 313, 320), denn für einen derart weitreichenden Eingriff in die vom Grundgesetz geschützte Vertragsfreiheit bedarf es eines hinreichenden Ausdrucks im Gesetz (BAG 28. 6. 2000 AP AÜG § 13 Nr. 13 m. Anm. *Urban*). Auch auf Grund einer analogen Anwendung des § 1 II aF kann ein Arbeitsverhältnis zum Entleiher nicht fingiert werden, da nicht § 1 II aF, sondern erst § 13 aF die erforderliche Fiktionswirkung herbeigeführt hatte (BAG 21. 3. 1990 DB 1991, 282, 283 f.; 28. 6. 2000 AP AÜG § 13 Nr. 13 m. Anm. *Urban*; *Groeger* DB 1998, 470, 471; aA *Hamann* BB 1999, 1654, 1655; *Sandmann/Marschall* § 1 Rn. 67, § 13 Rn. 2). Im Übrigen konnte neben der Streichung von § 13 aF vom Gesetzgeber nicht noch zusätzlich der ausdrückliche Hinweis verlangt werden, dass an der von der Rechtsprechung durch Auslegung entwickelten Vertragsüberleitung im Falle der legalen ANÜberlassung nicht festgehalten werden sollte (so aber *Mohr/Pomberg* DB 2001, 590, 593). Wenn der Gesetzgeber eine bis dahin zur Rechtsfortbildung herangezogene Vorschrift beseitigt, kann nach ihrer Streichung nicht mehr am früheren Gesetzgeberwillen festgehalten werden. Der arbeits- und sozialrechtliche Schutz der AN wurde – auch nach Ansicht des für Rechtsfragen der ANÜberlassung nunmehr allein zuständigen Siebten Senats (BAG 15. 4. 1999 AP AÜG § 13 Nr. 1 m. Anm. *Urban* = NZA 2000, 102, 103) – dadurch gewährleistet, dass das **Arbeitsverhältnis zum Verleiher** im Falle vermuteter Arbeitsvermittlung **fortbestand** (s. ferner BAG 28. 6. 2000 AP AÜG § 13 Nr. 3 m. Anm. *Urban*; LAG Baden-Württemberg 15. 10. 1998 LAGE AÜG § 10 Nr. 2; *Groeger* DB 1998, 470, 471; zum Ganzen auch *Gaul/Gaul*, Aktuelles Arbeitsrecht, Bd. 2, 1999, S. 297 ff.). Schon aus § 13 aF selbst ließ sich die Beendigung des Arbeitsverhältnisses zum Verleiher nicht herleiten, da diese Vorschrift für die Rechtsbeziehung zwischen AN und Verleiher keine Anordnungen traf (BAG 15. 4. 1999 AP AÜG § 13 Nr. 1 m. Anm. *Urban* = NZA 2000, 102, 103; LAG Hamburg 18. 1. 1991 LAGE AÜG § 9 Nr. 3). Die Wirksamkeit des Leiharbeitsvertrages konnte auch nicht wegen Verstoßes gegen § 291 I SGB III aF, § 134 BGB abgelehnt werden (aA *Becker/Wulfgramm* § 1 AÜG Rn. 51e; MünchArbR/*Marschall* § 176 Rn. 16; *Sandmann/Marschall* § 1 AÜG Rn. 64). Die Nichtigkeit des Leiharbeitsverhältnisses auf Grund illegaler Arbeitsvermittlung entsprach weder der Intention des SGB III noch war eine derartige Konsequenz mit dem Schutzzweck des AÜG in Einklang zu bringen (*Ulber* Rn. 9). Das AÜG ist ein Gesetz zum Schutze von AN, die Tätigkeiten von AN im Betrieb eines Dritten erbringen und dient dazu, den arbeits- und sozialrechtlichen Status der LeihAN zu erhalten (ArbG Köln 9. 2. 1996 BB 1996, 800 m. Anm. *Liebscher*). Dagegen soll das Gesetz nicht dem AG die Lösungsmöglichkeiten aus dem Arbeitsverhältnis erleichtern. Gerade nach der Streichung des § 13 aF wurde sichtbar, welche Auswirkungen die Nichtigkeit des Leiharbeitsvertrages gehabt hätte: Mangels gesetzlicher Fiktion eines Arbeitsverhältnisses zum Entleiher bliebe der AN ohne echten AG; Ansprüche ließen sich letztlich nur aus einer fehlerhaften Vertragsbeziehung zum illegal Vermittelnden herleiten. Daher war es gerechtfertigt, nicht den LeihAN, sondern die Parteien des ANÜberlassungsvertrages, mit einer Sanktion zu belegen. Bußgelder einerseits (§ 16 I Nr. 9 und II aF, § 404 Abs. 2 Nr. 9 SGB III aF) und die Nichtigkeit des Überlassungsvertrages andererseits trugen diesem Sanktionserfordernis hinreichend Rechnung (LAG Hamburg 18. 1. 1991 LAGE AÜG § 9 Nr. 3). Der LeihAN konnte aber weiterhin Ansprüche aus dem wirksamen Arbeitsverhältnis zum Entleiher herleiten. An diesem Ergebnis hat sich auch nach der Änderung von § 1 II nichts geändert; die Neufassung der Vorschrift ist nur die Konsequenz aus der Neuregelung von § 3 I, so dass sich lediglich die Tatbestände geändert haben, die die Nichtübernahme der üblichen AGPflichten oder des AGRisikos beschreiben.

§ 14 Mitwirkungs- und Mitbestimmungsrechte

(1) **Leiharbeitnehmer bleiben auch während der Zeit ihrer Arbeitsleistung bei einem Entleiher Angehörige des entsendenden Betriebs des Verleihers.**

(2) ¹ **Leiharbeitnehmer sind bei der Wahl der Arbeitnehmervertreter in den Aufsichtsrat im Entleiherunternehmen und bei der Wahl der betriebsverfassungsrechtlichen Arbeitnehmervertretungen im Entleiherbetrieb nicht wählbar.** ² Sie sind berechtigt, die Sprechstunden dieser Arbeitnehmervertretungen aufzusuchen und an den Betriebs- und Jugendversammlungen im Entleiherbetrieb teilzunehmen. ³ Die §§ 81, 82 Abs. 1 und §§ 84 bis 86 des Betriebsverfassungsgesetzes gelten im Entleiherbetrieb auch in bezug auf die dort tätigen Leiharbeitnehmer.

(3) ¹ Vor der Übernahme eines Leiharbeitnehmers zur Arbeitsleistung ist der Betriebsrat des Entleiherbetriebs nach § 99 des Betriebsverfassungsgesetzes zu beteiligen. ² Dabei hat der Entleiher dem Betriebsrat auch die schriftliche Erklärung des Verleihers nach § 12 Abs. 1 Satz 1 vorzulegen. ³ Er ist ferner verpflichtet, Mitteilungen des Verleihers nach § 12 Abs. 2 unverzüglich dem Betriebsrat bekanntzugeben.

(4) **Die Absätze 1 und 2 Sätze 1 und 2 sowie Absatz 3 gelten für die Anwendung des Bundespersonalvertretungsgesetzes sinngemäß.**

I. Allgemeines

1   Ursprünglich enthielt das AÜG keine Bestimmung über die betriebsverfassungsrechtliche Stellung der LeihAN. Die betriebsverfassungsrechtlichen Mitwirkungs- und Mitbestimmungsrechte des Betriebs- und Personalrats im Hinblick auf LeihAN sowie deren Rechte wurden in § 14 im Zusammenhang mit dem Gesetz zur Bekämpfung illegaler Beschäftigung vom 15. 12. 1981 in das AÜG aufgenommen. Die Regelung des § 14 bringt die bisherigen Ergebnisse der Rspr. zur betriebsverfassungsrechtlichen Stellung der LeihAN in Gesetzesform (Nachw. bei *Sandmann/Marschall* Rn. 2; *Schüren* Rn. 4); nach Ansicht des BAG und der überwiegenden Meinung im Schrifttum ist § 14 entspr. auf die nichtgewerbsmäßige ANÜberlassung anzuwenden (BAG 28. 9. 1989 AP BetrVG 1972 § 99 Nr. 60;

18. 1. 1989 EzA Nr. 1 zu § 14 AÜG; *Hess/Schlochauer/Glaubitz*, § 5 Rn. 9 BetrVG; *Rost* NZA 1999, 113, 116; *Schaub*, § 120 VI 4 Rn. 95; *Ulber*, § 14 Rn. 4). Grds. wird der LeihAN dem Betrieb des Verleihers zugeordnet. Die Mitwirkungsrechte des LeihAN und des BR im Entleiherbetrieb werden im Gesetz genau festgelegt. Diese Festlegung ist jedoch nicht abschließend, sondern nach dem Willen des Gesetzgebers sollte der Rspr. ein Spielraum zur Ausgestaltung der Mitwirkungs- und Mitbestimmungsrechte verbleiben (BAG 15. 12. 1992 AP AÜG § 14 Nr. 7).

II. Betriebsverfassungsrechtliche Zuordnung des Leiharbeitnehmers

In betriebsverfassungsrechtlicher Hinsicht gilt für Mitarbeiter von Leiharbeitsunternehmen eine 2 besondere Situation. Zunächst ist zu unterscheiden zwischen denjenigen Arbeitnehmern, die **nicht verliehen** werden (Bürokräfte, Disponenten) und den überlassenen LeihAN. Bei der zuerst genannten Gruppe bestehen nur Rechtsbeziehungen zwischen den AN und dem BR im Verleiherbetrieb.

Für die **überlassenen AN** könnte dagegen sowohl der BR im Verleiherbetrieb als auch der im 2a Entleiherbetrieb zuständig sein; es könnten auch beide zuständig sein. AÜG und BetrVG haben sich für eine kumulative Lösung entschieden. Danach bestehen im Verhältnis des LeihAN zum BR im Verleiherbetrieb grds. dieselben Rechtsbeziehungen wie bei anderen AN. Hinzu kommen noch die Rechtsbeziehungen zum BR im Entleiherbetrieb. Die gesetzliche Regelung ist zudem auch deshalb unübersichtlich, weil sie sich aus der Normierung in § 14 II sowie IV AÜG, Erweiterungen durch die Rspr. sowie aus einer Regelung in § 7 S. 2 BetrVG zusammensetzt.

Abs. 1 stellt ausdrücklich klar, dass die LeihAN auch während ihres Aufenthalts im Entleiherbetrieb 3 **betriebsverfassungsrechtlich Angehörige des Verleiherbetriebes** bleiben. Nach der ursprünglichen Konzeption war eine doppelte betriebsverfassungsrechtliche Zugehörigkeit zum Entleiher- und zum Verleiherbetrieb nicht möglich (BAG 18. 1. 1989 AP BetrVG 1972 § 9 Nr. 1; GK-*Kreutz* § 7 BetrVG Rn. 40; *Sandmann/Marschall* Rn. 4 mwN; *Walle* S. 200 ff.; aA *Schüren* Rn. 30 ff.: „doppelte Betriebszugehörigkeit"). Sie führt zu Kompetenzabgrenzungsproblemen zwischen den betroffenen BRen, das BetrVG im Hinblick auf die Regelungen der Kompetenzabgrenzung zwischen BR, GesamtBR und KonzernBR gerade vermeiden will (*Kort* ZfA 2000, 329, 365; s. aber Rn. 5). Den LeihAN stehen im Verleiherbetrieb sämtliche betriebsverfassungsrechtlichen Rechte zu (vgl. *Hamann*, Anm. zu BAG 22. 3. 2000 EzA Nr. 4 zu § 14 AÜG).

Demnach haben **Abs. 2 S. 2 und 3 und Abs. 3 konstitutive Bedeutung**, da sie dem LeihAN Rechte 4 geben, die ihm ohne diese Vorschrift mangels Betriebszugehörigkeit nicht zustünden. Dass Abs. 2 dem LeihAN gegenüber dem Entleiher bestimmte betriebsverfassungsrechtliche Rechte gibt, ist ohne Einfluss auf dessen Rechte im Verleiherbetrieb (*Sandmann/Marschall* Rn. 5; *Schüren* Rn. 56). Diese Rechte können im Entleiher- und im Verleiherbetrieb wahrgenommen werden, denn der Gesetzgeber wollte mit dieser Regelung gerade der Sondersituation der LeihAN Rechnung tragen. Dem BR des Verleiherbetriebes stehen hinsichtlich des LeihAN ebenfalls sämtliche Rechte nach dem BetrVG zu (anders bezüglich des Mitbestimmungsrechts des Verleiherbetriebsrats bei der Anordnung von Überstunden im Entleiherbetrieb; zutr. LAG Köln 21. 10. 1994 MDR 1995, 393).

Mit dem Gesetz zur Reform des BetrVG (v. 23. 7. 2001 BGBl. I S. 1852) wurde **§ 14 II S. 1** dahin- 5 gehend geändert, dass nur noch das passive Wahlrecht der LeihAN ausgeschlossen ist. Nach dem neuen § 7 S. 2 BetrVG haben LeihAN das **aktive Wahlrecht** zum BR des Entleiherbetriebs, wenn sie länger als drei Monate im Betrieb eines anderen AG eingesetzt werden (zutr. Kritik an der Neuregelung bei *Brors* NZA 2002, 121; *Däubler* AuR 2001, 1, 4). Hierdurch sollen die LeihAN betriebsverfassungsrechtlich aus der Randbelegschaft an die Stammbelegschaft herangeführt werden, um auf diese Weise einer Erosion der Stammbelegschaft durch den Einsatz von AN anderer AG entgegenzuwirken (BT-Drucks. 14/5741 S. 28, 36). § 7 S. 2 BetrVG gilt auch für nichtgewerbsmäßige LeihAN, da es nach der gesetzlichen Regelung nur auf die Überlassung und den Einsatz von mehr als drei Monaten ankommt, die Neuregelung also „insbesondere" LeihAN iSd. AÜG zugute kommen soll (BT-Drucks. 14/5741 S. 36; so auch *Däubler* AuR 2001, 286; *Konzen* RdA 2001, 7683; *Löwisch* BB 2001, 1737). FremdfirmenAN haben dagegen kein Wahlrecht (GK-*Kreutz* § 7 BetrVG Rn. 69; *Maschmann* DB 2001, 2446; unzutr. *Däubler* AiB 2001, 686). Für die Drei-Monats-Frist kommt es – entgegen dem Wortlaut („eingesetzt werden") – zunächst auf die vertragliche Regelung zu Beginn des Einsatzes und nicht auf die tatsächliche Einsatzdauer an (*Maschmann* DB 2001, 2447; zu Einzelfragen *Däubler* AiB 2001, 686 f.). Nach der gesetzlichen Konzeption steht dem überlassenen AN das aktive Wahlrecht zum BR vom ersten Arbeitstag im Einsatzbetrieb an zu (BT-Drucks. 14/5741 S. 36), doch haben die LeihAN, deren mehr als dreimonatiger Einsatz erst am Wahltag beginnt, kein Wahlrecht (aA *Maschmann* DB 2001, 2447; *Schaub* NZA 2001, 364, 366), da eine Korrektur der Wählerliste zu diesem Zeitpunkt nicht mehr möglich ist. Hingegen sind LeihAN, die ihren mehr als dreimonatigen Einsatz am Wahltag beenden, noch wahlberechtigt. Durch die Neuregelung, nach der die idR nur kurzfristig entliehenen LeihAN den BR für 4 Jahre wählen, entsteht ein neuartiges Legitimationsproblem (*Däubler*, AuR 2001, 1, 4; *Hanau* RdA 2001, 65, 68; *Konzen* RdA 2001, 76, 83). Dem kann nicht mit dem Argument entgegnet werden, dass auch befristet Beschäftigten das volle Wahlrecht zusteht (so GK-

6 Gem. § 7 Abs. 2 BetrVG werden die überlassenen AN zu „**Wahlberechtigten**" iSd. BetrVG. Dadurch unterscheidet der Gesetzgeber innerhalb des BetrVG nunmehr zwischen Wahlberechtigten (vgl. nur § 7 S. 2 BetrVG), wahlberechtigten AN (vgl. nur § 14 III BetrVG) und AN (vgl. nur § 5 BetrVG). Inwieweit LeihAN nunmehr bei der Anwendung von Vorschriften des BetrVG zu berücksichtigen sind, lässt sich nach dem Wortlaut nicht entscheiden. Bei teleologischer Auslegung ergibt sich: Vorschriften, die das Wahlverfahren betreffen, wie § 14 III und § 19 BetrVG, gelten auch für LeihAN (s. für alle *Maschmann* DB 2001, 2448). Im Übrigen sind sie aber keine AN des Entleiherbetriebs, so dass sie bei Schwellenwerten (§§ 1, 9 BetrVG) nicht mitzählen (BAG 16. 4. 2003 – 7 ABR 53/02; *Dewender* demn. RdA 2003; *Hanau* RdA 2001, 68; *Konzen* RdA 2001, 83; *Löwisch* BB 2001, 1737; aA *Däubler* AuR 2001, 4 f.; *Reichold* NZA 2001, 861; *Richardi* NZA 2001, 350). Der Gesetzgeber hat an der Tatsache, dass LeihAN gem. § 14 I betriebsverfassungsrechtlich dem Verleiherbetrieb zugeordnet sind, nichts geändert (vgl. auch BT-Drucks. 14/5741 S. 28). Der durch das Job-AQTIV-Gesetz ergänzte Abs. 2 Satz 1, wonach das **passive Wahlrecht** von LeihAN als Arbeitnehmervertreter in den Aufsichtsrat von Entleiherunternehmen **ausgeschlossen** ist, ist im Hinblick auf die Betriebszugehörigkeit der LeihAN zum Verleiherbetrieb nach § 14 I konsequent.

III. Rechte des Arbeitnehmers im Entleiherbetrieb

7 Die Sätze **2 und 3 des Abs. 2** gewähren dem LeihAN auch im Entleiherbetrieb gewisse betriebsverfassungsrechtliche Rechte, die sich unmittelbar auf die Arbeitsleistung beziehen und deren Geltendmachung gegenüber dem Verleiher selbst umständlich, wenn nicht gar tw. zwecklos wäre (*Sandmann/Marschall* Rn. 10).

8 **1. Wahrnehmung von Sprechstunden.** Der LeihAN ist auch im Entleiherbetrieb dazu berechtigt, die Sprechstunden der ANVertretung (BR, Betriebsausschuss und betriebliche Jugendvertretung) wahrzunehmen (**§§ 39, 69 BetrVG**). Das Recht steht dem LeihAN in beiden Betrieben zu. Sofern also ein sachlicher Grund dafür besteht, kann der LeihAN vom Entleiher eine Arbeitsfreistellung für einen Besuch bei dem BR des Verleihers verlangen (*Schüren* Rn. 61). Während der Wahrnehmung dieser Rechte steht ihm gegenüber dem Verleiher der vereinbarte Lohn zu, wenn der Besuch erforderlich war (dazu *Fitting* § 39 BetrVG Rn. 22). Wer diese Kosten im Verhältnis zwischen Verleiher und Entleiher zu tragen hat, richtet sich nach dem Überlassungsvertrag. Fehlt darin eine Vereinbarung, hat der Entleiher auch für die Freistellungszeiten ein Überlassungsentgelt zu leisten (Kasseler Handbuch/*Düwell* 4.5 Rn. 469).

9 Darüber hinaus stehen dem LeihAN die Rechte nach den **§§ 81, 82 I, 84 bis 86 BetrVG** zu. § 81 BetrVG verpflichtet den Entleiher, den LeihAN über die von ihm in seinem Betrieb einzuhaltenden Pflichten zu unterrichten. Darüber hinaus muss der Entleiher den LeihAN über Sicherheit und Gesundheitsschutz bei der Arbeit unterrichten, § 12 I, II ArbSchG (s. *Wank*, Kommentar zum technischen Arbeitsschutz, 1999, § 12 ArbSchG Rn. 8).

10 Nach § 82 I BetrVG kommen dem LeihAN bei ihn im Entleiherbetrieb betreffenden betrieblichen Angelegenheiten **Anhörungs- und Vorschlagsrechte** zu. Der LeihAN kann also dann initiativ werden, wenn er Fragen zum konkreten Arbeitseinsatz beim Entleiher hat. Gegenstand dieses auch im Verleiherbetrieb geltenden Fragerechts werden in erster Linie solche Fragen sein, die Fremdfirmeneinsätze und sonstige betriebliche Einsätze betreffen (*Schüren* Rn. 80 und 115). Darüber hinaus hat er das Recht, zu den im Verleiher- oder Entleiherbetrieb getroffenen, ihn betreffenden Maßnahmen Stellungnahmen abzugeben. Dagegen hat der LeihAN die nach § 82 II BetrVG bestehenden Auskunfts- und Erörterungsrechte nur gegenüber dem Verleiher, da sie von der Verweisung in § 14 II 3 ausgenommen sind. § 83 BetrVG – Einsichtsrecht in Personalakten – betrifft ebenfalls nur das Verhältnis zwischen LeihAN und Verleiher.

11 **2. Beschwerderechte.** Die **§§ 84 bis 86 BetrVG** geben dem LeihAN auch im Entleiherbetrieb ein Beschwerderecht, „wenn er sich vom AG oder von AN des Betriebes benachteiligt oder ungerecht behandelt oder in sonstiger Weise beeinträchtigt fühlt" (§ 84 I). Der Kreis dieser beschwerdefähigen Angelegenheiten ist sehr weitreichend; es muss nur um ein Betroffensein der individuellen Stellung als AN gehen (*Schüren* Rn. 88).

12 Das Beschwerderecht steht dem LeihAN gegenüber den zuständigen betrieblichen Stellen (§ 84 I BetrVG) oder **beim BR** (§ 85 I BetrVG) zu. Dabei bleibt es dem LeihAN überlassen, ob er sich wegen einer Beeinträchtigung im Entleiherbetrieb an dessen BR oder an den des Verleihunternehmens wendet (ausführlich *Erdlenbruch* S. 110 f.).

13 Das Verfahren richtet sich sowohl im Verleiher- als auch im Entleiherbetrieb nach **§§ 85 II und III BetrVG**. Nach § 86 gelten für den LeihAN auch die im Entleiherbetrieb geltenden Betriebsvereinbarungen, soweit es um die Regelung von Angelegenheiten geht, die ihn betreffen.

3. Weitere betriebsverfassungsrechtliche Rechte. Über die ausdrücklich genannten Bestimmungen 14 hinaus können für den LeihAN im Entleiherbetrieb noch weitere betriebsverfassungsrechtliche Bestimmungen gelten. Der Gesetzgeber hat selbst darauf hingewiesen, dass die Aufzählung nicht abschließend ist. Es liegt bei der Rspr., sowohl für den LeihAN als auch für den BR diesen betreffende betriebsverfassungsrechtliche Rechte zu bestimmen (BAG 15. 12. 1992 AP AÜG § 14 Nr. 7 = DB 1993, 888). Insb. gilt § 75 BetrVG, nach dem alle im Betrieb tätigen Personen nach den Grundsätzen von Recht und Billigkeit zu behandeln sind (*Schüren* Rn. 95). Speziell muss jede unterschiedliche Behandlung auf Grund von Abstammung, Religion, Geschlecht, Herkunft, Nationalität oder gewerkschaftlicher Betätigung oder Einstellung unterbleiben.

IV. Rechte des Betriebsrats des Entleiherbetriebes

Abs. 3 gibt dem BR des Entleiherbetriebes hinsichtlich der Übernahme eines LeihAN ausdrücklich 15 ein Anhörungsrecht nach § 99 BetrVG. S. 2 und 3 erweitern die Unterrichtungspflicht des Entleihers. Damit hat der Gesetzgeber die bisherige Rspr. des BAG zu dieser Frage übernommen (BAG 14. 5. 1974 AP BetrVG 1972 § 99 Nr. 2; BAG 6. 6. 1978 AP BetrVG 1972 § 99 Nr. 6). Nach dem Willen des Gesetzgebers soll über die Regelung des Abs. 3 hinaus die Feststellung **weiterer Beteiligungsrechte** des BR durch die Rspr. möglich sein (BT-Drucks. 9/847 S. 8 f.). Insb. kommen hier die allg. Aufgaben des BR nach §§ 75, 80 BetrVG, die Mitbestimmungsrechte nach § 87 BetrVG sowie Unterrichtungs- und Beratungsrechte, die sich auf die Gestaltung der Arbeitsplätze nach §§ 90 f. BetrVG beziehen, in Betracht (ausführlich *Schüren* Rn. 191 ff.). Ob der BR des Verleiherbetriebs oder der des Entleiherbetriebs mitzubestimmen hat, richtet sich danach, welcher AG die mitbestimmungspflichtige Entscheidung trifft (BAG 19. 6. 2001 AP BetrVG 1972 § 87 Leiharbeitnehmer Nr. 1 (*Marschall*) = NZA 2001, 1263 = SAE 2002, 41 (*Kraft*) = EzA § 87 BetrVG 1972 Nr. 63 (*Hamann*; zur Lage nach der Gesetzesreform *Hamann* NZA 2003, 526, 580 ff.). Darüber hinaus kann § 104 BetrVG angewandt werden, wenn der LeihAN die in § 75 BetrVG enthaltenen Grundsätze des Betriebsfriedens wiederholt und ernsthaft stört (*Becker/Wulfgramm* Rn. 120).

§ 14 III erfasst ausdrücklich nur die erlaubte gewerbsmäßige ANÜberlassung und diese auch nur 16 tw. (*Becker/Wulfgramm* Rn. 95). Den mit der Aufspaltung der AGBefugnisse verbundenen Besonderheiten kann aber auch bei **anderen Formen drittbezogenen Personaleinsatzes** Rechnung zu tragen sein. Nach hA findet § 14 III auf die Formen echter Leiharbeit entspr. Anwendung (BAG 18. 1. 1989 AP AÜG § 14 Nr. 2; *Becker/Wulfgramm* Rn. 13 und 20; *Sandmann/Marschall* Rn. 2; im Einzelnen str., vgl. die Nachw. bei *Schüren* Rn. 329 ff.; vgl. auch Rn. 428 ff., ausführlich zu den Fällen illegaler Arbeitsvermittlung). Bei einer Abordnung zu einer Arbeitsgemeinschaft gem. § 1 I 2 und im Falle illegaler ANÜberlassung findet § 14 ebenfalls entspr. Anwendung (BAG 6. 6. 1978 AP BetrVG 1972 § 99 Nr. 6; BAG 31. 1. 1989 AP BetrVG 1972 § 80 Nr. 33; abl. *Schüren* Rn. 364, 399 und *Sandmann/Marschall* Rn. 7).

Bei einem Einsatz von AN von Fremdfirmen auf der Grundlage **echter Dienst- oder Werkverträge** 17 ist § 14 nicht anzuwenden. Auch für eine Anwendung des § 99 BetrVG ist in diesen Fällen kein Raum, da es an der für die Eingliederung der AN in den Fremdbetrieb typischen „Personalhoheit", dem arbeitsbezogenen Direktionsrecht des Inhabers des Einsatzbetriebes, fehlt (BAG 5. 3. 1991 AP BetrVG 1972 § 99 Nr. 90; BAG 9. 7. 1991 AP BetrVG 1972 § 99 Nr. 94; BAG 5. 5. 1992 AP BetrVG 1972 § 99 Nr. 97; *Dauner-Lieb* NZA 1992, 817, 819). Die Rspr. zu der Frage, in Bezug auf welche Beschäftigungsverhältnisse ein Mitbestimmungsrecht des BR nach § 99 BetrVG besteht, ist allerdings schwankend. Zunächst hat das BAG ausgeführt, das Mitbestimmungsrecht beschränke sich nicht auf den Einsatz von AN (BAG 5. 5. 1992 AP BetrVG 1972 § 99 Nr. 97; 1. 12. 1992 EzA BetrVG 1972 § 99 Nr. 110). In späteren Entscheidungen hat das BAG dann zutreffend eine übereinstimmende Abgrenzung im Hinblick auf AN und Selbständige einerseits und im Hinblick auf dem Mitbestimmungsrecht unterliegende und ihm nicht unterliegende Beschäftigungsverhältnisse andererseits vorgenommen. Allerdings hat es den inneren Zusammenhang zwischen beiden Problemkreisen nicht erwähnt, sondern für § 99 BetrVG scheinbar eigene Abgrenzungskriterien entwickelt, wobei es maßgeblich auf die „Eingliederung" abgestellt hat (BAG 18. 10. 1994 AP BetrVG 1972 § 99 Einstellung Nr. 5; BAG 15. 12. 1998 AP BetrVG 1972 § 80 Nr. 56 m. Anm. *Wank*).

Eine übereinstimmende Abgrenzung ist deshalb geboten, weil sich das **Mitbestimmungsrecht nach** 18 **§ 99 BetrVG nur auf Arbeitsverhältnisse bezieht** (*Dauner-Lieb* Anm. zu BAG 13. 5. 1992 EzA AÜG § 10 Nr. 4; *Rosenstein* S. 242 ff.; *Waas* Anm. SAE 1996, 160, 165; *Walle* S. 263; *Wank*, ZfA 1996, 535, 541 f.; *ders.* Anm. zu BAG AP BetrVG 1972 § 80 Nr. 56; vgl. BVerwG 6. 9. 1995 AP LPVG Hessen § 77 Nr. 2 = DÖV 1996, 467; aA *Dütz/Dörrwächter* Anm. zu BAG 31. 1. 1995 EzA BetrVG 1972 § 99 Nr. 126). Wie das BAG in den Entscheidungen vom 5. 3. 1991 (AP BetrVG 1972 § 99 Nr. 90) und vom 9. 7. 1991 (AP BetrVG 1972 § 99 Nr. 94) zutreffend ausgeführt hat, gehört die Entscheidung des AG, Arbeiten auf Grund von Werkverträgen vornehmen zu lassen, nicht zum Bereich des § 99 BetrVG, sondern zu dem des § 111 BetrVG. In der Entscheidung vom 18. 10. 1994 (AP BetrVG 1972 § 99 Einstellung Nr. 5 = SAE 1996, 157 m. Anm. *Waas*) stellt das BAG zutreffend fest, dass § 99 BetrVG nicht die Organisation des Betriebs zum Gegenstand hat.

19 In neuerer Zeit neigt das BAG allerdings wieder zu einer Ausweitung des Mitbestimmungsrechts nach § 99 BetrVG (BAG 22. 4. 1997 AP BetrVG 1972 § 99 Einstellung Nr. 18 m. Anm. *Börgmann*). Für das ANÜberlassungsrecht ist demgegenüber darauf hinzuweisen, dass § 14 III eine konstitutive Sonderregelung enthält und dass es für die Erstreckung auf Nicht-AN kein Mitbestimmungsrecht des BR gibt.

20 Bei der Verweisung des Abs. 3 auf § 99 BetrVG handelt es sich um eine sogenannte **Rechtsfolgenverweisung** und nicht um eine Rechtsgrundverweisung (*Becker* AuR 1982, 369, 379; *Becker/Wulfgramm* Rn. 96; MünchArbR/*Marschall* § 175 Rn. 107; *Sandmann/Marschall* Rn. 16; aA *Schüren* Rn. 129); dh. das Beteiligungsrecht besteht auch dann, wenn im Entleihunternehmen nur 20 oder weniger wahlberechtigte AN beschäftigt sind.

21 Streitigkeiten über das nach § 99 BetrVG bestehende Mitbestimmungsrecht sind im Wege eines arbeitsgerichtlichen **Beschlussverfahrens** durch einen Antrag an das zuständige Arbeitsgericht zu klären. Die Zuständigkeit bestimmt sich nach dem Bezirk, in dem der Betrieb liegt, dessen BR das Mitbestimmungsrecht beansprucht (*Sandmann/Marschall* Rn. 17). Der BR kann bei einer fehlenden oder unvollständigen Unterrichtung ein Verfahren nach § 101 BetrVG einleiten.

22 Das Mitbestimmungsrecht wird durch **jegliche Übernahme** ausgelöst. Es besteht also auch, wenn der AN in den Betrieb des Entleihers durch die tatsächliche Arbeitsaufnahme eingegliedert wird (MünchArbR/*Marschall* § 175 Rn. 103). Einer längeren Übernahme oder einer Auswirkung der Tätigkeit des LeihAN auf die Produktion bedarf es nicht (*Sandmann/Marschall* Rn. 18). Die Verlängerung der Tätigkeit des LeihAN und dessen Austausch, nicht jedoch die Umsetzung innerhalb des Entleiherbetriebes stehen der Übernahme betriebsverfassungsrechtlich gleich (MünchArbR/*Marschall* § 175 Rn. 104 f.; *Schüren* Rn. 134). Soll der zunächst nur als LeihAN tätige AN schließlich in ein Arbeitsverhältnis übernommen werden, so ist § 99 BetrVG nicht über § 14 III, sondern direkt anzuwenden (*Schüren* Rn. 136). Die Übernahme des LeihAN kann auch als vorläufige personelle Maßnahme nach § 100 BetrVG erfolgen (LAG Frankfurt 7. 4. 1987 BB 1987, 2093).

23 Der Entleiher muss dem EntleiherBR alle **Informationen** geben, die für eine Zustimmungsverweigerung nach § 99 II BetrVG relevant sein können. Aus der Natur der ANÜberlassung ergeben sich jedoch im Rahmen der Unterrichtungspflicht nach § 14 III gewisse Modifikationen (hA, vgl. nur *Schüren* Rn. 140 mit umfangr. Nachw.). Um dem BR die Möglichkeit zu geben, sich genau darüber zu informieren, ob sich sein Beteiligungsrecht aus § 14 ergibt oder ob eine unerlaubte Überlassung vorliegt, die kraft der Fiktion des § 10 I zu einem Arbeitsverhältnis führt, kann der BR verlangen, dass ihm, **soweit objektiv ernsthafte Zweifel bestehen,** alle Verträge mit Fremdfirmen über die Beschäftigung von AN von Fremdfirmen zur Einsichtnahme vorgelegt werden (*Wank* Anm. zu BAG AP BetrVG 1972 § 80 Nr. 56; aA (Erstreckung auf *alle* Verträge) BAG aaO sowie BAG 31. 1. 1989 BB 1989, 1693 f. m. Anm. *Hunold* BB 1989, 1693 f.; MünchArbR/*Marschall* § 175 Rn. 112; *Schüren* Rn. 150). Darüber hinaus kann der BR verlangen, dass er Einsicht in die Erklärung des Verleihers über das Bestehen einer Verleiherlaubnis nach § 1 erhält. Der Entleiher muss den BR sofort unterrichten, wenn ihm der Verleiher den Wegfall der Erlaubnis mitgeteilt hat, § 14 III 3. Der BR kann zur Wahrnehmung seiner Beteiligungsrechte bei der Personalplanung nach § 92 II BetrVG die Einsichtnahme in Listen verlangen, aus denen sich genaue Daten über die Einsatzzeiten der LeihAN, deren Qualifikation, persönliche Daten und über deren vorgesehene Tätigkeit im Entleiherbetrieb ergeben (ArbG Verden 1. 8. 1989 AiB 1989, 318); dagegen beziehen sich die Rechte aus § 92 II BetrVG nicht auf andere Fälle des drittbezogenen Personaleinsatzes (vgl. *Wank* Anm. zu BAG AP BetrVG 1972 § 80 Nr. 56).

24 Eine Unterrichtung über die **Eingruppierung** des LeihAN und dessen Lohnhöhe ist regelmäßig nicht möglich, da diese nur aus dem Vertrag zwischen LeihAN und Verleiher ersichtlich sind. Eine rechtliche Verpflichtung des Verleihers gegenüber dem Entleiher oder dessen BR zu einer Offenlegung besteht nicht (BAG 6. 6. 1978 AP BetrVG 1972 § 99 Nr. 6; *Schüren* Rn. 147). Ebensowenig kann der BR verlangen, dass ihm die Bewerbungsunterlagen des LeihAN vorgelegt werden, denn die Übernahme erfolgt durch eine Zuweisung des Verleihers (BAG 18. 12. 1990 AP BetrVG 1972 § 99 Nr. 85).

25 Liegen die Voraussetzungen des **§ 99 II BetrVG** vor, kann der BR im Entleiherbetrieb der Zustimmung zur Übernahme des LeihAN verweigern. Die Nr. 1–6 enthalten auch für den Fall der Übernahme von LeihAN eine abschließende Aufzählung über die Gründe einer Verweigerung der Zustimmung (MünchArbR/*Marschall* § 175 Rn. 116 f.; *Schüren* Rn. 160). Die allg. gegenüber den anderen AN des Entleiherbetriebes bestehenden Nachteile des LeihAN, wie sie als Ausnahme zum Diskriminierungsverbot nach § 3 I Nr. 3 möglich sind, ergeben sich aus der rechtlichen Ausgestaltung des AÜG. Deshalb kann aus dieser gesetzlich grds. zulässigen Benachteiligung der LeihAN kein Recht des BR erwachsen, die Zustimmung zu versagen (*Becker/Wulfgramm* Rn. 102; *Sandmann/Marschall* Rn. 21).

26 Die Verweigerung der Zustimmung ist jedoch möglich, wenn die **Benachteiligung nicht aus der Leiharbeit** herrührt. Unter anderem kann der BR geltend machen, dass der LeihAN im Entleiherbetrieb als betroffener AN für Arbeiten eingesetzt werden soll, die wegen ihrer Unbequemlichkeit und Schwere von Stammarbeitern nicht gemacht werden (*Sandmann/Marschall* Rn. 22; *Schüren* Rn. 179). Die Ein- oder Umgruppierung ist allerdings nicht Sache des EntleiherBR, vielmehr ist der

VerleiherBR zuständig, da sich die Entlohnung aus dem Arbeitsvertrag mit dem Verleiher ergibt (*Becker* AuR 1982, 369, 375; *Schüren* Rn. 192).

Nach einer Entscheidung des BAG kann der BR auch die Zustimmung bei **Verstößen gegen das** 27 **AÜG** verweigern, wenn dadurch die Kollektivinteressen der Belegschaft des Entleiherbetriebes betroffen werden, denn das AÜG ist ein Gesetz iSv. Nr. 1 des § 99 II BetrVG (BAG 28. 9. 1988 AP BetrVG 1972 § 99 Nr. 60 = BB 1989, 910: Beschäftigung für einen längeren Zeitraum als den in § 3 I Nr. 6 aF vorgesehenen Zeitraum; s. aber auch BAG 12. 11. 2002 NZA 2003, 513; ferner *Grimm/Brock* DB 2003, 1113; *Reim* ZTR 2003, 106, 111; ausführlich *Schüren* Rn. 163 ff.).

Die Beendigung der Tätigkeit des LeihAN im Entleiherbetrieb bedarf hingegen keiner Zustimmung 28 durch den BR im Entleiherbetrieb (*Sandmann/Marschall* Rn. 23).

In Fällen, in denen im Entleiherbetrieb kein BR vorhanden ist, ist die betriebsverfassungsrechtliche 29 Zuordnung der LeihAN problematisch. Denkbar wäre es zwar, die Mitwirkungs- und Mitbestimmungsrechte, die ansonsten vom BR des Entleiherbetriebs wahrgenommen werden, dem BR des Verleiherbetriebs zuzuordnen. Doch ist eine vollständige betriebsverfassungsrechtliche Zuständigkeit des VerleiherBR für den LeihAN schon wegen der differenzierten Regelung in § 14 ausgeschlossen; auch könnte der VerleiherBR ohne Kenntnisse der Umstände im Entleiherbetrieb die Mitbestimmungsrechte nicht sachgerecht ausüben (*Kort* ZfA 2000, 329, 267). Daher bleibt es bei der betriebsverfassungsrechtlichen Zuständigkeitsverteilung nach § 14 auch dann, wenn im Entleiherbetrieb kein BR besteht.

V. Unterrichtung des Wirtschaftsausschusses

Der Wirtschaftsausschuss ist in Unternehmen einzusetzen, die ständig mehr als 100 AN haben 30 (§ 106 BetrVG); LeihAN sind dabei nicht mitzuzählen (weitergehend bezüglich der innerbetrieblich dauerhaft mit (wechselnden) LeihAN besetzten Arbeitsplätze *Schüren* Rn. 263). Dessen Aufgabe besteht darin, wirtschaftliche Angelegenheiten mit dem Unternehmen zu beraten und den BR zu unterrichten. Zwar ist das Tätigwerden von LeihAN nicht in der Aufzählung des § 106 III BetrVG genannt, dessen Aufzählung ist jedoch nicht abschließend. Der längerfristige Einsatz von LeihAN hat Einfluss auf die Personalplanung des Unternehmens und berührt auch die Interessen der AN des Unternehmens im wesentlichen Maße (§ 106 II und III BetrVG). In einem solchen Fall ist der Wirtschaftsausschuss stets zu unterrichten (*Sandmann/Marschall* Rn. 18 a; aA *Schüren* Rn. 264, der die Interessen durch die Beteiligung des BR im Rahmen der Personalplanung nach §§ 92 ff. BetrVG hinreichend gewahrt sieht).

VI. Anwendung von Abs. 1 bis 3 im Rahmen des Personalvertretungsrechts

§ 14 IV trifft für den Bereich des Personalvertretungsrechts eine den betriebsverfassungsrechtlichen 31 Regelungen entspr. Bestimmung. Gem. § 14 IV gelten Abs. 1, 2 S. 1 und 2 sowie Abs. 3 sinngemäß. Diese sinngemäße Anwendung betrifft mangels einer weitergehenden Gesetzgebungskompetenz des Bundes nur den Bereich des Bundespersonalvertretungsrechts. Für den Bereich der **Landesgesetze** zum Personalvertretungsrecht ist es daher Sache der Länder, die Frage der Mitbestimmung und Mitwirkung der Personalräte zu regeln (BT-Drucks. 9/847 S. 9). Aus § 14 IV lässt sich in diesem Bereich kein Mitbestimmungsrecht ableiten (BVerwG 6. 9. 1995 NVwZ 1997, 82). Soweit das jeweilige Landespersonalvertretungsgesetz keine ausdrückliche Regelung über die Anwendung des § 14 enthält (soweit ersichtlich ist dies nur in Niedersachsen mit § 107 c des Landespersonalvertretungsgesetzes geschehen), erfüllt die Aufnahme eines LeihAN zur Arbeitsleistung in einer Dienststelle den landespersonalvertretungsrechtlichen Mitbestimmungstatbestand der Einstellung (BVerwG 20. 5. 1992 DVBl. 1993, 402).

Die entliehenen AN bleiben auch während ihrer Arbeitsleistung bei der entleihenden Dienststelle 32 **AN des Verleihers;** sie behalten auch das aktive und passive Wahlrecht bei dem verleihenden Betrieb und dürfen es im Entleiherbetrieb nicht ausüben (*Becker/Wulfgramm* Rn. 137; *Schüren* Rn. 489). In der entleihenden Dienststelle können die Sprechstunden der Personalvertretung (§ 43 BPersVG) oder der Jugendvertretung (§ 62 BPersVG) sowie das Recht zu einer Teilnahme an den Personal- oder Jugendversammlungen wahrgenommen werden. Im BPersVG finden sich keine den §§ 81 ff. BetrVG entspr. Bestimmungen über die Mitbestimmungs- und Beschwerderechte der Beschäftigten. Aufgrund der nicht abschließenden Aufzählung in § 14 II kommen jedoch weitere personalvertretungsrechtliche Befugnisse in der Einsatzdienststelle in Betracht. Insb. sind die in § 67 BPersVG aufgezählten Grundsätze über die Behandlung der Beschäftigten auch auf die LeihAN anzuwenden (*Schüren* Rn. 499).

Bei sinngemäßer Anwendung des § 14 III ist im Bereich des Personalvertretungsrechts nicht § 99 33 BetrVG, sondern **§ 75 BPersVG** anzuwenden. Danach umfasst das Mitbestimmungsrecht des Personalrates in Angelegenheiten der Angestellten und Arbeiter die Einstellungen und Versetzungen zu anderen Dienststellen und die Umsetzungen innerhalb der Dienststellen, wenn damit ein Wechsel des Dienstortes verbunden ist. Die Personalvertretung kann die Zustimmung nur in den Fällen verweigern, in denen dafür ein Grund nach § 77 II Nr. 1–3 BPersVG vorliegt. Insb. kann danach ein Verstoß gegen das AÜG einen Zustimmungsverweigerungsgrund nach Nr. 1 bilden (*Becker/Wulfgramm* Rn. 140). Aufgrund der Tatsache, dass § 14 nicht abschließend ist, können sich weitere Befugnisse der Personalvertretung ergeben, die die tatsächliche Eingliederung der LeihAN in die Dienststelle oder ihr Verhalten in der Dienststelle betreffen (insb. kommen dabei die Fälle des § 75 III BPersVG in Betracht, vgl. dazu *Schüren* Rn. 502).

§ 15 Ausländische Leiharbeitnehmer ohne Genehmigung

(1) Wer als Verleiher einen Ausländer, der eine erforderliche Genehmigung nach § 284 Abs. 1 Satz 1 des Dritten Buches Sozialgesetzbuch nicht besitzt, entgegen § 1 einem Dritten ohne Erlaubnis überlässt, wird mit Freiheitsstrafe bis zu drei Jahren oder mit Geldstrafe bestraft.

(2) ¹In besonders schweren Fällen ist die Strafe Freiheitsstrafe von sechs Monaten bis zu fünf Jahren. ²Ein besonders schwerer Fall liegt in der Regel vor, wenn der Täter gewerbsmäßig oder aus grobem Eigennutz handelt.

I. Allgemeines

1 § 15 bildet den Anfang der Straf- und Ordnungswidrigkeitenbestimmungen des AÜG. Mit §§ 15 und 15a soll der illegale Entleih und Verleih von ausländischen LeihAN ohne Arbeitserlaubnis strafrechtlich sanktioniert werden (so auch die parallelen Straftatbestände der §§ 406, 407 SGB III), die diese ohne die nach § 284 I 1 SGB III erforderliche Arbeitserlaubnis in erhöhtem Maße Gefahr laufen, von den Verleihern ausgebeutet zu werden (*Schüren* Rn. 6). Gem. § 12 II StGB handelt es sich bei den Straftaten nach dem AÜG um **Vergehen**. Personen, die dem Verleiher bei seiner Tätigkeit behilflich sind, etwa der Dolmetscher oder der die Lohngelder verteilende Mitarbeiter, können als Gehilfen (§ 27 StGB) des Verleihers strafbar sein (*Sandmann/Marschall* Rn. 6; *Schüren* Rn. 13). Hingegen sind die verliehenen AN und die Entleiher selbst als sogenannte notwendige Teilnehmer nicht nach § 15, wohl aber nach § 15a oder § 16 I Nr. 2 und § 404 SGB III verfolgbar.

2 Die Gründung oder das Betreiben einer Einzel-, Personen- oder **Kapitalgesellschaft** zum Zweck der illegalen ANÜberlassung ist nicht nach § 129 StGB verfolgbar, da eine solche Form der Beteiligung am Wirtschaftsleben noch keine Bildung einer kriminellen Vereinigung darstellt (BGH 13. 1. 1983 AP AÜG § 1 Nr. 6). Es kommt vielmehr darauf an, dass aus einer fest organisierten Vereinigung heraus Straftaten geplant und ausgeführt werden.

II. Verleih von Ausländern ohne Genehmigung, Abs. 1

3 Der Tatbestand des § 15 I ist verwirklicht, wenn ein gewerbsmäßiger Verleiher ohne Verleiherlaubnis einem Dritten einen Ausländer ohne einen erforderlichen Aufenthaltstitel nach § 4 III AufenthG überlässt. Eine Bestrafung nach § 15 I setzt zunächst voraus, dass der Täter Verleiher iSv. § 1 I ohne die erforderliche Genehmigung oder die Erlaubnisfiktion des § 3 ist. Ist der Verleiher eine Personengemeinschaft oder eine juristische Person, richtet sich die Strafbarkeit nach § 14 StGB (*Becker/Wulfgramm* Rn. 3b). Fehlt es dem Verleiher an der AGEigenschaft, kommt eine Strafbarkeit nach § 406 SGB III wegen einer unerlaubten Arbeitsvermittlung in Betracht. Zwischen den Straftatbeständen des § 15 und § 406 SGB III ist eine Wahlfeststellung möglich (*Becker/Wulfgramm* Rn. 3c; *Sandmann/Marschall* Rn. 8; *Schüren* Rn. 49).

4 Ob der **AN Deutscher** ist oder eine vergleichbare Rechtsstellung hat, richtet sich nach Art. 116 I GG (vgl. zur Reform des Staatsangehörigkeitsrechts *Renner* ZAR 1999, 154 ff.; ferner *Huber/Butzke* NJW 1999, 2769; s. auch § 3 Rn. 47). Das Bestehen einer Genehmigung bestimmt sich nach § 284 I 1 SGB III und der dazu bestehenden Arbeitserlaubnisverordnung (AErlV idF der Bekanntmachung v. 12. 9. 1980, BGBl. I S. 1754; ber. 1981 S. 1245) sowie nach der Anwerbestoppausnahme-Verordnung v. 21. 12. 1990, BGBl. I S. 3012 ff.). Demgemäß sind ohne entspr. zwischenstaatliche Übereinkommen alle ausländischen und im Inland tätigen AN genehmigungspflichtig (Angehörige der EG-Mitgliedstaaten und der Vertragsstaaten des Europäischen Wirtschaftsraumes bedürfen keiner Arbeitserlaubnis, EWG/VO Nr. 1612/68 und Art. 28 des Abkommens über den Europäischen Wirtschaftsraum; ausführlich *Marschner* NZA 1996, 186 f. und *Schüren* Rn. 16; vgl. auch noch die Ausnahmen nach § 17 I HAuslG und § 9 AErlV, nach denen bestimmte Personen ebenfalls keiner Genehmigung bedürfen).

5 Eine Genehmigung nach § 1 AErlV kann für eine Tätigkeit als LeihAN nicht erteilt werden (§ 6 I 2 AErlV). Ausnahmsweise können Ausländer mit einer Arbeitserlaubnis nach **§ 2 AErlV** als LeihAN tätig werden. Dabei handelt es sich etwa um ausländische AN, die sich sechs Jahre vor Beginn der Geltungsdauer der Arbeitserlaubnis ununterbrochen und rechtmäßig im Bundesgebiet aufgehalten haben (§ 2 I Nr. 6 AErlV); um Ausländer mit gültiger Aufenthaltserlaubnis, die mit einem Deutschen in familiärer Lebensgemeinschaft leben (§ 2 I Nr. 1 AErlV), sowie um anerkannte Asylberechtigte und Ausländer, die im Besitz eines von einer deutschen Behörde ausgestellten Reisepasses sind (§ 2 I Nr. 2, 3 AErlV). Für die Erteilung der Arbeitserlaubnis ist das AA des Beschäftigungsortes zuständig (§ 11 I AErlV).

Für eine Strafbarkeit nach § 15 muss der illegale Verleiher hinsichtlich aller objektiver Tatbestands- 6
merkmale des § 15 **vorsätzlich** gehandelt haben. Ihm muss bekannt gewesen sein, dass er ohne
Verleiherlaubnis ausländische AN ohne Arbeitserlaubnis überließ. Die bloß fahrlässige Unkenntnis ist
nicht strafbar. Die allg. strafrechtlichen Irrtumsregeln (§§ 16, 17 StGB) gelten. Die irrtümliche Annahme, dass ein Verleihen ohne Erlaubnis möglich ist oder dass der ausländische AN keine Arbeitserlaubnis benötigt, führt nur dann gem. § 17 StGB zur Straflosigkeit, wenn der Irrtum – beispielsweise
durch eine Erkundigung bei einem AA oder Rechtsanwalt – nicht vermeidbar war (weitergehend
OLG Düsseldorf 4. 9. 1979 EzAÜG Nr. 59: sogar unabhängig davon, ob ihm eine richtige Auskunft
erteilt worden wäre; ausführlich zu den Irrtumsfällen *Schüren* Rn. 37 ff.).

Der illegale Verleiher kann mit einer **Freiheitsstrafe** von bis zu drei Jahren oder mit einer Geldstrafe 7
bestraft werden. Hat sich der Täter an der Tat bereichert oder es versucht, kommt eine Geldstrafe
neben einer Freiheitsstrafe in Betracht (§ 41 StGB).

III. Besonders schwerer Fall, Abs. 2

Besonders schwere Fälle werden mit der Strafschärfung nach § 15 II verfolgt. Ein **besonders** 8
schwerer Fall ist anzunehmen, wenn die objektiven und subjektiven Tatumstände die üblicherweise
vorkommenden an Strafwürdigkeit so übertreffen, dass der Strafrahmen für die üblicherweise zu
ahndenden Fälle nicht ausreicht (BGH 24. 6. 1987 Wistra 1988, 27), weil der Verleiher beispielsweise
einen besonders großen Vorteil über einen langen Zeitraum hinaus erstrebt oder weil die Zwangslage
der AN zu besonders gefährlichen Arbeiten ausgenutzt wird (*Schüren* Rn. 33). In Abs. 2 S. 2 finden
sich zwei Regelbeispiele, die das Vorliegen eines besonders schweren Falles widerlegbar indizieren.
Die Aufzählung ist nicht abschließend. Demgemäß kann ein besonders schwerer Fall auch dann
vorliegen, wenn kein Regelbeispiel verwirklicht wurde (BGH 24. 6. 1987 Wistra 1988, 27; *Becker/
Wulfgramm* Rn. 13; *Sandmann/Marschall* Rn. 15).

Da bereits der Grundtatbestand nur durch einen gem. § 1 I 1 gewerbsmäßig handelnden Verleiher 9
verwirklicht werden kann, ist die **Gewerbsmäßigkeit iSv. Abs. 2** S. 2 anders zu definieren (*Becker/
Wulfgramm* Rn. 14; *MünchArbR/Marschall* § 176 Rn. 44). Davon wird der Verleiher erfasst, der sich
gerade durch die wiederholte Überlassung ausländischer AN eine Einnahmequelle von nicht nur
vorübergehender Dauer verschaffen will (*Sandmann/Marschall* Rn. 18). Hinzu kommen muss allerdings, dass sich sein Gesamtverhalten als besonders strafwürdig darstellt; etwa dadurch, dass er diese
ausländischen AN auch noch ausbeutet oder sonst erheblich benachteiligt (BGH 4. 4. 1981 NJW 1982,
394). Die Feststellung eines besonders schweren Falles erfordert mithin immer eine Gesamtwürdigung
unter Abwägung aller Zumessungstatsachen (*Becker/Wulfgramm* Rn. 13 f.). Ein grober Eigennutz ist
dann gegeben, wenn der Täter einen wirtschaftlichen Vorteil in besonders anstößigem Maße, also
beispielsweise durch eine rücksichtslose Ausbeutung der Zwangslage ausländischer AN (*Becker/Wulfgramm* Rn. 16), erstrebt.

Ein besonders schwerer Fall ist mit einer **Freiheitsstrafe** von mindestens sechs Monaten zu ahnden. 10
Über die Freiheitsstrafe hinaus kommt eine Geldstrafe in Betracht, wenn sich der Täter durch die Tat
bereichert hat oder zu bereichern suchte (§ 41 StGB).

§ 15 a Entleih von Ausländern ohne Genehmigung

(1) ¹Wer als Entleiher einen ihm überlassenen Ausländer, der eine erforderliche Genehmigung
nach § 284 Abs. 1 Satz 1 des Dritten Buches Sozialgesetzbuch nicht besitzt, zu Arbeitsbedingungen des Leiharbeitsverhältnisses tätig werden lässt, die in einem auffälligen Missverhältnis zu den
Arbeitsbedingungen deutscher Leiharbeitnehmer stehen, die die gleiche oder vergleichbare Tätigkeit ausüben, wird mit Freiheitsstrafe bis zu drei Jahren oder mit Geldstrafe bestraft. ²In besonders schweren Fällen ist die Strafe Freiheitsstrafe von sechs Monaten bis zu fünf Jahren; ein
besonders schwerer Fall liegt in der Regel vor, wenn der Täter gewerbsmäßig oder aus grobem
Eigennutz handelt.

(2) ¹Wer als Entleiher
1. gleichzeitig mehr als fünf Ausländer, die eine erforderliche Genehmigung nach § 284 Abs. 1
   Satz 1 des Dritten Buches Sozialgesetzbuch nicht besitzen, tätig werden lässt oder
2. eine in § 16 Abs. 1 Nr. 2 bezeichnete vorsätzliche Zuwiderhandlung beharrlich wiederholt,
wird mit Freiheitsstrafe bis zu einem Jahr oder mit Geldstrafe bestraft. ²Handelt der Täter aus
grobem Eigennutz, ist die Strafe Freiheitsstrafe bis zu drei Jahren oder Geldstrafe.

1. Allgemeines. Während § 15 die Strafbarkeit von Verleihern betrifft, werden nach § 15 a Entlei- 1
her bestraft. Da ein Verleih ohne Erlaubnis zugleich die Fiktion des § 10 bewirkt, liegt zugleich
auch eine Ordnungswidrigkeit nach § 404 II Nr. 2 SGB III vor (s. zu § 229 I Nr. 2 AFG OLG
Hamm 14. 11. 1980 BB 1981, 122 f.). §§ 406 f. SGB III sehen für bestimmte Fälle eine Freiheitsstrafe
vor.

2 **2. Täter des § 15a.** Allein tauglicher Täter der Straftatbestände des § 15a ist der Entleiher im Rahmen einer mit einer Überlassungserlaubnis gem. § 1 I 1 betriebenen gewerbsmäßigen ANÜberlassung. Ein Tätigwerdenlassen liegt nicht bereits bei dem Abschluss des Überlassungsvertrages, sondern erst mit der tatsächlichen Arbeitsaufnahme beim Entleiher vor (MünchArbR/*Marschall* § 176 Rn. 36). Bei den beim Entleiher tätigen ausländischen AN muss es sich um solche handeln, die ohne eine nach § 284 III 1 SGB III nötige Genehmigung ihre Arbeit aufgenommen haben.

3 **3. Auffälliges Missverhältnis, Abs. 1.** Für die Feststellung eines auffälligen Missverhältnisses bei dem ersten Straftatbestand des § 15a kommt es auf das zwischen Verleiher und ausländischem AN bestehende Arbeitsverhältnis an. Wenn der Verleiher keine vergleichbaren deutschen AN beschäftigt, ist auf die deutschen LeihAN eines vergleichbaren Verleihers abzustellen (*Schüren* Rn. 16). Eine **Tätigkeit ist gleich**, wenn ihre wesentliche Ausgestaltung der des ausländischen LeihAN entspricht (*Becker/Wulfgramm* Rn. 6; *Sandmann/Marschall* Rn. 3). Die Vergleichbarkeit ist aber auch schon dann gegeben, wenn zwar in wesentlichen Punkten eine Abweichung besteht, die Tätigkeit aber noch zum überwiegenden Teil mit der zu vergleichenden Tätigkeit eine Übereinstimmung aufweist (*Sandmann/Marschall* Rn. 3).

4 Von dem Tatbestandsmerkmal **Arbeitsbedingungen** wird die tatsächliche Ausgestaltung des Arbeitsverhältnisses erfasst. Insoweit wird tw. auf die wesentlichen Arbeitsbedingungen abgestellt, während andere auch Nebenleistungen einbeziehen wollen (vgl. zum Meinungsstand *Schüren* Rn. 18). Die Abweichung muss in einem auffälligen Missverhältnis bestehen. Das wird bei der Lohnhöhe als Vergleichsmaßstab erst dann bejaht, wenn der Lohnunterschied ein Fünftel und darüber beträgt. Regelmäßig ist ein Missverhältnis zu bejahen, wenn der Arbeitsvertrag zwischen Verleiher und LeihAN sittenwidrig ist (*Becker/Wulfgramm* Rn. 8; *Schüren* Rn. 19).

5 **4. Beschäftigung von mehr als fünf Ausländern, Abs. 2 Nr. 1.** Der Entleiher macht sich nach § 15 II 1 Nr. 1 strafbar, wenn er gleichzeitig mehr als fünf ausländische AN ohne Arbeitserlaubnis beschäftigt. Es kommt weder darauf an, dass dieselben AN beschäftigt werden, noch kommt es darauf an, dass es sich um AN desselben Verleihers handelt (*Schüren* Rn. 21).

6 **5. Beschäftigung entliehener Ausländer ohne Genehmigung, Abs. 2 Nr. 2.** § 15 II 1 Nr. 2 will den Entleiher bestrafen, der beharrlich ausländische LeihAN ohne die erforderliche Arbeitserlaubnis von einem Verleiher mit Erlaubnis entleiht. Das setzt eine zumindest zweimalige vorsätzliche Verletzung des Verbotes voraus. Der Entleiher handelt dann **beharrlich**, wenn er deutlich auf die Ordnungswidrigkeit seines Handelns, etwa durch Ahndung, Abmahnung oder Verwarnung hingewiesen wurde (*Sandmann/Marschall* Rn. 9; *Schüren* Rn. 24). Für den besonders schweren Fall nach § 15a I 2, II 2 gelten die Anmerkungen zu § 15 II entsprechend. Für einen Verstoß gegen die beiden Tatbestände des § 15a II ist im Höchstmaß eine einjährige **Freiheitsstrafe** vorgesehen; der Täter, der aus grobem Eigennutz, also unter Streben nach wirtschaftlichem Vorteil in besonders grober Weise, handelt (*Sandmann/Marschall* Rn. 10), kann nach Abs. 2 S. 2 mit bis zu drei Jahren Freiheitsstrafe bestraft werden.

§ 16 Ordnungswidrigkeiten

(1) Ordnungswidrig handelt, wer vorsätzlich oder fahrlässig
1. entgegen § 1 einen Leiharbeitnehmer einem Dritten ohne Erlaubnis überläßt,
1a. einen ihm von einem Verleiher ohne Erlaubnis überlassenen Leiharbeitnehmer tätig werden läßt,
1b. entgegen § 1b Satz 1 gewerbsmäßig Arbeitnehmer überläßt oder tätig werden läßt,
2. einen ihm überlassenen ausländischen Leiharbeitnehmer, der eine erforderliche Genehmigung nach § 284 Abs. 1 Satz 1 des Dritten Buches Sozialgesetzbuch nicht besitzt, tätig werden läßt,
2a. eine Anzeige nach § 1a nicht richtig, nicht vollständig oder nicht rechtzeitig erstattet,
3. einer Auflage nach § 2 Abs. 2 nicht, nicht vollständig oder nicht rechtzeitig nachkommt,
4. eine Anzeige nach § 7 Abs. 1 nicht, nicht richtig, nicht vollständig oder nicht rechtzeitig erstattet,
5. eine Auskunft nach § 7 Abs. 2 Satz 1 nicht, nicht richtig, nicht vollständig oder nicht rechtzeitig erteilt,
6. seiner Aufbewahrungspflicht nach § 7 Abs. 2 Satz 4 oder nach § 11 Abs. 1 Satz 5 nicht nachkommt,
7. eine statistische Meldung nach § 8 Abs. 1 nicht, nicht richtig, nicht vollständig oder nicht rechtzeitig erteilt,
8. einer Pflicht nach § 11 Abs. 1 oder Abs. 2 nicht nachkommt,

(2) Die Ordnungswidrigkeit nach Absatz 1 Nr. 1 bis 1b kann mit einer Geldbuße bis zu fünfundzwanzigtausend Euro, die Ordnungswidrigkeit nach Absatz 1 Nr. 2 mit einer Geldbuße bis zu fünfhunderttausend Euro, die Ordnungswidrigkeit nach Absatz 1 Nr. 2a und 3 mit einer

Geldbuße bis zu zweitausendfünfhundert Euro, die Ordnungswidrigkeit nach Absatz 1 Nr. 4 bis 8 mit einer Geldbuße bis zu fünfhundert Euro geahndet werden.

(3) Verwaltungsbehörden im Sinne des § 36 Abs. 1 Nr. 1 des Gesetzes über Ordnungswidrigkeiten sind die Hauptstelle der Bundesanstalt für Arbeit, die Landesarbeitsämter und die Arbeitsämter jeweils für ihren Geschäftsbereich.

(4) § 66 des Zehnten Buches Sozialgesetzbuch gilt entsprechend.

(5) ¹Die Geldbußen fließen in die Kasse der zuständigen Verwaltungsbehörde. ²Sie trägt abweichend von § 105 Abs. 2 des Gesetzes über Ordnungswidrigkeiten die notwendigen Auslagen und ist auch ersatzpflichtig im Sinne des § 110 Abs. 4 des Gesetzes über Ordnungswidrigkeiten.

I. Allgemeines

1 Die Tatbestände des § 16 sind im Gegensatz zu denen der §§ 15 und 15a als bloße Ordnungswidrigkeiten ausgestaltet und können sowohl vorsätzlich als auch fahrlässig verwirklicht werden (*Schüren* Rn. 39 ff.). Bei ihnen handelt es sich um Verwaltungsunrecht (*Sandmann/Marschall* Rn. 1). § 16 gibt der BA die Möglichkeit, bei einem Verstoß auf die Verhängung eines **Bußgeldes** zurückzugreifen. Unter Beachtung des Grundsatzes der Verhältnismäßigkeit muss die BA bemüht sein, geringfügige Verstöße zunächst mit dem milderen Mittel des Bußgelds zu sanktionieren, bevor sie Verwaltungszwang anwendet (§ 6) oder die Verleiherlaubnis widerruft (§ 5).

II. Anwendung des OWiG

2 Da es sich bei den Tatbeständen des § 16 um Ordnungswidrigkeiten handelt, gilt das OWiG. Ist der **Täter** der Ordnungswidrigkeit keine natürliche Person, so sind die §§ 9 und 29 OWiG anzuwenden, dh. das Bußgeldverfahren richtet sich gegen die zur Geschäftsführung oder Vertretung berufene Person. Als Nebenfolge kann aber auch nach § 30 OWiG gegen die juristische Person oder die Personenhandelsgesellschaft eine Geldbuße festgesetzt werden, wenn Pflichten des Unternehmens verletzt wurden oder das Unternehmen bereichert wurde oder bereichert werden sollte (OLG Düsseldorf 16. 11. 1995 BB 1996, 79 f.). Ein Unternehmer, der vorsätzlich oder fahrlässig Aufsichtsmaßnahmen unterlassen hat, wodurch einer betriebsbezogenen Bußgeld- oder Strafvorschrift zuwidergehandelt wurde, kann nach § 130 OWiG verfolgt werden (ausführlich *Sandmann/Marschall* Rn. 3a). Die überlassenen LeihAN hingegen begehen im Hinblick auf ihre notwendige Beteiligung keine Ordnungswidrigkeit gem. § 16 I Nr. 1, 1a oder Nr. 2 (*Becker/Wulfgramm* Rn. 9, 19). Bei einer Beteiligung mehrerer an einer Ordnungswidrigkeit unterscheidet das OWiG nicht, wie das StGB, nach den unterschiedlichen Beteiligungsformen; vielmehr werden alle Beteiligten gleichermaßen verfolgt („Einheitstäterbegriff" des § 14 I OWiG). Ein notwendig Beteiligter kann nicht nach §§ 16 I, 14 OWiG verfolgt werden, soweit sein Handeln nicht über eine bloße Mitwirkung an der Tatbestandsverwirklichung hinausgeht (*Schüren* Rn. 17). Deshalb können die überlassenen LeihAN keine Ordnungswidrigkeit nach § 16 I Nr. 1, 1a oder Nr. 2 begehen (*Becker/Wulfgramm* Rn. 9, 19).

3 Aufgrund der bloßen **Vermutung** des § 1 II kann kein Verschulden von Entleiher oder Verleiher angenommen werden (*Sandmann/Marschall* Rn. 6).

4 Wer über das Vorhandensein von Tatumständen irrt, kann zwar nicht wegen einer vorsätzlichen Tatbegehung verfolgt werden (§ 11 I OWiG), ist aber wegen eines fahrlässigen Handelns verfolgbar, wenn ihm seine **Unkenntnis** vorwerfbar ist (§ 11 I 2 OWiG). Kannte der Täter bei Begehung der Tat die Vorschrift des AÜG nicht, gegen die er verstieß, so handelte er dann nicht vorwerfbar, wenn sein Irrtum nicht vermeidbar war (§ 11 II OWiG). Jedoch muss sich jeder Verleiher beim AA über die Rechtslage erkundigen, so dass ihm regelmäßig ein vermeidbarer Verbotsirrtum vorzuwerfen ist (OLG Düsseldorf 4. 9. 1979 EzAÜG Nr. 59; *Sandmann/Marschall* Rn. 6).

5 Der **Versuch** einer Ordnungswidrigkeit nach § 16 ist mangels ausdrücklicher Bestimmung im AÜG nicht verfolgbar (§ 13 II OWiG).

III. Tatbestände des § 16 im Einzelnen

6 **1. Gewerbsmäßige ANÜberlassung ohne Erlaubnis.** Von **Nr. 1** wird der Verleiher erfasst, der ohne Erlaubnis nach § 1 I die gewerbsmäßige ANÜberlassung betreibt. Jede einzelne Überlassung bedeutet die Begehung einer einzelnen Ordnungswidrigkeit, selbst wenn in diesem Zusammenhang mehrere LeihAN überlassen wurden. Die Überlassung ist selbst dann ordnungswidrig, wenn der Verleiher seine AGPflichten erfüllt, da es unabhängig von konkreten Benachteiligungen auf die Sicherung der Ordnung des Arbeitsmarktes ankommt (*Becker/Wulfgramm* Rn. 9).

7 Bei der Verfolgung eines Verleihers wegen einer fortgesetzten Überlassung werden von der Verurteilung nicht die im Zeitpunkt der Verurteilung unbekannt gebliebenen Überlassungen erfasst (OLG Düsseldorf 16. 11. 1978 JMBl. 1979, 64: „Verbrauch der Strafklage"). Wenn der Verleiher auf Grund mehrerer einzelner Vereinbarungen oder Handlungen LeihAN an unterschiedliche Entleiher über-

lassen hat, liegt nach § 20 OWiG zwischen den einzelnen Ordnungswidrigkeiten Tatmehrheit vor. Jede Geldbuße wird gesondert festgesetzt. Treffen eine Straftat nach § 15 und eine Ordnungswidrigkeit nach § 16 zusammen, so ist nur nach § 15 (§ 21 I OWiG) zu bestrafen; tritt keine Strafverfolgung ein, kann die Handlung als Ordnungswidrigkeit verfolgt werden.

8   2. **Entleihen ohne Verleiherlaubnis. Nr. 1a** erfasst den Entleiher, der AN vom Verleiher ohne Verleiherlaubnis entleiht. Ohne entgegenstehende konkrete Anhaltspunkte kann der Entleiher allerdings auf Grund der Erklärung nach § 12 I 2 darauf vertrauen, dass der Verleiher die erforderliche Erlaubnis hat. Er braucht sich also nicht die Verleiherlaubnis vorlegen zu lassen (Kasseler Handbuch/ *Düwell* 4.5 Rn. 290; aA *Becker/Wulfgramm* Rn. 9a).

9   3. **ANÜberlassung im Baugewerbe.** Durch die Übernahme des früheren § 12a AFG in das AÜG (in § 1b) durch Gesetz vom 24. 3. 1997 wurde es erforderlich, auch den entspr. Ordnungswidrigkeitentatbestand in das AÜG aufzunehmen (**Nr. 1b**).

10 4. **Beschäftigung ohne Genehmigung.** Eine Ordnungswidrigkeit nach **Nr. 2** begeht der Entleiher, der einen ihm überlassenen ausländischen AN ohne die nach § 284 I SGB III erforderliche **Arbeitserlaubnis** beschäftigt. In diesem Fall muss sich der Entleiher die Arbeitserlaubnis vom ausländischen AN zeigen lassen, denn im Rahmen der Nr. 2 schadet ihm bereits eine fahrlässige Unkenntnis (*Becker/ Wulfgramm* Rn. 10; *Schüren* Rn. 23). Nr. 2 entspricht damit § 404 II Nr. 2 SGB III, nach dem dem AG, der nichtdeutsche AN beschäftigt, eine Geldbuße droht, wenn die erforderliche Arbeitserlaubnis fehlt. Für eine Verfolgung nach Nr. 2 muss es sich um eine legale Überlassung handeln; denn wenn der Verleiher ohne Erlaubnis tätig geworden ist, begeht der Entleiher eine Ordnungswidrigkeit nach § 404 II Nr. 2 SGB III, weil die Fiktion des § 10 I greift (OLG Hamm 14. 11. 1980 AP AFG § 19 Nr. 7; *Sandmann/Marschall* Rn. 29; vgl. dagegen *Bückle* BB 1981, 1529 ff., der darin einen Verstoß gegen Art. 103 II GG sieht). Da sich diese Ordnungswidrigkeit nach dem SGB III und die des § 16 I Nr. 2 nur dadurch unterscheiden, dass zum einen der AG und zum anderen der Entleiher der Täter ist, kommt beim Vorliegen der weiteren Voraussetzungen auch eine wahlweise Verurteilung in Betracht (*Marschall* RdA 1983, 18, 28; *Schüren* Rn. 25).

11 5. **Anzeige für erlaubnisfreie Überlassung.** Der Verleiher, der eine Anzeige für eine **erlaubnisfreie Überlassung** nach § 1a nicht richtig, unvollständig oder falsch erstattet, handelt nach **Nr. 2a** ordnungswidrig. Die unrichtige Ausfüllung der von der BA zur Verfügung gestellten Vordrucke führt aber dann nicht zu einer Ordnungswidrigkeit, wenn sich die falsch beantwortete Frage nicht auf die in § 1a vorgeschriebenen Angaben bezieht.

12 6. **Nichterfüllung von Auflagen.** Erfüllt der auf Grund der Verleiherlaubnis tätig gewordene Verleiher die ihm von der BA nach § 2 II gemachten rechtmäßigen **Auflagen** nicht richtig, nicht rechtzeitig oder unvollständig, begeht er eine Ordnungswidrigkeit nach **Nr. 3**, sofern die Auflage noch nicht unanfechtbar geworden ist. Im Falle einer Anfechtung der Auflage (zur Anfechtbarkeit von Auflagen vgl. *Pietzcker* NVwZ 1995, 15 ff.) wird die Behörde den Abschluss des Verfahrens im Rahmen des Opportunitätsprinzips abwarten, da der Verleiher einen Bußgeldbescheid ebenfalls anfechten würde (*Becker/Wulfgramm* Rn. 11).

13 7. **Sonstige Verstöße gegen Anzeige-, Auskunfts- und Aufbewahrungspflichten.** Nach **Nr. 4–6** werden Verstöße gegen die **Anzeige-, Auskunfts- und Aufbewahrungspflichten** geahndet. Nr. 4 und 5 geben der BA die Möglichkeit, Verstöße gegen § 7 I und II zu ahnden. Eine Ordnungswidrigkeit nach **Nr. 6** liegt vor, wenn gegen die Pflicht zur **Aufbewahrung** der Geschäftunterlagen und der Durchschrift der Urkunde über den Vertrag zwischen Verleiher und LeihAN verstoßen wird; hingegen ist eine Ordnungswidrigkeit durch einen Verstoß gegen die Aufbewahrungspflicht nach § 11 I 5 nicht möglich; diese Pflicht besteht nach der Neufassung nicht mehr. Es dürfte sich um ein Redaktionsversehen handeln. **Nr. 7** ahndet Verstöße gegen die nach § 8 I bestehende Pflicht zur Abgabe **statistischer Meldungen.** Der Umfang der Meldepflicht kann nach § 8 I 2 eingeschränkt worden sein.

14 8. **Verstoß gegen Beurkundungspflicht.** § 11 I 1 verpflichtet den Verleiher, den wesentlichen Inhalt des Leiharbeitsverhältnisses in eine von ihm zu unterzeichnende Urkunde oder in den schriftlichen Leiharbeitsvertrag (§ 11 I 4) aufzunehmen. Der Mindestinhalt der Urkunde ergibt sich aus § 11 I 1 iVm. § 2 I NachwG sowie aus § 11 I Nr. 1 und 2. Der Verleiher hat dem LeihAN nach § 11 II ein Merkblatt über den wesentlichen Inhalt des AÜG (bei nichtdeutschen AN in ihrer Muttersprache) auszuhändigen. Bei einem Verstoß gegen diese Pflichten liegt eine Ordnungswidrigkeit nach **Nr. 8** vor.

IV. Höhe der Geldbuße

15 § 16 II regelt die Höhe der für die Ordnungswidrigkeit zu leistenden Geldbuße. Sie richtet sich nach dem Unrechtsgehalt der jeweiligen Ordnungswidrigkeit; dabei können der Grad der Gefährdung der geschützten Rechtsgüter, die Häufigkeit der Verstöße sowie der erstrebte Abschreckungsgrad berücksichtigt werden (AG Gießen 13. 4. 1987 EzAÜG Nr. 278; *Schüren* Rn. 48). Auch die wirt-

schaftlichen Verhältnisse des ordnungswidrig Handelnden können berücksichtigt werden (§ 17 III 2 OWiG). Daneben ist auch der wirtschaftliche Vorteil, den Verleiher oder Entleiher aus der Tat gezogen haben, zu berücksichtigen (vgl. dazu BGH 13. 1. 1983 AP AÜG § 1 Nr. 6; OLG Düsseldorf 4. 9. 1979 EzAÜG Nr. 59). Der jeweils zulässige Höchstbetrag der Geldbuße richtet sich nach der verwirklichten Ordnungswidrigkeit. Die Höhe der Geldbuße bemisst sich im Einzelfall nach der Bedeutung der Ordnungswidrigkeit und dem den Täter treffenden Tatvorwurf (§ 17 II 1 OWiG). Das Minimum einer Geldbuße beträgt nach § 17 I OWiG € 5,–; bei fahrlässigem Handeln ist der zulässige Höchstbetrag zu halbieren (§ 17 II OWiG).

Die **Verfolgungsverjährung** richtet sich gem. § 31 OWiG abgestuft nach dem Höchstmaß der jeweiligen Geldbuße. 16

V. Verfolgung der Ordnungswidrigkeit

Abs. 3–5 regeln die Verfolgung der Ordnungswidrigkeit. Nach **Abs. 3** sind die Hauptstelle der BA, 17 das Landesarbeitsamt und das jeweilige AA in seinem Geschäftsbereich für die Verfolgung der Ordnungswidrigkeit sachlich zuständig (vgl. im Einzelnen *Schüren* Rn. 88 f.). Gem. § 37 OWiG ist die Behörde, in deren Bezirk die Ordnungswidrigkeit begangen oder entdeckt wurde, örtlich zuständig. Die BA entscheidet nach pflichtgemäßen Ermessen über die Einleitung eines Bußgeldverfahrens (Opportunitätsprinzip).

Die Geldbuße wird nach §§ 89 ff. OWiG beigetrieben. In Abweichung von § 92 OWiG obliegt die 18 **Vollstreckung** der Geldbuße auf Ersuchen der BA der nach § 66 SGB X zuständigen Behörde (Abs. 4).

Abs. 5 stellt klar, dass die beigetriebenen Geldbußen der Kasse **der BA zufließen**. Die BA hat aber 19 auch abw. von § 105 II OWiG die notwendigen Auslagen zu tragen, die sonst der Bundes- oder Landeskasse auferlegt werden. Darüber hinaus hat sie in Abweichung von § 110 IV OWiG die Vermögensschäden zu ersetzen, die durch eine Verfolgung im Bußgeldverfahren unrechtmäßigerweise verursacht wurden.

§ 17 Bundesanstalt für Arbeit

¹ Die Bundesanstalt für Arbeit führt dieses Gesetz nach fachlichen Weisungen des Bundesministers für Arbeit und Sozialordnung durch. ² Verwaltungskosten werden nicht erstattet.

Die Durchführung des AÜG ist als **Auftragsangelegenheit** der BA übertragen („nach fachlichen 1 Weisungen des BMA"). Damit geht das Weisungsrecht des Ministers (jetzt: für Wirtschaft und Arbeit) über die nach § 401 SGB III gegenüber der BA sonst bestehende allg. Aufsicht hinaus. Sie beschränkt sich also nicht auf die Überprüfung der Beachtung von Gesetz und Satzung, sondern auch auf die Anwendung des AÜG durch die BA sowie auf die Zweckmäßigkeit der Durchführung. Es können also konkrete Weisungen zur Durchführung des AÜG erteilt werden.

Mangels spezieller Regelung durch das AÜG ergibt sich die Organisation der Verwaltungsaufgaben 2 aus der **Satzung** der BA. Demgemäß bestimmt der Verwaltungsrat der BA (§§ 374, 376 SGB III), von welchem Organ oder von welcher Dienststelle die Aufgaben wahrzunehmen sind. Die nach dem AÜG wahrzunehmenden Aufgaben sind von dem Verwaltungsrat den Landesarbeitsämtern und einzelnen Stützpunkt-Arbeitsämtern zugewiesen (abgedruckt bei *Sandmann/Marschall* Rn. 3 und § 19 Rn. 6).

Die bei der Durchführung des AÜG entstehenden sachlichen und persönlichen Verwaltungskosten 3 hat die BA selbst zu tragen. Diese **Kosten** werden tw. durch die Gebühren und Auslagen nach § 2 a und durch die der BA nach § 16 V zufließenden Geldbußen gedeckt.

§ 18 Zusammenarbeit mit anderen Behörden

(1) Zur Verfolgung und Ahndung der Ordnungswidrigkeiten nach § 16 arbeitet die Bundesanstalt für Arbeit insbesondere mit folgenden Behörden zusammen:
1. den Trägern der Krankenversicherung als Einzugsstellen für die Sozialversicherungsbeiträge,
2. den in § 63 des Ausländergesetzes genannten Behörden,
3. den Finanzbehörden,
4. den nach Landesrecht für die Verfolgung und Ahndung von Ordnungswidrigkeiten nach dem Gesetz zur Bekämpfung der Schwarzarbeit zuständigen Behörden,
5. den Trägern der Unfallversicherung,
6. den für den Arbeitsschutz zuständigen Landesbehörden,
7. den Behörden der Zollverwaltung,
8. den Rentenversicherungsträgern,
9. den Trägern der Sozialhilfe.

(2) Ergeben sich für die Bundesanstalt für Arbeit bei der Durchführung dieses Gesetzes im Einzelfall konkrete Anhaltspunkte für
1. Verstöße gegen das Gesetz zur Bekämpfung der Schwarzarbeit,
2. eine Beschäftigung oder Tätigkeit von Ausländern ohne erforderliche Genehmigung nach § 284 Abs. 1 Satz 1 des Dritten Buches Sozialgesetzbuch,
3. Verstöße gegen die Mitwirkungspflicht nach § 60 Abs. 1 Satz 1 Nr. 2 des Ersten Buches Sozialgesetzbuch gegenüber einer Dienststelle der Bundesanstalt für Arbeit, einem Träger der gesetzlichen Kranken-, Pflege-, Unfall- oder Rentenversicherung oder einem Träger der Sozialhilfe oder gegen die Meldepflicht nach § 8 a des Asylbewerberleistungsgesetzes,
4. Verstöße gegen die Vorschriften des Vierten und Siebten Buches Sozialgesetzbuch über die Verpflichtung zur Zahlung von Sozialversicherungsbeiträgen, soweit sie im Zusammenhang mit den in den Nummern 1 bis 3 genannten Verstößen sowie mit Arbeitnehmerüberlassung entgegen § 1 stehen,
5. Verstöße gegen die Steuergesetze,
6. Verstöße gegen das Ausländergesetz,
unterrichtet sie die für die Verfolgung und Ahndung zuständigen Behörden, die Träger der Sozialhilfe sowie die Behörden nach § 63 des Ausländergesetzes.

(3) ¹ In Strafsachen, die Straftaten nach den §§ 15 und 15 a zum Gegenstand haben, sind der Bundesanstalt für Arbeit zur Verfolgung von Ordnungswidrigkeiten
1. bei Einleitung des Strafverfahrens die Personendaten des Beschuldigten, der Straftatbestand, die Tatzeit und der Tatort,
2. im Falle der Erhebung der öffentlichen Klage die das Verfahren abschließende Entscheidung mit Begründung
zu übermitteln. ² Ist mit der in Nummer 2 genannten Entscheidung ein Rechtsmittel verworfen worden oder wird darin auf die angefochtene Entscheidung Bezug genommen, so ist auch die angefochtene Entscheidung zu übermitteln. ³ Die Übermittlung veranlaßt die Strafvollstreckungs- oder die Strafverfolgungsbehörde. ⁴ Eine Verwendung
1. der Daten der Arbeitnehmer für Maßnahmen zu ihren Gunsten,
2. der Daten des Arbeitgebers zur Besetzung seiner offenen Arbeitsplätze, die im Zusammenhang mit dem Strafverfahren bekanntgeworden sind,
3. der in den Nummern 1 und 2 genannten Daten für Entscheidungen über die Einstellung oder Rückforderung von Leistungen der Bundesanstalt für Arbeit
ist zulässig.

(4) ¹ Gerichte, Strafverfolgungs- oder Strafvollstreckungsbehörden sollen der Bundesanstalt für Arbeit Erkenntnisse aus sonstigen Verfahren, die aus ihrer Sicht zur Verfolgung von Ordnungswidrigkeiten nach § 16 Abs. 1 Nr. 1 bis 2 erforderlich sind, übermitteln, soweit nicht für die übermittelnde Stelle erkennbar ist, daß schutzwürdige Interessen des Betroffenen oder anderer Verfahrensbeteiligter an dem Ausschluß der Übermittlung überwiegen. ² Dabei ist zu berücksichtigen, wie gesichert die zu übermittelnden Erkenntnisse sind.

I. Allgemeines

1 § 18 verbessert das Instrumentarium zur Bekämpfung der illegalen Beschäftigung, indem zu einer effektiven Verfolgung und Ahndung von Verstößen die Zusammenarbeit der zuständigen Behörden koordiniert und verstärkt wird. Die – nicht abschließende – Regelung des Abs. 1 normiert das Gebot einer Zusammenarbeit mit den wichtigsten Behörden (*Schüren* Rn. 3).

2 Nach Abs. 1 besteht für die BA eine **Rechtspflicht zur Zusammenarbeit** mit den in Nr. 1–9 genannten Behörden bei der Verfolgung und Ahndung der Ordnungswidrigkeiten nach § 16 (*Sandmann/Marschall* Rn. 5). Sobald konkrete Anhaltspunkte für eine solche Ordnungswidrigkeit vorliegen, müssen die BA sowie die anderen aufgeführten Behörden und Einrichtungen – soweit die für sie jeweils einschlägigen Gesetze keine eigene Verpflichtung enthalten – dieser Pflicht nachkommen (*Becker/Wulfgramm* Rn. 3).

3 Die Pflicht zur Zusammenarbeit ist nicht auf die Fälle illegaler Überlassung im engeren Sinne beschränkt; vielmehr erstreckt sie sich auf **alle Ordnungswidrigkeitstatbestände** des § 16. Das erklärt sich daraus, dass die in Nr. 3–9 aufgeführten Ordnungswidrigkeiten oftmals mit der illegalen Überlassung einhergehen und erst Anhaltspunkte zu liefern vermögen (*Schüren* Rn. 11). Zwar erstreckt sich nach dem Wortlaut der Vorschrift eine Zusammenarbeit nicht auf die Verfolgung von **Straftaten** nach §§ 15 und 15 a, aber auch bei diesen besteht eine Pflicht zur Zusammenarbeit (*Becker/Wulfgramm* Rn. 5; *Sandmann/Marschall* Rn. 7; *Schüren* Rn. 12). Dem Gesetzeszweck nach müssen zur effektiven Bekämpfung illegaler ANÜberlassung gerade die Begehungsformen mit besonders sozialschädlichem Verhalten von der Pflicht umfasst sein (*Schüren* Rn. 12). Überdies bauen die Straftatbestände der §§ 15 und 15 a auf den Ordnungswidrigkeitstatbeständen der Nr. 1 und 1a des § 16 auf (*Sandmann/Marschall* Rn. 7).

IV. Unterrichtungspflicht § 18 AÜG 140

II. Adressaten der Regelung

Wie sich aus dem Wortlaut des § 18 I („insbesondere") ergibt, ist die Aufzählung der zur Zusammenarbeit verpflichteten Behörden nicht abschließend. Bei den **Trägern der Krankenversicherung** als Einzugsstellen für die Sozialversicherungsbeiträge handelt es sich um die im Sechsten Kapitel des SGB V aufgezählten Träger (vgl. dort §§ 143 ff. SGB V). 4

Eine Zusammenarbeit besteht des Weiteren mit den in § 63 **AuslG** genannten Behörden. 5

Mit den **Finanzbehörden** sind nicht nur die Finanzämter, die Oberfinanzdirektion und das Bundesamt für Finanzen, sondern auch die Zollbehörden, insb. die Zollämter und auch die Landesminister und Senatoren für Finanzen und der BMF gemeint (*Sandmann/Marschall* Rn. 14; *Schüren* Rn. 22). 6

Welche Behörden zur Verfolgung von Verstößen gegen das **SchwArbG** nach §§ 1, 2 SchwArbG zuständig sind, ist in dem jeweiligen Landesgesetz geregelt (ausführliche Übersicht bei *Sandmann/Marschall* Rn. 15). 7

Die Träger der **Unfallversicherung** sind in erster Linie die in Anlagen 1 und 2 zu § 114 SGB VII aufgelisteten Berufsgenossenschaften. Daneben sind aber auch ua. der Bund, die Länder und die Gemeinden als Träger der Unfallversicherung (§§ 115 bis 117 SGB VII; s. auch die weitere Auflistung in § 114 I SGB VII) erfasst. 8

Bei den für den **Arbeitsschutz** zuständigen Landesbehörden (s. auch § 21 I ArbSchG) handelt es sich idR um die staatlichen Gewerbeaufsichtsämter (eingehend *Sandmann/Marschall* Rn. 17). Für bestimmte Bereiche bestehen Sonderbehörden (zB Bergaufsicht durch die Bergämter). 9

Zur effektiven Bekämpfung der illegalen ANÜberlassung kommt des Weiteren eine Zusammenarbeit mit den folgenden, **nicht in § 18 I genannten Behörden** in Betracht: den Polizeidienststellen der Länder, dem BKA und dem BGS, der Bundesbaudirektion, den Industrie- und Handelskammern und den Handwerkskammern, sowie der Staatsanwaltschaft und den Amts- und Arbeitsgerichten (vgl. im Einzelnen den 9. Erfahrungsbericht, BT-Drucks. 14/4220 S. 20 f. sowie die vorhergehenden Erfahrungsberichte, dazu Vorauf. Rn. 10). 10

III. Inhalt der Pflicht zur Zusammenarbeit

Die Zusammenarbeit nach § 18 geht über die allg. Pflicht der Amtshilfe nach Art. 35 I GG hinaus. Zwar trifft die Zusammenarbeitspflicht ausdrücklich nur die BA, aber allein schon aus dem Begriff „Zusammenarbeit" folgt, dass die Behörden sich **wechselseitig** zu unterstützen haben; die Pflicht zur Zusammenarbeit trifft also auch die anderen Behörden (*Sandmann/Marschall* Rn. 6; vgl. auch *Schüren* Rn. 28 mit Nachw. zu den sich überdies für die anderen in Abs. 1 genannten Behörden noch ergebenden Zusammenarbeitspflichten aus anderen Gesetzen). 11

Eine Zusammenarbeit ist auf vielfältige Art und Weise möglich. Neben der ausdrücklich in Abs. 2 genannten **Unterrichtungspflicht,** die Anhaltspunkte für bestimmte Gesetzesverstöße zu liefern vermag, besteht die Möglichkeit, gemeinsame Ausbildungs- und Schulungsveranstaltungen abzuhalten sowie Arbeitsgruppen und Gesprächskreise zu bilden (*Sandmann/Marschall* Rn. 25; *Schüren* Rn. 30). Die Überprüfung von AN an ihrer Arbeitsstätte kann gemeinschaftlich durchgeführt, Gerätschaften und Räumlichkeiten können gemeinschaftlich genutzt und gegenseitig überlassen werden. Bei einem Austausch von Daten sind aber – eingeschränkt durch die in Abs. 2 aufgezählten Unterrichtungspflichten – die Vorschriften des Datenschutzes zu beachten und ist das Sozialgeheimnis zu wahren (*Sandmann/Marschall* Rn. 26). 12

IV. Unterrichtungspflicht

Eine besonders effektive Form der Bekämpfung illegaler ANÜberlassung bildet die Unterrichtungspflicht gem. § 18 II. Bestehen konkrete Anhaltspunkte für einen Verstoß der in Abs. 2 Nr. 1–6 bezeichneten Art, trifft die BA die Rechtspflicht, die bezeichneten Behörden zu unterrichten. Für einen konkreten Anhaltspunkt bedarf es keines Beweises oder eines hinreichenden Tatverdachts iSd. StPO oder des OWiG; ausreichend, aber auch notwendig ist das Vorliegen von Tatsachen, auf Grund derer das Vorliegen eine Verstoßes gegen Nr. 1–7 anzunehmen ist. Welcher Form der Unterrichtung sich die BA bedient – fernmündlich, mündlich oder schriftlich –, liegt in ihrem Ermessen (*Schüren* Rn. 68). 13

Bei den Unterrichtungspflichten nach Abs. 2 handelt es sich, anders als bei den in Abs. 1 genannten Fällen, nicht um Beispielsfälle; diese sind vielmehr **abschließend** (*Schüren* Rn. 39 mwN). Die Unterrichtungspflicht ist nicht auf die Ordnungswidrigkeiten nach § 16 beschränkt, sondern bezieht sich auf alle Handlungen der BA, die die Durchführung des AÜG betreffen und bei denen gezielt oder auch nur zufällig Erkenntnisse gewonnen werden (*Sandmann/Marschall* Rn. 28). Gewinnt die BA ihre Erkenntnisse also nicht im Rahmen des AÜG, sondern bei der Arbeitsvermittlung, bei der Berufsberatung oder im Zusammenhang mit der Bearbeitung von Arbeitslosengeldanträgen, so besteht keine Pflicht zur Unterrichtung (*Schüren* Rn. 33). 14

Wank 639

15 Die bei der Durchführung des AÜG durch die statistischen Meldungen der Verleiher nach § 8 I gewonnenen Erkenntnisse dürfen allerdings auf Grund der **Geheimhaltungspflicht** nach § 8 IV nicht weitergegeben werden.

16 Auch § 35 SGB I (Sozialgeheimnis) und § 30 AO **(Steuergeheimnis)** sind zu beachten (tw. durchbrochen durch § 69 I Nr. 1 SGB X und § 31 a AO). Nur wenn es um konkrete Tatsachen geht, die sich auf die in Abs. 2 aufgezählten Tatbestände und Gesetze beziehen, geht § 18 II diesen Bestimmungen vor (*Sandmann/Marschall* Rn. 43; *Schüren* Rn. 34).

17 **Adressat** der Unterrichtungspflicht des Abs. 2 ist allein die BA. Inwieweit diese andere als die in Abs. 2 genannten Stellen (beispielsweise Kammern, Staatsanwaltschaft und Verbände) unterrichten darf, wird durch § 18 nicht geregelt. Die Möglichkeit, andere Stellen zu unterrichten, besteht daher nach den allg. Grundsätzen (zutr. *Schüren* Rn. 40; abl. *Sandmann/Marschall* Rn. 39). Eine Unterrichtungspflicht besteht bei folgenden Verstößen:

18 Nach **Abs. 2 Nr. 1** besteht eine Unterrichtungspflicht, wenn konkrete Anhaltspunkte für einen Verstoß gegen das Gesetz zur Bekämpfung der **Schwarzarbeit** vorliegen.

19 Bei einer Beschäftigung oder einer Tätigkeit von **ausländischen AN** ohne die erforderliche Genehmigung nach § 284 I SGB III besteht wegen eines Verstoßes gegen § 404 II Nr. 2 SGB III und gegen § 16 I Nr. 2 AÜG eine Unterrichtungspflicht nach **Abs. 2 Nr. 2**. Davon werden Straf- und Ordnungswidrigkeiten der §§ 404 ff. SGB III erfasst. Staatsangehörige der Mitgliedstaaten der EG fallen nicht darunter.

20 Ein Verstoß gegen die **Meldepflicht** nach § 60 I Nr. 2 SGB I setzt voraus, dass derjenige, der Sozialleistungen beantragt hat oder erhält, unverzüglich Änderungen in den Verhältnissen, die für die Leistung erheblich sind oder über die im Zusammenhang mit der Leistung Erklärungen abgegeben worden sind, nicht mitteilt. Das sind beispielsweise die Fälle, in denen die Voraussetzungen für den Bezug von Arbeitslosengeld (§§ 117 ff. SGB III) oder von Arbeitslosenhilfe (§§ 190 ff. SGB III) weggefallen sind. Ein Verstoß gegen § 60 I Nr. 1 SGB I besteht nach dem eindeutigen Wortlaut des **Abs. 2 Nr. 3** nicht, wenn von vornherein falsche oder unvollständige Angaben gemacht wurden (*Schüren* Rn. 51).

21 Die Pflicht zur Unterrichtung über Verstöße gegen Bestimmungen des SGB IV und des SGB VII nach **Abs. 2 Nr. 4** beschränkt sich auf die im Zusammenhang mit den Nr. 1 bis 3 begangenen Verstößen, um einen unbegrenzten Datenaustausch zu verhindern (zu den praktischen Auswirkungen *Schüren* Rn. 54 f.). Bei den genannten Vorschriften handelt es sich um die §§ 28 d ff. SGB IV (Gesamtsozialversicherungsbeiträge) und um die §§ 150 ff. SGB VII (Beiträge zur Unfallversicherung).

22 **Abs. 2 Nr. 5** statuiert eine Unterrichtungspflicht bei Verstößen gegen die **Steuergesetze**. Es werden einschränkungslos alle bundes- und landesrechtlich geregelten Steuern umfasst (*Sandmann/Marschall* Rn. 37).

23 Die Unterrichtungspflicht nach **Nr. 6** betrifft alle Verstöße gegen **das Ausländergesetz**, und zwar nicht nur Fälle illegaler Beschäftigung, Straftaten oder Ordnungswidrigkeiten, sondern jeden Verstoß gegen das AuslG (*Sandmann/Marschall* Rn. 38).

24 Auch **andere Behörden** trifft eine Unterrichtungspflicht auf Grund von durch das BillBG in anderen Gesetzen eingefügten Unterrichtungsregelungen. Die Finanzbehörden sind nach § 31 a AO berechtigt, der BA Tatsachen mitzuteilen, die zur Versagung, Rücknahme oder zum Widerruf einer Erlaubnis nach dem AÜG führen können. Eine Unterrichtungspflicht besteht für die Ausländerbehörden (§ 79 I Nr. 3 AuslG), die Träger der Unfallversicherung (§ 211 SGB VII), die nach dem SchwArbG zuständigen Behörden (§ 2 a II Nr. 1 SchwArbG) und die für die Gewerbeaufsicht zuständigen Behörden (§ 139 b VII Nr. 4 GewO).

§ 19 Übergangsvorschrift

¹§ 1 Abs. 2, § 1 b Satz 2, die §§ 3, 9, 10, 12, 13 und 16 in der vor dem 1. Januar 2003 geltenden Fassung sind auf Leiharbeitsverhältnisse, die vor dem 1. Januar 2004 begründet worden sind, bis zum 31. Dezember 2003 weiterhin anzuwenden. ²Dies gilt nicht für Leiharbeitsverhältnisse im Geltungsbereich eines nach dem 15. November 2002 in Kraft tretenden Tarifvertrages, der die wesentlichen Arbeitsbedingungen einschließlich des Arbeitsentgelts im Sinne des § 3 Abs. 1 Nr. 3 und des § 9 Nr. 2 regelt.

1 § 19 in der vorliegenden Fassung wurde durch das Erste Gesetz für moderne Dienstleistungen am Arbeitsmarkt v. 23. 12. 2002 (BGBl. I S. 4607) eingefügt. Die frühere Vorschrift des § 19 aF, die einen ganz anderen Inhalt hatte, war aufgehoben worden, so dass hier eine Leerstelle bestand.

2 Ein erster TV wurde zwischen der Interessengemeinschaft Nordbayerischer Zeitarbeitsunternehmen (**INZ**) und den **Christlichen Gewerkschaften** geschlossen (dazu *Ankersen* NZA 2003, 421 ff.). Der TV gilt seit dem 1. 3. 2003. Die Mitarbeiter erhalten einen Grundlohn unabhängig vom Einsatz. Je nach Eingruppierung liegt er zwischen 6,30 € und 15,30 €. Für die ersten vier Entgeltgruppen wird ein Zuschlag gezahlt (zur Frage der Tariffähigkeit s. *Rieble* FS Wiedemann, 2003, 519; *Schüren/Behrend* NZA 2003, 524 f.).

Übergangsvorschrift § 19 AÜG 140

Der Bundesverband Zeitarbeit e.V. (BZA) und die Tarifgemeinschaft Zeitarbeit des Deutschen 3 Gewerkschaftsbundes (DGB) haben im Juni 2003 den ersten flächendeckenden TV Zeitarbeit geschlossen (MantelTV), nachdem sie sich zuvor bereits über einen EntgeltTV und einen EntgeltrahmenTV verständigt hatten. Kernstücke des MantelTV, der zusammen mit der Neufassung des § 3 I Nr. 3 ab dem 1. 1. 2004 in Kraft tritt, ist ein flexibles Jahresarbeitszeitkonto, das den Besonderheiten der Leiharbeit Rechnung trägt. Neben Regelungen zur Arbeitszeit enthält der TV im Wesentlichen Vorschriften über die Begründung und Beendigung von Leiharbeitsverhältnissen sowie über Urlaub und Freistellung.

Durch den EntgeltrahmenTV und den EntgeltTV wurde für die Leiharbeit ein eigenes Entgelt- 3a system entwickelt, das zunächst neun Entgeltgruppen mit einem eigenständigen Regelstundensatz festlegt. Durch die Definition von Mindestlohnsätzen sowie von Zuschlägen und Abschlägen wird der Grundsatz der gleichen Entlohnung nach § 3 I Nr. 3 modifiziert. LeihAN sind gemäß ihrer tatsächlichen, überwiegenden Tätigkeit einer der neun Entgeltgruppen zuzuordnen (§ 3 EntgeltrahmenTV). Die für die jeweilige Entgeltgruppe geltenden Regelstundensätze folgen aus § 2 EntgeltTV für die Zeit von 2004 bis 2007; bis 2006 sind nach § 3 EntgeltTV jährlich gestaffelte Entgeltdifferenzierungen für Ostdeutschland möglich. Soweit LeihAN über einen längeren Zeitraum bei demselben Entleiher eingesetzt sind, werden die Regelstundensätze – wiederrum zeitlich gestaffelt – gem. § 4 EntgeltTV um 2,0 bis 7,5% erhöht.

Dieser TV gilt kraft **Tarifbindung** gem. §§ 3, 4 TVG in den Fällen, in denen der Verleiher Mitglied 4 des entsprechenden Arbeitgeberverbandes ist und der AN Mitglied einer am TV beteiligten DGB-Gewerkschaft.

In den Fällen, in denen es entweder auf AG-Seite oder auf AN-Seite oder beiderseits an der 5 Tarifbindung fehlt, ist eine Geltung des TV dadurch möglich, dass der Arbeitsvertrag auf diesen TV **Bezug nimmt,** § 3 I Nr. 3 S. 3.

Soweit entweder kraft Tarifbindung oder kraft Bezugnahme der TV gilt, entfällt die Verpflichtung 6 des Verleihers, die wesentlichen Arbeitsbedingungen im jeweiligen Entleiherbetrieb zu gewähren. Der Verleiher braucht sich nur nach dem TV zu richten.

In diesen Fällen findet **kein Günstigkeitsvergleich** statt. D. h. weder kann ein LeihAN, der auf 7 Grund des genannten TV einen geringeren Lohn oder im Übrigen ungünstigere Arbeitsbedingungen erhält als er sie gem. § 3 I Nr. 3 bei Anwendung der Arbeitsbedingungen im jeweiligen Entleiherbetrieb hätte, darauf verweisen, noch kann ein Verleiher, wenn ihm die Löhne nach diesem TV zu hoch erscheinen, auf die Arbeitsbedingungen im Entleiherbetrieb Bezug nehmen. Ein Günstigkeitsvergleich ist auch dann nicht anzustellen, wenn der TV nicht kraft Tarifbindung, sondern kraft Bezugnahme gilt. Dagegen geht eine für den AN günstigere Regelung in einem Einzelarbeitsvertrag dem TV vor, § 4 III TVG.

§ 20 *(weggefallen)*

150. Berufsbildungsgesetz [BBiG]

Vom 14. August 1969 (BGBl. I S. 1112)
Zuletzt geändert durch Gesetz vom 23. Dezember 2002 (BGBl. I S. 4621)

(BGBl. III/FNA 806-21)

– Auszug –

Erster Teil. Allgemeine Vorschriften

§ 1 Berufsbildung

(1) Berufsbildung im Sinne dieses Gesetzes sind die Berufsausbildungsvorbereitung, die Berufsausbildung, die berufliche Fortbildung und die berufliche Umschulung.

(1 a) Die Berufsausbildungsvorbereitung dient dem Ziel, an eine Berufsausbildung in einem anerkannten Ausbildungsberuf oder eine gleichwertige Berufsausbildung heranzuführen.

(2) ¹Die Berufsausbildung hat eine breit angelegte berufliche Grundbildung und die für die Ausübung einer qualifizierten beruflichen Tätigkeit notwendigen fachlichen Fertigkeiten und Kenntnisse in einem geordneten Ausbildungsgang zu vermitteln. ²Sie hat ferner den Erwerb der erforderlichen Berufserfahrungen zu ermöglichen.

(3) Die berufliche Fortbildung soll es ermöglichen, die beruflichen Kenntnisse und Fertigkeiten zu erhalten, zu erweitern, der technischen Entwicklung anzupassen oder beruflich aufzusteigen.

(4) Die berufliche Umschulung soll zu einer anderen beruflichen Tätigkeit befähigen.

(5) Berufsbildung wird durchgeführt in Betrieben der Wirtschaft, in vergleichbaren Einrichtungen außerhalb der Wirtschaft, insbesondere des öffentlichen Dienstes, der Angehörigen freier Berufe und in Haushalten (betriebliche Berufsbildung) sowie in berufsbildenden Schulen und sonstigen Berufsbildungseinrichtungen außerhalb der schulischen und betrieblichen Berufsbildung.

1 1. **Berufsbildung (Abs. 1 bis 4).** Der Begriff des Berufs entspricht dem des Art. 12 GG. **Berufsbildung** umfasst die Berufsausbildung, die berufliche Fortbildung und die berufliche Umschulung.

2 Zur **betrieblichen Berufsbildung** zählen alle Maßnahmen, die dem AN gezielt Kenntnisse und Erfahrungen vermitteln, die er beruflich benötigt, einschließlich Verträgen mit dem Inhalt des § 19 (BAG 4. 12. 1990 EzA BetrVG 1972 § 98 Nr. 6). Betriebliche Berufsbildung liegt auch dann noch vor, wenn überbetriebliche Ausbildungsstätten die berufspraktische Ausbildung vermitteln (BAG 26. 1. 1994 AP BetrVG 1972 § 5 Nr. 54; BAG 24. 2. 1999 AP ArbGG 1979 § 5 Nr. 45). Der in § 98 BetrVG verwandte Berufsbildungsbegriff ist somit weiter als der des § 1 BBiG (*Oetker*, Die Mitbestimmung der Betriebs- und Personalräte bei der Durchführung von Berufsbildungsmaßnahmen, 1986, S. 80 ff.; *Herkert* Rn. 3); das Gleiche gilt für § 5 I 1 ArbGG (BAG 21. 5. 1997 AP ArbGG 1979 § 5 Nr. 32).

3 Die **Berufsausbildung** wird vom Gesetz grds. als Erstausbildung im Anschluss an die Vollzeitschulpflicht verstanden (*Knopp/Kraegeloh* Rn. 5; *Herkert* Rn. 5), sie kann aber auch einer ersten Berufsausbildung nachfolgen (BAG 3. 6. 1987 NZA 1988, 66). In der **beruflichen Grundbildung** sind Grundkenntnisse, Grundfertigkeiten und Verhaltensweisen zu vermitteln, die für möglichst viele Tätigkeiten notwendig sind. Dies geschieht idR im dualen System, also einer parallel im Betrieb und der Berufsschule stattfindenden Ausbildung; für einzelne Berufsfelder kann das erste Ausbildungsjahr allerdings als rein schulisches Berufsgrundbildungsjahr gestaltet werden. Die für eine qualifizierte berufliche Tätigkeit notwendigen **fachlichen Fertigkeiten und Kenntnisse** bauen auf der Grundbildung auf. Dieser Ausbildungsabschnitt bezweckt die fachliche Spezialisierung in theoretischer und praktischer Anforderungen des angestrebten Berufsfeldes. Die Berufsausbildung hat, der Ausbildungsordnung entspr., in einem geordneten Ausbildungsgang (§ 25) zu erfolgen. Entspricht eine Berufsausbildung den Anforderungen des Abs. 2, so darf auch in einem nicht anerkannten Ausbildungsgang ausgebildet werden, für Jugendliche unter 18 Jahren gilt jedoch § 28 II. Der **Erwerb der erforderlichen Berufserfahrung** nach § 1 II 2 setzt voraus, dass eine praktische Einführung in den Arbeitsprozess ermöglicht wird. Dafür muss der Auszubildende schrittweise in den Arbeitsprozess einbezogen werden.

Die **berufliche Fortbildung** (§ 46 Rn. 1) dient der Anpassung vorhandener beruflicher Kenntnisse 4
an den technischen Wandel und andere Veränderungen der Arbeitsumwelt; Eingliederungsverhältnisse zählen dazu nicht. Maßnahmen zur Erleichterung des beruflichen Aufstiegs (Weiterbildung gem. § 87 I Nr. 1 SGB III) sind jedoch erfasst. Die **berufliche Umschulung** soll Voraussetzungen für den Übergang in eine andere berufliche Tätigkeit schaffen (§ 47 Rn. 1): dabei ist nicht notwendigerweise eine vorherige Ausbildung des Umzuschulenden vorausgesetzt, eine vorherige Berufstätigkeit genügt. Die unmittelbar im Anschluss an eine Ausbildung erfolgte weitere Ausbildung ist dagegen als Zweitausbildung nicht Umschulung (BAG 3. 6. 1987 NZA 1988, 66).

2. Berufsausbildungsvorbereitung (Abs. 1 a). Personen mit einem verringerten Entwicklungsstand 5
(Lernbeeinträchtigte oder sozial Benachteiligte), die eine reguläre Ausbildung voraussichtlich nicht erfolgreich abschließen könnten, soll die Gelegenheit gegeben werden, bislang fehlende Kenntnisse und Fähigkeiten zu erwerben. Dazu sollen insbesondere „Grundlagen beruflicher Handlungsfähigkeit" (§ 50 Abs. 2) geschaffen werden, die in inhaltlich abgegrenzten Lerneinheiten unter sozialpädagogischer Betreuung vermittelt werden. Werden diese Maßnahmen nicht als öffentlich geförderte Maßnahmen ausgestaltet, stehen die zuständigen Stellen als Berater zur Verfügung und überwachen die Durchführung.

3. Berufsbildungsstätten (Abs. 5). Die **betriebliche Berufsbildung** findet vorrangig in Betrieben 6
der Wirtschaft statt. Vergleichbar ist die Ausbildung im öffentl. Dienst (Behörden, Körperschaften, Anstalten und Stiftungen des öffentl. Rechts etc.), in freien Berufen (Rechtsanwälte, Ärzte, Architekten, Steuerberater, Wirtschaftsprüfer etc.) und Haushalten; die Aufzählung ist nicht abschließend.

Zur Definition der **berufsbildenden Schulen** verweist § 2 I auf die Schulgesetze der Länder. Zu 7
ihren Aufgaben zählt auch die Durchführung des Berufsgrundbildungsjahres iSd. § 29. Sonstige **Berufsbildungseinrichtungen** sind zB Behinderten- und Umschulungswerkstätten, Berufsförderungswerke und Rehabilitationszentren, aber auch reine Ausbildungsbetriebe (BAG 15. 11. 2000 BB 2001, 1481; BAG 24. 2. 1999 AP ArbGG 1979 § 5 Nr. 45); für Klagen gegen diese Einrichtungen ist ebenfalls das ArbG zuständig. Auch in Strafvollzugsanstalten ist eine Berufsausbildung möglich. Das Ausbildungsverhältnis zum Träger der Vollzugsanstalt ist jedoch ein öffentlich-rechtliches, so dass die ArbG für Streitigkeiten daraus nicht zust. sind (BAG 31. 10. 1984 AP ArbGG 1979 § 2 Nr. 5).

§ 2 Geltungsbereich

(1) Dieses Gesetz gilt für die Berufsbildung, soweit sie nicht in berufsbildenden Schulen durchgeführt wird, die den Schulgesetzen der Länder unterstehen.

(2) Dieses Gesetz gilt nicht für
1. die Berufsbildung in einem öffentlich-rechtlichen Dienstverhältnis,
2. die Berufsbildung auf Kauffahrteischiffen, die nach dem Flaggenrechtsgesetz vom 8. Februar 1951 (Bundesgesetzbl. I S. 79) die Bundesflagge führen, soweit es sich nicht um Schiffe der kleinen Hochseefischerei oder der Küstenfischerei handelt.

1. Berufsbildung außerhalb berufsbildender Schulen (Abs. 1). Nach Abs. 1 gilt das Gesetz für die 1
Berufsbildung iSd. § 1, mit Ausnahme der in berufsbildenden Schulen betriebenen, sofern sie den Schulgesetzen der Länder unterstehen. Damit wird der Kulturhoheit der Länder gem. Art. 30, 70 GG entsprochen. Darunter fallen vor allem schulische Ausbildungen, die aus dem betrieblichen Geschehen vollkommen ausgegliedert sind (*Herkert* Rn. 2; *Gedon/Spiertz* Rn. 10), wie zB die Berufsschulen und Fachschulen.

2. Sonstige Ausnahmen (Abs. 2). Das Gesetz gilt nach Abs. 2 Nr. 1 nicht für die Berufsbildung in 2
einem **öffentlich-rechtlichen Dienstverhältnis** (Beamte, Richter und Soldaten, Dienstanfänger in einem öffentlich-rechtlichen Ausbildungsverhältnis, Angehörige des Zivilschutzcorps, vgl. *Knopp/Kraegeloh* Rn. 4) sowie für Personen, die nach § 83 in einem privatrechtlichen Berufsausbildungsverhältnis ausdrücklich mit dem ausschließlichen Ziel einer späteren Verwendung als Beamte ausgebildet werden. Maßgeblich ist der staatsrechtliche Beamtenbegriff; privatrechtliche Berufsausbildungsverhältnisse der öffentl. Dienstes unterfallen dem BBiG. Nach **§ 2 II 2** gilt für die Ausbildung auf Kauffahrteischiffen nicht das BBiG, sondern das Seemannsrecht (*Knopp/Kraegeloh* Rn. 5).

Für **Heil- und Heilhilfsberufe** gilt das BBiG nach § 107 nur, soweit die Ausbildungen nicht durch 3
Bundesrecht nach Art. 74 Nr. 19 GG oder durch Landesrecht geregelt sind, wie zB in § 26 KrPflG für die Ausbildung in einer Krankenpflegeschule, im HebG für die Ausbildung zur/m Hebamme/Entbindungspfleger (*Leinemann/Taubert* Rn. 16 ff.); zur Ausbildung von Altenpflegern BAG 7. 3. 1990 AP BGB § 611 Ausbildungsverhältnis Nr. 28. Abgrenzungskriterium ist hier, ob die Ausbildung vorwiegend schulisch oder vorwiegend betrieblich geprägt ist; das BBiG findet nur letztenfalls Anwendung, GmS-OBG 27. 1. 1983 NJW 1983, 2070. Zur Berufsbildung im **Handwerk**: § 73 BBiG.

Schlachter

Zweiter Teil. Berufsausbildungsverhältnis

Erster Abschnitt. Begründung des Berufsausbildungsverhältnisses

§ 3 Vertrag

(1) Wer einen anderen zur Berufsausbildung einstellt (Ausbildender), hat mit dem Auszubildenden einen Berufsausbildungsvertrag zu schließen.

(2) Auf den Berufsausbildungsvertrag sind, soweit sich aus seinem Wesen und Zweck und aus diesem Gesetz nichts anderes ergibt, die für den Arbeitsvertrag geltenden Rechtsvorschriften und Rechtsgrundsätze anzuwenden.

(3) Schließen Eltern mit ihrem Kind einen Berufsausbildungsvertrag, so sind sie von dem Verbot des § 181 des Bürgerlichen Gesetzbuches befreit.

(4) Ein Mangel in der Berechtigung, Auszubildende einzustellen oder auszubilden, berührt die Wirksamkeit des Berufsausbildungsvertrages nicht.

1 1. a) **Geltungsbereich:** Die §§ 3 bis 18 gelten zwingend nur für die Berufsausbildung; die berufliche Fortbildung bzw. Umschulung (§ 1 Rn. 4) werden nicht erfasst. Besteht das Vertragsziel im Erwerb von Kenntnissen, die über einen berufsqualifizierenden Abschluss hinausgehen, eine solche Berufsausbildung aber zur notwendigen Voraussetzung haben, sind die §§ 3 bis 18 auf den Zeitraum anwendbar, in dem die Berufsausbildung erfolgt (BAG 25. 7. 2002 AuR 2003, 74).

2 b) **Vertragsparteien (Abs. 1).** Der Ausbildende hat mit dem Auszubildenden einen Berufsausbildungsvertrag abzuschließen, muss aber selbst nicht zugleich Ausbilder sein; die Ausbildungspflichten können auch ganz oder tw. auf andere Personen oder Einrichtungen übertragen werden (BAG 11. 10. 1995 NZA 1996, 698), zB auf einen Ausbildungsverbund.

3 c) **Ausbildender** ist der Betriebsinhaber bzw. die juristische Person, bei BGB-Gesellschaften, OHG oder KG die vertretungsberechtigten Gesellschafter. Eine Ansicht (*Knopp/Kraegeloh* Rn. 1 b; *Peterek* Rn. 24; *Weber* Anm. 1; *Natzel* S. 142) hält wegen der gesetzlichen Anforderungen an die persönliche und fachliche Qualifikation des Ausbildenden auch bei juristischen Personen das Handelnden für die Ausbilder; anders zutreffend *Wohlgemuth* Rn. 2; *Herkert* Rn. 7; *Götz* Rn. 36; *Opolony* Rn. 236. Mehrere natürliche und juristische Personen können sich als Ausbildende zu einem Ausbildungsverbund zusammenschließen; überbetriebliche Ausbildungsstätten, auch Schulen, die nicht unter § 2 I fallen, können Ausbildende sein (*Fredebeul* BB 1982, 1493). Zu weiteren Voraussetzungen der Person des Ausbildenden vgl. § 20. Zur Person des Ausbilders vgl. § 6.

4 d) Der **Auszubildende** ist diejenige Person, die nach dem der konkreten Ausgestaltung des zugrundeliegenden privatrechtlichen Rechtsverhältnisses (BAG 13. 5. 1992 AuR 1993, 340) in einer Berufsausbildungseinrichtung eingestellt wird, um ihr im Rahmen einer geregelten Berufsausbildung die Fertigkeiten und Kenntnisse zu vermitteln, die zur Erreichung des Ausbildungszieles erforderlich sind. Der Begriff ist mit dem in §§ 5 I BetrVG und 4 I BPersVG enthaltenen („zu ihrer Berufsausbildung Beschäftigte") nicht identisch, sondern wird jeweils eigenständig ausgelegt (GmS-OGB 12. 3. 1987 NZA 1987, 663). Zu **Praktikanten, Volontären und Werkstudenten** vgl. § 19.

5 2. **Ausbildungsvertrag (Abs. 2, 3).** Das Ausbildungsverhältnis untersteht grds. den für das Arbeitsverhältnis geltenden Vorschriften, damit der Auszubildende gleich einem AN geschützt wird; hiervon abw. vertragliche Vereinbarungen sind unzulässig, § 18. In jedem Falle gelten sinngemäß die für Arbeitsverhältnisse entwickelten Grundsätze, Abs. 2. Aus dieser Verweisung folgt für die Berechnung der verlängerten Kündigungsfristen des § 622 II BGB, dass auch ein Ausbildungsverhältnis in diese Wartezeit mit eingerechnet wird, wenn sich nahtlos ein Arbeitsverhältnis angeschlossen hat und die Ausbildung ausnahmsweise nach dem 25. Lebensjahr des Auszubildenden stattfand (BAG 2. 12. 1999 AP BGB § 622 Nr. 57).

6 Der **Berufsausbildungsvertrag** begründet die Verpflichtung des Ausbildenden zur Ausbildung, die des Auszubildenden zum Lernen des Ausbildungsberufes. Der Vertrag ist nicht formgebunden (BAG 21. 8. 1997 AP BBiG § 4 Nr. 1); daran ändert auch das Schriftformgebot des § 14 IV TzBfG nichts, das gesetzliche Beendigungsgründe nicht erfasst. Erfolgt die nach § 4 II notwendige Niederschrift nicht vor Beginn der Berufsausbildung, bleibt der Vertrag wirksam, doch liegt eine Ordnungswidrigkeit nach § 99 I Nr. 1 vor (§ 4 Rn. 1). Ob das Ausbildungsverhältnis als Arbeits- oder „Erziehungs"-verhältnis einzuordnen ist, ist strittig (BAG 13. 12. 1972 EzA TVG § 4 Gaststättengewerbe Nr. 4; BAG 25. 10. 1989 AP BGB § 611 Nr. 26; MünchArbR/*Natzel* § 170 Rn. 176). Da der Ausbildungszweck im Vordergrund steht (§ 6), ist die Arbeitsleistung des Auszubildenden nur von nachgeordneter Bedeutung (LAG Düsseldorf 26. 6. 1984 BB 1985, 593); beide Inhalte sind nicht gleichzusetzen (BAG 17. 8. 2000 AP BBiG § 3 Nr. 7).

Vertragsniederschrift § 4 BBiG 150

Soll der Ausbildungsvertrag mit einem Minderjährigen geschlossen werden, muss der gesetzliche 7
Vertreter einwilligen, § 107 BGB, oder genehmigen, § 108 BGB. Die Ausnahme des § 113 BGB gilt
nach hM nicht für den Abschluss von Berufsausbildungsverhältnissen, da diese gem. § 6 I Nr. 5
Erziehungselemente enthalten und daher keine reinen Dienst- oder Arbeitsverhältnisse iSd. § 113
BGB sind (*Schaub* § 174 II 1; *Knopp/Kraegeloh* Rn. 3; aA *Wohlgemuth* Rn. 8). Damit wird begründet,
dass auch der Gewerkschaftsbeitritt des Minderjährigen der elterlichen Zustimmung bedarf (AG
Stuttgart 2. 10. 1985 – 14 C 9512/85 – soweit ersichtlich nv.; aA *Wohlgemuth* Rn. 28); ein Recht zur
selbständigen Entscheidung sollte aber dem minderjährigen Auszubildenden aus Art. 9 III GG zustehen. Die Eltern können nach Abs. 3 mit ihrem minderjährigen Kind einen Berufsausbildungsvertrag
abschließen, wenn sie es selbst ausbilden wollen. § 181 BGB gilt dann nicht.

Soweit die zu ihrer Berufsausbildung Beschäftigten nach **§ 5 I BetrVG** AN sind, weil die Aus- 8
bildung in einem reinen Ausbildungsbetrieb stattfindet (BAG 21. 7. 1993 EzA BetrVG 1972 § 5
Nr. 56), hat nach **§§ 97 II, 98, 99 BetrVG** der BR ein Mitbestimmungsrecht bei der Durchführung
von Maßnahmen der betrieblichen Berufsbildung und bei der Einstellung von Auszubildenden; im öffentl.
Dienst: §§ 4 III, IV; 75 III Nr. 6; 75 I Nr. 1 BPersVG. Auszubildende in **überbetrieblichen Ausbildungsstätten** sind keine AN iSd. BPersVG (GmS-OBG 12. 3. 1987 NZA 1987, 663).

Ausländer können nur einen Berufsausbildungsvertrag (= Arbeitsverhältnis, Rn. 5) abschließen, 9
wenn sie über eine Erlaubnis der BA nach § 284 SGB III verfügen (BayObLG 29. 7. 1977 BB 1977,
1402). Fehlt die Erlaubnis, ist die Beschäftigung verboten; der dennoch durchgeführte Berufsausbildungsvertrag ist gem. § 134 BGB nichtig (BAG 13. 1. 1977 AP AFG § 19 Nr. 2).

Für die **Lohnfortzahlung im Krankheitsfall** ist § 12 I Nr. 2 BBiG lex specialis zu den Regelungen 10
des EFZG. Der Auszubildende ist in der gesetzlichen **Unfall-, Renten- und Krankenversicherung**
pflichtversichert, § 2 II Nr. 1 SGB IV.

Auszubildende dürfen nach hM auch **streiken** (BAG 12. 9. 1984 AP GG Art. 9 Arbeitskampf 11
Nr. 81; BAG 21. 6. 1988 AP GG Art. 9 Arbeitskampf Nr. 108; *Wohlgemuth* Rn. 23; *Leinemann/
Taubert* Rn. 48 ff.; aA ArbG Düsseldorf 3. 8. 1972 DB 1973, 674, *Natzel* S. 133); zum Verlust des
Vergütungsanspruchs BAG 30. 8. 1994 NJW 1995, 613 f. Den Umfang des Streikrechts hat das BAG
offengelassen (12. 9. 1984 BAGE 46, 322). Sie an kurzfristigen Warnstreiks zu beteiligen, ist zulässig,
wenn in Tarifverhandlungen verbesserte Arbeitsbedingungen für Auszubildende behandelt werden.
Ob ihnen gegenüber eine suspendierende Aussperrung zulässig ist, ist strittig, wird von BVerfG und
BAG bejaht (BVerfG 26. 6. 1991 EzA GG Art. 9 Nr. 97; BAG 11. 8. 1992 EzA GG Art. 9 Arbeitskampf Nr. 105; aA *Wohlgemuth* Rn. 24; *Wolter* in: Däubler Arbeitskampfrecht Anm. 842); eine
lösende Aussperrung wäre mit dem Ausbildungszweck unvereinbar.

Die Regelungen über **Kurzarbeit** gelten als entweder überhaupt nicht auf das Berufsausbildungs- 12
verhältnis anwendbar (*Natzel* S. 137) oder nur in bes. Ausnahmefällen (*Götz* Berufsbildungsrecht,
1992, Rn. 32; HzA *Peterek* Rn. 38); statt dessen soll die betriebliche Ausbildung möglichst fortgesetzt
werden, da der Ausbildungszweck von der Auftragslage nicht beeinträchtigt werden darf.

3. Fehlende Berechtigung (Abs. 4). Die fehlende Berechtigung zur Einstellung oder Ausbildung 13
von Auszubildenden berührt die Wirksamkeit des Berufsausbildungsvertrages. Fehlt die Berechtigung schon bei Vertragsschluss, kann der Auszubildende anfechten oder fristlos kündigen, wenn
der Ausbildende nicht unverzüglich einen geeigneten Ausbilder einstellt; eine Anfechtung durch den
Ausbildenden kommt nur ausnahmsweise in Betracht, führt aber zu Ersatzansprüchen gem. § 122
BGB. Verliert der Ausbildende seine Ausbildungsbefugnis nach Vertragsschluss, kann jedenfalls der
Auszubildende gem. § 15 kündigen. Der Ausbildende ist nach § 16 BBiG zum Ersatz des Schadens
verpflichtet, der dem Auszubildenden aus der vorzeitigen Beendigung des Ausbildungsverhältnisses
entsteht. Der Ausbildende ist zur Kündigung berechtigt, wenn der Wegfall der Ausbildungsberechtigung nicht als Verletzung des Ausbildungsvertrages anzusehen ist. Wird die Eintragung des Ausbildungsvertrages gem. § 32 II abgelehnt, ist der Ausbildende zur Kündigung verpflichtet (§ 99 I
Nr. 5).

Nach § 99 I Nr. 5 und 7 begeht eine **Ordnungswidrigkeit,** wer einen Auszubildenden ohne die 14
persönliche Eignung nach § 20 II oder ohne die fachliche Eignung nach § 20 III einstellt; zur Einstellung eines nicht geeigneten Ausbilders vgl. § 99 I Nr. 6. Zu **Streitigkeiten** zwischen Ausbildendem
und Auszubildendem aus einem bestehenden Berufsausbildungsverhältnis s. § 111 II ArbGG.

§ 4 Vertragsniederschrift

(1) ¹Der Ausbildende hat unverzüglich nach Abschluß des Berufsausbildungsvertrages, spätestens vor Beginn der Berufsausbildung, den wesentlichen Inhalt des Vertrages schriftlich niederzulegen. ²In die Niederschrift sind mindestens aufzunehmen
1. Art, sachliche und zeitliche Gliederung sowie Ziel der Berufsausbildung, insbesondere die Berufstätigkeit, für die ausgebildet werden soll,
2. Beginn und Dauer der Berufsausbildung,
3. Ausbildungsmaßnahmen außerhalb der Ausbildungsstätte,

Schlachter

150 BBiG § 4   Vertragsniederschrift

4. Dauer der regelmäßigen täglichen Ausbildungszeit,
5. Dauer der Probezeit,
6. Zahlung und Höhe der Vergütung,
7. Dauer des Urlaubs,
8. Voraussetzungen, unter denen der Berufsausbildungsvertrag gekündigt werden kann,
9. ein in allgemeiner Form gehaltener Hinweis auf die Tarifverträge, Betriebs- oder Dienstvereinbarungen, die auf das Berufsausbildungsverhältnis anzuwenden sind.

(2) Die Niederschrift ist von dem Ausbildenden, dem Auszubildenden und dessen gesetzlichem Vertreter zu unterzeichnen.

(3) Der Ausbildende hat dem Auszubildenden und dessen gesetzlichem Vertreter eine Ausfertigung der unterzeichneten Niederschrift unverzüglich auszuhändigen.

(4) Bei Änderungen des Berufsausbildungsvertrages gelten die Absätze 1 bis 3 entsprechend.

1   **1. Inhalt der Vertragsniederschrift (Abs. 1).** Der Vertrag ist ohne Niederschrift wirksam (BAG 22. 2. 1972 EzB BBiG § 15 III Nr. 1), daran ändert auch das NachwG nichts (BAG 21. 8. 1997 AP BBiG § 4 Nr. 1; ebenso zur RL EuGH 8. 2. 2001 AP NachwG § 2 Nr. 4). Ihr Fehlen ist aber Ordnungswidrigkeit iSd. § 99 I Nr. 1. Die Niederschrift erleichtert nicht nur die Information der Parteien über ihre Abmachungen, sondern auch die Überwachung der Berufsausbildung durch die zust. Stellen (*Götz* Rn. 48; *Opolony* Rn. 192). Die Ausbildung darf somit ohne die Niederschrift nicht begonnen werden; dennoch hat der Auszubildende vertraglich einen Anspruch auf Durchführung der Ausbildung. Die zur **Eintragung in das Verzeichnis der Ausbildungsverhältnisse zust. Stelle** kann die Benutzung des von ihr herausgegebenen Vertragsformulars für die Niederschrift nicht als zusätzliches Eintragungserfordernis vorschreiben (OVG Rheinland-Pfalz 10. 4. 1974 BB 1974, 788; VG Hannover 21. 6. 1974 EzB BBiG § 4 Nr. 5).

2   **Abs. 1 S. 1** erfordert die Niederschrift des **wesentlichen** Inhalts des Vertrages (vgl. § 2 NachwG Rn. 7ff.); **Abs. 1 S. 2 Nr. 1 bis 8** enthält keine abschließende Konkretisierung, sondern nur den Mindestinhalt der Vertragsniederschrift. Was der wesentliche Inhalt des Vertrages ist, richtet sich nach dem jeweiligen Einzelfall. **Art und Ziel der Berufsausbildung** (§ 4 I 2 Nr. 1) ergeben sich aus der Ausbildungsordnung, § 25 BBiG und § 25 HandwO. Soweit eine Ausbildungsordnung noch nicht erlassen wurde, sind gem. § 108 die vor Inkrafttreten des BBiG anerkannten Lehr- und Anlernberufe oder vergleichbar geregelte Ausbildungsberufe zugrunde zu legen. Aufzunehmen ist die betriebliche Ausbildungssituation. Die **sachliche und zeitliche Gliederung** der Berufsausbildung sind in der Vertragsniederschrift anzugeben. Der Ausbildende soll einen betrieblichen Ausbildungsplan auf der Grundlage des jeweiligen Ausbildungsrahmenplans (§ 25 II 1 Nr. 4) der Ausbildungsordnung (§ 25 I) erstellen. Die Angaben müssen erkennen lassen, ob der Ausbildungsinhalt dem Rahmenplan des § 25 II Nr. 4 entspricht.

3   Der nach **Nr. 2** festzulegende **Beginn** der Berufsausbildung ist durch einen bestimmten Kalendertag zu kennzeichnen. Die **Dauer** der Berufsausbildung ergibt sich aus der Ausbildungsordnung. Eine Kürzung oder Verlängerung ist nur gem. § 29 möglich; eine noch längere Dauer kann nicht vereinbart werden (BVerwG 8. 6. 1962 AP HandwO § 30 Nr. 1).

4   Die nach **Nr. 3** festzulegenden Ausbildungsmaßnahmen außerhalb der Ausbildungsstätte ergeben sich aus. § 27 aus der Ausbildungsordnung. Beispiele sind überbetriebliche Ausbildungsstätten oder Auslandspraktika, die schon zu Beginn der Ausbildung feststehen (*Eule* BB 1992, 986, 991). Die **tägliche Ausbildungszeit (Nr. 4)** beträgt grds. acht Stunden; für Jugendliche unter 18 gilt § 8 I JArbSchG, bei Volljährigen § 3 ArbZG. Aus ihrer Festlegung ergibt sich die Grenze zur Berechnung von, gem. § 10 III vergütungs- oder ausgleichspflichtigen, Überstunden. Die **Dauer der Probezeit (Nr. 5)** beträgt gem. § 13 mindestens einen, höchstens drei Monate. Ihre Dauer ist für die Zulässigkeit einer ordentlichen Kündigung bedeutsam (§ 15 I). Die **Zahlung der Vergütung (Nr. 6)** meint die Modalitäten der Zahlung, wie Zeit und Art unter Beachtung des § 11; die **Höhe** der Vergütung richtet sich nach § 10.

5   Die **Dauer des Urlaubs (Nr. 7)** ergibt sich aus dem BUrlG, JArbSchG, ArbPlSchG und dem SchwbG. Seine Dauer ist für jedes Jahr der Berufsausbildung gesondert anzugeben. Ein bloßer Hinweis auf gesetzliche/tarifliche Regelungen genügt nicht. Freistellungsansprüche oder **Bildungsurlaub** sind nicht in die Niederschrift aufzunehmen (*Schaub* § 102 XII).

6   Die **Voraussetzungen einer Kündigung (Nr. 8)** ergeben sich bindend aus § 15. In der Vertragsniederschrift auf das BBiG oder einen TV hinzuweisen, ist dennoch nicht ausreichend (VG Kassel 30. 8. 1973 EzB BBiG § 4 Nr. 2); über § 15 hinausgehende Gründe dürfen nicht vereinbart werden (*Wohlgemuth* Rn. 39; *Herkert* Rn. 28; aA *Knopp/Kraegeloh* Rn. 11).

7   Der Hinweis auf **geltende Kollektivverträge (Nr. 9)** dient der Möglichkeit der Kenntnisnahme von bes. Arbeitsbedingungen, ua. auch von tariflichen Ausschlussfristen (BAG 24. 10. 2002 – 6 AZR 743/00 –). Eine Verletzung dieser Hinweispflicht, die auch dem Schutz des einzelnen Auszubildenden dient, kann Schadensersatzpflichten begründen (aA LAG Thüringen 27. 9. 2000 – 9 Sa 630/99 –). Ein allgemeiner Hinweis auf die Kollektivverträge, die auf das Ausbildungsverhältnis anwendbar sind, genügt. Für nachträgliche wesentliche Änderungen, etwa die AVE eines TV, gilt Abs. 4 (BAG 24. 10. 2002).

2. Unterzeichnung, Aushändigung, Änderung des Vertrages (Abs. 2 bis 4). Nach **Abs. 2** ist die Niederschrift vom Ausbildenden, dem Auszubildenden und dessen gesetzlichem Vertreter zu unterzeichnen. Je eine unterzeichnete Niederschrift ist dem Auszubildenden und dem gesetzlichen Vertreter nach **Abs. 3** unverzüglich auszuhändigen. Sind beide Eltern die gesetzlichen Vertreter, so genügt eine Durchschrift an beide zusammen (*Wohlgemuth* Rn. 42), sofern sie nicht getrennt leben. Für alle, nicht nur die wesentlichen, **Änderungen** des Berufsausbildungsvertrages gelten die Abs. 1 bis 3 entspr., Abs. 4; im Übrigen gilt § 2 NachwG. 8

3. Verstöße. Verstöße gegen die Vorschrift des § 4 können nach § 99 I Nr. 1 bzw. 2 als Ordnungswidrigkeit geahndet werden. Den Einwand rechtsmissbräuchlichen Verhaltens des AG begründen sie allein jedoch nicht. Der Ausbildende haftet dem Auszubildenden vielmehr für einen aus dem Fehlen der Niederschrift entstandenen Schaden (BAG 24. 10. 2002 – 6 AZR 743/00 –; LAG Berlin 4. 1. 1966 BB 1966, 538). Zugunsten des Auszubildenden gilt insoweit die Vermutung aufklärungsgemäßen Verhaltens (BAG 17. 4. 2002 – 5 AZR 89/01 –). 9

§ 5 Nichtige Vereinbarungen

(1) ¹ Eine Vereinbarung, die den Auszubildenden für die Zeit nach Beendigung des Berufsausbildungsverhältnisses in der Ausübung seiner beruflichen Tätigkeit beschränkt, ist nichtig. ² Dies gilt nicht, wenn sich der Auszubildende innerhalb der letzten sechs Monate des Berufsausbildungsverhältnisses dazu verpflichtet, nach dessen Beendigung mit dem Ausbildenden ein Arbeitsverhältnis einzugehen.

(2) Nichtig ist eine Vereinbarung über
1. die Verpflichtung des Auszubildenden, für die Berufsausbildung eine Entschädigung zu zahlen,
2. Vertragsstrafen,
3. den Ausschluß oder die Beschränkung von Schadensersatzansprüchen,
4. die Festsetzung der Höhe eines Schadensersatzes in Pauschbeträgen.

1. Normzweck. § 5 ist Ausprägung des Art. 12 GG (BVerfG 7. 2. 1990 EzA HGB § 90 a Nr. 1; BAG 25. 4. 2001 AP BBiG § 5 Nr. 8), um die Entschlussfreiheit des Auszubildenden zu schützen. Er soll nach Abschluss der Ausbildung seine berufliche Weiterbildung frei gestalten können; Eintritt der Volljährigkeit beendet die Schutzbedürftigkeit nicht. § 5 I 2 hat eine Vereinbarung über Eingehung eines Arbeitsverhältnisses noch während der Letzten sechs Monate der Berufsausbildung ermöglicht; unter der Voraussetzung des § 14 TzBfG können auch befristete Arbeitsverhältnisse vereinbart werden. Eine frühzeitige Verpflichtung als Soldat auf Zeit erlaubt § 85. Abs. 2 will einer Einschränkung der Entschlussfreiheit durch finanzielle Belastungen vorbeugen. Eine nach § 5 nichtige Vereinbarung hindert entgegen § 139 BGB nicht die Wirksamkeit des ganzen Vertrages. 1

2. Nichtige Vertragsbindungsklauseln (Abs. 1). Nichtig sind nach Abs. 1 Regelungen, die die Berufstätigkeit des Auszubildenden nach Abschluss seiner Ausbildung einschränken. Dies gilt für unmittelbare, aber auch für mittelbare Beschränkungen infolge wirtschaftlicher Folgelasten für den Auszubildenden (BAG 25. 4. 2001 AP BBiG § 5 Nr. 8), sofern diese Beschränkung unverhältnismäßig ist: 2

– Weiterarbeitsklauseln für die Zeit nach der Berufsausbildung (BAG 5. 12. 2002 – 6 AZR 537/00 –) oder Vereinbarungen, nach denen der Auszubildende vor Beendigung des Berufsausbildungsverhältnisses anzeigen muss, dass er mit dem Ausbildenden nach dem Ende der Ausbildung kein Arbeitsverhältnis eingehen will (BAG 31. 1. 1974 AP BBiG § 5 Nr. 1). 3

– Kündigungsausschlussklauseln (ArbG Nienburg 15. 3. 1971 EzB BBiG § 5 Nr. 1), ebenso wie Wettbewerbsabreden, wonach der Auszubildende nach dem Abschluss der Ausbildung seinen erlernten Beruf nicht am Ort des Ausbildenden ausüben darf. 4

– Übernahme der Kosten für den Erwerb der Fahrerlaubnis nur für den Fall, dass im Anschluss an die Ausbildung das Arbeitsverhältnis mindestens noch ein Jahr bestehen bleibt (BAG 25. 4. 1984 AP BBiG § 5 Nr. 5; LAG Köln 7. 3. 1988 EzB BBiG § 5 Nr. 24). 5

– Verpflichtung zur Rückzahlung des Weihnachtsgeldes, falls der Auszubildende vor einem bestimmten, nach dem Ende des Ausbildungsverhältnisses liegenden Termin kündigt (LAG Düsseldorf 5. 8. 1975 EzB BGB § 242 Gratifikation Nr. 3). 6

Nach § 5 I 2 sind jedoch innerhalb der letzten sechs Monate des Ausbildungsverhältnisses Vereinbarungen über den Fortbestand des Arbeitsverhältnisses nach Ablauf der Ausbildungszeit zulässig. Sie können durch Vertragsstrafeversprechen gesichert werden (Rn. 16). Die Weiterbeschäftigung kann weiter im Falle des § 78 a II BetrVG (zur alten Rechtslage: BAG 15. 1. 1980 AP BetrVG 1972 § 78 a Nr. 8) verlangt werden. 7

8   3. **Nichtige Zahlungsvereinbarungen (Abs. 2). Nr. 1** verbietet eine Vereinbarung über die Verpflichtung des Auszubildenden, für die *Berufsausbildung* eine Entschädigung zu zahlen. Unzulässig sind danach:

9   – Die Verpflichtung zur Zahlung einer Entschädigung (BAG 28. 7. 1982 AP BBiG § 5 Nr. 3). Die Aufnahme eines Darlehens für den Besuch einer anerkannten Fachschule/Berufsakademie gehört nach der Rspr. (BAG 25. 4. 2001 AP BBiG § 5 Nr. 8) nicht zu den verbotenen Vereinbarungen, weil dadurch nicht Kosten auf die Auszubildenden überwälzt werden, die an sich der Ausbildende tragen müsste; Kosten für den „schulischen" Anteil der Ausbildung im dualen System haben die Auszubildenden zu tragen (BAG 26. 9. 2002 – 6 AZR 486/00 –; LAG Baden-Württemberg 17. 2. 2000 – 21 Sa 39/99 –). Unzulässig ist dagegen eine Erstattungsvereinbarung, wenn die Kosten nur anfallen, weil der Ausbildende den Auszubildenden veranlasst, an einer anderen als der kostenfreien Ausbildung in der staatlichen Berufsschule teilzunehmen (BAG 25. 7. 2002 AuR 2003, 74).

10   – Die Entschädigung für Ausbildungsmaßnahmen außerhalb der Ausbildungsstätte, soweit diese in den Ausbildungsgang einbezogen sind (BAG 29. 6. 1988 EzB BBiG § 5 Nr. 25).

11   – Die Verpflichtung, die Kosten für die Unterkunft und Verpflegung am auswärtigen Ort der betrieblichen Ausbildung zurückzuzahlen, falls es nicht zum Abschluss eines Anstellungsvertrages kommt oder dieser vor Ablauf von drei Jahren gelöst wird (BAG 21. 9. 1995 AP BBiG § 5 Nr. 6).

12   – Die Verrechnung der Vergütung mit dem Entgelt für einen entspr. betrieblichen oder außerbetrieblichen Lehrgang (*Wohlgemuth* Rn. 21).

13   – Der „Kauf" eines Ausbildungsplatzes seitens der Eltern (LAG Düsseldorf 25. 11. 1980 BB 1981, 495; LG Gießen 27. 1. 1986 EzB BBiG § 5 Nr. 20). Der Kaufvertrag über einen Omnibus ist nichtig, wenn er damit verknüpft ist, dass der Sohn des Käufers im Betrieb des Verkäufers eine Lehrstelle erhält (OLG Hamm 16. 12. 1982 EzB BBiG § 15 Nr. 14).

14   – Die Vereinbarung der Kostenübernahme zur Erlangung der Fahrerlaubnis der Klasse 2 bei einer Ausbildung zum Berufskraftfahrer (BAG 25. 4. 1984 AP BBiG § 5 Nr. 5).

15   Bei Klauseln über die Rückzahlung von **Weiterbildungskosten** ist eine richterliche Inhaltskontrolle nach § 242 BGB geboten; der AG muss beweisen, dass der AN durch die Weiterbildung einen auf dem Arbeitsmarkt verwertbaren beruflichen Vorteil erlangt hat und kann nur einen Betrag zurückverlangen, dem in Gestalt der fraglichen Ausbildung ein angemessener Gegenwert gerade für den betreffenden AN gegenübersteht (BAG 21. 11. 2001 AP BGB § 611 Ausbildungsbeihilfe Nr. 31). Auf nur mittelbare Beschränkungen der Berufsfreiheit des Auszubildenden (Rn. 2) wendet das BAG diese Grundsätze entspr. (BAG 25. 4. 2001 AP BBiG § 5 Nr. 8) an.

16   **Nr. 2** verbietet die Vereinbarung von Vertragsstrafen (§ 339 BGB). Da sich das Verbot nur auf das Berufsausbildungsverhältnis bezieht, kann in der Frist des Abs. 1 S. 2 eine Vertragsstrafe für den Fall vereinbart werden, dass der Auszubildende ein nachfolgendes Arbeitsverhältnis nicht antritt (BAG 23. 6. 1982 AP § 5 BBiG Nr. 4: zur aF des Abs. 1 S. 2, dh. 3 Monate vor Ende des Ausbildungsverhältnisses). **Nr. 3** sichert die Geltendmachung von Schadensersatzansprüchen des Auszubildenden in voller Höhe; Schadensersatzansprüche des Ausbildenden gegen den Auszubildenden können dagegen ausgeschlossen werden. Die Vereinbarung pauschaler Entschädigungssätze ist nach **Nr. 4** nichtig.

Zweiter Abschnitt. Inhalt des Berufsausbildungsverhältnisses

Erster Unterabschnitt. Pflichten des Ausbildenden

§ 6 Berufsausbildung

(1) Der Ausbildende hat
1. dafür zu sorgen, daß dem Auszubildenden die Fertigkeiten und Kenntnisse vermittelt werden, die zum Erreichen des Ausbildungszieles erforderlich sind, und die Berufsausbildung in einer durch ihren Zweck gebotenen Form planmäßig, zeitlich und sachlich gegliedert so durchzuführen, daß das Ausbildungsziel in der vorgesehenen Ausbildungszeit erreicht werden kann,
2. selbst auszubilden oder einen Ausbilder ausdrücklich damit zu beauftragen,
3. dem Auszubildenden kostenlos die Ausbildungsmittel, insbesondere Werkzeuge und Werkstoffe zur Verfügung zu stellen, die zur Berufsausbildung und zum Ablegen von Zwischen- und Abschlußprüfungen, auch soweit solche nach Beendigung des Berufsausbildungsverhältnisses stattfinden, erforderlich sind,
4. den Auszubildenden zum Besuch der Berufsschule sowie zum Führen von Berichtsheften anzuhalten, soweit solche im Rahmen der Berufsausbildung verlangt werden, und diese durchzusehen,
5. dafür zu sorgen, daß der Auszubildende charakterlich gefördert sowie sittlich und körperlich nicht gefährdet wird.

(2) Dem Auszubildenden dürfen nur Verrichtungen übertragen werden, die dem Ausbildungszweck dienen und seinen körperlichen Kräften angemessen sind.

Berufsausbildung § 6 BBiG 150

1. Normzweck. Die Vorschriften enthalten die wichtigsten privatrechtlichen Pflichten des Ausbildenden, die unmittelbar kraft Gesetzes Vertragsinhalt werden. Tw. wiederholen sie sinngemäß Vorschriften des JArbSchG, die damit auch auf erwachsene Auszubildende erstreckt werden. 1

2. Berufsausbildung. Inhalt und Umfang der nach **Abs. 1 Nr. 1** zu vermittelnden Fertigkeiten und Kenntnisse ergeben sich aus der Ausbildungsordnung und dem Ausbildungsrahmenplan, §§ 25 BBiG, 25 HandwO. Die in der Ausbildungsordnung vorgesehene Flexibilitätsklausel erlaubt unter bestimmten Voraussetzungen jedoch ein Abweichen vom Ausbildungsrahmenplan. In Betracht kommt aber nur eine andere sachliche und zeitliche Reihenfolge der Ausbildungsabschnitte, sofern Besonderheiten des Betriebes es erfordern (*Wohlgemuth* Rn. 3; *Weber* § 25 Anm. 10; aA *Herkert* Rn. 3; *Leinemann/Taubert* Rn. 11) oder der Jugendliche zuvor ein Berufsgrundbildungsjahr absolviert hat. Anderenfalls drohen Schadensersatzansprüche, falls durch das Abweichen von der Gliederung des Ausbildungsrahmenplans ein Ausbildungsabschnitt entfällt (BAG 10. 6. 1975 EzB BGB § 611 Nr. 6). Ein Abweichen vom Ausbildungsinhalt ist stets unzulässig. 2

Der Ausbildende soll den Auszubildenden mit den **täglichen Betriebsabläufen** vertraut machen (BVerwG 25. 2. 1982 EzB BBiG § 32 Nr. 15). Der im Gesetz implizit vorausgesetzte **Anspruch des Auszubildenden** auf tatsächliche Ausbildung kann nach § 888 I ZPO vollstreckt werden (LAG Berlin 19. 1. 1978 AP ZPO § 888 Nr. 9). Verletzt der Ausbildende seine Ausbildungspflicht, so ist er dem Auszubildenden zum **Ersatz des Schadens** verpflichtet, falls dieser deshalb die Abschlussprüfung nicht besteht (BAG 10. 6. 1976 AP BBiG § 6 Nr. 2). Der Auszubildende muss sich ein etwaiges mitwirkendes Verschulden anrechnen lassen, wenn er sich nicht bemüht hat, das Ausbildungsziel zu erreichen (BAG 10. 6. 1976 AP BBiG § 6 Nr. 2; BAG 11. 12. 1964 AP BGB § 611 Lehrverhältnis Nr. 22). 3

Der Ausbildende muss die persönliche und fachliche Eignung nach §§ 20, 21, 76, 80, 88, 90, 92, 94 besitzen. Erfüllt er diese Voraussetzungen nicht, so hat er einen qualifizierten Ausbilder zu beauftragen, **Abs. 1 Nr. 2**. Der Ausbilder ist als AN des Ausbildenden dessen Erfüllungsgehilfe, § 278 BGB (*Eule* BB 1991, 2366); vertragliche Beziehungen zum Auszubildenden bestehen nicht, so dass er diesem nur nach §§ 823 ff. BGB bzw. bei Ordnungswidrigkeiten nach § 99 haftet. Daneben haftet der Ausbildende aus dem Ausbildungsvertrag auf Schadensersatz bei einer fehlerhaften Ausbildung (BAG 17. 12. 1968 EzA BGB § 324 Nr. 1; BAG 11. 12. 1964 AP BGB § 611 Lehrverhältnis Nr. 22). Die Beauftragung des Ausbilders muss ausdrücklich (nicht notwendig schriftlich) erfolgen, eine stillschweigende Duldung ist nicht ausreichend. 4

Der Ausbildende hat nach **Abs. 1 Nr. 3** die notwendigen Ausbildungsmittel zur Verfügung zu stellen, da er die mit der Ausbildung verbundenen Kosten trägt (BAG 21. 9. 1995 AP BBiG § 5 Nr. 6). Eine Kostenbeteiligung kann vom Auszubildenden oder dessen Eltern nicht verlangt werden. Die Ausbildungsmittel sind nur leihweise bereitzustellen, also vom Auszubildenden sorgfältig zu behandeln und zurückzugeben. Für deren unsachgemäße Behandlung haftet der Auszubildende nach den Grundsätzen der ANHaftung (§ 619 a BGB Rn. 7 ff.). Ausbildungsmittel, die der Auszubildende zum Besuch der Berufsschule braucht, fallen nicht unter Nr. 3, soweit sie nicht auch der innerbetrieblichen Ausbildung dienen (BAG 16. 12. 1976 AP BGB § 611 Ausbildungsverhältnis Nr. 3). Ausbildungsmittel für Prüfungen sind bereitzustellen, auch wenn das Ausbildungsverhältnis vorher endet. Werkstücke, die der Auszubildende im Rahmen seiner Ausbildung anfertigt, stehen im Eigentum des Ausbildenden, der insoweit Hersteller gem. § 950 BGB ist. Prüfungsstücke stehen zwar grds. im Eigentum des Auszubildenden (BAG 3. 3. 1960 AP HandwO § 23 Nr. 2; LAG München 8. 8. 2002 NZA-RR 2003, 187; *Wohlgemuth* Rn. 25; aA *Knopp/Kraegeloh* Rn. 6); im Einzelfall kann aber auch der Ausbildende oder ein Dritter Eigentümer sein (BAG 3. 3. 1960 AP HandwO § 23 Nr. 2), so zB, wenn eine diesbezügliche Vereinbarung getroffen wurde oder der Wert des Materials den Bearbeitungswert weit übersteigt. 5

Erfüllt der Ausbildende die Pflicht aus Nr. 3 nicht, so kann der Auszubildende die Ausbildungsmittel selbst anschaffen und die Auslagen gegen Übereignung ersetzt verlangen (BAG 16. 12. 1976 AP BGB § 611 Ausbildungsverhältnis Nr. 3). Fahrtkosten zur Berufsschule oder zur Ausbildungsstätte fallen nicht unter Nr. 3 (BAG 11. 1. 1973 DB 1973, 832). 6

Der Ausbildende hat den Auszubildenden zum Besuch der Berufsschule und zum Führen von Berichtsheften anzuhalten, **Abs. 1 Nr. 4**. Die Berufsschulpflicht ergibt sich für jugendliche und erwachsene Auszubildende aus den Schulgesetzen der Länder oder auf Grund Ausbildungsvertrages. Der Ausbildende hat den Auszubildenden unter Fortzahlung der Vergütung für die Teilnahme am Unterricht von der Arbeit freizustellen, §§ 7, 12 I Nr. 1; § 9 I 1 JArbSchG. Eine Verpflichtung des Ausbildenden zur Übernahme der Fahrtkosten für den Schulbesuch besteht nicht (BAG 11. 1. 1973 AP BBiG § 6 Nr. 1). Kommt der Auszubildende seiner Schulpflicht nur unregelmäßig nach, muss der Ausbildende dagegen einschreiten (OLG Hamburg 31. 8. 1959 BB 1959, 1209), zB durch Ermahnung des Auszubildenden, durch schriftliche Abmahnung oder durch ein Gespräch mit den Eltern oder der Schule. 7

Der Auszubildende hat nicht stets Anspruch darauf, die **Berichtshefte** während der Arbeitszeit führen zu dürfen (BAG 11. 1. 1973 AP BBiG § 6 Nr. 1). Nur wenn die Ausbildungsordnung das 8

Führen eines Berichtsheftes vorschreibt, hat der Auszubildende dieser Pflicht mit der nach § 9 Nr. 1 vorgeschriebenen Sorgfalt nachzukommen, und der Ausbildende die Ausführung während der Ausbildungszeit zu überwachen (*Knopp/Kraegeloh* Rn. 8; *Wohlgemuth* Rn. 32). Dazu gehört ein regelmäßiges Durchsehen der Berichte, um den Ausbildungserfolg sicherzustellen.

9   Im betrieblichen Bereich besteht eine Pflicht des Ausbildenden zur **charakterlichen Förderung** des Auszubildenden (**Abs. 1 Nr. 5**), soweit das Ausbildungsverhältnis auch ein Erziehungsverhältnis ist. Das Erziehungsrecht der Eltern aus Art. 6 GG darf dadurch nicht eingeschränkt werden (BVerwG 9. 11. 1962 AP GG Art. 4 Nr. 1). Zur Verpflichtung des Ausbilders, gegen Verbreitung ausländerfeindlichen Gedankenguts unter den Auszubildenden einzuschreiten: BAG 1. 7. 1999 AP BBiG § 15 Nr. 11. Der Ausbildende soll die geistig-seelische Entwicklung des Auszubildenden positiv beeinflussen, um ihn zu einem selbständigen, ernsten und sozial-orientierten Menschen zu erziehen; begrenzt wird dies durch die rein fachliche Zielsetzung der Berufsausbildung (*Natzel* RdA 1981, 162).

10 Die Pflicht zum Schutz vor **sittlichen und körperlichen Gefahren** entspricht weitestgehend § 22 JArbSchG, besteht aber auch gegenüber erwachsenen Auszubildenden. Darüber hinaus sind die UVV der Berufsgenossenschaften, die ArbStättV und das MaschinenschutzG zu beachten. Körperlich gefährdend kann auch die Arbeit an Bildschirmarbeitsplätzen sein (BAG 6. 12. 1983 EzA BetrVG 1972 § 87 Nr. 1). Im Rahmen des organisatorisch Möglichen besteht ein Anspruch auf einen rauchfreien Arbeitsplatz, sofern aus gesundheitlichen Gründen geboten (BAG 17. 2. 1998 AP BGB § 617 Nr. 26). Zum Schutz vor körperlicher Züchtigung und Misshandlung vgl. § 31 JArbSchG.

11 Verrichtungen, die nicht dem Ausbildungszweck dienen, dürfen dem Auszubildenden nicht übertragen werden, **Abs. 2**. Was der Ausbildung dient, bestimmt sich nach dem Einzelfall, nach dem jeweiligen Berufsbild und seiner pädagogischen Zielsetzung (*Knopp/Kraegeloh* Rn. 11), nicht dem Verwertungsinteresse an der Arbeitsleistung des Auszubildenden. Geldbotengänge mit höheren Beträgen gehören im ersten Ausbildungsjahr nicht zu den vertraglichen Aufgaben von Auszubildenden (LAG Düsseldorf 23. 2. 1973 EzB BBiG § 6 II Nr. 1). Grobe Reinigungsarbeiten, insb. außerhalb der Verkaufs- und Lagerräume gehören nicht zur Ausbildung zum Einzelhandelskaufmann (LAG Schleswig-Holstein 5. 8. 1969 DB 1969, 2188); dagegen ist das gelegentliche Reinigen des Fußbodens zulässig, soweit es in angemessenem Verhältnis zu den berufsspezifischen Tätigkeiten steht (OLG Frankfurt 30. 3. 1981 EzB BBiG § 99 Nr. 1); ausbildungsfremde Botengänge sind unzulässig. Der Art nach an sich zulässige Verrichtungen können dadurch unzulässig werden, dass sie im Übermaß angeordnet werden, so dass sie einen Zuwachs an Kenntnissen oder Fertigkeiten nicht mehr vermitteln können (OLG Karlsruhe 5. 9. 1987 EzB BBiG § 99 Nr. 3). Die körperlichen Kräfte des Auszubildenden sind nach seiner aktuellen Verfassung zu beurteilen.

12 Überträgt der Ausbildende dem Auszubildenden entgegen Abs. 2 eine Verrichtung, die nicht dem Ausbildungszweck dient, so liegt eine Ordnungswidrigkeit nach § 99 I Nr. 3 vor. Der Auszubildende braucht die Weisung nicht zu befolgen, ohne Verlust des Anspruchs auf die Vergütung.

§ 7 Freistellung

¹ Der Ausbildende hat den Auszubildenden für die Teilnahme am Berufsschulunterricht und an Prüfungen freizustellen. ² Das gleiche gilt, wenn Ausbildungsmaßnahmen außerhalb der Ausbildungsstätte durchzuführen sind.

1   Der Ausbildende hat jeden, auch die volljährigen (BAG 26. 3. 2001 AP BBiG § 7 Nr. 1), Auszubildenden zur Erfüllung der gesetzlichen Berufsschulpflicht von der Ausbildung freizustellen. Die betriebliche Ausbildung wird für die Zwecke des § 7 unterbrochen, ohne dass Nachleistungspflichten entstehen. Die Freistellung wird erforderlich, wenn sich die Berufsschulzeiten mit der planmäßigen betrieblichen Ausbildung überschneiden. § 7 verhindert, dass der Auszubildende zur Nachholung der ausgefallenen betrieblichen Ausbildungszeit verpflichtet ist, § 12 I Nr. 1 verhindert, dass er deswegen Entgelteinbußen erleidet. Der Begriff des Berufsschulunterrichts ist weiter als der der Berufsschulpflicht, denn er umfasst auch die freiwillige Teilnahme zB an Nachhilfestunden, Vorbereitungslehrgängen auf die Abschlussprüfung. Begriffsnotwendig bezieht sich die Freistellung weiter auf Zeiträume, in denen der Auszubildende wegen des Schulbesuchs nicht im Betrieb ausgebildet werden kann, zB weil er zwischen den Unterrichtsstunden in der Berufsschule bleibt, oder die notwendigen Wegezeiten zwischen Schule und Betrieb (BAG 26. 3. 2001 AP BBiG § 7 Nr. 1). Die Freistellungspflicht besteht auch gegenüber nicht mehr berufsschulpflichtigen Auszubildenden, wenn sie sich gegenüber dem Ausbildenden zum Berufsschulbesuch verpflichtet haben (LAG Köln 18. 9. 1998 AiB 1999, 52).

2   Die Pflicht zur **Anrechnung** von Berufsschulzeiten auf betriebliche Ausbildungszeiten ist im BBiG nicht geregelt, sondern ergibt sich (nur für jugendliche Auszubildende) aus § 9 JArbSchG, für die Freistellung zur Teilnahme an Prüfungen und außerbetrieblichen Ausbildungsmaßnahmen gilt § 10 JArbSchG. Eine Anrechnung kann nur erforderlich werden, wenn die Berufsschulzeit gerade nicht auf betriebliche Ausbildungszeiten fällt. Zum Umfang der Anrechnung vgl. § 9 JArbSchG; dabei umfasst die Pflicht zur Anrechnung auf die Arbeitszeit neben den Unterrichtsstunden auch die Pausen, nicht aber die aufgewendete Zeit für den Weg zur Berufsschule bzw. zurück zum Arbeitsplatz (LAG Köln

18. 9. 1998 AuR 1999, 76). Für volljährige Auszubildende besteht keine Anrechnungspflicht, da es insoweit an einer Anrechnungsvorschrift fehlt (BAG 26. 3. 2001 AP BBiG § 7 Nr. 1; *Sowka* NZA 1997, 297, 298; *Leinemann/Taubert* Rn. 31 ff.). Liegt die betriebliche Ausbildungszeit außerhalb der Schulzeiten, kann der erwachsene Auszubildende länger als die betriebsübliche Arbeitszeit eingesetzt werden. Überschreitet die Unterrichtsdauer die Zeit der für diesen Tag vorgesehenen betrieblichen Ausbildung, ist die für den Schulbesuch zusätzlich aufgewendete Zeit bei Volljährigen nicht auf die wöchentliche Ausbildungszeit anrechenbar (BAG 13. 2. 2003 – 6 AZR 537/01 –). Dies Ergebnis ist systematisch zwingend, auch wenn es auf einem gesetzgeberischen Versehen bezüglich der Auswirkungen der Streichung der Anrechnungsbestimmung in § 9 Abs. 2 JArbSchG aF beruhen dürfte (Gesetzentwurf der BReg., BT-Drucks. 13/5494 S. 9; dazu *Anzinger* AuA 1997, 185; *Zmarzlik* DB 1997, 674, 676). Prüfungen iSd. §§ 7 BBiG und 10 JArbSchG sind Zwischenprüfungen nach § 42, Abschlussprüfungen nach § 34 und Wiederholungsprüfungen nach § 34 I 2 (*Zmarzlik* DB 1987, 2410). Ausbildungsmaßnahmen außerhalb der Ausbildungsstätte sind Maßnahmen nach §§ 27, 22 II, 4 I Nr. 3.

§ 8 Zeugnis

(1) ¹ Der Ausbildende hat dem Auszubildenden bei Beendigung des Berufsausbildungsverhältnisses ein Zeugnis auszustellen. ² Hat der Ausbildende die Berufsausbildung nicht selbst durchgeführt, so soll auch der Ausbilder das Zeugnis unterschreiben.

(2) ¹ Das Zeugnis muß Angaben enthalten über Art, Dauer und Ziel der Berufsausbildung sowie über die erworbenen Fertigkeiten und Kenntnisse des Auszubildenden. ² Auf Verlangen des Auszubildenden sind auch Angaben über Führung, Leistung und besondere fachliche Fähigkeiten aufzunehmen.

Anders als in § 630 BGB, § 73 HGB und § 113 GewO ist der Ausbildende bei Beendigung des 1 Ausbildungsverhältnisses zur Erstellung eines Zeugnisses auch ohne ausdrückliches Verlangen des Auszubildenden verpflichtet. Der Anspruch darauf kann nicht vertraglich ausgeschlossen werden (BAG 16. 9. 1974 EzA BGB § 630 Nr. 5) und besteht auch, wenn der Auszubildende nach Beendigung der Ausbildung weiter im Betrieb beschäftigt wird oder wenn das Ausbildungsverhältnis vorzeitig beendet wird. Das Zeugnis bedarf der Schriftform (BAG 21. 9. 1999 NZA 2000, 257) und ist äußerlich ordnungsgemäß zu erstellen (BAG 3. 3. 1993 AP BGB § 630 Nr. 20). Der Ausbilder übernimmt in den Fällen des § 8 I 2 eine Mitverantwortung für die Richtigkeit des Zeugnisses. Ausbildender und Auszubildender können vom Ausbilder idR die Mitunterzeichnung verlangen, es sei denn, dass dieser den Inhalt des Zeugnisses nicht mitverantworten kann. Fehlt seine Unterschrift, ist das Zeugnis nicht unwirksam, Abs. 1 S. 2 ist nur Sollvorschrift. Bei mehreren Ausbildern hat der Ausbildungsleiter das Zeugnis mit zu unterschreiben, wenn sich nicht aus der Betriebsordnung etwas anderes ergibt.

Das Zeugnis muss objektiv richtig sein und einer verkehrsüblichen Bewertung entsprechen (BAG 2 29. 7. 1971 AP BGB § 630 Nr. 6). Es sind alle wesentlichen Umstände (§ 8 II 1) aufzuführen, auch wenn sie für den Auszubildenden nachteilig sind (wiederholtes Versagen bei der Gesellenprüfung, ArbG Darmstadt 6. 4. 1974 BB 1967, 541); zugleich soll das Zeugnis aber wohlwollend formuliert sein. Unzulässig sind aber Angaben über den bloßen Verdacht einer Straftat (OLG Hamburg 14. 12. 1954 DB 1955, 172). Der Grund für eine etwaige vorzeitige Beendigung des Ausbildungsverhältnisses darf nur mit Zustimmung des Auszubildenden in das Zeugnis aufgenommen werden (LAG Köln 29. 11. 1990 LAGE BGB § 630 Nr. 11). Der Auszubildende kann bei unwahren Angaben Richtigstellung verlangen (BAG 23. 6. 1960 AP HGB § 73 Nr. 1); dabei handelt es sich um einen Erfüllungsanspruch auf Ausstellung des richtigen Zeugnisses (zur Verwirkung BAG 7. 10. 1972 AP BGB § 630 Nr. 8; 17. 2. 1988 AP BGB § 630 Nr. 17; LAG Düsseldorf 11. 11. 1994 DB 1995, 1135).

Auf Verlangen des Auszubildenden hat der Ausbilder ein qualifiziertes Zeugnis auszustellen, Abs. 2 3 S. 2, in das Angaben über Führung, Leistung und fachliche Fähigkeiten aufzunehmen sind. Dazu zählen zB Auffassungsgabe, Lernwilligkeit, Fleiß, Arbeitsverhalten, Arbeitsausführung, Initiative, Ordnung, Pünktlichkeit, soziales Verhalten, Führen des Berichtshefts, bes. Eignung, Einsatzbereitschaft. Verlangt der Auszubildende ein qualifiziertes Zeugnis, so trägt er das Risiko eines für ihn ungünstigen Zeugnisses. Zu den Zeugnisgrundsätzen, Haftung des AG für fehlerhafte Zeugnisse und Schadensersatzansprüchen wegen fehlender oder fehlerhafter Zeugnissen vgl. § 109 GewO; *Schaub* § 146.

Zweiter Unterabschnitt. Pflichten des Auszubildenden

§ 9 Verhalten während der Berufsausbildung

¹ Der Auszubildende hat sich zu bemühen, die Fertigkeiten und Kenntnisse zu erwerben, die erforderlich sind, um das Ausbildungsziel zu erreichen. ² Er ist insbesondere verpflichtet,
1. die ihm im Rahmen seiner Berufsausbildung aufgetragenen Verrichtungen sorgfältig auszuführen,

2. an Ausbildungsmaßnahmen teilzunehmen, für die er nach § 7 freigestellt wird,
3. den Weisungen zu folgen, die ihm im Rahmen der Berufsausbildung vom Ausbildenden, vom Ausbilder oder von anderen weisungsberechtigten Personen erteilt werden,
4. die für die Ausbildungsstätte geltende Ordnung zu beachten,
5. Werkzeug, Maschinen und sonstige Einrichtungen pfleglich zu behandeln,
6. über Betriebs- und Geschäftsgeheimnisse Stillschweigen zu wahren.

1 § 9 dient der Konkretisierung der Mitwirkungspflichten des Auszubildenden, die der Ausbildungspflicht des Ausbildenden nach § 6 korrespondieren; sie sind gesetzlicher Inhalt des Ausbildungsvertrages, ohne dass es bes. Vereinbarung bedarf. Die für die Ausbildung notwendigen Fertigkeiten und Kenntnisse ergeben sich aus der jeweiligen Ausbildungsordnung (§ 25). Der Auszubildende hat aktiv und interessiert auf das Ausbildungsziel hinzuarbeiten (*Herkert* Rn. 3) und ein gewisses Maß an geistigen Bemühungen auch außerhalb der Ausbildungszeit aufzubringen (BAG 11. 1. 1973 AP BBiG § 6 Nr. 1; aA *Wohlgemuth* Rn. 4). Bei grober Verletzung der Mitwirkungspflicht ist der Ausbildende zur fristlosen Kündigung nach § 15 II berechtigt.

2 Nach S. 2 Nr. 1 trifft den Auszubildenden im Rahmen seiner Berufsausbildung eine Sorgfaltspflicht. **Ausbildungsfremde** Tätigkeiten muss der Auszubildende nicht ausführen. Der AG kann aber auch das Ausführen von mit der Ausbildung zusammenhängenden Nebentätigkeiten verlangen, die auf Grund der für die Ausbildungsstätte geltenden Ordnung ausgeführt werden müssen (zB das Reinigen des Arbeitsplatzes und der Werkzeuge). Die Pflicht zum Führen der Berichtshefte ergibt sich ggf. aus der Ausbildungsordnung (§ 6 Rn. 8). Die von dem Auszubildenden anzuwendende **Sorgfalt** bemisst sich nach der Einsichtsfähigkeit und den Kenntnissen, die je nach Ausbildungsstand erwartet werden können (LAG Düsseldorf DB 1973, 974). Hat der Ausbildende seine Einweisungs- und Aufsichtspflicht missachtet, kann ein Verschulden des Auszubildenden geringer bewertet werden (BAG 7. 7. 1970 AP BGB § 611 Haftung des AN Nr. 59). Im Übrigen genügt aber die Tatsache des Ausbildungsverhältnisses allein nicht, eine von den allgemeinen Grundsätzen der ANHaftung abweichenden, mildere Haftung anzunehmen (BAG 18. 4. 2002 NZA 2003, 37).

3 Unter die Ausbildungsmaßnahmen nach **S. 2 Nr. 2** fällt die Teilnahme am Berufsschulunterricht und an den vereinbarten oder von der Ausbildungsordnung vorgesehenen außerbetrieblichen Ausbildungsmaßnahmen. Eine Teilnahmepflicht an der Abschlussprüfung wird zT gänzlich verneint (LAG Bremen 19. 4. 1960 BB 1960, 1022; *Knopp/Kraegeloh* Rn. 5; *Natzel* S. 213), zT wird sie bejaht, wenn sich der Auszubildende zur Prüfung angemeldet und der Ausbildende ihn nach § 7 freigestellt hat (*Wohlgemuth* Rn. 9). Nimmt der Auszubildende trotz Freistellung an Ausbildungsmaßnahmen nicht teil, kann die Vergütung entspr. gekürzt werden; bei mehrfacher Nichtteilnahme und ggf. erfolgloser Abmahnung kommt eine fristlose Kündigung nach § 15 in Betracht.

4 Der Auszubildende hat den im Rahmen der Berufsausbildung erfolgenden Weisungen zu folgen, **S. 2 Nr. 3. Weisungsberechtigt** sind außer dem Ausbildenden und dem Ausbilder zB der jeweils zust. Meister, Vorarbeiter, Lagerverwalter, Personalleiter, Sicherheitsingenieur (*Leinemann/Taubert* Rn. 17). Die **Weisungsgebundenheit des Auszubildenden** besteht, soweit die Weisungen der Erreichung des Ausbildungszieles dienen und den körperlichen Kräften angemessen sind, § 6 II. Weisungen zu ausbildungsfremden Tätigkeiten müssen nicht befolgt werden, Rn. 2. Die Weisungen müssen der Billigkeit entsprechen (BAG 14. 1. 1961 AP BGB § 611 Direktionsrecht Nr. 17; BAG 27. 3. 1980 AP BGB § 611 Direktionsrecht Nr. 26). Weisungen bzgl. **Kleidung** oder **Haartracht** sind grds. nur zulässig, soweit der Geschäftsbetrieb (ArbG Bayreuth 7. 12. 1971 BB 1972, 175) oder die Sicherheit des Betriebes es erfordern. Ein **Rauchverbot** ist zu befolgen, wenn die Sicherheit des Betriebes das erfordert oder wenn TV, Betriebsvereinbarung oder Arbeitsvertrag ein solches vorsehen. Die Aufforderung, sich von den Zielen und Absichten einer **Partei zu distanzieren**, ist unzulässig, auch wenn diese Partei nach Ansicht des Ausbildenden verfassungsfeindlich ist (LAG Rheinland-Pfalz 29. 5. 1978 EzA BBiG § 15 II Nr. 1 Nr. 24). Zum Mitbestimmungsrecht des BR bei der Versetzung eines Auszubildenden in eine andere Ausbildungsstätte außerhalb der vorgesehenen turnusmäßigen Neuzuweisung BAG 3. 12. 1985 AP BetrVG 1972 § 95 Nr. 8.

5 Die nach **S. 2 Nr. 4** einzuhaltende Ordnung der Ausbildungsstätte ergibt sich aus der ArbStättV, dem JArbSchG, Betriebsvereinbarungen, den UVV sowie aus der kraft Direktionsrechts festgelegten Betriebsordnung.

6 Unter die Werkzeuge, Maschinen und sonstigen Einrichtungen iSd. **S. 2 Nr. 5** fallen alle Gegenstände, die dem Auszubildenden im Rahmen seiner Ausbildung zugänglich gemacht sind, einschließlich der Werkstoffe. Pflegliche Behandlung setzt die Beachtung allgemeiner Sorgfaltspflichten voraus. Die Pflicht, über Betriebs- und Geschäftsgeheimnisse Stillschweigen zu bewahren (**S. 2 Nr. 6**), ergibt sich bereits aus der § 3 II bestehenden Treuepflicht. Eine **Anrufung externer betrieblicher Stellen** verstößt nach hM sogar dann gegen diese Pflicht, wenn der AG strafbare Handlungen begeht (LAG Baden-Württemberg 20. 10. 1976 EzA KSchG § 1 Verhaltensbedingte Kündigung Nr. 8; LAG Baden-Württemberg 3. 2. 1987 AiB 1987, 260; *Schaub* § 53 Rn. 15); etwas anderes hat jedenfalls dann zu gelten, wenn sich die Handlung gegen den Auszubildenden selbst richtet. Nr. 6 gewährt kein Aussageverweigerungsrecht des Auszubildenden vor Gericht.

Vergütungsanspruch § 10 BBiG 150

Der Auszubildende **haftet** für Pflichtverletzungen gem. § 3 II nach den allg. Rechtsgrundsätzen 7 (BAG 7. 7. 1970 AP BGB § 611 Haftung des AN Nr. 59). Ob der Auszubildende sorgfaltswidrig handelt, ist anders als bei einem erwachsenen AN von dem Umstand beeinflusst, dass den Ausbildenden eine Einweisungs- und Aufsichtspflicht trifft (BAG 7. 7. 1970 AP BGB § 611 Haftung des AN Nr. 59; LAG Bremen 25. 7. 1956 BB 1956, 1107; LAG Düsseldorf 23. 2. 1973 DB 1973, 974). Ein **Mitverschulden** des Ausbildenden nach § 254 BGB kommt in Betracht, wenn er seine Aufsichtspflicht nicht erfüllt (BAG 29. 6. 1964 DB 1964, 1741; BAG 7. 7. 1970 DB 1970, 1886; ArbG Jena 31. 5. 1999 – 4 Ca 76/99 – nv.) oder den Auszubildenden überfordert hat (ArbG Ulm 23. 7. 1959 BB 1959, 884). Bei bekannter Unerfahrenheit oder Unzuverlässigkeit des Auszubildenden erhöht sich die Pflicht des Ausbildenden, Maßnahmen zur Schadensverhinderung zu ergreifen, entspr. (LAG Düsseldorf 23. 2. 1973 DB 1973, 974). Der Auszubildende haftet nur für Vorsatz und grobe Fahrlässigkeit, wenn er beim Verrichten einer **ausbildungsfremden** Tätigkeit einen Schaden verursacht hat (ArbG Kiel 24. 4. 1963 AP BGB § 611 Lehrverhältnis Nr. 21).

Dritter Unterabschnitt. Vergütung

§ 10 Vergütungsanspruch

(1) ¹ Der Ausbildende hat dem Auszubildenden eine angemessene Vergütung zu gewähren. ² Sie ist nach dem Lebensalter des Auszubildenden so zu bemessen, daß sie mit fortschreitender Berufsausbildung, mindestens jährlich, ansteigt.

(2) Sachleistungen können in Höhe der nach *§ 160 Abs. 2 der Reichsversicherungsordnung* festgesetzten Sachbezugswerte angerechnet werden, jedoch nicht über fünfundsiebzig vom Hundert der Bruttovergütung hinaus.

(3) Eine über die vereinbarte regelmäßige tägliche Ausbildungszeit hinausgehende Beschäftigung ist besonders zu vergüten oder durch entsprechende Freizeit auszugleichen.

Die Vorschrift regelt die Rahmenbedingungen des wegen § 18 unabdingbaren Vergütungsanspruchs 1 des Auszubildenden (BT-Drucks. V/4260 S. 9). Die Vorgabe ist zwingend, daher schuldet der Ausbildende die Vergütung in angemessener Höhe unabhängig vom vertraglich vereinbarten Umfang. Die Vergütungspflicht ist im Ausbildungsverhältnis lediglich Nebenpflicht des Ausbildenden (BAG 10. 2. 1981 AP BetrVG 1972 § 5 Nr. 26; *Natzel* DB 1992, 1521, 1524). Sie steht nicht im Austauschverhältnis zum Produktionsinteresse des Ausbildenden, denn auf dieses kommt es im Ausbildungsverhältnis gerade nicht an (BAG 17. 8. 2000 AP BBiG § 3 Nr. 7). Auf einen Vertrag zwischen einer Ausbildungs-GmbH und einem Auszubildenden ist § 10 anzuwenden, wenn der Vertrag nach §§ 3 und 4 als Berufsbildungsvertrag vereinbart wurde (LAG Hamm 12. 12. 1985 EzB BBiG § 10 I Nr. 47); Schulen und sonstige Bildungseinrichtungen sind nicht „Ausbildende" iSd. Abs. 1.

Die Ausbildungsvergütung (Abs. 1 S. 1) ist **Unterhaltsbeitrag** zur Finanzierung der Berufsausbil- 2 dung (*Natzel* DB 1992, 1521, 1524 lehnt daher weitere Funktionen der Vergütung ab; aA *Opolony* BB 2000, 510f.), aber auch **Entgelt** für geleistete Arbeit (BAG 30. 9. 1998 AP BBiG § 10 Nr. 8; BAG 10. 4. 1995 AP BBiG § 10 Nr. 6; *Opolony* BB 2000, 510). Die Vergütung ist dennoch gem. § 850a Nr. 6 ZPO **unpfändbar** (*Natzel* DB 1970, 2267; *Wohlgemuth* Rn. 3; *Stein/Jonas/Brehm* § 850a Rn. 32), kann nach § 1274 II BGB nicht verpfändet werden und ist daher auch nicht abtretbar nach § 400 BGB.

Die **Höhe** der Vergütung kann durch TV oder einzelvertraglich bestimmt werden und ist gem. § 4 I 3 Nr. 6 vertraglich festzulegen; fehlt eine tarifliche Regelung, sind die Empfehlungen von Kammern/Innungen zu berücksichtigen (BAG 30. 9. 1998 AP BBiG § 10 Nr. 8; *Opolony* BB 2000, 510 ff.). Dabei sind die Umstände des Einzelfalls abzuwägen; die kommerzielle Verwertbarkeit der Arbeitsergebnisse oder ein Überangebot an Ausbildungsbewerbern ist jedoch nicht zu berücksichtigen (*Opolony* Rn. 470 ff.). Die Vergütung ist **angemessen,** wenn sie einen verhältnismäßigen Ausgleich zwischen den Aufwendungen beider Parteien für die Durchführung des Ausbildungsverhältnisses herstellt. Nach Ansicht der Rspr. muss sie die Lebenshaltungskosten zu bestreiten helfen und zugleich eine Mindestentlohnung für die Leistungen des Auszubildenden darstellen (BAG 10. 4. 1991 AP BBiG § 10 Nr. 3; 30. 9. 1998 AP BBiG § 10 Nr. 8); daran fehlt es idR, wenn sie die tarifliche Vergütung um mehr als 20% unterschreitet (LAG Berlin 21. 3. 2000 – 5 Sa 81/00 –; BAG 10. 4. 1991 AP BBiG § 10 Nr. 3). Die Unangemessenheit der Vergütung wird in diesen Fällen lediglich vermutet; die Vermutung ist widerlegbar (BAG 11. 10. 1995 AP BBiG § 10 Nr. 6; *Opolony* BB 2000, 510, 512). Tarifliche Ausbildungsvergütung ist stets auch für nicht tariflich gebundene Auszubildenden als angemessen anzusehen (BAG 18. 6. 1980 AP BGB § 611 Ausbildungsverhältnis Nr. 4; 24. 10. 1984 EzB BBiG § 10 I Nr. 37). Ist eine konkrete Vergütungsvereinbarung getroffen worden, geht sie im Falle einer nachträglichen Tariflohnsenkung vor, wenn die daneben getroffene Bezugnahmeabrede lediglich „mindestens" auf den Tariflohn verweist (BAG 26. 9. 2002 DB 2003, 286). Wird die Ausbildung allerdings zu 100% von der öffentl. Hand finanziert, können auch Vergütungen, die erheblich unter den tariflichen Ausbildungsvergütungen liegen, noch angemessen sein (BAG 15. 11. 2000 AP BBiG § 10 Nr. 9; 24. 10. 2002 – 6 AZR 626/00 –; LAG Brandenburg 2. 7. 1999 AuR 2001, 229; aA *Herkert* Rn. 6). Unter entspr. engen Förderungsvoraussetzungen der BA kann ein Zahlungsanspruch der Auszubildenden sogar völlig entfallen (BAG 15. 11. 2000 NZA 2001, 1248). Bei spendenfinanzierten Ausbildungsverhältnissen wird eine geringere Vergütung akzeptiert (konkret: 72% des Tariflohns), BAG 8. 5. 2003 – 6 AZR 191/02 –.

4   Die Vergütung muss mindestens jährlich ansteigen, weil die Bedürfnisse des Auszubildenden, aber auch die Qualität seiner Arbeitsleistung steigt. Maßgeblich ist das Ausbildungsjahr, nicht das Kalenderjahr. Für ein **viertes Ausbildungsjahr** ist eine tarifliche Ausbildungsvergütung nur vorgesehen, wenn der Ausbildungsberuf eine längere Ausbildungszeit als drei Jahre vorsieht (BAG 8. 2. 1978 AP BBiG § 10 Nr. 1); nicht dagegen: für die Zeit bis zur Wiederholungsprüfung. Wird auf die Berufsausbildungszeit ein **Berufsgrundschuljahr** oder der Besuch einer **Berufsfachschule** nach **§ 29 I** angerechnet, so ist die anzurechnende Zeit bei der Berechnung der Vergütung als zurückgelegte Ausbildungszeit zu werten (BAG 22. 9. 1982 AP BGB § 611 Ausbildungsverhältnis Nr. 5; BAG 8. 12. 1982 AP BBiG § 29 Ausbildungsvertrag Nr. 1). Eine **Verkürzung** nach § 29 II führt nicht zu einer Vorverlegung des Ausbildungsbeginns mit der Folge, dass der Anspruch auf Erhöhung der Ausbildungsvergütung schon früher entsteht (BAG 8. 12. 1982 AP BBiG § 29 Nr. 1).

5   **Sachwerte**, wie Wohnung, Heizung, Beleuchtung etc. können nach **Abs. 2 auf** bis zu 75% der Vergütung angerechnet werden; dem Auszubildenden muss mindestens ein Viertel seiner Vergütung als Geldleistung erbracht werden. Ob eine Anrechnung stattfindet und in welcher Höhe, richtet sich nach TV oder nach dem Einzelarbeitsvertrag (LAG Niedersachsen 31. 10. 1973 EzB BBiG § 10 II Nr. 1). Die Höhe der anzurechnenden Sachwerte ergibt sich aus § 17 I Nr. 3 SGB IV iVm. der jährlich geänderten SachBezV.

6   **Mehrarbeit** iSd. **Abs. 3** liegt vor, wenn die nach § 4 I Nr. 4 vereinbarte Dauer der regelmäßigen täglichen Arbeitszeit überschritten wird. Zur zulässigen täglichen Arbeitszeit von Jugendlichen §§ 8, 21 I JArbSchG; vergütungspflichtig ist aber auch verbotswidrig geleistete Mehrarbeit (*Leisten* BB 1981, 1100). Für die nach Abs. 3 zusätzlich zu zahlende Vergütung gilt ebenfalls der in Abs. 1 festgelegte Grundsatz der Angemessenheit. Ein Ausgleich der Mehrarbeit durch Kürzung der Ausbildungszeit an anderen Tagen ist nunmehr ausdrücklich vorgesehen, am Ausbildungszweck gemessen allerdings zweifelhaft.

§ 11 Bemessung und Fälligkeit der Vergütung

(1) ¹Die Vergütung bemißt sich nach Monaten. ²Bei Berechnung der Vergütung für einzelne Tage wird der Monat zu dreißig Tagen gerechnet.

(2) **Die Vergütung für den laufenden Kalendermonat ist spätestens am letzten Arbeitstag des Monats zu zahlen.**

1   § 11 dient der einheitlichen zeitlichen Bemessung der Vergütung und bestimmt ihre Fälligkeit (Abs. 1). Eine Bemessung nach einem kürzeren Zeitraum als dem Kalendermonat verstößt gegen die Berechnungsvorschrift des § 11 I 2 und gegen § 18 (*Wohlgemuth* Rn. 2; *Knopp/Kraegeloh* Rn. 1; aA *Herkert* Rn. 2). Vom Betriebsergebnis abhängige Vergütung, Stunden- oder Schichtlöhne können nicht vereinbart werden. Für die Berechnung eines Vergütungsanspruchs für nur einzelne Tage wird nach § 11 I 2 jeder Monat zu 30 Tagen gerechnet; das gilt auch für den Februar.

2   Abs. 2 regelt den Zahlungstermin für die Vergütung, der jedoch auf einen früheren Zeitpunkt verlegt werden kann. **Abschlagszahlungen und Vorschüsse** sind zulässig. Der Auszubildende muss spätestens am letzten Arbeitstag des Monats über die Vergütung verfügen können. Bei nicht rechtzeitiger Leistung tritt Verzug ohne Mahnung ein.

3   **Erfüllungsort** ist mangels abw. Vereinbarung der Ausbildungsort. Die Zahlung kann bar oder durch Überweisung erfolgen; letzterenfalls liegen Kosten und Risiko beim Ausbildenden, § 270 I BGB.

§ 12 Fortzahlung der Vergütung

(1) ¹Dem Auszubildenden ist die Vergütung auch zu zahlen
1. für die Zeit der Freistellung (§ 7),
2. bis zur Dauer von sechs Wochen, wenn er
   a) sich für die Berufsausbildung bereithält, diese aber ausfällt, oder
   b) aus einem sonstigen, in seiner Person liegenden Grund unverschuldet verhindert ist, seine Pflichten aus dem Berufsausbildungsverhältnis zu erfüllen.
²Wenn der Auszubildende infolge einer unverschuldeten Krankheit, einer Maßnahme der medizinischen Vorsorge oder Rehabilitation, einer Sterilisation oder eines Abbruchs der Schwangerschaft durch einen Arzt an der Berufsausbildung nicht teilnehmen kann, findet das Entgeltfortzahlungsgesetz Anwendung.

Fortzahlung der Vergütung § 12 BBiG 150

(2) Kann der Auszubildende während der Zeit, für welche die Vergütung fortzuzahlen ist, aus berechtigtem Grund Sachleistungen nicht abnehmen, so sind diese nach den Sachbezugswerten (§ 10 Abs. 2) abzugelten.

1. Normzweck. § 12 dient der Sicherung der Vergütung des Auszubildenden, wenn dieser auf Grund 1 Freistellung nach § 7 oder unverschuldet nicht an der Berufsausbildung teilnimmt oder seine Pflichten aus dem Berufsausbildungsverhältnis nicht erfüllen kann. Die Bestimmung ist lex specialis im Ausbildungsrecht, wird aber gem. § 3 II durch arbeitsrechtliche Schutzvorschriften ergänzt (§ 14 ArbPlSchG, §§ 9 III, 10 II S. 2, 43 JArbSchG; §§ 11, 16 MuSchG, § 2 EFZG); § 615 BGB ist im Falle einer unwirksamen Kündigung durch den Ausbildenden anwendbar (BAG 24. 5. 2000 NZA 2001, 216). § 12 gilt nicht nur für Berufsausbildungen gem. § 1 II, sondern gem. § 19 auch für andere Vertragsverhältnisse. Für den Anspruch aus § 12 I 2 folgt dies bereits aus dem Verweis auf das EFZG (§ 1 II EFZG).

2. Vergütungsfortzahlung während der Freistellung, § 12 I 1 Nr. 1. § 12 I 1 Nr. 1 schreibt die 2 Vergütungsfortzahlung für die Zeit der **Freistellung** nach § 7 vor. Das gilt auch für die Zeit eines notwendigen, aber vertraglich außerhalb des Beschäftigungsbetriebes zu absolvierenden Praktikums (ArbG Kiel 23. 12. 1997 NZA-RR 1998, 344). Den Anspruch haben auch nicht mehr berufsschulpflichtige Auszubildende (ArbG Münster 20. 12. 1979 EzB BBiG § 12 Abs. 1 Nr. 4), wenn der Berufsschulbesuch vertraglich vereinbart worden war. Auf den Anspruch kann erst nach Abschluss des Ausbildungsverhältnisses wirksam verzichtet werden (BAG 20. 8. 1980 AP LFZG § 6 Nr. 12; ArbG Kiel 23. 12. 1997 NZA-RR 1998, 344).

Zu **Dauer und Umfang der Freistellung:** §§ 9, 10 JArbSchG. Bleibt der Auszubildende der 3 Ausbildungsstätte fern, obwohl der Berufsschulunterricht ausgefallen ist, kann seine Vergütung entspr. gekürzt werden (*Götz* Rn. 277; *Leinemann/Taubert* Rn. 5). Eine Verrechnung von unentschuldigten Fehltagen mit Urlaubstagen hatte das BAG (5. 2. 1970 EzA BUrlG § 7 Nr. 11) jedoch nicht zugelassen. Auch wenn die Freistellung gem. § 7 länger als die vereinbarte regelmäßige Arbeitszeit dauert oder an einem ausbildungsfreien Tag stattfindet, ist nur die vereinbarte Vergütung für die regelmäßige tägliche Arbeitszeit zu zahlen (BAG 3. 9. 1960 AP JArbSchG § 13 Nr. 1; BAG 17. 11. 1972 AP JArbSchG § 13 Nr. 3; aA *Wohlgemuth* § 7 Rn. 27 f.). Findet die Schulausbildung an einem Tag statt, an dem im Betrieb nicht gearbeitet wird, fehlt es an der „Freistellung" iSd. Nr. 1; ein Vergütungsanspruch entsteht nicht.

Der Auszubildende hat grds. keinen Anspruch auf Ersatz der **Fahrtkosten,** die im Zusammenhang 4 mit der Freistellung entstehen; etwas anderes gilt im Falle betrieblicher Übung (BAG 11. 1. 1973 BB 1973, 566), oder wenn auf Veranlassung des Ausbildenden eine andere als die zuerst. Schule besucht wird, und dadurch Mehrkosten entstehen. Ein Anspruch auf Übernahme der Kosten anlässlich der Teilnahme des Auszubildenden an der **Abschlussprüfung an einem auswärtigen Prüfungsort** besteht grds. nicht, kann aber vertraglich vorgesehen werden oder sich aus der Verkehrssitte ergeben (BAG 14. 12. 1983 AP BBiG § 34 Nr. 1; LAG Frankfurt 28. 4. 1981 DB 1982, 860). Kosten für **Ausbildungsmaßnahmen außerhalb der Ausbildungsstätte** hat der Ausbildende zu tragen, wenn erst dadurch die Erfüllung der Ausbildungspflicht gewährleistet wird (BAG 29. 6. 1988 EzB BBiG § 5 Nr. 25).

3. Zeitlich begrenzte Fortzahlung der Vergütung, § 12 I 1 Nr. 2a und b. § 12 I 1 Nr. 2a erhält 5 den vertraglichen Anspruch auf Vergütung für höchstens 6 Wochen uneingeschränkt aufrecht, wenn die Ausbildung aus einem Auszubildenden zu vertretenden Grunde entfällt und er sich während dieser Zeit für die Berufsausbildung bereithält; das betrifft insb. Gründe aus der Risikosphäre des Ausbildenden (Betriebsstörung, Maschinenschaden, Auftragsmangel) oder die Wahrnehmung öffentl. Pflichten. **Bereithalten** setzt grds. ein ordnungsgemäßes Angebot zur Erfüllung der Pflichten voraus; nachfolgend muss der Auszubildende auf telefonische oder schriftliche Nachfrage fähig sein, die Ausbildung wieder aufzunehmen.

Die Vergütung ist ebenfalls zu zahlen, wenn der Auszubildende aus einem sonstigen, in seiner 6 Person liegenden Grund unverschuldet verhindert ist, seine Pflichten aus dem Berufsausbildungsverhältnis zu erfüllen, **§ 12 I 1 Nr. 2 b.** Die Vorschrift entspricht § 616 S. 1 BGB, ist jedoch unabdingbar und nicht lediglich auf „eine verhältnismäßig nicht erhebliche Zeit" begrenzt. Subjektive Verhinderungsgründe sind Heirat, Geburt, schwerwiegende Erkrankung naher Angehöriger, Umzug, medizinisch notwendige Arztbesuche, sofern sie nicht bereits Ausdruck einer Ausbildungsunfähigkeit gem. Abs. 1 S. 2 sind; Gerichtstermine etc. (*Wohlgemuth* Rn. 27 m. w. Bsp.; *Schaub* § 97 Rn. 5 mwN). Bei objektiven, nicht in der Person des Auszubildenden liegenden Hindernissen (Glatteis, Überschwemmungen, Verkehrshindernisse) besteht kein Anspruch auf die Fortzahlung der Vergütung (BAG 24. 3. 1982 DB 1982, 1883; 8. 12. 1982 AP BGB § 616 Nr. 58). Der subjektive Grund muss den Auszubildenden hindern, seine Pflichten aus dem Ausbildungsverhältnis zu erfüllen.

Der Begriff des **Verschuldens** entspricht dem des § 3 EFZG (vgl. dort Rn. 46 ff.). Bei **Verschulden** 7 **eines Dritten** ist der Auszubildende verpflichtet, seine Ansprüche gegen den Schädiger in Höhe der Vergütungsfortzahlung an den Ausbildenden abzutreten (LG Hannover 20. 11. 1973 BB 1974, 40).

Die Vergütung wird in den Fällen des § 12 I Nr. 2 a und b bis zur Dauer von höchstens **6 Wochen** 8 weitergezahlt. Zur Fristberechnung §§ 187, 188 BGB. Bei Pflege erkrankter Angehöriger ergibt sich

Schlachter 655

daraus nicht regelmäßig eine von § 616 S. 1 BGB abw. Privilegierung auszubildender Pflegepersonen: In der Person der Auszubildenden liegt die Verhinderung nämlich nur solange, wie eine anderweitige Betreuung nicht zumutbar organisiert werden kann; das dürfte sich den zu § 616 BGB entwickelten zeitlichen Grenzen annähern (*Schmitt* § 12 BBiG Rn. 97; Staudinger/*Oetker* § 616 BGB Rn. 93). Eine direkte Übertragung der zu § 616 BGB entwickelten zeitlichen Grenzen kommt demgegenüber nicht in Betracht, da dies dem bewusst abw. Wortlaut des § 12 widerspräche.

9 **4. Anwendbarkeit des EFZG, § 12 I 2.** § 12 I 2 verweist auf das **EFZG**, wenn der Auszubildende in den genannten Fällen an der Berufsausbildung nicht teilnehmen kann. Dadurch wird der in § 3 EFZG begründete, eigenständige Anspruch auf Entgeltfortzahlung für die Fälle der Ausbildungsunfähigkeit übernommen. Der Verhinderungsfall muss die Teilnahme an der Ausbildung verhindern und muss alleinige Ursache für die Unmöglichkeit der Teilnahme sein (§ 3 EFZG Rn. 28). Das **Verschulden** entspricht dem in § 3 EFZG, § 616 BGB, wobei auch das jugendliche Alter der Betroffenen zu berücksichtigen ist. Die **Beweislast** für ein etwaiges Verschulden des Auszubildenden trägt grds. der Ausbildende (BAG 4. 12. 1985 AP HGB § 63 Nr. 42; *Natzel* S. 257). Die unverschuldete Erkrankung muss kausal dafür geworden sein, dass der Auszubildende an der Ausbildung nicht teilnehmen kann, also zur „Ausbildungsunfähigkeit" geführt haben (BAG 17. 3. 1961 AP HGB § 63 Nr. 23; *Schmitt* § 12 BBiG Rn. 32; Staudinger/*Oetker* § 616 BGB Rn. 210). Rechtsfolge ist der in § 3 I EFZG begründete Anspruch auf Entgeltfortzahlung, dessen Höhe und Dauer sich ebenso wie die Anzeige- und Nachweispflichten und der Forderungsübergang bei Dritthaftung aus dem EFZG ergeben. Auch die einmonatige Wartefrist des § 3 III EFZG gilt im Berufsausbildungsverhältnis (LAG Sachsen 12. 6. 2002 NZA-RR 2003, 127); wird unmittelbar nach Abschluss der Ausbildung ein Arbeitsverhältnis zwischen denselben Parteien begründet, beginnt jedoch keine neue Wartefrist zu laufen. Unterschiede zur Rechtslage „normaler" AN bestehen generell insoweit, als bei der Anwendung des EFZG auf Auszubildende stets die Besonderheiten des Ausbildungszwecks zu berücksichtigen sind.

10 Mit Abs. 2 wird auf die SachBezV verwiesen, die auf Grundlage von § 17 I 1 Nr. 3 SGB IV erlassen worden ist, weil eine Abgeltung solcher Sachleistungen stattfinden muss, die der Auszubildende wegen der Verhinderung nicht abnehmen kann, zB Unterbringung/Verpflegung.

Dritter Abschnitt. Beginn und Beendigung des Berufsausbildungsverhältnisses

§ 13 Probezeit

¹ Das Berufsausbildungsverhältnis beginnt mit der Probezeit. ² Sie muß mindestens einen Monat und darf höchstens drei Monate betragen.

1 **1. Normzweck.** Die Probezeit ermöglicht den Vertragsparteien die Prüfung, ob der Auszubildende für den betreffenden Beruf geeignet ist. Der Auszubildende kann zudem die Zusammenarbeit mit dem Ausbildenden und die Ausbildungsstätte prüfen. Während der Probezeit kann das Ausbildungsverhältnis jederzeit nach § 15 BBiG fristlos **gekündigt** werden.

2 **2. Probezeit.** Die Probezeit (S. 1) beginnt mit der Berufsausbildung; maßgeblich ist der vertraglich vereinbarte Beginn, unabhängig vom Ausfall wegen Erkrankung oder Feiertagen. Eine dem Ausbildungsverhältnis vorgeschaltete selbständige Probezeit ist unzulässig; ihre generelle Verlängerung über drei Monate hinaus ist wegen § 18 unwirksam (*Wohlgemuth* Rn. 2; diff. *Knopp/Kraegeloh* Rn. 1b). Bei Unterbrechung der Ausbildung um mehr als ein Drittel der Probezeit kann die Verlängerung der Probezeit jedoch vertraglich vereinbart werden (BAG 15. 1. 1981 AP BBiG § 13 Nr. 1). Die Berufung des Ausbildenden auf eine solche Vereinbarung setzt aber voraus, dass er den Ausfall nicht selbst vertragswidrig herbeigeführt hat.

3 Eine Beschäftigung als **Praktikant** unmittelbar vor Beginn der Ausbildungszeit gilt als Ausbildungszeit und wird auf die Probezeit angerechnet (ArbG Wetzlar 24. 10. 1989 BB 1990, 1280; KR/*Weigand* §§ 14, 15 Rn. 43; aA LAG Berlin 12. 10. 1998 LAGE BBiG § 13 Nr. 2; MünchArbR/*Natzel* § 171 Rn. 49); dasselbe gilt für ein vorgeschaltetes Arbeitsverhältnis (ArbG Wiesbaden 17. 1. 1996 NZA-RR 1997, 6). Für die Zulässigkeit einer weiteren Probezeit nach Wechsel der Ausbildungsstätte LAG Rheinland-Pfalz 19. 4. 2001 EzBAT MTV Auszubildende Probezeit § 2 Nr. 1. Bei einer **Stufenausbildung** gilt der Anfang der Ausbildung in der ersten Ausbildungsstufe als Beginn des Berufsausbildungsverhältnisses. Die Probezeit ist daher nur vor der ersten Stufe zu absolvieren (BAG 27. 11. 1991 EzB BBiG § 13 Nr. 23).

§ 14 Beendigung

(1) Das Berufsausbildungsverhältnis endet mit dem Ablauf der Ausbildungszeit.

(2) Besteht der Auszubildende vor Ablauf der Ausbildungszeit die Abschlußprüfung, so endet das Berufsausbildungsverhältnis mit Bestehen der Abschlußprüfung.

(3) Besteht der Auszubildende die Abschlußprüfung nicht, so verlängert sich das Berufsausbildungsverhältnis auf sein Verlangen bis zur nächstmöglichen Wiederholungsprüfung, höchstens um ein Jahr.

1. Ende des Ausbildungsverhältnisses (Abs. 1). Das Ausbildungsverhältnis endet mit Zeitablauf 1 ohne Kündigung oder bes. Mitteilung. § 14 regelt die Beendigung des Berufsausbildungsverhältnisses nicht abschließend, denn es kann auch in beiderseitigem Einverständnis aufgehoben werden, seit Einführung des § 623 BGB jedoch nur noch in schriftlicher Form (*Preis/Gotthardt* NZA 2000, 348, 354). Zur Kündigung § 15.

Die Dauer der Ausbildungszeit ergibt sich aus der jeweiligen Ausbildungsordnung, § 25. Dabei sind 2 Verlängerungen, Verkürzungen, Unterbrechungen nach §§ 14 III, 29; § 6 III ArbPlSchG, § 20 I 2 BErzGG möglich und für den Fristablauf maßgeblich. Das Ausbildungsverhältnis endet auch dann mit Zeitablauf, wenn der Auszubildende zur Abschlußprüfung nicht zugelassen wird oder sich ihr nicht stellt; ein Zwang zur Teilnahme besteht nicht (LAG Bremen 19. 4. 1960 DB 1960, 1131). Den Ausbildenden kann dann aber die (Neben-)Pflicht treffen, eine Nachausbildung zu vereinbaren (ArbG Hamm 20. 6. 1968 DB 1968, 1762). Findet eine Abschlussprüfung kurze Zeit nach Ablauf der Vertragsfrist statt und wird die Ausbildung im Hinblick auf die Prüfung tatsächlich fortgesetzt, wird eine stillschweigende Verlängerung des Ausbildungsverhältnisses angenommen (*Natzel* S. 1363; *Grünberger* AuA 1996, 155); dies gerät aber in Konflikt mit § 17.

2. Vorzeitige Abschlussprüfung. Nach Abs. 2 endet das Berufsausbildungsverhältnis vor Ablauf 3 der vereinbarten Ausbildungszeit, wenn der Auszubildende die Abschlussprüfung vorher besteht. Die Abschlussprüfung ist **erst dann bestanden**, wenn das Prüfungsverfahren abgeschlossen und das Ergebnis der Prüfung mitgeteilt worden ist (BAG 7. 10. 1971 AP BBiG § 14 Nr. 1; 31. 10. 1985 AP BetrVG 1972 § 78 a Nr. 15; 16. 2. 1994 AP BBiG § 14 Nr. 6). Etwas anderes kann sich aus der nach § 41 erlassenen Prüfungsordnung ergeben (BAG 5. 4. 1989 EzB BBiG § 14 Abs. 2 Nr. 18). § 41 ermächtigt die zust. Stelle aber nicht, den Zeitpunkt des Bestehens der Prüfung auf einen Tag vor Feststellung des **Gesamtergebnisses** der Prüfung festzulegen (BAG 16. 2. 1994 AP BBiG § 14 Nr. 6).

3. Wiederholungsprüfung. Besteht ein Auszubildender die Abschlussprüfung nicht, kann er die 4 Verlängerung des Berufsausbildungsverhältnisses bis zur nächstmöglichen Wiederholungsprüfung verlangen, **Abs. 3**, höchstens um ein Ausbildungsjahr (BAG 7. 10. 1971 DB 1071, 1969). Mit Zugang des Verlangens beim Ausbildenden verlängert sich das Ausbildungsverhältnis unmittelbar (LAG Berlin 25. 2. 2000 NZA-RR 2001, 243), ohne dass der Ausbildende dies verweigern könnte. Eine Verlängerung liegt nur in engem zeitlichen Zusammenhang mit dem bestehenden Ausbildungsverhältnis vor; zudem muss der Zweck der Verlängerung, die angemessene Vorbereitung auf die Wiederholungsprüfung, noch sinnvoll erreichbar sein. Eine Frist zur Geltendmachung (*Götz* Rn. 102; KR/*Weigand* Rn. 27) ist jedoch nicht vorgesehen. Aber selbst eine Pflicht zu „unverzüglicher" Erklärung nach Bekanntgabe des Prüfungsergebnisses ermöglicht jedoch eine angemessene Überlegungsfrist (ArbG Hanau 26. 6. 1997 AuR 1998, 79). Durch die Verlängerung wird lediglich die Dauer der Ausbildung verändert, alle anderen Vertragsbedingungen bleiben bestehen. Das Ausbildungsverhältnis endet spätestens nach einem Jahr, berechnet ab dem Zugang des Verlängerungsverlangens. Liegt die nächstmögliche Prüfung vor diesem Termin, endet das Ausbildungsverhältnis zu diesem Zeitpunkt, selbst wenn der Auszubildende an dieser Prüfung vorwerfbar nicht teilnimmt (*Brill* BB 1998, 208) oder sie nicht besteht (auflösende Bedingung).

Der Auszubildende kann allerdings innerhalb der Höchstfrist des Abs. 3 eine weitere Verlängerung 5 verlangen (BAG 15. 3. 2000 AP BBiG § 14 Nr. 10; abl. ArbG Duisburg 20. 11. 1984 EzB BBiG § 14 III Nr. 8; LAG Düsseldorf 9. 6. 1998 LAGE BBiG § 14 Nr. 3; *Herkert* Rn. 7, 13; *Opolony* BB 1999, 1709). Allerdings muss diese Wiederholungsprüfung innerhalb der Jahresfrist, gerechnet ab dem 1. Verlängerungsverlangen, abgelegt werden (BAG 15. 3. 2000 AP BBiG § 14 Nr. 10; für die Zulässigkeit einer weiteren Verlängerung auch wenn die Abschlussprüfung außerhalb der Höchstfrist liegt: LAG Berlin 25. 2. 2000 NZA-RR 2001, 243). Eine großzügige Zulassung der Wiederholungsmöglichkeiten ist nach dem Normzweck geboten und mit dem Wortlaut vereinbar: Der Begriff der „Abschlussprüfung" ist nicht notwendig auf den ersten Versuch festgelegt. Die Jahresfrist bestimmt den absoluten Höchstumfang eines verlängerten Ausbildungsverhältnisses; sie darf indessen ausgeschöpft werden, selbst wenn die 2. Wiederholungsprüfung wenige Tage nach Fristablauf angesetzt ist. Mehr als zwei Wiederholungsprüfungen können nicht verlangt werden, § 34 I 2, auch nicht zur Wiederholung der bereits bestandenen Prüfung zwecks Notenverbesserung. Eine Verlängerung tritt auch ein bei **entschuldigtem Fehlen bei der Abschlussprüfung** (BAG 30. 9. 1998 AP BBiG § 14 Nr. 9; LAG Rheinland-Pfalz 5. 3. 1985 EzB BBiG § 14 III Nr. 10; *Sarge* DB 1993, 1034; aA ArbG Berlin 5. 12. 1985 EzB BBiG § 29 III Nr. 3: nur Verlängerung nach § 29 III möglich). Dasselbe gilt mind. entsprechend (BAG 30. 9. 1998 AP BBiG § 14 Nr. 9), wenn krankheitsbedingte Arbeitsunfähigkeit ursächlich für das Fehlen war.

Findet die Abschlussprüfung erst nach der Beendigung der vereinbarten Vertragsdauer statt, beginnt 6 das Ausbildungsverhältnis von dem Zeitpunkt des Verlangens an (für höchstens ein Jahr, Rn. 5) neu.

Wird die Fortsetzung noch während der Laufzeit des Berufsausbildungsverhältnisses verlangt, schließt sie sich unmittelbar an (*Gaul* BB 1988, 1385; *Wohlgemuth* Rn. 15). Die **Vergütung** richtet sich bei einer Verlängerung nach dem letzten regulären Ausbildungsjahr, nicht nach einem 4. Ausbildungsjahr, soweit sich aus einem TV nichts anderes ergibt (BAG 8. 2. 1978 EzB BBiG § 10 I Nr. 22; LAG Hamm 14. 7. 1976 DB 1977, 126).

§ 15 Kündigung

(1) Während der Probezeit kann das Berufsausbildungsverhältnis jederzeit ohne Einhalten einer Kündigungsfrist gekündigt werden.

(2) Nach der Probezeit kann das Berufsausbildungsverhältnis nur gekündigt werden
1. aus einem wichtigen Grund ohne Einhalten einer Kündigungsfrist,
2. vom Auszubildenden mit einer Kündigungsfrist von vier Wochen, wenn er die Berufsausbildung aufgeben oder sich für eine andere Berufstätigkeit ausbilden lassen will.

(3) Die Kündigung muß schriftlich und in den Fällen des Absatzes 2 unter Angabe der Kündigungsgründe erfolgen.

(4) ¹Eine Kündigung aus einem wichtigen Grund ist unwirksam, wenn die ihr zugrunde liegenden Tatsachen dem zur Kündigung Berechtigten länger als zwei Wochen bekannt sind. ²Ist ein vorgesehenes Güteverfahren vor einer außergerichtlichen Stelle eingeleitet, so wird bis zu dessen Beendigung der Lauf dieser Frist gehemmt.

1   **1. Normzweck, Allgemeines.** Die Vorschrift gestattet eine Beendigung des Berufsausbildungsverhältnisses durch Kündigung nur in beschränktem Umfang. Abgesehen von der Regelung in Abs. 1 kann das (befristete, § 14 I) Berufsausbildungsverhältnis nicht ordentlich gekündigt werden. Dieser Grundsatz des Abs. 2 gilt für alle Berufsausbildungsverhältnisse (LAG Düsseldorf 22. 1. 1976 DB 1976, 1112) und ist vertraglich nicht abänderbar; § 18 schließt eine weitergehende Zulassung der ordentlichen Kündigung aus (BT-Drucks. V/4260 zu § 15 II). Der Auszubildende soll ohne diese Sorge seine Ausbildung absolvieren können, für den Ausbildenden wird im Zuge der Ausbildung die praktische Arbeit des Auszubildenden wertvoller (KR/*Weigand* §§ 14, 15 Rn. 39). Vor jeder Kündigung des Berufsausbildungsverhältnisses ist der BR/Personalrat zu hören, da BetrVG und PersVG grds. auch für Ausbildungsverhältnisse gelten. Der Sonderkündigungsschutz gem. § 9 MuSchG, § 18 BErzGG, § 85 SGB IX, § 15 KSchG gilt auch für Berufsausbildungsverhältnisse (zum Recht der Schwerbehinderten: BAG 10. 12. 1987 AP SchwbG § 18 Nr. 11).

2   **Vor Antritt der Probezeit** kann das Ausbildungsverhältnis ordentlich gekündigt werden, wenn sich aus einer Vereinbarung oder aus den Umständen nichts anderes ergibt (BAG 17. 9. 1987 AP BBiG § 15 Nr. 7). In der Insolvenz des Ausbildenden kann der Verwalter das Ausbildungsverhältnis gem. § 113 InsO auch nach Ablauf der Probezeit fristgemäß kündigen (BAG 27. 5. 1993 EzA KO § 22 Nr. 5, vgl. § 113 InsO Rn. 6).

3   **2. Kündigung während der Probezeit (Abs. 1).** Während der Probezeit (§ 13) kann das Ausbildungsverhältnis jederzeit fristlos gekündigt werden. Die Kündigung nach Abs. 1 ist dennoch eine **ordentliche** Kündigung (BAG 10. 11. 1988 AP BBiG § 15 Nr. 8; *Kreutzfeldt/Kramer* DB 1995, 975). Die Vorschrift trägt dem Umstand Rechnung, dass die Vertragsparteien einander während der Probezeit prüfen sollen (§ 13 Rn. 1; BT-Drucks. V/4260 zu § 15 Abs. 1). Der Angabe eines Kündigungsgrundes bedarf es nicht (BAG 8. 3. 1977 DB 1977, 1322; *Große* BB 1993, 2082); die Schriftform des Abs. 3 ist zu beachten. Die Kündigung ist an §§ 138, 242, 612 a BGB zu messen (LAG Hamm 22. 8. 1985 AP BBiG § 15 Nr. 8). Das Verbinden mit einer **Auslauffrist** ist möglich, wenn sie unangemessen lang ist (BAG 10. 11. 1988 AP BBiG § 15 Nr. 8).

4   **3. Kündigung nach Ablauf der Probezeit (Abs. 2).** Nach **Abs. 2 Nr. 1** kann nach Ablauf der Probezeit beiderseits aus **wichtigem Grund** ohne Einhalten einer Kündigungsfrist gekündigt werden. Eine Auslauffrist ist auch hier möglich (BAG 16. 7. 1959 AP BGB § 626 Nr. 31). Einhaltung der Schriftform und Angabe des Kündigungsgrundes (BAG 10. 2. 1999 AP BMT-G II § 54 Nr. 2) sind Wirksamkeitsvoraussetzung (Abs. 3). Ein **wichtiger Grund** setzt in Anlehnung an § 626 BGB voraus, dass das Ausbildungsziel erheblich gefährdet und die Fortsetzung des Ausbildungsverhältnisses unzumutbar ist. Dabei ist das jugendliche Alter des Auszubildenden (ArbG Gelsenkirchen 20. 3. 1980 BB 1980, 679; ArbG Solingen 5. 9. 1990 EzB BBiG § 15 II Nr. 1 Nr. 74) und der Ausbildungszweck des Vertragsverhältnisses zu berücksichtigen (LAG Baden-Württemberg 21. 3. 1966 DB 1966, 747). Pflichtverstöße sind daher nur unter erschwerten Bedingungen als im Rahmen eines Arbeitsverhältnisses als unzumutbar für den Ausbildenden zu bewerten (LAG Köln 8. 1. 2003 – 7 Sa 852/02 –). Eine fristlose Kündigung kurz vor Abschluss der Ausbildung ist kaum noch möglich (BAG 10. 5. 1973 EzA BBiG § 15 Nr. 2; LAG Baden-Württemberg 31. 10. 1996 NZA-RR 1997, 288; LAG Köln 26. 6. 1987 LAGE BBiG § 15 Nr. 4; LAG Düsseldorf 15. 4. 1993 EzB BBiG § 15 II Nr. 1 Nr. 76). In jedem Fall ist die Kündigung nur als **ultima ratio** nach Ausschöpfung aller möglichen pädagogischen

Mittel und der Einschaltung des gesetzlichen Vertreters zulässig (LAG Mannheim 18. 8. 1953 WA 1954, 35). Einer vorherigen **Abmahnung** bedarf es nur ausnahmsweise nicht, wenn der Auszubildende, obwohl ihm die Gefährdung des Ausbildungsverhältnisses klargemacht wird, jede Einsicht in die Tragweite seines Verhaltens vermissen lässt (LAG Köln 11. 8. 1995 NZA 1996, 128) oder wenn eine Hinnahme des Verhaltens durch den Ausbildenden offensichtlich ausgeschlossen ist (BAG 1. 7. 1999 AP BBiG § 15 Nr. 11; LAG Berlin 22. 10. 1997 NZA-RR 1998, 442). **Verdachtskündigungen** sind nur dann zulässig, wenn der bes. Charakter des Ausbildungsverhältnisses eine vertiefte Vertrauensbasis erfordert (KR/*Weigand* §§ 14, 15 Rn. 48; *Wohlgemuth* Rn. 11).

Tatsachen, die von der **Rspr.** als wichtiger Grund für die Kündigung seitens des **Ausbildenden** 5 anerkannt worden sind: Eine **Folge von Pflichtwidrigkeiten**, die Sinn und Zweck der Ausbildung und das Erreichen des Ausbildungszieles in Frage stellen (BAG 22. 6. 1972 EzA BGB § 611 Nr. 1; ArbG Aachen 28. 6. 1974 BB 1976, 744) wie zB häufiges Zuspätkommen, unentschuldigtes Fernbleiben, Nichteinhalten der Zeitkontrolle, wiederholtes Erschleichen oder Übertreten des Urlaubs (LAG Hamm 7. 11. 1978 DB 1979, 606; ArbG Hamburg 16. 6. 1958 BB 1959, 669), verspätetes Abliefern der Berichtshefte trotz Abmahnung (Hessisches LAG 3. 11. 1997 BB 1998, 2268; ArbG Wesel 14. 11. 1996 NZA-RR 1997, 291), Nichteinhaltung von Ausbildungszeiten und mehrfaches unentschuldigtes Versäumen des Berufsschulunterrichts (LAG München 14. 3. 1978 EzB BBiG § 15 II Nr. 34; LAG Düsseldorf 15. 4. 1993 EzB BBiG § 15 II Nr. 1 Nr. 76) bzw. Weigerung, die Berufsschularbeiten zu erledigen (LAG Düsseldorf 13. 1. 1959 BB 1959, 490) (nicht aber: mangelhafte Berufsschulleistungen); das Nehmen einer größeren Anzahl von **Fahrstunden** während einer krankheitsbedingten Arbeitsunfähigkeit (ArbG Stade 16. 10. 1970 EzB BBiG § 15 II Nr. 1 Nr. 25), die Weigerung, zulässigerweise angeordnete **Mehrarbeit** zu leisten (LAG Düsseldorf 27. 1. 1955 DB 1955, 222), **unbefugtes Fahren** eines Kfz auf dem Betriebsgelände durch einen Auszubildenden im Kfz-Handwerk (ArbG Passau 10. 2. 1966 ARSt 1966, 84 Nr. 139), **grobe Beleidigung** des Ausbildenden (ArbG Emden 5. 6. 1968 ARSt 1969, 14 Nr. 1010; ArbG Göttingen 13. 4. 1976 GewArch 1977, 153), **Diebstahl** (LAG Düsseldorf 6. 11. 1973 EzB BBiG § 15 II Nr. 17; ArbG Duisburg 9. 6. 1971 EzB BBiG § 15 II Nr. 1 Nr. 16; aA ArbG Reutlingen 20. 5. 1977 AP BBiG § 15 Nr. 5 wegen Vorrangs der betrieblichen Resozialisierung; KR/*Weigand* §§ 14, 15 Rn. 67), **Straftat gegen das BtMG**, sofern sie im Betrieb begangen wurde (ArbG Wilhelmshaven 16. 4. 1982 EzB BBiG § 15 II Nr. 1, III Nr. 47), gewerkschaftliche oder **parteipolitische Betätigung** allenfalls, wenn sie das Vertragsverhältnis konkret beeinträchtigt und den Betriebsfrieden ernsthaft stört (BAG 15. 7. 1971 AP KSchG § 1 Nr. 83; ArbG Kiel 20. 12. 1974 GewArch 1980, 14), **Tragen einer Politikplakette** (BAG 9. 12. 1982 EzA BGB § 626 nF Nr. 86; aA ArbG Hamburg 6. 6. 1979 BB 1980, 104; ArbG Köln 28. 3. 1984 BB 1985, 663), **Verbreiten neonazistischen Gedankenguts** während der Arbeitszeit und mit Hilfe der dem Auszubildenden zur Verfügung gestellten Mittel, auch bei einem zeitlich weit fortgeschrittenen Berufsausbildungsverhältnis (LAG Köln 11. 8. 1995 NZA-RR 1996, 128), rassistisches Verhalten (BAG 1. 7. 1999 AP BBiG § 15 Nr. 11; LAG Berlin 22. 10. 1997 NZA-RR 1998, 442); ggf. Wegfall der Ausbildungsberechtigung (§ 3 Rn. 13); **Stilllegung oder wesentliche betriebliche Einschränkung der Ausbildungsstätte** (ArbG Köln 6. 5. 1965 BB 1965, 1110). Bei Stilllegung in der Insolvenz ist die Frist des § 113 InsO zu beachten (BAG 3. 12. 1998 AP InsO § 113 Nr. 1; MünchArbR/*Natzel* § 178 Rn. 307).

Wichtige Gründe, die den **Auszubildenden** zu einer Kündigung berechtigen: Weigerung des Aus- 6 bildenden, den Auszubildenden zu einem von der Innung vorgeschriebenen **Fortbildungskurs** zu schicken (ArbG Stade 29. 8. 1969 ARSt 1970, 31, Nr. 1029), **Fehlen oder Verlieren der Berechtigung zum Einstellen oder Ausbilden**, Untersagung der Ausbildung durch die Behörde gem. § 24, auch wenn die Entscheidung später wieder aufgehoben wird (ArbG Celle 15. 12. 1971 EzB BBiG § 15 II Nr. 1 Nr. 39), schwerer Verstoß gegen die Bestimmungen des **JArbSchG** (BAG 28. 10. 1971 EzA BGB § 626 nF Nr. 9), oder andere Arbeitsschutzvorschriften (KR/*Weigand* §§ 14, 15 Rn. 78); dauernde Beschäftigung mit ausbildungsfremden Tätigkeiten (LAG Schleswig-Holstein 5. 8. 1969 DB 1969, 2188); **Tätlichkeiten oder grobe Ehrverletzungen** gegen den Auszubildenden, systematisch schlechte Behandlung durch die Mitarbeiter (ArbG Marburg 27. 11. 1962 AP BGB § 611 Nr. 20; ArbG Verden 24. 1. 1969 ARSt 1969 Nr. 142).

Die Parteien können wichtige Gründe iSd. Abs. 2 Nr. 1 unter Berücksichtigung der Eigenart des 7 Ausbildungsverhältnisses **einzelvertraglich** konkretisieren (BAG 22. 11. 1973 EzA BGB § 626 nF Nr. 33). Die Vereinbarung von wichtigen Gründen über das gesetzliche Maß hinaus ist aber unzulässig (KR/*Weigand* §§ 14, 15 Rn. 83).

Der Auszubildende kann außerdem nach **Abs. 2 Nr. 2** mit einer Kündigungsfrist von vier Wochen 8 kündigen, wenn er die **Berufsausbildung aufgeben** oder sich für eine andere Berufstätigkeit ausbilden lassen will. Die Ernsthaftigkeit der Erklärung lässt sich kaum nachprüfen. Die Gefahr des Missbrauchs der Kündigung ist um einer zutreffenden Berufsfindung willen und wegen des Rechts aus Art. 12 GG in Kauf zu nehmen. Bei einer Kündigung zur Fortsetzung derselben Ausbildung in einem Konkurrenzunternehmen macht sich der Auszubildende **schadensersatzpflichtig** (BAG 28. 2. 1966 ARSt 1967, 127 Nr. 1192). Die Kündigungserklärung eines **Minderjährigen** erfordert die Einwilligung oder Mitwirkung der Erziehungsberechtigten (ArbG Stade 19. 11. 1965 ARSt 1966 Nr. 35), § 111 S. 1 BGB. Kündigt der Ausbildende einem Minderjährigen, muss er die Erklärung gegenüber den gesetzlichen Vertretern abgeben (§ 131 BGB), weil § 113 BGB nach hM für Berufsausbildungsverhältnisse nicht gilt (BAG 25. 11. 1976 AP BBiG § 15 Nr. 4; LAG Nürnberg 21. 6. 1994 LAGE BBiG § 15 III Nr. 8).

9   4. **Schriftform, Unwirksamkeit der Kündigung (Abs. 3 und 4).** Die Kündigung muss **schriftlich** und in den Fällen des Abs. 2 unter **Angabe der Kündigungsgründe** erfolgen, **Abs. 3**; dies gilt für beide Vertragsparteien. Ein Verstoß dagegen führt zur Nichtigkeit gem. § 125 BGB (BAG 25. 8. 1977 EzA BGB § 125 Nr. 3). Eine nachträgliche Mitteilung der Kündigungsgründe heilt den Mangel nicht (BAG 22. 2. 1972 AP BBiG § 15 Nr. 1; LAG Baden-Württemberg 5. 1. 1990 DB 1990, 588); auch das Nachschieben von Gründen im Prozess ist idR unzulässig (LAG Hamburg 30. 9. 1994 LAGE BBiG § 15 Nr. 9; LAG Berlin 22. 8. 1977 DB 1978, 259). Die die Kündigung begründenden Tatsachen müssen so eindeutig beschrieben werden, dass der fragliche Lebenssachverhalt auch im Prozess nicht ernsthaft streitig werden kann (BAG 10. 2. 1999 AP BMT-G II § 54 Nr. 2) und dass die Erfolgsaussichten einer Klage erkennbar sind (BAG 22. 2. 1972 AP BBiG § 15 Nr. 1). Die Angabe der subjektiv maßgeblichen Gründe genügt, der AG darf sich im Rechtsstreit dann aber nicht auf Gründe stützen, die er im Kündigungsschreiben nicht genannt hat (LAG Hamburg 29. 8. 1997 LAGE BBiG § 15 Nr. 11).

10   Eine Kündigung nach II Nr. 1 muss **innerhalb von zwei Wochen** nach Kenntnis des wichtigen Grundes erklärt werden, § 15 IV 1. Das entspricht nach Inhalt und Zweck § 626 II BGB (*Grünberger* AuA 1996, 155, 157). Ist ein außergerichtliches Güteverfahren eingeleitet, so wird bis zu dessen Beendigung diese Frist gehemmt, § 15 IV 2. Dieses Verfahren ist bereits vor Ausspruch einer Kündigung einzuleiten mit dem Ziel, die Beendigung des Arbeitsverhältnisses zu verhindern (*Leinemann/ Taubert* Rn. 106). Die Anrufung eines nach § 111 IV ArbGG gebildeten Schlichtungsausschusses ist möglich, aber erst nach der Kündigung erforderlich. Sie gilt als unverzichtbare Prozessvoraussetzung für die Klage (BAG 25. 11. 1976 AP BBiG § 15 Nr. 4; BAG 13. 4. 1989 DB 1990, 586; aA *Leinemann/ Taubert* Rn. 137), kann aber bis zur streitigen Verhandlung nachgeholt werden (BAG 25. 11. 1976 AP BBiG § 15 Nr. 4). Die Anrufung des Gremiums ist regelmäßig innerhalb von 3 Wochen, bei Verhinderung aber bis zur Grenze der Verwirkung unbefristet möglich (BAG 13. 4. 1989 DB 1990, 586; aA *Sarge* DB 1989, 880; *Kreutzfeldt/Kramer* DB 1995, 975 mwN Fn. 9).

11   5. **Anwendbarkeit des KSchG.** Eine soziale Rechtfertigung einer Kündigung gem. § 1 KSchG kommt im Ausbildungsverhältnis nicht in Betracht, da nach Ablauf der Probezeit gem. Abs. 2 nur noch fristlos gekündigt werden kann. Anwendbar sind nach Ansicht der Rspr. aber §§ 13 I 2, 4 S. 1 KSchG (BAG 26. 1. 1999 AP KSchG 1969 § 4 Nr. 43; 5. 7. 1990 NZA 1991, 671), wenn das KSchG im Übrigen anwendbar wäre; zu den Voraussetzungen vgl. § 13 KSchG. Ausgenommen davon, dh. Klagemöglichkeit ohne Fristeinhaltung, sind solche Fälle, in denen gem. § 111 II ArbGG kein Schlichtungsausschuss gebildet werden muss (BAG 13. 4. 1989 AP KSchG 1969 § 4 Nr. 21; 5. 7. 1990 AP KSchG 1969 § 4 Nr. 23; 26. 1. 1999 AP KSchG 1969 § 4 Nr. 43). Nach aA (ArbG Koblenz 24. 10. 1984 DB 1985, 1952; LAG Hamm 19. 6. 1986 LAGE KSchG § 5 Nr. 24; vgl. auch KSchG § 4 Rn. 7; KR/ *Weigand* §§ 14, 15 Rn. 123; Stahlhacke/*Vossen* Rn. 1733) widerspricht das Erfordernis der Fristwahrung dem Zweck des BBiG, das einen erhöhten Bestandsschutz zur Verwirklichung des Ausbildungsziels voraussetzt. Die Kritik ist berechtigt, denn die Differenzierung zwischen Bezirken mit und ohne Schlichtungsausschuss ist sachwidrig.

§ 16 Schadensersatz bei vorzeitiger Beendigung

(1) ¹**Wird das Berufsausbildungsverhältnis nach der Probezeit vorzeitig gelöst, so kann der Ausbildende oder der Auszubildende Ersatz des Schadens verlangen, wenn der andere den Grund für die Auflösung zu vertreten hat.** ²**Dies gilt nicht im Falle des § 15 Abs. 2 Nr. 2.**

(2) **Der Anspruch erlischt, wenn er nicht innerhalb von drei Monaten nach Beendigung des Berufsausbildungsverhältnisses geltend gemacht wird.**

1   Die Vorschrift gewährt der vertragstreuen Partei einen **Schadensersatzanspruch** bei jeglicher vorzeitiger Beendigung, also unvollständigen Durchführung (BAG 17. 7. 1997 AP BBiG § 16 Nr. 2) des Berufsausbildungsverhältnisses. Weitere Ersatzansprüche können sich aus den allg. arbeitsrechtlichen Vorschriften ergeben, § 3 II.

2   Voraussetzung des Anspruchs aus Abs. 1 ist die tatsächliche Beendigung des Berufsausbildungsverhältnisses nach der Probezeit; auf die rechtliche Zulässigkeit der Beendigung kommt es nicht an (BAG 17. 8. 2000 NZA 2001, 150). Der Anspruch besteht nicht, wenn die Ausbildung gar nicht erst angetreten (ArbG Celle 23. 3. 1982 EzA BBiG § 16 Nr. 8) oder vor Ablauf der Probezeit beendet wird. Bei einvernehmlicher Aufhebung des Ausbildungsverhältnisses ist gegenseitiger Verzicht auf Schadensersatz anzunehmen. Die vorzeitige Beendigung des Ausbildungsverhältnisses muss von der vertragsuntreuen Partei zu vertreten sein, §§ 276, 278 BGB (BAG 22. 6. 1972 EzA BGB § 611 Ausbildungsverhältnis Nr. 1); das kann auch die Partei sein, die die Auflösung veranlasst, etwa: der Ausbildende, dem die Eignung fehlt (§ 20), weil der geeignete Ausbilder fehlt (*Opolony* Rn. 768;

KR/*Weigand* §§ 14, 15 Rn. 131). Eine **Ausnahme** von der Schadensersatzpflicht besteht nach Abs. 1 S. 2 im Falle des Ausbildungswechsels, § 15 II Nr. 2.

Rechtsfolge ist der Ersatz des Schadens, der durch die vorzeitige Beendigung des Ausbildungs- 3 verhältnisses entstanden ist, §§ 249 ff., 254 BGB (LAG Köln 30. 10. 1998 NZA 1999, 317). Ersatzfähig sind zB die Aufwendungen für die Begründung eines neuen Berufsausbildungsverhältnisses und die Mehrkosten, die durch die Ausbildung an einem anderen Ort verursacht werden (BAG 11. 8. 1987 AP BBiG § 16 Nr. 9). Dagegen kann der Ausbildende von dem vertragsbrüchigen Auszubildenden nicht Ersatz für die Übernahme der Tätigkeit durch einen – teureren – AN verlangen: das Ausbildungsverhältnis schützt nicht die Produktionsinteressen des Betriebes (BAG 17. 8. 2000 NZA 2001, 150). Der Auszubildende kann Vertrauensschaden wegen Verletzung vorvertraglicher Pflichten nicht aus § 16 ersetzt verlangen (BAG 17. 7. 1997 AP BBiG § 16 Nr. 2), wohl aber aus Verschulden bei Vertragsschluss.

Der Anspruch muss (Ausschlussfrist) innerhalb von drei Monaten nach Beendigung des Berufs- 4 ausbildungsverhältnisses zumindest dem Grunde nach geltend gemacht werden, **Abs. 2**. Der Ausschuss für Streitigkeiten aus dem Ausbildungsverhältnis (§ 111 II ArbGG) muss vorprozessual nicht angerufen werden, da es sich insoweit nicht um eine Streitigkeit aus einem bestehenden Berufsausbildungsverhältnis handelt (LAG Düsseldorf 26. 6. 1984 EzB BBiG § 16 Nr. 9).

Vierter Abschnitt. Sonstige Vorschriften

§ 17 Weiterarbeit

Wird der Auszubildende im Anschluß an das Berufsausbildungsverhältnis beschäftigt, ohne daß hierüber ausdrücklich etwas vereinbart worden ist, so gilt ein Arbeitsverhältnis auf unbestimmte Zeit als begründet.

Entspr. § 625 BGB dient die Vorschrift der Klarstellung der Rechtslage, wenn der Auszubildende 1 nach Ende des Ausbildungsverhältnisses ohne Unterbrechung und ohne entspr. Vereinbarung weiterbeschäftigt wird (BT-Drucks. V/4260). § 17 erfasst auch den Auszubildenden, der vor Abschluss der vereinbarten Vertragslaufzeit seine Abschlussprüfung besteht, § 14 II, und anschließend wieder im Betrieb tätig wird. Eine Verpflichtung zur Begründung eines Arbeitsverhältnisses besteht im Übrigen nicht (BAG 11. 4. 1984 EzA BBiG § 17 Nr. 12), vgl. jedoch § 78 a BetrVG, § 9 BPersVG. Selbst tarifliche „Übernahmeverpflichtungen" begründen nicht automatisch ein Arbeitsverhältnis, sondern verpflichten lediglich den Ausbildenden, ein solches anzubieten (BAG 14. 10. 1997 NZA 1998, 775; 14. 10. 1997 AP TVG Tarifverträge: Metallindustrie § 1 Nr. 154, 155); Nichterfüllung führt insoweit nur zu Schadensersatzansprüchen. Soll der Auszubildende nicht weiterbeschäftigt werden, ist diese Entscheidung ggf. an § 75 BetrVG zu messen (BAG 5. 4. 1984 AP BBiG § 1 Nr. 2); auf eine Meinungsäußerung des Auszubildenden darf die Ablehnung nicht gestützt werden (BVerfG 19. 5. 1992 NJW 1992, 2409).

Eine **Weiterbeschäftigung** iSd. § 17 liegt vor, wenn der Auszubildende an dem der rechtlichen 2 Beendigung des Berufsausbildungsverhältnisses folgenden Arbeitstag erscheint und auf Weisung oder mit Wissen und Willen des Ausbildenden oder eines Vertreters tätig wird (BAG 8. 2. 1978 EzA BBiG § 10 Nr. 1; LAG Hamm 14. 7. 1976 DB 1977, 126). Darüber darf keine **ausdrückliche Vereinbarung** getroffen worden sein; liegt eine solche vor, ist sie an § 5 I zu messen. Hat der Ausbildende ausdrücklich erklärt, dass er den Auszubildenden nach Beendigung des Berufsausbildungsverhältnisses nicht weiter beschäftigen wolle oder könne, greift § 17 nicht (LAG Frankfurt 14. 6. 1982 EzB BBiG § 17 Nr. 8). **Rechtsfolge** des § 17 ist das Zustandekommen eines Arbeitsverhältnisses auf unbestimmte Zeit. Soll statt dessen ein befristetes Arbeitsverhältnis geschlossen werden (vgl. § 14 I Nr. 2 TzBfG; dazu *Kliemt* NZA 2001, 296 f.), muss die Befristung schriftlich erfolgen, § 14 IV TzBfG. Eine stillschweigende Verlängerung des Ausbildungsverhältnisses wird zT angenommen, wenn die Abschlussprüfung nach dem Ende des Ausbildungsvertrages liegt und die Ausbildung einvernehmlich fortgesetzt wird (§ 14 Rn. 2). Wird der Auszubildende dann mit Facharbeiten beschäftigt, wandelt sich das Ausbildungs- in ein Arbeitsverhältnis mit den entspr. Entgeltansprüchen um (ArbG Kiel 7. 10. 1970 AP BBiG § 17 Nr. 1).

§ 18 Unabdingbarkeit

Eine Vereinbarung, die zuungunsten des Auszubildenden von den Vorschriften dieses Teils des Gesetzes abweicht, ist nichtig.

§§ 3 bis 19 BBiG sind zum **Schutz des Auszubildenden** unabdingbar; auch von den allg. Rechts- 1 vorschriften iSd. § 3 II darf nicht zuungunsten des Auszubildenden abgewichen werden. Ob die Abweichung zuungunsten des Auszubildenden wirkt, ist objektiv zu bestimmen. § 18 gilt auch für Betriebs- und Dienstvereinbarungen und TV (LAG Rheinland-Pfalz 7. 3. 1997 EzB BBiG § 10 I

Nr. 65). Unzulässige Vereinbarungen beseitigen nicht den Bestand des Vertrages, sondern werden durch die gesetzlichen Regelungen ersetzt (BAG 13. 3. 1975 AP BBiG § 5 Nr. 2).

§ 18 a Interessenvertretung

(1) Auszubildende, deren praktische Berufsbildung in einer sonstigen Berufsbildungseinrichtung außerhalb der schulischen und betrieblichen Berufsbildung (§ 1 Abs. 5) mit in der Regel mindestens fünf Auszubildenden stattfindet und die nicht wahlberechtigt zum Betriebsrat nach § 7 des Betriebsverfassungsgesetzes, zur Jugend- und Auszubildendenvertretung nach § 60 des Betriebsverfassungsgesetzes oder zur Mitwirkungsvertretung nach § 36 des Neunten Buches Sozialgesetzbuch sind (außerbetriebliche Auszubildende), wählen eine besondere Interessenvertretung.

(2) Absatz 1 findet keine Anwendung auf Berufsbildungseinrichtungen von Religionsgemeinschaften sowie auf andere Berufsbildungseinrichtungen, soweit sie eigene gleichwertige Regelungen getroffen haben.

§ 18 b Verordnungsermächtigung

Das Bundesministerium für Bildung und Forschung bestimmt durch Rechtsverordnung mit Zustimmung des Bundesrates im Einzelnen die Fragen, auf die sich die Beteiligung erstreckt, die Zusammensetzung und die Amtszeit der Interessenvertretung, die Durchführung der Wahl, insbesondere die Feststellung der Wahlberechtigung und der Wählbarkeit sowie Art und Umfang der Beteiligung.

1   Auszubildende in außerbetrieblichen Ausbildungseinrichtungen („sonstige Berufsbildungseinrichtungen", vgl. § 1 Rn. 6) wurden zuvor von keiner betrieblichen Interessenvertretung vertreten (BAG 20. 3. 1996 AP BetrVG 1972 Ausbildung Nr. 9, 10), da sie nicht zu den AN iSd. § 5 I BetrVG zählen, sondern ihre Ausbildung gerade den Betriebszweck des Ausbildungsbetriebes darstellte. An der Wahl des BR bzw. der JAV des Ausbildungsbetriebes sind sie daher nicht zu beteiligen. Eine gesonderte Interessenvertretung der beruflichen Rehabilitanden wurde in § 36 SGB IX geschaffen, § 18 a führt parallel dazu eine weitere Interessenvertretung ein, zu der allerdings nur wahlberechtigt ist, wer durch die vorgenannten Einrichtungen nicht vertreten werden kann. Die erforderliche Mindestzahl von fünf außerbetrieblich Auszubildenden übernimmt den in §§ 1, 60 BetrVG vorgesehenen Schwellenwert für die Schaffung einer Interessenvertretung.

2   Abs. 2 nimmt die Berufsbildungseinrichtungen von Religionsgemeinschaften von der Bildung von Interessenvertretungen aus, um entsprechend § 118 Abs. 2 BetrVG das kirchliche Selbstbestimmungsrecht zu respektieren. Die weitere Bereichsausnahme zugunsten bestehender Vertretungsregelungen macht deutlich, dass Einrichtungen, die bereits ohne Bestehen einer Rechtspflicht gleichwertige Vertretungen geschaffen hatten, an ihren individuell zugeschnittenen Lösungen festhalten dürfen.

3   § 18 b bildet die Ermächtigungsgrundlage für eine RechtsV über die Einzelheiten der Einrichtung und Befugnisse einer Interessenvertretung gem. § 18 a. Die auf dieser Grundlage konzipierte VO über die Vertretung der Interessen der Auszubildenden in sonstigen Berufsbildungseinrichtungen außerhalb der schulischen und betrieblichen Berufsbildung orientierte sich an den Vorschriften über die JAV, §§ 60 ff. BetrVG. Da die VO im Bundesrat gescheitert (BR-Drucks. 339/02) ist, läuft die Vorschrift leer.

§ 19 Andere Vertragsverhältnisse

Soweit nicht ein Arbeitsverhältnis vereinbart ist, gelten für Personen, die eingestellt werden, um berufliche Kenntnisse, Fertigkeiten oder Erfahrungen zu erwerben, ohne daß es sich um eine Berufsausbildung im Sinne dieses Gesetzes handelt, die §§ 3 bis 18 mit der Maßgabe, daß die gesetzliche Probezeit abgekürzt, auf die Vertragsniederschrift verzichtet und bei vorzeitiger Lösung des Vertragsverhältnisses nach Ablauf der Probezeit abweichend von § 16 Abs. 1 Satz 1 Schadensersatz nicht verlangt werden kann.

1   Die Vorschrift regelt die Anwendung bestimmter Vorschriften des BBiG auf andere als Berufsausbildungsverhältnisse. Dient das Vertragsverhältnis nicht vorrangig dem Erwerb beruflicher Kenntnisse usw., untersteht es als Arbeitsverhältnis lediglich dem allg. Arbeitsrecht, nicht dem BBiG. Als andere Ausbildung iSd. § 19 gelten Rechtsverhältnisse, in denen erstmals Kenntnisse oder Fertigkeiten vermittelt werden (LAG Schleswig-Holstein 27. 2. 2001 FA 2001, 185), insb. die Ausbildung von Praktikanten und Volontären (BAG 19. 6. 1974 AP BAT § 3 Nr. 3).

2   Ein **Volontär** ist eine Person, die sich gegenüber dem AG als Ausbildenden zur Leistung von Diensten und dieser sich zur Ausbildung der Person verpflichtet, ohne dass mit der Ausbildung eine vollständig abgeschlossene Fachausbildung in einem anerkannten Ausbildungsberuf beabsichtigt wäre.

Die früher in § 82a HGB vorgesehene Unentgeltlichkeit der Tätigkeit von Volontären wird durch §§ 19, 10 ausgeschlossen (*Wohlgemuth* Rn. 4).

Praktikanten sind Personen, die sich, ohne eine systematische Berufsausbildung zu absolvieren, einer bestimmten betrieblichen Tätigkeit und Ausbildung im Rahmen einer Gesamtausbildung unterziehen (*Knigge* AR-Blattei SD 1740 Rn. 30). Studenten, bei denen das Praktikum in die Ausbildung integriert ist, sind keine Praktikanten (BAG 19. 6. 1974 AP BAT § 3 Nr. 3; krit. *Wohlgemuth* Rn. 5; *Fangmann* AuR 1977, 205; *Scherer* NZA 1986, 280). Medizinstudenten im „Praktischen Jahr" haben keinen Anspruch auf Vergütung (BAG 25. 3. 1981 AP BBiG § 19 Nr. 1), da die Tätigkeit Bestandteil des Studiums ist und nicht „Praktikum". 3

Werkstudenten und **Schüler** werden idR als AN eingestellt, § 19 findet dann keine Anwendung. Auf Schüler im Betriebspraktikum sind arbeitsrechtliche Bestimmungen grds. nicht anwendbar. Für Personen, die sich fortbilden (§ 46 BBiG) oder umschulen (§ 47) lassen, gilt § 19 ebenfalls nicht (BAG 15. 3. 1991 AP BBiG § 47 Nr. 2). Der **Anlernling**, der in einem engeren Fachgebiet eine planmäßige Spezialausbildung erhält, fällt unter § 19 (vgl. BAG 19. 6. 1974 AP BAT § 3 Nr. 3). In Abgrenzung zum Auszubildenden ist die Ausbildung des Anlernlings kürzer, seine persönliche Bindung an den Ausbildenden geringer (*Schaub* § 16 I 2). 4

Rechtsfolge des § 19 ist die Anwendung der §§ 3 bis 18 BBiG, abgesehen von den in § 19 vorgesehenen Ausnahmen. 5

Dritter Teil. Ordnung der Berufsbildung

Erster Abschnitt. Berechtigung zum Einstellen und Ausbilden

§ 20 Persönliche und fachliche Eignung

(1) ¹Auszubildende darf nur einstellen, wer persönlich geeignet ist. ²Auszubildende darf nur ausbilden, wer persönlich und fachlich geeignet ist.

(2) Persönlich nicht geeignet ist insbesondere, wer
1. Kinder und Jugendliche nicht beschäftigen darf oder
2. wiederholt oder schwer gegen dieses Gesetz oder die auf Grund dieses Gesetzes erlassenen Vorschriften und Bestimmungen verstoßen hat.

(3) Fachlich nicht geeignet ist, wer
1. die erforderlichen beruflichen Fertigkeiten und Kenntnisse oder
2. die erforderlichen berufs- und arbeitspädagogischen Kenntnisse nicht besitzt.

(4) Wer fachlich nicht geeignet ist oder wer nicht selbst ausbildet, darf Auszubildende nur dann einstellen, wenn er einen Ausbilder bestellt, der persönlich und fachlich für die Berufsausbildung geeignet ist.

Die Bestimmungen über die Eignung zur Ausbildung sind öffentl. Berufsordnungsrecht. Zum Schutz des Auszubildenden ist dessen Einstellung von der persönlichen Eignung des Ausbildenden und von der persönlichen und fachlichen Eignung des Ausbilders abhängig. Die Vorschrift erlaubt die Einstellung von Auszubildenden auch dem, der mangels fachlicher Eignung nicht selbst ausbilden darf, wenn ein geeigneter Ausbilder vorhanden ist (Rn. 4). Bei juristischen Personen ist die persönliche Eignung der diese vertretenden natürlichen Person maßgeblich (VGH Baden-Württemberg 22. 12. 1988 EzB BBiG §§ 20, 21 Nr. 22). 1

Abs. 2 nennt nicht abschließend Gründe, die die persönliche Eignung ausschließen: Nach Nr. 1 ist persönlich nicht geeignet, wer **Kinder und Jugendliche nicht beschäftigen** darf, vgl. § 25 JArbSchG. Die mit § 25 JArbSchG begründete persönliche Ungeeignetheit gilt für alle Ausbildungsverhältnisse, auch für die mit erwachsenen Auszubildenden. Die Dauer der seit dem Verstoß verstrichenen Zeit ist gem. § 25 I 2, 3 JArbSchG zur Eignungsbeurteilung zu berücksichtigen. Bei den im Abs. 2 Nr. 2 genannten **wiederholten** Verstößen sind mindestens zwei Verstöße vorausgesetzt, unabhängig von deren Schwere (*Wohlgemuth* Rn. 6; aA *Herkert* Rn. 13); einer gerichtlichen Feststellung der Verstöße bedarf es nicht. Ob ein **schwerer** Verstoß vorliegt, bestimmt sich danach, ob für den Auszubildenden ein schwerer Schaden entstanden ist. Zu den **Bestimmungen** iSd. Abs. 2 Nr. 2 zählen neben dem BBiG selbst die von der zust. Stelle erlassenen Regelungen (§ 44) und die Vorschriften der HandwO (§ 100). Als weitere Gründe für eine Nichteignung wurden anerkannt: Nichtabführung der Sozialversicherungsbeiträge (OVG Saarland 10. 6. 1976 GewArch 1976, 299), allg. Unzuverlässigkeit (BVerwG 12. 3. 1965 AP HandwO § 20 Nr. 20), der Versuch weltanschaulicher Beeinflussung (OVG NRW 10. 10. 1994 EzB BBiG §§ 23, 24 Nr. 11); sexuelle Belästigung des Auszubildenden (BAG 23. 4. 1998 – 6 AZR 611/96 –). 2

Die Anforderungen an die **fachliche** Eignung sind für bestimmte Bereiche in den §§ 76 ff. bes. geregelt, für das Handwerk ist grds. die Meisterprüfung vorausgesetzt, §§ 21, 22 HandwO. Nach **Abs. 3** 3

Nr. 1 ist fachlich **nicht** geeignet, wer die erforderlichen beruflichen Fertigkeiten und Kenntnisse nicht besitzt; dem stehen nur auf Teilgebiete beschränkte Kenntnisse gleich (BVerwG 3. 3. 1981 EzB BBiG §§ 20, 21 Nr. 18). Die nach **Abs. 3 Nr. 2** erforderlichen berufs- und arbeitspädagogischen Kenntnisse werden auf Grund der nach § 21 erlassenen AEVO (BGBl. I/1999, 157/700) nachgewiesen.

4   Wer fachlich nicht geeignet ist oder wer nicht selbst ausbildet, darf Auszubildende nur dann einstellen, wenn er zuvor einen Ausbilder (*Eule* BB 1991, 2366) bestellt, der geeignet ist, **Abs. 4.** Der Ausbildende muss vor der Einstellung des Auszubildenden bestellt werden. Zum Mitbestimmungsrecht des BR und des Personalrats bei der Bestellung der mit der Durchführung der Berufsausbildung beauftragten Personen gem. § 98 II BetrVG: *Ehrich* RdA 1993, 220; *Hamm* AuR 1992, 326. Verstöße gegen Vorschriften über die persönliche und fachliche Eignung sind gem. § 99 I Nr. 5 bis 7 Ordnungswidrigkeiten. Bestehende Eignungsmängel beeinträchtigen die Wirksamkeit des Ausbildungsvertrages nicht (vgl. § 3 Rn. 13); zum Untersagungsverfahren vgl. § 24.

§ 21 Erweiterte Eignung

(1) ¹Das Bundesministerium für Bildung und Forschung kann nach Anhören des Ständigen Ausschusses des Bundesinstituts für Berufsbildung durch Rechtsverordnung, die nicht der Zustimmung des Bundesrates bedarf, über die in den §§ 20, 76 bis 96 vorgeschriebene fachliche Eignung hinaus bestimmen, daß der Erwerb berufs- und arbeitspädagogischer Kenntnisse nachzuweisen ist. ²Dabei können Inhalt, Umfang und Abschluß der Maßnahmen für den Erwerb dieser Kenntnisse geregelt werden.

(2) ¹Das Bundesministerium für Wirtschaft und Technologie oder das sonst zuständige Fachministerium kann im Einvernehmen mit dem Bundesministerium für Bildung und Forschung nach Anhören des Ständigen Ausschusses des Bundesinstituts für Berufsbildung durch Rechtsverordnung, die nicht der Zustimmung des Bundesrates bedarf, über die in den §§ 20, 76 bis 96 vorgeschriebene fachliche Eignung hinaus bestimmen, daß der Erwerb zusätzlicher fachlicher Kenntnisse nachzuweisen ist. ²Absatz 1 Satz 2 gilt entsprechend.

1   Durch § 21 können zum Zweck einer höheren Qualifizierung der Auszubildenden die Anforderungen an die fachliche Eignung zur Ausbildung erhöht werden.

2   **Abs. 1** ermächtigt das BMBF **durch RechtsV** über die §§ 20, 76 bis 96 hinaus, den Nachweis von berufs- und arbeitspädagogischen Kenntnissen zu bestimmen. Es entspricht einer vernünftigen Erwägung des Gemeinwohls, über die fachliche Eignung hinaus den Besitz berufs- und arbeitspädagogischer Kenntnisse zu fordern (BayVGH 10. 8. 1976 EzB BBiG §§ 20, 21 Nr. 2). Der BM hat zuvor den Ständigen Ausschuss des BBB **anzuhören** und dem Ausschuss Gelegenheit zur Stellungnahme zu geben. Nach **Abs. 2** können zusätzliche fachliche Kenntnisse verlangt werden; wegen der großen Zahl von Ausbildungsrichtungen ist die Bestimmung noch nicht praktisch geworden.

3   Aufgrund von Abs. 1 sind für die **gewerbliche Wirtschaft**, für die **Landwirtschaft**, für den **öffentl. Dienst**, für den Bereich der **Hauswirtschaft** RechtsV erlassen worden: Diese AEVO werden durch einen als Empfehlung vom Hauptausschuss des BIBB beschlossenen Rahmenstoffplan vom 6. 8. 1992 für die Ausbildung der Ausbilder ergänzt (abgedr. bei *Wohlgemuth* Rn. 12 c).

4   Zur Überwachung der persönlichen und fachlichen Eignung durch die nach § 23 zust. Stelle vgl. § 24, für das Handwerk § 21 HandwO.

§ 22 Eignung der Ausbildungsstätte

(1) Auszubildende dürfen nur eingestellt werden, wenn
1. die Ausbildungsstätte nach Art und Einrichtung für die Berufsausbildung geeignet ist,
2. die Zahl der Auszubildenden in einem angemessenen Verhältnis zur Zahl der Ausbildungsplätze oder zur Zahl der beschäftigten Fachkräfte steht, es sei denn, daß andernfalls die Berufsausbildung nicht gefährdet wird.

(2) Eine Ausbildungsstätte, in der die erforderlichen Kenntnisse und Fertigkeiten nicht in vollem Umfang vermittelt werden können, gilt als geeignet, wenn dieser Mangel durch Ausbildungsmaßnahmen außerhalb der Ausbildungsstätte behoben wird.

1   Der Begriff der Ausbildungsstätte ist **weit** auszulegen; er umfasst Arbeitsräume in Gebäuden, auf dem Betriebsgelände, im Freien, Baustellen etc., § 2 I ArbStättV. Die geforderte Eignung ist gem. § 28 JArbSchG, der **ArbStättV** und den UVV der Berufsgenossenschaften zu bestimmen, bzw. ist unmittelbar dem Ausbildungsberufsbild und dem Ausbildungsrahmenplan zu entnehmen (VG Arnsberg 20. 5. 1976 EzB BBiG § 22 Nr. 1). Die Ausbildungsstätte ist nach ihrer **Art** und **Einrichtung** für die Berufsausbildung geeignet, **Abs. 1 Nr. 1**, wenn sie alle diejenigen Tätigkeiten ermöglicht und Räume, Maschinen und Vorrichtungen aufweist, die eine geordnete Ausbildung nach Maßgabe des Ausbildungsberufs und des Ausbildungsrahmenplans voraussetzt (VG Arnsberg 20. 5. 1976 EzB BBiG § 22 Nr. 2; VG Oldenburg 18. 7. 1989 EzB BBiG § 22 Nr. 13).

Untersagung des Einstellens und Ausbildens §§ 23, 24 BBiG 150

Abs. 1 Nr. 2 erfordert ein **angemessenes Verhältnis** zwischen der Zahl der Auszubildenden und 2
der Zahl der Ausbildungsplätze **oder** (alternativ) der Zahl der beschäftigten Fachkräfte. Von dem
Erfordernis kann ganz abgesehen werden, wenn dadurch die Ausbildung nicht gefährdet wird. **Ausbildungsplatz** ist der Ort innerhalb der Ausbildungsstätte, an dem ein Auszubildender kraft Ausstattung und personeller Besetzung in einem bestimmten Ausbildungsberuf praxisnah ausgebildet
werden kann. Fachkräfte sind AN, die in dem Ausbildungsberuf eine Abschlussprüfung abgelegt
haben, und solche, die eine dementsprechende Tätigkeit für mindestens die doppelte Zeit, die als
Ausbildungszeit vorgeschrieben ist, tatsächlich verrichtet haben.

Der Bundesausschuss für Berufsbildung hatte eine Empfehlung über die Eignung von Ausbildungs- 3
stätten beschlossen (BArbBl. 1972, 344), die zur Bestimmung des angemessenen Verhältnis zwischen
der Zahl der Auszubildenden und der Zahl der Fachkräfte berücksichtigt werden kann: Danach
können bei 1 bis 2 Fachkräften ein Auszubildender, bei 3 bis 5 Fachkräften zwei Auszubildende, bei 6
bis 8 Fachkräften drei Auszubildende, bei jeweils drei weiteren Fachkräften ein weiterer Auszubildender ausgebildet werden. Maßgeblich ist jedoch der Einzelfall und dass die Ausbildung durch eine
ausreichende Zahl von Ausbildern sichergestellt ist (LAG Berlin 26. 10. 1978 EzB BBiG § 22 Nr. 4;
OVG Münster 3. 3. 1982 EzB BBiG § 22 Nr. 6; VG Freiburg 26. 8. 1976 EzB BBiG § 22 Nr. 5; VG
Kassel 16. 2. 1984 EzB BBiG § 22 Nr. 11). Durch **Ausbildungsmaßnahmen außerhalb der Ausbildungsstätte** kann nach **Abs. 2** eine an sich ungeeignete Ausbildungsstätte als geeignet angesehen
werden.

Die Einhaltung der Vorschrift wird von der zust. Stelle nach §§ 23 und 45 überwacht. Bei Verstößen 4
kann das Ausbilden und Einstellen nach § 24 untersagt werden. Für das **Handwerk** gilt § 23
HandwO. **Sondervorschriften** gelten auch für den Bereich der Land- und Forstwirtschaft (§ 82 I),
der Hauswirtschaft (§ 96 I) und den Weinbau (§ 82 I iVm. VO 7. 9. 1976 BGBl. I S. 2719).

§ 23 Eignungsfeststellung

(1) Die zuständige Stelle hat darüber zu wachen, daß die persönliche und fachliche Eignung
sowie die Eignung der Ausbildungsstätte vorliegen.

(2) ¹Werden Mängel der Eignung festgestellt, so hat die zuständige Stelle, falls der Mangel zu
beheben und eine Gefährdung des Auszubildenden nicht zu erwarten ist, den Ausbildenden
aufzufordern, innerhalb einer von ihr gesetzten Frist den Mangel zu beseitigen. ²Ist der Mangel
der Eignung nicht zu beheben oder ist eine Gefährdung des Auszubildenden zu erwarten oder
wird der Mangel nicht innerhalb der gesetzten Frist beseitigt, so hat die zuständige Stelle dies der
nach Landesrecht zuständigen Behörde mitzuteilen.

Die zust. Stelle wird nach **Abs. 1** verpflichtet, über das Vorliegen der persönlichen und fachlichen 1
Eignung sowie die Eignung der Ausbildungsstätte zu wachen. Andere für die Ausbildung bedeutsame
Vorschriften werden nicht von den „zust. Stellen" und im Verfahren gem. BBiG überwacht, sondern
zB von Gewerbeaufsichtsämtern oder Berufsgenossenschaften; die Verletzung solcher Vorschriften
durch den Ausbilder kann jedoch ein Indiz gegen die persönliche Eignung gem. § 20 sein. **Zust.
Stellen** sind für den Bereich des Handwerks nach § 75 BBiG, §§ 23 a und 41 a HandwO die Handwerkskammern, für den Bereich der sonstigen Gewerbebetriebe die IHK (§ 75), für den Bereich der
Landwirtschaft die Landwirtschaftskammern (§ 79). Sondervorschriften gelten für den öffentl. Dienst
(§ 84), den kirchlichen Bereich (§ 84 a), die rechtsberatenden Berufe (§ 87), die wirtschafts- und
steuerberatenden Berufe (§ 89), die ärztlichen Berufe (§ 91) und die Hauswirtschaft (§ 93).

Werden Mängel festgestellt, so hat der Ausbildende, falls eine Gefährdung des Auszubildenden 2
nicht zu erwarten ist, lediglich innerhalb einer gesetzten Frist den **Mangel zu beseitigen, § 23 II 1**.
Ein Mangel in der persönlichen Eignung ist kaum behebbar, wohl aber ein Mangel der fachlichen
Eignung, zB durch eine Prüfung nach § 76 I Nr. 1; eine Zuerkennung nach § 76 III kann nicht
verlangt werden, da sie nicht in der Hand des Ausbildenden liegt (VG Aachen 20. 2. 1974 EzB BBiG
§ 76 Nr. 2). Die Aufforderung zur Mängelbeseitigung ist **VA** (*Knopp/Kraegeloh* Rn. 3; aA *Eyermann/Fröhler/Honig* § 23 a HandwO Rn. 4). Ist der Mangel der Eignung nicht zu beheben oder ist
eine Gefährdung des Auszubildenden zu erwarten oder wird der Mangel nicht innerhalb der gesetzten Frist beseitigt, erfolgt die Mitteilung an die zust. Behörde, § 23 II 2, damit das Untersagungsverfahren gem. § 24 angeschlossen werden kann. Gelingt die Mängelbeseitigung nicht, ist die Eintragung in das Berufsausbildungsverzeichnis abzulehnen bzw. zu löschen. Für das **Handwerk** gilt
§ 23 a HandwO.

§ 24 Untersagung des Einstellens und Ausbildens

(1) Die nach Landesrecht zuständige Behörde hat das Einstellen und Ausbilden zu untersagen,
wenn die persönliche oder fachliche Eignung nicht oder nicht mehr vorliegt.

Schlachter

(2) Die nach Landesrecht zuständige Behörde kann ferner für eine bestimmte Ausbildungsstätte das Einstellen und Ausbilden untersagen, wenn die Voraussetzungen nach § 22 nicht oder nicht mehr vorliegen.

(3) ¹ Vor der Untersagung sind die Beteiligten und die zuständige Stelle zu hören. ² Dies gilt nicht im Falle des § 20 Abs. 2 Nr. 1.

1 Die Vorschrift regelt die **Zuständigkeit für das Untersagungsverfahren**. Die Behörde muss beim Fehlen der persönlichen oder fachlichen Eignung, Abs. 1, tätig werden; sie hat keinen Ermessensspielraum. Das Fehlen nur der fachlichen Eignung kann gem. § 20 IV behoben werden. Bei einem Mangel nach Abs. 1 muss die zust. Behörde erst tätig werden, wenn die zust. Stelle, § 23 II, den Mangel nicht beheben kann.

2 Die **nach Landesrecht zust. Behörde** ist idR die höhere Verwaltungsbehörde (Bezirksregierung oder das Regierungspräsidium), sofern nicht nach §§ 73 ff. bes. Vorschriften für einzelne Wirtschafts- und Berufszweige bestehen. Das Einstellen und Ausbilden kann auch untersagt werden, wenn die **Ausbildungsstätte** nicht oder nicht mehr den Voraussetzungen des § 22 entspricht.

3 Das **Unterlassen** der nach Abs. 3 erforderlichen **Anhörung** der Beteiligten macht die Untersagungsverfügung nicht nichtig, aber anfechtbar. Der Mangel kann im Widerspruchsverfahren geheilt werden. **Beteiligte** sind der Ausbildende, der Ausbilder und der Auszubildende. In den Fällen des § 20 II Nr. 1 ist die Anhörung entbehrlich (Abs. 3 S. 2), weil bereits eine bestandskräftige Untersagungsverfügung vorliegt.

4 Die Untersagung nach Abs. 1 und 2 kann im Verwaltungsrechtsweg angegriffen werden, §§ 40 ff. VwGO. Ausbildender und Auszubildender können nach einer Untersagung das Ausbildungsverhältnis gem. § 15 II Nr. 1 kündigen. Der Auszubildende kann nach § 16 Schadensersatz verlangen. Bestehende **Ausbildungsverträge** sind nach § 32 II aus dem Verzeichnis der Berufsausbildungsverhältnisse zu löschen. Eine Zuwiderhandlung gegen die Untersagung ist Ordnungswidrigkeit nach § 99 I Nr. 7; für das **Handwerk** § 24 HandwO.

Zweiter Abschnitt. Anerkennung von Ausbildungsberufen, Änderung der Ausbildungszeit

§ 25 Ausbildungsordnung

(1) Als Grundlage für eine geordnete und einheitliche Berufsausbildung sowie zu ihrer Anpassung an die technischen, wirtschaftlichen und gesellschaftlichen Erfordernisse und deren Entwicklung kann das Bundesministerium für Wirtschaft und Technologie oder das sonst zuständige Fachministerium im Einvernehmen mit dem Bundesministerium für Bildung und Forschung durch Rechtsverordnung, die nicht der Zustimmung des Bundesrates bedarf, Ausbildungsberufe staatlich anerkennen, die Anerkennung aufheben, und für die Ausbildungsberufe Ausbildungsordnungen erlassen.

(2) ¹ Die Ausbildungsordnung hat mindestens festzulegen
1. die Bezeichnung des Ausbildungsberufes,
2. die Ausbildungsdauer; sie soll nicht mehr als drei und nicht weniger als zwei Jahre betragen,
3. die Fertigkeiten und Kenntnisse, die Gegenstand der Berufsausbildung sind (Ausbildungsberufsbild),
4. eine Anleitung zur sachlichen und zeitlichen Gliederung der Fertigkeiten und Kenntnisse (Ausbildungsrahmenplan),
5. die Prüfungsanforderungen.
² In der Ausbildungsordnung kann vorgesehen werden, daß berufliche Bildung durch Fernunterricht vermittelt wird. ³ Dabei kann bestimmt werden, daß nur solche Fernlehrgänge verwendet werden dürfen, die nach § 12 Abs. 1 des Fernunterrichtsschutzgesetzes vom 24. August 1976 (Bundesgesetzbl. I S. 2525) zugelassen oder nach § 15 Abs. 1 des Fernunterrichtsschutzgesetzes als geeignet anerkannt worden sind.

(3) Wird die Anerkennung eines Ausbildungsberufes aufgehoben und das Berufsausbildungsverhältnis nicht gekündigt (§ 15 Abs. 2 Nr. 2), so gelten für die weitere Berufsausbildung die bisherigen Vorschriften.

1 § 25 ist Rechtsgrundlage für die staatliche Anerkennung und Aufhebung der Anerkennung von Ausbildungsberufen und für den Erlass von Ausbildungsordnungen. Das **BIBB** hat an der Vorbereitung von Ausbildungsordnungen mitzuwirken. Das Vorhandensein einer Ausbildungsordnung ist nicht notwendige Voraussetzung, einen bestimmten Beruf zu erlernen; lediglich für Jugendliche ist § 28 II zu beachten. Besteht eine Ausbildungsordnung, ist sie für die Gestaltung der Ausbildung bindend, § 28 I.

Abs. 2 legt den **Mindestinhalt** einer Ausbildungsordnung fest. Darüber hinausgehende Regelungen 2
sind im Rahmen des Art. 80 I GG möglich. Für jeden Ausbildungsberuf ist eine bes. **Bezeichnung**
festzulegen, **Abs. 2 Nr. 1**. Bei Stufenausbildungen ist jede Stufe zu bezeichnen. Eine Berufsbezeichnung ist aber nicht schon allein deshalb geschützt, weil der Ausbildungsberuf staatlich anerkannt ist
(VG Freiburg 31. 5. 1983 EzB GG Art. 14 Nr. 2).

Bei der Festlegung der **Ausbildungsdauer** nach Abs. 2 Nr. 2 ist entscheidend, in welchem Zeitraum 3
ein durchschnittlich begabter und hauptschulisch vorgebildeter Auszubildender in einem durchschnittlich geeigneten Betrieb bei Vollzeitausbildung das Ausbildungsziel normalerweise erreicht. Die
zeitliche Vorgabe ist Sollvorschrift, darf also ggf. über- oder unterschritten werden, wenn die zust.
Stelle die Ausbildungszeit nach § 27 a II bis IV HandwO und § 29 II bis IV verkürzt oder verlängert.
Zur Anrechnung einer schulischen Ausbildung vgl. § 29.

Nach **Abs. 2 Nr. 3** sind alle fachlichen Fertigkeiten und Kenntnisse, die Gegenstand der Berufs- 4
ausbildung sind (Ausbildungsberufsbild), präzise, übersichtlich und vollständig aufzuführen.

Der **Ausbildungsrahmenplan** (Abs. 2 Nr. 4) soll über die sachliche und zeitliche Gestaltung der 5
Ausbildung Auskunft geben. Die Gliederung soll nach Ausbildungsjahren mit Zeitrahmen oder mit
Zeitrichtwerten erfolgen. Dem folgt der betriebliche Ausbildungsplan, den der Ausbildende aufzustellen hat (§ 4 I Nr. 1). Die nach **Abs. 2 Nr. 5** festzulegenden **Prüfungsanforderungen** dürfen nur grds.
Art sein, um der gem. § 41 zu erlassenden Prüfungsordnung nicht vorzugreifen.

Nach § 25 II kann die Ausbildungsordnung die Vermittlung beruflicher Bildung durch **Fern-** 6
unterricht vorsehen. Es dürfen grds. nur die gem. §§ 12, 13 FernUSG zugelassenen oder als geeignet
anerkannten Fernlehrgänge verwendet werden.

Bei **Aufhebung** der Anerkennung eines Ausbildungsberufes, Abs. 3 (VO über die Aufhebung der 7
Anerkennung von Ausbildungsberufen 10. 8. 1972, BGBl. I S. 1459), gelten die bisherigen Vorschriften fort, wenn das Ausbildungsverhältnis nicht nach § 15 II Nr. 2 gekündigt wird; die Aufhebung
selbst ist kein Kündigungsgrund. Zum **Handwerk** § 25 HandwO.

§ 26 Stufenausbildung

(1) ¹Die Ausbildungsordnung kann sachlich und zeitlich besonders geordnete, aufeinander
aufbauende Stufen der Berufsausbildung festlegen. ²Nach den einzelnen Stufen soll sowohl ein
Ausbildungsabschluß, der zu einer Berufstätigkeit befähigt, die dem erreichten Ausbildungsstand
entspricht, als auch die Fortsetzung der Berufsausbildung in weiteren Stufen möglich sein.

(2) In einer ersten Stufe beruflicher Grundbildung sollen als breite Grundlage für die weiterführende berufliche Fachbildung und als Vorbereitung auf eine vielseitige berufliche Tätigkeit
Grundfertigkeiten und Grundkenntnisse vermittelt sowie Verhaltensweisen geweckt werden, die
einem möglichst großen Bereich von Tätigkeiten gemeinsam sind.

(3) ¹In einer darauf aufbauenden Stufe allgemeiner beruflicher Fachbildung soll die Berufsausbildung für möglichst mehrere Fachrichtungen gemeinsam fortgeführt werden. ²Dabei ist
besonders das fachliche Verständnis zu vertiefen und die Fähigkeit des Auszubildenden zu fördern, sich schnell in neue Aufgaben und Tätigkeiten einzuarbeiten.

(4) In weiteren Stufen der besonderen beruflichen Fachbildung sollen die zur Ausübung einer
qualifizierten Berufstätigkeit erforderlichen praktischen und theoretischen Kenntnisse und Fertigkeiten vermittelt werden.

(5) Die Ausbildungsordnung kann bestimmen, daß bei Prüfungen, die vor Abschluß einzelner
Stufen abgenommen werden, die Vorschriften über die Abschlußprüfung entsprechend gelten.

(6) In den Fällen des Absatzes 1 kann die Ausbildungsdauer (§ 25 Abs. 2 Nr. 2) unterschritten
werden.

Die Möglichkeit einer Stufenausbildung soll einer besseren Grundausbildung dienen und der beruf- 1
lichen Anpassungsfähigkeit und Mobilität, den Begabungen der Auszubildenden sowie dem Bedarf
der Wirtschaft an qualifizierten Fachkräften besser gerecht werden. Krit. zum Erfolg: *Hoffmann* BB
1972, 138.

Die Ausbildungsordnung kann sachlich und zeitlich bes. geordnete, aufeinander aufbauende Stufen 2
der Berufsausbildung festlegen. Nach den einzelnen Stufen soll ein Ausbildungsabschluss, aber auch
die Fortsetzung der Berufsausbildung möglich sein, § 26 I 2. Nur bei allen Stufen erfolgte Berufsausbildung ist als solche des Ausbildungsberufes anzusehen. In der Literatur herrscht Uneinigkeit
über die Qualität der Ausbildungsabschlüsse nach den einzelnen Stufen. In Betracht kommt eine
Qualifizierung als Zwischen- oder als Abschlussprüfung (*Wohlgemuth* Rn. 4).

Weiterhin ist die vertragliche Gestaltung der Stufenausbildung strittig. Möglich ist der Abschluss 3
sog. **Kurzverträge**, bei denen über jede Ausbildungsstufe ein neuer Vertrag geschlossen wird, und die
sog. Langverträge, in denen von vornherein mehrere oder sämtliche Stufen zusammengefasst sind.
Nach noch hM sind beide Vertragsarten zulässig (*Herkert* Rn. 12; *Hoffmann* BB 1972, 138; *Mailer* BB
1975, 288; aA *Wohlgemuth* Rn. 5; *Knopp/Kraegeloh* Rn. 2). Vorzuziehen sind indessen die Langver-

träge, um dem Auszubildenden das Erreichen des Ausbildungszieles, Abschluss auf der letzten Stufe, nicht entgegen § 18 zu erschweren. Werden nur Kurzverträge abgeschlossen, so läuft eine Probezeit mit dem Kündigungsrecht des § 15 nur zu Beginn der ersten Stufe (BAG 27. 11. 1991 AP BBiG § 13 Nr. 2).

4   Die **Abs. 2 bis 4** legen die **Ziele** einer jeden Stufe der Ausbildung nach § 26 fest. Für das **Handwerk** § 26 HandwO.

§ 27 Berufsausbildung außerhalb der Ausbildungsstätte

Die Ausbildungsordnung kann festlegen, daß die Berufsausbildung in geeigneten Einrichtungen außerhalb der Ausbildungsstätte durchgeführt wird, wenn und soweit es die Berufsausbildung erfordert.

1   Die Vorschrift ermöglicht es, die Berufsausbildung tw. außerhalb der Ausbildungsstätte in geeigneten Einrichtungen vorzunehmen. Die Ausbildung in einer außerbetrieblichen Einrichtung ist vertraglich (§ 4 I 2 Nr. 3) festzulegen, der Auszubildende muss für die Teilnahme freigestellt werden (§ 7) und ihm ist während dieser Zeit die Vergütung weiterzuzahlen (§ 12 I 1 Nr. 1).

2   Die außerbetriebliche Ausbildung dient der Ergänzung der betrieblichen Ausbildung. Dem Auszubildenden sollen Inhalte vermittelt werden, die im Betrieb nur schwer oder gar nicht erlernbar sind, zB auf Grund mangelnder technischer Einrichtungen oder wegen bes. Spezialisierung.

3   Auch die Ausbildung in überbetrieblichen Ausbildungsstätten wird erfasst (*Knopp/Kraegeloh* Rn. 1; aA *Wohlgemuth* Rn. 3). Deren Träger sind idR die zust. Stellen gem. § 44, ggf. Gewerkschaften, AGVerbände, Berufsverbände oder Gemeinden. Auf die Ausbildung in einem Ausbildungsverbund soll § 27 dagegen nicht anwendbar sein (*Wohlgemuth* Rn. 4). Darunter versteht man das Zusammenwirken mehrerer Betriebe und Verwaltungen zur gemeinsamen Ausbildung in anerkannten Ausbildungsberufen. Im Verbund kann die Ausbildung in anderen Betrieben überwiegen, solange der Ausbildende maßgebenden Einfluss auf die Durchführung der Ausbildung hat. Für das **Handwerk** § 26 a HandwO.

§ 28 Ausschließlichkeitsgrundsatz

(1) Für einen anerkannten Ausbildungsberuf darf nur nach der Ausbildungsordnung ausgebildet werden.

(2) In anderen als anerkannten Ausbildungsberufen dürfen Jugendliche unter achtzehn Jahren nicht ausgebildet werden, soweit die Berufsausbildung nicht auf den Besuch weiterführender Bildungsgänge vorbereitet.

(3) Zur Entwicklung und Erprobung neuer Ausbildungsformen und Ausbildungsberufe kann das Bundesministerium für Wirtschaft und Technologie oder das sonst zuständige Fachministerium im Einvernehmen mit dem Bundesministerium für Bildung und Forschung nach Anhören des Ständigen Ausschusses des Bundesinstituts für Berufsbildung durch Rechtsverordnung, die nicht der Zustimmung des Bundesrates bedarf, Ausnahmen zulassen, die auch auf eine bestimmte Art und Zahl von Ausbildungsstätten beschränkt werden können.

1   Abs. 1 will jugendlichen und erwachsenen Auszubildenden insb. unter bildungspolitischen, wirtschaftlichen und sozialen Gesichtspunkten gewährleisten, dass die Berufsausbildung den Erfordernissen beruflicher Anpassungfähigkeit und Mobilität genügt (BT-Drucks. V/4260). Ein anerkannter Ausbildungsberuf gem. Abs. 1 muss die Voraussetzungen der §§ 25, 108 erfüllen. Anerkannt sind nur die Ausbildungsberufe, die im Verzeichnis nach § 6 II Nr. 5 BerBiFG aufgeführt sind.

2   In nicht anerkannten Ausbildungsberufen dürfen Personen erst nach Vollendung des 18. Lebensjahres ausgebildet werden (LAG Düsseldorf 21. 4. 1988 EzB BBiG § 28 Nr. 10; SG Itzehoe 7. 11. 2000 NZS 2001, 160), es sei denn, die Berufsausbildung bereitet auf den Besuch weiterführender Bildungsgänge vor, **Abs. 2**. Beispiel: Praktika vor dem Besuch einer Hochschule. Abs. 2 ist Verbotsgesetz iSd. § 134 BGB (LAG Schleswig-Holstein 26. 3. 1981 EzB BBiG § 28 Nr. 3); infolge der Nichtigkeit entsteht ein faktisches Arbeits-(nicht: Ausbildungs-)verhältnis (*Opolony* Rn. 119). Die Beschäftigung Jugendlicher in nicht anerkannten Berufen bleibt nämlich zulässig (*Knigge* AR-Blattei SD 400.3 Rn. 120). **Ausnahmen** von dem Ausschließlichkeitsgrundsatz des Abs. 1 sind nach Abs. 3 durch RechtsV möglich.

3   Ein Verstoß gegen § 28 ist Ordnungswidrigkeit gem. § 99 I Nr. 9. Berufsbildungsverträge, die Abs. 2 widersprechen, sind nach § 134 BGB nichtig. Für das **Handwerk** § 27 HandwO. Für **Behinderte** §§ 48, 49 BBiG.

§ 29 Abkürzung und Verlängerung der Ausbildungszeit

(1) Das Bundesministerium für Wirtschaft und Technologie oder das sonst zuständige Fachministerium kann im Einvernehmen mit dem Bundesministerium für Bildung und Forschung

nach Anhören des Ständigen Ausschusses des Bundesinstituts für Berufsbildung durch Rechtsverordnung bestimmen, daß der Besuch einer berufsbildenden Schule oder die Berufsausbildung in einer sonstigen Einrichtung ganz oder teilweise auf die Ausbildungszeit anzurechnen ist.

(2) Die zuständige Stelle hat auf Antrag die Ausbildungszeit zu kürzen, wenn zu erwarten ist, daß der Auszubildende das Ausbildungsziel in der gekürzten Zeit erreicht.

(3) In Ausnahmefällen kann die zuständige Stelle auf Antrag des Auszubildenden die Ausbildungszeit verlängern, wenn die Verlängerung erforderlich ist, um das Ausbildungsziel zu erreichen.

(4) **Vor der Entscheidung nach den Absätzen 2 und 3 sind die Beteiligten zu hören.**

Die Vorschrift gestattet die Verkürzung oder Verlängerung der regelmäßigen Ausbildungsdauer, die 1 sich aus der jeweiligen Ausbildungsordnung ergibt. In beiden Fällen sind zuvor die Beteiligten zu **hören,** dh. insb. der Auszubildende, der Ausbilder, der Schulleiter einer zuvor besuchten berufsbildenden Schule (*Knopp/Kraegeloh* Rn. 4).

Durch RechtsV kann bestimmt werden, dass der Besuch einer berufsbildenden Schule oder die 2 Berufsausbildung in einer sonstigen Einrichtung ganz oder tw. auf die Ausbildungszeit anzurechnen ist, Abs. 1. Der Ständige Ausschuss des BIBB ist zuvor anzuhören. Die VO bedarf der Zustimmung des BR, da im Wesentlichen berufsbildende Schulen betroffen werden, die den Schulgesetzen der Länder unterstehen, vorrangig das Berufsgrundbildungsjahr und die Berufsfachschule. Die anzurechnende Zeit ist für die Berechnung der Ausbildungszeit und **vergütungsmäßig** als verbrachte Ausbildungszeit zu werten (BAG 22. 9. 1982 AP BGB § 611 Ausbildungsverhältnis Nr. 5; 8. 12. 1982 AP BBiG § 10 Nr. 2).

Die Ausbildungszeit ist zu **kürzen,** wenn zu erwarten ist, dass der Auszubildende in der gekürzten 3 Zeit das Ausbildungsziel erreicht, **Abs. 2.** Die Verkürzung kann von beiden Parteien bei der zust. Stelle beantragt werden. Die Verkürzung führt nicht zu einer Vorverlegung des Ausbildungsbeginns mit der Folge eines früheren Anspruchs auf eine für spätere Abschnitte vorgesehene höhere Ausbildungsvergütung (BAG 8. 12. 1982 AP BBiG § 29 Nr. 1). Dem Antrag ist stattzugeben, wenn die Erreichung des Ausbildungsziels in der gekürzten Zeit zu erwarten ist, wobei die Leistungen, die allg. oder berufliche Vorbildung, Erfahrungen aus beruflicher Tätigkeit, Ergebnisse aus Zwischenprüfungen etc. zu berücksichtigen sind (zu Auslandspraktika *Eule* BB 1992, 987). Die Verkürzung kann schon bei Vertragsabschluss oder im Laufe des Ausbildungsverhältnisses vereinbart und beantragt werden.

Nach **Abs. 3** kann die zust. Stelle auf Antrag des Auszubildenden die Ausbildungszeit (§ 14 I) 4 **verlängern,** wenn dies erforderlich ist, um das Ausbildungsziel zu erreichen. Die Vorschrift enthält eine echte Ausnahmeregel, Verlängerungsgründe sind daher nur außergewöhnliche, nicht alltägliche Fallgestaltungen, die die Ausbildung planwidrig erschwert haben (BAG 30. 9. 1998 AP BBiG § 14 Nr. 9). Die Entscheidung über die Verlängerung ist unabhängig davon, ob der Auszubildende oder der Ausbildende die Verzögerung zu vertreten haben. Hat der Ausbildende die Verzögerung zu vertreten, ist er dem Auszubildenden **schadensersatzpflichtig.** Zu ersetzen ist die Differenz zwischen der Ausbildungsvergütung und dem entgangenen Arbeitsentgelt, das der Auszubildende bei rechtzeitiger Beendigung der Ausbildung verdient hätte (BAG 10. 6. 1976 DB 1976, 2216). Ein etwaiges Mitverschulden des Auszubildenden ist nach § 254 BGB zu beachten, wenn dieser seinen Pflichten aus § 9 nicht nachgekommen ist. Wird die Ausbildungszeit verlängert, kann eine weitere Steigerung der Ausbildungsvergütung nach § 10 I 2 nicht verlangt werden (*Natzel* DB 1979, 1363).

§ 30. *(aufgehoben)*

Dritter Abschnitt. Verzeichnis der Berufsausbildungsverhältnisse

§ 31 Einrichten, Führen

¹ Die zuständige Stelle hat für anerkannte Ausbildungsberufe ein Verzeichnis der Berufsausbildungsverhältnisse einzurichten und zu führen, in das der wesentliche Inhalt des Berufsausbildungsvertrages einzutragen ist. ² Die Eintragung ist für den Auszubildenden gebührenfrei.

Durch die Pflicht der zust. Stelle (§§ 74 ff.), ein Verzeichnis der Berufsausbildungsverhältnisse zu 1 führen, wird die Beratung und Überwachung erleichtert; zur Abschlussprüfung können nur Kandidaten zugelassen werden, deren Ausbildungsverhältnis eingetragen ist, § 39 I Nr. 3.

Das Verzeichnis enthält nur anerkannte Ausbildungsberufe, § 25. Verträge iSd. § 19 sind nicht 2 einzutragen (*Wohlgemuth* Rn. 4, *Knopp/Kraegeloh* Rn. 2; aA *Haase/Richard/Wagner* § 31 zu 1, die eine Verzeichnispflicht auch für Umschüler bejahen, da § 47 auch für diese eine Überwachungspflicht übertrage). Der in das Verzeichnis aufzunehmende wesentliche Inhalt des Berufsausbildungsvertrages ist entspr. § 4 zu bestimmen.

150 BBiG

3 Die Eintragung in das Verzeichnis ist für den Auszubildenden gebührenfrei. Ist die zust. Stelle eine Kammer, kann nach Maßgabe zulässigen Satzungsrechts eine Gebühr vom Ausbildenden erhoben werden. **Auskünfte** aus dem Verzeichnis dürfen nur unter Beachtung des DSG erteilt werden (BVerfG 15. 12. 1983 NJW 1984, 419). Für das **Handwerk** § 28 HandwO.

§ 32 Eintragen, Ändern, Löschen

(1) Ein Berufsausbildungsvertrag und Änderungen seines wesentlichen Inhalts sind in das Verzeichnis einzutragen, wenn
1. der Berufsausbildungsvertrag diesem Gesetz und der Ausbildungsordnung entspricht,
2. die persönliche und fachliche Eignung sowie die Eignung der Ausbildungsstätte für das Einstellen und Ausbilden vorliegen und
3. für Auszubildende unter 18 Jahren die ärztliche Bescheinigung über die Erstuntersuchung nach § 32 Abs. 1 des Jugendarbeitsschutzgesetzes zur Einsicht vorgelegt wird.

(2) [1] Die Eintragung ist abzulehnen oder zu löschen, wenn die Eintragungsvoraussetzungen nicht vorliegen und der Mangel nicht nach § 23 Abs. 2 behoben wird. [2] Die Eintragung ist ferner zu löschen, wenn die ärztliche Bescheinigung über die erste Nachuntersuchung nach § 33 Abs. 1 des Jugendarbeitsschutzgesetzes nicht spätestens am Tage der Anmeldung des Auszubildenden zur Zwischenprüfung zur Einsicht vorgelegt und der Mangel nicht nach § 23 Abs. 2 behoben wird.

1 Die Vorschrift nennt die Voraussetzungen, bei deren Vorliegen ein Berufsausbildungsverhältnis in das Verzeichnis gem. § 31 einzutragen bzw. zu löschen ist. Die Eintragung in das Verzeichnis ist ein VA (BVerwG 20. 3. 1959 BB 1959, 536); dasselbe gilt für Ablehnung und Löschung der Eintragung. Die Eintragung ist jedoch nicht Wirksamkeitsvoraussetzung des Ausbildungsverhältnisses (BAG BB 1972, 922).

2 Abs. 1 legt die Eintragungsvoraussetzungen fest. Die zust. Stelle darf nicht durch Satzung als zusätzliche formelle Voraussetzung für die Eintragung die Benutzung eines von ihr herausgegebenen Vertragsformulars verlangen (OVG Rheinland-Pfalz 26. 4. 1976 EzA BBiG § 32 Nr. 1; VG Hannover 21. 6. 1974 EzB BBiG § 4 Nr. 4). Ausbildender und Auszubildender haben einen Anspruch auf Eintragung bei Vorliegen der Voraussetzungen (BayVGH 5. 3. 1982 EzB BBiG § 32 Nr. 15). Die vorläufige Eintragung kann im Wege der einstweiligen Anordnung durchgesetzt werden (VG Stuttgart 1. 10. 1974 EzB BBiG § 32 Nr. 9).

3 Nach **Abs. 1 Nr. 1** muss der Berufsausbildungsvertrag diesem Gesetz und der Ausbildungsordnung entsprechen. Vereinbarungen, die insb. gegen §§ 5, 18 verstoßen, verhindern die Eintragung. Daher kann die Eintragung einer vereinbarten Vergütung verweigert werden, wenn sie die unterste Grenze der Angemessenheit nicht mehr einhält (BVerwG 26. 3. 1981 NJW 1981, 2209; VG Würzburg 2. 7. 1974 DB 1974, 1583). Ist in einem Berufsausbildungsvertrag der erfolgreiche Besuch eines schulischen Berufsgrundbildungsjahres entgegen § 29 I nicht angerechnet worden, entspricht der Vertrag nicht dem BBiG; die Parteien können nicht auf eine Anrechnung nicht verzichten (BVerwG 12. 4. 1984 BVerwGE 69, 163). Gem. § 28 I muss der Ausbildungsvertrag der Ausbildungsordnung entsprechen, so dass der individuelle Ausbildungsplan mit dem Ausbildungsrahmenplan in Einklang stehen muss. Abweichungen im Rahmen der sog. Flexibilitätsklausel (§ 6 Rn. 2) sind zulässig.

4 Zu der nach **Abs. 1 Nr. 2** erforderlichen **persönlichen und fachlichen Eignung** des Ausbildenden bzw. des Ausbilders §§ 20, 21, 76, 80, 88, 90, 92, 94; zur Eignung der **Ausbildungsstätte** §§ 22, 82, 96. Die zust. Stelle kann für einen bestimmten Ausbildungsberuf nicht generell die Höchstzahl der gleichzeitig Auszubildenden festlegen (OVG Koblenz 17. 3. 1975 EzA BBiG § 32 Nr. 2). **Abs. 1 Nr. 3** verlangt für Auszubildende unter 18 Jahren die Vorlage einer **Bescheinigung über die Erstuntersuchung** nach § 32 JArbSchG (vgl. dort).

5 Die zust. Stelle hat die Eintragung **abzulehnen** oder zu **löschen**, wenn die Eintragungsvoraussetzungen nicht vorliegen und der Mangel nicht nach § 23 II behoben wird, **§ 32 II 1**. Die Eintragung ist nach **§ 32 II 2** ferner zu löschen, wenn die ärztliche Bescheinigung über die erste Nachuntersuchung nach § 33 I JArbSchG nicht spätestens am Tage der Anmeldung des Auszubildenden zur Zwischenprüfung zur Einsicht vorliegt, und der Mangel nicht nach § 23 II behoben wird.

6 Die zust. Stelle hat bei der Eintragung ein eigenes Recht zur Nachprüfung der Eignung und kann die Eintragung auch dann ablehnen, wenn die nach Landesrecht zust. Behörde den Ausbildenden für geeignet hält (VG Hannover 16. 10. 1973 EzB BBiG § 32 Nr. 3). Der Verstoß gegen die Eintragungspflicht ist ordnungswidrig, doch wird der Vertrag nicht unwirksam. Der Auszubildende kann allerdings fristlos kündigen, zumal die Eintragung Voraussetzung der Zulassung zur Abschlussprüfung ist, § 39; ggf. ist der Ausbildende **schadensersatzpflichtig** (LAG Stuttgart 28. 2. 1955 AP HGB § 77 Nr. 1; LAG Berlin 4. 1. 1966 BB 1966, 538). Für das **Handwerk** § 29 HandwO.

§ 33 Antrag

(1) ¹Der Ausbildende hat unverzüglich nach Abschluß des Berufsausbildungsvertrages die Eintragung in das Verzeichnis zu beantragen. ²Eine Ausfertigung der Vertragsniederschrift ist beizufügen. ³Entsprechendes gilt bei Änderungen des wesentlichen Vertragsinhalts.

(2) Der Ausbildende hat anzuzeigen
1. eine vorausgegangene allgemeine und berufliche Ausbildung des Auszubildenden,
2. die Bestellung von Ausbildern.

Die Vorschrift verpflichtet den Ausbildenden zur Beantragung der Eintragung, Abs. 1. Zudem muss 1 er eine vorausgegangene allg. und berufliche Ausbildung des Auszubildenden und die Bestellung von Ausbildern anzeigen, Abs. 2. Dadurch wird der zust. Stelle die Prüfung erleichtert, ob die Anrechnung einer zuvor erfolgten Ausbildung möglich ist, § 29, und ob § 20 IV genügt ist. Weiter wird dem Auszubildenden das Recht zuzuerkennen sein, seinerseits die Eintragung zu beantragen (VG Stuttgart 1. 10. 1974 EzB BBiG § 32 Nr. 9; *Opolony* Rn. 225 f.).

Der Ausbildende ist unverzüglich (§ 121 BGB) antragspflichtig; dem Antrag ist eine Ausfertigung 2 der Vertragsniederschrift beizufügen. Fallen der Vertragsabschluss und die Vertragsniederschrift zeitlich nicht zusammen, ist zunächst unverzüglich der wesentliche Inhalt des Vertrages schriftlich niederzulegen, sodann ist unverzüglich der Antrag nach Abs. 1 zu stellen. Beides soll vor Beginn der Berufsausbildung geschehen, damit die zust. Stelle das Vorliegen der Voraussetzungen des § 32 I prüfen kann und damit etwaige Eignungsmängel nach § 23 II noch behoben werden können. Auch bei **Änderungen** des wesentlichen Vertragsinhalts ist eine Eintragung zu beantragen, **§ 33 I 3**. Dazu gehören auch kraft Gesetzes eintretende Verlängerungen der Ausbildungszeit, §§ 6 III, 11 I 2 ArbPlSchG bzw. § 20 I 2 BErzGG.

Verstöße gegen Abs. 1 sind Ordnungswidrigkeiten gem. § 99 I Nr. 8. Für das **Handwerk** § 30 3 HandwO.

Vierter Abschnitt. Prüfungswesen

§ 34 Abschlußprüfung

(1) ¹In den anerkannten Ausbildungsberufen sind Abschlußprüfungen durchzuführen. ²Die Abschlußprüfung kann zweimal wiederholt werden.

(2) Dem Prüfling ist ein Zeugnis auszustellen.

(3) Die Abschlußprüfung ist für den Auszubildenden gebührenfrei.

1. Normzweck. Die Vorschriften regeln die Zulassung zu Prüfungen, deren Durchführung, den 1 Gegenstand und den Abschluss. Sie gelten grds. auch für Zwischenprüfungen (§ 42), die berufliche Fortbildung (§ 46 I) und die Umschulung (§ 47 II).

2. Abschlussprüfung. Die Abschlussprüfung dient dem Nachweis der erreichten beruflichen Qua- 2 lifikation für einen anerkannten Ausbildungsberuf (§ 25). Die zust. Stelle ist zur Durchführung der Abschlussprüfung verpflichtet. Der Auszubildende kann sie notfalls im Verwaltungsrechtsweg erzwingen, ist aber selbst der zust. Stelle nicht zur Ablegung der Abschlussprüfung verpflichtet. Dem Ausbilder gegenüber besteht dagegen die Teilnahmepflicht der §§ 9, 7. Abschlussprüfungen werden nur für die nach § 25 anerkannten und für die nach § 108 gleichgestellten Ausbildungsberufe durchgeführt.

Bei der in **Abs. 1 S. 2** bestehenden zweimaligen **Wiederholungsmöglichkeit** der Prüfung war 3 nach der Gesetzesbegründung (BT-Drucks. V/4260) nur an die Wiederholung einer nicht bestandenen Prüfung gedacht. § 24 I der Musterprüfungsordnung schließt den Fall der Wiederholungsprüfung zur bloßen Notenverbesserung ausdrücklich aus. Da aus Abs. 1 S. 2 eine solche Beschränkung nicht ersichtlich ist, wird man eine Prüfung zur Notenverbesserung doch für zulässig erachten müssen (*Wohlgemuth* Rn. 4; VG München 7. 4. 1976 EzB PO-AP Nr. 6; aA *Natzel* S. 427). Ein Anspruch auf eine dritte Wiederholungsprüfung besteht auch dann nicht, wenn die Ausbildungszeit erneut absolviert worden ist (VG Hamburg 21. 11. 1980 EzB BBiG § 34 Nr. 5; aA *Wohlgemuth* Rn. 7).

Nach **Abs. 2** hat der Prüfling einen Anspruch auf Ausstellung eines **Zeugnisses** über die bestandene 4 Prüfung. Die Abschlussprüfung ist nach **Abs. 3** für den Auszubildenden **gebührenfrei**. Das gilt auch für Wiederholungsprüfungen, nicht aber für Personen, die nach § 40 II, III zur Abschlussprüfung zugelassen werden. Andere im Zusammenhang mit der Prüfung anfallende Kosten (zB Fahrt- und Übernachtungskosten) sind von dem Auszubildenden selbst zu tragen (BAG 14. 12. 1983 AP BBiG § 34 Nr. 1). Für das **Handwerk** § 31 HandwO.

§ 35 Prüfungsgegenstand

¹ Durch die Abschlußprüfung ist festzustellen, ob der Prüfling die erforderlichen Fertigkeiten beherrscht, die notwendigen praktischen und theoretischen Kenntnisse besitzt und mit dem ihm im Berufsschulunterricht vermittelten, für die Berufsausbildung wesentlichen Lehrstoff vertraut ist. ² Die Ausbildungsordnung ist zugrunde zu legen.

1   Die **erforderlichen Fertigkeiten** und die **notwendigen praktischen und theoretischen Kenntnisse** werden durch das Ausbildungsberufsbild und den Ausbildungsrahmenplan bestimmt. Der im Berufsschulunterricht vermittelte Lehrstoff ergibt sich aus dem Lehrplan. Auch der in allgemeinbildenden und berufsfeldübergreifenden Fächern vermittelte Stoff kann prüfungsrelevant sein (BVerfG 28. 1. 1974 EzB GG Art. 74 Nr. 1). Schulzeugnisse oder Berichtshefte werden in der Prüfung nicht bewertet, sondern allein die während der Prüfung gezeigten Leistungen, sog. **Einheitsprüfung**. Durch Verweis auf die Ausbildungsordnung in S. 2 wird die Einheitlichkeit des Prüfungsgegenstandes gewährleistet. § 35 gilt entspr. für **Zwischenprüfungen** nach § 42. Für das **Handwerk** § 32 HandwO.

§ 36 Prüfungsausschüsse

¹ Für die Abnahme der Abschlußprüfung errichtet die zuständige Stelle Prüfungsausschüsse. ² Mehrere zuständige Stellen können bei einer von ihnen gemeinsame Prüfungsausschüsse errichten.

1   Der Prüfungsausschuss ist **nicht selbständige Behörde** (BVerwG 20. 7. 1984 DVBl. 1984, 57), sondern **Organ** der zust. Stelle mit weitgehender interner Selbständigkeit. Die Mitglieder des Prüfungsausschusses entscheiden innerhalb ihres Zuständigkeitsbereichs im Rahmen der Prüfungsvorschriften. Die Zuständigkeit des Prüfungsausschusses für den einzelnen Prüfling muss im Voraus feststehen. Die Zusammenlegung gem. **S. 2** will vermeiden, dass bei schwacher Besetzung eines Ausbildungsberufes in jedem Bezirk ein Prüfungsausschuss errichtet werden muss. Das Verfahren zur Errichtung der Ausschüsse und zur Bestimmung ihrer Kompetenzen kann der Berufsbildungsausschuss durch Rechtsvorschrift bestimmen (BVerfG 14. 5. 1986 EzB BBiG § 56 Nr. 4).

2   Die **Abnahme der Abschlussprüfung** umfasst nicht nur das Durchführen der mündlichen Prüfung und das Ermitteln und Bewerten der Leistung, sondern auch das Erstellen und die Auswahl von Prüfungsaufgaben für die schriftliche und praktische Prüfung (anders: *Knopp/Kraegeloh* Rn. 3; VG Düsseldorf 29. 1. 1982 EzB BBiG § 36 Nr. 5 mit der Begründung, dass § 34 lediglich der Kompetenzverteilung dienen soll), weil auch die vorbereitende Tätigkeit vom Begriff „Abnahme" umfasst wird (ebenso *Wohlgemuth* Rn. 12; OVG Hamburg 22. 12. 1977 EzB PO-AP Nr. 5): Durch § 34 wird das gesamte Prüfungswesen der zust. Stelle übertragen und § 36 sieht als einzige Institution für das Prüfungswesen den Prüfungsausschuss vor. Eine weitere Auffassung geht davon aus, dass das BBiG keine abschließende Regelung hinsichtlich einer Zuständigkeitsverteilung bei Prüfungen getroffen habe (VG Münster 24. 9. 1986 EzB PO-AP Nr. 12; OVG Nordrhein-Westfalen 1. 9. 1989 EzB PO-AP Nr. 15; BVerwG 13. 3. 1990 EzB PO-AP Nr. 16). Für das **Handwerk** § 33 HandwO.

§ 37 Zusammensetzung, Berufung

(1) ¹ Der Prüfungsausschuß besteht aus mindestens drei Mitgliedern. ² Die Mitglieder müssen für die Prüfungsgebiete sachkundig und für die Mitwirkung im Prüfungswesen geeignet sein.

(2) ¹ Dem Prüfungsausschuß müssen als Mitglieder Beauftragte der Arbeitgeber und der Arbeitnehmer in gleicher Zahl sowie mindestens ein Lehrer einer berufsbildenden Schule angehören. ² Mindestens zwei Drittel der Gesamtzahl der Mitglieder müssen Beauftragte der Arbeitgeber und der Arbeitnehmer sein. ³ Die Mitglieder haben Stellvertreter.

(3) ¹ Die Mitglieder werden von der zuständigen Stelle längstens für fünf Jahre berufen. ² Die Arbeitnehmermitglieder werden auf Vorschlag der im Bezirk der zuständigen Stelle bestehenden Gewerkschaften und selbständigen Vereinigungen von Arbeitnehmern mit sozial- oder berufspolitischer Zwecksetzung berufen. ³ Der Lehrer einer berufsbildenden Schule wird im Einvernehmen mit der Schulaufsichtsbehörde oder der von ihr bestimmten Stelle berufen. ⁴ Werden Mitglieder nicht oder nicht in ausreichender Zahl innerhalb einer von der zuständigen Stelle gesetzten angemessenen Frist vorgeschlagen, so beruft die zuständige Stelle insoweit nach pflichtgemäßem Ermessen. ⁵ Die Mitglieder der Prüfungsausschüsse können nach Anhören der an ihrer Berufung Beteiligten aus wichtigem Grund abberufen werden. ⁶ Die Sätze 1 bis 5 gelten für die stellvertretenden Mitglieder entsprechend.

(4) ¹ Die Tätigkeit im Prüfungsausschuß ist ehrenamtlich. ² Für bare Auslagen und für Zeitversäumnis ist, soweit eine Entschädigung nicht von anderer Seite gewährt wird, eine angemes-

Vorsitz, Beschlußfähigkeit, Abstimmung § 38 BBiG 150

sene Entschädigung zu zahlen, deren Höhe von der zuständigen Stelle mit Genehmigung der obersten Landesbehörde festgesetzt wird.

(5) **Von Absatz 2 darf nur abgewichen werden, wenn anderenfalls die erforderliche Zahl von Mitgliedern des Prüfungsausschusses nicht berufen werden kann.**

§ 37 regelt die Zusammensetzung und Berufung der Prüfungsausschüsse; die paritätische Besetzung 1 der Prüfungsausschüsse mit AG- und ANVertretern ist wesentliches Merkmal für eine ausgewogene Leistungsbeurteilung (BVerwG 20. 7. 1984 DVBl. 1984, 59).

Abs. 1 S. 1 legt mit Rücksicht auf Abs. 2 eine **Mindestmitgliederzahl** fest. Der Prüfungsausschuss 2 kann größer sein, auch wenn die Funktionsfähigkeit mit zunehmender Größe abnimmt. Die von Abs. 1 S. 2 geforderte **Sachkunde** und **Eignung** erfordert die Fähigkeit des Prüfers, sich auf die Ausnahmesituation des Prüflings einzustellen, sowie Kenntnisse der Ausbildungsordnung und des Prüfungswesens. Eine Person, der die persönliche Eignung nach § 20 II fehlt, ist grds. ungeeignet. Es kommt nicht darauf an, dass der Prüfer die für einen Ausbilder vorgesehenen Prüfungen abgelegt hat (VG Stuttgart 15. 12. 1989 EzB BBiG § 37 Nr. 26), oder dass er den konkreten Ausbildungsgang absolviert hat, in dessen Rahmen der Prüfungsausschuss tätig wird.

Ein Verstoß gegen die von Abs. 2 zwingend vorgeschriebene Zusammensetzung führt zur Rechts- 3 widrigkeit der durch diesen Ausschuss getroffenen Prüfungsentscheidung (OVG Lüneburg 1. 12. 1976 EzB BBiG § 37 Nr. 3; VG Darmstadt 23. 1. 1981 EzB BBiG § 37 Nr. 14). Unter den Voraussetzungen des Abs. 5 kann von der Zusammensetzung ausnahmsweise abgewichen werden, sofern nicht genügend Prüfer zur Verfügung stehen. Der Lehrer, der Mitglied des Prüfungsausschusses ist, kann auch der Lehrer der Prüflinge sein. Die zust. Stelle kann aber durch Satzung ein Mitwirkungsverbot des eigenen Lehrers an der Abschlussprüfung vorschreiben (OVG Koblenz 14. 7. 1976 BB 1976, 1274). Auf die Berufung der **Stellvertreter** ist nach Abs. 3 S. 6 das in Abs. 3 S. 1 bis 5 niedergelegte Verfahren anzuwenden. Ein Stellvertreter darf nur im Fall der Verhinderung des ordentlichen Mitglieds tätig werden (VG Frankfurt 4. 4. 1979 EzB BBiG § 37 Nr. 9).

Abs. 3 regelt die **Berufung** der Prüfungsausschussmitglieder. Hinsichtlich der ANMitglieder ist die 4 zust. Stelle an die Vorschläge der in ihrem Bezirk bestehenden Gewerkschaften und Vereinigungen mit sozial- oder berufspolitischer Zwecksetzung gebunden, Abs. 3 S. 2. Die ANKammern im Saarland und in Bremen sind mangels Freiwilligkeit keine Vereinigungen in diesem Sinne (BVerwG 26. 10. 1973 AP BBiG § 54 Nr. 1). Gehen mehr Vorschläge ein als Mitglieder benötigt werden, so entscheidet die zust. Stelle nach pflichtgemäßem Ermessen, hat dabei aber Gewerkschaften und Vereinigungen gleichmäßig nach ihrer Mitgliederzahl zu berücksichtigen. Eine Gewerkschaft kann bei nicht ausreichender Berücksichtigung ihrer Vorschläge den Verwaltungsrechtsweg beschreiten (VG Stuttgart 5. 12. 1989 EzB BBiG § 37 Nr. 26; *Wohlgemuth* Rn. 30; aA VG Düsseldorf 29. 1. 1982 EzB BBiG § 36 Nr. 5). Werden innerhalb einer von der zust. Stelle gesetzten angemessenen Frist keine Vorschläge erbracht, so beruft die zust. Stelle nach pflichtgemäßem Ermessen, Abs. 3 S. 4 und 6.

Der **Lehrer** der berufsbildenden Schule wird im Einvernehmen mit der Schulaufsichtsbehörde oder 5 der von ihr bestimmten Stelle berufen, Abs. 3 S. 3. Die **AGMitglieder** werden unmittelbar von der zust. Stelle berufen. Eine **Abberufung** der Mitglieder ist nur aus wichtigem Grund nach Anhörung der an ihrer Berufung Beteiligten möglich, Abs. 3 S. 5. Ein wichtiger Grund liegt beim Wegfall der persönlichen Eignung nach § 20 II vor. Gegen eine ungerechtfertigte Abberufung kann im Verwaltungsrechtsweg vorgegangen werden.

Die Tätigkeit im Prüfungsausschuss ist ehrenamtlich, Abs. 4 S. 1, doch ist eine angemessene Ent- 6 schädigung zu zahlen, deren Höhe von der zust. Stelle mit Genehmigung der obersten Landesbehörde festgesetzt wird. Wird von anderer Seite Entschädigung gewährt, zB durch Lohn- oder Gehaltsfortzahlung, kommt eine Entschädigung insoweit nicht in Betracht. Ein Ausschussmitglied ist für die Prüftätigkeit von seinem AG unter Fortzahlung der Bezüge freizustellen (BAG 7. 11. 1991 AP MTL § 33 II Nr. 3; ArbG Köln 18. 10. 1983 EzB BBiG § 37 Nr. 19; aA *Herkert* Rn. 80). Etwas anderes kann sich aus TV ergeben (BAG 4. 9. 1985 EzA BGB § 616 Nr. 33). Der Freistellungsanspruch kann vertraglich nicht ausgeschlossen werden, da die Tätigkeit im öffentl. Interesse liegt, und somit eine Pflichtenkollision begründet, die die Nichtleistung von Arbeit grds. unverschuldet (§ 323 BGB) werden lässt. Für das **Handwerk** § 34 HandwO mit einigen abw. Regelungen.

§ 38 Vorsitz, Beschlußfähigkeit, Abstimmung

(1) ¹**Der Prüfungsausschuß wählt aus seiner Mitte einen Vorsitzenden und dessen Stellvertreter.** ²**Der Vorsitzende und sein Stellvertreter sollen nicht derselben Mitgliedergruppe angehören.**

(2) ¹**Der Prüfungsausschuß ist beschlußfähig, wenn zwei Drittel der Mitglieder, mindestens drei, mitwirken.** ²**Er beschließt mit der Mehrheit der abgegebenen Stimmen.** ³**Bei Stimmengleichheit gibt die Stimme des Vorsitzenden den Ausschlag.**

Die Vorschrift enthält Regelungen über die Arbeitsweise des Ausschusses. Alle Mitglieder des 1 Prüfungsausschusses wählen einen **Vorsitzenden** und dessen **Stellvertreter**, § 38 I 1. Wird ein ordent-

Schlachter

liches Prüfungsausschussmitglied durch einen Stellvertreter vertreten, so hat der Stellvertreter für diese Sitzung die selben Rechte wie das ordentliche Mitglied. Von der Sollvorschrift des § 38 I 2 kann nur aus zwingenden Gründen und mit Zustimmung aller Mitgliedergruppen abgewichen werden.

2   Der Ausschuss ist **beschlußfähig**, wenn zwei Drittel der Mitglieder, mindestens aber drei, mitwirken, § 38 II 1. Ist der Prüfungsausschuss nur mit drei Mitgliedern besetzt, ist zu seiner Beschlussfähigkeit die Anwesenheit aller notwendig. Beschlüsse werden mit der **Mehrheit** der abgegebenen Stimmen gefasst, § 38 II 2. Stimmenthaltungen sind möglich und werden bei der Berechnung der Mehrheit nicht berücksichtigt. Bei Stimmengleichheit entscheidet die Stimme des Vorsitzenden, § 38 II 3. Die Vorschriften des Abs. 2 gelten für alle Entscheidungen des Prüfungsausschusses. Für das **Handwerk** § 35 HandwO.

§ 39 Zulassung zur Abschlußprüfung

(1) Zur Abschlußprüfung ist zuzulassen,
1. wer die Ausbildungszeit zurückgelegt hat oder wessen Ausbildungszeit nicht später als zwei Monate nach dem Prüfungstermin endet,
2. wer an vorgeschriebenen Zwischenprüfungen teilgenommen sowie vorgeschriebene Berichtshefte geführt hat und
3. wessen Berufsausbildungsverhältnis in das Verzeichnis der Berufsausbildungsverhältnisse eingetragen oder aus einem Grund nicht eingetragen ist, den weder der Auszubildende noch dessen gesetzlicher Vertreter zu vertreten hat.

(2) [1] Über die Zulassung zur Abschlußprüfung entscheidet die zuständige Stelle. [2] Hält sie die Zulassungsvoraussetzungen nicht für gegeben, so entscheidet der Prüfungsausschuß. [3] Auszubildenden, die Elternzeit in Anspruch genommen haben, darf hieraus kein Nachteil erwachsen, sofern die übrigen Voraussetzungen gemäß Absatz 1 Nr. 1 bis 3 dieser Vorschrift erfüllt sind.

1   Liegen die in Abs. 1 genannten Voraussetzungen **kumulativ** vor, ist der Auszubildende zur Prüfung zuzulassen; Sonderfälle: §§ 40, 48. Weitere formelle Voraussetzungen kann die Prüfungsordnung gem. § 41 vorsehen. Der Auszubildende hat dann einen Anspruch auf Zulassung. Nach **Abs. 1 Nr. 1** muss die individuelle (§ 29) Ausbildungszeit abgelaufen sein, deren Dauer sich aus dem Ausbildungsvertrag ergibt. Ob die Ausbildung tatsächlich betrieben wurde, ist unerheblich (VG Stuttgart 14. 11. 1994 DB 1994, 2553). Damit dem Auszubildenden der nahtlose Übergang vom Ausbildungsverhältnis in ein Arbeitsverhältnis ermöglicht wird, ist er auch schon zuzulassen, wenn die Ausbildungszeit nicht später als zwei Monate nach dem Prüfungstermin endet; um eine Ausnahme gem. § 40 I handelt es sich dabei nicht. Als Prüfungstermin gilt die gesamte Dauer der Prüfung von ihrem ersten Teil bis zum tatsächlichen Abschluss.

2   Der Auszubildende muss an den vorgeschriebenen **Zwischenprüfungen** teilgenommen und die vorgeschriebenen **Berichtshefte** geführt haben, Abs. 1 Nr. 2. IdR ist eine Zwischenprüfung Pflicht, § 42; die Ausbildungsordnung kann aber weitere Zwischenprüfungen vorschreiben. Es genügt die „Teilnahme" an den Prüfungen, dh. die Beteiligung im Sinne eines ernsthaften Versuchs. Eine Pflicht zum Führen von Berichtsheften ergibt sich ggf. aus der Ausbildungsordnung.

3   Das **Berufsausbildungsverhältnis muss in das Verzeichnis der Berufsausbildungsverhältnisse eingetragen** oder aus einem Grund nicht eingetragen sein, den weder der Auszubildende noch dessen gesetzlicher Vertreter zu vertreten hat, Abs. 1 Nr. 3. Nach § 39 II 1 hat zunächst die zust. Stelle über die Zulassung zu entscheiden; im Ablehnungsfall entscheidet der Prüfungsausschuss abschließend, § 39 II 2. Gegen die Versagung der Zulassung kann der Auszubildende den Verwaltungsrechtsweg beschreiten. Für das **Handwerk** § 36 HandwO.

§ 40 Zulassung in besonderen Fällen

(1) Der Auszubildende kann nach Anhören des Ausbildenden und der Berufsschule vor Ablauf seiner Ausbildungszeit zur Abschlußprüfung zugelassen werden, wenn seine Leistungen dies rechtfertigen.

(2) [1] Zur Abschlußprüfung ist auch zuzulassen, wer nachweist, daß er mindestens das Zweifache der Zeit, die als Ausbildungszeit vorgeschrieben ist, in dem Beruf tätig gewesen ist, in dem er die Prüfung ablegen will. [2] Hiervon kann abgesehen werden, wenn durch Vorlage von Zeugnissen oder auf andere Weise glaubhaft dargetan wird, daß der Bewerber Kenntnisse und Fertigkeiten erworben hat, die die Zulassung zur Prüfung rechtfertigen.

(3) [1] Zur Abschlußprüfung ist ferner zuzulassen, wer in einer berufsbildenden Schule oder einer sonstigen Einrichtung ausgebildet worden ist, wenn diese Ausbildung der Berufsausbildung in einem anerkannten Ausbildungsberuf entspricht. [2] Das Bundesministerium für Wirtschaft und Technologie oder das sonst zuständige Fachministerium kann im Einvernehmen mit dem Bundesministerium für Bildung und Forschung nach Anhören des Ständigen Ausschusses des Bundes-

instituts für Berufsbildung durch Rechtsverordnung bestimmen, welche Schulen oder Einrichtungen die Voraussetzungen des Satzes 1 erfüllen.

Abs. 1 ermöglicht die Zulassung eines Auszubildenden zur Abschlussprüfung, auch wenn § 39 I 1 Nr. 1 noch nicht erfüllt ist; § 39 I Nr. 2, 3 bleiben unberührt. Voraussetzung der Zulassung ist, dass der Auszubildende auf Grund seiner Leistungen das vorgeschriebene Ausbildungsziel vorzeitig erreicht (VG Köln 13. 4. 1993 EzB BBiG § 40 I Nr. 32). ZZ der Abschlussprüfung müssen alle vorgesehenen Ausbildungsabschnitte durchlaufen und alle Fertigkeiten und Kenntnisse vermittelt worden sein. Der Auszubildende muss durch überdurchschnittliche Leistungen in der Berufsschule und im Betrieb unter Beweis gestellt haben, dass er den Lernstoff beherrscht (VG Düsseldorf 15. 11. 1990 EzB BBiG § 40 I Nr. 30). Das in Abs. 1 vorgeschriebene Anhörungsverfahren soll der zust. Stelle ein umfassendes Bild über den Leistungsstand des Auszubildenden verschaffen. Eine Bindung an die Stellungnahmen ist zu verneinen (VG Ansbach 5. 5. 1981 EzB BBiG § 40 I Nr. 18). Ohne Anhörung ist die Entscheidung über die Zulassung nicht nichtig, sondern fehlerhaft und aufhebbar (VG Ansbach 21. 7. 1977 EzB BBiG § 40 Nr. 5). Die Entscheidung über die Zulassung ist eine Ermessensentscheidung und gerichtlich voll nachprüfbar (VG Berlin 27. 12. 1982 EzB HandwO § 37 I Nr. 12).

Abs. 2 will **Außenseitern,** die kein Berufsausbildungsverhältnis durchlaufen haben, die Möglichkeit 2 eines Qualifikationsnachweises eröffnen (VGH Baden-Württemberg 30. 5. 1979 EzB BBiG § 40 III Nr. 3). Dabei müssen grds. alle in der Ausbildungsordnung vorgeschriebenen Tätigkeiten ausgeübt, und hinreichende Fertigkeiten und Kenntnisse iSd. gesamten Berufsbildes erworben sein (*Herkert* Rn. 15 f.; VG Kassel 20. 4. 1978 EzB BBiG § 40 II Nr. 4; aA *Eule* BB 1990, 1337). Da die Vorschrift eine Berufstätigkeit für das Zweifache der vorgeschriebenen Ausbildungszeit fordert, ist eine individuelle Kürzungsmöglichkeit nach § 29 II BBiG, § 27 a II HandwO nicht möglich, wohl aber eine Kürzung nach § 29 I (*Eule* BB 1990, 1337; *Herkert* Rn. 18); hat der Bewerber also ein Jahr Berufsgrundbildung absolviert, verringert sich die „vorgeschriebene Ausbildungszeit" um ein Jahr.

Liegen die Voraussetzungen des § 40 II 1 vor, besteht ein Anspruch auf Zulassung zur Abschluss- 3 prüfung (VGH Hessen 13. 2. 1973 EzB BBiG § 40 II Nr. 1). Der erforderliche Nachweis kann durch Auskünfte jeder Art, durch eine Arbeitsbescheinigung, durch die Anhörung von Beteiligten, durch die Beiziehung von Urkunden erbracht werden. Von dem Nachweis der **Dauer** der Berufstätigkeit kann nach § 40 II 2 abgesehen werden, wenn durch Vorlage von Zeugnissen oder auf andere Weise glaubhaft dargetan wird, dass der Bewerber Kenntnisse und Fertigkeiten erworben hat, die die Zulassung zur Prüfung rechtfertigen (VGH Hessen 13. 2. 1973 EzB BBiG § 40 II Nr. 1; *Eule* BB 1990, 1337; VG Karlsruhe 30. 9. 1980 EzB BBiG § 40 II Nr. 5). Die Entscheidung nach § 40 II 2 ist eine Ermessensentscheidung (VG Düsseldorf 15. 11. 1990 EzB BBiG § 40 I Nr. 30; aA VG Kassel 20. 4. 1978 EzB BBiG § 40 II Nr. 4; *Eule* BB 1990, 1337). Für Soldaten auf Zeit und ehemalige Soldaten abw. § 86 I.

Wer in berufsbildenden Schule oder einer sonstigen Einrichtung ausgebildet worden ist, hat 4 einen Anspruch auf Zulassung zur Abschlussprüfung, wenn diese Ausbildung der Berufsausbildung in einem anerkannten Ausbildungsberuf entspricht, **§ 40 III 1**. Der Antragsteller muss eine systematische Ausbildung absolviert haben (VG Ansbach 25. 4. 1986 EzB BBiG § 40 III Nr. 6; *Eule* BB 1990, 1337). Die Ausbildung muss hinsichtlich Inhalt, Umfang und Schwierigkeitsgrad der Berufsausbildung gleichwertig sein, praktische Berufserfahrung ist nicht notwendig (VGH Baden-Württemberg 30. 5. 1979 EzB BBiG § 40 III Nr. 3; VG Ansbach 25. 4. 1986 EzB BBiG § 40 III BBiG Nr. 6; *Eule* BB 1990, 1337 mwN). Durch RechtsV kann bestimmt werden, welche Schulen oder Einrichtungen die Voraussetzungen des § 40 III 1 erfüllen, § 40 III 2. In Betracht kommt jede Einrichtung, die von ihrer Ausstattung her eine entspr. Ausbildung vermitteln kann, wie zB überbetriebliche Ausbildungsstätten, Strafvollzugsanstalten, Rehabilitationszentren, Einrichtungen der Bundeswehr. Eine RechtsV iSd. § 40 III 2 ist bisher nicht ergangen. Für das **Handwerk** § 37 HandwO.

§ 41 Prüfungsordnung

¹ Die zuständige Stelle hat eine Prüfungsordnung für die Abschlußprüfung zu erlassen. ² Die Prüfungsordnung muß die Zulassung, die Gliederung der Prüfung, die Bewertungsmaßstäbe, die Erteilung der Prüfungszeugnisse, die Folgen von Verstößen gegen die Prüfungsordnung und die Wiederholungsprüfung regeln. ³ Dem Ausbildenden werden auf dessen Verlangen die Ergebnisse der Zwischen- und Abschlußprüfung des Auszubildenden übermittelt. ⁴ Der Hauptausschuß des Bundesinstituts für Berufsbildung erläßt für die Prüfungsordnung Richtlinien. ⁵ Die Prüfungsordnung bedarf der Genehmigung der zuständigen obersten Landesbehörde.

Die Prüfungsordnungen gem. S. 1 enthalten die formellen Regeln für die Abschlussprüfungen; S. 2 1 legt den Mindestinhalt der Prüfungsordnung fest. Ist die „zust. Stelle" eine Kammer, wird die Prüfungsordnung als Satzung erlassen. Als Satzungsrecht ist die Prüfungsordnung dem Gesetz nachgeordnet; sie muss mindestens den Inhalt von §§ 41, 42 haben und darf auch sonst nicht von §§ 34 ff. abweichen. Sieht die Prüfungsordnung vor, dass die Prüfungsleistung von den berufenen Mitgliedern des Prüfungsausschusses zu bewerten ist, darf während der Prüfung kein Wechsel in der Zusammensetzung des Prüfungsausschusses stattfinden (BayVGH 7. 6. 1974 GewArch 1974, 348). Die Mitteilung der Prüfungsergebnisse auch an den Ausbildenden (S. 3) ist erst durch die Neuregelung vom 31. 3. 1998 eingefügt. Damit wird dem Ausbildenden eine Kontrolle des Ausbildungserfolges erleichtert.

2 Der Hauptausschuss des BIBB erlässt nach S. 4 **RL** für die Prüfungsordnungen. Sie sind weder Satzung noch VerwaltungsV und entfalten keine Bindungswirkung; sie sollen nur Orientierungshilfe geben, um die Prüfungsordnungen zu vereinheitlichen. Verbindlichkeit erlangt die Prüfungsordnung, wenn sie vom Berufsbildungsausschuss der zust. Stelle beschlossen, von der zust. Stelle erlassen, verkündet und von der zust. obersten Landesbehörde genehmigt wird (*Knopp/Kraegeloh* Rn. 5). Für das **Handwerk** § 38 HandwO.

§ 42 Zwischenprüfungen

[1] **Während der Berufsausbildung ist zur Ermittlung des Ausbildungsstandes mindestens eine Zwischenprüfung entsprechend der Ausbildungsordnung durchzuführen, bei der Stufenausbildung für jede Stufe.** [2] **Die §§ 34 bis 36 gelten entsprechend.**

1 Durch die Zwischenprüfung soll der Ausbildungsstand des Auszubildenden ermittelt werden, damit ggf. korrigierend auf den weiteren Verlauf der Ausbildung Einfluss genommen werden kann. Einer Anfechtungsklage gegen die Zwischenprüfung fehlt daher das Rechtsschutzbedürfnis (VG Düsseldorf 29. 3. 1985 EzB BBiG § 42 Nr. 2). Die Teilnahme an der Zwischenprüfung ist Voraussetzung für die Zulassung zur Abschlussprüfung nach § 39 I Nr. 2.

2 Gegenstand der Zwischenprüfung sind die in der Ausbildungsordnung vorgesehenen, bis zu diesem Zeitpunkt vermittelten Fertigkeiten und Kenntnisse sowie der im Berufsschulunterricht zu vermittelnde, für die Berufsausbildung wesentliche Lehrstoff (§ 42 S. 2 iVm. § 35). Die Ausbildungsordnung kann statt einer auch mehrere Zwischenprüfungen vorschreiben. Bei der **Stufenausbildung** ist für jede Stufe eine Zwischenprüfung abzulegen. Nach § 26 V kann die Ausbildungsordnung bestimmen, dass bei Prüfungen, die vor Abschluss einzelner Stufen abgenommen werden, die Vorschriften über die Abschlussprüfung entspr. gelten. Für das **Handwerk** § 39 HandwO.

§ 43 Gleichstellung von Prüfungszeugnissen

(1) **Das Bundesministerium für Wirtschaft und Technologie oder das sonst zuständige Fachministerium kann im Einvernehmen mit dem Bundesministerium für Bildung und Forschung nach Anhören des Ständigen Ausschusses des Bundesinstituts für Berufsbildung durch Rechtsverordnung Prüfungszeugnisse von Ausbildungsstätten oder Prüfungsbehörden den Zeugnissen über das Bestehen der Abschlußprüfung gleichstellen, wenn die Berufsausbildung und die in der Prüfung nachzuweisenden Fertigkeiten und Kenntnisse gleichwertig sind.**

(2) **Das Bundesministerium für Wirtschaft und Technologie oder das sonst zuständige Fachministerium kann im Einvernehmen mit dem Bundesministerium für Bildung und Forschung nach Anhören des Ständigen Ausschusses des Bundesinstituts für Berufsbildung durch Rechtsverordnung außerhalb des Geltungsbereichs dieses Gesetzes erworbene Prüfungszeugnisse den entsprechenden Zeugnissen über das Bestehen der Abschlußprüfung gleichstellen, wenn in den Prüfungen der Abschlußprüfung gleichwertige Anforderungen gestellt werden.**

1 Abs. 1 regelt die Gleichstellung **inländischer** Prüfungszeugnisse, soweit sie nicht dem BBiG unterfallen. Prüfungszeugnisse von Ausbildungsstätten, wie zB Umschulungs- oder Rehabilitationseinrichtungen, und von Prüfungsbehörden (Berufsfachschulen) können gleichgestellt werden, wenn die Ausbildung der betrieblichen gleichwertig ist. Entspr. Gleichstellungen erfolgen durch V, vgl. die Einzelnachweise bei *Knopp/Kraegeloh* Rn. 1; *Natzel* S. 433.

2 Abs. 2 betrifft in erster Linie die Gleichstellung ausländischer Prüfungszeugnisse. Sie setzt gleichwertige Anforderungen in den Abschlussprüfungen voraus, die durch Vergleich der Prüfungsordnungen festzustellen ist. Mit der Gleichstellung kann der Zeugnis-Inhaber ua. die fachliche Eignung (§ 76 I Nr. 1) nachweisen. Zur Anerkennung von Prüfungen von Aus- und Übersiedlern § 92 II, III BVFG. Für das **Handwerk** § 40 HandwO. Für Abschlüsse aus der DDR § 108 a.

Fünfter Abschnitt. Regelung und Überwachung der Berufsausbildung

§ 44 Regelungsbefugnis

Soweit Vorschriften nicht bestehen, regelt die zuständige Stelle die Durchführung der Berufsausbildung im Rahmen dieses Gesetzes.

1 Wer als zust. Stelle zur Regelung befugt ist, ergibt sich aus den bes. Vorschriften für einzelne Wirtschafts- und Berufszweige, §§ 73 ff. Diese Stelle hat eine umfassende Befugnis zur Durchführung des

Gesetzes, soweit nicht ausdrücklich eine andere Zuständigkeit angeordnet ist, zB §§ 24 I, 25. Eine **Regelung** durch die zust. Stelle kann abstrakt-generell, aber auch im Einzelfall durch VA erfolgen (*Wohlgemuth* Rn. 11, 14; *Knopp/Kraegeloh* Rn. 3; aA *Herkert* Rn. 2; *Kübler/Aberle/Schubert* Rn. 42). Die Rechtsnorm wird als Satzungsrecht nach § 58 II 1 von dem Berufsausbildungsausschuss der zust. Stelle erlassen und bedarf der Verkündung und, soweit vorgeschrieben, der Genehmigung der zust. obersten Landesbehörde (BVerfG 14. 5. 1986 EzB BBiG § 56 Nr. 4). Für das **Handwerk** § 41 HandwO.

§ 45 Überwachung, Ausbildungsberater

(1) ¹Die zuständige Stelle überwacht die Durchführung der Berufsausbildung und fördert sie durch Beratung der Ausbildenden und der Auszubildenden. ²Sie hat zu diesem Zweck Ausbildungsberater zu bestellen. ³Die Ausbildenden sind verpflichtet, die für die Überwachung notwendigen Auskünfte zu erteilen und Unterlagen vorzulegen sowie die Besichtigung der Ausbildungsstätten zu gestatten.

(2) Der Auskunftspflichtige kann die Auskunft auf solche Fragen verweigern, deren Beantwortung ihn selbst oder einen der in § 52 Abs. 1 Nr. 1 bis 3 der Strafprozeßordnung bezeichneten Angehörigen der Gefahr strafgerichtlicher Verfolgung oder eines Verfahrens nach dem Gesetz über Ordnungswidrigkeiten aussetzen würde.

(3) Die zuständige Stelle teilt der Aufsichtsbehörde nach dem Jugendarbeitsschutzgesetz Wahrnehmungen mit, die für die Durchführung des Jugendarbeitsschutzgesetzes von Bedeutung sein können.

Die **Überwachungspflicht** der zust. Stelle ergänzt § 23. Überwacht werden soll etwa die Art und 1 Einrichtung der Ausbildungsstätte, die persönliche und fachliche Eignung von Ausbilder und Ausbildenden, die Anwendung von Schutzbestimmungen. Zur Erfüllung ihrer **Beratungspflicht** hat die zust. Stelle **Ausbildungsberater** zu bestellen. IdR werden hauptamtliche Ausbildungsberater bestellt, um die gebotene fachliche und persönliche Eignung sicherzustellen. Unterstützend sind die Ausbildenden verpflichtet, die für die Überwachung notwendigen Auskünfte zu erteilen und Unterlagen vorzulegen sowie die Besichtigung der Ausbildungsstätten zu gestatten, Abs. 1 S. 3. Befindet sich die Ausbildungsstätte in einer Wohnung, ist Art. 13 GG zu beachten (BVerfG 13. 10. 1971 E 32, 54). Bzgl. der Auskunftspflicht trägt **Abs. 2** dem Gedanken Rechnung, dass sich niemand selbst in straf- bzw. ordnungsrechtlicher Hinsicht belasten muss. **Verstöße** gegen § 45 I 3 werden nach § 99 I Nr. 9 als Ordnungswidrigkeit geahndet. Die **Mitteilungspflicht nach Abs. 3** soll der nach dem JArbSchG zust. Behörde die Überwachung von Jugendarbeitsschutzvorschriften erleichtern. Für das **Handwerk** § 41 a HandwO iVm. § 111 HandwO.

Sechster Abschnitt. Berufliche Fortbildung, berufliche Umschulung

§ 46 Berufliche Fortbildung

(1) ¹Zum Nachweis von Kenntnissen, Fertigkeiten und Erfahrungen, die durch berufliche Fortbildung erworben worden sind, kann die zuständige Stelle Prüfungen durchführen; sie müssen den besonderen Erfordernissen beruflicher Erwachsenenbildung entsprechen. ²Die zuständige Stelle regelt den Inhalt, das Ziel, die Anforderungen, das Verfahren dieser Prüfungen, die Zulassungsvoraussetzungen und errichtet Prüfungsausschüsse; § 34 Abs. 2, §§ 37, 38, 41 und 43 gelten entsprechend.

(2) ¹Als Grundlage für eine geordnete und einheitliche berufliche Fortbildung sowie zu ihrer Anpassung an die technischen, wirtschaftlichen und gesellschaftlichen Erfordernisse und deren Entwicklung kann das Bundesministerium für Bildung und Forschung im Einvernehmen mit dem Bundesministerium für Wirtschaft und Technologie oder dem sonst zuständigen Fachministerium nach Anhören des Ständigen Ausschusses des Bundesinstituts für Berufsbildung durch Rechtsverordnung, die nicht der Zustimmung des Bundesrates bedarf, den Inhalt, das Ziel, die Prüfungsanforderungen, das Prüfungsverfahren sowie die Zulassungsvoraussetzungen und die Bezeichnung des Abschlusses bestimmen. ²In der Rechtsverordnung kann ferner vorgesehen werden, daß die berufliche Fortbildung durch Fernunterricht vermittelt wird. ³Dabei kann bestimmt werden, daß nur solche Fernlehrgänge verwendet werden dürfen, die nach § 12 Abs. 1 des Fernunterrichtsschutzgesetzes zugelassen oder nach § 15 Abs. 1 des Fernunterrichtsschutzgesetzes als geeignet anerkannt worden sind.

Die berufliche Fortbildung dient dem Erhalt und der Erweiterung der beruflichen Kenntnisse und 1 Fertigkeiten, der Anpassung an die technische Entwicklung und dem beruflichen Aufstieg. Sie wird nicht vom 2. Teil des BBiG geregelt, sondern grds. von den allg. Bestimmungen des Arbeitsrechts, soweit sie im Rahmen eines Arbeitsverhältnisses stattfindet. Die zust. Stellen können zwecks Nach-

150 BBiG §§ 47, 48

weis solcher Kenntnisse nach Abs. 1 **Prüfungen** durchführen, Inhalt, Ziel, Anforderungen und Verfahren dieser Prüfungen sowie die Zulassungsvoraussetzungen zu diesen bestimmen und Prüfungsausschüsse errichten. Die Befugnis besteht nur, soweit nicht nach Abs. 2 einschlägige RechtsV erlassen sind. Den bes. Erfordernissen beruflicher Erwachsenenbildung wird entsprochen, wenn Prüfungen die Mentalität und Leistungsfähigkeit Erwachsener berücksichtigen. Die nach Abs. 1 S. 2 Halbs. 2 iVm. § 41 zu erlassende Prüfungsordnung hat Satzungscharakter (§ 41 Rn. 1). Sie ist gem. §§ 41, 44, 58 II vom Berufsbildungsausschuss der zust. Stelle zu erlassen.

2 Im Interesse einer einheitlichen Fortbildung können Inhalt, Ziel, Prüfungsanforderungen, Prüfungsverfahren, Zulassungsvoraussetzungen und die Bezeichnung des Abschlusses durch **RechtsV** bestimmt werden, Abs. 2. **Zuständig** ist der BMFT im Einvernehmen mit dem Bundesminister für Wirtschaft oder dem sonst zust. Fachminister; der Ständige Ausschuss des BIBB ist vorher anzuhören. Von der Regelungsbefugnis kann erst dann Gebrauch gemacht werden, wenn ein Bedürfnis für eine einheitliche Regelung besteht. Zu den besonderen Verhältnissen **Behinderter** § 49. Zur beruflichen Weiterbildungsmaßnahme durch die BA §§ 77 ff. SGB III. Für das **Handwerk** § 42 HandwO.

§ 47 Berufliche Umschulung

(1) Maßnahmen der beruflichen Umschulung müssen nach Inhalt, Art, Ziel und Dauer den besonderen Erfordernissen der beruflichen Erwachsenenbildung entsprechen.

(2) ¹Zum Nachweis von Kenntnissen, Fertigkeiten und Erfahrungen, die durch berufliche Umschulung erworben worden sind, kann die zuständige Stelle Prüfungen durchführen; sie müssen den besonderen Erfordernissen beruflicher Erwachsenenbildung entsprechen. ²Die zuständige Stelle regelt den Inhalt, das Ziel, die Anforderungen, das Verfahren dieser Prüfungen, die Zulassungsvoraussetzungen und errichtet Prüfungsausschüsse; § 34 Abs. 2, §§ 37, 38, 41, 43 und 46 Abs. 2 gelten entsprechend.

(3) ¹Bei der Umschulung für einen anerkannten Ausbildungsberuf sind das Ausbildungsberufsbild (§ 25 Abs. 2 Nr. 3), der Ausbildungsrahmenplan (§ 25 Abs. 2 Nr. 4) und die Prüfungsanforderungen (§ 25 Abs. 2 Nr. 5) unter Berücksichtigung der besonderen Erfordernisse der beruflichen Erwachsenenbildung zugrunde zu legen. ²Das Bundesministerium für Bildung und Forschung kann im Einvernehmen mit dem Bundesministerium für Wirtschaft und Technologie oder dem sonst zuständigen Fachministerium nach Anhören des Ständigen Ausschusses des Bundesinstituts für Berufsbildung durch Rechtsverordnung, die nicht der Zustimmung des Bundesrates bedarf, Inhalt, Art, Ziel und Dauer der beruflichen Umschulung bestimmen.

(4) ¹Die zuständige Stelle hat die Durchführung der Umschulung zu überwachen. ²Die §§ 23, 24 und 45 gelten entsprechend.

1 Die berufliche Umschulung soll zu einer anderen als der zuvor erlernten beruflichen Tätigkeit befähigen. Im Gegensatz zu der Erstausbildung ist die Umschulung auf eine schnelle Wiedereingliederung des Umschülers in den Arbeitsprozess auszurichten. Die Vorschrift regelt neben der Durchführung von Prüfungen auch die einzelnen Umschulungsmaßnahmen und deren Überwachung.

2 Nach **Abs. 1** müssen die Umschulungsmaßnahmen nach Inhalt, Art und Dauer den bes. Erfordernissen an den Alters- und Bildungsstand Erwachsener entsprechen. Ein **Umschulungsvertrag** unterliegt nicht denselben Beschränkungen wie ein Berufsausbildungsvertrag (BAG 15. 3. 1991 EzB BBiG § 47 Nr. 19). Der Umschüler ist AN des Betriebes iSd. § 5 BetrVG und des ArbGG (BAG 10. 2. 1981 EzB BetrVG 1972 § 5 Nr. 1), soweit er in den Betrieb eingegliedert ist (BAG 21. 7. 1993 EzA BetrVG 1972 § 5 Nr. 56). Das gilt auch dann, wenn die Umschulung im Auftrag der BA durchgeführt wird (BAG 12. 2. 1982 NJW 1982, 350). **Abs. 2** entspricht inhaltlich § 46 I, verweist aber auch auf § 46 II, so dass auch bei der beruflichen Umschulung die inhaltliche Ordnung und das Prüfungswesen durch RechtsV vereinheitlicht werden können.

3 Bei der Umschulung für einen anerkannten Ausbildungsberuf sind die jeweiligen für diesen Beruf bestehenden Anforderungen (§ 25) zu beachten, **Abs. 3**. Nach Abs. 4 ist auch die berufliche **Umschulung** von der zust. Stelle zu **überwachen**, §§ 23, 24. Umschüler sind auch durch die Bereitstellung von Ausbildungs- bzw. Umschulungsberatern zu fördern, § 45. Zu den bes. Verhältnissen **Behinderter** § 49 BBiG. Zur Förderung beruflicher Umschulungsmaßnahmen als Maßnahmen der Weiterbildung durch die BA §§ 77 ff. SGB III. Für das **Handwerk** § 42 a HandwO.

Siebenter Abschnitt. Berufliche Bildung behinderter Menschen

§ 48 Berufsausbildung

(1) Für die Berufsausbildung behinderter Menschen (§ 2 Abs. 1 Satz 1 des Neunten Buches Sozialgesetzbuch) gilt, soweit es Art und Schwere der Behinderung erfordern, § 28 nicht.

(2), (3) *(aufgehoben)*

§ 48 a Berufsausbildung in anerkannten Ausbildungsberufen

(1) ¹Regelungen nach den §§ 41 und 44 sollen die besonderen Verhältnisse behinderter Menschen berücksichtigen. ²Dies gilt insbesondere für die zeitliche und sachliche Gliederung der Ausbildung, die Dauer von Prüfungszeiten, die Zulassung von Hilfsmitteln und die Inanspruchnahme von Hilfeleistungen Dritter wie Gebärdensprachdolmetscher für hörbehinderte Menschen.

(2) ¹Der Berufsausbildungsvertrag mit einem behinderten Menschen ist in das Verzeichnis der Berufsausbildungsverhältnisse (§ 31) einzutragen. ²Der behinderte Mensch ist zur Abschlussprüfung auch zuzulassen, wenn die Voraussetzungen des § 39 Abs. 1 nicht vorliegen.

§ 48 b Ausbildungsregelungen der zuständigen Stellen

(1) ¹Für behinderte Menschen, für die wegen Art und Schwere ihrer Behinderung eine Ausbildung in einem anerkannten Ausbildungsberuf im Rahmen von § 48 nicht in Betracht kommt, können die zuständigen Stellen unter Berücksichtigung von Empfehlungen des Hauptausschusses auf Grund von Vorschlägen des Ausschusses für Fragen behinderter Menschen beim Bundesinstitut für Berufsbildung entsprechende Ausbildungsregelungen treffen. ²Die Ausbildungsinhalte sollen unter Berücksichtigung von Lage und Entwicklung des allgemeinen Arbeitsmarktes aus den Inhalten anerkannter Ausbildungsberufe entwickelt werden.

(2) § 48 a Abs. 2 Satz 1 gilt entsprechend.

§ 49 Berufliche Fortbildung, berufliche Umschulung

Für die berufliche Fortbildung (§ 46) und die berufliche Umschulung (§ 47) behinderter Menschen (§ 2 Abs. 1 Satz 1 des Neunten Buches Sozialgesetzbuch) gelten die §§ 48 bis 48 b entsprechend, soweit es Art und Schwere der Behinderung erfordern.

Die Vorschrift dient der Eingliederung Behinderter in die Berufswelt und in die Gesellschaft; dazu erleichtert sie die Fortbildung (§ 46) sowie die Umschulung (§ 47) körperlich, geistig und seelisch Behinderter. Eine Begriffsdefinition erfolgt im BBiG nicht, vgl. aber §§ 48–48 b Rn. 1. **1**

Soweit **Art und Schwere** der Behinderung es erfordern, gilt § 28 nicht, § 48; das Abweichen von der Ausbildungsordnung ist damit bei **Umschulungen** möglich. Art und Schwere der Behinderung sind von der zust. Stelle festzustellen, die dabei möglichst nach objektiven Maßstäben vorzugehen hat und Ärzte, Psychiater oder Psychologen zuziehen soll. Für die **Fortbildung** ist der Verweis auf § 48 überflüssig, da der Ausschließlichkeitsgrundsatz des § 28 dort nicht anwendbar ist. **2**

Vierter Teil – Neunter Teil

§§ 53–113. (nicht abgedruckt; vgl. den Abdruck bei Nipperdey I – Arbeitsrecht Nr. 415)

160. Bundesdatenschutzgesetz (BDSG)

In der Fassung der Bekanntmachung vom 14. Januar 2003 (BGBl. I S. 66)

(BGBl. III/FNA 204-3)

– Auszug –

Schrifttum: *Abel* (Hrsg.), Praxishandbuch Datenschutz, Loseblattausgabe; *Auernhammer*, Bundesdatenschutzgesetz, 3. Aufl., 1993; *Bäumler/Breinlinger/Schrader*, Datenschutz von A–Z, Loseblattausgabe; *Bergmann/Möhrle/Herb*, Datenschutzrecht, Handkommentar zum BDSG, Loseblattausgabe; *Däubler*, Gläserne Belegschaften?, 4. Aufl., 2002; *Däubler*, Internet und Arbeitsrecht, 2. Aufl., 2001; *Däubler/Klebe/Wedde*, Bundesdatenschutzgesetz, Basiskommentar mit der neuen EG-Datenschutzrichtlinie, 2. Aufl. 2002; *Dörr/Schmidt*, Neues BDSG, 2. Aufl., 1992; *Ehmann/Helfrich*, EG Datenschutzrichtlinie, 1999; *Gola/Jaspers*, Das neue BDSG im Überblick, 2002; *Gola/Schomerus*, Bundesdatenschutzgesetz, 7. Aufl., 2002; *Gola/Wronka*, Handbuch zum Arbeitnehmerdatenschutz, 2. Aufl., 1994; *Hoeren/Sieber*, Handbuch Multimedia Recht, Loseblattausgabe; *Koch*, Der betriebliche Datenschutzbeauftragte, 5. Aufl., 2003; *Rossnagel* (Hrsg.), Handbuch Datenschutzrecht, 2002; *Schaffland/Wiltfang*, Bundesdatenschutzgesetz, Loseblattausgabe; *Schlemann*, Recht des betrieblichen Datenschutzbeauftragten, 2001; *Simitis* (Hrsg.), Kommentar zum Bundesdatenschutzgesetz, 5. Aufl., 2003; *Tinnefeld/Ehmann*, Einführung in das Datenschutzrecht, 3. Aufl., 1998; *Wohlgemuth*, Datenschutz für Arbeitnehmer, 2. Aufl., 1988.

Einleitung

I. Überblick

1   Mit den zunehmenden technischen Möglichkeiten der Datenverarbeitung wachsen Fähigkeit und Interesse der Unternehmen, personenbezogene Daten der AN mittels elektronischer Datenverarbeitungssysteme leichter und effektiver zu verwalten. Für den AN bedeutet diese Entwicklung eine gesteigerte Gefahr, in seinem Persönlichkeitsrecht verletzt zu werden. Eine gesetzliche Grundlage, die speziell auf die arbeitsrechtliche Problematik und den Ausgleich der Interessen im Arbeitsverhältnis zugeschnitten ist, existiert noch nicht, ist aber seit geraumer Zeit angekündigt. Die Rechtslage wird durch die allg. Regelungen zum Datenschutz bestimmt. Die Datenschutzgesetze finden jeweils in Ausschnitten Anwendung: in der Privatwirtschaft Teile des BDSG, im öffentl. Dienst je nach Anwendungsbereich das BDSG oder die Datenschutzgesetze der Länder.

2   **1. Datenschutz aus Sicht des Arbeitgebers.** Sowohl für den öffentl. als auch für den privaten AG gelten in Abweichung von der allg. Systematik des BDSG einheitlich die Regelungen für den Bereich der nicht-öffentl. Stellen (§§ 1 bis 11, 12 IV, 27 ff.). Das BDSG differenziert zwischen verschiedenen Phasen des Umgangs mit Daten: a) der Erhebung von Daten, b) der Datenverarbeitung, c) der Datennutzung, wobei die rechtliche Unterscheidung nicht mit den tatsächlichen Vorgängen übereinstimmen muss. Die Zulässigkeit ist für jede Datenverarbeitungsphase gesondert festzustellen; § 4 I enthält ein unter Erlaubnisvorbehalt stehendes Verbot der Datenerhebung, -verarbeitung und -nutzung. Die maßgeblichen Zulässigkeitstatbestände finden sich in § 28. Das Recht des AN auf informationelle Selbstbestimmung tritt dann zurück, wenn das Informationsinteresse des AG nach Maßgabe des Verhältnismäßigkeitsgrundsatzes überwiegt: Der Eingriff in das Persönlichkeitsrecht muss durch die Zweckbestimmung des Arbeitsverhältnisses gerechtfertigt und der Umgang mit den Daten zur Erfüllung gesetzlicher, kollektivvertraglicher oder einzelarbeitsvertraglicher Pflichten oder zur Wahrnehmung von Rechten aus dem Vertragsverhältnis geeignet und erforderlich sein. Dabei ist bereits bei der Erhebung der Daten gem. § 28 I 1 der Zweck, für den die Daten erhoben werden, konkret festzulegen.

3   Adressat des BDSG ist der AG als verantwortliche Stelle. Er bleibt nach der gesetzlichen Konstruktion der Auftragsdatenverwaltung (§ 11) auch dann datenschutzverpflichtet, wenn er ANDaten nicht selbst erhebt oder verwaltet, sondern durch andere erheben oder verwalten lässt. Lediglich dann, wenn neben der Datenverarbeitung auch die zugrundeliegende Aufgabe auf den Dritten übertragen wird, gehen die Datenschutzverpflichtungen mit auf diesen über.

4   Der AG ist zur Einhaltung zahlreicher technischer und organisatorischer Datenschutzmaßnahmen (§ 9 iVm. der Anlage zu § 9 S. 1) sowie unter bestimmten Voraussetzungen zur Einsetzung eines betrieblichen Datenschutzbeauftragten verpflichtet (§§ 4f, 4g). Bei zahlreichen Maßnahmen hat der AG die Mitarbeitervertretung entspr. den Regelungen des BetrVG oder des BPersVG zu beteiligen. Übergeht der AG Mitbestimmungsrechte, kann dies die Unzulässigkeit der Datenverwendung zur Folge haben.

II. Rechtsgrundlagen des Arbeitnehmerdatenschutzes   Einl. BDSG 160

2. Datenschutz aus Sicht des AN. Hinsichtlich des Schutzes der ANDaten gelten die Ausführun- 5
gen unter Rn. 2 über die verschiedenen Phasen des Umgangs mit Daten aus Sicht des AG entspr.
Das BDSG gewährt dem betroffenen AN Benachrichtigungs- und Auskunftsansprüche (§§ 33 und 6
34). Bei unzulässiger Datenverarbeitung kann der AN Berichtigung, Löschung oder Sperrung von
Daten verlangen (§ 35). Seine Rechte hat er grds., und zwar auch im Fall des sog. outsourcing,
gegenüber dem AG geltend zu machen, der nach der gesetzlichen Konstruktion der Auftragsdatenverwaltung (§ 11) allein datenschutzverpflichtet bleibt. In vielen Fällen ist dem AN zu empfehlen, sich
an den jeweiligen Datenschutzbeauftragten oder den Betriebs- oder Personalrat zu wenden. Beide
verfügen über zahlreiche, jeweils anders gelagerte Kontrollmöglichkeiten und sind häufig in der Lage,
betrieblichen Datenschutz im Interesse des betroffenen AN mitzugestalten und auf seine Einhaltung
hinzuwirken.

3. Datenschutz aus Sicht der Mitarbeitervertretung. Die Mitarbeitervertretung ist datenschutz- 7
rechtlich Teil der verantwortlichen Stelle, also dem AG zugeordnet. Ihre betriebsverfassungsrechtliche
oder personalvertretungsrechtliche Stellung wird durch das BDSG nicht berührt. Sofern sie selbst
Daten erhebt, verwaltet oder vom AG übermittelt bekommt, kommt es wesentlich auf die bereichsspezifischen Regelungen des BetrVG oder der PersVG an. Soweit sie den Umgang mit Daten verbieten
oder beschränken, ist die Verwendung datenschutzrechtlich unzulässig. Stehen sie nicht entgegen, ist
die Zulässigkeit der jeweiligen Datenverarbeitungsphase unter Heranziehung des § 28 zu prüfen. Da
die Mitarbeitervertretung in die arbeitsvertragliche Beziehung zwischen AG und AN unmittelbar
eingebunden ist, entspricht die Datenverarbeitung dann der Zweckbestimmung des Arbeitsvertrages,
wenn der Umgang mit ANDaten zur Erfüllung betriebsverfassungsrechtlicher oder personalvertre-
tungsrechtlicher Aufgaben erforderlich ist.
Das BetrVG sowie die PersVG enthalten zahlreiche datenschutzrelevante Mitwirkungs- und Mit- 8
bestimmungstatbestände, über die die Mitarbeitervertretungen den betrieblichen Datenschutz beeinflussen und mitgestalten können.

II. Rechtsgrundlagen des Arbeitnehmerdatenschutzes

1. Verfassungsrecht. a) Das GG kennt kein selbständiges Grundrecht auf Datenschutz, jedoch 9
wird aus dem allg. Persönlichkeitsrecht (Art. 2 I iVm. Art. 1 I GG) nach der Rspr. des BVerfG ein
Recht des Bürgers auf informationelle Selbstbestimmung hergeleitet. Es dient als Grundlage für
einen breit angelegten Datenschutz und umfasst die aus dem Gedanken der Selbstbestimmung
folgende Befugnis des Einzelnen, grds. selbst zu entscheiden, wann und innerhalb welcher Grenzen
persönliche Lebenssachverhalte offenbart werden (BVerfG 15. 12. 1983 BVerfGE 65, 1, 43; BVerfG
(Kammer) 10. 2. 1988 CR 1989, 416; 20. 2. 1990 NJW 1990, 2761). Die Herrschaft des Einzelnen über
seine Daten besteht jedoch nicht absolut und schrankenlos. Da mit dem Persönlichkeitsrecht des AN
die Grundrechte des AG auf wirtschaftliche Handlungs- und Betätigungsfreiheit (Art. 2 I GG) sowie
seine Berufsfreiheit (Art. 12 I GG) kollidieren, sind Einschränkungen hinzunehmen, die sich aus
überwiegenden betrieblichen Interessen ergeben (vgl. auch GG Art. 2 Rn. 80ff.).

b) Das Recht auf informationelle Selbstbestimmung, als datenschutzbezogene Ausprägung des allg. 10
Persönlichkeitsrechts, ist nach den allg. Grundsätzen einer Drittwirkung auch für das **Privatrecht** zu
beachten. Während das BAG sowohl für TV (BAGE 20, 175, 218, 224f.; aA GG Einl. Rn. 20ff., 46ff.
(Dieterich); differenzierend *Wiedemann* TVG, Einl. Rn. 208ff.), als auch für Betriebs- und Dienstvereinbarungen (BAG 28. 3. 1958 AP GG Art. 3 Nr. 28) eine unmittelbare Drittwirkung befürwortet,
kommt im Rahmen von Individualarbeitsverträgen nur eine mittelbare Drittwirkung in Betracht.

2. Gesetzliche Grundlagen des Arbeitnehmerdatenschutzes. a) Als Grundlage für den Schutz 11
personenbezogener Daten im Arbeitsverhältnis dienen die allg. Datenschutzgesetze (s. *Däubler* RDV
1999, 243). Von bes. und eigenständiger Bedeutung ist, mangels einer spezifischen arbeitsrechtlichen
Regelung trotz seiner grds. Subsidiarität (§ 1 III), das **BDSG**. Seine Vorschriften über den Datenschutz in nicht-öffentl. Stellen sind im gesamten privatwirtschaftlichen Bereich maßgebend
(§ 1 II Nr. 3, § 27 I 1 Nr. 1). Ist die Daten verarbeitende Stelle eine Behörde, Körperschaft, Anstalt
oder Stiftung des öffentl. Rechts, ist das BDSG ebenfalls anwendbar, sofern es sich um eine öffentl.
Stelle des Bundes handelt (§ 2 I und III 1). Geht es um Datenverarbeitung in öffentl. Stellen der
Länder, gilt das BDSG gemäß § 1 II Nr. 2 nur hilfsweise, soweit der Datenschutz nicht durch Landesgesetz geregelt ist.

b) Die Länder haben von ihren Gesetzgebungsbefugnissen umfassend durch Erlass ihrer **Landes-** 12
datenschutzgesetze Gebrauch gemacht. Um den Besonderheiten des Arbeitnehmerdatenschutzes
Rechnung zu tragen, enthalten zahlreiche LDSG Sonderbestimmungen für den Datenschutz im
Zusammenhang mit Dienst- und Arbeitsverhältnissen (§ 29 BbgDSG; § 22 BrDSG; § 28 HmbDSG;
§ 34 HessDSG; § 29 DSG NW; § 31 DSG-MV; § 24 NDSG; § 29 SDSG; § 31 SächsDSG; § 28
DSG-LSA; § 30 LDSG-SH). Andere nehmen Bezug auf die Regelungen des BDSG zum Datenschutz
in nicht-öffentl. Stellen (§ 2 II LDSG-BW; § 34 II BlnDSG; § 2 III LDSG-RPf).

160 BDSG Einl.

13   c) Datenschutzrelevante Vorschriften finden sich ferner im **BetrVG** und im **BPersVG**. Neben dem individualrechtlichen Einsichtsrecht des AN in die Personalakte (§ 83 BetrVG) werden vor allem mitbestimmungsrechtliche Aspekte des Datenschutzes erfasst. Das BetrVG gewährt eine Vielzahl von Informations-, Mitwirkungs- und Mitbestimmungsrechten, die vom BR in datenschutzrechtlichen Fragen in Anspruch genommen werden können (§§ 80, 85, 87 I Nr. 6, 90, 92, 93, 94 I und II, 95, 99, 102 BetrVG; §§ 67 I, 68, 75 III Nr. 8, Nr. 9, Nr. 17, 76 II Nr. 2, Nr. 3, Nr. 8 BPersVG). Die Stellung und Aufgabenerfüllung der Betriebsräte wird durch das BDSG rechtlich nicht verändert. Deshalb dürfen dem BR weder unter Hinweis auf datenschutzrechtliche Bestimmungen Informationen verweigert werden, die zur Erfüllung seiner betriebsverfassungsrechtlichen Aufgaben notwendig sind, noch darf der AG Daten übermitteln, die das Betriebsverfassungs- oder Personalvertretungsrecht nicht vorsieht (*Gola/Wronka* 4. Kap. 12.3).

14   d) Auf der Ebene des supranationalen Rechts ist, neben einigen – unverbindlichen – Empfehlungen die am 28. 1. 1981 vom Europarat beschlossene **Datenschutzkonvention** zu berücksichtigen (Konvention 108, abgedr. in: *Dammann/Simitis*, BDSG mit Landesdatenschutzgesetzen und Internationalen Vorschriften, 8. Aufl. 2001; *Ellger* CR 1994, 558, 559 f.; *Bürger/Oehmann/Matthes*, Handwörterbuch des Arbeitsrechts, Datenschutz, 740/5 Rn. 17, 77. EL, Juni 1996; MünchArbR/*Blomeyer* § 99 Rn. 9 mwN). Von Bedeutung ist die am 24. 6. 1995 vom Rat beschlossene **EG-Richtlinie** zum Schutz natürlicher Personen bei der Verarbeitung personenbezogener Daten und zum freien Datenverkehr (RL 95/46/EG; abgedr. in EuZW 1996, 557 sowie bei *Gola/Schomerus* Anhang). Zu den wichtigsten Veränderungen gehört, dass die Trennung zwischen öffentl. und nicht-öffentl. Bereich aufgegeben wurde, ferner die Ausweitung des Verarbeitungsbegriffes, die Lösung vom Dateibegriff, die Einführung einer Zweckbindung sowie die Unterscheidung zwischen sensitiven und nicht-sensitiven Daten (vgl. *Ehmann/Helfrich*, Kommentar zur EG-Datenschutzrichtlinie, 1999; *Ehmann/Sutschet* RDV 1997, 3 ff.; *Geis* CR 1995, 171; *Gola/Schomerus* innerhalb der Kommentierung des BDSG; *Krimphove* NZA 1996, 1121; *Ch. Müller*, FS Söllner, 2000, S. 809 ff.; *Schild* EuZW 1996, 549; *Simitis* NJW 1997, 281 ff.; *Weber* CR 1995, 2907). Nachdem die dreijährige Frist zur Umsetzung der RL am 24. 10. 1998 abgelaufen ist, hat der Gesetzgeber nunmehr mit einer ca. zweieinhalbjährigen Verspätung die Umsetzung in nationales Recht vollzogen (BGBl. 2001, I S. 904; vgl. zur gemeinschaftsrechtlichen Verortung *Tinnefeld*, NJW 2001, 3078 ff.).

14a Das langerwartete Arbeitnehmerdatenschutzgesetz lässt jedoch noch länger auf sich warten (zum Stand: *Simitis* AuR 2001, 429 ff.; *Thon* AiB 2002, 523; *Fleck* BB 2003, 306 ff.; *Grobys* BB 2003, 682 f.). Auf europäischer Ebene findet zZ ein sozialer Dialog statt, um alsbald eine Richtlinie zum ANDatenschutz erlassen zu können.

15   e) In Betracht kommen schließlich Regelungen in **TV**, Betriebs- und Dienstvereinbarungen.

III. Das Bundesdatenschutzgesetz

16   **1. Aufbau und Systematik des BDSG.** Das BDSG gliedert sich in fünf Abschnitte. Der Erste (§§ 1 bis 11) enthält **allgemeine Bestimmungen,** in denen ua. der Anwendungsbereich des Gesetzes (§ 1 II–V), die Zulässigkeit der Datenerhebung, -verarbeitung und -nutzung (§ 4), die Einwilligung und deren Wirksamkeitsvoraussetzungen (§ 4a), der Datenschutzbeauftragte (§§ 4f, 4g), das Datengeheimnis (§ 5), Schadensersatz infolge unzulässiger Datenverarbeitung (§§ 7, 8), erforderliche Datenschutzmaßnahmen (§ 9) sowie die Einrichtung automatisierter Abrufverfahren (§ 10) geregelt sind. Außerdem finden sich in den §§ 2, 3 zahlreiche Begriffsbestimmungen, deren Kenntnis für das Arbeiten mit dem Gesetz unumgänglich ist.

17   Das BDSG differenziert nach den Subjekten der Datenerfasser. So widmet sich der zweite Abschnitt des Gesetzes (§§ 12 bis 26) ausschließlich der Datenverarbeitung durch **öffentliche Stellen,** während der dritte (§§ 27 bis 38 a) den Schutz personenbezogener Daten in **nicht-öffentlichen Stellen** und **öffentlich-rechtlichen Wettbewerbsunternehmen** betrifft. Beide Abschnitte sind in drei Unterabschnitte geteilt, die sich jeweils mit den Rechtsgrundlagen der Datenverarbeitung, den Rechten des Betroffenen und dem Bundesbeauftragten für Datenschutz oder der Aufsichtsbehörde beschäftigen. Der vierte Abschnitt enthält **Sondervorschriften** für den Umgang mit personenbezogenen Daten, die einem Berufs- oder besonderen Amtsgeheimnis unterliegen (§ 39), für die Datenverarbeitung und Nutzung durch Forschungseinrichtungen und die Medien (§§ 40, 41) und den Datenschutzbeauftragten der Bundesanstalten des Bundesrechts (§ 42). Der fünfte Abschnitt enthält **Straf- und Bußgeldtatbestände** (§§ 43, 44), und im sechsten und letzten Abschnitt finden sich **Übergangsvorschriften** (§§ 45, 46) für Datenerhebungen und Verarbeitungen, welche vor der Gesetzesänderung am 23. Mai 2001 bereits begonnen haben.

18   **2. Arbeitsrechtlich relevante Normen des BDSG.** Beim BDSG handelt es sich nicht um ein spezifisch arbeitsrechtliches Gesetz. Welche Normen einschlägig sind, richtet sich nach dem Datenerfasser, also dem AG. Ist die verantwortliche Stelle **nicht-öffentlich** iSd. § 2 IV oder stellt sie ein öffentl. Wettbewerbsunternehmen dar, sind außer den Vorschriften des allg. Teils (§§ 1 bis 11) die §§ 27 bis 38 a anwendbar (§ 27 I).

Ist die verantwortliche Stelle eine **öffentliche Stelle des Bundes** iSv. § 2 I, III 1, sind neben den §§ 1 bis 11 grds. die §§ 12 bis 26 einschlägig (§ 12 I). Werden jedoch personenbezogene Daten für frühere, bestehende oder künftige dienst- oder arbeitsrechtliche Rechtsverhältnisses verarbeitet oder genutzt, verweist § 12 IV auf das Recht der nicht-öffentl. Stellen. Es gelten damit sowohl § 28 I, III Nr. 1 hinsichtlich der Rechtsgrundlagen als auch §§ 33 bis 35 bzgl. der Rechte der Betroffenen. In den zwei wesentlichen Punkten des Datenschutzes herrschen damit im arbeitsrechtlichen Bereich einheitliche Grundsätze. Normen des 2. Abschnitts, die weiterhin anwendbar bleiben, sind die Normen zur Datenerhebung (§ 13) und zur Durchführung des Datenschutzes in der Bundesverwaltung (§ 18) sowie die Regelungen über den Bundesbeauftragten für Datenschutz (§§ 21, 22 bis 26). Arbeitsrechtlich relevant sind damit die §§ 1 bis 11, 12, 13, 18, 27 bis 38 a, uU auch die in den §§ 39 bis 42 enthaltenen Sondervorschriften.

Erster Abschnitt. Allgemeine und gemeinsame Bestimmungen

§ 1 Zweck und Anwendungsbereich des Gesetzes

(1) Zweck dieses Gesetzes ist es, den Einzelnen davor zu schützen, dass er durch den Umgang mit seinen personenbezogenen Daten in seinem Persönlichkeitsrecht beeinträchtigt wird.

(2) Dieses Gesetz gilt für die Erhebung, Verarbeitung und Nutzung personenbezogener Daten durch
1. öffentliche Stellen des Bundes,
2. öffentliche Stellen der Länder, soweit der Datenschutz nicht durch Landesgesetz geregelt ist und soweit sie
   a) Bundesrecht ausführen oder
   b) als Organe der Rechtspflege tätig werden und es sich nicht um Verwaltungsangelegenheiten handelt,
3. nicht-öffentliche Stellen, soweit sie die Daten unter Einsatz von Datenverarbeitungsanlagen verarbeiten, nutzen oder dafür erheben oder die Daten in oder aus nicht automatisierten Dateien verarbeiten, nutzen oder dafür erheben, es sei denn, die Erhebung, Verarbeitung oder Nutzung der Daten erfolgt ausschließlich für persönliche oder familiäre Tätigkeiten.

(3) ¹Soweit andere Rechtsvorschriften des Bundes auf personenbezogene Daten einschließlich deren Veröffentlichung anzuwenden sind, gehen sie den Vorschriften dieses Gesetzes vor. ²Die Verpflichtung zur Wahrung gesetzlicher Geheimhaltungspflichten oder von Berufs- oder besonderen Amtsgeheimnissen, die nicht auf gesetzlichen Vorschriften beruhen, bleibt unberührt.

(4) Die Vorschriften dieses Gesetzes gehen denen des Verwaltungsverfahrensgesetzes vor, soweit bei der Ermittlung des Sachverhalts personenbezogene Daten verarbeitet werden.

(5) ¹Dieses Gesetz findet keine Anwendung, sofern eine in einem anderen Mitgliedstaat der Europäischen Union oder in einem anderen Vertragsstaat des Abkommens über den Europäischen Wirtschaftsraum belegene verantwortliche Stelle personenbezogene Daten im Inland erhebt, verarbeitet oder nutzt, es sei denn, dies erfolgt durch eine Niederlassung im Inland. ²Dieses Gesetz findet Anwendung, sofern eine verantwortliche Stelle, die nicht in einem Mitgliedstaat der Europäischen Union oder in einem anderen Vertragsstaat des Abkommens über den Europäischen Wirtschaftsraum belegen ist, personenbezogene Daten im Inland erhebt, verarbeitet oder nutzt. ³Soweit die verantwortliche Stelle nach diesem Gesetz zu nennen ist, sind auch Angaben über im Inland ansässige Vertreter zu machen. ⁴Die Sätze 2 und 3 gelten nicht, sofern Datenträger nur zum Zweck des Transits durch das Inland eingesetzt werden. ⁵§ 38 Abs. 1 Satz 1 bleibt unberührt.

1. Zweck des BDSG (§ 1 I). Ziel des BDSG ist ein umfassender Schutz des Einzelnen davor, dass er durch den Umgang mit seinen personenbezogenen Daten in seinem Persönlichkeitsrecht beeinträchtigt wird. Die Konzeption des Gesetzes ist in erster Linie präventiv (*Gola/Schomerus* Rn. 6). Das Anliegen des BDSG lässt sich wie folgt zusammenfassen: Vorbeugender Schutz des Einzelnen vor einem zweckwidrigen und missbräuchlichen Umgang mit seinen personenbezogenen Daten. Erstellt etwa ein AG aus den ihm zum Zwecke der Lohn- und Gehaltsabrechnung vorliegenden Geburtstagsdaten seiner Mitarbeiter eine Geburtstagsliste ohne Einwilligung der Betroffenen, so ist die Datenverarbeitung – ohne vorherige Einwilligung der AN – unzulässig, da sie nicht als Mittel für die Erfüllung eigener Geschäftszwecke dient (vgl. §§ 4 I, 28 I).

Das BDSG ist Schutzgesetz iSv. § 823 II BGB sowie der §§ 68 I Nr. 2 BPersVG, 80 I Nr. 1 BetrVG (*Gola/Schomerus* Rn. 4). Sofern das BDSG Eingriffe in das Persönlichkeitsrecht durch den Staat oder private Daten verarbeitende Stellen legitimiert, stellt es gleichzeitig ein Eingriffsgesetz dar (*Gola/Schomerus* Rn. 16).

2. Adressat der gesetzlichen Regelung. Adressat des BDSG ist der AG als datenerhebende oder -speichernde Stelle, wenn er personenbezogene Daten für sich selbst erhebt oder speichert oder durch andere im Auftrag erheben oder speichern lässt (§ 3 VII). An der unmittelbaren Verantwortlichkeit des AG ändert sich auch im Falle der Telearbeit nichts, da insoweit kein bes. Datenschutzrecht gilt (*Peter* DB 1998, 576; *Wank*, Telearbeit, 1997, S. 79 ff.; *Wedde*, FS für Däubler, 1999, S. 703, 705, 712). Die Datenauftragsverwaltung ist gesondert in § 11 geregelt.

4 § 1 II differenziert gesetzessystematisch zwischen öffentl. Stellen des Bundes, öffentl. Stellen der Länder und nicht-öffentl. Stellen. Der Begriff der **öffentlichen Stelle** wird durch die in § 2 I, II enthaltenen Begriffsbestimmungen konkretisiert, der der **nicht-öffentlichen Stelle** in § 2 IV BDSG. Die Zuweisung des AG zum öffentl. oder nicht-öffentl. Bereich ist trotz der weitgehenden Angleichung der Regelungen im Bereich des ANDatenschutzes (vgl. § 12 IV) nicht zuletzt wegen der verbleibenden datenschutzrechtlichen Konsequenzen erforderlich.

5 Nicht-öffentl. Stellen sind gem. §§ 1 II Nr. 3, 27 I insoweit Normadressaten, als sie die Daten unter Einsatz von Datenverarbeitungsanlagen verarbeiten, nutzen oder sie dafür erheben oder Daten aus nicht automatisierten Dateien nutzen, erheben oder verarbeiten. Das Erfordernis der Nutzung für geschäftsmäßige oder für berufliche oder gewerbliche Zwecke ist dadurch ersetzt worden, dass die Daten für persönliche oder familiäre Tätigkeiten aus dem Anwendungsbereich ausgenommen sind.

6 **3. Subsidiarität.** Das BDSG ist gem. § 1 III formell subsidiär, dh. insb. im Bereich der modernen Medien gehen TKG und TDDSG dem BDSG vor (zum Anwendungsbereich von TKG und TDDSG s. *Beckschulze/Henkel* BB 2001, 1491 ff., 1495 f.; *Däubler* Internet und Arbeitsrecht, Rn. 234 ff.; *Gola* MMR 1999, 322; *Hilber/Frik* RdA 2002, 89 ff.; *Lindemann* BB 2001, 1950 ff.).

§ 2 Öffentliche und nicht-öffentliche Stellen

(1) ¹ Öffentliche Stellen des Bundes sind die Behörden, die Organe der Rechtspflege und andere öffentlich-rechtlich organisierte Einrichtungen des Bundes, der bundesunmittelbaren Körperschaften, Anstalten und Stiftungen des öffentlichen Rechts sowie deren Vereinigungen ungeachtet ihrer Rechtsform. ² Als öffentliche Stellen gelten die aus dem Sondervermögen Deutsche Bundespost durch Gesetz hervorgegangenen Unternehmen, solange ihnen ein ausschließliches Recht nach dem Postgesetz zusteht.

(2) Öffentliche Stellen der Länder sind die Behörden, die Organe der Rechtspflege und andere öffentlich-rechtlich organisierte Einrichtungen eines Landes, einer Gemeinde, eines Gemeindeverbandes und sonstiger der Aufsicht des Landes unterstehender juristischer Personen des öffentlichen Rechts sowie derer Vereinigungen ungeachtet ihrer Rechtsform.

(3) ¹ Vereinigungen des privaten Rechts von öffentlichen Stellen des Bundes und der Länder, die Aufgaben der öffentlichen Verwaltung wahrnehmen, gelten ungeachtet der Beteiligung nicht-öffentlicher Stellen als öffentliche Stellen des Bundes, wenn
1. sie über den Bereich eines Landes hinaus tätig werden oder
2. dem Bund die absolute Mehrheit der Anteile gehört oder die absolute Mehrheit der Stimmen zusteht.

² Andernfalls gelten sie als öffentliche Stellen der Länder.

(4) ¹ Nicht-öffentliche Stellen sind natürliche und juristische Personen, Gesellschaften und andere Personenvereinigungen des privaten Rechts, soweit sie nicht unter die Absätze 1 bis 3 fallen. ² Nimmt eine nicht-öffentliche Stelle hoheitliche Aufgaben der öffentlichen Verwaltung wahr, ist sie insoweit öffentliche Stelle im Sinne dieses Gesetzes.

1 **1. Der Arbeitgeber als öffentliche Stelle.** Der Behördenbegriff in § 2 I, II ist mangels Definition im BDSG in Anlehnung an das VwVfG funktional zu verstehen (vgl. § 1 IV VwVfG). Es kommt nicht auf die Organisationseinheit an, die die Daten tatsächlich speichert. Auch der Personalrat ist Teil der verantwortlichen Stelle (*Gola/Schomerus* Rn. 8; *Gola* Personalrat 1990, 33). Vom Sammelbegriff der **anderen öffentlich-rechtlich organisierten Einrichtungen** werden alle sonstigen öffentl. Stellen, die weder Behörden noch Organe der Rechtspflege sind, umfasst, zB jur. Pers. des öffentl. Rechts, und zT auch rechtlich unselbständige Einheiten (zB Eigenbetriebe) (*Gola/Schomerus* Rn. 14). Öffentlich-rechtliche Religionsgemeinschaften kommen nicht als verantwortliche Stellen in Betracht (*Auernhammer* Rn. 3; *Wohlgemuth* Rn. 51 f.; differenzierend *Däubler/Klebe/Wedde* Rn. 15).

2 **2. Private Arbeitgeber.** Maßgebend für die Zuordnung einer Daten verarbeitenden Stelle zum nicht-öffentlichen Bereich ist in erster Linie die privatrechtliche Organisationsform. Eine **natürliche Person** wird unabhängig davon erfasst, ob sie als Privatperson oder im Rahmen einer selbständigen Tätigkeit (Einzelkaufmann, freier Beruf) auftritt. Neben **juristischen Personen** des Privatrechts können datenspeichernde Stellen auch **nicht rechtsfähige Gesellschaften** (GbR, nicht-rechtsfähiger Verein) sein. Die Personalabteilung eines Unternehmens, der Betriebsarzt (*Gola/Wronka* 3. Kap. 3.1.2), aber auch der (Gesamt-)BR (BAG 11. 11. 1997 AP BDSG § 36 Nr. 1; *Auernhammer* Rn. 54; *Gola/Schomerus* § 3 Rn. 48, 49, 51; § 27 Rn. 3; *Gola/Wronka* 3. Kap. 12.2; *Simitis/Simitis* Rn. 138; aA *Richardi/Richardi/Thüsing* BetrVG § 80 Rn. 57) sind jeweils nur unselbständige Teile der verantwortlichen Stelle. Handelt es sich um eine im Ausland tätige rechtlich unselbständige Zweig-

niederlassung, so ist diese mangels Anwendbarkeit des BDSG kein Teil der verantwortlichen Stelle (*Auernhammer* § 3 Rn. 52). Umgekehrt kann ein rechtlich unselbständiger Betriebsteil dann als Personenvereinigung des privaten Rechts iSd. § 2 IV BDSG angesehen werden, wenn er von einem im Ausland gelegenen Unternehmen betrieben wird (*Auernhammer* Rn. 19; *Gola/Schomerus* § 27 Rn. 3; zu den Problemen des grenzüberschreitenden Datenschutzes vgl. § 1 V; Art. 4, 25, 26 RL DatSch sowie *Däubler* AiB 1997, 258 ff.). Konzerne sind keine Normadressaten des BDSG, sondern nur die in ihnen zusammengeschlossenen juristischen Personen und Gesellschaften (BAG 22. 10. 1986 AP BDSG § 23 Nr. 2 = DB 1987, 1048; *Auernhammer* Rn. 21; *Gola/Schomerus* § 27 Rn. 4). Sofern eine Form von echter Leiharbeit oder eine nach dem AÜG zulässige Arbeitnehmerüberlassung vorliegt, ist die verantwortliche Stelle das Verleihunternehmen (*Däubler*, Gläserne Belegschaften, Rn. 449). Dieses bleibt auch dann datenschutzverpflichtet, wenn gem. § 10 AÜG ein Arbeitsverhältnis zwischen dem AN und dem ausleihenden Unternehmen fingiert wird. Nimmt eine verantwortliche Stelle trotz ihrer privatrechtlichen Organisationsform ausnahmsweise hoheitliche Aufgaben der öffentl. Verwaltung wahr, ist sie insoweit gem. § 2 IV 2 als öffentl. Stelle anzusehen.

§ 3 Weitere Begriffsbestimmungen

(1) Personenbezogene Daten sind Einzelangaben über persönliche oder sachliche Verhältnisse einer bestimmten oder bestimmbaren natürlichen Person (Betroffener).

(2) ¹ Automatisierte Verarbeitung ist die Erhebung, Verarbeitung oder Nutzung personenbezogener Daten unter Einsatz von Datenverarbeitungsanlagen. ² Eine nicht automatisierte Datei ist jede nicht automatisierte Sammlung personenbezogener Daten, die gleichartig aufgebaut ist und nach bestimmten Merkmalen zugänglich ist und ausgewertet werden kann.

(3) Erheben ist das Beschaffen von Daten über den Betroffenen.

(4) ¹ Verarbeiten ist das Speichern, Verändern, Übermitteln, Sperren und Löschen personenbezogener Daten. ² Im Einzelnen ist, ungeachtet der dabei angewendeten Verfahren:
1. Speichern das Erfassen, Aufnehmen oder Aufbewahren personenbezogener Daten auf einem Datenträger zum Zweck ihrer weiteren Verarbeitung oder Nutzung,
2. Verändern das inhaltliche Umgestalten gespeicherter personenbezogener Daten,
3. Übermitteln das Bekanntgeben gespeicherter oder durch Datenverarbeitung gewonnener personenbezogener Daten an einen Dritten in der Weise, dass
    a) die Daten an den Dritten weitergegeben werden oder
    b) der Dritte zur Einsicht oder zum Abruf bereitgehaltene Daten einsieht oder abruft,
4. Sperren das Kennzeichnen gespeicherter personenbezogener Daten, um ihre weitere Verarbeitung oder Nutzung einzuschränken,
5. Löschen das Unkenntlichmachen gespeicherter personenbezogener Daten.

(5) Nutzen ist jede Verwendung personenbezogener Daten, soweit es sich nicht um Verarbeitung handelt.

(6) Anonymisieren ist das Verändern personenbezogener Daten derart, dass die Einzelangaben über persönliche oder sachliche Verhältnisse nicht mehr oder nur mit einem unverhältnismäßig großen Aufwand an Zeit, Kosten und Arbeitskraft einer bestimmten oder bestimmbaren natürlichen Person zugeordnet werden können.

(6 a) Pseudonymisieren ist das Ersetzen des Namens und anderer Identifikationsmerkmale durch ein Kennzeichen zu dem Zweck, die Bestimmung des Betroffenen auszuschließen oder wesentlich zu erschweren.

(7) Verantwortliche Stelle ist jede Person oder Stelle, die personenbezogene Daten für sich selbst erhebt, verarbeitet oder nutzt oder dies durch andere im Auftrag vornehmen lässt.

(8) ¹ Empfänger ist jede Person oder Stelle, die Daten erhält. ² Dritter ist jede Person oder Stelle außerhalb der verantwortlichen Stelle. ³ Dritte sind nicht der Betroffene sowie Personen und Stellen, die im Inland, in einem anderen Mitgliedstaat der Europäischen Union oder in einem anderen Vertragsstaat des Abkommens über den Europäischen Wirtschaftsraum personenbezogene Daten im Auftrag erheben, verarbeiten oder nutzen.

(9) Besondere Arten personenbezogener Daten sind Angaben über die rassische und ethnische Herkunft, politische Meinungen, religiöse oder philosophische Überzeugungen, Gewerkschaftszugehörigkeit, Gesundheit oder Sexualleben.

(10) Mobile personenbezogene Speicher- und Verarbeitungsmedien sind Datenträger,
1. die an den Betroffenen ausgegeben werden,
2. auf denen personenbezogene Daten über die Speicherung hinaus durch die ausgebende oder eine andere Stelle automatisiert verarbeitet werden können und
3. bei denen der Betroffene diese Verarbeitung nur durch den Gebrauch des Mediums beeinflussen kann.

1 § 3 enthält Begriffsbestimmungen, die für den Umgang mit dem Gesetz unumgänglich sind; zum Begriff der personenbezogenen Daten vgl. § 27. Die verschiedenen Formen des Umgangs mit Daten werden im Rahmen der Kommentierung zu § 28 erläutert. Zur Abgrenzung, wer verantwortliche Stelle, Auftragnehmer und wer Dritter iS des Gesetzes ist, s. §§ 1, 11.

2 Die EG-DatenschutzRL sieht in Art. 2b einen extensiven Begriff der Verarbeitung vor, der die Erhebung und Benutzung von Daten mitumfasst (MünchArbR/*Blomeyer* § 99 Rn. 26; *Gola/Schomerus* Rn. 1). Das BDSG hingegen sieht das Erheben nicht als Verarbeitung an. Um den EG-rechtlichen Vorgaben nachzukommen, hat der Gesetzgeber in allen einschlägigen Normen neben dem Verarbeiten auch das Erheben unter den Schutz des BDSG gestellt.

3 Durch die Streichung des § 3 II 2 aF waren Akten (§ 3 III aF) bisher aus dem Anwendungsbereich ausgenommen. Nunmehr unterfallen sie dem BDSG, soweit sie unter § 3 II 2 nF subsumierbar sind.

§ 3a Datenvermeidung und Datensparsamkeit

¹ Gestaltung und Auswahl von Datenverarbeitungssystemen haben sich an dem Ziel auszurichten, keine oder so wenig personenbezogene Daten wie möglich zu erheben, zu verarbeiten oder zu nutzen. ² Insbesondere ist von den Möglichkeiten der Anonymisierung und Pseudonymisierung Gebrauch zu machen, soweit dies möglich ist und der Aufwand in einem angemessenen Verhältnis zu dem angestrebten Schutzzweck steht.

1 Bei § 3a handelt es sich um eine Zielvorgabe für den AG. An die Nichteinhaltung ist jedoch keine Rechtsfolge geknüpft. § 3a führt erstmals den Grundsatz der Datenvermeidung und Datensparsamkeit in das allg. Datenschutzsystem ein. Im Rahmen des Verhältnismäßigkeitsprinzips sind die Daten zu pseudonymisieren (§ 3 Abs. 6a) oder zu anonymisieren (§ 3 Abs. 6). Die Anonymisierung stellt einen speziellen Unterfall der Datenverarbeitung dar. Bei der Anonymisierung ist zwischen der echten und der faktischen Anonymisierung zu unterscheiden. Bei der echten wird die Bestimmbarkeit der betroffenen Person völlig aufgehoben, für die faktische ist es ausreichend, dass die Angaben über persönliche oder sachliche Verhältnisse nur mit unverhältnismäßig hohem Aufwand einer bestimmten Person zugeordnet werden können. Die unterschiedlichen Begriffe sind insb. für die nicht einheitlichen LDSG von Bedeutung. Für das BDSG ist die faktische Anonymisierung ausreichend (§ 3 VI). Daten, die einer faktischen Anonymisierung unterzogen worden sind, unterfallen weiter dem Anwendungsbereich des BDSG (Simitis/*Dammann* § 3 Rn. 202), wohingegen Daten, die nicht reidentifizierbar sind, nicht mehr in den Anwendungsbereich des BDSG fallen (vgl. § 1 I) (Simitis/*Dammann* § 3 Rn. 22).

§ 4 Zulässigkeit der Datenerhebung, -verarbeitung und -nutzung

(1) Die Erhebung, Verarbeitung und Nutzung personenbezogener Daten sind nur zulässig, soweit dieses Gesetz oder eine andere Rechtsvorschrift dies erlaubt oder anordnet oder der Betroffene eingewilligt hat.

(2) ¹ Personenbezogene Daten sind beim Betroffenen zu erheben. ² Ohne seine Mitwirkung dürfen sie nur erhoben werden, wenn
1. eine Rechtsvorschrift dies vorsieht oder zwingend voraussetzt oder
2. a) die zu erfüllende Verwaltungsaufgabe ihrer Art nach oder der Geschäftszweck eine Erhebung bei anderen Personen oder Stellen erforderlich macht oder
   b) die Erhebung beim Betroffenen einen unverhältnismäßigen Aufwand erfordern würde und keine Anhaltspunkte dafür bestehen, dass überwiegende schutzwürdige Interessen des Betroffenen beeinträchtigt werden.

(3) ¹ Werden personenbezogene Daten beim Betroffenen erhoben, so ist er, sofern er nicht bereits auf andere Weise Kenntnis erlangt hat, von der verantwortlichen Stelle über
1. die Identität der verantwortlichen Stelle,
2. die Zweckbestimmungen der Erhebung, Verarbeitung oder Nutzung und
3. die Kategorien von Empfängern nur, soweit der Betroffene nach den Umständen des Einzelfalles nicht mit der Übermittlung an diese rechnen muss,
zu unterrichten. ² Werden personenbezogene Daten beim Betroffenen aufgrund einer Rechtsvorschrift erhoben, die zur Auskunft verpflichtet, oder ist die Erteilung der Auskunft Voraussetzung für die Gewährung von Rechtsvorteilen, so ist der Betroffene hierauf, sonst auf die Freiwilligkeit seiner Angaben hinzuweisen. ³ Soweit nach den Umständen des Einzelfalles erforderlich oder auf Verlangen, ist er über die Rechtsvorschrift und über die Folgen der Verweigerung von Angaben aufzuklären.

I. Verbot mit Erlaubnisvorbehalt (§ 4 I)

1 Dem präventiven Schutzzweck des BDSG entspr. stellt § 4 I ein **grds. Verbot der Erhebung, Verarbeitung und Nutzung personenbezogener Daten** auf. Die Datenverarbeitung und **neuerdings**

auch die Erhebung sind nur zulässig, wenn das BDSG selbst (insb. § 28) oder eine andere Rechtsvorschrift es erlaubt oder anordnet oder soweit der Betroffene eingewilligt (§ 4a) hat. Die Zulässigkeit ist bezogen auf jedes personenbezogene Datum und jede Phase der Datenerhebung, -verarbeitung und -nutzung festzustellen (*Dörr/Schmidt* Rn. 2; *Gola/Schomerus* Rn. 5). Die Zulässigkeit der Erhebung richtet sich nach den §§ 13, 28 (*Gola/Schomerus* Rn. 1).

II. Arbeitsrechtlich relevante Zulässigkeits- und Verbotsnormen außerhalb des BDSG

1. Andere Rechtsvorschriften. Abw. Rechtsvorschriften des Bundes haben gegenüber dem BDSG 2 bereits wegen der in § 1 III festgelegten Subsidiarität des BDSG Vorrang. Dem Hinweis des § 4 I auf andere Rechtsvorschriften kommt so nur bei sonstigen Normen, wie zB Landesvorschriften, eine eigenständige Bedeutung zu. Unter die anderen Rechtsvorschriften iSd. § 4 I fallen auch normative Bestimmungen von TV, Betriebs- und Dienstvereinbarungen (BAG 27. 5. 1986 AP BetrVG 1972 § 87 Überwachung Nr. 15 = NJW 1987, 674; *Gola/Schomerus* Rn. 7; *Auernhammer* § 1 Rn. 25; *Wohlgemuth* Rn. 96).

2. Erlaubnisnorm. § 4 I verlangt eine Erlaubnisnorm, die die Verarbeitung oder Nutzung von 3 ANDaten eindeutig, dh. unter Nennung zumindest der Arten der Daten und des Zwecks der Datenverarbeitung, für zulässig erklärt. Es reicht nicht aus, wenn die Norm Rechte und Pflichten der Arbeitsvertragsparteien umschreibt, auch wenn die Erfüllung der Aufgabe Datenkenntnis zwingend voraussetzt; sie dient dann höchstens der Ausfüllung der Erlaubnistatbestände des BDSG. Am Beispiel Sozialauswahl ergibt sich: § 1 III KSchG verpflichtet den AG zur Sozialauswahl, enthält aber keine Erlaubnis iSd. BDSG. Soweit Kenntnis der „Sozialdaten" erforderlich ist, besteht zwar ein entspr. Informationsinteresse des AG. Die Zulässigkeit der Datenverarbeitung und Nutzung ergibt sich jedoch allein aus § 28 I Nr. 1 und der im Rahmen der Zweckbestimmung vorzunehmenden Interessenabwägung (BAG 22. 10. 1986 AP BDSG § 23 Nr. 2 = DB 1987, 1048; *Gola/Schomerus* Rn. 9; aA wohl *Gola/Wronka* 6. Kap. 5.1). Die Worte „oder anordnet" stellen klar, dass eine zwingende gesetzliche Regelung zugleich eine Erlaubnis enthält (*Dörr/Schmidt* Rn. 4). Ob die Erlaubnisnorm hinter dem **Schutzniveau** des BDSG zurückbleibt, ist datenschutzrechtlich unerheblich. Dies gilt auch für abw. Regelungen in TV, Dienst- und Betriebsvereinbarungen (BAG 27. 5. 1986 AP BetrVG 1972 § 87 Überwachung Nr. 15 = NJW 1987, 674; krit. *Gola/Wronka* 2. Kap. 5.5.2; aA zumindest für Betriebsvereinbarungen und Dienstvereinbarungen Simitis/*Simitis* § 28 Rn. 49). Im Hinblick auf einen durch § 75 II BetrVG gewährleisteten Mindestschutz ist jedoch die Gestattung einer nach dem BDSG unzulässigen Datenverarbeitung oder Nutzung zB durch Betriebsvereinbarung kaum denkbar (*Gola/Schomerus* Rn. 10; *Heither* BB 1988, 1053).

3. Datenverarbeitungsverbote. Vorrangige Vorschriften iSd. § 4 I können auch Datenverarbei- 4 tungsverbote enthalten. Schweige- und Geheimhaltungsgebote, die gleichzeitig von § 1 III 1 erfasst werden, sind § 39 b EStG; § 79 BetrVG; § 130 SGB IX; § 8 I 2 ASiG; § 203 I 1 StGB; § 17 UWG. Von § 4 I werden ua. Geheimhaltungsverbote aus TV, Dienst- und Betriebsvereinbarungen erfasst. In diesen Zusammenhang reiht sich systematisch die Regelung des § 1 III 2, nach der die Pflichten zur Wahrung von Berufs- oder Amtsgeheimnissen durch das BDSG auch dann unberührt bleiben, wenn sie nicht auf Rechtsnormen, sondern zB auf von der Rspr. oder dem Standesrecht entwickelten Grundsätzen beruhen (*Gola/Schomerus* Rn. 12; vgl. auch § 39).

III. Erhebung personenbezogener Daten

§ 4 II stellt den Grundsatz auf, dass Daten bei dem Betroffenen zu erheben sind. § 4 III führt 5 erstmalig eine Informationspflicht für nicht-öffentl. Stellen bei der Erhebung personenbezogener Daten ein, bei welcher nicht nur die Identität der verantwortlichen Stelle zu nennen ist, sondern auch die Zweckbestimmung der Erhebung, Verarbeitung und Nutzung. Dabei sind an die Zweckbestimmung hohe Anforderungen zu stellen. Es ist erforderlich, dass der konkrete Zweck der Erhebung, Verarbeitung und Nutzung angegeben werden, da eine zweckwidrige Nutzung der erhobenen Daten nur in bestimmten Ausnahmefällen zulässig ist. Ferner soll die Übermittlung von Mindestinformationen die Wahrnehmung eines effektiven Rechtsschutzes ermöglichen (*Ehmann/ Helfrich* Art. 10 Rn. 2, 5).

§ 4a Einwilligung

(1) [1]Die Einwilligung ist nur wirksam, wenn sie auf der freien Entscheidung des Betroffenen beruht. [2]Er ist auf den vorgesehenen Zweck der Erhebung, Verarbeitung oder Nutzung sowie, soweit nach den Umständen des Einzelfalles erforderlich oder auf Verlangen, auf die Folgen der Verweigerung der Einwilligung hinzuweisen. [3]Die Einwilligung bedarf der Schriftform, soweit nicht wegen besonderer Umstände eine andere Form angemessen ist. [4]Soll die Einwilligung zusammen mit anderen Erklärungen schriftlich erteilt werden, ist sie besonders hervorzuheben.

(2) ¹Im Bereich der wissenschaftlichen Forschung liegt ein besonderer Umstand im Sinne von Absatz 1 Satz 3 auch dann vor, wenn durch die Schriftform der bestimmte Forschungszweck erheblich beeinträchtigt würde. ²In diesem Fall sind der Hinweis nach Absatz 1 Satz 2 und die Gründe, aus denen sich die erhebliche Beeinträchtigung des bestimmten Forschungszwecks ergibt, schriftlich festzuhalten.

(3) Soweit besondere Arten personenbezogener Daten (§ 3 Abs. 9) erhoben, verarbeitet oder genutzt werden, muss sich die Einwilligung darüber hinaus ausdrücklich auf diese Daten beziehen.

1 **1. Einwilligung.** Einwilligung bedeutet in Übereinstimmung mit der Terminologie des BGB (§ 183 BGB) die vorherige Zustimmung des Betroffenen. Die Erteilung einer solchen Einverständniserklärung setzt Einwilligungsfähigkeit des Betroffenen voraus. Da sich die Zustimmung nur auf eine tatsächliche Handlung, den Eingriff in das Persönlichkeitsrecht, bezieht, reicht es, wenn der Betroffene die Tragweite seiner Entscheidung zu erkennen vermag. Es kommt nicht auf seine Geschäftsfähigkeit an. Der Betroffene ist auf sämtliche Daten, auf die sich seine Einwilligung bezieht, den Zweck der Datenverarbeitung sowie ggf. auf Zweck und Empfänger einer vorgesehenen Datenübermittlung hinzuweisen. Unklarheiten gehen zu Lasten der verantwortlichen Stelle (*Gola/Schomerus* Rn. 11). Eine Blankoeinwilligung ist unwirksam (*Simitis/Simitis* Rn. 74; *Wohlgemuth* Rn. 192).
Auch darf eine Einwilligung nicht dort herbeigeführt werden, wo kein Fragerecht des AGs besteht (*Simitis/Simitis* § 28 Rn. 66).

2 **2. Willensmängel.** Die Einwilligung darf nicht an wesentlichen Willensmängeln leiden und muss frei von Zwang sein. Werden Einverständniserklärungen im Zusammenhang mit Formulararbeitsverträgen vom AN unterschrieben, konnte sich ihre Unwirksamkeit auf Grund einer Billigkeitskontrolle (§ 315 BGB) ergeben; nach der Schuldrechtsreform ist nun wegen des Wegfalls des § 23 AGBG eine direkte Kontrolle gem. §§ 305 c, 307 BGB möglich. Um zu verhindern, dass der AN im Zusammenhang mit allg. Arbeitsbedingungen eine gefährliche Datenschutzklausel unterschreibt, ohne dies zu bemerken, sieht § 4 a I 4 vor, dass die Einwilligung, sofern sie zusammen mit anderen Erklärungen erteilt wird, im äußeren Erscheinungsbild bes. hervorzuheben ist. Der bloße Hinweis des AG auf allg. Arbeitsbedingungen genügt nicht, selbst wenn der maßgebliche Textbestandteil fett gedruckt sein sollte. Erforderlich ist vielmehr, dass die Einwilligungsklausel an deutlich sichtbarer Stelle, drucktechnisch vom anderen Text abgesetzt, dargestellt wird (vgl. *Simitis/Simitis* Rn. 43; *Gola/Schomerus* Rn. 14).

3 Die Einwilligung ist als Grundlage einer Erlaubnis unbrauchbar, wenn ihre Einholung gegen zwingende Schutznormen oder Schutzprinzipien verstößt. Informationen, die dem AG nach den für das Arbeitsrecht geltenden Grundsätzen des Fragerechts unzugänglich sind (§ 18 Rn. 5 ff.), dürfen nicht über die Einwilligung verarbeitet werden (*Gola/Schomerus* Rn. 7; *Ehmann/Helfrich* Art. 8 Rn. 25).

4 **3. Schriftform.** Die Einwilligung ist gemäß § 4 a I 3 formbedürftig. Sie ist schriftlich zu verfassen und zu unterschreiben. Ein Verstoß gegen die Schriftformklausel hat in entspr. Anwendung der §§ 125, 126 BGB die Unwirksamkeit der Einwilligung und damit die Unzulässigkeit der Datenverarbeitung zur Folge. Nur in Ausnahmefällen, wie bei einer besonderen Eilbedürftigkeit, kann der Ausnahmetatbestand des § 4 a I 3 Halbs. 2 erfüllt sein. Ist ein Einverständnis einmal erteilt, kann bei unveränderter Sachlage davon ausgegangen werden, dass die Einwilligung fortdauernde Wirkung hat. Umgekehrt kann der Betroffene eine einmal erteilte Einwilligung grds. wieder zurückziehen. Ein Widerruf gegen weitere Verarbeitungen ist vom AG zu berücksichtigen.

5 **4. Sensitive Daten.** § 4 a III sieht auf Grund des intensiven Eingriffs in die informationelle Selbstbestimmung bei sensitiven Daten vor, dass sich die Einwilligung des Betroffenen genau auf den Dateninhalt beziehen muss. Eine globale oder nur umrisshafte Vorstellung des Betroffenen ist somit nicht ausreichend, sondern seine Vorstellung muss konkret den Inhalt der Daten betreffen.

§§ 4 b, 4 c *(nicht abgedruckt)*

§ 4 d Meldepflicht

(1) **Verfahren automatisierter Verarbeitungen sind vor ihrer Inbetriebnahme von nicht-öffentlichen verantwortlichen Stellen der zuständigen Aufsichtsbehörde und von öffentlichen verantwortlichen Stellen des Bundes sowie von den Post- und Telekommunikationsunternehmen dem Bundesbeauftragten für den Datenschutz nach Maßgabe von § 4 e zu melden.**

(2) **Die Meldepflicht entfällt, wenn die verantwortliche Stelle einen Beauftragten für den Datenschutz bestellt hat.**

(3) Die Meldepflicht entfällt ferner, wenn die verantwortliche Stelle personenbezogene Daten für eigene Zwecke erhebt, verarbeitet oder nutzt, hierbei höchstens vier Arbeitnehmer mit der Erhebung, Verarbeitung oder Nutzung personenbezogener Daten beschäftigt und entweder eine Einwilligung der Betroffenen vorliegt oder die Erhebung, Verarbeitung oder Nutzung der Zweckbestimmung eines Vertragsverhältnisses oder vertragsähnlichen Vertrauensverhältnisses mit den Betroffenen dient.

(4) Die Absätze 2 und 3 gelten nicht, wenn es sich um automatisierte Verarbeitungen handelt, in denen geschäftsmäßig personenbezogene Daten von der jeweiligen Stelle
1. zum Zweck der Übermittlung oder
2. zum Zweck der anonymisierten Übermittlung
gespeichert werden.

(5) ¹ Soweit automatisierte Verarbeitungen besondere Risiken für die Rechte und Freiheiten der Betroffenen aufweisen, unterliegen sie der Prüfung vor Beginn der Verarbeitung (Vorabkontrolle). ² Eine Vorabkontrolle ist insbesondere durchzuführen, wenn
1. besondere Arten personenbezogener Daten (§ 3 Abs. 9) verarbeitet werden oder
2. die Verarbeitung personenbezogener Daten dazu bestimmt ist, die Persönlichkeit des Betroffenen zu bewerten einschließlich seiner Fähigkeiten, seiner Leistung oder seines Verhaltens,
es sei denn, dass eine gesetzliche Verpflichtung oder eine Einwilligung des Betroffenen vorliegt oder die Erhebung, Verarbeitung oder Nutzung der Zweckbestimmung eines Vertragsverhältnisses oder vertragsähnlichen Vertrauensverhältnisses mit dem Betroffenen dient.

(6) ¹ Zuständig für die Vorabkontrolle ist der Beauftragte für den Datenschutz. ² Dieser nimmt die Vorabkontrolle nach Empfang der Übersicht nach § 4g Abs. 2 Satz 1 vor. ³ Er hat sich in Zweifelsfällen an die Aufsichtsbehörde oder bei den Post- und Telekommunikationsunternehmen an den Bundesbeauftragten für den Datenschutz zu wenden.

§ 4e Inhalt der Meldepflicht

¹ Sofern Verfahren automatisierter Verarbeitungen meldepflichtig sind, sind folgende Angaben zu machen:
1. Name oder Firma der verantwortlichen Stelle,
2. Inhaber, Vorstände, Geschäftsführer oder sonstige gesetzliche oder nach der Verfassung des Unternehmens berufene Leiter und die mit der Leitung der Datenverarbeitung beauftragten Personen,
3. Anschrift der verantwortlichen Stelle,
4. Zweckbestimmungen der Datenerhebung, -verarbeitung oder -nutzung,
5. eine Beschreibung der betroffenen Personengruppen und der diesbezüglichen Daten oder Datenkategorien,
6. Empfänger oder Kategorien von Empfängern, denen die Daten mitgeteilt werden können,
7. Regelfristen für die Löschung der Daten,
8. eine geplante Datenübermittlung in Drittstaaten,
9. eine allgemeine Beschreibung, die es ermöglicht, vorläufig zu beurteilen, ob die Maßnahmen nach § 9 zur Gewährleistung der Sicherheit der Verarbeitung angemessen sind.
² § 4d Abs. 1 und 4 gilt für die Änderung der nach Satz 1 mitgeteilten Angaben sowie für den Zeitpunkt der Aufnahme und der Beendigung der meldepflichtigen Tätigkeit entsprechend.

§ 4f Beauftragter für den Datenschutz

(1) ¹ Öffentliche und nicht-öffentliche Stellen, die personenbezogene Daten automatisiert erheben, verarbeiten oder nutzen, haben einen Beauftragten für den Datenschutz schriftlich zu bestellen. ² Nicht-öffentliche Stellen sind hierzu spätestens innerhalb eines Monats nach Aufnahme ihrer Tätigkeit verpflichtet. ³ Das Gleiche gilt, wenn personenbezogene Daten auf andere Weise erhoben, verarbeitet oder genutzt werden und damit in der Regel mindestens 20 Personen beschäftigt sind. ⁴ Die Sätze 1 und 2 gelten nicht für nicht-öffentliche Stellen, die höchstens vier Arbeitnehmer mit der Erhebung, Verarbeitung oder Nutzung personenbezogener Daten beschäftigen. ⁵ Soweit aufgrund der Struktur einer öffentlichen Stelle erforderlich, genügt die Bestellung eines Beauftragten für den Datenschutz für mehrere Bereiche. ⁶ Soweit nicht-öffentliche Stellen automatisierte Verarbeitungen vornehmen, die einer Vorabkontrolle unterliegen oder personenbezogene Daten geschäftsmäßig zum Zweck der Übermittlung oder der anonymisierten Übermittlung erheben, verarbeiten oder nutzen, haben sie unabhängig von der Anzahl der Arbeitnehmer einen Beauftragten für den Datenschutz zu bestellen.

(2) ¹ Zum Beauftragten für den Datenschutz darf nur bestellt werden, wer die zur Erfüllung seiner Aufgaben erforderliche Fachkunde und Zuverlässigkeit besitzt. ² Mit dieser Aufgabe kann

auch eine Person außerhalb der verantwortlichen Stelle betraut werden. ³ Öffentliche Stellen können mit Zustimmung ihrer Aufsichtsbehörde einen Bediensteten aus einer anderen öffentlichen Stelle zum Beauftragten für den Datenschutz bestellen.

(3) ¹ Der Beauftragte für den Datenschutz ist dem Leiter der öffentlichen oder nicht-öffentlichen Stelle unmittelbar zu unterstellen. ² Er ist in Ausübung seiner Fachkunde auf dem Gebiet des Datenschutzes weisungsfrei. ³ Er darf wegen der Erfüllung seiner Aufgaben nicht benachteiligt werden. ⁴ Die Bestellung zum Beauftragten für den Datenschutz kann in entsprechender Anwendung von § 626 des Bürgerlichen Gesetzbuchs, bei nicht-öffentlichen Stellen auch auf Verlangen der Aufsichtsbehörde, widerrufen werden.

(4) Der Beauftragte für den Datenschutz ist zur Verschwiegenheit über die Identität des Betroffenen sowie über Umstände, die Rückschlüsse auf den Betroffenen zulassen, verpflichtet, soweit er nicht davon durch den Betroffenen befreit wird.

(5) ¹ Die öffentlichen und nicht-öffentlichen Stellen haben den Beauftragten für den Datenschutz bei der Erfüllung seiner Aufgaben zu unterstützen und ihm insbesondere, soweit dies zur Erfüllung seiner Aufgaben erforderlich ist, Hilfspersonal sowie Räume, Einrichtungen, Geräte und Mittel zur Verfügung zu stellen. ² Betroffene können sich jederzeit an den Beauftragten für den Datenschutz wenden.

1 Der Datenschutzbeauftragte ist Teil des Systems zur Datenschutzkontrolle. § 4 f gilt sowohl für den betrieblichen als auch für den behördlichen Beauftragten. Für den öffentl. Bereich ist der Bundesdatenschutzbeauftragte zuständig; einschlägig sind insoweit die §§ 21, 22 bis 26.

2 Gem. § 4 f I sind private AG (und neuerdings auch öffentl. Stellen) zur schriftlichen **Bestellung eines betrieblichen Datenschutzbeauftragten** verpflichtet, wenn sie personenbezogene Daten automatisiert erheben, verarbeiten oder nutzen, oder Daten auf andere Weise erhoben, verarbeitet oder genutzt werden und idR mindestens 20 Personen damit beschäftigt sind. Ausnahmsweise entfällt die Pflicht zur Bestellung eines Datenschutzbeauftragten für private AG, wenn idR maximal vier AN mit der Erhebung, Verarbeitung oder Nutzung personenbezogener (nicht arbeitnehmerbezogener) Daten beschäftigt sind. „Damit beschäftigt" iSd. § 4 f I können auch AN sein, die nur mit Vor- oder Nacharbeiten wie dem Lochen und Versenden von Ausdrucken betraut sind (*Gola/Schomerus* Rn. 13). Der von § 4 f I verwendete Begriffe „in der Regel" ist nicht definiert, findet sich aber auch in den §§ 1, 113 BetrVG, so dass die dort von Rspr. und Literatur entwickelten Kriterien übertragbar sind (MünchArbR/*Blomeyer* § 99 Rn. 77; *Gola/Schomerus* Rn. 11). Durch die Streichung des Erfordernisses der ständigen Beschäftigung mit der Datenerhebung, Verarbeitung oder Nutzung wird der Anwendungsbereich der Norm vergrößert. § 4 f I 6 trifft eine Sonderregelung für den Fall, dass ein privater AG automatisiert Daten verarbeitet, welche einer Vorabkontrolle (vgl. §§ 4 d, 4 e) unterliegen, oder geschäftsmäßig (personenbezogene Daten oder auch dann schon anonymisierte Daten) übermittelt; in diesen Fällen ist immer ein Datenschutzbeauftragter zu bestellen (zB Auskunfteien, Adresshandel, Markt- und Meinungsforschung). Der Beauftragte ist binnen eines Monats nach Eintritt der Voraussetzungen schriftlich zu bestellen. Mangels Ausnahmen für öffentl. Stellen ist bei diesen eine Bestellung eines Datenschutzbeauftragten gem. § 4 f I 1 obligatorisch; dabei kann der Beauftragte unter Umständen (vgl. § 4 f I 5) für mehrere Bereiche bestellt werden.

3 Beauftragt werden kann sowohl ein AN des Unternehmens, sog. „interner" Datenschutzbeauftragter, als auch ein in Beratungsfunktion tätiger „externer" Mitarbeiter. Erforderlich ist gem. § 4 f II allein, dass er die zur Erfüllung seiner Aufgaben erforderliche **Fachkunde** und **Zuverlässigkeit** aufweist. Fachkunde setzt außer einem allg. Grundwissen im Bereich des Datenschutzrechts Verständnis für betriebswirtschaftliche Zusammenhänge sowie Grundkenntnisse über Verfahren und Techniken der automatisierten Datenverarbeitung voraus. Erforderlich sind außerdem betriebsspezifische Kenntnisse. Drohen Interessenkonflikte, zB weil der Datenschutzbeauftragte für mehrere verantwortliche Stellen gleichzeitig tätig wird, in der Mitarbeitervertretung aktiv ist oder neben seiner Tätigkeit als Datenschutzbeauftragter andere berufliche Aufgaben wahrnimmt, kann seine **Zuverlässigkeit** in Frage stehen (BAG 22. 3. 1994 AP BetrVG 1972 § 99 Versetzung Nr. 4 = NZA 1994, 1049; *Gola/Schomerus* Rn. 25; *Wohlgemuth* Anm. 3 ff.). Insofern ist das Amt des Datenschutzbeauftragten mit anderen Tätigkeit inkompatibel (zB Personalleiter, EDV-Leiter oder Vertriebsleiter, u. a. Tätigkeiten, bei denen der Beauftragte sich selbst kontrollieren müsste). Es kann nicht jeder, der diesen Erfordernissen der persönlichen und fachlichen Zuverlässigkeit entspricht, Datenschutzbeauftragter werden. So fordert zB § 4 f III, dass der Datenschutzbeauftragte unmittelbar dem Inhaber, Vorstand, Geschäftsführer o. ä. (vgl. § 4 f III) unterstellt wird. Folglich scheiden Personen aus diesen Kreisen von vornherein aus (Datenschutz von A–Z, *Breinlinger* B 700, 2).

4 Die Bestellung des betrieblichen Datenschutzbeauftragten nach § 4 f ist vom **zugrundeliegenden Beschäftigungsverhältnis** zu trennen. Wählt der AG einen Mitarbeiter aus, der die nach § 4 f II erforderliche Zuverlässigkeit nicht hat, zB weil er die Tätigkeit nur „widerwillig" ausübt, werden datenschutzrechtliche Pflichten nicht erfüllt, selbst wenn eine arbeitsvertragliche Grundlage für eine einseitige Bestimmung der Leistungspflicht besteht. Die Bestellung nach § 4 f unterliegt als solche nicht

der **Mitbestimmung** des BR. § 4 f II kommt jedoch als gesetzliche Vorschrift iSd. § 99 II Nr. 1 BetrVG in Betracht, so dass der BR die Zustimmung mit der Begründung verweigern kann, dem Datenschutzbeauftragten fehle die erforderliche Eignung (BAG 22. 3. 1994 AP BetrVG 1972 § 99 Versetzung Nr. 4 = NZA 1994, 1049; aA *Sauerbier* Anm. zu BAG 22. 3. 1994 AR-Blattei ES Nr. 13 Datenschutz).

Die Bestellung zum Datenschutzbeauftragten kann unter den Voraussetzungen des § 4f III 4 **widerrufen** werden. Erforderlich ist ein entspr. Verlangen der Aufsichtsbehörde oder das Vorliegen eines wichtigen Grundes iSd. § 626 BGB, wobei sich dieser nur auf die Amtsführung, nicht auf die arbeitsvertraglichen Pflichten des Beauftragten bezieht. Die datenschutzrechtliche Beschränkung des Widerrufs läuft trotz der grds. Trennung der datenschutzrechtlichen Bestellung von der arbeitsrechtlichen Einstellung auf einen besonderen Kündigungsschutz für den Beauftragten hinaus. Nicht zuletzt um eine Umgehung des § 4 f III 4 zu verhindern, reicht die Beendigung des zugrundeliegenden Beschäftigungsverhältnisses durch ordnungsgemäße Änderungs- oder Beendigungskündigung nicht aus, um die Bestellung rückgängig zu machen. Bei „hauptamtlich" oder überwiegend in der Position des Datenschutzbeauftragten tätigen Personen ist die Verknüpfung zwischen Kündigung und Widerruf sogar so eng, dass eine Kündigung nicht ohne datenschutzrechtlichen Widerruf zulässig ist (*Gola/Schomerus* Rn. 38, 39; differenzierend *Ehrich* NZA 1993, 248 ff.).

§ 4 g Aufgaben des Beauftragten für den Datenschutz

(1) ¹ Der Beauftragte für den Datenschutz wirkt auf die Einhaltung dieses Gesetzes und anderer Vorschriften über den Datenschutz hin. ² Zu diesem Zweck kann sich der Beauftragte für den Datenschutz in Zweifelsfällen an die für die Datenschutzkontrolle bei der verantwortlichen Stelle zuständige Behörde wenden. ³ Er hat insbesondere
1. die ordnungsgemäße Anwendung der Datenverarbeitungsprogramme, mit deren Hilfe personenbezogene Daten verarbeitet werden sollen, zu überwachen; zu diesem Zweck ist er über Vorhaben der automatisierten Verarbeitung personenbezogener Daten rechtzeitig zu unterrichten,
2. die bei der Verarbeitung personenbezogener Daten tätigen Personen durch geeignete Maßnahmen mit den Vorschriften dieses Gesetzes sowie anderen Vorschriften über den Datenschutz und mit den jeweiligen besonderen Erfordernissen des Datenschutzes vertraut zu machen.

(2) ¹ Dem Beauftragten für den Datenschutz ist von der verantwortlichen Stelle eine Übersicht über die in § 4 e Satz 1 genannten Angaben sowie über zugriffsberechtigte Personen zur Verfügung zu stellen. ² Im Fall des § 4 d Abs. 2 macht der Beauftragte für den Datenschutz die Angaben nach § 4 e Satz 1 Nr. 1 bis 8 auf Antrag jedermann in geeigneter Weise verfügbar. ³ Im Fall des § 4 d Abs. 3 gilt Satz 2 entsprechend für die verantwortliche Stelle.

(3) ¹ Auf die in § 6 Abs. 2 Satz 4 genannten Behörden findet Absatz 2 Satz 2 keine Anwendung. ² Absatz 1 Satz 2 findet mit der Maßgabe Anwendung, dass der behördliche Beauftragte für den Datenschutz das Benehmen mit dem Behördenleiter herstellt; bei Unstimmigkeiten zwischen dem behördlichen Beauftragten für den Datenschutz und dem Behördenleiter entscheidet die oberste Bundesbehörde.

§ 5 Datengeheimnis

¹ Den bei der Datenverarbeitung beschäftigten Personen ist untersagt, personenbezogene Daten unbefugt zu erheben, zu verarbeiten oder zu nutzen (Datengeheimnis). ² Diese Personen sind, soweit sie bei nicht-öffentlichen Stellen beschäftigt werden, bei der Aufnahme ihrer Tätigkeit auf das Datengeheimnis zu verpflichten. ³ Das Datengeheimnis besteht auch nach Beendigung ihrer Tätigkeit fort.

§ 5 enthält Verpflichtungen für die in der Datenverarbeitung tätigen Personen. Betroffen sind in erster Linie Beschäftigte mit Verarbeitungsbefugnissen; im Einzelfall kann es jedoch ausreichen, dass Mitarbeiter ohne Datenverarbeitungsbefugnis, wie Schreibkräfte oder Wartungspersonal, im Rahmen ihrer Tätigkeit Datenkenntnis erlangen (*Gola/Schomerus* Rn. 9). Auf das Datengeheimnis verpflichtet sind auch Mitglieder des Betriebs- oder Personalrats, wenn sie im Rahmen ihrer Funktionsausübung ANDaten verarbeiten. Unbefugt handeln Mitarbeiter bereits dann, wenn zwar die Verarbeitung aus Sicht der verantwortlichen Stelle zulässig ist, sie aber die ihnen intern zugewiesenen Zugriffsberechtigungen überschreiten (*Gola/Schomerus* Rn. 6). Zu den Verpflichteten gehören kraft Verweisung gem. § 11 IV auch die Auftragsdatenverarbeiter.

Die für die Mitarbeiter des BR geltenden Geheimhaltungspflichten der §§ 79, 82 II 3, 83 I 3, 99 I 3, 102 II 5 BetrVG sowie das generelle Gebot des Stillschweigens in § 10 BPersVG verdrängen § 5 nicht, solange dieser Norm noch ein eigener Regelungsgehalt zukommt (*Gola/Schomerus* Rn. 15; vgl. *Gola/Wronka* 6. Kap. 5.3).

§ 6 Unabdingbare Rechte des Betroffenen

(1) Die Rechte des Betroffenen auf Auskunft (§§ 19, 34) und auf Berichtigung, Löschung oder Sperrung (§§ 20, 35) können nicht durch Rechtsgeschäft ausgeschlossen oder beschränkt werden.

(2) [1] Sind die Daten des Betroffenen automatisiert in der Weise gespeichert, dass mehrere Stellen speicherungsberechtigt sind, und ist der Betroffene nicht in der Lage festzustellen, welche Stelle die Daten gespeichert hat, so kann er sich an jede dieser Stellen wenden. [2] Diese ist verpflichtet, das Vorbringen des Betroffenen an die Stelle, die die Daten gespeichert hat, weiterzuleiten. [3] Der Betroffene ist über die Weiterleitung und jene Stelle zu unterrichten. [4] Die in § 19 Abs. 3 genannten Stellen, die Behörden der Staatsanwaltschaft und der Polizei sowie öffentliche Stellen der Finanzverwaltung, soweit sie personenbezogene Daten in Erfüllung ihrer gesetzlichen Aufgaben im Anwendungsbereich der Abgabenordnung zur Überwachung und Prüfung speichern, können statt des Betroffenen den Bundesbeauftragten für den Datenschutz unterrichten. [5] In diesem Fall richtet sich das weitere Verfahren nach § 19 Abs. 6.

1 § 6 I regelt die Unabdingbarkeit der Betroffenenrechte. Die Vorschrift ist über ihren Wortlaut hinaus auf andere Betroffenenrechte wie zB das Recht auf Benachrichtigung (§ 33) auszudehnen (vgl. *Gola/Schomerus* Rn. 2).

2 Die in § 6 II enthaltene Weiterleitungs- und Unterrichtungspflicht soll sicherstellen, dass der Betroffene seine Rechte gegenüber der verantwortlichen Stelle auch dann wirksam gelten machen kann, wenn für ihn zB auf Grund von Systemvernetzungen nicht ohne weiteres erkennbar ist, wer für die Datenverarbeitung verantwortlich ist. Die „falsche" Stelle muss in einem solchen Fall entweder die „datenspeichernde Stelle" benennen oder das Begehren des Betroffenen weiterleiten.

§ 6 a Automatisierte Einzelentscheidung

(1) Entscheidungen, die für den Betroffenen eine rechtliche Folge nach sich ziehen oder ihn erheblich beeinträchtigen, dürfen nicht ausschließlich auf eine automatisierte Verarbeitung personenbezogener Daten gestützt werden, die der Bewertung einzelner Persönlichkeitsmerkmale dienen.

(2) [1] Dies gilt nicht, wenn
1. die Entscheidung im Rahmen des Abschlusses oder der Erfüllung eines Vertragsverhältnisses oder eines sonstigen Rechtsverhältnisses ergeht und dem Begehren des Betroffenen stattgegeben wurde oder
2. die Wahrung der berechtigten Interessen des Betroffenen durch geeignete Maßnahmen gewährleistet und dem Betroffenen von der verantwortlichen Stelle die Tatsache des Vorliegens einer Entscheidung im Sinne des Absatzes 1 mitgeteilt wird. Als geeignete Maßnahme gilt insbesondere die Möglichkeit des Betroffenen, seinen Standpunkt geltend zu machen.

[2] Die verantwortliche Stelle ist verpflichtet, ihre Entscheidung erneut zu prüfen.

(3) Das Recht des Betroffenen auf Auskunft nach den §§ 19 und 34 erstreckt sich auch auf den logischen Aufbau der automatisierten Verarbeitung der ihn betreffenden Daten.

1 § 6 a I soll verhindern, dass Entscheidungen allein auf Grund von Persönlichkeitsprofilen getroffen werden (zB durch Scoringverfahren). Beschränkt wird der Anwendungsbereich des § 6 a I durch das Erfordernis der Ausschließlichkeit; dh. sobald eine erneute Prüfung durch einen Menschen erfolgt, kann sich die Entscheidung auch allein auf das ermittelte Personenprofil stützen. Eine weitere Einschränkung ergibt sich daraus, dass die Entscheidung rechtliche Folgen nach sich ziehen muss oder zumindest erheblich beeinträchtigende Wirkungen hat. Auf diese Weise werden zB Vorentscheidungen im Rahmen einer Einstellung, Versetzung oder Kündigung anhand bestimmter Suchkriterien ausgeschlossen, solange nicht die Entscheidung als solche auf ein bestimmtes Ergebnis festlegen.

2 Gem. § 6 a II Nr. 2 sind Ausnahmen zulässig, sofern die Wahrung berechtigter Interessen durch geeignete Maßnahmen sichergestellt ist. Was eine geeignete Maßnahme ist, muss vom Sinn und Zweck der Vorschrift hergeleitet werden, dem Berechtigten die Möglichkeit zu eröffnen, die Bewertungsmaßstäbe zu erfahren und ggfs. seinen Standpunkt geltend zu machen. Durch die Information bzgl. der automatisierten Entscheidung und der Bewertungsmaßstäbe sowie wenn man dem Betroffenen die Möglichkeit zu Gegendarstellungen gibt, werden seine Interessen gewahrt.

§ 6 b Beobachtung öffentlich zugänglicher Räume mit optisch-elektronischen Einrichtungen

(1) Die Beobachtung öffentlich zugänglicher Räume mit optisch-elektronischen Einrichtungen (Videoüberwachung) ist nur zulässig, soweit sie
1. zur Aufgabenerfüllung öffentlicher Stellen,

2. zur Wahrnehmung des Hausrechts oder
3. zur Wahrnehmung berechtigter Interessen für konkret festgelegte Zwecke
erforderlich ist und keine Anhaltspunkte bestehen, dass schutzwürdige Interessen der Betroffenen überwiegen.

(2) Der Umstand der Beobachtung und die verantwortliche Stelle sind durch geeignete Maßnahmen erkennbar zu machen.

(3) ¹Die Verarbeitung oder Nutzung von nach Absatz 1 erhobenen Daten ist zulässig, wenn sie zum Erreichen des verfolgten Zwecks erforderlich ist und keine Anhaltspunkte bestehen, dass schutzwürdige Interessen der Betroffenen überwiegen. ²Für einen anderen Zweck dürfen sie nur verarbeitet und genutzt werden, soweit dies zur Abwehr von Gefahren für die staatliche und öffentliche Sicherheit sowie zur Verfolgung von Straftaten erforderlich ist.

(4) Werden durch Videoüberwachung erhobene Daten einer bestimmten Person zugeordnet, ist diese über eine Verarbeitung oder Nutzung entsprechend den §§ 19a und 33 zu benachrichtigen.

(5) Die Daten sind unverzüglich zu löschen, wenn sie zur Erreichung des Zwecks nicht mehr erforderlich sind oder schutzwürdige Interessen der Betroffenen einer weiteren Speicherung entgegenstehen.

Durch § 6b wird für die (Video-)Überwachung öffentl. zugänglicher Räume eine gesetzliche 1 Grundlage geschaffen. Bzgl. der Überwachung kommt es nicht auf die Speicherung des Bildmaterials an. § 6b erfasst nur öffentl. zugängliche Räume (zB Verkaufsräume). Für eine Überwachung nicht öffentl. zugänglicher Räume bedürfe es – so die amtl. Begründung – einer besonderen Regelung, wobei als Bsp. das zu erwartende Arbeitnehmerdatenschutzgesetz genannt wird. Daraus kann jedoch nicht gefolgert werden, dass bis zum Erlass derartiger Regeln ein Rückgriff auf § 28 I 1 Nr. 2 ausgeschlossen ist (zutreffend *Franzen* DB 2001, 1872; *Tammen*, RDV 2000, 15; aA *Sutschet* RDV 2000, 112). Zum Verbot der Verwertung rechtswidrig erhobener Daten s. LAG Hamm RDV 2001, 288f. = DuD 2001, 108 ff.; ArbG Frankfurt aM RDV 2001, 190; *Gola/Klug* NJW 2001, 3752. Eine unzulässige Videoüberwachung kann zu einem Beweisverwertungsverbot im Kündigungsschutzprozess führen (LAG Köln 30. 8. 1969 BB 1992, 476; vgl. aber BAG 27. 3. 2003 – 2 AZR 51/02 –).

§ 6c Mobile personenbezogene Speicher- und Verarbeitungsmedien

(1) Die Stelle, die ein mobiles personenbezogenes Speicher- und Verarbeitungsmedium ausgibt oder ein Verfahren zur automatisierten Verarbeitung personenbezogener Daten, das ganz oder teilweise auf einem solchen Medium abläuft, auf das Medium aufbringt, ändert oder hierzu bereithält, muss den Betroffenen
1. über ihre Identität und Anschrift,
2. in allgemein verständlicher Form über die Funktionsweise des Mediums einschließlich der Art der zu verarbeitenden personenbezogenen Daten,
3. darüber, wie er seine Rechte nach den §§ 19, 20, 34 und 35 ausüben kann, und
4. über die bei Verlust oder Zerstörung des Mediums zu treffenden Maßnahmen
unterrichten, soweit der Betroffene nicht bereits Kenntnis erlangt hat.

(2) Die nach Absatz 1 verpflichtete Stelle hat dafür Sorge zu tragen, dass die zur Wahrnehmung des Auskunftsrechts erforderlichen Geräte oder Einrichtungen in angemessenem Umfang zum unentgeltlichen Gebrauch zur Verfügung stehen.

(3) Kommunikationsvorgänge, die auf dem Medium eine Datenverarbeitung auslösen, müssen für den Betroffenen eindeutig erkennbar sein.

§ 7 Schadensersatz

¹Fügt eine verantwortliche Stelle dem Betroffenen durch eine nach diesem Gesetz oder nach anderen Vorschriften über den Datenschutz unzulässige oder unrichtige Erhebung, Verarbeitung oder Nutzung seiner personenbezogenen Daten einen Schaden zu, ist sie oder ihr Träger dem Betroffenen zum Schadensersatz verpflichtet. ²Die Ersatzpflicht entfällt, soweit die verantwortliche Stelle die nach den Umständen des Falles gebotene Sorgfalt beachtet hat.

Werden die Grenzen einer zulässigen Personaldatenverarbeitung durch den AG überschritten, so 1 kommt neben den allg. zivilrechtlichen Vorschriften (§§ 280 I, 311 II, §§ 823 ff. BGB; das BDSG ist Schutzgesetz iSd. § 823 II BGB) als weitere eigenständige **verschuldensabhängige** Grundlage eines Schadensersatzanspruchs § 7 in Betracht. Wegen der in § 7 S. 2 getroffenen Beweislastumkehr muss der AG beweisen, dass er nicht schuldhaft gehandelt hat. Der AN braucht nur den objektiven Tatbestand darzulegen und zu beweisen. Fraglich ist jedoch, ob auch nach der Neufassung der §§ 7, 8 eine Beweislastumkehr bzgl. der Kausalität zwischen dem vom AG zu vertretenden Umstand und dem Schaden fortbestehen soll (vgl. § 8 aF). Nach der Neufassung des § 7 besteht nur eine Beweislastumkehr bzgl. des Verschuldens des AG. Auf die Kausalität erstreckt sie sich nach dem Wortlaut nicht. In Anbetracht der Tatsache, dass es dem AN idR schwer fallen wird, die Kausalität nachzuweisen, der AG bisher gem. § 8 aF auch hierfür die Beweislast trug und die Gesetzesbegründung keinerlei Ausführungen zu einem gewollten Wegfall der in § 8 aF normierten Beweislastumkehr aufweist, ist davon auszugehen, dass der Gesetzgeber die Beweislast bzgl. der Kausalität weiter beim AG wissen wollte (so jetzt auch *Gola/Schomerus* § 7 Rn. 7 aE).

§ 8 Schadensersatz bei automatisierter Datenverarbeitung durch öffentliche Stellen

(1) Fügt eine verantwortliche öffentliche Stelle dem Betroffenen durch eine nach diesem Gesetz oder nach anderen Vorschriften über den Datenschutz unzulässige oder unrichtige automatisierte Erhebung, Verarbeitung oder Nutzung seiner personenbezogenen Daten einen Schaden zu, ist ihr Träger dem Betroffenen unabhängig von einem Verschulden zum Schadensersatz verpflichtet.

(2) Bei einer schweren Verletzung des Persönlichkeitsrechts ist dem Betroffenen der Schaden, der nicht Vermögensschaden ist, angemessen in Geld zu ersetzen.

(3) ¹Die Ansprüche nach den Absätzen 1 und 2 sind insgesamt auf einen Betrag von 130 000 Euro begrenzt. ²Ist aufgrund desselben Ereignisses an mehrere Personen Schadensersatz zu leisten, der insgesamt den Höchstbetrag von 130 000 Euro übersteigt, so verringern sich die einzelnen Schadensersatzleistungen in dem Verhältnis, in dem ihr Gesamtbetrag zu dem Höchstbetrag steht.

(4) Sind bei einer automatisierten Verarbeitung mehrere Stellen speicherungsberechtigt und ist der Geschädigte nicht in der Lage, die speichernde Stelle festzustellen, so haftet jede dieser Stellen.

(5) Hat bei der Entstehung des Schadens ein Verschulden des Betroffenen mitgewirkt, gilt § 254 des Bürgerlichen Gesetzbuchs.

(6) Auf die Verjährung finden die für unerlaubte Handlungen geltenden Verjährungsvorschriften des Bürgerlichen Gesetzbuchs entsprechende Anwendung.

1 § 8 nF entspricht im Wesentlichen § 7 aF. Er enthält eine eigenständige **verschuldensunabhängige Haftung öffentlicher Stellen**, die jedoch nur bei einer Verletzung durch automatisierte Datenerhebung, -verarbeitung oder -nutzung eingreift.

§ 9 Technische und organisatorische Maßnahmen

¹Öffentliche und nicht-öffentliche Stellen, die selbst oder im Auftrag personenbezogene Daten erheben, verarbeiten oder nutzen, haben die technischen und organisatorischen Maßnahmen zu treffen, die erforderlich sind, um die Ausführung der Vorschriften dieses Gesetzes, insbesondere die in der Anlage zu diesem Gesetz genannten Anforderungen, zu gewährleisten. ²Erforderlich sind Maßnahmen nur, wenn ihr Aufwand in einem angemessenen Verhältnis zu dem angestrebten Schutzzweck steht.

Anlage (zu § 9 Satz 1)

¹Werden personenbezogene Daten automatisiert verarbeitet oder genutzt, ist die innerbehördliche oder innerbetriebliche Organisation so zu gestalten, dass sie den besonderen Anforderungen des Datenschutzes gerecht wird. ²Dabei sind insbesondere Maßnahmen zu treffen, die je nach der Art der zu schützenden personenbezogenen Daten oder Datenkategorien geeignet sind,

1. Unbefugten den Zutritt zu Datenverarbeitungsanlagen, mit denen personenbezogene Daten verarbeitet oder genutzt werden, zu verwehren (Zutrittskontrolle),
2. zu verhindern, dass Datenverarbeitungssysteme von Unbefugten genutzt werden können (Zugangskontrolle),
3. zu gewährleisten, dass die zur Benutzung eines Datenverarbeitungssystems Berechtigten ausschließlich auf die ihrer Zugriffsberechtigung unterliegenden Daten zugreifen können, und dass personenbezogene Daten bei der Verarbeitung, Nutzung und nach der Speicherung nicht unbefugt gelesen, kopiert, verändert oder entfernt werden können (Zugriffskontrolle),
4. zu gewährleisten, dass personenbezogene Daten bei der elektronischen Übertragung oder während ihres Transports oder ihrer Speicherung auf Datenträger nicht unbefugt gelesen, kopiert, verändert oder entfernt werden können, und dass überprüft und festgestellt werden kann, an welche Stellen eine Übermittlung personenbezogener Daten durch Einrichtungen zur Datenübertragung vorgesehen ist (Weitergabekontrolle),

5. zu gewährleisten, dass nachträglich überprüft und festgestellt werden kann, ob und von wem personenbezogene Daten in Datenverarbeitungssysteme eingegeben, verändert oder entfernt worden sind (Eingabekontrolle),
6. zu gewährleisten, dass personenbezogene Daten, die im Auftrag verarbeitet werden, nur entsprechend den Weisungen des Auftraggebers verarbeitet werden können (Auftragskontrolle),
7. zu gewährleisten, dass personenbezogene Daten gegen zufällige Zerstörung oder Verlust geschützt sind (Verfügbarkeitskontrolle),
8. zu gewährleisten, dass zu unterschiedlichen Zwecken erhobene Daten getrennt verarbeitet werden können.

Welche Maßnahmen der AG oder eine in seinem Auftrag Daten verarbeitende Stelle **zu treffen hat,** um den Schutz personenbezogener ANDaten zu gewährleisten, ergibt sich ua. aus § 9. Nach dieser Vorschrift sind sämtliche technischen und organisatorischen Maßnahmen zu treffen, die erforderlich sind, um die Ausführung der Vorschriften des BDSG und einen Schutz des Betroffenen vor Beeinträchtigungen des Persönlichkeitsrechts zu gewährleisten. Die Erforderlichkeit der Maßnahme wird in S. 2 näher konkretisiert: Sie muss nicht nur geeignet sein, sondern auch in einem angemessenen Verhältnis zum angestrebten Schutzzweck stehen. Das Gesetz fordert damit eine Abwägung zwischen Schutzzweck und Aufwand nach dem Verhältnismäßigkeitsprinzip.

Ist die Datenverarbeitung automatisiert, so ergeben sich konkrete Anforderungen aus der Anlage zu 2 § 9 S. 1. Der Anlagenkatalog differenziert zwischen acht verschiedenen Kontrollformen, wobei sich die erforderlichen Datensicherungsmaßnahmen zumeist mehreren Kontrollaufgaben zuordnen lassen (ausführlich *Gola/Schomerus* Rn. 23 ff.; *Gola/Wronka* 2. Kap. 6.).

1. Zutrittskontrolle. Während bei dem Wortlaut der Anlage zu § 9 aF unklar war, ob eine Zugangs- 3 kontrolle im räumlichen oder im technischen Sinn gemeint war, hat der Gesetzgeber dies jetzt unmissverständlich im erstgenannten Sinn geregelt. Nr. 1 erfasst daher den Schutz vor räumlichem Zutritt durch unbefugte (externe) Personen.

2. Zugangsberechtigung. Es ist festzulegen, wer in welchem Umfang für welche Aufgaben zu- 4 gangsberechtigt sein soll (Nr. 1, 2, 3, 4). Notwendig ist eine klare, möglichst schriftlich fixierte Aufgaben- und Funktionstrennung. Das Vier-Augen-Prinzip sollte gewährleistet sein. Die Zugangsberechtigten müssen identifizierbar sein. Sie sind bes. zu legitimieren. Darüber hinaus sind Regelungen für Firmenfremde und Firmenangehörige (Wartungspersonal, Handwerker, Reinigungspersonal, Programmierer, Vorgesetzte) zu treffen. Auch ist zu klären, an welche Stellen Daten übermittelt werden dürfen oder wer zum Transport von Datenträgern befugt ist (Nr. 4).

3. Kontrolle der Datenverarbeitungs- und Datenübermittlungsvorgänge. Erforderlich ist eine 5 Kontrolle der Datenverarbeitungs- und Datenübermittlungsvorgänge. Dem dient die Erstellung und Auswertung von Datenverarbeitungs- oder Datenübermittlungsprotokollen, in denen festgehalten wird, welche Daten von wem, wann, in welchem Umfang verarbeitet oder an wen übermittelt worden sind (Nr. 1, 2, 3, 4, 5). Sofern eine solche Kontrolle nicht automatisch stattfindet, sind die Verarbeitungsvorgänge manuell festzuhalten. Notwendig ist außerdem die Kennzeichnung und Inventarisierung des Datenträgerbestands sowie die Registrierung, wer wann welche Datenträger entnommen hat (Nr. 3, 4).

4. Schutz vor Zugriffen durch Nichtberechtigte. Zu gewährleisten ist ein umfassender Schutz der 6 ANDaten vor Zugriffen durch Nichtberechtigte. In räumlicher Hinsicht sind Sicherheitsbereiche zu schaffen, die nur von Berechtigten betreten werden dürfen und die sowohl nach innen durch Beschränkung der Zugänge, Zugangskontrollsysteme, als auch durch Maßnahmen der Außensicherung (Abschließen der Räume nach Ende der Arbeitszeit, Alarmanlage usw.) geschützt sind (Nr. 1). Eine bes. Absicherung ist auch für Datenträger sowie für Eingabelisten und Ausdrucke erforderlich, die ebenfalls an entspr. gesicherten Orten aufzubewahren sind (Nr. 1, 2, 3, 4, 5). Ein unbefugter Zugriff auf ANDaten lässt sich des Weiteren durch Verwendung von Pass- und Codewörtern sowie durch bes. Funktionsberechtigungsschlüssel verhindern (Nr. 1, 2, 3, 4, 5).

5. Auftragskontrolle. Hat der AG eine andere Stelle mit der Datenverarbeitung beauftragt, so muss 7 gewährleistet sein, dass die Daten entspr. den Weisungen des Auftraggebers verarbeitet werden (Auftragskontrolle, Nr. 6). Der AG muss diese Stelle sorgfältig ausgewählt haben (§ 11 II 1). Kompetenzen und Pflichten zwischen dem AG und der beauftragten Stelle sind deutlich abzugrenzen und durch Regelungen über Datensicherungsmaßnahmen sowie Transportregelungen, Aufbewahrungsvorschriften, Kontrollregelungen ua. zu konkretisieren.

§ 9 a Datenschutzaudit

[1] Zur Verbesserung des Datenschutzes und der Datensicherheit können Anbieter von Datenverarbeitungssystemen und -programmen und datenverarbeitende Stellen ihr Datenschutzkonzept sowie ihre technischen Einrichtungen durch unabhängige und zugelassene Gutachter prüfen

und bewerten lassen sowie das Ergebnis der Prüfung veröffentlichen. ² Die näheren Anforderungen an die Prüfung und Bewertung, das Verfahren sowie die Auswahl und Zulassung der Gutachter werden durch besonderes Gesetz geregelt.

1   Bei dem durch § 9a eingeführten Datenschutzaudit handelt es sich um eine freiwillig veranlasste Kontrolle der Unternehmen durch unabhängige zugelassene Prüfer. Diese Kontrolle und die Möglichkeit einer Veröffentlichung der Ergebnisse sollen datenschutzfreundliche Projekte fördern. An dem gem. § 9a S. 2 erforderlichen Umsetzungsgesetz wird seit Mitte 2002 gearbeitet; es war für den Anfang der jetzigen Legislaturperiode angekündigt worden, ist jedoch noch nicht verabschiedet (vgl. zum Datenschutzaudit im Einzelnen *Roßnagel*, DuD 1997, 505). Bei der Entwicklung des Gesetzes sollen ua. die in Schleswig-Holstein mit dem dortigen LDSG gemachten Erfahrungen berücksichtigt werden.

§ 10 Einrichtung automatisierter Abrufverfahren

(1) ¹ Die Einrichtung eines automatisierten Verfahrens, das die Übermittlung personenbezogener Daten durch Abruf ermöglicht, ist zulässig, soweit dieses Verfahren unter Berücksichtigung der schutzwürdigen Interessen der Betroffenen und der Aufgaben oder Geschäftszwecke der beteiligten Stellen angemessen ist. ² Die Vorschriften über die Zulässigkeit des einzelnen Abrufs bleiben unberührt.

(2) ¹ Die beteiligten Stellen haben zu gewährleisten, dass die Zulässigkeit des Abrufverfahrens kontrolliert werden kann. ² Hierzu haben sie schriftlich festzulegen:
1. Anlass und Zweck des Abrufverfahrens,
2. Dritte, an die übermittelt wird,
3. Art der zu übermittelnden Daten,
4. nach § 9 erforderliche technische und organisatorische Maßnahmen.
³ Im öffentlichen Bereich können die erforderlichen Festlegungen auch durch die Fachaufsichtsbehörden getroffen werden.

(3) ¹ Über die Einrichtung von Abrufverfahren ist in Fällen, in denen die in § 12 Abs. 1 genannten Stellen beteiligt sind, der Bundesbeauftragte für den Datenschutz unter Mitteilung der Festlegungen nach Absatz 2 zu unterrichten. ² Die Einrichtung von Abrufverfahren, bei denen die in § 6 Abs. 2 und in § 19 Abs. 3 genannten Stellen beteiligt sind, ist nur zulässig, wenn das für die speichernde und die abrufende Stelle jeweils zuständige Bundes- oder Landesministerium zugestimmt hat.

(4) ¹ Die Verantwortung für die Zulässigkeit des einzelnen Abrufs trägt der Dritte, an den übermittelt wird. ² Die speichernde Stelle prüft die Zulässigkeit der Abrufe nur, wenn dazu Anlass besteht. ³ Die speichernde Stelle hat zu gewährleisten, dass die Übermittlung personenbezogener Daten zumindest durch geeignete Stichprobenverfahren festgestellt und überprüft werden kann. ⁴ Wird ein Gesamtbestand personenbezogener Daten abgerufen oder übermittelt (Stapelverarbeitung), so bezieht sich die Gewährleistung der Feststellung und Überprüfung nur auf die Zulässigkeit des Abrufes oder der Übermittlung des Gesamtbestandes.

(5) ¹ Die Absätze 1 bis 4 gelten nicht für den Abruf allgemein zugänglicher Daten. ² Allgemein zugänglich sind Daten, die jedermann, sei es ohne oder nach vorheriger Anmeldung, Zulassung oder Entrichtung eines Entgelts, nutzen kann.

§ 11 Erhebung, Verarbeitung oder Nutzung personenbezogener Daten im Auftrag

(1) ¹ Werden personenbezogene Daten im Auftrag durch andere Stellen erhoben, verarbeitet oder genutzt, ist der Auftraggeber für die Einhaltung der Vorschriften dieses Gesetzes und anderer Vorschriften über den Datenschutz verantwortlich. ² Die in den §§ 6, 7 und 8 genannten Rechte sind ihm gegenüber geltend zu machen.

(2) ¹ Der Auftragnehmer ist unter besonderer Berücksichtigung der Eignung der von ihm getroffenen technischen und organisatorischen Maßnahmen sorgfältig auszuwählen. ² Der Auftrag ist schriftlich zu erteilen, wobei die Datenerhebung, -verarbeitung oder -nutzung, die technischen und organisatorischen Maßnahmen und etwaige Unterauftragsverhältnisse festzulegen sind. ³ Er kann bei öffentlichen Stellen auch durch die Fachaufsichtsbehörde erteilt werden. ⁴ Der Auftraggeber hat sich von der Einhaltung der beim Auftragnehmer getroffenen technischen und organisatorischen Maßnahmen zu überzeugen.

(3) ¹ Der Auftragnehmer darf die Daten nur im Rahmen der Weisungen des Auftraggebers erheben, verarbeiten oder nutzen. ² Ist er der Ansicht, dass eine Weisung des Auftraggebers gegen dieses Gesetz oder andere Vorschriften über den Datenschutz verstößt, hat er den Auftraggeber unverzüglich darauf hinzuweisen.

Anwendungsbereich § 12 BDSG 160

(4) Für den Auftragnehmer gelten neben den §§ 5, 9, 43 Abs. 1 Nr. 2, 10 und 11, Abs. 2 Nr. 1 bis 3 und Abs. 3 sowie § 44 nur die Vorschriften über die Datenschutzkontrolle oder die Aufsicht, und zwar für
1. a) öffentliche Stellen,
   b) nicht-öffentliche Stellen, bei denen der öffentlichen Hand die Mehrheit der Anteile gehört oder die Mehrheit der Stimmen zusteht und der Auftraggeber eine öffentliche Stelle ist, die §§ 18, 24 bis 26 oder die entsprechenden Vorschriften der Datenschutzgesetze der Länder,
2. die übrigen nicht-öffentlichen Stellen, soweit sie personenbezogene Daten im Auftrag als Dienstleistungsunternehmen geschäftsmäßig erheben, verarbeiten oder nutzen, die §§ 4f, 4g und 38.

(5) Die Absätze 1 bis 4 gelten entsprechend, wenn die Prüfung oder Wartung automatisierter Verfahren oder von Datenverarbeitungsanlagen durch andere Stellen im Auftrag vorgenommen wird und dabei ein Zugriff auf personenbezogene Daten nicht ausgeschlossen werden kann.

Der AG entgeht seinen datenschutzrechtlichen Pflichten nicht dadurch, dass er sich bei der Verwaltung von ANDaten eines in seinem Auftrag stehenden Hilfsorgans bedient. Die verantwortliche Stelle behält als „Herrin der Daten" die volle Verfügungsgewalt und bestimmt durch ihre die Art und den Umfang der Datenverarbeitung betreffenden Vorgaben die Tätigkeit des Auftragnehmers. Die Rechte der betroffenen AN bestehen ihr gegenüber (*Gola/Schomerus* Rn. 3 f.; *Wächter* CR 1991, 333). Das Auftragsunternehmen ist rechtlich als Einheit mit der verantwortlichen Stelle anzusehen (§ 3 VIII 3). 1

Der **Begriff des Auftrags** ist nicht ausschließlich iSv. § 662 BGB zu verstehen. Umfasst sind zahlreiche Varianten von der Beauftragung eines externen Entsorgungsunternehmens mit dem Vernichten von Akten bis zur Übernahme der Datenverarbeitung durch ein externes Service-Rechenzentrum oder ein als solches tätig werdendes anderes Konzernunternehmen (*Gola/Schomerus* Rn. 7 f.; § 27 Rn. 4 f.). Entscheidend ist, dass der Auftrag allein auf die Erhebung, Verarbeitung und Nutzung von Daten gerichtet ist. Wird neben der Datenverarbeitung auch die zugrundeliegende Aufgabe übertragen, gehen alle datenschutzrechtlichen Pflichten, insb. die Ansprüche des Betroffenen, mit über (*Auernhammer* Rn. 2, 26). 2

Zweiter Abschnitt. Datenverarbeitung der öffentlichen Stellen

Erster Unterabschnitt. Rechtsgrundlagen der Datenverarbeitung

§ 12 Anwendungsbereich

(1) Die Vorschriften dieses Abschnittes gelten für öffentliche Stellen des Bundes, soweit sie nicht als öffentlich-rechtliche Unternehmen am Wettbewerb teilnehmen.

(2) Soweit der Datenschutz nicht durch Landesgesetz geregelt ist, gelten die §§ 12 bis 16, 19 bis 20 auch für die öffentlichen Stellen der Länder, soweit sie
1. Bundesrecht ausführen und nicht als öffentlich-rechtliche Unternehmen am Wettbewerb teilnehmen oder
2. als Organe der Rechtspflege tätig werden und es sich nicht um Verwaltungsangelegenheiten handelt.

(3) Für Landesbeauftragte für den Datenschutz gilt § 23 Abs. 4 entsprechend.

(4) Werden personenbezogene Daten für frühere, bestehende oder zukünftige dienst- oder arbeitsrechtliche Rechtsverhältnisse erhoben, verarbeitet oder genutzt, gelten anstelle der §§ 13 bis 16, 19 bis 20 der § 28 Abs. 1 und 3 Nr. 1 sowie die §§ 33 bis 35, auch soweit personenbezogene Daten weder automatisiert verarbeitet noch in nicht automatisierten Dateien verarbeitet oder genutzt oder dafür erhoben werden.

Mit den in § 12 IV enthaltenen Verweisungen hat der Gesetzgeber die ansonsten strikte gesetzessystematische Trennung von öffentl. und nicht-öffentl. datenspeichernden Stellen für den Bereich des öffentl. Dienstes durchbrochen. Ziel war es, für alle im öffentl. Dienst Tätigen ein einheitliches Datenschutzrecht zu schaffen (vgl. zu den Schwierigkeiten der Verweisung §§ 13, 27). Erforderlich ist, dass sich die Datenerhebung, -verarbeitung oder -nutzung auf die Ausgestaltung (Begründung, Durchführung, Beendigung) eines bestehenden oder zukünftigen dienst- oder arbeitsrechtlichen Rechtsverhältnisses bezieht. Außerdem gehören Daten über den Personalbestand, Beihilfen und Versorgung hierher (*Gola/Schomerus* Rn. 8). 1

Durch § 12 IV wird sichergestellt, dass ANDaten unabhängig vom verwendeten Speichermedium durch die Normen § 28 I, III Nr. 1, §§ 33, 34, 35 geschützt werden. 2

Wank 697

§ 13 Datenerhebung

(1) Das Erheben personenbezogener Daten ist zulässig, wenn ihre Kenntnis zur Erfüllung der Aufgaben der verantwortlichen Stelle erforderlich ist.

(1 a) Werden personenbezogene Daten statt beim Betroffenen bei einer nicht-öffentlichen Stelle erhoben, so ist die Stelle auf die Rechtsvorschrift, die zur Auskunft verpflichtet, sonst auf die Freiwilligkeit ihrer Angaben hinzuweisen.

(2) Das Erheben besonderer Arten personenbezogener Daten (§ 3 Abs. 9) ist nur zulässig, soweit
1. eine Rechtsvorschrift dies vorsieht oder aus Gründen eines wichtigen öffentlichen Interesses zwingend erfordert,
2. der Betroffene nach Maßgabe des § 4 a Abs. 3 eingewilligt hat,
3. dies zum Schutz lebenswichtiger Interessen des Betroffenen oder eines Dritten erforderlich ist, sofern der Betroffene aus physischen oder rechtlichen Gründen außerstande ist, seine Einwilligung zu geben,
4. es sich um Daten handelt, die der Betroffene offenkundig öffentlich gemacht hat,
5. dies zur Abwehr einer erheblichen Gefahr für die öffentliche Sicherheit erforderlich ist,
6. dies zur Abwehr erheblicher Nachteile für das Gemeinwohl oder zur Wahrung erheblicher Belange des Gemeinwohls zwingend erforderlich ist,
7. dies zum Zweck der Gesundheitsvorsorge, der medizinischen Diagnostik, der Gesundheitsversorgung oder Behandlung oder für die Verwaltung von Gesundheitsdiensten erforderlich ist und die Verarbeitung dieser Daten durch ärztliches Personal oder durch sonstige Personen erfolgt, die einer entsprechenden Geheimhaltungspflicht unterliegen,
8. dies zur Durchführung wissenschaftlicher Forschung erforderlich ist, das wissenschaftliche Interesse an der Durchführung des Forschungsvorhabens das Interesse des Betroffenen an dem Ausschluss der Erhebung erheblich überwiegt und der Zweck der Forschung auf andere Weise nicht oder nur mit unverhältnismäßigem Aufwand erreicht werden kann oder
9. dies aus zwingenden Gründen der Verteidigung oder der Erfüllung über- oder zwischenstaatlicher Verpflichtungen einer öffentlichen Stelle des Bundes auf dem Gebiet der Krisenbewältigung oder Konfliktverhinderung oder für humanitäre Maßnahmen erforderlich ist.

§§ 14 bis 26. *(nicht abgedruckt)*

Dritter Abschnitt. Datenverarbeitung nicht-öffentlicher Stellen und öffentlich-rechtlicher Wettbewerbsunternehmen

Erster Unterabschnitt. Rechtsgrundlagen der Datenverarbeitung

§ 27 Anwendungsbereich

(1) ¹Die Vorschriften dieses Abschnittes finden Anwendung, soweit personenbezogene Daten unter Einsatz von Datenverarbeitungsanlagen verarbeitet, genutzt oder dafür erhoben werden oder die Daten in oder aus nicht automatisierten Dateien verarbeitet, genutzt oder dafür erhoben werden durch
1. nicht-öffentliche Stellen,
2. a) öffentliche Stellen des Bundes, soweit sie als öffentlich-rechtliche Unternehmen am Wettbewerb teilnehmen,
b) öffentliche Stellen der Länder, soweit sie als öffentlich-rechtliche Unternehmen am Wettbewerb teilnehmen, Bundesrecht ausführen und der Datenschutz nicht durch Landesgesetz geregelt ist.

²Dies gilt nicht, wenn die Erhebung, Verarbeitung oder Nutzung der Daten ausschließlich für persönliche oder familiäre Tätigkeiten erfolgt. ³In den Fällen der Nummer 2 Buchstabe a gelten anstelle des § 38 die §§ 18, 21 und 24 bis 26.

(2) Die Vorschriften dieses Abschnittes gelten nicht für die Verarbeitung und Nutzung personenbezogener Daten außerhalb von nicht automatisierten Dateien, soweit es sich nicht um personenbezogene Daten handelt, die offensichtlich aus einer automatisierten Verarbeitung entnommen worden sind.

1 1. **Personenbezogene Daten** (§§ 27 I, 3 I) sind gemäß § 3 I Einzelangaben über persönliche oder sachliche Verhältnisse einer bestimmten oder bestimmbaren Person. Zu den Einzelangaben über **persönliche Verhältnisse** gehören solche, die der Identifizierung und Beschreibung des Betroffenen

dienen, zB Name, Anschrift, Familienstand, Geburtsdatum, Staatsangehörigkeit, Konfession, Beruf, Ausbildungsstand, Erscheinungsbild, Leistungen, Arbeitsverhalten, Gesundheitszustand oder Überzeugungen. „Sachliche Verhältnisse" sind Angaben über einen auf den Betroffenen beziehbaren Sachverhalt, so zB die Bezeichnung der Datei, in der die Daten des Betroffenen gespeichert sind oder das Führen eines Telefongesprächs mit Dritten (BAG 27. 5. 1986 AP BetrVG 1972 § 87 Überwachung Nr. 15 = NJW 1987, 674; BAG 13. 1. 1987 AP BDSG § 23 Nr. 3 = NZA 1987, 515).

Die Zuordnung der entsprechenden Informationen zu einer natürlichen Person kann über den 2 Namen erfolgen, aber auch über Nummern, sofern diese eine Identifizierung ermöglichen (Ausweis-, Personal-, Telefon-Nr.; zur Nummer der betrieblichen Nebenstelle als personenbezogenes Datum des anrufenden AN s. BAG 27. 5. 1986 AP BetrVG 1972 § 87 Überwachung Nr. 15 = NJW 1987, 674). Wird eine Einzelperson als Mitglied einer Personengruppe gekennzeichnet, zB bei der Überwachung von ANGruppen, so gelten die zur Gruppe aufgenommenen Daten dann als personenbezogen, wenn sie auf die Einzelpersonen „durchschlagen" (BAG 18. 2. 1986 AP BetrVG 1972 § 87 Überwachung Nr. 13 = NZA 1986, 488; BAG 26. 7. 1994 AP BetrVG 1972 § 87 Überwachung Nr. 26 = NZA 1995, 185; *Gola/Schomerus* § 3 Rn. 3). Ob im Einzelfall mit personenbezogenen Daten umgegangen wird, lässt sich zuweilen mit Hilfe einer einfachen Kontrollfrage ergründen. Werden zB im Rahmen einer größeren Zusammenkunft, etwa im BR, die in der EDV-Abteilung bearbeiteten Daten vorgestellt und erkennt einer der Anwesenden auf Grund des Vortrags anhand dieser Daten einen bestimmten AN des Unternehmens, so sind diese Daten personenbezogen und dürfen nur unter den Voraussetzungen des § 4 I verarbeitet und genutzt werden (*Konrad-Klein* CF 1999, 6).

2. Automatisierte Verfahren nach § 3 II 1 sind solche unter Einsatz von Datenverarbeitungsanla- 3 gen, auch von PCs und Kleincomputern, Bürokommunikations- und Textverarbeitungssystemen. Eine Strukturierung der Datensammlung ist nicht erforderlich. Es genügt, wenn technisch eine Auswertungsmöglichkeit besteht. **Nicht-automatisierte Dateien** – herkömmlich Karteien genannt – werden erfasst, wenn sie gleichartig aufgebaut sind. Es genügt, wenn bestimmte Suchmerkmale, wie Name, Adresse, Kontonummer usw., fest formatiert sind und eine systematische Erfassung ermöglichen. Nicht erforderlich ist, dass die Informationen exakt an den gleichen Positionen stehen (*Auernhammer* § 3 Anm. 12). Die Datensammlung muss des Weiteren nach bestimmten Merkmalen geordnet und umgeordnet werden können. Das ist dann der Fall, wenn sich die Daten nach einem Ordnungsmerkmal (zB dem Namen des AN) physisch in eine lineare Reihenfolge bringen lassen, man sie aber auch anhand eines anderen Ordnungsmerkmals (Anschrift, Alter des Betroffenen) anderweitig sortieren und für eine Datenverarbeitung, -übermittlung usw. auswerten kann. Diese Voraussetzungen sind idR bei alphabetisch geordneten Karteikarten, nicht aber bei herkömmlich manuell geführten Personalakten oder Listen mit fortlaufend aufgeführten Daten erfüllt (*Auernhammer* § 3 Anm. 13; Münch-ArbR/*Blomeyer* § 99 Rn. 15).

3. Zweckbestimmung der Verarbeitung (§§ 27 I, 1 II Nr. 3). § 27 I nimmt, in Übereinstimmung 4 mit § 1 II Nr. 3, die rein persönlichen oder familiären Zwecken dienende Verwendung von Daten aus dem Anwendungsbereich der §§ 27 ff. aus. Die Verwendung von ANDaten unterfällt idR nicht rein persönlichen oder familiären Zwecken, so dass damit der Anwendungsbereich der §§ 27 ff. eröffnet ist.

4. Verarbeitung außerhalb von nicht automatisierten Dateien (§ 27 II). § 27 II bestätigt den 5 Inhalt des § 27 I, ergänzt ihn aber insofern, als er den Anwendungsbereich des BDSG auf solche Datensammlungen ausdehnt, die zwar nicht dem Begriff des automatisierten oder nicht-automatisierten Datei (§ 3 II) unterfallen, aber Daten umfasst, die offensichtlich aus einer automatisierten Verarbeitung entnommen worden sind. Das Merkmal der Offensichtlichkeit lässt sich aus praktischen Erwägungen sinnvoll durch das Kriterium der Unmittelbarkeit konkretisieren (*Dörr/Schmidt* Anm. 21; *Gola/Schomerus* Rn. 16; krit. Simitis/*Simitis* Rn. 31). Zweck der Regelung ist, eine Umgehung des BDSG zu verhindern, indem man Daten auf der Grundlage von Dateiauszügen verarbeitet.

Sind die Regelungen des **BDSG nicht anwendbar,** bedeutet dies weder, dass der AN völlig schutz- 6 los ist, noch die grenzenlose Zulässigkeit der Informationsbeschaffung durch den AG. Aufgrund der kollidierenden Grundrechtspositionen der Arbeitsvertragsparteien ergeben sich vergleichbare Schranken wie im Anwendungsbereich des BDSG (*Däubler* CR 1994, 101, 103).

5. Besonderheiten des öffentlichen Dienstrechts. Das Recht der öffentl. Stellen kennt selbst keine 7 § 27 II vergleichbaren Einschränkungen. § 27 findet auch nicht indirekt über § 12 IV Anwendung (so aber noch *Dörr/Schmidt* § 12 aF Rn. 12). Durch die Einfügung des letzten HS ist nun endgültig klar gestellt, dass es auf einen Dateibezug iSd. § 27 II nicht ankommt (Simitis/*Dammann* § 12 Rn. 29). Fraglich ist nach der Novellierung, ob für den öffentlichen Dienst sensitive Daten (vgl. § 28 Rn. 34) nur noch mit Einwilligung (§ 4a) erhoben werden dürfen, da § 12 IV nicht auf § 28 VI–VIII verweist (*Gola/Schomerus* § 12 Rn. 10). Dabei scheint es sich jedoch um ein gesetzgeberisches Versehen zu handeln, da nicht ersichtlich ist, warum der Gesetzgeber den öffentlichen Dienst intensiver schützen wollte. Vielmehr ist davon auszugehen, dass er für alle AN einen einheitlichen Datenschutz schaffen wollte (vgl. Begr. zu § 5 des RegE zum BDSG 1977, BT-Drucks. 7/1027).

§ 28 Datenerhebung, -verarbeitung und -nutzung für eigene Zwecke

(1) ¹ Das Erheben, Speichern, Verändern oder Übermitteln personenbezogener Daten oder ihre Nutzung als Mittel für die Erfüllung eigener Geschäftszwecke ist zulässig,
1. wenn es der Zweckbestimmung eines Vertragsverhältnisses oder vertragsähnlichen Vertrauensverhältnisses mit dem Betroffenen dient,
2. soweit es zur Wahrung berechtigter Interessen der verantwortlichen Stelle erforderlich ist und kein Grund zu der Annahme besteht, dass das schutzwürdige Interesse des Betroffenen an dem Ausschluss der Verarbeitung oder Nutzung überwiegt oder
3. wenn die Daten allgemein zugänglich sind oder die verantwortliche Stelle sie veröffentlichen dürfte, es sei denn, dass das schutzwürdige Interesse des Betroffenen an dem Ausschluss der Verarbeitung oder Nutzung gegenüber dem berechtigten Interesse der verantwortlichen Stelle offensichtlich überwiegt.

² Bei der Erhebung personenbezogener Daten sind die Zwecke, für die die Daten verarbeitet oder genutzt werden sollen, konkret festzulegen.

(2) Für einen anderen Zweck dürfen sie nur unter den Voraussetzungen des Absatzes 1 Satz 1 Nr. 2 und 3 übermittelt oder genutzt werden.

(3) ¹ Die Übermittlung oder Nutzung für einen anderen Zweck ist auch zulässig:
1. soweit es zur Wahrung berechtigter Interessen eines Dritten oder
2. zur Abwehr von Gefahren für die staatliche und öffentliche Sicherheit sowie zur Verfolgung von Straftaten erforderlich ist, oder
3. für Zwecke der Werbung, der Markt- und Meinungsforschung, wenn es sich um listenmäßig oder sonst zusammengefasste Daten über Angehörige einer Personengruppe handelt, die sich auf
    a) eine Angabe über die Zugehörigkeit des Betroffenen zu dieser Personengruppe,
    b) Berufs-, Branchen- oder Geschäftsbezeichnung,
    c) Namen,
    d) Titel,
    e) akademische Grade,
    f) Anschrift und
    g) Geburtsjahr
    beschränken

und kein Grund zu der Annahme besteht, dass der Betroffene ein schutzwürdiges Interesse an dem Ausschluss der Übermittlung oder Nutzung hat, oder
4. wenn es im Interesse einer Forschungseinrichtung zur Durchführung wissenschaftlicher Forschung erforderlich ist, das wissenschaftliche Interesse an der Durchführung des Forschungsvorhabens das Interesse des Betroffenen an dem Ausschluss der Zweckänderung erheblich überwiegt und der Zweck der Forschung auf andere Weise nicht oder nur mit unverhältnismäßigem Aufwand erreicht werden kann.

² In den Fällen des Satzes 1 Nr. 3 ist anzunehmen, dass dieses Interesse besteht, wenn im Rahmen der Zweckbestimmung eines Vertragsverhältnisses oder vertragsähnlichen Vertrauensverhältnisses gespeicherte Daten übermittelt werden sollen, die sich
1. auf strafbare Handlungen,
2. auf Ordnungswidrigkeiten sowie
3. bei Übermittlung durch den Arbeitgeber auf arbeitsrechtliche Rechtsverhältnisse
beziehen.

(4) ¹ Widerspricht der Betroffene bei der verantwortlichen Stelle der Nutzung oder Übermittlung seiner Daten für Zwecke der Werbung oder der Markt- oder Meinungsforschung, ist eine Nutzung oder Übermittlung für diese Zwecke unzulässig. ² Der Betroffene ist bei der Ansprache zum Zweck der Werbung oder der Markt- oder Meinungsforschung über die verantwortliche Stelle sowie über das Widerspruchsrecht nach Satz 1 zu unterrichten; soweit der Ansprechende personenbezogene Daten des Betroffenen nutzt, die bei einer ihm nicht bekannten Stelle gespeichert sind, hat er auch sicherzustellen, dass der Betroffene Kenntnis über die Herkunft der Daten erhalten kann. ³ Widerspricht der Betroffene bei dem Dritten, dem die Daten nach Absatz 3 übermittelt werden, der Verarbeitung oder Nutzung für Zwecke der Werbung oder der Markt- oder Meinungsforschung, hat dieser die Daten für diese Zwecke zu sperren.

(5) ¹ Der Dritte, dem die Daten übermittelt worden sind, darf diese nur für den Zweck verarbeiten oder nutzen, zu dessen Erfüllung sie ihm übermittelt werden. ² Eine Verarbeitung oder Nutzung für andere Zwecke ist nicht-öffentlichen Stellen nur unter den Voraussetzungen der Absätze 2 und 3 und öffentlichen Stellen nur unter den Voraussetzungen des § 14 Abs. 2 erlaubt. ³ Die übermittelnde Stelle hat ihn darauf hinzuweisen.

(6) Das Erheben, Verarbeiten und Nutzen von besonderen Arten personenbezogener Daten (§ 3 Abs. 9) für eigene Geschäftszwecke ist zulässig, soweit nicht der Betroffene nach Maßgabe des § 4 a Abs. 3 eingewilligt hat, wenn
1. dies zum Schutz lebenswichtiger Interessen des Betroffenen oder eines Dritten erforderlich ist, sofern der Betroffene aus physischen oder rechtlichen Gründen außerstande ist, seine Einwilligung zu geben,
2. es sich um Daten handelt, die der Betroffene offenkundig öffentlich gemacht hat,
3. dies zur Geltendmachung, Ausübung oder Verteidigung rechtlicher Ansprüche erforderlich ist und kein Grund zu der Annahme besteht, dass das schutzwürdige Interesse des Betroffenen an dem Ausschluss der Erhebung, Verarbeitung oder Nutzung überwiegt, oder
4. dies zur Durchführung wissenschaftlicher Forschung erforderlich ist, das wissenschaftliche Interesse an der Durchführung des Forschungsvorhabens das Interesse des Betroffenen an dem Ausschluss der Erhebung, Verarbeitung und Nutzung erheblich überwiegt und der Zweck der Forschung auf andere Weise nicht oder nur mit unverhältnismäßigem Aufwand erreicht werden kann.

(7) ¹Das Erheben von besonderen Arten personenbezogener Daten (§ 3 Abs. 9) ist ferner zulässig, wenn dies zum Zweck der Gesundheitsvorsorge, der medizinischen Diagnostik, der Gesundheitsversorgung oder Behandlung oder für die Verwaltung von Gesundheitsdiensten erforderlich ist und die Verarbeitung dieser Daten durch ärztliches Personal oder durch sonstige Personen erfolgt, die einer entsprechenden Geheimhaltungspflicht unterliegen. ²Die Verarbeitung und Nutzung von Daten zu den in Satz 1 genannten Zwecken richtet sich nach für die in Satz 1 genannten Personen geltenden Geheimhaltungspflichten. ³Werden zu einem in Satz 1 genannten Zweck Daten über die Gesundheit von Personen durch Angehörige eines anderen als in § 203 Abs. 1 und 3 des Strafgesetzbuchs genannten Berufes, dessen Ausübung die Feststellung, Heilung oder Linderung von Krankheiten oder die Herstellung oder den Vertrieb von Hilfsmitteln mit sich bringt, erhoben, verarbeitet oder genutzt, ist dies nur unter den Voraussetzungen zulässig, unter denen ein Arzt selbst hierzu befugt wäre.

(8) ¹Für einen anderen Zweck dürfen die besonderen Arten personenbezogener Daten (§ 3 Abs. 9) nur unter den Voraussetzungen des Absatzes 6 Nr. 1 bis 4 oder des Absatzes 7 Satz 1 übermittelt oder genutzt werden. ²Eine Übermittlung oder Nutzung ist auch zulässig, wenn dies zur Abwehr von erheblichen Gefahren für die staatliche und öffentliche Sicherheit sowie zur Verfolgung von Straftaten von erheblicher Bedeutung erforderlich ist.

(9) ¹Organisationen, die politisch, philosophisch, religiös oder gewerkschaftlich ausgerichtet sind und keinen Erwerbszweck verfolgen, dürfen besondere Arten personenbezogener Daten (§ 3 Abs. 9) erheben, verarbeiten oder nutzen, soweit dies für die Tätigkeit der Organisation erforderlich ist. ²Dies gilt nur für personenbezogene Daten ihrer Mitglieder oder von Personen, die im Zusammenhang mit deren Tätigkeitszweck regelmäßig Kontakte mit ihr unterhalten. ³Die Übermittlung dieser personenbezogenen Daten an Personen oder Stellen außerhalb der Organisation ist nur unter den Voraussetzungen des § 4 a Abs. 3 zulässig. ⁴Absatz 3 Nr. 2 gilt entsprechend.

Das Gesetz differenziert zwischen folgenden Formen des Umgangs mit Daten: der Datenerhebung (§ 3 III), der Datenverarbeitung, die das Speichern, Verändern, Übermitteln, Sperren und Löschen personenbezogener Daten umfasst (§ 3 IV, vgl. aber § 3 Rn. 2), und der Datennutzung (§ 3 V). Nach dem in § 4 I enthaltenen Verbot mit Erlaubnisvorbehalt bedarf jede Erhebung, Verarbeitung und Nutzung personenbezogener Daten einer Rechtsgrundlage. Für den Bereich des Arbeitsrechts enthält § 28 die maßgeblichen Zulässigkeitstatbestände. Diese Vorschrift ist im Gegensatz zu den §§ 29, 30 einschlägig, da sie die Verwendung von Daten als Mittel für die Erfüllung eigener Geschäftszwecke, dh. den internen Bereich des Unternehmens, betrifft und der Umgang mit Daten nicht selbst das geschäftliche Interesse ausmacht. Wichtiger als die Differenzierung zwischen den Datenverarbeitungsstufen ist die Unterscheidung nach dem Inhalt der Daten. Als wichtigster Schritt ist daher zwischen sensitiven (Abs. 6 bis 9) und nicht-sensitiven Daten (Abs. 1 bis 5) zu unterscheiden, da nach dem lex-specialis-Prinzip für sensitive Daten die strengeren Vorschriften gelten.

I. Erhebung von Daten

1. Begriff. Datenerhebung ist gem. § 3 III das Beschaffen von Daten über den Betroffenen. Sie kann mündlich oder schriftlich erfolgen. Häufig wird eine Mitwirkung des Betroffenen oder Dritter erforderlich sein, die Beschaffung kann aber auch Ergebnis einer systematischen Auswertung und Verknüpfung vorhandener Datenbestände sein (MünchArbR/*Blomeyer* § 99 Rn. 26; *Gola/Schomerus* § 3 Rn. 24). Werden lediglich Daten aus vorliegenden Unterlagen zusammengestellt, ist keine Datenerhebung gegeben (*Gola/Schomerus* § 3 Rn. 24). Erforderlich ist zielgerichtetes Handeln: Zufällige Beobachtungen oder unaufgefordert zugeleitete Daten werden nicht erfasst.

3 2. Zulässigkeit. a) § 28 I 1 enthält **drei Zulässigkeitsvarianten** für die Datenerhebung, § 28 VI, VII und IX enthalten besondere Voraussetzungen für die Erhebung sensitiver Daten (vgl. Rn. 34). Gem. § 28 I Nr. 1 ist die Erhebung personenbezogener Daten im Rahmen der **Zweckbestimmung** eines Vertragsverhältnisses oder vertragsähnlichen Vertrauensverhältnisses mit dem Betroffenen zulässig. Die Datenerhebung muss zur Erfüllung gesetzlicher, kollektivvertraglicher oder einzelarbeitsvertraglicher Pflichten oder zur Wahrnehmung von Rechten aus dem Vertragsverhältnis geeignet und erforderlich sein (BAG 22. 10. 1986 AP BDSG § 23 Nr. 2 = DB 1987, 1048; *Gola/Schomerus* Rn. 13). Es findet eine Interessenabwägung nach Maßgabe des **Verhältnismäßigkeitsprinzips** statt. Das BAG lässt unter Hinweis auf die Wirtschaftlichkeit des EDV-Einsatzes die generelle Möglichkeit genügen, dass die Daten im Verlauf des Arbeitsverhältnisses erforderlich werden können (BAG 22. 10. 1986 AP BDSG § 23 Nr. 2 = DB 1987, 1048). Die früher unter der **Rechtmäßigkeit** (§ 28 I 1 aF) geprüften allg. arbeitsrechtlichen Grundsätze, wie zB diejenigen zum Fragerecht, lassen sich nun ind in den jetzt auch für die Erhebung anzuwendenden Nr. 1 bis 3 berücksichtigen. Überschreitet der AG die Grenzen des Fragerechts, hat der AN nicht nur ein Recht „zu lügen"; die so gewonnenen Daten unterliegen auch einem Verwertungsverbot (BAG 11. 3. 1986 AP BetrVG 1972 § 87 Überwachung Nr. 14 = DB 1986, 1496; HwB AR/*Rose* 740 Datenschutz Rn. 27, 113. EL Februar 2000). Der Verstoß gegen ein Diskriminierungsverbot kann die Unzulässigkeit der Datenerhebung zur Folge haben. Beschränkungen der Zulässigkeit ergeben sich ferner aus dem Grundsatz der Verhältnismäßigkeit: Das Informationsinteresse des AG muss gegenüber dem Recht des AN auf informationelle Selbstbestimmung überwiegen, um dessen Einschränkung zu rechtfertigen. Lässt sich kein unmittelbarer Bezug der Daten zum konkreten (bestehenden oder künftigen) Arbeitsverhältnis herstellen, ist die Datenerhebung von vorneherein unzulässig (MünchArbR/*Blomeyer* § 99 Rn. 26).

4 b) Dem Erlaubnistatbestand des § 28 I 1 Nr. 1 kommt eine bes. Bedeutung insofern zu, als er nicht nur eine Möglichkeit aufzeigt, wann Datenerhebung, -verarbeitung und -nutzung zulässig sind, sondern gleichzeitig die äußeren Grenzen der Rechtmäßigkeit festgelegt. Ermächtigen § 28 I Nr. 2 und 3 den AG zur Datenerhebung und -speicherung, soweit eine solche zur **Wahrung berechtigter Interessen** der verantwortlichen Stelle erforderlich ist oder die Daten aus **allgemein zugänglichen** Quellen entnommen werden dürfen, so ist die arbeitsvertragliche Zweckbestimmung als Rahmen weiterhin zu berücksichtigen (*Däubler,* Internet und Arbeitsrecht, Rn. 340). Die Erlaubnisvarianten des § 28 können dem AG nicht mehr gestatten, als die vertragliche Beziehung zulässt: In die Privatsphäre des AN darf nicht tiefer eingedrungen werden, als es der Zweck des Arbeitsverhältnisses unbedingt erfordert (BAG 22. 10. 1986 AP BDSG § 23 Nr. 2 = DB 1987, 1048; *Gola/Schomerus,* Rn. 9; *Auernhammer* § 23 Rn. 2). Gerade die Ermächtigungen des § 28 I 1 Nr. 2 und 3 sind eher restriktiv auszulegen (Simitis/*Simitis* Rn. 78).

5 3. Mitbestimmung. Das individuelle Datenschutzrecht wird ergänzt durch die Informations- und Kontrollbefugnisse des kollektiven Arbeitsrechts. In Betracht kommt vor allem die Mitbestimmung bei technischen Leistungs- und Verhaltenskontrollen durch automatisierte Personaldatenverarbeitung (§ 87 I Nr. 6 BetrVG; § 75 III Nr. 17 BPersVG), die Mitbestimmung bei formalisierter Personaldatenerhebung unter Verwendung von Personalfragebögen (§§ 94 I BetrVG; §§ 75 III Nr. 8 und 76 II Nr. 2 BPersVG) sowie bei der Anwendung von Beurteilungsgrundsätzen und Auswahlrichtlinien (§ 94 II, 95 BetrVG; §§ 75 III Nr. 9 und 76 II Nr. 3, 8 BPersVG). Die Beachtung von Beteiligungsrechten durch den AG ist Wirksamkeits- und Rechtmäßigkeitsvoraussetzung der einzelnen Datenerhebungs- und Datenverarbeitungsmaßnahme. Übergeht der AG Mitbestimmungsrechte des Betriebs- oder Personalrats, können sowohl die Erhebung als auch alle weiteren Phasen der Datenverarbeitung gegenüber dem einzelnen AN unzulässig sein. Die Unzulässigkeit der Datenverwendung löst eine Erhebungs- und Verarbeitungssperre sowie die dem betroffenen AN zustehenden Korrekturrechte aus (BAG 22. 10. 1986 AP BDSG § 23 Nr. 2 = DB 1987, 1048; BAG 12. 1. 1988 NZA 1988, 621; *Gola/Wronka* 2. Kap. 7.1; *Däubler* CR 1994, 101, 102; *Schierbaum* AiB 1998, 494, 498 ff.; umfassend MünchArbR/*Matthes* § 338).

6 4. Beispiele (un)zulässiger Datenerhebung. a) Anbahnungsverhältnis (*Gola/Wronka* 3. Kap.; zur Zulässigkeit von Personalauswahlverfahren vgl. *Grunewald* NZA 1996, 15). Gem. § 28 I 2 aF. mussten die Daten nach Treu und Glauben rechtmäßig erhoben werden. Die hierzu ergangene Rspr. ist heute unter § 28 VI 6, 7, 9 und X zu subsumieren. Nur in diesen Fällen wird dem präventiven Verbot mit Erlaubnisvorbehalt genüge getan. Auf das Anbahnungsverhältnis ist § 28 VI Nr. 3 nicht anzuwenden (*Franzen* RDV 2003, 3 f.). Wegen eines übermäßigen Eingriffs in die Persönlichkeitssphäre des AN sind allg. Intelligenztests, die Erstellung von Persönlichkeitsprofilen, Stressinterviews sowie Genomanalysen generell unzulässig. Psychologische Tests müssen sich von vornherein auf solche Eigenschaften beschränken, die für die in Aussicht genommene Tätigkeit von Bedeutung sind. Zur Einholung graphologischer Gutachten bedarf es einer ausdrücklichen Einwilligung des Betroffenen. Im Zusammenhang mit Personalfragebögen ist das Mitbestimmungsrecht aus § 94 I BetrVG zu beachten, und zwar auch dann, wenn der AG dem Bewerber aus einer formularmäßigen Zusammenstellung von

I. Erhebung von Daten

Fragen über persönliche Verhältnisse diese nacheinander mündlich stellt und die Antworten selbst vermerkt (BAG 21. 9. 1993 AP BetrVG 1972 § 94 Nr. 4 = NZA 1994, 375).

Wegen des in Art. 9 III GG und in § 75 I BetrVG enthaltenen Benachteiligungsverbots ist es dem AG jedenfalls vor Abschluss des Arbeitsvertrags untersagt, nach der **Gewerkschaftszugehörigkeit** des Bewerbers zu fragen (vgl. auch § 28 VI nF). Sofern die Gewerkschaftszugehörigkeit zwecks Erfüllung tarifvertraglicher Pflichten für den AG von Bedeutung ist, genügt es, wenn die Datenerhebung nach der vertraglichen Einigung erfolgt. Die Frage nach der **Schwangerschaft** darf seit der einschlägigen Entscheidung des EuGH (8. 11. 1990 AP EWG-Vertrag Nr. 23 = NZA 1991, 171) nun auch nach Ansicht des BAG (15. 10. 1992 AP BGB § 611 a Nr. 8 = NZA 1993, 257) unabhängig vom Geschlecht der übrigen Bewerber nicht mehr gestellt werden. Die Ausnahme für den Fall, dass Mutter und Kind auf dem vorgesehenen Arbeitsplatz objektiv gefährdet wären (BAG 1. 7. 1993 AP BGB § 123 Nr. 36 = NZA 1993, 933), konnte bereits nach EuGH 3. 2. 2000 NZA 2000, 255 für unbefristete Stellen nicht mehr aufrechterhalten worden. Eine Ausnahme soll nach der – abzulehnenden – Ansicht des EuGH (4. 10. 2001 EAS RL 76/207/EWG Nr. 16 zu Art. 5; EuGH 4. 10. 2001 EAS RL 92/85/EWG Nr. 1 zu Art. 10) auch nicht bei befristeten Arbeitsverhältnissen gelten, selbst wenn die Schwangere während eines wesentlichen Teils der Vertragsdauer nicht arbeiten kann (s. auch *Thüsing* Anm. DB 2001, 2451; Hanau/Steinmeyer/Wank/*Wank* § 16 Rn. 236 ff.). Zusammenfassend zum Fragerecht des Arbeitgebers siehe *Gaul*, Aktuelles Arbeitsrecht 2/2001 S. 377 ff. sowie EuGH DVBl 2003, 792; BAG 6. 2. 2003 NZA 2003, 848.

Politische oder religiöse Aktivitäten des Bewerbers fallen grds. in seinen privaten Bereich; Ausnahmen gelten für Tendenzunternehmen (vgl. auch § 28 VI nF). Die Berechtigung, sich nach der politischen Vorbelastung des Bewerbers hinsichtlich einer MfS-Tätigkeit zu erkundigen, ergibt sich für den Bereich des öffentl. Dienstes daraus, dass Verfassungstreue Einstellungsvoraussetzung iSd. Art. 33 II GG ist. Für den privaten AG besteht gemäß § 20 I StUG die Möglichkeit, sich über die Stasi-Aktivitäten von leitenden Beschäftigten und BRMitgliedern zu unterrichten. Ob die Datenerhebung darüber hinaus zulässig ist, hängt davon ab, ob sich eine möglicherweise gegebene Stasi-Tätigkeit im Hinblick auf den konkret zu besetzenden Arbeitsplatz nachteilig auf die Repräsentation des Unternehmens auswirken oder das Vertrauen zwischen den Arbeitsvertragsparteien derart zerstören würde, dass die Eignung des Bewerbers in Frage gestellt wäre (str., vgl. BAG 4. 12. 1997 AP KSchG 1969 § 1 Verhaltensbedingte Kündigung Nr. 37 = NZA 1998, 474; Gola/Wronka 3. Kap. 3.8 mwN; *Wank* in von Maydell u. a., Die Umwandlung der Arbeits- und Sozialordnung, 1996, S. 28 f.). Die **Überschuldung** des Bewerbers erlangt höchstens Bedeutung, wenn es über das übliche Maß einer Kreditaufnahme (zB Bau eines Hauses) hinausgeht. Vorstrafen sind vom Bewerber nur anzugeben, wenn sie in unmittelbarem Bezug zu dem Arbeitsverhältnis stehen und der Verurteilte sich nicht gemäß § 53 BZRG als unbestraft bezeichnen darf.

Berechtigt ist das Interesse des AG an Informationen über die engere familiäre Situation des Bewerbers, den **beruflichen Werdegang** des Bewerbers. Er darf sich nach Nebentätigkeiten oder noch bestehenden Beschäftigungsverhältnissen erkundigen (vgl. §§ 7 SGB V, 5 II SGB VI bei geringfügig Beschäftigten). Das bisherige Einkommen des Bewerbers ist für den AG nur von Bedeutung, wenn das Gehalt erkennbar zum Verhandlungsgegenstand gemacht wird oder auf die Qualifikation des Bewerbers hinweist (BAG 19. 5. 1983 AP BGB § 123 Nr. 25 = DB 1984, 298).

Fragen nach dem **Gesundheitszustand** sowie einer eventuellen Körperbehinderung sind nur insoweit zulässig, als gezielt Beeinträchtigungen der Verwendung auf dem vorgesehenen Arbeitsplatz ermittelt werden sollen (zB Ansteckungsgefahr für Kollegen und Kunden, Arbeitsunfähigkeit zum vorgesehenen Dienstantritt oder in absehbarer Zeit danach) oder der AG absehen können muss, ob auf ihn Verpflichtungen nach dem SGB IX zukommen (BAG 1. 8. 1985 AP BGB § 123 Nr. 30 = NZA 1986, 635; 3. 12. 1998 NZA 1999, 584; vgl. auch § 28 VI nF). Unterzieht sich der Bewerber/AN einer betriebsärztlichen Untersuchung, so unterliegen die Untersuchungsergebnisse wie auch die Befunddaten der ärztlichen Schweigepflicht gemäß § 203 StGB, § 8 I ASiG. Geht es um eine vom AN gewünschte Überprüfung der gesundheitlichen Eignung, lässt sich eine konkludent erteilte Einwilligung des Betroffenen zur Weitergabe der erhobenen Gesundheitsdaten an den AG regelmäßig nur auf die Bekanntgabe des Ergebnisses beziehen (*Gola/Wronka* 3. Kap. 3.1.2; *Däubler* CR 1994, 101, 104; vgl. *Gola* NJW 1995, 3287 mwN).

b) Im Rahmen der **Durchführung des Arbeitsverhältnisses** ist das Leistungsverhalten des AN ein wichtiger und häufiger Erhebungsgegenstand. Eine permanente Überwachung ist wegen des damit verbundenen unverhältnismäßigen Eingriffs in das Persönlichkeitsrecht unzulässig (zur Überwachung des AN beim konkreten, nicht anders aufklärbaren Verdacht einer Straftat BAG 26. 3. 1991 NZA 1991, 729; BAG 15. 5. 1991 RDV 1992, 178 = CR 1993, 230; LAG Berlin 15. 2. 1988 RDV 1989, 248 f.). Sind Betriebsräume auf Grund berechtigter Sicherheitsinteressen des Unternehmens mit einer Videoüberwachungstechnik ausgerüstet (zB Schalterräume von Banken und Warenhäusern), so dürfen die Aufnahmen nicht zur ANÜberwachung verwendet werden; sie sind innerhalb kürzester Zeit zu löschen (vgl. zur Überwachung öffentl. zugänglicher Räume § 6b). Betriebsdaten dürfen erhoben werden, sofern der Personenbezug unverzüglich aufgehoben wird (*Däubler* CR 1994, 101, 108). Das

Konsumverhalten des AN kann allenfalls Gegenstand einer „verbrauchsbezogenen" Datenerfassung zu Abrechnungszwecken sein (*Däubler* CR 1994, 101, 107).

12 c) § 28 I 2 sieht vor, dass bei der Erhebung bereits der konkrete Zweck der Verarbeitung und Nutzung festgelegt wird. Dies bedeutet im Einzelfall, dass der Zweck vor der Erhebung feststehen muss und auch bestimmbar sein muss (*Ehmann/Helfrich* Art. 6 Rn. 8). Diese Festlegung des Zwecks muss im Zusammenhang mit Abs. 2, 3 gesehen werden, die nur ausnahmsweise eine Nutzung zu anderen Zwecken erlauben.

II. Datenspeicherung

13 **1. Begriff.** Daten werden gem. § 3 IV Nr. 1 gespeichert, wenn personenbezogene Daten auf einem Datenträger zum Zwecke ihrer weiteren Verarbeitung oder Nutzung erfasst, aufgenommen oder aufbewahrt werden. Als Datenträger kommt jedes Medium in Betracht, auf dem Informationen für eine spätere Wahrnehmung festgehalten werden können. Die Daten können schriftlich (Datenerfassung) oder mit Hilfe bes. Aufnahmetechniken, dh. per Tonband, Film, Video (Aufnehmen von Daten) fixiert oder anderweitig aufbewahrt worden sein. Das Vorrätighalten der Daten muss für Zwecke der weiteren Verarbeitung oder Nutzung geschehen.

14 **2. Zulässigkeit. a)** Die Speicherung und die Erhebung sind nach der Änderung des § 28 nun den gleichen Anforderungen unterworfen, vgl. Rn. 3. Die Speicherung setzt auch immer eine rechtmäßige Erhebung voraus.

15 **b)** Die Speicherung von Daten kann insbesondere bei **Bewerbern** unzulässig werden. Bewerberdaten dürfen nur bis zum Entscheidungszeitpunkt verwendet werden. Von dann an sind sie zu sperren, bis Sicherheit darüber besteht, dass keine Rechtsstreitigkeiten (zB bzgl. § 611 a BGB) zu erwarten sind. Dann sind die Daten zu vernichten bzw. zu löschen oder dem Bewerber zurückzugeben (Simitis/*Simitis* Rn. 129).

16 **3. Mitbestimmung.** Die Speicherung arbeitnehmerbezogener Daten ist ferner unzulässig, wenn der AG Mitbestimmungsrechte des Betriebs- oder Personalrats aus § 87 I Nr. 6 BetrVG, § 75 III Nr. 17 BPersVG oder §§ 94, 95 BetrVG, §§ 75 III Nr. 9, 76 II Nr. 3 und 8 BPersVG übergeht. Das BAG hat vor allem das Mitbestimmungsrecht nach § 87 I Nr. 6 BetrVG in zahlreichen Entscheidungen interpretativ erweitert und auf praktisch alle Formen der ANDatenverarbeitung erstreckt. Die bloße Möglichkeit, dass die Programme allein oder in Verbindung mit weiteren Daten und Umständen zur Überwachung des Arbeits- und Leistungsverhaltens genutzt werden können, genügt (BAG 6. 12. 1983 AP BetrVG 1972 § 87 Überwachung Nr. 7 = DB 1984, 775 – „Bildschirmarbeitsplatzentscheidung"; BAG 14. 9. 1984 DB 1984, 2513; BAG 23. 4. 1985 DB 1985, 1898; BAG 23. 4. 1985 AP BetrVG 1972 § 87 Überwachung Nr. 11 = DB 1985, 1897 – „TÜV-Prüfbelegeentscheidung"; BAG 18. 2. 1986 AP BetrVG 1972 § 87 Überwachung Nr. 13 = NZA 1986, 488; BAG 11. 3. 1986 AP BetrVG 1972 § 87 Überwachung Nr. 14 = DB 1986, 1496 – „PAISY"; BAG 27. 5. 1986 AP BetrVG 1972 § 87 Überwachung Nr. 15 = DB 1986, 2086 – „Telefondatenerfassung"; vgl. auch zur Abschaffung einer Kontrolleinrichtung BAG 28. 11. 1989 AP BetrVG 1972 § 87 Initiativrecht Nr. 4 = NZA 1990, 406; zu den Grenzen der Mitbestimmung *Ehmann* NZA 1996, 241, 244; *Gebhardt/Umnuß* NZA 1995, 103).

17 **4. Beispiele (un)zulässiger Datenspeicherung.** Die folgenden Bsp. unterfallen idR zugleich auch der Frage der rechtmäßigen Erhebung, sollen aber wegen ihres Schwerpunkts hier behandelt werden. Bzgl. einer automatisierten Speicherung von Stammdaten hat das BAG entschieden, dass jedenfalls die Speicherung von Angaben über Geschlecht, Familienstand, Schule, Ausbildung in Lehr- und anderen Berufen, Fachschulausbildung, Fachrichtung, Abschluss oder Sprachkenntnisse unter Beachtung der im Rahmen der Zweckbestimmung vorzunehmenden Interessenabwägung und des Verhältnismäßigkeitsgrundsatzes zulässig ist (BAG 22. 10. 1986 AP BDSG § 23 Nr. 2 = DB 1987, 1048). Gewisse Grunddaten, wie Name, Arbeitsplatz, Besoldungs- und Vergütungsgruppe und Beginn des Beschäftigungsverhältnisses, dürfen auch im PC der Mitarbeitervertretung zur Verfügung stehen (*Gola/Wronka* 4. Kap. 12.4). Über den Zweck des Arbeitsverhältnisses und die Erfüllung betriebsverfassungsrechtlicher Aufgaben hinaus geht die automatische Speicherung jedoch dort, wo das BetrVG nur Einsichtsrechte gewährt und bereits das Abschreiben oder Kopieren von Daten nicht gestattet (*Gola/Wronka* 4. Kap. 12.3).

18 **Krankheits- und Fehlzeitendaten** sind nicht nur zum Zwecke der Lohn- und Gehaltsabrechnung speicherbar. Der AG hat auch ein berechtigtes Interesse daran festzustellen, inwiefern das arbeitsvertragliche Austauschverhältnis durch Krankheits- und Fehlzeiten gestört ist. Werden solche Daten in einem Personalinformationssystem erarbeitet, besteht ein Mitbestimmungsrecht des BR gemäß § 87 I Nr. 6 BetrVG (BAG 11. 3. 1986 AP BetrVG 1972 § 87 Überwachung Nr. 14 = DB 1986, 1496).

19 Der AG ist grds. zur Erfassung von **Telefondaten** berechtigt (BAG 27. 5. 1986 AP BetrVG 1972 § 87 Überwachung Nr. 15 = DB 1986, 2086; BAG 13. 1. 1987 AP BDSG § 23 Nr. 3 = NZA 1987, 515; BAG 1. 8. 1990 PersR 1991, 35; BVerwG 16. 6. 1989 ZTR 1989, 366; BVerwG 28. 7. 1989 NJW 1990,

529; vgl. *Gola/Wronka* 4. Kap. 7.; *Däubler* CR 1992, 754). Die automatische Erfassung äußerer Gesprächsdaten, wie Tag, Uhrzeit, Beginn und Ende des Gesprächs oder Anzahl der vertelefonierten Einheiten rechtfertigt sich bei Dienstgesprächen bereits aus dem legitimen Interesse des AG, die Kosten im Hinblick auf einen wirtschaftlichen Einsatz des Telefons zu kontrollieren und Missbrauch, zB durch Führen unerlaubter Privatgespräche als angebliche Dienstgespräche, zu vermeiden. Dies gilt grds. auch für die Registrierung von Telefondaten der Mitarbeitervertretung (BVerwG 28. 7. 1989 NJW 1990, 529; BAG 1. 8. 1990 PersR 1991, 35). Umstritten und von der Rspr. noch nicht eindeutig geklärt ist die Frage, ob die Speicherung der Zielnummer des externen Gesprächspartners datenschutzrechtlich zulässig ist (abl. im Hinblick auf die Schweigepflicht eines Psychologen: BAG 13. 1. 1987 AP BDSG § 23 Nr. 3 = NZA 1987, 515). Es empfiehlt sich deshalb, nur die Vorwahl und einen Teil der Rufnummer zu speichern. Die Erfassung äußerer Gesprächsdaten ist auch bei Privatgesprächen des AN zulässig, egal ob sie aus dienstlichem Anlass geführt werden oder weil der AG das Telefonieren gegen Kostenerstattung gestattet. Die Speicherung zu Abrechnungszwecken ist bis zum Ende des jeweiligen Berechnungszeitraums gerechtfertigt. Zugriffe auf den Gesprächsinhalt, zB durch nicht vorher mitgeteiltes Mithören oder das Aufzeichnen von Gesprächen, verletzen sowohl bei Dienst- als auch bei Privatgesprächen das sich aus dem Persönlichkeitsrecht des AN ergebende „Recht am eigenen Wort" (BVerfG 19. 12. 1991 NJW 1992, 815; *Däubler* CR 1992, 754, 756). – Die für Telefongespräche entwickelten Grundsätze lassen sich auch auf andere Kommunikationsmittel, zB **e-mails**, übertragen (*Balke/Müller* DB 1997, 326 ff.; *Müller* RdV 1998, 205; *Roggler/Hellich* NZA 1997, 862 ff.).

Der Einsatz neuer Medien im Arbeitsleben wirft zahlreiche Fragen auf. Erlaubt der AG seinen 20 Mitarbeitern die **private Nutzung** (anders bei dienstlicher Nutzung, s. *Post-Ortmann* RDV 1999, 103) betrieblicher Kommunikationsmittel, etwa Telefon oder Internet, so ist er nach überwiegender Auffassung als Anbieter einer Telekommunikationsdienstleistung dem Fernsprechgeheimnis des § 85 TKG unterworfen (*Gola* NJW 1999, 3753, 3755 f. mwN). Inwieweit der AG auch dann einer Kontrolle unterliegt, etwa nach den bereichsspezifischen, an die Bestimmungen des BDSG anknüpfenden Sonderregelungen des Teledienstdatenschutzgesetzes (TDDSG) oder den Mediendienste-Staatsvertrages (MD-StV), wenn er seinen Mitarbeitern zum Zwecke privater (Internet-Nutzung) zu Hause kostenlos einen Computer zur Verfügung stellt (zB bei der Ford AG), ist ein aktuelles, noch ungelöstes Problem (zur Problematik allg. *Bäumler* DuD 1999, 258; *Engel-Flechsig* RdV 1997, 59; *Garstka* MDR 1998, 449; *Geis* NJW 1997, 288). Die private Internetnutzung am Arbeitsplatz entgegen dem ausdrücklichen Verbot des AG kann zur fristlosen Kündigung berechtigen (zum Erfordernis einer Abmahnung: ArbG Wesel NJW 2001, 2480; ArbG Frankfurt RDV 2001, 189; *Gola/Klug* NJW 2001, 3752); umfassend zur privaten Internetnutzung *Hanau/Heenen*, Private Internetnutzung durch Arbeitnehmer, 2003).

Die Eignung, Befähigung und fachliche Leistung des AN kann vom AG bewertet werden, die 21 **Beurteilung** kann in der Personalakte festgehalten werden. Die Datenspeicherung ist zulässig, soweit die Angaben für die Personalplanung, den sachgemäßen Einsatz des Mitarbeiters und den beruflichen Werdegang Bedeutung haben, und zwar auch im Hinblick auf eventuelle zukünftige Tätigkeiten und im Vergleich der Leistungen einzelner AN untereinander (BAG 21. 2. 1979 AP BPersVG § 75 Nr. 3 = DB 1979, 1703). Der AG muss aber dafür Sorge tragen, dass die Personalakte des AN ein richtiges Bild des AN in dienstlichen und persönlichen Beziehungen vermittelt und dass keine leistungsfremden Angaben mit in die Beurteilung einfließen (so bereits BAG 25. 2. 1959 AP BGB § 611 Fürsorgepflicht Nr. 6; BAG 21. 2. 1979 AP BPersVG § 75 Nr. 3 = DB 1979, 1703; zur besonderen Problematik der automatischen Speicherung von Beurteilungsdaten vgl. *Gola/Wronka* 4. Kap. 8.).

Eine vom AG erteilte **Abmahnung** dient sowohl der Beseitigung einer durch das missbilligte 22 Verhalten des Beschäftigten eingetretenen Störung als auch der Vorbereitung einer verhaltensbedingten Kündigung. Sofern sie auf zutreffenden Tatsachen beruht und einen objektiven Verstoß gegen arbeitsvertragliche Pflichten missbilligt, darf sie schriftlich fixiert und in der Personalakte des AN dokumentiert werden. Die Klagemöglichkeit des AN gegen die Speicherung der Abmahnung entfällt nicht deshalb, weil der AN die Berechtigung der Abmahnung auch in einem nachfolgenden Kündigungsprozess nachprüfen lassen kann (BAG 5. 8. 1992 AP BGB § 611 Abmahnung Nr. 8 = NZA 1993, 838; zum datenschutzrechtlichen Umgang mit Abmahnungen s. ferner *Becker-Schaffner* ZTR 1999, 105; *Gola* RdV 1999, 97; *Hoß* MDR 1999, 333).

III. Datenveränderung

Datenveränderung ist nach § 3 IV Nr. 2 das inhaltliche Umgestalten gespeicherter personenbezo- 23 gener Daten. Sie liegt vor, wenn die einzelne Information einen anderen Inhalt bekommt. Ausreichend hierfür kann eine Kontextveränderung oder eine starke Textverkürzung sein, nicht aber die bloße Veränderung der äußeren Form. Werden Daten berichtigt, so können die Tatbestände des Veränderns, Löschens und Speicherns gleichzeitig erfüllt sein (*Gola/Schomerus* § 3 Rn. 30 f. mwN auch zur Subsidiarität des Veränderns gegenüber dem Tatbestand des Löschens). Auch das Anonymisieren von Daten, dh. die Löschung des Personenbezugs mit der Folge, dass ein solcher nicht mehr herstellbar ist, ist nach dem Wortlaut des § 3 VI Datenveränderung.

24 Für die Datenveränderung gelten die gleichen Rechtmäßigkeitsvoraussetzungen wie für die Erhebung und Speicherung von ANDaten (§ 28 I 1 Nr. 1 bis 3).

IV. Datenübermittlung

25 Eine Datenübermittlung liegt vor, wenn die verantwortliche Stelle gespeicherte oder durch Datenverarbeitung gewonnene personenbezogene Daten an einen Dritten bekanntgibt. Dritter ist gemäß § 3 VIII 2 jede Person oder Stelle außerhalb der verantwortlichen Stelle. Durch die Neufassung des Begriffs des Dritten werden (grds.) auch die Auftragsverarbeiter miteinbezogen. Die Datenübermittlung ist gem. § 3 VIII 3 von der Weitergabe von Daten im Rahmen einer Auftragsdatenverwaltung (§ 11) abzugrenzen, wenn die mit der Datenauftragsverwaltung befasste Person oder Stelle im Inland, der EU oder innerhalb eines Vertragsstaates des Abkommens über den Europäischen Wirtschaftsraum Daten im Auftrag erhebt, verarbeitet oder nutzt. Empfänger ist gem. § 3 VIII 1 jede Person oder Stelle, die Daten erhält. Damit werden vom Empfängerbegriff auch die verschiedenen Organisationseinheiten innerhalb einer verantwortlichen Stelle und auch im Auftrag verarbeitende Personen erfasst, welche jedoch nicht unter den Begriff des Dritten iSd. § 3 IV, VIII 2 fallen. Eine Bekanntgabe iSd. § 3 IV Nr. 3 kann durch Weitergabe erfolgen oder entspr. der Regelung zur Einrichtung automatisierter Abrufverfahren (§ 10) dadurch, dass der Empfänger in zur Einsicht oder zum Abruf bereitgehaltene Daten einsieht oder diese abruft.

26 Gem. § 4 I ist die Übermittlung von Daten zulässig, wenn sie durch spezielle Übermittlungsgebote (vgl. § 4) oder einen der in § 28 enthaltenen Erlaubnistatbestände gerechtfertigt ist. Hinsichtlich der Zulässigkeitsvarianten des § 28 I Nr. 1 bis 3 ist auf die Datenspeicherung zu verweisen. § 28 III enthält darüber hinaus drei zusätzliche Erlaubnistatbestände: Während § 28 III Nr. 1 die Übermittlung zur Wahrung berechtigter Interessen Dritter rechtfertigt, genügt nach Nr. 2 jetzt nicht mehr (wie in der Lit. bereits zu § 28 II Nr. 1a einschränkend ausgelegt) jedes öffentl. Interesse, sondern die Übermittlung muss zur Abwehr von Gefahren für die öffentl. Sicherheit und Ordnung oder zur Strafverfolgung erforderlich sein. Sofern es um die Übermittlung bestimmter listenmäßig oder sonst zusammengefasster Grunddaten über die Angehörigen einer Personengruppe geht, ist dies zum Zwecke der Werbung, Markt- und Meinungsforschung gem. § 28 III 1 Nr. 3 zulässig. Dabei ist für alle Nummern des § 28 III erforderlich, dass kein schutzwürdiges Interesse des Betroffenen besteht, die Daten nicht weiterzugeben. Bzgl. dieses Interesses stellt § 28 III 2 eine gesetzliche Vermutung auf. Für den Fall der Weitergabe von Arbeitsvertragsdaten durch den AG wird die Vermutung nach § 28 III 2 eingeschränkt, dass der AN ein schutzwürdiges Interesse am Ausschluss der Übermittlung hat.

27 **Beispiele:** Zulässig im Rahmen der arbeitsvertraglichen Zweckbestimmung ist die Datenweitergabe an die kontoführende Bank zum Zwecke der unbaren Gehaltszahlung oder an eine zugunsten des AN abgeschlossene Versicherung oder die Datenübermittlung zum Zwecke der gerichtlichen Verfolgung arbeitsvertraglicher Ansprüche. Nach § 1 III 1 Halbs. 2 KSchG ist der AG vorprozessual verpflichtet, einem gekündigten AN auf Verlangen die „Sozialdaten" aller aus Sicht des klagenden AN vergleichbaren Mitarbeiter bekanntzugeben, um diesem zu ermöglichen, die soziale Berechtigung der Kündigung zu überprüfen (zur Problematik der Beweislast s. BAG 24. 3. 1983 DB 1983, 1822; aA LAG München 23. 9. 1982 DB 1982, 2302). Die Weitergabe von ANDaten an Gewerkschaften ist den Mitarbeitervertretungen nur mit Einwilligung des betroffenen AN gestattet (*Gola/Wronka* 6. Kap. 5.3; vgl. § 5; zur Zulässigkeit grenzüberschreitender ANDatenübermittlung vgl. *Däubler* AiB 1997, 258, 259 ff.).

V. Löschen von Daten

28 Datenlöschung ist gem. § 3 IV Nr. 5 jede Form der Unkenntlichmachung, von der physischen Vernichtung des Datenträgers bis hin zur Unlesbarmachung durch Überschreiben, Durchstreichen, Übermalen. Ein Unterstreichen oder Überkleben der betreffenden Passagen reicht nicht. Führt die Löschung der Daten zu einer Neuaussage, kann dies eine Veränderung sein, die ihrerseits an § 28 zu messen ist (*Gola/Schomerus* § 3 Rn. 40 sowie Rn. 31).

29 Das Löschen von Daten ist nach § 35 II 1 mit Ausnahme der in § 35 III Nr. 1, 2 geregelten Fälle jederzeit zulässig. Existiert eine gesetzliche, satzungsmäßige oder vertragliche Pflicht zur Aufbewahrung (§ 35 III Nr. 1) oder besteht Grund zu der Annahme, dass die Löschung schutzwürdige Belange des Betroffenen beeinträchtigt (§ 35 III Nr. 2), zB weil das in der „Personalakte" wiedergegebene Bild des Betroffenen unvollständig und damit unrichtig werden würde, dürfen die entsprechenden Daten nicht unkenntlich gemacht werden.

VI. Sperren von Daten

30 Datensperrung ist gem. § 3 IV Nr. 4 das Kennzeichen gespeicherter personenbezogener Daten, um ihre weitere Verarbeitung oder Nutzung einzuschränken. Im Gegensatz zur Löschung nach § 3 IV Nr. 5 werden die personenbezogenen Daten nicht unkenntlich gemacht, sondern bleiben

VII. Datennutzung

Datennutzung ist gem. § 3 V jede Verwendung personenbezogener Daten, soweit es sich nicht um Verarbeitung handelt. Unter den Auffangtatbestand der „Datennutzung" fällt ua. der gesamte betriebs- und behördeninterne Datenfluss, insb. der Informationsaustausch mit der Mitarbeitervertretung (Gola/Wronka 5. Kap. 1 3.1; 5.). 31

Für die Datennutzung gelten die gleichen Rechtmäßigkeitsvoraussetzungen wie für die Speicherung von ANDaten (§ 28 I 1) und ihre Übermittlung an Dritte (§ 28 II). Ergibt die arbeitsvertragliche Zweckbestimmung die Zulässigkeit der Erhebung oder Speicherung, so ist gleichfalls die Nutzung der Daten zu diesem Zweck gerechtfertigt. Sind Nutzungs- und Speicherungszweck nicht identisch, so ist das Interesse des AG an der Datennutzung mit der konkreten Zweckbestimmung und dem Anspruch der Beschäftigten auf Wahrung ihres Persönlichkeitsrechts erneut abzuwägen. Bestehen spezielle Zweckbindungsgebote, wie in § 31, § 39 b I 4 EStG oder in Betriebs- und Dienstvereinbarungen, so ist die Nutzung von ANDaten nur im Rahmen der festgelegten Nutzungsziele gestattet. 32

Beispiele: Unzulässig ist die Kundgabe eines Diebstahlsvorwurfs (BAG 21. 2. 1979 AP BGB § 847 Nr. 3 = DB 1979, 1513) oder von Gehalts- und Lohnhöhe einzelner Beschäftigter am schwarzen Brett (LAG Berlin 26. 6. 1986 LAGE BetrVG 1972 § 99 Nr. 19) oder die Weiterleitung von Bewerberdaten, sofern nicht bereits in der Ausschreibung deutlich gemacht wird, dass die Bewerbung für mehrere Stellen in Betracht kommt (Gola/Wronka 5. Kap. 4.). Zur Veröffentlichung privater Telefonnummern im betrieblichen Telefonverzeichnis oder zur Erstellung von Geburtstagslisten ist der AG nur mit Zustimmung des betroffenen AN berechtigt (Gola/Wronka 5. Kap. 3.1; 3.3). 33

VIII. Sensitive Daten

Bes. Arten von personenbezogenen Daten (§ 3 IX) unterliegen einem strengeren Schutz insofern, als ihre Erhebung, Verarbeitung oder Nutzung bes. Voraussetzungen geknüpft sind. So sieht § 28 VI vor, dass die besonderen Arten von personenbezogenen Daten grds. nur erhoben, verarbeitet oder genutzt werden dürfen, soweit eine Einwilligung iSd. § 4 a III vorliegt oder eine Ausnahme gem. § 28 VI Nr. 1 bis 4, VII, IX eingreift. Bestimmten Organisationen (politischen, philosophischen, religiösen und **gewerkschaftlichen,** sofern sie keine Erwerbszwecke verfolgen) ist es gem. § 28 IX gestattet, sensitive Daten zu erheben, zu verarbeiten oder zu nutzen, soweit dies für ihre Tätigkeit als solche Organisation erforderlich ist. Dabei ist die Erhebung, Verarbeitung und Nutzung auf die Mitglieder oder die Personen, mit denen die Organisationen regelmäßigen Kontakt haben, beschränkt. 34

§§ 29, 30. *(nicht abgedruckt)*

§ 31 Besondere Zweckbindung

Personenbezogene Daten, die ausschließlich zu Zwecken der Datenschutzkontrolle, der Datensicherung oder zur Sicherstellung eines ordnungsgemäßen Betriebes einer Datenverarbeitungsanlage gespeichert werden, dürfen nur für diese Zwecke verwendet werden.

§ 31 bezieht sich auf Daten, die nur noch gespeichert werden, um die Zulässigkeit der erfolgten Verarbeitung und Zugriffe überprüfen zu können (Gola/Schomerus Rn. 5). Diese Norm wird arbeitsrechtlich insofern relevant, als es sich bei den in § 31 angesprochenen Daten um sog. Benutzerdaten handelt, also auch um Daten von AN, die bei der Datenverarbeitung tätig sind. 1

Ist bei der Auswertung dieser Daten eine Kontrolle des Leistungs- und Arbeitsverhaltens möglich, greifen die Mitbestimmungsrechte aus § 87 I Nr. 6 BetrVG oder § 75 III Nr. 17 BPersVG ein (BAG 6. 12. 1983 AP BetrVG 1972 § 87 Überwachung Nr. 7 = NJW 1984, 1476). 2

§ 32. *(weggefallen)*

Zweiter Unterabschnitt. Rechte des Betroffenen

§ 33 Benachrichtigung des Betroffenen

(1) ¹Werden erstmals personenbezogene Daten für eigene Zwecke ohne Kenntnis des Betroffenen gespeichert, ist der Betroffene von der Speicherung, der Art der Daten, der Zweckbestim-

160 BDSG § 34

mung der Erhebung, Verarbeitung oder Nutzung und der Identität der verantwortlichen Stelle zu benachrichtigen. ² Werden personenbezogene Daten geschäftsmäßig zum Zweck der Übermittlung ohne Kenntnis des Betroffenen gespeichert, ist der Betroffene von der erstmaligen Übermittlung und der Art der übermittelten Daten zu benachrichtigen. ³ Der Betroffene ist in den Fällen der Sätze 1 und 2 auch über die Kategorien von Empfängern zu unterrichten, soweit er nach den Umständen des Einzelfalles nicht mit der Übermittlung an diese rechnen muss.

(2) ¹ Eine Pflicht zur Benachrichtigung besteht nicht, wenn
1. der Betroffene auf andere Weise Kenntnis von der Speicherung oder der Übermittlung erlangt hat,
2. die Daten nur deshalb gespeichert sind, weil sie aufgrund gesetzlicher, satzungsmäßiger oder vertraglicher Aufbewahrungsvorschriften nicht gelöscht werden dürfen oder ausschließlich der Datensicherung oder der Datenschutzkontrolle dienen und eine Benachrichtigung einen unverhältnismäßigen Aufwand erfordern würde,
3. die Daten nach einer Rechtsvorschrift oder ihrem Wesen nach, namentlich wegen des überwiegenden rechtlichen Interesses eines Dritten, geheimgehalten werden müssen,
4. die Speicherung oder Übermittlung durch Gesetz ausdrücklich vorgesehen ist,
5. die Speicherung oder Übermittlung für Zwecke der wissenschaftlichen Forschung erforderlich ist und eine Benachrichtigung einen unverhältnismäßigen Aufwand erfordern würde,
6. die zuständige öffentliche Stelle gegenüber der verantwortlichen Stelle festgestellt hat, dass das Bekanntwerden der Daten die öffentliche Sicherheit oder Ordnung gefährden oder sonst dem Wohle des Bundes oder eines Landes Nachteile bereiten würde,
7. die Daten für eigene Zwecke gespeichert sind und
   a) aus allgemein zugänglichen Quellen entnommen sind und eine Benachrichtigung wegen der Vielzahl der betroffenen Fälle unverhältnismäßig ist, oder
   b) die Benachrichtigung die Geschäftszwecke der verantwortlichen Stelle erheblich gefährden würde, es sei denn, dass das Interesse an der Benachrichtigung die Gefährdung überwiegt, oder
8. die Daten geschäftsmäßig zum Zwecke der Übermittlung gespeichert sind und
   a) aus allgemein zugänglichen Quellen entnommen sind, soweit sie sich auf diejenigen Personen beziehen, die diese Daten veröffentlicht haben, oder
   b) es sich um listenmäßig oder sonst zusammengefasste Daten handelt (§ 29 Abs. 2 Nr. 1 Buchstabe b)
   und eine Benachrichtigung wegen der Vielzahl der betroffenen Fälle unverhältnismäßig ist.

² Die verantwortliche Stelle legt schriftlich fest, unter welchen Voraussetzungen von einer Benachrichtigung nach Satz 1 Nr. 2 bis 7 abgesehen wird.

1 Der AG hat den AN gem. § 33 I 1 von der erstmaligen Speicherung seiner personenbezogenen Daten und insb. auch der Zweckbestimmung der Erhebung, Verarbeitung und Nutzung zu benachrichtigen. Gem. § 33 I 2 gilt eine entspr. Informationspflicht auch bei erstmaliger Übermittlung. Diese Informationsrechte sollen dem AN die gezielte Wahrnehmung des Auskunftsrechts (§ 34) sowie der in § 35 vorgesehenen Korrekturrechte ermöglichen und ihn insgesamt in die Lage versetzen, die Einhaltung des gesetzlichen Datenschutzes durch den AG zu kontrollieren und sicherzustellen. Sie stehen mangels Deckungsgleichheit neben den Rechten des AN aus § 83 BetrVG (GK-BetrVG/*Wiese* § 83 Rn. 39; *Fitting* § 83 Rn. 32; *Wohlgemuth* Rn. 546, 552 ff.).

2 In den Fällen des § 33 II Nr. 1 bis 8 besteht keine Benachrichtigungspflicht. Geht es um üblicherweise gespeicherte Grunddaten wie Name, Geburtstag, Adresse und Beruf, sind gesonderte Benachrichtigungen nach § 33 II Nr. 1 entbehrlich, da davon ausgegangen werden kann, dass AN von der Personaldatenverarbeitung des AG Kenntnis haben (*Gola/Schomerus* Rn. 30; MünchArbR/*Blomeyer* § 99 Rn. 53).

§ 34 Auskunft an den Betroffenen

(1) ¹ Der Betroffene kann Auskunft verlangen über
1. die zu seiner Person gespeicherten Daten, auch soweit sie sich auf die Herkunft dieser Daten beziehen,
2. Empfänger oder Kategorien von Empfängern, an die Daten weitergegeben werden, und
3. den Zweck der Speicherung.

² Er soll die Art der personenbezogenen Daten, über die Auskunft erteilt werden soll, näher bezeichnen. ³ Werden die personenbezogenen Daten geschäftsmäßig zum Zweck der Übermittlung gespeichert, kann der Betroffene über Herkunft und Empfänger nur Auskunft verlangen, sofern nicht das Interesse an der Wahrung des Geschäftsgeheimnisses überwiegt. ⁴ In diesem Fall ist Auskunft über Herkunft und Empfänger auch dann zu erteilen, wenn diese Angaben nicht gespeichert sind.

(2) ¹Der Betroffene kann von Stellen, die geschäftsmäßig personenbezogene Daten zum Zweck der Auskunftserteilung speichern, Auskunft über seine personenbezogenen Daten verlangen, auch wenn sie weder in einer automatisierten Verarbeitung noch in einer nicht automatisierten Datei gespeichert sind. ²Auskunft über Herkunft und Empfänger kann der Betroffene nur verlangen, sofern nicht das Interesse an der Wahrung des Geschäftsgeheimnisses überwiegt.

(3) Die Auskunft wird schriftlich erteilt, soweit nicht wegen der besonderen Umstände eine andere Form der Auskunftserteilung angemessen ist.

(4) Eine Pflicht zur Auskunftserteilung besteht nicht, wenn der Betroffene nach § 33 Abs. 2 Satz 1 Nr. 2, 3 und 5 bis 7 nicht zu benachrichtigen ist.

(5) ¹Die Auskunft ist unentgeltlich. ²Werden die personenbezogenen Daten geschäftsmäßig zum Zweck der Übermittlung gespeichert, kann jedoch ein Entgelt verlangt werden, wenn der Betroffene die Auskunft gegenüber Dritten zu wirtschaftlichen Zwecken nutzen kann. ³Das Entgelt darf über die durch die Auskunftserteilung entstandenen direkt zurechenbaren Kosten nicht hinausgehen. ⁴Ein Entgelt kann in den Fällen nicht verlangt werden, in denen besondere Umstände die Annahme rechtfertigen, dass Daten unrichtig oder unzulässig gespeichert werden, oder in denen die Auskunft ergibt, dass die Daten zu berichtigen oder unter der Voraussetzung des § 35 Abs. 2 Satz 2 Nr. 1 zu löschen sind.

(6) ¹Ist die Auskunftserteilung nicht unentgeltlich, ist dem Betroffenen die Möglichkeit zu geben, sich im Rahmen seines Auskunftsanspruchs persönlich Kenntnis über die ihn betreffenden Daten und Angaben zu verschaffen. ²Er ist hierauf in geeigneter Weise hinzuweisen.

Gem. § 34 ist der AG auf ein entspr. Ersuchen des betroffenen AN hin verpflichtet, kostenlos 1 (§ 34 V 1), grds. schriftlich (§ 34 III) und unverzüglich (*Gola/Schomerus* Rn. 16: im Normalfall innerhalb von zwei Wochen; aA *Dörr/Schmidt* Rn. 16: innerhalb von drei Wochen) mitzuteilen, welche personenbezogenen Daten gespeichert sind, zu welchem Zweck die Speicherung erfolgt und an welche Personen und Stellen seine Daten weitergegeben werden. Auch gesperrte Daten unterliegen der Auskunftspflicht. Werden Angaben über Herkunft der Daten gespeichert, sind diese im Hinblick auf externe Stellen oder Personen mitzuteilen (*Gola/Schomerus* Rn. 10), sowie auch die Empfänger der Daten. Empfänger der Daten sind hier Dritte, interne Stellen, denen die Daten zur Verfügung gestellt werden und auch die Datenverarbeitung im Auftrag *Gola/Schomerus* Rn. 11).

Das Auskunftsrecht gehört zu den **unabdingbaren** Rechten des Betroffenen (§ 6 I). Adressat des 2 Auskunftsverlangens ist der AG, wobei die praktische Ausführung zumeist der Personalabteilung oder dem betrieblichen Datenschutzbeauftragten obliegen wird. Kommt der AG seiner Auskunftspflicht nicht nach, so wird die Speicherung dadurch nicht unzulässig. In den Fällen des **§ 33 II Nr. 2, 3 und 5 bis 7** besteht für ihn gem. **§ 34 IV** ein **Aussageverweigerungsrecht.** Die Ablehnung der Auskunft ist zu begründen und zwar so detailliert, dass der betroffene AN die Verweigerung überprüfen und ggfs. um Rechtsschutz nachsuchen kann.

Problematisch ist das Konkurrenzverhältnis zwischen dem datenschutzrechtlichen Auskunfts- 3 anspruch des § 34 und dem Personalakteneinsichtsrecht der **§ 83 I BetrVG**. § 83 I BetrVG geht vom **materiellen Personalaktenbegriff** aus. Damit werden alle Daten über einen bestimmten Beschäftigten mit direktem Bezug auf seine Person oder den Inhalt und Verlauf des Beschäftigungsverhältnisses erfasst und zwar unabhängig davon, auf welchen Datenträgern sie gespeichert sind (*Gola/Wronka*, 2. Kap. 4.). Damit unterliegt auch die elektronische Datenverarbeitung dem Personalaktenrecht. Es sind zahlreiche Übereinstimmungen mit dem Auskunftsanspruch des § 34 denkbar. Soweit das Einsichtsrecht reicht, hat es wegen § 1 III Vorrang (*Fitting* § 83 Rn. 33; GK-BetrVG/*Wiese* § 83 Rn. 40; *Gola/Schomerus* Rn. 3). § 34 und § 83 I BetrVG sind aber nicht deckungsgleich. Das personalaktenrechtliche Einsichtsrecht ist, anders als § 34, nicht mit einem umfangreichen Ausnahmekatalog versehen. Umgekehrt geht § 34 insofern weiter, als er auch solche Daten erfasst, die sich nicht aus der „Personalakte" ergeben: zB bei regelmäßigen Datenübermittlungen sind Angaben über die Herkunft oder den Empfänger der Daten häufig nicht in der „Personalakte" vermerkt; hier kann der Betroffene über § 34 eine entspr. Mitteilung verlangen (*Däubler* CR 1991, 475, 478 f.; GK-BetrVG/*Wiese* § 83 Rn. 40; *Gola/Wronka* 9. Kap., 3.1; 3.2.2; *Wohlgemuth* Rn. 546).

§ 35 Berichtigung, Löschung und Sperrung von Daten

(1) Personenbezogene Daten sind zu berichtigen, wenn sie unrichtig sind.

(2) ¹Personenbezogene Daten können außer in den Fällen des Absatzes 3 Nr. 1 und 2 jederzeit gelöscht werden. ²Personenbezogene Daten sind zu löschen, wenn
1. ihre Speicherung unzulässig ist,
2. es sich um Daten über die rassische oder ethnische Herkunft, politische Meinungen, religiöse oder philosophische Überzeugungen oder die Gewerkschaftszugehörigkeit, über Gesundheit oder das Sexualleben, strafbare Handlungen oder Ordnungswidrigkeiten handelt und ihre Richtigkeit von der verantwortlichen Stelle nicht bewiesen werden kann,

3. sie für eigene Zwecke verarbeitet werden, sobald ihre Kenntnis für die Erfüllung des Zwecks der Speicherung nicht mehr erforderlich ist, oder
4. sie geschäftsmäßig zum Zweck der Übermittlung verarbeitet werden und eine Prüfung jeweils am Ende des vierten Kalenderjahrs beginnend mit ihrer erstmaligen Speicherung ergibt, dass eine längerwährende Speicherung nicht erforderlich ist.

(3) An die Stelle einer Löschung tritt eine Sperrung, soweit
1. im Fall des Absatzes 2 Nr. 3 einer Löschung gesetzliche, satzungsmäßige oder vertragliche Aufbewahrungsfristen entgegenstehen,
2. Grund zu der Annahme besteht, dass durch eine Löschung schutzwürdige Interessen des Betroffenen beeinträchtigt würden, oder
3. eine Löschung wegen der besonderen Art der Speicherung nicht oder nur mit unverhältnismäßig hohem Aufwand möglich ist.

(4) Personenbezogene Daten sind ferner zu sperren, soweit ihre Richtigkeit vom Betroffenen bestritten wird und sich weder die Richtigkeit noch die Unrichtigkeit feststellen lässt.

(5) ¹ Personenbezogene Daten dürfen nicht für eine automatisierte Verarbeitung oder Verarbeitung in nicht automatisierten Dateien erhoben, verarbeitet oder genutzt werden, soweit der Betroffene dieser bei der verantwortlichen Stelle widerspricht und eine Prüfung ergibt, dass das schutzwürdige Interesse des Betroffenen wegen seiner besonderen persönlichen Situation das Interesse der verantwortlichen Stelle an dieser Erhebung, Verarbeitung oder Nutzung überwiegt. ² Satz 1 gilt nicht, wenn eine Rechtsvorschrift zur Erhebung, Verarbeitung oder Nutzung verpflichtet.

(6) ¹ Personenbezogene Daten, die unrichtig sind oder deren Richtigkeit bestritten wird, müssen bei der geschäftsmäßigen Datenspeicherung zum Zweck der Übermittlung außer in den Fällen des Absatzes 2 Nr. 2 nicht berichtigt, gesperrt oder gelöscht werden, wenn sie aus allgemein zugänglichen Quellen entnommen und zu Dokumentationszwecken gespeichert sind. ² Auf Verlangen des Betroffenen ist diesen Daten für die Dauer der Speicherung seine Gegendarstellung beizufügen. ³ Die Daten dürfen nicht ohne diese Gegendarstellung übermittelt werden.

(7) Von der Berichtigung unrichtiger Daten, der Sperrung bestrittener Daten sowie der Löschung oder Sperrung wegen Unzulässigkeit der Speicherung sind die Stellen zu verständigen, denen im Rahmen einer Datenübermittlung diese Daten zur Speicherung weitergegeben werden, wenn dies keinen unverhältnismäßigen Aufwand erfordert und schutzwürdige Interessen des Betroffenen nicht entgegenstehen.

(8) Gesperrte Daten dürfen ohne Einwilligung des Betroffenen nur übermittelt oder genutzt werden, wenn
1. es zu wissenschaftlichen Zwecken, zur Behebung einer bestehenden Beweisnot oder aus sonstigen im überwiegenden Interesse der verantwortlichen Stelle oder eines Dritten liegenden Gründen unerlässlich ist und
2. die Daten hierfür übermittelt oder genutzt werden dürften, wenn sie nicht gesperrt wären.

I. Berichtigungsanspruch (§ 35 I)

1. Unrichtigkeit. Unrichtig gespeicherte Daten sind vom AG gemäß § 35 I zu berichtigen, ohne dass der AN selbst initiativ zu werden braucht. Dies gilt bereits für nur geringfügige, den Persönlichkeitsbereich nicht tangierende Unrichtigkeiten, zB wenn ein Straßenname in der Anschrift falsch geschrieben wurde (*Gola/Wronka* 9. Kap. 5.2.1; *Gola/Schomerus* Rn. 4). Die Daten brauchen nicht von vornherein unzutreffend zu sein; es genügt, wenn sie erst später unrichtig werden (*Gola/Schomerus* Rn. 3). Hierfür genügt es, wenn Daten aus ihrem Kontext gelöst werden und der Kontextverlust derart gravierend ist, dass Fehlinterpretationen nahe liegen (*Gola/Wronka* 9. Kap. 5.2.1). Der Berichtigungspflicht muss der AG rechtzeitig nachkommen, damit eine weitere Verarbeitung oder Nutzung nicht mehr stattfinden kann.

Bestreitet der Beschäftigte die Richtigkeit und lässt sich weder die Richtigkeit noch die Unrichtigkeit feststellen, so sind die betreffenden Daten gemäß § 35 IV zu sperren. Bes. persönliche Daten iSd. § 3 IX und Daten über strafbare Handlungen, Ordnungswidrigkeiten sind wegen ihrer besonderen Sensibilität nach § 35 II 2 Nr. 2 sogar zu löschen, wenn es der verantwortlichen Stelle nicht gelingt, ihre Richtigkeit zu beweisen.

2. Gegendarstellung. Streitig ist, ob § 35 durch den arbeitsrechtlichen Gegendarstellungsanspruch des § 83 II BetrVG verdrängt wird. Nach der st. Rspr. des BAG ist § 83 II BetrVG nicht als abschließende Korrekturregelung gegenüber unrichtiger Personaldatenverarbeitung zu verstehen (BAG 27. 11. 1985 AP BGB § 611 Fürsorgepflicht Nr. 93 = NZA 1986, 227; BAG 13. 4. 1988 AP BGB § 611 Fürsorgepflicht Nr. 100 = NZA 1988, 654). Bei objektiv rechtswidrigen Eingriffen in sein Persönlichkeitsrecht kann der AN vielmehr in entspr. Anwendung von §§ 242 (Fürsorgepflicht), 1004 BGB Widerruf oder Beseitigung der Beeinträchtigung verlangen. Außerdem kann er sich im Geltungsbereich des BDSG grds. auf § 35 stützen (*Fitting* § 83 Rn. 32, 34; *Gola/Schomerus* Rn. 26; GK-BetrVG/*Wiese* § 83 Rn. 55).

II. Löschungsanspruch (§ 35 II 2)

1. Unzulässige Speicherung. Ist die Speicherung personenbezogener ANDaten unzulässig, so kann 4 der AN gem. § 35 II 2 Nr. 1 Löschung verlangen. Maßgebend für die Feststellung der Unzulässigkeit ist der Zeitpunkt „ex nunc", dh. eine zunächst gerechtfertigte Speicherung kann unzulässig geworden sein und umgekehrt (*Gola/Schomerus* Rn. 11; *Gola/Wronka* 9. Kap. 5.2.2; *Dörr/Schmidt* Rn. 6). Bei Unrichtigkeit der Daten besteht in erster Linie ein Korrekturrecht nach § 35 I. Ist jedoch keine Berichtigung möglich, sind die Angaben wegen unzulässiger Speicherung zu löschen.

2. Wegfall der Zweckbestimmung. Nach § 35 II 2 Nr. 3 kann Löschung verlangt werden, wenn 5 zur Erreichung des Speicherungszwecks keine Datenkenntnis mehr erforderlich ist und auch keine weitere die Speicherung legitimierende Zweckbestimmung vorliegt. Dies ist zB der Fall, wenn sich eine berechtigt ausgesprochene Abmahnung durch Zeitablauf erledigt (nach BAG AP 18. 11. 1985 NZA 1987, 418 ist die Dauer einer zulässigen Speicherung von den Umständen des Einzelfalles abhängig; s. auch LAG Hamm 14. 5. 1986 NZA 1987, 26 für einen Zwei-Jahres-Zeitraum. Zur Entfernung eines für die weitere Beurteilung überflüssigen Schreibens aus der Personalakte wegen drohender Beeinträchtigung der beruflicher Entwicklungsmöglichkeiten s. BAG 13. 4. 1988 AP BGB § 611 Fürsorgepflicht Nr. 100 = NZA 1988, 654). Ein abgelehnter Bewerber kann Vernichtung eines zwecks Bewerbung ausgefüllten Personalfragebogens sowie Löschung sämtlicher gespeicherter Bewerberdaten verlangen (so bereits BAG 6. 6. 1984 AP BGB § 611 Fürsorgepflicht Nr. 7 = NJW 1984, 2910 = DB 1984, 2626).

3. Entfernungs- und Löschungsansprüche. Der Löschungsanspruch des § 35 II 2 konkurriert mit 6 personalaktenrechtlich gewährleisteten Entfernungs- und Löschungsansprüchen, die die Rspr. auf Grund von Fürsorgepflichtverletzungen oder rechtswidrigen Eingriffen in das Persönlichkeitsrecht des AN nach §§ 242, 1004 BGB analog gewährt (BAG 8. 2. 1984 AP BGB § 611 Persönlichkeitsrecht Nr. 5 = DB 1984, 1783; BAG 6. 6. 1984 AP BGB § 611 Persönlichkeitsrecht Nr. 7 = DB 1984, 2626; BAG 27. 11. 1985 AP BGB § 611 Fürsorgepflicht Nr. 93 = NZA 1986, 227).

Bei einer auf unzutreffende Angaben gestützten Abmahnung darf der AN nicht einfach auf sein 7 Gegendarstellungsrecht nach § 83 II BetrVG verwiesen werden. Der durch eine nicht gerechtfertigte Personalaktenführung vorgenommene persönlichkeitsrechtliche Eingriff ist vielmehr durch eine entspr. Korrektur abzustellen, die unzulässig ausgesprochene Abmahnung „zurückzunehmen", was idR Vernichtung des Schriftstücks bedeutet (BAG 5. 8. 1992 AP BGB § 611 Abmahnung Nr. 8 = NZA 1993, 838). Ist eine Abmahnung, mit der mehrere Verstöße gerügt werden, nur tw. unberechtigt, bleibt es dem AG unbenommen, den AN gestützt auf die zutreffenden Pflichtverletzungen erneut abzumahnen (*Gola/Wronka* 9. Kap. 5.1.1).

III. Sperrung von Daten (§ 35 III Nr. 1 bis 3, IV)

An die Stelle einer ansonsten nach § 35 II 2 Nr. 1 bis 4 vorzunehmenden Löschung tritt in den 8 Fällen des **§ 35 III Nr. 1 bis 3** die Datensperrung. Während die Nr. 1 und 2 zwischen einer an sich bestehenden Löschungsverpflichtung einerseits und dem Interesse an der Bewahrung der Daten andererseits vermitteln, dient Nr. 3 allein der Arbeitserleichterung der verantwortlichen Stelle.

Gem. § 35 III Nr. 1 dürfen an sich nicht mehr benötigte Daten (§ 35 II Nr. 3) nicht gelöscht 9 werden, wenn gesetzliche, satzungsmäßige oder vertragliche Aufbewahrungspflichten des AG bestehen. Im beendeten Arbeitsverhältnis sind dies zB die 6- oder 10-jährigen Aufbewahrungsfristen der im Rahmen der Lohn- und Gehaltsabrechnung entstandenen handels- und steuerrechtlichen Unterlagen zu beachten (*Gola/Wronka* 9. Kap. 5.2.2). § 35 III Nr. 2 betrifft den Fall, dass die Löschung schutzwürdige Belange des Betroffenen beeinträchtigen würde. Eine solche Beeinträchtigung droht zB, wenn der betroffene AN die Daten zum Beweis für von ihm geltend gemachte Ansprüche benötigt.

§ 35 IV ordnet die Sperrung für den sog. „non-liquet"-Fall an, in dem Betroffener und verantwort- 10 liche Stelle die Richtigkeit der Daten unterschiedlich beurteilen.

Gem. § 35 VIII hat eine Datensperrung ein **umfassendes Verarbeitungs- und Nutzungsverbot** 11 zur Folge, das nur in den vom Gesetz genannten Fällen durchbrochen werden kann. Der Begriff der Unerlässlichkeit ist nur dann erfüllt, wenn der Zweck ohne die Entsperrung überhaupt nicht mehr erreicht werden kann (*Gola/Schomerus* Rn. 21; *Dörr/Schmidt* Anm. zu Abs. 7).

Neben dem Recht des AN auf Sperrung von Daten steht dem **Gegendarstellungsrecht** nach § 83 II 12 BetrVG. Beide Rechte ergänzen sich insofern, als § 35 die weitere Verarbeitung oder Nutzung der Daten einschränkt, § 83 BetrVG dem AN darüber hinaus die Möglichkeit verschafft, zu einem umstrittenen Punkt in der Personalakte sachlich Stellung zu nehmen und die Darstellung seines

Persönlichkeitsbildes unmittelbar zu beeinflussen. § 83 II BetrVG ist daher gem. § 1 III vorrangig (GK-BetrVG/*Wiese* § 83 Rn. 57; *Fitting* § 83 Rn. 33; MünchArbR/*Blomeyer* § 99 Rn. 68; *Wohlgemuth* Rn. 575; Richardi/*Richardi/Thüsing* § 83 Rn. 42).

IV. Widerspruchsrecht

13 § 35 V sieht ein Widerspruchsrecht des Betroffenen in Fällen einer an sich rechtmäßigen Datenverarbeitung vor. Das Widerspruchsrecht muss sich aus einer Abwägung der widerstreitenden Interessen unter Berücksichtigung des Einzelfalles und der persönlichen Situation des Betroffenen ergeben, wobei die Interessen des Betroffenen überwiegen müssen. In Anbetracht der Tatsache, dass es sich bei § 35 V um eine an sich bereits rechtmäßige Verarbeitung oder Nutzung handelt, ist bei der Prüfung der Interessenabwägung ein strenger Maßstab zugrunde zulegen. Bei gesetzlich vorgeschriebener Erhebung, Verarbeitung oder Nutzung ist ein Widerspruch gem. § 35 V 2 von vornherein unzulässig.

Dritter Unterabschnitt. Aufsichtsbehörde

§§ 36 und 37. *(weggefallen)*

§ 38 Aufsichtsbehörde

(1) ¹Die Aufsichtsbehörde kontrolliert die Ausführung dieses Gesetzes sowie anderer Vorschriften über den Datenschutz, soweit diese die automatisierte Verarbeitung personenbezogener Daten oder die Verarbeitung oder Nutzung personenbezogener Daten in oder aus nicht automatisierten Dateien regeln einschließlich des Rechts der Mitgliedstaaten in den Fällen des § 1 Abs. 5. ²Die Aufsichtsbehörde darf die von ihr gespeicherten Daten nur für Zwecke der Aufsicht verarbeiten und nutzen; § 14 Abs. 2 Nr. 1 bis 3, 6 und 7 gilt entsprechend. ³Insbesondere darf die Aufsichtsbehörde zum Zweck der Aufsicht Daten an andere Aufsichtsbehörden übermitteln. ⁴Sie leistet den Aufsichtsbehörden anderer Mitgliedstaaten der Europäischen Union auf Ersuchen ergänzende Hilfe (Amtshilfe). ⁵Stellt die Aufsichtsbehörde einen Verstoß gegen dieses Gesetz oder andere Vorschriften über den Datenschutz fest, so ist sie befugt, die Betroffenen hierüber zu unterrichten, den Verstoß bei den für die Verfolgung oder Ahndung zuständigen Stellen anzuzeigen sowie bei schwerwiegenden Verstößen die Gewerbeaufsichtsbehörde zur Durchführung gewerberechtlicher Maßnahmen zu unterrichten. ⁶Sie veröffentlicht regelmäßig, spätestens alle zwei Jahre, einen Tätigkeitsbericht. ⁷§ 21 Satz 1 und § 23 Abs. 5 Satz 4 bis 7 gelten entsprechend.

(2) ¹Die Aufsichtsbehörde führt ein Register der nach § 4 d meldepflichtigen automatisierten Verarbeitungen mit den Angaben nach § 4 e Satz 1. ²Das Register kann von jedem eingesehen werden. ³Das Einsichtsrecht erstreckt sich nicht auf die Angaben nach § 4 e Satz 1 Nr. 9 sowie auf die Angabe der zugriffsberechtigten Personen.

(3) ¹Die der Kontrolle unterliegenden Stellen sowie die mit deren Leitung beauftragten Personen haben der Aufsichtsbehörde auf Verlangen die für die Erfüllung ihrer Aufgaben erforderlichen Auskünfte unverzüglich zu erteilen. ²Der Auskunftspflichtige kann die Auskunft auf solche Fragen verweigern, deren Beantwortung ihn selbst oder einen der in § 383 Abs. 1 Nr. 1 bis 3 der Zivilprozessordnung bezeichneten Angehörigen der Gefahr strafgerichtlicher Verfolgung oder eines Verfahrens nach dem Gesetz über Ordnungswidrigkeiten aussetzen würde. ³Der Auskunftspflichtige ist darauf hinzuweisen.

(4) ¹Die von der Aufsichtsbehörde mit der Kontrolle beauftragten Personen sind befugt, soweit es zur Erfüllung der der Aufsichtsbehörde übertragenen Aufgaben erforderlich ist, während der Betriebs- und Geschäftszeit Grundstücke und Geschäftsräume der Stelle zu betreten und dort Prüfungen und Besichtigungen vorzunehmen. ²Sie können geschäftliche Unterlagen, insbesondere die Übersicht nach § 4 g Abs. 2 Satz 1 sowie die gespeicherten personenbezogenen Daten und die Datenverarbeitungsprogramme, einsehen. ³§ 24 Abs. 6 gilt entsprechend. ⁴Der Auskunftspflichtige hat diese Maßnahmen zu dulden.

(5) ¹Zur Gewährleistung des Datenschutzes nach diesem Gesetz und anderen Vorschriften über den Datenschutz, soweit diese die automatisierte Verarbeitung personenbezogener Daten oder die Verarbeitung personenbezogener Daten in oder aus nicht automatisierten Dateien regeln, kann die Aufsichtsbehörde anordnen, dass im Rahmen der Anforderungen nach § 9 Maßnahmen zur Beseitigung festgestellter technischer oder organisatorischer Mängel getroffen werden. ²Bei schwerwiegenden Mängeln dieser Art, insbesondere, wenn sie mit besonderer Gefährdung des Persönlichkeitsrechts verbunden sind, kann sie den Einsatz einzelner Verfahren

untersagen, wenn die Mängel entgegen der Anordnung nach Satz 1 und trotz der Verhängung eines Zwangsgeldes nicht in angemessener Zeit beseitigt werden. ³ Sie kann die Abberufung des Beauftragten für den Datenschutz verlangen, wenn er die zur Erfüllung seiner Aufgaben erforderliche Fachkunde und Zuverlässigkeit nicht besitzt.

(6) Die Landesregierungen oder die von ihnen ermächtigten Stellen bestimmen die für die Kontrolle der Durchführung des Datenschutzes im Anwendungsbereich dieses Abschnittes zuständigen Aufsichtsbehörden.

(7) Die Anwendung der Gewerbeordnung auf die den Vorschriften dieses Abschnittes unterliegenden Gewerbebetriebe bleibt unberührt.

§ 38a Verhaltensregeln zur Förderung der Durchführung datenschutzrechtlicher Regelungen

(1) Berufsverbände und andere Vereinigungen, die bestimmte Gruppen von verantwortlichen Stellen vertreten, können Entwürfe für Verhaltensregeln zur Förderung der Durchführung von datenschutzrechtlichen Regelungen der zuständigen Aufsichtsbehörde unterbreiten.

(2) Die Aufsichtsbehörde überprüft die Vereinbarkeit der ihr unterbreiteten Entwürfe mit dem geltenden Datenschutzrecht.

Vierter Abschnitt. Sondervorschriften

§ 39 Zweckbindung bei personenbezogenen Daten, die einem Berufs- oder besonderen Amtsgeheimnis unterliegen

(1) ¹ Personenbezogene Daten, die einem Berufs- oder besonderen Amtsgeheimnis unterliegen und die von der zur Verschwiegenheit verpflichteten Stelle in Ausübung ihrer Berufs- oder Amtspflicht zur Verfügung gestellt worden sind, dürfen von der verantwortlichen Stelle nur für den Zweck verarbeitet oder genutzt werden, für den sie sie erhalten hat. ² In die Übermittlung an eine nicht-öffentliche Stelle muss die zur Verschwiegenheit verpflichtete Stelle einwilligen.

(2) Für einen anderen Zweck dürfen die Daten nur verarbeitet oder genutzt werden, wenn die Änderung des Zwecks durch besonderes Gesetz zugelassen ist.

§ 39 I enthält ein **Zweckentfremdungsverbot** für denjenigen, der von einer einem besonderen 1 Berufs- oder Amtsgeheimnis unterliegenden Stelle Daten mitgeteilt bekommt. Die Norm gilt auch für den Datenfluss innerhalb der verantwortlichen Stelle, zB bei Angaben, die der Betriebsarzt dem AG über das Ergebnis der Einstellungsuntersuchung zur Verfügung stellt. Ob die Übermittlung selbst zulässig war, ist nach den speziellen Regelungen des „Geheimnisses" festzustellen.

Die Zweckbindung kann durch Gesetz nach § 39 II oder durch Einwilligung des Betroffenen 2 durchbrochen werden, da das Recht des Betroffenen auf informationelle Selbstbestimmung durch § 39 nicht ausgeschaltet werden soll (*Dörr/Schmidt* Rn. 5).

§ 40 Verarbeitung und Nutzung personenbezogener Daten durch Forschungseinrichtungen

(1) Für Zwecke der wissenschaftlichen Forschung erhobene oder gespeicherte personenbezogene Daten dürfen nur für Zwecke der wissenschaftlichen Forschung verarbeitet oder genutzt werden.

(2) ¹ Die personenbezogenen Daten sind zu anonymisieren, sobald dies nach dem Forschungszweck möglich ist. ² Bis dahin sind die Merkmale gesondert zu speichern, mit denen Einzelangaben über persönliche oder sachliche Verhältnisse einer bestimmten oder bestimmbaren Person zugeordnet werden können. ³ Sie dürfen mit den Einzelangaben nur zusammengeführt werden, soweit der Forschungszweck dies erfordert.

(3) Die wissenschaftliche Forschung betreibenden Stellen dürfen personenbezogene Daten nur veröffentlichen, wenn
1. der Betroffene eingewilligt hat oder
2. dies für die Darstellung von Forschungsergebnissen über Ereignisse der Zeitgeschichte unerlässlich ist.

§ 41 Erhebung, Verarbeitung und Nutzung personenbezogener Daten durch die Medien

(1) Die Länder haben in ihrer Gesetzgebung vorzusehen, dass für die Erhebung, Verarbeitung und Nutzung personenbezogener Daten von Unternehmen und Hilfsunternehmen der Presse ausschließlich zu eigenen journalistisch-redaktionellen oder literarischen Zwecken den Vorschriften der §§ 5, 9 und 38 a entsprechende Regelungen einschließlich einer hierauf bezogenen Haftungsregelung entsprechend § 7 zur Anwendung kommen.

(2) Führt die journalistisch-redaktionelle Erhebung, Verarbeitung oder Nutzung personenbezogener Daten durch die Deutsche Welle zur Veröffentlichung von Gegendarstellungen des Betroffenen, so sind diese Gegendarstellungen zu den gespeicherten Daten zu nehmen und für dieselbe Zeitdauer aufzubewahren wie die Daten selbst.

(3) [1] Wird jemand durch eine Berichterstattung der Deutschen Welle in seinem Persönlichkeitsrecht beeinträchtigt, so kann er Auskunft über die der Berichterstattung zugrunde liegenden, zu seiner Person gespeicherten Daten verlangen. [2] Die Auskunft kann nach Abwägung der schutzwürdigen Interessen der Beteiligten verweigert werden, soweit
1. aus den Daten auf Personen, die bei der Vorbereitung, Herstellung oder Verbreitung von Rundfunksendungen berufsmäßig journalistisch mitwirken oder mitgewirkt haben, geschlossen werden kann,
2. aus den Daten auf die Person des Einsenders oder des Gewährsträgers von Beiträgen, Unterlagen und Mitteilungen für den redaktionellen Teil geschlossen werden kann,
3. durch die Mitteilung der recherchierten oder sonst erlangten Daten die journalistische Aufgabe der Deutschen Welle durch Ausforschung des Informationsbestandes beeinträchtigt würde.

[3] Der Betroffene kann die Berichtigung unrichtiger Daten verlangen.

(4) [1] Im Übrigen gelten für die Deutsche Welle von den Vorschriften dieses Gesetzes die §§ 5, 7, 9 und 38 a. [2] Anstelle der §§ 24 bis 26 gilt § 42, auch soweit es sich um Verwaltungsangelegenheiten handelt.

§ 42. *(nicht abgedruckt)*

Fünfter Abschnitt. Schlussvorschriften

§§ 43, 44. *(nicht abgedruckt)*

Sechster Abschnitt. Übergangsvorschriften

§ 45 Laufende Verwendungen

[1] Erhebungen, Verarbeitungen oder Nutzungen personenbezogener Daten, die am 23. Mai 2001 bereits begonnen haben, sind binnen drei Jahren nach diesem Zeitpunkt mit den Vorschriften dieses Gesetzes in Übereinstimmung zu bringen. [2] Soweit Vorschriften dieses Gesetzes in Rechtsvorschriften außerhalb des Anwendungsbereichs der Richtlinie 95/46/EG des Europäischen Parlaments und des Rates vom 24. Oktober 1995 zum Schutz natürlicher Personen bei der Verarbeitung personenbezogener Daten und zum freien Datenverkehr zur Anwendung gelangen, sind Erhebungen, Verarbeitungen oder Nutzungen personenbezogener Daten, die am 23. Mai 2001 bereits begonnen haben, binnen fünf Jahren nach diesem Zeitpunkt mit den Vorschriften dieses Gesetzes in Übereinstimmung zu bringen.

§ 46 Weitergeltung von Begriffsbestimmungen

(1) [1] Wird in besonderen Rechtsvorschriften des Bundes der Begriff Datei verwendet, ist Datei
1. eine Sammlung personenbezogener Daten, die durch automatisierte Verfahren nach bestimmten Merkmalen ausgewertet werden kann (automatisierte Datei), oder
2. jede sonstige Sammlung personenbezogener Daten, die gleichartig aufgebaut ist und nach bestimmten Merkmalen geordnet, umgeordnet und ausgewertet werden kann (nicht automatisierte Datei).

[2] Nicht hierzu gehören Akten und Aktensammlungen, es sei denn, dass sie durch automatisierte Verfahren umgeordnet und ausgewertet werden können.

(2) ¹Wird in besonderen Rechtsvorschriften des Bundes der Begriff Akte verwendet, ist Akte jede amtlichen oder dienstlichen Zwecken dienende Unterlage, die nicht dem Dateibegriff des Absatzes 1 unterfällt; dazu zählen auch Bild- und Tonträger. ²Nicht hierunter fallen Vorentwürfe und Notizen, die nicht Bestandteil eines Vorgangs werden sollen.

(3) ¹Wird in besonderen Rechtsvorschriften des Bundes der Begriff Empfänger verwendet, ist Empfänger jede Person oder Stelle außerhalb der verantwortlichen Stelle. ²Empfänger sind nicht der Betroffene sowie Personen und Stellen, die im Inland, in einem anderen Mitgliedstaat der Europäischen Union oder in einem anderen Vertragsstaat des Abkommens über den Europäischen Wirtschaftsraum personenbezogene Daten im Auftrag erheben, verarbeiten oder nutzen.

170. Gesetz zum Erziehungsgeld und zur Elternzeit (Bundeserziehungsgeldgesetz – BErzGG)

In der Fassung der Bekanntmachung vom 7. Dezember 2001 (BGBl. I S. 3358)

(BGBl. III/FNA 85-3)

– Auszug –

Zweiter Abschnitt. Elternzeit für Arbeitnehmerinnen und Arbeitnehmer

§ 15 Anspruch auf Elternzeit

(1) [1] Arbeitnehmerinnen und Arbeitnehmer haben Anspruch auf Elternzeit, wenn sie mit einem Kind
1. a) , für das ihnen die Personensorge zusteht,
   b) des Ehegatten oder Lebenspartners,
   c) , das sie mit dem Ziel der Annahme als Kind in ihre Obhut aufgenommen haben, oder
   d) für das sie auch ohne Personensorgerecht in den Fällen des § 1 Abs. 1 Satz 3 oder Abs. 3 Nr. 3 oder im besonderen Härtefall des § 1 Abs. 5 Erziehungsgeld beziehen können,
in einem Haushalt leben und
2. dieses Kind selbst betreuen und erziehen.
[2] Bei einem leiblichen Kind eines nicht sorgeberechtigten Elternteils ist die Zustimmung des sorgeberechtigten Elternteils erforderlich.

(2) [1] Der Anspruch auf Elternzeit besteht bis zur Vollendung des dritten Lebensjahres eines Kindes; ein Anteil von bis zu zwölf Monaten ist mit Zustimmung des Arbeitgebers auf die Zeit bis zur Vollendung des achten Lebensjahres übertragbar. [2] Bei einem angenommenen Kind und bei einem Kind in Adoptionspflege kann Elternzeit von insgesamt bis zu drei Jahren ab der Inobhutnahme, längstens bis zur Vollendung des achten Lebensjahres des Kindes genommen werden. [3] Satz 1 zweiter Halbsatz ist entsprechend anwendbar, soweit er die zeitliche Aufteilung regelt. [4] Der Anspruch kann nicht durch Vertrag ausgeschlossen oder beschränkt werden.

(3) [1] Die Elternzeit kann, auch anteilig, von jedem Elternteil allein oder von beiden Elternteilen gemeinsam genommen werden, sie ist jedoch auf bis zu drei Jahre für jedes Kind begrenzt. [2] Die Zeit der Mutterschutzfrist nach § 6 Abs. 1 des Mutterschutzgesetzes wird auf diese Begrenzung angerechnet, soweit nicht die Anrechnung wegen eines besonderen Härtefalles (§ 1 Abs. 5) unbillig ist. [3] Satz 1 gilt entsprechend für Adoptiveltern und Adoptivpflegeeltern.

(4) [1] Während der Elternzeit ist Erwerbstätigkeit zulässig, wenn die vereinbarte wöchentliche Arbeitszeit für jeden Elternteil, der eine Elternzeit nimmt, nicht 30 Stunden übersteigt. [2] Teilzeitarbeit bei einem anderen Arbeitgeber oder als Selbständiger bedarf der Zustimmung des Arbeitgebers. [3] Er kann sie nur innerhalb von vier Wochen aus dringenden betrieblichen Gründen schriftlich ablehnen.

(5) [1] Über den Antrag auf eine Verringerung der Arbeitszeit und ihre Ausgestaltung sollen sich Arbeitnehmer und Arbeitgeber innerhalb von vier Wochen einigen. [2] Unberührt bleibt das Recht des Arbeitnehmers, sowohl seine vor der Elternzeit bestehende Teilzeitarbeit unverändert während der Elternzeit fortzusetzen, soweit Absatz 4 beachtet ist, als auch nach der Elternzeit zu der Arbeitszeit zurückzukehren, die er vor Beginn der Elternzeit hatte.

(6) Der Arbeitnehmer kann gegenüber dem Arbeitgeber, soweit eine Einigung nach Absatz 5 nicht möglich ist, unter den Voraussetzungen des Absatzes 7 während der Gesamtdauer der Elternzeit zweimal eine Verringerung seiner Arbeitszeit beanspruchen.

(7) [1] Für den Anspruch auf Verringerung der Arbeitszeit gelten folgende Voraussetzungen:
1. Der Arbeitgeber beschäftigt, unabhängig von der Anzahl der Personen in Berufsbildung, in der Regel mehr als 15 Arbeitnehmer;
2. das Arbeitsverhältnis des Arbeitnehmers in demselben Betrieb oder Unternehmen besteht ohne Unterbrechung länger als sechs Monate;
3. die vertraglich vereinbarte regelmäßige Arbeitszeit soll für mindestens drei Monate auf einen Umfang zwischen 15 und 30 Wochenstunden verringert werden;
4. dem Anspruch stehen keine dringenden betrieblichen Gründe entgegen und
5. der Anspruch wurde dem Arbeitgeber acht Wochen vorher schriftlich mitgeteilt.

II. Anspruchsvoraussetzungen § 15 BErzGG 170

² Falls der Arbeitgeber die beanspruchte Verringerung der Arbeitszeit ablehnen will, muss er dies innerhalb von vier Wochen mit schriftlicher Begründung tun. ³ Der Arbeitnehmer kann, soweit der Arbeitgeber der Verringerung der Arbeitszeit nicht oder nicht rechtzeitig zustimmt, Klage vor den Gerichten für Arbeitssachen erheben.

I. Normgeschichte und Normzweck

1. Normgeschichte. Die in der Neufassung des BErzGG vom 7. 12. 2001 (BGBl. I S. 3358) seit dem 1. 1. 2002 geltende Vorschrift beruht auf Art. 1 Nr. 14 des Dritten Gesetzes zur Änderung des Bundeserziehungsgeldgesetzes vom 12. Oktober 2000 (BGBl. I S. 1426) und auf Art. 1 Nr. 8 des Gesetzes zur Änderung des Begriffs „Erziehungsurlaub" vom 30. November 2000 (BGBl. I S. 1638; wegen der Einzelheiten zum Gesetzgebungsverfahren s. Beil. zur 2. Aufl.). Sie betrifft die seit dem 1. 1. 2001 geborenen Kinder. Darauf bezieht sich die nachstehende Kommentierung. Für die vor dem 1. 1. 2001 geborenen Kinder oder die vor diesem Zeitpunkt in Obhut genommenen Kinder sind die Vorschriften in der bis zum 31. 12. 2000 geltenden Fassung weiter anzuwenden. Diese Rechtslage ist in der Vorauflage erläutert, auf die für die bis zum 31. 12. 2003 andauernde Übergangszeit verwiesen wird.

2. Normzweck. Die Vorschriften über die EZ sollen ebenso wie die Bestimmungen über den Bezug 2 von Erziehungsgeld die **Betreuung und Erziehung eines Kindes** in den ersten Lebensjahren durch ein Elternteil **fördern** (bessere Vereinbarkeit von Familie und Beruf, BT-Drucks. 14/3553 S. 11). Mit den §§ 15 ff. wird der rechtliche Rahmen geschaffen, wonach der Berechtigte ohne Verlust seines Arbeitsplatzes eine Arbeitspause einlegen oder die Arbeitsmenge reduzieren kann. Das Erziehungsgeld nach §§ 1 ff. sichert die wirtschaftliche Existenz während der vorübergehenden Aufgabe von Einkommen durch Einsatz der (vollen) Arbeitskraft.

Zur Erreichung des Normzwecks erhalten AN **einen privatrechtlichen Anspruch** gegen ihren 3 AG auf EZ, der in Form unbezahlter (Teil-)Freistellung von der Arbeit realisiert wird (Münch ArbR/*Heenen* § 228, Rn. 25; *Zmarzlik/Zipperer/Viethen* Rn. 4). Anders als nach dem BUrlG bedarf es zur Wirksamkeit des Antritts von voller EZ **keiner Freistellung** durch den AG. Auch eine **Vereinbarung** mit dem AG ist keine Voraussetzung für die vollständige Suspendierung der Arbeitspflicht (zum alten Recht st. Rspr. seit BAG 22. 6. 1988 AP BErzGG § 15 Nr. 1 mit Anm. *Sowka* = NZA 1989, 13; 28. 4. 1998 AP BetrVG 1972 § 99 Einstellung Nr. 22 = NZA 1998, 1352). Vielmehr tritt mit der Anmeldung der EZ der Befreiungstatbestand ein, sofern die gesetzlichen Voraussetzungen gegeben sind (Rn. 5 bis 9 und § 16 Rn. 3 bis 9). Deshalb ist es nicht gerechtfertigt, Regeln aus dem BUrlG, aus dem Beamtenrecht (LAG Düsseldorf 11. 10. 2001 ZTR 2002, 39) oder zum vereinbarten Sonderurlaub zu übernehmen (*Meisel/Sowka* § 16 Rn. 3). **Besonderheiten** nach Maßgabe der Abs. 5 bis 7 gelten allerdings, wenn der Berechtigte seine Arbeitszeit lediglich **verringern** will.

II. Anspruchsvoraussetzungen

Die Anspruchsvoraussetzungen haben sich dem Grunde nach durch die Gesetzesänderungen des 4 Jahres 2000 nicht geändert. § 15 I enthält im Wesentlichen redaktionelle Änderungen (BT-Drucks. 14/3553 S. 20). Allerdings finden sich gravierende Änderungen im anspruchsbegründenden Bereich an anderer Stelle (Rn. 9).

1. Arbeitsverhältnis. EZ nach diesem G können die **AN** in einem bestehenden und bei Beginn der 5 EZ andauernden Arbeitsverhältnis verlangen. Der Anspruch auf EZ ist nicht auf das Arbeitsverhältnis beschränkt, das zurzeit der Geburt des Kindes bestanden hat. Er besteht auch in einem nachfolgenden Arbeitsverhältnis (BAG 11. 3. 1999 AP BErzGG § 18 Nr. 4 = NZA 1999, 1047). AN iSd. G ist nicht nur der AN iSd. allg. Arbeitsrechts (§ 611 BGB Rn. 44 ff.), sondern auch die zu ihrer **Berufsbildung** Beschäftigten, § 20 I. Anspruch auf EZ haben auch die **Heimarbeiter** und die ihnen Gleichgestellten unter den Voraussetzungen des § 20 II. Auf Art und Inhalt des Arbeitsverhältnisses kommt es nicht an; deshalb können AN in einem **befristeten Arbeitsverhältnis** ebenso EZ verlangen wie **Teilzeitbeschäftigte** (*Gröninger/Thomas* § 15 nF Rn. 8). Auch **Studenten** in einer Nebenbeschäftigung können AN iSd. G sein und EZ beantragen.

2. Betreuung und Erziehung eines Kindes. Im Haushalt des/der AN muss ein Kind zu betreuen 6 und zu erziehen sein, das **nach dem 31. Dezember 2000 geboren** ist. Der AN muss die Erziehung und Betreuung selbst unternehmen und kann sie nicht einem anderen überlassen; allerdings ist die Mithilfe Dritter wie Mitarbeitern im Au-pair-Dienst oder von Familienangehörigen nicht anspruchsausschließend.

Es muss sich bei dem zu betreuenden Kind **nicht** um das **leibliche Kind** handeln. Im Einzelnen 7 kann es sich um folgende Kinder handeln: Ein Kind, für das dem AN die Personensorge zusteht, oder ein Kind des Ehepartners bzw. **Lebenspartners** (auch bei gleichgeschlechtlichen Lebenspartnern) oder ein Kind, das mit dem Ziel der Annahme in den Haushalt aufgenommen worden ist. Schließlich kann es sich um ein Kind handeln, für das kein Personensorgerecht besteht, für das die Vaterschaft und die

Übernahme des Sorgerechts erklärt worden sind, und letztlich um ein Kind, für das die Härtefallregelung des § 1 V zur Anwendung kommt.

8 Im Regelfall muss der AN nicht die **Zustimmung** eines anderen, insb. des ebenfalls **personensorgeberechtigten Elternteils** haben, um EZ in Anspruch zu nehmen. Beantragt allerdings der nicht personensorgeberechtigte Elternteil eines leiblichen Kindes EZ, so bleibt der AN nur berechtigt der Arbeit fern, wenn er die Zustimmung des personensorgeberechtigten Elternteils hat, § 15 I 2. Die Bestimmung schützt den AG vor unberechtigt in Anspruch genommener EZ.

9 **3. Anspruchsberechtigung.** Nach dem bis zum 31. 12. 2000 geltenden Recht war auch bei Erwerbstätigkeit beider nach § 15 I berechtigten Personen nur der Erziehungsurlaub eines AN möglich (§ 15 II 1 Nr. 3 aF). Diese Einschränkung ist mit dem neuen Recht weggefallen. Nunmehr können die beiden erwerbstätigen Berechtigten ganz oder anteilig EZ in Anspruch nehmen. Das gilt für die Gesamtdauer der EZ mit der Folge, dass beide Partner zur selben Zeit für dasselbe Kind für 3 Jahre EZ nehmen können (str. wie hier *Küttner/Reinecke* Rn. 9; *Gröninger/Thomas* Rn. 45; *Lindemann/Simon* NZW 2001, 258, 259; *Sowka* NZA 2000, 1185; aA *Peters-Lange/Rolfs* NZA 2000, 682; *Reiserer/Lemke* MDR 2001, 241, die den durchaus nicht klaren Wortlaut interpretieren, dabei aber den Zweck des veränderten Gesetzes missachten und auf die vom Gesetzgeber vielleicht nicht bemerkte doppelte Belastung des beide Berechtigte beschäftigenden AG Rücksicht nehmen).

III. Dauer und Lage der Elternzeit

10 **1. Dauer.** Der Anspruch auf EZ besteht längstens bis zur Vollendung des dritten Lebensjahres eines Kindes, § 15 II 1 und § 15 III 1. Am Ende des Tages, der dem Geburtstag des Kindes vorausgeht, geht er ersatzlos unter. Das gilt auch dann, wenn zwei Berechtigte den Anspruch hatten. Es kann also nicht erst die Mutter und dann der Vater jeweils maximal drei Jahre EZ anmelden. Innerhalb der Höchstfrist können die Berechtigten einen Teilabschnitt für den Erziehungsurlaub wählen. Das Bestimmungsrecht unterliegt keinen Beschränkungen (LAG Düsseldorf 11. 10. 2001 ZTR 2002, 39).

11 Deutlicher als nach der Altfassung des Gesetzes ist nunmehr geregelt, dass die dreijährige Höchstfrist nicht durch die Schutzfrist des § 6 I MSchG verlängert wird, § 15 III 2. Soweit die leibliche Mutter des Kindes EZ in Anspruch nimmt, kann sie zwar von ihrer Arbeitspflicht während der Schutzfristen kein zweites Mal befreit werden. Sie befindet sich zu dieser Zeit also nicht in der EZ. Die Zeiten werden aber auf die Höchstgrenze angerechnet. Dasselbe gilt auch für einen berechtigten Mann beim Wechsel der Berechtigung, nicht aber bei der originären Inanspruchnahme der EZ. Geht der Mann mit der Geburt des Kindes in EZ, so kommt eine Verrechnung nicht in Betracht, weil er seinen gesetzlichen Anspruch realisiert. Rätselhaft ist die Ausnahmeregelung des § 15 III 2 Halbs. 2 über die Ausnahme der Anrechnung in Härtefällen. Wenn der Gesetzgeber damit erreichen wollte, dass in diesen Fällen die EZ drei Jahre + die Zeiten des § 6 Abs. 1 MuSchG betragen soll, hätte er § 15 II Halbs. 1 anpassen müssen.

12 **2. Lage.** Im Regelfall werden die Berechtigten eine EZ in die Ersten drei Lebensjahre des Kindes legen. Das Gesetz eröffnet ihnen nun auch die Möglichkeit, einen höchstens 12monatigen Teil des Anspruchs in den Zeitraum zwischen dem Beginn des 4. und dem Ende des 8. Lebensjahrs zu realisieren. Die neue Bestimmung beruht auf der Überlegung des Gesetzgebers, das Kind rund um die Einschulung betreuen zu können. Dazu bedarf es anders als bei der Realisierung der EZ in den ersten drei Lebensjahren einer Übereinkunft der Vertragsparteien, durch die der Anspruch auf den späteren Zeitraum übertragen werden kann. Bei einem Wechsel in ein anderes Arbeitsverhältnis ist eine neue Übereinkunft erforderlich (BT-Drucks. 14/3118 S. 20). An dieser Stelle nennt der Gesetzgeber keine Verweigerungsgründe, was allerdings nicht bedeutet, dass der AG beliebig verweigern darf. Er ist vielmehr an die Grundsätze billigen Ermessens iSd. § 315 BGB gebunden (*Lindemann/Simon* NJW 2001, 258). Verweigert der AG die Willenserklärung zur Übertragung des Anspruchs, so kann und muss der AN die Einverständniserklärung bei den Gerichten für Arbeitssachen einklagen, auch wenn das Gesetz darauf an dieser Stelle nicht ausdrücklich hinweist. Eine Selbstbefreiung zB für zwölf Monate ab Einschulung des Kindes kommt nicht in Betracht. Der AG, der zu Unrecht die Übertragung verweigert, macht sich unter den Voraussetzungen des § 286 BGB wegen Schuldnerverzugs schadensersatzpflichtig.

13 **3. Besonderheiten bei Adoptivkindern** und solchen, die mit dem Ziel der Annahme aufgenommen werden, kommen nicht immer als Babys zu den Anspruchsberechtigten, sondern mitunter nach einigen Jahren. In diesen Fällen kann der AN von seinem AG EZ vor, aber auch nach Vollendung des 3. Lebensjahrs des Kindes, längstens bis zur Vollendung des 8. Lebensjahrs verlangen. Die Berechtigten müssen auch in diesem Fall ihre EZ nicht geschlossen nehmen, sondern können vom AG eine Aufteilung verlangen und mit ihm vereinbaren.

Dörner

IV. Unabdingbarkeit

Die gesetzlichen Regeln über den Anspruch auf EZ sind einseitig **zwingendes Recht**. Sie können 14 nicht zu Ungunsten der AN abgeändert werden, § 15 II 3. Das Unabdingbarkeitsgebot gilt nicht nur für **Einzelverträge**, wie der Wortlaut des G vermuten lässt. Auch **Betriebspartner** und **TVParteien** haben es zu beachten. Entgegenstehende Normen sind nach § 134 BGB unwirksam (allgM, *Gröninger/Thomas* Rn. 31). **Günstigere Vereinbarungen** zB über die Länge der EZ trotz Vorliegens eines Ausschlusstatbestands sind möglich (*Meisel/Sowka* Rn. 25), betreffen aber nur die Befreiung von der Arbeitspflicht, nicht aber die Zahlung des Erziehungsgeldes und die daran anknüpfenden Rechtsfolgen.

V. Erwerbstätigkeit während der Elternzeit

Die Inanspruchnahme der EZ führt zur Befreiung des AN von der Arbeitspflicht (Einzelheiten in 15 Rn. 2). Der AN ist jedoch nicht gehalten, seine Zeit nur für die Betreuung und Erziehung des in seinem Haushalt lebenden Kindes zu verwenden. Es ist auch **möglich**, dass er einer Erwerbstätigkeit bis zu einem **bestimmten Umfang** nachgeht. Dabei kann die Erwerbstätigkeit in Form von **abhängiger Arbeit** (Rn. 16), aber auch als **Dienstnehmer oder als Selbständiger** (Rn. 25) ausgeübt werden. Es sind ferner **Tätigkeiten bei einem Dritten** (Rn. 17 bis 24) erlaubt.

1. Arbeit beim alten Arbeitgeber. a) Grundsätze. Regelmäßig wird eine Teilzeitbeschäftigung 16 beim alten AG in Betracht kommen. Das ist unproblematisch, wenn der Berechtigte bereits vorher in einer höchstens 30stündigen Teilzeitbeschäftigung tätig war und diese beibehält. Dann bedarf es keiner Vereinbarung mit dem AG, was folgerichtig ist. Denn genau genommen nimmt der AN in diesem Fall keine EZ in Anspruch (ähnlich *Düwell* AuA 2002, 58). Er wird nicht von einem Teil seiner Arbeitspflicht zur Erziehung und Betreuung eines Kindes befreit (das ist der Inhalt von § 15 V 2 1. Satzhälfte, auch wenn dort von Fortsetzung „während der EZ" gesprochen wird).

Anders verhält es sich jedoch, wenn ein Vollzeitbeschäftigter oder ein Teilzeitbeschäftigter seine 17 Arbeitszeit verringern will. Das kann er anders als seine vollständige Aufgabe der Arbeit **nicht durch einseitige Erklärung** erreichen. Vielmehr muss er im Wege eines bestimmten, ggf. mehrstufigen Verfahrens die Teilbefreiung von der Arbeitspflicht zu erreichen suchen. Gegenüber dem alten Recht handelt es sich um eine Besserstellung des Berechtigten, das eine Auseinandersetzung der Parteien des Arbeitsvertrags bis hin zur klageweisen Geltendmachung nicht kannte (dennoch krit. zum sozialpolitischen Nutzen der Regelung *Peters-Lange/Rolfs* NZA 2000, 685 und *Düwell* AuA 2002, 58).

b) Vereinbarungslösung. Wie in anderen modernen Gesetzen (vgl. § 8 TzBfG) erwartet der 18 Gesetzgeber von den Parteien eines Arbeitsverhältnisses eine Vereinbarungslösung zur Verringerung des Arbeitsvolumens und deren Ausgestaltung während der EZ, § 15 V. Das Einigungsverfahren beginnt mit einem Antrag des AN auf Abschluss einer Vereinbarung zur Verringerung der Arbeitsverpflichtung und ihrer Ausgestaltung (Lage der verbliebenen Teilzeitbeschäftigung). Diesem Antrag kann der AG in beiden Bereichen entsprechen, auch wenn die eine oder mehrere der in Abs. 7 genannten Voraussetzungen nicht gegeben sind. Der AG kann allerdings auch – im Anwendungsbereich des § 15 V ohne Begründung – ablehnen.

c) Einseitiges Verfahren. Kommt eine Einigung nicht zustande, kann der AN einen **Anspruch auf** 19 **Verringerung der Arbeitszeit**, nicht auf die **Ausgestaltung** der verbleibenden Beschäftigung, geltend machen, wenn die enumerativ aufgezählten Voraussetzungen des § 15 VII 1 gegeben sind. Mit dem Antrag, der während der EZ zweimal gestellt werden kann, wird der AG in Verzug gesetzt, wenn er die nunmehr von ihm verlangte Abgabe der Verringerungserklärung zu Unrecht verweigert. Bei den Voraussetzungen handelt es sich um folgende Tatsachen:

aa) Beschäftigtenzahl. Der AG muss idR mehr als 15 AN ungeachtet der in der Berufsbildung 20 stehenden Personen beschäftigen. Auf die Beschäftigtenzahl im Betrieb kommt es nicht an. Dem kommt nicht nur Bedeutung zu, wenn ein Unternehmen mehrere Betriebe hat, sondern auch umgekehrt, wenn der AN in einem Gemeinschaftsbetrieb arbeitet und sein VertragsAG nur eine geringe Anzahl AN in diesem Betrieb beschäftigt.

bb) Wartezeit. Der Berechtigte muss im Betrieb oder Unternehmen länger als sechs Monate 21 beschäftigt sein. Hierzu gelten dieselben Regeln, wie bei den Wartezeiten in anderen Gesetzen. Maßgeblich ist der Bestand des Arbeitsverhältnisses, nicht die tatsächliche Arbeit. Kurzfristige rechtliche Unterbrechungen können unschädlich sein (vgl. § 1 KSchG Rn. 71–83; § 3 EFZG Rn. 70).

cc) Dauer und Umfang der Verringerung. Die AN können nicht verlangen, in einer Teilzeit- 22 beschäftigung von nur wenigen Wochenstunden eingesetzt zu werden. Sie müssen sich entscheiden, eine vollständige Befreiung von der Arbeitspflicht zu verlangen oder um eine Beschäftigung von mindestens 15 und höchstens 30 Wochenstunden nachzusuchen. Soweit die Norm als Sollvorschrift ausgestaltet ist, bezieht sich die Anordnung des Gesetzes nicht auf den Rahmenumfang für die Beschäftigung, sondern auf den Mindestzeitraum der zweimal möglichen Verringerungsanträge. Es ist wünschenswert, dass der AG die betrieblichen Arbeitsabläufe nicht nur im Ausnahmefall für eine kurze Zeit vornehmen muss. Ein Antrag des AN für eine kürze Dauer der Verringerung als 3 Monate ist für sich genommen allerdings kein Ablehnungsgrund (dazu Rn. 24 f.).

23 **dd) Form und Frist.** Der AN muss seinen Antrag auf Verringerung schriftlich einreichen. Dabei muss er beachten, dass er die zugunsten des AG eingerichtete Vorlaufzeit von 8 Wochen einhält. Eine Mißachtung der gesetzlichen Anordnung in der Weise, dass die Verringerung der Arbeitszeit zu einem früheren Zeitpunkt verlangt wird, führt nicht zur Unwirksamkeit des Antrags insgesamt. Der AG braucht sich allerdings nur zum gesetzlich vorgesehenen Zeitpunkt mit der Reduzierung der Arbeitspflicht einverstanden zu erklären. In der Zeit bis dahin ist der AN zu vertraglichen Leistung verpflichtet; er befindet sich konsequenterweise nicht in der EZ und kann daher auch nicht die daran anknüpfenden Leistungen nach diesem Gesetz in Anspruch nehmen.

24 **ee) Dringende betriebliche Gründe** dürfen der Verringerung der Arbeitsverpflichtungen des AN nicht entgegenstehen. Die Bestimmung des § 15 VII 1 Nr. 4 enthält den wesentlichen Tatbestand des neuen Verringerungsrechts. Obwohl sie als sog. negative Tatbestandsvoraussetzung formuliert ist und den AN verpflichtet, in seinem Antrag wenigstens formelhaft vorzubringen, dass seinem Wunsch keine Gründe entgegenstehen, erweist sich die Norm im Zusammenhang mit § 15 VII 2 als wesentliche Grundlage für eine Weigerung des AG, dem Antrag des AN zuzustimmen. Das bedeutet für einen etwaigen Prozess, dass der Satzteil als rechtshindernde Einwendung zu verstehen ist, woraus eine Darlegungsverpflichtung des AG folgt. Er kann sich nicht mit einem Bestreiten des arbeitnehmerseitigen Vorbringens begnügen, sondern muss vielmehr die entgegenstehenden Gründe substantiiert vortragen, dazu Beweis anbieten und erbringen. Kann ein Gericht nicht feststellen, dass dringende betriebliche Gründe dem Verringerungsantrag entgegenstehen, ist der AG antragsgemäß zu verurteilen.

25 Anders als im § 8 TzBfG (dazu Rn. 28 f.) hat der Gesetzgeber dem AG nicht schon bei betrieblichen Gründen jeder Art eine Einwendungsmöglichkeit gegeben. Vielmehr müssen die betrieblichen Gründe dringend sein. Der unbestimmte Rechtsbegriff ist so eng zu verstehen wie an anderer Stelle, zB in § 1 KSchG. Betriebliche Gründe sollen dem grds. bestehenden Anspruch auf Verringerung der Arbeitszeit nur im Ausnahmefall entgegenstehen. Der AG, der nach dieser Vorschrift auch nicht gezwungen werden kann, zu einer bestimmten Ausgestaltung der verbleibenden Arbeitsverpflichtung zuzustimmen, muss alle Möglichkeiten der betrieblichen Umorganisation prüfen und im Streitfall für ein Gericht überzeugend darlegen, dass eine Reduzierung der bisherigen Arbeitszeit **an Stelle des vom Gesetz ohne Einschränkung vorgesehenen Totalausfalls** für die Dauer der EZ nicht machbar ist. Das dürfte die Ausnahme sein (großzügiger *Reiserer/Penner* BB 2002, 1962).

26 **ff) Reaktion des AG.** Der AG kann dem Antrag entsprechen und die gewünschte Verringerung der Arbeitszeit in dem beantragten Umfang und für die beabsichtigte Dauer akzeptieren. Die Lösung des Konflikts dürfte auf diese Weise möglich sein, wenn die nach § 15 V versuchte Einigung an der Verteilung der verbleibenden Arbeitsverpflichtung gescheitert ist. Denn nach der Zustimmung kann der AG individualrechtlich seine Vorstellungen bei der Umsetzung der Verringerung durchsetzen.

27 Will der AG auch jetzt noch eine Teilzeitbeschäftigung überhaupt oder in dem vom AN beantragten Umfang verhindern, muss er die Ablehnung innerhalb von vier Wochen nach Zugang des Antrags schriftlich begründen. Versäumt er die Frist oder missachtet er die Form, so tritt keine Fiktion hinsichtlich der Abgabe einer Willenserklärung ein. Vielmehr ist der AN gehalten, seine Ansprüche gerichtlich durchzusetzen, § 15 VII 3. Dabei handelt es sich um eine Leistungsklage auf Abgabe einer zustimmenden Willenserklärung nach § 894 ZPO. Das ist wegen der notwendigen Rechtskraft eines stattgebenden Urteils wenig sinnvoll, aber nicht anders zu verstehen (MünchArbR/*Heenen* § 229 Rn. 23; aA *Düwell* AuA 2002, 58).

28 **d) Verhältnis zu anderen gesetzlichen Reduzierungsvorschriften.** Außerhalb des BErzGG finden sich im SGB IX für behinderte Menschen und im § 8 TzBfG für alle AN neue gesetzliche Bestimmungen, auf Grund deren vom AG und Dienstherrn eine Verringerung der Arbeitszeit verlangt werden kann. Daneben finden sich tarifvertragliche Reduzierungsvorschriften zB in § 15 b BAT. § 15 BErzGG ist ebenso wie § 81 SGB IX lex specialis zu § 8 TzBfG und kommt nur dann zur Anwendung, wenn die bes. tatbestandlichen Voraussetzungen vorliegen. Allerdings darf auch ein behinderter Mensch nach der Geburt eines Kindes auf den Reduzierungsanspruch nur nach § 8 TzBfG zurückgreifen. Denn die Anspruchsgrundlagen sind nebeneinander anwendbar (KDZ/*Zwanziger* § 6 TzBfG Rn. 26). Soweit der AN nicht angibt, auf welche Norm er sein Verlangen stützt, ist das in den gebotenen Verhandlungen zu erklären, ggf. aus den objektiven Daten wie Zeitpunkt des Verlangens, Umfang der Reduzierung und deren Dauer zu ermitteln. Nur dann kann der AG feststellen, welche der in den Gesetzen an unterschiedliche Voraussetzungen gebundenen Einwände er erfolgreich erheben kann.

29 Im Verhältnis zu tariflichen Vorschriften wie § 15 b BAT gelten ähnliche Grundsätze. Gesetzliche und tarifvertragliche Ansprüche stehen nebeneinander. Es ist durch Auslegung zu ermitteln, welcher Anspruch geltend gemacht wird. Der AN ist nicht gehalten, sich auf den gesetzlichen Anspruch zu beschränken, sondern kann den weitergehenden, aber auch anderen Einwendungen unterliegenden

V. Erwerbstätigkeit während der Elternzeit

2. Arbeit bei einem anderen AG. Will der AN bei einem anderen AG während der EZ einer 30 Teilzeitbeschäftigung nachgehen, so bedarf es der **Zustimmung des AG**. Diese muss der **AN beantragen** und dabei **konkret beschreiben**, welche Tätigkeit mit welchem Inhalt er nachgehen will. Der AG muss prüfen, ob der Tätigkeit bei einem anderen AG dringende betriebliche Gründe entgegenstehen, § 15 IV 2. Wenn das nicht der Fall ist, muss er die Zustimmung erteilen, wobei er die gesamte Überlegungsfrist des § 15 IV 3 ausschöpfen darf. Kann er betriebliche Interessen, regelmäßig Geheimhaltungs- und Wettbewerbsinteressen, aber auch den Bedarf an der Arbeitskraft des Berechtigten im eigenen Unternehmen (BAG 26. 6. 1997 AP BErzGG § 15 Nr. 22), geltend machen, muss er sie innerhalb der **Frist von 4 Wochen** – gerechnet vom Eingang des Antrags an – **schriftlich** darlegen. Das bedeutet, dass die Ablehnung auch die Gründe enthalten muss. Eine formgerechte Ablehnung liegt auch dann vor, wenn der AG rügt, dass die Informationen des AN über die auszuübende Tätigkeit unvollständig sind und er deshalb nicht beurteilen kann, ob betriebliche Interessen entgegenstehen oder nicht.

Geht der AN einer Teilzeitbeschäftigung nach, ohne die Zustimmung des AG eingeholt zu haben, 31 so hat das keinen Einfluss auf seinen Anspruch gegenüber der Erziehungsgeldstelle und auf seinen Arbeitsentgeltanspruch nach den Vereinbarungen mit den anderen AG. Denn der Vertrag mit diesem ist nichtig. Auch wenn angenommen würde, das G enthalte ein Beschäftigungsverbot und das Arbeitsverhältnis mit dem neuen AG sei nichtig, so bliebe der AN im Genuss des verdienten Entgelts sowohl nach den Grundsätzen des faktischen Arbeitsverhältnisses als nach Bereicherungsrecht (dazu vgl. BAG 30. 4. 1997 AP BGB § 812 Nr. 20). Er verletzt aber seine Pflichten aus dem Arbeitsverhältnis mit seinem ErstAG und kann dafür zur Rechenschaft gezogen werden. Regelmäßig bringt er damit seinen Arbeitsplatz in Gefahr, kann sich aber auch wettbewerbsrechtlichen Ansprüchen aussetzen sehen. Der AG kann auch auf Unterlassung klagen. Dasselbe gilt, wenn der AG die beantragte Zustimmung zu Recht verweigert hat. In diesem Fall kann sogar eine außerordentliche Kündigung während der EZ nach § 18 in Betracht kommen (§ 18 Rn. 11).

Besondere Probleme entstehen, wenn der AG die Zustimmung zu Unrecht verweigert hat oder auch 32 die gesetzlich vorgeschriebene Form oder Frist nicht eingehalten hat oder sich überhaupt auf den Antrag des AN verschweigt. Auch dann fehlt die vom G vorgeschriebene Zustimmung; eine Erteilungsfiktion hat das G in keiner Variante vorgesehen. Die Auslegung des G ergibt jedoch, dass das Erfordernis der Zustimmung nur insoweit besteht, **als schutzwerte Interessen des AG** bestehen. Davon ist nicht mehr auszugehen, wenn der AG die ihm **zugebilligte gesetzliche Frist** untätig **verstreichen** lässt. Das Zustimmungserfordernis entfällt (BAG 26. 6. 1997 AP BErzGG § 15 Nr. 22 = NZA 1997, 1156; *Zmarzlik/Zipperer/Viethen* Rn. 44). In diesem Fall kann der AN einer Teiltätigkeit bei einem anderen AG nachgehen, ohne dass ihn die fehlende Zustimmung daran hindert. Eine **Klage auf Abgabe** der Zustimmungserklärung, ggf. im Wege der einstweiligen Rechtsschutzes ist nicht nötig (unklar *Meisel/Sowka* Rn. 27), rechtlich auch nicht mehr möglich, weil **der AG nur befristet zustimmen oder verweigern kann**. Nicht anderes gilt, wenn der AG zwar innerhalb der Frist ablehnt, aber die Begründungsform nicht beachtet. Der AN muss zwar abwarten, ob der AG ihm noch innerhalb der ihm zur Verfügung stehenden Frist eine formgerechte Zustimmungsverweigerung zukommen lässt. Nach Ablauf der Frist kann er eine Tätigkeit aufnehmen, weil eine nicht formgerechte Zustimmung die Teiltätigkeit nicht sperrt. Er ist insoweit nicht auf den Klageweg angewiesen.

Lehnt der AG form- und fristgerecht ab, bestehen aber die genannten Gründe nicht oder sind sie 33 nicht als entgegenstehende dringende betriebliche Gründe zu bewerten, kann der AN eine Tätigkeit aufnehmen, allerdings ebenfalls erst nach Ablauf der Frist, denn der AG kann „nachbessern". Etwas anderes gilt nur dann, wenn der AG zu erkennen gibt, dass seine Verweigerung endgültig ist und nicht weiter begründet werden soll. Dann darf der AN eine anderweite Tätigkeit aufnehmen, in beiden Fällen mit dem Risiko, dass im Nachhinein die Zustimmungsverweigerung als berechtigt und seine Arbeitsaufnahme als unberechtigt bewertet wird. Zur Sicherheit kann der AN eine Klage auf Abgabe der Zustimmungserklärung erheben (wenn denn der andere AG bis zur Rechtskraft des Urteils [§ 894 ZPO] den Arbeitsplatz freihält!), er muss diesen Weg jedoch nicht gehen (aA LAG Düsseldorf 2. 7. 1999 NZA-RR 2000, 232 und die hM im Schrifttum).

Schadensersatz wegen Verdienstausfalls im möglichen Teilzeitarbeitsverhältnis kann der Berech- 34 tigte nur im Ausnahmefall geltend machen. Bis zum Ablauf der gesetzlichen Frist ist der Anspruch des AN nicht fällig; ist die Zustimmung nicht formgerecht oder überhaupt nicht innerhalb der Frist erteilt, so kann der AN einer Tätigkeit nach Ablauf der Frist nachgehen. Unterlässt er das, so beruht sein Schaden auf einer Fehleinschätzung seinerseits, nicht aber auf einer schuldhaft rechtswidrigen Handlung des AG (BAG 26. 6. 1997 AP BErzGG § 15 Nr. 22 = NZA 1997, 1156). Lediglich dann, wenn der AG **inhaltlich zu Unrecht** die Zustimmung verweigert hat und der AN die Unrechtmäßigkeit der Zustimmungsverweigerung seinerseit nicht erkennen konnte, besteht ein Anspruch auf Schadensersatz wegen Pflichtverletzung nach § 280 I BGB. Den AG trifft die Nebenpflicht, Erwerbschancen des sich in EZ befindlichen AN nur im Ausnahmefall zu sperren. Sie verletzt er, wenn er Verweigerungsgründe vorschiebt.

35 **3. Selbständige Tätigkeit.** Die vorstehend in Rn. 34 dargestellten Grundsätze gelten bei Aufnahme einer selbständigen Tätigkeit während der EZ.

VI. Arbeitsrechtliche Rechtsfolgen der Elternzeit

36 **1. Bestand des Arbeitsverhältnisses.** Mit der Inanspruchnahme von EZ wird das Arbeitsverhältnis in seinem Bestand nicht berührt. Es entfallen (bei fehlender Teilzeitbeschäftigung) lediglich die wechselseitigen Hauptpflichten wie die Arbeitspflicht und die Entgeltpflicht. **Das Arbeitsverhältnis ruht** (BAG 10. 5. 1989 AP BErzGG § 15 Nr. 2 mit Anm. *Sowka* = NZA 1989, 759; 10. 2. 1993 AP BErzGG § 15 Nr. 7 mit Anm. *Sowka* = NZA 1993, 801; *Meisel/Sowka* Rn. 32). Mit der Beendigung der EZ leben die Hauptpflichten wieder auf, ohne dass es einer diesbezüglichen Erklärung bedarf. Wenn der AN während der EZ seine Arbeitsverpflichtung verringert bekommen hat, entsteht seine ursprüngliche Arbeitsverpflichtung am Tag des 3. Geburtstags des die EZ auslösenden Kindes ohne jede weitere Maßnahme. Das gilt auch bei einem AGWechsel nach Betriebsübergang (dazu BAG 2. 12. 1999 AP BGB § 613a Nr. 188 = NZA 2000, 369). Über den Einsatz des zurückgekehrten AN auf seinem alten Arbeitsplatz oder an anderer Stelle befinden die vertraglichen, betrieblichen und tarifvertraglichen Vereinbarungen und Normen.

37 Vereinbaren die Parteien des Arbeitsverhältnisses eine Teilzeitbeschäftigung, so handelt es dabei nicht um ein anderes, neues Arbeitsverhältnis, sondern um das eine einheitliche Arbeitsverhältnis mit einer neuen, vorübergehend geltenden anderen Arbeitsbedingung (BAG 23. 4. 1996 AP BErzGG § 17 Nr. 7 = NZA 1997, 160) mit der Folge, dass ein von der Einheitlichkeit des Arbeitsverhältnisses abhängiger Anspruch gegeben ist (BAG 23. 4. 1996 aaO zu einer tariflichen Zuwendung).

38 **2. Arbeitsunfähigkeit wegen Krankheit.** Wird der AN während der EZ arbeitsunfähig krank, so hat er **keinen Anspruch auf Entgeltfortzahlung** nach dem EFZG. Die Krankheit ist für die Nichtleistung nicht ursächlich. Vielmehr ruht die Arbeitspflicht bereits aus anderem Grund (BAG 22. 6. 1988 AP § 15 BErzGG Nr. 1 mit Anm. *Sowka* = NZA 1989, 13; vgl. auch § 3 EFZG Rn. 43). Die Krankheit verlängert die EZ auch nicht; eine dem § 9 BUrlG vergleichbare Vorschrift fehlt im BErzGG.

39 Erkrankt der AN **vor Beginn** der EZ, so hat das auf deren Lauf keinen Einfluss, es sei denn, der AN erklärt, dass er seine EZ erst nach seiner Genesung beginnen will. Das ist unter Beachtung der Formalien des § 16 rechtlich möglich und führt zu einem Entgeltfortzahlungsanspruch nach den gesetzlichen oder tariflichen Bestimmungen (BAG 17. 10. 1990 AP BErzGG § 15 Nr. 4 = NZA 1991, 320).

40 **Endet** die EZ und ist der AN zu diesem Zeitpunkt arbeitsunfähig krank, so hat er einen Anspruch auf Entgeltfortzahlung nach Maßgabe der Bestimmungen des EFZG. Denn die wiederaufgelebte Arbeitspflicht ist sogleich wegen der Arbeitsunfähigkeit infolge Krankheit suspendiert und damit alleinige Ursache für den Arbeitsausfall.

41 **3. Urlaub.** Während der EZ kann kein Urlaub gewährt werden, weil der AN von der Arbeitspflicht nicht einmal befreit werden kann. Entfällt die Möglichkeit der Urlaubsgewährung und ist diese Voraussetzung für den Anspruch auf zusätzliches Urlaubsgeld, so entfällt auch insoweit ein Anspruch (BAG 14. 8. 1996 BErzGG § 15 Nr. 19 = NZA 1996, 1204). Näheres ergibt sich aus der Kommentierung zu § 17 Rn. 15. Dort sind die Auswirkungen der EZ auf den Erholungsurlaub beschrieben. Dasselbe gilt für die Freistellung des AN zur Teilnahme einer Bildungsveranstaltung nach den **Bildungsurlaubsgesetzen** der Länder (zur Unmöglichkeit doppelter Freistellung bei Bildungsurlaub BAG 15. 6. 1993 AP Bildungsurlaubsgesetz NRW § 1 Nr. 3 = NZA 1994, 689). Auch eine Sonderurlaubsvereinbarung berührt die Frage der erst später eintretenden Möglichkeit, EZ zu beantragen, nicht (BAG 16. 7. 1997 AP BErzGG § 15 Nr. 23).

42 **4. Sonderzuwendungen.** Ob und unter welchen Voraussetzungen Sonderzahlungen wie **Gratifikationen, Weihnachtsgelder, 13. Monatsgehalt und Leistungen mit ähnlichen Bezeichnungen** während der Fehlzeiten von AN gekürzt werden können, bestimmen die außergesetzlichen Rechtsgrundlagen über diese Leistungen (§ 611 BGB Rn. 786 ff.). Sie enthalten selten ausdrückliche Bestimmungen darüber, ob und unter welchen Voraussetzungen ihr Bezug von der tatsächlichen Arbeitsleistung während des Bezugszeitraums abhängt. Das gilt auch für den Tatbestand der EZ. Regelmäßig bedarf es insoweit einer Auslegung der Norm oder Vereinbarung, wobei die Zweckbestimmung einer Sonderzahlung maßgebend ist. Lautet das Auslegungsergebnis, die Leistung werde unabhängig von der Gegenleistung Arbeit geschuldet, gilt das regelmäßig auch für die Zeiten der EZ. Enthält die Rechtsgrundlage dagegen Hinweise, dass die Sonderzuwendung nur entspr. der tatsächlichen Arbeitsleistung im Bezugszeitraum zu bezahlen ist, entfällt sie auch anteilig für die Zeiten eines Jahres, in denen der AN EZ nimmt. Sehen TV vor, dass der Bezug einer Sonderzahlung ausfällt, wenn ein Arbeitsverhältnis **kraft G ruht,** so gilt das auch für die EZ (BAG 10. 2. 1993 AP BErzGG § 15 Nr. 7 mit Anm. *Sowka* = NZA 1993, 801). Damit ist keine mittelbare Diskriminierung iSv. Art. 138 EGV verbunden (BAG 10. 2. 1993 aaO; vgl. aber auch die differenzierende Aussage des EuGH 21. 10. 1999 NZA 1999, 1325).

Ähnliches gilt für **vermögenswirksame Leistungen.** Ihre Fortzahlung hängt vom Inhalt der Rechtsgrundlage ab.

5. **Sachbezüge**, die nur an den Bestand des Arbeitsverhältnisses anknüpfen wie **Logis**, bleiben auch 43 beim Ruhen des Arbeitsverhältnisses bestehen. Andere wie **Kost**, die aus Anlass der Arbeit gewährt werden, entfallen in der EZ ohne Beschäftigung.

6. In der **betrieblichen Altersversorgung** sind Zeiten der EZ bei der Berechnung der Wartezeiten 44 und der Unverfallbarkeitsfristen zu berücksichtigen (*Blomeyer/Otto*, BetrAVG, § 1 Rn. 141). Denn das Arbeitsverhältnis besteht fort; es ruht lediglich. Der AG ist jedoch nicht gehindert, Zeiten der vollständigen Arbeitsbefreiung während der EZ von Steigerungen einer Anwartschaft auf Leistungen der betrieblichen Altersversorgung auszunehmen (BAG 15. 2. 1994 AP BetrAVG § 1 Gleichberechtigung Nr. 12 = NZA 1994, 794 zu den Bestimmungen der Unterstützungskasse des DGB).

7. **Betriebsverfassung.** Der in der EZ befindliche Betriebsangehörige ist aktiv und passiv wahl- 45 berechtigt; er hat das Recht, an einer **Betriebsversammlung** teilzunehmen. Er hat dafür Anspruch auf Zahlung der Vergütung nach § 44 I 2 BetrVG (BAG 31. 5. 1989 AP BetrVG § 44 Nr. 9 = NZA 1990, 449 mwN). Er darf auch sein BRamt wahrnehmen. Allerdings muss er sich wegen der Feststellung eines Verhinderungsfalls iSd. § 25 I 2 BetrVG dazu deutlich erklären. Eine bezahlte Freistellung des AN zum **Besuch von Schulungsveranstaltungen** nach § 37 VI und VII BetrVG nach entspr. BRbeschluss ist für den vollständig von der Arbeitspflicht befreiten AN rechtlich nicht möglich, weil der AN bereits wegen der EZ von der Arbeitspflicht befreit ist.

§ 16 Inanspruchnahme der Elternzeit

(1) ¹ Arbeitnehmerinnen und Arbeitnehmer müssen die Elternzeit, wenn sie unmittelbar nach der Geburt des Kindes oder nach der Mutterschutzfrist (§ 15 Abs. 3 Satz 2) beginnen soll, spätestens sechs Wochen, sonst spätestens acht Wochen vor Beginn schriftlich vom Arbeitgeber verlangen und gleichzeitig erklären, für welche Zeiten innerhalb von zwei Jahren sie Elternzeit nehmen werden. ² Bei dringenden Gründen ist ausnahmsweise auch eine angemessene kürzere Frist möglich. ³ Der Arbeitgeber soll die Elternzeit bescheinigen. ⁴ Die von den Elternteilen allein oder gemeinsam genommene Elternzeit darf insgesamt auf bis zu vier Zeitabschnitte verteilt werden. ⁵ Bei Zweifeln hat die Erziehungsgeldstelle auf Antrag des Arbeitgebers zu der Frage Stellung zu nehmen, ob die Voraussetzungen für die Elternzeit vorliegen. ⁶ Der Antrag des Arbeitgebers bedarf der Zustimmung des Arbeitnehmers, wenn die Erziehungsgeldstelle Einzelangaben über persönliche oder sachliche Verhältnisse des Arbeitnehmers benötigt. ⁷ Die Erziehungsgeldstelle kann für ihre Stellungnahme vom Arbeitgeber und Arbeitnehmer die Abgabe von Erklärungen und die Vorlage von Bescheinigungen verlangen. ⁸ Die Bundesregierung kann mit Zustimmung des Bundesrates allgemeine Verwaltungsvorschriften zur Durchführung der Sätze 5 bis 7 erlassen.

(2) Können Arbeitnehmerinnen und Arbeitnehmer aus einem von ihnen nicht zu vertretenden Grund eine sich unmittelbar an die Mutterschutzfrist des § 6 Abs. 1 des Mutterschutzgesetzes anschließende Elternzeit nicht rechtzeitig verlangen, können sie dies innerhalb einer Woche nach Wegfall des Grundes nachholen.

(3) ¹ Die Elternzeit kann vorzeitig beendet oder im Rahmen des § 15 Abs. 2 verlängert werden, wenn der Arbeitgeber zustimmt. ² Die vorzeitige Beendigung wegen der Geburt eines weiteren Kindes oder wegen eines besonderen Härtefalles (§ 1 Abs. 5) kann der Arbeitgeber nur innerhalb von vier Wochen aus dringenden betrieblichen Gründen schriftlich ablehnen. ³ Die Arbeitnehmerin kann ihre Elternzeit nicht wegen der Mutterschutzfristen des § 3 Abs. 2 und § 6 Abs. 1 des Mutterschutzgesetzes vorzeitig beenden; dies gilt nicht während ihrer zulässigen Teilzeitarbeit. ⁴ Eine Verlängerung kann verlangt werden, wenn ein vorgesehener Wechsel in der Anspruchsberechtigung aus einem wichtigen Grund nicht erfolgen kann.

(4) Stirbt das Kind während der Elternzeit, endet diese spätestens drei Wochen nach dem Tod des Kindes.

(5) Eine Änderung in der Anspruchsberechtigung hat der Arbeitnehmer dem Arbeitgeber unverzüglich mitzuteilen.

I. Normzweck

Die Vorschrift enthält weitere **Verfahrensbestimmungen** bei der Inanspruchnahme der EZ in 1 seinen verschiedenen Varianten. Sie ist durch das Gesetz vom 12. Oktober 2000 (§ 15 Rn. 1) durchgreifend geändert worden. Nach wie vor überflüssig erscheint die aus dem alten Recht beibehaltene Einbeziehung der jeweils zust. Erziehungsgeldstelle gem. § 16 I 5 in das Verfahren über die arbeits-

Dörner

rechtliche Freistellung nach diesem G (Rn. 28), das nun auch noch in einer Verwaltungsvorschrift geregelt werden soll.

2   Hier und in § 15 I finden sich ferner die Bestimmungen über die mögliche Dauer der EZ durch Regelungen über **Beginn und Ende der EZ** für den Regelfall und für bestimmte Ausnahmen. § 16 erschließt sich regelmäßig in der Zusammenschau mit den Bestimmungen des § 15.

II. Beginn der Elternzeit

3   **1. Erklärung des Arbeitnehmers. a) Anspruchsvoraussetzung.** EZ kann nur angetreten werden, wenn der **berechtigte AN** ihn von seinem AG **verlangt** (BAG 17. 2. 1994 AP BGB § 626 Nr. 115 = NZA 1994, 656). Der AG hat nicht die Möglichkeit, von sich aus EZ zu gewähren oder anzuordnen; auch gibt es keine EZ „von Amts wegen" im Zusammenhang mit der Beantragung von Erziehungsgeld. Die Erklärung des AN über die Inanspruchnahme von EZ ohne Teilzeitbeschäftigung führt die Rechtsfolge, dass das Arbeitsverhältnis ab dem vom AN angezeigten Zeitpunkt ruht, **ohne Mitwirkung des AG** herbei (§ 15 Rn. 26).

4   Die Erklärung ist nach neuem Recht an die Schriftform gebunden. Der AN kann sich auch vertreten lassen (*Meisel/Sowka* Rn. 3). Ungenügend ist eine Erklärung gegenüber der Erziehungsgeldstelle (*Zmarzlik/Zipperer/Viethen* Rn. 1).

5   **b) Inhalt.** Die Vorschriften über die Anzeige des AN (unglücklich ist die Wortwahl „verlangen", die eine Entscheidung des AG suggeriert) sind gesetzestechnisch nicht geglückt. Sie bedeuten im Einzelnen:

6   **aa) Fristen.** Der/Die Berechtigte hat dem AG die Inanspruchnahme von EZ rechtzeitig anzuzeigen. Soweit es sich bei der Berechtigten um die Mutter des Kindes handelt, die ihre EZ nach der Schutzfrist des § 6 I MuSchG nehmen will, muss sie die Arbeitsbefreiung spätestens 6 Wochen vor Beginn der EZ verlangen. Alle anderen Berechtigten müssen eine Frist von 8 Wochen beachten, **§ 16 I 1**, es sei denn, es liegen dringende Gründe für eine kürze Inanspruchnahme der EZ vor, § 16 I 2. Der AN kann den AG aber auch früher über seine Pläne zur Inanspruchnahme von EZ informieren.

7   Davon zu unterscheiden ist die **Frist nach § 16 II.** Mit ihr wird das **Interesse der Berechtigten,** die während der Dauer des Beschäftigungsverbots nach § 6 I MuSchG an der rechtzeitigen Abgabe der Erklärung gehindert waren, höher bewertet als das Dispositionsinteresse des AG, der sich ggf. kurzfristig auf das bevorstehende Ruhen des Arbeitsverhältnisses wegen Inanspruchnahme von EZ einstellen muss. Der in § 16 II genannte **Hinderungsgrund** bezieht sich nämlich nicht darauf, dass EZ nicht im unmittelbaren Anschluss an das Beschäftigungsverbot des § 6 I MuSchG angetreten werden kann, sondern darauf, dass die **Erklärung für den Antritt zu diesem Zeitpunkt nicht rechtzeitig abgegeben werden kann** (BAG 17. 10. 1990 AP BErzGG § 15 Nr. 4 = NZA 1991, 320). In Betracht kommen dafür nur Ereignisse, die eine Artikulierung des Berechtigten überhaupt nicht ermöglichen oder eine Äußerung noch nicht zumutbar erscheinen lassen. Höhere Gewalt ist allerdings nicht verlangt (*Meisel/Sowka* Rn. 13). Den Hinderungsgrund darf der AN weder vorsätzlich noch fahrlässig zu vertreten haben. Kommt die Erklärung noch innerhalb der Woche nach Wegfall des Grundes, kann die EZ auch kurzfristig angetreten werden (die Bedeutung der Bestimmung ist angesichts des § 16 I 2 gering geworden).

8   Die hier für möglich gehaltene **analoge Anwendung** der Vorschrift auf andere Sachverhalte, in denen der Berechtigte gehindert ist, die EZ rechtzeitig anzumelden, zB bei einer kurzfristig angesetzten Adoptionspflege, kommt nach der Gesetzesänderung von 2000 nicht mehr in Betracht (schon früher offen gelassen, aber Ablehnung andeutend BAG 17. 2. 1994 AP BGB § 626 Nr. 11 = NZA 1994, 656; aA *Gröninger/Thomas* Rn. 4, *Meisel/Sowka* Rn. 13, 16 und *Zmarzlik/Zipperer/Viethen* Rn. 9, die die Vorschrift auf alle Erziehungsberechtigten anwenden wollen). Denn der Gesetzgeber, der die Kontroverse im Schrifttum nicht übersehen haben dürfte, hat das Gesetz insoweit nicht ergänzt. Es kann daher nicht als unbewusst lückenhaft bezeichnet werden.

9   **bb) Zeiträume.** Die Frist (und Form) gilt nicht nur für das Verlangen, sondern auch für die Angabe, welche Zeiten in den **nächsten beiden Jahren** als Befreiungszeiten anzusehen sein werden. Diese Angaben sind zwingend vorgeschrieben und zunächst (zur Abänderung Rn. 14 ff.) für beide Parteien verbindlich. Darüber hinaus kann der AN auch über die Inanspruchnahme des 3. Jahres verfügen, er muss es jedoch nicht. Die Beschränkung auf den Zeitraum der Ersten beiden Jahre ist eine Schutzvorschrift zugunsten des AN, der sich die Entscheidung über die Lage der Letzten, höchstens 12monatigen Freistellung angesichts der neu eröffneten Möglichkeit nach § 15 II 1 vorbehalten darf (BT-Drucks. 14/3553 S. 22). Allerdings muss der AN dabei bedenken, dass sowohl eine Verlängerung der EZ im Anschluss an die zweijährige Arbeitspause als auch die Übertragung des letzten Teilanspruchs auf die Zeit nach Vollendung des 3. Lebensjahres des Kindes der Zustimmung des AG bedarf (§ 15 II 2, 2. Halbs., § 16 III 1). Die EZ muss nicht in einem Zeitblock genommen werden. Es können bis zu vier Zeitabschnitte verschiedener Länge gewählt werden. Eine untere Grenze ist nicht gefordert. Allerdings ist bei einer Verbindung des Verlangens nach EZ mit einem Wunsch nach Teilzeitbeschäftigung § 17 VII 1 Nr. 3 zu beachten. Der AN muss den gesamten Zeitraum auch nicht

III. Verlängerung und Ende der Elternzeit

ausschöpfen (BAG 17. 10. 1990 AP BErzGG § 15 Nr. 4 = NZA 1991, 320). Hilfreich ist ferner die Angabe zu einem geplanten Wechsel unter den Berechtigten. Eine Verpflichtung dazu besteht nicht. Die Bestimmung der Zeiträume unterliegt keinerlei Kontrolle durch den AG, sondern allenfalls der gerichtlichen Rechtsmissbrauchskontrolle (ähnlich *Meisel/Sowka* Rn. 1 und *Gröninger/Thomas* Rn. 11; LAG Saarland 17. 5. 1995 ZTR 1996, 325 zur Erziehungsurlaubsanmeldung einer Lehrerin, die die Schulferien vom ErzUrl ausklammern wollte).

c) Rechtsfolgen bei Versäumung von Form und Frist. Die Vorschriften verdienen seitens der AN **10** strenge Beachtung. Denn werden sie **nicht eingehalten**, so ist die EZ **nicht rechtzeitig wirksam geltend** gemacht. Der AN bleibt dann unberechtigt der Arbeit fern und genießt bis zu einer ordnungsgemäßen Nachholung auch nicht den bes. Kündigungsschutz (BAG 17. 2. 1994 AP BGB § 626 Nr. 11 = NZA 1994, 656; Einzelheiten § 18 Rn. 4). Tw. ist weiter vertreten worden, dass es sich bei der Frist des § 16 I 1 um eine **Ausschlussfrist** handelt, bei deren Versäumung der Anspruch auf Freistellung zur Kindererziehung ersatzlos untergeht (*Leinemann/Linck* 1. Aufl. § 15 BErzGG Rn. 3 bis 5). Dabei wird übersehen, dass es keinen notwendigen Beginn der EZ gibt. Es gibt daher keinen Zeitpunkt, von dem an eine Ausschlussfrist laufen kann. Maßgebend ist allein die Entscheidung des AN, von welchem Zeitpunkt an er EZ nehmen will. Deshalb hat eine **Fristversäumung** in der Weise, dass der AN zB erst zwei Wochen vor dem von ihm in Aussicht genommenen Beginn der EZ seine Erklärung abgibt, **lediglich zur Folge**, dass der **Beginn** der EZ um zwei Wochen **verschoben** wird (BAG 17. 2. 1994 AP BGB § 626 Nr. 11 = NZA 1994, 656; hM im Schrifttum). Die Frist erweist sich damit allein als Schutzfrist für den AG, der ausreichend Zeit haben soll, hinsichtlich des frei werdenden Arbeitsplatzes zu disponieren (BAG 17. 10. 1990 AP BErzGG § 15 Nr. 4 = NZA 1991, 320).

III. Verlängerung und Ende der Elternzeit

1. Regelfall. Die EZ beträgt **maximal 3 Jahre**, gerechnet von der Geburt des Kindes. Sie endet auf **11** Grund entspr. Erklärung des Berechtigten nach § 16 I daher spätestens mit **Ablauf des Tages, der dem 3. Geburtstag des Kindes vorangeht**. Da der Anspruchsberechtigte die Höchstdauer nicht ausschöpfen muss, kann er davon abw. einen **beliebigen Endzeitpunkt** festsetzen. Allerdings muss er auch diesen Termin mit dem Verlangen nach § 16 I 1 bestimmen; diese Erklärung bindet ihn, so dass eine **einseitige Abänderung des Endzeitpunkts** nicht möglich ist (ausführlich zur Bindung *Meisel/Sowka* Rn. 4 ff.; auch *Gröninger/Thomas* § 16 Rn. 16 ff.; Schaub/*Linck* § 102 Rn. 166; *Zmarzlik/Zipperer/Viethen* Rn. 3). Das gilt grds. auch dann, wenn die EZ auf mehrere Zeiträume aufgeteilt werden soll. Lediglich im Einvernehmen kann davon abgewichen werden.

Eine rechtliche **Ausnahme** gilt für **angenommene und in Adoptionspflege genommene Kinder**. **12** Die EZ für die Erziehung und Betreuung dieser Kinder endet spätestens mit Ablauf des achten Lebensjahres, § 15 I 2; da die Dauer der EZ aber auch in diesen Fällen lediglich drei Jahre beträgt, kann dieser Zeitpunkt nur erreicht werden, wenn die EZ mit dem fünften Geburtstag des Kindes beginnt.

Die gesetzliche Höchstbegrenzung bezieht sich auf **ein Kind**. Bekommen oder nehmen die Berech- **13** tigten in der Folgezeit **mehr Kinder** auf, so kann für jedes weitere Kind die EZ beansprucht werden. Faktisch kann sich dadurch das Ruhen des Arbeitsverhältnisses über wesentlich mehr Jahre als drei hinweg ziehen. Die Berechtigung, für ein weiteres Kind EZ beanspruchen zu können, hat keinen Einfluss auf die laufende EZ (*Meisel/Sowka* Rn. 5 a). Zur Übertragung des Erholungsurlaubs in diesem Fall s. § 17 Rn. 14.

2. Vorzeitige Beendigung. a) Grundsatz. Die **Bindung des AN an seine Erklärung** über die **14** Dauer und die Anzahl der Wechsel bei der Erziehung und Betreuung wird auch sinnfällig dadurch, dass der AN bei seinem Wunsch auf Verkürzung des EZ an das Einverständnis des AG gebunden ist. Die Norm dient insoweit dem Schutz des AG hinsichtlich seiner durchgeführten Dispositionen, wozu auch der Entscheidung gehört, den Arbeitsplatz des fehlenden AN eine bestimmte Zeit unbesetzt zu lassen. Auch ein **wichtiger Grund** auf Seiten des AN rechtfertigt **nicht die einseitige Verkürzung**. Der AG darf allerdings nicht grundlos die Zustimmung zur vorzeitigen Beendigung verweigern, wie aus § 16 III 2 zu schließen ist.

b) Wegfall der Anspruchsvoraussetzungen. Von dieser Fallgestaltung ist der Sachverhalt zu unter- **15** scheiden, dass die Voraussetzungen für die EZ **zwischenzeitlich weggefallen** sind, zB weil der AN die Personensorge für das Kind verliert. In diesem Fall ist der durch den Antritt der EZ eingetretene Ruhenstatbestand beendet. Es besteht Arbeitspflicht des AN und Beschäftigungspflicht des AG. Der AG kann die Aufnahme der Beschäftigung, der AN kann Beschäftigung auf seinem Arbeitsplatz verlangen (aA die hM: *Gröninger/Thomas* Rn. 16; *Meisel/Sowka* Rn. 20 bis 22 und *Zmarzlik/Zipperer/Viethen* Rn. 13 ff., die lediglich dem AG ein Aufforderungsrecht zugestehen, im Übrigen aber die Dispositionsfreiheit des AG höher bewerten als das Beschäftigungsinteresse des AN). Weigert sich eine Partei, so kommt sie in Verzug. Gegen dieses Ergebnis lässt sich nicht der Wortlaut des § 16 III 1 anführen (das erkennen auch *Meisel/Sowka* aaO). Das dort genannte Zustimmungserfordernis betrifft nur den Fall, dass die Voraussetzungen für die EZ noch gegeben sind, der AN nur lieber arbeiten möchte. Der Fall, dass die Voraussetzungen weggefallen sind, wird von der Norm nicht erfasst. Es lässt sich auch nicht einwenden, der Gesetzgeber habe mit der Bestimmung in § 16 IV eine abschließende Sonderregelung getroffen. § 16 IV regelt nur die bes. Modalitäten des menschlich problematischsten Sachverhalts eines Wegfalls der EZVoraussetzungen (Rn. 16). Im Übrigen hat der Gesetzgeber nicht alle Fälle der Beendigung der EZ geregelt. So endet die EZ stets auch ohne bes. gesetzliche Erwähnung, wenn das **Arbeitsverhältnis** während seiner Dauer zB wegen Fristablaufs **endet**. Das befristete Arbeitsverhältnis wird nicht etwa um die Zeit der EZ verlängert. Der AN hat auch keinen Anspruch auf Verlängerung des befristeten Arbeitsverhältnisses, sofern nicht ein Fall des § 57 c Abs. 6 HRG vorliegt. Das gilt auch ohne bes. gesetzliche Anordnung wie in § 1 IV ArbPlSchG.

16 c) **Geburt eines weiteren Kindes.** Bei der Geburt eines weiteren Kindes kann der AG einem Verlangen des AN auf vorzeitige Beendigung der EZ nur mit dringenden betrieblichen Gründen entgegentreten. Dasselbe gilt bei einem Härtefall iSd. § 1 V. Es gelten die Ausführungen zu § 15 VII 1 Nr. 4 (§ 15 Rn. 24). Lehnt der AG unberechtigt ab, muss der AN das Einverständnis des AG und die daraus folgende Beschäftigung einklagen. Um Missbräuchen vorzubeugen, wird die vorzeitige Beendigung der EZ ausgeschlossen, wenn die Berechtigte die Beendigung anstrebt, weil sie statt dessen die Schutzfristen nach dem MuSchG in Anspruch nehmen will. Das ist nur legitim bei einer EZ mit erlaubter Teilzeitbeschäftigung. In diesem Fall gilt wieder die Regel des § 16 III 2.

17 d) **Tod des Kindes.** Die EZ **endet** entgegen dem sonstigen Wortlaut der Norm stets in dem Moment, wenn das zu betreuende Kind stirbt. Die wesentliche Anspruchsvoraussetzung ist weggefallen. Allerdings ist die damit grds. auflebende Arbeitspflicht des AN (Rn. 15) weiterhin bis höchstens zur Dauer von drei Wochen suspendiert. Das besagt § 16 IV mit der vordergründig etwas anderes aussagenden Formulierung, die wörtlich genommen mit der Konzeption des G nicht übereinstimmt.

18 Der **AN** kann von der **Suspendierung** vorzeitig **Abstand nehmen** und Beschäftigung zu einem früheren Zeitpunkt verlangen. Der AG ist verpflichtet, einem solchen Verlangen nachzukommen. Das verbirgt sich hinter der Zeitbestimmung „spätestens". Wird das G wörtlich genommen, so würde eine einseitige Erklärung des Berechtigten die EZ beenden.

19 Stirbt das Kind **vor Antritt der EZ**, aber nach der Ankündigung durch den berechtigten AN nach § 16 I, so kommt § 16 IV nicht zur Anwendung (iE ebenso *Meisel/Sowka* Rn. 24). Die Wirkung der Ankündigung nach § 16 I, die Suspendierung der Arbeitspflicht im ruhenden Arbeitsverhältnis, tritt wegen vorzeitigen Wegfalls der wesentlichen Anspruchsvoraussetzung überhaupt nicht ein. Der AN hat **Arbeitspflicht**, es sei denn, es liegt ein anderer Befreiungstatbestand vor, wenigstens für kurze Zeit nach § 616 BGB, regelmäßig aber auf Grund bes. Vereinbarung mit dem AG außerhalb des BErzGG.

20 3. **Verlängerung. a) Wichtiger Grund.** Ein ursprünglich vorgesehener begrenzter Zeitraum kann jederzeit einvernehmlich verlängert werden, § 16 III 1. Der Berechtigte hat **einen Anspruch auf Verlängerung**, wenn der vorgesehene Wechsel unter den Berechtigten aus wichtigem Grund nicht erfolgen kann, § 16 III 4. Bei dem unbestimmten Rechtsbegriff des wichtigen Grund handelt es sich nicht um die Beschreibung der Unzumutbarkeit wie in § 626 BGB (LAG Berlin 7. 6. 2001 NZA-RR 2001, 625; *Meisel/Sowka* Rn. 18), sondern um eine Abgrenzung zum einfachen Grund, der den AG nicht zwingen soll, seine Dispositionen zu ändern. Es soll verhindert werden, dass die betroffenen AG beliebigen Überlegungen der Berechtigten ausgesetzt wird, wer von beiden denn in der nächsten Zeit die Erziehung und Betreuung durchführen wird. Unter dieser Prämisse kann einer weiten Auslegung des Gesetzesbegriffs zugestimmt werden, so dass zB die Arbeitslosigkeit des anderen Berechtigten, dessen die Betreuung ausschließende Erkrankung oder der Tod des Unterhaltsverpflichteten als wichtiger Grund angesehen werden können. Auf die Versorgungssituation des Kindes kommt es vorrangig nicht an. Deshalb kann der AG nicht einwenden, für die Verlängerung läge kein wichtiger Grund vor, weil das Kind in der Zeit bei den Großeltern versorgt werden könne.

21 b) **Ankündigungsfrist.** Die Ankündigungsfrist des § 16 I 1 muss bei der Verlängerung **nicht eingehalten** werden. Das folgt nicht nur aus dem Wortlaut des G, sondern aus dem Zweck der Regelung. Vielmehr kann und muss der Verlängerungsantrag gestellt werden, wenn die Voraussetzungen gegeben sind. Der Tatbestand des wichtigen Grunds duldet keine Aufschiebung der Entscheidung (*Meisel/Sowka* Rn. 19). Auch des Rückgriffs auf eine analoge Anwendung des § 16 V bedarf es nicht. Vielmehr ist davon auszugehen, dass der Tatbestand des wichtigen Grunds nicht gegeben ist, wenn die EZBerechtigten den Sachverhalt schon länger kennen, aber keine Entscheidung über die Verlängerung der EZ zu Gunsten des bisher Erziehenden getroffen haben.

22 c) **Rechtsfolgen.** Die Verlängerung der EZ bedarf wie die ursprüngliche Gewährung **nicht der Zustimmung** durch den AG. Vielmehr genügt die Verlängerungsanzeige und die Schilderung des Sachverhalts, der den wichtigen Grund ausmacht. Ist der Tatbestand des wichtigen Grunds objektiv nicht gegeben, so trägt der AN wie bei der inhaltlich unvollständigen oder verfristeten Erstanzeige nach § 16 I das Risiko der unrichtigen rechtlichen Bewertung (Rn. 3). Das gilt insb. für das Kündigungsrisiko; denn nach einer Verlängerungsanzeige, für die die rechtlichen Voraussetzungen nicht gegeben sind, befindet sich der AN nicht (mehr) in der EZ. Folglich genießt er auch nicht mehr den besonderen Kündigungsschutz des § 18 (§ 18 Rn. 4 f.).

IV. Änderung der Anspruchsberechtigung

§ 16 V verpflichtet den AN, die Änderung der Anspruchsberechtigung unverzüglich (ohne schuldhaftes Zögern) mitzuteilen. Darunter fallen die Tatbestände des § 15 I. Die Vorschrift ist aber auch anwendbar im Fall des § 16 III 4, letztlich in allen Fällen von Veränderungen. Denn sie konkretisiert nur eine ohnehin bestehende Nebenpflicht des AN. 23

V. Beteiligung der Erziehungsgeldstelle

Überflüssig erscheinen die Bestimmungen des § 16 I 3 und 4 über die Möglichkeit, die Erziehungsgeldstelle als **Schlichter oder Gutachter** in Anspruch zu nehmen (*Meisel/Sowka* Rn. 11 bezeichnen die Bestimmung trotz einer Verbesserung gegenüber der alten Fassung als nicht bes. gelungen). Geradezu unverständlich ist die geschaffene Möglichkeit, die Beteiligung der Erziehungsgeldstelle in einer V zu regeln, weil deren Entscheidung oder Vorschlag **keine Rechtsfolgen** auslöst, auch **nicht die Beweislast** anderweitig verschiebt (MünchArbR/*Heenen* § 228 Rn. 35). Ihre Beteiligung verzögert nur die Erledigung eines Streits über die EZBerechtigung. Mit bindender Wirkung können darüber nur die Gerichte für Arbeitssachen entscheiden, die daher wenigstens zur gleichen Zeit wie die Erziehungsgeldstelle in Anspruch genommen werden sollten, wenn Streit über die Berechtigung besteht. 24

§ 17 Urlaub

(1) ¹Der Arbeitgeber kann den Erholungsurlaub, der dem Arbeitnehmer für das Urlaubsjahr aus dem Arbeitsverhältnis zusteht, für jeden vollen Kalendermonat, für den der Arbeitnehmer Elternzeit nimmt, um ein Zwölftel kürzen. ²Satz 1 gilt nicht, wenn der Arbeitnehmer während der Elternzeit bei seinem Arbeitgeber Teilzeitarbeit leistet.

(2) Hat der Arbeitnehmer den ihm zustehenden Urlaub vor dem Beginn der Elternzeit nicht oder nicht vollständig erhalten, so hat der Arbeitgeber den Resturlaub nach der Elternzeit im laufenden oder im nächsten Urlaubsjahr zu gewähren.

(3) Endet das Arbeitsverhältnis während der Elternzeit oder setzt der Arbeitnehmer im Anschluss an die Elternzeit das Arbeitsverhältnis nicht fort, so hat der Arbeitgeber den noch nicht gewährten Urlaub abzugelten.

(4) Hat der Arbeitnehmer vor dem Beginn der Elternzeit mehr Urlaub erhalten, als ihm nach Absatz 1 zusteht, so kann der Arbeitgeber den Urlaub, der dem Arbeitnehmer nach dem Ende der Elternzeit zusteht, um die zuviel gewährten Urlaubstage kürzen.

I. Gesetzeszweck

Der Text der Vorschrift beruht auf der Neufassung des Gesetzes vom 7. Dezember 2001 (BGBl. I S. 3358) und gilt nach seinem § 24 Abs. 1 für die ab 1. Januar 2001 geborenen Kinder. Für die vor dem 1. Januar 2001 geborenen Kinder ist § 17 in der bis zum 31. Dezember 2000 geltenden Fassung anzuwenden. Das ist ohne Belang, weil die Vorschrift seit der Normierung des G inhaltlich unverändert geblieben ist und nur – von der Änderung der Überschrift abgesehen – der Begriff des Erziehungsurlaubs durch den der EZ ersetzt worden ist. Sie beruht auf einem Entwurf der BundesReg. (BT-Drucks. 10/3792) und einer Änderung des federführenden Ausschusses für Jugend, Familie und Gesundheit (BT-Drucks. 10/4148). Sie **ändern und ergänzen** die gesetzlichen Bestimmungen des BUrlG im Hinblick auf die Besonderheiten, die durch das inzwischen mehrjährig mögliche Ruhen eines Arbeitsverhältnisses auftreten können. Dabei hat der Gesetzgeber tw. auf Vorbilder in **§ 4 ArbPlSchG** und in **§ 8 d MuSchG** zurückgegriffen (Regierungsentwurf BT-Drucks. 10/3792). 1

Das G regelt drei Fallgestaltungen. Es handelt sich um die **Kürzung** des Erholungsurlaubs in § 17 I und IV, die **Übertragung** in § 17 II und die **Abgeltung** in § 17 III. Betroffen sind dadurch § 3, § 5 III und § 7 III und IV BUrlG. 2

II. Kürzung des Erholungsurlaubs

1. Kürzung vor Urlaubserteilung. a) Grundsatz. Nach der st. Rspr. des BAG entsteht der Urlaubsanspruch unabhängig von der Arbeitsleistung des AN im bestehenden Arbeitsverhältnis (§ 1 BUrlG Rn. 20). Das gälte auch bei einer mehrmonatigen oder sogar mehrjährigen EZ, weil das Arbeitsverhältnis während der EZ nicht beendet wird, sondern ruht (§ 15 Rn. 36). Diese Rechtsfolge des BUrlG hindert § 17 nicht hinsichtlich seiner Entstehung, sondern dadurch, dass die **Dauer des Erholungsurlaubs** an die Zeit des aktualisierten Arbeitsverhältnisses **angepasst** werden **kann**. Die Kürzungsmöglichkeit betrifft **jeden Erholungsurlaub** unabhängig von der Rechtsgrundlage (allgM *Friese* Rn. 678). Soll tariflicher, betrieblicher oder einzelvertraglicher Urlaub von der Inanspruchnahme einer EZ unberührt bleiben, müssen die entspr. Normen oder Vereinbarungen das Kürzungs- 3

Zeitpunkt der Beendigung in Höhe des übertragenen und ungekürzten oder gekürzten Urlaubsanspruchs ein **Abgeltungsanspruch**. Dieser ist Surrogat des Urlaubsanspruchs, sofern nichts anderes bestimmt oder vereinbart ist. Das bedeutet, dass er nur im laufenden Jahr nach Beendigung der EZ oder im nächsten Urlaubsjahr **erfüllt** werden kann (§ 7 BUrlG Rn. 97 bis 101). Ist der AN in diesem langen Zeitraum zu keiner Zeit in der Lage, seinen Arbeitspflichten nachzukommen, wäre das Arbeitsverhältnis nicht beendet worden, so ist auch der Abgeltungsanspruch nicht erfüllbar (§ 7 BUrlG Rn. 102 bis 105). Insoweit gilt nach § 17 III nichts anderes als nach § 7 IV BUrlG (zutreffend *Meisel/Sowka* § 17 Rn. 31 und *Sowka* Anm. zu AP BErzGG § 17 Nr. 2; aA *Dersch/Neumann* Rn. 9).

17 Hat der AG den Urlaub aus dem Jahr, in dem die EZ begann, nicht gekürzt, darf er die **Abgeltung** entspr. um die 12tel **kürzen**, in denen der AN volle Monate in der EZ war (BAG 28. 7. 1992 AP BErzGG § 17 Nr. 3 mit Anm. *Sibben* = NZA 1994, 27; BAG 23. 4. 1996 AP BErzGG § 17 Nr. 6 = NZA 1997, 44).

18 Der Anspruch des ausgeschiedenen AN unterliegt **tariflichen Ausschlussfristen** nur hinsichtlich eines Anspruchs, der über den gesetzlichen Mindesturlaub hinausgeht. Die Abgeltung für den gesetzlichen Mindesturlaub kann während des vom G geschaffenen Befristungszeitraums uneingeschränkt geltend gemacht werden. Den TVParteien fehlt die Befugnis, den Anspruch des AN zu verkürzen, weil das Surrogat Abgeltung ebenso wie der Anspruch nach § 1 BUrlG gem. § 13 I 1 BUrlG geschützt ist (s. § 7 BUrlG Rn. 112).

§ 18 Kündigungsschutz

(1) ¹Der Arbeitgeber darf das Arbeitsverhältnis ab dem Zeitpunkt, von dem an Elternzeit verlangt worden ist, höchstens jedoch acht Wochen vor Beginn der Elternzeit, und während der Elternzeit nicht kündigen. ²In besonderen Fällen kann ausnahmsweise eine Kündigung für zulässig erklärt werden. ³Die Zulässigkeitserklärung erfolgt durch die für den Arbeitsschutz zuständige oberste Landesbehörde oder die von ihr bestimmte Stelle. ⁴Die Bundesregierung kann mit Zustimmung des Bundesrates allgemeine Verwaltungsvorschriften zur Durchführung des Satzes 2 erlassen.

(2) Absatz 1 gilt entsprechend, wenn der Arbeitnehmer
1. während der Elternzeit bei seinem Arbeitgeber Teilzeitarbeit leistet oder
2. ohne Elternzeit in Anspruch zu nehmen, bei seinem Arbeitgeber Teilzeitarbeit leistet und Anspruch auf Erziehungsgeld hat oder nur deshalb nicht hat, weil das Einkommen (§ 6) die Einkommensgrenzen (§ 5 Abs. 2) übersteigt. Der Kündigungsschutz nach Nummer 2 besteht nicht, solange kein Anspruch auf Elternzeit nach § 15 besteht.

I. Normzweck

1 Die Erläuterungen beziehen sich auf die Gesetzeslage seit 1. 1. 2001. Für die vor dem 1. 1. 2001 geborenen oder in Obhut genommenen Kinder ist das alte Recht weiter anzuwenden, § 24. Vgl. dazu 2. Aufl. § 18.

§ 18 schützt mittelbar („flankierende Maßnahme" KR/*Pfeiffer* Rn. 4) die Realisierung des Anspruchs auf Elternzeit gem. §§ 15, 16. Die Personen, die von ihrem Recht auf Elternzeit nach §§ 15, 16 ordnungsgemäß Gebrauch machen, sind während der Elternzeit gegen AGKündigungen geschützt. Ob für eine Kündigung ein Kündigungsgrund gegeben wäre, ist für das Verbot unerheblich (APS/*Rolfs* Rn. 17). Die Bestimmung enthält parallel zu § 9 MuSchG ein Kündigungsverbot mit Erlaubnisvorbehalt (BAG 26. 6. 1997 AP BErzGG § 15 Nr. 22 = NZA 1997, 1156). **Verboten** sind **ordentliche, außerordentliche** und **arbeitskampfbedingte Beendigungs-** oder **Änderungskündigungen**. Eine Ausnahme besteht auch nicht für Masenänderungskündigungen im Hinblick auf Abs. 1 S. 2. § 18 gilt auch in der Insolvenz (APS/*Rolfs* Rn. 17). Erlaubt sind andere Vertragsbeendigungen wie Befristung oder Aufhebungsvertrag (*Meisel/Sowka* Rn. 9). Für Mütter wird der Kündigungsschutz nach § 9 MuSchG verlängert, wenn sie anschließend Elternzeit nehmen, denn das Kündigungsverbot nach § 18 schließt nahtlos an § 9 MuSchG an. Beide Kündigungsverbote können auch nebeneinander bestehen; bei Erziehungsurlaub der Mutter während laufender Schutzfristen hätte der AG somit eine Kündigung von der Behörde nach beiden Vorschriften genehmigen zu lassen (BAG 31. 3. 1993 AP MuSchG 1968 § 9 Nr. 20 = NZA 1993, 646). Der Kündigungsschutz nach § 18 greift nur zugunsten der Personen, die iSv. § 15 elternzeitberechtigt sind. Der Elternzeitberechtigte selbst ist an einer Kündigung nicht gehindert (KR/*Pfeiffer* Rn. 12 a). Das Kündigungsverbot des Abs. 1 tritt neben den allg. Kündigungsschutz bzw. weitere gesetzliche Sonderbestimmungen, und zwar sowohl individual- oder kollektivrechtlicher Art (KDZ/*Zwanziger* Rn. 21).

2 Nach Ende der Elternzeit wird das ruhende Arbeitsverhältnis wieder zu den ursprünglichen Vertragsbedingungen aktiviert, soweit sie nicht zulässig einvernehmlich geändert worden sind. Wegen eines Rechtsanspruchs auf Teilzeitarbeit vgl. § 8 TzBfG. Einen Anspruch auf Beschäftigung am selben Arbeitsplatz wie vor dem Erziehungsurlaub steht der Rückkehrerin nur bei einzel- oder kollektiv-

vertraglicher Vereinbarung zu (*Buchner/Becker* Rn. 18; *Zmarzlick/Viethen* Rn. 15). § 18 enthält daher keine Arbeitsplatzgarantie (KR/*Pfeiffer* Rn. 5 a).

II. Kündigungsverbot

1. Geltungsbereich. Geschützt sind **alle AN**, die zur Berufsbildung oder in Heimarbeit Beschäf- 3 tigte und die ihnen Gleichgestellten (§ 20), die Anspruch auf Elternzeit haben, wenn sie diesen bereits wirksam verlangt oder angetreten haben, §§ 15, 16. Der Schutz besteht auch, wenn das Arbeits- oder Teilzeitarbeitsverhältnis erst nach der Geburt des Kindes begründet wurde (BAG 11. 3. 1999 AP BErzGG § 18 Nr. 4 = NZA 1999, 1047). § 18 gilt ebenso, wenn die Tätigkeit in einem Haushalt verwirklicht wird (APS/*Rolfs* Rn. 4). Die in § 9 MuSchG vorgesehenen Einschränkungen für Heimarbeiterinnen gelten nicht. § 18 greift unabhängig davon, ob allg. Kündigungsschutz besteht oder nicht (KR/*Pfeiffer* Rn. 11). Die Vorschrift gilt auch im Insolvenzverfahren (KR/*Pfeiffer* Rn. 12).

Nach der gesetzlichen Regelung sind verschiedene Alternativen zu unterscheiden: **Kündigungs-** 4 **schutz nach Verlangen** und **während der Elternzeit**, Kündigungsschutz bei **Teilzeitarbeit** während der Elternzeit und Kündigungsschutz bei **Teilzeitarbeit ohne Elternzeit** in bes. Fällen.

2. Kündigungsschutz nach Verlangen von Elternzeit und während der Elternzeit bei Vollzeit- 5 **beschäftigten (Abs. 1).** Der bes. **Kündigungsschutz** besteht **während der Elternzeit**. Das Kündigungsverbot besteht außerdem bereits von dem **Zeitpunkt** an, zu dem **Elternzeit verlangt wurde**. Für diesen Fall greift das Kündigungsverbot allerdings frühestens acht Wochen vor Beginn der Elternzeit. Wird die Elternzeit aufgeteilt, gilt der vorverlagerte Kündigungsschutz nur für den ersten Abschnitt (HzA Gruppe 1/6 *(Klempt)* Rn. 396). In diesen Zeiten darf das Arbeitsverhältnis vom AG – ohne Zulässigerklärung – nicht gekündigt werden. Die **gesetzlichen Voraussetzungen** nach **§§ 15, 16 müssen vorliegen** (BAG 17. 2. 1994 AP BGB § 626 Nr. 116; KDZ/*Zwanziger* Rn. 3; KR/*Pfeiffer* Rn. 12 a). Andere Freistellungen, zB unbezahlter Sonderurlaub, genügen nicht. Das ergibt sich mittelbar aus Abs. 2 S. 2. § 15 beschränkt die Elternzeit nicht auf das Arbeitsverhältnis, welches zum Zeitpunkt der Geburt des Kindes bestanden hat. Die Elternzeit kann auch in einem anderen Arbeitsverhältnis genommen werden (BAG 11. 3. 1999 AP BErzGG § 18 Nr. 4 = NZA 1999, 1047). Die Anspruchsvoraussetzungen müssen bei Zugang der Kündigung noch erfüllt sein; nachträglicher Wegfall der Voraussetzungen schadet nicht (*Zmarzlik/Zipperer/Viethen* Rn. 8). Geht eine berechtigte Kündigung der Betreuungsperson vor Geltendmachung des Erziehurlaubs (Abs. 1 S. 1) zu, wird sie wirksam, auch wenn zu diesem Zeitpunkt der Erziehungsurlaub bereits angetreten war.

Das **Kündigungsverbot endet** mit dem (auch vorzeitigen) **Ende der Elternzeit**.

3. Teilzeitarbeit während der Elternzeit (Abs. 2 Nr. 1). Das Kündigungsverbot gilt auch, wenn die 6 elternzeitberechtigte Person in zulässigem Umfang (KR/*Pfeiffer* Rn. 16) Teilzeitarbeit während der Elternzeit leistet; zum Begriff der Teilzeitarbeit vgl. § 2 TzBfG, im Übrigen gelten die Sonderregelungen des BErzGG (HzA Gruppe 1/6 *(Klempt)* Rn. 397; vgl. zum Anspruch auf Teilzeit auch *Gaul/Wisskirchen* BB 2000, 2466; *Leßmann* DB 2001, 94; *Sowka* NZA 2000, 1185). Abs. 2 Nr. 1 schützt Personen, deren vertragliche Arbeitszeit während der Elternzeit auf einen anspruchsunschädlichen Umfang reduziert wird. Wegen der zulässigen Teilzeitarbeit vgl. § 15. Die Teilzeitarbeit muss bei dem AG verrichtet werden, bei dem die Elternzeit genommen wird. Teilzeitarbeit bei einem anderen AG löst dort keinen Sonderkündigungsschutz nach § 18 aus (KDZ/*Zwanziger* Rn. 11; *Sowka* BB 2001, 935, 937). Bei einer nicht gem. § 15 IV zulässigen Tätigkeit (mehr als 30 Stunden) beim selben AG greift der Kündigungsschutz des Abs. 1 nicht (APS/*Rolfs* Rn. 5). Wird eine Teilzeitarbeit von mehr als 30 Tagen (§ 15 IV) vereinbart, können die Parteien jedoch vereinbaren, dass der Kündigungsschutz nach § 18 dennoch gelten soll (HzA Gruppe 1/6 *(Klempt)* Rn. 336). Eine zulässig Teilzeitarbeit bei einem anderen AG lässt den Sonderkündigungsschutz des ursprünglichen Arbeitsverhältnisse unberührt (APS/*Rolfs* Rn. 6). Das gilt auch, wenn bei einem anderen AG unzulässige Teilzeitarbeit verrichtet wird. Hier kommt jedoch eine Zulässigkeitserklärung nach Abs. 1 S. 2 in Betracht (APS/*Rolfs* Rn. 8). Wenn sich die Vereinbarung der Teilzeitarbeit lediglich auf eine Verringerung der Arbeitszeit bezieht, besteht zwischen dem AN und dem ursprünglichen AG ein **einheitliches Arbeitsverhältnis** (str., wie hier BAG 23. 4. 1996 AP BErzGG § 17 Nr. 7 = NZA 1997, 160; noch offen gelassen in BAG 28. 6. 1995 AP BErzGG § 15 Nr. 18 = NZA 1996, 151; ursprüngliche Arbeitsverhältnis wird suspendiert und ein neues begründet, wobei § 18 II beider erfasst: APS/*Rolfs* Rn. 6; vgl. auch *Sowka* BB 2001, 935, 937).

Der Kündigungsschutz des Abs. 1 umfasst bei Vorliegen eines einheitlichen Arbeitsverhältnisses 7 sowohl das Arbeitsverhältnis in seinem ursprünglich vereinbarten Inhalt als auch das „Teilzeitarbeitsverhältnis" (*Zmarzlik/Zipperer/Viethen* Rn. 9; *Buchner/Becker* Rn. 35; *Betz* NZA 2000, 248, 250 f.; aA *Ramrath* DB 1987, 1785, 1787; *Köster/Schiefer/Überacker* DB 1994, 2341 f.). Das gilt auch, wenn zusätzlich der Inhalt der Arbeitsleistung für die Dauer der Elternzeit einvernehmlich verändert wurde (*Zmarzlik/Zipperer/Viethen* Rn. 10; (HzA/Teilbereich 1/Gruppe 6 *(Klempt)* Rn. 404; aA *Meisel/Sowka* Rn. 16; *D. Kaiser*, Erziehungs- und Elternurlaub in Verbundsystemen, 1993, S. 136).

8   **4. Teilzeitarbeit ohne Elternzeit in besonderen Fällen (Abs. 2 Nr. 2).** Abs. 2 Nr. 2 schützt Personen, die bereits vor dem Zeitpunkt, zu dem sie elternzeitberechtigt wurden, Teilzeitarbeit leisteten und dies auch weiter zu tun wollen (APS/*Rolfs* Rn. 7). Der Sonderkündigungsschutz des Abs. 2 Nr. 2 greift auch, wenn das Teilzeitarbeitsverhältnis erst nach der Geburt des Kindes begründet wurde (BAG 27. 3. 2003 – 2 AZR 627/01 zVb.). Voraussetzung hierfür ist allerdings, dass Erziehungsgeld bezogen wird oder nur wegen Überschreitens der Einkommensgrenzen gem. §§ 5, 6 nicht bezogen werden kann. Diese Personen, die bereits vorher nur 30 Stunden oder weniger (§ 2 I) beschäftigt waren, sollen nicht schlechter gestellt werden als Beschäftigte, die ihre Arbeitszeit reduziert oder aufgegeben haben. Damit fallen praktisch alle TeilzeitAN unabhängig von ihrem Geschlecht unter den Kündigungsschutz des § 18 (*Sowka* BB 2000, 1190; *ders.* BB 2001, 935). Da der AG die Tatsachen, die den Schutzanspruch nach Nr. 2 begründen, nicht immer kennen kann, hat sich die elternzeitberechtigte Person im Falle einer Kündigung in analoger Anwendung der Frist des § 9 I 1 MuSchG (zwei Wochen) darauf zu berufen (APS/*Rolfs* Rn. 7; HzA Gruppe 1/6 (*Klempt*) Rn. 408; *Meisel/Sowka* Rn. 19; KR/*Pfeiffer* Rn. 20; für eine unverzügliche Mitteilung: *Gröninger/Thomas* Rn. 10; *Schaub* § 102 V 1 b). Unterlässt der AN die Mitteilung, verliert es den Kündigungsschutz nach § 18.

9   **5. Kündigungsverbot.** Soweit ein Anspruch auf Elternzeit gem. § 15 besteht, darf das Arbeitsverhältnis vom AG nicht gekündigt werden. Entscheidend hierfür ist allein die objektive Rechtslage (APS/*Rolfs* Rn. 9; KR/*Pfeiffer* Rn. 21). Der maßgebende Zeitpunkt ist der des Zugangs der Kündigungserklärung, § 130 BGB. Das Verbot ist zwingend und kann vertraglich weder ausgeschlossen noch im Voraus beschränkt werden. Ein nachträglicher Verzicht auf den Schutz durch § 18 ist jedoch zulässig (KR/*Pfeiffer* Rn. 10). Eine verbotswidrig erklärte Kündigung ist nichtig, § 134 BGB (BAG 17. 2. 1994 AP BGB § 626 Nr. 115 = NZA 1994, 656; 11. 3. 1999 AP BGB BErzGG § 18 Nr. 4 = NZA 1999, 1047). Sie kann nicht in eine Kündigung zum Ablauf der Elternzeit umgedeutet werden (HzA Gruppe 1/6 (*Klempt*) Rn. 400). Für die gerichtliche Geltendmachung der Nichtigkeit besteht zur Zeit noch keine Klagefrist. Eine Änderung ist zu erwarten durch das Gesetz zu Reformen am Arbeitsmarkt, vgl. § 4 KSchG Rn. 104. Der Gekündigte muss jedoch beachten, dass er das entspr. Recht verwirken kann. Wird die Kündigung vor Geltendmachung der Elternzeit ausgesprochen, ist sie nicht gem. Abs. I S. 1 verboten. Es ist jedoch zu beachten, dass eine unzulässige Maßregelung gem. § 612 a BGB vorliegen kann (BAG 17. 2. 1994 AP BGB § 626 Nr. 116 = NZA 1994, 656).

10 Der Kündigungsschutz aus Abs. 1 beginnt mit dem Tag, an dem Elternzeit wirksam verlangt wurde, sofern dieser Termin nicht mehr als acht Wochen vor dem Beginn der Elternzeit liegt, (Abs. 1 S. 1) bzw. an dem er frühestens hätte angetreten werden können (Abs. 2 Nr. 2). Maßgeblich ist der Tag des Zugangs der Kündigungserklärung, nicht der zu dem das Arbeitsverhältnis beendet werden soll (APS/*Rolfs* Rn. 11). Macht der AN die Elternzeit früher als acht Wochen geltend, greift § 18 erst acht Wochen vor Beginn der Elternzeit (APS/*Rolfs* Rn. 12). In den Fällen des 18 II Nr. 2 beginnt der Sonderkündigungsschutz zu dem Zeitpunkt, zu dem die Elternzeit frühestens hätte angetreten werden können (APS/*Rolfs* Rn. 12). Der Kündigungsschutz dauert während der Elternzeit an, auch im Falle von Arbeitskämpfen (vgl. § 9 MuSchG Rn. 13). Wird die Elternzeit nur verkürzt beansprucht oder vorzeitig beendet, § 16 III I, IV, endet auch der Kündigungsschutz nach § 18. Nachwirkender Kündigungsschutz iSv. § 18 besteht nicht, doch verstößt eine wegen der Inanspruchnahme von Erziehungsurlaub erklärte Kündigung gegen § 612 a BGB. Solange die Elternzeit nicht vollständig (§ 15) genommen worden ist, hat der elternzeitberechtigte AN auch in einem Folgearbeitsverhältnis Anspruch auf Elternzeit. Das Kündigungsverbot gilt in diesem Fall und wenn die Voraussetzungen nach §§ 15, 16 vorliegen, auch im Folgearbeitsverhältnis (BAG 11. 3. 1999 AP BErzGG § 18 Nr. 4 = NZA 1999, 1047). Der Kündigungsschutz endet normalerweise am Tag vor dem dritten Geburtstag des Kindes (APS/*Rolfs* Rn. 12). Wird eine AN während der Elternzeit schwanger, besteht unabhängig von einer weiteren Tätigkeit jedoch wegen der Schwangerschaft Kündigungsschutz des § 9 MuSchG. Nach Ende der Elternzeit gilt wieder der allg. Kündigungsschutz und bes. Kündigungsschutz wie § 9 MuSchG, § 15 SchwbG, § 15 KSchG, § 103 BetrVG, § 2 ArbPlSchG.

III. Befreiung vom Kündigungsverbot (Abs. I S. 2, 3)

11 Eine Kündigung kann nach Abs. 1 S. 2 in bes. Fällen für zulässig erklärt werden. Die Voraussetzungen hierfür sind in den Allgemeinen Verwaltungsvorschriften zum Kündigungsschutz bei Erziehungsurlaub vom 2. 1. 1986 BAnz. 1986 Nr. 1, S. 4 (Abdruck bei APS/*Rolfs* Rn. 29) aufgezählt. Die Verwaltungsvorschrift regelt die Sonderfälle nicht abschließend, sondern beispielhaft („insbesondere"). Ein bes. Fall liegt danach vor bei: Betriebs- oder Betriebsteilstilllegung, wenn der AN nicht in einem anderen Betrieb des Unternehmens weiterbeschäftigt werden kann; Verlagerung von Betrieb oder Betriebsabteilung; Ablehnung des Weiterbeschäftigungsgebotes in den vorgenannten Fällen durch den AN; Existenzgefährdung für Betrieb oder AG; durch bes. schwere Vertragspflichtverletzung/vorsätzliche strafbare Handlung bedingte Unzumutbarkeit der Aufrechterhaltung des Arbeitsverhältnisses; unbilliger Erschwerung, die in die Nähe der Existenzgefährdung für den AG kommt. Ist streitig, ob ein Betrieb stillgelegt oder auf einen anderen Inhaber übergegangen ist, darf die zuständige Behörde

die Zulässigerklärung nicht mit der Begründung verweigern, es liege ein Betriebsübergang vor. Diese Frage können allein die Arbeitsgerichte verbindlich beantworten. Ist demnach die Kündigung für zulässig zu erklären, hängt ihre Wirksamkeit davon ab, ob das Arbeitsgericht eine Stilllegung bejaht oder nicht (OVG Nordrhein-Westfalen 21. 3. 2000 AP BErzGG § 18 Nr. 5). Die Heirat einer katholischen Kindergärtnerin mit einem geschiedenen Mann begründet eine Kündigung durch die katholische Gemeinde nicht (OLG Düsseldorf 17. 10. 1991 NVwZ 1992, 96). Liegt ein bes. Fall vor, hat die Behörde nach pflichtgemäßem Ermessen zu entscheiden, ob die Kündigung für zulässig erklärt werden soll. Zuständige Behörden sind: überwiegend die örtlichen Gewerbeaufsichtsämter, in Berlin, Brandenburg, Hamburg, Mecklenburg-Vorpommern und Thüringen die Ämter für Arbeitsschutz, in Hessen und Nordrhein-Westfalen die Regierungspräsidenten (HzA/Teilbereich 1/Gruppe 6 *(Klempt)* Rn. 415). Die Zulässigerklärung muss bei Ausspruch der Kündigung vorliegen.

IV. Darlegungs- und Beweislast

Der AN ist in den Fällen des § 18 I und II darlegungs- und beweispflichtig dafür, dass die Voraus- 12
setzungen des § 18 vorliegen. Das gilt auch für die Elternzeitberechtigung nach § 15 sowie für die Frage der fristgerechten Geltendmachung. Der AG kann dartun, warum die Voraussetzungen nach § 15 II ausnahmsweise nicht vorliegen (APS/*Rolfs* Rn. 27, 28).

§ 19 Kündigung zum Ende der Elternzeit

Der Arbeitnehmer kann das Arbeitsverhältnis zum Ende der Elternzeit nur unter Einhaltung einer Kündigungsfrist von drei Monaten kündigen.

Die Vorschrift gewährt dem elternzeitberechtigten AN ein **Sonderkündigungsrecht** (BAG 16. 10. 1
1991 AP BErzGG § 19 Nr. 1 zu II 2 c d. Gr.). Es handelt sich nicht etwa – nur – um eine Kündigungsfristenregelung. Der AN braucht eine längere gesetzliche, tarifvertragliche oder einzelvertragliche Frist nicht einzuhalten, wenn das Arbeitsverhältnis deckungsgleich mit dem Tag enden soll, zu dem die Elternzeit endet (HzA Gruppe 1/6 *(Klempt* Rn. 394). Der AG wird insofern geschützt, als der kündigende Elternteil für diesen Fall die in § 19 normierte Kündigungsfrist einhalten muss, vgl. Rn. 3. Das Kündigungsrecht steht jedem AN zu, der sich in der Elternzeit befindet oder sie berechtigt geltend gemacht hat (APS/*Rolfs* Rn. 5). Hinsichtlich der Auswirkungen auf AGDarlehen, wenn vom Sonderkündigungsrecht Gebrauch gemacht wird vgl. BAG 16. 10. 1991 AP BErzGG § 19 Nr. 1.

Die **Regelung ist zwingend** (APS/*Rolfs* Rn. 4; KR/*Pfeiffer* Rn. 12). Das Kündigungsrecht steht 2
dem anspruchsberechtigten, nicht etwa nur dem (Elternzeit-)beurlaubten AN zu (KR/*Pfeiffer* Rn. 5). Die Vorschrift erfasst Vollzeit- und Teilzeitkräfte nach § 18 Abs. 1 Nr. 1 (KR/*Pfeiffer* Rn. 6). Nicht erfasst werden Teilzeitkräfte nach § 18 Abs. 2 Nr. 2, die Elternzeit gar nicht beanspruchen (APS/*Rolfs* Rn. 5). Für eine zum Ende der Elternzeit ausgesprochene Kündigung dürfen zum Nachteil des Elternzeitanspruchsberechtigten weder einzel- noch tarifvertraglich abw. Regelungen getroffen werden (KR/*Pfeiffer* Rn. 4, 12). Dem AN steht es allerdings frei, das Arbeitsverhältnis während der Zeit des Bestehens des Sonderkündigungsrechts unter Einhaltung der jeweils maßgeblichen Kündigungsfrist zu einem von § 19 abw. Zeitpunkt oder außerordentlich, vgl. Rn. 5, zu kündigen (APS/*Rolfs* Rn. 3; HzA Gruppe 1/6 *(Klempt)* Rn. 394; KR/*Pfeiffer* Rn. 20).

Wird zum Ende der Elternzeit gekündigt, ist die **Frist von drei Monaten für den AN einseitig** 3
zwingend. Das folgt aus der Weglassung der früheren Formulierung des § 19 („soweit nicht eine kürzere gesetzliche oder vereinbarte Kündigungsfrist gilt") und dem heute statt dessen eingefügten Wort „nur" (APS/*Rolfs* Rn. 2; KR/*Pfeiffer* Rn. 3). Hält der AN die Kündigungsfrist nicht ein, wird die Kündigung nicht zum Ende der Elternzeit wirksam, sondern sie wirkt für den danach liegenden Termin, für den die allg. gesetzlichen oder vertraglichen Fristen zu beachten sind. Wird die Elternzeit in mehreren Abschnitten genommen oder in einem Wechsel zwischen den Berechtigten, gilt die Frist des § 19 nur für den letzten Abschnitt.

Für die **Kündigung** gelten die allg. Vorschriften, insb. § 623 BGB – **Schriftform**. Ist vertraglich 4
oder tarifvertraglich eine strengere Form vorgesehen, ist diese zu beachten (APS/*Rolfs* Rn. 6). Für die Berechnung der Frist gelten die §§ 187, 188 BGB. Der frühest mögliche Zeitpunkt zu dem die Kündigung zum Ende der Elternzeit ausgesprochen werden kann, ist der, der für die Ausübung des Sonderkündigungsrechts in Betracht kommt. Hat der AN zB Elternzeit in vollem Umfang in Anspruch genommen, ist das Ende der Zeitpunkt, der dem tag vorangeht, zu dem das Kind drei Jahre alt wird (KR/*Pfeiffer* Rn. 10). Wird die Elternzeit durch andere Umstände vorzeitig beendet, zB Tod des Kindes, und hatte der AN bereits fristgemäß zum normalen Ende der Elternzeit gekündigt, bleibt diese Kündigung wirksam, wenn sie bereits mehr als drei Monate vorher erklärt war (APS/*Rolfs* Rn. 8; aA noch Vorauf.). War die Kündigung weniger als drei Monate vorher erklärt, wird das Arbeitsverhältnis mit Ablauf der drei Monate beendet (APS/*Rolfs* Rn. 8). Mit dem Ablauf der Kündigungsfrist endet das Arbeitsverhältnis endgültig mit den gleichen Folgen wie bei einer normalen Kündigung.

5   Die Regelung in § 19 schließt nicht aus, dass das Arbeitsverhältnis durch **Aufhebungsvertrag** ohne Beachtung irgendwelcher Fristen beendet wird. Kündigt der AN mit einer kürzeren als der in § 19 vorgeschriebenen Frist und erhebt der AG hiergegen keine Einwendungen, ist das Arbeitsverhältnis als wirksam beendet anzusehen. Nicht ausgeschlossen ist ebenso eine **außerordentliche Kündigung** nach § 626 BGB (KR/*Pfeiffer* Rn. 10).

§ 20 Zur Berufsbildung Beschäftigte; in Heimarbeit Beschäftigte

(1) ¹ Die zu ihrer Berufsbildung Beschäftigten gelten als Arbeitnehmer im Sinne dieses Gesetzes. ² Die Elternzeit wird auf Berufsbildungszeiten nicht angerechnet.

(2) ¹ Anspruch auf Elternzeit haben auch die in Heimarbeit Beschäftigten und die ihnen Gleichgestellten (§ 1 Abs. 1 und 2 des Heimarbeitsgesetzes), soweit sie am Stück mitarbeiten. ² Für sie tritt an die Stelle des Arbeitgebers der Auftraggeber oder Zwischenmeister und an die Stelle des Arbeitsverhältnisses das Beschäftigungsverhältnis.

1   **1. Zur Berufsbildung Beschäftigte (Abs. 1).** Mittels einer Fiktion stellt Abs. 1 die zu ihrer Berufsbildung Beschäftigten den AN iSd. Gesetzes gleich. Erfasst werden Auszubildende, Volontäre, Anlernlinge, Umschüler und Praktikanten. Letztere aber nicht, wenn die Praktika in eine öffentlich-rechtlich organisierte Ausbildung (zB Studium) organisatorisch und inhaltlich integriert sind (BAG 19. 6. 1973 AP BAT § 3 Nr. 3). Da die EZ gem. Abs. 1 S. 2 nicht auf Berufsbildungszeiten angerechnet wird, hat der Auszubildende Anspruch auf Verlängerung der zunächst vereinbarten Ausbildungszeit (Kontrahierungszwang des Ausbildenden).

2   **2. In Heimarbeit Beschäftigte (Abs. 2).** Die in Heimarbeit Beschäftigten und die ihnen Gleichgestellten haben wie AN Anspruch auf EZ, soweit sie am Stück mitarbeiten.

§ 21 Befristete Arbeitsverträge

(1) Ein sachlicher Grund, der die Befristung eines Arbeitsverhältnisses rechtfertigt, liegt vor, wenn ein Arbeitnehmer zur Vertretung eines anderen Arbeitnehmers für die Dauer eines Beschäftigungsverbotes nach dem Mutterschutzgesetz, einer Elternzeit, einer auf Tarifvertrag, Betriebsvereinbarung oder einzelvertraglicher Vereinbarung beruhenden Arbeitsfreistellung zur Betreuung eines Kindes oder für diese Zeiten zusammen oder für Teile davon eingestellt wird.

(2) Über die Dauer der Vertretung nach Absatz 1 hinaus ist die Befristung für notwendige Zeiten einer Einarbeitung zulässig.

(3) Die Dauer der Befristung des Arbeitsvertrages muss kalendermäßig bestimmt oder bestimmbar oder den in den Absätzen 1 und 2 genannten Zwecken zu entnehmen sein.

(4) ¹ Der Arbeitgeber kann den befristeten Arbeitsvertrag unter Einhaltung einer Frist von mindestens drei Wochen, jedoch frühestens zum Ende der Elternzeit, kündigen, wenn die Elternzeit ohne Zustimmung des Arbeitgebers vorzeitig endet und der Arbeitnehmer die vorzeitige Beendigung seiner Elternzeit mitgeteilt hat. ² Satz 1 gilt entsprechend, wenn der Arbeitgeber die vorzeitige Beendigung der Elternzeit in den Fällen des § 16 Abs. 3 Satz 2 nicht ablehnen darf.

(5) Das Kündigungsschutzgesetz ist im Fall des Absatzes 4 nicht anzuwenden.

(6) Absatz 4 gilt nicht, soweit seine Anwendung vertraglich ausgeschlossen ist.

(7) ¹ Wird im Rahmen arbeitsrechtlicher Gesetze oder Verordnungen auf die Zahl der beschäftigten Arbeitnehmer abgestellt, so sind bei der Ermittlung dieser Zahl Arbeitnehmer, die sich in der Elternzeit befinden oder zur Betreuung eines Kindes freigestellt sind, nicht mitzuzählen, solange für sie aufgrund von Absatz 1 ein Vertreter eingestellt ist. ² Dies gilt nicht, wenn der Vertreter nicht mitzuzählen ist. ³ Die Sätze 1 und 2 gelten entsprechend, wenn im Rahmen arbeitsrechtlicher Gesetze oder Verordnungen auf die Zahl der Arbeitsplätze abgestellt wird.

1   **1. Normzweck.** § 21 regelt primär einen **Sachgrund für die Befristung** des Arbeitsvertrags einer Ersatzkraft. Darüber hinaus wird ein gesetzliches Kündigungsrecht begründet und die Zählung der Ersatzkräfte im Rahmen anderer gesetzlicher Bestimmungen geregelt. Die Regelungen der Befristung und der Kündigung sind einseitig zwingend (APS/*Backhaus* Rn. 2; KDZ/*Däubler* Rn. 30). Von ihnen kann zugunsten der AN durch TV abgewichen werden, wenn kein TV eingreift, auch durch BV. Aus Abs. 6 kann hinsichtlich der Bestimmungen über die Vertretung kein abw. Umkehrschluss gezogen werden. Hingegen sind die Regeln über die Zählung der Vertretungskräfte nach anderen gesetzlichen Bestimmungen in gleichem Maße zwingend wie diese.

2. Anwendungsbereich. Die **Befristung** von Arbeitsverträgen zur Vertretung wird in § 21 für die Fälle der Verhinderung eines AN durch ein Beschäftigungsverbot nach dem MuSchG (§§ 3 I, 4, 6 II und III sowie 8), einer EZ, einer auf TV, BV oder einzelvertraglicher Vereinbarung beruhenden Arbeitsfreistellung zur Betreuung eines Kindes eigenständig geregelt. Der Gesetzgeber hat diese Norm aufrechterhalten, obgleich § 14 I 2 Nr. 3 TzBfG eine ausreichende Grundlage für die Befristung derartiger Arbeitsverträge bietet. Beide Bestimmungen bestehen nebeneinander (Annuß/Thüsing/*Lambrich* § 23 TzBfG Rn. 35).

Die Bestimmungen des TzBfG über befristete Arbeitsverträge finden ergänzend Anwendung. Insb. kann die Befristung auch auf Tatbestände des § 14 TzBfG gestützt werden, wenn die Voraussetzungen des § 21 nicht vorliegen sollten. So kann ein Arbeitsvertrag nach § 21 befristet abgeschlossen werden, wenn zuvor bereits ein nach § 14 I oder II TzBfG befristetes Arbeitsverhältnis bestanden hat. Umgekehrt kann nach Ablauf eines auf Grund von § 21 befristeten Arbeitsverhältnisses nur ein nach § 14 I TzBfG mit Sachgrund oder (bei Erreichen der Altersgrenze 52) ein nach § 14 III TzBfG ohne Sachgrund befristeter Arbeitsvertrag geschlossen werden. Demgegenüber können dieselben Vertragsparteien keinen ohne Sachgrund befristeten Arbeitsvertrag nach § 14 TzBfG mehr schließen (APS/*Backhaus* Rn. 7). Darüber hinaus sind das **Schriftformerfordernis** des § 14 IV TzBfG (Annuß/Thüsing/*Lambrich* § 23 TzBfG Rn. 37) und die **Klagefrist** nach § 17 TzBfG von bes. Bedeutung. Die weiteren, in den §§ 15, 16 TzBfG enthaltenen allg. Regelungen sind gleichermaßen anwendbar. § 21 enthält anders als § 57 b III HRG kein Zitiergebot.

§ 21 I bestätigt für den Fall der EZ den bereits nach allg. Grundsätzen und seit dem 1. 1. 2001 durch § 14 I 2 Nr. 3 TzBfG anerkannten **Sachgrund der Vertretung** und hat insoweit bestätigende und klarstellende Bedeutung (BAG 15. 8. 2001 AP BErzGG § 21 Nr. 5 = NZA 2002, 85).

Das Gesetz regelt die Befristung wegen **Vertretung eines AN** während der EZ bzw. einer auf TV, BV oder einzelvertraglicher Vereinbarung beruhenden Arbeitsfreistellung zur Betreuung eines Kindes sowie einer AN während eines Beschäftigungsverbotes nach dem MuSchG. Es ist entspr. anzuwenden, wenn ein **Beamter** EZ in Anspruch nimmt oder eine Beamtin aus entspr. Gründen an der Arbeitsleistung gehindert ist (KR/*Lipke* Rn. 10; aA APS/*Backhaus* Rn. 17). Diese Frage ist vom BAG (BAG 9. 7. 1997 – 7 AZR 540/96 – nv.; BAG 21. 2. 2001 AP BGB § 620 Befristeter Arbeitsvertrag Nr. 228) bislang nicht beantwortet worden, weil jeweils der durch die Rspr. entwickelte Sachgrund „Vertretung" herangezogen werden konnte.

§ 21 wird weder durch andere bes. gesetzliche Regelungen der Befristung von Arbeitsverträgen verdrängt, noch werden diese verdrängt (ArbRBGB/*Dörner* § 620 Rn. 439).

3. Befristung mit Sachgrund. Das Gesetz erlaubt Zeit- und Zweckbefristungen (Abs. 3). Im Falle der Zweckbefristung ist § 15 II TzBfG zu beachten. Vor Vereinbarung einer Doppelbefristung wird der AG die sich aus § 15 V TzBfG ergebenden Risiken bedenken (vgl. § 3 TzBfG Rn. 18). § 21 erlaubt nicht die Vereinbarung einer auflösenden Bedingung, steht aber einer entspr. auf §§ 21, 14 TzBfG gestützten Abrede nicht entgegen.

Der Sachgrund greift sowohl in Fällen unmittelbarer als auch in Fällen **mittelbarer Vertretung** ein (BAG 15. 8. 2001 AP BErzGG § 21 Nr. 5 = NZA 2002, 85). Folglich ist es unerheblich, ob und ggf. in welcher Weise der AG anlässlich der befristeten Einstellung eine Umverteilung der Aufgaben vornimmt. Die Vertretungskraft muss nicht dieselben Aufgaben verrichten, die der ausgefallene AN zu verrichten gehabt hätte (BAG 21. 2. 2001 AP BGB § 620 Befristeter Arbeitsvertrag Nr. 228 = NZA 2001, 1069). Ausreichend ist ein Kausalzusammenhang mit dem Ausfall wegen EZ (KR/*Lipke* Rn. 10 c; Annuß/Thüsing/*Lambrich* § 23 TzBfG Rn. 45). Im Rechtsstreit hat der AG diesen Zusammenhang bei mittelbarer Vertretung näher darzulegen (BAG 15. 8. 2001 AP BErzGG § 21 Nr. 5 = NZA 2002, 85). Dies kann durch Darlegung des Vertretungskonzepts geschehen, unverzichtbare Voraussetzung ist dies jedoch nicht (BAG 15. 8. 2001 AP BErzGG § 21 Nr. 5 = NZA 2002, 85). Den AG trifft ggf. die materielle Beweislast (KR/*Lipke* Rn. 10 d).

Die Befristung ist in ihrer **Wirksamkeit unabhängig** davon, ob dem zu vertretenden AN die Freistellung zu Recht gewährt worden ist (Annuß/Thüsing/*Lambrich* § 23 TzBfG Rn. 43; APS/*Backhaus* Rn. 15).

Wie beim Befristungsgrund der Vertretung (§ 14 I 2 Nr. 3 TzBfG) bedarf es der **Prognose** des zukünftigen Wegfalls des Vertretungsbedarfs (vgl. § 14 TzBfG Rn. 21 ff.). Der Zeitpunkt der Rückkehr des zu vertretenden AN und damit die Dauer der Befristung braucht nicht prognostiziert zu werden (BAG 6. 12. 2000 NZA 2001, 721, 722; KR/*Lipke* Rn. 10 e). Die Befristungsdauer darf großzügig bemessen werden (ArbRBGB/*Dörner* § 620 Rn. 444). Abs. 2 stellt klar, dass notwendige Zeiten einer Einarbeitung in die Befristungsdauer einbezogen werden dürfen. Die jeweils notwendige Einarbeitungsdauer ist stark abhängig vom zu besetzenden Arbeitsplatz und den Vorkenntnissen der Vertretungskraft. Eine Höchstgrenze sieht das Gesetz nicht vor, Einarbeitungszeiten von mehr als sechs Wochen Dauer sind nicht ungewöhnlich (KR/*Lipke* Rn. 15; Annuß/Thüsing/*Lambrich* § 23 TzBfG Rn. 49).

4. Kündigung des Arbeitsverhältnisses. Der AG kann den befristeten Arbeitsvertrag unter Einhaltung einer **Frist von (mindestens) drei Wochen,** jedoch frühestens zum Ende der EZ, kündigen, wenn diese ohne Zustimmung des AG vorzeitig endet und der vertretene AN die vorzeitige Beendigung seiner EZ mitgeteilt hat oder der AG die vorzeitige Beendigung der EZ in den Fällen des § 16 III 2 nicht ablehnen darf. Hierzu gehört auch der Fall einer Eigenkündigung des vertretenen AN (Annuß/Thüsing/*Lambrich* § 23 TzBfG Rn. 57). Dieses **außerordentliche Kündigungsrecht** besteht allein bei Vertretungen während der EZ. Auf diese Kündigung findet das KSchG keine Anwendung (Abs. 5), dies betrifft auch die Klagefrist (§ 4 KSchG). Abs. 4 verdrängt § 622 BGB. Andere Kündigungsschutzbestimmungen sind aber anwendbar (insb. § 102 BetrVG). In den anderen Vertretungsfällen des Abs. 1 verbleibt es bei den allg. Kündigungsmöglichkeiten.

12 Das außerordentliche **Kündigungsrecht** kann durch TV oder Einzelvertrag ganz oder in Teilen **abbedungen** werden (Abs. 6). Insb. gehen konstitutive Regelungen der Kündigungsfristen vor (Annuß/Thüsing/*Lambrich* § 23 TzBfG Rn. 60; KR/*Lipke* Rn. 26 a).

13 5. **Regelung der Zählweise.** Abs. 7 stellt sicher, dass der AG wegen der Beschäftigung von Vertretungskräften nicht in anderen Gesetzen geregelte **Schwellenwerte** (zB § 23 KSchG, §§ 9, 99, 111 BetrVG, § 622 V BGB) überschreitet. Bei der Ermittlung der jeweils maßgeblichen Zahl des AN sind die sich in der EZ befindlichen oder zur Betreuung eines Kindes freigestellten AN nicht mitzuzählen, solange für sie ein Vertreter eingestellt ist. Dies gilt aber nicht, wenn der Vertreter seinerseits nicht mitzuzählen ist. Wegen der Systematik des § 21 und der zur Begründung der Stellung eines „Vertreters" notwendigen Tatsachen, werden ausschließlich die durch befristet angestellte Arbeitskräfte vertretenen AN nicht mitgezählt (aA LAG Düsseldorf 26. 7. 2000 NZA-RR 2001, 308; APS/*Backhaus* Rn. 44; KR/*Lipke* Rn. 31 a). Damit zählen die Arbeitsplätze und nicht die Arbeitsverträge, wie durch S. 3 bestätigt wird. Demzufolge kann der AG nicht vorübergehend Schwellenwerte wegen der Inanspruchnahme von EZ und Freistellungen iSv. S. 1 durch AN unterschreiten (KDZ/*Däubler* Rn. 23).

Dritter Abschnitt. Übergangs- und Schlussvorschriften

§ 22 Ergänzendes Verfahren zum Erziehungsgeld

(1) Soweit dieses Gesetz zum Erziehungsgeld keine ausdrückliche Regelung trifft, ist bei der Ausführung des Ersten Abschnitts das Erste Kapitel des Zehnten Buches Sozialgesetzbuch anzuwenden.

(2) [1] Steigt die Anzahl der Kinder oder treten die Voraussetzungen nach § 1 Abs. 5, § 5 Abs. 1 Satz 4 zweiter Halbsatz, § 6 Abs. 1 Nr. 3, Abs. 6 und 7 nach der Entscheidung über das Erziehungsgeld ein, werden sie mit Ausnahme des § 6 Abs. 6 nur auf Antrag berücksichtigt. [2] Soweit diese Voraussetzungen danach wieder entfallen, ist das unerheblich. [3] Die Regelungen nach § 4 Abs. 3, § 5 Abs. 1 Satz 2, 3 und § 12 Abs. 1 und 3 bleiben unberührt.

(3) Mit Ausnahme von Absatz 2 sind nachträgliche Veränderungen im Familienstand einschließlich der Familiengröße und im Einkommen nicht zu berücksichtigen.

(4) [1] In den Fällen des Absatzes 2 und, mit Ausnahme von Absatz 3, bei sonstigen wesentlichen Veränderungen in den tatsächlichen oder rechtlichen Verhältnissen, die für den Anspruch auf Erziehungsgeld erheblich sind, ist über das Erziehungsgeld mit Beginn des nächsten Lebensmonats nach der wesentlichen Änderung der Verhältnisse durch Aufhebung oder Änderung des Bescheides neu zu entscheiden. [2] § 4 Abs. 2 Satz 3, Abs. 3 bleibt unberührt.

(5) § 331 des Dritten Buches Sozialgesetzbuch gilt mit der Maßgabe entsprechend, dass an die Stelle der Monatsfrist in Absatz 2 eine Frist von sechs Wochen tritt.

§ 23 Statistik *(nicht abgedruckt)*

§ 24 Übergangsvorschriften; Bericht

(1) [1] Für die vor dem 1. Januar 2001 geborenen Kinder oder die vor diesem Zeitpunkt mit dem Ziel der Adoption in Obhut genommenen Kinder sind die Vorschriften dieses Gesetzes in der bis zum 31. Dezember 2000 geltenden Fassung weiter anzuwenden. [2] Die in diesem Gesetz genannten Euro-Beträge und Euro-Bezeichnungen sowie der Cent-Betrag gelten erstmalig für Kinder, die ab dem 1. Januar 2002 geboren oder mit dem Ziel der Adoption in Obhut genommen wurden. [3] Für die im Jahr 2001 geborenen oder mit dem Ziel der Adoption in Obhut genommenen Kinder gelten die in diesem Gesetz genannten Deutsche Mark-/Pfennig-Beträge und -Bezeichnungen weiter.

(2) Die Bundesregierung legt dem Deutschen Bundestag bis zum 1. Juli 2004 einen Bericht über die Auswirkungen der §§ 15 und 16 (Elternzeit und Teilzeitarbeit während der Elternzeit) auf Arbeitnehmerinnen, Arbeitnehmer und Arbeitgeber sowie über die gegebenenfalls notwendige Weiterentwicklung dieser Vorschriften vor.

190. Gesetz zum Schutz der Beschäftigten vor sexueller Belästigung am Arbeitsplatz (Beschäftigtenschutzgesetz)

Vom 24. Juni 1994 (BGBl. I S. 1406)

(BGBl. III/FNA 8054-1)

§ 1 Ziel, Anwendungsbereich

(1) Ziel des Gesetzes ist die Wahrung der Würde von Frauen und Männern durch den Schutz vor sexueller Belästigung am Arbeitsplatz.

(2) Beschäftigte im Sinne dieses Gesetzes sind
1. die Arbeitnehmerinnen und Arbeitnehmer in Betrieben und Verwaltungen des privaten oder öffentlichen Rechts (Arbeiterinnen und Arbeiter, Angestellte, zu ihrer Berufsbildung Beschäftigte), ferner Personen, die wegen ihrer wirtschaftlichen Unselbständigkeit als arbeitnehmerähnliche Personen anzusehen sind. Zu diesen gehören auch die in Heimarbeit Beschäftigten und die ihnen Gleichgestellten; für sie tritt an die Stelle des Arbeitgebers der Auftraggeber oder Zwischenmeister;
2. die Beamtinnen und Beamten des Bundes, der Länder, der Gemeinden, der Gemeindeverbände sowie der sonstigen der Aufsicht des Bundes oder eines Landes unterstehenden Körperschaften, Anstalten und Stiftungen des öffentlichen Rechts;
3. die Richterinnen und Richter des Bundes und der Länder;
4. weibliche und männliche Soldaten (§ 6).

I. Normzweck

Das BeschSchG ist als Art. 10 des 2. GleiBG vom 24. 6. 1994 erlassen worden und dient der 1 Umsetzung einer (als solcher nicht verbindlichen) Empfehlung der EG-Kommission „zum Schutz der Würde von Frauen und Männern am Arbeitsplatz" (v. 27. 11. 1991 ABlEG C 27/1992 S. 4; RdA 1993, 43), die den Mitgliedstaaten dem Grundgedanken der GleichbehandlungsRL 76/207 EWG entspr. Schutzmaßnahmen nahe gelegt hatte. Die Empfehlung verfolgte zwei Regelungsziele parallel: Zum einen sollte Gesundheitsgefährdungen vorgebeugt werden und präventive Maßnahmen ähnlich den gemeinschaftsrechtlichen Arbeitsschutzbestimmungen angeregt werden, andererseits ging es aber auch um die Beseitigung von Hindernissen für eine Integration von Frauen in den Arbeitsmarkt. Deswegen wurde der Belästigungsschutz als Teil des gemeinschaftsrechtlichen Konzepts gegen geschlechtsbedingte Benachteiligung gesehen. Diesen Ansatz hat das BeschSG nicht übernommen. Es knüpft nicht an eine Benachteiligung wegen des Geschlechts an, sondern legt einen selbständigen Belästigungstatbestand fest. Ob eine Belästigung iSd. Gesetzes daher zugleich eine Benachteiligung gem. § 611a BGB darstellt, ist unklar: bejahend: *Baer*, Würde oder Gleichheit (1995), S. 116; *Herzog*, Sexuelle Belästigung am Arbeitsplatz, 1997, S. 117; KR/*Pfeiffer* § 611a BGB Rn. 12; zweifelnd *Schlachter* AR-Blattei SD 425 Rn. 46ff. Art. 2 Abs. 3 RL 2002/73/EG v. 23. 9. 2002 ABlEG 2002 Nr. L 269/15/2002 zur Änderung der EG-GleichbehandlungsRL erweitert die gemeinschaftsrechtliche Definition von „Diskriminierung" ausdrücklich um den Tatbestand der Belästigung. Eine Anpassung des Regelungsgehalts des BeschSG an § 611a BGB wird im Zuge der Umsetzung erforderlich.

Dass § 1 I ausdrücklich die Wahrung der Würde durch den Schutz vor sexueller Belästigung als 2 Regelungsziel benennt, deutet auf eine enge Anlehnung an die Empfehlung der EG-Kommission (Rn. 1) hin. Die Studie des Bundesministeriums für Jugend, Familie, Frauen und Gesundheit (*Holzbecher* ua., 1. Aufl. 1991) hatte gezeigt, dass erwerbstätige Frauen vielfältige Erfahrungen mit Belästigungen am Arbeitsplatz machen. Auch vor Erlass des Gesetzes gab es bereits Handlungsmöglichkeiten gegen Belästigungen, doch waren sie in vielen Rechtsgrundlagen verstreut und oft auch weniger bekannt. Zudem fehlte es an einer gesetzlichen Definition der **sexuellen Belästigung**. Beide Mängel sollten durch das BeschSG behoben und zugleich die Bedeutung des Problems verstärkt sichtbar gemacht werden.

II. Geltungsbereich, § 1 Abs. 2

Das Gesetz gilt für AN im öffentl. Dienst und der Privatwirtschaft gleichermaßen; auch ANähn- 3 liche Personen und zur Berufsausbildung Beschäftigte sind umfasst. Nicht erwähnt sind freie Mitarbeiter, obwohl sie (bei Arbeitsleistung im Betrieb) eher gefährdet zu sein scheinen als etwa die ausdrücklich einbezogenen Heimarbeiter. Weiter nennt das Gesetz ausdrücklich die Beamten, Richter und Soldaten (BVerwG 18. 7. 1995 NJW 1996, 536, 537); bezweckt war daher ein möglichst umfassender Schutz. Das spricht für eine Einbeziehung auch solcher Personen, die ANähnlich iSd. Definition des § 12 a I Nr. 1 TVG, also wirtschaftlich abhängige Selbständige sind, da auch diese Personen sich einer Belästigung am Arbeitsplatz ebenso schwer durch Beendigung der Vertragsbeziehung erwehren können wie AN (*Schlachter* AR-Blattei SD 425 Rn. 55 ff.). Stellenbewerber sind derzeit nicht einbezogen; eine Verpflichtung, die Belästigung als Benachteiligung gem. § 611 a BGB zu definieren (Rn. 1), müsste aber auch den Zugang zur Erwerbstätigkeit in den Anwendungsbereich des Belästigungsschutzes bringen. Geschützt werden ausdrücklich Angehörige beider Geschlechter; dadurch wird auch die sexuelle Belästigung Homosexueller in den Regelungsbereich des Gesetzes einbezogen (BVerwG 23. 2. 1999 BVerwGE 113, 296 f.).

§ 2 Schutz vor sexueller Belästigung

(1) ¹Arbeitgeber und Dienstvorgesetzte haben die Beschäftigten vor sexueller Belästigung am Arbeitsplatz zu schützen. ²Dieser Schutz umfaßt auch vorbeugende Maßnahmen.

(2) ¹Sexuelle Belästigung am Arbeitsplatz ist jedes vorsätzliche, sexuell bestimmte Verhalten, das die Würde von Beschäftigten am Arbeitsplatz verletzt. ²Dazu gehören
1. sexuelle Handlungen und Verhaltensweisen, die nach den strafgesetzlichen Vorschriften unter Strafe gestellt sind, sowie
2. sonstige sexuelle Handlungen und Aufforderungen zu diesen, sexuell bestimmte körperliche Berührungen, Bemerkungen sexuellen Inhalts sowie Zeigen und sichtbares Anbringen von pornographischen Darstellungen, die von den Betroffenen erkennbar abgelehnt werden.

(3) Sexuelle Belästigung am Arbeitsplatz ist eine Verletzung der arbeitsvertraglichen Pflichten oder ein Dienstvergehen.

I. Schutzmaßnahmen (Abs. 1)

1 § 2 gestaltet das Gesetz als Arbeitsschutzgesetz aus, so dass eine Verpflichtung des AG zur Gewährleistung eines effektiven Schutzes begründet wird (BT-Drucks. 12/5468 S. 46), unabhängig von einer betrieblichen Veranlassung der Belästigung; die Schutzpflicht erfasst auch Belästigungen durch betriebsfremde Dritte (BT-Drucks. 12/5468 S. 46) bzw. durch den AG selbst. AG und Dienstvorgesetzte werden parallel aufgeführt, um privatrechtliche und beamtenrechtlich begründete Beschäftigungsverhältnisse parallel zu erfassen. Dienstvorgesetzter ist gem. § 3 II BBG, wer für beamtenrechtliche Entscheidungen über die persönlichen Angelegenheiten der ihm nachgeordneten Beamten zust. ist; ein „Vorgesetzter" im privatrechtlichen Arbeitsverhältnis ist von diesem Begriff nicht erfasst. Neben den Schutz von Leben und Gesundheit ist durch den ausdrücklichen Hinweis auf die **Würde** der Schutz der psychischen Integrität getreten. Damit ist die Verpflichtung verbunden, die Entstehung bzw. Fortdauer eines feindlichen Arbeitsumfeldes zu verhindern, das Persönlichkeitsrechte der Betroffenen ebenso beeinträchtigen kann wie der – eindeutigere – Fall des Missbrauchs betrieblicher (BGH 1. 7. 1964 BGHSt. 19, 355) bzw. dienstlicher Machtpositionen (BVerwG 18. 7. 1995 NJW 1996, 536 f.; BVerwG 12. 11. 1997 BVerwGE 113, 151 f.; BVerwG 10. 11. 1998 BVerwGE 113, 279 f.).

2 Der Schutz darf sich daher nicht nur gegenständlich auf den **Arbeitsplatz** beziehen, sondern ist funktional zu verstehen im Sinne einer Abgrenzung der beruflichen Sphäre, auf deren Organisation und Gestaltung der AG Einfluss nehmen kann, von den Bereich des allg. Lebensrisikos. Einbezogen sind daher betrieblich veranlasste Veranstaltungen, zB Betriebsausflüge, Dienstreisen, Seminare oder Lehrgänge (*Herzog*, Sexuelle Belästigung am Arbeitsplatz, 1997, S. 193 ff.). Grenzfälle sind Belästigungen, die sich erst im Privatbereich auswirken: einerseits ist eine Erstreckung von Zudringlichkeit in das Privatleben ein bes. gewichtiger Eingriff (BVerwG 10. 11. 1998 BVerwGE 113, 279 f.; LAG Hamm 10. 3. 1999 NZA-RR 1999, 623); andererseits wirkt die Voraussetzung der Belästigung „am Arbeitsplatz" schon aus tatsächlichen Gründen tatbestandseinschränkend: dem AG müssen die in Abs. 1 geforderten Schutzmaßnahmen effektiv möglich sein, dh. die Privatsphäre des AN wird nur ausnahmsweise erfasst. Außerdienstliches Verhalten von AN rechtfertigt arbeitsrechtliche Maßnahmen jedoch, wenn durch dieses Verhalten das Arbeitsverhältnis konkret berührt wird, zB wegen Minderung der Leistungsfähigkeit der Belästigten oder wegen Störung der betrieblichen Verbundenheit der Mitarbeiter (LAG Hamm 10. 3. 1999 NZA-RR 1999, 623; *Degen* PersR 1999, 8, 10). Eine Belästigung „am Arbeitsplatz" liegt vor, sobald das außerdienstliche Verhalten sich am Arbeitsplatz fortsetzt (*Schlachter* NZA 2001, 121, 125).

3 Durch Erweiterung der Schutzpflicht auf vorbeugende Maßnahmen werden die Verantwortung und das Haftungsrisiko entspr. ausgedehnt. Angesichts der Anzahl der bisher ermittelten Belästigungen (nach der Untersuchung von *Holzbecher* ua., 1991, S. 231: 72% der Befragten gaben an, indirekte, allg. zweideutige Verhaltensweisen erlebt oder beobachtet zu haben. Direkt auf eine Person bezogene Verhaltensweisen wurden seltener berichtet.) dürften vorbeugende Maßnahmen wie Fortbildungsveranstaltungen, Stellungnahmen gegen eine Bagatellisierung einschlägiger Vorfälle, sowie die Einführung

von betrieblichen Verhaltensmaßregeln überwiegend erforderlich sein. Der Prävention dient auch eine zweckentspr. Ausgestaltung der Arbeitsumgebung, zB Vermeiden von „Engpässen" bei Durchgängen; Beleuchtung von Parkplätzen und Wegen; Sichtblenden an Arbeitstischen und freischwebenden Treppen zum Schutz von Rockträgerinnen. Zu den Präventionsmaßnahmen ist auch die Information der AN durch Auslage des Gesetzes (§ 7) sowie die Fortbildungsverpflichtung gem. § 5 zu rechnen (*Marzodko/Rinne* ZTR 2000, 305, 307). Der Rechtspflicht des AG korrespondiert ein Anspruch der AN, gerichtet auf fehlerfreie Ermessensausübung. Welche von mehreren geeigneten Maßnahmen ergriffen werden sollen, entscheidet der AG bis zur Grenze der Ermessensreduzierung auf Null. Der Anspruch auf Gegenmaßnahmen setzt ein mit einer Gefährdung der geschützten Rechtsgüter der AN.

II. Sexuelle Belästigung (Abs. 2)

Abs. 2 definiert den Begriff der sexuellen Belästigung durch eine allg. Umschreibung und zwei **4** erläuternde (nicht abschließende) Beispiele. Die allg. Umschreibung verweist auf vorsätzliches Verhalten, das „sexuell bestimmt" ist. Nach der systematischen Konzeption der Norm ist die **Belästigung** generell als sexuell bestimmtes Verhalten definiert, das beispielhaft in S. 2 Nr. 1 in Form von strafrechtlich relevanten Handlungen/Verhaltensweisen angeführt ist; Verhaltensweisen gem. S. 2 Nr. 2 müssen „erkennbar" abgelehnt werden.

Der Begriff des **Verhaltens** ist derart weit, dass jede bewusste Lebensäußerung darunter zu fassen **5** ist: Berührungen, Ansprechen, sonstige Äußerungen, Gesten, Blicke, Zeigen usw. Eingegrenzt wird dies durch das Erfordernis des sexuell bestimmten, vorsätzlichen Verhaltens. Wann Handlungen **sexuell bestimmt** sind, ist nicht vom subjektiv erstrebten Ziel des Handelnden aus zu bestimmen (so: *Worzalla* NZA 1994, 1016, 1018). Eine Definition, die eine Absicht der sexuellen Kontaktaufnahme verlangte, würde sogar von den Betroffenen abgelehnte körperliche Berührungen aus dem Anwendungsbereich herausfallen lassen, sofern der Handelnde sie „nur freundschaftlich" gemeint hat. Die notwendige Erkennbarkeit für die Handelnden wird durch das Erfordernis der erkennbaren Ablehnung gewährleistet. Für „sexuell bestimmtes" Verhalten ist somit der Eindruck von objektiven Beobachtern (männlich/weiblich) ein akzeptabler Maßstab (BAG 9. 1. 1986 AP BGB § 626 Ausschlussfristen Nr. 20; *Hohmann* ZRP 1995, 167 ff.). **Vorsätzliches** Verhalten setzt bewusste und gewollte Belästigung voraus; der Belästigende muss also zumindest billigend in Kauf genommen haben, dass sein Verhalten für die Betroffenen eine Belästigung iSd. Abs. 2 darstellt. Fehlendes Unrechtsbewusstsein schließt den Vorsatz nicht aus (*Schlachter* AR-Blattei SD 425 Rn. 17); problematisch daher OLG Frankfurt 26. 8. 1999 NJW-RR 2000, 976, wo es zugunsten des Belästigers gewertet wurde, dass belästigende Äußerungen im Betrieb regelmäßig vorkamen. Doch muss die Wirkung des Verhaltens als belästigend vorhersehbar gewesen sein: Der Studie von *Holzbecher* ua. (1991) zufolge besteht eine vergleichsweise hohe Übereinstimmung zwischen Männern und Frauen darüber, dass als sexuelle Belästigung (vgl. BVerwG 18. 7. 1995 NJW 1996, 536 f.; 15. 11. 1995 NJW 1997, 958 f.; 12. 11. 1997 BVerwGE 113, 151 f.) verstanden werden: Erzwingen sexueller Handlungen und tätliche Bedrohung; Zurschaustellung des Genitales; aufgedrängte Küsse; Aufforderung zu sexuellem Verkehr; Versprechen beruflicher Vorteile für sexuelle Gefälligkeiten; Androhung beruflicher Nachteile bei Verweigerung derartiger Gefälligkeiten; Berührung der Brust/Genitalien; Gespräche/Briefe mit sexuellen Anspielungen; Kneifen oder Klapsen des Gesäßes; Einladungen mit eindeutiger Absicht; anzügliche Bemerkungen über die Figur oder das sexuelle Verhalten im Privatleben; pornographische Bilder am Arbeitsplatz.

1. Strafbare Handlungen und Verhaltensweisen, Abs. 2 S. 2 Nr. 1. Dass ein strafbares Verhalten **6** im Arbeitsverhältnis eine Pflichtverletzung (Abs. 3) darstellt, ist als solches eine Selbstverständlichkeit. In Betracht kommen (*Mästle* AuR 2002, 410 ff.): Sexueller Missbrauch von Schutzbefohlenen oder Abhängigen, § 174 StGB (BGH 1. 7. 1964 BGHSt. 19, 355); sexuelle Nötigung und Vergewaltigung, § 177 StGB; Förderung sexueller Handlungen Minderjähriger, § 180 III StGB; sexueller Missbrauch von Jugendlichen, § 182 StGB; exhibitionistische Handlungen, § 183 StGB; Verbreitung pornographischer Schriften, § 184 StGB; sowie ggf. Beleidigung, § 185 StGB (BGH 12. 8. 1992 NStZ 1993, 182; BVerwG 15. 11. 1996 BVerwGE 113, 25 f.; LAG Hamm 10. 3. 1999 NZA-RR 1999, 623; OLG Karlsruhe 6. 6. 2002 NJW 2003, 1263). Der Begriff der sexuellen Handlungen iSd. § 184 c Nr. 1 StGB setzt zudem voraus, dass die Handlungen „von einiger Erheblichkeit" sind; durch dieses Merkmal werden also Taktlosigkeiten und Geschmacklosigkeiten auch dann ausgeschlossen, wenn sie zwar eine feindselige und damit würdeverletzende Atmosphäre am Arbeitsplatz erzeugen. Um den Schutzbereich der Nr. 1 nicht weiter einzuschränken, genügt zur Feststellung einer sexuellen Belästigung jedenfalls die Tatbestandsmäßigkeit der Verletzung von Normen des Sexualstrafrechts; auf ein Fehlen von Rechtfertigungs- oder auf Schuldausschließungsgründe (etwa: wegen Irrtum, Alkoholisierung) im strafrechtlichen Sinne kommt es nicht an.

Der gerade aus dem Sexualstrafrecht bekannte Konflikt zwischen den Anforderungen der Un- **7** schuldsvermutung und denen des Opferschutzes wird durch die Anknüpfung in S. 2 Nr. 1 in die betrieblichen Auseinandersetzungen übertragen. Dabei darf sich der AG jedoch nicht auf den Standpunkt stellen, seine Schutzpflicht gem. Abs. 1 werde erst dadurch ausgelöst, dass dem Beschuldigten eine Rechtsgutverletzung im strafrechtlichen Sinne „nachgewiesen" worden ist. Für die Belange des Gesetzes ausreichend ist vielmehr ein Erkenntnisstand, wie er auch sonst im Arbeits- oder Disziplinarrecht genügt, um Gegenmaßnahmen gegen Vertragspflichtverletzungen auszulösen (*Schlachter* AR-Blattei SD 425 Rn. 25). Belästigendes Verhalten, das keine strafrechtliche Relevanz besitzt, wird von S. 2 Nr. 2 erfasst, dessen Voraussetzungen weiter sind.

8   **2. Sonstige Handlungen, Abs. 2 S. 2 Nr. 2.** „Sonstige" sexuell bestimmte Verhaltensweisen sind alle nicht strafrechtlich relevanten Handlungen mit sexuellem Bezug (Rn. 4); sie enthalten eine Belästigung, sofern sie von den Betroffenen erkennbar abgelehnt werden.

9   **Sexuelle Handlungen/Berührungen** (Rn. 4) sind unabhängig von einer bes. Schwere als Belästigung anzusehen (BAG 9. 1. 1986 AP BGB § 626 Ausschlussfrist Nr. 20; LAG Hamm 13. 2. 1997 NZA-RR 1997, 250, 255); vor einer Überbewertung von zufälligem Verhalten oder Bagatellen sichert die Voraussetzung, dass die Verhaltensweise „erkennbar abgelehnt" worden sein muss. Eine *Aufforderung* muss die Belästigten zur aktiven Vornahme sexueller Handlungen veranlassen wollen.

10 **Bemerkungen sexuellen Inhalts** sind Äußerungen über sexuelles Verhalten, Partnerwahl, sexuelle Neigungen oder die Ausstrahlung und das Erscheinungsbild An- oder Abwesender. Sie müssen nicht unbedingt an die Belästigten gerichtet sein, sofern tatsächlich ein Klima der Belästigung erzeugt wird.

11 **Zeigen und sichtbares Anbringen pornographischer Darstellungen** betrifft bei Verwendung der strafrechtlichen Definition die Darbietung vergröbernder, verzerrender Darstellung der Sexualität ohne Sinnzusammenhang mit anderen Lebensäußerungen (BGH 21. 6. 1990 NJW 1990, 3026; OLG Düsseldorf 28. 3. 1974 NJW 1974, 1474 f.). Greift man auf diesen strafrechtlichen Pornographiebegriff zurück, sind die verbreiteten Kalender mit Pinupgirls davon nicht erfasst; ob dieser – wegen der Sanktionsdrohung des Strafrechts dort angemessene – Pornographiebegriff für die Gestaltung von Arbeitsplätzen maßgeblich sein kann, ist fraglich (bejahend *Herzog*, Sexuelle Belästigung am Arbeitsplatz, 1997, S. 208 f.; abl. *Schlachter* AR-Blattei SD 425 Rn. 30 ff.). Sind nämlich sogar die Voraussetzungen von § 184 StGB erfüllt, liegt bereits ein Anwendungsfall von § 2 II 2 Nr. 1 vor, so dass eine eigenständige Regelung in Nr. 2 kaum noch erforderlich wäre, zumal es dann auf das zusätzliche Merkmal der „erkennbaren Ablehnung" iSd. Nr. 2 nicht mehr ankommt. Daher ist eine eigenständige Auslegung geboten, die dem abgestuften Verhältnis der Anforderungen an die Beispiele nach Nr. 1 und Nr. 2 besser entspricht: Zeigen und sichtbares Anbringen von Darstellungen mit sexuellem Inhalt (§ 119 III OWiG) genügen zur Verwirklichung von S. 2 Nr. 2.

12 **Erkennbare Ablehnung durch die Betroffenen.** Sexuelle Belästigung liegt vor, wenn jemandem ein unerwünschtes Verhalten mit sexuellem Hintergrund aufgedrängt wird. Da es sich dabei gem. Abs. 3 um eine Vertragspflichtverletzung/Dienstvergehen handelt, muss die Tatbestandsverwirklichung für die Handelnden vermeidbar, dh. zumindest auch erkennbar sein. Handlungen, deren Einbeziehung in die Tatbestände nach Nr. 2 subjektiv unterschiedlich beurteilt werden kann, müssen von den davon Betroffenen deutlich abgelehnt worden sein, um sie als Pflichtverletzung einzuordnen (LAG Hamm 22. 10. 1996 NZA 1997, 769). Personen, deren persönliche Abwehrstrategie im Ausweichen oder Ignorieren der belastenden Verhaltensweisen bestehen (etwa: aus Unsicherheit oder Angst vor Nachteilen), fallen daher häufig aus dem Schutzbereich der Nr. 2 heraus. Bei hinreichend schweren Vorfällen ist die Ablehnung durch Betroffene auch ohne ausdrückliche Erklärung für jeden erkennbar. Von der willkommenen persönlichen Beziehung am Arbeitsplatz lässt sich dies unterscheiden nach der Ein- oder Zweiseitigkeit der Handlungen: Ein lediglich „unverkrampfter Umgangston" am Arbeitsplatz zeichnet sich dadurch aus, dass alle an der Interaktion beteiligten Parteien ihn verwenden.

13 Um die einseitig aufgedrängten Verhaltensweisen erkennbar abzulehnen, muss die Erkennbarkeit einem objektiven Maßstab (BT-Drucks. 12/5468 S. 46 f.) genügen; ein lediglich (subjektiv) **unerwünschtes** Verhalten genügt nicht. Doch sind die Anforderungen an die Erkennbarkeit objektiv verschieden je nach Art der Belästigung: Berührungen, die nicht zum Arbeitsverhalten gehören, sind eher als unerwünscht zu erkennen als bloße Bemerkungen; das Verhalten von Vorgesetzten braucht weniger nachdrücklich zurückgewiesen zu werden als das von Kollegen (*Schlachter* AR-Blattei SD 425 Rn. 35 ff.). Wem gegenüber die Ablehnung erfolgen muss, gibt das Gesetz nicht vor; somit muss auch eine durch dritte Personen vermittelte Ablehnung genügen, wenn sich Betroffene den direkte Konfrontation mit dem Belästiger nicht zutrauen. Eine einmal erkennbar erklärte Ablehnung erstreckt sich auf alle gleichartigen Vorfälle gegenüber der fraglichen Person. Auf ein unterdurchschnittlich entwickeltes Erkennungsvermögen können sich die Handelnden nicht berufen, da dies dem geforderten „objektiven" Maßstab gerade nicht entspricht. Der beschriebene Maßstab stimmt allerdings mit Art. 2 Abs. 2 RL 2002/73/EG v. 23. 9. 2002 AblEG Nr. L 269/15/2002 (§ 1 Rn. 1) nicht überein: Die Norm definiert „sexuelle Belästigung" als unerwünschtes Verhalten sexueller Natur, das sich in „unerwünschter verbaler, nicht-verbaler oder physischer Form äußert und das bezweckt oder bewirkt, dass die Würde der betreffenden Person verletzt wird", stellt also noch stärker auf die subjektiven Vorstellungen der Betroffenen ab.

III. Pflichtverletzung/Dienstvergehen (Abs. 3)

Abs. 3 enthält gerade nicht selbst ein Verbot der sexuellen Belästigung, sondern stellt lediglich 14 fest, dass diese eine Vertragspflichtverletzung/Dienstvergehen ist. Damit sind die üblichen arbeitsrechtlichen Sanktionen für derartiges Fehlverhalten zulässig (LAG Hamm 22. 10. 1996 NZA 1997, 769). Den belästigten Personen steht gem. § 4 II ein Leistungsverweigerungsrecht zu. Schadensersatzansprüche können auf Vertragspflichtverletzung gestützt werden, §§ 280 I, 241 II BGB, ggf. auch auf § 825 BGB. § 2 ist zudem Schutzgesetz iSd. § 823 II BGB (MünchArbR/*Blomeyer* § 97 Rn. 35; *Schaub* § 166 Rn. 57; *Mästle* BB 2002, 250). Der Anspruch richtet sich gegen den AG als Normadressaten (das OLG Frankfurt 26. 8. 1999 NJW-RR 2000, 976 versagt mit dieser Begründung einen Anspruch gegen belästigende Kollegen) und setzt voraus, dass diesem die Belästigung zuzurechnen ist, etwa wegen unzureichender Gegenmaßnahmen. Als Rechtsfolge sind materielle Schäden (Behandlungs- und Rechtsverfolgungskosten, Verdienstausfall, Bewerbungskosten usw.) sowie – unter den Voraussetzungen des § 253 II BGB – Schmerzensgeld zu ersetzen. Die **Darlegungs- und Beweislast** obliegt grds. den AN (vgl. zum Parallelfall des Mobbing: LAG Berlin 1. 11. 2002 NZA-RR 2003, 232; LAG Bremen 17. 10. 2002 NZA-RR 2003, 234). Bei Ersatzansprüchen wegen Vertragsverletzung gilt § 280 I 2 BGB (vgl. LAG Nürnberg 2. 7. 2002 – 6 (3) Sa 154/01 –).

§ 3 Beschwerderecht der Beschäftigten

(1) ¹Die betroffenen Beschäftigten haben das Recht, sich bei den zuständigen Stellen des Betriebes oder der Dienststelle zu beschweren, wenn sie sich vom Arbeitgeber, von Vorgesetzten, von anderen Beschäftigten oder von Dritten am Arbeitsplatz sexuell belästigt im Sinne des § 2 Abs. 2 fühlen. ²Die Vorschriften der §§ 84, 85 des Betriebsverfassungsgesetzes bleiben unberührt.

(2) Der Arbeitgeber oder Dienstvorgesetzte hat die Beschwerde zu prüfen und geeignete Maßnahmen zu treffen, um die Fortsetzung einer festgestellten Belästigung zu unterbinden.

1. Beschwerde bei den zuständigen Stellen (Abs. 1 S. 1). Wer sich iSd. § 2 II belästigt fühlt, darf 1 sich bei den „zust. Stellen" beschweren; ob der Vorfall auch objektiv eine sexuelle Belästigung darstellt, ist unerheblich. Allerdings muss ein Beschwerdeführer sich selbst als betroffen wahrnehmen; die in § 84 BetrVG ausgeschlossene „Popularbeschwerde" kennt auch § 3 nicht. Die Aufzählung potentiell als Beschwerdegegner in Betracht kommender Personen ist umfassend, insb. sind auch Dritte (Kunden, Zulieferer, Abnehmer usw.) einbezogen. Das Beschwerderecht steht AN gegen Übergriffe all dieser Personen zu, Unterschiede ergeben sich allerdings hinsichtlich der vom AG zu ergreifenden Gegenmaßnahmen. Die übrigen Rechtsbegriffe sind aus § 84 I BetrVG übernommen worden, so dass sie auch entspr. ausgelegt werden können. Die Bestimmung der zust. Stelle fällt in die Organisationshoheit des AG. Daraus wird zT abgeleitet, dass er zur Errichtung solcher Stellen verpflichtet sei (*Hallmen*, Die Beschwerde des AN als Instrument innerbetrieblicher Konfliktregelung, 1997, S. 66 ff.). Dafür sprechen vor allem Praktikabilitätsgründe; den Vorgaben des § 3 I ist jedoch bereits entsprochen, wenn überhaupt eine geeignete Stelle vorhanden ist, zB Beschwerden gegen den AG vorzubringen (etwa: beim BR). Zust. ist danach bei Fehlen ausdrücklicher Bestimmung der unmittelbare Vorgesetzte; falls sich die Beschwerde gegen diesen richtet, der nächst höhere gemeinsame Vorgesetzte. Die mögliche Zuständigkeit des BR ergibt sich jedenfalls aus Abs. 1 S. 2 iVm. § 85 BetrVG; im öffentl. Dienst kommt zudem die Frauenbeauftragte in Betracht (BT-Drucks. 12/5468 S. 47). Die Wirksamkeit einer Beschwerde wird allerdings durch Einreichen an „falscher Stelle" nicht beeinträchtigt. Zur Verwirklichung des Gesetzeszwecks ist jedoch ausdrücklich bekannt zu machen, wer im Betrieb/Dienststelle die „zust. Stelle" ist. Zu berücksichtigen ist auch die Empfehlung der EG-Kommission (RdA 1993, 43, 45 f. „Beschwerdeverfahren"), wonach die Beschäftigten auf Wunsch „ihre Beschwerde in erster Instanz einer Person des eigenen Geschlechts vorbringen können" sollten.

2. Beschwerde gem. §§ 84, 85 BetrVG (Abs. 1 S. 2). In § 84 I 1 BetrVG ist das betriebliche 2 Beschwerderecht der Beschäftigten allg. festgelegt; Formvorschriften und Fristbestimmungen bestehen nicht, doch können sie gem. § 86 BetrVG kollektivvertraglich vereinbart werden. Aus Abs. 2 ergibt sich ein Rechtsanspruch des Beschwerdeführers auf Abhilfe, soweit der AG die Beschwerde für berechtigt hält. Nachteile dürfen dem Beschwerdeführer nicht entstehen, § 84 III; insoweit ist allerdings in § 4 III eine abw. Formulierung gewählt worden, die nur dem AG selbst Benachteiligungen verbietet (vgl. § 4 Rn. 4). § 84 BetrVG ist in der Vergangenheit für Beschwerden gegen sexuelle Belästigungen kaum genutzt worden (*Holzbecher* ua., 1991, S. 75 ff.), so dass auch für Verfahren nach § 3 keine häufigere Inanspruchnahme erwartet werden dürfte. Möglicherweise haben die Betroffenen dem BR gegenüber geringere Hemmungen, so dass dem Verfahren nach § 85 BetrVG größere Bedeutung zukommen könnte. Insb. wenn der BR sexuell belästigten Personen Ansprechpartner des eigenen

Schlachter

Geschlechts anbietet, könnten dadurch Defizite in Abs. 1 S. 1 ausgeglichen werden. Wegen der besonderen Persönlichkeitsnähe des Beschwerdegegenstandes ist deshalb bei Beschwerden über allg. belästigenden Handlungen (Pornographie, öffentliches Vorgehen des Belästigenden) vom sonst im Rahmen des § 85 BetrVG anerkannten Erfordernis abzusehen, den Namen der Beschwerdeführer zu nennen.

3. Prüfungspflicht und Gegenmaßnahmen (Abs. 2). Der AG/Dienstvorgesetzte (§ 2 Rn. 1) darf die Beschwerde nicht unbearbeitet lassen, sondern ist zur Prüfung im Rahmen eines „fairen und ausgewogenen Beschwerdeverfahrens" (BT-Drucks. 12/5468 S. 47) verpflichtet. Dadurch wird der AG auch zur Aufklärung des Sachverhalts verpflichtet, soweit dies mit verfügbaren Mitteln möglich ist. Ist der AG nicht selbst „zust. Stelle", kann die Prüfungspflicht auf diese delegiert werden. Im Zuge des Verfahrens ist den Beteiligten Gehör zu gewähren, sobald dies ohne Gefahr für den Fortgang der Aufklärungsbemühungen möglich ist; einen Anspruch auf vollständig vertrauliche Behandlung der Beschwerde (dh. auch gegenüber dem Beschwerdegegner) besteht insoweit nicht. Da die persönliche Integrität und Würde der belästigten Person im persönlichen Beschwerdeverfahren gewahrt werden soll (BT-Drucks. 12/5468 S. 46), muss der AG gewährleisten, dass das Belästigungsopfer vor Repressalien wegen der Beschwerde effektiv geschützt wird. Weiter muss ein Nachweis über die Einleitung der Beschwerdeprozedur erteilt werden, um die Rechtsansprüche der Betroffenen im Falle einer möglichen späteren Eigenkündigung nicht zu beeinträchtigen: Die Durchführungsanweisungen der BA betr. Arbeitslosengeld/-hilfe sehen vor, dass eine Sperrzeit beim Leistungsbezug wegen Eigenkündigung auf Grund sexueller Belästigung wegen Unzumutbarkeit der Fortsetzung des Arbeitsverhältnisses entfällt; dies setzt aber voraus, dass ein Versuch zur Beseitigung des geltend gemachten Kündigungsgrundes erfolglos unternommen wurde.

Ist die Belästigung „festgestellt", ist der AG verpflichtet, den AN hiervon zu unterrichten und deren Fortsetzung zu unterbinden. Die Einschätzung, welche Maßnahmen zur Erreichung dieses Zieles „geeignet" sind, obliegt dem AG, ist aber im Streitfall gerichtlich nachprüfbar. Maßnahmeziel muss es sein, ein zumutbares Betriebsklima (wieder)herzustellen. Die erforderlichen Maßnahmen können zunächst im Wege des Weisungsrechts durchgesetzt werden, dh. durch Hinweise, Ermahnungen, Zuweisung anderer Tätigkeiten an den Belästigenden, räumliche Trennung der Konfliktparteien, Verbesserung der Arbeitsumgebung des Belästigten. Maßnahmen zum Schutz der Integrität der Betroffenen sind nach der Gesetzesbegründung (BT-Drucks. 12/5468 S. 47) bereits vom Beginn der Einleitung eines förmlichen Beschwerdeverfahrens an zu ergreifen. Da zu diesem Zeitpunkt aber noch keine Erkenntnisse vorliegen, kommen nur vorläufige Reaktionen in Betracht, sobald jedenfalls Anhaltspunkte für das Vorliegen einer Belästigung bestehen (*Schlachter* AR-Blattei SD 425 Rn. 79). Weitergehende Maßnahmen iSd. § 4 wie Abmahnung, Versetzung, Freistellung, Gehaltskürzung (BVerwG 15. 11. 1996 BVerwGE 113, 25 f.; LAG Hamm 13. 2. 1997 NZA-RR 1997, 250, 255 f.), Herabsetzung des Dienstgrades (BVerwG 12. 11. 1997 BVerwGE 113, 151 f.; 10. 11. 1998 BVerwGE 113, 279 f.), Hausverbot oder Kündigung (LAG Hamm 10. 3. 1999 NZA-RR 1999, 623; BAG 16. 9. 1999 AP BetrVG 1972 § 103 Nr. 38) des Belästigenden setzen voraus, dass ein Fehlverhalten nachgewiesen werden kann und eine nach Art und Schwere des Vorfalles angemessene Maßnahme ergriffen wird.

§ 4 Maßnahmen des Arbeitgebers oder Dienstvorgesetzten, Leistungsverweigerungsrecht

(1) Bei sexueller Belästigung hat
1. der Arbeitgeber die im Einzelfall angemessenen arbeitsrechtlichen Maßnahmen wie Abmahnung, Umsetzung, Versetzung oder Kündigung zu ergreifen. Die Rechte des Betriebsrates nach § 87 Abs. 1 Nr. 1, §§ 99 und 102 des Betriebsverfassungsgesetzes und des Personalrates nach § 75 Abs. 1 Nr. 2 bis 4a und Abs. 3 Nr. 15, § 77 Abs. 2 und § 79 des Bundespersonalvertretungsgesetzes sowie nach den entsprechenden Vorschriften der Personalvertretungsgesetze der Länder bleiben unberührt;
2. der Dienstvorgesetzte die erforderlichen dienstrechtlichen und personalwirtschaftlichen Maßnahmen zu treffen. Die Rechte des Personalrates in Personalangelegenheiten der Beamten nach den §§ 76, 77 und 78 des Bundespersonalvertretungsgesetzes sowie nach den entsprechenden Vorschriften der Personalvertretungsgesetze der Länder bleiben unberührt.

(2) Ergreift der Arbeitgeber oder Dienstvorgesetzte keine oder offensichtlich ungeeignete Maßnahmen zur Unterbindung der sexuellen Belästigung, sind die belästigten Beschäftigten berechtigt, ihre Tätigkeit am betreffenden Arbeitsplatz ohne Verlust des Arbeitsentgelts und der Bezüge einzustellen, soweit dies zu ihrem Schutz erforderlich ist.

(3) Der Arbeitgeber oder Dienstvorgesetzte darf die belästigten Beschäftigten nicht benachteiligen, weil diese sich gegen eine sexuelle Belästigung gewehrt und in zulässiger Weise ihre Rechte ausgeübt haben.

1. Maßnahmen des Arbeitgebers/Dienstvorgesetzten (Abs. 1). Der AG/Dienstvorgesetzte (§ 2 **1** Rn. 1) hat angemessene Maßnahmen gegen die festgestellte sexuelle Belästigung zu ergreifen. Sie müssen zur Unterbindung der festgestellten Belästigung geeignet sein; Spielraum besteht nur bei der Auswahl zwischen mehreren gleichermaßen geeigneten Gegenmaßnahmen. Eine Abwägung mit dem entgegenstehenden Interesse, einen besonders qualifizierten Mitarbeiter nicht umsetzen oder demotivieren zu wollen, kommt nicht in Betracht. Welches der im Gesetz (nicht abschließend) genannten Sanktionsmittel im konkreten Falle angemessen ist, ist eine Frage der Verhältnismäßigkeit, hängt also von der Schwere des Vorfalls sowie dem Umstand ab, ob es sich um eine erstmalige oder eine wiederholte Verfehlung handelt (*Schaub* § 166 V 3 b; *Mästle* BB 2002, 250). Alle oben (§ 3 Rn. 4) genannten Maßnahmen kommen in Betracht, sofern die Belästigung von einem betriebsangehörigen AN ausgegangen ist. Gegen betriebsfremde Dritte muss der AG der Belästigten ebenfalls einschreiten, zB durch Umverteilung der Zuständigkeit für Kontakte mit solchen Personen oder gar Erteilung eines Hausverbotes.

Da die Abmahnung als eigenständiges Sanktionsmittel gesondert genannt ist, ist sie nicht erfor- **2** derlich, wenn sie als „angemessene" Maßnahme nicht genügt: bei wiederholtem Fehlverhalten von einigem Gewicht wird eine Kündigung auch ohne Abmahnung anerkannt (LAG Hamm 22. 10. 1996 NZA 1997, 769; zur Abgrenzung: LAG Hamm 13. 2. 1997 NZA-RR 1997, 250, 255 f.). Die Kündigung wurde als angemessene Sanktion sexueller Belästigung anerkannt zB bei intimen Berührungen einer Auszubildenden durch den Ausbilder (BAG 9. 1. 1986 AP BGB § 626 Ausschlussfrist Nr. 20; LAG Sachsen 10. 3. 2000 NZA-RR 2000, 468); Saunabesuch mit Arbeitsplatzbewerberinnen (LAG Berlin 15. 8. 1989 LAGE KSchG § 1 Verhaltensbedingte Kündigung Nr. 24); intime Berührungen einer Patientin durch den Therapeuten (LAG Frankfurt 10. 1. 1984 AuR 1984, 346; LAG Hamm 15. 4. 1991 – 17 Sa 956/90 –, vgl. *Degen* PersR 1995, 145, 148); Berührung einer Kollegin an der Brust nach vorangegangenen verbalen Belästigungen (LAG Hamm 22. 10. 1996 AP BGB § 611 Abmahnung Nr. 21; ArbG Lübeck 2. 11. 2000 NZA-RR 2001, 140); Gewaltandrohung bei Ablehnung sexueller Kontakte (LAG Hamm 10. 3. 1999 NZA-RR 1999, 623); verbale Belästigung mittels SMS/Mobiltelefon (LAG Rheinland-Pfalz 24. 10. 2001 – 9 Sa 853/01 –). Ob eine ordentliche verhaltensbedingte, oder eine außerordentliche Kündigung angemessen ist, hängt von der Zumutbarkeit für den AG ab, § 626 BGB; auf die Unzumutbarkeit für die Belästigten allein kann eine außerordentliche Kündigung nicht gestützt werden, wenn die gesetzlichen Voraussetzungen im Übrigen nicht vorliegen (BAG 8. 6. 2000 AP BeschSchG § 2 Nr. 3; *Schlachter* AR-Blattei SD 425 Rn. 95 ff.). Die gesetzlichen Mitwirkungsrechte von BR und PersR bleiben gewahrt; dies muss auch für § 103 BetrVG gelten, obwohl die Vorschrift nicht zitiert wird. Scheitert eine Gegenmaßnahme am Fehlen einer konkret erforderlichen Mitwirkungshandlung des Vertretungsorgans, verlangt die Schutzpflicht aus § 2 I, dass der AG den Widerstand zu überwinden versucht.

Gegen eine Maßnahme des AG/Dienstvorgesetzten kann sowohl der davon Betroffene gerichtlich **3** vorgehen als auch die belästigte Person; letztere in dem Fall, dass die Maßnahme den Anforderungen des § 2 I nicht genügt. § 4 schließt die Anwendbarkeit anderweitiger Rechtsgrundlagen nicht aus, auch ein Vorgehen gem. § 823 I BGB (Persönlichkeitsrecht) bzw. § 823 II BGB iVm. § 2 kommt in Betracht.

2. Leistungsverweigerungsrecht (Abs. 2). Ergreift der AG/Dienstvorgesetzte (§ 2 Rn. 1) keine **4** oder nur offensichtlich ungeeignete Maßnahmen, haben die Belästigten ein Leistungsverweigerungsrecht ohne Verlust des Anspruchs auf die Gegenleistung. Eine festgestellte Belästigung darf weder ignoriert noch mit Maßnahmen beantwortet werden, die eine Wiederholung nicht ausschließen können. Die Vorschrift stellt ausdrücklich ein Zurückbehaltungsrecht fest, das allerdings bei unzumutbaren, persönlichkeitsverletzenden Arbeitsbedingungen auch zuvor schon begründet gewesen ist. Auf die Grundnorm des § 273 BGB ist auch weiterhin zurückzugreifen, wenn der AG keine Gegenmaßnahmen ergreifen kann, weil er selbst belästigt hat, und damit seine arbeitsvertragliche Schutzpflicht den Betroffenen gegenüber verletzt.

Voraussetzung von Abs. 2 ist weiter, dass die Einstellung der Tätigkeit zum Schutz der Belästigten **5** **erforderlich** ist. Dass es sich dabei um eine erhebliche Einschränkung des Anwendungsbereichs handeln soll, ergibt sich aus der Gesetzesbegründung (BT-Drucks. 12/5468 S. 47 f.): Die „Erforderlichkeit" des Leistungsverweigerungsrechtes soll danach von der Verhältnismäßigkeit zwischen der Belästigung und der Reaktion bestimmt werden, so dass das Vorhandensein geeigneter milderer Mittel das Zurückbehaltungsrecht auch dann ausschließen müsste, wenn es von den Belästigten nicht erkannt oder nicht als geeignet eingeschätzt worden ist. Weiter soll das Recht bei der Erfüllung vordringlicher öffentl. oder auch privater Aufgaben ausgeschlossen sein (BT-Drucks. 12/5468 S. 48), so dass Beschäftigte in bestimmten Tätigkeitsfeldern (Polizei, Feuerwehr, Krankenhaus usw.) ausgenommen sein dürften, sofern sie konkret für die Erfüllung der genannten Aufgaben unverzichtbar sind. Das Recht auf Arbeitseinstellung betrifft nur den konkreten Arbeitsplatz, idR nicht den gesamten Betrieb; ersatzweise angebotene Arbeitsplätze müssen also akzeptiert werden. Beschäftigte in kleineren Einheiten werden sich somit dem Kontakt mit dem Belästigenden nicht ohne weiteres entziehen können. Alle

Beschäftigten tragen zudem das Risiko, bei Fehleinschätzung der Tatbestandsvoraussetzungen wegen Arbeitsverweigerung abgemahnt und ggf. entlassen zu werden. Erfolgreicher als die Wahrnehmung des Rechts aus Abs. 2 dürfte somit der Weg über § 85 BetrVG sein, da sich der BR effizienter für Abhilfe einsetzen kann.

6   **3. Benachteiligungsverbot (Abs. 3).** Die Vorschrift konkretisiert das allg. Maßregelungsverbot des § 612a BGB für die Rechte aus dem BeschSG. Das Verbot richtet sich jedoch nur gegen den AG/Dienstvorgesetzten (§ 2 Rn. 1), nicht gegen den Belästigenden selbst; insoweit ist der Wortlaut enger als der des § 84 III BetrVG, der jede Art von Nachteilen für den AN ausschließt. Doch bleiben gem. § 3 I 2 die §§ 84, 85 BetrVG unberührt, werden also nicht verdrängt, so dass ein Beschwerdeführer trotz des Wortlauts von § 4 III verlangen kann, dass der AG jede Benachteiligung wegen einer zulässigen Beschwerde unterbindet. Geschützt wird aber nur die beschwerdeführende Person, nicht zB betriebsangehörige Zeugen. Das Verbot setzt eine Abwehr der Belästigung voraus oder die Ausübung von Rechten, vornehmlich die Beschwerde gem. § 3 oder das Leistungsverweigerungsrecht gem. § 4 Abs. 2. Sodann müssen die Rechte **in zulässiger Weise ausgeübt** worden sein; eine vom Gericht später nicht bestätigte Einschätzung, dass es sich um eine sexuelle Belästigung gehandelt habe, birgt somit das Risiko von Sanktionen wie Entgeltkürzung, Abmahnung oder Kündigung (§ 612a BGB Rn. 5 f.), wenn das Recht aus § 4 II beansprucht wurde. Anders sieht es dagegen bei der Einlegung einer Beschwerde aus: Diese ist bereits dann zulässig, wenn sich Betroffene lediglich belästigt „fühlen", § 3 I; somit setzt das Vergeltungsverbot bereits in dieser Lage ein. Ein Widerrufsanspruch des Beschwerdegegners wegen Behauptungen im Beschwerdeverfahren kommt daher nur dann in Betracht, wenn diese bewusst unwahr sind oder jedenfalls leichtfertig aufgestellt wurden (LAG Hessen 28. 6. 2000 NZA-RR 2001, 79).

7   Ausgeschlossen sind Maßnahmen wegen der Ausübung von Rechten; die Kausalität ist anzunehmen, wenn es keinen anderen sachlichen Grund für die Gegenmaßnahme gibt, der sie sachlich rechtfertigen könnte. Beweispflichtig sind die Betroffenen; bes. Beweiserleichterungen sieht das Gesetz ebenso wenig vor wie § 612a BGB. Ein enger zeitlicher Zusammenhang zwischen Nachteil und Rechtsausübung kann aber als Anscheinsbeweis dienen (MünchKommBGB/*Schaub* § 612a Rn. 11).

§ 5 Fortbildung für Beschäftigte im öffentlichen Dienst

¹ Im Rahmen der beruflichen Aus- und Fortbildung von Beschäftigten im öffentlichen Dienst sollen die Problematik der sexuellen Belästigung am Arbeitsplatz, der Rechtsschutz für die Betroffenen und die Handlungsverpflichtungen des Dienstvorgesetzten berücksichtigt werden. ² Dies gilt insbesondere bei der Fortbildung von Beschäftigten der Personalverwaltung, Personen mit Vorgesetzten- und Leitungsaufgaben, Ausbildern sowie Mitgliedern des Personalrates und Frauenbeauftragten.

1   Die Problematik der sexuellen Belästigung am Arbeitsplatz soll im öffentl. Dienst durch Maßnahmen der Aus- und Fortbildung verdeutlicht werden. Da weitgehend Unklarheit über die tatsächlichen Umstände und Folgen von Belästigungen sowie über geeignete Mittel zur Problembewältigung zu herrschen scheint, sind Fortbildungsveranstaltungen ein geeignetes Präventionsmittel. In privaten Arbeitsverhältnissen könnten sie allerdings nur auf freiwilliger Grundlage eingeführt werden.

§ 6 Sonderregelungen für Soldaten

Für weibliche und männliche Soldaten bleiben die Vorschriften des Soldatengesetzes, der Wehrdisziplinarordnung und der Wehrbeschwerdeordnung unberührt.

1   Da die Sondergesetze für Soldaten als Spezialvorschriften dem BeschSG vorgehen, nimmt § 6 die Einbeziehung in § 2 Abs. 2 Nr. 4 inhaltlich wieder zurück. Die Rspr. orientiert sich aber dennoch bei der Beurteilung sexueller Belästigung von Soldaten an den Vorgaben des BeschSG (vgl. etwa BVerwG 5. 7. 2000 ZBR 2001, 144).

§ 7 Bekanntgabe des Gesetzes

In Betrieben und Dienststellen ist dieses Gesetz an geeigneter Stelle zur Einsicht auszulegen oder auszuhängen.

1   Die in § 7 geregelte Pflicht zur Bekanntgabe soll den Betroffenen bestehende Rechte nahe bringen. Angesichts der im Gesetz häufigen unbestimmten Rechtsbegriffe ist die Verwirklichung größerer Rechtssicherheit durch Kenntnis des Normtextes aber fraglich.

200. Gesetz zur Verbesserung der betrieblichen Altersversorgung

Vom 19. Dezember 1974 (BGBl. I S. 3610)

Zuletzt geändert durch Gesetz vom 24. Juli 2003 (BGBl. I S. 1526)

(BGBl. III/FNA 800-22-1)

Schrifttum: *Arteaga,* Insolvenzschutz der betrieblichen Altersversorgung mitarbeitender Gesellschafter, 1995; *Blomeyer,* Ansätze zu einer Dogmatik des Betriebsrentenrechts nach 25 Jahren BetrAVG und einer ersten Gesetzesreform (RRG 1999), RdA 2000, 279 ff.; *Griebeling,* Betriebliche Altersversorgung, 1996; *Hanau/Arteaga,* Gehaltsumwandlung zur betrieblichen Altersversorgung, 1999; *Heither,* Ergänzende Altersvorsorge durch Direktversicherung nach Gehaltsumwandlung, 1998; *Kemper,* Die Unverfallbarkeit betrieblicher Versorgungsanwartschaften von Arbeitnehmern, 1977; *Steinmeyer,* Betriebliche Altersversorgung und Arbeitsverhältnis, 1991.

Vorbemerkung

I. Die Lückenhaftigkeit des Gesetzes zur Verbesserung der betrieblichen Altersversorgung

Das Gesetz zur Verbesserung der betrieblichen Altersversorgung hat – wie schon aus seiner 1 Bezeichnung deutlich wird – **keine vollständige Regelung aller Fragen des Betriebsrentenrechts** gebracht und war auch nicht so konzipiert (BT-Drucks. 7/1281 S. 19 ff.; *Fenge* BetrAV 1973, 117).

Im BetrAVG blieb weitgehend **ungeregelt** etwa die **Frage der Widerruflichkeit von erteilten** 2 **Versorgungszusagen;** der Gesetzgeber hat eine normative Festschreibung zulässiger Widerrufsgründe unterlassen, da er nicht beabsichtigte, „die zeitgemäße Weiterentwicklung der Rspr. in dieser Frage zu hemmen" (BT-Drucks. 7/1281 S. 24).

Nur **unvollständig** geregelt ist auch die Frage der **Berücksichtigung anderer Versorgungsleistun-** 3 **gen,** wie sich insb. bei der Frage der Anrechenbarkeit von Renten aus der gesetzlichen Unfallversicherung gezeigt hat (s. dazu § 5 Rn. 40 ff.).

Die Versorgung durch Unterstützungskassen ist im arbeitsrechtlichen Teil des BetrAVG einer 4 Regelung zugeführt, die diese Versorgungsform den anderen im Ergebnis weitgehend gleichsetzt, obwohl es sich bei der Unterstützungskasse um eine rechtsfähige Versorgungseinrichtung handelt, die auf ihre Leistungen keinen Rechtsanspruch gewährt (§ 1 b IV). Hier gilt es, diesen Widerspruch dogmatisch befriedigend aufzulösen (vgl. näher § 1 b Rn. 65 ff.).

Angesichts der anderen wirtschaftlichen Rahmenbedingungen zurzeit der Schaffung des BetrAVG 5 finden sich keine Regelungen über die Grenzen der Abänderbarkeit zwecks Anpassung an veränderte wirtschaftliche Gegebenheiten, also insb. zu der Frage, in welchem Ausmaß Inhaber von Versorgungsansprüchen und -anwartschaften Schutz genießen.

Weitere im Gesetz nicht geregelte Rechtsfragen ergeben sich aus der **internationalen Verflechtung** 6 **sowie der europäischen Integration** (s. dazu etwa *Steinmeyer* EuZW 1999, 645 ff.; *ders.,* FS für Förster, 2001, 453 ff.).

Daneben ergeben sich Querverbindungen zu nahezu allen anderen Teilbereichen des Arbeitsrechts. 7 Insoweit wird grds. auf die dortigen Kommentierungen verwiesen, sofern nicht die Besonderheiten der betrieblichen Altersversorgung ein gesondertes Eingehen erforderlich machen.

II. Das Altersvermögensgesetz

Zum 1. 1. 2002 sind durch das Altersvermögensgesetz (AVmG) zahlreiche Änderungen des Betr- 8 AVG in Kraft getreten. Der Gesetzgeber hat zur langfristigen Sicherung der gesetzlichen Rentenversicherung ua. das Leistungsniveau abgesenkt und fördert zur Kompensation eine zusätzliche kapitalgedeckte Altersvorsorge über Steuerentlastungen und **stärkt die betriebliche Altersversorgung durch den Ausbau der Entgeltumwandlung, die Einführung von Pensionsfonds und die Beitragszusage mit Mindestleistung.** Dies gibt der betrieblichen Altersversorgung neben dem ergänzenden auch einen ersetzenden Charakter (s. näher *Steinmeyer* FS v. Maydell, S. 683 ff.). und hat zu zahlreichen Änderungen des BetrAVG geführt. Zu Einzelheiten vgl. die einzelnen Kommentierungen.

III. Der Bestandsschutz von Ruhegeldansprüchen und -anwartschaften

9   **1. Fragestellung. Betriebliche Ruhegeldverpflichtungen** werden vom AG **im Rahmen eines Arbeitsverhältnisses** übernommen, wobei der Verpflichtungsgrund in einer individualrechtlichen Vereinbarung, einer betrieblichen Übung, dem Gleichbehandlungsgrundsatz oder einer Kollektivvereinbarung bestehen kann. Derartige Ruhegeldverpflichtungen müssen grds. ebenso wie die sonstigen Arbeitsbedingungen einer Änderung zugänglich sein. Dabei ergibt sich die Frage nach den Grenzen des Eingriffs in bestehende Versorgungsanrechte; es geht also um die Wahrung und Respektierung erworbener Besitzstände. Zum anderen resultiert aus der Vielgestaltigkeit der möglichen Verpflichtungsgründe eine je nach Gestaltungsform unterschiedliche rechtliche Konstruktion der Abänderung.

10   Versteht man zutreffend das **Ruhegeld als Gegenleistung für die Gesamtheit der erbrachten Arbeitsleistung im arbeitsvertraglichen Austauschverhältnis** (s. näher *Steinmeyer* S. 87; ähnlich *Lieb* ZfA 1996, 323 ff.; s. auch *Franzen* SAE 1999, 34), so kann dem AN diese Gegenleistung nach erbrachter Arbeitsleistung grds. nicht mehr entzogen werden. Der AN hat durch die Erbringung seiner Arbeitsleistung einen Anspruch grds. erworben. Aber auch bei einem Verständnis des Ruhegeldes als **Entgelt für geleistete Betriebstreue** (BAG 22. 11. 1994 NZA 1995, 734; *Wackerbarth*, Entgelt für Betriebstreue, 1996) ergibt sich diese Fragestellung in der gleichen Weise.

11   Es geht bei der Frage des Bestandsschutzes erworbener Rechtspositionen um den **Erwerb eines bedingten Anspruchs in einem Dauerschuldverhältnis,** der bis zum Eintritt der Bedingung nur als Anwartschaft auf Erwerb eines Vollrechts anzusehen ist. Bei Eingriffen während dieses Schwebezustandes, bei dem es um die Reichweite des Bestandsschutzes geht, unterscheidet das BAG bei Anwartschaften zwischen solchen, die bereits durch die bisher erbrachte Betriebstreue „erdient" sind und solchen, die durch künftig zu erbringende Betriebstreue noch zu erdienen sind. Erstere sind wie bereits erworbene Ansprüche der Entziehung gegen den Willen des AN grds. entzogen; noch zu erdienende Anwartschaften sind hingegen weniger geschützt (vgl. grd. BAG 8. 12. 1981 AP BetrAVG § 1 Ablösung Nr. 1).

12   Eine Frage der Reichweite des Bestandsschutzes ist es auch, inwieweit ohne **ausdrücklichen Widerrufsvorbehalt** bei Vorliegen bes. Gründe erworbene Anwartschaften durch Widerruf entzogen werden können. Beim hier vertretenen Verständnis vom Ruhegeld erscheint eine Widerruflichkeit überaus fraglich.

13   **2. Grenzen des Eingriffs in die Rechtsposition des Arbeitnehmers bei Abänderung. a) Die Rechtsposition des Arbeitnehmers.** Mit Erteilung der Versorgungszusage übernimmt der AG die Verpflichtung, dem AN bei Erfüllung der in der Zusage näher bezeichneten Voraussetzungen ein Ruhegeld zu gewähren. Der **AG** ist dadurch gebunden und kann die **vertragliche Regelung grds. nicht einseitig aufheben.**

14   **aa) Die Versorgungsansprüche.** Sind also die in der Versorgungszusage bezeichneten Voraussetzungen für den Erwerb eines Anspruchs auf Ruhegeld für den AN bzw. seine Hinterbliebenen erfüllt, so ist dieser **Ruhegeldanspruch einseitigen Eingriffen grds. entzogen.**

15   **bb) Die Versorgungsanwartschaften.** Solange die Leistungsvoraussetzungen noch nicht erfüllt sind, hat der AN lediglich einen **bedingten Anspruch auf Gewährung einer Altersversorgung.** Der AG verpflichtet sich jedoch, bei Erfüllung dieser Bedingungen das Ruhegeld zu gewähren. An diese Verpflichtung ist er grds. gebunden.

16   Da es sich bei dieser Verpflichtung um eine solche im Rahmen eines Dauerschuldverhältnisses handelt, besteht grds. die Möglichkeit einer **Auflösung** (Beendigungskündigung) oder **Änderung** (Änderungskündigung) **mit Wirkung für die Zukunft.** Der Vertrag bleibt dann hinsichtlich bereits erbrachter Leistungen und bereits entstandener Pflichten bestehen; lediglich die Verpflichtungen für die Zukunft entfallen. Für die Vergangenheit sind die beiderseitigen Leistungen bereits ausgetauscht oder zumindest ist eine Leistung bereits erbracht, während die Gegenleistung noch aussteht; sie bleiben bei Ausübung dieses Gestaltungsrechts bestehen. Deshalb sind **bereits ausgetauschte Leistungen einer nachträglichen Veränderung ohne Mitwirkung des AN** nicht zugänglich und auch die Gegenleistung für eine bereits erbrachte Leistung darf nicht nachträglich zum Nachteil des AN verändert werden. Insoweit genießen auch Versorgungsanwartschaften (zum Begriff der Anwartschaft vgl. § 1 b Rn. 8 ff.) grds. Bestandsschutz und zwar unabhängig vom Eintritt der Unverfallbarkeit nach § 1 b.

17   Bei der Bestimmung des **zum Zeitpunkt der Änderung bereits erworbenen Anwartschaftsteils** ist zu beachten, dass Ruhegeld Entgelt für die Gesamtheit der erbrachten Arbeitsleistungen ist, also nicht in einem kurzzeitperiodischen Austauschverhältnis zu der in einem bestimmten Zeitpunkt erbrachten Arbeitsleistung steht. Wenn das Ruhegeld die Gesamtheit der Arbeitsleistungen – oder die Gesamtheit der Betriebstreue – entgelten soll, so ergeben sich daraus unmittelbar noch keine Anhaltspunkte zur Bestimmung dessen, was erworben ist, wenn bisher nur ein Teil der Leistung erbracht wurde.

18   Es sind deshalb **aus der jeweiligen Versorgungszusage Anhaltspunkte** zu entnehmen. Da Gegenstand der Parteivereinbarung aber zumeist nur das Vollrecht ist, treffen die Parteien nur diesbezüglich nähere Bestimmungen, regelmäßig aber nicht hinsichtlich der Vorstufe zum Vollrecht, dem Anwart-

III. Der Bestandsschutz von Ruhegeldansprüchen und -anwartschaften **Vorbem. BetrAVG 200**

schaftsrecht. Berechnungskriterien für die Ermittlung des erworbenen Vollrechts können auch bei einer periodischen Zuordnung von Leistungsteilen zu bestimmten Zeiträumen nicht dahin verstanden werden, dass diese Leistungsteile nun die Gegenleistung für die während dieses Zeitraums erbrachte Arbeitsleistung sind. Der Verwendung der verschiedenen Berechnungssysteme liegen regelmäßig Motivationen zugrunde, die die Abgeltung der Gesamtheit der Arbeitsleistung zum Gegenstand haben (s. näher *Steinmeyer* S. 101 ff.).

Für diese Bestimmung ist vielmehr, sofern nicht die Zusage eine ausdrückliche Abrede enthält, der **Rechtsgedanke des § 2 heranzuziehen.** § 2 trägt dem Umstand Rechnung, dass das Ruhegeld eine Entgeltleistung ist, die für die Gesamtheit der während des Arbeitslebens erbrachten Arbeitsleistungen gewährt wird. Die Vorschrift regelt das in den Parteivereinbarungen regelmäßig nicht behandelte Problem der Bewertung von Teilleistungen. Wie bei der Feststellung des Wertes der aufrechtzuerhaltenden Anwartschaft geht es auch hier darum, dass die Leistung, für die in der Versorgungsregelung ein Ruhegeld in bestimmter oder bestimmbarer Höhe vorgesehen ist, nicht vollständig erbracht ist. Hier wie dort geht es um die Feststellung eines Anwartschaftswertes, der in einem angemessenen Verhältnis zu der vom AN bisher erbrachten Arbeitsleistung steht. § 2 trifft auch eine Regelung hinsichtlich der Frage, ob bei der Berechnung an den Beginn der Betriebszugehörigkeit oder an den Zeitpunkt der Erteilung der Versorgungszusage anzuknüpfen ist. Die Entscheidung für die Maßgeblichkeit des Beginns der Betriebszugehörigkeit wird damit gerechtfertigt, dass die betriebliche Altersversorgung für die gesamte im Betrieb geleistete Arbeit gewährt werde. Dabei wird nicht unterschieden zwischen der Arbeitsleistung vor oder nach Erteilung der Versorgungszusage (BT-Drucks. 7/1281 S. 24 – zu § 2). Dies ist eine gesetzgeberische Feststellung, die in gleicher Weise für die hier anstehende Frage gilt. Das Problem einer Feststellung des bis zu einem bestimmten Zeitpunkt Erworbenen stellt sich auch bei der Bewertung von Anrechten auf Leistungen der betrieblichen Altersversorgung im Rahmen des Versorgungsausgleichs. Die Regelung des § 1587 a II Nr. 3 BGB lehnt sich an § 2 an. Es erscheint sachgerecht, in Anknüpfung an diese Vorschriften (Gesetzesanalogie) auch für die hier interessierenden Fälle von einer ratierlichen Betrachtungsweise auszugehen (iE ähnlich, aber ohne dogmatische Begründung BAG 8. 12. 1981 AP BetrAVG § 1 Ablösung Nr. 1). § 2 V ist allerdings als auf die bes. Situation beim vorzeitigen Ausscheiden zugeschnittene Regelung hier nicht anzuwenden. 19

cc) Das Sonderproblem der erdienten Dynamik. Wenn Ausgangspunkt für die Bestimmung des erworbenen Anwartschaftsteils der Anspruch auf die volle Versorgungsleistung ist, wie sie dem AN in der Versorgungsvereinbarung zugesagt worden ist, dann wäre bei sog. dynamisierten **Anwartschaften** danach grds. sowohl die **dienstzeitabhängige Steigerungsrate** als auch die **gehaltsabhängige Dynamik** zu berücksichtigen. Dies wird für die dienstzeitabhängigen Steigerungsraten durch den analog anzuwendenden § 2 I bestätigt. 20

Aus der Nichtanwendung des § 2 V folgt aber noch nicht, dass deshalb die **gehaltsabhängige Dynamik** nicht mehr korrigiert werden kann (anders BAG 18. 4. 1989 NZA 1989, 846). Für seine Auffassung bringt das BAG vor, dass dieser Art von Dynamik solle der Wertzuwachs der Anwartschaft ohne Bindung an die Dienstzeit der Entwicklung eines Berechnungsfaktors folgen, der seinerseits variabel sei. Andererseits kann aber bei einem noch aktiven AN die arbeitsvertragliche Ausrichtung seines Einkommens an einem bestimmten anderen Einkommen mit Wirkung für die Zukunft geändert werden. Bemessungsgrundlagen für die Entlohnung sind – vorbehaltlich des kollektivrechtlichen und individualrechtlichen Änderungsschutzes zugunsten der AN – grds. einer Abänderung mit Wirkung ex nunc zugänglich. Dann kann aber grds. nichts anderes gelten, wenn es um die Änderung der gehaltsabhängigen Dynamik geht (ähnlich *Blomeyer* SAE 1986, 98; differenzierend *Hanau/Preis* RdA 1988, 79, denen aber vom Standpunkt der hier vertretenen Grundsicht nicht gefolgt werden kann). 21

dd) Der zukünftig zu erwerbende Anwartschaftsteil. Da hinsichtlich zukünftig zu erwerbender Anwartschaftsteile die **Gegenleistung noch nicht erbracht** ist, können die Versorgungsordnungen insoweit – also mit Wirkung für die Zukunft – abgeändert werden. Ihre Grenze findet diese Abänderbarkeit mit Wirkung für die Zukunft beim **Vertrauensschutz**. Der AN darf sich darauf verlassen, dass die ihn betreffende Versorgungsordnung nur insoweit abgeändert wird, wie es im Interesse des Betriebes erforderlich und zweckmäßig ist. 22

b) Die Gestaltungsformen des Eingriffs und die ihnen immanenten Grenzen. Die Änderung kann **individualrechtlich oder kollektivrechtlich** erfolgen. Maßgebend dafür ist grds., ob die Versorgungszusage auf einer individualrechtlichen oder einer kollektivrechtlichen Rechtsgrundlage beruht. Kollektivrechtliche und individualrechtliche Gestaltungsmittel unterliegen je bes. Voraussetzungen und Grenzen. So erfasst nach st. Rspr. des BAG eine Betriebsvereinbarung nicht die bereits ausgeschiedenen AN (BAG GS 16. 3. 1956 AP BetrVG 1952 § 57 Nr. 1; BAG 25. 10. 1998 NZA 1989, 522; aA *Waltermann* NZA 1998, 505). 23

Als **individualrechtliches Instrument** für eine Änderung der Versorgungsverpflichtung kommt die **Änderungskündigung** in Betracht, so dass hinsichtlich der in Zukunft zu erwerbenden Versorgungsanwartschaften die Regelungen des arbeitsrechtlichen Kündigungsschutzes Anwendung finden; die 24

Steinmeyer

Grenzen der Abänderbarkeit der Versorgungsverpflichtung hinsichtlich zukünftig zu erdienender Anwartschaftsteile bestimmen sich dann nach § 2 KSchG.

25 Bei den **kollektivrechtlichen Gestaltungsmitteln** stellt sich insb. die Frage nach dem Verhältnis von individuellen Vereinbarungen zu kollektivrechtlichen Regelungen, wenn also etwa vertragliche Einheitsregelungen (Gesamtzusagen, Allgemeine Arbeitsbedingungen) durch kollektivrechtliche Regelungen – insb. Betriebsvereinbarungen – zum Nachteil des AN abgeändert werden sollen. Mit dem Großen Senat des BAG ist davon auszugehen, dass es dem Schutzzweck des Günstigkeitsprinzips entspricht, wenn bei der Ablösung vertraglicher Einheitsregelungen durch Betriebsvereinbarungen nur ein kollektiver Günstigkeitsvergleich angestellt werden kann (BAG GS 16. 9. 1986 NZA 1987, 168); dem ist aber nicht Genüge getan, wenn der AG durch die Betriebsvereinbarung den Gesamtaufwand verringert (BAG 23. 10. 2001 DB 2002, 1383).

26 Bei **Kündigung einer Betriebsvereinbarung über betriebliche Altersversorgung** wird das Versorgungswerk mit Wirkung für die Zukunft geschlossen. Das bedeutet, dass bereits erdiente Anwartschaften – da von der Kündigung gar nicht erfasst – erhalten bleiben und dass grds. die Betriebsvereinbarung als Basis für den Erwerb weiterer Anwartschaften ausscheidet. Unter Heranziehung von § 2 ist auch hier der erworbene Anwartschaftsteil zu bestimmen; eine Grundlage für zukünftig zu erdienende Anwartschaften entfällt grds. mit der Kündigung. Maßgebend ist, inwieweit der AN unter der Geltung der Betriebsvereinbarung seine Leistung bereits erbracht hat. Dies muss unabhängig davon gelten, ob Unverfallbarkeit eingetreten ist oder nicht, da diese nur die Wirksamkeit von Verfallklauseln betrifft. Zur erdienten Dynamik ist auf Rn. 21 f. zu verweisen. Für zukünftig zu erwerbende Anwartschaftsteile kommt es auf die Ausgestaltung der Betriebsvereinbarung an; ein allg. Vertrauen auf ihren Weiterbestand kann nicht angenommen werden. (anders BAG 11. 5. 1999 NZA 2000, 322, das pauschal sein Drei-Stufen-Modell anwendet; ebenso BAG 21. 8. 2001 DB 2002, 952 u. 18. 9. 2001 DB 2002, 1114 = SAE 2003, 221 m. Anm. *Steinmeyer*; ähnlich wie hier *Blomeyer/Vienken* SAE 2000, 230; *dies.* RdA 2000, 365).

27 Beruht die **betriebliche Altersversorgung auf TV,** so wird man ebenfalls ein allg. Vertrauen auf den Fortbestand des TV nicht annehmen können. Anders als bei Betriebsvereinbarungen erfolgt hier keine allg. Billigkeitskontrolle durch die Rspr. sondern nur eine Prüfung der Vereinbarkeit mit höherrangigem Recht. Hier kann auch eine Überprüfung am Maßstab des Art. 14 GG in Betracht kommen. Allerdings tragen nach der Rspr. des BAG tarifvertragliche Regelungen auch während der Laufzeit des TV den immanenten Vorbehalt ihrer auch rückwirkenden Abänderbarkeit durch Tarifvertrag in sich, wobei dies auch für bereits entstandene und fällig gewordene, noch nicht abgewickelte Ansprüche gelten soll, die aus einer Tarifnorm folgen (BAG 23. 11. 1994 AP TVG § 1 Rückwirkung Nr. 12 m. Anm. *Wiedemann*). Eingriffe in bestehende Versorgungsrechte können nur abgestuft erfolgen und müssen den Grundsätzen der Verhältnismäßigkeit und des Vertrauensschutzes genügen (BAG 24. 8. 1993 AP BetrAVG § 1 Ablösung Nr. 19; BAG 19. 11. 2002; *Steinmeyer* GS Blomeyer, S. 423). Das eröffnet einen deutlich größeren Spielraum als bei Betriebsvereinbarungen, so dass das im Folgenden erläuterte Drei-Stufen-Modell hier nicht gelten kann.

28 c) **Der abgestufte Besitzstand nach der Rspr. des BAG.** In nunmehr st. Rspr. arbeitet das BAG (17. 4. 1985 NZA 1986, 57; 18. 4. 1989 NZA 1989, 846; 17. 11. 1992 NZA 1993, 839; 27. 8. 1996 NZA 1997, 540; 5. 11. 1999 NZA 2000, 322; s. auch *Griebeling* Rn. 840) bei den Grenzen des Eingriffs mit folgender **Abstufung des Besitzstandes (häufig als Drei-Stufen-Modell bezeichnet):**

28a aa) **Erdienter Teilbetrag.** Am stärksten geschützt ist der erdiente Teilbetrag einer Versorgungsanwartschaft, der sich zurzeit der Änderung nach den Berechnungsgrundsätzen des § 2 ergibt. Ein Unterschied zwischen verfallbaren und unverfallbaren Anwartschaften wird insoweit nicht gemacht, da in beiden Fällen die Gegenleistung erbracht ist. Eine Kürzung kann nur noch in seltenen Ausnahmefällen erfolgen, die vor allem vorliegen bei einem Wegfall der Geschäftsgrundlage wegen wirtschaftlicher Notlage des Unternehmens oder wegen wesentlicher Störungen des Zwecks der Altersversorgung, etwa bei planwidriger Überversorgung durch veränderte Rahmenbedingungen. Das BAG spricht hier irreführend von wichtigem Grund; eine Unzumutbarkeit wie in § 626 BGB kann aber angesichts erbrachter Gegenleistung nicht ausreichen.

28b bb) **Zuwachsraten.** Die Zuwachsraten sind unterschiedlich stark geschützt je nachdem, ob der AN bereits seine Gegenleistung für diese erbracht hat: Soll die Anwartschaft der **Gehaltsentwicklung folgen,** so erdient der AN mit seiner Betriebstreue nicht nur den zeitanteilig errechneten Festbetrag, sondern auch die darauf entfallende Dynamik. Diese Dynamik kann nur aus „triftigen Gründen" eingeschränkt werden, die eine langfristige Substanzgefährdung des Unternehmens oder ein dringendes betriebliches Bedürfnis ohne Schmälerung des Gesamtaufwandes voraussetzen BAG 11. 12. 2001 DB 2003, 293). Diese Differenzierung ist problematisch, da es sich bei der zukünftigen Lohn- und Gehaltsentwicklung um einen durchaus nicht abänderbaren Bemessungsfaktor handelt, der von Umständen abhängig ist, die erst in Zukunft eintreten (*Steinmeyer* S. 107 f.; *Andresen/Förster/Rößler/ Rühmann* Teil 12 Rn. 710); es führt auch bei einer endgehaltsbezogenen Versorgungsordnung zu Schwierigkeiten, was das BAG zu einer ergebnisbezogenen Betrachtungsweise veranlasst hat, die auf die Situation zum Ablösungsstichtag abstellt (BAG 11. 12. 2001 DB 2003, 214).

III. Der Bestandsschutz von Ruhegeldansprüchen und -anwartschaften **Vorbem. BetrAVG 200**

cc) **Dienstzeitunabhängigen Steigerungsraten.** Hingegen sind Eingriffe in die dienstzeitunabhängigen Steigerungsraten, die der AN zum Zeitpunkt der Änderung noch nicht erdient hat, aus weniger gewichtigen sachlich-proportionalen Gründen zulässig. 28 c

3. **Widerruf von Ruhegeldverpflichtungen.** Verpflichtet sich der AG vorbehaltlos zur Gewährung eines Ruhegeldes bei Erfüllung der Leistungsvoraussetzungen, so ist er daran **gebunden und kann sich davon außer durch Kündigung oder die dargestellten kollektivrechtlichen Gestaltungsmittel nicht lösen,** wenn die Gegenleistung in Gestalt von Arbeitsleistung bzw. Betriebstreue bereits erbracht ist. Hiervon werden in Rspr. und Schrifttum Ausnahmen für den Fall des Widerrufs wegen Treuepflichtverletzung, des Widerrufs wegen wirtschaftlicher Notlage sowie des Widerrufs wegen „Überversorgung" und wegen Reduktion der Leistungen der gesetzlichen Rentenversicherung gemacht. Dies kann grds. nur dann gerechtfertigt sein, wenn ein Fall des Wegfalls der Geschäftsgrundlage gegeben ist. 29

a) **Widerruf wegen Treupflichtverletzung.** Die Rspr. räumt dem AG bei **schweren Verfehlungen des AN** das Recht ein, die Gewährung des Ruhegeldes zu verweigern bzw. die Ruhegeldzusage zu widerrufen (vgl. nur BAG 18. 10. 1979 AP BetrAVG § 1 Treuebruch Nr. 1; 19. 6. 1980 AP BetrAVG § 1 Treuebruch Nr. 2; 3. 4. 1990 NZA 1990, 808). Dies bedeutet, dass dann dem AG die Möglichkeit gegeben wird, zur Sanktionierung einer Pflichtverletzung dem AN die Gegenleistung für die von ihm erbrachte Arbeitsleistung vorzuenthalten. Das kann angesichts der Entgeltlichkeit des Ruhegeldes nur unter sehr engen und eingeschränkten Voraussetzungen zulässig sein, da auch sonst bereits durch Gegenleistung verdientes Arbeitsentgelt nicht nachträglich wieder entzogen werden kann (s. zur Kritik der Rspr. *Steinmeyer* S. 119 ff.). 30

Das BAG unterscheidet hier **zwei Fälle,** den der **nachträglich entdeckten Verfehlungen während des Arbeitsverhältnisses** und den der **Verfehlungen nach Beendigung des Arbeitsverhältnisses.** In beiden Fällen wird vom BAG der Widerruf auf den **Einwand des Rechtsmissbrauchs** gestützt (s. nur BAG 18. 10. 1979 AP BetrAVG § 1 Treuebruch Nr. 1; 11. 5. 1982 AP BetrAVG § 1 Treuebruch Nr. 4; 8. 2. 1983 AP BetrAVG § 1 Treuebruch Nr. 7; BGH 25. 11. 1996 BetrAV 1998, 24). Dies ist problematisch, da der Rechtsmissbrauch grds. nur dazu führt, dass ein an sich bestehender Anspruch nicht geltend gemacht werden kann, die Ausübung des Rechts also unzulässig ist. Hiervon weicht das BAG ab, wenn es in solchen Fällen ein Widerrufsrecht einräumt (präziser insofern BGH 17. 12. 2001 NZA 2002, 511; BGH 11. 3. 2002 DB 2002, 1207). 31

Bei **nachträglich entdeckten Verfehlungen während des Arbeitsverhältnisses** sieht das BAG den Einwand des Rechtsmissbrauchs dann als gerechtfertigt an, wenn die vergütete Betriebstreue rückwirkend wertlos erscheine, weil zum Beispiel ein AN seine Stellung jahrelang dazu missbraucht habe, seinen AG zu schädigen. Das gelte insb. dann, **wenn eine rechtzeitige Entdeckung der Machenschaften zur fristlosen Kündigung geführt hätte,** bevor die Versorgungsanwartschaft unverfallbar werden konnte (BAG 18. 10. 1979 AP BetrAVG § 1 Treuebruch Nr. 1; BGH 22. 6. 1981 AP BetrAVG § 1 Treuebruch Nr. 3; BAG 29. 1. 1991 AP BetrAVG § 1 Hinterbliebenenversorgung Nr. 13). Diese Argumentation ist problematisch, da sie der Sicht des Ruhegeldes als Entgelt für geleistete Betriebstreue einen zusätzlichen Bedeutungsinhalt unterlegt, denn hier wird aus der Betriebstreue eine zusätzliche Pflicht und Erwartung zur redlichen und gewissenhaften Leistung der geschuldeten Dienste während der gesamten Betriebszugehörigkeit hergeleitet (s. auch BVerfG 28. 6. 2000 NZA 2000, 999, das aus verfassungsrechtlicher Sicht keine Bedenken gegen den Entzug von Versorgungsleistungen hat, zugleich aber auch andeutet, dass angesichts des Entgeltcharakters Begrenzungen geboten sind). 32

Bei **Verfehlungen nach Beendigung des Arbeitsverhältnisses** sieht die Rspr. den Einwand des Rechtsmissbrauchs etwa dann als gerechtfertigt an, wenn der Versorgungsberechtigte durch ruinösen Wettbewerb die wirtschaftliche Grundlage seines Schuldners gefährdet (BAG 18. 10. 1979 AP BetrAVG § 1 Nr. 1; BGH 7. 1. 1971 AP BGB § 242 Ruhegehalt Nr. 151). Diese Fallkonstellation begegnet erheblichen Zweifeln, da es meist wegen der nur begrenzt nach Beendigung des Arbeitsverhältnisses fortwirkenden Pflichten an einer Pflichtverletzung fehlt. 33

Ein Widerruf wegen Treupflichtverletzungen kann nur in seltenen Fällen zugelassen werden. Ein **Grund für eine fristlose Kündigung reicht als Rechtfertigung für einen Widerruf regelmäßig nicht aus.** Der AG ist auch grds. auf die Geltendmachung von Schadensersatzansprüchen zu verweisen (s. auch *Blomeyer/Otto* Einl. Rn. 573 ff.). Dass er bei der Durchsetzung dann an die geltenden Pfändungsfreigrenzen gebunden ist, rechtfertigt keine andere Betrachtung, sondern bestätigt vielmehr die hier vertretene enge Auffassung, da bei einem Widerruf derartige Schutzvorschriften nicht gelten würden. 34

b) **Widerruf wegen wirtschaftlicher Notlage.** Ein Widerruf wegen wirtschaftlicher Notlage löste nach § 7 I 3 Nr. 5 aF einen Sicherungsfall und damit die Eintrittspflicht des PSV aus. Insb. wegen dieser gesetzlichen Regelung hielt das BAG in st. Rspr. einen Widerruf wegen wirtschaftlicher Notlage für zulässig (zur Kritik an dieser Rspr. s. *Steinmeyer* S. 127 ff.). Mit dem RRG 1999 ist der Sicherungsfall des Widerrufs wegen wirtschaftlicher Notlage und damit der Insolvenzschutz entfallen. Ungeachtet der grds. Problematik, dass mangelndes wirtschaftliches Leistungsvermögen den Schuldner von 35

Steinmeyer

seiner Leistungspflicht befreien soll, ist mit dem Verlust des Insolvenzschutzes nun klargestellt, dass eine wirtschaftliche Notlage den AG nicht mehr zum einseitigen Widerruf berechtigt (anders offenbar *Blomeyer/Otto* BetrAVG Ergänzungsheft Vorb. § 7 zu Rn. 82 ff.; wie hier *Bepler* BetrAV 2000, 19, 24 f.). Auch einen Wegfall der Geschäftsgrundlage kann die wirtschaftliche Notlage des AG nicht begründen; dies ergibt sich aus § 276 I 1 BGB (so auch *Andresen/Förster/Rößler/Rühmann* Teil 12 Rn. 181).

36   c) **Der Widerruf wegen „Überversorgung" und wegen Reduktion der Leistungen der gesetzlichen Rentenversicherung.** In den Fällen der sog. „Überversorgung" und der durch Reduktion der Leistungen der gesetzlichen Rentenversicherung je nach Ausgestaltung der Versorgungszusage bewirkten Aufwandserhöhung für den Auftraggeber ist ein Widerruf nach den Grundsätzen über den Wegfall der Geschäftsgrundlage dann gerechtfertigt, wenn eine wesentliche Abweichung vom ursprünglichen Vertragsplan gegeben ist und nicht nach der **vertragstypischen Risikoverteilung der AG dieses Veränderungsrisiko tragen muss** (so auch BAG 9. 7. 1985 NZA 1986, 517; vgl. auch *Blomeyer/Otto* Einl. Rn. 549 ff.; *Dieterich,* FS für Hilger/Stumpf, S. 77 ff.; *Steinmeyer* S. 135 ff.; *Wiedemann,* FS Stimpel, S. 955 ff.). Ob eine planwidrige Überversorgung vorliegt, hängt von den Versorgungsgrad ab, der in der jeweiligen Versorgungsordnung angestrebt ist. Das Widerrufsrecht bedeutet in diesen Fällen ein Anpassungsrecht des AG, das auch gegenüber mit einer unverfallbaren Versorgungsanwartschaft ausgeschiedenen AN besteht (BAG 28. 7. 1998 NZA 1999, 444; BAG 9. 11. 1999 AP BetrAVG § 1 Überversorgung Nr. 8); dieses Anpassungsrecht beschränkt sich allerdings auf den Abbau der noch bestehenden Überversorgung und rechtfertigt nicht anderweitige Korrekturen der Versorgungsleistungen (BAG 9. 11. 1999, NZA 2001, 98). Da es sich bei der Überversorgung um einen Fall der Zweckverfehlung handelt, spielt für den Umfang der Anpassung ausschließlich das Maß der Überversorgung, nicht jedoch die wirtschaftliche Situation des AG eine Rolle.

37   d) **Vorbehaltener Widerruf.** In der Praxis sind sog. **steuerunschädliche Widerrufsvorbehalte** üblich, die nach Abschn. 41 Abs. 3 EStR steuerlich anerkannt sind, also einer Bildung von Pensionsrückstellungen nicht entgegenstehen. In Anknüpfung an die Entgeltlichkeit des Ruhegeldes hat die Rspr. diese Vorbehalte zutreffend so interpretiert, dass sie nur eine Widerrufsmöglichkeit in dem Rahmen geben, der sich nach den oben erörterten Voraussetzungen auch für den Widerruf vorbehaltloser Versorgungszusagen ergibt (BAG 26. 4. 1988 NZA 1989, 305; *Blomeyer/Otto* Einl. Rn. 546; *Griebeling* Rn. 834 f.; *Andresen/Förster/Rößler/Rühmann* Teil 12 Rn. 220 ff.). Das bedeutet, dass sie für noch nicht erdiente Anwartschaften Bedeutung erlangen können (so auch *Blomeyer,* FS Ostheim, S. 517, 525).

IV. Der Grundsatz der Entgeltgleichheit von Männern und Frauen in seiner Bedeutung für das betriebliche Ruhegeld

38   Der Grundsatz der Entgeltgleichheit von Männern und Frauen, der seinen Eingang in die deutsche Rechtspraxis und rechtswissenschaftliche Diskussion über Art. 119 EG fand, wird heute unter mehreren Rechtsgrundlagen diskutiert. Insoweit wird auf die einschlägigen Kommentierungen zu **Art. 3 GG, Art. 141 EG (Art. 119 aF), TzBfG** und dem **arbeitsrechtlichen Gleichbehandlungsgrundsatz** verwiesen.

39   Für die Anwendung dieser Vorschriften und Rechtsgrundsätze steht inzwischen außer Frage, dass **betriebliches Ruhegeld insoweit als** Entgelt anzusehen ist (vgl. etwa EuGH 13. 5. 1986 AP EWG-Vertrag Art. 119 Nr. 10; BAG 14. 10. 1986 AP EWG-Vertrag Art. 119 Nr. 11). Bedeutung haben Art. 3 II GG und Art. 141 EG erlangt für die Frage des Ruhegeldes für Teilzeitbeschäftigte und die unterschiedlichen Altersgrenzen für Männer und Frauen in der betrieblichen Altersversorgung. Auch eine betriebliche Witwen- oder Witwerversorgung ist Vergütung in diesem Sinn (BAG 19. 11. 2002 DB 2003, 398).

40   Seit der Entscheidung des EuGH in der Rs. Bilka (13. 5. 1986 Slg. 1986, 1607; zu dieser Entscheidung und den Folgeentscheidungen des BAG vgl. auch *Steinmeyer* EzA BetrAVG § 1 Gleichberechtigung Nr. 4 und 6) ist der **Ausschluss von Teilzeitbeschäftigten von der betrieblichen Altersversorgung** wegen Verstoßes gegen Art. 141 EG unter dem Gesichtspunkt der mittelbaren Diskriminierung nicht mehr haltbar. Dies gilt mit dem BAG (22. 11. 1994 AP BetrAVG § 1 Gleichbehandlung Nr. 24) auch für den Fall, dass die **Teilzeitbeschäftigung nur als nebenberufliche Tätigkeit** ausgeübt wird; allein der Umstand der nebenberuflichen Tätigkeit kann angesichts des Versorgungszwecks der betrieblichen Altersversorgung einen Ausschluss nicht rechtfertigen.

41   Zur Frage der **geringfügig Beschäftigten** hat das BAG entschieden, dass der tarifvertragliche Ausschluss von geringfügig Beschäftigten aus der Zusatzversorgung im öffentlichen Dienst auf Grund des von den TarifVParteien gewählten Gesamtversorgungssystems jedenfalls bis zum 31. 3. 1999 sachlich gerechtfertigt sei (BAG 22. 2. 2000 NZA 2000, 659). Auch nach der Neuregelung sind diese AN in der gesetzlichen Rentenversicherung aber versicherungsfrei (§ 5 II SGB VI). Das Gesetz sieht lediglich eine Beitragspflicht des AG vor (§ 172 III SGB VI). Der AN erwirbt durch diese Beiträge

IV. Der Grundsatz der Entgeltgleichheit von Männern und Frauen

keine unmittelbaren Leistungsansprüche aus dieser Zeit; aus dem AGBeitrag ergeben sich nur Zuschläge zu den Entgeltpunkten. Im Ergebnis bedeutet dies eine geringere rentenrechtliche Bewertung der geringfügigen Beschäftigung, was eine sachliche Rechtfertigung für eine unterschiedliche Behandlung ergeben könnte. § 4 I TzBfG steht dem nicht entgegen, da er bei sachlichem Grund Ungleichbehandlung beim Entgelt zulässt (*Kliemt* NZA 2001, 69; *Richardi/Annuß* BB 2000, 2001; aA *Däubler* ZIP 2000, 1964); trotz des missverständlichen Wortlauts kann aus § 4 I 2 TzBfG auch nicht hergeleitet werden, dass das „zeitanteilige Prinzip" dieser Vorschrift nicht unterschritten werden darf, da ansonsten diese Möglichkeit weitgehend leerliefe (iE so auch BT-Drucks. 14/4374 S. 15). Ein Zwang zur allg. Einbeziehung der geringfügig Beschäftigten in die betriebliche Altersversorgung kann deshalb aus der neuen Situation nicht hergeleitet werden (anders wohl *Höfer* ART 530.2). Dies gilt auch für solche AN, die auf die Versicherungsfreiheit verzichten (§ 5 II 2 SGB VI), da die Ausübung dieses Optionsrechts nichts an der vom Gesetzgeber grds. vorgenommenen Bewertung geringfügiger Beschäftigungsverhältnisse ändert; die Pflicht des AG nach § 2 I 3 NachwG zum Hinweis auf die Möglichkeit des § 5 II 2 SGB VI unterstreicht dies nur (anders *Ahrend/Förster/Rühmann* § 1 Rn. 91). Diese Bewertung geringfügiger Beschäftigungsverhältnisse greift nicht nur für Gesamtversorgungssysteme. An der europarechtlichen Zulässigkeit des Ausschlusses aus der gesetzlichen Rentenversicherung (EuGH 14. 12. 1995 NZA 1996, 129) hat auch die Neuregelung des Rechts der geringfügigen Beschäftigung nichts geändert.

Bei **befristeten Arbeitsverhältnissen** ist ein Ausschluss bei Vorliegen eines sachlichen Grundes **42** möglich; allerdings ist das Motiv der Erzielung von Betriebstreue kein ausreichender Grund, zumal dessen abnehmende Bedeutung in der Verkürzung der Unverfallbarkeitsfrist von 10 auf 5 Jahre und in der sofortigen Unverfallbarkeit bei Entgeltumwandlung zum Ausdruck gekommen ist. Ein sachlicher Grund kann angenommen werden, wenn von vornherein feststeht, dass das Arbeitsverhältnis nur vorübergehend ist; hinsichtlich der Höchstdauer wird man sich an § 14 II TzBfG zu orientieren haben.

Seit der Entscheidung des EuGH in der Rs. Barber (17. 5. 1990 Slg. 1990, I-1889) sind außerdem **43** **unterschiedliche Altersgrenzen für Männer und Frauen in Betriebsrentensystemen** als **unzulässig** anzusehen (vgl. hierzu und zum folgenden *Blomeyer* NZA 1995, 49; *Griebeling* NZA 1996, 449). An diese Grundsatzentscheidung haben sich mehrere Folgeentscheidungen angeschlossen, die sich mit den Konsequenzen aus dieser Entscheidung insb. hinsichtlich der Rückwirkung befassen (s. dazu etwa *Höfer* BB 1994, Beil. 15; *ders.* BetrAV 1995, 119).

Hinsichtlich der **Rückwirkung** gilt nun, dass sich die Rspr. des EuGH nur auf Ansprüche bezieht, **44** soweit sie auf nach dem 17. 5. 1990 zurückgelegten Beschäftigungszeiten beruhen. Dies gilt aber nur, soweit es die Höhe von Leistungen anbetrifft, nicht aber soweit es den Anschluss an ein Betriebsrentensystem betrifft. Hier soll maßgebliches Datum der 8. 4. 1976 sein (s. etwa EuGH 28. 9. 1994 – Fisscher NZA 1994, 1123), das Datum der Entscheidung Defrenne II (EuGH 8. 4. 1976 NJW 1976, 2068), in der erstmals AN eine unmittelbare Berufung auf Art. 119 EG mit Wirkung auf künftige Beschäftigungszeiten zugestanden wurde (s. auch EuGH 11. 12. 1997 NZA 1998, 361). Allerdings hat sich das BAG bei der Frage des Ausschlusses von unterhälftig beschäftigten Teilzeitkräften (7. 3. 1995 NZA 1996, 48) hinsichtlich der Rückwirkung nicht auf eines dieser Daten bezogen, sondern sie für unmaßgeblich erklärt, da es den Verstoß auf Art. 3 I GG stützte. Daraus ergab sich die europarechtliche Frage, ob hier europäisches Recht, das für den AG günstiger ist, vorgeht oder ob es sich um zwei in diesem Fall voneinander zu trennende Problemkreise handelt, so dass Einwände aus dem europäischen Recht nicht greifen (so EuGH v. 10. 2. 2000 NZA 2000, 313). Das BVerfG hat die Rspr. des BAG als verfassungsgemäß angesehen (BVerfG 5. 8. 1998 NZA 1998, 1245; BVerfG 19. 5. 1999 NZA 1999, 815). Die Rspr. des BAG ist aber noch im Fluss, wie sich an den Entscheidungen vom 18. 3. 1997 (NZA 1997, 824) und vom 23. 3. 1999 (BB 1999, 1334) zeigt, nach denen Versorgungszusagen mit unterschiedlichem Rentenzugangsalter für Männer und Frauen für eine Übergangszeit nicht gegen Art. 3 II GG verstoßen. Es findet sich hier auch ein ausdrücklicher Hinweis auf das Datum der Barber-Entscheidung. Diese Regelungen verstoßen aber gegen Art. 141 EG (BAG 3. 6. 1997 NZA 1997, 1043). Durch den infolge des RG 1999 in das BetrAVG eingefügten § 30 a haben nunmehr männliche AN die Möglichkeit, unter den gleichen Voraussetzungen wie weibliche AN Leistungen der betrieblichen Altersversorgung mit Vollendung des 60. Lebensjahres zu erhalten (s. die Kommentierung dort).

Der EuGH hat in den Entscheidungen nach Barber auch den **Begriff des Entgelts iSd. Art. 141 EG 45** näher konkretisiert, indem er in der Rs. Coloroll (28. 9. 1994 NZA 1994, 1073) für versicherungsförmige Leistungen nicht auf die dafür aufgebrachten Finanzierungsleistungen, sondern auf die ausgezahlten Versorgungsleistungen abstellt. Die RL 96/97/EG hat in Konsequenz dieser Rspr. die RL 86/378/EWG zur Verwirklichung des Grundsatzes der Gleichbehandlung von Männern und Frauen bei den betrieblichen Systemen der sozialen Sicherheit angepasst und unterscheidet zwischen Systemen mit **Beitrags-** und solchen mit **Leistungszusagen.** Ist eine bestimmte Leistung zugesagt, so muss diese für Männer und Frauen grds. gleich hoch sein, auch wenn für die Leistung an die Frau angesichts durchschnittlich höherer Lebenserwartung ein höherer Finanzierungsaufwand erforderlich ist. Bei beitragsorientierten Zusagen darf die Leistung unterschiedlich hoch sein, wobei darunter je nach

Ausgestaltung auch solche nach § 1 II Nr. 1 (beitragsorientierte Leistungszusage) gefasst werden können (*Hanau/Arteaga* Rn. 274). Die Beitragszusage mit Mindestleistung steht zwar angesichts ihres Leistungselements einer Leistungszusage sehr nahe; die Garantie basiert aber auf den eingezahlten Beiträgen, so dass sie europarechtlich ebenfalls als Beitragszusage anzusehen ist. Die Vorgaben der RL sind allerdings europarechtlich nicht unproblematisch, da sie sich bei den Ausnahmevorschriften in Art. 6 auf Ausnahmen konzentriert, die wiederum geschlechtsspezifische Differenzierungen zulassen (s. auch die Bedenken von *Bieback* in Fuchs, Kommentar zum Europäischen Sozialrecht, 3. Aufl., Art. 6 Rn. 7). Die allg. Differenzierung nach Beitrags- und Leistungsprimat ist allerdings mit primärem Gemeinschaftsrecht vereinbar. Zulässig ist auch der längere Bezug von Übergangsgeld durch Männer, wenn nur so in einem Frühverrentungsmodell den unterschiedlichen Möglichkeiten des vorzeitigen Rentenbezuges in der gesetzlichen Rentenversicherung Rechnung getragen werden kann (*Steinmeyer*, BB 2003, 685; aA LAG Düsseldorf BB 2003, 683).

46 Zur Frage der **Adressaten des Diskriminierungsverbots** hat sich der EuGH für eine eher weite Interpretation ausgesprochen (EuGH 28. 9. 1994 – Fisscher – NZA 1994, 1123; 28. 9. 1994 – Coloroll – NZA 1994, 1073). Es werden danach neben dem AG auch Dritte dem Diskriminierungsverbot unterstellt, soweit sie als „Treuhänder" anzusehen sind. Dies ist für das deutsche Recht problematisch im Falle von Pensionskassen und Direktversicherungen; hier ist der AG der arbeitsrechtliche Verpflichtete und deshalb an sich Adressat des Diskriminierungsverbots (so auch *Blomeyer/Otto* Einl. Rn. 202). Der EuGH hat – wie zu erwarten – eine deutsche **Pensionskasse** zum Adressaten des Diskriminierungsverbots gemacht, da nur so die praktische Wirksamkeit des Art. 141 EG gewährleistet werden könne (EuGH 9. 10. 2001 NZA 2001, 1301; nunmehr auch BAG 19. 11. 2002 DB 2003, 398). Der Gerichtshof sieht in dem Verweis auf die Verpflichtung des AG eine Schmälerung der praktischen Wirksamkeit der Vorschrift; dem ist allerdings nicht zu folgen, da durch die Mechanismen des Betriebsrentenrechts ein vollwertiger Schutz gewährleistet ist. Diese Entscheidung macht aber nicht nur die Pensionskassen, sondern auch die Lebensversicherungsunternehmen im Falle von **Direktversicherungen** zu Adressaten. Die Entscheidung trägt zwar nicht den Besonderheiten der deutschen betrieblichen Altersversorgung Rechnung, liegt aber in der Logik der bisherigen Rspr. des EuGH.

V. Das internationale Arbeitsrecht der betrieblichen Altersversorgung

47 Im internationalen Arbeitsrecht gilt wie im internationalen Privatrecht grds. die **Rechtswahlfreiheit** (Art. 27 EGBGB), allerdings eingeschränkt durch den Mindestschutz des Art. 30 EGBGB, der sicherstellt, dass dem AN nicht der Schutz entzogen wird, der ihm durch die zwingenden Bestimmungen des Rechts gewährt wird, das ohne ausdrückliche Rechtswahl anzuwenden wäre. Ist keine ausdrückliche Rechtswahl getroffen, so ist maßgeblich die Rechtsordnung, zu der das Arbeitsverhältnis die engste Verbindung aufweist. Es gilt deshalb grds. das Recht des Arbeitsorts (**Lex loci laboris**). Im Falle vorübergehender Auslandstätigkeit bleibt das Recht des regelmäßigen Arbeitsorts weiterhin anwendbar (Ausstrahlung).

48 Alle Versorgungszusagen finden ihre Grundlage im Arbeitsvertrag, so dass in jedem Fall eine **Anknüpfung am Arbeitsstatut** zu erfolgen hat (vgl. *Blomeyer/Otto* Einl. Rn. 1012; *Steinmeyer*, FS für Ahrend, S. 488; anders *Eichenhofer* IPrax 1992, 76). § 17 III erklärt die Regelungen des BetrAVG für zwingend. Das bedeutet, dass unabhängig von der Rechtswahl deutsches Betriebsrentenrecht gilt, wenn das Arbeitsverhältnis seinen Schwerpunkt im Inland hat. Daraus folgt aber auch, dass im Ausland zurückgelegte Zeiten grds. nicht für die Unverfallbarkeit berücksichtigt werden, es sei denn, es handelt sich um einen Fall der Ausstrahlung, oder eine deutsche Konzernobergesellschaft hält bei Auslandstätigkeit innerhalb des Konzerns trotz mit dem ausländischen Tochterunternehmen geschlossenem Arbeitsvertrag die Versorgungsanwartschaft im Inland aufrecht (BAG 25. 10. 1988 NZA 1989, 177).

49 Für die **Insolvenzsicherung nach den §§ 7 ff.** gilt, dass durch Wahl des deutschen Betriebsrentenrechts ein ausländischer Betriebsrentenanspruch nicht insolvenzgesichert werden kann (s. Münch ArbR/*Förster/Rühmann* § 113 Rn. 32). Vielmehr ergibt sich aus der Ausgestaltung des deutschen Insolvenzschutzes, dass dieser nur gewährt wird für Sicherungsfälle, die im Geltungsbereich des BetrAVG eingetreten sind. Dies kann auch der Fall sein bei AN, die im Inland für in ausländischen Unternehmen tätig sind, wenn über das inländische Vermögen der Niederlassung das Insolvenzverfahren eröffnet ist oder die ausländische Insolvenzeröffnung auch das inländische Vermögen des Unternehmens erfasst. Es muss also deutsches Insolvenzrecht anwendbar sein (BAG 12. 2. 1991 NZA 1991, 723). Wird allerdings ein AN von einer deutschen Konzern-Muttergesellschaft mit einer Versorgungszusage zu einer ausländischen Verkaufsgesellschaft entsandt, die zwar ihrerseits einen Arbeitsvertrag schließt, aber nicht in die Versorgungsverpflichtung eintritt, und fällt die Konzern-Muttergesellschaft später in Konkurs, so muss der PSV die Versorgungsanwartschaft übernehmen (BAG 6. 8. 1985 NZA 1986, 194).

Erster Teil. Arbeitsrechtliche Vorschriften

Erster Abschnitt. Durchführung der betrieblichen Altersversorgung

§ 1 Zusage des Arbeitgebers auf betriebliche Altersversorgung

(1) ¹Werden einem Arbeitnehmer Leistungen der Alters-, Invaliditäts- oder Hinterbliebenenversorgung aus Anlass seines Arbeitsverhältnisses vom Arbeitgeber zugesagt (betriebliche Altersversorgung), gelten die Vorschriften dieses Gesetzes. ²Die Durchführung der betrieblichen Altersversorgung kann unmittelbar über den Arbeitgeber oder über einen der in § 1b Abs. 2 bis 4 genannten Versorgungsträger erfolgen. ³Der Arbeitgeber steht für die Erfüllung der von ihm zugesagten Leistungen auch dann ein, wenn die Durchführung nicht unmittelbar über ihn erfolgt.

(2) Betriebliche Altersversorgung liegt auch vor, wenn
1. der Arbeitgeber sich verpflichtet, bestimmte Beiträge in eine Anwartschaft auf Alters-, Invaliditäts- oder Hinterbliebenenversorgung umzuwandeln (beitragsorientierte Leistungszusage),
2. der Arbeitgeber sich verpflichtet, Beiträge zur Finanzierung von Leistungen der betrieblichen Altersversorgung an einen Pensionsfonds, eine Pensionskasse oder eine Direktversicherung zu zahlen und für Leistungen zur Altersversorgung das planmäßig zuzurechnende Versorgungskapital auf der Grundlage der gezahlten Beiträge (Beiträge und die daraus erzielten Erträge), mindestens die Summe der zugesagten Beiträge, soweit sie nicht rechnungsmäßig für einen biometrischen Risikoausgleich verbraucht wurden, hierfür zur Verfügung zu stellen (Beitragszusage mit Mindestleistung),
3. künftige Entgeltansprüche in eine wertgleiche Anwartschaft auf Versorgungsleistungen umgewandelt werden (Entgeltumwandlung) oder
4. der Arbeitnehmer Beiträge aus seinem Arbeitsentgelt zur Finanzierung von Leistungen der betrieblichen Altersversorgung an einen Pensionsfonds, eine Pensionskasse oder eine Direktversicherung leistet und die Zusage des Arbeitgebers auch die Leistungen aus diesen Beiträgen umfasst; die Regelungen für Entgeltumwandlung sind hierbei entsprechend anzuwenden, soweit die zugesagten Leistungen aus diesen Beiträgen im Wege der Kapitaldeckung finanziert werden.

I. Normzweck

Mit der Umgestaltung des BetrAVG durch das AVmG ist § 1 zu einer Vorschrift geworden, die im Schwerpunkt betriebliche Altersversorgung in ihren verschiedenen Erscheinungsformen definiert. Daneben werden Grundsätze zur Zusage des AG aufgestellt. Diese Konzeption hat der Gesetzgeber aber nicht konsequent durchgehalten, wenn er erst in § 1b I 4 den Verpflichtungen aus einer Versorgungszusage Versorgungsverpflichtungen gleichstellt, die auf betrieblicher Übung oder dem Grundsatz der Gleichbehandlung beruhen. 1

II. Begriff der betrieblichen Altersversorgung

Nach der **Legaldefinition** in § 1 I 1 muss es sich um eine **Leistung** handeln, die einen **Versorgungszweck** erfüllt, indem sie **der Alters-, Invaliditäts- oder Hinterbliebenensicherung** dient. Diese Leistung muss **AN aus Anlass des Arbeitsverhältnisses vom AG zugesagt** werden. Der Versorgungszweck unterscheidet diese Leistung von anderen Leistungen des AG. Die Zusage aus Anlass eines Arbeitsverhältnisses grenzt die betriebliche Altersversorgung von anderen Formen der Alterssicherung ab. Maßgeblich ist allein, ob die Versorgungszusage den Voraussetzungen des § 1 I 1 entspricht; wie der AG die in Aussicht gestellte Leistung bezeichnet, ist irrelevant (BAG 3. 11. 1998 NZA 1999, 595). 2

1. Leistung. Die Vorschrift bezieht sich auf **Leistungen des AG**, die dieser dem AN verspricht; dabei geht es nicht um den Finanzierungsaufwand, sondern um die tatsächliche Ruhegeldzahlung. Der AG muss diese Leistung entweder selbst erbringen (**unmittelbare Versorgungszusage**), oder er kann sich eines Dritten bedienen, also etwa eines Lebensversicherers bei Direktversicherung, einer Pensions- oder einer Unterstützungskasse (**mittelbare Versorgungszusage**). In diesem Fall verspricht der AG, die Leistung unter Einschaltung dieser Versorgungseinrichtung zu erbringen. Es kann sich um **laufende Leistungen**, aber auch um einmalige Leistungen – **Kapitalleistungen** – handeln; entscheidend ist nur die Abhängigkeit von einem biologischen Ereignis (*Andresen/Förster/Rößler/Rühmann* Teil 4 A Rn. 91). Eine Leistung iSv. § 1 I 1 liegt auch vor, wenn der AG zusagt, die Krankenversicherungsbeiträge seiner Pensionäre zu tragen, wenn es sich insoweit um eine geldwerte Leistung handelt, die der Versorgung im Alter dient und der Anspruch auf diese Leistung erst ab Eintritt in den 3

Ruhestand besteht (Hess. LAG 22. 4. 1998 BB 1999, 591). Es kann sich sogar um Sachleistungen handeln, sofern nur der Versorgungszweck sichergestellt ist (BAG 11. 8. 1981 AP BetrAVG § 16 Nr. 11). Hinsichtlich der AN- und AG-Eigenschaft ist auf die für das Arbeitsrecht maßgebliche Begriffsbestimmung zu verweisen. § 1 II erstreckt den Begriff der betrieblichen Altersversorgung auch auf die beitragsorientierte Leistungszusage (Rn. 15 f.), die Beitragszusage mit Mindestleistung (Rn. 17 f.) und die Entgeltumwandlung (Rn. 19 ff. sowie § 1 a).

4   Eine **Beteiligung des AN mit eigenen Beiträgen** an seiner Altersversorgung etwa bei der Pensionskasse oder der Direktversicherung erfüllt hinsichtlich des eigenfinanzierten Teils **nicht** die Merkmale der **betrieblichen Altersversorgung**; für die Entgeltumwandlung bedurfte es daher einer bes. Konstruktion (s. dazu Rn. 20 f.).

5   **2. Versorgungszweck.** Der Versorgungszweck der Leistung bedeutet, dass sie **für die Absicherung im Fall des Alters, der Invalidität oder des Todes zu dienen bestimmt** ist. Dieser Versorgungszweck ist zu unterscheiden vom Rechtscharakter der betrieblichen Altersversorgung, der zutreffend als Entgelt für während des Arbeitslebens erbrachte Arbeitsleistung anzusehen ist. Im einen Fall geht es um den Zweck einer Leistung, im anderen Fall um ihre Einordnung in das arbeitsvertragliche Austauschverhältnis. Vom Zweck der Leistung ist auch zu unterscheiden das ihr zugrundeliegende Motiv, das etwa den AG dazu bewogen hat, eine betriebliche Altersversorgung zu schaffen. Die Zusage **muss nicht eine Absicherung aller drei Risiken enthalten, um als betriebliche Altersversorgung qualifiziert werden zu können.** Es reicht die Absicherung einer der Risiken, typischerweise des Alters. Wegen des fehlenden Versorgungszwecks regelmäßig nicht Leistungen der betrieblichen Altersversorgung sind etwa Abfindungen, Gewinnbeteiligungen, Tantiemen, aber auch Leibrenten, Schenkungen etc. (*Blomeyer/Otto* Einl. Rn. 47 ff.); werden solche Leistungen allerdings erst bei Erreichen einer Altersgrenze oder bei Eintritt eines der genannten Risiken ausgezahlt, kann der Versorgungszweck und damit betriebliche Altersversorgung gegeben sein (*Andresen/Förster/Rößler/Rühmann* Teil 4 A Rn. 120). Eine derartige Risikoabsicherung fehlt aber bei Überbrückungshilfen, deren Leistungen den Übergang in einen anderen Beruf oder in den Ruhestand erleichtern sollen (BAG 3. 11. 1998 NZA 1999, 595) sowie bei Pensions-Sondervermögen in Gestalt von Sparplänen (so zutr. *Hanau/Arteaga* BB 1997 Beil. 17, S. 3). Ebenfalls nicht Leistungen der betrieblichen Altersversorgung sind Leistungen des AG bei Krankheit, auch wenn sie während des Ruhestandes gewährt werden (aA *Seegmüller* NZA 1998, 287, der das Gesamtsystem des BetrAVG nicht ausreichend berücksichtigt). Eine Ausnahme gilt, wenn dies als integraler Teil der Altersversorgung angesehen werden kann, also zweckgebunden an Versorgungsempfänger gewährt wird; dies ist etwa für Kohledeputate einschließlich der an ihre Stelle getretenen Barabgeltung entschieden (BAG 11. 8. 1981 AP BetrAVG § 16 Nr. 11). Keine betriebliche Altersversorgung sind auch Rückdeckungsversicherungen des AG, obwohl sie auf das Leben des AN abgeschlossen sind, aber nur die Mittel zur Erfüllung des Versorgungsversprechens sichern sollen (MünchArbR/*Förster/Rühmann* § 104 Rn. 20).

6   Die Leistung dient der **Altersversorgung**, wenn der **Leistungsanspruch vom Erreichen eines bestimmten Lebensalters abhängig** ist, wobei sich weder eine bestimmte Altersgrenze noch eine Mindestgrenze dem Gesetz entnehmen lässt. Es muss nur die Einkommensersatzfunktion für den Fall des Alters sichergestellt sein. Deshalb ist nicht jeder Stichtag, von dem an eine Rentenleistung fällig sein soll, als Altersgrenze anzusehen. Eine darüber hinausgehende Festlegung einer Altersgrenze in dem Sinne, dass in zweifelhaften Fällen von einer typischen – an die gesetzliche Rentenversicherung angelehnten – grds. auszugehen ist, kann nicht angenommen werden (so auch BAG 24. 6. 1986 AP BetrAVG § 7 Nr. 33; *Griebeling* Rn. 43). Allerdings ist bei einer Altersgrenze unter 60 idR keine Altersleistung mehr gegeben, es sei denn besondere Umstände rechtfertigen dies wie etwa eine Altersgrenze 55 beim Bordpersonal von Luftfahrtunternehmen (BAG 20. 12. 1984 DB 1986, 281).

7   Eine Leistung dient der **Invaliditätsversorgung**, wenn sie dazu bestimmt ist, den **Einkommensausfall** zumindest zum Teil **auszugleichen**, der sich daraus ergibt, dass ein AN **infolge gesundheitlich bedingter Minderung seiner Erwerbsfähigkeit auf nicht absehbare Zeit nicht mehr oder in reduziertem Umfang zu einer Erwerbstätigkeit in der Lage** ist. Einen bestimmten Begriff der Invalidität schreibt das Gesetz nicht vor; es besteht insoweit also Gestaltungsfreiheit; die Begriffsbestimmung der gesetzlichen Rentenversicherung (Berufsunfähigkeit, Erwerbsunfähigkeit, verminderte Erwerbsfähigkeit, Erwerbsminderung – §§ 43 f. SGB VI) kann aber in Zweifelsfällen Auslegungshilfe geben (BAG 24. 6. 1998 NZA 1999, 318; 14. 12. 1999 NZA 2001, 326). In der Zusage kann auch von Dienstunfähigkeit die Rede sein, was ein Hinweis auf eine Anlehnung an die beamtenrechtliche Begriffsbestimmung sein könnte, aber nicht muss (s. näher *Griebeling* Rn. 45 ff.). **Hiervon abzugrenzen** ist der **Begriff der Arbeitsunfähigkeit**. Regelmäßig wird unter Arbeitsunfähigkeit nur eine vorübergehende Verhinderung zu verstehen sein, wie sich aus dem Recht der gesetzlichen Krankenversicherung (§§ 44 und 46 SGB V) sowie dem EFZG ergibt. Die Auslegung kann im Einzelfall aber auch ergeben, dass in einer Versorgungszusage dieser Begriff iSv. Invalidität zu verstehen ist.

8   Für den Begriff der **Hinterbliebenenversorgung** ist auf das Recht der gesetzlichen Rentenversicherung Bezug zu nehmen, dh. erfasst wird die Versorgung von Witwen, Witwern und Waisen sowie früheren Ehegatten. Letzteres hat wegen des Versorgungsausgleichs (§§ 1587 ff. BGB) aber nur noch

§ 1 BetrAVG 200

II. Begriff der betrieblichen Altersversorgung

Bedeutung für Ehen, die vor dem ... 7 1977 geschieden worden sind. Die Versorgungszusage kann auch Leistungen an hinterbliebene Lebensgefährten (*Griebeling* Rn. 51; *Ahrend/Förster/Rühmann* Rn. 34) oder Lebenspartner iPartG vorsehen. Der AG darf sein Risiko begrenzen; es bedarf lediglich einer Willkürausschlusses sachlichen Rechtfertigung (BAG 19. 2. 2002 NZA 2002, 1286) Deshalb kann für die Ehe eine Mindestdauer verlangt (**Mindestdauerklausel**; s. dazu BAG 11. 8. 1987 NZA 1988, ... eine Versorgung ausgeschlossen werden, wenn die Ehe erst nach Vollendung eines bestimmten Lebensalters des AN (**Spätehenklausel**) geschlossen oder eine bestimmte Altersdifferenz überschritten wird (BAG 9. 11. 1978 DB 1979, 410). Zulässig ist es auch, die Leistung davon ab... machen, dass die familienrechtliche Beziehung zum begünstigten AN bereits während des Arbeitsverhältnisses bestand (BAG 19. 12. 2000 NZA 2001, 1260) oder Witwe/Witwer zur Zeit des Todes des AN ein bestimmtes Lebensalter vollendet haben (BAG 19. 2. 2002 NZA ... Auch sog. **Wiederverheiratungsklauseln** (s. dazu auch § 46 SGB VI) sind nicht ... dies gilt auch, wenn abw. von § 46 III SGB VI kein Wiederaufleben nach Scheidung vorgesehen ist (BAG 16. 4. 1997 DB 1997, 1575). Die Hinterbliebenenversorgung... abhängig gemacht werden, dass der Verstorbene Haupternährer der Familie ... (**Ernährerklausel**). Dies kann allerdings nur bei arbeitgeberfinanzierten Zusagen ... hinsichtlich der Hinterbliebenen der bes. Versorgungsbedarf zum Tragen kommt; leistet ... so wäre eine solche Klausel wegen mittelbarer Diskriminierung problematisch. ... Zulässigkeit LAG Hamm 8. 12. 1998 BB 1999, 907; zweifelnd BAG 7. 7. 1992 DB

... aus Anlass des Arbeitsverhältnisses. Dass die Zusage aus Anlass des Arbeitsverhält- 9
nisses sein muss, bedeutet, dass ein **Kausalzusammenhang zwischen Zusage und Arbeitsverhältnis** bestehen muss. Die **Versorgungszusage muss nicht notwendig während des Arbeitsverhältnisses oder gar anlässlich der Begründung des Arbeitsverhältnisses** erfolgt sein; sie kann auch vorher oder nachher erteilt werden (BAG 8. 5. 1990 AP BetrAVG § 7 Nr. 58). Durch dieses Begriffsmerkmal sollen Leistungen der betrieblichen Altersversorgung von solchen der Eigenvorsorge abgegrenzt werden, für die ein Schutz durch das BetrAVG nicht gerechtfertigt erscheint. Ebenfalls wird so klargestellt, dass solche Versorgungszusagen nicht erfasst werden, die aus anderen etwa familiären Gründen erfolgen. Treten familiäre Motive aber lediglich hinzu, ohne dominant zu werden, so liegt eine Versorgungszusage iSv. § 1 vor (LAG Köln 15. 1. 1999 EWiR 1999, 541 mit Anm. *Blomeyer*). Der Zusammenhang zwischen Zusage und Arbeitsverhältnis besteht nicht, wenn die Zusage nur an die beschäftigten Gesellschafter erfolgt und deren Art und Höhe bei Beschäftigten, die nicht Gesellschafter sind, wirtschaftlich nicht vertretbar wäre (BAG 25. 1. 2000 NZA 2001, 959). Hier knüpft die Altersversorgung an die Gesellschafter- und nicht die AN-Eigenschaft an.

4. Versorgungszusage. Mit dem Begriff der Zusage sind **alle Versorgungsvereinbarungen** ge- 10
meint, die **zwischen AG und AN, AG und BR oder zwischen den TVParteien** zustande kommen, also sowohl kollektivrechtliche als auch individualrechtliche Vereinbarungen, vertragliche Einheitsregelungen und Gesamtzusagen. Versorgungsverpflichtungen, die auf betrieblicher Übung oder dem Gleichbehandlungsgrundsatz beruhen, sind ihnen nach § 1b I 4 gleichgestellt. Bei der betrieblichen Übung ist zwischen Zahlungsübung und Zusageübung zu unterscheiden. Die Anwendung des Gleichbehandlungsgrundsatzes bedeutet, dass der AN dann, wenn der AG Versorgungszusagen auf Grund eines erkennbar generalisierenden Prinzips erteilt, Anspruch darauf hat, wie vergleichbare AN bei Vorliegen gleicher Voraussetzungen gestellt zu werden, was allerdings nur willkürliche Benachteiligungen ausschließt. Gleichgültig ist, ob sich der AG in der Zusage verpflichtet, die Versorgungsleistungen selbst zu erbringen (sog. Direktzusage oder unmittelbare Versorgungszusage) oder sie durch einen selbständigen Versorgungsträger erbringen zu lassen (sog. mittelbare Versorgungszusage – Direktversicherung, Pensionskassen-Versorgung, Unterstützungskassen-Versorgung, Pensionsfonds).

Als **Zusagender** kann grds. nur der **AG** in Betracht kommen, was inzwischen ausdrücklich 11
bestimmt ist, sich aber auch aus der Logik der betrieblichen Altersversorgung ergibt (s. auch *Höfer*, Das neue Betriebsrentenrecht, Rn. 149). Dies gilt auch bzgl. der ggf. rein AN-finanzierten Versorgungen (Entgeltumwandlung); Merkmal ist also nicht, dass der AG sich verpflichtet, aus eigenen Mitteln Versorgungsleistungen zu erbringen. Das BetrAVG setzt trotz der Umgestaltungen durch das AVmG weiter bei der AG Zusage an. Auf den im allg. Arbeitsrecht gebräuchlichen AG Begriff ist zu verweisen. Auch bei einer mittelbaren Versorgungszusage verbleibt die Grundverpflichtung beim AG.

Die Regelungen des BetrAVG gehen von der **unmittelbaren Versorgungszusage** als dem **Prototyp** 12
der betrieblichen Altersversorgung aus; in diesem Fall haftet der AG für die Erfüllung der Zusage unmittelbar mit seinem Betriebsvermögen. Davon abw. Versorgungsformen, also Direktversicherungen, Pensionskassen und Unterstützungskassen, wird durch Regelungen Rechnung getragen, die die sich bei diesen Versorgungsformen aus ihrer Gestaltung und den Eigenarten des **Privatversicherungsrechts** ergebenden Besonderheiten bei der Einfügung in ein an der unmittelbaren Versorgungszusage entwickeltes arbeitsrechtliches Regelungskonzept berücksichtigen. Der AG schaltet bei den **mittelbaren Versorgungszusagen** eine **rechtlich selbständige Einrichtung** ein, weshalb zur Rechtsbeziehung zwischen AG und AN solche des AG aber auch des AN zur Versorgungseinrichtung kommen.

Steinmeyer

Diese Vervielfältigung der Rechtsbeziehungen zusammen mit den ...
sonderheiten hat zur Folge, dass für die Sicherung der Versorg...
Ausscheiden (Unverfallbarkeit) andere Anknüpfungspunkte gewählt ...

13 Die mittelbare Versorgung kann erfolgen durch eine Direkt...
kasse (§ 1 b III), einen Pensionsfonds (§ 1 b III) sowie durch e...
Andere Formen der mittelbaren Versorgung sind nicht vorgesehen (...

14 Bei den **mittelbaren Versorgungszusagen** trifft den AG ein Ver...
erbringt seine Gegenleistung für erbrachte Arbeitsleistung durch Leistung...
tung und muss alles seinerseits Erforderliche tun, um die Altersversorgung des...
handelt sich bei der Leistung der Versorgungseinrichtung nicht um eine Leist...
oder erfüllungshalber, da keine Erfüllungsalternative ist sondern die abre...
(*Steinmeyer* S. 166). Den AG trifft deshalb eine **Einstandspflicht**, wie sie jetzt in §...
bestimmt ist, aber bereits vorher von der Rspr. (BAG 7. 3. 1995 DB 1995, 20...
(*Steinmeyer* S. 168) angenommen wurde; bei einer reinen Beitragszusage wäre alle...
solche Einstandspflicht kein Raum. Der aus dieser Einstandspflicht folgende Verscha...
bedeutet dann, dass der AG für die zugesagte Leistung einzustehen hat; wenn die Versorg...
tung selbst in anderem Zusammenhang eine Einstandspflicht trifft (EuGH 9. 10. 2001 ...
1301; Vorbem. Rn. 46), so ändert dies nichts an der grds. Verpflichtung des AG (zweifelnd w...
Das neue Betriebsrentenrecht, Rn. 162 ff.). Unterlässt der AG die Anmeldung eines AN ...
Versorgungseinrichtung, so muss er ihn so stellen, wie der AN bei erfolgter Anmeldung gest...
hätte. Fällt die Versorgungseinrichtung aus, muss der AG die Leistung selbst erbringen. Wie...
Verschaffungsanspruch zu erbringen ist, richtet sich grds. nach dem Durchführungsweg, so dass a...
eine Nachdotierung in Betracht kommen kann.

15 **5. Die beitragsorientierte Leistungszusage.** Mit Abs. 2 Nr. 1 wird klargestellt, dass abw. von der
nach dem Gesetz typischen leistungsorientierten Versorgung auch eine **beitragsorientierte Zusage**
dann betriebliche Altersversorgung ist, wenn der AG sich zur Umwandlung der Beiträge in eine
Anwartschaft auf betriebliche Altersversorgung verpflichtet. Dies ist dahin zu verstehen, dass der AG
zusagt, Beiträge zu einer Versorgungseinrichtung zu leisten. Dies kann auch bei einer Direktzusage
geschehen, wenn der AG zusagt, die Berechnung der Leistung nach – fiktiven – Prämien vorzunehmen. Im Versorgungsfall steht dann als Leistung die Summe der Beiträge zuzüglich erzielter Erträge
zur Verfügung. Der AG muss bei einer beitragsorientierten Leistungszusage festlegen, welcher Beitrag
für den einzelnen Mitarbeiter aufgewendet wird und welche Leistungen bei Anwendung festgelegter
Umrechnungsmodalitäten im Versorgungsfall zu erbringen sind. Es handelt sich also um eine
Leistungszusage mit Beitragselementen, bei der es im Falle mittelbarer Versorgung bei der Einstandspflicht des AG bleibt. Die beitragsorientierte Leistungszusage als Form der betrieblichen
Alterssicherung war bisher schon weithin anerkannt, so dass die durch das RRG 1999 erstmals erfolgte
ausdrückliche gesetzliche Regelung nur **deklaratorische Wirkung** hat (*Kisters-Kölkes* in *Höfer*, Neue
Chancen für Betriebsrenten, S. 47). Sie kann allerdings verstanden werden als ersten Schritt des
Gesetzgebers hin zur Anerkennung einer „echten" Beitragszusage, bei der die Verpflichtung des AG
auf die Beitragszahlung beschränkt ist.

16 Seit dem **AVmG** wird der beitragsorientierten Leistungszusage **bei Berechnung der Unverfallbarkeitsbeträge der Beitragsbezogenheit der Leistung Rechnung getragen wird**; Maßstab ist hier nicht
mehr die zugesagte Leistung, sondern die aus den Beiträgen bis dahin erworbene Anwartschaft.

17 **6. Die Beitragszusage mit Mindestleistung.** Die Beitragszusage mit Mindestleistung ist durch das
AVmG neu in das BetrAVG aufgenommen worden. Es handelt sich dabei um eine **Beitragszusage mit
Elementen der Leistungszusage** und **keine echte Beitragszusage**. Vom Begriff her bezieht sich
die Verpflichtung des AG auf Beiträge zur Finanzierung von Leistungen von Pensionsfonds, Pensions-
kasse oder Direktversicherung – und nicht Unterstützungskasse oder Direktzusage. Die sich erge-
bende Leistung kann hier im Gegensatz zur Leistungszusage erst im Versorgungsfall ermittelt werden.
Der AN trägt bei einer reinen Beitragszusage das Anlagerisiko; dies wird ihm durch die Garantie einer
Mindestleistung zT abgenommen. Die Einstandspflicht des AG wird also nicht aufgehoben, sondern
nur reduziert. Der Unterschied zur beitragsorientierten Leistungszusage besteht darin, dass dort
Bestandteil der Zusage auch ein Leistungsbetrag ist, während hier nur Beiträge zugesagt werden. Aus
Abs. 2 Nr. 2 ist auch zu schließen, dass eine reine Beitragszusage unzulässig und idR in eine Beitrags-
zusage mit Mindestleistung umzudeuten ist (*Höfer*, Das neue Betriebsrentenrecht, Rn. 172 f.).

18 Der AG muss die **Summe der eingezahlten Beiträge und die daraus erzielten Erträge garantieren.** Kann die Versorgungseinrichtung das nicht leisten, muss der AG einstehen. Hat die Versorgungseinrichtung bei der Vermögensanlage Verluste gemacht und bleibt ihre Leistung deshalb unter
der Summe der eingezahlten Beiträge, so muss der AG die Differenz übernehmen. Diese Einstandspflicht reduziert sich aber ggf. um die Kosten der Tragung des biometrischen Risikos, wenn also
Hinterbliebenenschutz oder Invaliditätsschutz gewährt wurde; daraus ergibt sich zugleich, dass sich
die gesetzliche Pflicht zur Gewährung der Mindestleistung nur auf das Risiko „Alter" bezieht (*Lang-
ohr-Plato/Teslau* DB 2003, 662). Die Einstandspflicht dürfte für den AG insb. bei Pensionsfonds

Kapitaldeckung fließen. Halbsatz 2 gilt allerdings nur für Zusagen, die nach dem 31. 12. 2002 erteilt werden (§ 30 e I). Für Pensionskassen gilt nach § 30 e II eine Sonderregelung (s. dort).

§ 1a Anspruch auf betriebliche Altersversorgung durch Entgeltumwandlung

(1) ¹Der Arbeitnehmer kann vom Arbeitgeber verlangen, dass von seinen künftigen Entgeltansprüchen bis zu 4 vom Hundert der jeweiligen Beitragsbemessungsgrenze in der Rentenversicherung der Arbeiter und Angestellten durch Entgeltumwandlung für seine betriebliche Altersversorgung verwendet werden. ²Die Durchführung des Anspruchs des Arbeitnehmers wird durch Vereinbarung geregelt. ³Ist der Arbeitgeber zu einer Durchführung über einen Pensionsfonds oder eine Pensionskasse (§ 1 b Abs. 3) bereit, ist die betriebliche Altersversorgung dort durchzuführen; andernfalls kann der Arbeitnehmer verlangen, dass der Arbeitgeber für ihn eine Direktversicherung (§ 1 b Abs. 2) abschließt. ⁴Soweit der Anspruch geltend gemacht wird, muss der Arbeitnehmer jährlich einen Betrag in Höhe von mindestens einem Hundertsechzigstel der Bezugsgröße nach § 18 Abs. 1 des Vierten Buches Sozialgesetzbuch für seine betriebliche Altersversorgung verwenden. ⁵Soweit der Arbeitnehmer Teile seines regelmäßigen Entgelts für betriebliche Altersversorgung verwendet, kann der Arbeitgeber verlangen, dass während eines laufenden Kalenderjahres gleichbleibende monatliche Beträge verwendet werden.

(2) Soweit eine durch Entgeltumwandlung finanzierte betriebliche Altersversorgung besteht, ist der Anspruch des Arbeitnehmers auf Entgeltumwandlung ausgeschlossen.

(3) Soweit der Arbeitnehmer einen Anspruch auf Entgeltumwandlung für betriebliche Altersversorgung nach Abs. 1 hat, kann er verlangen, dass die Voraussetzungen für eine Förderung nach den §§ 10 a, 82 Abs. 2 des Einkommensteuergesetzes erfüllt werden, wenn die betriebliche Altersversorgung über einen Pensionsfonds, eine Pensionskasse oder eine Direktversicherung durchgeführt wird.

I. Normzweck

Die Vorschrift setzt die sozialpolitischen Vorgaben des **AVmG** für die betriebliche Altersversorgung 1 um; die langfristigen Herausforderungen, vor denen die gesetzliche Rentenversicherung steht, haben zur Notwendigkeit einer Senkung des Rentenniveaus geführt. Der Gesetzgeber hat davon abgesehen, eine zweite obligatorische Säule zu schaffen. Die **Versorgungslücke** soll nun durch den Anspruch auf Entgeltumwandlung geschlossen werden. Dass als Instrument gerade die früher in ihrer Eigenschaft als betriebliche Altersversorgung umstrittene **Entgeltumwandlung** gewählt wurde, liegt darin begründet, dass es sich hier im wirtschaftliche Ergebnis um eine **arbeitnehmerfinanzierte betriebliche Altersversorgung** handelt, die sich weitgehend bruchlos in das auf arbeitgeberfinanzierte betriebliche Altersversorgung konzipierte BetrAVG einfügt. Durch diese Vorschrift hat zugleich ein **partieller Bedeutungswandel der betrieblichen Altersversorgung von einer ergänzenden zu einer ersetzenden Funktion** stattgefunden (näher *Steinmeyer* FS v. Maydell, S. 683).

II. Anspruch auf Entgeltumwandlung

Der AN kann vom AG die **Umwandlung künftiger Entgeltansprüche** verlangen (zu den Voraus- 2 setzungen der Entgeltumwandlung im allg. s. § 1 Rn. 18 ff.). Dabei sieht Abs. 1 S. 1 eine Höchstgrenze, S. 4 eine Mindestgrenze und die Sätze 2 und 3 nähere Bestimmungen über die Durchführung vor. Der Anspruch ist auf Verwendung durch den AG gerichtet, da sich die Entgeltumwandlung so in das System des BetrAVG einfügt.

Den **Anspruch auf Entgeltumwandlung** hat **jeder AN,** der unter den in § 17 I 1 und 2 genannten 3 Voraussetzungen in den persönlichen Anwendungsbereich des BetrAVG fällt, soweit er auf Grund der Beschäftigung oder Tätigkeit bei dem AG, gegen den sich der Anspruch nach § 1 a richten würde, in der gesetzlichen Rentenversicherung versicherungspflichtig ist (s. näher § 17 Rn. 3 ff.); deshalb haben auch versicherungsfreie geringfügig beschäftigte AN keinen Anspruch, sofern sie nicht nach § 5 II 2 SGB VI auf die Versicherungsfreiheit verzichten. Der Anspruch kann auch bei kurzzeitigen Arbeitsverhältnissen geltend gemacht werden, soweit eben die Versicherungspflicht in der gesetzlichen Rentenversicherung gegeben ist. Eine Einschränkung – etwa hinsichtlich einer Mindest-Beschäftigungsdauer – ist angesichts des eindeutigen Wortlauts nicht möglich, wenn sie auch angesichts des Aufwands für den AG wünschenswert gewesen wäre; allerdings steht zu vermuten, dass AN in solchen Konstellationen zumeist keinen Anspruch stellen werden.

Der Anspruch des AN geht auf „Entgeltumwandlung für seine betriebliche Altersversorgung"; das 4 bedeutet, dass er auf **betriebliche Altersversorgung iSd.** § 1 bezogen ist. Der AN ist also auf die fünf Durchführungswege begrenzt und kann nicht zB eine Lebensversicherung außerhalb der Direktversicherung verlangen (aA *Blomeyer* BetrAV 2000, 518, dem aber angesichts des eindeutigen Wortlauts nicht gefolgt werden kann). Der Anspruch ist unabhängig von der tatsächlichen Inanspruchnahme der steuerlichen Förderung (*Höfer*, Das neue Betriebsrentenrecht, Rn. 231).

5 **1. Höhe des Anspruchs.** Der Anspruch ist in seiner Höhe begrenzt auf **4% der Beitragsbemessungsgrenze in der gesetzlichen Rentenversicherung**, was zZ (2003) 204 € monatlich ausmacht; es ist hier für das gesamte Bundesgebiet von der allgemeinen Beitragsbemessungsgrenze (West) auszugehen, da der Gesetzgeber die für die neuen Bundesländer in § 275 a SGB VI gesondert bezeichnet. **Eine darüber hinausgehende Entgeltumwandlung ist arbeitsrechtlich und betriebsrentenrechtlich unproblematisch, kann aber vom AN auf der Grundlage von § 1 a nicht verlangt werden.** Daraus folgt aber zugleich, dass der AN die Höhe des umzuwandelnden Entgelts bestimmen kann.

6 S. 4 der Vorschrift sieht eine **Mindesthöhe von jährlich einem Hundertsechzigstel der Bezugsgröße nach § 18 I SGB IV** vor, was zZ (2003) 178,50 € bedeutet; durch die Bezugnahme auf den Abs. 1 des § 18 SGB IV wird deutlich gemacht, dass für das gesamte Bundesgebiet maßgeblich sind die Werte für die alten Bundesländer (*Höfer*, Das neue Betriebsrentenrecht, Rn. 242; unzutr. *Langohr-Plato*, Betriebliche Altersversorgung Rn. 233): Mit dieser Begrenzung soll offenbar Missbrauch verhindert und der Aufbau sinnvoller Anwartschaften gefördert werden. Trotz des etwas missverständlichen Wortlauts bedeutet dies, dass der AG einem geltend gemachten Anspruch, der über einen Betrag unterhalb dieser Grenze lautet, nicht nachkommen muss; S. 4 ist deshalb unglücklich formuliert, weil S. 1 von einer Verwendung von zukünftigen Entgeltansprüchen durch den AG für die betriebliche Altersversorgung spricht während S. 4 sich auf eine Verwendung durch den AN bezieht. Das kann aber angesichts der rechtlichen Konstruktion der Entgeltumwandlung nicht bedeuten, dass der AN ein eigenes Verwendungsrecht hat, das ebenfalls zum Schutz durch das BetrAVG führt.

7 Aus S. 4 ergibt sich aber zugleich, dass der **AN auf Dauer diesen Mindestbetrag für Entgeltumwandlung aufbringen muss**. Der Aufbau sinnvoller Anwartschaften rechtfertigt dies, da so eine gewisse Regelmäßigkeit und ein gewisser Mindestbetrag gewährleistet ist, was für wirtschaftlich sinnvolle Praktizierung der Altersversorgung durch Entgeltumwandlung auch erforderlich ist.

8 Ein weitere Konkretisierung der Höhe des umzuwandelnden künftigen Entgeltanspruchs findet sich in S. 5. Die **Verwendung gleich bleibender monatlicher Beträge bei Umwandlung von regelmäßigem Entgelt** dient der Verwaltungsvereinfachung für den AG, der deshalb dies verlangen kann aber nicht muss. Das bedeutet zugleich, dass der AN sich nicht mit einem Begehren nach Umwandlung einmaliger Entgeltleistungen – etwa Weihnachtsgeld – durchsetzen kann. Über die Höhe kann der AN jährlich neu entscheiden, da die maßgeblichen Werte jährlich neu festgesetzt werden (*Höfer*, Das neue Betriebsrentenrecht, Rn. 247).

9 **2. Geltendmachung des Anspruchs.** Der Anspruch richtet sich darauf, dass dieser Betrag durch den AG für die betriebliche Altersversorgung des AN verwendet wird. Dies ist in § 1 a so ausgestaltet, dass der AN **kein einseitiges Gestaltungsrecht** hat, denn allein durch Ausübung eines Gestaltungsrechts kann der AN die Entgeltumwandlung nicht verwirklichen. Es kommt jedoch ein **einseitiges Leistungsbestimmungsrecht** in Betracht; der AN entscheidet über das Ob und über die Höhe des umzuwandelnden Entgelts.

10 **3. Durchführung der Entgeltumwandlung.** Davon zu unterscheiden ist die **Durchführung** der Entgeltumwandlung, die nach Abs. 1 S. 2 **durch Vereinbarung** erfolgt. Darunter ist zu verstehen die **Entscheidung über den Durchführungsweg**. Grds. sind im Rahmen dieser Vereinbarung alle Durchführungswege möglich. Allerdings kann der AG dies auf die Durchführung über einen Pensionsfonds oder eine Pensionskasse reduzieren und der AN „anderenfalls" verlangen, dass der AG für ihn eine Direktversicherung abschließt. Das bedeutet, dass eine Durchführung über eine Direktzusage oder eine Unterstützungskasse nur mit Zustimmung des AN erfolgen kann. Der AN kann einer Durchführung über eine Pensionskasse oder einen Pensionsfonds nicht widersprechen. Nur dann, wenn der AG keine Entscheidung für einen Pensionsfonds oder eine Pensionskasse trifft, kann der AN die Durchführung über eine Direktversicherung verlangen. Der AG kann natürlich auch von vornherein die Durchführung über eine Direktversicherung vorsehen, so dass er eine verbindliche Entscheidung über eine dieser drei Durchführungswege treffen kann.

11 Bei der Durchführung über eine Pensionskasse oder einen Pensionsfonds ist der AG in der **Wahl des konkreten Pensionsfonds oder der konkreten Pensionskasse frei**. Etwas anderes würde eine wirtschaftliche Durchführung der betrieblichen Altersversorgung unmöglich machen, was nicht Sinn der Regelung sein kann.

12 Bei der Durchführung über eine Direktversicherung ist der **AG in der Wahl der konkreten Direktversicherung frei**, und zwar sowohl dann, wenn der AN sie verlangt als auch wenn er sie von sich aus vorsieht. Dies ergibt sich zum einen daraus, dass die Direktversicherung nur als Gruppenversicherung Sinn macht und zum anderen daraus, dass es weiterhin eine betriebliche Altersversorgung durch den AG bleibt und S. 3 die Wahl des AN zwischen den verschiedenen Durchführungs*wegen* ordnen soll. Hat der AG bisher noch keine Direktversicherung, so muss der AG eine solche abschließen. Schlägt ihm der AN eine bestimmte Direktversicherung vor, muss der AG nicht darauf eingehen.

13 Das Gesetz regelt nicht, **wann der Anspruch des AN auf Abschluss einer Direktversicherung entsteht, wenn der AG nicht bereit ist, die Entgeltumwandlung über eine Pensionskasse oder einen Pensionsfonds durchzuführen**. Längere Verhandlungen dürfen nicht zu Lasten des AN gehen. Deshalb kann dies nur bedeuten, dass der **Beginn der Direktversicherung auf den Zeitpunkt der

II. Anspruch auf Entgeltumwandlung

Geltendmachung des Anspruchs auf Entgeltumwandlung bezogen werden muss. Allerdings können sich für den AN steuer- oder sozialversicherungsrechtliche Nachteile ergeben, die er vom AG unter dem Gesichtspunkt des Verzuges nach einer Überlegungsfrist verlangen kann.

Die Vorschrift sagt nichts dazu, wer die **Zusageart** bestimmt, ob also der AG von sich aus zwischen Leistungszusage, Beitragszusage mit Mindestleistung und beitragsorientierter Leistungszusage entscheiden darf. Grds. kann die Entgeltumwandlung über alle Zusagearten durchgeführt werden. Man wird aber dem **AG das Bestimmungsrecht über die Zusageart** einräumen müssen (so auch *Blomeyer* BetrAV 2001, 437; *Höfer* DB 2001, 1146), da anderenfalls seine Entscheidungsprärogative für einen bestimmten Durchführungsweg und darin enthalten für einen bestimmten Versorgungsträger wirtschaftlich leer laufen würde. Eine wirtschaftlich sinnvolle Bündelung von betrieblicher Altersversorgung der AN erfordert eine einheitliche Finanzierungsformel. 14

Der AG ist bei seiner Entscheidung an § 315 BGB oder, sofern es kollektivvertraglich erfolgt, an die sich insofern ergebenden Maßstäbe gebunden (s. a. *Doetsch* BetrAV 2003, 52). 14a

Ebenfalls in der Vorschrift nicht geregelt ist die Frage, welchen **Einfluss der AN auf die Leistungsformel** haben soll. Hier geht es etwa darum, welche Risiken abzudecken sind, ob also nur eine Alterssicherung oder auch eine Invaliditäts- bzw. Hinterbliebenensicherung vorgesehen wird. Hier wird in der Praxis der AG dem AN häufig eine Wahlmöglichkeit einräumen, die bei den vier vorgesehenen Durchführungswegen auch realisierbar ist. **Einen Anspruch auf die Wahlmöglichkeit räumt das Gesetz aber nicht ein.** 15

Zur Ausübung seiner Befugnisse nach § 1a bedarf der AN gewisser Informationen. Die **Hinweis- und Aufklärungspflicht des AG** ist in diesen Fällen jedoch begrenzt. Mit dem BAG sind Voraussetzungen und Umfang dieser Pflicht aus dem Grundsatz von Treu und Glauben (§ 242 BGB) herzuleiten, wobei die erkennbaren Informationsbedürfnisse des AN einerseits und die Beratungsmöglichkeiten des AG andererseits bei der Abwägung zu beachten sind (BAG 17. 10. 2000 NZA 2001, 206). Der private AG wird zur umfassenden Erläuterung von Vor- und Nachteilen bestimmter Durchführungswege und Wahlmöglichkeiten zumeist nicht imstande sein. Auch im öffentlichen Dienst begrenzt das BAG die Hinweis- und Aufklärungspflicht des AG regelmäßig auf den Verweis an die Zusatzversorgungskasse (BAG 17. 10. 2000 NZA 2001, 206). Da es sich hier aber um konkurrierende Anbieter handelt, kann allein der Verweis an diese nicht ausreichen. Der AG genügt aber seiner Pflicht, wenn er in **allg. Form auf die Vor- und Nachteile der verschiedenen Möglichkeiten hinweist** und dem AN so eine Entscheidungsgrundlage gibt; derartige Informationen sind für den AG verfügbar und zumutbar. Empfiehlt der AG aber **konkret ein bestimmtes Modell,** so muss er den AN über dessen **Risiken aufklären,** anderenfalls er sich schadensersatzpflichtig machen kann (s. auch *Loritz* ZfA 2001, 199 f.). 16

4. Anspruchsausschluss bei bestehender Entgeltumwandlung. Da Entgeltumwandlung auch schon vor dem AVmG praktiziert worden ist, musste das **Verhältnis zu bestehenden Entgeltumwandlungen** bestimmt werden. Der Anspruch auf Entgeltumwandlung ist nicht zusätzlich zu einer bereits praktizierten Entgeltumwandlung gegeben (Abs. 2), diese wird vielmehr angerechnet. Sofern also die bisherige Entgeltumwandlung den Höchstbetrag des Abs. 1 S. 1 nicht ausschöpft, bleibt ein Anspruch auf Entgeltumwandlung in Höhe der Differenz bestehen; für die insoweit zu beanspruchende Entgeltumwandlung gelten die Wahlrechte von AN und AG des Abs. 1. Dies kann allerdings nur dann zur Zweigleisigkeit der Entgeltumwandlung beim einzelnen AN führen, wenn die bisherige Entgeltumwandlung über eine Direktzusage oder eine Unterstützungskasse durchgeführt wird. 17

5. Anspruch auf Förderung nach § 10a EStG. Der Anspruch auf Entgeltumwandlung ist arbeitsrechtlich ausgestaltet. Der AN kann ihn also unabhängig von der steuerlichen Förderung der zusätzlichen Vorsorge in Anspruch nehmen. Der AN kann deshalb gegenüber dem AG geltend machen, dass er **für diese betriebliche Altersversorgung die steuerliche Förderung in Anspruch nehmen** will. Dies setzt aber voraus, dass diese betriebliche Altersversorgung über eine Direktversicherung, einen Pensionskasse oder einen Pensionsfonds durchgeführt wird, da nur sie nach § 82 II EStG die Fördervoraussetzungen erfüllen. Der AN hat die Wahl zwischen der steuerlichen Förderung seiner privaten Altersversorgung oder der betrieblichen Altersversorgung nach § 1a. Die Förderung ist alternativ und nicht kumulativ. Im Fall des Abs. 2 besteht dieser Anspruch nur in Höhe der Differenz; der Wortlaut ließe zwar auch eine andere Auslegung zu, was aber zur Pflicht einer Veränderung einer bereits bestehenden Entgeltumwandlung führen würde, die von Abs. 2 gerade nicht gewollt ist (iE ebenso *Höfer,* Das neue Betriebsrentenrecht, Rn. 270). 18

Um den Voraussetzungen der steuerlichen Förderung zu genügen, muss eine **lebenslange Altersversorgung** iSd. § 1 I Nr. 4 und 5 des Altersvorsorge-Zertifizierungsgesetzes gewährleistet sein; das bedeutet, dass die Auszahlung ab Beginn der Auszahlungsphase in Form einer lebenslangen gleich bleibenden oder steigenden monatlichen Leibrente oder eines Auszahlungsplans mit unmittelbar anschließender lebenslanger Teilkapitalverrentung zu erfolgen hat; im letzteren Fall muss die Auszahlung ab Beginn der Auszahlungsphase bis zur Vollendung des 85. Lebensjahres entweder in zugesagten gleich bleibenden oder steigenden monatlichen Raten oder in zugesagten oder gleich 19

Steinmeyer

bleibenden monatlichen Teilraten und zusätzlich in variablen Teilraten erfolgen und ein Anteil des zu Beginn der Auszahlungsphase zur Verfügung stehenden Kapitals zu Beginn der Auszahlungsphase in eine Rentenversicherung eingebracht werden, die dem AN ab Vollendung des 85. Lebensjahres eine gleich bleibende oder steigende lebenslange Leibrente gewährt, deren erste monatliche Rate mindestens so hoch ist wie die letzte monatliche Auszahlung aus dem Auszahlungsplan unter Außerachtlassung variabler Teilraten; es kann vereinbart werden, dass bis zu drei Monatsraten in einer Auszahlung zusammengefasst werden können. Das bedeutet praktisch einen nicht unerheblichen Einfluss auf die Ausgestaltung des Leistungssystems.

20   **6. Einvernehmliche Entgeltumwandlung.** Die Regelungen des § 1 a zum Anspruch auf Entgeltumwandlung sind relevant nur für den Fall, dass sich AN und AG nicht einigen können. Wenn sich AN und AG einigen, sind sie an die Vorgaben des § 1 a grds. nicht gebunden, können also auch andere Durchführungswege und Formen wählen. Es sind lediglich die allg. Grenzen zu beachten und es muss auf die steuer- und sozialversicherungsrechtlichen Folgen geachtet werden.

21   **7. Beitragsrechtliche Konsequenzen.** Nach § 14 I 2 SGB IV sind Arbeitsentgelt auch solche Entgeltteile, die durch Entgeltumwandlung nach § 1 II für betriebliche Altersversorgung in den Durchführungswegen Direktzusage und Unterstützungskasse verwendet werden (§ 14 I 2 SGB IV). § 114 SGB IV sieht vor, dass die **für eine Entgeltumwandlung verwendeten Entgeltbestandteile nicht als Arbeitsentgelt iSd. § 14 I 2 SGB IV gelten,** soweit der Anspruch auf die Entgeltbestandteile bis zum 31. Dezember 2008 entsteht und soweit die Entgeltbestandteile 4% der jährlichen Beitragsbemessungsgrenze der Rentenversicherung der Arbeiter und Angestellten nicht übersteigen. Ein Anspruch auf die Entgeltbestandteile ist entstanden, wenn der – umgewandelte – künftige Entgeltanspruch fällig geworden ist. Ab 2009 sind die umgewandelten Entgeltteile nicht mehr beitragsfrei in der Sozialversicherung.

22   Grds. gilt, dass **nach § 14 I 1 SGB IV (beitragspflichtiges) Arbeitsentgelt alle laufenden oder einmaligen Einnahmen aus einer Beschäftigung sind, gleichgültig, ob ein Rechtsanspruch auf die Einnahmen besteht, unter welcher Bezeichnung oder in welcher Form sie geleistet werden und ob sie unmittelbar aus der Beschäftigung oder im Zusammenhang mit ihr erzielt werden.** Die Direktzusage wird deshalb ebenso wie eine Unterstützungskassenversorgung nicht als beitragspflichtiges Arbeitsentgelt angesehen (DB 1998, 1968). § 14 I 2 SGB IV durchbricht dies und erklärt auch sie zu Arbeitsentgelt. Diese Regelung soll aber erst 2009 wirksam werden, um existierenden Systemen Zeit für die Umstellung zu geben.

23   Insgesamt bedeutet dies, dass **umgewandeltes Entgelt in der Sozialversicherung grds. beitragspflichtig ist und zwar ab 2009 ohne Rücksicht auf den gewählten Durchführungsweg.** Allerdings sind steuerfreie Zuwendungen an Pensionskassen und Pensionsfonds, dh. solche bis zu 4% der Beitragsbemessungsgrenze in der gesetzlichen Rentenversicherung beitragsfrei (§ 2 II Nr. 5 ArbeitsentgeltVO beitragsfrei, allerdings aus Entgeltumwandlung nur bis 31. Dezember 2008 (s. hierzu auch *Gitter* BetrAV 2001, 224).

24   **8. Tarifvertragliche Regelungen der Entgeltumwandlung.** § 17 V begrenzt die Möglichkeiten der Entgeltumwandlung, soweit Entgeltansprüche auf TV beruhen. Hier soll eine **Entgeltumwandlung nur dann vorgenommen werden können, soweit dies durch TV vorgesehen oder zugelassen ist.** Es ist zu vermuten, dass diese Regelung in der Praxis nur eine relativ geringe Bedeutung entfalten wird, da durch sie die Entgeltumwandlung bei nichttarifgebundenen AN nicht ausgeschlossen wird. Um aber tarifgebundene AN nicht gegenüber nichttarifgebundenen zu benachteiligen, werden insb. die Gewerkschaften diese Vorschrift nicht dazu nutzen wollen, die Entgeltumwandlung tarifvertraglichen Beschränkungen zu unterwerfen (s. näher § 17 Rn. 39 ff.).

25   Nach § 17 III 1 ist **§ 1 a tarifdispositiv.** Dies bedeutet grds., dass von den Vorgaben des § 1 a durch TV auch zuungunsten des AN abgewichen werden kann. Diese Regelungskompetenz ist aber nicht unbeschränkt (s. zu den Einzelheiten § 17 Rn. 34 ff.).

§ 1 b Unverfallbarkeit und Durchführung der betrieblichen Altersversorgung

(1) ¹Einem Arbeitnehmer, dem Leistungen aus der betrieblichen Altersversorgung zugesagt worden sind, bleibt die Anwartschaft erhalten, wenn das Arbeitsverhältnis vor Eintritt des Versorgungsfalls, jedoch nach Vollendung des 30. Lebensjahres endet und die Versorgungszusage zu diesem Zeitpunkt mindestens fünf Jahre bestanden hat (unverfallbare Anwartschaft). ²Ein Arbeitnehmer behält seine Anwartschaft auch dann, wenn er aufgrund einer Vorruhestandsregelung ausscheidet und ohne das vorherige Ausscheiden die Wartezeit und die sonstigen Voraussetzungen für den Bezug von Leistungen der betrieblichen Altersversorgung hätte erfüllen können. ³Eine Änderung der Versorgungszusage oder ihre Übernahme durch eine andere Person unterbricht nicht den Ablauf der Fristen nach Satz 1. ⁴Der Verpflichtung aus einer Versorgungszusage stehen Versorgungsverpflichtungen gleich, die auf betrieblicher Übung oder dem Grundsatz der Gleichbehandlung beruhen. ⁵Der Ablauf einer vorgesehenen Wartezeit wird durch die Beendi-

gung des Arbeitsverhältnisses nach Erfüllung der Voraussetzungen der Sätze 1 und 2 nicht berührt. ⁶ Wechselt ein Arbeitnehmer vom Geltungsbereich dieses Gesetzes in einen anderen Mitgliedstaat der Europäischen Union, bleibt die Anwartschaft in gleichem Umfange wie für Personen erhalten, die auch nach Beendigung eines Arbeitsverhältnisses innerhalb des Geltungsbereichs dieses Gesetzes verbleiben.

(2) ¹ Wird für die betriebliche Altersversorgung eine Lebensversicherung auf das Leben des Arbeitnehmers durch den Arbeitgeber abgeschlossen und sind der Arbeitnehmer oder seine Hinterbliebenen hinsichtlich der Leistungen des Versicherers ganz oder teilweise bezugsberechtigt (Direktversicherung), so ist der Arbeitgeber verpflichtet, wegen Beendigung des Arbeitsverhältnisses nach Erfüllung der in Absatz 1 Satz 1 und 2 genannten Voraussetzungen das Bezugsrecht nicht mehr zu widerrufen. ² Eine Vereinbarung, nach der das Bezugsrecht durch die Beendigung des Arbeitsverhältnisses nach Erfüllung der in Absatz 1 Satz 1 und 2 genannten Voraussetzungen auflösend bedingt ist, ist unwirksam. ³ Hat der Arbeitgeber die Ansprüche aus dem Versicherungsvertrag abgetreten oder beliehen, so ist er verpflichtet, den Arbeitnehmer, dessen Arbeitsverhältnis nach Erfüllung der in Absatz 1 Satz 1 und 2 genannten Voraussetzungen geendet hat, bei Eintritt des Versicherungsfalles so zu stellen, als ob die Abtretung oder Beleihung nicht erfolgt wäre. ⁴ Als Zeitpunkt der Erteilung der Versorgungszusage im Sinne des Absatzes 1 gilt der Versicherungsbeginn, frühestens jedoch der Beginn der Betriebszugehörigkeit.

(3) ¹ Wird die betriebliche Altersversorgung von einer rechtsfähigen Versorgungseinrichtung durchgeführt, die dem Arbeitnehmer oder seinen Hinterbliebenen auf ihre Leistungen einen Rechtsanspruch gewährt (Pensionskasse und Pensionsfonds), so gilt Absatz 1 entsprechend. ² Als Zeitpunkt der Erteilung der Versorgungszusage im Sinne des Absatzes 1 gilt der Versicherungsbeginn, frühestens jedoch der Beginn der Betriebszugehörigkeit.

(4) ¹ Wird die betriebliche Altersversorgung von einer rechtsfähigen Versorgungseinrichtung durchgeführt, die auf ihre Leistungen keinen Rechtsanspruch gewährt (Unterstützungskasse), so sind die nach Erfüllung der in Absatz 1 Satz 1 und 2 genannten Voraussetzungen und vor Eintritt des Versorgungsfalles aus dem Unternehmen ausgeschiedenen Arbeitnehmer und ihre Hinterbliebenen den bis zum Eintritt des Versorgungsfalles dem Unternehmen angehörenden Arbeitnehmern und deren Hinterbliebenen gleichgestellt. ² Die Versorgungszusage gilt in dem Zeitpunkt als erteilt im Sinne des Absatzes 1, von dem an der Arbeitnehmer zum Kreis der Begünstigten der Unterstützungskasse gehört.

(5) ¹ Soweit betriebliche Altersversorgung durch Entgeltumwandlung erfolgt, behält der Arbeitnehmer seine Anwartschaft, wenn sein Arbeitsverhältnis vor Eintritt des Versorgungsfalles endet; in den Fällen der Absätze 2 und 3
1. dürfen die Überschussanteile nur zur Verbesserung der Leistung verwendet,
2. muss dem ausgeschiedenen Arbeitnehmer das Recht zur Fortsetzung der Versicherung oder Versorgung mit eigenen Beiträgen eingeräumt und
3. muss das Recht zur Verpfändung, Abtretung oder Beleihung durch den Arbeitgeber ausgeschlossen werden.

² Im Fall einer Direktversicherung ist dem Arbeitnehmer darüber hinaus mit Beginn der Entgeltumwandlung ein unwiderrufliches Bezugsrecht einzuräumen.

I. Normzweck

In § 1 b finden sich die Regelungen des früheren § 1, die sich mit der Unverfallbarkeit befassen. **1** Zugleich enthält die Vorschrift Klammerdefinitionen für Direktversicherung, Pensionskasse, Pensionsfonds und Unterstützungskasse. Diese wären rechtssystematisch in § 1 besser aufgehoben gewesen, hätten aber eine vollständige Umgestaltung des Normenkonzepts erforderlich gemacht.

Die Vorschrift enthält **seit dem AVmG ua. auch Regelungen zur Unverfallbarkeit bei grenzüber-** **2** **schreitenden Tatbeständen sowie bei Entgeltumwandlung.** Außerdem wurde die **Unverfallbarkeitsfrist von zehn auf fünf Jahre verkürzt und das Mindestalter reduziert.** Damit sollen Benachteiligungen von Frauen vermieden werden, die ihre Berufstätigkeit häufig wegen Kindererziehung unterbrechen und eine Anpassung an das international Übliche erfolgen.

Die Vorschrift **begrenzt die Möglichkeit,** in Versorgungszusagen **Verfallklauseln vorzusehen,** die **3** bei vorzeitigem Ausscheiden des AN zu einem Verlust erworbener Anwartschaften führen. Es wird so dem Umstand Rechnung getragen, dass betriebliches Ruhegeld Entgelt für erbrachte Arbeitsleistung (*Steinmeyer* S. 87) und Betriebstreue (BAG 22. 11. 1994 NZA 1995, 734; s. dazu auch *Wackerbarth,* Entgelt für Betriebstreue, 1996) ist. Ein Verlust würde die betroffenen AN unbillig hart treffen. Die Vorschrift schließt die Verfallbarkeit nicht völlig aus, was auch nicht zwingend aus dem **Entgeltcharakter** herzuleiten ist. Es handelt sich vielmehr um eine Vorschrift der Inhaltskontrolle, die Mindestnormen setzt (vgl. § 17 III 2) und damit die Vereinbarung von Verfallklauseln beschränkt. Sie regelt die Unverfallbarkeit aber nur dem Grunde nach und nicht auch hinsichtlich der Höhe der aufrechterhaltenen Anwartschaft (s. dazu § 2). Ausgangspunkt der Regelung ist die unmittelbare

Versorgungszusage (Abs. 1). Für die anderen Durchführungswege und für die Entgeltumwandlung wird dieser Grundsatz in den Abs. 2 bis 5 modifiziert.

4   Soweit also der AN seine Gegenleistung bereits erbracht hat, erwirbt er eine **Anwartschaft** auf Gewährung eines betrieblichen Ruhegeldes, die einen **schützenswerten Vermögenswert** besitzt. § 1 b gewährt deshalb Bestandsschutz ungeachtet entgegenstehender Verfallklauseln, sofern bestimmte zeitliche Voraussetzungen erfüllt sind. Enthält eine Versorgungszusage keine Verfallklausel, so ist im Zweifel anzunehmen, dass die erworbenen Anwartschaften sofort unverfallbar sind.

II. Unverfallbarkeit von Anwartschaften aus unmittelbaren Versorgungszusagen nach Abs. 1

5   Nach § 1 b I **behält** ein AN, dem eine Leistung der betrieblichen Altersversorgung zugesagt worden ist, seine **Anwartschaft bei Erfüllung bestimmter Voraussetzungen.** Es wird zum einen dem Umstand Rechnung getragen, dass der AN trotz vorzeitigen Ausscheidens seine Betriebstreue bereits zT erbracht hat (Bestand der Versorgungszusage) und dass die in Erwartung der Versorgung erbrachte Arbeitszeit im Betrieb nicht wiederholbar ist, was in dem Mindestalter zum Ausdruck kommt. Dabei werden auch die wirtschaftlichen Auswirkungen und der Einfluss auf die Bereitschaft zur Bereitstellung von betrieblicher Altersversorgung berücksichtigt (zum neuen Recht vgl. insoweit *Beye/Bode/Stein* BetrAV 2001, 516; s. allg. auch *Andresen/Förster/Rößler/Rühmann* Teil 10 A Rn. 155 ff.).

6   Mit dem Kriterium „**Bestand der Versorgungszusage**" wird der Tatsache Rechnung getragen, dass das Ruhegeld Entgelt für Arbeitsleistung ist; mit der **Erteilung der Zusage** ist es Bestandteil der Gegenleistung für die erbrachte Arbeitsleistung geworden; dann aber soll nach Ablauf einer bestimmten Frist die Verbleibebedingung nicht mehr greifen können. Im Gegensatz zum alten Recht sieht die Vorschrift nicht mehr vor, dass ab einer bestimmten Dauer der Betriebszugehörigkeit auch ein kürzerer Bestand der Versorgungszusage ausreicht (drei Jahre bei mindestens zwölfjähriger Betriebszugehörigkeit nach altem Recht). Angesichts der Fristverkürzung hat das Problem der Verlängerung der Betriebsbindung durch Hinausschieben der Erteilung der Zusage an Bedeutung verloren.

7   Für die Festsetzung des **Mindestalters auf die Vollendung des 30. Lebensjahres** spricht aus der Sicht des Gesetzgebers, dass die bis zu diesem Zeitpunkt erworbenen Anwartschaften noch keinen ins Gewicht fallenden Versorgungswert haben; außerdem wird dadurch der Tatsache Rechnung getragen, dass nach § 6 a EStG für den Pensionsberechtigten erst ab Vollendung des 28. Lebensjahres Pensionsrückstellungen gebildet werden dürfen.

8   **1. Begriff der Anwartschaft.** Das BetrAVG verwendet zur Bezeichnung der Rechtsposition des AN vor Eintritt des Versicherungsfalles den **Begriff der Anwartschaft** (§§ 1 II, 1 b, 2 I 1, 3 I 1, 7 II 1, 9 I, II und III, 11 III 2, 18 I Nr. 5 und 6) oder der Versorgungsanwartschaft (§§ 2 III 2 Nr. 1, V 3, 7 II 1, 8 II, 10 II). Das Gesetz nimmt damit Bezug auf den **allg. juristischen Sprachgebrauch**, wonach Anwartschaften Vorstufen subjektiver Rechte sind.

9   Das BAG hat den vom BGH (18. 12. 1967 BGHZ 49, 197, 201) vornehmlich für den Bereich des **Sachenrechts** geprägten Begriff der Anwartschaft als **Vorstufe auf Erwerb des Vollrechts** übernommen (BAG 10. 3. 1972 AP BGB § 242 Ruhegehalt Nr. 156). Auf die vom BGH entwickelte Definition des Anwartschafts*rechts* hat es nicht Bezug genommen. Wenn das Gesetz mit dem Begriff der Anwartschaft arbeitet, so ist damit zunächst nur die Position des bedingt Berechtigten gekennzeichnet; Aussagen über den Inhalt der Rechtsposition und der mit ihr möglicherweise verbundenen Befugnisse und Schutzrechte lassen sich daraus noch nicht unmittelbar gewinnen. Mit dem Begriff wird also nur zum **Ausdruck gebracht, dass der Erwerb des Anspruchs nur noch vom Bedingungseintritt abhängig ist.**

10   § 1 b verschafft dem Inhaber einer Anwartschaft insoweit eine gesicherte Rechtsposition, als es dem AG als dem bedingt Verpflichteten nach Eintritt der Unverfallbarkeit nicht mehr möglich ist, durch Kündigung des Arbeitsverhältnisses den Eintritt der Verbleibebedingung, also der Bedingung einer bestimmten Mindestbetriebszugehörigkeit, zu vereiteln. Eine **Verbleibebedingung,** die von den in § 1 b genannten Voraussetzungen **zuungunsten des AN** abweicht, ist, da diese Vorschrift eine Mindestnorm darstellt (§ 17 III), **ohne rechtliche Relevanz.** Durch § 1 wird nur die gesetzliche Unverfallbarkeit geregelt. Die Parteien können die Fristen des § 1 b **jederzeit und unbeschränkt vertraglich verkürzen.** Da es sich um eine Abweichung zugunsten des AN handelt, steht § 17 III einer solchen Abrede nicht entgegen. Mit Ablauf der vereinbarten Frist wird die Anwartschaft des AN ebenso unverfallbar wie dies ansonsten mit Ablauf der gesetzlichen Frist der Fall gewesen wäre. Bedeutung behält die gesetzliche Unverfallbarkeit jedoch für den Insolvenzschutz: § 7 knüpft an die Unverfallbarkeit nach § 1 b an, so dass insoweit grds. nur die gesetzlichen Unverfallbarkeitsfristen maßgebend sind (vgl. auch § 7 Rn. 43).

11   **2. Bestand der Versorgungszusage. a) Fristbeginn.** Die Frist beginnt grds. mit Erteilung der Versorgungszusage. Darunter sind alle Versorgungsvereinbarungen zwischen AG und AN einschließlich kollektivrechtlicher Verpflichtungstatbestände gemeint, so dass es für den Fristbeginn grds. auf den rechtsgeschäftlichen Abschluss der individuellen Versorgungsvereinbarung ankommt.

II. Unverfallbarkeit von Anwartschaften aus unmittelb. Versorgungszusagen § 1 b **BetrAVG 200**

Bei **einzelvertraglichen** Abreden ergibt sich damit der Zusagezeitpunkt aus **den §§ 145 ff. BGB.** 12
Dies gilt **entspr. auch für Gesamtzusagen und vertragliche Einheitsregelungen,** da sie sich auf eine individualrechtliche Versorgungsvereinbarung zurückführen lassen. Bei einer Gesamtzusage wird man auf deren Bekanntmachung abzustellen haben, da im Zweifel der AG auf den Zugang der Annahmeerklärung verzichtet haben dürfte; tritt ein AN erst nach Bekanntgabe einer Versorgungsordnung im Wege der Gesamtzusage in das Unternehmen ein, so ist maßgeblich der Zeitpunkt der Aufnahme der Tätigkeit (s. auch *Andresen/Förster/Rößler/Rühmann* Teil 10 A Rn. 216 ff.). Bei Versorgungsverpflichtungen auf Grund betrieblicher Übung oder beruhend auf dem arbeitsrechtlichen Gleichbehandlungsgrundsatz (§ 1 b I 4) ist den Besonderheiten dieser Verpflichtungstatbestände Rechnung zu tragen, indem bei erstmaliger Entstehung einer **betrieblichen Übung** der Fristbeginn mit der Entstehung der Übung identisch ist; das bedeutet, dass maßgeblich der Zeitpunkt ist, zu dem der AG in seiner Entscheidung nicht mehr frei ist, ob er die Leistung erbringen will oder nicht; bei bestehender betrieblicher Übung ist die Erfüllung der Voraussetzungen maßgeblicher Zeitpunkt; letzteres wird etwa relevant bei einer betrieblichen Übung, unter bestimmten zeitlichen Voraussetzungen eine Versorgungszusage zu erteilen. Bei Versorgungsverpflichtungen, die auf dem **arbeitsrechtlichen Gleichbehandlungsgrundsatz** beruhen, ergibt sich der Fristbeginn daraus, dass dieser Grundsatz anspruchsbegründende Wirkung hat. Hat deshalb ein AN auf Grund dieses Grundsatzes einen Anspruch auf Erteilung der Zusage, so ist der Zeitpunkt entscheidend, zu dem die Zusage an den anderen AN erteilt worden ist.

Bei **kollektivvertraglichen Verpflichtungstatbeständen** kommt es grds. auf deren **Inkrafttreten** 13
an; auch wenn dies gesondert und ggf. rückwirkend bestimmt wird (BAG 6. 3. 1984 AP BetrAVG § 1 Nr. 10). Beruht die Versorgungszusage auf TV oder Betriebsvereinbarung, so ist bei bestehendem Arbeitsverhältnis dieser Zeitpunkt der maßgebliche Zusagezeitpunkt, sofern die normative Wirkung das betreffende Arbeitsverhältnis erfasst; bei später begründetem Arbeitsverhältnis ist der Beginn dieses Arbeitsverhältnisses maßgeblich. Dies ist bei Betriebsvereinbarungen unproblematisch. Bei TV ist im Bereich der betrieblichen Altersversorgung nicht selten von einer Allgemeinverbindlichkeit auszugehen; anderenfalls gelten bei Bezugnahmeklauseln die oben zu den individualrechtlichen Zusagen entwickelten Grundsätze.

Vordienstzeiten, dh. Beschäftigungszeiten aus vorhergehenden Arbeitsverhältnissen, können grds. 14
den Eintritt der **gesetzlichen Unverfallbarkeit** nach § 1 b nicht beeinflussen. Davon zu unterscheiden ist, dass ein AG vertraglich Vordienstzeiten anrechnet und so dem AN eine frühere Unverfallbarkeit einräumt. Dies ist nach § 17 III 3 unproblematisch, da es sich bei § 1 b nur um die Regelung einer Mindestbedingung handelt.

Von diesen Vordienstzeiten sind **Vorschaltzeiten** zu unterscheiden, dh. Zeiten, die der AN zurück- 15
gelegt haben muss, bevor die Zusage erteilt wird oder als erteilt gelten soll. Nach Auffassung des BAG (7. 7. 1977 AP BetrAVG § 1 Wartezeit Nr. 3) gilt als Zusage iSd. § 1 jede Form der Begründung einer Versorgungsanwartschaft, wenn das Erstarken zum Vollrecht nur noch eine Frage der Zeit ist, also allein vom Umfang der geleisteten Betriebstreue abhängt. Das BAG sieht deshalb zeitbezogene Wirksamkeitsvoraussetzungen dieser Art als bedeutungslos an; die Frist beginnt also bereits mit Erteilung der „Zusage einer Zusage" zu laufen. Diese Auffassung ist in der Literatur nicht unwidersprochen geblieben (*Blomeyer* DB 1979, 835; *Blomeyer/Otto* § 1 Rn. 68 f.; *Gitter* DB 1978, 791; *v. Maydell* SAE 1980, 79). Man wird hier unterscheiden müssen zwischen solchen Fallkonstellationen, in denen dem AG kein Entscheidungsspielraum verbleibt, die spätere Zusage also zur Formalität wird und solchen, in denen ihm noch ein Entscheidungsspielraum verbleibt. Im ersteren Fall ist seine Bindung bereits bei der Ankündigung gegeben, die deshalb als Zusage zu werten ist; im anderen Fall läuft die Frist erst ab formaler Erteilung der Zusage. Ein solcher Entscheidungsspielraum fehlt, wenn der AG das Merkmal, an das er für die Erteilung der Zusage verbindlich anknüpft, nicht mehr beeinflussen kann, wie etwa das Bestehen einer Prüfung. Kann der AG hingegen etwa bei Anknüpfung an einen Status dessen Erreichen beeinflussen oder stellt er eine Zusage nur vage in Aussicht, so verbleibt ihm der Entscheidungsspielraum.

b) **Berechnung und Fristablauf.** Berechnung und Fristablauf bestimmen sich nach den **§§ 187 ff.** 16
BGB. Eine – wenn auch kurze – **Unterbrechung** der Betriebszugehörigkeit führt zu einem **Neubeginn des Fristablaufs.** Anders als etwa im Kündigungsschutzrecht praktiziert, kann hier **keine Zusammenrechnung von Zeiten** erfolgen, **die in einem inneren Zusammenhang zueinander stehen.** Unter Zurückstellung der Zweifel an der Richtigkeit der hM zur entspr. Problematik im Kündigungsschutzrecht (BAG 10. 5. 1989 NZA 1990, 221; *KR/Etzel* KSchG § 1 Rn. 108 ff.; § 1 KSchG Rn. 79; krit. *Stahlhacke*/Preis/Vossen Rn. 910; siehe auch § 1 KSchG Rn. 79) muss für das Betriebsrentenrecht festgestellt werden, dass hier eine Bindung an den Betrieb – auch als Betriebstreue bezeichnet – verlangt wird, die von dieser Zweckrichtung her ununterbrochen sein muss. Hinzu kommt, dass für den AG eine Verlässlichkeit bei der Durchführung der betrieblichen Altersversorgung bestehen muss, der eine Berücksichtigung verschiedener Teilzeiten zuwiderlaufen würde (ähnlich BAG 14. 8. 1980 AP BetrAVG § 1 Wartezeit Nr. 6). Vor dem Hintergrund dieses Grundgedankens wird man aber unmittelbar aneinander anschließende Beschäftigungszeiten zusammenrechnen dürfen (aA *Schoden* BetrAVG § 1 b Rn. 28).

17 **c) Betriebszugehörigkeit und Zusagedauer.** Wenn das Gesetz von Betriebszugehörigkeit spricht oder auf den Ablauf der Unverfallbarkeitsfrist abstellt, so bedeutet das **nicht notwendig,** dass der AN die **Zeit in ein und demselben Betrieb als organisatorischer Einheit** zurückgelegt hat; maßgeblich ist vielmehr die **dauerhafte arbeitsvertragliche Bindung zum AG.** Dass hier von Betriebszugehörigkeit gesprochen wird, lässt sich zurückführen auf den Gedanken, dass der AG durch die Erteilung einer Versorgungszusage verbunden mit einer Verfallklausel Betriebstreue erreichen will. **Durch das AVmG hat der Begriff der Betriebszugehörigkeit an Bedeutung verloren,** da die Bedingung des 3-jährigen Bestands der Versorgungszusage bei 12-jähriger Betriebszugehörigkeit entfallen ist. In den Abs. 3 und 4 wird der Begriff allerdings noch verwandt. Daneben stellen verschiedene Vorschriften wie etwa das ArbPlSchG auf die Betriebszugehörigkeit ab. Entscheidend ist aber, dass die Zusagedauer mit der Betriebszugehörigkeit regelmäßig untrennbar verknüpft ist, so dass die Aussagen zur Betriebszugehörigkeit gleichermaßen auch für die Zusagedauer gelten (so auch *Höfer* 1435 f.).

18 Mit dem **Wechsel innerhalb eines Konzerns** kann je nach Ausgestaltung ein Wechsel des AG im arbeitsvertraglichen Sinne verbunden sein. Gleichwohl wird man bei fortbestehender Konzernzugehörigkeit von einer durchgehenden Betriebszugehörigkeit auszugehen haben; maßgeblich muss hier der Gedanke der Betriebstreue sein, die angesichts der tatsächlichen Verhältnisse von ANTätigkeiten innerhalb eines Konzerns in verschiedenen Konzernunternehmen erbracht werden kann. Zwar verhält sich ein AN bei einem Wechsel des AG im Konzern im Wortsinne nicht „betriebstreu"; es ist jedoch den praktischen Realitäten innerhalb eines Konzerns Rechnung zu tragen, die für die hier vertretene Auffassung sprechen (wie hier *Andresen/Förster/Rößler/Rühmann* Teil 10 A Rn. 527; *Hanau* ZFA 1976, 488; *Hensslen,* Der Arbeitsvertrag im Konzern, S. 154, 156; *Höfer* Rn. 1528 ff.; aA *Blomeyer/Otto* § 1 Rn. 120 mwN).

19 Um Nachteile für AN zu vermeiden, sehen verschiedene Regelungen außerhalb des BetrAVG eine **Anrechnung anderer** – insb. im Dienst an der Öffentlichkeit erbrachter – **Zeiten** vor. Nach § 6 II 1 ArbPlSchG wird die Zeit des Grundwehrdienstes oder einer Wehrübung auf die Betriebszugehörigkeit angerechnet; dies gilt auch für Soldaten auf Zeit, deren festgesetzte Dienstzeit zwei Jahre nicht überschreitet. Diese Vorschriften gelten nach § 78 ZDG unter anerkannte Kriegsdienstverweigerer entsprechend. Zwar sind die Vorschriften des Wehrpflichtrechts auf den Dienst in der Bundeswehr ausgerichtet, sie müssen aber für den in der NVA der DDR abgeleisteten Wehrdienst entspr. gelten (aA *Blomeyer/Otto* § 1 Rn. 97); anderenfalls würden Personen aus den neuen Bundesländern, die sich in der gleichen Situation wie Wehrpflichtige im Westen befanden, unangemessen benachteiligt.

20 Ein **WanderAN, der Staatsangehöriger eines Mitgliedstaates** ist und seine Tätigkeit in einem Unternehmen eines anderen Mitgliedstaates zur Erfüllung der Wehrpflicht gegenüber seinem Heimatland hat unterbrechen müssen, Anspruch auf Anrechnung der Wehrdienstzeit auf die Betriebszugehörigkeit, soweit im Beschäftigungsland zurückgelegte Wehrdienstzeiten den einheimischen AN gleichfalls angerechnet werden (EuGH 15. 10. 1969 AP EWG-Vertrag Art. 177 Nr. 2). Gegen diese Rspr. wird eingewandt (*Blomeyer/Otto* § 1 Rn. 108; *Boldt* Anm. zu AP EWG-Vertrag Art. 177 Nr. 2), dass es nicht Sache des Beschäftigungsstaats sein könne, die Erfüllung staatsbürgerlicher Pflichten in den Mitgliedstaaten zu finanzieren. Mit dem EuGH ist dem jedoch entgegenzuhalten, dass es sich hier um Beschäftigungs- und Arbeitsbedingungen iSd. Art. 7 der Verordnung (EWG) Nr. 1612/68 handelt und dem Gedanken der Freizügigkeit nur dann ausreichend Rechnung getragen ist, wenn auch die Ableistung des Wehrdienstes in einem anderen Mitgliedstaat der EU mit berücksichtigt wird (wie hier auch BAG 20. 5. 1988 AP KSchG 1969 § 1 Personenbedingte Kündigung Nr. 9).

21 Weiterhin ist nach § 4 des Gesetzes über die Rechtsverhältnisse der **Mitglieder des Deutschen Bundestages** die Zeit einer Mitgliedschaft im Deutschen Bundestag auf die Betriebszugehörigkeit anzurechnen. Eine Sonderregelung findet sich schließlich noch im Bergrecht, wenn für Bergleute mit **Bergmannsversorgungsschein** in jedem außerbergbaulichen Beschäftigungsbetrieb dem Inhaber dieses Bergmannsversorgungsscheins die im Bergbau unter Tage verbrachten Beschäftigungszeiten als gleichwertige Zeiten der Betriebszugehörigkeit anzurechnen sind (so etwa § 9 III BVSG-NRW).

22 Maßgeblich für die **Beginn der Betriebszugehörigkeit** ist **der Tag der nach dem Arbeitsvertrag vorgesehenen Arbeitsaufnahme.** Das bloße Bestehen eines Arbeitsvertrages reicht nicht aus, da darin nicht die Verbundenheit mit dem Betrieb – die Betriebstreue – zum Ausdruck kommt. Auf die Wirksamkeit des zugrundeliegenden Arbeitsvertrages kommt es nicht entscheidend an.

23 Für das **Ende der Betriebszugehörigkeit** ist maßgeblich der Ablauf des Arbeitsverhältnisses mit der Maßgabe, dass eine frühere Beendigung der tatsächlichen Beschäftigung – etwa infolge Urlaubs – unerheblich ist und bei Vorliegen eines „faktischen Arbeitsverhältnisses" auch über den Ablaufzeitpunkt hinaus andauern kann.

24 **d) Das Mindestalter von 30. Lebensjahren.** Die gesetzliche Unverfallbarkeit tritt nur ein, sofern der AN im **Zeitpunkt des Ausscheidens das 30. Lebensjahr** vollendet hat. Durch das AVmG ist dieses Alter von bisher 35 auf 30 herabgesetzt worden, was im Zusammenhang steht mit der Verkürzung der Unverfallbarkeitsfristen. Die Neuregelung soll die Mobilität fördern und europäischen Vorgaben und Trends sowie europarechtlichen Bedenken Rechnung tragen, da Frauen wegen der typischen Rollenverteilung in Ehe und Familie zwischen dem 30. und dem 35. Lebensjahr häufiger als

II. Unverfallbarkeit von Anwartschaften aus unmittelb. Versorgungszusagen § 1b BetrAVG

Männer aus dem Erwerbsleben ausscheiden. Diese Verkürzung ist begleitet von einer Änderung des § 6a EStG, wonach eine Pensionsrückstellung bereits für das Wirtschaftsjahr gebildet werden darf, bis zu dessen Mitte der Pensionsberechtigte das 28. Lebensjahr (bisher das 30. Lebensjahr) vollendet hat. Damit wird die Verkürzung mit verbesserten Finanzierungsmöglichkeiten gekoppelt.

Diese **Herabsetzung des Mindestalters gilt** nach § 30f **nicht für Zusagen vor dem 1. Januar 2001**. Allerdings werden **auch Anwartschaften aus solchen Zusagen mit dem 31. Dezember 2006 unverfallbar**, wenn die Zusage mindestens fünf Jahre bestanden hat und bei Beendigung das 30. Lebensjahr vollendet ist (vgl. auch Kommentierung zu § 30f).

e) **Beendigung des Arbeitsverhältnisses vor Eintritt des Versorgungsfalles.** Die der inhaltlichen Ausgestaltung von Versorgungszusagen Grenzen setzende Vorschrift des § 1b bestimmt den **Erhalt der Anwartschaft auch bei Ausscheiden vor Eintritt des Versorgungsfalls**. Abw. von der Rspr. des BAG aus der Zeit vor Inkrafttreten des BetrAVG (BAG 10. 3. 1972 AP BGB § 242 Ruhegehalt Nr. 156) ist **unerheblich, aus welchem Grund das Arbeitsverhältnis** insofern **vorzeitig endet**. Auch eine Kündigung aus wichtigem Grund hebt eine unverfallbare Anwartschaft nicht auf. Eine Ausnahme ist nur für den Fall zu machen, dass der AG die Beendigung des Arbeitsverhältnisses treuwidrig herbeiführt, um den Eintritt der Unverfallbarkeit zu verhindern bzw. zu vereiteln; sie kann auch für den seltenen Fall in Betracht kommen, dass der AG zum Widerruf der Versorgungszusage wegen schwerwiegender Verfehlungen des AN berechtigt ist (vgl. Vorb. Rn. 30 ff.; s. auch *Höfer* Rn. 1547 ff.).

3. **Rechtsfolge.** Bei Erfüllung der Voraussetzungen ist die **Rechtsposition des bedingt berechtigten AN gesichert.** Der mit einer unverfallbaren Anwartschaft **ausgeschiedene AN** erhält bei Eintritt des Versorgungsfalles einen seiner tatsächlichen Betriebszugehörigkeit entspr. Teil der zugesagten Betriebsrente (§ 2). Die Unverfallbarkeit bezieht sich auf alle Leistungen für den Fall des Alters, der Invalidität und des Todes (BAG 24. 6. 1998 NZA 1999, 318 u. BAG 20. 11. 2001 DB 2002, 1510 – Invaliditätsrente; BAG 15. 12. 1998 NZA 1999, 488 Hinterbliebenenversorgung). Der Anspruch auf Invalidenrente darf auch nicht davon abhängig gemacht werden, dass bei Eintritt der Berufsunfähigkeit das Arbeitsverhältnis noch besteht.

Die Rechtsposition des im **Betrieb verbliebenen AN** wird durch die Unverfallbarkeitsregelung nur mittelbar beeinflusst; dessen Rechtsposition ist nur für den Fall des Ausscheidens sicherer geworden. Allerdings hat die Unverfallbarkeit für vorzeitig Ausgeschiedene Bedeutung für die Grenzen des Eingriffs in Anwartschaften, denn die Position des im Berieb verbliebenen AN kann nicht schlechter sein.

Mit welchem **Inhalt** die Anwartschaft aufrechterhalten bleibt und welche Leistungsfälle sie abdeckt, bestimmt sich nach dem **Inhalt der Versorgungszusage.** Ist also nur eine Altersleistung vorgesehen, so folgt aus § 1, dass der betreffende AN im **Alter** auch nur unter den Voraussetzungen der Versorgungszusage auf Grund der aufrechterhaltenen Anwartschaft eine Leistung beanspruchen kann. Sieht die Versorgungszusage eine **Hinterbliebenenversorgung** vor, so entsteht grds. ein Anspruch auch im Falle einer erst nach Ausscheiden geschlossenen Ehe oder von nach dem Ausscheiden geborenen Kindern (BAG 20. 4. 1982 AP BetrAVG § 1 Wartezeit Nr. 12). Allerdings kann eine Versorgungsordnung Ansprüche davon abhängig machen, dass die familienrechtlichen Beziehungen zu den begünstigten AN bereits während des Arbeitsverhältnisses bestanden (BAG 19. 12. 2000 DB 2001, 2503), was entspr. Auswirkungen auf den aufrecht zu erhaltenden Anspruch hat.

4. **Besonderheiten bei Vorruhestand.** S. 2 der Vorschrift soll **verhindern, dass der AN Nachteile** hinsichtlich seiner Betriebsrente dadurch erleidet, dass er **auf Grund einer Vorruhestandsregelung nach dem VRG** ausscheidet. Der AN wird hier so behandelt, als wäre er nicht vorzeitig ausgeschieden. Erforderlich ist deshalb aber eine Kausalität zwischen Ausscheiden und Vorruhestandsregelung. Die Regelung ist von abnehmender Bedeutung, da das VRG für die Zeit nach dem 1. 1. 1989 gem. § 14 VRG nur noch anzuwenden ist, wenn die Voraussetzungen für diesen Anspruch erstmals vor diesem Zeitpunkt vorgelegen haben. Da das Gesetz nicht ausdrücklich auf das VRG Bezug nimmt, kann die Vorschrift auf andere Vorruhestandsregelungen ebenfalls angewandt werden (anders *Blomeyer/Otto* Rn. 188). § 14 VRG befristet nur den Anspruch auf Zuschuss nicht aber die Möglichkeit Vorruhestandsregelungen zu vereinbaren; bewegen sich deshalb Vorruhestandsregelungen auch nach diesem Zeitpunkt im Rahmen der Vorgaben des VRG, so ist S. 2 anzuwenden (so auch *Höfer* Rn. 1309.1).

5. **Änderung und Übernahme der Versorgungszusage.** Unschädlich sind auch **Änderungen der Versorgungszusage** oder deren **Übernahme durch einen Dritten**. In beiden Fällen beginnt der Lauf der Fristen nicht von neuem. Eine Unterbrechung tritt nicht ein.

Problematisch ist hier die **Abgrenzung zwischen Änderung der Versorgungszusage in Gestalt einer Erhöhung der Zusage und einer zusätzlichen Zusage.** Es kann hier dahingestellt bleiben, ob aus der Vorschrift der „Einheit der Versorgungszusage" hergeleitet werden kann (BAG 12. 2. 1981 AP BetrAVG § 1 Nr. 5; *Höhne* in *Heubeck/Höhne/Paulsdorff/Rau/Weinert* Rn. 214ff.; krit. *Blomeyer/Otto* Rn. 192ff.). S. 3 ist dahin zu verstehen, dass eine zusätzliche Zusage, die in einem unmittelbaren Zusammenhang mit der ursprünglichen Zusage steht, nicht zu einem erneuten Beginn des Fristablaufs führt, da es keinen Unterschied machen kann, wenn der AG die betriebliche Altersversorgung des AN verbessern will und dies nicht durch Änderung der bisherigen, sondern Erteilung einer neuen zusätzlichen Zusage vornimmt. Der erforderliche Zusammenhang ist im Einzelfall im Wege der Auslegung zu ermitteln. Das BAG hat eine Änderung und nicht eine Neuerteilung angenommen, wenn der AG nicht die zunächst angeschlossene Direktversicherung selbst erhöht, sondern im Laufe des Arbeitsverhältnisses weitere Direktversicherungen für denselben AN abschließt (BAG 12. 2. 1981 AP BetrAVG § 1 Nr. 5). Anderseits hat das BAG einen solchen Zusammenhang abgelehnt in einem Fall, in dem der AG dem AN nacheinander mehrere Versorgungszusagen erteilt (BAG 28. 4. 1992 BetrAV 1992, 229). Entscheidend war hier, dass es in der weiteren Zusage hieß, weitere Ansprüche und Anwartschaften würden von der Zusage nicht berührt. Der AG kann also auch einzelne Zusagen an den gleichen AN erteilen, bei denen die Unverfallbarkeitsfristen unterschiedlich laufen; etwas Weitergehendes kann aus der Vorschrift nicht hergeleitet werden.

34 Eine Änderung der Versorgungszusage liegt auch vor, wenn **die Zusage auf eine andere Rechtsgrundlage gestellt** wird, also etwa eine individuelle Zusage durch eine auf TV oder Betriebsvereinbarung beruhende abgelöst wird (MünchArbR/*Förster/Rühmann* § 107 Rn. 20). Gleiches gilt bei einem Wechsel des Durchführungsweges, also etwa von einer Direktzusage zu einer Direktversicherung. In diesen Fällen ist der geforderte innere Zusammenhang gegeben.

35 Unter der **Übernahme** der Versorgungszusage durch eine andere Person sind die **Fälle der Schuld- und Vertragsübernahme, nicht aber der Wechsel des Versorgungsträgers** zu verstehen. Gesamtrechtsnachfolge und Betriebsübergang nach § 613a BGB sind nicht erfasst, da das Arbeitsverhältnis in beiden Fällen nicht unterbrochen ist und bereits aus dem Gesetz abgeleitet werden kann, dass in diesen Fällen der Fristablauf nicht unterbrochen wird (aA *Schoden* BetrAVG Rn. 58).

36 **6. Gleichbehandlungsgrundsatz und betriebliche Übung. Rechtsgrundlage** für eine Versorgungszusage können nicht nur Einzelarbeitsvertrag, Betriebsvereinbarung und TV sein. Versorgungsverpflichtungen können vielmehr auch auf dem **Gleichbehandlungsgrundsatz** oder einer **betrieblichen Übung** beruhen. S. 4 stellt klar, dass für derartige Zusagen nichts anderes gilt als für solche, die auf den anderen Rechtsgrundlagen beruhen. S. 4 fügt deshalb diese arbeitsrechtlich anerkannten Rechtsgrundlagen in das System der Unverfallbarkeitsregelung ein.

37 Die Vorschrift greift sowohl dann, wenn die betriebliche Übung auf die **Gewährung von Ruhegeldern** als auch dann, wenn sie nur auf **Erteilung einer Versorgungszusage** gerichtet war. In beiden Fällen ist der AG nicht mehr frei zu entscheiden, ob er ein Ruhegeld zahlen will (so zutr. BAG 19. 6. 1980 AP BetrAVG § 1 Wartezeit Nr. 8; krit. *Blomeyer/Otto* Rn. 214, der sich auf den Wortlaut beruft, der so eindeutig nicht ist). Der Entscheidungsspielraum des AG ist in beiden Fällen in gleicher Weise eingeengt, da er sich vom Anspruch auf Gewährung des Ruhegeldes ebenso wie vom Anspruch auf Erteilung einer Zusage nicht mehr einseitig lösen kann. Für den maßgeblichen Zusagezeitpunkt kommt es auf Bestand und Ausgestaltung der betrieblichen Übung an. Besteht diese bei Beginn des Arbeitsverhältnisses, so ist dieser maßgeblich. Ist die betriebliche Übung an einen bestimmten Status des AN geknüpft, kommt es auf dessen Erreichen an. Aus einer gegenüber der eigenen Erklärung über längere Zeit fehlerhaften Betriebsrentenberechnung entsteht keine von der Versorgungsordnung abweichende Übung (BAG 23. 4. 2002 DB 2002, 2603).

38 Beim **Gleichbehandlungsgrundsatz** geht es zumeist um den Anspruch auf Abgabe einer Versorgungszusage. Hier ist zu ermitteln, wann dem AN unter Beachtung dieses Grundsatzes eine Zusage hätte erteilt werden müssen. Der AG darf nach sachlichen Kriterien differenzieren. Auch Stichtagsregelungen bedürfen dabei einer Rechtfertigung durch einen sachlichen Grund. Der AG darf nach unterschiedlichem Versorgungsbedarf differenzieren, während eine Differenzierung nach Arbeitern und Angestellten inzwischen kaum noch möglich sein dürfte (ähnlich MünchArbR/*Förster/Rühmann* § 105 Rn. 85). Der AG darf aber differenzieren, um einen geplanten Personalabbau aufgetretene Schwierigkeiten durch Schaffung von Anreizen zu beseitigen (BAG 18. 9. 2001 AP BGB § 242 Gleichbehandlung Nr. 179). Denkbar ist auch ein Anspruch auf Gewährung einer höheren Leistung (BAG 23. 4. 2002 EzA § 1 BetrAVG Gleichbehandlung Nr. 24).

39 **7. Wartezeiten.** Die Unverfallbarkeitsregelung darf nicht durch die Festsetzung von Wartezeiten **unterlaufen** werden. Von einer Wartezeit spricht man dann, wenn der AG eine zusätzliche zeitliche Voraussetzung für den Anspruchserwerb aufstellt, indem er etwa eine Mindestbetriebszugehörigkeit verlangt. Abs. 1 S. 5 ordnet deshalb an, der **Ablauf der Wartezeit werde durch Beendigung des Arbeitsverhältnisses nach Eintritt der Unverfallbarkeit nicht berührt.** Von den Wartezeiten sind die **Vorschaltzeiten zu unterscheiden,** durch die die Erteilung der Versorgungszusage hinausgeschoben werden soll (s. dazu Rn. 15).

40 Voraussetzung ist, dass der AN bei Ausscheiden die Unverfallbarkeitsvoraussetzungen erfüllt hat. Die Regelung bedeutet aber zugleich, dass die Wartezeit als Leistungsvoraussetzung grds. akzeptiert wird. So erhält etwa ein AN, der mit einer unverfallbaren Anwartschaft ausgeschieden ist, keine Leistungen wegen Erwerbsunfähigkeit, wenn dieser Versorgungsfall vor Ablauf der Wartezeit eintritt.

§ 1 b I 5 berührt nicht die **Zulässigkeit solcher Wartezeiten**, mit denen der **begünstigte Personen- 41 kreis abgegrenzt** werden soll (BAG 7. 7. 1977 AP BetrAVG § 1 Wartezeit Nr. 2); ein schützenswertes Vertrauen ist nicht gegeben, wenn der AN weiß, dass er mit seiner zukünftigen Betriebszugehörigkeit keine betriebliche Altersversorgung mehr erwerben kann. Erfasst werden deshalb zB nicht solche Wartezeiten, nach denen ein AN ein Ruhegeld nur erhält, wenn er bei Vollendung des 65. Lebensjahres mindestens 15 Jahre dem Betrieb angehören muss. Hiermit wird faktisch ein Höchsteintrittsalter festgelegt und der ältere AN, der bei Eintritt dieses Alter überschreitet, weiß von vornherein, dass er die Anspruchsvoraussetzungen nicht erfüllen kann. Hätte er die Wartezeit aber noch erfüllen können und erfüllt er sie nur wegen vorzeitigen Ausscheidens nicht, so greift gleichwohl S. 5 (s. auch *Blomeyer/Otto* Rn. 223). Erfasst werden auch nicht risikobegrenzende Wartezeiten, wenn der AG das Risiko der Invalidität nur absichert, sofern es sich erst nach einer bestimmten Dienstzeit und nicht schon vorher verwirklicht (BAG 19. 12. 2000 DB 2002, 262).

8. Wechsel in einen anderen Mitgliedstaat der EU. Der durch das AVmG neu eingefügte S. 6 trägt 42 den Vorgaben der **RL 98/49/EG zur Wahrung ergänzender Rentenansprüche** (s. dazu *Steinmeyer* EuZW 1999, 645) Rechnung. Nach Art. 4 dieser RL treffen die Mitgliedstaaten die erforderlichen Maßnahmen, um die Aufrechterhaltung erworbener Rentenansprüche für Anspruchsberechtigte eines ergänzenden Sicherungssystems sicherzustellen, für die als Folge des Wechsels von einem Mitgliedstaat in einen anderen keine weiteren Beiträge in dieses System gezahlt werden, und zwar im gleichen Umfang wie für anspruchsberechtigte Personen, für die keine Beiträge mehr gezahlt werden, die jedoch im selben Mitgliedstaat verbleiben. Das bedeutet eine Gleichbehandlung hinsichtlich der Unverfallbarkeit von rein innerstaatlichen und grenzüberschreitenden Sachverhalten. Da sich die Vorschrift nur auf Anwartschaften bezieht, die dem BetrAVG unterfallen, hat sie nur deklaratorische Bedeutung, denn die Unverfallbarkeit trat auch bisher schon unabhängig davon ein, ob der AN ins Ausland wechselt oder im Inland verbleibt.

Das **Freizügigkeitsgebot** des Art. 39 (48 aF) EG **erschöpft sich aber nicht in einer Gleichbehand- 43 lung von grenzüberschreitenden Sachverhalten mit reinen Inlandssachverhalten.** Freizügigkeit verlangt die Beseitigung aller Hindernisse, die einer Tätigkeit eines AN in einem anderen Land entgegenstehen. Unverfallbarkeitsfristen, die ohne Zweifel ein Freizügigkeitshindernis darstellen, erscheinen nicht dadurch in einem anderen Licht, dass von ihnen Inlands- wie grenzüberschreitende Sachverhalte gleichermaßen erfasst und betroffen sind. Das europäische Recht fragt nur, ob ein Hindernis der Freizügigkeit besteht, nicht ob auch innerhalb des Staates die Freizügigkeit begrenzt ist; anderenfalls hätte es der Mitgliedstaat in der Hand, den Umfang der grenzüberschreitenden Freizügigkeit durch Begrenzungen der innerstaatlichen Freizügigkeit zu steuern. Es bleibt deshalb ein europarechtliches Risiko bestehen, das aber durch die Verkürzung der Unverfallbarkeitsfrist deutlich abgemildert wurde.

III. Unverfallbarkeit von Anwartschaften auf Leistungen einer Direktversicherung nach Abs. 2

1. Einführung. Die Regelungen des BetrAVG gehen aus vom Bild der **unmittelbaren Versor- 44 gungszusage** als dem **Prototyp der betrieblichen Altersversorgung.** Der AG schaltet bei den **mittelbaren Versorgungszusagen** eine **rechtlich selbständige Einrichtung** ein. Es kommen deshalb zur Rechtsbeziehung zwischen AG und AN solche des AG aber auch des AN zur Versorgungseinrichtung. Dies hat zur Folge, dass für die Sicherung der Versorgungsanwartschaft bei vorzeitigem Ausscheiden (Unverfallbarkeit) andere Anknüpfungspunkte gewählt werden mussten.

Die **Direktversicherung** (s. näher *Gehrhardt/Rössler* H-BetrAV 70 Rn. 131 ff.; *Blomeyer* AR-Blat- 45 tei SD 460.4) ist dadurch gekennzeichnet, dass der AG eine Lebensversicherung auf das Leben des AN abschließt und diesem oder seinen Hinterbliebenen ein Bezugsrecht ganz oder tw. eingeräumt wird (Legaldefinition in § 1 b II 1). Dieses Versicherungsverhältnis zwischen AG und Versicherungsunternehmen ist als Vertrag zugunsten Dritter (§ 328 I BGB) anzusehen. Der Versicherungsvertrag bildet das Außen- oder Deckungsverhältnis und die Versorgungszusage des AG, eine Altersversorgung durch Direktversicherung zu gewähren, ist dann das Valuta- oder Innenverhältnis, das nach der Legaldefinition der Direktversicherung nicht vorliegen muss aber regelmäßig vorliegen wird. Eine Direktversicherung liegt nicht vor, wenn der AN selbst Versicherungsnehmer ist (BAG 10. 3. 1992 AP BetrAVG Lebensversicherung § 1 Nr. 17).

Bei der Altersversorgung durch Direktversicherung ist der **AG Vertragspartner sowohl der 46 arbeitsvertraglichen Versorgungsverpflichtung als auch des Versicherungsverhältnisses.** Er ist im Versicherungsverhältnis Versicherungsnehmer und als solcher nach § 166 VVG im Zweifel berechtigt, das Bezugsrecht des AN zu widerrufen. Bis zum Eintritt des Versicherungsfalles hat deshalb der AN eine versicherungsrechtliche Anwartschaft, die ihm allerdings nur eine schwache Rechtsposition gibt, sofern nicht der Widerruf der Bezugsberechtigung ausgeschlossen ist. Darüber hinaus ist der AG versicherungsrechtlich berechtigt, den Anspruch aus dem Versicherungsvertrag abzutreten oder zu beleihen. Sofern der AN unwiderruflich bezugsberechtigt ist, steht ihm schon vor Eintritt des Versicherungsfalles das Verfügungsrecht über den Anspruch zu; eine Abtretung oder Beleihung durch den AG ist dann nicht mehr möglich. Der AN kann sich mit eigenen Beiträgen an der Beitragszahlung beteiligen, die aber nur unter den Voraussetzungen des § 1 II Nr. 4 (s. § 1 Rn. 32) der betrieblichen Altersversorgung iSd. BetrAVG unterfallen. Der AG ist grds. beitragspflichtig (§ 1 II VVG); bei unzureichender Dotierung trifft ihn eine Einstandspflicht.

47 **2. Ausschluss des Widerrufs des Bezugsrechts.** Den versicherungsrechtlichen Besonderheiten wird durch eine arbeitsrechtliche **Einschränkung** des **Rechts des AG zum Widerruf der Bezugsberechtigung** Rechnung getragen. Die versicherungsrechtlichen Befugnisse des AG zum Widerruf des Bezugsrechts, das dieser allerdings auch unwiderruflich stellen kann, bleiben unangetastet, ihm wird jedoch im arbeitsrechtlichen Versorgungsverhältnis zum AN die Verpflichtung auferlegt, das Bezugsrecht nach Eintritt der Unverfallbarkeitsvoraussetzungen nicht mehr zu widerrufen. Dem AG wird also **schuldrechtlich** auferlegt, keine Gestaltungserklärung vorzunehmen, durch die das Bezugsrecht des AN beeinträchtigt wird. Dies betrifft die Zusage in vollem Umfang also etwa auch hinsichtlich einer möglichen Hinterbliebenensicherung. Eingeschränkt ist der **Widerruf wegen Beendigung des Arbeitsverhältnisses;** ein Widerruf aus anderen zulässigen Gründen bleibt unberührt; so handelt etwa ein Insolvenzverwalter nicht rechtsmissbräuchlich, wenn er wegen seiner Pflichten nach § 159 InsO das Bezugsrecht widerruft (BAG 8. 6. 1999, NZA 1999, 1103).

48 **Widerruft der AG** die Bezugsberechtigung dennoch, so verstößt er nicht gegen seine Verpflichtungen aus dem Versicherungsvertrag, wohl aber gegen die aus dem arbeitsrechtlichen Versorgungsverhältnis. Er macht sich in diesem Fall gegenüber dem AN **schadensersatzpflichtig** wegen pVV des Versorgungsversprechens (BAG 28. 7. 1987 AP BetrAVG § 1 Lebensversicherung Nr. 4); dies führt im Wege der Naturalrestitution dazu, dass der AG den AN so zu stellen hat, als wäre der Widerruf nicht erfolgt; dieser Schadensersatzanspruch ist von der Insolvenzsicherung erfasst (MünchArbR/*Förster/Rühmann* § 107 Rn. 44). Angesichts der Entgeltlichkeit des Ruhegeldes wird man einen **Teilwiderruf** als zulässig ansehen müssen, der sich auf den noch nicht erdienten Teil der Anwartschaft beschränkt (ähnlich *Blomeyer/Otto* Rn. 292 ff.; *Höfer* Rn. 1590; ein dahingehender Gedanke auch herleitbar aus BAG 29. 7. 1986 AP BetrAVG § 1 Lebensversicherung Nr. 3).

49 **3. Unwirksamkeit der Vereinbarung einer auflösenden Bedingung.** Die Vereinbarung einer auflösenden Bedingung für das Bezugsrecht ist nach S. 2 insoweit **unwirksam, als die Unverfallbarkeitsvoraussetzungen erfüllt** sind, da sonst die Unverfallbarkeitsregelung im Ergebnis unterlaufen werden könnte. Die Unwirksamkeit bezieht sich auf das Versicherungs- und nicht den Versorgungsvertrag, da eine Vereinbarung über die auflösende Bedingung des Bezugsrechts nur im Versicherungsvertrag sinnvoll ist (so auch *Blomeyer/Otto* Rn. 305; *Höfer* Rn. 1595).

50 **4. Abtretungen und Beleihungen.** Da der **AG versicherungsrechtlich berechtigt** ist, die **Ansprüche aus dem Versicherungsvertrag abzutreten oder zu beleihen,** kann auch hierdurch der AN der Versorgungsanwartschaft verlustig gehen. Insofern ist arbeitsrechtlich bestimmt, dass der AG verpflichtet ist, den AN, dessen Arbeitsverhältnis nach Erfüllung der Unverfallbarkeitsvoraussetzungen geendet hat, so zu stellen, als sei eine Abtretung oder Beleihung nicht erfolgt. Diese Pflicht besteht nach Eintritt des Versicherungsfalles.

51 Unter Abtretung wird dabei eine **Abtretung der Versicherungsansprüche nach § 398 BGB** verstanden und unter Beleihung eine **Vorauszahlung auf die spätere Versicherungsleistung.** Neben Abtretung und Beleihung ist auch eine Verpfändung möglich (*Blomeyer/Otto* Rn. 309; MünchArbR/*Förster/Rühmann* § 107 Rn. 43).

52 **5. Zeitpunkt der Erteilung der Versorgungszusage.** Den versicherungsrechtlichen Besonderheiten muss auch Rechnung getragen werden beim **Fristbeginn für die Unverfallbarkeitsvoraussetzungen.** An die Stelle der Erteilung der Versorgungszusage (Abs. 1) tritt hier im Wege einer Fiktion der Versicherungsbeginn bzw. der Beginn der Betriebszugehörigkeit, da der AG bei Gewährung von betrieblicher Altersversorgung durch Direktversicherung das Leistungsrisiko gerade nicht selbst übernehmen, sondern einem Versicherungsunternehmen übertragen will.

53 Unter **Versicherungsbeginn** ist der **technische Versicherungsbeginn** zu verstehen (*Blomeyer/Otto* Rn. 318 mwN). Wenn der AG den Abschluss einer Lebensversicherung nach einer bestimmten Mindestbetriebszugehörigkeit verspricht, handelt es sich um eine Vorschaltzeitenproblematik, die aber hier eine andere Dimension dadurch erhält, dass § 1 b II 4 versicherungsrechtlich eine Lösung vorsieht, die Vereinbarung einer Vorschaltzeit aber eine arbeitsrechtliche Gestaltung ist. Grds. muss der AG einer derartigen Ankündigung auch nachkommen und macht sich anderenfalls schadensersatzpflichtig. Orientiert an der auch hier maßgeblichen Grundregel des Abs. 1 kann der AG durch diese Gestaltungsform den Beginn des Laufes der Unverfallbarkeitsfrist nicht hinausschieben. Die zu den Vorschaltzeiten entwickelten Grundsätze müssen deshalb auch hier gelten (aA *Blomeyer* DB 1992, 2499; *Blomeyer/Otto* Rn. 325 ff.; wie hier MünchArbR/*Förster/Rühmann* § 107 Rn. 40; *Höfer* Rn. 1609.1 ff.; in der Tendenz so auch BAG 7. 7. 1977 AP BetrAVG § 1 Wartezeit Nr. 1).

54 Wenn sich auch in Abs. 2 kein ausdrücklicher Hinweis auf Abs. 1 S. 3 findet, kann aber auch hier nichts anderes gelten und **unterbrechen nachträgliche Änderungen der Direktversicherung**

und ihre Übernahme durch eine andere Person nicht den Fristablauf (BAG 12. 2. 1981 AP BetrAVG § 1 Nr. 5; *Blomeyer/Otto* Rn. 336). Diese Sonderregelung wird durch Abs. 2 S. 4 nicht abgelöst, da dieser nur eine Fiktion für den Regelfall vorsieht. Zur Frage, wann eine Änderung vorliegt, s. Rn. 32 ff. Da es hier um die Sicherstellung der arbeitsrechtlichen Unverfallbarkeit geht, kommt es auf die Übernahme des Versorgungs- und nicht des Versicherungsverhältnisses an.

IV. Unverfallbarkeit von Anwartschaften auf Leistungen einer Pensionskasse oder eines Pensionsfonds nach Abs. 3

1. Einführung. Sowohl bei der Pensionskasse als auch beim Pensionsfonds ist **zu unterscheiden** 55 **zwischen dem arbeitsrechtlichen Versorgungsverhältnis mit AN und AG als Beteiligten und den Rechtsbeziehungen zur Versorgungseinrichtung.**

Üblicherweise werden **Pensionskassen** in der Rechtsform von VVaG betrieben. So haben zurzeit 56 alle Pensionskassen diese Rechtsform (*Bode ua.*, Pensionskassen, H-BetrAV 50 Rn. 30). Sie können aber auch als Aktiengesellschaft gegründet werden. Die Legaldefinition in § 1 b III 1 besagt nur, dass es sich um eine **rechtsfähige Versorgungseinrichtung** handeln muss, **die dem AN oder seinen Hinterbliebenen auf ihre Leistungen einen Rechtsanspruch gewährt.** Wird die Pensionskasse als VVaG betrieben, so bedeutet das, dass die begünstigten AN grds. diesem Verein als Mitglieder angehören (§ 15 VAG). **Zwischen AN und Pensionskasse** besteht zugleich ein **Versicherungsverhältnis** (§ 20 S. 2 VAG), auf Grund dessen sich auch eine Beitragspflicht des AN ergeben kann. Neben dem AN kann auch der AG Mitglied und Versicherungsnehmer sein (aA *Pröls/Schmidt/Weigel* VAG § 20 Rn. 1 unter Berufung auf eine insoweit nicht einschlägige Entscheidung des Reichsversicherungsamts). Er bringt zumeist die Beiträge auf und verpflichtet sich häufig zu bes. Zuwendungen an die Pensionskasse. Der AG überträgt das Versorgungsrisiko auf eine rechtlich selbständige Einrichtung; er bedient sich also dieser Einrichtung zur Erbringung seiner Gegenleistung für erbrachte Arbeitsleistung bzw. geleistete Betriebstreue dieser Versorgungseinrichtung. Mitgliedschaft und Versicherungsverhältnis sind grds. an das Arbeitsverhältnis geknüpft, können aber nach dessen Beendigung fortgesetzt werden. Das **Versorgungsverhältnis** verpflichtet den AG gegenüber dem AN, alles zu unternehmen, damit er im Versorgungsfall Leistungen von der Pensionskasse erhält; dazu kann etwa die Anmeldung zu einer Pensionskasse gehören,. Bei Nichterfüllung der Verpflichtungen macht sich der AG schadensersatzpflichtig.

Die durch das AVmG neu in das Gesetz eingefügten **Pensionsfonds** eröffnen einen neuen Durch- 57 führungsweg, mit dem die bisherige und die neue Förderung für betriebliche Altersversorgung kombiniert werden soll (BT-Drucks. 14/5150 S. 42). Da der Gesetzgeber auf eine Detailregelung zu Pensionsfonds verzichtet hat, finden auf sie die Regelungen über Pensionskassen Anwendung, soweit es die Vorschriften über die Durchführung der betrieblichen Altersversorgung betrifft.

Die einschlägigen Vorschriften über die **Pensionsfonds** finden sich im **Versicherungsaufsichts-** 58 **gesetz (VAG)** (§§ 112 ff.). Der Pensionsfonds unterscheidet sich von der Pensionskasse dadurch, dass beim Pensionsfonds die Versicherung und die Kapitalanlage auch durch Dritte erfolgen können (s. auch *Blomeyer* BetrAV 2001, 433). Die möglicherweise größere Attraktivität des Pensionsfonds kann daraus resultieren, dass der Pensionsfonds durch die Liberalisierung von Anlageschutzregelungen größere Anlagefreiheiten erhält. Mit den Vorschriften zu den Pensionsfonds im VAG werden die Grundzüge der sog. Pensionsfondsrichtlinie der Europäischen Gemeinschaft bereits berücksichtigt. Pensionsfonds sind **rechtsfähige Versorgungseinrichtungen, die im Wege des Kapitaldeckungsverfahrens Altersversorgungsleistungen für einen oder mehrere AG zugunsten von AN erbringen.** Der **AN hat einen eigenen Anspruch auf Leistungen gegen den Pensionsfonds;** diese Leistung ist in jedem Fall als lebenslange Altersrente zu erbringen. Die Regelungen der §§ 112 ff. VAG machen deutlich, dass es nicht um Versicherungsunternehmen handelt, die Vorschriften über Lebensversicherungsunternehmen aber grds. entspr. Anwendung finden.

Die Bedingungen zur planmäßigen Leistungserbringung im Versorgungsfall sind im **Pensionsplan** 59 festgelegt. Hier können neben Leistungen im Falle des Alters auch solche in Form der Invaliditäts- oder Hinterbliebenenversorgung vorgesehen werden. Es ist zu unterscheiden zwischen **beitragsbezogenen Pensionsplänen mit Zusage einer Mindestleistung** und **leistungsbezogenen Pensionsplänen.** Die beitragsbezogenen Pensionspläne knüpfen an die Beitragszusage mit Mindestleistung nach § 1 II Nr. 2 an; allerdings wird hier nur die Summe der *zugeführten* und nicht die der *zugesagten* Beiträge garantiert, was sich daraus erklärt, dass es sich bei § 1 II Nr. 2 um die Verpflichtung des AG und nicht um die des Pensionsfonds handelt. Eine leistungsbezogener Pensionsplan liegt vor, wenn dem AN die ihm vom AG zugesagte Leistung im Versorgungsfall zur Verfügung steht. Hier kommt als Zusageform auch die beitragsorientierte Leistungszusage (§ 1 II Nr. 1) in Betracht, da es sich hier um eine Leistungszusage mit Beitragselementen handelt (s. § 1 Rn. 15 ff.). Pensionsfonds sind auch im Rahmen der Entgeltumwandlung nutzbar. Eine Verknüpfung von Leistungszusage und Pensionsfonds ist allerdings risikobehaftet; hier muss der AG für die zugesagte Endleistung einstehen, ohne selbst ausreichenden Einfluss auf die Vermögensanlage des Fonds zu haben. Dies ist anders bei Beitragszusagen, wo jedoch das Risiko größer sein kann als bei den herkömmlichen Formen, da eine Liberalisierung der Anlagevorschriften zwar einerseits zu einer besseren Rendite andererseits aber auch zu höheren Verlusten führen kann. Deshalb dürfte bei den Leistungszusagen die beitragsorientierte Leistungszusage die größte Bedeutung erlangen.

60 Für **Pensionskasse** und **Pensionsfonds** sind die **gleichen Regeln zur Unverfallbarkeit** vorgesehen. Aus dem **arbeitsrechtlichen Versorgungsverhältnis** ist der AG als Gegenleistung für die ihm während des Arbeitslebens erbrachte Arbeitsleistung bzw. Betriebstreue verpflichtet, **alles seinerseits Erforderliche zu tun, um die Versorgung des AN durch die Pensionskasse oder den Pensionsfonds sicherzustellen.** Verpflichtet sich etwa der AG gegenüber der Pensionskasse zu Zuwendungen und verspricht er den AN eine so durchgeführte Pensionskassen- oder Pensionsfonds-Versorgung, so korrespondiert mit der Zuwendungsverpflichtung gegenüber der Pensionskasse bzw. dem Pensionsfonds eine vertragliche Verpflichtung im arbeitsrechtlichen Versorgungsverhältnis, diese Zuwendungen der Altersversorgung der AN auch zu leisten. Verletzt der AG diese Pflichten, macht er sich **schadensersatzpflichtig.** Die arbeitsrechtlichen Probleme der Pensionskassen- und der Pensionsfonds-Versorgung decken sich im Wesentlichen mit denen bei der Direktversicherung. Aus der Tatsache, dass der AN im Regelfall Versicherungsnehmer ist, ergibt sich allerdings, dass ihm grds. auch die volle Verfügungsmacht über Versicherungsansprüche und -anwartschaften zusteht.

61 **2. Voraussetzungen für die Unverfallbarkeit.** Anders als bei der Direktversicherung hat der Gesetzgeber bei der Pensionskassen- bzw. Pensionsfonds-Versorgung darauf verzichtet, eine genaue Regelung darüber zu treffen, **wie die Unverfallbarkeit sicherzustellen** ist. Er hat vielmehr in § 1 b III den § 1 b I für entsprechend anwendbar erklärt. Damit wird der Komplexität der sich bei der Pensionskassen- bzw. Pensionsfonds-Versorgung ergebenden rechtlichen Gestaltungen Rechnung getragen.

62 Die entspr. Anwendung des Abs. 1 bedeutet zunächst lediglich, dass der AN seine **Rechtsposition im Falle des vorzeitigen Ausscheidens nicht verliert.** Über die rechtliche Konstruktion wird aber nichts gesagt. Das bedeutet, dass alle rechtlichen Gestaltungen, die den Verlust dieser Rechtsposition bewirken, von dieser Vorschrift erfasst werden. Da sich bei den Pensionskassen der Verfall der Rechtsposition bei vorzeitigem Ausscheiden regelmäßig aus der Satzung der Kasse ergibt, gestaltet § 1 b III diese Satzung. Bei Pensionsfonds kann entspr. im Pensionsplan festgelegt werden. Anders als bei der Direktversicherung kann der AG bei der Pensionskassen-Versorgung die Versicherungsansprüche **weder durch Abtretung oder Beleihung wirtschaftlich nutzen noch das Bezugsrecht ändern,** da hier sowohl **AG als auch AN Versicherungsnehmer** sind. Deshalb bedarf es insoweit keiner das arbeitsrechtliche Versorgungsverhältnis betreffenden Regelung, durch die – wie bei der Direktversicherung – die Ausübung versicherungsrechtlich zulässiger Maßnahmen eine arbeitsrechtliche Restitutionsverpflichtung auslöst. Es ist hier nicht erforderlich, dem AG die Verpflichtung aufzuerlegen, keine Gestaltungserklärung vorzunehmen, durch die die Anwartschaft beeinträchtigt werden könnte. Eine den Verlust der Anwartschaft bei vorzeitigem Ausscheiden vorsehende Satzungsbestimmung der Pensionskasse ist auf Grund des § 1 b III unwirksam. Entspr. gilt für Pensionsfonds, da hier die AN unmittelbare Leistungsansprüche gegen den Fonds haben.

63 **3. Zeitpunkt der Erteilung der Versorgungszusage.** Abs. 3 trifft eine **mit der Regelung zur Direktversicherung gleich lautende Bestimmung,** die für Pensionskassen und Pensionsfonds gleichermaßen gilt, bei der unter Versicherungsbeginn ebenfalls der technische Versicherungsbeginn zu verstehen ist. Zur Frage der **Vorschaltzeiten** vgl. die Anmerkungen zur Direktversicherung (Rn. 53) und für die Frage von Beginn und Berücksichtigung der Betriebszugehörigkeit das zur unmittelbaren Versorgungszusage ausgeführte (vgl. Rn. 17 ff.). Bei Konzernpensionskassen wird man einen Wechsel innerhalb des Konzerns als unschädlich anzusehen haben (vgl. dazu Rn. 18), während ein Wechsel des AG anzunehmen ist, wenn beide lediglich ihre betriebliche Altersversorgung über die gleiche Gruppenpensionskasse betreiben (anders und insofern nicht differenzierend *Blomeyer/Otto* Rn. 361). Bei Pensionsfonds gilt entspr.

V. Unverfallbarkeit von Anwartschaften auf Leistungen einer Unterstützungskasse nach Abs. 4

64 **1. Einführung.** Unter den mittelbaren Versorgungszusagen hat in Rspr. und Literatur die betriebliche Altersversorgung durch Unterstützungskassen die meiste Aufmerksamkeit erfahren (BAG 23. 10. 1962 AP BGB § 242 Ruhegehalt Nr. 86; BAG 17. 11. 1992 NZA 1993, 938; BVerfG 14. 1. 1987 NZA 1987, 347; *Blomeyer/Otto* Einl. Rn. 899 ff.; *Griebeling* DB 1991, 2336; Kasseler Handbuch/*Griebeling* 2.9 Rn. 273 ff.; MünchArbR/*Förster/Rühmann* § 105 Rn. 52 ff.; *Schwarzbauer/Unterhuber* H-BetrAV 60; *Steinmeyer* S. 187 ff.), da die Unterstützungskasse laut Legaldefinition auf ihre Leistungen keinen Rechtsanspruch gewährt (§ 1 b IV 1), gleichwohl aber eine Unverfallbarkeitsregelung getroffen wird (§ 1 b IV 1 iVm. § 1 b I S. 1) und der Gesetzgeber die Versorgung durch Unterstützungskassen in die Insolvenzsicherung einbezogen und damit für den Insolvenzfall

V. Unverfallbarkeit v. Anwartschaften (Unterstützungskasse) § 1b BetrAVG 200

einen Anspruch des begünstigten AN auf Leistungen des Trägers der Insolvenzsicherung geschaffen hat.

Auch der Unterstützungskassen-Versorgung liegt grds. eine **arbeitsrechtliche Versorgungsvereinbarung** zugrunde. Darin verpflichtet sich der AG, dem AN eine Altersversorgung durch Einschaltung einer Unterstützungskasse zu gewähren. **Der AG erfüllt hier seine Verpflichtung zur Erbringung der Gegenleistung** für erbrachte Arbeitsleistung bzw. geleistete Betriebstreue, **indem er dafür sorgt, dass die Unterstützungskasse im Versorgungsfall die nach der Satzung oder Richtlinien der Kasse oder der Zusage des AG vorgesehenen Leistungen erbringt.** Der AN wird hinsichtlich des Entgelts für erbrachte Arbeitsleistung verwiesen auf die Leistungen einer Einrichtung, die ihm keinen Anspruch auf ihre Leistungen einräumt. 65

§ 1b IV bemüht sich angesichts der Legaldefinition der Unterstützungskasse darum, durch die Formulierung die Anerkennung eines Rechtsanspruchs zu vermeiden. Dies wird durch die **Anordnung** erreicht, **die vorzeitig ausgeschiedenen AN den bis zum Versorgungsfall im Betrieb Verbliebenen gleich zu behandeln.** Die Unverfallbarkeitsregelung setzt beim Verhältnis zwischen AN und Unterstützungskasse an. Das Gesetz hält allerdings diese Vermeidung der Anerkennung eines Rechtsanspruchs nicht durch, wie sich aus § 2 IV (s. näher § 2 Rn. 66 f.) und dem Umstand ergibt, dass § 7 die Leistungen der Unterstützungskasse für den Insolvenzschutz den anderen Leistungen gleichstellt (s. näher § 7 Rn. 25). 66

Diese gesetzgeberischen „Kunstgriffe" sind überholt, seit Rspr. und Literatur sich bemühen, die **Rechtsposition des AN gegenüber der Unterstützungskasse derjenigen eines mit unmittelbarer Versorgungszusage bedachten AN anzugleichen.** Da die betriebliche Altersversorgung in jeder ihrer Formen Gegenleistung für die erbrachte Betriebstreue sei, nach § 1 (nunmehr § 1 b) der erdiente Teilwert bei jeder Art der betrieblichen Altersversorgung aufrechterhalten bleibe und sowohl Leistungen wie unverfallbare künftige Leistungen der Unterstützungskassen insolvenzgeschützt seien, könne der Ausschluss des Rechtsanspruchs nur bedeuten, dass er zu einem Widerruf berechtige, der an sachliche Gründe gebunden sei (BAG 5. 7. 1979 AP BGB § 242 Ruhegehalt – Unterstützungskassen Nr. 9). Der AG verspricht die Unterstützungskassen-Versorgung als Gegenleistung für erbrachte Betriebstreue bzw. erbrachte Arbeitsleistung. Es wäre widersprüchlich und verstieße gegen Treu und Glauben, wenn der AG die Arbeitsleistung des AN erhält und wirtschaftlich verwerten kann, der AN dann aber im Versorgungsfall von der Unterstützungskasse auf den Ausschluss des Rechtsanspruchs verwiesen wird. Die Arbeitsleistung des AN bliebe dann insoweit ohne Gegenleistung. Da der AN über lange Jahre hinweg seine Arbeitsleistung im Vertrauen auf den Erhalt der Gegenleistung erbracht hat, ist sein **Vertrauen** auch schutzwürdig. Die Unterstützungskasse muss deshalb trotz des Ausschlusses des Rechtsanspruchs im Versorgungsfall die Versorgungsleistung gewähren. Der AN hat einen **Rechtsanspruch** auf Gewährung des Ruhegeldes durch die Unterstützungskasse (*Steinmeyer* S. 192 f.; *Blomeyer/Otto* Einl. Rn. 901 ff.; jeweils mwN). 67

2. Unverfallbarkeit. Das Gesetz vermeidet angesichts des oben dargestellten Hintergrundes **den Begriff der Anwartschaft**, ordnet durch die Gleichstellung mit den im Betrieb Verbliebenen und angesichts der inzwischen erfolgten Anerkennung eines Rechtsanspruchs aber gleichwohl die Aufrechterhaltung der bis zum Zeitpunkt des Ausscheidens erworbenen Anwartschaft an, sofern die zeitlichen Voraussetzungen für die Unverfallbarkeit nach Abs. 1 erfüllt sind. Abs. 4 S. 1 bezieht sich dabei auf die S. 1 und 2 des Abs. 1, erfasst also ausdrücklich auch das vorzeitige Ausscheiden auf Grund einer Vorruhestandsregelung (s. Rn. 31). Wenn Abs. 4 nur auf die S. 1 und 2 des Abs. 1 Bezug nimmt, so bedeutet dies nicht, dass die übrigen Sätze nicht heranzuziehen sind; vielmehr unterscheidet das Gesetz hier zwischen den Voraussetzungen für die Unverfallbarkeit, zu denen es die in S. 1 und 2 des Abs. 1 geregelte zählt und den Regelungen, die Folgerungen für besondere Konstellationen ziehen. Auf eine Änderung der von der Unterstützungskasse übernommenen Versorgungsverpflichtung findet Abs. 1 S. 3 entspr. Anwendung (s. Rn. 32 ff.). Die entspr. Anwendung von Abs. 1 S. 4 hat Bedeutung für Verpflichtungen auf der Grundlage des Gleichbehandlungsgrundsatzes (s. Rn. 36 f.) und auch die Wartezeitproblematik (S. 5) kann sich hier in gleicher Weise und demzufolge mit gleicher Rechtsfolge stellen (s. Rn. 39 ff.). 68

Beim **Zeitpunkt der Erteilung der Versorgungszusage** wird dem Umstand Rechnung getragen, dass das bei den mittelbaren Versorgungszusagen sonst (Abs. 2 und 3) übliche Abstellen auf das Verhältnis zwischen AN und Versorgungseinrichtung hier nicht erfolgen kann. Das Gesetz behilft sich mit der Zugehörigkeit zum „Kreis der Begünstigten", was bedeutet, dass maßgeblich die vom AG bzw. der Unterstützungskasse aufgestellten Zugehörigkeitsvoraussetzungen sind. Das BAG wendet folgerichtig seine **Vorschaltzeiten-Rspr.** (s. Rn. 15) **auch im Falle einer Unterstützungskassen-Versorgung** an (BAG 21. 8. 1980 AP BetrAVG § 1 Wartezeit Nr. 7). Zum Kreis der Begünstigten gehöre auch derjenige, der ein aufschiebend bedingtes oder vorvertragliches Recht auf Aufnahme habe. Bei der Anwendung des S. 2 können sich Auslegungsprobleme ergeben, wenn nur die Anspruchsvoraussetzungen genannt sind. In einen solchen Fall wird man annehmen müssen, dass jeder betriebsangehörige AN zum Kreis der Begünstigten gehört (so auch *Blomeyer/Otto* Rn. 383). 69

Steinmeyer

VI. Unverfallbarkeit bei Entgeltumwandlung (Abs. 5)

70 Mit Abs. 5 zieht der Gesetzgeber des AVmG die Konsequenz aus dem Umstand, dass hier eine praktisch **arbeitnehmerfinanzierte betriebliche Altersversorgung** gegeben ist und es unangemessen wäre, die so finanzierten Anwartschaften verfallbar zu stellen. Bisher wurden deshalb die Fristen bei Entgeltumwandlung in vertraglichem Wege verkürzt oder aufgehoben; geschah dies nicht, so wurde dennoch von einer sofortigen – vertraglichen – Unverfallbarkeit ausgegangen (BAG 8. 6. 1993 AP BetrAVG § 1 Unverfallbarkeit Nr. 3). Abs. 5 ordnet mit Wirkung vom 1. 1. 2001 nunmehr die sofortige gesetzliche Unverfallbarkeit – unabhängig von Mindestalter oder Zusagedauer – ausdrücklich an, was auch den Insolvenzschutz sofort sicherstellt.

71 Daneben werden Regelungen getroffen, die den **Besonderheiten der Durchführungswege Direktversicherung, Pensionskasse und Pensionsfonds Rechnung** tragen. Dadurch wird sichergestellt, dass bei dieser arbeitnehmerfinanzierten betrieblichen Altersversorgung der AN diese Anwartschaft auch einschränkungslos behält. Deshalb müssen dem AN die Überschussanteile als Verbesserung der Leistung zugute kommen; das bedeutet aber gleichzeitig, dass die Überschüsse an den AN nicht vor Eintritt des Versorgungsfalles ausgezahlt werden dürfen. Auf welche Weise die Leistung verbessert wird, legt das Gesetz nicht fest; es benennt lediglich die Zweckbestimmung.

72 Die Fortsetzung der Versicherung oder Versorgung mit eigenen Beiträgen soll gewährleisten, dass der AN trotz Ausscheidens aus dem Unternehmen diese arbeitnehmerfinanzierte Altersversorgung entspr. seinen eigenen Vorsorgeplanungen weiterführen kann. Die Vorschrift sieht dies für alle drei genannten Durchführungswege vor. Daraus ergibt sich aber nicht, dass der AN in jedem Fall die Versicherung oder Versorgung zu den gleichen Konditionen fortführen kann. Das Verbot der Abtretung, Verpfändung oder Beleihung dürfte praktische Bedeutung nur bei der Direktversicherung haben. Die Verpflichtung zur Einräumung eines unwiderruflichen Bezugsrechts ist ausdrücklich nur auf die Direktversicherung bezogen. Ein Wechsel des Durchführungsweges ist nur mit Zustimmung des AN möglich, es sei denn, ihm entstehen daraus keine Nachteile (*Höfer*, Das neue Betriebsrentenrecht, Rn. 315).

§ 2 Höhe der unverfallbaren Anwartschaft

(1) [Unmittelbare Versorgung] ¹Bei Eintritt des Versorgungsfalles wegen Erreichens der Altersgrenze, wegen Invalidität oder Tod haben ein vorher ausgeschiedener Arbeitnehmer, dessen Anwartschaft nach § 1b fortbesteht, und seine Hinterbliebenen einen Anspruch mindestens in Höhe des Teiles der ohne das vorherige Ausscheiden zustehenden Leistung, der dem Verhältnis der Dauer der Betriebszugehörigkeit zu der Zeit vom Beginn der Betriebszugehörigkeit bis zur Vollendung des 65. Lebensjahres entspricht; an die Stelle des 65. Lebensjahres tritt ein früherer Zeitpunkt, wenn dieser in der Versorgungsregelung als feste Altersgrenze vorgesehen ist. ²Der Mindestanspruch auf Leistungen wegen Invalidität oder Tod vor Erreichen der Altersgrenze ist jedoch nicht höher als der Betrag, den der Arbeitnehmer oder seine Hinterbliebenen erhalten hätten, wenn im Zeitpunkt des Ausscheidens der Versorgungsfall eingetreten wäre und die sonstigen Leistungsvoraussetzungen erfüllt gewesen wären.

(2) [Direktversicherung] ¹Ist bei einer Direktversicherung der Arbeitnehmer nach Erfüllung der Voraussetzungen des § 1b Abs. 1 und 5 vor Eintritt des Versorgungsfalles ausgeschieden, so gilt Absatz 1 mit der Maßgabe, daß sich der vom Arbeitgeber zu finanzierende Teilanspruch nach Absatz 1, soweit er über die von dem Versicherer nach dem Versicherungsvertrag auf Grund der Beiträge des Arbeitgebers zu erbringende Versicherungsleistung hinausgeht, gegen den Arbeitgeber richtet. ²An die Stelle der Ansprüche nach Satz 1 tritt auf Verlangen des Arbeitgebers die von dem Versicherer auf Grund des Versicherungsvertrages zu erbringende Versicherungsleistung, wenn
1. spätestens nach 3 Monaten seit dem Ausscheiden des Arbeitnehmers das Bezugsrecht unwiderruflich ist und eine Abtretung oder Beleihung des Rechts aus dem Versicherungsvertrag durch den Arbeitgeber und Beitragsrückstände nicht vorhanden sind,
2. vom Beginn der Versicherung, frühestens jedoch vom Beginn der Betriebszugehörigkeit an, nach dem Versicherungsvertrag die Überschußanteile nur zur Verbesserung der Versicherungsleistung zu verwenden sind und
3. der ausgeschiedene Arbeitnehmer nach dem Versicherungsvertrag das Recht zur Fortsetzung der Versicherung mit eigenen Beiträgen hat.

³Der Arbeitgeber kann sein Verlangen nach Satz 2 nur innerhalb von 3 Monaten seit dem Ausscheiden des Arbeitnehmers diesem und dem Versicherer mitteilen. ⁴Der ausgeschiedene Arbeitnehmer darf die Ansprüche aus dem Versicherungsvertrag in Höhe des durch Beitragszahlungen des Arbeitgebers gebildeten geschäftsplanmäßigen Deckungskapitals oder, soweit die Berechnung des Deckungskapitals nicht zum Geschäftsplan gehört, das nach § 176 Abs. 3 des Gesetzes über den Versicherungsvertrag berechneten Zeitwerts weder abtreten noch beleihen.

⁵ In dieser Höhe darf der Rückkaufswert auf Grund einer Kündigung des Versicherungsvertrages nicht in Anspruch genommen werden; im Falle einer Kündigung wird die Versicherung in eine prämienfreie Versicherung umgewandelt. ⁶ § 176 Abs. 1 des Gesetzes über den Versicherungsvertrag findet insoweit keine Anwendung.

(3) [Pensionskassen] ¹ Für Pensionskassen gilt Absatz 1 mit der Maßgabe, daß sich der vom Arbeitgeber zu finanzierende Teilanspruch nach Absatz 1, soweit er über die von der Pensionskasse nach dem aufsichtsbehördlich genehmigten Geschäftsplan oder, soweit eine aufsichtsbehördliche Genehmigung nicht vorgeschrieben ist, nach den allgemeinen Versicherungsbedingungen und den fachlichen Geschäftsunterlagen im Sinne des § 5 Abs. 3 Nr. 2 Halbsatz 2 des Versicherungsaufsichtsgesetzes (Geschäftsunterlagen) auf Grund der Beiträge des Arbeitgebers zu erbringende Leistung hinausgeht, gegen den Arbeitgeber richtet. ² An die Stelle der Ansprüche nach Satz 1 tritt auf Verlangen des Arbeitgebers die von der Pensionskasse auf Grund des Geschäftsplanes oder der Geschäftsunterlagen zu erbringende Leistung, wenn nach dem aufsichtsbehördlich genehmigten Geschäftsplan oder den Geschäftsunterlagen
1. vom Beginn der Versicherung, frühestens jedoch vom Beginn der Betriebszugehörigkeit an, Überschußanteile, die auf Grund des Finanzierungsverfahrens regelmäßig entstehen, nur zur Verbesserung der Versicherungsleistung zu verwenden sind oder die Steigerung der Versorgungsanwartschaften des Arbeitnehmers der Entwicklung seines Arbeitsentgeltes, soweit es unter den jeweiligen Beitragsbemessungsgrenzen der gesetzlichen Rentenversicherungen liegt, entspricht und
2. der ausgeschiedene Arbeitnehmer das Recht zur Fortsetzung der Versicherung mit eigenen Beiträgen hat.
³ Der Absatz 2 Satz 3 bis 6 gilt entsprechend.

(3 a) [Pensionsfonds] Für Pensionsfonds gilt Absatz 1 mit der Maßgabe, dass sich der vom Arbeitgeber zu finanzierende Teilanspruch, soweit er über die vom Pensionsfonds auf der Grundlage der nach dem geltenden Pensionsplan im Sinne des § 112 Abs. 1 Satz 2 in Verbindung mit § 113 Abs. 2 Nr. 5 des Versicherungsaufsichtsgesetzes berechnete Deckungsrückstellung hinausgeht, gegen den Arbeitgeber richtet.

(4) [Unterstützungskassen] Eine Unterstützungskasse hat bei Eintritt des Versorgungsfalles einem vorzeitig ausgeschiedenen Arbeitnehmer, der nach § 1 b Abs. 4 gleichgestellt ist, und seinen Hinterbliebenen mindestens den nach Absatz 1 berechneten Teil der Versorgung zu gewähren.

(5) [Berücksichtigung künftiger Entwicklung] ¹ Bei der Berechnung des Teilanspruchs nach Absatz 1 bleiben Veränderungen der Versorgungsregelung und der Bemessungsgrundlagen für die Leistung der betrieblichen Altersversorgung, soweit sie nach dem Ausscheiden des Arbeitnehmers eintreten, außer Betracht; dies gilt auch für die Bemessungsgrundlagen anderer Versorgungsbezüge, die bei der Berechnung der Leistung der betrieblichen Altersversorgung zu berücksichtigen sind. ² Ist eine Rente der gesetzlichen Rentenversicherung zu berücksichtigen, so kann das bei der Berechnung von Pensionsrückstellungen allgemein zulässige Verfahren zugrunde gelegt werden, wenn nicht der ausgeschiedene Arbeitnehmer die Anzahl der im Zeitpunkt des Ausscheidens erreichten Entgeltpunkte nachweist; bei Pensionskassen sind der aufsichtsbehördlich genehmigte Geschäftsplan oder die Geschäftsunterlagen maßgebend. ³ Bei Pensionsfonds sind der Pensionsplan und die sonstigen Geschäftsunterlagen maßgebend. ⁴ Versorgungsanwartschaften, die der Arbeitnehmer nach seinem Ausscheiden erwirbt, dürfen zu keiner Kürzung des Teilanspruchs nach Absatz 1 führen.

(5 a) Bei einer unverfallbaren Anwartschaft aus Entgeltumwandlung tritt an die Stelle der Ansprüche nach Absatz 1, 3 a und 4 vom Zeitpunkt der Zusage auf betriebliche Altersversorgung bis zum Ausscheiden des Arbeitnehmers erreichte Anwartschaft auf Leistungen aus den bis dahin umgewandelten Entgeltbestandteilen; dies gilt entsprechend für eine unverfallbare Anwartschaft aus Beiträgen im Rahmen einer beitragsorientierten Leistungszusage.

(5 b) An die Stelle der Ansprüche nach den Absätzen 2, 3, 3 a und 5 a tritt bei einer Beitragszusage mit Mindestleistung das dem Arbeitnehmer planmäßig zuzurechnende Versorgungskapital auf der Grundlage der bis zu seinem Ausscheiden geleisteten Beiträge (Beiträge und die bis zum Eintritt des Versorgungsfalls erzielten Erträge), mindestens die Summe der bis dahin zugesagten Beiträge, soweit sie nicht rechnungsmäßig für einen biometrischen Risikoausgleich verbraucht wurden.

(6) [Auskunftspflichten] Der Arbeitgeber oder der sonstige Versorgungsträger hat dem ausgeschiedenen Arbeitnehmer Auskunft darüber zu erteilen, ob für ihn die Voraussetzungen einer unverfallbaren betrieblichen Altersversorgung erfüllt sind und in welcher Höhe er Versorgungsleistungen bei Erreichen der in der Versorgungsregelung vorgesehenen Altersgrenze beanspruchen kann.

I. Normzweck

1 Diese Vorschrift legt die **Mindesthöhe der unverfallbaren Anwartschaft** fest. Die Höhe dieser betrieblichen Teilleistungen soll gem. dem Entgeltgedanken (*Steinmeyer* S. 54 ff.) in einem **angemessenen Verhältnis zu der vom AN erbrachten Arbeitsleistung** stehen. § 2 trifft auch eine Regelung hinsichtlich die Frage, ob bei der Berechnung an den Beginn der Betriebszugehörigkeit oder an den Zeitpunkt der Erteilung der Versorgungszusage anzuknüpfen ist. Die Entscheidung für die **Maßgeblichkeit des Beginns der Betriebszugehörigkeit** wird damit gerechtfertigt, dass die betriebliche Altersversorgung für die gesamte im Betrieb geleistete Arbeit gewährt wird. Dabei wird nicht unterschieden zwischen der Arbeitsleistung vor oder nach Erteilung der Versorgungszusage. Der Gesetzgeber hat sich bei der Berechnung für die **ratierliche Betrachtungsweise** entschieden.

2 Der Normaufbau des § 2 entspricht dem des § 1 b, indem hier wie dort in **Abs. 1 die unmittelbare Versorgungszusage**, in **Abs. 2 die Direktversicherung**, in **Abs. 3 die Pensionskassen-Versorgung** und in **Abs. 4 die Unterstützungskassen-Versorgung** angesprochen wird. § 2 muss allerdings dem Umstand Rechnung tragen, dass Versorgungszusagen nicht notwendig statisch sind, sondern auch variable Berechnungsgrundlagen verbreitet sind. Abs. 5 enthält deshalb eine Regelung über die Berücksichtigung künftiger Entwicklungen und Abs. 6 legt eine Auskunftspflicht des AG gegenüber dem AN über die erworbenen Anwartschaften fest. Durch das AVmG neu eingefügt wurden ein Abs. 3 a und ein S. 2 in Abs. 5, die den Besonderheiten von Pensionsfonds Rechnung tragen.

3 Das Bild der Regelungen zur Berechnung des Unverfallbarkeitsbetrages in § 2 ist geprägt von der traditionellen arbeitgeberfinanzierten Leistungszusage. Entgeltumwandlung, beitragsorientierte Leistungszusage und Beitragszusage mit Mindestleistung passen nicht bruchlos in dieses System. Durch das **AVmG** sind deshalb Abs. 5 a zur Berechnung bei Entgeltumwandlung und Abs. 5 b zur Berechnung bei Beitragszusagen mit Mindestleistung eingeführt worden.

II. Berechnung bei unmittelbarer Versorgungszusage

4 **1. Anspruch des Arbeitnehmers gegen den Arbeitgeber.** Bei Eintritt des Versorgungsfalles wird aus der unverfallbaren Anwartschaft ein Anspruch auf Leistung eines Teils der zugesagten Versorgung. **Anspruchsgegner ist der AG.** Der **Versorgungsberechtigte** kann den **Anspruch** geltend machen.

5 **2. Eintritt des Versorgungsfalles.** Als Versorgungsfälle erkennt die Vorschrift **Alter, Invalidität und Tod** an. Während in § 1 hinsichtlich der abgedeckten Risiken nur auf den **Versorgungszweck** abgestellt wurde, wird hier konkret auf den **Versorgungsfall** Bezug genommen.

6 Zum Versorgungsfall Alter sieht das Gesetz **keine bestimmte Altersgrenze** vor. Dass in S. 1 vom 65. Lebensjahr als Bestandteil der Berechnung des unverfallbaren Teils die Rede ist und im 2. Halbs. zum Ausdruck gebracht wird, dass an die Stelle des 65. Lebensjahres ein früherer Zeitpunkt trete, wenn dieser in der Versorgungsregelung als feste Altersgrenze vorgesehen sei, bedeutet nicht, dass die Altersgrenze bei der Vollendung des 65. Lebensjahres fixiert ist. Es geht dort vielmehr nur um feste Bezugsgrößen, die für eine sachgerechte Berechnung erforderlich sind. Vielmehr kann in Versorgungsversprechen eine Altersgrenze frei festgesetzt werden. Diese ist aber nur dann anzunehmen, wenn die AN zu einem bestimmten Zeitpunkt vor Vollendung des 65. Lebensjahres in den Ruhestand treten können und bereits von diesem Zeitpunkt ab ihre ungekürzte Betriebsrente erhalten sollen (BAG 6. 3. 1984 BB 1984, 1749). Daran ändert auch § 6 nichts, der lediglich eine Verknüpfung zur gesetzlichen Rentenversicherung herstellt und es dem AN ermöglicht, trotz möglicherweise anderslautender Versorgungsregelung die Betriebsrente gleichzeitig mit vorzeitigen Altersleistungen aus der gesetzlichen Rentenversicherung in Anspruch zu nehmen (wie hier noch einmal klarstellend BAG 23. 1. 2001 DB 2001, 1888). § 2 ist aber als Auslegungsregel bei der Berechnung der vorzeitigen Rente heranzuziehen, wenn die Versorgungszusage für diesen Fall keine ausdrückliche Regelung vorsieht (s. dazu näher § 6 Rn. 22 ff.).

7 Auch die Bestimmung des **Leistungsfalles der Invalidität** bleibt dem Versorgungsversprechen vorbehalten. Häufig wird an die Versicherungsfälle wegen verminderter Erwerbsfähigkeit in der gesetzlichen Rentenversicherung angeknüpft und zT sogar von einer Rentenbewilligung des Sozialversicherungsträgers abhängig gemacht (vgl. näher § 1 Rn. 7). Zum Kennzeichen der Invalidität gehört auch das invaliditätsbedingte Ausscheiden aus dem Betrieb.

8 Beim **Versorgungsfall Tod** besteht die Möglichkeit einer näheren Bestimmung des begünstigten Personenkreises sowie der Aufnahme von Leistungsausschlussklauseln. Welche Hinterbliebenen bedacht werden sollen, **kann in der Versorgungsregelung bestimmt werden** (s. näher § 1 Rn. 8). Wird pauschal auf die Hinterbliebenen verwiesen, so wird man im Zweifel annehmen dürfen, dass der begünstigte Personenkreis der gesetzlichen Rentenversicherung gemeint ist (§§ 46 und 48 SGB VI – Witwen, Witwer und Waisen). Es kann ein Leistungsausschluss bei Selbstmord des primär Berechtigten vorgesehen werden.

9 **3. Unverfallbare Anwartschaft.** Aus dem Verweis auf eine nach § 1 b fortbestehende Anwartschaft folgt, dass die in der Vorschrift näher geregelte **Berechnungsweise nur für unverfallbare Anwart-**

schaften gilt. Für andere Fragestellungen – etwa die Problematik der Bestimmung des zu einem bestimmten Zeitpunkt erworbenen Anwartschaftsteils zur Klärung der Grenzen des Eingriffs in erworbene Anrechte – kann die Vorschrift nur entspr. herangezogen werden (s. näher *Steinmeyer* S. 104 ff.).

Die Vorschrift greift auch nur bei **vorzeitigem Ausscheiden des AN** und besagt nichts über die 10 Berechnung von Ansprüchen bei vorzeitigem Ausscheiden wegen Erwerbsunfähigkeit oder Ende des Arbeitsverhältnisses durch Tod des AN – hier im Hinblick auf die Hinterbliebenenleistungen. Aus einer besonders günstigen Anspruchsberechnung für AN, die vorgezogen Betriebsrente in Anspruch nehmen, nachdem sie bis zu diesem Zeitpunkt betriebstreu geblieben sind, verpflichtet der arbeitsrechtliche Gleichbehandlungsgrundsatz nicht, dies auch vorzeitig ausgeschiedenen AN zu gewähren (BAG 23. 1. 2001 DB 2002, 1168).

4. Bestimmung der Höhe des Anspruchs. Bei der **Feststellung des zu einem bestimmten Zeit-** 11 **punkt bereits erworbenen Anwartschaftsteils** orientiert sich § 2 am Vorbild des Schuldrechts und dem Gedanken, dass in Fällen, in denen die vertragliche Leistung nicht voll erbracht wurde, die Teilleistung ihrem Wert entspr. zu entgelten ist (§ 323 I Halbs. 2 iVm. §§ 472, 473, § 325 I 2, §§ 462, 472, 634 I und IV sowie § 628 I 1 BGB; s. dazu BAG 10. 3. 1972 AP BGB § 242 Ruhegehalt Nr. 156). Der Anspruch auf die erdiente Anwartschaft richtet sich grds. darauf, den Teil der für das 65. Lebensjahr versprochenen Vergütung zu erhalten, der nach dem Verhältnis der tatsächlichen Betriebszugehörigkeit zu der für den Erwerb des Vollrechts erforderlichen Betriebszugehörigkeit erdient worden ist. Es wird also die an der Regelaltersgrenze orientierte mögliche Betriebszugehörigkeit zur tatsächlichen Betriebszugehörigkeit ins Verhältnis gesetzt. Daraus bestimmt sich dann der Teil der Versorgungsleistung, der im Falle vorzeitigen Ausscheidens aufrechterhalten bleibt. Es handelt sich hier um die sog. ratierliche Berechnung, die mathematisch als Unverfallbarkeitsfaktor m/n ausgedrückt wird (m = tatsächliche Betriebszugehörigkeit; n = erreichbare Betriebszugehörigkeit).

Die Berechnung ist ausgerichtet an **leistungsorientierten Versorgungszusagen.** Für **beitragsorien-** 12 **tierte Zusagen** ist seit dem AVmG eine **Sonderregelung in Abs. 5 a** vorgesehen.

a) Tatsächliche Betriebszugehörigkeit. Es kommt auf die **tatsächlich zurückgelegte Zeit der** 13 **Betriebszugehörigkeit** an. Wenn Gesetze die Anrechnung anderer Zeiten als solcher der Betriebszugehörigkeit vorsehen, was insb. bei im Dienst an der Öffentlichkeit erbrachten Zeiten der Fall ist, dann werden diese Zeiten nicht nur bei den Voraussetzungen für die Unverfallbarkeit (§ 1 b; s. dazu § 1 Rn. 19 ff.), sondern auch bei der Berechnung des aufrechterhaltenen Anspruchs berücksichtigt. Eine vertragliche Anrechnung von Vordienstzeiten ist ebenfalls bei der Berechnung zu berücksichtigen; allerdings bedarf es hier der Prüfung, ob eine Anrechnung nach der Versorgungsvereinbarung nur auf § 1 b bezogen sein soll, also auf die Erfüllung der Unverfallbarkeitsvoraussetzungen, oder ob die Vordienstzeiten auch bei der Berechnung berücksichtigt werden sollen. Dies ist im Wege der Auslegung zu ermitteln (MünchArbR/*Förster/Rühmann* § 107 Rn. 56).

Für die Berechnung der Dauer der Betriebszugehörigkeit und die Frage der Unterbrechungen ist 14 auf die Kommentierung zu § 1 b (Rn. 17 ff.) zu verweisen.

b) Mögliche Betriebszugehörigkeit. Grds. ist als **mögliche Betriebszugehörigkeit die Zeit vom** 15 **Beginn der Betriebszugehörigkeit bis zur Vollendung des 65. Lebensjahres** anzunehmen. Die **Versorgungsregelung kann jedoch einen früheren Zeitpunkt als feste Altersgrenze vorsehen.** Eine vorgezogene feste Altersgrenze ist nur dann anzunehmen, wenn die AN zu einem bestimmten Zeitpunkt vor Vollendung des 65. Lebensjahres in den Ruhestand treten sollen und dann ihre ungekürzte Betriebsrente erdient haben. Versorgungszusagen, die für den Fall des vorzeitigen Ruhestandes Rentenkürzungen vorsehen, können deshalb nicht dahin verstanden werden, dass sie die regelmäßige Altersgrenze vorverlegen (BAG 22. 2. 1983 AP BetrAVG § 7 Nr. 15).

Kann ein AN die **geforderte Wartezeit erst nach Vollendung des 65. Lebensjahres** erreichen und 16 ist nicht anzunehmen, dass diese Wartezeit bis zur Vollendung des 65. Lebensjahres erreicht sein muss, so ist in **entspr. Anwendung des § 1 b I 5** als Endzeitpunkt der möglichen Betriebszugehörigkeit ausnahmsweise der Ablauf der vorgesehenen Wartezeit anzunehmen (BAG 7. 7. 1977 AP BetrAVG § 1 Wartezeit Nr. 1; BAG 3. 5. 1983 AP HGB § 128 Nr. 4).

c) Versorgungsleistung. Die **Versorgungsleistung,** bestimmt sich **nach der jeweiligen Versor-** 17 **gungsregelung.** Maßgebend ist die im Zeitpunkt des Ausscheidens bestehende Bemessungsgrundlage, die dann auf den Versorgungsfall hochzurechnen ist (BAG 12. 3. 1991 AP BetrAVG § 7 Nr. 68). Nach dem Zeitpunkt des Ausscheidens sich verändernde Berechnungsfaktoren bleiben gem. § 2 V grds. unberücksichtigt (s. näher Rn. 68 ff.).

Bei der **Berechnung nach der Leistungsformel** bei einer Altersrente nach einem bestimmten Fest- 18 betrag ergeben sich keine Probleme, da hier unschwer die anteilig erworbene Versorgung bestimmt werden kann. Es ergibt sich aber, dass eine ratierliche Kürzung auch dann zu erfolgen hat, wenn der AN angesichts der Leistungsformel bei vorzeitigem Ausscheiden die erreichbare Höchstrente bereits erdient hat; dies rechtfertigt sich daraus, dass eine Betriebsrente gezahlt wird als Gegenleistung für

19 Arbeitet die Leistungsformel hingegen mit einem **festen Grundbetrag** und darauf aufbauenden Steigerungsbeträgen, so sind die bis zum Erreichen der Altersgrenze sich ergebenden Steigerungsbeträge zu berücksichtigen; hier steht Abs. 5 nicht entgegen, da diese Beträge feststehen und sich nicht erst aus nachträglichen Änderungen ergeben. Auf der Basis dieser Summe erfolgt dann die ratierliche Berechnung.

20 Anders ist dies bei einer **gehaltsabhängigen Dynamik,** da sich hier der Bemessungsfaktor je nach Ausgestaltung der Zusage erst später, zumeist erst bei Eintritt des Versorgungsfalles feststellen lässt (zB Endgehaltszusagen). Hier kann nur die Gehaltsentwicklung zum Zeitpunkt des Ausscheidens maßgeblich sein. Werden allerdings für die Berücksichtigung der gehaltsabhängigen Dynamik bestimmte prozentuale Steigerungssätze vorgesehen, so werden diese für die Berechnung bis zum Zeitpunkt des Erreichens der Altersgrenze in Ansatz gebracht, während für die Bestimmung des Gehalts der Zeitpunkt des Ausscheidens maßgeblich ist (s. auch BAG 21. 6. 1979 AP BetrAVG § 2 Nr. 1).

21 Arbeitet die Versorgungsregelung mit dem **Gehaltsdurchschnitt mehrerer Jahre** vor Erreichen der Altersgrenze, so ist umstritten, ob bei vorzeitigem Ausscheiden generell mit dem Durchschnitt mehrerer Jahre, wie in der Versorgungszusage vorgesehen, zu arbeiten ist (so *Höfer* Rn. 1916; *Heubeck/Höhne/Paulsdorff/Rau/Weinert/Höhne* Rn. 68) oder dies eine Frage der Auslegung ist und ggf. nur das letzte Gehalt vor Ausscheiden (so *Blomeyer/Otto* Rn. 75) heranzuziehen ist. § 2 stellt auf den Zeitpunkt des vorzeitigen Ausscheidens als Konstante bis zum Eintritt des Versorgungsfalles ab, was dafür spricht, im Zweifel das letzte Gehalt vor Ausscheiden und nicht den Durchschnitt maßgeblich sein zu lassen. So wird auch dem Umstand Rechnung getragen, dass der AN nach Ausscheiden an der Gehaltsentwicklung im Unternehmen nicht mehr teilnimmt.

22 Bei **Gesamtversorgungssystemen,** dh. solchen, bei denen die Betriebsrente die Differenz zwischen einem definierten Sicherungsziel und zB einer Rente aus der gesetzlichen Rentenversicherung abdeckt und bei kombinierten Versorgungsregelungen, die sowohl einen festen Leistungsbestandteil als auch einen an die Höhe der Sozialleistung geknüpften vorsehen, ist es zur Ermittlung der Höhe der Versorgungsleistung erforderlich, die Bemessungsgrundlagen der Rente aus der gesetzlichen Rentenversicherung auf den Zeitpunkt des Eintritts des Versorgungsfalles hochzurechnen, so dass bestimmt werden kann, wie hoch die Rente aus der gesetzlichen Rentenversicherung wäre (BAG 12. 11. 1991 DB 1992, 638). Dabei ist grds. die Vollendung des 65. Lebensjahres als Maßstab heranzuziehen. Ist dagegen ein früherer Zeitpunkt als feste Altersgrenze iSv. § 2 I 2. Halbs. vereinbart, so ist für die Berechnung der Rente aus der gesetzlichen Rentenversicherung auf diesen früheren Zeitpunkt abzustellen (LAG Köln 24. 7. 1998 – 4 Sa 150/98 – nv.). Für die konkrete Berechnung gewährt Abs. 5 eine Erleichterung, wenn dort in S. 2 auf das zu steuerlichen Zwecken entwickelte sogenannte Näherungsverfahren verwiesen wird (s. näher unten Rn. 71 ff.). Enthält die Versorgungszusage eine Regelung, nach der die Betriebsrente eine bestimmte Höhe nicht überschreiten darf **(Gesamtobergrenze),** so ist diese Obergrenze bereits bei der Berechnung des Teilanspruchs nach § 2 I und nicht erst bei der zeitanteilig ermittelten Rente zu berücksichtigen (BAG 28. 7. 1998 NZA 1999, 444). Andernfalls würde entgegen dem Grundgedanken des § 2 ein vorzeitig ausgeschiedener AN uU dieselbe Pension erhalten wie ein bis zum Eintritt des Versorgungsfalls bei seinem AG verbliebenen AN. Sofern die Begrenzungsklausel von der eigentlichen Rentenberechnung unabhängig ist und nur korrigierend eingreifen soll, wenn eine unerwünschte Übervorsorgung eintritt, wird nach BAG nur die zeitanteilig gekürzte Teilrente an der Klausel gemessen (BAG 25. 10. 1983 AP BetrAVG § 2 Nr. 2); dem kann aber nicht gefolgt werden, da dies zur Begünstigung vorzeitig ausgeschiedener AN führt (ähnlich MünchArbR/*Förster/Rühmann* § 107 Rn. 66).

23 d) **Sonderproblem der Invaliditäts- und Hinterbliebenenleistungen.** Für die Berechnung von Invaliditäts- oder Hinterbliebenenleistungen besteht das Problem darin, dass die einschlägigen Leistungsformeln zT Berechnungsfaktoren enthalten, die zum Zeitpunkt des vorzeitigen Ausscheidens des AN noch nicht feststehen. Hier wird man nur anhand der zum Zeitpunkt des Ausscheidens feststehenden Faktoren in Anlehnung an das zu den Altersleistungen Gesagten eine Berechnung vornehmen können (so wohl auch BAG 20. 11. 2001 DB 2002, 1512).

24 S. 2 setzt eine **Obergrenze für Invaliditäts- und Hinterbliebenenleistungen,** nach der diese im Falle eines ausgeschiedenen AN nicht höher sein dürfen als die eines im Betrieb verbliebenen. Dieser Regelung bedurfte es, da Leistungsformeln in Einzelfällen zu derartigen Ergebnissen führen können, etwa weil die Leistungsformel Steigerungsbeträge vorsieht, die sich auch nach dem Ausscheiden noch erhöhen können. Hier würde wegen der nach S. 1 erforderlichen Vergleichsberechnung der vorzeitig Ausgeschiedene von den auch noch später anwachsenden Steigerungsbeträgen profitieren, während für den im Betrieb Verbliebenen allein der Zeitpunkt des Eintritts des Versorgungsfalles maßgeblich ist.

25 Das Gesetz verlangt deshalb eine **Vergleichsrechnung** dahingehend, dass fiktiv der Betrag ermittelt wird, der sich für den AN oder seine Hinterbliebenen ergeben hätte, wenn im Zeitpunkt des Ausscheidens der Versorgungsfall eingetreten wäre und die sonstigen Leistungsvoraussetzungen erfüllt

gewesen wären. Es wird also unterstellt, dass im Zeitpunkt des Ausscheidens der Versorgungsfall eintritt. Das kann zu erheblich geringeren Versorgungsleistungen gegenüber solchen AN führen, die bis zum Eintritt des Versorgungsfalles im Betrieb verblieben sind (MünchArbR/*Förster/Rühmann* § 107 Rn. 69; BAG 21. 8. 2001 NZA 2002, 1395).

III. Berechnung bei Direktversicherung

1. Besonderheiten der Direktversicherung. Wie bei § 1 ist auch hier die **unmittelbare Versor-** 26 **gungszusage der gesetzgeberische Ausgangspunkt.** Für die mittelbaren Versorgungszusagen werden Sonderregelungen getroffen, die unter Berücksichtigung der Besonderheiten der Durchführungswege im Ergebnis eine Gleichbehandlung mit der unmittelbaren Versorgungszusage erreichen sollen.

Bei der Direktversicherung bedeutet das, dass sich **Diskrepanzen zwischen dem sich nach Abs. 1** 27 **an sich ergebenden Teilanspruch und der Versicherungsleistung auf Grund des Versicherungsvertrages zum Zeitpunkt des Ausscheidens** ergeben können. Um dieses Problem zu lösen, hat der Gesetzgeber in Abs. 2 zwei Modelle zur Auswahl gestellt, die sog. **versicherungsrechtliche Lösung** und die sog. **arbeitsrechtliche Lösung.** Nach der arbeitsrechtlichen Lösung hat der AG als Zusagender die Differenz zwischen der vom Versicherer auf Grund der Beiträge des AG zu finanzierenden Teilleistung und dem sich aus der nach Abs. 1 erfolgenden Berechnung ergebenden Teilanspruch zu tragen. Er kann jedoch (versicherungsrechtliche Lösung) den AN auch auf die Leistung des Versicherers verweisen, wenn bestimmte zusätzliche Voraussetzungen erfüllt sind. Werden diese Voraussetzung nicht erfüllt, greift die arbeitsrechtliche Lösung.

2. Arbeitsrechtliche Lösung. Auch wenn die arbeitsrechtliche Lösung **rechtstatsächlich nicht der** 28 **Regelfall** sein mag (MünchArbR/*Förster/Rühmann* § 107 Rn. 76), da sie eine fortbestehende Verpflichtung des AG bedeutet und die Direktversicherung gerade wegen der Möglichkeit, dieses zu vermeiden, gewählt wird, so stellt sie doch den **dogmatischen Prototyp** dar, da das Gesetz im Grundsatz arbeitsrechtlich anknüpft. Entspr. dem erarbeiteten Grundsatz muss zu der in Abs. 1 erläuterten und auch hier anwendbaren Vergleichsbewertung eine weitere hinzukommen, die die Versicherungsleistung ins Verhältnis setzt zu dem in Anwendung des Abs. 1 Erworbenen.

a) **Versorgungsleistung.** Für die **Bestimmung des nach Abs. 1 Erworbenen** ist auf die dortigen 29 Erläuterungen zu verweisen (Rn. 4 ff.). Für die Bestimmung der **festen Altersgrenze** ist hier erforderlichenfalls auch auf den **Versicherungsvertrag** Bezug zu nehmen.

Für die Bestimmung der Versorgungsleistung ist deshalb grds. auszugehen von der **im Versiche-** 30 **rungsvertrag angegebenen Leistungssumme und Leistungsumfang.** Schwierigkeiten bereiten aber gewisse Besonderheiten der Direktversicherung.

Eigenbeitragsanteile der AN sind grds. nicht zu berücksichtigen, da das Gesetz auf die Beiträge des 31 AG abstellt. Die **Entgeltumwandlung** hingegen unterfiel bisher dieser Regelung (vgl. näher § 1 Rn. 19 ff.; *Steinmeyer* BB 1992, 1553), da es sich hier nicht um eigenfinanzierte Beitragsanteile handelt; nunmehr findet sich eine Sonderregelung in Abs. 5 a.

Überschussbeteiligungen gebühren **versicherungsrechtlich dem AG als Versicherungsnehmer,** 32 der allerdings bestimmen kann, dass sie dem AN zustehen sollen. Ist das geschehen, so stehen versprochene Überschussanteile dem AN zu, soweit sie auf die Zeit bis zur vorzeitigen Vertragsbeendigung entfallen; später erwirtschaftete Überschussanteile könne der AG anderweitig verwenden (BAG 29. 7. 1986 AP BetrAVG § 1 Lebensversicherung Nr. 3). Diese Entscheidung erging zu einer bes. Fallkonstellation und ist in der Literatur (*Blomeyer/Otto* Rn. 133 f.; *Heubeck/Höhne/Paulsdorff/ Rau/Weinert/Höhne* Rn. 176; *Kessel* BetrAV 1975, 99) heftig kritisiert worden. Richtigerweise wird man annehmen müssen, dass insb. wegen § 2 V nur die vereinbarte Versicherungssumme zuzüglich der beim Ausscheiden des AN bereits angefallenen Überschussanteile maßgeblich sein kann.

Bei **Gesamtversorgungszusagen,** die allerdings hier eher selten vorkommen dürften, und bei 33 **dynamisierten Zusagen** entstehen die gleichen Probleme wie bei den Direktzusagen, so dass auf die Ausführungen zu Abs. 1 zu verweisen ist (Rn. 20 ff.).

b) **Versicherungsleistung.** Im **Versicherungsverhältnis** wird der **AG grds. bei Ausscheiden** den 34 **Versicherungsvertrag kündigen und Beitragsfreistellung beantragen.** Daraus ergibt sich dann eine reduzierte Leistungsverpflichtung des Versicherers, die der versprochenen Versorgungsleistung gegenüber zu stellen und **versicherungsmathematisch** zu berechnen ist. Es erfolgt eine **Umrechnung in einen Einmalbetrag,** den die Versicherung hätte haben müssen, um zum Zeitpunkt des vorzeitigen Ausscheidens des AN die ursprünglich vorgesehene Versicherungsleistung finanzieren zu können; dabei können ggf. auch Überschussanteile berücksichtigt werden. Daneben muss die **Deckungsreserve** ermittelt werden, die sich durch die erfolgten Beitragszahlungen ergeben hat. Setzt man beides zueinander ins Verhältnis, so ergibt sich die vom Versicherer zu erbringende Versicherungsleistung.

c) **Vergleichsbewertung.** Aus der **Gegenüberstellung beider Beträge** ergibt sich sodann, ob und 35 inwieweit der AG bei der arbeitsrechtlichen Lösung selbst einstehen muss. Ist die Versorgungsleistung höher als die Versicherungsleistung, so trifft ihn die Einstands- oder Ergänzungspflicht.

36 **d) Ergänzungsanspruch.** Der so entstehende Ergänzungsanspruch ist ein **arbeitsrechtlicher Anspruch des AN gegen den AG,** der wie eine unmittelbare Versorgungszusage behandelt wird und demzufolge auch der Insolvenzsicherung unterliegt. Nach § 4 I kann der AG den Ergänzungsanspruch auch auf ein Versicherungsunternehmen übertragen (vgl. näher Kommentierungen zu § 4 Rn. 5 ff.). Übersteigt ausnahmsweise die Versicherungsleistung die Versorgungsleistung, so ist im Wege der Auslegung zu ermitteln, ob der AN eine solcherart **überdotierte Anwartschaft** erhalten soll oder sich ein Anspruch des AG gegen den AN auf Ausgleich ergibt. In Zweifel wird man annehmen müssen, dass der AN eine solche überdotierte Anwartschaft auch erhalten soll.

37 **3. Versicherungsrechtliche Lösung.** Um die Belastung des AG, die nach der arbeitsrechtlichen Lösung erheblich sein kann, in Grenzen zu halten, sieht das Gesetz als **Wahlmöglichkeit eine Lösung** vor, bei der der AN vollständig in den Versicherungsvertrag eintritt und ihn mit eigenen Mitteln fortsetzen kann. Da die Entscheidung für die arbeitsrechtliche oder die versicherungsrechtliche Lösung beim AG liegt, ist S. 2 so ausgestaltet, dass der **AN durch diese Wahlmöglichkeit des AG möglichst keine zusätzlichen Nachteile** erleidet. Das Gesetz arbeitet dafür mit drei Voraussetzungen – enthalten in S. 2 Nr. 1 bis 3 und Verfügungsbeschränkungen (S. 4 bis 6) des AN.

38 **a) Erste Voraussetzung.** S. 2 Ziff. 1 stellt sicher, dass der **AN den Vermögenswert erhält und er dem Zugriff des AG entzogen** ist. Deshalb muss das Bezugsrecht unwiderruflich gestellt werden. Ist ein unwiderrufliches Bezugsrecht durch Vorbehalte eingeschränkt (**eingeschränktes unwiderrufliches Bezugsrecht** – vgl. etwa BAG 26. 6. 1990 AP BetrAVG § 1 Lebensversicherung Nr. 10), so sind auch diese Einschränkungen aufzuheben. Folgerichtig darf das Recht aus dem Versicherungsvertrag auch nicht abgetreten oder beliehen sein und es dürfen auch keine Beitragsrückstände bestehen. Der AG muss also die bis zum Zeitpunkt des Ausscheidens des AN zu entrichtenden Beiträge entrichtet haben. Demgemäss ist es bei Jahresprämien ausreichend, wenn der Zeitraum bis zum Ausscheiden abgedeckt ist.

39 Dem AG wird hierfür eine **Frist von drei Monaten** eingeräumt, die mit dem Zeitpunkt des Ausscheidens des AN beginnt. Innerhalb dieser Frist müssen die betreffenden Maßnahmen wirksam und nicht nur eingeleitet sein. So müssen etwa auch Abtretungen und Beleihungen rückgängig gemacht worden sein.

40 **b) Zweite Voraussetzung.** Die **Überschussanteile** dürfen **nur zur Verbesserung der Versicherungsleistung** verwendet werden. Das Gesetz verlangt, dass dies von Beginn der Versicherung, frühestens jedoch vom Beginn der Betriebszugehörigkeit an geschieht. Dadurch ist sichergestellt, dass der AN eine dem Versicherungsnehmer weitgehend angenäherte Stellung erhält. So wird auch aus der Sicht des AN die Differenz zwischen der arbeitsrechtlichen und der versicherungsrechtlichen Lösung möglichst gering gehalten. Unter Versicherungsbeginn ist der technische Versicherungsbeginn zu verstehen.

41 Eine **Verbesserung der Versicherungsleistung** kann auf unterschiedliche Art und Weise geschehen. Die Bestimmung bedeutet, dass die Überschüsse beim Versicherer verbleiben, der sie dementsprechend zu verwenden hat. Das kann etwa geschehen durch Erhöhung der Versicherungssumme oder durch Einführung weiterer Versicherungsleistungen. Die Überschussanteile müssen vollständig zu einer derartigen Verbesserung verwendet werden.

42 **c) Dritte Voraussetzung.** Der ausgeschiedene AN muss schließlich **die Möglichkeit einer Fortsetzung der Versicherung mit eigenen Beiträgen** haben. Auf diese Weise wird ein Anreiz zur Eigenvorsorge in Anknüpfung an die betriebliche Altersversorgung gegeben. Der AG kann dafür die Eigenschaft als Versicherungsnehmer auf den ausgeschiedenen AN übertragen oder ihm ein Fortsetzungsrecht einräumen, falls der AG die Versicherung kündigen sollte.

43 Die Fortsetzung bedeutet allerdings **nicht,** dass der ausgeschiedene AN die Versicherung **zu den gleichen Bedingungen wie der AG** fortführen kann. Der AG wird bei einer Gruppenversicherung regelmäßig günstigere Konditionen erhalten und das Gesetz verlangt nur die Fortsetzungsmöglichkeit, legt aber nicht fest, zu welchen Bedingungen dies zu geschehen hat. Dabei trifft den AG die Verpflichtung, über diese Möglichkeit auch zu informieren (*Doetsch* BetrAV 2003, 50).

44 Um die dritte Voraussetzung zu erfüllen, muss dem AN nur die Möglichkeit der Fortsetzung mit eigenen Beiträgen eingeräumt werden; er **muss nicht von der Möglichkeit Gebrauch** machen.

45 **d) Mitteilung des Arbeitgebers.** Der AG hat die **Wahl der versicherungsrechtlichen Lösung innerhalb von drei Monaten nach Ausscheiden des AN** diesem mitzuteilen. Dass das Gesetz hier von „kann" spricht, bedeutet nicht, dass der AG in seiner Entscheidung über die Mitteilung frei ist, sondern nur, dass er es ihm zu einem beliebigen Zeitpunkt innerhalb des Drei-Monats-Zeitraums mitteilen kann und er in der Entscheidung frei ist, sich für eine arbeitsrechtliche oder eine versicherungsrechtliche Lösung zu entscheiden. Es handelt sich um eine **Ausschlussfrist** („nur").

46 **e) Verfügungsbeschränkungen.** Um sicherzustellen, dass der ausgeschiedene AN die ihm überlassene Direktversicherung auch **ihrem Versorgungszweck gem.** verwendet und ihm der Wert der aufrechterhaltenen Anwartschaft erhalten bleibt, sind ihm **Verfügungsbeschränkungen** auferlegt. Diese Vorschrift kann mit § 3 (Abfindung) kollidieren. Insoweit wird man jedoch davon ausgehen

IV. Berechnung bei Pensionskassen   § 2 **BetrAVG** 200

können, dass § 3, wenn er Abfindungen erlaubt, als lex specialis § 2 II 4 bis 6 vorgeht (so noch zur alten Fassung des § 3: *Höfer* Rn. 1844; *Gradel* VersR 1998, 288).

Dem AN ist deshalb nach S. 4 eine **Abtretung oder Beleihung** in Höhe des durch die Beitragszahlungen des AG gebildeten Deckungskapitals bzw. des nach § 176 III VVG berechneten Zeitwerts **untersagt.** Hierzu sind auch die bis zum Ausscheiden angefallenen Überschussanteile zu rechnen. Es handelt sich hier um ein Verbotsgesetz iSv. § 134 BGB, wobei angesichts des Schutzzwecks sowohl das Kausalgeschäft als auch das Vollzugsgeschäft nichtig sind (*Blomeyer/Otto* § 2 Rn. 274).   47

Im Falle einer **Kündigung des Versicherungsvertrages** darf **der Rückkaufswert in dieser Höhe nicht in Anspruch** genommen werden (S. 5). Die Vorschrift schließt damit in dieser Höhe die Inspruchnahme eines Rechts aus § 176 I VVG aus. Mit dem Begriff der Inanspruchnahme ist klargestellt, dass durch S. 5 nicht nur die Erstattung iSv. § 176 I VVG ausgeschlossen ist, sondern jegliche Art von Verwertung, grds. also auch die Verwendung für einen neu abzuschließenden Vertrag, es sei denn durch den neuen Vertrag wird dem Versorgungszweck voll Rechnung getragen (*Blomeyer/Otto* Rn. 285). S. 6 macht deutlich, dass das Betriebsrentengesetz dem VVG insoweit vorgeht.   48

Auch im Fall des S. 5 handelt es sich um ein Verbotsgesetz iSv. § 134 BGB. Leistet der Versicherer gleichwohl, so erbringt er eine **nicht geschuldete Leistung** (condictio indebiti), die er nach § 812 I 1 1. Alt. BGB zurückfordern kann. Da sich das Verbot nicht an den Versicherer richtet, steht dem nicht § 817 S. 2 BGB entgegen (*Blomeyer/Otto* Rn. 293).   49

IV. Berechnung bei Pensionskassen

Da die Pensionskassen-Versorgung Parallelen zur Direktversicherung aufweist und Pensionskassen Lebensversicherung betreiben, folgt auch die **Berechnung der unverfallbaren Anwartschaft in vielem dem für die Direktversicherung entwickelten Modell.** Abs. 3 trägt den gleichwohl bestehenden **Besonderheiten** der Pensionskassen-Versorgung Rechnung, indem auf die erste Voraussetzung (Verbot der Abtretung oder Beleihung etc.) verzichtet werden kann, da hier das Bezugsrecht des AN der Verfügungsmacht des AG nicht unterliegt. Die zweite Voraussetzung musste modifiziert werden, da neben der Überschussbeteiligung hier eine Dynamisierung von Anwartschaften bedeutsam ist (Abs. 3 Ziff. 1). Ziff. 2 des Abs. 3 entspricht Abs. 2 Ziff. 3. Wie Abs. 2 für die Direktversicherung sieht auch Abs. 3 für die Pensionskasse wahlweise eine arbeitsrechtliche und eine versicherungsrechtliche Lösung vor.   50

1. Arbeitsrechtliche Lösung. Die arbeitsrechtliche Lösung setzt wie in Abs. 2 bei der Grundsatzregelung des Abs. 1 an und stellt den **vom AG zu finanzierenden Teilanspruch** (Versorgungsverhältnis) der **von der Pensionskasse tatsächlich zu erbringenden Leistung** gegenüber (Versicherungsverhältnis).   51

a) Versorgungsverhältnis. Im Versorgungsverhältnis sind die tatsächliche Betriebszugehörigkeit, die mögliche Betriebszugehörigkeit und die zugesagte Versorgungsleistung **Berechnungsfaktoren.** Insofern ist grds. auf die Kommentierungen zu Abs. 1 und Abs. 2 zu verweisen (Rn. 11 ff. und 28 ff.).   52

Für die **Ermittlung der zugesagten Versorgungsleistung** sieht Abs. 3 Sonderregelungen vor, die den Besonderheiten von Pensionskassen Rechnung tragen. Zum einen ist hier bedeutsam, dass bei Pensionskassen eine eigene Beitragsleistung des AN eher typisch ist als bei der Direktversicherung. Zum anderen ergibt sich hier die Höhe des Anspruchs nicht aus dem Versicherungsvertrag, sondern aus dem Geschäftsplan.   53

Wie bei der Direktversicherung bleiben auch hier die **Eigenbeitragsanteile** der AN **unberücksichtigt.** Es ist in der Praxis hier allerdings schwieriger, die Versorgungsleistung rechnerisch nach AN- und AGAnteilen aufzuteilen. Jedoch besteht bei Pensionskassen die Möglichkeit, die Aufteilung in einem nach §§ 5 und 13 VAG genehmigten Geschäftsplan vorzusehen (*Blomeyer/Otto* Rn. 311). Für Überschussanteile gilt hier das Gleiche wie bei der Direktversicherung und bei beitragsorientierten Systemen bedarf es einer Hochrechnung bis zum Erreichen der Altersgrenze.   54

Basis für die Berechnung ist der **Geschäftsplan der Kasse,** der einer aufsichtsbehördlichen Genehmigung unterliegt. Durch das 3. Durchführungsgesetz zum VAG vom 21. 7. 1994 sind Erleichterungen eingeführt worden (vgl. §§ 39 und 41 VAG), die nunmehr auch den Fall zulassen, dass eine aufsichtsbehördliche Genehmigung nicht vorliegt. Dann sind die allg. Versicherungsbedingungen und die fachlichen Geschäftsunterlagen nach § 5 III Nr. 2 Halbs. 2 VAG maßgeblich.   55

b) Versicherungsverhältnis. Dem aus dem Versorgungsverhältnis sich ergebenden Betrag ist der Betrag gegenüber zu stellen, der sich als **Leistung der Pensionskasse** ergibt (vgl. Ausführungen zur Direktversicherung). Die Pensionskassen können die Ermittlung der maßgeblichen Beträge in den zu genehmigenden Geschäftsplan bzw. die allg. Versicherungsbedingungen und die fachlichen Geschäftsunterlagen aufnehmen.   56

c) Vergleichsbewertung. Für die Vergleichsbewertung ergeben sich keine Unterschiede zur Direktversicherung (s. Rn. 35).   57

d) Ergänzungsanspruch. Ein Ergänzungsanspruch entsteht, wenn der **Teilanspruch aus dem Versorgungsverhältnis den Anspruch aus dem Versicherungsverhältnis übersteigt.** Nach § 4 I kann   58 der AG den Ergänzungsanspruch auf die Pensionskasse übertragen; er muss dann allerdings den Ergänzungsanspruch in geeigneter Weise versicherungsrechtlich abdecken, sei es durch weitere Zuwendungen an die Pensionskasse oder durch einen neuen Versicherungsvertrag.

59 2. **Versicherungsrechtliche Lösung.** Auch bei der Pensionskassen-Versorgung hat der Gesetzgeber ein **Wahlrecht** des AG vorgesehen. Die Regelung ist an die zur Direktversicherung angelehnt und berücksichtigt die Besonderheiten der Pensionskassen.

60 a) **Erste Voraussetzung.** Die erste Voraussetzung stellt sicher, dass die **Überschussanteile nur im Interesse der AN** verwendet werden. Wie bei der Direktversicherung ist auch hier bestimmt, dass die Überschussanteile nur zur Verbesserung der Versicherungsleistung verwendet werden dürfen. Anders als dort kann hier diese Voraussetzung auch durch eine sog. **dynamisierte Anwartschaft** erfüllt werden. Das Gesetz nennt dafür mehrere, im Einzelnen nicht immer ganz klare weitere Voraussetzungen. Zum einen muss die Steigerung der Anwartschaften der Entwicklung des Arbeitsentgelts folgen; das bedeutet eine Orientierung am zuletzt bezogenen Arbeitsentgelt, wobei der Versorgungsregelung überlassen bleibt, inwieweit auch Gehaltsbestandteile iwS wie Zulagen einbezogen werden. Zum anderen betrifft diese Dynamisierungsverpflichtung nur den Teil des Arbeitsentgelts, der unter der jeweiligen **Beitragsbemessungsgrenze in der gesetzlichen Rentenversicherung** liegt (vgl. zur Beitragsbemessungsgrenze §§ 159 und 275 a SGB VI sowie die Anlagen 2 und 2 a zum SGB VI). Maßgeblich Beurteilungszeitpunkt ist der des Ausscheidens des AN. Eine halbdynamische Versorgungszusage, bei der AN bei Eintritt des Versorgungsfalles ein bestimmter Prozentsatz des zuletzt vor Eintritt in den Ruhestand bezogenen ruhegeldfähigen Einkommen versprochen wird, ist als insoweit ausreichend anzusehen (so auch MünchArbR/*Förster/Rühmann* § 107 Rn. 91); eine Volldynamik im Einklang mit der Entwicklung der Arbeitsentgelte wäre unpraktikabel.

61 b) **Zweite Voraussetzung.** Beim **Recht auf Fortsetzung** ist der AN anders als bei der Direktversicherung bei der Pensionskasse Versicherungsnehmer und auch Mitglied. Es bleiben damit auch ausgeschiedene AN in diesem Fall Mitglieder der Pensionskasse; will die Pensionskasse bzw. der AG das verhindern, so bleibt nur die arbeitsrechtliche Lösung.

62 c) **Mitteilung des Arbeitgebers.** Hier verweist § 2 III auf die **Regelung zur Direktversicherung**, so dass insofern keine Unterschiede bestehen (Rn. 45).

63 d) **Verfügungsbeschränkungen.** Für die Verfügungsbeschränkungen ist ebenfalls auf **die Regelung zur Direktversicherung** zu verweisen (Rn. 46 ff.).

V. Berechnung bei Pensionsfonds

64 Für die Pensionsfonds wird auf die **ratierliche Berechnungsweise in Abs. 1** Bezug genommen und wie bei der Direktversicherung und der Pensionskasse mit dem vom AG zu finanzierenden Ergänzungsanspruch gearbeitet. Eine versicherungsrechtliche Lösung ist nicht vorgesehen. Vielmehr richtet sich der Anspruch gegen den AG auf die Differenz zwischen dem nach Maßgabe des Abs. 1 zu berechnenden Teilanspruch und der auf der Basis des Pensionsplans berechneten Deckungsrückstellung. Für die Deckungsrückstellung und die bei ihrer Berechnung anzuwendenden Grundsätze ist auf § 116 VAG in Verbindung mit einer auf der Basis dieser Vorschriften ergehenden Rechtsverordnung zu verweisen.

65 Die Vorschrift hat **nur Bedeutung bei Leistungszusagen,** da für die Entgeltumwandlung und die Beitragszusage mit Mindestleistung Sonderregelungen gelten (Abs. 5 a und 5 b). Sofern die angesammelten Deckungsmittel des Pensionsfonds nicht ausreichen, um die sich ergebende Leistung sicherzustellen, ist die Lücke vom AG zu schließen (*Höfer* DB 2001, 1147).

VI. Berechnung bei Unterstützungskassen

66 Auch bei der Berechnung der aufrecht erhaltenen Anwartschaft muss dem Umstand Rechnung getragen werden, dass **die Unterstützungskasse nach der Legaldefinition keinen Anspruch auf ihre Leistungen** gewährt. Während aber bei § 1 b IV mit einer pauschalen Anordnung einer Gleichstellung gearbeitet wurde, trifft hier der Gesetzgeber eine deutliche Entscheidung dahingehend, dass die versicherungsrechtliche Lösung ausscheidet und nur die arbeitsrechtliche Lösung in Betracht kommt. Durch die Verweisung auf Abs. 1 wird der dort geregelte Berechnungsmodus übernommen.

67 Der ausgeschiedene AN erhält **Leistungen auf der Basis des Zeitpunkts seines vorzeitigen Ausscheidens.** Die Vorschrift gilt auch bei einer rückgedeckten Unterstützungskasse, auch wenn bei ihr die Nähe zur Pensionskasse und zur Direktversicherung unübersehbar ist. Insoweit ist aber die Regelung des § 2 IV eindeutig. AG und AN sind auf die Möglichkeiten des § 4 II zu verweisen.

VII. Berücksichtigung künftiger Entwicklung

68 Wenn § 2 V bestimmt, dass **Veränderungen der Versorgungsregelung und der Bemessungsgrundlagen für die Leistung der betrieblichen Altersversorgung, soweit sie nach dem Ausscheiden**

VII. Berücksichtigung künftiger Entwicklung

des AN eintreten, außer Betracht bleiben, so soll diese Regelung ausweislich der amtl. Begr. (BT-Drucks. 7/1281 S. 27) der **Rechtsklarheit** dienen. Die Verpflichtung aus der trotz Ausscheidens des AN fortbestehenden Anwartschaft kann unter bestimmten Voraussetzungen mit einem Kapitalbetrag abgefunden werden (§ 3) oder von einem neuen AG oder einem anderen Versorgungsträger übernommen werden (§ 4). In beiden Fällen muss die Höhe der Anwartschaft bereits kurz nach dem Ausscheiden des AN aus dem Unternehmen ermittelt werden können. Ungewisse Umstände, die erst in Zukunft eintreten können, sollen daher keine Berücksichtigung finden.

Durch diese Regelung werden **vorzeitig ausgeschiedene AN schlechter gestellt als bis zum Ruhestand im Betrieb verbliebene.** Dies ist aber gerechtfertigt, da der betriebstreue AN an der weiteren Entwicklung des Betriebes teilnimmt und ggf. in positiver Weise mitwirkt; außerdem ist das Ziel der Rechtsklarheit anerkennenswert. Allerdings kann dies nicht bedeuten, dass bei einer volldynamischen Zusage diese bei vorzeitigem Ausscheiden diese in Anwendung des § 2 V „eingefroren" wird. 69

1. Berechnung des Teilanspruchs nach Abs. 1. Die **Veränderungssperre des Abs. 5** betrifft – wie der Verweis auf die Berechnung des Teilanspruchs nach Abs. 1 deutlich macht – nur die **Berechnung der aufrechterhaltenen Anwartschaft bei einer unmittelbaren Versorgungszusage sowie die arbeitsrechtlichen Lösungen bei der Direktversicherung (Abs. 2) und der Pensionskasse sowie dem Pensionsfonds (Abs. 3).** Da bei der Unterstützungskasse nur die arbeitsrechtliche Lösung möglich ist, findet auch hier Abs. 5 Anwendung. Für die versicherungsrechtliche Lösung bedarf es einer solchen Regelung nicht, da die versicherungsrechtliche Berechnung nach anderen Kriterien erfolgt und dem AN eine Fortsetzung der Versicherung ermöglicht wird. 70

a) Veränderung der Versorgungsregelung. Unter Versorgungsregelung ist hier die **Rechtsgrundlage für die betriebliche Altersversorgung** zu verstehen, die im **Einzelarbeitsvertrag, in der Betriebsvereinbarung, dem TV, der betrieblichen Übung und dem Gleichbehandlungsgrundsatz** sowie auch einer Regelung nach dem SprAuG bestehen kann. Wegen Zweifeln an der Regelungskompetenz nach Ausscheiden des AN findet die Vorschrift wohl vorwiegend auf vorbehaltene Änderungen des AG Anwendung (§ 315 I BGB). Dies gilt sowohl für Verbesserungen als auch für Verschlechterungen. Eine Anpassung der Versorgungszusage wegen Überversorgung bedeutet lediglich die Wiederherstellung einer vertragsgemäßen Versorgungsordnung. Sie stellt somit keine Veränderung der Versorgungsregelung iSv. § 2 V dar, so dass sie auch ausgeschiedene AN erfasst (BAG 28. 7. 1998 NZA 1999, 446). 71

b) Veränderung der Bemessungsgrundlagen. Der eigentliche Anwendungsbereich des Abs. 5 sind die sich in Zukunft verändernden Bemessungsgrundlagen. Sie finden sich bei **dynamischen Versorgungszusagen**, die in ihrer Einzelausgestaltung höchst unterschiedlich sein können, so dass sich eine Typisierung verbietet. Die Dynamik kann die Anwartschaften während der Erwerbsphase betreffen aber auch eine Anpassung laufender Leistungen, die von § 16 unabhängig ist und über sie hinausgeht (s. dazu etwa BAG 22. 11. 1994 AP BetrAVG § 7 Nr. 83). 72

Alle nach dem Ausscheiden des AN aus dem Betrieb sich ergebenden Veränderungen bleiben außer Betracht. Davon erfasst sind auch Veränderungen nach Eintritt in den Ruhestand des vorzeitig ausgeschiedenen AN, so dass für ihn etwa eine Dynamisierung laufender Leistungen dann nicht greift (BAG 22. 11. 1994 AP BetrAVG § 7 Nr. 83). Der Anspruch ist so zu berechnen, als hätten die zu diesem Zeitpunkt für die Höhe des Versorgungsanspruchs maßgeblichen Bezugsgrößen bis zum Versorgungsfall unverändert fortbestanden. Davon ist allerdings für volldynamische Zusagen eine Ausnahme zu machen, da der Versorgungsanspruch beim Ausscheiden des AN auf der Grundlage der bereits geltenden Bemessungsgrundlage genau berechenbar ist (ähnlich *Blomeyer/Otto* Rn. 405). 73

c) Berücksichtigung betriebsfremder Versorgungsbezüge. Für **Gesamtversorgungssysteme** bedarf es einer **Sonderregelung**, soweit es die Veränderungen bei anderen betriebsfremden Versorgungsbezügen anbetrifft; es geht hier insb. um Leistungen anderer Versorgungsträger, etwa anderer AG, aber auch der gesetzlichen Rentenversicherung und berufsständischer Versorgungswerke. Der 2. Halbs. von Abs. 5 S. 1 ordnet deshalb eine Veränderungssperre auch für diese anderen Versorgungsbezüge an, lässt aber eine Berechnung zu, die davon ausgeht, als hätten die zu diesem Zeitpunkt für die Höhe des Versorgungsanspruchs maßgeblichen Bezugsgrößen bis zum Versorgungsfall unverändert fortbestanden. 74

2. Berücksichtigung von Renten der gesetzlichen Rentenversicherung. a) Näherungsverfahren. Für die Berücksichtigung von Renten aus der gesetzlichen Rentenversicherung sieht Abs. 5 S. 2 ein **vereinfachtes Verfahren** vor. Das Gesetz verweist insofern – erst auf den zweiten Blick erkennbar – auf ein Näherungsverfahren der Sozialversicherungsrenten bei der Berechnung der steuerlichen Pensionsrückstellungen. ZZ ist maßgeblich ein Verfahren, das der BMF mit Schreiben vom 5. 10. 2001 (IV A 6 – S 2176–42/01 – BStBl. 2001 I S. 661) als ein Verfahren benannt hat, gegen dessen Anwendung keine Bedenken bestehen. Dieses Näherungsverfahren trägt dem Umstand Rechnung, dass sich bei der geltenden Rentenformel die künftig zu erwartende Rente aus der gesetzlichen Rentenversicherung eines noch aktiven AN nur schwer errechnen lässt (s. näher auch MünchArbR/*Förster/Rühmann* § 107 Rn. 62 ff.). 75

76 Die dort verwendete Formel **arbeitet mit den für die Beitragsbemessung in der Sozialversicherung maßgeblichen Bruttobezügen, Versicherungsjahren und einem bestimmten Steigerungssatz der maßgebenden Bezüge.** Die Formel ist deshalb für diesen Verwendungszweck der Rentenformel in der gesetzlichen Rentenversicherung nachgebildet und erlaubt eine Aussage über die künftig zu erwartende Rente aus der gesetzlichen Rentenversicherung bei Fortbestand der bei vorzeitigem Ausscheiden bestehenden Bezugsgrößen.

77 Nach dem Wortlaut der Vorschrift „**kann**" der AG diese Berechnungsweise in Anspruch nehmen, was dahin zu verstehen ist, dass er auch eine andere Berechnungsmethode wählen kann, sofern diese das Ziel genauer erreicht. So kann er stattdessen auch eine individuelle Berechnung vornehmen (BAG 9. 12. 1997 NZA 1998, 1171) Das og. Näherungsverfahren ist insofern nur ein erleichtertes Verfahren.

78 **b) Nachweis von Entgeltpunkten.** Da die seit dem **RRG 1992** geltende **neue Rentenformel** mit Entgeltpunkten (vgl. dazu näher *Ruland* in: Sozialrechtshandbuch C. 16 Rn. 226 ff.) arbeitet, ist mit diesem Berechnungselement ein Faktor verfügbar, der die bis zu einem bestimmten Zeitpunkt erworbenen Rentenanwartschaften fixieren kann. Kann der AN die von ihm bisher erworbenen Entgeltpunkte nachweisen, so ist eine exaktere Hochrechnung möglich. Der AN kann dies über eine Rentenauskunft nach § 109 SGB VI verwirklichen, die von Amts wegen an Versicherte erteilt wird, die das 55. Lebensjahr vollendet haben, aber auch von jüngeren Versicherten eingeholt werden kann.

79 Dieses **exaktere Verfahren** kann vom AN geltend gemacht werden, aber auch vom AG verlangt werden. Der AN ist nicht gezwungen, sich auf das weniger exakte und für ihn möglicherweise nachteilige Näherungsverfahren einzulassen, wenn der Nachweis von Entgeltpunkten möglich ist (LAG Hamm 14. 3. 1995 DB 1995, 935).

80 **c) Besonderheiten bei Pensionskassen-Versorgung.** Bei Pensionskassen erfolgt die Hochrechnung von Renten aus der Sozialversicherung nicht nach dem Näherungsverfahren, sondern **nach dem aufsichtsbehördlich genehmigten Geschäftsplan der Pensionskasse oder ihren Geschäftsunterlagen.** Dies schließt sowohl das Näherungsverfahren als auch die individuelle Berechnung über den Nachweis von Entgeltpunkten aus.

81 **d) Besonderheiten bei der Pensionsfonds-Versorgung.** In Anknüpfung an die Sonderregelung zur Pensionskassen-Versorgung sieht der durch das AVmG neu eingefügte S. 3 vor, dass bei der Pensionsfonds-Versorgung ebenfalls weder der Weg über das Näherungsverfahren noch der über die Entgeltpunkte zu gehen ist. Basis sind hier der **Pensionsplan und die sonstigen Geschäftsunterlagen.**

82 **3. Nachträglich erworbene Versorgungsanwartschaften.** Um sicherzustellen, dass dem AN der bei Ausscheiden erworbene Anwartschaftswert verbleibt, sieht S. 4 vor, dass **Kürzungen auf Grund später erworbener Anwartschaften nicht möglich** sind. Dies trifft sich mit dem Rechtsgedanken des Abs. 5 S. 1, der den Einfluss später eintretender ungewisser Veränderungen ausschließt. S. 4 gilt nicht für den Fall der Kürzung eines später erworbenen Versorgungsanspruchs um den aufrechterhaltenen Versorgungsanspruch gegen den ersten AG (BAG 20. 11. 1990 AP BetrAVG § 5 Nr. 36). Auf die versicherungsrechtliche Lösung findet die Vorschrift keine Anwendung, hat also Bedeutung nur für den Ergänzungsanspruch.

VIII. Berechnung bei Entgeltumwandlung und beitragsorientierter Leistungszusage

83 Mit der Einfügung des Abs. 5a durch das AVmG wurde dem Umstand Rechnung getragen, dass **beitragsorientierte Zusagen bei der Berechnung der Unverfallbarkeitsbeiträge im Rahmen eines an Leistungszusagen orientierten Systems zu problematischen Ergebnissen** führen, da etwa die Summe der umgewandelten Entgeltbestandteile bei vorzeitigem Ausscheiden deutlich geringer sein konnte als der Betrag, der sich bei Anwendung der ratierlichen Berechnungsweise nach den Abs. 1 (unmittelbare Versorgungszusage) und 4 (Unterstützungskassen-Versorgung) ergab, die keine versicherungsrechtliche Lösung vorsehen (*Höfer* Rn. 2070.10); die Konsequenz war eine erhebliche vom AG zu schließende Deckungslücke. Abs. 5a ordnet deshalb an, dass sich bei der beitragsorientierten Leistungszusage und bei der Entgeltumwandlung der Unverfallbarkeitsbetrag die erreichte Anwartschaft aus den bis zum Ausscheiden umgewandelten Entgeltbestandteilen bzw. gezahlten Beiträgen ergibt. Man wird dies nicht auf die angesammelten Beiträge oder Entgeltbestandteile allein beziehen können, sondern es umfasst auch die bis zum Zeitpunkt des Ausscheidens erzielten Erträge.

84 Bei Entgeltumwandlung oder beitragsorientierter Leistungszusage, die über einen Pensionsfonds durchgeführt wird, gilt ebenfalls die Sonderregelung des Abs. 5. Dies ist durch die Änderung des Abs. 5a anlässlich des Hüttenknappschaftlichen Zusatzversicherungs-Neuregelungsgesetzes klargestellt worden.

85 Nach **§ 30 g I** gilt diese Vorschrift nur für **Anwartschaften,** die nach dem **31. Dezember 2000** erteilt wurden. Um Abs. 5a auch auf Altzusagen anzuwenden, bedarf es des Einvernehmens zwischen AG und AN (§ 30 g I 2); damit lässt sich für die Altfälle die Deckungslücke nicht immer vermeiden, dürfte dem AG aber als Risiko bei ihrer Erteilung auch bekannt gewesen sein.

IX. Berechnung bei der Beitragszusage mit Mindestleistung

Wenn schon bei Entgeltumwandlung und der beitragsorientierten Leistungszusage die herkömmliche Berechnung der Unverfallbarkeitsbeträge nicht recht passt, muss dies erst recht gelten für die **Beitragszusage mit Mindestleistung, für die Abs. 5 b deshalb eine bes. Regelung vorsieht.** Anders als bei Abs. 5 a werden hier aber die Vorschriften der Abs. 2, 3 a und 5 a vollständig ersetzt, also nicht nur eine Regelung für die Fälle getroffen, in denen nach dem bisherigen System nur eine arbeitsrechtliche aber keine versicherungsrechtliche Lösung zur Verfügung steht. Indem die Regelung von „Ansprüchen" spricht, meint sie dies dem Grund und der Höhe nach (zweifelnd *Langohr-Plato/Teslau*, DB 2003, 663).

Die **Berechnung erfolgt auf der Grundlage der bis zum Ausscheiden geleisteten Beiträge,** wobei aber vertragswidrig nicht erbrachte Beiträge nicht in Abzug gebracht werden dürfen (*Höfer,* Das neue Betriebsrentenrecht, Rn. 372). Allerdings sind hier auch ausdrücklich die Erträge hinzugerechnet und zwar nicht nur bis zum Ausscheiden, sondern bis zum Eintritt des Versorgungsfalls. Das bedeutet auch, dass dann negative Wertentwicklungen nach dem Ausscheiden auch zu Lasten des AN gehen können. Entspr. der Grundregelung in § 1 II Nr. 2 wird hier als Mindestleistung die Summe der bis zum Ausscheiden zugesagten Beiträge bestimmt.

X. Auskunftspflichten

Gesetzessystematisch nicht ganz zutreffend, da § 1 b ebenso wie § 2 betreffend, verpflichtet Abs. 6 den AG oder sonstigen Versorgungsträger zur Auskunft sowohl darüber, ob die Voraussetzungen des § 1 b für den Erwerb einer unverfallbaren Anwartschaft erfüllt sind als auch, in welcher Höhe er Versorgungsleistungen bei Erreichen der in der Versorgungsregelung vorgesehenen Altersgrenze beanspruchen kann. Die Vorschrift trägt „dem berechtigten Interesse des ausgeschiedenen AN Rechnung, schon vor dem Erreichen der Altersgrenze zu erfahren, ob er eine unverfallbare Anwartschaft erworben hat und wie hoch die Leistungen auf Grund dieser Anwartschaft sein werden" (BT-Drucks. 7/2843 S. 7). Es handelt sich um eine **gesetzliche** Nebenpflicht (zu den allgemeinen Auskunfts- und Informationspflichten des AG bei der betrieblichen Altersversorgung *Doetsch* BetrAV 2003, 48).

1. Adressaten. Anspruchsinhaber ist der **ausgeschiedene AN;** hierbei ist **nicht erforderlich, dass er die Unverfallbarkeitsvoraussetzungen erfüllt.** Auch der mit einer verfallbaren und damit verfallenen Anwartschaft ausgeschiedene AN soll insofern Auskunft erhalten können. Im Betrieb verbliebene AN haben diesen Anspruch nicht.

Anspruchsgegner sind **neben dem AG die sonstigen Versorgungsträger,** womit Lebensversicherer, Pensionskassen und Unterstützungskassen sowie andere Personen und Einrichtungen gemeint sind, die für den AG die Altersversorgung der AN durchführen. Der Umfang der Auskunftspflicht kann für die sonstigen Versorgungsträger nicht der gleiche sein, da sie auf Grund ihrer Tätigkeit nicht über alle Informationen verfügen. Die Vorschrift ist deshalb dahin zu verstehen, dass bei anderen als vom AG direkt erbrachten Versorgungsleistungen die Auskunftspflicht komplementär von AG und sonstigem Versorgungsträger zu erfüllen ist.

2. Inhalt und Umfang der Auskunftspflicht. Die Auskunftspflicht **entsteht mit dem Ausscheiden des AN aus dem Betrieb.** Die Erfüllung der Auskunftspflicht ist an keine Form gebunden. Die Erteilung der Auskunft kann also auch mündlich erfolgen.

Hinsichtlich der Auskunft über die Erfüllung der Voraussetzungen einer unverfallbaren Anwartschaft genügt es, wenn festgestellt wird, dass für den betreffenden AN eine **unverfallbare Anwartschaft besteht** oder – bei Nichterfüllen der Voraussetzungen – **nicht besteht.**

Zur **Höhe der Versorgungsleistungen,** die der ausgeschiedene AN bei Erreichen der Altersgrenze beanspruchen kann, ist im Zeitpunkt des Ausscheidens sehr viel schwieriger eine Auskunft zu erteilen, da es dafür je nach Leistungsformel einer Projektion bedarf. Maßgeblich ist zunächst die in der Versorgungsregelung vorgesehene Altersgrenze. Die Auskunft erstreckt sich nur auf die Leistungen wegen Alters, nicht auf etwaige Invaliditäts- oder Hinterbliebenenleistungen. Die Auskunft muss das Ergebnis der Berechnungen nach § 2 I bis V b wiedergeben; sie kann deshalb unterschiedlich ausfallen, je nachdem, ob sich der AG jeweils für die arbeitsrechtliche oder die versicherungsrechtliche Lösung entschieden hat. Es empfiehlt sich für den Auskunftsverpflichteten, in seiner Auskunft neben der Anspruchshöhe auch die maßgeblichen Berechnungsfaktoren zu benennen (*Heubeck/Höhne/Paulsdorff/Rau/Weinert/Höhne* Rn. 448). Die Bemessungsgrundlagen und der Rechenweg sind dabei so präzise zu bezeichnen, dass der AN die Berechnung nachvollziehen kann (BAG 9. 12. 1997 NZA 1998, 1171). Bei der Beitragszusage mit Mindestleistung (Abs. 5 b) muss der AG deutlich machen, was zurzeit angesammelt ist inkl. der Erträge; er muss auch die erreichte Mindestleistung ausweisen. Eine verlässliche Angabe über die Höhe der Versorgungsleistung bei Erreichen der in der Versorgungsregelung vorgesehenen Altersgrenze kann er hier naturgemäß nicht machen.

Steinmeyer

94 3. **Sanktionen.** Der AN kann **Rechte aus § 260 BGB** geltend machen, wenn der AG oder ein sonstiger Versorgungsträger keine oder keine hinreichenden Auskünfte erteilt (BAG 8. 11. 1983 AP BetrAVG § 2 Nr. 3).

95 Erteilt der AG oder ein sonstiger Versorgungsträger eine unrichtige Auskunft über die Höhe der Versorgungsanwartschaft oder eine Auskunft über eine nicht bestehende Anwartschaft, so ist er hieran nicht gebunden, da es sich um eine reine Wissenserklärung und nicht etwa ein abstraktes oder deklaratorisches Schuldanerkenntnis handelt (BAG 9. 12. 1997 NZA 1998, 1171). Richtet sich der AN im Vertrauen auf die Richtigkeit der Auskunft bei seiner Alterssicherung ein, so können dem AN jedoch **Schadensersatzansprüche** erwachsen (BAG 8. 11. 1983 AP BetrAVG § 2 Nr. 3).

§ 3 Abfindung

(1) [Grundsatz] [1] Eine nach § 1 b Abs. 1 bis 3 und 5 unverfallbare Anwartschaft kann im Falle der Beendigung des Arbeitsverhältnisses nur nach den Sätzen 2 bis 6 abgefunden werden. [2] Die Anwartschaft ist auf Verlangen des Arbeitgebers oder des Arbeitnehmers abzufinden, wenn der bei Erreichen der vorgesehenen Altersgrenze maßgebliche Monatsbetrag der laufenden Versorgungsleistung eins vom Hundert der monatlichen Bezugsgröße (§ 18 Viertes Buch Sozialgesetzbuch), bei Kapitalleistungen zwölf Zehntel der monatlichen Bezugsgröße nicht übersteigt. [3] Die Anwartschaft kann nur mit Zustimmung des Arbeitnehmers abgefunden werden, wenn
1. ihr monatlicher Wert zwei vom Hundert der monatlichen Bezugsgröße, bei Kapitalleistungen vierundzwanzig Zehntel der monatlichen Bezugsgröße nicht übersteigt,
2. ihr monatlicher Wert vier vom Hundert der monatlichen Bezugsgröße, bei Kapitalleistungen achtundvierzig Zehntel der monatlichen Bezugsgröße nicht übersteigt und der Abfindungsbetrag vom Arbeitgeber unmittelbar zur Zahlung von Beiträgen zur gesetzlichen Rentenversicherung oder zum Aufbau einer Versorgungsleistung bei einer Direktversicherung, Pensionskasse oder einem Pensionsfonds verwendet wird,
3. die Beiträge zur gesetzlichen Rentenversicherung erstattet worden sind oder
4. sie auf einer Entgeltumwandlung beruht und die Grenzwerte nach den Nummern 1 oder 2 nicht überschritten werden.
[4] Der Teil einer Anwartschaft, der während eines Insolvenzverfahrens erdient worden ist, kann ohne Zustimmung des Arbeitnehmers abgefunden werden, wenn die Betriebstätigkeit vollständig eingestellt und das Unternehmen liquidiert wird. [5] Die Abfindung ist gesondert auszuweisen und einmalig zu zahlen. [6] Für Versorgungsleistungen, die gemäß § 2 Abs. 4 von einer Unterstützungskasse zu erbringen sind, gelten die Sätze 1 bis 5 entsprechend.

(2) [Höhe] [1] Die Abfindung wird nach dem Barwert der nach § 2 bemessenen künftigen Versorgungsleistungen im Zeitpunkt der Beendigung des Arbeitsverhältnisses berechnet. [2] Soweit sich der Anspruch auf die künftigen Versorgungsleistungen gegen ein Unternehmen der Lebensversicherung, einen Pensionsfonds oder eine Pensionskasse richtet, berechnet sich die Abfindung nach dem geschäftsplanmäßigen Deckungskapital im Zeitpunkt der Beendigung des Arbeitsverhältnisses oder, soweit die Berechnung des Deckungskapitals nicht zum Geschäftsplan gehört, nach dem Zeitwert gemäß § 176 Abs. 3 des Gesetzes über den Versicherungsvertrag. [3] Hierbei sind der bei der jeweiligen Form der betrieblichen Altersversorgung vorgeschriebene Rechnungszinsfuß und die Rechnungsgrundlagen sowie die anerkannten Regeln der Versicherungsmathematik, bei Direktversicherungen und Pensionskassen deren Geschäftsplan oder Geschäftsunterlagen, maßgebend.

I. Normzweck

1 Die Vorschrift **grenzt die Möglichkeiten einer Abfindung hinsichtlich der erworbenen Anwartschaften bei vorzeitigem Ausscheiden ein.** Es können im Gegensatz zur Rechtslage vor dem 1. 1. 1999 grds. alle unverfallbaren Anwartschaften abgefunden werden, sofern die bes. Voraussetzungen der S. 2 bis 6 erfüllt sind, wobei nunmehr die Höhe der Anwartschaft bei der Bestimmung der Voraussetzungen Bedeutung hat. Durch das AVmG ist die Vorschrift um Regelungen zu den Pensionsfonds und zur Entgeltumwandlung ergänzt worden.

2 Die Vorschrift will sicherstellen, dass unverfallbare Anwartschaften nur **dem Versorgungszweck der betrieblichen Altersversorgung gemäß verwendet** werden (s. auch MünchArbR/*Förster/Rühmann* § 108 Rn. 1). Sie enthält deshalb kein ausdrückliches Abfindungsverbot, sondern begrenzt die Abfindbarkeit auf bestimmte Anwartschaften. Im Umkehrschluss ergibt sich daraus ein Abfindungsverbot für die übrigen Fälle. Durch die Neuregelung seit dem 1. 1. 1999 sollte verhindert werden, dass die Beschränkung von Abfindungsmöglichkeiten zur Hemmnis bei Übertragungen und Reorganisation von Unternehmen wird, außerdem sollte so eine Verwaltungsvereinfachung erzielt werden (*Kisters-Kölkes*, Neue Chancen für Betriebsrenten, 52).

3 Die Bestimmung der Höhe der Abfindung in Abs. 2 bedeutet nicht, dass nicht auch eine **darüber hinausgehende Abfindung** gewährt werden kann. Es handelt sich nur um eine **Mindestregelung**. Die

Vorschrift bezieht sich **nur auf Anwartschaften,** da in diesem Stadium ein stärkeres Bedürfnis besteht, den AN „vor sich selbst zu schützen" (BAG 21. 3. 2000 E-BetrAV 10 Nr. 24). Abfindungen bei fortdauerndem Arbeitsverhältnis werden also vom Verbot des § 3 nicht erfasst.

II. Abfindung dem Grunde nach (Absatz 1)

1. Begriff der Abfindung. Unter Abfindung ist eine **Entschädigung für die Aufgabe einer An-** 4
wartschaft zu verstehen. Diese Abfindung ist rechtlich **ein Vertrag, der die bestehende Versorgungsverpflichtung des AG abändert.** Deshalb bringt das Gesetz eine Selbstverständlichkeit zum Ausdruck, wenn es die Gewährung der Abfindung von der Zustimmung des AN abhängig macht. Die Vorschrift ist grds. auch auf Abfindungen im Rahmen von gerichtlichen oder außergerichtlichen Vergleichen anzuwenden; ist allerdings unter den Parteien streitig, ob der AG überhaupt eine Versorgungszusage erteilt hat oder stehen sonstige tatsächlichen Voraussetzungen des Versorgungsanspruchs in Zweifel, so steht § 3 einem Vergleich nicht entgegen; durch den Vergleich soll hier der Streit ausgeräumt werden, von dem das Vorhandensein gesetzlich geschützter Rechte abhängt (BAG 18. 12. 1984 AP BetrAVG § 17 Nr. 8).

§ 3 erfasst nach der Rspr. des BAG auch den **entschädigungslosen Verzicht auf die Anwartschaft,** 5
also einen Erlass. Wenn eine Versorgungsanwartschaft nicht einmal gegen Zahlung einer Abfindung aufgehoben werden könne, dann könne sie auch nicht entschädigungslos aufgehoben werden (BAG 22. 9. 1987 AP BetrAVG § 17 Nr. 13). Daran ist so viel richtig, dass Abfindung oder vollständiger Verzicht auf die Anwartschaft in unmittelbarem Zusammenhang mit der Beendigung des Arbeitsverhältnisses sich wesentlich gleichen. Im einen Fall entscheidet sich der AN für eine „Teilleistung", im anderen verzichtet er auch auf diese. Allerdings geht der Gesetzeszweck dahin, zu verhindern, dass der AN gern in eine Abfindung einwilligt, weil er die Summe für andere Zwecke als seine Alterssicherung verwenden will (*Blomeyer/Otto* Rn. 13; BR-Drucks. 590/73 zu § 3, S. 27; *Steinmeyer* SAE 1996, 47 f.). Dieser Schutzzweck greift bei einem entschädigungslosen Verzicht nicht.

2. Anwendungsbereich. Die in Abs. 1 ausgesprochene Einschränkung der Abfindungsmöglichkeit 6
gilt **nur für den AG,** nicht aber für **Lebensversicherung, Pensionskassen und Pensionsfonds,** für die in Abs. 2 S. 5 und 6 und Abs. 3 eine strengere Regelung vorgesehen ist, sowie für sonstige Dritte.

Die Einschränkung der Abfindung gilt auch für die Fälle der **Liquidation,** der **Betriebsstilllegung** 7
sowie des **Betriebsübergangs.** Dies mag wirtschaftlich problematisch sein; das Gesetz lässt insoweit aber eine teleologische Reduktion nicht zu (*Blomeyer/Otto* Rn. 25; *Höfer* Rn. 2129; s. zur Liquidation *Kemper* DB 1995, 374, 375; anders *Heubeck/Höhne/Paulsdorff/Rau/Weinert/Höhne* Rn. 24.). Allerdings können Teile von Anwartschaften, die während des Insolvenzverfahrens erdient worden sind, bei Betriebseinstellung oder Liquidation abgefunden werden; so soll im Rahmen des neuen Insolvenzverfahrens die Unternehmensliquidation erleichtert werden.

Erfasst werden nur Abfindungen, die der AN nach § 1 b I bis IV behält, so dass also § 3 bei 8
Abfindungsvereinbarungen zu beachten ist, die **im Zusammenhang mit dem Ausscheiden des AN aus dem Betrieb** bei **gesetzlich unverfallbaren** Anwartschaften abgeschlossen werden. **Nicht erfasst** sind deshalb auch **Vereinbarungen nach Eintritt des Versorgungsfalles,** da dann die Gefahr der zweckwidrigen Verwendung oder Verkennung des Wertes der Altersversorgung geringer ist, deshalb ist etwa eine Umstellung auf eine laufende Leistung auf einen einmaligen Kapitalbetrag unbedenklich. Der AN muss bei Beendigung des Arbeitsverhältnisses noch Versorgungsanwärter sein (BAG 21. 3. 2000 DB 2001, 2611). Nicht erfasst sind schließlich Vereinbarungen **vor Eintritt der Unverfallbarkeit** sowie solche **mit aktiven AN über unverfallbare Anwartschaften,** wenn kein Zusammenhang mit einem vorzeitigen Ausscheiden gegeben ist (BAG 11. 12. 2001 DB 2002, 2335). § 3 steht Vereinbarungen, die während des bestehenden Arbeitsverhältnisses und ohne Rücksicht auf seine Beendigung getroffen werden, grds. nicht entgegen (BAG 14. 8. 1990 AP BetrAVG § 3 Nr. 4). Dagegen betrifft § 3 jede Vereinbarung zwischen AG und AN, durch die eine unverfallbare Versorgungsanwartschaft mit oder ohne Zahlung einer Abfindung eingeschränkt oder aufgehoben wird. Das gilt auch für die Verrechnung der späteren Altersrente mit Forderungen des AG auf Rückzahlung einer Abfindung nach §§ 9, 10 KSchG (BAG 24. 3. 1998 NZA 1998, 1280; BAG 21. 3. 2000 DB 2001, 2611). Etwas anderes würde dem Ziel des § 3, zur Vermeidung der Gefährdung des Versorgungszwecks bei Ausscheiden des AN Abfindungen nur unter eng begrenzten Voraussetzungen zuzulassen, nicht entsprechen. § 3 verbietet nicht nur die vollständige Abfindung aller Versorgungsrechte, sondern auch **Teilabfindungen** (BAG 20. 11. 2001 DB 2002, 2334). Vom Abfindungsverbot erfasst sind auch die Fälle, in denen zur Vermeidung von Doppelzahlungen beim vorzeitigen Ausscheiden eine gezahlte Abfindung mit etwa entstehenden Ansprüchen auf betriebliche Invaliditätsversorgung zu verrechnen sind (BAG 17. 10. 2000 NZA 2001, 963). § 3 steht aber einer inhaltlichen Veränderung der Versorgungszusage anlässlich der Beendigung des Arbeitsverhältnisses nicht entgegen, wenn die neuen Versorgungsleistungen wirtschaftlich gleichwertig sind (BAG 20. 11. 2001 DB 2002, 2333 zur Ablösung einer Invaliditätsversorgung durch eine entsprechend höhere Altersversorgung).

3. Voraussetzungen für eine zulässige Abfindung. Grds. können alle unverfallbaren Anwartschaften unter den bes. Voraussetzungen der S. 2 bis 6 abgefunden werden. Für **bes. kleine Anwartschaften** sieht das Gesetz in § 3 I 2 eine Abfindungsmöglichkeit **auf Verlangen des AG oder des AN** vor. Jede der Arbeitsvertragsparteien hat damit unabhängig von einer Zustimmung des anderen einen Rechtsanspruch auf diese Abfindungsmöglichkeit. Diese Regelung bezweckt eine Minimierung des Verwaltungsaufwandes. Eine bestimmte Verwendung des Abfindungsbetrages ist nicht vorgeschrieben (vgl. aber Rn. 11). Die bei Erreichen der vorgesehenen Altersgrenze maßgebliche monatliche Versorgungsleistung darf 1% der Bezugsgröße nach § 18 SGB IV (€ 23,80 alte und € 19,95 neue Bundesländer in 2003), bei Kapitalleistungen zwölf Zehntel der monatlichen Bezugsgröße (€ 2856,– alte und € 2394,– neue Bundesländer in 2003) nicht überschreiten. Durch die pauschale Verweisung auf § 18 SGB IV wird anders als bei § 1a (s. dort Rn. 6) deutlich, dass unterschiedliche Werte für Ost und West anzusetzen sind. Maßgeblicher Zeitpunkt für die Bestimmung der Obergrenze ist der Tag des Ausscheidens, für den der maßgebliche Werte auch zu einem späteren Zeitpunkt noch ermittelt werden können (wie hier *Blomeyer/Otto*, Ergänzungsheft zu Rn. 66; aA *Doetsch/Förster/Rühmann* DB 1998, 260, die auf den Abfindungszeitpunkt abstellen wollen, was aber Manipulationsmöglichkeiten eröffnen würde).

10 Ohne Anforderungen an den Verwendungszweck, aber **nur mit Zustimmung des AN** können nach S. 3 Nr. 1 **Versorgungsleistungen** abgefunden werden, wenn der maßgebliche Wert **2% der Bezugsgröße bei Monatsbeträgen** (€ 47,60 in den alten und € 39,80 in den neuen Bundesländern) **und vierundzwanzig Zehntel bei Kapitalleistungen** (€ 5712,– in den alten und € 4788,– in den neuen Bundesländern) nicht übersteigt. Angesichts der Höhe des Betrages soll der AN die Möglichkeit erhalten, zu entscheiden, ob er dies als Leistung der betrieblichen Altersversorgung bei Eintritt des Versorgungsfalles beziehen will; der Versorgungsplanung des AN wird so Rechnung getragen.

11 Übersteigt der monatliche Wert nicht **4% der monatlichen Bezugsgröße** (€ 95,20 für die alten und € 79,60 für die neuen Bundesländer) **oder achtundvierzig Zehntel** dieser Bezugsgröße **bei Kapitalleistungen** (€ 11 424,– für die alten und € 9576,– für die neuen Bundesländer), so ist eine Abfindung nach S. 3 Nr. 2 ebenfalls möglich. Hier verlangt das Gesetz aber, dass der Abfindungsbetrag zum Aufbau einer anderweitigen Alterssicherung verwendet wird und beschränkt dies auf die gesetzliche Rentenversicherung, die Direktversicherung und die Pensionskasse, deren bes. Regelungen Anwendung finden.

12 Übersteigt der Betrag allerdings **auch diese Werte**, so ist eine Abfindung nicht möglich.

13 S. 3 Nr. 3 sieht eine Abfindung vor, **wenn Beiträge zur gesetzlichen Rentenversicherung erstattet** worden sind. Neu geregelt hat der Gesetzgeber in S. 4 den Fall des **Teilerwerbs einer Anwartschaft während eines Insolvenzverfahrens.** Hier hat der AG ein einseitiges Abfindungsrecht (s. näher Rn. 17).

14 Bei der **Entgeltumwandlung** sollte grds. **verhindert werden**, dass derart erworbene Anwartschaften **auf einseitiges Verlangen des AG abgefunden werden** können. Deshalb sah der Entwurf der Regierungsfraktionen für ein Altersvermögensgesetz (BT-Drucks. 14/4595) zunächst auch vor, dass bei Entgeltumwandlung die Abfindung generell und ohne summenmäßige Begrenzung ohne Zustimmung des AN ausgeschlossen sein sollte. Damit sollte insb. ausgeschlossen werden, dass sich auf Grund einer einseitigen Entscheidung des AG ggf. eine Verpflichtung des AN ergibt, eine bisher gewährte Förderung nach der neuen steuerlichen Förderung im EStG zurückzahlen zu müssen, da die Anwartschaft nicht für Altersversorgungszwecke erhalten bleibt (BT-Drucks. 14/4595 S. 69). Dieses Ziel wird durch die nunmehr Gesetz gewordene Fassung zwar auch erreicht, da in Nr. 1 der vorgesehene Betrag (4% der Bezugsgröße) dem des § 1a entspricht und bei Nr. 2 eine Verwendung zu Altersversorgungszwecken sichergestellt ist. Im Ergebnis hat so diese Regelung aber nur noch deklaratorischen Charakter, da die Nr. 1 und 2 auch ohne diese gesetzgeberische Anordnung für die Entgeltumwandlung gegolten hätten. **Ebensowenig wie der AG kann aber auch der AN einseitig Abfindung** seiner unverfallbaren Anwartschaften aus Entgeltumwandlung **verlangen** (aA *Klemm* NZA 2002, 418; wie hier *Höfer*, Das neue Betriebsrentenrecht, Rn. 382). Eine Abfindung ohne Beachtung der Höchstgrenzen der Nr. 4 ist möglich, wenn die Beiträge zur gesetzlichen Rentenversicherung erstattet worden sind (Nr. 3; *Höfer* Rn. 2175, 52).

15 Die Abfindung ist nach S. 5 **gesondert auszuweisen**, um sie von anderen Abfindungen anlässlich der Beendigung des Arbeitsverhältnisses unterscheiden zu können (BT-Drucks. 13/8011 S. 70 f.). Der Abfindungsbetrag ist nunmehr **einmalig auszuzahlen.** Dies kann für den AG vor dem Hintergrund des § 34 II Nr. 2 iVm. § 24 Nr. 1 a) EStG steuerlich vorteilhaft sein.

16 **a) Versorgungsanwartschaft.** Von S. 1 erfasst sind Anwartschaften auf **unmittelbare Versorgung** sowie auf Leistungen der **Direktversicherung** und der **Pensionskasse**; bei letzteren allerdings nur, soweit der AG die arbeitsrechtliche Lösung gewählt hat. Seit dem AVmG sind auch **Pensionsfonds** erfasst. Die Anwartschaft muss nach § 1b I bis III – also gesetzlich – **unverfallbar** sein.

17 Die **Zustimmung** des AN ist als **Willenserklärung zum Abschluss eines Abfindungsvertrages** zu verstehen. Eine Erklärung des AN bei Abschluss der Versorgungsverpflichtung, im Falle eines Ausscheidens mit einer Abfindung einverstanden zu sein, wird man nicht als Zustimmung iSd. Abs. 1 ansehen können, da der AN in dieser Situation nicht die Freiheit hat, die er nach Ausscheiden aus dem

Arbeitsverhältnis hat (wie hier *Heubeck/Höhne/Paulsdorff/Rau/Weinert/Höhne* Rn. 19; anders *Blomeyer/Otto* Rn. 75 und *Höfer* Rn. 2103). Für den Sonderfall der Insolvenz sieht § 3 I 4 eine Abfindung des während eines Insolvenzverfahrens erdienten Anwartschaftsteils auch ohne Zustimmung des AN vor, sofern die Betriebstätigkeit völlig eingestellt und das Unternehmen liquidiert wird. Dadurch soll die Liquidation eines Unternehmens im Insolvenzverfahren erleichtert werden (BT-Drucks. 12/3802 S. 110).

b) **Sonderregelung für Unterstützungskassen.** S. 6 erklärt auch nach neuem Recht für eine **Unterstützungskassen-Versorgung** die vorhergehenden Regelungen des Abs. 1 für entspr. anwendbar, da nach der **Legaldefinition der Unterstützungskasse** ein Rechtsanspruch gegen diese nicht gegeben ist. Ein inhaltlicher Unterschied ist damit nicht verbunden. Da bei der Unterstützungskassen-Versorgung nach § 2 IV nur die arbeitsrechtliche Lösung in Betracht kommt (s. dazu § 2 Rn. 66) bestehen gegen eine Abfindung durch die Unterstützungskasse keine Bedenken (so auch *Blomeyer/Otto* Rn. 47). 18

c) **Sonderregelung bei erstatteten Rentenversicherungsbeiträgen.** Die Regelung des Abs. 1 S. 3 Nr. 3 ist ursprünglich eingeführt worden durch das **Gesetz zur Förderung der Rückkehrbereitschaft von Ausländern** vom 28. 11. 1983 (BGBl. I S. 1377). Diesem Personenkreis sollen finanzielle Anreize zur Rückkehr in das Heimatland gegeben werden, die ihm im Heimatland ausgezahlt werden und dort den Aufbau einer Existenz ermöglichen bzw. fördern sollen. Zu diesem Startkapital sollen auch unverfallbare Anwartschaften aus der betrieblichen Altersversorgung gehören. 19

Da das Gesetz aber die **Rückerstattung** der Beiträge zur gesetzlichen Rentenversicherung nach diesem Gesetz **zeitlich befristet** hat (Ausreise zwischen dem 30. 10. 1983 und dem 30. 9. 1984), für die Einräumung der erleichterten Abfindungsmöglichkeiten im BetrAVG aber keine Frist gesetzt hat, ist diese erleichterte Abfindungsmöglichkeit generell auf AN anzuwenden, die die Möglichkeit einer Beitragserstattung in der gesetzlichen Rentenversicherung haben. Insofern ist auf den in § 210 SGB VI genannten Personenkreis zu verweisen, der sich aber mit dem vom Gesetz zur Förderung der Rückkehrbereitschaft erfassten Personenkreis praktisch deckt, da nur Nicht-Deutsche mit Wohnsitz im Ausland kein Recht zur freiwilligen Versicherung haben (anders *Blomeyer/Otto* Rn. 61 ff., der aber § 7 SGB VI übersieht und unzutreffend § 30 SGB I anwendet). Für diesen Personenkreis besteht die Abfindungsmöglichkeit allerdings auch noch nach dem 30. 9. 1984. 20

4. Rechtsfolge. Durch die unter diesen Voraussetzungen zulässige Abfindung wird die bestehende Verpflichtung, aus der aufrechterhaltenen Anwartschaft im Versorgungsfall eine Leistung zu gewähren, abgelöst und das **Versorgungsverhältnis damit beendet.** Überwiegend wird bzw. wurde auch eine Teilabfindung für zulässig gehalten, wobei insoweit die Versorgungsverpflichtung zT bestehen bleibt; zwar spricht die Vorschrift von „einmaliger" Abfindung; es bestehen aber nach dem Schutzzweck der Regelung keine Bedenken gegen eine tw. Aufrechterhaltung der Anwartschaft (ähnlich *Blomeyer/Otto* Rn. 83; *Heubeck/Höhne/Paulsdorff/Rau/Weinert/Höhne* Rn. 22; *Höfer* Rn. 2113.1; aA *Kemper* Unverfallbarkeit S. 132). Zum Zeitpunkt der Abfindung macht das Gesetz ebenso wenig Vorgaben wie zum Zeitpunkt und zum Modus der Auszahlung. Es ist aber von einer Auszahlung der Abfindung in Kapitalform auszugehen. 21

Da das Gesetz in § 3 I grds. ausspricht, dass der AG dem AN eine Abfindung gewähren *kann,* wird **kein durchsetzbarer Rechtsanspruch auf Zustimmung des AN zur Abfindungszahlung** begründet (LAG Düsseldorf 13. 6. 1989 BetrAV 1990, 197 f.). Anders ausdrücklich („ist ... abzufinden") für die in § 3 I 2 geregelten sog. Bagatell-Anwartschaften; hier hat jede Arbeitsvertragspartei unabhängig von der Zustimmung der anderen einen Rechtsanspruch auf die Abfindung. 22

5. Verstoß gegen die Abfindungsbeschränkung. Die Abfindungsbeschränkung des Abs. 1 ist für die Fälle, in denen die bes. Voraussetzungen für die Abfindung nicht erfüllt sind, als **gesetzliches Verbot** iSv. § 134 BGB zu verstehen, so dass eine gegen Abs. 1 verstoßende Abfindungsvereinbarung nichtig ist (BAG 22. 3. 1983 AP BetrAVG § 3 Nr. 1). Umgehungsgeschäfte sind ebenfalls nichtig. 23

Die Nichtigkeit erfasst dem Normzweck gem. **nicht nur das Grundgeschäft, sondern auch das Erfüllungsgeschäft.** Eine Rückforderung durch den AG aus ungerechtfertigter Bereicherung ist wegen § 817 S. 2 BGB ausgeschlossen (*Blomeyer/Otto* Rn. 94; *Braun* NJW 1983, 1591; MünchArbR/*Förster/Rühmann* § 108 Rn. 15). Wird allerdings die in einem Aufhebungsvertrag vereinbarte Abfindung für den Verlust des Arbeitsplatzes mit der bis zur Vollendung des 60. Lebensjahres entstehenden betrieblichen Invalidenrente verrechnet, so steht nach Ansicht des BAG dem Rückzahlungsanspruch nicht § 817 S. 2 BGB entgegen, da § 3 nicht verlange, dass der AN die Invalidenrente zusätzlich zur vollen Abfindung erhalte; nur die Verrechnung sei verboten (BAG 17. 10. 2000 NZA 2001, 963). Dem BAG kann nicht gefolgt werden, da hier im wirtschaftlichen Ergebnis dadurch eine Abfindung akzeptiert wird, es also um das geht, was aus dem vom Gesetz missbilligten Vorgang geschuldet wird (s. BGHZ 75, 299, 305). Der Versorgungsberechtigte kann bei Verstoß gegen § 3 trotz erhaltener Abfindung die abgefundene Betriebsrente verlangen (BAG 20. 11. 2001 DB 2002, 2334). 24

III. Höhe der Abfindung (Absatz 2)

25 Maßgeblich ist grds. der **Barwert der künftigen Versorgungsleistungen bezogen auf den Zeitpunkt der Beendigung des Arbeitsverhältnisses.** Barwert bedeutet dabei der „auf den Bewertungszeitpunkt unter Berücksichtigung des Zinses und der Wahrscheinlichkeit der ersten Fälligkeit der Pension sowie ihrer voraussichtlichen ferneren Zahlungsdauer berechnete Wert der vertraglich vorgesehenen Pensionsleistung" (*Braun* NJW 1983, 1592). Bei der Ermittlung ist nach Abs. 2 S. 3 der jeweils vorgeschriebene Rechnungszinsfuß und die Rechnungsgrundlagen sowie die anerkannten Regeln der Versicherungsmathematik maßgebend. Das bedeutet, dass mit Durchschnittswerten zu arbeiten ist. Der Rechnungszinsfuß beträgt nach § 6 a III 3 EStG zZ 6%.

26 Für die **Direktversicherung** sieht Abs. 2 eine **Sonderregelung** vor, wenn sich der AG für die arbeitsrechtliche Lösung entschieden hat. Bei der versicherungsrechtlichen Lösung greift § 3 ohnehin nicht. Es kommt für die Berechnung auf das Deckungskapital an, das nach dem durch die Aufsichtsbehörde genehmigten Geschäftsplan zum Zeitpunkt der Beendigung des Arbeitsverhältnisses vorhanden ist. Soweit die Berechnung des Deckungskapitals nicht zum Geschäftsplan gehört, ist der Zeitwert nach § 176 III VVG maßgeblich.

27 Für **Pensionskassen und Pensionsfonds** gelten die für die Direktversicherung aufgestellten Regeln.

§ 4 Übernahme

(1) ¹Die Verpflichtung, bei Eintritt des Versorgungsfalles Versorgungsleistungen nach § 2 Abs. 1 bis 3 a zu gewähren, kann von jedem Unternehmen, bei dem der ausgeschiedene Arbeitnehmer beschäftigt wird, von einer Pensionskasse, von einem Unternehmen der Lebensversicherung oder einem öffentlich-rechtlichen Versorgungsträger mit Zustimmung des Arbeitnehmers übernommen werden. ²Eine vertragliche Schuldübernahme durch andere Versorgungsträger ist dem Arbeitnehmer gegenüber unwirksam. ³Bei einer Schuldübernahme durch ein Unternehmen der Lebensversicherung gilt § 2 Abs. 2 Satz 4 bis 6 entsprechend.

(2) Hat eine Unterstützungskasse einem vorzeitig ausgeschiedenen Arbeitnehmer Versorgungsleistungen nach § 2 Abs. 4 zu gewähren, kann diese Verpflichtung mit Zustimmung des Arbeitnehmers von den in Absatz 1 genannten Trägern oder von einer anderen Unterstützungskasse übernommen werden.

(3) ¹Wird die Betriebstätigkeit eingestellt und das Unternehmen liquidiert, kann eine Versorgungsleistung auf Grund einer Zusage oder einer unverfallbaren Anwartschaft nach § 1 b Abs. 1 oder eine Versorgungsleistung, die gemäß § 1 b Abs. 4 von einer Unterstützungskasse oder gemäß § 1 b Abs. 3 von einem Pensionsfonds erbracht wird oder zu erbringen ist, von einer Pensionskasse oder von einem Unternehmen der Lebensversicherung ohne Zustimmung des Versorgungsempfängers oder Arbeitnehmers übernommen werden, wenn sichergestellt ist, dass die Überschussanteile ab Rentenbeginn entsprechend § 16 Abs. 3 Nr. 2 verwendet werden. ²§ 2 Abs. 2 Satz 4 bis 6 gilt entsprechend.

(4) ¹Der Arbeitgeber ist verpflichtet, auf Verlangen des Arbeitnehmers frühestens ab Beendigung des Arbeitsverhältnisses den Barwert der nach § 1 b Abs. 5 unverfallbaren Anwartschaft auf einen neuen Arbeitgeber, bei dem der ausgeschiedene Arbeitnehmer beschäftigt ist oder einen Versorgungsträger des neuen Arbeitgebers zu übertragen, wenn der neue Arbeitgeber dem Arbeitnehmer eine dem übertragenden Barwert wertmäßig entsprechende Zusage erteilt. ²Für die Höhe des Barwertes gilt § 3 Abs. 2 entsprechend mit der Maßgabe, dass an die Stelle des Zeitpunktes der Beendigung des Arbeitsverhältnisses der Zeitpunkt der Übertragung tritt. ³Mit der Erteilung der Zusage durch den neuen Arbeitgeber erlischt die Verpflichtung des alten Arbeitgebers.

I. Normzweck

1 Die Vorschrift ist eine **Ausnahmeregelung von § 1 b**, wonach Schuldner der aufrechtzuerhaltenden Anwartschaften grds. der AG bleibt. Sie knüpft an die Regelungen des BGB zur **Schuldübernahme** an (§§ 414 ff. BGB). § 4 gilt sowohl für die aufrechtzuerhaltenden Anwartschaften als auch für bereits fällige Versorgungsleistungen (s. unten Rn. 7). Allerdings schränkt § 4 die nach allg. Vertragsrecht möglichen Gestaltungen mit der Motivation ein, den AN vor sich selbst zu schützen. Darüber hinaus dient die Vorschrift dem Träger der Insolvenzsicherung zum Schutz vor unerwünschten Haftungsrisiken und die Haftungsmasse soll für den Versorgungsberechtigten möglichst erhalten bleiben (BAG 17. 3. 1987 AP BetrAVG § 4 Nr. 4). Faktisch ist angesichts der Sicherung von ANansprüchen durch die Insolvenzsicherung der Schutz des Trägers der Insolvenzsicherung in den Vordergrund getreten. Deshalb hat das BAG ausgesprochen, dass § 4, indem er die Erhaltung der Haftungsmasse sichere, als Vorschrift zum Schutze des PSV wirke (BAG aaO). Die Anwartschaftsberechtigten und Versorgungsempfänger sollen durch die Ersetzung des bisherigen Schuldners ihren Insolvenzschutz nicht verlieren.

II. Zulässige Übertragungen

Deshalb gelte § 4 I nicht für die Übertragung nicht insolvenzgeschützter Anwartschaften; denn hier bestehe kein Bedürfnis für eine Einschränkung der Vertragsfreiheit, da sich die formale Rechtsposition durch die Schuldübernahme nicht verschlechtere (BAG 4. 8. 1981 AP BetrAVG § 4 Nr. 2). Dem ist zuzugeben, dass angesichts der Insolvenzsicherung sich der Schutzzweck verschoben hat. Deshalb ist es auch zu akzeptieren, wenn das BAG entgegen dem Wortlaut der Vorschrift die privative Übernahme von Versorgungsschulden von der Zustimmung des PSV als Träger der gesetzlichen Insolvenzsicherung abhängig macht (BAG 17. 3. 1987 AP BetrAVG § 4 Nr. 4). Bedenklich ist aber, dass die ursprüngliche Intention der Vorschrift trotz des Wortlauts so praktisch vollständig negiert wird.

Die Vorschrift **schränkt die Möglichkeit einer Übertragung** dahin **ein,** dass neben einem späteren AG die Versorgungsverpflichtung von solchen Versorgungsträgern übernommen werden kann, bei denen die Sicherheit über die Aufsicht durch die Bundesanstalt für Finanzdienstleistungsaufsicht (BaFin) oder die generell anzunehmende Solidität öffentlich-rechtlicher Versorgungsträger gewährleistet ist. Eine Sonderregelung gilt für die Unterstützungskassen in Abs. 2; durch das AVmG ist ein Abs. 4 angefügt worden, der die Übertragbarkeit der durch Entgeltumwandlung erworbenen Anwartschaften erleichtern soll. 2

Nur in den in § 4 ausdrücklich genannten Fällen ist die Übertragung zulässig. Für alle anderen Fälle stellt § 4 ein **gesetzliches Verbot iSv. § 134 BGB** dar, so dass gegen die Vorschrift verstoßende Übernahmeverträge nichtig sind. 3

II. Zulässige Übertragungen

Für eine zulässige Übertragung ist **Voraussetzung,** dass es sich beim übernehmenden Träger um einen nach § 4 zugelassenen handelt, dass der Schuldübernahmevertrag wirksam ist und der AN zugestimmt hat. Kein Fall einer Übernahme iSv. § 4 liegt vor, wenn ein **Arbeitsverhältnis kraft gesetzlicher Regelung** (§ 613a BGB) oder im Wege der **Universalsukzession** übergeht. Auch die Fälle der Spaltung, Vermögensübertragung und Verschmelzung iSd. UmwG werden nicht erfasst (*Andresen/Förster/Rößler/Rühmann* Teil 14 A Rn. 1 ff.; s. auch BAG 11. 11. 1986 AP BGB § 613a Nr. 61). 4

1. Erfasste Anwartschaften. Dem Übertragungsverbot nach dieser Vorschrift unterliegen **alle unverfallbaren Anwartschaften.** Durch den Verweis auf § 2 I bis III a wird deutlich gemacht, dass nur der Teil der Anwartschaft vom Übertragungsverbot nach § 4 erfasst wird, der sich aus diesen Regelungen ergibt. Haben aber etwa die Arbeitsvertragsparteien für den Fall des vorzeitigen Ausscheidens eine insoweit günstigere Regelung getroffen, so wird der überschießende Teil von § 4 nicht erfasst. 5

Nach der Rspr. des BAG (4. 8. 1981 DB 1981, 2544) gilt § 4 I nicht für die **Übertragung nicht insolvenzgeschützter Versorgungsansprüche** (s. auch *Ahrend/Förster/Rühmann* Rn. 7). Damit wird aber der Gedanke des Schutzes der Insolvenzsicherung einseitig überbetont, zumal fraglich ist, ob der Träger der Insolvenzsicherung eines derart umfassenden Schutzes bedarf (krit. auch *Blomeyer/Otto* Rn. 7). Dieser Einschränkung durch die Rspr. kann deshalb nicht gefolgt werden. 6

2. Fällige Versorgungsleistungen. Im Wege ausdehnender Auslegung ist angesichts des Gesetzeszwecks § 4 auch auf die **Übertragung laufender Versorgungsverpflichtungen anwendbar,** denn Versorgungsanwartschaften sind nicht schutzwürdiger als fällige Ansprüche. Das BAG geht hier davon aus, dass der Gesetzgeber, der eine Veränderung der Haftungsmasse ausschließen wollte, im Zweifel alle Versorgungsrechte gemeint und sich nur fehlerhaft ausgedrückt habe (BAG 17. 3. 1987 AP BetrAVG § 4 Nr. 4). Letztlich wird damit ein Schutz des PSVaG erreicht, der das Insolvenzrisiko trägt. 7

3. Für die Übernahme zugelassene Versorgungsträger. a) Arbeitgeber. Wenn das Gesetz als zugelassenen Versorgungsträger **jedes Unternehmen bezeichnet, bei dem der ausgeschiedene AN beschäftigt wird,** so sind damit arbeitsrechtlich **spätere AG** gemeint. Dabei kommt es nicht darauf an, dass es der nach dem Ausscheiden nächste AG ist, es ist nur erforderlich, dass die Übertragung während eines laufenden Arbeitsverhältnisses mit einem späteren AG geschieht. Auf diese Weise wird der AN in die Lage versetzt, aus bei mehreren AG erworbenen Versorgungsanwartschaften eine einheitliche betriebliche Altersversorgung zu machen. 8

Der AG kann **nicht eine durch Pensionskasse oder Direktversicherung gewährte betriebliche Altersversorgung** übernehmen, da es sich hier um die Übernahme eines Versicherungsgeschäfts handeln würde, wofür dem AG die Voraussetzungen fehlen (*Blomeyer/Otto* Rn. 80). Die Übernahme einer Unterstützungskassen-Versorgung durch einen späteren AG ist nach § 4 II bei Erfüllung der sonstigen Voraussetzungen unproblematisch. Dies hat auch für **Pensionsfonds** zu gelten. 9

b) Direktversicherung oder Pensionskasse. Unternehmen der Lebensversicherung (Direktversicherung) und **Pensionskassen** können **Versorgungsverbindlichkeiten** des AG übernehmen. Dem Versorgungsberechtigten wird dann die Position des Versicherungsnehmers eingeräumt. In einem solchen Fall ist allerdings Abs. 1 S. 3 zu beachten, durch den Verweis auf § 2 II 4 bis 6 die 10

Abtretung oder Beleihung sowie die Inanspruchnahme des Rückkaufwerts ausschließt. S. 3 verweist zwar nur auf die Unternehmen der Lebensversicherung und macht so im Gesamtzusammenhang der Vorschrift einen Unterschied zur Pensionskasse; die Beschränkungen des § 2 II 4 bis 6 müssen aber analog auch für die Pensionskassen gelten (so auch *Blomeyer/Otto* Rn. 71). Lebensversicherungen und Pensionskassen können auch Leistungsverpflichtungen von anderen Versicherern übernehmen. Eine Übernahme durch Pensionsfonds ist nicht vorgesehen (vgl. aber Abs. 4). Der AG kann jedoch von einer unmittelbaren Versorgungszusage zu einem Pensionsfonds wechseln, benötigt dazu aber grds. die Zustimmung des AN (iE ebenso *Höfer*, Das neue Betriebsrentenrecht, Rn. 409 ff.; grds. zust. auch *Langohr-Plato*, Betriebliche Altersversorgung, Rn. 384).

11 c) **Öffentlich-rechtliche Versorgungsträger.** Unter öffentlich-rechtlichen Versorgungsträgern sind die in § 18 I Nr. 1 und 2 genannten **Zusatzversorgungseinrichtungen** zu verstehen. Diese Übertragungsmöglichkeit hat deshalb Bedeutung beim Wechsel eines AN von der Privatwirtschaft in den öffentlichen Dienst. Allerdings ist fraglich, inwieweit diese Übertragungsmöglichkeit in der Praxis angesichts der Satzungslage realisiert werden kann.

12 d) **Unterstützungskassen.** Unterstützungskassen dürfen Versorgungsverpflichtungen, auf die nach der Legaldefinition ein Rechtsanspruch nicht besteht, **nur von anderen Unterstützungskassen** übernehmen (Abs. 2), um zu verhindern, dass sich die Situation des Begünstigten durch die Schuldübernahme verschlechtert. Dies muss aber dahin verstanden werden, dass übernahmeberechtigt **nur die Unterstützungskasse eines späteren AG** und nicht eine beliebige ist (so auch *Blomeyer/Otto* Rn. 87).

13 e) **Sonstige Versorgungsträger mit Zustimmung des Trägers der Insolvenzsicherung.** Nach der Rspr. des BAG ist es im Wege der teleologischen Reduktion möglich, dass andere Versorgungsträger die Versorgungsverbindlichkeiten übernehmen, wenn der **PSV** damit einverstanden ist und damit seinerseits den Insolvenzschutz übernimmt (BAG 26. 6. 1980 AP BetrAVG § 4 Nr. 1). Der PSV ist allerdings **nicht zur Genehmigung** einer solchen Schuldübernahme **verpflichtet**, sie steht vielmehr in seinem Ermessen (BAG 17. 3. 1987 AP BetrAVG § 4 Nr. 4). Der PSV kann so etwa das Insolvenzrisiko vermindern, wenn ein leistungsfähiger Schuldner zur Übernahme bereit ist.

14 **4. Schuldübernahmevertrag.** Der Schuldübernahmevertrag ist denkbar zwischen dem **Versorgungsberechtigten** und dem **übernehmenden Versorgungsträger** (§ 414 BGB) und zwischen dem **bisherigen und dem übernehmenden Versorgungsträger** (§ 415 BGB); der Regelfall wird der des Vertrages zwischen den Versorgungsträgern mit Zustimmung des Berechtigten sein. Ein Anspruch des Versorgungsberechtigten gegen den bisherigen Versorgungsschuldner, die Versorgungsverpflichtung auf den anderen Versorgungsschuldner zu übertragen, besteht nicht (BAG 21. 1. 1992 DB 1992, 2094 f.).

15 **5. Zustimmung des AN.** Wenn auch die **ausdrückliche Erwähnung** der Zustimmung des AN wegen der Erfordernisse der §§ 414 und 415 BGB **an sich überflüssig** ist, so wird doch durch ihre Erwähnung deutlich gemacht, „dass dem Gläubiger nicht ohne seinen Willen ein anderer Schuldner aufgezwungen werden darf, der mitunter nicht die gleiche Gewähr für die Erfüllung der Schuld bietet wie der bisherige" (BT-Drucks. 7/1281 S. 26). Daneben ist ausnahmsweise eine Übertragung ohne Zustimmung des AN nach näherer Maßgabe der Abs. 3 und 4 bei Einstellung der Betriebstätigkeit mit Liquidation des Unternehmens möglich (vgl. dazu Rn. 17 ff.).

16 Die Zustimmung ist eine **empfangsbedürftige Willenserklärung**, die an keine bestimmte Form gebunden ist und die sowohl gegenüber dem bisherigen als auch gegenüber dem neuen Schuldner erklärt werden kann. Eine vorherige Zustimmung, dh. vor Abschluss des Übernahmevertrages erteilte, ist grds. möglich, da der AN diese gem. § 183 S. 1 BGB bis zur Vornahme des Rechtsgeschäfts widerrufen kann (wie hier *Blomeyer/Otto* Rn. 102; einschränkend *Höfer* Rn. 2227).

17 Bei unmittelbaren Versorgungszusagen sowie bei der Unterstützungskassen-Versorgung mussten in der Vergangenheit Unternehmen nur deshalb aufrechterhalten werden, weil unverfallbare Ansprüche auf Leistungen der betrieblichen Altersversorgung mangels Zustimmung der betroffenen AN oder Versorgungsempfänger nicht auf Dritte übertragen werden konnten (sog. Rentnerfirmen). Deshalb sieht **Abs. 3** für Übertragungen seit dem 1. 1. 2000 vor, dass bei Betriebseinstellung mit Liquidation des Unternehmens unverfallbare **Anwartschaften bzw. Leistungsansprüche** bei diesen beiden Versorgungsformen und bei Pensionsfonds auch **ohne Zustimmung des AN** oder Versorgungsempfängers mit befreiender Wirkung übertragen werden können. Bei Direktversicherungen und Pensionskassen taucht diese Problematik nicht auf, weil sie bei Liquidation idR bestehen bleiben. Jedoch ist die Mitwirkung des AN erforderlich, da dieser auf Grund des § 159 II 1 VVG, der auch auf einer Gruppenversicherung zugrunde liegende Versicherungsverträge anwendbar ist (BGH 7. 5. 1997 VersR 1997, 1213), dem Abschluss einer Rückdeckungsversicherung zustimmen muss (*Blumenstein/Krekeler* DB 1998, 2602).

18 Allerdings **grenzt** das Gesetz die **Übertragungsmöglichkeit** insoweit **ein**, als sie nur von einer Pensionskasse, einem Pensionsfonds oder einem Unternehmen der Lebensversicherung übernommen werden kann.

Auf diese Weise wird erstmals faktisch eine **Form der betrieblichen Altersversorgung vom AG** 19
abgekoppelt (s. auch *Blomeyer* NZA 1997, 964). Der Ausgleich wird hier dadurch geschaffen, dass für die Anpassung laufender Leistungen eine Sonderregelung durch den Verweis auf § 16 III Nr. 2 geschaffen worden ist und mit dem Verweis auf Pensionskassen und Unternehmen der Lebensversicherung der Schutz der Anwartschaftsinhaber und Versorgungsberechtigten gewährleistet ist. Diese Sicherheiten sind formal Wirksamkeitsvoraussetzung für die Übertragung. Materiell wird eine Versorgungsform geschaffen, die vom weiteren Schicksal des bisherigen AG unabhängig ist und wegen der Übernahme durch eine Pensionskasse oder eine Lebensversicherung einer sonst vom AG zu finanzierenden Insolvenzsicherung nicht bedarf. Auch hier gilt § 2 II S. 4 bis 6 entspr. (vgl. dazu Rn. 10), wodurch verhindert wird, dass der mit aufrechterhaltener Versorgungsanwartschaft ausgeschiedene AN den Wert der Versorgungszusage wirtschaftlich nutzt. Der Anwendungsbereich ist hier allerdings weiter, da Abs. 3 S. 2 anders als Abs. 1 S. 3 keine Einschränkung auf Lebensversicherungen vorsieht, also auch für Pensionskassen gilt.

6. **Rechtsfolge einer zulässigen Übertragung.** Die zulässige Übertragung führt zu einer vollständi- 20 gen **Auswechselung des Schuldners.** Allerdings kann nach § 417 I 1 BGB der übernehmende Versorgungsträger dem AN alle Einwendungen entgegensetzen, die sich aus dem Rechtsverhältnis zwischen dem AN und dem bisherigen Versorgungsträger ergeben. Die Aufrechnung mit einer dem bisherigen Schuldner zustehenden Forderung bleibt aber nach § 417 I 2 BGB ausgeschlossen.

Die Übernahme kann zu einer **Inhaltsänderung** führen, wenn der neue Versorgungsträger die 21 Versorgungsverpflichtung nur so in sein Leistungssystem integrieren kann. Dieses Problem dürfte bei der Übernahme einer unmittelbaren Versorgungszusage durch einen anderen AG sowie der Übernahme einer Direktversicherung durch ein anderes Versicherungsunternehmen seltener auftauchen, wird aber insb. bei der Übernahme von Verpflichtungen durch Pensionskassen relevant. Wenn aber § 4 sicherstellen will, dass dem Versorgungsberechtigten die Anwartschaft auch im Falle einer Übertragung erhalten bleibt, so bestehen keine Bedenken aus § 4 gegen eine Inhaltsänderung, sofern nur der Wert der Anwartschaft erhalten bleibt (so auch *Blomeyer/Otto* Rn. 107 ff.). Gleiches gilt für die Übertragung von fälligen Versorgungsleistungen. Für die eine Vertragsänderung darstellende Inhaltsänderung ist allerdings die Zustimmung des Versorgungsberechtigten erforderlich.

III. Unzulässige Übertragungen

Alle Übertragungen, die die unter II genannten **Voraussetzungen nicht erfüllen,** sind **unzulässig.** 22 Unzulässig ist ebenso die **Übertragung laufender Versorgungsverpflichtungen** (s. Rn. 7).

IV. Sonderregelung für Entgeltumwandlung

Durch das AVmG mit Wirkung vom 1. 1. 2001 eingeführt wurde der Anspruch des AN gegen den 23 AG, bei Entgeltumwandlung den Barwert der unverfallbaren Anwartschaft auf den neuen AG oder dessen Versorgungsträger zu übertragen (Abs. 4). Damit wird dem Umstand Rechnung getragen, dass es sich hier um eine **im wirtschaftlichen Ergebnis arbeitnehmerfinanzierte betriebliche Altersversorgung** handelt und der AN ein Interesse daran haben kann, seine im Wege der Entgeltumwandlung erworbenen Anwartschaften bei AGWechsel mitzunehmen. Indem die Vorschrift diese Übertragung von der Bedingung abhängig macht, dass der neue AG eine dem übertragenden Barwert entspr. Zusage erteilt, wird zum einen deutlich gemacht, dass eine Übertragung praktisch nur mit Zustimmung des neuen AG möglich ist und zum anderen eine einheitliche Altersversorgung durch Entgeltumwandlung erreicht werden soll.

Die Vorschrift gewährt dem AN einen **Anspruch gegen den alten AG auf Übertragung aber** 24 **keinen Anspruch gegen den neuen AG auf Erteilung einer die Voraussetzungen erfüllenden Zusage.** Der AG muss auch keine inhaltsgleiche dem bisher abgedeckten Risiko entspr. betriebliche Altersversorgung zusagen; da entscheidend nur der Barwert ist, kann an die Stelle einer auch Invaliditäts- und Hinterbliebenenversorgung umfassenden Versorgung beim alten AG auch eine reine Altersversicherung treten, die dann natürlich betragsmäßig höher ist. Der Anspruch auf Übertragung kann sofort nach Arbeitsplatzwechsel oder auch später geltend gemacht werden, wie in der Formulierung „frühestens" in Abs. 4 S. 1 zum Ausdruck kommt. Das verschafft dem AN die Möglichkeit, die Altersversorgung über Entgeltumwandlung ggf. beim letzten AG zu bündeln. Der Barwert ist nach § 3 II zu berechnen mit der Modifikation, dass an die Stelle der Beendigung des Arbeitsverhältnisses der Zeitpunkt der Übertragung tritt; damit soll sichergestellt werden, dass der weiterentwickelte Anwartschaftsbarwert zugrundegelegt werden kann, wenn die Übertragung nicht schon bei Ausscheiden sondern erst zu einem späteren Zeitpunkt erfolgt (*Höfer* 2285.62). Die Übertragung hat die Wirkung einer befreienden Schuldübernahme (§ 415 I BGB), sieht aber angesichts des Übertragungsanspruchs gegen den alten AG andere Voraussetzungen vor. Dieser Anspruch kann sich auch gegen einen externen Versorgungsträger richten, da alle Durchführungswege erfasst sind (*Höfer,* Das neue Betriebsrentenrecht, Rn. 426). Anders als Abs. 1 spricht Abs. 4 hinsichtlich des Übertragungsempfängers pauschal von Versorgungsträger, was angesichts der anderen Konstellation – Begehren des AG auch gerechtfertigt ist, so dass auch Unterstützungskassen (zweifelnd *Höfer*, Rn. 438 f.) und Pensionsfonds in Betracht kommen.

25   Die Regelung gilt nur für **Zusagen, die nach dem 1. 1. 2001 erteilt worden sind** (§ 30 g II). Sie erfasst damit nur **Entgeltumwandlungen, die in den zeitlichen Anwendungsbereich der Neuregelungen durch das AVmG fallen.** Sie ist aber nicht beschränkt auf die Fälle des § 1 a I, sondern kann bei jeglicher Entgeltumwandlung genutzt werden. Nach Sinn und Zweck beschränkt sie sich auch nicht auf Direktzusagen und Unterstützungskassenzusagen, sondern muss bei allen Durchführungswegen gelten (so auch *Höfer* Rn. 2285.63). Es findet sich auch keine Beschränkung auf Übertragungen im Inland; allerdings mag die Übertragung ins Ausland Schwierigkeiten bereiten, muss aber innerhalb der EU wegen Art. 39 EGV möglich sein.

Zweiter Abschnitt. Auszehrungsverbot

§ 5 Auszehrung und Anrechnung

(1) **Die bei Eintritt des Versorgungsfalles festgesetzten Leistungen der betrieblichen Altersversorgung dürfen nicht mehr dadurch gemindert oder entzogen werden, daß Beträge, um die sich andere Versorgungsbezüge nach diesem Zeitpunkt durch Anpassung an die wirtschaftliche Entwicklung erhöhen, angerechnet oder bei der Begrenzung der Gesamtversorgung auf einen Höchstbetrag berücksichtigt werden.**

(2) ¹**Leistungen der betrieblichen Altersversorgung dürfen durch Anrechnung oder Berücksichtigung anderer Versorgungsbezüge, soweit sie auf eigenen Beiträgen des Versorgungsempfängers beruhen, nicht gekürzt werden.** ²**Dies gilt nicht für Renten aus den gesetzlichen Rentenversicherungen, soweit sie auf Pflichtbeiträgen beruhen, sowie für sonstige Versorgungsbezüge, die mindestens zur Hälfte auf Beiträgen oder Zuschüssen des Arbeitgebers beruhen.**

I. Normzweck

1   Die **betriebliche Altersversorgung** ist als zweite Säule oder zweite Schicht eingebunden in das **Gesamtsystem der Alterssicherung**, das aufbaut auf der durch die **gesetzliche Rentenversicherung** gewährleisteten Basissicherung und noch ergänzt wird durch die Eigenvorsorge als dritte Säule oder dritte Schicht. Der ergänzenden Funktion der betrieblichen Altersversorgung gem. werden in der Versorgungszusage oft anderweitige Ruhestandseinkünfte berücksichtigt. Auch hinsichtlich anderer Leistungssysteme, die entweder die Funktion der ersten als auch der zweiten Säule erfüllen (insb. Beamtenversorgung) oder bes. Leistungszwecke verfolgen, finden sich in der Versorgungszusage oft Bestimmungen, die die Verknüpfung dieser Leistungen mit der betrieblichen Altersversorgung regeln.

2   Diese Problematik bedurfte einer **Regelung für bereits laufende Versorgungsleistungen,** die nicht mehr dadurch gekürzt werden dürfen, dass andere Versorgungsleistungen durch **Anpassung an die wirtschaftliche Entwicklung** erhöht werden. Dies ist Regelungsgegenstand des Abs. 1, während Abs. 2 insb. die erstmalige Festsetzung von Versorgungsleistungen betrifft und die Möglichkeit des AG begrenzt, andere Leistungen anzurechnen.

3   Die Anrechnung setzt sowohl bei Abs. 1 als auch bei Abs. 2 **eine ausdrückliche Anrechnungsklausel** voraus. Diese muss die Anrechnungstatbestände für den Vertragspartner erkennbar und eindeutig beschreiben (BAG 5. 9. 1989 AP BetrAVG § 5 Nr. 32; *Langohr-Plato*, Betriebliche Altersversorgung Rn. 440).

II. Auszehrungsverbot

4   Das Auszehrungsverbot des Abs. 1 geht zurück auf die Rspr. von BAG (28. 1. 1964 AP BGB § 242 Ruhegehalt Nr. 92) und BGH (6. 6. 1968 AP BGB § 242 Ruhegehalt Nr. 131), die in der Zeit vor Inkrafttreten des BetrAVG eine Reduzierung der Ruhegeldleistungen durch die periodische Anhebung von Sozialversicherungsrenten für unzulässig erklärten. Dieses Problem konnte sich nur bei **Gesamtversorgungssystemen** ergeben. Derartige Kürzungen sind jedenfalls dann nicht zu rechtfertigen, wenn sie dazu führen, dass die Dynamisierung sozialer Leistungen entgegen ihrem Sinn und Zweck nicht dem Empfänger zugute kommt, sondern den AG entlastet; für den AN sei – so die amtliche Begründung (BT-Drucks. 7/1281 S. 29 – zu § 5 III) – nicht mehr vorhersehbar, ob und in welchem Umfang ihm eine betriebliche Versorgung während seines Ruhestandes tatsächlich erhalten bleibe. Der **Nominalbetrag der Betriebsrente** darf also nicht durch Anhebungen der Sozialversicherungsrente beeinträchtigt werden und die Vertragsfreiheit des AG wird insoweit begrenzt.

5   Maßgeblich ist also der **erstmalig** für die Versorgungsleistung **festgesetzte Betrag,** der später nicht mehr unterschritten werden darf (BAG 5. 10. 1999 NZA 2000, 839). Tritt später ein weiterer Versorgungsfall ein wie etwa der Übergang von einer teilweisen Erwerbsminderung zu einer vollen Erwerbsminderung, die dann wegen des unterschiedlichen Rentenartfaktors (§ 67 SGB VI) zu einer Erhöhung der Sozialversicherungsleistung führt, so kann bei einer Gesamtversorgungszusage mit

Invaliditätsschutz dies ggf. zu einer geringeren betrieblichen Leistung führen. Da es sich hier um einen weiteren Versorgungsfall handelt, kann gegen die mögliche Minderung der Betriebsrente nicht das Auszehrungsverbot des § 5 I vorgebracht werden; es soll nur der Wert der einmal gewährten Betriebsrente – bezogen auf den Versorgungsfall – gegenüber nachträglicher Auszehrung geschützt werden (wie hier *Andresen/Förster/Rößler/Rühmann* Teil 11 A Rn. 119).

1. Betriebliche Versorgungsleistungen. Das Auszehrungsverbot bezieht sich **nur auf laufende Versorgungsleistungen** und **nicht auf Anwartschaften,** auch wenn letztere durch Kaufkraftverlust im Verlauf der Jahre ausgezehrt werden (*Griebeling* Rn. 507). Es erfasst sämtliche Versorgungsformen, wenn es auch bei der Direktversicherung kaum praktisch werden dürfte. Maßgeblich ist die Leistungshöhe, wie sie anlässlich des Eintritts des Versorgungsfalles festgesetzt ist. Das BAG arbeitet bei der **Auszehrung von Anwartschaften** mit einer **Billigkeitskontrolle nach § 315 BGB;** insoweit hat es bei einer Versorgungsordnung über eine Gesamtversorgung eine Aufgabe der Anpassung der Bemessungsgröße Arbeitsentgelt an der Einkommensentwicklung als unbillig angesehen, wenn der AG diese Anpassung stillschweigend und ohne sachlichen Grund aufgibt (BAG 18. 12. 1975 AP BGB § 242 Ruhegehalt Nr. 170). 6

Dieses Verbot gilt auch dann, wenn sich die **Gesamtversorgung** selbst erhöht, also **dynamisiert** ist. Dabei kann sich ergeben, dass der nach der maßgeblichen Versorgungsregelung vorgesehene Höchstbetrag der Gesamtversorgung überschritten wird, da die betriebliche Versorgungsleistung ihren Ausgangsbetrag nicht unterschreiten darf (BAG 13. 7. 1978 AP BetrAVG § 5 Nr. 2). Ein solcher Fall kann eintreten, wenn die Erhöhung der Betriebsrente und die Erhöhung der anzurechnenden Rente zeitlich auseinanderfallen und deshalb vorübergehend die vorgesehene Versorgungsgrenze überschritten wird. 7

2. Erhöhung anderer Versorgungsbezüge. Mit dem pauschalen Verweis auf „andere Versorgungsbezüge" sind **sämtliche** Altersvorsorgeleistungen gemeint, seien sie nun **gesetzlicher Natur** wie Leistungen aus der gesetzlichen Rentenversicherung, der Kriegsopferversorgung, der Beamtenversorgung und der berufsständischen Versorgungssysteme oder seien sie **vertraglicher Natur,** wie etwa Leistungen der betrieblichen Altersversorgung anderer (früherer) AG. Nicht erfasst sind Leistungen des gleichen AG; hier sind die verschiedenen Leistungsteile als Gesamtheit zu sehen (*Blomeyer/Otto* Rn. 41; BAG 5. 10. 1999 NZA 2000, 839). Das bedeutet, dass auch Leistungen anderer Versorgungsträger für den gleichen AG (mittelbare Versorgungszusagen) als Leistungen des gleichen AG anzusehen sind. 8

Andere Versorgungsbezüge auf vertraglicher Grundlage sind auch Leistungen aus **Eigenvorsorge des AN.** Auch hier greift das Auszehrungsverbot. 9

Eine **Erhöhung** dieser anderen Versorgungsbezüge muss nach dem Wortlaut der Vorschrift **durch Anpassung an die wirtschaftliche Entwicklung** erfolgen. Damit sind alle Anpassungen gemeint, die sich aus der Veränderung der wirtschaftlichen Rahmenbedingungen ergeben, also Preissteigerungen, Entwicklung der Löhne etc. Der Gesetzgeber hat insb. gedacht an die Anpassung der Renten aus der gesetzlichen Rentenversicherung, die inzwischen in § 65 SGB VI geregelt ist, aber auch an alle anderen Anpassungsmechanismen und -maßnahmen wie die Dynamik bei der Beamtenversorgung und dynamisierte betriebliche Versorgungssysteme. Da mehrere Leistungen des gleichen AG als Einheit anzusehen sind, darf deshalb die Erhöhung der einen auch zur Reduzierung der anderen führen, sofern der Nominalbetrag unangetastet bleibt. 10

Nicht erfasst sind in Konsequenz deshalb **Erhöhungen, die auf zusätzlichen Leistungen oder zusätzlichen nachträglich entrichteten Beiträgen beruhen.** Für sie greift Abs. 1 nicht, es ist aber zu prüfen, ob dies nicht möglicherweise gegen das Anrechnungsverbot des Abs. 2 verstößt. 11

Das Auszehrungsverbot findet seine Konsequenz auch in § 16, wo die Maßstäbe für die Anpassung der Betriebsrente sich unabhängig von der Entwicklung der Sozialversicherungsleistung bestimmen (§ 16 Rn. 30). 12

3. Rechtsfolge. Bei Verstoß des AG gegen das Auszehrungsverbot des Abs. 1 **behält** der **Versorgungsberechtigte** sein **Recht auf ungeschmälerten Bezug der Versorgungsleistung,** so dass er im Prozess den Unterschiedsbetrag zwischen der gekürzten und der ungekürzten Versorgungsleistung geltend machen kann. Der AN kann aber bei **mittelbarer Versorgung** auch den **Versorgungsträger** in Anspruch nehmen, da sich die Norm nicht auf den AG als Adressaten reduziert (*Andresen/Förster/ Rößler/Rühmann* Teil 11 A Rn. 180). Aus der Vorschrift ist nicht erkennbar, dass sich der Anspruch aus dem Versorgungsversprechen herleitet (anders *Blomeyer/Otto* Rn. 54). 13

III. Anrechnungsverbot

1. Überblick. Das ausdrückliche Anrechnungsverbot des § 5 II 1 betrifft **Leistungen der Eigenvorsorge.** Vergleicht man die Situation des AN ohne Eigenvorsorge mit der desjenigen, der für den Versorgungsfall Maßnahmen der Altersvorsorge getroffen hat, so ergibt sich, dass der AN benachteiligt würde, der sich während des Arbeitslebens – möglicherweise unter Konsumverzicht – eine eigene Altersversorgung verschafft hat und derjenige begünstigt würde, der irgendwelche Maßnahmen 14 der Eigenvorsorge für den Fall des Alters, der Invalidität oder des Todes nicht vorgenommen hat (s. dazu auch BAG 10. 5. 1955 AP BGB § 242 Ruhegehalt Nr. 2; BAG 26. 10. 1973 AP BGB § 242 Ruhegehalt Nr. 161). Bei Anrechnung dieser Maßnahmen der Eigenvorsorge würde seine Gegenleistung für erbrachte Arbeitsleistung geschmälert (s. näher *Steinmeyer* S. 197 f.).

15 Eine Ausnahme von diesem Grundsatz macht Abs. 2 S. 2 für **Renten der gesetzlichen Rentenversicherung, soweit sie auf Pflichtbeiträgen beruhen** sowie für **sonstige Versorgungsbezüge, die mindestens zur Hälfte auf Beiträgen oder Zuschüssen des AG beruhen.** Damit werden auch Leistungen angerechnet, zu denen der AN Beiträge entrichtet hat, die also insofern zumindest zum Teil Leistungen der Eigenvorsorge sind. Hier rechtfertigt jedoch die Tatsache, dass es sich um eine zur Hälfte vom AG finanzierte Alterssicherung mit Versicherungspflicht handelt, eine abw. Bewertung. Die Versicherungspflicht trifft alle AN; diese Alterssicherung beruht nicht auf seiner eigenen Initiative.

16 Da das Gesetz zum Umfang der Anrechnung keine Vorgaben macht, ist deshalb auch eine Versorgungsregelung zulässig, nach der auf Grund der Anrechnung anderer Versorgungsleistungen eine Betriebsrente gar nicht erst entsteht (MünchArbR/*Förster/Rühmann* § 109 Rn. 4). Bei der Bemessung des Versorgungsanspruchs ist dabei aber auf den gleichen Zeitpunkt abzustellen, der auch für einen im Betrieb verbliebenen AN gelten würde (BAG 20. 3. 1984 AP BetrAVG § 5 Nr. 15).

17 **2. Leistungen der betrieblichen Altersversorgung.** Geschützt sind Leistungen der betrieblichen Altersversorgung **(Legaldefinition in § 1)**. Vom Anrechnungsverbot insofern erfasst sind sämtliche Versorgungsformen und wie bei Abs. 1 nur fällige Ansprüche. Das Anrechnungsverbot bezieht sich auf die **erstmalige Festsetzung von Versorgungsleistungen** (MünchArbR/*Förster/Rühmann* § 109 Rn. 3). Anwartschaften werden nicht erfasst.

18 **3. Anrechnungsklausel.** Eine Anrechnung kann überhaupt nur dann in Betracht kommen, wenn eine **ausdrückliche und konkrete Anrechnungsklausel gegeben** ist, die die Anrechnung dem Grunde sowie der Höhe nach genau darlegt. Eine Anrechnungsklausel kann auch nachträglich in eine Versorgungsregelung für noch aktive im Anwartschaftsstadium befindliche AN eingefügt werden (BAG 25. 2. 1986 AP BetrAVG § 1 Zusatzversorgungskassen Nr. 1). Nach Eintritt des Versorgungsfalles ist wegen des entstandenen Anspruchs eine Anrechnung nachträglich nicht mehr möglich; der AG kann sich auch nicht mehr auf das Anrechnungsrecht berufen, wenn er auf dieses Recht über einen längeren Zeitraum erkennbar verzichtet hat (BAG 10. 8. 1982 DB 1983, 289).

19 Eine Anrechnungsklausel kann sich auch aus der Leistungsordnung eines Richtlinienverbandes wie des Bochumer oder Essener Verbandes ergeben, auf die dann im Versorgungsverhältnis zwischen AN und AG durch eine sog. „Jeweiligkeitsklausel" Bezug genommen wird, was bedeutet, dass in der Versorgungszusage zum Ausdruck gebracht wird, dass die Leistungsordnung des Richtlinienverbandes nur in der jeweils geltenden Fassung Anwendung findet (BAG 8. 10. 1991 AP BetrAVG § 5 Nr. 38 = SAE 1993, 82 m. Anm. *Steinmeyer*). Diese Jeweiligkeitsklausel unterliegt der Ermessenskontrolle nach § 315 I BGB.

20 **4. Andere Versorgungsbezüge.** Indem das Gesetz von „anderen Versorgungsbezügen" spricht, grenzt es den Bereich der in die Betrachtung einzubeziehenden Leistungen ein, bei denen das Anrechnungsverbot greift. Es kann nur um die **Bezüge** gehen, die ebenfalls den in **§ 1 bei der Legaldefinition der betrieblichen Altersversorgung genannten Versorgungszwecken** (Alter, Invalidität und Tod) dienen und durch Leistungen der betrieblichen Altersversorgung ergänzt werden können.

21 Nicht dazu gehören deshalb etwa **Leistungen der Krankenversicherungsträger,** da sie das Arbeitseinkommen des AN ersetzen (BAG 25. 10. 1983 AP BetrAVG § 3 Nr. 14 – zu Leistungen einer Krankentagegeldversicherung).

22 Ebenfalls **nicht** dazu gehören **Leistungen des Familienlastenausgleichs** wie das Kindergeld aber auch der inzwischen nur noch für Altfälle relevante Kinderzuschuss zur Rente aus der gesetzlichen Rentenversicherung (§ 270 SGB VI). Der Kinderzuschuss war dazu bestimmt, die Aufwendungen tw. auszugleichen, die durch die Betreuung und den Unterhalt von Kindern entstehen. Er erfüllte damit die gleiche Funktion wie das Kindergeld nach dem BKGG (BAG 21. 8. 1980 AP BetrAVG § 5 Nr. 5; *Steinmeyer* S. 201; vgl. aber auch unten Rn. 39).

23 Problematisch ist die Einordnung als Versorgungsleistung **bei Renten aus der gesetzlichen Unfallversicherung** nach dem SGB VII, da dieser Rente neben der Lohnersatz- und Versorgungsfunktion auch die Funktion eines immateriellen Schadensausgleichs zukommt (s. näher *Steinmeyer* S. 203 sowie unten Rn. 40 ff.).

24 Da die anderen Versorgungsbezüge auf **eigenen Beiträgen des Versorgungsberechtigten** beruhen müssen (BAG 20. 11. 1990 AP BetrAVG § 5 Nr. 36) dürfen auch **beamtenrechtliche Versorgungsbezüge** bei der Bemessung betrieblicher Versorgungsleistungen berücksichtigt werden, denn sie werden in vollem Umfang vom früheren Dienstherrn auf Grund der ihm gegenüber dem Beamten und dessen unterhaltsberechtigten Angehörigen obliegenden Alimentationspflicht aufgebracht (BAG 27. 4. 1978 AP BetrAVG § 5 Nr. 1; BAG 10. 8. 1982 AP BetrAVG § 5 Nr. 6). Versorgungsleistungen, die auf Nachversicherung nach § 8 II SGB VI beruhen, können aus dem gleichen Grunde angerechnet werden

III. Anrechnungsverbot

(*Höfer* Rn. 2336). Angerechnet werden dürfen auch Betriebsrenten, die von einem anderen AG gezahlt werden, da und soweit sie nicht auf eigenen Beiträgen des Versorgungsempfängers beruhen (wie hier *Höfer* Rn. 2378 ff.; *Griebeling* Rn. 512; aA *Schoden* Rn. 17).

Diese Abgrenzung zwischen eigenfinanzierten Versorgungsleistungen und anderen stößt auf prakti- 25 sche Schwierigkeiten bei **tw. selbstfinanzierten Versorgungsbezügen.** Hier ist grds. – ggf. unter Zuhilfenahme versicherungsmathematischer Verfahren – eine Zuordnung von Versorgungsbezügen zu korrespondierenden Beitragszahlungen vorzunehmen (*Höfer* Rn. 2445 ff.).

Vom Anrechnungsverbot erfasst sind aber die nach dem AVmG möglichen **Maßnahmen der** 26 **zusätzlichen Altersvorsorge,** die die Voraussetzungen des Altersvorsorgeverträge-Zertifizierungsgesetzes erfüllen, da es sich hier um Eigenvorsorge handelt.

5. Ausnahmeregelung für Renten aus den gesetzlichen Rentenversicherungen. Mit dem Begriff 27 der Renten aus den gesetzlichen Rentenversicherungen nimmt der Gesetzgeber Bezug auf die **Leistungen der Rentenversicherung für Arbeiter und für Angestellte sowie der Knappschaftsversicherung** (BAG 19. 7. 1983 AP BetrAVG § 5 Nr. 8); Renten aus der gesetzlichen Unfallversicherung sind davon ebenso wenig erfasst wie Leistungen der Alterssicherung der Landwirte (BAG 5. 9. 1989 AP BetrAVG § 5 Nr. 32), letztere, da sie nicht dem SGB VI – Gesetzliche Rentenversicherung – unterfallen. Die zumindest unter hälftiger Beteiligung des AG erdienten gesetzlichen Versorgungsansprüche sollen anrechenbar sein; diese Voraussetzung ist bei einer durch Versorgungsausgleich erworbenen Anwartschaft nicht gegeben, so dass diese nicht anrechenbar ist (BAG 20. 3. 2001 NZA 2002, 274).

Vom Begriff der Renten aus den gesetzlichen Rentenversicherungen **sind alle Leistungsbestandteile** 28 **dieser Renten erfasst,** also auch die Kindererziehungszeiten (BAG 5. 12. 1995 DB 1996, 1143). Anders als bei den Kinderzuschüssen handelt es sich hier nicht um Leistungen des Familienlastenausgleichs, sondern um eine Leistung des Sozialversicherungsträgers an den Rentenempfänger um der Leistung willen, die der Rentenempfänger im Interesse der Allgemeinheit erbracht hat. Im Zweifel ist, wenn eine Anrechnungsklausel die Berücksichtigung der Sozialversicherungsrente vorsieht, der Bruttobetrag der Rente gemeint, also unter Einschluss der Beiträge der Rentner zur Krankenversicherung (BAG 10. 3. 1992 NZA 1992, 935; *Griebeling* Rn. 519).

Das BAG zählt zu den Renten aus den gesetzlichen Rentenversicherungen iSv. Abs. 2 S. 2 auch 29 **Leistungen ausländischer Rentenversicherungen.** So hat es für französische Leistungen ausgesprochen, dass der französische Anteil der Rente durch den deutschen Rententräger gezahlt werde und einen nach deutschem Sozialversicherungsrecht erwerbbaren Anspruch ersetze (BAG 27. 11. 1984 AP BetrAVG § 5 Nr. 19). Das BAG verweist damit auch auf die Koordinierungsvorschriften der VO (EWG) Nr. 1408/71 über die Anwendung der Systeme der sozialen Sicherheit auf AN und Selbständige sowie deren Familienangehörige, die innerhalb der Gemeinschaft zu- und abwandern (v. 14. 6. 1971 ABl. EG Nr. L 149/2; s. auch *Hanau/Steinmeyer/Wank/Steinmeyer* § 21). Zur Anrechnung einer österreichischen Rente hat das BAG vor Beitritt Österreichs zur Europäischen Gemeinschaft ausgeführt, dass es sich dabei um eine Rente aus einer Pflichtversicherung handele, die dienstzeit- und beitragsabhängig sei und bestimmte Prozentsätze der Rentenbemessungsgrundlage als Versicherungsleistungen im Alter und bei Invalidität sicherstelle. Die Beiträge seien vom AG und versicherungspflichtigen AN je zur Hälfte zu zahlen. Nach Sinn und Zweck der Regelung müssten auch diese Leistungen erfasst werden (BAG 24. 4. 1990 AP BetrAVG § 5 Nr. 35). Man wird daraus **nicht eine allg. Anrechenbarkeit ausländischer Rentenleistungen** herleiten können, da diese nicht immer in dieser Weise auf der Grenzlinie zur Eigenvorsorge liegen. So gibt es staatliche Alterssicherungssysteme, die auf der Idee des Zwangssparens beruhen und deshalb als staatliche Systeme im hier interessierenden Zusammenhang wohl mehr der Eigenvorsorge zuzurechnen sind (s. näher *Steinmeyer* DRV 1997, 474).

Renten aus der gesetzlichen Rentenversicherung sind aber nur anrechenbar, soweit sie auf **Pflicht-** 30 **beiträgen** beruhen. Dabei ist eine auf Pflichtbeiträgen beruhende Rente auch dann anzurechnen, wenn erst durch freiwillige Beiträge die Wartezeit erfüllt wurde (BAG 19. 2. 1976 AP BGB § 242 Ruhegehalt Nr. 171; BAG 24. 4. 1990 AP BetrAVG § 5 Nr. 35), da dies nichts daran ändert, dass die Rente zumindest zT auf Pflichtbeiträgen beruht; die auf den freiwilligen Beiträgen des AN beruhenden Rententeile sind ohnehin von der Anrechnung ausgenommen. Bei anderen AG erzielte Rentenanteile dürfen angerechnet werden. Aus § 5 II 2 wird deutlich, dass die Betriebstreue und die Arbeitsleistungen, die in einem früheren Arbeitsverhältnis erbracht wurden, nicht als Eigenbeiträge anzusehen sind (BAG 14. 10. 1998 NZA 1999, 874; BAG 22. 2. 2000 NZA 2002, 36).

Bei **Teilzeitkräften** kann die Sozialversicherungsrente auf die auf der geringeren Arbeitszeit beru- 31 hende Gesamtversorgung auch insoweit angerechnet werden, wie sie auf früheren Vollzeitbeschäftigungen beruht. Dies entspricht dem Sinn und Zweck einer Gesamtversorgung und der Ergänzungsfunktion der Zusatzversorgung (BAG 14. 10. 1998 NZA 1999, 874).

Eine nicht zu unterschätzende **Schwierigkeit** besteht aber darin, die auf freiwilligen Beiträgen 32 beruhenden Rententeile und die auf Pflichtbeiträgen beruhenden **sauber voneinander zu unterscheiden und zu trennen.** Dies kann nach der seit Inkrafttreten des SGB VI geltenden neuen Rentenformel in Entgeltpunkten ausgedrückt werden. Die Rentenformel erlaubt es, zwischen freiwilligen Beiträgen und Pflichtbeiträgen zu unterscheiden (vgl. näher § 70 SGB VI). Beitragsfreie Zeiten wie etwa Anrechnungszeiten wird man den Pflichtbeiträgen zuordnen müssen, was sich daraus rechtfertigt, dass mit diesen auf Kosten und ggf. im Interesse der gesamten Versichertengemeinschaft ein Ausgleich für nicht geleistete Beiträge geschaffen werden soll.

33   **6. Ausnahmeregelung für sonstige Versorgungsbezüge, die mindestens zur Hälfte auf Beiträgen oder Zuschüssen des Arbeitgebers beruhen.** Mit diesen sonstigen Versorgungsbezügen sind **alle Versorgungsleistungen angesprochen, die von AN und AG gemeinsam finanziert werden.** So kann der AG sich an der Finanzierung einer vom AN abgeschlossenen Lebensversicherung beteiligen. Daneben ist von Bedeutung insb. die sog. **befreiende Lebensversicherung;** bis 1968 konnten sich Angestellte anlässlich der Erhöhungen bzw. der Aufhebung der für die Versicherungspflicht in der Angestelltenversicherung geltenden Jahresarbeitsverdienstgrenzen von der Rentenversicherungspflicht befreien lassen, wenn sie etwa eine Lebensversicherung abgeschlossen hatten. Leistet der AG hierzu Zuschüsse, so können je nach Höhe des Zuschusses die Voraussetzungen der Ausnahmeregelung erfüllt sein (s. näher *Höfer* Rn. 2346 ff.). Entspr. ist auch anzunehmen für Leistungen der berufsständischen Versorgungssysteme, wenn der AG im Fall von dort versicherten Angestellten Beitragszuschüsse gewährt.

34   Derartige Versorgungsbezüge sind **anrechenbar, wenn sie zu mindestens 50% vom AG finanziert worden sind.** Es handelt sich um eine feste und starre Größe, Spielraum für flexible Lösungen lässt der eindeutige Gesetzeswortlaut nicht zu (ebenso *Blomeyer/Otto* Rn. 119). Ist die Beteiligung des AG niedriger, ist nur eine Anrechnung nach § 5 II 1 möglich, dh. dass der auf Eigenbeiträgen des AN beruhende Anteil nicht anrechenbar ist.

IV. Außergesetzliche Anrechnungsverbote

35   Die Frage der Anrechenbarkeit **anderweitiger Versorgungsbezüge** auf Leistungen der betrieblichen Altersversorgung ist angesichts der Vielzahl unterschiedlicher Sozialleistungen bzw. Leistungsbestandteile und sonstiger Bezüge, die für die Anrechnung in Betracht kommen, und der Vielgestaltigkeit möglicher Anrechnungsregelungen einer **abschließenden Regelung nicht zugänglich** (BT-Drucks. 7/2843 S. 8). Rspr. und Lit. haben deshalb für die nicht ausdrücklich erfassten Leistungen Prüfungskriterien entwickelt.

36   **1. Maßgebliche Prüfungskriterien.** Dafür sind vorrangig der **Gleichbehandlungsgrundsatz,** das **Willkürverbot** und ggf. der **Entgeltgedanke** heranzuziehen. Das BAG hat in seiner Rspr. – entwickelt an der Anrechenbarkeit von Renten aus der gesetzlichen Unfallversicherung (BAG 17. 1. 1980 AP BetrAVG § 5 Nr. 3) – zunächst darauf abgestellt, dass es den Gleichbehandlungsgrundsatz verletze, wenn diejenigen AN, die eine Unfallrente beziehen, sich diese Leistung auf die betrieblichen Versorgungsleistungen anrechnen lassen sollten, da der unfallgeschädigte AN die gleiche Leistung erbracht habe wie ein vergleichbarer nichtgeschädigter AN. Damit hat das BAG die Entgeltlichkeit des Ruhegeldes in den Vordergrund gestellt.

37   Ob eine **sachwidrige Ungleichbehandlung** vorliegt, ist zunächst anhand der **konkreten Ausgestaltung der Zusage** zu ermitteln. Sieht eine Versorgungszusage die Anrechnung von Leistungen vor, die einem bes. Zweck – etwa dem des Familienlastenausgleichs – dienen, so bestehen gegen diese Anrechnung keine Bedenken, wenn die Versorgungszusage Leistungen vorsieht, die dem gleichen Zweck dienen. Bei der Ausgestaltung des Austauschverhältnisses von Arbeitsleistung und Ruhegeld kann bei der Bestimmung der Gegenleistung des AG für erbrachte Arbeitsleistung auch bes. Versorgungsgesichtspunkten Rechnung getragen werden (*Steinmeyer* S. 75 ff.). In jedem Fall ist das Ruhegeld Gegenleistung für erbrachte Arbeitsleistung und dient der Versorgung des AN im Alter, bei Invalidität oder Tod. Der **Entgeltcharakter** wird deshalb **als Maßstab überstrapaziert** (s. näher *Steinmeyer* S. 199 ff.; wie hier *Blomeyer/Otto* Rn. 125).

38   Maßgeblich ist vielmehr, dass die Ruhegeldzusage je nach Ausgestaltung **unterschiedlichen Versorgungszielen** Rechnung tragen kann. Bei einer Ausrichtung des zugesagten Ruhegeldes an der bes. Bedürftigkeit einer Person stellt sich die Frage der Anrechenbarkeit anderer Ruhestandseinkünfte unter dem Aspekt der Verletzung des Gleichbehandlungsgrundsatzes anders als etwa bei der Ausrichtung des Ruhegeldes am letzten Einkommen. Während im ersteren Fall eine Anrechnung von Leistungen, die nicht Lohnersatzleistungen sind, gerechtfertigt ist, würde eine solche Anrechnungsklausel im anderen Fall gegen den Gleichbehandlungsgrundsatz verstoßen. Maßgeblich ist also nicht die Entgeltlichkeit des Ruhegeldes als solche, sondern die inhaltliche Ausgestaltung dieser Entgeltleistung. **Je nach Ausgestaltung der Ruhegeldzusage** ist deshalb eine **differenzierte Betrachtung** geboten (ebenso *Blomeyer/Otto* Rn. 128 f.).

39   **2. Anrechenbarkeit einzelner Versorgungsbezüge. a) Leistungen des Familienlastenausgleichs.** Deshalb sind die inzwischen nur noch bei Altfällen relevanten **Kinderzuschüsse** in der gesetzlichen Rentenversicherung (§ 270 SGB VI) **grds. nicht anrechenbar,** da sie nicht der Versorgung des AN im Alter, bei Invalidität oder Tod dienen. Dieses Anrechnungsverbot gilt aber dann nicht, wenn in der

betrieblichen Versorgungsleistung eine **zusätzliche Kinderzulage** enthalten ist (BAG 16. 8. 1988 NZA 1989, 314; *Höfer* Rn. 2340), da das Versorgungsziel anders gefasst ist. Durch die Leistung der betrieblichen Altersversorgung soll dann auch ein Ausgleich für die durch Betreuung und Unterhalt von Kindern entstehenden Aufwendungen geleistet werden (s. auch BAG 16. 8. 1988 AP BetrAVG § 5 Nr. 28). Gleiches gilt für das Kindergeld nach dem BKGG.

b) **Renten aus der gesetzlichen Unfallversicherung.** Für die Frage der Anrechenbarkeit von Renten aus der gesetzlichen Unfallversicherung ist deshalb **maßgebend** das **Versorgungsziel der Unfallrente einerseits und des Ruhegeldes andererseits.**

Renten aus der gesetzlichen Unfallversicherung haben **Lohnersatzfunktion** und sollen den Ausfall an Arbeitseinkommen ausgleichen, der durch die unfallbedingte Minderung der Erwerbsfähigkeit eintritt. Gem. § 93 SGB VI wird bei **Zusammentreffen von Unfallrente und Rente aus der gesetzlichen Rentenversicherung** letztere insoweit nicht geleistet, als die Summe der Rentenbeträge vor Einkommensanrechnung einen Grenzbetrag übersteigt, der grds. bei 70% des Monatsbetrags des Jahresarbeitsverdienstes in der gesetzlichen Unfallversicherung liegt. Das Sozialversicherungsrecht sieht die Unfallrente ebenso wie die Rente aus der gesetzlichen Rentenversicherung als eine Leistung an, die den durch den jeweiligen Versicherungsfall bedingten Ausfall des Erwerbseinkommens ausgleichen soll. Wenn beide Leistungen aber gleichermaßen Lohnersatzfunktion haben, ist nicht einzusehen, warum sie hinsichtlich ihrer Anrechenbarkeit auf Leistungen der betrieblichen Altersversorgung unterschiedlich behandelt werden sollen (so auch *Gitter* Anm. zu BAG AP BetrAVG § 5 Nr. 8).

Das BAG beruft sich darauf, dass den Unfallrenten neben dieser Lohnersatzfunktion faktisch auch die **Funktion eines immateriellen Schadensausgleichs** zukomme (BAG 17. 1. 1980 AP BetrAVG § 5 Nr. 3; BAG 19. 7. 1983 AP BetrAVG § 5 Nr. 8). Bei Minderungen der Erwerbsfähigkeit von weniger als 30%, nicht selten aber auch bei Minderungen der Erwerbsfähigkeit von 30 bis 50% treten häufig keine oder nur geringfügige Einkommensminderungen auf (*Gitter*, FS Sieg 1976 S. 139 ff.), so dass die Unfallrente insoweit in Wandlung ihrer ursprünglichen Funktion einen immateriellen Schaden ausgleiche und insoweit faktisch die Funktion eines Schmerzensgeldes erfülle.

Diesem **Funktionswandel der** Unfallrente trägt der Gesetzgeber in § 93 Abs. 2 Nr. 2 SGB VI Rechnung, indem bei der Ermittlung der Summe der zusammentreffenden Rentenbeträge der Betrag der Grundrente nach dem BVG nach bestimmten Maßstäben unberücksichtigt bleibt. Demgegenüber knüpft das BAG pauschal an den Maßstab des § 31 BVG an; die Grundrente entspreche damit den Teil der Verletztenrente, der im Zusammenhang mit der betrieblichen Altersversorgung nicht berücksichtigt werden dürfe (BAG 19. 7. 1983 AP BetrAVG § 5 Nr. 8; BAG 13. 9. 1983 AP BetrAVG § 5 Nr. 11; BAG 8. 11. 1983 AP BetrAVG § 5 Nr. 12; BAG 6. 6. 1989 AP BetrAVG § 5 Nr. 30; BAG 19. 3. 2002 DB 2003, 399). Hier ist der differenziertere Maßstab des § 93 SGB VI näher liegend.

Eine Aufteilung zwischen dem anrechnungsfreien und dem anrechnungsfähigen Teil der Unfallrente sollte in der Versorgungszusage geregelt werden. Wenn sich der AG an die **gesetzgeberische Wertung des § 93 SGB VI** hält, also die Unfallrente ebenso wie die nach § 5 II 2 grds. anrechenbaren Leistungen aus der gesetzlichen Rentenversicherung behandelt, kann ihm **der Vorwurf einer willkürlichen Ungleichbehandlung nicht gemacht werden.** Dies gilt hier unabhängig von der inhaltlichen Ausgestaltung der jeweiligen Ruhegeldzusage, also ihrem konkreten Versorgungsziel, da nach § 5 II 2 Renten aus der gesetzlichen Rentenversicherung unabhängig von der Ausgestaltung der Zusage anrechenbar sind und nach den obigen Überlegungen für Unfallrenten nichts anderes gelten kann.

Sieht die Versorgungsregelung eine derartige Aufteilung nicht vor oder ist der AG hinter den Maßstäben des § 93 SGB VI zurückgeblieben, so muss eine richterliche Bewertung an die Stelle treten, die ebenfalls an § 93 SGB VI anknüpfen sollte, da dort ein Maßstab für die Anrechnung von Renten aus der gesetzlichen Unfallversicherung auf Leistungen der Alterssicherung entwickelt worden ist. Dieser Maßstab ist näher an der Sache als der vom BAG verwendete. Im Sinne einer verlässlichen Kalkulations- und Gestaltungsgrundlage sollte deshalb der **Maßstab des § 93 SGB VI herangezogen** werden, wenn eine ausdrückliche Regelung in der Versorgungszusage nicht erfolgt ist.

c) **Leistungen der Alterssicherung für Landwirte.** Eine Anrechnung von Leistungen der Alterssicherung für Landwirte scheidet regelmäßig bereits deshalb aus, weil es sich hier um ein **Alterssicherungssystem für Selbständige** handelt und sich deshalb etwa bei Nebenerwerbslandwirten nicht auf die ANTätigkeit, sondern auf die Tätigkeit als Selbständiger bezieht (ähnlich BAG 5. 9. 1989 AP BetrAVG § 5 Nr. 32).

d) **Leistungen nach dem BVG.** Leistungen nach dem BVG dürfen nach der **ausdrücklichen Regelung des § 83 S. 2 BVG** nicht angerechnet werden.

e) **Arbeitseinkünfte. Arbeitseinkünfte dürfen grds. angerechnet werden.** Aus dem Entgeltcharakter der betrieblichen Altersversorgung können hieraus keine Bedenken hergeleitet werden; der Grundsatz der Vertragsfreiheit erlaubt es, hier eine Anrechnung vorzusehen (BAG 9. 7. 1991 AP BetrAVG § 5 Nr. 37).

Arbeitseinkünfte dürfen **auch bei der Hinterbliebenenversorgung angerechnet** werden. Auf eine Hinterbliebenenrente darf also auch eigenes Erwerbseinkommen des Hinterbliebenen angerechnet werden. Dies ergibt sich zum einen aus der Unterhaltsersatzfunktion von Hinterbliebenenleistungen und zum anderen aus dem Umstand, dass das Recht der gesetzlichen Rentenversicherung für die Hinterbliebenenrenten in diesem System eine solche Anrechnung vorsieht (§ 97 SGB VI). Das BAG ist mit dem Gleichbehandlungsgrundsatz zum gleichen Ergebnis gekommen (23. 4. 1985 AP BetrAVG § 1 Zusatzversorgungskassen Nr. 9).

50   f) **Leistungen der betrieblichen Altersversorgung.** Die Anrechnung von **Leistungen aus dem gleichen Versorgungsverhältnis** ist unproblematisch, da es sich hier um eine **gewollte Versorgungseinheit** handelt. Werden Leistungen der betrieblichen Altersversorgung aus einem vorherigen Arbeitsverhältnis angerechnet, so stößt dies deshalb nicht auf Bedenken, weil es sich um Versorgungsbezüge iSv. § 5 II handelt und diese nicht auf eigenen Beiträgen des AN beruhen. Eine Anrechnung von später erworbenen Anwartschaften würde gegen § 2 V 3 verstoßen (ebenso *Blomeyer/Otto* Rn. 173).

51   Bei einer über **Entgeltumwandlung** finanzierten betrieblichen Altersversorgung darf eine Anrechnung nicht erfolgen. Der AN finanziert diese betriebliche Altersversorgung im wirtschaftlichen Ergebnis aus seinen eigenen Mitteln, so dass eine Anrechnung gegen den Gleichbehandlungsgrundsatz verstoßen würde, denn der AN, der von der Möglichkeit der Entgeltumwandlung Gebrauch gemacht hat, würde schlechter behandelt als derjenige, der dies nicht getan hat. Durch das AVmG hat der Gesetzgeber der ANFinanzierung an verschiedenen Stelle insb. bei der Unverfallbarkeit Rechnung getragen, so dass insoweit inzwischen ein Anrechnungsverbot keinen Zweifeln mehr unterliegen kann (ähnlich *Andresen/Förster/Rößler/Rühmann* Teil 9 A Rn. 1077).

Dritter Abschnitt. Altersgrenze

§ 6 Vorzeitige Altersleistung

[1] Einem Arbeitnehmer, der die Altersrente aus der gesetzlichen Rentenversicherung vor Vollendung des 65. Lebensjahres als Vollrente in Anspruch nimmt, sind auf sein Verlangen nach Erfüllung der Wartezeit und sonstiger Leistungsvoraussetzungen Leistungen der betrieblichen Altersversorgung zu gewähren. [2] Fällt die Altersrente aus der gesetzlichen Rentenversicherung wieder weg oder wird sie auf einen Teilbetrag beschränkt, so können auch die Leistungen der betrieblichen Altersversorgung eingestellt werden. [3] Der ausgeschiedene Arbeitnehmer ist verpflichtet, die Aufnahme oder Ausübung einer Beschäftigung oder Erwerbstätigkeit, die zu einem Wegfall oder zu einer Beschränkung der Altersrente aus der gesetzlichen Rentenversicherung führt, dem Arbeitgeber oder sonstigen Versorgungsträger unverzüglich anzuzeigen.

I. Normzweck

1   Die Vorschrift ist. eine **Konsequenz aus dem RRG vom 16. 10. 1972** (BGBl. I S. 1965), durch das die sog. **flexible Altersgrenze** eingeführt wurde (BT-Drucks. 7/1281 S. 29), da sonst nicht sichergestellt gewesen wäre, dass ein AN, der von der Möglichkeit eines vorzeitigen Eintritts in den Ruhestand Gebrauch macht, zum Zeitpunkt des Bezugs der Rente aus der gesetzlichen Rentenversicherung auch das Ruhegeld aus der betrieblichen Altersversorgung erhält.

2   S. 1 verpflichtet deshalb den Versorgungsträger, unter den dort formulierten Voraussetzungen auch einem noch **nicht 65 Jahre alten Versorgungsanwärter** Leistungen der betrieblichen Altersversorgung zu gewähren, **sofern er die Altersrente aus der gesetzlichen Rentenversicherung bezieht.** S. 2 soll sicherstellen, dass die Verpflichtung zur vorzeitigen Gewährung betrieblicher Altersversorgung begrenzt bleibt auf den Zeitraum, für den die Altersrente aus der gesetzlichen Rentenversicherung gewährt wird. Dies wird unterstützt durch eine dahingehende Anzeigepflicht des AN.

II. Vorzeitige Inanspruchnahme des betrieblichen Ruhegeldes

3   Die Vorschrift setzt voraus, dass die **Anwartschaft auf das Ruhegeld aus der betrieblichen Altersversorgung bei Beendigung des Arbeitsverhältnisses aufrechterhalten geblieben** ist. Vorgezogene Rentenleistungen aus der gesetzlichen Rentenversicherung ändern nichts an der Rechtsstellung für Leistungen der betrieblichen Altersversorgung (BAG 21. 6. 1979 AP BetrAVG § 6 Nr. 2).

4   § 6 spricht ungenau von „Leistungen der betrieblichen Altersversorgung", obwohl nur **Leistungen wegen Alters** gemeint sein können, da nur bei diesen das Erfordernis der Verknüpfung auftreten kann. Daraus folgt aber auch, dass ein möglicher Versorgungsberechtigter **nicht unter Berufung auf § 6 vorzeitig Invaliditäts- oder Hinterbliebenenleistungen in Anspruch nehmen kann.** Andererseits folgt aus dieser neutralen Bezugnahme auf „Leistungen der betrieblichen Altersversorgung", dass Versorgungsform, Durchführungsweg und Leistungsart (laufende Leistung oder Kapitalleistung) unerheblich sind.

5   **1. Vorzeitige Altersrente aus der gesetzlichen Rentenversicherung.** Mit der Bezugnahme auf die gesetzliche Rentenversicherung wird auf **Leistungen nach dem SGB VI** verwiesen. Die Regelung ist

II. Vorzeitige Inanspruchnahme des betrieblichen Ruhegeldes

auch nach ihrem Wortlaut zugeschnitten auf die **deutsche gesetzliche Rentenversicherung** und kann nicht ohne weiteres auch bei Leistungen ausländischer staatlicher Alterssicherungssysteme angewendet werden (s. auch *Blomeyer/Otto* Rn. 25; *Höfer* Rn. 2508). Dies kann je nach Fallkonstellation zu einer Diskriminierung von EG-Ausländern bzw. Personen mit ausländischen Rentenansprüchen führen, was die Freizügigkeit in der EU beeinträchtigt; bei EG-Ausländern ist § 6 deshalb in diesen Fällen entspr. anzuwenden.

Nach dem Wortlaut der Vorschrift sind auch **nicht erfasst die Systeme der berufsständischen** 6 **Versorgung** (s. auch *Blomeyer/Otto* Rn. 28 und *Höfer* Rn. 2538.1) sowie die **Altershilfe für Landwirte** und schließlich auch nicht die sog. „befreiende Lebensversicherung" (LAG Rheinland-Pfalz 24. 7. 1990 BetrAV 1991, 44 f.). Dafür spricht auch, dass die Vorschrift des § 6 konzipiert ist als flankierende Regelung für eine sozialpolitisch motivierte Maßnahme der gesetzlichen Rentenversicherung.

Es geht nach dem SGB VI um die **Altersrente für langjährig Versicherte** nach § 36 SGB VI (vgl. 7 auch § 236 SGB VI), um die **Altersrente für schwerbehinderte Menschen** nach § 37 SGB VI (vgl. auch § 236 a SGB VI), um **Altersrente wegen Arbeitslosigkeit oder nach Altersteilzeit** nach § 237 SGB VI, um **Altersrente für Frauen** nach § 237 a SGB VI sowie um **Altersrente für langjährig unter Tage beschäftigte Bergleute** nach § 40 SGB VI (vgl. auch § 238 SGB VI).

Indem § 6 festlegt, dass der AN die vorzeitige Rente aus der gesetzlichen Rentenversicherung als 8 Vollrente in Anspruch nimmt, wird deutlich gemacht, dass die **Inanspruchnahme der Teilrente nach § 42 SGB VI hier nicht erfasst** ist. Dies mag zwar die Inanspruchnahme dieser Möglichkeit des gleitenden Übergangs in den Ruhestand weiter behindern; das Betriebsrentengesetz ist jedoch insoweit eindeutig. Nunmehr wird durch den Begriff „Vollrente" auf die Terminologie des SGB VI (§ 42 I) ausdrücklich Bezug genommen.

Mit der **vorzeitigen Altersrente für Frauen** (§ 237 a SGB VI) ist eine Leistung in den Anwen- 9 dungsbereich des § 6 einbezogen, die sowohl **verfassungsrechtlich als auch europarechtlich nicht unproblematisch** ist, da sie zu einer Ungleichbehandlung beim Rentenalter für Männer und Frauen führt. Mit nachvollziehbaren Argumenten haben sowohl das BVerfG (28. 1. 1987 BVerfGE 74, 163, 173 ff. = AP AVG § 25 Nr. 3) als auch der EuGH (16. 2. 1982 Slg. 1982, 555; 7. 7. 1992 Slg. 1992, I-4297) die Regelung noch für eine Übergangszeit akzeptiert. Im Zuge der Anhebung des Rentenalters in der gesetzlichen Rentenversicherung wird diese Ungleichbehandlung von Männern und Frauen ohnehin beseitigt (§ 237 a SGB VI). Während aber die unterschiedlichen Altersgrenzen für Männer und Frauen in der gesetzlichen Rentenversicherung europarechtlich durch Art. 7 I Buchst. a der RL des Rates zur schrittweisen Verwirklichung des Grundsatzes der Gleichbehandlung von Männern und Frauen im Bereich der sozialen Sicherheit (79/7/EWG v. 19. 12. 1978 ABl. EG Nr. L 6 v. 10. 1. 1979) gedeckt sind, greift bei der europarechtlichen Bewertung von § 6 die Vorschrift des Art. 141 EG (Art. 119 aF), da betriebliches Ruhegeld als Entgelt für Arbeit iSd. Art. 141 EG anzusehen ist. § 6 führt zu einer Ungleichbehandlung von Männern und Frauen hinsichtlich der Betriebsrente, da Frauen sie damit früher in Anspruch nehmen können. Dies ist deshalb mit Art. 141 EG kaum zu vereinbaren (s. auch *Blomeyer/Otto* Rn. 40). Der Gesetzgeber des RRG 1999 hat daraus mit § 30 a die Konsequenzen gezogen.

Nicht ausdrücklich geregelt ist in § 6, ob ein AN eine Altersleistung aus der betrieblichen Altersver- 10 sorgung **auch dann vorzeitig beziehen** kann, **wenn er keine Ansprüche aus der gesetzlichen Rentenversicherung hat**. Dies ist dann der Fall, wenn er nicht zum Kreis der versicherungspflichtigen AN nach § 5 SGB VI gehört. Bei den mittelbaren Versorgungszusagen ist dieses Problem rein praktisch dadurch gelöst, dass das BAV (nunmehr BaFin) für die Pensionskassen und die Direktversicherung die Versorgungsträger angewiesen bzw. ihnen empfohlen hat, einem solchen Wunsch nach vorzeitigem Bezug auch dann Rechnung zu tragen, wenn keine Ansprüche auf Altersrente aus der gesetzlichen Rentenversicherung bestehen (vgl. RdSchr. 1/75 v. 7. 1. 1975 VerBAV 1975, 5 für Pensionskassen und Geschäftsbericht BAV 1972, 45 für Lebensversicherungen). Bei unmittelbaren Versorgungszusagen und Zusagen auf Leistung durch Unterstützungskassen trifft den AG eine entspr. Pflicht nicht, da die Regelung gerade als flankierend zu Maßnahmen aus der gesetzlichen Rentenversicherung gemeint ist. Auch wenn für nicht versicherungspflichtige AN ein Interesse daran bestehen mag, vorzeitig die betriebliche Altersleistung in Anspruch zu nehmen, ist es aber ein iSv. Art. 3 I GG sachlicher Grund, wenn der Gesetzgeber in § 6 den Anspruch nur des Rentenversicherten auf vorzeitige Leistungen flankiert durch einen Anspruch auf zeitgleich einsetzende Leistungen der betrieblichen Altersversorgung, da diesem so die vorzeitige Inanspruchnahme der Rente aus der gesetzlichen Rentenversicherung erleichtert werden soll (wie hier *Andresen/Förster/Rößler/Rühmann* Teil 9 A Rn. 465; *Höfer* Rn. 2509; anders *Blomeyer/Otto* Rn. 45).

2. Inanspruchnahme der gesetzlichen Altersrente. Der AN muss die vorgezogene Altersrente aus 11 der gesetzlichen Rentenversicherung **als Vollrente in Anspruch** nehmen. Ein nur tw. Bezug – gleich nach welcher rechtlichen Konstruktion – reicht nicht aus.

Inanspruchnahme bedeutet, dass der **AN die gesetzlichen Voraussetzungen für den Bezug einer** 12 **solchen Altersrente erfüllt** hat. Diese Anspruchsberechtigung löst erst dann das Recht des AN aus

§ 6 aus, wenn der Träger der gesetzlichen Rentenversicherung dies per Rentenbescheid festgestellt hat (vgl. §§ 115 ff. SGB VI). Es reicht aus, wenn der Rentenversicherungsträger den positiven Rentenbescheid erlassen hat. Seine Rechtskraft ist nicht Voraussetzung, da anderenfalls etwa bei Streitigkeiten über die Rentenhöhe der Versorgungsberechtigte ungebührlich lange auf seine betriebliche Versorgungsleistung warten müsste (anders *Blomeyer/Otto* Rn. 54; *Heubeck/Höhne/Paulsdorff/Rau/Weinert/Höhne* Rn. 20; unklar *Höfer* Rn. 2502).

13 Ruht die Rente aus der gesetzlichen Rentenversicherung wegen **Zusammentreffens mit anderen Leistungen (§§ 89 ff. SGB VI)**, so ändert dies nichts an einem dem Grunde nach bestehenden Anspruch auf eine Altersrente aus der gesetzlichen Rentenversicherung, so dass auch in einem solchen Fall die Voraussetzungen für den Anspruch aus § 6 gegeben sind (zu Ausnahmen vgl. aber unten Rn. 35 ff.).

14 **3. Anspruch auf Leistungen der betrieblichen Altersversorgung.** Erst nach Erfüllung der **Wartezeit und der sonstigen Leistungsvoraussetzungen** werden vorzeitige Altersleistungen aus der betrieblichen Altersversorgung gewährt. Damit wird die Vertragsfreiheit der Parteien des Versorgungsverhältnisses respektiert, aber zugleich auch an die generelle Behandlung der Wartezeiten durch das Betriebsrentengesetz angeknüpft, so dass der Versorgungsberechtigte diese Wartezeit, aber auch die sonstigen Leistungsvoraussetzungen auch noch nach seinem Ausscheiden erfüllen kann (BAG 28. 3. 1989 AP BetrAVG § 6 Nr. 16). Der **AG wird also nicht veranlasst, eine Leistung zu erbringen, die er sonst nicht erbringen müsste.** Die Einräumung der Möglichkeit der vorzeitigen Inanspruchnahme von Altersrenten würde aber ihren Zweck verfehlen, wenn der AN in diesem Fall seine Anwartschaften in der betrieblichen Altersversorgung verlieren und die weiteren Anspruchsvoraussetzungen nach seinem Ausscheiden nicht mehr erfüllen könnte.

15 Das bedeutet, dass der AN, bei dem eine Wartezeit, die bis zur Regelaltersgrenze noch zurückgelegt werden kann, bei vorzeitigem Ausscheiden nicht erfüllt ist, die Leistung der betrieblichen Altersversorgung **erst nach Ablauf der Wartezeit** erhalten kann (BAG 21. 6. 1979 AP BetrAVG § 6 Nr. 2).

16 Bis auf die Erfüllung der Altersvoraussetzung **müssen alle Merkmale erfüllt sein, die Voraussetzung für den Erwerb eines Leistungsanspruchs sind.** Der Versorgungsberechtigte muss allerdings im Augenblick des Eintritts des Versorgungsfalles noch **nicht die Unverfallbarkeitsvoraussetzungen** erfüllt haben. § 1 b ordnet die Anwendung der Unverfallbarkeitsvorschriften für die Fälle an, dass der AN *vor* Eintritt des Versorgungsfalles aus dem Betrieb ausscheidet; hier hingegen scheidet auf Grund der bes. Regelung des § 6 der AN *mit* Eintritt des Versorgungsfalles aus (BAG 28. 2. 1989 AP BetrAVG § 6 Nr. 16). Dies gilt allerdings nur, soweit der AN bis zum Eintritt *dieses* Versorgungsfalles dem Betrieb angehört hat. Scheidet jemand vorher mit einer verfallbaren Anwartschaft aus, so „heilt" § 6 diese Leistungsvoraussetzung nicht. Mit Beginn der vorzeitigen Altersrente entstehen aus erloschenen Anwartschaften Ansprüche (BAG 21. 6. 1979 AP BetrAVG § 6 Nr. 2).

17 Aus der Entstehungsgeschichte ergibt sich, dass die **Beendigung des Arbeitsverhältnisses nicht zu den Voraussetzungen** für den Bezug der vorzeitigen Altersleistung aus der betrieblichen Altersversorgung gehört, das Arbeitsverhältnis also fortgesetzt werden kann (*Blomeyer/Otto* Rn. 67; *Höhne* in *Heubeck/Höhne/Paulsdorff/Rau/Weinert/Höhne* Rn. 38; *Höfer* Rn. 2552). Dem AG steht es aber frei, die Leistung an eine sog. Ausscheidensklausel zu knüpfen; dies rechtfertigt sich aus dem Versorgungszweck des Ruhegeldes (*Blomeyer/Otto* Rn. 68).

18 **4. Verlangen des Arbeitnehmers.** Der AN muss den Anspruch auf vorzeitige Rentengewährung durch eine **rechtsgestaltende Willenserklärung** geltend machen. Adressat dieser Erklärung ist jeweils derjenige, der auch bei der normalem Geltendmachung des Anspruchs der Adressat wäre. Dies kann bei Insolvenz des AG auch der PSV sein (BGH 9. 6. 1980 AP BetrAVG § 17 Nr. 2).

III. Anspruch auf vorzeitige Altersleistung aus der betrieblichen Altersversorgung als Rechtsfolge

19 Der AN erwirbt – ggf. unter Abweichung von der vorgesehenen Versorgungsregelung – einen Anspruch auf vorzeitige Altersleistung aus der betrieblichen Altersversorgung. Dieser **Anspruch richtet sich grds. gegen den AG** und besteht **im arbeitsrechtlichen Versorgungsverhältnis.** Die Vorschrift trifft keine Aussage über den Adressaten des Anspruchs; angesichts des arbeitsrechtlichen Charakters ist diese Lücke dann aber dadurch zu schließen, dass der AG grds. verpflichtet ist, alles Erforderliche zu tun, um dem AN die vorzeitige Inanspruchnahme der betrieblichen Leistung zu ermöglichen (insoweit wie hier *Andresen/Förster/Rößler/Rühmann* Teil 9 A Rn. 557); der AN kann sich aber auch direkt an den Versorgungsträger richten, wenn zu diesem unmittelbare Rechtsbeziehungen bestehen.

20 Nach der Rspr. des BAG (28. 3. 1995 AP BetrAVG § 1 Lebensversicherung Nr. 22) begründet das auf § 6 gestützte Verlangen zwar einen Versorgungsfall, nicht aber kraft Gesetzes einen Versicherungsfall. Der Ausdruck „Leistungen der betrieblichen Altersversorgung" bezieht sich nur auf das arbeitsrechtliche Versorgungsverhältnis. Das BAG leitet aus § 6 lediglich die **Verpflichtung des Versicherers** her, die Versicherungsbedingungen so auszugestalten, dass der AG den versorgungsberechtigten AN

IV. Anspruchsumfang

bei Inanspruchnahme der vorzeitigen Altersrente aus der gesetzlichen Rentenversicherung das Deckungskapital ohne Stornoabzug verschaffen kann. Zwar sollte mit § 6 nicht das Versicherungsvertragsrecht geändert werden; ist aber der AN gegenüber einem mittelbaren Versorgungsträger unmittelbar anspruchsberechtigt, so kann er die vorzeitige Altersleistung auch in dieser Beziehung geltend machen. Stößt die vorzeitige Inanspruchnahme dann aber auf versicherungsrechtliche Hindernisse, so greift der Verschaffungsanspruch gegen den AG (ähnlich *Blomeyer/Otto* Rn. 88 ff.). Der AG ist aber stets verpflichtet, in geeigneter Weise dabei ein- und mitzuwirken, dass der Versicherer die Leistung auch schon vorzeitig erbringt (s. *Andresen/Förster/Rößler/Rühmann* Teil 9 A Rn. 557).

Bei einer **Unterstützungskassen-Versorgung** muss der AG dafür sorgen, dass die Unterstützungskasse den Anforderungen des § 6 Rechnung trägt (so auch *Schaub* § 81 Rn. 119). 21

IV. Anspruchsumfang

1. **Allgemeines.** Die Vorschrift enthält keine Aussage über den Anspruchsumfang, regelt also nicht 22 die Frage, ob der AG oder sonstige Versorgungsverpflichtete die **Leistungen unter Berufung auf den vorzeitigen und damit typischerweise längeren Rentenbezug kürzen** darf. Die Rspr. des BAG geht zutreffend davon aus, dass der Gesetzgeber das Problem zwar gesehen hat, es aber **nicht regeln wollte.** Dass ein vorzeitiger Rentenbezug zu Kürzungen der betrieblichen Ruhegeldleistung führen darf, um den Gesamtaufwand nicht zu erhöhen, dürfte der Gesetzgeber als Konsequenz akzeptiert haben, zumal die vorzeitige Altersrente in der gesetzlichen Rentenversicherung ebenfalls zu einer niedrigeren Rente führt (BAG 1. 6. 1978 AP BetrAVG § 6 Nr. 1). Dies gilt allerdings nicht für die Beitragszusage mit Mindestleistung, da hier die Dauer der Betriebszugehörigkeit für die Leistungsbemessung keine Relevanz hat (*Langohr-Plato/Teslau*, DB 2003, 664).

Der AG oder sonstige Versorgungsverpflichtete hat einen gewissen **Gestaltungsspielraum.** Für 23 Altzusagen fragt sich, ob und wie Ruhegeldleistungen zu kürzen sind, wenn sich eine dahingehende Abrede in der Versorgungsvereinbarung nicht findet.

Die Rspr. zieht als Maßstab sowohl für **die Kontrolle einschlägiger Regelungen als auch als** 24 **Auslegungsmaßstab** den in § 2 niedergelegten **Teilwertgedanken** in analoger Anwendung heran (BAG 1. 6. 1978 AP BetrAVG § 6 Nr. 1; BGH 9. 6. 1980 AP BetrAVG § 17 Nr. 2). Dem Zweck des § 6 widerspräche es, wenn die Betriebsrenten unangemessen beschnitten würden. Es dürfe jedoch unbedenklich sein, die im Verhältnis zum Erwerb des vollen Altersruhegeldes kürzere Betriebszugehörigkeit zu berücksichtigen. Darüber hinaus sieht das BAG als sachgerechtes Kriterium auch die wegen des früheren Renteneintritts voraussichtlich längere Rentenbezugszeit an.

2. **Vereinbarungen der Vertragsparteien.** Das BAG **verneint** allerdings eine **Rechtspflicht, die** 25 **Betriebsrente bei vorzeitiger Inanspruchnahme** entspr. § 2 ratierlich zu berechnen (BAG 28. 3. 1995 AP BetrAVG § 6 Nr. 21). Der Gestaltungsspielraum des AG bzw. sonstiger Versorgungsverpflichteten geht vielmehr darüber hinaus. Die Rspr. prüft derartige Kürzungsmaßnahmen oder -klauseln nach dem Maßstab des § 315 III BGB, des arbeitsrechtlichen Gleichbehandlungsgrundsatzes und etwa bestehender betrieblichen Übungen. Der arbeitsrechtliche Gleichbehandlungsgrundsatz verpflichtet einen AG allerdings nicht dazu, eine besonders günstige Anspruchsberechtigung für AN, die vorgezogen Betriebsrente in Anspruch nehmen, nachdem sie bis zu diesem Zeitpunkt betriebstreu geblieben sind, auch anteilig an AN weiterzugeben, die vorzeitig aus dem Betrieb ausgeschieden sind (BAG 23. 1. 2001 DB 2002, 1168). In TV kann von diesen Maßstäben abgewichen werden (§ 17 III 1; BAG 24. 7. 2001, NZA 2002, 1291).

Es liegt aber nahe, sich als Maßstab an den **versicherungsmathematischen Abschlägen** zu orientie- 26 ren, die bei vorzeitiger Inanspruchnahme **in der gesetzlichen Rentenversicherung** vorgesehen sind. Das bedeutet eine Minderung der Rente für jedes Jahr des Vorziehens um 3,6%. Höhere Abschläge können gleichwohl akzeptabel sein, wenn sie sich versicherungsmathematisch rechtfertigen lassen. So sieht das BAG in einem Fall, in dem der PSV Versorgungsträger ist, einen Kürzungsabschlag von 0,5% pro Monat = 6% pro Jahr nicht als unbillig an (BAG 20. 4. 1982 AP BetrAVG § 6 Nr. 4; s. auch BAG 24. 7. 2001 RdA 2002, 311 m. Anm. *Steinmeyer*). Es handele sich dabei um eine stark vereinfachende der Massenhaftigkeit der Rechtsbeziehungen Rechnung tragende Pauschale, die in den Versorgungsordnungen der Betriebspraxis verbreitet sei und sich in der Mitte einer denkbaren Skala versicherungsmathematischer Abschläge bewege. Die Praxis sieht auch einen Kürzungssatz von 0,75 pro Monat (= 8,4% pro Jahr) noch als gerechtfertigt an (*Heubeck/Höhne/Paulsdorff/Rau/Weinert/Höhne* Rn. 138). Im Rahmen seiner Inhaltskontrolle hält das BAG etwa eine Versorgungsregelung nicht für unbillig, die für die Berechnung der vorzeitigen Altersrente auf die tatsächlich im Zeitpunkt des Ausscheidens erdiente Rente abstellt und auf versicherungsmathematische Abschläge ebenso verzichtet wie auf eine zeitratierliche Kürzung, da der AN hier das erhält, was er durch Arbeitsleistung tatsächlich verdient hat (BAG 29. 7. 1997 NZA 1998, 543).

Wird die betriebliche Altersversorgung als **einmalige Kapitalleistung** gewährt, so kann eine längere 27 Rentenbezugszeit keine Rolle spielen. Relevant kann deshalb hier nur die kürzere Betriebszugehörigkeit und ggf. der negative Zinseffekt sein.

28   Genau umgekehrt ist die Situation bei AN, die mit **unverfallbaren Anwartschaften vorzeitig ausgeschieden** sind. Hier ist der Maßstab „verkürzte Betriebszugehörigkeit" irrelevant (so nunmehr auch BAG 23. 1. 2001 DB 2001, 1888). Es kann vielmehr nur gehen um den negativen Zinseffekt und die längere Rentenbezugsdauer.

29   **3. Ergänzende Vertragsauslegung.** Ist keine ausdrückliche Abrede für eine Rentenkürzung in der Versorgungsvereinbarung festzustellen, so bedarf es der **ergänzenden Vertragsauslegung** (BAG 13. 3. 1990 AP BetrAVG § 6 Nr. 17). Bei Versorgungsordnungen aus der Zeit vor Inkrafttreten des BetrAVG ist zu klären, ob die Parteien eine Kürzung vereinbart hätten und welchen Maßstab sie angewandt haben würden, allerdings ist in diesen Fällen der AG angesichts der geänderten Rechtslage berechtigt, die Zusage zu ergänzen und einen versicherungsmathematischen Abschlag einzuführen (BAG 11. 9. 1980 AP BetrAVG § 6 Nr. 3). Bei jüngeren Versorgungszusagen kann aus der Nichterwähnung einer Kürzungsmöglichkeit je nach Lage des Einzelfalles geschlossen werden, dass eine Kürzung bei vorzeitigem Rentenbezug nicht beabsichtigt ist.

30   Das BAG **beschränkt die Kürzungsmöglichkeit auf den Maßstab des § 2**, wenn die Versorgungsordnung in Kenntnis von Gesetzgebung und Rspr. nicht geändert worden ist (BAG 11. 9. 1980 AP BetrAVG § 6 Nr. 3; s. auch BAG 29. 7. 1997 NZA 1998, 545; BAG 23. 1. 2001 DB 2001, 1888). Diese Auslegungsregel gilt nur dann nicht, wenn sich aus der Versorgungszusage Anhaltspunkte dafür ergeben, dass die Parteien die ungeregelt gebliebene Frage anders geregelt haben würden, wenn sie sie bedacht hätten. Ein versicherungsmathematischer Abschlag kann in einem solchen Fall nicht vorgenommen werden (BAG 24. 6. 1986 AP BetrAVG § 6 Nr. 12).

31   Wenn ein bereits **vorher mit einer unverfallbaren Anwartschaft ausgeschiedener AN** die Altersrente vorzeitig in Anspruch nimmt, so kann bei fehlender Kürzungsabrede ebenfalls kein versicherungsmathematischer Abschlag vorgenommen werden. Die dem AN bei vorzeitiger Inanspruchnahme zustehende Rente durfte dann nach der bisherigen Rspr. allerdings noch einmal zeitanteilig um den Unverfallbarkeitsfaktor (§ 2 I) gekürzt werden (BAG 13. 3. 1990 AP BetrAVG § 6 Nr. 17). Zunächst wurde festgestellt, welche Rente der AN bis zum vorgezogenen Wechsel in den Ruhestand erhalten hätte, wenn er bis dahin im Betrieb verblieben wäre. Dieser Betrag war mit dem Unverfallbarkeitsfaktor aus § 2 Abs. 1 BetrAVG zu multiplizieren, also mit dem Verhältnis der erreichten zu der bis zur Vollendung des 65. Lebensjahres erreichbaren Dauer der Betriebszugehörigkeit. Die so ermittelte Betriebsrente bei Erreichen des vorgezogenen Versorgungsfalls des § 6 war dann im Verhältnis der tatsächlich erreichten zu der bis zur Vollendung des 65. Lebensjahres erreichbaren Betriebsrente zu kürzen (krit. dazu *Neumann*, FS für *Förster*, 2001, S. 219 ff.). Diese Rspr. hat das BAG inzwischen aufgegeben (BAG 23. 1. 2001 DB 2001, 1887; BAG 24. 7. 2001 RdA 2002, 311; s. dazu auch *Bepler*, FS Förster 2001 S. 237 ff.; *Eichenhofer* SAE 2002, 38; *Steinmeyer*, RdA 2002, 315; krit. *Höfer* 2682.2 ff.; *Grabner/Bode* BB 2001, 2425; *Ahrend/Förster/Rühmann* Rn. 27; *Schipp* NZA 2002, 1113), da die Annahme, zu den „ohne das vorherige Ausscheiden zustehenden Leistungen" iSv. § 2 I gehöre auch der Betriebsrentenanspruch eines bis dahin im Beschäftigungsverhältnis verbliebenen AN nach § 6, so nicht ganz in sich stimmig sei. Es ist festzustellen, dass § 2 I als Bezugspunkt nimmt das Erreichen der festen Altersgrenze und die vom AG für diesen Fall in Aussicht gestellte Betriebsrente. Diese **wird bei vorzeitigem Ausscheiden** dann nach den in § 2 enthaltenen Maßstäben gekürzt. Will der AN die Rentenleistung vorgezogen in Anspruch nehmen, so will das BAG wegen des früheren und längeren Rentenbezuges **eine weitere Kürzung** über einen möglicherweise vorgesehenen versicherungsmathematischen Abschlag oder um einen Faktor vornehmen, der die Zeit zwischen vorgezogener Inanspruchnahme und fester Altersgrenze zusätzlich mindernd berücksichtigt. Das BAG bezeichnet diese zweite Kürzung als „**unechten versicherungsmathematischen Abschlag**". Der Unterschied zur bisherigen Rspr. besteht darin, dass § 2 I nicht doppelt herangezogen wird, sondern die zweite Kürzung den Ersatz für den fehlenden versicherungsmathematischen Abschlag darstellt. Kritisch ist anzumerken, dass sie eine klare – wenngleich dogmatisch unstimmige – Rechenregel aufgegeben hat (*Höfer* DB 2001, 2045). Gleichwohl ist dem BAG zuzustimmen; der „unechte versicherungsmathematische Abschlag" sorgt für die nötige Flexibilität und erzielt zumeist sachgerechte Ergebnisse. § 6 ist vom Gesetzgeber bewusst ohne konkrete Berechnungsvorgaben ausgestaltet; dann darf dem nicht durch eine unzutreffende wenn auch klare Rechenregel entgegengewirkt werden. Dass diese Regel wiederum nicht für alle Fälle passen kann, liegt daran, dass in § 2 das vorgezogene Altersruhegeld eben nicht mitgeregelt ist, das Konzept vielmehr auf die Fälle der Regel-Altersgrenze, der Invalidität und des Todes zugeschnitten ist. Eine Vergleichsbetrachtung kann deshalb bei untypischen Zusagen und atypischen Fällen zu unvermeidlichen Brüchen führen, die mit dem BAG im Wege einer Einzelfallkorrektur zu bewältigen sind (BAG 24. 7. 2001 RdA 2002, 311 m. Anm. *Steinmeyer*; krit. dazu *Höfer* AP BetrAVG § 6 Nr. 27).

32   Wird in einer Versorgungsordnung den Mitarbeitern ein betriebliches Altersruhegeld gewährt, wenn sie die „Altersgrenze zum Bezug von Altersrenten nach den derzeit geltenden Sozialversicherungsgesetzen …" erreichen, und enthält die Versorgungsordnung keine ausdrückliche Kürzungsregelung, so geht das BAG davon aus, dass hier auf die unterschiedlichen Altersrenten der gesetzlichen Renten-

versicherung verwiesen wird und eine Kürzung ausgeschlossen ist (BAG 21. 8. 1990 AP BetrAVG § 6 Nr. 19).

Die Heranziehung von § 2 durch das BAG mag einen **für die Praxis handhabbaren Maßstab** 33 liefern, krankt jedoch daran, dass § 2 die Höhe einer noch nicht fälligen Leistung bestimmt, die erst mit Eintritt des Versorgungsfalles zu einer fälligen wird, während es sich hier um die Höhe einer fälligen Leistung handelt (*Ahrend/Förster/Rößler* Anm. zu AP BetrAVG § 6 Nr. 1). Sie krankt auch daran, dass § 2 I an sich nur die Aufgabe hat, bei einer auf Betriebstreue bis zum Versorgungsfall zugeschnittenen Leistungsformel den Betrag zu ermitteln, den der AN bei vorzeitigem Ausscheiden auf Grund seiner Betriebszugehörigkeit erworben hat. Von § 6 aber wird sowohl der Fall des vorzeitigen Ausscheidens als auch der des Verbleibens im Betrieb bis zur vorgezogenen Inanspruchnahme der Betriebsrente erfasst.

Die vom BAG vorgeschlagenen Maßstäbe ergänzender Vertragsauslegung **funktionieren nicht** 34 **ohne weiteres bei mittelbaren Versorgungszusagen,** da im Versicherungsverhältnis der Versicherer nur zur Erbringung von Leistungen verpflichtet werden kann, die sich ausdrücklich aus dem Versicherungsverhältnis ergeben. Im Versorgungsverhältnis bewirkt dann § 6 eine Leistungsverschaffungspflicht des AG. Bei ergänzender Vertragsauslegung ist aber im Zweifel anzunehmen, dass die Parteien keinen über die Leistungspflicht des Versicherers hinausgehenden Verpflichtungsumfang vereinbart haben würden (so auch *Blomeyer/Otto* Rn. 169).

Sieht eine Versorgungsordnung eine **Höchstbegrenzungsklausel** vor, so ist diese bei der Berech- 35 nung vorgezogener Altersleistungen aus der betrieblichen Altersversorgung im Zweifel außer Betracht zu lassen. Die Obergrenze dient der Vermeidung einer Überversorgung; Renten sind deshalb erst bei Überschreitung der Höchstgrenzen zu kürzen (BAG 8. 5. 1990 AP BetrAVG § 6 Nr. 18). Allerdings ist diese Auslegungsregel nicht ohne weiteres auf Fallgestaltungen übertragbar, in denen es um die Berechnung einer Teilrente auf Grund einer unverfallbaren Versorgungsanwartschaft geht, die dann später mit Eintritt in den vorzeitigen Ruhestand der gesetzlichen Rentenversicherung geltend gemacht wird (BAG 28. 3. 1995 AP BetrAVG § 6 Nr. 21). Das BAG will zutr. grds. auf den **Sinn und Zweck einer Höchstbegrenzungsklausel** abstellen (BAG 10. 1. 1984 AP BetrAVG § 2 Nr. 4); wenn aber das BAG dann differenziert zwischen Gesamtversorgungsgrenzen, die nur zur Vermeidung von Überversorgung dienen sollen und solchen, die als Berechnungsfaktor unabhängig davon dienen, ob der AN eine hohe oder eine niedrige Betriebsrente erhält, so wird eine Differenzierung eingeführt, die offenbar in der Praxis so nicht durchführbar ist (*Höfer* Rn. 2671). Es ist deshalb eine fiktive Betriebsrente auf den Zeitpunkt des Erreichens der Altersrente zu berechnen (*Höfer* Rn. 2671; *Blomeyer/Otto* Rn. 179).

V. Wegfall der Altersrente aus der gesetzlichen Rentenversicherung

Wenn das Gesetz eine Verknüpfung zwischen gesetzlicher Rentenversicherung und betrieblicher 36 Altersversorgung bei der Inanspruchnahme vorzeitiger Altersrente vornimmt, muss es konsequenterweise auch sicherstellen, dass bei **späterem Fortfall der Rente aus der gesetzlichen Rentenversicherung** auch die Zahlung der betrieblichen Altersleistung wieder eingestellt werden kann. Ein solcher Fall kann eintreten, wenn die **Hinzuverdienstgrenze** überschritten wird (§ 34 II und III SGB VI) oder – weniger typisch – wenn von einer Vollrente zu einer Teilrente (§ 42 SGB VI) übergegangen wird.

Vorzeitige Renten aus der gesetzlichen Rentenversicherung fallen nach § 34 II SGB VI voll- 37 ständig weg; dies muss allerdings nicht zu einem vollständigen Verlust des Rentenanspruchs führen, da statt der Vollrente uU eine Teilrente in Anspruch genommen werden kann; insofern gelten höhere Hinzuverdienstgrenzen (§ 34 III Nr. 2 SGB VI). Der Rentenanspruch aus der gesetzlichen Rentenversicherung entfällt nur dann vollständig, wenn auch diese Hinzuverdienstgrenzen überschritten sind (s. auch *Wannagat/Schmitt* § 34 SGB VI Rn. 7).

Der AG kann in diesen Fällen die **Leistungen der betrieblichen Altersversorgung einstellen.** Dies 38 gilt nicht nur bei vollständigem Wegfall der Rente aus der gesetzlichen Rentenversicherung, sondern auch bei Reduzierung auf einen Teilbetrag. Der AG kann die betriebliche Versorgungsleistung auch weiterzahlen, hat also insoweit ein Wahlrecht. Bei der Gewährung einmaliger Kapitalleistungen ist S. 2 von seinem Sinn und Zweck her nicht anwendbar (*Höfer* Rn. 2580; *Blomeyer/Otto* Rn. 193).

S. 2 betrifft nur das **arbeitsrechtliche Versorgungsverhältnis.** Der AG ist daraus berechtigt, die 39 Einstellung der Versicherungsleistungen zu veranlassen. Der Vollzug der Einstellung im Versicherungsverhältnis kann allerdings wegen der existierenden Vereinbarungen im Versicherungsverhältnis problematisch sein.

Fällt später die **rentenschädliche Beschäftigung wieder weg,** so entsteht wiederum der Anspruch 40 auf vorgezogene Altersrente aus der gesetzlichen Rentenversicherung und damit auch wieder ein Anspruch auf vorgezogene Altersleistungen aus der betrieblichen Altersversorgung mit der Folge einer erneuten Berechnung einer möglichen Kürzung. Da für diesen Fall die Versorgungszusage idR keine ausdrückliche Regelung enthalten dürfte, ist deshalb – falls vorhanden – auf die allg. Abrede zur

Kürzung wegen vorzeitigen Rentenbezuges abzustellen oder auf die Grundsätze der ergänzenden Vertragsauslegung zurückzugreifen.

41 Bei **Vollendung des 65. Lebensjahres** erfüllt der AN die Leistungsvoraussetzungen für die reguläre Altersleistung aus der betrieblichen Altersversorgung. Diese Leistung muss ihm angesichts des vorzeitigen Rentenbezugs in ihrer ursprünglich vorgesehenen Höhe nicht ungeschmälert zustehen. Es liegt nahe, bei vorzeitigem Altersrentenbezug für die gesamte Laufzeit der Rente eine niedrigere Leistung vorzusehen, so dass es bei Vollendung des 65. Lebensjahres nicht zu einer erneuten Berechnung kommen muss. Dies entspricht der Praxis der gesetzlichen Rentenversicherung.

42 Da AG oder sonstige Versorgungsträger bei Wegfall der Rente aus der gesetzlichen Rentenversicherung auf **die Information durch den AN** angewiesen sind, legt S. 3 diesem die Verpflichtung auf, die Aufnahme oder Ausübung einer Beschäftigung, die zu einem Wegfall oder zu einer Beschränkung der Altersrente aus der gesetzlichen Rentenversicherung führt, dem AG oder sonstigen Versorgungsträger unverzüglich mitzuteilen. Leistungsunschädliche Hinzuverdienste hat der AN also nicht mitzuteilen. Adressaten der Mitteilung sind AG und sonstiger Versorgungsträger je nach Funktion im Rahmen der Gewährung vorzeitiger Altersleistungen aus der betrieblichen Altersversorgung. Eine Verletzung der Mitteilungspflicht führt zu einer rechtsgrundlosen Leistung der betrieblichen Altersversorgung mit der Konsequenz eines Rückforderungsanspruchs nach § 812 I 1 BGB sowie zu Schadensersatzansprüchen aus Verletzung einer Nebenpflicht des Arbeitsvertrages. Denkbar ist auch ein Schadensersatzanspruch nach § 823 II BGB, da § 6 S. 3 ein Schutzgesetz iSd. Vorschrift darstellt, denn es schützt die Vermögensinteressen der Versorgungsträger (*Blomeyer/Otto* Rn. 227; *Höfer* Rn. 2597).

Vierter Abschnitt. Insolvenzsicherung

§ 7 Umfang des Versicherungsschutzes

(1) [1] Versorgungsempfänger, deren Ansprüche aus einer unmittelbaren Versorgungszusage des Arbeitgebers nicht erfüllt werden, weil über das Vermögen des Arbeitgebers oder über seinen Nachlaß das Insolvenzverfahren eröffnet worden ist, und ihre Hinterbliebenen haben gegen den Träger der Insolvenzsicherung einen Anspruch in Höhe der Leistung, die der Arbeitgeber aufgrund der Versorgungszusage zu erbringen hätte, wenn das Insolvenzverfahren nicht eröffnet worden wäre. [2] Satz 1 gilt entsprechend,
1. wenn Leistungen aus einer Direktversicherung aufgrund der in § 1b Abs. 2 Satz 3 genannten Tatbestände nicht gezahlt werden und der Arbeitgeber seiner Verpflichtung nach § 1b Abs. 2 Satz 3 wegen der Eröffnung des Insolvenzverfahrens nicht nachkommt,
2. wenn eine Unterstützungskasse oder ein Pensionsfonds die nach ihrer Versorgungsregelung vorgesehene Versorgung nicht erbringt, weil über das Vermögen oder den Nachlass eines Arbeitgebers, der der Unterstützungskasse oder dem Pensionsfonds Zuwendungen leistet (Trägerunternehmen), das Insolvenzverfahren eröffnet worden ist.

[3] § 11 des Versicherungsvertragsgesetzes findet entsprechende Anwendung. [4] Der Eröffnung des Insolvenzverfahrens stehen bei der Anwendung der Sätze 1 bis 3 gleich
1. die Abweisung des Antrags auf Eröffnung des Insolvenzverfahrens mangels Masse,
2. der außergerichtliche Vergleich (Stundungs-, Quoten- oder Liquidationsvergleich) des Arbeitgebers mit seinen Gläubigern zur Abwendung eines Insolvenzverfahrens, wenn ihm der Träger der Insolvenzsicherung zustimmt,
3. die vollständige Beendigung der Betriebstätigkeit im Geltungsbereich dieses Gesetzes, wenn ein Antrag auf Eröffnung des Insolvenzverfahrens nicht gestellt worden ist und ein Insolvenzverfahren offensichtlich mangels Masse nicht in Betracht kommt.

(1 a) [1] Der Anspruch gegen den Träger der Insolvenzsicherung entsteht mit dem Beginn des Kalendermonats, der auf den Eintritt des Sicherungsfalles folgt. [2] Der Anspruch endet mit Ablauf des Sterbemonats des Begünstigten, soweit in der Versorgungszusage des Arbeitgebers nicht etwas anderes bestimmt ist. [3] In den Fällen des Absatzes 1 Satz 1 und 4 Nr. 1 und 3 umfaßt der Anspruch auch rückständige Versorgungsleistungen, soweit diese bis zu sechs Monaten vor Entstehen der Leistungspflicht des Trägers der Insolvenzsicherung entstanden sind.

(2) [1] Personen, die bei Eröffnung des Insolvenzverfahrens oder bei Eintritt der nach Absatz 1 Satz 4 gleichstehenden Voraussetzungen (Sicherungsfall) eine nach § 1b unverfallbare Versorgungsanwartschaft haben, und ihre Hinterbliebenen haben bei Eintritt des Versorgungsfalls einen Anspruch gegen den Träger der Insolvenzsicherung, wenn die Anwartschaft beruht
1. auf einer unmittelbaren Versorgungszusage des Arbeitgebers oder
2. auf einer Direktversicherung und der Arbeitnehmer hinsichtlich der Leistungen des Versicherers widerruflich bezugsberechtigt ist oder die Leistungen aufgrund der in § 1b Abs. 2 Satz 3

genannten Tatbestände nicht gezahlt werden und der Arbeitgeber seiner Verpflichtung aus § 1 b Abs. 2 Satz 3 wegen der Eröffnung des Insolvenzverfahrens nicht nachkommt.
² Satz 1 gilt entsprechend für Personen, die zum Kreis der Begünstigten einer Unterstützungskasse oder eines Pensionsfonds gehören, wenn der Sicherungsfall bei einem Trägerunternehmen eingetreten ist. ³ Die Höhe des Anspruchs richtet sich nach der Höhe der Leistungen gemäß § 2 Abs. 1 und 2 Satz 2 und Abs. 5, bei Unterstützungskassen nach dem Teil der nach der Versorgungsregelung vorgesehenen Versorgung, der dem Verhältnis der Dauer der Betriebszugehörigkeit zu der Zeit vom Beginn der Betriebszugehörigkeit bis zum Erreichen der in der Versorgungsregelung vorgesehenen festen Altersgrenze entspricht, es sei denn, § 2 Abs. 5 a ist anwendbar. ⁴ Für die Berechnung der Höhe des Anspruchs nach Satz 3 wird die Betriebszugehörigkeit bis zum Eintritt des Sicherungsfalles berücksichtigt. ⁵ Bei Pensionsfonds mit Leistungszusagen gelten für die Höhe des Anspruchs die Bestimmungen für unmittelbare Versorgungszusagen entsprechend, bei Beitragszusagen mit Mindestleistung gilt für die Höhe des Anspruchs § 2 Abs. 5 b.

(3) ¹ Ein Anspruch auf laufende Leistungen gegen den Träger der Insolvenzsicherung beträgt im Monat höchstens das Dreifache der im Zeitpunkt der ersten Fälligkeit maßgebenden monatlichen Bezugsgröße gemäß § 18 des Vierten Buches Sozialgesetzbuch. ² Satz 1 gilt entsprechend bei einem Anspruch auf Kapitalleistungen mit der Maßgabe, daß zehn vom Hundert der Leistung als Jahresbetrag einer laufenden Leistung anzusetzen sind.

(4) ¹ Ein Anspruch auf Leistungen gegen den Träger der Insolvenzsicherung vermindert sich in dem Umfang, in dem der Arbeitgeber oder sonstige Träger der Versorgung die Leistungen der betrieblichen Altersversorgung erbringt. ² Wird im Insolvenzverfahren ein Insolvenzplan bestätigt, vermindert sich der Anspruch auf Leistungen gegen den Träger der Insolvenzsicherung insoweit, als nach dem Insolvenzplan der Arbeitgeber oder sonstige Träger der Versorgung einen Teil der Leistungen selbst zu erbringen hat. ³ Sieht der Insolvenzplan vor, daß der Arbeitgeber oder sonstige Träger der Versorgung die Leistungen der betrieblichen Altersversorgung von einem bestimmten Zeitpunkt an selbst zu erbringen hat, entfällt der Anspruch auf Leistungen gegen den Träger der Insolvenzsicherung von diesem Zeitpunkt an. ⁴ Die Sätze 2 und 3 sind für den außergerichtlichen Vergleich nach Absatz 1 Satz 4 Nr. 2 entsprechend anzuwenden. ⁵ Im Insolvenzplan soll vorgesehen werden, daß bei einer nachhaltigen Besserung der wirtschaftlichen Lage des Arbeitgebers die vom Träger der Insolvenzsicherung zu erbringenden Leistungen ganz oder zum Teil vom Arbeitgeber oder sonstigen Träger der Versorgung wieder übernommen werden.

(5) ¹ Ein Anspruch gegen den Träger der Insolvenzsicherung besteht nicht, soweit nach den Umständen des Falles die Annahme gerechtfertigt ist, daß es der alleinige oder überwiegende Zweck der Versorgungszusage oder ihre Verbesserung oder der für die Direktversicherung in § 1 b Abs. 2 Satz 3 genannten Tatbestände gewesen ist, den Träger der Insolvenzsicherung in Anspruch zu nehmen. ² Diese Annahme ist insbesondere dann gerechtfertigt, wenn bei Erteilung oder Verbesserung der Versorgungszusage wegen der wirtschaftlichen Lage des Arbeitgebers zu erwarten war, daß die Zusage nicht erfüllt werde. ³ Verbesserungen der Versorgungszusagen werden bei der Bemessung der Leistungen des Trägers der Insolvenzsicherung nicht berücksichtigt, soweit sie in den beiden letzten Jahren vor dem Eintritt des Sicherungsfalls vereinbart worden sind; dies gilt nicht für ab 1. Januar 2002 gegebene Zusagen, soweit bei Entgeltumwandlung Beiträge von bis zu 4 vom Hundert der Beitragsbemessungsgrenze in der Rentenversicherung der Arbeiter und Angestellten für eine betriebliche Altersversorgung verwendet werden.

(6) Ist der Sicherungsfall durch kriegerische Ereignisse, innere Unruhen, Naturkatastrophen oder Kernenergie verursacht worden, kann der Träger der Insolvenzsicherung mit Zustimmung des Bundesaufsichtsamtes für das Versicherungswesen die Leistungen nach billigem Ermessen abweichend von den Absätzen 1 bis 5 festsetzen.

I. Normzweck

Die §§ 7 bis 15 schaffen ein System, durch das der AN und Ruheständler vor der Zahlungsunfähigkeit des AG geschützt werden soll (s. näher *Windel/Hoppenrath* H-BetrAV 100). Im Mittelpunkt dieses Systems steht der **PSV**, der zwar ein privatrechtlicher Versicherungsverein auf Gegenseitigkeit ist, dem aber auf Grund dieses Gesetzes auch hoheitliche Befugnisse eingeräumt sind. Erfasst werden die **Durchführungswege bzw. die Ausgestaltungen von Durchführungswegen, bei denen die Insolvenz des AG zu einer Gefährdung der Ansprüche und Anwartschaften führt** und eine anderweitige Sicherung nicht gegeben ist. Da Lebensversicherungs-Unternehmen als Träger der Direktversicherung und Pensionskassen der Aufsicht durch die Bundesanstalt für Finanzdienstleistungsaufsicht (BaFin) unterliegen, besteht insoweit grds. kein Bedürfnis nach einer speziellen betriebsrentenrechtlichen Insolvenzsicherung, da durch das VAG in ausreichender Weise der Schutz von Anwartschaften und Ansprüchen sichergestellt ist. Deshalb wird eine Versorgung durch Pensionskassen nicht durch die Insolvenzsicherung nach den §§ 7 ff. erfasst und eine betriebliche Altersversorgung durch Direktversicherung nur dann, wenn der AN hinsichtlich der Leistungen des Versicherers nur widerruflich bezugsberechtigt ist oder die Ansprüche aus dem Versicherungsvertrag durch den AG beliehen oder an Dritte abgetreten sind. In diesen Fällen kann bei bestehender Direktversicherung die Insolvenz des AG die Ansprüche und Anwartschaften der AN und Ruheständler gefährden. Daneben werden von der Insolvenzsicherung erfasst die Direktzusage sowie eine durch eine Unterstützungskasse oder einen Pensionsfonds durchgeführte Versorgung.

2 § 7 schafft deshalb einen **versicherungsrechtlichen Anspruch gegen den Träger der Insolvenzsicherung für die Inhaber von Versorgungsansprüchen und Versorgungsanwartschaften,** nennt die Voraussetzungen und die in Frage kommenden Fallgruppen und bestimmt den Umfang des Insolvenzschutzes. Der Träger der Insolvenzsicherung steht nur in dem Umfang ein, in dem auch der AG zur Leistung verpflichtet war und nur so weit, wie der AG zur Leistung nicht in der Lage ist. Daher besteht keine Leistungspflicht des PSV, wenn in einem früheren Prozess rechtskräftig entschieden wurde, dass dem AN keinerlei Versorgungsansprüche gegen den AG zustehen (BAG 23. 3. 1999 NZA 1999, 652). In diesem fehlt es an der nach § 7 I, II erforderlichen Ursächlichkeit.

3 Durch die **AVmG** sind die Vorschriften zur Insolvenzsicherung als Folge der Änderung des § 1 und der Einfügung des § 1 b geändert worden. Es wird den Besonderheiten der Entgeltumwandlung, der Beitragszusage mit Mindestleistung und der Pensionsfonds Rechnung getragen.

4 In § 7 I ist der **Insolvenzschutz von Versorgungsansprüchen** geregelt. Abs. 2 enthält die korrespondierende Regelung für **Anwartschaften.** In Abs. 3 wird der **Anspruch gegen den Träger der Insolvenzsicherung der Höhe nach begrenzt,** während Abs. 4 den **Grundsatz der Ausfallhaftung des Trägers der Insolvenzsicherung** betont, wenn er auf anzurechnende Leistungen der betrieblichen Altersversorgung verweist. Die Abs. 5 und 6 betreffen entspr. allg. versicherungsrechtlichen Grundsätzen den Fall des Versicherungsmissbrauchs und den Katastrophenfall.

5 Dieser Schutz von AN und Betriebsrentner gegen das **Risiko der Insolvenz des AG** steht in Übereinstimmung mit dem europäischen Recht; die RL des Rates zur Angleichung der Rechtsvorschriften der Mitgliedstaaten über den Schutz von AN bei Zahlungsunfähigkeit des AG (80/987/EWG v. 20. 10. 1980 ABl. EG Nr. L 283, S. 23) verlangt die Schaffung eines Systems zum Schutz von AN und Versorgungsberechtigten gegen das Risiko der Zahlungsunfähigkeit bei Zusatzversorgungssystemen (Art. 8 der RL).

6 Gegen das Risiko der Insolvenz **gesichert sind nur Versorgungsansprüche sowie unverfallbare Versorgungsanwartschaften.** Die §§ 7 bis 15 sichern deshalb Leistungen der betrieblichen Altersversorgung grds. in dem Umfang ab, in dem die §§ 1 bis 6 und 16 Anwartschaften und Leistungen der betrieblichen Altersversorgung arbeitsrechtlich sichern. Es kommt nicht auf den Fortbestand des Arbeitsverhältnisses bis zum Versorgungsfall an (so noch einmal ausdrücklich BAG 8. 6. 1999 NZA 1999, 1215). Das Gesetz unterscheidet zwischen **Versorgungsempfängern und Personen mit nach § 1 b unverfallbaren Anwartschaften.** Der Insolvenzschutz erstreckt sich nicht auf Versorgungsanwartschaften, die beim Eintritt der Insolvenz noch verfallbar waren, auf vertraglich unverfallbare Versorgungsanwartschaften und auf Versorgungsansprüche, deren Höhe die Grenzen des § 7 III übersteigt. Eine Insolvenzsicherheit kann in diesen Fällen aber über eine Versorgung durch eine Pensionskasse oder eine Direktversicherung mit unwiderruflichem Bezugsrecht oder auch zivilrechtliche Gestaltungsmöglichkeiten wie zB die Verpfändung einer Rückdeckungsversicherung gewährleistet werden (hierzu *Blomeyer* BetrAV 1999, 17 f.).

7 Bei **Eintritt des Sicherungsfalls erlöschen nicht** etwa die **Versorgungsansprüche** des AN gegen den AG; da den PSV lediglich eine gesetzliche Einstandspflicht trifft und diese neben den Versorgungsverpflichtungen des AG besteht. Nur so ist auch der Anspruchsübergang nach § 9 II erklärbar. Das bedeutet auch, dass nicht insolvenzgesicherte Teile der Altersversorgung weiterhin vom AN gegenüber dem AG beansprucht werden können (BAG 9. 11. 1999 AP BetrAVG § 7 Nr. 96).

II. Insolvenzschutz bei Versorgungsansprüchen

8 § 7 I ist formuliert als **Anspruch des Versorgungsempfängers** gegen die Versicherung in Gestalt des **PSV.** S. 1 benennt als Sicherungsgegenstand Ansprüche aus einer unmittelbaren Versorgungszusage des AG. Als **versichertes Risiko** wird bezeichnet der **Forderungsausfall infolge der Eröffnung des Insolvenzverfahrens über das Vermögen des AG oder seines Nachlasses.** In S. 2 wird dieser Schutz ausgedehnt auf mittelbare Versorgungszusagen insofern, als S. 1 auch gilt, wenn Leistungen aus einer Direktversicherung nicht gezahlt werden, weil der AG die Ansprüche aus dem Versicherungsvertrag abgetreten oder beliehen hat oder eine von ihm eingeschaltete Unterstützungskasse die Leistungen nicht erbringt, sofern der Leistungsausfall auf die Eröffnung des Insolvenzverfahrens über das Vermögen oder den Nachlass des AG zurückzuführen ist. Zum anderen wird in den S. 3 und 4 der Insolvenzfall Eröffnung des Insolvenzverfahrens über das Vermögen oder den Nachlass des AG um weitere Fälle erweitert.

II. Insolvenzschutz bei Versorgungsansprüchen § 7 BetrAVG 200

1. Versorgungsanspruch. Es muss sich um **Leistungen der betrieblichen Altersversorgung** iSd. 9 BetrAVG handeln (vgl. § 1 Rn. 2 ff.). Da aber die Insolvenzsicherung nicht zur freien Disposition der Vertragsparteien der Versorgungsvereinbarung stehen darf, sollte für die Insolvenzsicherung bei Altersleistungen grds. von einer festen Altersgrenze ausgegangen werden. Entgegen der Auffassung des BAG (3. 11. 1998 DB 1999, 1403) kann es deshalb nicht allein darauf ankommen, dass die Wahl einer früheren Altersgrenze auf sachlichen, nicht außerhalb des Arbeitsverhältnisses liegenden Gründen beruht. Anhaltspunkte liefert dann aber § 6, der auf die typischen Altersgrenzen der gesetzlichen Rentenversicherung abstellt. Diese sollten dann auch hier maßgeblich sein, so dass grds. nicht vor das vollendete 62. Lebensjahr zurückgegangen werden kann (ähnlich BGH 2. 7. 1984 DB 1984, 2558; im Grundsatz wie hier auch *Paulsdorff* Rn. 300; ähnlich – aber großzügiger *Blomeyer/ Otto* Rn. 21). Daraus ergibt sich dann auch ohne weiteres, dass Übergangsleistungen und Überbrückungsleistungen ausgeschlossen sind, da sie lediglich den Übergang in einen anderen Beruf oder den Übergang in den Ruhestand erleichtern (iE ebenso aber mit anderer Begründung BAG 3. 11. 1998 DB 1999, 1403).

Mit dem Begriff des **Versorgungsanspruchs** grenzt das Gesetz den Anwendungsbereich des Abs. 1 10 gegenüber den **Anwartschaften** ab. Ein Anspruch ist danach gegeben, wenn aus der bedingten Berechtigung (Anwartschaft) nach Erfüllung der vereinbarten Bedingung das Vollrecht geworden ist. Auf die Fälligkeit des Anspruchs kommt es nicht an, denn auch ein Anspruch auf künftige Leistungen kann ein Anspruch sein, der nicht erfüllt wird, weil über das Vermögen des AG oder seinen Nachlass das Insolvenzverfahren eröffnet wird (BGH 14. 7. 1980 AP BetrAVG § 7 Nr. 5). Maßgebend ist die Versorgungsberechtigung und nicht der tatsächliche Zahlungsbeginn.

Das bedeutet zugleich, dass der **Eintritt des Versorgungsfalles vor Insolvenzeröffnung nicht** 11 **Voraussetzung für § 7 I ist** (BGH 16. 6. 1980 AP BetrAVG § 7 Nr. 7). Nur so kann auch eine sinnvolle Abstimmung mit § 7 II hergestellt werden; es können solche Personen nicht lediglich Anwartschaftsinhabern gleichgestellt werden, die von ihrer zum Vollrecht erstarkten Versorgungsberechtigung bis zum Sicherungsfall nur tatsächlich noch keinen Gebrauch gemacht haben. Anders ist dies nur, wenn die Beendigung des Arbeitsverhältnisses nach der Versorgungsvereinbarung Anspruchsvoraussetzung ist (*Blomeyer/Otto* Rn. 24; *Höfer* Rn. 2721). Einen **Grenzfall** stellt **die Situation des § 6** dar, wenn der AN bis auf die von ihm selbst vorzunehmende Geltendmachung des Anspruchs nach § 6 S. 1 alle Voraussetzungen erfüllt hat. Hier wird man es als ausreichend ansehen müssen, wenn der Berechtigte unter Nachweis des gesetzlichen Rentenanspruchs auf irgendeine Weise zu erkennen gibt, nunmehr auch vorzeitige Altersleistungen aus der betrieblichen Altersversorgung beziehen zu wollen (BGH 9. 6. 1980 AP BetrAVG § 17 Nr. 2).

Das Erfordernis eines Versorgungsanspruchs bedeutet aber auch, dass ein **Hinterbliebener so lange** 12 **nur eine Anwartschaft hat, auf die Abs. 2 anzuwenden ist, wie der Versorgungsfall „Tod des Berechtigten" nicht eingetreten** ist. Wenn der Hinterbliebene hingegen bereits Hinterbliebenenleistungen erhält, ist er insoweit Inhaber eines Versorgungsanspruchs. Erhält ein unmittelbar Versorgungsberechtigte bereits Leistungen und tritt der die Hinterbliebenenrente auslösende Versorgungsfall erst später ein, so geht das Gesetz davon aus, dass die Hinterbliebenenleistungen bereits vor Eintritt dieses Versorgungsfalles als unter Abs. 1 fallende Ansprüche zu behandeln sind, da der Versorgungsanspruch der Hinterbliebenen stets auf dem Rentenstammrecht des AN beruht und deshalb das Schicksal der Hauptrente teilt (BAG 12. 6. 1990 AP BetrAVG § 1 Hinterbliebenenversorgung Nr. 10; *Blomeyer/Otto* Rn. 28; *Paulsdorff* Rn. 45).

2. Versorgungsempfänger. Anspruchsberechtigte nach Abs. 1 S. 1 sind Versorgungsempfänger 13 und ihre Hinterbliebenen, sofern Ansprüche aus einer unmittelbaren Versorgungszusage des AG auf Grund der Insolvenz nicht erfüllt werden können. Versorgungsempfänger ist, wer einen Anspruch auf Versorgungsleistung hat; erforderlich ist daher nicht, dass der Betreffende bereits eine Ruhegeldzahlung erhalten hat, wie dies der Wortlaut nahe zu legen scheint (BAG 26. 1. 1999 NZA 1999, 711). Die Anspruchsberechtigung ist auch unabhängig davon, ob das Arbeitsverhältnis bis zum Versorgungsfall fortbestand oder schon vorher endete (BAG 8. 6. 1999, NZA 1999, 1215). Zu den Anspruchsberechtigten sind **auch die sog. technischen Rentner** zu zählen, dh. diejenigen AN, die zwar nach der Versorgungsvereinbarung alle Voraussetzungen für den Leistungsbezug erfüllen, aber noch weiterarbeiten (BGH 9. 6. 1980 AP BetrAVG § 17 Nr. 2). Zu den technischen Rentnern sind auch diejenigen zu zählen, die nach der Versorgungsordnung Invaliditätsleistungen in Anlehnung an die gesetzliche Rentenversicherung beanspruchen können, soweit sie vor oder auch nach Eintritt des Insolvenzfalles einen Antrag auf Erwerbsminderungsrente beim zuständigen Träger der gesetzlichen Rentenversicherung gestellt haben (so *Paulsdorff* Rn. 47).

3. Versorgungsleistungen. Gesicherte Versorgungsleistungen sind solche aus einer **unmittelbaren** 14 **Versorgungszusage, Leistungen einer Unterstützungskasse bzw. eines Pensionsfonds** sowie solche der **Direktversicherung**. Letztere sind gesichert allerdings **nur, sofern der AG** durch Abtretung oder Beleihung des Bezugsrechts ein **Schutzbedürfnis des AN erst geschaffen hat.** Im Übrigen vertraut der Gesetzgeber auf das Funktionieren der Versicherungsaufsicht, das den Eintritt eines solchen Insolvenzfalles sonst bei der Direktversicherung und allg. bei den Pensionskassen ausschließt.

15 a) **Unmittelbare Versorgungszusage.** Mit der unmittelbaren Versorgungszusage ist das **Versprechen des AG** gemeint, auf individualrechtlicher oder kollektivrechtlicher Rechtsgrundlage die **versprochene Versorgungsleistung aus eigenen Mitteln zu erbringen.** Der AG hat hierfür Rückstellungen zu bilden. Das erforderliche Kapital ist nicht aus dem Betrieb ausgesondert, so dass nachvollziehbar ist, dass die unmittelbare Versorgungszusage besonders insolvenzgefährdet ist.

16 Hat der AG eine **Rückdeckungsversicherung** abgeschlossen, bleibt die Zusage gleichwohl eine unmittelbare Versorgungszusage, so dass nach seinem eindeutigen Wortlaut § 7 I auch auf diese Zusagen anwendbar bleibt, wenn auch das Insolvenzrisiko kleiner wird; allerdings fängt die Rückdeckung ohnehin nur die für den AG aus der Versorgungszusage entstehenden Risiken auf, stellt also keine Sicherung für den AN dar (*Höfer* Rn. 2822). Aber auch vertragliche Konstruktionen zur Insolvenzsicherung schließen angesichts des Wortlauts die gesetzliche Insolvenzsicherung nicht aus (*Andresen/Förster/Rößler/Rühmann* Teil 13 A Rn. 561).

17 Um einen Anspruch aus einer unmittelbaren Versorgungszusage handelt es sich auch, wenn der AG seine Verpflichtungen aus der Zusage nicht erfüllt und deshalb schadensersatzpflichtig wird. Es handelt sich hier weiterhin um einen Anspruch aus einer unmittelbaren Versorgungszusage.

18 b) **Direktversicherung.** Die Direktversicherung ist dadurch gekennzeichnet, dass der AG eine Lebensversicherung auf das Leben des AN abschließt und diesem oder seinen Hinterbliebenen ein Bezugsrecht ganz oder tw. eingeräumt wird (§ 1 b II 1). Das **Insolvenzrisiko** besteht bei Abtretung oder Beleihung des Bezugsrechts. Gleiches muss gelten für den Fall des **Bezugsrechtswiderrufs** sowie der **Bezugsrechtsverpfändung** durch den AG (*Blomeyer/Otto* Rn. 58 und 63).

19 In diesen Fällen **übt der AG seine ihm versicherungsrechtlich zustehenden Rechte aus, handelt aber entgegen den Verpflichtungen aus dem Versorgungsverhältnis zwischen ihm und seinem AN.** Er ist dann verpflichtet, den AN so zu stellen, als sei eine Abtretung oder Beleihung oder eine vergleichbare Maßnahme nicht erfolgt. Der Insolvenzschutz greift, wenn es ihm infolge des Insolvenzfalles nicht möglich ist, dieser Wiederherstellungspflicht nachzukommen.

20 Die Insolvenzsicherung greift auch in den Fällen, in denen der **AN der Abtretung oder Beleihung durch den AG zugestimmt** hat (BAG 26. 6. 1990 AP BetrAVG § 1 Lebensversicherung Nr. 11). Dem kann nicht entgegengehalten werden, dass dann der AN nicht schutzbedürftig sei. Sofern der AN unwiderruflich bezugsberechtigt ist, steht ihm schon vor Eintritt des Versicherungsfalles das Verfügungsrecht über den Anspruch zu; eine Abtretung oder Beleihung durch den AG ist dann ohne Zustimmung des AN nicht mehr möglich. Wenn das Gesetz es aber grds. billigt, dass der AG die Direktversicherung durch Abtretung oder Beleihung wirtschaftlich nutzt, kann es für die Insolvenzsicherung keinen Unterschied machen, ob der AG von vornherein die Möglichkeit der Abtretung oder Beleihung hat oder sie sich später durch Einholung der Zustimmung des AN verschafft.

21 Der Insolvenzschutz erfasst auch die Fälle der **Entgeltumwandlung** (vgl. näher *Steinmeyer* BB 1992, 1553 ff. = BetrAV 1992, 192 ff.). Dies ist durch § 1 II Nr. 3 klargestellt, wodurch die Entgeltumwandlung als Form der betrieblichen Altersversorgung anerkannt wird (s. zu allem näher § 1 Rn. 19 ff.; vgl. auch die bes. Regelungen zur Entgeltumwandlung in § 7 III).

22 **Nicht insolvenzgesichert** sind **Schadensersatzansprüche des AN gegen den AG,** auch wenn sie sich aus der Verletzung von Pflichten im arbeitsrechtlichen Versorgungsverhältnis bei der Zusage einer betrieblichen Altersversorgung durch Direktversicherung ergeben (so auch *Paulsdorff* Rn. 66). Der gesetzliche Insolvenzschutz soll den Versorgungsberechtigten nicht vor den Folgen jeder Pflichtverletzung schütze, die ein AG im Zusammenhang mit den bestehenden Versorgungsverbindlichkeiten begehe, sondern nur vor den Risiken, die in dem abschließenden Katalog der Sicherungsfälle in § 7 aufgeführt seien (BAG 17. 9. 1991 AP BetrAVG § 7 Widerruf Nr. 16).

23 Davon abw. vertritt das **BVerwG** die Auffassung, dass bei Widerruf der Bezugsberechtigung grds. ein der Insolvenzsicherung unterliegender Schadensersatzanspruch begründet werde (BVerwG 28. 6. 1994 SAE 1996, 41 ff. m. Anm. *Steinmeyer*). Die Unterwerfung des Schadensersatzanspruchs unter die Insolvenzsicherung wird offenbar getragen von der Überlegung, dass dies das ist, was dem AN idR verbleibt, wenn der AG das Bezugsrecht widerrufen hat. Dies ist insofern zutreffend, als der Widerruf versicherungsrechtlich wirksam ist, der Anspruch des AN gegen die Versicherung also tatsächlich nicht mehr besteht. Allerdings ändert die versicherungsrechtliche Wirksamkeit des Widerrufs nichts an der fortbestehenden arbeitsrechtlichen Verpflichtung und der in ihr steckende Einstandspflicht des AG, so dass eine derartige „Surrogation" gar nicht erforderlich ist. Darüber hinaus weisen die arbeitsrechtliche Verpflichtung des AG und der Schadensersatzanspruch gegen den AG in die gleiche Richtung – auf die Grundverpflichtung des AG aus seiner Versorgungszusage. Auf dem gleichen Gedanken beruhen auch § 7 I 2 und § 7 II 1 ebenso wie § 2 II 1. In allen Fällen geht es darum, dass die arbeitsrechtliche Grundverpflichtung über das hinausgeht, was versicherungsrechtlich zu leisten ist. Da auch der Schadensersatzanspruch aus der arbeitsrechtlichen Grundverpflichtung folgt, ist nicht einzusehen, warum der Schadensersatzanspruch bemüht werden muss, um einen insolvenzgesicherten Anspruch herleiten zu können.

24 c) **Pensionskassen.** Bei Pensionskassen kann sich ein **Sicherungsfall nicht ergeben,** da hier der AN idR selbst Versicherungsnehmer ist. Abtretung, Beleihung oder Widerruf des Bezugsrechts durch den

AG sind damit ausgeschlossen. Es kann sich hier aber ein insolvenzbedingter Prämienausfall des AG ergeben; der daraus folgende Ersatzanspruch des AN gegen den AG ist aber als unmittelbare Versorgungszusage zu behandeln und insoweit insolvenzgesichert (*Blomeyer/Otto* Rn. 65; *Höfer* Rn. 2852).

d) **Unterstützungskassen.** Die sich aus dem **Ausschluss des Rechtsanspruchs** gegen eine Unterstützungskasse ergebenden rechtskonstruktiven Probleme (§ 1 b Rn. 64 ff.) löst § 7 rechtstechnisch dadurch, dass auf die **Insolvenz des AG** abgestellt wird, durch die die Unterstützungskasse die in der Versorgungsordnung vorgesehenen Zahlungen nicht erbringt; bei Gruppenunterstützungskassen ist deshalb die Insolvenz des jeweiligen AG des Anspruchsberechtigten maßgeblich (BAG 24. 1. 1980 AP BGB § 242 Ruhegehalt-Unterstützungskassen Nr. 10). 25

e) **Pensionsfonds.** Die durch das AVmG eingeführten **Pensionsfonds unterliegen** ebenfalls **der Insolvenzsicherung,** obwohl für sie die auf Lebensversicherungsunternehmen anwendbaren Vorschriften des Versicherungsaufsichtsrechts gelten. Allerdings geht der Spielraum bei der Anlagepolitik beim Pensionsfonds über den für Versicherungsunternehmen geltenden hinaus (§ 115 I 2 VAG; s. auch *Eilert* BetrAV 2001, 626). Anders als bei der Pensionskasse ist der AN hier nicht Versicherungsnehmer; Pensionsfonds sind keine Versicherungsunternehmen, auf die das VVG Anwendung findet; nur das VAG findet entspr. Anwendung. Entscheidend für die Einbeziehung in die Insolvenzsicherungspflicht war, dass eine betriebliche Altersversorgung über Pensionsfonds auch im Wege einer Leistungszusage sowie einer Beitragszusage mit Mindestleistung möglich ist, da dann die Versorgungsverpflichtung vom wirtschaftlichen Schicksal des AG abhängig ist (*Hoppenrath* BetrAV 2001, 117). Angesichts der gegenüber den Pensionskassen liberaleren Kapitalanlagevorschriften sieht der Gesetzgeber trotz Aufsicht durch die BaFin an erforderlichem Maß an Sicherheit nicht mehr als gegeben an (s. dazu Pensions-KapitalanlageV, BetrAV 2001, 763 sowie BetrAV 2002, 60; siehe auch die Pensionsfonds-Kapitalausstattungs V, BetrAV 2002, 54 und die Pensionsfonds-DeckungsrückstellungsV, BetrAV 2002, 57). 26

4. Sicherungsfälle. Das Gesetz sieht insgesamt **vier Sicherungsfälle** vor. Dies geschieht rechtstechnisch dadurch, dass die Eröffnung des Insolvenzverfahrens in S. 1 als Grundfall genannt wird und in S. 4 drei weitere Sicherungsfälle dem gleichgestellt werden. 27

a) **Eröffnung des Insolvenzverfahrens über das Vermögen des AG oder dessen Nachlass.** Der **Grundtatbestand der Insolvenz des AG.** Hier wird rein formal auf den Eröffnungsbeschluss nach § 27 InsO verwiesen. Durch diesen Verweis wird auch auf die sonstigen materiellen und formellen Voraussetzungen des Insolvenzrechts Bezug genommen. 28

b) **Abweisung des Antrags auf Eröffnung des Insolvenzverfahrens mangels Masse.** Der Sicherungsfall tritt hier ein mit der Verkündung des Beschlusses nach § 26 InsO. Ein solcher Beschluss ergeht, wenn nach dem Ermessen des Gerichts eine die Kosten des Verfahrens (§ 54 InsO) deckende Insolvenzmasse nicht vorhanden ist, da dann die Ansprüche der AN und Versorgungsberechtigten sowie der anderen Insolvenzgläubiger auch nicht zu einem kleinen Teil befriedigt werden können. 29

c) **Außergerichtlicher Vergleich.** Mit dem außergerichtlichen Vergleich verfolgt der Schuldner/AG das Ziel, sich durch eine Vielzahl von Verträgen mit seinen Gläubigern zu vergleichen, um so das Insolvenzverfahren abzuwenden. Vom Gesetz ausdrücklich genannt werden hier **Stundungs-, Quoten- und Liquidationsvergleich.** 30

Der Vergleich muss **zur Abwendung des Insolvenzverfahrens** erfolgen, da nur solche Vergleiche den Sicherungsfall begründen, die bei drohender oder schon eingetretener Insolvenz geschlossen werden. Anders als bei den bisher behandelten Sicherungsfällen muss aber hier der **PSV zustimmen;** anderenfalls könnten außergerichtliche Vergleiche zu Lasten der Insolvenzsicherung erfolgen, da der Versorgungsberechtigte einem Vergleich mit einer geringen Quote zustimmen mag, wenn er sich gewiss ist, dass die Insolvenzsicherung für die Differenz eintreten wird. Bei seiner Entscheidung über die Zustimmung muss der PSV eine sachgerechte Abwägung vornehmen, bei der er zu berücksichtigen hat, ob durch den außergerichtlichen Vergleich das Unternehmen gerettet werden kann und damit auch ein Beitrag zur Sicherung der Versorgungsansprüche und -anwartschaften geleistet wird. Es ist auch abzuschätzen, ob durch diesen Vergleich ein Insolvenzverfahren mit noch höheren Belastungen für die Insolvenzsicherung vermieden werden kann. Von zentraler Bedeutung ist dabei, dass der PSV nicht als Sanierungsfonds der Wirtschaft fungieren kann, also nicht den Schuldner entlasten soll, um zusätzliche Mittel für die Befriedigung der sonstigen Gläubiger zu haben (BAG 11. 9. 1980 AP BetrAVG § 7 Nr. 9; s. auch *Blomeyer/Otto* Rn. 106 ff.; *Höfer* Rn. 2770 ff.). 31

Maßgeblicher Zeitpunkt für den Eintritt des Sicherungsfalles ist der Zeitpunkt, **in dem der AG seine Zahlungsunfähigkeit sämtlichen Gläubiger bekannt gibt.** Die Einstellung der Zahlungen allein reicht nach der Rspr. des BAG nicht aus. Das BAG räumt im Interesse der Rechtssicherheit AG und PSV die Möglichkeit ein, im Wege einer Absprache den Zeitpunkt zu bestimmen (BAG 14. 12. 1993 DB 1994, 686 f.). 32

d) **Vollständige Beendigung der Betriebstätigkeit.** Bei diesem Sicherungsfall handelt es sich um einen **Auffangtatbestand** für alle die Fälle, wo der Schuldner/AG wegen Überschuldung davon absieht, ein förmliches Verfahren einzuleiten. So soll verhindert werden, dass der Versorgungsberech- 33 tigte Nachteile dadurch erleidet, dass es zu einem förmlichen Insolvenzverfahren nicht kommt. Bedingung ist die vollständige Einstellung der Betriebstätigkeit und eine offensichtlich unzureichende Insolvenzmasse.

34 Eine vollständige Beendigung der Betriebstätigkeit ist gegeben, wenn der AG **jede unternehmerische Tätigkeit einstellt.** Sie bedeutet die Einstellung des mit dem Betrieb verfolgten arbeitstechnischen Zwecks unter Auflösung der organisatorischen Einheit des Unternehmens (BAG 20. 11. 1984 AP BetrAVG § 7 Nr. 22). Eine Änderung des Unternehmenszwecks reicht nicht aus (*Blomeyer/Otto* Rn. 115; *Höfer* Rn. 2780 f.).

35 Darüber hinaus darf die Eröffnung eines Insolvenzverfahrens offensichtlich mangels Masse nicht in Betracht kommen. Bei der Feststellung der **offensichtlichen Masselosigkeit** ist das BAG eher großzügig, wenn es ausführt, dieser Sicherungsfall setze nicht voraus, dass bereits bei der Betriebseinstellung offensichtlich keine die Kosten eines Insolvenzverfahrens deckende Masse vorhanden gewesen sei; vielmehr genüge es, wenn die Zahlungsunfähigkeit und die offensichtliche Masselosigkeit erst später eintreten und offensichtlich werden (BAG 28. 1. 1986 AP BetrAVG § 7 Nr. 30). Bei der Offensichtlichkeit kommt es auf die objektiven Verhältnisse an (BAG 9. 12. 1997 NZA 1998, 941). Die berechtigte Großzügigkeit des BAG erklärt sich aus den für Versorgungsempfänger oft schwer durchschaubaren Abläufen.

36 Der **PSV muss einerseits die Fortzahlung der Ruhegelder gewährleisten und andererseits in die Lage versetzt werden, eine schnelle und sachgerechte Klärung der tatsächlichen Verhältnisse herbeizuführen,** so dass ggf. ein Rückgriff auf vorhandenes Vermögen des AG möglich bleibt. Zugleich muss verhindert werden, dass die Voraussetzungen für diesen Auffangtatbestand formalistisch ausgelegt werden, da dann zur Vermeidung von Unsicherheiten im Zweifel doch ein Insolvenzantrag gestellt wird. Deshalb reicht es aus, dass sich der AG oder ein Versorgungsberechtigter an den PSV wendet und das Vorliegen dieses Ausnahmetatbestandes geltend macht; dann kann der PSV entscheiden, ob auch er die Voraussetzungen für diesen Sicherungsfall als gegeben ansieht (BAG 11. 9. 1980 AP BetrAVG § 7 Nr. 9).

37 Der **Sicherungsfall ist eingetreten,** wenn objektiv eine Masselosigkeit vorliegt (BAG 9. 12. 1997 NZA 1998, 941). Dabei ist entscheidend der Zeitpunkt, zu dem die Versorgungsleistungen unter Hinweis auf die Vermögenslosigkeit eingestellt sind und der Träger der Insolvenzsicherung von den gesamten Umständen unterrichtet wird (BAG 11. 9. 1980 AP BetrAVG § 7 Nr. 9).

38 **5. Die Sicherungsfälle nach altem Recht (bis 31. 12. 1998).** Die bis zum 31. 12. 1998 geltende Rechtslage hat noch insofern Bedeutung, als gem. § 31 die vor dem 1. 1. 1999 eingetretenen Sicherungsfälle nach altem Recht zu beurteilen sind. Hinsichtlich der Sicherungsfälle Eröffnung des Konkursverfahrens, Abweisung des Antrags auf Eröffnung des Konkursverfahrens, außergerichtlicher Vergleich und vollständige Beendigung der Betriebstätigkeit im Inland sind eine sprachliche Anpassung an das neue Insolvenzrecht, jedoch keine wesentlichen inhaltlichen Änderungen erfolgt. Daher kann insoweit auf die Rn. 28 ff. verwiesen werden. Bedeutender ist dagegen der Wegfall der beiden Sicherungsfälle Eröffnung des gerichtlichen Vergleichsverfahrens und Widerruf wegen wirtschaftlicher Notlage (vgl. näher Kommentierungen zu § 31).

39 a) **Eröffnung des gerichtlichen Vergleichsverfahrens zur Abwendung des Konkurses.** Da das neue Insolvenzrecht ein gerichtliches Vergleichsverfahren nicht mehr vorsieht, ist dieser Sicherungsfall entfallen. Mit diesem Sicherungsfall wurden die Situationen erfasst, in denen der Schuldner (AG) die Abwendung des Konkurses durch Beantragung eines **Vergleichsverfahrens** anstrebte. Auch hier reichte die Antragstellung alleine nicht aus; vielmehr war **Voraussetzung die Verfahrenseröffnung** (BAG 14. 7. 1981 AP BGB § 613 a Nr. 27).

40 b) **Widerruf wegen wirtschaftlicher Notlage.** Der Sicherungsfall des Widerrufs wegen wirtschaftlicher Notlage war **dogmatisch umstritten und** zugleich auch **praktisch nur noch von begrenzter Bedeutung,** wenn auch in Unternehmenskrisen gerade auf ihn Bezug genommen wurde. Gegen diesen Widerruf wurde vorgebracht, dass ein Schuldner sich der Erbringung der von ihm versprochenen Gegenleistung nicht mit der Begründung entziehen könne, er sei dazu wirtschaftlich nicht in der Lage (*Blomeyer* NZA 1985, 1 ff.). Gleichwohl bejahte das BAG in st. Rspr. die Möglichkeit eines Widerrufs wegen wirtschaftlicher Notlage. Es stützte sich vor allem darauf, dass durch § 7 I 3 Nr. 5 der Widerruf wegen wirtschaftlicher Notlage ausdrücklich anerkannt worden sei (BAG 18. 5. 1977 AP BGB § 242 Ruhegehalt Nr. 175; BAG 24. 11. 1977 AP BGB § 242 Ruhegehalt Nr. 177; zur Kritik an dieser Rspr. *Steinmeyer* S. 127 ff.; 2. Aufl. § 7 Rn. 36 ff.). Grund für die Streichung dieses Sicherungsfalles war, dass das BAG derart hohe Voraussetzungen an die Zulässigkeit eines Widerrufs wegen wirtschaftlicher Notlage gestellt hatte, dass dieser Fall einem außergerichtlichem Vergleich gleichkam und damit entbehrlich wurde (BT-Drucks. 12/3803 S. 110 f.). Nach Streichung dieses Sicherungsfalles besteht endgültig kein Grund mehr, den Widerruf wegen wirtschaftlicher Notlage als möglichen Widerruf zuzulassen (bereits zum alten Recht gegen diese Widerrufsmöglichkeit *Steinmeyer* S. 134). Auf den Wegfall der Geschäftsgrundlage kann ein solcher Widerruf wegen § 276 I 1 BGB (Beschaffungsrisiko) nicht gestützt werden (wie hier auch *Bepler* BetrAV 2000, 24 f.; *Schwerdtner* FS für Uhlenbruck, S. 799; aA *Blomeyer/Otto* Ergänzungsheft, Vor § 7 Rn. 82 ff.).

6. Nichterfüllung von Versorgungsansprüchen. Die Leistungspflicht des Trägers der Insolvenzsicherung tritt ein, wenn infolge eines der sechs alten oder der vier neuen Sicherungsfälle die **Verpflichtung zur Gewährung des betrieblichen Ruhegeldes nicht erfüllt** wird. Dies wird regelmäßig eine Unmöglichkeit iSd. allg. Schuldrechts des BGB sein. Theoretisch ist auch an Nichterfüllung durch Schuldnerverzug zu denken, sie dürfte aber kaum praktische Bedeutung entfalten. Es ist ein ursächlicher Zusammenhang zwischen der Versorgungseinbuße und der Insolvenz zu verlangen, der nicht gegeben ist, wenn durch rechtskräftiges Urteil im Versorgungsprozess festgestellt ist, dass ein Anspruch nicht besteht (BAG 23. 3. 1999 NZA 1999, 652). 41

7. Versorgungsansprüche bei Betriebsveräußerung in der Insolvenz. § 613 a BGB ist für den Fall der Insolvenz insoweit **teleologisch zu reduzieren,** als für bereits entstandene Ansprüche die Verteilungsgrundsätze des Insolvenzverfahrens Vorrang haben (BAG 17. 1. 1980 AP BGB § 613 a Nr. 18). Die Versorgungsansprüche sind durch die Insolvenzsicherung der betrieblichen Altersversorgung hinreichend gesichert; würde die bei Veräußerung eines Betriebes übernommene Belegschaft einen neuen zahlungskräftigen Haftungsschuldner für bereits entstandene Ansprüche erhalten, so wären sie im Vergleich zu anderen Gläubigern und vor allem gegenüber den ausgeschiedenen AN unangemessen bevorzugt. § 613 a BGB beansprucht deshalb bei einer Veräußerung in der Insolvenz insoweit keine Geltung, als bei Insolvenzeröffnung bereits entstandene Ansprüche abzuwickeln sind. 42

III. Insolvenzschutz bei Versorgungsanwartschaften

1. Versorgungsanwartschaft. Abs. 2 erstreckt die Insolvenzsicherung auf nach § 1 b **unverfallbare Versorgungsanwartschaften.** Der Insolvenzschutz greift auch bei auf Grund einer Vorruhestandsregelung ausgeschiedenem AN mit Eintritt der Unverfallbarkeit nach § 1 b I 2, auch wenn dadurch dieser eine günstigere Position erhalten kann als der im Betrieb Verbliebene (BAG 28. 3. 1995 AP BetrAVG § 7 Nr. 84). Durch den Verweis auf § 1 b wird klargestellt, dass es sich nur um **gesetzlich unverfallbare Anwartschaften** handeln kann, **nicht aber um solche, wo die Unverfallbarkeit nur auf einer vertraglichen Vereinbarung** beruht (BAG 22. 2. 2000 DB 2000, 482). Erfasst werden auch vorgesetzlich kraft Richterrecht für unverfallbar erklärte Anwartschaften (BAG 16. 10. 1980 DB 1981, 644). Eine vertragliche Anrechnung von Vordienstzeiten kann nicht zur Begründung des gesetzlichen Insolvenzschutzes führen (BAG 19. 7. 1983 DB 1983, 2255). Eine Ausnahme wird von der Rspr. jedoch dann gemacht, wenn die Anrechnungszeiten dem letzten Arbeitsverhältnis unmittelbar vorangegangen sind und sie von einer Versorgungszusage begleitet waren (BAG 28. 3. 1995 AP BetrAVG § 7 Nr. 84). Dies ist jedoch zum einen mit dem Wortlaut des § 1 b unvereinbar. Hinzu kommt, dass die vom BAG genannten Kriterien keinen zwingenden Grund darstellen, den Grundsatz der scharfen Trennung von gesetzlicher und vertraglicher Unverfallbarkeit zu durchbrechen. Im Ergebnis sollte also keinerlei vertragliche Anrechnung von Vordienstzeiten die gesetzliche Unverfallbarkeit und damit den Insolvenzschutz beeinflussen können. Andererseits sind gesetzlich angeordnete Anrechnungen zu berücksichtigen (BAG 15. 5. 1984 AP BVSG NRW § 9 Nr. 24). Inhaber derartiger unverfallbarer Anwartschaften haben bei Eintritt des Versorgungsfalles einen Anspruch gegen den PSV. 43

Auch bei den Versorgungsanwartschaften werden nur die unmittelbare Versorgungszusage, unter bestimmten Voraussetzungen die Direktversicherung sowie die Unterstützungskasse und der Pensionsfonds erfasst. Dass hier bei der Direktversicherung auch die widerrufliche Bezugsberechtigung noch ausdrücklich erwähnt wird, liegt daran, dass sie nur bei Anwartschaften nicht aber beim Bezug von Versorgungsansprüchen relevant werden kann. 44

2. Versorgungsempfänger und Versorgungsleistungen. Hinsichtlich der Versorgungsempfänger ergeben sich hier keine Besonderheiten, wenn man einmal davon absieht, dass es sich um **Personen handelt, die noch keinen Versorgungsanspruch, sondern nur eine unverfallbare Versorgungsanwartschaft** haben. Gleiches gilt hinsichtlich der Versorgungsleistungen. 45

3. Sicherungsfälle. Hinsichtlich der Sicherungsfälle wird ausdrücklich auf **die Sicherungsfälle des Abs. 1 verwiesen,** so dass auf die dortigen Erörterungen Bezug genommen werden kann. 46

4. Versorgungsanwartschaften bei Betriebsveräußerung im Insolvenzverfahren. Während für Versorgungsansprüche § 613 a BGB eine teleologische Reduktion erfährt (s. o. Rn. 42), ist **für Versorgungsanwartschaften eine differenzierende Lösung** vorzunehmen. Grds. tritt nach § 613 a BGB der Erwerber in die Versorgungsanwartschaften der AN ein. Gegen das Risiko der Insolvenz geschützt sind durch § 7 II bis zum Zeitpunkt des Sicherungsfalles erworbene und unverfallbare Anwartschaften. Der PSV haftet für die beim Veräußerer bis zum Insolvenzfall erdienten unverfallbaren Anwartschaften (st. Rspr. seit BAG 17. 1. 1980 AP BGB § 613 a Nr. 18). Der Erwerber schuldet im Versorgungsfall nur die bei ihm erdiente Versorgungsleistung. 47

Umstritten ist, **wer für die bei Eintritt des Sicherungsfalles noch verfallbaren Anwartschaften eines im Betrieb weiter beschäftigten AN einzustehen** hat. Hier entsteht für den Träger der Insolvenzsicherung kein Leistungsfall, da keine unverfallbare Anwartschaft gegeben ist. Andererseits ist für die Haftungsgrundsätze im Konkurs nach der Rspr. des BAG die Unterscheidung zwischen 48 verfallbaren und unverfallbaren Anwartschaften nicht erheblich (BAG 29. 10. 1985 AP BetrAVG § 1 Betriebsveräußerung Nr. 4). Die bis zur Konkurseröffnung entstandenen Ansprüche seien nach der KO unter Beachtung des Grundsatzes der gleichmäßigen Gläubigerbefriedigung zu erfüllen. Deshalb bedürfe § 613 a BGB auch der teleologischen Reduktion, soweit er die Haftung für Versorgungsrechte betreffe, die schon im Zeitpunkt der Konkurseröffnung entstanden waren. Der Grundsatz der gleichmäßigen Gläubigerbefriedigung zwingt deshalb dazu, auch die im Zeitpunkt der Insolvenzeröffnung noch verfallbaren Anwartschaften hinsichtlich ihres bereits erdienten Wertes der Insolvenz des Veräußerers und nicht der Haftung des Betriebserwerbers zuzuordnen (ähnlich *Blomeyer/Otto* Rn. 204; wie hier auch *Paulsdorff* Rn. 374 f.; aA *Höfer* Rn. 924). An diesen Grundsätzen hat sich auch durch die seit 1. 1. 1999 geltende InsO nichts geändert.

IV. Der Versicherungsanspruch gegen den Träger der Insolvenzsicherung

49   Mit Eintritt des Sicherungsfalles erhält **der Versorgungsempfänger einen Anspruch gegen den Träger der Insolvenzsicherung** und der **Versorgungsanwärter einen bedingten Anspruch,** der im Versorgungsfall zum Leistungsanspruch gegen den PSV wird. Nach Abs. 1 a entsteht dieser Anspruch mit Beginn des Kalendermonats, der auf den Eintritt des Versicherungsfalles folgt und endet mit Ablauf des Sterbemonats des Begünstigten, sofern in der Versorgungszusage nichts anderes bestimmt ist. Damit wird für Verwaltungsvereinfachung gesorgt und dem Umstand Rechnung getragen, dass es sich bei einer Betriebsrente typischerweise um eine Monatsleistung handelt.

50   Für die **Fälligkeit** dieses Anspruchs ist nach Abs. 1 § 11 VVG heranzuziehen, da der PSV wie ein Versicherer Ermittlungen zur Feststellung der Leistungen anstellen muss (*Blomeyer/Otto* Rn. 215).

51   **1. Umfang der Leistungen des Trägers der Insolvenzsicherung.** Der PSV tritt entspr. der Aufgabe der Insolvenzsicherung **grds. in dem Umfang ein, wie es die Versorgungszusage des AG vorsieht,** so dass der mit einem verfestigten Anrecht von der Insolvenz des AG betroffene AN so gestellt wird, wie er stehen würde, wenn die Insolvenz nicht eingetreten wäre. Allerdings bleibt das Versorgungsverhältnis zum AG fortbestehen, so dass ein Betriebsrentner den nicht insolvenzgesicherten Teil der Altersversorgung weiter von seinem früheren AG verlangen kann (BAG 9. 11. 1999 NZA 2000, 1290).

52   **a) Versorgungsansprüche.** Nach § 7 I hat der Träger der Insolvenzsicherung die Leistungen in der Höhe zu erbringen, die der AG auf Grund seiner Versorgungszusage zu erbringen gehabt hätte. Es wird also eine Einschränkung **an den Versorgungsanspruch** angeknüpft, wie er sich aus der **Versorgungsvereinbarung** ergibt (s. auch BAG 22. 11. 1994 AP BetrAVG § 7 Nr. 83).

53   Eine **Anpassung laufender Leistungen** an die wirtschaftliche **Entwicklung findet grds. nicht statt,** da sich § 16 nur an den AG, nicht aber an den Träger der Insolvenzsicherung richtet. Dieses Ergebnis wird bestätigt durch die Überlegung, dass ein AG, dessen wirtschaftliche Situation zu einem Sicherungsfall iSd. § 7 führt, ohnehin nach § 16 die Anpassung verweigern könnte; es ist dann aber nicht einzusehen, warum der AN bessergestellt werden soll, wenn die Versorgung durch den Träger der Insolvenzsicherung übernommen wird. Als Maßstab für die wirtschaftliche Lage iSd. § 16 könnte dann auch nicht die Lage des PSV in Betracht kommen, sondern allenfalls die wirtschaftliche Situation der gesamten Wirtschaft. Für ein solches Anpassungskriterium fehlt jedoch jeder Anhalt (BAG 22. 3. 1983 AP BetrAVG § 16 Nr. 14).

54   Eine Pflicht zur Anpassung laufender Leistungen kann sich nur insoweit ergeben, als die **Versorgungszusage eine Leistungsdynamisierung** vorsieht (BAG 3. 8. 1978 AP BetrAVG § 7 Nr. 1). Sind Leistungen vertraglich dynamisiert, hat auch der PSV die laufenden Leistungen entspr. den Vorgaben der Versorgungsordnung anzupassen (BAG 8. 6. 1999 NZA 1999, 1215; *Blomeyer/Otto* Rn. 225 f.; *Höfer* Rn. 2860; *Paulsdorff* Rn. 80 ff.), da § 7 I auf die Versorgungszusage abstellt; eine Ungleichbehandlung kann deshalb nicht angenommen werden (so aber *Ahrend/Förster/Rößler/Rühmann* Teil 11 B Rn. 660). Eine Pflicht zur Anpassung laufender Leistungen kann auch auf betrieblicher Übung beruhen. Dafür reicht es aber nicht, dass der AG bei der Anpassung nach § 16 eine gewisse Regelhaftigkeit zum Ausdruck gebracht hat. Vielmehr muss der AG deutlich den regelhafte Praktizierung einer bestimmten Anpassungshöhe zum Ausdruck gebracht haben (BAG 3. 2. 1987 AP BetrAVG § 16 Nr. 20).

55   Nach § 7 I a 3 der Träger der Insolvenzsicherung seit 1. 1. 1999 in allen Sicherungsfällen mit Ausnahme des außergerichtlichen Vergleichs auch für solche **Versorgungsansprüche einstehen, die bis zu sechs Monate vor Eintritt der Leistungspflicht entstanden sind.** Der Schutzzweck des § 7 ist darauf gerichtet, den Versorgungsberechtigten gegen Rentenausfälle infolge wirtschaftlicher Schwäche des AG zu schützen. Mit dem Eintritt eines Sicherungsfalles wird aber nur der Zeitpunkt bezeichnet, an dem mit Sicherheit das Unvermögen des AG, seinen Versorgungsverpflichtungen nachzukommen, festgestellt ist. Da sich aber die Zahlungsschwierigkeiten regelmäßig bereits vorher anbahnen, ist es gerechtfertigt, in begrenztem Maße auch rückständige Leistungen in den Insolvenzschutz einzubeziehen. Beim außergerichtlichen Vergleich wird der Beginn der Leistungspflicht dagegen in der Zustimmungserklärung des PSV festgelegt. Die Neuregelung entspricht der Rspr. des BGH zur bisherigen Gesetzeslage (BGH 14. 7. 1980 AP BetrAVG § 7 Nr. 5).

IV. Der Versicherungsanspruch gegen den Träger der Insolvenzsicherung § 7 BetrAVG

Der Träger der Insolvenzsicherung kann dem Versorgungsempfänger, da er nicht in die arbeitsrecht- 56 liche Rolle des AG eintritt, nur die **sich aus dem Versicherungsrecht ergebenden Einwendungen** entgegenhalten (so auch *Höfer* Rn. 2861). Deshalb geht auch ein vom AG nicht ausgeübtes Widerrufsrecht nicht etwa auf den PSV über (so auch *Blomeyer/Otto* Rn. 238).

b) Versorgungsanwartschaften. Zur **Höhe des Anspruchs** gegen den Träger der Insolvenzsiche- 57 rung bezieht sich § 7 II 3 auf § 2 und modifiziert dies insofern, als bei der Berechnung der Höhe des Anspruchs die Betriebszugehörigkeit bis zum Eintritt des Sicherungsfalles berücksichtigt wird. Allerdings ist hier zu beachten, dass es einmal um die AN geht, die vor dem Sicherungsfall mit einer unverfallbaren Anwartschaft ausgeschieden sind und zum anderen um solche, die bis zum Sicherungsfall im Betrieb verblieben sind, aber die Voraussetzungen des § 1b erfüllen. Die Übernahme der vertraglich zugesagten Dynamik durch den PSV wird vom BAG unter Hinweis auf § 2 V abgelehnt (BAG 22. 11. 1994 AP BetrAVG § 7 Nr. 83; so auch *Blomeyer/Otto* Rn. 225, 243; *Höfer* Rn. 1942.1). Da aber für die Insolvenzsicherung grds. der Zusageinhalt maßgeblich ist, kann dem für echte volldynamische Zusagen nicht gefolgt werden (wie hier Kasseler Handbuch/*Griebeling* 2.9 Rn. 761, wie hier inzwischen offenbar auch BAG 8. 6. 1999 NZA 1999, 1215). Zu beachten ist, dass es bei der Höhe zwar auf den Zusageinhalt ankommt, die Insolvenzsicherung als solche aber nicht zur Disposition der Parteien des Versorgungsvertrages steht (BAG 14. 12. 1999 NZA 2001, 33).

Bei der Berechnung wird grds. die tatsächliche Betriebszugehörigkeit bis zum Eintritt des 58 Sicherungsfalles berücksichtigt; der PSV ist also nur für die bis zum Sicherungsfall erworbenen Anwartschaften einstandspflichtig. Die Anwartschaft und der später bei Eintritt des Versorgungsfalles auf ihr beruhende Anspruch sind so zu berechnen, als hätten die für die Höhe des Versorgungsanspruchs maßgeblichen Bezugsgrößen bis zum Erreichen der festen Altersgrenze fortbestanden; eine Weiterarbeit über die feste Altersgrenze hinaus kann deshalb den Versorgungsanspruch nicht mehr mindern (BAG 14. 12. 1999 NZA 2000, 1001).

Bei **unmittelbaren Versorgungszusagen** bedeutet § 7 II, dass die Anwartschaft des AN, der vor 59 dem Insolvenzfall ausgeschieden ist, in der Höhe insolvenzgesichert ist, die sich durch § 2 I und V ergibt. Eine günstigere vertragliche Bemessung der unverfallbaren Anwartschaft ist irrelevant (BAG 22. 9. 1987 AP BetrAVG § 1 Besitzstand Nr. 5). Dasselbe muss für einen Verzicht des AG auf sein Recht zur Kürzung der Altersrente gelten. Bei AN, die bei Eintritt des Sicherungsfalles noch im Betrieb oder Unternehmen beschäftigt sind, wird die Betriebszugehörigkeit bis zum Eintritt des Sicherungsfalls zur Basis der Berechnung gemacht wird. Bleibt der AN nach Eintritt des Sicherungsfalles weiter im Unternehmen, so bleibt gleichwohl diese Berechnungsmethode anwendbar, da die Leistung des PSV nur auf der Basis der bis zum Sicherungsfall zurückgelegten Zeiten der Betriebszugehörigkeit bemessen wird.

Für die Berechnung bei **Leistungen der Direktversicherung** wird in § 7 II verwiesen auf § 2 60 II 2, also auf die **versicherungsrechtliche Lösung.** Dabei geht das Gesetz davon aus, dass durch Abtretung, Beleihung oder andere Inanspruchnahme durch den AG die Leistung aus der Direktversicherung vollständig ausfällt. Ist dies nicht der Fall, so beschränkt sich die Leistungspflicht des PSV auf die Differenz zwischen Soll- und Ist-Versorgung. Die Soll-Versorgung ist dabei die auf den Insolvenzstichtag zurückgerechnete Versicherungssumme (vgl. auch *Blomeyer/Otto* Rn. 248ff.).

Für den Fall der **Unterstützungskassen-Versorgung** sieht das Gesetz wegen der Besonderheiten 61 dieses Durchführungsweges (vgl. § 1b Rn. 64ff.) eine **ausdrückliche Berechnungsvorschrift** vor, nach der sich die Höhe des Anspruchs richtet nach dem Teil der nach der Versorgungsregelung vorgesehenen Versorgung, der dem Verhältnis der Dauer der Betriebszugehörigkeit zu der Zeit vom Beginn der Betriebszugehörigkeit bis zum Erreichen der in der Versorgungsregelung vorgesehenen festen Altersgrenze entspricht. Ein Unterschied zu § 2 IV besteht darin, dass in § 7 II 3 nur von vereinbarter fester Altersgrenze die Rede ist, während in § 2 IV grds. auf das 65. Lebensjahr Bezug genommen wird. Ein unterschiedliches Ergebnis gegenüber § 2 IV mit Auswirkung auf den AN kann aber nur in dem nicht eben typischen Fall eintreten, dass die vereinbarte Altersgrenze jenseits des 65. Lebensjahres liegt (vgl. auch *Blomeyer/Otto* Rn. 263).

Hinsichtlich der **Berechnung bei Pensionsfonds** findet sich eine ausdrückliche Vorschrift nur für 62 Pensionsfonds mit Leistungszusagen (S. 5), indem insoweit auf die unmittelbare Versorgungszusage verwiesen wird. Insoweit wird auf die Ausgestaltung des Pensionsfonds Bezug genommen, die Anlass zur Einbeziehung der Pensionsfonds in die Insolvenzsicherung gegeben hat. Für den anderen Anwendungsfall des **Pensionsfonds mit einer Beitragszusage mit Mindestleistung** wird auf § 2 V b verwiesen, so dass die Berechnung auf der Grundlage der bis zum Eintritt des Sicherungsfalles geleisteten Beiträge und der ihnen zuzurechnenden Erträge und nicht nur der Mindestleistungsrente (anders Merkblatt PSVaG 300/M 14–9.02) erfolgt, wie sich auch aus § 7 I 1 ergibt (wie hier *Langohr-Plato/ Teslau* DB 2003, 665) Dies gilt auch für **Beitragszusagen mit Mindestleistung über andere Durchführungswege.** Durch den Verweis auf § 2 V wird klargestellt, dass als Bemessungsgrundlage der Pensionsplan und die sonstigen Geschäftsunterlagen maßgebend sind (§ 2 V 3; *Höfer*, Das neue Betriebsrentenrecht, Rn. 479).

63 In § 7 II 3 am Ende wird eine Ausnahme von den vorgenannten Regeln für den Fall gemacht, dass § 2 V a anwendbar ist. Damit wird die Konsequenz gezogen aus der **abw. Berechnungsweise** der unverfallbaren Anwartschaft im Falle der **Entgeltumwandlung** und der **beitragsorientierten Leistungszusage** (s. näher § 2 Rn. 83 ff.). Allerdings bezieht sich dies angesichts der Bezugnahme in § 2 V a auf § 2 Abs. 1, 3 a und 4 nur auf Direktzusagen, Pensionsfonds und Unterstützungskassenzusagen. Der Insolvenzschutz ergibt sich dann aus dem in § 2 V a genannten Betrag.

64 **2. Die Höchstgrenze des Abs. 3.** Die Leistungen des Trägers der Insolvenzsicherung sind nach Abs. 3 in ihrer Höhe begrenzt. Diese **Begrenzung rechtfertigt sich daraus, dass hier zu Lasten der Beitragszahler hohe Aufwendungen** für einen Personenkreis erbracht werden müssten, der hinsichtlich des die Grenze des Abs. 3 überschießenden Betrages auch nicht schutzwürdig wäre. Derart hohe Leistungen kommen auch selten vor, so dass der Gesetzgeber insgesamt von einer Absicherung des die Höchstgrenze übersteigenden Betrages absehen konnte.

65 Die Höchstgrenze ist **festzustellen im Zeitpunkt der ersten Fälligkeit**; sinnvollerweise kann es sich hier nur um den Zeitpunkt der Fälligkeit der Versicherungsleistung des PSV handeln. Durch das RRG 1999 wurde die Berechnung umgestellt auf das **Dreifache der im Zeitpunkt der ersten Fälligkeit maßgebenden monatlichen Bezugsgröße nach § 18 SGB IV** und damit gegenüber dem alten Recht, das auf das Dreifache der **geltenden Beitragsbemessungsgrenze für Monatsbezüge in der gesetzlichen Rentenversicherung für Arbeiter und Angestellte** verwies, um fast die Hälfte abgesenkt. Durch die Verweisung auf § 18 SGB IV allgemein wird deutlich gemacht, dass für Ost und West unterschiedliche Werte gelten (anders bei § 1 a; s. dort Rn. 6): Für 2003 beträgt die Höchstgrenze bei **laufenden Leistungen** monatlich € 7140,– (alte Bundesländer) bzw. € 5985,– (neue Bundesländer). Bei **Ansprüchen auf Kapitalleistungen** ist vom Jahresbetrag der Bezugsgröße nach § 18 SGB IV auszugehen und dieser hochzurechnen auf eine fiktiv festgesetzte Laufzeit von 10 Jahren. Der insolvenzgeschützte Kapitalbetrag beträgt daher das Dreißigfache der jährlichen Bezugsgröße. Die Höchstgrenze liegt 2003 hier bei € 856 800,– (alte Bundesländer) bzw. € 718 200,– (neue Bundesländer).

66 Für den Fall der Entgeltumwandlung war in § 7 III 3 eine Sonderregelung getroffen worden, die den Höchstbetrag auf 30% der monatlichen Bezugsgröße gem. § 18 SGB IV begrenzte. Diese Begrenzung galt gem. § 30 b aber nur für Versorgungszusagen, die nach dem 31. 12. 1998 erteilt wurden. Zuvor erteilte Versorgungszusagen genießen daher in den Grenzen des Abs. 3 S. 1 und 2 vollen Insolvenzschutz. Durch das Hüttenknappschaftliche Zusatzversicherungs-Neuregelungsgesetz vom 21. 6. 2002 ist diese Begrenzung für Entgeltumwandlung angesichts vielfältiger Kritik (vgl. 2. Aufl. § 7 Rn. 59 und *Blomeyer* NZA 1998, 915 f.) aufgehoben worden.

67 Hat der Versorgungsberechtigte **mehrfache Ansprüche** auf laufende Leistungen gegen den PSV, so sind diese für die Bemessung der Höchstgrenze **zu addieren**, da kein Grund ersichtlich ist, warum er bei mehreren Ansprüche eine bessere Absicherung im Sicherungsfall haben sollte.

68 Nicht ausdrücklich geregelt ist die Frage der **Behandlung von dynamischen Rentenzusagen.** Hier besteht das Problem darin, dass das Gesetz auf die bei der *ersten* Fälligkeit maßgebende Bezugsgröße abstellt, sich bei dynamischen Versorgungszusagen der Bezugswert aber später noch verändern kann. Der BGH (21. 3. 1983 AP BetrAVG § 7 Nr. 16) dynamisiert im Ergebnis diese Bezugsgröße (zum damaligen Zeitpunkt Beitragsbemessungsgrenze), wenn er ausführt, dass der nach § 7 III ermittelte Betrag für den Fall, dass die Pensionszusage eine Anpassungsklausel enthält, Ausgangspunkt einer bei Eingreifen dieser Klausel geschuldeten erhöhten Rente sei. Sei er höher als die dreifache Bezugsgröße (damals Bemessungsgrenze) im Zeitpunkt der ersten Fälligkeit und deshalb der Anspruch gegen den PSV um den Mehrbetrag zu kürzen, so sei der so ermittelte Ausgangsbetrag bei späterer (vertraglicher) Anpassung in demselben Verhältnis zu erhöhen, in dem die vertraglich versprochene Rente anzupassen sei, wobei die im Zeitpunkt der Anpassung geltende dreifache Bezugsgröße (damals Beitragsbemessungsgrenze) die Obergrenze bilde. Dieser Rspr. kann nicht gefolgt werden, da sie den Gedanken der Anerkennung der vertraglichen Dynamisierung für den Leistungsumfang des Trägers der Insolvenzsicherung überträgt auf die gesetzlich fixierte Höchstgrenze, deren Wortlaut eindeutig ist (wie hier *Paulsdorff* Rn. 408 ff.; wie der BGH *Blomeyer/Otto* Rn. 275; *Höfer* Rn. 2911).

69 **3. Anzurechnende Leistungen.** Abs. 4 bringt zum Ausdruck, dass den **Träger der Insolvenzsicherung** nur eine **Ausfallhaftung** trifft. Leistungen der betrieblichen Altersversorgung, die der AG oder sonstige Träger der Versorgung erbringt, sind daher auf die Leistungspflicht des PSV anzurechnen. Als Leistungen sonstiger Träger kommen Zahlungen der Direktversicherung sowie der Pensions- und Unterstützungskassen in Betracht. Zu berücksichtigen sind auch Leistungen aus einer freigegebenen Rückdeckungsversicherung (BGH 28. 9. 1981 AP BetrAVG § 7 Nr. 12).

70 Die InsO bemüht sich, eine **Sanierung der betroffenen Unternehmen zu erreichen**. Im **Insolvenzplan** (§§ 217 ff. InsO) werden deshalb die Sanierungskonzeption und die Sanierungsmaßnahmen *festgehalten*. Dort kann auch festgehalten werden, dass der AG oder sonstige Träger der betrieblichen Altersversorgung von einem bestimmten Zeitpunkt einen Teil der Leistungen selbst erbringen soll. Das Gesetz verpflichtet darüber hinaus dazu, im Plan vorzusehen, dass bei einer nachhaltigen Bes-

serung der wirtschaftlichen Lage des AG die Leistungen wieder ganz oder zT von ihm oder einem sonstigen Träger der betrieblichen Altersversorgung übernommen werden (sog. Besserungsklausel). Damit erhält der PSV die Möglichkeit, bei Besserung der wirtschaftlichen Verhältnisse die Leistungen einzustellen. Der Insolvenzplan muss ein Erlöschen oder eine Modifikation der Beistandspflicht des Trägers der Insolvenzsicherung vorsehen für den Fall der nachhaltigen Besserung der wirtschaftlichen Situation; anderenfalls muss das Insolvenzgericht den Plan von Amts wegen zurückweisen (§ 231 I Nr. 1 InsO). Der AG oder sonstige Versorgungsträger muss dann wieder selbst die Leistungen erbringen. Dies gilt nach S. 4 auch für den außergerichtlichen Vergleich nach § 7 I 4 Nr. 2; das entspr. Ergebnis wird hier dadurch gewährleistet, dass der PSV dem außergerichtlichen Vergleich zustimmen muss. Ist eine Besserungsklausel nicht vereinbart, so kommt eine Herabsetzung der Zahlungspflichten des PSV nicht in Betracht (s. auch *Höfer* 2975.1).

V. Versicherungsmissbrauch

Durch Abs. 5 soll der **Träger der Insolvenzsicherung vor missbräuchlicher Inanspruchnahme** 71 **geschützt** werden. Das Gesetz arbeitet mit einem allg. Missbrauchstatbestand in S. 1 und zur Erleichterung für den PSV mit einer Missbrauchsvermutung in S. 2. S. 3 schließlich soll Manipulationen verhindern. In diesen Fällen besteht kein Anspruch gegen den Träger der Insolvenzsicherung. Abweichend von § 61 VVG wird nicht mit dem Eintritt des Versicherungsfalls sondern der Begründung des versicherten Rechts gearbeitet.

1. Allgemeiner Missbrauchstatbestand nach S. 1. Da es sich bei der Leistung des Trägers der 72 Insolvenzsicherung um eine solche handelt, die den AN begünstigt und er derjenige ist, der vom Wegfall des Anspruchs betroffen ist, muss der **AN den missbilligten Zweck der Maßnahme zumindest erkennen können** (BAG 17. 10. 1995 AP BetrAVG § 7 Lebensversicherung Nr. 2). Dies ist dann anzunehmen, wenn sich für ihn der Erkenntnis aufdrängen musste, wegen der wirtschaftlichen Lage des AG sei ernsthaft damit zu rechnen, dass die Zusage nicht erfüllt werde BAG 19. 2. 2002 DB 2002, 2115 = AP BetrAVG § 7 Missbrauch Nr. 4 m. Anm. *Steinmeyer*); die schlechte wirtschaftliche Lage allein reicht nicht.

Es muss eine **Maßnahme vorgenommen werden, die geeignet ist, eine Inanspruchnahme des** 73 **PSV auszulösen.** Hierbei kann es sich handeln um die Erteilung einer Versorgungszusage und um ihre Verbesserung, aber auch um die Beeinträchtigung einer Direktversicherung zum Nachteil des AN. So ist etwa an die Erteilung einer Zusage an Familienmitglieder zu denken, wenn kein ernsthaft gemeinter Arbeitsvertrag gegeben ist. Als eine Verbesserung kann etwa in Betracht kommen die Vereinbarung eines sofortigen Ruhestandsbeginns trotz noch verfallbarer Anwartschaft (LG Köln 24. 5. 1978 BB 1978, 1118). Eine Anpassung nach § 16 verbessert zwar die Leistung an den Versorgungsberechtigten; hält sich der AG aber im Rahmen des ihm nach § 16 zustehenden Beurteilungsspielraums, so liegt zwar eine Verbesserung iSd. S. 1 vor, diese dürfte aber idR nicht von der Absicht der Herbeiführung der Leistungen des PSV getragen sein (BAG 29. 11. 1988 AP BetrAVG § 16 Nr. 21). Ähnliches dürfte gelten für Steigerungen der Bemessungsgrundlage (BAG 20. 7. 1993 DB 1994, 151 f.).

Alleiniger oder überwiegender Zweck dieser Maßnahme muss es sein, den Träger der Insolvenzsi- 74 cherung in Anspruch zu nehmen. Die Beweislast trägt insoweit der PSV (allg. Meinung vgl. nur BAG 26. 6. 1990 AP BetrAVG § 1 Lebensversicherung Nr. 11; BAG 19. 2. 2002 DB 2002, 2115; *Blomeyer/Otto* Rn. 299).

2. Vermutung des Missbrauchs (S. 2). Gegenüber S. 1 ist der **Anwendungsbereich** insoweit **redu-** 75 **ziert**, als hier nur Erteilungen und Verbesserungen von Versorgungszusagen benannt sind, nicht aber Beeinträchtigungen der Direktversicherung durch Abtretung oder Beleihung (BAG 17. 10. 1995 AP BetrAVG § 7 Lebensversicherung Nr. 2). Die Vermutung des S. 2 ist widerlegbar. Zwar hatte das BAG das zunächst in Abrede gestellt und war von einer unwiderlegbaren Vermutung ausgegangen (BAG 2. 6. 1987 AP BetrAVG § 7 Nr. 42). Es hat jedoch später erkannt, dass das gesetzgeberische Ziel sich auch mit einer widerlegbaren Vermutung erreichen lässt (BAG 29. 11. 1988 AP BetrAVG § 16 Nr. 21). Zur Annahme dieses Missbrauchstatbestandes ist erforderlich eine objektive Beurteilung der wirtschaftlichen Lage. Der PSV muss zur Erschütterung dieser Vermutung nachweisen, dass angesichts der wirtschaftlichen Lage des AG im Zeitpunkt der Maßnahme eine Erfüllung der Zusage oder eine Verbesserung der wirtschaftlichen Lage nicht zu erwarten war (so auch BAG 19. 2. 2002 DB 2002, 2115). Es handelt sich insoweit um eine Beweiserleichterung für den PSV (*Blomeyer/Otto* Rn. 303; *Griebeling* Rn. 791). Aus dem Wortlaut kann eine Beweislastumkehr nicht entnommen werden (so aber *Paulsdorff* Rn. 431).

3. Verbesserungen im letzten Jahr vor dem Sicherungsfall (S. 3). S. 3 unterstellt gem. dem 76 **Rechtsgedanken der §§ 133 und 134 InsO eine Missbrauchsabsicht** und will die Fälle erfassen, in denen der finanziell bereits bedrängte AG dem AN noch eine Verbesserung zusagt mit der Perspektive, dass nicht er, sondern der Träger der Insolvenzsicherung dafür aufkommen muss. Der AN würde sonst von der Großzügigkeit des AG auf Kosten anderer profitieren.

77 Dieser **Leistungsausschluss** ist **zwingend** (BAG 24. 6. 1986 AP BetrAVG § 7 Nr. 33) und kann nicht durch den Nachweis fehlender Missbrauchsabsicht aufgehoben werden (BAG 24. 11. 1998 NZA 1999, 650; *Blomeyer/Otto* Rn. 395). Unter Verbesserungen wird man alle Änderungen verstehen müssen, die den Betroffenen im Vergleich zur bis dahin geltenden Ausgestaltung der Zusage mit Wirkung für den Insolvenzschutz besser stellen wollen (BAG 26. 4. 1994 AP BetrAVG § 16 Nr. 30). Treten Verbesserungen ohnehin nach der Ausgestaltung des Leistungsplans ein, werden sie von dieser Beschränkung des Insolvenzschutzes nicht erfasst. Maßgeblich für die Fristberechnung ist der Zeitpunkt der Zusage (BAG 2. 6. 1987 AP BetrAVG § 7 Nr. 42). S. 3 erfasst, ebenso wie die S. 1 und 2, entgegen seinem Wortlaut nicht nur Verbesserungen, sondern auch die Erteilung einer neuen Versorgungszusage. Denn wenn schon die Verbesserungen bestehender Versorgungszusagen einen Versicherungsmissbrauch vermuten lassen, dann muss dies erst recht für die Erteilung einer neuen Zusage gelten (so auch BAG 24. 11. 1998 NZA 1999, 650 = SAE 1999, 322 m. Anm. *Kreßel*; *Höfer/Küpper* DB 1991, 1569).

78 Der zwingende Leistungsausschluss nach Abs. 5 S. 3 umfasst seit dem 1. 1. 1999 alle **Verbesserungen, die in den beiden letzten Jahren vor Eintritt des Sicherungsfalles gewährt werden.** Nach alter Rechtslage waren nur Verbesserungen erfasst, die innerhalb des letzten Jahres vor Eintritt des Sicherungsfalles vereinbart wurden und größer waren als im Jahr zuvor. Die Änderung war erforderlich, weil sich die bisherige Frist in der Praxis als zu kurz erwiesen hatte (*Schmidt-Räntsch* Insolvenzordnung Art. 91 Rn. 12). Dies gilt nicht für Leistungsverbesserungen, soweit die Erteilung oder Verbesserung der betrieblichen Altersversorgung auf einer ab 1. Januar 2002 erteilten Zusage beruht, der eine Vereinbarung über eine Entgeltumwandlung zu Grunde liegt, soweit diese die Grenzen des Abs. 1 a nicht überschreitet.

79 **4. Katastrophenfall (Abs. 6). Außergewöhnliche Risiken,** die jenseits des klassischen unternehmerischen Risikos liegen, sind vom Träger der Insolvenzsicherung **grds. nicht abzudecken.** Allerdings wird dem PSV ein Spielraum eingeräumt, in dem ihm die Möglichkeit gegeben wird, in diesen Fällen Leistungen mit Zustimmung der BaFin nach billigem Ermessen abw. von den Abs. 1 bis 5 festzusetzen.

§ 8 Übertragung der Leistungspflicht und Abfindung

(1) Ein Anspruch gegen den Träger der Insolvenzsicherung auf Leistungen nach § 7 besteht nicht, wenn eine Pensionskasse oder ein Unternehmen der Lebensversicherung sich dem Träger der Insolvenzsicherung gegenüber verpflichtet, diese Leistungen zu erbringen, und die nach § 7 Berechtigten ein unmittelbares Recht erwerben, die Leistungen zu fordern.

(1 a) [1] Der Träger der Insolvenzsicherung hat die gegen ihn gerichteten Ansprüche auf den Pensionsfonds, dessen Trägerunternehmen die Eintrittspflicht nach § 7 ausgelöst hat, im Sinne von Absatz 1 zu übertragen, wenn die zuständige Aufsichtsbehörde hierzu die Genehmigung erteilt. [2] Die Genehmigung kann nur erteilt werden, wenn durch Auflagen der Aufsichtsbehörde die dauernde Erfüllbarkeit der Leistungen aus dem Pensionsplan sichergestellt werden kann. [3] Die Genehmigung der Aufsichtsbehörde kann der Pensionsfonds nur innerhalb eines Monats nach Eintritt des Sicherungsfalles beantragen.

(2) [1] Eine Abfindung von Anwartschaften ist ohne Zustimmung des Arbeitnehmers möglich, wenn die Voraussetzungen nach § 3 Abs. 1 Satz 2 oder 3 erfüllt sind. [2] Die Abfindung ist über die nach § 3 Abs. 1 bestimmten Beträge hinaus möglich, wenn sie an ein Unternehmen der Lebensversicherungswirtschaft oder Pensionskassen gezahlt wird, bei dem der Versorgungsberechtigte im Rahmen eines Versicherungsvertrages nach § 1 b Abs. 2 oder 3 versichert ist. [3] § 2 Abs. 2 Satz 4 bis 6 und § 3 Abs. 2 gelten entsprechend.

I. Normzweck

1 Mit dieser Vorschrift soll dem Träger der Insolvenzsicherung die Möglichkeit eingeräumt werden, Pensionskassen oder andere Unternehmen der Lebensversicherung bei der Durchführung des Insolvenzschutzes zu beteiligen, um ihm die Erfüllung der ihm übertragenen Aufgabe zu erleichtern (BT-Drucks. 7/2843 S. 9). Dieses Modell wird auch praktiziert, indem ein aus fast allen in der Bundesrepublik Deutschland tätigen Lebensversicherungsunternehmen zusammengesetztes Konsortium die vom PSV übernommenen Betriebsrenten versichert und an die Berechtigten auszahlt (*Laskowski* in: 10 Jahre Insolvenzsicherung, 1985, S. 126). § 8 II enthält an § 3 angelehnt die Möglichkeit einer Kapitalabfindung. Durch das AVmG ist mit Abs. 1a eine Regelung eingefügt, die den Besonderheiten der Pensionsfonds Rechnung trägt. In dieser Regelung kommt die auch sonst festzustellende Skepsis des Gesetzgebers gegenüber der Sicherheit dieses Durchführungsweges zum Ausdruck.

II. Die Abwicklung über Pensionskassen oder Unternehmen der Lebensversicherung

Abs. 1 setzt seinem Normzweck nach voraus, dass die Verpflichtung der Pensionskasse oder des Unternehmens der Lebensversicherung nur entsteht, wenn ein **Anspruch gegen den PSV zuvor bestanden hat** (s. *Blomeyer/Otto* Rn. 3). 2

Die Möglichkeit der **Abwicklung über Pensionskassen** sieht das Gesetz zwar vor; sie wird aber **nicht praktiziert,** da einschlägige Rahmenverträge nur mit Unternehmen der Lebensversicherung bestehen. 3

Bei dem von den Unternehmen der Lebensversicherung gebildeten **Konsortium** handelt es sich um eine GbR, so dass die Übernahme rechtlich nicht durch dieses Konsortium, sondern durch die einzelnen am Konsortium beteiligten Lebensversicherungen erfolgt. Der PSV hat sich in § 2 II seiner Satzung zur Versicherung übernommener Rentenansprüche bei diesem Konsortium verpflichtet. 4

Die in § 8 I vorgesehene **befreiende Wirkung** tritt aber nur ein, sofern sich die Lebensversicherer gegenüber dem Träger der Insolvenzsicherung verpflichten, diese Leistung zu erbringen, was zivilrechtlich als Schuldübernahme zu qualifizieren ist. Eine Genehmigung des Gläubigers nach § 415 I BGB ist hier nicht erforderlich, da § 8 I insofern eine Spezialregelung darstellt, die das Genehmigungserfordernis für diesen Fall ausschließt. 5

§ 8 I setzt weiterhin voraus, dass die nach § 7 **Anspruchsberechtigten ein unmittelbares Recht gegen den Versicherer erwerben,** die Leistungen zu fordern. Versicherungsrechtlich erhalten sie ein unwiderrufliches Bezugsrecht, das sich in der Praxis aus der vertraglichen Vereinbarung zwischen dem Konsortium und dem PSV ergibt und als echter Vertrag zugunsten Dritter (§ 328 I BGB) zu qualifizieren ist. 6

Sind diese Voraussetzungen erfüllt, richtet sich der **Anspruch des Versorgungsberechtigten gegen den Versicherer.** Die schuldbefreiende Wirkung reicht aber nur so weit, wie der Verpflichtungswille des Trägers der Insolvenzsicherung geht. Der PSV hat hier eine inhaltliche Gestaltungsmöglichkeit. 7

III. Übertragung auf einen Pensionsfonds

Hat das **Trägerunternehmen eines Pensionsfonds die Eintrittspflicht nach § 7 ausgelöst,** so sieht der durch das AVmG – erst im Vermittlungsverfahren – neu eingefügte Abs. 1a eine Pflicht des PSV vor, die gegen ihn gerichteten Ansprüche auf den Pensionsfonds zu übertragen, wenn die zust. Aufsichtsbehörde – die Bundesanstalt für Finanzdienstleistungsaufsicht (BaFin) – hierzu die Genehmigung erteilt hat. Durch die juristisch etwas verunglückte Formulierung „im Sinne von Absatz 1 zu übertragen" soll wohl ausgesagt werden, dass der Pensionsfonds in diesem Fall wie eine Pensionskasse oder ein Unternehmen der Lebensversicherung nach Abs. 1 mit befreiender Wirkung an die Stelle des PSV tritt. Durch S. 2 wird die dauerhafte Erfüllbarkeit der Leistungen sichergestellt. Erst aus S. 3 wird deutlich, dass die Übertragung auf einen Pensionsfonds nicht etwa ein Gestaltungsrecht des PSV ist, sondern die **Initiative vom Pensionsfonds** ausgehen muss. 8

IV. Abfindung

Abs. 2 überträgt den **gesetzgeberischen Gedanken des § 3 auf die Insolvenzsicherung.** Wie in § 3 soll die Abfindung geringfügiger Anwartschaften ermöglicht werden, gegenüber § 3 hierfür jedoch unter erleichterten Voraussetzungen. 9

Seit dem 1. 1. 1999 wird den in § 3 I vorgesehenen **erweiterten Abfindungsmöglichkeiten** Rechnung getragen, die in § 8 auch dem PSV eingeräumt werden sollen. Der **PSV kann aber in allen Fällen des § 3 I 2 und 3 ohne Zustimmung des AN** abfinden. Dies gilt sowohl für Anwartschaften von bis zu 4% der monatlichen Bezugsgröße (§ 3 I 3 Nr. 2) als auch für den Fall, dass die Beiträge zur gesetzlichen Rentenversicherung erstattet worden sind (§ 3 I 3 Nr. 3), was zu einer erheblichen Entlastung des Trägers der Insolvenzsicherung führt. 10

Darüber hinaus fällt sogar die in § 3 I 2 Nr. 2 genannte **Höchstgrenze von 4% der Bezugsgröße als obere Grenze für eine Abfindung weg, wenn die Beträge an ein Unternehmen der Lebensversicherungswirtschaft oder Pensionskassen gezahlt werden,** bei dem der Versorgungsberechtigte im Rahmen einer Direktversicherung bzw. einer Pensionskassen-Versorgung versichert ist. Auf diese Weise wird dem PSV die Möglichkeit eingeräumt, unverfallbare Anwartschaften aus Gruppenversicherungsverträgen abzufinden, was insb. dann für den Träger der Insolvenzsicherung interessant ist, wenn eine Direktversicherung nur tw. durch Abtretungen oder Beleihungen beschädigt ist. Allerdings ist diese Möglichkeit nicht auf derartige Fälle beschränkt, wie der Verweis auf die Pensionskassen zeigt, bei denen ein solcher Sicherungsfall nicht eintreten kann. Vielmehr kann der PSV ohne wertmäßige Grenzen immer dann eine derartige Abfindung vornehmen, wenn für den Versorgungsberechtigten eine Pensionskassen-Versicherung oder eine Direktversicherung besteht. Seit dem AVmG ist auch die Zahlung an einen **Pensionsfonds** möglich. 11

12 In S. 3 des neuen Abs. 2 werden § 2 II 4 bis 6 und § 3 II für entspr. anwendbar erklärt. Das bedeutet, dass den AN Verfügungsbeschränkungen treffen (vgl. § 2 Rn. 46 ff.). Der Verweis auf § 3 II dient der Berechnung der Abfindung.

§ 9 Mitteilungspflicht; Forderungs- und Vermögensübergang

(1) [Mitteilungspflichten] ¹ Der Träger der Insolvenzsicherung teilt dem Berechtigten die ihm nach § 7 oder § 8 zustehenden Ansprüche oder Anwartschaften schriftlich mit. ² Unterbleibt die Mitteilung, so ist der Anspruch oder die Anwartschaft spätestens im Jahr nach dem Sicherungsfall bei dem Träger der Insolvenzsicherung anzumelden; erfolgt die Anmeldung später, so beginnen die Leistungen frühestens mit dem Ersten des Monats der Anmeldung, es sei denn, daß der Berechtigte an der rechtzeitigen Anmeldung ohne sein Verschulden verhindert war.

(2) [Forderungsübergang] ¹ Ansprüche oder Anwartschaften des Berechtigten gegen den Arbeitgeber auf Leistungen der betrieblichen Altersversorgung, die den Anspruch gegen den Träger der Insolvenzsicherung begründen, gehen im Falle eines Insolvenzverfahrens mit dessen Eröffnung, in den übrigen Sicherungsfällen dann auf den Träger der Insolvenzsicherung über, wenn dieser nach Absatz 1 Satz 1 dem Berechtigten die ihm zustehenden Ansprüche oder Anwartschaften mitteilt. ² Der Übergang kann nicht zum Nachteil des Berechtigten geltend gemacht werden. ³ Die mit der Eröffnung des Insolvenzverfahrens übergegangenen Anwartschaften werden im Insolvenzverfahren als unbedingte Forderungen nach § 45 der Insolvenzordnung geltend gemacht.

(3) [Vermögensübergang] ¹ Ist der Träger der Insolvenzsicherung zu Leistungen verpflichtet, die ohne den Eintritt des Sicherungsfalles eine Unterstützungskasse erbringen würde, geht deren Vermögen einschließlich der Verbindlichkeiten auf ihn über; die Haftung für die Verbindlichkeiten beschränkt sich auf das übergegangene Vermögen. ² Wenn die übergegangenen Vermögenswerte den Barwert der Ansprüche und Anwartschaften gegen den Träger der Insolvenzsicherung übersteigen, hat dieser den übersteigenden Teil entsprechend der Satzung der Unterstützungskasse zu verwenden. ³ Bei einer Unterstützungskasse mit mehreren Trägerunternehmen hat der Träger der Insolvenzsicherung einen Anspruch gegen die Unterstützungskasse nur auf einen Betrag, der dem Teil des Vermögens der Kasse entspricht, der auf das Unternehmen entfällt, bei dem der Sicherungsfall eingetreten ist. ⁴ Die Sätze 1 bis 3 gelten nicht, wenn der Sicherungsfall auf den in § 7 Abs. 1 Satz 4 Nr. 2 genannten Gründen beruht, es sei denn, daß das Trägerunternehmen seine Betriebstätigkeit nach Eintritt des Sicherungsfalls nicht fortsetzt und aufgelöst wird (Liquidationsvergleich).

(3 a) Absatz 3 findet entsprechende Anwendung auf einen Pensionsfonds, wenn die zuständige Aufsichtsbehörde die Genehmigung für die Übertragung der Leistungspflicht durch den Träger der Insolvenzsicherung nach § 8 Abs. 1 a nicht erteilt.

(4) ¹ In einem Insolvenzplan, der die Fortführung des Unternehmens oder eines Betriebes vorsieht, kann für den Träger der Insolvenzsicherung eine besondere Gruppe gebildet werden. ² Sofern im Insolvenzplan nichts anderes vorgesehen ist, kann der Träger der Insolvenzsicherung, wenn innerhalb von drei Jahren nach der Aufhebung des Insolvenzverfahrens ein Antrag auf Eröffnung eines neuen Insolvenzverfahrens über das Vermögen des Arbeitgebers gestellt wird, in diesem Verfahren als Insolvenzgläubiger Erstattung der von ihm erbrachten Leistungen verlangen.

(5) Dem Träger der Insolvenzsicherung steht gegen den Beschluß, durch den das Insolvenzverfahren eröffnet wird, die sofortige Beschwerde zu.

I. Normzweck

1 Die Vorschrift zerfällt in zwei Teile, die nur insofern durch einen gemeinsamen Gedanken verbunden sind, als hier **Konsequenzen aus der Einstandspflicht des Trägers der Insolvenzsicherung gezogen** werden. Abs. 1 enthält eine **allg. Mitteilungspflicht des PSV** gegenüber den Versorgungsberechtigten, die der Feststellung von Ansprüchen und Anwartschaften dient. Deshalb ist neben der Mitteilungspflicht des Trägers der Insolvenzsicherung auch eine Anmeldepflicht des Versorgungsberechtigten vorgesehen. Die Abs. 2, 3 und 3 a sollen sicherstellen, dass der zur Leistung verpflichtete Träger der Insolvenzsicherung die Möglichkeit einer **Kompensation seiner Aufwendungen** erhält, wobei Abs. 3 den Besonderheiten der Unterstützungskassen und Abs. 3 a denen der Pensionsfonds Rechnung trägt. Hinter den Abs. 2, 3 und 3 a steht die Überlegung, dass auch nach einem Sicherungsfall noch nennenswerte Vermögensmassen vorhanden sein können, auf die dem Träger der Insolvenzsicherung so der Rückgriff eingeräumt wird. Durch die Abs. 4 und 5 wird die Stellung des PSV im Insolvenzverfahren gestärkt.

II. Mitteilungspflichten

Der PSV ist im **Interesse des Versorgungsempfängers** von sich aus zur Mitteilung verpflichtet, da dieser in die Lage versetzt werden muss, die ordnungsgemäße Erfassung seiner Rechte durch den Träger der Insolvenzsicherung zu überprüfen. Insb. bei vorzeitig mit unverfallbaren Anwartschaften ausgeschiedenen AN kann auch die Situation eintreten, dass er vom Sicherungsfall gar keine Kenntnis hat.

1. Inhalt und Wirkung der Mitteilung. Daraus ergibt sich auch, dass der Anspruch **nicht nur dem Grunde, sondern auch der Höhe nach durch den PSV mitzuteilen** ist. Die Mitteilungspflichten erfassen dabei nicht nur die nach § 7 bestehenden Ansprüche gegen den Träger der Insolvenzsicherung, sondern durch den Verweis auf § 8 wird der PSV auch verpflichtet, darüber zu informieren, dass die Versorgungsverpflichtung von einem Versicherungsunternehmen übernommen wird und muss dies bezeichnen. Er muss den Berechtigten auch über die Gewährung der Abfindung nach § 8 II informieren. Einen solchen Anspruch auf Mitteilung haben nur Versorgungsempfänger und Inhaber einer unverfallbaren Versorgungsanwartschaft. Hinterbliebene haben einen solchen Anspruch erst dann, wenn insoweit der Versorgungsfall eingetreten ist.

Die **Mitteilung nach § 9 I** hat **nur deklaratorische Funktion.** Allerdings begründet diese Mitteilung einen Vertrauenstatbestand. Wenn also etwa der PSV seine Einstandspflicht entgegen der wahren Rechtslage bejaht hat, so hat er die Nachteile auszugleichen, die dem Versorgungsempfänger im Vertrauen auf die Richtigkeit der Mitteilung entstanden sind und noch entstehen (BGH 3. 2. 1986 AP BetrAVG § 9 Nr. 4).

2. Unterbliebene Mitteilung. S. 2 ist etwas **undeutlich formuliert** und kann deshalb zu **Fehldeutungen** Anlass geben. Richtig verstanden geht es hier um eine Ergänzung der Mitteilungspflicht des PSV, da beide die Funktion der Sachverhaltsklärung im Interesse des Versorgungsempfängers haben. Die Vorschrift ist nicht zu verstehen als Ersatz für schuldhaftes Unterlassung der Mitteilung durch den PSV; sie wäre so auch nicht verständlich. Vielmehr kann die nötige Klärung nur im beiderseitigen Zusammenwirken erfolgen; die Anmeldepflicht nach S. 2 hat deshalb den Charakter einer Mitwirkungspflicht bzw. einer **versicherungsrechtlichen Obliegenheit.**

Die Anmeldung hat innerhalb einer **Ausschlussfrist von einem Jahr** zu erfolgen. Das Gesetz knüpft an die Versäumung der Anmeldung die Sanktion des späteren Leistungsbeginns; dies gilt allerdings nur dann, wenn den Berechtigten an der Fristversäumung ein Verschulden (§ 276 BGB) trifft. Durch die Art der Formulierung („es sei denn ...") macht das Gesetz deutlich, dass der Nachweis insoweit dem Berechtigten obliegt (so auch BAG 9. 12. 1997 NZA 1998, 941). Indem die Vorschrift von „beginnen die Leistungen" spricht, erfasst sie an sich nicht einmalige Kapitalleistungen. Da aber kein Grund ersichtlich ist, warum nicht auch Kapitalleistungen von dieser Vorschrift erfasst sein sollen, wird man sie analog auch darauf anzuwenden haben (*Blomeyer/Otto* Rn. 28).

Trotz des eindeutig für Sicherungsfall sprechenden Wortlauts ist S. 2 in der Lit. dahin ausgelegt worden, dass es hinsichtlich der Anwärter ausreiche, dass der Anwärter die Meldung in dem Jahr vornimmt, in dem der Versorgungsfall eintritt (*Andresen/Förster/Rößler/Rühmann* Teil 13 A Rn. 1176; *Blomeyer/Otto* Rn. 22; *Paulsdorff* Rn. 9), denn Anwärter können nach Insolvenzeintritt erst bei Eintritt ihres individuellen Versorgungsfalles einen Leistungsanspruch haben. Zu Recht hat das BAG unter Berufung auf den Wortlaut diese Ansicht zurückgewiesen und auf den Ausnahmetatbestand in S. 2 aE verwiesen (BAG 21. 3. 2000 NZA 2000, 835). Der Anwärter bleibt damit aber grds. verpflichtet, seine Anwartschaft innerhalb eines Jahres nach dem Sicherungsfall anzumelden.

III. Forderungsübergang

Durch den Forderungsübergang nach Abs. 2 gehen die **Forderungen des Berechtigten auf Leistungen der betrieblichen Altersversorgung bzw. die entspr. Anwartschaften auf den PSV über.** Auf diese Weise wird der Träger der Insolvenzsicherung Gläubiger etwa in der Insolvenz über das Vermögen des Versorgungsschuldners (BAG 7. 11. 1989 NZA 1990, 524). Der PSV macht keine anderen Forderungen geltend als die Versorgungsberechtigten, wenn es den gesetzlichen Forderungsübergang auf Grund des Insolvenzschutzes nicht gäbe (BGH 23. 1. 1992 NZA 1992, 653, 654).

1. Umfang. Betroffen vom Forderungsübergang sind die insolvenzgeschützten **Ansprüche auf Leistungen der betrieblichen Altersversorgung gegen den AG.** Das bedeutet nicht, dass nur Ansprüche gegen den AG aus unmittelbarer Versorgungszusage erfasst sind; vielmehr werden die anderen Sicherungsfälle herbeigeführt durch eine vom AG verursachte Beeinträchtigung des Bezugsrechts, was einen unmittelbaren Anspruch gegen den AG auslöst. Dies gilt nicht nur für den Fall der Abtretung oder Beleihung einer Direktversicherung, sondern auch im Falle von Unterstützungskassen (BAG 6. 10. 1992 DB 1993, 987, 988; s. aber auch Kommentierung zu Abs. 3 unten Rn. 16 ff.). Mit dem Übergang des Anspruchs oder der Anwartschaft auf die Leistung der betrieblichen Altersversorgung gehen auch **die zur Sicherung der Betriebsrente eingeräumten Rechte** auf den Träger der Insolvenzsicherung über (§ 9 II 1. Alt. iVm. § 401 I BGB analog, § 412 BGB; BAG 12. 12. 1989 DB 1990, 895, 896). Ein solches akzessorisches Sicherungsrecht kann auch eine Bürgschaft sein (BGH 13. 5. 1993 NZA 1994, 365).

10 Anders als eine Reihe sonstiger gesetzlicher Vorschriften zum Forderungsübergang sieht § 9 II **keine umfangmäßige Beschränkung** dahin vor, dass die Ansprüche oder Anwartschaften nur übergehen, „soweit" der Träger der Insolvenzsicherung Leistungen zu gewähren hat (vgl. etwa § 67 VVG, § 116 SGB X). Hierdurch soll es dem PSV ermöglicht werden, seine vom Pensionär abgeleiteten Ansprüche gem. §§ 174 ff. InsO fristgerecht anzumelden; deshalb wird der Forderungsübergang früh angesetzt. Hinge die Anspruchsberechtigung jeweils davon ab, ob der Träger der Insolvenzsicherung noch gewillt oder im Hinblick auf § 9 I 2 noch verpflichtet ist, an den Versorgungsempfänger zu leisten, so bliebe die Inhaberschaft des Anspruchs gegen den Versorgungsschuldner (zu) lange in der Schwebe (BGH 8. 3. 1982 NJW 1983, 120). Allerdings müssen die Anwartschaften und Ansprüche des Versorgungsberechtigten gegen den AG auf Leistungen der betrieblichen Altersversorgung dem Grunde nach geeignet sein, einen Anspruch gegen den Träger der Insolvenzsicherung zu begründen; der PSV muss also insoweit nach § 7 zur Leistung verpflichtet sein (ähnlich *Andresen/Förster/Rößler/Rühmann* Teil 13 A Rn. 1350; *Blomeyer/Otto* Rn. 50; *Höfer* Rn. 3053 f.). Dies lässt sich als **inhaltliche Begrenzung des Forderungsübergangs** kennzeichnen, der nicht weiter reichen darf als die Insolvenzsicherung (BAG 9. 11. 1999 AP BetrAVG § 7 Nr. 96 m. Anm. *Höfer/Lerner*).

11 Dem Gedanken der Anwartschaft als Vorstufe zum Vollrecht Rechnung tragend, verwandelt sich nach der Rspr. des BAG eine **Versorgungsanwartschaft im Insolvenzfall in einen Zahlungsanspruch.** Dieser wird gem. § 9 II 3 nach § 45 InsO als unbedingte Forderung geltend gemacht. Diese Neuregelung bestätigt die zur alten Rechtslage ergangene Rspr. (BAG 8. 12. 1977 AP KO § 61 Nr. 10).

12 **2. Zeitpunkt.** Der Anspruch geht im Fall der Insolvenz über zum **Zeitpunkt der Eröffnung des Insolvenzverfahrens.** In den anderen Sicherungsfällen fehlt es an einem auch für den Berechtigten offensichtlichen Ereignis, an das der Anspruchsübergang geknüpft werden könnte. Deshalb wird hier der Zeitpunkt (des Zugangs) der Mitteilung nach Abs. 1 S. 1 für maßgeblich erklärt. Das wird den PSV auch veranlassen, diese Mitteilung möglichst frühzeitig zu machen.

13 **3. Wirkung.** Die übergegangenen Forderungen sind **durch den Träger der Insolvenzsicherung geltend zu machen** (BAG 12. 4. 1983 AP BetrAVG § 9 Nr. 2). Er hat dann die gleiche Position wie andere Insolvenzgläubiger. Beim Träger der Insolvenzsicherung handelt es sich somit um einen Insolvenzgläubiger nach § 38 InsO.

14 Der **Versorgungsberechtigte** kann nach Forderungsübergang seine Rechte nur noch **gegenüber dem PSV** geltend machen. Allerdings sieht Abs. 2 S. 2 vor, dass der Übergang nicht zum Nachteil des Berechtigten geltend gemacht werden darf. Das wird bedeutsam bei der Existenz **akzessorischer Sicherungsrechte,** die von ihrem Sicherungsumfang über das vom Träger der Insolvenzsicherung Benötigte hinausgehen; hier darf der Träger der Insolvenzsicherung die Sicherungsrechte nur insoweit verwerten, wie er es für den von ihm gesicherten Teil erforderlich ist (s. etwa *Höfer* Rn. 3070).

15 Der AG kann seinem neuen Gläubiger in Gestalt des Trägers der Insolvenzsicherung die vor dem Forderungsübergang begründeten **Einwendungen** entgegenhalten (§§ 404, 412 BGB). Es finden in diesem Verhältnis auch die sonstigen einschlägigen Vorschriften des Abtretungsrechts (etwa § 407 BGB) Anwendung.

16 **4. Rückübertragung.** Soweit der PSV **keinen Insolvenzschutz** gewährt, ist er verpflichtet, die auf ihn übergegangene Ansprüche auf den Versorgungsberechtigten **rückzuübertragen** oder ihm eine Ermächtigung zur Geltendmachung der Forderung in eigenem Namen zu erteilen (BAG AP BetrAVG § 9 Nr. 2). Auf diese Weise wird der Versorgungsberechtigte in die Lage versetzt, seine Forderungen selbst geltend zu machen. Unter Berufung auf § 812 I 1 2. Fall BGB (Eingriffskondiktion) kann der Versorgungsberechtigte die Rückabtretung verlangen (s. auch *Blomeyer/Otto* Rn. 73 f.).

IV. Vermögensübergang bei Unterstützungskassen

17 Die Vorschrift des Abs. 3 erklärt sich aus **den Besonderheiten der Unterstützungskassen-Versorgung.** Da laut Legaldefinition ein Rechtsanspruch auf Leistungen der Unterstützungskasse nicht besteht, konnte ein Forderungsübergang wie in Abs. 2 nicht angeordnet werden. Da die Unterstützungskasse bei Zahlungsunfähigkeit des Trägerunternehmens ihre wirtschaftliche Basis verliert, kann nur noch auf das etwa vorhandene Vermögen zurückgegriffen werden.

18 **1. Umfang.** Nach dem Wortlaut dürfte an sich ein Vermögensübergang nicht stattfinden, wenn zum Zeitpunkt des Eintritts des Versicherungsfalles nur Inhaber insolvenzgesicherter Anwartschaften, nicht aber Versorgungsempfänger vorhanden sind, da die Vorschrift den Übergang daran knüpft, dass der PSV zu *Leistungen* verpflichtet ist. Es besteht aber Einigkeit darüber, dass die **Vorschrift ausdehnend auszulegen ist und auch Anwartschaften umfasst,** da das Interesse des PSV hier das Gleiche ist (*Blomeyer/Otto* Rn. 82; *Höfer* Rn. 3082).

Da § 7 I 2 den Insolvenzschutz an die **Eröffnung des Insolvenzverfahrens über das Vermögen** 19
des AG (Trägerunternehmen) knüpft, nimmt das BAG einen Vermögensübergang auf den PSV auch
dann an, wenn die **Unterstützungskasse noch über hinreichende finanzielle Mittel** verfügt, um die
bestehenden Versorgungsverbindlichkeiten zu erfüllen (BAG 12. 2. 1991 AP BetrAVG § 9 Nr. 13; krit.
Blomeyer/Otto Rn. 85). Diese Entscheidung ist dogmatisch problematisch, da sie hinsichtlich des
Sicherungsfalls unscharf argumentiert; sie lässt sich aber aus pragmatischen Gründen rechtfertigen, da
so verhindert wird, dass der Insolvenzverwalter die in der Unterstützungskasse noch vorhandenen
Mittel im Interesse der anderen Gläubiger zur Insolvenzmasse zieht und ansonsten auch bei überdotierten Unterstützungskassen ein Vermögensübergang stattfindet (§ 9 III 2).

Der Vermögensübergang erfasst **alle vermögenswerten Güter der Unterstützungskasse**. Dabei 20
kann es sich etwa auch um Darlehensforderungen handeln (BAG 6. 1. 1993 AP BetrAVG § 9 Nr. 16).
Es erfolgt ein vollständiger Vermögensübergang, da das Gesetz keine Einschränkung auf die Höhe der
erbrachten oder zu erbringenden Leistungen vorsieht. Der Zeitpunkt des Vermögensübergangs ist
entspr. der Regelung des Abs. 2 zum Forderungsübergang zu bestimmen. Der 2. Halbs. des S. 1 macht
deutlich, dass mit dem Vermögensübergang gleichzeitig auch die Verbindlichkeiten auf den PSV
übergehen. Verbindlichkeiten der Unterstützungskasse sind allerdings wegen des fehlenden Rechtsanspruchs nicht deren „Ansprüche" auf Versorgung. Die Vorschrift sieht eine Haftungsbeschränkung
entspr. § 419 II 1 BGB vor.

2. Ausnahmen. Für **Gruppen-Unterstützungskassen** macht das Gesetz in Abs. 3 S. 3 eine Aus- 21
nahme, da ein Vermögensübergang hier dazu führen würde, dass die Insolvenz eines der Unternehmen
die anderen Unternehmen und ihre Versorgungsberechtigten beeinträchtigen würde. Das Gesetz
behilft sich für diesen Fall mit einem betragsmäßig bestimmten Anspruch des Trägers der Insolvenzsicherung gegen die Unterstützungskasse, der dem Teil des Vermögens der Kasse entspricht, der auf das
Unternehmen entfällt. Anhaltspunkte für die Bestimmung dieses Betrages lassen sich aus der Satzung
der Kasse, dem Gesellschaftsvertrag oder sonstigen Vereinbarungen entnehmen (BAG 22. 10. 1991 AP
BetrAVG § 9 Nr. 14). Helfen diese Maßstäbe nicht weiter, so ist Anhaltspunkte die bisher übliche
Praxis der jeweiligen Unterstützungskasse.

Beim **außergerichtlichen Vergleich** findet nach S. 4 ein **Vermögensübergang nicht statt,** da hier 22
der AG weiterhin für die Leistungen haftet. S. 4 Halbs. 2 bestimmt jedoch, dass der Ausschluss des
Vermögensübergangs im Falle des Liquidationsvergleichs nicht gilt. Hier verliert die Unterstützungskasse mit dem Wegfall des Trägerunternehmens ihre Existenzberechtigung, so dass deshalb das Vermögen der Kasse auch nicht in die Vergleichsmasse fallen soll; vielmehr soll es dem PSV zur
Befriedigung der Ansprüche der Betriebsrentner bzw. Anwartschaftsinhaber zur Verfügung stehen.
Die gesetzliche Neuregelung knüpft damit an die hM zur alten Rechtslage an, wonach S. 4 bei einer
Beendigung der Betriebstätigkeit nicht anzuwenden war (*Blomeyer/Otto* Rn. 81).

V. Vermögensübergang bei Pensionsfonds

Für den Fall der **Nichterteilung der Genehmigung nach § 8 I a** sieht Abs. 3 a eine entspr. Anwen- 23
dung der Regelung des Abs. 3 zu den Unterstützungskassen vor. Es wird hier – wie auch sonst – die
Konsequenz aus der Sonderstellung der Pensionsfonds gezogen. Angesichts § 8 I a ist diese Regelung
zwingend. Der Fall, in dem die Vorschrift relevant wird, ist der eines **unterdotierten Pensionsfonds**;
der PSV muss dann anstelle des Pensionsfonds die Leistung erbringen, was den Vermögensübergang
rechtfertigt. Die Regelungen zu den Unterstützungskassen gelten zwar entspr.; hier ist aber der
Anwendungsbereich begrenzter, da die Situation eines Pensionsfonds mit noch ausreichenden Mitteln
hier nicht auftauchen kann (s. Rn. 19).

VI. Verbesserung der Stellung des PSV im Insolvenzverfahren

Die Anfügung eines Abs. 4 **verbessert die Stellung des PSV im Insolvenzverfahren** gegenüber der 24
bisherigen Situation. Die InsO arbeitet mit der Aufstellung eines Insolvenzplans (§§ 217 ff. InsO) und
bildet dabei Gruppen für die am Insolvenzplan Beteiligten (§ 222 InsO). Die Abstimmung über den
Insolvenzplan erfolgt innerhalb der Gruppen (§ 243 InsO). Wird die Fortführung des Unternehmens
oder eines Betriebes vorgesehen, so kann nach S. 1 für den PSV eine eigene Gruppe gebildet werden
mit der Folge, dass der Insolvenzplan nicht gegen seine Stimme verabschiedet werden kann. Die
Wiederauflebensklausel des § 255 InsO ist nicht zugeschnitten auf die langfristige Aufteilung der
Verpflichtungen aus der betrieblichen Altersversorgung zwischen PSV und dem in der Sanierung
befindlichen Unternehmen. Sie wird deshalb durch die Regelung im neuen Abs. 4 S. 2 ersetzt. Die
Drei-Jahres-Frist ist an die Regelung über die Aufhebung der Planüberwachung in § 268 Abs. 1 Nr. 2
InsO angelehnt und bedeutet zugleich, dass ein Insolvenzfall nach Ablauf dieser drei Jahre wie der
übliche (neue) Insolvenzfall behandelt wird (s. auch *Schmidt-Ränsch* InsO Art. 91 Rn. 18).

Das neu eingeräumte **eigene Beschwerderecht des Trägers der Insolvenzsicherung** (Abs. 5) trägt 25
dem Umstand Rechnung, dass die Eröffnung des Insolvenzverfahrens für ihn erhebliche wirtschaftliche Tragweite hat, da der Eröffnungsbeschluss bei Vorliegen der anderen Voraussetzungen die Leis-

sicherungsunternehmen entspricht (BVerwG 17. 8. 1995 NJW 1996, 1073). Der PSV kann einen Beitragsgrundlagenbescheid erlassen, in dem er die Pflicht zur Zahlung von Beiträgen nur dem Grunde nach feststellt (BVerwG 28. 6. 1994 AP BetrAVG § 10 Nr. 3 = SAE 1996, 41 ff. m. Anm. *Steinmeyer*).

14   Die Beiträge sind grds. **fällig am Ende des Kalenderjahres** (Abs. 2 S. 3). Die Verjährungsfrist für nicht durch Beitragsbescheid festgesetzte Beitragsansprüche des PSV beträgt in analoger Anwendung des § 169 AO vier Jahre (vgl. § 169 II Nr. 2 AO; BVerwG 17. 8. 1995 NJW 1996, 1073 f.). Wird die Verjährung durch VA unterbrochen, so ergibt sich eine Frist von dann 30 Jahren (§ 53 VwVfG iVm. § 197 I Nr. 3 BGB).

III. Gesamtbeitragsaufkommen

15   **1. Finanzierungsverfahren.** Bei der Wahl des Finanzierungssystems stand der Gesetzgeber vor den beiden Extrempositionen des reinen Ausgaben-Umlageverfahrens und des Anwartschaftsdeckungsverfahrens mit Einmalprämie. Er hat sich vor diesem Hintergrund entschieden für das sog. **Rentenwert-Umlage-Verfahren**, das sich (*Paulsdorff* Rn. 72) wie folgt charakterisieren lässt: „Durch die in einem Jahr erhobenen Beiträge sind jeweils die im gleichen Jahr neu einsetzenden Leistungen – sei es für die Umwandlungsrenten (zu Leistungsansprüchen gewandelte Anwartschaften, d. Verf.) oder aus vertragsmäßigen Erhöhungen bereits laufender Pensionen – durch ein Kapital so zu decken, dass daraus die vertraglichen Leistungen einschließlich etwaiger Folgerenten für Hinterbliebene unter Berücksichtigung des aus diesem Kapital zu erzielenden (und deshalb einkalkulierten) Zinses nach versicherungsmathematischen Grundsätzen jeweils bis zum Ende der Rentenzahlungsdauer erbracht werden können. Zusätzlich zu diesem Kapital sind die Verwaltungskosten aufzubringen; ferner ist ein gesetzlicher Ausgleichsfonds gegen Schwankungen und unvorhergesehene Belastungen zu bilden." Dies kommt in Abs. 2 zum Ausdruck, der die berücksichtigungsfähigen Kosten benennt.

16   **2. Berücksichtigungsfähige Aufwendungen.** Es handelt sich zum einen um die **Ansprüche auf Leistungen der betrieblichen Altersversorgung, die im laufenden Kalenderjahr entstehen.** Das bedeutet, dass Anwartschaften dabei nicht berücksichtigt werden; sie werden erst dann in die Berechnung einbezogen, wenn aus ihnen Leistungsansprüche geworden sind (sog. Umwandlungsrenten). Dies muss in gleicher Weise **auch für Anwartschaften** auf Hinterbliebenenversorgung gelten; aus der von der Gegenmeinung (*Höfer* Rn. 3114) bemühten Entscheidung des BAG (12. 6. 1990 AP BetrAVG § 1 Hinterbliebenenversorgung Nr. 10) lässt sich nichts Gegenteiliges herleiten, da es dort nur um die Bindung der gerichtlichen Entscheidung über das Rentenstammrecht für Hinterbliebene ging (wie hier auch *Blomeyer/Otto* Rn. 69; wohl auch *Paulsdorff* Rn. 75). Zur Berechnung des Barwertes gibt Abs. 2 S. 2 die Berechnungskriterien vor. Danach ist bei dieser Berechnung der Rechnungszinsfuß nach § 65 VAG zu bestimmen. Abs. 2 aF (bis 31. 12. 1998) hatte bestimmt, dass ein Rechnungszinsfuß von 3% anzuwenden sei. Die Gesetzesänderung bedeutet damit zwar eine Anhebung des Rechnungszinsfußes; zugleich wird er aber der zwischenzeitlichen Verfahrensweise in der deutschen Lebensversicherung angepasst.

17   Unter **Verwaltungskosten** sind **alle Sach- und Personalkosten des PSV** zu verstehen. Unter den **sonstigen Kosten** dürften insb. solche zu verstehen sein, die dem Träger der Insolvenzsicherung durch **die Einschaltung der Lebensversicherungsunternehmen** und die Begleichung der von diesen in Rechnung gestellten Kosten entstehen (*Blomeyer/Otto* Rn. 74). Es sind weiterhin Zuführungen zu einem **Ausgleichsfonds** vorgesehen, der von der Bundesanstalt für Finanzdienstleistungsaufsicht (BaFin) festgelegt wird; damit soll der schwankenden Insolvenzhäufigkeit Rechnung getragen werden. Der Ausgleichsfonds ist zu bilden in Höhe eines Jahresschadensaufwands aus dem Durchschnitt der letzten fünf Geschäftsjahre (*Blomeyer/Otto* Rn. 76). Der im 2. Halbs. herangezogene § 37 VAG bedeutet, dass die Satzung zur Deckung eines außerordentlichen Verlustes eine Verlustrücklage zu bilden hat. Dies ist in § 5 I der Satzung des PSV erfolgt. Danach sind der Rücklage bis zur Höhe von 50 Mio. €, beginnend mit dem Geschäftsjahr 1995, jährlich mindestens 10 Mio. € zuzuführen. Danach werden ihr jährlich 2% der Verlustrücklage, mindestens 1 Mio. € zugeführt.

IV. Beitragsbemessungsgrundlagen

18   **1. Allgemeines.** Abs. 3 regelt, wie der nach Abs. 2 ermittelte **Finanzbedarf von den AG im Einzelnen aufzubringen** ist. In S. 1 wird der Verteilungsmaßstab im Grundsatz festgestellt; es ist dies der Wert der vom Träger der Insolvenzsicherung zu schützenden laufenden Versorgungsleistungen und der nach § 1 unverfallbaren Versorgungsanwartschaften. Die Vorschrift differenziert dann die Beitragsbemessungsgrundlagen im Einzelnen in Abhängigkeit vom Durchführungsweg. Dieses System mag nicht in allen Fällen dem versicherten Risiko Rechnung tragen; es wird insoweit in der Literatur die mangelnde Beitragsgerechtigkeit beklagt (*Höfer* Rn. 3134). Die vorgenommene Verteilung rechtfertigt sich aber aus dem Gedanken einer sowohl im Interesse der AG als auch im Interesse des Trägers der Insolvenzsicherung liegenden Vereinfachung des Maßstabs.

Maßgeblicher Feststellungszeitpunkt ist das Ende des Wirtschaftsjahres des AG. Das bedeutet 19 etwa, dass nur die Anwartschaften derjenigen AN in die Berechnung der jeweiligen Beitragsbemessungsgrundlage eingehen, die bis zum Schluss des Wirtschaftsjahres die Unverfallbarkeitsvoraussetzungen des § 1 erfüllen. Bei etwa erforderlich werdenden nachträglichen Berichtigungen der Beitragsbemessungsgrundlage ist der PSV an die Vorgaben des VwVfG, insb. die §§ 48 ff. VwVfG gebunden.

2. Unmittelbare Versorgungszusage. Für unmittelbare Versorgungszusagen nennt Abs. 3 Nr. 1 als 20 **Beitragsbemessungsgrundlage** den **Teilwert der Pensionsverpflichtung** und verweist dafür auf § 6 a III EStG. Dabei ist ein Rechnungszinsfuß von 6% vorgeschrieben. Die Entscheidung des AG im Rahmen des nach § 6 a III EStG bestehenden Wahlrechts bei der Steuerpflicht bindet ihn auch hinsichtlich der Bemessungsgrundlage für die Insolvenzsicherung (überzeugend *Everhardt* BetrAV 1986, 39, 41; wie hier *Paulsdorff* Rn. 87; aA *Blomeyer/Otto* Rn. 110; *Höfer* Rn. 3180). Zwar kann für das Arbeitsrecht eine steuerrechtliche Bewertung grds. nicht bindend sein; andererseits ist aber bei einer eindeutigen Bezugnahme auf steuerrechtliche Vorschriften deren Vorgaben Rechnung zu tragen. Bei der Bestimmung der Beitragsbemessungsgrundlage sind im Falle einer Umwandlung auch die Teilwerte einzubeziehen, die auf im Umwandlungszeitpunkt bereits gezahlte Betriebsrenten oder unverfallbare Anwartschaften entfallen, sofern nach dem UmwG diese Versorgungsverpflichtungen übergegangen sind; eine fortdauernde Mithaftung einer öffentlich-rechtlichen Körperschaft ändert daran nichts (BVerwG 13. 7. 1999 NZA 1999, 1217).

3. Direktversicherung. Bei Direktversicherungen wird die **Beitragsbemessungsgrundlage be-** 21 **stimmt nach der Summe dessen, was unter Insolvenzrisiko steht,** wenn das Gesetz unterscheidet zwischen Direktversicherungen mit widerruflichen Bezugsrecht auf der einen Seite und andererseits Direktversicherungen, bei denen der Versicherungsfall bereits eingetreten ist sowie Versicherungsanwartschaften, für die ein unwiderrufliches Bezugsrecht eingeräumt ist, soweit die Versicherungen abgetreten oder beliehen sind.

Das bedeutet, dass gem. Abs. 3 Nr. 2 S. 2 bei laufenden Leistungen eine Beitragspflicht des AG 22 besteht und demgemäss die Beitragsbemessungsgrundlage zu bestimmen ist, wenn der AG ausnahmsweise über das Deckungskapital verfügt hat, indem er die Versicherungen abgetreten, beliehen oder verpfändet hat. Hier ist **Beitragsbemessungsgrundlage das geschäftsplanmäßige Deckungskapital des Versicherers oder die Deckungsrückstellung**; allerdings wird dies nur berücksichtigt, soweit der AG verfügt hat.

Bei Versicherungsanwartschaften mit **unwiderruflichem Bezugsrecht** (Abs. 3 Nr. 2 S. 2) sind nur 23 die unverfallbaren Anwartschaften zu berücksichtigen. Auch hier ist die Beitragsbemessungsgrundlage beschränkt auf die Versicherungsanwartschaften, die in der o. g. Weise wirtschaftlich genutzt werden.

Bei **widerruflicher Bezugsberechtigung** (Abs. 3 Nr. 2 S. 1) besteht grds. das Insolvenzrisiko, so 24 dass hier **ohne die in S. 2 vorgenommenen Begrenzungen das geschäftsplanmäßige Deckungskapital bzw. die Deckungsrückstellungen Beitragsbemessungsgrundlage** sind.

4. Unterstützungskassen. Abs. 3 Nr. 3 unterstellt für die Bestimmung der Beitragsbemessungs- 25 grundlage bei einer Unterstützungskassen-Versorgung das Fehlen eines Rechtsanspruchs. Um dem Rechnung zu tragen, hat er sich entschieden für eine **Verweisung auf das Berechnungsverfahren nach § 4 d EStG.**

5. Pensionsfonds. Indem Abs. 3 Nr. 4 auf die Berechnung der Beitragsbemessungsgrundlage nach 26 Nr. 1 (unmittelbare Versorgungszusage) verweist, bezieht sie sich auch auf § 6 a EStG und das dort vorzufindende Wahlrecht (vgl. näher Rn. 20).

6. Arbeitgeberbeiträge bei unterparitätischer Versorgung. Durch das RRG 1999 sind die 27 **Höchstgrenzen für die Sicherungspflicht des PSV deutlich gesenkt** worden (s. § 7 Rn. 64 ff.). Daher stellt sich die Frage, ob die **Beitragspflicht** entsprechend gesenkt wird oder ob auch der nicht mehr insolvenzgeschützte Teil einer Versorgungszusage in die Beitragsbemessungsgrundlage einzubeziehen ist. Nach alter Rechtslage stellte sich die Problematik praktisch nicht, weil die Obergrenzen derart hoch angesetzt waren, dass kaum eine Versorgungszusage diese Grenzen überstieg. War dies ausnahmsweise einmal der Fall, so wurde angenommen, dass die Beitragsbemessungsgrundlage auf die gesamte Versorgungszusage anzuwenden war (*Blomeyer/Otto* Rn. 95; *Höfer* Rn. 3138). Da mit der Absenkung der Höchstgrenzen diese Fälle häufiger werden, verschärft sich die Problematik. Der Gesetzgeber hat diese Frage nicht geregelt. Das Interesse an Beitragsgerechtigkeit und Verwaltungsvereinfachung stehen sich gegenüber. Eine gerechte Lösung wäre, dass der PSV den Unternehmen die Wahl lässt, ob sie den vollen oder den entspr. verringerten Betrag zahlen (so auch *Wohlleben* in *Höfer*, Neue Chancen für Betriebsrenten, S. 140; *Blomeyer* NZA 1998, 916).

V. Zwangsvollstreckung aus Beitragsbescheiden

Dass der **PSV selbst die vollstreckbare Ausfertigung des Beitragsbescheides erteilen kann**, ist eine 28 Konsequenz der ihm eingeräumten öffentlich-rechtlichen Stellung. Seine Befugnis beschränkt sich

Steinmeyer

aber darauf; im Übrigen wird auf die Zwangsvollstreckung nach der ZPO verwiesen. Der Beitragsschuldner hat deshalb die üblichen Rechtsbehelfe im Rahmen der Zwangsvollstreckung. Soweit es um Rechtsbehelfe gegen Maßnahmen des PSV im Rahmen der Zwangsvollstreckung geht, dh. bei Rechtsbehelfen gegen die Vollstreckungsklausel und bei der Vollstreckungsabwehrklage (§ 767 ZPO) ist das VG zuständig (BayVGH 5. 2. 1982 E-BetrAV 140.1 Nr. 7), ansonsten die ordentliche Gerichtsbarkeit – etwa im Falle der Vollstreckungserinnerung (§ 766 ZPO).

§ 10 a Säumniszuschläge; Zinsen; Verjährung

(1) Für Beiträge, die wegen Verstoßes des Arbeitgebers gegen die Meldepflicht erst nach Fälligkeit erhoben werden, kann der Träger der Insolvenzsicherung für jeden angefangenen Monat vom Zeitpunkt der Fälligkeit an einen Säumniszuschlag in Höhe von bis zu eins vom Hundert der nacherhobenen Beiträge erheben.

(2) ¹ Für festgesetzte Beiträge und Vorschüsse, die der Arbeitgeber nach Fälligkeit zahlt, erhebt der Träger der Insolvenzsicherung für jeden Monat Verzugszinsen in Höhe von 0,5 vom Hundert der rückständigen Beiträge. ² Angefangene Monate bleiben außer Ansatz.

(3) ¹ Vom Träger der Insolvenzsicherung zu erstattende Beiträge werden vom Tage der Fälligkeit oder bei Feststellung des Erstattungsanspruchs durch gerichtliche Entscheidung vom Tage der Rechtshängigkeit an für jeden Monat mit 0,5 vom Hundert verzinst. ² Angefangene Monate bleiben außer Ansatz.

(4) ¹ Ansprüche auf Zahlung der Beiträge zur Insolvenzsicherung gemäß § 10 sowie Erstattungsansprüche nach Zahlung nicht geschuldeter Beiträge zur Insolvenzsicherung verjähren in sechs Jahren. ² Die Verjährungsfrist beginnt mit Ablauf des Kalenderjahres, in dem die Beitragspflicht entstanden oder der Erstattungsanspruch fällig geworden ist. ³ Auf die Verjährung sind die Vorschriften des Bürgerlichen Gesetzbuchs anzuwenden.

1 Die durch das RRG mit Wirkung ab 1. 1. 1999 eingeführte Vorschrift schafft durch die Regelung von **Säumniszuschlägen und Verzugszinsen** sowie über die **Verjährung** Klarheit und ein handhabbares Instrumentarium für den Träger der Insolvenzsicherung. Abs. 1 befasst sich dabei mit der Zahlung von Säumniszuschlägen für den Fall, dass Beiträge wegen Verstoßes des AG gegen die Meldepflicht erst nach Fälligkeit erhoben werden; hier fehlte bisher eine Rechtsgrundlage (BVerwG 27. 9. 1990 ZIP 1991, 179). Abs. 2 setzt Verzugszinsen für die verspätete Zahlung von Beiträgen und Vorschüssen fest, da auch insoweit das BVerwG das Fehlen einer Rechtsgrundlage moniert hatte. Abs. 3 erlegt es dem Träger der Insolvenzsicherung auf, zu erstattende Beiträge unter bestimmten Voraussetzungen zu verzinsen. Abs. 4 schließlich enthält eine Vorschrift über die Verjährung von Beitragsansprüchen des Trägers der Insolvenzsicherung.

2 Der **Säumniszuschlag** kann nunmehr vom PSV per **VA** erhoben werden. Er setzt einen vorwerfbaren Verstoß gegen die Meldepflicht nach § 11 Abs. 1 und 2 voraus. Zwar spricht § 11 nur in der Überschrift von Meldepflicht und ansonsten nur von Mitteilungspflichten, diese sind aber hier gemeint. Die Mitteilungspflichten nach § 11 Abs. 3 und 4 werden nicht erfasst, da § 10 a nur verspätet erhobene Beiträge betrifft.

3 Der **Verzug** setzt voraus, dass die Beiträge vom PSV in einem **Beitragsbescheid** festgesetzt worden sind. Daraus ergibt sich auch die Fälligkeit. Einer Mahnung bedarf es nicht. Die Verzugszinsen können durch Beitragsbescheid festgesetzt werden.

4 Der gegenüber den übrigen Beträgen erhöhte Säumniszuschlag nach Abs. 1 rechtfertigt sich daraus, dass die Meldepflicht ausschließlich in der Sphäre des AG liegt. Allerdings wird durch einen Vergleich zwischen dem Wortlaut des Abs. 1 und dem des Abs. 2 deutlich, dass dem Träger der Insolvenzsicherung bei der Festsetzung des Säumniszuschlages ein Ermessen eingeräumt ist, da er auch den Charakter einer Strafgebühr hat, die Verzugszinsen hingegen in ihrer Höhe fixiert sind. Dabei richtet sich im letzteren Fall die Höhe der Zinsen nach den üblicherweise zu erwirtschaftenden Zinserträgen.

5 **Beitragserstattungen** können sich ergeben auf Grund der allg. öffentlich-rechtlichen Erstattungsanspruchs oder bei Aufhebung eines Beitragsbescheides.

6 Die Regelung über die **Verjährung** betrifft Ansprüche auf Zahlung der Beiträge zur Insolvenzsicherung gem. § 10 sowie Erstattungsansprüche nach Zahlung nicht geschuldeter Beiträge. Die Vorschrift knüpft aus Gründen der praktischen Vereinfachung an den Ablauf des Kalenderjahres an, in dem die Beitragspflicht entstanden oder der Erstattungsanspruch fällig geworden ist. Durch den Verweis auf die Vorschriften des BGB über die Verjährung wird deutlich gemacht, dass die Verjährung nicht von Amts wegen zu beachten ist, sondern der Anspruchsgegner die Einrede der Verjährung geltend machen muss. Beruft sich ein AG, der wegen unterlassener Meldung nach § 11 nicht zu Beiträgen herangezogen wurde, auf die Verjährung, so wird ihm der PSV unzulässige Rechtsausübung entgegenhalten können. Bei der Hemmung der Verjährung ist § 53 I VwVfG zu beachten, wonach ein VA die Verjährung dieses Anspruchs unterbricht.

§ 11 Melde-, Auskunfts- und Mitteilungspflichten

(1) [Erstmalige Mitteilung über Zusagen] ¹Der Arbeitgeber hat dem Träger der Insolvenzsicherung eine betriebliche Altersversorgung nach § 1b Abs. 1 bis 4 für seine Arbeitnehmer innerhalb von 3 Monaten nach Erteilung der unmittelbaren Versorgungszusage, dem Abschluß einer Direktversicherung oder der Errichtung einer Unterstützungskasse oder eines Pensionsfonds mitzuteilen. ²Der Arbeitgeber, der sonstige Träger der Versorgung, der Insolvenzverwalter und die nach § 7 Berechtigten sind verpflichtet, dem Träger der Insolvenzsicherung alle Auskünfte zu erteilen, die zur Durchführung der Vorschriften dieses Abschnittes erforderlich sind, sowie Unterlagen vorzulegen, aus denen die erforderlichen Angaben ersichtlich sind.

(2) [Periodische Mitteilungen] ¹Ein beitragspflichtiger Arbeitgeber hat dem Träger der Insolvenzsicherung spätestens bis zum 30. September eines jeden Kalenderjahres die Höhe des nach § 10 Abs. 3 für die Bemessung des Beitrages maßgebenden Betrages bei unmittelbaren Versorgungszusagen und Pensionsfonds auf Grund eines versicherungsmathematischen Gutachtens, bei Direktversicherungen auf Grund einer Bescheinigung des Versicherers und bei Unterstützungskassen auf Grund einer nachprüfbaren Berechnung mitzuteilen. ²Der Arbeitgeber hat die in Satz 1 bezeichneten Unterlagen mindestens sechs Jahre aufzubewahren.

(3) [Mitteilungen bei Insolvenz] ¹Der Insolvenzverwalter hat dem Träger der Insolvenzsicherung die Eröffnung des Insolvenzverfahrens, Namen und Anschriften der Versorgungsempfänger und die Höhe ihrer Versorgung nach § 7 unverzüglich mitzuteilen. ²Er hat zugleich Namen und Anschriften der Personen, die bei Eröffnung des Insolvenzverfahrens eine nach § 1 unverfallbare Versorgungsanwartschaft haben, sowie die Höhe ihrer Anwartschaft nach § 7 mitzuteilen.

(4) Der Arbeitgeber, der sonstige Träger der Versorgung und die nach § 7 Berechtigten sind verpflichtet, dem Insolvenzverwalter Auskünfte über alle Tatsachen zu erteilen, auf die sich die Mitteilungspflicht nach Absatz 3 bezieht.

(5) In den Fällen, in denen ein Insolvenzverfahren nicht eröffnet wird (§ 7 Abs. 1 Satz 4) oder nach § 207 der Insolvenzordnung eingestellt worden ist, sind die Pflichten des Insolvenzverwalters nach Absatz 3 vom Arbeitgeber oder dem sonstigen Träger der Versorgung zu erfüllen.

(6) [Amtshilfe] Kammern und andere Zusammenschlüsse von Unternehmern oder anderen selbständigen Berufstätigen, die als Körperschaften des öffentlichen Rechts errichtet sind, ferner Verbände und andere Zusammenschlüsse, denen Unternehmer oder andere selbständige Berufstätige kraft Gesetzes angehören oder anzugehören haben, haben den Träger der Insolvenzsicherung bei der Ermittlung der nach § 10 beitragspflichtigen Arbeitgeber zu unterstützen.

(7) [Vordrucke] Die nach den Absätzen 1 bis 3 und 5 zu Mitteilungen und Auskünften und die nach Absatz 6 zur Unterstützung Verpflichteten haben die vom Träger der Insolvenzsicherung vorgesehenen Vordrucke zu verwenden.

(8) [Angaben der Finanzämter] ¹Zur Sicherung der vollständigen Erfassung der nach § 10 beitragspflichtigen Arbeitgeber können die Finanzämter dem Träger der Insolvenzsicherung mitteilen, welche Arbeitgeber für die Beitragspflicht in Betracht kommen. ²Die Bundesregierung wird ermächtigt, durch Rechtsverordnung mit Zustimmung des Bundesrates das Nähere zu bestimmen und Einzelheiten des Verfahrens zu regeln.

I. Normzweck

Die Vorschrift ergänzt die vorherigen Regelungen zur Insolvenzsicherung und enthält die Melde-, Mitteilungs- und Auskunftspflichten, die **zur Information des PSV und zur Erfüllung seiner Aufgaben erforderlich** sind. Die Pflichten sind sämtlich Schutzpflichten im Interesse des Trägers der Insolvenzsicherung und haben deshalb Schutzgesetzcharakter iSd. § 823 II BGB (AG Stuttgart 29. 4. 1986 DB 1987, 692; *Blomeyer/Otto* Rn. 3; *Höfer* Rn. 3318; *Paulsdorff* Rn. 31). 1

In den Abs. 1 und 2 wird eine **allg. Mitteilungspflicht bei Versorgungszusagen** festgelegt. Die Abs. 3 bis 5 betreffen **Mitteilungspflichten im Insolvenzfall**. Die Amtshilfevorschriften der Abs. 6 und 8 haben **unterstützende Funktion hinsichtlich der Beitragspflichtigkeit** von AG nach § 10 und die Pflicht zur Verwendung von **Vordrucken** in Abs. 7 dient der **Erleichterung des Verfahrens** für den PSV. 2

Bei Mitteilungs- und Auskunftspflichten im Rahmen der Insolvenzsicherung in der betrieblichen Altersversorgung ist zu beachten, dass das **Verhältnis zum Versorgungsempfänger dem Privatrecht** unterliegt und beim **Verhältnis zwischen AG und PSV** danach zu unterscheiden ist, ob es sich um **die Leistungsseite** – dann Privatrecht – **oder um die Beitragspflicht** – dann öffentliches Recht – handelt. 3

II. Allgemeine Mitteilungspflicht bei Versorgungszusagen nach den Absätzen 1 und 2

4   **1. Erstmalige Mitteilung über Zusagen.** Durch die erstmalige Mitteilung nach Abs. 1 S. 1 soll der Träger der Insolvenzsicherung in die Lage versetzt werden, die **erforderlichen Grundinformationen** zu erhalten. Es unterliegt deshalb jede individuelle Versorgungsmaßnahme der Mitteilungspflicht, sofern sie die Voraussetzungen für eine betriebliche Altersversorgung erfüllt. Adressat der Mitteilungspflicht ist der AG.

5   Von den **Durchführungswegen** sind von der Mitteilungspflicht nach Abs. 1 nur erfasst **diejenigen, bei denen sich ein vom PSV zu schützendes Insolvenzrisiko** ergeben kann. Deshalb ist nur die Erteilung einer unmittelbaren Versorgungszusage, der Abschluss einer Direktversicherung und die Errichtung einer Unterstützungskasse oder eines Pensionsfonds mitzuteilen. Die Vorschrift enthält keine Angaben darüber, ob die Mitteilungspflicht sich beschränkt auf unverfallbare Anwartschaften oder ob in jedem Fall mitgeteilt werden muss. Aus der Formulierung des Gesetzes ist zu schließen, dass es auf die Unverfallbarkeit nicht ankommt. Es ist allerdings zuzugeben, dass so dem PSV Mitteilungen gemacht werden müssen, die über das hinausgehen, was dieser für die Erfüllung seiner Funktionen benötigt, denn der Insolvenzsicherung unterliegen nur unverfallbare Anwartschaften. **Der PSV fordert die Mitteilung erst bei Eintritt der Unverfallbarkeit bzw. im Leistungsfall** (Nr. 1 Abs. 1 des Merkblattes 210/M 21 a/7.02) und beruft sich auf ein Redaktionsversehen des Gesetzgebers (so auch *Paulsdorff* Rn. 6). Angesichts des so **eindeutigen Wortlauts kann dem nicht gefolgt werden** (wie hier *Blomeyer/Otto* Rn. 13; *Höfer* Rn. 3272); dem AG kann aber kein Vorwurf gemacht werden, wenn er den Vorgaben des Trägers der Insolvenzsicherung folgt. Auch bei der Direktversicherung verlangt der PSV weniger als die gesetzlichen Vorgaben erlauben, wenn er bei Direktversicherungen mit unwiderruflichem Bezugsrecht nur eine Mitteilung bei Abtretung, Beleihung oder Verpfändung verlangt (Nr. 1 Abs. 1 des Merkblattes 210/M 21 a/7.02). Verpflichtet ist hier der AG, der aber auch Dritte – etwa den Pensionsfonds – beauftragen kann (*Höfer*, Das neue Betriebsrentenrecht, Rn. 543).

6   **2. Auskunftspflicht und Pflicht zur Vorlage von Unterlagen.** Bei S. 2 geht es um **alle Aufgaben des Trägers der Insolvenzsicherung** nach dem Vierten Abschnitt, so dass der PSV auf der Basis dieser Rechtsgrundlage sämtliche Informationen erheben kann, die er zur Durchführung seiner Aufgaben benötigt. Es umfasst Leistungsverpflichtungen und Beitragsansprüche; diese Pflicht kann vom PSV bei Bedarf geltend gemacht werden.

7   Der **Kreis der verpflichteten Personen** ist hier insoweit anders bestimmt, als neben dem AG auch „sonstige Träger der Versorgung" bezeichnet sind. Damit sind **Lebensversicherungsunternehmen im Falle von Direktversicherungen sowie Unterstützungskassen** gemeint. Wer Insolvenzverwalter ist, bestimmt sich nach § 56 InsO. Die „**nach § 7 Berechtigten**" sind die **Versorgungsempfänger sowie die insolvenzgesicherten Anwartschaftsberechtigten.**

8   **3. Periodische Mitteilungen.** Durch die Pflicht zu periodischen Mitteilungen nach Abs. 2 wird der PSV in die Lage versetzt, die **Beitragsbemessungsgrundlage zu bestimmen.** Da es sich hier um eine **Verpflichtung** im Rahmen der Beitragspflicht handelt, ist sie **öffentlich-rechtlicher Natur.** Die Verpflichtung nach Abs. 2 ist unaufgefordert zu erfüllen, kann aber auch durch den PSV im Wege des VA konkretisiert werden (BVerwG 22. 11. 1994 NZA 1995, 374 ff.).

9   **Mitzuteilen** ist die nach § 10 III berechnete **Beitragsbemessungsgrundlage.** Der AG muss die Beitragsbemessungsgrundlage selbst ermitteln, allerdings dem Träger der Insolvenzsicherung zwecks Überprüfung auch bestimmte in Abs. 3 näher bezeichnete Unterlagen vorlegen. Die Vorlage der Unterlagen und die etwaige Erstellung von Gutachten erfolgt auf Kosten des AG (*Höfer* Rn. 3285). S. 3 legt für den AG eine sechsjährige Aufbewahrungspflicht fest.

10   Das Gesetz legt fest, wie für die einzelnen **Durchführungswege** die Beitragsbemessungsgrundlage zu ermitteln ist; für Pensionsfonds wird hier wie bei § 10 auf die Regelungen zur unmittelbaren Versorgungszusage Bezug genommen.

III. Mitteilungen im Insolvenzfall

11   Für den Insolvenzfall sind dem **Insolvenzverwalter, dem AG und dem sonstigen Träger der Versorgung** nach Abs. 3 bes. **Mitteilungspflichten** auferlegt, die es dem Träger der Insolvenzsicherung ermöglichen sollen, seinen Aufgaben im Sicherungsfall nachzukommen. Die Vorschrift geht von der Eröffnung des Insolvenzverfahrens als Grundfall aus und legt in den übrigen Insolvenzfällen die Verpflichtungen allein dem AG oder dem sonstigen Versorgungsträger auf.

12   Der **Insolvenzverwalter** muss alle für den Träger der Insolvenzsicherung im Sicherungsfall erforderlichen Informationen übermitteln. Da hier regelmäßig schnelles Handeln angezeigt ist, hat die Mitteilung unverzüglich zu erfolgen. Ein Verstoß gegen diese Mitteilungspflicht kann eine Haftung des Insolvenzverwalters begründen.

13   Gleiches gilt nach Abs. 4 für den **AG,** der darüber hinaus gem. Abs. 5 in den übrigen Sicherungsfällen die Pflichten wahrzunehmen hat, die im Insolvenzfall den Insolvenzverwalter treffen. Die

Mitteilungspflicht des AG im Insolvenzfall (Abs. 4) hat ergänzende Funktion und obliegt gegenüber dem Insolvenzverwalter, der so in die Lage versetzt wird, seinen Mitteilungspflichten gegenüber dem PSV nachzukommen. In den übrigen Fällen tritt der AG an die Stelle des Insolvenzverwalters; hier obliegt ihm die Mitteilungspflicht gegenüber dem Träger der Insolvenzsicherung. Seine Mitteilungspflicht ist dann den Besonderheiten dieser Sicherungsfälle gem. modifiziert. So muss er bei Abweisung des Antrags auf Insolvenzeröffnung den Abweisungsbeschluss mitteilen. Bei vollständiger Einstellung der Betriebstätigkeit muss er diese glaubhaft machen und im Falle der wirtschaftlichen Notlage das einschlägige Urteil des Gerichts oder den Klageantrag mitteilen (vgl. auch *Blomeyer/Otto* Rn. 65). Abs. 5 nimmt auf den geänderten Katalog der Sicherungsfälle Bezug.

Für die **sonstigen Träger der Versorgung** gilt das Gleiche wie für den AG. Zum einen ergibt sich 13 eine ergänzende Mitteilungspflicht gegenüber Insolvenzverwalter nach Abs. 4 und darüber hinaus eine eigene in den übrigen Sicherungsfällen nach Abs. 5.

Die „**nach § 7 Berechtigten**" haben wie der AG und der sonstige Träger der Versorgung ergän- 14 zende Mitteilungspflichten gegenüber Insolvenzverwalter. Es ist sinnvoll, diesen Personenkreis mit einzubeziehen, da er mit am besten über die eigenen Ansprüche und Anwartschaften Auskunft erteilen kann.

IV. Amtshilfe

Berufsständische Einrichtungen (Abs. 6) und **Finanzämter** (Abs. 8) verfügen über Informationen, 15 die der PSV zur Ermittlung der beitragspflichtigen AG benötigt. Bei den berufsständischen Einrichtungen nach Abs. 6 werden sowohl einschlägige Körperschaften des öffentlichen Rechts als auch privatrechtliche Vereinigungen erfasst. Während die berufsständischen Einrichtungen nach Abs. 6 zur Amtshilfe verpflichtet sind, enthält Abs. 8 für die Finanzämter nur eine Ermächtigung. Die Amtshilfe nach Abs. 8 ist bedeutsam bei solchen AG, die keiner berufsständischen Einrichtung angehören. Die in Abs. 8 S. 2 vorgesehene RechtsV ist bis heute nicht erlassen worden.

§ 12 Ordnungswidrigkeiten

(1) Ordnungswidrig handelt, wer vorsätzlich oder fahrlässig
1. entgegen § 11 Abs. 1 Satz 1, Abs. 2 Satz 1, Abs. 3 oder Abs. 5 eine Mitteilung nicht, nicht richtig, nicht vollständig oder nicht rechtzeitig vornimmt,
2. entgegen § 11 Abs. 1 Satz 2 oder Abs. 4 eine Auskunft nicht, nicht richtig, nicht vollständig oder nicht rechtzeitig erteilt oder
3. entgegen § 11 Abs. 1 Satz 2 Unterlagen nicht, nicht richtig, nicht vollständig oder nicht rechtzeitig vorlegt oder entgegen § 11 Abs. 2 Satz 2 Unterlagen nicht aufbewahrt.

(2) Die Ordnungswidrigkeit kann mit einer Geldbuße bis zu zweitausendfünfhundert Euro geahndet werden.

(3) Verwaltungsbehörde im Sinne des § 36 Abs. 1 Nr. 1 des Gesetzes über Ordnungswidrigkeiten ist das Bundesaufsichtsamt für das Versicherungswesen.

Die Vorschrift **sichert** nebenstrafrechtlich die **Einhaltung der Mitteilungs- und Auskunftspflich-** 1 **ten des § 11** ab. Sie erfasst sämtliche derartigen Pflichten aus § 11 I bis V. Als Täter kommen alle in diesen Vorschriften genannten Personen in Betracht, dh. der AG, Insolvenzverwalter, die „nach § 7 Berechtigten" sowie die sonstigen Versorgungsträger. Die sanktionierten Pflichten sind dem PSV gegenüber zu erfüllen. Verwaltungsbehörde iSd. Abs. 3 ist nunmehr die Bundesanstalt für Finanzdienstleistungen (BaFin).

§ 13 *(aufgehoben)*

§ 14 Träger der Insolvenzsicherung

(1) [Pensions-Sicherungs-Verein] [1] Träger der Insolvenzsicherung ist der Pensions-Sicherungs-Verein Versicherungsverein auf Gegenseitigkeit. [2] Er ist zugleich Träger der Insolvenzsicherung von Versorgungszusagen Luxemburger Unternehmen nach Maßgabe des Abkommens vom 22. September 2000 zwischen der Bundesrepublik Deutschland und dem Großherzogtum Luxemburg über Zusammenarbeit im Bereich der Insolvenzsicherung betrieblicher Altersversorgung. [3] Er unterliegt der Aufsicht durch das Bundesaufsichtsamt für das Versicherungswesen. [4] Die Vorschriften des Versicherungsaufsichtsgesetzes gelten, soweit dieses Gesetz nichts anderes bestimmt.

(2) [Kreditanstalt für Wiederaufbau] [1] Der Bundesminister für Arbeit und Sozialordnung weist durch Rechtsverordnung mit Zustimmung des Bundesrates die Stellung des Trägers der Insol-

venzsicherung der Kreditanstalt für Wiederaufbau zu, bei der ein Fonds zur Insolvenzsicherung der betrieblichen Altersversorgung gebildet wird, wenn
1. bis zum 31. Dezember 1974 nicht nachgewiesen worden ist, daß der in Absatz 1 genannte Träger die Erlaubnis der Aufsichtsbehörde zum Geschäftsbetrieb erhalten hat,
2. der in Absatz 1 genannte Träger aufgelöst worden ist oder
3. die Aufsichtsbehörde den Geschäftsbetrieb des in Absatz 1 genannten Trägers untersagt oder die Erlaubnis zum Geschäftsbetrieb widerruft.
²In den Fällen der Nummern 2 und 3 geht das Vermögen des in Absatz 1 genannten Trägers einschließlich der Verbindlichkeiten auf die Kreditanstalt für Wiederaufbau über, die es dem Fonds zur Insolvenzsicherung der betrieblichen Altersversorgung zuweist.

(3) ¹Wird die Insolvenzsicherung von der Kreditanstalt für Wiederaufbau durchgeführt, gelten die Vorschriften dieses Abschnittes mit folgenden Abweichungen:
1. In § 7 Abs. 6 entfällt die Zustimmung des Bundesaufsichtsamtes für das Versicherungswesen.
2. § 10 Abs. 2 findet keine Anwendung. Die von der Deutschen Ausgleichsbank zu erhebenden Beiträge müssen den Bedarf für die laufenden Leistungen der Insolvenzsicherung im laufenden Kalenderjahr und die im gleichen Zeitraum entstehenden Verwaltungskosten und sonstigen Kosten, die mit der Gewährung der Leistungen zusammenhängen, decken. Bei einer Zuweisung nach Absatz 2 Nr. 1 beträgt der Beitrag für die ersten 3 Jahre mindestens 0,1 vom Hundert der Beitragsbemessungsgrundlage gemäß § 10 Abs. 3; der nicht benötigte Teil dieses Beitragsaufkommens wird einer Betriebsmittelreserve zugeführt. Bei einer Zuweisung nach Absatz 2 Nr. 2 oder 3 wird in den ersten 3 Jahren zu dem Beitrag nach Nummer 2 Satz 2 ein Zuschlag von 0,08 vom Hundert der Beitragsbemessungsgrundlage gemäß § 10 Abs. 3 zur Bildung einer Betriebsmittelreserve erhoben. Auf die Beiträge können Vorschüsse erhoben werden.
3. In § 12 Abs. 3 tritt an die Stelle des Bundesaufsichtsamtes für das Versicherungswesen die Kreditanstalt für Wiederaufbau.
²Die Kreditanstalt für Wiederaufbau verwaltet den Fonds im eigenen Namen. ³Für Verbindlichkeiten des Fonds haftet sie nur mit dem Vermögen des Fonds. ⁴Dieser haftet nicht für die sonstigen Verbindlichkeiten der Bank. ⁵§ 11 Abs. 1 Satz 1 des Gesetzes über die Kreditanstalt für Wiederaufbau in der Fassung der Bekanntmachung vom 23. Juni 1969 (BGBl. I S. 573), das zuletzt durch Art. 14 des Gesetzes vom 21. Juni 2002 (BGBl. I S. 2010) geändert worden ist, ist in der jeweiligen Fassung auch für den Fonds anzuwenden.

I. Allgemeines

1 Am 7. 10. 1974 ist von der BDA zusammen mit dem BDI und dem Verband der Lebensversicherungsunternehmen der **PSV auf Gegenseitigkeit mit Sitz in Köln gegründet** worden. Die in den Abs. 2 und 3 ausgestaltete **Ersatzlösung** über einen bei der **Deutschen Ausgleichsbank** zu bildenden und von ihr zu verwaltenden Fonds zur Insolvenzsicherung der betrieblichen Altersversorgung ist damit praktisch gegenstandslos geworden, wenn man einmal von den nicht eben wahrscheinlichen Fällen des Abs. 2 S. 1 Nr. 2 und 3 absieht. Seit 14. 12. 2001 ist der PSV auch Träger der Insolvenzversicherung für luxemburgische Versorgungszusagen; die Sicherungsfälle müssen grundsätzlich mit denen des § 7 I übereinstimmen.

II. Der Pensions-Sicherungs-Verein auf Gegenseitigkeit

2 Der PSV als Träger der Insolvenzsicherung ist **vor der Ausfertigung des Gesetzes zur Verbesserung der betrieblichen Altersversorgung gegründet worden,** so dass der Gesetzgeber ihn bereits als existent behandeln und benennen konnte und lediglich noch für den Fall Sorge tragen musste, dass der PSV die Erlaubnis der Aufsichtsbehörde (nunmehr BaFin) zum Geschäftsbetrieb nicht erhielt (Abs. 2 S. 1 Nr. 1).

3 Der PSV ist ein **VVaG** und als solcher eine **privatrechtliche juristische Person.** Für den Beitragseinzug ist er aber zugleich beliehenes Unternehmen (BT-Drucks. 7/2843 S. 10; BayVGH 5. 2. 1982 E-BetrAV 140.1 Nr. 7). Mitglied des PSV können alle AG werden, die eine betriebliche Altersversorgung zugesagt haben, die der Insolvenzsicherung unterliegt. Versicherungsverhältnis und Mitgliedschaftsverhältnis sind nicht identisch, und eine Versicherung ist auch ohne Mitgliedschaft denkbar. Dies geschieht satzungsrechtlich dadurch, dass grds. die Mitgliedschaft mit Abschluss der Versicherung beginnt; eine Versicherung ist abgeschlossen, wenn der PSV die Meldung einer sicherungspflichtigen betrieblichen Altersversorgung durch den AG schriftlich bestätigt hat (§ 3 I der Satzung des PSV idF v. 3. 7. 2002). Die Mitgliedschaft endet, wenn keine sicherungspflichtige betriebliche Altersversorgung mehr durchgeführt wird, wenn ein Sicherungsfall eingetreten ist, es sei denn der AG oder sonstige Versorgungsträger ist auch nach Eintritt des Sicherungsfalles noch weiter zu Leistungen verpflichtet, sowie schließlich, wenn die Voraussetzungen der Ausnahmevorschrift des § 17 II eingetreten sind (§ 3 II der Satzung). § 3 III der Satzung bestimmt dann, dass Versicherungsverträge

ausnahmsweise auch mit der Bestimmung abgeschlossen werden können, dass die Versicherungsnehmer nicht Mitglieder sind.

Der PSV verfügt nach seiner Satzung über eine **Mitgliederversammlung** (§§ 15 ff.), einen **Aufsichtsrat** (§§ 10 ff.), einen **Vorstand** (§ 9) sowie **fakultativ** über einen **Beirat** (§§ 20 f.). 4

III. Die Deutsche Ausgleichsbank als Ersatzlösung

Durch die erfolgreiche Gründung und Aufnahme des Geschäftsbetriebs ist der Fonds zur Insolvenzsicherung der betrieblichen Altersversorgung, der bei der Deutschen Ausgleichsbank gebildet werden sollte, eine **theoretische Ersatzlösung** geblieben. 5

§ 15 Verschwiegenheitspflicht

[1] Personen, die bei dem Träger der Insolvenzsicherung beschäftigt oder für ihn tätig sind, dürfen fremde Geheimnisse, insbesondere Betriebs- oder Geschäftsgeheimnisse, nicht unbefugt offenbaren oder verwerten. [2] Sie sind nach dem Gesetz über die förmliche Verpflichtung nichtbeamteter Personen vom 2. März 1974 (Bundesgesetzbl. I S. 469, 547) vom Bundesaufsichtsamt für das Versicherungswesen auf die gewissenhafte Erfüllung ihrer Obliegenheiten zu verpflichten.

Die beim PSV tätigen Mitarbeiter, aber auch die dort freiberuflich tätigen Berater verfügen über bes. **sensible Informationen,** indem sie in die wirtschaftliche Situation von Unternehmen eingeweiht werden müssen, die sich in einer wirtschaftlichen Krisensituation befinden. Aber auch die mit dem Beitragseinzug befassten Mitarbeiter haben Zugang zu sensiblen Informationen. 1

Deshalb sieht die Vorschrift eine **Geheimhaltungspflicht** vor, deren Verletzung nach §§ 203 ff. StGB strafbar ist. S. 1 ist auch Schutzgesetz iSd. § 823 II BGB zugunsten aller derjenigen, deren Geheimnisse dem PSV im Rahmen seiner Tätigkeit bekannt werden. Unter den Geheimnissen (Tatsachen, die nur einem begrenzten Personenkreis bekannt und nicht offenkundig sind, im Rahmen eines berechtigten Interesses aber geheimgehalten werden sollen) weist die Vorschrift insb. auf die Betriebsgeheimnisse und Geschäftsgeheimnisse hin. Die Ersteren beziehen sich auf den technischen Betriebsablauf, insb. Herstellung und Herstellungsverfahren, während Geschäftsgeheimnisse den allg. Geschäftsverkehr des Unternehmens betreffen (*Steinmeyer/Waltermann,* Casebook Arbeitsrecht, S. 44). 2

Die **förmliche Verpflichtung** nach S. 2 bewirkt, dass es sich bei den betreffenden Personen dann um **für den öffentl. Dienst bes. Verpflichtete** handelt, was sie bei der Verletzung des Geheimnisses auf die gleiche Stufe stellt etwa mit Ärzten und Rechtsanwälten (vgl. § 203 II 1 Nr. 2 StGB). 3

Fünfter Abschnitt. Anpassung

§ 16 Anpassungsprüfungspflicht

(1) Der Arbeitgeber hat alle drei Jahre eine Anpassung der laufenden Leistungen der betrieblichen Altersversorgung zu prüfen und hierüber nach billigem Ermessen zu entscheiden; dabei sind insbesondere die Belange des Versorgungsempfängers und die wirtschaftliche Lage des Arbeitgebers zu berücksichtigen.

(2) Die Verpflichtung nach Absatz 1 gilt als erfüllt, wenn die Anpassung nicht geringer ist als der Anstieg
1. des Verbraucherpreisindexes für Deutschland oder
2. der Nettolöhne vergleichbarer Arbeitnehmergruppen des Unternehmens
im Prüfungszeitraum.

(3) Die Verpflichtung nach Absatz 1 entfällt, wenn
1. der Arbeitgeber sich verpflichtet, die laufenden Leistungen jährlich um wenigstens eins vom Hundert anzupassen,
2. die betriebliche Altersversorgung über eine Direktversicherung im Sinne des § 1b Abs. 2 oder über eine Pensionskasse im Sinne des § 1b Abs. 3 durchgeführt wird, ab Rentenbeginn sämtliche auf den Rentenbestand entfallende Überschußanteile zur Erhöhung der laufenden Leistungen verwendet werden und zur Berechnung der garantierten Leistung der nach § 65 Abs. 1 Nr. 1 Buchstabe a des Versicherungsaufsichtsgesetzes festgesetzte Höchstzinssatz zur Berechnung der Deckungsrückstellung nicht überschritten wird oder
3. eine Beitragszusage mit Mindestleistung erteilt wurde; Absatz 5 findet insoweit keine Anwendung.

(4) [1] Sind laufende Leistungen nach Absatz 1 nicht oder nicht in vollem Umfang anzupassen (zu Recht unterbliebene Anpassung), ist der Arbeitgeber nicht verpflichtet, die Anpassung zu einem späteren Zeitpunkt nachzuholen. [2] Eine Anpassung gilt als zu Recht unterblieben, wenn

der Arbeitgeber dem Versorgungsempfänger die wirtschaftliche Lage des Unternehmens schriftlich dargelegt, der Versorgungsempfänger nicht binnen drei Kalendermonaten nach Zugang der Mitteilung schriftlich widersprochen hat und er auf die Rechtsfolgen eines nicht fristgemäßen Widerspruchs hingewiesen wurde.

(5) Soweit betriebliche Altersversorgung durch Entgeltumwandlung finanziert wird, ist der Arbeitgeber verpflichtet, die Leistungen mindestens entsprechend Absatz 3 Nr. 1 anzupassen oder im Falle der Durchführung über eine Direktversicherung oder eine Pensionskasse sämtliche Überschussanteile entsprechend Absatz 3 Nr. 2 zu verwenden.

(6) Eine Verpflichtung zur Anpassung besteht nicht für monatliche Raten im Rahmen eines Auszahlungsplans sowie für Renten ab Vollendung des 85. Lebensjahres im Anschluss an einen Auszahlungsplan.

I. Normzweck

1 § 16 war bis zur Rentenreform 1999 eine in Gesetzesform gegossene Aufforderung an die Rspr., dem Risiko der Geldentwertung der Betriebsrenten sachgerecht Rechnung zu tragen. Die Vorgaben beschränkten sich auf die Vorgabe eines Zeitraums für die Erfüllung einer Pflicht zur Prüfung der Anpassung und die Entscheidung darüber nach billigem Ermessen. Als Vorgabe dafür fand sich lediglich die Berücksichtigung der Belange der Versorgungsempfängers einerseits und der wirtschaftlichen Lage des AG anderseits. Durch das RRG 1999 ist der bisherige § 16 der Abs. 1 des neuen § 16 geworden, so dass die grds. Aussage der Vorschrift bestehen bleibt. Mit den weiteren Abs. wird lediglich versucht, die Maßstäbe näher zu konkretisieren und einige Zweifelsfragen zu klären. Zur besseren Handhabbarkeit wird zT festgelegt, dass die Anpassungsverpflichtung als erfüllt gilt, wenn bestimmte Mindestanforderungen erfüllt sind. Ob dieser Ansatz endgültig Ruhe in die Diskussion um § 16 bringt, darf bezweifelt werden, da die Maßstäbe bei einer veränderten wirtschaftlichen Lage möglicherweise nicht flexibel genug sind. Durch das AVmG ist die Vorschrift an die Einführung der Pensionsfonds und die Regelung der Entgeltumwandlung angepasst worden.

2 Nach Abs. 1 hat der AG in bestimmten Abständen die Anpassung zu prüfen und darüber zu entscheiden. Diese Verpflichtung bezieht sich nur auf **laufende Leistungen**, also nicht auf Einmalzahlungen und nicht auf Anwartschaften. Über den Anpassungsmaßstab lässt sich dem Wortlaut des Abs. 1 nichts außer einer Abwägung zwischen den Belangen des Versorgungsempfängers und der wirtschaftlichen Lage des AG entnehmen. Haben sich die **Lebenshaltungskosten** innerhalb der vergangenen drei Jahre verändert, so hat der AG nach billigem Ermessen über eine Anpassung zu entscheiden. Dass der Anpassungsmaßstab die Veränderung der Lebenshaltungskosten ist, ergibt sich aus der Entgeltlichkeit des Ruhegeldes. Dieser Anpassungsmaßstab wird durch Abs. 2 konkretisiert, indem in Übernahme der bisherigen Rspr. der Maßstab des **Preisindexes für die Lebenshaltung von 4-Personen-Haushalten von Arbeitern und Angestellten mit mittlerem Einkommen** gesetzlich fixiert wird (s. unten Rn. 31); das Gleiche gilt für Abs. 2 Nr. 2, der eine Orientierung an der Nettolohn- und Gehaltsentwicklung festschreibt (vgl. dazu unten Rn. 32 f.). Abs. 3 sieht in Nr. 1 für **Neuzusagen eine Begrenzungsmöglichkeit durch den AG** vor, die zum Fortfall der Anpassungsprüfungspflicht führt. Nr. 2 lässt im Falle von betrieblicher Altersversorgung durch **Direktversicherung und durch Pensionskassen unter bestimmten Voraussetzungen eine Anpassungsprüfungspflicht entfallen**; eher systemwidrig ist dies durch das AVmG auch auf die **Beitragszusage mit Mindestleistung** ausgedehnt worden (Nr. 3). Abs. 4 reagiert auf die Rspr. des BAG zur **nachholenden Anpassung**, Abs. 5 konkretisiert die Anpassungspflicht für **Entgeltumwandlungen** und Abs. 6 befasst sich mit einer Folge des AVmG.

3 Ausgangspunkt für die Beantwortung der Frage, inwieweit der AG zur Anpassung seiner Geldleistung verpflichtet ist, ist der **Äquivalenzgedanke**, dh. die Frage der Äquivalenz von Leistung und Gegenleistung im Schuldverhältnis. Maßgebend ist grds. nicht, ob die Leistungen in einem gegenseitigen Vertrag an einem objektiven Maßstab gemessen gleichwertig sind; es reicht vielmehr grds. aus, dass beide Parteien jeweils in der Leistung des anderen ein ausreichendes Entgelt für die eigene Leistung sehen. Die Lösung von **Äquivalenzverschiebungen** ist deshalb grds. Sache der Vertragsparteien, die bei **Dauerschuldverhältnissen** entweder bereits bei Vertragsschluss eine Abrede treffen oder aber sich der Instrumentarien zur Anpassung solcher Schuldverhältnisse (zB Änderungskündigung) bedienen. Dieser Mechanismus scheidet bei der Anpassung von Ruhestandsleistungen praktisch aus, da dem AN nach seinem Ausscheiden das Instrument der Änderungskündigung nicht weiterhilft. Die bisher bereits erworbenen Ansprüche sind noch zu erbringen, bereits erbrachte Leistungen (Arbeitsleistungen) können nicht zurückgegeben werden. Da somit die **Änderungskündigung** als Gestaltungsmittel ausscheidet, bedarf es **anderer Wege, um dem Anpassungsinteresse Rechnung zu tragen** (zur dogmatischen Begründung s. auch *Blomeyer* RdA 2000, 285).

4 Die Ausklammerung der Anpassung von Anwartschaften ist gerechtfertigt, soweit es die Anwartschaften noch im Unternehmen tätiger AN anbetrifft, da sie zumindest theoretisch durch Änderungskündigung eine Verbesserung ihrer Altersversorgung erreichen können. Dies ist anders bei mit

unverfallbaren Anwartschaften ausgeschiedenen AN; die Begründung, ein solcher AN könne sich noch anderweitig eine Alterssicherung verschaffen (BAG 15. 9. 1977 AP BetrAVG § 16 Nr. 5), ist zwar dogmatisch unbefriedigend, aber sozialpolitisch hinnehmbar. Es ist von diesem Ausgangspunkt aus auch konsequent, dass die Anpassungsverpflichtung einmalige Kapitalleistungen nicht erfasst (*Steinmeyer* S. 143).

II. Gegenstand der Anpassungsverpflichtung

Deshalb ist nur bei **laufenden Leistungen** eine Anpassungsverpflichtung vorgesehen. Dabei kann es sich nur um **Geldleistungen** handeln, was aber auch gilt, wenn eine Sachleistung in eine Geldleistung umgewandelt worden ist, sofern sie auch einen Versorgungszweck hat (Kohlebezugsrecht – BAG 11. 8. 1981 AP BetrAVG § 16 Nr. 11 = SAE 1983, 29 m. Anm. *v. Maydell*). 5

Laufende Leistungen sind **regelmäßig wiederkehrende Leistungen;** dabei ist die Zahlungsperiode (Monat, Quartal, Jahr etc.) für die Begrifflichkeit ebenso ohne Belang wie die Zeitdauer der Leistung, sofern sie nur dem Versorgungszweck dient. Diese laufenden Leistungen sind **abzugrenzen gegenüber einmaligen Kapitalleistungen.** Hat der Versorgungsberechtigte die Kapitalleistung erhalten, so ist es ihm selber möglich und überlassen, sie so anzulegen, dass er daraus zusammen mit den anderen Versorgungseinkünften seinen Lebensunterhalt sichern und sich gegen das Inflationsrisiko absichern kann. Aus dem beschriebenen Normzweck folgt, dass die Vorschrift des § 16 nicht nur auf regelmäßig wiederkehrende Leistungen Anwendung findet, sondern auch dann, wenn ein **vereinbarter Gesamtbetrag in Raten ausgezahlt** werden soll, sofern die Ratenzahldauer die Dreijahres-Frist des Abs. 1 überschreitet (*Steinmeyer* S. 144), da nach der gesetzgeberischen Wertung und der Funktion der Vorschrift diese Frist den Zeitraum kennzeichnet, während dessen den Versorgungsempfänger vorübergehend das Risiko der Geldentwertung trifft (anders – für einen Zehn-Jahres-Zeitraum *Blomeyer/Otto* Rn. 44; *Höfer* Rn. 3391; *Leitherer*, Die Belange des Versorgungsempfängers, S. 21; wie hier *Andresen/Förster/Rößler/Rühmann* Teil 11 B Rn. 391; *Churminski* RdA 1981, 21). 6

Der durch das AVmG neu eingefügte und das Hüttenknappschaftliche Zusatzversicherungs-Neuregelungsgesetz geänderte Abs. 6 bestimmt, dass eine Anpassungspflicht nicht besteht für monatliche Raten im Rahmen eines **Auszahlungsplans** sowie für Renten als Vollendung des 85. Lebensjahres im Anschluss an einen Auszahlungsplan. Es handelt sich hier um eine Folgeregelung der Altersvorsorgezulage nach §§ 79 ff. EStG. § 82 II EStG nimmt insoweit Bezug auf § 1 I 1 Nr. 4 und 5 AltZertG, wonach ein Auszahlungsplan dadurch gekennzeichnet ist, dass die Auszahlung ab Beginn der Auszahlungsphase bis zur Vollendung des 85. Lebensjahres entweder in zugesagten gleich bleibenden oder steigenden monatlichen Raten oder in zugesagten gleich bleibenden oder steigenden monatlichen Teilraten erfolgt und ein Anteil des zu Beginn der Auszahlungsphase zur Verfügung stehenden Kapitals zu Beginn der Auszahlungsphase in eine Rentenversicherung eingebracht wird, die dem Vertragspartner ab Vollendung des 85. Lebensjahres eine gleich bleibende oder steigende lebenslange Leibrente gewährt, deren erste monatliche Rate mindestens so hoch ist wie die letzte monatliche Auszahlung aus dem Auszahlungsplan unter Außerachtlassung variabler Teilraten. Hier ist es für die sichere Kalkulierbarkeit erforderlich, dass während der Auszahlung dieser Teilraten keine Anpassungspflicht besteht (*Höfer* DB 2001, 1149). Eine Anpassungsprüfungspflicht nach § 16 besteht aber dann, wenn die Auszahlung in Form einer Leibrente erfolgt. Da sich diese Regelung erklärt aus den Besonderheiten eines Auszahlungsplans nach § 82 II EStG iVm. § 1 I 1 Nr. 4 und 5 AltZertG, gilt sie nicht allg. für die Auszahlung eines Kapitalbetrages in Raten. 7

§ 16 I verpflichtet den AG ohne Rücksicht darauf, ob er eine **unmittelbare oder eine mittelbare Versorgungszusage** gemacht hat, zur regelmäßigen Anpassungsprüfung und -entscheidung. Diese Pflicht trifft ihn unmittelbar als Pflicht im Rahmen des arbeitsrechtlichen Versorgungsverhältnisses (so auch *Höfer* Rn. 3405 ff.). Zur Gegenleistung für erbrachte Arbeitsleistung gehört damit auch bei einer mittelbaren Versorgungszusage die Anpassung der laufenden Ruhegeldleistungen. 8

III. Berechtigter und Verpflichteter

Anspruchsinhaber ist grds. der **Versorgungsempfänger,** wenn und soweit er während seiner Dienstzeit unter den persönlichen Geltungsbereich des BetrAVG fiel (§ 17 I). Es handelt sich um ein **höchstpersönliches Recht,** so dass bei Abtretung der Versorgungsansprüche an einen Dritten – etwa im Rahmen eines Scheidungsverfahrens – die Anpassungsverpflichtung nach § 16 nicht mit übergeht (*Blomeyer/Otto* Rn. 72). 9

Verpflichteter ist, da es sich um eine Verpflichtung aus dem arbeitsrechtlichen Versorgungsverhältnis handelt, **grds. der AG.** Maßgeblich ist hier diejenige natürliche oder juristische Person, mit der der Arbeitsvertrag geschlossen worden ist. Bei Betriebsübergang trifft den Erwerber die Anpassungspflicht im Leistungsfall dann, wenn das Arbeitsverhältnis auf ihn übergegangen ist; deshalb besteht keine Anpassungspflicht des Erwerbers bei solchen Personen, die bei Betriebsübergang bereits Ruhegeldempfänger sind und bei vorher ausgeschiedenen AN (MünchArbR/*Förster/Rühmann* § 106 Rn. 49; anders *Schwerdtner* SAE 1978, 63); allerdings bereitet hier die Feststellung der wirtschaftlichen 10

Lage des AG (Veräußerers) Schwierigkeiten. In Fällen der Übertragung nach § 4 und § 8 geht die Anpassungspflicht dem Grunde nach auf den neuen Verpflichteten über.

11 Im Rahmen von **mittelbaren Versorgungszusagen** ist nur der AG Verpflichteter, nicht aber die Versorgungseinrichtungen (Lebensversicherer, Pensionskasse, Unterstützungskasse) selbst.

12 Ebenfalls **nicht verpflichtet** zur Anpassung nach § 16 ist der **PSV**; er tritt nur im Sicherungsfall ein, tritt aber nicht arbeitsrechtlich an die Stelle des AG (s. auch § 7 Rn. 49 ff.). Hinzu kommt, dass beim insolventen AG eine Anpassung kraft seiner wirtschaftlichen Lage ohnehin ausgeschlossen wäre. Dass der PSV eine vertragliche Anpassungsregelung bedienen muss, steht dem nicht entgegen, da er die Zusage so zu erfüllen hat, wie der AG sie gemacht hat (anders *Andresen/Förster/Rößler/Rühmann* Teil 11 B Rn. 660).

IV. Prüfungszeitpunkt

13 Wenn § 16 anordnet, dass der AG alle drei Jahre eine Anpassung der laufenden Leistungen zu prüfen hat, so bedeutet das, dass **dieser Zeitraum mit dem Tage zu laufen beginnt,** von dem an der Versorgungsberechtigte die **Leistung beanspruchen kann** (*Blomeyer/Otto* Rn. 78; *Höfer* Rn. 3416), denn ein Abstellen auf den Beginn der effektiven Zahlung würde den Lauf der Frist von Zufällen bzw. vom Verhalten des AG abhängig machen. Diese Grundsätze gelten auch bei vorgezogenen Altersleistungen nach § 6, wenn der AN die Leistungsgewährung bei Erfüllung der Anspruchsvoraussetzungen fordert (*Höfer* Rn. 3439).

14 Aus Gründen der Praktikabilität ist der **AG nicht gehalten, sich an starre, individuelle Prüfungstermine zu halten.** Der AG kann sich vielmehr dafür entscheiden, die in einem Jahr fälligen Anpassungsprüfungen der Betriebsrenten zusammenzufassen und zu einem bestimmten Zeitpunkt innerhalb oder am ende des Jahres vorzunehmen. Dies führt lediglich zu einer Verzögerung der ersten, nicht aber späterer Anpassungsprüfungen (BAG 28. 4. 1992 AP BetrAVG § 16 Nr. 24). Dies kann auch zu einer Verkürzung des Anpassungszeitraums führen.

V. Verfahren

15 Aus § 16 wird zum Verfahren lediglich deutlich, dass der **AG zweistufig vorzugehen** hat, indem er zunächst prüft, ob ein Anpassungsbedarf besteht und dann den Anpassungssatz bestimmt. Nach dem Wortlaut haben sowohl Anpassungsprüfung als auch Anpassungsentscheidung **individuell** zu erfolgen. Dies dürfte aber angesichts der **Massenhaftigkeit** von Anpassungsentscheidungen insb. in größeren Unternehmen praktisch kaum zu bewältigen sein. Diese Formulierung des Abs. 1 ist jedoch im Regelungszusammenhang des BetrAVG konsequent, da das Gesetz trotz der Massenhaftigkeit der Ruhegeldversprechen und der Ruhegeldgewährung auch sonst von der individualrechtlichen Beziehung zwischen AN bzw. Versorgungsempfänger und AG ausgeht. Wenn deshalb die Entscheidungskriterien standardisiert werden, so ist das eine Konzession an die Praktikabilität und damit an die Bedürfnisse der Praxis (*Steinmeyer* S. 151); der AG darf deshalb generalisieren (so auch *Andresen/Förster/Rößler/Rühmann* Teil 11 B Rn. 820). Vor diesem Hintergrund sieht Abs. 3 insofern Möglichkeiten für eine vereinheitlichte und pauschale Anpassung vor.

16 Abs. 1 macht nicht deutlich, worauf sich das „billige Ermessen" des AG beziehen soll. Das BAG unterscheidet dabei nicht zwischen Anpassungsprüfung und -entscheidung. Es bezeichnet das Kriterium der wirtschaftlichen Lage des AG als unbestimmten Rechtsbegriff, der von den Gerichten nur begrenzt nachprüfbar sei und bei dem dem AG ein gewisser Beurteilungsspielraum verbleiben müsse. Neben den Belangen des Versorgungsempfängers und seiner eigenen wirtschaftlichen Lage dürfe der AG noch andere Kriterien in seine Prüfung und Entscheidung einbeziehen. Indem das BAG verlangt, dass insgesamt die Entscheidung des AG billigem Ermessen entsprechen müsse und weiterhin ausführt, dass das Gesetz ihm über den Beurteilungsspielraum hinaus einen zusätzlichen Ermessensspielraum einräume (BAG 29. 11. 1988 AP BetrAVG § 16 Nr. 21), will es das Ermessen offenbar auch auf die Feststellung der Fakten beziehen. Richtigerweise wird man entspr. dem üblichen juristischen Sprachgebrauch zwischen den bei der **Anpassungsprüfung** festzustellenden Fakten, bei denen allenfalls angesichts unbestimmter Rechtsbegriffe ein **Beurteilungsspielraum** in Betracht kommen kann und einem **Ermessensspielraum** bei der **Anpassungsentscheidung** zu unterscheiden haben (so auch *Blomeyer/Otto* Rn. 121 f.).

17 **1. Beurteilungszeitpunkt.** Maßgeblicher Beurteilungszeitpunkt ist der Zeitpunkt, zu dem der **Anspruch** des Versorgungsempfängers aus § 16 auf Anpassungsprüfung und -entscheidung **fällig** wird (so indirekt auch BAG 1. 7. 1976 AP BetrAVG § 16 Nr. 1 und BAG 1. 7. 1976 AP BetrAVG § 16 Nr. 2; BAG 17. 10. 1995 AP BetrAVG § 16 Nr. 34).

18 **2. Prüfungszeitraum.** Zum Prüfungszeitraum, der seit dem RRG 1999 in Abs. 2 als Begriff verwendet wird ließe sich aus Abs. 1 („alle drei Jahre") allenfalls schließen, dass maßgeblicher Zeitraum die letzten drei Jahre sind, ebenso gut aber, dass damit nur der Prüfungszeitpunkt gemeint ist (s. auch *Blomeyer/Otto* Rn. 99). Angesichts dieser Unsicherheit kann der maßgebliche Prüfungszeitraum, der

VI. Inhalt der Anpassungsverpflichtung

als Begriff seit dem RRG 1999 im Gesetz anzutreffen ist, nur aus dem **Normzweck** hergeleitet werden.

Aus dem Normzweck ergibt sich, dass **der Anwartschaftszeitraum nicht einzubeziehen** ist 19 (s. Rn. 4; st. Rspr. seit BAG 1. 7. 1976 AP BetrAVG § 16 Nr. 2). Während der Anwartschaftsphase ist der AN nach der Konzeption des Gesetzgebers noch zum Ausgleich des Geldentwertungsrisikos in der Lage. Es kann also nur die Zeit des Bezuges der laufenden Leistung in Betracht kommen.

Zur Frage, ob es auf den **Anpassungsbedarf in den letzten drei Jahren** ankommt oder ob der 20 **gesamte Zeitraum seit Rentenbeginn** maßgeblich ist, bezieht sich das **BAG** (28. 4. 1992 AP BetrAVG § 16 Nr. 24; s. dazu auch *Matthießen/Rößler/Rühmann* DB Beil. 5/93; *Steinmeyer* in Beratungs-GmbH für Altersversorgung, Bewährungsprobe der Alterssicherungssysteme in Zeiten wirtschaftlicher Rezession, 1993, S. 52) auf den Sinn und Zweck der Vorschrift, der darin bestehe, die Gleichwertigkeit zwischen versprochener und tatsächlicher Leistung zu erhalten. Daraus folge, dass beim Anpassungsbedarf stets **die volle Teuerung seit Rentenbeginn zu berücksichtigen** sei, sofern diese nicht bereits durch vorhergehende Anpassungen ausgeglichen werde. Dem BAG ist darin zu folgen, dass es nicht nur auf die letzten drei Jahre ankommen kann. Der Anpassungsbedarf kann nur anhand des gesamten Zeitraums festgestellt werden und eine vorübergehend schlechtere wirtschaftliche Lage des AG kann nicht für alle Zeiten ein niedrigeres Niveau festschreiben. Kritisch zu bewerten sind jedoch einzelne Folgerungen für den Anpassungsmaßstab (s. dazu Rn. 54 ff.).

VI. Inhalt der Anpassungsverpflichtung

Indem das Gesetz dem AG aufgibt, über die Anpassung nach billigem Ermessen zu entscheiden und 21 dabei insb. die Belange des Versorgungsempfängers und die wirtschaftliche Lage des AG zu berücksichtigen, gewährt es die Möglichkeit eines **Interessenausgleichs zwischen AG und Versorgungsempfänger**. Dabei kann angesichts des Wortlauts des § 16 und der Regelung der §§ 7 ff. eine **Minusanpassung nicht in Betracht** kommen (aA *Meilicke* DB 1983, 2193).

1. Der Anpassungsmaßstab als Kriterium der Anpassungsprüfung. a) Anknüpfung an die vor- 22 **gesetzliche Rspr.** Der Gesetzgeber hat es aber in Abs. 1 unterlassen, den Maßstab zu konkretisieren, mit dessen Hilfe der AG die Anpassungsprüfung vornehmen kann. Deshalb wird vertreten, dass die Rspr. zu § 16 (nunmehr § 16 I) nicht Gesetzesvollzug, „sondern im Wesentlichen eigene, vom Gesetzgeber lediglich wohlwollend betrachtete und ermunterte Rechtsfortbildung in der dafür weiterhin maßgeblichen, unveränderten Grenzen" sei (*Lieb/Westhoff* DB 1976, 1958, 1959). Das bedeutet dann, dass die von der **Rspr. vor Inkrafttreten des BetrAVG entwickelten Grundsätze** weiterhin Geltung haben und aus diesen der Anpassungsmaßstab zu gewinnen ist, der allerdings durch die Vorgaben des § 16 I etwas konkretisiert wird (zur vorgesetzlichen Rspr. vgl. näher *Steinmeyer* S. 146 ff.).

§ 16 I gibt damit dem AG auf, alle drei Jahre über einen angemessenen Ausgleich zu befinden (so 23 auch BAG 16. 12. 1976 AP BetrAVG § 16 Nr. 4 und ständig). Die Vorschrift kann nicht allein als allg. Appell an die Rspr. verstanden werden kann, ihre bisherige Judikatur fortzuentwickeln; vielmehr wird damit **der bisher von der Rspr. verwendete Maßstab durch eine davon abw. Anordnung ersetzt**.

b) Folgerungen aus dem Rechtscharakter der betrieblichen Altersversorgung. Dem AG ist 24 durch § 16 I die Verpflichtung aufgegeben, **dem Ruheständler**, soweit er eine laufende Rentenleistung erhält, **das Inflationsrisiko abzunehmen**. Dem Ruheständler soll das **Entgelt für erbrachte Arbeitsleistung** erhalten bleiben. Aus dem **Entgeltcharakter** des betrieblichen Ruhegeldes kann kein **allg. Anpassungsmaßstab** entnommen werden, da das gewährte Ruhegeld nicht in einer bestimmten objektiv messbaren Wertrelation zur während des Arbeitslebens erbrachten Arbeitsleistung steht (*v. Maydell*, Geldschuld und Geldwert, 1974, S. 194). Eine **Wiederherstellung** subjektiver **Äquivalenz** ist nicht möglich. Es geht also um einen **objektiven Maßstab**, der dieses Defizit ausgleicht; dies kann angesichts des Sinnes der Vorschrift nur die **Veränderung der Lebenshaltungskosten** sein. Haben sich diese innerhalb der vergangenen drei Jahre verändert, so hat der AG nach billigem Ermessen über eine Anpassung zu entscheiden.

Seit dem **1. 1. 1999** wird dieser Anpassungsmaßstab durch Abs. 2 konkretisiert. Dies geschieht 25 durch eine Formulierung, die die Annahme einer Fiktion nahe legt; da es hier aber nicht um die gewollte Gleichsetzung eines als ungleich Gewussten (*Larenz* Methodenlehre S. 251) geht, wird man die Formulierung als unwiderlegliche Vermutung verstehen müssen. Mit dem neuen Begriff des „**Prüfungszeitraums**" wird **keine Vorentscheidung** darüber getroffen, welcher Zeitraum für die Prüfung **generell maßgebend** ist; der Zeitraum bestimmt sich vielmehr jeweils auf der Basis der jeweiligen Anpassungsprüfung (anders *Höfer* Rn. 3665.16, der generell auf die Zeitspanne vom Rentenbeginn bis zum jeweiligen Prüfstichtag abstellt).

2. Die Anpassungsentscheidung. Ergibt die Prüfung einen Anpassungsbedarf, so hat der **AG über** 26 **die Anpassung nach billigem Ermessen zu entscheiden.** Dem AG ist – insoweit die fehlende Möglichkeit der Änderungskündigung ersetzend – aufgegeben, einen gerechten Interessenausgleich vorzunehmen.

27 a) **Die Belange des Versorgungsempfängers.** Das **Interesse des Versorgungsempfängers** geht grds. dahin, einen **Teuerungsausgleich seiner Geldrente** zu erhalten (BT-Drucks. 7/2843 S. 12 zu § 6 k); eine Anknüpfung an die Lohn- und Gehaltsentwicklung hätte einer ausdrücklichen Anordnung bedurft (so auch *Blomeyer/Otto* Rn. 132; *Höfer* Rn. 3455; Heubeck/Höhne/Paulsdorff/Rau/Weinert/ Höhne Rn. 100). Die Berücksichtigung der Belange des Versorgungsempfängers im Rahmen der Ermessensentscheidung **bedeutet nicht, dass individuelle Belange des einzelnen Versorgungsempfängers zu beachten sind.** Die Bedürftigkeit des Gläubigers kann für den Ausgleich einer Äquivalenzstörung keine Bedeutung haben und ist mit dem Entgeltgedanken unvereinbar.

28 Damit ist unter den **Belangen des Versorgungsempfängers** der **Teuerungsausgleich der Geldrente** zu verstehen (hM vgl. nur *Blomeyer/Otto* Rn. 128; MünchArbR/*Förster/Rühmann* § 112 Rn. 41; st. Rspr. seit BAG 1. 7. 1976 AP BetrAVG § 16 Nr. 1 und 2). Der vom BAG gebrauchte Maßstab des **Preisindex für die Lebenshaltung von 4-Personen-AN-Haushalten mit mittlerem Einkommen** (st. Rspr. seit BAG 12. 12. 1976 AP BetrAVG § 16 Nr. 4) ist mit Wirkung vom 1. 1. 1999 durch die Regelung in Abs. 2 Nr. 1 gesetzgeberisch bestätigt worden. Die Neufassung bedeutet, da als unwiderlegliche Vermutung formuliert, dass der AG ohne Rücksicht auf individuelle Belange eine Anpassung nach diesem Maßstab vornehmen kann. Eine Änderung gegenüber dem bisherigen Rechtszustand ergibt sich dadurch allerdings nicht.

29 aa) **Nettolohnbezogene Obergrenze.** Das bedeutet **nicht,** dass die „Belange des Versorgungsempfängers" **in jedem Fall mit dem Teuerungsausgleich gleichzusetzen** sind, sondern kann nur für den Regelfall gelten, dass die allg. Einkommensentwicklung über den Teuerungsausgleich hinausgeht. Den Belangen des Versorgungsempfängers ist auch Rechnung getragen, wenn der AG sich bei seiner Anpassungsentscheidung an der **Nettolohn- oder -gehaltsentwicklung** orientiert, falls diese unterhalb des Teuerungsausgleichs liegt. Dabei wurde in der Rspr. idR auf die „aktive Belegschaft" abgestellt, ohne dass immer deutlich wurde, ob es die des Betriebs oder die des Unternehmens sein sollte (s. etwa BAG 11. 8. 1981 AP BetrAVG § 16 Nr. 11; BAG 14. 2. 1989 AP BetrAVG § 16 Nr. 23, für Anknüpfung an Betrieb etwa *Blomeyer/Otto* Rn. 149 ff.; wohl auch *Griebeling* Rn. 561). Durch Abs. 2 Nr. 2 – eingefügt durch das RRG 1999 – wird nunmehr ausdrücklich auf den **Anstieg der Nettolöhne vergleichbarer ANGruppen des Unternehmens** abgestellt. Die Verwendung des Begriffs „Nettolöhne" bedeutet allerdings nicht, dass nur auf die Arbeiter abzustellen ist; vielmehr geht es hier um die Entwicklung der **Nettolöhne und Nettogehälter** (so auch *Höfer* Rn. 3665.12); dabei ist eine Typisierung zulässig und eine Orientierung an der individuellen Steuer- und Beitragsbelastung nicht geboten (BAG 23. 5. 2001 DB 2001, 2506). Nunmehr ist einerseits die Vergleichsbasis erweitert, andererseits aber durch den Verweis auf die ANGruppen verengt worden; wenn das BAG geltend macht, dass sich insoweit gegenüber der bisherigen Rspr. inhaltlich nichts geändert habe, so kann dem nicht gefolgt werden, da diese deutliche Bezugnahme auf ANGruppen in der bisherigen Rspr. so nie vorgenommen wurde. Im Ergebnis wird damit der Maßstab einer gewissen Solidarität mit der Belegschaft verlassen und der Pensionär auf das Schicksal seiner ANGruppe im Gesamtunternehmen verwiesen. Der AG kann also entspr. dieser Gruppen die Anpassungssätze unterschiedlich festlegen, wenn sie sich für die aktive Belegschaft unterschiedlich entwickeln. Steigen also die Nettolöhne der unteren Lohngruppen stärker, so ist daraus ein entspr. höherer Anpassungssatz herzuleiten; negative Veränderungen der Lohn- und Gehaltsentwicklung bestimmte ANGruppen der aktiven Belegschaft haben dann den umgekehrten Effekt. Was unter „ANGruppen" im Einzelnen zu verstehen ist, hat der Gesetzgeber nicht näher bestimmt. Es lässt sich an die tarifliche Eingruppierung ebenso denken wie an eine Einteilung nach Funktionsebenen, also leitende Angestellte, gehobenes Management etc. Aus Gründen der Praktikabilität sollte man aber grds. an die tarifliche Eingruppierung oder in Ermangelung einer solchen an die im Unternehmen verwendeten Lohn- und Gehaltsgruppen anknüpfen, wobei dem AG bei der Gruppenbildung ein Entscheidungsspielraum einzuräumen ist; so kann der AG etwa alle außertariflichen Angestellten zu einer Gruppe zusammenfassen (BAG 23. 5. 2000 DB 2001, 2506). Als unternehmensspezifischer Grund kann etwa der Wegfall der Berlin-Zulage angesehen werden, wenn die fragliche ANGruppe überwiegend Berlin als Beschäftigungsort hat (BAG 23. 5. 2000 DB 2001, 2506). Bei der Bestimmung der ANGruppen kann nur mit einer Plausibilitäts- und Willkürkontrolle gearbeitet werden (*Langohr-Plato* DB 2002, 409).

30 bb) **Berücksichtigung von Leistungen der Sozialversicherung.** Angesichts des **Zusammenwirkens und Ineinandergreifens von betrieblicher Altersversorgung und gesetzlicher Rentenversicherung** stellt sich die Frage, ob der AG bei der nach § 16 I zu treffenden Ermessensentscheidung die Erhöhung der Sozialrenten berücksichtigen darf (so zum alten Recht *Ahrend/Förster/Rößler* DB 1976, 341). In der Neufassung des § 16 durch das **RRG 1999** hat sich der Gesetzgeber dafür entschieden, die Maßstäbe sämtlich ohne Bezugnahme auf Leistungen der Sozialversicherung festzulegen. Er hat sich damit im Ergebnis für die sog. **Abkoppelungstheorie** entschieden, die schon vom BAG bisher herangezogen wurde (st. Rspr. seit BAG 15. 9. 1977 AP BetrAVG § 16 Nr. 5), nach der Rentenleistungen aus der Sozialversicherung bei der Bestimmung der Höhe der Betriebsrente unbeachtet bleiben.

cc) **Sonstige Begrenzungen der Anpassung.** Aus der Neufassung des § 16 lässt sich keine **absolute** 31 **Obergrenze** dergestalt entnehmen, dass die Gesamtversorgung eines Rentners einen bestimmten Höchstbetrag, etwa das Nettoeinkommen eines Aktiven oder einen bestimmten Prozentsatz davon, nicht überschreiten darf. Dies ergibt sich auch daraus, dass die Neufassung der Abkoppelungstheorie folgt (zum alten Recht gegen eine absolute Obergrenze BAG 11. 8. 1981 AP BetrAVG § 16 Nr. 11; s. auch *Blomeyer/Otto* Rn. 156).
Aber auch die sog. **relative Obergrenze** ist abzulehnen. Für die Berechnung der relativen Ober- 32 grenze kommt es nach den dazu vertretenen Modellen darauf an, wie sich die Summe aus der Sozialversicherungsrente und der Betriebsrente zu den letzten Bezügen eines AN verhält. Der entspr. Prozentsatz wird dann als individueller Gesamtversorgungsgrad festgeschrieben und soll sich im Laufe des Ruhestandes – bezogen auf das Nettoeinkommen der vergleichbaren aktiven AN – nicht erhöhen. Eine Anpassung soll danach erst in Betracht kommen, wenn das betriebliche Ruhegeld so stark entwertet ist, dass die Gesamtversorgung trotz der Rentendynamik nicht den bisherigen Gesamtversorgungsgrad aufrechterhalten kann (*K. Heubeck* DB 1978, 345). Auch diese Obergrenze begegnet den gleichen Bedenken wie die absolute Obergrenze und lässt sich mit der Abkoppelungstheorie und der Neufassung des § 16 nicht vereinbaren (wie hier zum alten Recht auch *Blomeyer/Otto* Rn. 158 f.).

b) **Wirtschaftliche Lage des Arbeitgebers. aa) Allgemeines.** Es besteht offenbar Einigkeit darüber, 33 dass mit **wirtschaftlicher Lage** die **Ertragslage** des Unternehmens (*Blomeyer/Otto* Rn. 170 ff.; *Steinmeyer* S. 161) bzw. die Fähigkeit der Unternehmung, ihre Aufgaben in der Zukunft zu erfüllen (*Sieben/Becker* RdA 1986, 87) gemeint ist. Nach der Rspr. des BAG bedeutet die Frage nach der wirtschaftlichen Lage des AG, dass die durch den Teuerungsausgleich verursachten Belastungen ermittelt und in ihren Auswirkungen für die weitere Entwicklung des Unternehmens abgeschätzt werden müssen (BAG 23. 4. 1985 AP BetrAVG § 16 Nr. 17). Bei der wirtschaftlichen Lage muss als entscheidend angesehen werden, dass vorrangig der Betrieb und seine Arbeitsplätze erhalten bleiben (BAG 15. 9. 1977 AP BetrAVG § 16 Nr. 5).

bb) **Maßgebliche Faktoren zur Bestimmung der wirtschaftlichen Lage.** Nach der inzwischen 34 verfestigten Rspr. des BAG (seit BAG 23. 3. 1985 AP BetrAVG § 16 Nr. 16 und 17) rechtfertigt die **wirtschaftliche Lage des AG nicht erst dann die Ablehnung einer Anpassung, wenn die Mehrbelastung einen Zusammenbruch des Unternehmens verursachen könnte.** Andererseits genüge zur Begründung des Anpassungsbegehrens auch nicht die Feststellung, das Unternehmen werde die zu erwartenden Mehrkosten irgendwie aus der betrieblichen Substanz decken können. Das versorgungspflichtige Unternehmen solle vielmehr langfristig nicht so geschwächt werden, dass es ausgezehrt werde oder durch die Anpassungsbelastung Arbeitsplätze in Gefahr gerieten. Eine gesunde wirtschaftliche Entwicklung dürfe nicht verhindert werden. Die Kosten einer Anpassung müssten daher aus den Erträgen eines Unternehmens und dessen Wertzuwachs finanzierbar sein.
In dieser Rspr. wird aber zugleich eingeräumt, dass es **nur schwer möglich ist, Kriterien zu** 35 **entwickeln, die in allen theoretisch denkbaren Fällen bei unterschiedlichen wirtschaftlichen Lagen maßgebend sein können.** Deshalb arbeitet das BAG (23. 3. 1985 AP BetrAVG § 16 Nr. 17; BAG 17. 4. 1996 DB 1996, 2496; BAG 23. 5. 2000 DB 2001, 2255) mit Prüfungsschritten:
1. Entscheidend sei zunächst im Sinne einer **Prognoseentscheidung,** ob das Unternehmen in der auf den Anpassungsstichtag folgenden Zeit **ohne übermäßige Belastung in der Lage war und sein wird, den Anpassungsbedarf aufzubringen.** Beurteilungsgrundlage für die erforderliche Prognose ist dann die wirtschaftliche Entwicklung des Unternehmens in der Zeit vor dem Anpassungsstichtag, soweit daraus Schlüsse für die weitere Entwicklung gezogen werden können. Dabei bleiben nicht voraussehbare, neue Rahmenbedingungen und sonstige unerwartete, spätere Veränderungen der wirtschaftlichen Verhältnisse des Unternehmens unberücksichtigt (vgl. auch BAG 17. 10. 1995 AP BetrAVG § 16 Nr. 34).
2. Für eine einigermaßen zuverlässige Prognose müsse **die bisherige Entwicklung über einen längeren, repräsentativen Zeitraum** von idR mindestens drei Jahren ausgewertet werden.
3. Der am Anpassungsstichtag absehbare **Investitionsbedarf,** auch für Rationalisierung und die Erneuerung von Betriebsmitteln, sei zu berücksichtigen.
4. **Scheingewinne** blieben **unberücksichtigt.**
5. Die **Betriebssteuern verringerten die verwendungsfähigen Mittel.** Bei den Steuern vom Einkommen sei zu beachten, dass nach einer Anpassungsentscheidung die Rentenerhöhungen den steuerpflichtigen Gewinn verringerten.
6. Eine **angemessene Eigenkapitalverzinsung** sei idR nötig. Dabei sei einerseits auf die Höhe des Eigenkapitals, andererseits auf das erzielte Betriebsergebnis abzustellen.
7. Soweit **Gesellschafter einer GmbH als Geschäftsführer** tätig seien, könne dafür eine angemessene Vergütung angesetzt werden. Der Unternehmerlohn dürfe das bei Fremdgeschäftsführern Übliche nicht überschreiten.

Blomeyer stellt dem ein anderes Modell gegenüber, wonach auszugehen ist von der **Ertragslage des** 36 **Unternehmens** (*Blomeyer/Otto* Rn. 196 ff.). Der Interessenausgleich zwischen AG und Versorgungsempfänger sei primär auf den Ausgleich der Vorteile des Unternehmers zu beziehen, die dieser dadurch erziele, dass er das für die Versorgung erforderliche Kapital nicht sogleich im Versorgungsfall, sondern erst allmählich, dh. kontinuierlich ausbezahle. Werde das Deckungskapital dem Eigenkapital gleichgestellt, könne die Anhebung der Rente zB dann unterbleiben, wenn das Eigenkapital des Unternehmens im Prognosezeitpunkt keine Rendite abwerfe, eine Eigenkapitalverzinsung also nicht erfolge. Das könne freilich nicht bedeuten, dass ein etwa anfallender Eigenkapitalzins in vollem Umfang für die Anhebung der Renten zu verwenden sei. Das Deckungskapital für die laufenden Renten bilde in der Konzeption der Norm nur einen Teil des Eigenkapitals; deshalb müsse neben dem Anhebungsgesamtbetrag auch noch eine angemessene Eigenkapitalverzinsung für den Unternehmer gewährleistet sein. Diese Angemessenheit soll durch den Vergleich mit der Rendite festverzinslicher Werte ermittelt werden. Dieser Ansatz ist ein dogmatisch interessanter und fundierter Erklärungsversuch für das Kriterium der wirtschaftlichen Lage des AG (s. schon Rn. 5 f.). Allerdings vermag auch dieser Ansatz keine Patentlösung zu liefern, da er die Prüfung nur schematisiert und in Zweifelsfällen auf die vom BAG genannten Kriterien zurückgreifen muss.

37   Durch die Anpassung darf die **Wettbewerbsfähigkeit des Unternehmens nicht gefährdet** werden. Der Maßstab der angemessenen Eigenkapitalverzinsung muss dahin konkretisiert werden, dass sowohl auf die Höhe des Eigenkapitals als auch auf das erzielte Betriebsergebnis abzustellen ist. Für die **Höhe der Eigenkapitalverzinsung** können nicht die ausgeschütteten Dividenden maßgebend sein, da diese von der Ausschüttungspolitik eines Unternehmens abhängig sind und keine verlässlichen Rückschlüsse auf die wirtschaftliche Situation des Unternehmens zulassen. Das BAG bezieht sich deshalb zu Recht auf den handelsrechtlichen Begriff des Eigenkapitals (§ 266 III Buchst. A HGB). Die angemessene Eigenkapitalverzinsung soll dann aus einem Basiszins und einem Risikozuschlag bestehen, wobei der Basiszins der Umlaufrendite öffentlicher Anleihen entspreche. Der Risikozuschlag betrage für alle Unternehmen einheitlich 2%. Ein Geldentwertungsabschlag dürfe unterbleiben (BAG 23. 5. 2000 DB 2001, 2255). Für diesen Maßstab spricht seine Kalkulierbarkeit und damit Zweckmäßigkeit; allerdings überschreitet das BAG damit die Grenze von der streitentscheidenden zu einer regelnden – an sich dem Gesetzgeber vorbehaltenen – Tätigkeit. Ein Eigenkapital in Höhe des Stammkapitals ist dabei ohne weiteres als erforderlich anzusehen (BAG 23. 1. 2001 NZA 2002, 560). Einer unzureichenden Eigenkapitalverzinsung ist eine **Eigenkapitalauszehrung** gleichzustellen (BAG 23. 5. 2000 NZA 2002, 554).

38   cc) Anpassung im Konzern. Die **Frage,** inwieweit im Rahmen der Anpassungsentscheidung auf die **wirtschaftliche Lage des Konzerns anstelle der einzelnen Konzerngesellschaft abzustellen** ist, stellt sich, wenn die Konzerngesellschaft auf Grund ihrer „wirtschaftlichen Lage" eine Anpassung der Rente ablehnt, obwohl die wirtschaftliche Leistungsfähigkeit des Konzerns unzweifelhaft gegeben ist (vgl. hierzu und zum Folgenden *Steinmeyer,* FS Stahlhacke, S. 556 ff.).

39   AG ist jedoch regelmäßig nur das Unternehmen, mit dem der AN einen Arbeitsvertrag geschlossen hat. Der Konzern selbst dagegen hat keine eigene Rechtspersönlichkeit (§ 15 AktG) und kann damit nicht AG sein. Demnach kann auch nicht allg. auf den **Konzern,** sondern allenfalls auf die **Konzernmutter,** also das beherrschende Unternehmen abgestellt werden (zur dogmatischen Konstruktion des Rückgriffs auf die Konzernmutter vgl. *Junker,* FS Kissel 1994 S. 451 ff.; *Reiners* DB 1994, 678 ff.). Aber auch insoweit gilt, dass es bei der Anpassungsentscheidung nur ausnahmsweise auf die wirtschaftliche Lage des herrschenden Unternehmens ankommen kann (BAG 23. 10. 1996 DB 1997, 1287).

40   Das im Konzernrecht geltende **Trennungsprinzip für juristische Personen findet auch im Betriebsrentenrecht Beachtung** (BAG 4. 10. 1994 AP BetrAVG § 16 Nr. 32). Es müssen deshalb weitere Faktoren gegeben sein, die einen Berechnungsdurchgriff auf die Konzernmutter und damit regelmäßig eine andere juristische Person als den Versorgungsschuldner erlauben. Die wirtschaftliche Verflechtung von Konzerngesellschaften kann aber dazu führen, dass bei der Anpassungsprüfung nach § 16 nicht die wirtschaftliche Lage die Einzelunternehmens, sondern die des Konzerns maßgeblich ist (BAG 28. 4. 1992 AP BetrAVG § 16 Nr. 25). Voraussetzung hierfür ist eine so enge wirtschaftliche Verknüpfung der Unternehmen, dass das Tochterunternehmen wirtschaftlich von dem Mutterunternehmen abhängig ist. Insoweit wendet das BAG im Rahmen der Anpassungsprüfung nach § 16 die Grundsätze, die der BGH zur Haftung des herrschenden Unternehmens für Verbindlichkeiten des beherrschten Unternehmens aufgestellt hat, entspr. an (vgl. etwa BGH 16. 9. 1985 BGHZ 95, 346). Zwischen der konzernmäßigen Durchgriffshaftung und der Beurteilung der Leistungsfähigkeit des AG bei der Anpassung von Betriebsrenten nach § 16 bestehe insoweit ein Zusammenhang, als beim qualifiziert faktischen Konzern die Konzernobergesellschaft für Anpassungsschulden der Konzerntochter haften muss; dann sei aber auch schon bei der Anpassungsprüfung beim qualifiziert faktischen Konzern auf die Leistungsfähigkeit der Konzernobergesellschaft abzustellen (s. hierzu auch *Blomeyer/Otto* Rn. 207 ff.).

41   Eine nach den obigen Grundsätzen enge **wirtschaftliche Verknüpfung** ist regelmäßig dann gegeben, wenn zwischen den Unternehmen ein **Beherrschungs- oder ein Gewinnabführungsvertrag** besteht (BAG 14. 12. 1993 AP BetrAVG § 16 Nr. 29; BAG 28. 4. 1992 AP BetrAVG § 16 Nr. 25; BAG 23. 10. 1996 DB 1997, 1287), sie liegt jedoch auch dann vor, wenn ein **qualifiziert faktischer**

VI. Inhalt der Anpassungsverpflichtung § 16 **BetrAVG** 200

Konzern angenommen werden kann. Ein solcher ist anzunehmen, wenn das herrschende Unternehmen die Geschäfte des beherrschten Unternehmens dauernd und umfassend geführt hat (BAG 14. 12. 1993 AP BetrAVG § 16 Nr. 29 unter Verweis auf BGH 16. 9. 1985 BGHZ 95, 346; BGH 23. 9. 1991 BGHZ 107, 15).

Jedoch reicht eine **enge wirtschaftliche Verknüpfung alleine nicht aus,** um auf die Leistungs- 42 fähigkeit der Konzernmutter abstellen zu können. Das herrschende Unternehmen muss die **Konzernleitungsmacht** in einer Weise ausüben, die keine angemessene Rücksicht auf die Belange der abhängigen Gesellschaft nimmt, ohne dass sich der dieser Gesellschaft insgesamt zugefügte Nachteil durch Einzelmaßnahmen kompensieren ließe (BAG 14. 12. 1993 AP BetrAVG § 16 Nr. 29; BAG 23. 10. 1996 DB 1997, 1287). Der Gläubiger, der Ansprüche gegen das herrschende Unternehmen geltend machen will, hat die Umstände darzulegen und zu beweisen, die eine solche Annahme nahe legen (BGH 29. 3. 1993 NJW 1993, 1203).

Allein die Tatsache, dass ein **Beherrschungs- oder Gewinnabführungsvertrag** vereinbart worden 43 ist, **reicht noch nicht aus,** um nur auf die wirtschaftliche Lage der beherrschenden Gesellschaft abzustellen (BAG 4. 10. 1994 AP BetrAVG § 16 Nr. 32).

dd) „Privatisierender" Arbeitgeber. Legt ein AG sein Unternehmen still oder veräußert er es, so 44 haftet er – ggf. auch seine Erben – grds. weiter für die Versorgungsverbindlichkeiten. Ihn trifft auch die Anpassungspflicht nach § 16. Man wird hier auf die Vermögenslage des privatisierenden AG abstellen müssen, allerdings nicht auf sein gesamtes Vermögen sondern nur auf den dem Unternehmen gewidmeten Teil, sofern eine solche Trennung möglich ist (so auch *Blomeyer/Otto* Rn. 215; BAG 9. 11. 1999 NZA 2000, 1057). Für Erben bedeutet dies eine Beschränkung auf das ererbte Unternehmensvermögen. Der Versorgungsschuldner ist nicht verpflichtet, die Anpassungslasten durch Eingriffe in die Vermögenssubstanz zu finanzieren (BAG aaO; noch offen gelassen in BAG 23. 10. 1996 AP BetrAVG § 16 Nr. 36). Maßstab für den Umfang der Anpassungspflicht ist eine konservative Geldanlage, die Risiken vermeidet. Zur Eigenkapitalverzinsung ist auf die zum aktiven AG bzw. Unternehmen entwickelten Grundsätze zu verweisen (Rn. 35 ff.), wobei allerdings ein Risikozuschlag nicht gerechtfertigt ist (BAG aaO). Der AG kann allerdings auch von der Möglichkeit des Abs. 3 Nr. 2, 1. Alt. Gebrauch machen, indem er die betriebliche Altersvorsorge über eine Direktversicherung vornimmt, mit der Konsequenz, dass seine Anpassungspflicht entfällt.

c) Die Entscheidung nach billigem Ermessen. § 16 I gibt dem AG auf, insb. unter Berücksichti- 45 gung der Belange des Versorgungsempfängers und der wirtschaftlichen Lage des AG nach billigem Ermessen zu entscheiden, also im Rahmen des Ausgleichs der Äquivalenzstörung eine **Abwägungsentscheidung** zu treffen. Das darf dann aber **nicht** dazu führen, dass die Anpassungsentscheidung auf eine **rechnerische Gegenüberstellung beider Maßstäbe** reduziert wird. So enthält dann die Feststellung, der AG habe einen völligen Teuerungsausgleich immer dann zu gewähren, wenn seine Ertragslage dies zulasse, wenn das Unternehmen also langfristig nicht so geschwächt werde, dass es ausgezehrt werde oder durch die Anpassungsbelastung Arbeitsplätze in Gefahr gerieten (vgl. etwa BAG 23. 4. 1985 AP BetrAVG § 16 Nr. 17), eine Bewertung der beiderseitigen Interessen, die den Vorwurf stützt, es erfolge entgegen den Vorstellungen des Gesetzgebers eine Indexierung der betrieblichen Ruhegelder (vgl. dazu *v. Maydell* SAE 1983, 34 f.). Aus dem Kriterium „wirtschaftliche Lage" lässt sich eine derartige Bewertung nicht ableiten.

Hier geht es vielmehr um die Abwägung der **beiderseitigen Interessen,** was bei einer Entscheidung 46 nach billigem Ermessen eine umfassende Analyse erforderlich macht, bei der die gedeihliche Fortentwicklung des Unternehmens ebenso zu berücksichtigen ist wie das Interesse des Versorgungsempfängers am Teuerungsausgleich (so auch *Blomeyer/Otto* Rn. 124). Die Rspr. war zunächst eher schwankend und hob die Belange des Versorgungsempfängers hervor (BAG 15. 9. 1977 AP BetrAVG § 16 Nr. 5; 17. 1. 1980 AP BetrAVG § 16 Nr. 7). Inzwischen betont auch sie die Abwägung der beiderseitigen Interessen (BAG 23. 4. 1985 NZA 1985, 496; BAG 14. 2. 1989 NZA 1989, 675).

Wenn das Gesetz ausdrücklich zwischen Anpassungsprüfung und Anpassungsentscheidung unter- 47 scheidet, so bedeutet dies, dass das **Ermessen nur die Anpassungsentscheidung** betrifft, da die **Anpassungsprüfung** sich **nur auf die zu erhebenden Fakten** beziehen kann und dabei ein Ermessen nicht recht vorstellbar ist (wie hier *Blomeyer/Otto* Rn. 118; anders *Höfer* Rn. 3606; *Langohr-Plato* BB 2002, 406). Davon zu unterscheiden ist, dass etwa **Prognoseentscheidungen** immer mit Unsicherheiten behaftet sind; die Überprüfung kann bei diesen nur dahin gehen, ob auf der Basis der gegebenen Fakten die Prognose gerechtfertigt war. Das Ermessen bei der **Anpassungsentscheidung** ist **nicht** als **freies Ermessen** zu verstehen, sondern als ein gebundenes, das auf seine Billigkeit hin gerichtlich überprüft werden kann (so auch *Blomeyer/Otto* Rn. 225). Das Ermessen kann sich nur beziehen auf die Abwägung der Interessen von AG und Versorgungsempfänger und die daraus folgende Entscheidung. Hier hat der AG einen gewissen Spielraum, wie er seiner wirtschaftlichen Lage Rechnung trägt. Allerdings ist dieser Spielraum – legt man die Rspr. zugrunde – nur ein scheinbarer, da das BAG immer wieder dazu neigt, im Interesse der Rechtssicherheit und Kalkulierbarkeit genaue Vorgaben zu machen. Beispiel dafür ist die jüngste Rspr. zum Risikozuschlag beim Merkmal der Eigenkapitalverzinsung (BAG 23. 5. 2000 DB 2001, 2255; s. auch Rn. 36).

48 Bei seiner Entscheidung ist der AG darüber hinaus an den **Gleichbehandlungsgrundsatz** gebunden. Dieser ist etwa dann verletzt, wenn die Renten bei einzelnen Gruppen von Rentnern angepasst werden, bei anderen hingegen nicht, ohne dass dafür sachliche Gründe erkennbar wären (BAG 23. 4. 1985 AP BetrAVG § 16 Nr. 17). So ist etwa eine höhere Anpassung von sog. Kleinrenten abzulehnen, da nach der hier vertretenen Auffassung eine individuelle Bedürftigkeitsprüfung nicht in Betracht kommt und es auch der hier vertretenen und von der Gesetzgebung inzwischen bestätigten Abkoppelungstheorie widersprechen würde (wie hier *Blomeyer/Otto* Rn. 245 ff.; wohl auch *Höfer* Rn. 3593 ff.). Allerdings stellt Abs. 2 Nr. 2 auf vergleichbare ANGruppen ab, was aber keine wirkliche neue Differenzierungsmöglichkeit eröffnet, da auch eine Differenzierung unter den aktiven AN dem Gleichbehandlungsgrundsatz unterliegt.

49 Bei der Anpassungsentscheidung sind schließlich die **Grundsätze der betrieblichen Übung** zu beachten, da bei Vorliegen der sonstigen Voraussetzungen für eine betriebliche Übung auch eine Anpassungsübung entstehen kann. Es ist zu unterscheiden zwischen der Übung einer bloßen Anpassungsprüfung im Rahmen der Billigkeit und der sehr viel weitergehenden Übung ganz bestimmter Rentenerhöhungen (BAG 3. 2. 1987 AP BetrAVG § 16 Nr. 20). Ist der AG nur verpflichtet, nach billigem Ermessen zu prüfen, ob die betrieblichen Ruhegelder an die Entwicklung der Kaufkraft angepasst werden können, so kommt diese Bindung im Ergebnis der Regelung des § 16 gleich: hier bleibt es bei dem Entscheidungsspielraum, der eine Abwägung der beiderseitigen Interessen erfordert und es besteht keine Anpassungsautomatik. Ist aber der AG auf Grund der betrieblichen Übung verpflichtet, unter näher konkretisierten Voraussetzungen die Rente an ganz bestimmte Bezugsgrößen anzupassen, so entspricht die Bindung einer Spannenklausel, die für Abwägungen keinen Raum lässt, sondern das Ergebnis unmittelbar vorschreibt. Der AG kann die Veränderung der wirtschaftlichen Lage einwenden, sofern nicht eine Anpassungsübung ohne Rücksicht auf die wirtschaftliche Lage anzunehmen ist.

50 **3. Besonderheiten der Anpassung bei mittelbaren Versorgungszusagen.** § 16 I verpflichtet den AG **ohne Rücksicht darauf, ob er eine mittelbare oder eine unmittelbare Versorgungszusage erteilt hat,** zur regelmäßigen Anpassungsprüfung und -entscheidung. Diese Pflicht trifft ihn unmittelbar als Pflicht im Rahmen des arbeitsrechtlichen Versorgungsverhältnisses. Zur Gegenleistung für erbrachte Arbeitsleistung gehört damit ebenso bei Einschaltung einer Direktversicherung, einer Pensionskasse oder eines Pensionsfonds aber auch bei einer Unterstützungskassen-Versorgung die Anpassung der laufenden Ruhegeldleistungen.

51 Der **Prüfungsmaßstab** bestimmt sich grds. auch hier in gleicher Weise **wie bei der unmittelbaren Versorgungszusage**. Die **Verpflichtung** zur Anpassungsprüfung und -entscheidung **nach Abs. 1 entfällt seit dem RRG 1999,** wenn die betriebliche Altersversorgung über eine **Direktversicherung** oder eine **Pensionskasse** durchgeführt wird und bestimmte zusätzliche Voraussetzungen erfüllt sind (vgl. Abs. 3 Nr. 2). Damit hat der Gesetzgeber eine nach altem Recht bestehende Unklarheit beseitigt (gegen eine Anpassungspflicht bereits damals *Blomeyer/Otto* Rn. 228; *Kessel* DB 1981, 526; dafür *Steinmeyer* S. 171 f.) Dies bedeutet, dass bei Nichterfüllung der Voraussetzungen weiterhin die Anpassungspflicht des AG nach Abs. 1 besteht. Bei dieser Sicherungsform müssen ab Rentenbeginn alle auf den Rentenbestand, dh. das individuelle Einzelversicherungsverhältnis entfallenden Überschussanteile zur Erhöhung der laufenden Leistungen verwendet werden und darf bei der Berechnung der Deckungsrückstellung ein sich aus § 65 I Nr. 1 Buchst. a VAG ergebender Höchstzinssatz nicht überschritten werden, so dass sämtliche Überschussanteile uneingeschränkt und unabdingbar den Rentnern zur Erhöhung ihrer Renten zur Verfügung gestellt werden. Diese Regelung findet Anwendung auf alle Neuzusagen, die diesen Voraussetzungen Genüge tun, aber auch auf laufende Renten, sofern *ab Rentenbeginn* in dieser Weise verfahren worden ist. Sind diese Voraussetzungen nicht erfüllt, so besteht weiterhin die Pflicht des AG zur Anpassungsprüfung und -entscheidung nach Abs. 1.

52 Für **Pensionsfonds bleibt es bei der allg. Regelung.** Das bedeutet, dass der AG grds. zur Anpassung verpflichtet bleibt.

53 **4. Das Sonderproblem der nachholenden und der nachträglichen Anpassung.** Bei der sog. **nachholenden Anpassung** geht es um die Frage, ob es bei einer Anpassungsentscheidung lediglich auf den **Anpassungsbedarf in den letzten drei Jahren** ankommt oder ob der gesamte Zeitraum seit Rentenbeginn maßgeblich ist (s. dazu die grdl. Entscheidungen des BAG 28. 4. 1992 AP BetrAVG § 16 Nr. 24 und 25; vgl. auch *Steinmeyer* FS Stahlhacke, S. 558 ff.; *Matthießen/Rößler/Rühmann* DB Beil. 5/93, S. 1 ff.). Diese Frage wird interessant, wenn der AG nicht immer eine volle Anpassung angenommen hat. Von der nachholenden Anpassung unterscheidet das BAG die **nachträgliche Anpassung**. Durch eine nachträgliche Anpassung solle die Betriebsrente bezogen auf einen früheren Anpassungsstichtag unter Berücksichtigung der damaligen wirtschaftlichen Lage des Unternehmens erhöht werden (BAG 17. 4. 1996 DB 1996, 2496). Es geht also praktisch um die Frage einer Nachzahlung.

54 a) **Nachholende Anpassung.** Für die **nachholende Anpassung** gilt, dass bei der Anpassungsprüfung nicht nur die Teuerung in den letzten drei Jahren, sondern der **Kaufkraftverlust seit Renten-**

VI. Inhalt der Anpassungsverpflichtung § 16 BetrAVG 200

beginn zu berücksichtigen ist (so auch BAG 17. 4. 1996 DB 1996, 2496; vgl. näher Rn. 18). Der Anpassungsbedarf kann nur anhand des gesamten Zeitraums festgestellt werden und eine vorübergehend schlechtere wirtschaftliche Lage des AG kann nicht für alle Zeiten ein niedrigeres Niveau festschreiben.

Das **Interesse des Ruheständlers** geht dahin, einen **vollen Inflationsausgleich** zu erhalten. Andererseits kann es die wirtschaftliche Lage des AG durchaus zulassen, dass nach einer zwischendurch einmal geringeren Anpassung nunmehr die unterbliebene Anpassung entspr. der Inflationsrate nachgeholt wird. Es bleibt dann über den gesamten Zeitraum gesehen bei der schematischen Anpassung ausgerichtet an der Inflationsrate. Dies kann aber zB nicht berücksichtigen, dass die aktiven AN während der Krise des Unternehmens oder des Wirtschaftszweiges Einbußen hingenommen haben oder Zuwächse geringer ausgefallen sind. Diese Fälle, aber auch den Fall der Reduzierung von Versorgungszusagen aktiver AN in Krisenzeiten vermag das BAG nicht ausreichend zu erfassen, wenn es die Belange des Versorgungsempfängers grds. mit dem Ausgleich des Kaufkraftverlustes gleichsetzt. Das BAG löst damit den Verteilungskonflikt zwischen AN und Betriebsrentnern einseitig zugunsten der Betriebsrentner (*Matthießen/Rößler/Rühmann* DB Beil. 5/93, S. 14). Die Kriterien „Belange des Versorgungsempfängers" und „wirtschaftliche Lage" sind deshalb für eine **differenzierte Entscheidung** fruchtbar zu machen, um zu einer weniger schematischen Entscheidung zu kommen, was allerdings zu möglicherweise noch schwerer voraussehbaren Entscheidungen führt. Zumindest wird man hier an die Nettolohnentwicklung der aktiven AN anknüpfen können (*Langohr-Plato*, Betriebliche Altersversorgung Rn. 620). Es stehen hier Einzelfallgerechtigkeit und Praktikabilität in einem Spannungsverhältnis. Dem 3. Senat ist jedoch beizupflichten, dass man die Anpassungsprüfung nicht nur auf den Drei-Jahres-Zeitraum beschränken kann. Sieht man den Gesamtzeitraum seit Beginn der laufenden Leistung als maßgeblich an, so bleibt nur die Entscheidung zwischen der schematischen Lösung des BAG und einer mehr einzelfallorientierten Lösung.

Das BAG trägt den geäußerten Bedenken gegen seine Rspr. dadurch Rechnung, indem es anerkennt, 56 dass bei einem AG, der in der Vergangenheit keinen vollen Geldwertausgleich gewährt hat, der zwischenzeitlich eingetretene **Anpassungsstau den AG überfordern kann** (BAG 17. 4. 1996 DB 1996, 2496). Im Rahmen einer nachholenden Anpassung sei deshalb die wirtschaftliche Leistungsfähigkeit des AG besonders sorgfältig zu prüfen und ggf. nur eine Teilanpassung vorzunehmen. Im Zweifel sei zunächst der in den letzten drei Jahren entstandene Anpassungsbedarf abzudecken. Der dann noch zur Verfügung stehende Betrag sei für eine anteilsmäßig nachholende Anpassung zu verwenden.

Auch bei der nachholenden Anpassung stellt sich wieder die **Konzernproblematik**, wenn es um die 57 Frage der nachholenden Anpassung im Konzern geht (BAG 28. 4. 1992 AP BetrAVG § 16 Nr. 25; s. auch o. Rn. 38 ff.).

In seiner Rspr. zur nachholenden Anpassung hat das BAG nicht ausdrücklich danach unterschieden, 58 ob die Anpassung in der Vergangenheit zu Recht oder zu Unrecht erfolgte. Vielmehr musste es ihm angesichts der dogmatischen Ableitung gerade um die Fälle der **zu Recht unterbliebenen Anpassung** gehen. Es stellt deshalb eine erhebliche Änderung dar, wenn der seit 1. 1. 1999 geltende neue Abs. 4 bestimmt, dass **bei einer zu Recht unterbliebenen Anpassung eine Verpflichtung zur nachholenden Anpassung nicht besteht.** Dies wird auf zweierlei Weise erreicht. Zum einen stellt Abs. 4 S. 1 fest, dass bei einer erfolgten Anpassungsprüfung und -entscheidung, die den Erfordernissen des Abs. 1 genügt, eine Verpflichtung zur Nachholung entfällt. Dem AG wird aber eine zusätzliche Möglichkeit eingeräumt, um das gleiche Ziel zu erreichen, indem er auch in einem erleichterten Verfahren nach S. 2 seiner Pflicht aus Abs. 1 genügen kann. S. 2 des Abs. 4 bedeutet nicht, dass der AG auf diese Weise sich allg. der Anpassungsprüfung nach Abs. 1 entledigen kann. Abs. 4 findet deshalb auch keine Anwendung im Fall des Abs. 3. Vielmehr hat S. **2 nur Bedeutung für die nachholende Anpassung.** Der AG entgeht also einer nachholenden Anpassung entweder dadurch, dass er die Rechtmäßigkeit der Minderanpassung nach Abs. 1 zu beweisen vermag oder dadurch, dass er sich des Verfahrens nach S. 2 bedient (so auch *Küpper*, Neue Chancen für Betriebsrenten, S. 90).

Das **vereinfachte Verfahren** des Abs. 4 S. 2 verpflichtet den AG lediglich, seine wirtschaftliche Lage 59 schriftlich darzulegen; dieser Pflicht genügt der AG nur, wenn der Rentner allein mit dieser Darlegung die Entscheidung des AG nachvollziehen kann (*Doetsch/Förster/Rühmann* DB 1998, 263). Hier wird die Rspr. noch zu konkretisieren haben, wie substantiiert die Darlegung zur wirtschaftlichen Lage sein muss. Man wird davon ausgehen müssen, dass der Rentner alle Informationen erhalten muss, die er benötigt, um selbst die Beurteilung der wirtschaftlichen Lage, wie sie Abs. 1 vorsieht, vornehmen zu können, da er anderenfalls keine Basis für die Entscheidung über einen Widerspruch hat. Dass Abs. 4 von wirtschaftlicher Lage des Unternehmens statt wie in Abs. 1 von wirtschaftlicher Lage des AG spricht, führt nicht zu unterschiedlichen Maßstäben; es handelt sich vielmehr um eine sprachliche Ungenauigkeit des Gesetzgebers (wie hier *Höfer* Rn. 3665.77; *Küpper*, Neue Chancen für Betriebsrenten, S. 76 f.). Aus der Darlegung muss hervorgehen, dass die – unzureichende – wirtschaftliche Lage eine Anpassung nicht zulässt. Es obliegt nach erfolgter Darlegung dann dem Ruheständler, initiativ zu werden. In dem daran anschließenden möglichen Prozess unterliegen dann allerdings die Angaben des AG über die wirtschaftliche Lage der Überprüfung. Die Regelung des Abs. 4 findet Anwendung in allen Fällen, in denen eine Verpflichtung zur Anpassungsprüfung und -entscheidung besteht.

60 Erfüllt der AG die Voraussetzungen des Abs. 4 – inklusive der Hinweispflicht auf die Rechtsfolgen – **nicht**, so kann der Ruheständler eine **nachholende Anpassung iSd. bisherigen Rspr.** des BAG geltend machen. Der AG muss die wirtschaftliche Lage zutreffend und vollständig darlegen; dies bezieht sich auf alle Gesichtspunkte, die für die Beurteilung der wirtschaftlichen Lage von Bedeutung sein können. Eine ausdrückliche Präklusionswirkung ist der Vorschrift nicht zu entnehmen; wenn der AG aber ihm bekannte Umstände nicht nennt, ist eine ordnungsgemäße Darlegung zu verneinen.

61 Beim **Hinweis auf die Rechtsfolgen** reicht eine Verweisung auf die Vorschrift des § 16 IV nicht aus; vielmehr muss der Hinweis aus sich heraus verständlich sein und dem Ruheständler muss deutlich gemacht werden, dass er binnen der Frist von drei Kalendermonaten der Anpassungsentscheidung des AG widersprechen kann und er dann, wenn er die Frist verstreichen lässt, nicht geltend machen kann, dass der AG zu Unrecht die laufende Leistung nicht oder nicht in vollem Umfang angepasst habe. Trotz des insoweit unklaren Wortlauts muss auch dieser Hinweis **schriftlich** erfolgen, da auch hier die Schriftlichkeit dem Schutz des AN dient (s. auch *Höfer* Rn. 3665.81).

62 **Hält der AG dieses Verfahren nicht ein,** so muss er im üblichen Verfahren nachweisen, dass die Anpassung zu Recht unterblieben ist; ist dies der Fall, so beschränkt sich die Anpassungspflicht auf den Anpassungszeitraum. Um Manipulationen zu verhindern, wird man in Analogie zu § 187 I BGB annehmen müssen, dass der Kalendermonat, in dem die Mitteilung dem Rentner zugeht, für die Berechnung der Frist nicht mitzuberücksichtigen ist (so auch *Bepler* BetrAV 2000, 26; *Höfer* Rn. 3665.85).

63 Für den **Widerspruch des Versorgungsempfängers** schreibt das Gesetz nur die Schriftlichkeit und die Einhaltung einer Frist vor, macht aber keine Vorgaben über den Inhalt. Es kann inhaltlich keine eingehende Darlegung von Widerspruchsgründen verlangt werden, wohl aber der Hinweis auf einen plausiblen Grund (ähnlich *Höfer* Rn. 3665.84).

64 Die Regelung kann bei anhaltend schlechter wirtschaftlicher Lage des Unternehmens durchaus bei gleich bleibendem Nominalwert der Betriebsrente zu einem Verlust des Geldwertes führen (*Blomeyer* RdA 2000, 287). Andererseits wird man dem AG zubilligen müssen, freiwillige Überzahlungen in der Vergangenheit anzurechnen (*Langohr-Plato*, Betriebliche Altersversorgung, Rn. 597).

65 Für **Anpassungen vor dem 1. 1. 1999** trifft § 30 c II eine Übergangsregelung. Danach gilt § 16 IV nicht für vor diesem Zeitpunkt zu Recht unterbliebene Anpassungen; § 16 IV greift deshalb erst seit 1. 1. 2002 (vgl. näher § 30 c Rn. 3).

66 b) **Nachträgliche Anpassung.** Bei der nachträglichen Anpassung **erlischt der Anspruch auf Prüfung und Entscheidung idR nach Ablauf der Frist, für die die Anpassung verlangt werden könne**, also nach drei Jahren ab Anpassungsstichtag (BAG 17. 4. 1996 DB 1996, 2496). Die nach § 16 I alle drei Jahre zu treffende Anpassungsentscheidung hat **Befriedungsfunktion** und **streitbeendenden** Charakter. Wenn der Versorgungsempfänger die Entscheidung des AG für unrichtig hält, muss er dies vor der nächsten Anpassungsstichtag dem AG gegenüber geltend machen. Damit wird verhindert, dass die wirtschaftliche Lage des AG im Nachhinein aus der Sicht weit zurückliegender Anpassungsstichtage zu beurteilen ist (s. auch *Langohr-Plato* BB 2002, 408).

67 5. **Die Anpassung durch ein Konditionenkartell.** Die sog. Konditionenkartelle oder Richtlinienverbände („Essener Verband" und „Bochumer Verband"; vgl. *Schoden* Teil I Rn. 44; BAG 2. 2. 1988 AP BetrAVG § 5 Nr. 25) sind Zusammenschlüsse von AG zum Zwecke der Koordinierung der Bedingungen der betrieblichen Altersversorgung. Diese Konditionenkartelle verfolgen regelmäßig den Zweck, für ihre Mitglieder einheitliche Versorgungsrichtlinien aufzustellen, um dadurch einheitliche Versorgungsregelungen für den Kreis der AT-Angestellten sicherzustellen. Den betroffenen Beschäftigten werden dann regelmäßig Zusagen hinsichtlich der betrieblichen Altersversorgung erteilt, der jeweiligen Leistungsordnung des Verbandes entspr. der jeweiligen Leistungsordnung des Verbandes erteilt. Legt der Verband für seine Mitglieder einheitlich eine Anpassung der Leistungen um einen bestimmten Prozentsatz fest, so entfaltet dieser Vorstandsbeschluss gem. der Satzung zunächst Bindungswirkung gegenüber allen Mitgliedern. Da § 16 I zwingend ist, können **einzelne Mitglieder des Verbandes nicht von der Verbandsentscheidung abweichen** mit der Begründung, dass sich ihre wirtschaftliche Lage nachhaltig wesentlich verschlechtert habe, denn von dieser Vorschrift kann nicht zuungunsten des Versorgungsempfängers abgewichen werden. Das bedeutet im Rahmen eines Konditionenkartells, dass eine einheitliche Geltung der Anpassungsentscheidung nur dann durchsetzbar ist, wenn sie sich nur an der Geldentwertungsrate und nicht auch noch an der wirtschaftlichen Lage des AG orientiert. Soll wegen der wirtschaftlichen Lage eine Anpassung unterhalb der Geldentwertungsrate vorgenommen werden, so kann Maßstab nur der AG sein, dessen wirtschaftliche Situation unter den Mitgliedern am besten ist. Schwächere Unternehmen können von einer einmal vom Verband getroffenen Anpassungsentscheidung nicht mehr unter Berufung auf ihre wirtschaftliche Lage abweichen. Inzwischen scheinen die Richtlinienverbände diese Bindungswirkung in ihren Satzungen einzuschränken (s. BAG 25. 7. 2000 EzA § 1 BetrAVG Ablösung Nr. 25.

VII. Vereinbarungen über die Anpassung

Da § 16 **Mindestnorm** ist, steht es dem AG frei, bei der Anpassung über den in dieser Vorschrift 68
enthaltenen Maßstab hinauszugehen und einen großzügigeren Maßstab für die Anpassung laufender
Leistungen vorzusehen. Wird eine solche Zusage mit Rentendynamik durch Betriebsvereinbarung
abgelöst (zur ablösenden Betriebsvereinbarung vgl. Vorbem. Rn. 25) und durch einen Verweis auf den
Maßstab des § 16 ersetzt, so sollen nach der Rspr. des BAG nicht die konkretisierenden Grundsätze
anwendbar sein, die für den Eingriff in Versorgungsanwartschaften entwickelt worden sind. Der
Eingriff sei regelmäßig bereits dann gerechtfertigt, wenn es für ihn sachlich nachvollziehbare und
Willkür ausschließende Gründe gebe (BAG 16. 7. 1996 DB 1997, 631; BAG 9. 11. 1999 NZA 2001,
221). Das BAG übersieht dabei, dass auch eine **Dynamisierung laufender Leistungen** erdient sein
kann und deshalb den üblichen Grenzen für eine nachteilige Veränderung unterliegt (zu den Maßstäben vgl. Vorbem. Rn. 28). Sieht man das Ruhegeld als Entgelt für erbrachte Arbeitsleistung an, so
erwirbt der AN während seines Erwerbslebens die Anwartschaft in der ihm vom AG versprochenen
Höhe und im versprochenen Umfang. Sieht die Versorgungszusage eine Dynamisierung vor, so ist
diese mit erworben und kann nur unter den Voraussetzungen, die für alle erdienten Anwartschaften
gelten, dem AN oder Ruheständler nachträglich entzogen oder reduziert werden. Der entscheidende
Unterschied zwischen der hier vertretenen Auffassung und der des BAG besteht darin, dass das BAG
mit Billigkeitserwägungen angemessene Ergebnisse erzielen will, während die Bemessung nach erdienten Anrechten einen auch rechtlich konkret fassbaren Maßstab abgibt. Das BAG sieht einen Unterschied zwischen der Dynamisierung von Versorgungsanwartschaften und der von laufenden Betriebsrenten (BAG 9. 11. 1999 NZA 2001, 221), der so nicht nachvollziehbar ist, da beides von der
jeweiligen Vereinbarung erfasst ist und die Position des AN nicht schwächer werden kann, wenn er
zum Betriebsrentner wird.

VIII. Entfallen der Anpassungspflicht nach Abs. 3

Nach Abs. 3 entfällt die Anpassungspflicht des AG bei Vorliegen der weiteren Voraussetzungen. So 69
bietet Abs. 3 Nr. 1 dem AG die Möglichkeit, durch eine **pauschale jährliche Anpassung der betrieblichen Altersversorgung von 1%** den Aufwand einer individuellen Prüfung zu vermeiden und
zugleich seine Verpflichtungen leichter kalkulieren zu können. Die Mindestanpassung nach Abs. 3
Nr. 1 setzt eine Vereinbarung zwischen AN und AG voraus.

1. **Zusage einer Mindestanpassung.** Dies gilt für **alle Durchführungswege**. Im vorgegebenen 70
Rahmen kann der AG den Anpassungszeitpunkt frei festlegen. Der Anpassungssatz von 1% ist nur als
Mindestwert zu verstehen und hindert den AG nicht daran, einen höheren Prozentsatz zuzusagen.
Dieser Satz muss auch Bestand haben, wenn die Inflationsrate deutlich ansteigt und kann allenfalls in
Grenzfällen wegen Wegfalls der Geschäftsgrundlage korrigiert werden müssen (ähnlich *Höfer*
Rn. 3665.25); dies gilt auch deshalb, weil bei dieser pauschalen Anpassungsverpflichtung der AG diese
jährliche Anpassung nicht wegen unzureichender wirtschaftlicher Lage aussetzen darf und sich auch
nicht auf eine ausgebliebene Geldentwertung berufen darf. Eine Rückkehr zur vorgesetzlichen Rspr.
bei Überschreiten einer Opfergrenze dürfte deshalb grds. ausgeschlossen sein (offen gelassen *Blomeyer*
RdA 2000, 285).

Allerdings greift diese Regelung **nicht bei bestehenden Versorgungszusagen**; der AG kann dann, 71
da es sich um eine Vertragsänderung handelt, die 1%-Verpflichtung nur mit Zustimmung des AN
eingehen; eine solche Vereinbarung würde nicht gegen § 17 verstoßen, da das Gesetz in seiner nF diese
Option einräumt (so auch *Küpper*, Neue Chancen für Betriebsrenten, S. 82). Eine spätere Verbesserung einer vor dem 1. 1. 1999 erteilten Versorgungszusage macht aus ihr keine Neuzusage iSv. Abs. 3
Nr. 1, da sonst zum einen der klare Wille des Gesetzgebers unterlaufen würde, nur Neuzusagen zu
erfassen und zum anderen – ungeachtet eines etwa bestehenden Prinzips der „Einheit der Versorgungszusage" (dazu § 1b Rn. 33) – das BetrAVG grds. Rechtsfolgen gerade hinsichtlich Fristen und
Stichtagen an die ursprüngliche Versorgungszusage und nicht stattdessen an eine Verbesserung anknüpft (s. auch *Küpper*, Neue Chancen für Betriebsrenten, S. 84). Etwas anderes kann nur gelten,
wenn die alte und die neue Zusage als eigenständige und nebeneinander bestehende betrachtet werden
können (so auch *Höfer* Rn. 3665.39; *Blomeyer* RdA 2000, 286). Aus dem Zweck des § 16 folgt, dass
von dieser Möglichkeit auch Gebrauch gemacht werden kann, wenn eine Kapitalzusage ab 1999 in
eine Zusage laufender Leistungen umgewandelt wird (wie hier *Höfer* Rn. 3665.40).

2. **Überschussverwendung zugunsten des Rentners bei Pensionskasse und Direktversicherung.** 72
Nach **Abs. 3 Nr. 2** kann der AG seiner **Verpflichtung aus Abs. 1 entgehen, indem er die betriebliche
Altersversorgung über eine Direktversicherung oder über eine Pensionskasse durchführt**, ab
Rentenbeginn sämtliche auf den Rentenbestand entfallenden Überschussanteile zur Erhöhung der
laufenden Leistungen verwendet und eine bestimmte Berechnung vornimmt. Aus dem Begriff der
Verwendung ergibt sich, dass eine Vereinbarung über die Verwendung der Überschussanteile nicht
vorliegen muss; es reicht die tatsächliche Verwendung. Diese Sicht ist auch deshalb gerechtfertigt, weil

Steinmeyer

der AG der Anpassungspflicht nach Abs. 1 nur entgeht, wenn er den Anforderungen des Abs. 3 Nr. 2 tatsächlich Rechnung trägt.

73 Unter **Rentenbestand** wird man die in der Person des individuellen AN gebündelten Leistungsarten zu verstehen haben (*Höfer* Rn. 3665.56; *Blomeyer* RdA 2000, 286) Unter dem Begriff der sämtlichen **Überschussanteile** sind alle Gewinne zu verstehen, die sich aus dem Rentenbestand ergeben haben. Dazu zählen nicht nur Überrenditen, die zB im Rahmen einer Lebensversicherung vom Versicherer ausgeschüttet werden, sondern auch durch eine Kostensenkung im Bereich des Verwaltungsaufwands erzielte Guthaben. Des Weiteren sind verschiedene Modelle der Gewinnbeteiligung denkbar. So können sog. Zusatzrenten, wachsende und konstante Gewinnrenten sowie Barauszahlungen gewährt werden (s. dazu näher *Blumenstein/Krekeler* DB 1998, 2605). Entscheidend bei diesen Systemen ist aber, dass dadurch eine Erhöhung der laufenden Leistung bewirkt wird. Es ist nicht mehr Voraussetzung für ein Entfallen der Anpassungsprüfungspflicht, dass die so vorgenommenen Anpassungen den Teuerungsausgleich oder die Nettolohnanhebung zumindest ausgleichen. Überschüsse sind also solche, die in der Anwartschaftsphase angefallen sind (*Höfer*, Das neue Betriebsrentenrecht Rn. 569).

74 Die Überschussverwendung muss ab **Rentenbeginn** erfolgen; erfolgt sie erst später, ist Abs. 3 Nr. 2 nicht erfüllt. Die Überschussanteile müssen zur **Erhöhung** der laufenden Leistungen verwendet werden. Sinkt das Überschussniveau oder bleibt ein Überschuss ganz aus, so ändert dies bei Befolgung der anderen Voraussetzungen nichts daran, dass die Verpflichtung nach Abs. 1 entfällt, da der Gesetzgeber die Möglichkeit des Abs. 3 Nr. 2 als gleichwertige Alternative zu Abs. 1 ausgestaltet hat (ähnlich *Höfer* Rn. 3665.65).

75 Diese Regelung kann **nicht** dahin **verallgemeinert** werden, dass von einer Anpassungsprüfungspflicht des AG grds. dann abzusehen ist, wenn die Erträgnisse des Versorgungskapitals dem Leistungsempfänger zustehen (so aber *Blomeyer* RdA 2000, 286; *Hanau/Arteaga*, Gehaltsumwandlung zur betrieblichen Altersversorgung, Rn. 229 ff.). **Nur für Direktversicherungen und Pensionskassen** wird hier eine **Ausnahme** von dem allg. Grundsatz gemacht, dass auch bei mittelbaren Versorgungszusagen die Pflicht zur Anpassungsprüfung und -entscheidung den AG im Rahmen des arbeitsrechtlichen Versorgungsverhältnisses trifft. Der AG hat grds. für das Geldentwertungsrisiko einzustehen, so dass ihn eine Ausfallhaftung für den Fall trifft, dass die Erträgnisse des Versorgungskapitals insoweit nicht ausreichen (*Steinmeyer* S. 171 f.).

76 **3. Beitragszusage mit Mindestleistung.** Die **Ausnahme** der Beitragszusage mit Mindestleistung von der Anpassungsprüfungspflicht (Abs. 3 Nr. 3) lässt sich damit erklären, dass der Gesetzgeber diese Leistungsform für den AG **besonders attraktiv ausgestalten wollte**. Der AN weiß hier, dass ihm der AG nur die Beiträge zusagt und eine Art Ausfallhaftung übernimmt. Eine Pflicht zur Anpassungsprüfung und -entscheidung würde dem widersprechen, es wäre auch nicht ersichtlich, an welchem Maßstab sich eine Anpassung ausrichten sollte, ohne den Grundgedanken dieser Leistungsform zu unterlaufen.

77 Der **Verweis auf Abs. 5** kann hier an sich nur bedeuten, dass die bes. Regelungen zur Anpassung bei betrieblicher Altersversorgung durch Entgeltumwandlung dann nicht gelten, wenn diese in Form der Beitragszusage mit Mindestleistung durchgeführt wird. Allerdings schreibt § 1 b V Nr. 1 vor, dass bei Entgeltumwandlung die Überschussanteile nur zur Verbesserung der Leistung verwendet werden dürfen. Dieser vom Gesetzgeber offenbar nicht gesehene Widerspruch kann nur dahin aufgelöst werden, dass die Verpflichtung aus § 1 b V Nr. 1 natürlich nicht in Frage steht, die Rentenleistung in diesem Fall also um die Überschussanteile zu erhöhen ist.

78 **4. Altersversorgung durch Entgeltumwandlung.** Für die Altersversorgung durch **Entgeltumwandlung** wird die Anpassung **von der wirtschaftlichen Lage des AG** abgekoppelt. Die beiden Verweise in Abs. 5 nehmen jeweils Bezug auf derartige Regelungen. Das bedeutet, dass der AG grds. verpflichtet ist, die Leistungen jährlich um mindestens 1% anzupassen; dies betrifft unmittelbare Versorgungszusagen, Unterstützungskassen und Pensionsfonds. Erfolgt die Entgeltumwandlung über eine Direktversicherung oder eine Pensionskasse, so ist die Anpassungsverpflichtung erfüllt, wenn sämtliche Überschussanteile gem. Abs. 3 Nr. 2 zur Erhöhung der laufenden Leistungen verwendet werden. Keine Anpassungspflicht besteht, wenn die Entgeltumwandlung als Beitragszusage mit Mindestleistung durchgeführt wird.

Sechster Abschnitt. Geltungsbereich

§ 17 Persönlicher Geltungsbereich und Tariföffnungsklausel

(1) [Arbeitnehmer] [1] Arbeitnehmer im Sinne der §§ 1 bis 16 sind Arbeiter und Angestellte einschließlich der zu ihrer Berufsausbildung Beschäftigten; ein Berufsausbildungsverhältnis steht einem Arbeitsverhältnis gleich. [2] Die §§ 1 bis 16 gelten entsprechend für Personen, die nicht Arbeitnehmer sind, wenn ihnen Leistungen der Alters-, Invaliditäts- oder Hinterbliebenenversorgung aus Anlaß ihrer Tätigkeit für ein Unternehmen zugesagt worden sind. [3] Arbeitnehmer

II. Persönlicher Geltungsbereich § 17 BetrAVG 200

im Sinne von § 1 a Abs. 1 sind nur Personen nach den Sätzen 1 und 2, soweit sie aufgrund der Beschäftigung oder Tätigkeit bei dem Arbeitgeber, gegen den sich der Anspruch nach § 1 a richten würde, in der gesetzlichen Rentenversicherung pflichtversichert sind.

(2) [Öffentlicher Dienst] Die §§ 7 bis 15 gelten nicht für den Bund, die Länder, die Gemeinden sowie die Körperschaften, Stiftungen und Anstalten des öffentlichen Rechts, bei denen das Insolvenzverfahren nicht zulässig ist, und solche juristische Personen des öffentlichen Rechts, bei denen der Bund, ein Land oder eine Gemeinde kraft Gesetzes die Zahlungsfähigkeit sichert.

(3) [Unabdingbarkeit] [1] Von den §§ 1 a, 2 bis 5, 16, 18 a Satz 1, §§ 27 und 28 kann in Tarifverträgen abgewichen werden. [2] Die abweichenden Bestimmungen haben zwischen nichttarifgebundenen Arbeitgebern und Arbeitnehmern Geltung, wenn zwischen diesen die Anwendung der einschlägigen tariflichen Regelung vereinbart ist. [3] Im übrigen kann von den Bestimmungen dieses Gesetzes nicht zuungunsten des Arbeitnehmers abgewichen werden.

(4) [Gesetzesvorrang] Gesetzliche Regelungen über Leistungen der betrieblichen Altersversorgung werden unbeschadet des § 18 durch die §§ 1 bis 15 und 26 bis 30 nicht berührt.

(5) Soweit Entgeltansprüche auf einem Tarifvertrag beruhen, kann für diese eine Entgeltumwandlung nur vorgenommen werden, soweit dies durch Tarifvertrag vorgesehen oder durch Tarifvertrag zugelassen ist.

I. Normzweck

Wenn auch der 6. Abschn. mit „Geltungsbereich" überschrieben ist und diese Vorschrift zusammen mit § 18 den Geltungsbereich des Betriebsrentengesetzes abgrenzen soll, enthält sie doch neben der **Eingrenzung des geschützten Personenkreises** (Abs. 1) und der Frage der **Geltung im öffentl. Dienst** (Abs. 2) auch eine Vorschrift über die **Unabdingbarkeit** der Regelungen des Gesetzes (Abs. 3) sowie über den **Gesetzesvorrang** (Abs. 4). Durch das AVmG hinzugekommen ist ein Abs. 5, der eine Entgeltumwandlung von tariflichem Entgelt nur zulässt, soweit sie durch TV vorgesehen oder zugelassen ist. 1

II. Persönlicher Geltungsbereich

1. Allgemeines. Das Gesetz will nicht alle denkbaren Formen privater Altersvorsorge erfassen, sondern nur solche, für die ein **Schutz erforderlich ist, wie er durch die §§ 1 bis 16 aufgebaut wurde**. Es muss also etwa eine Einbeziehung in die **Insolvenzsicherung** und eine dem **AG obliegende Pflicht zur Anpassungsprüfung und -entscheidung** sachgerecht und geboten sein. Deshalb ist der persönliche Geltungsbereich nach Abs. 1 S. 1 grds. begrenzt auf AN – im Gesetz umschrieben mit „Arbeitern" und „Angestellten", wobei die Unterscheidung dieser beiden Beschäftigtengruppen im Betriebsrentengesetz nicht von praktischer Relevanz ist. Personen, die zu ihrer Berufsausbildung beschäftigt sind, befinden sich in der gleichen Situation und werden deshalb ebenso behandelt. Sehr unbestimmt formuliert und zu Schwierigkeiten bei der Eingrenzung führend ist S. 2 mit der Erweiterung auf Personen, denen eine Leistung aus Anlass ihrer Tätigkeit für ein Unternehmen zugesagt worden ist. Die Abgrenzung des persönlichen Geltungsbereichs erfolgt in dieser Vorschrift einheitlich für das gesamte Betriebsrentengesetz. Maßgebend für die Anwendbarkeit des Gesetzes ist allein der Status des Zusageempfängers. 2

2. Arbeitnehmer und zu ihrer Berufsausbildung Beschäftigte. Zum ANBegriff ist hier von der allg. arbeitsrechtlichen Begriffsbestimmung auszugehen. Zum **Berufsausbildungsverhältnis** ist auf § 3 BBiG zu verweisen (s. Kommentierung dort). Es entspricht dem Grundgedanken des § 3 II BBiG, die für den Arbeitsvertrag geltenden Vorschriften soweit als möglich anzuwenden; insoweit hat die Vorschrift des § 17 verdeutlichende Funktion; der Gesetzgeber wollte so sicherstellen, dass auch eine Beschäftigung zur Berufsausbildung für die Frage der betrieblichen Altersversorgung wie eine sonstige Beschäftigung zu behandeln ist, sofern dem zu seiner Berufsausbildung Beschäftigten eine Versorgungszusage erteilt worden ist (BT-Drucks. 7/1281 S. 30 – zu § 7). 3

3. Nicht-Arbeitnehmer nach Abs. 1 S. 2. a) Versuch einer Eingrenzung. NichtAN sollten nur dann vom Betriebsrentengesetz erfasst werden, wenn sie in einer Situation sind, die der der AN hinsichtlich der **Schutzbedürftigkeit** vergleichbar ist. Aus diesem Grund ist S. 2 einschränkend auszulegen. Irgendeine Tätigkeit für ein Unternehmen, die mit einer Versorgungszusage verbunden ist, kann nicht ausreichen. Aus dem Wortlaut der Vorschrift ergibt sich zur Eingrenzung des Personenkreises allerdings nur, dass es sich um Personen handeln muss, die keine AN sind, denen „Leistungen der betrieblichen Altersversorgung" zugesagt sind, dh. Leistungen der Alters-, Invaliditäts- und Hinterbliebenenversorgung, dass die Leistungen auf einer Versorgungszusage beruhen müssen und dass die Altersversorgung aus Anlass einer Tätigkeit für ein Unternehmen zugesagt worden ist. Daraus lässt sich zusätzlich entnehmen, dass **Zusagender und Leistungsempfänger nicht identisch sein dürfen**. Eine Tätigkeit *für* ein Unternehmen wird man deshalb nur annehmen können, wenn es nicht das 4

Steinmeyer 847

eigene ist (BGH 28. 4. 1980 AP BetrAVG § 17 Nr. 1; BGH 9. 6. 1980 AP BetrAVG § 17 Nr. 2; BGH 9. 6. 1980 AP BetrAVG § 17 Nr. 4), wobei die Schwierigkeit einer Abgrenzung zwischen eigenem und fremdem Unternehmen insb. bei Beteiligungen nicht verkannt werden soll. Eine Zusage aus Anlass der **Tätigkeit *für* ein Unternehmen** ist angesichts des Schutzzwecks des Gesetzes und der Entgeltlichkeit des Ruhegeldes auch nur gegeben, wenn es sich um die Gegenleistung für eine dem Unternehmen dienende Tätigkeit handelt. Über die Rechtsgrundlage sagt das Gesetz nichts aus, man wird aber von einer schuldrechtlichen Vertragsbeziehung in Abgrenzung zu gesetzlichen Verpflichtungen ausgehen können (so auch *Blomeyer/Otto* Rn. 78 f.).

5   Es werden damit neben AN auch sog. **arbeitnehmerähnliche Personen** vom persönlichen Geltungsbereich erfasst, also Personen, die wirtschaftlich abhängig und einem AN vergleichbar sozial schutzbedürftig sind. Hierzu rechnen Heimarbeiter, Hausgewerbetreibende und Zwischenmeister (§ 1 HAG), freie Mitarbeiter der Presse; erfasst werden auch alle Personen im Grenzbereich zwischen ANEigenschaft und Selbständigkeit, die man heute als „Scheinselbständige" oder „neue Selbständige" bezeichnet (s. dazu *Steinmeyer* ZSR 1996, 348 ff.; s. auch § 7 IV SGB IV). Es handelt sich dabei um Erwerbstätige, die formal zu Recht oder zu Unrecht als Selbständige behandelt werden, deren Tätigkeit aber der eines AN so nahe steht, dass sie arbeitsrechtlich wie AN behandelt werden sollten. Verspricht also der Auftraggeber eines solchen Scheinselbständigen diesem eine Altersversorgung, so ist das Betriebsrentengesetz anwendbar.

6   Neben diesem Personenkreis können **Unternehmer, Gesellschafter sowie Mitglieder gesellschaftsrechtlicher Organe** in Betracht kommen. Die teleologische Reduktion der Vorschrift auf Grund der Überlegungen oben Rn. 4 ergibt, dass Einzelkaufleute ebenso von Abs. 1 S. 2 nicht erfasst werden wie Mehrheitsgesellschafter. Nach der Rspr. des BGH „sind vom Schutz des Betriebsrentengesetzes Personen ausgenommen, die ein Unternehmen leiten, das sie auf Grund ihrer vermögensmäßigen Beteiligung und ihres Einflusses als ihr eigenes betrachten können." (BGH 28. 1. 1991 DB 1991, 1231). **Maßgebliche Kriterien sind also Kapitalanteil und Leitungsmacht.** Der BGH (28. 4. 1980 AP BetrAVG § 17 Nr. 1) konzediert unter Bezugnahme auf die Gesetzgebungsmaterialien, dass § 17 I 2 wesentlich auf das Leitbild eines wirtschaftlich abhängigen und deshalb bes. schutzbedürftigen AN ausgerichtet ist. Allerdings lehnt er es ab, die Anwendung der Bestimmungen des BetrAVG demzufolge stets vom Schutzbedürfnis des Versorgungsberechtigten abhängig zu machen, da sich der Gesetzgeber auf eine generelle Regelung beschränkt und nicht ausdrücklich auf die Schutzbedürftigkeit abgestellt habe. Das Gericht lehnt es auch ab, für die Anwendung des Gesetzes die sog. Vertragsparität maßgebend sein zu lassen, da auch sie nicht ausreichend Niederschlag in der Formulierung des Gesetzes gefunden habe.

7   Angesichts des unbestimmten Wortlauts ist eine sichere Abgrenzung nur schwer möglich. Es besteht aber wohl Einigkeit darin, dass das BetrAVG nur zur Anwendung kommen soll, wenn der Zusagende und der Zusageempfänger weder rechtlich noch wirtschaftlich identisch sind und der Zusageempfänger keine besondere Möglichkeit hat, auf die Versorgungsbedingungen Einfluss zu nehmen (s. *Blomeyer/Otto* Rn. 58; *Höfer* Rn. 3708). *Arteaga* (Insolvenzschutz 1995) geht noch einen Schritt weiter und will jede Versorgungszusage in den Schutzbereich des BetrAVG einbeziehen, unabhängig davon, wem sie gegeben ist. Dem ist zu widersprechen, da der Schutzzweck des BetrAVG darin besteht, solche Personen zu schützen, die vergleichbar einem AN schutzbedürftig sind; nur daraus werden die §§ 1 bis 6 und § 16 verständlich. § 17 kann aber nicht nur unter dem Gesichtspunkt des Insolvenzschutzes konkretisiert werden.

8   b) **Einzelne Personengruppen. aa) Arbeitnehmerähnliche Personen.** Zu dieser unter § 17 I 2 fallenden Personengruppe zählen die **unter § 12 a I Nr. 1 TVG** zu subsumierenden Personen ebenso wie **die in Heimarbeit Beschäftigten und ihnen Gleichgestellten.** Damit sind insb. Heimarbeiter und Hausgewerbetreibende gemeint. Hierunter und damit unter den Geltungsbereich des BetrAVG sind auch die sog. Scheinselbständigen zu fassen (s. näher *Steinmeyer* ZSR 1996, 348 ff.; und Kommentierung zu § 12 a TVG).

9   **bb) Selbständige.** Die klassischen Selbständigen sind vom BetrAVG grds. **nicht erfasst,** da sie in dem hier interessierenden Sinne nicht „für einen anderen" tätig sind. Sollte dies aber der Fall sei, was insb. bei Handelsvertretern und Versicherungsvertretern relevant sein dürfte, so sind sie vom BetrAVG erfasst, wenn sie keine besondere Möglichkeit haben, auf Vertragsbedingungen Einfluss zu nehmen (so auch *Blomeyer/Otto* Rn. 94 ff.).

10 **cc) Mitglieder gesellschaftsrechtlicher Organe.** Mitglieder gesellschaftsrechtlicher Organe erfüllen nach hM **nicht die Voraussetzungen für die Annahme einer ANEigenschaft** (vgl. Nachweise und Kritik bei *Schaub* § 14 I 2). Die insoweit im Schrifttum geführte Diskussion kann hier dahingestellt bleiben, da sie für ein Unternehmen tätig sind und der Einfluss auf die Ausgestaltung der Vertragsbedingungen eingeschränkt ist (wie hier *Blomeyer/Otto* Rn. 97; *Höfer* Rn. 3733).

11 **dd) Personen mit gesellschaftsrechtlicher Beteiligung.** Wenn unter der Tätigkeit „für ein Unternehmen" bei Anwendung des § 17 I 2 die Tätigkeit für ein *fremdes* Unternehmen verstanden werden muss, so ergeben sich Schwierigkeiten der Abgrenzung, wenn die **betreffende Person an dem Unternehmen selbst beteiligt** ist.

Der **Alleingesellschafter einer Kapitalgesellschaft fällt** aus dem Anwendungsbereich des BetrAVG **12 heraus.** Zwar ist die Gesellschaft ihm gegenüber selbständig, so dass formal er „für ein Unternehmen" tätig sein kann, es fehlt bei dieser Kapitalbeteiligung jedoch an der Fremdheit (BGH 28. 4. 1980 AP BetrAVG § 17 Nr. 1; s. auch *Blomeyer/Otto* Rn. 108). Die gleichen Grundsätze müssen für Mehrheitsgesellschafter gelten, die im Übrigen auch entscheidenden Einfluss auf die Ausgestaltung der Vertragsbedingungen ausüben können. Einen Mehrheitsgesellschafter nimmt man an, wenn jemand über mindestens 50% der Anteile verfügt (BGH 28. 4. 1980 AP BetrAVG § 17 Nr. 1). Umstritten ist, ob dies auch bei einer Beteiligung von exakt 50% anzunehmen ist (zweifelnd *Blomeyer/Otto* Rn. 112). Ein Gesellschafter, der über 50% der Anteile verfügt, hat aber entscheidenden Einfluss auf die Ausgestaltung der Vertragsbedingungen (so auch BGH 1. 2. 1999 NZA 1999, 380).

Ein **Minderheitsgesellschafter,** der für das Unternehmen tätig ist, fällt damit grds. unter den **13** Anwendungsbereich des BetrAVG (BGH 28. 4. 1980 AP BetrAVG § 17 Nr. 1; *Blomeyer/Otto* Rn. 114; *Höfer* Rn. 3746). Eine Ausnahme wird vom BGH jedoch dann gemacht, wenn Personen zwar nicht die Mehrheit an einem Unternehmen besitzen, diese aber **zusammen mit anderen zur Geschäftsführung berufenen Gesellschaftern erreichen** (BGH 9. 6. 1980 AP BetrAVG § 17 Nr. 2). Diese Haltung trägt der unternehmerischen Wirklichkeit Rechnung, führt aber zu einer im Einzelfall schwierigen die Rechtssicherheit beeinträchtigenden Abgrenzung (s. dazu *Blomeyer/Otto* Rn. 116; *Hanau/Kemper* ZGR 1982, 133). Bei der Frage der nicht unerheblichen Minderheitsbeteiligung hat die Rspr. noch keine exakte Grenze festgelegt (8% nicht erheblich lt. BGH 14. 7. 1980 AP BetrAVG § 17 Nr. 3; 11,86% erheblich lt. BGH 9. 6. 1980 AP BetrAVG § 17 Nr. 4). Unter Bezugnahme auf die §§ 142 I, 147 I 1 AktG, die ab einer Beteiligung von 10% Minderheitenrechte einräumen, wird man eine zehnprozentige Minderheitsbeteiligung als eine nicht unerhebliche iSd. Rspr. ansehen können (so auch *Blomeyer/Otto* Rn. 117; *Höfer* Rn. 3749; *Wiedemann/Moll* RdA 1977, 24). Bei dem so eingegrenzten Personenkreis geht die Rspr. davon aus, dass die Gesellschafter-Geschäftsführer gemeinsam in der Lage sind, Entscheidungen unter Ausschluss anderer Gesellschafter zu treffen. Im Einzelnen führt diese Auffassung **zu erheblichen Abgrenzungsschwierigkeiten.** So ist etwa umstritten, ob die Stellung eines Gesellschafters als Prokurist dessen Stellung in der Weise verstärkt, dass dies bei der Bewertung zu berücksichtigen ist (so BGH 9. 6. 1980 AP BetrAVG § 17 Nr. 4). Dies wird in der Literatur zu Recht bezweifelt (*Blomeyer/Otto* Rn. 123; *Höfer* Rn. 3757). Anteile von Familienangehörigen werden dem fraglichen Minderheitsgesellschafter nicht zugerechnet, da der BGH zutreffend davon ausgeht, dass es keinen Erfahrungssatz gibt, dass Familienangehörige stets gleichgerichtete Interessen verfolgen (BGH 28. 4. 1980 AP BetrAVG § 17 Nr. 1). Ein Minderheitsgesellschafter hat auch dann beherrschenden Einfluss, wenn im Gesellschaftsvertrag für ihn eine Stimmenmehrheit festgelegt ist (BAG 16. 4. 1997 NZA 1998, 101); es kommt hier also auf die rechtlichen faktischen Einflussmöglichkeiten an.

Bei einer **GmbH & Co KG** gelten die **gleichen Grundsätze, sofern die GmbH keinen eigenen 14 Betrieb unterhält.** Dann handelt es sich um eine wirtschaftliche Einheit, bei der sich die Fragen der Leitungsmacht in gleicher Weise stellen (so auch *Blomeyer/Otto* Rn. 129). Anders ist die Situation bei persönlich haftenden Gesellschaftern. Sie haben unabhängig von der Höhe ihrer vermögensmäßigen Beteiligung einen so starken Einfluss im Unternehmen und haften mit ihrem gesamten Vermögen, dass es nicht gerechtfertigt ist, sie in den Schutzbereich des BetrAVG einzubeziehen (BGH 9. 6. 1980 AP BetrAVG § 17 Nr. 2). Der BGH will aber eine Ausnahme für den sog. „angestellten Komplementär" machen, der lediglich im Außenverhältnis als Gesellschafter auftritt, im Innenverhältnis aber wie ein Angestellter gegenüber den die Gesellschaft beherrschenden Kommanditisten gebunden ist.

Die Einbeziehung solcher persönlich haftender Gesellschafter, die durch Gesellschaftsvertrag von **15** der Geschäftsführung und der Vertretung ausgeschlossen sind, in den Schutzbereich des Gesetzes (so *Höfer* Rn. 3737) kann nur dann in Betracht kommen, wenn **gleichwohl eine Tätigkeit für das Unternehmen stattfindet,** was dann häufig in einem ohnehin dem BetrAVG unterfallenden Arbeitsverhältnis stattfinden wird (ähnlich *Blomeyer/Otto* Rn. 135). Kommanditisten sind grds. nicht als Unternehmer anzusehen, da sie von der Führung der Geschäfte der Gesellschaft ausgeschlossen sind (§ 164 S. 1 Halbs. 1 HGB); eine Ausnahme gilt nur, wenn sie auf Grund bes. Umstände die Leitungsmacht haben (*Blomeyer/Otto* Rn. 136); bei hälftiger Beteiligung des Komplementärs und des Kommanditisten, wobei letzterer im Innenverhältnis die Stellung eines maßgeblichen Geschäftsführers mit Prokura innehat, scheint der BGH zutreffend von einer Unanwendbarkeit des BetrAVG auszugehen (BGH 1. 2. 1999 NZA 1999, 380).

4. Sonderregelung für Anspruch auf Entgeltumwandlung. Enger als der in S. 1 und 2 umschrie- **16** bene **Personenkreis** ist der, dem nach § 1a ein gesetzlicher Anspruch auf Entgeltumwandlung eingeräumt wird. S. 3 verknüpft den Anspruch mit der Versicherungspflicht in der gesetzlichen Rentenversicherung, allerdings nur soweit es sich um einen AN handelt; durch den Verweis nicht nur auf S. 1 sondern auch auf S. 2 wird aber der in Frage kommende Personenkreis über den engen klassischen ANBegriff des S. 1 hinaus ausgeweitet, durch das Erfordernis der „Beschäftigung oder Tätigkeit bei dem AG" aber wieder eingeschränkt. Da bei arbeitnehmerähnlichen Personen von Auftraggebern und nicht von AG gesprochen wird, kann trotz der Bezugnahme auf S. 2 auf sie § 1 a nach dem Wortlaut nicht angewendet werden. Allerdings ist diese Vorschrift nicht sauber mit § 7 SGB IV abgestimmt, der zu den Scheinselbständigen zwar von Auftraggebern spricht, sie aber tatsächlich als AN erfasst sehen will. Nach der amtl. Begr. sollte so eine Abstimmung mit der steuerrechtlichen Regelung hergestellt werden, die ebenfalls nur in der gesetzlichen Rentenversicherung Versicherungspflichtige erfasst; damit sollten auch geringfügig Beschäftigte einen Anspruch nach § 1 a haben, die auf Versicherungsfreiheit verzichtet haben (BT-Drucks. 14/4595 S. 70). Dem Gesetzgeber kann nicht unterstellt werden, dass er dem von S. 2 erfassten Personenkreis insgesamt einen Anspruch auf Entgeltumwandlung einräumen wollte; vielmehr kann die Regelung nur dahin verstanden werden, dass sie AN und arbeitnehmerähnliche Personen erfassen soll; **erfasst sind also der Personenkreis nach § 12 a TVG und der der Scheinselbständigen nach § 7 IV SGB IV, nicht aber der arbeitnehmerähnliche Selbständigen nach § 2 I Nr. 9 SGB VI**, da diese unzweifelhaft Selbständige sind.

III. Sonderregelung für den öffentlichen Dienst

17 Nach Abs. 2 finden die **Vorschriften über die Insolvenzsicherung** (§§ 7 bis 15) **keine Anwendung auf den öffentl. Dienst.** Hintergrund dieser Regelung ist, dass bei öffentlich-rechtlichen Körperschaften ein Insolvenzverfahren nicht zulässig ist (vgl. § 12 InsO).

18 Aus der Formulierung des Gesetzes wird deutlich, dass **nur die enumerativ aufgezählten Institutionen nicht der Insolvenzsicherung unterliegen** (so auch BVerwG 27. 9. 1990 BVerwGE 85, 242). Ausdrücklich genannt sind zunächst Bund, Länder und Gemeinden, so dass bei ihnen in Anwendung der Vorschrift nicht ausdrücklich die Unzulässigkeit der Insolvenz geprüft werden muss.

19 Daneben nennt die Vorschrift Körperschaften, Stiftungen und Anstalten des öffentl. Rechts, bei denen **die Insolvenz nicht zulässig** ist. § 12 InsO sieht vor, dass unzulässig ist das Insolvenzverfahren über das Vermögen einer juristischen Person des öffentl. Rechts, die der Aufsicht eines Landes untersteht, wenn das Landesrecht dies bestimmt. Für den Fall juristischer Personen des öffentl. Rechts, die der Aufsicht des Bundes unterliegen, wird man das Gesetz korrigierend dahin auslegen dürfen, dass auch dieser Fall erfasst ist (wie hier *Höfer* Rn. 3792.3).

20 Schließlich werden ausgenommen solche juristischen Personen des öffentl. Rechts, bei denen der **Bund, ein Land oder eine Gemeinde kraft Gesetzes die Zahlungsfähigkeit sichert.** Hierunter fallen etwa die kommunalen Sparkassen, für die nach den Sparkassengesetzen der Länder eine solche Sicherung vorgesehen ist. Hinzuweisen ist auch auf Vorschriften des Sozialversicherungsrechts, die eine Gewährsträgerschaft des Bundes oder der Länder vorsehen; für die Träger der gesetzlichen Rentenversicherung ergibt sich das aus § 214 SGB VI und für die Berufsgenossenschaften aus § 120 SGB VII. Bei den anderen Sozialversicherungsträgern wird man dafür ein Einstehen des Bundes oder eines Landes verlangen müssen; das kann bei den Krankenkassen nicht angenommen werden, da für die Verbindlichkeiten im Zweifelsfall deren Verbände haften (§ 171 SGB V für Ersatzkassen, § 164 SGB V für die Innungskrankenkassen, § 155 IV SGB V für die Betriebskrankenkassen und § 146 a SGB V für die Ortskrankenkassen. Entspr. gilt für die Pflegekassen (§ 46 V SGB XI). Die Ausführungen *Blomeyers* (*Blomeyer*/*Otto* Rn. 157) sind deshalb insoweit unzutreffend.

21 Das **Einstehenmüssen** muss auf **gesetzlicher Basis** erfolgen. Die Rspr. des BVerwG verlangt insoweit ein Gesetz im formellen oder materiellen Sinne (BVerwG 10. 12. 1981 BB 1982, 372; BVerfG 4. 3. 1985 nv.). Deshalb findet § 17 II keine Anwendung etwa auf Rechtsanwaltskammern (BVerwG 10. 12. 1981 BB 1982, 372) und Industrie- und Handelskammern (BVerfG 5. 10. 1993 NJW 1994, 1465). Eine Ausnahme hiervon hat das BVerfG gemacht, soweit es die öffentlich-rechtlichen Rundfunkanstalten betrifft (BVerfG 18. 4. 1994 NJW 1994, 2348). Das geltende Konkursrecht enthalte keine hinreichenden Vorkehrungen zum Schutz der Rundfunkfreiheit und die Länder träfe eine finanzielle Gewährleistungspflicht für ihre Rundfunkanstalten; diese gebiete es dem Land, für Verbindlichkeiten der Rundfunkanstalten einzutreten.

22 Im Falle einer **Änderung des Rechtsstatus** als Folge einer **Privatisierung öffentl. Dienstleistungen** entsteht mit dem Wirksamwerden dieser Änderung der Insolvenzschutz und damit die Beitragspflicht zur Insolvenzsicherung, sofern die betriebliche Altersversorgung dieser Einrichtung in ein System überführt wird, das der Insolvenzsicherung unterliegt (BVerwG 13. 7. 1999 NZA 1999, 1217). In der Praxis wird aber einem nach allg. Voraussetzungen an sich nicht mehr beteiligungsfähigen AG die Möglichkeit eingeräumt, die Beteiligung an der Zusatzversorgung des öffentl. Dienstes mit dem vorhandenen Versichertenbestand und Neueinstellungen fortzusetzen (s. *Boehringer* BetrAV 1996, 224). Vor dem Hintergrund des § 17 II ist in einem solchen Fall eine unwiderrufliche Verpflichtungserklärung einer juristischen Person des öffentl. Rechts erforderlich, über die das Insolvenzverfahren nicht eröffnet werden kann. Ist die Beteiligung an der Zusatzversorgung für den öffentl. Dienst auf den vorhandenen Versichertenbestand beschränkt und gilt sie nicht für Neueinstellungen, so gilt das Gesagte nur für den Versichertenbestand. Wird die Zusatzaltersversorgung völlig ausgegliedert, so greift § 17 II nicht und die Vorschriften über die Insolvenzsicherung sind anwendbar.

IV. Unabdingbarkeit

Abs. 3 legt zunächst fest, dass von einer Reihe von Vorschriften **durch TV abgewichen werden** 23 **kann** und macht mit ihrer ausdrücklichen Bezeichnung zugleich deutlich, dass im Übrigen auch durch TV nicht vom den Regelungen des BetrAVG abgewichen werden kann (vgl. allg. zur Abweichung durch TV die Kommentierungen zum TVG). Durch S. 2 dieses Abs. wird die Wirkung dieser Abweichung über den Kreis der unmittelbar Tarifgebundenen hinaus erstreckt. S. 3 schließlich schreibt fest, dass ansonsten nur zugunsten des AN von den Vorschriften des BetrAVG abgewichen werden kann.

1. Abweichungen durch TV. Indem § 17 III den § 1 b nicht tarifdispositiv macht, wird deutlich, 24 dass die Voraussetzungen für die Unverfallbarkeit in jedem Falle zwingend und **nur einer Abweichung zugunsten des AN** zugänglich sind (dazu Rn. 30 f.). Daraus folgt zugleich, dass **Modifikationen** des tarifdispositiven § 2 **nicht zu einer Aushöhlung der Unverfallbarkeitsregelung** führen dürfen. Das bedeutet, dass die aufrechtzuerhaltenden Anwartschaften auch in ihrer Höhe grds. unangetastet bleiben müssen. Die durch Abs. 3 erlaubten Modifikationen müssen sich beschränken auf die Modalitäten der Berechnung (so auch *Blomeyer/Otto* Rn. 172). Das Ergebnis einer solchen abw. Berechnung darf zum Nachteil des AN von der Berechnung nach § 2 abweichen, da sonst die Tarifdispositivität des § 2 nur wenig Sinn machen würde; der Wert muss aber im Wesentlichen erhalten werden (ähnlich *Höfer* Rn. 3799). Dies ist zugegebenermaßen ein etwas unbestimmter Maßstab, der sich aber aus dem Zusammenhang der §§ 1 b und 2 einerseits und § 17 III andererseits ergibt. Allerdings geht es zu weit, wenn *Höfer* (Rn. 3800) lediglich verlangt, dass mindestens die Hälfte des nach § 2 berechneten Wertes erhalten bleiben muss. Vielmehr muss hier darauf abgestellt werden, ob Anwartschaften individualrechtlich noch entziehbar sind (vgl. Vorbem. Rn. 14 ff.). Das bedeutet, dass erworbene Anwartschaften bei erbrachter Gegenleistung (Arbeitsleistung bzw. Betriebstreue) unentziehbar sind und deshalb nicht zur Disposition der TVParteien stehen. Daraus folgt, dass sich die aus § 17 III ergebenden Möglichkeiten beschränken auf Modifikationen zukünftig zu erwerbender Anwartschaften (s. näher *Steinmeyer* FS für Schaub, S. 732 f.). Abweichend von den zu § 6 vom BAG entwickelten Grundsätzen (§ 6 Rn. 31) und damit auch von der Wertung des § 2 kann ein TV für die Berechnung einer vorgezogen in Anspruch genommenen Betriebsrente des vorzeitig ausgeschiedenen AN die fehlende Betriebstreue zwischen dem vorgezogenen Ruhestand und der festen Altersgrenze grds. auch zweifach mindernd berücksichtigen (BAG 24. 7. 2001 NZA 2002, 1291).

Ähnliche Grenzen ergeben sich auch bei einer **Abweichung von § 3**; auch hier darf die Unverfall- 25 barkeitsregelung des § 1 b nicht entwertet werden.

Eine **größere Freiheit** haben die Tarifparteien **bei Abweichungen von den §§ 4 und 5 sowie 16.** Bei 26 letzterer Vorschrift können die Tarifparteien die Anpassung auch völlig ausschließen; die prinzipielle Gleichgewichtigkeit der Tarifparteien stellt die Angemessenheit der Lösung sicher; zentrale arbeitnehmerschützende Vorschriften stehen so durchaus zur Disposition der TVParteien. Bei einer Abweichung von § 5 muss diese nicht als solche gekennzeichnet sein: vielmehr reicht es, dass sich dies aus den tarifvertraglichen Regelungen zweifelsfrei ergibt (BAG 5. 10. 1999 AP BetrAVG § 1 Zusatzversorgungskassen Nr. 51).

Zwar ist **§ 6 nicht tarifdispositiv,** so dass die Regelung dem Grunde nach nicht zur Disposition der 27 Tarifparteien steht. Sie enthält allerdings keine ausdrücklichen Berechnungsvorschriften. Dies kann deshalb durch TV geregelt werden (ähnlich *Blomeyer/Otto* Rn. 174 und o. Rn. 24), wobei die Tarifparteien anders als der AG dann nicht an § 315 III BGB gebunden sind (vgl. § 6 Rn. 22 ff.; *Steinmeyer/Waltermann*, Casebook Arbeitsrecht, S. 221).

Ausgeschlossen von der Tarifdispositivität sind neben § 1 b und § 6 auch die **Vorschriften über** 28 **die Insolvenzsicherung,** was sich aus der bes. Natur dieses Teilgebietes rechtfertigt.

Ebenfalls ausgeschlossen ist **§ 17,** also insb. die Regelung zum Geltungsbereich sowie **§ 18,** der eine 29 detaillierte Sonderregelung für den öffentl. Dienst enthält. Sofern bei den Übergangsvorschriften einzelne tarifdispositiv sind und andere nicht, erklärt sich das jeweils aus der Verknüpfung zu den Vorschriften der vorhergehenden Abschn. des Gesetzes.

Durch das Schuldrechtsmodernisierungsgesetz eingefügt wurde die Tarifdispositivität der 30-jäh- 30 rigen **Verjährung der Ansprüche auf Leistungen aus der betrieblichen Altersversorgung** (§ 18 a und Kommentierungen dort). Aus der Tarifdispositivität kann in diesem Fall zugleich geschlossen werden, dass eine einzelvertragliche Verkürzung nicht möglich ist; anderenfalls würde die Regelung keinen Sinn machen.

2. Einzelvertragliche Bezugnahme. Durch S. 2 wird ermöglicht, dass tarifvertragliche Regelungen 31 nach S. 1 **betriebs- oder unternehmenseinheitlich gelten können.** Es kann so auch vermieden werden, dass die ungünstigeren tariflichen Regelungen nur für die Tarifgebundenen gelten. Die Bezugnahme geschieht grds. durch den Einzelarbeitsvertrag, kann aber auch durch eine betriebliche Übung sowie unter bestimmten Voraussetzungen sogar durch eine Betriebsvereinbarung geschehen. Diese Vorschrift gilt auch, wenn weder AN noch AG tarifgebunden sind (vgl. zu den Einzelheiten der einzelvertraglichen Bezugnahme auf TV bzw. tarifvertragliche Regelungen die Kommentierungen zum TVG).

32   **3. Abweichung zugunsten des AN.** Wenn S. 3 festlegt, dass im Übrigen nicht von den Bestimmungen des BetrAVG zuungunsten des AN abgewichen werden kann, so bedeutet dies, dass das **Gesetz im Übrigen insgesamt zwingend** ist und nur Abweichungen zugunsten des AN zulässt. Unter **AN** sind auch **die in § 17 I zusätzlich benannten Personenkreise** zu verstehen; dies ergibt sich aus der gesetzgebungstechnischen Ausgestaltung des Gesetzes. Eine Abweichung zugunsten des AN ist vom Normzweck her nicht möglich bei der Insolvenzsicherung, da es sonst die Arbeits-, Betriebs- oder Tarifparteien in der Hand hätten, Regelungen zu Lasten des Trägers der Insolvenzsicherung zu treffen (*Blomeyer/Otto* Rn. 198; *Höfer* Rn. 3815). Auch eine Vereinbarung zwischen AN und AG, wonach der AN im Voraus auf seinen gesetzlichen Entgeltumwandlungsanspruch verzichtet, ist deshalb unwirksam (*Höfer* Rn. 3812; *Klemm* NZA 2002, 1128). Hinsichtlich der Einzelheiten bei der Anwendung des Günstigkeitsprinzips ist auf die Kommentierungen zu § 4 TVG zu verweisen.

33   Ein **gerichtlicher Vergleich** über tatsächliche Voraussetzungen eines Versorgungsanspruchs verstößt nicht gegen zwingende Grundsätze des Betriebsrentenrechts, so dass nach der Rspr. des BAG auch eine Einigung, nach der keine Versorgungsrechte bestehen, weder durch § 17 III 3 noch durch § 3 verboten wird (BAG 18. 12. 1984 AP BetrAVG § 17 Nr. 8). Nichts anderes muss auch für den **Erlassvertrag** gelten (vgl. auch *Blomeyer/Otto* Rn. 204 ff.).

34   **4. Reichweite tariflicher Regelungsmacht nach dem AVmG.** Durch das AVmG ist die Regelung des **§ 1a zur Entgeltumwandlung** in § 17 III aufgenommen worden. Dies ist entgegen Äußerungen im Schrifttum (*Heither* NZA 2001, 1275; *ders.* BetrAV 2001, 720) dahin zu verstehen, dass der Gesetzgeber die Befugnis der TVParteien nicht nur auf eine Konkretisierung der gesetzgeberischen Vorgaben beschränken wollte sondern die Vorschrift **insgesamt tarifdispositiv** machen wollte, so dass auch eine Verschlechterung zu Lasten der AN möglich ist (s. näher *Steinmeyer* BetrAV 2001, 727; *ders.* FS für Schmähl, S. 245 ff.). § 1a ist in die Liste der tarifdispositiven Normen aufgenommen worden und ist deshalb in gleicher Weise wie diese Änderungen durch TV zugänglich.

35   Das bedeutet, dass der **Anspruch auf Entgeltumwandlung auch dem Grunde nach der Disposition der TVParteien zugänglich** ist, also theoretisch auch ausgeschlossen werden kann; dies mag zwar dem Gesetzesziel der Förderung der Entgeltumwandlung widersprechen, was aber in vergleichbarer Weise auch für die anderen in § 17 III für tarifdispositiv erklärten Normen gilt. Der Gesetzgeber vertraut hier auf die materielle Richtigkeitsgewähr von TV; deshalb muss auch nicht im Einzelfall geprüft werden, ob der TV den Tarifunterworfenen eine gleichwertige Rechtsposition verschafft (anders *Blomeyer* DB 2001, 1416). Dem AN verbleibt hier auch die Privatvorsorge mit ihrer steuerlichen Förderung (ähnlich *Rieble* BetrAV 2001, 590). **Tarifdispositiv** ist aus dem gleichen Grund **auch die Höhe der Entgeltumwandlung** (aA *Heither* BetrAV 2001, 723; *ders.* NZA 2001, 1277). Der TV kann sowohl den Höchstbetrag des § 1a unterschreiten als auch eine Entgeltumwandlung vorsehen, die diese Höchstbeträge überschreitet. Eine Differenzierung danach, ob im TV von vornherein ein Versorgungslohn vereinbart wird oder ob durch TV eine Verpflichtung des AN zur Entgeltumwandlung solcher Lohnbestandteile begründet werden kann, die bisher bar ausgezahlt werden sollten, ist aus den genannten Gründen nicht geboten (aA *Heither* NZA 2001, 1277).

36   Auch die **Wahl des Durchführungsweges steht zur Disposition der TVParteien.** Zwar greift die steuerliche Förderungsmöglichkeit bei nichtversicherungsförmigen Durchführungswegen nicht, so dass ein tarifvertraglicher Zwang zur Wahl eines solchen Durchführungsweges zu Nachteilen für den AN führen würde. Zum einen kann er aber auch hier auf die steuerlich geförderte Privatvorsorge verwiesen werden und zum anderen kann auch hier davon ausgegangen werden, dass die Sozialpartner einen insgesamt gleichwertigen Schutz herbeiführen (aA *Heither* BetrAV 2001, 725; *ders.* NZA 2001, 1279).

37   Schließlich besteht auch **kein Anlass für eine Beschränkung der Gestaltungsmöglichkeiten des AG durch TV.** Durch TV kann durchaus auch das Recht des AG ausgeschlossen werden, eine Entgeltumwandlung in Form von Pensionsfonds, Pensionskassen oder Direktversicherungen durchzuführen. Es liegt in der Natur des TV, dass sich der AG zT seiner Entscheidungsfreiheit begibt (aA *Heither* NZA 2001, 1279).

V. Gesetzesvorrang

38   Abs. 4 stellt klar, dass bes. gesetzliche Regelungen zur betrieblichen Altersversorgung unberührt bleiben und war auf Grund der lex posterior–Regel zur **Klarstellung** erforderlich. Damit sind angesprochen das Gesetz zur Hüttenknappschaftlichen Pensionsversicherung im Saarland vom 22. 12. 1971 (BGBl. I S. 2104) sowie das Gesetz zur Errichtung einer Zusatzversorgungskasse für AN in der Land- und Forstwirtschaft vom 31. 7. 1974 (BGBl. I S. 1660).

VI. Tarifvorrang bei Entgeltumwandlung

Mit Abs. 5 soll die Möglichkeit ausgeschlossen werden, tarifvertraglich vereinbartes Entgelt umzuwandeln, sofern dies durch TV nicht ausdrücklich vorgesehen oder zugelassen (Öffnungsklausel) ist. **Wenn also Entgelte auf TV beruhen** (beiderseitige Tarifbindung), **bedarf eine Umgestaltung dieses Entgeltanspruchs zugunsten der Begründung von Anwartschaften einer einschlägigen tarifvertraglichen Regelung.** Eine Umwandlung von nicht auf TV beruhendem Entgelt bleibt **weiterhin möglich.** Es ist zu vermuten, dass diese Regelung in der Praxis nur eine relativ geringe Bedeutung entfalten wird, da durch sie die Entgeltumwandlung bei nichttarifgebundenen AN nicht ausgeschlossen wird; um aber tarifgebundene AN nicht gegenüber nichttarifgebundenen zu benachteiligen, werden insb. die Gewerkschaften diese Vorschrift nicht dazu nutzen können und wollen, die Entgeltumwandlung tarifvertraglichen Beschränkungen zu unterwerfen. Die Vorschrift bedeutet auch, dass **übertarifliches Entgelt ohne diese Beschränkungen** umgewandelt werden kann. 39

Das bedeutet aber auch, dass eine **wirksame Umwandlung von Tarifentgelten aus bestehenden TV nicht erfolgen kann,** solange dies nicht ausdrücklich geregelt und in Kraft gesetzt worden ist (so auch *Schliemann* BetrAV 2001, 734). Da Abs. 5 für alle nach dem 29. 6. 2001 erteilten Zusagen gilt, ist eine Entgeltumwandlung so lange blockiert. Die Bezugnahme auf „bestehende TV" würde sonst leer laufen (anders offenbar *Höfer* Rn. 3818.2). 40

Allerdings kann eine **einzelvertragliche Entgeltumwandlung wegen § 4 III TVG möglich** sein, was voraussetzt, dass eine Umwandlungsvereinbarung für den AN günstiger wäre, was schwer verlässlich zu entscheiden ist. Die Anwendung des Günstigkeitsprinzips kann hier nicht bereits wegen fehlenden Sachgruppenzusammenhangs abgelehnt werden, da angesichts des Entgeltcharakters des Ruhegeldes kein durchgreifender Unterschied zwischen Arbeitsentgelt und Ruhegeld mehr besteht. Allerdings wird ein Günstigkeitsvergleich idR auch angesichts des Erfordernisses der Wertgleichheit neutral, bei entspr. Rendite aber auch zugunsten des Ruhegeldes ausfallen (s. *Steinmeyer* BB 1992, 1559); auf jeden Fall ist eine Abweichung zuungunsten des AN in diesen Fällen nicht anzunehmen. Mit einer im Vordringen befindlichen aber vom BAG noch nicht bestätigten Auffassung ist in solchen Fällen eine einzelvertragliche Abweichung zulässig, da dies im Rahmen des Schutzzwecks des Günstigkeitsprinzips bleibt und das Wahlrecht für den AN die günstigere Regelung ist (s. auch MünchArbR/*Löwisch/Rieble* § 272 Rn. 51; *Rieble* BetrAV 2001, 589) § 17 V kann nicht als Ausschluss des Günstigkeitsprinzips für die Entgeltumwandlung betrachtet werden und auch nicht als negatives Günstigkeitsurteil über eine Versorgungszusage im Verhältnis zum Tariflohn (so wohl *Blomeyer* DB 2001, 1413; ähnlich *Heither* BetrAV 2001, 723). In der amtl. Begr. findet sich die Bemerkung, die Regelung sei eine Klarstellung des geltenden Rechts bezüglich der Zuständigkeit der TVParteien in Fragen des Entgelts der Arbeitnehmer (BT-Drucks. 14/5150 S. 43). Für eine Einschränkung des Günstigkeitsprinzips fehlt der Vorschrift die entspr. Deutlichkeit. Sie sollte vielmehr als das angesehen werden, was sie nach ihrem politischen Hintergrund auch ist, nämlich eine Vorschrift, die – im Ergebnis untauglich – den Einfluss der TVParteien auf die Entgeltumwandlung festschreiben soll. 41

Zweifelhaft war zum alten Recht, ob **Entgeltumwandlung als Verzicht iSd. § 4 IV TVG** anzusehen ist; nach ihrem Wortlaut betrifft die Vorschrift nur den Verzicht auf schon entstandene Ansprüche. Ein **Verstoß gegen diese Vorschrift ist** deshalb hier aus zwei Gründen **nicht gegeben.** Bei der Entgeltumwandlung geht es nicht um den Verzicht auf bestehende Ansprüche, sondern um die Verwendung künftiger Entgeltansprüche. Zum anderen soll § 4 IV TVG die Fälle erfassen, in denen der AN auf Entgeltteile verzichtet, ohne einen wirtschaftlichen Gegenwert zu erhalten. Beides trifft auf die Entgeltumwandlung nicht zu (so schon *Steinmeyer* BB 1992, 1559). Deshalb ist es auch nicht erforderlich, § 17 V als gegenüber § 4 IV TVG speziellere Regelung zu qualifizieren (so aber *Schliemann* BetrAV 2001, 735). 42

§ 18 Sonderregelungen für den öffentlichen Dienst

(1) Für Personen, die
1. bei der Versorgungsanstalt des Bundes und der Länder (VBL) oder einer kommunalen oder kirchlichen Zusatzversorgungseinrichtung pflichtversichert sind, oder
2. bei einer anderen Zusatzversorgungseinrichtung pflichtversichert sind, die mit einer der Zusatzversorgungseinrichtungen nach Nummer 1 ein Überleitungsabkommen abgeschlossen hat oder aufgrund satzungsrechtlicher Vorschriften der Zusatzversorgungseinrichtungen nach Nummer 1 ein solches Abkommen abschließen kann, oder
3. unter das Gesetz über die zusätzliche Alters- und Hinterbliebenenversorgung für Angestellte und Arbeiter der Freien und Hansestadt Hamburg (Erstes Ruhegeldgesetz – 1. RGG), das Gesetz zur Neuregelung der zusätzlichen Alters- und Hinterbliebenenversorgung für Angestellte und Arbeiter der Freien und Hansestadt Hamburg (Zweites Ruhegeldgesetz – 2. RGG)

oder unter das Bremische Ruhelohngesetz in ihren jeweiligen Fassungen fallen oder auf die diese Gesetze sonst Anwendung finden,
gelten die §§ 2, 5, 16, 27 und 28 nicht, soweit sich aus den nachfolgenden Regelungen nichts Abweichendes ergibt.

(2) [Anspruch auf Zusatzrente] Bei Eintritt des Versorgungsfalles erhalten die in Absatz 1 Nr. 1 und 2 bezeichneten Personen, deren Anwartschaft nach § 1b fortbesteht und deren Arbeitsverhältnis vor Eintritt des Versorgungsfalles geendet hat, von der Zusatzversorgungseinrichtung eine Zusatzrente nach folgenden Maßgaben:

1. Der monatliche Betrag der Zusatzrente beträgt für jedes Jahr der aufgrund des Arbeitsverhältnisses bestehenden Pflichtversicherung bei einer Zusatzversorgungseinrichtung 2,25 vom Hundert, höchstens jedoch 100 vom Hundert der Leistung, die bei dem höchstmöglichen Versorgungssatz zugestanden hätte (Voll-Leistung). Für die Berechnung der Voll-Leistung
    a) ist der Versicherungsfall der Regelaltersrente maßgebend,
    b) ist das Arbeitsentgelt maßgebend, das nach der Versorgungsregelung für die Leistungsbemessung maßgebend wäre, wenn im Zeitpunkt des Ausscheidens der Versicherungsfall im Sinne der Versorgungsregelung eingetreten wäre,
    c) finden § 2 Abs. 5 Satz 1 und § 2 Abs. 6 entsprechend Anwendung,
    d) ist im Rahmen einer Gesamtversorgung der im Falle einer Teilzeitbeschäftigung oder Beurlaubung nach der Versorgungsregelung für die gesamte Dauer des Arbeitsverhältnisses maßgebliche Beschäftigungsquotient nach der Versorgungsregelung als Beschäftigungsquotient auch für die übrige Zeit maßgebend,
    e) finden die Vorschriften der Versorgungsregelung über eine Mindestleistung keine Anwendung und
    f) ist eine anzurechnende Grundversorgung nach dem bei der Berechnung von Pensionsrückstellungen für die Berücksichtigung von Renten aus der gesetzlichen Rentenversicherung allgemein zulässigen Verfahren zu ermitteln. Hierbei ist das Arbeitsentgelt nach Buchstabe b zugrunde zu legen und – soweit während der Pflichtversicherung Teilzeitbeschäftigung bestand – diese nach Maßgabe der Versorgungsregelung zu berücksichtigen.
2. Die Zusatzrente vermindert sich um 0,3 vom Hundert für jeden vollen Kalendermonat, den der Versorgungsfall vor Vollendung des 65. Lebensjahres eintritt, höchstens jedoch um den in der Versorgungsregelung für die Voll-Leistung vorgesehenen Vomhundertsatz.
3. Übersteigt die Summe der Vomhundertsätze nach Nummer 1 aus unterschiedlichen Arbeitsverhältnissen 100, sind die einzelnen Leistungen im gleichen Verhältnis zu kürzen.
4. Die Zusatzrente muss monatlich mindestens den Betrag erreichen, der sich aufgrund des Arbeitsverhältnisses nach der Versorgungsregelung als Versicherungsrente aus den jeweils maßgeblichen Vomhundertsätzen der zusatzversorgungspflichtigen Entgelte oder der gezahlten Beiträge und Erhöhungsbeträge ergibt.
5. Die Vorschriften der Versorgungsregelung über das Erlöschen, das Ruhen und die Nichtleistung der Versorgungsrente gelten entsprechend. Soweit die Versorgungsregelung eine Mindestleistung in Ruhensfällen vorsieht, gilt dies nur, wenn die Mindestleistung der Leistung im Sinne der Nummer 4 entspricht.
6. Verstirbt die in Absatz 1 genannte Person, erhält eine Witwe oder ein Witwer 60 vom Hundert, eine Witwe oder ein Witwer im Sinne des § 46 Abs. 1 des Sechsten Buches Sozialgesetzbuch 42 vom Hundert, eine Halbwaise 12 vom Hundert und eine Vollwaise 20 vom Hundert der unter Berücksichtigung der in diesem Absatz genannten Maßgaben zu berechnenden Zusatzrente; die §§ 46, 48, 103 bis 105 des Sechsten Buches Sozialgesetzbuch sind entsprechend anzuwenden. Die Leistungen an mehrere Hinterbliebene dürfen den Betrag der Zusatzrente nicht übersteigen; gegebenenfalls sind die Leistungen im gleichen Verhältnis zu kürzen.
7. Versorgungsfall ist der Versicherungsfall im Sinne der Versorgungsregelung.

(3) Personen, auf die bis zur Beendigung ihres Arbeitsverhältnisses die Regelungen des Ersten Ruhegeldgesetzes, des Zweiten Ruhegeldgesetzes oder des Bremischen Ruhelohngesetzes in ihren jeweiligen Fassungen Anwendung gefunden haben, haben Anspruch gegenüber ihrem ehemaligen Arbeitgeber auf Leistungen in sinngemäßer Anwendung des Absatzes 2 mit Ausnahme von Absatz 2 Nr. 3 und 4 sowie Nr. 5 Satz 2; bei Anwendung des Zweiten Ruhegeldgesetzes bestimmt sich der monatliche Betrag der Zusatzrente abweichend von Absatz 2 nach der nach dem Zweiten Ruhegeldgesetz maßgebenden Berechnungsweise.

(4) Die Leistungen nach den Absätzen 2 und 3 werden, mit Ausnahme der Leistungen nach Absatz 2 Nr. 4, jährlich zum 1. Juli um 1 vom Hundert erhöht, soweit in diesem Jahr eine allgemeine Erhöhung der Versorgungsrenten erfolgt.

(5) Besteht bei Eintritt des Versorgungsfalles neben dem Anspruch auf Zusatzrente oder auf die in Absatz 3 oder Absatz 7 bezeichneten Leistungen auch Anspruch auf eine Versorgungsrente oder Versicherungsrente der in Absatz 1 Satz 1 Nr. 1 und 2 bezeichneten Zusatzversorgungseinrichtungen oder Anspruch auf entsprechende Versorgungsleistungen der Versorgungsanstalt

der deutschen Kulturorchester oder der Versorgungsanstalt der deutschen Bühnen oder nach den Regelungen des Ersten Ruhegeldgesetzes, des Zweiten Ruhegeldgesetzes oder des Bremischen Ruhelohngesetzes, in deren Berechnung auch die der Zusatzrente zugrunde liegenden Zeiten berücksichtigt sind, ist nur die im Zahlbetrag höhere Rente zu leisten.

(6) Eine Anwartschaft auf Zusatzrente nach Absatz 2 oder auf Leistungen nach Absatz 3 kann bei Übertritt der anwartschaftsberechtigten Person in ein Versorgungssystem einer überstaatlichen Einrichtung in das Versorgungssystem dieser Einrichtung übertragen werden, wenn ein entsprechendes Abkommen zwischen der Zusatzversorgungseinrichtung oder der Freien und Hansestadt Hamburg oder der Freien Hansestadt Bremen und der überstaatlichen Einrichtung besteht.

(7) ¹ Für Personen, die bei der Versorgungsanstalt der deutschen Kulturorchester oder der Versorgungsanstalt der deutschen Bühnen pflichtversichert sind, gelten die §§ 2 bis 5, 16, 27 und 28 nicht. ² Bei Eintritt des Versorgungsfalles treten an die Stelle der Zusatzrente und der Leistungen an Hinterbliebene nach Absatz 2 und an die Stelle der Regelung in Absatz 4 die satzungsgemäß vorgesehenen Leistungen; Absatz 2 Nr. 5 findet entsprechende Anwendung. ³ Die Höhe der Leistungen kann nach dem Ausscheiden aus dem Beschäftigungsverhältnis nicht mehr geändert werden. ⁴ Als pflichtversichert gelten auch die freiwillig Versicherten der Versorgungsanstalt der deutschen Kulturorchester und der Versorgungsanstalt der deutschen Bühnen.

(8) Gegen Entscheidungen der Zusatzversorgungseinrichtungen über Ansprüche nach diesem Gesetz ist der Rechtsweg gegeben, der für Versicherte der Einrichtung gilt.

(9) Bei Personen, die aus einem Arbeitsverhältnis ausscheiden, in dem sie nach § 5 Abs. 1 Satz 1 Nr. 2 des Sechsten Buches Sozialgesetzbuch versicherungsfrei waren, dürfen die Ansprüche nach § 2 Abs. 1 Satz 1 und 2 nicht hinter dem Rentenanspruch zurückbleiben, der sich ergeben hätte, wenn der Arbeitnehmer für die Zeit der versicherungsfreien Beschäftigung in der gesetzlichen Rentenversicherung nachversichert worden wäre; die Vergleichsberechnung ist im Versorgungsfall aufgrund einer Auskunft der Bundesversicherungsanstalt für Angestellte vorzunehmen.

I. Normzweck

Die Vorschrift nimmt den Bereich des **öffentl. Dienstes** in nicht unbeträchtlichem Umfang **vom** 1 **Geltungsbereich des Gesetzes aus**. Bis auf die §§ 1, 1a und 1b gelten die Vorschriften über die Unverfallbarkeit nicht; es findet auch das Auszehrungs- und Anrechnungsverbot des § 5 keine Anwendung und ebenso nicht die Anpassungsverpflichtung nach § 16. Die Vorschriften zur Insolvenzsicherung sind bereits durch § 17 für diesen Bereich weitgehend ausgenommen. Soweit erforderlich, setzt § 18 an die Stelle der nicht anwendbaren Vorschriften Sonderregelungen.

Die Zusatzversorgung des öffentl. Dienstes (s. näher *Bauer* H-BetrAV 80) beruht auf **TV**. Aufgrund 2 **einzelvertraglicher Bezugnahme** auf die Bestimmungen des Kollektivvertrages sind die Bestimmungen auch für nicht tarifgebundene AN des öffentl. Dienstes anwendbar. Das Ziel dieser Zusatzversorgung besteht darin, ein ergänzendes System bereitzustellen, das auf der gesetzlichen Rentenversicherung aufbaut und für die AN ein ähnliches Rentenniveau schaffen soll wie für Beamte. Die Zusatzversorgung des öffentl. Dienstes gewährt Zusatzleistungen zu allen Leistungen, die in der gesetzlichen Rentenversicherung vorgesehen sind, dh. im Falle von Alter, Invalidität und Tod. Diesen und weiteren Besonderheiten gegenüber der allg. betrieblichen Altersversorgung trägt diese Vorschrift Rechnung.

Die **Zusatzversorgungseinrichtungen** sind **Pensionskassen**; der AG ist Versicherungsnehmer. Die 3 AN sind Versicherte und Bezugsberechtigte. Zwischen AG und AN besteht ein Versorgungsverhältnis. Aus diesem Versorgungsverhältnis ergeben sich für den AG Hinweis- und Aufklärungspflichten (BAG 17. 10. 2000 AP BGB § 611 Fürsorgepflicht Nr. 16). So hat er bei einvernehmlicher Auflösung des Arbeitsverhältnisses dann den AN über drohende Versorgungsnachteile aufzuklären, wenn er im betrieblichen Interesse den Abschluss eines Aufhebungsvertrages vorschlägt, der AN offensichtlich nicht mit den Besonderheiten der ihm zugesagten Zusatzversorgung des öffentl. Dienstes vertraut ist, sich der baldige Eintritt des Versorgungsfalles bereits abzeichnen und durch die vorzeitige Beendigung des Arbeitsverhältnisses außergewöhnlich hohe Versorgungseinbußen drohen.

Das **BVerfG** hat 1998 die **für den öffentl. Dienst geltenden Sonderregelungen** unter Berufung auf 4 Art. 3 I GG und 12 GG weitgehend für **verfassungswidrig** erklärt (BVerfG 15. 7. 1998 E 98, 365 = NZA 1999, 194 = EzA BetrAVG § 18 Nr. 10 m. Anm. *Marschner*; s. auch BVerfG 22. 3. 2000 NZA 2000, 996). Dies bezieht sich sowohl auf die Unverfallbarkeit als auch auf die Leistungsberechnung. Die Regelung führte zu einer nicht zu rechtfertigenden Kündigungserschwerung und Ungleichbehandlung vorzeitig ausscheidender AN. Die unterschiedliche Behandlung der Verfallbarkeit zwischen öffentl. Dienst und Privatwirtschaft wurde ebenfalls als Verletzung des Art. 3 I GG gerügt. Insb. hat das BVerfG geltend gemacht, dass die ursprüngliche Absicht des Gesetzgebers, die Versorgung ausscheidender Beamter einheitlich für den gesamten öffentl. Dienst unter Einbeziehung der Beamten, Richter und Soldaten zu regeln, nicht verwirklicht worden ist. Aus dieser Absicht könne deshalb keine

Rechtfertigung der Ungleichbehandlung hergeleitet werden. Das Gericht arbeitet sehr deutlich die Unterschiede zwischen der arbeitsvertraglichen Rechtsbeziehung der Arbeiter und Angestellten im öffentl. Dienst und den bes. öffentlich-rechtlichen Dienstverhältnissen heraus und erklärt § 18 für insg. mit dem GG unvereinbar (zum grundrechtlichen Mobilitätsschutz vgl. auch GG Art. 12 Rn. 32).

5   Die Vorschrift wurde deshalb **durch Gesetz vom 21. 12. 2000 neu gefasst.** Nunmehr ist die Gleichbehandlung von AN des öffentl. Dienstes mit denen in der gewerblichen Wirtschaft vorgesehen. Wie AN der Privatwirtschaft erhalten auch die des öffentl. Dienstes bei Ausscheiden nach Eintritt der Unverfallbarkeit aber vor dem Versorgungsfall eine Anwartschaft auf einen ihrer Betriebszugehörigkeit entspr. Anteil der zugesagten Zusatzversorgung (s. näher *Schaub* NZA 2002, 1119; *Fieberg* BetrAV 2002, 230; *Hügelschäfer* BetrAV 2002, 237).

II. Geltung von Vorschriften des BetrAVG

6   Abs. 1 erklärt (Umkehrschluss) **allein die §§ 1, 1a, 1b, 3, 4, 6, 7 bis 15 und 17** für **anwendbar.** Da nach § 17 der öffentl. Dienst in beträchtlichem Umfang aus der Insolvenzsicherung ausgenommen ist, reduziert sich der Anwendungsbereich neben § 17 auf die Regelung zur **Unverfallbarkeit** und zum **vorzeitigen Rentenbezug.** Dies rechtfertigt sich auch daraus, dass die einschlägigen Versorgungssysteme insoweit ohnehin entspr. Regelungen vorsehen. Die Vorschriften zum Anspruch auf Entgeltumwandlung sind danach ebenfalls anwendbar, dürften aber keine praktische Bedeutung entfalten, da gem. § 10a I 4 EStG der Sonderausgabenabzug für Altersvorsorgebeiträge für Pflichtversicherte in der Zusatzversorgung des öffentl. Dienstes nicht gilt. § 5 I (**Auszehrungsverbot**) ist angesichts der Dynamisierung der Versorgungsrente praktisch gegenstandslos; § 5 II (**Anrechnungsverbot**) musste wegen der Gesamtversorgungssysteme ausgeschlossen werden. Außergesetzliche Anrechnungsverbote werden hiervon allerdings nicht berührt (s. auch Rn. 35 f.). § 6 hat Bedeutung für den Fall des vorzeitigen Ausscheidens (dazu unten Rn. 9 ff.); im Übrigen kann angenommen werden, dass den Anforderungen des § 6 in den Satzungen Rechnung getragen worden ist. Der Ausschluss der Anpassung (§ 16) erklärt sich aus der grds. Dynamisierung der Zusatzversorgung (vgl. aber zu den Zusatzrenten unten Rn. 9 ff.).

7   Die Anwendung des § 2 ist im Bereich des öffentl. Dienstes im Grundsatz deshalb ausgeschlossen, weil die Zusatzversorgungssysteme des öffentl. Dienstes, indem sie eine Annäherung an die Beamtenversorgung zu erreichen versuchen, **bes. Berechnungsgrundsätzen** folgen (BAG 29. 8. 1989 AP BetrAVG § 18 Nr. 22). Auch die Neufassung wendet § 2 nicht unmittelbar an, da es sich bei der Zusatzversorgung des öffentl. Dienstes um ein Gesamtversorgungssystem handelt, das die gesetzliche Rente ergänzt, um insg. einen an der Beamtenversorgung orientierten Gesamtanspruch zu gewähren. Es wird geltend gemacht, dass dieses System bei vorzeitigem Ausscheiden eine Ermittlung der fiktiv bei Erreichen des 65. Lebensjahres zustehenden individuellen Versorgung insb. unter Berücksichtigung mehrerer Beschäftigungen im öffentl. Dienst in einer für die praktische Umsetzung vertretbaren Weise nicht zulasse; das System stellt nicht nur auf die Beschäftigungszeit bei einem einzelnen AG, sondern auf sämtliche Beschäftigungszeiten im öffentl. Dienst ab. § 18 gewährt den **vorzeitig Ausgeschiedenen einen Anspruch auf eine bes. bezeichnete Leistung, die Zusatzrente.**

8   Der Katalog des Abs. 1 versucht, den Besonderheiten des öffentl. Dienstes Rechnung zu tragen. Mit Wirkung **vom 1. 1. 1999** wurde **Abs. 1 neugefasst,** womit u. a. zwischenzeitlichen Veränderungen Rechnung getragen wurde. Die Neufassung der Nr. 1 und 2 wurde erforderlich, da das Gesetz zur Sicherstellung der Leistungen der Zusatzversorgungsanstalten des öffentl. Dienstes vom 21. 12. 1971 (BGBl. I S. 2077) mit Ablauf des 31. 12. 1992 außer Kraft getreten war. Materielle Änderungen sind damit nicht verbunden. Durch die Neufassung der Nr. 3 wird das Gesetz an die veränderte Gesetzeslage in der Freien und Hansestadt Hamburg angepasst. Nr. 4 bis 6 und als Konsequenz daraus auch die Abs. 6 bis 8 sind ab 1. 1. 1999 mit der Begründung weggefallen, dass für diesen Personenkreis künftig keine Sonderregelungen mehr gelten. Das bedeutet aber zugleich, dass eine **gesetzliche Pflicht zur Nachversicherung** dieses Personenkreises in der Zusatzversorgung des öffentl. **Dienstes nicht mehr besteht.** Die Möglichkeit der Nachversicherung kann sich deshalb in Zukunft nur noch aus der Satzung der Zusatzversorgungseinrichtung ergeben.

III. Anspruch auf Zusatzrente bei vorzeitigem Ausscheiden

9   Abs. 2 enthält eingehende Regelungen zur **Berechnung der Zusatzrente bei Eintritt des Versorgungsfalles.** Als Konsequenz aus der Entscheidung des BVerfG geht die seit 1. 1. 2001 geltende Neufassung nunmehr für die in Fällen des vorzeitigen Ausscheidens im öffentl. Dienst erlangten Anwartschaften von der in der Zusatzversorgung des öffentl. Dienstes abstrakt höchstmöglichen Versorgungsleistung aus, von der dann ein der Zeit in der Pflichtversicherung zur der Zusatzversorgung entspr. Anteil ermittelt wird. Dabei wird anders als nach § 2 auf die Zeit der Pflichtversicherung und nicht die der Betriebszugehörigkeit abgestellt. § 2 wird aber angewendet, soweit es um die Berücksichtigung künftiger Entwicklungen geht (§ 2 V 1) und soweit es um Auskunftspflichten des AG geht (§ 2 VI). § 2 V 2 hingegen ist nicht anzuwenden, da hier nur das Näherungsverfahren

geeignet ist, die notwendige Kongruenz zwischen der Gesamtversorgung und der anzurechnenden Rente herzustellen. Abw. von § 6 findet sich hier eine ausdrückliche Regelung zur Berechnung der Zusatzrente bei vorzeitiger Inspruchnahme (Nr. 2); dabei ist sichergestellt, dass die vorzeitig ausgeschiedenen AN nicht schlechter gestellt werden als diejenigen, die bis zum Eintritt des Versorgungsfalles in der Zusatzversorgung versichert waren, was durch den Verweis auf den für die Voll-Leistung vorgesehenen Prozentsatz deutlich gemacht wird.

Abs. 3 berücksichtigt die Besonderheiten der haushaltsfinanzierten Systeme Hamburgs und Bremens. Hierbei handelt es sich nicht um Gesamtversorgungssysteme, so dass hier die für die tatsächlich abgeleisteten versorgungsfähigen Beschäftigungszeiten errechnete Leistung als unverfallbare Zusatzrente gezahlt wird. Die durch das 1. und 2. Ruhegeldgesetz eingeführte Beitragspflicht der AN ist mit dem GG vereinbar (BAG 28. 5. 2002 DB 2003, 342).

Abs. 7 bezieht in den Anwendungsbereich des § 18 die Systeme der Versorgungsanstalt der deutschen Kulturorchester und der Versorgungsanstalt der deutschen Bühnen wieder ein, die anlässlich der Rentenreform 1999 irrtümlich gestrichen worden waren.

Abs. 4 regelt für die Fälle des Abs. 2 und des Abs. 3 die **Anpassung.** Die Anpassung ist allerdings auf 1% begrenzt und erfolgt dann nicht, wenn in einem Jahr eine allg. Erhöhung der Versorgungsrenten nicht erfolgt. Diese pauschalierende Regelung ist **verfassungsrechtlich bedenklich,** da sie vorzeitig ausgeschiedene AN des öffentl. Dienstes und solche der Privatwirtschaft ungleich behandelt. Während § 16 vorzeitig Ausgeschiedene und im Betrieb Verbliebene gleich behandelt, macht diese Vorschrift insoweit einen Unterschied. Zwar ist durch die einprozentige regelmäßige Anpassung je nach Einkommensentwicklung im öffentl. Dienst auch eine Besserstellung vorzeitig Ausgeschiedener denkbar, dies ist aber nicht zwingend der Fall und führt deshalb zu Ungleichgewichten. Dass § 16 III 1 unter bestimmten Voraussetzungen eine einprozentige Anpassung genügen lässt, ändert daran nichts, da hier zum einen alle Leistungsempfänger gleichbehandelt werden und diese Vorschrift auch nur für Neuzusagen gilt (krit. zum alten Recht auch *Blomeyer* Rn. 62).

IV. Zusammentreffen von Ansprüchen aus verschiedenen Systemen

Durch Abs. 5 soll vermieden werden, dass der Berechtigte sowohl einen Anspruch auf Zusatzrente (wegen vorzeitigen Ausscheidens) als auch einen Anspruch auf Versorgungs- und Versicherungsrente nach der jeweiligen Versorgungsregelung geltend machen kann. Hier wird nur die im Zahlbetrag höhere Leistung gewährt.

V. Versorgungssystem einer überstaatlichen Einrichtung

Ursprünglich als § 18 V 2 eingeführt durch das RRG 1999, aber gem. Art. 33 XI des Gesetzes bereits in Kraft seit 1. 1. 1998 und nunmehr in Abs. 6 ist die Möglichkeit eröffnet worden, den Barwert von Anwartschaften bei Übertritt in ein Versorgungssystem einer **überstaatlichen Einrichtung** in dieses System zu übertragen.

VI. Rechtsweg

Abs. 8 sieht eine Regelung für den Rechtsweg vor, die vorzeitig Ausgeschiedene den Versicherten gleichstellt. Das bedeutet nach der Satzung der VBL, dass gegen Entscheidungen der Zusatzversorgungseinrichtung das Schiedsgericht anzurufen ist, wenn zwischen Anstalt und Anspruchsteller ein Schiedsvertrag geschlossen ist. Ist dies nicht der Fall, ist die Klage bei den ordentlichen Gerichten zu erheben. Bei Streitigkeiten zwischen AG und AN über die Zusatzversorgung bleibt es beim Rechtsweg zu den AG.

VII. Sonderregelung für in der gesetzlichen Rentenversicherung Versicherungsfreie

Im öffentl. Dienst Beschäftigte wie etwa Dienstordnungs-Angestellte können nach § 5 I Nr. 2 SGB VI in der gesetzlichen Rentenversicherung versicherungsfrei sein. Für diesen Personenkreis soll durch Abs. 9 im Falle des vorzeitigen Ausscheidens sichergestellt werden, dass die unverfallbare Anwartschaft nach § 2 nicht geringer ist als die Anwartschaft, die sich aus einer Nachversicherung der versicherungsfreien Zeit in der gesetzlichen Rentenversicherung ergeben hätte. Damit wird eine zusätzliche idR zur Überversorgung führende Nachversicherung vermieden.

VIII. Übergangsregelung und Altfälle

Die Komplexität der Neuregelung hat zu einer eingehenden Regelung betr. die Bewältigung der Alt- und Übergangsfälle geführt; insoweit wird auf die Kommentierungen zu § 30 d verwiesen.

Steinmeyer

§ 18a Verjährung

¹ Der Anspruch auf Leistungen aus der betrieblichen Altersversorgung verjährt in 30 Jahren. ² Ansprüche auf regelmäßig wiederkehrende Leistungen unterliegen der regelmäßigen Verjährungsfrist nach den Vorschriften des Bürgerlichen Gesetzbuchs.

1 Die Vorschrift ist durch das **Schuldrechtsmodernisierungsgesetz** mit Wirkung vom 1. 1. 2002 eingefügt. Sie nimmt Rücksicht auf die ständige Rspr. des BAG, nach der bei der Verjährung zwischen dem Rentenstammrecht und den Ansprüchen auf wiederkehrende Leistungen unterschieden wird (BAG 27. 2. 1990 AP BetrAVG § 1 Vordienstzeiten Nr. 13). Das BAG hat bisher das Rentenstammrecht – aber auch den Anspruch auf Erteilung einer Versorgungszusage (BAG 5. 2. 1971 AP BGB § 242 Betriebliche Übung Nr. 10) – der 30-jährigen Verjährung unterworfen. Die einzelne Rentenforderung verjährte hingegen gem. § 196 I Nr. 8 BGB aF in zwei Jahren.

2 Nach der Neuregelung verbleibt es für das **Rentenstammrecht bei der Verjährungsfrist von 30 Jahren** (S. 1), während der **Anspruch auf die regelmäßig wiederkehrenden Leistungen** nunmehr nach § 195 BGB erst **in 3 Jahren** verjährt (S. 2). Nicht ausdrücklich angesprochen wird die Frage der **Verjährung des Anspruchs auf Erteilung einer Versorgungszusage**, der sich etwa aus dem Gleichbehandlungsgrundsatz oder aus betrieblicher Übung ergeben kann. Für diesen Anspruch hat sich das BAG nach bisherigem Recht für eine 30-jährige Verjährung ausgesprochen (BAG 5. 2. 1971 AP BGB § 242 Betriebliche Übung Nr. 10). Durch das Schuldrechtsmodernisierungsgesetz sind allerdings Regel und Ausnahme vertauscht worden, indem nun die regelmäßige Verjährungsfrist nicht mehr 30 Jahre, sondern 3 Jahre beträgt und die 30-jährige Verjährung nur in den in § 197 BGB genannten bzw. anderweitig geregelten Ausnahmefällen gilt. Wenn aber der Gesetzgeber für das Rentenstammrecht die 30-jährige Verjährung vorsieht, kann für den Anspruch auf Versorgungszusage nichts anderes gelten, denn in beiden Fällen steht die dauernde Alterssicherung auf dem Spiel; dies ist aber im Grundsatz die Erwägung, die beim Rentenstammrecht die 30-jährige Verjährung rechtfertigt.

3 Da die Vorschrift nur zwischen Leistungen aus der betrieblichen Altersversorgung (30 Jahre) und Ansprüchen auf wiederkehrende Leistungen (3 Jahre) unterscheidet, kann für **Ansprüche auf Kapitalzahlungen** nur die 30-jährige Verjährungsfrist gelten (so zum bisherigen Recht auch BAG 7. 11. 1989 AP BetrAVG § 9 Nr. 10).

4 Der Anspruch auf **Anpassung** gehört zum Rentenstammrecht und verjährt in 30 Jahren, während die einzelnen Anpassungsbeträge als Teil der wiederkehrenden Leistungen in 3 Jahren verjähren.

5 **Andere Ansprüche** wie etwa Erstattungsansprüche des AG wegen Verletzung der Auskunftspflichten des Versorgungsberechtigten verjähren nunmehr anders als nach bisherigem Recht (*Blomeyer/Otto* Einl. Rn. 707) in 3 Jahren (regelmäßige Verjährung).

6 Die Verjährungsfrist von **30 Jahren** nach S. 1 ist **tarifdispositiv** (§ 17 III). Daraus ist aber zugleich zu schließen, dass diese **Frist nicht einzelvertraglich verkürzt** werden kann.

7 Nach Art. 229 § 6 I EGBGB finden die **neuen Verjährungsregelungen** auf die am 1. 1. 2002 bestehenden und noch nicht verjährten Ansprüche Anwendung. Für die Vollendung der Verjährung gilt bei einer Verlängerung gegenüber dem alten Recht (von 2 auf 3 Jahre) die bisherige – kürzere – Frist (Art. 229 § 6 III EGBGB). Bei Verkürzung gilt die neue Frist (Art. 229 § 6 IV EGBGB).

Zweiter Teil. Steuerrechtliche Vorschriften

§§ 19–25

(enthalten Änderungen des Einkommensteuergesetzes, des Körperschaftsgesetzes, des Gewerbesteuergesetzes, des Vermögensteuergesetzes, des Versicherungssteuergesetzes, des Umsatzsteuergesetzes, des Zuwendungsgesetzes)

Dritter Teil. Übergangs- und Schlußvorschriften

§ 26 [Ausschluß der Rückwirkung]

Die §§ 1 bis 4 und 18 gelten nicht, wenn das Arbeitsverhältnis oder Dienstverhältnis vor dem Inkrafttreten des Gesetzes beendet worden ist.

1 Durch diese Vorschrift wird deutlich gemacht, dass das BetrAVG **keine echte Rückwirkung** will und nur auf Fälle Anwendung findet, in denen alle Voraussetzungen für die Anwendung dieser Vorschriften vor Inkrafttreten dieses Gesetzes eingetreten sind. Die Auswahl der nicht geltenden Vorschriften bedeutet aber auch, dass etwa die Insolvenzsicherung sowie die Anpassung laufender Leistungen gleichwohl greift.

§ 27 [Direktversicherung und Pensionskassen]

§ 2 Abs. 2 Satz 2 Nr. 2 und 3 und Abs. 3 Satz 2 Nr. 1 und 2 gelten in Fällen, in denen vor dem Inkrafttreten des Gesetzes die Direktversicherung abgeschlossen worden ist oder die Versicherung des Arbeitnehmers bei einer Pensionskasse begonnen hat, mit der Maßgabe, daß die in diesen Vorschriften genannten Voraussetzungen spätestens für die Zeit nach Ablauf eines Jahres seit dem Inkrafttreten des Gesetzes erfüllt sein müssen.

Im Falle der versicherungsrechtlichen Lösung bei der Direktversicherung und der Pensionskasse (s. näher die Erl. zu § 2 II und III) musste von den Versicherern zur Einräumung dieser Möglichkeiten eine gewisse **Übergangsfrist** eingeräumt werden. 1

Von **Bedeutung** ist diese Übergangsregelung heute nur noch insofern, als sie Versicherungsverhältnisse erfasst, „in denen vor dem Inkrafttreten des Gesetzes die Direktversicherung abgeschlossen worden ist oder die Versicherung des AN bei einer Pensionskasse begonnen hat". In diesen Fällen konnten die bes. Voraussetzungen auch noch bis zum 31. 12. 1975 erfüllt werden. 2

§ 28 [Auszehrungs- und Anrechnungsverbot]

§ 5 gilt für Fälle, in denen der Versorgungsfall vor dem Inkrafttreten des Gesetzes eingetreten ist, mit der Maßgabe, daß diese Vorschrift bei der Berechnung der nach dem Inkrafttreten des Gesetzes fällig werdenden Versorgungsleistungen anzuwenden ist.

Das BetrAVG sollte bei seinem Inkrafttreten auch in **bereits bestehende Versorgungsverhältnisse** eingreifen sollte. § 28 begrenzt deshalb die Rückwirkung hinsichtlich des § 5 so, dass sie mit der Rspr. des BVerfG zum Verbot der echten Rückwirkung von Gesetzen in Einklang steht (BVerfG 13. 5. 1986 BVerfG 72, 175, 196; vgl. auch *Jarass/Pieroth* Art. 20 Rn. 70 ff.). 1

§ 29 [Vorzeitige Altersleistungen]

§ 6 gilt für die Fälle, in denen das Altersruhegeld der gesetzlichen Rentenversicherung bereits vor dem Inkrafttreten des Gesetzes in Anspruch genommen worden ist, mit der Maßgabe, daß die Leistungen der betrieblichen Altersversorgung vom Inkrafttreten des Gesetzes an zu gewähren sind.

Funktion wie § 28. Der **Wortlaut** ist allerdings **missverständlich** geraten, da er auch Fälle erfassen würde, in denen ein AN vor Inkrafttreten des Gesetzes mit damals noch verfallbaren Anwartschaften ausgeschieden ist, sodass die Regelung zum Wiederaufleben erloschener Ansprüche führen und damit gegen das Verbot echter Rückwirkung verstoßen würde. Die Vorschrift muss deshalb **teleologisch** dahin **reduziert** werden, dass sie nur solche Konstellationen in ihren Anwendungsbereich einbezieht, in denen ein AN vor Inkrafttreten des Gesetzes eine unverfallbare Rechtsposition erhalten hat (so auch *Blomeyer/Otto* Rn. 3). 1

§ 30 [Erstmalige Beitrags- und Leistungspflicht bei Insolvenzsicherung]

¹ Ein Anspruch gegen den Träger der Insolvenzsicherung nach § 7 besteht nur, wenn der Sicherungsfall nach dem Inkrafttreten der §§ 7 bis 15 eingetreten ist; er kann erstmals nach dem Ablauf von sechs Monaten nach diesem Zeitpunkt geltend gemacht werden. ² Die Beitragspflicht des Arbeitgebers beginnt mit dem Inkrafttreten der §§ 7 bis 15.

§ 30 a [Leistungen der betrieblichen Altersversorgung]

(1) ¹ Männlichen Arbeitnehmern,
1. die vor dem 1. Januar 1952 geboren sind,
2. die das 60. Lebensjahr vollendet haben,
3. die nach Vollendung des 40. Lebensjahres mehr als 10 Jahre Pflichtbeiträge für eine in der gesetzlichen Rentenversicherung versicherte Beschäftigung oder Tätigkeit nach den Vorschriften des Sechsten Buches Sozialgesetzbuch haben,
4. die die Wartezeit von 15 Jahren in der gesetzlichen Rentenversicherung erfüllt haben und
5. deren Arbeitsentgelt oder Arbeitseinkommen die Hinzuverdienstgrenze nach § 34 Abs. 3 Nr. 1 des Sechsten Buches Sozialgesetzbuch nicht überschreitet,

sind auf deren Verlangen nach Erfüllung der Wartezeit und sonstiger Leistungsvoraussetzungen der Versorgungsregelung für nach dem 17. Mai 1990 zurückgelegte Beschäftigungszeiten Leistungen der betrieblichen Altersversorgung zu gewähren. ² § 6 Satz 3 gilt entsprechend.

(2) Haben der Arbeitnehmer oder seine anspruchsberechtigten Angehörigen vor dem 17. Mai 1990 gegen die Versagung der Leistungen der betrieblichen Altersversorgung Rechtsmittel eingelegt, ist Absatz 1 für Beschäftigungszeiten nach dem 8. April 1976 anzuwenden.

(3) **Die Vorschriften des Bürgerlichen Gesetzbuchs über die Verjährung von Ansprüchen aus dem Arbeitsverhältnis bleiben unberührt.**

I. Normzweck

1   Die Vorschrift zieht die Konsequenz aus der **Rspr.** des EuGH und des BAG zur Rückwirkung ihrer Entscheidungen zur Frage der **Entgeltgleichheit von Männern und Frauen und zu den unterschiedlichen Altersgrenzen für Männer und Frauen** (s. näher auch *Steinmeyer* in *Höfer*, Neue Chancen für Betriebsrenten, S. 115). Mit Entscheidung vom 17. 5. 1990 hatte der EuGH in der Rs. Barber entschieden, dass es gegen Art. 119 EG (nunmehr Art. 141 EG) verstoße, wenn auf Grund einer je nach Geschlecht unterschiedlichen Regelung des Rentenalters, die der Regelung im Rahmen des nationalen gesetzlichen Altersrentensystems entspricht, ein aus betrieblichen Gründen entlassener Mann nur eine Anwartschaft auf eine bei Erreichung des gewöhnlichen Rentenalters zu zahlende Rente hat, während eine Frau in der gleichen Lage sofort Anspruch auf Rente hat. Der Grundsatz des gleichen Entgelts müsse für jeden einzelnen Bestandteil des Entgelts und nicht nur nach Maßgabe einer Gesamtbewertung der den AN gezahlten Vergütung gewährleistet sein (EuGH 17. 5. 1990 AP EWG-Vertrag Art. 119 Nr. 20).

2   Zur Frage der **Rückwirkung** entschied der EuGH in der Rs. Moroni, dass die unmittelbare Wirkung von Art. 119 EG (nunmehr Art. 141 EG) zur Stützung der Forderung nach Gleichbehandlung auf dem Gebiet der betrieblichen Renten nur für Leistungen geltend gemacht werden kann, die für Beschäftigungszeiten nach dem 17. 5. 1990 geschuldet werden, vorbehaltlich der Ausnahme, die für AN oder deren anspruchsberechtigte Angehörige vorgesehen ist, die vor diesem Zeitpunkt nach dem anwendbaren innerstaatlichen Recht Klage erhoben oder einen entspr. Rechtsbehelf eingelegt haben (EuGH 14. 12. 1993 AP BetrAVG § 1 Gleichbehandlung Nr. 16).

3   § 30a zieht aus dieser Rspr. Konsequenzen insofern, als er **männlichen AN** unter bestimmten näher umschriebenen Voraussetzungen die Möglichkeit einräumt, **bereits mit 60 Jahren Leistungen der betrieblichen Altersversorgung in Anspruch zu nehmen.** Die bisherige Rechtslage verstieß gegen das europarechtliche Gebot der Entgeltgleichheit nach Art. 141 EG (Art. 119 aF), da sie nur Frauen aber nicht Männern die Möglichkeit einräumte, auf Grund von § 39 SGB VI eine Rente aus der gesetzlichen Rentenversicherung bereits mit Vollendung des 60. Lebensjahres zu beanspruchen (*Blomeyer/Otto* § 6 Rn. 40). Unmittelbar kommt aber der Gesetzgeber den Vorgaben der RL 96/97/EG nach.

II. Gleichstellung von männlichen und weiblichen Arbeitnehmern nach Abs. 1

4   Durch § 30a, der in seinen Voraussetzungen weitgehend § 237a SGB VI nachgebildet ist, wird der **männliche AN im Rahmen der betrieblichen Altersversorgung ebenso behandelt wie eine Frau,** die Ruhegeld mit Vollendung des 60. Lebensjahres bezieht und für die § 6 anwendbar ist. Es ist allerdings zu bemerken, dass die gesetzliche Rentenversicherung für die männlichen AN keine entspr. Rentenleistungen bei Vollendung des 60. Lebensjahres vorsieht und für eine Übergangszeit auch nicht vorsehen muss. Macht er aber von den Möglichkeiten des vorzeitigen Rentenbezuges mit Vollendung des 60. Lebensjahres nach §§ 37 SGB VI Gebrauch, so ist § 6 ohnehin anwendbar und ein Gleichbehandlungsproblem ergibt sich nicht.

5   Ebenso wie bei Anwendung des § 6 darf auch der **vorzeitige Ruhegeldbezug zu Kürzungen der betrieblichen Ruhegeldleistung** führen (s. näher § 6 Rn. 22 ff.). Während § 6 voraussetzt, dass der AN die Rentenleistung aus der gesetzlichen Rentenversicherung tatsächlich in Anspruch nimmt, findet sich in § 30a keine ausdrückliche Formulierung, die dies für den männlichen AN ebenfalls deutlich macht. Ausgehend davon, dass § 30a die durch § 6 in Verbindung mit den einschlägigen Vorschriften des Rentenversicherungsrechts eingeräumte Möglichkeit des vorzeitigen Rentenbezuges auch auf eine bestimmte Gruppe männlicher AN ausdehnen wollte, müsste auch hier der Anspruch an die tatsächliche Inanspruchnahme der Leistung aus der gesetzlichen Rentenversicherung geknüpft werden, was aber wegen der Nichterfüllung der rentenversicherungsrechtlichen Voraussetzungen durch männliche AN gar nicht der Fall sein kann.

6   Das führt zu einem recht **bescheidenen praktischen Anwendungsbereich des § 30a**, da angesichts der Hinzuverdienstgrenzen eine Fortsetzung der bisherigen Beschäftigung neben dem Ruhegeldbezug unwahrscheinlich ist und sich der AN kaum allein mit dem betrieblichen Ruhegeld begnügen wird.

III. Erweiterung der Rückwirkung in den Fällen des Abs. 2

Mit Abs. 2 wird dem Umstand Rechnung getragen, dass es sich um einen am 17. 5. 1990 rechtlich 7 nicht abgeschlossenen Sachverhalt handelt, so dass ein die Rückwirkungsbegrenzung rechtfertigendes Vertrauen nicht in schutzwürdiger Weise gegeben ist. Damit kann aber nur gemeint sein, dass nur solche Fälle erfasst sind, in denen der AN oder seine anspruchsberechtigten Angehörigen wegen einer Ungleichbehandlung der Geschlechter bei der betrieblichen Altersversorgung **Rechtsmittel** eingelegt haben.

Sind solche Rechtsmittel eingelegt, so wird eine Rückwirkung auf Beschäftigungszeiten nach dem 8 8. 4. 1976 begrenzt, das Datum der Entscheidung des EuGH in der Rs. **Defrenne II** (8. 4. 1976 Slg. 1976, 455), in der der Gerichtshof die **horizontale unmittelbare Wirkung des Art. 119 EGV** (nunmehr Art. 141 EGV) ausgesprochen hat.

IV. Verjährung

Nach § 195 BGB verjähren die **einzelnen Rentenforderungen,** also die monatlichen Zahlungen des 9 Ruhegeldes grds. in drei Jahren. Dies gilt nicht für das **Rentenstammrecht,** das nach 30 Jahren verjährt (BAG 27. 2. 1990 AP BetrAVG § 1 Vordienstzeiten Nr. 13). § 30 a III bedeutet deshalb, dass hinsichtlich der Geltendmachung der durch § 30 a eingeräumten Anspruchs mit Wirkung für die Zukunft sich aus den Vorschriften über die Verjährung keine Grenzen ergeben. Der AG kann aber dem betreffenden AN bei Geltendmachung rückständiger Leistungen auch bei Erfüllung der Voraussetzungen des § 30 a I – inklusive tatsächlichen Bezug einer Rente aus der gesetzlichen Rentenversicherung – die Einrede der Verjährung für solche Zeiträume entgegenhalten, die mehr als drei Jahre zurückliegen.

V. Inkrafttreten

Gem. Art. 33 III RRG 1999 tritt § 30 a mit Wirkung vom 17. 5. 1990 in Kraft. 10

§ 30 b [Übergangsregelung für Insolvenzschutz bei Entgeltumwandlung]

§ 7 Abs. 3 Satz 3 gilt nur für Leistungen gegen den Träger der Insolvenzsicherung, die auf Zusagen beruhen, die nach dem 31. Dezember 1998 erteilt werden.

Diese Vorschrift ist eine Konsequenz aus der ausdrücklichen Einbeziehung der **Entgeltumwand-** 1 **lung** in die Insolvenzsicherung durch das RRG 1999. Die dort bezeichnete **Höchstgrenze** soll nur für **Neuzusagen** gelten. Für Altfälle, dh. Zusagen, die vor dem 1. 1. 1999 erteilt worden sind, wird keine bes. Bestimmung getroffen Da der Gesetzgeber des RRG 1999 bei der Insolvenzsicherung der Entgeltumwandlung die **Höchstgrenze** gegenüber den sonstigen Fällen weiter reduzieren wollte (vgl. § 7 Rn. 66) und der alte Abs. 3 deutlich großzügiger ist, für die sonstigen Fälle aber nicht auf Alt- oder Neuzusagen abgestellt wird, kann für die **Entgeltumwandlung bei Altzusagen** nur die Höchstbegrenzung der S. 1 und 2 des neuen Abs. 3 gelten. Aus § 30 b ergibt sich auch, dass in den Fällen des § 7 III 1 bis 3 die reduzierte **Höchstgrenze auch für Altzusagen** gilt.

§ 30 c [Übergangsregelung für Ausnahmen von der Anpassungsprüfungspflicht]

(1) § 16 Abs. 3 Nr. 1 gilt nur für laufende Leistungen, die auf Zusagen beruhen, die nach dem 31. Dezember 1998 erteilt werden.

(2) § 16 Abs. 4 gilt nicht für vor dem 1. Januar 1999 zu Recht unterbliebene Anpassungen.

(3) § 16 Abs. 5 gilt nur für laufende Leistungen, die auf Zusagen beruhen, die nach dem 31. Dezember 2000 erteilt werden.

(4) Für die Erfüllung der Anpassungsprüfungspflicht für Zeiträume vor dem 1. Januar 2003 gilt § 16 Abs. 2 Nr. 1 mit der Maßgabe, dass an die Stelle des Verbraucherpreisindexes für Deutschland der Preisindex für die Lebenshaltung von 4-Personen-Haushalten von Arbeitern und Angestellten mit mittlerem Einkommen tritt.

§ 30 c beschränkt die **Begrenzungsmöglichkeit durch den AG** nach § 16 III Nr. 1 auf solche Fälle, 1 in denen der AG in Kenntnis der Neuregelung von dieser Option Gebrauch gemacht hat. Maßgebend ist dabei nicht der Zeitpunkt der Erteilung der Zusage, sondern der Beginn des Arbeitsverhältnisses. Wurde also in 1998 ein Arbeitsvertrag geschlossen, in dem die Ruhegeldabrede von § 16 III Nr. 1 Gebrauch machte, so greift die Neuregelung, wenn das Arbeitsverhältnis erst in 1999 begonnen wurde (so auch *Höfer* Rn. 3665.37). Wird neben einer bereits bestehenden Zusage eine weitere mit einer 1%igen Mindestanpassung erteilt, so gilt für diese Abs. 1, sofern nicht von einer einheitlichen Versorgungszusage auszugehen ist (vgl. dazu § 1 b Rn. 33).

200 BetrAVG § 30 d

2 Abs. 1 trifft keine Regelung für die zugleich neu eingeführte Regelung des § 16 III Nr. 2. Daraus kann nur geschlossen werden, dass die Vorschrift zur Überschussverwendung bei Direktversicherungs- und Pensionskassenzusagen auch für bereits bestehende Zusagen gilt (so auch *Höfer* Rn. 3861).

3 Der neue § 16 IV gilt nach § 30 c II nicht für vor dem 1. 1. 1999 zu Recht unterbliebene Anpassungen. Dies kann nur bedeuten, dass insoweit die **Rspr. zur nachholenden Anpassung** weiter gelten soll, denn wenn die Vorschrift aussagt, dass Abs. 4 insoweit nicht gilt, so kann das nur dahin verstanden werden, dass dann der AG verpflichtet ist, die Anpassung zu einem späteren Zeitpunkt nachzuholen, wenn sich die wirtschaftliche Situation verändert hat; für vor dem 1. 1. 1999 unterbliebene Anpassungen bleibt die Pflicht zur nachholenden Anpassung also bestehen (so auch *Höfer* Rn. 3862). Etwas anderes kann auch nicht aus der Beschränkung auf zu Recht unterbliebene Anpassung geschlossen werden, da dies nur eine Bezugnahme auf die Neuregelung des Abs. 4 darstellt und eine Auslegung zu weit gehen würde, aus der Formulierung „zu Recht unterbliebene Anpassungen" schließen zu wollen, dass eine berechtigterweise unterbliebene Anpassung auch in den Altfällen keinen Anspruch auf nachholende Anpassung mehr auslöst und der Gesetzgeber lediglich der Tatsache Rechnung tragen wollte, dass das Verfahren des Abs. 4 S. 2 in Altfällen nicht mehr nachholbar ist. Da § 16 eine Anpassungsprüfung und -entscheidung alle drei Jahre fordert, greift damit die Vorschrift erstmals für Anpassungen nach dem 1. 1. 2002 (s. auch *Blomeyer* RdA 2000, 287).

4 Da § 16 IV die Rspr. des BAG zur nachholenden Anpassung praktisch beseitigen wollte, bedeutet die Regelung des § 30 c II, dass ein am 31. 12. 1998 **„mitgebrachter" Anpassungsbedarf** bei der ersten Anpassung unter neuem Recht bei der wirtschaftlichen Leistungsfähigkeit des AG berücksichtigt werden darf; fehlt dem AG zu diesem Stichtag die Anpassungsfähigkeit, so hat er die Anpassung insgesamt zu Recht unterlassen und muss bei einer späteren Anpassung nach diesem Stichtag bei wirtschaftlicher Leistungsfähigkeit diese Anpassung nicht mehr nachholen (*Bepler* BetrAV 2000, 25).

5 § 16 V koppelt für die Entgeltumwandlung die Anpassung von der wirtschaftlichen Lage des AG ab. Dies soll aber nur für Neuzusagen gelten. Bei Altfällen bleibt es daher je nach Ausgestaltung der Zusage bei der Anpassung nach den anderen Regelungen des § 16 also ggf. unter Berücksichtigung der wirtschaftlichen Lage des AG.

6 Für die Regelung des § 16 VI (Nichtanpassung bei Auszahlungsplänen) wurde keine Übergangsregelung geschaffen, so dass diese gesetzgeberische Anordnung mit Wirkung ab 1. 1. 2001 gilt.

§ 30 d Übergangsregelung zu § 18

(1) ¹Ist der Versorgungsfall vor dem 1. Januar 2001 eingetreten oder ist der Arbeitnehmer vor dem 1. Januar 2001 aus dem Beschäftigungsverhältnis bei einem öffentlichen Arbeitgeber ausgeschieden und der Versorgungsfall nach dem 31. Dezember 2000 eingetreten, sind für die Berechnung der Voll-Leistung die Regelungen der Zusatzversorgungseinrichtungen nach § 18 Abs. 1 Satz 1 Nr. 1 und 2 oder die Gesetze im Sinne des § 18 Abs. 1 Satz 1 Nr. 3 sowie die weiteren Berechnungsfaktoren jeweils in der am 31. Dezember 2000 geltenden Fassung maßgebend; § 18 Abs. 2 Nr. 1 Buchstabe b bleibt unberührt. ²Die Steuerklasse III/0 ist zugrunde zu legen. ³Ist der Versorgungsfall vor dem 1. Januar 2001 eingetreten, besteht der Anspruch auf Zusatzrente mindestens in der Höhe, wie er sich aus § 18 in der Fassung vom 16. Dezember 1997 (BGBl. I S. 2998) ergibt.

(2) Die Anwendung des § 18 ist in den Fällen des Absatzes 1 ausgeschlossen, soweit eine Versorgungsrente der in § 18 Abs. 1 Satz 1 Nr. 1 und 2 bezeichneten Zusatzversorgungseinrichtungen oder eine entsprechende Leistung aufgrund der Regelungen des Ersten Ruhegeldgesetzes, des Zweiten Ruhegeldgesetzes oder des Bremischen Ruhelohngesetzes bezogen wird, oder eine Versicherungsrente abgefunden wurde.

(3) ¹Für Arbeitnehmer im Sinne des § 18 Abs. 1 Satz 1 Nr. 4, 5 und 6 in der bis zum 31. Dezember 1998 geltenden Fassung, für die bis zum 31. Dezember 1998 ein Anspruch auf Nachversicherung nach § 18 Abs. 6 entstanden ist, gilt Absatz 1 Satz 1 für die aufgrund der Nachversicherung zu ermittelnde Voll-Leistung entsprechend mit der Maßgabe, dass sich nach § 2 zu ermittelnde Anspruch gegen den ehemaligen Arbeitgeber richtet. ²Für den nach § 2 zu ermittelnden Anspruch gilt § 18 Abs. 2 Nr. 1 Buchstabe b entsprechend; für die übrigen Bemessungsfaktoren ist auf die Rechtslage am 31. Dezember 2000 abzustellen. ³Leistungen der gesetzlichen Rentenversicherung, die auf einer Nachversicherung wegen Ausscheidens aus einem Dienstordnungsverhältnis beruhen, und Leistungen, die die zuständige Versorgungseinrichtung aufgrund von Nachversicherungen im Sinne des § 18 Abs. 6 in der am 31. Dezember geltenden Fassung gewährt, werden auf den Anspruch nach § 2 angerechnet. ⁴Hat das Arbeitsverhältnis im Sinne des § 18 Abs. 9 bereits am 31. Dezember 1998 bestanden, ist in die Vergleichsberechnung nach § 18 Abs. 9 auch die Zusatzrente nach § 18 in der bis zum 31. Dezember 1998 geltenden Fassung einzubeziehen.

Übergangsregelung zu § 18 Abs. 2 Nr. 4 § 30 e BetrAVG 200

Angesichts der Komplexität der Zusatzversorgung des öffentl. Dienstes hatte das BVerfG (15. 7. **1** 1998 NZA 1999, 199) dem Gesetzgeber eine Frist zur Neuregelung bis zum 31. 12. 2000 gesetzt und erlaubt, die bisherige Regelung bis zum 31. 12. 2000 weiter anzuwenden. Das Gericht hat es dem Gesetzgeber weiter gestattet, die **Folgen der Unvereinbarkeit für die Vergangenheit einzugrenzen, um Haushaltsbelastungen und einen unangemessenen Verwaltungsaufwand zu vermeiden.** **Nachzahlungsansprüche** können nach der Rspr. des Gerichts außer bei anhängigen Verfahren **ausgeschlossen** werden, wohingegen eine **Neuberechnung der Versorgungsrenten für die Zukunft allenfalls unter engen Voraussetzungen versagt** werden kann.

Der Gesetzgeber ist dem nachgekommen, indem er für Versorgungsfälle vor Inkrafttreten der **2** Neuregelung und Ausscheiden vor diesem Zeitpunkt die bis dahin geltenden Regelungen weiterhin für anwendbar erklärt. Bei der Berechnung der Zusatzrente ist das nach den Versorgungsregelungen maßgebliche Entgelt zum Zeitpunkt des Ausscheidens zu berücksichtigen (Verweis auf § 18 III Nr. 1 b nF). Durch S. 3 wird klargestellt, dass der bisher gezahlte Betrag bei solchen Personen nicht unterschritten werden darf, die bereits vor der Rechtsänderung eine Zusatzrente erhalten haben. Dies bedeutet, dass zwar **§ 18 in seiner Neufassung anzuwenden ist, aber für die Berechnung die am 31. 12. 2000 geltenden Versorgungsregelungen** der einzelnen Versorgungseinrichtungen anzuwenden sind.

Abs. 2 enthält eine **Übergangsregelung zu § 18 V**. Wird eine Versorgungsrente oder eine entspr. **3** Leistung bereits bezogen, so wird auf eine Anwendung des § 18 V nF verzichtet, woraus den AN idR keine Nachteile entstehen, da diese Leitungen zumeist höher sind als die Zusatzrente.

Bereits durch das RRG 1999 ist die früher mögliche **Nachversicherung** gestrichen worden. § 30 d **4** aF (eingeführt durch das RRG 1999) stellte klar, dass die Konsequenzen dieser Neuregelung nicht gelten für Ansprüche auf Nachversicherung, die bis zum 31. 12. 1998 entstanden sind. Abs. 3 des neuen § 30 d bestimmt nun, dass **auch für diese AN eine Neuberechnung** stattfindet. Die Berechnung nach § 2 soll erfolgen auf der Basis des nach den Versorgungsregelungen maßgeblichen Arbeitsentgelts zum Zeitpunkt des Ausscheidens; ansonsten ist auf die Rechtslage am 31. 12. 2000 abzustellen. Dabei werden Leistungen angerechnet, die auf Nachversicherungen durch den AG beruhen. S. 4 dieses Abs. stellt sicher, dass den nach § 5 I Nr. 2 SGB VI versicherungsfreien AN der Besitzstand des alten Rechts gewahrt wird. **Eine Nachversicherung** iSd. § 18 VI aF erfolgt **nur für AN** und zwar für solche Zeiten, in denen sie auf Grund einer Zusage auf beamtenmäßige Versorgung in der gesetzlichen Rentenversicherung versicherungsfrei und deshalb auch nicht in der Zusatzversorgung des öffentl. Dienstes zusatzversichert waren. Für Beamte ist diese Nachversicherungspflicht nicht anwendbar (BAG 20. 3. 2001 BB 2001, 2275), da der Gesetzgeber für sie lediglich eine Nachversicherung nach § 8 SGB VI vorsieht. Die darin liegende Ungleichbehandlung von AN und Beamten ist angesichts der Besonderheiten des Beamtenverhältnisses gerechtfertigt (BVerfG 2. 3. 2000 – 2 BvR 951/98 NVwZ 2000, 1036).

§ 30 e [Übergangsregelung zu § 1 Abs. 2 Nr. 4]

(1) § 1 Abs. 2 Nr. 4 zweiter Halbsatz gilt für Zusagen, die nach dem 31. Dezember 2002 erteilt werden.

(2) ¹§ 1 Abs. 2 Nr. 4 zweiter Halbsatz findet auf Pensionskassen, deren Leistungen der betrieblichen Altersversorgung durch Beiträge der Arbeitnehmer und Arbeitgeber gemeinsam finanziert und die als beitragsorientierte Leistungszusage oder als Leistungszusage durchgeführt werden, mit der Maßgabe Anwendung, dass dem ausgeschiedenen Arbeitnehmer das Recht zur Fortführung mit eigenen Beiträgen nicht eingeräumt werden und eine Überschussverwendung gemäß § 1 b Abs. 5 Nr. 1 nicht erfolgen muss. ²Für die Anpassung laufender Leistungen gelten die Regelungen nach § 16 Abs. 1 bis 4. ³Die Regelung in Absatz 1 bleibt unberührt.

§ 30 e ist durch das Hüttenknappschaftliche Zusatzversicherungs-Neuregelungs-Gesetz vom 21. 6. **1** 2002 eingefügt worden und befasst sich mit der neu eingeführten **Erfassung von Eigenbeiträgen der AN** unter den Begriff der betrieblichen Altersversorgung, sofern die zugesagten Leistungen aus diesen Beiträgen im Wege der Kapitaldeckung finanziert werden.

Diese Neuregelung soll nach Abs. 1 hinsichtlich der **entsprechenden Anwendbarkeit der Vor-** **2** **schriften zur Entgeltumwandlung** nur gelten für solche Zusagen, die ab dem 1. Januar 2003 erteilt werden. Bei Altzusagen handelt sich dann zwar auch um betriebliche Altersversorgung; es bleibt insoweit aber bei den allgemeinen Regeln. Es bleibt aber die Möglichkeit unberührt, im Wege von Vereinbarungen, im Vereinbarungswege Regelungen für Entgeltumwandlung anzuwenden.

Abs. 2 trägt dem Umstand Rechnung, dass **bei Pensionskassen die Fortführung mit eigenen** **3** **Beiträgen nach Ausscheiden des AN** mit der bestehenden Systematik der Kofinanzierung der Leistungen durch AG und AN nicht in Einklang gebracht werden kann. Auf die Verpflichtung zur Überschussverwendung (§ 16 V) kann hier angesichts der Besonderheiten dieser Pensionskassenversorgung und der sich aus S. 2 ergebenden Anpassungsverpflichtung nach § 16 Abs. 1 bis 4 verzichtet werden. Satz 3 macht deutlich, dass sich auch hinsichtlich Abs. 2 keine rückwirkenden Belastungen infolge der Änderung ergeben. Eine freiwillige Anpassung bleibt unbenommen.

§ 30 f [Übergangsregelung zu § 1 b]

[1] Wenn Leistungen der betrieblichen Altersversorgung vor dem 1. Januar 2001 zugesagt worden sind, ist § 1 b Abs. 1 mit der Maßgabe anzuwenden, dass die Anwartschaft erhalten bleibt, wenn das Arbeitsverhältnis vor Eintritt des Versorgungsfalles, jedoch nach Vollendung des 35. Lebensjahres endet und die Versorgungszusage zu diesem Zeitpunkt
1. mindestens zehn Jahre oder
2. bei mindestens zwölfjähriger Betriebszugehörigkeit mindestens drei Jahre
bestanden hat (unverfallbare Anwartschaft); in diesen Fällen bleibt die Anwartschaft auch erhalten, wenn die Zusage ab dem 1. Januar 2001 fünf Jahre bestanden hat und bei Beendigung des Arbeitsverhältnisses das 30. Lebensjahr vollendet ist. [2] § 1 b Abs. 5 findet für Anwartschaften aus diesen Zusagen keine Anwendung.

1   Die **neuen Fristen und Altersgrenzen** im Rahmen der Unverfallbarkeitsregelung gelten nur für **Leistungen, die nach dem 1. 1. 2001 zugesagt** worden sind. Altzusagen werden von dieser Neuregelung durch § 30 f erfasst. Im praktischen Ergebnis wird so eine zügige aber nicht sofortige Erstreckung der Neuregelung auch auf Altzusagen erreicht, da zB eine 1997 erteilte Zusage nicht etwa 2002 unverfallbar würde, sondern 2006, sofern dann auch die Altersgrenze der Vollendung des 30. Lebensjahres erfüllt ist. Deshalb bedeutet diese Neuregelung die Notwendigkeit einer Neukalkulation auch hinsichtlich der Altzusagen. Sind die Unverfallbarkeitsvoraussetzungen nach altem Recht vor dem 1. 1. 2006 erfüllt, so erwirbt der AN nach diesen Vorschriften eine unverfallbare Anwartschaft.
2   Durch S. 2 wird sichergestellt, dass die **sofortige Unverfallbarkeit bei Entgeltumwandlung im Falle von Altzusagen nicht gilt.** Daraus folgt, dass die gesetzliche Unverfallbarkeit erst für Zusagen gilt, die nach dem 1. 1. 2001 erteilt worden sind. Für vorher erteilte Zusagen bleibt es bei der *vertraglichen* Unverfallbarkeit kraft Richterrechts. Dies hat dann auch Konsequenzen für den Insolvenzschutz, der nur bei gesetzlicher Unverfallbarkeit greift.

§ 30 g [Übergangsregelung zu § 2 Abs. 5 a]

(1) [1] § 2 Abs. 5 a gilt nur für Anwartschaften, die auf Zusagen beruhen, die nach dem 31. Dezember 2000 erteilt worden sind. [2] Im Einvernehmen zwischen Arbeitgeber und Arbeitnehmer kann § 2 Abs. 5 a auch auf Anwartschaften angewendet werden, die auf Zusagen beruhen, die vor dem 1. Januar 2001 erteilt worden sind.

(2) § 4 Abs. 4 und § 3 Abs. 1 Satz 3 Nr. 4 gelten nicht für Anwartschaften, die auf Zusagen beruhen, die vor dem 1. Januar 2001 erteilt worden sind.

1   § 2 V a weicht für die **Entgeltumwandlung und die beitragsorientierte Leistungszusage** von der ratierlichen Berechnungsweise nach § 2 I bis IV ab, da diese hier zu erheblichen vom AG zu schließenden Deckungslücken führen. Die **abw. Berechnungsweise** des Abs. 5 a soll grds. nur für Neuzusagen gelten. Für die **Anwendung auch auf Altzusagen** ist ein **Einvernehmen zwischen AG und AN** erforderlich; unter Einvernehmen ist eine Einigung im Sinne zweier übereinstimmender Willenserklärungen zu verstehen.
2   Nur mit Zustimmung des AN können nach § 3 I 3 Nr. 4 **Anwartschaften abgefunden werden, die auf Entgeltumwandlung beruhen** und die Grenzwerte nach § 3 I 2 Nr. 1 und 2 nicht überschreiten. Diese Neuregelung, die allerdings mehr deklaratorischen Charakter hat (s. § 3 Rn. 14) soll nur für Neuzusagen gelten.
3   Die Möglichkeit der Übertragung bei Entgeltumwandlung (§ 4 IV) gilt nur für Neuzusagen, dh. für ab 1. 1. 2001 vereinbarte Entgeltumwandlungszusagen.

§ 30 h [Übergangsregelung zu § 17 Abs. 5]

§ 17 Abs. 5 gilt für Entgeltumwandlungen, die auf Zusagen beruhen, die nach dem 29. Juni 2001 erteilt werden.

1   Der **Tarifvorrang bei Entgeltumwandlung** soll **nur für Neuzusagen** gelten. Sofern vor dem 30. 6. 2001 eine Entgeltumwandlung nur zeitlich befristet vereinbart und auch nur eine dementspr. Zusage erteilt wurde, gilt § 17 V auch für eine Verlängerung der Entgeltumwandlung, wenn die Zusage nach dem 29. 6. 2001 erfolgt (BT-Drucks. 14/5150 S. 44 zu Nr. 17). Eine Veränderung ist insoweit also als Neuzusage zu verstehen. Dies kann aber nicht allg. für alle Veränderungen gelten, sondern nur für den Sonderfall der Verlängerung einer befristeten Zusage. Das BetrAVG knüpft grds. Fristen und Stichtage

§ 31 [Übergangsregelung für den Insolvenzschutz]

Auf Sicherungsfälle, die vor dem 1. Januar 1999 eingetreten sind, ist dieses Gesetz in der bis zu diesem Zeitpunkt geltenden Fassung anzuwenden.

Die Vorschrift stellt klar, dass die Veränderungen, die im BetrAVG durch die neue **InsO** bewirkt worden sind, erst für **Sicherungsfälle** gelten, die **nach dem 1. 1. 1999 eingetreten** sind. Zum Zeitpunkt des Inkrafttretens der InsO laufende Leistungen des PSV – auch auf Grund ab 1. 1. 1999 wegfallender Sicherungsfälle – werden selbstverständlich weitergeführt. Wegen des Wegfalls des Sicherungsfalls der wirtschaftlichen Notlage ist die Frage bedeutsam geworden, ob es für dessen Eintritt auf die Erklärung des PSV oder die Rechtshängigkeit der Feststellungsklage über die Berechtigung des AG zur Kürzung oder Einstellung von Versorgungsleistungen wegen wirtschaftlicher Notlage (so *Blomeyer/Otto* § 7 Rn. 143) oder auf den Zeitpunkt ankommt, zu dem der PSV durch den AG Kenntnis von einer tatsächlich eingetretenen wirtschaftlichen Notlage erhalten hat (so *Höfer* Rn. 2811). Insoweit ist *Höfer* zu folgen, da das Erfordernis der Einschaltung des PSV bei diesem Sicherungsfall rechtfortbildend durch das BAG geschaffen wurde und dadurch nicht eine dem AN oder Versorgungsberechtigten nachteilige Verschiebung des Zeitpunkts eintreten kann (unentschieden BAG 24. 4. 2001 DB 2001, 1787). 1

§ 32 [Inkrafttreten]

¹ Dieses Gesetz tritt vorbehaltlich des Satzes 2 am Tage nach seiner Verkündung in Kraft. ² Die §§ 7 bis 15 treten am 1. Januar 1975 in Kraft.

Das Gesetz ist am 21. 12. 1974 verkündet worden. 1

210. Betriebsverfassungsgesetz

In der Fassung der Bekanntmachung vom 25. September 2001 (BGBl. I S. 2518)
Geändert durch Gesetz vom 10. Dezember 2001 (BGBl. I S. 3443)

(BGBl. III/FNA 801-7)

Erster Teil. Allgemeine Vorschriften

§ 1 Errichtung von Betriebsräten

(1) [1] In Betrieben mit in der Regel mindestens fünf ständigen wahlberechtigten Arbeitnehmern, von denen drei wählbar sind, werden Betriebsräte gewählt. [2] Dies gilt auch für gemeinsame Betriebe mehrerer Unternehmen.

(2) Ein gemeinsamer Betrieb mehrerer Unternehmen wird vermutet, wenn
1. zur Verfolgung arbeitstechnischer Zwecke die Betriebsmittel sowie die Arbeitnehmer von den Unternehmen gemeinsam eingesetzt werden oder
2. die Spaltung eines Unternehmens zur Folge hat, dass von einem Betrieb ein oder mehrere Betriebsteile einem an der Spaltung beteiligten anderen Unternehmen zugeordnet werden, ohne dass sich dabei die Organisation des betroffenen Betriebs wesentlich ändert.

I. Vorbemerkung

1   Mitbestimmung hilft, eine Abhängigkeit auszugleichen oder zumindest abzumildern, in die sich jeder begibt, der Arbeit innerhalb einer fremdbestimmten Organisation leistet. Von den ersten Versuchen einer gesetzlichen Regelung der Beteiligung von Arbeitnehmervertretern am Betriebsgeschehen durch die Nationalversammlung 1848/49 über die Arbeiterausschüsse der Arbeiterschutzgesetze im ausgehenden 19. Jahrhundert, das BRG von 1920 bis hin zum BetrVG 1972 zieht sich der Gedanke, durch Beteiligung der Arbeitnehmerschaft ihre strukturelle Ungleichheit innerhalb eines ursprünglich allein der Disposition des AG unterliegenden Arbeits- und Lebensbereichs zu überwinden. Unsere Verfassung stellt die freie menschliche Persönlichkeit und ihre Würde in den Mittelpunkt (BVerfGE 12, 45, 53). Es geht bei der Mitbestimmung um nicht weniger als die „Grundsätze der Selbstbestimmung, die Achtung vor der Würde des Menschen und den Ausgleich oder den Abbau einseitiger Machtstellungen durch Kooperation der Beteiligten und die Mitwirkung an Entscheidungen durch die von der Entscheidung Betroffenen" (Bericht der Mitbestimmungskommission BT-Drucks. VI/334, S. 65). Materielle Gleichberechtigung soll vor dem Hintergrund unseres Eigentums- und Wirtschaftsordnung das Prinzip der nur formalen Gleichheit ergänzen. So könnten sich AN bei der Gestaltung betrieblicher Beziehungen vom schutzbedürftigen Objekt ein Stück hin zum mitwirkenden Subjekt wandeln. In Rahmen der geltenden Betriebsverfassung sollte dieser Gedanke einer gleichberechtigten Teilhabe zumindest bei der Durchführung des Gesetzes Leitprinzip sein. Dabei kann es innerhalb einer durch arbeitsteilige Organisation geprägten kollektiven Ordnung nicht darum gehen, vorrangig Individualinteressen des Einzelnen zu verfolgen. Es kommt darauf an, einen Ausgleich divergierender Interessen der AN untereinander zu finden und als solche gegenüber dem AG geltend zu machen. Diese Aufgabe kann nur von einer kollektiven Interessenvertretung wahrgenommen werden.

2   Das BetrVG stellt den Arbeitnehmervertretungen hierfür ein differenziertes System von Informations-, Anhörungs-, Beratungs-, Veto- und Initiativrechten zur Verfügung. Hierbei handelt es sich nicht (mehr) um die unterste Stufe einer verfassungsrechtlich vorgegebenen öffentlich-rechtlichen Räteverfassung. Betriebsverfassungsrecht ermöglicht, die privatrechtlichen Beziehungen der ANSchaft zum AG mitzugestalten. Es beruht damit auf dem Grundsatz der Gleichordnung, nicht dem der Überordnung eines Gemeinwesens im Verhältnis zum Einzelnen (DKK/*Däubler* Einl. Rn. 60; *Fitting* Rn. 262; GK-BetrVG/*Kraft* Rn. 10). AG und BR üben keine öffentlich-rechtlichen Funktionen aus, sondern ein privates Amt auf der Ebene des Betriebes. Das im Gesetz angelegte Strukturprinzip der Repräsentation stellt nur die einheitliche Interessenvertretung und damit das Funktionieren der Betriebsverfassung sicher. Normativ auf die Arbeitsverhältnisse einwirkende Regelungen beruhen auf privatrechtlichen Vereinbarungen. Zwangsschlichtungen nehmen diesen Vereinbarungen nicht ihren privatrechtlichen Charakter. Betriebsverfassungsrecht enthält öffentlich-rechtliche Strukturelemente. Es gehört aber – abgesehen von den §§ 119 bis 121 – zum Privatrecht.

II. Struktur

In der Bundesrepublik existieren zwei Grundformen der Mitbestimmung: Die betriebliche und die 3
im Unternehmen. Die Betriebsverfassung beteiligt die AN über unterschiedlich abgestufte Beteiligungsrechte an Willensbildung und Entscheidungen des AG im Betrieb. Nach § 2 I bindet sie dort als arbeitsrechtliche Grundordnung „soziale Macht" durch Mitbestimmung und Mitwirkung zum Wohle des Betriebes und seiner Belegschaft. Die Unternehmensverfassung beteiligt die Arbeitnehmerschaft an der Planung, Organisation und Leitung eines Unternehmens. Dies geschieht – abgesehen von der Installation des Arbeitsdirektors – nicht durch Mitwirkung an der eigentlichen Führung des Unternehmens, sondern durch die Beteiligung von Arbeitnehmervertretern an der Kontrolle der Unternehmensführung in den Aufsichtsräten. Sie ist für Kapitalgesellschaften mit mehr als 2000 AN im MitbestG, für die Unternehmen des Bergbaus und der Eisen und Stahl erzeugenden Industrie im Montan-MitbestG, für herrschende Konzerngesellschaften im Montan-Bereich im MitbestErgG und in den §§ 76 ff. BetrVG 1952 für Kapitalgesellschaften geregelt, die nicht von den übrigen Mitbestimmungssystemen erfasst werden. Eine paritätische Mitbestimmung ist bisher nicht Gesetz geworden. In der Betriebsverfassung ist sie durch die Ausbildung der einzelnen Beteiligungsrechte eingeschränkt, in der Unternehmensverfassung wird sie durch die Unterrepräsentation der AN Vertreter im AR, durch das Verfahren bei der Bestimmung des neutralen Vorsitzenden und die Letztentscheidungsregeln bei paritätischer Besetzung begrenzt. In der Regel berührt die Mitbestimmung im Betrieb nicht Entscheidungen auf Unternehmensebene. Im Unternehmen werden die strategischen Entscheidungen geplant. Im Betrieb werden sie umgesetzt. Faktisch gibt es eine Reihe von Berührungspunkten, zB bei der Mitbestimmung in wirtschaftlichen Angelegenheiten.

III. Geltungsbereich

1. Persönlicher Geltungsbereich. Das Gesetz gilt nach § 5 I für alle AN – Arbeiter und Angestellte – 4
einschließlich der zu ihrer Berufsausbildung Beschäftigten. Dazu kommen die in Heimarbeit Beschäftigten, soweit sie in der Hauptsache für den Betrieb tätig sind. Einige Bestimmungen des Gesetzes gelten nach § 14 II und III AÜG für LeihAN. Unter bestimmten Voraussetzungen ist § 99 BetrVG auch auf AN von Fremdfirmen anzuwenden (s. § 99 Rn. 4). **Auslandstätigkeiten** von AN inländischer Betriebe stellt die Frage nach dem persönlichen Anwendungsbereich des Gesetzes. Das BetrVG erfasst ausländische AN in inländischen Betrieben. Umgekehrt gilt es für deutsche AN in ausländischen Betrieben selbst dann nicht, wenn auf das Vertragsverhältnis deutsches Recht anzuwenden ist (BAG 30. 4. 1987 AP SchwbG § 12 Nr. 15). Deutsches Betriebsverfassungsrecht ist jedoch auf im Ausland tätige Mitarbeiter anzuwenden, soweit sich deren Auslandstätigkeit als **„Ausstrahlung"** des Inlandsbetriebes darstellt (BAG 22. 3. 2000 AP AÜG § 14 Nr. 8). Entscheidend ist der Einzelfall. Die Frage, ob ein AN trotz seiner Auslandstätigkeit dem Inlandsbetrieb zugehört, ist grundsätzlich nach den allgemeinen Kriterien der Betriebszugehörigkeit zu entscheiden (BAG 22. 3. 2000 AP AÜG § 14 Nr. 8). Besteht trotz Auslandseinsatz eine hinreichend konkrete materielle Beziehung zum Inlandsbetrieb, gilt das BetrVG auch für diese AN (BAG 7. 12. 1989 AP Internationales Privatrecht, Arbeitsrecht Nr. 27). Dabei spielen auch Umfang und Inhalt der Weisungsbefugnis des inländischen AG gegenüber dem im Ausland eingesetzten Mitarbeiter (vgl. BAG 7. 12. 1989 AP Internationales Privatrecht, Arbeitsrecht Nr. 27; *Fitting* Rn. 25), seine Zugehörigkeit zur inländischen betrieblichen Arbeitsorganisation (DKK/*Trümner* § 5 Rn. 52) eine Rolle. Vorübergehend im Ausland eingesetzte AN inländischer Betriebe fallen damit unter den persönlichen Geltungsbereich des Gesetzes, soweit sie dort – zB als Montagearbeiter, LKW-Fahrer oder Fliegendes Personal – außerhalb einer betrieblichen Organisation beschäftigt werden (BAG 25. 4. 1978 AP Internationales Privatrecht, Arbeitsrecht Nr. 16; *Richardi* Einl. Rn. 71; *Fitting* Rn. 23; GK-BetrVG/*Kraft* Rn. 24). Ist der Einsatz zeitlich beschränkt – zB bei einer Vertretung oder der Erledigung eines zeitlich befristeten Auftrages, der Vereinbarung eines Rückrufrechts – kann das BetrVG auch auf AN eines inländischen Betriebes anzuwenden sein, die im Ausland in eine betriebliche Organisation eingegliedert tätig sind (BAG 25. 4. 1978 und 7. 12. 1989 AP Internationales Privatrecht, Arbeitsrecht Nr. 16, 27; *Fitting* Rn. 24; GK-BetrVG/*Kraft* Rn. 24; HSG/*Hess* vor § 1 Rn. 6). Es ist über § 14 AÜG auch anwendbar, wenn ein in Deutschland ansässiger Vertragsarbeitgeber AN an den Inhaber eines im Ausland liegenden Betriebs verleiht (BAG 22. 3. 2000 AP AÜG § 14 Nr. 8). Die erforderliche materielle Beziehung zum Inlandsbetrieb fehlt, wenn AN nur für einen Auslandseinsatz von einem inländischen Betrieb eingestellt werden (BAG 21. 10. 1980 AP Internationales Privatrecht, Arbeitsrecht Nr. 17; *Fitting* Rn. 25; tw. aA GK-BetrVG/*Kraft* Rn. 24), selbst wenn man sie dort kurzzeitig auf den Auslandseinsatz vorbereitet (*Fitting* Rn. 25). Das Gleiche gilt, wenn sie dem inländischen Betrieb noch nicht angehört haben und für einen einmaligen Auslandseinsatz befristet eingestellt werden (BAG 21. 10. 1980 AP Internat. Privatrecht, Arbeitsrecht Nr. 17; *Fitting* Rn. 26). Soweit AN trotz Auslandseinsatz unter den persönlichen Geltungsbereich des Gesetzes fallen, steht ihnen das aktive und passive Wahlrecht nach den §§ 7 und 8 zu (BAG 27. 5. 1981 AP BetrVG 1972 § 42 Nr. 3; *Fitting* Rn. 27). Sie können an Betriebsversammlungen teilnehmen (s § 42 Rn. 3) und zählen mit, wenn es um die Betriebsgröße geht

– §§ 1, 9, 19, 38, 99, 106, 110, 111. Der BR kann Mitbestimmungsrechte in personellen Angelegenheiten und in den sozialen Angelegenheiten wahrnehmen, welche sich auf diese AN auswirken – zB bei Kündigung (BAG 7. 12. 1989 AP Internationales Privatrecht, Arbeitsrecht Nr. 16) oder Versetzung (BAG 18. 2. 1986 AP BetrVG 1972 § 99 Nr. 33). BV – zB Sozialpläne – für diese AN sind möglich (*Fitting* Rn. 29).

5 **2. Räumlicher Geltungsbereich.** Das Gesetz gilt für die innerhalb der Grenzen der Bundesrepublik Deutschland gelegenen Betriebe – sog. **Territorialitätsprinzip** (BAG 7. 12. 1989 AP Internat. Privatrecht Nr. 27; BAG 22. 3. 2000 AP AÜG § 14 Nr. 8). Dabei kommt es weder auf die Staatsangehörigkeit des AG noch auf die der AN an (BAG 9. 11. 1977 und 7. 12. 1989 AP Internationales Privatrecht, Arbeitsrecht Nr. 13, 27; BAG 22. 3. 2000 AP AÜG § 14 Nr. 8); ebenso wenig auf das Vertragsstatut der Beschäftigung (BAG 9. 11. 1977 und 25. 4. 1978 AP Internat. Privatrecht, Arbeitsrecht Nr. 13, 16; BAG 22. 3. 2000 AP AÜG § 14 Nr. 8). Das Gesetz gilt für inländische Betriebe ausländischer Unternehmen, nicht für ausländische Betriebe, Nebenbetriebe oder Betriebsteile inländischer Unternehmen (BAG 10. 9. 1985 AP BetrVG 1972 § 117 Nr. 3; BAG 22. 3. 2000 AP AÜG § 14 Nr. 8; *Fitting* Rn. 14; GK-BetrVG/*Kraft* Rn. 20; HSG/*Hess* vor § 1 Rn. 2, 3). Für inländische Betriebe eines ausländischen Unternehmens können Gesamtbetriebsräte und ein Wirtschaftsausschüsse gebildet werden (s. § 47 Rn. 6; § 106 Rn. 2; BAG 1. 10. 1974 und 31. 10. 1975 AP BetrVG 1972 § 106 Nr. 1, 2; HSG/*Hess* vor § 1 Rn. 2; *Fitting* Rn. 19); die §§ 110, 111 ff. sind auf die AN ihrer inländischen Betriebe anzuwenden (*Fitting* Rn. 19; GK-BetrVG/*Kraft* Rn. 18). Konzernbetriebsräte können nur für Konzerne gebildet werden, die ihren Sitz im Inland haben oder bei denen ein im Inland gelegenes Unternehmen als inländische Zentrale den anderen im Leitungswege übergeordnet ist (s § 54 Rn. 7; *Fitting* Rn. 20).

6 **3. Gegenständlicher Geltungsbereich.** Das Gesetz gilt grundsätzlich für alle Betriebe der Privatwirtschaft. Ist der Inhaber eine juristische Person des öffentlichen Rechts, sind nach § 130 die PersVGe anzuwenden. Für die Religionsgemeinschaften, ihre karitativen und erzieherischen Einrichtungen gelten statt dieses Gesetzes eigene Vertretungsordnungen und -gesetze. In den „Tendenzbetrieben" gilt das Gesetz nach § 118 II eingeschränkt (s § 118 Rn. 17 ff.). Für die bei Luftfahrtunternehmen im Flugbetrieb Beschäftigten können nach § 117 II nur durch TV besondere Vertretungen gebildet werden. Für die Seeschifffahrt bestehen in den §§ 114–116 Sonderregelungen. Aus Anlass der Umwandlung der Bundesbahn in die Deutsche Bahn AG wurde gesetzliche Übergangsmandate der Personalräte geschaffen. Auf die umgewandelten Teile der Deutschen Bundespost – Deutsche Post AG, Deutsche Postbank AG, Deutsche Telekom AG – ist das BetrVG anzuwenden, soweit das PostPersRG nichts anderes bestimmt. Die dort beschäftigten Beamten haben einen betriebsverfassungsrechtlichen Sonderstatus. Er wirkt sich bei der Wahl des BR, bei der Ausübung der Beteiligungsrechte und bei der Zusammensetzung von Gesamt- und KonzerBR aus.

IV. Betrieb

7 Das Gesetz definiert nicht den Betrieb. Dennoch gilt ein **eigener Betriebsbegriff**. Die für andere Rechtsgebiete gefundenen Begriffsbestimmungen können nicht ohne weiteres herangezogen werden (DKK/*Trümner* Rn. 31; *Fitting* Rn. 62; GK-BetrVG/*Kraft* § 4 Rn. 3). Der betriebsverfassungsrechtliche Betriebsbegriff kann nicht in jedem Fall dorthin übernommen werden. Im Anwendungsbereich von § 613 a BGB hat das BAG die Rspr. des EuGH zur EG-RL 77/187 übernommen (BAG 22. 1. 1998 AP BGB § 613 a Nr. 173 und 174). Entscheidend ist danach eine auf Dauer angelegte wirtschaftliche Einheit, eine organisatorische Gesamtheit von Personen und Sachen zur Ausübung einer wirtschaftlichen Tätigkeit mit eigener Zielsetzung, die nicht auf die Ausführung eines bestimmten Vorhabens beschränkt ist (EuGH 19. 9. 1995 AP BGB § 613 a Nr. 133). Zur MassententlassungsRL 75/129 definiert der EuGH den Betrieb als Einheit, der die von der Entlassung betroffenen AN zur Erfüllung ihrer Aufgaben angehören (EuGH 7. 12. 1995 NZA 1996, 471). TV können für ihren Geltungsbereich den Betriebsbegriff selbst festlegen (BAG 11. 9. 1991 AP TVG § 1 Tarifverträge: Bau Nr. 145). Das BetrVG definiert ebenso wenig das **Unternehmen**. Es setzt den Begriff voraus und versteht darunter die organisatorische Einheit, mit der Unternehmer ihre wirtschaftlichen oder ideellen Zwecke verfolgen (BAG 7. 8. 1986 AP BetrVG 1972 § 1 Nr. 5). Die Einheit des Rechtsträgers steht dabei im Mittelpunkt (s. hierzu § 47 Rn. 3 ff.). Für den **Konzern** verweist das BetrVG grundsätzlich auf § 18 I AktG (s. § 54 Rn. 2 ff.). § 18 a Abs. 3 meint auch den Gleichordnungskonzern (*Fitting* § 18 a Rn. 35; GK-BetrVG/*Kreutz* § 18 a Rn. 58).
Betriebsteile gelten nach § 4 I unter den dort genannten Voraussetzungen als selbständige Betriebe. Die Belegschaft kann einen eigenen BR wählen oder formlos beschließen, an der Wahl des BR im Hauptbetrieb teilzunehmen. **Kleinstbetriebe**, welche zahlenmäßig die Voraussetzungen des § 1 I nicht erfüllen, werden nach § 4 II dem Hauptbetrieb zugeordnet (s. dort Rn. 6).

8 Die **Begriffsbestimmung** hat sich am Zweck des Gesetzes zu orientieren. Der Betriebsbegriff sichert im BetrVG das Prinzip der einheitlichen und sachgerechten Arbeitnehmerrepräsentation. Der Betrieb bildet die Einheit, in der AN sinnvoll ihre Beteiligungsrechte wahrnehmen können. So wird

IV. Betrieb § 1 BetrVG 210

einerseits die Vertretung der AN nach Abteilungen, Arbeitsbereichen oder Beschäftigungsraten ausgeschossen, andererseits sorgt man für eine arbeitnehmernahe Mitbestimmungsform und verhindert zugleich rivalisierende Vertretungsorgane und ein unfruchtbares Nebeneinander (BAG 24. 2. 1976 AP BetrVG 1972 § 4 Nr. 2; GK-BetrVG/*Kraft* § 4 Rn. 13). Unter Betrieb versteht man im Betriebsverfassungsrecht die organisatorische Einheit, innerhalb derer ein AG allein oder zusammen mit den von ihm beschäftigten AN bestimmte arbeitstechnische Zwecke fortgesetzt verfolgt, die sich nicht in der Befriedigung des Eigenbedarfs erschöpfen. Dazu müssen die in einer Betriebsstätte vorhandenen materiellen und immateriellen Betriebsmittel für den oder die verfolgten arbeitstechnischen Zwecke zusammengefasst, geordnet, gezielt eingesetzt und die menschliche Arbeitskraft von einem einheitlichen Leitungsapparat gesteuert werden (BAG 18. 3. 1997 AP BetrAVG § 1 Betriebsveräußerung Nr. 16; BAG 14. 5. 1997 AP BetrVG 1972 § 8 Nr. 6; *Fitting* Rn. 63; *Richardi* Rn. 17). Der Betriebsbegriff ist zwingend. Weder die Betriebspartner noch die TVParteien können über ihn disponieren (*Fitting* Rn. 143; GK-BetrVG/*Kraft* § 4 Rn. 22).

Der **arbeitstechnische Zweck** grenzt den Betrieb vom Unternehmen ab, das idR wirtschaftliche 9 Zwecke verfolgt (BAG 24. 2. 1976 AP BetrVG 1972 § 4 Nr. 2; *Fitting* Rn. 145). Die wirtschaftlichunternehmerische Zielsetzung ist daher für die Betriebsabgrenzung bedeutungslos (BAG 17. 2. 1971 AP TVG § 1 Tarifverträge: Bau Nr. 9, *Fitting* Rn. 66). Auch auf die Art des verfolgten arbeitstechnischen Zwecks kommt es nicht an – Produktion, Verwaltung, Dienstleistung, Vertrieb (BAG 23. 9. 1982 AP BetrVG 1972 § 4 Nr. 3, *Fitting* Rn. 65; GK-BetrVG/*Kraft* § 4 Rn. 5). Es kann sich daher bei Büros, Bühnen oder fremdgenützten Wohnanlagen (BAG 5. 8. 1965 AP KSchG § 21 Nr. 2) um Betriebe handeln. Unerheblich ist, worin der arbeitstechnische Zweck besteht und warum er verfolgt wird (*Richardi* Rn. 22). Er darf sich jedoch nicht in der Befriedigung des Eigenbedarfs erschöpfen (BAG 17. 2. 1981 AP BetrVG 1972 § 111 Nr. 9); Familienhaushalte sind keine Betriebe (*Fitting* Rn. 66; GK-BetrVG/*Kraft* § 4 Rn. 5). In einem Betrieb können mehrere arbeitstechnische Zwecke verfolgt werden (BAG 14. 9. 1988 AP BetrVG 1972 § 1 Nr. 9; *Fitting* Rn. 69; GK-BetrVG/*Kraft* § 4 Rn. 15; *Richardi* Rn. 24). Sie müssen sich nicht „berühren" (BAG 23. 9. 1982 AP BetrVG 1972 § 4 Nr. 3; *Fitting* Rn. 69; GK-BetrVG/*Kraft* § 4 Rn. 15; *Richardi* Rn. 24). Es reicht aus, wenn dies innerhalb einer einheitlichen, auf einen arbeitstechnischen Gesamtzweck gerichteten Organisation geschieht – zB Produktion und Verkauf oder Verwaltung und Produktion. Arbeitstechnische Zwecke müssen **fortgesetzt** verfolgt werden. Die nur vorübergehende Einrichtung von Arbeitsstätten führt nicht zur Lösung aus dem Betrieb (*Richardi* Rn. 40). Die Organisation muss auf gewisse Dauer eingerichtet sein, wenn auch nicht für längere oder unbestimmte Zeit. Daher können Saison- oder Kampagnebetriebe betriebsverfassungsrechtlich Betriebe sein (*Fitting* Rn. 77; GK-BetrVG/*Kraft* § 4 Rn. 19; *Richardi* Rn. 41).

Entscheidend für den Betrieb als betriebsverfassungsrechtliche Einheit ist der **einheitliche Lei- 10 tungsapparat,** die Einheit der Entscheidung in mitbestimmungspflichtigen Angelegenheiten (BAG 25. 9. 1986 AP BetrVG 1972 § 1 Nr. 7; *Fitting* Rn. 71; GK-BetrVG/*Kraft* § 4 Rn. 20). Damit ist nicht die technische Leitung angesprochen. Werden in einer organisatorischen Einheit mehrere arbeitstechnische Zwecke verfolgt, ist eine einheitliche technische Leitung nicht immer angebracht. Als Kriterium für die Bestimmung des Betriebsbegriffs scheidet sie damit aus (*Fitting* Rn. 73; GK-BetrVG/*Kraft* § 4 Rn. 16). Eben sowenig kommt es entscheidend darauf an, wo die wirtschaftlich-kaufmännischen Entscheidungen getroffen werden, weil sie der Mitbestimmung weitgehend entzogen sind (BAG 23. 9. 1982 AP BetrVG 1972 § 4 Nr. 3). Über den Betriebsbegriff wird die Einheit bestimmt, innerhalb derer eine sinnvolle Ordnung der Betriebsverfassung und damit eine sachgerechte Betreuung der AN durch ihre Repräsentanten möglich ist (*Fitting* Rn. 67; GK-BetrVG/*Kraft* § 4 Rn. 20). Fehlt ein eigener Leitungsapparat, der für die Organisationseinheit die maßgeblichen mitbestimmungsrelevanten Entscheidungen einheitlich trifft, kann die Arbeitsstätte daher nur Teil eines Betriebes, nicht selbst Betrieb sein (GK-BetrVG/*Kraft* § 4 Rn. 21; *Richardi* Rn. 27). Trifft die Unternehmensleitung selbst die mitbestimmungsrelevanten Entscheidungen für eine oder mehrere Produktionsstätten, handelt es sich um nur einen Betrieb. Werden diese Aufgaben in getrennten selbständigen Leitungsapparaten erfüllt, kann man regelmäßig auch von mehreren Betrieben ausgehen (BAG 23. 9. 1982 AP BetrVG 1972 § 4 Nr. 3; *Richardi* Rn. 28). So hängt es von der (betriebsverfassungsbezogenen) Leitungsstruktur eines Unternehmens ab, ob die Hauptverwaltung mit einer oder mehreren Produktionsstätten zusammen einen Betrieb oder jede dieser Produktionsstätten neben der Hauptverwaltung jeweils eigene Betriebe bilden (BAG 29. 3. 1982 AP BetrVG 1972 § 4 Nr. 3; *Richardi* Rn. 46). Die **Einheit der Entscheidungen** in mitbestimmungspflichtigen Angelegenheiten erfordert nicht, dass bei der Betriebsleitung alle Kompetenzen für die Beziehungen zu den AN angesiedelt sind. Es kommt vor allem auf die Selbständigkeit der Entscheidung in personellen und sozialen, weniger in den wirtschaftlichen Angelegenheiten an. Die Rspr. weist darauf hin, dass die Betriebsverfassung als Ansprechpartner des BR in den §§ 111 ff., den „Unternehmer", im Übrigen den „AG" nennt (BAG 23. 9. 1982 AP BetrVG 1972 § 4 Nr. 3). Eine organisatorische Einheit scheidet daher als Betrieb aus, wenn dort die Arbeitgeberfunktionen im Bereich der personellen und sozialen Mitbestimmung nicht zumindest im Kern – sei es auch nach Richtlinien einer Zentrale – ausgeübt werden (BAG 23. 9. 1982 AP BetrVG 1972 § 4 Nr. 3; *Fitting* Rn. 71, GK-BetrVG/*Kraft* § 4 Rn. 20; *Richardi* Rn. 31).

Eisemann

11 Auf die **einheitliche Betriebsgemeinschaft** bzw. die Einheit der Belegschaft kommt es für die Bestimmung des Betriebes nicht an (*Fitting* Rn. 76; GK-BetrVG/*Kraft* § 4 Rn. 18). Die **räumliche Einheit** von Arbeitsstätten kann nur für einen Betrieb sprechen, sie muss es nicht (BAG 23. 9. 1982 AP BetrVG 1972 § 4 Nr. 3; *Fitting* Rn. 74; GK-BetrVG/*Kraft* § 4 Rn. 17; *Richardi* Rn. 32). Das Fehlen der räumlichen Einheit spricht nicht notwendig gegen einen Betrieb, wie § 4 zeigt. Dies Kriterium ist auch sonst weitgehend ohne Aussagekraft. Bei nicht standortgebundenen Tätigkeiten kann es nicht entscheidend sein (*Richardi* Rn. 36). AN im Außendienst gehören zu dem Betrieb, für den sie tätig werden (*Fitting* Rn. 66). Auswärtige Arbeitsstätten können sich selbst zu einem Betrieb entwickeln (*Fitting* Rn. 75), auswärts tätige Mitarbeiter können eine verselbständigte Organisation bilden, die einen Betrieb darstellt (*Richardi* Rn. 37). Ausschlaggebend ist stets, ob für sie ein einheitlicher Leitungsapparat besteht. Eine auf fremdem Werksgelände über Jahre hinweg unterhaltene „Baustelle" bildet daher keinen selbständigen Betrieb, wenn ihr ein betriebsverfassungsrechtlicher Leitungsapparat fehlt (LAG Düsseldorf 20. 5. 1997 – 8 Sa 1591/96).

12 Nicht jede **Änderung der tatsächlichen Verhältnisse** führt zum Wegfall des Betriebes. So berührt ein Wechsel oder die Ergänzung des arbeitstechnischen Zwecks nicht den Bestand des Betriebes, wenn die Organisationseinheit erhalten bleibt (BAG 23. 9. 1982 AP BetrVG 1972 § 4 Nr. 3; *Richardi* Rn. 26). Der Betrieb besteht auch nach seiner **Verlegung** weiter, solange nur die Belegschaft im Wesentlichen dieselbe bleibt (*Richardi* Rn. 38). Er endet – selbst bei Beibehaltung des arbeitstechnischen Zwecks (BAG 6. 11. 1959 AP KSchG § 13 Nr. 15) – wenn mit einer Verlegung am neuen Standort eine neue Belegschaft eingestellt wird (BAG 12. 2. 1987 AP BGB § 613 a Nr. 67). Verfügt ein Unternehmer den **Zusammenschluss** zweier bisher selbständiger Betriebe durch den Umzug des einen Betriebes in die Räumlichkeiten des anderen, enden beide Betriebe, wenn dadurch ein neuer Betrieb entsteht (BAG 25. 9. 1986 AP BetrVG 1972 § 1 Nr. 7). Bei der schlichten **Eingliederung** endet der „aufgesogene" Betrieb, der aufnehmende bleibt erhalten (GK-BetrVG/*Kraft* § 4 Rn. 44). Die tatsächlichen Feststellungen zur Abgrenzung beider Formen der Integration sind oft nur schwierig zu treffen. Bei der **Aufspaltung** eines Betriebes können neue betriebsratsfähige Einheiten entstehen. Werden durch die aufgezählten Veränderungen derartige Einheiten geschaffen, können die alten Betriebsräte Übergangsmandate ausüben (s. § 21 a). Der Betrieb endet mit seiner **Stilllegung.** Die wirtschaftliche Betätigung muss mit der Absicht aufgegeben werden, den bisherigen Betriebszweck dauernd oder für eine ihrer Dauer nach unbestimmte wirtschaftlich nicht unerhebliche Zeitspanne nicht zu verfolgen (BAG 28. 4. 1988 AP BGB § 613 a Nr. 74; GK-BetrVG/*Kraft* § 4 Rn. 44). Hier kommen für den BR Restmandate in Frage (s. § 21 b). Bei einem **Betriebsübergang** bleibt oft der Betrieb erhalten. Der neue AG tritt in die betriebsverfassungsrechtliche Stellung des alten ein. Der BR bleibt im Amt. BV und GesamtBV gelten normativ weiter (BAG 27. 7. 1994 AP BGB § 613 a Nr. 118; BAG 18. 9. 2002 AP BetrVG 1972 § 77 Nr. 93; *Fitting* Rn. 135). § 613 a I 2 soll als Auffangtatbestand betriebsverfassungsrechtliche Lücken schließen, nicht die Rechte des BR einschränken. Die GesamtBV gilt nicht „im Unternehmen", sondern in seinen Betrieben. Führt der Betriebsübergang zu einem Zusammenschluss bzw. einer Eingliederung oder entsteht der Übertragung von Betriebsteilen ein neuer selbständiger Betrieb, wird die Kontinuität der BRArbeit durch Rest- und Übergangsmandate gesichert (s. §§ 21 a Rn. 2 ff. und 21 b Rn. 2 ff.). Für BV und TV gilt § 613 a I 2–4 BGB.

V. Gemeinsamer Betrieb

13 Dem mit **Abs. 1 Satz 2** erstmals generell für den gesamten Geltungsbereich des BetrVG gesetzlich geregelten gemeinsamen Betrieb fehlt von Hause aus die rechtliche Identität des Betriebsinhabers. Die dort Beschäftigten sind arbeitsvertraglich verschiedenen AG zugeordnet. Führen diese den Betrieb gemeinsam und beruht ihre gemeinsame Führung auf einer entsprechenden Vereinbarung, steht den AN betriebsverfassungsrechtlich nur ein Ansprechpartner gegenüber. Sie müssen daher auch von einem BR vertreten werden, der alle Beschäftigten ohne Rücksicht auf ihre individualrechtliche Bindung repräsentiert. Anders lassen sich Mitbestimmungsrechte nicht sinnvoll wahrnehmen. Eine gesetzliche **Definition** des gemeinsamen Betriebes fehlt. Die Neufassung des Gesetzes führt die schon vorhandene Rspr. fort. Diese ist daher weiterhin heranzuziehen (*Fitting* Rn. 78). Mit einem gemeinsamen Betrieb haben wir es zu tun, wenn mindestens zwei Unternehmen die in einer Betriebsstätte vorhandenen materiellen und immateriellen Mittel für einen oder mehrere einheitliche arbeitstechnische Zwecke zusammenfassen, ordnen, gezielt einsetzen und der Einsatz der menschlichen Arbeitskraft von einem einheitlichen Leitungsapparat gesteuert wird; dazu müssen sich die beteiligten Unternehmen zumindest stillschweigend zu einer gemeinsamen Führung rechtlich verbunden haben (BAG 21. 2. 2001 NZA 2002, 56). In den gesetzlichen Voraussetzungen besteht der einzige Unterschied zwischen einem Betrieb (Satz 1) und dem gemeinsamen Betrieb (Satz 2) darin, dass sachliche und persönliche Betriebsmittel mehreren Rechtsträgern rechtlich zugeordnet sind (*Fitting* Rn. 80). Einen solchen Gemeinschaftsbetrieb können das gemeinsame Büro verschiedener Buchverlage (vgl. BAG 14. 11. 1975 AP BetrVG 1972 § 118 Nr. 5), die von Baugesellschaften für gemeinsame Bauprojekte gebildeten Arbeitsgemeinschaften (ARGE) sowie die Hauptverwaltungen und Filialdirektionen von Versicherungsgesellschaften darstellen, welche nach dem Versicherungsaufsichtsrecht verpflichtet sind,

V. Gemeinsamer Betrieb

die verschiedenen Sparten des Versicherungsgeschäfts getrennt zu betreiben (BAG 14. 9. 1988 AP BetrVG 1972 § 1 Nr. 9). An einem gemeinsamen Betrieb kann neben einer juristischen Person des Privatrechts eine Körperschaft des öffentlichen Rechts beteiligt sein (BAG 24. 1. 1996 AP BetrVG 1972 § 1 Gemeinsamer Betrieb Nr. 8).

Voraussetzung für den gemeinsamen Betrieb ist – wie sonst auch – ein **einheitlicher Leitungs-** 14 **apparat** (BAG 14. 2. 1994 AP BetrVG 1972 § 5 Rotes Kreuz Nr. 3; *Fitting* Rn. 80; GK-BetrVG/*Kraft* § 4 Rn. 23; *Richardi* Rn. 69), welcher die der Beteiligung des BR unterliegenden wesentlichen Entscheidungen im personellen und sozialen Bereich trifft (BAG 29. 1. 1987 AP BetrVG 1972 § 1 Nr. 6; BAG 31. 5. 2000 NZA 2000, 1350; *Fitting* Rn. 81; *Richardi* Rn. 67). Eine rein unternehmerische Zusammenarbeit etwa auf der Grundlage von Organ- oder Beherrschungsverträgen (BAG 14. 9. 1988 AP BetrVG 1972 § 1 Nr. 9) – reicht nicht aus (BAG 18. 1. 1990 AP KSchG 1969 § 23 Nr. 9); ebenso wenig die Fremdsteuerung des Arbeitsprozesses wie bei der Just-in-time-Produktion (*Richardi* Rn. 67) oder die einfache Anordnung einer Konzernholding an die Tochter-AG, für sie bestimmte Arbeiten zu erledigen (BAG 29. 4. 1999 AP KSchG 1969 § 23 Nr. 21). In diesen Fällen fehlt der Ansprechpartner für den BR. Der einheitliche Leitungsapparat erfordert eine **rechtliche Verbindung** der beteiligten Unternehmen (BAG 29. 4. 1999 AP BetrVG 1972 § 5 Rotes Kreuz Nr. 3; GK-BetrVG/ *Kraft* § 4 Rn. 26; *Richardi* Rn. 66), ihre tatsächliche Zusammenarbeit reicht nicht aus (aA *Fitting* Rn. 89). Die Vermutung des Abs. 2 Nr. 1 wäre sonst überflüssig. Auf die Rechtsform der Zusammenarbeit kommt es dabei nicht an (BAG 7. 8. 1986 AP BetrVG 1972 § 1 Nr. 5; GK-BetrVG/*Kraft* § 4 Rn. 25). Eine stillschweigende Vereinbarung genügt (BAG 14. 9. 1988 AP BetrVG 1972 § 1 Nr. 9; BAG 31. 5. 2000 NZA 2000, 1350). Werden die Arbeitgeberfunktionen im personellen und sozialen Bereich im Wesentlichen einheitlich ausgeübt, kann regelmäßig auf eine solche konkludente Führungsvereinbarung geschlossen werden (BAG 14. 2. 1994 AP BetrVG 1972 § 5 Rotes Kreuz Nr. 3). Ob eine einheitliche Leitung vorliegt, beurteilt sich dabei nach der innerbetrieblichen Entscheidungsfindung und ihrer Umsetzung. Die nur formale Ausübung von Arbeitgeberbefugnissen durch den jeweiligen Vertragsarbeitgeber steht dem nicht entgegen (BAG 24. 1. 1996 AP BetrVG 1972 § 1 Gemeinsamer Betrieb Nr. 8).

Hier setzen die Vermutungen des **Abs. 2** an. Die Vorschrift macht aus einer Tatsache, die bisher 15 schon vom BAG als Indiz für einen gemeinsamen Betrieb herangezogen wurde, eine Vermutungsgrundlage und erspart so den Nachweis einer vereinbarten Leitung in wesentlichen Arbeitgeberfunktionen. Vermutet wird die gemeinsame Führung des Betriebes durch die beteiligten Rechtsträger (BT-Drucks. 14/5741 S. 33; *Fitting* Rn. 86, 93; *Richardi* Rn. 74, 76). Daher darf in **Ziff. 1** das Wort „eingesetzt" nicht als gemeinsame Leitung verstanden werden. Die Vermutung wäre sonst überflüssig (DKK/*Trümner* Rn. 88; *Richardi* Rn. 73). Als Vermutungstatbestand ist vielmehr schon eine gemeinsame Nutzung ausreichend (*Fitting* Rn. 85; ähnlich DKK/*Trümner* Rn. 88). Erforderlich ist nicht die gemeinsame Nutzung aller, sondern die der wesentlichen Betriebsmittel. Als Indiztatsachen für den gemeinsamen Einsatz von Betriebsmitteln und AN kommt die gemeinsame räumliche Unterbringung, eine personelle, organisatorische oder technische Verknüpfung der Arbeitsabläufe, eine gemeinsame Lohnbuchhaltung, Sekretariat, Kantine oder Druckerei in Betracht (ähnlich *Fitting* Rn. 90). Die Vermutung der **Ziff. 2** setzt voraus, dass ein Betrieb mindestens zwei an der Spaltung beteiligten Unternehmen zugeordnet wird. Gemeint ist die Unternehmensspaltung mit einer damit verbundenen zivilrechtlichen Neuzuordnung zu einem anderen Rechtsträger (DKK/*Trümner* Rn. 102), nicht die (reine) Betriebsspaltung. Erfasst werden die umwandlungsrechtliche partielle Gesamtrechtsnachfolge und die rechtsgeschäftliche Einzelrechtsnachfolge (DKK/*Trümner* Rn. 98). Die Vorschrift entspricht dem außer Kraft gesetzten § 322 Abs. 1 UmwG. Auch dort war schon anerkannt, dass allein bei *wesentlichen* Änderungen der Organisation des Betriebes die Vermutung eines gemeinsamen Betriebes entfällt (*Lutter/Joost* UmwG § 322 Rn. 11, 12; *Boecken* Rn. 393). Eine Spaltung aus steuer-, haftungs- oder wettbewerbsrechtlichen Gründen spricht gegen eine wesentliche Organisationsänderung (DKK/ *Trümner* Rn. 105), wie etwa die Aufteilung in eine Besitz- und eine Betriebsgesellschaft. Die Vermutungen sind **widerlegbar**. Ist der Nachweis der Tatsachen erbracht, welche die Vermutungsgrundlage abgeben oder sind sie unstreitig, muss der Prozessgegner darlegen und beweisen, dass eine gemeinsame Leitung nicht besteht und man daher nicht von einem gemeinsamen Betrieb ausgehen kann (DKK/*Trümner* Rn. 95, 112; *Fitting* Rn. 87; *Richardi* Rn. 74, 77). Dieser Nachweis lässt sich kaum führen. Soweit die Beteiligten Unternehmen im Zusammenhang mit der Installation einer neuen Organisationseinheit ausdrücklich erklärt haben, keine Führungsvereinbarung treffen zu wollen bzw getroffen zu haben, ist ihre Erklärung jedenfalls angesichts einer tatsächlich praktizierten gemeinsamen Leitung unbeachtlich (*Fitting* Rn. 88; *Lutter/Joost* UmwG § 322 Rn. 16). Entscheidend ist – wie sonst auch – die tatsächliche Handhabung.

Ein gemeinsamer Betrieb kann aus der Zusammenlegung von Betrieben entstehen. Die beteiligten 16 AN scheiden aus der bisherigen Betriebsverfassung aus (*Hanau* RdA 2001, 65) und werden im Wege des nach § 21a Abs. 2 begründeten **Übergangsmandats** von dem BR des größten Betriebes vertreten (s. § 21a). Die anderen Betriebsräte entfallen, die Amtsstellung ihrer BRMitglieder endet, soweit sie nicht ein Restmandat wahrnehmen (s. § 21b). Bleibt es trotz Spaltung eines Unternehmens beim einheitlichen Betrieb, bleibt der BR im Amt und seine Mitglieder behalten ihre **Amtsstellung** unabhängig davon, ob ihre Arbeitsverhältnisse auf das andere an der Spaltung beteiligte Unternehmen übergehen (BAG 18. 1. 1990 AP KSchG 1969 § 23 Nr. 9; DKK/*Trümner* Rn. 116). Übergangsmandate entstehen nicht (Vgl. BAG 31. 5. 1900 NZA 1900, 1350). BV bleiben bestehen, sie werden nicht nach § 613 a Abs. 1 Satz 2 BGB transformiert (DKK/*Trümner* Rn. 116). Auf die Größe des Gemeinschaftsbetriebes kommt es an, soweit **Beteiligungsrechte** oder die Frage, ob es sich um einen wesentlichen Betriebsteil nach § 111 S. 1 Nr. 1 handelt von der Größe des Betriebes abhängen (BAG 11. 11. 1997 AP BetrVG 1972 § 111 Nr. 42; *Fitting* Rn. 95). Die AN des gemeinsamen Betriebes werden bei der Bildung des Wirtschaftsausschusses mitgezählt; dasselbe gilt für andere Schwellenwerte (BAG 1. 8. 1990 AP BetrVG 1972 § 106 Nr. 8; *Fitting* Rn. 100, 102). **Ansprechpartner** für den BR sind die von den beteiligten Unternehmen mit der Leitung Beauftragten. In personellen Angelegenheiten kann der AG zuständig sein, zu dem das Arbeitsverhältnis besteht (*Fitting* Rn. 96; *Wißmann* NZA 2003, 1). Ein Interessenausgleich wird alle am gemeinsamen Betrieb beteiligten Unternehmen betreffen, die ihn daher gemeinsam mit dem BR aushandeln müssen (BAG 11. 11. 1997 AP BetrVG 1972 § 111 Nr. 42 = NZA 1998, 723). Ein entsprechender Bezug zur gesamten Belegschaft wird sich oft bei den Mitbestimmungsrechten aus § 87 BetrVG ergeben. Die allgemeinen **Kosten** der BRTätigkeit (Sachmittel, Personal) tragen die beteiligten Unternehmen als Gesamtschuldner; die Kosten der Tätigkeit einzelner Mitglieder (Freistellung) tragen ihre jeweiligen AG (*Fitting* Rn. 96). Der BR des Gemeinschaftsbetriebes entsendet seine Mitglieder in die **Gesamtbetriebsräte** der beteiligten Unternehmen, wie § 47 Abs. 9 zeigt. So können mehrere Gesamtbetriebsräte für einen Betrieb zuständig sein (*Hanau* RdA 2001, 65). Ihre Zuständigkeit richtet sich dann im Einzelfall nach der Zugehörigkeit der betroffenen AN zum Unternehmen. Offen sind die Fragen der Stimmgewichte und Stimmrechte, soweit sie nicht durch TV oder BV gelöst werden. Der gemeinsame Betrieb **endet**, wenn die einheitliche Leitung nicht mehr ausgeübt wird (*Richardi* Rn. 88). Gehen Beteiligte fälschlicherweise von einem gemeinsamen Betrieb aus, sollen die zur Verkennung des Betriebsbegriffs entwickelten Grundsätze gelten (DKK/*Trümner* Rn. 119).

VI. Beteiligte

17   Die wichtigsten Normadressaten sind BR und AG, nicht die **Belegschaft.** Sie wird als Gemeinschaft vom BR repräsentiert. Die AN besitzen – von wenigen Ausnahmen abgesehen – keine Befugnisse im Rahmen der Betriebsverfassung, welche sie selbst ausüben können. Sie wählen den BR, nehmen nach den §§ 42 I, 71 an den im Gesetz vorgesehenen Versammlungen teil, sind nach § 28 a in Arbeitsgruppen tätig und müssen vom Unternehmen nach § 110 informiert werden. Der **AG** braucht die ihm zustehenden Rechte und Pflichten nicht in Person auszuüben und zu erfüllen. Als juristische Person wird er auch in der Betriebsverfassung von seinen Organen bzw. den vertretungsberechtigten Gesellschaftern vertreten. Diese können sich rechtsgeschäftlich durch einen an der Betriebsleitung beteiligten verantwortlichen AN vertreten lassen. Er muss bei wichtigen Verhandlungen entscheidungsbefugt sein (BAG 21. 12. 1991 AP BetrVG 1972 § 90 Nr. 2). In der Insolvenz nehmen die Verwalter die betriebsverfassungsrechtlichen Rechte und Pflichten des Gemeinschuldners wahr (DKK/*Schneider/Wedde* Einl. Rn. 139; GK-BetrVG/*Kraft* Rn. 47). Beim **BR** handelt es sich nicht um ein Vertretungsorgan der Gewerkschaften im Betrieb (HSG/*Hess* § 2 Rn. 26). Aktives und passives Wahlrecht zum BR sind nicht von einer Verbandsmitgliedschaft abhängig. Jedes BRMitglied repräsentiert alle Beschäftigten, auch soweit sie selbst oder in anderen Gewerkschaften organisiert sind (BVerfG 27. 3. 1979 AP Art. 9 GG Nr. 31). Der BR besitzt als wichtigster Träger der Beteiligungsrechte keine eigene Rechtspersönlichkeit. Er ist nicht rechtsfähig (BAG 24. 4. 1986 AP BetrVG 1972 § 87 Sozialeinrichtungen Nr. 7) und nur partiell vermögensfähig, soweit er im Rahmen der ihm gesetzlich zugewiesenen Aufgaben Inhaber vermögensrechtlicher Ansprüche sein kann (BAG 24. 10. 2001 AP BetrVG 1972 § 40 Nr. 71). In der Betriebsverfassung wird er im eigenen Namen tätig. Seine Rechte kann er gerichtlich durchsetzen. Im Beschlussverfahren ist er nach § 10 ArbGG beteiligungsfähig (parteifähig). Er darf grundsätzlich nicht die Interessen eines einzelnen AN verfolgen. Seine Aufgabe ist der Schutz der Belegschaft (BAG 17. 10. 1989 AP BetrVG 1972 § 112 Nr. 53). In wenigen Fällen kann er nach den §§ 82 ff. vom einzelnen AN ausdrücklich ermächtigt werden oder sich deren Interessen zu eigen machen. Im Übrigen kann er individuelle Ansprüche der AN weder außergerichtlich noch gerichtlich geltend machen (BAG 24. 2. 1987 AP BetrVG 1972 § 80 Nr. 28). Soweit er mit der Wahrnehmung der Belegschaftsinteressen auch die einzelner AN verfolgt, entstehen daraus keine Ansprüche gegen den BR. Er ist de jure nicht von der Zustimmung der Arbeitnehmerschaft abhängig. Ihr Misstrauensvotum ist rechtlich ohne Bedeutung. Es gibt kein imperatives Mandat (BAG 27. 9. 1989 AP BetrVG 1972 § 42 Nr. 5). Er vertritt die Rechte von Angestellten und gewerblichen AN. Die einzelnen Mitglieder dürfen sich jedoch nicht in erster Linie als Vertreter ihrer Gruppen verstehen. Datenschutzrechtlich ist der BR als Organ der Betriebsverfassung keine nach § 3 VIII BDSG speichernde Stelle. Informationen des AG an den BR stellen keine Übermittlung nach § 3 V Nr. 3 BDSG dar. Eben sowenig wird der Informationsfluss zwischen dem BR und seinen Ausschüssen oder der JAV vom BDSG erfasst (*Fitting* Rn. 204 ff.). Kraft Gesetz tritt der BR auch in Beziehung zu Dritten außerhalb des Betriebes – zB

VII. Beteiligungsrechte § 1 BetrVG 210

nach den §§ 17 KSchG oder 8, 72 AFG. Solche Außenbeziehungen können daneben zu Sachverständigen, Rechtsanwälten, Gewerkschaftsbeauftragen, zu den BR anderer Betriebe, zu Gerichten oder den Behörden der Arbeitsverwaltung entstehen. Grundsätzlich ist das Recht des BR, Interessen der AN wahrzunehmen durch keine Norm beschränkt. Es muss sich nur um die Wahrnehmung von Aufgaben handeln, die dem BR übertragen sind (BAG 18. 9. 1991 AP BetrVG 1972 § 40 Nr. 40). Dabei ist er in der Wahl seiner Mittel grundsätzlich frei. Grenzen ergeben sich aus den allgemeinen Bestimmungen wie zB den §§ 2, 74 II, 77 I S. 2 und 79. Die **BRMitglieder** dürfen nach § 78 S. 1 in der Ausübung ihrer Tätigkeit weder gestört noch behindert werden. Dies Verbot richtet sich nicht nur gegen den AG, sondern gegen jedermann. Sie dürfen nach § 78 S. 2 wegen ihrer BRTätigkeit weder benachteiligt, noch begünstigt werden. Sie üben nach § 37 I ihr Amt unentgeltlich aus. Für die Dauer der BRTätigkeit und des Besuchs von Schulungsveranstaltungen besteht nach § 37 ein Anspruch auf Fortzahlung ihrer Vergütung. Sie sind nach § 37 IV und V wirtschaftlich und in ihrer beruflichen Entwicklung abgesichert. Die §§ 103 und 15 KSchG schützen sie – auch für ein Jahr nach Beendigung ihres Amtes – besonders gegen Kündigungen.

VII. Beteiligungsrechte

Als **Formen der Beteiligung** kennt das Gesetz Unterrichtungsrechte als allgemeinen Informationsanspruch (§ 80 II 1) oder zugeordnet zu Beteiligungsrechten (zB §§ 99, 102, 111), Anhörungs- und Vorschlagsrechte (zB § 92 II, 102), Beratungsrechte (zB §§ 90 II, 111) und Mitbestimmungsrechte in der Form von Zustimmungsverweigerungs-(Veto-)rechten (§ 99) oder der Zustimmungserfordernis bzw. Initiativrechten (§§ 87 I, 103). Bei der Ausübung von Mitbestimmungsrechten entscheiden Rechtsfragen – wie ist die Rechtslage? (zB § 99 IV) – im Streitfall meist die Arbeitsgerichte. Regelungsfragen – was soll in Zukunft für die Beteiligten gelten und rechtens sein? (zB § 87 II) – werden weit überwiegend von Einigungsstellen entschieden. Die Beteiligungsrechte insgesamt werden über individualrechtliche, kollektivrechtliche und strafrechtliche Sanktionen abgesichert. Sie sind ausdrücklich im Gesetz enthalten – zB §§ 102 I 2, 113, 23 III, 121 – oder wurden durch die Rspr. – Theorie der Wirksamkeitsvoraussetzung (BAG 14. 1. 1986 AP BetrVG 1972 § 87 Ordnung des Betriebes Nr. 10), allgemeiner Unterlassungsanspruch (BAG 3. 5. 1994 AP BetrVG 1972 § 23 Nr. 23) – entwickelt (s. § 23 Rn. 34; Einl. § 74 Rn. 28 ff.).

Die **Abänderung von Beteiligungsrechten** ist nur in Grenzen möglich. Die Vorschriften zu Wahl und Organisation des BR sind zwingend, soweit nicht das Gesetz selbst – wie in den §§ 3, 38 I, 47 IV–VI, 55 IV, 72 IV–VI, 117 II – Ausnahmen zulässt (*Fitting* Rn. 246; *Richardi* Einl. Rn. 141). Die in den §§ 81 ff. enthaltenen Individualrechte der AN können durch BV und TV erweitert werden (*Fitting* Rn. 260). Auf die gesetzlichen Beteiligungsrechte kann nicht wirksam verzichtet werden (BAG 14. 2. 1967 AP BetrVG § 56 Wohlfahrtseinrichtungen Nr. 9). Sie lassen sich ebenso wenig abstrakt durch Kollektivvereinbarung einschränken (*Richardi* Einl. Rn. 142; *Fitting* Rn. 248; GK-BetrVG/*Kraft* Rn. 58). Sie können jedenfalls in den Grenzen der funktionalen Zuständigkeit des BR weitgehend durch **freiwillige BV** erweitert werden. Dies gilt sowohl für die sozialen Angelegenheiten (BAG AP BetrVG § 57 Nr. 3; DKK/*Däubler* Einl. Rn. 84; *Fitting* Rn. 252; GK-BetrVG/*Wiese* § 87 Rn. 10), als auch für die allgemeinen personellen Angelegenheiten (DKK/*Däubler* Einl. Rn. 84; *Fitting* Rn. 252; GK-BetrVG/*Kraft* vor § 92 Rn. 25; *Richardi* Einl. Rn. 138). Die Mitbestimmung bei den personellen Einzelmaßnahmen lässt sich durch BV erweitern, soweit dies nicht zu Lasten der einzelnen AN geht (GK-BetrVG/*Kraft* vor § 92 Rn. 24; *Fitting* Rn. 222; DKK/*Däubler* Einl. Rn. 85; *Richardi* Einl. Rn. 138). Für den Bereich der wirtschaftlichen Angelegenheiten wird eine Erweiterung der Beteiligungsrechte durch BV zum Teil für möglich gehalten (DKK/*Däubler* Einl. Rn. 85; *Fitting* Rn. 257; *Richardi* Rn. 138), im Übrigen jedenfalls für weite Teile abgelehnt (GK-BetrVG/*Oetker* vor § 106 Rn. 11 ff.). Die Ausweitung der Mitbestimmung durch **TV** hat keine größere praktische Bedeutung. AG werden sie nicht in Angriff nehmen, AN werden sie idR nicht erstreiken wollen. Durch TV kann grundsätzlich die Mitbestimmung in sozialen Angelegenheiten (BAG 18. 8. 1987 AP BetrVG 1972 § 77 Nr. 23; DKK/*Däubler* Einl. Rn. 80; *Fitting* Rn. 253; GK-BetrVG/*Wiese* § 87 Rn. 11; *Wiedemann/Oetker* § 1 Rn. 601; aA *Richardi* Einl. Rn. 145 ff.; s Einl. § 74 Rn. 4) und in personellen Angelegenheiten erweitert werden (BAG 31. 1. 1995 AP BetrVG 1972 § 118 Nr. 56; DKK/*Däubler* Einl. Rn. 80; *Fitting* Rn. 254; eingeschränkt GK-BetrVG/*Kraft* vor § 92 Rn. 27; aA *Richardi* Einl. Rn. 145 ff.; s. Einl. § 74 Rn. 5). Die Ausweitung der Beteiligungsrechte in wirtschaftlichen Angelegenheiten durch TV wird von den einen rundweg abgelehnt (*Richardi* Einl. Rn. 145 ff.; *Wiedemann/Oetker* § 1 Rn. 603), andere halten sie jedenfalls für Teilbereiche der wirtschaftlichen Mitbestimmung mit unterschiedlichen Abstufungen für möglich (DKK/*Däubler* Einl. Rn. 77 ff.; *Fitting* Rn. 257; GK-BetrVG/*Oetker* vor § 106 Rn. 16 ff.; s. Einl. vor § 74 Rn. 7 ff.). Mitbestimmung begrenzt die unternehmerische Entscheidungsfreiheit. Ihre Ausweitung durch TV verlangt eine praktische Konkordanz von Art 9 III GG und Art. 12 GG. Diese kann gerade bei der Beteiligung in wirtschaftlichen Angelegenheiten nicht generell, sondern nur für den Einzelfall gefunden werden.

VIII. Haftung

20 Der **BR** ist im allgemeinen Rechtsverkehr nicht rechtsfähig. Er ist außerhalb seines Wirkungskreises auch nicht vermögensfähig (BAG 24. 4. 1986 AP BetrVG 1972 § 87 Sozialeinrichtungen Nr. 7; BAG 24. 10. 2001 AP BetrVG 1972 § 40 Nr. 71; DKK/*Schneider/Wedde* Einl. Rn. 122; *Richardi* Einl. Rn. 107 ff.; *Fitting* Rn. 218; GK-BetrVG/*Kraft* Rn. 74). Er besitzt nur eine betriebsverfassungsrechtliche Teilrechtsfähigkeit. Dies gilt ua. für den Informationsanspruch nach § 80 II und seine Beteiligungsfähigkeit nach § 10 ArbGG. Im Rahmen der Betriebsverfassung kann er auch Träger vermögensrechtlicher Ansprüche und Rechtspositionen sein, wie § 40 zeigt (DKK/*Schneider/Wedde* Einl. Rn. 123; GK-BetrVG/*Kraft* Rn. 75) und verfügt in diesem Umfang über eine partielle Vermögensfähigkeit (BAG 24. 10. 2001 AP BetrVG 1972 § 40 Nr. 71). Beim Abschluss von Verträgen mit Dritten wird der BR nicht Schuldner. Der AG wird nur verpflichtet, wenn er dem BR Vollmacht erteilt hat, eine Vertretungsmacht kraft Gesetz besteht nicht (DKK/*Schneider/Wedde* Einl. Rn. 126; *Fitting* Rn. 219; GK-BetrVG/*Kraft* Rn. 76). Darf der BR Sachverständige oder Anwälte beiziehen, muss der AG daher die Verträge abschließen (*Fitting* Rn. 220). Vom BR benannte Beisitzer in Einigungsstellen erwerben kraft Gesetz nach § 76 a III einen Honoraranspruch gegen den AG. Der BR haftet als Organ nicht aus unerlaubter Handlung (DKK/*Schneider/Wedde* Einl. Rn. 130; *Richardi/Richardi/Thüsing* vor § 26 Rn. 8; HSG/*Hess* vor § 1 Rn. 27; *Fitting* Rn. 222; GK-BetrVG/*Kraft* Rn. 78). Dies gilt nach § 85 II ArbGG auch für Ansprüche aus § 945 ZPO. Für seine unerlaubten Handlungen haften ebenso wenig die AN oder der AG (*Fitting* Rn. 223; GK-BetrVG/*Kraft* Rn. 86 f.; *Richardi/Richardi/Thüsing* Vor § 26 Rn. 17).

21 Die Einzelnen **BRMitglieder** haften nach den allgemeinen Regeln. Handeln sie „im Namen des BR" außerhalb der im BetrVG geregelten Bereiche, haften sie persönlich (BAG 24. 4. 1986 AP BetrVG 1972 § 87 Sozialeinrichtungen Nr. 7; *Fitting* Rn. 225; GK-BetrVG/*Kraft* Rn. 79). Schließen sie im eigenen Namen Verträge ab, haften sie ebenso nach den schuldrechtlichen Bestimmungen (*Fitting* Rn. 225). Soweit die Kostentragungspflicht des AG reicht, haben sie aber einen Freistellungs- oder Erstattungsanspruch (BAG 27. 3. 1979 AP ArbGG 1953 § 80 Nr. 7). BRMitglieder haften grundsätzlich wie andere AN aus unerlaubter Handlung und sittenwidriger Schädigung. Eine „amtsbedingte" Ausweitung der Haftung findet nicht statt (*Richardi/Richardi/Thüsing* Vor § 26 Rn. 15). In der Inanspruchnahme von Mitbestimmungsrechten liegt keine Pflichtverletzung. Das Betriebsverfassungsrecht schafft kein deliktisches Sonderrecht für Amtspflichtverletzungen von betriebsverfassungsrechtlichen Amtsträgern (*Fitting* Rn. 226; HSG/*Hess* vor § 1 Rn. 31; GK-BetrVG/*Kraft* Rn. 83). Ebenso wenig gibt es eine „amtsbedingte" Privilegierung, etwa eine Beschränkung der Haftung auf Vorsatz (HSG/*Hess* vor § 1 Rn. 32; GK-BetrVG/*Kraft* Rn. 81, 83; *Richardi/Richardi/Thüsing* Vor § 26 Rn. 15; aA DKK/*Schneider/Wedde* Einl. Rn. 131). Handeln mehrere BRMitglieder gemeinschaftlich, gelten die §§ 830, 840 BGB. Beruht die unerlaubte Handlung auf einem Beschluss des BR, haften nur die BRMitglieder, die dem Beschluss zugestimmt haben (*Richardi/Richardi/Thüsing* vor § 26 Rn. 16; *Fitting* Rn. 233; GK-BetrVG/*Kraft* Rn. 85), soweit sich dies ermitteln lässt. Auch eine Haftung gegenüber den AN kommt in Betracht (*Fitting* Rn. 231; GK-BetrVG/*Kraft* Rn. 83; aA DKK/*Schneider* Einl. Rn. 131). Sie jedenfalls nicht schon ausgeschlossen, weil es sich beim BRAmt um eine Ehrenamt handelt.

IX. Betriebsratsfähigkeit

22 Die Mindestzahl von 5 AN ist nicht nur Voraussetzung für die Errichtung, sondern auch für den Fortbestand eines BR. Sinkt die Zahl der ständig beschäftigten wahlberechtigten AN nicht nur vorübergehend unter diese Zahl, endet das Amt des BR (DKK/*Trümner* Rn. 184; *Fitting* Rn. 269; GK-BetrVG/*Kraft* Rn. 70). Wer AN ist, bestimmt § 5 (s. dort Rn. 2 ff.). Leitende Angestellte nach § 5 III zählen nicht mit. Auf sie ist das Gesetz insoweit nicht anzuwenden (*Richardi* Rn. 109; *Fitting* Rn. 270; GK-BetrVG/*Kraft* Rn. 68). Das Gesetz berücksichtigt nur **ständig Beschäftigte.** Damit meint es nicht die Arbeitszeit. Auch Teilzeitbeschäftigte sind ständig beschäftigt (*Richardi* Rn. 113; *Fitting* Rn. 270; GK-BetrVG/*Kraft* Rn. 63). Es kommt auf den Arbeitsplatz, die Arbeitsaufgabe, nicht auf den AN an (DKK/*Trümner* Rn. 181). Neueingestellte sind ständig beschäftigt, wenn sie nicht von vornherein nur für eine begrenzte Zeit beschäftigt werden sollen (*Fitting* Rn. 276; GK-BetrVG/*Kraft* Rn. 62). Dies gilt auch für die Vereinbarung einer Probezeit im Rahmen eines unbefristeten oder langfristigen Arbeitsverhältnisses (*Richardi* Rn. 112; *Fitting* Rn. 276; GK-BetrVG/*Kraft* Rn. 62). Wer – wie Aushilfen oder Saisonarbeiter – von vornherein im Hinblick auf eine begrenzte Arbeitsaufgabe nur vorübergehend beschäftigt werden soll, gehört nicht zu den ständig Beschäftigten (HSG/*Hess* Rn. 27; GK-BetrVG/*Kraft* Rn. 67). Unechte LeihAN zählen im Entleiherbetrieb grundsätzlich nicht mit, weil sie nur bei einem Einsatz von länger als drei Monaten wahlberechtigt, und nach § 14 II AÜG nicht wählbar sind (GK-BetrVG/*Kraft* Rn. 64; *Richardi* Rn. 122; aA *Fitting* Rn. 272). Im Einzelfall kann dies unter den Voraussetzungen des § 7 S. 2 anders sein, wenn sie einen Dauerarbeitsplatz besetzen, weil sie dann zu den *ständig* Beschäftigten gehören (ähnlich *Fitting* Rn. 272). Bei der nichtgewerbsmäßigen ANÜberlassung zählen die LeihAN jedenfalls dann mit, wenn im Einzelfall die

Wertungsvoraussetzungen des § 14 AÜG nicht vorliegen, weil zwischen Verleiher und AN keine betriebliche Bindung mehr besteht und sie dauerhaft in den Betrieb des Entleihers eingegliedert sind (*Richardi* Rn. 123; weitergehend *Fitting* Rn. 272; aA BAG 18. 1. 1989 AP BetrVG 1972 § 9 Nr. 1). Die unterschiedslose analoge Anwendung von § 14 II AÜG blendet für diese Fälle die fehlende Vergleichbarkeit der betriebsverfassungsrechtlichen Interessenlage aus.

Soweit Gesetz auf die Zahl der „**in der Regel**" Beschäftigten abstellt – zB in den §§ 9 I, 14 IV, 99 I, 106 I, 110 I, 111 S. 1, 115 I u. II, 116 II – kommt es nicht darauf an, wie viele AN an einem Stichtag – zB bei Einleitung der Wahl (BAG 12. 10. 1976 AP BetrVG 1972 § 8 Nr. 1) – beschäftigt sind. Maßgebend ist die Zahl der regelmäßig mit ständigen AN besetzten Positionen. Ausschlaggebend ist nicht die Durchschnittszahl der Beschäftigten als mathematisches Mittel, sondern der Normalzustand (*Fitting* Rn. 271; *Richardi* Rn. 114; GK-BetrVG/*Kraft* Rn. 66; HSG/*Hess* Rn. 28). Dazu muss in die Vergangenheit geblickt und die zukünftige Entwicklung eingeschätzt werden (BAG 22. 2. 1983 AP BetrVG 1972 § 113 Nr. 7). Zeiten außergewöhnlich gesteigerter Tätigkeit – Inventur, Weihnachtsgeschäft – bleiben ebenso unberücksichtigt, wie Zeiten vorübergehenden Arbeitsrückgangs – Urlaubszeiten oder Nachsaison im Hotelgewerbe. Teilzeitbeschäftigte rechnen nach Köpfen. Aushilfskräfte sind mitzuzählen, soweit eine bestimmte Anzahl regelmäßig beschäftigt wird (*Fitting* Rn. 272); Beurlaubte, Kranke, wegen Wehr- oder Zivildienst bzw. Erziehungsurlaub Abwesende, Arbeitnehmerinnen im Mutterschutz (BAG 19. 7. 1983 AP BetrVG 1972 § 113 Nr. 23) zählen ebenfalls mit, nicht ihre Vertreter, sonst würde doppelt gezählt (DKK/*Trümmer* Rn. 183). Zur Berufsausbildung Beschäftigte, Volontäre, Umschüler, Praktikanten müssen angerechnet (*Fitting* Rn. 272), Helfer im freiwilligen sozialen Jahr dürfen nicht berücksichtigt werden (BAG 12. 2. 1992 AP BetrVG 1972 § 5 Nr. 52). Im Saisonbetrieb gehören die „Saisonarbeiter" nicht zu den regelmäßig Beschäftigten, es sei denn, die Saison dauert den überwiegenden Teil eines Jahres an (*Fitting* Rn. 274; GK-BetrVG/*Kraft* Rn. 67). Im Kampagnebetrieb – dh. einem Betrieb, der nur für eine bestimmte Dauer im Jahr besteht oder nur während dieser Zeit tätig ist – kommt es auf die Normalbelegschaft während der Kampagne an (*Fitting* Rn. 274; GK-BetrVG/*Kraft* Rn. 67; HSG/*Hess* Rn. 28; *Richardi* Rn. 119). Die AN in nicht betriebsratsfähigen Betriebsteilen und Kleinstbetrieben werden mitgerechnet (*Fitting* Rn. 275; *Richardi* Rn. 107). Wer **wahlberechtigt** und wer **wählbar** ist, folgt aus den §§ 7 und 8.

§ 2 Stellung der Gewerkschaften und Vereinigungen der Arbeitgeber

(1) Arbeitgeber und Betriebsrat arbeiten unter Beachtung der geltenden Tarifverträge vertrauensvoll und im Zusammenwirken mit den im Betrieb vertretenen Gewerkschaften und Arbeitgebervereinigungen zum Wohl der Arbeitnehmer und des Betriebs zusammen.

(2) Zur Wahrnehmung der in diesem Gesetz genannten Aufgaben und Befugnisse der im Betrieb vertretenen Gewerkschaften ist deren Beauftragten nach Unterrichtung des Arbeitgebers oder seines Vertreters Zugang zum Betrieb zu gewähren, soweit dem nicht unumgängliche Notwendigkeiten des Betriebsablaufs, zwingende Sicherheitsvorschriften oder der Schutz von Betriebsgeheimnissen entgegenstehen.

(3) Die Aufgaben der Gewerkschaften und der Vereinigungen der Arbeitgeber, insbesondere die Wahrnehmung der Interessen ihrer Mitglieder, werden durch dieses Gesetz nicht berührt.

I. Vertrauensvolle Zusammenarbeit

Bei **Abs. 1** handelt es sich nicht um eine generalklauselartige Kompetenznorm. Die Vorschrift begründet weder Mitbestimmungsrechte noch schränkt sie diese Rechte ein (*Fitting* Rn. 23; GK-BetrVG/*Kraft* Rn. 7, 13; *Richardi* Rn. 21). Sie regelt als unmittelbar verpflichtende Rechtsnorm verbindlich das Verhalten der Betriebspartner (*Fitting* Rn. 19; *Richardi* Rn. 6; GK-BetrVG/*Kraft* Rn. 7) und konkretisiert für die Betriebsverfassung das Gebot von Treu und Glauben (BAG 21. 4. 1983 AP BetrVG 1972 § 40 Nr. 20; GK-BetrVG/*Kraft* Rn. 13; *Richardi* Rn. 7). Kooperation tritt an die Stelle von Konfrontation. Die bestehenden Interessengegensätze werden damit nicht geleugnet. Vertrauensvolle Zusammenarbeit schließt die Wahrnehmung gegensätzlicher Interessen nicht aus. Dies soll jedoch nach dem Prinzip der Legalität, in gegenseitiger Rücksichtnahme, „Ehrlichkeit und Offenheit" geschehen (BAG 22. 5. 1959 AP BetrVG § 23 Nr. 5; *Fitting* Rn. 17; GK-BetrVG/*Kraft* Rn. 15). Abs. 1 ist bei der Auslegung des Gesetzes zu beachten und wirkt so direkt auf den Inhalt aller Einzelrechte und -pflichten der Betriebspartner ein (BAG 21. 2. 1978 AP BetrVG 1972 § 74 Nr. 1; *Fitting* Rn. 19; GK-BetrVG/*Kraft* Rn. 15; *Richardi* Rn. 18). **Adressat** des Gebotes sind in erster Linie die Betriebspartner. Es regelt weder die Zusammenarbeit im BR (BAG 5. 9. 1967 AP BetrVG § 23 Nr. 8; *Fitting* Rn. 24; GK-BetrVG/*Kraft* Rn. 10), noch das Verhältnis von AG zu den einzelnen AN oder der AN untereinander (BAG 13. 7. 1962 AP BGB § 242 Nr. 1; GK-BetrVG/*Kraft* Rn. 10; *Richardi* Rn. 8). Die Vorschrift erfasst alle betriebsverfassungsrechtlichen Gremien. Sie richtet sich neben dem AG und BR an den GesamtBR, KonzernBR, die JAV, die Schwerbehindertenvertretung und die Sondervertretungen nach § 3 (GK-BetrVG/*Kraft* Rn. 9; *Richardi* Rn. 11). Sie betrifft die Ausschüsse des BR, soweit ihnen Aufgaben zur selbständigen Erledigung übertragen wurden (*Richardi* Rn. 9). Zur vertrauensvollen Zusammenarbeit sind ebenso die einzelnen AN als Mitglieder dieser Institutionen, die im Betrieb vertretenen Gewerkschaften und AGVereinigungen verpflichtet, soweit sie betriebsverfassungsrechtliche Aufgaben wahrnehmen (BAG 21. 2. 1978 AP BetrVG 1972 § 74 Nr. 1; BAG 14. 2. 1967 AP BetrVG § 45 Nr. 2; GK-BetrVG/*Kraft* Rn. 9; HSG/*Hess* Rn. 23; *Richardi* Rn. 10, 11).

2 Ausgangspunkt für das **Zusammenwirken** ist die grundsätzliche Trennung von BR/AG einerseits und Gewerkschaft/AGVereinigungen andererseits. Hier die „wirtschaftsfriedliche" Interessenvertretung durch den BR als Repräsentant aller AN des Betriebes. Dort die Gewerkschaft, welche ihre Ziele im Interesse ihrer Mitglieder auch durch Kampfmaßnahmen verfolgt. Beide sollen als selbständige Interessenvertretungen zusammenarbeiten. Diese Verpflichtung besteht nicht allein in den Fällen, für die den Koalitionen ausdrücklich Befugnisse eingeräumt werden – zB In den §§ 14 V, 17 III, 46, 53 III, 76 VIII. Sie erstreckt sich auf den gesamten Bereich, in dem AG und BR zur vertrauensvollen Zusammenarbeit verpflichtet sind (*Fitting* Rn. 54; GK-BetrVG/*Kraft* Rn. 26; DKK/*Berg* Rn. 24). Dabei entscheiden AG und BR nach pflichtgemäßem Ermessen, ob sie die Verbände einschalten (GK-BetrVG/*Kraft* Rn. 24; aA *Fitting* Rn. 32, 53). Ziehen sie die Verbände heran, müssen sie mit ihnen so vertrauensvoll zusammenarbeiten wie miteinander (*Fitting* Rn. 53; GK-BetrVG/*Kraft* Rn. 12). Der BR bleibt jedoch nach § 79 zur Geheimhaltung verpflichtet. Er darf daher zB keine Lohngruppenlisten an die Gewerkschaft weitergeben, um ihr die Überprüfung der Beitragsehrlichkeit ihrer Mitglieder zu ermöglichen (BAG 22. 5. 1959 AP BetrVG § 23 Nr. 3; *Fitting* Rn. 50). Ziel der Zusammenarbeit ist das **Wohl der AN und des Betriebes.** Die Betriebspartner dürfen nicht ausschließlich egoistische Eigeninteressen verfolgen (BAG AP BetrVG § 23 Nr. 1; *Fitting* Rn. 56). Jeder ist verpflichtet, auch die Interessen seines Gegenüber zu berücksichtigen. Grundtendenz des Gesetzes ist es, Konflikte zu vermeiden und entstandene Konflikt gemeinsam zu lösen. Für den AG bedeutet dies, Wünsche des BR unverzüglich und ernsthaft zu prüfen; für den BR, das Wohl des Betriebes eher als vordergründige kurzfristige Interessen der Belegschaft zu fördern. Dauernde Obstruktion kann zur beide Betriebspartner zu Maßnahmen nach § 23 oder zur Bestrafung nach den §§ 119 ff. führen. Eine im BetrVG 1952 noch enthaltene Verpflichtung auf das Gemeinwohl fehlt. Die Gesetzesmaterialien weisen darauf hin, dass die Betriebspartner schon über die Prinzipien des Sozialstaates an sozialpflichtiges Handeln gebunden sind (BT-Drucks. VI/1786, S. 35). Jedenfalls bedeutet die Streichung der entsprechenden Passage keine Aufforderung zu Betriebsegoismus und gesamtwirtschaftlichem Fehlverhalten (*Richardi* Rn. 15; GK-BetrVG/*Kraft* Rn. 46; *Fitting* Rn. 57). In Betrieben, die der Allgemeinheit dienen – Krankenhäuser, Verkehrs- und Versorgungsbetriebe –, darf der BR daher deren besondere Verpflichtung nicht schlicht beiseiteschieben (*Fitting* Rn. 57). Auf der anderen Seite kann der BR zB im Rahmen des § 87 die Zustimmung zu ständigen erheblichen Überstunden verweigern und die Einstellung von Arbeitslosen anregen (*Fitting* Rn. 58). Soweit die Grenzen des ArbZG nicht eingehalten werden, folgt dies schon aus § 80 I Nr. 1.

3 Zusammenarbeit **unter Beachtung der geltenden TV** bedeutet nicht nur, dass der BR nach § 80 I Nr. 1 über ihre Durchführung im Betrieb zu wachen hat. Die Betriebspartner müssen vor allem die Grenzen beachten, welche TV der Mitbestimmung nach dem BetrVG setzen. Betriebsräte sollen den Gewerkschaften keine Konkurrenz machen (HSG/*Hess* Rn. 35). TV bestimmen selbst ihren räumlichen, fachlichen, zeitlichen und persönlichen Geltungsbereich. Mit den §§ 77 III und 87 I wird nicht nur das Günstigkeitsprinzip des § 4 III TVG durchbrochen. Es wird zugleich sichergestellt, dass TV nicht auf einen anderen kollektiven Weg die Allgemeinverbindlichkeitserklärung sich auch für die nicht organisierten AN des Betriebes erstreckt werden. Ihre Geltung für den Betrieb richtet sich auch bei Tarifkonkurrenz und Tarifpluralität nach dem TVG bzw. allgemeinen Grundsätzen des Tarifrechts (s. § 4 TVG Rn. 98; GK-BetrVG/*Kraft* Rn. 18 f.). Dabei setzen Inhalts-, Abschluss und Beendigungsnormen nach den §§ 3 I, 4 I TVG die Tarifgebundenheit beider Seiten eines Arbeitsverhältnisses voraus. Für die Geltung betriebsverfassungsrechtlicher und betrieblicher Regelungen reicht nach § 3 II TVG die Tarifgebundenheit des AG (s. § 3 TVG Rn. 24 ff.). Neben den TV müssen AG und BR bindende Festsetzungen nach § 19 HAG und Mindestarbeitsbedingungen nach § 8 MindArbBedG beachten (*Fitting* Rn. 31; *Richardi* Rn. 28).

4 Soweit die Vorschrift das Zusammenwirken mit den **im Betrieb vertretenen Gewerkschaften und AGVereinigungen** vorsieht, begründet dies kein eigenständiges Recht der Koalitionen, in das betriebliche Geschehen einzugreifen (GK-BetrVG/*Kraft* Rn. 23; *Richardi* Rn. 34). Sie sind ebenso wenig zur Zusammenarbeit mit den Betriebspartnern verpflichtet (BAG AP BetrVG 1972 § 76 Nr. 12; *Fitting* Rn. 55; GK-BetrVG/*Kraft* Rn. 25; DKK/*Berg* Rn. 24). Eine Gewerkschaft kann daher bei Ausübung ihrer Koalitionstätigkeit über § 2 weder in die Friedenspflicht genommen, noch verpflichtet werden, die Interessen von Nichtorganisierten wahrzunehmen (*Fitting* Rn. 55; DKK/*Berg* Rn. 24) oder dem BR Rechtsschutz zu gewähren (BAG 3. 10. 1978 AP BetrVG 1972 § 40 Nr. 14). Das Gesetz setzt den **Begriff der Gewerkschaft** und der AGVereinigung voraus. Sie haben grundsätzlich dieselbe Bedeutung wie im TVG (s. § 2 TVG Rn. 3 ff.; GK-BetrVG/*Kraft* Rn. 34; *Fitting* Rn. 32; *Richardi* Rn. 38). „Tariffähige Gewerkschaften und AGVerbände müssen freigebildet, gegnerfrei, auf überbetrieblicher Grundlage organisiert und unabhängig sein, sowie das geltende Tarifrecht für sich verbindlich anerkennen; ferner müssen sie in der Lage sein, durch Ausüben von Druck auf den Tarifpartner zu einem

II. Zugangsrechte

Tarifabschluss zu kommen" (Leitsatzprotokoll A. III. 2 zum Vertrag über die Schaffung einer Währungs-, Wirtschafts- und Sozialunion vom 18. 5. 1990 – BGBl. II S. 537) Eine nur aus leitenden Angestellten bestehende Gewerkschaft kann jedoch keine betriebsverfassungsrechtlichen Befugnisse haben, weil der BR diese AN nach § 5 III nicht repräsentiert (GK-BetrVG/*Kraft* Rn. 35; *Richardi* Rn. 59; *Fitting* Rn. 44). In jedem Fall muss sichergestellt werden, dass leitende Angestellte als Mitglieder einer Gewerkschaft keinen Einfluss auf deren betriebsverfassungsrechtliche Aufgaben nehmen (BAG AP GG Art. 9 Nr. 24; GK-BetrVG/*Kraft* Rn. 35; *Richardi* Rn. 59). Zu den Gewerkschaften gehören auch ihre Spitzenverbände nach § 2 II TVG sowie die Bezirks- und Ortsverwaltungen einer Gewerkschaft, wenn sie kooperativ verfasst sind, eigenes Vermögen und die Befugnis zum Abschluss von TV haben (BAG 25. 9. 1990 AP TVG § 9 Nr. 8; BAG 19. 1. 1985 AP TVG § 2 Tarifzuständigkeit Nr. 4). **AGVereinigungen** müssen nicht sozial mächtig sein, weil schon der einzelne AG nach § 2 I tariffähig ist (BAG 20. 11. 1990 AP TVG § 2 Nr. 40). Berufs- und Industrieverbände gehören nicht zu diesen Vereinigungen (*Fitting* Rn. 41). Innungen und Innungsverbände können tariffähig sein (BVerfG 19. 10. 1966 AP TVG § 2 Nr. 24). Eine Gewerkschaft ist **im Betrieb vertreten**, wenn mindestens ein Mitglied AN des Betriebes ist und nicht zu den leitenden Angestellten zählt (BAG 25. 3. 1992 AP BetrVG 1972 § 2 Nr. 4; DKK/*Berg* Rn. 29; *Fitting* Rn. 43; GK-BetrVG/*Kraft* Rn. 27; *Richardi* Rn. 67). Der Nachweis kann von der beweispflichtigen Gewerkschaft durch Zeugenvernehmung oder notarielle Erklärung ohne Namensnennung geführt werden (BVerfG 21. 3. 1994 AP BetrVG 1972 § 2 Nr. 4a; BAG 25. 3. 1992 AP BetrVG 1972 § 2 Nr. 4; *Richardi* Rn. 69; *Fitting* Rn. 43; DKK/*Berg* Rn. 30; aA GK-BetrVG/*Kraft* Rn. 29ff.). Er unterliegt als mittelbares Beweismittel der freien Beweiswürdigung des Gerichts. AGVereinigungen sind im Betrieb vertreten, wenn der AG dort Mitglied ist (GK-BetrVG/*Kraft* Rn. 27).

II. Zugangsrechte

Das Zutrittsrecht wird den Gewerkschaften in **Abs. 2** zur Wahrnehmung ihrer betriebsverfassungsrechtlichen Aufgaben und Befugnisse gewährt. Weder diese Vorschrift noch Abs. 1 enthalten ein allgemeines, an keine weiteren Voraussetzungen geknüpftes Zutrittsrecht der Gewerkschaften zum Betrieb (BAG 26. 6. 1973 AP BetrVG 1972 § 2 Nr. 2). Es ist damit Hilfsrecht bei der Realisierung ihrer im Gesetz genannten Berechtigungen und Pflichten. Es soll ihre Einflussmöglichkeiten nicht über das Gesetz hinaus ausdehnen (GK-BetrVG/*Kraft* Rn. 51). Es begrenzt das Hausrecht des Betriebsinhabers, ist aber mit dem GG vereinbar (BVerfG 14. 10. 1976 AP BetrVG 1972 § 2 Nr. 3). Zur Wahrnehmung ihrer koalitionspolitischen Aufgaben können sich die Gewerkschaften daher nicht auf das Zugangsrecht aus Abs. 2 berufen (BAG 26. 6. 1973 AP BetrVG 1972 § 2 Nr. 2). Ob es sich aus Art. 9 III GG herleiten lässt, ist umstritten (s. Rn. 8). Die im Betrieb vertretene Gewerkschaft nimmt betriebsverfassungsrechtliche Initiativrechte, Teilnahme- und Beratungsrechte sowie Kontrollrechte wahr. Sie korrespondieren mit einem – tw. originären, zT nur mittelbaren – Zugangsrecht. Dabei handelt es sich ua. um folgende Vorschriften: § 2 I Zusammenarbeit auf Anforderung des BR (s. Rn. 2); § 14 III, V, Wahlvorschläge; § 16 I Entsendungsrecht in den Wahlvorstand (s. § 16 Rn. 6); § 16 II Bestellung zu Mitgliedern des Wahlvorstandes (s. § 16 Rn. 9); § 17 III Einladung zur Betriebsversammlung zur Wahl eines Wahlvorstandes (s. § 17 Rn. 2); § 17 IV Antrag auf Bestellung eines Wahlvorstandes (s. § 17 Rn. 8); § 18 I Teilnahme an Sitzungen des Wahlvorstandes (s. § 18 Rn. 1), Ersetzung des Wahlvorstandes (s. § 18 Rn. 4); § 18 II Entscheidung über die betriebsratsfähige Organisationseinheit (s. § 18 Rn. 6); § 19 II Wahlanfechtung (s. § 19 Rn. 13); § 23 I Antrag auf Ausschluss eines BRMitglieds oder Auflösung des BR (s. § 23 Rn. 12); § 23 III Handlungs- bzw. Unterlassungsantrag gegen den AG (s. § 23 Rn. 27); § 31 (§§ 51 I, 59 I, 65 I, 73 II, 73b II) Teilnahme an Sitzungen (s. § 31 Rn. 1 ff.); § 35 Verständigung nach dem Aussetzen von Beschlüssen (s. § 35 Rn. 2); § 43 IV Einberufen einer Betriebsversammlung (s. § 43 Rn. 2); § 46 Teilnahme an Betriebs- und Abteilungsversammlungen (s. § 46 Rn. 2 ff.); § 53 III Teilnahme an Betriebsräteversammlungen (s. § 53 Rn. 2); § 76 II Teilnahme an Einigungsstellenverfahren (s. § 76 Rn. 33); § 76 VIII Teilnahme an Schlichtungsverfahren (s. § 76 Rn. 33); § 108 I Teilnahme an Sitzungen des Wirtschaftsausschusses (s. § 108 Rn. 9); § 119 II Antragsrecht wegen Straftaten gegen Betriebsverfassungsorgane (s. § 119 Rn. 5). Daneben kann ein Zugangsrecht für die Gewerkschaften bei der Wahrnehmung von Aufgaben bestehen, die mit dem BetrVG in einem inneren Zusammenhang stehen (BAG 26. 6. 1973 AP BetrVG 1972 § 2 Nr. 2; DKK/*Berg* Rn. 28, 33; *Fitting* Rn. 68, 78; aA GK-BetrVG/*Kraft* Rn. 55). Seine Grenzen sind bisher nicht geklärt. Zugangsrechte ergeben sich endlich aus der Möglichkeit der TVparteien, Regelungen des Gesetzes – zB nach den §§ 3, 38 I 3, 47 IV, 55 IV, 72 IV, 76 VIII, 86, 117 II – abzuändern oder zu ergänzen (*Fitting* Rn. 79; *Richardi* Rn. 134). Da es sich hierbei um betriebsverfassungsrechtliche Fragen handelt, ist nach § 3 II TVG nur eine Tarifbindung des AG erforderlich.

Die Gewerkschaft bestimmt, welche **Person** sie als Beauftragten in den Betrieb schickt. Dabei kann es sich um einen hauptamtlichen Mitarbeiter der Gewerkschaft oder um einen AN eines anderen Betriebs handeln (BAG 14. 2. 1978 AP GG Art. 9 Nr. 26; *Fitting* Rn. 75; *Richardi* Rn. 115; DKK/*Berg* Rn. 36). Soweit sie dies für erforderlich hält, kann sie mehrere Beauftragte entsenden (DKK/*Berg* Rn. 36; *Richardi* Rn. 117). In Ausnahmefällen kann der AG den Zutritt eines bestimmten Beauftragten aus Gründen in seiner Person verweigern, etwa, wenn er wiederholt seine Befugnisse eindeutig überschritten, den Betriebsfrieden nachhaltig gestört oder den AG, seinen Vertreter oder AN des Betriebes grob beleidigt hat und dies erneut zu befürchten ist (BAG 18. 3. 1964 und 14. 2. 1967 AP BetrVG 1972 § 45 Nr. 1 und 2; *Fitting* Rn. 75; GK-BetrVG/*Kraft* Rn. 74; *Richardi* Rn. 116). Das Zutrittsrecht als solches geht nicht verloren. Es kann ein anderer Beauftragter entsandt werden. **Zeitpunkt und Dauer** des Zugangsrecht bestimmt die Gewerkschaft, soweit sie nicht allein auf Ersuchen des BR tätig wird oder der AG im Einzelfall ihr Zugangsrecht beschränken darf (s. unten Rn. 7). Das Zutrittsrecht besteht grundsätzlich während der Arbeitszeit (*Fitting* Rn. 69). Der Beauftragte ist nicht darauf beschränkt, das Betriebsratsbüro aufzusuchen. Er darf im Betrieb den **Ort** aufsuchen, der sich aus den betrieblichen Gegebenheiten und der konkreten betriebsverfassungsrechtlichen Aufgabe ergibt, die von der Gewerkschaft wahrgenommen wird (GK-BetrVG/*Kraft* Rn. 63; DKK/*Berg* Rn. 31; *Richardi* Rn. 120). Unter diesen Voraussetzungen können auch AN an ihren Arbeitsplätzen aufgesucht werden (BAG 17. 1. 1989 AP LPVG NW § 2 Nr. 1; DKK/*Berg* Rn. 31; *Fitting* Rn. 67; GK-BetrVG/*Kraft* Rn. 63; *Richardi* Rn. 121). Die Gewerkschaft darf den Betrieb auch unmittelbar vor und während eines **Arbeitskampfes** betreten, solange sich der Beauftragte auf ihre konkreten betriebsverfassungsrechtlichen Aufgaben beschränkt (*Fitting* Rn. 76; DKK/*Berg* Rn. 38 a; differenzierend *Richardi* Rn. 119; aA GK-BetrVG/*Kraft* Rn. 76; HSG/*Hess* Rn. 114). Wer ausschließlich diese Aufgaben wahrnimmt, verletzt nicht die Friedenspflicht aus § 74 II. Beweisschwierigkeiten dürfen nur prozessual gelöst werden. Ist der Betrieb in den Arbeitskampf einbezogen, werden für die Gewerkschaft nur selten betriebsverfassungsrechtliche Aufgaben zu erledigen sein.

7   Die im Gesetz enthaltenen **Schranken** des Zugangsrechts beschränken den Anspruch, schließen ihn aber nicht aus. Der AG darf den Zugang nur insoweit verweigern, als einer dieser Gründe entgegensteht (*Fitting* Rn. 72; *Richardi* Rn. 125; DKK/*Berg* Rn. 42). Das Zugangsrecht darf daher grundsätzlich nur für bestimmte Zeiten und bestimmte Betriebsteile versagt werden. Nach dem Grundsatz der Verhältnismäßigkeit ist die mildeste Maßnahme zu wählen (*Fitting* Rn. 72; *Richardi* Rn. 125). Dabei dürfen die Zugangsrechte für Gewerkschaftsvertreter idR nicht stärker eingeschränkt werden als für die AN des Betriebes (DKK/*Berg* Rn. 40; *Fitting* Rn. 74; *Richardi* Rn. 127). Bei nur geringfügigen Störungen oder Verzögerungen des Arbeitsablaufs kann der AG das Zugangsrecht nicht mit dem Hinweis auf die unumgänglichen Notwendigkeiten des Betriebsablaufs verweigern. Die Störung muss für ihn unzumutbar sein (GK-BetrVG/*Kraft* Rn. 72; *Richardi* Rn. 126). Dies kann für Betriebsteile der Fall sein, in denen besondere nach außen abzuschirmende Prozesse laufen oder AN taktgebunden mit notwendig hoher Konzentration arbeiten. Zu den zwingenden Sicherheitsvorschriften gehören neben den öffentlich-rechtlichen Sicherheitsvorschriften auch BV nach § 87 I Nr. 7 (*Fitting* Rn. 71; *Richardi* Rn. 127). Hier kann zB der Zugang zu Strahlenschutzbereichen oder elektrischen Hochspannungseinrichtungen verweigert werden. Betriebsgeheimnisse sind grundsätzlich vor Gewerkschaftsbeauftragten schon nach § 79 II und 120 geschützt. Das Zugangsrecht kann daher nur auf den konkreten Verdacht gestützt werden, die Pflicht zur Geheimhaltung werde verletzt (GK-BetrVG/*Kraft* Rn. 73; *Fitting* Rn. 72; aA *Richardi* Rn. 128). „Lebensnotwendige" Betriebsgeheimnisse werden im Übrigen kaum jemals dort anzutreffen sein, wo der Gewerkschaftsbeauftragte betriebsverfassungsrechtliche Aufgaben notwendig wahrnehmen muss.

III. Koalitionen

8   Mit **Abs. 3** werden die typischen Aufgaben der Koalitionen – wie der Abschluss und die Überwachung der Einhaltung von TV, Arbeitskampf, Mitgliederwerbung -beratung und Prozessvertretung – weder geregelt noch beeinträchtigt (BAG 14. 2. 1978 AP GG Art. 9 Nr. 26). Gewerkschaften dürfen ihre Interessen im Betrieb vertreten. Sie dürfen ua. im Betrieb Plakatwerbung betreiben (BVerfG 17. 2. 1981 AP GG Art. 140 Nr. 9) oder durch betriebsangehörige Gewerkschaftsmitglieder außerhalb (BAG 14. 2. 1967 AP GG Art. 9 Nr. 10; s. § 74 Rn. 36) und grundsätzlich auch innerhalb der Arbeitszeit (BVerfG 14. 11. 1995 AP GG Art. 9 Nr. 28) Werbematerial im Betrieb verteilen lassen. Das Zugangsrecht **außerbetrieblicher Gewerkschaftsbeauftragter** zum Betrieb ist umstritten. Soweit es um eine koalitionsmäßige Betätigung geht, lässt es sich weder aus Abs. 1 noch aus Abs. 2 herleiten (BAG 26. 6. 1973 AP BetrVG 1972 § 2 Nr. 2; *Fitting* Rn. 80). Es folgt ebenso wenig aus dem Übereinkommen Nr. 135 der IAO vom 23. 6. 1971 – BGBl. 1973 II S. 953 (BAG 19. 1. 1982 AP GG Art. 140 Nr. 10; *Richardi* Rn. 151). Es soll für die Mitgliederwerbung jedenfalls dann nicht aus Art. 9 III GG folgen, wenn es betriebsangehörige Gewerkschaftsmitglieder gibt, weil in diesem Fall der Kernbereich koalitionsmäßiger Betätigung durch eine Verweigerung des Zugangs nicht berührt wird (BVerfG 17. 2. 1981 AP GG Art. 140 Nr. 9; BAG 19. 1. 1982 AP GG Art. 140 Nr. 10; weitergehend GK-BetrVG/*Kraft* Rn. 91 ff.; *Richardi* Rn. 150; aA *Fitting* Rn. 85). Mit dieser Begründung kann außerbetrieblichen Gewerkschaftsbeauftragten der Zugang zum Betrieb nicht mehr verwehrt werden (*Fitting* Rn. 85). Die Kernbereichslehre ist aufgegeben (BVerfG 14. 11. 1995 AP GG Art. 9 Nr. 80; s. Art. 9 GG Rn. 30 f., 40). Soweit gesetzliche Regelungen fehlen, lässt sich die Koalitionsfreiheit nur mit den Grundrechten Dritter und anderen mit Verfassungsrang ausgestatteten Rechten einschränken (BVerfG 26. 6. 1991 AP GG Art. 9 Arbeitskampf Nr. 117). Die Zugangsregelung in

Abs. 2 schließt weitere Zugangsrechte außerhalb betriebsverfassungsrechtlicher Betätigung der Koalitionen nicht aus (vgl. BVerfG 17. 2. 1981 AP GG Art. 140 Nr. 9). Die weitere Entwicklung wird zeigen, in welchem Umfang Eigentumsrechte die Betätigungsgarantie des Art. 9 III GG und damit die Zugangsrechte von Gewerkschaften einschränken (s. Art. 9 GG Rn. 38 f.). Angesichts eingeschränkter Zugangsrechte der Gewerkschaften gewinnt die Tätigkeit gewerkschaftlicher **Vertrauensleute** im Betrieb an Bedeutung. Ihre Aufgaben sind organisationspolitisch definiert. Sie haben keine betriebsverfassungsrechtliche Funktion (GK-BetrVG/*Kraft* Rn. 100). Ihre Tätigkeit ist verfassungsrechtlich gesichert (BAG 8. 12. 1978 AP GG Art. 9 Nr. 28). Gegen Diskriminierung sind sie nach § 75 I geschützt. Der betriebsverfassungsrechtliche Bestandsschutz erfasst sie nicht (DKK/*Berg* Rn. 53; GK-BetrVG/*Kraft* Rn. 100). Sie sollen nicht im Betrieb gewählt werden dürfen, weil ihre Wahl nicht von der Kernbereichsgarantie des Art. 9 III erfasst wird (BAG 8. 12. 1978 AP GG Art. 9 Nr. 28; aA *Richardi* Rn. 170; DKK/*Berg* Rn. 51; *Fitting* Rn. 88). Auch hier fehlt die Feststellung, welche Rechte des AG verletzt seien könnten. Seine Rechtssphäre ist jedenfalls nicht nennenswert berührt, wenn die Wahlen außerhalb der Arbeitszeit stattfinden (*Fitting* Rn. 88). Eine andere Frage ist freilich, ob der AG für die Wahl besondere Räume zur Verfügung stellen muss (*Richardi* Rn. 170). Ob sich die Rechtsstellung von Vertrauensleuten durch TV regeln lässt, ist umstritten (offen gelassen in BAG 8. 10. 1997 AP TVG § 4 Nachwirkung Nr. 29; DKK/*Berg* Rn. 54; *Fitting* Rn. 90 einerseits und GK-BetrVG/*Kraft* Rn. 101; *Richardi* Rn. 172 andererseits). Je nach ihrem Inhalt können sie gegen § 75 oder gegen Art. 3 I GG verstoßen.

IV. Streitigkeiten

Über den Inhalt von Abs. 1 und die Zugangsrechte nach Abs. 2 wird im arbeitsgerichtlichen 9 Beschlussverfahren nach den §§ 2 a, 80 ff. ArbGG entschieden. Die Gewerkschaften können ihr Zugangsrecht nach § 85 II ArbGG über eine einstweilige Verfügung durchsetzen (DKK/*Berg* Rn. 58; *Fitting* Rn. 94; *Richardi* Rn. 174). Über die Zugangsrechte nach Abs. 3 und andere Fragen der Koalitionsfreiheit wird nach § 2 I Nr. 2 ArbGG im Urteilsverfahren entschieden (*Fitting* Rn. 96; *Richardi* Rn. 175).

§ 3 Abweichende Regelungen

(1) Durch Tarifvertrag können bestimmt werden:
1. für Unternehmen mit mehreren Betrieben
   a) die Bildung eines unternehmenseinheitlichen Betriebsrats oder
   b) die Zusammenfassung von Betrieben,
   wenn dies die Bildung von Betriebsräten erleichtert oder einer sachgerechten Wahrnehmung der Interessen der Arbeitnehmer dient;
2. Für Unternehmen und Konzerne, soweit sie nach produkt- oder projektbezogenen Geschäftsbereichen (Sparten) organisiert sind und die Leitung der Sparte auch Entscheidungen in beteiligungspflichtigen Angelegenheiten trifft, die Bildung von Betriebsräten in den Sparten (Spartenbetriebsräte), wenn dies der sachgerechten Wahrnehmung der Aufgaben des Betriebsrats dient;
3. andere Arbeitnehmervertretungsstrukturen, soweit dies insbesondere aufgrund der Betriebs-, Unternehmens- oder Konzernorganisation oder aufgrund anderer Formen der Zusammenarbeit von Unternehmen einer wirksamen und zweckmäßigen Interessenvertretung der Arbeitnehmer dient;
4. zusätzliche betriebsverfassungsrechtliche Gremien (Arbeitsgemeinschaften), die der unternehmensübergreifenden Zusammenarbeit von Arbeitnehmervertretungen dienen;
5. zusätzliche betriebsverfassungsrechtliche Vertretungen der Arbeitnehmer, die die Zusammenarbeit zwischen Betriebsrat und Arbeitnehmern erleichtern.

(2) Besteht in den Fällen des Absatzes 1 Nr. 1, 2, 4 oder 5 keine tarifliche Regelung und gilt auch kein anderer Tarifvertrag, kann die Regelung durch Betriebsvereinbarung getroffen werden.

(3) ¹Besteht im Fall des Absatzes 1 Nr. 1 Buchstabe a keine tarifliche Regelung und besteht in dem Unternehmen kein Betriebsrat, können die Arbeitnehmer mit Stimmenmehrheit die Wahl eines unternehmenseinheitlichen Betriebsrats beschließen. ²Die Abstimmung kann von mindestens drei wahlberechtigten Arbeitnehmern des Unternehmens oder einer im Unternehmen vertretenen Gewerkschaft veranlasst werden.

(4) ¹Sofern der Tarifvertrag oder die Betriebsvereinbarung nichts anderes bestimmt, sind Regelungen nach Absatz 1 Nr. 1 bis 3 erstmals bei der nächsten regelmäßigen Betriebsratswahl anzuwenden, es sei denn, es besteht kein Betriebsrat oder es ist aus anderen Gründen eine Neuwahl des Betriebsrats erforderlich. ²Sieht der Tarifvertrag oder die Betriebsvereinbarung einen anderen Wahlzeitpunkt vor, endet die Amtszeit bestehender Betriebsräte, die durch die Regelungen nach Absatz 1 Nr. 1 bis 3 entfallen, mit Bekanntgabe des Wahlergebnisses.

Eisemann

(5) ¹Die aufgrund eines Tarifvertrages oder einer Betriebsvereinbarung nach Absatz 1 Nr. 1 bis 3 gebildeten betriebsverfassungsrechtlichen Organisationseinheiten gelten als Betriebe im Sinne dieses Gesetzes. ²Auf die in ihnen gebildeten Arbeitnehmervertretungen finden die Vorschriften über die Rechte und Pflichten des Betriebsrats und die Rechtsstellung seiner Mitglieder Anwendung.

I. Vorbemerkung

1 Beteiligungsrechte können – in Grenzen – erweitert werden (s. § 1 Rn. 10). Die Organisationsbestimmungen der Betriebsverfassung sind dagegen zwingend, soweit das Gesetz nicht ausdrücklich Abweichungen zulässt (*Fitting* Rn. 1; GK-BetrVG/*Kraft* Rn. 5, 8; *Richardi* Rn. 2) – wie zB. in den §§ 14 II, 38 I, 47 IV, 55 IV, 72 IV, 76 VIII, 86 und 117 II. Andere Arbeitnehmervertretungen sind auch auf individualrechtlicher Basis nur zulässig, soweit ihre Befugnis sich nicht mit Zuständigkeiten des BR überschneiden (BAG 19. 6. 2001 AP BetrVG 1972 § 3 Nr. 3 = NZA 2002, 397). Mit der Neufassung der Vorschrift ist die Anbindung des BR an den Betrieb tarifdispositiv geworden. Sie räumt in erster Linie den TVParteien – daneben in Grenzen den Betriebspartnern oder den AN selbst – flexible und weitreichende Möglichkeiten ein, durch Vereinbarungen ohne behördliche Zustimmung von der Normalstruktur einer Arbeitnehmervertretung abzuweichen. Die Regelung verletzt nicht die **Koalitionsfreiheit** (DKK/*Trümner* Rn. 10; *Fitting* Rn. 4; aA *Richardi* Rn. 5 f.). Diese ist in Art. 9 Abs. 3 GG als Grundrecht ohne Gesetzesvorbehalt ausgestaltet. Die im TVG niedergelegte Tarifvertragsfreiheit umfasst die Regelung betriebsverfassungsrechtlicher Fragen und ist Teil der allgemeinen Kollektivvertragsfreiheit. Nach § 3 abgeschlossene TV gelten nur für tarifgebundene AG. Als betriebsverfassungsrechtliche Normen binden sie nach § 3 II TVG einheitlich im ganzen Betrieb auch die nichttarifgebundenen AN. Die in Abs. 1 *abschließend* (DKK/*Trümner* Rn. 2) aufgeführten Tatbestände betreffen in den Ziffern 1–3 abweichende Vertretungsstrukturen, in den Ziffern 4 und 5 zusätzliche betriebsverfassungsrechtliche Gremien. Dabei treten die nach den Ziff. 1 bis 3 gebildeten Betriebsräte **an die Stelle** der klassischen Betriebsräte und nicht nur neben sie. Sie verdrängen die gesetzliche Struktur in dem betrieblichen Geltungsbereich, für den sie gewählt wurden (DKK/*Trümner* Rn. 54 ff.; *Fitting* Rn. 46; *Buchner* NZA 2001, 633; *Löwisch* BB 2001, 1734; aA *Däubler* AiB 01, 313; vgl. hierzu auch *Hanau* RdA 2001, 65; *Konzen* RdA 2001, 76). Sie werden für ein abweichend definiertes Wahlgebiet installiert und nicht nur neben dem klassischen Wahlgebiet des Betriebs. Nach Abs. 1 Satz 2 entfallen die bestehenden Betriebsräte durch die Regelungen nach Ziff. 1 bis 3. Nach Abs. 5 Satz 1 sind die so gebildeten Einheiten als Betriebe anzusehen. Soweit Teile eines Betriebes nicht in die Spartenbildung einbezogen sind, sind sie nach dem Schwerpunkt ihrer Aufgaben einer Sparte zuzuordnen. Ein gesetzlicher BR ist für sie nicht zu bilden (*Fitting* Rn. 46; aA DKK/*Trümner* Rn. 40 a; *Richardi* Rn. 20; *Friese* RdA 2003, 92). Eine Kombination von SpartenBR und „normalen" BR ist daher nicht innerhalb eines Betriebes, wohl aber innerhalb eines Unternehmens denkbar, wenn nicht in allen seinen Betrieben produkt- oder projektbezogene Spartenbetriebsräte existieren. Die Verwendung unbestimmter Rechtsbegriffe – „sachgerechte Wahrnehmung", „wirksame und zweckmäßige Interessenvertretung" – führt zu unterschiedlich großen **Beurteilungsspielräumen** (DKK/*Trümner* Rn. 33, 85; *Fitting* Rn. 2) und der damit verbundenen eingeschränkten Rechtskontrolle getroffener Vereinbarungen. Dies mag als Kompensation zum Wegfall staatlicher Kontrolle nach altem Recht gelten.

II. Regelung durch Tarifvertrag

2 TV nach **Abs. 1** müssen neben den allgemeinen Voraussetzungen die der Ziffern 1–5 erfüllen. Sein könne nach § 2 I TVG als FirmenTV oder als VerbandsTV abgeschlossen und auch erstreikt werden (DKK/*Trümner* Rn. 6; *Fitting* Rn. 16, 17; *Richardi* Rn. 39). Die **Tarifbindung** des AG reicht nach § 3 II TVG aus (DKK/*Trümner* Rn. 6; *Fitting* Rn. 18), wenn der Betrieb in den fachlichen, räumlichen und betrieblichen Geltungsbereich des TV fällt. Die betroffenen AN müssen nicht der abschließenden Gewerkschaft angehören (DKK/*Trümner* Rn. 6; *Richardi* Rn. 35). Ein bestimmter Organisationsgrad ist ebenso wenig erforderlich (*Fitting* Rn. 14; zweifelnd *Richardi* Rn. 38). Die abschließende Gewerkschaft muss tarifzuständig sein. Sind mehrere Gewerkschaften zuständig, gelten die Grundsätze der **Tarifkonkurrenz** (*Fitting* Rn. 15; s. auch *Richardi* Rn. 38). Konzerneinheitliche Regelungen müssen mit jedem Unternehmen gesondert abgeschlossen werden (*Fitting* Rn. 16; *Richardi* Rn. 36). Nur sie sind die Träger von Rechten und Pflichten. Eine **Nachwirkung** findet nicht statt (DKK/*Trümner* Rn. 166; *Fitting* Rn. 21, 91; *Richardi* Rn. 47; aA *Löwisch/Rieble* TVG § 4 Rn. 344). Das zwingende Gesetzesrecht des BetrVG kann durch einen TV nur für die Zeit seiner normativen Wirkung verdrängt werden. Tritt der TV außer Kraft, ohne dass ein neuer an seine Stelle tritt, gilt daher wieder die gesetzliche Regelung. Bis zur Wahl des neuen BR werden die Geschäfte vom alten weitergeführt; er hat Übergangsmandate wahrzunehmen und einen Wahlvorstand zur Durchführung der Neuwahl des BR zu bestellen (*Fitting* Rn. 91). Vor dem Inkrafttreten der gesetzlichen Neuregelung durch Vereinbarung geschaffene Einheiten bleiben bis zur Beendigung dieser TV bestehen (*Fitting* Rn. 22).

II. Regelung durch Tarifvertrag § 3 BetrVG 210

Die Bildung eines **unternehmenseinheitlichen BR** nach **Ziff. 1 a)** setzt voraus, dass in einem 3
Unternehmen mehrere Betriebe nach § 1 oder Betriebsteile bestehen, die nach § 4 I 1 als selbständige
Betriebe gelten (*Fitting* Rn. 25) unabhängig davon, ob dort ein BR existiert (DKK/*Trümner* Rn. 22).
Unternehmenseinheitliche Betriebsräte können – anders als bisher – grundsätzlich auch **gemeinsame
Betriebe** mehrerer Unternehmen nach § 1 I 2 erfassen (DKK/*Trümner* Rn. 21). Das Gesetz gestattet
nunmehr ausdrücklich die Zusammenfassung von Betrieben – nicht nur von Betriebsteilen – und die
unternehmensübergreifende Integrationsform für Betriebsräte wie Ziff. 2 und 3 zeigen. Der TV muss
dann aber mit jedem am gemeinsamen Betrieb beteiligten Unternehmen abgeschlossen werden. Nur so
lässt sich die betriebseinheitliche Normgeltung herbeiführen. Die Bildung eines unternehmenseinheitlichen BR kann vor allem bei kleineren Unternehmen **sachgerecht** sein, in denen die wesentlichen
Entscheidungen des AG auf der Unternehmensebene fallen. Unternehmenseinheitliche Betriebsräte
dürfen nach Abs. 2 und 3 unter den dort genannten Voraussetzungen auch durch BV oder die
betroffenen AN selbst gebildet werden.

Die **Zusammenfassung mehrerer Betriebe** – von Betriebsteilen nach § 4 I 1 (*Fitting* Rn. 28) oder 4
Kleinstbetrieben nach § 4 II (DKK/*Trümner* Rn. 25) – zur Schaffung von RegionalBR nach **Ziff. 1 b)**
bietet sich vor allem für große Filialunternehmen des Einzelhandels an. Mit dieser Bestimmung lassen
sich Betriebe nicht - zB in Hallenbetriebsräte – „zerlegen" (*Fitting* Rn. 34; aA DKK/*Trümner* Rn. 34).
Gemeinsame Betriebe nach § 1 I 2 dürfen unter den in Rn. 3 genannten Bedingungen zusammengefasst werden (DKK/*Trümner* Rn. 26; aA *Fitting* Rn. 33). Eine unternehmensübergreifende Zusammenfassung ist nach Ziff. 1 b nicht möglich. Die Zusammenfassung kann unter den Voraussetzungen
des Abs. 2 auch durch BV, nicht aber durch die AN selbst geschehen. Ein GesamtBR muss nach § 47 I
errichtet werden. Die Zusammenfassung von Betrieben **erleichtert** die Bildung von BR schon dann,
wenn dort bisher kein BR gewählt worden war oder Zweifel an der Betriebsratsfähigkeit ausgeräumt
werden (DKK/*Trümner* Rn. 29). Dies galt schon zum nahezu wortgleichen alten Recht (Vorauflage
Rn. 4). Die leichtere Bildung von GesamtBR, der JAV, eines KonzernBR oder der Schwerbehindertenvertretung reicht für eine Zusammenfassung nicht aus. Nach neuem Wortlaut muss die Bildung von
BR, nicht von „Vertretungen der AN" erleichtert werden. Einer **sachgerechten** Wahrnehmung der
Interessen der AN kann es dienen, durch Zusammenlegung betriebsbezogene Schwellenwerte – etwa
in § 92 a II oder § 95 II 1 – zu überschreiten, die Organisation der Betriebsverfassung den Entscheidungsstrukturen auf Arbeitgeberseite anzupassen oder Betriebsratsgrößen zu schaffen, die eine Vertretung der Arbeitnehmerschaft verbessern helfen (DKK/*Trümner* Rn. 32). Die Regelung kann nach
Abs. 2 auch durch BV getroffen werden.

Spartenbetriebsräte dürfen nach **Ziff. 2** innerhalb eines Betriebes (DKK/*Trümner* Rn. 39; *Fitting* 5
Rn. 45; *Richardi* Rn. 14) oder betriebsübergreifend im Unternehmen bzw im Konzern gebildet werden. Die Belegschaft eines Betriebes darf daher sowohl zergliedert werden – betriebsinterner SpartenBR – als auch mit den AN anderer Betriebe zum Teil oder als Einheit zusammengeführt werden –
betriebsübergreifender SpartenBR. In jedem Fall müssen mindestens zwei Sparten vorhanden sein,
weil die Ausgliederung einen Teils der AN sonst keinen Sinn macht (*Fitting* Rn. 37). Zu betriebsübergreifenden SpartenBR kann es nur kommen, wenn Geschäftsbereiche der gleichen Sparte in mindestens zwei Betrieben vorhanden sind. Auch in diesem Fall können aber in den beteiligten Betrieben
jeweils eigenständige Spartenbetriebsräte gebildet werden. Es besteht kein Zwang zur Zusammenfassung gleicher Sparten aus verschiedenen Betrieben (*Buchner* NZA 2001, 633). Spartenbetriebsräte
müssen so gebildet werden, dass alle AN erfasst werden (*Fitting* Rn. 41). Andere als die im Gesetz
genannten produkt- oder projektbezogenen **Geschäftsbereiche** – wie die Ausrichtung an Kundengruppen, Absatzregionen oder Marktsegmenten – scheiden als Anknüpfungspunkt für einen SpartenBR aus (DKK/*Trümner* Rn. 38). Die für die Bildung von SpartenBR erforderliche **Spartenleitung**
muss ihre Entscheidungen so selbständig treffen, dass sie als kompetenter Ansprechpartner des BR in
Frage kommt (DKK/*Trümner* Rn. 49; *Fitting* Rn. 39; *Friese* RdA 2003, 92). Ihre Leitungsmacht muss
so umfassend sein, dass zur Wahrnehmung der Mitbestimmungsrechte die Wahl eines normalen BR
nicht erforderlich ist (aA DKK/*Trümner* Rn. 45; wohl auch *Friese* RdA 2003, 92). Nur so können
Spartenbetriebsräte den gesetzlichen BR ersetzen. Diese Voraussetzungen werden nicht selten erfüllt
sein. Bestehen nach der Errichtung von SpartenBR im Unternehmen mindestens zwei Betriebsräte,
muss nach § 47 I ein **GesamtBR** gebildet werden. Dabei kann es sich um einen reinen Spartengesamtbr (*Fitting* Rn. 42; *Richardi* Rn. 19) oder in Unternehmen mit Sparten- und gesetzlichen BR
um einen GesamtBR handeln, in dem beide vertreten sind. **Konzernweite Spartenbetriebsräte** sind
grundsätzlich nur im Unterordnungskonzern zulässig (*Fitting* Rn. 43; *Richardi* Rn. 16; aA DKK/
Trümner Rn. 41). Im Übrigen lassen sie sich nur einrichten, wenn die beteiligten Unternehmen sich
zur Leitung der Sparte rechtlich verbunden haben (*Richardi* Rn. 18). Ihre Errichtung dient der
sachgerechten Wahrnehmung der Aufgaben des BR, wenn so die Ausübung der Beteiligungsrechte
erleichtert oder verbessert wird (DKK/*Trümner* Rn. 48; *Friese* RdA 2003, 92) Spartenbetriebsräte
können nach Abs. 2 auch durch BV errichtet werden.

Ziff. 3 eröffnet die Möglichkeit, mit der Errichtung **anderer Arbeitnehmervertretungsstrukturen** 6
durch TV aktuell auf Änderungen einer Unternehmensstruktur zu reagieren, ohne auf den Gesetzgeber warten zu müssen. So können auch dort Interessenvertretungen errichtet werden, wo dies sonst

Eisemann

wegen besonderer Organisationsformen auf Betriebs-, Unternehmens- oder Konzernebene mit Schwierigkeiten verbunden wäre. Dies kann in Betrieben und Unternehmen mit ständig wechselnden AN – wie Baubetrieben, Betrieben des Verkehrsgewerbes, Beschäftigungs- bzw. Ausbildungsgesellschaften –, in Betrieben mit ständig wechselnden Betriebsstätten – wie zB Zirkus, Betrieben der Forstwirtschaft-, bei der just-in-time Produktion, bei fraktalen Fabriken oder shop-in-shop-Systemen der Fall sein. Einzige Voraussetzung ist, dass die neue Struktur wirksamer und zweckmäßiger sein muss als die alte (DKK/*Trümner* Rn. 85). Die gesetzliche Regelung muss sich durch die Organisation des Unternehmens, des Konzerns oder der Zusammenarbeit von zwei Unternehmen bedingt als nicht ausreichende Organisationsform herausgestellt haben (*Fitting* Rn. 48). Mit neuen „Arbeitnehmervertretungsstrukturen" ist die Möglichkeit angesprochen, statt dreistufiger nur zwei- oder einstufige Interessenvertretungen einzurichten (*Fitting* Rn. 52) oder auf andere Weise die gesamte gesetzliche Vertretungsstruktur zu ersetzen (DKK/*Trümner* Rn. 67; *Fitting* Rn. 56). So kann die Zahl der Betriebsräte von § 9 abweichend bestimmt oder die Amtszeit, Wahl oder Zusammensetzung der Vertretung abweichend vom Gesetz geregelt werden, solange hierbei die tragenden Grundsätze der Betriebsverfassung beachtet werden (*Fitting* Rn. 54). Daher kann nicht festgelegt werden, dass etwa nur gewerkschaftliche Vertrauensleute die AN vertreten (*Richardi* Rn. 23). Auch eine Abweichung von materiellen Beteiligungsrechten ist nicht möglich, wie Abs. 5 Satz 2 zeigt (*Fitting* Rn. 54, 57). Alle dem gesetzlichen BR eingeräumten Befugnisse, Rechte und Pflichten gelten auch für die tarifliche Vertretung. Anders als nach altem Recht setzt die neue Regelung nicht voraus, dass die einbezogenen betrieblichen Organisationsbereiche selbst betriebsratsfähig sind (DKK/*Trümner* Rn. 70; aA *Fitting* Rn. 51). Der in Ziff. 3 verwandte Konzernbegriff umfasst grundsätzlich auch den Gleichordnungskonzern (DKK/*Trümner* Rn. 71). Freilich wird es hier meist am einheitlichen Ansprechpartner für die Arbeitnehmervertretung fehlen. Wegen der besonderen Tragweite der Regelung kann sie nur durch TV eingeführt werden, wie die Abs. 2 und 3 zeigen.

7 **Zusätzliche betriebsverfassungsrechtliche Gremien** nach Ziff. 4 kommen dort in Betracht, wo der Kontakt zwischen dem BR und den von ihm betreuten AN nicht ausreichend ist. Dies kann vor allem bei einem unternehmenseinheitlichen BR oder RegionalBR der Fall sein, in denen nicht alle Betriebe oder die verschiedenen Organisationsbereiche und Beschäftigungsraten entgegen § 15 nicht vertreten sind. Bei den Arbeitsgemeinschaften handelt es sich weder um Mitbestimmungsorgane (DKK/*Trümner* Rn. 87; *Fitting* Rn. 59; *Richardi* Rn. 26), noch um eine irgendwie geartete gewerkschaftliche Vertretungsstrukturen (DKK/*Trümner* Rn. 89). Sie ersetzen nicht den BR, sondern sollen die unternehmensübergreifende Zusammenarbeit der Vertretungsorgane erleichtern (BT-Drucks. 14/5741 S. 34). Dies kann allemal mehr sein als ein „betriebsverfassungsrechtlicher Stammtisch" (*Hanau* RdA 2001, 65). Ihre Mitglieder werden gewählt, nicht ernannt (DKK/*Trümner* Rn. 89). Es gelten die allgemeinen Grundprinzipien der Betriebsverfassung wie die §§ 78 und 79, Friedenspflicht, Ehrenamtlichkeit, Unentgeltlichkeit, Anfechtbarkeit des Wahlvorgangs und die Pflicht des AG zur Freistellung, Entgeltfortzahlung und Kostentragung (DKK/*Trümner* Rn. 91). Auf den besonderen Kündigungsschutz nach den §§ 103 und 15 KSchG können sich die Mitglieder der Arbeitsgemeinschaften nicht berufen (DKK/*Trümner* Rn. 88). Dies ist alles freilich ganz anders, wenn sie sich aus den BR rekrutieren. Erfasst werden nicht nur Betriebsräte, sondern neben den GesamtBR alle anderen in § 3 vorgesehenen Arbeitnehmervertretungsstrukturen (DKK/*Trümner* Rn. 93; *Richardi* Rn. 27). Arbeitsgemeinschaften können nach Abs. 2 durch BV eingeführt werden.

8 Mit der Möglichkeit, **zusätzliche betriebsverfassungsrechtliche Vertretungen** nach Ziff. 5 einzurichten, knüpft das Gesetz an die bisherige Regelung in § 3 I Nr. 1 an. Sie dürfen nur gebildet werden wo ein **BR** existiert (DKK/*Trümner* Rn. 91; *Fitting* Rn. 70; *Richardi* Rn. 33). Die Errichtung anderer als betriebsverfassungsrechtlicher Gremien – wie zB gewerkschaftlicher Vertretungen im Betrieb – lässt sich nicht auf Ziff. 5 stützen (DKK/*Trümner* Rn. 103; *Fitting* Rn. 66; *Richardi* Rn. 30). Die Beschränkung des Zusammenschlusses nach bestimmten Beschäftigungsarten oder Arbeitsbereichen ist weggefallen. So können zusätzliche Vertretungen nicht nur wie bisher etwa für Akkordmitarbeiter, Außendienstler, Aushilfskräfte, für bestimmte Abteilungen oder Arbeitsbereiche, sondern auch zB für Frauen, ausländische oder nicht ständige AN eingerichtet werden (DKK/*Trümner* Rn. 98; *Richardi* Rn. 31). Nach Ziff. 5 kann jetzt – anders als im alten Recht – auch die Wahl betrieblicher Vertrauensleute vereinbart werden (*Fitting* Rn. 65; DKK/*Trümner* Rn. 106). Alle zusätzlichen Vertretungen müssen ohne Rücksicht auf die Gewerkschaftszugehörigkeit von den Angehörigen der betreffenden Arbeitnehmergruppe gewählt werden (DKK/*Trümner* Rn. 102) und deren Interessen ohne Rücksicht auf eine Gewerkschaftszugehörigkeit vertreten (*Fitting* Rn. 67). Eine Bestellung durch den BR ist nicht möglich (DKK/*Trümner* Rn. 99, 102). Ihre **Amtszeit** ist nicht an die des BR gekoppelt. Sie richtet sich allein nach den ihnen zugrundeliegenden tariflichen bzw. betriebsverfassungsrechtlichen Regelungen. Endet das Amt des BR jedoch endgültig, endet auch das Amt der zusätzlichen Vertretung (DKK/*Trümner* Rn. 101; *Fitting* Rn. 70). Zusätzliche Vertretungen übernehmen keine **Zuständigkeiten** des BR. Sie haben keine Vertretungsbefugnis gegenüber dem AG (DKK/*Trümner* Rn. 109; *Fitting* Rn. 68), sondern stellen nur als Gesprächspartner ein Bindeglied zwischen den AN ihrer Arbeitsgruppe dar (DKK/*Trümner* Rn. 109; *Fitting* Rn. 68). Sie können zu Beratungen des BR mit dem AG oder bei seinen Sitzungen hinzugezogen werden, wenn Angelegenheiten ihrer

Arbeitsgruppe verhandelt werden, haben dort aber kein Stimmrecht (DKK/*Trümner* Rn. 109; *Fitting* Rn. 69). Ihre **Stellung** entspricht grundsätzlich nicht der des BR (*Fitting* Rn. 71). Für sie gelten zwar die allgemeinen Grundsätze der Betriebsverfassung aus den §§ 2 I, 74 und 75 (*Fitting* Rn. 72). Die übrigen für den BR und seine Mitglieder geltenden Vorschriften sind jedoch auf die Mitglieder zusätzlicher Vertretungen größtenteils nach wie vor nicht anwendbar, insb. nicht die §§ 37, 38, 103 und § 15 KSchG (*Fitting* Rn. 71; aA DKK/*Trümner* Rn. 100). Über § 78 besteht freilich ein relativer Kündigungsschutz. Eine Kündigung, die allein wegen der Wahrnehmung des Amtes erfolgt, ist unwirksam (*Fitting* Rn. 71). Der AG trägt nach § 40 die **Kosten** der zusätzlichen Vertretung (DKK/ *Trümner* Rn. 104; *Fitting* Rn. 71). Deren Mitglieder nehmen ihre Aufgaben während der Arbeitszeit wahr. Der AG ist nach § 78 zur Fortzahlung der Vergütung verpflichtet (DKK/*Trümner* Rn. 104; *Fitting* Rn. 71). Mitglieder der zusätzlichen Vertretung unterliegen der Geheimhaltungspflicht nach § 79 (*Fitting* Rn. 72). Weitere Regelungen – etwa zur Wahl, Amtsführung und Schulung – können sich aus der zugrundeliegenden Regelung ergeben. Zusätzliche Interessenvertretungen können ebenso auf Unternehmens- und Konzernebene eingerichtet werden (DKK/*Trümner* Rn. 108; *Fitting* Rn. 74). Dies kann nach Abs. 2 durch TV oder BV geschehen.

III. Regelungen durch Betriebsvereinbarung

Nach **Abs. 2** können die abweichenden Regelungen zur Arbeitnehmervertretung mit Ausnahme der 9 Errichtung anderer Arbeitnehmervertretungsstrukturen nach Ziff. 3 auch durch BV geschaffen werden. Voraussetzung ist einmal, dass keine tarifliche Regelung mit dem Regelungsgegenstand des § 3 besteht, an die der AG gebunden ist (DKK/*Trümner* Rn. 117). Es darf aber auch „kein **anderer Tarifvertrag**" gelten. Dabei ist unerheblich, welche Regelungsgegenstände er betrifft (DKK/*Trümner* Rn. 117; *Fitting* Rn. 78; *Richardi* Rn. 50; kritisch hierzu *Buchner* NZA 2001, 633; *Hanau* RdA 2001, 65; *Konzen* RdA 2001, 76). Damit will man Schnellschüssen der Betriebspartner entgegenwirken. Im Ergebnis wird es kaum jemals zu entsprechenden BV kommen. TV gelten im Sinne von Abs. 2 auch bei ihrer Allgemeinverbindlichkeitserklärung und während ihrer Nachwirkung nach § 4 V TVG (DKK/*Trümner* Rn. 121). Arbeitsvertragliche Einbeziehungsabreden reichen für die Sperrwirkung nicht aus (aA DKK/*Trümner* Rn. 122). Hier „gilt" nicht der TV, sondern nur der Einzelarbeitsvertrag, welcher das tarifliche Regelwerk umfasst. BV nach § 3 können nicht erzwungen werden (DKK/*Trümner* Rn. 123; *Fitting* Rn. 79). Sie wirken schon nach § 77 VI nicht nach. Ihre Nachwirkung kann auch nicht vereinbart werden (DKK/*Trümner* Rn. 123). Auf Arbeitnehmerseite ist je nach vorgegebener Struktur und Regelungsgegenstand der BR, der GesamtBR oder der KonzernBR zuständig. Betriebsinterne Regelungen schließt der BR ab, betriebsübergreifende im Unternehmen der GesamtBR und unternehmensübergreifende im Konzern der KonzernBR. Auf Arbeitgeberseite ist dies im Unterordnungskonzern das herrschende Unternehmen, im Gleichordnungskonzern das durch Leitungsabrede betriebsverfassungsrechtlich zum „herrschenden" gemachte Unternehmen.

IV. Regelungen durch die Arbeitnehmer

Ein **unternehmenseinheitlicher BR** kann nach **Abs. 3** in einem Unternehmen mit mehreren Betrie- 10 ben (DKK/*Trümner* Rn. 133; *Fitting* Rn. 94) oder Betriebsteilen nach § 4 I 1 beschlossen werden. Handelt es sich um ein Unternehmen mit einem Hauptbetrieb und einem oder mehreren Kleinstbetrieben, entfällt die Möglichkeit nach Abs. 3, weil sie schon durch Gesetz dem Hauptbetrieb zugeordnet sind (DKK/*Trümner* Rn. 139). In keinem der Betriebe darf ein BR bestehen oder ein TV mit dem Regelungsinhalt der Ziff. 1 a) gelten (DKK/*Trümner* Rn. 134, 135; *Fitting* Rn. 94). Die Regelung nach Abs. 3 ist ebenso unzulässig, wenn die Wahl zu einem BR eingeleitet wurde (DKK/ *Trümner* Rn. 136). Die Abstimmung über die Wahl des BR ist formfrei (DKK/*Trümner* Rn. 137; *Fitting* Rn. 96). Abstimmungsberechtigt sind alle AN des Unternehmens ohne Rücksicht auf ihre Wahlberechtigung (DKK/*Trümner* Rn. 137; *Fitting* Rn. 98; *Richardi* Rn. 58). Es entscheidet die absolute, nicht die relative Mehrheit (DKK/*Trümner* Rn. 137; *Fitting* Rn. 97). Eine Gewerkschaft kann diese Wahl veranlassen, wenn sie mit mindestens einem Mitglied im Unternehmen vertreten ist (s. § 2 Rn. 4; DKK/*Trümner* Rn. 138). AN, welche die Wahl veranlassen, genießen den eingeschränkten Kündigungsschutz nach § 78 (*Fitting* Rn. 100). Sie sind soweit erforderlich von der Arbeit bezahlt freizustellen; notwendige Aufwendungen sind ihnen zu ersetzen (*Fitting* Rn. 100). Der Wahlvorstand ist nach § 17 zu bestellen (*Fitting* Rn. 101, 102). Das weitere Wahlverfahren richtet sich nach den §§ 14 ff. und der WahlO (*Fitting* Rn. 105). Der so gebildete unternehmenseinheitliche BR hat die Rechte und Pflichten jedes BR. Seine Größe nach § 9 hängt von der Anzahl der im Unternehmen Beschäftigten ab. Dasselbe gilt für die Größe von Ausschüssen (§ 27, 28), die Übertragung der Aufgaben auf Arbeitsgruppen (§ 28 a) und die Freistellung (§ 38) (*Fitting* Rn. 106). Der Beschluss zur Bildung eines unternehmenseinheitlichen BR muss für die Wahl des Nachfolgers nicht wiederholt werden (DKK/*Trümner* Rn. 140). Er wird durch erneute Abstimmung entsprechend Abs. 3 widerrufen (*Richardi* Rn. 58).

V. Inkrafttreten

11 **Abs. 4** bestimmt den **Zeitpunkt des Übergangs** von der gesetzlichen zur vereinbarten Vertretungsstruktur und sichert für diese Fälle die Kontinuität der BRArbeit. Er überlässt die einzelnen Festlegungen weitgehend den TVParteien bzw. den Betriebspartnern. Das Gesetz greift nur, wenn sie keine Bestimmungen treffen. Wird die Wahl eines unternehmenseinheitlichen BR durch Abstimmung der AN nach Abs. 3 ermöglicht, gelten stets die gesetzlichen Bestimmungen, hiervon abweichende Regelungen sind unwirksam. Die Bestimmungen des Abs. 4 sind ebenso anzuwenden, wenn eine abweichende Regelung nach Ziff. 1 bis 3 die andere ablöst (DKK/*Trümner* Rn. 142). Die Rückkehr zur gesetzlichen Struktur der Betriebsverfassung nach Beendigung der abweichenden Regelung richtet sich nach allgemeinen Grundsätzen, soweit diese nicht selbst Bestimmungen hierzu enthält (DKK/ *Trümner* Rn. 145). Eine Nachwirkung findet nicht statt (s. Rn. 2 und 9). Enthalten die Regelungen nach Ziff. 1–3 selbst keine Bestimmungen, sind sie nach Satz 1 erstmals bei der nachfolgenden (übernächsten) Wahl anzuwenden, wenn sie nicht vor Einleitung des nächsten Wahlverfahrens – dh. vor Bestellung des Wahlvorstandes – abgeschlossen wurden (*Fitting* Rn. 87). Die Amtszeit des bestehenden BR endet im Fall des Satz 1 nach § 21, im Fall des Satz 2 stets mit der Bekanntgabe des Wahlergebnisses.

VI. Rechtsfolgen

12 **Abs. 5 S. 1** begrenzt seine Fiktion ausdrücklich auf das BetrVG. Für den Betriebsbegriff in anderen Gesetzen ist die Bestimmung bedeutungslos. Dies gilt neben dem SGB IX vor allem für das KSchG. Daher findet zB die soziale Auswahl nicht in den Sparten, sondern nach wie vor im Betrieb statt und § 23 KSchG stellt nicht auf die Zahl der in einem Geschäftsbereich Beschäftigten ab. In den Fällen der Ziff. 1 findet die soziale Auswahl nur in einem Teilbereich der räumlichen Zuständigkeit des BR statt. Die nach Ziff. 1 bis 3 gebildeten Einheiten sind aber zB maßgebend für die Anzahl der BRMitglieder nach § 9, die Größe seiner Ausschüsse nach den §§ 27, 28 die Zahl der Freistellungen nach § 38 und immer, wenn es für die Reichweite der Mitbestimmung auf die Anzahl der im Betrieb Beschäftigten ankommt. Beim Wechsel von der gesetzlichen zur abweichenden Vertretungsstruktur und zurück bleiben die BV für den jeweils persönlichen Geltungsbereich in Kraft. Werden zum gleichen Regelungsbereich vom nachfolgenden BR Vereinbarungen abgeschlossen, gilt die Zeitkollisionsregel (DKK/*Trümner* Rn. 151). **Satz 2** zeigt, dass die nach den Ziffern 1 bis 3 errichteten Einheiten den BR ersetzen, nicht nur neben ihn treten (s. Rn. 1) und ihre gewählten Mitglieder nicht Betriebsräte zweiter Wahl sind. Die Vorschrift nimmt – anders als in Satz 1 – nicht nur das BetrVG in Bezug, sondern auch alle Vorschriften außerhalb dieses Gesetzes, welche Rechtsstellung, Rechte und Pflichten von BRMitgliedern betreffen wie zB 15 KSchG.

VII. Streitigkeiten

13 Streitigkeiten über die Wirksamkeit der Vereinbarungen bzw. der Abstimmung zu abweichenden Regelungen nach Abs. 1 entscheidet nach den §§ 2 a, 80 ff. ArbGG das ArbG im Beschlussverfahren. Es handelt sich in allen Fällen um betriebsverfassungsrechtliche Streitigkeiten (DKK/*Trümner* Rn. 169; *Fitting* Rn. 107; *Richardi* Rn. 60). Dasselbe gilt für Rechtsstreitigkeiten zur Zusammensetzung, Wahl, Organisation, Rechte und Pflichten einer nach dieser Vorschrift gebildeten Vertretung oder Einrichtung. (DKK/*Trümner* Rn. 169; *Fitting* Rn. 108; *Richardi* Rn. 60). Antragsberechtigt können neben dem AG, die auf gesetzlicher Grundlage gebildeten Organe, die TVParteien und konkurrierende Verbände sein (DKK/*Trümner* Rn. 171; *Fitting* Rn. 107).

§ 4 Betriebsteile, Kleinstbetriebe

(1) ¹Betriebsteile gelten als selbständige Betriebe, wenn sie die Voraussetzungen des § 1 Abs. 1 Satz 1 erfüllen und
1. räumlich weit vom Hauptbetrieb entfernt oder
2. durch Aufgabenbereich und Organisation eigenständig sind.
²Die Arbeitnehmer eines Betriebsteils, in dem kein eigener Betriebsrat besteht, können mit Stimmenmehrheit formlos beschließen, an der Wahl des Betriebsrats im Hauptbetrieb teilzunehmen; § 3 Abs. 3 Satz 2 gilt entsprechend. ³Die Abstimmung kann auch vom Betriebsrat des Hauptbetriebs veranlasst werden. ⁴Der Beschluss ist dem Betriebsrat des Hauptbetriebs spätestens zehn Wochen vor Ablauf seiner Amtszeit mitzuteilen. ⁵Für den Widerruf des Beschlusses gelten die Sätze 2 bis 4 entsprechend.

(2) Betriebe, die die Voraussetzungen des § 1 Abs. 1 Satz 1 nicht erfüllen, sind dem Hauptbetrieb zuzuordnen.

I. Vorbemerkung

Die Vorschrift befasst sich nicht unmittelbar mit dem Begriff und der Abgrenzung von Betrieben. 1
Sie baut darauf auf und legt zusammen mit den §§ 1 und 3 die betriebsratsfähigen Einheiten innerhalb eines Unternehmens und damit einen Teil seiner betriebsverfassungsrechtlichen Organisation fest. Bei der Anwendung der Vorschrift ist Ausgangslage, dass keine Organisationseinheit ohne BR bleiben soll (BAG 1. 2. 1963 AP BetrVG § 3 Nr. 5; DKK/*Trümner* Rn. 2; *Fitting* Rn. 2). Die in Betriebsteilen beschäftigten AN werden vom BR des Betriebes vertreten, in dem die Leitungsaufgaben auch für den Betriebsteil wahrgenommen werden (BAG 29. 1. 1992 AP BetrVG 1972 § 7 Nr. 1). Unter den Voraussetzungen des Abs. 1 Satz 1 werden sie von einem eigenen BR betreut, es sei denn sie optieren nach Abs. 1 Satz 2 für die Teilnahme an der Betriebsratswahl des Hauptbetriebes. Nicht betriebsratsfähige Betriebe werden nach Abs. 2 für die Wahl zum und die Vertretung durch den BR dem Hauptbetrieb zugeordnet. Die Anwendung der Vorschrift darf jedoch nicht zu einem unfruchtbaren Nebeneinander von BR führen, weil man Einheiten aufgespalten hat, die organisatorisch und wirtschaftlich als ein Betrieb angesehen werden können. Das Gesetz soll zu einer vernünftigen Ordnung der Betriebsverfassung führen. Grundsatz ist die Einheit des Betriebes. Sie hat den Vorrang, solange sie sich noch sinnvoll aufrechterhalten lässt (*Fitting* Rn. 2; GK-BetrVG/*Kraft* Rn. 13). Dabei darf nicht aus den Augen verloren werden, dass in einigen Vorschriften – wie zB § 95 II, – die Anzahl der AN für den Umfang der Mitbestimmung von Bedeutung ist (BAG 24. 2. 1976 AP BetrVG 1972 § 4 Nr. 2; *Fitting* Rn. 2). Nach § 3 I Nr. 1–3 können die TVParteien Betriebsteile und Kleinstbetriebe anders zuordnen, als es die Vorschrift vorsieht (*Richardi* Rn. 45).

II. Einfache Betriebsteile

Hierbei handelt es sich um Betriebsbereiche, die zwar auf den Zweck des Hauptbetriebes ausgerichtet 2
und in dessen Organisation eingegliedert sind, ihm gegenüber aber organisatorisch abgrenzbar und relativ verselbständigt sind (BAG 19. 2. 2002 AP BetrVG 1972 § 4 Nr. 13 = NZA 2002, 1300; BAG 25. 9. 1986 AP BetrVG 1972 § 1 Nr. 7). Sie üben eine Teilfunktion beim Erreichen des arbeitstechnischen Zwecks des Betriebes aus (GK-BetrVG/*Kraft* Rn. 46). Sie erfüllen Aufgaben, die sich von denen der anderen Abteilungen idR erkennbar unterscheiden, aber in ihrer Zielsetzung dem arbeitstechnischen Zweck des Betriebes dienen – zB die Lackiererei in der Autoproduktion, die Reparaturwerkstatt eines Spediteurs, Auslieferungslager (DKK/*Trümner* Rn. 28; *Fitting* Rn. 8). Sie verfügen über eine gewisse Selbständigkeit, weil sie räumlich oder funktional vom Betrieb abgegrenzt sind (GK-BetrVG/*Kraft* Rn. 46) und eine den Einsatz der AN bestimmende Leitung eingerichtet ist, die in Teilen das Weisungsrecht des AG ausübt (BAG 19. 2. 2002 AP BetrVG 1972 § 4 Nr. 13 = NZA 2002, 1300; BAG 20. 6. 1995 AP BetrVG 1972 § 4 Nr. 8; DKK/*Trümner* Rn. 30; *Fitting* Rn. 5). Es fehlt aber ein eigener (betriebsverfassungsrechtlicher) Leitungsapparat, der die wesentlichen beteiligungspflichtigen Entscheidungen im personellen und sozialen Bereich selbständig trifft (BAG 17. 2. 1983 AP BetrVG 1972 § 4 Nr. 4; BAG 20. 6. 1995 AP BetrVG 1972 § 4 Nr. 8; DKK/*Trümner* Rn. 23; GK-BetrVG/*Kraft* Rn. 46). Liegen die übrigen Voraussetzungen vor, haben wir es ebenso mit Betriebsteilen zu tun, wenn die dort erfüllten Aufgaben parallelen arbeitstechnischen Zwecken dienen, die sich nicht voneinander unterscheiden. Daher kann es sich auch bei Filialen im Einzelhandel oder dem Bankgewerbe um Betriebsteile, nicht um selbständige Betriebe handeln (BAG 24. 2. 1976 AP BetrVG 1972 § 4 Nr. 2; *Fitting* Rn. 6). Die AN in Betriebsteilen nehmen an der Betriebsratswahl des Betriebes teil, zu dem der Betriebsteil gehört und werden von dessen BR vertreten. Betrieb ist die Stelle, in der die Leitungsaufgaben auch für den Betriebsteil wahrgenommen werden, dh. die wesentlichen beteiligungspflichtigen Entscheidungen in personellen und sozialen Angelegenheiten getroffen werden (BAG 25. 9. 1986 AP BetrVG 1972 § 1 Nr. 7; DKK/*Trümner* Rn. 26; *Fitting* Rn. 10; *Richardi* Rn. 22). Dies gilt auch, wenn ein anderer Betrieb des Unternehmens räumlich näher liegt (*Fitting* Rn. 10; aA DKK/*Trümner* Rn. 26). Die Zuordnung zu einem Betrieb ohne Zuständigkeit in den wesentlichen betriebsverfassungsrechtlichen Entscheidungen würde den AN des Betriebsteils den Ansprechpartner nehmen.

III. Qualifizierte Betriebsteile

Abs. 1 Satz 1 fingiert unter den dort genannten Voraussetzungen einen Betrieb, der nach der 3
allgemeinen Begriffsbestimmung nicht Betrieb sein könnte. Voraussetzung ist stets, dass der Betriebsteil nach der Zahl seiner AN **betriebsratsfähig** ist (s. § 1 Rn. 22 ff.). Die AN eines nicht betriebsratsfähigen Betriebsteiles gehören auch dann zum Hauptbetrieb, wenn dieser Betriebsteils nach Satz 1 selbständig ist. Sie nehmen ohne Beschluss nach Satz 2 stets an der Betriebsratswahl im Hauptbetrieb teil und werden von diesem BR vertreten. Wird der Betriebsteil während dessen Amtszeit betriebsratsfähig, bleibt die Zuordnung bis zur Bekanntgabe des Wahlergebnisses einer im Betriebsteil durchgeführten Wahl aufrechterhalten. § 22 ist entsprechend anzuwenden (*Richardi* Rn. 39). Optieren die AN nach Abs. 1 Satz 2, ändert sich an der ursprünglichen Zuordnung nichts.

Eisemann

Betriebsteile sind nach **Ziff. 1** vom „Hauptbetrieb" **räumlich weit entfernt,** wenn wegen dieser Entfernung eine sachgerechte Vertretung der AN des Betriebsteils durch den BR des Betriebes nicht erwartet werden kann (BAG 19. 2. 2002 AP BetrVG 1972 § 4 Nr. 13; BAG 24. 2. 1976 AP BetrVG 1972 § 4 Nr. 2; DKK/*Trümner* Rn. 34; *Fitting* Rn. 16; GK-BetrVG/*Kraft* Rn. 53). Es kommt dabei nicht allein auf die objektive Entfernung an (BAG 24. 2. 1976 AP BetrVG 1972 § 4 Nr. 2; *Fitting* Rn. 17; GK-BetrVG/*Kraft* Rn. 55; *Richardi* Rn. 16). Ebenso wenig spielt eine Rolle, ob die Betriebsteile und Betrieb innerhalb derselben politischen Gemeinde liegen; entscheidend sind die Verkehrsverbindungen (BAG 24. 2. 1976 AP BetrVG 1972 § 4 Nr. 2; *Fitting* Rn. 17; GK-BetrVG/ *Kraft* Rn. 54; *Richardi* Rn. 18). BRMitglieder müssen in der Lage sein, kurzfristig zu einer Sitzung zusammenzukommen; AN müssen BRMitglieder leicht erreichen können (*Fitting* Rn. 16; GK-BetrVG/*Kraft* Rn. 55; *Richardi* Rn. 16). BRMitgliedern müssen die Verhältnisse „vor Ort" aus unmittelbarer und ständiger eigener Anschauung bekannt sein (DKK/*Trümner* Rn. 34). Ob zwischen dem Betriebsteil und dem Betrieb eine lebendige Betriebsgemeinschaft besteht, tritt dagegen als Kriterium zurück (BAG 23. 9. 1982 AP BetrVG 1972 § 4 Nr. 3). Die Belegschaftsstärke im Betriebsteil spielt in der Rspr. des BAG keine entscheidende Rolle (BAG 29. 3. 1977 AuR 1977, 254 einerseits BAG 5. 4. 1964 AP BetrVG § 3 Nr. 7 andererseits). Dieser Gesichtspunkt kann im Einzelfall durchaus zu einer sachgerechten Lösung beitragen (vgl. LAG Köln 28. 6. 1989 LAGE BetrVG 1972 § 4 Nr. 4; DKK/*Trümner* Rn. 32; *Richardi* Rn. 21; aA GK-BetrVG/*Kraft* Rn. 55). Bei einer Entfernung von 45 km kann ein Betrieb vorliegen (BAG 29. 3. 1977 AuR 1977, 254); selbst bei 70 km Entfernung soll das noch der Fall sein, wenn die AN im Betriebsteil von freigestellten BRMitgliedern betreut werden (BAG 24. 9. 1968 AP BetrVG § 3 Nr. 9). Andererseits können bei schlechten Verkehrverbindungen Betriebsteile räumlich weit entfernt sein, die nur 28 km vom Betrieb liegen (BAG 23. 9. 1960 AP BetrVG § 3 Nr. 4). Vom Hauptbetrieb weit entfernte, organisatorisch voneinander abgegrenzte Betriebsteile, die jeweils die Voraussetzungen des § 1 erfüllen, gelten nach S. 1 auch dann jeder für sich als selbständiger Betrieb und nicht als einheitlicher Betrieb, wenn sie nahe beieinander liegen (BAG 29. 5. 1991 AP BetrVG 1972 § 4 Nr. 5). Hauptbetrieb und ein räumlich von ihm weit entfernter Betriebsteil können keinen einheitlichen Betrieb bilden. Zwar ist der Leitungsapparat für beide Organisationen im Hauptbetrieb angesiedelt. Gleichwohl gilt der Betriebsteil wegen der räumlichen Entfernung als selbständiger Betrieb (BAG 19. 2. 2002 AP BetrVG 1972 § 4 Nr. 13 = NZA 2002, 1300).

4 Liegen – kumulativ (DKK/*Trümner* Rn. 39; GK-BetrVG/*Kraft* Rn. 58; *Richardi* Rn. 24) – beide Voraussetzungen der **Ziff. 2** vor, fingiert S. 1 ohne Rücksicht auf die örtliche Lage des Betriebsteiles (BAG 25. 11. 1980 AP BetrVG 1972 § 18 Nr. 3) einen Betrieb. Die Vorschrift lässt sich in der Praxis kaum handhaben. Der Betriebsteil ist gerade dadurch gekennzeichnet, dass er keinen eigenen betriebsverfassungsrechtlich bedeutsamen Leitungsapparat hat und keinen eigenen Aufgabenbereich, sondern Teilfunktionen des Hauptbetriebs erfüllt. Ist dies anders, wird es sich meist schon um einen eigenen Betrieb handeln. Für die Unterscheidung des Betriebes von dem durch Aufgabenbereich und Organisation eigenständigen Betriebsteil lassen sich jedenfalls verlässliche Kriterien kaum finden (BAG 3. 12. 1985 AP BetrVG 1972 § 99 Nr. 28). Man hilft sich mit Begriffen wie der „relativen Eigenständigkeit" (GK-BetrVG/*Kraft* Rn. 58), einer „gewissen Eigenständigkeit" (BAG 29. 1. 1992 AP BetrVG 1972 § 7 Nr. 1) oder „relativen Selbständigkeit (BAG 3. 12. 1985 AP BetrVG 1972 § 88 Nr. 28) von Leitungsapparat und Aufgabenbereich. Wenn man dann die Eigenständigkeit der Organisation darin findet, dass in diesem Betriebsteil der „wesentliche Kern der der betrieblichen Mitbestimmung unterliegenden Arbeitgeberfunktion auszuüben ist" (BAG 29. 1. 1992 AP BetrVG 1972 § 7 Nr. 1) wird deutlich, dass die Vorschrift für viele Fälle einen Betrieb nicht fingiert, sondern nur noch festgehalten wird, was von Gesetzes wegen schon gilt. So besehen erschöpft sich Ziff. 2 in der Feststellung, dass es je nach Organisation des Betriebes für die Belegschaft sinnvoll sein kann, trotz räumlicher Nähe von Betriebsstätten zwei Betriebsvertretungen zu wählen. Rspr. und hM unterscheiden den eigenständigen Betriebsteil vom selbständigen Betrieb nach folgenden Kriterien: Die **eigenständige Organisation** soll eine eigene Leitung auf der Ebene des verselbständigten Teils des Betriebes voraussetzen, insb. in beteiligungspflichtigen personellen und sozialen Angelegenheiten (BAG 29. 1. 1992 AP BetrVG 1972 § 7 Nr. 1; *Fitting* Rn. 18; *Richardi* Rn. 26). Die einheitliche kaufmännische Leitung steht dabei der Annahme eines selbständigen Betriebes nicht entgegen (BAG 1. 2. 1963 AP BetrVG § 3 Nr. 5; *Fitting* Rn. 18). Der **Aufgabenbereich** soll relativ eigenständig sein, wenn im Betriebsteil fachfremde Hilfsfunktionen für den Gesamtbetrieb erfüllt werden (*Fitting* Rn. 19; *Richardi* Rn. 25). Auch fachnahe Funktionen sollen aber ausreichen (BAG 5. 6. 1964 AP BetrVG § 3 Nr. 7; *Richardi* Rn. 25). Die Geltung eines anderen TV im Betriebsteil soll ein Indiz für die Eigenständigkeit des Aufgabenbereichs sein (GK-BetrVG/*Kraft* Rn. 61). Tarifliche und betriebsverfassungsrechtliche Selbständigkeit sind aber nicht deckungsgleich (*Richardi* Rn. 25). Erfüllt ein Betriebsteil die Voraussetzungen des Abs. 1 Satz 1 ist **Folge,** dass in ihm ein eigener BR gewählt wird, dessen Größe, Zusammensetzung und Reichweite der Mitbestimmung sich allein an den AN im qualifizierten Betriebsteil ausrichtet. Er hat dann auch zusammen mit dem BR des Hauptbetriebes einen GesamtBR zu errichten.

IV. Eigene Zuordnung

Abs. 1 Satz 2 soll einem Missstand der alten Regelung abhelfen. Sie konnte sich nachteilig aus- 5
wirken, wenn in einem selbständigen Betrieb nach Satz 1 kein eigener BR gewählt wurde. Eine
Mitvertretung durch den BR des Hauptbetriebes war dann ausgeschlossen. Jetzt können die AN für
ihre Vertretung sorgen, ohne selbst eine Betriebsratswahl organisieren zu müssen. Entscheiden sie sich
für eine Teilnahme an der Betriebsratswahl im Hauptbetrieb, wird aus dem selbständigen Betrieb
wieder ein Betriebsteil (*Hanau* NJW 2001, 2513). Sie werden durch den nun von ihnen und den AN
des Hauptbetriebes gemeinsam gewählten BR vertreten. Bei der Ermittlung der Schwellenwerte – zB
in den §§ 9 I, 27, 28, 28 a, 38, 92 a II, 95 II – zählen sie mit. Für den Beschluss nach Satz 2 ist die
absolute Mehrheit (*Fitting* Rn. 25) aller AN des Betriebsteils und nicht nur die der Wahlberechtigten
(DKK/*Trümner* Rn. 53 e; *Fitting* Rn. 26) erforderlich. Die Abstimmung ist formlos möglich, also auch
im Umlaufverfahren (DKK/*Trümner* Rn. 53 f; *Fitting* Rn. 24). Antragsberechtigt sind neben dem BR
des Hauptbetriebes drei AN des *Betriebsteils* und eine dort vertretene Gewerkschaft (DKK/*Trümner*
Rn. 53 g; *Fitting* Rn. 27). Auf das Unternehmen kommt es nicht an. § 3 Abs. 3 Satz 2 gilt nur
„entsprechend". Die Abstimmung kann von denen durchgeführt werden, die sie veranlasst haben
(DKK/*Trümner* Rn. 53 i). Für die beiden ersten Alternativen gilt dabei § 17 III entsprechend (*Fitting*
Rn. 28). Fehler im Verfahren sind bei der Anfechtung der Betriebsratswahl nach § 19 geltend zu
machen (*Hanau* NJW 2001, 2513). Die initiativberechtigten AN genießen keinen Kündigungsschutz
nach § 15 III a KSchG (DKK/*Trümner* Rn. 53 i). Da die Entscheidung für eine Teilnahme an der
Betriebsratswahl im Hauptbetrieb Einfluss auf diese Wahl hat, ist der entsprechende Beschluss nach
Satz 4 fristgerecht mitzuteilen. Geht er später ein, können die AN des Betriebsteils nicht im Hauptbetrieb mitwählen. Der Beschluss für die Teilnahme an den Wahlen im Hauptbetrieb gilt auch für alle
folgenden Wahlen bis er widerrufen wird (*Fitting* Rn. 31). Der Widerruf wirkt sich erst bei den
nächstfolgenden Wahlen und nicht schon während der laufenden Amtsperiode aus (DKK/*Trümner*
Rn. 53 k; *Fitting* Rn. 32).

V. Gesetzliche Zuordnung

Abs. 2 erfasst Kleinstbetriebe und Einheiten, die bisher als Nebenbetriebe bezeichnet wurden (BT- 6
Drucks. 14/5741 S. 35; DKK/*Trümner* Rn. 2; *Fitting* Rn. 4; *Richardi* Rn. 42). Der Begriff des Neben-
betriebes hat sein eigenständige Bedeutung verloren (*Richardi* Rn. 5). Eine besondere Regelung ist
nicht mehr notwendig (*Fitting* Rn. 4). Die Vorschrift sorgt dafür, dass AN in Kleinstbetrieben nicht
von der Mitbestimmung ausgeschlossen sind. Eine Mitbestimmung findet nur dann nicht statt, wenn
die Zahl aller AN im Unternehmen den Schwellenwert nicht erreicht (*Richardi* Rn. 44). Hauptbetrieb
ist seit der Neufassung des Gesetzes der betriebsratsfähige Betrieb oder selbständige Betriebsteil nach
Abs. 1, in dem die Leitungsfunktionen in den personellen und sozialen Angelegenheiten auch für die
AN des Kleinstbetriebes angesiedelt sind (*Fitting* § 1 Rn. 105; aA DKK/*Trümner* Rn. 66; *Richardi*
Rn. 43). Stellt man allein auf die räumliche Nähe eines Hauptbetriebes ab, nimmt man den AN des
Kleinstbetriebs den Ansprechpartner, wenn dort nicht auch der Leitungsapparat angesiedelt ist. Ist nur
ein Betrieb im Unternehmen betriebsratsfähig, bildet er mit den Betrieben nach Abs. 2 einen Betrieb
(BAG 3. 12. 1985 AP BetrVG 1972 § 99 Nr. 28; *Fitting* Rn. 106; *Richardi* Rn. 44). Besteht das
Unternehmen nur aus nicht betriebsratsfähigen Kleinstbetrieben, reicht es nach Sinn und Zweck der
Regelung für die Wahl des BR aus, wenn insgesamt der Schwellenwert erreicht wird (*Fitting* Rn. 106;
Richardi Rn. 44). Es können aber auch nur ein Teil der Kleinstbetriebe zu einem Betrieb zusammengefasst werden, solange der Schwellenwert bei ihnen zusammen erreicht wird (DKK/*Trümner* Rn. 66)
und ein Ansprechpartner auf Arbeitgeberseite vorhanden ist. Entstehen so mehrere Betriebsräte, ist
auch en GesamtBR zu bilden. Für die Wahl, die formelle und materielle Mitbestimmung – zB in den
§§ 9 I, 27, 28, 28 a, 38, 92 a II, 95 II – kommt es auf die Zahl der AN in den zusammengefassten
Einheiten insgesamt an (*Fitting* Rn. 107).

VI. Streitigkeiten

Darüber, ob ein Betrieb oder Betriebsteil selbständig oder einem anderen Betrieb oder Betriebsteil 7
zuzuordnen ist, wird im arbeitsgerichtlichen Beschlussverfahren nach den §§ 2a, 80 ff. ArbGG
entschieden (BAG 17. 1. 1978 AP BetrVG 1972 § 1 Nr. 1). Die Antragberechtigung richtet sich
nach § 18 II (s. § 18 Rn. 6). Über diese Fragen kann auch als Vorfrage in anderen Verfahren
entschieden werden (BAG 28. 12. 1956 AP KSchG § 22 Nr. 1; BAG 3. 12. 1985 AP BetrVG 1972
§ 99 Nr. 28).

§ 5 Arbeitnehmer

(1) ¹Arbeitnehmer (Arbeitnehmerinnen und Arbeitnehmer) im Sinne dieses Gesetzes sind Arbeiter und Angestellte einschließlich der zu ihrer Berufsausbildung Beschäftigten, unabhängig

davon, ob sie im Betrieb, im Außendienst oder mit Telearbeit beschäftigt werden. ² Als Arbeitnehmer gelten auch die in Heimarbeit Beschäftigten, die in der Hauptsache für den Betrieb arbeiten.

(2) Als Arbeitnehmer im Sinne dieses Gesetzes gelten nicht
1. in Betrieben einer juristischen Person die Mitglieder des Organs, das zur gesetzlichen Vertretung der juristischen Person berufen ist;
2. die Gesellschafter einer offenen Handelsgesellschaft oder die Mitglieder einer anderen Personengesamtheit, soweit sie durch Gesetz, Satzung oder Gesellschaftsvertrag zur Vertretung der Personengesamtheit oder zur Geschäftsführung berufen sind, in deren Betrieben;
3. Personen, deren Beschäftigung nicht in erster Linie ihrem Erwerb dient, sondern vorwiegend durch Beweggründe karitativer oder religiöser Art bestimmt ist;
4. Personen, deren Beschäftigung nicht in erster Linie ihrem Erwerb dient und die vorwiegend zu ihrer Heilung, Wiedereingewöhnung, sittlichen Besserung oder Erziehung beschäftigt werden;
5. der Ehegatte, der Lebenspartner, Verwandte und Verschwägerte ersten Grades, die in häuslicher Gemeinschaft mit dem Arbeitgeber leben.

(3) ¹ Dieses Gesetz findet, soweit in ihm nicht ausdrücklich etwas anderes bestimmt ist, keine Anwendung auf leitende Angestellte. ² Leitender Angestellter ist, wer nach Arbeitsvertrag und Stellung im Unternehmen oder im Betrieb
1. zur selbständigen Einstellung und Entlassung von im Betrieb oder in der Betriebsabteilung beschäftigten Arbeitnehmern berechtigt ist oder
2. Generalvollmacht oder Prokura hat und die Prokura auch im Verhältnis zum Arbeitgeber nicht unbedeutend ist oder
3. regelmäßig sonstige Aufgaben wahrnimmt, die für den Bestand und die Entwicklung des Unternehmens oder eines Betriebs von Bedeutung sind und deren Erfüllung besondere Erfahrungen und Kenntnisse voraussetzt, wenn er dabei entweder die Entscheidungen im Wesentlichen frei von Weisungen trifft oder sie maßgeblich beeinflusst; dies kann auch bei Vorgaben insbesondere aufgrund von Rechtsvorschriften, Plänen oder Richtlinien sowie bei Zusammenarbeit mit anderen leitenden Angestellten gegeben sein.

(4) Leitender Angestellter nach Absatz 3 Nr. 3 ist im Zweifel, wer
1. aus Anlass der letzten Wahl des Betriebsrats, des Sprecherausschusses oder von Aufsichtsratsmitgliedern der Arbeitnehmer oder durch rechtskräftige gerichtliche Entscheidung den leitenden Angestellten zugeordnet worden ist oder
2. einer Leitungsebene angehört, auf der in dem Unternehmen überwiegend leitende Angestellte vertreten sind, oder
3. ein regelmäßiges Jahresarbeitsentgelt erhält, das für leitende Angestellte in dem Unternehmen üblich ist, oder,
4. falls auch bei der Anwendung der Nummer 3 noch Zweifel bleiben, ein regelmäßiges Jahresarbeitsentgelt erhält, das das Dreifache der Bezugsgröße nach § 18 des Vierten Buches Sozialgesetzbuch überschreitet.

I. Vorbemerkung

1   Die Vorschrift beschreibt den Personenkreis, der vom BR repräsentiert wird. Sie greift auf, dass mit Hilfe moderner Techniken zunehmend Tätigkeiten außerhalb fester Betriebsstätten wahrgenommen werden, ohne dass damit die Arbeitnehmereigenschaft verloren geht. Personen, die danach nicht AN sind oder nicht als AN gelten, haben kein aktives oder passives Wahlrecht zum BR. Mitbestimmungs- oder Beteiligungsrechte erfassen sie nicht. BV gelten für sie nicht unmittelbar und zwingend (BAG 21. 1. 1979 AP BetrVG 1972 § 112 Nr. 8; 21. 1. 1992 NZA 1992, 659). Sie zählen nicht mit, wo das Gesetz für die Wahl eines BR und seine Größe (§§ 1, 9) oder für Beteiligungsrechte eine Mindestzahl von AN voraussetzt (zB §§ 99, 106, 110, 111, 112 a). Auf leitende Angestellte ist das BetrVG nur anzuwenden, soweit dies ausdrücklich bestimmt ist (zB §§ 105, 107 I, 108 II). Der Begriff des AN nach dem BetrVG ist zwingend. Er kann – wie der des leitenden Angestellten – weder durch TV noch durch BV oder individualrechtlich verändert werden (*Fitting* Rn. 13; GK-BetrVG/*Raab* Rn. 6).

II. Arbeitnehmer

2   Der Arbeitnehmerbegriff des Betriebsverfassungsgesetzes geht vom allgemeinen arbeitsrechtlichen Arbeitnehmerbegriff aus (BAG 12. 2. 1992 AP BetrVG 1972 § 5 Nr. 52). Er ist aber nicht deckungsgleich, sondern einerseits enger – so sind zB enge Familienangehörige des AG ganz und leitende Angestellte weitgehend ausgenommen –, andererseits weiter – Heimarbeiter sind in den Kreis einbezogen. AN ist, wer auf Grund eines privatrechtlichen Vertrages im Dienste eines anderen in persönlicher Abhängigkeit zur Leistung fremdbestimmter Arbeit verpflichtet ist (BAG 27. 3. 1991, 13. 1. 1991 AP BGB § 611 Abhängigkeit Nr. 53, 60; 25. 3. 1992 AP BetrVG 1972 § 5 Nr. 48; *Fitting* Rn. 16; *Galperin/Löwisch* Rn. 9; GK-BetrVG/ *Raab* Rn. 12; *Richardi* Rn. 11; kritisch DKK/*Trümner* Rn. 9, 12 ff.; *Wank*, AN und Selbständige, 23 ff. und DB 1992, 90). Für die Feststellung der Arbeitneh-

II. Arbeitnehmer   § 5 BetrVG 210

mereigenschaft kommt es auf den wirklichen Geschäftsinhalt des Vertrages an, der sich sowohl aus den schriftlichen Vereinbarungen als auch aus der praktischen Durchführung des Vertrages ergeben kann (BAG 24. 6. 1992 AP BGB § 611 Abhängigkeit Nr. 42; 29. 1. 1992 AP BetrVG 1972 § 5 Nr. 47). Wo sich schriftliche Vereinbarung und tatsächliche Handhabung widersprechen, ist letztere entscheidend (BAG 13. 11. 1991, 20. 7. 1994 AP BGB § 611 Abhängigkeit Nr. 60, 73).

   1. Vertrag. Das Arbeitsverhältnis kommt durch ausdrücklich oder stillschweigend abgeschlossenen 3 privatrechtlichen Vertrag zustande. Dem steht das kraft Gesetzes begründete Arbeitsverhältnis (§ 78 a II, § 625 BGB, § 10 I AÜG) gleich. Ob die Beschäftigung entgeltlich erfolgt, ist ebenso unbeachtlich (*Richardi* Rn. 46) wie die Dauer und Lage der Arbeitszeit – Teilzeitarbeit, flexible Arbeitszeit (BAG 29. 1. 1992 AP BetrVG 1972 § 7 Nr. 1; DKK/*Trümner* Rn. 31; *Fitting* Rn. 143 ff., 152 ff.), eine Befristung oder der Umstand, ob die Tätigkeit im Neben- bzw. im Hauptberuf ausgeübt wird (BAG 24. 1. 1964 AP BGB § 611 Fleischbeschauer-Dienstverhältnis Nr. 4; 20. 7. 1994 AP BGB § 611 Abhängigkeit Nr. 73). Wer auf Grund eines nichtigen oder anfechtbaren Arbeitsvertrages beschäftigt wird, ist bis zur Geltendmachung der Nichtigkeit bzw. wirksamen Anfechtung AN (BAG 15. 11. 1957 AP BGB § 125 Nr. 2; 5. 12. 1957 AP BGB § 123 Nr. 2; DKK/*Trümner* Rn. 9; *Fitting* Rn. 20; GK-BetrVG/*Kraft* Rn. 10; *Richardi* Rn. 85 f.). Wer gegen oder ohne den Willen des Betriebsinhabers für diesen tätig ist, ist genauso wenig AN des Betriebes (GK-BetrVG/*Raab* Rn. 15) wie derjenige, der nur faktisch in den Betrieb eingegliedert ist, ohne dass vertragliche Beziehungen zum Betriebsinhaber begründet werden sollen (vgl. BAG AP BetrVG 1972 § 99 Nr. 35, 65; GK-BetrVG/*Raab* Rn. 15; aA DKK/*Trümner* Rn. 12 ff., 24 ff.). AN ist auch nicht, wessen Beschäftigung auf einem öffentlich-rechtlichen Rechtsverhältnis oder öffentlich-rechtlichem Zwang beruht oder einem gesetzlichen Sonderstatus hat. Keine AN sind danach **Beamte** und **Soldaten** (*Fitting* Rn. 21, 276; GK-BetrVG/ *Raab* Rn. 13) und im Rahmen des **freiwilligen sozialen Jahres** Tätige (BAG 12. 2. 1992 AP BetrVG 1972 § 5 Nr. 52). **Strafgefangene** sind keine AN, wenn sie im Rahmen einer Maßnahme der Vollzugslockerung nach § 11 StVollzG als Freigänger außerhalb der Strafvollzugsanstalt in einem Betrieb beschäftigt werden (BAG 3. 10. 1978 AP BetrVG 1972 § 5 Nr. 18; *Fitting* Rn. 276; GK-BetrVG/*Raab* Rn. 13; aA DKK/*Trümner* Rn. 113, 162). Sie sind AN, wenn sie nach § 39 StVollzG in ein freies Beschäftigungsverhältnis eingehen (LAG Baden-Württemberg 15. 9. 1988 NZA 1989, 886; DKK/ *Trümner* Rn. 162; offengelassen von BAG 3. 10. 1978 AP BetrVG 1972 § 5 Nr. 18). **Zivildienstleistende** (§ 25 WPflG iVm. §§ 1 ff. ZDG) sind keine AN des Einsatzbetriebes, es sei denn, sie stehen in einem freien Beschäftigungsverhältnis iSd. § 15 a ZDG (DKK/*Trümner* Rn. 112; *Fitting* Rn. 276; *Richardi* Rn. 135). Nach § 19 BSHG zu gemeinnütziger und zusätzlicher Arbeit herangezogene **Sozialhilfeempfänger** sind keine AN, wenn sie lediglich Hilfe zum Lebensunterhalt und eine angemessene Entschädigung für Mehraufwendungen erhalten. Erfolgt die Beschäftigung gegen ein übliches Arbeitsentgelt, sind sie AN (BAG 7. 7. 1999; AP BGB § 620 Befristeter Arbeitsvertrag Nr. 216; *Richardi* Rn. 132). **Entwicklungshelfer** haben einen Sonderstatus und sind keine AN des Trägers der Entwicklungshilfe (BAG 27. 4. 1977 AP § 611 BGB Entwicklungshelfer Nr. 1; DKK/*Trümner* Rn. 115; GK-BetrVG/*Kraft* Rn. 49; *Richardi* Rn. 136; *Fitting* Rn. 276). Wegen des Territorialitätsprinzips unterfallen sie auch dann nicht dem BetrVG, wenn sie in einem Arbeitsverhältnis mit dem ausländischen Projektträger stehen (*Richardi* Rn. 111).

   2. Persönliche Abhängigkeit. Sie zeigt sich in der Weisungsgebundenheit des AN hinsichtlich Zeit, 4 Ort, Dauer, Durchführung und Inhalt der Arbeitsleistung (BAG 27. 3. 1991, 13. 11. 1991 AP BGB § 611 Abhängigkeit Nr. 53, 60; BAG 19. 1. 2000 AP BGB § 611 Rundfunk Nr. 33). Der AN kann im Gegensatz zum freien Handelsvertreter seine Tätigkeit nicht im Wesentlichen selbst gestalten und seine Arbeitszeit frei bestimmen. Er leistet fremdbestimmte Arbeit. § 84 I 2, II HGB enthält insoweit eine über seinen unmittelbaren Anwendungsbereich hinausgehende gesetzliche Wertung (BAG 19. 1. 2000 AP BGB § 611 Rundfunk Nr. 33). Als Kriterium ist die persönliche Abhängigkeit jedoch nur relativ: Sie hängt auch von der Eigenart der jeweiligen Tätigkeit ab. Abstrakte, für alle Arbeitsverhältnisse geltende Merkmale lassen sich nicht aufstellen (BAG 19. 1. 2000 AP BGB § 611 Rundfunk Nr. 33). Die Arbeitnehmereigenschaft kann gegeben sein, obwohl die Bindung an fachliche Weisungen fehlt – Ärzte, Rechtsanwälte (BAG 27. 7. 1961 AP BGB § 611 Ärzte, Gehaltsansprüche Nr. 28; GK-BetrVG/*Raab* Rn. 19; *Richardi* Rn. 22). Selbst bei weitgehender Selbstbestimmung im Fachlichen, bei Zeit und Ort der Arbeitsleistung kann die Arbeitnehmereigenschaft vorliegen; so bei künstlerischen und geistigen Mitarbeitern von Rundfunk und Fernsehen, die auf den Apparat der Anstalt und das Mitarbeiterteam angewiesen sind (BAG 15. 3. 1978 AP BGB § 611 Abhängigkeit Nr. 26; *Richardi* Rn. 26). Grundsätzlich lässt sich nicht vereinbaren, ob ein Arbeitsverhältnis oder ein freies Dienstverhältnis u. ä. gegeben sein soll (*Richardi* Rn. 39 f.). Lässt sich ein Vertrag aber objektiv sowohl als Arbeitsvertrag als auch als Dienstvertrag qualifizieren, haben es die Vertragsparteien in der Hand, durch vertragliche Festlegung zu bestimmen, ob ein Arbeitsverhältnis oder ein Dienstvertrag gegeben sein soll (BAG 29. 5. 1991 AP BetrVG 1972 § 9 Nr. 2; 24. 6. 1992, 27. 3. 1992 AP BGB § 611 Abhängigkeit Nr. 61, 53).

   Arbeitnehmerähnlich sind Personen, die auf Grund eines Dienst- oder Werkvertrages für einen 5 anderen tätig sind, ohne persönlich abhängig zu sein, aber wirtschaftlich abhängig und einem AN vergleichbar sozial schutzwürdig sind (§ 12 a TVG). Sie sind – mit Ausnahme der Heimarbeiter nach § 6 I 2 und II 2 – keine AN (BAG 26. 1. 1977 AP BGB § 611 Lehrer, Dozenten Nr. 13; DKK/*Trümner* Rn. 96; *Fitting* Rn. 87; GK-BetrVG/*Raab* Rn. 51).

6 **ANÜberlassung.** Wird der AN von vornherein eingestellt, um an Dritte zur Arbeitsleistung verliehen zu werden (**unechtes Leiharbeitsverhältnis**), bleibt der LeihAN nach § 14 I AÜG betriebsverfassungsrechtlich auch während seines Einsatzes im Entleiher-Betrieb dem Verleiher-Betrieb weitgehend zugeordnet (*Fitting* Rn. 235; GK-BetrVG/*Raab* Rn. 65). Er ist nach § 14 II 1 AÜG zur Betriebsratswahl im Entleiherbetrieb nicht wählbar (DKK/*Trümner* Rn. 27; *Fitting* Rn. 237) und unter den Voraussetzungen des § 7 S. 2 wahlberechtigt. Da er in die Arbeitsorganisation des Entleiherbetriebes eingegliedert ist, besteht eine tw. Zuständigkeit des BR des Entleiherbetriebes auch für ihn. So hat der LeihAN das Recht, die Sprechstunden des BR aufzusuchen und an den Betriebs- und Jugendversammlungen im Entleiherbetrieb teilzunehmen. Die §§ 81, 82 I und 84 bis 86 gelten im Entleiherbetrieb nach § 14 II 2, 3 AÜG auch für ihn. Vor der Übernahme eines Leiharbeitnehmers soll der BR des Entleiherbetriebes nach § 14 Abs. 3 AÜG auch in Unternehmen mit weniger als 20 wahlberechtigten AN zu beteiligen sein (*Becker/Wulfgramm* AÜG § 14 Rn. 96; *Sandmann/Marschall* AÜG Art. 1 § 14 Rn. 17). § 14 AÜG regelt die Zuständigkeit des BR des Entleiherbetriebes nicht abschließend (BAG 28. 7. 1992 AP BetrVG 1972 § 87 Werkmietwohnungen Nr. 7; 15. 12. 1992 AP AÜG § 14 Nr. 7; DKK/*Trümner* Rn. 27, 78 ff.; *Fitting* Rn. 238). Der BR des Entleiherbetriebes ist stets für die LeihAN zuständig, wenn der Entleiher auf Grund seines Direktionsrechts beteiligungspflichtige Maßnahmen anordnet (BAG 15. 12. 1992 AP AÜG § 14 Nr. 7; *Fitting* Rn. 238; GK-BetrVG/*Raab* Rn. 66 ff.). Bei der **unerlaubten gewerbsmäßigen ANÜberlassung** und bei Überschreiten der in § 3 I Nr. 6 AÜG in der nach § 19 AFG bis zum 31. 12. 2003 noch geltenden Fassung vom 10. 12. 2001 genannten Entleihhöchstfrist kommt zwischen dem Entleiher und dem AN ein Arbeitsverhältnis zustande, falls nicht die gesetzliche Vermutung des § 1 Abs. 2 AÜG widerlegt werden kann. Der AN gehört zur Belegschaft des Entleiherbetriebes (DKK/*Trümner* Rn. 79 f.; GK-BetrVG/*Kreutz* § 7 Rn. 41; *Richardi* Rn. 97 f.; aA *Becker/Wulfgramm* AÜG § 14 Rn. 23 f.). Eine analoge Anwendung von § 14 AÜG scheitert daran, dass zwischen dem Verleiher und dem AN kein Arbeitsverhältnis (mehr) besteht. Wird der AN grundsätzlich im Betrieb des AG und nur ausnahmsweise und nichtgewerbsmäßig in einem Drittbetrieb eingesetzt (**echtes Leiharbeitsverhältnis**) erwirbt auch er unter den Voraussetzungen des § 7 S. 2 das aktive Wahlrecht im Entleiherbetrieb. Im Übrigen wendet das Bundesarbeitsgericht Art. 1 § 14 AÜG entsprechend an, so dass in keinem weiteren Fall eine betriebsverfassungsrechtliche Zuordnung zum Entleiherbetrieb erfolgt (BAG 18. 1. 1989 AP AÜG § 14 Nr. 2; BAG 22. 3. 2000 AP AÜG § 14 Nr. 8). Soweit der Entleiher AGFunktionen ausübt, werden auch einzelne Mitbestimmungsrechte analog anzuwenden sein. Dabei sind in erster Linie Rechte angesprochen, die das Weisungsrecht oder den Schutz der Beschäftigten betreffen (Ausführungsverhältnis), weniger die Mitbestimmungsrechte, die an Inhalt oder Bestand des Arbeitsverhältnisses festmachen (Grundverhältnis). Vor allem geht es dabei um § 87 Abs. 1 Ziff. 1, 2, 3, 6 und 7 (GK-BetrVG/*Raab* Rn. 65 ff.). Bei einer langfristigen ANÜberlassung ist der Katalog der anzuwendenden Mitbestimmungsrechte noch weiter zu ziehen (*Fitting* Rn. 217; GK-BetrVG/*Kreutz* § 7 Rn. 42 ff.; DKK/*Trümner* Rn. 85 f.). Zumindest die für die unechte gewerbsmäßige ANÜberlassung in § 3 I Nr. 6 AÜG in der nach § 19 AFG bis zum 31. 12. 2003 noch geltenden Fassung vom 10. 12. 2001 vorgesehene zeitliche Grenze von 24 Monaten muss auch in den übrigen Fällen der ANÜberlassung beachtet werden. Wird sie überschritten, kann man idR davon ausgehen, dass zwischen Verleiher und AN keine betriebliche Bindung mehr besteht und sie dauerhaft in den Betrieb des Entleihers eingegliedert sind (GK-BetrVG/*Kreutz* § 7 Rn. 45).

7 **Arbeitslose.** Wer vom Arbeitsamt nach §§ 260 ff. oder 272 ff. SGB III im Rahmen einer Arbeitsbeschaffungs- oder Strukturanpassungsmaßnahme dem Träger der Maßnahme zugewiesen wurde, ist AN (DKK/*Trümner* Rn. 109 e; *Fitting* Rn. 136). Denn nach § 260 I Ziff. 2 und 272 Ziff. 3 SGB III setzt die Förderung voraus, dass die Träger Arbeitsverhältnisse mit den Zugewiesenen abschließen. Auch förderungsbedürftige Arbeitslose, die auf Grund eines Eingliederungsvertrages nach §§ 229 ff. SGB III beschäftigt werden, gelten als AN (*Fitting* Rn. 141). Auf den Eingliederungsvertrag sind nach § 231 II bis IV SGB III die Vorschriften und Grundsätze des Arbeitsrechts anzuwenden, soweit sich aus §§ 231 II, IV, 232 SGB III nichts anderes ergibt. Für die Feststellung der Betriebsratsfähigkeit und der Zahl der zu wählenden BRMitglieder zählen sie jedoch nach § 231 II 2 SGB III nicht mit (*Fitting* Rn. 141; *Richardi* Rn. 134).

8 **Ausländer.** Auf ausländische AN ist das BetrVG in seinem räumlichen Geltungsbereich selbst dann anzuwenden, wenn eine erforderliche Arbeitserlaubnis fehlt (BAG 16. 12. 1976 AP AFG § 19 Nr. 4). AN mit ausländischem Arbeitsvertragsstatut, die dem inländischen Betrieb zuzuordnen sind, sind AN im Sinne der Betriebsverfassung (vgl. BAG 9. 11. 1977, 7. 12. 1989 AP Internationales Privatrecht Arbeitsrecht Nr. 13, 27).

9 **Beamte** werden zunächst immer dann AN, wenn sie – etwa im Rahmen einer Nebentätigkeit oder im Falle der Beurlaubung – auf Grund eines Arbeitsvertrages in einem privaten Unternehmen tätig sind (BAG 25. 2. 1998 AP BetrVG 1972 § 8 Nr. 8; *Fitting* Rn. 278). Ist ein Beamter von seinem Dienstherrn nur zur Arbeitsleistung einem privaten Unternehmen abgeordnet zugewiesen worden, so gilt er

II. Arbeitnehmer § 5 BetrVG 210

nicht als AN im Sinne der Betriebsverfassung (BAG 25. 2. 1998 AP BetrVG 1972 § 8 Nr. 8; BAG 28. 3. 01 AP BetrVG 1972 § 7 Nr. 5; aA *Fitting* Rn. 280; DKK/*Trümner* Rn. 111; *Richardi* Rn. 113). Die den privatisierten Unternehmen der Post und Deutschen Bahn AG zugewiesenen Beamten von Bundesbahn und Bundespost gelten für die Anwendbarkeit des Betriebsverfassungsgesetzes nach § 19 I DBGrG, § 24 II PostPerG als AN.

Berufsausbildungsverhältnis. Kraft ausdrücklicher gesetzlicher Bestimmung sind alle zu ihrer 10 Berufsausbildung Beschäftigten AN im Sinne des Betriebsverfassungsgesetzes unabhängig davon, ob das der Beschäftigung zugrundeliegende Ausbildungsverhältnis als Arbeitsverhältnis zu qualifizieren ist (BAG 21. 7. 1993 AP BetrVG 1972 § 5 Ausbildung Nr. 8; DKK/*Trümner* Rn. 99; *Fitting* Rn. 84; GK-BetrVG/*Kraft* Rn. 39; *Richardi* Rn. 64). Ob ein Entgelt gezahlt wird, ist unerheblich. Die Zahlung eines Entgelts kann aber Indiz für das Vorliegen eines Ausbildungsverhältnisses sein (BAG 10. 2. 1981, 25. 10. 1989 AP BetrVG 1972 § 5 Nr. 26, 40). Erfasst werden nicht nur Berufsausbildungsverhältnisse nach § 3 BBiG (BAG 20. 2. 1981, 24. 9. 1981, 25. 10. 1989 AP BetrVG 1972 § 5 Nr. 25, 26, 40; DKK/*Trümner* Rn. 100; *Fitting* Rn. 87; GK-BetrVG/*Kraft* Rn. 40; *Richardi* Rn. 65). Unter die Vorschrift fallen alle Personen, denen auf Grund privatrechtlichen Vertrages, der auch durch schlüssiges Verhalten zustande kommen kann (BAG 20. 2. 1981 AP BetrVG 1972 § 5 Nr. 25), berufliche Kenntnisse, Fähigkeiten und Erfahrungen vermittelt werden sollen. Dazu zählen zB Umschüler und Teilnehmer an berufsvorbereitenden Ausbildungsmaßnahmen (BAG 26. 11. 1987 AP BetrVG 1972 § 5 Nr. 36), Volontäre, Praktikanten, Anlernlinge u. ä. (BAG 25. 10. 1989 AP BetrVG 1972 § 5 Nr. 40; DKK/*Trümner* Rn. 100; *Fitting* Rn. 88; *Richardi* Rn. 69), Teilnehmer an einer Ausbildung in einer unternehmenseigenen Schule, wenn sie im Rahmen der Ausbildung im Betrieb praktisch unterwiesen werden (BAG 10. 2. 1981, 24. 9. 1981 AP BetrVG 1972 § 5 Nr. 25, 26). Eine rein schulische Ausbildung reicht nicht (BAG 28. 7. 1992 AP BetrVG 1972 § 87 Werkmietwohnungen Nr. 7). Es ist aber unerheblich, ob die betriebliche Ausbildung nur Teil eines aus betrieblich-praktischen und schulischtheoretischen Teilen bestehenden Ausbildungsganges ist (BAG 10. 2. 1981, 24. 9. 1981 AP BetrVG 1972 § 5 Nr. 25, 26; 8. 5. 1990 AP BetrVG 1972 § 99 Nr. 80). Darauf, ob der Auszubildende zum Erreichen des Betriebszweckes beiträgt, also im weiteren Sinne produktiv ist, kommt es nicht an (BAG 21. 7. 1993 AP BetrVG 1972 § 5 Ausbildung Nr. 8; 26. 1. 1994 AP BetrVG 1972 § 5 Nr. 54). Auszubildende in von mehreren Unternehmen bzw. Betrieben errichteten überbetrieblichen Ausbildungsstätten, zB Ausbildungszentren, Lehrwerkstätten, sind AN im Sinne des Betriebsverfassungsgesetzes (BAG 26. 1. 1994 AP BetrVG 1972 § 5 Nr. 54). Auszubildende in verselbständigten Einrichtungen, die zu Ausbildungszwecken einen Produktions- oder Dienstleistungsbetrieb nachahmen (Berufsbildungswerke, Berufsförderwerke, Rehabilitationszentren), sind keine AN des Ausbildungsbetriebes, es sei denn, sie werden zum Einsatz im Rahmen des arbeitstechnischen Zweckes der Einrichtung ausgebildet, etwa zum Betreuer oder Ausbilder (BAG 26. 1. 1994 AP BetrVG 1972 § 5 Nr. 54; GK-BetrVG/*Raab* Rn. 40; *Richardi* Rn. 68; DKK/*Trümner* Rn. 102).

Beschäftigungsgesellschaften. Mitarbeiter in sog. Beschäftigungsgesellschaften (von der Bundes- 11 anstalt für Arbeit, Bund und/oder Ländern und den Altarbeitgebern finanzierte Unternehmen, die der Qualifizierung und Beschäftigung von im Zuge von Massenentlassungen entlassenen AN dienen), sind AN (DKK/*Trümner* Rn. 109 e; *Fitting* Rn. 139; LAG Brandenburg 24. 2. 1994 DB 1994, 1245).

Familienangehörige. Erfolgt ihre Mitarbeit im Betrieb allein auf Grund familienrechtlicher Ver- 12 pflichtung – für Kinder des Betriebsinhabers folgt sie aus § 1619 BGB, für Ehegatten aus der Pflicht zur ehelichen Lebensgemeinschaft –, so sind sie nach allgemeinen Grundsätzen schon keine AN (*Fitting* Rn. 112; *Richardi* Rn. 181). Besteht ein Arbeitsverhältnis, sind sie AN im Sinne der Betriebsverfassung, es sei denn, sie sind nach Abs. 2 Nr. 5 ausgenommen (s. Rn. 29).

Franchising. Der Franchisenehmer ist regelmäßig selbständiger Unternehmer, der sich zur Errich- 13 tung und Führung eines Betriebes nach den Richtlinien und Anweisungen des Franchisegebers verpflichtet hat (BAG 30. 5. 1978 AP HGB § 60 Nr. 9; 24. 4. 1980 AP HGB § 84 Nr. 1; 21. 2. 1990 BB 1990, 1064). Der Franchise-Vertrag begründet das Recht des Franchisenehmers, Waren und/oder Dienstleistungen des Franchisegebers unter Verwendung von Namen, Warenzeichen etc. (Art. 1 Nr. 3 lit. a) der EG-Verordnung 4087/88 vom 30. 11. 1988 ABlEG L 359, S. 46), der technischen und gewerblichen Erfahrungen des Franchisegebers sowie unter Beachtung seiner Organisation zu vertreiben, wobei dem Franchisegeber gegenüber dem Franchisenehmer Rat, Beistand und Schulungspflichten obliegen und eine Kontrolle über den Geschäftsbetrieb eingeräumt wird (DKK/*Trümner* Rn. 66; *Fitting* Rn. 150; *Richardi* Rn. 83). Der Franchisenehmer schuldet ein Entgelt, üblicherweise einen bestimmten Prozentsatz seines Erlöses (*Fitting* Rn. 83). Im Einzelfall kann der Franchisenehmer wegen seiner persönlichen Abhängigkeit AN sein, wenn er in besonderem Maß – etwa hinsichtlich der Bestimmung von Arbeitszeit und Arbeitsort – den Weisungen und Vorgaben des Franchisegebers unterworfen ist – sog. Subordinations-Franchising (BAG 16. 7. 1997 AP BetrVG 1972 § 5 Nr. 37; DKK/*Trümner* Rn. 69; *Fitting* Rn. 85; aA *Richardi* Rn. 151).

Freier Mitarbeiter. Er leistet seine Dienste auf Grund eines Dienstvertrages (§ 611 BGB). Er ist 14 nicht AN. Bei ihm fehlt es an der für das Arbeitsverhältnis charakteristischen persönlichen Abhängigkeit, die sich gerade in der Weisungsgebundenheit in Bezug auf Zeit, Ort und Inhalt der Arbeitsleistung zeigt (DKK/*Trümner* Rn. 57; *Fitting* Rn. 36; *Richardi* Rn. 146).

Eisemann

15 **Fremdfirmeneinsatz.** AN, die lediglich auf Grund eines Werk- oder Dienstvertrages mit einem Dritten als dessen Erfüllungsgehilfen in einem Betrieb eingesetzt werden, sind nicht AN dieses Betriebes (DKK/*Trümner* Rn. 90; *Fitting* Rn. 241; GK-BetrVG/*Raab* Rn. 74; GK-BetrVG/*Kreutz* § 7 Rn. 58). Liegt in Wirklichkeit ANÜberlassung vor und hat der Verleiher keine Erlaubnis im Sinne des § 1 Abs. 1 AÜG, so besteht ein Arbeitsverhältnis mit dem Betriebsinhaber (DKK/*Trümner* Rn. 79; GK-BetrVG/*Kreutz* § 7 Rn. 59; *Galperin/Löwisch* § 7 Rn. 12; aA *Becker/Wulfgramm* AÜG § 14 Rn. 23 f.).

16 **Geringverdiener.** Für die Arbeitnehmereigenschaft kommt es nicht darauf an, ob die Tätigkeit sozialversicherungspflichtig ist (BAG 30. 9. 1998 AP BGB § 611 Abhängigkeit Nr. 130). Liegt nach allgemeinen Grundsätzen ein Arbeitsverhältnis vor, ist auch der nach § 8 SGB IV nicht Sozialversicherungspflichtige AN (DKK/*Trümner* Rn. 31; *Fitting* Rn. 95; GK-BetrVG/*Raab* Rn. 30; *Richardi* Rn. 56).

17 **Gesellschafter.** Gesellschafter von Kapital- und Personengesellschaften, die allein auf Grund einer sich aus dem Gesellschaftsvertrag ergebenden Verpflichtung in dem von der Gesellschaft geleiteten Betrieb tätig sind, sind keine AN (GK-BetrVG/*Kraft* Rn. 50; *Richardi* Rn. 155). Je nach der Ausgestaltung im Einzelfall kann ein Arbeitsverhältnis vorliegen. Das setzt jedoch persönliche Abhängigkeit voraus. Daran fehlt es, wenn der Gesellschafter maßgeblichen Einfluss auf die Geschäftsführung hat, indem er über eine Sperrminorität verfügt oder wenn in der Personengesellschaft nach dem Gesellschaftsvertrag die wesentlichen Entscheidungen der Geschäftsführung nur einstimmig getroffen werden dürfen (BAG 28. 11. 1990 AP TVG § 1 Tarifverträge: Bau Nr. 137; BAG 10. 4. 1991 AP BGB § 611 Abhängigkeit Nr. 54; GK-BetrVG/*Raab* Rn. 49). Auch wenn ein Arbeitsverhältnis vorliegt, sind die Gesellschafter, die unter Abs. 2 Nr. 1 oder 2 fallen, keine AN im Sinne der Betriebsverfassung (s. Rn. 25 f.).

18 **Haushaltshilfe.** AN, die ausschließlich im Haushalt des Betriebsinhabers beschäftigt sind, sind keine AN des Betriebes. Erfolgt ihre Beschäftigung sowohl im Haushalt als auch im Betrieb, zählen sie zur Belegschaft des Betriebes auch dann, wenn sie in häuslicher Gemeinschaft mit dem Betriebsinhaber leben.

19 **Heimarbeiter.** Nach § 6 I 2 und II 2 gelten auch die in Heimarbeit Beschäftigten als AN, wenn sie in der Hauptsache für den Betrieb arbeiten. Den Kreis der Betroffenen bestimmt § 2 I und II HAG (BAG 25. 3. 1992 AP BetrVG 1972 § 5 Nr. 49). Neben den Heimarbeitern sind das die Hausgewerbetreibenden, nicht die ihnen nach § 1 II HAG gleichgestellten Personen (*Fitting* Rn. 275; GK-BetrVG/*Raab* Rn. 58; *Richardi* Rn. 127). Unerheblich ist der zeitliche Umfang ihrer Tätigkeit, die Höhe des Verdienstes und ob sie den Lebensunterhalt überwiegend mit Heimarbeit verdienen (BAG 27. 4. 1974 AP BetrVG 1972 § 6 Nr. 1; *Fitting* Rn. 273). Ihre Beschäftigung für den Betrieb muss gegenüber der Leistung von Heimarbeit für andere Auftraggeber überwiegen. So werden sie betriebsverfassungsrechtlich nur einem Betrieb zugeordnet (BAG 25. 3. 1992 AP BetrVG 1972 § 5 Nr. 48; *Fitting* Rn. 97). Familienangehörige und fremde Hilfskräfte gehören nicht zur Belegschaft des Betriebes, dem der Heimarbeiter bzw. Hausgewerbetreibende zugeordnet wird (*Fitting* Rn. 275; *Richardi* Rn. 126).

20 **Konzern.** Ist ein AN in mehreren Betrieben des Konzerns (zum Konzernbegriff § 54 Rn. 2 ff.) tätig, so zählt er zur Belegschaft all dieser Betriebe (*Fitting* Rn. 202). Besteht in einem Konzernunternehmen ein (Stamm-)Arbeitsverhältnis und wird für die Dauer der Tätigkeit in einem anderen Unternehmen des Konzerns ein zweites Arbeitsverhältnis begründet, so ruht das Stammarbeitsverhältnis bis zur Rückkehr des Arbeitsnehmers in den Stammbetrieb. Für die Dauer der vorübergehenden Unterbrechung der tatsächlichen Beschäftigung beim Stammbetrieb zählt der AN zur Belegschaft beider Betriebe (*Fitting* Rn. 203). Bei der sog. Konzernleihe wird der AN von seinem AG zur Erbringung der Arbeitsleistung an ein anderes Konzernunternehmen, dem bestimmte Arbeitgeberrechte eingeräumt werden, abgeordnet (DKK/*Trümner* Rn. 88; *Fitting* Rn. 204). Es handelt sich um ein gespaltenes Arbeitsverhältnis, das dem echten Leiharbeitsverhältnis entspricht (BAG 8. 7. 1971 AP BGB § 611 Leiharbeitsverhältnis Nr. 2, 28. 7. 1992 AP BetrVG 1972 § 87 Werkmietwohnung Nr. 7; DKK/*Trümner* Rn. 88 f.; *Fitting* Rn. 204 ff.). Die Rspr. wendet auf die echte ANÜberlassung § 14 Abs. 1 AÜG an, so dass die AN dem verleihenden Betrieb zugeordnet bleiben (BAG 18. 1. 1989 AP AÜG § 14 Nr. 2). Eine Zuordnung zum Entleiherbetrieb erfolgt, wenn die Überlassung länger als 24 aufeinander folgende Monate und damit länger als die Frist des § 3 I Nr. 1 AÜG in der nach § 19 AFG bis zum 31. 12. 2003 noch geltenden Fassung vom 10. 12. 2001 dauert (s. Rn. 6).

21 **Mittelbares Arbeitsverhältnis.** Hier wird der AN von einer Zwischenperson eingestellt. Die Arbeitgeberfunktionen sind zwischen ihr und dem Betriebsinhaber aufgespalten (BAG 9. 4. 1957, 8. 8. 1958 AP BGB § 611 Mittelbares Arbeitsverhältnis Nr. 2, 3; 23. 2. 1961 AP BGB § 611 Akkordkolonne Nr. 2). Der AN gehört zur Belegschaft des Betriebes, in dem er eingesetzt ist (DKK/*Trümner* Rn. 92; *Fitting* Rn. 210; GK-BetrVG/*Raab* Rn. 73).

22 **Studenten,** die im Rahmen ihres Studiums ein Praktikum in einem Betrieb absolvieren, zählen dann zu den AN, wenn sie einen Ausbildungsvertrag mit dem Betriebsinhaber geschlossen haben (BAG 30. 10. 1991 AP BetrVG 1972 § 5 Ausbildung Nr. 2). Wird das Praktikum als Bestandteil einer Fachschul- oder Hochschulausbildung absolviert, soll es an der Arbeitnehmereigenschaft fehlen (BAG

10. 2. 1981 BetrVG 1972 § 5 Nr. 26; 19. 6. 1974 AP BAT § 3 Nr. 3; aA DKK/*Trümner* Rn. 106; *Fitting* Rn. 268). Entscheidend ist, ob vertragliche Beziehungen ausschließlich zwischen Hochschule und Betriebsinhaber bestehen, dann liegt lediglich eine Übertragung des Weisungsrechts vom eigentlichen Ausbildungsträger auf den Betriebsinhaber vor, der Studentenstatus bleibt erhalten, der Praktikant ist nicht AN. Bestehen unmittelbare vertragliche Beziehungen, auf Grund derer der Praktikant dem Betriebsinhaber zur Arbeitsleistung verpflichtet ist, ist die Arbeitnehmereigenschaft zu bejahen (*Richardi* Rn. 69). Wer als **Schüler** ein Praktikum absolviert, ist nicht AN (BAG 8. 5. 1990 AP BetrVG 1972 § 99 Nr. 80). Keine Auszubildenden, sondern AN sind Werkstudenten und Schüler, die während der Ferien auf der Grundlage eines Arbeitsvertrages tätig sind (DKK/*Trümner* Rn. 107).

Telearbeit/Außendienst. Die Erweiterung des Gesetzestextes in Absatz 1 Satz 1 knüpft daran an, 23 dass der Betriebsbegriff funktional und nicht allein räumlich zu verstehen ist (BT-Drucks. 14/5741 S. 35; BAG 22. 3. 2000 AP AÜG § 14 Nr. 8; BAG 19. 6. 2001 AP BetrVG 1972 § 87 Arbeitszeit Nr. 92). Die Eingliederung in den Betrieb muss nicht tatsächlich örtlich erfolgen, sie ist mit der Arbeitnehmerstatus vereinbar, wenn die Arbeit außerhalb des Betriebs geleistet wird. Die Einbindung in die betriebliche Organisation reicht aus (*Fitting* Rn. 165; DKK/*Trümner* Rn. 44). Sie kann sich daraus ergeben, dass der Betroffene auf die betriebliche Organisation angewiesen ist, etwa durch Kundenbetreuungskonzepte (BAG 6. 5. 1998 AP BGB § 611 Abhängigkeit Nr. 102) bzw. Teamarbeit (BAG 15. 3. 1978 AP BGB § 611 Abhängigkeit Nr. 26) oder daraus, dass schon nach den allgemeinen Abgrenzungskriterien Arbeit als abhängig Beschäftigter geleistet wird. Hierzu zählen die **Außendienstler** mit **ortsungebundener** Tätigkeit wie Auslieferungs- und Verkaufsfahrer, Beschäftigte von Pflegedienstagenturen, Monteure, Reiseleiter, Service- und Wartungspersonal, Zeitungsausträger (*Fitting* Rn. 168; DKK/*Trümner* Rn. 42) ebenso wie Außendienstler mit **ortsgebundener** Tätigkeit, denen aus unterschiedlichen – auch familiären – Gründen die Arbeit außerhalb des Betriebes an einem festen Ort – etwa ihrer Wohnung – gestattet wurde (*Fitting* Rn. 169). Auch für die **Telearbeiter** gelten die allgemeinen Abgrenzungsregeln (*Fitting* Rn. 182). Nicht jeder Telearbeiter ist AN. Es ist nur nicht entscheidend, ob die Telearbeit mobil (an verschiedenen Orten oder bei Kunden bzw. Lieferanten), alternierend in- und außerhalb des Betriebes oder beim Mitarbeiter zu Hause bzw. an einem anderen von ihm gewählten Ort erbracht wird (BT-Drucks. 14/5741 S. 35). Bei dem modernen Stand der Technik kommt es für die Arbeitnehmereigenschaft von Telearbeitern neben ihrer zeitlichen Einbindung – auch als zusätzliches Kriterium – nicht mehr darauf an, ob sie im online- oder offline-Betrieb arbeiten. Wichtiger ist ihre Bindung an eine vom AG vorgegebene Software (*Fitting* Rn. 185). Sie kann Weisungsgebundenheit schon über ihre Struktur vermitteln (*Popp* BB 1997, 1790; *Wank* NZA 1999, 225). Ist die persönliche Abhängigkeit nicht gegeben, so kann der Telearbeiter nach § 2 I HAG Heimarbeiter (GK-BetrVG/ *Raab* Rn. 46) und damit nach **Abs. 1 Satz 2** AN im Sinne des Betriebsverfassungsgesetzes sein.

III. Einschränkung des Arbeitnehmerbegriffs

Der Katalog in **Abs. 2** ist nicht aussagekräftig: Zum einen sind manche der aufgeführten Gruppen 24 schon nach allgemeinen Grundsätzen keine AN, zum anderen enthält die Aufzählung nicht alle Personengruppen, die nicht AN sind.

Ziff. 1 meint ausschließlich Mitglieder des Organs, das kraft Gesetzes vertretungsbefugt ist. Sie sind 25 auch dann keine AN iSd. Gesetzes, wenn sie in einem Arbeitsverhältnis stehen (*Fitting* Rn. 287; *Richardi* Rn. 155). Dazu gehören bei **Aktiengesellschaften** alle Vorstandsmitglieder (§ 78 I AktG), bei der Abwicklung die Abwickler (§§ 265 ff., 269 AktG), bei **Genossenschaften** alle Vorstandsmitglieder (§ 24 GenG), während der Liquidation die Liquidatoren (§ 88 GenG), bei der **GmbH** die Geschäftsführer (§ 35 I GmbHG), während der Liquidation die Liquidatoren (§ 70 S. 1 GmbHG), bei der **KGaA** die persönlich haftenden Gesellschafter nach Maßgabe des Gesellschaftsvertrages (§ 278 II AktG in Verbindung mit §§ 125, 181 HGB), also nur soweit sie nicht von der Vertretung ausgeschlossen sind (DKK/*Trümner* Rn. 126; *Fitting* Rn. 287; GK-BetrVG/*Raab* Rn. 77), während der Abwicklung die persönlich haftenden Gesellschafter und die von der Hauptversammlung der Kommanditaktionäre bestellten Personen (§ 290 I AktG), bei rechtsfähigen **Vereinen** die Vorstandsmitglieder (§ 26 BGB) und der Sondervertreter im Sinne des § 30 BGB, bei **Stiftungen** der Vorstand (§§ 26, 86 I 1 BGB) und das im Stiftungsgeschäft bestimmte Organ (§ 85 BGB), bei **Versicherungsvereinen aG** die Vorstandsmitglieder (§ 34 I 2 VAG in Verbindung mit § 78 AktG), während der Liquidation die Liquidatoren (§ 47 III 1 VAG in Verbindung mit § 269 AktG). Bei den **ausländischen juristischen Personen** richtet sich ihre Vertretung nach dem Recht des Staates, in dem die juristische Person ihren Verwaltungssitz hat (*Richardi* Rn. 163).

Die Einschränkung in Nr. 1 betrifft ausschließlich die Mitglieder des Vertretungsorgans. Aktionäre, 25 a Aufsichtsrats- und Genossenschaftsmitglieder sowie Gesellschafter können AN sein (*Fitting* Rn. 288). Die Mitglieder in den **Produktionsgenossenschaften** der ehemaligen DDR waren keine AN. Mit Inkrafttreten des Gesetzes zur Änderung des Landwirtschaftsanpassungsgesetzes vom 3. 7. 1991 (BGBl. I S. 1410) sind die bestehenden Genossenschaftsverhältnisse nach dem LPG-G kraft Gesetzes mit ex-nunc-Wirkung in Mitgliedschaftsverhältnisse nach dem LPG-G nF und daneben bestehende

Arbeitsverhältnisse aufgespalten worden (BAG 16. 2. 1995 AP Einigungsvertrag Anlage II Kap. VI Nr. 1).

26 **Ziff. 2** dient nur der Klarstellung. Im Einzelnen handelt es sich um folgenden Personenkreis: In der **ehelichen Gütergemeinschaft** bei gemeinschaftlicher Verwaltung beide Ehegatten, ansonsten der Ehegatte, der das Gesamtgut allein verwaltet (§ 1421 BGB), bei fortgesetzter Gütergemeinschaft der überlebende Ehegatte (§ 1487 I BGB), bei der **Erbengemeinschaft** alle Miterben (§ 2038 I BGB), in der **Gesellschaft bürgerlichen Rechts** alle Gesellschafter mit Ausnahme derer, die nach dem Gesellschaftsvertrag weder an der Geschäftsführung noch an der Vertretung der Gesellschaft beteiligt sind (§§ 709, 714 BGB), in der **Kommanditgesellschaft** die persönlich haftenden Gesellschafter (§§ 164, 170 HGB), bei einer **Reederei** alle Mitreeder, da ihnen die Geschäftsführung zusteht, wenn nicht der Vertrag insoweit etwas anderes bestimmt (§§ 490 ff. HGB). Beim **nichtrechtsfähigen** Verein fallen unter Nr. 2 die nach der Satzung vertretungsberechtigten Personen; nach § 54 iVm. § 26 BGB entsprechend also regelmäßig nur der Vorstand und nicht alle Vereinsmitglieder (DKK/*Trümner* Rn. 139; *Fitting* Rn. 291; GK-BetrVG/*Raab* Rn. 78). Für ausländische nichtrechtsfähige Personengesamtheiten richtet sich die Geschäftsführungs- und Vertretungsbefugnis nach der entsprechenden Satzung (*Richardi* Rn. 175).

27 **Ziff. 3.** Hierunter fallen alle Personen, die aus vorwiegend karitativen oder religiösen Gründen einer bestimmten Beschäftigung nachgehen, zB **Ordensschwestern,** Mönche und Diakonissen (ArbG Bremen 31. 5. 1956 AP ArbGG 1953 § 5 Nr. 4). Sie werden nicht aus Erwerbsabsicht tätig. Ihre Lebensversorgung ist durch die Gemeinschaft gesichert, der sie angehören (DKK/*Trümner* Rn. 143; *Fitting* Rn. 292; GK-BetrVG/*Raab* Rn. 79). Erfolgt ihre Beschäftigung in einer kirchlichen Einrichtung, so sind sie von der Geltung des Arbeitsrechts generell ausgenommen (BAG 14. 2. 1978 AP GG Art. 9 Nr. 26, 25. 4. 1978 AP GG Art. 140 Nr. 2). Das gilt grundsätzlich auch, wenn sie auf Grund eines Gestellungsvertrages in einem Betrieb tätig werden, der nicht unter § 118 Abs. 2 fällt (GK-BetrVG/*Raab* Rn. 79; *Richardi* Rn. 177; aA DKK/*Trümner* Rn. 144). **Krankenschwestern,** die sich in einem Verband (Deutsches Rotes Kreuz, Caritas, Innere Mission u. ä.) zusammengeschlossen haben, sind nicht AN des Schwesternverbandes. Im Verhältnis zum Verband, dem sie angehören, erbringen sie ihre Leistungen auf Grund ihrer Mitgliedschaft und nicht auf Grund eines Arbeitsvertrages (BAG 18. 2. 1965 AP ArbGG § 5 Nr. 1; AP BetrVG 1972 § 5 Rotes Kreuz Nr. 1; *Richardi* Rn. 178; aA DKK/*Trümner* Rn. 145 ff.; *Fitting* Rn. 293). Das Bundesarbeitsgericht (20. 2. 1986 AP BetrVG 1972 § 5 Rotes Kreuz Nr. 2) verneint die Arbeitnehmereigenschaft der Rote-Kreuz-Schwestern auch im Verhältnis zum Träger eines nicht dem Verband angehörenden Krankenhauses, in dem sie auf Grund Gestellungsvertrages tätig werden (aA DKK/*Trümner* Rn. 144 ff.; *Fitting* Rn. 294; *Richardi* Rn. 178; bejaht sie hingegen für Gastschwestern mit der Begründung, bei diesen bestehe neben der mitgliedschaftlichen Bindung zugleich ein Arbeitsverhältnis mit der Schwesternschaft (BAG 4. 7. 1979 AP BGB § 611 Nr. 10; 14. 12. 1994 AP BetrVG 1972 § 5 Rotes Kreuz Nr. 3).

28 **Ziff. 4.** Erfasst werden Personen, bei denen die Beschäftigung als Mittel zur Behebung physischer, psychischer oder sonstiger in der Person des Beschäftigten liegender Mängel eingesetzt wird, wie etwa Kranke, Süchtige (BAG 25. 10. 1989 und 26. 1. 1994 AP BetrVG 1972 § 5 Nr. 40, 54), die nach § 74 SGB V zur Wiedereingliederung Beschäftigten (BAG 29. 1. 1992, 19. 4. 1994 AP SGB V § 74), nach § 42 SGB VIII unter der Obhut des Jugendamtes stehende Jugendliche und nach § 66 StGB Sicherungsverwahrte in den Unterbringungsanstalten (*Fitting* Rn. 303). Vorausgesetzt wird, dass der Beschäftigte keine marktgerechte Vergütung erhält (BAG 25. 10. 1989 AP BetrVG 1972 § 5 Nr. 40). Nicht erfasst werden Beschäftigte, die auf Grund einer vom Sozialhilfeträger geschaffenen Arbeitsgelegenheit nach § 19 I BSHG bei einem Dritten in einem befristeten Arbeitsverhältnis beschäftigt werden (BAG 5. 4. 2000 AP BetrVG 1972 § 5 Nr. 62; zu ihrem Wahlrecht s. § 7 Rn. 4 aE). Unter Nr. 4 fällt nur, wer durch die Beschäftigung in die Lage versetzt werden soll, einer geregelten Arbeit nachzugehen, nicht hingegen, wer diese Fähigkeit besitzt, aber Kenntnisse und Fertigkeiten für die Aufnahme einer Tätigkeit auf einem bestimmten Gebiet erwerben soll (zB Teilnehmerinnen eines Modellprogramms „Neuer Start durch soziales Engagement": BAG 25. 10. 1989 AP BetrVG 1972 § 5 Nr. 40). Ob behinderte Menschen, die in einer Behindertenwerkstatt beschäftigt werden, AN sind, hängt davon ab, ob ihre Beschäftigung vorwiegend zu therapeutischen Zwecken, auf Grund eines Berufsausbildungsvertrages oder eines Arbeitsvertrages erfolgt (*Fitting* Rn. 302; GK-BetrVG/*Raab* Rn. 87).

29 **Ziff. 5.** Der Ehegatte, Eltern und Kinder (auch nichteheliche und adoptierte Kinder), Schwiegereltern und Schwiegerkinder des AG gelten nach dieser Vorschrift neben dem Lebenspartner nicht als AN im Sinne der Betriebsverfassung, wenn sie in häuslicher Gemeinschaft mit dem AG leben. Häusliche Gemeinschaft erfordert nach § 1619 BGB das Bestehen eines gemeinsamen Lebensmittelpunktes. Eine gemeinsame Wohnung muss nicht die ständige Wohnung sein (DKK/*Trümner* Rn. 165; GK-BetrVG/*Raab* Rn. 88; *Richardi* Rn. 181). Mit den **Lebenspartnern** sind nicht die im landläufigen Sinne, sondern allein die eingetragenen gleichgeschlechtlichen Lebenspartner nach § 1 LPartG gemeint (*Fitting* Rn. 286; GK-BetrVG/*Raab* Rn. 89). Nach wie vor werden daher AN, die mit dem AG in einer **eheähnlichen Lebensgemeinschaft** leben, nicht erfasst (DKK/*Trümner* Rn. 166; *Fitting* Rn. 306; GK-BetrVG/*Raab* Rn. 89; *Richardi* Rn. 183). Verwandtschaftliche Verhältnisse **weiteren Grades** schließen ein Arbeitsverhältnis so wenig aus wie ein **Verlöbnis** (DKK/*Trümner* Rn. 166; *Fitting* Rn. 306, 307; GK-BetrVG/*Raab* Rn. 89; *Richardi* Rn. 183, 184). Mit **Arbeitgeber** meint Nr. 5 stets

eine natürliche Person, weil nur mit natürlichen Personen eine häusliche Gemeinschaft möglich ist (DKK/*Trümner* Rn. 167; *Fitting* Rn. 112; GK-BetrVG/*Raab* Rn. 91). Bei der Personengesamtheit (oHG, KG) müssen die Voraussetzungen der Vorschrift in Bezug auf ein geschäftsführungs- oder vertretungsbefugtes Mitglied gegeben sein (DKK/*Trümner* Rn. 168; *Fitting* Rn. 112; GK-BetrVG/ *Raab* Rn. 91; *Richardi* Rn. 153). Entsprechend anwendbar ist die Vorschrift auf Verwandte und Verschwägerte des vertretungsberechtigten Organs einer juristischen Person, weil die Interessenlage sich bei diesem Personenkreis von der des in Nr. 5 ausdrücklich genannten nicht unterscheidet und hier ein Verwandtschafts- bzw. Verschwägertenverhältnis zu der natürlichen Person, die Organ des AG ist, besteht (*Fitting* Rn. 305; GK-BetrVG/*Raab* Rn. 91; *Richardi* Rn. 182; aA nur bei Einmann-GmbH: DKK/*Trümner* Rn. 167).

IV. Leitende Angestellte

1. Begriff. Leitende Angestellte zählen zwar zur den AN im Sinne der Betriebsverfassung, das 30 Gesetz ist nach **Abs. 3 S. 1** auf sie aber nur anzuwenden, soweit dies ausdrücklich bestimmt ist (zB § 75 I, §§ 105, 107, 108). Ihre grundsätzliche Ausgrenzung aus dem Anwendungsbereich des Betriebsverfassungsgesetzes entspricht dem Interessengegensatz zwischen AG und der durch den BR repräsentierten Belegschaft (DKK/*Trümner* Rn. 169; *Fitting* Rn. 320; GK-BetrVG/*Raab* Rn. 94). Wer wegen seiner Tätigkeit oder der Bedeutung seiner Funktion der Unternehmensleitung nahe steht, soll der Einwirkung des BR entzogen sein (BAG 16. 4. 2002 AP BetrVG 1972 § 5 Nr. 69). Leitende Angestellte nehmen unternehmerischen Teilaufgaben wahr. Im Verhältnis zur Belegschaft vertreten sie den AG und nehmen dessen Interessen wahr. Das BetrVG enthält keine allgemeine Definition der leitenden Angestellten. Für das Kündigungsschutz- und das Arbeitsgerichtsgesetz (§§ 14, 17 III KSchG, § 22 II Nr. 2 ArbGG) gelten grundsätzlich eigenständige Begriffsbestimmungen (*Fitting* Rn. 310). Abs. 3 bestimmt den Begriff der leitenden Angestellten für den Geltungsbereich des Betriebsverfassungsgesetzes. Abs. 4 gibt hierbei Entscheidungshilfen. Die Regelung gilt über die Verweisungen in § 1 I SprAuG und § 3 III MitbestG für die Anwendungsbereiche des Sprecherausschuss- und des Mitbestimmungsgesetzes. Die Abgrenzung ist *zwingend* und kann weder durch Einzelarbeits- noch durch TV oder BV geändert werden (BAG 16. 4. 2002 AP BetrVG 1972 § 5 Nr. 69; BAG 5. 3. 1974 AP BetrVG 1972 § 5 Nr. 1). Der AG kann den Status eines leitenden Angestellten nur dadurch begründen, dass er einem AN Aufgaben und Funktionen zuweist, die zur Einordnung des AN als leitender Angestellter im Sinne des Abs. 3 führen. Er kann keinen AN ohne entsprechende Aufgaben- und Funktionszuweisung zum leitenden Angestellten ernennen (*Fitting* Rn. 331).

Die **Ziffern 1 bis 3** enthalten unterschiedliche Arbeitgeberfunktionen, deren zugrunde liegende 31 unternehmerische Aufgaben gleichwertig sind (BAG 16. 4. 2002 AP BetrVG 1972 § 5 Nr. 69; BAG 11. 1. 1995 AP BetrVG 1972 § 5 Nr. 55). Dazu sind in den Ziffern 1 und 2 formale personelle oder handelsrechtliche Vollmachten als typische Merkmale der Wahrnehmung von AGFunktionen geregelt. Ziffer 3 enthält als Auffangtatbestand eine auf die darin aufgeführten Führungsaufgaben bezogene funktionale Abgrenzung. Der leitende Angestellte muss diese Funktionen nach Arbeitsvertrag und Stellung wahrnehmen, dh. er muss sie auch tatsächlich ausüben (BAG 11. 3. 1982 AP BetrVG 1972 § 5 Nr. 28; DKK/*Trümner* Rn. 191; GK-BetrVG/*Raab* Rn. 101). Weder reicht es aus, dass der Angestellte die Aufgaben faktisch wahrnimmt, ohne dass sie ihm vertraglich – sei es ausdrücklich oder konkluden (BAG 16. 4. 2002 AP BetrVG 1972 § 5 Nr. 69; *Fitting* Rn. 334; *Richardi* Rn. 198) – eingeräumt sind, noch, dass sie ihm im Arbeitsvertrag zugewiesen werden, ohne dass er sie tatsächlich ausübt. Darauf, wie der Angestellte im Arbeitsvertrag bezeichnet ist, kommt es nicht an (*Fitting* Rn. 335). Die Aufnahme des Begriffspaares „im Unternehmen oder im Betrieb" in den Eingangssatz stellt klar, dass es sich bei den wahrgenommenen Aufgaben um unternehmerische handeln muss. Sie müssen die Stellung des AN in der Arbeitsorganisation des Unternehmens prägen. Dieses Merkmal kann auch erfüllt sein, wenn der Angestellte nur für einen Betrieb des Unternehmens zuständig ist (BAG 16. 4. 2002 AP BetrVG 1972 § 5 Nr. 69; BAG 23. 1. 1986, 25. 10. 1989 AP BetrVG 1972 § 5 Nr. 32, 42; DKK/*Trümner* Rn. 194; *Fitting* Rn. 337; GK-BetrVG/*Raab* Rn. 105; *Richardi* Rn. 199). Wenn ein Angestellter mehreren Betrieben eines Unternehmens angehört, kann sein Status bei der Wahrnehmung unternehmerischer Aufgaben nur einheitlich beurteilt werden (BAG 25. 10. 1989, BetrVG 1972 § 5 Nr. 42; DKK/*Trümmer* Rn. 194). Der Gegnerbezug ist kein selbständiges Abgrenzungsmerkmal, er kann nur Abgrenzungshilfe sein (BAG 23. 1. 1986 AP BetrVG 1972 § 5 Nr. 32; *Richardi* Rn. 220).

Ziff. 1. Die Berechtigung zur selbständigen Einstellung und Entlassung muss nicht nur im Außen-, 32 sondern auch im Innenverhältnis zum AG gegeben sein (BAG 16. 4. 2002 AP BetrVG 1972 § 5 Nr. 69). Der Angestellte muss dem AG gegenüber im Wesentlichen frei von Weisungen über die Einstellung und Entlassung entscheiden können (BAG 11. 3. 1982 AP BetrVG 1972 § 5 Nr. 28). Er darf weder an die Entscheidung des AG noch an die über- oder gleichgeordneter Stellen gebunden sein. Der bloße Vollzug von Entscheidungen der Fachabteilung genügt nicht (DKK/*Trümner* Rn. 201; *Fitting* Rn. 343; HSG/*Hess* Rn. 42). Es schadet jedoch nicht, wenn der Angestellte Richtlinien und Budgets zu beachten hat oder Zweitunterschriften einholen muss, die lediglich der Richtigkeitskontrolle dienen und seine Entscheidungsbefugnis nicht einschränken (BAG 16. 4. 2002 AP BetrVG 1972

§ 5 Nr. 69). Im Unterschied zu § 14 KSchG müssen (kumulativ) Einstellungs- und Entlassungsbefugnis gegeben sein. Die Befugnis muss sich auf einen bedeutenden Teil der Arbeitnehmerschaft (HSG/*Hess* Rn. 43) etwa auf eine Arbeitnehmergruppe – Arbeiter oder Angestellte – (BAG 11. 3. 1982 AP BetrVG 1972 § 5 Nr. 28) beziehen. Handelt es sich um eine vergleichsweise geringe Zahl, muss die Befugnis sich jedenfalls auf eine abgeschlossene Gruppe von AN erstrecken, deren Tätigkeit ein für das Unternehmen bedeutsames Aufgabengebiet zugrunde liegt (BAG 16. 4. 2002 AP BetrVG 1972 § 5 Nr. 69). Die Berechtigung des Leiters einer kleinen Filiale, Hilfskräfte einzustellen und zu entlassen, oder eines Poliers, AN für eine bestimmte Baustelle einzustellen und zu entlassen, genügt daher nicht (BAG 5. 3. 1974, 11. 3. 1982 AP BetrVG 1972 § 5 Nr. 1, 28; *Fitting* Rn. 341).

33 **Ziff. 2.** Die Generalvollmacht ist die Vollmacht zur Führung des gesamten Geschäftsbetriebes (vgl. § 105 I AktG). Sie ist ein Unterfall der Handlungsvollmacht (§ 54 HGB). Sie kann im Innenverhältnis beschränkt sein, doch muss ein Dritter die Beschränkungen nur dann gegen sich gelten lassen, wenn er sie kannte oder kennen musste (§ 54 III HGB). Die Prokura ermächtigt – mit Ausnahme der Veräußerung und Belastung von Grundstücken – zu allen Arten von gerichtlichen und außergerichtlichen Rechtshandlungen, die der Betrieb eines Handelsgewerbes mit sich bringt (§ 49 HGB). Inhalt und Umfang der durch die Prokura erteilten Vertretungsmacht kann im Außenverhältnis nicht beschränkt werden (§ 50 I HGB). Die Prokura kann jedoch in der Form beschränkt werden, dass sie nur gemeinsam mit anderen ausgeübt werden kann (Gesamtprokura, § 48 II HGB) oder dass sie sich allein auf den Betrieb einer Niederlassung, die unter einer anderen Firma betrieben wird, bezieht (Niederlassungsprokura, § 50 II HGB). Leitender Angestellter ist nur, wer im Verhältnis zum AG von den mit der Generalvollmacht oder der Prokura begründeten Befugnissen in jedenfalls nicht unbedeutendem Umfang Gebrauch machen darf. Eine völlige Deckungsgleichheit der Berechtigung im Innen- und Außenverhältnis ist danach nicht erforderlich. Leitender Angestellter ist aber nicht, wer im Innenverhältnis gehalten ist, von der Prokura keinen (selbständigen) Gebrauch zu machen, sog. Titularprokurist (BAG 11. 1. 1995 AP BetrVG 1972 § 5 Nr. 55; DKK/*Trümner* Rn. 209; *Fitting* Rn. 354; GK-BetrVG/*Raab* Rn. 117; *Richardi* Rn. 205). Prokuristen, die ausschließlich Stabsfunktionen wahrnehmen, sind keine leitenden Angestellten nach Ziff. 2 (BAG 11. 1. 1995 AP BetrVG 1972 § 5 Nr. 55).

34 **Ziff. 3.** Diese Bestimmung umschreibt – wie der Ausdruck „sonstige Aufgaben" verdeutlicht – als Auffangtatbestand den **Grundtatbestand** zur Definition des leitenden Angestellten. Mit ihr hat man nicht den Kreis der leitenden Angestellten erweitert oder begrenzt, sondern lediglich die Merkmale konkretisiert (BT-Drucks. 11/3618, S. 8; BAG 25. 10. 1989 AP BetrVG 1972 § 5 Nr. 42; DKK/*Trümner* Rn. 214; *Fitting* Rn. 356; *Richardi* Rn. 208 f.). Leitende Angestellte müssen nach der Art ihrer Tätigkeit und der Bedeutung ihrer Funktion der Unternehmensleitung nahe stehen (BAG 29. 1. 1980 AP BetrVG 1972 § 5 Rn. 22). Sie müssen **Aufgaben** wahrnehmen, die – kumulativ – für Bestand und Entwicklung eines Unternehmens oder Betriebes von Bedeutung sind (BAG 16. 4. 2002 AP BetrVG 1972 § 5 Nr. 69; *Fitting* Rn. 357; *Richardi* Rn. 209). Es kommen wirtschaftliche, personelle, organisatorische, kaufmännische oder technische Aufgaben in Betracht. Sie müssen aber immer einen beachtlichen Teilbereich der unternehmerischen Gesamtaufgabe ausmachen (*Fitting* Rn. 358; GK-BetrVG/*Raab* Rn. 126). Die Aufgaben müssen mit den in Nr. 1 und 2 genannten gleichwertig sein (BT-Drucks. 11/2503, S. 30; *Fitting* Rn. 362; aA GK-BetrVG/*Raab* Rn. 123), ohne dass man deshalb Ziff. 3 als offenen Tatbestand sehen müsste. Soweit auf den Bestand und die Entwicklung eines Betriebes abgestellt wird, kann eine für den Unternehmenszweck wesentliche Aufgabe auch vorliegen, wenn bei mehreren Betrieben eines Unternehmens die Aufgaben nur für Bestand und Entwicklung eines Betriebes von Bedeutung ist (BT-Drucks. 11/2503, S. 30), wie das beispielsweise bei der technischen oder kaufmännischen Leitung eines Zweigwerks in der Automobilindustrie der Fall sein kann (*Fitting* Rn. 359; *Richardi* Rn. 214). Der Angestellte darf die Aufgaben nicht nur zu einem geringen Bruchteil seiner Tätigkeit ausüben, sondern die Wahrnehmung der Aufgaben im Sinne von Nr. 3 muss den **Schwerpunkt** der Tätigkeit bilden; sie muss seiner Tätigkeit das **Gepräge** geben (BAG 25. 10. 1989 AP BetrVG 1972 § 5 Nr. 42). Es reicht daher nicht, dass der Angestellte die Aufgaben nur gelegentlich oder vorübergehend – etwa vertretungsweise – wahrnimmt, er muss das **regelmäßig** tun (BAG 23. 1. 1986 AP BetrVG 1972 § 5 Nr. 30; *Fitting* Rn. 365; HSG/*Hess* Rn. 74; *Richardi* Rn. 219). Das Merkmal der Regelmäßigkeit kann jedoch auch erfüllt sein, wenn die Leitungsaufgaben dem Angestellten für längere Zeit als ständigem Vertreter übertragen werden (*Richardi* Rn. 219 unter Hinweis auf die Entwurf-Begründung BT-Drucks. 11/2503, S. 30). Ein Angestellter kann schon während der vertraglich vereinbarten **Probezeit** leitender Angestellter sein, wenn ihm schon während dieser Zeit uneingeschränkt die Leitungsaufgaben übertragen werden (vgl. BAG 25. 3. 1976 AP BetrVG 1972 § 5 Nr. 13; *Fitting* Rn. 366; *Richardi* Rn. 219). Werden nur zu Zwecken der Erprobung Leitungsaufgaben zugewiesen, wird man damit nicht leitender Angestellter (*Fitting* Rn. 366; *Richardi* 219). Die vom Gesetz verlangten besonderen **Erfahrungen und Kenntnisse** verlangen keine Formalqualifikationen. Der Angestellte kann die Kenntnisse auch durch längere praktische Tätigkeit oder durch Selbststudium erworben haben (BAG 17. 12. 1974, 9. 12. 1975 AP BetrVG 1972 § 5 Nr. 7, 11; *Fitting* Rn. 374; *Richardi* Rn. 215).

35 Wesentliches Merkmal des leitenden Angestellten ist, dass er im Rahmen der unternehmerischen Leitungsaufgaben die Entscheidungen im Wesentlichen **weisungsfrei** trifft oder sie maßgeblich beeinflusst (BAG 23. 1. 1986 AP BetrVG 1972 § 5 Nr. 32; *Fitting* Rn. 367; *Richardi* Rn. 216). Es kommt

IV. Leitende Angestellte § 5 BetrVG 210

darauf an, ob sich die Tätigkeit des Angestellten darin erschöpft, vorgegebene Ziele zu erarbeiten, oder ob sie Raum lässt für eine eigene unternehmerische Initiative (BAG 29. 1. 1980 AP BetrVG 1972 § 5 Nr. 24; BAG 23. 1. 1986 AP BetrVG 1972 § 5 Nr. 30). Diese Voraussetzungen können auch erfüllt sein, wenn der Angestellte bei seinen Entscheidungen an Rechtsvorschriften, Pläne oder Richtlinien gebunden ist (BAG 29. 1. 1980 AP BetrVG 1972 § 5 Nr. 22; DKK/*Trümner* Rn. 229; *Fitting* Rn. 372) oder mit anderen leitenden Angestellten zusammenarbeiten muss (BAG 9. 12. 1975, 10. 2. 1976 AP BetrVG 1972 § 5 Nr. 11, 12), doch dürfen durch die Vorgaben die Entscheidungen nicht schon weitgehend vorprogrammiert sein (23. 3. 1976 AP BetrVG 1972 § 5 Nr. 14). Die Übertragung einer bedeutenden Sachverantwortung ohne nennenswerte Entscheidungskompetenz oder die bloße Vorgesetztenfunktion gegenüber einer größeren Zahl von AN genügen nicht (BAG 23. 1. 1986 AP BetrVG 1972 Nr. 32). Bei einem kooperativen Führungsstil im Rahmen dezentralisierter Organisation dürfen die Leitungsaufgaben nicht so aufgeteilt *(atomisiert)* sein, dass sie für das Erreichen der Unternehmensziele für sich genommen nicht mehr von Bedeutung sind (*Fitting* Rn. 363). Hier ist nur derjenige leitender Angestellter, dem organisatorisch diese schmalen Teilbereiche in einer übergeordneten Einheit unterstellt sind (BAG 5. 3. 1974 AP BetrVG 1972 § 5 Nr. 1). Auch der **Stabsangestellte** kann leitender Angestellter sein, wenn er nur die unternehmerische Entscheidung „maßgeblich beeinflusst". Diese Voraussetzung ist erfüllt, wenn die eigentlichen Entscheidungsträger an seinen durch Tatsachen und Argumente vorbereiteten Vorschlägen nicht vorbeikönnen (BAG 29. 1. 1980 AP BetrVG 1972 § 5 Nr. 22; *Fitting* Rn. 370; GK-BetrVG/*Raab* Rn. 127).

2. Entscheidungshilfe. Abs. 4 hat als selbständiger Spezialtatbestand lediglich Hilfsfunktion bei der Abgrenzung des Begriffs „leitender Angestellter." Er enthält selbst weder Tatbestandsmerkmale des noch Regelbeispiele zu Abs. 3 (BAG 22. 2. 1994 – 7 ABR 32/93 nv.; GK-BetrVG/*Raab* Rn. 159; *Fitting* Rn. 383 ff.; *Richardi* Rn. 228 ff.). Die Bestimmung will die Gerichte nicht von der Pflicht zur Feststellung der für die Zuordnung maßgeblichen Tatsachen entbinden, sondern Orientierungshilfe bei der Rechtsanwendung bieten (BAG 22. 2. 1994 – 7 ABR 32/93 nv.; GK-BetrVG/*Raab* Rn. 159; *Fitting* Rn. 390 f.). Es handelt sich nicht um eine Auslegungsregel, da die hier aufgeführten Tatbestände mangels Vergleichbarkeit keine Anhaltspunkte für die Definition der Tatbestandsmerkmale von Abs. 3 bieten (GK-BetrVG/*Raab* Rn. 158; *Richardi* Rn. 230; aA HSG/*Hess* Rn. 117). Sie begründet auch keine gesetzliche Vermutung. Gesetzliche Vermutungen sind Beweislastregeln, die an das Vorliegen einer Tatsache die Vermutung knüpfen, dass eine andere (vermutete) Tatsache gegeben ist, während die Zweifel im Sinne des Abs. 4 solche sind, die der rechtlichen Würdigung sind (BAG 22. 2. 1994 – 7 ABR 32/93 nv.; DKK/*Trümner* Rn. 241; *Fitting* Rn. 387; *Richardi* Rn. 230; aA GK-BetrVG/*Raab* Rn. 160). Abs. 4 ist erst anzuwenden, wenn trotz ausreichender Sachverhaltsfeststellung erhebliche **rechtliche Zweifel** an der Auslegung und Anwendung des Abs. 3 S. 2 Nr. 3 bleiben (DKK/*Trümner* Rn. 241; GK-BetrVG/*Raab* Rn. 161; *Fitting* Rn. 388 ff.; aA *Richardi* Rn. 232). Die Zweifel sind erheblich, wenn nach Ausschöpfen aller Auslegungsgrundsätze mindestens zwei Auslegungsergebnisse vertretbar sind (GK-BetrVG/*Raab* Rn. 162; *Fitting* Rn. 391). Diese Voraussetzungen gelten auch für die Wahlvorstände, die eine Zuordnung vornehmen müssen. Ob rechtlich erhebliche Zweifel vorlagen, die den Rückgriff auf Abs. 4 erlaubten, ist eine Rechtsfrage, die von den Arbeitsgerichten nachgeprüft werden kann (GK-BetrVG/*Raab* Rn. 163; *Fitting* Rn. 393). Dabei ist darauf abzustellen, ob die betrieblichen Stellen mit vertretbaren Gründen davon ausgehen durften, dass rechtlich erhebliche Zweifel vorlagen, wobei ihnen hierbei kein Beurteilungsspielraum zusteht (*Fitting* Rn. 392; GK-BetrVG/*Raab* Rn. 163). Die Vorschrift ist im Ganzen misslungen und weitgehend überflüssig (zur Kritik DKK/*Trümner* Rn. 231 ff.; *Fitting* Rn. 410 ff.; *Richardi* Rn. 228 jeweils mwN).

Ziff. 1. Ausschlaggebend ist jeweils die letzte Wahl (GK-BetrVG/*Raab* Rn. 167; *Richardi* Rn. 235). Es kommt allein auf die positive Zuordnung an (*Fitting* Rn. 396). Beide Wahlvorstände müssen den Angestellten übereinstimmend als leitenden Angestellten angesehen haben, oder der BR muss den Angestellten bei der letzten Betriebsratswahl nicht in die Wählerliste aufgenommen haben. Der Spruch des Vermittlers nach § 18a bietet nicht die erforderliche Orientierungshilfe (*Fitting* Rn. 397; aA GK-BetrVG/*Raab* Rn. 167). Wenn die Zuordnung durch gerichtliche Entscheidung korrigiert wird, ist diese maßgebend (GK-BetrVG/*Raab* Rn. 167; *Richardi* Rn. 237). Auch die Zuordnung bei der Wahl von Aufsichtsratsmitgliedern der AN hat Indizwirkung. Dabei ist zu beachten, dass nach den Wahlordnungen zum Mitbestimmungsgesetz die Zuordnung auch von der Selbsteinschätzung des AN abhängen kann (§ 10 1. WO MitbestG; § 10 2. WO MitbestG; § 11 3. WO MitbestG). Die Zuordnung durch rechtskräftige gerichtliche Entscheidung erfasst nur den Fall, dass der Status in einem Beschlussverfahren – sei es auch als Vorfrage – festgestellt worden ist. Eine Entscheidung im Urteilsverfahren genügt nicht (*Fitting* Rn. 398; *Richardi* Rn. 237; aA GK-BetrVG/*Raab* Rn. 168). Sie begründet nicht die erforderliche Richtigkeitsgewähr. Es fehlt die durch den dort nach § 83 ArbGG geltenden Untersuchungsgrundsatz sichergestellte Prüfungstiefe (s. § 83 ArbGG Rn. 1 f.). Die Vorschrift kann nicht mehr greifen, wenn sich die Umstände seit der Zuordnung geändert haben (GK-BetrVG/*Raab* Rn. 169; *Fitting* Rn. 400; *Richardi* Rn. 238).

Ziff. 2 meint die Leitungsebene im Sinne der hierarchischen Ebene im Unternehmen (GK-BetrVG/*Raab* Rn. 174; *Fitting* Rn. 401; *Richardi* Rn. 240). In der Regel wird der vom Unternehmer aufgestellte

Eisemann

Organisationsplan über die Zuordnung Auskunft geben (GK-BetrVG/*Raab* Rn. 174; *Fitting* Rn. 402). Zwingend ist das nicht. Entscheidend ist, ob die derselben Ebene zuzuordnenden Angestellten als leitende Angestellte im Sinne des Grundtatbestandes zu qualifizieren sind (GK-BetrVG/*Raab* Rn. 174; *Richardi* Rn. 240). Überwiegend vertreten heißt zu mehr als 50% (GK-BetrVG/*Raab* Rn. 175; *Fitting* Rn. 402; *Richardi* Rn. 240). Dabei sind nur solche Angestellten zu berücksichtigen, deren Status als leitende zwischen den Beteiligten unstreitig ist oder feststeht (DKK/*Trümner* Rn. 243; GK-BetrVG/*Raab* Rn. 175; *Fitting* Rn. 402; *Richardi* Rn. 240).

39 **Ziff. 3.** Entscheidend ist das regelmäßige Jahresarbeitsentgelt, das im konkreten Unternehmen für leitende Angestellte üblich ist (*Fitting* Rn. 403; *Richardi* Rn. 242). Einbezogen sind alle laufenden oder einmaligen Einnahmen einschließlich Tantiemen, Gratifikationen und Sachbezügen. Ausgenommen sind nur einmalige Leistungen, auf die kein Rechtsanspruch für die Zukunft besteht (GK-BetrVG/*Raab* Rn. 176; *Fitting* Rn. 404; *Richardi* Rn. 242). Auch in diesem Zusammenhang sind nur solche leitenden Angestellten zu berücksichtigen, deren Status feststeht oder unstreitig ist (GK-BetrVG/*Raab* Rn. 177; *Fitting* Rn. 407). Üblich bedeutet nicht durchschnittlich, sondern lediglich, dass Abweichungen nach oben oder nach unten auf Grund besonderer Faktoren wie höheren Lebensalters, Betriebszugehörigkeit u. ä. nicht zu berücksichtigen sind (*Fitting* Rn. 405; GK-BetrVG/*Raab* Rn. 177). Im gerichtlichen Verfahren muss der AG, wenn es für die Statusbeurteilung darauf ankommt, über die Höhe der an die leitenden Angestellten gezahlten Vergütung konkret Auskunft erteilen. Zur namentlichen Benennung ist er nicht gehalten, wenn nicht ausnahmsweise die Namensnennung zur Ermittlung des üblichen Gehaltes erforderlich ist (*Fitting* Rn. 406).

40 **Ziff. 4.** Die dreifache Bezugsgröße beträgt nach § 2 Sozialversicherungs-Rechengrößenverordnung 2003 (BGBl. 2002 I S. 4561) in diesem Jahr in den alten Bundesländern und West-Berlin € 85 680,–, in den neuen Bundesländern und Ost-Berlin € 71 820,–. Zweifel darüber, ob der Grundtatbestand des Abs. 3 S. 2 Ziff. 3 vorliegt, erlauben nicht den Rückgriff auf Ziff. 4. Auch kann die Bestimmung nicht als Hilfskriterium herangezogen werden, wenn feststeht, dass der Angestellte kein Jahresarbeitsentgelt bezieht, das für leitende Angestellte in dem konkreten Unternehmen üblich ist (*Fitting* Rn. 409; *Richardi* Rn. 246). Die praktische Bedeutung der Vorschrift ist gering (*Fitting* Rn. 410).

41 **3. Rechtsprechung.** Als **leitende Angestellte** hat das Bundesarbeitsgericht angesehen: Abteilungsleiter eines TÜV (29. 1. 1980 AP BetrVG 1972 § 5 Nr. 24), Abteilungsleiter für Organisation und Unternehmensplanung (17. 12. 1974 AP BetrVG 1972 Nr. 6, 7), Alleinmeister in einem Baubetrieb (10. 4. 1991 AP TVG § 1 Tarifverträge: Bau Nr. 141), Chefarzt – für den Bereich der MAVO (BAG 10. 12. 1992 AP GG Art. 140 Nr. 41), Chefpilot (25. 10. 1989 AP BetrVG 1972 Nr. 42), Grubenfahrsteiger in einem Bergwerksbetrieb (19. 11. 1974 AP BetrVG 1972 § 5 Nr. 2), Hauptabteilungsleiter für das Finanzwesen und Hauptabteilungsleiter für das Rechnungswesen (11. 1. 1995 AP BetrVG 1972 § 5 Nr. 55), Leiter der Abteilung „Technische Kontrolle" in einem Luftfahrunternehmen (8. 2. 1977 AP BetrVG 1972 § 5 Nr. 16), Leiter des Ausbildungswesens (8. 2. 1977 AP BetrVG 1972 § 5 Nr. 16), Verkaufsleiter (23. 3. 1976 AP BetrVG 1972 § 5 Nr. 14 und 1. 6. 1976 AP BetrVG 1972 § 5 Nr. 15), Wirtschaftsprüfer als angestellte Prüfungsleiter, Berichtskritiker von Wirtschaftsprüfungsgesellschaften (28. 1. 1975 AP BetrVG 1972 § 5 Nr. 5). **Nicht** als **leitende Angestellte** hat es anerkannt: Abteilungsleiter eines Maschinenbauunternehmens (17. 12. 1974 AP BetrVG 1972 § 5 Nr. 6), Bereichsleiter „Automatenspiel" einer Spielbank (BAG 16. 4. 2002 AP BetrVG 1972 § 5 Nr. 65), Chefarzt – für den Bereich der MAVO (BAG 18. 11. 1999 – 2 AZR 903/98 – NZA 2000, 427), Grubenfahrsteiger (23. 1. 1986 AP BetrVG 1972 § 5 Nr. 30), Leiter eines Verbrauchermarktes ohne nennenswerte Entscheidungsbefugnis (19. 8. 1975 BetrVG 1972 § 105 Nr. 1), Pilot und Co-Pilot (16. 3. 1994 AP BGB § 611 Abhängigkeit Nr. 68), Produktionsleiter in einem Unternehmen der Automobilindustrie mit 400 unterstellten Mitarbeitern (15. 3. 1977 – 1 ABR 86/76 nv.).

V. Streitigkeiten

42 Über den Status eines Mitarbeiters als AN im Sinne der Betriebsverfassung oder als leitender Angestellter wird im arbeitsgerichtlichen Beschlussverfahren nach den §§ 2 a, 80 ff. ArbGG entschieden, wenn es dabei um die betriebsverfassungsrechtliche Zuordnung geht. Antragsberechtigt sind AG, BR, im Zusammenhang mit einer Wahl der Wahlvorstand und der Sprecherausschuss, wenn es um den Status eines Mitarbeiters als leitender Angestellter geht (BAG 23. 1. 1986 AP BetrVG 1972 § 5 Nr. 30; *Fitting* Rn. 430; *Richardi* Rn. 299). Der betroffene Mitarbeiter ist immer zu beteiligen (BAG 4. 12. 1974, 17. 12. 1974, 23. 1. 1986 AP BetrVG 1972 § 5 Nr. 4, 6, 7, 8). Eine im Betrieb vertretene Gewerkschaft ist dann antragsbefugt, wenn der Streit im Zusammenhang mit einer Betriebsratswahl steht, und zwar unabhängig davon, ob der Antrag vor der Wahl oder im Rahmen eines Wahlanfechtungsverfahrens gestellt wird (*Fitting* Rn. 432; GK-BetrVG/*Raab* Rn. 205). Das Rechtsschutzinteresse für die positive oder negative Feststellung ist immer gegeben, weil unabhängig von Wahlen oder ähnlichen konkreten Anlässen ein Interesse an der Klärung des Zuständigkeitsbereiches des BR besteht (BAG 23. 1. 1986 AP BetrVG 1972 § 5 Nr. 30; GK-BetrVG/*Raab* Rn. 206; *Fitting* Rn. 433). Es entfällt mit dem Ausscheiden des Mitarbeiters aus dem Arbeitsverhältnis und – soweit der Streit um die Zuord-

nung zum Kreis der leitenden Angestellten geht – mit der Änderung der dem Angestellten zugewiesenen Tätigkeit jedenfalls dann, wenn hinsichtlich der neuen Tätigkeit die Zuordnung unstreitig ist (BAG 23. 1. 1986 AP BetrVG 1972 § 5 Nr. 31; GK-BetrVG/*Raab* Rn. 206). Im Rahmen eines Kündigungsschutzverfahrens kann die Statusfrage als Vorfrage entschieden werden (BAG 23. 3. 1976 AP BetrVG 1972 § 5 Nr. 14). Diese Entscheidung wirkt mit Rechtskraft nur zwischen den Parteien des Kündigungsschutzprozesses, nicht gegenüber dem BR.

§ 6 *(weggefallen)*

Zweiter Teil. Betriebsrat, Betriebsversammlung, Gesamt- und Konzernbetriebsrat

Erster Abschnitt. Zusammensetzung und Wahl des Betriebsrats

§ 7 Wahlberechtigung

¹ Wahlberechtigt sind alle Arbeitnehmer des Betriebs, die das 18. Lebensjahr vollendet haben.
² Werden Arbeitnehmer eines anderen Arbeitgebers zur Arbeitsleistung überlassen, so sind diese wahlberechtigt, wenn sie länger als drei Monate im Betrieb eingesetzt werden.

I. Arbeitnehmer

1 Wahlberechtigt sind alle AN nach § 5 I, die am (letzten) Wahltag das 18. Lebensjahr vollendet haben und dem Betrieb angehören. Mit Satz 2 erkennt das Gesetz unter den genannten Voraussetzungen die Betriebszugehörigkeit von AN an, die in keinem Arbeitsverhältnis zum Betriebsinhaber stehen. **Beamte** sind AN, wenn sie im Rahmen einer Nebentätigkeit oder während einer Beurlaubung auf Grund eines Arbeitsvertrages in einem privaten Unternehmen tätig sind (BAG 25. 2. 1998 AP BetrVG 1972 § 8 Nr. 8). Soweit nicht spezialgesetzlich etwas anderes geregelt ist, sind sie es nach § 7 im Übrigen selbst dann nicht, wenn sie in einem von einem privaten Rechtsträger allein oder gemeinsam mit einem öffentlichen Rechtsträger geführten Betrieb abgeordnet eingegliedert sind (BAG 28. 3. 2001 AP BetrVG 1972 § 7 Nr. 5, aA *Fitting* Rn. 10). Die in reinen **Ausbildungsbetrieben** zu ihrer Berufsausbildung Beschäftigten sind dort selbst dann nicht AN, wenn sie gelegentlich mit anderen Mitarbeitern zusammen praktische Arbeit leisten (BAG 12. 9. 1996 AP BetrVG 1972 § 5 Ausbildung Nr. 11). Sie sind selbst Gegenstand des Betriebszweckes und werden nicht im Rahmen eines arbeitstechnischen Zweckes dieses Betriebes ausgebildet (BAG 20. 3. 1996 AP BetrVG 1972 § 5 Ausbildung Nr. 9 und 10). Bei einer **ordentlichen Kündigung** besteht das Wahlrecht bis zum Ablauf der Kündigungsfrist. Danach bleibt es erhalten, solange der AN – aus welchem Grund auch immer – tatsächlich beschäftigt wird (BAG 14. 5. 1997 AP BetrVG 1972 § 8 Nr. 6; Richardi/*Richardi*/*Thüsing* Rn. 40; *Fitting* Rn. 34; GK-BetrVG/*Kreutz* Rn. 30). Der Weiterbeschäftigungsanspruch nach § 102 V und der allgemeine Beschäftigungsanspruch nach Ausspruch einer Kündigung (BAG 27. 2. 1985 AP BGB § 611 Beschäftigungspflicht Nr. 14) erhalten das Wahlrecht nur, soweit sie – notfalls mit Hilfe des Gerichts – realisiert werden (GK-BetrVG/*Kreutz* Rn. 31) Andernfalls erlischt es, selbst wenn der AN Kündigungsschutzklage erhoben hat (*Fitting* Rn. 33; GK-BetrVG/*Kreutz* Rn. 29, 31; aA für § 102 V BetrVG Richardi/*Richardi*/*Thüsing* Rn. 39). Bei einer **außerordentlichen Kündigung** erlischt das Wahlrecht mit Zugang der Kündigungserklärung, es sei denn, der betroffene AN wird danach tatsächlich beschäftigt oder der allgemeine Weiterbeschäftigungsanspruch wird realisiert (BAG 14. 5. 1997 AP BetrVG 1972 § 8 Nr. 6). Ein BRMitglied bleibt trotz Kündigung solange wahlberechtigt, wie der BR die Zustimmung zur Kündigung nicht erteilt bzw. das ArbG die Zustimmung nicht ersetzt hat und er dann erneut gekündigt wird (*Fitting* Rn. 36; HSG/*Schlochauer* Rn. 31; Richardi/*Richardi*/*Thüsing* Rn. 41; aA GK-BetrVG/*Kreutz* Rn. 31).

II. Betriebszugehörigkeit

2 Wahlberechtigt sind einmal nach **Satz 1** AN, die zur Belegschaft des Betriebs gehören. Dies ist grundsätzlich der Fall, wenn der AN zum Betriebsinhaber in einem Arbeitsverhältnis steht (1. Komponente) und von diesem in der betrieblichen Organisation zur Erfüllung des Betriebszwecks weisungsabhängig eingesetzt wird (2. Komponente) (BAG 18. 1. 1989 AP BetrVG 1972 § 9 Nr. 1; BAG 29. 1. 1992 AP BetrVG § 7 Nr. 1; 25. 11. 1992 GesamthafenbetriebsG § 1 Nr. 8; *Fitting* Rn. 8; GK-BetrVG/*Kreutz* Rn. 19). Die nur tatsächliche Eingliederung eines Mitarbeiters in die Arbeitsorganisation reicht hier allein nicht aus (BAG 25. 2. 1998 AP BetrVG 1972 § 8 Nr. 7). Der AN muss spätestens am (letzten) Wahltag dem Betrieb als AN angehören. Auch der erst kurz vor der Wahl eingetretene AN ist daher wahlberechtigt (vgl. § 4 III 2 WO). Auf **Umfang und Dauer der Betriebszugehörigkeit**

210 BetrVG § 7

kommt es nicht an. Deshalb sind auch der nur zu vorübergehender Tätigkeit Eingestellte und der geringfügig Beschäftigte wahlberechtigt (BAG 30. 10. 1991 AP BGB § 611 Abhängigkeit Nr. 59). Helfer im freiwilligen sozialen Jahr sind weder AN noch zu ihrer Berufsausbildung Beschäftigte und daher nicht wahlberechtigt (BAG 12. 2. 1992 AP BetrVG 1972 § 5 Nr. 52). AN, welche **Altersteilzeit** im Blockmodell leisten, verlieren ihr Wahlrecht mit dem Beginn der Freistellungsphase (BAG 25. 10. 2000 AP BetrVG 1952 § 76 Nr. 32 zur Mitgliedschaft im Aufsichtsrat; *Fitting* Rn. 32, aA DKK/*Schneider* Rn. 11 a). Ihre tatsächliche Betriebszugehörigkeit ist entfallen.

3   Ein **Wehrdienstleistender** bleibt wahlberechtigt, da sein Arbeitsverhältnis nur ruht und er ein Interesse an der Zusammensetzung des BR hat, soweit er nach dem Wehrdienst im Betrieb verbleibt (BAG 29. 3. 1974 AP BetrVG 1972 § 19 Nr. 2; DKK/*Schneider* Rn. 12; Richardi/*Richardi/Thüsing* Rn. 44; *Fitting* Rn. 30). Entsprechendes gilt für **Zivildienstleistende** (vgl. § 78 ZDG), bei Heranziehung zum **Zivilschutz** (vgl. § 9 ZivilschutzG), zum **Katastrophenschutz** (vgl. § 9 KatastrophenschutzG) oder bei **Eignungsübungen** (§ 1 I EigÜbG). Zivildienstleistende sind nicht in dem Betrieb wahlberechtigt, in welchem sie während des Zivildienstes eingesetzt sind, da sie dort keine AN sind (DKK/*Schneider* Rn. 12). Die Wahlberechtigung bleibt während der Dauer von **Beschäftigungsverboten**, des Mutterschaftsurlaubs (vgl. §§ 3 II, 6 I, 10 MuSchG) oder während der Elternzeit unberührt (§ 15 BErzGG).

4   Sogenannte **Außen-Arbeitnehmer** sind betriebszugehörig, wenn sie zur Erfüllung des Betriebszwecks eingesetzt werden. Der Betriebsbegriff ist nicht primär räumlich (Betriebsgrundstück), sondern funktional (Betriebszweck) zu verstehen. Zusteller von Tageszeitungen sind daher idR ebenso wahlberechtigt (BAG 29. 1. 1992 AP BetrVG 1972 § 7 Nr. 1) wie **Telearbeiter**. **Heimarbeiter** sind innerhalb des Betriebs, dem sie als AN zuzuordnen sind, wahlberechtigt und wählbar (BAG 27. 9. 1974 AP BetrVG 1972 § 6 Nr. 1). AN, die im Rahmen von **werkvertraglichen Beziehungen** Arbeitsleistungen in einem anderen Betrieb erbringen, gehören nicht dem Betrieb des Werkbestellers an (BAG 18. 1. 1989 AP BetrVG 1972 § 9 Nr. 1). Ein in **mehreren Betrieben** beschäftigter AN ist, sofern die allgemeinen Voraussetzungen vorliegen, in jedem Betrieb wahlberechtigt (BAG 11. 4. 1958 AP § 6 BetrVG Nr. 1; vgl. auch BAG 25. 10. 1989 AP BetrVG 1972 § 5 Nr. 42). Gehört ein AN zu einer **Arbeitsgemeinschaft** mehrerer Bauunternehmen, so ist er auch dort wahlberechtigt (BAG 11. 3. 1975 AP BetrVG 1972 § 24 Nr. 1). Werden in einem Betrieb **AN verschiedener Unternehmen** ausgebildet, sind nur diejenigen wahlberechtigt, welche einen Arbeits- oder Ausbildungsvertrag mit dem auszubildenden Unternehmen geschlossen haben, selbst wenn es sich um eine längere Ausbildungszeit handelt (LAG Hamm 11. 10. 1989 DB 1990, 383). **Auszubildende**, die abschnittsweise in verschiedenen Betrieben ausgebildet werden, sind nur in dem die Ausbildung leitenden Stammbetrieb zum BR und zur JAV wahlberechtigt (BAG 13. 3. 1991 AP BetrVG 1972 § 60 Nr. 2; s. § 61 Rn. 2) Ist eine Schwesternschaft vom Deutschen Roten Kreuz Mitbetreiberin eines Krankenhauses, so sind auch die bei der Schwesternschaft angestellten, in diesem Krankenhaus beschäftigten **Gastschwestern** zum dortigen BR wahlberechtigt (BAG 14. 12. 1994 AP BetrVG 1972 § 5 Rotes Kreuz Nr. 3). AN in **nichtbetriebsratsfähigen Betrieben** sind nach § 4 II im Hauptbetrieb wahlberechtigt (*Fitting* Rn. 78). Auf der Grundlage von § 19 BSHG bei einem Dritten in einem befristeten Arbeitsverhältnis Beschäftigte sind dort nur wahlberechtigt, wenn sie nach der konkreten Ausgestaltung ihrer Tätigkeit dem arbeitstechnischen Zweck des Betriebs dienen und nicht selbst Gegenstand des Betriebszwecks sind (BAG 5. 4. 2000 AP BetrVG 1972 § 5 Nr. 62).

5   Ein ins Ausland **entsandter AN** bleibt zum BR des entsendenden Betriebs wahlberechtigt, wenn er trotz Auslandtätigkeit dem Inlandbetrieb zuzuordnen ist (GK-BetrVG/*Kreutz* Rn. 34 f.). Die Zuordnung hängt von der Würdigung aller Umstände des Einzelfalls ab, wobei insb. die Dauer des Auslandseinsatzes, die Eingliederung in einen Auslandsbetrieb, das Bestehen und die Voraussetzungen eines Rückrufrechts zu einem Inlandseinsatz und der sonstige Inhalt von Weisungsbefugnissen von Bedeutung sind (BAG 7. 12. 1989 AP Internationales Privatrecht, Arbeitsrecht Nr. 27). Ist der AN nicht in eine im Ausland bestehende Betriebsorganisation eingegliedert – wie im Regelfall bei Montagearbeiten – und wird er im Rahmen des Betriebszwecks des inländischen Betriebs tätig, ist er auch bei dauerhaftem Auslandsaufenthalt Angehöriger des Inlandsbetriebs (*Fitting* Rn. 73). Das Gleiche gilt trotz Eingliederung in eine betriebliche Organisation im Ausland, wenn die Tätigkeit nur vorübergehender Natur ist, zB wegen einer Vertretung oder eines zeitlich befristeten Auftrags (BAG 25. 4. 1978 AP Internationales Privatrecht, Arbeitsrecht Nr. 16; *Fitting* Rn. 74; DKK/*Schneider* Rn. 29). Ein ständig zur Auslandsvertretung eines Unternehmens entsandter AN ist selbst dann nicht wahlberechtigt, wenn für sein Arbeitsverhältnis weiterhin deutsches Arbeitsrecht maßgebend ist (BAG 21. 10. 1980 AP Internationales Privatrecht, Arbeitsrecht Nr. 17; BAG 25. 4. 1978 AP Internationales Privatrecht, Arbeitsrecht Nr. 16; BAG 9. 11. 1977 AP Internationales Privatrecht, Arbeitsrecht Nr. 13).

6   Nach **Satz 2** sind nicht allein **gewerbsmäßig** überlassene **Leiharbeitnehmer**, sondern auch die echten LeihAN beim Entleiher wahlberechtigt, wenn sie nicht länger als drei Monate in seinem Betrieb eingesetzt werden (*Fitting* Rn. 41; Richardi/*Richardi/Thüsing* Rn. 71). AN zur Arbeitsleistung überlassen, wenn sie im Einsatzbetrieb derart eingegliedert sind, dass sie dem Weisungsrecht des Entleihers unterliegen (BT-Drucks. 14/5741 S. 36; Richardi/*Richardi/Thüsing* Rn. 9). Der gewerbs-

V. Auswirkungen der Wahlberechtigung

mäßig überlassene AN bleibt nach § 14 I AÜG Angehöriger des entsendenden Betriebes und damit zugleich dort wahlberechtigt (Richardi/*Richardi/Thüsing* Rn. 11). Für den nicht gewerbsmäßig Überlassenen gilt nichts anderes (*Fitting* § 5 Rn. 215; aA Richardi/*Richardi/Thüsing* Rn. 11). Auch er bleibt AN des verleihenden Betriebes, wird jedoch – anders als der unechte LeihAN – in aller Regel nur gelegentlich in einem fremden Betrieb eingesetzt. Wer hier nach dem Betriebszweck differenziert, blendet die stärkere Bindung des echten Leiharbeitnehmers an den Betrieb seines AG aus. Wahlberechtigt im Einsatz-Betrieb ist unter den Voraussetzungen von Satz 2 auch der im Wege der **Konzernleihe** vorübergehend abgeordnete AN (*Fitting* Rn. 43). Wird ein AN mit Arbeitsvertrag zum herrschenden Unternehmen auf Dauer nahezu ausschließlich im Betrieb des abhängigen Unternehmens eingesetzt, gehört er jedoch allein zum Einsatzbetrieb (*Fitting* Rn. 44; Richardi/*Richardi/Thüsing* Rn. 11) und ist nur dort wahlberechtigt. Das Wahlrecht besteht **vom ersten Tag** an (BT-Drucks. 14/5741 S. 36; Richardi/*Richardi/Thüsing* Rn. 10), wie der Wortlaut von Satz 2 – „überlassen werden" nicht „überlassen sind" – zeigt (*Fitting* Rn. 60). Da setzt eine Prognoseentscheidung zur Dauer der Entleihe voraus, die idR am zugrundeliegenden Vertrag festmachen kann (Richardi/*Richardi/Thüsing* Rn. 10). Entscheidend ist der im Wesentlichen **ununterbrochene** Einsatz von mehr als drei Monaten (*Fitting* Rn. 64; Richardi/*Richardi/Thüsing* Rn. 10) in ein und demselben Betrieb, nicht bei demselben Unternehmen (Richardi/*Richardi/Thüsing* Rn. 10). Kurzzeitige Unterbrechungen schaden wie sonst auch – § 622 II BGB, § 1 I KSchG, § 4 BUrlG – nicht, wenn ein Sachzusammenhang zwischen den Tätigkeiten besteht (*Fitting* Rn. 65). Je länger die Unterbrechung, desto gewichtiger muss der Sachzusammenhang sein (*Fitting* Rn. 67). Arbeitsvertraglich in unterschiedlichen Betrieben des Konzerns eingesetzte AN gehören nur ihrem Stammbetrieb an (*Fitting* Rn. 69).

III. Wahlalter

Der AN muss spätestens am Wahltag 18 Jahre alt werden (*Fitting* Rn. 85; GK-BetrVG/*Kreutz* Rn. 60). Erstreckt sich die Stimmabgabe über mehrere Tage, so muss er spätestens am letzten Tag der Wahl Geburtstag haben (vgl. § 187 II 2 BGB). Noch nicht Volljährige haben die Möglichkeit, an der Wahl zur JAV nach §§ 60 ff. teilzunehmen. Die 18- bis 25-jährigen zur Berufsausbildung Beschäftigten sind sowohl zum BR als auch zur JAV wahlberechtigt.

IV. Weitere Voraussetzungen

Damit ein AN sein Wahlrecht ausüben kann, muss er formell in die **Wählerliste eingetragen** sein (DKK/*Schneider* Rn. 2; *Fitting* Rn. 92). Ausländische und staatenlose AN sind wahlberechtigt, da das Gesetz keine Einschränkungen hinsichtlich der **Staatsangehörigkeit** macht. Grundsätzlich wahlberechtigt sind auch die AN, für die durch das Vormundschaftsgericht nach §§ 1896 ff. BGB **Betreuung** angeordnet wurde (DKK/*Schneider* Rn. 39; GK-BetrVG/*Kreutz* Rn. 61; aA *Fitting* Rn. 89). § 13 Nr. 2 BWG und § 50 II SGB IV enthalten keinen für die Betriebsratswahlen relevanten allgemeinen Rechtsgrundsatz. Das Vormundschaftsgericht muss vielmehr entscheiden, ob der Betreuer nur in bestimmten oder in allen Angelegenheiten seine Einwilligung erteilen muss. § 1903 I BGB verweist insoweit auf § 113 BGB. Wer mit Zustimmung des Betreuers abhängige Arbeit leistet, hat alle Arbeitnehmerrechte einschließlich des Wahlrechts. Unberührt bleibt § 104 Nr. 2, so dass derjenige, der wegen akuter Geisteskrankheit nicht übersehen kann, welche Bedeutung sein Tun hat, nicht wählen kann (DKK/*Schneider* Rn. 39; GK-BetrVG/*Kreutz* Rn. 61). Die Wahlberechtigung zur Betriebsratswahl wird nicht durch die Aberkennung des aktiven Wahlrechts nach § 45 V StGB berührt. Bei der Betriebsratswahl handelt es sich nicht um eine „öffentliche Angelegenheit" im Sinne dieser Vorschrift (*Richardi* Rn. 53; *Fitting* Rn. 91).

V. Auswirkungen der Wahlberechtigung

Die Wahlberechtigung des **Satz 1** gibt dem AN neben dem aktiven Wahlrecht die Möglichkeit zur Ausübung bestimmter anderer Rechte. Nach § 14 III und IV das Recht Wahlvorschläge zu machen, nach § 16 I die Mitgliedschaft im Wahlvorstand und nach § 16 II und § 18 I 2 Rechte im Zusammenhang mit der Einsetzung eines Wahlvorstands. Neben diesen auf die Wahl eines BR abzielenden Rechten gibt die Wahlberechtigung auch Möglichkeiten, gegen einen BR nach § 19 II im Wege der Wahlanfechtung oder nach § 23 I über den Antrag beim Arbeitsgericht zur Amtsenthebung des BR oder eines einzelnen BRMitglieds vorzugehen. Darüber hinaus gibt § 43 III eine weitere Kontrollmöglichkeit. Oft verlangt die Ausübung dieser Rechte das Erreichen eines Quorums. Die Errichtung und die Größe eines BR nach § 1 und § 9 hängen unter anderem von einer bestimmten Anzahl wahlberechtigter AN im Unternehmen ab. Darüber hinaus sind jeweils 20 wahlberechtigte AN im Unternehmen Voraussetzung, um wichtige Beteiligungsrechte wie die Mitbestimmung bei personellen Einzelmaßnahmen nach § 99 und bei Betriebsänderungen nach §§ 111 ff. seitens des BR ausüben zu können. § 106 und § 110 stellen hingegen nicht auf die Wahlberechtigung, sondern allein auf die ständig beschäftigten AN ab. Nach § 47 VII, VIII und § 55 III ist die Stimmengewichtung im GesamtBR und im KonzernBR von den jeweils zu vertretenden wahlberechtigten AN abhängig. AN, die zum BR wahlberechtigt sind, besitzen nach § 76 BetrVG 52 auch das aktive Wahlrecht für die Wahl der Arbeitnehmervertreter in den Aufsichtsrat.

10 Die betriebsverfassungsrechtlichen Schwellenwerte hat **Satz 2** nicht generell erhöht (aA *Fitting* Rn. 95; DKK/*Schneider* Rn. 8; *Däubler* AuR 2001, 1; *ders.* AuR 2001, 285; aA auch *Hanau* RdA 1, 65; *Konzen* RdA 2001, 76; *Löwisch* BB 2001, 1734 – nirgendwo erhöht;). Mit dieser Regelung hat der Gesetzgeber nur „für bestimmte Fälle die Betriebszugehörigkeit dieser AN zum Einsatzbetrieb" anerkannt (BT-Drucks. 14/5741 S. 36). Sie wählen mit, aber zählen nicht automatisch in dem Sinne mit, dass sich alle Schwellenwerte an der Anzahl der nach § 7 Satz 2 Wahlberechtigten ausrichten. Wer für das Gesetz als AN gilt, regelt § 5 BetrVG. An dessen Inhalt machen grundsätzlich auch die Schwellenwerte fest. Jedenfalls müssen für die Berechnung der Schwellenwerte stets alle Voraussetzungen der einschlägigen Vorschrift gegeben sein. Satz 2 gewährt ein zusätzliches Wahlrecht. Er lässt die betriebsverfassungsrechtliche Stellung der LeihAN im Übrigen grundsätzlich unberührt. So zählen sie für die Größe des Wirtschaftsausschusses und für die Unterrichtungspflichten nicht mit, weil § 106 I und § 110 I auf die ständige Beschäftigung, nicht auf die nur vorübergehenden Einsatz im Betrieb ansetzende Wahlberechtigung abstellt. Nach wie vor nimmt auch § 14 II AÜG den unechten Leiharbeitnehmern das passive Wahlrecht. Das wirkt sich zB bei der Betriebsratsfähigkeit nach § 1 I aus. Selbst die echten LeihAN können allenfalls gewählt werden, wenn sie dauerhaft in den Entleiherbetrieb eingegliedert sind. Sie müssen einen Dauerarbeitsplatz besetzen, was jedenfalls nicht die Regel sein wird (s. § 1 Rn. 22 und § 8 Rn. 4). LeihAN erhöhen ebenso wenig automatisch die nach § 1 I erforderliche Anzahl der Wahlberechtigten. Diese Vorschrift stellt auf die Zahl der *idR* beschäftigten *ständigen* AN ab. Entscheidend ist danach nicht nur, wie viele Wahlberechtigte LeihAN nach § 7 Satz 2 es am Stichtag gibt, sondern auch, ob sie zu den idR ständig Beschäftigten gehören. Hierfür kommt es auf den Arbeitsplatz, die Arbeitsaufgabe, nicht auf die Anzahl nur vorübergehend in den Betrieb Eingegliederten an. Die Dauer ihres Einsatzes kann jedoch ein Indiz dafür sein, dass sie einen Dauerarbeitsplatz besetzen (s. § 1 Rn. 22). Auch für die Größe des BR kommt es nicht darauf an, ob und wie viele LeihAN mindestens 3 Monate im Betrieb eingesetzt werden (LAG Düsseldorf 23. 1. 2003 – 11 TaBV 60/02; 21. 11. 2002 – 15 TaBV 50/02; 31. 10. 2002 – 5 TaBV 42/02; *Hanau* RdA 2001, 65; *Konzen* RdA 2001, 76; *Löwisch* BB 2001, 1734; aA DKK/*Schneider* § 9 Rn. 10; *Däubler* AuR 2001, 4; *ders.*, AuR 2001, 285). Entscheidend ist die Anzahl der *idR* beschäftigten Wahlberechtigten (*Fitting* § 9 Rn. 5). Für einzelne Mitbestimmungsrechte macht es wiederum Sinn, die Wahlberechtigten nach Satz zwei wie ständige AN zu behandeln – so etwa bei Bestimmungen im Zusammenhang mit der Betriebsratswahl, an der sie aktiv teilnehmen – wie etwa § 14 III, 16 II, § 17 IV, 18 I. Ob die LeihAN einen Schwellenwert erhöhen, hängt so in jedem einzelnen Fall vom Inhalt der betreffenden Vorschrift, ihrem Sinn und dem Gesamtgefüge der Betriebsverfassung ab. Dies macht das Gesetz nicht übersichtlicher.

VI. Streitigkeiten

11 Im Zusammenhang einer Betriebsratswahl liegt die Entscheidung über die Wahlberechtigung zunächst beim Wahlvorstand (§§ 2, 4 II WO). Dessen Entscheidung ist im arbeitsgerichtlichen Beschlussverfahren nach §§ 2a, 80ff. ArbGG überprüfbar (GK-BetrVG/*Kreutz* Rn. 67). Außerhalb eines Wahlverfahrens wird die Streitigkeit über das aktive Wahlrecht ebenfalls im arbeitsgerichtlichen Beschlussverfahren ausgetragen. Beteiligte können der betroffene AN, der AG und jede im Betrieb vertretene Gewerkschaft sein. Ist die Wahl noch nicht durchgeführt, kann der Wahlvorstand, nach Durchführung der Wahl der BR Beteiligter im Verfahren sein (*Fitting* Rn. 97). Die Wahlberechtigung kann auch inzidenter in einem Wahlanfechtungsverfahren zu entscheiden sein.

§ 8 Wählbarkeit

(1) ¹ Wählbar sind alle Wahlberechtigten, die sechs Monate dem Betrieb angehören oder als in Heimarbeit Beschäftigte in der Hauptsache für den Betrieb gearbeitet haben. ² Auf diese sechsmonatige Betriebszugehörigkeit werden Zeiten angerechnet, in denen der Arbeitnehmer unmittelbar vorher einem anderen Betrieb desselben Unternehmens oder Konzerns (§ 18 Abs. 1 des Aktiengesetzes) angehört hat. ³ Nicht wählbar ist, wer infolge strafgerichtlicher Verurteilung die Fähigkeit, Rechte aus öffentlichen Wahlen zu erlangen, nicht besitzt.

(2) Besteht der Betrieb weniger als sechs Monate, so sind abweichend von der Vorschrift in Absatz 1 über die sechsmonatige Betriebszugehörigkeit diejenigen Arbeitnehmer wählbar, die bei der Einleitung der Betriebsratswahl im Betrieb beschäftigt sind und die übrigen Voraussetzungen für die Wählbarkeit erfüllen.

I. Wählbarkeit

1 Die Vorschrift regelt abschließend und zwingend die Voraussetzungen für das passive Wahlrecht zum BR. Abweichende Regelungen durch BV oder TV sind nicht zulässig (BAG 12. 10. 1976 AP

II. Betriebszugehörigkeit

BetrVG 1972 § 8 Nr. 1). Besonderheiten für die Wahl zum Jugendvertreter ergeben sich aus § 61 II (s. § 61 Rn. 3). Maßgebender Zeitpunkt für die Beurteilung, ob ein AN zum BR wählbar ist, ist der Wahltag. Die Wählbarkeit setzt zunächst voraus, dass der AN nach § 7 **wahlberechtigt** ist. Wird ein AN gewählt, der am Wahltag das 18. Lebensjahr noch nicht vollendet hat, ist die Wahl daher anfechtbar. Der Mangel der Wählbarkeit wird geheilt, wenn der AN das Mindestalter erreicht, bevor die Wahl mit Erfolg angefochten oder die Nichtwählbarkeit gerichtlich festgestellt wurde (BAG 7. 7. 1954 AP BetrVG § 24 Nr. 1; s. § 24 Rn. 10).

Auch **ausländische und staatenlose AN** haben – anders als noch nach dem BetrVG 1952 – das **2** passive Wahlrecht. § 8 enthält keine Beschränkung der Wählbarkeit auf einen BR. Ein **in zwei Betrieben beschäftigter** AN ist daher in beiden Betrieben wählbar und kann in beiden BRMandate ausüben (BAG 11. 4. 1958 AP BetrVG § 6 Nr. 1; DKK/*Schneider* Rn. 18; Richardi/*Richardi/Thüsing* Rn. 11; *Fitting* Rn. 30; GK-BetrVG/*Kreutz* Rn. 21). Das passive Wahlrecht besteht unabhängig davon, ob der AN in verschiedenen Betrieben des gleichen AG oder in mehreren Betrieben mit unterschiedlichen AG beschäftigt ist (DKK/*Schneider* Rn. 18). Wählbar sind auch AN, die sich in einem **ruhenden Arbeitsverhältnis** befinden. Deshalb kann für den BR kandidieren, wer sich in der **Elternzeit** befindet (DKK/*Schneider* Rn. 22). AN bleiben während der Ableistung des **Wehrdienstes** wählbar (DKK/*Schneider* Rn. 22; *Fitting* Rn. 14; aA GK-BetrVG/*Kreutz* Rn. 38). Das Gleiche gilt für Zivildienstleistende, Dienstverpflichtete für das Zivilschutzkorps oder den Katastrophenschutz (vgl. § 7 Rn. 3, § 24 Rn. 6). Werden diese Wahlbewerber in den BR gewählt, sind sie während ihrer Abwesenheit nach § 25 I 2 an der Ausübung des Amtes verhindert und müssen von einem Ersatzmitglied vertreten werden (*Fitting* Rn. 14; vgl. § 25 Rn. 5). Nach dem Erlass des Bundesministers für Verteidigung vom 7. 7. 1976 (VR III 7 – Az. 24–09–01) können Wehrpflichtige, die BR oder Jugend- und Auszubildendenvertreter sind, für eine Amtsperiode zurückgestellt werden; für Wahlbewerber gilt dies, sofern sie während der anvisierten Wahlperiode das 28. Lebensjahr nicht überschreiten (Erlass des BMV vom 1. 8. 1990 VR I 8 (22) – Az 24–09–01; *Fitting* Rn. 16).

Hat der AN gegen eine arbeitgeberseitige **Kündigung** Klage erhoben, bleibt er wählbar. (BAG **3** 14. 5. 1997 AP BetrVG 1972 § 8 Nr. 6; DKK/*Schneider* Rn. 25; *Richardi* Rn. 13; *Fitting* Rn. 8; aA GK-BetrVG/*Kreutz* Rn. 18). Der AG soll nicht durch Kündigung die Wahl eines unliebsamen Kandidaten verhindern (zum Kündigungsschutz von Wahlbewerbern s. § 103 Rn. 2 ff. und § 15 KSchG Rn. 10 ff.). Im Gegensatz zur Wahlberechtigung, die am Wahltag zweifelsfrei feststehen muss, kann die Wirksamkeit der Wahl eines BRMitglieds unter Umständen in der Schwebe bleiben. Wird der Kündigungsschutzklage stattgegeben, steht fest, dass das Arbeitsverhältnis zum Wahlzeitpunkt bestand und das die Wahl wirksam ist; im umgekehrten Fall ist die Wahl des BRMitglieds unwirksam. Wird ein gekündigter AN gewählt, ist er bis zur rechtskräftigen Entscheidung an der Ausübung des BRAmts iSd. § 25 I 2 verhindert und muss durch ein Ersatzmitglied vertreten werden. Wenn die Kündigungsschutzklage nicht offensichtlich unbegründet ist, hat der AG dem gekündigten Wahlkandidaten Zutritt zum Betrieb und Kontakt zu den wahlberechtigten AN zu gestatten (LAG Hamm 6. 2. 1980 EzA BetrVG 1972 § 20 Nr. 11; *Fitting* Rn. 23). Sobald der AN besonderen Kündigungsschutz genießt, kann der AG einen Antrag nach § 9 KSchG nicht mehr stellen (*Richardi* Rn. 15; *Fitting* Rn. 21). Bei der **Altersteilzeit** steht mit Beginn der Freistellungsphase fest, dass der AN nicht wieder in den Betrieb eingegliedert wird. Er verliert in diesem Zeitpunkt seine Wählbarkeit (vgl. BAG 25. 10. 2000 AP BetrVG 1952 § 76 Nr. 32; *Fitting* Rn. 17; für das Personalvertretungsrecht BVerwG 15. 5. 2002 PersR 2002, 434). Der Wählbarkeit steht nicht entgegen, dass ein Wahlkandidat häufig abwesend sein wird und daher voraussichtlich oft von Ersatzmitgliedern vertreten werden muss (*Richardi* Rn. 8; *Fitting* Rn. 11). § 14 II 1 AÜG schließt jedenfalls das passive Wahlrecht von unechten **Leih-Arbeitnehmern** im Entleiherbetrieb aus. Nach Auffassung des BAG ist es auch für die echten LeihAN generell ausgeschlossen (BAG 18. 1. 1989 AP BetrVG 1972 § 9 Nr. 1; aA DKK/*Schneider* Rn. 20; *Fitting* Rn. 27). Man wird jedoch darauf abstellen müssen, ob die Wertungsvoraussetzungen des § 14 II AÜG im Einzelfall vorliegen. Besteht zwischen Verleiher und AN keine betriebliche Bindung mehr, weil sie auf Dauer – und nicht nur für drei Monate – in den Betrieb des Entleihers eingegliedert sind, erwerben sie dort auch das passive Wahlrecht. **Mitglieder des Wahlvorstands** können Wahlkandidaten zum BR sein (BAG 12. 10. 1976 AP BetrVG 1972 § 8 Nr. 1; BAG 4. 10. 1977 AP BetrVG. 1972 § 18 Nr. 2; *Richardi* Rn. 46). Nach § 23 **ausgeschlossene Betriebsratsratsmitglieder** sind weiterhin wählbar (s § 23 Rn. 16). Dies Verfahren nimmt das Amt, nicht die Wählbarkeit. Formell setzt die Wählbarkeit nach § 2 III WO eine Eintragung in die Wählerliste und nach § 14 III die Aufnahme in einen ordnungsgemäßen Wahlvorschlag voraus (s § 14 Rn. 14 ff.).

II. Betriebszugehörigkeit

Mit der 6-Monats-Frist soll sichergestellt werden, dass nur solche AN in den BR gewählt werden, **4** die einen gewissen Überblick über die betrieblichen Verhältnisse erworben haben Sie berechnet sich – auch für Teilzeitbeschäftigte – nach §§ 186 ff. BGB. Wird an mehreren Tagen gewählt, ist der letzte Wahltag maßgeblich (vgl. BAG 26. 9. 1996 AP KSchG 1969 § 15 Wahlbewerber Nr. 3; *Richardi* Rn. 17; *Fitting* Rn. 32). Dem Betrieb gehört an, wer zu seiner Belegschaft gehört (s. § 7 Rn. 2 ff.). Eine bloß arbeitsvertragliche Bindung zum Betrieb reicht zur Begründung des passiven Wahlrechts nicht aus, wenn der AN weder jemals im Betrieb tätig geworden, noch eine tatsächliche Zuordnung absehbar ist (BAG 28. 11. 1977 AP BetrVG 1972 § 8 Nr. 2). Zeiten vor Vollendung des 18. Lebensjahrs sind zu berücksichtigen (*Richardi* Rn. 22). Das Gleiche gilt, wenn der AN zuvor als Beschäftigter iS des § 5 II, III in diesem Betrieb tätig war (*Richardi* Rn. 20; *Fitting* Rn. 35; aA GK-BetrVG/*Kreutz* Rn. 28). Auch sie haben den erforderlichen Überblick über den Betrieb gewonnen. Beschäftigungszeiten als **LeihAN** im Entleiherbetrieb sind seit der Neufassung des Gesetzes mitzurechnen (DKK/*Schneider* Rn. 11; *Fitting* Rn. 37; Richardi/*Richardi*/*Thüsing* Rn. 21), wenn im Anschluss daran ein Arbeitsverhältnis mit dem Entleiher zustande kommt oder sie auch als LeihAN wählbar werden (s. Rn. 3).

5   Die Anrechnung der Beschäftigungszeit in Betrieben des gleichen **Unternehmens** bzw. **Konzerns** nach § 8 I 2 verhindert, dass die Kandidatur unliebsamer Wahlbewerber durch Versetzung unterlaufen werden kann. Unmittelbar und damit anrechenbar ist die vorausgehende Beschäftigungszeit, wenn das Arbeitsverhältnis zum Unternehmen/Konzernunternehmen ununterbrochen fortbesteht oder zwar unterbrochen ist, aber ein enger zeitlicher und innerer Zusammenhang zur vorausgehenden Betriebszugehörigkeit besteht (*Fitting* Rn. 40; GK-BetrVG/*Kreutz* Rn. 44). Unmittelbarkeit liegt nicht vor, wenn der AN zwischenzeitlich ein neues Arbeitsverhältnis zu einem anderen AG begründet hat oder längere Zeit arbeitslos war (DKK/*Schneider* Rn. 9).

III. Richterspruch

6   Nach § 45 I StGB führt eine strafgerichtliche Verurteilung wegen eines Verbrechens zu einer Mindestfreiheitsstrafe von einem Jahr für einen Zeitraum von fünf Jahren zum automatischen Verlust der Amtsfähigkeit und der Fähigkeit, Rechte aus öffentlichen Wahlen zu erlangen. Nach § 45 II StGB iVm. mit Spezialgesetzen kann auch das Gericht diese Rechte für einen Zeitraum von zwei bis fünf Jahren aberkennen. Kein Einfluss auf die Wählbarkeit hat die Aberkennung des aktiven Wahlrechts nach § 45 V StGB (vgl. § 7 Rn. 7) oder eine Entscheidung des BVerfG nach § 39 II BVerfGG, da das BRAmt kein öffentliches Amt iS dieser Vorschrift ist (*Fitting* Rn. 23; GK-BetrVG/*Kreutz* Rn. 53). Ist einem ausländischen AN im Herkunftsland durch strafgerichtliche Entscheidung die Fähigkeit aberkannt worden, Rechte aus öffentlichen Wahlen zu erlangen, führt dies zum Verlust des passiven Wahlrechts in den Betriebsratswahlen, wenn die Entscheidung nicht im Widerspruch zu deutschen Rechtsgrundsätzen steht (DKK/*Schneider* Rn. 30; *Fitting* Rn. 55; GK-BetrVG/*Kreutz* Rn. 54).

IV. Neu errichtete Betriebe

7   Nach **Abs. 2** wählbar sind alle AN, die zum Zeitpunkt der Einleitung der Betriebsratswahl Beschäftigte des Betriebs sind. Nach § 3 I 2 WO ist die Betriebsratswahl mit Erlass des Wahlausschreibens eingeleitet. Der Zusammenschluss mehrerer Betriebe eines Unternehmens zu einem Betrieb ist eine Neuerrichtung, wenn sie ihre Identität aufgeben (DKK/*Schneider* Rn. 33; *Fitting* Rn. 61). Das Gleiche gilt bei Wiedereröffnung eines nicht nur vorübergehend stillgelegten Betriebs (*Fitting* Rn. 63). Keine Neuerrichtung liegt bei einem Betriebsübergang nach § 613 a BGB vor, da die Identität des Betriebs unberührt bleibt. Auch mit der Eingliederung in einen anderen oder der Erweiterung eines bestehenden Betriebes entsteht kein neuer Betrieb (BAG 26. 9. 1996 AP KSchG 1969 § 15 Wahlbewerber Nr. 3). Bei der Eingliederung werden aber die vorhergehenden Beschäftigungszeiten nach Abs. 1 S. 2 angerechnet, wenn sie innerhalb des gleichen Konzerns erfolgt (DKK/*Schneider* Rn. 33). Ein Kampagnebetrieb unterfällt Abs. 2, es sei denn es handelt sich lediglich um einen unselbständigen Betriebsteil eines anderen Betriebes (*Richardi* Rn. 36; *Fitting* Rn. 63; zweifelnd GK-BetrVG/*Kreutz* Rn. 63).

V. Streitigkeiten

8   Die Entscheidung über die Wählbarkeit eines Wahlbewerbers hat zunächst der Wahlvorstand zu treffen. Verstöße können in einem Anfechtungsverfahren nach § 19 geltend gemacht werden. Streitigkeiten über die Entscheidungen des Wahlvorstands können aber auch unabhängig von einer Anfechtung nach §§ 2 a, 80 ff. ArbGG im arbeitsgerichtlichen Beschlussverfahren ausgetragen werden, wenn ein Rechtsschutzbedürfnis besteht (DKK/*Schneider* Rn. 34).

§ 9 Zahl der Betriebsratsmitglieder

¹ Der Betriebsrat besteht in Betrieben mit in der Regel
  5 bis   20 wahlberechtigten Arbeitnehmern aus einer Person,
 21 bis   50 wahlberechtigten Arbeitnehmern aus 3 Mitgliedern,
 51 wahlberechtigten Arbeitnehmern bis 100 Arbeitnehmern aus   5 Mitgliedern,
101 bis 200 Arbeitnehmern aus   7 Mitgliedern,
201 bis 400 Arbeitnehmern aus   9 Mitgliedern,

401 bis 700 Arbeitnehmern aus 11 Mitgliedern,
701 bis 1000 Arbeitnehmern aus 13 Mitgliedern,
1001 bis 1500 Arbeitnehmern aus 15 Mitgliedern,
1501 bis 2000 Arbeitnehmern aus 17 Mitgliedern,
2001 bis 2500 Arbeitnehmern aus 19 Mitgliedern,
2501 bis 3000 Arbeitnehmern aus 21 Mitgliedern,
3001 bis 3500 Arbeitnehmern aus 23 Mitgliedern,
3501 bis 4000 Arbeitnehmern aus 25 Mitgliedern,
4001 bis 4500 Arbeitnehmern aus 27 Mitgliedern,
4501 bis 5000 Arbeitnehmern aus 29 Mitgliedern,
5001 bis 6000 Arbeitnehmern aus 31 Mitgliedern,
6001 bis 7000 Arbeitnehmern aus 33 Mitgliedern,
7001 bis 9000 Arbeitnehmern aus 35 Mitgliedern,
² In Betrieben mit mehr als 9000 Arbeitnehmern erhöht sich die Zahl der Mitglieder des Betriebsrats für je angefangene weitere 3000 Arbeitnehmer um 2 Mitglieder.

Amtl. Anm.: Gemäß Artikel 14 Satz 2 des Gesetzes zur Reform des Betriebsverfassungsgesetzes (BetrVerf-Reformgesetz) vom 23. Juli 2001 (BGBl. I S. 1852) gilt § 9 (Artikel 1 Nr. 8 des BetrVerf-Reformgesetzes) für im Zeitpunkt des Inkrafttretens bestehende Betriebsräte erst bei deren Neuwahl.

I. Anzahl

Die Vorschrift legt zwingend die Zahl der BRMitglieder für die jeweilige Betriebsgröße fest. Seit 1 der Neufassung des Gesetzes im Sommer 2001 erhöht sich die Zahl der BRMitglieder in Betrieben mit mehr als 100 AN um zwei bis vier. Weder durch BV noch durch TV kann von der Staffel abgewichen werden. Eine Abweichung ist nur zulässig, wenn nicht genügend wählbare AN vorhanden oder zur Übernahme des Amtes bereit sind (Näheres § 11 Rn. 1 f.). Die Größe des BR wird vom Wahlvorstand festgestellt und nach § 3 II Nr. 4 WO im Wahlausschreiben ausgewiesen. Die Zahl der bei Erlass des Wahlausschreibens „in der Regel" Beschäftigten ist maßgebend für die Bestimmung der Belegschaftsgröße bei der anstehende Betriebsratswahl (*Fitting* Rn. 11). Ausschlaggebend ist die Zahl von AN, die im Allgemeinen kennzeichnend für den Betrieb ist (BAG 31. 1. 1991 AP KSchG 1969 § 23 Nr. 11). Vorübergehende Schwankungen bleiben außer Betracht. Es wird die Anzahl der AN zugrundegelegt, die unter normalen betrieblichen Verhältnissen üblicherweise beschäftigt werden. Da auch absehbare künftige Entwicklungen des Beschäftigtenstandes einzubeziehen sind (BAG 29. 5. 1991 AP BPersVG § 17 Nr. 1; BAG 25. 11. 1992 AP GesamthafenbetriebsG § 1 Nr. 8), kann es nicht selten zu Grenzfällen bei der Berechnung über der regelmäßigen Belegschaftsstärke kommen. Der Wahlvorstand entscheidet nach pflichtgemäßem Ermessen mit eigenem Beurteilungsspielraum (BAG 12. 10. 1976 AP BetrVG § 8 Nr. 1; BAG 25. 11. 1992 AP GesamthafenbetriebsG § 1 Nr. 8; DKK/*Schneider* Rn. 14). Die bloße Befürchtung, dass auf Grund schlechter Auftragslage AN entlassen werden könnten, führt zu keiner Reduzierung der Maßgröße (LAG Hamm 6. 10. 1978 DB 1979, 1563).

Leitende Angestellte und die in § 5 II genannten Personen sind nicht einzubeziehen. Dies ergibt 2 sich aus den Einleitungssätzen von § 5 II und III und dem Normzweck des § 9. Leitende Angestellte werden vom BR nicht vertreten (BAG 12. 10. 1976 AP BetrVG § 8 Nr. 1). AN in den dem Betrieb nach § 4 S. 2 zugeordneten Betriebsteilen und **Kleinstbetrieben** nach 4 II sind zu berücksichtigen. **Teilzeitbeschäftigte** zählen nicht anteilig, sondern nach Köpfen (LAG Hamm DB 1979, 2380; *Fitting* Rn. 17; GK-BetrVG/*Kreutz* Rn. 11). **AushilfsAN** sind, wenn sie regelmäßig länger als sechs Monate im Jahr beschäftigt werden, einzubeziehen (BAG 12. 10. 1976 AP BetrVG § 8 Nr. 1; BAG 25. 11. 1992 AP GesamthafenbetriebsG § 1 Nr. 8). Dabei ist es unerheblich, ob es sich um dieselben oder jeweils andere Aushilfskräfte handelt (LAG Düsseldorf 26. 9. 1990 DB 1991, 238). Das Gleiche gilt für die AN in Saisonbetrieben, sofern die Saison die Dauer von sechs Monaten überschreitet (DKK/*Schneider* Rn. 9; *Fitting* Rn. 16; GK-BetrVG/*Kreutz* Rn. 11). In Kampagnenbetrieben beschäftigte AN sind während der Kampagne voll einzubeziehen (DKK/*Schneider* Rn. 9; GK-BetrVG/*Kreutz* Rn. 11). Nur **betriebsangehörige** AN sind zu berücksichtigen (BAG 15. 12. 1972 AP ArbGG 1953 § 80 Nr. 5). Dies setzt grundsätzlich voraus, dass sie zum Betriebsinhaber in einem Arbeitsverhältnis stehen und im Rahmen des Betriebszwecks eingegliedert sind (BAG 18. 1. 1989 AP BetrVG 1972 § 9 Nr. 1; s. § 7 Rn. 2 ff.). AN aus Fremdfirmen (Werk-AN) sind nicht betriebszugehörig und deshalb nicht zu veranschlagen (BAG 18. 1. 1989 AP BetrVG 1972 § 9 Nr. 1). **LeihAN** zählen für die Größe des BR weder stets dann mit, wenn sie die Voraussetzungen des § 7 Satz 2 erfüllen (so aber DKK/*Schneider* Rn. 10; Richardi/*Richardi*/*Thüsing* Rn. 7), noch dürfen sie in keinem Fall angerechnet werden (so LAG Düsseldorf 26. 1. 2003 – 11 TaBV 65/02; 21. 11. 2002 – 15 TaBV 50/02; 31. 10. 2002 – 5 TaBV 42/02; *Hanau* RdA 2001, 65; *Konzen* RdA 2001, 76; *Löwisch* BB 2001, 1734). Sie müssen in der Regel beschäftigt sein (*Fitting* Rn. 21; s. § 1 Rn. 22 f.). Daran hat auch die Neufassung des § 7 nichts geändert. Die Zahl der BRMitglieder soll in angemessenem Verhältnis zu ihrem Arbeitsaufwand stehen Der wird maßgeblich durch die Zahl der betriebsangehörigen AN bestimmt. LeihAN werden vom BR jedoch nur für die Dauer ihrer Tätigkeit im Betrieb partiell betreut. Entscheidend ist damit für die Größe des BR die Zahl der regelmäßig mit AN besetzen Positionen, bei denen es sich auch um LeihAN nach § 7 S. 2 handeln kann. AN, die in der **Elternzeit** oder zur Kinderbetreuung freigestellt sind, sind neben dem für sie eingestellten Vertreter nicht zusätzlich zu berücksichtigen; wer sich für die **Altersteilzeit** in Form des Blockmodells – § 2 II Nr. 1 ATG – entschieden hat, ist ab Beginn der Freistellungsphase nicht zu berücksichtigen, wenn er danach nicht in den Betrieb zurückkehrt (LAG Düsseldorf 31. 10. 2002 – 5 TaBV 42/02; *Fitting* Rn. 19).

II. Betriebsrat

3   Der nur aus einem BRMitglied bestehende BR hat grundsätzlich die gleichen Rechte und Pflichten wie ein mehrköpfiger BR (DKK/*Schneider* Rn. 15; *Fitting* Rn. 36). Unterschiede können sich bei speziellen Mitbestimmungsrechten ergeben, die erst ab einer Belegschaftsgröße von 20 greifen. Überschreitet während der Amtszeit des einköpfigen BR der Beschäftigtenstand diese Grenze, wachsen ihm die entsprechenden Rechte zu (DKK/*Schneider* Rn. 16; Richardi/*Richardi/Thüsing* Rn. 23; *Fitting* Rn. 36; GK-BetrVG/*Kreutz* Rn. 17). Beim mehrköpfigen BR ist in der dritten Stufe der Staffel zu beachten, dass die Grenze von 51 *wahlberechtigten* AN überschritten sein muss. Beschäftigt ein Betrieb regelmäßig 60 AN, von denen nur 50 wahlberechtigt sind, fällt dieser Betrieb in die zweite Stufe, die eine Betriebsratsgröße von drei Mitgliedern vorschreibt. Ab 101 Beschäftigten kommt es auf ihre Wahlberechtigung nicht mehr an. Eine Obergrenze für die Anzahl der BRMitglieder in Großbetrieben ist nicht festgelegt. Hier verschlechtert sich die Relation zwischen der Anzahl der zu vertretenden Beschäftigten zur Größe des BR zunehmend. § 3 I Nr. 5 eröffnet für solche Fälle die Möglichkeit, durch TV zusätzliche betriebsverfassungsrechtliche Vertretungen zu errichten (s. § 3 Rn. 8).

III. Fehler

4   Weicht die Anzahl der BRMitglieder von der gesetzlich vorgeschriebenen Größe des BR ab, ist dies **anfechtbar** (BAG 12. 10. 1976 AP BetrVG 1972 § 8 Nr. 1; BAG 29. 5. 1991 AP BetrVG 1972 § 9 Nr. 2) soweit der BR seinen Beurteilungsspielraum überschritten hat (DKK/*Schneider* Rn. 17). Geht der Wahlvorstand von einer zu großen Zahl zu wählender BRMitglieder aus (BAG 12. 10. 1976 AP BetrVG § 8 Nr. 1) aus, so kann das Wahlergebnis nicht korrigiert, sondern nur die Betriebsratswahl im ganzen angefochten und wiederholt werden. Im Fall von **Mehrheitswahl** kann das ArbG nicht korrigieren, da es beurteilen müsste, wie die Wähler unter Zugrundelegung der richtigen Größe gewählt hätten (DKK/*Schneider* Rn. 17; *Fitting* Rn. 12). Auch bei **Verhältniswahl** kann nicht ausgeschlossen werden, dass die Festlegung einer unzutreffenden Zahl von BRMitgliedern unmittelbar Einfluss auf das Wählerverhalten hat. Eine gerichtliche Korrektur ist unzulässig (BAG 12. 10. 1976 AP BetrVG § 8 Nr. 1; BAG 12. 10. 1976 AP BetrVG 1972 § 19 Nr. 5; HSG/*Schlochauer* Rn. 4; DKK/*Schneider* Rn. 17; aA Richardi/*Richardi/Thüsing* Rn. 21; *Fitting* Rn. 49; GK-BetrVG/*Kreutz* Rn. 25). Die Entscheidung eines Wählers für eine Liste kann gerade auch von der Platzierung bestimmter Kandidaten auf der Liste und deren Erfolgschancen auf einen Platz im BR abhängen. Auch ein indirekter Einfluss über die Aufstellung von Vorschlagslisten ist möglich (DKK/*Schneider* Rn. 18). Werden irrtümlich zu viel BRMitglieder festgelegt und die Wahl nicht angefochten, so bleibt es für die Dauer der Amtszeit bei der höheren Mitgliederzahl (BAG 14. 1. 1972 AP BetrVG § 20 Jugendvertreter Nr. 2). Entsprechendes gilt, wenn zu wenig BRMitglieder festgelegt werden (DKK/*Schneider* Rn. 18).

IV. Streitigkeiten

5   Über die von dem Wahlvorstand festzulegende Größe des BR wird nach §§ 2 a, 80 ff. ArbGG im arbeitsgerichtlichen Beschlussverfahren entschieden. Dies gilt auch für eine auf fehlerhafte Festsetzung gestützte Anfechtung der Betriebsratswahl. Eine Wahl, bei der eine unrichtigen Zahl von BRMitgliedern zugrundegelegt wurde, ist in keinem Fall als nichtig anzusehen (BAG 15. 12. 1972 AP ArbGG 1953 § 80 Nr. 5; BAG 29. 5. 1991 AP BetrVG 1972 § 9 Nr. 2). Ein vor Durchführung der Betriebsratswahl mit einem Feststellungsantrag eingeleitetes Beschlussverfahren kann nach Durchführung der Wahl nicht ohne weiteres in ein Verfahren auf Anfechtung der Betriebsratswahl umgedeutet werden (BAG 15. 12. 1972 AP ArbGG § 80 Nr. 5). Nach Ablauf der Anfechtungsfrist kann die zahlenmäßig fehlerhafte Betriebsratsgröße auch nicht mehr als Vorfrage in einem anderen gerichtlichen Verfahren entschieden werden (DKK/*Schneider* Rn. 18; *Fitting* Rn. 52). Eine einstweilige Verfügung mit dem Ziel das Wahlausschreiben hinsichtlich der Zahl der zu wählenden BRMitglieder zu korrigieren oder den Wahlvorstand zu verpflichten ein neues Wahlausschreiben zu erlassen ist nicht zulässig (Hessisches LAG 21. 3. 1990 DB 1991, 239).

§ 10 *(weggefallen)*

§ 11 Ermäßigte Zahl der Betriebsratsmitglieder

Hat ein Betrieb nicht die ausreichende Zahl von wählbaren Arbeitnehmern, so ist die Zahl der Betriebsratsmitglieder der nächstniedrigeren Betriebsgröße zugrunde zu legen.

I. Voraussetzungen

Die praktische Bedeutung der Vorschrift ist gering. Auf Betriebe mit bis zu 50 wahlberechtigten AN ist sie nicht anwendbar, weil nach § 1 drei wählbare AN Mindestvoraussetzung für die Betriebsratsfähigkeit sind (*Fitting* Rn. 5; GK-BetrVG/*Kreutz* Rn. 2). Sie gilt nicht für den GesamtBR, den KonzernBR, die JAV und die Gesamt-JAV (GK-BetrVG/*Kreutz* Rn. 3; *Fitting* Rn. 1). Nicht ausreichend ist die Zahl, wenn nicht genügend wählbare AN vorhanden sind, um die nach § 9 vorgesehene Größe des BR zu besetzen. Sind ebenso viel wählbare AN vorhanden wie nach § 9 BRMandate zu verteilen sind, ist dies trotz der Sollvorschrift des § 6 III WO ausreichend (*Fitting* Rn. 5). Sind nicht genügend wählbare AN vorhanden, ist innerhalb der Staffel auf die nächstniedrigere Betriebsgröße zurückzugehen. Auch wenn mehr wählbare AN vorhanden sind als diese nächstniedrigere Staffel vorsieht, ist eine Einstufung außerhalb der Staffel nicht möglich (DKK/*Schneider* Rn. 2; Richardi/*Richardi/Thüsing* Rn. 3; *Fitting* Rn. 6). Sind immer noch zu wenig wählbare AN vorhanden, ist solange auf eine nächstniedrigere Staffel zurückzugehen, bis die entsprechende Zahl von Betriebsratssitzen voll besetzt werden kann (*Fitting* Rn. 6; GK-BetrVG/*Kreutz* Rn. 8). Die neu festgelegte Größe des BR ist verbindlich und gilt bis zur nächsten Wahl als gesetzliche Zahl der BRMitglieder. Eine Nachwahl ist während dieser Amtsperiode auch dann nicht zulässig, wenn die Anzahl der wählbaren AN auf die in der Staffel des § 9 vorgesehene Größe ansteigt (DKK/*Schneider* Rn. 3; Richardi/*Richardi/Thüsing* Rn. 5; *Fitting* Rn. 6; GK-BetrVG/*Kreutz* Rn. 9). Eine Neuwahl kann aber unter den Voraussetzungen des § 13 II Nr. 1 erforderlich werden (DKK/*Schneider* Rn. 3).

II. Entsprechende Anwendung

Von ihrem Wortlaut her ist die Vorschrift nur anzuwenden, wenn nicht genügend AN vorhanden sind, welche die Voraussetzungen der Wählbarkeit erfüllen. Sie ist daneben entsprechend anzuwenden, wenn nach der Wahl nicht genügend Gewählte die Wahl annehmen, wenn trotz ordnungsgemäßen Wahlausschreibens die Wahlvorschläge nicht genügend Bewerber ausweisen oder bei Mehrheitswahl nicht genügend Bewerber eine Stimme erhalten (DKK/*Schneider* Rn. 4; Richardi/*Richardi/Thüsing* Rn. 6 ff.; *Fitting* Rn. 8; aA GK-BetrVG/*Kreutz* Rn. 11). Nur so lässt sich ohne Neuwahl sicherstellen, dass der BR stets eine ungerade Zahl von Mitgliedern hat. In der Staffel des § 9 ist auch in diesen Fällen solange zurückzugehen, bis alle Sitze der entsprechenden Betriebsratsgröße ausgefüllt werden können. Die Vorschrift ist nicht entsprechend anwendbar, wenn die dem Geschlecht in der Minderheit nach § 15 II zustehenden Sitze nicht besetzt werden können (*Fitting* Rn. 1).

III. Streitigkeiten

Über die vom Wahlvorstand festzulegende Größe des BR nach § 9 iVm. § 11 entscheidet das ArbG nach §§ 2 a, 80 ff. ArbGG im arbeitsgerichtlichen Beschlussverfahren. Wird die Größe des BR nach §§ 9, 11 falsch festgelegt, ist die Wahl nach § 19 anfechtbar. Eine Korrektur des Wahlergebnisses durch das Arbeitsgericht kommt nicht in Betracht (s. § 9 Rn. 4).

§ 12 *(weggefallen)*

§ 13 Zeitpunkt der Betriebsratswahlen

(1) ¹**Die regelmäßigen Betriebsratswahlen finden alle vier Jahre in der Zeit vom 1. März bis 31. Mai statt.** ²Sie sind zeitgleich mit den regelmäßigen Wahlen nach § 5 Abs. 1 des Sprecherausschussgesetzes einzuleiten.

(2) Außerhalb dieser Zeit ist der Betriebsrat zu wählen, wenn
1. mit Ablauf von 24 Monaten, vom Tage der Wahl an gerechnet, die Zahl der regelmäßig beschäftigten Arbeitnehmer um die Hälfte, mindestens aber um fünfzig, gestiegen oder gesunken ist,
2. die Gesamtzahl der Betriebsratsmitglieder nach Eintreten sämtlicher Ersatzmitglieder unter die vorgeschriebene Zahl der Betriebsratsmitglieder gesunken ist,
3. der Betriebsrat mit der Mehrheit seiner Mitglieder seinen Rücktritt beschlossen hat,
4. die Betriebsratswahl mit Erfolg angefochten worden ist,

Eisemann

5. der Betriebsrat durch eine gerichtliche Entscheidung aufgelöst ist oder
6. im Betrieb ein Betriebsrat nicht besteht.

(3) ¹Hat außerhalb des für die regelmäßigen Betriebsratswahlen festgelegten Zeitraums eine Betriebsratswahl stattgefunden, so ist der Betriebsrat in dem auf die Wahl folgenden nächsten Zeitraum der regelmäßigen Betriebsratswahlen neu zu wählen. ²Hat die Amtszeit des Betriebsrats zu Beginn des für die regelmäßigen Betriebsratswahlen festgelegten Zeitraums noch nicht ein Jahr betragen, so ist der Betriebsrat in dem übernächsten Zeitraum der regelmäßigen Betriebsratswahlen neu zu wählen.

I. Regelmäßige Betriebsratswahlen

1   Die Vorschrift bestimmt in **Abs. 1** zwingend den Wahlrhythmus und den Wahlzeitraum. Der konkrete Zeitpunkt des Amtsbeginns des neuen BR und des Amtsendes des vorgehenden BR wird in § 21 festgelegt. Die regelmäßigen Wahlen finden seit 1990 im vierjährigen Rhythmus statt. Der Wahltag, dh. der Tag der Stimmabgabe muss innerhalb des durch Abs. 1 vorgegebenen Zeitraums liegen. Bei mehreren Wahltagen darf nach dem eindeutigen Wortlaut der Vorschrift der erste Tag der Stimmabgabe nicht vor dem 1. März, der Letzte nicht nach dem 31. Mai liegen (DKK/*Schneider* Rn. 5; GK-BetrVG/*Kreutz* Rn. 13; aA Richardi/*Richardi/Thüsing* Rn. 6; *Fitting* Rn. 6; jeweils der letzte Tag der Wahl). Hat die Stimmabgabe nicht bis zum 31. Mai stattgefunden, kann die Wahl nach Abs. 2 Nr. 6 jederzeit nachgeholt werden, weil der Betrieb jetzt nach § 21 ohne BR ist. Um eine betriebsratslose Zeit zu vermeiden, sollte die Wahl frühzeitig eingeleitet werden. Die Wahlvorbereitungen können schon vor dem 1. März beginnen, wie § 16 I 1 zeigt. Dies ist insb. dann sinnvoll, wenn Vorabstimmungen nach § 12 I über eine anderweitige Verteilung der Sitze des BR auf die Gruppen oder nach § 14 II über eine gemeinsame Wahl durchzuführen sind. Auch das Zuordnungsverfahren nach § 18 a kann sich langwierig gestalten. Die Amtszeit des bestehenden BR wird durch eine frühe Wahl nicht verkürzt, wie § 21 S. 2 zeigt. Eine außerhalb des regelmäßigen Wahlzeitraums durchgeführte Betriebsratswahl ist abgesehen von den Fällen des Abs. 2 nichtig (vgl. BAG 11. 4. 1978 AP BetrVG 1972 § 19 Nr. 8; DKK/*Schneider* Rn. 6; Richardi/*Richardi/Thüsing* Rn. 7; *Fitting* Rn. 20; GK-BetrVG/*Kreutz* Rn. 14). Deshalb ist die „**Abwahl**" eines ordnungsgemäß gewählten BR durch Neuwahl eines BR („konstruktives Misstrauensvotum") nicht zulässig (*Fitting* Rn. 20; GK-BetrVG/*Kreutz* Rn. 33).

II. Zeitgleiche Einleitung der Wahlen

2   Die Verpflichtung aus **Abs. 1 S. 2** bezieht sich nur auf die regelmäßigen Wahlen (*Fitting* Rn. 10; GK-BetrVG/*Kreutz* Rn. 20; Richardi/*Richardi/Thüsing* Rn. 10). Die Wahlausschreiben für die Betriebsratswahl und die Wahl des Sprecherausschusses müssen zeitgleich erlassen werden. Das weitere Wahlverfahren kann unabhängig voneinander betrieben werden, insb. brauchen die Wahltage nicht aufeinander abgestimmt zu sein (*Fitting* Rn. 13; GK-BetrVG/*Kreutz* Rn. 21). Die Einhaltung der Vorschrift kann – gegebenenfalls im Wege der einstweiligen Verfügung – jedenfalls insoweit gesichert werden, dass ein Arbeitsgericht den Tag für den Erlass der Wahlausschreiben festlegt (*Fitting* Rn. 15; aA GK-BetrVG/*Kreutz* Rn. 24). Der Verstoß gegen die Vorschrift bleibt ohne Sanktion. Er kann eine Anfechtung der Wahl nicht rechtfertigen. Die Bestimmung stellt zwar eine wesentliche Wahlvorschrift dar. Es ist aber nicht ersichtlich, wie die asynchrone Einleitung der Wahlen Einfluss auf das Wahlergebnis haben könnte (*Fitting* Rn. 17; GK-BetrVG/*Kreutz* Rn. 25; Richardi/*Richardi/Thüsing* Rn. 12). Da den BR auch die Pflicht trifft, die Wahl so rechtzeitig einzuleiten, dass eine betriebsratslose Zeit nicht entsteht, kann es zu einer Kollision mit der Verpflichtung zur zeitgleichen Einleitung der Wahl kommen, wenn der Wahlvorstand für die Sprecherausschusswahl zu spät bestellt ist. Die Verpflichtung, die Wahlen zeitgleich einzuleiten, kann dann ins Leere laufen und entfällt. Der Bestand einer betriebsverfassungsrechtlichen Interessenvertretung ist höher zu bewerten, als die möglichst korrekte Abgrenzung durch das Verfahren nach § 18 a (GK-BetrVG/*Kreutz* Rn. 26; *Fitting* Rn. 16).

III. Wahlen außerhalb des Wahlzeitraums

3   **Abs. 2** statuiert trotz missverständlichen Wortlauts keine Pflicht zur Betriebsratswahl. Die Bestimmung regelt nur, wann außerhalb des regelmäßigen Wahlzeitraums ein BR gewählt werden kann (GK-BetrVG/*Kreutz* Rn. 29). Die Aufzählung ist – zusammen mit § 21 a – abschließend (DKK/*Schneider* Rn. 6; GK-BetrVG/*Kreutz* Rn. 28). Wird außerhalb des regelmäßigen Wahlzeitraums gewählt ohne dass ein Fall des Abs. 2 vorliegt, ist die Wahl nichtig (*Fitting* Rn. 20, Richardi/*Richardi/Thüsing* Rn. 15). Die „außerordentlichen" Wahlen des **Abs. 2** finden nach den allgemein geltenden Grundsätzen statt. In den Fällen der Ziffern 1 bis 3 muss der bisherige BR den Wahlvorstand bestellen. In den Fällen der Ziffern 4 und 6 wird der Wahlvorstand nach § 17 bestellt. Im Fall der Ziffer 5 bestellt den Wahlvorstand nach § 23 II das Arbeitsgericht.

4   **1. Wesentliche Veränderung der Belegschaftsstärke.** Mit der Regelung in **Ziffer 1** sollen die Größe des BR an die veränderte Belegschaftsgröße angepasst und Zweifel an seiner Legitimation vermieden

III. Wahlen außerhalb des Wahlzeitraums   § 13   BetrVG 210

werden (DKK/*Schneider* Rn. 12; *Fitting* Rn. 21; GK-BetrVG/*Kreutz* Rn. 36). Der **Stichtag** für die Feststellung der Belegschaftsstärke dient der Rechtssicherheit. Frühere oder spätere vorübergehende Änderungen sind ohne Bedeutung (Richardi/*Richardi/Thüsing* Rn. 19). Entscheidend ist der Wahltag, nicht die Amtszeit des BR (Richardi/*Richardi/Thüsing* Rn. 20). Hat sich die Wahl über mehrere Tage erstreckt, ist der letzte Tag der Stimmabgabe entscheidend. Nach §§ 186 ff. BGB läuft die 24-Monatsfrist mit dem Tag ab, der seiner Zahl nach dem Tag der Wahl entspricht, so dass der darauf folgende Tag maßgeblicher Stichtag ist (*Fitting* Rn. 24; GK-BetrVG/*Kreutz* Rn. 39) Der Stichtag ist ebenso zu berechnen, wenn der BR außerhalb des regelmäßigen Wahlzeitraums gewählt wurde (*Fitting* Rn. 26). Dabei kann sich die Notwendigkeit der Neuwahl nach Ziffer 1 auch zweimal ergeben (DKK/*Schneider* Rn. 12; *Fitting* Rn. 31; GK-BetrVG/*Kreutz* Rn. 47). Abzustellen ist auf die Zahl der regelmäßig beschäftigten AN (s. § 1 Rn. 22). Nur vorübergehend Beschäftigte sind ebenso wenig zu berücksichtigen (*Fitting* Rn. 27; GK-BetrVG/*Kreutz* Rn. 41) wie die in § 5 II genannten Personen und die leitenden Angestellten nach § 5 III (*Fitting* Rn. 27; Richardi/*Richardi/Thüsing* Rn. 23). Da es auf die Wahlberechtigung nicht ankommt, sind die noch nicht volljährigen AN mitzuzählen (Richardi/*Richardi/Thüsing* Rn. 21). Unbeachtlich ist, ob die Veränderung auch nach der Staffel des § 9 zu einer anderen Größe des BR führt (DKK/*Schneider* Rn. 11; *Fitting* Rn. 30; GK-BetrVG/*Kreutz* Rn. 46). Es sind daher auch Neuwahlen durchzuführen, wenn die reduzierte Zahl der BRMitglieder der neuen Belegschaftsstärke entspricht. Nach § 21 S. 5 bleibt der BR bis zur Bekanntgabe des Wahlergebnisses des neuen BR im Amt (vgl. § 21 Rn. 5). Das Gleiche gilt für seine Ausschüsse und den Wirtschaftsausschuss (LAG Frankfurt BB 1994, 717). Er hat unverzüglich einen Wahlvorstand zu bestellen. Unterlässt er dies, kann das Arbeitsgericht den Wahlvorstand analog § 16 II bestellen (GK-BetrVG/*Kreutz* Rn. 48).

2. Geringe Zahl der Betriebsratsmitglieder. Der Tatbestand der **Ziffer 2** setzt voraus, dass die 5
Mitgliedschaft im Betriebsrat endgültig erloschen ist (*Fitting* Rn. 34; HSG/*Schlochauer* Rn. 18). Dabei kommen alle Beendigungsgründe in Betracht (GK-BetrVG/*Kreutz* Rn. 55; zu den Beendigungsgründen s. § 24 Rn. 3 ff.). Zeitweilige Verhinderungen führen auch dann nicht zu Neuwahlen, wenn es kein Ersatzmitglied mehr gibt. Für die Berechnung der „vorgeschriebenen Zahl" ist die Anzahl der nach §§ 9, 11 bei der Wahl festgestellten und nach § 3 II Nr. 4 WO im Wahlausschreiben ausgewiesenen BRMitglieder maßgeblich, auch wenn sie herabgesetzt war (Richardi/*Richardi/Thüsing* Rn. 28; *Fitting* Rn. 33). Entsprechendes gilt, wenn irrtümlich eine zu hohe oder zu geringe Anzahl von BRMitgliedern gewählt und die Wahl nicht angefochten wurde (DKK/*Schneider* Rn. 14; GK-BetrVG/*Kreutz* Rn. 51). Der BR muss auch neu gewählt werden, wenn die verringerte Anzahl von BRMitgliedern wegen einer gleichzeitigen Verringerung der Belegschaftszahlen der Staffel des § 9 entspricht. (*Fitting* Rn. 33; GK-BetrVG/*Kreutz* Rn. 52; HSG/*Schlochauer* Rn. 18). Eine Neuwahl erfolgt nicht, wenn nach Einrücken aller Ersatzmitglieder des Minderheitengeschlechts die nach § 15 II erforderliche Mindestzahl nicht mehr erreicht wird (DKK/*Schneider* Rn. 15). Scheidet in einem **einköpfigen BR** das BRMitglied oder das Ersatzmitglied dauerhaft aus, findet keine Neuwahl statt (LAG Hamm 22. 8. 1990 DB 1990, 2531; *Fitting* Rn. 35; GK-BetrVG/*Kreutz* Rn. 59; Richardi/*Richardi/Thüsing* Rn. 36; DKK/*Schneider* Rn. 16). In beiden Fällen sinkt nicht die Zahl der BRMitglieder. Engpässen wegen häufiger Verhinderung kann man durch Rücktritt und Neuwahlen begegnen. Die Vorschrift verlangt das **Nachrücken „sämtlicher" Ersatzmitglieder**. Daher kommt nach § 25 II eine Neuwahl erst nach vollständiger Erschöpfung der Liste der Ersatzmitglieder – ungeachtet ihrer Listenzugehörigkeit – in Betracht (*Fitting* Rn. 36; GK-BetrVG/*Kreutz* Rn. 56; Richardi/*Richardi/Thüsing* Rn. 31). Dabei muss § 15 II nur beachtet werden, solange Vertreter des Minderheitengeschlechts zur Verfügung stehen (DKK/*Schneider* Rn. 15; *Fitting* Rn. 36; Richardi/*Richardi/Thüsing* Rn. 31). An die Stelle der fehlenden Ersatzmitglieder des Minderheitengeschlechts treten die Ersatzmitglieder des anderen Geschlechts. § 21 S. 5 verlängert die Amtszeit des nicht mehr vollständigen BR bis zur Bekanntmachung des Wahlergebnisses des neuen BR. Zur Pflicht, unverzüglich die Neuwahl zu ermöglichen, gelten die Ausführungen zu II Nr. 1 (Rn. 4) entsprechend.

3. Rücktritt des Betriebsrats. Seinen Rücktritt muss der BR nach **Ziffer 3** „mit der Mehrheit seiner 6
Mitglieder", dh. mit absoluter Mehrheit beschließen (DKK/*Schneider* Rn. 18; Richardi/*Richardi/Thüsing* Rn. 39; *Fitting* Rn. 39). Er erfasst das gesamte Organ BR und damit neben den überstimmten Mitgliedern auch die Ersatzmitglieder (Richardi/*Richardi/Thüsing* Rn. 39; *Fitting* Rn. 42; GK-BetrVG/*Kreutz* Rn. 65). Mit Rücktrittsbeschluss endet seine Amtszeit, wie § 21 S. 5 zeigt (GK-BetrVG/*Kreutz* Rn. 65). Eine Mitteilung an den AG oder an die Belegschaft ist nicht erforderlich. Er führt jedoch nach § 22 die Geschäfte weiter, bis ein neuer BR gewählt ist (DKK/*Schneider* Rn. 21; Richardi/*Richardi/Thüsing* Rn. 41; GK-BetrVG/*Kreutz* Rn. 65). Die Ersatzmitglieder rücken nicht nach, da das BRAmt erloschen ist (DKK/*Schneider* Rn. 19; *Fitting* Rn. 42). Sie können aber in den nach § 22 geschäftsführenden BR nachrücken (DKK/*Schneider* Rn. 19). Wie in den Fällen der Ziffern 1 und 2 ist dieser verpflichtet, unverzüglich einen Wahlvorstand zu bestellen (vgl. Rn. 4; § 22 Rn. 2). Auch der aus **einer Person bestehende BR** kann zurücktreten (DKK/*Schneider* Rn. 20; *Fitting* Rn. 40; GK-BetrVG/*Kreutz* Rn. 64). Soweit das Gesetz die „Mehrheit seiner Stimmen" verlangt, wird nur die hierfür erforderliche qualifizierte Mehrheit festgelegt. Es wird nicht die Rücktrittsmöglichkeit be-

Eisemann

schränkt. Beim einköpfigen BR ist durch Auslegung der Erklärung festzustellen, ob der Rücktritt oder eine **Niederlegung des BRAmts** nach § 24 I Nr. 2 gewollt war. Sollte die Amtszeit des Betriebsratsorgans beendet werden, handelt es sich um einen Rücktritt. Wollte er sich aus – persönlichen – Gründen zurückziehen, ist regelmäßig eine freiwillige Amtsniederlegung anzunehmen (*Fitting* Rn. 40; GK-BetrVG/*Kreutz* Rn. 64). Der praktische Unterschied besteht vor allem darin, dass nur im letzten Fall Ersatzmitglieder nachrücken können (DKK/*Schneider* Rn. 20). Eine Amtsniederlegung aller BRMitglieder und aller Ersatzmitglieder beendet ihr Amt sofort. Sie führen nicht die Geschäfte nach § 22 weiter (*Fitting* Rn. 41; Richardi/*Richardi*/*Thüsing* Rn. 52; GK-BetrVG/*Kreutz* Rn. 69). Oft lässt sich die Niederlegung als kollektiver Rücktritt verstehen (*Fitting* Rn. 41; HSG/*Schlochauer* Rn. 23; aA GK-BetrVG/*Kreutz* Rn. 69). Es ist kaum jemals anzunehmen, dass sie eine betriebsratslose Zeit wollten (*Fitting* Rn. 41). Angesichts des Rücktritts aller Gewählten wird der vom Gesetz geforderte Beschluss zur reinen Förmelei. Da die **Gründe für den Rücktritt unerheblich** sind (*Fitting* Rn. 39), ist eine gerichtliche Überprüfung des Rücktrittsbeschlusses im Hinblick auf die Gründe ausgeschlossen (BAG 3. 4. 1979 AP BetrVG 1972 § 13 Nr. 1).

7   **4. Anfechtung der Wahl.** Ist die Betriebsratswahl angefochten, bleibt der BR bis zur rechtskräftigen für ihn negativen Entscheidung im Amt (s. § 19 Rn. 9). Um zu verhindern, dass der Betrieb danach bis zur nächsten regelmäßigen Wahl betriebsratlos bleibt, eröffnet **Ziff. 4** die Möglichkeit der Neuwahl. Der BR kann durch seinen Rücktritt nicht verhindern, dass nach Rechtskraft der Entscheidung erst einmal eine betriebsratslose Zeit entsteht. Die rechtskräftige gerichtliche Entscheidung führt auch zum Verlust der Befugnis, nach § 22 die Geschäfte des BR weiterzuführen (BAG 29. 5. 1991 AP BetrVG 1972 § 4 Nr. 5; *Fitting* Rn. 44; GK-BetrVG/*Kreutz* Rn. 74). Die Anfechtung der Wahl eines einzelnen BRMitglieds berührt den Bestand des BR nicht und führt lediglich zum Nachrücken seines Ersatzmitglieds (*Fitting* Rn. 45; GK-BetrVG/*Kreutz* Rn. 70).

8   **5. Auflösung durch gerichtliche Entscheidung.** Ist der BR rechtskräftig nach § 23 aufgelöst, endet seine Amtszeit. Er führt die Geschäfte nicht bis zur Neuwahl weiter. Die Bestellung des Wahlvorstands erfolgt nach § 23 II durch das Gericht (s. § 23 Rn. 22). Werden einzelne Mitglieder des BR ausgeschlossen, rücken die Ersatzmitglieder nach. Sind keine Ersatzmitglieder vorhanden, sind Neuwahlen nach Abs. 2 Nr. 2 möglich.

9   **6. Nichtbestehen eines Betriebsrats.** Fehlt ein BR, muss nach **Ziffer 6** mit seiner Wahl nicht bis zum nächsten Wahlzeitraum gewartet werden. Aus welchem Grund kein BR existiert, ist gleichgültig (DKK/*Schneider* Rn. 27; *Fitting* Rn. 47; GK-BetrVG/*Kreutz* Rn. 79). Die Bestellung des Wahlvorstands erfolgt nach § 17 durch den Gesamt- oder KonzernBR, die Betriebsversammlung bzw. das Arbeitsgericht (vgl. § 17 Rn. 2 ff.), es sei denn es liegt ein Fall vor, in dem der BR ein Übergangsmandat hat (s. § 21 a Rn. 7).

IV. Anschluss an die regelmäßigen Wahlzeiträume

10 **Abs. 3** stellt sicher, dass die ausnahmsweise vorzeitig gewählten Betriebsräte wieder in den regelmäßigen Wahlzeitraum eingegliedert werden. Regelmäßig ist nach Abs. 3 S. 1 im nächstfolgenden Wahlzeitraum neu zu wählen. Die Amtszeit des BR wird dadurch verkürzt. Unter den Voraussetzungen des Abs. 3 S. 2 verlängert sich die Amtszeit des BR. Die Rückkehr zum regelmäßigen Wahlrhythmus erfolgt erst im übernächsten Wahlzeitraum. Für den Beginn der Amtszeit ist die Bekanntgabe des Wahlergebnisses entscheidend (vgl. § 21 Rn. 2). Dieser Tag wird nicht mitgezählt (Richardi/*Richardi*/*Thüsing* Rn. 58). Die Frist berechnet sich nach den §§ 186 ff. BGB. Liegt die Bekanntgabe des Wahlergebnisses der außerordentlich durchgeführten Wahl am 1. März des dem regelmäßigen Wahljahr vorausgegangenen Jahres oder später, ist erst im übernächsten Wahlzeitraum einzugliedern. Liegt die Bekanntgabe des Wahlergebnisses am 29. Februar dieses Jahres oder früher, ist in den nächsten Wahlzeitraum einzugliedern.

V. Streitigkeiten

11 Über den Zeitpunkt der Wahl und über ihre Zulässigkeit außerhalb der regelmäßigen Wahlzeiträume wird nach den §§ 2 a, 80 ff. ArbGG im arbeitsgerichtlichen Beschlussverfahren entschieden.

§ 14 Wahlvorschriften

(1) **Der Betriebsrat wird in geheimer und unmittelbarer Wahl gewählt.**

(2) [1] **Die Wahl erfolgt nach den Grundsätzen der Verhältniswahl.** [2] **Sie erfolgt nach den Grundsätzen der Mehrheitswahl, wenn nur ein Wahlvorschlag eingereicht wird oder wenn der Betriebsrat im vereinfachten Wahlverfahren nach § 14 a zu wählen ist.**

(3) **Zur Wahl des Betriebsrats können die wahlberechtigten Arbeitnehmer und die im Betrieb vertretenen Gewerkschaften Wahlvorschläge machen.**

(4) ¹ Jeder Wahlvorschlag der Arbeitnehmer muss von mindestens einem Zwanzigstel der wahlberechtigten Arbeitnehmer, mindestens jedoch von drei Wahlberechtigten unterzeichnet sein; in Betrieben mit in der Regel bis zu zwanzig wahlberechtigten Arbeitnehmern genügt die Unterzeichnung durch zwei Wahlberechtigte. ² In jedem Fall genügt die Unterzeichnung durch fünfzig wahlberechtigte Arbeitnehmer.
(5) Jeder Wahlvorschlag einer Gewerkschaft muss von zwei Beauftragten unterzeichnet sein.

I. Wahlgrundsätze

Die Vorschrift bestimmt die Grundsätze für die Durchführung der Betriebsratswahl, einschließlich des Wahlvorschlagsrechts. Das Gruppenprinzip wurde aufgegeben. Die auf Grund § 128 erlassene WO ergänzt und konkretisiert die Wahlvorschriften. Die Vorschrift ist zwingend. Abweichende Wahlbestimmungen können auch durch BV oder TV nicht geschaffen werden (*Fitting* Rn. 7; GK-BetrVG/*Kreutz* Rn. 7). Dies gilt grundsätzlich auch für die nach § 3 I Nr. 1–3 gebildeten BR. Die Bildung einer anderen Arbeitnehmervertretungsstruktur nach Ziff. 3 muss jedenfalls demokratischen Grundsätzen entsprechen. Die Norm gilt nicht für den GesamtBR (vgl. § 47), KonzernBR (vgl. § 55) und die Gesamt-JAV (vgl. § 72). Ein BR kann nur durch **Wahl** der AN errichtet werden. Eine andere Möglichkeit besteht nicht. Jede andere Form der Errichtung ist unzulässig und nichtig (GK-BetrVG/*Kreutz* Rn. 9). Weder der AG noch das Arbeitsgericht oder sonstige staatliche Stellen haben das Recht, einen BR einzusetzen (GK-BetrVG/*Kreutz* Rn. 9). In den durch das Gesetz eng umrissenen Grenzen kann das Arbeitsgericht jedoch nach den §§ 16 II und 23 II einen Wahlvorstand bestellen. 1

Die Wahl ist **frei**. Die Teilnahme an der Wahl ist keine Pflicht, sondern ein Recht des wahlberechtigten AN. Auf das Wahlrecht kann man nicht wirksam verzichten (DKK/*Schneider* Rn. 5; Richardi/*Thüsing* Rn. 20; *Fitting* Rn. 18). Jede Behinderung der Wahl ist unzulässig. Die Beeinflussung der Wähler darf über die übliche Wahlwerbung nicht hinausgehen. Wer an der Wahl teilnimmt, darf keine Nachteile erleiden. Die Wahl ist daher grundsätzlich während der Arbeitszeit durchzuführen und darf nach § 20 III nicht zur Minderung des Arbeitsentgelts führen (*Fitting* Rn. 20). 2

Geheime Wahlen verlangen eine Stimmabgabe, bei der für Dritte nicht erkennbar ist, welche Wahlentscheidung der Wähler getroffen hat. Der Inhalt der Wahlentscheidung muss geheim bleiben, nicht, ob jemand gewählt hat oder nicht (GK-BetrVG/*Kreutz* Rn. 12). Die Geheimhaltung schließt eine Wahl durch offene Abstimmung auf einer Betriebsversammlung oder durch Zuruf aus. Vorgedruckte Stimmzettel sind erforderlich, damit der Wähler nicht an der Handschrift erkannt werden kann (GK-BetrVG/*Kreutz* Rn. 15). Weder Wahlhelfer noch Dritte dürfen beim Ausfüllen des Stimmzettels Hilfe leisten, auch nicht als Dolmetscher für AN mit unzureichenden deutschen Sprachkenntnissen (DKK/*Schneider* Rn. 10; *Fitting* Rn. 12; GK-BetrVG/*Kreutz* Rn. 18). Blinde oder sonst körperlich behinderte AN, denen es unmöglich ist, den Wahlzettel ohne fremde Hilfe auszufüllen, dürfen eine Vertrauensposition zur Wahlhandlung hinzuziehen (DKK/*Schneider* Rn. 10; *Fitting* Rn. 13; GK-BetrVG/*Kreutz* Rn. 18). Briefwahl verstößt nicht gegen das Wahlgeheimnis, wenn die Voraussetzungen der §§ 24 ff. WO eingehalten werden (BAG 27. 1. 1993 AP BetrVG 1952 § 76 Nr. 29). Während der laufenden Betriebsratswahl darf der Wahlvorstand Dritten keine Einsicht in die mit dem Stimmabgabevermerk versehene Wählerliste gestatten (BAG 6. 12. 2000 AP BetrVG 1972 § 19 Nr. 48). Aus dem Gebot der geheimen Wahl ergibt sich ein generelles Verbot der gerichtlichen Nachprüfung des Wahlverhaltens von AN (DKK/*Schneider* Rn. 12; Richardi/*Thüsing* Rn. 15). Insb. hat der AN ein Zeugnisverweigerungsrecht bezüglich der Frage, welche Liste oder welchen Kandidaten er gewählt hat (BAG 6. 7. 1956 AP BetrVG § 27 Nr. 4 Richardi/*Thüsing* Rn. 5). 3

Unmittelbare Wahl bedeutet, dass ohne Zwischenschalten von Wahlmännern oder Delegierten gewählt wird (*Fitting* Rn. 16; GK-BetrVG/*Kreutz* Rn. 24). Eine Vertretung ist nicht zulässig; die Stimmabgabe muss nach § 25 WO Nr. 1 stets persönlich sein. Die Wahl ist **gleich**. Jeder Wähler hat mit seiner Stimme den gleichen Einfluss auf das Wahlergebnis. Stimmenwägung ist ausgeschlossen (GK-BetrVG/*Kreutz* Rn. 28). Die Wahl ist **allgemein**. Jeder Wahlberechtigte kann sein Wahlrecht in formal gleicher Wiese ausüben. Er darf nicht unberechtigt – etwa wegen seines Geschlechts, seiner Religion, der Gewerkschaftszugehörigkeit – von der Wahl ausgeschlossen werden (GK-BetrVG/*Kreutz* Rn. 29). Eine Aufteilung in Wahlkreise, in denen sich die Kandidaten gesondert zur Wahl stellen, ist unzulässig (DKK/*Schneider* Rn. 14; *Fitting* Rn. 17; GK-BetrVG/*Kreutz* Rn. 29). 4

II. Verhältniswahl/Mehrheitswahl

Das **Wahlsystem** für die Betriebsratswahl unterscheidet zwischen Mehrheits- und Verhältniswahl. Entscheidend ist weiter, ob ein ein- bzw. dreiköpfiger BR oder ein BR mit einer größeren Anzahl von Mitgliedern zu wählen ist. Wird nur ein (gültiger) Wahlvorschlag (Vorschlagsliste) eingereicht oder ist der BR im vereinfachten Wahlverfahren nach § 14a zu wählen, findet nach **Abs. 2 S. 2** eine **Mehrheitswahl** statt. Da das vereinfachte Wahlverfahren für Betriebe mit bis zu 50 AN vorgesehen ist, werden ein- und dreiköpfige Betriebsräte generell in Mehrheitswahl gewählt. Werden für die Wahl mindestens zwei Vorschlagslisten eingereicht, sind mehr als drei Sitze für den BR zu vergeben und ist 5 das vereinfachte Wahlverfahren nicht nach § 1 a V vereinbart, findet nach **Abs. 2 S. 1** eine **Verhältniswahl** statt.

6   Als **Verhältniswahl** kennzeichnet man ein Wahlsystem, das die Repräsentanz der verschiedenen Wahlalternativen – entsprechend ihrem Verhältnis zueinander – im Vertretungsorgan gewährleistet. Ein bestimmter Anteil von Stimmen soll zu einem entsprechenden Anteil von Vertretern führen, damit möglichst keine Stimme verloren geht und auch Minderheiten entsprechend ihrer Stärke vertreten sind (GK-BetrVG/*Kreutz* Rn. 53). Die Verhältniswahl der Betriebsratswahlen erfolgt als Listenwahl (GK-BetrVG/*Kreutz* Rn. 54). Der Wähler kann nur die Liste als Ganzes wählen oder ablehnen, hat aber nicht die Möglichkeit, Bewerber zu streichen oder andere hinzuzusetzen (*Fitting* Rn. 23; GK-BetrVG/ *Kreutz* Rn. 54). Der Wähler hat eine Stimme, unabhängig von der Anzahl der zu wählenden Vertreter. Je mehr Stimmen die Liste erhält, desto mehr Kandidaten rücken von dieser Liste in den BR ein. Nach § 15 WO wird das Verhältniswahlsystem des Höchstzahlenverfahrens nach d'Hondt verwandt. Danach werden die auf die verschiedenen Listen entfallenden Stimmenzahlen nebeneinandergestellt und jeweils durch 1, 2, 3, 4 usw. geteilt. Entsprechend den so gefundenen Teilzahlen werden die Sitze den Höchstzahlen zugewiesen bis keine Sitze mehr zu vergeben sind. Jede Vorschlagsliste erhält damit so viele Sitze im BR, wie Höchstzahlen auf sie entfallen. Entfällt die niedrigste in Betracht kommende Höchstzahl auf mehrere Vorschlagslisten, entscheidet nach § 15 II WO das Los, welcher Liste der Sitz zufällt. Entfallen auf eine Liste mehr Betriebsratssitze als sie Bewerber enthält, gehen die nicht in Anspruch genommenen Sitze nach § 15 III WO auf die anderen Listen in der Reihenfolge der nächsten Höchstzahlen über. Bei der Verteilung der Sitze des **Geschlechts in der Minderheit** sind nach § 15 V Ziff. 5 WO auf den einzelnen Vorschlagslisten nur die Angehörigen dieses Geschlechts in der Reihenfolge ihrer Benennung zu berücksichtigen. Sie treten nach § 15 V Ziff. 1 WO an die Stelle der dort besser postierten Angehörigen des anderen Geschlechts (im Einzelnen § 15). Die nicht gewählten Bewerber einer Liste sind in der Reihenfolge der Liste **Ersatzmitglieder** (Einzelheiten § 25 Rn. 9).

7   Die **Mehrheitswahl** nach Abs. 2 Satz 2 ist Personenwahl. Der Wahlvorschlag kann nicht einheitlich angenommen werden. Es werden nicht Listen als Ganzes, sondern die einzelnen Kandidaten auf der Liste gewählt. Jeder Wähler darf dort höchstens so viele Kandidaten ankreuzen, wie Sitze zu vergeben sind. Kreuzt er mehr Kandidaten an, ist seine Stimme nach den §§ 20 III, 11 IV WO ungültig. Die zu vergebenden Sitze werden unter Berücksichtigung des **Minderheitengeschlechts** entsprechend der erreichten Stimmenzahl auf die Wahlbewerber verteilt. Dazu werden nach § 22 I und II WO in getrennten Auszählungen erst einmal die dem Minderheitengeschlecht zustehenden Sitze und dann die weiteren Sitze unabhängig vom Geschlecht der Bewerber verteilt (im Einzelnen § 15 Rn. 6). **Ersatzmitglieder** sind jeweils die Bewerber mit der nächsthöchsten Stimmenzahl (Einzelheiten § 25).

III. Wahlvorschläge

8   Mit dem Wahlvorschlag benennt man schriftliche oder im vereinfachten Verfahren nach § 14 a auch mündlich Personen, die man als Wahlkandidaten vorschlägt. Eine Betriebsratswahl, die nicht auf Grund von Wahlvorschlägen durchgeführt wird, ist **nichtig**, nicht nur anfechtbar (DKK/*Schneider* Rn. 18; *Richardi* Rn. 41; *Fitting* Rn. 43; GK-BetrVG/*Kreutz* Rn. 81). Die Wahlbewerber genießen von der Benennung im Wahlvorschlag an nach § 15 III KSchG einen speziellen Kündigungsschutz. Sind mehrere Personen zu wählen, bestimmt § 6 II WO, dass die Vorschlagsliste mindestens doppelt soviel Bewerber aufweisen soll, als zu wählen sind. Die Verletzung dieser bloßen Sollvorschrift ist unschädlich. Selbst die Benennung nur eines einzigen Wahlbewerbers ist gültig (BAG 29. 6. 1965 AP BetrVG § 13 Nr. 11; DKK/*Schneider* Rn. 21; *Fitting* Rn. 42). Ein Bewerber darf nach § 6 VIII WO nur auf einer Vorschlagsliste kandidieren. Ist nur eine Person zu wählen, soll jeder Einzelvorschlag nach § 33 II WO iVm. § 6 II WO zwei Bewerber umfassen. Zu den einzelnen Anforderungen an die Wahlvorschläge, die Einreichungsfristen, die Prüfung der Gültigkeit der Wahlvorschläge durch den Wahlvorstand und die Bekanntmachung vgl. §§ 6–10, § 33 WO.

9   **Vorschlagsberechtigt** sind nach **Abs. 3 Alt. 1** erst einmal die wahlberechtigten **AN** des Betriebes. Der schriftliche Wahlvorschlag muss nach den Abs. 4 ein bestimmtes Quorum von Stützunterschriften vorsehen, um völlig aussichtslose Vorschläge und Stimmenzersplitterung zu vermeiden (*Fitting* Rn. 46; GK-BetrVG/*Kreutz* Rn. 85). Ergibt die Berechnung des Zwanzigstels keine volle Zahl, ist auf die nächste volle Zahl aufzurunden, denn nur dann ist das erforderliche Mindestquorum überschritten (*Fitting* Rn. 47; GK-BetrVG/*Kreutz* Rn. 92). Bei 162 wahlberechtigten AN braucht man daher 9 Unterschriften. Für den Wahlvorschlag zum einköpfigen BR genügen nach **Abs. 4 S. 1 Halbs. 2** zwei Stützunterschriften. Nach § 3 II Nr. 6 WO muss die erforderliche Mindestanzahl nach § 14 IV im Wahlausschreiben angegeben werden. Deshalb sind die erforderlichen Quoren auf der Basis der am Tag des Erlasses des Wahlausschreibens gegebenen Beschäftigten zu berechnen. Die erforderliche Zahl von Stützunterschriften müssen nach § 8 I Nr. 3 VO vorliegen, wenn der Wahlvorschlag eingereicht wird. **Verbindliche Vorabstimmungen** der Belegschaft über die Auswahl der Kandidaten sind nicht zulässig. Abs. 4 regelt das Vorschlagsrecht abschließend (*Fitting* Rn. 50). Jedoch sind sonstige Abstimmungen der AN über die zu benennenden Kandidaten und die Reihenfolge nicht nur zulässig, sondern

unerlässlich. Die **Verbindung** mehrerer rechtsgültig eingereichter Vorschlagslisten zur Bündelung der Wählerstimmen ist nach § 6 VI WO unzulässig. Sie können aber mit dem Einverständnis aller Unterzeichner zu einer Vorschlagsliste zusammengefasst werden.

Die Stützunterschriften müssen sich entweder auf dem Wahlvorschlag selbst befinden oder Vor- 10 schlags- und Unterschriftenliste müssen zu einer **einheitlichen Urkunde** verbunden und derart gesichert sein, dass eine spurenlose Trennung nicht möglich ist (LAG Frankfurt 16. 3. 1987 DB 1987, 1204). Zulässig ist die Zirkulation mehrerer Exemplare eines Wahlvorschlags, sofern sie bezüglich der Personen und der Reihenfolge der Bewerber identisch sind (DKK/*Schneider* Rn. 28; *Fitting* Rn. 52; GK-BetrVG/*Kreutz* Rn. 102). Der Wahlvorschlag muss **persönlich unterschrieben** sein (BAG 12. 2. 1960 AP BetrVG § 18 Nr. 11; DKK/*Schneider* Rn. 27; *Fitting* Rn. 52; GK-BetrVG/*Kreutz* Rn. 100). Eine Stellvertretung würde gegen den Grundsatz der Unmittelbarkeit der Wahlhandlungen verstoßen. Im Wahlvorschlag aufgeführte Bewerber und Mitglieder des Wahlvorstandes sind **unterzeichnungsberechtigt** (BAG 4. 10. 1977 AP BetrVG 1972 § 18 Nr. 2; DKK/*Schneider* Rn. 30; *Fitting* Rn. 51; GK-BetrVG/*Kreutz* Rn. 93). Da die Prüfungspflicht des Wahlvorstands rechtlich gebunden und gerichtlich überprüfbar ist, gibt es keinen Grund, sie auf Grund einer möglichen Interessenkollision auszuschließen. Der Wahlvorschlag ist ein **Vorschlag aller Unterzeichner,** nicht allein des Listenvertreters (BAG 15. 12. 1972 AP BetrVG 1972 § 14 Nr. 1). Jede ohne Einverständnis aller Unterstützer vorgenommene Änderung des Wahlvorschlags macht diesen ungültig (BAG 15. 12. 1972 AP BetrVG 1972 § 14 Nr. 1; LAG Düsseldorf DB 1982, 1628). Ist ein AN mit seiner Zustimmung in eine Vorschlagsliste aufgenommen worden, kann er seine Bewerbung nur mit Zustimmung aller Unterstützer **zurückziehen,** weil dies eine Änderung des Wahlvorschlags bedeutet (BAG 15. 12. 1972 AP BetrVG 1972 § 14 Nr. 1; DKK/*Schneider* Rn. 29; *Fitting* Rn. 56; aA *Richardi* Rn. 61; HSG/*Schlochauer* Rn. 56; GK-BetrVG/*Kreutz* Rn. 104). Der Gewählte hat nur die Möglichkeit, nach § 17 I 2 WO die Annahme des Amtes abzulehnen. Dies gilt nicht für den Sonderfall der Doppelkandidatur, der speziell in § 6 VII WO geregelt ist. Die **Unterzeichnung von Wahlvorschlägen** ist eine einseitige, empfangsbedürftige Willenserklärung. Auch sie kann daher nach Eingang des Wahlvorschlags beim Wahlvorstand nicht mehr zurückgezogen werden (BAG 1. 6. 1966 AP WO § 6 Nr. 2). Dies gilt nicht für den Sonderfall, dass ein Wahlberechtigter unzulässigerweise mehrere Wahlvorschläge unterzeichnet hat, der in § 6 V WO speziell geregelt ist. Vor Einreichen des Wahlvorschlags kann der Wahlberechtigte seine Unterstützung jedenfalls durch Erklärung gegenüber dem Wahlvorstand zurückziehen bzw. widerrufen (*Fitting* Rn. 55), soweit man nicht schon ausreichen lässt, dass er schlicht seine Unterschrift durchstreicht (GK-BetrVG/*Kreutz* Rn. 95).

Will die **Gewerkschaft** einen Wahlvorschlag machen, muss sie bei Einreichen des Vorschlags im 11 Betrieb vertreten sein (DKK/*Schneider* Rn. 34; *Fitting* Rn. 61; GK-BetrVG/*Kreutz* Rn. 122). Sie ist im Betrieb vertreten, wenn dort mindestens ein AN unabhängig von seiner Wahlberechtigung und Gruppenzugehörigkeit Mitglied dieser Gewerkschaft ist (s. § 2 Rn. 4). Soweit die Voraussetzungen zweifelhaft sind, muss die Gewerkschaft – Ggfl. durch notarielle Erklärung ohne Namensnennung oder durch eine entsprechende eidesstattliche Versicherung – nachweisen (*Fitting* Rn. 63). Sie kann **nur einen Wahlvorschlag** einreichen (GK-BetrVG/*Kreutz* Rn. 125). Die Gewerkschaften sind in der Benennung ihrer Kandidaten frei. Diese müssen nicht Mitglied der vorschlagenden Gewerkschaft sein (DKK/*Schneider* Rn. 35; *Fitting* Rn. 65; GK-BetrVG/*Kreutz* Rn. 126). Nach **Abs. 5** genügt die **Unterzeichnung** des notwendig schriftlichen Wahlvorschlags durch zwei Gewerkschaftsbeauftragte. Die Unterzeichnung muss vor Ablauf der Frist für die Einreichung von Wahlvorschlägen erfolgt sein (vgl. § 8 I Nr. 3 iVm. § 27 WO). AN des Betriebs können den Gewerkschaftsvorschlag zusätzlich unterstützenden. Die Gewerkschaft kann auch einen Wahlvorschlag Dritter, der wegen ungenügender Anzahl von Stützungsunterschriften ungültig wäre, vor dem Einreichen unterstützen und ihn so übernehmen. Möglich sind auch gemeinsame Wahlvorschläge (GK-BetrVG/*Kreutz* Rn. 129). Die Gewerkschaft bestimmt selbst, wer die **Beauftragten** sind (*Fitting* Rn. 68; GK-BetrVG/*Kreutz* Rn. 128). Der Auftrag muss sich unmittelbar aus der Satzung ergeben oder durch satzungsmäßige Organe wirksam ausgesprochen werden (DKK/*Schneider* Rn. 34; *Fitting* Rn. 68). Er muss nicht schriftlich erfolgen, ist im Zweifel aber nachzuweisen. Das Wahlvorschlagsrecht gehört zu den Aufgaben und Befugnissen iSd. § 2 II (vgl. § 2 Rn. 5). Deshalb haben die Gewerkschaften ein Recht, den Betrieb zu betreten, um alle mit der Betriebsratswahl zusammenhängenden Aktivitäten – einschließlich Kandidatensuche und Wahlwerbung – entfalten zu können (*Fitting* Rn. 71; GK-BetrVG/*Kreutz* Rn. 127f.).

IV. Streitigkeiten

Verstöße gegen die Wahlbestimmungen nach § 14 können unter den weiteren Voraussetzungen des 12 § 19 die Anfechtung der Wahl rechtfertigen. Bei krassen Verstößen kommt Nichtigkeit der Wahl in Betracht (vgl. § 19 Rn. 15 ff.). Streitigkeiten aus den Wahlvorschriften sind im arbeitsgerichtlichen Beschlussverfahren nach §§ 2 a, 80 ff. ArbGG zu entscheiden. Sie können unabhängig von der Anfechtung schon während des Wahlverfahrens gerichtlich ausgetragen werden (BAG 15. 12. 1972 AP BetrVG 1972 Nr. 1; vgl. § 18 Rn. 9). Antragsberechtigt sind neben den in § 19 genannten Personen und Organen jeder, der in seinem aktiven oder passiven Wahlrecht durch Maßnahmen des Wahlvorstands betroffen sein könnte (DKK/*Schneider* Rn. 38; *Fitting* Rn. 87).

§ 14a Vereinfachtes Wahlverfahren für Kleinbetriebe

(1) ¹In Betrieben mit in der Regel fünf bis fünfzig wahlberechtigten Arbeitnehmern wird der Betriebsrat in einem zweistufigen Verfahren gewählt. ²Auf einer ersten Wahlversammlung wird der Wahlvorstand nach § 17a Nr. 3 gewählt. ³Auf einer zweiten Wahlversammlung wird der Betriebsrat in geheimer und unmittelbarer Wahl gewählt. ⁴Diese Wahlversammlung findet eine Woche nach der Wahlversammlung zur Wahl des Wahlvorstands statt.

(2) Wahlvorschläge können bis zum Ende der Wahlversammlung zur Wahl des Wahlvorstands nach § 17a Nr. 3 gemacht werden; für Wahlvorschläge der Arbeitnehmer gilt § 14 Abs. 4 mit der Maßgabe, dass für Wahlvorschläge, die erst auf dieser Wahlversammlung gemacht werden, keine Schriftform erforderlich ist.

(3) ¹Ist der Wahlvorstand in Betrieben mit in der Regel fünf bis fünfzig wahlberechtigten Arbeitnehmern nach § 17a Nr. 1 in Verbindung mit § 16 vom Betriebsrat, Gesamtbetriebsrat oder Konzernbetriebsrat oder nach § 17a Nr. 4 vom Arbeitsgericht bestellt, wird der Betriebsrat abweichend von Absatz 1 Satz 1 und 2 auf nur einer Wahlversammlung in geheimer und unmittelbarer Wahl gewählt. ²Wahlvorschläge können bis eine Woche vor der Wahlversammlung zur Wahl des Betriebsrats gemacht werden; § 14 Abs. 4 gilt unverändert.

(4) Wahlberechtigten Arbeitnehmern, die an der Wahlversammlung zur Wahl des Betriebsrats nicht teilnehmen können, ist Gelegenheit zur schriftlichen Stimmabgabe zu geben.

(5) In Betrieben mit in der Regel 51 bis 100 wahlberechtigten Arbeitnehmern können der Wahlvorstand und der Arbeitgeber die Anwendung des vereinfachten Wahlverfahrens vereinbaren.

I. Vorbemerkung

1   Das vereinfachte Wahlverfahren soll die Wahl von BR erleichtern und anregen (BT-Drucks. 14/5741 S. 37). Fristen sind verkürzt, die Urnenwahl ist durch eine Wahlversammlung ersetzt. Es findet nach Abs. 1 in Betrieben mit bis zu 50 wahlberechtigten AN statt. In Betrieben mit bis zu 100 AN kann es nach Abs. 5 mit dem AG vereinbart werden. Im Übrigen kann es nicht frei gewählt werden. Wird das vereinfachte Verfahren in anderen Betrieben durchgeführt oder wird umgekehrt in den für dieses Verfahren vorgesehenen Betrieben die Wahl nach den für die übrigen Betriebe geltenden allgemeinen Wahlvorschriften durchgeführt, ist die Wahl nach § 19 anfechtbar (*Fitting* Rn. 4). Die Schwellenwerte sind zu ermitteln wie die für die Größe des BR nach § 9 in der ersten Stufe (s. dort Rn. 1 und 2). Auch hier hat der Wahlvorstand einen Beurteilungsspielraum (DKK/*Schneider* Rn. 2). Nach Abs. 3 ist das Verfahren einstufig, wenn der Wahlvorstand nach den §§ 16, 17 I, IV durch den BR, GesamtBR, KonzernBR oder vom Arbeitsgericht bestellt wird. Nach Abs. 1 ist es zweistufig, wenn der Wahlvorstand nach den §§ 17 II, 17a Nr. 3 auf einer Betriebsversammlung gewählt wird. Die Vorschrift ist zwingend (*Fitting* Rn. 6). Abweichende Bestimmungen können weder durch TV noch durch BV getroffen werden. Die Vorschrift gilt nicht für die Wahl von Bordvertretungen oder SeeBR und ebenso wenig für die Bestellung des Gesamt- oder Konzernbetriebsrats, der GesamtJAV oder der KonzernJAV (*Fitting* Rn. 5).

II. Zweistufiges Verfahren

2   In betriebsratslosen Betrieben, in denen der Wahlvorstand nicht schon nach den §§ 16, 17 I, IV bestellt ist, wird er nach **Abs. 1 Satz 2** auf einer Betriebsversammlung nach § 17a Nr. 3 von der Mehrheit der anwesenden AN gewählt. Zu dieser Versammlung können nach § 17a Nr. 3, 17 III drei wahlberechtigte AN oder eine im Betrieb vertretene Gewerkschaft (s. § 2 Rn.5) spätestens 7 Tage vorher einladen – § 28 I 1, 2 WO. Die **Einladung** ist durch Aushang an geeigneter Stelle im Betrieb bekannt zu machen. Informations- und Kommunikationstechnik kann grundsätzlich nicht anstatt, sondern nur ergänzend herangezogen werden – § 28 I 4 WO. Elektronische Form ist – auch ohne qualifiziert signiertes Dokument (*Fitting* Rn. 12) – nach § 28 I 4, 2 IV 4 WO als ausschließliche Art der Information zulässig, wenn alle AN von ihr Kenntnis nehmen können und ihre Änderung nur von der einladenden Stelle aus möglich ist. Die erforderliche Technik ist den einladenden AN bzw der einladenden Gewerkschaft zur Verfügung zu stellen (*Fitting* Rn. 12). Die Einladung muss nach § 28 I 5 WO Folgendes enthalten: Ort, Tag und Zeit der Wahlversammlung, den Hinweis, dass Wahlvorschläge zur Wahl des BR bis zum Ende der Versammlung gemacht werden können, dass diese Vorschläge von der in § 14 IV genannten Anzahl wahlberechtigter AN unterzeichnet sein müssen und das Wahlvorschläge, die erst auf dieser Versammlung gemacht werden, nicht der Schriftform bedürfen. Unverzüglich nach Aushändigen der Einladung hat der AG nach § 28 II WO der einladenden Stelle

III. Einstufiges Verfahren

alle für die Anfertigung einer Wählerliste erforderlichen Unterlagen in einem versiegelten Umschlag zu übergeben.

Die **erste Wahlversammlung** findet nach § 44 I grundsätzlich während der Arbeitszeit statt. Sie kann ohne Versammlungsleiter tagen (DKK/*Schneider* Rn. 9; *Fitting* Rn. 13). Die Mehrheit der anwesenden AN des Betriebes einschließlich der AN nach § 7 Satz 2 (*Fitting* Rn. 14) wählt nach § 17a Nr. 3 Satz 1 und § 29 Satz 3 WO den **Wahlvorstand** und seinen Vorsitzenden. Der Wahlvorstand hat nach § 17a Nr. 2 und § 29 Satz 2 WO drei Mitglieder. Jedes braucht die Stimmenmehrheit (*Fitting* Rn. 15). Solange nicht mehr als drei Kandidaten zur Verfügung stehen, sollen sie auch gemeinsam gewählt werden dürfen (DKK/*Schneider* Rn. 11). Eine Mindestzahl an Anwesenden ist nicht erforderlich (DKK/*Schneider* Rn. 9). Eine förmliche geheime Wahl ist nicht vorgesehen (DKK/*Schneider* Rn. 11; *Fitting* Rn. 16). Der Wahlvorstand muss nach § 30 I WO noch auf der Versammlung die **Wählerliste** getrennt nach den Geschlechtern, aufstellen. Dabei muss er nach § 2 I 3 WO die nicht passiv Wahlberechtigten ausweisen. Hierzu übergeben ihm die Einladenden nach § 30 I 3 WO den Umschlag mit den Angaben, den sie nach § 28 II WO vom AG erhalten haben. Der teilnahmeberechtigte AG (*Fitting* Rn. 21; s. § 17) hat nach § 2 II WO weitere erforderliche Auskünfte zu erteilen. Nach § 30 II WO ist die Einspruchsfrist gegen die Wählerliste auf drei Tage verkürzt. Im Anschluss an ihre Aufstellung erlässt der Wahlvorstand nach § 31 I WO noch in der Wahlversammlung das **Wahlausschreiben**. Es ist bis zum letzten Tag der Stimmabgabe nach § 30 II WO an den Wahlberechtigten zugänglichen geeigneten Stellen vom Wahlvorstand auszuhändigen. Unter den gleichen Voraussetzungen wie die Einladung zur Wahlversammlung kann das Wahlausschreiben nach § 31 II 2 und § 2 WO mit Hilfe vorhandener Informations- oder Kommunikationstechnik bekannt gegeben werden. Sein zwingender Inhalt ist in § 31 I Ziff. 1–15 WO geregelt. Nach § 33 I WO können bis zum Schluss der Versammlung **Wahlvorschläge** für die Betriebsratswahl eingereicht werden. Sie sind zu protokollieren (*Fitting* Rn. 31). Da in Mehrheitswahl gewählt wird erfolgen die Vorschläge nicht in Listen, es werden vielmehr einzelne Kandidaten benannt. Eine Nachfrist kann der Wahlvorstand im vereinfachten Verfahren nicht setzen (*Fitting* Rn. 35). Werden Vorschläge von AN erst in der Wahlversammlung gemacht, bedürfen sie nach **Abs. 2** nicht der Schriftform. Die § 14 IV erforderliche Unterstützung kann durch Handzeichen ersetzt werden (BT-Drucks. 14/5741 S. 37; DKK/*Schneider* Rn. 14; *Fitting* Rn. 31). Unterstützt dabei ein Wahlberechtigter mehrere Vorschläge muss er nach § 33 II WO nach Aufforderung durch den Wahlvorstand erklären, welche Unterstützung er aufrecht erhält. Wahlvorschläge einer im Betrieb vertretenen Gewerkschaft müssen nach § 33 II 2 WO stets schriftlich mit den erforderlichen Stützunterschriften eingereicht werden (*Fitting* Rn. 28; Richardi/*Thüsing* Rn. 23; s. § 14 Rn. 17). Unmittelbar nach Abschluss der Wahlversammlung hat der Wahlvorstand nach § 33 IV WO die von ihm anerkannten Wahlvorschläge bekannt zu machen. Wurde kein Wahlvorschlag gemacht, findet eine Betriebsratswahl nicht statt. Auch dies ist nach § 33 V WO bekannt zu machen.

Die **zweite Wahlversammlung** findet nach **Abs. 1 Satz 4** eine Woche nach der Ersten statt. Auf ihr wird **Abs. 1 Satz 3** der BR nach § 14 II 2 in geheimer und unmittelbarer (s. § 14 Rn. 3, 4) Mehrheitswahl (s. § 14 Rn. 8) gewählt. Das Wahlverfahren regeln die §§ 34 und 35 WO. Die Stimmzettel enthalten die Bewerber in alphabetischer Reihenfolge unter Angabe ihrer Beschäftigungsart. Jeder Wähler hat so viele Stimmen, wie BRMitglieder gewählt werden. Wer an der Wahlversammlung nicht teilnehmen kann, darf seine Stimme nach **Abs. 4** nachträglich schriftlich abgeben, wenn er dies spätestens drei Tage vor der Wahlversammlung beim Wahlvorstand – auch formlos – beantragt. Einen Grund muss er nicht angeben (Richardi/*Thüsing* Rn. 28). Steht schon vor der Wahlversammlung fest, dass bestimmte AN wegen der Art ihrer Beschäftigung nicht werden teilnehmen können (Außendienstmitarbeiter), muss der Wahlvorstand ihnen die Wahlunterlagen für die schriftliche Abstimmung nach den §§ 35 I 3, 24 II WO unaufgefordert vorab zukommen lassen (*Fitting* Rn. 38). Der Wahlvorstand hat die Frist für die nachträgliche Stimmabgabe so zu bemessen, dass eine ordnungsgemäße Briefwahl möglich ist (*Fitting* Rn. 41; Richardi/*Thüsing* Rn. 31). Die öffentliche Stimmauszählung erfolgt bei nachträglicher Stimmabgabe nicht wie sonst nach § 34 II WO am Ende der Wahlversammlung, sondern nach den §§ 34 II, 35 III, IV WO erst nach Ablauf der Frist für die nachträgliche Stimmabgabe. Gewählt ist, wer unter Beachtung von § 15 II (s. § 15 Rn. 3) die meisten Stimmen erhalten hat. Ersatzmitglieder sind wie im Fall des § 25 II 3 die nicht Gewählten mit der nächsthöchsten Stimmenzahl. Eine gesonderte Wahl des Ersatzmitglieds bei einem einköpfigen BR findet nicht mehr statt (BT-Drucks. 14/5741 S. 36). So soll erreicht werden, dass bei Verhinderung des BR und seines Vertreters die AN nicht vertretungslos sind.

III. Einstufiges Verfahren

Ist der Wahlvorstand schon bestellt, entfällt nach **Abs. 3** die erste Wahlversammlung. Die Betriebsratswahl erfolgt auf einer Versammlung in geheimer, unmittelbarer Mehrheitswahl. Hierzu muss der Wahlvorstand nach den §§ 36 I 3 iVm. § 2 WO unmittelbar nach seiner Bestellung die **Wählerliste** getrennt nach Geschlechtern aufstellen. Hierzu hat ihm der AG nach § 2 II WO die erforderlichen Auskünfte zu erteilen und Unterlagen zur Verfügung zu stellen. Wie im zweistufigen Verfahren

Eisemann

beträgt die Einspruchsfrist gegen die Wählerliste nach § 36 I 3 iVm. § 30 II WO 3 Tage. Danach hat er nach § 36 II 1 WO das **Wahlausschreiben** zu erlassen. Im einstufigen Verfahren nach § 14a III 2 sind nur schriftliche Wahlvorschläge zulässig, die nach § 14a III 2, § 36 V WO spätestens eine Woche vor der Wahlversammlung beim Wahlvorstand schriftlich einzureichen sind. Daher entfällt nach § 36 III im Wahlausschreiben der Hinweis auf die Möglichkeit des mündlichen Wahlvorschlags und der letzte Tag der Frist für die Abgabe der Wahlvorschläge beim Wahlvorstand muss angegeben werden. Eine Nachfrist kann nicht gewährt werden (*Fitting* Rn. 50). Die Form der **Wahlvorschläge** richtet sich nach § 14 IV (s. § 14 Rn. 9–12). Nach Ablauf der Frist muss der Wahlvorstand die von ihm als gültig anerkannten Vorschläge nach § 36 V 3 WO bekannt machen. Liegen keine Vorschläge vor muss er nach § 36 VI WO bekannt geben, dass die Wahl nicht stattfindet. Für den Ablauf der Wahlversammlung und das Wahlverfahren selbst gelten nach § 36 IV WO dieselben Vorschriften wie im zweistufigen Verfahren.

IV. Vereinfachtes Wahlverfahren durch Vereinbarung

6   Die Vereinbarung des einfachen Wahlverfahrens **nach Abs.** 5 muss für jede Betriebsratswahl neu getroffen werden (DKK/*Schneider* Rn. 3). Sie hat keine Dauerwirkung. Sie führt dazu, dass nach § 37 WO in diesen Betrieben ausschließlich Mehrheitswahl stattfindet. Ein Minderheitenschutz findet so nicht statt. Dennoch ist diese Regelung verfassungsgemäß (Richardi/*Thüsing* Rn. 2; aA *Hanau* NJW 2001, 2513 und ZIP 01, 1981). Sie verstößt nicht gegen die Wesentlichkeitstheorie. Der Gesetzgeber überlässt den Betriebspartnern nur die Wahl des vereinfachten Verfahrens, nicht die Wahl der damit zwingend vorgeschriebenen Wahlart.

V. Streitigkeiten

7   Ein Verstoß gegen Bestimmungen zur Betriebsratswahl kann je nach Schwere eine Anfechtung der Wahl nach § 19 begründen oder zu ihrer Nichtigkeit führen (s. § 19 Rn. 2 ff. und 15 ff.). Es findet das Beschlussverfahren nach den §§ 2a, 80 ff. ArbGG statt. Eine gerichtliche Klärung kann schon während des Wahlverfahrens erfolgen (BAG 15. 12. 1972 AP BetrVG 1972 § 14 Nr. 1). Freilich ist dies wegen der Kürze des vereinfachten Verfahrens allenfalls für den Fall einer einstweiligen Verfügung denkbar (s. § 18 Rn. 10). Neben den Anfechtungsberechtigten ist jeder antragsberechtigt, der durch Maßnahmen des Wahlvorstands in seinem aktiven oder passiven Wahlrecht beeinträchtigt ist (s. § 18 Rn. 8).

§ 15 Zusammensetzung nach Beschäftigungsarten und Geschlechter

(1) **Der Betriebsrat soll sich möglichst aus Arbeitnehmern der einzelnen Organisationsbereiche und der verschiedenen Beschäftigungsarten der im Betrieb tätigen Arbeitnehmer zusammensetzen.**

(2) **Das Geschlecht, das in der Belegschaft in der Minderheit ist, muss mindestens entsprechend seinem zahlenmäßigen Verhältnis im Betriebsrat vertreten sein, wenn dieser aus mindestens drei Mitgliedern besteht.**

Amtl. Anm.: Gemäß Artikel 14 Satz 2 des Gesetzes zur Reform des Betriebsverfassungsgesetzes (BetrVerf-Reformgesetz) vom 23. Juli 2001 (BGBl. I S. 1852) gilt § 15 (Artikel 1 Nr. 13 des BetrVerf-Reformgesetzes) für im Zeitpunkt des Inkrafttretens bestehende Betriebsräte erst bei deren Neuwahl.

I. Vorbemerkung

1   Die Vorschrift enthält in Abs. 1 eine redaktionelle Anpassung an die geänderten §§ 3 und 4 und in Abs. 2 erstmals einen zwingenden Schutz des Geschlechts in der Minderheit. **Abs.** 1 regt als Sollvorschrift dazu an, Wahlvorschläge so zu gestalten, dass sich im BR die Organisation des Betriebes und die Struktur der Arbeitnehmerschaft abbildet. Wird er nicht beachtet, hat das keinen Einfluss auf die Gültigkeit der Wahl (BAG 16. 2. 1973 AP BetrVG 1972 § 19 Nr. 1). Selbst ein bewusster Verstoß rechtfertigt keine Wahlanfechtung (DKK/*Schneider* Rn. 3; *Fitting* Rn. 2). Abs. 1 ist jedoch nicht abdingbar (*Fitting* Rn. 4). Betriebliche Wahlordnungen oder TV können seine Regelungen weder zur Mussvorschrift machen, noch vorsehen, dass sie bei der Aufstellung von Wahlvorschlägen unberücksichtigt bleibt. Abgesehen von § 3 stehen die Regelungen zur Betriebsratswahl und seiner Zusammensetzung nicht zur Disposition (GK-BetrVG/*Kreutz* Rn. 3). Abs. 1 gilt nach den §§ 47, 55, 72, 73a nicht für den Gesamt- und KonzernBR, die GesamtJAV und die KonzernJAV. Nach wie vor ist eine angemessene Berücksichtigung von ausländischen AN nicht ausdrücklich vorgesehen. Sie entspricht jedoch § 75, ihrer sachgerechten Integration und sichert eine effektiven Interessenvertretung. **Abs.** 2 schreibt zwingend vor, dass die weiblichen und männlichen Beschäftigten entsprechend ihrem zahlenmäßigen Anteil an der Belegschaft auch im BR vertreten sein müssen. In der Sache geht es bei diesem Minderheitenschutz angesichts der Frauenerwerbsquote in den meisten Betrieben vor allem um deren

Gleichstellung im Rahmen der betrieblichen Interessenvertretung. Verstöße gegen Abs. 2 können die Anfechtung der Betriebsratswahl rechtfertigen (*Fitting* Rn. 36; *Richardi/Thüsing* Rn. 23). Die Bestimmung gilt in abgeschwächter Form als Sollvorschrift nach den §§ 47 II 2, 55 I 2 auch für den Gesamt- und KonzernBR.

II. Organisationsbereiche und Beschäftigungsarten

Die gemeinsame Beschäftigung innerhalb eines organisatorischen Verbandes oder die gemeinsame 2
Beschäftigung mit gleichartigen Tätigkeiten führt zu vergleichbaren Problemen und Interessen am Arbeitsplatz. Die besondere Berücksichtigung derartiger betriebssoziologischer Verbindungen lässt sich im Rahmen der Mitbestimmung nicht über die Einrichtung von Wahlkreisen nach Organisationsbereichen oder Beschäftigungsarten einfangen. Die AN dieser Bereiche können nicht isoliert ihre eigenen Vertreter in den BR wählen. Das wäre mit dem Grundsatz der allgemeinen und gleichen Wahl unvereinbar (*Fitting* Rn. 7; *Richardi/Thüsing* Rn. 7). Mit Abs. 1 soll über die Aufforderung zu einer entsprechenden Zusammensetzung des BR die Vertretung spezifischer konkret arbeitsplatz- und beschäftigungsbezogener Interessen in der Arbeitnehmervertretung angeregt werden. **Organisationsbereiche** sind die organisatorischen Untergliederungen innerhalb eines Betriebes oder einer anderen in § 3 vorgesehenen betriebsverfassungsrechtlichen Organisationseinheit (BT-Drucks. 14/5741 S. 37). Dabei kann es sich zB um Betriebsabteilungen innerhalb einer Sparte oder eines Betriebes, um Kleinstbetriebe, aber auch um betriebsratsfähige Betriebe handeln, wenn ein unternehmenseinheitlicher oder regionaler BR gebildet wurde (BT-Drucks. 14/5741 S. 37; *Fitting* Rn. 7; *Richardi/Thüsing* Rn. 1). Unter **Beschäftigungsart** sind die im Betrieb vertretenen Berufsgruppen (*Fitting* Rn. 9; *Richardi/Thüsing* Rn. 8) und Arbeitstätigkeiten (*DKK/Schneider* Rn. 2) zu verstehen. Die Repräsentanten der verschiedenen Organisationsbereiche und Beschäftigungsarten haben innerhalb des BR keine besondere Stellung oder Funktion; insb. handelt es sich nicht um Arbeitsgruppensprecher nach § 3 I Nr. 5 (*Fitting* Rn. 8, 10; *Richardi/Thüsing* Rn. 10). Sie bleiben allgemeine Vertreter der Arbeitnehmerschaft. So spielt die Zugehörigkeit zu einer der Gruppen des Abs. 1 keine Rolle beim Nachrücken von Ersatzmitgliedern und die Mehrheit einer dieser Gruppen kann nicht etwa einen Betriebsratsbeschluss nach § 35 aussetzen (*Richardi/Thüsing* Rn. 10).

III. Gleichstellung von Frau und Mann

Mit der Umwandlung von **Abs. 2** aus einer Soll- in eine Mussvorschrift wird dem Gleichberechti- 3
gungsgebot aus Art. 3 II GG Rechnung getragen. Geschlechtsneutral formuliert zielt die Vorschrift angesichts unserer sozialen Wirklichkeit doch in erster Linie auf eine Gleichstellung der Frauen. Die aktive Teilnahme von Frauen an der BRArbeit wird erhöht. Für die Lösung ihrer spezifischen beruflichen Alltagsprobleme, die Beseitigung von Nachteilen und die Durchsetzung ihrer Gleichstellung nimmt der BR eine zentrale Position ein. Umso notwendiger ist ihre angemessene Vertretung in diesem Gremium. Statt einer starren Geschlechterquote enthält Vorschrift eine **Mindestquote.** So können Frauen, soweit sie jetzt in BR überrepräsentiert sind, auch in Zukunft bleiben und eine Mitglied des Minderheitengeschlechts kann auch dort in den BR gewählt werden, wo dies auf Grund des reinen Zahlenverhältnisses nicht erforderlich wäre (*DKK/Schneider* Rn. 6; *Fitting* Rn. 20). Die Mindestklausel führt in den meisten Fällen zu einer leichten Überrepräsentation des Minderheitengeschlechts im BR und sie kann zu Korrekturen des Wahlergebnisses führen, bei denen nicht die Zahl der erreichten Stimmen, sondern allein die Zugehörigkeit zu einem Geschlecht ausschlaggebend ist. Beides ist jedoch zulässig (*DKK/Schneider* Rn. 10; *Fitting* Rn. 20). Die Verteilung der Betriebsratssitze nach Abs. 2 gilt für seine gesamte Amtszeit. Dies gilt auch dann, wenn das zahlenmäßige Verhältnis der Geschlechter in dieser Zeit ändert (*DKK/Schneider* Rn. 20).

Die Regelung ist anzuwenden, wenn der BR aus mindestens drei Mitgliedern besteht. Sie ist nicht 4
anzuwenden, wenn im Betrieb nur ein Geschlecht vertreten ist oder beide Geschlechter in gleicher Zahl im Betrieb vertreten sind, weil dann eine Minderheit fehlt, die geschützt werden müsste (*DKK/Schneider* Rn. 11; *Fitting* Rn. 19). Die Sitzverteilung im BR erfolgt in diesem Fall unabhängig vom Geschlecht nach den §§ 15 I–4 bzw. § 22 II 2 und III WO. Entscheidend für die **Quotenberechnung** ist die Gesamtzahl der AN nach § 5 I (*DKK/Schneider* Rn. 11) bei Erlass des Wahlausschreibens (*DKK/Schneider* Rn. 13; *Richardi/Thüsing* Rn. 13). Auf ihre Wahlberechtigung kommt es nicht an (*Fitting* Rn. 16; *Richardi/Thüsing* Rn. 12). Noch nicht wahlberechtigte jugendliche AN zählen daher mit (*Fitting* Rn. 16). LeihAN und im Betrieb auf Grund einer Konzernleihe tätige AN sind bei der Berechnung nicht grundsätzlich ausgeschlossen (*DKK/Schneider* Rn. 11). Die Vorschrift stellt anders als § 9 nicht auf die Zahl der regelmäßig Beschäftigten ab (*Richardi/Thüsing* Rn. 13). Jedoch ergibt sich eine „natürliche" Untergrenze aus § 7 Satz 2. Wer wenige Tage um den Stichtag herum im Betrieb tätig ist, bleibt unberücksichtigt. Nur wer länger als drei Monate im Betrieb eingesetzt wird ist für die Quotenberechnung von Bedeutung (*DKK/Schneider* Rn. 11; *Fitting* Rn. 16). Der Wahlvorstand ist nach § 3 II Nr. 4, 5 WO verpflichtet, im **Wahlausschreiben** den Anteil der Geschlechter im Betrieb und die auf das Minderheitsgeschlecht entfallende Mindestzahl von Betriebsratssitzen anzugeben

sowie auf die Verpflichtung zur anteilmäßigen Berücksichtigung hinzuweisen. Es besteht keine Pflicht, dies auch bei der Aufstellung der **Wahlvorschläge** zu berücksichtigen (*Fitting* Rn. 3, 14). Nach wie vor sind reine Frauen- oder Männerlisten zulässig (BT-Drucks. 14/5741 S. 53; *Fitting* Rn. 13, 14; Richardi/*Thüsing* § 14 Rn. 35). Die **Mindestzahl der Sitze für das Geschlecht in der Minderheit** wird vom Wahlvorstand nach § 5 WO nach den Grundsätzen der Verhältniswahl im d'Hondtschen Höchstzahlensystem ermittelt. Das Geschlecht in der Minderheit erhält so viele Betriebsratssitze wie Höchstzahlen auf es entfallen. Fällt die niedrigste zu berücksichtigende Höchstzahl auf beide Geschlechter, entscheidet nach § 5 II 3 WO das Los. Steht dem Geschlecht in der Minderheit keine Betriebsratssitz zu, kann doch ein Vertreter dieses Geschlechts in den BR gewählt werden, wie die offene Mindestklausel zeigt (*Fitting* Rn. 20). Die **Verteilung der Sitze auf die Geschlechter** hängt davon ab, ob der BR nach den Grundsätzen der Verhältnis- oder der Mehrheitswahl gewählt wird.

5 Nach § 14 II wird der BR nach den Grundsätzen der **Verhältniswahl** gewählt, wenn er aus mehr als drei Mitgliedern besteht, mehr als eine gültige Vorschlagsliste eingereicht wurde und der Wahlvorstand mit dem AG nicht nach § 14 a V das vereinfachte Wahlverfahren vereinbart hat (s. zum Wahlverfahren § 14 Rn. 7). Bei der Verteilung der Sitze des **Geschlechts in der Minderheit** sind nach § 15 V Nr. 4 WO auf den einzelnen Vorschlagslisten nur die Angehörigen dieses Geschlechts in der Reihenfolge ihrer Benennung zu berücksichtigen. Befindet sich unter den auf die Vorschlagslisten entfallenden Höchstzahlen nicht die erforderliche Mindestzahl von Angehörigen eines Geschlechts in der Minderheit tritt erst einmal nach § 15 V Nr. 1 WO an die Stelle der auf der Vorschlagsliste mit der niedrigsten Höchstzahl benannten Person die nicht dem Geschlecht in der Minderheit angehört, die in derselben Vorschlagsliste in der Reihenfolge nach ihr benannte, nicht berücksichtigte Person des Geschlechts der Minderheit. Der Liste bleibt der Betriebsratssitz erhalten. Enthält die Vorschlagsliste keine Person des Geschlechts der Minderheit, geht dieser Sitz nach § 15 V Nr. 2 auf die Vorschlagsliste mit der folgenden nicht berücksichtigten Höchstzahl und einem Angehörigen des Geschlechts der Minderheit über. Das zwingt dazu, auf den Vorschlagslisten stets eine ausreichende Anzahl von Bewerbern aus dem Geschlecht in der Minderheit aufzunehmen, will man nicht den Listenplatz verlieren. Fehlt mehr als ein Bewerber aus dem Geschlecht in der Minderheit, ist das Verfahren so lange fortzuführen, bis der Mindestanteil von Sitzen nach Abs. 2 erreicht ist. Findet sich auf keiner Vorschlagsliste mehr ein Angehöriger des Geschlechts in der Minderheit, bleiben die Sitze nach § 15 V Nr. 5 WO bei der Liste, die den Sitz sonst hätte abgeben müssen. So bleibt die Größe des BR nach § 9 unabhängig von Abs. 2 stets erhalten. Lehnt eine gewählte Person die Wahl ab, tritt nach § 17 II WO an ihre Stelle die in derselben Vorschlagsliste in der Reihenfolge nach ihr benannte, nicht gewählte Person. Gehört die gewählte Person dem Geschlecht in der Minderheit an, tritt an ihre Stelle die nach ihr benannte, nicht gewählte Person derselben Vorschlagsliste. Gibt es sie nicht, geht der Sitz nach § 17 II 3 WO auf die Liste mit Angehörigen desselben Geschlechts und der folgenden nicht berücksichtigten Höchstzahl über.

6 Nach § 14 II 2 wird der BR nach den **Grundsätzen der Mehrheitswahl** gewählt, wenn im vereinfachten Verfahren nach § 14 a zu wählen ist oder nur eine Liste eingereicht wurde (s zum Wahlverfahren § 14 Rn. 8). Für die **Verteilung der Sitze nach dem Geschlecht** werden zuerst nach § 22 I WO die dem Geschlecht der Minderheit zustehende Sitze mit Angehörigen dieses Geschlechts in der Reihenfolge der jeweils höchsten auf sie entfallenden Stimmenzahl besetzt. Dann werden nach § 22 II WO die weiteren Sitze in gleicher Weise unabhängig vom Geschlecht der Bewerber besetzt. Haben in einem der beiden Fälle Bewerber die gleiche Stimmenzahl erhalten, entscheidet das Los. Haben sich zu wenige Bewerber des einen Geschlechts beworben, fallen diese Sitze nach § 22 IV WO den Bewerbern des anderen Geschlechts mit der nächsthöheren Stimmenzahl zu. Lehnt eine Person die Wahl ab, tritt nach § 23 II 1 WO an ihre Stelle die nichtgewählte Person mit der nächsthöchsten Stimmenzahl. Gehört die gewählte Person dem Geschlecht der Minderheit an, tritt nach § 23 II 2 an ihre Stelle die nichtgewählte Person dieses Geschlechts mit der nächsthöchsten Stimmenzahl, wenn sonst die Mindestzahl der Sitze nicht eingehalten wäre. Gibt es keinen weiteren Bewerber dieses Geschlechts, geht der Sitz nach § 23 II 3 WO auf die nichtgewählte Person des anderen Geschlechts mit der nächsthöchsten Stimmenzahl über. Auch bei der Mehrheitswahl bleibt so die nach § 9 bestimmte Größe des BR unabhängig von § 15 II erhalten.

IV. Streitigkeiten

7 Über die zutreffende Verteilung der Sitze nach den Geschlechtern wird im Beschlussverfahren nach den §§ 2 a, 80 ff. ArbGG entschieden.

§ 16 Bestellung des Wahlvorstands

(1) ¹ Spätestens zehn Wochen vor Ablauf seiner Amtszeit bestellt der Betriebsrat einen aus drei Wahlberechtigten bestehenden Wahlvorstand und einen von ihnen als Vorsitzenden. ² Der Betriebsrat kann die Zahl der Wahlvorstandsmitglieder erhöhen, wenn dies zur ordnungsgemäßen Durchführung der Wahl erforderlich ist. ³ Der Wahlvorstand muss in jedem Fall aus einer ungeraden Zahl von Mitgliedern bestehen. ⁴ Für jedes Mitglied des Wahlvorstands kann für den

II. Bestellung durch den Betriebsrat § 16 BetrVG 210

Fall seiner Verhinderung ein Ersatzmitglied bestellt werden. ⁵ In Betrieben mit weiblichen und männlichen Arbeiternehmern sollen dem Wahlvorstand Frauen und Männer angehören. ⁶ Jede im Betrieb vertretene Gewerkschaft kann zusätzlich einen dem Betrieb angehörenden Beauftragten als nicht stimmberechtigtes Mitglied in den Wahlvorstand entsenden, sofern ihr nicht ein stimmberechtigtes Wahlvorstandsmitglied angehört.

(2) ¹ Besteht acht Wochen vor Ablauf der Amtszeit des Betriebsrats kein Wahlvorstand, so bestellt ihn das Arbeitsgericht auf Antrag von mindestens drei Wahlberechtigten oder einer im Betrieb vertretenen Gewerkschaft; Absatz 1 gilt entsprechend. ² In dem Antrag können Vorschläge für die Zusammensetzung des Wahlvorstands gemacht werden. ³ Das Arbeitsgericht kann für Betriebe mit in der Regel mehr als zwanzig wahlberechtigten Arbeitnehmern auch Mitglieder einer im Betrieb vertretenen Gewerkschaft, die nicht Arbeitnehmer des Betriebs sind, zu Mitgliedern des Wahlvorstands bestellen, wenn dies zur ordnungsgemäßen Durchführung der Wahl erforderlich ist.

(3) ¹ Besteht acht Wochen vor Ablauf der Amtszeit des Betriebsrats kein Wahlvorstand, kann auch der Gesamtbetriebsrat oder, falls ein solcher nicht besteht, der Konzernbetriebsrat den Wahlvorstand bestellen. ² Absatz 1 gilt entsprechend.

I. Vorbemerkungen

Die Vorschrift regelt die Bestellung des Wahlvorstandes für **Betriebe mit BR.** Fehlt ein BR, wird der 1 Wahlvorstand nach den §§ 17 I, 17 a Nr. 1 durch den GesamtBR und wenn dieser fehlt durch den KonzernBR bestellt. Fehlen alle drei oder unterlassen sie die Bestellung des Wahlvorstandes, kann er nach den §§ 17 II und III, 17 a Nr. 3 auf einer Betriebsversammlung bestellt werden. Kommt eine Betriebsversammlung nicht zustande oder wird dort nicht ein Wahlvorstand bestellt, bestellt ihn auf Antrag das Arbeitsgericht nach den §§ 17 IV, 17 a Nr. 4. Eine **ohne Wahlvorstand** durchgeführte Betriebsratswahl ist nichtig (*Fitting* Rn. 87; Richardi/*Thüsing* Rn. 1). Kommt der BR seiner Pflicht, den Wahlvorstand zu bestellen, beharrlich nicht nach, kann er nach § 23 I aufgelöst werden (*Fitting* Rn. 17; GK-BetrVG/*Kreutz* Rn. 15). Wegen der Dauer dieses Verfahrens empfiehlt es sich eher, die Bestellung des Wahlvorstandes durch das Arbeitsgericht nach Abs. 2 zu betreiben. Die Vorschrift ist grundsätzlich **zwingend.** Weder durch TV noch durch BV darf von ihr abgewichen werden. Anderer Arbeitnehmervertretungsstrukturen nach § 3 I Nr. 3 können durch TV abweichend von der gesetzlichen Regelung errichtet werden. Das Verfahren muss jedoch demokratischen Grundsätzen entsprechen (*Fitting* Rn. 4).

II. Bestellung durch den Betriebsrat

Das Recht aus **Abs. 1** sichert dem BR seinen Einfluss auf die Zusammensetzung des Wahlvorstan- 2 des. Die korrespondierende Pflicht soll sicherstellen, dass die Neuwahl des BR rechtzeitig eingeleitet wird.

1. Zeitpunkt. Abs. 1 S. 1 bestimmt eine Mindestfrist ("spätestens"). Eine frühere Bestellung des 3 Wahlvorstandes ist nicht nur zulässig, sondern zweckmäßig und oftmals notwendig, um betriebsratslose Zeiten zu vermeiden (vgl. § 13 Rn. 1). Die Berechnung der Frist erfolgt nach §§ 187 ff. BGB. Der BR muss den Wahlvorstand spätestens an dem Tag bestellen, der um zehn Wochen zurückgerechnet dem Tag entspricht, an dem seine Amtszeit abläuft. Ist dieser Tag ein Samstag, Sonntag oder gesetzlicher Feiertag, ist der letzte davor liegende Werktag maßgebend (GK-BetrVG/*Kreutz* Rn. 18). § 193 BGB ist nicht anzuwenden. Da nach § 13 I 2 die Betriebsratswahlen zeitgleich mit den Wahlen zum Sprecherausschuss einzuleiten sind und das Zuordnungsverfahren nach § 18 a durchgeführt werden muss, ist vom Ablauf der Amtszeit derjenigen Vertretung auszugehen, deren Amtszeit zuerst endet (*Fitting* Rn. 10). Nach Ablauf der Zehnwochenfrist bleibt die in Abs. 1 bis zur rechtskräftigen Ersatzbestellung durch das Arbeitsgericht nach Abs. 2 oder durch den Gesamt- bzw. KonzernBR nach Abs. 3 möglich (LAG Hamm 23. 9. 1954 AP BetrVG § 15 Nr. 1; DKK/*Schneider* Rn. 23; *Fitting* Rn. 12). Nach Ablauf seiner Amtszeit können weder der BR noch das Arbeitsgericht nach Abs. 2 den Wahlvorstand bestellen. Er kann nur noch nach Abs. 3 durch den Gesamt- oder KonzernBR oder nach § 17, 17 a durch die Betriebsversammlung bestellt werden (*Fitting* Rn. 12). Die **Beendigung der Amtszeit** des BR richtet sich im Regelfall nach § 21. Die Vorschriften des § 16 gelten grundsätzlich auch bei vorzeitiger Beendigung der Amtszeit (BAG 31. 5. 2000 – 7 ABR 78/98). In den Fällen § 13 II Nr. 1–3 iVm. § 21 S. 5 und § 22 ist die Frist nicht berechenbar. Der BR muss deshalb den Wahlvorstand unverzüglich, dh. ohne schuldhaftes Zögern bestellen (DKK/*Schneider* Rn. 6; *Fitting* Rn. 13; GK-BetrVG/*Kreutz* Rn. 20). Da mit rechtskräftiger Anfechtung bzw. gerichtlicher Auflösung kein BR mehr besteht, muss der Wahlvorstand in den Fällen des § 13 II Nr. 4 und 5 nach § 17 bzw. § 23 II bestellt werden (DKK/*Schneider* Rn. 7; *Fitting* Rn. 15). Der vorzeitig neugewählte BR hat spätestens bis zum 22. März des Jahres, in dem nach § 13 III eine Neuwahl ansteht, den Wahlvorstand zu bestellen, da seine Amtszeit am 31. Mai des Eingliederungsjahres abläuft (*Fitting*

Rn. 16). Nimmt der BR nach § 21 a ein **Übergangsmandat** in einem betriebsratslosen Betrieb wahr, hat er den Wahlvorstand unverzüglich, spätestens aber zehn Wochen vor Ablauf des Mandats zu bestellen (*Fitting* Rn. 14; GK-BetrVG/*Kreutz* Rn. 9). Wird durch **Zusammenlegen** mehrerer Betriebe bzw. selbständiger Betriebsteile mit bisher jeweils eigenständigen BR ein neuer Betrieb gebildet, steht das Recht und die Pflicht zur Bestellung des Wahlvorstands nach § 21 a II dem BR zu, der nach Zahl der wahlberechtigten AN den größten Betrieb/Betriebsteil repräsentiert (*Fitting* Rn. 7 a; DKK/*Schneider* Rn. 3 a).

4   **2. Mitglieder.** Der BR bestellt die Mitglieder des Wahlvorstands durch Beschluss mit einfacher Mehrheit nach § 33. Eine förmliche Wahl ist im Gesetz nicht vorgesehen (DKK/*Schneider* Rn. 9; *Fitting* Rn. 23; GK-BetrVG/*Kreutz* Rn. 22; aA Richardi/*Thüsing* Rn. 23). Sie kann aber vom BR beschlossen oder in der Geschäftsordnung festgelegt werden (*Fitting* Rn. 23). Die Bestellung des Wahlvorstands kann nach § 27 auf den Betriebsausschuss übertragen werden (*Fitting* Rn. 24). Nicht zulässig ist die Übertragung auf eine Arbeitsgruppe nach § 28 a (Richardi/*Thüsing* Rn. 24). Der BR kann jeden wahlberechtigten AN als Wahlvorstandsmitglied bestellen. Auf seine Wählbarkeit kommt es nicht an (DKK/*Schneider* Rn. 11; *Fitting* Rn. 21). Es muss sich auch nicht um ständig beschäftigte AN handeln (DKK/*Schneider* Rn. 11; *Fitting* Rn. 21). So können auch die nach § 7 Satz 2 wahlberechtigten LeihAN in den Wahlvorstand bestellt werden (*Fitting* Rn. 21). Da das Gesetz keine weiteren Beschränkungen vorsieht, können selbst amtierende BRMitglieder (DKK/*Schneider* Rn. 12; *Fitting* Rn. 22; GK-BetrVG/*Kreutz* Rn. 29) und Wahlkandidaten bestellt werden (DKK/*Schneider* Rn. 12; GK-BetrVG/*Kreutz* Rn. 29). Durch die WO sind dem Wahlvorstand enge Grenzen gesetzt und eine gerichtliche Überprüfung ist schon während des Wahlverfahrens und danach möglich (BAG 12. 10. 1976 AP BetrVG 1972 § 8 Nr. 1; BAG 4. 10. 1977 AP BetrVG § 18 Nr. 2; GK-BetrVG/*Kreutz* Rn. 29 f). Allerdings sollte auf Wahlkandidaten nur zurückgegriffen werden, wenn keine andere Möglichkeit besteht, damit schon der Anschein von Parteilichkeit vermieden wird (*Fitting* Rn. 22). Der bestellte AN ist nicht verpflichtet, das Amt anzunehmen (*Fitting* Rn. 25). Es können ein oder mehrere Ersatzmitglieder bestellt werden, welche nachrücken, wenn der BR dies beschlossen hat (*Fitting* Rn. 25).

5   **3. Mitgliederzahl.** Der Wahlvorstand hat nach **Abs. 1 S. 1** mindestens drei Mitglieder. Die Erhöhung der Mitgliederzahl nach Abs. 1 S. 2 bedarf nicht der Zustimmung des AG (*Fitting* Rn. 28; GK-BetrVG/*Kreutz* Rn. 33). Eine Höchstgrenze besteht nicht. Die **Erforderlichkeit** ist als unbestimmter Rechtsbegriff arbeitsgerichtlich überprüfbar. Für seine Entscheidung steht dem BR ein Beurteilungsspielraum zu (*Richardi* Rn. 10; aA GK-BetrVG/*Kreutz* Rn. 33). Zu berücksichtigen sind die Größe des Betriebs, die Vielzahl der Betriebsabteilungen, der Arbeitsrhythmus, die räumliche Entfernung (*Fitting* Rn. 28; GK-BetrVG/*Kreutz* Rn. 33) und die im Einzelfall vom Wahlvorstand zu bewältigenden Aufgaben, wie zB das Zuordnungsverfahren nach § 18 a. Bestehen mehrere Wahlräume, kann eine Erhöhung erforderlich sein, um den Anforderungen des § 12 II WO gerecht zu werden. Der BR hat auf Vorschlag des Wahlvorstands auch nachträglich noch die Möglichkeit, die Mitgliederzahl zu erhöhen (DKK/*Schneider* Rn. 14; *Fitting* Rn. 29). Stets muss der Wahlvorstand aber aus einer ungeraden Zahl von Mitgliedern bestehen (DKK/*Schneider* Rn. 14; *Richardi* Rn. 10).

6   **4. Zusammensetzung.** Mit **Abs. 1 S. 6** wird der BR mit aufgefordert, beide **Geschlechter** bei der Zusammensetzung des Wahlvorstandes zu berücksichtigen. Ihre Nichtbeachtung bleibt ohne Sanktionen. Im Gesetzgebungsverfahren wurde eine zwingende Quotierung als unpraktikabel und wegen der nur organisatorischen Aufgaben des Wahlvorstands als unangemessen abgelehnt (BT-Drucks. 12/5463, S. 41 f.).

7   Das Recht, nach **Abs. 1 S. 5** einen nicht stimmberechtigten Beauftragten in den Wahlvorstand zu entsenden, steht **Gewerkschaften** zu, denen mindestens ein AN des Betriebes als Mitglied angehört (*Fitting* Rn. 42; s. § 2 Rn. 4). Der Wahlvorstand hat das Vorliegen der Voraussetzungen des Entsendungsrechts der Gewerkschaften zu überprüfen und durch Beschluss der stimmberechtigten Mitglieder zu entscheiden, ob die Voraussetzungen für eine rechtmäßige Entsendung vorliegen (DKK/*Schneider* Rn. 21; *Fitting* Rn. 44; GK-BetrVG/*Kreutz* Rn. 48). Er ist auf Anfrage verpflichtet, den im Betrieb vertretenen Gewerkschaften mitzuteilen, welche Mitglieder und Ersatzmitglieder bestellt wurden. Eine Entsendung ist nur zulässig, wenn kein Gewerkschaftsmitglied ordentliches Mitglied des Wahlvorstands ist (DKK/*Schneider* Rn. 21; *Fitting* Rn. 43). Solange ein Ersatzmitglied nicht nachrückt, steht die Gewerkschaftsmitgliedschaft dieses Ersatzmitglieds dem Entsendungsrecht nicht entgegen. Rückt es nach, endet die Mitgliedschaft des entsandten Mitglieds (*Fitting* Rn. 43; GK-BetrVG/*Kreutz* Rn. 45). Die Entsendung eines nicht betriebsangehörigen Vertreters ist unzulässig (*Fitting* Rn. 48). Der Beauftragte muss nicht Mitglied der Gewerkschaft sein (*Fitting* Rn. 49; GK-BetrVG/*Kreutz* Rn. 46). Er muss das aktive Wahlrecht haben, da er – wenn auch nicht stimmberechtigt – Mitglied des Wahlvorstands ist. Deshalb können auch keine Beschäftigten iSd. § 5 II, III benannt werden (DKK/*Schneider* Rn. 21; *Fitting* Rn. 49; GK-BetrVG/*Kreutz* Rn. 46). Das Entsendungsrecht gehört zu den Befugnissen nach § 2 II und kann somit ein Zutrittsrecht der Gewerkschaft zum Betrieb begründen (*Fitting* Rn. 43; GK-BetrVG/*Kreutz* Rn. 45). Das entsandte Mitglied hat bis auf das Stimmrecht alle

IV. Bestellung durch das Arbeitsgericht   § 16 BetrVG 210

Rechte und Befugnisse eines Mitglieds des Wahlvorstandes (*Fitting* Rn. 52; GK-BetrVG/*Kreutz* Rn. 49). Bei Ausscheiden des entsandten Mitglieds, kann die Gewerkschaft ein neues Mitglied entsenden (*Fitting* Rn. 51; GK-BetrVG/*Kreutz* Rn. 47). Bei Abs. 1 S. 5 handelt es sich um eine wesentliche Wahlvorschrift. Ihre Verletzung rechtfertigt jedoch keine Anfechtung der Betriebsratswahl. Da das entsandte Mitglied kein Stimmrecht hat, ist eine Beeinflussung des Wahlergebnisses nicht denkbar (*Fitting* Rn. 55; GK-BetrVG/*Kreutz* Rn. 52).

Der BR bestellt durch Mehrheitsbeschluss den **Vorsitzenden** des Wahlvorstands (*Fitting* Rn. 33). 8
Existiert der BR nicht mehr, wählt der Wahlvorstand eines seiner Mitglieder als Vorsitzenden (Richardi/*Thüsing* Rn. 18; DKK/*Schneider* Rn. 11; *Fitting* Rn. 33; GK-BetrVG/*Kreutz* Rn. 24). Die Wahl eines Stellvertreters ist nicht vorgeschrieben, aber zulässig (*Fitting* Rn. 33; GK-BetrVG/*Kreutz* Rn. 38). Der Vorsitzende hat die Sitzungen einzuberufen und zu leiten. Ferner vertritt er den Wahlvorstand iR der von diesem gefassten Beschlüsse und nimmt Erklärungen für ihn entgegen (*Fitting* Rn. 34).

5. Ersatzmitglieder. Bei der Bestellung von Ersatzmitgliedern nach **Abs. 1 S. 4** muss auch die 9
Reihenfolge des Nachrückens festgelegt werden (Richardi/*Thüsing* Rn. 19; *Fitting* Rn. 35; GK-BetrVG/*Kreutz* Rn. 39 f.). Das Ersatzmitglied vertritt bei Verhinderung das Wahlvorstandsmitglied und ersetzt es nach seinem Ausscheiden (Richardi/*Thüsing* Rn. 20; *Fitting* Rn. 36; GK-BetrVG/*Kreutz* Rn. 41). Die Bestellung von Ersatzmitgliedern ist nicht zwingend. Fehlt sie, hat das keine Auswirkung auf die Gültigkeit der Wahl. Der BR kann auch die nach Abs. 1 S. 5 von den Gewerkschaften entsandten nicht stimmberechtigten Mitglieder als Ersatzmitglieder benennen (*Fitting* Rn. 35). Die nach Abs. 1 S 6 angeregte Vertretung beider Geschlechter im Wahlvorstand sollte auch beim Nachrücken gewährleistet sein (DKK/*Schneider* Rn. 15). Hat der Wahlvorstand nach Nachrücken aller Ersatzmitglieder nicht genügend Mitglieder, hat der BR den Wahlvorstand unverzüglich zu ergänzen (BAG 14. 12. 1965 AP BetrVG § 16 Nr. 5). Bleibt der BR untätig, kann der Wahlvorstand durch das ArbG entsprechend Abs. 2 ergänzt werden (DKK/*Schneider* Rn. 16; *Fitting* Rn. 37). Finden sich nicht genügend AN bereit, als Wahlvorstandsmitglied zu fungieren, kann das Arbeitsgericht nach Abs. 2 S. 3 unter den dort genannten Voraussetzungen nicht dem Betrieb angehörende Mitglieder des Wahlvorstandes bestellen. Nach Ablauf der Amtszeit des BR muss die Ergänzung nach § 17 I durch den Gesamt- oder KonzernBR oder falls sie nicht tätig werden bzw. nicht bestehen durch die Betriebsversammlung nach § 17 II 2 und letztlich durch das ArbG nach § 17 III umgesetzt werden (DKK/*Schneider* Rn. 16; *Fitting* Rn. 38). Eine Selbstergänzung des Wahlvorstands durch Zuwahl ist nicht zulässig (*Fitting* Rn. 38; GK-BetrVG/*Kreutz* Rn. 42).

III. Bestellung durch den Gesamt- oder Konzernbetriebsrat

Unter den Voraussetzungen des **Abs. 3** kann der Wahlvorstand auch vom Gesamt- oder KonzernBR 10
bestellt werden. Hierzu ist ein förmlicher Antrag nicht erforderlich (DKK/*Schneider* Rn. 29 a). Gesamt- oder KonzernBR können auch von sich aus tätig werden. Bei der Bestellung sind sie an die Grundsätze des Abs. 1 gebunden (DKK/*Schneider* Rn. 29 a; *Fitting* Rn. 80). Die Möglichkeit besteht neben der gerichtlichen Bestellung nach Abs. 2. Es gilt das **Prioritätenprinzip** (DKK/*Schneider* Rn. 29 b; *Fitting* Rn. 76). Ist der Wahlvorstand während des laufenden gerichtlichen Bestellungsverfahrens schon vom Gesamt- oder KonzernBR bestellt, ist das Beschlussverfahren erledigt. Ist der gerichtliche Einsetzungsbeschluss rechtskräftig, kommt eine Bestellung nach Abs. 3 nicht mehr in Betracht. Hat der Gesamt- oder KonzernBR den Wahlvorstand schon bestellt, kann der bis dahin säumige BR dies nicht mehr nachholen. Weil das gerichtliche Bestellungsverfahren so lange dauert, wird es sich auf die Fälle beschränken, in denen ein Gesamt- und KonzernBR fehlen. Der KonzernBR kann nach Abs. 3 S. 1 nicht tätig werden, wenn der GesamtBR untätig geblieben ist, sondern nur, wenn ein GesamtBR fehlt, weil es in einem Konzernunternehmen nur einen BR gibt oder die Betriebsräte entgegen ihrer gesetzlichen Verpflichtung aus § 47 keinen GesamtBR gebildet haben (*Fitting* Rn. 78). Um das Bestellungsverfahren ordnungsgemäß abwickeln zu können haben der Gesamt- und KonzernBR ein **Zutrittsrecht** zu dem Betrieb, für den der Wahlvorstand bestellt wird (*Fitting* Rn. 80). Es besteht bis zum Abschluss der Betriebsratswahl, um die Rechte aus § 18 I 2 zu sichern (*Fitting* Rn. 81).

IV. Bestellung durch das Arbeitsgericht

Abs. 2 stellt sicher, dass ein Wahlvorstand auch gebildet wird, wenn BR, Gesamt- und KonzernBR 11
untätig bleiben. Der **Antrag** kann frühestens an dem Tag gestellt werden, der um acht Wochen zurückgerechnet dem Tag des Ablaufs der Amtszeit des BR entspricht (*Fitting* Rn. 58). In den Fällen des § 13 II Nr. 1 bis 3 kann der Antrag zwei Wochen nach dem Tag gestellt werden, an dem der BR den Wahlvorstand hätte bestellen müssen (DKK/*Schneider* Rn. 26; *Richardi* Rn. 33; *Fitting* Rn. 58, GK-BetrVG/*Kreutz* Rn. 59). Bleiben ein vorzeitig gewählter BR untätig, darf frühestens am 6. April des nach § 13 III zu bestimmenden Eingliederungsjahres der Antrag gestellt werden. Solange die Amtszeit des BR noch nicht abgelaufen ist, kann dieser die Bestellung noch bis zur rechtskräftigen

Eisemann

Entscheidung nach Abs. 2 nachholen (LAG Hamm 23. 9. 1954 AP BetrVG § 15 Nr. 1). Das Verfahren ist dann für erledigt zu erklären (*Fitting* Rn. 57). Vor Ablauf der Amtszeit eingeleitete Bestellungsverfahren werden fortgeführt (LAG Düsseldorf 20. 11. 1975 DB 1976, 682). Ist die Amtszeit des BR abgelaufen, kann auch ein Verfahren nach Abs. 2 nicht mehr eingeleitet werden (*Fitting* Rn. 57; GK-BetrVG/*Kreutz* Rn. 60). Die Antragsberechtigung ist eine Verfahrensvoraussetzung. Sie muss während des gesamten Verfahrens bis zur letzten mündlichen Anhörung in der Rechtsbeschwerdeinstanz bestehen (BAG 21. 11. 1975 AP BetrVG 1972 § 118 Nr. 6; *Fitting* Rn. 60). Das Arbeitsgericht kann jeden wahlberechtigten AN des Betriebs bestellen. Es ist dabei nicht verpflichtet, sich an Besetzungsvorschläge des Antragstellers zu halten (*Fitting* Rn. 61; GK-BetrVG/*Kreutz* Rn. 64; HSG/*Schlochauer* Rn. 25). Es unterliegt nach Abs. 2 S. 1 2. Halbs. bei der Berücksichtigung der Geschlechter und der Anzahl der zu bestellenden Mitglieder den gleichen Bindungen wie der BR (*Fitting* Rn. 62; GK-BetrVG/*Kreutz* Rn. 64). Das Recht der Gewerkschaften, nichtstimmberechtigte Mitglieder zu entsenden, bleibt durch die arbeitsgerichtliche Bestellung unberührt (*Fitting* Rn. 63). Wird die erforderliche Zahl von Mitgliedern des Wahlvorstandes unterschritten, muss das Arbeitsgericht auf Antrag den Wahlvorstand ergänzen (LAG Düsseldorf DB 1975, 260; *Fitting* Rn. 64). Soweit es nach Abs. 2 S. 3 **externe Gewerkschaftsmitglieder** bestellt, reichen bloße Zweckmäßigkeitsüberlegungen nicht aus. Erforderlich ist diese Besetzung nur, wenn die konkreten Verhältnisse des Betriebes dies verlangen; etwa, weil nicht genügend AN bereit oder in der Lage sind, die zu besetzenden Wahlvorstandsämter zu übernehmen (LAG Düsseldorf 7. 11. 1974 DB 1975, 260; DKK/*Schneider* Rn. 28; *Fitting* Rn. 70; GK-BetrVG/*Kreutz* Rn. 68).

V. Rechtsstellung des Wahlvorstands und seiner Mitglieder

12   Die Mitgliedschaft im Wahlvorstand ist ein Ehrenamt (*Fitting* Rn. 73; GK-BetrVG/*Kreutz* Rn. 71). § 20 III enthält den Entgeltanspruch der Wahlvorstandsmitglieder bei Arbeitsausfall. Notwendige Aufwendungen sind ihnen zu erstatten. Die externen Gewerkschaftsmitglieder handeln ehrenamtlich und haben keinen unmittelbaren Lohnanspruch gegen den Betriebsinhaber (*Fitting* Rn. 73; aA DKK/*Schneider* Rn. 29), weil er nicht ihr AG ist. Er hat ihnen notwendige Aufwendungen und Auslagen inklusive eines Verdienstausfalls als Mitglieder des Wahlvorstands zu erstatten (DKK/*Schneider* Rn. 29; *Fitting* Rn. 73; GK-BetrVG/*Kreutz* Rn. 70), weil es sich um Kosten der Betriebsratswahl handelt. Soweit die Gewerkschaft Aufwendungen und Auslagen vorgestreckt hat, kann sie nach § 683 BGB beim AG Ersatz der Aufwendungen im Beschlussverfahren verlangen (GK-BetrVG/*Kreutz* Rn. 70; *Fitting* Rn. 73). Die Wahlvorstandsmitglieder genießen nach § 15 III KSchG, § 103 einen besonderen Kündigungsschutz. Das Amt und der Kündigungsschutz beginnen mit der Bestellung (*Fitting* Rn. 83). Der Kündigungsschutz endet sechs Monate nach der Bekanntgabe des Wahlergebnisses (*Fitting* § 103 Rn. 52). Wahlvorstandsmitglieder unterliegen – abgesehen von allgemeinen datenschutzrechtlichen Bestimmungen – keinen besonderen Verschwiegenheits- oder Geheimhaltungspflichten (*Fitting* Rn. 86). Die **Mitgliedschaft endet** mit Verlust des aktiven Wahlrechts (*Fitting* Rn. 26) oder Niederlegung des Amts (*Fitting* Rn. 85). Der Wahlvorstand kann als Gremium durch Beschluss nicht zurücktreten oder sich auflösen. Ein Selbstauflösungsrecht ist vom Gesetz nicht vorgesehen (LAG Düsseldorf 26. 3. 1975 DB 1975, 840; GK-BetrVG/*Kreutz* Rn. 79; *Richardi* Rn. 59). Alle Mitglieder und Ersatzmitglieder können ihr Amt jedoch niederlegen (GK-BetrVG/*Kreutz* Rn. 79; *Richardi* Rn. 60). Der BR kann weder das Gremium noch einzelne Mitglieder abberufen; dazu ist nur das ArbG nach § 18 I 2 befugt (DKK/*Schneider* Rn. 17; *Fitting* Rn. 26; GK-BetrVG/*Kreutz* Rn. 79). Das Amt des Wahlvorstandes erlischt nicht schon mit der Einladung zur konstituierenden Sitzung des BR nach § 29 I 1 (so BAG 14. 11. 1975 AP BetrVG 1972 § 18 Nr. 1; *Richardi* Rn. 58; *Fitting* Rn. 83). Es endet mit der Wahl des Wahlleiters für die Wahl des Betriebsratsvorsitzenden nach § 26 I 1. Bis zu diesem Zeitpunkt leitet der Vorsitzende des Wahlvorstandes nach § 29 I 2 diese Sitzung und nimmt damit die letzte Amtshandlung wahr (DKK/*Schneider* Rn. 20; GK-BetrVG/*Kreutz* Rn. 78). Beim einköpfigen BR endet das Amt des Wahlvorstands mit Annahme der Wahl durch den Gewählten (GK-BetrVG/*Kreutz* Rn. 78).

VI. Streitigkeiten

13   Vor Abschluss der Wahl entscheidet das Arbeitsgericht über die Bestellung und Zusammensetzung des Wahlvorstands nach §§ 2 a, 80 ff. ArbGG im arbeitsgerichtlichen Beschlussverfahren. Die Antragsberechtigung ist dabei analog § 19 II zu bestimmen, dh. sowohl die im Betrieb vertretene Gewerkschaft (BAG 14. 12. 1965 AP BetrVG § 16 Nr. 5) als auch der AG (BAG 3. 6. 1975 BetrVG 1972 § 5 Rotes Kreuz Nr. 1) sind antragsberechtigt. Gegebenenfalls kommt eine einstweilige Verfügung in Betracht (BAG 3. 6. 1975 BetrVG 1972 § 5 Rotes Kreuz Nr. 1). Gegenstand ist allein die Rechtmäßigkeit, nicht die Zweckmäßigkeit der Bestellung (*Fitting* Rn. 89). Verstöße gegen die Regelungen zur Bestellung und Zusammensetzung des Wahlvorstands können daneben zur Anfechtbarkeit der Wahl führen (BAG 2. 3. 1955 AP BetrVG § 18 Nr. 1; BAG 14. 9. 1988 AP BetrVG § 16 Nr. 1). Die ohne Wahlvorstand durchgeführte Betriebsratswahl ist nichtig (*Fitting* Rn. 87; Richardi/*Thüsing* Rn. 1).

Auch Streitigkeiten über die Rechtsstellung der Wahlvorstandsmitglieder sind im Beschlussverfahren zu entscheiden (DKK/*Schneider* Rn. 32; GK-BetrVG/*Kreutz* Rn. 81). In einem Beschlussverfahren zur Bestellung des Wahlvorstandes durch das Arbeitsgericht sind die als Mitglieder des Wahlvorstandes Vorgeschlagenen nicht Beteiligte des Beschlussverfahrens (BAG 6. 12. 1977 AP BetrVG 1972 § 118 Nr. 10).

§ 17 Bestellung des Wahlvorstands in Betrieben ohne Betriebsrat

(1) ¹Besteht in einem Betrieb, der die Voraussetzungen des § 1 Abs. 1 Satz 1 erfüllt, kein Betriebsrat, so bestellt der Gesamtbetriebsrat oder, falls ein solcher nicht besteht, der Konzernbetriebsrat einen Wahlvorstand. ²§ 16 Abs. 1 gilt entsprechend.

(2) ¹Besteht weder ein Gesamtbetriebsrat noch ein Konzernbetriebsrat, so wird in einer Betriebsversammlung von der Mehrheit der anwesenden Arbeitnehmer ein Wahlvorstand gewählt; § 16 Abs. 1 gilt entsprechend. ²Gleiches gilt, wenn der Gesamtbetriebsrat oder Konzernbetriebsrat die Bestellung des Wahlvorstands nach Absatz 1 unterlässt.

(3) Zu dieser Betriebsversammlung können drei wahlberechtigte Arbeitnehmer des Betriebs oder eine im Betrieb vertretene Gewerkschaft einladen und Vorschläge für die Zusammensetzung des Wahlvorstands machen.

(4) ¹Findet trotz Einladung keine Betriebsversammlung statt oder wählt die Betriebsversammlung keinen Wahlvorstand, so bestellt ihn das Arbeitsgericht auf Antrag von mindestens drei wahlberechtigten Arbeitnehmern oder einer im Betrieb vertretenen Gewerkschaft. ²§ 16 Abs. 2 gilt entsprechend.

I. Vorbemerkung

Die Regelung soll die Bestellung von Wahlvorständen im **betriebsratslosen Betrieb** erleichtern. Die 1 Betriebsversammlung ist jetzt erst zuständig, wenn Gesamt- oder KonzernBR fehlen oder den Wahlvorstand nicht bestellt haben. Wird der Wahlvorstand auch auf einer Betriebsversammlung nicht gewählt, bestellt ihn auf Antrag das Arbeitsgericht. Die Vorschrift ist zwingend. Sie gilt weder für die Wahl der JAV, noch für die Entsendung in den Gesamt- oder KonzernBR, in die Gesamt- und KonzernJAV.

II. Gesamt- und Konzernbetriebsrat

Der GesamtBR bestellt nach **Abs. 1** den Wahlvorstand für den betriebsratsfähigen aber betriebsrats- 2 losen Betrieb. Besteht kein GesamtBR, bestellt der KonzernBR. Die Vorschrift enthält keine Verpflichtung dieser Gremien. Sie regelt allein deren Zuständigkeit (*Fitting* Rn. 10; Richardi/*Thüsing* Rn. 3). Unerheblich ist, aus welchen Gründen kein BR besteht (*Fitting* Rn. 4; Richardi/*Thüsing* Rn. 4). Die Regelungen gelten sowohl für die erstmalige Errichtung eines BR als auch für den Fall, dass die Amtszeit des BR abgelaufen ist ohne dass er einen Wahlvorstand bestellt hat und das gerichtliche Bestellungsverfahren nicht durchgeführt wurde (*Fitting* Rn. 4; Richardi/*Thüsing* Rn. 4). Die Regelung ist **nicht anwendbar,** wenn der BR rechtskräftig nach § 23 I aufgelöst wurde. Dann ist der Wahlvorstand nach § 23 II alleine durch das Arbeitsgericht zu bestellen (*Fitting* Rn. 6; Richardi/*Thüsing* Rn. 4). Sie ist ebenso unanwendbar, wenn ein bestehender – auch nur nach § 22 geschäftsführende – BR die Bestellung unterlässt (*Fitting* Rn. 6). Auch hier erfolgt die Bestellung des Wahlvorstandes – diesmal nach § 16 II – durch das Arbeitsgericht, wenn bei ihm vor Ablauf der Amtszeit des BR ein entsprechender Antrag gestellt wird und der Wahlvorstand nicht schon nach § 16 III vom Gesamt- oder KonzernBR bestellt wurde (Einzelheiten § 16 Rn. 9).

III. Betriebsversammlung

In betriebsratslosen aber betriebsratsfähigen Betrieben wählt nach **Abs. 2** die Betriebsversammlung 3 den Wahlvorstand, wenn Gesamt- und KonzernBR fehlen oder untätig geblieben sind. Dabei ist unerheblich, warum es keinen Gesamt- bzw. KonzernBR gibt (*Fitting* Rn. 11). Die Bestellung wird **unterlassen,** wenn diese Gremien nicht tätig werden oder ihre Tätigkeit wieder eingestellt haben (*Fitting* Rn. 13; Richardi/*Thüsing* Rn. 6). Abs. 1 entfaltet zusammen mit Abs. 2 S. 2 Sperrwirkung gegenüber Abs. 2 S. 1. Es gilt die einfache Prioritätenregel: Die Betriebsversammlung darf erst stattfinden, wenn die Untätigkeit von Gesamt- und KonzernBR feststeht (Richardi/*Thüsing* Rn. 6). Das Gesetz enthält zwar keine ausdrückliche Verpflichtung, sich vor Einberufen der Betriebsversammlung zu vergewissern, ob nicht schon der Gesamt- oder KonzernBR die Bestellung des Wahlvorstandes betreiben (*Fitting* Rn. 14; aA Richardi/*Thüsing* Rn. 6). Die Betriebsversammlung kann jedoch nicht mehr stattfinden, wenn Gesamt- oder KonzernBR das Bestellungsverfahren aufgenommen haben und fortführen. Sie ist nicht erst dann gesperrt, wenn der Wahlvorstand schon bestellt ist (so aber *Fitting* Rn. 14). Das Gesetz sieht keinen Wettlauf der Zuständigkeiten vor. Wer eine Betriebsversammlung nach Abs. 2 S. 1 durchführen will, sollte sich daher erst einmal vergewissern, dass die Tätigkeit von Gesamt- oder KonzernBR die Wahl des Wahlvorstandes auf einer Betriebsversammlung nicht sperren. Denn eine auf einer (noch) nicht zulässigen Betriebsversammlung durchgeführte Wahl des Wahlvorstandes kann jedenfalls die Anfechtung der Betriebsratswahl rechtfertigen, wenn man sie nicht sogar für nichtig hält (so *Fitting* Rn. 14).

4   Die Aufzählung der **Einladungsberechtigten** in **Abs. 3** ist erschöpfend. Der AG (DKK/*Schneider* Rn. 3; *Fitting* Rn. 22; aA BAG 19. 3. 1974 AP BetrVG 1972 § 17 Nr. 1; Richardi/*Thüsing* Rn. 11; GK-BetrVG/*Kreutz* Rn. 23; HSG/*Schlochauer* Rn. 5) ist ebenso wenig einladungsberechtigt wie der amtierende BR (aA GK-BetrVG/*Kreutz* Rn. 22) oder weniger als drei AN (GK-BetrVG/*Kreutz* Rn. 12). Die Einladung durch einen hierzu nicht Berechtigten allein macht die Wahl jedoch weder nichtig, noch anfechtbar (vgl. *Fitting* Rn. 22; GK-BetrVG/*Kreutz* Rn. 19). § 17 Abs. 1 gehört insoweit nicht zu den wesentlichen Vorschriften über das Wahlverfahren. Nach Abs. 2 ist eine **Gewerkschaft** einladungsberechtigt, bei der mindestens ein im Betrieb Beschäftigter Mitglied ist. Das Einladungsrecht ist eine betriebsverfassungsrechtliche Befugnis iSd. § 2 II und vermittelt ein Zutrittsrecht der Gewerkschaft zum Betrieb (*Fitting* Rn. 20; GK-BetrVG/*Kreutz* Rn. 21). Das Einladungsrecht der Gewerkschaft entfällt nicht deshalb, weil bereits drei AN zu derselben Betriebsversammlung eingeladen haben (LAG Köln 6. 10. 1989 BB 1990, 998); gleiches gilt auch für den umgekehrten Fall.

5   **Form- oder Fristvorschriften** für die Einladung bestehen nicht (*Fitting* Rn. 17; DKK/*Schneider* Rn. 4). Es muss jedoch gewährleistet sein, dass alle AN über Termin, Ort und Zweck der Betriebsversammlung rechtzeitig informiert werden. Insoweit sind strenge Anforderungen zu stellen, weil sonst der Grundsatz der Allgemeinheit einer Wahl verletzt wird (BAG 7. 5. 1986 AP KSchG 1969 § 15 Nr. 18). Es genügt ein sichtbarer Aushang der Einladung im Betrieb. Da keine Schriftform vorgeschrieben ist, muss der Aushang von den Einladenden nicht unterschrieben sein (LAG Hamm 29. 11. 1973 DB 1974, 389). Hat der Betrieb Außenarbeitnehmer, können die Einladenden vom AG verlangen, dass er die Einladung auf seine Kosten zusendet (BAG 26. 2. 1992 AP BetrVG 1972 § 17 Nr. 6). Lädt die Gewerkschaft ein, kann auch sie die Übersendung der Einladungsschreiben vom AG verlangen (GK-BetrVG/*Kreutz* Rn. 24). Wird die Einladung nicht ausreichend bekannt gemacht und haben die AN dadurch nicht von der Versammlung erfahren, so ist die Wahl des Wahlvorstands nichtig, falls das Fernbleiben der nicht unterrichteten AN das Wahlergebnis beeinflussen konnte (BAG 7. 5. 1986 AP KSchG 1969 § 15 Nr. 18).

6   An der Versammlung **teilnahmeberechtigt** sind alle im Betrieb beschäftigten AN, auch die nicht Wahlberechtigten (DKK/*Schneider* Rn. 6; Richardi/*Thüsing* Rn. 14). Ausgeschlossen sind Beschäftigte nach § 5 II, III (DKK/*Schneider* Rn. 6; *Fitting* Rn. 24); dies gilt auch für Mitglieder des SpA (DKK/*Schneider* Rn. 6). Die Betriebsversammlung nach § 17 ist nicht nur nach § 44 I 1 in dem dort genannten Umfang jeder anderen Betriebsversammlung gleichzustellen. Auch im Übrigen sind die §§ 42ff. anzuwenden (GK-BetrVG/*Kreutz* Rn. 28). Teilnahmeberechtigt ist damit nicht nur der AG nach § 43 II 1 (LAG Berlin 10. 2. 1986, AuR 1987, 34; *Fitting* Rn. 26; GK-BetrVG/*Kreutz* Rn. 28; aA DKK/*Schneider* Rn. 6; Richardi/*Thüsing* Rn. 16). Auch die im Betrieb vertretene Gewerkschaft ist nach § 46 II berechtigt, beratend teilzunehmen (GK-BetrVG/*Kreutz* Rn. 28; Richardi/*Thüsing* Rn. 16). Bis zur Wahl eines **Versammlungsleiters** leiten die Einladenden die Versammlung (Richardi/*Thüsing* Rn. 15; *Fitting* Rn. 23). Für seine Wahl genügt die relative Mehrheit (GK-BetrVG/*Kreutz* Rn. 32). Wird eine Wahl des Versammlungsleiters nicht durchgeführt, sind die Mehrheit der Versammelten aber offensichtlich mit der Leitung einverstanden, führt dies allein nicht zur Ungültigkeit der Wahl des Wahlvorstands (BAG 14. 12. 1965 BetrVG § 16 Nr. 5).

7   Neben den Einladenden kann **Wahlvorschläge** jeder an der Betriebsversammlung teilnehmende AN machen (*Fitting* Rn. 21). Nach § 17 I 2, 16 I dürfen nur wahlberechtigte AN als Kandidaten benannt werden (DKK/*Schneider* Rn. 12). Dabei kann es sich um nach § 7 S. 2 wahlberechtigte LeihAN handeln (*Fitting* Rn. 7, s. § 16 Rn. 3). Die **Beschlussfähigkeit** der Wahl des Wahlvorstands hängt nicht von der Teilnahme einer Mindestzahl von AN ab, da nach I 1 „die Mehrheit der anwesenden AN" den Wahlvorstand wählt (DKK/*Schneider* Rn. 8; Richardi/*Thüsing* Rn. 19; *Fitting* Rn. 25; GK-BetrVG/*Kreutz* Rn. 29). Die Mehrheit der abgegebenen Stimmen reicht damit nicht aus (Richardi/*Thüsing* Rn. 22). Wird die Mehrheit im ersten Wahlgang nicht erreicht, ist ein zweiter Wahlgang erforderlich (Richardi/*Thüsing* Rn. 22). Stimmberechtigt sind alle teilnahmeberechtigten AN, auch soweit sie nicht zur Betriebsratswahl wahlberechtigt sind (DKK/*Schneider* Rn. 10; *Fitting* Rn. 27). Eine geheime Wahl ist nicht erforderlich (BAG 14. 12. 1965 AP BetrVG § 16 Nr. 5), wohl aber eine **Abstimmung,** zB durch Handaufheben, da sonst keine aktive Wahl iSd. § 17 I vorliegt (*Fitting* Rn. 27; Richardi/*Thüsing* Rn. 24). Unter Berücksichtigung des speziellen Charakters der Versammlung gelten die allgemeinen Vorschriften zur Betriebsversammlung. Sie findet nach § 44 I grundsätzlich ohne Entgeltausfall während der Arbeitszeit statt (Richardi/*Thüsing* Rn. 17; *Fitting* Rn. 26). Besonders entstehende Fahrtkosten sind zu erstatten sind (*Fitting* Rn. 26; vgl. § 44 Rn. 2ff.; 7ff.).

8   Die Betriebsversammlung bestimmt aus der Mitte der Gewählten den **Vorsitzenden,** der gleichfalls die Mehrheit der Stimmen aller Teilnehmer bekommen muss. Unterlässt die Betriebsversammlung die Wahl des Vorsitzenden, ist er von den Mitgliedern des Wahlvorstands aus ihrer Mitte selbst zu

bestimmen (BAG 14. 12. 1965 AP BetrVG § 16 Nr. 5; Richardi/*Thüsing* Rn. 25). Der Entscheidungsspielraum der Betriebsversammlung zur Struktur und Zusammensetzung des Wahlvorstands deckt sich nach § 17 I 2 iVm. § 16 I mit dem des BR (vgl. § 16 Rn. 5). Nach § 17 I 2 iVm. § 16 I 7 hat auch hier die im Betrieb vertretene Gewerkschaft ein Entsendungsrecht nicht stimmberechtigter Wahlvorstandsmitglieder, wenn die sonstigen Voraussetzungen vorliegen (vgl. § 16 Rn. 6).

IV. Arbeitsgericht

Beide Alternativen des **Abs. 4** setzen die **Einladung** zu einer Betriebsversammlung voraus. Sie muss ordnungsgemäß gewesen sein (BAG 26. 2. 1992 AP BetrVG 1972 § 17 Nr. 6). Eine gerichtliche Bestellung scheidet auch dann aus, wenn die Einladung daran scheitert, dass der AG seine notwendige Mitwirkung verweigert (BAG 26. 2. 1992 AP BetrVG 1972 § 17 Nr. 6; GK-BetrVG/*Kreutz* Rn. 45; Richardi/*Thüsing* Rn. 28; aA *Fitting* Rn. 33). Andernfalls würden die Interessen der Gesamtbelegschaft übergangen. Der Wahlvorstand soll nach Wortlaut und Sinn der Vorschrift erst durch das Gericht installiert werden, nachdem die Belegschaft sich artikuliert hat; sei es durch Nichterscheinen auf der Betriebsversammlung, sei es, dass dort kein Wahlvorstand gewählt wird. Die Verweigerung der Mitwirkung des AG kann im Übrigen gerichtlich überwunden werden. Unerheblich ist, warum auf der Betriebsversammlung kein Wahlvorstand installiert wurde (GK-BetrVG/*Kreutz* Rn. 46). 9

Antragsberechtigt sind nach Abs. 4 eine im Betrieb vertretene Gewerkschaft oder mindestens drei AN des Betriebes. Dritte können das Verfahren nicht einleiten (*Fitting* Rn. 34). Die Antragsteller brauchen nicht mit denjenigen identisch zu sein, die ergebnislos zur Betriebsversammlung eingeladen haben (DKK/*Schneider* Rn. 16; Richardi/*Thüsing* Rn. 29; GK-BetrVG/*Kreutz* Rn. 43). Aus § 17 IV 2 iVm. § 16 II 1 Halbs. 2, I ergeben sich auch für die Bestellung durch das Arbeitsgericht dieselben Anforderungen zur Zusammensetzung und Struktur des Wahlvorstands wie bei der Bestellung durch den BR (vgl. § 16 Rn. 5 f.). Auch betriebsfremde Gewerkschaftsmitglieder einer im Betrieb vertretenen Gewerkschaft können unter den dort genanten Voraussetzungen bestellt werden (s. 16 Rn. 6). Bis zur rechtskräftigen Entscheidung des Bestellungsverfahrens nach Abs. 4 kann der Wahlvorstand auf einer Betriebsversammlung gewählt werden (BAG 19. 3. 1974 AP BetrVG 1972 § 17 Nr. 1; DKK/*Schneider* Rn. 15; Richardi/*Thüsing* Rn. 8; *Fitting* Rn. 36). 10

V. Kündigungsschutz

Die ordentliche Kündigung eines Mitglieds des Wahlvorstandes ist nach **§ 15 III KSchG** vom Zeitpunkt seiner Bestellung an bis zur Bekanntgabe des Wahlergebnisses und als nachwirkender Kündigungsschutz grundsätzlich bis sechs Monate nach Bekanntgabe des Wahlergebnisses unzulässig. Die zur Wahl des Wahlvorstandes einladenden AN und diejenigen, die seine Bestellung beim Arbeitsgericht beantragen sind in ähnlicher Weise schutzbedürftig. Auch sie können nach **§ 15 III a S. 1 KSchG** vom Zeitpunkt der Einladung oder Antragstellung bis zur Bekanntgabe des Wahlergebnisses nicht ordentlich gekündigt werden. Wird kein BR gewählt, besteht der Schutz nach **Satz 2** nur für drei Monate Ein nachwirkender Kündigungsschutz ist nicht vorgesehen (*Fitting* Rn. 40). Der Schutz ist nach **Satz 1 aE** auf die gesetzliche Mindestzahl von Einladenden bzw. Antragstellern begrenzt. Ist ihre Zahl höher, sind nur die Ersten drei in der Einladung oder dem Antrag Aufgeführten geschützt. Wie diese Reihenfolge von wem nach welchen Kriterien bestimmt wird, ist nicht geregelt. 11

VI. Streitigkeiten

Über die Wahl des Wahlvorstands nach § 17 wird nach den §§ 2 a, 80 ff. ArbGG im arbeitsgerichtlichen Beschlussverfahren entschieden. Ist die Wahl eines Wahlvorstands nichtig, ist auch die von diesem organisierte Betriebsratswahl nichtig (GK-BetrVG/*Kreutz* Rn. 53). In einem Beschlussverfahren zur Bestellung eines Wahlvorstands durch das Arbeitsgericht sind die als seine Mitglieder Vorgeschlagenen nicht Beteiligte (BAG 6. 12. 1977 AP BetrVG 1972 § 118 Nr. 10). 12

§ 17 a Bestellung des Wahlvorstands im vereinfachten Wahlverfahren

Im Fall des § 14 a finden die §§ 16 und 17 mit folgender Maßgabe Anwendung:
1. Die Frist des § 16 Abs. 1 Satz 1 wird auf vier Wochen und die des § 16 Abs. 2 Satz 1, Abs. 3 Satz 1 auf drei Wochen verkürzt.
2. § 16 Abs. 1 Satz 2 und 3 findet keine Anwendung.
3. In den Fällen des § 17 Abs. 2 wird der Wahlvorstand in einer Wahlversammlung von der Mehrheit der anwesenden Arbeitnehmer gewählt. Für die Einladung zu der Wahlversammlung gilt § 17 Abs. 3 entsprechend.
4. § 17 Abs. 4 gilt entsprechend, wenn trotz Einladung keine Wahlversammlung stattfindet oder auf der Wahlversammlung kein Wahlvorstand gewählt wird.

Eisemann

1. Vorbemerkung. Die Vorschrift enthält besondere Regelungen für die Bestellung des Wahlvorstandes im vereinfachten obligatorischen Wahlverfahren nach § 14a I–IV. Grundlage für die Bestellung des Wahlvorstandes bleiben die §§ 16 und 17. Sie wurden modifiziert, um eine zügigere Wahl des BR sicherzustellen. Für das Verfahren nach § 14a V ist die Vorschrift unanwendbar (*Fitting* Rn. 2; *Richardi/Thüsing* Rn. 1). Dort wird vorausgesetzt, dass es einen – nach allgemeinen Regeln bestellten – Wahlvorstand gibt, der daher mit dem AG das vereinfachte Verfahren nur noch für die zweite Stufe vereinbaren kann. Die Vorschrift ist im gleichen Umfang zwingend wie § 16 (s. dort Rn. 1).

2. Bestellungsverfahren. Im vereinfachten Verfahren kann der **BR** mit der Bestellung des Wahlvorstandes nach **Ziff. 1** sechs Wochen länger zuwarten als im Normalfall nach § 16 I. Frühestens drei Wochen und nicht schon acht Wochen vor Ablauf der Amtszeit des säumigen BR können der Gesamt- oder falls dieser fehlt der KonzernBR (s. § 16 Rn. 9) nach § 16 III den Wahlvorstand bestellen. Erst zum gleichen Zeitpunkt können drei AN des Betriebes oder eine dort vertretene Gewerkschaft (s. § 16 Rn. 10) den Antrag zur Bestellung des Wahlvorstandes durch das Arbeitsgericht nach § 16 II stellen. Der Sinn dieser „Verkürzung" von Fristen erschließt sich nicht. Sie führt zu einer unangemessenen und unnötigen Hektik bei der Betriebsratswahl im vereinfachten Verfahren. Jedenfalls bleibt es dem BR unbenommen, den Wahlvorstand auch schon eher zu bestellen. Denn bei der Verkürzung der entsprechenden Frist in Ziff. 1 handelt es sich um eine Mindestfrist (*Fitting* Rn. 4). Das Verhältnis der Bestellung des Wahlvorstandes durch den BR, den Gesamt- oder KonzernBR bzw. das Arbeitsgericht bestimmt sich wie bei § 16 nach dem Prioritätenprinzip (s. dort Rn. 9). Der Wahlvorstand besteht im vereinfachten Verfahren nach **Ziff. 2** stets aus drei Mitgliedern. Ersatzmitglieder können bestellt werden (DKK/*Schneider* Rn. 1; *Fitting* Rn. 7). Auch im vereinfachten Verfahren sollen nach § 16 I 6 Frauen und Männer dem Wahlvorstand angehören, und im Betrieb vertretene Gewerkschaften können nach § 16 I 5 einen Beauftragten als nicht stimmberechtigtes Mitglied in den Wahlvorstand entsenden (DKK/*Schneider* Rn. 1). Ziff. 1 und 2 gelten auch für Betriebe, in denen der BR ein Übergangsmandat nach § 21a wahrnimmt (*Fitting* Rn. 5).

3. Wahlverfahren. Für Betriebe **ohne BR** bestellen auch im vereinfachten Verfahren nach § 17 I der Gesamt- bzw. falls er nicht besteht der KonzernBR den Wahlvorstand (DKK/*Schneider* Rn. 2; *Fitting* Rn. 8; *Hanau* RdA 2001, 65; aA *Löwisch* BB 2001, 1734). § 17a ergänzt § 17, er ersetzt ihn nicht. Auch wenn ihre Zuständigkeit – nicht noch einmal – ausdrücklich angeordnet ist, folgt sie doch aus der Systematik der Vorschrift. Nur wenn beide nicht bestehen oder die Bestellung des Wahlvorstandes unterlassen haben (hierzu § 17 Rn. 3) wird der Wahlvorstand nach **Ziff. 3** auf einer Betriebsversammlung nach § 17 II und III gewählt. Für diese Versammlung gelten grundsätzlich keine anderen Regeln als für die Wahl des Wahlvorstandes außerhalb des vereinfachten Verfahrens (s. § 14a Rn. 2, 3 und § 17 Rn. 3–8). Anders als bei § 17 III (s. dort. Rn. 5) muss die Einladung zur Wahl des Wahlvorstandes aber nach § 28 I 2 WO spätestens 7 Tage vor dem Tag der Wahlversammlung erfolgen und die Zahl der Wahlvorstandsmitglieder ist auch in diesem Fall nach Ziff. 2 auf drei begrenzt (*Fitting* Rn. 15).

4. Arbeitsgericht. Den Antrag nach **Ziff. 4** können nach § 17 IV ausschließlich drei wahlberechtigte AN oder eine im Betrieb vertretene Gewerkschaft (*Fitting* Rn. 19; s. § 17 Rn. 9) stellen. Für die Zusammensetzung des Wahlvorstandes und die Vorschläge zu seiner Zusammensetzung gelten über Ziff. 4 Satz 2 die allgemeinen Vorschriften (s. § 16 Rn. 5–10), so dass in Betrieben mit mehr als 20 wahlberechtigten AN auch nicht betriebsangehörige Gewerkschaftsmitglieder vom Arbeitsgericht in den Wahlvorstand berufen werden können. Bis zur rechtskräftigen Entscheidung kann der Wahlvorstand noch nach Ziff. 3 von der Wahlversammlung bestellt werden (s. § 17 Rn. 10).

5. Streitigkeiten. Streitigkeiten, die sich aus § 17a ergeben, sind im Beschlussverfahren nach den §§ 2a, 80ff. ArbGG auszutragen. Verstöße gegen § 17a können eine Wahlanfechtung nach § 19 rechtfertigen. Trotz ihrer Initiativrechte nach Ziff. 3 und 4 besteht kein Rechtsschutzinteresse einer im Betrieb vertretenen Gewerkschaft für die gerichtliche Feststellung, das ein BR zu bilden sei (BAG 3. 2. 1976 AP BetrVG 1972 § 118 Nr. 8).

§ 18 Vorbereitung und Durchführung der Wahl

(1) ¹Der Wahlvorstand hat die Wahl unverzüglich einzuleiten, sie durchzuführen und das Wahlergebnis festzustellen. ²Kommt der Wahlvorstand dieser Verpflichtung nicht nach, so ersetzt ihn das Arbeitsgericht auf Antrag des Betriebsrats, von mindestens drei wahlberechtigten Arbeitnehmern oder einer im Betrieb vertretenen Gewerkschaft. ³ § 16 Abs. 2 gilt entsprechend.

(2) Ist zweifelhaft, ob eine betriebsratsfähige Organisationseinheit vorliegt, so können der Arbeitgeber, jeder beteiligte Betriebsrat, jeder beteiligte Wahlvorstand oder eine im Betrieb vertretene Gewerkschaft eine Entscheidung des Arbeitsgerichts beantragen.

(3) ¹Unverzüglich nach Abschluss der Wahl nimmt der Wahlvorstand öffentlich die Auszählung der Stimmen vor, stellt deren Ergebnis in einer Niederschrift fest und gibt es den Arbeitneh-

mern des Betriebs bekannt. ²Dem Arbeitgeber und den im Betrieb vertretenen Gewerkschaften ist eine Abschrift der Wahlniederschrift zu übersenden.

I. Aufgaben des Wahlvorstands

Die Vorschrift beschreibt in den Abs. 1 und 3 die grundlegenden Rechte und Pflichten des Wahlvorstandes. Sie werden durch die WO ergänzt und konkretisiert. Dazu gehört auch das Recht und die Pflicht, fehlerhafte Maßnahmen zu korrigieren und notfalls, wenn eine Korrektur nicht mehr möglich ist, die Wahl abzubrechen (LAG Bremen 27. 2. 1990 DB 1990, 1571). Der Wahlvorstand kann für die laufenden Geschäfte einen **geschäftsführenden Ausschuss** bilden (*Fitting* Rn. 8). Die materiellen Grundentscheidungen, zB Erlass des Wahlausschreibens, Entscheidungen über Wahlrecht, die Wählbarkeit oder die Gültigkeit der Vorschlagslisten muss der gesamte Wahlvorstand treffen (DKK/*Schneider* Rn. 2; *Fitting* Rn. 8). Er trifft seine Entscheidungen mit **einfacher Mehrheit** durch Beschluss (DKK/*Schneider* Rn. 2; GK-BetrVG/*Kreutz* Rn. 11). Die **Gewerkschaften** sind auf Grund ihrer betriebsverfassungsrechtlichen Unterstützungsfunktion berechtigt, den Wahlvorstand auf Anfrage zu beraten (DKK/*Schneider* Rn. 2; *Fitting* Rn. 11; GK-BetrVG/*Kreutz* Rn. 13). Sie haben kein eigenständiges Teilnahmerecht an den Sitzungen des Wahlvorstands, können aber auf Bitte des Wahlvorstands an den Sitzungen teilnehmen (DKK/*Schneider* Rn. 2; *Fitting* Rn. 11; GK-BetrVG/*Kreutz* Rn. 13). Zu diesem Zweck können sie nach § 2 II den Betrieb aufsuchen (*Fitting* Rn. 13). Der AG hat alle für die Wahl erforderlichen Auskünfte zu erteilen und erforderliche Unterlagen zur Verfügung zu stellen (DKK/*Schneider* Rn. 3; GK-BetrVG/*Kreutz* Rn. 15).

1. Einleitung der Wahl. Nach **Abs. 1 S. 1** hat der Wahlvorstand die Wahl nach seinem Ermessen ohne schuldhaftes Zögern einzuleiten (Richardi/*Thüsing* Rn. 4; DKK/*Schneider* Rn. 2; GK-BetrVG/*Kreutz* Rn. 18). Er muss abwägen: Einerseits trifft ihn die Pflicht, die Wahl so zügig durchzuführen, dass betriebsratslose Zeiten nicht entstehen. Andererseits muss er die Wahl gründlich vorbereiten, um ihre Anfechtbarkeit oder Nichtigkeit zu vermeiden (DKK/*Schneider* Rn. 2; GK-BetrVG/*Kreutz* Rn. 18). Nach § 3 I 2 WO ist die Betriebsratswahl mit Erlass des Wahlausschreibens eingeleitet. Aus den Angaben, die es nach § 3 II WO enthalten muss, lassen sich die wesentlichen Aufgaben des Wahlvorstands zur Vorbereitung einer ordnungsgemäßen Einleitung der Wahl ersehen: Erstellen der Wählerliste nach § 2 I WO; Feststellung des Anteils der Geschlechter im Betrieb und der Mindestquote; Feststellung der Anzahl der zu wählenden BRMitglieder nach §§ 9, 11; Berechnung der Mindestzahl von Stützunterschriften für Wahlvorschläge nach § 14 IV; Festlegung des Orts, Tags und der Zeit der Stimmabgabe; Beschlussfassung, ob schriftliche Wahl nach § 26 III WO erfolgen soll; Bestimmung der Betriebsadresse des Wahlvorstands. Darüber hinaus kann der Wahlvorstand die Bestellung von Wahlhelfern und eine schriftliche Geschäftsordnung beschließen (§ 1 II WO). Gegebenenfalls muss er ein Zuordnungsverfahren nach § 18 a durchführen. Schließlich muss er ordnungsgemäß, dh. spätestens sechs Wochen vor dem ersten Tag der Stimmabgabe, das Wahlausschreiben nach § 3 WO erlassen. Mit dem Aushang des Wahlausschreibens wird ua. sichergestellt, dass alle Interessenten erfahren, ob und unter welchen Voraussetzungen Wahlvorschläge gemacht werden können. Es muss daher an einem geeigneten Ort ausgehängt werden, von dem angenommen werden kann, dass ihn die Beschäftigten auch aufsuchen (LAG Brandenburg 17. 12. 2002 – 1 TaBV 19/02; DKK/*Schneider* § 3 WO Rn. 18).

2. Durchführung der Wahl. Vor der Durchführung des Wahlgangs nach § 12 WO sind vom Wahlvorstand ua. folgende Aufgaben zu erledigen: Entscheidung über die Richtigkeit von Einsprüchen gegen die Wählerliste nach § 4 I, II WO; Entgegennahme und Prüfung von Wahlvorschlägen nach §§ 6 ff. WO; gegebenenfalls Setzung einer Nachfrist; Auslosung der Reihenfolge der Vorschlagslisten nach § 10 I WO; Bekanntgabe der Wahlvorschläge nach § 10 II WO; technische Vorbereitung des Wahlgangs, wie Beschaffen der Stimmzettel, Wahlumschläge und Wahlurnen (§§ 11 I 2, 12 I 1 WO). Nach Abschluss des Wahlgangs muss der Wahlvorstand nach § 14 WO die **Stimmen auszählen**. Nach **Abs. 3** muss dies ohne schuldhaftes Zögern und öffentlich erfolgen. Gemeint ist nicht die allgemeine Öffentlichkeit, sondern die AN des Betriebs und alle, die ein berechtigtes Interesse an der Betriebsratswahl haben (BAG 15. 11. 2000 AP BetrVG 1972 § 18 Nr. 10; *Fitting* Rn. 23; GK-BetrVG/*Kreutz* Rn. 33). Dazu zählt auch eine im Betrieb vertretene Gewerkschaft (*Fitting* Rn. 23; GK-BetrVG/*Kreutz* Rn. 33). Öffentlichkeit der Sitzung erfordert, dass die Sitzung unter Hinweis auf die Betriebsöffentlichkeit vorher im Betrieb angekündigt wird (BAG 15. 11. 2000 AP BetrVG 1972 § 18 Nr. 10; GK-BetrVG/*Kreutz* Rn. 34). Das Gebot der Öffentlichkeit ist eine wesentliche Wahlverfahrensvorschrift iSd. § 19 I. Ein Verstoß kann die Anfechtung der Wahl begründen (BAG 15. 11. 2000 AP BetrVG 1972 § 18 Nr. 10; GK-BetrVG/*Kreutz* Rn. 34). Die Auszählung der Stimmen kann durch eine EDV-Anlage vorgenommen werden, wenn die Verantwortlichkeit des Wahlvorstands für den Auszählungsvorgang und die Öffentlichkeit der Stimmauszählung gewahrt bleibt (LAG Berlin 16. 11. 1987 DB 1988, 504; *Fitting* Rn. 24). Auch die Feststellung des Wahlergebnisses ist öffentlich. Sie gehört zu seiner Ermittlung (Richardi/*Thüsing* Rn. 7; *Fitting* Rn. 27; GK-BetrVG/*Kreutz* Rn. 32). Das vorläufige Wahlergebnis ist nach § 16 WO in der **Wahlniederschrift** festzuhalten. Eine Abschrift ist dem AG und den im Betrieb vertretenen Gewerkschaften unverzüglich (DKK/*Schneider* Rn. 8; *Fitting* Rn. 28) zu übersenden. Die Verletzung dieser Pflicht begründet kein Anfechtungsrecht, da sie die Wahl als solche nicht berührt (*Fitting* Rn. 29). Haben die Gewählten die Wahl angenommen, ist das endgültige Wahlergebnis nach § 18 WO durch zweiwöchigen Aushang bekanntzugeben. Damit ist die Betriebsratswahl beendet. Der Wahlvorstand muss nach § 29 I vor Ablauf einer Woche nach dem letzten Wahltag die konstituierende Sitzung des BR einberufen und die Wahlakten dem BR übergeben, damit dieser sie aufbewahren kann (§ 19 WO). Das Amt des Wahlvorstands endet, wenn der neu gewählte BR nach § 29 I 2 einen Wahlleiter für die Wahl des Betriebsratsvorsitzenden bestellt hat (DKK/*Schneider* Rn. 9; aA BAG 14. 11. 1975 AP BetrVG 1972 § 18 Nr. 1; vgl. näher § 16 Rn. 11).

II. Ersetzung des Wahlvorstands

4   Voraussetzung für die Ersetzung nach **Abs. 1 S. 2** ist die objektive Untätigkeit oder Säumnis des Wahlvorstands. Ein Verschulden ist nicht erforderlich (DKK/*Schneider* Rn. 11; Richardi/*Thüsing* Rn. 11; *Fitting* Rn. 48; GK-BetrVG/*Kreutz* Rn. 45). Unzweckmäßige Aktivitäten des Wahlvorstands rechtfertigen die Abberufung nur, wenn sie die Betriebsratswahl verzögern (Richardi/*Thüsing* Rn. 10; *Fitting* Rn. 48). Die Durchführung der Wahl selbst muss gefährdet sein. Die Ersetzungsbefugnis soll nicht allgemein die Recht- und Ordnungsmäßigkeit der Wahl sicherstellen, sondern die Durchführung der Wahl ermöglichen (DKK/*Schneider* Rn. 11; GK-BetrVG/*Kreutz* Rn. 42). Deshalb kann bloßer pflichtwidriger Ermessensmissbrauch durch den Wahlvorstand nur durch das arbeitsgerichtliche Kontrollverfahren korrigiert werden (vgl. Rn. 9), nicht aber zum Ersetzungsverfahren führen (*Fitting* Rn. 48). Liegen die Voraussetzungen vor und ist das Verfahren nach Abs. 1 S. 2 eingeleitet worden, kann sich der Wahlvorstand der Ersetzung nicht mehr entziehen, indem er das Wahlverfahren einleitet oder zu beschleunigen sucht (DKK/*Schneider* Rn. 10). Das Arbeitsgericht beruft den alten Wahlvorstand ab und bestellt zugleich einen neuen Wahlvorstand. Mit Rechtskraft der Entscheidung ist der alte Wahlvorstand aufgelöst (DKK/*Schneider* Rn. 15; *Fitting* Rn. 51). Für die Bestellung des neuen Wahlvorstandes gelten nach Abs. 1 S. 3 iVm. § 16 II 1 2. Halbs., die Vorschriften über seine Zusammensetzung entsprechend. Der Wahlvorstand kann nur insgesamt ersetzt werden. Der Ausschluss eines einzelnen Mitglieds ist in § 18 I 2 nicht vorgesehen (DKK/*Schneider* Rn. 15; Richardi/*Thüsing* Rn. 15; *Fitting* Rn. 47). Ein Mitglied des alten Wahlvorstands kann aber wieder bestellt werden, zB weil es keinen Anlass für die Abberufung gegeben hat (DKK/*Schneider* Rn. 16; *Fitting* Rn. 52).

5   Die Abberufung hat **keine rückwirkende Kraft**, so dass ordnungsgemäße Maßnahmen des alten Wahlvorstands rechtswirksam bleiben (DKK/*Schneider* Rn. 15; *Fitting* Rn. 51; GK-BetrVG/*Kreutz* Rn. 52). Fehlerhafte Maßnahmen können und müssen durch den neuen Wahlvorstand korrigiert werden (Richardi/*Thüsing* Rn. 16; *Fitting* Rn. 51; GK-BetrVG/*Kreutz* Rn. 52). Die Mitglieder des abberufenen Wahlvorstandes verlieren mit Rechtskraft des Beschlusses den besonderen Kündigungsschutz nach § 15 III; sie genießen keinen nachwirkenden Kündigungsschutz (GK-BetrVG/*Kreutz* Rn. 52; Richardi/*Thüsing* Rn. 17).

III. Feststellung betriebsratsfähiger Organisationseinheiten

6   Das Gesetz knüpft nicht nur für die Organisation sondern auch für den Umfang der Beteiligungsrechte an betriebsratsfähige Organisationseinheiten an. Die Neuregelungen zur Organisation der Betriebsverfassung in den §§ 1, 3 und 4 haben es nicht einfacher gemacht, diese Einheiten zu bestimmen und von einander abzugrenzen. Oft kann nur ein Richterspruch die notwendige Klarheit schaffen. Nach **Abs. 2** kann daher jederzeit (DKK/*Schneider* Rn. 17; *Fitting* Rn. 57; Richardi/*Thüsing* Rn. 22; zum alten Recht BAG 9. 4. 1991 AP BetrVG 1972 § 18 Nr. 8) und unabhängig davon, ob eine Betriebsratswahl ansteht, durch arbeitsgerichtliche Entscheidung geklärt werden, was im konkreten Fall als eine betriebsratsfähige Organisationseinheit anzusehen ist. So kann ua. Gegenstand des Verfahrens sein, ob durch die Zusammenlegung zweier Betriebe ein einheitlicher Betrieb entstanden ist (BAG 25. 9. 1986 AP BetrVG 1972 § 1 Nr. 7), ob mehrere Unternehmen einen gemeinsamen Betrieb bilden (BAG 9. 4. 1991 AP BetrVG 1972 § 18 Nr. 8), ob und welche betriebsverfassungsrechtlichen Strukturen wirksam nach § 3 gebildet wurden (*Fitting* Rn. 54; Richardi/*Thüsing* Rn. 23), ob Betriebsteile nach § 4 I 1 als selbständig gelten (BAG 17. 1. 1978 AP BetrVG 1972 § 1 Nr. 1), ob ein Beschluss nach § 4 I 2 wirksam war (*Fitting* Rn. 54; Richardi/*Thüsing* Rn. 23), ob wir es mit einem Kleinstbetrieb nach § 4 II zu tun haben und welchem Hauptbetrieb er zuzuordnen ist. Die im Beschlussverfahren ergangene Entscheidung hat **präjudizielle Bindungswirkung** auch für nachfolgende Urteilsverfahren, zB den Nachteilsausgleich nach § 113 (*Fitting* Rn. 58; Richardi/*Thüsing* Rn. 30). Die Entscheidung ist solange bindend, als die tatsächlichen Voraussetzungen von denen das Arbeitsgericht ausgegangen ist, sich nicht geändert haben (Richardi/*Thüsing* Rn. 29; *Fitting* Rn. 58; GK-BetrVG/*Kreutz* Rn. 63).

7   Sollte **vor Abschluss des Wahlverfahrens** das Gericht rechtskräftig eine andere Betriebsabgrenzung feststellen, ist die Wahl abzubrechen und ein neues Wahlverfahren einzuleiten (DKK/*Schneider*

Rn. 22; *Fitting* Rn. 61; GK-BetrVG/*Kreutz* Rn. 61). Ergeht **während der Amtszeit** eines BR eine rechtskräftige Entscheidung, wonach die Zuordnungen fehlerhaft erfolgten, ist das Ergebnis grundsätzlich erst für die nächste Wahl maßgebend. Der auf fehlerhafter Grundlage gewählten BR bleiben im Amt, da die Verkennung des Betriebsbegriffs regelmäßig nur zur Anfechtbarkeit, nicht zur Nichtigkeit der Wahl führt und der Mangel nur innerhalb der Anfechtungsfrist des § 19 II geltend gemacht werden kann (DKK/*Schneider* Rn. 22; *Fitting* Rn. 63; GK-BetrVG/*Kreutz* Rn. 62). Wird festgestellt, dass eine betriebsratsfähige Organisationseinheit nach § 3 I Ziff. 1–3 nicht wirksam errichtet wurde, bleibt der dort gewählte BR bis zur nächsten Betriebsratswahl im Amt (Richardi/*Thüsing* Rn. 32). Nichts anderes gilt für den umgekehrten Fall: Wahl eines BR für einen Betrieb, der Teil einer Organisationseinheit nach § 3 I Ziff. 1–3 ist (Richardi/*Thüsing* Rn. 32). Stellt das ArbG fest, dass ein Kleinstbetrieb oder Betriebsteil dem Hauptbetrieb zu Unrecht zugeordnet wurde, bleibt der BR des Hauptbetriebs im Interesse einer kontinuierlichen BRarbeit bis zum Ablauf seiner Amtszeit für den Betriebsteil zuständig (DKK/*Schneider* Rn. 22; *Fitting* Rn. 62; Richardi/*Thüsing* Rn. 33; GK-BetrVG/*Kreutz* Rn. 62). Gleiches gilt für den umgekehrten Fall: Auch der BR in einem bisher für selbständig gehaltenen, nunmehr durch gerichtlichen Beschluss dem Hauptbetrieb zuzuordnenden Betriebsteil, bleibt bis zum Ablauf seiner Amtszeit im Amt (DKK/*Schneider* Rn. 22; *Fitting* Rn. 63; GK-BetrVG/*Kreutz* Rn. 62; Richardi/*Thüsing* Rn. 34). Wurde dort bisher kein BR gewählt, erstreckt sich die Zuständigkeit des BR des Hauptbetriebs ab rechtskräftiger Zuordnung des Betriebsteils zum Hauptbetrieb auch auf diese Bereiche (vgl. hierzu BAG 3. 12. 1985 AP BetrVG 1972 § 99 Nr. 28) Nach rechtskräftiger Zuordnung kann entsprechend § 13 II Nr. 1 eine Neuwahl wegen Veränderung der Belegschaftsstärke in Betracht kommen (*Fitting* Rn. 64).

IV. Streitigkeiten

Über Streitigkeiten, die sich aus dieser Vorschrift ergeben, wird im arbeitsgerichtlichen **Beschluss-** 8 **verfahren** nach den §§ 2 a, 80 ff. ArbGG entschieden (DKK/*Schneider* Rn. 23; *Fitting* Rn. 65). Im **Abberufungsverfahren nach Abs. 1 Satz 2** ist der AG nicht **antragsberechtigt**. Antragsberechtigt ist über den Wortlaut der Vorschrift hinaus nach den allgemeinen Grundsätzen des Beschlussverfahrens (s. ArbGG § 81 Rn. 10) jeder, der durch Maßnahmen des Wahlvorstandes in seinem aktiven oder passiven Wahlrecht betroffen ist. Neben dem BR sind auch der Gesamt- und KonzernBR antragsberechtigt, wenn einer von ihnen den Wahlvorstand bestellt hat (*Fitting* Rn. 46). Der Wahlvorstand selbst ist Beteiligter. Auch im **Zuordnungsverfahren nach Abs. 2** folgt die **Antragsberechtigung** den generellen Regeln des Beschlussverfahrens (aA DKK/*Schneider* Rn. 20 abschließende Regelung). Antragsberechtigt ist über die im Gesetz ausdrücklich genannten Personen und Stellen hinaus jeder, dem die streitgegenständlichen betriebsverfassungsrechtlichen Normen eine eigene Rechtsposition einräumen, die ihm erlauben, sie mit seinem Antrag zu schützen (BAG 23. 2. 1988 AP ArbGG 1979 § 81 Nr. 9; s. ArbGG § 81 Rn. 10). Wurde ein Betriebsteil als selbständiger Betrieb angesehen und hatte er einen eigenen BR ist er neben dem BR des Hauptbetriebes beteiligt und antragsberechtigt (BAG 24. 2. 1976 AP BetrVG 1972 § 4 Nr. 2; BAG 29. 1. 1987 AP BetrVG 1972 § 1 Nr. 6). Antragsberechtigt ist nicht allein der Wahlvorstand des Hauptbetriebes, sondern auch die Wahlvorstände der Organisationseinheiten, um deren betriebsverfassungsrechtliche Stellung es geht (DKK/*Schneider* Rn. 20; *Fitting* Rn. 59; Richardi/*Thüsing* Rn. 25). Eine Gewerkschaft ist antragsberechtigt, wenn sie im Hauptbetrieb oder in einer der Organisationseinheiten vertreten ist (hierzu § 2 Rn. 4), um deren Stellung es geht (Vgl. BAG 5. 6. 1964 AP BetrVG § 3 Nr. 7; Richardi/*Thüsing* Rn. 25). Antragsberechtigt ist jeder beteiligte Sprecherausschuss für leitende Angestellte und jeder bei deren Wahl beteiligte Wahlvorstand (Richardi/*Thüsing* Rn. 26). In einem vom AG eingeleiteten Verfahren soll der Wahlvorstand, nicht aber eine im Betrieb vertretene Gewerkschaft beteiligungsbefugt sein (BAG 25. 9. 1986 AP BetrVG 1972 § 1 Nr. 7). Nicht antragsberechtigt sind die AN der Organisationseinheit (*Fitting* Rn. 60; Richardi/*Thüsing* Rn. 26). Ihnen fehlt die betriebsverfassungsrechtlich schützenswerte Rechtsposition und für die Erweiterung der Antragsberechtigung analog § 19 II (GK-BetrVG/*Kreutz* Rn. 58) eine Lücke im Gesetz.

Entscheidungen und Maßnahmen des Wahlvorstands können auch schon vor Abschluss der 9 Betriebsratswahl **selbständig** angegriffen werden (BAG 15. 12. 1972 AP BetrVG 1972 § 14 Nr. 1). Die Zulässigkeit ergibt sich aus der umfassenden Zuständigkeit der Arbeitsgerichte für alle betriebsverfassungsrechtlichen Streitigkeiten nach der Generalklausel des § 2 a I Nr. 1, II ArbGG (BAG 15. 12. 1972 AP BetrVG 1972 § 14 Nr. 1; GK-BetrVG/*Kreutz* Rn. 65). Es wäre widersinnig, ein mit Rechtsfehlern behaftetes Wahlverfahren fortzusetzen und dem Risiko einer Wahlanfechtung auszusetzen, obwohl die Rechtsfehler durch gerichtliche Entscheidung hätten beseitigt werden können (BAG 15. 12. 1972 AP BetrVG 1972 § 14 Nr. 1; BAG 25. 8. 1981 AP ArbGG 1979 § 83 Nr. 2; *Fitting* Rn. 33; GK-BetrVG/*Kreutz* Rn. 64). Ein vor Durchführung der Betriebsratswahl mit einem Feststellungsantrag eingeleitetes arbeitsgerichtliches Beschlussverfahren kann nicht ohne weiteres in ein Verfahren auf Anfechtung der inzwischen durchgeführten Betriebsratswahl umgedeutet werden (BAG 15. 12. 1972 AP ArbGG 1953 § 80 Nr. 5). Der Übergang vom Feststellungsantrag auf den Wahlanfechtungsantrag ist innerhalb der Anfechtungsfrist – allerdings nicht mehr in der Rechtsbeschwerdeinstanz – zulässig (BAG 14. 1. 1983 AP BetrVG 1972 Nr. 9).

10 Eine **einstweilige Verfügung** nach § 85 II ArbGG ist möglich (DKK/*Schneider* Rn. 13; *Fitting* Rn. 36; Richardi/*Thüsing* Rn. 21). Gerichtliche Eingriffe in laufende Betriebsratswahlen sind grundsätzlich zulässig. Sie stellen das mildere Mittel gegenüber dem Aufschub der Wahl oder deren Nichtigkeit dar (LAG Bremen 27. 2. 1990 DB 1990, 1571). Dabei können auch Korrekturen am Wahlverfahren vorgenommen werden (*Fitting* Rn. 40; GK-BetrVG/*Kreutz* Rn. 76). Einstweilige Verfügungen dürfen aber grundsätzlich nicht dazu führen, dass die Durchführung der Wahl bis zur endgültigen Klärung der Rechtsfrage ausgesetzt wird, da dies zu betriebsratslosen Zeiten führen kann (LAG Hamm 10. 4. 1975 DB 1975, 1176; LAG München 3. 8. 1988 BB 1989, 147; DKK/*Schneider* Rn. 13; *Fitting* Rn. 37; GK-BetrVG/*Kreutz* Rn. 75; HSG/*Schlochauer* Rn. 21) Deshalb kommen im Allgemeinen keine Sicherungsverfügungen in Betracht. Leistungsverfügungen können erwirkt werden (LAG Hamm 10. 4. 1975 DB 1975, 1176; *Fitting* Rn. 38; GK-BetrVG/*Kreutz* Rn. 75). Die Wahl lässt sich oft ohne großen Zeitverzug fortsetzen und es besteht die Möglichkeit, in einem Wahlanfechtungsverfahren im Nachhinein eine endgültige Klärung herbeizuführen (*Fitting* Rn. 39). An die Begründetheit des **Verfügungsanspruchs** sind jedoch strenge Anforderungen zu stellen, da es sich um nicht unerhebliche Eingriffe in das Wahlverfahren handelt und durch Leistungsverfügungen nicht bloß temporäres Zwischenrecht geschaffen wird (DKK/*Schneider* § 19 Rn. 18; *Fitting* Rn. 41; GK-BetrVG/*Kreutz* Rn. 77). Die bloße Wahrscheinlichkeit des Verstoßes gegen wesentliche Wahlvorschriften genügt deshalb nicht (GK-BetrVG/*Kreutz* Rn. 77). Es muss ein wesentlicher Fehler vorliegen, der zweifelsfrei die Anfechtbarkeit oder Nichtigkeit begründet und durch einstweilige Verfügung korrigierbar ist (LAG Hamm 18. 9. 1996 BB 1996, 2622; DKK/*Schneider* § 19 Rn. 22). Ein **Abbruch** oder eine vorläufige **Aussetzung der Wahl** auf Grund einstweiliger Verfügung ist ausnahmsweise möglich, wenn die Mängel des Wahlverfahrens nicht korrigierbar und derart schwerwiegend sind, dass sie mit Sicherheit zur **Nichtigkeit** der Betriebsratswahl führen (LAG Köln 29. 3. 2001 AiB 01, 602; LAG Baden-Württemberg 20. 5. 1998 AiB 98, 401; LAG Frankfurt 21. 5. 1990 BB 1991, 417; 5. 6. 1992 NZA 1993, 192; 16. 7. 1992 NZA 1993, 1008; LAG Köln 5. 7. 1987 DB 1987, 1996; 27. 12. 1989 DB 1990, 539; LAG München 3. 8. 1988 BB 1989, 147; GK-BetrVG/*Kreutz* Rn. 77). Die sichere **Anfechtbarkeit** der Wahl reicht für eine „Abbruchs-Verfügung" nicht aus (so aber LAG Baden-Württemberg 1. 3. 1994 AiB 94, 420; DKK/*Schneider* § 19 Rn. 18; *Fitting* Rn. 42; Richardi/*Thüsing* Rn. 21) Die Betriebsverfassung lässt in diesen Fällen aus guten Gründen den BR bis zur rechtskräftigen Entscheidung über die Wahlanfechtung im Amt. Im einstweiligen Verfahren würde man so mehr erreichen, als im Hauptsachenverfahren je erreicht werden könnte. Die Entscheidung im einstweiligen Rechtsstreit müsste sich über die Wertentscheidung des Gesetzgebers hinwegsetzen, dass bestimmte Fehler im Wahlverfahren im Interesse einer funktionierenden Mitbestimmung erst einmal hinzunehmen sind. **Antragsberechtigt** ist jeder, der dies im Hauptsachenverfahren ist (s. Rn. 9). Gegen einen arbeitsgerichtlichen Beschluss im Eilverfahren, der dem Wahlvorstand die weitere Durchführung einer eingeleiteten Wahl einstweilen vollständig untersagt, steht neben dem Wahlvorstand auch dem AG die Beschwerdebefugnis zu (LAG Frankfurt 16. 7. 1992 NZA 1993, 1008).

§ 18 a Zuordnung der leitenden Angestellten bei Wahlen

(1) ¹ Sind die Wahlen nach § 13 Abs. 1 und nach § 5 Abs. 1 des Sprecherausschussgesetzes zeitgleich einzuleiten, so haben sich die Wahlvorstände unverzüglich nach Aufstellung der Wählerlisten, spätestens jedoch zwei Wochen vor Einleitung der Wahlen, gegenseitig darüber zu unterrichten, welche Angestellten sie den leitenden Angestellten zugeordnet haben; dies gilt auch, wenn die Wahlen ohne Bestehen einer gesetzlichen Verpflichtung zeitgleich eingeleitet werden. ² Soweit zwischen den Wahlvorständen kein Einvernehmen über die Zuordnung besteht, haben sie in gemeinsamer Sitzung eine Einigung zu versuchen. ³ Soweit eine Einigung zustande kommt, sind die Angestellten entsprechend ihrer Zuordnung in die jeweilige Wählerliste einzutragen.

(2) ¹ Soweit eine Einigung nicht zustande kommt, hat ein Vermittler spätestens eine Woche vor Einleitung der Wahlen erneut eine Verständigung der Wahlvorstände über die Zuordnung zu versuchen. ² Der Arbeitgeber hat den Vermittler auf dessen Verlangen zu unterstützen, insbesondere die erforderlichen Auskünfte zu erteilen und die erforderlichen Unterlagen zur Verfügung zu stellen. ³ Bleibt der Verständigungsversuch erfolglos, so entscheidet der Vermittler nach Beratung mit dem Arbeitgeber. ⁴ Absatz 1 Satz 3 gilt entsprechend.

(3) ¹ Auf die Person des Vermittlers müssen sich die Wahlvorstände einigen. ² Zum Vermittler kann nur ein Beschäftigter des Betriebs oder eines anderen Betriebs des Unternehmens oder Konzerns oder der Arbeitgeber bestellt werden. ³ Kommt eine Einigung nicht zustande, so schlagen die Wahlvorstände je eine Person als Vermittler vor; durch Los wird entschieden, wer als Vermittler tätig wird.

(4) ¹ Wird mit der Wahl nach § 13 Abs. 1 oder 2 nicht zeitgleich eine Wahl nach dem Sprecherausschussgesetz eingeleitet, so hat der Wahlvorstand den Sprecherausschuss entsprechend Ab-

satz 1 Satz 1 erster Halbsatz zu unterrichten. ²Soweit kein Einvernehmen über die Zuordnung besteht, hat der Sprecherausschuss Mitglieder zu benennen, die anstelle des Wahlvorstands an dem Zuordnungsverfahren teilnehmen. ³Wird mit der Wahl nach § 5 Abs. 1 oder 2 des Sprecherausschussgesetzes nicht zeitgleich eine Wahl nach diesem Gesetz eingeleitet, so gelten die Sätze 1 und 2 für den Betriebsrat entsprechend.

(5) ¹Durch die Zuordnung wird der Rechtsweg nicht ausgeschlossen. ²Die Anfechtung der Betriebsratswahl oder der Wahl nach dem Sprecherausschussgesetz ist ausgeschlossen, soweit sie darauf gestützt wird, die Zuordnung sei fehlerhaft erfolgt. ³Satz 2 gilt nicht, soweit die Zuordnung offensichtlich fehlerhaft ist.

I. Anwendungsbereich

Die Vorschrift soll durch verfahrensrechtliche Bestimmungen die Lösung der materiell-rechtlich oft 1 schwierigen Frage erleichtern, wer leitender Angestellter ist und das Wahlverfahren abkürzen. Sie regelt allein die Zuordnung für die Wahlverfahren zum BR und Sprecherausschuss (DKK/*Trümner* Rn. 74; *Fitting* Rn. 63; Richardi/*Richardi*/*Thüsing* Rn. 2), jedoch auch für die in § 3 I Nr. 1–3 geregelten betriebsverfassungsrechtlichen Strukturen (*Fitting* Rn. 2). Die Vorschrift kann nicht im vereinfachten Wahlverfahren nach § 14 a angewandt werden. Die in ihr vorgesehene Zeitschiene von mindestens zwei Wochen für die Abstimmung zwischen BR und Sprecherausschuss ist für das nach § 14 a I 4 nach Bestellung des Wahlvorstandes nach höchstens eine Woche andauernde vereinfachte zweistufige Wahlverfahren zu lang. Im einstufigen Wahlverfahren nach § 14 a III entfällt die Abstimmung mit dem Sprecherausschuss wegen des generellen Vorrangs des vereinfachten Verfahrens (*Fitting* Rn. 4). Die nach dieser Vorschrift durchgeführte Zuordnung hat keine Bedeutung für die materielle Rechtsstellung der Betroffenen außerhalb des Wahlverfahrens, wie Abs. 5 S. 1 zeigt (*Fitting* Rn. 63; GK-BetrVG/ *Kreutz* Rn. 4). Zum Zuordnungsverfahren gehört die Verpflichtung der Wahlvorstände, die **regelmäßigen** Wahlen des BR und des Sprecherausschusses nach § 13 I 2 und § 5 I 2 SprAuG **zeitgleich** einzuleiten. Das Verfahrens ist jedoch nicht nur in diesem Fall durchzuführen. Die Abs. 1–3 sind insgesamt ebenso anzuwenden, wenn zwar keine Pflicht besteht, die Wahlen zeitgleich abzuhalten, aber beide Wahlvorstände zeitgleiche Wahlen beschlossen haben (*Fitting* Rn. 29; GK-BetrVG/*Kreutz* Rn. 24; aA DKK/*Trümner* Rn. 26 f.). Die Verweisung in Abs. 1 S. 1, letzter Halbs. auf den ersten Teil des Satzes beschränkt das Verfahren für diese Fälle nicht auf die gegenseitige Unterrichtung. So würde der Anwendungsbereich der Vorschrift unnötig eingeengt und der Zweck dieses kostengünstigen und einfachen Verfahrens verkannt. Leiten die Wahlvorstände (uU pflichtwidrig) die Wahlen **nicht zeitgleich** ein, besteht keine Verpflichtung des ordnungsgemäß arbeitenden Wahlvorstandes auf den säumigen Wahlvorstand zu warten (*Fitting* Rn. 27; GK-BetrVG/*Kreutz* Rn. 26). Eine Hauptpflicht der Wahlvorstände ist es, die Wahlen rechtzeitig und zügig durchzuführen, damit es nicht zu einer vertretungslosen Zeit kommt (*Fitting* Rn. 27). Leitet ein Wahlvorstand die Wahl noch vor Abschluss des Zuordnungsverfahrens ein, wird sie beendet (*Fitting* Rn. 28). Werden Betriebsrats- und Sprecherausschusswahlen nicht zeitgleich durchgeführt, gilt das besondere Verfahren nach Abs. 4. Die Vorschrift ist zwingend und kann weder durch TV, BV, Vereinbarungen zwischen dem BR und dem Sprecherausschuss oder den jeweiligen Wahlvorständen abbedungen werden. Wird in einem Unternehmen nach § 20 I SprAuG ein Unternehmenssprecherausschuss gewählt, obliegt diesem die Durchführung des Zuordnungsverfahrens mit den verschiedenen Wahlvorständen der einzelnen Betriebe (*Fitting* Rn. 23; GK-BetrVG/*Kreutz* Rn. 20, 49).

II. Einigung

Nach Aufstellung der Wählerlisten haben sich die Wahlvorstände nach **Abs. 1 S. 1** formlos ohne 2 schuldhaftes Zögern über die von ihnen vorgenommene Zuordnung gegenseitig zu unterrichten. Der BR muss mitteilen, welche Angestellten er nicht in seine Wählerliste aufgenommen hat, der Sprecherausschuss, welche er in seine Liste aufgenommen hat (DKK/*Trümner* Rn. 11; *Fitting* Rn. 13; GK-BetrVG/*Kreutz* Rn. 39). Soweit die Listen übereinstimmen, ist Einvernehmen hergestellt. Unstreitige Fälle können daher nicht nachträglich wieder streitig gestellt werden (DKK/*Trümner* Rn. 13; GK-BetrVG/*Kreutz* Rn. 47). Soweit die Listen nicht übereinstimmen, muss in den Wahlvorständen beraten werden. Kommt es dort schon zu einer Korrektur, ist dies dem anderen Wahlvorstand mitzuteilen. Stimmen die Wählerlisten nunmehr überein, können sie endgültig aufgestellt werden. Die **gemeinsame Sitzung** nach Abs. 1 S. 2 findet nicht nur statt, wenn das fehlende Einvernehmen aus den von den Wahlvorständen abgegebenen Erklärungen folgt. Unterlässt einer der Wahlvorstände die Unterrichtung und nimmt er nicht zu der von dem anderen Wahlvorstand getroffenen Zuordnung Stellung, besteht ebenso kein Einvernehmen. Auch in diesem Fall haben sie spätestens eine Woche vor Einleitung der Wahlen in gemeinsamer Sitzung eine Einigung zu versuchen (GK-BetrVG/*Kreutz* Rn. 48; aA *Fitting* Rn. 16). Bei der gemeinsamen Sitzung handelt es sich um ein Erörterungs- und Beratungsforum, nicht um ein Entscheidungsgremium. Eine gemeinsame Abstimmung der beiden Wahlvorstände ist daher unzulässig (DKK/*Trümner* Rn. 20; *Fitting* Rn. 21; GK-BetrVG/*Kreutz* Rn. 52;

Richard/*Richardi*/*Thüsing* Rn. 20). Jeder Wahlvorstand trifft für sich eine Entscheidung, entweder in getrennten Sitzungen oder im Rahmen der gemeinsamen Sitzung (*Fitting* Rn. 21; GK-BetrVG/*Kreutz* Rn. 52). An der gemeinsamen Sitzung können neben den Mitgliedern der Wahlvorstände die nicht stimmberechtigten Mitglieder iSv. § 16 I 6 teilnehmen (*Fitting* Rn. 19; aA DKK/*Trümner* Rn. 16 f.). Zur gemeinsamen Sitzung können Sachkundige hinzugezogen werden (*Fitting* Rn. 19). Die Sitzung muss mindestens eine Woche vor Erlass des Wahlausschreibens stattfinden, da nach Abs. 2 S. 1 die letzte Woche der Tätigkeit des Vermittlers vorbehalten bleiben muss (*Fitting* Rn. 20; GK-BetrVG/ *Kreutz* Rn. 48).

III. Vermittler

3   Kommt es zu keiner einvernehmlichen Lösung, ist nach **Abs. 3** ein Vermittler zu bestellen. Der in Frage kommende **Personenkreis** ist durch S. 2 beschränkt. Als Vermittler können neben leitenden Angestellten (*Fitting* Rn. 44; Richardi/*Richardi*/*Thüsing* Rn. 38) auch Mitglieder des BR oder des Sprecherausschusses und ebenso Wahlvorstandsmitglieder (GK-BetrVG/*Kreutz* Rn. 59; Richardi/*Richardi*/*Thüsing* Rn. 40; aA *Fitting* Rn. 44) sowie Beschäftigte iS des § 5 II tätig werden (*Fitting* Rn. 45; GK-BetrVG/*Kreutz* Rn. 57; kritisch DKK/*Trümner* Rn. 62). Der Vermittler wird in erster Linie in getrennten Abstimmungen der Wahlvorstände bestimmt. Kommt es zu keiner Einigung, ist mangels Absprache im Fall eines Losentscheids das allgemein übliche Verfahren anzuwenden (GK-BetrVG/ *Kreutz* Rn. 63; vgl. § 10 WO). Eine Bestellung durch das Arbeitsgericht ist nicht zulässig (DKK/ *Trümner* Rn. 67; *Fitting* Rn. 51; GK-BetrVG/*Kreutz* Rn. 63). Schlägt zumindest einer der beteiligten Wahlvorstände keinen Vermittler vor, kann das Zuordnungsverfahren nicht weitergeführt werden (*Fitting* Rn. 51; GK-BetrVG/*Kreutz* Rn. 70 f.). In diesem Fall entscheiden die Wahlvorstände allein über die Zuordnung und die jeweiligen Wählerlisten. Der Vermittler muss so zeitgerecht bestellt werden, dass er spätestens eine Woche vor der Wahl noch die in **Abs. 2 S. 1** vorgesehene Verständigung versuchen kann. Er darf dabei nur die umstrittenen Fälle aufgreifen, auch wenn er die Zuordnung in anderen Fällen nicht für zutreffend hält (*Fitting* Rn. 52; GK-BetrVG/*Kreutz* Rn. 79). Die **Auskunfts- und Vorlagepflicht** nach **Abs. 2 S. 2** erstreckt sich auf alle Aspekte, welche für die Entscheidung von Bedeutung sind, einschließlich etwaiger Betriebs- und Geschäftsgeheimnisse (*Fitting* Rn. 53; GK-BetrVG/*Kreutz* Rn. 82) und der Bandbreite der an leitende Angestellte gezahlten Gehälter sowie das Gehalt der umstrittenen Angestellten (*Fitting* Rn. 53; GK-BetrVG/*Kreutz* Rn. 82). Ein Anspruch auf Einsicht in die Personalakten (*Fitting* Rn. 53; GK-BetrVG/*Kreutz* Rn. 81) oder in die Gehaltslisten besteht nicht (GK-BetrVG/*Kreutz* Rn. 82). Die Wahlvorstände sind verpflichtet, die Wählerlisten der Entscheidung des Vermittlers entsprechend zu verändern.

4   Die Vermittlertätigkeit wird als **Ehrenamt** nicht besonders vergütet (*Fitting* Rn. 60; GK-BetrVG/ *Kreutz* Rn. 72). Eine Vergütungsvereinbarung wäre nach § 134 BGB iVm. § 20 II bzw. § 8 II 3 SprAuG nichtig (GK-BetrVG/*Kreutz* Rn. 74). Bei Arbeitsversäumnis auf Grund von Vermittlertätigkeiten ergibt sich aus § 20 III 2 bzw. § 8 III 2 SprAuG ein **Entgeltfortzahlungsanspruch** (*Fitting* Rn. 60). Es besteht keine Verpflichtung, die Vermittlertätigkeit auszuüben. Sie lässt sich insb. nicht als Nebenpflicht aus dem Arbeits- oder Dienstvertrag herleiten (*Fitting* Rn. 59; GK-BetrVG/*Kreutz* Rn. 67, 72). Der Vermittler ist in seiner Tätigkeit an keine Weisungen gebunden (*Fitting* Rn. 59; GK-BetrVG/*Kreutz* Rn. 78). Seine Tätigkeit ist nach § 20 und § 119 I Nr. 1 geschützt (*Fitting* Rn. 59). Er unterliegt nicht der Schweigepflicht nach § 79 (*Fitting* Rn. 59; aA GK-BetrVG/*Kreutz* Rn. 76), ist aber arbeitsvertraglich zur Verschwiegenheit verpflichtet (*Fitting* Rn. 59).

IV. Getrennte Wahlen

5   Wird nur der BR oder der Sprecherausschuss gewählt, ist in das Zuordnungsverfahren nach **Abs. 4** die nicht zu wählende Vertretung eingeschaltet. Zunächst trifft der Wahlvorstand eine Zuordnungsentscheidung, die er unverzüglich der anderen Vertretung bekannt gibt (GK-BetrVG/*Kreutz* Rn. 91). Ist die Zuordnung umstritten, muss die andere Vertretung Mitglieder benennen, die „anstelle des Wahlvorstands" am Zuordnungsverfahren teilnehmen, das dann wie sonst auch abläuft. Es können nur Mitglieder der Vertretung benannt werden, nicht andere AN des Betriebes (*Fitting* Rn. 39). Dabei sollten, um Pattsituationen zu vermeiden, stets eine ungerade Zahl von Mitgliedern benannt werden. Ein Minderheitenschutz findet nicht statt (*Fitting* Rn. 39; GK-BetrVG/*Kreutz* Rn. 93).

V. Streitigkeiten

6   Über das Zuordnungsverfahren selbst wird nach den §§ 2 a, 80 ff. ArbGG im arbeitsgerichtlichen Beschlussverfahren entschieden. Antragsberechtigt sind die Wahlvorstände, der Vermittler, im Verfahren nach Abs. 4 auch der BR oder der Sprecherausschuss. Ein nicht ordnungsgemäß durchgeführtes Zuordnungsverfahren berechtigt den BR nicht, allein deshalb im Wege der einstweiligen Verfügung die Veränderung der Wählerliste für den zu wählenden Sprecherausschuss bzw. den Wahlabbruch zur Wahl des Sprecherausschusses zu verlangen (LAG Hamm 24. 4. 1990 NZA 1990, 704). Die Zuordnungsentscheidung hat keine Rechtswirkung außerhalb des Wahlverfahrens, wie Abs. 5 S. 1 zeigt

(*Fitting* Rn. 63). **Statusverfahren** bleiben selbst im Rahmen des Wahlverfahrens zulässig (DKK/ *Trümner* Rn. 75; *Fitting* Rn. 65; GK-BetrVG/*Kreutz* Rn. 106). Eine Klärung ist auch als Vorfrage in jedem anderen gerichtlichen Verfahren möglich (*Fitting* Rn. 63). Die Vorschrift nimmt im Statusverfahren nicht das Feststellungsinteresse (LAG Berlin 5. 3. 1990 NZA 1990, 570). Antragsberechtigt für Statusklagen im Zusammenhang mit anstehenden Wahlen sind auch die im Betrieb vertretenen Gewerkschaften, die Wahlvorstände (*Fitting* Rn. 66; aA GK-BetrVG/*Kreutz* Rn. 106) und die im Zuordnungsverfahren nicht beteiligten AN, deren Status geklärt werden soll (*Fitting* Rn. 66). Für den Antrag des Wahlvorstandes wird jedoch **vor** Durchführung des Zuordnungsverfahrens das Rechtsschutzinteresse fehlen. Wird in einem Statusverfahren die Zuordnung eines AN rechtskräftig festgestellt, ist diese Entscheidung für die anstehende Wahl maßgebend und eine durch das Zuordnungsverfahren getroffene andere Entscheidung unverbindlich (*Fitting* Rn. 67; GK-BetrVG/*Kreutz* Rn. 107). Ergeht die Entscheidung erst nach Durchführung der Wahlen, verlieren falsch zugeordnete gewählte AN analog § 9 II Nr. 6 ihre Mitgliedschaft im Sprecherausschuss bzw. analog § 24 I Nr. 6 die im BR (*Fitting* Rn. 67; GK-BetrVG/*Kreutz* Rn. 107).

Abs. 5 S. 2 bedeutet Bestandsschutz für Arbeitnehmervertretungen. Die Bestimmung schränkt den 7 Rechtsschutz ein und ist daher eng auszulegen (*Fitting* Rn. 65; aA GK-BetrVG/*Kreutz* Rn. 99). **Offensichtlich fehlerhaft** ist nach S. 3 ein Mangel der Zuordnung, der sich einem mit den Gegebenheiten des Betriebs und den rechtlichen Abgrenzungskriterien Vertrauten geradezu aufdrängt (DKK/ *Trümner* Rn. 70; *Fitting* Rn. 70; GK-BetrVG/*Kreutz* Rn. 102). Der Mangel kann sich aus einer inhaltlich fehlerhaften Entscheidung (*Fitting* Rn. 70; GK-BetrVG/*Kreutz* Rn. 103) oder aus schweren Mängeln des Zuordnungsverfahrens ergeben (*Fitting* Rn. 71). Die Einschränkung der Anfechtungsmöglichkeit erfasst nicht die **Anfechtung der Wahl eines einzelnen Mitgliedes** des BR oder des Sprecherausschusses wegen fehlender Wählbarkeit (*Fitting* Rn. 72; GK-BetrVG/*Kreutz* Rn. 104). Die Vorschrift soll im Interesse der Rechtssicherheit die Fälle von Neuwahlen der Gremien begrenzen. Bei der erfolgreichen Anfechtung der Wahl einzelner Mitglieder rückt nur das Ersatzmitglied nach.

§ 19 Wahlanfechtung

(1) **Die Wahl kann beim Arbeitsgericht angefochten werden, wenn gegen wesentliche Vorschriften über das Wahlrecht, die Wählbarkeit oder das Wahlverfahren verstoßen worden ist und eine Berichtigung nicht erfolgt ist, es sei denn, dass durch den Verstoß das Wahlergebnis nicht geändert oder beeinflusst werden konnte.**

(2) ¹**Zur Anfechtung berechtigt sind mindestens drei Wahlberechtigte, eine im Betrieb vertretene Gewerkschaft oder der Arbeitgeber.** ²**Die Wahlanfechtung ist nur binnen einer Frist von zwei Wochen, vom Tage der Bekanntgabe des Wahlergebnisses an gerechnet, zulässig.**

I. Anfechtung

Die Bestimmung dient mit der kurzen Anfechtungsfrist, der Rechtsfolgenregelung, der Beschrän- 1 kung des Kreises der Anfechtungsberechtigten und der Anfechtungsgründe der Rechtssicherheit. Im Interesse der kontinuierlichen Mitwirkung von AN am Betriebsgeschehen soll möglichst schnell und umfassend geklärt werden, ob ein BR wirksam gewählt ist. Bei ihrer Anwendung ist ein großzügiger Maßstab anzulegen. Im Zweifel ist das Wahlergebnis aufrechtzuerhalten. Jedenfalls darf die Bildung von BR nicht unnötig – etwa durch übertriebenen Formalismus – erschwert werden (DKK/*Schneider* Rn. 1). Die Vorschrift gilt nach § 63 II 2 auch für die Anfechtung der Wahl zur JAV. Sie ist entsprechend anwendbar auf die Wahl des Betriebsratsvorsitzenden, seines Stellvertreters, die Bestellung der Mitglieder des Betriebsausschusses und anderer Ausschüsse des BR sowie auf die Wahlen der freizustellenden BRMitglieder (BAG 15. 1. 1992 AP BetrVG 1972 § 26 Nr. 10; vgl. § 26 Rn. 8; § 27 Rn. 10). Sie gilt nicht für die Bestellung der Mitglieder des GesamtBR, KonzernBR und der GesamtJAV (BAG 15. 8. 1978 AP BetrVG 1972 § 47 Nr. 3; s. § 47 Rn. 8). **Einstweiliger Rechtsschutz** während eines Wahlverfahrens ist grundsätzlich möglich (s. § 18 Rn. 10). So lassen sich Fehler schon während des Wahlverfahrens vermeiden oder korrigieren.

1. Anfechtungsgründe. Gegen wesentliche Vorschriften wird verstoßen, wenn sie tragende Grund- 2 prinzipien der Betriebsratswahl enthalten. Der Verstoß gegen bloße Ordnungs- oder Sollvorschriften rechtfertigt idR keine Wahlanfechtung (Richardi/*Thüsing* Rn. 5; DKK/*Schneider* Rn. 3; *Fitting* Rn. 10). Bestehen für die Abweichung keine einsichtigen, vernünftigen Gründe, kann dies anders sein (BAG 13. 11. 1991 AP BetrVG 1972 § 26 Nr. 9). Zwingende Vorschriften stellen regelmäßig wesentliche Vorschriften iS des § 19 dar (BAG 14. 9. 1988 AP BetrVG 1972 § 16 Nr. 1; BAG 31. 5. 2000 AP BetrVG 1972 § 1 Gemeinsamer Betrieb Nr. 12; *Fitting* Rn. 10; GK-BetrVG/*Kreutz* Rn. 18).

Mit Vorschriften über das **Wahlrecht** sind die Regelungen der Wahlberechtigung nach § 7 angespro- 3 chen. Versäumen AN, rechtzeitig Einspruch gegen die Wählerliste nach § 4 WO beim Wahlvorstand einzulegen, verlieren sie nicht die Möglichkeit der Wahlanfechtung nach § 19 (DKK/*Schneider* Rn. 6; GK-BetrVG/*Kreutz* Rn. 22, 59; aA *Fitting* Rn. 14). § 4 WO iVm. § 126 dient nicht der Einschränkung der Anfechtungsmöglichkeiten, die in § 19 abschließend geregelt sind. Bereits der Wortlaut von § 126 ermächtigt den Verordnungsgeber lediglich, das Wahlverfahren selbst zu regeln. Auch die Anfechtungsberechtigung des AG (BAG 11. 3. 1975 AP BetrVG § 24 Nr. 1) und der im Betrieb vertretenen Gewerkschaft (BAG 29. 3. 1974 und 25. 6. 1974 AP BetrVG 1972 § 19 Nr. 2 und 3) hängen nicht davon ab, dass dieser Einspruch eingelegt wurde. Die Berufung darauf, dass ein im Zuordnungsverfahren nach § 18 a eingestufter leitender Angestellter zu Unrecht von der Wahl ausgeschlossen wurde, ist nur bei offensichtlich fehlerhafter Zuordnung möglich (vgl. § 18 a Rn. 7). **Einzelfälle:** Eintragung von AN in die Wählerliste der falschen Gruppe (BAG 29. 3. 1974 AP BetrVG 1972 § 19 Nr. 2); Nichtzulassung von wahlberechtigten AN (vgl. BAG 29. 3. 1974 AP BetrVG 1972 § 19 Nr. 2; BAG 25. 6. 1974 AP BetrVG 1972 § 19 Nr. 3, BAG 29. 1. 1992 AP BetrVG 1972 § 7 Nr. 1); Zulassung von Nichtwahlberechtigten zur Wahl (BAG 12. 2. 1992 AP BetrVG 1972 § 5 Nr. 52); Berichtigung der Wählerliste nach Ablauf der Einspruchsfrist ohne Vorliegen der in § 4 III WO genannten Voraussetzungen (vgl. BAG 27. 1. 1993 NZA 1993, 949).

4 Verstöße gegen die **Wählbarkeit** betreffen § 8 und mittelbar die §§ 4 bis 7: die Zulassung nicht wählbarer AN als Wahlkandidaten (BAG 28. 11. 1977 AP BetrVG 1972 § 8 Nr. 2) oder die Nichtzulassung eines wählbaren AN zur Wahl, zB durch unberechtigte Streichung von der Vorschlagsliste (DKK/*Schneider* Rn. 8; *Fitting* Rn. 16). Die Anfechtung kann nicht auf den Mangel der Wählbarkeit gestützt werden, wenn der AN vor Abschluss des Anfechtungsverfahrens wählbar geworden ist, zB weil er das 18. Lebensjahr zwischenzeitlich vollendet hat oder inzwischen sechs Monate dem Betrieb angehört (BAG 7. 7. 1954 AP BetrVG § 24 Nr. 1; DKK/*Schneider* Rn. 8; Richardi/*Thüsing* Rn. 7; *Fitting* Rn. 18; GK-BetrVG/*Kreutz* Rn. 24). Ein im Verfahren nach § 18 a den leitenden Angestellten zugeordneter AN kann sich im Anfechtungsverfahren auf sein passives Wahlrecht nur berufen, wenn die Zuordnung offensichtlich fehlerhaft ist (vgl. § 18 a Rn. 7).

5 Um das **Wahlverfahren** geht es bei Verstößen gegen die §§ 9 bis 18 und die Vorschriften der WO. **Einzelfälle:** Einsicht Dritter in die mit Stimmabgabevermerken versehene Wählerliste während der laufenden Betriebsratswahl (BAG 6. 12. 2000 AP BetrVG 1972 § 19 Nr. 48); Fehlen einer Wählerliste (BAG 27. 4. 1976 AP BetrVG 1972 § 19 Nr. 4); Fehlen oder nicht ordnungsgemäße Bekanntgabe des Wahlausschreibens (BAG 27. 4. 1976 AP BetrVG 1972 § 19 Nr. 4); Nichteinhaltung der im Wahlausschreiben angegebenen Zeit der Stimmabgabe ohne ordnungsgemäße Bekanntgabe der Änderung, es sei denn, es steht fest, dass dadurch keine Wahlberechtigten von der Stimmabgabe abgehalten worden sind (vgl. BAG 11. 3. 1960 AP BetrVG § 18 Nr. 13; BAG 19. 9. 1985 AP BetrVG 1972 § 19 Nr. 12); fehlende Angabe des Ortes der Wahllokale im Wahlausschreiben, sofern dieses nicht so rechtzeitig ergänzt wird, dass für die Wahlberechtigten keine Einschränkung ihres Stimmrechts eintritt (BAG 19. 9. 1985 AP BetrVG 1972 § 19 Nr. 12); Nichtbekanntgabe von Ort und Zeitpunkt der Stimmauszähler (BAG 15. 11. 2000 AP BetrVG 1972 § 18 Nr. 10); rechtswidrige Wahlbeeinflussung, zB finanzielle oder sonstige Unterstützung einer bestimmten Gruppe von Kandidaten bei der Wahlwerbung durch den AG (BAG 4. 12. 1986 AP BetrVG 1972 § 19 Nr. 13); Bestellung des Wahlvorstands durch einen nicht mehr amtierenden BR (BAG 2. 3. 1955 AP BetrVG § 18 Nr. 1; aA GK-BetrVG/*Kreutz* Rn. 48); Nichteinhaltung der Fristen der WO zur Einreichung von Wahlvorschlägen (BAG 12. 2. 1960 AP BetrVG § 18 Nr. 11); Festsetzung des Endes der Frist für die Einreichung von Wahlvorschlägen auf einen Zeitpunkt, der vor Ende der Arbeitszeit der überwiegenden Zahl der AN liegt (BAG 12. 2. 1960 AP BetrVG § 18 Nr. 11); Streichung einzelner oder mehrerer Kandidaten von der Vorschlagsliste durch einzelne Unterzeichner (BAG 15. 12. 1972 AP BetrVG § 14 Nr. 1); Nichtzulassung eines Wahlvorschlags wegen zu geringer Zahl von Bewerbern (BAG 19. 6. 1965 AP BetrVG § 13 Nr. 11); Unterschiedliche Gestaltung der Stimmzettel (BAG 14. 1. 1969 AP BetrVG § 18 Nr. 12); Wahl einer unrichtigen Anzahl von BRmitgliedern (BAG 29. 5. 1991 AP BetrVG 1972 § 9 Nr. 2); nicht ordnungsgemäße Besetzung des Wahlvorstands (vgl. BAG 3. 6. 1975 BetrVG 1972 § 5 Rotes Kreuz Nr. 1); Verkennung des Betriebsbegriffs durch den Wahlvorstand (BAG 21. 10. 1969 AP BetrVG § 3 Nr. 10). Wird die Anfechtung darauf gestützt, dass in einem einheitlichen Betrieb mehrere BRe für jeweils unselbständige Betriebsteile gewählt worden sind, muss die Wahl aller BRe angefochten werden (BAG 31. 5. 2000 AP BetrVG 1972 § 1 Gemeinsamer Betrieb Nr. 12).

6 **2. Weitere Voraussetzungen.** Der Verstoß gegen wesentliche Vorschriften rechtfertigt die Anfechtung nur, wenn er nicht **rechtzeitig korrigiert** wurde (DKK/*Schneider* Rn. 4; Richardi/*Thüsing* Rn. 34; *Fitting* Rn. 23; GK-BetrVG/*Kreutz* Rn. 33 ff.). Die Berichtigung erfolgt idR durch den Wahlvorstand. Geht es um Mängel bei seiner Bestellung, kann die Berichtigung durch den noch amtierenden BR vorgenommen werden (GK-BetrVG/*Kreutz* Rn. 38). Grundsätzlich sind alle Wahlfehler reparabel (BAG 19. 9. 1985 AP BetrVG 1972 § 19 Nr. 12; GK-BetrVG/*Kreutz* Rn. 34). Rechtzeitig ist die Berichtigung, wenn die Wahl danach noch ordnungsgemäß ablaufen kann (*Fitting* Rn. 23). Ein Wahlausschreiben mit unzutreffender Angabe des Wahlorts kann deshalb berichtigt werden, wenn sich die Wahlberechtigten noch rechtzeitig über den Ort der Wahl informieren können und keine Einschränkung des Wahlrechts eintritt (BAG 19. 9. 1985 AP BetrVG 1972 § 19 Nr. 12). Formale Unrichtigkeiten im Wahlausschreiben, die offensichtlich sind – wie Schreib- und Rechenfehler – können ohne weiteres vom Wahlvorstand korrigiert werden. Ist jedoch zB die Gesamtzahl der BRMit-

glieder im Wahlausschreiben fehlerhaft angegeben, muss der Wahlvorstand es erneut erlassen, sodass auch die Fristen zum Einreichen von Wahlvorschlägen neu beginnen (DKK/*Schneider* Rn. 15).

Der nicht berichtigte Verstoß muss **potentiell kausal** für ein geändertes oder von ihm beeinflusstes Wahlergebnis sein. Wahlergebnis ist die Feststellung, welche AN BRMitglieder sind (BAG 14. 9. 1988 AP BetrVG 1972 § 16 Nr. 1). Soweit durch den Wahlfehler nur Zwischenergebnisse beeinflusst sind, ist dies ohne Bedeutung (GK-BetrVG/*Kreutz* Rn. 46). Es kommt nicht darauf an, dass das Wahlergebnis geändert oder beeinflusst **wurde**. Es reicht aus, dass durch den Wahlfehler das Ergebnis der Wahl objektiv beeinflusst werden **konnte** (BAG 14. 9. 1988 AP BetrVG 1972 § 16 Nr. 1; *Fitting* Rn. 24; GK-BetrVG/*Kreutz* Rn. 40 ff.). Kann man ausschließen, dass der Verstoß Einfluss auf das Wahlergebnis oder seine Änderung zur Folge hat, fehlt der Anfechtungsgrund. Entscheidend ist einmal, ob eine hypothetische Betrachtung (Wahl ohne den Verstoß) unter Berücksichtigung der konkreten Umstände zwingend zu demselben Wahlergebnis geführt hätte (BAG 31. 5. 2000 AP BetrVG 1972 § 1 Gemeinsamer Betrieb Nr. 12). Die Anfechtung ist deshalb nicht begründet, wenn Nicht-Wahlberechtigte mitgewählt haben, das Wahlergebnis aber bei Eliminieren ihrer Stimmen nicht anders aussehen würde (BAG 14. 9. 1988 AP BetrVG 1972 § 16 Nr. 1; DKK/*Schneider* Rn. 15; *Fitting* Rn. 24; GK-BetrVG/*Kreutz* Rn. 45). Sie ist ebenso wenig begründet, wenn ein Wahlverstoß sich lediglich auf die Reihenfolge der Ersatzmitglieder auswirkt, weil sie nicht zum Wahlergebnis gehören soll (BAG 21. 2. 2001 AP BetrVG 1972 § 25 Nr. 10; NZA 2002, 282). Die vorzeitige Schließung des Wahllokals begründet keine Anfechtung, wenn feststeht, dass kein Wahlberechtigter von der Stimmabgabe abgehalten worden ist (vgl. BAG 19. 9. 1985 AP BetrVG 1972 § 19 Nr. 12). Zum anderen muss die Möglichkeit eines Einflusses auf das Wahlergebnis, gemessen an der allgemeinen Lebenserfahrung und den konkreten Umständen des Falles, nicht ganz unwahrscheinlich sein (DKK/*Schneider* Rn. 4; *Fitting* Rn. 24; GK-BetrVG/*Kreutz* Rn. 45). Lässt sich der Sachverhalt nicht eindeutig dahingehend aufklären, dass der Verstoß keinen Einfluss auf das Wahlergebnis hatte, so ist von der Möglichkeit der Beeinflussung auszugehen (BAG 8. 3. 1957 AP BetrVG 1972 § 18 Nr. 1). Den Nachteil der Nichtaufklärung der Kausalität trägt der Anfechtungsgegner (Richardi/*Thüsing* Rn. 33; GK-BetrVG/*Kreutz* Rn. 42; *Fitting* Rn. 26).

II. Folgen der Anfechtung

Mit rechtskräftiger Entscheidung steht die Wirksamkeit oder Unwirksamkeit der Betriebsratswahl fest. Stellt sich im Anfechtungsverfahren heraus, dass eine nachträgliche Berichtigung des Wahlmangels möglich ist, muss das Gericht die Berichtigung im Beschluss vornehmen und darf die Wahl nicht für ungültig erklären (vgl. BAG 26. 11. 1968 AP BetrVG § 76 Nr. 18; BAG 6. 7. 1955 AP BetrVG § 20 Jugendvertreter Nr. 2). Die gerichtliche Korrektur geht der Kassation des Wahlergebnisses vor (*Fitting* Rn. 28; GK-BetrVG/*Kreutz* Rn. 119). Grundsätzlich ist die Berichtigung nur möglich, wenn sich die Anfechtung gegen die Feststellung des Wahlergebnisses einer ansonsten ordnungsgemäß durchgeführten Wahl richtet – zB Rechenfehler bei der Verteilung der Sitze oder Verteilung der Sitze ohne Rücksicht auf die Geschlechterquote (BAG 15. 7. 1960 und 26. 11. 1968 AP BetrVG § 76 Nr. 10, 18; DKK/*Schneider* Rn. 37; Richardi/*Thüsing* Rn. 65). Sie ist nicht möglich, wenn die Wahl auf Grund einer vom Wahlvorstand falsch angegebenen Größe des BR durchgeführt wurde; dies gilt für Mehrheits- und für Listenwahl (BAG 29. 5. 1991 AP BetrVG 1972 § 9 Nr. 2; BAG 12. 10. 1976 AP BetrVG 1972 § 8 Nr. 1; s. § 9 Rn. 4).

Die erfolgreiche **Anfechtung der Wahl als Ganzes** entzieht dem BR die Grundlage für sein weiteres Bestehen und führt zu einem betriebsratslosen Betrieb. Sie hat keine rückwirkende Kraft, sondern wirkt für die Zukunft (BAG 13. 3. 1991 AP BetrVG 1972 § 19 Nr. 20). Alle bis zur rechtskräftigen Entscheidung vom BR vorgenommenen Rechtshandlungen, einschließlich abgeschlossener BV, sind und bleiben gültig (DKK/*Schneider* Rn. 34; GK-BetrVG/*Kreutz* Rn. 116; *Fitting* Rn. 50). Der BR führt nach § 22 iVm. § 13 II Nr. 4 nicht mehr die Geschäfte bis zur Neuwahl (*Fitting* Rn. 51; GK-BetrVG/*Kreutz* Rn. 124). Vor Rechtskraft der Entscheidung kann er keine Wahlvorstand bestellen (GK-BetrVG/*Kreutz* Rn. 125; Richardi/*Thüsing* Rn. 70; aA *Fitting* Rn. 45), der unverzüglich Wahlen einleiten müsste, die zu diesem Zeitpunkt noch nicht stattfinden dürfen. Der für die Neuwahl erforderliche Wahlvorstand muss daher vom GesamtBR, KonzernBR oder von der Betriebsversammlung nach § 17 gewählt werden. Sie können den alten Wahlvorstand oder einzelne seiner Mitglieder wieder berufen. Liegen die Voraussetzungen von § 17 IV vor, kann eine Ersatzbestellung nach § 16 II erfolgen. Tritt der BR im Verlauf des Wahlanfechtungsverfahrens zurück, führt er die Geschäfte nach § 22 weiter und muss daher unverzüglich den Wahlvorstand bestellen (DKK/*Buschmann* Rn. 10; *Fitting* Rn. 9). Wird im Anfechtungsverfahren nur die Wahl **einzelner BRMitglieder** für unwirksam erklärt, treten mit Rechtskraft der Entscheidung nach § 25 die Ersatzmitglieder an ihre Stelle. Eine Neuwahl kommt insoweit nicht in Betracht (*Fitting* Rn. 48; GK-BetrVG/*Kreutz* Rn. 130). Ihre Notwendigkeit kann sich aber aus § 13 Abs. 2 Nr. 2 ergeben, wenn trotz Nachrücken aller Ersatzmitglieder die vorgeschriebene Zahl von BRMitgliedern nicht mehr erreicht wird. Bis zum Abschluss des Anfechtungsverfahrens unterliegen die BRMitglieder dem besonderen Kündigungsschutz aus § 15 KSchG und § 103 (*Fitting* Rn. 50).

III. Verfahren

10 Die Wahlanfechtung wird im arbeitsgerichtlichen Beschlussverfahren nach §§ 2 a, 80 ff. ArbGG entschieden. Das Arbeitsgericht muss als Folge des im Beschlussverfahren geltenden eingeschränkten Untersuchungsgrundsatzes sämtliche Anfechtungsgründe von Amts wegen berücksichtigen, soweit der Vortrag der Beteiligten Anhaltspunkte liefert, unabhängig davon, ob sie sich darauf berufen oder nicht. (BAG 3. 6. 1969 AP BetrVG § 18 Nr. 17; BAG 4. 12. 1986 AP BetrVG 1972 § 19 Nr. 13). Deshalb kann ein Anfechtungsgrund später nicht wirksam fallengelassen werden (BAG 3. 6. 1958 AP BetrVG § 18 Nr. 3). Die Anfechtung erfolgt durch Anrufung des Arbeitsgerichts. Von Amts wegen wird das Gericht nicht tätig (*Fitting* Rn. 39; GK-BetrVG/*Kreutz* Rn. 85). Der Antrag kann auf Korrektur des Wahlergebnisses, Gesamt- oder Teilanfechtung der Wahl gehen (Richardi/*Thüsing* Rn. 48 f.; *Fitting* Rn. 39; GK-BetrVG/*Kreutz* Rn. 88). Richtet sich der Antrag auf Feststellung der Ungültigkeit einer Wahl, ist regelmäßig eine Überprüfung unter jedem rechtlichen Gesichtspunkt gewollt. Das Gericht prüft dann auch die Nichtigkeit der Wahl (BAG 12. 10. 1976 AP BetrVG 1972 § 8 Nr. 1). Das **Rechtsschutzinteresse** für das Wahlanfechtungsverfahren entfällt, wenn alle AN, die das Verfahren betreiben, endgültig aus dem Arbeitsverhältnis ausscheiden (BAG 15. 2. 1989 AP BetrVG 1972 § 19 Nr. 17). Es entfällt ebenso mit Ablauf der Amtszeit des Gremiums, dessen Wahl angefochten wird (BAG 13. 3. 1991 AP BetrVG 1972 § 19 Nr. 20). Tritt der BR während des Verfahrens zurück, ist es wegen der nach § 22 weiterbestehenden Geschäftsführungsbefugnis fortzusetzen (BAG 29. 5. 1991 AP BetrVG 1972 § 4 Nr. 16) bis das Wahlergebnisses einer Neuwahl bekannt gegeben wird. Erst dann entfällt das Rechtsschutzinteresse (LAG Brandenburg 29. 4. 2003 – 1 TaBV 20/02). Wird die Wahl einzelner BRMitglieder angefochten, entfällt das Rechtsschutzbedürfnis mit ihrer Amtsniederlegung, weil sie sofort aus dem BR ausscheiden (*Fitting* Rn. 44). Örtlich Zuständig ist nach § 82 S. 1 ArbGG das Arbeitsgericht, in dessen Bezirk der Betrieb seinen Sitz hat.

11 **1. Anfechtungsfrist.** Die für die Wahlanfechtung in Abs. 2 S. 2 vorgesehene Zwei-Wochen-Frist beginnt mit der Bekanntgabe des endgültigen Wahlergebnisses nach § 18 WO (GK-BetrVG/*Kreutz* Rn. 82). Sie berechnet sich nach den §§ 187 ff. BGB und endet nach § 188 II BGB mit Ablauf des Wochentags, der dem Tag entspricht, an dem das Wahlergebnis zwei Wochen zuvor ausgehängt worden ist. Der Antrag muss einschließlich Begründung spätestens am letzten Tag der Frist beim ArbG eingegangen sein. Es reicht auch der Eingang bei einem örtlich nicht zuständigen ArbG (BAG 15. 7. 1960 AP BetrVG § 76 Nr. 10). Eine Verlängerung der Frist ist ebenso wenig möglich wie eine Wiedereinsetzung in den vorigen Stand (*Fitting* Rn. 36; Richardi/*Thüsing* Rn. 47). Wird innerhalb der Frist kein Anfechtungsgrund vorgetragen, kann dieser nicht nachgeschoben werden, da dies auf eine Verlängerung der Frist hinausliefe (BAG 24. 5. 1965 AP BetrVG § 18 Nr. 14). Nach Ablauf der Frist erlischt das Anfechtungsrecht. Die Wahl wird unanfechtbar (BAG 26. 10. 1979 AP KSchG 1969 § 9 Nr. 5). Das Anfechtungsverfahren kann schon vor Fristbeginn angestrengt werden (LAG München 23. 2. 1952 BB 52, 319). Wird das Wahlergebnis nachträglich vom Wahlvorstand geändert, beginnt die Frist erneut (Richardi/*Thüsing* Rn. 45; *Fitting* Rn. 35). Wird der Aushang vorzeitig abgenommen, wird die Frist unterbrochen (*Fitting* Rn. 38).

12 **2. Anfechtungsberechtigung.** Das Anfechtungsrecht steht den AN nach **Abs. 2 S. 1** als Individualrecht zu (BAG 4. 12. 1986 AP BetrVG 1972 § 19 Nr. 13). Der BR oder Wahlvorstand als Organe haben kein Anfechtungsrecht (BAG 14. 11. 1975 AP BetrVG 1972 § 18 Nr. 1). Drei gewählte BRMitglieder oder Mitglieder des Wahlvorstandes können aber als AN die Anfechtung betreiben (LAG Hamm DB 1976, 1920). Keine Anfechtungsberechtigung hat der einzelne AN, auch wenn er bei ordnungsgemäßer Wahl gewählt worden wäre (BAG 12. 2. 1985 AP BetrVG 1952 § 76 Nr. 27). Der **nachträgliche Wegfall** der Wahlberechtigung hat keinen Einfluss auf die Anfechtungsbefugnis (BAG 4. 12. 1986 AP BetrVG 1972 § 19 Nr. 13; DKK/*Schneider* Rn. 21; *Fitting* Rn. 29; aA GK-BetrVG/*Kreutz* Rn. 57). Haben drei am Wahltag wahlberechtigte AN das Verfahren eingeleitet haben und scheiden sie alle vor Abschluss des Verfahrens aus dem Betrieb aus, entfällt aber das Rechtsschutzbedürfnis (BAG 15. 2. 1989 AP BetrVG 1972 § 19 Nr. 17). Jeder anfechtende AN kann seinen **Antrag** ohne Zustimmung der anderen Beteiligten in der ersten Instanz **zurücknehmen** (BAG 12. 2. 1985 AP BetrVG 1952 § 76 Nr. 27). Scheidet ein Antragsteller aus, kann nach Ablauf der Anfechtungsfrist weder ein im Betrieb vertretene Gewerkschaft (BAG 10. 6. 1983 AP BetrVG 1972 § 19 Nr. 10; GK-BetrVG/*Kreutz* Rn. 69, 72) noch ein anderer wahlberechtigter AN (BAG 12. 2. 1985 AP BetrVG 1952 § 76 Nr. 27; DKK/*Schneider* Rn. 22; *Fitting* Rn. 30) das Verfahren weiter betreiben. Wer selbst die Anfechtungsfrist versäumt hat, kann das nicht durch die „Übernahme" eines fremden Verfahrens heilen.

13 Jede im Betrieb vertretene **Gewerkschaft** ist anfechtungsberechtigt. Die Vertretung im Betrieb muss während des ganzen Verfahrens gegeben sein (BAG 21. 11. 1975 AP BetrVG 1972 § 118 Nr. 6; DKK/*Schneider* Rn. 23; *Fitting* Rn. 31). Bei Anfechtung durch eine dem Haupt- bzw. Bundesvorstand nachgeordnete Gliederung der Gewerkschaft, zB der örtlichen Verwaltungsstelle, muss diese dazu

durch die Satzung der Gewerkschaft ermächtigt sein (BAG 29. 3. 1974 AP BetrVG 1972 § 19 Nr. 2). Der **Arbeitgeber** braucht als Anfechtungsberechtigter kein besonderes rechtliches Interesse nachzuweisen (BAG 10. 11. 1954 AP BetrVG § 19 Nr. 2). Nach einem Betriebsübergang ist der Veräußerer des Betriebs nicht mehr anfechtungs- und beschwerdeberechtigt (LAG Düsseldorf 8. 1. 1979 BB 1979, 938; DKK/*Schneider* Rn. 24; *Fitting* Rn. 32). In Gemeinschaftsbetrieben beschränkt sich das Anfechtungsrecht grundsätzlich auf die einheitliche Leitung (DKK/*Schneider* Rn. 24; *Fitting* Rn. 32). Haben sich AG in einer BGB-Gesellschaft zusammengeschlossen, so ist nur die BGB-Gesellschaft als solche und nicht die einzelnen Gesellschafter im gemeinsamen Betrieb antragsberechtigt (BAG 28. 11. 1977 AP BetrVG 1972 § 19 Nr. 6).

3. Beteiligte. Neben dem Antragsteller sind nach § 83 III BR und AG beteiligt. Antragsgegner ist 14 grundsätzlich der BR. Anfechtungsgegner können aber auch einzelne BRMitglied sein, wenn lediglich deren Wahl angefochten wurde (BAG 7. 7. 1954 BetrVG § 24 Nr. 1; BAG 28. 11. 1977 AP BetrVG 1972 § 8 Nr. 2). Ist Anfechtungsgrund, dass die in einem Hauptbetrieb und einem unselbständigen Betriebsteil durchgeführten Wahlen unwirksam sind, weil ein gemeinsamer BR hätte gewählt werden müssen, ist die Wahl beider Betriebsräte anzufechten (BAG 7. 12. 1988 AP BetrVG 1972 § 19 Nr. 15; *Fitting* Rn. 41). Hat eine im Betrieb vertretene Gewerkschaft von ihrem Anfechtungsrecht keinen Gebrauch gemacht, ist sie nach § 83 III ArbGG Beteiligte (BAG 19. 9. 1985 AP BetrVG 1972 § 19 Nr. 12). Der Wahlvorstand ist auch dann nicht Beteiligter, wenn die Anfechtung mit Mängeln seiner Bestellung oder seines Verfahrens begründet wird (vgl. BAG 14. 1. 1983 AP BetrVG 1972 § 19 Nr. 9; *Fitting* Rn. 43).

IV. Nichtigkeit der Wahl

Eine Betriebsratswahl ist ganz ausnahmsweise nichtig, wenn gegen wesentliche Grundsätze der 15 Wahl in so hohen Maße verstoßen worden ist, dass nicht einmal mehr der Anschein einer dem Gesetz entsprechenden Wahl vorliegt (BAG 10. 6. 1983 AP BetrVG 1972 § 19 Nr. 10; BAG 29. 4. 1998 AP BetrVG 1972 § 40 Nr. 58; BAG 22. 3. 2000 – 7 ABR 34/98; DKK/*Schneider* Rn. 39; HSG/*Schlochauer* Rn. 12; *Fitting* Rn. 4). Erforderlich ist ein grober und offensichtlicher Verstoß gegen wesentliche gesetzliche Wahlregeln (BAG 24. 1. 1964 AP BetrVG § 3 Nr. 6). Er muss aus der Sicht eines mit den Betriebsinterna Vertrauten ins Auge springen (HSG/*Schlochauer* Rn. 13; *Fitting* Rn. 3; GK-BetrVG/*Kreutz* Rn. 133). Daneben kann die Häufung von Mängeln, von denen jeder für sich nur die Anfechtbarkeit der Wahl begründet, zur Nichtigkeit der Betriebsratswahl führen (BAG 27. 4. 1976 AP BetrVG 1972 § 19 Nr. 4; *Fitting* Rn. 4; GK-BetrVG/*Kreutz* Rn. 135).

Die Nichtigkeit einer Wahl kann **von jedermann, zu jeder Zeit in jeder Form** geltend gemacht 16 werden (BAG 27. 4. 1976 AP BetrVG 1972 § 19 Nr. 4). Jedermann, der an der Feststellung der Nichtigkeit ein Interesse hat, kann sich auf die Nichtexistenz des BR berufen. Dazu gehören jedenfalls die nach § 19 II Anfechtungsberechtigten. Die Frist für eine Wahlanfechtung gilt hier nicht (BAG 27. 4. 1976 AP BetrVG 1972 § 19 Nr. 4). Die Nichtigkeit tritt ipso iure ein und ihre Geltendmachung ist an keine Form gebunden (GK-BetrVG/*Kreutz* Rn. 142). Ihre Feststellung setzt kein bestimmtes gerichtliches Verfahren voraus. Sie kann zum Gegenstand eines arbeitsgerichtlichen Beschlussverfahrens gemacht werden (DKK/*Schneider* Rn. 42; *Fitting* Rn. 9) oder auch als Vorfrage, zB iR einer Kündigungsschutzklage entschieden werden (vgl. BAG 27. 4. 1976 AP BetrVG 1972 § 19 Nr. 4; GK-BetrVG/*Kreutz* Rn. 142 ff.). Ist bei einer Wahlanfechtung die Feststellung der Unwirksamkeit der Wahl beantragt worden, ist der Antrag regelmäßig dahingehend auszulegen, dass sowohl die Anfechtbarkeit als auch die Nichtigkeit überprüft werden soll (BAG 24. 1. 1964 AP BetrVG § 3 Nr. 6; DKK/*Schneider* Rn. 42).

Die Nichtigkeit einer Betriebsratswahl wirkt zurück. Ihre gerichtliche Feststellung hat nur dekla- 17 torische Bedeutung (BAG 29. 4. 1998 AP BetrVG 1972 § 40 Nr. 58). Der BR, dessen Wahl für nichtig erklärt wurde, hat rechtlich nie existiert. Alle von ihm getroffenen Maßnahmen, insb. die von ihm abgeschlossenen BV und Regelungsabreden sind unwirksam (BAG 29. 5. 1991 AP BetrVG 1972 § 9 Nr. 2; DKK/*Schneider* Rn. 43 f.; *Fitting* Rn. 6). Mitbestimmungs- und Mitwirkungsrechte bestanden und bestehen für die aus nichtiger Wahl hervorgegangene betriebliche Vertretung nicht (BAG 27. 4. 1976 AP BetrVG 1972 § 19 Nr. 4; GK-BetrVG/*Kreutz* Rn. 139). Der AG kann sich auch auf die Nichtigkeit für die Vergangenheit berufen, wenn er in Kenntnis der Umstände, die zur Nichtigkeit führten, den BR längere Zeit als rechtmäßige Vertretung anerkannt und behandelt hat (BAG 27. 4. 1976 AP BetrVG 1972 § 19 Nr. 4; GK-BetrVG/*Kreutz* Rn. 140; Richardi/*Thüsing* Rn. 77; aA DKK/ *Schneider* Rn. 44; *Fitting* Rn. 8). Die Nichtigkeit der Wahl kann jederzeit geltend gemacht werden. Nicht vorhandene betriebsverfassungsrechtliche Strukturen lassen sich nicht allein mit Treu und Glauben beleben. Gegenüber individualrechtlichen Ansprüchen, die sich aus der Tätigkeit des nichtexistenten BR ergeben, kann etwas anderes gelten (GK-BetrVG/*Kreutz* Rn. 140; Richardi/*Thüsing* Rn. 77). Dies gilt insb., wenn die Nichtigkeitsgründe nicht offenkundig waren (BAG 29. 4. 1998 AP BetrVG 1972 § 40 Nr. 58). Mitglieder eines BR, dessen Wahl für nichtig erklärt wurde, genießen keinen Kündigungsschutz nach § 103 (BAG 27. 4. 1976 AP BetrVG 1972 § 19 Nr. 4) und § 15 KSchG

(GK-BetrVG/*Kreutz* Rn. 139). Sie haben aber den nachwirkenden Kündigungsschutz von Wahlbewerbern nach § 15 III KSchG (*Fitting* Rn. 6).

18 **Einzelfälle:** Offene Terrorisierung der Belegschaft während des Wahlakts (BAG 8. 3. 1957 AP BetrVG § 19 Nr. 1); Wahl bereits 12 Tage nach Bestellung des bei der Stimmabgabe nicht mehr vollzähligen Wahlvorstand ohne Aufstellung einer Wählerliste und ohne Erlass eines Wahlausschreibens auf der Grundlage nicht mehr zutreffender Stimmzettel, wobei die Stimmauszählung nicht durch Wahlvorstandsmitglieder, sondern durch ein gewähltes BRMitglied erfolgte (BAG 27. 4. 1976 AP BetrVG 1972 § 19 Nr. 4); Wahl eines BR für einen Betriebsteil, obwohl ein gemeinsamer BR mit anderen Betriebsteilen gewählt und nicht angefochten war (BAG 11. 4. 1978 AP BetrVG 1972 § 19 Nr. 8); Bildung eines BR durch Zuruf (BAG 12. 10. 1961 AP BGB Urlaubsrecht § 611 Nr. 84); Durchführung einer Betriebsratswahl in einem Betrieb der offensichtlich nicht dem BetrVG unterliegt (BAG 9. 2. 1982 AP BetrVG 1972 § 118 Nr. 24); Wahl eines BR durch Nicht-AN (BAG 16. 2. 1995 AP Einigungsvertrag Anlage II Kap. VI Nr. 1); vorzeitige, vor Abschluss des Wahlgangs und unter Ausschluss der Öffentlichkeit erfolgte Öffnung der Wahlurne und der Stimmauszählung (ArbG Bochum DB 1972, 1730).

§ 20 Wahlschutz und Wahlkosten

(1) ¹Niemand darf die Wahl des Betriebsrats behindern. ²Insbesondere darf kein Arbeitnehmer in der Ausübung des aktiven und passiven Wahlrechts beschränkt werden.

(2) Niemand darf die Wahl des Betriebsrats durch Zufügung oder Androhung von Nachteilen oder durch Gewährung oder Versprechen von Vorteilen beeinflussen.

(3) ¹Die Kosten der Wahl trägt der Arbeitgeber. ²Versäumnis von Arbeitszeit, die zur Ausübung des Wahlrechts, zur Betätigung im Wahlvorstand oder zur Tätigkeit als Vermittler (§ 18 a) erforderlich ist, berechtigt den Arbeitgeber nicht zur Minderung des Arbeitsentgelts.

I. Vorbemerkung

1 Die Vorschrift schützt in Abs. 1 die freie Willensbetätigung über das Verbot der Wahlbehinderung, in Abs. 2 die freie Willensbildung über das Verbot der Wahlbeeinflussung. Abgesichert wird beides durch die Androhung von Freiheits- oder Geldstrafen in § 119 I Nr. 1. Die Kostenregelung in Abs. 3 ergänzt mit den §§ 103 und 15 KSchG den Schutz des Verfahrens und der beteiligten AN. Nach § 63 II 2 gilt die Bestimmung auch für die Wahl der JAV. GesamtBR, KonzernBR, Gesamt-JAV sowie der Wirtschaftsausschuss werden durch § 78 geschützt. Die Vorschrift ist zwingend. Auf den Wahlschutz kann man nicht verzichten. Die Kostenregelung kann vertraglich nicht abbedungen werden.

II. Verbot der Behinderung

2 Unter Behinderung versteht man jede Beeinträchtigung oder Beschränkung eines Wahlbeteiligten in der Ausübung seiner Rechte, Befugnisse oder Aufgaben, gleichgültig in welcher Weise sie geschieht und von wem sie ausgeht. Störende Maßnahme kann jedes Tun oder pflichtwidrige Unterlassen sein, dass den ungestörten Ablauf der Wahl beeinträchtigt (DKK/*Schneider* Rn. 3 f.; GK-BetrVG/*Kreutz* Rn. 11 f.; *Fitting* Rn. 9). Die bloße Eignung der Maßnahme zur Erschwerung der Wahl reicht nicht aus; die Wahl muss tatsächlich erschwert worden sein (LAG Köln 15. 10. 1993 NZA 1994, 431). Der Begriff **Wahl** umfasst alle mit ihr zusammenhängenden oder ihr dienenden Handlungen, Betätigungen und Geschäfte (DKK/*Schneider* Rn. 1; Richardi/*Thüsing* Rn. 4; *Fitting* Rn. 7; GK-BetrVG/*Kreutz* Rn. 8). Neben der eigentlichen Durchführung der Wahl sind ua. folgende Betätigungen geschützt: Einberufung bzw. Durchführung der Betriebsversammlung zur Wahl eines Wahlvorstands, Betätigung im Wahlvorstand oder als Wahlhelfer, Sammlung von Stützvorschriften und Aufstellung von Wahlvorschlägen, Teilnahme an Vorabstimmungen nach § 12 I oder § 14 II, Betreiben eines arbeitsgerichtlicher Verfahrens im Zusammenhang mit der Wahl, Stimmauszählung, Bekanntgabe des Wahlergebnisses, Durchführung eines Wahlanfechtungsverfahrens.

3 Teil der Wahl ist die von AN oder von einer im Betrieb vertretenen Gewerkschaft betriebene **Wahlwerbung**. Sie wird von der allgemeinen Meinungsfreiheit und für die Gewerkschaft zusätzlich von Art. 9 III GG als Teil der gewerkschaftlichen Betätigungsgarantie geschützt (BVerfG 30. 11. 1965 AP GG Art. 9 Nr. 7; BAG 14. 2. 1967 AP GG Art. 9 Nr. 10; BAG 6. 12. 2000 AP BetrVG 1972 § 19 Nr. 48), solange mit ihr nicht gegen Gesetze oder arbeitsvertragliche Pflichten verstoßen wird (*Fitting* Rn. 8). Der AG hat daher zulässige Wahlwerbung unter Berücksichtigung der betrieblichen Gegebenheiten zu gestatten (*Fitting* Rn. 8). Dies gilt auch für das Verteilen von Handzetteln während der Arbeitszeit. Die Grenze ist bei einer mehr als unerheblichen Störung der Betriebsabläufe überschritten (*Fitting* Rn. 8; DKK/*Schneider* Rn. 19; aA GK-BetrVG/*Kreutz* Rn. 19). In jedem Fall ist Wahlwerbung während der Arbeitspausen sowie vor und nach der Arbeitszeit geschützt (GK-BetrVG/*Kreutz* Rn. 19). Keine Behinderung der Wahl ist die **Propaganda** für oder gegen einen Kandidaten oder eine

Liste. Dies gilt grundsätzlich auch für die wahrheitswidrige Propaganda (*Fitting* Rn. 11; HSG/*Schlochauer* Rn. 20; DKK/*Schneider* Rn. 19) oder einen allgemeinen Aufruf zum Wahlboykott (GK-BetrVG/*Kreutz* Rn. 22), jedoch nicht für die diffamierende und grob wahrheitswidrige Propaganda *gegen* einen Wahlbewerber (DKK/*Schneider* Rn. 19). Mit der Behinderung einer Wahl wird nur die Einschränkungen der Handlungsfreiheit und nicht die bloße Beeinflussung der inneren Willensbildung angesprochen, sofern nicht die Grenzen zur Nötigung oder Ehrverletzung überschritten werden (vgl. auch LAG Köln 15. 10. 1993 NZA 1994, 431; Richardi/*Thüsing* Rn. 14 f.; *Fitting* Rn. 11; GK-BetrVG/*Kreutz* Rn. 11). Der betroffene Wahlbewerber kann sich in diesem Fall mit einer einstweiligen Verfügung im arbeitsgerichtlichen Beschlussverfahren unter dem Aspekt der Wahlbeeinflussung zur Wehr setzen (Richardi/*Thüsing* Rn. 15; GK-BetrVG/*Kreutz* Rn. 33; aA *Fitting* Rn. 11) Daneben kann er vor den ordentlichen Gerichten nach allgemeinen Bestimmungen Rechtsschutz begehren (*Fitting* Rn. 11; GK-BetrVG/*Kreutz* Rn. 33).

III. Schutz des Wahlrechts

Der Schutz des aktiven und passiven Wahlrechts nach **Abs. 1 S. 2** ist im weitesten Sinn als Schutz aller Betätigungen eines AN zu verstehen, die im Zusammenhang mit der Wahl stehen. Damit wird die **äußere Freiheit zur Ausübung der Wahlbefugnisse**, nicht wie in Abs. 2 die innere Freiheit des Wahlberechtigten schützt (*Fitting* Rn. 13; GK-BetrVG/*Kreutz* Rn. 24). Darunter fällt nicht nur der Schutz von Wählern oder Wahlkandidaten, sondern der Schutz aller Wahlbeteiligten wie des Wahlvorstands oder des Wahlhelfers. So wird auch das Aufstellen und Unterzeichnen von Wahlvorschlägen erfasst (*Fitting* Rn. 12). Eine Beschränkung des Wahlrechts liegt in dem von AN oder AG unternommenen Versuch, Wahlberechtigte mit Gewalt am Betreten des Wahllokals zu hindern oder sie zur Rücknahme einer Kandidatur zu zwingen. Unzulässige Beschränkungen liegen zB in der Anweisung des AG, am Wahltag eine nicht zu diesem Zeitpunkt erforderliche Geschäftsreise zu unternehmen; in der Weigerung, notwendige Arbeitsbefreiung zur Stimmabgabe oder für die Tätigkeit als Wahlvorstand, Wahlhelfer, Vermittler iSd. § 18 a zu gewähren (*Fitting* Rn. 14). Verboten ist die Anweisung und Empfehlung des AG, einen bestimmten Kandidaten bzw. Liste zu wählen oder auf einer gegnerischen Liste zu kandidieren (*Fitting* Rn. 17). Auch die nur rechtsirrige Mitteilung an wahlberechtigte AN, sie seien leitende Angestellte und nicht wahlberechtigt, ist unzulässig, soweit sie nicht eindeutig unverbindliche Meinungsäußerung ist und auch als Wunsch oder Weisung verstanden werden kann (LAG Hamm 27. 4. 1972 DB 1972, 1297; LAG Baden-Württemberg 31. 5. 1972 DB 1972, 1392; *Fitting* Rn. 18; weitergehend DKK/*Schneider* Rn. 11). Eine unzulässige Beschränkung des Wahlrechts liegt endlich in dem Versuch des AG, von den AN schriftliche Erklärungen zu bekommen, dass sie eine Betriebsratswahl nicht wünschen (ArbG München 26. 5. 1987 DB 1987, 2662).

Kündigungen und **Versetzungen** bleiben vor einer anstehenden Betriebsratswahl grundsätzlich möglich. Sie verstoßen aber gegen Abs. 1, wenn sie anlässlich oder im Zusammenhang mit der Betätigung für die Betriebsratswahl mit dem Ziel ausgesprochen werden, einen AN an der Ausübung des Wahlrechts zu hindern, ihn zu maßregeln oder die Durchführung der Wahl zu erschweren (BAG 13. 10. 1977 AP KSchG 1969 § 1 Verhaltensbedingte Kündigung Nr. 1) und sind dann nach § 134 BGB unwirksam (LAG Rheinland-Pfalz 5. 12. 1991 AiB 1992, 531; Richardi/*Thüsing* Rn. 17; *Fitting* Rn. 15; im Ergebnis auch GK-BetrVG/*Kreutz* Rn. 18). Das Behinderungsverbot deckt ebenso wenig rechtswidriges Verhalten von AN im Zusammenhang mit einer Betriebsratswahl. Wer als Wahlbewerber die Ehre anderer schwerwiegend verletzt und dabei mit verfassungsfeindlicher Zielsetzung agiert, kann auch vor der Wahl außerordentlich gekündigt werden (BAG 13. 10. 1977 AP KSchG 1969 § 1 Verhaltensbedingte Kündigung Nr. 1; BAG 15. 12. 1977 AP BGB § 626 Nr. 69). Da Wahlkandidaten und Mitglieder des Wahlvorstands nach § 15 KSchG und § 103 gegen Kündigungen geschützt sind, hat Abs. 1 S. 2 für den Zeitraum vor Aufstellen des Wahlvorschlags bzw. Bestellung in den Wahlvorstand. Auch die **Maßregelung nach Ausüben der Wahlbefugnisse** wird vom Verbot des Abs. 1 S. 2 erfasst. Sie kann daher Schadensersatzansprüche des AN auslösen (*Fitting* Rn. 19; DKK/*Schneider* Rn. 18). Da die nachträgliche Sanktion keinen Einfluss auf das Wahlergebnis hat, kann sie nicht zur Wahlanfechtung führen. Anderes gilt, wenn die Maßregelung vorher angekündigt wurde und damit eine unzulässige Wahlbeeinflussung nach Abs. 2 gegeben ist.

IV. Wahlbeeinflussung

Abs. 2 schützt die **Freiheit der Willensbildung.** Jede Begünstigung oder Benachteiligung von Wahlbeteiligten ist untersagt, die darauf einwirkt, dass sie ihre Wahlbefugnisse nicht nach eigenem Entschluss, sondern im Interesse eines Dritten ausüben. Es reicht das Androhen von Nachteilen und das Versprechen von Vorteilen (*Fitting* Rn. 21, 22; GK-BetrVG/*Kreutz* Rn. 25) unabhängig davon, ob sie Erfolg haben (GK-BetrVG/*Kreutz* Rn. 25). Die angesprochenen Nachteile und Vorteile können materieller oder immaterieller Art sein. Es kann um Kündigung, Versetzung auf einen schlechteren Arbeitsplatz, Beförderung, Lohn- und Gehaltserhöhung, Versetzung auf einen bevorzugten Arbeitsplatz, Geschenke oder sonstige Zuwendungen gehen. Auf moralische Anstößigkeit kommt es so wenig an (GK-BetrVG/*Kreutz* Rn. 26) wie darauf, ob es sich bei den in Aussicht gestellten oder gewährten Vorteilen um unsachliche, an den Egoismus des Einzelnen appellierende Leistungen handelt (BAG 8. 3. 1957 AP BetrVG § 19 Nr. 1; GK-BetrVG/*Kreutz* Rn. 26 und § 12 Rn. 19; aA *Fitting* Rn. 22).

7   Bei der **Werbung oder Propaganda** von AN und im Betrieb vertretenen Gewerkschaften für oder gegen eine Liste oder einen Kandidaten handelt es sich um zulässige Wahlbeeinflussung. Sie gehört zum Wahlkampf, solange sie ein Abwägen der Standpunkte zulässt und die Entscheidungsfreiheit des Wählers wahrt (*Fitting* Rn. 24). Sie ist durch Art. 5 GG und für die Gewerkschaften zusätzlich durch Art. 9 III GG geschützt. Auch Kritik – etwa an konkurrierenden Gewerkschaften – gehört zum Wesen des Wahlkampfs und ist zulässig (vgl. BVerfG 30. 11. 1965 AP GG Art. 9 Nr. 7). Sofern nicht falsche Hoffnungen geweckt werden, gilt dies auch für vergleichende Werbung und angreifbare Werturteile (BGH 7. 1. 1964 AP BGB § 1004 Nr. 1; BGH 6. 10. 1964 AP BGB § 54 Nr. 6). Die Grenze ist dann erreicht, wenn eine andere Gewerkschaft diffamiert wird bzw. die Propaganda in Hetze ausartet (BAG 14. 2. 1967 AP GG Art. 9 Nr. 10). Dem **Arbeitgeber** ist jegliche Wahlwerbung untersagt, da die Betriebsratswahl allein Sache der AN des Betriebs ist und er als Gegenspieler des BR sich des Einflusses auf die Zusammensetzung des BR zu enthalten hat (DKK/*Schneider* Rn. 19; Richardi/*Thüsing* Rn. 18; *Fitting* Rn. 24). Unzulässig ist auch die finanzielle oder sonstige tatsächliche Unterstützung von Wahlpropaganda einer oder mehrerer bestimmter Vorschlagslisten durch den AG (BAG 4. 12. 1986 AP BetrVG 1972 § 19 Nr. 13). Die Drohung mit dem **Gewerkschaftsausschluss** eines AN, der nicht auf der Gewerkschaftsliste, sondern auf einer von ihr nicht unterstützten neutralen Liste kandidiert, soll auch dann keinen Verstoß gegen Abs. 2 darstellen, wenn die Kandidatur über den Wettbewerb der Stimmen hinaus nicht gewerkschaftsfeindlich ist (BVerfG 24. 2. 1999 – 1 BvR 123/93 NZA 1999, 713; *Fitting* Rn. 30; DKK/*Schneider* Rn. 25, 26; aA wohl GK-BetrVG/*Kreutz* Rn. 40; Richardi/*Thüsing* Rn. 26). So stellt man den Schutz einer von Art. 9 III GG umfasste Selbstbestimmung der Gewerkschaften über ihre innere Ordnung und ihre Geschlossenheit nach außen über die Integrität von Betriebsratswahlen. Im Ergebnis geht man damit über das Wahlvorschlagsrecht der Gewerkschaften nach § 14 V hinaus. Jedenfalls liegt in der Drohung mit einem Gewerkschaftsausschluss ein Verstoß gegen Abs. 2, wenn die „geschützte" Gewerkschaftsliste nicht nach demokratischen Grundregeln aufgestellt wurde (*Fitting* Rn. 30; GK-BetrVG/*Kreutz* Rn. 40). Gewerkschaftsfeindlich ist die Kandidatur auf der Liste einer konkurrierenden Gewerkschaft, sowie auf einer Liste, die von einem Programm bestimmt wird, welches die Gewerkschaften allgemein oder die Grundordnung, die ihre freie Betätigung garantiert, bekämpft. Hier darf ausgeschlossen werden (BAG 2. 12. 1960 AP BetrVG § 19 Nr. 2; BGH 27. 2. 1978 AP GG Art. 9 Nr. 27; BGH 19. 1. 1981 AP BetrVG 1972 § 20 Nr. 7; DKK/*Schneider* Rn. 25; Richardi/*Thüsing* Rn. 24; GK-BetrVG/*Kreutz* Rn. 38; HSG/ *Schlochauer* Rn. 28).

V. Folgen der Zuwiderhandlung

8   Verstöße gegen Abs. 1 und 2 können zur Wahlanfechtung nach § 19, besonders grobe Verstöße können zur Nichtigkeit der Wahl führen (vgl. BAG 8. 3. 1957 AP BetrVG § 19 Nr. 1; DKK/*Schneider* Rn. 22; GK-BetrVG/*Kreutz* Rn. 43; enger *Fitting* Rn. 31, 32). Grobe Verbotsverletzungen können darüber hinaus nach § 23 geahndet werden. Vorsätzliche Verstöße werden auf Antrag nach § 119 I Nr. 1 bestraft. Soweit rechtsgeschäftliche Maßnahmen gegen Abs. 1 und 2 verstoßen, sind sie – unabhängig von einer etwaigen Zustimmung des AN – iVm. § 134 BGB nichtig,. Bei Abs. 1 und 2 handelt es sich um Schutzgesetze iS von § 823 II BGB, so dass auch ein Schadensersatzanspruch eines geschädigten AN in Betracht kommen kann (DKK/*Schneider* Rn. 20; *Fitting* Rn. 34; GK-BetrVG/ *Kreutz* Rn. 44).

VI. Kosten der Wahl

9   Der AG trägt nach **Abs. 3 S. 1** alle bei der Vorbereitung und Durchführung einer Betriebsratswahl entstehenden Kosten, soweit sie zur ordnungsgemäßen Durchführung der Wahl erforderlich sind (BAG 8. 4. 1992 AP BetrVG 1972 § 20 Nr. 15; GK-BetrVG/*Kreutz* Rn. 49). Dies gilt auch für eine Wahl, bei der der Wahlvorstand durch das ArbG eingesetzt wurde (GK-BetrVG/*Kreutz* Rn. 49). Dem Wahlvorstand steht bei der Einschätzung, was erforderlich ist, ein **Beurteilungsspielraum** zu, den er nach den für den BR im Rahmen des § 40, § 37 II, VI geltenden Grundsätzen zu beachten hat (BAG 3. 12. 1987 AP BetrVG 1972 § 20 Nr. 13). Zu den **Sachkosten** gehören Kosten der Geschäftsführung des Wahlvorstands, der erforderlichen Räume, Büroeinrichtung, einschlägige Gesetzestexte und Kommentarliteratur, Büromaterial, Telefon und Porto, Stimmzettel, Wahlurnen, Wahlkabinen und ggf. eines PKW für Reisen und Transport (DKK/*Schneider* Rn. 28; *Fitting* Rn. 36). Benutzen die Mitglieder des Wahlvorstands das eigene Fahrzeug, ist die betriebsübliche Kilometerpauschale zu ersetzen (BAG 3. 3. 1983 AP BetrVG 1972 § 20 Nr. 8). Entsteht ein Unfallschaden am PKW, gelten die

gleichen Grundsätze für die Ersatzpflicht des AG, wie bei einem Unfall eines privaten Pkws bei Einsatz auf einer Dienstfahrt (DKK/*Schneider* Rn. 32; GK-BetrVG/*Kreutz* Rn. 53; *Fitting* Rn. 37). Der Ersatz kommt daher in Betracht, wenn der AG den Einsatz des Fahrzeugs gewünscht hat oder dieser für die Erfüllung der gesetzlichen Aufgaben des Wahlvorstands erforderlich war, weil der AG kein Fahrzeug zur Verfügung gestellt hat (BAG 3. 3. 1983 AP BetrVG 1972 § 20 Nr. 8; *Fitting* Rn. 37).

Neben den Sachkosten ist trägt der AG nach Abs. 3 auch die **persönlichen Kosten** der Mitglieder 10 des Wahlvorstands. Dazu gehören vor allem Kosten einer notwendigen und angemessenen **Schulung**, um die Mitglieder des Wahlvorstands adäquat auf ihre Aufgaben vorzubereiten (BAG 7. 6. 1984 AP BetrVG § 20 Nr. 10). Dabei ist der halbtägige Besuch einer Schulungsveranstaltung eines erstmals in den Wahlvorstand bestellten Mitglieds auch ohne nähere Darlegung des Fehlens ausreichender Kenntnisse der Wahlvorschriften als erforderlich anzusehen (BAG 7. 6. 1984 AP BetrVG § 20 Nr. 10). Selbst wenn der Vorsitzende des Wahlvorstands Jahre zuvor bereits eine Wahl geleitet hat, kann eine Schulung zur Aktualisierung des Wissens notwendig sein (BAG 26. 4. 1995 AP BetrVG 1972 § 20 Nr. 17). Nicht erforderlich sind Kosten für Lichtbilder der Kandidaten, die den Vorschlagslisten hinzugefügt werden sollen (BAG 3. 12. 1987 AP BetrVG 1972 § 20 Nr. 13). Erforderlich sind die Kosten von **Anfechtungsverfahren** oder **gerichtlichen Verfahren** zur Klärung von Streitfragen im Laufe des Wahlverfahrens, soweit die Rechtsverfolgung nicht mutwillig oder offensichtlich aussichtslos ist (BAG 8. 4. 1992 AP BetrVG 1972 § 20 Nr. 15). Darf der Anfechtungsberechtigte oder der Wahlvorstand eine anwaltliche Vertretung bei vernünftiger Betrachtung für erforderlich halten, sind auch die **Anwaltskosten** in diesen Verfahren zu erstatten (BAG 8. 4. 1992 AP BetrVG 1972 § 20 Nr. 15; BAG 7. 7. 1999 AP BetrVG 1972 § 20 Nr. 19). Erforderlich sind die außergerichtlichen Kosten einer Gewerkschaft, welche ihr entstanden sind, weil sie in einem Beschlussverfahren zur gerichtlichen Bestellung des Wahlvorstandes einen Anwalt beauftragt hat (BAG 31. 5. 2000 – 7 ABR 8/99 – NZA 2001, 114). Im Streit über das Bestehen eines gemeinsamen Betriebs mehrerer Unternehmen sind diejenigen Unternehmen analog § 421 BGB als Gesamtschuldner kostenpflichtig, die Umstände für die Annahme eines Gemeinschaftsbetriebs gesetzt haben, unabhängig davon ob tatsächlich ein Gemeinschaftsbetrieb vorliegt oder nicht (BAG 8. 4. 1992 AP BetrVG § 20 Nr. 15).

VII. Lohnausfall

Nach Abs. 3 S. 2 ist das Entgelt für notwendige durch die Wahl bedingte Arbeitsversäumnis nach 11 dem Lohnausfallprinzip zu zahlen. Notwendig ist die Arbeitsversäumnis, wenn der AN sie bei ruhiger und vernünftiger Überlegung für erforderlich halten durfte (DKK/*Schneider* Rn. 33; *Fitting* Rn. 43). Notwendig kann jedenfalls die durch die Teilnahme an der Betriebsversammlung nach § 17 oder der Wahlversammlung nach § 14 a entstehende Arbeitsversäumnis sein (*Fitting* Rn. 43). Ebenso notwendig ist die durch das Ausüben des aktiven oder passiven Wahlrechts entstehende Arbeitsversäumnis. Die Wahl findet während der Arbeitszeit statt (Richardi/*Thüsing* Rn. 46; *Fitting* Rn. 44; GK-BetrVG/*Kreutz* Rn. 57). Das Sammeln von Stützunterschriften oder die Vorstellung als Wahlbewerber wird meist nicht während der Arbeitszeit notwendig sein (LAG Berlin 9. 1. 1979, BB 1979, 1036; *Fitting* Rn. 43; GK-BetrVG/*Kreutz* Rn. 65; aA DKK/*Schneider* Rn. 35). Die Anwesenheit bei der öffentlichen Stimmauszählung nach § 18 III 1 soll nicht unter Abs. 3 S. 2 fallen (LAG Schleswig-Holstein 26. 7. 1989 AP BetrVG 1972 § 20 Nr. 14; aA DKK/*Schneider* Rn. 36).

Die **Tätigkeit des Wahlvorstands** findet grundsätzlich während der Arbeitszeit statt. Das Arbeits- 12 entgelt ist daher nach Abs. 3 weiterzuzahlen. Soweit die Tätigkeit aus betrieblichen Gründen außerhalb der Arbeitszeit geleistet wird, ist § 37 III entsprechend anzuwenden (Richardi/*Thüsing* Rn. 42). Dem Mitglied des Wahlvorstands ist entsprechende Arbeitsbefreiung bei Fortzahlung des Arbeitsentgelts zu gewähren (BAG 26. 4. 1995 AP BetrVG 1972 § 20 Nr. 17). Überstunden, die ein Mitglied des Wahlvorstands ohne seine Tätigkeit geleistet hätte, sind auch zu vergüten, wenn es sich nicht um regelmäßig anfallende Überstunden handelt (DKK/*Schneider* Rn. 33; BAG 29. 6. 1988 AP BPersVG § 24 Nr. 1). Ist eine Schulung notwendig und angemessen, ist auch das Arbeitsentgelt für die entsprechende Arbeitsversäumnis zu gewähren (BAG 7. 6. 1984 AP BetrVG 1972 § 20 Nr. 10). Zur Betätigung im Wahlvorstand zählt auch die Tätigkeit von Wahlhelfern, die der Wahlvorstand zur Unterstützung heranzieht (DKK/*Schneider* Rn. 33).

VIII. Streitigkeiten

Über die Kostentragung nach Abs. 3 S. 1 wird im arbeitsgerichtlichen Beschlussverfahren nach 13 §§ 2 a, 80 ff. ArbGG entschieden. Streitigkeiten über die Lohnfortzahlung nach Abs. 3 S. 2 sind im Urteilsverfahren auszutragen (BAG 11. 5. 1973 AP BetrVG § 20 Nr. 2). Die Darlegungs- und Beweislast liegt beim Anspruchssteller (BAG 26. 6. 1973 AP BetrVG 1972 § 20 Nr. 4). Ein im Beschlussverfahren zur Notwendigkeit der Arbeitsversäumnis ergangener Beschluss hat für das folgende Urteilsverfahren präjudizielle Wirkung (BAG 6. 5. 1975 AP BetrVG 1972 § 65 Nr. 5).

Zweiter Abschnitt. Amtszeit des Betriebsrats

§ 21 Amtszeit

¹ Die regelmäßige Amtszeit des Betriebsrats beträgt vier Jahre. ² Die Amtszeit beginnt mit der Bekanntgabe des Wahlergebnisses oder, wenn zu diesem Zeitpunkt noch ein Betriebsrat besteht, mit Ablauf von dessen Amtszeit. ³ Die Amtszeit endet spätestens am 31. Mai des Jahres, in dem nach § 13 Abs. 1 die regelmäßigen Betriebsratswahlen stattfinden. ⁴ In dem Fall des § 13 Abs. 3 Satz 2 endet die Amtszeit spätestens am 31. Mai des Jahres, in dem der Betriebsrat neu zu wählen ist. ⁵ In den Fällen des § 13 Abs. 2 Nr. 1 und 2 endet die Amtszeit mit der Bekanntgabe des Wahlergebnisses des neu gewählten Betriebsrats.

I. Vorbemerkung

1   Die Vorschrift regelt **Dauer, Beginn und Ende** der Amtszeit des BR. Daneben koordiniert sie das Ende der Amtszeit des vorhergehenden mit dem Beginn der Amtszeit des neu gewählten BR. So werden drohende Kompetenzkonflikte vermieden. Die Vorschrift ist **zwingend** und kann daher weder durch TV noch durch eine BV abgeändert werden (GK-BetrVG/*Wiese* Rn. 7). Sie gilt weder für den GesamtBR, noch für den KonzernBR oder die Gesamt-JAV. Diese haben keine Amtszeiten. Es handelt sich um Dauereinrichtungen. Nur die Mitgliedschaft der dorthin Entsandten endet mit dem Ende der Amtszeit des Entsendungsgremiums (s § 49 Rn. 2, § 57 Rn. 2, § 73 II iVm. § 49).

II. Beginn der Amtszeit

2   Im **betriebsratslosen Betrieb** – § 13 II Nr. 4–6 – beginnt die Amtszeit des neu oder erstmals gewählten BR nach dem Wortlaut von S. 2 Alt. 1 mit **Bekanntgabe des Wahlergebnisses** (Richardi/*Thüsing* Rn. 6; *Fitting* Rn. 7; GK-BetrVG/*Kreutz* Rn. 13). Bekannt gemacht ist das Ergebnis, wenn der Wahlvorstand das Wahlresultat nach § 19 iVm. § 3 IV WO sichtbar im Betrieb ausgehängt hat. In den Fällen des **§ 13 II Nr. 1–2** existiert zwar noch ein BR. Seine Amtszeit endet jedoch nach S. 5 ebenso mit der Bekanntgabe des Wahlergebnisses des neu gewählten BR. Hat ein BR seinen Rücktritt beschlossen – **§ 13 II Nr. 3** – führt er nach § 22 die Geschäfte weiter, bis das Wahlergebnis der Neuwahl des BR bekannt gegeben ist. Auch hier beginnt die Amtszeit des neugewählten BR an diesem Tage (*Fitting* Rn. 9). Im Übrigen beginnt in **Betrieben mit BR** nach S. 2 Alt. 2 die Amtszeit des neuen BR am Tage nach dem **Ablauf der Amtszeit** des alten (DKK/*Buschmann* Rn. 10; *Fitting* Rn. 11; GK-BetrVG/*Kreutz* Rn. 17). So wird eine Überschneidung der Amtstätigkeit von altem und neugewähltem BR vermieden. Fasst der neugewählte BR vor Beginn seiner Amtszeit Beschlüsse zu beteiligungspflichtigen Angelegenheiten, sind sie nichtig (*Fitting* Rn. 12) Gegen Kündigungen sind die neugewählten Mitglieder schon zu diesem Zeitpunkt nach den §§ 103 und § 15 KSchG geschützt (DKK/*Buschmann* Rn. 11; *Fitting* Rn. 12). Das Amt des neugewählten BR beginnt, ohne dass es einer Handlung oder Erklärung bedarf, insb. braucht sich der BR noch nicht konstituiert zu haben (DKK/*Buschmann* Rn. 12; GK-BetrVG/*Kreutz* Rn. 14).

III. Ende der Amtszeit

3   Mit Ablauf seiner Amtszeit enden grundsätzlich die Befugnisse des BR. Auch eine bloß kommissarische Tätigkeit bis zur Wahl eines neuen BR ist nicht zulässig (BAG 15. 1. 1974 AP PersVG Baden-Württemberg § 68 Nr. 1). Ausnahmsweise kommt jedoch eine Weiterführung der Geschäfte nach § 22 oder auch die Ausübung eines Rest- und/oder Übergangsmandats nach den §§ 21 a und 21 b in Betracht. Das Ausscheiden eines einzelnen BRMitglieds hat grundsätzlich keine Auswirkung auf die Existenz des BR als Organ (*Fitting* Rn. 15).

4   **1. Regelmäßige Amtszeit.** Das Amt eines BR endet nach S. 1 im Regelfall mit Ablauf der vierjährigen Amtsperiode, nach S. 3 spätestens am 31. 5. des Jahres, in dem die regelmäßigen Betriebsratswahlen stattfinden (2006, 2010 usw.) Sie endet mit Ablauf der Vier-Jahres-Frist auch dann vor dem 31. 5., wenn noch kein neuer BR gewählt wurde (DKK/*Buschmann* Rn. 17; *Fitting* Rn. 19; GK-BetrVG/*Kreutz* Rn. 24). Die Fristberechnung erfolgt nach den §§ 187 ff. BGB. So endet die Amtszeit des BR, dessen Amt mit Ablauf der Amtszeit des vorausgehenden BR begann, nach §§ 188 II, 187 II BGB vier Jahre später mit Ablauf des Tages, der seiner kalendermäßigen Bezeichnung nach dem Tag des Beginns seiner Amtszeit vorausging – Ende der Amtszeit des alten BR am 16. 4. 1994; Beginn der Amtszeit des neuen BR am 17. 4. 1994; Ende der Amtszeit des neuen BR am 16. 4. 1998. Das Ende der Amtszeit des BR, dessen Amtsbeginn am Tag der Bekanntgabe des Wahlergebnisses erfolgte, orientiert sich an §§ 188 II, 187 I BGB. Seine Amtszeit endet vier Jahre später mit Ablauf des Tages, der kalendermäßig dem Tag der Bekanntgabe des Wahlergebnisses entspricht – Bekanntgabe des Wahlergebnisses 16. 4. 1994; Ende der Amtszeit mit Ablauf des 16. 4. 1998.

2. Unregelmäßige Amtszeit. Der außerhalb des regelmäßigen Wahlzeitraums gewählte BR hat eine 5
von § 21 S. 1 abweichende Amtszeit. Die Amtszeit ist nach § 13 III kürzer als vier Jahre, wenn der BR
zum 1. 3. des nächstfolgenden regelmäßigen Wahlzeitraums ein Jahr oder länger im Amt war. Die
Amtszeit ist länger als vier Jahre, wenn der BR zum gleichen Zeitpunkt weniger als 1 Jahr im Amt
war. Die **Amtszeit** eines außerhalb des regelmäßigen Wahlzeitraums gewählten BR **endet** mit der
Bekanntgabe des Wahlergebnisses des neu gewählten BR (BAG 28. 9. 1983 AP BetrVG 1972 § 21
Nr. 1). Zwar bestimmen S. 3 und S. 4 ausdrücklich lediglich den 31. Mai des Jahres für beide in
§ 13 III genannte Fälle als Amtszeitende. Das Wort „spätestens" weist jedoch darauf hin, dass mit dem
31. Mai nur die äußerste Grenze abgesteckt werden sollte. Als früherer Zeitpunkt kommt bei regelmäßig nachfolgender Neuwahl in Anlehnung an S. 5 und § 22 allein die Bekanntmachung des Wahlergebnisses der Neuwahl in Betracht (BAG 28. 9. 1983 AP BetrVG 1972 § 21 Nr. 1; *Fitting* Rn. 23;
DKK/*Buschmann* Rn. 22). Erfolgt eine Neuwahl nicht oder zu spät, greift die ausdrücklich durch S. 3
und S. 4 gezogene Grenze des 31. Mai des Jahres, in dem der 31. Mai eine Neuwahl zu erfolgen hat.
Bei einer **Veränderung der Belegschaftsstärke** nach § 13 II Nr. 1 und beim **Absinken der Mitgliederzahl** des BR unter die gesetzlich vorgeschriebene Größe nach § 13 II Nr. 2 endet die Amtszeit des
bestehenden BR nicht automatisch mit Unter- oder Überschreiten der dort angegebenen Grenzen. S. 5
knüpft das Ende der Amtszeit des bestehenden BR an die Bekanntgabe des Wahlergebnisses des
neuzuwählenden BR. Ausnahmsweise endet die Amtszeit des BR bei Veränderung der Belegschaftsstärke, wenn der Betrieb nicht mehr betriebsratsfähig ist, weil die Anzahl der regelmäßig beschäftigten
AN unter die Mindestzahl des § 1 fällt (DKK/*Buschmann* Rn. 26; *Fitting* Rn. 31). Bei einem **Rücktritt**
des BR führt er nach § 22 die Geschäfte bis zur Bekanntgabe des Wahlergebnisses des nach § 13 II
Nr. 3 neu gewählten BR fort. Äußerste Grenze der Amtsdauer bildet jedoch auch in den Fällen des
§ 13 II Nr. 1–3 das Ende der regulären Amtszeit des bestehenden BR (*Fitting* Rn. 27). Bei erfolgreicher **Wahlanfechtung** (s. § 19 Rn. 9) und der **Auflösung** des BR durch Gerichtsbeschluss nach
§ 23 (s. § 23 Rn. 21) endet die Amtszeit des BR mit Rechtskraft der gerichtlichen Entscheidung. Wird
die **Nichtigkeit** einer Betriebsratswahl festgestellt, hat es ihn de jure nie gegeben (s. § 19 Rn. 17).

IV. Sonderfälle

Die Amtszeit des BR endet bei **Ausscheiden** aller Mitglieder und Ersatzmitglieder **aus dem Amt**. 6
Mangels einer gesetzlichen Grundlage können die Geschäfte nicht weitergeführt werde (DKK/*Buschmann* Rn. 28; *Fitting* Rn. 28). Nach § 3 IV endet die Amtszeit des BR bei seiner Ablösung durch
abweichende BR- oder **Arbeitnehmervertretungsstrukturen** nach § 3 I Nr. 1–3 mit Bekanntgabe
des Wahlergebnisses. Ein **Betriebsübergang** nach § 613 a BGB führt nicht zu einer Beendigung der
Amtszeit, da der neue Betriebsinhaber kraft Gesetzes in die Rechtsstellung des bisherigen AG eintritt
und die Identität des Betriebes insoweit erhalten bleibt (BAG 28. 9. 1988 AP BetrVG 1972 § 99
Nr. 55). Das BRAmt endet jedoch, wenn der Betriebserwerber nicht unter den Geltungsbereich des
BetrVG fällt (BAG 9. 2. 1982 AP BetrVG 1972 § 118 Nr. 24). Auch die **Fusion von Gesellschaften**
oder die **Rechtsformänderung** allein haben keinen Einfluss auf den Bestand des BR, sofern die
Identität des Betriebes nicht berührt wird (BAG 28. 9. 1988 AP BetrVG 1972 § 99 Nr. 55; *Fitting*
Rn. 36). Die Eröffnung eines **Insolvenzverfahrens** hat rechtlich keinen unmittelbaren Einfluss auf die
Amtszeit, da die nach § 80 InsO auf den Verwalter übergehende Verwaltungs- und Verfügungsbefug-
nis auch die Rechte und Pflichten aus der Arbeitgeberstellung und damit auch der betriebsverfassungs-
rechtlichen Rechte und Pflichten umfasst (*Fitting* Rn. 36; DKK/*Buschmann* Rn. 44; GK-BetrVG
/*Kreutz* Rn. 44).

V. Streitigkeiten

Über die Amtszeit eines BR entscheidet das ArbG im **Beschlussverfahren** nach §§ 2 a, 80 ff. 7
ArbGG. Sie kann im Rahmen eines Urteilsverfahrens inzidenter als Vorfrage entschieden werden. Ein
laufendes **Verfahren** ist mit dem Ende der Amtszeit des BR zu unterbrechen. Analog § 239 ZPO ist
der neugewählte BR als (Rechts-)Funktionsnachfolger, an dem von seinem Vorgänger eingeleiteten
Beschlussverfahren, zu beteiligen. Die Antragsbefugnis erlischt nicht (BAG 25. 4. 1978 AP BetrVG
1972 § 80 Nr. 11).

§ 21 a Übergangsmandat

(1) ¹**Wird ein Betrieb gespalten, so bleibt dessen Betriebsrat im Amt und führt die Geschäfte für
die ihm bislang zugeordneten Betriebsteile weiter, soweit sie die Voraussetzungen des § 1 Abs. 1
Satz 1 erfüllen und nicht in einen Betrieb eingegliedert werden, in dem ein Betriebsrat besteht
(Übergangsmandat).** ²Der Betriebsrat hat insbesondere unverzüglich Wahlvorstände zu bestellen.
³**Das Übergangsmandat endet, sobald in den Betriebsteilen ein neuer Betriebsrat gewählt und das
Wahlergebnis bekannt gegeben ist, spätestens jedoch sechs Monate nach Wirksamwerden der**

Spaltung. ⁴ Durch Tarifvertrag oder Betriebsvereinbarung kann das Übergangsmandat um weitere sechs Monate verlängert werden.

(2) ¹ Werden Betriebe oder Betriebsteile zu einem Betrieb zusammengefasst, so nimmt der Betriebsrat des nach der Zahl der wahlberechtigten Arbeitnehmer größten Betriebs oder Betriebsteils das Übergangsmandat wahr. ² Absatz 1 gilt entsprechend.

(3) Die Absätze 1 und 2 gelten auch, wenn die Spaltung oder Zusammenlegung von Betrieben und Betriebsteilen im Zusammenhang mit einer Betriebsveräußerung oder einer Umwandlung nach dem Umwandlungsgesetz erfolgt.

Amtl. Anm.: Diese Vorschrift dient der Umsetzung des Artikels 6 der Richtlinie 2001/23/EG des Rates vom 12. März 2001 zur Angleichung der Rechtsvorschriften der Mitgliedstaaten über die Wahrung von Ansprüchen der Arbeitnehmer beim Übergang von Unternehmen, Betrieben oder Betriebsteilen (ABl. EG Nr. L 82 S. 16).

I. Vorbemerkung

1   Mit dem Übergangsmandat wird die Zuständigkeit des BR zeitlich beschränkt betriebsübergreifend ausgeweitet. Grundlage der Tätigkeit von BR sind die Betriebe nach § 1, die nach § 4 I als selbständig geltenden Betriebsteile und die nach § 3 I Ziff. 1–3 geschaffenen Organisationseinheiten. Der BR ist grundsätzlich nur für die Einheit zuständig, für die er gewählt wurde. Soweit Umstrukturierungen auf Unternehmensebene keine Veränderungen der betrieblichen Organisation hervorrufen, die Identität des Betriebs, des selbständigen Betriebsteils oder der Organisationseinheit erhalten bleibt, haben sie keinen Einfluss auf den Bestand des BR und seine Rechtsstellung. Dies gilt beispielsweise für die bloße Änderung des Betriebszwecks, die Verlegung eines Betriebes, den vollständigen Betriebsübergang nach § 613a BGB (BAG 27. 7. 1994 AP BGB § 613a Nr. 118), den Gesellschafterwechsel, die Änderung der Rechtsform, die Fusion von Gesellschaften oder die gemeinsame Führung eines Betriebes durch die an einer Unternehmensspaltung beteiligten Rechtsträger (*Fitting* Rn. 7, 8). Das Bedürfnis nach einer Ausdehnung des Mandats entsteht, wenn durch Organisationsänderungen **neue betriebsratsfähige Einheiten** nach §§ 1, 4 geschaffen werden. Soweit die betroffenen AN nicht in einen Betrieb eingegliedert werden, in dem schon ein BR besteht, werden sie bis zur Neuwahl eines BR nicht mehr vertreten. Sie verlieren ihren kollektiven Schutz (BAG 31. 5. 2000 AP BetrVG 1972 § 1 Gemeinsamer Betrieb Nr. 12) in einer für sie besonders kritischen Phase. Bisher wurde dieses Problem nur in Spezialgesetzen gelöst. So wurden zeitlich befristete Übergangsmandate für BR oder PersR in § 321 UmwG, § 13 SpTrUG, § 6b IX VermG, §§ 15, 20 DBGrG, § 8 ENeuOG, § 25 I PostPersRG und § 24 BAPostG geschaffen. Die Vorschrift stellt jetzt **einheitlich** sicher, dass bei betrieblichen Organisationsänderungen für eine Übergangsphase keine betriebsratslosen Zeiten entstehen und bei rechtzeitiger Neuwahl auch im Anschluss daran nicht entstehen können. Dem BR steht **für jede Form der Betriebsspaltung** – Absatz 1 – **oder Zusammenlegung** von Betrieben oder Betriebsteilen zu einem Betrieb – Abs. 2 – unabhängig davon, ob die betriebliche Umstrukturierung im Wege der Einzel- oder Gesamtrechtsnachfolge oder auf Grund von Änderungen der Betriebsorganisation innerhalb eines Unternehmens erfolgt – Abs. 3 – ein Übergangsmandat zu, wenn die Organisationsänderung zum Wegfall des bisherigen BR führt oder ein Teil der AN aus seinem Zuständigkeitsbereich herausfallen. Die Sondervorschriften sind damit überflüssig geworden. Dieses Übergangsmandat unterscheidet sich vom Restmandat dadurch, dass es durch den zuvor existierenden BR des Ursprungsbetriebes gegenüber der Leitung neu entstandener Einheiten, das Restmandat dagegen gegenüber der Leitung des Ursprungsbetriebes ausgeübt wird. Die Vorschrift ist zwingend (*Fitting* Rn. 5). Nur die Verlängerung des Übergangsmandates bis zu sechs Monaten (Richardi/*Thüsing* Rn. 20) ist nach Abs. 1 S. 4 möglich. Die Vorschrift gilt nicht für den Gesamt- oder KonzernBR (*Fitting* Rn. 5; Richardi/*Thüsing* Rn. 25).

II. Voraussetzungen

2   Die Vorschrift knüpft nicht an Strukturänderung auf Unternehmensebene an. Ob es dort zu Aufspaltungen, Abspaltungen, Verschmelzungen oder Vermögensübertragungen kommt, ist grundsätzlich bedeutungslos, solange nicht zugleich betriebsverfassungsrechtliche Strukturen verändert werden. So bleibt bei der Aufspaltung eines Rechtsträgers in eine Besitz-Gesellschaft, auf die das Anlage-Vermögen übergeht und eine Betriebsgesellschaft, auf die der Betrieb übergeht, die Identität des Betriebes erhalten und der BR im Amt. Die Vorschrift regelt allein **betriebliche Organisationsänderungen** (*Fitting* Rn. 8; Richardi/*Thüsing* Rn. 4). Entscheidend ist die Aufhebung der einheitlichen Leitung als bestimmendes Merkmal. Dabei ist wiederum unerheblich, worauf sie beruht (*Fitting* Rn. 12). Bei einer **Spaltung** nach **Abs. 1** werden entweder einer oder mehrere Teile des Betriebes bzw. einer betriebsratsfähigen Organisationseinheit nach § 3 I Ziff. 1–3 (*Fitting* Rn. 8) ausgegliedert – **Abspaltung** – oder die betriebsratsfähige Einheit vollständig aufgeteilt – **Aufspaltung**. Bei der Abspaltung besteht die ursprüngliche organisatorische Einheit fort. Die ausgegliederten Teile werden als eigener Betrieb fortgeführt oder in einen anderen Betrieben eingegliedert. Die Aufspaltung in mehrere Betriebe

weiter", nicht für neue Betriebsteile, für die er bis dahin nicht zuständig war. Bei der Ausübung vom Mitbestimmungsrechten kommt es daher für die Schwellenwerte nicht auf die Gesamtzahl der AN in der neuen Einheit (so aber *Fitting* Rn. 23), sondern allein auf die Zahl der in der neuen Einheit tätigen, bisher schon von einem BR vertretenen AN an. Die im Ursprungsbetrieb erreichten Schwellenwerte spielen keine Rolle mehr (*Fitting* Rn. 23).

V. Kosten und Statusrechte

Die bei der Wahrnehmung des Übergangsmandats im abgebenden Betrieb entstehenden Sachkosten trägt dessen Inhaber im Umfang des § 40 (aA *Fitting* Rn. 27 – Haftung der beteiligten Arbeitgeber als Gesamtschuldner). Ebenso muss er als Vertragsarbeitgeber der BRMitglieder den Anspruch auf Freistellung und Entgeltfortzahlung nach § 37 II erfüllen (*Fitting* Rn. 27). Das Übergangsmandat ist eine gesetzliche Aufgabe des BR. Es entsteht als Folge einer Organisationsentscheidung des AG und ist ihm gegenüber gesetzlich angeordnet. Haben BRMitglieder als Folge der Betriebsspaltung den Arbeitgeber gewechselt, trägt die Sachkosten des Übergangsmandats ihr neuer AG, soweit sie bei ihnen anfallen, als Inhaber des Betriebes, weil das Übergangsmandat ihm gegenüber wahrgenommen wird und gesetzlich angeordnet ist. Er ist ihnen gegenüber aus demselben Grund als Vertragsarbeitgeber zur Freistellung und Entgeltfortzahlung nach § 37 II verpflichtet (*Fitting* Rn. 27). Angesichts des besonderen Schutzes von BRMitgliedern gegen Kündigung und Versetzung wird dies Problem wohl nur selten auftauchen. Wechselt ein BRMitglied doch einmal in die neue Einheit, wirken die **Statusrechte** – zB (nachwirkender) Kündigungsschutz – gegenüber einem neuen Vertragsarbeitgeber. Wer ein Übergangsmandat ausübt, muss in seiner Amtsführung gegenüber ihm ebenso geschützt sein wie er es zuvor gegenüber dem alten AG war. Die in den aufnehmenden betriebsratslosen Betrieb gewechselte Betriebsratsmitglieder können im Rahmen ihres Übergangsmandats nicht in den **GesamtBR** des Unternehmens entsandt werden, dem der aufnehmende Betrieb angehört (aA *Rieble* NZA 2002, 233). Sie vertreten nicht die gesamte Belegschaft des aufnehmenden Betriebes und ihr Übergangsmandat ist zeitlich begrenzt. Die im aufnehmenden Unternehmen abgeschlossenen GesamtBV gelten nach § 50 I im aufnehmenden Betrieb unabhängig davon, ob er im GesamtBR vertreten ist.

VI. Streitigkeiten

Über Streitigkeiten über Entstehung und Ausübung des Übergangsmandats wird im arbeitsgerichtlichen **Beschlussverfahren** nach den §§ 2 a, 80 ff. ArbGG entschieden. Der neugewählte BR ist an Stelle des BR zu beteiligen, der das Übergangsmandat wahrgenommen hat (*Fitting* Rn. 30). In jedem Verfahren kann als Vorfrage entschieden werden, ob ein BR noch im Amt war, soweit es um die Wirksamkeit einer von ihm vorgenommenen Handlung geht (BAG 15. 1. 1974 AP PersVG Baden-Württemberg § 68 Nr. 1; Richardi/*Thüsing* Rn. 27). Im **Urteilsverfahren** sind Ansprüche auf Entgeltfortzahlung und Freizeitausgleichsansprüche aus der Wahrnehmung des Übergangsmandats geltend zu machen (*Fitting* Rn. 30). In dieser Verfahrensart wird bei der Entscheidung individualrechtlicher Ansprüche als Vorfrage über das Bestehen, den Inhalt und den persönlichen Geltungsbereich des Übergangsmandats entschieden.

§ 21 b Restmandat

Geht ein Betrieb durch Stilllegung, Spaltung oder Zusammenlegung unter, so bleibt dessen Betriebsrat so lange im Amt, wie dies zur Wahrnehmung der damit im Zusammenhang stehenden Mitwirkungs- und Mitbestimmungsrechte erforderlich ist.

I. Vorbemerkung

Die Vorschrift schließt eine Mitbestimmungslücke, die sich aus dem Verlust des Betriebratsamtes bei Untergang des Betriebes ergeben kann. Fällt die Betriebsorganisation endgültig weg, endet nach § 24 Ziff. 4 das BRAmt. Oft wird es sich beim Untergang eines Betriebes um Tatbestände handeln, die Mitbestimmungsrechte auslösen. Bis zu diesem Zeitpunkt übt der BR seine Recht uneingeschränkt aus. Das Restmandat sorgt dafür, dass er sie in dem von der Vorschrift geschützten Umfang auch danach wahrnehmen kann. Das BRMandat wird inhaltlich eingeschränkt zeitlich ausgeweitet. Die Vorschrift ist zwingend (*Fitting* Rn. 4). Sie kann weder durch TV oder BV noch durch Individualvereinbarung mit den BRMitgliedern abgeändert werden.

II. Anwendungsbereich

Die Vorschrift umfasst alle Fälle des **Betriebsuntergangs** (DKK/*Buschmann* Rn. 3; *Fitting* Rn. 5). Besteht ein Betrieb weiter und scheiden nur alle Mitglieder sowie die Ersatzmitglieder des BR aus, endet die Amtszeit des BR; hier gibt es kein Restmandat (BAG 27. 8. 1996 AP ArbGG 1979 § 83 a Nr. 4; *Fitting* Rn. 5). Ein Restmandat entsteht ebenso wenig, wenn der Betrieb nach Ablauf der

Amtszeit eines BR untergeht und die AN keinen neuen BR gewählt haben (Richardi/*Thüsing* Rn. 8). Die Vorschrift greift auch nicht bei der räumlichen Verlegung eines Betriebes, seinem Übergang nach § 613a BGB, allein wegen seiner Zerstörung (BAG 16.6. 1987 AP BetrVG 1972 § 111 Rn. 20) oder bei einer nur vorübergehenden Stilllegung (Richardi/*Thüsing* Rn. 4) durch Streik oder Aussperrung (BAG 25. 10. 1988 AP GG Art. 9 Arbeitskampf Nr. 100; DKK/*Buschmann* Rn. 9; Richardi/*Thüsing* Rn. 4). Unter der **Stilllegung** eines Betriebes versteht man die Aufhebung der Produktions- und Betriebsgemeinschaft zwischen AG und AN für einen nach seiner Dauer unbestimmten, wirtschaftlich nicht unerheblichen Zeitraum (BAG 21. 6. 2001 AP KSchG 1969 § 15 Nr. 50; NZA 2002, 212; BAG 10. 1. 2001 AP KSchG 1969 § 1 Betriebsbedingte Kündigung Nr. 115). Sie ist nicht schon mit der Stilllegung der Betriebsanlagen vollzogen, sondern erst mit Beendigung aller Arbeitsverhältnisse bzw. Versetzung aller AN in einen anderen Betrieb (*Fitting* Rn. 7; Richardi/*Thüsing* Rn. 4). Die Belegschaft muss in rechtlicher Hinsicht aufgelöst sein (BAG 29. 3. 1977 AP BetrVG 1972 § 102 Nr. 11). Bei einer **Teilstilllegung** bleibt der BR im Amt, sofern der verbleibende Restbetrieb betriebsratsfähig ist (DKK/*Buschmann* Rn. 12; *Fitting* Rn. 9; Richardi/*Thüsing* Rn. 3). Er nimmt für die von der Teilstilllegung betroffenen und aus dem Betrieb ausgeschiedenen AN ein Restmandat ihrer Interessen wahr, die im Zusammenhang mit der Teilstilllegung stehen (DKK/*Buschmann* Rn. 12). Ein Restmandat entsteht, wenn der Betrieb weiterbesteht aber betriebsratsunfähig wird, weil die Zahl der ständig beschäftigten wahlberechtigten AN unter fünf sinkt (DKK/*Buschmann* Rn. 14). Bei der **Betriebsaufspaltung** kommt es für das Restmandat nicht darauf an, ob die Betriebsteile als eigenständiger Betrieb fortgeführt, in einen anderen eingegliedert oder mit anderen zusammengelegt werden und ob dies mit einem Wechsel des Betriebsinhabers verbunden ist (*Fitting* Rn. 10). Bei der Abspaltung endet die Amtszeit des BR nicht. Er nimmt alle Rechte als Vollmandat wahr. Bei der **Zusammenlegung** von Betrieben geht der eingegliederte Betrieb unter oder aus den zusammengelegten Betrieben entsteht ein neuer. Die Beteiligungsrechte nach § 111 werden als Restmandat wahrgenommen (DKK/*Buschmann* Rn. 19; *Fitting* Rn. 12). Das Restmandat erfasst den ursprünglichen Betrieb, das **Übergangsmandat** die neu entstandene Einheit. Das Restmandat wird gegenüber dem Inhaber des „abgebenden" Betriebes, das Übergangsmandat gegenüber dem des „aufnehmenden" Betriebs wahrgenommen. Sie können daher bei einer Spaltung und Fortführung als selbständige Betriebe bzw. Eingliederung in einen betriebsratslosen Betrieb zusammenfallen (*Fitting* Rn. 13; s. § 21a Rn. 6). Bei der Zusammenlegung steht jedem BR für die Einheit, für die er gewählt wurde ein Restmandat und dem BR mit der größten Anzahl wahlberechtigter AN das Übergangsmandat zu (*Fitting* Rn. 13; s. § 21a Rn. 4).

III. Inhalt und personelle Zusammensetzung

3   Das Restmandat ist als nachwirkendes Mandat **funktional** auf alle im Zusammenhang mit dem Untergang des Betriebes ergebenden Mitbestimmungs- und Mitwirkungsrecht **begrenzt** (BAG 12. 1. 2000 AP BetrVG 1972 § 24 Nr. 5). Es entsteht daher, wenn es nach Untergang des Betriebes nichts mehr zu regeln gibt (BAG 14. 8. 2001 AP ArbGG 1979 § 83a Nr. 9). Es enthält kein allgemeines Abwicklungsmandat für alle bei seinem Entstehen noch nicht abgeschlossenen betriebsverfassungsrechtlichen Vorgänge (*Fitting* Rn. 17, 18). So endet zB. ein Einigungsstellenverfahren zur Lage der Arbeitszeit mit der Betriebsstilllegung. Und es endet auch ein Beschlussverfahren durch Erledigung, dessen Streitgegenstand in keinem Zusammenhang mit der Auflösung des Betriebes steht (BAG 14. 8. 2001 AP ArbGG 1979 § 83a Nr. 9; *Fitting* Rn. 18; aA DKK/*Buschmann* Rn. 21). Der BR übt nur noch die betriebsverfassungsrechtlichen Befugnisse aus, welche im Abwicklungsstadium eine Rolle spielen können, so zB. die Verhandlungen zu einem Interessenausgleich oder die Vereinbarung von Sozialplänen (BAG 28. 10. 1992 AP BetrVG 1972 § 112 Nr. 63), aber auch die notwendige Abänderung eines Sozialplanes lange Zeit nach Untergang des Betriebes (BAG 5. 10. 2000 AP BetrVG 1972 § 112 Nr. 141). Er bleibt zuständig für betriebsverfassungsrechtliche Aufgaben, die sich daraus ergeben, dass trotz Untergangs des Betriebes noch nicht alle Arbeitsverhältnisse beendet sind und einzelne AN noch mit Abwicklungsarbeiten beschäftigt werden (BAG 23. 11. 1988 AP BGB § 613a Nr. 77; BAG 14. 8. 2001 AP ArbGG 1979 § 83a Nr. 9; *Fitting* Rn. 17). Und er ist nicht darauf beschränkt, Rechte auszuüben, die er schon vor Untergang des Betriebs geltend gemacht hat (Richardi/*Thüsing* Rn. 9).

4   Das Restmandat ist von dem BR auszuüben, der bei Beendigung des Vollmandats im Amt war (BAG 12. 1. 2000 AP BetrVG 1972 § 24 Nr. 5). Entscheidend für seine Größe und Zusammensetzung ist der Zeitpunkt, in dem das originäre Mandat endet und das Restmandat an seine Stelle tritt. Ist zu diesem Zeitpunkt seine Mitgliederzahl bereits unter die in § 9 vorgesehene Zahl gesunken und sind Ersatzmitglieder nicht vorhanden, führen die verbliebenen Mitglieder die Geschäfte nach den §§ 22, 13 II Nr. 2 weiter. Der BR wird nicht durch bereits ausgeschiedene Mitglieder aufgestockt (BAG 12. 1. 2000 AP BetrVG 1972 § 24 Nr. 5). Es wird durch den BR insgesamt, nicht allein vom Vorsitzenden wahrgenommen (BAG 14. 11. 1978 AP § 59 KO Nr. 6) und besteht, solange noch mindestens ein (Ersatz-)Mitglied des BR vorhanden und es wahrzunehmen ist (BAG 12. 1. 2000 AP BetrVG 1972 § 24 Nr. 5). Der Wechsel des AG oder in einen anderen Betrieb beendet für die Ausübung des Restmandats nicht die Mitgliedschaft im BR (Richardi/*Thüsing* Rn. 13). Die das Rest-

mandat ausübenden BRMitglieder können ihr Amt niederlegen (Richardi/*Thüsing* Rn. 11; aA *Hanau* NJW 2001, 2315). Die Wahrnehmung eines Restmandats verpflichtet nicht stärker zur Amtsausübung als die eines Vollmandats. Besteht der BR nur noch aus einem Mitglied und ist eine Belegschaft nicht mehr vorhanden, kann die Amtsniederlegung gegenüber dem AG erklärt werden (BAG 12. 1. 2000 AP BetrVG 1972 § 24 Nr. 5).

IV. Dauer und Kosten

Die zeitliche **Dauer** des Restmandats ist grundsätzlich unbeschränkt. Es **entsteht** mit dem Untergang des Betriebes (DKK/*Schneider* Rn. 24). Es kann noch nach Ablauf der regulären Amtszeit des BR entstehen, wenn der AG vor diesem Zeitpunkt alle AN gekündigt hat und sich er sich erst nach diesem Zeitpunkt entschließt, den Betrieb endgültig stillzulegen (BAG 16. 6. 1987 AP BetrVG 1972 § 111 Nr. 20). Es **endet**, wenn alle mit ihm zusammenhängenden Mitbestimmungsrechte ausgeübt sind oder kein BRMitglied mehr bereit ist, sie auszuüben (BAG 12. 1. 2000 AP BetrVG 1972 § 24 Nr. 5; BAG 5. 10. 2000 AP BetrVG 1972 § 112 Nr. 141) und die Ansprüche auf Kostenerstattung aus den Tätigkeiten des BR im Rahmen des Restmandates erfüllt wurden (Richardi/*Thüsing* Rn. 11). Zum Restmandat gehört so auch die Änderung eines bereits geltenden Sozialplanes, solange er nicht vollständig abgewickelt ist (BAG 5. 10. 2000 AP BetrVG 1972 § 112 Nr. 141; Richardi/*Thüsing* Rn. 11) und die ordnungsgemäße Abwicklung bereits eingeleiteter Geschäfte des BR mit sog. Liquidationsbeschlüssen (BAG 24. 10. 2001 AP BetrVG 1972 § 40 Nr. 71; aA Richardi/*Thüsing* Rn. 12). Das Restmandat endet nicht zu dem Zeitpunkt, an dem ohne die Auflösung des Betriebes die Amtszeit des BR regelmäßig ausgelaufen wäre (BAG 16. 6. 1987 AB BetrVG 1972 § 111 Nr. 20; DKK/*Buschmann* Rn. 24), weil die (ehemaligen) AN keine Möglichkeit haben, einen neuen BR zu wählen.

Die **Kosten** des Restmandats trägt nach § 40 der AG des Ursprungsbetriebes (DKK/*Buschmann* Rn. 23; *Fitting* Rn. 20). Ist das BRMitglied schon bei einem anderen AG beschäftigt, hat dieser es zur Ausübung des Restmandats entsprechend § 37 II unbezahlt freizustellen (*Fitting* Rn. 20; im Ergebnis Richardi/*Thüsing* Rn. 14). Der AG des Ursprungsbetriebes ist zur Entgeltfortzahlung verpflichtet (*Fitting* Rn. 20; nur für BRArbeit während der Arbeitszeit Richardi/*Thüsing* Rn. 14).

V. Streitigkeiten

Streitigkeiten über das Bestehen und den Inhalt des Restmandats werden im arbeitsgerichtlichen Beschlussverfahren nach den §§ 2a, 80ff. ArbGG. entschieden. Beschlussverfahren, welche nicht die Gegenstände des Restmandats betreffen, fehlt das Rechtsschutzinteresse oder sie erledigen sich (BAG 19. 6. 2001 und 14. 8. 2001 AP ArbGG 1979 § 83a Nr. 8 und 9; *Fitting* Rn. 22). Bestand und Inhalt des Restmandats können als Vorfrage eines Individualrechtsstreits im Urteilsverfahren entschieden werden (*Fitting* Rn. 23; Richardi/*Thüsing* Rn. 15).

§ 22 Weiterführung der Geschäfte des Betriebsrats

In den Fällen des § 13 Abs. 2 Nr. 1 bis 3 führt der Betriebsrat die Geschäfte weiter, bis der neue Betriebsrat gewählt und das Wahlergebnis bekannt gegeben ist.

1. Weiterführung. Die Vorschrift gewährleistet die Kontinuität der BRArbeit zwischen vorzeitigem Amtsende und Neuwahl eines BR. Sie hat nur für den Fall des Rücktritts des BR (§ 13 II Nr. 3) Bedeutung. Für die Fälle des § 3 I Nr. 1–3 bestimmt § 3 IV, für die § 13 II Nr. 1 und 2 bestimmt § 21 S. 5, dass die Amtszeit des vorherigen erst mit Bekanntgabe des Wahlergebnisses des neu zu wählenden BR endet. Die Vorschrift ist zwingend. Abweichungen sind weder durch TV noch durch BV zulässig. Bei erfolgreicher Wahlanfechtung und der Auflösung des BR durch Gerichtsentscheidung nach § 13 II Nr. 4 und 5 ist sie auch nicht analog heranzuziehen, da mit rechtskräftiger Entscheidung der Betrieb bis zur Neuwahl betriebsratslos ist (BAG 29. 5. 1991 AP BetrVG 1972 § 4 Nr. 5). Die Vorschrift gilt entsprechend, wenn der BR wegen zeitweiliger Verhinderung von BRMitgliedern, die auch nicht durch Ersatzmitglieder ersetzt werden können, beschlussunfähig ist (BAG 18. 8. 1982 AP BetrVG 1972 § 102 Nr. 24; *Fitting* Rn. 7; GK-BetrVG/*Kreutz* Rn. 13). Und sie ist nach dem Prinzip der Funktionsnachfolge analog heranzuziehen, wenn aus anderen Gründen ein vorübergehender oder dauerhafter betriebsratsloser Zustand eintritt ohne dass ein Restmandat nach § 21b entsteht und vermögensrechtliche Rechtspositionen des BR sonst ersatzlos untergehen würden (BAG 24. 10. 2001 AP BetrVG 1972 § 40 Nr. 71), etwa wenn nach Ablauf der Amtszeit kein neuer BR gewählt wird, die BRWahl mit Erfolg angefochten oder der BR durch gerichtliche Entscheidung aufgelöst wurde sowie in den Fällen des § 24 I Nr. 3–5.

2. Befugnis. Die Geschäftsführungsbefugnis ist **umfassend**. Sie entspricht derjenigen eines amtierenden BR (Richardi/*Richardi*/*Thüsing* Rn. 5; *Fitting* Rn. 8; GK-BetrVG/*Kreutz* Rn. 17f.). Ausschüsse bleiben bestehen, Freistellungen bleiben wirksam (*Fitting* Rn. 8). Der geschäftsführende BR kann sämtliche Mitwirkungs- und Mitbestimmungsrechte wahrnehmen (LAG Düsseldorf DB 1975,

454; LAG Düsseldorf DB 1987, 177), erzwingbare und freiwillige BV abzuschließen, auch soweit sie nicht unaufschiebbar sind oder den neuen BR in wesentlichen Fragen binden (GK-BetrVG/*Kreutz* Rn. 17; DKK/*Buschmann* Rn. 9). Er bleibt in entsprechender Anwendung der §§ 22 BetrVG, 49 II BGB befugt, noch nicht erfüllte Kostenerstattungsansprüche gegen den AG weiter zu verfolgen und an den Gläubiger abzutreten (BAG 24. 10. 2001 AP BetrVG 1972 § 40 Nr. 71). Der geschäftsführende BR muss unverzüglich einen Wahlvorstand für die Durchführung der Neuwahl zu bestellen. Die pflichtwidrige Unterlassung kann eine grobe Pflichtverletzung iSd. § 23 I darstellen. Der geschäftsführende BR hat die **gleiche Rechtsstellung** wie ein amtierender BR, einschließlich aller speziellen Schutzvorschriften und des erweiterten Kündigungsschutzes nach § 15 KSchG und § 103 (BAG 27. 9. 1957 AP KSchG § 13 Nr. 7).

3 **3. Ende.** Die Geschäftsführungsbefugnis endet mit Bekanntgabe des Wahlergebnisses des neu gewählten BR, nicht erst mit Ablauf dieses Tages (vgl. § 21 Rn. 2). Kommt eine Neuwahl nicht zustande, führt der BR die Geschäfte weiter, längstens jedoch bis zum Zeitpunkt des an sich regulären Ablaufs seiner Amtszeit (DKK/*Buschmann* Rn. 13; *Fitting* Rn. 11). Dies gilt auch, wenn das ArbG die Nichtigkeit der Neuwahl feststellt, weil es einen neuen BR nie gegeben hat (*Fitting* Rn. 12; GK-BetrVG/*Kreutz* Rn. 22). Dies gilt nicht für den Fall, dass die Wahl erfolgreich angefochten wurde. Hier hat ein neuer BR bestanden, so dass ein Fall des § 14 II Nr. 4 vorliegt (*Fitting* Rn. 12; GK-BetrVG/*Kreutz* Rn. 22; aA DKK/*Buschmann* Rn. 14).

4 **4. Streitigkeiten.** Über die Weiterführung der Geschäfte entscheidet das ArbG nach §§ 2 a, 80 ff. ArbGG im Beschlussverfahren.

§ 23 Verletzung gesetzlicher Pflichten

(1) ¹Mindestens ein Viertel der wahlberechtigten Arbeitnehmer, der Arbeitgeber oder eine im Betrieb vertretene Gewerkschaft können beim Arbeitsgericht den Ausschluss eines Mitglieds aus dem Betriebsrat oder die Auflösung des Betriebsrats wegen grober Verletzung seiner gesetzlichen Pflichten beantragen. ²Der Ausschluss eines Mitglieds kann auch vom Betriebsrat beantragt werden.

(2) ¹Wird der Betriebsrat aufgelöst, so setzt das Arbeitsgericht unverzüglich einen Wahlvorstand für die Neuwahl ein. ²§ 16 Abs. 2 gilt entsprechend.

(3) ¹Der Betriebsrat oder eine im Betrieb vertretene Gewerkschaft können bei groben Verstößen des Arbeitgebers gegen seine Verpflichtungen aus diesem Gesetz beim Arbeitsgericht beantragen, dem Arbeitgeber aufzugeben, eine Handlung zu unterlassen, die Vornahme einer Handlung zu dulden oder eine Handlung vorzunehmen. ²Handelt der Arbeitgeber der ihm durch rechtskräftige gerichtliche Entscheidung auferlegten Verpflichtung zuwider, eine Handlung zu unterlassen oder die Vornahme einer Handlung zu dulden, so ist er auf Antrag vom Arbeitsgericht wegen jeder Zuwiderhandlung nach vorheriger Androhung zu einem Ordnungsgeld zu verurteilen. ³Führt der Arbeitgeber die ihm durch eine rechtskräftige gerichtliche Entscheidung auferlegte Handlung nicht durch, so ist auf Antrag vom Arbeitsgericht zu erkennen, dass er zur Vornahme der Handlung durch Zwangsgeld anzuhalten sei. ⁴Antragsberechtigt sind der Betriebsrat oder eine im Betrieb vertretene Gewerkschaft. ⁵Das Höchstmaß des Ordnungsgeldes und Zwangsgeldes beträgt 10 000 Euro.

I. Vorbemerkung

1 Die Vorschrift soll sicherstellen, dass BR und AG im betrieblichen Geschehen ein Mindestmaß gesetzmäßigen Verhaltens bewahren (BAG 20. 8. 1991 AP BetrVG 1972 § 77 Tarifvorbehalt Nr. 2). Sie sieht daher bei groben Pflichtverletzungen Sanktionen gegenüber dem BR, seinen Mitgliedern und dem AG vor. Durch Mehrheitsentscheidungen der Belegschaft können weder BRMitglieder abgesetzt noch Betriebsräte aufgelöst werden. Ebenso wenig kann der BR durch Beschluss einzelne Mitglieder „ausstoßen" (BAG 27. 9. 1957 AP KSchG § 13 Nr. 7). Allein die Auflösung des BR als Kollektivorgan und der Ausschluss eines Mitglieds ist in Abs. 1 und 2 abschließend geregelt. Die Regelung schließt nicht aus, gerichtlich gegenüber dem BR oder einem seiner Mitglieder die Unterlassung eines bestimmten gesetzwidrigen Verhaltens zu verlangen (BAG 22. 7. 1980 AP BetrVG 1972 § 74 Nr. 3). Abs. 3 gibt dem BR oder einer im Betrieb vertretenen Gewerkschaft die Möglichkeit, durch gerichtliche Zwangsmaßnahmen den AG zu verpflichten, die Rechte der Mitbestimmungsorgane zu achten. Auch diese Regelung ist nicht abschließend. Daneben bleibt für weite Bereiche die Möglichkeit erhalten, die Einhaltung betriebsverfassungsrechtlicher Pflichten nach allgemeinen Regeln sicherzustellen. Abs. 1 gilt nach § 65 auch für die JAV, nach den §§ 115 III und 116 II für die Bordvertretung und den SeeBR. Für den Gesamt- und KonzernBR sowie die Gesamt- und KonzernJAV gelten die Sonderregelungen der §§ 48, 56, 73 II und 73 b II. Nach § 51 VI und § 59 gilt Abs. 3 auch im

II. Ausschluss von Betriebsratsmitgliedern

Wegen eines Verstoßes gegen arbeitsvertragliche Pflichten ist der Ausschluss nach **Abs. 1** nicht 2
möglich (DKK/*Trittin* Rn. 8; Richardi/*Richardi/Thüsing* Rn. 19; *Fitting* Rn. 21). Hier kommen ausschließlich individualrechtliche Sanktionen wie Abmahnung und Kündigung in Betracht (*Fitting* Rn. 21). Umgekehrt kann die Verletzung allein betriebsverfassungsrechtlicher Pflichten nicht Grundlage einer Abmahnung oder Kündigung sein (BAG 16. 10. 1986 AP BGB § 626 Nr. 95 und 10. 11. 1993 AP BetrVG 1972 § 78 Nr. 4). Eine Pflichtverletzung durch ein BRMitglied kann aber individualrechtliche Sanktionen rechtfertigen, wenn zumindest auch arbeitsvertragliche Pflichten verletzt wurden (BAG 10. 11. 1993 AP BetrVG 1972 § 78 Nr. 4).

1. **Grobe Pflichtverletzung.** Gesetzliche Pflichten nach **Abs. 1** sind alle Pflichten, die sich für die 3
BRMitglieder aus ihrer **Amtsstellung** ergeben (BAG 12. 1. 1988 AP ArbGG 1979 Nr. 8). Dabei muss es sich um eine Amtspflichtverletzung in der **aktuellen Amtsperiode** handeln. Pflichtverletzungen aus einer früheren Wahlperiode können nicht Gegenstand eines Ausschlussverfahrens in einer neuen Amtszeit sein (BAG 29. 4. 1969 AP BetrVG § 23 Nr. 9). **Amtspflichten** sind die im BetrVG selbst normierten Pflichten, die Beachtung der Grundsätze von Recht und Billigkeit nach § 75, alle übrigen in allgemeinen oder speziellen Gesetzen enthaltenen Pflichten sowie die durch TV oder BV geregelten Pflichten, soweit durch sie betriebsverfassungsrechtliche Pflichten konkretisiert werden (DKK/*Trittin* Rn. 7; *Fitting* Rn. 15; GK-BetrVG/*Oetker* Rn. 14 ff.). Dazu zählen auch Pflichten, die ein BRMitglied als Träger von Funktionen innerhalb des BR zB als Betriebsratsvorsitzender oder Ausschussmitglied treffen (DKK/*Trittin* Rn. 7; *Fitting* Rn. 15). Eine Verletzung von Pflichten zB als Konzernbetriebsrats- oder Aufsichtsratsmitglied oder als Beisitzer der Einigungsstelle rechtfertigt den Ausschluss nur, wenn sie zugleich eine Verletzung von Pflichten aus dem BRAmt darstellt (DKK/*Trittin* Rn. 8; *Fitting* Rn. 15; GK-BetrVG/*Oetker* Rn. 15). Eine Pflichtverletzung kann endlich darin liegen, dass der BR oder einzelne BRMitglieder **gesetzliche Befugnisse** nicht wahrnehmen, die ihnen im Interesse und zum Schutz Dritter gewährt werden (BAG 5. 6. 1967 AP BetrVG § 23 Nr. 8; DKK/*Trittin* Rn. 7; *Fitting* Rn. 36; GK-BetrVG/*Oetker* Rn. 17) oder derartige Befugnisse nicht nur konsequent ausschöpfen, sondern gravierend missbrauchen (GK-BetrVG/*Oetker* Rn. 18).

Erforderlich ist eine **objektiv erhebliche** und **offensichtlich schwerwiegende Pflichtverletzung** 4
(BAG 2. 11. 1955 AP BetrVG § 23 Nr. 1; 21. 2. 1978 AP BetrVG 1972 § 74 Nr. 1). Das auszuschließende Mitglied muss durch ein ihm zurechenbares Verhalten die Funktionsfähigkeit des BR ernstlich bedroht oder lahmgelegt haben (BAG 5. 6. 1967 AP BetrVG § 23 Nr. 8). Die weitere Amtsausübung muss unter Berücksichtigung aller Umstände des Einzelfalles untragbar erscheinen (BAG 22. 6. 1993 AP BetrVG 1972 § 23 Nr. 22). Das setzt **schuldhaftes Verhalten** voraus (DKK/*Trittin* Rn. 13; *Fitting* Rn. 16; Richardi/*Richardi/Thüsing* Rn. 28; aA GK-BetrVG/*Oetker* Rn. 37 ff.). Bei krankhaftem, querulatorischem Verhalten ist ein Verschulden ausnahmsweise entbehrlich (BAG 5. 9. 1967 AP BetrVG § 23 Nr. 8; BVerwG AP PersVG § 26 Nr. 8; DKK/*Trittin* Rn. 13; *Fitting* Rn. 16). Es genügt ein **einmaliger Verstoß**, wenn er offensichtlich und besonders schwerwiegend ist (BAG 4. 5. 1955 BetrVG § 44 Nr. 1; DKK/*Trittin* Rn. 11; *Fitting* Rn. 17). Eine förmliche Abmahnung ist weder im Gesetz vorgesehen, noch erforderlich (*Fitting* Rn. 17 a; aA DKK/*Trittin* Rn. 45; *Kania* DB 1996, 374; ders. NZA 1996, 970). Da § 23 aber in erster Linie die Funktionsfähigkeit des BR für die Zukunft gewährleisten will, kann es darauf ankommen, ob auf Grund der Gesamtumstände mit der Fortsetzung des störenden Verhaltens gerechnet werden muss (DKK/*Trittin* Rn. 12). So können ausnahmsweise wiederholte leichtere Pflichtverletzungen den Ausschluss rechtfertigen, wenn trotz Hinweises auf die Pflichtwidrigkeit mit einer gewissen Beharrlichkeit fortgesetzt gegen die gleiche Pflicht verstoßen wird (BAG 22. 5. 1959 AP BetrVG § 23 Nr. 3; DKK/*Trittin* Rn. 11).

Zu den **groben Pflichtverletzungen** zählen der Aufruf zu einem wilden Streik unter Ausnutzung 5
des BRamtes (LAG Hamm 23. 9. 1955 BB 1956, 41), Tätlichkeiten gegenüber anderen BRMitgliedern während einer Betriebsratssitzung (ArbG Berlin 19. 5. 1981 AuR 1982, 260), grundsätzliche Ablehnung der Zusammenarbeit mit der anders organisierten BRMehrheit, um die BRArbeit zu torpedieren (BAG 21. 2. 1978 AP BetrVG 1972 § 74 Nr. 1) – nicht aber auf unterschiedlichen Auffassungen beruhende Streitigkeiten im BR (BAG 5. 9. 1967 AP BetrVG § 23 Nr. 8) –, falsche Angaben eines freigestellten BRMitglieds über den Zweck seiner Tätigkeit während der Arbeitszeit außerhalb des Betriebes (BAG 21. 2. 1978 AP BetrVG 1972 § 74 Nr. 1), Weitergabe einer vom AG für vertraulich und betriebsintern erklärten Lohnliste an die Gewerkschaft zur Überprüfung der Beitragsehrlichkeit (BAG 22. 5. 1959 AP BetrVG § 23 Nr. 3), ungerechtfertigte gehässige Beleidigung anderer BRMitglieder (LAG Hamm 25. 9. 1958 BB 1959, 376; LAG Baden-Württemberg 11. 2. 1986 AuR 1986, 316), vorsätzlich falsche Beschuldigung des AG (LAG München 26. 8. 1992 BB 1993, 2168), Annahme von besonderen Vorteilen zur Beeinflussung der Amtsführung oder Belohnung einer vorausgegangenen Pflichtwidrigkeit (LAG München 15. 11. 1977 DB 1978, 894), wiederholte Unterlassung der Einberu-

fung von ordentlichen Betriebsversammlungen und Erstattung von Tätigkeitsberichten (LAG Hamm DB 1959, 1227; ArbG Wetzlar 22. 9. 1992 BB 1992, 2216), Verstoß gegen die Schweigepflicht aus §§ 79, 82 II, 83, 99 I 2, 102 II 5 (DKK/*Trittin* Rn. 19; *Fitting* Rn. 19).

6   Auch der wiederholte Verstoß gegen das Verbot der **parteipolitischen Betätigung** im Betrieb (§ 74 II 3) kann den Ausschluss aus dem BR rechtfertigen (BAG 21. 2. 1978 BetrVG 1972 § 74 Nr. 1). Dabei kommt es grundsätzlich nicht darauf an, ob die parteipolitische Betätigung zu einer konkreten Störung des Betriebsfriedens geführt hat. Bei der Wertung des groben Verstoßes ist dies aber zu berücksichtigen (BAG 21. 2. 1978 AP BetrVG 1972 § 74 Nr. 1). Das der Wahrung des Betriebsfriedens dienende Verbot der parteipolitischen Betätigung muss restriktiv (DKK/*Trittin* Rn. 19; *Fitting* § 74 Rn. 38; s. § 74 Rn. 21) vor dem Hintergrund des grundgesetzlich garantierten **Rechts auf freie Meinungsäußerung** ausgelegt werden (BVerfG 28. 4. 1976 AP BetrVG 1972 § 74 Nr. 2). Der Ausschluss eines langjährigen BRMitgliedes wegen eines einmaligen Verstoßes gegen das Verbot der parteipolitischen Betätigung (Verteilen eines in der Diktion sachlichen Wahlaufrufs im Betrieb), der keine konkrete Störung des Betriebsfriedens hervorgerufen hat, ist daher nicht gerechtfertigt (BVerfG 28. 4. 1976 AP BetrVG 1972 § 74 Nr. 2).

7   **Keine groben Pflichtverletzungen** sind Streitigkeiten im BR auf Grund unterschiedlicher Standpunkte (BAG 5. 9. 1967 AP BetrVG § 23 Nr. 8), irrtümlicher Verstoß gegen betriebsverfassungsrechtliche Pflichten (ArbG Paderborn 8. 2. 1973 BB 1973, 335), Streikaufruf im Betrieb, der nicht in der Funktion als BRMitglied geschieht (LAG Düsseldorf 18. 9. 1975 BB 1975, 1302), Werbung für eine Gewerkschaft, wenn dabei kein Druck ausgeübt wird (BVerwG 15. 1. 1960 AP PersVG § 26 Nr. 2), mangelnde Kompromissbereitschaft gegenüber dem AG (DKK/*Trittin* Rn. 20; *Fitting* Rn. 20), Strafanzeige gegen den AG, die keine absichtlich unwahren Anschuldigungen enthält (LAG Baden-Württemberg 25. 10. 1957 AP BetrVG § 78 Nr. 2), Information des Gewerbeaufsichtsamtes oder der Berufsgenossenschaft über sicherheitstechnische Mängel (*Fitting* Rn. 20), Vertreten eines unrichtigen, aber nicht vollkommen abwegigen Rechtsstandpunktes sowie Abstimmungsverhalten im BR (BAG 19. 4. 1989 AP BetrVG 1972 § 40 Nr. 29), Weitergabe von Tatsachen, die auf einer Betriebsratssitzung erörtert wurden und nicht der Schweigepflicht unterliegen (BAG 5. 9. 1967 AP BetrVG § 23 Nr. 8).

8   **2. Antrag.** Der Antrag muss ausdrücklich und unbedingt gestellt sowie konkret begründet werden (DKK/*Trittin* Rn. 21 f.; *Fitting* Rn. 7, 8). Örtlich zuständig ist das für den Sitz des Betriebes zuständige Arbeitsgericht (§ 82 ArbGG). In der ersten Instanz kann er noch ohne Zustimmung der anderen Beteiligten (BAG 12. 2. 1985 AP BetrVG 1952 § 76 Nr. 27), im Übrigen nach den §§ 87 II, 92 II ArbGG, 269 ZPO nur mit deren Zustimmung zurückgenommen werden. Der Antrag kann sich auch gegen ein **Ersatzmitglied** richten, das in die Reihe der Ersatzmitglieder zurückgetreten ist, nachdem es vertretungsweise BRAufgaben wahrgenommen und dabei eine grobe Pflichtverletzung begangen hat (DKK/*Trittin* Rn. 17; *Fitting* Rn. 30; GK-BetrVG/*Oetker* Rn. 57). Der Antrag bezweckt dann, das Ersatzmitglied aus dem Kreis der Nachrückenden auszuschließen. Entsprechendes gilt, wenn die Pflichtverletzung zwar nach der zeitweisen Amtsausübung begangen wurde, damit aber im Zusammenhang steht (*Fitting* Rn. 30).

9   Das **Rechtsschutzinteresse** für den Ausschlussantrag entfällt mit der **Amtsniederlegung** des betroffenen Mitgliedes (BAG 8. 12. 1961 AP BetrVG 1972 § 23 Nr. 7; 29. 4. 1969 AP BetrVG § 23 Nr. 9) und bei **Ablauf der Amtsperiode** des BR, auch wenn das Mitglied in der folgenden Amtsperiode wiedergewählt wird (LAG Berlin 19. 6. 1978 DB 1979, 112; LAG Bremen 27. 10. 1987 DB 1988, 136; *Fitting* Rn. 25). Das kann anders sein, wenn die frühere Pflichtverletzung sich auf die neue Amtsperiode auswirkt und konkrete Wiederholungsgefahr besteht (ähnlich Richardi/*Richardi/Thüsing* Rn. 26; GK-BetrVG/*Oetker* Rn. 43 f.). In der neuen Amtsperiode können Verstöße aus der alten grundsätzlich zwar nicht mehr geahndet werden (BAG 29. 4. 1969 AP BetrVG § 23 Nr. 9). Ein grober Verstoß wird jedoch nicht dadurch geheilt, dass die Mehrheit der Belegschaft ihn durch Wiederwahl des betreffenden BRMitglieds billigt. Das Argument der Wiederwahl als „Vertrauensbeweis" zieht im Übrigen nicht, soweit Rechte des AG verletzt wurden. Das Verfahren erledigt sich nicht durch **Rücktritt** des amtierenden BR. Er führt in diesem Fall die Geschäfte nach § 22 bis zur Neuwahl weiter. Das auszuschließende Mitglied bleibt also noch im Amt (DKK/*Trittin* Rn. 16; *Fitting* Rn. 29; GK-BetrVG/*Oetker* Rn. 78). Es erledigt sich aber durch Amtsniederlegung (BAG 8. 12. 1961 und 29. 4. 1969 AP BetrVG 1972 § 23 Nr. 7, 9). In dringenden und offensichtlichen Fällen kann im Wege der **einstweiligen Verfügung** die vorläufige Amtsenthebung bis zur rechtskräftigen Entscheidung erfolgen (BAG 29. 4. 1969 AP BetrVG § 23 Nr. 9; LAG Hamm 18. 9. 1975 BB 1975, 1302), wenn die weitere Amtsausübung nicht einmal vorübergehend zumutbar erscheint.

10   **3. Antragsberechtigung.** Der **Arbeitgeber** ist antragsberechtigt, wenn der Antrag auf eine Amtspflichtverletzung gestützt wird, die das Verhältnis einzelner BRMitglieder oder des BR zu ihm betrifft, nicht aber wenn es um Pflichtverletzungen gegenüber dem BR oder der Belegschaft geht. Er ist nicht deren Interessenwahrer (DKK/*Trittin* Rn. 30; GK-BetrVG/*Oetker* Rn. 65; *Fitting* Rn. 10).

11   Stellen **AN** den Antrag, ist deren Mindestzahl von Amts wegen zu beachtende Verfahrensvoraussetzung und muss während der gesamten Dauer des Verfahrens gewahrt sein (GK-BetrVG/*Oetker* Rn. 63; für die Wahlanfechtung BAG 14. 2. 1978 AP BetrVG 1972 § 19 Nr. 7). Sie ist nach der

II. Ausschluss von Betriebsratsmitgliedern § 23 BetrVG 210

regelmäßigen Belegschaftsstärke zu berechnen (DKK/*Trittin* Rn. 27; *Fitting* Rn. 9). AN, die während des Laufs des Verfahrens aus dem Arbeitsverhältnis ausscheiden und damit ihre Wahlberechtigung verlieren, bleiben antragsberechtigt (BAG 4. 12. 1986 AP BetrVG 1972 § 19 Nr. 13). Es müssen aber nach wie vor mindestens ein Viertel der AN das Verfahren betreiben. Wenn alle Antragsteller aus dem Arbeitsverhältnis ausscheiden, entfällt das Rechtsschutzinteresse, der Antrag wird unzulässig (BAG 15. 2. 1989 BetrVG 1972 § 19 Nr. 17). Weil für den Antrag keine Fristen zu wahren sind, ist es im Gegensatz zur Wahlanfechtung (s. § 19 Rn. 12) zulässig, dass für ausscheidende AN andere in das Verfahren eintreten, um die Mindestzahl zu erhalten (DKK/*Trittin* Rn. 25; *Fitting* Rn. 9; aA GK-BetrVG/*Oetker* Rn. 64). Dagegen können weder eine im Betrieb vertretene Gewerkschaft, noch der AG oder der BR an Stelle ausgeschiedener AN eintreten (LAG Hamm 5. 5. 1982 DB 1982, 2709; DKK/*Trittin* Rn. 25; *Fitting* Rn. 9; GK-BetrVG/*Oetker* Rn. 64).

Eine **Gewerkschaft** ist im Betrieb vertreten und antragsberechtigt, wenn ihr mindestens ein AN des 12 Betriebes angehört. Darauf, ob die Gewerkschaft im tariflichen Sinne für den Betrieb zuständig ist, kommt es nicht an (DKK/*Trittin* Rn. 31, 89), weil es um die betriebsverfassungsrechtliche Ordnung und nicht um die tarifrechtliche Abgrenzung geht. Die Vertretung der Gewerkschaft ist von Amts wegen zu beachtende Verfahrensvoraussetzung und muss während der gesamten Dauer des Verfahrens gegeben sein (*Fitting* Rn. 11; GK-BetrVG/*Oetker* Rn. 66; aA DKK/*Trittin* Rn. 32). Unbeachtlich ist, ob und ggf. wo der Auszuschließende gewerkschaftlich organisiert ist (BAG 22. 6. 1993 BetrVG 1972 § 23 Nr. 22; DKK/*Trittin* Rn. 31; *Fitting* Rn. 11). Nicht antragsberechtigt sind Berufsgruppen der Gewerkschaften (LAG Hamm 13. 5. 1968 DB 1969, 135; GK-BetrVG/*Oetker* Rn. 66). Das Antragsrecht örtlicher Untergliederungen der Gewerkschaft richtet sich nach ihrer Satzung (DKK/*Trittin* Rn. 31; *Fitting* Rn. 11; GK-BetrVG/*Oetker* Rn. 66). Dasselbe gilt für den Spitzenverband. Er kann jedoch bevollmächtigt werden (DKK/*Trittin* Rn. 31; *Fitting* Rn. 11; GK-BetrVG/*Oetker* Rn. 66).

Der **BR** ist antragsberechtigt, wenn es um den Ausschluss einzelner BRMitglieder geht. Eine 13 Minderheitengruppe im BR ist nicht antragsberechtigt (LAG Düsseldorf 24. 10. 1989 DB 1990, 283). Der Beschluss zur Einleitung eines Ausschlussverfahrens ist nach § 33 mit einfacher Mehrheit zu fassen. Das auszuschließende Mitglied ist von der Beratung und der Mitwirkung an der Beschlussfassung ausgeschlossen (DKK/*Trittin* Rn. 33; *Fitting* Rn. 13). Es kann jedoch vom BR angehört werden (*Fitting* Rn. 13). Das auszuschließende Mitglied ist iSd. § 25 Abs. 1 S. 2 zeitweilig verhindert. An seiner Stelle ist ein Ersatzmitglied zu laden (DKK/*Trittin* Rn. 33; *Fitting* Rn. 13).

4. Antragsverbindung. Liegt in dem Fehlverhalten des BRMitglieds sowohl ein Verstoß gegen 14 seine Amtspflichten als auch gegen Pflichten aus dem Arbeitsvertrag, kann der AG, wenn er dem BRMitglied außerordentlich kündigen will und der BR seine Zustimmung dazu nach § 103 verweigert hat, einen Antrag auf Ersetzung der Zustimmung zur außerordentlichen Kündigung mit dem Antrag auf Ausschluss des Mitgliedes aus dem BR verbinden (BAG 21. 7. 1978 AP BetrVG 1972 § 74 Nr. 1; *Fitting* Rn. 22; GK-BetrVG/*Oetker* Rn. 73; aA DKK/*Trittin* Rn. 43). Die Verbindung kann in erster Linie in der Weise erfolgen, dass der Ausschlussantrag hilfsweise gestellt wird – nicht umgekehrt (*Fitting* Rn. 22; GK-BetrVG/*Oetker* Rn. 73; *Richardi* Rn. 44) Für die kumulative Häufung kann das Rechtsschutzinteresse fehlen (*Fitting* Rn. 22; aA GK-BetrVG/*Kreutz* Rn. 73; *Richardi* Rn. 44). Eine außerordentliche Kündigung setzt in diesen Fällen eine besonders schwere Verletzung der Vertragspflichten voraus. An ihre Berechtigung ist ein strengerer Maßstab anzulegen als bei einem Nicht-BRMitglied (BAG 22. 8. 1974 AP BetrVG 1972 § 103 Nr. 1; 15. 7. 1992 AP BGB § 611 Abmahnung Nr. 9; *Fitting* Rn. 23; aA KR/*Etzel* § 15 KSchG Rn. 26 a; GK-BetrVG/*Oetkert* Rn. 26). Die Gefahr, bei der Wahrnehmung der betriebsverfassungsrechtlichen Befugnisse und Pflichten mit arbeitsvertraglichen Pflichten in Kollision zu geraten, ist insb. bei aktiven BRMitgliedern größer als bei anderen AN. Die außerordentliche Kündigung ist jedenfalls unwirksam, wenn das Verhalten nicht zugleich eine grobe Amtspflichtverletzung nach Abs. 1 darstellt (GK-BetrVG/*Oetker* Rn. 26, 73). Sonst würde die mit dieser Vorschrift bezweckte Absicherung der Amtstätigkeit unterlaufen.

Der Antrag auf **Ausschluss** eines BRMitgliedes kann als **Hilfsantrag** zu dem Antrag auf **Auflösung** 15 des **BR** nach Abs. 2 gestellt werden (DKK/*Trittin* Rn. 35; *Richardi*/*Richardi*/*Thüsing* Rn. 45; *Fitting* Rn. 31; GK-BetrVG/*Oetker* Rn. 74). Die Auflösung des BR ist das weitergehende Rechtsschutzziel. Mit ihr erübrigt sich der Ausschluss einzelner Mitglieder. Doch ist der Ausschluss gegenüber der Auflösung des BR kein minus, sondern ein aliud. Daher kann nicht auf Ausschluss erkannt werden, wenn nur die Auflösung beantragt war (LAG Schleswig-Holstein 30. 11. 1983 AuR 1984, 287; DKK/ *Trittin* Rn. 35). Ein **Wahlanfechtungsverfahren** und ein Verfahren auf Feststellung der Nichtigkeit der Betriebsratswahl hat gegenüber einem Ausschlussverfahren Vorrang (DKK/*Trittin* Rn. 35; *Fitting* Rn. 31; GK-BetrVG/*Oetker* Rn. 76). Der Ausschlussantrag kann in diesen Verfahren hilfsweise gestellt werden.

5. Wirkung des Ausschlusses. Mit der Rechtskraft des Beschlusses erlischt die **Mitgliedschaft** im 16 BR sowie die Mitgliedschaft in allen betriebsverfassungsrechtlichen Gremien, zB im Gesamt-KonzernBR, BRAusschuss. Das gilt nicht für die Mitgliedschaft in der Einigungsstelle. Auf den Ausschluss hin kann aber die Abberufung durch den BR erfolgen (DKK/*Trittin* Rn. 40; *Fitting* Rn. 34; GK-

Eisemann

BetrVG/*Oetker* Rn. 86). In den BR rückt nach § 25 ein Ersatzmitglied nach. Das ausgeschlossene Mitglied verliert den **besonderen Kündigungsschutz** als Funktionsträger nach § 103 und § 15 KSchG auch soweit er nachwirkt (*Fitting* Rn. 33; GK-BetrVG/*Oetker* Rn. 88 f.). Ist ihm die Amtsausübung im Wege der einstweiligen Verfügung nur vorläufig untersagt, bleibt der Kündigungsschutz erhalten (DKK/*Trittin* Rn. 39; *Fitting* Rn. 33; GK-BetrVG/*Oetker* Rn. 89). Die Rechte aus §§ 37 Abs. 4, 38 Abs. 4 (wirtschaftliche und berufliche Absicherung, berufliche Weiterbildung) gehen nicht verloren (DKK/*Trittin* Rn. 39; *Fitting* Rn. 33; aA GK-BetrVG/*Oetker* Rn. 90). Diese Vorschriften sehen den Verlust der durch sie begründeten Rechte im Falle der Amtsenthebung im Gegensatz zu § 15 I 2, 2. Halbs. KSchG nicht vor. Das ausgeschlossene BRMitglied ist für eine alsbaldige **Neuwahl** als Wahlbewerber zugelassen (BVerwG AP PersVG § 10 Nr. 7; DKK/*Trittin* Rn. 41; *Fitting* Rn. 28; GK-BetrVG/*Oetker* Rn. 91 ff.). Das Gesetz hat die Voraussetzungen der Wählbarkeit in § 8 abschließend geregelt und an die Amtsenthebung nicht den Verlust der Wählbarkeit geknüpft. Wenn die Belegschaft mehrheitlich ein BRMitglied wiederwählt, das eine grobe Amtspflichtverletzung begangen hat, ist diese demokratische Entscheidung hinzunehmen. Aus welchen Gründen die Neuwahl erfolgt (Ablauf der Amtsperiode, solidarischer Rücktritt oä.), ist unerheblich.

III. Auflösung des Betriebsrates

17 Sie erfordert eine Pflichtverletzung des BR **als Organ**. Dabei reicht es aus, wenn das pflichtwidrige Verhalten auf einem Mehrheitsbeschluss beruht, Einstimmigkeit ist nicht erforderlich (DKK/*Trittin* Rn. 49; Richardi/*Richardi/Thüsing* Rn. 54). Der Pflichtenkreis ist der des Abs. 1. Dazu kommen die dem BR als Gremium obliegenden Pflichten. Begehen einzelne oder alle BRMitglieder parallel Pflichtverletzungen, die nicht auf einem gemeinsamen Beschluss des BR als solchem beruhen, so kommt nur ein Ausschlussverfahren, nicht die Auflösung des BR in Betracht (LAG Hamm 6. 11. 1975 DB 1976, 343 für Solidarisierung einzelner BRMitglieder mit unzulässiger Streikaktion; DKK/*Trittin* Rn. 50; *Fitting* Rn. 39; GK-BetrVG/*Oetker* Rn. 96). So können Ersatzmitglieder nachrücken.

18 **1. Grobe Pflichtverletzung.** Die gerichtliche Auflösung des BR setzt voraus, dass unter Berücksichtigung aller Umstände des Einzelfalles, insb. der betrieblichen Gegebenheiten und des Anlasses für den Pflichtverstoß die **weitere Amtsausübung** des BR **untragbar** erscheint (BAG 22. 6. 1993 AP BetrVG 1972 § 23 Nr. 22; Richardi/*Richardi/Thüsing* Rn. 53). Dabei kann eine grobe Pflichtverletzung des BR als Organ auch gegeben sein, wenn der BR gesetzwidriges Verhalten einzelner Mitglieder oder seiner Ausschüsse billigt oder unterstützt (DKK/*Trittin* Rn. 48; *Fitting* Rn. 36; GK-BetrVG/*Oetker* Rn. 101). Das konsequente Ausschöpfen der betriebsverfassungsrechtlichen Möglichkeiten und Befugnisse stellt keine Pflichtverletzung dar. Die Grenze bildet der bewusste Rechtsmissbrauch (*Fitting* Rn. 38; DKK/*Trittin* Rn. 7). Im Gegensatz zum Ausschluss von BRMitgliedern setzt der grobe Pflichtverstoß bei der Auflösung des BR **kein Verschulden** voraus (BAG 8. 8. 1989 AP BetrVG 1972 § 95 Nr. 18; 27. 11. 1990 AP BetrVG 1972 § 87 Arbeitszeit Nr. 41; 22. 6. 1993 AP BetrVG 1972 § 23 Nr. 22). Entscheidend ist, dass der BR **als körperschaftliches Gremium** seine Pflichten verletzt hat. Es kommt deshalb weder auf den Tatbeitrag Einzelner, noch darauf an, ob einzelne Mitglieder sich an der Pflichtverletzung nicht beteiligt haben (*Fitting* Rn. 40; GK-BetrVG/*Oetker* Rn. 97). Pflichtverletzungen aus der vorhergehenden Amtszeit können die Auflösung auch bei Personengleichheit nicht begründen (*Fitting* Rn. 39 a; GK-BetrVG/*Oetker* Rn. 98).

19 Zu den **Einzelfällen** einer groben Pflichtverletzungen können gehören ua. der Abschluss einer BV gegen den ausdrücklichen Willen der TVParteien, die gegen den Tarifvorbehalt nach § 77 III verstößt (BAG 20. 8. 1991 AP BetrVG 1972 § 77 Tarifvorbehalt Nr. 2) – es sei denn, der Verstoß ist für den juristischen Laien nur schwer erkennbar (BAG 22. 6. 1993 AP BetrVG 1972 § 23 Nr. 22), Nichteinberufen von Pflichtversammlungen nach § 43 trotz Antrags der Gewerkschaft (ArbG Wetzlar 22. 9. 1992 BB 1992, 2216; LAG Hamm DB 1959, 1227), offensichtlicher Verstoß gegen das Diskriminierungsverbot aus § 75 (*Fitting* Rn. 37), Beschlüsse über unzulässige Arbeitskampfmaßnahmen (*Fitting* Rn. 37), Nichtbestellung des Betriebsratsvorsitzenden und seines Stellvertreters, des Wahlvorstandes oder von Mitgliedern des GesamtBR und des Betriebsausschusses (*Fitting* Rn. 37), schuldhafter Verstoß gegen die Schweigepflicht aus § 79, Veröffentlichung von Vergütungsgruppen oder der Vergütungshöhe von AN am Schwarzen Brett (LAG Berlin 26. 6. 1986 RDV 1987, 252), Beschlüsse, die erkennbar gegen gesetzliche Schutzvorschriften verstoßen (*Fitting* Rn. 37), Nichtbehandlung von Beschwerden nach § 85.

20 **2. Antrag.** Für den Antrag auf Auflösung des BR gilt im Grundsatz dasselbe wie für den Antrag auf Amtsenthebung einzelner BRMitglieder (s. Rn. 8). Mit dem Ablauf der Amtszeit entfällt das Rechtsschutzinteresse für den Auflösungsantrag, auch wenn der neue BR mit dem alten Gremium personenidentisch ist (DKK/*Trittin* Rn. 56; GK-BetrVG/*Oetker* Rn. 107). Das Rechtsschutzinteresse für den Auflösungsantrag kann entfallen, wenn sich während des Beschlussverfahrens die Besetzung des BR komplett ändert (LAG Köln 19. 12. 1990 AuR 1991, 382). Der BR kann dem Auflösungsantrag nicht durch **Rücktritt** oder als Amtsniederlegung anzusehende kollektive Amtsniederlegung seiner Mitglieder den Boden entziehen (DKK/*Trittin* Rn. 58; *Fitting* Rn. 41). Denn in diesem Fall bleibt er nach § 22 trotz

V. Regelungen gegenüber dem Arbeitgeber § 23 BetrVG 210

grober Pflichtverletzung bis zur Neuwahl als geschäftsführender BR im Amt. Außerdem könnte er vorzeitige Neuwahlen verhindern, indem er keinen Wahlvorstand bestellt (*Fitting* Rn. 41). Eine **einstweilige Verfügung** auf vorläufige Untersagung der Amtsausübung durch den BR oder vorläufige Auflösung bis zur rechtskräftigen Entscheidung im Hauptsacheverfahren ist unzulässig (DKK/*Trittin* Rn. 60; *Richardi/Thüsing* Rn. 65; *Fitting* Rn. 43; GK-BetrVG/*Oetker* Rn. 109). Der betriebsratslose Zustand wäre mit dem Schutzgedanken des Betriebsverfassungsgesetzes nicht vereinbar. Der BR selbst ist nicht **antragsberechtigt**. Im Übrigen gelten die Ausführungen zur Antragsberechtigung im Ausschlussverfahren entsprechend.

3. Wirkung der Auflösung. Mit der Rechtskraft des Beschlusses hört der BR kraft Gesetzes auf zu 21 bestehen, seine **Amtszeit** endet. Der Beschluss erstreckt sich auch auf Ersatzmitglieder (DKK/*Trittin* Rn. 61; *Fitting* Rn. 42; GK-BetrVG/*Oetker* Rn. 112). Die sich aus dem BRAmt ergebenden **Mitgliedschaften** und **Rechte** erlöschen (s. Rn. 16). Ein laufendes Einigungsstellenverfahren wird durch den Wegfall eines der Beteiligten gegenstandslos (DKK/*Trittin* Rn. 62; *Fitting* Rn. 44; GK-BetrVG/*Oetker* Rn. 113). Die BRMitglieder (ggf. auch die Ersatzmitglieder) verlieren den **besonderen** – auch den nachwirkenden – **Kündigungsschutz** (*Fitting* Rn. 45; GK-BetrVG/*Oetker* Rn. 114; für nachwirkenden Kündigungsschutz DKK/*Trittin* Rn. 62). Der BR ist nach § 13 Abs. 2 Nr. 5 neu zu wählen. Die Auflösung führt nicht zum Verlust der **Wählbarkeit**.

IV. Bestellung des Wahlvorstandes

Nach Rechtskraft des Auflösungsbeschlusses ist nach **Abs. 2 von Amts wegen** in einem Anschluss- 22 verfahren ein neuer Wahlvorstand zu bestellen. Ein entsprechender Antrag ist nicht erforderlich. Eine **Verbindung** beider Verfahren soll möglich sein (DKK/*Trittin* Rn. 63; *Fitting* Rn. 46; aA *Richardi* Rn. 69; GK-BetrVG/*Oetker* Rn. 117). Sie kann jedenfalls trotz der aufschiebenden Wirkung der Rechtsmittel nach den §§ 87 III, 92 III ArbGG der Beschleunigung dienen und die betriebsratslose Zeit verkürzen, weil das Bestellungsverfahren eher rechtskräftig entschieden würde. Im Tenor ist jedoch die Bestellung von der Rechtskraft des Auflösungsbeschlusses abhängig zu machen (*Fitting* Rn. 46). Haben ein Viertel der wahlberechtigten AN oder eine im Betrieb vertretene Gewerkschaft den Auflösungsantrag gestellt, so können sie **Vorschläge** für die Größe und Zusammensetzung des Wahlvorstandes machen. Der AG hat kein Vorschlagsrecht (DKK/*Trittin* Rn. 64; *Fitting* Rn. 47; aA *Richardi/Thüsing* Rn. 71; GK-BetrVG/*Oetker* Rn. 119). § 16 II gilt nur entsprechend. Die Wahl eines BR ist nicht Sache des AG. Liegen die Voraussetzungen des § 16 II 3 vor, kann das Arbeitsgericht auch Mitglieder einer im Betrieb vertretenen Gewerkschaft, die nicht AN des Betriebes sind, in den Wahlvorstand bestellen (*Fitting* Rn. 48).

V. Regelungen gegenüber dem Arbeitgeber

Mit **Abs. 3** soll als Pendant zu Ausschluss und Auflösung nach Abs. 1 und 2 das gesetzmäßige 23 Verhaltens des AG im Rahmen der betriebsverfassungsrechtlichen Ordnung sichergestellt werden (BAG 20. 8. 1991 BetrVG 1972 § 77 Tarifvorbehalt Nr. 2).

1. Grobe Pflichtverletzung. Der **Pflichtenkreis** des AG entspricht inhaltlich weitgehend dem der 24 Arbeitnehmervertreter in Abs. 1 (*Fitting* Rn. 59; GK-BetrVG/*Oetker* Rn. 171). Trotz des missverständlichen Wortlauts sind auch seine Pflichten nicht auf das BetrVG beschränkt. In seinen Pflichtenkatalog fallen auch die in anderen Gesetzen – wie zB in § 17 II KSchG, §§ 95 ff. SGB IX – geregelten betriebsverfassungsrechtlichen und durch TV, BV, Regelungsabrede und Spruch der Einigungsstelle begründeten Pflichten, soweit sie die betriebsverfassungsrechtliche Stellung des AG ausgestalten (BAG 23. 6. 1992 AP BetrVG 1972 § 23 Nr. 20; LAG Baden-Württemberg 29. 10. 1990 LAGE BetrVG 1972 Nr. 10; DKK/*Trittin* Rn. 70; *Fitting* Rn. 61; GK-BetrVG/*Oetker* Rn. 171). Von Abs. 3 **nicht erfasst** werden die Pflichten des AG, die ihre Grundlage ausschließlich im Einzelarbeitsvertrag haben, wohl aber die gegenüber den einzelnen AN bestehenden Pflichten nach §§ 75, 81 ff. (LAG Köln 19. 2. 1988 DB 1989, 1341; *Fitting* Rn. 60; GK-BetrVG/*Oetker* Rn. 173; *Richardi/Richardi/Thüsing* Rn. 91). Nicht erfasst werden auch die Verpflichtung zur Herausgabe beweglicher Sachen, Abgabe einer Willenserklärung und Erfüllung von Geldforderungen (*Fitting* Rn. 56; aA DKK/*Trittin* Rn. 71; GK-BetrVG/*Oetker* Rn. 171; *Richardi/Richardi/Thüsing* Rn. 92). Für diese Ansprüche bestehen besondere Vollstreckungsregelungen (§ 85 Abs. 1 ArbGG iVm. §§ 883, 894, 803 ff. ZPO). Ob der Pflichtverstoß aus einer aktuellen oder einer früheren Amtsperiode des BR herrührt, ist unerheblich (DKK/*Trittin* Rn. 78; GK-BetrVG//*Oetker* Rn. 175).

Eine Pflichtverletzung ist **grob**, wenn sie objektiv erheblich und offensichtlich schwerwiegend ist 25 (BAG 23. 6. 1992 AP BetrVG 1972 § 23 Nr. 20). Die Pflichtverletzung muss bereits begangen sein. Es reicht nicht, dass sie lediglich droht (BAG 27. 11. 1973 AP BetrVG 1972 Nr. 1; 18. 4. 1985 AP BetrVG 1972 § 23 Nr. 5; *Fitting* Rn. 73; GK-BetrVGe/*Oetker* Rn. 174; aA DKK/*Trittin* Rn. 78). Abs. 3 ist das Pendant zu den Regelungen nach Abs. 1, der eine grobe Pflichtverletzung des auszuschließenden BRMitglieds bzw. des BR voraussetzt. Im Übrigen besteht kaum noch ein praktisches Bedürfnis für die Zulassung eines quasinegatorischen Unterlassungsanspruchs nach Abs. 3, nachdem das Bundesarbeitsgericht (3. 5. 1991 AP BetrVG 1972 § 23 Nr. 23) den allgemeinen Unterlassungsanspruch des BR jedenfalls im Bereich der Mitbestimmung nach § 87 zugelassen hat. Ein **Verschulden** des AG ist nicht erforderlich. Entscheidend ist, ob der Verstoß objektiv so erheblich war, dass unter Berücksichtigung des Gebotes der vertrauensvollen Zusammenarbeit die Anrufung des Arbeitsgerichts durch den BR gerechtfertigt erscheint (BAG 27. 11. 1990 AP BetrVG 1972 § 87 Arbeitszeit Nr. 41; 16. 7. 1991 AP BetrVG 1972 § 87 Arbeitszeit Nr. 44). Der Unterlassungsanspruch aus Abs. 3 soll als „kollektivrechtliche Abmahnung" keine **Wiederholungsgefahr** voraussetzen (BAG 18. 4. 1985 AP BetrVG 1972 § 23 Nr. 5; DKK/*Trittin* Rn. 78; *Fitting* Rn. 65; aA GK-BetrVG/*Oetker* Rn. 176). Dies ist nicht unproblematisch. Der Anspruch aus Abs. 3 ist auf die Zukunft ausgerichtet. Er soll nicht vergangenes Verhalten bestrafen. Vor diesem Hintergrund leuchtet nicht ein, warum der Anspruch gewährt werden soll, wenn eine Wiederholungsgefahr auszuschließen ist (vgl. BAG 9. 5. 1995 – 1 ABR 58/94 nv.). Freilich wird die Wiederholungsgefahr bei groben Verstößen regelmäßig indiziert sein.

26 Zu den **Einzelfällen** grober Pflichtverletzungen gehören die wiederholte Nichtbeachtung des Mitbestimmungsrechtes des BR bei der Anordnung oder Duldung von Überstunden (BAG 18. 4. 1985 AP BetrVG 1972 § 23 Nr. 5; 27. 11. 1990 BB 1991, 548; 29. 6. 1992 AiB 1993, 117), Unterlassen der Beteiligung des BR bei der Ausgestaltung von Dienstkleidung (BAG 8. 8. 1989 AP BetrVG 1972 § 87 Ordnung des Betriebes Nr. 15), Unterlassen der Durchführung einer BV sowie von Sprüche. der Einigungsstelle (BAG 10. 11. 1987 AP BetrVG 1972 § 77 Nr. 2; LAG Berlin 8. 11. 1990 BB 1991, 206; LAG Hamm 20. 11. 1990 BB 1991, 477; LAG Frankfurt 12. 7. 1988 AuR 1989, 150), Abschluss einer BV unter Verstoß gegen den Tarifvorbehalt nach § 77 III (BAG 20. 8. 1991 NZA 1992, 317), Beobachten von Arbeitsplätzen durch Video-Kamera ohne Zustimmung des BR (LAG Baden-Württemberg 14. 4. 1988 AiB 1988, 281), einseitige Absage von Schichten (LAG Hamm 29. 6. 1993 BB 1994, 139), Einführung eines EDV-Systems ohne Beteiligung des BR (LAG Hamburg 5. 2. 1986 LAGE BetrVG 1972 § 23 Nr. 5), Wahlbehinderung und Wahlbeeinflussung, Unterlassen der Unterstützungspflicht bei der Wahl des BR (LAG Hamm 27. 4. 1992 DB 1972, 1297), Öffnen der an den BR adressierten Post (Arbeitsgericht Köln 21. 3. 1989 DR 1990, 208), Unterlassen der Weiterleitung der Post an den BR (Arbeitsgericht Ludwigshafen 21. 5. 1992 BR 1992, 140), Verstoß gegen die Friedenspflicht und das Verbot der parteipolitischen Betätigung (LAG Hamm 27. 4. 1971 DB 1971, 1297; LAG Berlin 3. 3. 1986 AiB 1986, 235; LAG Niedersachsen 9. 3. 1990 AuR 1991, 153), Weigerung, BRMitgliedern oder Beauftragten der Gewerkschaften Zutritt zum Betrieb zu gewähren (LAG Frankfurt 8. 2. 1990 BB 1990, 1626), Ausübung von Druck auf die AN wegen krankheitsbedingter Fehlzeiten, § 75 II (LAG Köln 19. 2. 1988 DB 1989, 1341), Aushängen einer Liste abgemahnter AN am Schwarzen Brett (ArbG Regensburg 28. 7. 1989 AiB 1989, 354).

27 **2. Erkenntnisverfahren.** Die Einleitung des Verfahrens durch den **BR** setzt eine ordnungsgemäße Beschlussfassung nach § 33 voraus. Im Betrieb vertreten ist eine **Gewerkschaft,** wenn mindestens eines ihrer Mitglieder dort AN ist. Die Antragsberechtigten müssen nicht Inhaber des verletzten Rechtes sein. Es besteht eine **gesetzliche Prozessstandschaft** (DKK/*Trittin* Rn. 88; Richardi/*Richardi*/*Thüsing* Rn. 95; *Fitting* Rn. 69; GK-BetrVG/*Oetker* Rn. 187). Der BR kann daher die grobe Verletzung von Rechten der Gewerkschaft geltend machen und umgekehrt. Der Antrag kann ebenso auf die Verletzung von betriebsverfassungsrechtlich gesicherten Individualrechten (zB §§ 81 ff.) oder Rechten anderer Organe der Betriebsverfassung (Wirtschaftsausschuss, JAV, Schwerbehindertenvertretung) gestützt werden. Andere Einrichtungen (BRAusschuss, JAV) oder einzelne Personen sind nicht antragsberechtigt. Wohl kommt nach § 83 ihre Beteiligung im Beschlussverfahren in Betracht (BAG 15. 8. 1978 AP BetrVG 1972 § 23 Nr. 1).

28 Der **Antrag** muss hinreichend bestimmt sein (GK-BetrVG/*Oetker* Rn. 182; s. auch § 81 ArbGG Rn. 3). Ein Globalantrag, mit dem dem AG aufgegeben werden soll, allgemein für alle denkbaren Fallgestaltungen Mitbestimmungsrechte zu beachten („... aufzugeben, außer in Eil- oder Notfällen die Anordnung von Überstunden zu unterlassen, wenn nicht die Zustimmung des BR vorliegt oder durch Spruch der Einigungsstelle ersetzt ist"), ist grundsätzlich zulässig (BAG 18. 4. 1985 AP BetrVG 1972 § 23 Nr. 5; 10. 3. 1992 AP BetrVG 1972 § 77 Regelungsabrede Nr. 1), aber risikoreich. Erfasst er auch nur einen Fall, in dem die geltend gemachte Rechtsverletzung nicht gegeben ist, ist er insgesamt als unbegründet zurückzuweisen (BAG 18. 4. 1985 AP BetrVG 1972 § 23 Nr. 5). Die bloße Wiederholung des Gesetzestextes ist jedenfalls dann nicht ausreichend, wenn gerade der Regelungsinhalt der Norm zwischen den Betriebspartnern streitig ist (BAG 17. 3. 1987 AP BetrVG 1972 § 23 Nr. 7). Die Verbindung mit dem Antrag auf Androhung eines Ordnungs-/Zwangsgelds ist zulässig (LAG Hamburg 77. 1. 1992 NZA 1992; 568; *Fitting* Rn. 72; GK-BetrVG/*Oetker* Rn. 185).

29 Über den Antrag entscheidet das Arbeitsgericht im **Beschlussverfahren.** Fehlt ein grober Pflichtverstoß des AG, ist der Antrag als unbegründet abzuweisen (BAG 27. 11. 1973 AP BetrVG 1972 § 40 Nr. 4; DKK/*Trittin* Rn. 96; *Fitting* Rn. 75; GK-BetrVG/*Oetker* Rn. 191; aA Richardi/*Richardi*/*Thü-*

sing Rn. 100: als unzulässig). Das Verfahren ist stets auf das zukünftige Verhalten des AG ausgerichtet (HSG/*Schlochauer* Rn. 67; *Fitting* Rn. 76). Die Verstöße des AG gegen seine Pflichten können daher nicht selbst schon zu einer Verurteilung nach Abs. 3 S. 2 oder 3 führen. Ein Antrag nach Abs. 3 S. 1 kann nicht in einen entsprechenden Feststellungsantrag umgedeutet werden (GK-BetrVG/*Oetker* Rn. 184); eine entsprechende Antragsänderung ist aber bis zum Ablauf der Beschwerdefrist zulässig (BAG 15. 8. 1978 AP BetrVG 1972 § 23 Nr. 1). Wird das Verfahren durch **Vergleich** beendet, dient er als Grundlage für die Vollstreckung nach Abs. 3 S. 2, wenn er erkennen lässt, welche konkreten Verstöße des AG zur Vollstreckung berechtigen sollen (LAG Hamburg 27. 1. 1992 NZA 1992, 568; LAG Düsseldorf 26. 7. 1990 NZA 1992, 812).

Der Anspruch nach Abs. 3 kann nicht Gegenstand einer **einstweiligen Verfügung** sein (LAG Hamm 4. 2. 1977 DB 1977, 1514; LAG Köln 21. 2. 1989 LAGE BetrVG § 23 Nr. 20; LAG Niedersachsen 5. 6. 1987 LAGE BetrVG § 23 Nr. 11; LAG Rheinland-Pfalz 30. 4. 1986 DB 1986, 1629; GK-BetrVG/*Oetker* Rn. 189; Richardi/*Richardi*/*Thüsing* Rn. 103; HSG/*Schlochauer* Rn. 70; *Fitting* Rn. 74; LAG Düsseldorf 16. 5. 1990 NZA 1991, 29; LAG Köln 22. 2. 1985 LAGE BetrVG § 23 Nr. 4; DKK/*Trittin* Rn. 95). Die Verurteilung zu einem Ordnungs- oder Zwangsgeld setzt die Rechtskraft der gerichtlichen Entscheidung voraus. Dies verträgt sich nicht mit der notwendigen Eilbedürftigkeit eines auf Erlass einer einstweiligen Verfügung gerichteten Verfahrens. Es bleibt die einstweilige Verfügung zur Sicherung der Mitbestimmungsrechte des BR (s. Rn. 34). 30

3. Vollstreckungsverfahren. Es wird **auf Antrag** eines Antragsberechtigten (s. Rn. 27) eingeleitet. Dabei muss der Antragsteller im Vollstreckungsverfahren nicht identisch mit dem Antragsteller im Erkenntnisverfahren sein (DKK/*Trittin* Rn. 91; Richardi/*Richardi*/*Thüsing* Rn. 105; *Fitting* Rn. 86; GK-BetrVG/*Oetker* Rn. 198). Vor der Festsetzung der Zwangsmittel muss nach § 724 ZPO der mit der Vollstreckungsklausel versehene Titel zugestellt sein (LAG Bremen 11. 3. 1993 DB 1993, 839). Nach § 85 I 3 ArbGG gelten die Vorschriften der ZPO für das Zwangsvollstreckungsverfahren ergänzend. Die Entscheidung im Vollstreckungsverfahren nach § 53 I 1 ArbGG kann **ohne mündliche Verhandlung** durch den Vorsitzenden allein ergehen. Den Beteiligten – insb. dem AG – ist **rechtliches Gehör** zu gewähren (DKK/*Trittin* Rn. 100; Richardi/*Richardi*/*Thüsing* Rn. 116; *Fitting* Rn. 87). Nur bei der Vollstreckung aus einem Titel auf Vornahme einer Handlung soll ausnahmsweise ohne Gewährung rechtlichen Gehörs entschieden werden dürfen, weil der AG hier die Vollstreckung jederzeit dadurch abwenden kann, dass er die Handlung vornimmt (DKK/*Trittin* Rn. 100). 31

Als **Zwangsmittel** für den Titel, der die Verpflichtung des AG ausspricht, eine **Handlung zu unterlassen** oder die **Vornahme einer Handlung zu dulden**, kommt unter folgenden **Voraussetzungen** nach **Abs. 3 S. 2** die Verurteilung zu einem **Ordnungsgeld** in Betracht: Die Entscheidung im Erkenntnisverfahren muss rechtskräftig sein (DKK/*Trittin* Rn. 104; *Fitting* Rn. 82; GK-BetrVG/*Oetker* Rn. 200). Dem AG muss außerdem durch Beschluss für den Fall der Zuwiderhandlung ein Ordnungsgeld angedroht worden sein. Der Androhungsbeschluss muss nicht in Rechtskraft erwachsen sein (GK-BetrVG/*Oetker* Rn. 202; DKK/*Trittin* Rn. 104; aA *Fitting* Rn. 79; Richardi/*Richardi*/*Thüsing* Rn. 108). Er braucht keine konkrete Höhe des Ordnungsgeldes anzugeben, zumindest aber das gesetzliche Höchstmaß von 10 000 € (LAG Düsseldorf 13. 8. 1987 LAGE BetrVG 1972 § 23 Nr. 10; DKK/*Trittin* Rn. 104; *Fitting* Rn. 80). Ist im Androhungsbeschluss ein bestimmter Betrag genannt, darf dieser bei der späteren Festsetzung nicht überschritten werden (DKK/*Trittin* Rn. 104; *Fitting* Rn. 80). Der AG muss weiter nach Rechtskraft des Titels der in diesem enthaltenen Verpflichtung **schuldhaft zuwidergehandelt** haben; Zuwiderhandlungen vor Rechtskraft genügen nicht (*Fitting* Rn. 82; GK-BetrVG/*Oetker* Rn. 206). Ein grobes Verschulden des AG ist nicht erforderlich, es reicht Fahrlässigkeit (BAG 18. 4. 1985 AP BetrVG 1972 § 23 Nr. 5; DKK/*Trittin* Rn. 106; *Fitting* Rn. 84; GK-BetrVG/*Oetker* Rn. 209; Richardi/*Richardi*/*Thüsing* Rn. 109). Bei juristischen Personen muss Verschulden eines Organmitgliedes gegeben sein (Geschäftsführer der GmbH; Vorstandsvorsitzender der AG u. ä.). Das Ordnungsgeld ist nicht nur Beugemittel, sondern hat auch repressiven Charakter. Die Vollstreckung ist dabei auch zulässig, wenn der AG, nach Rechtskraft des Titels der darin ausgesprochenen Verpflichtung zuwidergehandelt hat, noch vor der Vollstreckung des Ordnungsgeldes die Handlung unterlässt oder die Vornahme der Handlung duldet (DKK/*Trittin* Rn. 111; Richardi/*Richardi*/*Thüsing* Rn. 110; *Fitting* Rn. 83). Es ist jedoch keine Kriminalstrafe, weshalb gegen den AG wegen derselben Zuwiderhandlung ein Ordnungsgeld nach Abs. 3 S. 2 und eine Geldbuße nach § 121 oder Strafe nach § 119 verhängt werden kann (DKK/*Trittin* Rn. 110; *Fitting* Rn. 85). 32

Soll ein Titel auf **Vornahme einer Handlung** vollstreckt werden, kommt als Zwangsmittel nach **Abs. 3 S. 3** ein **Zwangsgeld** in Betracht. Der Antrag muss keinen bestimmten Betrag bezeichnen. Auch hier ist die **Rechtskraft des Titels** Vollstreckungsvoraussetzung (DKK/*Trittin* Rn. 107; *Fitting* Rn. 91). Das Zwangsgeld muss nicht vorher angedroht sein (DKK/*Trittin* Rn. 107; *Richardi* Rn. 113; *Fitting* Rn. 92; GK-BetrVG/*Oetker* Rn. 215). Die Zwangsgeldfestsetzung ist eine Beugemaßnahme. Daraus folgt, dass sie **kein Verschulden** des AG voraussetzt und dass sie nicht mehr zulässig ist, wenn der AG die Handlung vorgenommen hat (Richardi/*Richardi*/*Thüsing* Rn. 114; *Fitting* Rn. 93; GK-BetrVG/*Oetker* Rn. 218; DKK/*Trittin* Rn. 108). Darauf, ob die Handlung vertretbar oder unvertret- 33 bar ist, kommt es nicht an. Entscheidend ist, dass sie dem AG überhaupt möglich ist (LAG Hamm 30. 7. 1976 BetrVG 1972 § 23 Nr. 4; DKK/*Trittin* Rn. 108; GK-BetrVG/*Wiese/Oetker* Rn. 223).

33 a Das für den Einzelfall zu verhängende Ordnungs-/Zwangsgeld darf 10 000 € nicht überschreiten. Werden mehrere Verstöße geahndet, ist das Ordnungsgeld-/Zwangsgeld jeweils gesondert festzusetzen. Insofern ist ein Überschreiten des **Höchstbetrages** möglich (DKK/*Trittin* Rn. 112; *Fitting* Rn. 88; *Richardi* Rn. 119). Ordnungsgeld wird von Amts wegen nach der Justizbeitreibungsordnung vollstreckt, Zwangsgeld auf Antrag gemäß § 85 I ArbGG iVm. §§ 803 ff. ZPO. Die Beitreibung kann schon vor Rechtskraft des Ordnungs-/Zwangsgeldbeschlusses erfolgen (DKK/*Trittin* Rn. 114; GK-BetrVG/*Oetker* Rn. 223). Es wird zugunsten der Staatskasse beigetrieben (*Fitting* Rn. 88). Die Festsetzung von Ordnungs- oder Zwanghaft ist nach § 85 I 3 ArbGG unzulässig.

34 **4. Allgemeiner Unterlassungsanspruch.** Abs. 3 enthält keine abschließende Regelung (s. zum Folgenden Einl. vor § 74 Rn. 28 ff.; § 85 ArbGG Rn. 5). Für den Bereich der Mitbestimmung in **sozialen Angelegenheiten** nach § 87 hat das Bundesarbeitsgericht einen allgemeinen gegen den AG gerichteten Anspruch des BR auf Unterlassung mitbestimmungswidrigen Verhaltens anerkannt (BAG 23. 7. 1996 AP BetrVG 1972 § 87 Nr. 68 Arbeitszeit BAG 3. 5. 1994 AP BetrVG 1972 § 23 Nr. 23). Daneben enthält § 78 auch ohne ausdrückliche gesetzliche Normierung einen Anspruch auf Unterlassung der Störung oder Behinderung von BRArbeit (BAG 12. 11. 1997 AP BetrVG 1972 § 23 Nr. 27). Daraus lässt sich nicht für alle Bereiche der Mitbestimmung die Zulässigkeit eines entsprechenden Anspruchs herleiten. Vielmehr ist für jeden Mitbestimmungs- bzw. Beteiligungstatbestand gesondert zu prüfen, ob nicht schon durch die vorhandenen betriebsverfassungsrechtlichen Sonderregelungen eine hinreichende Sicherung der Mitbestimmungs- und Beteiligungsrechte des BR erreicht wird. Das gilt auch für den Bereich der Mitbestimmung bei **personellen Einzelmaßnahmen**. Hier besteht eine Schutzlücke ähnlich wie im Bereich des § 87 (offengelassen in BAG 6. 12. 1994 AP BetrVG 1972 § 23 Nr. 24). Der allgemeine Unterlassungsanspruch bietet dem BR die Möglichkeit, mitbestimmungswidrige personelle Einzelmaßnahmen von vornherein zu verhindern. § 101 wirkt demgegenüber nur im Nachhinein (DKK/*Trittin* Rn. 131; aA GK-BetrVGe/*Oetker* Rn. 149; Richardi/*Richardi/Thüsing* Rn. 84; s. auch Einl. vor § 74 Rn. 32). Ein möglicher Anspruch des BR auf Unterlassung geplanter **Betriebsänderungen** bis zum Versuch des Interessenausgleichs (DKK/*Trittin* Rn. 131; *Fitting* Rn. 102 und § 111 Rn. 132; aA GK-BetrVG/*Oetker* Rn. 153; *Richardi* Rn. 85) lässt sich wohl für viele Fälle im Wege richtlinienkonformer Auslegung des BetrVG mit Hilfe des Art. 5 a der MassenentlassungsRL vom 17. 2. 1975 – RL 75/129 EWG – herleiten. Freilich wird er meist daran scheitern, dass bei der Entscheidung über den Antrag die Planungsphase schon überschritten ist, ein Interessenausgleich nicht mehr nachgeholt (Vgl. BAG 14. 9. 1976 AP BetrVG 1972 § 113 Nr. 2) und daher auch nicht mehr von BR verlangt werden kann (LAG Brandenburg 8. 7. 1997 – 7 TaBV 9/97). Im Umfang der Unterlassungsansprüche stehen dem BR entsprechende **Beseitigungsansprüche** zu, um Lücken im Schutzsystem der Betriebsverfassung zu vermeiden (BAG 16. 8. 1998 AP BetrVG 1972 § 87 Gesundheitsschutz Nr. 7; DKK/*Trittin* Rn. 131, GK-BetrVG/*Oetker* Rn. 141). Mitbestimmungsrechte können grundsätzlich auch im Wege der **einstweiligen Verfügung** gesichert werden (LAG Frankfurt 19. 4. 1988 DB 1989, 128; LAG Hamburg 13. 11. 1981 AuR 1982, 389; DKK/*Trittin* Rn. 122; *Fitting* Rn. 107; s. Einl. vor § 74 Rn. 32 und § 85 ArbGG Rn. 5).

34 a Neben den allgemeinen „betriebsverfassungsschützenden" Unterlassungsansprüchen tritt eine allgemeiner **Unterlassungsanspruch zum Schutz der Tarifautonomie** (BAG 20. 4. 1999 AP GG Art. 9 Nr. 89; BAG 13. 3. 2001 AP ArbGG 1979 § 2 a Nr. 17; DKK/*Berg* § 77 Rn. 85 a und b mwN). Er wird aus § 1004 I BGB iVm. Art. 9 III GG hergeleitet. Auf ihn gestützt können Gewerkschaften oder – was kaum jemals der Fall sein wird – AGVerbände dem AG und/oder BR untersagen lassen, die Regelungssperre des § 77 III zu unterlaufen. Die in Art. 9 III GG geschützte Tarifbetätigungsfreiheit wird nicht erst beeinträchtigt, wenn Koalitionen daran gehindert werden, Tarifrecht zu schaffen. Sie kann schon durch Vereinbarungen (auch Regelungsabreden) oder Verfahrensweisen (wie vertragliche Einheitsregelungen) beeinträchtigt sein, die darauf gerichtet sind, die Wirkung eines TV faktisch zu vereiteln und ihn als kollektive Ordnung zu verdrängen. Der Antrag ist im Beschlussverfahren zu verfolgen (BAG 20. 4. 1999 AP GG Art. 9 Nr. 89; BAG 13. 3. 2001 AP ArbGG 1979 § 2 a Nr. 17). Soweit er sich gegen den AG richtet, ist er darauf gerichtet ihn zu verpflichten, es zu unterlassen, die tarifwidrige Regelung anzuwenden. Zugleich kann beantragt werden, ein Zwangsgeld anzudrohen.

35 **5. Allgemeine Zwangsvollstreckung.** Abs. 3 schließt die allgemeine Zwangsvollstreckung nach § 85 ArbGG in Verbindung mit den zivilprozessualen Vorschriften nicht aus (DKK/*Trittin* Rn. 135; *Fitting* Rn. 108; GK-BetrVG/*Oetker* Rn. 161). Aus Beschlüssen und Vergleichen, die Unterlassungs- oder Erfüllungsansprüche außerhalb von Abs. 3 titulieren, kann nach § 85 ArbGG in Verbindung mit den allgemeinen zivilprozessualen Vorschriften vollstreckt werden (DKK/*Trittin* Rn. 135; *Fitting* Rn. 109 f.). Liegen grobe Pflichtverstöße des Arbeitgebers vor, so ist zu unterscheiden: Der materiell Nichtberechtigte kann nur das Verfahren nach Abs. 3 betreiben. Der materiell Berechtigte kann auch nach den allgemeinen Vollstreckungsvorschriften vollstrecken, das Verfahren nach Abs. 3 ist subsidiär (DKK/*Trittin* Rn. 137; GK-BetrVG/*Oetker* Rn. 161; aA *Fitting* Rn. 111; HSG/*Schlochauer* Rn. 83).

§ 24 Erlöschen der Mitgliedschaft

Die Mitgliedschaft im Betriebsrat erlischt durch
1. Ablauf der Amtszeit,
2. Niederlegung des Betriebsratsamtes,
3. Beendigung des Arbeitsverhältnisses,
4. Verlust der Wählbarkeit,
5. Ausschluss aus dem Betriebsrat oder Auflösung des Betriebsrats aufgrund einer gerichtlichen Entscheidung,
6. gerichtliche Entscheidung über die Feststellung der Nichtwählbarkeit nach Ablauf der in § 19 Abs. 2 bezeichneten Frist, es sei denn, der Mangel liegt nicht mehr vor.

I. Vorbemerkung

Die Vorschrift ist zwingend und kann nicht abbedungen werden. Sie betrifft das einzelne BRMit- 1 glied. Die Beendigung der Amtszeit des BR als Organ ist in § 21 geregelt. In den Fällen der Nr. 1 bis 4 erlischt die Mitgliedschaft kraft Gesetzes, in den anderen kraft rechtskräftiger gerichtlicher Entscheidung. Auf Ersatzmitglieder ist § 24 entsprechend anwendbar, so dass bei Vorliegen der Tatbestandsvoraussetzung die Anwartschaft, in den BR nachzurücken, erlischt (*Fitting* Rn. 4).

II. Ablauf der Amtszeit

Die Mitgliedschaft aller BRMitglieder erlischt mit Ablauf der Amtszeit des BR. In Betracht kom- 2 men die Beendigungstatbestände des § 21, aber auch die erfolgreiche Wahlanfechtung nach § 19 und die Auflösung durch das ArbG gemäß § 23 I. Die Feststellung der Nichtigkeit einer Betriebsratswahl kann die Amtszeit nicht beenden, da der BR de jure nicht bestanden hat (*Fitting* Rn. 8).

III. Niederlegung des Betriebsratsamts

Gemeint ist die freiwillige Aufgabe des Amtes. Sie ist schon unmittelbar nach der Wahl möglich 3 (BVerwG 9. 10. 1959 AP PersVG § 27 Nr. 2). Die Ablehnung der Wahl vor Amtsantritt gemäß § 18 II WO ist keine Amtsniederlegung, da noch kein Amt angetreten wurde (*Fitting* Rn. 9). Eben sowenig ist das **Ausscheiden** des BRMitglieds **aus speziellen Funktionen** wie zB aus dem Amt des Betriebsratsvorsitzenden eine Amtsniederlegung. Seine Mitgliedschaft im BR bleibt hiervon unberührt. Die **Erklärung**, das Amt niederlegen zu wollen, ist formlos (Richardi/*Richardi/Thüsing* Rn. 8; *Fitting* Rn. 10) gegenüber dem BR abzugeben und wird mit Zugang oder mit dem vom BRMitglied angegebenen Zeitpunkt wirksam (GK-BetrVG/*Wiese/Oetker* Rn. 10). Eine Erklärung gegenüber dem AG ist rechtlich ohne Bedeutung (LAG Schleswig-Holstein 19. 8. 1966 AP BetrVG § 24 Nr. 4). Besteht der BR nur noch aus einem Mitglied und ist eine Belegschaft nicht mehr vorhanden, kann jedoch die Niederlegung des Restmandats gegenüber dem AG erklärt werden (BAG 12. 1. 2000 AP BetrVG 1972 § 24 Nr. 5). Die Rücktrittserklärung kann nach Zugang nicht mehr zurückgenommen oder widerrufen werden (BVerwG 9. 10. 1959 AP PersVG § 27 Nr. 2). Auch eine Anfechtung ist grundsätzlich ausgeschlossen (Richardi/*Richardi/Thüsing* Rn. 10; DKK/*Buschmann* Rn. 9; *Fitting* Rn. 11; einschränkend GK-BetrVG/*Oetker* Rn. 12). Die Mitgliedschaft im BR darf nicht im Ungewissen bleiben.

IV. Beendigung des Arbeitsverhältnisses

Betriebszugehörigkeit und aktives Wahlrecht sind nach § 8 Voraussetzung für das passive Wahl- 4 recht. Durch die Beendigung des Arbeitsverhältnisses erlischt damit zwangsläufig die Mitgliedschaft im BR. Entscheidend ist die rechtliche Beendigung des Arbeitsverhältnisses. In Betracht kommen die allgemeinen Beendigungsgründe wie Kündigung, Aufhebungsvertrag, Fristablauf, Tod des AN. Während des **Kündigungsschutzprozesses** ist das BRMitglied an der Ausübung seines Amtes zeitweilig verhindert und wird nach § 25 I 2 von einem Ersatzmitglied vertreten (LAG Schleswig-Holstein 2. 9. 1976 DB 1976, 1974; DKK/*Buschmann* Rn. 14; *Fitting* Rn. 16; GK-BetrVG/*Oetker* Rn. 27; Richardi/*Thüsing* Rn. 14). Wird das BRMitglied während des Prozesses weiterbeschäftigt, übt es weiterhin das BRAmt aus (DKK/*Buschmann* Rn. 14; *Fitting* Rn. 15; GK-BetrVG/*Oetker* Rn. 27). Während des Kündigungsrechtsstreits kann zum Schutz der BRTätigkeit eine **einstweilige Verfügung** jedenfalls dann erlassen werden, wenn die Kündigung offensichtlich unbegründet ist oder der allgemeine Weiterbeschäftigungsanspruch besteht (LAG Schleswig-Holstein DB 1976, 1974; DKK/*Buschmann* Rn. 15; *Fitting* Rn. 19; GK-BetrVG/*Oetker* § 25 Rn. 29). Das Arbeitsverhältnis endet im Fall einer ordentlichen Kündigung zum Zeitpunkt der **Betriebsstilllegung** bzw. der Teilstilllegung, wenn auch die sonstigen Voraussetzungen des § 15 IV, V KSchG gegeben sind. Grundsätzlich erlischt damit auch das BRAmt, solange dem BR nicht ein Restmandat (s. § 21 b) zusteht.

5   Die erfolgreiche **Anfechtung** oder die **Nichtigkeit des Arbeitsvertrags** wirkt nur für die Zukunft. Auch das BRAmt bleibt bis zu diesem Zeitpunkt erhalten (BAG 5. 12. 1957 AP BGB § 123 Nr. 2). Bei **Befristung** des Arbeitsvertrages endet das BRAmt mit Ablauf der Frist, soweit nicht § 78 a greift. Ein **Betriebsübergang** nach § 613a BGB hat keine Auswirkungen auf die Mitgliedschaft im BR (*Fitting* Rn. 26). Die Arbeitsverhältnisse der BRMitglieder gehen kraft Gesetzes auf den neuen Betriebsinhaber über, soweit sie nicht dem Übergang widersprechen. Bei **Übergang eines Betriebsteils** kann es zu Übergangsmandaten (s. § 21 a) kommen. Die Eröffnung eines **Insolvenzverfahrens** wirkt sich unmittelbar weder auf das Arbeitsverhältnis noch auf das BRAmt aus. Die Mitgliedschaft bleibt während des Insolvenzverfahrens bis zur Auflösung des Betriebes unberührt (DKK/*Buschmann* Rn. 24; *Fitting* Rn. 30). Wird das Arbeitsverhältnis eines zuvor ausgeschiedenen BRMitgliedes **neu begründet**, lebt die Mitgliedschaft im BR selbst dann nicht wieder auf, wenn die Neubegründung von Anfang an geplant oder gar zugesichert war. Die Arbeitsvertragsparteien können nicht über die zwingenden Vorschriften des BetrVG verfügen (DKK/*Buschmann* Rn. 19; Richardi/*Richardi/Thüsing* Rn. 19; *Fitting* Rn. 23; GK-BetrVG/*Oetker* Rn. 36).

6   **Ruht** das Arbeitsverhältnis, zB bei Ableisten des Wehr- oder Zivildienstes, der Heranziehung zum Zivil- und Katastrophenschutz, aber auch bei Sonder-, Schwangerschafts- oder Erziehungsurlaub, bleibt die Zugehörigkeit zum BR erhalten. Für die Zeit der Verhinderung rückt ein Ersatzmitglied nach (Richardi/*Richardi/Thüsing* Rn. 18; DKK/*Buschmann* Rn. 20; *Fitting* Rn. 13). Da **Streik und Aussperrung** lediglich die Hauptleistungspflichten suspendieren, das Arbeitsverhältnis als solches aber erhalten bleibt, führen sie nicht zum Erlöschen der Mitgliedschaft im BR (BAG 25. 10. 1988 AP GG Art. 9 Arbeitskampf Nr. 110).

V. Verlust der Wählbarkeit

7   Erfüllt ein BRMitglied nicht mehr alle in § 8 genannten Voraussetzungen, verliert es nachträglich sein passives Wahlrecht. Damit erlischt seine Mitgliedschaft im BR. Waren die Voraussetzungen der Wählbarkeit von Anfang an nicht gegeben, erlischt Mitgliedschaft im BR nur auf Grund erfolgreicher Wahlanfechtung bzw. in einem gerichtlichem Feststellungsverfahren, also nicht kraft Gesetzes, sondern durch arbeitsgerichtlichen Beschluss (vgl. Rn. 10). Die Wählbarkeit kann ein BRMitglied auch verlieren, welchem auf Grund einer **strafrechtlichen Verurteilung** die Fähigkeit, Rechte aus öffentlichen Wahlen zu erlangen entzogen werden (vgl. § 8 Rn. 6) oder für das ein **Betreuer** nach den §§ 1896 f. BGB bestellt wurde (*Fitting* Rn. 32; Richardi/*Richardi/Thüsing* Rn. 25). Anders als beim Wahlrecht kommt es hier verstärkt darauf an, dass man seine Angelegenheiten selbst besorgen kann. Die Beförderung zum **leitenden Angestellten** führt zum Verlust der Wählbarkeit. Sie gehören nach § 5 III nicht zum Kreis der Wahlberechtigten iSd. § 8.

8   Das **Ausscheiden** aus der Belegschaft bei **Versetzung** des BRMitglieds in einen anderen Betrieb des Unternehmens beendet seine Mitgliedschaft im BR. Eine nur vorübergehende Abordnung lässt die Mitgliedschaft im BR unberührt (Richardi/*Richardi/Thüsing* Rn. 21; *Fitting* Rn. 34; GK-BetrVG/*Oetker* Rn. 39). Ohne Einwilligung des betroffenen BRMitglieds ist die Versetzung nur zulässig, wenn sie sich im Rahmen des durch den Arbeitsvertrag bestimmten Direktionsrechts hält und nicht gegen § 103 III verstößt. Eine nicht durch Arbeitsvertrag gestattete Versetzung ist individualrechtlich nur als **Änderungskündigung** durchsetzbar, welche als ordentliche Änderungskündigung den Anforderungen des § 15 KSchG unterliegt (s. § 15 KSchG Rn. 20). Bei der **außerordentlicher Änderungskündigung** ist die vorherige Zustimmung des BR nach § 103 I einzuholen; bei deren Ersatzverfahren nach § 103 II einzuleiten. Bei der **Altersteilzeit** steht mit Beginn der Freistellungsphase fest, dass der AN nicht wieder in den Betrieb eingegliedert wird. Er verliert in diesem Zeitpunkt seine Wählbarkeit (vgl. BAG 25. 10. 2000 AP BetrVG 1952 § 76 Nr. 32; *Fitting* Rn. 38). Das BRMitglied scheidet auch aus dem Betrieb aus, wenn der **Betriebsteil**, in dem es beschäftigt ist, organisatorisch **ausgegliedert** wird und entweder mit einem anderen Betrieb zusammengeschlossen oder als selbständiger neuer Betrieb des Unternehmens angegliedert wird (Richardi/*Richardi/Thüsing* Rn. 22; *Fitting* Rn. 36; GK-BetrVG/*Oetker* Rn. 41). Mit Abschluss der Neugliederung erlischt grundsätzlich die Mitgliedschaft. § 15 V KSchG gilt bei Ausgliederung entsprechend (BAG 13. 8. 1992 AP KSchG § 15 Nr. 32 = NZA 1993, 224; *Fitting* Rn. 36; aA GK-BetrVG/*Oetker* Rn. 41). Häufig wird es in solchen Fällen zur Wahrnehmung eines **Übergangsmandats** und/oder **Restmandats** kommen (vgl. §§ 21a und 21b). Folge ist, dass die in dem ausgegliederten Betriebsteil beschäftigten BRMitglieder ihre Mitgliedschaft während der Dauer dieses Mandats nicht verlieren soweit es um die Wahrnehmung dieses Mandats geht.

VI. Amtsenthebung

9   Die Mitgliedschaft endet im Fall des Ausschlusses des BRMitglieds aus dem BR oder der Auflösung des gesamten BR gemäß § 23 I mit Rechtskraft des Beschlusses des Arbeitgerichts (vgl. § 23 Rn. 16, 21).

VII. Gerichtliche Feststellung der Nichtwählbarkeit

Anders als bei Nr. 4 liegt hier der Mangel bereits im **Zeitpunkt der Wahl** vor und tritt nicht erst 10 nachträglich auf. Er muss im Rahmen eines Anfechtungsverfahrens nach § 19 bis zum Ablauf der Anfechtungsfrist geltend gemacht werden; danach kann er jederzeit weiterhin in einem arbeitsgerichtlichen Beschlussverfahren nach §§ 2a, 80ff. ArbGG festgestellt werden (BAG 11. 4. 1958 AP BetrVG § 6 Nr. 1). Die Feststellung, dass zum Zeitpunkt der Wahl die Voraussetzungen der Wählbarkeit nicht gegeben waren, führt nicht zum Verlust der Mitgliedschaft, wenn der Mangel inzwischen behoben ist, weil zB das BRMitglied vor dem gerichtlichen Beschluss 18 Jahre alt geworden ist (BAG 7. 7. 1954 AP BetrVG § 24 Nr. 1; Richardi/*Richardi/Thüsing* Rn. 31; *Fitting* Rn. 44). **Antragsberechtigt** sind nur die nach § 19 Anfechtungsberechtigten (BAG 11. 3. 1975 AP BetrVG 1972 § 24 Nr. 1; BAG 28. 11. 1977 AP BetrVG 1972 § 8 Nr. 2). Gegenstand des Verfahrens muss die Feststellung der Nichtwählbarkeit als solche sein. Eine Entscheidung als Vorfrage in einem Urteilsverfahren reicht nicht aus (*Fitting* Rn. 40). Mit der rechtskräftigen Feststellung der Nichtwählbarkeit erlischt die Mitgliedschaft im BR für die Zukunft. Bis zum rechtskräftigen Beschluss behält das BRMitglied den besonderen Kündigungsschutz für BRMitglieder (BAG 29. 9. 1983 AP KSchG 1969 § 15 Nr. 15).

VIII. Rechtsfolgen des Erlöschens der Mitgliedschaft

Liegt einer der Erlöschensgründe aus Abs. 1 Nr. 1 bis 6 vor, wird die Mitgliedschaft im BR mit 11 Wirkung für die Zukunft beendet. Betriebsratsbeschlüsse, an denen das Mitglied mitgewirkt hat, bleiben wirksam (DKK/*Buschmann* Rn. 35; *Fitting* Rn. 45; GK-BetrVG/*Oetker* Rn. 53). Gleichzeitig verliert der Betroffene alle mit dem BRAmt notwendigerweise verbundenen Ämter und Funktionen wie seine Mitgliedschaft im Gesamt- oder KonzernBR. Die Mitgliedschaft im Wirtschaftsausschuss endet, wenn es sich um das in § 107 l genannte notwendige Mitglied aus dem Kreis des BR handelt. Da Ämter in der Einigungsstelle und als Arbeitnehmervertreter im Aufsichtsrat nicht notwendig mit dem BRAmt verbunden sind, enden sie nicht automatisch (DKK/*Buschmann* Rn. 36; *Fitting* Rn. 47; GK-BetrVG/*Oetker* Rn. 54), der Betroffene kann aber aus der Einigungsstelle abberufen werden (Richardi/*Richardi/Thüsing* Rn. 34). Mit dem Erlöschen der Mitgliedschaft entfallen auch alle Rechte aus der Amtsstellung. Das ehemalige BRMitglied verliert den besonderen Kündigungsschutz aus § 15 I 1 KSchG und § 103, behält aber mit Ausnahme der Fälle des Abs. 1 Nr. 5 und 6 den nachwirkenden Kündigungsschutz aus § 15 I 2 KSchG (BAG 5. 7. 1979 AP KSchG 1969 § 15 Nr. 6 DKK/*Buschmann* Rn. 38; Richardi/*Richardi/Thüsing* Rn. 35; *Fitting* Rn. 47; GK-BetrVG/*Oetker* Rn. 56). Darüber hinaus bestehen die Rechte aus § 37 IV und V sowie § 38 III und IV (DKK/*Buschmann* Rn. 38; *Fitting* Rn. 47).

IX. Streitigkeiten

Im Streitfall entscheidet das ArbG im **Beschlussverfahren** nach §§ 2a, 80ff. ArbGG. In den Fällen 12 des Abs. 1 Nr. 5 und 6 ist das Beschlussverfahren die ausschließliche Verfahrensart (*Fitting* Rn. 48). In den übrigen Fällen kann diese Frage auch inzidenter im Rahmen eines Urteilsverfahrens entschieden werden. Das Rechtsschutzinteresse entfällt, wenn vor rechtskräftiger Entscheidung das betreffende BRMitglied bereits aus dem BR ausgeschieden ist (BAG 11. 3. 1975 BetrVG 1972 § 24 Nr. 1; *Fitting* Rn. 48).

§ 25 Ersatzmitglieder

(1) ¹Scheidet ein Mitglied des Betriebsrats aus, so rückt ein Ersatzmitglied nach. ²Dies gilt entsprechend für die Stellvertretung eines zeitweilig verhinderten Mitglieds des Betriebsrats.

(2) ¹Die Ersatzmitglieder werden unter Berücksichtigung des § 15 Abs. 2 der Reihe nach aus den nichtgewählten Arbeitnehmern derjenigen Vorschlagslisten entnommen, denen die zu ersetzenden Mitglieder angehören. ²Ist eine Vorschlagsliste erschöpft, so ist das Ersatzmitglied derjenigen Vorschlagsliste zu entnehmen, auf die nach den Grundsätzen der Verhältniswahl der nächste Sitz entfallen würde. ³Ist das ausgeschiedene oder verhinderte Mitglied nach den Grundsätzen der Mehrheitswahl gewählt, so bestimmt sich die Reihenfolge der Ersatzmitglieder unter Berücksichtigung des § 15 Abs. 2 nach der Höhe der erreichten Stimmenzahlen.

I. Vorbemerkung

Die Vorschrift regelt das Nachrücken von Ersatzmitgliedern für endgültig ausgeschiedene oder 1 zeitweilig verhinderte BRMitglieder. Normzweck ist die Sicherung der Kontinuität der BRArbeit, der Beschlussfassung durch den BR nach § 33 und darüber hinaus die Gewährleistung einer möglichst vollständigen und stetigen Besetzung des BR. Die Vorschrift enthält zwingendes Recht und kann nicht abbedungen werden.

II. Allgemeine Grundsätze

2   Nicht gewählte Wahlbewerber sind Ersatzmitglieder. Anderes gilt im nur einköpfigen BR bzw. bei Wahl des einzigen Gruppenvertreters bei Gruppenwahl, weil die Ersatzmitglieder nach § 14 IV im getrennten Wahlgang gewählt werden. Rückt das Ersatzmitglied nach, wird es ordentliches BRMitglied mit allen Rechten und Pflichten (BAG 6. 9. 1979 AP KSchG 1969 § 15 Nr. 7). Die Stellvertretung/Ersetzung erstreckt sich nur auf das BRAmt als solches, nicht auf die Ämter und Funktionen, die das ausgeschiedene oder zeitweilig verhinderte BRMitglied darüber hinaus innehat, zB eine Mitgliedschaft im Betriebsausschuss (DKK/*Buschmann* Rn. 3; Richardi/*Thüsing* Rn. 26; *Fitting* Rn. 14; GK-BetrVG/*Oetker* Rn. 51). Ist das Ersatzmitglied verhindert, wird es vom nächstzuständigen Ersatzmitglied vertreten (BAG 6. 9. 1979 AP KSchG 1969 § 15 Nr. 7).

3   Ersatzmitglieder rücken **Kraft Gesetz** nach. Weder ein Betriebsratsbeschluss oder eine Berufung bzw. Benachrichtigung durch den Betriebsratsvorsitzenden noch eine Annahmeerklärung durch das Eratzmitglied ist erforderlich (BAG 17. 1. 1979 AP KSchG 1969 § 15 Nr. 5; DKK/*Buschmann* Rn. 6; Richardi/*Thüsing* Rn. 24; GK-BetrVG/*Oetker* Rn. 30). Der Betriebsratsvorsitzende hat das Ersatzmitglied vom Vertretungsfall zu unterrichten und für entsprechende Aufgaben des BR heranzuziehen (LAG Hamburg 12. 3. 1993 AiB 94, 304). Eine Benachrichtigung des AG ist nicht erforderlich, empfiehlt sich aber, um etwaige Auseinandersetzungen zB wegen Arbeitsbefreiungen oder wegen des besonderen Kündigungsschutzes zu vermeiden (BAG 6. 9. 1979 AP KSchG 1969 § 15 Nr. 7). Die **Vertretung beginnt** zum Zeitpunkt des Ausscheidens oder des Beginns der Verhinderung des BRMitgliedes und **endet**, wenn das verhinderte BRMitglied seine Tätigkeit wieder aufnimmt (BAG 17. 1. 1979 AP KSchG 1969 § 15 Nr. 7). Wird für ein zeitweilig verhindertes BRMitglied kein Ersatzmitglied geladen, kann der BR keine wirksamen Beschlüsse fassen (BAG 23. 8. 1984 AP BetrVG 1972 § 103 Nr. 17). Mit dem **Ende der Amtszeit** des BR als Organ, endet auch die Funktion des Ersatzmitglieds. Die Ersatzmitgliedschaft endet wie die Mitgliedschaft im BR aus den in § 24 I genannten Gründen. Ist die **Ersetzung** von ausgeschiedenen BRMitgliedern durch Ersatzmitglieder nicht mehr möglich, ist der BR nach § 13 II Nr. 2 neu zu wählen (vgl. § 13 Rn. 5). Bis zur Bekanntgabe des Wahlergebnisses der Neuwahl amtiert dieser als „Rumpf"-BR nach § 21 S. 5 weiter (vgl. § 21 Rn. 5).

III. Nachrücken/Stellvertretung

4   Scheidet ein BRMitglied aus den in § 24 I Nr. 2 bis 6 genannten Gründen **endgültig** aus, rückt das nächstzuständige Ersatzmitglied nach **Abs. 1 S. 2** für den Rest der Amtszeit nach. Bei der **Altersteilzeit** steht mit Beginn der Freistellungsphase fest, dass der AN nicht wieder in den Betrieb eingegliedert wird. Er verliert in diesem Zeitpunkt seine Wählbarkeit und damit sein Amt (vgl. BAG 25. 10. 2000 AP BetrVG 1952 § 76 Nr. 32; *Fitting* Rn. 17). Ein Nachrücken ist bis zum Ablauf der Amtszeit, bei Weiterführung der Geschäfte nach § 22 bis zur Bekanntgabe des Wahlergebnisses des neugewählten BR möglich (*Fitting* Rn. 13; GK-BetrVG/*Oetker* Rn. 13). Bei einer **zeitweiligen Verhinderung** des BRMitglieds rückt das Ersatzmitglied nach Abs. 1 S. 2 nicht endgültig, sondern nur für deren Dauer in den BR nach. Danach tritt es in die Reihen der Ersatzmitglieder zurück. Während der Stellvertretung ist es vollwertiges BRMitglied mit allen Rechten und Pflichten. Es tritt jedoch nur in das BRAmt als solches, nicht in die speziellen Funktionen und Ämter des zu ersetzenden BRMitglieds ein (s. Rn. 2). Das zeitweilig verhinderte Mitglied behält sein Amt und seine Funktionen ebenso wie die Rechte und Befugnisse, die sich aus dem BRAmt ergeben (DKK/*Buschmann* Rn. 14). Das BRMitglied ist zeitweilig verhindert, wenn es aus tatsächlichen oder rechtlichen Gründen nicht in der Lage ist, die ihm zukommenden Amtsgeschäfte zu besorgen (DKK/*Buschmann* Rn. 15; *Fitting* Rn. 17). Unmöglichkeit ist nicht gefordert. Es reicht aus, wenn ihm die Ausübung des Amtes unzumutbar ist. Das BRMitglied kann sich nicht nach freiem Ermessen vertreten lassen (BAG 5. 9. 1986 AP KSchG 1969 § 15 Nr. 26; DKK/*Buschmann* Rn. 15; GK-BetrVG/*Oetker* Rn. 21; vgl. auch BAG 18. 1. 1989 AP BetrVG 1972 § 40 Nr. 28.

5   **Verhinderungsgründe** sind ua.: Krankheit, Kuraufenthalt, Urlaub, Dienstreise, Montage, Teilnahme an Schulungsveranstaltungen (einschließlich derer nach § 37 VI und VII), Beschäftigungsverbote nach dem MuSchG, Erziehungsurlaub nach dem BErzGG, Zivildienst oder Wehrdienst. Auf die **Dauer** der Verhinderung kommt es nicht an (LAG Hamburg 4. 7. 1977 DB 1978, 113; LAG Bremen 15. 2. 1985, BB 1985, 1129; DKK/*Buschmann* Rn. 15; *Fitting* Rn. 17; GK-BetrVG/*Oetker* Rn. 19; vgl. auch BAG 17. 1. 1979 AP KSchG 1969 § 15 Nr. 5). Ein Verhinderungsfall ist auch gegeben, wenn ein BRMitglied nur zeitweise an einer Betriebsratssitzung teilnehmen kann (DKK/*Buschmann* Rn. 20; *Fitting* Rn. 17; GK-BetrVG/*Oetker* Rn. 24). Die Vorschrift soll die stetig volle Zusammensetzung des BR sicherstellen und nicht nur die wirksame Beschlussfassung nach § 33 II gewährleisten. Die Verhinderung kann jede Art der BRTätigkeit betreffen. Die Funktion des BR erschöpft sich nicht in der Teilnahme an Betriebsratssitzungen (LAG Hamburg 4. 7. 1977 BB 1977, 1602). Eine tatsächlich vorliegende krankheitsbedingte **Arbeitsunfähigkeit** eines BRMitglieds muss nicht zwangsläufig auch zur Amtsunfähigkeit führen (BAG 15. 11. 1984 AP BetrVG 1972 § 25 Nr. 2). Das verhinderte BRMitglied hat das Recht, trotz Verhinderung BRTätigkeiten auszuüben. Es kann beispielsweise zu diesem

Zweck seinen Urlaub unterbrechen (BAG 5. 5. 1987 AP BetrVG 1972 § 44 Nr. 5; aA GK-BetrVG/ *Oetker* Rn. 22) oder während der Elternzeit BRTätigkeiten ausüben (ArbG Gießen 26. 2. 1986 NZA 1986, 614; *Fitting* Rn. 17). Meldet sich ein BRMitglied krank, ist es auch dann zeitweilig verhindert, wenn sich später herausstellt, dass es nicht arbeitsunfähig war und unberechtigt der Arbeit ferngeblieben ist (BAG 5. 9. 1986 AP KSchG 1969 § 15 Nr. 26).

Eine zeitweilige Verhinderung liegt auch bei **Interessenkollision** vor, weil ein BRMitglied von der 6 Beschlussfassung persönlich unmittelbar betroffen ist, etwa bei Beratung und Beschluss zu einem Ausschlussantrag nach § 23 I oder einer das BRMitglied betreffenden personellen Maßnahme wie Umgruppierung oder Versetzung (BAG 23. 8. 1984 AP BetrVG 1972 § 103 Nr. 17; BAG 3. 8. 1999 AP BetrVG 1972 § 25 Nr. 7; DKK/*Buschmann* Rn. 24; *Fitting* Rn. 17; GK-BetrVG/*Oetker* Rn. 25 ff.) und insb. im Entscheidungsprozess um die Zustimmung zur außerordentlichen Kündigung nach § 103 I (BAG 26. 8. 1981 AP BetrVG 1972 § 103 Nr. 13). Unterlässt der Betriebsratsvorsitzende die rechtzeitige Ladung von Ersatzmitgliedern zur Beratung und Abstimmung über den entsprechenden Tagesordnungspunkt, ist der entsprechende Beschluss unwirksam (BAG 23. 8. 1984 AP BetrVG 1972 § 103 Nr. 17; BAG 3. 8. 1999 AP BetrVG 1972 § 25 Nr. 7). Von der Interessenkollision sind die Beschlüsse zu unterscheiden, die als **organisatorische Akte** keinen unmittelbar persönlichen Bezug haben. Dazu gehören Wahl oder Abberufung zu Ämtern oder Funktionen, die aus den Reihen des BR zu besetzen sind, so zB in oder aus dem Amt des (stellv.) Vorsitzenden, die Freistellungen nach § 38, die Entsendung in den Gesamt- und KonzernBR oder sonstige Auswahlentscheidungen wie die Bestimmung der Teilnahme an einer Schulungsveranstaltung. In diesen organisatorischen Angelegenheiten dürfen alle BRMitglieder einschließlich der jeweiligen Bewerber bzw. Kandidaten an Beratung und Beschlussfassung teilnehmen (DKK/*Buschmann* Rn. 25; *Fitting* Rn. 19; GK-BetrVG/*Oetker* Rn. 26). Ein BRMitglied ist während des Rechtsstreits über die Rechtswirksamkeit einer außerordentlichen **Kündigung** verhindert, wenn der BR gemäß § 103 der Kündigung zugestimmt hat. Hat der BR nicht zugestimmt bzw. das ArbG dessen Zustimmung gemäß § 103 II (noch) nicht ersetzt, liegt kein Verhinderungsfall vor, da die Kündigungserklärung unwirksam ist (*Fitting* Rn. 22; Richardi/*Thüsing* Rn. 12). Einstweilige Verfügungen zum Schutz der BRTätigkeit sind denkbar (s. § 24 Rn. 4). Ein Ersatzmitglied rückt nach, wenn iR eines Ausschlussverfahrens ein BRMitglied durch einstweilige Verfügung vorläufig aus dem BR entfernt wurde (*Fitting* Rn. 22).

BRMitglieder sind **nicht verhindert,** wenn sie aus Desinteresse, Vergesslichkeit oder mutwillig ihre 7 Aufgaben nicht wahrnehmen (DKK/*Buschmann* Rn. 15; *Fitting* Rn. 21); wenn das BRMitglied nicht an der Betriebsratssitzung teilnimmt, weil es nicht außerhalb seiner persönlichen Arbeitszeit den Betrieb während der betrieblichen Arbeitszeit aufsuchen will (BAG 18. 1. 1989 BB 1989, 1618) oder an einem Arbeitskampf teilnimmt (DKK/*Buschmann* Rn. 19; GK-BetrVG/*Oetker* Rn. 17). Für das abwesende nicht verhinderte BRMitglied ist kein Ersatzmitglied zu laden (*Fitting* Rn. 21).

IV. Reihenfolge des Nachrückens

Die Ersatzmitglieder rücken in der sich aus **Abs. 2** ergebenden Reihenfolge nach. Diese **Reihenfolge** 8 ist **zwingend,** so dass das an erster Stelle stehende Ersatzmitglied stets vor dem folgenden nachrückt (BAG 6. 9. 1979 AP KSchG 1969 § 15 Nr. 7). Beispiel: Ist das BRMitglied B1 zeitweilig verhindert, wird es von dem Ersatzmitglied E1, welches 1. Ersatzmitglied in der Reihenfolge ist, vertreten. Scheidet während der zeitweiligen Verhinderung von B1, das BRMitglied B2 endgültig aus dem BR aus, wird es zunächst von E2 ersetzt. Diese Ersetzung dauert jedoch nur bis zu dem Zeitpunkt, zu dem B1 zeitweilige Verhinderung endigt. Dann rückt E1 auf Dauer für den B2 in den BR nach. Die **Reihenfolge** orientiert sich an den Grundsätzen, die für die Verteilung der Sitze bei der Betriebsratswahl gelten (s. § 14 Rn. 6 ff.). Es ist daher zwischen Verhältniswahl (Listenwahl) und Mehrheitswahl (Personenwahl), zu unterscheiden und dabei die Mindestpräsentanz des Minderheitengeschlechts zu berücksichtigen.

Wurde die Wahl nach § 14 II 1 als **Verhältniswahl** (Listenwahl), dh. auf Grund mehrerer Vor- 9 schlagslisten durchgeführt, so bestimmt sich die Reihenfolge des Nachrückens nach II 1: Das Ersatzmitglied wird der Liste, der das ausgeschiedene oder zu ersetzende BRMitglied angehört, entnommen. Das Nachrücken erfolgt in der Reihenfolge in die Ersatzmitglieder auf der Liste aufgeführt sind. Dabei muss – auch ohne Rücksicht auf die Reihenfolge der Vorschlagsliste – die Geschlechterquote beachtet werden, solange noch Wahlbewerber dieses Geschlechts zur Verfügung stehen und die Mindestquote nicht trotz Nachrückens aus dem anderen Geschlecht gewahrt bleibt (DKK/*Buschmann* Rn. 28; *Fitting* Rn. 26). Die auf der Liste davor stehenden Angehörigen des anderen Geschlechts werden übergangen. Ausschlaggebend für die Quote ist der Zeitpunkt der Betriebsratswahl, nicht der, in dem nachgerückt wird (DKK/*Buschmann* Rn. 28; *Fitting* Rn. 24). Ist diese Liste erschöpft, bestimmt II 2, dass – vielleicht unter Berücksichtigung der Geschlechterquote – auf die Ersatzmitglieder der Liste zurückzugreifen ist, auf die nach den Grundsätzen der Verhältniswahl der nächste Sitz entfallen wäre. Dies gilt auch, wenn zwar nicht die Liste als Ganzes erschöpft ist, aber eine Vorschlagsliste keinen Wahlbewerber des Minderheitengeschlechts (mehr) enthält, der nachrücken müsste (DKK/*Buschmann* Rn. 28; *Fitting* Rn. 27; Richardi/*Thüsing* Rn. 18). Beim Nachrücken geht Geschlecht vor Liste. Dabei sind auch Listen zu berücksichtigen, die (zunächst) kein BRMitglied stellen, da das BetrVG keine Sperrklausel vorsieht (DKK/*Buschmann* Rn. 27; *Fitting* Rn. 28; GK-BetrVG/ *Oetker* Rn. 37). Hat die Wahl nach den Grundsätzen der **Mehrheitswahl** stattgefunden (nur eine Vorschlagsliste oder vereinfachtes Verfahren nach § 14 a), rückt unter Beachtung der Geschlechterquote der Wahlbewerber mit der nächsthöchsten Stimmenzahl nach. Ist so das Minderheitengeschlecht nicht mehr anteilmäßig vertreten, rückt der Wahlbewerber des Minderheitengeschlechts mit der nächsthöchsten Stimmenzahl – an den Bewerbern des anderen Geschlechts vorbei – nach (DKK/ *Buschmann* Rn. 29; *Fitting* Rn. 30). Sind Wahlbewerber des Minderheitengeschlechts nicht (mehr) vorhanden, bleibt es bei der ursprünglichen Reihenfolge des Nachrückens.

V. Einzelperson

10 In Betrieben mit bis zu 20 AN besteht der BR nach § 9 I aus einer Person. Eine Geschlechterquote muss beim Nachrücken nicht beachtet werden (DKK/*Buschmann* Rn. 29; *Fitting* Rn. 31). Die Ersatzmitglieder werden nicht (mehr) gesondert gewählt. Ist kein Ersatzmitglied vorhanden, müssen Neuwahlen erfolgen. Tritt beim AN, der aus einer Person besteht, ein Verhinderungsfall ein und ist kein Ersatzmitglied mehr vorhanden, so ist der AG in den Grenzen der Zumutbarkeit verpflichtet, beteiligungspflichtige Angelegenheiten zurückzustellen (BAG 15. 11. 1984 AP BetrVG 1972 § 25 Nr. 2; DKK/*Buschmann* Rn. 31).

VI. Rechtsstellung nachgerückter Ersatzmitglieder

11 Das Ersatzmitglied tritt beim Ausscheiden des BRmitglieds endgültig, bei vorübergehender Verhinderung zeitweise in **alle Rechte und Pflichten** ein, die sich aus dem BRamt ergeben. Soweit im Einzelfall erforderlich, kann es daher auch an Betriebsratsschulungen teilnehmen (BAG 19. 9. 2001 AP BetrVG 1972 § 25 Nr. 9). Bis zum Eintritt in den BR genießt das Ersatzmitglied nicht den **besonderen Kündigungsschutz** aus § 103 und § 15 I KSchG, wohl aber den von Wahlbewerbern nach § 15 III KSchG. Darüber hinaus kann sich die Unwirksamkeit einer Kündigung aus einem Verstoß gegen § 78 iVm. § 134 BGB ergeben (DKK/*Buschmann* Rn. 36; *Fitting* Rn. 8). Der besondere Kündigungsschutz für BRMitglieder greift bereits ein, wenn sich das Ersatzmitglied auf die Vertretung vorbereitet, regelmäßig also vom Tag der Ladung zur Sitzung an, jedoch höchstens drei Arbeitstage vor der Sitzung (BAG 17. 1. 1979 AP KSchG 1969 § 15 Nr. 5). Dieser Schutz geht nicht verloren, wenn bei ihm selbst ein Verhinderungsfall eintritt und dieser im Verhältnis zur Dauer des eigenen Vertretungseinsatzes als unerheblich anzusehen ist (BAG 9. 1. 1977 KSchG 1969 § 15 Nr. 3; weitergehend LAG Hamm 9. 2. 1994 LAGE BetrVG § 25 Nr. 3: Kündigungsschutz auch für das am Tag des Nachrückens langfristig erkrankte Ersatzmitglied). **Während der Vertretung** stehen dem Ersatzmitglied alle Schutzrechte, einschließlich des Versetzungsschutzes nach § 103 III und des Kündigungsschutzes aus § 103 I und II und § 15 I KSchG zu. Dies gilt auch, wenn die Verhinderung nur einen Arbeitstag dauert (LAG Niedersachsen 14. 5. 1987 AuR 1989, 287) und das Ersatzmitglied tatsächlich keine BRArbeit ausgeübt hat (BAG 5. 9. 1986 AP KSchG 1969 § 15 Nr. 26). Einem Ersatzmitglied, das stellvertretend dem BR zeitweise angehört hat, steht der nachwirkende Kündigungsschutz nach § 15 I 2 KSchG zu (BAG 6. 9. 1979 AP KSchG 1969 § 15 Nr. 7). Der nachwirkende Kündigungsschutz setzt voraus, dass das Ersatzmitglied konkrete Vertretungsaufgaben übernommen hat (BAG 6. 9. 1979 AP KSchG 1969 § 15 Nr. 7; aA LAG Niedersachsen 14. 5. 1987 AuR 1989, 287) oder zur BRSitzung eingeladen sich darauf vorbereitet hat (LAG Brandenburg 9. 6. 1995 AuA 96, 63).

VII. Streitigkeiten

12 Über das Vorliegen eines Vertretungs- bzw. Ersetzungsfalls und/oder die Reihenfolge des Nachrückens entscheidet das ArbG nach §§ 2 a, 80 ff. ArbGG im Beschlussverfahren. Hierüber kann auch als Vorfrage im Urteilverfahren entschieden werden, wenn zB in einem Kündigungsschutzprozess die Rechtswirksamkeit eines Beschlusses nach § 103 von Bedeutung ist.

Dritter Abschnitt. Geschäftsführung des Betriebsrats

§ 26 Vorsitzender

(1) Der Betriebsrat wählt aus seiner Mitte den Vorsitzenden und dessen Stellvertreter.

(2) ¹Der Vorsitzende des Betriebsrats oder im Fall seiner Verhinderung sein Stellvertreter vertritt den Betriebsrat im Rahmen der von ihm gefassten Beschlüsse. ²Zur Entgegennahme von Erklärungen, die dem Betriebsrat gegenüber abzugeben sind, ist der Vorsitzende des Betriebsrats oder im Fall seiner Verhinderung sein Stellvertreter berechtigt.

I. Vorbemerkung

Abs. 1 ist zwingendes Recht. Von Abs. 2 kann insoweit abgewichen werden, als auch andere 1
Mitglieder des BR mit der Vertretung beauftragt werden können. Für Arbeitnehmervertretungen nach
§ 3 I Ziff. 2–3 sind abweichende Regelungen zulässig. Die Vorschrift gilt nach den §§ 51 I und 59 I
entsprechend für den Gesamt- und KonzernBR sowie nach den §§ 65 I, 73 II und 73 b II für die JAV,
die GesamtJAV und die KonzernJAV.

II. Wahl des Vorsitzenden und seines Stellvertreters

Werden im mehrköpfigen BR Vorsitzender oder Stellvertreter nicht gewählt, kommt ein Amtsent- 2
hebungsverfahren nach § 23 in Betracht (DKK/*Wedde* Rn. 3; *Fitting* Rn. 7). Eine Ersatzbestellung
durch das ArbG ist ausgeschlossen (*Fitting* Rn. 7; GK-BetrVG/*Wiese/Raab* Rn. 5). Die Wahl ist
innere Angelegenheit des BR und kann nicht auf Ausschüsse oder eine Arbeitsgruppe nach § 28 a
übertragen werden. Mit den Funktionen dürfen nur Mitglieder des BR („aus seiner Mitte") betraut
werden (DKK/*Wedde* Rn. 3; *Fitting* Rn. 6). Die Wahl erfolgt nach § 29 I auf der konstituierenden
Sitzung des BR. Der BR muss nach § 33 II beschlussfähig sein (DKK/*Wedde* Rn. 8; Richardi/*Richardi/Thüsing* Rn. 5; *Fitting* Rn. 13; GK-BetrVG/*Wiese/Raab* Rn. 9). Gegenkandidaten sind nicht erforderlich (BAG 29. 1. 1965 AP BetrVG § 27 Nr. 8). Für jede Wahlfunktion ist ein gesonderter Wahlgang
durchzuführen. Absolute Stimmenmehrheit wird vom Gesetz nicht verlangt, kann aber vom BR
beschlossen werden. Bei Stimmengleichheit kann der BR sofortigen Losentscheid beschließen (OVG
Lüneburg AP PersVG § 31 Nr. 7). Die Wahl kann offen – selbst durch Zuruf – erfolgen, muss aber
eine einwandfreie Feststellung des Wahlergebnisses ermöglichen (DKK/*Wedde* Rn. 7; Richardi/*Richardi/Thüsing* Rn. 6; *Fitting* Rn. 9; GK-BetrVG/*Wiese/Raab* Rn. 9 f.). Die Abstimmung erfolgt
geheim, wenn zumindest ein BRMitglied dies verlangt (DKK/*Wedde* Rn. 7; einschränkend *Richardi/Thüsing* Rn. 6; *Fitting* Rn. 8; aA GK-BetrVG/*Wiese/Raab* Rn. 10). Über § 8 und § 26 I hinausgehende zusätzliche persönliche Wählbarkeitsvoraussetzungen dürfen nicht aufgestellt werden (BAG
16. 2. 1973 AP BetrVG 1972 § 19 Nr. 1). Koalitionsabsprachen sind zulässig (BAG 1. 6. 1966 AP
BetrVG § 18 Nr. 16). Im Einzelnen kann – mangels gesetzlicher Normierung – der BR den Wahlmodus unter Beachtung der vorstehenden Grundsätze selbst festlegen (BAG 28. 2. 1958 AP BetrVG
§ 29 Nr. 1).

Die Gewählten müssen das Amt nicht annehmen (BAG 29. 1. 1965 AP BetrVG § 27 Nr. 8) und 3
können es jederzeit durch unwiderrufliche Erklärung gegenüber dem BR niederlegen (DKK/*Wedde*
Rn. 13; Richardi/*Richardi/Thüsing* Rn. 14; *Fitting* Rn. 19; GK-BetrVG/*Wiese/Raab* Rn. 25). Der BR
kann durch Mehrheitsbeschluss den Vorsitzenden und den Stellvertreter aus dieser Funktion abberufen (BAG 26. 1. 1962 AP BGB § 626 Druckkündigung Nr. 8; DKK/*Wedde* Rn. 15; Richardi/*Richardi/Thüsing* Rn. 28; *Fitting* Rn. 20; GK-BetrVG/*Wiese/Raab* Rn. 26). Eine Amtsenthebung analog § 23
ist nicht zulässig, aber auch nicht notwendig, da die Abberufung jederzeit, auch ohne besonderen
Grund möglich ist. In beiden Fällen muss unverzüglich eine Neuwahl erfolgen. Solange der Vorsitzende nicht gewählt ist, kann der AG Verhandlungen mit dem BR verweigern, da dieser noch nicht
konstituiert und damit nicht funktionsfähig ist (BAG 23. 8. 1984 AP BetrVG 1972 § 102 Nr. 36;
Richardi/*Richardi/Thüsing* Rn. 1; *Fitting* Rn. 7; aA DKK/*Wedde* Rn. 4; GK-BetrVG/*Wiese/Raab*
Rn. 6). Steht die Wahl unmittelbar bevor, ist der AG – jedenfalls bei nicht unaufschiebbaren Maßnahmen – nach § 2 I verpflichtet, bis zur Konstituierung des BR zu warten (vgl. BAG 28. 9. 1983 AP
BetrVG 1972 § 21 Nr. 1).

III. Vorsitzender

Der Vorsitzende ist nicht Willens-, sondern Erklärungsvertreter. Er vertritt den BR „im Rahmen der 4
von ihm gefassten Beschlüsse" (BAG 19. 3. 2003 – 7 ABR 15/02). Nur in diesem Rahmen hat er
Vertretungsmacht (BAG 15. 12. 1961 AP BGB § 615 Kurzarbeit Nr. 1). Sie kann auch durch eine
ständige betriebliche Übung nicht erweitert werden (DKK/*Wedde* Rn. 20; *Fitting* Rn. 24; bedenklich
BAG 28. 2. 1958 AP AZO § 14 Nr. 1). §§ 27 und 28 regeln abschließend die Möglichkeiten von
Kompetenzübertragungen des BR. Er kann daher nicht Aufgaben des BR zur selbständigen Erledigung auf den Vorsitzenden oder seinen Stellvertreter übertragen (DKK/*Wedde* Rn. 20; GK-BetrVG/*Wiese/Raab* Rn. 34). Er vertritt den BR auch bei den schriftlichen Mitteilungen, den AG über die
Verweigerung der Zustimmung des BR zu personellen Einzelmaßnahmen, die ihn selbst betreffen
(BAG 19. 3. 2003 – 7 ABR 15/02). Überschreitet der Vorsitzende die ihm eingeräumte Vertretungsmacht, sind diese Maßnahmen unwirksam (BAG 15. 12. 1961 AP BGB § 615 Kurzarbeit Nr. 1; BAG
10. 11. 1992 AP BetrVG 1972 § 87 Lohngestaltung Nr. 58). Der Mangel kann durch **Genehmigung**
geheilt werden (BAG 10. 11. 1992 AP BetrVG 1972 § 87 Lohngestaltung Nr. 58; Richardi/*Richardi/Thüsing* Rn. 47; *Fitting* Rn. 28; DKK/*Wedde* Rn. 22). Hierzu ist ein ausdrücklicher Beschluss des BR nach § 33
erforderlich. Eine stillschweigende Genehmigung reicht nicht aus (DKK/*Wedde* Rn. 22; Richardi/*Richardi/Thüsing* Rn. 47; *Fitting* Rn. 28; GK-BetrVG/*Wiese/Raab* Rn. 40; aA BAG 15. 12. 1961 AP

BGB § 615 Kurzarbeit Nr. 1): Andernfalls würde die Kompetenz und die demokratische Willensbildung des BR unzulässig eingeschränkt. Zur Regelung immer wieder vorkommender Fälle kann der BR als Gremium dem Vorsitzenden **Richtlinien oder Weisungen** für Sachentscheidungen vorgeben (*Fitting* Rn. 25; GK-BetrVG/*Wiese/Raab* Rn. 35; DKK/*Wedde* Rn. 21). Der BR kann dem Vorsitzenden oder einer Kommission im Übrigen einen **Verhandlungsspielraum** einräumen oder diesen durch Alternativ- oder Grundsatzbeschlüsse von vornherein beschränken. Die Letztentscheidungsbefugnis muss allerdings beim BR selbst liegen. Er kann dem Vorsitzenden für ein Einigungsstellenverfahren eine „Linie" vorgeben, mit der er auch ohne erneuten Beschluss zur Unterzeichnung der dort verhandelten BV bevollmächtigt ist (BAG 24. 2. 2000 AP KSchG 1969 § 1 Namensliste Nr. 7). Handelt der Vorsitzende ohne oder gegen einen Beschluss des BR, kann er abgesetzt werden; bei grober Pflichtverletzung kann eine Amtsenthebung nach § 23 in Betracht kommen (DKK/*Wedde* Rn. 25; *Fitting* Rn. 27). Entsteht aus dem unbefugten Handeln ein Schaden, kann er persönlich haften (DKK/*Wedde* Rn. 25; *Fitting* Rn. 27; GK-BetrVG/*Wiese/Raab* Rn. 41). Für eine Erklärung des Betriebsratsvorsitzenden besteht die Vermutung, dass sie einem entsprechender Beschluss des BR entspricht. Diese kann durch Gegenbeweis jederzeit entkräftet werden (BAG 17. 2. 1981 AP BetrVG 1972 § 112 Nr. 11). Der gute Glaube des AG, dass sich der Vorsitzende idR an die Beschlüsse des BR hält, wird grundsätzlich nicht geschützt (DKK/*Wedde* Rn. 23; GK-BetrVG/*Wiese/Raab* Rn. 42). Allerdings kann eine Bindung des BR an die Erklärung des Vorsitzenden aus den Grundsätzen der Rechtsscheinshaftung entstehen, soweit mindestens die Mehrheit der BRMitglieder vom Handeln des Betriebsratsvorsitzenden wussten (DKK/*Wedde* Rn. 22; *Fitting* Rn. 29; GK-BetrVG/*Wiese/Raab* Rn. 44). Der BR ist nicht verpflichtet, sich ausschließlich vom Vorsitzenden vertreten zu lassen, sondern kann auch selbst in seiner Gesamtheit tätig werden oder andere Mitglieder in bestimmten Einzelfällen zu Erklärungsvertretern bestellen (DKK/*Wedde* Rn. 28; Richardi/*Richardi/Thüsing* Rn. 38; *Fitting* Rn. 31). Erklärungen gegenüber dem Betriebsratsvorsitzenden gehen nach Abs. 3 S. 2 dem BR zu und setzen Fristen in Gang. Andere BRMitglieder sind nur Boten. Eine Erklärung ist deshalb solange nicht zugegangen, bis der BR als solcher oder der Vorsitzende Kenntnis erlangt haben (vgl. BAG 28. 2. 1974 AP BetrVG 1972 § 102 Nr. 2; BAG 27. 6. 1985 AP BetrVG 1972 § 102 Nr. 37). Sind Vorsitzender und Stellvertreter gemeinsam verhindert und hat der BR für diesen Fall keine Vorkehrungen zur Entgegennahme von Erklärungen getroffen, kann der AG jedem BRMitglied die Erklärung mit Zugangswirkung übergeben (BAG 27. 6. 1985 AP BetrVG 1972 § 102 Nr. 37). Gleiches gilt für die Entgegennahme von Zustellungen im arbeitsgerichtlichen Verfahren. Bedient sich der BR der Posteingangsstelle des AG, ist der dort tätige AN Bediensteter iSv. § 184 I ZPO (BAG 20. 1. 1976 AP BetrVG 1972 § 47 Nr. 2). Sind Ausschüsse nach §§ 27, 28 mit der selbständigen Erledigung von Aufgaben betraut, ist auch der Vorsitzende des Ausschusses iR der Aufgabe zur Entgegennahme berechtigt (vgl. BAG 4. 8. 1975 AP BetrVG 1972 § 102 Nr. 4). Der Berechtigte ist nicht verpflichtet, Erklärungen außerhalb der Arbeitszeit oder außerhalb der Betriebsräume entgegenzunehmen. Geschieht dies, gilt die Erklärung als zugegangen (BAG 27. 8. 1982 AP BetrVG 1972 § 102 Nr. 25).

IV. Stellvertreter

5   Der Stellvertreter ist kein zweiter Vorsitzender. Er nimmt nur im Fall der Verhinderung die Aufgaben und Befugnisse des Vorsitzenden wahr (*Fitting* Rn. 38; Richardi/*Richardi/Thüsing* Rn. 53). Für die Verhinderung gelten die für § 25 I 2 maßgebenden Grundsätze entsprechend (vgl. § 25 Rn. 4 ff.). Die Verhinderung führt zu Aufspaltung der Vertretung. Der Stellvertreter tritt an die Stelle des Vorsitzenden und ein Ersatzmitglied rückt nach § 25 II in den BR nach. Scheidet der Vorsitzende endgültig aus dem Amt aus, wird nicht der Stellvertreter zum Vorsitzenden, sondern der Vorsitzende muss neu gewählt werden (DKK/*Wedde* Rn. 32; *Fitting* Rn. 41). Bei vorübergehender Verhinderung des Vorsitzenden und des Stellvertreters kann die Geschäftsordnung oder ein Beschluss des BR einen weiteren Stellvertreter bestimmen (DKK/*Wedde* Rn. 34; *Fitting* Rn. 42).

V. Streitigkeiten

6   Streitigkeiten aus der Vorschrift sind im arbeitsgerichtlichen Beschlussverfahren nach §§ 2a, 80 ff. ArbGG zu entscheiden. Das Gesetz enthält keine Regelungen für Rechtsverstöße bei den Wahlen des Betriebsratsvorsitzenden oder seines Stellvertreters. Um die Handlungsfähigkeit des BR zu erhalten, können derartige Rechtsverstöße grundsätzlich nur entsprechend § 19 im Wege der **Anfechtung** geltend gemacht werden (BAG 13. 11. 1991 AP BetrVG 1972 § 26 Nr. 9; BAG 8. 4. 1992 AP BetrVG 1972 § 26 Nr. 11). Sie muss analog § 19 II binnen einer Frist von 2 Wochen erfolgen (BAG 12. 10. 1976 AP BetrVG 1972 § 26 Nr. 2; BAG 15. 1. 1992 BetrVG 1972 Nr. 10; DKK/*Wedde* Rn. 36; *Fitting* Rn. 47). Fristbeginn ist grundsätzlich der Tag der Wahl, falls ein BRmitglied nicht an der Sitzung teilgenommen hat, der Tag der Kenntniserlangung (*Fitting* Rn. 47). Anfechtungsberechtigt ist jedes BRMitglied (BAG 13. 11. 1991 AP BetrVG 1972 § 26 Nr. 9; BAG 15. 1. 1992 AP BetrVG 1972 § 26 Nr. 10) und die im Betrieb vertretenen Gewerkschaften (BAG 12. 10. 1976 AP BetrVG 1972 § 26 Nr. 2; *Fitting* Rn. 48; aA GK-BetrVG/*Wiese/Raab* Rn. 19). Nicht anfechtungs-

berechtigt sind der AG und die AN des Betriebes. Ihnen steht keine Kontrollfunktion über die interne Geschäftsführung des BR zu (DKK/*Wedde* Rn. 37; Richardi/*Richardi*/*Thüsing* Rn. 23; Fitting Rn. 48; GK-BetrVG/*Wiese*/*Raab* Rn. 19). Eine Wahl ist **nichtig,** wenn so schwerwiegende und offensichtliche Gesetzesverstöße vorliegen, dass nicht einmal mehr der Anschein einer dem Gesetz entsprechenden Wahl gegeben ist (BAG 13. 11. 1991 AP BetrVG 1972 § 26 Nr. 9; BAG 15. 1. 1992 AP BetrVG 1972 § 26 Nr. 10). Die Nichtigkeit der Wahl kann von jedermann und jederzeit geltend gemacht werden (*Fitting* Rn. 50).

§ 27 Betriebsausschuss

(1) ¹ Hat ein Betriebsrat neun oder mehr Mitglieder, so bildet er einen Betriebsausschuss. ² Der Betriebsausschuss besteht aus dem Vorsitzenden des Betriebsrats, dessen Stellvertreter und bei Betriebsräten mit
9 bis 15 Mitgliedern aus 3 weiteren Ausschussmitgliedern,
17 bis 23 Mitgliedern aus 5 weiteren Ausschussmitgliedern,
25 bis 35 Mitgliedern aus 7 weiteren Ausschussmitgliedern,
37 oder mehr Mitgliedern aus 9 weiteren Ausschussmitgliedern.
³ Die weiteren Ausschussmitglieder werden vom Betriebsrat aus seiner Mitte in geheimer Wahl und nach den Grundsätzen der Verhältniswahl gewählt. ⁴ Wird nur ein Wahlvorschlag gemacht, so erfolgt die Wahl nach den Grundsätzen der Mehrheitswahl. ⁵ Sind die weiteren Ausschussmitglieder nach den Grundsätzen der Verhältniswahl gewählt, so erfolgt die Abberufung durch Beschluss des Betriebsrats, der in geheimer Abstimmung gefasst wird und einer Mehrheit von drei Vierteln der Stimmen der Mitglieder des Betriebsrats bedarf.

(2) ¹ Der Betriebsausschuss führt die laufenden Geschäfte des Betriebsrats. ² Der Betriebsrat kann dem Betriebsausschuss mit der Mehrheit der Stimmen seiner Mitglieder Aufgaben zur selbständigen Erledigung übertragen; dies gilt nicht für den Abschluss von Betriebsvereinbarungen. ³ Die Übertragung bedarf der Schriftform. ⁴ Die Sätze 2 und 3 gelten entsprechend für den Widerruf der Übertragung von Aufgaben.

(3) Betriebsräte mit weniger als neun Mitgliedern können die laufenden Geschäfte auf den Vorsitzenden des Betriebsrats oder andere Betriebsratsmitglieder übertragen.

I. Vorbemerkung

Mit der Vorschrift soll die Arbeit des Betriebsratskollegiums erleichtert werden. Zugleich kann die Mitbestimmung für den AG billiger werden. Die Vorschrift ist zwingend. Nach § 51 I, II gelten die Abs. 2 und 3 für den GesamtBR, nach § 59 I auch für den KonzernBR und den KonzernBRAusschuss. Die Vorschrift ist auf die JAV (§ 65 I) und die Gesamt-JAV (§ 73 II) nicht anzuwenden. Für Arbeitnehmervertretungen nach § 3 I Nr. 2 und 3 können abweichende Regelungen vereinbart werden.

II. Bestellung des Betriebsausschusses

Bildet ein BR mit neun oder mehr Mitgliedern keinen Betriebsausschuss, handelt er pflichtwidrig. Ob dies als Verstoß gegen § 23 I angesehen werden kann, hängt davon ab, ob ein Betriebsausschuss unbedingt benötigt wird. Für größere Betriebsräte kann dies angenommen werden (*Fitting* Rn. 9; GK-BetrVG/*Wiese*/*Raab* Rn. 11). Der AG darf wegen dieses Pflichtverstoßes die Zusammenarbeit nicht ablehnen und muss allen BRMitgliedern für die anstelle der Betriebsausschusssitzungen stattfindenden Plenarsitzungen Entgelt zahlen (DKK/*Wedde* Rn. 3; *Fitting* Rn. 9; GK-BetrVG/*Wiese*/ *Raab* Rn. 12; HSG/*Glaubitz* Rn. 10). Die Größe des Betriebsausschusses ist zwingend vorgeschrieben und richtet sich nach der in den §§ 9 und 11 vorgeschriebenen Mitgliederzahl.

III. Weitere Mitglieder

Vorsitzender und Stellvertreter gehören nach **Abs. 1 S. 2** kraft Gesetzes dem Betriebsausschuss an. Die weiteren Mitglieder sind – möglichst schon auf der konstituierenden Sitzung des BR – aus den BRMitgliedern zu wählen (DKK/*Wedde* Rn. 6; *Richardi* Rn. 7; GK-BetrVG/*Wiese*/*Raab* Rn. 14). Die Wahl ist sowohl bei einer Verhältnis- als auch einer Mehrheitswahl nach Abs. 1 S. 3 **geheim** (*Fitting* Rn. 15; GK-BetrVG/*Wiese*/*Raab* Rn. 22). Nur BRMitglieder sind berechtigt, Wahlvorschläge zur Betriebsausschuss-Wahl zu machen (*Fitting* Rn. 18). Nicht in den BR nachgerückte Ersatzmitglieder können nicht gewählt werden (*Fitting* Rn. 13; Richardi/*Richardi*/*Thüsing* Rn. 8). Die Wahl erfolgt grundsätzlich als **Verhältniswahl** (Listenwahl). Die Berechnungsmethode für das Wahlergebnis ist nicht vorgeschrieben. Zweckmäßig ist entsprechend der BRwahl die Methode d'Hondtschen Höchstzahlensystems (*Fitting* Rn. 24). **Mehrheitswahl** findet statt, wenn im BR lediglich ein Wahlvorschlag eingereicht wird (*Fitting* Rn. 25). Die Mehrheitswahl kann in getrennten Wahlgängen für jeden Betriebsausschuss-Sitz erfolgen oder in einem einzigen Wahlgang durchgeführt werden, in dem soviel

jederzeit durch jedermann geltend gemacht werden und ist nicht an ein bestimmtes Verfahren gebunden. Eine **Wahlanfechtung** ist analog § 19 innerhalb von zwei Wochen nach dem Wahltag möglich (BAG 13. 11. 1991 AP BetrVG 1972 § 27 Nr. 3; DKK/*Wedde* Rn. 48; *Fitting* Rn. 98). Wesentliche Wahlvorschriften, deren Verletzung eine Anfechtung rechtfertigen können sind zB die ordnungsgemäße Ladung der Mitglieder unter Mitteilung der Tagesordnung oder das Fehlen der Beschlussfähigkeit. **Antragsberechtigt** ist jedes BRMitglied (BAG 13. 11. 1991 AP BetrVG 1972 § 27 Nr. 3) sowie die im Betrieb vertretenen Gewerkschaften (BAG 11. 2. 1969 AP BetrVG § 28 Nr. 1; DKK/ *Wedde* Rn. 49; *Fitting* Rn. 99; GK-BetrVG/*Wiese/Raab* Rn. 27). Nicht anfechtungsberechtigt sind der AG und die AN des Betriebs, da ihnen keine Kontrollfunktion über die Geschäftsführung des BR zukommt (*Fitting* Rn. 99). Ausnahmsweise ist der AG anfechtungsberechtigt, wenn mehr Ausschussmitglieder in den Betriebsausschuss gewählt werden, als in Abs. 1 vorgesehen sind (*Fitting* Rn. 99; GK-BetrVG/*Wiese/Raab* Rn. 27).

§ 28 Übertragung von Aufgaben auf Ausschüsse

(1) ¹ Der Betriebsrat kann in Betrieben mit mehr als 100 Arbeitnehmern Ausschüsse bilden und ihnen bestimmte Aufgaben übertragen. ² Für die Wahl und Abberufung der Ausschussmitglieder gilt § 27 Abs. 1 Satz 3 bis 5 entsprechend. ³ Ist ein Betriebsausschuss gebildet, kann der Betriebsrat den Ausschüssen Aufgaben zur selbständigen Erledigung übertragen; § 27 Abs. 2 Satz 2 bis 4 gilt entsprechend.

(2) Absatz 1 gilt entsprechend für die Übertragung von Aufgaben zur selbständigen Entscheidung auf Mitglieder des Betriebsrats in Ausschüssen, deren Mitglieder vom Betriebsrat und vom Arbeitgeber benannt werden.

I. Aufgaben

1 Die Vorschrift ermöglicht die Arbeitsteilung im BR. Der BR kann vorbereitende Ausschüsse bilden. Den weiteren Ausschüssen können auch Aufgaben in Mitbestimmungsangelegenheiten übertragen werden (*Fitting* Rn. 9). Die Delegation von Beteiligungsrechten nach § 99 und § 102 auf einen Personalausschuss ist zulässig (vgl. BAG 4. 8. 1975 AP BetrVG 1972 § 102 Nr. 4; BAG AP BetrVG 1972 § 28 Nr. 1). Die Geschäftsführung des BR kann nur vom Betriebsausschuss wahrgenommen werden (*Fitting* Rn. 11). Ergibt sich aus dem Aufgabenbereich selbst die Notwendigkeit einer Geschäftsführung, nimmt sie der Ausschuss wahr (*Fitting* Rn. 11). Im Übrigen gelten die Beschränkungen des Betriebsausschusses auch für die weiteren Ausschüsse (vgl. § 27 Rn. 7), insb. ist ein Ausschuss nach Abs. 1 S. 3 iVm. § 27 II 2 Halbs. 2 nicht zum Abschluss von BV befugt (*Fitting* Rn. 9). Bei wirksamer Übertragung tritt der Ausschuss an die Stelle des BR. Der BR bestimmt die Reichweite der Delegation. Er kann sich die Entscheidungsbefugnis vorbehalten.

II. Voraussetzungen

2 Weitere Ausschüsse **ohne Sachentscheidungskompetenz** können gebildet werden unabhängig davon, ob ein Betriebsausschuss besteht. Er ist nach Abs. 1 S. 3 nur erforderlich, wenn auf einen der Ausschüsse Aufgaben zur **selbständigen Erledigung** übertragen werden sollen (BT-Drucks. 14/5741 S. 39). Derartige Ausschüsse kann es daher nach Abs. 1 S. 3 iVm. § 27 I nur in Betrieben mit mindestens 9 BRMitgliedern und damit mindestens 201 AN geben (*Fitting* Rn. 19). Für die Bestimmung der erforderlichen Anzahl von AN ist der AN Begriff des § 9 heranzuziehen (*Fitting* Rn. 14). Entscheidend ist der regelmäßige Bestand an AN (*Fitting* Rn. 14; Richardi/*Richardi/Thüsing* Rn. 4; s. § 9 Rn. 2). Die Entscheidung, ob der BR weitere Ausschüsse bildet und diesen Aufgaben zur selbständigen Erledigung überträgt, fasst der BR in eigener Verantwortung. Sie steht in seinem freien Ermessen (DKK/*Wedde* Rn. 7; *Fitting* Rn. 17). Der Übertragungsakt erfordert nach Abs. 1 S. 3 iVm. § 27 II 2, 3 Schriftform und die absolute Mehrheit bei der Abstimmung im BR. Für den Widerruf oder die Abänderung des Übertragungsbeschluss gilt nach Abs. 1 S. 3 iVm. § 27 II 4 Entsprechendes (*Fitting* Rn. 17). Darüber hinaus können andere nicht im BetrVG vorgesehene Ausschüsse (zB Koordinierungsausschüsse aller Betriebsräte eines Unternehmens in einer bestimmten Region) gebildet werden, sofern sie den Grundprinzipien des BetrVG beachten (BAG 15. 1. 1992 AP BetrVG 1972 § 26 Nr. 10).

III. Wahl, Geschäftsführung, Amtsende

3 Für die Wahl der Mitglieder der weiteren Ausschüsse gelten nach Abs. 1 S. 2 iVm. § 27 I 3 bis 5 und Abs. 2 S. 1 iVm. § 27 II 2 bis 4 die gleichen Grundsätze (*Fitting* Rn. 28) wie für die Wahl der weiteren Mitglieder des Betriebsausschusses (s. § 27 Rn. 3). Der Betriebsratsvorsitzende und sein Stellvertreter gehören nicht kraft Gesetzes den Ausschüssen nicht an. Sie können indes in die Ausschüsse gewählt werden (*Fitting* Rn. 29; GK-BetrVG/*Wiese/Raab* Rn. 31). Die **Größe** eines Ausschusses steht im Ermessen des BR (BAG 20. 10. 1993 AP BetrVG § 28 Nr. 5). Er kann daher auch aus nur einem Mitglied

bestehen. Für die **Geschäftsführung** gelten wie für den Betriebsausschuss die §§ 29 ff. entsprechend (vgl. § 27 Rn. 5). Grundsätzlich muss der BR einen Vorsitzenden für den Ausschuss bestimmen (*Fitting* Rn. 33). Unterlässt der BR die Bestellung, kann der Ausschuss selbst die Bestellung vornehmen (*Fitting* Rn. 33; GK-BetrVG/*Wiese/Raab* Rn. 35). Für die Amtsniederlegung und die Abberufung gelten die Regelungen für den Betriebsausschuss entsprechend (vgl. § 27 Rn. 4). Weitere Ausschüsse können für die Dauer der Amtszeit des BR, für eine begrenzte Zeit oder einen bestimmten Zweck errichtet werden. Ihre Tätigkeit endet jeweils mit Zeitablauf oder Erreichen ihres Zweckes (*Fitting* Rn. 29).

IV. Gemeinsame Ausschüsse

Gemeinsame – vorbereitende – Ausschüsse **ohne Entscheidungskompetenz** können unabhängig von der Anzahl der AN und davon, ob es einen Betriebsausschuss gibt, gebildet werden (DKK/*Wedde* Rn. 20; *Fitting* Rn. 40). Ihre Bildung und Zusammensetzung ist auch nicht davon abhängig, ob weitere Ausschüsse nach Abs. 1 bestehen (BAG 20. 10. 1993 AP BetrVG 1972 § 28 Nr. 5). Sollen den Mitgliedern des BR in diesem Ausschuss Aufgaben zur **selbständigen Entscheidung** übertragen werden, setzt dies nach Abs. 2, Abs. 1 S. 3 voraus, dass ein Betriebsausschuss vorhanden ist. Bei den gemeinsamen Ausschüssen handelt es sich nicht um Organe des BR, sondern eine eigenständige Einrichtung der Betriebsverfassung (BAG 20. 10. 1993 AP BetrVG 1972 § 28 Nr. 5). Die Entscheidung, ob der BR gemeinsame Ausschüsse mit dem AG bilden und ob er diesen Aufgaben zur selbständigen Erledigung übertragen will, fasst der BR in eigener Verantwortung. Sie unterliegt keiner Zweckmäßigkeitskontrolle, sondern allein einer Rechtskontrolle (BAG 20. 10. 1993 AP BetrVG 1972 § 28 Nr. 5). Werden in Betrieben mit weniger als 201 AN gemeinsame Ausschüsse gebildet, können ihnen keine Aufgaben zur selbständigen Erledigung übertragen werden (*Fitting* Rn. 39). Die Größe eines gemeinsamen Ausschusses wird von BR und AG gemeinsam festgelegt. Sind dem gemeinsamen Ausschuss Aufgaben zur selbständigen Erledigung übertragen, darf der BR keine unterparitätische Besetzung des Ausschusses akzeptieren, weil dies auf einen Verzicht der Mitwirkung und Mitbestimmung hinausliefe (*Fitting* Rn. 42; GK-BetrVG/*Wiese/Raab* Rn. 41).

Die **Beschlussfassung** im gemeinsamen Ausschuss ist gesetzlich nicht geregelt. Haben auch die Betriebsparteien nichts geregelt, soll nach hL der Ausschuss mit einfacher Mehrheit der Stimmen entscheiden, wobei analog § 33 II mindestens die Hälfte der Ausschussmitglieder an der Beschlussfassung teilnehmen muss (DKK/*Wedde* Rn. 16; *Fitting* Rn. 45; GK-BetrVG/*Wiese/Raab* Rn. 44). Bei einer Pattsituation fällt die Angelegenheit an BR und AG zurück (*Fitting* Rn. 46; aA HSG/*Glaubitz* Rn. 35). Die Vorschrift überträgt jedoch die Aufgaben auf die „Mitglieder des BR", nicht auf den Ausschuss als Ganzes. So wird abgesichert, dass Beteiligungsrechte allein von der betriebsverfassungsrechtlichen Vertretung der AN ausgeübt werden. Ein Beschluss, durch den eine Aufgabe des BR wahrgenommen wird, kann daher nicht gegen die Mehrheit der vom BR entsandten Mitglieder gefasst werden (DKK/*Wedde* Rn. 16; Richardi/*Thüsing* Rn. 36 offengelassen von BAG 12. 7. 1984 AP BetrVG 1972 § 102 Nr. 32). BR und AG können jedenfalls gemeinsam die Voraussetzungen für die Beschlussfassung regeln etwa in der Form, dass jeder Beschluss die Stimmen der Mehrheit der BRMitglieder des Ausschusses erfordert oder bei Meinungsverschiedenheiten zwischen den entsandten BRMitgliedern die Stellungnahme des BR einzuholen ist (DKK/*Wedde* Rn. 16; *Fitting* Rn. 45; GK-BetrVG/*Wiese/Raab* Rn. 43). Die **Beschränkungen** für den Betriebsausschuss gelten für die gemeinsamen Ausschüsse entsprechend (vgl. § 27 Rn. 7). Insb. ist ein Ausschuss nach Abs. 3 und 1 S. 3 iVm. § 27 II 2 HS 2 nicht zum Abschluss von BV befugt.

V. Streitigkeiten

Streitigkeiten aus der Vorschrift sind im arbeitsgerichtlichen Beschlussverfahren nach §§ 2 a, 80 ff. ArbGG zu entschieden. Sie können auch im Rahmen eines Urteilsverfahrens inzidenter als Vorfrage entschieden werden, zB im Fall einer Lohnklage eines Akkordarbeiters, in der die Frage der Entscheidungsbefugnis einer nach § 28 gebildeten Akkordkommission als Vorfrage mitentschieden werden muss (*Fitting* Rn. 49). Die für die Nichtigkeit oder die Anfechtbarkeit von Wahlen des Betriebsausschusses geltenden Grundsätzen finden auf die weiteren Ausschüsse und für die Wahl der BRMitglieder in gemeinsamen Ausschüssen entsprechende Anwendung (BAG 20. 10. 1993 AP BetrVG 1972 § 28 Nr. 5; vgl. im Einzelnen § 27 Rn. 9).

§ 28 a Übertragung von Aufgaben auf Arbeitsgruppen

(1) ¹In Betrieben mit mehr als 100 Arbeitnehmern kann der Betriebsrat mit der Mehrheit der Stimmen seiner Mitglieder bestimmte Aufgaben auf Arbeitsgruppen übertragen; dies erfolgt nach Maßgabe einer mit dem Arbeitgeber abzuschließenden Rahmenvereinbarung. ²Die Aufgaben müssen im Zusammenhang mit den von der Arbeitsgruppe zu erledigenden Tätigkeiten stehen.

³ Die Übertragung bedarf der Schriftform. ⁴ Für den Widerruf der Übertragung gelten Satz 1 erster Halbsatz und Satz 3 entsprechend.

(2) ¹ Die Arbeitsgruppe kann im Rahmen der ihr übertragenen Aufgaben mit dem Arbeitgeber Vereinbarungen schließen; eine Vereinbarung bedarf der Mehrheit der Stimmen der Gruppenmitglieder. ² § 77 gilt entsprechend. ³ Können sich Arbeitgeber und Arbeitsgruppe in einer Angelegenheit nicht einigen, nimmt der Betriebsrat das Beteiligungsrecht wahr.

I. Vorbemerkung

1   Die Vorschrift steht in engem Zusammenhang mit dem Mitbestimmungsrecht bei Gruppenarbeit nach § 87 I Ziff. 13 und der Verpflichtung der Betriebspartner aus § 75 II 2, die Selbständigkeit und Eigeninitiative von AN zu fördern. Sie soll dem Bedürfnis der AN nach umfangreicherer unmittelbarer Beteiligung, größerer Sach- und Praxisnähe Rechnung tragen. Im Kern handelt es sich um einen weiteren Ausschuss, der im Umfang der Aufgabenübertragung eigenständig handelt und nicht aus BRMitgliedern bestehen muss. Seine Besonderheit ergibt sich aus der Anbindung an die von der Arbeitsgruppe zu erledigenden Tätigkeiten und die damit verbundene vom BR jederzeit begrenzbare Wahrnehmung von Partikularinteressen. Die Vorschrift gilt unmittelbar für die für die Arbeitnehmervertretungen nach § 3 I Nr. 1 und entsprechend für die nach Nr. 2 und 3. Sie gilt nach den §§ 51 I und 59 I nicht für den Gesamt- und KonzernBR. Hinsichtlich der Voraussetzungen und Rechtsfolgen der Übertragung betriebsverfassungsrechtlicher Aufgaben ist sie zwingend. Inhalt und Modalitäten der Übertragung und das von der Arbeitsgruppe bei der Erledigung ihrer Aufgaben einzuhaltende Verfahren können näher geregelt werden (*Fitting* Rn. 3).

II. Voraussetzungen

2   Maßgeblich für die erforderliche **Betriebsgröße** ist die Zahl AN zum Zeitpunkt der Übertragung nicht zu dem der Betriebsratswahl (DKK/*Wedde* Rn. 13; *Fitting* Rn. 9). Kurzfristiges Über- oder Unterschreiten des Schwellenwertes ist ohne Bedeutung. Werden auf Dauer mehr als 100 AN beschäftigt, kann auch ein BR mit nur fünf Mitgliedern Arbeitsgruppen einrichten. Fällt die Zahl auf Dauer unter den Schwellenwert, verliert auch der siebenköpfige BR das Recht, Arbeitsgruppen einzurichten. Sind sie schon eingerichtet, muss die entsprechende Rahmenvereinbarung gekündigt werden (Richardi/*Thüsing* Rn. 7; ähnlich DKK/*Wedde* Rn. 13). Die Übertragung der Aufgaben selbst muss dann nicht noch widerrufen werden. Da sie nur auf der Grundlage einer Rahmenvereinbarung möglich ist, wird sie mit deren Ende gegenstandslos (im Ergebnis Richardi/*Thüsing* Rn. 6). Entscheidend ist die Anzahl der *regelmäßig* Beschäftigten, die auch bei der Festsetzung der Betriebsratsgröße nach § 9 zählen (DKK/*Wedde* Rn. 12; *Fitting* Rn. 8; Richardi/*Thüsing* Rn. 5; s. § 9 Rn. 2).

3   Unter einer **Arbeitsgruppe** ist jede arbeitsorganisatorisch auf Zeit zusammengehörende Gruppe von AN zu verstehen, denen ganzheitliche Aufgaben zur gemeinsamen Erledigung übertragen sind (ähnlich *Fitting* Rn. 11; enger DKK/*Wedde* Rn. 15; weiter Richardi/*Thüsing* Rn. 8). AN in Gruppenarbeit nach § 87 I Nr. 13 (s. dort Rn. 134 f.) bilden stets eine Arbeitsgruppe (BT-Drucks. 14/5741 S. 40; DKK/*Wedde* Rn. 16; *Fitting* Rn. 10; Richardi/*Thüsing* Rn. 8). Von einer Arbeitsgruppe könne wir sprechen, wenn die betroffenen AN eine ihnen übertragene Gesamtaufgabe im Wesentlichen eigenverantwortlich erledigen. Sie werden mit ihren Einzeltätigkeiten zu einer Arbeitsgruppe zusammengefasst, welche durch Übertragung von vor- bzw. nachgelagerten Tätigkeiten oder Vorgesetztenkompetenzen eine ganzheitliche Aufgabe zu erfüllen hat (DKK/*Wedde* Rn. 15). Die Zusammenfassung muss nicht auf Dauer erfolgt sein (Richardi/*Thüsing* Rn. 8). So können auch bei Projektarbeit, die ihrer Natur nach auf Dauer angelegt ist, Arbeitsgruppen eingerichtet werden (BT-Drucks. 14/5741 S. 40; Richardi/*Thüsing* Rn. 8). Eine nur kurzfristige Zusammenführung von AN reicht jedoch nicht aus. Die Arbeitsgruppe setzt eine gewisse Selbständigkeit, eine Teilautonomie voraus. Sie muss zur Bewältigung ihrer Aufgaben über erweiterte Handlungs- und Entscheidungsspielräume verfügen (DKK/*Wedde* Rn. 15). Dazu gehört auch Teilhabe an den wesentlichen Entscheidungen zu den Arbeitsabläufen. Die AN müssen notwendige Arbeitsschritte im Rahmen der betrieblichen Zielvorgaben selbständig planen, steuern, verteilen, regulieren und verwalten. Sind mehrere AN in betriebliche Abläufe fest eingebunden, die sie selbst nicht steuern oder beeinflussen können, handelt es sich nicht um eine Arbeitsgruppe (*Preis/Elert* NZA 2001, 371). Die Arbeitsgruppe muss nicht in die betrieblichen Arbeitsabläufe eingegliedert sein. Sie kann parallel zur Arbeitsorganisation des Betriebes bestehen (*Fitting* Rn. 11; Richardi/*Thüsing* Rn. 8; aA DKK/*Wedde* Rn. 20). Das unterscheidet sie nach der Gesetzesbegründung ua. von der die Gruppenarbeit nach § 87 I Nr. 13 (BT-Drucks. 14/5741 S. 40 und 48). Die Aufgabe muss den Gruppenmitgliedern zur gemeinsamen Erledigung zugewiesen sein. Die Ausführung gleichartiger Tätigkeiten allein konstituiert auch dann keine Arbeitsgruppe, wenn die AN räumlich zusammengefasst sind, wie zB die AN in einem Call-Center (DKK/*Wedde* Rn. 20; aA *Fitting* Rn. 12). In der Begründung des Gesetzes werden zwar auch Arbeitsbereiche und

II. Voraussetzungen

Beschäftigungsarten als Anknüpfungspunkt für Arbeitsgruppen angeführt (BT-Drucks. 14/5741 S. 40). Die Vorschrift macht aber nicht an die Zufälligkeiten einer räumlichen Einheiten oder der Gleichartigkeit von Tätigkeiten fest. Ihr Grundgedanke ist AN, denen an Arbeitsplatz zunehmend Eigeninitiative und Mitverantwortung abverlangt wird, in gleicher Weise an der betrieblichen Mitbestimmung zu beteiligen (BT-Drucks. 41/5741 S. 30). Es geht um die spezifischen Interessen von AN ins selbstregulierenden Einheiten, die wegen ihrer organisatorischen Zusammenfassung und einer teilautonomen Selbstorganisation ihrer Tätigkeiten auch gegenüber dem AG als eigenständige Gruppe auftreten sollen. Freilich kann es sich dabei auch um AN bestimmten Beschäftigungsarten oder aus einem Arbeitsbereich handeln, wenn nur die übrigen Voraussetzungen gegeben sind. Arbeitsgruppen können danach ua. sein: Fertigungsteams, Entwicklungs- und Forschungsabteilungen, Qualitätszirkel, Außendienstorganisationen.

Grundlage der Übertragung von Aufgaben auf die Arbeitsgruppe ist eine **Rahmenvereinbarung**. 4 Solange diese nicht von AG und BR abgeschlossen ist, könne Aufgaben nicht wirksam übertragen werden (DKK/*Wedde* Rn. 22; *Fitting* Rn. 14). Sie kann nur als BV, nicht als Regelungsabrede abgeschlossen werden und ist nicht erzwingbar (DKK/*Wedde* Rn. 24; *Fitting* Rn. 18, 19; Richardi/*Thüsing* Rn. 13, 18). Für ihren Abschluss, Wirkung und Beendigung gelten die allgemeinen Regeln aus § 77 (DKK/*Wedde* Rn. 25). Ein Widerruf der Übertragung nach Abs. 1 Satz 4 kann schon mit einer Kündigung der Rahmenvereinbarung verbunden werden und konkludent in ihr enthalten sein (DKK/*Wedde* Rn. 27), so dass schon mit Zugang die Beteiligungsrechte an den BR zurückfallen. Sinnvoll wäre es, eine kürzere Kündigungsfrist als die dreimonatige aus § 77 V zu vereinbaren, um auf betriebliches Geschehen schneller reagieren zu können. Ihre außerordentliche Kündigung ist nicht ausgeschlossen. Die Rahmenvereinbarung wirkt nicht nach (DKK/*Wedde* Rn. 27; *Fitting* Rn. 20). Der **Inhalt** einer Rahmenvereinbarung ist nicht ausdrücklich geregelt. Sie sollte alle Regelungen enthalten, die zu einer sachgemäßen Wahrnehmung der Aufgaben erforderlich oder jedenfalls sinnvoll sind (DKK/*Wedde* Rn. 21; *Fitting* Rn. 14–16). Mit ihr ist einmal die Arbeitsgruppe genau zu umschreiben umso zu verdeutlichen, welchen personellen und fachlichen Geltungsbereich die Gruppenvereinbarungen haben. Weiter sind die in Betracht kommenden betriebsverfassungsrechtlichen Aufgaben der Arbeitsgruppe so aufzuführen, dass bei der späteren Übertragung keine Unklarheiten entstehen, ob sie von der Rahmenvereinbarung noch gedeckt ist. Die Regelungsbefugnisse der Arbeitsgruppe, der Umfang der übertragenen Mitbestimmungsrechte ist zu beschreiben. Die Rahmenvereinbarung sollte Verfahrensregelungen enthalten, etwa zur Beschlussfassung, zu Informationspflichten gegenüber dem BR, zur Wahl eines Gruppensprechers und seines Stellvertreters, um für AG und BR einen Ansprechpartner zu haben. Die Rahmenvereinbarung selbst erfordert keinen qualifizierten Mehrheitsbeschluss des BR, solange mit ihr nicht schon konkrete Mitbestimmungsrechte übertragen werden (*Fitting* Rn. 20). Auch ihre Kündigung ist mit einfacher Stimmenmehrheit möglich (*Fitting* Rn. 20).

Die **Übertragung** der betriebsverfassungsrechtlichen Aufgaben selbst erfordert nach **Abs. 1 S. 1** 5 **und 3** einen qualifizierten Mehrheitsbeschluss und Schriftform. Fehlt eine dieser Voraussetzungen, sind von der Arbeitgruppe getroffenen Vereinbarungen nichtig. Sie könne aber vom BR genehmigt werden (Richardi/*Thüsing* Rn. 20). Es besteht **keine Rechtspflicht**, Aufgaben aus Arbeitsgruppen zu übertragen. Ob und in welchem (zulässigen) Umfang der BR von der gesetzlichen Möglichkeit Gebrauch macht, steht in seinem pflichtgemäßen (*Fitting* Rn. 25) Ermessen (DKK/*Wedde* Rn. 3, 9, 10). Der BR trifft seine Entscheidung vor dem Hintergrund von § 75 II 2. Er trifft sie daher nicht völlig frei. An die Vorgaben aus der Rahmenvereinbarung ist er jedoch nicht gebunden. Die Übertragung ist nach **Abs. 1 S. 2 inhaltlich begrenzt.** Die Beteiligungsrechte bei einer Betriebsänderung aus den §§ 111 ff. können ebenso wenig übertragen werden (BT-Drucks. 14/5741 S. 40; DKK/*Wedde* Rn. 31; Richardi/*Thüsing* Rn. 23) wie alle Gegenstände, die AN außerhalb der Gruppe betreffen oder über die Gruppenbelange hinausgehen wie Einstellungen, Versetzungen und allgemein die Gegenstände der wirtschaftlichen Mitbestimmung (*Fitting* Rn. 24; ähnlich Richardi/*Thüsing* Rn. 23; weitergehend DKK/*Wedde* Rn. 31). Möglich sind die Übertragung von Regelungsbefugnissen im Zusammenhang mit Arbeitszeitfragen, Pausenregelungen, Urlaubsplanung, Arbeitsgestaltung und ähnliche tätigkeits- oder aufgabenbezogene Sachverhalte (BT-Drucks. 14/5741 S. 40) wie die Vereinbarung von Berufsbildungsmaßnahmen, Stellenausschreibungen oder Gruppengesprächen. Dazu gehören auch Regelungen, aus denen sich materielle Auswirkungen für die Mitglieder der Arbeitsgruppe ergeben können (aA DKK/*Wedde* Rn. 31). Eine entsprechende Einschränkung lässt sich weder dem Wortlaut der Vorschrift noch ihrem Sinn entnehmen. Freilich sollte der BR um seiner Schutzfunktion gerecht zu werden, entsprechende Bandbreiten oder Eckdaten bei der Übertragung vorsehen, die nicht überschritten werden können.

Der **Widerruf** einer Übertragung erfordert nach **Abs. 1 S. 4** einen mit qualifizierter Mehrheit 6 gefassten Beschluss des BR und Schriftform. Er bedarf keiner Begründung (BT-Drucks. 14/5741 S. 40; DKK/*Wedde* Rn. 53; Richardi/*Thüsing* Rn. 21). Er kann ganz oder tw. erfolgen (*Fitting* Rn. 26). Er hat keine unmittelbare Auswirkung auf die von der Arbeitsgruppe und dem AG abgeschlossenen Vereinbarungen (*Fitting* Rn. 27). Die in ihm angesprochenen Beteiligungsrechte fallen wieder an den BR zurück.

III. Wahrnehmung der Aufgaben

7   Die Arbeitsgruppe ist **kein Organ** des BR. Die ihr übertragenen Aufgaben übt sie an Stelle des BR aus. Sie ist im Umfang der übertragenen Aufgaben selbständig und ihre Befugnisse und Rechte entsprechen denen eines BR (*Fitting* Rn. 30). Sie verfügt über denselben inhaltlichen Regelungsspielraum (*Fitting* Rn. 31). Sie kann mit dem AG formlose Regelungsabreden treffen oder nach **Vereinbarungen** nach Abs. 2 abschließen. Diese Vereinbarungen wirken nach **Abs. 2 S. 2** wie BV und folgen deren Regeln (BT-Drucks. 14/5741 S. 40; DKK/*Wedde* Rn. 58; *Fitting* Rn. 32). Ihr Zustandekommen richtet sich nach Abs. 2 S. 1 HS 2 und § 77 II. Abstimmungsberechtigt sind alle Mitglieder der Gruppe und damit alle AN nach § 5 (s. dort Rn. 24 ff.), wozu auch die Jugendlichen und nicht Wahlberechtigte zählen (*Fitting* Rn. 35). Der AG hat Gruppenvereinbarungen nach **§ 77 I** durchzuführen. Hat die Gruppenvereinbarung normativen Inhalt, gilt sie nach **§ 77 IV unmittelbar und zwingend** (DKK/*Wedde* Rn. 66; *Fitting* Rn. 32). Betrifft sie Gegenstände der erzwingbaren Mitbestimmung, **wirkt** sie nach § 77 VI **nach** (*Fitting* Rn. 32; aA DKK/*Wedde* Rn. 65). Gruppenvereinbarungen können nach **§ 77 III** nur zu Gegenständen abgeschlossen werden, die nicht schon durch TV geregelt sind oder üblicherweise geregelt werden (Richardi/*Thüsing* Rn. 28). Sie sind nur wirksam, soweit sie im Rahmen der Übertragung bleiben (DKK/*Wedde* Rn. 67). Wie bei BV (BAG 6. 8. 1991 AP BetrVG 1972 § 77 Nr. 52) gilt die Vermutung des § 139 BGB nicht (DKK/*Wedde* Rn. 67). Das **Verhältnis** der Gruppenvereinbarung **zur BV** folgt in erster Linie aus dem Inhalt der Übertragung. Hier ist alles möglich. Die Arbeitsgruppe kann auch ermächtigt werden, Gruppenvereinbarungen abzuschließen, die für ihre Beschäftigten ungünstiger sind als zu gleichen Gegenständen abgeschlossene BV (Richardi/*Thüsing* Rn. 28). Enthält die Übertragung keine Regelung dieses Gegenstandes, gilt der Grundsatz der **Spezialität** (*Fitting* Rn. 34; *Natzel* DB 2001, 1362). Es gilt weder der Vorrang der BV (Richardi/*Thüsing* Rn. 28), noch das Günstigkeitsprinzip oder die Zeitkollisionsregel. Die entsprechende Geltung des § 77 ist im Gesetz ausdrücklich angeordnet. Dann sind auch die für BV geltenden Kollisionsregeln heranzuziehen. Die spezielle Vereinbarung geht der allgemeinen vor (*Fitting* § 77 Rn. 192). Die Gruppenvereinbarung löst die BV ab und kann von ihr nicht abgelöst werden. Freilich kann der BR die nachfolgende eigene Regelung einer von der Arbeitsgruppe zulässigerweise selbst geregelten Materie mit einem Widerruf verbinden. Dann ist er wieder zuständig und es gilt die Zeitenkollisionsregel. Die nachfolgende BV löst die vorangegangene Gruppenvereinbarung ab. Ob die Übertragung schon konkludent mit dem Abschluss der BV widerrufen wird (so Richardi/*Thüsing* Rn. 28), hängt davon ab, ob der BR dies vorab nach Abs. 1 S. 4 beschlossen hat und ob die BV so auszulegen ist. Die Arbeitsgruppe kann mit dem AG nach **Abs. 2 S. 3** auch in Gegenständen der erzwingbaren Mitbestimmung nur **freiwillige Regelungen** treffen. Sie kann daher nicht die Einigungsstelle anrufen (*Fitting* Rn. 37). Für die Feststellung der fehlenden Einigung reicht die Erklärung einer Seite aus (DKK/*Wedde* Rn. 79). Die Angelegenheit – nicht die übertragene Aufgabe (*Fitting* Rn. 37) – fällt automatisch an den BR zurück. Er braucht hierfür keine Erklärungen abzugeben oder Handlungen vorzunehmen (*Fitting* Rn. 37; unklar DKK/*Wedde* Rn. 80).

IV. Rechtsstellung der Mitglieder

8   Mitglieder der Arbeitsgruppe werden nicht zu Mitgliedern des BR. Für sie gelten daher nicht die speziellen gesetzlichen Schutzvorschriften wie die § 15 KSchG und § 103 (DKK/*Wedde* Rn. 7; *Fitting* Rn. 39), wohl aber das allgemeine Behinderungs- und Benachteiligungsverbot aus § 78 (*Fitting* Rn. 39). Es gibt ihnen einen relativen Schutz. Eine Kündigung, die wegen der rechtmäßigen Ausübung ihrer Tätigkeit in der Arbeitsgruppe ausgesprochen wird, ist unwirksam; eine berufliche Benachteiligung ist unzulässig. Arbeitsgruppenmitglieder sind wie BRMitglieder nach § 79 zur Verschwiegenheit verpflichtet. Sie erwerben kein Recht auf Freistellung nach § 38 oder Schulung nach § 37 VI und VII. Es gelten für sie aber die Regeln zur Unentgeltlichkeit, Freistellung und Entgeltfortzahlung nach § 37 I–III (DKK/*Wedde* Rn. 78; *Fitting* Rn. 39). Die Sachkosten ihrer Tätigkeit trägt entsprechend § 40 der AG (DKK/*Wedde* Rn. 78).

V. Streitigkeiten

9   Rechtsstreitigkeiten zur Übertragung von betriebsverfassungsrechtlichen Aufgaben werden im arbeitsgerichtlichen Beschlussverfahren nach den §§ 2 a, 80 ff. ArbGG entschieden. In dieser Verfahrensart werden auch Streitigkeiten zur Wirksamkeit, dem Inhalt und der Beendigung von Rahmen- und Gruppenvereinbarungen entschieden. Das Gleiche gilt für alle Rechtsstreitigkeiten zur Wirksamkeit der von BR und Arbeitsgruppe gefassten Beschlüsse, die nicht auf ihre Zweckmäßigkeit hin überprüft werden können (DKK/*Wedde* Rn. 83). Bei Streitigkeiten, die im Zusammenhang mit der ihr übertragenen Aufgaben stehen, ist die Arbeitsgruppe im Beschlussverfahren antrags- und beteiligungsbefugt (*Fitting* Rn. 40; aA DKK/*Wedde* Rn. 82).

§ 29 Einberufung der Sitzungen

(1) ¹Vor Ablauf einer Woche nach dem Wahltag hat der Wahlvorstand die Mitglieder des Betriebsrats zu der nach § 26 Abs. 1 vorgeschriebenen Wahl einzuberufen. ²Der Vorsitzende des Wahlvorstands leitet die Sitzung, bis der Betriebsrat aus seiner Mitte einen Wahlleiter bestellt hat.

(2) ¹Die weiteren Sitzungen beruft der Vorsitzende des Betriebsrats ein. ²Er setzt die Tagesordnung fest und leitet die Verhandlung. ³Der Vorsitzende hat die Mitglieder des Betriebsrats zu den Sitzungen rechtzeitig unter Mitteilung der Tagesordnung zu laden. ⁴Dies gilt auch für die Schwerbehindertenvertretung sowie für die Jugend- und Auszubildendenvertreter, soweit sie ein Recht auf Teilnahme an der Betriebsratssitzung haben. ⁵Kann ein Mitglied des Betriebsrats oder der Jugend- und Auszubildendenvertretung an der Sitzung nicht teilnehmen, so soll es dies unter Angabe der Gründe unverzüglich dem Vorsitzenden mitteilen. ⁶Der Vorsitzende hat für ein verhindertes Betriebsratsmitglied oder für einen verhinderten Jugend- und Auszubildendenvertreter das Ersatzmitglied zu laden.

(3) Der Vorsitzende hat eine Sitzung einzuberufen und den Gegenstand, dessen Beratung beantragt ist, auf die Tagesordnung zu setzen, wenn dies ein Viertel der Mitglieder des Betriebsrats oder der Arbeitgeber beantragt.

(4) ¹Der Arbeitgeber nimmt an den Sitzungen, die auf sein Verlangen anberaumt sind, und an den Sitzungen, zu denen er ausdrücklich eingeladen ist, teil. ²Er kann einen Vertreter der Vereinigung der Arbeitgeber, der er angehört, hinzuziehen.

I. Konstituierende Sitzung

Die konstituierende Sitzung dient der Wahl des Vorsitzenden, des stellvertretenden Vorsitzenden 1 und gegebenenfalls der Wahl eines Betriebsausschuss. Der Vorsitzende des Wahlvorstandes beruft die Sitzung innerhalb einer Woche nach dem Wahltag ein. Für die Fristberechnung gelten die §§ 187 ff. BGB. Die Sitzung muss nicht in der ersten Woche stattfinden (Richardi/*Richardi*/*Thüsing* Rn. 4; *Fitting* Rn. 11; aA GK-BetrVG/*Wiese*/*Raab* Rn. 8). Sie muss notfalls jedoch sehr kurzfristig anberaumt und kann bereits vor Beginn der Amtszeit des BR abgehalten werden (DKK/*Wedde* Rn. 4; Richardi/*Richardi*/*Thüsing* Rn. 5; *Fitting* Rn. 11; GK-BetrVG/*Wiese*/*Raab* Rn. 9). Solange der BR keinen Vorsitzenden hat, kann der AG die Verhandlungen mit dem BR verweigern (BAG 23. 8. 1984 AP BetrVG 1972 § 102 Nr. 36; Richardi/*Richardi*/*Thüsing* § 26 Rn. 1; *Fitting* Rn. 13; aA DKK/*Wedde* § 26 Rn. 4; GK-BetrVG/*Wiese*/*Raab* § 26 Rn. 6). Steht die Wahl unmittelbar bevor, ist der AG – jedenfalls bei nicht unaufschiebbaren Maßnahmen – nach § 2 I verpflichtet, bis zur Konstituierung des BR zu warten (vgl. BAG 28. 9. 1983 AP BetrVG 1972 § 21 Nr. 1). Weitere Punkte können auf die Tagesordnung gesetzt und beraten werden (Richardi/*Richardi*/*Thüsing* Rn. 15). Beschlüsse können dazu gefasst werden, wenn der vollzählig versammelte BR einstimmig beschließt (BAG 28. 4. 1988 AP BetrVG 1972 § 29 Nr. 2; aA DKK/*Wedde* Rn. 14; *Fitting* Rn. 21; GK-BetrVG/*Wiese*/*Raab* Rn. 22, die eine absolute Mehrheit ausreichen lassen) und das Teilnahmerecht der JAV sowie der Schwerbehindertenvertretung beachtet wird (DKK/*Wedde* Rn. 14; *Fitting* Rn. 21), welche in allen anderen Fällen trotz ihres generellen Teilnahmerechts nach § 95 IV SGB IX und § 67 I wegen des beschränkten Zwecks der konstituierenden Sitzung nicht geladen werden brauchen (*Fitting* Rn. 14; GK-BetrVG/*Wiese*/*Raab* Rn. 17; Richardi/*Richardi*/*Thüsing* Rn. 7; aA DKK/*Wedde* Rn. 10). Ein **Teilnahmerecht** besteht für die nach dem endgültig bekannt gegebenen Wahlergebnis (§ 18 WO) tatsächlich in den BR einrückenden Mitglieder, gegebenenfalls nach § 25 für die Ersatzmitglieder. Der Wahlvorstand selbst ist nicht berechtigt, andere Teilnehmer zur Sitzung zu laden. Ein Teilnahmerecht von Gewerkschaften besteht daher nicht (*Fitting* Rn. 14; GK-BetrVG/*Wiese*/*Raab* Rn. 17; aA DKK/*Wedde* Rn. 10). Auch der AG ist zur Teilnahme nicht berechtigt (GK-BetrVG/*Wiese*/*Raab* Rn. 17; Richardi/*Richardi*/*Thüsing* Rn. 7). Die **Sitzungsleitung** richtet sich nach Abs. 1 S. 2 bis zur Bestellung eines Wahlleiters beim Vorsitzenden des Wahlvorstandes. Mit diesem Übergang der Sitzungshoheit auf den Wahlleiter, der aus der Mitte des BR gewählt wird, entfällt das Teilnahmerecht des Wahlvorstands (BAG 28. 2. 1958 AP BetrVG § 29 Nr. 1). Der Wahlleiter führt die Wahl des Betriebsratsvorsitzenden und des Stellvertreters durch (DKK/*Wedde* Rn. 12; GK-BetrVG/*Wiese*/*Raab* Rn. 20; *Fitting* Rn. 19).

II. Weitere Sitzungen

Die weiteren Sitzungen werden nach **Abs. 2** vom Vorsitzenden oder im Verhinderungsfall durch 2 dessen Stellvertreter **einberufen**. Andere BRMitglieder sind hierzu grundsätzlich nicht befugt (DKK/*Wedde* Rn. 15; *Fitting* Rn. 22 f.; GK-BetrVG/*Wiese*/*Raab* Rn. 25). Für den Fall, dass sowohl der Vorsitzende als auch der Stellvertreter verhindert sind, kann der BR vorsorglich eine anderweitige Regelung, zB in der Geschäftsordnung vorsehen. Hat er nichts geregelt, kann jedes BRMitglied die Initiative ergreifen (DKK/*Wedde* Rn. 15; *Fitting* Rn. 24). Wer nach Abs. 3 berechtigt ist, die Einberufung einer Sitzung des BR herbeizuführen, kann auch eine Ergänzung der Tagesordnung verlangen

Eisemann

(DKK/*Wedde* Rn. 30; *Fitting* Rn. 29; GK-BetrVG/*Wiese/Raab* Rn. 30). Andere Personen, zB die Belegschaft, eine im Betrieb vertretene Gewerkschaft oder die JAV können eine Betriebsratssitzung nur anregen (DKK/*Wedde* Rn. 31; Richardi/*Richardi/Thüsing* Rn. 20; *Fitting* Rn. 30). Die JAV kann jedoch nach § 67 III 1 Angelegenheiten der in § 60 I genannten AN auf die Tagesordnung der nächstfolgenden Sitzung bringen (vgl. § 67 Rn. 5). Die formlosen Anträge sind an den Betriebsratsvorsitzenden zu richten (*Fitting* Rn. 31). Entspricht der Vorsitzende den Anträgen auf Einberufung der Sitzung oder Ergänzung der Tagesordnung nicht, handelt er pflichtwidrig, was zu einem Vorgehen nach § 23 I berechtigen kann (*Fitting* Rn. 32). Ein pflichtwidrig nicht auf die Tagesordnung gesetzter Gegenstand kann auf der Sitzung grundsätzlich nur behandelt werden, wenn der vollzählige BR den Tagesordnungspunkt einstimmig in die Tagesordnung aufnimmt (BAG 28. 4. 1988 AP BetrVG 1972 § 29 Nr. 2; aA *Fitting* Rn. 33; GK-BetrVG/*Wiese/Raab* Rn. 32). In dringenden Eilfällen kann ein Mehrheitsbeschluss ausreichen (weitergehend *Fitting* Rn. 33; GK-BetrVG/*Wiese/Raab* Rn. 32). Eine **Ladung** geht neben den in Abs. 2 S. 3 und 4 Genannten auch an den Vertrauensmann der Zivildienstleistenden, sofern die Voraussetzungen des § 3 I ZDVG vorliegen (*Fitting* Rn. 36). Darüber hinaus ist der AG und eine im BR vertretene Gewerkschaft unter Mitteilung der Tagesordnung rechtzeitig zu laden, soweit diesen nach Abs. 4 bzw. § 31 ein Teilnahmerecht zusteht. Die Pflicht, dem Betriebsratsvorsitzenden nach Abs. 2 S. 5 unverzüglich die Verhinderung anzuzeigen, dient der Prüfung durch den Betriebsratsvorsitzenden, ob ein Verhinderungsfall gegeben ist und er deshalb Ersatzmitglieder laden muss (Richardi/*Richardi/Thüsing* Rn. 32; *Fitting* Rn. 39). Wird für ein – zeitweilig – verhindertes BRMitglied ein vorhandenes Ersatzmitglied nicht geladen, kann der BR keine wirksamen Beschlüsse fassen. Dies ist nur anders, wenn die Verhinderung so plötzlich eintritt, dass ein Ersatzmitglied nicht mehr rechtzeitig geladen werden kann (BAG 3. 8. 1999 AP BetrVG 1972 § 25 Nr. 7). Ladung und Übersenden der Tagesordnung sind rechtzeitig, wenn der Geladene sich auf die Sitzung einrichten und vorbereiten kann. In unvorhergesehenen Eilfällen ist auch eine ganz kurzfristige Einladung zulässig (DKK/*Wedde* Rn. 17; *Fitting* Rn. 44; GK-BetrVG/*Wiese/Raab* Rn. 35). Sind alle BRMitglieder mit Zeit und Ort einer Sitzung einverstanden, können dort wirksame Beschlüsse gefasst werden, ohne dass der BRVorsitzende zu dieser Sitzung eingeladen hat (DKK/*Wedde* Rn. 20 d; *Fitting* Rn. 45; GK-BetrVG/*Wiese/Raab* Rn. 25).

III. Tagesordnung und Leitung

3   Der Betriebsratsvorsitzende stellt die Tagesordnung an Hand der Geschäftslage und der Anträge, die zur Tagesordnung eingegangen sind, zusammen. Die Zusammenstellung steht grundsätzlich in seinem pflichtgemäßen Ermessen. Anträge nach Abs. 3 oder nach § 67 III sind zwingend aufzunehmen, sofern sie in die funktionelle Zuständigkeit des BR fallen. Eine **Ergänzung der Tagesordnung** auf der Betriebsratssitzung selbst ist nur durch den vollzähligen BR mit einstimmigem Beschluss bzw. dann möglich, wenn kein Mitglied des BR widerspricht (BAG 28. 4. 1988 AP BetrVG 1972 § 29 Nr. 2; BAG 28. 10. 1992 AP BetrVG 1972 § 29 Nr. 4; aA DKK/*Wedde* Rn. 20; *Fitting* Rn. 48; GK-BetrVG/*Wiese/Raab* Rn. 52 f. – absolute Mehrheit ausreichend). In dringenden Eilfällen kann ein Mehrheitsbeschluss ausreichen. Die Leitung der Betriebsratssitzungen obliegt dem Vorsitzenden, der die Sitzung eröffnet und schließt, die Rednerliste führt, das Wort gibt und entzieht, die Abstimmung leitet, das Ergebnis feststellt und gegebenenfalls zur Ordnung ruft. Im Sitzungszimmer steht ihm das Hausrecht zu (DKK/*Wedde* Rn. 25; Richardi/*Richardi/Thüsing* Rn. 45; *Fitting* Rn. 49). Der Betriebsratsvorsitzende hat mangels gesetzlicher Regelung nicht das Recht, ein BRMitglied von der Sitzung auszuschließen (DKK/*Wedde* Rn. 25; *Fitting* Rn. 50; aA GK-BetrVG/*Wiese/Raab* Rn. 61). Bei ungebührlichem Verhalten kann er das Wort entziehen. Bei groben Pflichtverletzungen kann der BR ein arbeitsgerichtliches Ausschlussverfahren nach § 23 I einleiten.

IV. Teilnahmerecht von Arbeitgeber und Verbandsvertretern

4   Der AG hat nach **Abs. 4** nur ein eingeschränktes Teilnahmerecht an den Betriebsratssitzungen. Hat er lediglich die Ergänzung der Tagesordnung beantragt, beschränkt sich sein Teilnahmerecht auf die Dauer der Behandlung dieser Tagesordnungspunkte (Richardi/*Richardi/Thüsing* Rn. 46). Der Betriebsratsvorsitzende kann die Einladung des AG von vornherein auf bestimmte Tagesordnungspunkte beschränken (DKK/*Wedde* Rn. 34; *Fitting* Rn. 53; GK-BetrVG/*Wiese/Raab* Rn. 64). In diesem Fall ist der AG über den Grund der Zuladung zu diesen Tagesordnungspunkten zu informieren. Der AG ist bei einer Einladung durch den Betriebsratsvorsitzenden nach Abs. 4 iVm. § 2 I verpflichtet, selbst oder durch einen Vertreter der Einladung nachzukommen und an der Sitzung teilzunehmen (DKK/*Wedde* Rn. 36; *Fitting* Rn. 56; GK-BetrVG/*Wiese/Raab* Rn. 69). Die Teilnahmepflicht kann im arbeitsgerichtlichen Beschlussverfahren durchgesetzt werden (*Fitting* Rn. 57). Weigert sich der AG wiederholt, an der Sitzung teilzunehmen, kommt ein Zwangsverfahren nach § 23 III in Betracht. Außerdem kann der Straftatbestand des § 119 I Nr. 2 erfüllt sein (DKK/*Wedde* Rn. 37; *Fitting* Rn. 57; GK-BetrVG/*Wiese/Raab* Rn. 70). Das Anwesenheitsrecht steht dem AG persönlich, bei juristischen Personen den vertretungsberechtigten Personen zu. Die **Vertretung** durch einen in der zu erörternden

Angelegenheit besonders sachkundigen AN ist möglich (BAG 11. 12. 1991 AP BetrVG 1972 § 90 Nr. 2). Der AG kann betriebsangehörige sachkundige Mitarbeiter hinzuziehen, sofern dies erforderlich ist (DKK/*Wedde* Rn. 39; Richardi/*Thüsing* Rn. 51; *Fitting* Rn. 58; GK-BetrVG/*Wiese/Raab* Rn. 66). Ohne Genehmigung des BR ist die Vertretung durch eine betriebsfremde Person, zB einen Rechtsanwalt ausgeschlossen (DKK/*Wedde* Rn. 36; *Fitting* Rn. 58; GK-BetrVG/*Wiese/Raab* Rn. 66). Der AG hat kein **Stimmrecht.** Mangels ausdrücklicher gesetzlicher Regelung soll der AG auch keine beratende Stimme haben (DKK/*Wedde* Rn. 38; *Fitting* Rn. 59; aA GK-BetrVG/*Wiese/Raab* Rn. 67). Er kann sich jedenfalls zu den betreffenden Punkten der Tagesordnung äußern und verlangen, dass ihm iR der Rednerliste das Wort erteilt wird (*Fitting* Rn. 59). Die Unterschiede sind wohl nur terminologisch. Das Teilnahmerecht erstreckt sich nicht auf die Beschlussfassung (LAG Düsseldorf 7. 3. 1975 DB 1975, 743; DKK/*Wedde* Rn. 38; *Fitting* Rn. 59; aA GK-BetrVG/*Wiese/Raab* Rn. 68). **Beauftragte der AGVerbände** dürfen an der Betriebsratssitzung teilnehmen, wenn der AG deren Mitglied ist, selbst teilnehmen darf und entweder selbst oder durch einen Vertreter an der Sitzung teilnimmt. Darüber hinaus muss der AG den Beauftragten ausdrücklich zur Teilnahme auffordern. Eine Ladung durch den Betriebsratsvorsitzenden ist nicht erforderlich (DKK/*Wedde* Rn. 40; *Fitting* Rn. 62). Der AG darf der Sitzung fernbleiben, wenn der BR den Verbandsvertreter unzulässigerweise nicht teilnehmen lässt (*Fitting* Rn. 63; aA GK-BetrVG/*Wiese/Raab* Rn. 74). Bei groben Verstößen des BR kommt ein Verfahren nach § 23 I in Betracht. Der Betriebsratsvorsitzende kann dem Beauftragten das Wort erteilen. Das Wort ist iR der Rednerliste zu erteilen, wenn es der AG wünscht und selbst zur Wortmeldung berechtigt wäre (DKK/*Wedde* Rn. 41; *Fitting* Rn. 64). Zum Teilnahmerecht von **Beauftragten der Gewerkschaften** vgl. § 31.

V. Streitigkeiten

Streitigkeiten aus der Vorschrift sind im arbeitsgerichtlichen Beschlussverfahren nach §§ 2 a, 80 ff. ArbGG zu entscheiden. 5

§ 30 Betriebsratssitzungen

¹ Die Sitzungen des Betriebsrats finden in der Regel während der Arbeitszeit statt. ² Der Betriebsrat hat bei der Ansetzung von Betriebsratssitzungen auf die betrieblichen Notwendigkeiten Rücksicht zu nehmen. ³ Der Arbeitgeber ist vom Zeitpunkt der Sitzung vorher zu verständigen. ⁴ Die Sitzungen des Betriebsrats sind nicht öffentlich.

I. Zeitpunkt

Betriebsratssitzungen müssen grundsätzlich nicht in Arbeitspausen oder vor bzw nach der Arbeitszeit abgehalten werden (DKK/*Wedde* Rn. 7; *Fitting* Rn. 7; GK-BetrVG/*Wiese/Raab* Rn. 8; Richardi/*Richardi/Thüsing* Rn. 2). Eine Absprache mit dem AG, Betriebsratssitzungen stets außerhalb der Arbeitszeit durchzuführen, ist nichtig (*Fitting* Rn. 7). Ausnahmsweise können Betriebsratssitzungen außerhalb der Arbeitszeit stattfinden, wenn BRMitglieder in kleineren Betrieben am Arbeitsplatz unabkömmlich sind und organisatorische Änderungen dem AG nicht zumutbar sind (DKK/*Wedde* Rn. 3, *Fitting* Rn. 6). Gehören Mitglieder verschiedenen Schichten an, kann es unvermeidlich sein, die Betriebsratssitzung außerhalb der Arbeitszeit eines Teils der BRMitglieder zu legen. In diesen Fällen greift § 37 III (*Fitting* Rn. 6). BRMitglieder brauchen für ihre Teilnahme an Betriebsratssitzungen nicht die Erlaubnis des AG, müssen aber dem Vorgesetzten das Verlassen des Arbeitsplatzes und die Wiederaufnahme der Arbeit anzeigen (BAG 8. 3. 1957 AP BetrVG § 37 Nr. 4; BAG 19. 6. 1979 AP BetrVG 1972 § 37 Nr. 36). Über die Anzahl der Betriebsratssitzungen entscheidet entsprechend dem Arbeitsanfall allein der BR bzw. der Vorsitzende (BAG 23. 4. 1974 AP BetrVG 1972 § 37 Nr. 11). Bei der nach **S. 3** notwendigen **Unterrichtung des Arbeitgebers** über den Zeitpunkt der Sitzung muss ihm nicht deren Tagesordnung mitgeteilt werden (DKK/*Wedde* Rn. 10; *Fitting* Rn. 14; GK-BetrVG/*Wiese/Raab* Rn. 16). Fehlende Unterrichtung berechtigt nicht, das Arbeitsentgelt der BRMitglieder zu mindern (DKK/*Wedde* Rn. 10; *Fitting* Rn. 15; GK-BetrVG/*Wiese/Raab* Rn. 17). Schuldhaftes Unterlassen kann zu Schadensersatzansprüchen des AG führen (*Fitting* Rn. 15; GK-BetrVG/*Wiese/Raab* Rn. 17; aA DKK/*Wedde* Rn. 10; HSG/*Glaubitz* Rn. 13, 17). 1

II. Betriebliche Notwendigkeiten

Unter betrieblicher Notwendigkeit versteht man nur solche dringenden betrieblichen Gründe, die zwingend Vorrang vor dem Interesse des BR auf Abhaltung der Betriebsratssitzung zu dem vorgesehenen Zeitpunkt haben (DKK/*Wedde* Rn. 6; *Fitting* Rn. 10; GK-BetrVG/*Wiese/Raab* Rn. 7). Zusätzlich muss dem BR möglich und zumutbar sein, die Sitzung zu anderen Zeit abzuhalten. Betriebliche Notwendigkeiten können eine Verlegung der Betriebsratssitzungen auf Beginn oder Ende der Arbeitszeit erzwingen. Eine derartige Verpflichtung kann aber nicht generell gelten (DKK/*Wedde* Rn. 7; 2

Eisemann

Fitting Rn. 10; GK-BetrVG/*Wiese/Raab* Rn. 8). Werden Sitzungen ohne Rücksicht auf die betrieblichen Notwendigkeiten festgelegt, hat dies auf die Wirksamkeit der Beschlüsse keinen Einfluss (DKK/*Wedde* Rn. 7; *Fitting* Rn. 12). Der AG kann diese Sitzungen nicht eigenmächtig unterbinden, kann aber nach § 85 II ArbGG eine einstweilige Verfügung des Arbeitsgerichts erwirken (*Fitting* Rn. 13). Er ist nicht berechtigt, den BRMitgliedern das Arbeitsentgelt zu kürzen (LAG Hamm 8. 6. 1978 EzA BetrVG 1972 § 37 Nr. 58). Bei groben Verstößen kann ein Verfahren nach § 23 I in Betracht kommen (*Fitting* Rn. 13).

III. Nichtöffentlichkeit

3   Satz 4 beschränkt die Betriebsratssitzungen auf die BRMitglieder und die nach den §§ 29, 31, 32, 67 sowie § 3 I ZDVG Teilnahmeberechtigten. Daneben kann der BR nach § 2 II 2 SprAuG dem Sprecherausschuss oder einzelnen seiner Mitglieder Teilnahmerecht einräumen. Andere Personen, insb. auch Ersatzmitglieder sind nicht teilnahmeberechtigt (DKK/*Wedde* Rn. 11; Richardi/*Richardi/Thüsing* Rn. 11; *Fitting* Rn. 16). Dies schließt nicht aus, dass der BR bezüglich einzelner Beratungsgegenstände Sachverständige oder sonstige Auskunftspersonen heranzieht (DKK/*Wedde* Rn. 12; Richardi/*Richardi/Thüsing* Rn. 12; *Fitting* Rn. 17). Hierbei können betriebsfremde Personen ebenso wie sachkundige oder durch den Beratungsgegenstand betroffene AN des Betriebs geladen werden. Ein Verstoß gegen den Grundsatz der Nichtöffentlichkeit beeinträchtigt die Wirksamkeit eines Beschlusses nur, wenn er bei Beachtung des Grundsatzes anders ausgefallen wäre (vgl. BAG 28. 2. 1958 AP BetrVG § 29 Nr. 1; BAG 24. 3. 1977 AP BetrVG 1972 § 102 Nr. 12; DKK/*Wedde* Rn. 15; Richardi/*Richardi/Thüsing* Rn. 17; *Fitting* Rn. 22). Aus Satz 4 ergibt sich keine über die Verschwiegenheitspflicht des § 79 hinausgehende Verpflichtung. Es besteht keine generelle Pflicht, Stillschweigen über den Inhalt von Betriebsratssitzungen zu wahren (vgl. BAG 5. 9. 1967 AP BetrVG § 23 Nr. 8; DKK/*Wedde* Rn. 13; Richardi/*Richardi/Thüsing* Rn. 16; *Fitting* Rn. 20; GK-BetrVG/*Wiese/Raab* Rn. 27). Verschwiegenheitspflichten können sich aber aus Beschlüssen des BR selbst, aus dem vertraulichen Charakter einer Angelegenheit und der Solidaritätspflicht seiner Mitglieder ergeben (DKK/*Wedde* Rn. 14; *Fitting* Rn. 21).

IV. Streitigkeiten

4   Streitigkeiten aus der Vorschrift sind nach §§ 2 a, 80 ff. ArbGG im Beschlussverfahren zu entscheiden.

§ 31 Teilnahme der Gewerkschaften

Auf Antrag von einem Viertel der Mitglieder des Betriebsrats kann ein Beauftragter einer im Betriebsrat vertretenen Gewerkschaft an den Sitzungen beratend teilnehmen; in diesem Fall sind der Zeitpunkt der Sitzung und die Tagesordnung der Gewerkschaft rechtzeitig mitzuteilen.

I. Antrag

1   Die Vorschrift konkretisiert für die Betriebsratssitzungen das allgemeine Gebot der Zusammenarbeit mit den Gewerkschaften und dient dem Schutz gewerkschaftlicher Minderheiten im BR. Ein Beauftragter einer im BR vertretenen Gewerkschaft kann nicht nur auf Antrag von einem Viertel seiner Mitglieder herangezogen werden. Auch der **BR** als Gremium kann dies beschließen (DKK/*Wedde* Rn. 4; Richardi/*Richardi/Thüsing* Rn. 12; *Fitting* Rn. 7; GK-BetrVG/*Wiese* Rn. 12). Selbst der einköpfige BR kann einen Gewerkschaftsvertreter hinzuziehen (*Fitting* Rn. 7). Die Teilnahme von Gewerkschaftsvertretern kann generell in der Geschäftsordnung vorgesehen sein (BAG 28. 2. 1990 AP BetrVG 1972 § 31 Nr. 1; vgl. auch BAG 18. 11. 1980 AP BetrVG 1972 § 108 Nr. 2; DKK/*Wedde* Rn. 5; *Fitting* Rn. 8; aA Richardi/*Richardi/Thüsing* Rn. 15; GK-BetrVG/*Wiese* Rn. 19 f.). Der BR kann seine Entscheidung auf eine bestimmte Gewerkschaft beschränken (*Fitting* Rn. 9). Hat ein Viertel seiner Mitglieder einen Antrag auf Teilnahme von Gewerkschaftsvertretern gestellt, besteht keine Möglichkeit mit Mehrheit des BR diesen Antrag abzulehnen (*Fitting* Rn. 10). Auch die im Gesetz bezeichnete Minderheit kann nicht nur von Fall zu Fall, sondern generell die Hinzuziehung eines Gewerkschaftsbeauftragten beantragen (BAG 28. 2. 1990 AP BetrVG 1972 § 31 Nr. 1; DKK/*Wedde* Rn. 6; *Fitting* Rn. 11; aA Richardi/*Richardi/Thüsing* Rn. 14).

2   Der formlose **Antrag** kann während oder außerhalb von Betriebsratssitzungen gestellt werden, bedarf keiner Begründung, muss aber erkennen lassen, welche Gewerkschaft Beauftragte entsenden soll (DKK/*Wedde* Rn. 10; *Fitting* Rn. 12). Der Antrag ist an den Betriebsratsvorsitzenden zu richten und muss so gestellt werden, dass eine Entsendung möglich ist. Ist der Vertreter abrufbereit, kann der Antrag auch in der Sitzung selbst gestellt werden. Ein Anspruch auf Vertagung besteht nicht (DKK/*Wedde* Rn. 9; Richardi/*Richardi/Thüsing* Rn. 9; *Fitting* Rn. 15). Der Antrag auf Hinzuziehung des Gewerkschaftsvertreters kann auf bestimmte Tagesordnungspunkte beschränkt werden (Richardi/*Ri-*

chardi/*Thüsing* Rn. 16; *Fitting* Rn. 15; GK-BetrVG/*Wiese/Raab* Rn. 21). Die Antragsteller müssen nicht der Gewerkschaft angehören, deren Vertreter sie heranzuziehen beantragen (Richardi/*Richardi/ Thüsing* Rn. 8; DKK/*Wedde* Rn. 7; *Fitting* Rn. 14; GK-BetrVG/*Wiese/Raab* Rn. 8). Die Gewerkschaft muss im BR, nicht nur im Betrieb vertreten sein (BAG 28. 2. 1990 AP BetrVG 1972 § 31 Nr. 1). Die Gewerkschaft kann, wenn dies beantragt worden ist, mehrere Beauftragte entsenden, sofern dies für die sachgerechte Beratung des BR erforderlich ist (DKK/*Wedde* Rn. 14; *Fitting* Rn. 20; GK-BetrVG/*Wiese/Raab* Rn. 21). Sind mehrere Gewerkschaften im BR vorhanden, kann er die Entsendung von den jeweils Beauftragen dieser Gewerkschaften beschließen (*Fitting* Rn. 16). Beauftragte von Gewerkschaften, die nicht im BR vertreten sind, können als Auskunftspersonen zu bestimmten Beratungsgegenständen zu hören sein (*Richardi* Rn. 6). Der Betriebsratsvorsitzende handelt pflichtwidrig, wenn er einem ordnungsgemäß gestellten Antrag nicht nachkommt. Bei grober Verletzung kann ein Beschlussverfahren nach § 23 I in Betracht kommen (*Fitting* Rn. 17).

II. Beauftragte der Gewerkschaft

Die Gewerkschaft ist grundsätzlich frei in der Bestimmung eines ihrer Mitglieder als Beauftragten 3 (DKK/*Wedde* Rn. 14; Richardi/*Richardi/Thüsing* Rn. 19; *Fitting* Rn. 19). Der Beauftragte hat im Gegensatz zum Vertreter des AGVerbands beratende Stimme. Er darf auf die Willensbildung des BR Einfluss nehmen (*Fitting* Rn. 23). Er kann deshalb auch bei Beschlussfassungen zugegen sein, obwohl er selbst kein Stimmrecht hat (DKK/*Wedde* Rn. 16; Richardi/*Richardi/Thüsing* Rn. 22; *Fitting* Rn. 23). Bei § 31 handelt es sich gegenüber dem Zugangsrecht aus § 2 II um eine Sonderregelung (Richardi/*Richardi/Thüsing* Rn. 24; *Fitting* Rn. 24; aA GK-BetrVG/*Wiese/Raab* Rn. 23). Deshalb kann der AG dem Gewerkschaftsbeauftragten den Zutritt auch aus den in § 2 II genannten Gründen nicht verweigern (*Fitting* Rn. 24; Richardi/*Richardi/Thüsing* Rn. 24; aA GK-BetrVG/*Wiese/Raab* Rn. 24). Verweigert der AG widerrechtlich den Zutritt zur Betriebsratssitzung, liegt darin regelmäßig eine Störung der BRTätigkeit iSd. § 78. Darüber hinaus kann der Straftatbestand des § 119 I Nr. 2 erfüllt sein (*Fitting* Rn. 24; GK-BetrVG/*Wiese/Raab* Rn. 25). Gewerkschaftsbeauftragte unterliegen der Verschwiegenheitspflicht nach § 79 II (*Fitting* Rn. 25). Die Mitteilung der Tagesordnung und des Zeitpunkts der Sitzung nach Halbs. 2 ist rechtzeitig, wenn der Gewerkschaft ausreichend Zeit bleibt, einen Vertreter auszuwählen und sich auf die Sitzung vorzubereiten (*Fitting* Rn. 26). Ist die Mitteilung trotz ordnungsgemäßer Antragstellung unterblieben, kann der Tagesordnungspunkt nicht behandelt werden, da ansonsten das Antragsrecht unterlaufen würde (DKK/*Wedde* Rn. 12; *Fitting* Rn. 26; aA GK-BetrVG/*Wiese/Raab* Rn. 15).

III. Ausschusssitzungen

Die Vorschrift ist auf Sitzungen der Ausschüsse des BR entsprechend anzuwenden (BAG 18. 11. 4 1980 AP BetrVG 1972 § 108 Nr. 2; BAG 25. 6. 1987 AP BetrVG 1972 § 108 Nr. 6). Dies gilt auch für bloß vorbereitende Ausschüsse, da gerade dort häufig die Unterstützung der Gewerkschaft erforderlich ist (DKK/*Wedde* Rn. 19; *Fitting* Rn. 27; GK-BetrVG/*Wiese/Raab* Rn. 3). Neben den in der Vorschrift selbst Genannten, kann auch die Mehrheit des Ausschusses die Teilnahme von Gewerkschaftsvertretern beschließen, soweit sie bei selbständiger Erledigung der Aufgaben an die Stelle des BR treten (DKK/*Wedde* Rn. 20; Richardi/*Richardi/Thüsing* Rn. 26; *Fitting* Rn. 28; GK-BetrVG/*Wiese/Raab* Rn. 4). Antragsberechtigt sind analog § 31 auch ein Viertel der Mitglieder des Ausschusses (DKK/*Wedde* Rn. 20; Richardi/*Richardi/Thüsing* Rn. 26; GK-BetrVG/*Wiese/Raab* Rn. 4; *Fitting* Rn. 26).

IV. Streitigkeiten

Streitigkeiten aus der Vorschrift sind im arbeitsgerichtlichen Beschlussverfahren nach §§ 2a, 80ff. 5 ArbGG zu entscheiden. Antragsberechtigt ist auch die betroffene Gewerkschaft, soweit es um ihr Zutrittsrecht geht (BAG 18. 11. 1980 AP BetrVG 1972 § 108 Nr. 2; Richardi/*Richardi/Thüsing* Rn. 29; *Fitting* Rn. 30; GK-BetrVG/*Wiese/Raab* Rn. 28).

§ 32 Teilnahme der Schwerbehindertenvertretung

Die Schwerbehindertenvertretung (§ 94 des Neunten Buches Sozialgesetzbuch) kann an allen Sitzungen des Betriebsrats beratend teilnehmen.

I. Schwerbehindertenvertretung

Die Schwerbehindertenvertretung ist kein Organ des BR, sondern diesem gegenüber selbständig 1 (GK-BetrVG/*Wiese/Raab* Rn. 10). Sie ist für die im Betrieb beschäftigten schwerbehinderten Menschen und schwerbehinderten Rehabilitanden (BAG 16. 4. 2003 – 7 ABR 27/02) ein gesetzliches Organ der Verfassung des Betriebs (BAG 21. 9. 1989 AP SchwbG § 25 Nr. 1). Die Mitbestimmungsrechte übt jedoch der BR aus (BAG 16. 8. 1977 AP SchwbG § 23 Nr. 1). Die Schwerbehindertenvertretung besteht nach § 94 SGB IX aus einer Vertrauensfrau oder Vertrauensmann sowie wenigstens einem Stellvertreter. Sie wird in allen Betrieben mit fünf oder mehr nicht nur vorübergehend beschäftigten Schwerbehinderten gewählt.

II. Teilnahmerecht

2   Die Vorschrift gibt der Schwerbehindertenvertretung ein beratendes Teilnahmerecht an allen Betriebsratssitzungen und Arbeitnehmervertretungen nach § 3 I Nr. 1–4. § 95 IV 1 SGB IX gibt darüber hinaus ein eigenständiges Recht der Teilnahme an allen Ausschusssitzungen des BR und an den Besprechungen des BR mit dem AG nach § 74 I (Richardi/*Richardi/Thüsing* Rn. 18; DKK/*Wedde* Rn. 4, 5; *Fitting* Rn. 17, 18; einschränkend GK-BetrVG/*Wiese/Raab* Rn. 3, kein Teilnahmerecht an Ausschüssen ohne eigene Entscheidungskompetenz). Das Teilnahmerecht erstreckt sich auch auf die Sitzungen der gemeinsamen Ausschüsse von AG und BR nach § 28 II (BAG 21. 4. 1993 AP SchwbG 1986 § 25 Nr. 4), es erstreckt sich nicht auf die Teilnahme an den Sitzungen zusätzlicher Arbeitnehmervertretungen nach § 3 I Nr. 5 (*Fitting* Rn. 3; aA Richardi/*Richardi/Thüsing* Rn. 18). Darüber hinaus kann die Schwerbehindertenvertretung grundsätzlich an den Sitzungen des Wirtschaftsausschusses teilnehmen (BAG 4. 6. 1987 AP SchwbG § 22 Nr. 2; DKK/*Wedde* Rn. 5; Richardi/*Richardi/Thüsing* Rn. 18). Das Beratungsrecht gegenüber dem BR ist umfassend, nicht auf die spezifischen Angelegenheiten der Schwerbehindertenvertretung beschränkt (Richardi/*Richardi/Thüsing* Rn. 21; *Fitting* Rn. 28; GK-BetrVG/*Wiese/Raab* Rn. 16). Der Vertrauensmann (die Vertrauensfrau) ist als solche nicht Mitglied des BR. Ein Doppelamt ist zulässig (DKK/*Wedde* Rn. 2; *Fitting* Rn. 15). In der Eigenschaft als Vertrauensmann/frau ist der Schwerbehindertenvertreter nicht an die Beschlüsse des BR gebunden, sondern kann dem AG gegenüber eine abweichende Meinung nach § 95 II SGB IX vertreten (*Fitting* Rn. 15). Eine Unterlassung der Ladung der Nichtteilnahme der Schwerbehindertenvertretung an den Betriebsratssitzungen haben keinen Einfluss auf die Wirksamkeit von Beschlüssen des BR (DKK/*Wedde* Rn. 8; *Fitting* Rn. 24; GK-BetrVG/*Wiese/Raab* Rn. 13). Die Unterlassung ist eine Verletzung der gesetzlichen Pflichten des BR und kann zu einem Verfahren nach § 23 I führen (*Fitting* Rn. 24). Ausnahmsweise können die Beschlüsse nach § 138 BGB sittenwidrig sein, wenn eine vorsätzliche Benachteiligung Schwerbehinderter gegeben ist (GK-BetrVG/*Wiese/Raab* Rn. 13).

III. Streitigkeiten

3   Streitigkeiten über das Teilnahmerecht an Sitzungen oder Ausschüssen oder über die Befugnisse der Schwerbehindertenvertretung sind im arbeitsgerichtlichen Beschlussverfahren nach §§ 2a, 80 ff. ArbGG zu entscheiden. Die Schwerbehindertenvertretung ist antragsberechtigt (*Fitting* Rn. 29).

§ 33 Beschlüsse des Betriebsrats

(1) ¹Die Beschlüsse des Betriebsrats werden, soweit in diesem Gesetz nichts anderes bestimmt ist, mit der Mehrheit der Stimmen der anwesenden Mitglieder gefasst. ²Bei Stimmengleichheit ist ein Antrag abgelehnt.

(2) Der Betriebsrat ist nur beschlussfähig, wenn mindestens die Hälfte der Betriebsratsmitglieder an der Beschlussfassung teilnimmt; Stellvertretung durch Ersatzmitglieder ist zulässig.

(3) Nimmt die Jugend- und Auszubildendenvertretung an der Beschlussfassung teil, so werden die Stimmen der Jugend- und Auszubildendenvertreter bei der Feststellung der Stimmenmehrheit mitgezählt.

I. Vorbemerkung

1   Die Vorschrift ist zwingendes Recht. Da für den GesamtBR und den KonzernBR Sonderregelungen zur Beschlussfassung und Beschlussfähigkeit bestehen, greift dort § 33 nicht (s. §§ 47 VII, VIII, 51 III, 55 III, 59 I). Für den Betriebsausschuss und die weiteren Ausschüsse des BR sowie für die ANVertretungen nach § 3 I Nr. 2 und 3 gilt die Vorschrift entsprechend (*Fitting* Rn. 2, 5 GK-BetrVG/*Wiese/Raab* Rn. 3). Nach § 51 IV gelten die Abs. 1 und 2 für den Gesamtbetriebsausschuss, und die weiteren Ausschüsse des GesamtBR entsprechend. Nach § 65 I gelten die Abs. 1 und 2 auch für die JAV. Bei der Übertragung bestimmter Aufgaben auf die Ausschüsse können BR, GesamtBR und KonzernBR dort anderweitige Anforderungen an die Beschlussfassung vorsehen (DKK/*Wedde* Rn. 1; *Fitting* Rn. 2; GK-BetrVG/*Wiese/Raab* Rn. 3). Beschlüsse, die auf einer nach § 2 II 3 SprAuG anzuberaumenden gemeinsamen Sitzung von BR und Sprecherausschuss gefasst werden, erfolgen in getrennten Abstimmungen nach den jeweils geltenden Vorschriften (§ 33 I, II und § 14 I, II SprAuG) (*Fitting* Rn. 6).

II. Beschlüsse

Seine Beschlüsse fasst der BR grundsätzlich selbst. Unter den Voraussetzungen von §§ 27, 28 ist **2** eine begrenzte Übertragung von Aufgaben auf Ausschüsse zur selbständigen Erledigung und Entscheidung möglich. Die **Beschlussfähigkeit** muss bei jeder Abstimmung und nicht etwa nur zu einem bestimmten Zeitpunkt, zB bei Beginn der Betriebsratssitzung vorliegen (DKK/*Wedde* Rn. 8; Richardi/*Thüsing* Rn. 6; *Fitting* Rn. 15; GK-BetrVG/*Wiese/Raab* Rn. 18). Die Beschlussunfähigkeit des BR muss nicht besonders festgestellt werden, sondern tritt von selbst ein (Richardi/*Thüsing* Rn. 11; *Fitting* Rn. 17). Grundsätzlich hat jedes Mitglied das Recht, die Beschlussunfähigkeit herbeizuführen, insb. um Zufallsmehrheiten zu verhindern (*Fitting* Rn. 15; GK-BetrVG/*Wiese/Raab* Rn. 19). Führen BRMitglieder ohne triftigen Grund Beschlussunfähigkeit herbei, handeln sie uU pflichtwidrig. Bei einer groben Verletzung ihrer Pflichten kann dies nach § 23 I zum Ausschluss aus dem BR führen (DKK/*Wedde* Rn. 8; *Fitting* Rn. 15; GK-BetrVG/*Wiese/Raab* Rn. 19). Die Nichtteilnahme eines bei Abstimmung anwesenden Mitglieds muss ausdrücklich erklärt werden (DKK/*Wedde* Rn. 6; aA *Fitting* Rn. 13; GK-BetrVG/*Wiese* Rn. 16). Geschieht dies nicht, spricht eine tatsächliche Vermutung dafür, dass eine Stimmenthaltung vorliegt (DKK/*Wedde* Rn. 6; *Fitting* Rn. 13; aA GK-BetrVG/*Wiese/Raab* Rn. 15).

Beschlüsse können nur auf einer **ordnungsgemäßen Sitzung** des BR gefasst werden (*Fitting* **3** Rn. 21). Dies setzt eine ordnungsgemäße **Ladung** aller BRMitglieder und die rechtzeitige Mitteilung der Tagesordnung voraus (BAG 28. 4. 1988 AP BetrVG 1972 § 29 Nr. 2; BAG 28. 10. 1992). Haben die Jugend- und Auszubildendenvertreter nach § 67 II Stimmrecht, ist auch ihre ordnungsgemäße Ladung Voraussetzung einer wirksamen Beschlussfassung (*Fitting* Rn. 22). Die nicht ordnungsgemäße Ladung von nicht stimmberechtigten Teilnehmern einer Betriebsratssitzung hat keinen Einfluss auf die Wirksamkeit der Beschlüsse (*Fitting* Rn. 22). Wird ein Ersatzmitglied, das nach § 25 in den BR eingerückt ist, nicht ordnungsgemäß geladen, obwohl dies dem Betriebsratsvorsitzenden möglich gewesen wäre, kann der BR keine wirksamen Beschlüsse fassen (BAG 23. 8. 1984 AP BetrVG 1972 § 103 Nr. 17; BAG 3. 8. 99 AP BetrVG). Grundsätzlich kann der BR nur über Punkte beschließen, die in der rechtzeitig mitgeteilten **Tagesordnung** aufgeführt sind. Der Mangel kann durch einstimmigen Beschluss des vollzählig versammelten BR geheilt werden (BAG 28. 4. 1988 AP BetrVG 1972 § 29 Nr. 2). Um der betrieblichen Wirklichkeit gerecht zu werden, sollte in dringenden Eilfällen der BR mit Mehrheitsbeschluss die Tagesordnung selbst aufstellen bzw ergänzen dürfen (DKK/*Wedde* Rn. 13; *Fitting* Rn. 24). BRBeschlüsse können, solange sie nach außen noch nicht wirksam geworden sind, **aufgehoben** oder inhaltlich **geändert** werden (LAG Hamm 22. 10. 1991 DB 1992, 483; DKK/*Wedde* Rn. 22; *Fitting* Rn. 45; GK-BetrVG/*Wiese/Raab* Rn. 42). Muss der AG bei seinen Maßnahmen Beteiligungsrechte des BR beachten, bleiben **nichtige Beschlüsse** im Bereich der *Mitwirkung* grundsätzlich ohne Wirkung. Bei Maßnahmen, die der *Mitbestimmung* unterliegen führt der nichtige Beschluss des BR zur Unwirksamkeit der Maßnahme. Hier können Vertrauensschutzgrundsätze zugunsten des AG oder des betroffenen AN greifen (BAG 23. 8. 1984 AP BetrVG 1972 § 103 Nr. 17; DKK/*Wedde* Rn. 29).

III. Abstimmung

Das Abstimmungsverfahren ist im Einzelnen nicht gesetzlich geregelt. Es kann in der Geschäfts- **4** ordnung nach § 36 näher festgelegt werden. Sie kann aber nicht eine qualifizierte Mehrheit vorschreiben, wenn das Gesetz einfache Mehrheit ausreichen lässt, oder umgekehrt (DKK/*Wedde* Rn. 14; *Fitting* Rn. 26; GK-BetrVG/*Wiese/Raab* Rn. 34). Eine Beschlussfassung im **Umlaufverfahren** ist unzulässig (BAG 4. 8. 1975 AP BetrVG 1972 102 Nr. 4; DKK/*Wedde* Rn. 10; *Fitting* Rn. 21; GK-BetrVG/*Wiese/Raab* Rn. 10). Es widerspricht der gesetzlichen Regelung, welcher die Anwesenheit mindestens der Hälfte der BRMitglieder bei der Beschlussfassung verlangt. Aus demselben Grund ist auch eine schriftliche, telegrafische oder fernmündliche Beschlussfassung nicht möglich (DKK/*Wedde* Rn. 10; *Fitting* Rn. 21; GK-BetrVG/*Wiese/Raab* Rn. 11). Die Abstimmungen finden, soweit nicht anders geregelt, grundsätzlich offen statt. Jedes BRMitglied gibt seine Stimme in eigener Verantwortung ab, ohne an Weisungen oder Aufträge gebunden zu sein (*Fitting* Rn. 31; GK-BetrVG/*Wiese/Raab* Rn. 36). Sofern das Gesetz keine besondere Stimmmehrheit verlangt, genügt nach Abs. 1 die Mehrheit der anwesenden Mitglieder. **Stimmenthaltung** ist möglich, wirkt sich aber als Ablehnung aus (DKK/*Wedde* Rn. 16; *Fitting* Rn. 33). Erklärt ein anwesendes BRMitglied ausdrücklich seine **Nichtteilnahme** an der Abstimmung, wird es bei der Berechnung der Stimmenmehrheit nicht als Gegenstimme gezählt (DKK/*Wedde* Rn. 16; *Fitting* Rn. 34). Bei Stimmengleichheit ist ein Antrag abgelehnt (*Fitting* Rn. 35; Richardi/*Thüsing* Rn. 16).

IV. Stimmrecht

Soweit ein BRMitglied von einer Entscheidung des BR **persönlich betroffen** ist, zB von einer ihn **5** betreffenden personellen Maßnahme, entfällt sein Stimmrecht (BAG 23. 8. 1984 AP BetrVG 1972

§ 103 Nr. 17; BAG 3. 8. 99 AP BetrVG 1972 § 25 Nr. 7). Anderes gilt bei organisatorischen Akten des BR, zB förmlicher Wahl oder Abberufung des Vorsitzenden, der Mitglieder zum Betriebsausschuss oder zum GesamtBR oder KonzernBR. Hier hat auch das zu wählende oder abzuberufende Mitglied Stimmrecht (*Fitting* Rn. 37; GK-BetrVG/*Wiese/Raab* Rn. 26). Das von einer Entscheidung des BR persönlich betroffene BRMitglied darf auch an der Beratung nicht teilnehmen (BAG 23. 8. 1984 AP BetrVG 1972 § 103 Nr. 17; BAG 3. 8. 99 AP BetrVG 1972 § 25 Nr. 7). Nimmt es an Beratung oder Beschlussfassung teil, ist der Beschluss unwirksam (BAG 3. 8. 1999 AP BetrVG 1972 § 25 Nr. 7). Anstelle des verhinderten BRMitglieds rückt ein Ersatzmitglied nach § 25 nach (*Fitting* Rn. 38). Nehmen die **Mitglieder der JAV** nach § 67 II an der Beschlussfassung des BR teil, zählen ihre Stimmen nach **Abs.** 3 bei der Berechnung der Stimmenmehrheit, nicht aber bei der Beschlussfähigkeit mit (*Fitting* Rn. 39; *Richardi/Thüsing* Rn. 9). Grundsätzlich ist es somit möglich, dass eine Minderheit des BR zusammen mit den Mitgliedern der JAV einen Beschluss des BR mit Mehrheit verabschieden. Soweit das Gesetz für Beschlüsse abweichend von Abs. 1 eine Mehrheit der Stimmen der Mitglieder des BR verlangt, muss neben der Mehrheit des gemeinsamen Beschlussgremiums auch eine Mehrheit der Mitglieder des BR gegeben sein (DKK/*Wedde* Rn. 19; *Fitting* Rn. 42; GK-BetrVG/*Wiese/Raab* Rn. 31).

V. Streitigkeiten

6   Streitigkeiten aus der Vorschrift sind im arbeitsgerichtlichen Beschlussverfahren nach §§ 2 a, 80 ff. ArbGG zu entscheiden. Die Wirksamkeit der Beschlussfassung des BR kann auch inzidenter iR eines Urteilsverfahren zu entscheiden sein. Betriebsratsbeschlüsse unterliegen keiner gerichtlichen Zweckmäßigkeitskontrolle (vgl. BAG 3. 4. 1979 AP BetrVG 1972 § 13 Nr. 1; DKK/*Wedde* Rn. 23; *Richardi/Thüsing* Rn. 40; *Fitting* Rn. 50; GK-BetrVG/*Wiese/Raab* Rn. 67). Zur Rechtmäßigkeitskontrolle gehört die Überprüfung von Ermessensüberschreitung oder Ermessensmissbrauch (LAG *Nürnberg* AiB 1986, 93; *Richardi/Thüsing* Rn. 40; GK-BetrVG/*Wiese/Raab* Rn. 67). Die Rechtmäßigkeitskontrolle von Organisationsentscheidungen des BR beschränkt sich für die bei förmlichen Wahlen getroffenen Entscheidungen auf das entsprechend § 19 durchzuführende Anfechtungsverfahren und die Geltendmachung der Nichtigkeit (*Fitting* Rn. 49). **Sonstige Beschlüsse** des BR können mangels gesetzlicher Grundlage nicht nach § 19 angefochten werden (DKK/*Wedde* Rn. 23; *Fitting* Rn. 51). Eine Anfechtung der Stimmabgabe durch das einzelne BRMitglied wegen Irrtums, Täuschung oder Drohung ist möglich und kann Auswirkungen auf die Wirksamkeit des Beschlusses des BR haben (*Fitting* Rn. 51; GK-BetrVG/*Wiese/Raab* Rn. 49). Das ArbG kann die Unwirksamkeit von Beschlüssen nur feststellen, wenn sie **nichtig** sind. Dazu gehören der gesetzeswidrige Inhalt der Beschlüsse (Verstoß gegen höherrangiges Recht, zB § 77 III), fehlende Zuständigkeit des BR oder nicht ordnungsgemäßes Zustandekommen der Beschlüsse (BAG 23. 8. 1984 AP BetrVG 1972 § 103 Nr. 17). Dies gilt nicht schon bei kleinen Formfehlern. Nur grobe Verstöße gegen Grundsätze und Vorschriften, die unerlässliche Voraussetzung für eine Beschlussfassung sind, können zur Nichtigkeit des Beschlusses führen (BAG 23. 8. 1984 AP BetrVG 1972 § 103 Nr. 17). Ein Verstoß gegen die Pflicht zur Aufnahme des Beschlusses in der Sitzungsniederschrift nach § 34 I oder die Nichtbeachtung der Nichtöffentlichkeit der Sitzung berührt die Wirksamkeit der Beschlüsse nicht (DKK/*Wedde* Rn. 28; *Fitting* Rn. 55). Hat ein Nichtberechtigter an der Beschlussfassung teilgenommen, ist er nur unwirksam, wenn die Teilnahme Einfluss auf das Ergebnis gehabt haben kann (*Richardi/Thüsing* Rn. 44; *Fitting* Rn. 54; GK-BetrVG/*Wiese/Raab* Rn. 55).

§ 34 Sitzungsniederschrift

(1) ¹Über jede Verhandlung des Betriebsrats ist eine Niederschrift aufzunehmen, die mindestens den Wortlaut der Beschlüsse und die Stimmenmehrheit, mit der sie gefasst sind, enthält. ²Die Niederschrift ist von dem Vorsitzenden und einem weiteren Mitglied zu unterzeichnen. ³Der Niederschrift ist eine Anwesenheitsliste beizufügen, in die sich jeder Teilnehmer eigenhändig einzutragen hat.

(2) ¹Hat der Arbeitgeber oder ein Beauftragter einer Gewerkschaft an der Sitzung teilgenommen, so ist ihm der entsprechende Teil der Niederschrift abschriftlich auszuhändigen. ²Einwendungen gegen die Niederschrift sind unverzüglich schriftlich zu erheben; sie sind der Niederschrift beizufügen.

(3) **Die Mitglieder des Betriebsrats haben das Recht, die Unterlagen des Betriebsrats und seiner Ausschüsse jederzeit einzusehen.**

I. Vorbemerkung

1   Die Vorschrift ist zwingend (*Fitting* Rn. 3). Sie gilt nach § 51 I für den GesamtBR und nach § 59 I für den KonzernBR. Für die JAV gilt sie nach § 65 I, für die Gesamt-JAV nach § 73 II. Die Vorschrift gilt entsprechend für den Betriebsausschuss und die weiteren Ausschüsse des BR nach § 28 (*Fitting*

Rn. 7), für die Arbeitsgruppen nach § 28 a und die ANVertretungen nach § 3 I Nr. 2 u. 3 (*Fitting* Rn. 2). Da es auch in bloß vorbereitenden Ausschüssen zu Beschlüssen kommen kann, gilt sie auch für diese Ausschüsse (DKK/*Wedde* Rn. 1; *Fitting* Rn. 7).

II. Niederschrift

Die Verpflichtung, ein Protokoll anzufertigen, trifft den BR. Verantwortlich für die Ausführung ist 2 sein Vorsitzender (GK-BetrVG/*Wiese*/Raab Rn. 7). Das Protokoll ist Privaturkunde iSv. § 416 ZPO und Urkunde iSv. § 267 StGB (*Fitting* Rn. 5; GK-BetrVG/*Wiese*/*Raab* Rn. 12 ff.). Über die inhaltliche Richtigkeit muss im Streitfall nach § 286 ZPO in freier richterlicher Beweiswürdigung entschieden werden. Der AG ist nicht Eigentümer der Urkunden (DKK/*Wedde* Rn. 12; *Fitting* Rn. 5). Die Niederschrift ist auch anzufertigen, wenn keine Beschlüsse gefasst wurden (*Fitting* Rn. 6; GK-BetrVG/*Wiese*/*Raab* Rn. 6). Sind Beschlüsse gefasst oder abgelehnt worden, ist der Wortlaut der Beschlüsse und das Stimmverhältnis anzugeben (DKK/*Wedde* Rn. 3; *Richardi*/*Thüsing* Rn. 3; *Fitting* Rn. 13, 14). Angaben zum Stimmverhalten einzelner BRMitglieder sind möglich, aber grundsätzlich nicht vorgeschrieben. Ist namentliche Abstimmung durchgeführt worden, ist das Abstimmungsverhalten der BRMitglieder in der Niederschrift festzuhalten (DKK/*Wedde* Rn. 3; *Fitting* Rn. 14; aA GK-BetrVG/*Wiese* Rn. 14). Protokollerklärungen einzelner BRMitglieder sind aufzunehmen (DKK/*Wedde* Rn. 4; *Fitting* Rn. 15; GK-BetrVG/*Wiese*/*Raab* Rn. 15). In der Geschäftsordnung kann bestimmt werden, was zusätzlich in die Niederschrift gehört (*Fitting* Rn. 15).

Die Niederschrift kann auf der Sitzung oder unmittelbar danach auf Grund von Notizen ausgear- 3 beitet werden (*Fitting* Rn. 12; *Richardi*/*Thüsing* Rn. 7). Der BR kann einen **Schriftführer** bestellen (DKK/*Wedde* Rn. 9; *Fitting* Rn. 10). Ein Anspruch auf Teilnahme einer nicht angehörenden Person als verantwortlicher Protokollführer besteht nicht (BAG 17. 10. 1990 AP BetrVG 1972 § 108 **Nr. 8**). Die Hinzuziehung einer Schreibkraft zur Unterstützung eines Schriftführers, der BRMitglied ist, ist zulässig (DKK/*Wedde* Rn. 9; *Richardi*/*Thüsing* Rn. 5; *Fitting* Rn. 11; aA GK-BetrVG/*Wiese*/*Raab* Rn. 8). **Tonbandaufnahmen** sind nur zulässig, wenn alle Anwesenden ausdrücklich damit einverstanden sind (DKK/*Wedde* Rn. 7; *Fitting* Rn. 12; GK-BetrVG/*Wiese*/*Raab* Rn. 17). Neben dem Vorsitzenden hat ein weiteres Mitglied die Niederschrift zu **unterzeichnen**. Falls ein Schriftführer bestellt wurde, ist dieser zur Unterzeichnung berechtigt, es sei denn in der Geschäftsordnung wurde eine andere Regelung getroffen (*Fitting* Rn. 19). Die **Anwesenheitsliste** ist Bestandteil der Niederschrift und beweist durch eigenhändige Unterschrift die Teilnahme aller Teilnehmer. Bei nur vorübergehender Teilnahme, zB von Auskunftspersonen, ist auch der Zeitraum der Teilnahme festzuhalten (*Fitting* Rn. 21; GK-BetrVG/*Wiese*/*Raab* Rn. 20). Das **Fehlen einer Niederschrift** hat grundsätzlich keine Auswirkungen auf die Rechtsgültigkeit von Beschlüssen des BR (BAG 8. 2. 1977 AP BetrVG 1972 § 80 Nr. 10). Anderes gilt, wenn ein gesetzliches Schriftformerfordernis für den Beschluss vorgeschrieben ist, wie zB für die Geschäftsordnung oder die Übertragung von Aufgaben zur selbständigen Erledigung (*Fitting* Rn. 27; *Richardi*/*Thüsing* Rn. 21). Soweit der AG oder sein Vertreter an der Sitzung teilgenommen haben, ist ihm eine Abschrift der Niederschrift **auszuhändigen** (DKK/*Wedde* Rn. 14; *Richardi*/*Thüsing* Rn. 11; *Fitting* Rn. 22). Beschränkte sich die Teilnahme auf einzelne Tagesordnungspunkte, so erhält der AG nur den entsprechenden Teil als Abschrift ausgehändigt (*Fitting* Rn. 22; GK-BetrVG/*Wiese*/*Raab* Rn. 22). Gleiches gilt für den Gewerkschaftsbeauftragten. Die übrigen Teilnehmer haben keinen Anspruch auf Aushändigung einer Abschrift. Es ist nicht unzulässig, ihnen eine Abschrift zu überlassen (DKK/*Wedde* Rn. 16; *Fitting* Rn. 24). Solange die Niederschrift von rechtlicher Bedeutung sein kann, ist sie – auch vom nachfolgenden BR – **aufzubewahren** (DKK/*Wedde* Rn. 12; *Richardi* Rn. 23; *Fitting* Rn. 14).

III. Einwendungen

Die Berechtigung, Einwendungen gegen die Niederschrift zu erheben, steht nicht nur den in 4 Abs. 2 S. 1 genannten Personen, sondern allen zu, die an der Sitzung teilgenommen haben, insb. den BRMitgliedern (DKK/*Wedde* Rn. 17; *Richardi*/*Thüsing* Rn. 15; *Fitting* Rn. 29; GK-BetrVG/ *Wiese*/*Raab* Rn. 25). Einwendungen haben auf die Wirksamkeit der Beschlüsse des BR keine Auswirkung. Sie müssen nach Abs. 2 S. 2 unverzüglich schriftlich gegenüber dem Betriebsratsvorsitzenden erhoben werden. Es ist zulässig, die Einwendungen schon auf der Betriebsratssitzung mündlich vorzubringen. Auch wenn der BR die Einwendungen für sachlich nicht berechtigt hält, müssen sie der Niederschrift beigefügt werden. Ein vollständiges „Gegenprotokoll" des AG ist keine Einwendung (LAG Frankfurt DB 1989, 486; DKK/*Wedde* Rn. 17; *Fitting* Rn. 30; einschränkend GK-BetrVG/*Wiese*/*Raab* Rn. 26). Darüber hinaus gibt es keinen weitergehenden Anspruch auf Korrektur der Niederschrift. Auf Antrag eines Beteiligten kann die Richtigkeit der Niederschrift im Beschlussverfahren geklärt werden (*Fitting* Rn. 32; GK-BetrVG/*Wiese*/*Raab* Rn. 27).

IV. Einsichtsrecht

5   Das Einsichtsrecht unterliegt weder zeitlichen noch sachlichen Schranken oder Voraussetzungen solange seine Ausübung nicht die Arbeit des BR konkret behindert (*Fitting* Rn. 33; Richardi/*Thüsing* Rn. 27). Es dient der Kontrollmöglichkeit und Transparenz der Tätigkeit des BR und seiner Ausschüsse (*Fitting* Rn. 38). Das Einsichtsrecht erstreckt sich auf die Unterlagen einzelner Mitglieder des BR in gemeinsamen Ausschüssen nach § 28 III (*Fitting* Rn. 39; HSG/*Glaubitz* Rn. 26) und die Unterlagen von Arbeitsgruppen nach § 28 e (*Fitting* Rn. 38). Es gibt keinen Anspruch auf Überlassung der einzusehenden Unterlagen. Der Einsichtsberechtigte kann sich Notizen oder Abschriften anfertigen. Er darf sich die Unterlagen kopieren (DKK/*Wedde* Rn. 23; Richardi/*Thüsing* Rn. 28; *Fitting* Rn. 34; *Fitting* Rn. 28; GK-BetrVG/*Wiese/Raab* Rn. 31; aA BAG 27. 5. 82 AP BetrVG 1972 § 34 Nr. 1). Unterlagen sind alle schriftlichen Aufzeichnungen oder sonstigen Materialien, die der BR selbst angefertigt hat oder ihm ständig zur Verfügung stehen, insb. BV, TV, Verhandlungsprotokolle, Berechnungen usw. Einsichtsberechtigt nach Abs. 3 sind nur die BRMitglieder. Der JAV kann nach § 70 II im Einzelfall ein Einsichtsrecht zustehen (*Fitting* Rn. 35). Der BR hat die Möglichkeit, auch anderen Einsicht zu gewähren, soweit nicht gesetzliche Vorschriften, insb. die Geheimhaltungspflicht aus § 79 dem entgegensteht und ein berechtigtes Interesse an der Einsicht besteht (*Fitting* Rn. 35; GK-BetrVG/*Wiese/Raab* Rn. 29).

V. Streitigkeiten

6   Streitigkeiten aus der Vorschrift werden nach §§ 2 a, 80 ff. ArbGG im arbeitsgerichtlichen Beschlussverfahren entschieden.

§ 35 Aussetzung von Beschlüssen

(1) Erachtet die Mehrheit der Jugend- und Auszubildendenvertretung oder die Schwerbehindertenvertretung einen Beschluss des Betriebsrats als eine erhebliche Beeinträchtigung wichtiger Interessen der durch sie vertretenen Arbeitnehmer, so ist auf ihren Antrag der Beschluss auf die Dauer von einer Woche vom Zeitpunkt der Beschlussfassung an auszusetzen, damit in dieser Frist eine Verständigung, gegebenenfalls mit Hilfe der im Betrieb vertretenen Gewerkschaften, versucht werden kann.

(2) ¹Nach Ablauf der Frist ist über die Angelegenheit neu zu beschließen. ²Wird der erste Beschluss bestätigt, so kann der Antrag auf Aussetzung nicht wiederholt werden; dies gilt auch, wenn der erste Beschluss nur unerheblich geändert wird.

I. Antrag

1   Die zwingende Vorschrift gilt nach § 51 I auch für den GesamtBR und nach § 59 I mit gewissen Modifikationen für den KonzernBR (s. § 59 Rn. 2). Der Antrag kann nur gegen Beschlüsse des BR geltend gemacht werden, nicht gegen seine organisatorischen Akte, wie zB Wahlen (*Fitting* Rn. 5; GK-BetrVG/*Wiese/Raab* Rn. 18). Der Antrag kann formlos gestellt werden. Eine Woche nach Beschlussfassung kann er nicht mehr gestellt werden (DKK/*Wedde* Rn. 8; Richardi/*Thüsing* Rn. 12; *Fitting* Rn. 14). Die Beeinträchtigung ist zu begründen (DKK/*Wedde* Rn. 19; Richardi/*Thüsing* Rn. 13; *Fitting* Rn. 16). Einem Antrag der JAV muss ein mit absoluter Mehrheit gefällter Beschluss dieses Gremiums zugrunde liegen (vgl. § 66 Rn. 1; DKK/*Wedde* Rn. 5; *Fitting* Rn. 7; GK-BetrVG/*Wiese/Raab* Rn. 10). Ein Antragsrecht entfällt, wenn die Mehrheit der Jugend- und Auszubildendenvertreter nach § 67 II Stimmrecht hatte und für den Beschluss gestimmt hat (DKK/*Wedde* Rn. 5; *Fitting* Rn. 8; GK-BetrVG/*Wiese/Raab* Rn. 11; Richardi/*Thüsing* Rn. 14). Steht der JAV nach § 67 I 2 ein beratendes Stimmrecht zu, setzt der Antrag voraus, dass sie ihre Bedenken gegen den zur Abstimmung gestellten Beschluss während seiner Beratung deutlich gemacht hat (DKK/*Wedde* Rn. 5; *Fitting* Rn. 9; GK-BetrVG/*Wiese/Raab* Rn. 13). Dies gilt in gleicher Weise für die Schwerbehindertenvertretung (*Fitting* Rn. 10).

II. Aussetzung

2   Mit der Aussetzung wird die Durchführung des Beschlusses hinausgeschoben. Ist der Beschluss bereits durchgeführt, kann er nicht mehr ausgesetzt werden (*Fitting* Rn. 15). Der Betriebsratsvorsitzende hat kein materielles, sondern nur ein **formelles Prüfungsrecht** (*Fitting* Rn. 19; Richardi/*Thüsing* Rn. 16). Die Prüfung beschränkt sich grundsätzlich darauf, ob ein ordnungsgemäßer Antrag von einem nach § 35 Antragsberechtigten gestellt wurde. Ist der Antrag offensichtlich unbegründet oder mutwillig gestellt, kann dies in Eil- oder Notfällen anders sein (*Fitting* Rn. 19; DKK/*Wedde* Rn. 11). Die **Wochenfrist** wird nach den §§ 187 f. BGB berechnet. Sie beginnt nach Abs. 1 nicht mit der Antragstellung, sondern mit der Beschlussfassung. Der BR kann eine längere Frist einräumen, um längere Zeit für die Verständigungsverhandlungen zu gewähren (*Fitting* Rn. 20). Eine kürzere Frist ist

nur zulässig, wenn es zur einverständlichen Einigung kommt (DKK/*Wedde* Rn. 12; *Fitting* Rn. 20). Jeder Beteiligte kann die im Betrieb vertretenen **Gewerkschaften** zur Mithilfe für eine Verständigung hinzuziehen (*Fitting* Rn. 22; GK-BetrVG/*Wiese/Raab* Rn. 24). Die Aussetzung von Beschlüssen verlängert weder **andere Fristen** aus der Betriebsverfassung noch werden sie unterbrochen (Richardi/*Thüsing* Rn. 23). Die Wirksamkeit von Betriebsratsbeschlüssen wird von der Aussetzung oder der Nichtbeachtung der Vorschrift nicht berührt. Bei § 35 handelt es sich um eine interne Ordnungsvorschrift für die Willensbildung des BR (*Fitting* Rn. 29; GK-BetrVG/*Wiese/Raab* Rn. 22 f.). Deshalb führt der Aussetzungsantrag auch nicht zur Verlängerung der Fristen nach § 99 III und 102 II (DKK/*Wedde* Rn. 11; Richardi/*Thüsing* Rn. 24; *Fitting* Rn. 30). Der BR hat dem AG die von ihm getroffene Entscheidung unter Hinweis auf ein gegen diesen Beschlusses gerichtetes Aussetzungsverfahrens mitzuteilen. Dieser muss im Rahmen der aus § 2 I gebotenen vertrauensvollen Zusammenarbeit abwägen, ob er die vorgesehene Maßnahme bis zur erneuten Beschlussfassung hinausschieben kann, was außer in Dringlichkeitsfällen regelmäßig der Fall sein wird (vgl. DKK/*Wedde* Rn. 11; *Fitting* Rn. 30; GK-BetrVG/*Wiese/Raab* Rn. 23). Nach Abs. 2 S. 1 ist ein **neuer Beschluss** (frühestens) nach Ablauf der Wochenfrist herbeizuführen. Gegenstand der Beratung und neuen Beschlussfassung ist nicht der ursprüngliche Antrag sondern der angegriffene Beschluss unter Einbeziehung der von den Aussetzungsberechtigten vorgetragenen Einwände (*Fitting* Rn. 24; Richardi/*Thüsing* Rn. 19). Der erneute Beschluss beendet das Aussetzungsverfahren. Bestätigt der BR den angegriffenen Beschluss oder ändert den ersten Beschluss nur unerheblich, kann der erneute Beschluss nicht wieder Gegenstand eines neuen Aussetzungsverfahrens werden (*Fitting* Rn. 26; Richardi/*Thüsing* Rn. 26). Hebt er ihn auf, ohne in der Sache neu zu beschließen, kann es sich um eine erhebliche Änderung handeln (*Fitting* Rn. 28; aA GK-BetrVG/*Wiese/Raab* Rn. 30).

III. Ausschüsse

Eine analoge Anwendung auf Beschlüsse von Ausschüssen nach §§ 27, 28 ist jedenfalls dann **3** notwendig, wenn den Ausschüssen Aufgaben zur selbständigen Entscheidung übertragen wurden. In diesem Rahmen treten die Ausschüsse an die Stelle des BR. Ohne entsprechende Anwendung der Vorschrift auf diese Fälle würde der Schutz der Aussetzungsberechtigten unterlaufen (DKK/*Wedde* Rn. 1; Richardi/*Thüsing* Rn. 25; *Fitting* Rn. 32; GK-BetrVG/*Wiese/Raab* Rn. 6). Soweit die Geschäftsordnung nichts anderes regelt, sind die Aussetzungsanträge gegen die Ausschussbeschlüsse an den Betriebsratsvorsitzenden zu richten (Richardi/*Thüsing* Rn. 25; *Fitting* Rn. 32; GK-BetrVG/*Wiese/Raab* Rn. 6). Auf Beschlüsse des Wirtschaftsausschusses ist § 35 nicht anwendbar (DKK/*Wedde* Rn. 2; Richardi/*Thüsing* Rn. 25; *Fitting* Rn. 33).

IV. Streitigkeiten

Streitigkeiten aus der Vorschrift sind im arbeitsgerichtlichen Beschlussverfahren nach §§ 2 a, 80 ff. **4** ArbGG zu entscheiden.

§ 36 Geschäftsordnung

Sonstige Bestimmungen über die Geschäftsführung sollen in einer schriftlichen Geschäftsordnung getroffen werden, die der Betriebsrat mit der Mehrheit der Stimmen seiner Mitglieder beschließt.

I. Inhalt

Die Geschäftsordnung legt die Ordnung der internen Geschäftsführung des BR fest. Die Vorschrift **1** gilt entsprechend für die Ausschüsse des BR, des GesamtBR und des KonzernBR. Soweit der BR, der GesamtBR oder KonzernBR Geschäftsordnungen für die Geschäftsführung ihrer Ausschüsse erlassen, haben diese Vorrang vor den von den Ausschüssen selbst erlassenen (GK-BetrVG/*Wiese/Raab* Rn. 3). Die Geschäftsordnung des BR kann nur Vorschriften über die Führung der Geschäfte enthalten, also Bestimmungen darüber, in welcher Art und Weise der BR seine Aufgaben erfüllen will (BAG 16. 1. 1979 AP BetrVG 1972 § 38 Nr. 5). Sie kann dem BR keine Befugnisse übertragen, die ihm nicht bereits durch Gesetz oder TV zugewiesen wurden (DKK/*Wedde* Rn. 5; *Fitting* Rn. 5; GK-BetrVG/*Wiese/Raab* Rn. 12). Die Bestimmungen der §§ 26 bis 41 können wiederholt und tw. konkretisiert werden. Es kann aber nicht von zwingenden Vorschriften abgewichen werden (DKK/*Wedde* Rn. 3; Richardi/*Thüsing* Rn. 5; *Fitting* Rn. 5; GK-BetrVG/*Wiese/Raab* Rn. 11). Maßnahmen, die nur gemeinsam mit dem AG entschieden werden können, wie zB zusätzliche Freistellungen nach § 38 oder die Nutzung von Geschäftsräumen können nicht durch die Geschäftsordnung, sondern müssen durch BV oder Regelungsabrede vereinbart werden (BAG 16. 1. 1979 AP BetrVG 1972 § 38 Nr. 5).

II. Erlass

2   Der Beschluss bedarf der absoluten Mehrheit der Stimmen der Mitglieder des BR (*Fitting* Rn. 9). Die Geschäftsordnung bedarf der Schriftform. Sie muss vom Betriebsratsvorsitzenden unterzeichnet werden (*Fitting* Rn. 10; Richardi/*Thüsing* Rn. 10). Sie ist auch ohne Veröffentlichung wirksam. Die BRMitglieder dürfen sie jedoch jederzeit einsehen (DKK/*Wedde* Rn. 8; Richardi/*Thüsing* Rn. 10; *Fitting* Rn. 11; GK-BetrVG/*Wiese* Rn. 9). Wird eine Geschäftsordnung nicht erlassen, führt dies weder zur Unwirksamkeit der Beschlüsse des BR noch stellt dies eine grobe Pflichtverletzung nach § 23 dar (*Fitting* Rn. 9). Die Geschäftsordnung gilt für die Dauer der Amtszeit des BR (DKK/*Wedde* Rn. 11; *Fitting* Rn. 12; GK-BetrVG/*Wiese/Raab* Rn. 17; aA Richardi/*Thüsing* Rn. 15). Sie bindet den Vorsitzenden, den Stellvertreter, die Ausschüsse und alle sonstigen BRMitglieder oder Organe des BR. Der BR selbst kann mit absoluter Mehrheit im Einzelfall von der Geschäftsordnung abweichen (DKK/*Wedde* Rn. 9; *Fitting* Rn. 13; GK-BetrVG/*Wiese/Raab* Rn. 10; Richardi/*Thüsing* Rn. 13). Außenstehende können keine unmittelbaren Rechte aus der Geschäftsordnung herleiten, da sie lediglich interne Vorgänge des BR regelt (*Fitting* Rn. 14). Eine Verletzung der Geschäftsordnung allein hat grundsätzlich keine Auswirkung auf die Wirksamkeit von Betriebsratsbeschlüssen (DKK/*Wedde* Rn. 10; *Fitting* Rn. 14; GK-BetrVG/*Wiese/Raab* Rn. 18; Richardi/*Thüsing* Rn. 12). Etwas anders gilt, wenn die entsprechende Vorschrift so wesentlich ist, dass von ihrer Einhaltung erkennbar die Wirksamkeit des Beschlusses abhängen soll (GK-BetrVG/*Wiese/Raab* Rn. 18).

III. Streitigkeiten

3   Streitigkeiten aus der Vorschrift sind im arbeitsgerichtlichen Beschlussverfahren nach §§ 2a, 80ff. ArbGG zu entscheiden.

§ 37 Ehrenamtliche Tätigkeit, Arbeitsversäumnis

(1) **Die Mitglieder des Betriebsrats führen ihr Amt unentgeltlich als Ehrenamt.**

(2) **Mitglieder des Betriebsrats sind von ihrer beruflichen Tätigkeit ohne Minderung des Arbeitsentgelts zu befreien, wenn und soweit es nach Umfang und Art des Betriebs zur ordnungsgemäßen Durchführung ihrer Aufgaben erforderlich ist.**

(3) **[1] Zum Ausgleich für Betriebsratstätigkeit, die aus betriebsbedingten Gründen außerhalb der Arbeitszeit durchzuführen ist, hat das Betriebsratsmitglied Anspruch auf entsprechende Arbeitsbefreiung unter Fortzahlung des Arbeitsentgelts. [2] Betriebsbedingte Gründe liegen auch vor, wenn die Betriebsratstätigkeit wegen der unterschiedlichen Arbeitszeiten der Betriebsratsmitglieder nicht innerhalb der persönlichen Arbeitszeit erfolgen kann. [3] Die Arbeitsbefreiung ist vor Ablauf eines Monats zu gewähren; ist dies aus betriebsbedingten Gründen nicht möglich, so ist die aufgewendete Zeit wie Mehrarbeit zu vergüten.**

(4) **[1] Das Arbeitsentgelt von Mitgliedern des Betriebsrats darf einschließlich eines Zeitraums von einem Jahr nach Beendigung der Amtszeit nicht geringer bemessen werden als das Arbeitsentgelt vergleichbarer Arbeitnehmer mit betriebsüblicher beruflicher Entwicklung. [2] Dies gilt auch für allgemeine Zuwendungen des Arbeitgebers.**

(5) **Soweit nicht zwingende betriebliche Notwendigkeiten entgegenstehen, dürfen Mitglieder des Betriebsrats einschließlich eines Zeitraums von einem Jahr nach Beendigung der Amtszeit nur mit Tätigkeiten beschäftigt werden, die den Tätigkeiten der in Absatz 4 genannten Arbeitnehmer gleichwertig sind.**

(6) **[1] Die Absätze 2 und 3 gelten entsprechend für die Teilnahme an Schulungs- und Bildungsveranstaltungen, soweit diese Kenntnisse vermitteln, die für die Arbeit des Betriebsrats erforderlich sind. [2] Betriebsbedingte Gründe im Sinne des Absatzes 3 liegen auch vor, wenn wegen Besonderheiten der betrieblichen Arbeitszeitgestaltung die Schulung des Betriebsratsmitglieds außerhalb seiner Arbeitszeit erfolgt; in diesem Fall ist der Umfang des Ausgleichsanspruchs unter Einbeziehung der Arbeitsbefreiung nach Absatz 2 pro Schulungstag begrenzt auf die Arbeitszeit eines vollzeitbeschäftigten Arbeitnehmers. [3] Der Betriebsrat hat bei der Festlegung der zeitlichen Lage der Teilnahme an Schulungs- und Bildungsveranstaltungen die betrieblichen Notwendigkeiten zu berücksichtigen. [4] Er hat dem Arbeitgeber die Teilnahme und die zeitliche Lage der Schulungs- und Bildungsveranstaltungen rechtzeitig bekannt zu geben. [5] Hält der Arbeitgeber die betrieblichen Notwendigkeiten für nicht ausreichend berücksichtigt, so kann er die Einigungsstelle anrufen. [6] Der Spruch der Einigungsstelle ersetzt die Einigung zwischen Arbeitgeber und Betriebsrat.**

(7) **[1] Unbeschadet der Vorschrift des Absatzes 6 hat jedes Mitglied des Betriebsrats während seiner regelmäßigen Amtszeit Anspruch auf bezahlte Freistellung für insgesamt drei Wochen zur Teilnahme an Schulungs- und Bildungsveranstaltungen, die von der zuständigen obersten Ar-**

beitsbehörde des Landes nach Beratung mit den Spitzenorganisationen der Gewerkschaften und der Arbeitgeberverbände als geeignet anerkannt sind. ² Der Anspruch nach Satz 1 erhöht sich für Arbeitnehmer, die erstmals das Amt eines Betriebsratsmitglieds übernehmen und auch nicht zuvor Jugend- und Auszubildendenvertreter waren, auf vier Wochen. ³ Absatz 6 Satz 2 bis 6 findet Anwendung.

I. Ehrenamt

Die Vorschrift ist zugunsten des BR und seiner Mitglieder zwingend: Sie kann durch TV oder durch eine BV nicht abgeändert, aber konkretisiert und ausgestaltet werden (*Fitting* Rn. 4; GK-BetrVG/ *Wiese/Weber* Rn. 4). Für das BRAmt als privatrechtliches Ehrenamt gilt streng der **Grundsatz der Unentgeltlichkeit.** Nur so lässt sich die innere Unabhängigkeit des BRMitglieds und des BR als Organ gewährleisten (BAG 20. 10. 1993 AP BetrVG 1972 § 37 Nr. 90). Im Interesse der unparteiischen und unabhängigen Ausübung des Amtes dürfen BRMitglieder aus seiner Führung weder Vorteile haben noch Nachteile erleiden (DKK/*Wedde* Rn. 3; *Fitting* Rn. 7). Insb. dürfen sie keine mittelbaren oder versteckten Vergünstigungen empfangen (*Fitting* Rn. 8; GK-BetrVG/*Wiese/Weber* Rn. 9). Eine Pauschalierung ihrer amtsbedingten regelmäßigen Auslagen und Aufwendungen ist daher nur zulässig, wenn sie im Wesentlichen den durchschnittlichen tatsächlichen Belastungen entspricht (BAG 9. 11. 1955 AP KRG Nr. 22 Art. IX Nr. 1 Betriebsrätegesetz; DKK/*Wedde* Rn. 3; *Richardi*/ *Richardi/Thüsing* Rn. 11). Vereinbarungen über unzulässige Entgeltgewährung im Einzelvertrag, in einer BV oder in einem TV sind nach § 78 iVm. § 134 BGB nichtig. Das ohne Rechtsgrund Geleistete kann trotz § 817 S. 2 BGB zurückgefordert werden. Die Vorschrift ist vor dem Hintergrund des § 37 Abs. 1 teleologisch zu reduzieren (*Richardi/Richardi/Thüsing* Rn. 9; GK-BetrVG/*Wiese/Weber* Rn. 15; aA DKK/*Wedde* Rn. 7; *Fitting* Rn. 11). Verstöße gegen das Begünstigungs- und Benachteiligungsverbot können in einem Verfahren nach § 23 I führen und gegebenenfalls nach § 119 I Nr. 3 strafbar sein (*Fitting* Rn. 13; GK-BetrVG/*Wiese* Rn. 16). Die BRTätigkeit gilt in sozialversicherungsrechtlicher Hinsicht als Arbeitsleistung. In Ausübung von Amtsgeschäften erlittene Unfälle sind als Betriebsunfälle entsprechend zu entschädigen (DKK/*Wedde* Rn. 8; *Richardi*/*Richardi/Thüsing* Rn. 12; *Fitting* Rn. 14; GK-BetrVG/*Wiese/Weber* Rn. 14).

II. Arbeitsbefreiung

Auch BRMitglieder sind AN und damit verpflichtet, die ihnen obliegende Arbeitsleistung zu erbringen. Zusätzlich haben sie betriebsverfassungsrechtliche Aufgaben zu erledigen. Diese Aufgaben gehen der Arbeitspflicht unter folgenden Voraussetzungen vor: Die Arbeitsbefreiung muss der Durchführung von Aufgaben des BR dienen und zur ordnungsgemäßen Durchführung dieser Aufgaben erforderlich sein.

1. Aufgaben. Aufgaben des BR und der einzelnen BRMitglieder können sich neben dem BetrVG aus den allgemeinen Gesetzen, TV, BV und Regelungsabreden ergeben (DKK/*Wedde* Rn. 16; *Fitting* Rn. 23, 24; GK-BetrVG/*Wiese/Weber* Rn. 23). In der Regel handelt es sich um Aufgaben, die innerhalb des Betriebes wahrzunehmen sind. Sie können auch **außerhalb des Betriebs** liegen, zB der Besuch von Sitzungen des GesamtBR in anderen Betrieben des Unternehmens, Verhandlungen mit nationalen oder internationalen Behörden, Besprechungen mit der Gewerkschaft iR des § 2 I, soweit hierfür ein besonderer Anlass besteht, der Besuch eines Rechtsanwalts, der den BR vertritt oder das Auftreten in Gerichtsverhandlungen, soweit der BR selbst unmittelbar beteiligt ist (*Fitting* Rn. 27, 28). Im Übrigen kann die Teilnahme an Gerichtsverhandlungen im Einzelfall zu den Aufgaben des BR gehören, wenn er davon ausgehen darf, dass er die dort zu erwartenden Informationen in naher Zukunft für die gezielte Wahrnehmung anderer gesetzlicher oder betriebsverfassungsrechtlicher Aufgaben einsetzen kann (BAG 31. 8. 1994 AP BetrVG 1972 § 37 Nr. 98). Auch Besprechungen mit BR fremder Betriebe können zu den Aufgaben des BR gehören, wenn dafür ein konkreter betrieblicher Anlass besteht (DKK/*Wedde* Rn. 19; *Fitting* Rn. 30; GK-BetrVG/*Wiese/Weber* Rn. 31; vgl. auch BAG 10. 8. 1994 BB 1995, 1034 für ein Treffen mehrer Betriebsräte eines Unternehmens). Nicht zu den Aufgaben des BR gehört die Werbung für eine Gewerkschaft oder die Teilnahme an Veranstaltungen rein gewerkschaftlichen Charakters, ohne Bezug zu den konkreten betriebsverfassungsrechtlichen Aufgaben (DKK/*Wedde* Rn. 24; *Fitting* Rn. 31). Ebenso wenig die Teilnahme an Tarifverhandlungen, selbst wenn es um die Verhandlung eines FirmenTV geht und das BRMitglied in seiner Eigenschaft als Angehöriger der Gewerkschaft Mitglied der Tarifkommission ist (*Richardi*/*Richardi/Thüsing* Rn. 18; *Fitting* Rn. 31; GK-BetrVG/*Wiese/Weber* Rn. 30). Gleiches gilt für die Ausübung von Ehrenämtern, wie die Tätigkeit als ehrenamtlicher Arbeits- oder Sozialrichter oder als Vertreter in den Selbstverwaltungsorganen der Sozialversicherungsträger (DKK/*Wedde* Rn. 23; *Fitting* Rn. 31). Auch die allgemeine Rechtsberatung einzelner AN (LAG Rheinland-Pfalz 10. 9. 1984 NZA 1985, 430) oder die Prozessvertretung in arbeitsgerichtlichen Verfahren sind keine Aufgaben des BR (DKK/*Wedde* Rn. 23; *Richardi/Thüsing* Rn. 17; *Fitting* Rn. 32; GK-BetrVG/*Wiese/Weber* Rn. 25; vgl. auch BAG 19. 5. 1983 AP BetrVG 1972 § 37 Nr. 44). Und endlich gehört die Kontrolle von Maßnahmen des AG, die seiner Willensbildung dienen und als solche nicht der Mitbestimmung unterliegen, nicht zu seinen Aufgaben (BAG 11. 8. 1993 AuR 1993, 374: Kontrolle von Zeitstudien des AG zur möglichen Einführung neuer Entlohnungsmethoden). Hat ein BRMitglied Arbeitsbefreiung für eine nicht zu den Aufgaben des BR gehörenden Tätigkeit in Anspruch genommen, verliert es grundsätzlich den Anspruch auf Arbeitsentgelt, soweit der Betreffende – zB bei schwieriger und ungeklärter Rechtslage – nicht auf Grund eines entschuldbaren Irrtums davon ausgehen durfte, dass er BRarbeit ausübt (vgl. BAG 31. 8. 1994 AP BetrVG 1972 § 37 Nr. 98; ähnlich *Fitting* Rn. 33; DKK/*Wedde* Rn. 25).

4   **2. Erforderlichkeit.** Ein BRMitglied, das den weitgesteckten Rahmen seiner gesetzlichen Mitwirkungs- und Mitbestimmungsrechte auszuschöpfen versucht, überschreitet allein deshalb nicht die Grenzen der Erforderlichkeit (DKK/*Wedde* Rn. 26; *Fitting* Rn. 38). Die Prüfung der Erforderlichkeit ist jedoch nicht allein in sein subjektives Ermessen gestellt (BAG 16. 3. 1988 AP BetrVG 1972 § 37 Nr. 63). Entscheidend ist, ob das Mitglied des BR vom Standpunkt eines vernünftigen Dritten aus bei gewissenhafter Überlegung und bei ruhiger, vernünftiger Würdigung aller Umstände und Abwägung der Interessen des Betriebs, des BR und der Belegschaft, die Arbeitsversäumnis für notwendig halten durfte, um den gestellten Aufgaben gerecht zu werden (BAG 6. 8. 1981 AP BetrVG 1972 § 37 Nr. 40; DKK/*Wedde* Rn. 26; GK-BetrVG/*Wiese*/*Weber* Rn. 33, 34). Der Beschluss des BR allein genügt nicht, um die Erforderlichkeit zu begründen (BAG 6. 8. 1981 AP BetrVG 1972 § 37 Nr. 39). Das BRMitglied führt sein Amt eigenverantwortlich und muss deshalb neben dem Beschluss des BR selbst über die Erforderlichkeit der konkret beabsichtigten BRTätigkeit entscheiden. Deshalb kann umgekehrt sein Tätigwerden auch ohne Betriebsratsbeschluss erforderlich sein (BAG 6. 8. 1981 AP BetrVG 1972 § 37 Nr. 40; DKK/*Wedde* Rn. 30). Die Erforderlichkeit kann nicht anhand von Erfahrungs- oder Richtwerten gemessen werden. Stets muss eine Einzelfallbetrachtung erfolgen (BAG 21. 11. 1978 AP BetrVG 1972 § 37 Nr. 34; BAG 16. 10. 1986 AP BetrVG 1972 § 37 Nr. 58). Den BRMitgliedern steht für ihre Entscheidung zur Erforderlichkeit ein **Beurteilungsspielraum** zu (BAG 16. 3. 1988 AP BetrVG 1972 § 37 Nr. 63; Richardi/*Richardi*/*Thüsing* Rn. 25; *Fitting* Rn. 38). Durfte ein BRMitglied nach gewissenhafter Prüfung zu der Einschätzung kommen, die Tätigkeit sei erforderlich, bleibt der Entgeltanspruch bestehen, auch wenn sich später herausstellt, dass die Erledigung der Aufgabe objektiv nicht notwendig war (BAG 16. 3. 1988 AP BetrVG 1972 § 37 Nr. 63; *Fitting* Rn. 40). Ebenso wenig ist in diesem Fall eine Abmahnung wegen Arbeitsversäumnis zulässig (BAG 6. 8. 1981 AP BetrVG 1972 § 37 Nr. 39, 40; BAG 31. 8. 1994 AP BetrVG 1972 § 37 Nr. 98). Bei BRTätigkeiten außerhalb des Betriebs zählen auch notwendige Wege- und Reisezeiten zur erforderlichen Arbeitsversäumnis (BAG 11. 7. 1978 AP BetrVG 1972 § 37 Nr. 57; Richardi/*Richardi*/*Thüsing* Rn. 22).

5   Der **Umfang der Arbeitsbefreiung** ist nicht für alle BRMitglieder gleich, sondern abhängig von der konkreten Aufgabenstellung und Funktion der einzelnen BRMitglieder. In Betrieben mit nach § 38 freigestellten BRMitgliedern ist eine Arbeitsbefreiung für nicht freigestellte BRMitglieder nur verwehrt, wenn die freigestellten BRMitglieder nicht ausgelastet sind (BAG 19. 9. 1985 AP LPVG Rheinland-Pfalz § 42 Nr. 1; DKK/*Wedde* Rn. 28; *Fitting* Rn. 45; GK-BetrVG/*Wiese*/*Weber* Rn. 37). Die Entscheidung über die Arbeitsorganisation und Arbeitsteilung innerhalb des BR ist im Übrigen allein seine Sache (BAG 1. 3. 1963 AP BetrVG 1972 § 37 Nr. 8; DKK/*Wedde* Rn. 27; *Fitting* Rn. 45; GK-BetrVG/*Wiese*/*Weber* Rn. 22, 37). Grundsätzlich ist der BR auch befugt, selbst zu bestimmen, wie viele BRMitglieder an Verhandlungen mit dem AG oder Besprechungen nach § 74 I teilnehmen sollen; insb. kann er auch beschließen, dass er mit allen BRMitgliedern teilnehmen will (DKK/*Wedde* Rn. 29; *Fitting* Rn. 46; GK-BetrVG/*Wiese* Rn. 39).

6   Bei Verlassen des Arbeitsplatzes muss sich das BRMitglied **abmelden.** Der AG kann keine persönliche Erklärung des betroffenen BRMitglieds verlangen (BAG 6. 8. 1981 und 13. 5. 1997 AP BetrVG 1972 § 37 Nr. 40, 119). Die Zustimmung des AG zur Arbeitsbefreiung ist nicht erforderlich (BAG 6. 8. 1981 und 13. 5. 1997 AP BetrVG 1972 § 37 Nr. 39, 119). Die Abmeldung ermöglicht dem AG notwendige arbeitsorganisatorische Dispositionen zu treffen, um den Arbeitsausfall zu überbrücken und Störungen des Betriebsablaufs zu vermeiden (BAG 15. 7. 1992 AP BGB § 611 Abmahnung Nr. 9; BAG 13. 5. 1997 AP BetrVG 1972 § 37 Nr. 119). Für diesen Zweck muss bei der Abmeldung Ort, Zeitpunkt und voraussichtliche Dauer der BRTätigkeit, nicht aber Art oder Inhalt der geplanten BRTätigkeit angeben werden (BAG 15. 3. 1995 und 13. 5. 1997 AP BetrVG 1972 § 37 Nr. 105, 119). Der AG darf, falls der BR in AN aufsuchen will, nicht nach dem Namen des AN fragen (BAG 23. 6. 1983 AP BetrVG 1972 § 37 Nr. 45) Eine genauere Schilderung ist erforderlich, wenn der AG bei der Abmeldung seinerseits darlegt, dass der Betroffene für die Zeit der beabsichtigten BRTätigkeit unabkömmlich ist und betriebsbedingte Gründe eine zeitliche Verschiebung verlangen (BAG 15. 3. 1995 AP BetrVG 1972 § 37 Nr. 105). Der BR muss dann prüfen, ob oder inwieweit die geplante BRTätigkeit verschoben werden kann und gegebenenfalls darlegen, dass die BRArbeit zu dringlich ist, um dem Verlangen des AG nachkommen zu können (BAG 15. 3. 1995 AP BetrVG 1972 § 37 Nr. 105). Auch vor Antritt einer erforderlichen Reise braucht das BRMitglied dem AG keine detaillierten Auskünfte über den Reisezweck zu erteilen, erst recht keine Zustimmung zur Reise einzuholen. Der Reisezweck ist erst im arbeitsgerichtlichen Beschlussverfahren über die Kostenerstattung im Einzelnen darzulegen

(BAG 10. 8. 1994 NZA 1995, 796). Das BRMitglied muss dem AG ebenso seine **Rückkehr** an den Arbeitsplatz **anzeigen,** damit er die erforderlichen Dispositionen treffen kann (BAG 13. 5. 1997 AP BetrVG 1972 § 37 Nr. 119; DKK/*Wedde* Rn. 45; *Fitting* Rn. 52; GK-BetrVG/*Wiese/Weber* Rn. 50). Eine einseitige nähere Regelung des Ab- und Rückmeldemeldeverfahrens allein durch den AG ist unwirksam, soweit er damit sein Weisungsrecht gegenüber dem einzelnen AN überschreitet oder gesetzwidrig ein Weisungsrecht zur Ausübung der BRTätigkeit in Anspruch nimmt. Solche Regelungen sind daher auch nicht mitbestimmungspflichtig (BAG 23. 6. 1983 und 13. 5. 1997 AP BetrVG 1972 § 37 Nr. 45, 119; DKK/*Wedde* Rn. 46; GK-BetrVG/*Wiese/Weber* Rn. 52; Richardi/*Richardi/Thüsing* Rn. 29; *Fitting* Rn. 53). Verletzt das BRMitglied die Abmeldepflicht, kann dies zu einer Abmahnung führen (BAG 15. 7. 1992 AP BGB § 611 Abmahnung Nr. 9). Darüber hinaus kann sich das BRMitglied schadensersatzpflichtig machen (LAG Düsseldorf 9. 8. 1985 DB 1985, 2463; *Fitting* Rn. 56; GK-BetrVG/*Wiese/Weber* Rn. 51). Besteht im Betrieb eine Pflicht zur Zeiterfassung bei Betreten und Verlassen des Betriebs, gilt diese auch für BRMitglieder bei amtbedingten Unterbrechungen der Arbeit (LAG Berlin 9. 1. 1984 DB 1984, 2098; DKK/*Wedde* Rn. 46).

Eine ordnungsgemäße Abmeldung ersetzt nicht die für die **Entgeltfortzahlung** entscheidende 7 Prüfung, ob und inwieweit das BRMitglied die Arbeitsbefreiung zur Erledigung der gesetzlichen Aufgaben für erforderlich halten durfte (BAG 24. 7. 1991 AP ArbGG 1979 § 48 Nr. 4; BAG 15. 3. 1995 AP BetrVG 1972 § 37 Nr. 105). Zweifelt der AG auf Grund der konkreten betrieblichen Situation und des vom BRMitglied genannten Zeitaufwands an der Erforderlichkeit der BRTätigkeit, hat das BRMitglied dem AG stichwortartige Angaben zu übermitteln, die diesem zumindest eine Plausibilitätskontrolle ermöglichen. Solange das BRMitglied dieser Pflicht nicht nachkommt, kann der AG den Lohn zurückhalten (BAG 15. 3. 1995 AP BetrVG 1972 § 37 Nr. 105). Eine genaue Schilderung der betreffenden Aufgabe ist in keinem Fall erforderlich (BAG 19. 6. 1979 AP BetrVG 1972 § 37 Nr. 36). Die Mitglieder des BR sind auch nicht verpflichtet, für den AG eine schriftliche Dokumentation ihrer Tätigkeit anzufertigen.

3. Arbeitsentgelt. Das BRMitglied hat Anspruch auf das Arbeitsentgelt, was er erhalten hätte, wenn 8 er keine BRTätigkeit ausgeübt hätte – Lohnausfallprinzip (BAG 31. 7. 1986 AP BetrVG 1972 § 37 Nr. 55). Der Begriff des fortzuzahlenden Arbeitsentgelts iSv. Abs. 2 kann mangels Tariföffnungsklausel in einem TV nicht modifiziert werden (BAG 28. 8. 1991 AP BPersVG § 46 Nr. 16; BAG 13. 7. 1994 AP BetrVG 1972 § 37 Nr. 67). Anspruchsgrundlage ist der Arbeitsvertrag iVm. § 611 I BGB und § 37 II (BAG 27. 6. 1990 AP BetrVG 1972 § 37 Nr. 76). Es wird nicht die BRArbeit, sondern die wegen der BRArbeit notwendige Arbeitsversäumnis wie geleistete Arbeit vergütet (*Fitting* Rn. 58). Neben der **Grundvergütung** sind alle **Zuschläge und Zulagen** zu bezahlen, die das BRMitglied ohne Arbeitsbefreiung verdient hätte, insb. Zuschläge für Mehr-, Über-, Nacht-, Sonn- und Feiertagsarbeit, Erschwernis- und Sozialzulagen (BAG 20. 10. 1993 AP BetrVG 1972 § 37 Nr. 90; BAG 16. 8. 1995 AP TVG § 1 Tarifverträge: Lufthansa Nr. 19). Darüber hinaus sind Weihnachtsgratifikationen, Urlaubsgeld, Anwesenheitsprämien, vermögenswirksame Leistungen und sonstige allgemeine Zuwendungen fortzuzahlen (DKK/*Wedde* Rn. 50; *Fitting* Rn. 64). Gleiches gilt für freiwillige, jederzeit widerrufliche Zulagen (BAG 21. 4. 1983 AP BetrVG 1972 § 37 Nr. 43). Auch „**Antrittsgelder**" müssen gezahlt werden, weil es unerheblich ist, ob das BRMitglied die Arbeit, für welche die zusätzliche Leistung bezahlt wird, tatsächlich geleistet hat oder nicht (BAG 13. 7. 1994 AP BetrVG 1972 § 37 Nr. 97). **Trinkgelder** gehören jedenfalls bei Fehlen einer besonderen arbeitsvertraglichen Vereinbarung für Zeiten des Arbeitsausfalls wie Urlaub oder Arbeitsunfähigkeit nicht zum fortzuzahlenden Arbeitsentgelt (BAG 28. 6. 1995 DB 1996, 226). Zum Arbeitsentgelt nach Abs. 2 gehört ebenso wenig der **Aufwendungsersatz** wie zB die Fahrtentschädigung für Lokomotivführer und Zugbegleiter (BAG 5. 4. 2000 AP BetrVG 1972 § 37 Nr. 131), Wegegeld, Auslösungen, Beköstigungszulagen usw., es sei denn, er dient der Verbesserung des Lebensstandards des AN und ihm stehen keine tatsächlichen Aufwendungen gegenüber (BAG 16. 8. 1995 AP TVG § 1 Tarifverträge: Lufthansa Nr. 19; vgl. Richardi/*Richardi/Thüsing* Rn. 33; *Fitting* Rn. 66). Soweit pauschalierte Auslösungen über den reinen Aufwendungsersatz hinausgehen, sind sie als fortzuzahlendes Arbeitsentgelt anzusehen (BAG 10. 2. 1988 AP BetrVG 1972 § 37 Nr. 64). **Akkordlohn** ist nach der vorangegangenen durchschnittlichen Arbeitsleistung des BRMitglieds, soweit sie nicht feststellbar ist nach Maßgabe der durchschnittlichen Arbeitsleistung vergleichbarer AN zu vergüten (DKK/*Wedde* Rn. 49; Richardi/*Richardi/Thüsing* Rn. 31; *Fitting* Rn. 68; GK-BetrVG/*Wiese/Weber* Rn. 59). Bei witterungsbedingtem Arbeitsausfall im Baugewerbe, hat das BRMitglied nur Anspruch auf die tariflichen und sozialversicherungsrechtlichen Leistungen – §§ 209–214 SGB III – auch wenn es während des Arbeitsausfalls BRTätigkeit verrichtet hat (BAG 31. 7. 1986 AP BetrVG 1972 § 37 Nr. 55). Bei **Kurzarbeit** hat das BRMitglied Anspruch auf das verkürzte Arbeitsentgelt bzw. auf das Kurzarbeitergeld der Bundesanstalt für Arbeit (*Fitting* Rn. 69; DKK/*Wedde* Rn. 49). BRMitglieder, die in **Heimarbeit** beschäftigt sind, ist der jeweils festgelegte Mindeststundenlohn zu zahlen (*Fitting* Rn. 70). Soweit dem BRMitglied eine unterwertige Tätigkeit zugewiesen werden darf, bleibt der Anspruch auf den vorangegangenen höheren Lohn bestehen (*Fitting* Rn. 72). Ist die Arbeitspflicht auf Grund einer rechtmäßigen **Aussperrung** suspendiert, besteht grundsätzlich kein Anspruch auf Fortzahlung des Arbeitsentgelts, wenn während der

Aussperrung BRTätigkeit wahrgenommen wird (BAG 25. 10. 1988 AP GG Art. 9 Nr. 110; *Fitting* Rn. 61; aA DKK/*Wedde* Rn. 54). Schaltet der AG während des Arbeitskampfes den BR ein, weil er Beteiligungsrechte beachten muss, die keinen Kampfbezug haben, gilt etwas anderes (*Fitting* Rn. 62).

III. Betriebsratstätigkeit außerhalb der Arbeitszeit

9   BRTätigkeit ist grundsätzlich innerhalb der Arbeitszeit abzuwickeln (BAG 27. 8. 1982 AP BetrVG 1972 § 102 Nr. 25; BAG 3. 12. 1987 AP BetrVG 1972 § 37 Nr. 62). **Abs. 3** enthält einen Ausgleichsanspruch für Nachteile, die ein BRMitglied dadurch erleidet, dass er aus betriebsbedingten Gründen zur Wahrnehmung der BRAufgaben Freizeit opfern muss (BAG 19. 7. 1977 AP BetrVG 1972 § 37 Nr. 31; BAG 11. 1. 1995 AP BetrVG 1972 § 37 Nr. 103).

10   **1. Voraussetzungen.** Mit **Arbeitszeit** meint man die individuelle, persönliche Arbeitszeit des BRMitglieds, wie sie sich aus dem Arbeitsvertrag, BV oder TV ergibt (BAG 3. 12. 1987 AP BetrVG 1972 § 37 Nr. 62; *Fitting* Rn. 92; GK-BetrVG/*Wiese/Weber* Rn. 74), selbst wenn es sich um ein Teilzeitarbeitsverhältnis handelt (DKK/*Wedde* Rn. 62; *Fitting* Rn. 92), wie jetzt Abs. 3 S. 2 klarstellt. Auch die außerhalb der Arbeitszeit geleistete BRTätigkeit muss **erforderlich** sein (DKK/*Wedde* Rn. 56; Richardi/*Richardi/Thüsing* Rn. 40; *Fitting* Rn. 76; GK-BetrVG/*Wiese/Weber* Rn. 72). Für die Teilnahme an außerhalb der Arbeitszeit stattfindenden Betriebs- und Abteilungsversammlung ergibt sich der Anspruch für BRMitglieder aus § 44 I (BAG 5. 5. 1987 AP BetrVG 1972 § 44 Nr. 4; GK-BetrVG/*Wiese/Weber* Rn. 86; aA DKK/*Wedde* Rn. 57; *Fitting* Rn. 78). **Betriebsbedingte Gründe** beruhen auf den betrieblichen Verhältnissen. Sie liegen vor, wenn dem BRMitglied keine andere Wahl bleibt, als seine Tätigkeit außerhalb seiner individuellen, persönlichen Arbeitszeit durchzuführen. Sie können sich einmal aus der Eigenart des Betriebes oder der Arbeitsabläufe ergeben. Ein im Betrieb vorhandener Sachzwang muss dazu führen, dass die BRTätigkeit nicht innerhalb der Arbeitszeit durchgeführt werden kann (BAG 11. 7. 1978 AP BetrVG 1972 § 37 Nr. 57; BAG 26. 1. 1994 AP BetrVG 1972 § 37 Nr. 93). Betriebsbedingte Gründe können zum anderen auch gegeben sein, wenn der AG mittelbar oder unmittelbar darauf Einfluss genommen hat, dass die BRTätigkeit nicht während der Arbeitszeit durchgeführt werden kann (vgl. BAG 26. 1. 1994 AP BetrVG 1972 § 37 Nr. 93). Die betriebsbedingten Gründen ergeben sich dann „aus seiner Sphäre" (*Fitting* Rn. 80; Richardi/*Richardi/Thüsing* Rn. 44). Wird die Arbeitszeit des BRMitglieds durch Verhandlungen mit dem AG in für den Betrieb wichtigen Fragen überschritten, liegen ebenfalls betriebsbedingte Gründe vor (*Fitting* Rn. 65; GK-BetrVG/*Wiese/Weber* Rn. 78). Sie können gegeben sein, wenn das BRMitglied die außerhalb der Arbeitszeit beabsichtigte BRTätigkeit anzeigt und der AG keine Möglichkeit zur Ausübung der Tätigkeit während der Arbeitszeit gibt (BAG 3. 12. 1987 AP BetrVG 1972 § 37 Nr. 62). Betriebsbedingte Gründe, liegen auch ohne Anzeige vor, wenn eine Verlegung der Tätigkeit in die Arbeitszeit objektiv unmöglich ist oder der AG sich eindeutig und endgültig auch für zukünftige Fälle geweigert hat, die BRTätigkeit während der Arbeitszeit zu ermöglichen (BAG 31. 10. 1985 AP BetrVG 1972 § 37 Nr. 52; BAG 3. 12. 1987 AP BetrVG 1972 § 37 Nr. 62). **Abs. 3 Satz 2** soll verhindern, dass sich die heute üblichen unterschiedlichsten Formen flexibler Arbeitszeitgestaltung negativ auf die BRArbeit oder die persönliche Rechtsstellung seiner Mitglieder auswirkt. Mit der Neufassung der Vorschrift steht nun (endgültig) fest, dass auch **Teilzeitbeschäftigte** Freistellung und Entgeltfortzahlung verlangen können, die BRArbeit innerhalb der betrieblichen, aber außerhalb ihrer persönlichen Arbeitszeit leisten (BT-Drucks. 14/5741 S. 40; DKK/*Wedde* Rn. 62; *Fitting* Rn. 81; Richardi/*Richardi/Thüsing* Rn. 48). Dabei kommt es nicht darauf an, ob das BRMitglied sein Teilzeitarbeit selbst gewünscht ist und etwa über § 8 TzBfG herbeigeführt hat (*Fitting* Rn. 83). Die Neuregelung gilt für alle Formen der individuellen, persönlichen Arbeitszeit wie KAPOVAZ, Job-Sharing, Gleitzeit (BT-Drucks. 14/5741 S. 40) oder Wechselschichtarbeit (DKK/*Wedde* Rn. 62; *Fitting* Rn. 82). Betriebsbedingte Gründe liegen auch vor, wenn die BRArbeit wegen der unterschiedlichen Länge der individuellen Arbeitszeiten von BRMitgliedern außerhalb der persönliche Arbeitszeit erforderlich ist (*Fitting* Rn. 83). Eine generelle Verpflichtung, die BRArbeit den unterschiedlichen Arbeitszeiten der teilzeitbeschäftigten BRMitglieder anzupassen, besteht nicht (*Fitting* Rn. 86). Bei **Gleitzeitarbeit** wird die innerhalb des Gleitzeitrahmens ausgeübte BRTätigkeit im Rahmen der Gleitzeitregelungen ausgeglichen (*Fitting* Rn. 60, 92 a). **Betriebsratsbedingte Gründe,** dh. Gründe, die sich aus der Organisation der BRArbeit durch den BR ergeben, sind nicht notwendig gleichzusetzen mit betriebsbedingten Gründen (BAG 21. 5. 1974 AP BetrVG 1972 § 37 Nr. 14; *Fitting* Rn. 88; GK-BetrVG/*Wiese/Weber* Rn. 85; kritisch DKK/*Wedde* Rn. 59). Die Festsetzung der Zeit von Sitzungen des Gesamt- oder KonzernBR werden oft nicht durch betriebsbedingte Gründe bestimmt sein (BAG 11. 7. 1978 AP BetrVG 1972 § 37 Nr. 57). Soweit die Organisationsentscheidungen des BR jedoch auf betriebsbedingte Gründe zurückzuführen sind, greift der Ausgleichsanspruch. Wird BRArbeit allein aus Gründen in der Person des BRMitglieds außerhalb der Arbeitszeit erledigt, fehlen betriebsbedingte Gründe; etwa, wenn das BRMitglied seinen Urlaub unterbricht, um an einer Betriebsratssitzung teilzunehmen (*Fitting* Rn. 87; Richardi/*Richardi/Thüsing* Rn. 46; aA DKK/*Wedde* Rn. 64). Die Teilnahme eines BRMitglieds an einer **Schulungs- und Bildungsveranstaltung** nach Abs. 6 oder 7, die außerhalb der Arbeitszeit stattfindet, löst keinen An-

IV. Wirtschaftliche und berufliche Absicherung § 37 BetrVG 210

spruch nach Abs. 3 aus (BAG 18. 9. 1973 AP BetrVG 1972 § 37 Nr. 3; BAG 20. 10. 1993 AP BetrVG 1972 § 37 Nr. 90). Dies ergibt sich zum einen daraus, dass Abs. 6 nicht auf Abs. 3 verweist, zum anderen daraus, dass die Schulungsmaßnahme nicht aus betriebsbedingten Gründen, sondern auf Grund von Organisationsentscheidungen des Schulungsträgers außerhalb der Arbeitszeit stattfindet (BAG 18. 9. 1973 AP BetrVG 1972 § 37 Nr. 3; BAG 20. 10. 1993 AP BetrVG 1972 § 37 Nr. 90).

2. **Ausgleichs- oder Abgeltungsanspruch.** Das Rangverhältnis zwischen primären Ausgleichs- und 11 sekundären Abgeltungsanspruch ist zwingend. Es unterliegt nicht der Disposition des AG oder des BRMitglieds (BAG 25. 8. 1999 AP BetrVG 1972 § 37 Nr. 130; DKK/*Wedde* Rn. 65; *Fitting* Rn. 93; GK-BetrVG/*Wiese*/*Weber* Rn. 88). Der AG hat die **Arbeitsbefreiung** zu gewähren. Das BRMitglied darf der Arbeit ohne Gewährung der Freizeit nicht einfach fernbleiben (BAG 25. 8. 1999 AP BetrVG 1972 § 37 Nr. 130; DKK/*Wedde* Rn. 66; *Fitting* Rn. 95; GK-BetrVG/*Wiese* Rn. 88). Dies gilt auch, wenn die Arbeitsbefreiung innerhalb eines Monats ohne erkennbare Gründe nicht gewährt wird (Richardi/*Richardi*/*Thüsing* Rn. 57; GK-BetrVG/*Wiese*/*Weber* Rn. 90; aA DKK/*Wedde* Rn. 66; *Fitting* Rn. 96). Es gelten die Grundsätze für die Urlaubsgewährung entsprechend (*Fitting* Rn. 95; aA GK-BetrVG/*Wiese*/*Weber* Rn. 94). Vorrang vor den betrieblichen Interessen hat damit grundsätzlich der Freizeitanspruch. Er muss notfalls mit einer einstweiligen Verfügung durchgesetzt werden (vgl. BAG 25. 8. 1999 AP BetrVG 1972 § 37 Nr. 130; GK-BetrVG/*Wiese*/*Weber* Rn. 90). Auch betriebsverfassungsrechtlich ist Selbstjustiz ausgeschlossen. Der Ausgleichsanspruch besteht in dem Umfang, in dem das BRMitglied BRTätigkeit außerhalb der Arbeitszeit verrichtet hat. Eine zeitliche Begrenzung des Ausgleichsanspruchs auf die persönliche Arbeitszeit des BRMitglieds sieht das Gesetz nicht vor (BAG 25. 8. 1999 AP BetrVG 1972 § 37 Nr. 130). Soweit keine betriebsbedingten Gründe entgegenstehen, richtet sich die zeitliche Lage der Arbeitsbefreiung nach den Wünschen des BRMitglieds (DKK/*Wedde* Rn. 66; *Fitting* Rn. 101). Liegen keine betriebsbedingten Gründe vor, behält das BRMitglied auch nach Ablauf des Monats den Freizeitanspruch (DKK/*Wedde* Rn. 70; Richardi/*Richardi*/*Thüsing* Rn. 57; GK-BetrVG/*Wiese*/*Weber* Rn. 95, 98). Bei der Monatsfrist handelt es sich nicht um eine gesetzliche Ausschlussfrist. Der Anspruch auf Freizeitausgleich unterliegt aber den tarifvertraglichen Ausschlussfristen (BAG 26. 2. 1992 AP BPersVG § 46 Nr. 18). Der Anspruch erlischt auch, wenn der AG die Arbeitsbefreiung gewährt und das BRMitglied sie nicht wahrnimmt (DKK/*Wedde* Rn. 70; *Fitting* Rn. 104; GK-BetrVG/*Wiese*/*Weber* Rn. 92). Für die Zeit der Arbeitsbefreiung ist das Arbeitsentgelt fortzuzahlen. Die außerhalb der Arbeitszeit durchgeführte BRTätigkeit gilt nicht automatisch als zusätzliche Arbeitszeit, die entsprechend den gesetzlichen oder tarifvertraglichen Vorschriften zusätzlich als Mehrarbeit zu vergüten oder mit einer über den tatsächlichen Zeitaufwand hinausgehenden Arbeitsbefreiung abzugelten wäre (BAG 19. 7. 1977 AP BetrVG 1972 § 37 Nr. 29; *Fitting* Rn. 98; GK-BetrVG/*Wiese*/*Weber* Rn. 99). Der Anspruch auf Arbeitsbefreiung wandelt sich weder mit Ablauf der Monatsfrist noch durch bloße Untätigkeit des AG in einen Vergütungsanspruch. Erst nachdem das BRMitglied Freizeitausgleich geltend gemacht und der AG ihn aus betriebsbedingten Gründen verweigert hat, entsteht der Vergütungsanspruch (BAG 25. 8. 1999 AP BetrVG 1972 § 37 Nr. 130, 774). Dabei muss die Abgeltung der Ausnahmefall bleiben. Der Begriff „betriebsbedingte Gründe" des S. 3 ist deshalb enger auszulegen als der gleiche Begriff in S. 1 und 2 (ähnlich GK-BetrVG/*Wiese*/*Weber* Rn. 103; *Fitting* Rn. 106). Betriebsbedingte Gründe liegen nur vor, wenn aus objektiven Gründen für den AG die Arbeitsbefreiung nicht zumutbar erscheint, weil ein ordnungsgemäßer Betriebsablauf bei nur vorübergehender Abwesenheit des BRMitglieds nicht mehr gewährleistet ist (ähnlich *Fitting* Rn. 106; GK-BetrVG/*Wiese* Rn. 95). Die Monatsfrist ist nach §§ 187 ff. BGB, ab dem Zeitpunkt der Durchführung der BRTätigkeit außerhalb der Arbeitszeit zu berechnen. Zum **Arbeitsentgelt** gehören neben der Grundvergütung alle Zuschläge und Zulagen, die das BRMitglied während der Arbeitsbefreiung verdient hätte, insb. Zuschläge für Mehr-, Über-, Nacht-, Sonn- und Feiertagsarbeit, Erschwernis- und Sozialzulagen, nicht aber Aufwandsentschädigungen, die Aufwendungen abgelten sollen, welche dem BRMitglied infolge seiner Befreiung von der Arbeitspflicht nicht entstehen (BAG 5. 4. 2000 AP BetrVG 1972 § 37 Nr. 131). Der Abgeltungsanspruch ist „wie Mehrarbeit" zu vergüten, sofern Überarbeit tatsächlich geleistet wurde (vgl. BAG 7. 2. 1985 AP BetrVG 1972 § 37 Nr. 48; GK-BetrVG/*Wiese*/*Weber* Rn. 106; *Fitting* Rn. 110). Sonst würden BRMitglieder gegenüber den anderen Beschäftigten bevorzugt, was § 78 S. 2 verbietet. Dies gilt auch für Teilzeitbeschäftigte, soweit Arbeitsvertrag oder TV nicht etwas anderes vorsehen (BAG 7. 2. 1985 AP BetrVG 1972 § 37 Nr. 48; *Fitting* Rn. 111; GK-BetrVG/*Wiese* Rn. 107; Richardi/*Richardi*/*Thüsing* Rn. 59; aA weitergehend DKK/*Wedde* Rn. 71).

IV. Wirtschaftliche und berufliche Absicherung

Abs. 4 und 5 konkretisieren § 78 S. 2. Sie sollen durch einfach nachzuweisende Anspruchsvoraus- 12 setzungen sicherstellen, dass BRMitglieder nicht benachteiligt werden (BAG 17. 5. 1977 und 15. 1. 1992 AP BetrVG 1972 § 37 Nr. 28, 84). § 78 S. 2 bleibt daneben anwendbar. Er enthält das Gebot, dem BRMitglied eine berufliche Entwicklung zu eröffnen, wie sie ohne das BRAmt möglich gewesen wäre (BAG 15. 1. 1992 AP BetrVG 1972 § 37 Nr. 84).

13   **1. Wirtschaftliche Absicherung. Abs. 4** gibt dem BRMitglied einen Anspruch auf Angleichung des Arbeitsentgelts an die Entgeltentwicklung vergleichbarer AN im Betrieb. **Vergleichbar** sind andere AN, wenn sie unter Berücksichtigung der Qualifikation und der Persönlichkeit die gleiche oder eine im Wesentlichen gleichqualifizierte Arbeit verrichtet haben (BAG 17. 5. 1977 und 15. 1. 1992 AP BetrVG 1972 § 37 Nr. 28, 84). Ist ein BRMitglied besonders qualifiziert oder hat es überdurchschnittliche Arbeitsleistungen erbracht, so muss der Vergleich mit ähnlich qualifizierten bzw. überdurchschnittliche Leistung erbringenden AN vorgenommen werden (BAG 21. 4. 1983 und 13. 11. 1987 AP BetrVG 1972 § 37 Nr. 43, 61). Gleiches gilt für den umgekehrten Fall (*Fitting* Rn. 120). Tatsächlich entstehende Tätigkeits- oder Qualifikationsunterschiede zu vergleichbaren AN dürfen allerdings nicht zuungunsten des BRMitglieds veranschlagt werden, wenn sie ohne Übernahme und Ausübung des BRAmts nicht vorlägen (*Fitting* Rn. 116). Dies gilt insb., wenn das BRMitglied auf Grund seiner BRTätigkeit an Fortbildungen, an denen vergleichbare AN teilgenommen haben, nicht hat teilnehmen können (DKK/*Wedde* Rn. 78; Richardi/*Richardi*/*Thüsing* Rn. 66; *Fitting* Rn. 121). **Maßstab** dieser hypothetischen und dynamischen Fortschreibung des Entgelts ist nicht das betroffene BRMitglied selbst, sondern die Weiterentwicklung vergleichbarer AN mit betriebsüblicher beruflicher Entwicklung (*Fitting* Rn. 116; GK-BetrVG/*Wiese*/*Weber* Rn. 111). Persönliche Umstände wie eine längere Erkrankung oder erfolglose Teilnahme an Fortbildungsmaßnahmen haben – jedenfalls wenn der Misserfolg auf die Belastung durch die BRTätigkeit zurückgeht – außer Betracht zu bleiben (DKK/*Wedde* Rn. 76; *Fitting* Rn. 122; GK-BetrVG/*Wiese*/*Weber* Rn. 114). Hat der Betrieb nur einen vergleichbaren AN, ist für den Vergleich auf diesen abzustellen (BAG 21. 4. 1983 AP BetrVG 1972 § 37 Nr. 43). Gibt es keinen vergleichbaren AN, kommt es auf den am ehesten vergleichbaren AN an (DKK/*Wedde* Rn. 74; *Fitting* Rn. 118). Für die Vergleichbarkeit ist auf den **Zeitpunkt** abzustellen, in dem sich das BRMitglied zuletzt noch ausschließlich der beruflichen Tätigkeit gewidmet hat (BAG 17. 5. 1977 und 13. 11. 1987 AP BetrVG 1972 § 37 Nr. 28, 61). Für Ersatzmitglieder ist der Zeitpunkt des Nachrückens heranzuziehen (BAG 15. 1. 1992 AP BetrVG 1972 § 37 Nr. 84). **„Betriebsüblich"** ist eine berufliche Entwicklung, die bei objektiv vergleichbarer Tätigkeit AN mit vergleichbarer fachlicher und persönlicher Qualifikation bei Berücksichtigung der normalen betrieblichen und personellen Entwicklung in beruflicher Hinsicht genommen haben (BAG 13. 11. 1987 und 15. 1. 1992 AP BetrVG 1972 § 37 Nr. 61, 84). Beförderungen müssen in dem Sinne typisch sein, dass zumindest für die überwiegende Mehrzahl vergleichbarer AN mit ihr gerechnet werden kann (BAG 15. 1. 1992 AP BetrVG 1972 § 37 Nr. 84). Kann das BRMitglied nachweisen, dass es nur auf Grund der Übernahme des BRMandats nicht in eine Position höherer Vergütung gekommen ist, hat es unmittelbar einen Anspruch auf Zahlung der höheren Vergütung (BAG 11. 12. 1991 NZA 1993, 909). Bewerben sich neben dem nicht freigestellten BRMitglied noch andere AN des Betriebs um den höher dotierten Arbeitsplatz, ist der entsprechende Arbeitsentgeltanspruch des BRMitglieds gerechtfertigt, wenn eine personelle Auswahl iR der betriebsüblichen beruflichen Entwicklung ergibt, dass nach den betriebsüblichen Auswahlkriterien das BRMitglied hätte befördert werden müssen (BAG 13. 11. 1987 AP BetrVG 1972 § 37 Nr. 61). Das **Arbeitsentgelt** des BRMitglieds ist dem vergleichbarer AN laufend anzupassen (*Fitting* Rn. 124). Das BRMitglied darf keinen geringeren Stundenlohn, Akkordlohn, Prämiensatz usw. erhalten als vergleichbare AN (*Fitting* Rn. 125). Zum Arbeitsentgelt gehören auch allgemeine Zuwendungen, die der AG allen oder zumindest einem vergleichbaren AN gewährt (BAG 21. 4. 1983 AP BetrVG 1972 § 37 Nr. 43). Dazu zählen Sozialzulagen, besondere Leistungszulagen oder Leistungsprämien (vgl. BAG 21. 4. 1983 AP BetrVG 1972 § 37 Nr. 43), Gewinnbeteiligungen, Gratifikationen, vermögenswirksame Leistungen und Vertretungszulagen (*Fitting* Rn. 127). Gewährt ein AG vergleichbaren AN eine freiwillige, jederzeit widerrufliche Zulage, hat auch das BRMitglied Anspruch darauf (BAG 21. 4. 1983 AP BetrVG 1972 § 37 Nr. 43). Steht fest, dass ein BRMitglied ohne Freistellung Mehrarbeit ebenso geleistet hätte wie vergleichbare AN, umfasst der Anspruch auch die Mehrarbeitsvergütung (BAG 7. 2. 1985 AP BPersVG § 46 Nr. 3). Diese Grundsätze gelten auch für den Zeitraum von einem Jahr nach Beendigung der Amtszeit des BR bzw nach Erlöschen der Mitgliedschaft im BR zB durch Rücktritt (Richardi/*Richardi*/*Thüsing* Rn. 71; *Fitting* Rn. 129; GK-BetrVG/*Wiese*/*Weber* Rn. 123). Der nachwirkende Schutz besteht auch bei erfolgreicher Wahlanfechtung nach § 19 (DKK/*Wedde* Rn. 84; GK-BetrVG/*Wiese*/*Weber* Rn. 125) und selbst dann, wenn ein Verfahren nach § 23 I erfolgreich durchgeführt wurde (DKK/*Wedde* Rn. 84; *Fitting* Rn. 129; aA Richardi/*Richardi*/*Thüsing* Rn. 71; GK-BetrVG/*Wiese*/*Weber* Rn. 125; HSG/*Schlochauer* Rn. 90). Die Einschränkung in § 15 I 2 ist auf die außerordentliche Kündigung beschränkt. Der nachwirkende Entgeltschutz besteht nicht bei nichtiger Betriebsratswahl (GK-BetrVG/*Wiese*/*Weber* Rn. 125; aA DKK/*Wedde* Rn. 84; einschränkend *Fitting* Rn. 129). Hat es nie einen BR gegeben, können Schutzrechte nicht nachwirken, weil sie nicht entstanden sind.

14   **2. Beruflicher Tätigkeitsschutz. Abs. 5** sichert das BRMitglied gegen die Zuweisung von geringerwertigen beruflichen Tätigkeiten und damit vor Diskriminierung oder Disziplinierung (LAG Frankfurt 14. 8. 1986 DB 1987, 442; DKK/*Wedde* Rn. 85; *Fitting* Rn. 130; GK-BetrVG/*Wiese*/*Weber* Rn. 126). BRMitgliedern dürfen nur Tätigkeiten zugewiesen werden, die denjenigen vergleichbarer AN gleichwertig sind. Mit „Tätigkeit" ist die konkrete berufliche Tätigkeit des BRMitglieds gemeint

(Richardi/*Richardi/Thüsing* Rn. 74; *Fitting* Rn. 132; GK-BetrVG/*Wiese/Weber* Rn. 128). **Gleichwertig** ist die Tätigkeit, wenn sie unter Berücksichtigung der Umstände des Einzelfalls und der in der beteiligten Berufsgruppe herrschenden Verkehrsauffassung als gleichwertig anzusehen ist (LAG Frankfurt 14. 8. 1986 DB 1987, 442; DKK/*Wedde* Rn. 86; *Fitting* Rn. 132; aA GK-BetrVG/*Wiese/ Weber* Rn. 128). Verüben vergleichbare AN inzwischen eine höherwertige Tätigkeit, hat das BRMitglied Anspruch auf Zuweisung eines entsprechenden Arbeitsplatzes (DKK/*Wedde* Rn. 89; Richardi/ *Richardi/Thüsing* Rn. 75; *Fitting* Rn. 133; GK-BetrVG/*Wiese/Weber* Rn. 129). Hat es auf Grund der BRTätigkeit die entsprechende Qualifikation nicht oder nicht mehr, muss der AG ihm eine entsprechende Fortbildungsmaßnahme ermöglichen (DKK/*Wedde* Rn. 89; *Fitting* Rn. 133; GK-BetrVG/*Wiese/Weber* Rn. 129). Dabei ist das höhere Entgelt schon vor der Qualifikationsmaßnahme zu zahlen (vgl. oben Rn. 13). Ausnahmsweise entfällt der Anspruch, soweit **zwingende betriebliche Notwendigkeiten** entgegenstehen. Sie sind gegeben, wenn auf Grund der betrieblichen Organisation die Zuweisung einer entsprechenden Tätigkeit ausgeschlossen ist, zB weil ein entsprechender Arbeitsplatz fehlt oder weil das BRMitglied nicht an beruflichen Fortbildungsmaßnahmen teilgenommen hat, die für diese Tätigkeit unbedingt erforderlich sind, ohne dass dies in seiner BRArbeit begründet ist (DKK/*Wedde* Rn. 88; *Fitting* Rn. 134). Ist ein BRMitglied mangels eines gleichwertigen auf einen geringerwertigen Arbeitsplatz versetzt worden und wird später ein gleichwertiger Arbeitsplatz frei, hat das BRMitglied Anspruch auf die Zuweisung dieses gleichwertigen Arbeitsplatzes (LAG Frankfurt 14. 8. 1986 DB 1987, 442). Das Verbot unterwertiger Beschäftigung gilt auch für den Zeitraum von einem Jahr nach Beendigung der Mitgliedschaft im BR (vgl. oben Rn. 13).

V. Schulung und Bildung

Zur effektiven Wahrnehmung ihrer Aufgaben benötigen BRMitglieder die entsprechenden Kenntnisse. Man kann sie nicht auf das Selbststudium oder die Unterrichtung durch andere BRMitglieder verweisen, um diese Kenntnisse zu erwerben (BAG 21. 11. 1978 AP BetrVG 1972 § 37 Nr. 35; BAG 19. 9. 2001 – 7 ABR 32/00). Sie haben Anspruch auf bezahlte Freistellung zum Besuch von Schulungsveranstaltungen. **Abs. 6** gewährt einen kollektiven Anspruch des BR auf bezahlte Freistellung, soweit die Schulungsinhalte für die Arbeit des BR erforderlich sind (BAG 5. 4. 1984 AP BetrVG 1972 § 37 Nr. 46; DKK/*Wedde* Rn. 91; GK-BetrVG/*Wiese/Weber* Rn. 135). Hat der BR durch Beschluss ein bestimmtes BRMitglied für die Schulungsteilnahme bestimmt, erwirbt dieser einen abgeleiteten Individualanspruch (BAG 6. 11. 1973 AP BetrVG 1972 § 37 Nr. 5; BAG 16. 10. 1986 AP BetrVG 1972 § 37 Nr. 58; weitergehend Richardi/*Richardi/Thüsing* Rn. 106). **Abs. 7** gibt dem einzelnen BRMitglied einen zusätzlichen zeitlich begrenzten Anspruch für von obersten Arbeitsbehörden als geeignet anerkannten Veranstaltungen, ohne Rücksicht auf den konkreten Wissensstand des einzelnen BRMitglieds (BAG 5. 4. 1984 AP BetrVG 1972 § 37 Nr. 46). 15

1. Abs. 6. Eine Schulungsveranstaltung ist für die BRArbeit **erforderlich**, wenn der BR sie unter Berücksichtigung der konkreten betrieblichen Situation benötigt, um seine derzeitigen oder demnächst anfallenden Aufgaben sachgerecht wahrnehmen zu können (BAG 9. 10. 1973, 19. 7. 1995 und 15. 1. 1997 AP BetrVG 1972 § 37 Nr. 4, 110, 118). Der BR hat die Erforderlichkeit zum Zeitpunkt der Beschlussfassung aus der Sicht eines vernünftigen Dritten zu beurteilen, der die Interessen des Betriebs einerseits und die Interessen des BR und der Arbeitnehmerschaft andererseits gegeneinander abzuwägen hat (BAG 20. 10. 1993, 19. 7. 1995 und 15. 1. 1997 AP BetrVG 1972 § 37 Nr. 91, 110, 118). Hierbei handelt es sich um die Anwendung eines unbestimmten Rechtsbegriffs, der dem BR einen gewissen Beurteilungsspielraum lässt. Er bezieht sich auf den Inhalt der Veranstaltung, deren Dauer und die Teilnehmerzahl (BAG 7. 6. 1989 AP BetrVG 1972 § 37 Nr. 67; DKK/*Wedde* Rn. 127; Richardi/*Richardi/Thüsing* Rn. 114; GK-BetrVG/*Wiese/Weber* Rn. 181). Für die Beurteilung der Schulungsbedürftigkeit eines einzelnen BRMitglieds ist sein konkreter Wissenstand und die Aufgabenverteilung im BR zu berücksichtigen (BAG 7. 6. 1989 AP BetrVG 1972 § 37 Nr. 67). 16

Die Zulässigkeit des **Schulungsinhalts** richtet sich danach, ob Kenntnisse vermittelt werden, die sich auf Gegenstände beziehen, die zu den Aufgaben des BR gehören (*Fitting* Rn. 139; GK-BetrVG/ *Wiese* Rn. 133, 143). Dabei kann es sich um Rechtskenntnisse (zB BetrVG, allgemeines Arbeitsrecht), Kenntnisse spezieller Sachmaterien (Leistungsentlohnung, Arbeitsschutz) oder Kenntnisse zur Gestaltung der BRArbeit (Einsatz von PCs) handeln (*Fitting* Rn. 139). Sie sind **erforderlich**, soweit sie den BR befähigen, seiner Schutzfunktion gerecht zu werden. Er muss in der Lage sein, durch eine sachgerechte Ausübung seiner Beteiligungsrechte die Entscheidungsbefugnis des AG im gesetzlich vorgesehenen Umfang zu binden. Die Vermittlung von Grundkenntnissen im Betriebsverfassungsrecht und allgemeinen Arbeitsrecht oder im Bereich der Arbeitssicherheit oder der Unfallverhütung gehört in jedem Fall zum zulässigen Schulungsinhalt (BAG 25. 4. 1978, 15. 5. 1986, 19. 7. 1995 AP BetrVG 1972 § 37 Nr. 33; BAG 19. 9. 2001 – 7 ABR 32/00). Gleiches gilt für Schulungen zur Organisation der BRArbeit, zB der Geschäftsführung, Vorbereitung und Durchführung der Betriebsversammlung (BAG 19. 1. 1984 AP BetrVG 1972 § 74 Nr. 4; BAG 15. 5. 1986 AP BetrVG 1972 § 37 Nr. 54). In den übrigen Fällen muss der BR einen aktuellen oder absehbaren betrieblichen Anlass 17 darlegen, aus dem sich der Schulungsbedarf ergibt (BAG 15. 1. 1997 AP BetrVG 1972 § 34 Nr. 118). So zB, wenn die genannten Grundschulungen erst kurz vor Ende der Amtszeit des BR stattfinden (vgl. BAG 28. 8. 1996 AP BetrVG 1972 § 37 Nr. 117). Die notwendige Aktualität folgt nicht nur aus der Absicht des AG, beteiligungspflichtige Maßnahmen durchzuführen. Sie kann sich auch aus einer beabsichtigten Initiative des BR ergeben (DKK/*Wedde* Rn. 101; *Fitting* Rn. 147; GK-BetrVG/*Wiese* Rn. 147). Bei der Vertiefung von Kenntnissen in der Betriebsverfassung, im allgemeinen Arbeitsrecht oder der Vermittlung von Fachwissen, kommt es auf die konkreten Aufgaben des BR, die Art und Struktur des Betriebes an (*Fitting* Rn. 145). Als zulässiger Schulungsinhalt kommen ua. in Betracht die für den Betrieb maßgebenden TV (*Fitting* Rn. 149), Akkord- und Prämienlohn (BAG 29. 1. 1974 AP BetrVG 1972 Nr. 9), menschengerechte Gestaltung von Arbeitsplätzen (BAG 14. 6. 1977 AP BetrVG 1972 Nr. 30), Erläuterung der Rspr. zum BetrVG (BAG 20. 12. 1995 AP BetrVG 1972 § 37 Nr. 113); Diskussionsführung und Verhandlungstechnik (BAG 24. 5. 1995 AP BetrVG 1972 § 37 Nr. 109), Schriftliche Kommunikation im Betrieb (BAG 15. 2. 1995 AP BetrVG 1972 § 37 Nr. 106), Einsatz von Personalcomputern zur Erledigung von BRAufgaben (BAG 19. 7. 1995 AP BetrVG 1972 § 37 Nr. 110), Mobbing (BAG 15. 1. 1997 AP BetrVG 1972 § 34 Nr. 118). Nicht erforderlich sind Schulungsveranstaltungen zu den Themen Förderung der Sprechtechnik (BAG 20. 10. 1993 AP BetrVG 1992 § 37 Nr. 91), Lohnsteuerrichtlinien (BAG 11. 12. 1973 AP BetrVG 1972 § 80 Nr. 5), Gewerkschaftliche Bildungsarbeit (BAG 28. 1. 1975 AP BetrVG 1972 § 37 Nr. 20); zu weiteren Einzelfallentscheidungen vergleiche die Übersichten bei DKK/*Wedde* Rn. 108; *Fitting* Rn. 149; GK-BetrVG/*Wiese*/*Weber* Rn. 169). Da Schulungsveranstaltungen grundsätzlich allgemein und nicht speziell für die Betriebsräte eines Betriebs angeboten werden, kann es dazu kommen, dass sie **teilweise erforderlich,** teils im engerem Sinn nicht erforderlich sind. Werden nicht erforderliche Kenntnisse nur ganz geringfügig gestreift, berührt dies die Erforderlichkeit der gesamten Schulung nicht (BAG 29. 1. 1974 AP BetrVG 1972 § 40 Nr. 5). Nimmt der nicht erforderliche Teil einen größeren Umfang an und ist er vom erforderlichen Teil thematisch und zeitlich so abgrenzbar, dass ein zeitweiser Besuch möglich und sinnvoll ist, beschränkt sich die Erforderlichkeit nur auf den Teil, der erforderliche Kenntnisse vermittelt (BAG 10. 5. 1974 AP BetrVG 1972 § 65 Nr. 4; BAG 21. 7. 1978 AP BetrVG 1972 § 38 Nr. 4). Ist eine Aufteilung nicht möglich oder nicht sinnvoll und überwiegen die erforderlichen Themen, ist die gesamte Veranstaltung als erforderlich anzusehen (BAG 28. 5. 1976 AP BetrVG 1972 § 37 Nr. 24; DKK/*Wedde* Rn. 110; *Fitting* Rn. 160; kritisch GK-BetrVG/*Wiese* Rn. 158).

18 Auch die **Teilnehmerzahl** richtet sich nach der Erforderlichkeit für die BRArbeit. Grundkenntnisse des BetrVG (BAG 7. 6. 1989 AP BetrVG 1972 § 37 Nr. 67), zum allgemeinen Arbeitsrecht (BAG 16. 10. 1986 AP BetrVG 1972 § 37 Nr. 58) und ein gewisser Standart an allgemein rechtlichen, wirtschaftlichen und technischen Kenntnissen (BAG 27. 11. 1973 AP ArbGG 1953 § 89 Nr. 9) sind für alle BRMitglieder erforderlich. Deshalb kann jedes BRMitglied, das noch nicht über entsprechende Kenntnisse verfügt, diese Schulungen besuchen. Eine vertiefte Schulung zum BetrVG werden im Allgemeinen der Vorsitzende des BR und sein Stellvertreter benötigen (BAG 8. 2. 1977 AP BetrVG 1972 § 37 Nr. 26). Im Übrigen folgt aus der Aufgabenteilung im BR, welche BRMitglieder zur sachgerechten Wahrnehmung ihrer Aufgaben besondere Spezialkenntnisse benötigen (BAG 29. 4. 1992 NZA 1993, 375; *Fitting* Rn. 166; GK-BetrVG/*Wiese*/*Weber* Rn. 189). Die Entsendung von **Ersatzmitgliedern** zu Schulungsveranstaltungen kommt grundsätzlich nur in Betracht, wenn sie endgültig in den BR nachgerückt sind. Ausnahmsweise ist dies anders, wenn sie häufig zur Stellvertretung herangezogen werden und die Teilnahme für die Arbeitsfähigkeit des BR erforderlich ist (BAG 14. 12. 1994 AP BetrVG 1972 § 37 Nr. 100; BAG 19. 9. 2001 AP BetrVG 1972 § 25 Nr. 9). Das gilt auch für den einköpfigen BR (s. LAG Frankfurt 6. 12. 1983 BB 1984, 1043). Mitglieder des **Wirtschaftsausschusses,** die nicht BRMitglieder sind, haben regelmäßig keinen Anspruch auf bezahlte Freistellung (BAG 11. 11. 1998 AP BetrVG 1972 § 37 Nr. 129). Sie können im Einzelfall Schulungen besuchen, wenn sie die vom AG kraft Gesetzes zu gebenden Informationen sonst nicht verstehen (BAG 28. 4. 1988 NZA 1989, 221). Abs. 6 ist auf gewerkschaftliche **Vertrauensleute** nicht anzuwenden (*Fitting* Rn. 181).

19 Die erforderliche **Dauer** einer Schulung lässt sich nur unter Berücksichtigung der konkreten Verhältnisse beurteilen. Entscheidend sind der Wissensstand der BRMitglieder, Umfang und Schwierigkeit der behandelten Themen und die Besonderheiten und Probleme des betroffenen Betriebes (*Fitting* Rn. 172; GK-BetrVG/*Wiese*/*Weber* Rn. 192). Das Gesetz lässt neben kurzfristigen Schulungen von wenigen Tagen Dauer auch längere Schulungen zu. Das BAG hat 14-tägige Schulungen zum BetrVG für Betriebsratsvorsitzende (BAG 8. 2. 1977 AP BetrVG 1972 § 37 Nr. 26), 5–6-tägige für die übrigen BRMitglieder anerkannt (BAG 6. 11. 1973 AP BetrVG 1972 § 37 Nr. 5). Bei komplizierten Spezialmaterien können auch Wiederholungs- und Vertiefungsveranstaltungen erforderlich sein (GK-BetrVG/ *Wiese*/*Weber* Rn. 194).

20 Neben der Erforderlichkeit soll der Grundsatz der **Verhältnismäßigkeit** zu beachten sein, soweit es um die Dauer der Schulung und die Teilnehmerzahl geht (BAG 31. 10. 1972 AP BetrVG 1972 § 40 Nr. 2; BAG 8. 2. 1977 AP BetrVG 1972 § 37 Nr. 26; Richardi/*Thüsing* Rn. 100; GK-BetrVG/*Wiese*/*Weber* Rn. 182 ff.; aA DKK/*Wedde* Rn. 118; *Fitting* Rn. 171). Der Maßstab lässt wegen seiner Unbestimmtheit kaum praxisnahe Aussagen zu. Es kann nur darum gehen, in Ausnahmefällen

V. Schulung und Bildung

mit Hilfe dieses allgemeinen Rechtsgrundsatzes den an sich gegebenen Anspruch wegen besonderer Umstände zu begrenzen. Der BR muss daher insoweit neben der Erforderlichkeit nach pflichtgemäßem Ermessen zusätzlich prüfen, ob die für die Schulung anfallenden Kosten mit der Größe und Leistungsfähigkeit des Betriebes zu vereinbaren sind und nicht zu einer unverhältnismäßigen Belastung führen (BAG 27. 9. 1974 und 8. 2. 1977 AP BetrVG 1972 § 37 Nr. 18, 26).

Der **Vergütungsanspruch** des BRMitglieds bei Teilnahme an einer Schulungs- und Bildungsveranstaltung nach **Abs. 6** richtet sich nach Abs. 2 (BAG 31. 7. 1986 AP BetrVG 1972 § 37 Nr. 55). Es gilt das Lohnausfallprinzip. Der AG muss das vereinbarte Arbeitsentgelt (s. Rn. 11) fortzahlen. Wurde das BRMitglied vor der Schulung regelmäßig über die vertraglich geschuldete Arbeitszeit hinaus zu weiteren Arbeitseinsätzen herangezogen, ist während der Teilnahme an Betriebsratsschulungen, deren Dauer über die vertragliche geschuldete Arbeitszeit nicht hinausgeht, das Entgelt auch für die ausgefallenen zusätzlichen Arbeitseinsätze zu zahlen (BAG 3. 12. 1997 AP BetrVG 1972 § 37 Nr. 124). Der AN erhält so Mehrarbeitsvergütung, ohne während der Schulung Mehrarbeit zu leisten. Während der Teilnahme an Schulungen und der An- bzw. Abreise sind die Teilnehmer nach den §§ 2 ff. SGB VII unfallversichert (DKK/*Wedde* Rn. 138; *Fitting* Rn. 186; Richardi/*Richardi/Thüsing* Rn. 136).

Nach **Abs. 6 S. 1 und 2** bestehen Ansprüche auf Freizeitausgleich bzw. Abgeltung entsprechend Abs. 3 auch für BRMitglieder, die aus betriebsbedingten Gründen (s. Rn. 10) außerhalb ihrer persönlichen Arbeitszeit (BT-Drucks. 14/5741 S. 41) an Schulungen teilnehmen. Dabei sind Besonderheiten der betrieblichen Arbeitszeitgestaltung nach S. 2 stets als betriebsbedingt anzusehen (BT-Drucks. 14/5741 S. 41). **Teilzeitbeschäftigten** steht so beim Besuch von Schulungen, die zeitlich über die Dauer ihrer persönlichen Arbeitszeit hinausgehen der Anspruch zu (DKK/*Wedde* Rn. 137; *Fitting* Rn. 189; Richardi/*Richardi/Thüsing* Rn. 135). Ein betriebsbedingter Grund liegt auch vor, wenn die Schulung an einem Tag stattfindet, der im Rahmen eines betrieblichen **Rolliersystems** arbeitsfrei ist (*Fitting* Rn. 189). Betriebsbedingte Gründe sind auch bei Schichtarbeit und branchentypisch außergewöhnlichen Arbeitszeiten – etwa im Gaststätten- und Vergnügungsgewerbe oder bei Zeitungszustellern – gegeben (*Fitting* Rn. 190) Betriebsbedingte Gründe liegen endlich vor, wenn ein BRMitglied wegen seiner **Unabkömmlichkeit** am Arbeitsplatz an einer außerhalb seiner Arbeitszeit liegenden Schulung teilnimmt (*Fitting* Rn. 188). Kein Ausgleichsanspruch besteht, wenn ein Vollzeitmitarbeiter an einer Schulung teilnimmt, die über die betriebliche Arbeitszeit hinausgeht oder bei einer Fünftagewoche Schulungen besucht, die am Wochenende oder abends nach Dienstschluss stattfinden (*Fitting* Rn. 193; Richardi/*Richardi/Thüsing* Rn. 135). Der Ausgleichsanspruch ist nach **Abs. 6 Satz 2 HS 2** in der Höhe begrenzt auf der Arbeitszeit eines Vollzeitbeschäftigten. Auf die Arbeitszeit ist daneben eine wirksame Arbeitsbefreiung nach Abs. 2 anzurechnen. So wird verhindert, dass Teilzeitbeschäftigte besser stehen als Vollzeitbeschäftigte. Diese Begrenzung erfolgt nur in Fällen des Abs. 3, bei Teilnahme an Schulungen außerhalb der persönlichen Arbeitszeit. In den Fällen des Abs. 2 gilt das Lohnausfallprinzip (*Fitting* Rn. 194).

2. Abs. 7. Beim Freistellungsanspruch handelt es sich um einen Individualanspruch des einzelnen BRMitglieds (BAG 6. 11. 1973 und 28. 8. 1996 AP BetrVG 1972 § 37 Nr. 5, 117). Er steht selbständig neben dem Anspruch aus Abs. 6. Eine Anrechnung der Ansprüche aus dieser Vorschrift auf die aus Abs. 6 oder umgekehrt ist unzulässig (BAG 5. 4. 1984 AP BetrVG 1972 § 37 Nr. 46; *Fitting* Rn. 229; GK-BetrVG/*Wiese/Weber* Rn. 216). Soweit erforderliche Kenntnisse auf einer Veranstaltung nach Abs. 7 bereits vermittelt wurden, kommt eine Teilnahme an Veranstaltungen nach Abs. 6 nicht mehr in Betracht. Allerdings besteht kein Vorrang der Teilnahme an Veranstaltungen nach Abs. 7 (Richardi/*Richardi/Thüsing* Rn. 170; DKK/*Wedde* Rn. 111, 139; *Fitting* Rn. 229). Der Anspruch ist nur gegeben, wenn das BRMitglied die zu erwartenden Kenntnisse noch in die BRArbeit einbringen kann, was ausgeschlossen ist, wenn die Amtszeit des BR am letzten Tag oder wenige Tage nach der Schulung endet (BAG 28. 8. 1996 AP BetrVG 1972 § 37 Nr. 117; GK-BetrVG/*Wiese/Weber* Rn. 244; aA *Fitting* Rn. 217). Scheidet ein BRMitglied aus dem BR aus und hat es den Anspruch nach Abs. 7 noch nicht verbraucht, verfällt er und kann nicht in eine neue Amtszeit übertragen werden (LAG Düsseldorf 8. 10. 1991 DB 1992, 636; *Fitting* Rn. 218, 179; GK-BetrVG/*Wiese/Weber* Rn. 241, 244). Wurden BRMitglieder bei verkürzter Amtszeit länger freigestellt, als ihnen zustand, führt dies nicht zu einem Ausgleichsanspruch des AG (GK-BetrVG/*Wiese/Weber* Rn. 241). Ersatzmitglieder, die noch nicht endgültig nach § 25 I 1 in den BR nachgerückt sind, haben keinen Anspruch auf bezahlte Freistellung (BAG 14. 12. 1994 AP BetrVG 1972 § 37 Nr. 100; *Fitting* Rn. 218; GK-BetrVG/*Wiese/Weber* Rn. 245). Sie können allenfalls an Schulungen nach Abs. 6 teilnehmen (s. Rn. 18). Sind sie endgültig nachgerückt, kommt ein anteiliger Anspruch in Frage (*Fitting* Rn. 218; GK-BetrVG/*Wiese/Weber* Rn. 245). Dies gilt unabhängig davon, ob das ausgeschiedene BRMitglied seinen Anspruch schon voll ausgeschöpft hat (*Fitting* Rn. 218).

Der Anspruch richtet sich auf **bezahlte Freistellung** für die Dauer von drei bzw. vier Wochen. Dies ergibt für den Drei-Wochen-Zeitraums bei Beschäftigten in der Fünf-Tage-Woche fünfzehn Arbeitstage, in der Sechs-Tage-Woche achtzehn Arbeitstage (*Fitting* Rn. 219 f.; GK-BetrVG/*Wiese/Weber* Rn. 237). Verkürzt oder verlängert sich die Amtszeit des BR, verkürzt bzw. verlängert sich der Freistellungsanspruch entsprechend (*Fitting* Rn. 221; GK-BetrVG/*Wiese/Weber* Rn. 240, 241; Richar-

Nr. 15, 22). Streitigkeiten über die Anerkennung von Schulungs- und Bildungsveranstaltungen sind im Beschlussverfahren nach §§ 2 a, 80 ff. ArbGG vor dem ArbG und nicht vor dem Verwaltungsgericht zu entscheiden (BAG 18. 12. 1973 und 11. 8. 1993 AP BetrVG 1972 § 37 Nr. 7, 92). Antragsberechtigt sind der Träger der Veranstaltung, der den Antrag auf Anerkennung gestellt hat und die im Anerkennungsverfahren zu beteiligenden Spitzenorganisationen der Gewerkschaften und der AGVerbände (BAG 30. 8. 1989 und 11. 8. 1993 AP BetrVG 1972 § 37 Nr. 73, 92). Nach Rspr. des BAG ist der AG auch dann nicht antragsberechtigt, wenn er auf Grund der Anerkennung einer Schulungs- und Bildungsveranstaltung auf Entgeltfortzahlung in Anspruch genommen wird (BAG 25. 6. 1981 AP BetrVG 1972 § 37 Nr. 38; offen gelassen in BAG 30. 8. 1989 AP BetrVG 1972 § 37 Nr. 73). Dies lässt sich mit der Rechtswegsgarantie kaum vereinbaren (*Fitting* Rn. 265; GK-BetrVG/*Wiese* Rn. 271).

§ 38 Freistellungen

(1) ¹Von ihrer beruflichen Tätigkeit sind mindestens freizustellen in Betrieben mit in der Regel

200 bis 500 Arbeitnehmern	ein Betriebsratsmitglied,
501 bis 900 Arbeitnehmern	2 Betriebsratsmitglieder,
901 bis 1 500 Arbeitnehmern	3 Betriebsratsmitglieder,
1501 bis 2 000 Arbeitnehmern	4 Betriebsratsmitglieder,
2001 bis 3 000 Arbeitnehmern	5 Betriebsratsmitglieder,
3001 bis 4 000 Arbeitnehmern	6 Betriebsratsmitglieder,
4001 bis 5 000 Arbeitnehmern	7 Betriebsratsmitglieder,
5001 bis 6 000 Arbeitnehmern	8 Betriebsratsmitglieder,
6001 bis 7 000 Arbeitnehmern	9 Betriebsratsmitglieder,
7001 bis 8 000 Arbeitnehmern	10 Betriebsratsmitglieder,
8001 bis 9 000 Arbeitnehmern	11 Betriebsratsmitglieder,
9001 bis 10 000 Arbeitnehmern	12 Betriebsratsmitglieder.

²In Betrieben mit über 10 000 Arbeitnehmern ist für je angefangene weitere 2000 Arbeitnehmer ein weiteres Betriebsratsmitglied freizustellen. ³Freistellungen können auch in Form von Teilfreistellungen erfolgen. ⁴Diese dürfen zusammengenommen nicht den Umfang der Freistellungen nach den Sätzen 1 und 2 überschreiten. ⁵Durch Tarifvertrag oder Betriebsvereinbarung können anderweitige Regelungen über die Freistellung vereinbart werden.

(2) ¹Die freizustellenden Betriebsratsmitglieder werden nach Beratung mit dem Arbeitgeber vom Betriebsrat aus seiner Mitte in geheimer Wahl und nach den Grundsätzen der Verhältniswahl gewählt. ²Wird nur ein Wahlvorschlag gemacht, so erfolgt die Wahl nach den Grundsätzen der Mehrheitswahl; ist nur ein Betriebsratsmitglied freizustellen, so wird dieses mit einfacher Stimmenmehrheit gewählt. ³Der Betriebsrat hat die Namen der Freizustellenden dem Arbeitgeber bekannt zu geben. ⁴Hält der Arbeitgeber eine Freistellung für sachlich nicht vertretbar, so kann er innerhalb einer Frist von zwei Wochen nach der Bekanntgabe die Einigungsstelle anrufen. ⁵Der Spruch der Einigungsstelle ersetzt die Einigung zwischen Arbeitgeber und Betriebsrat. ⁶Bestätigt die Einigungsstelle die Bedenken des Arbeitgebers, so hat sie bei der Bestimmung eines anderen freizustellenden Betriebsratsmitglieds auch den Minderheitenschutz im Sinne des Satzes 1 zu beachten. ⁷Ruft der Arbeitgeber die Einigungsstelle nicht an, so gilt sein Einverständnis mit den Freistellungen nach Ablauf der zweiwöchigen Frist als erteilt. ⁸Für die Abberufung gilt § 27 Abs. 1 Satz 5 entsprechend.

(3) Der Zeitraum für die Weiterzahlung des nach § 37 Abs. 4 zu bemessenden Arbeitsentgelts und für die Beschäftigung nach § 37 Abs. 5 erhöht sich für Mitglieder des Betriebsrats, die drei volle aufeinander folgende Amtszeiten freigestellt waren, auf zwei Jahre nach Ablauf der Amtszeit.

(4) ¹Freigestellte Betriebsratsmitglieder dürfen von inner- und außerbetrieblichen Maßnahmen der Berufsbildung nicht ausgeschlossen werden. ²Innerhalb eines Jahres nach Beendigung der Freistellung eines Betriebsratsmitglieds ist diesem im Rahmen der Möglichkeiten des Betriebs Gelegenheit zu geben, eine wegen der Freistellung unterbliebene betriebsübliche berufliche Entwicklung nachzuholen. ³Für Mitglieder des Betriebsrats, die drei volle aufeinander folgende Amtszeiten freigestellt waren, erhöht sich der Zeitraum nach Satz 2 auf zwei Jahre.

I. Anzahl

1 Mit der Freistellung werden BRMitglieder generell von der Arbeitspflicht befreit, um Aufgaben des BR zu erfüllen. Anders als bei der Befreiung von der beruflichen Tätigkeit nach § 37 II ist ein konkrete Nachweises der Erforderlichkeit nicht vorgesehen (BAG 26. 7. 1989 AP BetrVG 1972 § 38 Nr. 10). § 38 ist Sonderregelung zu § 37 II und vermutet unwiderleglich die Erforderlichkeit der Freistellung für die in Abs. 1 angegebene Mindestzahl von Freistellungen (BAG 26. 7. 1989 und 12. 2. 1997 AP BetrVG 1972 § 38 Nr. 10, 19). Der Anspruch steht zunächst dem BR zu; das einzelne BRMitglied

kann nach seiner Auswahl einen Individualanspruch ableiten (DKK/*Berg* Rn. 5; *Fitting* Rn. 7; GK-BetrVG/*Wiese/Weber* Rn. 9). Die gesetzliche Staffel enthält eine Mindeststaffel (BAG 22. 5. 1973 AP BetrVG 1972 § 38 Nr. 2) Sie stellt – unabhängig von der Wahlberechtigung – auf die „in der Regel" beschäftigten AN ab. Das ist die Zahl von AN, die für den Betrieb im Allgemeinen kennzeichnend ist (BAG 22. 2. 1983 AP BetrVG 1972 § 113 Nr. 7). AN sind grundsätzlich die in § 5 I genannten Personen. Es kommt nicht darauf an, ob sie wahlberechtigt sind (*Fitting* Rn. 9; DKK/*Wedde* Rn. 9). Teilzeitbeschäftigte zählen nach Köpfen (DKK/*Berg* Rn. 9; *Fitting* Rn. 9; Richardi/*Richardi/Thüsing* Rn. 10). Heimarbeiter sind heranzuziehen, soweit sie in der Hauptsache für den Betrieb arbeiten (DKK/*Wedde* Rn. 9; *Fitting* Rn. 9). Jugendliche AN zählen mit, die in § 5 II und III Genannten nicht (DKK/*Wedde* Rn. 9; *Fitting* Rn. 9). LeihAN zählen unabhängig von ihrem Wahlrecht nach § 7 S. 2 mit, soweit sie nach § 9 bei der Berechnung der Betriebsratsgröße heranzuziehen sind (s. 9 Rn. 2). Entscheidend ist damit, ob sie Regelarbeitsplätze besetzen (*Fitting* Rn. 9). Es werden diese Regelarbeitsplätze gezählt, nicht die Anzahl derjenigen, welche sie zeitweise besetzen. Man kann die Anzahl der Freistellungen nicht allein davon abhängig machen, ob LeihAN nach § 7 S. 2 wahlberechtigt sind (so DKK/*Wedde* Rn. 9; Richardi/*Richardi/Thüsing* Rn. 11). Diese Vorschrift erweitert das Wahlrecht, sie erhöht nicht automatisch alle Schwellenwerte (s. § 7 Rn. 10). LeihAN zählen demnach neben dem eigentlichen Inhaber eines Arbeitsplatzes nicht noch einmal mit, wenn sie ihn nur vertreten – etwa wegen Elternzeit – und sie zählen nicht nach Köpfen, sondern als eine Person, wenn sie alternierend zu mehreren an einem Arbeitsplatz eingesetzt werden, der regelmäßig mit Leiharbeitnehmern besetzt wird (*Fitting* Rn. 9). Grundsätzlich muss für die Feststellung der Belegschaftsstärke auf den Zeitpunkt des Freistellungsbeschlusses abgestellt werden (BAG 26. 7. 1989 AP BetrVG 1972 § 38 Nr. 10). Künftige Entwicklungen, die nicht unmittelbar bevorstehen, führen zu einer späteren Anpassung der Anzahl der Freistellungen (BAG 26. 7. 1989 AP BetrVG 1972 § 38 Nr. 10). Erhöht sich die Zahl der regelmäßig beschäftigten AN während der Amtszeit des BR nicht nur vorübergehend, kann der BR eine Anpassung verlangen. Sinkt die Belegschaftsstärke nicht nur vorübergehend, kann der AG eine entsprechende Verringerung verlangen, es sei denn die Aufgaben der BR haben sich nicht im gleichen Maß verringert (BAG 26. 7. 1989 AP BetrVG 1972 § 38 Nr. 10; DKK/*Berg* Rn. 10; Richardi/*Richardi/Thüsing* Rn. 11; *Fitting* Rn. 15; enger GK-BetrVG/*Wiese/Weber* Rn. 14).

Der BR hat – abgesehen von der Möglichkeit, die Zahl der Freizustellenden durch freiwilligen TV **2** und BV aufzustocken – einen gerichtlich durchsetzbaren Anspruch auf **Erhöhung der Zahl** freizustellender BRMitglieder, wenn dies zur ordnungsgemäßen Durchführung seiner Aufgaben erforderlich ist (BAG 22. 5. 1973 und 26. 7. 1989 AP BetrVG 1972 § 38 Nr. 2, 10; DKK/*Berg* Rn. 12; Richardi/*Richardi/Thüsing* Rn. 16; *Fitting* Rn. 21; GK-BetrVG/*Wiese/Weber* Rn. 17 ff.). Er hat sich mit der Absenkung der Schwellenwerte nicht gänzlich erledigt. Ein zusätzlicher Bedarf ist aber nicht generell auszuschließen. Der BR kann die weitere Freistellung nicht einfach einseitig beschließen. Er braucht die Zustimmung des AG (BAG 22. 5. 1973 AP BetrVG 1972 § 38 Nr. 2). Das in **Abs. 2** vorgesehene Einigungsstellenverfahren bezieht sich nicht auf die Anzahl der freizustellenden BRMitglieder, sondern allein auf die Auswahl der Person (BAG 22. 5. 1973 und 16. 1. 1979 AP BetrVG 1972 § 38 Nr. 2, 5). Meinungsverschiedenheiten zur Anzahl sind daher in einem Beschlussverfahren zu klären. Für die Beurteilung der Erforderlichkeit weiterer Freistellungen können keine Richtwerte oder Erfahrungswerte zugrundegelegt werden (BAG 21. 11. 1978 AP BetrVG 1972 § 37 Nr. 34). Maßgebend ist, ob unter Einsatz aller sonstigen personellen Möglichkeiten, dh einer verstärkten zeitweiligen Arbeitsbefreiung anderer BRMitglieder nach § 37 II weitere Freistellungen erforderlich sind, um eine ordnungsgemäße BRArbeit innerhalb der betriebsüblichen Arbeitszeit zu gewährleisten (BAG 26. 7. 1989 AP BetrVG 1972 § 38 Nr. 10; *Fitting* Rn. 22). Ist ein freigestelltes BRMitglied durch die Wahrnehmung von Funktionen in anderen Betriebsverfassungsorganen (zB GesamtBR) in einem zeitlich feststehendem Umfang gehindert, seine BRAufgaben zu erledigen, kann ein weiteres BRMitglied nur zusätzlich freigestellt werden wenn erkennbar ist, dass die Aufgaben auch nach einer zumutbaren betriebsratsinternen Umverteilung durch die anderen Mitglieder des BR nicht erledigt werden können (BAG 12. 2. 1997 AP BetrVG 1972 § 38 Nr. 19). Tw. oder völlige Freistellungen können auch in Betrieben mit weniger als 200 AN erforderlich sein, wenn Arbeitsbefreiungen nach § 37 II nicht ausreichen (BAG 2. 4. 1974 und 13. 11. 1991 AP BetrVG 1972 § 37 Nr. 10, 80; DKK/*Berg* Rn. 15; Richardi/*Richardi/Thüsing* Rn. 15; *Fitting* Rn. 25; GK-BetrVG/*Wiese/Weber* Rn. 24). Die Durchführung von Betriebsratssprechstunden rechtfertigt allein noch keine tw. Freistellung (BAG 13. 11. 1991 AP BetrVG 1972 § 37 Nr. 80). Besonderheiten der betrieblichen Organisation, zB weitverzweigte Betriebsstätten (LAG Düsseldorf 29. 6. 1988 AiB 1989, 90), Mehrschichtbetrieb (BAG 22. 5. 1973 AP BetrVG 1972 § 38 Nr. 1) oder ein erhöhter Arbeitsanfall auf Grund außergewöhnlicher Maßnahmen wie Betriebsänderungen (DKK/*Berg* Rn. 13) u. ä. können weitere Freistellungen erforderlich machen. Dabei sollen die Zeiten der Arbeitsbefreiung nach § 37 II für die übrigen BRMitglieder Anhaltspunkte abgeben (ArbG Frankfurt/M 4. 1. 1990 AiB 1990, 256). Im Verfahren muss der BR darlegen, dass auf ihn für die gesamte Amtsperiode und nicht nur vorübergehend höhere Anforderungen als im Normalfall zukommen (BAG 22. 5. 1973, 26. 7. 1989 und 12. 2. 1997 AP BetrVG 1972 § 38 Nr. 1, 10, 19). Er muss die eine Abweichung vom Normalfall begründenden Umstände detailliert beschreiben, so dass die zeitliche Belastung bestimmbar und die Untergrenze der regelmäßigen Mehrbelastung pauschalierbar wird. (BAG 26. 7. 1989 AP BetrVG 1972 § 38 Nr. 10). Der Tatsachenrichter hat bei der Prüfung der „Erforderlichkeit" einen gewissen Beurteilungsspielraum (BAG 9. 10. 1973 AP BetrVG 1972 § 38 Nr. 3).

3   Nicht jede kurzfristige **Verhinderung** eines ständig freigestellten BRMitglieds berechtigt den BR, ein anderes BRMitglied freizustellen. Erst einmal müssen die übrigen Freigestellten – zB Bei Urlaub oder Krankheit – seine Aufgaben mit übernehmen. Bei der Aufstellung der Staffel des Abs. 1 hat der Gesetzgeber gewisse Fehlzeiten schon einkalkuliert (BAG 9. 7. 1997 AP BetrVG 1972 § 38 Nr. 23; *Fitting* Rn. 27; GK-BetrVG/*Wiese/Weber* Rn. 37). Bei längerer Verhinderung – etwa durch die Tätigkeit als Gesamtbetriebsratsvorsitzender – besteht die Möglichkeit einer Befreiung nach § 37 II, falls dies zur ordnungsgemäßen Erledigung der Aufgaben notwenig ist (*Fitting* Rn. 27; GK-BetrVG/*Wiese/Weber* Rn. 37). Im Übrigen kann ein weiteres BRMitglied in diesen Fällen nach § 38 nur mit Zustimmung des AG unter den Voraussetzungen des § 37 II freigestellt werden (BAG 12. 2. 1997 AP BetrVG 1972 § 38 Nr. 19). Verweigert er seine Zustimmung, muss die Freistellung im Beschlussverfahren geklärt werden (BAG 22. 5. 1973 AP BetrVG 1972 § 38 Nr. 1), notfalls im Wege der einstweiligen Verfügung (DKK/*Berg* Rn. 12). Eine solche weitere Freistellung kann erforderlich sein, wenn die Aufgaben des BR auch nach einer internen zumutbaren Umverteilung durch die anderen BRMitglieder nicht erledigt werden können und feststeht, dass eine Arbeitsbefreiung einzelner BRMitglieder aus konkretem Anlass nicht ausreicht (BAG 12. 2. 1997 AP BetrVG 1972 § 38 Nr. 19). Es besteht mit anderen Worten für die Fälle der zeitweiligen Verhinderung ein Vorrang der Arbeitsbefreiung nach § 37 II gegenüber der anteiligen Freistellung nach § 38 (vgl. BAG 9. 7. 1997 AP BetrVG 1972 § 38 Nr. 23).

4   Das Gesetz geht bei den Freizustellenden zwar grundsätzlich von vollzeitbeschäftigten BRMitgliedern aus (BAG 31. 5. 1989 und 26. 6. 1996 AP BetrVG 1972 § 38 Nr. 9, 17; *Fitting* Rn. 11). Dieses **Gesamtvolumen** kann aber nach **Abs. 1 S. 3** flexibel aufgeteilt werden, so dass zB anzahlmäßig doppelt soviel nur zur Hälfte freigestellte BRMitglieder bestimmt werden können (BAG 26. 6. 1996 AP BetrVG 1972 § 38 Nr. 17; DKK/*Berg* Rn. 16; *Fitting* Rn. 12). So können auch Teilzeitbeschäftigte freigestellt werden, ohne dass Teile des Gesamtvolumens verloren gehen. Bleibt der BR durch eine flexible Aufteilung innerhalb des sich aus Abs. 1 ergebenden Arbeitsvolumens, braucht er die Erforderlichkeit von Umfang und Dauer der Freistellung nicht darzulegen, wohl aber die Notwendigkeit der Aufteilung selbst, da die rein zahlenmäßige Überschreitung der Staffel betriebsorganisatorisch dem AG vor zusätzliche Probleme stellen kann (BAG 26. 6. 1996 AP BetrVG 1972 § 38 Nr. 17). Die Aufteilung von Vollzeitfreistellungen kann zur ordnungsgemäßen Erfüllung der BRAufgaben notwendig oder zB erforderlich sein, um berufliche Nachteile für BRMitglieder zu vermeiden, die durch Abs. 4 nicht ausgeglichen werden (BAG 26. 6. 1996 AP BetrVG 1972 § 38 Nr. 17). Die Grenze ergibt sich aus dem Gebot der vertrauensvollen Zusammenarbeit. Die zeitliche Lage der Teilfreistellung kann konkret festgelegt werden. Sie kann in einem starren Schema erfolgen oder an die berufliche Tätigkeit bzw. die Erfordernisse der BRArbeit angepasst werden. Im Streitfall geht die BRArbeit grundsätzlich vor (*Fitting* Rn. 14). Eine unzumutbare Mehrbelastung kann dem AG jedoch nicht abverlangt werden. Für die Unzumutbarkeit des höheren Organisationsaufwands trägt der AG die Feststellungslast (BAG 26. 6. 1996 AP BetrVG 1972 § 38 Nr. 17).

II. Regelungen durch Tarifvertrag oder Betriebsvereinbarung

5   Die Möglichkeit einer anderweitigen Regelung nach **Abs. 1 S. 5** bezieht sich auf die Anzahl der freigestellten BRMitglieder sowie auf die Voraussetzungen und Modalitäten von Teilfreistellungen (*Fitting* Rn. 28; DKK/*Berg* Rn. 26), nicht auf eine abweichende Regelung des Freistellungsverfahrens nach Abs. 2 (GK-BetrVG/*Wiese/Weber* Rn. 31). Dies Verfahren ist vielmehr auch bei anderweitiger Regelung beizubehalten. Die zusätzliche Freistellungen sind daher zusammen mit den Mindestfreistellungen vorzunehmen (LAG Frankfurt 1. 8. 1991 DB 1991, 2494; *Fitting* Rn. 29). Mit der anderweitigen Regelung kann eine geringere Zahl von Freistellungen festgelegt werden, als in der Mindeststaffel vorgesehen sind (DKK/*Berg* Rn. 20; Richardi/*Richardi/Thüsing* Rn. 21; *Fitting* Rn. 30; GK-BetrVG/*Wiese/Weber* Rn. 32). Ein gänzlicher Ausschluss der Freistellung ist unzulässig (DKK/*Berg* Rn. 27; *Fitting* Rn. 30; GK-BetrVG/*Wiese/Weber* Rn. 33). Die BV kann nur freiwillig abgeschlossen werden und nicht über die Einigungsstelle erzwungen werden (Richardi/*Richardi/Thüsing* Rn. 20; *Fitting* Rn. 31; GK-BetrVG/*Wiese/Weber* Rn. 31), der entsprechende TV kann nicht Gegenstand eines Arbeitskampfes sein (Richardi/*Richardi/Thüsing* Rn. 20; GK-BetrVG/*Wiese/Weber* Rn. 31; aA DKK/*Berg* Rn. 25; *Fitting* Rn. 31). Besteht schon eine tarifvertragliche Regelung, sind weitergehende Freistellungen durch BV möglich. § 77 III steht nicht entgegen. Es handelt sich nicht um die Vereinbarung von Arbeitsbedingungen (DKK/*Berg* Rn. 28; *Fitting* Rn. 27; GK-BetrVG/*Wiese/Weber* Rn. 34; aA Richardi/*Richardi/Thüsing* Rn. 23). Eine weitergehende Regelung im TV hat jedoch gegenüber der BV als höherrangiges Recht Vorrang (*Fitting* Rn. 32; GK-BetrVG/*Wiese/Weber* Rn. 34). Ist eine anderweitige Regelung durch BV oder TV ausgeschlossen, besteht Bindungswirkung für den BR, so dass er keinen Anspruch auf weitergehende Freistellungen geltend machen kann (GK-BetrVG/*Wiese/Weber* Rn. 35). Die Möglichkeit der Arbeitsbefreiung aus konkretem Anlass nach § 37 II bleibt daneben bestehen.

III. Wahl der freizustellenden Betriebsratsmitglieder

Nur BRMitglieder können freigestellt werden. Ersatzmitglieder können erst freigestellt werden, 6
wenn sie nach § 25 nachgerückt sind (*Fitting* Rn. 35; GK-BetrVG/*Wiese*/*Weber* Rn. 38). Konkretisierungen kann der BR in der Geschäftsordnung nach § 36 oder durch Beschluss festlegen, wobei er die zwingenden Grundentscheidungen von Abs. 2 zu beachten hat. Die Wahl ist sowohl bei einer Verhältnis- als auch bei einer Mehrheitswahl nach Abs. 2 S. 2 **geheim** durchzuführen. Die Modifikation bezieht sich allein auf die Durchbrechung des Grundsatzes der Verhältniswahl (DKK/*Berg* Rn. 32; *Fitting* Rn. 39; GK-BetrVG/*Wiese*/*Weber* Rn. 49). Die Ausführungen zur Wahlvorschlagsberechtigung, zur Beschlussfähigkeit, zu den Grundsätzen der Verhältniswahl und der Mehrheitswahl bei der Wahl des Betriebsausschusses gelten für die Wahlen der freizustellenden BRMitglieder entsprechend (s. § 27 Rn. 3). Dasselbe gilt für die Wahl von Ersatzfreistellungen, die im Fall der Verhinderung oder des Ausscheidens eines Freigestellten nachrücken (s. § 27 Rn. 4). Kommt es bei der Wahl der Freizustellenden zu einer Pattsituation, wird sie durch Losentscheid aufgelöst. Das Bestimmungsrecht geht nicht auf das Betriebsratsplenum über (BAG 26. 2. 1987 AP BetrVG 1972 § 38 Nr. 7; BAG 15. 1. 1992 AP BetrVG 1972 § 26 Nr. 10). Bei Ausscheiden eines im Wege der Verhältniswahl in die Freistellung gewählten Mitglieds des BR ist das ersatzweise freizustellende Mitglied analog § 25 II 1 der Vorschlagsliste zu entnehmen, der das zu ersetzende Mitglied angehörte (BAG 25. 4. 2001 AP BetrVG 1972 § 25 Nr. 8; BAG 14. 11. 2001 – 7 ABR 31/00; *Fitting* Rn. 54; DKK/*Berg* Rn. 58). Ist sie erschöpft, soll das ersatzweise freizustellende Mitglied nach Rspr. vom BR im Wege der Mehrheitswahl gewählt werden. Konsequent wäre es, das Ersatzmitglied aus der Vorschlagsliste zu entnehmen, auf die nach dem d'Hondtschen System die nächste Höchstzahl entfallen ist (*Fitting* Rn. 53). Wurde über die Freistellung in Mehrheitswahl entschieden, erfolgt das Nachrücken in der Reihenfolge der erreichten Stimmen (DKK/*Berg* Rn. 58; *Fitting* Rn. 49). In allen Fällen braucht § 15 II nicht beachtet zu werden, weil er bei der Freistellung nach § 38 keine Rolle spielt (*Fitting* Rn. 49, 50).

IV. Beratung mit dem Arbeitgeber

Beratungen mit dem AG nach **Abs. 2 S. 1** müssen mit dem gesamten BR (BAG 29. 4. 1992 AP 7
BetrVG 1972 § 38 Nr. 15) in einer ordnungsgemäßen Betriebsratssitzung erfolgen (DKK/*Berg* Rn. 36; *Richardi*/*Richardi*/*Thüsing* Rn. 27; *Fitting* Rn. 45; aA GK-BetrVG/*Wiese*/*Weber* Rn. 43). Sie sollen dem AG vor der Wahl Gelegenheit geben, Bedenken zu erheben. Der BR hat die Bedenken zu würdigen, ist aber in der Wahlentscheidung letztlich frei (DKK/*Berg* Rn. 38; *Fitting* Rn. 45). Unterbleibt die Beratung, führt dies nicht zur Unwirksamkeit des Freistellungsbeschlusses (DKK/*Berg* Rn. 38; *Fitting* Rn. 46; GK-BetrVG/*Wiese*/*Weber* Rn. 45; aA LAG Berlin 19. 6. 1995 LAGE BetrVG 1972 § 19 Nr. 14, Anfechtbarkeit der Wahl; *Richardi*/*Richardi*/*Thüsing* Rn. 29; offen gelassen in BAG 29. 4. 1992 AP BetrVG 1972 § 38 Nr. 15). Unterlässt der BR die Beratung handelt er pflichtwidrig. Dies kann zu einem Verfahren nach § 23 I führen (DKK/*Berg* Rn. 38; *Fitting* Rn. 46).

V. Einigungsstelle

Nach der Wahl im BR erfolgt die Freistellung des Gewählten durch den AG (DKK/*Berg* Rn. 44; 8
Fitting Rn. 57; GK-BetrVG/*Wiese*/*Weber* Rn. 51 f.). Vor seiner ausdrücklichen oder konkludenten Einigungsniserklärung bzw. Eintritt der gesetzlichen Fiktion nach **Abs. 2 S. 9** dürfen die gewählten Vertreter der Arbeit nur unter den Voraussetzungen des § 37 II fernbleiben (DKK/*Berg* Rn. 44; *Fitting* Rn. 57). Im Einigungsstellenverfahren kann der AG nur die Konkretisierung der Auswahlentscheidung angreifen (BAG 9. 10. 1973 AP BetrVG 1972 § 38 Nr. 3). Er muss darlegen, warum zwingende betriebliche Notwendigkeiten gerade gegen die vom BR getroffene Auswahl sprechen, zB weil eine besonders qualifizierte unabkömmliche Fachkraft freigestellt wurde, für die keine Ersatzmöglichkeit gefunden werden kann (*Fitting* Rn. 61). Die Frist nach **Abs. 2 S. 6** ist eine gesetzliche Ausschlussfrist, die nach §§ 187 ff. BGB berechnet wird (BAG 15. 1. 1992 AP BetrVG 1972 § 26 Nr. 10) und mit Ablauf des Tages der Bekanntgabe der Gewählten an den AG zu laufen beginnt. Teilt die Einigungsstelle die Bedenken des AG, hebt sie die Wahlentscheidung auf und bestimmt selbst ein oder mehrere neue freizustellende BRMitglieder, sofern diese damit einverstanden sind (DKK/*Berg* Rn. 49; *Richardi* Rn. 38; *Fitting* Rn. 66; GK-BetrVG/*Wiese*/*Weber* Rn. 62).

VI. Amtsniederlegung und Abberufung

Jedes freigestellte BRMitglied kann jederzeit sein Einverständnis mit der Freistellung widerrufen 9
und erklären, wieder die berufliche Tätigkeit aufnehmen zu wollen (DKK/*Berg* Rn. 53; *Fitting* Rn. 70; GK-BetrVG/*Wiese*/*Weber* Rn. 67). Die Abberufung erfolgt durch das Gremium, das die Wahl durchgeführt hat oder hätte durchführen müssen (*Fitting* Rn. 74; GK-BetrVG/*Wiese*/*Weber* Rn. 68). Dabei gelten die Grundsätze der Abberufung von Betriebsausschussmitgliedern entsprechend (vgl. § 27 Rn. 4).

VII. Rechtsstellung und Schutz

10 Ein freigestelltes BRMitglied ist von der Arbeitspflicht befreit, soweit dies durch die vom Gesetz zugewiesene Aufgabenstellung als BRMitglied erforderlich ist (BAG 13. 11. 1991 AP BGB § 611 Abmahnung Nr. 7). Das freigestellte BRMitglied muss während der vertraglichen Arbeitszeit im Betrieb erreichbar sein und sich für erforderliche BRArbeit zur Verfügung stellen (BAG 31. 5. 1989 AP BetrVG 1972 § 38 Nr. 9). Leistungsort ist – auch für Außendienstmitarbeiter – grundsätzlich der Sitz des BR (BAG 28. 8. 1991 AP BetrVG 1972 § 40 Nr. 39; GK-BetrVG/*Wiese*/*Weber* Rn. 77). Der kann die BRTätigkeit iR der allgemeinen Vorgaben grundsätzlich so einteilen, wie es seiner Ansicht nach für die ordnungsgemäße Durchführung der Aufgaben am besten ist (DKK/*Berg* Rn. 62; *Fitting* Rn. 78; aA GK-BetrVG/*Wiese*/*Weber* Rn. 77 f.). Existiert im Betrieb eine Gleitzeitregelung, können die Freigestellten die Gleitzeitregelung in Anspruch nehmen (*Fitting* Rn. 77; ähnlich GK-BetrVG/*Wiese*/*Weber* Rn. 77). Der AG hat kein Weisungsrecht bezüglich der Ausübung der BRTätigkeit (BAG 23. 6. 1983 AP BetrVG 1972 § 37 Nr. 45). Das freigestellte BRMitglied unterliegt auch nicht den Weisungen des Betriebsratsvorsitzenden (DKK/*Wedde* Rn. 67; *Fitting* Rn. 83; GK-BetrVG/*Wiese*/*Weber* Rn. 76). Nur der BR als Organ ist befugt, den einzelnen BRMitgliedern bestimmte Aufgabengebiete oder konkrete Angelegenheiten zuzuweisen, wobei der BR die Tätigkeit in eigener Verantwortung ausfüllt. Die sozialversicherungsrechtliche Stellung eines BRMitglieds ändert sich durch die Freistellung nicht (DKK/*Wedde* Rn. 71; *Fitting* Rn. 90; GK-BetrVG/*Wiese*/*Weber* Rn. 86).

11 Der **Vergütungsanspruch** des freigestellten BRMitglieds bemisst sich nach dem Lohnausfallprinzip. Gegenüber den Leistungsansprüchen vergleichbarer AN mit betriebsüblicher beruflicher Entwicklung sollen dem freigestellten BR keine Nachteile entstehen. Deshalb bleiben ihm auch sonstige Leistungen, wie zB Zusatzurlaub für Arbeit an schädlichen Arbeitsplätzen – trotz Wegfall der Beschwer – erhalten (BAG 8. 10. 1981 BAT § 49 Nr. 2). Dies gilt auch für Mehrarbeitszuschläge, wenn vergleichbare AN Mehrarbeit leisten, im Rahmen der BRTätigkeit entsprechende aber Mehrarbeit nicht anfällt (DKK/*Berg* Rn. 69; Richardi/*Richardi*/*Thüsing* Rn. 54; *Fitting* Rn. 88; GK-BetrVG/ *Wiese*/*Weber* Rn. 85). Kommt es zu betriebsbedingter Mehrarbeit iR der BRTätigkeit ist darauf zu achten, dass es nicht zu doppelter Vergütung bzw. Arbeitsfreistellung nach § 37 III kommt (DKK/ *Berg* Rn. 70; *Fitting* Rn. 88; GK-BetrVG/*Wiese*/*Weber* Rn. 85). Ein ersatzloser Wegfall des früheren Arbeitsplatzes des BRMitglieds lässt diese Ansprüche unberührt (BAG 17. 5. 1977 AP BetrVG 1972 § 37 Nr. 28). Das freigestellte BRMitglied hat sich allein betriebsverfassungsrechtlichen Aufgaben zu widmen (BAG 17. 10. 1990 AP BetrVG 1972 § 108 Nr. 8). Soweit es sich anderen Aufgaben widmet, entfällt der Entgeltanspruch (BAG 19. 5. 1983 AP BetrVG 1972 § 37 Nr. 44; *Fitting* Rn. 79; aA HSG/*Glaubitz* Rn. 49). Dasselbe gilt für die Teilnahme an nicht erforderlichen Schulungen (BAG 21. 7. 1978 AP BetrVG 1972 § 38 Nr. 4). Außerhalb des Betriebsgeländes ausgeübte BRTätigkeit ist, wie bei den nicht freigestellten BR, nur zu vergüten, wenn sie nach § 37 II erforderlich ist (BAG 31. 5. 1989 AP BetrVG 1972 § 38 Nr. 9). Der AG kann vom freigestellten BRMitglied keinen laufenden Tätigkeitsbericht verlangen (DKK/*Wedde* Rn. 65; *Fitting* Rn. 82; GK-BetrVG/*Wiese*/*Weber* Rn. 83). Eine Ab- oder Rückmeldepflicht entfällt auf Grund der Freistellung. Für Tätigkeiten außerhalb des Betriebes muss sich das freigestellte BRMitglied jedenfalls bei Vorliegen besonderer Umstände abmelden (*Fitting* Rn. 82; weitergehend Richardi/*Richardi*/*Thüsing* Rn. 50; GK-BetrVG/*Wiese*/*Weber* Rn. 81). Auf Verlangen des AG muss es darlegen, dass es BRAufgaben außerhalb des Betriebes oder außerhalb der betriebsüblichen Arbeitszeiten wahrgenommen hat (GK-BetrVG/*Wiese*/ *Weber* Rn. 81).

12 **Abs. 3** knüpft bei der Verlängerung der Frist für den wirtschaftlichen Schutz und den beruflichen Tätigkeitsschutz aus § 37 IV, V an die völlige – nicht die tw. – Freistellung an. Bei ihr wird weder der Arbeitsplatz aufgegeben, noch droht eine Berufsentfremdung (DKK/*Berg* Rn. 72; Richardi/*Richardi*/ *Thüsing* Rn. 67; *Fitting* Rn. 93; GK-BetrVG/*Wiese*/*Weber* Rn. 91). Die völlige Freistellung eines Teilzeitbeschäftigten wird von der Vorschrift erfasst (DKK/*Berg* Rn. 72 a; *Fitting* Rn. 93). Volle Amtszeit meint die normale Amtszeit von 4 Jahren. Keine volle Amtszeiten sind verkürzte Amtszeiten, unabhängig vom Grund der Verkürzung (*Fitting* Rn. 94; GK-BetrVG/*Wiese*/*Weber* Rn. 92). Die Freistellung muss sich über drei aufeinander folgende Amtszeiten erstrecken (*Fitting* Rn. 95; GK-BetrVG/ *Wiese*/*Weber* Rn. 94). Der BR muss auch in der letzten Amtszeit vor dem Ausscheiden freigestellt gewesen sein (*Fitting* Rn. 96; aA DKK/*Berg* Rn. 75; GK-BetrVG/*Wiese*/*Weber* Rn. 95). Das nichtfreigestellte Betriebratsmitglied steht im Arbeitsprozess und hat Gelegenheit nach Abs. 4 S. 2 seine berufliche Entwicklung nachzuholen, bevor das BRAmt endet.

13 **Abs. 4** soll als Ausprägung des allgemeinen Benachteiligungsverbots aus § 78 eine möglichst gute Wiedereingliederung in das Berufsleben ermöglichen (*Fitting* Rn. 97). Abzustellen ist auf die betriebsübliche berufliche Entwicklung vergleichbarer AN im Betrieb. Bestehen keine innerbetrieblichen Schulungsmöglichkeiten, hat das BRMitglied Anspruch auf eine über- oder außerbetriebliche Fortbildungsmöglichkeit auf Kosten des AG (DKK/*Berg* Rn. 78; *Fitting* Rn. 102). Nach der entsprechenden Schulung hat das BRMitglied nach § 37 V iVm. § 38 III iR der betrieblichen Möglichkeiten

Anspruch auf Zuweisung einer Tätigkeit, die derjenigen von vergleichbaren AN mit betriebsüblicher beruflicher Entwicklung entspricht (Richardi/*Richardi/Thüsing* Rn. 65; *Fitting* Rn. 103; GK-BetrVG/ *Wiese/Weber* Rn. 99).

VIII. Streitigkeiten

Streitigkeiten aus Abs. 1 und 2 sind im arbeitsgerichtlichen Beschlussverfahren nach §§ 2 a, 80 ff. **14** ArbGG zu entscheiden. Die Wahl der Freigestellten ist analog § 19 anfechtbar (BAG 15. 1. 1992 AP BetrVG 1972 § 26 Nr. 10; BAG 11. 3. 1992 AP BetrVG 1972 § 38 Nr. 11) oder kann nichtig sein. Es gelten die Grundsätze für die Wahl des Betriebsratsvorsitzenden bzw. des Betriebsausschusses entsprechend (vgl. § 26 Rn. 8; § 27 Rn. 10). Soweit der AG die sachliche Unvertretbarkeit geltend machen, muss er zunächst die Einigungsstelle anrufen (*Fitting* Rn. 107; GK-BetrVG/*Wiese/ Weber* Rn. 104). Streitigkeiten zwischen BRMitglied und AG über eine Arbeitsentgeltminderung, die Zuweisung eines minderwertigen Arbeitsplatzes oder die Berechtigung zur Teilnahme an einer Berufsbildungsmaßnahme nach Abs. 4 sind im Urteilsverfahren nach §§ 2, 46 ff. ArbGG zu entscheiden.

§ 39 Sprechstunden

(1) ¹Der Betriebsrat kann während der Arbeitszeit Sprechstunden einrichten. ²Zeit und Ort sind mit dem Arbeitgeber zu vereinbaren. ³Kommt eine Einigung nicht zustande, so entscheidet die Einigungsstelle. ⁴Der Spruch der Einigungsstelle ersetzt die Einigung zwischen Arbeitgeber und Betriebsrat.

(2) Führt die Jugend- und Auszubildendenvertretung keine eigenen Sprechstunden durch, so kann an den Sprechstunden des Betriebsrats ein Mitglied der Jugend- und Auszubildendenvertretung zur Beratung der in § 60 Abs. 1 genannten Arbeitnehmer teilnehmen.

(3) Versäumnis von Arbeitszeit, die zum Besuch der Sprechstunden oder durch sonstige Inanspruchnahme des Betriebsrats erforderlich ist, berechtigt den Arbeitgeber nicht zur Minderung des Arbeitsentgelts des Arbeitnehmers.

I. Vorbemerkung

Die Einrichtung von Sprechstunden dient vor allem dem einzelnen AN, der während der Arbeitszeit **1** seine Beschwerden, Forderungen oder Vorschläge vorbringen kann und vom BR Unterstützung und Rat einholen kann. Die Vorschrift kann weder durch BV noch durch TV zuungunsten des BR oder der AN abbedungen werden. Sie gilt nicht für den GesamtBR, KonzernBR und die Gesamt-JAV. Die JAV hat die Möglichkeit; eigene Sprechstunden einzurichten (vgl. § 69 Rn. 1 ff.).

II. Einrichtung

Der BR entscheidet nach pflichtgemäßem Ermessen allein über die Einrichtung von Sprechstunden **2** und die Art und Weise ihrer Durchführung, zB ob sie während oder außerhalb der Arbeitszeit oder auch außerhalb des Arbeitsorts durchzuführen sind (DKK/*Berg* Rn. 3; Richardi/*Richardi/Thüsing* Rn. 3; *Fitting* Rn. 5; GK-BetrVG/*Wiese/Weber* Rn. 11). Eine Zustimmung des AG ist dafür nicht erforderlich. Die Sprechstunden finden grundsätzlich während der Arbeitszeit statt, wobei die Pausen nicht zur Arbeitszeit gehören (*Fitting* Rn. 10). Allein die Festlegung von Zeit und Ort der Sprechstunden sind mit dem AG zu vereinbaren. Festlegung der Zeit sind die Bestimmung der zeitlichen Dauer (*Fitting* Rn. 12; GK-BetrVG/*Wiese/Weber* Rn. 15; insoweit aA DKK/*Berg* Rn. 12; Richardi/ *Thüsing* Rn. 5), die Festlegung der zeitlichen Lage und der Häufigkeit der Sprechstunde (DKK/*Berg* Rn. 12; *Fitting* Rn. 12; GK-BetrVG/*Wiese/Weber* Rn. 15). Festlegung des Ortes ist die Bestimmung über den Raum, in dem die Sprechstunde abgehalten werden soll. Findet die Sprechstunde außerhalb der Arbeitszeit und außerhalb des Betriebs statt, bedarf es keiner Vereinbarung mit dem AG (GK-BetrVG/*Wiese/Weber* Rn. 14; Richardi/*Richardi/Thüsing* Rn. 6). Kommt eine Vereinbarung zwischen BR und AG nicht zustande, entscheidet nach Abs. 1 S. 3, 4 die Einigungsstelle im Verfahren nach § 76 V. Der einzelne AN kann den BR, soweit dies erforderlich ist, auch außerhalb der Sprechstunden in Anspruch nehmen (DKK/*Berg* Rn. 28; *Fitting* Rn. 30; GK-BetrVG/*Wiese/Weber* Rn. 13). BRMitglieder, die von AN angesprochen werden, sind nicht verpflichtet, die AN generell auf die Sprechstunde zu verweisen (BAG 23. 6. 1983 AP BetrVG 1972 § 37 Nr. 45). Sieht der BR trotz offensichtlicher Notwendigkeit – zB in Großbetrieben – von der Einrichtung einer Sprechstunde ab, kann hierin eine Verletzung seiner gesetzlichen Pflichten nach § 23 I liegen (GK-BetrVG/*Wiese/Weber* Rn. 11).

III. Durchführung

3   Der BR bestimmt die BRMitglieder, die mit der Durchführung der Sprechstunde beauftragt werden (*Fitting* Rn. 8). Die Durchführung der Sprechstunde gehört zur laufenden Geschäftsführung (GK-BetrVG/*Wiese*/*Weber* Rn. 18), so dass mangels anderer Regelung der Betriebsratsvorsitzende bzw. der Betriebsausschuss zuständig sind (*Fitting* Rn. 8; GK-BetrVG/*Wiese*/*Weber* Rn. 18). Der BR kann, soweit dies für eine ordnungsgemäße Beratung des AN erforderlich ist, nach näherer Vereinbarung mit dem AG (vgl. § 80 III) Sachverständige zur Sprechstunde hinzuziehen (Richardi/*Richardi*/*Thüsing* Rn. 12; *Fitting* Rn. 9; GK-BetrVG/*Wiese*/*Weber* Rn. 20). Hierbei kann es sich nach § 80 II 3 auch um sachkundige AN handeln (GK-BetrVG/*Wiese*/*Weber* Rn. 21). Der AG hat den sachlichen Aufwand für die Sprechstunden nach § 40 II zu tragen. Dies gilt auch für die außerhalb der Arbeitszeit und des Betriebs durchgeführten Sprechstunden (*Fitting* Rn. 16; GK-BetrVG/*Wiese*/*Weber* Rn. 27).

IV. Teilnahme Dritter

4   Der BR kann einen Gewerkschaftsbeauftragten iR der allgemeinen Unterstützungsfunktion der im Betrieb vertretenen Gewerkschaft an der Sprechstunde teilnehmen lassen. Dies muss er nicht mit dem AG vereinbaren, sondern ihn nur nach § 2 II unterrichten (LAG Baden-Württemberg 25. 6. 1974 BB 1974, 1206; DKK/*Berg* Rn. 9; Richardi/*Richardi*/*Thüsing* Rn. 12; *Fitting* Rn. 9). Voraussetzung für die Teilnahme eines Mitglieds der Jugend- und Auszubildendenvertreters an den Sprechstunden des BR ist, dass diese tatsächlich – unabhängig von der rechtlichen Möglichkeit – keine eigenen Sprechstunden anbietet (*Fitting* Rn. 18; GK-BetrVG/*Wiese*/*Weber* Rn. 22). Das Teilnahmerecht besteht nur für die Beratung von AN des § 60 I (Richardi/*Richardi*/*Thüsing* Rn. 18; *Fitting* Rn. 20; aA DKK/*Berg* Rn. 23; GK-BetrVG/*Wiese*/*Weber* Rn. 26). Finden gemeinsame Sprechstunden statt, muss das Mitglied der JAV den Raum verlassen, wenn der nicht unter § 60 I fallende AN dies wünscht (GK-BetrVG/*Wiese*/*Weber* Rn. 26). Eine Verpflichtung zur Teilnahme eines Jugend- und Auszubildendenvertreters besteht nicht (DKK/*Berg* Rn. 22; *Fitting* Rn. 19; aA GK-BetrVG/*Wiese*/*Weber* Rn. 23). Für die Teilnahme ist der Jugend- und Auszubildendenvertreter von der Arbeitsleistungspflicht nach § 65 I iVm. § 37 II befreit. Der AN des § 60 I, der die Sprechstunde aufsucht, kann sich allein vom BRMitglied oder allein durch den Jugend- und Auszubildendenvertreter beraten lassen (*Fitting* Rn. 21; GK-BetrVG/*Wiese* Rn. 18).

V. Arbeitsentgelt

5   Die durch den Besuch der Sprechstunde und die sonstige Inanspruchnahme des BR bedingte Arbeitsversäumnis ist nach Abs. 3 wie Arbeitszeit zu vergüten. Auch Zuschläge sind weiterzuzahlen (DKK/*Berg* Rn. 26; Richardi/*Richardi*/*Thüsing* Rn. 27; *Fitting* Rn. 27; GK-BetrVG/*Wiese*/*Weber* Rn. 34). Der Besuch der Sprechstunde muss erforderlich sein (GK-BetrVG/*Wiese*/*Weber* Rn. 29). Der AN bedarf jedoch keiner Genehmigung durch den AG oder den unmittelbaren Vorgesetzten (*Fitting* Rn. 28; aA GK-BetrVG/*Wiese*/*Weber* Rn. 31). Er braucht ihnen den Anlass für den Besuch der Sprechstunde oder die sonstige Inanspruchnahme des BR nicht mitzuteilen (DKK/*Berg* Rn. 24; *Fitting* Rn. 26; GK-BetrVG/*Wiese*/*Weber* Rn. 32). Er hat sich aber ordnungsgemäß beim Vorgesetzten abzumelden und nach Rückkehr zur Arbeit zurückzumelden (BAG 23. 6. 1983 AP BetrVG 1972 § 37 Nr. 45). Verweigert der AG ohne triftigen Grund das Ansinnen, mit dem BR sprechen zu wollen, kann der AN sich über den Widerspruch hinwegsetzen (DKK/*Berg* Rn. 24; *Fitting* Rn. 28; GK-BetrVG/*Wiese*/*Weber* Rn. 33). Arbeitsentgelt ist weiterzuzahlen, wenn sich der BR zulässigerweise zum Arbeitsplatz des AN begibt, um eine arbeitsplatzbezogene Angelegenheit zu besprechen und es dadurch zu einem kurzfristigen Produktionsausfall kommt (LAG Berlin 3. 11. 1980 EzA BetrVG 1972 § 39 Nr. 1).

VI. Haftung

6   Die BRMitglieder und der teilnehmende Jugend- und Auszubildendenvertreter haften für Auskünfte nur bei unerlaubter Handlung. Eine Haftung des BR scheidet aus. Der AG haftet nicht, da die BRMitglieder nicht als Erfüllungsgehilfen, sondern in eigener Verantwortung als Amtsträger handeln (Richardi/*Richardi*/*Thüsing* Rn. 29; *Fitting* Rn. 34; GK-BetrVG/*Wiese*/*Weber* Rn. 39).

VII. Streitigkeiten

7   Streitigkeiten aus der Vorschrift sind grundsätzlich im arbeitsgerichtlichen Beschlussverfahren nach §§ 2 a, 80 ff. ArbGG zu entscheiden. Hat die Einigungsstelle eine Entscheidung getroffen, ist diese nach § 76 V überprüfbar. Ansprüche auf vorenthaltenes Arbeitsentgelt wegen Teilnahme oder Abhaltung der Sprechstunde sind im Urteilsverfahren vom ArbG zu entscheiden.

§ 40 Kosten und Sachaufwand des Betriebsrats

(1) Die durch die Tätigkeit des Betriebsrats entstehenden Kosten trägt der Arbeitgeber.
(2) Für die Sitzungen, die Sprechstunden und die laufende Geschäftsführung hat der Arbeitgeber in erforderlichem Umfang Räume, sachliche Mittel, Informations- und Kommunikationstechnik sowie Büropersonal zur Verfügung zu stellen.

I. Allgemeine Grundsätze

Der AG trägt die sachlichen und persönlichen Kosten der Tätigkeit des BR und seiner Mitglieder. 1 Die AG des Gemeinschaftsbetriebes haften für die Kosten nach § 421 BGB als Gesamtschuldner (BAG 19. 4. 1989 AP BetrVG 1972 § 40 Nr. 29; *Fitting* Rn. 5). Die Vorschrift ist zwingend. Sie kann weder durch BV noch durch TV abbedungen werden (BAG 9. 6. 99 AP BetrVG 1972 § 40 Nr. 60 zu Abs. 2; *Fitting* Rn. 3; GK-BetrVG/*Wiese/Weber* Rn. 4). Pauschalierungen zur Praktikabilität sind zulässig (*Fitting* Rn. 3; GK-BetrVG/*Wiese/Weber* Rn. 4, 21). Die Kosten der Ausschüsse des BR sind Kosten der Tätigkeit des BR und deshalb von § 40 unmittelbar gedeckt. Die Kosten des Wirtschaftsausschusses sind entsprechend § 40 zu tragen (BAG 17. 10. 1990 AP BetrVG 1972 § 108 Nr. 8). Die Pflicht besteht auch gegenüber dem BR, der ein Rest- oder Übergangsmandat ausübt oder dessen Wahl angefochten ist (DKK/*Berg* Rn. 3 f.; *Fitting* Rn. 7, 8; GK-BetrVG/*Wiese/Weber* Rn. 7) oder nichtig war (BAG 29. 4. 98 AP BetrVG 1972 § 40 Nr. 58; *Fitting* Rn. 8). Sie entfällt, wenn die Mitglieder die Nichtigkeit der Betriebsratswahl kannten (*Fitting* Rn. 8; enger GK/BetrVG/*Wiese/Weber* Rn. 7) oder der Nichtigkeitsgrund offenkundig war (BAG 29. 4. 98 AP BetrVG 1972 § 40 Nr. 58). Es sind nur Kosten zu tragen, die für die Durchführung der BRArbeit **erforderlich** sind (BAG 27. 9. 1974 AP BetrVG 1972 § 40 Nr. 8; BAG 19. 4. 1989 AP BetrVG 1972 § 40 Nr. 29). Dies beurteilt ein nicht rückblickend von einem rein objektiven Standpunkt aus. Dem BR steht ein Beurteilungsspielraum zu (BAG 12. 5. 1999 und 9. 6. 1999 AP BetrVG 1972 § 40 Nr. 65, 66). Es reicht aus, wenn der BR oder das Mitglied die Kosten für erforderlich halten durften. Dabei ist ein verständiger Maßstab anzulegen (BAG 18. 4. 1967 AP BetrVG § 39 Nr. 7; BAG 24. 6. 1969 AP BetrVG § 39 Nr. 8). Der BR muss die betrieblichen Verhältnisse und die sich ihm stellenden Aufgaben berücksichtigen. Er muss die Interessen der Belegschaft an einer sachgerechten Ausübung des BRAmtes und die berechtigten Interessen des AG an einer Begrenzung seiner Kostentragungspflicht gegeneinander abwägen. Hält sich diese Interessenabwägung im Rahmen seines Beurteilungsspielraums, dürfen die Gerichte die Entscheidung des BR nicht durch ihre eigene ersetzen (BAG 12. 5. 1999 und 9. 6. 1999 AP BetrVG 1972 § 40 Nr. 65, 66). Soweit danach Kosten zu tragen sind, ist die Zustimmung des AG nicht erforderlich. Nur bei außergewöhnlichen Ausgaben ist ihm nach § 2 I Gelegenheit zur Stellungnahme zu geben (BAG 18. 4. 1967 AP BetrVG § 39 Nr. 7). Das BAG hat iR seiner Rspr. zu den Schulungskosten (vgl. § 37 Rn. 20) als weitere allgemeine Voraussetzung die **Verhältnismäßigkeit** herangezogen (BAG 31. 10. 1972 AP BetrVG 1972 § 40 Nr. 2; BAG 30. 3. 1994 AP BetrVG 1972 § 40 Nr. 42; BAG 28. 6. 1995 AP BetrVG 1972 § 40 Nr. 48; Richardi/*Richardi/Thüsing* Rn. 7; aA DKK/*Berg* Rn. 5). Dem ist auch für § 40 zuzustimmen, wenn und soweit das Kriterium dazu dient, im Einzelfall unverhältnismäßige Belastungen des Betriebs auszuschließen, nicht aber um generell die Kostentragungspflicht auf ein durchschnittliches Niveau festzuschreiben (*Fitting* Rn. 10; GK-BetrVG/*Wiese/Weber* Rn. 12). In entsprechender Anwendung der §§ 22 BetrVG, 49 II BGB bleibt der BR auch nach dem Ende seier Amtszeit befugt, noch nicht erfüllte Kostenerstattungsansprüche gegen den AG weiter zu verfolgen und an den Gläubiger abzutreten (BAG 24. 10. 2001 AP BetrVG 1972 § 40 Nr. 71).

II. Geschäftsführungskosten

Geschäftsführungskosten sind alle Kosten, die iR des allgemeinen Geschäftsbetriebs anfallen 2 und zur sachgerechten und ordnungsgemäßen Durchführung der BRArbeit erforderlich sind (DKK/*Wedde* Rn. 14; *Fitting* Rn. 12). Hierzu gehören neben dem gesamten Sachaufwand die Kosten für die Heranziehung von **Sachverständigen** oder **Rechtsanwälten** nach § 80 III (*Fitting* Rn. 13; GK-BetrVG/*Wiese/Weber* Rn. 30 ff., 82; s. § 80 Rn. 31) und von **sachkundigen AN**, soweit hierbei besondere Kosten entstehen (*Fitting* Rn. 15). Bei einer größeren Anzahl von ausländischen AN kann erforderlich sein, **Dolmetscher** heranzuziehen oder **Übersetzungen** erstellen zu lassen (LAG Düsseldorf 30. 1. 1981 DB 1981, 1093; DKK/*Berg* Rn. 15; *Fitting* Rn. 19; GK-BetrVG/*Wiese/Weber* Rn. 28). Erstellt der BR einen umfangreichen **Tätigkeitsbericht** nach § 43 I, kann es erforderlich sein, dass dieser in der Versammlung den AN schriftlich vorgelegt werden muss (*Fitting* Rn. 18; s. § 43 Rn. 7). Gleiches gilt, wenn ein nicht unerheblicher Teil der Belegschaft an der Betriebsversammlung nicht teilnehmen kann (LAG Baden-Württemberg 10. 2. 1983 AuR 1984, 54).

III. Rechts- und Regelungsstreitigkeiten

3   Ist eine gütliche Einigung nicht möglich, kann der BR betriebsverfassungsrechtliche Streitigkeiten auf Kosten des AG klären lassen (*Fitting* Rn. 21; GK-BetrVG/*Wiese*/*Weber* Rn. 82). Da im Beschlussverfahren nach § 12 V ArbGG Gerichtskosten nicht anfallen, geht es allein um die außergerichtlichen Kosten. Gleichgültig ist, wer Beteiligter des Rechtsstreits mit dem BR ist (DKK/*Berg* Rn. 22; *Fitting* Rn. 14; GK-BetrVG/*Wiese*/*Weber* Rn. 84). Unter die Kostentragungspflicht fällt auch die gerichtliche Überprüfung von Betriebsratsbeschlüssen, wenn ein einzelnes BRMitglied ernsthafte Zweifel an ihrer Wirksamkeit hat (BAG 3. 4. 1979 AP BetrVG 1972 § 13 Nr. 1). Die Rechtsverfolgungskosten müssen erforderlich sein, dh. ein Parallelverfahren oder ein Musterprozess müssen abgewartet werden (vgl. LAG Berlin AP BetrVG 1972 § 40 Nr. 21; *Fitting* Rn. 22). Die Rechtsverfolgung darf nicht von vornherein offensichtlich aussichtslos oder mutwillig sein (BAG 3. 10. 1978 AP BetrVG 1972 § 40 Nr. 14; BAG 19. 4. 1989 AP BetrVG 1972 § 40 Nr. 29). Dies ist nicht der Fall, wenn das Beschlussverfahren bislang ungeklärte Rechtsfragen zum Gegenstand hat und die Rechtsauffassung des BR vertretbar ist (BAG 19. 3. 2003 – 7 ABR 15/02). Die Pflicht, Kosten zu erstatten, kann sich auf Prozesskosten des BR erstrecken, die durch Verfahren gegen Dritte vor den ordentlichen Gerichten entstanden sind (LAG Hamburg 13. 3. 1984 LAGE BetrVG 1972 § 40 Nr. 17).

4   Grundsätzlich hat der BR die Wahl, ob er das Verfahren selbst führt, sich der Vertretung durch die Gewerkschaft bedient oder einen **Rechtsanwalt** beauftragt (BAG 3. 10. 1978 und 20. 10. 99 AP BetrVG 1972 § 40 Nr. 14, 67). Der Auftrag an einen Anwalt erfordert einen ordnungsgemäßen Beschluss des BR (BAG 14. 2. 1996 AP BetrVG 1972 § 76 a Nr. 5; BAG 5. 4. 2000 AP BetrVG 1972 § 78 a Nr. 33), der im Zweifel nur für die jeweilige Instanz gilt (LAG Berlin 26. 1. 1987 NZA 1987, 645). Wegen § 81 ZPO kann ein im Innenverhältnis notwendiger Auftrag für die nächste Instanz auch noch nach Ablauf der Rechtsmittelfrist erfolgen (BAG 11. 3. 1992 AP BetrVG 1972 § 38 Nr. 11). Die für die Prozessvertretung durch einen Rechtsanwalt entstandenen Kosten trägt der AG, wenn der BR bei verständiger Abwägung dessen Tätigkeit für erforderlich halten durfte (BAG 3. 10. 1978 und 4. 12. 1979 AP BetrVG 1972 § 40 Nr. 14, 18). Er muss dabei die Maßstäbe einhalten, die er anlegen würde, wenn seine Mitglieder die Kosten tragen müssten (BAG 16. 10. 1986 AP BetrVG 1972 § 40 Nr. 31). Ihm steht für diese Abwägung ein Beurteilungsspielraum zu (BAG 16. 10. 1986 AP BetrVG 1972 § 40 Nr. 31). Für das Rechtsbeschwerdeverfahren ist der Anwalt schon nach § 94 I ArbGG vorgeschrieben. Im Übrigen darf ein Anwalt beauftragt werden, wenn der BR bei der Beurteilung der Sach- oder Rechtslage unsicher ist, da dies stets der wesentliche Gesichtspunkt für die Beauftragung eines Anwalts ist (*Fitting* Rn. 25; LAG Berlin 26. 1. 1987 DB 1987, 848). Die Möglichkeit, sich nach § 11 ArbGG in der 1. und 2. Instanz durch einen Gewerkschaftsvertreter vertreten zu lassen, steht der Tätigkeit eines Rechtsanwalts nicht entgegen (BAG 3. 10. 1978 und 4. 12. 1979 AP BetrVG 1972 § 40 Nr. 14, 18; DKK/*Berg* Rn. 28; *Fitting* Rn. 26; Richardi/*Richardi*/*Thüsing* Rn. 24). Ist im konkreten Fall die Vertretung durch einen Gewerkschaftsvertreter und die anwaltliche Vertretung als gleichwertig anzusehen, ist die kostengünstigere zu wählen, da der BR die finanziellen Belange des AG mit zu beachten hat (BAG 26. 11. 1974 AP BetrVG 1972 § 20 Nr. 6; *Fitting* Rn. 27; GK-BetrVG/*Wiese*/*Weber* Rn. 1105). Die Gewerkschaften sind auch aus § 2 I nicht verpflichtet, Rechtsschutz zu gewähren. Die Ablehnung darf dem BR nicht zugerechnet werden (BAG 3. 10. 1978 und 4. 12. 1979 AP BetrVG 1972 § 40 Nr. 14, 18). Sind am Gerichtsort sachkundige Anwälte ansässig und beauftragt der BR einen auswärtiges Anwaltsbüro, sind die Fahrtkosten des Anwalts nur zu erstatten, wenn das beauftragte Anwaltsbüro für die maßgeblichen Rechtsfragen eine über das normale Maß hinausgehende Sachkompetenz aufweist (BAG 16. 10. 1986 AP BetrVG 1972 § 40 Nr. 31), der BR einen ebenso qualifizierten ortsansässigen Anwalt nicht finden konnte oder ihm auf Grund der konkreten Umstände eine solche Suche nicht möglich oder unzumutbar war (BAG 20. 10. 1999 AP BetrVG 1972 § 40 Nr. 67; BAG 15. 11. 2000 – 7 ABR 24/00 – EzA BetrVG 1972 § 40 Nr. 92). Der BR hat den Rechtsanwalt grundsätzlich nur auf der Grundlage der gesetzlichen Vergütung zu beauftragen. Sie berechnet sich nach der BRAGO. Eine Honorarzusage, die zu einer höheren Vergütung führt, zB ein Zeithonorar, darf der BR regelmäßig nicht für erforderlich halten (BAG 20. 10. 99 AP BetrVG 1972 § 40 Nr. 67). Der beauftragte Anwalt hat seinerseits den Grundsatz zu beachten, den AG nicht unverhältnismäßig mit Kosten zu belasten (*Fitting* Rn. 22). Ist es erforderlich, einen Rechtsanwalts hinzuzuziehen, hat der AG auf Verlangen des Rechtsanwalts übliche Vorschüsse auf das Honorar zu zahlen (*Fitting* Rn. 33; GK-BetrVG/*Wiese*/*Weber* Rn. 107). Ist der AG nicht in der Lage, die entstehenden Prozesskosten aufzubringen, steht dem BR bei hinreichenden Erfolgsaussichten im arbeitsgerichtlichen Verfahren ein Anspruch auf **Prozesskostenhilfe** zu (LAG Rheinland-Pfalz 4. 5. 1990 NZA 1991, 32; *Fitting* Rn. 34). Der BR kann als Kollegialorgan nicht auf Zahlung der Kosten eines beauftragten Anwalts in Anspruch genommen werden, weil er nicht vermögensfähig ist (LAG 19. 10. 1989 Hamm DB 1990, 1472).

5   Auch die Kosten eines Rechtsanwalts, dessen Auftritt für den BR vor der **Einigungsstelle** als Verfahrensbevollmächtigter erforderlich ist, trägt der AG nach § 40 I (BAG 14. 2. 1996 AP BetrVG 1972 § 76 a Nr. 5). Wird er dort als Beisitzer tätig, gilt § 76 a BetrVG (s. dort Rn. 6). Für die Erforderlichkeit gelten im Wesentlichen die Grundsätze der anwaltlichen Vertretung vor dem ArbG. Die Tätig-

VI. Reisekosten

keit des Anwalts vor der Einigungsstelle kann geboten sein, wenn deren Regelungsgegenstand schwierige Rechtsfragen aufwirft und kein BRMitglied über den notwendigen juristischen Sachverstand verfügt (BGH 14. 2. 1996 AP BetrVG 1972 § 76a Nr. 5; *Fitting* Rn. 37). Lässt sich der AG vor der Einigungsstelle anwaltlich vertreten, ist dies ein Indiz dafür, dass anwaltliche Vertretung erforderlich ist (BAG 14. 2. 1996 AP BetrVG 1972 § 76a Nr. 5). Das Gebühreninteresse des Anwalts darf bei der Prüfung der Erforderlichkeit keine Rolle spielen. Der BR muss andererseits nicht prüfen, ob die Tätigkeit des Anwalts als Beisitzer in der Einigungsstelle kostengünstiger wäre (BAG 14. 2. 1996 AP BetrVG 1972 § 76a Nr. 5). Auch Schwierigkeiten tatsächlicher Art können anwaltliche Vertretung erfordern, wenn dem BR selbst der zur Analyse und Bewertung erforderliche Sachverstand fehlt (*Fitting* Rn. 37). Hat der BR einen Rechtsanwalt als Beisitzer benannt, ist die Beauftragung eines Anwalts als Verfahrensbevollmächtigter grundsätzlich nicht erforderlich (LAG Hamm LAGE BetrVG 1972 § 76a Nr. 2; DKK/*Berg* § 76a Rn. 12; *Fitting* Rn. 38). Der BR kann mit dem Anwalt die Vergütung eines Beisitzers der Einigungsstelle vereinbaren, wenn der Gegenstandswert nach billigem Ermessen festzusetzen ist (BAG 21. 6. 1989 AP BetrVG 1972 § 76 Nr. 34). Im Übrigen bemisst sich das anwaltliche Honorar nach den §§ 65, 8 II 2 BRAGO (BAG 14. 2. 1996 AP BetrVG 1972 § 76a Nr. 5).

IV. Rechtsstreitigkeiten von Betriebsratsmitgliedern

Auch die von einem einzelnen BRMitglied in seiner amtlichen Tätigkeit aufzubringenden Aufwendungen zur Führung von Rechtsstreitigkeiten in betriebsverfassungsrechtlichen Angelegenheiten sind Kosten der BRTätigkeit nach Abs. 1 (BAG 5. 4. 2000 AP BetrVG 1972 § 78a Nr. 33), selbst wenn der Rechtsstreit ausschließlich das Verhältnis des einzelnen BRMitglieds zum BR betrifft (BAG 14. 10. 1982 AP BetrVG 1972 § 40 Nr. 19; DKK/*Berg* Rn. 52 f.; Richardi/*Richardi/Thüsing* Rn. 21; *Fitting* Rn. 60). Die dabei entstehenden Anwaltskosten sind dem einzelnen BRMitglied wie dem BR zu ersetzen (GK-BetrVG/*Wiese/Weber* Rn. 108). Jedes BRMitglied übt das Amt in eigener Verantwortung aus. Deshalb kann ein BRMitglied, wenn es ernsthafte Zweifel an der Rechtswirksamkeit von Betriebsratsbeschlüssen oder Wahlakten des BR hat, ein gerichtliches Kontrollverfahren auf Kosten des AG durchführen (BAG 3. 4. 1979 AP BetrVG 1972 § 13 Nr. 1). Der AG hat grundsätzlich auch die Kosten zu tragen, die für das BRMitglied zur sachgerechten Verteidigung in einem Ausschlussverfahren nach § 23 I erforderlich sind (BAG 19. 4. 1989 AP BetrVG 1972 § 40 Nr. 29). Die Kosten für die Hinzuziehung eines Rechtsanwalts sind nur dann nicht zu erstatten, wenn eine Verteidigung offensichtlich aussichtslos ist, zB weil das BRMitglied das vorgeworfene Verhalten nicht bestreitet und die rechtliche Würdigung des Verhaltens unzweifelhaft eine grobe Pflichtverletzung iS des § 23 I darstellt (BAG 19. 4. 1989 AP BetrVG 1972 § 40 Nr. 29). Nicht ersetzen muss der AG Kosten des im Verfahren nach § 103 BetrVG beteiligten BRMitglieds (BAG 3. 4. 1979 AP BetrVG 1972 § 40 Nr. 16; BAG 5. 4. 2000 AP BetrVG 1972 § 78a Nr. 33; *Fitting* Rn. 62), es sei denn, der Zustimmungsersetzungsantrag wird rechtskräftig abgewiesen (BAG 31. 1. 1990 AP BetrVG 1972 § 103 Nr. 28). Bei Gerichts- oder Anwaltskosten aus einem Rechtsstreit um Lohnansprüche von BRMitgliedern handelt es sich nicht um Kosten der BRTätigkeit iS des § 40 I (BAG 14. 10. 1982 AP BetrVG 1972 § 40 Nr. 19; Richardi/*Richardi/Thüsing* Rn. 14; GK-BetrVG/*Wiese/Weber* Rn. 108; tw. aA DKK/*Berg* Rn. 54; *Fitting* Rn. 65).

V. Aufwendungen

Erstattungspflichtige Kosten der BRTätigkeit sind auch Aufwendungen, die einzelne BRMitglieder im Rahmen und in Erfüllung ihrer BRAufgabe haben (BAG 6. 11. 1973 AP BetrVG 1972 § 37 Nr. 6; BAG 3. 4. 1979 AP BetrVG 1972 § 13 Nr. 1). Sie sind zu ersetzen, soweit das BRMitglied bei Anlegen eines verständigen Maßstabs die Aufwendung für erforderlich halten darf (GK-BetrVG/*Wiese/Weber* Rn. 33). Werden in einer BV **Pauschalbeträge** für Aufwendungen festgelegt, dürfen sie keine versteckten Vergütungen enthalten (DKK/*Berg* Rn. 11; *Fitting* Rn. 41). Über diese Pauschalbeträge hinausgehende tatsächlich erbrachte notwendige Aufwendungen sind vom AG zu erstatten (LAG Köln 13. 9. 1984 DB 1985, 394). Aufwendungskosten können zB Telefon-, Fax-, Portokosten oder auch besondere **Fahrtkosten** sein. Muss der AN außerhalb der Arbeitszeit speziell für die Betriebsratssitzung anreisen, sind ihm die Kosten zu erstatten (BAG 18. 1. 1989 AP BetrVG 1972 § 40 Nr. 28). Normale Fahrtkosten, die jedem anderen AN auch entstehen, sind nicht ersatzfähig (BAG 28. 8. 1991 AP BetrVG 1972 § 40 Nr. 39). Jede Aufopferung von Vermögenswerten kann eine Aufwendung sein, die zu erstatten ist. Ein Schaden, der am Auto eines BRMitglieds während des Einsatzes für BRTätigkeit entstanden ist, ist unter denselben Voraussetzungen liquidierbar wie ein Schaden, der am PKW des AN auf einer Dienstfahrt entstanden ist (*Fitting* Rn. 34). Für Personenschäden greift das sozialversicherungspflichtige Haftungsprivileg aus § 104 SGB VII (*Fitting* Rn. 34).

VI. Reisekosten

Reisekosten können dem BRMitglied ua. durch Teilnahme an Sitzungen des Gesamtbetriebsrats, Konzernbetriebsrats, an Gerichtsverhandlungen oder durch den Besuch von zum Betrieb gehörenden Betriebsteilen oder Nebenbetrieben entstehen. Kosten einer nicht erforderlichen Reise des BR sind ebenso wenig zu tragen, wie nicht erforderliche Kosten einer notwendigen Reise des BR. Zu den Reisekosten zählen die Kosten für angemessene Unterkunft und Verpflegung. Nicht zu erstatten sind die Kosten der persönlichen Lebensführung, wie Getränke oder Tabakwaren (BAG 29. 1. 1974 und 15. 6. 1976 AP BetrVG 1972 § 40 Nr. 5). Vor Antritt einer Reise braucht das BRMitglied weder detaillierte Auskünfte über den Reisezweck zu erteilen noch die Zustimmung des AG zur Reise einzuholen (BAG 10. 8. 1994 NZA 1995, 796). Machen mehrere BRMitglieder iR ihrer BRTätigkeit eine Reise und benutzt einer von ihnen einen PKW, soll der AG von den anderen die Mitfahrt verlangen können, wenn dies zumutbar ist (BAG 28. 10. 1992 – 7 ABR 10/92 nv.). Auch **Auslandsreisen** sind zu erstatten, soweit sie für die sachgerechte Erfüllung von BRArbeit erforderlich sind (DKK/*Berg* Rn. 20 f.; *Fitting* Rn. 34). Dies kann zB bei grenzüberschreitenden mitbestimmungspflichtigen Maßnahmen, im Zusammenhang mit der Bildung und Zusammenarbeit in europäischen BR (*Fitting* Rn. 50) oder dann in Frage kommen, wenn BRMitglieder ihr Anhörungsrecht aus Art. 18 IV der EG-Verordnung Nr. 4064/89 wahrnehmen wollen (LAG Niedersachsen 10. 6. 1992 DB 1993, 1043). Bestehen betriebliche **Reisekostenregelungen,** sind diese für Reisen iR der BRTätigkeit anwendbar, soweit die BRMitglieder die entstehenden Kosten beeinflussen können (BAG 17. 9. 1974 und 23. 6. 1975 AP BetrVG 1972 § 40 Nr. 6, 10). Soweit die BRMitglieder auf die entstehenden Kosten keinen Einfluss haben, sind die die Tagessätze der betrieblichen Regelung übersteigenden Kosten zu ersetzen (BAG 29. 1. 1974 AP BetrVG 1972 § 37 Nr. 9; BAG 7. 6. 1984 § 40 Nr. 24). Hat ein BRMitglied private Aufwendungen auf Grund einer längeren Dienstreise erspart, können diese abgezogen werden (BAG 29. 1. 1974 AP BetrVG 1972 § 37 Nr. 8; aA DKK/*Berg* Rn. 50). Dies gilt nicht, wenn nach einer betrieblichen Reisekostenregelung abgerechnet wird, bei der die ersparten Aufwendungen schon berücksichtigt sind (BAG 29. 4. 1975 und 30. 3. 1994 AP BetrVG 1972 § 40 Nr. 9, 42). Teilzeitbeschäftigten BRMitgliedern ist gegebenenfalls die Möglichkeit der Einzelabrechnung mit Belegen zu ermöglichen, wenn sie auf Grund ihres teilzeitbedingt niedrigeren Jahreseinkommens im Falle der Abrechnung nach betrieblichen Reisekostenerstattungsrichtlinien bei gleicher oder vergleichbarer Tätigkeit ansonsten benachteiligt wären (LAG Frankfurt 6. 10. 1988 NZA 1989, 943; GK-BetrVG/ *Wiese/Weber* Rn. 43).

VII. Schulungskosten

9 Kosten, die durch die Teilnahme von BRMitgliedern an Schulungs- und Bildungsveranstaltungen entstehen, die für die BRArbeit erforderliche Kenntnisse vermitteln, sind nach § 40 I Kosten der Tätigkeit des BR und deshalb vom AG zu tragen (BAG 31. 10. 1972 und 28. 6. 1995 AP BetrVG 1972 § 40 Nr. 2, 48; DKK/*Berg* Rn. 56 ff.; *Fitting* Rn. 66). Dies gilt auch für gewerkschaftliche Schulungsveranstaltungen (BVerfG 14. 2. 1978 AP BetrVG 1972 § 40 Nr. 13; Richardi/*Richardi/Thüsing* Rn. 35). Die Kosten der Teilnahme einer nach § 37 VI für das BRMitglied erforderlichen Schulung hat der AG stets zu tragen. Sind die Schulungsthemen nur tw. erforderlich iSd. § 37 VI, gelten für die Kostentragungspflicht die Grundsätze der Entgeltfortzahlung entsprechend (*Fitting* Rn. 69). Die Kosten für Schulungs- und Bildungsveranstaltungen nach § 37 VII hat der AG jedenfalls zu tragen, soweit sie iSd. § 37 VI für die BRTätigkeit erforderliche Kenntnisse vermitteln (BAG 6. 11. 1973 und 25. 4. 1978 AP BetrVG 1972 § 37 Nr. 6, 33; *Fitting* Rn. 70; GK-BetrVG/*Wiese/ Weber* Rn. 45 ff.; weitergehend DKK/*Berg* Rn. 58 f.; Richardi/*Richardi/Thüsing* Rn. 33). Werden Kosten aus einer als § 37 VII als geeignet anerkannten Schulungsveranstaltung geltend gemacht, ist die Erforderlichkeit der Teilnahme daher dennoch besonders zu begründen (BAG 26. 8. 1975 AP BetrVG 1972 § 37 Nr. 21).

10 Die auf § 40 I iVm. § 37 VI beruhende Kostenerstattungspflicht unterliegt neben dem Grundsatz der Erforderlichkeit auch dem **Grundsatz der Verhältnismäßigkeit** (BAG 31. 10. 1972 und 28. 6. 1995 AP BetrVG 1972 § 40 Nr. 2, 48; vgl. dazu oben Rn. 1 und § 37 Rn. 20). Der BR darf den AG nur mit den Kosten belasten, die er der Sache nach für verhältnismäßig und deshalb zumutbar halten kann (BAG 28. 6. 1995 AP BetrVG 1972 § 40 Nr. 48). Er hat nach pflichtgemäßen Ermessen zu prüfen, ob die zu erwartenden Schulungskosten mit der Größe und Leistungsfähigkeit des Betriebs zu vereinbaren sind und ob der Schulungszweck in einem angemessenen Verhältnis zu den dafür aufzuwendenden Mitteln steht (BAG 27. 9. 1974 AP BetrVG 1972 § 37 Nr. 8; BAG 28. 6. 1995 AP BetrVG 1972 § 40 Nr. 48). Bei dieser Prüfung können die Dauer der Veranstaltung im Hinblick auf die behandelten Themen, die örtliche Lage der Schulungsveranstaltung und die Anzahl der zu entsendenden BRMitglieder von Bedeutung sein (BAG 27. 9. 1974 AP BetrVG 1972 § 37 Nr. 8). Der BR muss keine umfassende Marktanalyse durchführen und den günstigsten Anbieter ermitteln, sondern kann seine Auswahlentscheidung bei vergleichbaren Seminarinhalten vom Veranstalter selbst abhängig machen (BAG 28. 6. 1995 AP BetrVG 1972 § 40 Nr. 48; DKK/*Berg*, Rn. 60; aA Richardi/*Richardi/Thüsing* Rn. 39; *Fitting* Rn. 74; GK-BetrVG/*Wiese/Weber* Rn. 58). Im Rahmen der Beurteilung der Verhältnismäßigkeit der Kosten nach § 40 I kann ein Vergleich mit dem vom Betrieb aufzubringenden Kosten

VII. Schulungskosten § 40 BetrVG 210

für Management-Schulungen zu gleichen Themen sinnvoll sein (weitergehend DKK/*Berg* Rn. 59; *Fitting* Rn. 73).

Um die Verpflichtung aus nach § 40 I iVm. § 37 VI auszulösen, muss der BR einen **ordnungs-** 11 **gemäßen Beschluss** gefasst haben (BAG 10. 6. 1975 AP BetrVG 1972 § 73 Nr. 1; BAG 28. 4. 1988 AP BetrVG 1972 § 29 Nr. 2). Ein erst *nach* dem Besuch der Schulung gefasster Beschluss begründet keinen Anspruch auf Kostentragung (BAG 8. 3. 2000 – 7 ABR 11/98). Das Schweigen des AG auf eine Mitteilung des BR, er wolle ein bestimmtes BRMitglied zur Schulung schicken, führt nicht automatisch zur Kostentragungspflicht (BAG 24. 5. 1995 AP BetrVG 1972 § 37 Nr. 109). Der AG muss sich aber grundsätzlich rechtzeitig äußern, wenn er keine Kosten tragen will (BAG 11. 5. 1976 AP BetrVG 1972 § 76 Nr. 3).

Zu den erstattungsfähigen Schulungskosten zählen die **Teilnehmergebühren,** auch wenn der 12 Veranstalter eine **Gewerkschaft** ist (vgl. BAG 28. 5. 1976 und 28. 6. 1995 AP BetrVG 1972 § 40 Nr. 11, 48; DKK/*Berg* Rn. 65 f.; Richardi/*Richardi/Thüsing* Rn. 36; *Fitting* Rn. 76 f.; GK-BetrVG/ *Wiese/Weber* Rn. 48 ff.). Allerdings wird der Anspruch aus Art. 9 III GG aus koalitionsrechtlichen Grundsätzen eingeschränkt. Die Gewerkschaften dürfen aus den Schulungsveranstaltungen keinen Gewinn ziehen (BAG 15. 1. 1992 und 30. 3. 1994 AP BetrVG 1972 § 40 Nr. 41, 42). Sie können daher nur Erstattung der ihnen tatsächlich entstandenen Kosten verlangen (BAG 17. 6. 98 AP BetrVG 1972 § 40 Nr. 61 und 63). So wird eine Gegnerfinanzierung vermieden. Dies gilt auch, wenn die Gewerkschaft 100% der Anteile einer veranstaltenden Gesellschaft hält (BAG 30. 3. 1994 AP BetrVG 1972 § 40 Nr. 42; *Fitting* Rn. 82; aA DKK/*Berg* Rn. 73) oder kraft satzungsmäßiger Rechte und personeller Verflechtung maßgeblichen Einfluss auf den Inhalt, die Organisation und die Finanzierung der Bildungsarbeit nimmt (BAG 28. 6. 1995 AP BetrVG 1972 § 40 Nr. 48; aA DKK/*Wedde* Rn. 73). Der Gewinn fehlt nicht notwendig, wenn der für die Unterbringung in Rechnung gestellte Tagessatz den steuerlichen Pauschbeträgen entspricht. Diese orientieren sich an den Preisen des Beherbergungsgewerbes, bei denen ein Gewinnanteil einkalkuliert ist (BAG 15. 1. 1992 AP BetrVG 1972 § 40 Nr. 41). Auch Vorhalte- oder Generalkosten der Schulungsstätten für sachliche und personelle Mittel sollen vom AG nicht zu erstatten sein (BAG 28. 5. 1976 AP BetrVG 1972 § 40 Nr. 11). Kosten, die einer Gewerkschaft als Veranstalterin einer Schulung iS des § 37 VI durch die konkrete Schulung entstehen und von den Generalkosten abgrenzbar sind, können anteilig auf die Sitzungsteilnehmer umgelegt werden (BAG 3. 4. 1979 und 28. 6. 1995 BetrVG 1972 § 40 Nr. 17, 48; *Fitting* Rn. 80). Der Träger kann die Einzelkosten ermitteln oder nach betriebswirtschaftlichen Kriterien unter Gewinnausschluss pauschalieren (BAG 28. 6. 1995 AP BetrVG 1972 § 40 Nr. 48). Er kann Selbstkosten kalkulatorisch auf der Grundlage vorausgegangener Jahresergebnisse ermitteln und der Preisgestaltung für die kommende Schulungsperiode zugrunde legen. Dies ermöglicht auch eine Mischkalkulation, bei der alle künftig zu erwartenden Kosten ermittelt und in Durchschnittswerte unabhängig von der konkreten Teilnehmerzahl einer Schulung teilnehmerbezogen zugeordnet werden (BAG 17. 6. 1998 AP BetrVG 1972 § 40 Nr. 63). Zu den abgrenzbaren und damit zu erstattenden Kosten zählen auch Honoraraufwendungen für eigene Referenten oder Referenten des DGB (*Fitting* Rn. 81), wenn die entsprechende Lehrtätigkeit nicht zu den Haupt- oder Nebenpflichten ihres Arbeitsverhältnisses gehört (BAG 3. 4. 1979 und 28. 6. 1995 AP BetrVG 1972 § 40 Nr. 17, 48; GK-BetrVG/*Wiese/Weber* Rn. 56) oder die Lehrkraft ausschließlich für BR-Schulungen eingesetzt wird (*Fitting* Rn. 81; vgl. BAG 28. 6. 1995 AP BetrVG 1972 § 40 Nr. 48). Entsprechendes gilt für das Anmieten von Räumen zur Durchführung der Schulungsveranstaltungen (LAG Hamm 2. 3. 1983 DB 1983, 1576) und die erforderlichen Tagungsunterlagen (DKK/*Berge* Rn. 66; *Fitting* Rn. 79). Zu den Schulungskosten, die vom AG zu tragen sind gehören die notwendigen **Reisekosten** (vgl. oben Rn. 8). Ist eine weiter als andere entfernt liegende Schulungsstätte qualitativ besser und ermöglicht sie eine effektivere Ausbildung, sind die höheren Reisekosten zu erstatten (BAG 29. 4. 1975 AP BetrVG 1972 § 40 Nr. 9; BAG 24. 8. 1976 AP ArbGG 1953 § 95 Nr. 2). Der AG ist berechtigt, von den Verpflegungskosten eines Schulungsteilnehmers in Anlehnung an steuerrechtliche Grundsätze ein Fünftel des Betrages als ersparte Eigenaufwendungen abzuziehen (BAG 28. 6. 1995 AP BetrVG 1972 § 40 Nr. 48). Die Kosten der persönlichen Lebensführung, wie Getränke oder Zigaretten hat er nicht zu tragen (BAG 15. 6. 1976 und 28. 6. 1995 AP BetrVG 1972 § 40 Nr. 12, 48).

BR und Schulungsteilnehmer sind zum **Nachweis** der erstattungsfähigen Kosten verpflichtet (BAG 13 30. 3. 1994 AP BetrVG 1972 § 40 Nr. 42). Kommen sie dieser Verpflichtung nicht nach, steht dem AG ein Leistungsverweigerungsrecht zu (BAG 28. 6. 1995 AP BetrVG 1972 § 40 Nr. 48). Dies gilt auch gegenüber der Gewerkschaft, wenn ihr der Kostenerstattungsanspruch abgetreten wurde (BAG 15. 1. 1992 AP BetrVG 1972 § 40 Nr. 41). Schulungsveranstalter müssen aus vertraglicher Nebenpflicht die Kosten getrennt nach Unterkunft und Verpflegung anführen und es muss erkennbar sein, welche gastronomischen Leistungen in Rechnung gestellt wurden (BAG 28. 6. 1995 AP BetrVG 1972 § 40 Nr. 48). Soweit gewerkschaftliche Veranstalter in der Rechtsform eines gemeinnützigen Vereins geführt werden, müssen sie pauschalierte Schulungsgebühren mit aufschlüsseln, soweit konkrete Anhaltspunkte für eine Gegnerfinanzierung vorliegen. Diese muss im Prozess der AG vortragen (BAG 17. 6. 98 AP BetrVG 1972 § 40 Nr. 62).

Eisemann

VIII. Inhalt und Erfüllung des Anspruchs

14   Der Anspruch auf Kostentragung ist ein Anspruch aus einem durch § 40 begründeten gesetzlichen Schuldverhältnis (Richardi/*Richardi/Thüsing* Rn. 42; *Fitting* Rn. 90; GK-BetrVG/*Wiese/Weber* Rn. 16). Der **BR** kann für Aufwendungen und Auslagen einen angemessenen Vorschuss vom AG verlangen (Richardi/*Richardi/Thüsing* Rn. 43; *Fitting* Rn. 91; GK-BetrVG/*Wiese/Weber* Rn. 23). Da der BR grundsätzlich nicht vermögensfähig ist, kann er selbst keine Verträge schließen und Verbindlichkeiten gegenüber Dritten eingehen. Der Anspruch auf Übernahme der Kosten verpflichtet den AG selbst, entsprechende Verträge abzuschließen, wobei er den BR entsprechend bevollmächtigen kann (*Fitting* Rn. 92; GK-BetrVG/*Wiese/Weber* Rn. 18). Für das Hinzuziehen von Sachverständigen nach § 80 III ergeben sich Besonderheiten. Durch die Vereinbarung nach dieser Vorschrift entsteht ein gesetzliches Schuldverhältnis zwischen BR und AG. Es richtet sich auf Zahlung an einen Dritten oder Freistellung von einer Verbindlichkeit gegenüber dem Dritten. Soweit ist der BR vermögensfähig. Der Dritte wird zum Gläubiger dieses Anspruchs, wenn der BR ihn abtritt. Er wandelt sich dann in einen Zahlungsanspruch (BAG 13. 5. 1998 AP BetrVG 1972 § 80 Nr. 55). Geht ein **BRMitglied** eine Verbindlichkeit ein, besteht ein Freistellungsanspruch gegen den AG (*Fitting* Rn. 93; GK-BetrVG/*Wiese/Weber* Rn. 17). Hat das BRMitglied die Verbindlichkeit erfüllt, steht ihm ein Erstattungsanspruch gegen den AG zu (BAG 27. 3. 1979 ArbGG 1953 § 80 Nr. 7; GK-BetrVG/*Wiese/Weber* Rn. 17), der nach § 288 BGB und § 291 BGB Zinsansprüche auslösen kann (BAG 18. 1. 1989 AP BetrVG 1972 § 40 Nr. 28). Ist das BRMitglied gegenüber dem Gläubiger im Verzug, umfasst der Freistellungsanspruch die Verzugszinsen (BAG 3. 10. 1978 AP BetrVG 1972 § 40 Nr. 14). Das BRMitglied kann den Freistellungsanspruch an den Gläubiger der Forderung abtreten, wobei sich der Freistellungsanspruch beim Zessionar in einen Zahlungsanspruch umwandelt (*Fitting* Rn. 96; GK-BetrVG/*Wiese/Weber* Rn. 17). Da der Erstattungsanspruch sich aus der BRTätigkeit und nicht aus dem Arbeitsverhältnis ergibt, greifen tarifliche Ausschlussfristen nicht (BAG 30. 1. 1973 AP BetrVG 1972 § 40 Nr. 3). Er verjährt nach den §§ 195, 199 BGB (*Fitting* Rn. 98). Der Anspruch kann verwirken (BAG 14. 11. 1978 AP BGB § 242 Verwirkung Nr. 39). Bei der Geltendmachung von Kostenerstattungsansprüchen nach Abs. 1 ist der BR in der Insolvenz des AG an das Verfahrensrecht der InsO gebunden (BAG 14. 11. 1978 AP KO § 59 Nr. 6; s. weiter BAG 13. 7. 1994 AP KO § 61 Nr. 28; BAG 16. 10. 1986 AP BetrVG 1972 § 40 Nr. 26; DKK/*Berg* Rn. 86 f.; *Fitting* Rn. 100). Auch nach dem Ende seiner Amtszeit ist der BR analog den §§ 22 und 49 II berechtigt, noch nicht erfüllte Kostenerstattungsansprüche gegen den AG weiter zu verfolgen und an die Gläubiger abzutreten (BAG 24. 10. 2001 – 7 ABR 20/00).

IX. Sachmittel und Büropersonal

15   **Abs. 2** stimmt in den Voraussetzungen mit Abs. 1 überein, schließt aber in der Rechtswirkung seine Anwendung aus. Der BR hat einen Überlassungsanspruch; er ist grundsätzlich nicht berechtigt, sich Sachmittel oder Büropersonal selbst zu beschaffen (BAG 21. 4. 1983 AP BetrVG 1972 § 40 Nr. 20). Der Anspruch kann im Wege der einstweiligen Verfügung durchgesetzt werden (*Fitting* Rn. 105). Dem BR sind je nach seiner Größe ein oder mehrere Büroräume zu überlassen und ein Sitzungszimmer zur Verfügung zu stellen (DKK/*Berg* Rn. 88 ff.; *Fitting* Rn. 108). In den Räumen des BR, die zu Sitzungen, Sprechstunden oder zur Abwicklung der Geschäftsbetriebs dienen, hat er das Hausrecht (BAG 18. 9. 1991 AP BetrVG 1972 § 40 Nr. 40). Zum Hausrecht gehört die Möglichkeit, dass der BR die Büroräume abschließen kann (ArbG Heilbronn 17. 2. 1984 BB 1984, 982; DKK/*Berg* Rn. 92). Er kann vom AG den Zutritt Dritter auf das Betriebsgelände und in sein Büro verlangen, wenn und soweit dies zur Erfüllung seiner gesetzlichen Aufgaben erforderlich ist (BAG 18. 9. 1991 AP BetrVG 1972 § 40 Nr. 40). Auch zur Durchführung von Betriebs- und Abteilungsversammlungen sind die entsprechenden Räumlichkeiten und sonstige erforderliche Sachmittel zur Verfügung zu stellen, gegebenenfalls anzumieten (*Fitting* Rn. 113).

16   **Sachmittel** sind dem BR vom AG im erforderlichen Umfang zu stellen. Dabei bestimmt sich die Erforderlichkeit nicht ausschließlich am entsprechenden Ausstattungsniveau des AG (BAG 11. 3. 1998 AP BetrVG 1972 § 40 Nr. 57; BAG 17. 2. 1993 AP BetrVG 1972 § 40 Nr. 37), sondern an den vom BR wahrzunehmenden Aufgaben und den betrieblichen Verhältnissen (BAG 12. 5. 99 AP BetrVG 1972 § 40 Nr. 65). Ob ein Sachmittel erforderlich ist unterliegt der Einschätzung des BR, dem hier ein Beurteilungsspielraum zusteht (BAG 12. 5. 99 AP BetrVG 1972 § 40 Nr. 65). Der BR kann sich der Prüfung der Erforderlichkeit nicht mit der Begründung entziehen ein Sachmittel gehöre zur Normalausstattung eines Büros und dürfte ihm deshalb nicht vorenthalten werden (BAG 12. 5. 99 AP BetrVG 1972 § 40 Nr. 65). Erforderliche Sachmittel sind jedenfalls ein verschliessbarer Schrank, ein Aktenschrank, Schreibmaterialien, Diktiergerät, Porto und Stempel, die Mitbenutzung von Vervielfältigungsgeräten des AG (LAG Niedersachsen 13. 12. 1988 NZA 1989, 442). Zur büromäßigen Grundausstattung gehört ein Telefonanschluss (DKK/*Berg* Rn. 108; *Fitting* Rn. 128). In Kleinbetrieben kann die – ungestörte – Mitbenutzung des betrieblichen Fernsprechers zumutbar sein (LAG Rheinland-

IX. Sachmittel und Büropersonal § 40 BetrVG 210

Pfalz 9. 12. 1992 NZA 1993, 426; GK-BetrVG/*Wiese/Weber* Rn. 156). Der AG darf beim Telefonanschluss des BR die Zielnummer bei Haus-, Orts- und Nahbereichsgesprächen nicht registrieren (BAG 18. 1. 1989 – 7 ABR 38/87 nv.; GK-BetrVG/*Wiese/Weber* Rn. 161). Bei Ferngesprächen soll dies unter Kostengesichtspunkten anders sein (BAG 18. 1. 1989 – 7 ABR 38/87 nv.; GK-BetrVG/ *Wiese/Weber* Rn. 161; aA *Fitting* Rn. 129). Jedenfalls dürfen stets neben den Gebühreneinheiten Zeitpunkt und Dauer der Gespräche registriert werden (BAG AP 27. 5. 1986 AP BetrVG 1972 § 87 Überwachung Nr. 15; GK-BetrVG/*Wiese/Weber* Rn. 161). Der BR kann vom AG verlangen, eine an den Arbeitsplätzen der AN und der BR vorhandene Telefonanlage durch eine besondere Schaltung für den innerbetrieblichen Dialog nutzbar machen zu lassen (BAG 9. 6. 99 AP BetrVG 1972 § 40 Nr. 66; BAG 27. 11. 2002 AP BetrVG 1972 § 40 Nr. 75). In größeren Betrieben kann der BR grundsätzlich die Überlassung eines eigenen **Fotokopiergeräts** verlangen (DKK/*Berg* Rn. 97; GK-BetrVG/*Wiese* Rn. 108). Ihm ist grundsätzlich ein **Personalcomputer** mit Software und Peripherie vom AG zur Verfügung zu stellen, der heute zu einer normalen Büroausstattung gehört (*Fitting* Rn. 131; DKK/ *Berg* Rn. 98; BAG 11. 3. 1998 und 12. 5. 1999 AP BetrVG 1972 § 40 Nr. 57, 65). Ein **Telefaxgerät** kann jedenfalls ab mittlerer Unternehmensgröße zu den erforderlichen Sachmitteln gehören (DKK/ *Berg* Rn. 100; *Fitting* Rn. 130; LAG Düsseldorf 24. 6. 1993 NZA 1993, 1143). Der BR kann eine **Mailbox** mitbenutzen, wenn dies im Einzelfall erforderlich ist (BAG 17. 2. 1993 AP BetrVG 1972 § 40 Nr. 37; *Fitting* Rn. 134; weitergehend DKK/*Berg* Rn. 101). Auch ein Zugang zum Internet und das Überlassen eines Laptop kann im Einzelfall erforderlich sein (*Fitting* Rn. 132, 134). Die Mitnutzung des bereits vorhandenen Intranet ist grundsätzlich erforderlich (DKK/*Berg* Rn. 99; *Fitting* Rn. 133).

Zu den Sachmitteln gehört auch entsprechende **Literatur.** Jedem BR ist – unabhängig von **17** seiner Größe – ein **Kommentar zum BetrVG** in jeweils neuester Auflage zu überlassen (BAG 26. 10. 1994 AP BetrVG 1972 § 40 Nr. 43). Verlangt der BR einen zweiten Kommentar seiner Wahl, muss er die Erforderlichkeit konkret darlegen (BAG 26. 10. 1994 AP BetrVG 1972 § 40 Nr. 43). Jedenfalls in einem mehrköpfigen BR muss jedem BRMitglied eine Sammlung der gemäß § 80 I Nr. 1 zu überwachenden **Gesetze und Verordnungen** zur Verfügung stehen, wobei dem BR – weitgehend unabhängig von der Kostenbelastung – ein Auswahlrecht zukommt (BAG 24. 1. 1996 AP BetrVG 1972 § 40 Nr. 52). Daneben gehören auch **Fachzeitschriften**, die geeignet sind, dem BR die für seine Tätigkeit notwendigen Informationen aktuell und laufend zu vermitteln, zu den sachlichen Mitteln iS des § 40 II (BAG 29. 11. 1989 AP BetrVG 1972 § 40 Nr. 32). Dabei bestimmt der BR iR eines gerichtlich nachprüfbaren Ermessensspielraums selbst, welche Zeitschrift er benutzen will (BAG 21. 4. 1983 AP BetrVG 1972 § 40 Nr. 20; BVerfG 10. 12. 1985 AP BetrVG 1972 § 40 Nr. 20a). Steht dem BR bereits eine arbeitsrechtliche Fachzeitschrift zur Verfügung, die sich regelmäßig mit arbeits- und gesundheitswissenschaftlichen Themenstellungen befasst, hat der BR darzulegen, welche betrieblichen oder betriebsratsbezogenen Gründe die Anschaffung einer weiteren Fachzeitschrift erfordern, wobei er sich nicht vorrangig auf den Besuch von Schulungsveranstaltungen oder die Inanspruchnahme von Sachverständigen verweisen lassen muss (BAG 25. 1. 1995 AP BetrVG 1972 § 40 Nr. 46). Unter den gleichen Voraussetzungen hat der BR Anspruch auf **Spezialliteratur** zu den Sachbereichen, in denen ihm wesentliche Beteiligungsrechte zustehen (DKK/*Berg* Rn. 113; *Fitting* Rn. 122). In größeren Betrieben kann auch eine arbeitsrechtliche **Entscheidungssammlung** erforderlich werden (DKK/*Berg* Rn. 115; *Fitting* Rn. 123; Richardi/*Richardi/Thüsing* Rn. 70). Bei Beschäftigung von ausländischen AN kann der BR entsprechende **Wörterbücher** verlangen (DKK/*Berg* Rn. 113; *Fitting* Rn. 125). Der Bezug von **Wirtschaftszeitungen** wird kaum jemals erforderlich sein (BAG 29. 11. 1989 AP BetrVG 1972 § 40 Nr. 32; Richardi/*Richardi/Thüsing* Rn. 70; aA DKK/*Berg* Rn. 117; *Fitting* Rn. 123). Zu den sachlichen Mitteln gehören ein oder mehrere „Schwarze Bretter", die an geeigneter, sichtbarer Stelle anzubringen sind (DKK/*Berg* Rn. 94). Die Entscheidung, was anzuschlagen ist, liegt beim BR, der nur anbringen darf, was sich im Rahmen seiner Aufgaben und Zuständigkeit bewegt (LAG Hamburg DB 1978, 118; LAG Baden-Württemberg DB 1978, 799; *Fitting* Rn. 101). Der BR ist grundsätzlich nicht darauf beschränkt, die Belegschaft allein auf Betriebsversammlungen und durch Anschläge am Schwarzen Brett zu unterrichten. Gegebenenfalls können daher **Rundschreiben** des BR an die AN aus konkretem Anlass erforderlich sein (BAG 21. 11. 1978 AP BetrVG 1972 § 40 Nr. 15).

Der AG hat nach Abs. 2 das erforderliche **Büropersonal** zur Verfügung zu stellen. Dies sind vor **18** allem Schreibkräfte, gegebenenfalls auch Kräfte für andere Unterstützungstätigkeiten (LAG Baden-Württemberg 25. 11. 1987 AiB 1988, 185; DKK/*Berg* Rn. 88, 118; *Fitting* Rn. 135). In größeren Betrieben kommt, abhängig vom tatsächlichen Arbeitsanfall, die Einstellung mehrerer Schreibkräfte in Betracht (*Fitting* Rn. 135). Ist die Bürokraft selbst BRMitglied ist sie iR von § 38 I nicht anzurechnen (BAG 12. 2. 1997 AP BetrVG 1972 § 38 Nr. 19; Richardi/*Richardi/Thüsing* Rn. 71; *Fitting* Rn. 135). Aus § 40 II ergibt sich für den BR oder seine Ausschüsse kein Recht das Büropersonal selbst zu bestimmen (BAG 17. 10. 1990 AP BetrVG 1972 § 108 Nr. 8). Die Auswahl trifft der AG (BAG 17. 10. 1990 AP BetrVG 1972 § 108 Nr. 8). Er muss dabei auf die berechtigten Interessen des BR Rücksicht zu nehmen. Der BR hat allenfalls ein Mitspracherecht (DKK/*Berg* Rn. 120; *Fitting*

Eisemann

Rn. 136; aA GK-BetrVG/*Wiese*/*Weber* Rn. 170; offen gelassen von BAG 17. 10. 1990 AP BetrVG 1972 § 108 Nr. 8). Er kann jedoch die Beschäftigung bestimmter Bürokräfte ablehnen (BAG 5. 3. 1997 AP BetrVG 1972 § 40 Nr. 56; GK-BetrVG/*Wiese*/*Weber* Rn. 170). Der Arbeitsvertrag des Büropersonals besteht zwischen ihnen und dem AG. Das Weisungsrecht bezüglich des konkreten Arbeitseinsatzes steht dem BR zu (DKK/*Berg* Rn. 121; Richardi/*Richard*/*Thüsing* Rn. 73; *Fitting* Rn. 137).

X. Streitigkeiten

19 Über die Geschäftsführungskosten des BR und über die Pflicht des AG, Sachmittel zur Verfügung zu stellen, wird im arbeitsgerichtlichen Beschlussverfahren nach §§ 2a, 80ff. ArbGG entschieden (BAG 12. 2. 1965 und 18. 4. 1967 BAG 18. 4. 1967 AP BetrVG § 39 Nr. 1, 7). Dies gilt auch für Ansprüche einzelner BRMitglieder, da der Anspruch nicht im Arbeitsverhältnis, sondern im BRAmt wurzelt (BAG 24. 6. 1969 AP BetrVG § 39 Nr. 8; BAG 18. 1. 1989 AP BetrVG 1972 § 40 Nr. 28). Der BR ist in diesem Fall nach § 83 ArbGG notwendiger Beteiligter. Er kann in eigenem Namen Freistellungs- und Erstattungsansprüche von BRMitgliedern geltend zu machen (BAG 10. 6. 1975 AP BetrVG 1972 § 73 Nr. 1; BAG 15. 1. 1992 AP BetrVG 1972 § 40 Nr. 41). Der hinzugezogene Rechtsanwalt ist nicht Beteiligter iSv. § 83 ArbGG, wenn es um seine Honoraransprüche geht. Er steht nur in einem vertraglich begründeten, nicht aber in einem betriebsverfassungsrechtlichen Rechtsverhältnis zum BR bzw. AG (BAG 3. 10. 1978 AP BetrVG 1972 § 40 Nr. 14). Eine Gewerkschaft kann, sofern ihr der Anspruch abgetreten wurde, Geschäftsführungskosten des BR im Beschlussverfahren geltend machen, da sich der Rechtscharakter der Forderung durch Abtretung nicht ändert (BAG 30. 1. 1973 und 15. 1. 1992 AP BetrVG 1972 § 40 Nr. 3, 41). Das Gleiche gilt für den Rechtsanwalt hinsichtlich seiner Anwaltsgebühren, sofern ihm der Anspruch abgetreten wurde (LAG Berlin 26. 1. 1987 AP BetrVG 1972 § 40 Nr. 25). Führen Streitigkeiten zur Freistellung, Kostenübernahme und Ausstattung des BR mit Sachmitteln zu einer wesentlichen Erschwerung der BRArbeit, kann eine einstweilige Verfügung im Beschlussverfahren nach § 85 II ArbGG iVm. § 940 ZPO erwirkt werden (*Fitting* Rn. 148).

§ 41 Umlageverbot

Die Erhebung und Leistung von Beiträgen der Arbeitnehmer für Zwecke des Betriebsrats ist unzulässig.

1 Das Umlageverbot richtet sich an alle betriebsverfassungsrechtlichen Organe und ist deshalb von BR und AG zu beachten. Es soll – zusammen mit § 40 – die Ehrenamtlichkeit der Tätigkeit des BR und seine Unabhängigkeit sicherstellen (BAG 14. 8. 2002 – 7 ABR 29/01).

1 a **1. Beiträge.** Das Erheben von Beiträgen ist unabhängig davon, ob sie freiwillig, regelmäßig oder als einmalige Spende gegeben werden unzulässig (DKK/*Berg* Rn. 2; *Fitting* Rn. 3; GK-BetrVG/*Wiese*/*Weber* Rn. 4). Ein Beschluss des BR oder der Betriebsversammlung, der dem Verbot des § 41 zuwiderläuft, ist nach § 134 BGB nichtig (Richardi/*Richardi*/*Thüsing* Rn. 3; *Fitting* Rn. 7; GK-BetrVG/*Wiese*/*Weber* Rn. 9). Auch die Entgegennahme von Zuwendungen Dritter ist unzulässig (DKK/*Berg* Rn. 2; Richardi/*Richardi*/*Thüsing* Rn. 6; *Fitting* Rn. 5; GK-BetrVG/*Wiese*/*Weber* Rn. 8). Ebenso unzulässig sind Zuwendungen des AG, die über seine Pflicht nach § 40 hinausgehen, da dies den Grundsatz des Ehrenamts gefährdet (DKK/*Berg* Rn. 2; Richardi/*Richardi*/*Thüsing* Rn. 5). Die rechtswidrige Zuwendungen kann trotz § 817 BGB zurückgefordert werden (GK-BetrVG/*Wiese*/*Weber* Rn. 9; HSG/*Glaubitz* Rn. 4; Richardi/*Richardi*/*Thüsing* Rn. 3; aA *Fitting* Rn. 6). Die Vorschrift würde sonst leer laufen. Verstöße gegen § 41 können zu Ausschluss- oder Auflösungsverfahren nach § 23 I führen (*Fitting* Rn. 11).

2 **2. Sammlungen.** Das Verbot des § 41 gilt nur für Sammlungen oder Beitragserhebungen „für Zwecke des BR". Auch die Verwendung des Troncaufkommens einer Spielbank zum Begleichen der Sachmittelkosten des BR verstößt daher gegen das Umlageverbot (BAG 14. 8. 2002 AP BetrVG 1972 § 41 Nr. 2). Sammlungen für andere Zwecke, wie zB für gemeinsame Feste, Trauer-/Unglücksfälle oder außerbetrieblicher Solidaritätsarbeit oder auch Katastrophenhilfe sind jedenfalls dann zulässig, wenn sie von einzelnen BRMitgliedern in die Hand genommen werden (DKK/*Berg* Rn. 5; Richardi/*Richardi*/*Thüsing* Rn. 8; *Fitting* Rn. 8). Bedenklich ist die Führung von Kassen durch den BR, wenn von ihm beträchtliche Geldmittel auf Dauer verwaltet werden (vgl. im Einzelnen *Fitting* Rn. 9). Unbedenklich ist die Führung einer solchen Kasse durch einzelne BRMitglieder, sofern dies außerhalb ihrer Amtstätigkeit geschieht (*Fitting* Rn. 9; GK-BetrVG/*Wiese*/*Weber* Rn. 7).

3 **3. Streitigkeiten.** Streitigkeiten aus der Vorschrift werden im arbeitsgerichtlichen Beschlussverfahren nach §§ 2a, 80ff. ArbGG entschieden.

Vierter Abschnitt. Betriebsversammlung

§ 42 Zusammensetzung, Teilversammlung, Abteilungsversammlung

(1) ¹Die Betriebsversammlung besteht aus den Arbeitnehmern des Betriebs; sie wird von dem Vorsitzenden des Betriebsrats geleitet. ²Sie ist nicht öffentlich. ³Kann wegen der Eigenart des Betriebs eine Versammlung aller Arbeitnehmer zum gleichen Zeitpunkt nicht stattfinden, so sind Teilversammlungen durchzuführen.

(2) ¹Arbeitnehmer organisatorisch oder räumlich abgegrenzter Betriebsteile sind vom Betriebsrat zu Abteilungsversammlungen zusammenzufassen, wenn dies für die Erörterung der besonderen Belange der Arbeitnehmer erforderlich ist. ²Die Abteilungsversammlung wird von einem Mitglied des Betriebsrats geleitet, das möglichst einem beteiligten Betriebsteil als Arbeitnehmer angehört. ³Absatz 1 Satz 2 und 3 gilt entsprechend.

I. Normzweck

Die Betriebsversammlung dient der Aussprache und gegenseitigen Information unter AN, von BR und AN (BAG 27. 6. 1989 AP BetrVG 1972 § 42 Nr. 5) sowie nach § 43 II 3 ihrer Unterrichtung durch den AG. Die Betriebsversammlung ist als Institution (Richardi/*Richardi/Annuß* Vorb. zu § 42 Rn. 2) Organ der Betriebsverfassung (BAG 27. 5. 1982 AP BetrVG 1972 § 42 Nr. 3; DKK/*Berg* Rn. 1; *Fitting* Rn. 9). Die unterschiedliche Klassifizierung ist ohne Bedeutung, weil die Zuständigkeit der Betriebsversammlung im Gesetz abschließend geregelt ist (GK-BetrVG/*Fabricius/Weber* § 42 Rn. 9). Sie hat keine Vertretungsmacht; sie kann daher weder rechtsgeschäftliche Erklärungen für die AN des Betriebes abgeben, noch BV abschließen oder kündigen (DKK/*Berg* Rn. 2; *Fitting* Rn. 10, 42). Ebenso wenig steht ihr ein Weisungsrecht gegenüber dem BR zu, der kein imperatives Mandat ausübt (DKK/*Berg* Rn. 2; *Fitting* Rn. 10, 41). Sie kann weder dem BR noch einem seiner Mitglieder rechtswirksam das Misstrauen aussprechen (vgl. BVerfGE 51, 77, 91). Sie gibt dem BR Anregungen, stellt im Rahmen des § 45 Anträge und nimmt zu seinen Beschlüssen Stellung.

II. Anwendungsbereich

Die Vorschrift ist zwingend und kann daher weder durch TV noch durch BV abbedungen werden (*Fitting* Rn. 5; HSG/*Glaubitz* Rn. 1) In Betrieben ohne BR können keine Betriebsversammlungen nach §§ 42 ff. stattfinden (*Fitting* Rn. 8). Versammlungen der AN auf Unternehmens- oder Konzernebene sieht das Gesetz nicht vor. Auf die Betriebsräteversammlung sind nach § 53 III 2 die §§ 42 I 1 Halbs. 2 und 2, 43 II 1 und 2, 45 und 46, auf die Jugend- und Auszubildendenversammlung sind nach § 71 S 3 die §§ 43 II 1 und 2, 44 bis 46, auf die Bordversammlung nach § 115 V die §§ 42 bis 46 entsprechend anzuwenden. Für den Seebetrieb gelten nach § 116 IV die §§ 42 bis 46 nicht. Unter den Voraussetzungen des § 116 III Ziff. 6 bis 8 können im Seebetrieb auch Bordversammlungen durchgeführt werden. **Selbstversammlungen** der AN fallen – abgesehen von den Fällen des § 14 a und des § 17 – nicht unter die Vorschrift (*Fitting* Rn. 12); ebenso wenig vom AG zusammengerufene **Mitarbeiterversammlungen**, die auch zulässig sind, wenn Fragen berührt werden, für die der BR zuständig ist, aber nicht als „Gegenveranstaltungen" missbraucht werden dürfen (BAG 27. 6. 1989 AP BetrVG 1972 § 42 Nr. 5). Die Vorschrift regelt die Kommunikation zwischen BR und AN **nicht abschließend** (*Fitting* Rn. 11). Deren Informationsaustausch ist nicht auf die im Gesetz ausdrücklich vorgesehenen Institutionen beschränkt (BAG 8. 2. 1977 AP BetrVG § 80 Nr. 10).

III. Teilnahme

An der Betriebsversammlung nehmen nach **Abs. 1 S. 1** die **AN** des Betriebes iSd. § 5 I ohne Rücksicht darauf teil, ob sie wahlberechtigt, ständig beschäftigt oder Jugendliche sind (Richardi/*Richardi/Annuß* Rn. 6; DKK/*Berg* Rn. 7; *Fitting* Rn. 14). Zum Betrieb gehören auch Betriebsteile nach § 4 I 2, die an der Wahl des Hauptbetriebs teilnehmen und die Kleinstbetriebe nach § 4 III bzw. die nach § 3 V als Betrieb geltenden Einheiten (*Fitting* Rn. 14; Richardi/*Richardi/Annuß* Rn. 3). Eine Versammlung der AN mehrerer Betriebe ist keine Betriebsversammlung (*Fitting* Rn. 14), sofern nicht zu einer der Einheiten nach § 3 V zusammengefasst sind (Richardi/*Richardi/Annuß* Rn. 3). Eine Freistellung durch den AG ist nicht erforderlich (LAG München 11. 3. 1987 – 7 TaBV 38/86). Die AN dürfen an der Teilnahme auch nicht indirekt gehindert werden. **Arbeitgeber** sind nach § 43 II und bei den auf seinen Wunsch nach § 43 III einberufenen Betriebsversammlungen, die Beauftragten der im Betrieb vertretenen **Gewerkschaften** nach § 46 I 1 und Beauftragte der **AG**vereinigungen nach § 46 I 2 teilnahmeberechtigt (*Fitting* Rn. 16). **Leitende Angestellte** nach § 5 III und IV dürfen nur – wenn BR bzw. AG ihrer Teilnahme nicht widersprechen – als Gäste oder – wie die Personen nach § 5 II –

als Vertreter des AG nach § 43, als seine Sachverständigen und Auskunftspersonen teilnehmen (DKK/ Berg Rn. 4; Fitting Rn. 15; Richardi/Richardi/Annuß Rn. 5). Auch **vorübergehend abwesende AN** sind teilnahmeberechtigt – Urlaub (BAG 5. 5. 1987 AP BetrVG 1972 § 44 Nr. 5), Elternzeit (BAG 31. 5. 1989 AP BetrVG 1972 § 44 Nr. 9), Kurzarbeit (BAG 5. 5. 1987 AP BetrVG 1972 § 44 Nr. 5), Elternzeit für Mehrarbeit (DKK/Berg Rn. 7; Fitting Rn. 14), Tätigkeit des Mitarbeiters eines inländischen Betriebes im Ausland (Fitting Rn. 14), Teilnahme am Arbeitskampf (BAG 5. 5. 1987 AP BetrVG 1972 § 44 Nr. 4). Eine **Teilnahmepflicht** besteht für den AG bzw. seinen Vertreter jedenfalls im Fall des § 43 II 3. AN sind zur Teilnahme nicht verpflichtet (Fitting Rn. 24; DKK/Berg Rn. 6). Wer an einer während seiner Arbeitszeit stattfindenden Betriebsversammlung nicht teilnimmt, muss – soweit möglich – arbeiten und darf den Betrieb nicht verlassen (DKK/Berg Rn. 6; Fitting Rn. 26). An vom AG durchgeführten „Mitarbeiterversammlungen" müssen die AN teilnehmen, soweit dort Fragen erörtert werden, auf die sich das Direktionsrecht erstreckt (Fitting Rn. 11).

4   **Andere Personen** dürfen nur auf Einladung des BR anwesend sein, wenn dies im Rahmen der Zuständigkeit der Betriebsversammlung zur ordnungsgemäßen Erfüllung ihrer Aufgaben sachdienlich ist (BAG 13. 9. 1977 AB BetrVG 1972 § 42 Nr. 1; DKK/Berg Rn. 5; Fitting Rn. 17). Unter diesen Voraussetzungen sind neben den nach § 80 III hinzugezogenen Sachverständigen (BAG 19. 4. 1989 AP BetrVG 1972 § 80 Nr. 35) oder Dolmetschern (LAG Düsseldorf/Köln 30. 1. 1981 DB 1981, 1093; DKK/Berg Rn. 5; Fitting Rn. 22) – auch gegen den Willen des AG – Referenten (BAG 13. 9. 1977 AP BetrVG 1972 § 42 Nr. 1), betriebsfremde Mitglieder des Gesamt- oder KonzernBR, des Wirtschaftsausschusses und Vertreter der AN im Aufsichtsrat teilnahmeberechtigt (BAG 28. 11. 1978 AP BetrVG 1972 § 42 Nr. 2; DKK/Berg Rn. 5; Fitting Rn. 18, 19). Endlich darf jeder teilnehmen, den BR und AG gemeinsam eingeladen haben oder dessen Einladung durch den BR der AG nicht widerspricht (Fitting Rn. 21), soweit dies nicht gegen das Gebot der Nichtöffentlichkeit verstößt.

IV. Ablauf

5   Die inhaltliche Gestaltung der Betriebsversammlung ist Sache des BR (BAG 19. 4. 1989 AP BetrVG 1972 § 80 Nr. 35). Er bestimmt grundsätzlich frei mit der **Tagesordnung** im Rahmen der §§ 17 und 45 ihre Gegenstände (DKK/Berg Rn. 11; Fitting Rn. 29). Soweit ihr Inhalt vorgeschrieben ist – Vierteljahresbericht nach § 43 I, Wirtschafts-, Personal- und Sozialbericht nach § 43 II 3, beantragter Beratungsgegenstand nach § 43 III 1 – muss die Tagesordnung dem entsprechen. AG oder ein Viertel der AN des Betriebes können nicht nur vor, sondern auch noch auf der Betriebsversammlung die Ergänzung der Tagesordnung beantragen, soweit hierdurch deren ordnungsgemäße Abwicklung nicht beeinträchtigt wird. Man kann sie nicht auf ihr Recht verweisen, nach § 43 III eine besondere Betriebsversammlung einberufen zu lassen (Richardi/Richardi/Annuß § 43 Rn. 34; Fitting Rn. 30).

6   Die Betriebsversammlung kann eine **Geschäftsordnung** beschließen. Besteht sie nicht, ist nach parlamentarischer Übung zu verfahren (Fitting Rn. 37; GK-BetrVG/Fabricius/Weber Rn. 43). Jeder teilnehmende AN darf im Rahmen der Tagesordnung zur Sache sprechen und Fragen stellen (LAG Saarbrücken 12. 12. 1969 AP BetrVG § 43 Nr. 2; Fitting Rn. 40). Die Betriebsversammlung äußert sich durch Beschlüsse, auch wenn sie Anträge an den BR richtet, Wünsche oder Anregungen vorbringt (Fitting Rn. 41). Sie ist unabhängig von der Anzahl der Teilnehmer beschlussfähig, solange nur die Möglichkeit der Teilnahme für die Mehrheit der AN des Betriebes besteht (LAG Saarbrücken 12. 12. 1960 AP BetrVG § 43 Nr. 2; Fitting Rn. 39). Beschlüsse werden mit einfacher Mehrheit der teilnehmenden AN des Betriebes ohne Rücksicht auf ihre Wahlberechtigung gefasst (Richardi/Richardi/Annuß § 45 Rn. 29; Fitting Rn. 38). Der AG hat kein Stimmrecht (Richardi/ Richardi/Annuß § 45 Rn. 29; Fitting Rn. 27, § 43 Rn. 32). BR und jeder teilnehmende AN des Betriebes können Anträge zur Beschlussfassung und Geschäftsordnung stellen, nicht der AG (Fitting Rn. 38; aA Richardi/Richardi/Annuß § 45 Rn. 27). Die Willensbildung der Betriebsversammlung ist allein Sache der AN. BR und AG sind an die Beschlüsse der Betriebsversammlung nicht gebunden. Der BR hat **kein imperatives Mandat** (Richardi/Richardi/Annuß § 45 Rn. 24; DKK/Berg Rn. 2; Fitting Rn. 10, 41). Folgt der BR offensichtlich berechtigten Beschlüssen nicht, kann das unter den dort genannten Voraussetzungen zu einem Verfahren nach § 23 führen (Fitting Rn. 41).

7   Die **Leitung** der Betriebsversammlung liegt beim Betriebsratsvorsitzenden. Ist er verhindert, leitet sein Stellvertreter die Versammlung. Sind beide verhindert, leiten weder der AG noch ein Beauftragter der Gewerkschaften die Versammlung (Fitting Rn. 34), sondern ein Mitglied des BR, was von diesem beauftragt wurde (BAG 19. 5. 1978 AP BetrVG 1972 § 43 Nr. 3). Der Versammlungsleiter sorgt für den ordnungsgemäßen Ablauf, erteilt und entzieht das Wort, führt die Rednerliste, leitet die Abstimmungen. Er hat darauf zu achten, dass die Betriebsversammlung sich auf die dort zulässigen Themen beschränkt (DKK/Berg § 45 Rn. 18; Fitting Rn. 35; § 45 Rn. 24), sorgt für die Nichtöffentlichkeit der Betriebsversammlung (DKK/Berg Rn. 16; Fitting Rn. 48) und übt das **Hausrecht** gegenüber allen Anwesenden aus (BAG 13. 9. 1977 AP BetrVG 1972 § 42 Nr. 1; DKK/Berg Rn. 9; Fitting Rn. 36; vgl. § 7 IV VersammlG). Er kann Ordnungsrufe erteilen und hat Störer wie Unbefugte von der Teilnahme

auszuschließen (vgl. BGH 11. 11. 1965 DB 1965, 1851). Das Hausrecht erstreckt sich nicht auf die Zugangswege zum Versammlungsraum (Richardi/*Richardi/Annuß* Rn. 29; GK-BetrVG/*Fabricius/Weber* Rn. 39; aA *Fitting* Rn. 36). Es besteht nur als Folge der Befugnis, die Betriebsversammlung zu leiten. Das Hausrecht des AG ist aber insoweit eingeschränkt, als er Personen nicht den Zugang verwehren darf, die an der Betriebsversammlung teilnehmen dürfen (Richardi/*Richardi/Annuß* Rn. 29). Kann oder will der Versammlungsleiter den gesetzmäßigen Ablauf der Betriebsversammlung nicht mehr sicherstellen, übt der AG sein Hausrecht wieder aus (Richardi/*Richardi/Annuß* Rn. 27; DKK/*Berg* Rn. 9; *Fitting* Rn. 36).

V. Öffentlichkeit

Betriebsversammlungen sind nach **Abs. 1 S. 2** nicht öffentlich. So sollen sachfremde Einflüsse von 8 ihr ferngehalten werden. Sie sind daher grundsätzlich in geschlossenen Räumen abzuhalten. Nur dort lässt sich idR verhindern, dass Unbefugte anwesend sind (DKK/*Berg* Rn. 12). **Medienvertreter** sind – auch mit Zustimmung des BR – grundsätzlich nicht zugelassen (Richardi/*Richardi/Annuß* Rn. 38; *Fitting* Rn. 44; aA DKK/*Berg* Rn. 15). Ein von Art. 5 GG geschütztes, berechtigtes öffentliches Interesse an der Berichterstattung wird kaum jemals gegeben sein. Stimmen BR, AG und die Anwesenden zu, ist die Berichterstattung gestattet (GK-BetrVG/*Fabricius* Rn. 26). Interne **Ton- und Bildaufzeichnungen** sind nur mit Zustimmung des Versammlungsleiters zulässig. Sie müssen den Teilnehmern vorher bekannt gegeben werden (LAG München 15. 11. 1977 DB 1978, 894; DKK/*Berg* Rn. 14; *Fitting* Rn. 45) und sind vom Betriebsratsvorsitzenden sicher aufzubewahren (Richardi/*Richardi/Annuß* Rn. 41; DKK/*Berg* Rn. 14; *Fitting* Rn. 45). Jeder Teilnehmer kann die Aufnahme seines Beitrages untersagen. Wird dennoch aufgezeichnet, ist dies nach § 201 StGB strafbar. Die Aufnahme darf weder von einem der Teilnehmer, noch von Gerichten oder Behörden verwertet werden. Heimliche Aufzeichnungen können eine außerordentliche Kündigung rechtfertigen (LAG Düsseldorf 28. 3. 1980 DB 1980, 2396). Stichwortartige **Notizen** ohne Namensnennung sind erlaubt (LAG Düsseldorf 4. 9. 1991 DB 1991, 2552). **Wortprotokolle** – auch einzelner Beiträge – dürfen vom AG nicht angefertigt werden (LAG Hamm 9. 7. 1986 NZA 1986, 842; DKK/*Berg* Rn. 14; *Fitting* Rn. 47; aA LAG Baden-Württemberg 27. 10. 1978 DB 1979, 316). Die Pflicht zur **Verschwiegenheit** besteht nach § 79 oder auf Grund der arbeitsvertraglichen Treuepflicht nur, soweit Geschäfts- oder Betriebsgeheimnisse offenbart wurden und der AG auf ihre Geheimhaltung ausdrücklich hingewiesen hat (*Fitting* Rn. 51; GK-BetrVG/*Fabricius/Weber* Rn. 56; aA DKK/*Berg* Rn. 17). Soweit eine Verschwiegenheitspflicht nicht besteht, darf der BR nachträglich die Presse unterrichten (GK-BetrVG/*Fabricius/Weber* Rn. 56).

VI. Teilversammlungen

Betriebsversammlungen sind vorrangig als Vollversammlungen abzuhalten (BAG 9. 3. 1976 AP 9 BetrVG 1972 § 44 Nr. 3). Soweit Teilversammlungen nach **Abs. 1 S. 3** zulässig sind, muss der BR sie auch durchführen (*Fitting* Rn. 54). Mit der Eigenart des Betriebes sind nicht in erster Linie wirtschaftliche Interessen, sondern vor allem **organisatorisch-technische Besonderheiten** angesprochen (BAG 9. 3. 1976 AP BetrVG 1972 § 44 Nr. 3; *Fitting* Rn. 54). Eine Teilversammlung kann erforderlich sein bei einer besonders großen Zahl betriebsangehöriger AN (BAG 9. 3. 1976 AP BetrVG 1972 § 44 Nr. 3), im Mehrschichtbetrieb (BAG 9. 3. 1976 AP BetrVG 1972 § 44 Nr. 3), in Betrieben mit vielen Außendienstmitarbeitern (*Fitting* Rn. 55), wenn ein entsprechender Raum im Betrieb nicht zur Verfügung steht und das Anmieten nicht möglich bzw. für den AG unzumutbar ist (Richardi/*Richardi/Annuß* Rn. 47; *Fitting* Rn. 54) oder wenn der technische Funktionsablauf erforderlich macht, dass ein Teil der AN stets beschäftigt ist – Pflege-, Verkehrs- und Versorgungsbetriebe, Bergbau, Stahlwerke mit Hochöfen (GK-BetrVG/*Fabricius/Weber* Rn. 58). Kann eine Vollversammlung nur außerhalb der Arbeitszeit durchgeführt werden, steht es im Ermessen des BR, ob er Teilversammlungen während der Arbeitszeit durchführt (LAG Hamm 12. 3. 1980 DB 1980, 1030; Richardi/*Richardi/Annuß* Rn. 51; *Fitting* Rn. 56). Werden nur einzelne Gruppen von AN – Frauen, Angestellte, ausländische Mitarbeiter – zu Versammlungen einberufen, handelt es sich nicht um eine Teilversammlung (Richardi/*Richardi/Annuß* Rn. 52; *Fitting* Rn. 58).

Für den **Ablauf** der Teilversammlung gelten die Regeln zur Vollversammlung entsprechend. Der BR 10 – nicht ein Ausschuss – entscheidet durch Beschluss, ob Teilversammlungen durchgeführt werden (*Fitting* Rn. 59). Sie sind innerhalb kürzerer Zeitspannen abzuhalten, damit sie einer Vollversammlung nahe kommen (DKK/*Berg* Rn. 19; *Fitting* Rn. 60). Teilversammlungen sind wie Vollversammlungen grundsätzlich vom Betriebsratsvorsitzenden zu leiten (LAG Hamm 12. 3. 1980 DB 1980, 1030). Finden mehrere Teilversammlungen gleichzeitig statt, können die weiteren Versammlungen vom stellvertretenden Vorsitzenden und den übrigen Mitgliedern des BR geleitet werden (Richardi/*Richardi/Annuß* Rn. 54; *Fitting* Rn. 61). Teilnahmeberechtigt sind neben den BRMitgliedern und den zur Vollversammlung Zugelassenen die AN, welche in den Betriebsbereichen beschäftigt sind, die der BR zur Teilversammlung zusammengefasst hat (*Fitting* Rn. 62).

VII. Abteilungsversammlung

11   Sie werden nach **Abs. 2** anstelle der Betriebsversammlung durchgeführt, soweit sie erforderlich sind, um dort gemeinsame Interessen und Probleme zu erörtern, die in der Vollversammlung wegen ihres speziellen Charakters vielfach nicht zur Sprache kommen. Es reicht aus, wenn eine der gesetzlichen Voraussetzungen vorliegt. Der Begriff des Betriebsteils ist weiter als der des § 4 (DKK/*Berg* Rn. 24; *Fitting* Rn. 65; aA Richardi/*Richardi/Annuß* Rn. 61). Eine **räumliche Abgrenzung** kann aus der örtlichen Lage und der baulichen Situation folgen (DKK/*Berg* Rn. 25; *Fitting* Rn. 67). So können Zweigstellen, Filialen, Außendienstbüros, einzelne Betriebsstätten oder Gebäude auf einem größeren Betriebsgelände räumlich abgegrenzte Betriebsteile darstellen. Die **organisatorische Abgrenzung** folgt aus der betrieblichen Organisation, aus der Verschiedenheit der jeweils zu erfüllenden Aufgaben. Sie setzt eine gewissen Eigenständigkeit auch in der Leitung voraus (DKK/*Berg* Rn. 26; *Fitting* Rn. 66). Organisatorisch abgegrenzte Betriebsteile können Verwaltung und Produktion, innerhalb des Produktionsbereichs die organisatorisch abgegrenzte Fertigung einzelner (Teil-)Produkte sein – zB Motoren- und Karosseriebau.

12   Ob eine Abteilungsversammlung stattfindet, entscheidet der **BR** durch Beschluss im Rahmen eines **Beurteilungsspielraums** (Richardi/*Richardi/Annuß* Rn. 68; *Fitting* Rn. 71). Dabei muss es sich bei den gemeinsamen Belangen, die eine Abteilungsversammlung erforderlich machen, nicht um dauerhafte strukturelle Probleme handeln. Ein einmaliger Anlass genügt (*Fitting* Rn. 69; Richardi/*Richardi/Annuß* Rn. 65). Der BR kann mehrere organisatorisch oder räumlich abgegrenzte Betriebsteile zu einer Abteilungsversammlung zusammenfassen, soweit die Erörterung der besonderen gemeinsamen Belange geboten ist (DKK/*Berg* Rn. 27; *Fitting* Rn. 68). Andererseits dürfen die Voraussetzungen für eine Abteilungsversammlung nicht nur bei einem oder wenigen abgrenzbaren Betriebsteilen vorliegen. Man würde sonst der Mehrzahl zu Gunsten weniger statt regelmäßiger Vollversammlungen Abteilungsversammlungen aufzuzwingen (DKK/*Berg* Rn. 28; *Fitting* Rn. 70). Hier bleibt dem BR die Möglichkeit, zusätzliche Abteilungsversammlungen nach § 43 I 4 oder III abzuhalten (DKK/*Berg* Rn. 28; *Fitting* Rn. 70). Abteilungsversammlungen können – zB bei Schichtarbeit – als Teilversammlung durchgeführt werden (DKK/*Berg* Rn. 30; *Fitting* Rn. 71).

13   Für den **Ablauf** der Abteilungsversammlung gelten die Grundsätze der Vollversammlung. Die Leitung der Abteilungsversammlung muss bei einem BRMitglied liegen (*Fitting* Rn. 72). Es sollte dem jeweiligen Betriebsteil angehören, um die sachkundige Leitung zu sichern. Die Auswahl trifft der BR durch Beschluss (*Fitting* Rn. 72; Richardi/*Richardi/Annuß* Rn. 69). Die Teilnahme von AN aus anderen Abteilungen entspricht nicht dem Sinn und Zweck der Abteilungsversammlung. Sie haben jedenfalls kein Stimmrecht (DKK/*Berg* Rn. 30; *Fitting* Rn. 73). Auf der Abteilungsversammlung können auch Angelegenheiten des gesamten Betriebes erörtert werden. Sie ersetzt die Vollversammlung (*Fitting* Rn. 74).

VIII. Streitigkeiten

14   Die im Zusammenhang mit der Erforderlichkeit und Durchführung von Betriebs- und Abteilungsversammlungen entstehenden Streitigkeiten – zB über den Zeitpunkt, die Teilnahmeberechtigung, die Zulässigkeit von Teil- und Abteilungsversammlungen – werden im Beschlussverfahren entschieden, individuelle Ansprüche von AN aus Anlass der Teilnahme an einer Versammlung – zB auf Lohnfortzahlung oder Ersatz von Fahrtkosten – im Urteilsverfahren (DKK/*Berg* Rn. 33; *Fitting* Rn. 76).

§ 43 Regelmäßige Betriebs- und Abteilungsversammlungen

(1) ¹Der Betriebsrat hat einmal in jedem Kalendervierteljahr eine Betriebsversammlung einzuberufen und in ihr einen Tätigkeitsbericht zu erstatten. ²Liegen die Voraussetzungen des § 42 Abs. 2 Satz 1 vor, so hat der Betriebsrat in jedem Kalenderjahr zwei der in Satz 1 genannten Betriebsversammlungen als Abteilungsversammlungen durchzuführen. ³Die Abteilungsversammlungen sollen möglichst gleichzeitig stattfinden. ⁴Der Betriebsrat kann in jedem Kalenderhalbjahr eine weitere Betriebsversammlung oder, wenn die Voraussetzungen des § 42 Abs. 2 Satz 1 vorliegen, einmal weitere Abteilungsversammlungen durchführen, wenn dies aus besonderen Gründen zweckmäßig erscheint.

(2) ¹Der Arbeitgeber ist zu den Betriebs- und Abteilungsversammlungen unter Mitteilung der Tagesordnung einzuladen. ²Er ist berechtigt, in den Versammlungen zu sprechen. ³Der Arbeitgeber oder sein Vertreter hat mindestens einmal in jedem Kalenderjahr in einer Betriebsversammlung über das Personal- und Sozialwesen einschließlich des Stands der Gleichstellung von Frauen und Männern im Betrieb sowie der Integration der im Betrieb beschäftigten ausländischen Arbeitnehmer, über die wirtschaftliche Lage und Entwicklung des Betriebs sowie über den betrieblichen Umweltschutz zu berichten, soweit dadurch nicht Betriebs- oder Geschäftsgeheimnisse gefährdet werden.

(3) ¹Der Betriebsrat ist berechtigt und auf Wunsch des Arbeitgebers oder von mindestens einem Viertel der wahlberechtigten Arbeitnehmer verpflichtet, eine Betriebsversammlung einzuberufen und den beantragten Beratungsgegenstand auf die Tagesordnung zu setzen. ²Vom Zeitpunkt der Versammlungen, die auf Wunsch des Arbeitgebers stattfinden, ist dieser rechtzeitig zu verständigen.

(4) Auf Antrag einer im Betrieb vertretenen Gewerkschaft muss der Betriebsrat vor Ablauf von zwei Wochen nach Eingang des Antrags eine Betriebsversammlung nach Absatz 1 Satz 1 einberufen, wenn im vorhergegangenen Kalenderhalbjahr keine Betriebsversammlung und keine Abteilungsversammlungen durchgeführt worden sind.

I. Anwendungsbereich

Die Vorschrift regelt den Zeitpunkt der regelmäßigen Betriebs- und Abteilungsversammlungen, die Voraussetzungen für weitere und außerordentliche Versammlungen sowie Teilnahme- und Berichtspflichten des AG. Sie ist zwingend. TV und BV können weder den für die Durchführung der regelmäßigen Betriebsversammlungen bestehenden zeitlichen Rahmen strecken noch die Voraussetzungen für die weiteren Versammlungen abweichend vom Gesetz regeln. Die Konkretisierung der dem BR zustehenden Beurteilungs- und Ermessensspielräume ist zulässig (*Fitting* Rn. 3). Auf die Jugend- und Auszubildendenversammlung sowie die Betriebsräteversammlung sind Abs. 2 S. 1 und 2 der Vorschrift nach §§ 53 III 2, 71, auf die Bordversammlung ist die Vorschrift nach § 115 V insgesamt entsprechend anzuwenden.

II. Anzahl

In jedem Kalendervierteljahr – nicht alle 3 Monate (BAG 5. 5. 1987 AP BetrVG 1972 § 44 Nr. 6) – muss der BR eine **regelmäßige Betriebsversammlung** durchführen. Unter den Voraussetzungen des § 42 II 1 sind bis zu zwei dieser Versammlungen als – nach Abs. 1 S. 3 möglich gleichzeitig stattfindende – Abteilungsversammlungen (§ 42 Rn. 12 ff.) abzuhalten. Alle können nach § 42 I 3 als Teilversammlungen (§ 42 Rn. 10 f.) abgehalten werden. Die Reihenfolge bestimmt der BR (DKK/*Berg* Rn. 3; *Fitting* Rn. 6). Hat im vorangegangenen Kalenderhalbjahr – nicht in den letzten 6 Monaten (DKK/*Berg* Rn. 31; *Fitting* Rn. 53) – keine Betriebs- oder Abteilungsversammlung stattgefunden, kann eine **im Betrieb vertretene Gewerkschaft** (§ 2 Rn. 4) nach Abs. 4 verlangen, dass eine Betriebsversammlung einberufen wird. Bei der vorausgegangenen Versammlung muss es sich nicht um regelmäßige Betriebsversammlungen nach Abs. 1 gehandelt haben. Ausreichend sind Versammlungen, auf denen der BR seinen Tätigkeitsbericht erstattet hat (Richardi/*Richardi*/*Annuß* Rn. 56; DKK/*Berg* Rn. 32; *Fitting* Rn. 54; aA GK-BetrVG/*Fabricius*/*Weber* Rn. 25). Soweit es sich dabei um Abteilungsversammlungen handelte, müssen sie jedenfalls für die ganz überwiegende Zahl der AN stattgefunden haben (DKK/*Berg* Rn. 32; *Fitting* Rn. 54). Der Antrag richtet sich (formlos) an den BR. Die Gewerkschaft kann weder die Tagesordnung bestimmen, noch die Versammlung selbst einberufen (DKK/*Berg* Rn. 33; *Fitting* Rn. 55). Abteilungsversammlungen sind in diesem Fall unzulässig (DKK/*Berg* Rn. 35; *Fitting* Rn. 57). Die Betriebs(teil-)versammlung hat so bald als möglich stattzufinden. Der BR muss sie vor Ablauf von zwei Wochen „einberufen" dh. zur Versammlung einladen (DKK/*Berg* Rn. 34; *Fitting* Rn. 56; GK-BetrVG/*Fabricius*/*Weber* Rn. 28; Richardi/*Richardi*/*Annuß* Rn. 58). Die Frist berechnet sich nach §§ 187 ff. BGB. Führt der BR diese Versammlungen nicht durch, kann hierin – vor allem im Fall des Abs. 4 – eine grobe Pflichtverletzung nach § 23 I liegen (Hessisches LAG 12. 8. 1993 AuR 1994, 107; DKK/*Berg* Rn. 34; *Fitting* Rn. 10, 59). Die Gewerkschaft kann im Fall des Abs. 4 die Betriebsversammlung mit einstweilige Verfügung erzwingen (Richardi/*Richardi*/*Annuß* Rn. 61; *Fitting* Rn. 55).

In jedem Kalenderhalbjahr kann der BR nach **Abs. 1 S. 4** einmal eine **weitere Betriebsversammlung** – unter den Voraussetzungen des § 42 II 1 als Abteilungsversammlung (*Fitting* Rn. 36) – anberaumen, wenn außergewöhnliche Vorkommnisse zu einem Bedarf an zeitnaher zusätzlicher Information und Meinungsaustausch der Belegschaft führen. Die Angelegenheit muss so bedeutend und dringend sein, dass ein sorgfältig handelnder BR diese Versammlung im Rahmen eines weiten Ermessensspielraums unter Berücksichtigung der konkreten Situation im Betrieb für sinnvoll und angemessen halten darf (BAG 23. 10. 1991 AP BetrVG 1972 § 43 Nr. 5). Besondere Gründe können darin liegen, dass eine konkrete Betriebsänderung ansteht (DKK/*Berg* Rn. 11; *Fitting* Rn. 35), der AG Kurzarbeit einführen (LAG Baden-Württemberg 25. 9. 1991 AiB 92, 96; DKK/*Berg* Rn. 12; *Fitting* Rn. 35), der BR den Inhalt wichtiger BV (*Fitting* Rn. 35), einen anstehenden Betriebsinhaberwechsel oder Liquidationsschwierigkeiten besprechen will (DKK/*Berg* Rn. 11; *Fitting* Rn. 35). Sie sollen vorliegen, wenn der BR Kandidaten für die nächste Betriebsratswahl vorstellen möchte (LAG Berlin 12. 12. 1978 DB 1979, 1850). Sie fehlen, wenn nur kurze Zeit später eine regelmäßige Betriebsversammlung stattfindet und es keinen tragfähigen Grund für eine frühere Versammlung gibt oder Konzepte für eine bevorstehende Betriebsänderung noch nicht vorliegen, über die informiert oder diskutiert werden könnte (BAG 23. 10. 1991 AP BetrVG 1972 § 43 Nr. 5).

4 **Außerordentliche Betriebsversammlungen** kann der BR nach **Abs. 3** einberufen, wenn es aus besonderen Gründen sachlich dringend geboten erscheint, unverzüglich eine Versammlung abzuhalten und regelmäßige bzw weitere Versammlungen nicht ausreichen (Richardi/*Richardi/Annuß* Rn. 26; DKK/*Berg* Rn. 26; *Fitting* Rn. 38; aA MünchArbR/*Joost* § 303 IV Rn. 11). Die außerordentliche Versammlung kann als Voll-, Teil- oder nach § 42 II als Abteilungsversammlung durchgeführt werden (*Fitting* Rn. 39). Der BR muss eine außerordentliche Versammlung einberufen, wenn der AG oder ein Viertel der zum Zeitpunkt des Antrags im Betrieb beschäftigten (Richardi/*Richardi/Annuß* Rn. 29; *Fitting* Rn. 40) wahlberechtigten AN (§ 7) dies (formlos) beantragen. Dabei muss der Beratungsgegenstand genannt werden, der erörtert werden soll. Andernfalls wird der BR nicht verpflichtet (Richardi/*Richardi/Annuß* Rn. 31; DKK/*Berg* Rn. 27; *Fitting* Rn. 42). Der BR prüft die Zuständigkeit, nicht die Zweckmäßigkeit der Versammlung (Richardi/*Richardi/Annuß* Rn. 29; *Fitting* Rn. 42). Die Regelung des Abs. 3 gilt auch für Abteilungsversammlungen, wie § 44 Abs. 2 zeigt (Richardi/*Richardi/Annuß* Rn. 32; DKK/*Berg* Rn. 30; *Fitting* Rn. 45). Sie müssen von einem Viertel der AN des Betriebsteils beantragt werden (Richardi/*Richardi/Annuß* Rn. 33; DKK/*Berg* Rn. 30; aA *Fitting* Rn. 45). Die willkürliche Weigerung des BR, eine außerordentliche Versammlung einzuberufen, kann einen Auflösungsgrund nach § 23 BetrVG abgeben (Richardi/*Richardi/Annuß* Rn. 41; *Fitting* Rn. 43). Endlich finden unter den dort genannten Voraussetzungen die **Betriebsversammlungen nach den §§ 14 a und 17** zur Bestellung des Wahlvorstandes statt.

III. Teilnahme des Arbeitgebers

5 Ein **Teilnahmerecht** des AG besteht ausschließlich bei den regelmäßigen und weiteren Betriebs(Abteilungs-)versammlungen nach Abs. 1 und 4, sowie an den auf seinen Antrag nach Abs. 3 anberaumten außerordentlichen Versammlungen. Im Übrigen ist er auf die Einladung des BR angewiesen (BAG 27. 6. 1989 AP BetrVG 1972 § 42 Nr. 5; Richardi/*Richardi/Annuß* Rn. 45 ff.; DKK/*Berg* Rn. 15, 28; *Fitting* Rn. 49, 50). Soweit der AG nicht in Person teilnimmt, ist er berechtigt, sich durch eine an der Betriebsleitung verantwortlich beteiligte Person vertreten zu lassen (DKK/*Berg* Rn. 18; *Fitting* Rn. 28). Eine **Vertretung** durch betriebsfremde Personen – zB Rechtsanwälte – kommt nicht in Betracht. Sie haben nicht den erforderlichen Überblick über den Betrieb (*Fitting* Rn. 28) und dürfen vom anwesenden AG auch dann nicht zur **Unterstützung** herangezogen werden, wenn er einen Beauftragten des AGVerbandes oder andere AN des Betriebes nicht hinzuziehen kann oder will (*Fitting* Rn. 28). Diese wiederum darf er unter den Voraussetzungen des § 46 I 2 hinzuziehen (s. § 46 Rn. 5). Eine **Teilnahmepflicht** des AG besteht, soweit er nach Abs. 2 S 3 seiner Berichtspflicht nachkommen bzw. den mündlichen Vierteljahresbericht nach § 110 II abgeben muss (*Fitting* Rn. 29; Richardi/*Richardi/Annuß* Rn. 53). Verweigert er in den übrigen Fällen seine Teilnahme, obwohl der BR dies ausdrücklich wünscht, kann hierin im Einzelfall ein Verstoß gegen § 2 I liegen (DKK/*Berg* Rn. 16).

IV. Einberufung

6 Betriebsversammlungen werden nach **Abs. 1 S. 1** vom **BR** als Gremium einberufen, nicht durch einen Betriebsausschuss, weil dies nicht zu den laufenden Geschäften gehört (DKK/*Berg* § 42 Rn. 8; *Fitting* § 42 Rn. 28; aA Richardi/*Richardi/Annuß* Rn. 10). Nach **Abs. 2 S. 1** muss er den teilnahmeberechtigten AG zu den Versammlungen unter Mitteilung der Tagesordnung einladen. Über den Zeitpunkt einer Versammlung, die auf Wunsch des AG stattfindet, hat er ihn nach **Abs. 3 S. 2** rechtzeitig zu verständigen. Er muss ihn über den Zeitpunkt, Ort und die Tagesordnung unterrichten, soweit Versammlungen während der Arbeitszeit und/oder im Betrieb stattfinden sollen (Richardi/*Richardi/Annuß* Rn. 43 ff.; ähnlich *Fitting* Rn. 51). Das Gesetz enthält im Übrigen keine näheren Vorschriften über Form und Frist der Einberufung. Sie geschieht **nach pflichtgemäßem Ermessen** des BR. Er beschließt vorab die Tagesordnung und muss in betriebsüblicher Weise – etwa durch Einladung über das Schwarze Brett, Rundschreiben Werkszeitung – gewährleisten, dass die Teilnehmer sich inhaltlich auf den Termin rechtzeitig vorbereiten können (LAG Düsseldorf 11. 4. 1989 DB 1989, 2284; DKK/*Berg* § 42 Rn. 8; *Fitting* § 42 Rn. 32). Der AG kann eine Betriebsversammlung nach § 42 nicht einberufen. Die Gewerkschaft kann dies nur zur Wahl des Wahlvorstandes nach § 17 III und § 17 a Nr. 3. **Ort** der Betriebsversammlung ist regelmäßig der Betrieb. Ist dort ein geeigneter Versammlungsraum vorhanden, muss der BR dahin einladen, der AG muss ihn entsprechend § 40 II bereitstellen (*Fitting* § 42 Rn. 31; DKK/*Berg* § 42 Rn. 8). Der BR darf auf Kosten des AG Räume außerhalb des Betriebes anmieten, wenn ein geeigneter Raum fehlt (DKK/*Berg* § 42 Rn. 8; *Fitting* § 42 Rn. 31), und darf es idR, wenn der AG vorhandene geeignete Räume nicht zur Verfügung stellt (ähnlich *Fitting* § 42 Rn. 31; aA MünchArbR/*Joost* § 304 III Rn. 26). Die gerichtliche Durchsetzung des Überlassungsanspruchs ist oft zeitaufwändig und hilft kaum jemals in Eilfällen. Gegen den Willen des AG können Versammlungen nicht im **Ausland** für vorübergehend dorthin entsandte AN abgehalten werden (BAG 27. 5. 1982 AP BetrVG 1972 § 42 Nr. 3; HSG/*Glaubitz* § 42 Rn. 3; aA Richardi/ *Richardi/Annuß* Vor § 42 Rn. 9; *Fitting* § 42 Rn. 55). Im Ausland durchgeführte Versammlungen

V. Tätigkeitsbericht

Er wird nach **Abs. 1 S. 1** vom BR nach § 33 beschlossen und vom Betriebsratsvorsitzenden bzw. seinem Stellvertreter- in Abteilungsversammlungen von dem die Versammlung leitenden BRMitglied (*Fitting* Rn. 18) – oder einem durch Beschluss beauftragten BRMitglied (Richardi/*Richardi/Annuß* Rn. 12; *Fitting* Rn. 16, 18) **mündlich** vorgetragen. Ein schriftlicher Bericht kann idR nicht verlangt werden. Er kann bei umfangreichen Berichten (MünchArbR/*Joost* § 304 VI Rn. 55; *Fitting* Rn. 17), wenn ein größerer Teil der AN verhindert ist (LAG Baden-Württemberg 10. 2. 1983 AuR 1984, 54; DKK/*Berg* Rn. 9) oder der Bericht ausländischen Mitarbeitern übersetzt werden muss (DKK/*Berg* Rn. 9; *Fitting* Rn. 17; größere Betriebe LAG Düsseldorf/Köln 30. 1. 1981 DB 1981, 1093) geboten sein. Der BR gibt nicht nur über seine Geschäftsführung und Überlegungen, sondern über das gesamte den Betrieb betreffende Geschehen – **Personal-, Sozialwesen, wirtschaftliche Lage** – aus seiner Sicht wertend und kritisch Auskunft, soweit es für die AN bedeutsam ist und seine Verschwiegenheitspflichten ihn nicht hindern (Richardi/*Richardi/Annuß* Rn. 11; *Fitting* Rn. 13). Eine sachverständige und objektive Darstellung wird vom Gesetz nicht erwartet. Der BR kann daher nicht verlangen, dass ihm erst ein Sachverständiger Fachkenntnisse vermittelt, um Fragen der AN auf Betriebsversammlungen beantworten zu können, die er sonst nicht beantworten könnte (BAG 25. 7. 1989 AP BetrVG 1972 § 80 Nr. 38). Der Bericht umfasst auch die Tätigkeit der **Ausschüsse**, des GesamtBR und des Wirtschaftsausschusses (DKK/*Berg* Rn. 13; *Fitting* Rn. 13; aA für Wirtschaftsausschuss Richardi/*Richardi/Annuß* Rn. 10; GK-BetrVG/*Fabricius/Weber* Rn. 6), denn die Unterrichtungspflicht des AG nach § 110 deckt sich inhaltlich nicht mit der Berichtspflicht des BR. Die Tätigkeit der Aufsichtsratsmitglieder der AN gehört nicht notwendig zum Bericht (BAG 1. 3. 1966 AP BetrVG § 69 Nr. 1). Diese sind aber berechtigt, die Versammlung zu informieren, soweit sie nicht gegen ihre Verschwiegenheitspflicht nach § 93 I 2 AktG verstoßen (*Fitting* Rn. 14; aA GK-BetrVG/*Fabricius/Weber* Rn. 6). In Teilversammlungen ist ein vollständiger Bericht zu erstatten (GK-BetrVG/*Fabricius/Weber* Rn. 5; *Fitting* Rn. 15), in Abteilungsversammlungen darf er auf die besonderen Belange der dort Beschäftigten zugeschnitten sein, ohne die allgemein interessierenden Fragen zu vergessen (*Fitting* Rn. 15).

VI. Bericht des Arbeitgebers

Er erfolgt nach **Abs. 2 S. 3** auf der Vollversammlung, nicht auf einer Abteilungsversammlung (*Richardi* Rn. 15; *Fitting* Rn. 19) in jedem Kalenderjahr, nicht für ein Kalenderjahr. Die Berichtspflicht besteht auch in Tendenzunternehmen (BAG 8. 3. 1977 AP BetrVG 1972 § 43 Nr. 1). Im gemeinsamen Betrieb (§ 1 Rn. 13 ff.) muss jeder Unternehmer den Bericht erstatten (LAG Hamburg 15. 12. 1988 BB 1989, 628; DKK/*Berg* Rn. 20; *Fitting* Rn. 19). Der Bericht hat auch dann **mündlich** zu erfolgen, wenn er schriftlich vorliegt (*Richardi* Rn. 17; *Fitting* Rn. 20). Der Bericht über das **Personalwesen** betrifft die Struktur der Belegschaft und die Personalplanung sowie die betriebliche Fort- und Weiterbildung, der Bericht über das **Sozialwesen** die betrieblichen Sozialeinrichtungen – Kantine, Werkswohnungen – und sonstige Sozialleistungen des Betriebes (DKK/*Berg* Rn. 21; *Fitting* Rn. 21). Die Berichtspflicht zum Stand der **Gleichstellung** soll den AG veranlassen, sich des Themas mehr anzunehmen (BT-Drucks. 14/5741 S. 42) und kann seine Bereitschaft fördern, Maßnahmen der Frauenförderung zu ergreifen. Die Pflicht, zu betrieblichen **Integration** von Ausländern zu berichten, kann fremdenfeindlichen Tendenzen vorbeugen und zu vermehrten Integrationsangeboten im Betrieb führen. Die Darstellungen müssen konkret betriebsbezogen sein und dürfen sich nicht in allgemeinen Erörterungen erschöpfen. Zum Bericht über den „Stand" dieser Angelegenheiten gehört daher, das der AG die konkreten Verhältnisse bei Beginn des Berichtszeitraums mit denen an seinem Ende gegenüberstellt und seine Bemühungen um ihre Verbesserung erläutert. Die Berichtspflicht zum **Umweltschutz** kann die Bedeutung des Themas für den betrieblichen Bereich steigern. Zur **wirtschaftlichen Lage und Entwicklung** des Betriebes gehören neben den hierfür bedeutsamen Umständen – wie zB seine finanzielle Situation, die Produktions- und Absatzlage, Investitionen und Rationalisierung – auch die den Betrieb berührende Entwicklung des Unternehmens (*Fitting* Rn. 24). Soweit der AG nach § 110 verpflichtet ist, kann er diesen Bericht auch auf der Betriebsversammlung abgeben bzw. den schriftlichen Bericht dort erläutern (*Fitting* Rn. 24). Der AG ist nicht verpflichtet, sich zu den Kosten des BR zu äußern. Hat er ein berechtigtes Interesse an einer Darstellung, darf er weder gegen das Gebot der vertrauensvollen Zusammenarbeit verstoßen, noch durch die Art und Weise der Informationsgestaltung und -vermittlung den BR in seiner Amtsführung beeinträchtigen (BAG 19. 7. 1995 AP BetrVG 1972 § 23 Nr. 25). Die Berichtspflicht endet, wo **Betriebs- oder Geschäftsgeheimnisse** (§ 79 Rn. 2 ff.) objektiv gefährdet werden (DKK/*Berg* Rn. 22). Der AG kann zu seinem Bericht bzw. zur Ergänzung eines bewusst lückenhaften Berichts nach § 23 III gezwungen werden (*Richardi* Rn. 20; DKK/*Berg* Rn. 23; *Fitting* Rn. 27).

VII. Recht zur Stellungnahme

9   Es steht den an der Versammlung Teilnahmeberechtigten zu. Die **AN** müssen Gelegenheit erhalten, zu den Berichten von BR und AG Stellung zu nehmen (DKK/*Berg* Rn. 9; *Fitting* Rn. 16, 26, 27). Diese sind verpflichtet, sich der Diskussion zu stellen und Erläuterungen zu geben (Richardi/*Richardi/ Annuß* Rn. 13, 17; *Fitting* Rn. 25, 26). Die Betriebsversammlung ist das Forum, auf dem die betrieblichen Angelegenheiten frei erörtert werden. Die AN dürfen Kritik – auch an der Geschäftsleitung – üben, solange sie nicht ehrverletzend ist oder den Betriebsfrieden stört (BAG 20. 10. 1964 AP KSchG § 1 Verhaltensbedingte Kündigung Nr. 4). Unrichtige Rechtsauffassungen und Hinweise auf ein Leistungsverweigerungsrecht rechtfertigen noch keine Abmahnung (BAG 15. 1. 1986 – 5 AZR 460/84 nv.). Der **Arbeitgeber** kann das Wort ergreifen und sich u. a. zum Bericht des BR äußern (Richardi/*Richardi/Annuß* Rn. 54; *Fitting* Rn. 31), ist aber nicht stimmberechtigt (Richardi/*Richardi/Annuß* Rn. 55; *Fitting* Rn. 32) und darf keine Anträge stellen (DKK/*Berg* Rn. 19; *Fitting* Rn. 32; aA Richardi/*Richardi/Annuß* Rn. 55; GK-BetrVG/*Fabricius/Weber* Rn. 50), soweit es nicht um die Ergänzung der Tagesordnung geht (*Fitting* § 42 Rn. 30). Die Willensbildung auf der Betriebsversammlung ist bis auf diese Ausnahme allein Sache der AN (zum Ablauf im Übrigen vgl. § 42 Rn. 5 bis 8). Vom AG nach § 46 I 2 hinzugezogene Beauftragte von AGverbänden ist auf seinen Antrag an seiner Stelle das Wort zu erteilen (BAG 19. 5. 1978 AP BetrVG 1972 § 43 Nr. 3).

VIII. Streitigkeiten

10   Über die Einberufung von Versammlungen, die Teilnahme an ihnen und über ihre Zuständigkeit entscheidet das Arbeitsgericht ebenso im Beschlussverfahren wie über die Verpflichtung des BR, eine Betriebsversammlung nach Abs. 4 auf Antrag einer Gewerkschaft einzuberufen.

§ 44 Zeitpunkt und Verdienstausfall

(1) ¹ Die in den §§ 14 a, 17 und 43 Abs. 1 bezeichneten und die auf Wunsch des Arbeitgebers einberufenen Versammlungen finden während der Arbeitszeit statt, soweit nicht die Eigenart des Betriebs eine andere Regelung zwingend erfordert. ² Die Zeit der Teilnahme an diesen Versammlungen einschließlich der zusätzlichen Wegezeiten ist den Arbeitnehmern wie Arbeitszeit zu vergüten. ³ Dies gilt auch dann, wenn die Versammlungen wegen der Eigenart des Betriebs außerhalb der Arbeitszeit stattfinden; Fahrkosten, die den Arbeitnehmern durch die Teilnahme an diesen Versammlungen entstehen, sind vom Arbeitgeber zu erstatten.

(2) ¹ Sonstige Betriebs- oder Abteilungsversammlungen finden außerhalb der Arbeitszeit statt. ² Hiervon kann im Einvernehmen mit dem Arbeitgeber abgewichen werden; im Einvernehmen mit dem Arbeitgeber während der Arbeitszeit durchgeführte Versammlungen berechtigen den Arbeitgeber nicht, das Arbeitsentgelt der Arbeitnehmer zu mindern.

I. Normzweck

1   Bei der Vorschrift handelt es sich um eine Schutzbestimmung zugunsten der Beschäftigten (BAG 27. 11. 1987 AP BetrVG 1972 § 44 Nr. 7). Sie ist einseitig zwingend und kann weder durch TV noch durch BV zu ihren Ungunsten abbedungen werden (Richardi/*Richardi/Annuß* Rn. 16; DKK/*Berg* Rn. 3; *Fitting* Rn. 3, 14). Auf die Jugend- und Auszubildendenversammlung sowie die Bordversammlung ist die Vorschrift nach den §§ 71, 115 V entsprechend anzuwenden.

II. Zeitpunkt

2   Nach **Abs. 1 S. 1** finden die regelmäßige Betriebs- und Abteilungsversammlung nach § 43 I 1 und 2, IV, die weitere Betriebs- und Abteilungsversammlung nach § 43 I 4, die außerordentliche auf Antrag des AG einzuberufende Betriebsversammlung nach § 43 III die Betriebsversammlung nach § 17 und die Versammlungen im Rahmen des vereinfachten Wahlverfahrens nach § 14 a kraft Gesetz idR **während der Arbeitszeit**, die vom BR auf eigenen Wunsch und die auf Wunsch von einem Viertel der AN des Betriebes nach § 43 III einberufenen außerordentlichen Betriebsversammlungen finden kraft Gesetzes idR **außerhalb der Arbeitszeit** statt. Mit Abs. 1 S. 1 soll sichergestellt werden, dass möglichst viele AN an den dort bezeichneten Versammlungen teilnehmen können (BAG 27. 11. 1987 AP BetrVG 1972 § 44 Nr. 7). Arbeitszeit ist die Zeit, während der ein wesentlicher Teil der Belegschaft des Betriebes arbeitet (BAG 27. 11. 1987 AP BetrVG 1972 § 44 Nr. 7). In jedem Fall bestimmt der BR – nicht der AG – im Rahmen der gesetzlichen Vorschriften die zeitliche Lage einer Betriebsversammlung (*Fitting* Rn. 9; Richardi/*Richardi/Annuß* Rn. 18). Ihm steht dabei ein Ermessensspielraum zu.

3   **1. In der Arbeitszeit.** Will der BR eine Versammlung nach **Abs. 1** während der Arbeitszeit durchführen, muss er dabei auf die betrieblichen Notwendigkeiten Rücksicht nehmen (Richardi/*Richardi/ Annuß* Rn. 13; *Fitting* Rn. 10), ohne damit innerhalb der betrieblichen Arbeitszeit ausschließlich auf

Zeiträume verwiesen zu sein, in denen der Betriebsablauf so wenig wie möglich gestört wird (*Fitting* Rn. 10). Versammlungen zu Beginn oder am Ende der Arbeitszeit können schon im Interesse der AN geboten sein (BAG 9. 3. 1976 AP BetrVG 1972 § 44 Nr. 3). Die **Zustimmung des Arbeitgebers** ist nicht erforderlich (DKK/*Berg* Rn. 3; *Fitting* Rn. 9). Er sollte aber so frühzeitig über den Zeitpunkt einer Versammlung unterrichtet werden, dass er die erforderlichen Vorkehrungen – ggf. Einstellung der Arbeiten, Schließen des Betriebes – zeitgerecht treffen kann (Richardi/*Richardi/Annuß* Rn. 18; *Fitting* Rn. 13). Der AG darf die Teilnahme an einer Betriebsversammlung nicht einseitig untersagen. Er muss mit dem BR klären, ob dringende betriebliche Bedürfnisse die Weiterarbeit von AN verlangen (LAG Hamburg 12. 7. 1989 AiB 89, 212). Versammlungen können im Einzelhandel während der **Ladenöffnungszeit** stattfinden (BAG 9. 3. 1976 AP BetrVG 1972 § 44 Nr. 3). Sie sollten jedoch nicht in besonders verkaufsstarken Zeiten durchgeführt werden (LAG Baden-Württemberg 12. 7. 1979 DB 1980, 1267). Der AG darf die Belegschaft nicht indirekt dadurch von der Teilnahme abhalten, dass er den Laden offen hält (DKK/*Berg* Rn. 9) oder mit der Entscheidung über die Schließung abwartet, bis feststeht, welche AN an der Betriebsversammlung teilnehmen (aA LAG Köln 19. 4. 1988 DB 1988, 1400). Bei **gleitender Arbeitszeit** dürfen Betriebsversammlungen in der Kernzeit stattfinden (Richardi/*Richardi/Annuß* Rn. 6; *Fitting* Rn. 8). Im **Zweischichtbetrieb** darf die Versammlung in etwa gleichem Umfang an das Ende der einen und den Beginn der anderen Schicht gelegt werden (LAG Schleswig-Holstein 30. 5. 1991 DB 1991, 2247; *Fitting* Rn. 11), sie kann aber auch alternierend, mal in der einen Schicht, dann in der Arbeitszeit derjenigen AN stattfinden, die an der vorangegangenen Versammlung nur außerhalb ihrer Arbeitszeit teilnehmen konnten (*Fitting* Rn. 11). In Schichtbetrieben wird sich im Übrigen nicht selten anbieten, Teilversammlungen durchzuführen (*Fitting* Rn. 11). Betriebsversammlungen dürfen **während eines Arbeitskampfes** (BAG 5. 5. 1987 AP BetrVG 1972 § 44 Nr. 4) oder während Zeiten stattfinden, in denen wegen arbeitskampfbedingter Störungen nur verkürzt gearbeitet wird (BAG 5. 5. 1987 AP BetrVG 1972 § 44 Nr. 6).

Unter der **Eigenart des Betriebes** ist in erster Linie die organisatorisch-technische Besonderheit des 4 konkreten Einzelbetriebes zu verstehen, nicht die eines ganzen Gewerbezweiges (BAG 27. 11. 1987 AP BetrVG 1972 § 44 Nr. 7). Die besondere Eigenart des Betriebes muss es praktisch unmöglich machen, eine Betriebsversammlung während der Arbeitszeit abzuhalten. Sie darf dem AG keine andere Wahl lassen (BAG 9. 3. 1976 AP BetrVG 1972 § 44 Nr. 3), weil etwa ein eingespielter Betriebsablauf technisch untragbar gestört wird (BAG 26. 10. 1956 AP BetrVG § 43 Nr. 1). **Wirtschaftliche Interessen** des AG, Arbeitsausfälle während der Arbeitszeit zu vermeiden, spielen idR keine Rolle (Richardi/*Richardi/Annuß* Rn. 11; *Fitting* Rn. 17). Ein Produktionsausfall ist mit jeder Betriebsversammlung verbunden, die während der Arbeitszeit stattfindet. Etwas anderes gilt jedenfalls bei absoluter wirtschaftlicher Unmöglichkeit (BAG 9. 3. 1976 AP BetrVG 1972 § 44 Nr. 3), soweit sie auf der Eigenart des Betriebes und nicht auf der Disposition des AG beruht (GK-BetrVG/*Fabricius/ Weber* Rn. 19). Weicht die persönliche Arbeitszeit einer Gruppe von AN – zB Teilzeitarbeiter – von der Arbeitszeit eines wesentlichen Teils der Belegschaft ab, berechtigt das den BR nicht, die regelmäßige Betriebsversammlung außerhalb der Arbeitszeit durchzuführen (BAG 27. 11. 1987 AP BetrVG 1972 § 44 Nr. 7). Die §§ 42 I 3 und 44 I 1 stehen grundsätzlich gleichwertig nebeneinander. Wo Vollversammlungen nur außerhalb der Arbeitszeit abgehalten werden können, entscheidet daher der BR, ob er während der Arbeitszeit Teilversammlungen durchführt und damit darüber, ob Freizeit im Einzelfall als höheres Gut anzusehen ist als die Chance, alle AN an der Betriebsversammlung beteiligen zu können (Richardi/*Richardi/Annuß* Rn. 13; DKK/*Berg* Rn. 10; *Fitting* Rn. 19).

2. Außerhalb der Arbeitszeit. Soweit Betriebs- und Abteilungsversammlungen nach **Abs. 2** statt- 5 finden, liegt es im Ermessen des AG, ob er ihrer Durchführung während der Arbeitszeit zustimmt. Diese Zustimmung ist formfrei (Richardi/*Richardi/Annuß* Rn. 17; *Fitting* Rn. 20) und kann auf eine Höchstdauer der Versammlung beschränkt werden (Richardi/*Richardi/Annuß* Rn. 22; *Fitting* Rn. 21). Wird eine Versammlung nach Abs. 2 ohne Zustimmung des AG während der Arbeitszeit abgehalten, verliert sie nicht ihren Charakter als Betriebsversammlung (Richardi/*Richardi/Annuß* Rn. 24; *Fitting* Rn. 20) und stellt keine unzulässige Kampfmaßnahme dar, solange sie sich im Rahmen ihrer Zuständigkeit nach § 45 hält (BAG 14. 10. 1960 AP GewO § 123 Nr. 25). AN dürfen sich grundsätzlich auf die Rechtmäßigkeit der Einladung des BRsvorsitzenden zu einer entgegen Abs. 2 während der Arbeitszeit durchgeführten Betriebsversammlung verlassen (BAG 14. 10. 1960 AP GewO § 123 Nr. 25). Fällt eine Versammlung nach Abs. 2 in die (abweichende) Arbeitszeit weiterer AN, dürfen sie nur teilnehmen, wenn der AG zustimmt (*Fitting* Rn. 23). Notfalls müssen Teilversammlungen stattfinden.

III. Dauer

Sie ergibt sich aus dem Umfang der Tagesordnung und der Anzahl der Redebeiträge. Sie ist grund- 6 sätzlich unbegrenzt und richtet sich nach der für eine ordnungsgemäße Abwicklung der Tagesordnung erforderlichen Zeit (DKK/*Berg* Rn. 3; *Fitting* Rn. 12). Sie ist nicht ausnahmslos auf einen Arbeitstag beschränkt. Kann die Tagesordnung am ersten Tag nicht abgeschlossen werden und wäre ihre Fortsetzung auf einer neuen Versammlung nicht sachdienlich, darf eine Versammlung auch am darauf folgenden Tag zu Ende geführt werden (LAG Baden-Württemberg 12. 12. 1985 AiB 86, 67; DKK/*Berg* Rn. 3; *Fitting* Rn. 10). Die planmäßige Begrenzung einer Betriebsversammlung auf eine bestimmte Dauer – etwa auf nur eine Stunde – ohne Rücksicht auf den tatsächlichen zeitlichen Bedarf ist unzulässig (LAG Saarbrücken 12. 12. 1960 AP BetrVG § 43 Nr. 2; Richardi/*Richardi/Annuß* Rn. 21; *Fitting* Rn. 12).

IV. Verdienstausfall

7 Für Versammlungen nach Abs. 1 S. 1 sind Zeiten der Teilnahme, zusätzliche Wegezeiten und Fahrtkosten zu vergüten bzw zu erstatten. Die Teilnahme an Versammlungen nach Abs. 2 bleibt idR ohne Bezahlung.

8 **1. Anspruch auf Vergütung.** Fällt eine Versammlung nach **Abs. 1 S. 1** (s. Rn. 2) in die betriebliche Arbeitszeit, ist der AN für die Dauer seiner Teilnahme nach § 2 zu vergüten, findet sie außerhalb der Arbeitszeit statt, besteht ein Entgeltanspruch nach Satz 3. Es handelt sich um einen **eigenständigen Anspruch**, der nicht dem Lohnausfallprinzip folgt. Er entsteht auch, wenn die Versammlung zwar während der betrieblichen Arbeitszeit, nicht aber während der persönlichen des – zB geringfügig oder teilzeitbeschäftigten – Teilnehmers durchgeführt wird (Richardi/*Richardi/Annuß* Rn. 32; *Fitting* Rn. 26). Teilnehmer an Versammlungen nach Abs. 1 sind auch zu bezahlen, wenn ohne die Teilnahme ein Lohnanspruch nicht bestanden hätte: Versammlungen während eines Arbeitskampfes (BAG 5. 5. 1987 AP BetrVG 1972 § 44 Nr. 4), während arbeitskampfbedingter Kurzarbeit (BAG 5. 5. 1987 AP BetrVG 1972 § 44 Nr. 6), während des Urlaubs (BAG 5. 5. 1987 AP BetrVG 1972 § 44 Nr. 5) oder Erziehungsurlaubs (BAG 31. 5. 1989 AP BetrVG 1972 § 44 Nr. 9). Dies gilt unabhängig davon, ob diese Versammlung darüber hinaus außerhalb der für den Teilnehmer maßgeblichen Arbeitszeit stattfindet (LAG Hamm 2. 5. 1974 AuR 1974, 350 LS; Richardi/*Richardi/Annuß* Rn. 33 f.; *Fitting* Rn. 29).

9 Hat der AG den AN gegenüber ausdrücklich widersprochen, eine Betriebsversammlung nach Abs. 1 S. 1 **außerhalb der Arbeitszeit** anzusetzen, entfällt der Vergütungsanspruch (BAG 27. 11. 1987 AP BetrVG 1972 § 44 Nr. 7). Hat er nicht widersprochen, kann er zur Lohnzahlung aus Vertrauenshaftung verpflichtet sein (BAG 23. 10. 1993 AP BetrVG 1972 § 44 Nr. 5; *Fitting* Rn. 27). Werden während der Arbeitszeit begonnene Versammlungen über deren Ende hinaus fortgesetzt, besteht eine Vergütungspflicht auch für diese Zeit, wenn es für die Fortsetzung einen sachlichen Grund gab (Richardi/*Richardi/Annuß* Rn. 31; *Fitting* Rn. 27). Hat der BR fälschlich eine **weitere Betriebsversammlung** nach § 43 I 4 einberufen, entsteht für die Teilnehmer kein Vergütungsanspruch unabhängig davon, ob dies für sie offensichtlich war. Auch eine Haftung des AG soll ausscheiden, wenn er vorher ausdrücklich darauf hingewiesen hat, dass er diese Zeiten nicht bezahlen will (BAG 23. 10. 1991 AP BetrVG 1972 § 43 Nr. 5; aA *Fitting* Rn. 27 a). Das Risiko der Fehleinschätzung des BR tragen so die AN. Ohne den Hinweis des AG kommt jedenfalls eine Haftung aus Vertrauensgrundsätzen oder Rechtsschein in Frage. Der weite Ermessensspielraum des BR bei der Einberufung von weiteren Versammlungen nach § 43 I 4 (s. § 43 Rn. 3) kann dem Problem weitgehend seine praktische Bedeutung nehmen. Wird der zeitliche Rahmen einer Betriebsversammlung durch das Abhandeln **unzulässiger Themen** erheblich überschritten und weist der AG vorher (LAG Baden-Württemberg 17. 2. 1987 DB 1987, 1441) oder jedenfalls rechtzeitig (*Fitting* Rn. 34) auf die Unzulässigkeit der Erörterung hin, entfällt in diesem Umfang seine Zahlungspflicht. Er ist nicht gehalten, durch einstweilige Verfügung die Erörterung seiner Meinung nach unzulässiger Themen untersagen zu lassen, um der Vergütungspflicht zu entgehen (aA LAG Bremen 5. 3. 1982 DB 1982, 1573). Die Initiativlast für die gerichtliche Entscheidung trifft den BR, der das streitige Thema auf die Tagesordnung gesetzt hat. Ist das Überschreiten der Zeit nur unwesentlich, bleibt der Vergütungsanspruch in vollem Umfang bestehen (LAG Düsseldorf 22. 1. 1963 AP BetrVG § 43 Nr. 7; *Fitting* Rn. 34).

10 **2. Keine Vergütung.** Für Versammlungen nach **Abs. 2 S. 1** (s. Rn. 2) besteht grundsätzlich **keine Vergütungspflicht.** Stimmt der AG zu, dass sie während der Arbeitszeit durchgeführt werden oder widerspricht er dem nicht, ist eine Minderung des Arbeitsentgelts nach Abs. 2 S. 2 untersagt. Es gilt zwingend das **Lohnausfallprinzip.** Der AG kann seine Zustimmung daher nicht davon abhängig machen, dass die Vergütungsfortzahlung entfallen soll (Richardi/*Richardi/Annuß* Rn. 46; *Fitting* Rn. 43). Er darf sein Einverständnis jedoch auf eine bestimmte Dauer der Versammlung beschränken mit der Folge, dass für die Zeit danach Lohnfortzahlungsansprüche für alle Teilnehmer entfallen, denen die zeitliche Beschränkung bekannt ist (Richardi/*Richardi/Annuß* Rn. 47; *Fitting* Rn. 46). Geht eine mit Zustimmung des AG während der betrieblichen Arbeitszeit begonnene Versammlung über die **betriebliche** oder die **persönliche Arbeitszeit** eines Teilnehmers hinaus, besteht in diesem Umfang keine Vergütungspflicht (DKK/*Berg* Rn. 27; *Fitting* Rn. 46). Das Arbeitsentgelt wird dadurch nicht gemindert. Für BRMitglieder gilt hier § 37 III (s dort Rn. 9 ff.). Führt der BR eine Versammlung nach Abs. 2 S. 1 ohne Einverständnis des AG **während der Arbeitszeit** durch, entsteht für die Teilnehmer kein Anspruch auf Vergütungsfortzahlung. Dies gilt nicht für Teilnehmer, denen die Unzulässigkeit der Versammlung und das fehlende Einverständnis des AG nicht bekannt war. Der AG haftet dann nach Rechtsscheinsgrundsätzen (*Fitting* Rn. 48; Richardi/*Richardi/Annuß* Rn. 48) bzw. aus einem

VII. Streitigkeiten   § 44 BetrVG

Verstoß gegen seine Fürsorgepflicht (*Fitting* Rn. 48) auf Zahlung der Vergütung, wenn er die AN nicht auf das fehlende Einverständnis hingewiesen hat.

3. Höhe. Soweit Teilnahmezeiten an Betriebsversammlungen nach Abs. 1 S. 2 „wie Arbeitszeit" 11
bzw nach Abs. 2 S 2 ohne Minderung zu vergüten sind, umfasst der **Verdienstausfall** den individuellen Lohnanspruch, einschließlich der besonderen Zulagen wie vermögenswirksame Leistungen, Erschwernis- und Schmutzzulagen, Bergmannsprämien (LAG Düsseldorf 16. 1. 1978 AuR 1979, 27; Richardi/*Richardi/Annuß* Rn. 36; *Fitting* Rn. 31). Bei Betriebsversammlungen an Sonn- und Feiertagen sollen die entsprechenden zeitabhängigen Lohnzuschläge – weil übermäßig – nicht anfallen (BAG 1. 10. 1974 AP BetrVG 1972 § 44 Nr. 2; aA *Fitting* Rn. 31). Bei Akkordlöhnern ist der Durchschnitt des zuletzt erzielten Akkordlohns zu zahlen (BAG 23. 9. 1960 AP Feiertagslohnzahlungsgesetz § 1 Nr. 11). Wer in der Zeit seiner Teilnahme an einer Betriebsversammlung nach Abs. 1 **Mehrarbeit** verrichtet hätte, kann als Verdienstausfall den vollen Lohn inklusive Mehrarbeitszuschlägen verlangen (BAG 18. 9. 1973 AP BetrVG 1972 § 44 Nr. 1). Im Übrigen sind Mehrarbeitszuschläge nicht zu entrichten. Die Teilnahmezeit ist nach Abs. 1 S. 2 „wie Arbeitszeit", nicht „als Arbeitszeit" zu vergüten; die Teilnahme an einer Betriebsversammlung ist daher selbst dann keine „Mehrarbeit", wenn sie außerhalb der Arbeitszeit stattfindet (BAG 18. 9. 1973 AP BetrVG 1972 § 44 Nr. 1). Oft wird insgesamt kein Vergütungsanspruch bestehen, weil sich der Verdienst des AN durch die Teilnahme an einer Betriebsversammlung nach Abs. 2 außerhalb seiner Regelarbeitszeit nicht „mindert".

Wer an der während der Arbeitszeit stattfindenden Betriebsversammlung **nicht teilnimmt** oder sie 12
vorzeitig verlässt, muss arbeiten. Nimmt der AG das Arbeitsangebot nicht an, folgt die Zahlungspflicht aus § 615 BGB, selbst wenn er den AN wegen der Versammlung nicht beschäftigen kann (*Fitting* Rn. 35; Richardi/*Richardi/Annuß* Rn. 53; aA DKK/*Berg* Rn. 21; GK-BetrVG/*Fabricius/Weber* Rn. 65). Arbeits- und Beschäftigungspflichten bleiben für die nicht an Versammlungen teilnehmenden AN bestehen. Das Beschäftigungsrisiko ist dem AG über § 615 S. 3 BGB zugewiesen. AN dürfen auch nicht indirekt über drohenden Lohnverlust zur Teilnahme an Betriebsversammlungen verpflichtet werden.

V. Wegezeiten

Für die Teilnahme an Versammlungen nach **Abs. 1 S. 2 und 3** auch die Zeiten wie Arbeitszeit 13
zu vergüten, welche der AN für deren Besuch zusätzlich über die Wegezeiten hinaus aufwenden muss, die er sonst zur Erfüllung seiner Arbeitspflicht benötigt (BAG 5. 5. 1987 AP BetrVG 1972 § 44 Nr. 4; *Fitting* Rn. 36–38; Richardi/*Richardi/Annuß* Rn. 36). Hierzu kann es bei außerhalb der Betriebsstätte stattfindenden Betriebsversammlungen, bei Versammlungen außerhalb der Arbeitszeit oder bei Betrieben mit weit verstreuten unselbständigen Nebenbetrieben bzw ausgelagerten Arbeitsplätzen kommen. Diese Vergütungspflicht besteht auch, soweit Teilzeitbeschäftigte außerhalb ihrer individuellen Arbeitszeit an Betriebsversammlungen nach Abs. 1 teilnehmen (*Fitting* Rn. 37). Teilnehmer an Versammlungen nach Abs. 2 erwerben keinen Anspruch auf Wegezeitvergütung (DKK/*Berg* Rn. 28; *Fitting* Rn. 47).

VI. Fahrtkosten

Sie sind nach **Abs. 1 S. 3 2. Halbs.** den Teilnehmern zu erstatten, soweit sie entstehen, weil Betriebs- 14
versammlungen außerhalb der **persönlichen Arbeitszeit** des einzelnen AN stattfinden und deshalb zu zusätzlichen Fahrtkosten führen (DKK/*Berg* Rn. 19; *Fitting* Rn. 39; Richardi/*Richardi/Annuß* Rn. 41). Damit steht bei Schichtarbeit nur den AN ein Fahrtkostenersatz zu, für welche diese Versammlung in ihre arbeitsfreie Zeit fällt (*Fitting* Rn. 39). Die Regelung ist entsprechend anzuwenden, wenn Betriebsversammlungen während der persönlichen Arbeitszeit, aber **außerhalb des Betriebes** stattfinden (Richardi/*Richardi/Annuß* Rn. 42; DKK/*Berg* Rn. 20; *Fitting* Rn. 40). Die Kosten der Mitbestimmung trägt der AG. AN sollen durch die Inanspruchnahme betriebsverfassungsrechtlicher Befugnisse keine Nachteile erleiden. Fahrtkostenersatz gibt es nur für tatsächlich zusätzlich entstehende Kosten. **Pauschalierungen** in TV oder BV sind zulässig – zB Werbungskostensatz bei Benutzung des eigenen PKW (Richardi/*Richardi/Annuß* Rn. 43; *Fitting* Rn. 41). Sie können einen weitergehenden Anspruch aus dem Gesetz nicht ausschließen (DKK/*Berg* Rn. 23; *Fitting* Rn. 42). Auch teilnahmeberechtigte **auswärtige AN** haben Anspruch auf Fahrtkostenersatz. Er ist – jedenfalls nach dem Wortlaut des Gesetzes – nicht auf Inlandsfahrtkosten beschränkt (*Fitting* Rn. 41). Für die Teilnehmer an Versammlungen nach Abs. 2 besteht kein Anspruch auf Fahrtkostenersatz (DKK/*Berg* Rn. 28; *Fitting* Rn. 47).

VII. Streitigkeiten

Streitigkeiten über den Zeitpunkt einer Betriebsversammlung werden im Beschlussverfahren (§§ 2 a, 15
80 ff. ArbGG) ausgetragen. Über den Verdienstausfall, die Wegezeitvergütung und den Fahrtkosten-

ersatz streitet der AN mit dem AG im Urteilsverfahren (BAG 1. 10. 1974 AP BetrVG 1972 § 44 Nr. 2). Meinungsverschiedenheiten über Pflichten des AG im Zusammenhang mit der Durchführung einer Betriebsversammlung, über ihren Zeitpunkt oder den Ort lassen sich ggf. im einstweiligen Verfügungsverfahren klären (vgl. LAG Schleswig-Holstein 26. 6. 1991 AiB 91, 391 – einstweilige Verfügung auf Untersagen einer Teilversammlung; LAG Köln 23. 10. 1985 NZA 1986, 370 – einstweilige Verfügung auf Betriebsschließung während einer Betriebsversammlung).

§ 45 Themen der Betriebs- und Abteilungsversammlungen

¹ Die Betriebs- und Abteilungsversammlungen können Angelegenheiten einschließlich solcher tarifpolitischer, sozialpolitischer, umweltpolitischer und wirtschaftlicher Art sowie Fragen der Förderung der Gleichstellung von Frauen und Männern und der Vereinbarkeit von Familie und Erwerbstätigkeit sowie der Integration der im Betrieb beschäftigten ausländischen Arbeitnehmer behandeln, die den Betrieb oder seine Arbeitnehmer unmittelbar betreffen; die Grundsätze des § 74 Abs. 2 finden Anwendung. ² Die Betriebs- und Abteilungsversammlungen können dem Betriebsrat Anträge unterbreiten und zu seinen Beschlüssen Stellung nehmen.

I. Anwendungsbereich

1   Die Vorschrift regelt neben den §§ 17, 43 I 1 und II 3 die Zuständigkeit der Betriebsversammlung, ihre Befugnisse sowie ihre Rechte und Pflichten, soweit sie mit den dort abgehandelten Themen zusammenhängen. Sie ist nach den §§ 53 III 2, 71, 115 V auf die Betriebsräteversammlung, die Jugend- und Auszubildendenversammlung und die Bordversammlung entsprechend anzuwenden. Die Regelung ist zwingend. Sie kann weder durch TV noch durch BV abbedungen werden.

II. Themen

2   In der Betriebsversammlung dürfen alle Vorgänge angesprochen werden, für die ein **konkreter Bezugspunkt** zum Betrieb oder den dort Beschäftigten in ihrer Eigenschaft als AN dieses Betriebes besteht, wobei die Angelegenheit nicht ausschließlich den Betrieb oder seine AN betreffen muss (Richardi/*Richardi/Annuß* Rn. 5; *Fitting* Rn. 7; GK-BetrVG/*Fabricius/Weber* Rn. 11). Hierzu zählen Fragen, die zum Aufgabenbereich des BR gehören (BAG 4. 5. 1955 AP BetrVG § 44 Nr. 1) oder das Verhältnis vom AG zu den AN zum Inhalt haben (DKK/*Berg* Rn. 3; *Fitting* Rn. 5) wie zB. die Rechte und Aufgaben des BR (*Fitting* Rn. 7; GK-BetrVG/*Fabricius/Weber* Rn. 12) oder die negativen Auswirkungen der Globalisierung auf Mitbestimmungsrechte (*Fitting* Rn. 7). Allgemeine Probleme des Umweltschutzes dürfen nun auch neben dem betrieblichen Umweltschutz – Verhalten der AN, Entwicklung umweltfreundlicher Produkte und Verfahren – erörtert werden. Sie müssen jedoch einen Bezug zum Betrieb und den dort Beschäftigten aufweisen (DKK/*Berg* Rn. 8 a; *Fitting* 14). Die **Gleichstellung** der Geschlechter, die Vereinbarkeit von **Familie und Erwerbstätigkeit** und die **Integration** von Ausländern waren bisher schon zulässige Themen der Betriebs- und Abteilungsversammlungen (*Fitting* Rn. 17, 18). **Gewerkschaftliche Angelegenheiten** mit Bezugspunkt im Betrieb können ebenso Thema einer Betriebsversammlung sein (Richardi/*Richardi/Annuß* Rn. 19; *Fitting* Rn. 19) wie die gesetzlich vorgesehene Zusammenarbeit von BR und einer im Betrieb vertretenen Gewerkschaft – zB der Bericht über die Arbeit der gewerkschaftlichen Vertrauensleute, soweit er keine Gewerkschaftswerbung enthält (LAG Hamm 3. 12. 1986 BB 1987, 685).

3   Zu den **tarifpolitischen Angelegenheiten** gehören die Unterrichtung über den Inhalt einschlägiger TV (DKK/*Berg* Rn. 4; *Fitting* Rn. 9), hierzu ergangener grundsätzlicher Urteile (*Fitting* Rn. 9), die Unterrichtung über den Stand von Tarifverhandlungen (LAG Baden-Württemberg 25. 9. 1991 AiB 92, 96) und über die mittelbaren Auswirkungen von Arbeitskämpfen zB im Zulieferbetrieb (LAG Baden-Württemberg 25. 9. 1991 AiB 92, 96; *Fitting* Rn. 9). Mit den **sozialpolitischen Angelegenheiten** sind neben der im Gesetz ausdrücklich genannten Gleichstellung und der Vereinbarung von Beruf und Familie alle gesetzlichen Maßnahmen oder sonstige Regelungen angesprochen, die den Schutz, die Integration oder eine Veränderung der Rechtsstellung der AN bezwecken oder damit im Zusammenhang stehen (Richardi/*Richardi/Annuß* Rn. 13; *Fitting* Rn. 10). Sie dürfen auf der Betriebsversammlung auch erörtert werden, wenn sie nicht ausschließlich den Betrieb, sondern eine ganze Branche oder Wirtschaftszweig betreffen (BAG 14. 2. 1967 AP BetrVG § 45 Nr. 2), solange nur ein konkreter Bezugspunkt zum Betrieb vorhanden ist (GK-BetrVG/*Fabricius/Weber* Rn. 14). Dazu gehören neben Arbeitszeitregelungen u. a. Fragen der Arbeitsmarktpolitik, des Arbeits- und Unfallschutzes, der Sozialversicherung, der beruflichen Bildung, der Vermögensbildung, der flexiblen Altersgrenze, der Eingliederung ausländischer, älterer oder arbeitsloser AN und arbeitsmedizinische Fragen (*Fitting* Rn. 10, 11, 17). Zulässig ist die Erörterung der Auswirkungen von Bestimmungen zur Neutralität der BAnstArb im Arbeitskampf (DKK/*Berg* Rn. 6) oder das Referat eines betriebsfremden Referenten zu einem sozialpolitischen Thema von unmittelbarem Interesse für den Betrieb oder seine AN, solange es sich nicht um eine unzulässige parteipolitische Betätigung handelt (BAG

13. 9. 1977 AP BetrVG 1972 § 42 Nr. 1). Unter den **wirtschaftlichen Angelegenheiten** versteht man neben den wirtschaftlichen Maßnahmen des AG, gesetzgeberische Maßnahmen und die allgemeine Wirtschaftspolitik, soweit sie einen konkreten Bezugspunkt zum Betrieb oder seinen AN aufweisen (Richardi/*Richardi/Annuß* Rn. 15 f.; DKK/*Berg* Rn. 9; *Fitting* Rn. 15). Dazu gehören neben einem bevorstehenden Betriebsinhaberwechsel, Fragen der Unternehmenskonzentration, von denen der Betrieb betroffen ist (*Fitting* Rn. 15), Probleme der internationalen Währungspolitik, der Rohstoff- und Energieversorgung, der Strukturpolitik und die Auswirkungen der Steuerpolitik (DKK/*Berg* Rn. 9; *Fitting* Rn. 15).

Nimmt die Behandlung **unzulässiger Themen** einen großen Raum ein und geschieht sie nicht nur 4 beiläufig, verliert die Versammlung ihren Charakter als Betriebsversammlung (LAG Düsseldorf 22. 1. 1963 AP BetrVG § 43 Nr. 7; *Fitting* Rn. 29). Unzulässige Themen darf der BR weder auf die Tagesordnung setzen, noch ihre Behandlung auf der Betriebsversammlung zulassen. Der Versammlungsleiter kann notfalls von seinem Hausrecht Gebrauch machen (§ 42 Rn. 7), um ihre Erörterung zu verhindern. Tut er das nicht oder regt er die Behandlung unzulässiger Themen an, kann dies eine grobe Pflichtverletzung nach § 23 darstellen (*Fitting* Rn. 28). Das wird vor allem der Fall sein, wenn er auf die Unzulässigkeit der Themen hingewiesen wurde, auf ihrer Erörterung besteht und damit Unruhe in die Versammlung oder den Betrieb bringt (BAG 4. 5. 1955 AP BetrVG § 44 Nr. 1). Kann oder will der Versammlungsleiter den gesetzmäßigen Ablauf der Betriebsversammlung nicht mehr herstellen, wächst dem AG das Hausrecht wieder zu (Richardi/*Richardi/Annuß* § 42 Rn. 25; DKK/*Berg* § 42 Rn. 9; *Fitting* Rn. 30). Sind BR und AG mit der Erörterung unzulässiger Themen einverstanden, entstehen keine nachteiligen Folgen für die Teilnehmer (s. § 44 Rn. 7).

III. Friedenspflicht

Mit Anwendung der Grundsätze des § 74 II auf die Betriebsversammlung wird die Meinungsfreiheit 5 zugunsten des Betriebsfriedens eingeschränkt. Die Betriebsversammlung ist ein Forum verbaler Auseinandersetzung. Ein kleinlicher Maßstab ist unangebracht (DKK/*Berg* Rn. 13). Dem Gebot der betrieblichen Friedenspflicht sind nicht nur BR und AG unterworfen. Der BR muss es mit Hilfe seines Hausrechts gegenüber allen Teilnehmern der Versammlung durchsetzen, für es mittelbar gilt (*Fitting* Rn. 28; unmittelbare Geltung GK-BetrVG/*Fabricius/Weber* Rn. 25). Die scharfe **Sachkritik** bleibt möglich. Sie darf sich auch auf Personen erstrecken, solange sie nicht unsachlich oder in ehrverletzender Weise vorgebracht wird (BAG 20. 10. 1964 AP KSchG § 1 Verhaltensbedingte Kündigung Nr. 4). Die Erörterung eines Themas ist erst unzulässig, wenn auf Grund objektiver Anhaltspunkte mit hoher Wahrscheinlichkeit eine Störung des Betriebsfriedens zu erwarten ist (*Fitting* Rn. 24; ähnlich GK-BetrVG/*Fabricius/Weber* Rn. 27 – konkrete Störung). Unzulässig sind für die Betriebsversammlung alle **Arbeitskampfmaßnahmen** wie die Durchführung einer Urabstimmung oder die Erörterung möglicher Kampfmaßnahmen (Richardi/*Richardi/Annuß* Rn. 12; DKK/*Berg* Rn. 12; *Fitting* Rn. 23), sie sind allein den Gewerkschaften vorbehalten. Das Verbot **parteipolitischer Betätigung** gilt absolut, unabhängig davon, ob durch diese Betätigung der Betriebsfrieden konkret gefährdet ist (BAG 13. 9. 1977 AP BetrVG 1972 § 42 Nr. 1). Es sichert die Meinungs- und Entscheidungsfreiheit der AN (BAG 13. 9. 1977 AP BetrVG 1972 § 42 Nr. 1; GK-BetrVG/*Fabricius/Weber* Rn. 28). Werbung oder Propaganda für eine bestimmte Partei ist in einer Betriebsversammlung unzulässig. Die Behandlung politischer Themen bleibt möglich, soweit sie den Betrieb oder die AN unmittelbar betreffen, mögen sie auch Gegenstand parteipolitischer Auseinandersetzungen sein (BAG 13. 9. 1977 AP BetrVG 1972 § 42 Nr. 1). Der Auftritt eines Politikers in Wahlkampfzeiten in einem Betrieb seines Wahlkreises im Rahmen seiner Wahlkampfstrategie stellt eine unzulässige parteipolitische Betätigung dar (BAG 13. 9. 1977 AP BetrVG 1972 § 42 Nr. 1).

IV. Betriebsversammlung – Betriebsrat

Die Betriebsversammlung ist dem BR zugeordnet, nicht übergeordnet. Sie kann nach **Satz 2** ein 6 bestimmtes Verhalten des BR anregen – Antrag – oder sich zu seinem Verhalten auch in scharfer Form äußern – Stellungnahme. Sie hat Informations- und Diskussionsrechte, keine Weisungsbefugnisse. Der BR übt **kein imperatives Mandat** aus (Richardi/*Richardi/Annuß* Rn. 24; DKK/*Berg* Rn. 20; *Fitting* Rn. 32). Die Betriebsversammlung kann weder BV abschließen, noch sie kündigen oder den BR abberufen (*Fitting* Rn. 32).

V. Streitigkeiten

Über die Rechtmäßigkeit von Beschlüssen der Betriebsversammlung, ihre Befugnisse und die 7 Zulässigkeit dort anstehender oder behandelter Themen wird im arbeitsgerichtlichen **Beschlussverfahren** – §§ 2 a, 80 ff. ArbGG – entschieden.

§ 46 Beauftragte der Verbände

(1) ¹An den Betriebs- oder Abteilungsversammlungen können Beauftragte der im Betrieb vertretenen Gewerkschaften beratend teilnehmen. ²Nimmt der Arbeitgeber an Betriebs- oder Abteilungsversammlungen teil, so kann er einen Beauftragten der Vereinigung der Arbeitgeber, der er angehört, hinzuziehen.

(2) Der Zeitpunkt und die Tagesordnung der Betriebs- oder Abteilungsversammlungen sind den im Betriebsrat vertretenen Gewerkschaften rechtzeitig schriftlich mitzuteilen.

I. Anwendungsbereich

1   Die Vorschrift gilt nach den §§ 53 III 2, 71, 115 V für die Betriebsräteversammlung, die JAV sowie die Bordversammlung entsprechend. Sie ist zwingend und kann weder durch TV noch durch eine BV abbedungen werden.

II. Gewerkschaftsvertreter

2   Vertreter der Gewerkschaften werden nach **Abs. 1 S. 1** nicht vom AG oder dem BR zur Betriebsversammlung zugelassen, sondern nehmen **kraft eigenen Rechts** an sämtlichen Betriebs- und Abteilungsversammlungen für die im Betrieb vertretene Gewerkschaft (s. § 2 Rn. 4) teil (Richardi/*Richardi/ Annuß* Rn. 4; DKK/*Berg* Rn. 1; *Fitting* Rn. 5, 10). Das Teilnahmerecht besteht auch für Abteilungsversammlungen, wenn die Gewerkschaft im Betrieb, aber nicht in der Abteilung vertreten ist (Richardi/*Richardi/Annuß* Rn. 4; GK-BetrVG/*Fabricius/Weber* Rn. 4; *Fitting* Rn. 6). Es besteht nicht an sonstigen Versammlungen der Belegschaft (BAG 18. 3. 1964 AP BetrVG § 45 Nr. 1). Die Gewerkschaften bestimmen selbst, wen (BAG 14. 2. 1967 AP BetrVG § 45 Nr. 2) und wie viele Beauftragte (Richardi/*Richardi/Annuß* Rn. 10; *Fitting* Rn. 7) sie in eine Versammlung schicken. Dabei kann es sich auch um ehrenamtliche Funktionäre, AN anderer Betriebe (Richardi/*Richardi/Annuß* Rn. 9; DKK/ *Berg* Rn. 5; *Fitting* Rn. 7) und selbst um den Arbeitnehmervertreter im Aufsichtsrat eines Konkurrenzunternehmens handeln (LAG Hamburg 28. 11. 1986 DB 1987, 1595; *Fitting* Rn. 9). Auch die Vorbereitung oder Durchführung eines Streiks berühren nicht das Teilnahmerecht der Gewerkschaften (BAG 18. 3. 1964 AP BetrVG § 45 Nr. 1). Die **Anzahl** der Beauftragten richtet sich am Zweck der Teilnahme – Beratung der teilnehmenden AN – aus (Richardi/*Richardi/Annuß* Rn. 10; *Fitting* Rn. 7). Beauftragte der Gewerkschaft dürfen den Betrieb ohne ausdrückliche Genehmigung des AG betreten (*Fitting* Rn. 8; GK-BetrVG/*Fabricius/Weber* Rn. 8). Eine Unterrichtungspflicht nach § 2 II besteht nicht (*Fitting* Rn. 8; aA Richardi/*Richardi/Annuß* Rn. 14; GK-BetrVG/*Fabricius/Weber* Rn. 8). Weder der BR (Richardi/*Richardi/Annuß* Rn. 14; *Fitting* Rn. 10) noch der AG (Richardi/*Richardi/Annuß* Rn. 14; DKK/ *Berg* Rn. 4; *Fitting* Rn. 8) dürfen sie an der Teilnahme hindern. Eine Zutrittsverweigerung kann nicht auf einen der Gründe des § 2 II gestützt werden. § 46 geht § 2 als Sonderregelung vor (Richardi/*Richardi/Annuß* Rn. 14; GK-BetrVG/*Fabricius/Weber* Rn. 9; *Fitting* Rn. 8). Die Beauftragten der Gewerkschaft sind nach § 79 zur Verschwiegenheit verpflichtet (*Fitting* Rn. 11).

3   Der AG darf der Teilnahme eines **bestimmten Beauftragten** widersprechen, soweit die Gewerkschaft ihr Teilnahmerecht durch seine Entsendung rechtsmissbräuchlich wahrnimmt (BAG 14. 2. 1967 AP BetrVG § 45 Nr. 2; *Fitting* Rn. 9; Richardi/*Richardi/Annuß* Rn. 15; GK-BetrVG/*Fabricius/Weber* Rn. 9). Die Befürchtung, er werde auf der Versammlung scharfe Sachkritik üben, reicht nicht aus. Hierzu ist er berechtigt (BAG 14. 2. 1967 AP BetrVG § 45 Nr. 2). Ebenso wenig kann ausgeschlossen werden, wer in der Vergangenheit an der Vorbereitung eines gegen den AG gerichteten Streiks beteiligt war (Richardi/*Richardi/Annuß* Rn. 15; DKK/*Berg* Rn. 5; *Fitting* Rn. 9). Er hat nur an der Wahrnehmung eines Grundrechts mitgewirkt. Etwas anderes gilt, wenn mit Sicherheit zu erwarten ist, dass der Beauftragte schwere rechtswidrige Verstöße gegen den AG begehen wird oder begangen hat (Richardi/*Richardi/Annuß* Rn. 15; *Fitting* Rn. 9). Ist ein Beauftragter zu Recht abgelehnt, kann die Gewerkschaft einen anderen in die Versammlung schicken; ihr generelles Teilnahmerecht bleibt unberührt (*Fitting* Rn. 9).

4   Der Beauftragte der Gewerkschaft nimmt als **Berater** an der Versammlung teil. Er kann das Wort ergreifen, hat aber kein Stimmrecht und darf keine Anträge stellen (Richardi/*Richardi/Annuß* Rn. 12; DKK/*Berg* Rn. 6; *Fitting* Rn. 11). Seine Beiträge müssen sich an der Tagesordnung und dem Aufgabenbereich der Betriebs- und Abteilungsversammlung ausrichten (*Fitting* Rn. 11). Auch er ist den Grundsätzen des § 74 II verpflichtet (GK-BetrVG/*Fabricius/Weber* Rn. 11; *Fitting* Rn. 11). Er darf daher nicht in der Versammlung zu einem Warnstreik aufrufen (LAG Bremen 14. 1. 1983 DB 1983, 778). Auf Verlangen muss er sich als Person und über seinen Auftrag ausweisen (*Fitting* Rn. 7).

III. Beauftragte des Arbeitgeberverbandes

5   Der AGVerband hat nach **Abs. 1 S. 2** kein eigenständiges Teilnahmerecht an Betriebs- oder Abteilungsversammlungen. Sein **Teilnahmerecht** ist aus dem des AG **abgeleitet**. Er kann daher nur teilnehmen, wenn auch der AG oder sein Vertreter an der Versammlung teilnimmt (Richardi/*Richardi/*

Annuß Rn. 17; GK-BetrVG/*Fabricius/Weber* Rn. 17; *Fitting* Rn. 17). Der AG bestimmt, wen er als Verbandsvertreter hinzuzieht, solange es sich um Beauftragte des Verbandes handelt (BAG 19. 5. 1978 AP BetrVG 1972 § 43 Nr. 2). Der nicht organisierte AG darf daher keinen Rechtsanwalt als Beauftragten hinzuziehen (*Fitting* Rn. 17; Richardi/*Richardi/Annuß* Rn. 17). Der BR darf die Teilnahme eines Beauftragten des AGVerbandes nicht ablehnen, wenn die gesetzlichen Voraussetzungen vorliegen (*Fitting* Rn. 18). Der Beauftragte muss sich auf Verlangen als Person ausweisen. Er hat **keine beratende Funktion.** Die Betriebsversammlung ist eine Angelegenheit der AN (DKK/*Berg* Rn. 12; *Fitting* Rn. 19). Er hat ebenso wenig ein eigenständiges Rederecht. Der Versammlungsleiter muss ihm aber wie dem AG das Wort erteilen, wenn dieser es verlangt (BAG 19. 5. 1978 AP BetrVG 1972 § 43 Nr. 2). Wie der AG kann er weder Anträge stellen, noch an Abstimmungen teilnehmen (*Fitting* Rn. 19; Richardi/*Richardi/Annuß* Rn. 23).

IV. Unterrichtung

Der BR muss nach **Abs. 2** die im BR vertretene Gewerkschaft, nicht den entsprechenden AGVerband unterrichten. Im BR ist eine Gewerkschaft vertreten, wenn mindestens ein BRMitglied bei ihr organisiert ist (DKK/*Berg* Rn. 7; *Fitting* Rn. 13). Die Unterrichtungspflicht betrifft **alle Betriebs- und Abteilungsversammlungen** des § 43, regelmäßige, weitere und außerordentliche, auch wenn sie als Teilversammlung durchgeführt werden (DKK/*Berg* Rn. 7; *Fitting* Rn. 13). Der BR muss nicht nur **Zeitpunkt** und **Tagesordnung,** sondern auch den **Ort** der Betriebsversammlung mitteilen (DKK/*Berg* Rn. 8; *Fitting* Rn. 14). Die Schriftform ist gewahrt, wenn der Gewerkschaft die Sitzungsniederschrift über den Beschluss zur Betriebsversammlung nach § 34 II zugesandt wird (*Fitting* Rn. 15). Die Unterrichtung ist rechtzeitig, wenn genügend Zeit für eine sachliche Vorbereitung der Teilnahme bleibt (GK-BetrVG/*Fabricius* Rn. 23; *Fitting* Rn. 15). Bei kurzfristig angesetzten Versammlungen oder kurzfristiger Änderung der Tagesordnung muss die Gewerkschaft unverzüglich unterrichtet werden (DKK/*Berg* Rn. 9; *Fitting* Rn. 14, 15). Die Unterrichtung obliegt dem Betriebsratsvorsitzenden und bei seiner Verhinderung seinem Stellvertreter (DKK/*Berg* Rn. 8). Unterlässt er die Unterrichtung kann hierin eine grobe Pflichtverletzung nach § 23 I liegen (DKK/*Berg* Rn. 8).

V. Streitigkeiten

Über die Befugnisse und Teilnahme der Verbandsbeauftragten wird im arbeitsgerichtlichen Beschlussverfahren nach den §§ 2a, 80ff. ArbGG entschieden. In diesen Verfahren kann nicht der AGVerband, sondern nur der BR, der AG (BAG 19. 5. 1978 AP BetrVG 1972 § 43 Nr. 3) und die im Betrieb vertretene Gewerkschaft beteiligt sein, soweit es um ihr Teilnahmerecht oder die Entsendung eines bestimmten Beauftragten geht (BAG 14. 2. 1967 AP BetrVG § 45 Nr. 2).

Fünfter Abschnitt. Gesamtbetriebsrat

§ 47 Voraussetzungen der Errichtung, Mitgliederzahl, Stimmengewicht

(1) Bestehen in einem Unternehmen mehrere Betriebsräte, so ist ein Gesamtbetriebsrat zu errichten.

(2) ¹In den Gesamtbetriebsrat entsendet jeder Betriebsrat mit bis zu drei Mitgliedern eines seiner Mitglieder; jeder Betriebsrat mit mehr als drei Mitgliedern entsendet zwei seiner Mitglieder. ²Die Geschlechter sollen angemessen berücksichtigt werden.

(3) Der Betriebsrat hat für jedes Mitglied des Gesamtbetriebsrats mindestens ein Ersatzmitglied zu bestellen und die Reihenfolge des Nachrückens festzulegen.

(4) Durch Tarifvertrag oder Betriebsvereinbarung kann die Mitgliederzahl des Gesamtbetriebsrats abweichend von Absatz 2 Satz 1 geregelt werden.

(5) Gehören nach Absatz 2 Satz 1 dem Gesamtbetriebsrat mehr als vierzig Mitglieder an und besteht keine tarifliche Regelung nach Absatz 4, so ist zwischen Gesamtbetriebsrat und Arbeitgeber eine Betriebsvereinbarung über die Mitgliederzahl des Gesamtbetriebsrats abzuschließen, in der bestimmt wird, dass Betriebsräte mehrerer Betriebe eines Unternehmens, die regional oder durch gleichartige Interessen miteinander verbunden sind, gemeinsam Mitglieder in den Gesamtbetriebsrat entsenden.

(6) ¹Kommt im Fall des Absatzes 5 eine Einigung nicht zustande, so entscheidet eine für das Gesamtunternehmen zu bildende Einigungsstelle. ²Der Spruch der Einigungsstelle ersetzt die Einigung zwischen Arbeitgeber und Gesamtbetriebsrat.

(7) ¹Jedes Mitglied des Gesamtbetriebsrats hat so viele Stimmen, wie in dem Betrieb, in dem es gewählt wurde, wahlberechtigte Arbeitnehmer in der Wählerliste eingetragen sind. ²Entsendet der Betriebsrat mehrere Mitglieder, so stehen ihnen die Stimmen nach Satz 1 anteilig zu.

(8) Ist ein Mitglied des Gesamtbetriebsrats für mehrere Betriebe entsandt worden, so hat es so viele Stimmen, wie in den Betrieben, für die es entsandt ist, wahlberechtigte Arbeitnehmer in den Wählerlisten eingetragen sind; sind mehrere Mitglieder entsandt worden, gilt Absatz 7 Satz 2 entsprechend.

(9) Für Mitglieder des Gesamtbetriebsrats, die aus einem gemeinsamen Betrieb mehrerer Unternehmen entsandt worden sind, können durch Tarifvertrag oder Betriebsvereinbarung von den Absätzen 7 und 8 abweichende Regelungen getroffen werden.

Amtl. Anm.: Gemäß Artikel 14 Satz 2 des Gesetzes zur Reform des Betriebsverfassungsgesetzes (BetrVerf-Reformgesetz) vom 23. Juli 2001 (BGBl. I S. 1852) gilt § 47 Abs. 2 (Artikel 1 Nr. 35 Buchstabe a des BetrVerf-Reformgesetzes) für im Zeitpunkt des Inkrafttretens bestehende Betriebsräte erst bei deren Neuwahl.

I. Vorbemerkung

1   In Unternehmen mit mehreren Betrieben werden wichtige Entscheidungen auf der Unternehmensebene getroffen. Mit dem GesamtBR wird dieser Leitungsebene ein Vertretungsorgan der AN gegenübergestellt. Die Vorschrift regelt die Zusammensetzung des GesamtBR, seine Mitgliederzahl und die Stimmengewichtung.
Sie ist zwingend, soweit nicht ausdrücklich ein Abweichen mittels TV oder BV vorgesehen ist (Richardi/*Richardi/Annuß* Rn. 2; DKK/*Trittin* Rn. 3). Der freiwillige Zusammenschluss mehrerer Betriebsräte eines Unternehmens oder mehrerer Unternehmen eines Konzerns zu „Arbeitsgemeinschaften" oder ähnlichen Einrichtungen ist betriebsverfassungsrechtlich ohne Bedeutung. Diese Gremien haben keine Kompetenz, können weder bindende Beschlüsse fassen noch in die Zuständigkeit eines GesamtBR eingreifen (DKK/*Trittin* Rn. 3; *Fitting* Rn. 4).

II. Errichtung

2   Nach **Abs. 1** sind die Betriebsräte des Unternehmens **verpflichtet,** Mitglieder in den GesamtBR zu entsenden. Der GesamtBR kann oder soll nicht nur errichtet werden, er „ist" zu errichten. Es kommt nicht darauf an, ob hierfür im Unternehmen Bedarf vorhanden ist oder etwa bei den BR Bedenken bestehen (BAG 23. 9. 1980 AP BetrVG 1972 § 47 Nr. 4). Kommt ein BR dieser Rechtspflicht nicht nach, liegt hierin idR eine grobe Pflichtverletzung nach § 23 I (Richardi/*Richardi/Annuß* Rn. 40; DKK/*Trittin* Rn. 4; *Fitting* Rn. 8).

3   Das Betriebsverfassungsrecht definiert nicht selbst den **Unternehmensbegriff.** Es knüpft an die gesetzlich für das Unternehmen vorgeschriebenen Rechts- und Organisationsformen an (BAG 9. 8. 2000 AP BetrVG 1972 § 47 Nr. 9). Es kommt weder auf eine wirtschaftliche Betrachtungsweise an, noch darauf, wo die Leitungsmacht de facto angesiedelt ist, sondern auf die Identität des AG. Unternehmen ist im Betriebsverfassungsgesetz der zivil- und handelsrechtliche Träger des Unternehmens. Kennzeichnend für ein Unternehmen ist der einzelne Unternehmensträger mit einer einheitlichen Unternehmensorganisation, der hinter dem arbeitstechnischen Zweck der Betriebe liegende wirtschaftliche oder ideelle Zwecke verfolgt (BAG 23. 9. 1980 und 11. 12. 1987 AP BetrVG 1972 § 47 Nr. 4 und 7; *Fitting* Rn. 10). Es muss eine **einheitliche Rechtspersönlichkeit,** eine rechtliche Identität des betreibenden Unternehmens vorhanden sein (BAG 29. 11. 1989 AP ArbGG 1979 § 10 Nr. 3; GK-BetrVG/*Kreutz* Rn. 15). Dabei kann es sich um eine natürliche Person, eine juristische Person – AG, GmbH, Genossenschaft, e. V. –, um eine Personengesamtheit – OHG, KG – oder um den vertraglichen Zusammenschluss mehrerer natürlicher und/oder juristischer Personen zu einem Unternehmen in einem Rechtsform, ohne eigene Rechtspersönlichkeit handeln – GbR, nicht rechtsfähiger Verein. Schließen sich mehrere Unternehmen zur Erfüllung von Teilaufgaben (Forschung, Großprojekte) zu einem Unternehmen zusammen, welches mehrere Betriebe führt, besteht rechtliche Identität soweit sich der Geschäfts- und Tätigkeitsbereich dieses Rechtsträgers erstreckt (*Fitting* Rn. 10). Bei der GmbH & Co KG ist darauf abzustellen, ob die KG mehrere Betriebe hat. Haben KG und GmbH jeweils selbständige Betriebe, kann (nur) ein KonzernBR gebildet werden (Richardi/*Richardi/Annuß* Rn. 13; DKK/*Trittin* Rn. 16; *Fitting* Rn. 10).

4   Eine **Identität des Unternehmens** liegt vor, wenn die Betriebe alle demselben Unternehmen angehören (Richardi/*Richardi/Annuß* Rn. 6; GK-BetrVG/*Kreutz* Rn. 17; *Fitting* Rn. 10). Unternehmer und Inhaber der zu dem Unternehmen gehörenden Betriebe müssen identisch sein. Betriebsräte, die unterschiedlichen Rechtsträgern angehören, können daher nicht gemeinsam einen GesamtBR bilden (BAG 29. 11. 1989 AP ArbGG 1979 § 10 Nr. 3). Die rechtliche Identität fehlt bei **wirtschaftlicher oder finanzieller Beteiligung** (BAG 5. 12. 1975 AP BetrVG 1972 § 47 Nr. 1), selbst wenn alle Gesellschaftsanteile sich in den Händen einer bzw. derselben mehreren Personen befinden (DKK/*Trittin* Rn. 15; *Fitting* Rn. 11) oder Personengleichheit der Geschäftsführung besteht (BAG 11. 12. 1987 AP BetrVG 1972 § 47 Nr. 7). Die erforderliche Identität fehlt auch zwischen Mutter- und Tochtergesellschaft, bei der Zusammenfassung rechtlich selbständiger Unternehmen unter einheitli-

cher Leitung, wenn zwischen ihnen ein Beherrschungsvertrag abgeschlossen oder eine Gesellschaft in die andere eingegliedert ist (GK-BetrVG/*Kreutz* Rn. 27; *Fitting* Rn. 11).

Gesamtbetriebsräte sind nur dort zu bilden, wo die Betriebe durch eine **einheitliche und selb- 5 ständige Organisation,** eine einheitliche Leitung verbunden sind (Richardi/*Richardi/Annuß* Rn. 6; *Fitting* Rn. 12). Sonst fehlt der Ansprechpartner für den GesamtBR. Dabei ist unerheblich, ob die Betriebe einen oder unterschiedliche Betriebszwecke verfolgen (*Fitting* Rn. 12). Juristische Personen und Gesamthandsgemeinschaften können nur ein Unternehmen betreiben, wie die gesetzlichen Vorschriften über die notwendige Festlegung des Unternehmensgegenstandes und die Verantwortlichkeit der Unternehmensleitung zeigen (BAG 5. 12. 1975 AP BetrVG 1972 § 47 Nr. 1). Natürliche Personen können dagegen mehrere Betriebe haben, ohne dass sie durch eine eigene und selbständige Organisation zu einem Unternehmen zusammengefasst sind. Einen GesamtBR kann es dann nicht geben (*Fitting* Rn. 13; aA Richardi/*Richardi/Annuß* Rn. 9). Führt eine **Betriebsführungsgesellschaft** die Betriebe der beteiligten Unternehmen im eigenen Namen und wird sie AG der dort Beschäftigten, ist ein GesamtBR zu errichten. Bleiben die AN weiterhin rechtlich jeweils ihrem Unternehmen zugeordnet und führt die Betriebsführungsgesellschaft die Betriebe der beteiligten Unternehmen in deren Namen, kann kein GesamtBR gebildet werden (BAG 29. 11. 1989 AP ArbGG 1979 § 10 Nr. 3; Richardi/*Richardi/Annuß* Rn. 10; DKK/*Trittin* Rn. 18; *Fitting* Rn. 14).

Zur Errichtung eines GesamtBR müssen **mehrere** (nicht notwendig mehrköpfige) **Betriebsräte** 6 vorhanden sein. Dabei ist unerheblich, ob sie in selbständigen Betrieben oder in Betrieben gewählt wurden, die nach §§ 4 I oder 3 V als selbständig gelten (Richardi/*Richardi/Annuß* Rn. 16; DKK/*Trittin* Rn. 22; *Fitting* Rn. 20). Es muss nicht in allen Betrieben des Unternehmens ein BR vorhanden sein. Betriebsratslose Betrieb nehmen aber an der Errichtung des GesamtBR nicht teil (DKK/*Trittin* Rn. 22; Richardi/*Richardi/Annuß* Rn. 17). Ist nur in einem von mehreren Betrieben ein BR gewählt worden, kann ein GesamtBR nicht gebildet werden (Richardi/*Richardi/Annuß* Rn. 16). Besteht nach § 3 I Nr. 1 oder III ein unternehmenseinheitlicher BR, kann ein GesamtBR nicht gebildet werden (*Fitting* Rn. 21). Im **Gemeinschaftsbetrieb** kann der BR Mitglieder in den GesamtBR jedes der Trägerunternehmen entsenden (*Richardi* Rn. 77; DKK/*Trittin* Rn. 22; *Fitting* Rn. 78). So wird eine Lücke in der Mitbestimmung vermieden. Betreiben mehrere Unternehmen mehrere Gemeinschaftsbetriebe, kann ein weiteres Unternehmen entstehen, bei dem dann auch ein GesamtBR zu bilden wäre (vgl. BAG 5. 12. 1975 AP BetrVG 1972 § 47 Nr. 1). Bei einer **Betriebsübernahme,** die auf den Bestand des BR keinen Einfluss hat, muss der BR des übernommenen Betriebes seine Vertreter in den GesamtBR des übernehmenden Unternehmens entsenden (DKK/*Trittin* Rn. 22; *Fitting* Rn. 15). Im **Ausland** gelegene Betriebe eines inländischen Unternehmens nehmen an der Errichtung des GesamtBR nicht teil (Richardi/*Richardi/Annuß* Rn. 19; *Fitting* Rn. 22; GK-BetrVG/*Kreutz* Rn. 6; DKK/*Trittin* Rn. 21). Der räumliche Geltungsbereich des BetrVG endet an der Landesgrenze. Der GesamtBR kann keine Beteiligungsrechte für Arbeitnehmervertretungen ausüben, die ausländischem Recht unterliegen. Hat ein Unternehmen mit Sitz im Ausland mehrere Betriebe in der Bundesrepublik, ist nach den allgemeinen Regeln für diese Betriebe ein GesamtBR zu bilden (Richardi/*Richardi/Annuß* Rn. 21; DKK/*Trittin* Rn. 21; *Fitting* Rn. 23; GK-BetrVG/*Kreutz* Rn. 9). Die soziale Schutzfunktion der Mitbestimmung darf inländischen AN eines ausländischen Unternehmens nicht vorenthalten bleiben (vgl. BAG 1. 10. 1974 und 31. 10. 1975 AP BetrVG 1972 § 106 Nr. 1 und 2 für den Wirtschaftsausschuss).

III. Zusammensetzung

Die Mitglieder des GesamtBR werden nach **Abs. 2** weder durch die AN der Betriebe, noch von 7 Wahlmännergremien (LAG Frankfurt 21. 12. 1976 DB 1977, 1056) gewählt oder vom Betriebsausschuss (*Fitting* Rn. 28) bzw dem gesetzlichen GesamtBR bestimmt (BAG 15. 8. 1978 AP BetrVG 1972 § 47 Nr. 3). Sie werden von den BR entsandt. Besteht der BR aus nur einer Person treten sie ohne weiteres in den GesamtBR ein (Richardi/*Richardi/Annuß* Rn. 30; DKK/*Trittin* Rn. 26; GK-BetrVG/ *Kreutz* Rn. 37). Der BR kann jedes seiner Mitglieder, aber nicht Dritte oder noch nicht nachgerückte Ersatzmitglieder entsenden (DKK/*Trittin* Rn. 29; *Fitting* Rn. 30). Ob ein oder zwei Mitglieder entsandt werden, hängt allein von der Betriebsgröße ab.

Die Vertreter des BR im GesamtBR werden durch **Beschluss** des beschlussfähigen BR mit einfacher 8 Mehrheit der anwesenden Mitglieder bestimmt (DKK/*Trittin* Rn. 25; *Fitting* Rn. 33). Der BR kann auch eine förmliche Wahl mit der Festlegung beschließen, dass die relative Mehrheit der abgegebenen Stimmen ausreichen soll (DKK/*Trittin* Rn. 30; *Fitting* Rn. 33). In jedem Fall handelt es sich bei der Entsendung nicht um eine Wahl, sondern um einen Geschäftsführungsbeschluss des Betriebsrates, auf den daher § 19 mit der Frist zur Wahlanfechtung nicht anwendbar ist (BAG 15. 8. 1978 AP BetrVG 1972 § 47 Nr. 3; aA DKK/*Trittin* Rn. 79). Für jedes der entsandten Mitglieder ist ein besonderer Beschluss erforderlich (DKK/*Trittin* Rn. 30; *Fitting* Rn. 33). Der Schutz des Minderheitengeschlechts in **Abs. 2 S. 2** ist – anders als bei der Betriebsratswahl – nicht zwingend. Halten sich die Beteiligten nicht an die Aufforderung des Gesetzgebers, bleibt die Entsendung wirksam. Die Gewählten müssen ihrer Wahl zustimmen (DKK/*Trittin* Rn. 32–35).

9 Die nach Abs. 4 oder 5 **zusammengefaßten Betriebsräte** wählen als Entsendungsgremium ihre Vertreter im GesamtBR in einer gemeinsamen Sitzung (DKK/*Trittin* Rn. 63; *Fitting* Rn. 65). Sie werden weder auf einer Betriebsräteversammlung, noch von den Mitgliedern des nicht verkleinerten GesamtBR gewählt (BAG 15. 8. 1978 AP BetrVG 1972 § 47 Nr. 3). Für die Wahl kann der TV oder die GesamtBV angelehnt an die Abs. 7 und 8 eine Stimmengewichtung vorsehen, um die Benachteiligung größerer Betriebe zu vermeiden (*Fitting* Rn. 68). Für jedes Mitglied des GesamtBR ist nach **Abs. 3** ein **Ersatzmitglied** aus seiner Mitte (*Fitting* Rn. 43; Richardi/*Richardi*/*Annuß* Rn. 38) zu bestellen. Der BR kann auch mehrere Ersatzmitglieder bestellen und muss die Reihenfolge ihres Nachrückens festlegen (*Fitting* Rn. 42; GK-BetrVG/*Kreutz* Rn. 53). Ein Ersatzmitglied des BR kann erst zum Ersatzmitglied des GesamtBR bestimmt werden, nachdem es in den BR nachgerückt ist (*Fitting* Rn. 43; GK-BetrVG/*Kreutz* Rn. 52), es sei denn, der BR besteht nur aus einem Mitglied (*Fitting* Rn. 34; GK-BetrVG/*Kreutz* Rn. 54).

IV. Abweichende Regelungen

10 Die Größe eines GesamtBR kann bezogen auf die Zahl der AN des Unternehmens disproportional sein. In diesem Fall können nach **Abs. 4** durch TV oder BV von Abs. 2 abweichende Regelungen getroffen, im Fall des **Abs. 5** auch erzwungen werden (*Fitting* Rn. 71). Gesamtbetriebsräte lassen sich so vergrößern und verkleinern. Dabei kann die Bedeutung einzelner Betriebe unabhängig von der Zahl der Beschäftigten berücksichtigt werden. Eine **Höchstgrenze** der Mitgliederzahl im GesamtBR ist trotz Abs. 5 gesetzlich nicht vorgeschrieben (DKK/*Trittin* Rn. 43, 60; *Fitting* Rn. 60; GK-BetrVG/ *Kreutz* Rn. 70; einschränkend Richardi/*Richardi*/*Annuß* Rn. 55). Diese Vorschrift regelt nur die Voraussetzungen für eine (erzwingbare) Vereinbarung, nicht deren Ergebnis. Oft wird sich eine Beschränkung auf höchstens 40 Mitglieder anbieten, um die Arbeitsfähigkeit des GesamtBR zu erhalten. Die gesetzlichen Bestimmungen zur Errichtung oder Zuständigkeit des GesamtBR lassen sich nicht ändern (BAG 15. 8. 1978 AP BetrVG 1972 § 47 Nr. 3). Gesamtbetriebsräte dürfen nicht nach regionalen Gesichtspunkten oder für die Gruppen getrennt errichtet werden (*Fitting* Rn. 52). Ebenso wenig lässt sich eine andere Art der Bestellung als durch die Betriebsräte oder die Bestellung anderer Personen als der BRMitglieder vereinbaren (Richardi/*Richardi*/*Annuß* Rn. 57; *Fitting* Rn. 52). Die Zusammenfassung von Betrieben nach anderen als den in Abs. 5 genannten Grundsätzen ist unzulässig (BAG 15. 8. 1978 AP BetrVG 1972 § 47 Nr. 3). Das Gesetz erlaubt keine Abweichung von dem Grundsatz der Repräsentation jedes BR im GesamtBR. Auch bei einer abweichenden Regelung sollen die Geschlechter nach Abs. 2 Satz 2 angemessen berücksichtigt werden.

11 Bei der **Vergrößerung** des GesamtBR erhöht man die Zahl der Vertreter einzelner oder aller Betriebe. Auch für die nach Abs. 5 zum Zweck der Verkleinerung des GesamtBR zusammengefaßten Betriebe kann die Vertreterzahl erhöht werden (*Fitting* Rn. 60). Eine **Verkleinerung** des GesamtBR kann nur durch Zusammenfassen von Betrieben erfolgen, um sicherzustellen, dass jeder BR des Unternehmens bei der Bestimmung der Mitglieder des GesamtBR mitwirken kann. Beim Ausfüllen der unbestimmten Rechtsbegriffe des Abs. 5 haben die TVParteien, der GesamtBR und der AG einen **Beurteilungsspielraum** (GK-BetrVG/*Kreutz* Rn. 95; *Fitting* Rn. 64). Regionale Verbundenheit setzt voraus, dass die Betriebe nicht weit voneinander entfernt liegen (*Fitting* Rn. 64). Die Verbundenheit durch gleichartige Interessen kann bei gleichen oder verwandten Betriebszwecken, ähnlichen Strukturen der Belegschaft oder gleicher Stellung der Betriebe in der Unternehmensorganisation gegeben sein (Richardi/*Richardi*/*Annuß* Rn. 67; *Fitting* Rn. 64).

12 Die Tarifbindung des AG reicht nach § 3 II TVG für die **tarifliche Regelung** aus (*Fitting* Rn. 56; Richardi/*Richardi*/*Annuß* Rn. 48). Sie kann in einem Firmen- oder Verbandstarif bestehen (*Fitting* Rn. 54). Ein **Vorrang des TV** gegenüber der GesamtBV besteht selbst dann, wenn sie nach Abs. 5 durch Spruch der Einigungsstelle zustande gekommen ist (*Fitting* Rn. 53; GK-BetrVG/*Kreutz* Rn. 80). Er reicht nur so weit wie der TV. Werden nicht alle Betriebe des Unternehmens vom Geltungsbereich des TV erfasst, kann die tarifliche Regelung durch GesamtBV auf die restlichen Betriebe erstreckt werden (DKK/*Trittin* Rn. 55; *Fitting* Rn. 55), solange nicht für sie ein entsprechender TV abgeschlossen wird (DKK/*Trittin* Rn. 53; GK-BetrVG/*Kreutz* Rn. 80). Der TV soll durch Arbeitskampfmaßnahmen erstritten werden können (DKK/*Trittin* Rn. 54; *Fitting* Rn. 57; GK-BetrVG/*Kreutz* Rn. 78; HSG/*Glaubitz* Rn. 32; Richardi/*Richardi*/*Annuß* Rn. 57), was kaum jemals praktisch werden dürfte.

13 Für **BV** nach den Abs. 4 und 5 ist allein der GesamtBR zuständig (*Fitting* Rn. 58). Er muss sich nach § 51 III konstituiert haben und für den Beschluss über den Abschluss der GesamtBV beschlussfähig sein (BAG 15. 8. 1978 AP BetrVG 1972 § 47 Nr. 3). Er tagt damit zumindest einmal in der gesetzlichen Zusammensetzung. Die getroffene Regelung gilt auch für die Betriebe, deren Vertreter im GesamtBR an der Abstimmung nicht teilgenommen (*Fitting* Rn. 58) oder dagegen votiert haben. Ist die Größe des GesamtBR tariflich geregelt, ist seine Verkleinerung durch Spruch der Einigungsstelle nicht möglich, auch wenn er mehr als 40 Mitglieder hat (GK-BetrVG/*Kreutz* Rn. 83). Eine gesetzliche Verpflichtung, den GesamtBR auf unter 41 Mitglieder zu verkleinern besteht auch für die Einigungsstelle nicht (s. Rn. 10).

V. Amtszeit

Beim GesamtBR handelt es sich um eine **Dauereinrichtung**. Er besteht über die Wahlperiode der einzelnen Betriebsräte hinaus und hat daher keine Amtszeit. Das Amt des GesamtBR endet nur, wenn die Voraussetzungen für seine Errichtung entfallen. Überträgt ein Unternehmen seine sämtlichen Betriebe auf zwei andere, rechtlich selbständige Unternehmen, endet daher das Amt des in dem übertragenden Unternehmen gebildeten GesamtBR (BAG 5. 6. 2002 AP BetrVG 1972, § 47 Nr. 11 = NZA 2003, 336). Ein kurzfristiger Wegfall – zB verspätete Betriebsratswahl nach Ablauf der Amtszeit in einem von zwei Betrieben des Unternehmens – ist ohne rechtliche Bedeutung (DKK/*Trittin* Rn. 9; *Fitting* Rn. 27). Abberufungen, Amtsniederlegungen und Auflösungsbeschlüsse haben keinen Einfluss auf seinen rechtlichen Bestand (DKK/*Trittin* Rn. 10; *Fitting* Rn. 26). Der durch TV oder BV in seiner Größe veränderte GesamtBR bleibt bis zur Konstituierung des neuen GesamtBR im Amt (*Fitting* Rn. 74; HSG/*Glaubitz* Rn. 39). Die Regelung selbst kann die Fortdauer des Amtes bis zur Konstituierung festlegen (*Fitting* Rn. 74). So lässt sich vermeiden, dass ein Unternehmen vorübergehend ohne GesamtBR ist. Die abweichenden Regelungen bleiben während ihrer Geltungsdauer für die Größe des GesamtBR maßgeblich. Sie wirken nicht nach (*Fitting* Rn. 59, 73; aA Richardi/*Richardi/Annuß* Rn. 69). Sind sie nicht befristet abgeschlossen und werden sie nicht durch neue Vereinbarungen abgelöst, gelten sie daher nur bis sie gekündigt oder aufgehoben werden. Von diesem Zeitpunkt an bestimmt sich die Mitgliederzahl des GesamtBR wieder nach dem Gesetz, eine Regelungslücke tritt nicht auf. 14

Nach seiner **Neuwahl** muss der BR seine Mitglieder im GesamtBR neu bestimmen (DKK/*Trittin* Rn. 31; *Fitting* Rn. 36). Seine Mitglieder können jederzeit – auch ohne besonderen Anlass – abberufen werden (DKK/*Trittin* Rn. 36; GK-BetrVG/*Kreutz* Rn. 47; *Fitting* Rn. 38). Die **Abberufung** erfordert nach Abs. 2 S. 4 dasselbe Verfahren wie die Bestellung. Sie erfolgt durch einfachen Mehrheitsbeschluss des BR (*Fitting* Rn. 39). Für das abberufene oder ausgeschlossene Mitglied rückt sein Ersatzmitglied nach. Der BR kann stattdessen ein neues Mitglied des GesamtBR bestimmen (DKK/*Trittin* Rn. 41; *Fitting* Rn. 42). 15

VI. Stimmengewichtung

Die **Absätze 7 und 8** passen für die Abstimmungen im GesamtBR das Stimmengewicht der Mitglieder der tatsächlichen Stärke der Betriebe an und verhindern so eine Verzerrung. Maßgebend für das Stimmengewicht ist die Zahl der wahlberechtigten AN, die bei der letzten Betriebsratswahl in die Wählerliste eingetragen waren. Nachträgliche Veränderungen bleiben unberücksichtigt (DKK/*Trittin* Rn. 69; *Fitting* Rn. 46). Wird der GesamtBR **verkleinert**, vertritt das GesamtBRMitglied die AN aller zusammengefassten Betriebe. Das schlägt sich nach **Abs. 8** S. 1 in der Stimmengewichtung nieder. Wird der GesamtBR durch das Entsenden mehrerer Mitglieder **vergrößert**, teilen sich nach **Abs. 8 S. 2** die zustehenden Stimmen zu gleichen Teilen. – In ihrer Stimmabgabe sind die Mitglieder des GesamtBR frei. Es besteht **kein imperatives Mandat** (Richardi/*Richardi/Annuß* Rn. 73; *Fitting* Rn. 48). Wer sich über die Meinungsbildung im BR hinwegsetzt, muss damit rechnen, abberufen zu werden. Die Stimmen können nur einheitlich abgegeben werden. Dies gilt auch für das von mehreren Betrieben entsandte Mitglied (Richardi/*Richardi/Annuß* Rn. 74; *Fitting* Rn. 45; GK-BetrVG/*Kreutz* Rn. 59). Das Stimmengewicht aller entsandter GesamtBRMitglieder entspricht auch dann der Zahl aller AN in den Betrieben, wenn sich ein oder mehrere gemeinsame Betriebe darunter befinden (BT-Drucks. 14/5741 S. 42; *Fitting* Rn. 80; aA Richardi/*Richardi/Annuß* Rn. 77 f.). Auch hier gilt nach Abs. 7 das Prinzip der Vollrepräsentation. Abs. 9 wäre sonst überflüssig. Diese Vorschrift ermöglicht eigene Regelungen zur Stimmengewichtung im GesamtBR, weil dort – wie sonst auch – (alle) AN aus einem gemeinsamen Betrieb vertreten sind. So kann sichergestellt werden, dass Belegschaftsmitglieder des gemeinsamen Betriebs bei der Stimmengewichtung nicht mitzuzählen sind, wenn über Angelegenheiten beschlossen werden soll, die nur eines der beteiligten Unternehmen betreffen (BT-Drucks. 14/5741 S. 42; *Fitting* Rn. 80). 16

VII. Streitigkeiten

Über die Errichtung, Mitgliederzahl und Zusammensetzung des GesamtBR, die Bestellung und Abberufung seiner Mitglieder und Ersatzmitglieder, über deren Stimmengewicht, über die Wirksamkeit einer Vereinbarung nach Abs. 4, 5 und 9 die Zuständigkeit der Einigungsstelle und die Wirksamkeit ihres Spruchs wird im arbeitsgerichtlichen Beschlussverfahren nach den §§ 2a, 80 ff. ArbGG entschieden. Zuständig ist nach § 82 S. 2 ArbGG das Arbeitsgericht, in dessen Bezirk das Unternehmen seinen Sitz hat. Befindet sich der Sitz des Unternehmens im Ausland, ist das Arbeitsgericht örtlich zuständig, in dessen Bezirk der Betrieb liegt, dem innerhalb der Bundesrepublik Deutschland die zentrale Bedeutung zukommt (vgl. BAG 31. 10. 1975 AP BetrVG 1972 § 106 Nr. 2). In dem Verfahren um die wirksame Errichtung eines GesamtBR sind neben den einzelnen BR deren Mitglieder, der GesamtBR, der AG und die im Betrieb vertretenen Gewerkschaften zu beteiligen (BAG 15. 8. 1978 17

AP BetrVG 1972 § 47 Nr. 3). Letztere ist jedoch nicht antragsbefugt (BAG 30. 10. 1986 AP BetrVG 1972 § 47 Nr. 6).

§ 48 Ausschluss von Gesamtbetriebsratsmitgliedern

Mindestens ein Viertel der wahlberechtigten Arbeitnehmer des Unternehmens, der Arbeitgeber, der Gesamtbetriebsrat oder eine im Unternehmen vertretene Gewerkschaft können beim Arbeitsgericht den Ausschluss eines Mitglieds aus dem Gesamtbetriebsrat wegen grober Verletzung seiner gesetzlichen Pflichten beantragen.

I. Vorbemerkung

1   Die Vorschrift ist § 23 I nachgebildet. Für die Gesamt-JAV gilt sie nach § 73 II entsprechend, für den KonzernBR gilt § 56. Die Vorschrift ist zwingend. Von ihr kann weder durch TV noch durch BV abgewichen werden.

II. Voraussetzungen

2   Die Regelung gestattet nur den Ausschluss einzelner Mitglieder, nicht die Auflösung des GesamtBR. Beim GesamtBR handelt es sich um eine Dauereinrichtung. Er wird nicht durch Wahl gebildet. Die Betriebsräte entsenden seine Mitglieder. Der Antrag kann sich jedoch gegen mehrere oder alle Mitglieder des GesamtBR richten, soweit sie eine grobe Pflichtverletzung begangen haben (Richardi/*Richardi/Annuß* Rn. 1; *Fitting* Rn. 6). Selbst beim Ausschluss aller Mitglieder ist der GesamtBR nicht aufgelöst. Die Ersatzmitglieder rücken nach (*Fitting* Rn. 7). Sie können ihrerseits ausgeschlossen werden, wenn sie während ihrer Tätigkeit im GesamtBR eine grobe Pflichtverletzung begangen haben (DKK/*Trittin* Rn. 2; *Fitting* Rn. 6). Der Begriff der „groben Verletzung seiner gesetzlichen Pflichten" entspricht inhaltlich dem des § 23 I (s. dort Rn. 18). Eine Verletzung der Pflichten des BR reicht für einen Ausschluss aus dem GesamtBR nicht aus. Sie muss sich auf die Tätigkeit im GesamtBR beziehen, muss in der Eigenschaft als Mitglied des GesamtBR begangen worden sein (Richardi/*Richardi/Annuß* Rn. 3; GK-BetrVG/*Kreutz* Rn. 18; *Fitting* Rn. 9). GesamtBR und BR sind selbständige unabhängige Organe der Betriebsverfassung. Die Pflichten ihrer Mitglieder sind selbständige Pflichten.

III. Folgen

3   Der Ausschluss aus dem GesamtBR führt nach § 57 zum Verlust der Mitgliedschaft im KonzernBR. Er führt nicht automatisch zum Verlust des BRAmtes. Er rechtfertigt ebenso wenig den Ausschluss aus dem BR, solange nicht gleichzeitig eine Pflicht aus dem BRAmt verletzt wurde (DKK/*Trittin* Rn. 17; *Fitting* Rn. 9). Umgekehrt führt der Ausschluss aus dem BR jedoch nach § 49 zur Beendigung der Mitgliedschaft im GesamtBR. Nach rechtskräftigem Ausschluss aus dem GesamtBR rückt das nach § 47 III bestellte Ersatzmitglied nach. Fehlt es, muss der BR bzw die entsendende Gruppe ein anderes Mitglied bestellen. Wer rechtskräftig ausgeschlossen wurde, kann solange nicht in den GesamtBR entsandt werden, bis der BR neu gewählt wurde (Richardi/*Richardi/Annuß* Rn. 15; *Fitting* Rn. 123; GK-BetrVG/*Kreutz* Rn. 22, 24).

IV. Verfahren

4   Der an das Arbeitsgericht zu richtende Ausschlussantrag ist nicht fristgebunden (DKK/*Trittin* Rn. 6; *Fitting* Rn. 10). Wird der Antrag von den **Arbeitnehmern** gestellt, ist deren Zahl zum Zeitpunkt der Antragstellung, nicht die zum Zeitpunkt der Errichtung des GesamtBR entscheidend (Richardi/*Richardi/Annuß* Rn. 7; GK-BetrVG/*Kreutz* Rn. 11; *Fitting* Rn. 11). AN aus betriebsratslosen Betrieben des Unternehmens seit der Neufassung des § 50 (s. dort Rn. 2) zählen mit (Richardi/*Richardi/Annuß* Rn. 7; *Fitting* Rn. 9). Sie stehen nicht mehr außerhalb der Betriebsverfassung und können von Pflichtverstößen der GesamtBRMitglieder betroffen sein. Die erforderliche Mindestzahl muss während der gesamten Dauer des Verfahrens gegeben sein (DKK/*Trittin* Rn. 8; *Fitting* Rn. 13). Scheidet ein AN aus dem Verfahren – zB durch Verlust des Arbeitsplatzes, Tod oder Antragsrücknahme – aus, rechnet er nicht mehr mit (*Fitting* Rn. 13). Andere AN können sich nachträglich beteiligen (GK-BetrVG/*Kreutz* Rn. 13; *Fitting* Rn. 13). Unter dem antragsberechtigten **Arbeitgeber** versteht man das Unternehmen, in dem der GesamtBR besteht, nicht die Leitung eines Betriebes (DKK/*Trittin* Rn. 12; *Fitting* Rn. 14). Der Ausschlussantrag des **GesamtBR** erfordert einen förmlichen Beschluss nach § 51 IV iVm. § 47 VII. Wer ausgeschlossen werden soll, darf nicht mit abstimmen (Richardi/*Richardi/Annuß* Rn. 9; *Fitting* Rn. 15; GK-BetrVG/*Kreutz* Rn. 15). Ihm ist aber rechtliches Gehör zu gewähren (DKK/*Trittin* Rn. 9). Er gilt nach § 51 I iVm. § 25 I 2 als „zeitweilig verhindert" und wird nach § 47 III durch sein Ersatzmitglied vertreten (DKK/*Trittin* Rn. 9; *Fitting* Rn. 15; GK-BetrVG/*Kreutz* Rn. 15). So können die Interessen des entsendenden BR berücksichtigt werden. Der

Ausschlussantrag der **Gewerkschaft** hängt nicht davon ab, ob er sich gegen ein Gewerkschaftsmitglied richtet (*Fitting* Rn. 17). Die Gewerkschaft muss nur im Unternehmen, nicht in dem Betrieb vertreten sein, dem das auszuschließende Mitglied angehört (DKK/*Trittin* Rn. 11; *Fitting* Rn. 17; GK-BetrVG/ *Kreutz* Rn. 17). Im Unternehmen ist die Gewerkschaft vertreten, wenn mindestens ein AN bei ihr organisiert ist (DKK/*Trittin* Rn. 11; *Fitting* Rn. 17). Ein **BR** kann als Gremium den Ausschluss nicht beantragen (*Fitting* Rn. 16). Von ihm entsandte Mitglieder kann er jederzeit abberufen (s. § 47 Rn. 15). Gegenüber den anderen Mitgliedern des GesamtBR fehlt ihm die Sachlegitimation (Richardi/*Richardi*/ *Annuß* Rn. 11; *Fitting* Rn. 16; GK-BetrVG/*Kreutz* Rn. 16).

Das Arbeitsgericht entscheidet im **Beschlussverfahren** nach den §§ 2a, 80 ArbGG. Örtlich zustän- 5 dig ist nach § 82 S. 2 ArbGG das Arbeitsgericht, in dessen Bezirk das Unternehmen seinen Sitz hat. Bis zur rechtskräftigen Entscheidung bleibt das GesamtBRMitglied im Amt (Richardi/*Richardi*/*Annuß* Rn. 12; DKK/*Trittin* Rn. 13; *Fitting* Rn. 18). Die Anträge auf Ausschluss aus dem GesamtBR und aus dem BR können grundsätzlich prozessual miteinander verbunden werden (GK-BetrVG/*Kreutz* Rn. 21; *Fitting* Rn. 20). Die einstweilige Verfügung, mit der die Amtsausübung für die Dauer des Ausschlussverfahrens untersagt wird, ist denkbar (Richardi/*Richardi*/*Annuß* Rn. 12; DKK/*Trittin* Rn. 14). Endet die Mitgliedschaft während des Ausschlussverfahrens, entfällt das Rechtsschutzinteresse (DKK/*Trittin* Rn. 15).

§ 49 Erlöschen der Mitgliedschaft

Die Mitgliedschaft im Gesamtbetriebsrat endet mit dem Erlöschen der Mitgliedschaft im Betriebsrat, durch Amtsniederlegung, durch Ausschluss aus dem Gesamtbetriebsrat aufgrund einer gerichtlichen Entscheidung oder Abberufung durch den Betriebsrat.

I. Vorbemerkung

Die Vorschrift entspricht § 24 BetrVG. Für die Gesamt-JAV gilt sie nach § 73 II entsprechend, für 1 den KonzernBR enthält § 57 eine besondere Regelung. Die Vorschrift ist zwingend. Von ihr kann weder durch TV noch durch BV abgewichen werden.

II. Beendigungsgründe

Der GesamtBR hat als Dauereinrichtung keine Amtszeit. Ihre Beendigung lässt sich daher nicht 2 gesetzlich regeln. Er ist nur beendet, wenn nachträglich die Voraussetzungen für seine Errichtung entfallen (s. § 47 Rn. 14). Im Übrigen kann sich nur seine Zusammensetzung ändern, wenn einzelne Mitglieder ihr Amt verlieren. Ein Rücktritt des GesamtBR als Gremium ist nicht möglich (Richardi/ *Richardi*/*Annuß* Rn. 3; DKK/*Trittin* Rn. 8; *Fitting* Rn. 7). Selbst wenn alle Mitglieder des GesamtBR ihr Amt niederlegen, fällt der GesamtBR als Organ nicht weg. Sie werden nach § 47 III oder durch Entsenden anderer BRMitglieder in den GesamtBR ersetzt (s. § 47 Rn. 14, 15).

Das **Erlöschen der Mitgliedschaft im BR** führt automatisch zum Verlust der Mitgliedschaft im 3 GesamtBR, weil der BR nur seine Mitglieder entsenden kann (s. § 47 Rn. 7). Die **Amtsniederlegung** kann jederzeit und formlos erklärt werden (DKK/*Trittin* Rn. 7; *Fitting* Rn. 11). Sie erfolgt gegenüber dem Vorsitzenden des GesamtBR (DKK/*Trittin* Rn. 7; *Fitting* Rn. 11) und wirkt mit Zugang, soweit nicht ein anderer Zeitpunkt von dem Erklärenden bestimmt wird (*Fitting* Rn. 11). Sie kann weder zurückgenommen, widerrufen oder angefochten werden (Richardi/*Richardi*/*Annuß* Rn. 6; DKK/*Trittin* Rn. 8; *Fitting* Rn. 12). Wer sein Amt niedergelegt hat, kann sofort wieder in den GesamtBR entsandt werden (Richardi/*Richardi*/*Annuß* Rn. 6; DKK/*Trittin* Rn. 7; *Fitting* Rn. 12). Legt ein Betriebsobmann in einem BR sein Amt im GesamtBR nieder, kann das eine grobe Pflichtverletzung nach § 23 darstellen (Richardi/*Richardi*/*Annuß* Rn. 7; *Fitting* Rn. 13; GK-BetrVG/*Kreutz* Rn. 14). Mit dem **Ausschluss** aus dem GesamtBR wird der nach § 48 angesprochen. Die **Abberufung** eines Gesamt-BRMitglieds kann jederzeit ohne besonderen Grund erfolgen (*Fitting* Rn. 16; GK-BetrVG/*Kreutz* Rn. 19; DKK/*Trittin* § 47 Rn. 36). Sie erfordert nach § 47 II 4 dasselbe Verfahren wie die Bestellung. Die Abberufung wird mit der Mitteilung des Betriebsratsvorsitzenden an den Gesamtbetriebsratsvorsitzenden wirksam (DKK/*Trittin* Rn. 9; *Fitting* Rn. 17). Ihr kann der Betroffene nicht mit Erfolg widersprechen (*Fitting* Rn. 18). Sie ist nach § 35 unter den dort genannten Voraussetzungen für eine Woche auszusetzen.

III. Folgen

Mit der Mitgliedschaft im GesamtBR gehen alle dort eingenommenen zusätzlichen Funktionen 4 verloren. Nach § 57 endet auch die Mitgliedschaft im KonzernBR. Bei Amtsniederlegung, Ausschluss und Abberufung bleibt die Mitgliedschaft im BR unberührt. Für das aus dem GesamtBR ausgeschiedene Mitglied rückt sein Ersatzmitglied nach § 47 III nach, wenn nicht der BR eine Neubestellung beschließt (*Fitting* Rn. 19; GK-BetrVG/*Kreutz* Rn. 20). Ist auch das BRAmt erloschen, wird das

Ersatzmitglied des BR nicht automatisch Ersatzmitglied im GesamtBR, es sei denn, es handelte sich um den Betriebsobmann (DKK/*Trittin* Rn. 11).

IV. Streitigkeiten

5   Das Arbeitsgericht entscheidet im **Beschlussverfahren** nach den §§ 2 a, 80 ff. ArbGG über den Fortbestand der Mitgliedschaft im GesamtBR und die Wirksamkeit der Amtsniederlegung, der Abberufung, den Ausschluss aus dem GesamtBR und das Nachrücken der Ersatzmitglieder. Wird über die Wirksamkeit eines Abberufungsbeschlusses oder das Erlöschen der Mitgliedschaft im BR gestritten, ist nach § 82 S. 2 ArbGG das für den Sitz des Betriebes maßgebliche Arbeitsgericht örtlich zuständig. Geht es um die Amtsniederlegung und das Nachrücken, ist es das für den Sitz des Unternehmens maßgebliche Arbeitsgericht.

§ 50 Zuständigkeit

(1) ¹Der Gesamtbetriebsrat ist zuständig für die Behandlung von Angelegenheiten, die das Gesamtunternehmen oder mehrere Betriebe betreffen und nicht durch die einzelnen Betriebsräte innerhalb ihrer Betriebe geregelt werden können; seine Zuständigkeit erstreckt sich insoweit auch auf Betriebe ohne Betriebsrat. ²Er ist den einzelnen Betriebsräten nicht übergeordnet.

(2) ¹Der Betriebsrat kann mit der Mehrheit der Stimmen seiner Mitglieder den Gesamtbetriebsrat beauftragen, eine Angelegenheit für ihn zu behandeln. ²Der Betriebsrat kann sich dabei die Entscheidungsbefugnis vorbehalten. ³§ 27 Abs. 2 Satz 3 und 4 gilt entsprechend.

I. Rechtsstellung

1   Die Vorschrift legt die Zuständigkeit des GesamtBR fest und grenzt als Kollisionsnorm seinen Zuständigkeitsbereich zwingend (BAG 11. 11. 1998 AP BetrVG 1972 § 50 Nr. 19) von dem der Betriebsräte ab. Diese Abgrenzung kann weder durch TV (BAG 11. 11. 1998 AP BetrVG 1972 § 50 Nr. 18) oder (Gesamt-)BV (BAG 28. 4. 1992 AP 1972 § 50 Nr. 11) noch durch eine Vereinbarung des GesamtBR mit den BR geändert werden (BAG 26. 1. 1993 AP BetrVG 1972 § 99 Nr. 102; 30. 8. 1995 AP BetrVG 1972 § 87 Überwachung Nr. 29). Auch nach Abs. 2 kann nicht abstrakt/generell, sondern nur im Einzelfall delegiert werden (BAG 26. 1. 1993 AP BetrVG 1972 § 99 Nr. 102). Der GesamtBR ist ein selbständiges, den EinzelBR weder über- noch untergeordnetes Organ der Betriebsverfassung. Er kann ihnen nach Abs. 1 S 2 keine Weisungen erteilen, insb. keine Richtlinien für die Behandlung bestimmter Angelegenheiten durch die Betriebsräte festlegen (DKK/*Trittin* Rn. 6; *Fitting* Rn. 5; GK-BetrVG/*Kreutz* Rn. 13). Er kann sich allenfalls um freiwillige Koordinierung bemühen. Andererseits ist der GesamtBR den BR nicht untergeordnet. Die in den GesamtBR entsandten BRMitglieder haben **kein imperatives Mandat:** Die Betriebsräte dürfen ihnen keine Weisungen erteilen, die sie in ihrer Entscheidungsfreiheit rechtlich einschränken (DKK/*Trittin* Rn. 7; *Fitting* Rn. 5). Da sie jederzeit abberufen werden können, besteht freilich eine faktische Abhängigkeit. Der GesamtBR hat im Rahmen seiner Zuständigkeit – unabhängig davon, ob diese kraft Gesetzes oder kraft Beauftragung begründet ist – dieselben Handlungsmöglichkeiten wie der BR. Er kann insb. GesamtBV oder im Fall der Delegation (Abs. 2) BV schließen. Bei den kraft Gesetz in seinen Zuständigkeitsbereich fallenden Angelegenheiten ist **Verhandlungspartner** des GesamtBR die Unternehmensleitung. Sie kann ihre Befugnisse auf eine Betriebsleitung delegieren, darf damit dem GesamtBR aber nicht den adäquaten Verhandlungspartner entziehen (DKK/*Trittin* Rn. 10; GK-BetrVG/*Kreutz* Rn. 70). Die Betriebsleitung darf nicht nur ein Verhandlungs-, sie muss ein Abschlussmandat haben. Ist der GesamtBR nach Abs. 2 zuständig, kann sowohl die Unternehmensleitung, als auch eine Betriebsleitung Verhandlungspartner sein. Entscheidend ist einmal, ob die Angelegenheit mehrere Betriebe betrifft. Zum anderen, ob der GesamtBR auch ein Abschlussmandat und nicht nur ein Verhandlungsmandat hat. Sind mehrere Betriebe betroffen und hat der GesamtBR ein Abschlussmandat, gilt die Regelung für die nach Abs. 1 in seine Zuständigkeit fallenden Angelegenheiten (*Fitting* Rn. 13; GK-BetrVG/*Kreutz* Rn. 71).

II. Originäre Zuständigkeit

2   Nach der Konzeption des Gesetzes ist von einer Primärzuständigkeit des EinzelBR auszugehen (BAG 18. 10. 1994 AP BetrVG 1972 § 87 Lohngestaltung Nr. 70). An seine Stelle tritt der GesamtBR, soweit er zuständig ist (BAG 16. 8. 1983 AP BetrVG 1972 § 50 Nr. 5). GesamtBR und Betriebsräte stehen nicht im Verhältnis einer „konkurrierenden Gesetzgebung". Originäre Mitbestimmungsrechte des GesamtBR und der Einzelbetriebsräte schließen sich gegenseitig aus (BAG 6. 4. 1976 AP BetrVG 1972 § 50 Nr. 2; GK-BetrVG/*Kreutz* Rn. 18; HSG/*Glaubitz* Rn. 8; aA DKK/*Trittin* Rn. 12). Für die Angelegenheiten des § 50 Abs. 1 bleiben daher Beteiligungsrechte ungenutzt, wenn pflichtwidrig (s § 47 Rn. 2) kein GesamtBR gebildet wurde (GK-BetrVG/*Kreutz* Rn. 19) oder der GesamtBR sein

II. Originäre Zuständigkeit
§ 50 BetrVG 210

Mitbestimmungsrecht nicht ausübt (GK-BetrVG/*Kreutz* Rn. 18; aA DKK/*Trittin* Rn. 13; *Fitting* Rn. 11). Pflichtwidriges Verhalten lässt sich nicht durch eine vom Gesetz nicht gedeckte Kompetenzverlagerung auffangen. Die einstimmig oder mehrheitlich getroffene Entscheidung des nach Abs. 1 zuständigen GesamtBR, in einer Angelegenheit nicht tätig zu werden, ist von den EinzelBR ebenso hinzunehmen, wie eine von ihm getroffene Regelung, die ihren Intentionen nicht entspricht. Der GesamtBR ist nach **Abs. 1 S. 1 HS. 2** nur *im Rahmen des Abs. 1* für die **betriebsratslosen Betriebe** des Unternehmens zuständig (DKK/*Trittin* Rn. 18; *Fitting* Rn. 29). Er wird nicht zum „Ersatzbetriebsrat" und ersetzt ihn daher nicht in Angelegenheiten, die allein den betriebsratslosen Betrieb betreffen (BT-Drucks. 14/5741 S. 43; GK-BetrVG/*Kreutz* Rn. 50). Betriebsratslos ist der betriebsratsfähige Betrieb ohne BR, nicht der Betrieb, welcher die Schwellenwerte nach § 1 nicht erreicht (GK-BetrVG/*Kreutz* Rn. 49; *Löwisch* BB 2001, 1734; aA DKK/*Trittin* Rn. 17; *Fitting* Rn. 29). Die Notwendigkeit unternehmenseinheitlicher Regelungen kann nicht den Geltungsbereich der Betriebsverfassung ausweiten. Freilich hat sich dies Problem mit der Neufassung von § 4 II erledigt. Die Reichweite der Mitbestimmung wird schon über diese Organisationsvorschrift ausgedehnt. Die Kleinstbetriebe sind so stets Teil eines Hauptbetriebes, der seinerseits selbst dann nach Abs. 1 S. 1 HS. 2 in die Zuständigkeit des GesamtBR fällt, wenn dort kein BR gewählt wurde. **Rahmenkompetenzen** des GesamtBR sind in der Praxis nicht selten. Erfordert die unternehmenseinheitliche Regelung nur Rahmenvorgaben an die Betriebsebene, bleiben diese für das Ausfüllen dieses Rahmens zuständig (BAG 3. 5. 1984 AP BetrVG 1972 § 95 Nr. 5). Beteiligungsrechte, die von einer bestimmten **Belegschaftsstärke** des Betriebs abhängen – zB § 95 II BetrVG – stehen auch dem GesamtBR nur für Betriebe zu, in denen die erforderliche Anzahl von AN beschäftigt werden (BAG 8. 6. 1999 AP BetrVG 1972 § 111 Nr. 47; *Fitting* Rn. 10). Auf die Anzahl der AN des Unternehmens kommt es nicht an. Der GesamtBR bündelt die betriebsverfassungsrechtlich geschützten Interessen der Betriebsräte. Wo Mitbestimmungsrechte mangels Betriebsgröße fehlen, können sie nicht durch Bündelung der Betriebsratsinteressen auf Unternehmensebene entstehen. Der GesamtBR ist nach **Abs. 1** zuständig für die Behandlung von Angelegenheiten, die das Gesamtunternehmen oder mehrere Betriebe betreffen und durch die einzelnen BR nicht geregelt werden können (BAG 16. 6. 1998 AP BetrVG 1972 § 87 Gesundheitsschutz Nr. 7; BAG 11. 12. 2001 AP BetrVG 1972 § 50 Nr. 22; NZA 2002, 688; BAG 15. 1. 2002 AP BetrVG 1972 § 50 Nr. 23; NZA 2002, 988).

Der GesamtBR ist so nur in **überbetrieblichen Angelegenheiten** zuständig. Es müssen also mindes- 3 tens zwei Betriebe betroffen sein (BAG 6. 12. 1988 AP BetrVG 1972 § 87 Betriebliche Lohngestaltung Nr. 37; DKK/*Trittin* Rn. 22; *Fitting* Rn. 18). Die **fehlende Regelungsmöglichkeit** durch den BR erfordert keine objektive Unmöglichkeit (BAG 23. 9. 1975 AP BetrVG 1972 § 50 Nr. 1; Richardi/*Richardi/Annuß* Rn. 8; *Fitting* Rn. 21; GK-BetrVG/*Kreutz* Rn. 26 ff.). Die Vorschrift erfasst ebenso Fälle der subjektiven Unmöglichkeit (BAG 18. 10. 1994 AP BetrVG 1972 § 87 Lohngestaltung Nr. 70). Subjektiv unmöglich ist zB dem EinzelBR eine Regelung freiwilliger Leistungen, wenn der AG deren Zweck (mitbestimmungsfrei) so definiert hat, dass er nur mit einer überbetrieblichen Regelung erreicht werden kann (BAG 6. 12. 1988 AP BetrVG 1972 § 87 Lohngestaltung Nr. 37). Im Übrigen reicht es aus, dass eine **zwingende sachliche Notwendigkeit**, ein zwingendes Erfordernis für eine betriebsübergreifende Regelung besteht (BAG 11. 11. 1998 AP BetrVG 1972 § 50 Nr. 19; BAG 15. 1. 2002 AP BetrVG 1972 § 50 Nr. 23; NZA 2002, 988; BAG 11. 12. 2001 AP BetrVG 1972 § 50 Nr. 22; NZA 2002, 688). Sie kann sich aus technischen oder rechtlichen Gründen ergeben (*Fitting* Rn. 22). Die Notwendigkeit muss sich aus der Natur der Sache aufdrängen (BAG 6. 12. 1988 AP BetrVG 1972 § 87 Lohngestaltung Nr. 37). Der GesamtBR ist erst zuständig, wenn sich eine unterschiedliche Regelung sachlich oder rechtlich nicht rechtfertigen lässt (*Fitting* Rn. 23). Reine Zweckmäßigkeitserwägungen oder das Koordinierungsinteresse des AG reichen nicht aus (BAG 16. 6. 1998 AP BetrVG 1972 § 87 Gesundheitsschutz Nr. 7; BAG 15. 1. 2002 AP BetrVG 1972 § 50 Nr. 23; NZA 2002, 988; BAG 11. 12. 2001 AP BetrVG 1972 § 50 Nr. 22; NZA 2002, 688; *Fitting* Rn. 23, 26; GK-BetrVG/*Kreutz* Rn. 35). Die Unternehmensleitung kann nicht durch Konzentration der Entscheidungsgewalt die Zuständigkeit der Betriebsräte ausschalten (BAG 18. 10. 1994 AP BetrVG 1972 § 87 Lohngestaltung Nr. 70; DKK/*Trittin* Rn. 25; *Fitting* Rn. 27). Abstrakte Kriterien bringen allein keine endgültigen Ergebnisse. Entscheidend bleibt die Abwägung im Einzelfall. Dabei ist auf die Verhältnisse des einzelnen konkreten Unternehmens und seiner Betriebe abzustellen (BAG 26. 1. 1993 AP BetrVG 1972 § 99 Nr. 102) und Inhalt sowie Zweck des Mitbestimmungsrechts zu berücksichtigen (BAG 16. 6. 1998 AP BetrVG 1972 § 87 Gesundheitsschutz Nr. 7).

Im Bereich der **sozialen Angelegenheiten** ist meist der BR zuständig, weil sie konkret betriebs- 4 bezogen sind und nur selten eine zwingende sachliche Notwendigkeit für eine gemeinsame Regelung besteht (BAG 23. 9. 1975 AP BetrVG 1972 § 50 Nr. 1; Richardi/*Richardi/Annuß* Rn. 20; *Fitting* Rn. 35). Dies gilt zB für Betriebsbußen oder Torkontrollen (DKK/*Trittin* Rn. 33; *Fitting* Rn. 36). Für die Festlegung des Beginns und des Endes der täglichen Arbeitszeit ist der GesamtBR nur zuständig, wenn zwischen den Betrieben eine produktionstechnische Abhängigkeit besteht, die eine einheitliche Regelung zwingend erfordert (BAG 23. 9. 1979 AP BetrVG 1972 § 50 Nr. 1). Für die Einführung von Kurzarbeit ist der BR zuständig, solange nicht Betriebe produktionstechnisch so eng miteinander verbunden sind, dass die Kurzarbeit in einem Betrieb notwendig zu Produktionseinschränkungen in

210 BetrVG § 50   Zuständigkeit

einem anderen führt (*Fitting* Rn. 38; einschränkend BAG AP BGB § 611 Nr. 18). Auch für Zeit, Art und Ort der Auszahlung des Arbeitsentgelts inklusive der Erstattung von Kontoführungsgebühren ist grundsätzlich der BR zuständig (BAG 20. 4. 1982 DB 1982, 1674; *Fitting* Rn. 39). Für das Aufstellen von Urlaubsplänen kann sich die Zuständigkeit des GesamtBR nur in Ausnahmefällen bei einer arbeitsmäßigen Verflechtung mehrerer Betriebe ergeben (*Fitting* Rn. 40; GK-BetrVG/*Kreutz* Rn. 41). Bei der Einführung von technischen Einrichtungen kann der GesamtBR zuständig sein, wenn etwa ein unternehmenseinheitliches EDV-System (BAG 14. 9. 1984 AP BetrVG 1972 § 87 Überwachung Nr. 9) oder eine unternehmenseinheitliche Telefonvermittlungsanlage (BAG 11. 11. 1998 AP BetrVG 1972 § 50 Nr. 19) angeschafft werden sollen. Für die unternehmenseinheitlichen Sozialeinrichtungen ist der GesamtBR zuständig (zur Altersversorgung BAG 8. 12. 1981 AP BetrAVG § 1 Ablösung Nr. 1). Für das Aufstellen von Entlohnungsgrundsätzen und die Einführung neuer Entlohnungsmethoden wird der GesamtBR zuständig sein, wenn eine einheitliche Regelung wegen des Gebots der Gleichbehandlung erforderlich ist (BAG AP BetrVG 1972 § 87 Lohngestaltung Nr. 70). Handelt es sich um ein unternehmenseinheitliches Vergütungssystem, ist der GesamtBR zuständig (BAG 29. 3. 1977 AP BetrVG 1972 § 87 Provision Nr. 1), auch wenn es nur um eine bestimmte Gruppe von AN geht (BAG 6. 12. 1988 BAG AP BetrVG 1972 § 87 Lohngestaltung Nr. 37). Dies gilt auch soweit es um Vergütungsgruppen oder funktionsbezogene Zulagen geht, die ausschließlich für AN eines einzigen Betriebes in Frage kommen (BAG 14. 12. 1999 AP BetrVG 1972 § 87 Nr. 104). Solange eine unternehmenseinheitliche Vergütungsregelung nicht angestrebt wird, ist der GesamtBR nicht schon deshalb zuständig, weil der AG meint, es komme nur diese in Betracht (BAG 18. 10. 1994 BetrVG 1972 § 87 Lohngestaltung Nr. 70). Er wird zuständig sein, wenn der AG freiwillige Leistungen nur unternehmenseinheitlich gewähren will (BAG 6. 4. 1976 AP BetrVG 1972 § 95 Nr. 2) oder den Zweck der Leistungen so definiert, dass er nur mit überbetrieblichen Regelungen erreichbar ist (BAG 6. 12. 1988 AP BetrVG 1972 § 87 Lohngestaltung Nr. 37).

5   Bei den **personellen Angelegenheiten** ist im Rahmen der **Personalplanung** die Zuständigkeit des GesamtBR gegeben, wenn und soweit der AG eine integrierte Personalplanung für das gesamte Unternehmen betreibt (Richardi/*Richardi*/*Annuß* Rn. 32; DKK/*Trittin* Rn. 49; *Fitting* Rn. 51). Für die Aufstellung von Personalfragebogen, Formulararbeitsverträgen und Beurteilungsgrundsätzen gilt dies nur dann, wenn die Regelungen Instrumente einer auf das Unternehmen bezogenen Personalplanung sind und eine einheitliche Regelung zwingend notwendig ist (Richardi/*Richardi*/*Annuß* Rn. 33; *Fitting* Rn. 52; GK-BetrVG/*Kreutz* Rn. 43). Der GesamtBR ist zuständig beim Aufstellen unternehmenseinheitlicher Auswahlrichtlinien nach § 95 (BAG 31. 5. 1983 AP BetrVG 1972 § 95 Nr. 2) und für allgemeine Regelungen zur Durchführung von Berufsbildungsmaßnahmen im Rahmen unternehmenseinheitlicher Personalplanung (BAG 12. 11. 1991 AP BetrVG 1972 § 98 Nr. 8). Für die **personellen Einzelmaßnahmen** ist nicht der GesamtBR, sondern der BR (BAG 3. 2. 1982 AP LPVG Bayern § 77 Nr. 1) auch dann zuständig, wenn der AG mehrere Versetzungen im Rahmen einer Personalrunde zusammenfasst und mehrere Betriebe betroffen sind (BAG 26. 1. 1993 AP BetrVG 1972 § 99 Nr. 102; *Fitting* Rn. 55; Richardi/*Richardi*/*Annuß* Rn. 35). Bei einer **Kündigung** ist nur der örtliche BR zu hören (BAG 21. 3. 1996 AP BetrVG 1972 § 102 Nr. 81). Der GesamtBR ist selbst dann nicht zu beteiligen, wenn ein AN dem Übergang seines Arbeitsverhältnisses auf einen neuen Betriebsinhaber widerspricht, der bisherige Betriebsinhaber daraufhin das Arbeitsverhältnis wegen fehlender Beschäftigungsmöglichkeit kündigt, ohne den AN zuvor einem anderen Betrieb zuzuordnen, und der Widerspruch des AN dazu führt, dass überhaupt keiner der Einzelbetriebsräte des Unternehmens zu beteiligen ist (BAG 21. 3. 1996 AP BetrVG 1972 § 102 Nr. 81).

6   Im Rahmen der **wirtschaftlichen Angelegenheiten** ist bei **Betriebsänderungen** der GesamtBR zu beteiligen, wenn die Maßnahme das ganze Unternehmen oder mehrere Betriebe des Unternehmens betrifft und notwendigerweise nur einheitlich geregelt werden kann; etwa bei der Zusammenlegung mehrerer Betriebe oder Stilllegung aller Betriebe des Unternehmens (BAG 24. 1. 1996 AP BetrVG 1972 § 50 Nr. 16; BAG 11. 12. 2001 AP BetrVG 1972 § 50 Nr. 22 = NZA 2002, 1487). Dabei bestimmt sich der betriebsübergreifende Regelungsbedarf nicht nach dem Inhalt des erst auszuhandelnden Interessenausgleichs, sondern nach der vom Arbeitgeber geplanten Maßnahme. Liegt ihr ein unternehmenseinheitliches Konzept zugrunde, ist der Interessenausgleich mit dem GesamtBR zu vereinbaren (BAG 20. 4. 1994 AP BetrVG 1972 § 113 Nr. 27; BAG 11. 12. 2001 AP BetrVG 1972 § 50 Nr. 22 = NZA 2002, 1487). Aus der Zuständigkeit des GesamtBR für die Vereinbarung eines Interessenausgleichs folgt jedoch nicht zwingend die gesetzliche Zuständigkeit für den Abschluss eines Sozialplanes. Dafür sind die gesetzlichen Voraussetzungen gesondert zu prüfen. Ob danach ein zwingendes Bedürfnis nach einer zumindest betriebsübergreifenden Regelung besteht, bestimmt auch der Inhalt des Interessenausgleichs (BAG 11. 12. 2001 AP BetrVG 1972 § 50 Nr. 22 = NZA 2002, 1487). Betreffen die Betriebsänderungen danach einzelne Betriebe unabhängig voneinander oder nur einen Betrieb, ist ein unternehmensweiter Sozialplan nicht zwingend. Erfasst der Interessenausgleich mehrere Betriebe und ist seine Durchführung von einer betriebsübergreifenden einheitlichen Kompensationsregelung in dem noch abzuschließenden Sozialplan abhängig, ist für seinen Abschluss der GesamtBR zuständig (BAG 11. 12. 2001 AP BetrVG 1972 § 50 Nr. 22 = NZA 2002, 1487). Bei Zweifeln über den zuständigen Verhandlungspartner für einen Interessenausgleich muss der AG, der

hier die Initiativlast trägt, die in Betracht kommenden Arbeitnehmervertretungen zur Klärung der Zuständigkeitsfrage auffordern. Weist er einen möglichen Verhandlungspartner zurück, trägt er das Risiko, dass der Interessenausgleich nicht „versucht" ist, wenn dieser zuständig gewesen wäre (BAG 24. 1. 1996 AP Nr. 16 zu § 50 BetrVG 1972). Die **Überwachungsaufgaben** nach § 80 I sind für den Betrieb beim BR angesiedelt (BAG 20. 12. 1982 AP ArbGG 1979 § 92 Nr. 5; vgl. aber auch BAG 19. 3. 1981 AP BetrVG 1972 § 80 Nr. 14).

Ausdrückliche **gesetzliche Zuständigkeitszuweisungen** an den GesamtBR bestehen im Zusammen- 7 hang mit der Errichtung und den Aufgaben des Wirtschaftsausschusses (§§ 107 II, 108 VI, 109 S. 4), der Errichtung eines KonzernBR (§§ 54 ff.), der Bestellung des Wahlvorstandes für die Wahl der Aufsichtsratsmitglieder der AN nach dem BetrVG 1952, dem MitbestErgG und dem MitbestG (§§ 38 WO 1953; §§ 4, 5 2. WO MitbestErgG; § 4 IV, V 3. WO MitbestG; §§ 3, 4 WO MitbestErgG), der Anfechtung der Wahl der Aufsichtsratsmitglieder der AN (§ 76 BetrVG 1952; § 22 II MitbestG); dem Widerruf der Bestellung eines Aufsichtsratsmitgliedes der AN (§§ 49 WO 1953; 107 2. WO MitbestG; 108 3. WO MitbestG; 101 WO MitbestErgG).

III. Gesamtbetriebsvereinbarungen

Ihre Geltung folgt der Zuständigkeit des GesamtBR. Die unter Überschreiten seiner Zuständigkeit 8 abgeschlossene GesamtBV ist unwirksam (BAG 31. 1. 1989 AP ArbGG 1979 § 81 Nr. 12). Eine im Rahmen seiner Zuständigkeit nach Abs. 1 abgeschlossene GesamtBV geht BV vor (BAG 31. 1. 1989 AP BetrVG 1972 ArbGG 1979 § 81 Nr. 12; DKK/*Trittin* Rn. 13; *Fitting* Rn. 75). Eine solche GesamtBV gilt grundsätzlich auch für Betriebe, in denen ein BR besteht, die aber erst nach Abschluss der GesamtBV – etwa infolge Betriebserwerbs – zum Unternehmen hinzugekommen sind (*Fitting* Rn. 76). Sie gilt ebenso für Betriebe, die ihrer Verpflichtung zum Entsenden von Mitgliedern in den GesamtBR nicht nachgekommen sind (DKK/*Trittin* Rn. 17; GK-BetrVG/*Kreutz* Rn. 45). Hier besteht kein Legitimationsdefizit. Auch ihre Interessen werden vom GesamtBR im Rahmen seiner originären Zuständigkeit eingebunden. Sie verlieren nur ein Stück Einfluss auf den Inhalt der GesamtBV. Ihr nach § 47 I pflichtwidriges Verhalten (s. § 47 Rn. 2) kann im Übrigen den Geltungsbereich der GesamtBV nicht beeinflussen. Diese gelten – nach dem 27. 7. 2001 abgeschlossen – nach **Abs. 1 S. 1 HS. 2** für die betriebsratsfähigen, aber betriebsratslosen Betriebe und über § 4 II auch für die nicht betriebsratsfähigen Betriebe (s. Rn. 2). Wurden sie vor dem 28. 7. 2001 abgeschlossen, gelten sie nicht automatisch für die betriebsratsfähigen aber betriebsratslosen Betriebe (*Löwisch* BB 2001, 1734; aA *Fitting* 30). Die neue Vorschrift erweitert die Kompetenz des GesamtBR, nicht den Geltungsbereich bestehender GesamtBV. GesamtBR und Unternehmensleitung können dies aber nachträglich vereinbaren. Das kann sich auch aus der Auslegung einer GesamtBV ergeben (BAG 28. 4. 1992 AP BetrVG 1972 § 50 Nr. 11). Die GesamtBV können **Öffnungsklauseln** für ergänzende Regelungen durch die Betriebsräte enthalten (BAG 3. 5. 1984 AP BetrVG 1972 § 95 Nr. 5), soweit dem GesamtBR nur eine Rahmenkompetenz zukommt. Die Frage der **Ablösung** von BV durch eine GesamtBV stellt sich nur selten. Ist der GesamtBR zuständig, sind die in seinem Zuständigkeitsbereich abgeschlossenen BV von Anfang an wirksam (s. Rn. 2). Wird der GesamtBR nachträglich zuständig, löst die von ihm abgeschlossene GesamtBV von den EinzelBR zuvor abgeschlossene BV ab (BAG 11. 12. 2001 AP BetrVG 1972 § 50 Nr. 22 = NZA 2002, 1487).

IV. Auftrag

Abs. 2 ermöglicht den EinzelBR, die Zuständigkeit des GesamtBR zu begründen, wo eine Regelung 9 auf Unternehmensebene nicht zwingend, aber doch zweckmäßig erscheint. Der BR bleibt Träger des Mitbestimmungsrechts. Der GesamtBR nimmt es gegenüber dem AG wahr. Der Auftrag kann nur für eine **bestimmte Angelegenheit** erfolgen, nicht aber – wie etwa nach §§ 27, 38 – für ganze Bereiche der Mitbestimmung. Die Übertragung der Zuständigkeit in ganzen Sachbereichen der Betriebsverfassung käme einer vom Gesetz nicht vorgesehenen „teilweisen Selbstabdankung" des EinzelBR gleich (BAG 26. 1. 1993 AP BetrVG 1972 § 99 Nr. 102; GK-BetrVG/*Kreutz* Rn. 65). Der GesamtBR kann die Übernahme einer Angelegenheit jedenfalls aus sachlichen Gründen ablehnen (DKK/*Trittin* Rn. 72; *Fitting* Rn. 57; Richardi/*Richardi*/*Annuß* Rn. 63). Mit der Übertragung ist der GesamtBR in vollem Umfang ermächtigt. Verbindliche Richtlinien können die Betriebsräte ihm nicht vorgeben (Richardi/*Richardi*/*Annuß* Rn. 58; DKK/*Trittin* Rn. 81; *Fitting* Rn. 69; aA GK-BetrVG/*Kreutz* Rn. 66). Eine Bündelung der Interessen wäre bei sich widersprechenden Richtlinien nicht mehr möglich. Der GesamtBR schließt die BV ab (*Fitting* Rn. 73). Er ruft die Einigungsstelle an (DKK/*Trittin* Rn. 68) und stellt für die Arbeitnehmerseite deren Beisitzer (*Fitting* Rn. 77). Will sich ein BR nach Abs. 2 S. 2 die Entscheidung vorbehalten, muss er dies eindeutig erklären. Er schließt dann die Vereinbarung mit dem AG ab, ruft ggfl. die Einigungsstelle an und stellt die arbeitnehmerseitigen Beisitzer. Im Zweifel erfolgt der Auftrag ohne Einschränkung (Richardi/*Richardi*/*Annuß* Rn. 58; *Fitting* Rn. 70). Er kann nach Abs. 2 S. 3 iVm. § 27 II 4 jederzeit schriftlich widerrufen werden.

10 Über den Auftrag entscheidet der BR durch **Beschluss**, der nach Abs. 2 S. 3 iVm. § 27 II 2 der absoluten Mehrheit der Stimmen und der Schriftform bedarf (*Fitting* Rn. 63, 64; Richardi/*Richardi*/ *Annuß* Rn. 59, 60). Er kann nicht stillschweigend erteilt werden. insb. reicht zur Annahme eines Auftrags nicht aus, dass der EinzelBR die Zuständigkeit des GesamtBR in der Vergangenheit nicht beanstandet hat (BAG 26. 1. 1993 AP BetrVG 1972 § 99 Nr. 102). Die Übertragung ist dem Gesamtbetriebsratsvorsitzenden schriftlich mitzuteilen und wird mit Zugang der Mitteilung wirksam. Die Aufnahme des Übertragungsbeschlusses ins Protokoll der Betriebsratssitzung genügt nicht. Der Übertragungsbeschluss begründet im Außenverhältnis zum AG nach §§ 164 ff. BGB Vertretungsmacht (Richardi/*Richardi*/*Annuß* Rn. 56; DKK/*Trittin* Rn. 78; GK-BetrVG/*Kreutz* Rn. 55). Ist der Auftrag dem AG durch GesamtBR oder BR mitgeteilt worden, gilt er auch im Falle der Unwirksamkeit des Übertragungsbeschlusses nach § 173 BGB als wirksam, wenn der AG den Mangel weder kennt noch kennen muss (DKK/*Trittin* Rn. 79; GK-BetrVG/*Kreutz* Rn. 53). Der Widerruf des Auftrages setzt einen mit absoluter Mehrheit gefassten Beschluss des BR voraus, der mit Zugang beim GesamtBR wirksam wird (DKK/*Trittin* Rn. 70).

11 Eine **BV**, die der GesamtBR im Rahmen des Auftrags nach Abs. 2 abschließt, gilt unmittelbar für den BR und die AN des betreffenden Betriebes (*Fitting* Rn. 73). Da der GesamtBR als Vertreter der Betriebsräte handelt, bleiben sie zur Kündigung einer von ihm nach Abs. 2 abgeschlossenen BV berechtigt (*Fitting* Rn. 73; GK-BetrVG/*Kreutz* Rn. 60). Auch das Kündigungsrecht kann dem GesamtBR übertragen werden (*Fitting* Rn. 73).

V. Streitigkeiten

12 Über die Zuständigkeit von BR oder GesamtBR und das Bestehen von Mitbestimmungsrechten sowie die Wirksamkeit eines Übertragungsbeschlusses wird im arbeitsgerichtlichen Beschlussverfahren nach den §§ 2a, 80 ff. ArbGG entschieden. Ist der GesamtBR nach Abs. 2 beauftragt worden, ist der BR im Beschlussverfahren Antragsteller und Beteiligter, da er Träger des Mitbestimmungsrechtes geblieben ist. Er kann den GesamtBR ermächtigen, das Verfahren in gewillkürter Prozessstandschaft zu führen (BAG 6. 4. 1976 AP BetrVG 1972 § 50 Nr. 2). Im Streit über das Bestehen eines bestimmten Mitbestimmungsrechtes des BR ist der GesamtBR im Beschlussverfahren nicht Beteiligter iSd. § 83 III ArbGG, da seine betriebsverfassungsrechtliche Stellung nicht unmittelbar betroffen ist (BAG 13. 3. 1984 AP ArbGG 1979 § 83 Nr. 9). **Örtlich zuständig** ist das für den Sitz des Unternehmens zuständige Arbeitsgericht, wenn es um die originäre Zuständigkeit des GesamtBR geht (§ 82 S. 2 ArbGG). Betrifft der Streit die dem GesamtBR zur Behandlung übertragene Angelegenheit nach dem Übertragungsbeschluss, richtet sich die Zuständigkeit nach dem Sitz des Betriebes (§ 82 S. 1 ArbGG). Die örtliche Zuständigkeit bestimmt sich nicht nach den Verfahrensbeteiligten, sondern danach, ob es sich um eine betriebsverfassungsrechtliche Angelegenheit auf Betriebs- oder Unternehmensebene handelt (BAG 19. 6. 1986 AP ArbGG 1979 § 82 Nr. 1).

§ 51 Geschäftsführung

(1) ¹Für den Gesamtbetriebsrat gelten § 25 Abs. 1, die §§ 26, 27 Abs. 2 und 3, § 28 Abs. 1 Satz 1 und 3, Abs. 2, die §§ 30, 31, 34, 35, 36, 37 Abs. 1 bis 3 sowie die §§ 40 und 41 entsprechend. ² § 27 Abs. 1 gilt entsprechend mit der Maßgabe, dass der Gesamtbetriebsausschuss aus dem Vorsitzenden des Gesamtbetriebsrats, dessen Stellvertreter und bei Gesamtbetriebsräten mit
9 bis 16 Mitgliedern aus 3 weiteren Ausschussmitgliedern,
17 bis 24 Mitgliedern aus 5 weiteren Ausschussmitgliedern,
25 bis 36 Mitgliedern aus 7 weiteren Ausschussmitgliedern,
mehr als 36 Mitgliedern aus 9 weiteren Ausschussmitgliedern
besteht.

(2) ¹Ist ein Gesamtbetriebsrat zu errichten, so hat der Betriebsrat der Hauptverwaltung des Unternehmens oder, soweit ein solcher Betriebsrat nicht besteht, der Betriebsrat des nach der Zahl der wahlberechtigten Arbeitnehmer größten Betriebs zu der Wahl des Vorsitzenden und des stellvertretenden Vorsitzenden des Gesamtbetriebsrats einzuladen. ²Der Vorsitzende des einladenden Betriebsrats hat die Sitzung zu leiten, bis der Gesamtbetriebsrat aus seiner Mitte einen Wahlleiter bestellt hat. ³ § 29 Abs. 2 bis 4 gilt entsprechend.

(3) ¹Die Beschlüsse des Gesamtbetriebsrats werden, soweit nichts anderes bestimmt ist, mit Mehrheit der Stimmen der anwesenden Mitglieder gefasst. ²Bei Stimmengleichheit ist ein Antrag abgelehnt. ³Der Gesamtbetriebsrat ist nur beschlussfähig, wenn mindestens die Hälfte seiner Mitglieder an der Beschlussfassung teilnimmt und die Teilnehmenden mindestens die Hälfte aller Stimmen vertreten; Stellvertretung durch Ersatzmitglieder ist zulässig. ⁴ § 33 Abs. 3 gilt entsprechend.

(4) Auf die Beschlussfassung des Gesamtbetriebsausschusses und weiterer Ausschüsse des Gesamtbetriebsrats ist § 33 Abs. 1 und 2 anzuwenden.

I. Konstituierung

Der GesamtBR ist eine **Dauereinrichtung** ohne bestimmte Amtszeit und muss sich deshalb grundsätzlich nur einmal konstituieren. Abs. 2 ist auch anzuwenden, wenn nach den regelmäßigen Betriebsratswahlen oder der Amtsniederlegung aller Mitglieder des GesamtBR die Neuwahlen innerhalb des GesamtBR erforderlich sind (Richardi/*Richardi/Annuß* Rn. 27; *Fitting* Rn. 7). Die Zugehörigkeit zum GesamtBR endet mit der Amtszeit im BR. Eine im GesamtBR ausgeübte Funktion lebt nach der Wiederentsendung nicht auf (Richardi/*Richardi/Annuß* Rn. 8; DKK/*Trittin* Rn. 4). Für die Einberufung der konstituierenden Sitzung und deren Durchführung ist nach **Abs. 2** unabhängig von dessen Größe der **BR der Hauptverwaltung** des Unternehmens **zuständig** oder, falls dort kein BR besteht, der BR des der Zahl der wahlberechtigten AN nach größten Betriebes. Ist die Hauptverwaltung nur unselbständiger Teil eines Produktionsbetriebes, so ist der dort gebildete BR zuständig (Richardi/*Richardi/Annuß* Rn. 25; DKK/*Trittin* Rn. 6; GK-BetrVG/*Kreutz* Rn. 9; aA *Fitting* Rn. 8). Das Gesetz stellt in erster Linie auf die Anbindung an den Sitz der Hauptverwaltung ab. Für die Feststellung der Betriebsgröße iSd. Abs. 2 kommt es auf die Eintragung in die Wählerliste bei der letzten Betriebsratswahl an (DKK/*Trittin* Rn. 7; *Fitting* Rn. 9). Unterläßt der zuständige BR die von Abs. 2 S. 1 geforderte Einladung, können die von den BR entsandten Mitglieder von sich aus zusammentreten (DKK/*Trittin* Rn. 8; *Fitting* Rn. 11; GK-BetrVG/*Kreutz* Rn. 15). Das Unterlassen der Einladung durch den nach Abs. 3 zuständigen BR kann eine grobe Pflichtverletzung iSd. § 23 III darstellen (DKK/*Trittin* Rn. 8; *Fitting* Rn. 10). Ist der Sitzungsleiter nach Abs. 2 S. 2 nicht selbst Mitglied des GesamtBR, endet seine Teilnahme an der Sitzung mit der Bestellung des Wahlleiters (Richardi/*Richardi/Annuß* Rn. 26; *Fitting* Rn. 12).

II. Beschlüsse

Abs. 3 passt die Regelung zur Beschlussfassung des BR in § 33 unter Berücksichtigung der Stimmengewichtung an die Abstimmung des GesamtBR an. Beschlüsse bedürfen grundsätzlich der **einfachen Mehrheit** der nach § 47 VII gewichteten Stimmen (Richardi/*Richardi/Annuß* Rn. 42; *Fitting* Rn. 51; s. § 47 Rn. 16) der an der Beschlussfassung teilnehmenden anwesenden GesamtBRMitglieder. Die **absolute Mehrheit** ist nur erforderlich für die Übertragung von Aufgaben an den Gesamtbetriebsausschuss und andere Ausschüsse oder einzelne GesamtBRMitglieder (§§ 51 Abs. 1, 27 Abs. 2, 28), die Beauftragung des KonzernBR mit der Wahrnehmung einer Angelegenheit für den GesamtBR (§ 58 Abs. 2), die Übertragung der Aufgaben des Wirtschaftsausschusses auf einen Gesamtbetriebsausschuss (§§ 51 Abs. 5, 107 Abs. 3) und den Erlass einer Geschäftsordnung (§§ 51 I 1, 36). Die absolute Mehrheit erfordert die Zustimmung so vieler Mitglieder des beschlussfähigen Gesamtbetriebsrats, dass deren Stimmgewicht mehr als die Hälfte aller im GesamtBR vertretenen Stimmgewichte beträgt (*Fitting* Rn. 54). Stellvertretung durch Ersatzmitglieder ist nach Abs. 3 S. 3 zulässig. Betrifft ein Beschluss überwiegend die **AN des § 60 I**, ist die Gesamt-JAV nach den §§ 73 II, 67 II zu beteiligen. Jedes der an der Abstimmung teilnehmende Mitglied der Gesamt-JAV gibt nur die Stimmen ab, die ihm nach § 72 VII zustehen. Die Stimmen sind nach **Abs. 3 S. 4** iVm. § 33 III bei der Feststellung der Stimmenmehrheit, nicht aber bei der Feststellung der Beschlussfähigkeit mitzuzählen (Richardi/*Richardi/Annuß* Rn. 44; *Fitting* Rn. 56; GK-BetrVG/*Kreutz* Rn. 76).

III. Vorsitzender

Der Vorsitzende und sein Stellvertreter sind in der konstituierenden Sitzung nach **Abs. 1 S. 1** iVm. § 26 I aus der Mitte des GesamtBR zu wählen. Der beschlussfähige GesamtBR wählt in offener oder geheimer Abstimmung mit **einfacher Mehrheit.** Die Stimmengewichtung richtet sich auch bei der Wahl des Gesamtbetriebsratsvorsitzenden nach den allgemeinen Vorschriften (s. § 47 Rn. 16). Vorsitzender und Stellvertreter werden in getrennten Wahlgängen gewählt (*Fitting* Rn. 14; DKK/*Trittin* Rn. 13). Die als Vorsitzender bzw. Stellvertreter Gewählten sind nicht zur Annahme der Wahl verpflichtet. Ihre **Abberufung** ist jederzeit durch Mehrheitsbeschluss des GesamtBR möglich (*Fitting* Rn. 16). Wahl und Amtentzug müssen stets durch den GesamtBR erfolgen. Der Vorsitzende, im Verhinderungsfalle sein Stellvertreter, **vertreten** nach Abs. 1 iVm. § 26 II den GesamtBR im Rahmen der von diesem gefassten Beschlüsse. Der GesamtBR mit weniger als neun Mitgliedern kann die Führung der **laufenden Geschäfte** durch einfachen Mehrheitsbeschluss auf den Vorsitzenden oder ein anderes GesamtBRMitglied übertragen (§§ 51 Abs. 1, 27 Abs. 3). Bei einem größeren GesamtBR führt sie der Gesamtbetriebsausschuss (s. Rn. 11).

IV. Geschäftsführung

4   Die Vorschriften über die Geschäftsführung des BR sind weitgehend entsprechend anzuwenden. Die Aufzählung in den Abs. 1–4 ist abschließend. Sie kann nicht durch die Generalklausel des § 51 VI erweitert werden. Sie bezieht sich nicht auf Organisationsvorschriften (*Fitting* Rn. 27). Im Einzelnen handelt es sich um folgende Bestimmungen:

5   § 25 Ersatzmitglieder – § 26 Abs. 1 und Abs. 3 Wahl des und Vertretung durch den Vorsitzenden – § 27 Abs. 2 und 3 Führung der laufenden Geschäfte und Übertragung von Aufgaben zur selbständigen Erledigung auf Betriebsausschuss, Übertragung der laufenden Geschäfte auf Vorsitzenden/andere BRMitglieder in GesamtBR mit weniger als 9 Mitgliedern – § 28 Abs. 1 S. 1, S. 3, Abs. 2 Übertragung von Aufgaben auf weitere Ausschüsse – § 29 Abs. 2 bis 4 Einberufung der Sitzungen mit Ausnahme der konstituierenden – § 30 Betriebsratssitzungen – § 31 Teilnahme der Gewerkschaften – § 34 Sitzungsniederschrift – § 35 Aussetzung von Beschlüssen – § 36 Geschäftsordnung – § 37 Abs. 1 bis 3 ehrenamtliche Tätigkeit, Freizeitausgleich für BRTätigkeit außerhalb der Arbeitszeit – § 40 Kosten und Sachaufwand – § 41 Umlageverbot – § 27 Abs. 1 mit den in § 51 Abs. 1 genannten Maßgaben.

6   Für die **Sitzungen** des GesamtBR (mit Ausnahme der konstituierenden) gilt § 29 Abs. 2 bis 4. Dem GesamtBRV kann im arbeitsgerichtlichen Beschlussverfahren aufgegeben werden, das vom BR entsandte Mitglied rechtzeitig unter Mitteilung der Tagesordnung zu laden (LAG Köln AuR 1995, 470). Der GesamtBR ist nicht darauf beschränkt, seine Sitzungen nur am Ort der Hauptverwaltung durchzuführen (BAG 24. 7. 1979 AP BetrVG 1972 § 51 Nr. 1; BAG 29. 4. 1998 AP BetrVG 1972 § 40 Nr. 58). § 29 Abs. 3 ist mit der Maßgabe anzuwenden, dass ein Viertel der GesamtBRMitglieder die Einberufung einer Sitzung und Behandlung einer bestimmten Angelegenheit verlangen können, wenn sie zugleich ein Viertel der Stimmengewichte repräsentieren (*Fitting* Rn. 34). Für das **Teilnahmerecht** von Beauftragten einer **Gewerkschaft** nach Abs. 1 iVm. § 31 kommt es darauf an, dass sie im GesamtBR vertreten ist, ihre Vertretung in einem Betrieb des Unternehmens reicht nicht aus (*Fitting* Rn. 37; GK-BetrVG/*Kreutz* Rn. 59; aA DKK/*Trittin* Rn. 45; Richardi/*Richardi/Annuß* Rn. 31). Im Rahmen seiner Zuständigkeit vertritt der GesamtBR die Interessen der Arbeitnehmerschaft. Die **Gesamtschwerbehindertenvertretung** und die **Gesamt-JAV** haben nach § 52 und §§ 73 II, 67 das Recht zur Teilnahme an den Sitzungen des GesamtBR.

7   Die Mehrheit der Gesamtschwerbehindertenvertretung oder der Gesamt-JAV können unter den Voraussetzungen des § 35 die **Aussetzung** eines Gesamtbetriebsratsbeschlusses für die Dauer einer Woche beantragen (*Fitting* Rn. 40).

8   Der AG trägt nach Abs. 1 iVm. § 40 die **Kosten** für die Teilnahme an den Gesamtbetriebsratssitzungen. Häufigkeit und Dauer der Sitzungen bestimmt der GesamtBR (*Fitting* Rn. 48). Der GesamtBR hat Anspruch auf sachliche Mittel (Räume, Fachliteratur u. ä.), wenn und soweit die dem BR zur Verfügung gestellten Mittel nicht genügen. Als erforderlich sind auch die Kosten für die Herausgabe eines Informationsblattes des GesamtBR anzusehen (*Fitting* Rn. 47; aA BAG 21. 11. 1978 AP BetrVG 1972 § 50 Nr. 4). Über die Angelegenheiten seiner Zuständigkeit muss der GesamtBR selbst berichten dürfen. Man kann ihn insoweit nicht auf die Betriebsräte verweisen. Der GesamtBR hat auch das Recht, gemäß § 80 III nach näherer Vereinbarung mit dem AG Sachverständige hinzuziehen, wenn dies zur ordnungsgemäßen Erfüllung seiner Aufgaben erforderlich ist. § 34 ist auch auf das Einsichtsrecht in die Unterlagen des GesamtBR ist mit der Maßgabe anzuwenden, dass das Einsichtsrecht für die Mitglieder des GesamtBR, nicht aber für die übrigen Mitglieder der Einzelbetriebsräte besteht (*Fitting* Rn. 39).

9   **Keine Anwendung** finden: **§ 39:** Der GesamtBR kann sich aber mit dem AG darauf einigen, dass er Sprechstunden einrichtet (DKK/*Trittin* Rn. 52; *Fitting* Rn. 45). **§ 37 IV bis VII:** Diese Vorschriften gelten für die GesamtBRMitglieder bereits in ihrer Eigenschaft als BRMitglieder (*Fitting* Rn. 43; GK-BetrVG/*Kreutz* Rn. 50). Die Entsendung erfolgt durch die Betriebsräte, nicht durch den GesamtBR (vgl. BAG 10. 6. 1975 AP BetrVG 1972 § 73 Nr. 1). Bei der Beurteilung der Erforderlichkeit der Teilnahme an einer Bildungsveranstaltung ist die im GesamtBR ausgeübte Tätigkeit zu berücksichtigen (BAG 10. 6. 1975 AP BetrVG 1972 § 73 Nr. 1). **§ 38 I:** Der GesamtBR kann aber nach § 37 II die Freistellung eines oder mehrerer Mitglieder verlangen, wenn die Freistellung zur ordnungsgemäßen Wahrnehmung der Aufgaben des GesamtBR erforderlich ist (DKK/*Trittin* Rn. 51; *Fitting* Rn. 44; GK-BetrVG/*Kreutz* Rn. 55). Für die Bestimmung der Person der freizustellenden GesamtBRMitglieder gilt § 38 II entsprechend (DKK/*Trittin* Rn. 44; *Fitting* Rn. 44). AG und GesamtBR können freiwillige Vereinbarungen über Freistellungen schließen.

V. Rechte und Pflichten

10   Der GesamtBR hat nach der Generalklausel in **Abs. 5** im Rahmen seiner Zuständigkeit grundsätzlich dieselben Rechte und materiellen Beteiligungs- und Mitbestimmungsrechte wie der BR. Für ihn gelten ebenso die allgemeinen Grundsätze der Betriebsverfassung wie das Gebot zur vertrauensvollen Zusammenarbeit (§ 2 I). Abs. 5 bezieht sich nicht auf die Errichtung und die Geschäftsführung

des GesamtBR (*Fitting* Rn. 63; GK-BetrVG/*Kreutz* Rn. 79; aA DKK/*Trittin* Rn. 57). Diese Fragen sind abschließend durch die entsprechenden Verweisungen in den Abs. 1 bis 4 geregelt.

VI. Ausschüsse

Der nach **Abs. 1 S. 2 iVm.** § 27 I zu errichtende **Gesamtbetriebsausschuss** entspricht dem Betriebs- 11 ausschuss. Er führt die laufenden Geschäfte des GesamtBR nach Maßgabe des § 27 II. Ihm können durch schriftlichen Beschluss, der die zu übertragende Angelegenheit konkret bezeichnen muss, Aufgaben auch zur selbständigen Erledigung übertragen werden (§ 27 II 2, 3). Der Abschluss einer GesamtBV oder BV ist jedoch dem GesamtBR selbst vorbehalten. Diese Aufgabe ist nicht übertragbar (§ 27 II 2, 2. Halbs.). Wird ein Gesamtbetriebsausschuss nicht gebildet, nimmt der Gesamtbetriebsratsvorsitzende die Geschäftsführung wahr.

Der Gesamtbetriebsausschuss besteht aus dem Gesamtbetriebsratsvorsitzenden, dessen Stellvertre- 12 ter und der der Tabelle in Abs. 1 S. 2 zu entnehmenden Zahl weiterer (drei bis neun) Ausschussmitglieder. Die Wahl von Ersatzmitgliedern ist zulässig (DKK/*Trittin* Rn. 19; *Fitting* Rn. 21). Der für den Betriebsausschuss und die weiteren BRAusschüsse geltende Grundsatz der geheimen Verhältniswahl lässt sich auf den Gesamtbetriebsausschuss nicht übertragen (*Fitting* Rn. 20; GK-BetrVG/*Kreutz* Rn. 32). Werden mehr als 100 AN im Unternehmen (DKK/*Trittin* Rn. 28; *Fitting* Rn. 22; Richardi/*Richardi/Annuß* Rn. 22) beschäftigt, kann der Gesamtbetriebsrat weiter Ausschüsse unabhängig davon bilden, ob es einen Gesamtbetriebsausschuss gibt, wie die (missverständliche) Bezugnahme in Abs. 1 S. 1 auf § 28 I 1 zeigt. Ist ein Gesamtbetriebsausschuss gebildet, können den weiteren Ausschüssen nach § 28 I 3 auch Aufgaben zur selbständigen Erledigung übertragen werden. Für deren Zusammensetzung gelten dieselben Grundsätze wie für den Gesamtbetriebsausschuss (*Fitting* Rn. 23, 24). Sie werden nach den Grundsätzen der Mehrheitswahl gewählt. Auf § 28 I 2 wird in Abs. 1 S. 1 nicht verwiesen (*Fitting* Rn. 32).

Auf die **Beschlüsse** im Gesamtbetriebsausschuss und den weiteren Ausschüssen ist das Prinzip der 13 Stimmengewichtung nicht anzuwenden, so dass jedes Mitglied nach Abs. 4 iVm. § 33 I und II eine Stimme hat (DKK/*Trittin* Rn. 35; *Fitting* Rn. 59). Der Ausschuss ist beschlussfähig, wenn mindestens die Hälfte seiner Mitglieder an der Beschlussfassung teilnimmt (*Fitting* Rn. 60). Auch hierbei spielt die Stimmengewichtung keine Rolle.

VII. Streitigkeiten

Über die **Geschäftsführung** des GesamtBR wird im arbeitsgerichtlichen **Beschlussverfahren** nach 14 den §§ 2 a, 80 ff. ArbGG entschieden. Örtlich zuständig ist nach § 82 II ArbGG das für den Sitz des Unternehmens zuständige Arbeitsgericht. Ansprüche von GesamtBRMitgliedern auf Zahlung von **Arbeitsentgelt** im Zusammenhang mit GesamtBRTätigkeit sind im arbeitsgerichtlichen **Urteilsverfahren** einzuklagen. Die örtliche Zuständigkeit bestimmt sich hier nach §§ 12 ff. ZPO.

§ 52 Teilnahme der Gesamtschwerbehindertenvertretung

Die Gesamtschwerbehindertenvertretung (§ 97 Abs. 1 des Neunten Buches Sozialgesetzbuch) kann an allen Sitzungen des Gesamtbetriebsrats beratend teilnehmen.

1. Aufgaben. Die Gesamtschwerbehindertenvertretung vertritt nach § 97 VI SGB IX die Interessen 1 der schwerbehinderten Menschen in den Angelegenheiten, die das Gesamtunternehmen oder mehrere Betriebe des Unternehmens betreffen. Sie vertritt dabei auch die Interessen der schwerbehinderten Menschen, die in Betrieben tätig sind, in denen kein BR gewählt wurde oder nicht gewählt werden kann. Die betriebsverfassungsrechtlichen Rechte und Pflichten der Gesamtschwerbehindertenvertretung auf der Unternehmensebene entsprechen nach § 97 VII SGB IX denen der Schwerbehindertenvertretung auf der Ebene der Einzelbetriebe.

2. Teilnahme. Die Gesamtschwerbehindertenvertretung kann auch an Sitzungen des GesamtBR 2 teilnehmen, in denen keine Angelegenheiten behandelt werden, die schwerbehinderte Menschen betreffen (*Fitting* Rn. 15; GK-BetrVG/*Kreutz* Rn. 15). Eine Teilnahmepflicht besteht nicht (*Fitting* Rn. 15; GK-BetrVG/*Kreutz* Rn. 17). Sie nimmt nur beratend teil und hat kein Stimmrecht (*Fitting* Rn. 15; GK-BetrVG/*Kreutz* Rn. 17). Sie kann nicht verlangen, dass eine Sitzung des GesamtBR einberufen wird, wohl aber nach § 97 VII iVm. § 95 IV SGB IX, dass auf die Tagesordnung der nächsten Sitzung Angelegenheiten gesetzt werden, die Schwerbehinderte als Gruppe oder Einzelne besonders betreffen. Sie kann nach § 97 VII iVm. § 95 IV SGB IX für eine Woche die Aussetzung von Beschlüssen des GesamtBR beantragen. Der Vorsitzende des GesamtBR hat die Gesamtschwerbehindertenvertretung unter Mitteilung der Tagesordnung rechtzeitig zu den Sitzungen zu laden. Ein Verstoß gegen diese Pflicht führt jedoch nicht zur Unwirksamkeit der vom GesamtBR in der Sitzung gefassten Beschlüsse (DKK/*Trittin* Rn. 10; *Fitting* Rn. 15).

3. Streitigkeiten. Über das Teilnahmerecht entscheiden die Arbeitsgerichte nach den §§ 2 a, 80 ff. ArbGG im Beschlussverfahren.

§ 53 Betriebsräteversammlung

(1) ¹Mindestens einmal in jedem Kalenderjahr hat der Gesamtbetriebsrat die Vorsitzenden und die stellvertretenden Vorsitzenden der Betriebsräte sowie die weiteren Mitglieder der Betriebsausschüsse zu einer Versammlung einzuberufen. ²Zu dieser Versammlung kann der Betriebsrat abweichend von Satz 1 aus seiner Mitte andere Mitglieder entsenden, soweit dadurch die Gesamtzahl der sich für ihn nach Satz 1 ergebenden Teilnehmer nicht überschritten wird.

(2) In der Betriebsräteversammlung hat
1. der Gesamtbetriebsrat einen Tätigkeitsbericht,
2. der Unternehmer einen Bericht über das Personal- und Sozialwesen einschließlich des Stands der Gleichstellung von Frauen und Männern im Unternehmen, der Integration der im Unternehmen beschäftigten ausländischen Arbeitnehmer, über die wirtschaftliche Lage und Entwicklung des Unternehmens sowie über Fragen des Umweltschutzes im Unternehmen, soweit dadurch nicht Betriebs- und Geschäftsgeheimnisse gefährdet werden,

zu erstatten.

(3) ¹Der Gesamtbetriebsrat kann die Betriebsräteversammlung in Form von Teilversammlungen durchführen. ²Im Übrigen gelten § 42 Abs. 1 Satz 1 zweiter Halbsatz und Satz 2, § 43 Abs. 2 Satz 1 und 2 sowie die §§ 45 und 46 entsprechend.

I. Vorbemerkung

1 Die Betriebsräteversammlung bietet BRMitgliedern, die nicht in den GesamtBR entsandt sind, die Möglichkeit, direkte Informationen vom GesamtBR über dessen Tätigkeit und vom Unternehmer über das Personal- und Sozialwesen sowie die wirtschaftliche Lage und Entwicklung des Unternehmens zu erhalten. Daneben kann sie dem Meinungs- und Erfahrungsaustausch von BRMitgliedern des Unternehmens dienen. Die Vorschrift ist zwingend. Sie kann weder durch TV noch durch BV abbedungen werden. Nähere Einzelheiten zur Durchführung der Betriebsräteversammlung können in einer ergänzenden freiwilligen BV festgehalten werden, welche der AG mit dem GesamtBR abschließt (DKK/*Trittin* Rn. 3; *Fitting* Rn. 4; GK-BetrVG/*Kreutz* Rn. 3).

II. Teilnehmer

2 Die Betriebsräteversammlung setzt sich zusammen aus den Mitgliedern des GesamtBR, den Vorsitzenden und stellvertretenden Vorsitzenden sowie den weiteren Mitgliedern der Betriebsausschüsse. Wo ein Betriebsausschuss nicht besteht, sind der Vorsitzende und stellvertretende Vorsitzende des BR teilnahmeberechtigt. Der BR kann durch Beschluss, welcher der einfachen Mehrheit bedarf, statt der gesetzlich vorgesehenen Personen **andere BRMitglieder** in die Betriebsräteversammlung entsenden (DKK/*Trittin* Rn. 9; *Fitting* Rn. 7 GK-BetrVG/*Kreutz* Rn. 11). Sind der Vorsitzende, sein Stellvertreter oder andere Mitglieder des Betriebsausschusses gleichzeitig GesamtBRMitglieder, kann der BR an deren Stelle **zusätzliche Vertreter** entsenden (DKK/*Trittin* Rn. 7; *Fitting* Rn. 8; GK-BetrVG/ *Kreutz* Rn. 14). Dann sind die dem GesamtBR angehörenden BRMitglieder nicht der Gesamtzahl der für den jeweiligen BR teilnahmeberechtigten Personen anzurechnen (DKK/*Trittin* Rn. 9; *Fitting* Rn. 8; GK-BetrVG/*Kreutz* Rn. 14). Von dieser Ausnahme abgesehen, darf die **Gesamtzahl** der vom BR entsandten Teilnehmer die der Betriebsausschussmitglieder nicht überschreiten (DKK/*Trittin* Rn. 9; *Fitting* Rn. 8; GK-BetrVG/*Kreutz* Rn. 13). Die Teilnahme von Ersatzmitgliedern des BR ist nur zulässig, wenn diese nachgerückt sind (DKK/*Trittin* Rn. 9; *Fitting* Rn. 8; GK-BetrVG/*Kreutz* Rn. 12). Teilnahmeberechtigt – und nach Abs. 2 Nr. 2 verpflichtet – ist weiter der **Unternehmer**, der nach Abs. 3 iVm. § 46 I 2 einen Beauftragten der AGVereinigung hinzuziehen darf. Auch die Beauftragten aller in einem Betrieb des Unternehmens vertretenen **Gewerkschaften** dürfen nach Abs. 3 iVm. § 46 I 1 teilnehmen. Die Betriebsräteversammlung ist nach Abs. 3 iVm. § 42 I 2 **nicht öffentlich**. Wie bei der Betriebsversammlung (s. § 42 Rn. 4) dürfen außer den ohnehin Teilnahmeberechtigten weitere Personen – etwa Sachverständige, Mitglieder der Gesamt-JAV u. ä. – im Rahmen der Zuständigkeit der Betriebsräteversammlung auf Einladung des GesamtBR auch ohne Zustimmung des AG teilnehmen (*Fitting* Rn. 15).

III. Durchführung

3 Die Betriebsräteversammlung ist nicht in jährlichem Abstand, sondern nach **Abs. 1 S. 1** mindestens einmal im Kalenderjahr einzuberufen. Wann und wo die Betriebsräteversammlung stattfindet, ob und wie viele weitere Betriebsräteversammlungen im Kalenderjahr einzuberufen sind, steht im pflichtgemäßen Ermessen des GesamtBR (DKK/*Trittin* Rn. 11 f.; *Fitting* Rn. 30). Weitere Versamm-

IV. Streitigkeiten § 53 BetrVG 210

lungen sind zulässig, wenn sie für die Tätigkeit des GesamtBR bzw. der Betriebsräte sachlich erforderlich sind (*Fitting* Rn. 24; GK-BetrVG/*Kreutz* Rn. 24). Teilversammlungen nach Abs. 3 S. 1 können zweckmäßig sein, wenn sonst wegen der zu großen Zahl von Teilnehmern ein Gedankenaustausch weder sinnvoll noch möglich wäre (*Fitting* Rn. 31). Für die **Einberufung** der Betriebsräteversammlung ist ausschließlich der GesamtBR zuständig (DKK/*Trittin* Rn. 14; *Fitting* Rn. 34). Die teilnahmeberechtigten Betriebs- und GesamtBRMitglieder sowie der Unternehmer sind rechtzeitig unter Mitteilung der Tagesordnung, Ort und Zeitpunkt der Veranstaltung zu laden. Den im GesamtBR vertretenen Gewerkschaften ist dies rechtzeitig schriftlich mitzuteilen (DKK/*Trittin* Rn. 25; *Fitting* Rn. 13). Das Unterlassen der Einberufung stellt einen Pflichtverstoß dar, der den Ausschluss aus dem GesamtBR nach § 48 rechtfertigen kann (DKK/*Trittin* Rn. 14; *Fitting* Rn. 33).

Die **Leitung** der Betriebsräteversammlung obliegt nach **Abs. 3 S. 2** iVm. § 42 I 1 dem Gesamt- 4 betriebsratsvorsitzenden, im Fall seiner Verhinderung seinem Stellvertreter (*Fitting* Rn. 40). Seine Befugnisse entsprechen denen des Betriebsratsvorsitzenden bei der Leitung der Betriebsversammlung (s. § 42 Rn. 7). Die Betriebsräteversammlung kann **Beschlüsse** fassen. Sie ist entsprechend § 33 II beschlussfähig, wenn mindestens die Hälfte der teilnahmeberechtigten Betriebs- und GesamtBRMitglieder an der Beschlussfassung teilnimmt. Jedes Mitglied hat eine Stimme, einfache Stimmenmehrheit genügt (DKK/*Trittin* Rn. 27; *Fitting* Rn. 44). Die Beschlüsse binden weder den GesamtBR noch die Einzelbetriebsräte (DKK/*Trittin* Rn. 27; *Fitting* Rn. 44). Eine Protokollierung ist nicht vorgeschrieben (*Fitting* Rn. 44). Der **Tätigkeitsbericht des GesamtBR** wird von ihm beschlossen und nach **Abs. 2** mündlich vorgetragen (*Fitting* Rn. 18; GK-BetrVG/*Kreutz* Rn. 18; s. im Übrigen § 43 Rn. 7). Der **Bericht des Unternehmers** geht über die Berichtspflicht nach § 43 II 2 hinaus, die sich nur auf den Betrieb bezieht (s. § 43 Rn. 8). Auf der Betriebsräteversammlung hat er zur Entwicklung des Unternehmens Stellung zu nehmen (*Fitting* Rn. 19). Der von ihm selbst mündlich zu erstattende Bericht umfasst insb. die finanzielle Situation, die Produktions- und Marktlage, eventuell geplante Investitionen und Betriebsänderungen und die Grundzüge der Entwicklung des Gesamtunternehmens (DKK/*Trittin* Rn. 18). Im Bericht über den tatsächlichen „Stand" der Gleichstellung und der Ausländerintegration muss der AG die Ausgangssituation am Beginn mit der am Ende des Berichtszeitraums gegenüberstellen (*Fitting* Rn. 21) und seine Bemühungen um eine Verbesserung der Lage erläutern. Die Berichtspflicht zum Umweltschutz betrifft die hierzu im Unternehmen getroffenen Maßnahmen, keine allgemeinpolitischen Ausführungen. Der Unternehmer kann sich nur bei Vorliegen zwingender Gründe vertreten lassen (*Fitting* Rn. 20; weitergehend GK-BetrVG/*Kreutz* Rn. 50). Er hat für Fragen zum Bericht zur Verfügung zu stehen (LAG Frankfurt 21. 9. 1989 DB 1989, 1473). Die Berichtspflicht ist eingeschränkt, soweit Betriebs- oder Geschäftsgeheimnisse (s. § 79 Rn. 2 ff.; *Fitting* Rn. 19) gefährdet werden. Wenn an der Betriebsräteversammlung nur solche Personen teilnehmen, die der Verschwiegenheitspflicht nach § 79 unterliegen, ist dies bei der Beurteilung der Frage, ob eine Gefährdung des Betriebs- oder Geschäftsgeheimnisses vorliegt, zu berücksichtigen (*Fitting* Rn. 25; GK-BetrVG/*Kreutz* Rn. 23; aA Richardi/*Richardi*/*Annuß* Rn. 15). Im Übrigen darf der Unternehmer wie auf der Betriebsversammlung zu allen Punkten der Tagesordnung das Wort ergreifen (s. § 43 Rn. 9). Der GesamtBR kann durch Beschluss auf die Tagesordnung **weitere Angelegenheiten** setzen, welche u. a. die Tarif- oder Sozialpolitik oder Fragen der Wirtschaft umfassen, wenn einen konkreten Bezugspunkt zum Unternehmen oder zu seinen AN aufweisen (s. § 45 Rn. 2 ff.). Auch Themen und Fragen, die nicht in die Tagesordnung aufgenommen wurden, können erörtert und zur Abstimmung gebracht werden (*Fitting* Rn. 42; Richardi/*Richardi*/*Annuß* Rn. 27). Wie die Betriebsversammlung (s. § 45 Rn. 5) unterliegt die Betriebsräteversammlung der Friedenspflicht (*Fitting* Rn. 29). Auch hier gilt das Verbot jeder parteipolitischen Betätigung (*Fitting* Rn. 29).

Betriebsräteversammlungen finden **während der Arbeitszeit** statt (*Fitting* Rn. 37). Die **Kosten** 4a der Versammlung selbst trägt der AG nach § 40 ebenso wie nach § 37 III die Vergütungsfortzahlung der Teilnehmer. BRMitglieder, die außerhalb ihrer individuellen Arbeitszeit an der Versammlung teilnehmen, haben Anspruch auf Freizeitausgleich bzw. Vergütung dieser Zeit wie Mehrarbeit, wenn die sonstigen Voraussetzungen des § 37 III erfüllt sind (DKK/*Trittin* Rn. 29; *Fitting* Rn. 38).

IV. Streitigkeiten

Über Abhaltung und Durchführung der Betriebsräteversammlung wird nach den §§ 2 a, 80 ff. 5 ArbGG im arbeitsgerichtlichen **Beschlussverfahren** entschieden. Örtlich zuständig ist nach § 82 S. 2 ArbGG das Arbeitsgericht, in dessen Bezirk das Unternehmen seinen Sitz hat. Für Streitigkeiten zwischen den EinzelBR oder BRMitgliedern und dem AG über die Teilnahme an der Betriebsräteversammlung ist örtlich zuständig das Arbeitsgericht, in dessen Bezirk dieser Betrieb liegt. Über Ansprüche auf Arbeitsentgelt für die Zeit der Teilnahme an einer Betriebsräteversammlung u. ä. wird im **Urteilsverfahren** entschieden.

Sechster Abschnitt. Konzernbetriebsrat

§ 54 Errichtung des Konzernbetriebsrats

(1) ¹Für einen Konzern (§ 18 Abs. 1 des Aktiengesetzes) kann durch Beschlüsse der einzelnen Gesamtbetriebsräte ein Konzernbetriebsrat errichtet werden. ²Die Errichtung erfordert die Zustimmung der Gesamtbetriebsräte der Konzernunternehmen, in denen insgesamt mehr als 50 vom Hundert der Arbeitnehmer der Konzernunternehmen beschäftigt sind.

(2) Besteht in einem Konzernunternehmen nur ein Betriebsrat, so nimmt dieser die Aufgaben eines Gesamtbetriebsrats nach den Vorschriften dieses Abschnitts wahr.

I. Vorbemerkung

1   Mit der Anerkennung einer Arbeitnehmervertretung auf Konzernebene reagiert der Gesetzgeber auf die konzernrechtliche Leitungsmacht. Die Bestimmungen des sechsten Abschnitts stellen sicher, dass betriebsverfassungsrechtliche Beteiligungsrechte nicht durch Verlagerung von Entscheidungsmacht auf die Konzernebene verloren gehen (BAG 22. 11. 1995 AP BetrVG 1972 § 54 Nr. 7; *Fitting* Rn. 3; GK-BetrVG/*Kreutz* Rn. 4). Die AN werden daher auf dieser Ebene an den die einzelnen Unternehmen bindenden Leitungsentscheidungen in sozialen, personellen und wirtschaftlichen Angelegenheiten beteiligt (BAG 21. 10. 1980 AP BetrVG 1972 § 54 Nr. 1). Damit ist keine Erweiterung der materiellen betriebsverfassungsrechtlichen Mitbestimmungsrechte verbunden (*Fitting* Rn. 3; GK-BetrVG/*Kreutz* Rn. 4). Zugleich werden die nicht immer übereinstimmenden Arbeitnehmerinteressen koordiniert (DKK/*Trittin* Rn. 2; *Fitting* Rn. 3). Die Vorschrift ist zwingend und lässt sich weder durch TV noch durch eine BV abbedingen oder abändern (*Fitting* Rn. 6; GK-BetrVG/*Kreutz* Rn. 6). Konzernbetriebsräte können daher nicht durch TV errichtet werden, wohl aber andere Vertretungsstrukturen nach § 3 I Nr. 3.

II. Konzern

2   Ein KonzernBR kann nur in einem **Unterordnungskonzern** iSd. § 18 I AktG errichtet werden, nicht in einem Gleichordnungskonzern nach § 18 II AktG. Das folgt aus dem Klammerhinweis in Abs. 1 (BAG 22. 11. 1995 AP BetrVG 1972 § 54 Nr. 7; DKK/*Trittin* vor § 54 Rn. 25; *Fitting* Rn. 9; GK-BetrVG/*Kreutz* Rn. 8). Ein Unterordnungskonzern setzt voraus, dass ein herrschendes Unternehmen und ein oder mehrere abhängige Unternehmen unter einheitlicher Leitung des herrschenden Unternehmens zusammengefasst sind (zum Folgenden § 18 AktG Rn. 2 ff.). Der Begriff des Unternehmens ist rechtsformneutral gefasst (BAG 5. 5. 1988 AP AÜG § 1 Nr. 88). Rechtsträger der Unternehmen können deshalb alle juristischen Personen, öffentlich-rechtliche Körperschaften (BGHZ 69, 334), Personenhandelsgesellschaften, Vereine, Stiftungen und natürliche Personen (BAG 22. 11. 1995 AP BetrVG 1972 § 54 Nr. 7) sein.

3   Das Merkmal der **Abhängigkeit** erfordert lediglich die Möglichkeit des herrschenden Unternehmens, mittelbar oder unmittelbar (§ 17 I AktG) einen beherrschenden Einfluss auf die abhängigen Unternehmen auszuüben. Auf die tatsächliche Ausübung kommt es nicht an (BAG 22. 11. 1995 AP BetrVG 1972 54 Nr. 7; BGHZ 74, 359, 367). Dabei muss sich die Einflussnahme auf wesentliche Bereiche wie Produktion, Personalpolitik, Finanzen, Vertrieb, Forschung und Entwicklung beziehen (DKK/*Trittin* vor § 54 Rn. 15; *Fitting* Rn. 10). Die **einheitliche Leitung** kann auf Mehrheitsbeteiligung, Eingliederung (bei AG), Vertrag oder faktischer Abhängigkeit beruhen. Die einheitliche Leitungsmacht muss tatsächlich ausgeübt werden, die Möglichkeit der Ausübung reicht nicht (BAG 22. 11. 1995 AP BetrVG 1972 § 54 Nr. 7; DKK/*Trittin* vor § 54 Rn. 26; *Fitting* Rn. 10; GK-BetrVG/*Kreutz* Rn. 27). Nach § 18 I 3 AktG besteht für ein abhängiges Unternehmen die **Vermutung,** dass es mit dem beherrschenden Unternehmen einen Konzern bildet. Diese Vermutung ist nur scheinbar unwiderlegbar. Sie gilt bis zum Beweis des Gegenteils, zB dass keine Abhängigkeit gegeben ist oder keine einheitliche Leitungsmacht ausgeübt wird; s. AktG § 18 Rn. 6. Von einem in Mehrheitsbesitz stehenden Unternehmen vermutet das Gesetz, dass es von dem an ihm mit Mehrheit beteiligten Unternehmen abhängig ist (§ 17 II AktG). Ein Beherrschungs- und Gewinnabführungsvertrag iSd. § 291 AktG und die Eingliederung iSd. § 319 AktG begründen gemäß § 18 I 2 AktG die unwiderlegliche Vermutung, dass die beteiligten Unternehmen einen Vertragskonzern bilden (*Fitting* Rn. 18).

4   Von einem **faktischen Konzern** spricht man, wenn die einheitliche Leitung – anders als im Vertragskonzern – nicht durch Beherrschungsvertrag oder Eingliederung gesichert ist. Instrumente der Beherrschung können insb. Stimmrechte sein und Stimmbindungsverträge oder das Recht, Personen in die Führungsorgane der beherrschten Unternehmens zu entsenden (DKK/*Trittin* vor § 54 Rn. 38 ff.; *Fitting* Rn. 19; GK-BetrVG/*Kreutz* Rn. 28). Es kommen aber auch alle sonstigen Mittel der einheitlichen Leitung in Betracht, zB vertragliche Vereinbarungen, die darauf abzielen, die Organe des abhängigen Unternehmens zu besetzen und seine Gesellschaftspolitik zu bestimmen (BAG 30. 10.

1986 AP BetrVG 1972 § 55 Nr. 1). Ein Unternehmer, der lediglich über eine Minderheitsbeteiligung verfügt, kann zum Beherrschenden werden, indem er von Gesellschaftern, die gemeinsam die Mehrheit der Stimmanteile halten, von vornherein auf ausreichend sicherer Grundlage und beständig unterstützt wird (BGH 16. 2. 1981 DB 1981, 931 ff.). Eine derart sichere Grundlage gemeinsamer Herrschaft können nicht nur vertragliche und organisatorische Bindungen bilden, sondern auch sonstige rechtliche oder tatsächliche Umstände. Treten etwa miteinander verwandte Gesellschafter insb. in ihrem Abstimmungsverhalten stets als geschlossene Einheit auf und geben dadurch dem Unternehmer, der allein nicht über die Mehrheit verfügt, die für die Geschäftspolitik erforderliche Rückendeckung, so liegt Beherrschung vor (BGH 16. 2. 1981 DB 1981, 931). Eine einheitliche Leitung kann gegeben sein, wenn leitende Angestellte des herrschenden Unternehmens Organmitglieder des abhängigen Unternehmens sind (LAG Düsseldorf 11. 9. 1987 AuR 1988, 92). Schuldrechtliche Verträge über den Austauch von Leistungen, die wirtschaftliche Abhängigkeit begründen, reichen nach der Rspr. des BGH nicht aus. Erforderlich ist danach eine gesellschaftsrechtliche Verwurzelung der Leitungsmacht (BGH 26. 3. 1984 NJW 1984, 1893; aA *Fitting* Rn. 19; DKK/*Trittin* Rn. 24).

Von einem **qualifiziert faktischen Konzern** spricht man, wenn das herrschende Unternehmen die 5 Geschäfte des abhängigen dauernd und umfassend praktisch wie eine bloße Betriebsabteilung eines einheitlichen Unternehmens selbst führt (BAG 15. 1. 1991 AP BetrVG 1972 § 113 Nr. 21; 6. 10. 1992 AP BetrAVG Konzern § 1 Nr. 10). Dies hat allein haftungsrechtliche Bedeutung und wirkt sich im Zusammenhang mit der Errichtung eines KonzernBR nicht aus. Das **Gemeinschaftsunternehmen** wird von mindestens zwei Unternehmen gemeinsam beherrscht. Es bildet jeweils mit dem herrschenden Unternehmen einen Konzern. Bei mehrfacher Abhängigkeit gilt die widerlegbare Vermutung nach § 18 I 3 AktG jedenfalls für den Regelungsbereich der §§ 54 ff. BetrVG (BAG 30. 10. 1986 AP BetrVG 1972 § 55 Nr. 1). Wenn ein Unternehmen zwar von mehreren anderen abhängig ist, aber nur eines von diesen die einheitliche Leitung ausübt, so bildet das abhängige Unternehmen nur mit diesem einen Konzern (GK-BetrVG/*Kreutz* Rn. 40). Ein **Konzern im Konzern** liegt vor, wenn in einem mehrstufigen, vertikal gegliederten Konzern einem Tochterunternehmen ein rechtlich relevanter Spielraum für die bei ihm und für die von ihm abhängigen Unternehmen zu treffenden Entscheidungen verbleibt (BAG 21. 10. 1980 AP BetrVG 1972 § 54 Nr. 1). Das setzt voraus, dass das Tochterunternehmen (= Unterkonzern) eigenständige Entscheidungen in wesentlichen wirtschaftlichen, personellen oder sozialen Angelegenheiten treffen darf und trifft (*Fitting* Rn. 30).

III. Errichtung

Der KonzernBR kann, er muss nicht errichtet werden (*Fitting* Rn. 38; GK-BetrVG/*Kreutz* Rn. 9, 6 46). Die Gesamtbetriebsräte haben gegenüber dem Unternehmer einen Anspruch auf Erteilung von Auskunft darüber, ob und ggfl. mit welchen Unternehmen ein Konzernverhältnis nach § 18 I AktG besteht (*Fitting* Rn. 14). Die Initiative zur Errichtung des KonzernBR kann jederzeit von den GesamtBR jedes zum Konzern gehörenden Unternehmens ausgehen (DKK/*Trittin* Rn. 42; *Fitting* Rn. 40; GK-BetrVG/*Kreutz* Rn. 48). Voraussetzung ist, dass in den Konzernunternehmen mindestens zwei Gesamtbetriebsräte bestehen (*Fitting* Rn. 39). Besteht in einem Unternehmen nur ein BR, weil das Unternehmen nur einen betriebsratsfähigen Betrieb hat, so nimmt dieser die Rechte des GesamtBR wahr (BAG 10. 2. 1981 AP BetrVG 1972 § 54 Nr. 2; *Fitting* Rn. 39). Ausnahmsweise können zwei Betriebsräte einen KonzernBR errichten, wenn zwei Konzernunternehmen je nur einen betriebsratsfähigen Betrieb mit insgesamt 50% der im Konzern beschäftigten AN haben (DKK/*Trittin* Rn. 36; *Fitting* Rn. 39).

Ein KonzernBR kann nur beim **herrschenden Unternehmen** errichtet werden. Darauf, ob das 7 herrschende Unternehmen ein Tendenzunternehmen iSd. § 118 I ist, kommt es nicht an (*Fitting* Rn. 15). Beim **Gemeinschaftsunternehmen** ist die Errichtung eines KonzernBR bei jedem herrschenden Unternehmen möglich (BAG 30. 10. 1986 AP BetrVG 1972 § 55 Nr. 1). Die betriebliche Mitbestimmung muss dem Zweck der §§ 54 ff. folgend dort ausgeübt werden, wo unternehmerische Leitungsmacht konkret entfaltet und ausgeübt wird. Entsprechendes gilt für den **Konzern im Konzern**. Hier kann sowohl bei der Mutter als auch bei dem Tochterunternehmen, dem betriebsverfassungsrechtlich relevante eigenständige Entscheidungskompetenzen belassen sind, ein KonzernBR gebildet werden (BAG 21. 10. 1980 AP BetrVG 1972 § 54 Nr. 1; *Fitting* Rn. 30; GK-BetrVG/*Kreutz* Rn. 37). Für **internationale Konzerne** ist zu differenzieren: Hat das herrschende Unternehmen seinen Sitz im Inland, während die abhängigen Unternehmen im Ausland liegen, kann kein KonzernBR gebildet werden, weil für letztere nach dem Territorialitätsprinzip das Betriebsverfassungsgesetz nicht gilt (Richardi/*Richardi/Annuß* Rn. 34; *Fitting* Rn. 36; GK-BetrVG/*Kreutz* Rn. 42). Wohl kann für die inländischen Konzernunternehmen ein KonzernBR bei der im Inland ansässigen Muttergesellschaft gebildet werden (*Fitting* Rn. 36). Wenn das herrschende Unternehmen seinen Sitz im Ausland hat, kann auch für die im Inland liegenden Konzernunternehmen kein KonzernBR gebildet werden (*Fitting* Rn. 34; GK-BetrVG/*Kreutz* Rn. 43; aA Richardi/*Richardi/Annuß* Rn. 35; DKK/*Trittin* Rn. 29). Auf die Muttergesellschaft findet das Betriebsverfassungsgesetz keine Anwendung, der KonzernBR hätte keinen Gegenpol (GK-BetrVG/*Kreutz* Rn. 43). Hat die ausländische Konzernspitze seine Leitungsmacht einem Tochterunternehmen im Inland zur selbständigen einheitlichen Leitung der diesem nachgeordneten Unternehmen belassen (zB in Form einer Zentrale), so kann nach den Grundsätzen über den Konzern im Konzern bei dem herrschenden Tochterunternehmen ein KonzernBR errichtet werden (DKK/*Trittin* Rn. 32; *Fitting* Rn. 35; GK-BetrVG/*Kreutz* Rn. 44).

8 Der KonzernBR ist errichtet, wenn die einzelnen Gesamtbetriebsräte der Konzernunternehmen, in denen mindestens 50% der AN des Konzerns beschäftigt sind, sich durch selbständige **Beschlüsse** für seine Errichtung aussprechen. Für die Beschlussfassung gilt § 51 IV. Der jeweilige Beschluss erfordert danach die einfache, nach Stimmengewicht zu berechnende Mehrheit (s. § 51 Rn. 2). Tritt der BR des einzigen Betriebes eines Konzernunternehmens an die Stelle des GesamtBR, so ist für dessen Beschlussfassung die Mehrheit der anwesenden Mitglieder erforderlich. Es kommt nicht darauf an, dass mehrere Gesamtbetriebsräte der Errichtung zustimmen. Vielmehr reicht aus, dass ein GesamtBR sich für die Errichtung ausspricht, wenn er mindestens 50% der AN des Konzerns repräsentiert (DKK/*Trittin* Rn. 36; *Fitting* Rn. 43; GK-BetrVG/*Kreutz* Rn. 50). Für die Feststellung der Beschäftigtenzahl ist auf die Zahl aller mit Ausnahme der leitenden Angestellten zum Zeitpunkt der Beschlussfassung beschäftigten AN der Konzernunternehmen abzustellen. Es kommt nicht darauf an, ob sie wahlberechtigt sind (DKK/*Trittin* Rn. 38; *Fitting* Rn. 46; GK-BetrVG/*Kreutz* Rn. 52) oder in dem Betrieb bzw. Konzernunternehmen (Gesamt-)Betriebsräte bestehen (BAG 11. 8. 1993 AP BetrVG 1972 § 54 Nr. 6; Richardi/*Richardi*/*Annuß* Rn. 40; *Fitting* Rn. 46; GK-BetrVG/*Kreutz* Rn. 53). Aus der Zuständigkeit des KonzernBR lässt sich nicht darauf schließen, auf welche Betriebe oder Unternehmen es zur Ermittlung der Gesamtzahl der AN bei seiner Errichtung ankommt.

IV. Beendigung

9 Der KonzernBR ist wie der GesamtBR eine Dauereinrichtung ohne feste Amtszeit. Er kann sich nicht selbst auflösen (*Fitting* Rn. 53; GK-BetrVG/*Kreutz* Rn. 59). Allenfalls können seine Mitglieder geschlossen ihr Amt niederlegen. In diesem Fall rücken die Ersatzmitglieder nach (*Fitting* Rn. 53). Als fakultatives Organ kann er durch übereinstimmende Beschlüsse der Gesamtbetriebsräte der Konzernunternehmen aufgelöst werden (Richardi/*Richardi*/*Annuß* Rn. 47; *Fitting* Rn. 52; GK-BetrVG/*Kreutz* Rn. 60). Für die Auflösungsbeschlüsse fehlen gesetzliche Vorgaben. Es reichen deshalb Auflösungsbeschlüsse der Gesamtbetriebsräte der Konzernunternehmen, in denen mehr als die Hälfte der AN des Konzerns beschäftigt sind (Richardi/*Richardi*/*Annuß* Rn. 48; *Fitting* Rn. 52; GK-BetrVG/*Kreutz* Rn. 60).

V. Konzernunternehmen mit einem Betriebsrat

10 Abs. 2 legt generalklauselartig fest, dass unter den genannten Voraussetzungen alle Vorschriften über Rechte, Pflichten und die Zuständigkeit von GesamtBR auch für den BR gelten. Dies gilt erst einmal für den Fall, dass ein Konzernunternehmen nur aus einem betriebsratsfähigen Betrieb besteht (Richardi/*Richardi*/*Annuß* Rn. 55; DKK/*Trittin* Rn. 58; *Fitting* Rn. 56; GK-BetrVG/*Kreutz* Rn. 64). Es gilt ebenso, wenn zwar mehrere betriebsratsfähige Betriebe bestehen, jedoch nur in einem Betrieb ein BR gewählt wurde und deshalb ein GesamtBR nicht gebildet werden konnte (DKK/*Trittin* Rn. 58; *Fitting* Rn. 58; GK-BetrVG/*Kreutz* Rn. 65; aA Richardi/*Richardi*/*Annuß* Rn. 55). Auch hier muss der einzelne BR nicht hinnehmen, dass er Zuständigkeiten gegenüber dem GesamtBR verliert. Es kann ihm deshalb seine Mitwirkung auf Konzernebene nicht versagt werden. Dieser BR repräsentiert allerdings nur die AN des Betriebes, in dem er gebildet ist, nicht die der betriebsratslosen Betriebe (s. auch § 50 Rn. 2; *Fitting* Rn. 58; aA DKK/*Trittin* Rn. 59). Es fehlt insoweit seine betriebsverfassungsrechtliche Legitimation. Abs. 2 ist nicht anzuwenden auf den Fall, dass in einem Konzernunternehmen mehrere Betriebsräte bestehen, diese jedoch pflichtwidrig keinen GesamtBR gebildet haben (DKK/*Trittin* Rn. 60; *Fitting* Rn. 59; GK-BetrVG/*Kreutz* Rn. 66). Der einzige BR eines Konzernunternehmens nimmt an den Beschlüssen über die Bildung des KonzernBR und der Entscheidung bzw. Abberufung seiner Mitglieder – §§ 54, 55, 57 – wie beim GesamtBR teil und kann den KonzernBR mit absoluter Stimmenmehrheit nach § 58 II damit beauftragen, eine Angelegenheit zu behandeln (*Fitting* Rn. 60).

VI. Streitigkeiten

11 Über die Errichtung eines KonzernBR wird im arbeitsgerichtlichen Beschlussverfahren nach den §§ 2 a, 80 ff. ArbGG entschieden. Örtlich zuständig ist nach § 82 S. 2 ArbGG das für den Sitz des herrschenden Unternehmens zuständige Arbeitsgericht. Betrifft der Streit das Entsendungsrecht eines GesamtBR, so sind weder eine im Unternehmen vertretene Gewerkschaft noch der Gesellschafter einer Gesellschaft bürgerlichen Rechts, die zur gemeinsamen Leitung des herrschenden Unternehmens gebildet wurde, antragsberechtigt (BAG 29. 8. 1985 AP ArbGG 1979 § 83 Nr. 13).

§ 55 Zusammensetzung des Konzernbetriebsrats, Stimmengewicht

(1) ¹In den Konzernbetriebsrat entsendet jeder Gesamtbetriebsrat zwei seiner Mitglieder. ²Die Geschlechter sollen angemessen berücksichtigt werden.

(2) Der Gesamtbetriebsrat hat für jedes Mitglied des Konzernbetriebsrats mindestens ein Ersatzmitglied zu bestellen und die Reihenfolge des Nachrückens festzulegen.

(3) Jedem Mitglied des Konzernbetriebsrats stehen die Stimmen der Mitglieder des entsendenden Gesamtbetriebsrats je zur Hälfte zu.

(4) ¹Durch Tarifvertrag oder Betriebsvereinbarung kann die Mitgliederzahl des Konzernbetriebsrats abweichend von Absatz 1 Satz 1 geregelt werden. ²§ 47 Abs. 5 bis 9 gilt entsprechend.

I. Zusammensetzung

Nach **Abs. 1** sind alle Gesamtbetriebsräte der dem Konzern angehörenden – abhängigen und herrschenden – Unternehmen nach seiner Errichtung verpflichtet, Mitglieder in den KonzernBR zu entsenden, auch wenn sie ihr nicht zugestimmt haben (Richardi/*Richardi/Annuß* Rn. 11; DKK/*Trittin* Rn. 5; *Fitting* Rn. 4). Es können nur Mitglieder des GesamtBR entsandt werden. Besteht für ein Konzernunternehmen nur ein **BR**, ist dieser nach § 54 II zur Entsendung verpflichtet. Der Schutz des Minderheitengeschlechts in **Abs. 1 S. 2** ist – anders als bei der Betriebsratswahl – nicht zwingend. Halten sich die Beteiligten nicht an die Aufforderung des Gesetzgebers, bleibt die Entsendung wirksam.

Die Bestellung von **Ersatzmitgliedern** erfolgt nach **Abs. 2** nach demselben Verfahren wie die Entsendung von KonzernBRMitgliedern. Wenn mehrere Ersatzmitglieder für ein ordentliches Mitglied bestellt werden, muss der GesamtBR auch die Reihenfolge des Nachrückens festlegen (*Fitting/Annuß* n Rn. 14). Das Ersatzmitglied rückt im Falle zeitweiliger Verhinderung oder des Ausscheidens des ordentlichen Mitglieds für dieses nach (*Fitting* Rn. 13). Diese Grundsätze gelten nach § 54 II entsprechend für den Fall, dass in einem Konzernunternehmen nur ein BR besteht.

Die Mitgliedschaft im KonzernBR endet spätestens mit der Mitgliedschaft im BR (*Fitting* Rn. 6). Die **Abberufung** erfordert dasselbe Verfahren wie die Entsendung (*Fitting* Rn. 10). Für ein abberufenes oder aus sonstigen Gründen aus dem KonzernBR ausgeschiedenes Mitglied rückt nach § 59 I iVm. § 25 I ein Ersatzmitglied nach, wenn nicht die zur Entsendung Berechtigten eine andere Regelung beschlossen haben (*Fitting* Rn. 12).

II. Abweichende Regelungen

Abs. 4 ermöglicht die Vergrößerung und Verkleinerung von KonzernBR durch Änderung der Mitgliederzahl. Für diese Änderung gilt § 47 V bis IX entsprechend (s. § 47 Rn. 10 ff.) Die abweichende Vereinbarung ist in jedem Fall mit dem herrschenden Unternehmen abzuschließen (Richardi/*Richardi/Annuß* Rn. 16, 21; DKK/*Trittin* Rn. 20 f.; *Fitting* Rn. 20 f.; aA GK-BetrVG/*Kreutz* Rn. 28). Der Abschluss eines EinheitsTV oder inhaltsgleicher TV mit allen Konzernunternehmen kann mit kaum zu überwindenden Schwierigkeiten verbunden sein. Den TV kann auch eine Gewerkschaft schließen, die nicht in den Betrieben aller Konzernunternehmen vertreten ist (DKK/*Trittin* Rn. 20; *Fitting* Rn. 20). Es besteht Tarifvorrang (s. § 47 Rn. 12). Die BV schließt der nach § 55 I gebildete KonzernBR ab. Der Unternehmer des herrschenden Unternehmens und der KonzernBR können nach Abs. 4 S. 2 iVm. § 47 V bis IX den Abschluss einer BV zur abweichenden Regelung der Mitgliederzahl verlangen, wenn der KonzernBR bei regelmäßiger Zusammensetzung nach Abs. 1 aus mehr als 40 Mitgliedern besteht (*Fitting* Rn. 26). Kommt keine Einigung zustande, entscheidet die Einigungsstelle, die beim herrschenden Konzernunternehmen zu bilden ist (*Fitting* Rn. 26; GK-BetrVG/*Kreutz* Rn. 35).

III. Stimmengewicht

Abs. 3 knüpft das Stimmengewicht der KonzernBRMitglieder an das der Mitglieder des entsendenden GesamtBR an. Im Fall des § 54 II – im zum Konzern gehörenden Unternehmen besteht nur ein BR – richtet sich das Stimmengewicht nach § 47 VII: Jedes entsandte Mitglied hat so viele Stimmen, wie in dem Betrieb, in dem es gewählt wurde, wahlberechtigte AN in der Wählerliste eingetragen sind. Entsendet der BR nur ein Mitglied, so entspricht dessen Stimmengewicht der Summe der Stimmen aller wahlberechtigten AN des Betriebes (DKK/*Trittin* Rn. 14; *Fitting* Rn. 16; GK-BetrVG/*Kreutz* Rn. 21). Im Fall der Verkleinerung des KonzernBR nach § 47 V bestimmt sich das Stimmengewicht der entsandten KonzernBRMitglieder nach dem Gesamtvolumen der Stimmengewichte der betreffenden Gesamtbetriebsräte (Richardi/*Richardi/Annuß* Rn. 24; *Fitting* Rn. 16).

Die Mitglieder des KonzernBR können ihre Stimmen nur einheitlich abgeben; ein Stimmensplitting findet nicht statt. Bei der Stimmabgabe sind die Mitglieder des KonzernBR frei und nicht an Weisungen des entsendenden (Gesamt-)BR gebunden (DKK/*Trittin* Rn. 18; *Fitting* Rn. 18).

IV. Streitigkeiten

7   Über die Zusammensetzung, Mitgliederzahl oder Stimmengewichtung wird im arbeitsgerichtlichen Beschlussverfahren nach den §§ 2a, 80 ff. ArbGG entschieden. Örtlich zuständig ist nach § 82 S. 2 das für den Sitz des herrschenden Unternehmens zuständige Arbeitsgericht. Hat das herrschende Unternehmen seinen Sitz im Ausland und ein Unternehmen im Inland, das über weitere Unternehmen Leitungsmacht ausübt, so ist das Arbeitsgericht zuständig, in dessen Bezirk das die Leitungsmacht ausübende inländische Unternehmen liegt (BAG 31. 10. 1975 AP BetrVG 1972 § 106 Nr. 2).

§ 56 Ausschluss von Konzernbetriebsratsmitgliedern

Mindestens ein Viertel der wahlberechtigten Arbeitnehmer der Konzernunternehmen, der Arbeitgeber, der Konzernbetriebsrat oder eine im Konzern vertretene Gewerkschaft können beim Arbeitsgericht den Ausschluss eines Mitglieds aus dem Konzernbetriebsrat wegen grober Verletzung seiner gesetzlichen Pflichten beantragen.

1   Die Vorschrift entspricht § 48. Da der KonzernBR wie der GesamtBR eine Daueinrichtung ist, kann er nicht aufgelöst werden (DKK/*Trittin* Rn. 2; *Fitting* Rn. 4). Der Ausschluss setzt eine **grobe Pflichtverletzung** voraus, die dem auszuschließenden Mitglied gerade in seiner Eigenschaft **als Mitglied des KonzernBR** obliegt (DKK/*Trittin* Rn. 3; *Fitting* Rn. 5). Die Verletzung von Pflichten, die ihm als Mitglied des GesamtBR oder BR obliegen, genügt nicht. Der Ausschluss aus dem KonzernBR wirkt sich nicht auf die Mitgliedschaft im GesamtBR oder BR aus (DKK/*Trittin* Rn. 3; *Fitting* Rn. 5), wohl aber bedingt der Ausschluss aus dem Betriebs- oder GesamtBR den Verlust der Mitgliedschaft im KonzernBR. Sie ist an die Mitgliedschaft im GesamtBR und die ihrerseits an die Mitgliedschaft im BR gebunden (*Fitting* Rn. 5).

2   Für die **Antragsberechtigung** müssen die erforderlichen Voraussetzungen auf Konzernebene erfüllt sein. AN, die nicht im KonzernBR repräsentiert sind, zählen nicht mit (DKK/*Trittin* Rn. 4; aA GK-BetrVG/*Kreutz* Rn. 6; *Fitting* Rn. 6). Für sie ist der KonzernBR nicht zuständig. Sie sind von seinen Pflichtverstößen nicht betroffen. AG ist die Konzernleitung, nicht die Leitung der abhängigen Unternehmen (*Fitting* Rn. 8; GK-BetrVG/*Kreutz* Rn. 7). Antragsberechtigt ist der KonzernBR, nicht der GesamtBR eines Konzernunternehmens (Richardi/*Richardi*/*Annuß* Rn. 7; *Fitting* Rn. 9; GK-BetrVG/*Kreutz* Rn. 9). Eine Gewerkschaft ist im Konzern vertreten, wenn nur ein AN in irgendeinem Konzernunternehmen Mitglied der Gewerkschaft ist (*Fitting* Rn. 7; GK-BetrVG/*Kreutz* Rn. 10).

3   **Örtlich zuständig** ist nach § 82 S. 2 ArbGG das für den Sitz des herrschenden Unternehmens zuständige Arbeitsgericht (*Fitting* Rn. 10). Es entscheidet im Beschlussverfahren nach den §§ 2a, 80 ff. ArbGG.

§ 57 Erlöschen der Mitgliedschaft

Die Mitgliedschaft im Konzernbetriebsrat endet mit dem Erlöschen der Mitgliedschaft im Gesamtbetriebsrat, durch Amtsniederlegung, durch Ausschluss aus dem Konzernbetriebsrat aufgrund einer gerichtlichen Entscheidung oder Abberufung durch den Gesamtbetriebsrat.

1   Die Vorschrift entspricht § 49. Die Gründe für das **Erlöschen** der Mitgliedschaft entsprechen den dort genannten (s. § 49 Rn. 3). Die Abberufung erfordert nach § 55 I 4 dasselbe Verfahren wie die Entsendung (s. § 54 Rn. 3). Mit dem Erlöschen der Mitgliedschaft im KonzernBR enden alle Funktionen, die eine Mitgliedschaft im KonzernBR voraussetzen (Richardi/*Richardi*/*Annuß* Rn. 8; *Fitting* Rn. 14). Für die ausgeschiedenen ordentlichen Mitglieder rücken die nach § 55 II bestellten Ersatzmitglieder nach, es sei denn, der GesamtBR bzw. im Fall des § 54 II der BR beschließen nach § 55 I, ein anderes Mitglied zu entsenden (DKK/*Trittin* Rn. 11; *Fitting* Rn. 15). Die Mitgliedschaft im KonzernBR endet, wenn das Mitglied aus dem Arbeitsverhältnis, der Betrieb aus dem Unternehmen oder das Unternehmen aus dem Konzern ausscheidet.

2   Der KonzernBR als **Daueinrichtung** bleibt bestehen, solange die Voraussetzungen für seine Errichtung erfüllt sind. Sie entfallen, wenn kein Konzern iSd. § 18 AktG mehr besteht oder die Gesamtbetriebsräte der Konzernunternehmen die Auflösung des KonzernBR beschließen (DKK/*Trittin* Rn. 3; *Fitting* Rn. 5; s. § 54 Rn. 9). Auf die Existenz des KonzernBR ist es ohne Einfluss, dass Konzernunternehmen aus dem Konzern ausscheiden oder weitere Unternehmen in den Konzern eingegliedert werden. Die pflichtwidrige Nichtentsendung von KonzernBRMitgliedern durch die zuständigen Gremien berührt nicht den rechtlichen Bestand des KonzernBR (DKK/*Trittin* Rn. 6; *Fitting* Rn. 6; aA GK-BetrVG/*Kreutz* Rn. 5). Sie stellt keine Auflösung dar. Diese erforderte einen förmlichen Beschluss. Auch ein kollektiver Rücktritt aller KonzernBRMitglieder führt nicht zur Auflösung des KonzernBR als solchen, vielmehr rücken die Ersatzmitglieder nach (DKK/*Trittin* Rn. 4, 10; *Fitting* Rn. 4).

Über **Streitigkeiten**, die das Bestehen oder die Beendigung der Mitgliedschaft im KonzernBR 3 betreffen, entscheidet nach § 82 S. 2 ArbGG das für den Sitz des herrschenden Unternehmens zuständige Arbeitsgericht nach §§ 2a, 80ff. ArbGG im **Beschlussverfahren**. Das für den Sitz des entsendenden GesamtBR zuständige Arbeitsgericht entscheidet, wenn es darum geht, ob die Mitgliedschaft im entsendenden GesamtBR und demzufolge auch im KonzernBR beendet ist (DKK/*Trittin* Rn. 12; *Fitting* Rn. 17).

§ 58 Zuständigkeit

(1) ¹Der Konzernbetriebsrat ist zuständig für die Behandlung von Angelegenheiten, die den Konzern oder mehrere Konzernunternehmen betreffen und nicht durch die einzelnen Gesamtbetriebsräte innerhalb ihrer Unternehmen geregelt werden können; seine Zuständigkeit erstreckt sich insoweit auch auf Unternehmen, die einen Gesamtbetriebsrat nicht gebildet haben, sowie auf Betriebe der Konzernunternehmen ohne Betriebsrat. ²Er ist den einzelnen Gesamtbetriebsräten nicht übergeordnet.

(2) ¹Der Gesamtbetriebsrat kann mit der Mehrheit der Stimmen seiner Mitglieder den Konzernbetriebsrat beauftragen, eine Angelegenheit für ihn zu behandeln. ²Der Gesamtbetriebsrat kann sich dabei die Entscheidungsbefugnis vorbehalten. ³§ 27 Abs. 2 Satz 3 und 4 gilt entsprechend.

I. Rechtsstellung

Mit der Festlegung der Zuständigkeit des KonzernBR grenzt die Vorschrift zugleich als Kollisions- 1 norm seinen Zuständigkeitsbereich von dem der Gesamtbetriebsräte ab. Das Verhältnis des KonzernBR zu den GesamtBR entspricht dem des GesamtBR zu den BR (s. § 50 Rn. 1 und 2). Der KonzernBR ist ein selbständiges, nicht an Weisungen und Richtlinien des GesamtBR gebundenes Organ der Betriebsverfassung, das den GesamtBR nicht übergeordnet ist. Seine Mitglieder haben kein imperatives Mandat. Im Rahmen seiner Zuständigkeit hat er dieselben Rechte und Pflichten wie GesamtBR und BR (BAG 20. 12. 1995 AP BetrVG 1972 § 58 Nr. 1). Er kann sich daneben bemühen, die Tätigkeiten der Gesamtbetriebsräte zu koordinieren (DKK/*Trittin* Rn. 3; *Fitting* Rn. 4; GK-BetrVG/*Kreutz* Rn. 7).

Verhandlungspartner des KonzernBR ist die **Konzernleitung** als Leitung des herrschenden Unter- 2 nehmens (*Fitting* Rn. 11). Das Betriebsverfassungsgesetz geht ungeachtet der rechtlichen Selbständigkeit der abhängigen Konzernunternehmen vom Bestehen eines Konzernarbeitgebers als Gegenpart zum KonzernBR aus (DKK/*Trittin* Rn. 8; *Fitting* Rn. 5; GK-BetrVG/*Kreutz* Rn. 9ff.; aA Richardi/*Richardi/Annuß* Rn. 2; MünchArbR/*Joost* § 307 Rn. 74ff.). Mit der mangelnden Rechtsfähigkeit des Konzerns als solchem lässt sich die betriebsverfassungsrechtliche Arbeitgeberstellung der Konzernleitung nicht negieren. Das Betriebsverfassungsgesetz setzt einen Konzernarbeitgeber mit Rechten aus und legt ihm Pflichten auf. Insoweit verfügt er auch über eine betriebsverfassungsrechtliche Rechtsfähigkeit (DKK/*Trittin* Rn. 8; GK-BetrVG/*Kreutz* Rn. 13). Der Gesetzgeber ging von der Arbeitgeberstellung der Konzernleitung aus. In dem schriftlichen Bericht des Ausschusses für Arbeit und Sozialordnung, dessen Vorschlag Eingang in § 58 II fand, heißt es, dass für den Fall der Zuständigkeit kraft Auftrags der GesamtBR der KonzernBR die Angelegenheit „mit der Konzernleitung zu behandeln" habe (BT-Drucks. VI/2729, 26). Ob ein Vertragskonzern oder ein faktischer Konzern vorliegt, ist unbeachtlich (HSG/*Glaubitz* Rn. 22; GK-BetrVG/*Kreutz* Rn. 11ff.; DKK/*Trittin* Rn. 8; aA Richardi/*Richardi/Annuß* Rn. 40). Das Betriebsverfassungsgesetz beschränkt die Zuständigkeit des KonzernBR nicht auf Vertragskonzerne. Ist der KonzernBR kraft **Auftrags** (Abs. 2) zuständig, können je nach Lage des Falles die Konzernleitung oder die Leitung des Unternehmens, dessen GesamtBR ihn beauftragt hat, Verhandlungspartner sein (*Fitting* Rn. 11; DKK/*Trittin* Rn. 13; s. § 50 Rn. 1).

II. Originäre Zuständigkeit

Die Zuständigkeitsabgrenzung in **Abs. 1** ist bewusst derjenigen zwischen GesamtBR und EinzelBR 3 nachgebildet. Es gelten deshalb die zu § 50 I entwickelten Grundsätze entsprechend (s. § 50 Rn. 2, 4). Im Konzernbereich ist jedoch die Notwendigkeit einer einheitlichen Regelung in deutlich geringerem Umfang gegeben als im Unternehmensbereich. Das spiegelt sich nicht zuletzt auch darin wider, dass es sich beim KonzernBR um ein fakultatives Organ handelt (vgl. DKK/*Trittin* Rn. 26; *Fitting* Rn. 8). Ist nur ein Unternehmen betroffen, scheidet eine originäre Zuständigkeit des KonzernBR von vornherein aus. Der Begriff des „Nichtregelnkönnens" setzt keine denkgesetzliche Unmöglichkeit der Regelung durch die Gesamtbetriebsräte voraus. Es muss eine **zwingende sachliche Notwendigkeit** für eine konzerneinheitliche oder unternehmensübergreifende Regelung bestehen, wobei auf die Verhältnisse des jeweiligen Konzerns, seiner konkreten Unternehmen und der konkreten Betriebe abzustellen ist. Reine Zweckmäßigkeitserwägungen oder das Koordinierungsinteresse des AG allein genügen nicht. Es kommt auch nicht darauf an, auf welcher betriebsverfassungsrechtlichen Ebene der Arbeitgeber die

Eisemann

Regelung treffen möchte. Entscheidend sind der **Inhalt der geplanten Regelung** und das **Ziel**, das durch die Regelung erreicht werden soll. Lässt sich der Zweck einer Regelung nur durch eine einheitliche Regelung auf der Konzernebene erreichen, so ist der KonzernBR zuständig (BAG 20. 12. 1995 AP BetrVG 1972 § 58 Nr. 1). Die Zuständigkeit der Gesamtbetriebsräte bleibt solange bestehen, wie eine konzerneinheitliche Regelung von keiner Seite angestrebt wird (BAG 19. 3. 1981 AP BetrVG 1972 § 80 Nr. 14). Die Zuständigkeit des KonzernBR lässt sich nicht allein damit bejahen, dass eine Initiative zur Regelung einer beteiligungspflichtigen Maßnahme von der Konzernleitung ausgeht (DKK/*Trittin* Rn. 26: GK-BetrVG/*Kreutz* Rn. 20). Geht es aber um die Regelungen freiwilliger Leistungen, deren Zweck der Arbeitgeber (mitbestimmungsfrei) bestimmt, ist die Zuständigkeit des KonzernBR gegeben, wenn der Arbeitgeber sie nur konzerneinheitlich oder unternehmensübergreifend gewähren will (s. § 50 Rn. 6). Im Übrigen schließt die Zuständigkeit des KonzernBR die des GesamtBR oder der Einzelbetriebsräte zum selben Gegenstand aus (s. § 50 Rn. 2). Das kann insb. im Bereich der freiwilligen Arbeitgeberleistungen zu einer Mitbestimmungslücke führen, wenn trotz Vorliegens der Voraussetzungen kein KonzernBR gebildet ist. Fehlt das für die Entscheidungsebene zuständige Mitbestimmungsorgan, kann keine Mitbestimmung stattfinden (BAG 14. 12. 1993 AP BetrAVG § 7 Nr. 81).

4   Der KonzernBR ist nach **Abs. 1 S. 1 letzter HS.** auch zuständig für Unternehmen und Betriebe **ohne Gesamt- oder EinzelBR**. Dies gilt einmal für betriebsratsfähige Betriebe, die keinen BR gewählt haben und über § 4 II ebenso für die nicht betriebsratsfähige Betriebe (s. § 50 Rn. 2). Der KonzernBR ist nach **Abs. 1 S. 1 HS. 2** zuständig für Unternehmen, die pflichtwidrig keinen Vertreter entsandt haben. Sie verlieren nur Einfluss auf die Ausübung der Mitbestimmungsrechte durch den KonzernBR. Die erweiterten Zuständigkeiten nach S. 1 machen aus dem KonzernBR keinen „Ersatzgesamtbetriebsrat". Die Vorschrift gilt allein im Rahmen seiner Zuständigkeit, dh. für Angelegenheiten, die mindestens zwei Konzernunternehmen betreffen und von den GesamtBR nicht selbst geregelt werden können. Beim sog. **Konzern im Konzern** (s § 54 Rn. 5) richtet sich die Abgrenzung der Zuständigkeit zwischen den KonzernBR danach, welches Unternehmen jeweils die Entscheidungskompetenz in der beteiligungspflichtigen Angelegenheit hat (DKK/*Trittin* Rn. 21).

5   Bei **sozialen Angelegenheiten** ist der KonzernBR u. a. zuständig für Regelungen über die Errichtung und Verwaltung einer Sozialeinrichtung, deren Wirkungskreis sich auf den Konzern erstreckt (BAG 21. 6. 1979 AP BetrVG 1972 § 87 Sozialeinrichtung Nr. 1), wie zB Unterstützungskassen, deren Wirkung sich auf den Konzern beziehen (BAG 14. 12. 1993 AP BetrAVG § 7 Nr. 81), für die Einführung konzernweiter Personalinformationssysteme (DKK/*Trittin* Rn. 30), und für Regelungen über einen konzernweiten Datenaustausch (BAG 20. 12. 1995 20. 12. 1955 AP BetrVG 1972 § 58 Nr. 1).

6   In allgemeinen **personellen Maßnahmen** ist der KonzernBR für die Personalplanung zuständig, wenn sie konzerneinheitlich erfolgt (DKK/*Trittin* Rn. 31; *Fitting* Rn. 13). Bei personellen Einzelmaßnahmen, die die AN der Konzernunternehmen und des herrschenden Unternehmens betreffen, kommt die Zuständigkeit des KonzernBR grundsätzlich nicht in Betracht; es sind die bei den jeweiligen Unternehmen gebildeten Einzelbetriebsräte zu beteiligen (DKK/*Trittin* Rn. 33; *Fitting* Rn. 16). Das gilt auch bei der Versetzung von einem Konzernunternehmen in ein anderes (BAG 30. 4. 1981 AP BetrVG 1972 § 99 Nr. 12; 19. 2. 1991 AP BetrVG 1972 § 95 Nr. 26). Eine Ausnahme für den Fall, dass ein Arbeitsvertrag mit dem Konzern besteht, ist deshalb nicht zu machen, weil der Konzern als solcher nicht Arbeitgeber sein kann (aA DKK/*Trittin* Rn. 34). Die Figur des rechtsfähigen Konzernarbeitgebers existiert nur im Betriebsverfassungsrecht und ist auf diesen Anwendungsbereich beschränkt (GK-BetrVG/*Kreutz* Rn. 13).

7   Im Rahmen der **wirtschaftlichen Mitbestimmung** kann der KonzernBR für den Abschluss eines Interessenausgleichs und Sozialplans zuständig sein, wenn und soweit die Regelungen nur konzerneinheitlich oder unternehmensübergreifend erfolgen können. Allein die in § 112 V Nr. 2 vorgesehene Möglichkeit, zur Vermeidung von Entlassungen, die Weiterbeschäftigung in anderen Betrieben oder Unternehmen zum Gegenstand des Interessenausgleichs zu machen, begründet jedoch nicht schon die Zuständigkeit des KonzernBR (BAG 17. 9. 1991 AP BetrVG 1972 § 112 Nr. 59). Nach § 106 I ist der **Wirtschaftsausschuss** ausschließlich der Unternehmensebene zugeordnet. Der KonzernBR kann deshalb keinen Wirtschaftsausschuss bilden (BAG 23. 8. 1989 AP BetrVG 1972 § 106 Nr. 7; *Fitting* Rn. 18; aA DKK/*Trittin* Rn. 37). Für eine analoge Anwendung des § 106 Abs. 1 fehlt eine planwidrige Gesetzeslücke. Der KonzernBR kann jedoch Angelegenheiten mit der Konzernleitung erörtern, die auf Unternehmensebene in die Zuständigkeit des Wirtschaftsausschusses fallen, wenn die Konzernleitung zustimmt (*Fitting* Rn. 19; GK-BetrVG/*Kreutz* Rn. 29).

8   Der KonzernBR hat nach § 80 I Nr. 2 und II einen allgemeinen **Auskunftsanspruch** über konzernweite und unternehmensübergreifende Angelegenheiten (*Fitting* Rn. 20). Er kann nach Maßgabe des § 80 III Sachverständige beauftragen, wenn dies zur ordnungsgemäßen Erfüllung seiner gesetzlichen Aufgaben erforderlich ist (*Fitting* Rn. 20).

9   Kraft **ausdrücklicher gesetzlicher Zuweisung** wirkt der KonzernBR mit:
Nach dem MitbestG bei der Bestellung des Hauptwahlvorstandes für die Wahl der Aufsichtsratmitglieder der AN des herrschenden Unternehmen des Konzerns (§§ 2, 4 der 3. WO MitbestG), bei der

Geschäftsführung § 59 BetrVG 210

Entgegennahme eines Antrags auf Abberufung eines Aufsichtsratsmitglieds der AN (§ 108 der 3. WO MitbestG) und der Anfechtung der Wahl von Aufsichtsratsmitgliedern der AN (§ 22 II MitbestG); nach dem MitbestErgG vom 20. 12. 1988 (BGBl. I S. 2312) bei der Wahl des Hauptwahlvorstandes zur Wahl der Aufsichtsratmitglieder der AN (§ 3 IV WahlO vom 23. 1. 1989, BGBl. I S. 147), bei der Entgegennahme von Anträgen auf Abberufung eines Aufsichtsratsmitglieds der AN nach § 10 m MitbestErgG (§ 101 WO zum MitbestG), bei der Einleitung des Abberufungsverfahrens durch Bildung eines Hauptwahlvorstandes. Nach § 1 IV Montan-MitbestG ist ein in einem Montanunternehmen, das herrschendes Unternehmen eines Konzerns ist, ohne unter das MitbestErgG zu fallen (§ 2 MitbestErgG), gebildeter KonzernBR Wahlkörper iSd. § 6 Montan-MitbestG für die Vertreter der AN und das der Arbeitnehmerseite zuzurechnende weitere Mitglied des Aufsichtsrates (§ 4 I b) Montan-MitbestG). Wenn ein solcher KonzernBR besteht, können auch AN der abhängigen Unternehmen auf die der Belegschaft vorbehaltenen Sitze gewählt werden (§ 6 Abs. 1 Montan-MitbestG). Ist kein KonzernBR gebildet, sind nur die Betriebsräte des herrschenden Unternehmens wahlberechtigt und nur die AN dieses Unternehmens wählbar (*Fitting* Rn. 22). Nach § 335 HGB kann der KonzernBR beim Registergericht die Festsetzung eines Zwangsgeldes gegen das Unternehmen beantragen, wenn die Mitglieder des vertretungsberechtigten Organs der Konzernspitze ihrer Pflicht zur Aufstellung eines Konzernabschlusses und Konzernlageberichts nicht nachgekommen sind.

III. Auftrag

Abs. 2 entspricht § 50 II. Die dort entwickelten Grundsätze gelten auch hier (s. § 50 Rn. 9 f.). Der 10 Übertragungsbeschluss bedarf nach Abs. 2 S. 2 iVm. § 27 II 3 der Schriftform und nach § 59 I iVm. § 51 III 1 der absoluten Mehrheit. Für die Delegation sind die Besonderheiten der Beschlussfassung des GesamtBR (s. § 51 Rn. 2) und der Stimmengewichtung nach § 47 VII und VIII zu beachten. Die Übertragung ist nur zulässig in Angelegenheiten, für die der GesamtBR (im Fall des § 54 II der BR) selbst zuständig ist. Ist der GesamtBR zulässigerweise vom EinzelBR beauftragt, darf er die Angelegenheit an den KonzernBR weiterdelegieren (DKK/*Trittin* Rn. 50; *Fitting* Rn. 25). Ansprechpartner des nach Abs. 2 beauftragten KonzernBR sind die jeweiligen Konzernunternehmen, deren Gesamtbetriebsräte die Angelegenheit delegiert haben (BAG 12. 11. 1997 AP BetrVG 1972 § 58 Nr. 2).

IV. Konzernbetriebsvereinbarung

Dabei handelt es sich um BV, die der KonzernBR im Rahmen seiner gesetzlichen Zuständigkeit 11 nach Abs. 1 mit der Konzernleitung schließt (*Fitting* Rn. 34). Sie gelten unmittelbar und zwingend für die Konzernunternehmen und ihre AN unabhängig davon, ob es sich um einen Vertragskonzern oder einen faktischen Konzern handelt (*Fitting* Rn. 35; GK-BetrVG/*Kreutz* Rn. 15). Ihre Geltung erstreckt sich nur auf Betriebe und Unternehmen, für die eine originäre Zuständigkeit des KonzernBR besteht (s. Rn. 3 und § 50 Rn. 3). Die Frage der **Ablösung** von GesamtBV durch KonzernBV stellt sich nur selten. Ist der KonzernBR zuständig, waren GesamtBV von Anfang an unwirksam (s. § 50 Rn. 3). Überträgt ein GesamtBR Angelegenheiten nach § 58 II dem KonzernBR zur **selbständigen Erledigung**, vereinbart dieser BV nicht mit der Konzernspitze, sondern mit der Leitung des Konzernunternehmens, dessen GesamtBR ihn beauftragt hat (DKK/*Trittin* Rn. 13; *Fitting* Rn. 41).

V. Streitigkeiten

Über die Zuständigkeit des KonzernBR wird im arbeitsgerichtlichen Beschlussverfahren nach den 12 §§ 2 a, 80 ff. ArbGG entschieden. Örtlich zuständig ist nach § 82 S. 2 ArbGG das für den Sitz des herrschenden Unternehmens zuständige Arbeitsgericht. Ist Streitgegenstand die Wirksamkeit eines Übertragungsbeschlusses nach Abs. 2, so ist das für den Sitz des Unternehmens, bei dem der GesamtBR gebildet ist, zuständige Arbeitsgericht zuständig. In einem Verfahren über die Wirksamkeit einer vom KonzernBR abgeschlossenen Vereinbarung sind alle Gesamtbetriebsräte zu beteiligen (vgl. BAG 31. 1. 1989 AP ArbGG 1979 § 81 Nr. 12).

§ 59 Geschäftsführung

(1) Für den Konzernbetriebsrat gelten § 25 Abs. 1, die §§ 26, 27 Abs. 2 und 3, § 28 Abs. 1 Satz 1 und 3, Abs. 2, die §§ 30, 31, 34, 35, 36, 37 Abs. 1 bis 3 sowie die §§ 40, 41 und 51 Abs. 1 Satz 2 und Abs. 3 bis 5 entsprechend.

(2) ¹Ist ein Konzernbetriebsrat zu errichten, so hat der Gesamtbetriebsrat des herrschenden Unternehmens oder, soweit ein solcher Gesamtbetriebsrat nicht besteht, der Gesamtbetriebsrat des nach der Zahl der wahlberechtigten Arbeitnehmer größten Konzernunternehmens zu der Wahl des Vorsitzenden und des stellvertretenden Vorsitzenden des Konzernbetriebsrats einzuladen. ²Der Vorsitzende des einladenden Gesamtbetriebsrats hat die Sitzung zu leiten, bis der

Konzernbetriebsrat aus seiner Mitte einen Wahlleiter bestellt hat. ³ § 29 Abs. 2 bis 4 gilt entsprechend.

1 **1. Konstituierung.** Abs. 2 entspricht § 51 III. Die dort entwickelten Grundsätze gelten auch hier (s. § 51 Rn. 1). Haben sich die Gesamtbetriebsräte nach § 54 I 2 für die Errichtung eines KonzernBR ausgesprochen, muss der GesamtBR des herrschenden Unternehmens bzw des nach der Zahl der wahlberechtigten AN größten Konzernunternehmens zur konstituierenden Sitzung einladen und zur Entsendung der nach § 55 zu bestimmenden Mitglieder des KonzernBR auch die Gesamtbetriebsräte auffordern, die sich gegen die Bildung des KonzernBR ausgesprochen haben (DKK/*Trittin* Rn. 42; *Fitting* Rn. 15). Für die Feststellung der Betriebsgröße iSv. Abs. 1 kommt es auf die Eintragung in die Wählerlisten bei den letzten Betriebsratswahlen an (DKK/*Trittin* Rn. 39; *Fitting* Rn. 14). Im Fall des § 54 II nimmt der jeweilige BR die Aufgaben des GesamtBR wahr.

2 **2. Beschlüsse.** Der KonzernBR ist nach Abs. 1 iVm. § 51 III 3 beschlussfähig, wenn mindestens die Hälfte seiner anwesenden Mitglieder an der Beschlussfassung teilnimmt und die teilnehmenden Mitglieder mindestens die Hälfte des Stimmengewichtes aller KonzernBRMitglieder (*Fitting* Rn. 26) repräsentieren (s. § 51 Rn. 2). Der KonzernBR fasst seine Beschlüsse grundsätzlich mit der einfachen Mehrheit der Stimmen der an der Beschlussfassung teilnehmenden Mitglieder. Der absoluten Mehrheit bedarf nach Abs. 1 iVm. §§ 27 II, 28 die Übertragung von Aufgaben zur selbständigen Erledigung auf den Konzernbetriebsausschuss und andere Ausschüsse oder einzelne KonzernBRMitglieder und nach Abs. 1 iVm. § 36 der Beschluss zum Erlass einer Geschäftsordnung (s. § 51 Rn. 2).

3 **3. Vorsitzender.** Der Vorsitzende und sein Stellvertreter werden nach Abs. 1 iVm. §§ 51 II 1 und 2, 26 I in der konstituierenden Sitzung aus der Mitte des KonzernBR in gleicher Weise wie beim GesamtBR gewählt (s. § 51 Rn. 3). Der beschlussfähige KonzernBR wählt in offener oder geheimer Abstimmung mit einfacher Mehrheit. Sie verlieren ihr Amt nur aus einem in ihrer Person liegenden Grund wie Amtsniederlegung, Absetzung durch oder Ausscheiden aus dem KonzernBR. Sie scheiden aus dem KonzernBR auch bei Ablauf ihrer Amtszeit als BR aus, selbst wenn sie wieder in den BR gewählt worden sind (s. § 47 Rn. 15). Die Befugnisse des Vorsitzenden und stellvertretenden Vorsitzenden des KonzernBR entsprechen nach Abs. 1 iVm. §§ 26 II und 27 III denen des Vorsitzenden und des Stellvertreter des GesamtBR (s. § 51 Rn. 3).

4 **4. Geschäftsführung.** Für die Geschäftsführung des KonzernBR sind nach der Aufzählung in Abs. 1 im Wesentlichen dieselben Vorschriften anzuwenden wie für die Geschäftsführung des GesamtBR. Deshalb kann auf die dort gemachten Ausführungen (§ 51 Rn. 4, 5) verwiesen werden. Die Aufzählung ist abschließend. Sie lässt sich nicht über den nach Abs. 1 anzuwendenden § 51 VI erweitern (*Fitting* Rn. 22; GK-BetrVG/*Kreutz* Rn. 4; aA DKK/*Trittin* Rn. 32). Diese Generalklausel bezieht sich nicht auf Organisationsvorschriften. Der KonzernBR hat nach Abs. 1 iVm. § 51 VI, 80 II und III – bei dem es sich nicht um eine Organisationsvorschrift handelt – das Recht, Auskunftspersonen und Sachverständige hinzuzuziehen (DKK/*Trittin* Rn. 33; *Fitting* Rn. 20). Es gelten folgende **Besonderheiten:** Ein Teilnahmerecht von Gewerkschaften an den Sitzungen des KonzernBR ist nur gegeben, wenn die Gewerkschaft im KonzernBR vertreten ist (*Fitting* Rn. 19; GK-BetrVG/*Kreutz* Rn. 26; aA Richardi/*Richardi/Annuß* Rn. 23; DKK/*Trittin* Rn. 17).

5 **5. Konzernbetriebsausschuss.** Ein KonzernBR mit mehr als acht Mitgliedern muss nach Abs. 1 iVm. § 51 I 2 einen Konzernbetriebsausschuss bilden. Dieser führt die laufenden Geschäfte. Er besteht aus dem Vorsitzenden und stellvertretenden Vorsitzenden des KonzernBR sowie weiteren Mitgliedern. Für die Bestimmung der weiteren Mitglieder gelten die für den Gesamtbetriebsausschuss anzuwendenden Vorschriften und Grundsätze (vgl. § 51 Rn. 10 ff.). Die weiteren Mitglieder des Konzernbetriebsausschusses werden in Mehrheitswahl gewählt (*Fitting* Rn. 9). Der KonzernBR kann weitere Ausschüsse bilden, denen er bestimmte Aufgaben überträgt. Für deren Zusammensetzung und die Bestimmung ihrer Mitglieder gelten dieselben Grundsätze wie für den Gesamtbetriebsausschuss (s. § 51 Rn. 12). Einen Wirtschaftsausschuss kann der KonzernBR nicht errichten (BAG 23. 8. 1989 AP BetrVG 1972 § 106 Nr. 7). Für die Beschlussfassung im Konzernbetriebsausschuss und den etwa gebildeten weiteren Ausschüssen des KonzernBR kommt es nicht auf das Stimmgewicht an, abzustimmen ist nach Köpfen (DKK/*Trittin* Rn. 29; *Fitting* Rn. 13).

6 **6. Streitigkeiten.** Über die Geschäftsführung und Konstituierung des KonzernBR wird im arbeitsgerichtlichen Beschlussverfahren nach den §§ 2a, 80 ff. ArbGG entschieden. Örtlich zuständig ist nach § 82 S. 2 ArbGG das für den Sitz des herrschenden Unternehmens zuständige Arbeitsgericht. Für Streitigkeiten über den Beschluss eines GesamtBR nach Abs. 2 ist das für den Sitz des Unternehmens zuständige Arbeitsgericht örtlich zuständig. Ansprüche von KonzernBRMitgliedern auf Zahlung von Arbeitsentgelt im Zusammenhang mit der KonzernBRTätigkeit sind im arbeitsgerichtlichen Urteilsverfahren zu verfolgen. Die örtliche Zuständigkeit richtet sich in diesen Fällen nach §§ 12 ff. ZPO.

§ 59 a Teilnahme der Konzernschwerbehindertenvertretung

Die Konzernschwerbehindertenvertretung (§ 97 Abs. 2 des Neunten Buches Sozialgesetzbuch) kann an allen Sitzungen des Konzernbetriebsrats beratend teilnehmen.

Die Gesamtbehindertenvertretungen sind nach § 97 II SGB IX verpflichtet, eine Konzernschwerbehindertenvertretung zu wählen (DKK/*Trittin* Rn. 7). Sie vertritt nach § 97 VI SGB IX die Interessen der schwerbehinderten Menschen in Angelegenheiten, die mindestens zwei Konzernunternehmen betreffen und von den Gesamtschwerbehindertenvertretungen in den Unternehmen nicht geregelt werden können. Dies gilt auch für die schwerbehinderten Menschen in Unternehmen, in denen es keine Gesamtschwerbehindertenvertretung gibt. 1

Die Konzernschwerbehindertenvertretung kann an allen Sitzungen des KonzernBR und seiner Ausschüsse beratend teilnehmen (DKK/*Trittin* Rn. 10, 13; Richardi/*Annuß* Rn. 8). Sie kann beantragen, dass Angelegenheiten, die schwerbehinderte Menschen besonders betreffen, auf die Tagesordnung genommen werden (Richardi/*Annuß* Rn. 9). Sieht sie die Gefahr einer erheblichen Beeinträchtigung wichtiger Interessen der von ihr betreuten schwerbehinderten Menschen, kann sie nach § 35 iVm. § 59 I Beschlüsse des KonzernBR aussetzen lassen (DKK/*Trittin* Rn. 15; Richardi/*Annuß* Rn. 10). Die Kosten der Konzernbehindertenvertretung trägt nach § 97 VII iVm. § 96 SGB IX der Arbeitgeber. 2

Dritter Teil. Jugend- und Auszubildendenvertretung

Erster Abschnitt. Betriebliche Jugend- und Auszubildendenvertretung

§ 60 Errichtung und Aufgabe

(1) In Betrieben mit in der Regel mindestens fünf Arbeitnehmern, die das 18. Lebensjahr noch nicht vollendet haben (jugendliche Arbeitnehmer) oder die zu ihrer Berufsausbildung beschäftigt sind und das 25. Lebensjahr noch nicht vollendet haben, werden Jugend- und Auszubildendenvertretungen gewählt.

(2) Die Jugend- und Auszubildendenvertretung nimmt nach Maßgabe der folgenden Vorschriften die besonderen Belange der in Absatz 1 genannten Arbeitnehmer wahr.

1. **Vorbemerkung.** Die JAV artikuliert gegenüber dem BR die speziellen Interessen der jugendlichen und zu ihrer Ausbildung beschäftigten AN. Bei ihr handelt es sich nicht um ein gleichberechtigtes und selbständiges Organ, welches diese Interessen unmittelbar gegenüber dem AG vertritt. Dies bleibt einschließlich der hiermit verbundenen Beteiligungsrechte dem BR als dem Interessenvertreter aller AN und damit auch der AN nach Abs. 1 vorbehalten (BAG 21. 1. 1982 AP BetrVG 1972 § 70 Nr. 1; Richardi/*Richardi/Annuß* Rn. 12 f.; *Fitting* Rn. 4). Die §§ 60 ff. sind – abgesehen von den Öffnungsklauseln in § 72 IV und V – zwingend. Von ihnen kann weder durch TV noch durch BV abgewichen werden. Auch in Organisationsanteilen, welche nach § 3 V als Betriebe gelten, sind JAV zu bilden (*Fitting* Rn. 11). Es gilt der Betriebsbegriff des § 1 (s. dort Rn. 7 ff.). 1

2. **Errichtung.** Eine JAV kann nur in Betrieben mit BR gebildet werden (Richardi/*Richardi/Annuß* Rn. 11; *Fitting* Rn. 22; GK-BetrVG/*Oetker* Rn. 38; aA DKK/*Trittin* Rn. 26), wie schon die §§ 63 II und 80 I Nr. 5 zeigen. Fehlt ein BR kurzzeitig – zB bei einer verzögerten Neuwahl, fällt eine bestehende JAV nicht weg (Richardi/*Richardi/Annuß* Rn. 11; *Fitting* Rn. 23; ähnlich GK-BetrVG/*Oetker* Rn. 40). Ihre Wahl ist nach § 80 I Nr. 5 obligatorisch. Es ist unerheblich, ob sie erforderlich erscheint. **AN und die zu ihrer Berufsausbildung Beschäftigten** sind die des § 5 I (s. dort Rn. 2 ff.). Auszubildende müssen auf Grund eines privatrechtlichen Ausbildungsvertrages im Betrieb des Ausbilders eine berufliche Unterweisung erhalten und in den Betrieb eingegliedert sein. Diese Eingliederung liegt nur vor, wenn sich die berufspraktische Ausbildung im Rahmen der jeweiligen arbeitstechnischen Zwecksetzung des Betriebes vollzieht. Dazu muss sie mit dem laufenden Produktions- und Dienstleistungsprozess verknüpft sein (BAG 20. 3. 1996 AP BetrVG 1972 § 5 Ausbildung Nr. 9). Zu den AN nach § 60 I gehören damit Volontäre (DKK/*Trittin* Rn. 24); Umschüler und Teilnehmer an berufsvorbereitenden Maßnahmen für jugendliche Arbeitslose (BAG 26. 11. 1987 AP BetrVG 1972 § 5 Nr. 36) oder staatlichen Programmen zur Förderung der Berufsausbildung von benachteiligten Jugendlichen (BAG 10. 2. 1981 AP BetrVG 1972 § 5 Nr. 25); Praktikanten, soweit eine Arbeitspflicht besteht (BAG 24. 9. 1981 AP BetrVG 1972 § 5 Nr. 26), nicht Rehabilitanden in einem beruflichen Ausbildungswerk (BAG 26. 1. 1994 AP BetrVG 1972 § 5 Nr. 54). Für Studenten im Praktikum ist entscheidend, ob es sich um eine Maßnahme der Hochschule handelt, bei der sie sich nur des Betriebes bedient oder ob das Praktikum so geregelt ist, dass die Studenten dabei in einer privatrechtlichen Vertragsbeziehung zum Betriebsinhaber stehen (BAG 30. 10. 1991 AP BetrVG 1972 § 5 Ausbildung Nr. 2). Schüler, die ihr Betriebspraktikum ableisten, gehören nicht zu den AN nach Abs. 1. Sie sind 2

nicht zur Arbeitsleistung verpflichtet und werden nicht ausgebildet (DKK/*Trittin* Rn. 25; *Fitting* § 5 Rn. 269). Die **erforderliche Zahl** von AN muss nicht gerade bei Einleitung der Wahl oder am Wahltag erreicht sein. Es reicht aus, wenn im Betrieb im Allgemeinen mindestens fünf jugendliche AN bzw zu ihrer Berufsausbildung Beschäftigte unter 25 Jahren tätig sind (Richardi/*Richardi/Annuß* Rn. 6; DKK/ *Trittin* Rn. 15; *Fitting* Rn. 12). Für die Berechnung des Alters ist als Stichtag der Wahltag bzw. der letzte Tag der Stimmabgabe maßgebend (DKK/*Trittin* Rn. 22; *Fitting* § 61 Rn. 6).

3 **3. Aufgaben.** Die JAV nimmt die besonderen Interessen der jugendlichen AN und der zu ihrer Berufsausübung Beschäftigten gegenüber dem BR und mit ihm gegenüber dem AG wahr. Sie nimmt sich der betriebsbezogenen Angelegenheiten an, welche speziell für die AN des Abs. 1 von Belang sind (DKK/*Trittin* Rn. 5; GK-BetrVG/*Oetker* Rn. 47). Ihre Aufgaben und Kompetenzen sind in den §§ 61 bis 73 grundsätzlich abschließend beschrieben, wie der Hinweis auf ihre „Wahrnehmung nach Maßgabe der folgenden Vorschriften" zeigt (GK-BetrVG/*Oetker* Rn. 48). Ihre Mitglieder sind nicht Mitglieder des BR. Sie nehmen an seinen Sitzungen mit abgestuften Rechten teil. Sie können keine BV mit dem AG abschließen (DKK/*Trittin* Rn. 29; *Fitting* Rn. 25). Die JAV kann nicht alleine einen gegenüber dem AG wirksamen Beschluss fassen (BAG 10. 6. 1975 AP BetrVG 1972 § 73 Nr. 1). Nur der BR vertritt die Interessen der AN – einschließlich des § 60 I – gegenüber dem AG (BAG 21. 1. 1982 AP BetrVG 1972 § 70 Nr. 1). Er allein übt die damit verbundenen Mitbestimmungsrechte aus. Soweit die JAV Maßnahmen durchführen will, ist sie daher auf die Mitwirkung des BR angewiesen (BAG 21. 1. 1982 AP BetrVG 1972 § 70 Nr. 1). Selbstorganisationsrechte – wie zB das Erstellen einer Geschäftsordnung – nimmt sie jedoch selbst wahr.

4 **4. Streitigkeiten.** Über Errichtung und Zuständigkeit der JAV wird im arbeitsgerichtlichen Beschlussverfahren nach den §§ 2 a, 80 ff. ArbGG entschieden. Dies gilt ebenso für Streitigkeiten zwischen ihr und dem BR.

§ 61 Wahlberechtigung und Wählbarkeit

(1) **Wahlberechtigt sind alle in § 60 Abs. 1 genannten Arbeitnehmer des Betriebs.**

(2) ¹**Wählbar sind alle Arbeitnehmer des Betriebs, die das 25. Lebensjahr noch nicht vollendet haben; § 8 Abs. 1 Satz 3 findet Anwendung.** ²**Mitglieder des Betriebsrats können nicht zu Jugend- und Auszubildendenvertretern gewählt werden.**

1 **1. Wahlberechtigung.** Wahlberechtigt sind nach **Abs. 1** neben den zu ihrer Berufsausbildung beschäftigten unter 25-Jährigen (s. § 60 Rn. 2) alle AN, die wegen fehlender Volljährigkeit noch nicht zum BR wahlberechtigt sind. Das gleichzeitige Wahlrecht der Volljährigen zum BR nimmt nicht die Wahlberechtigung für die JAV (DKK/*Trittin* Rn. 7; *Fitting* Rn. 6; GK-BetrVG/*Oetker* Rn. 7). Das Doppelwahlrecht ist vom Gesetzgeber gewollt. Wahlberechtigt sind auch Jugendliche, die wegen ihres Alters nach § 1773 BGB unter Vormundschaft stehen (DKK/*Trittin* Rn. 5; *Fitting* Rn. 5; GK-BetrVG/ *Oetker* Rn. 14). Voraussetzung für die Wahlberechtigung ist nach den §§ 38, 2 III VWO eine Eintragung in die Wählerliste.

2 Für die Wahl der JAV gilt der **Betriebsbegriff** des § 1 (s. § 1 Rn. 7 ff.). Nichtbetriebsratsfähige Kleinbetriebe bilden nach § 4 II mit dem betriebsratsfähigen Betrieb einen einzigen Betrieb. Auch in Organisationseinheiten, welche nach § 3 V als Betrieb gelten, sind JAVs zu wählen. Überlässt ein Betriebsinhaber Dritten Einrichtungen – zB einer **Lehrwerkstatt** – zur Berufsausbildung, ohne dass die dort Auszubildenden seinem Weisungsrecht unterstellt sind, werden sie nicht zu Angehörigen seines Betriebes und sind damit nicht wahlberechtigt zu dessen JAV (BAG 4. 4. 1990 AP BetrVG 1972 § 60 Nr. 1). Für die abschnittsweise in verschiedenen Betrieben eines oder mehrerer – räumlich bzw wirtschaftlich – verbundener Unternehmen durchgeführte **zentral gesteuerte Ausbildung** gilt: Die Auszubildenden sind als AN des Betriebes anzusehen, in welchem die der Beteiligung des BR bzw. der JAV unterliegenden, für ihr Ausbildungsverhältnis wesentlichen Entscheidungen des AG getroffen werden (BAG 13. 3. 1991 AP BetrVG 1972 § 60 Nr. 2; *Fitting* § 60 Rn. 17; aA DKK/*Trittin* § 60 Rn. 19). Sie gehören damit während der gesamten Zeit dem Stammbetrieb an, von dem sie entsandt werden. Bei **Übertragung der praktischen Ausbildung** auf eine verselbständigte Einrichtung – zB eine außerbetriebliche Ausbildungswerkstatt, werden die Auszubildenden dort nicht AN. Sie sind selbst Gegenstand des Betriebszweckes, sie werden nicht im Rahmen des arbeitstechnischen Zweckes dieses Betriebes ausgebildet (BAG 20. 3. 1996 AP BetrVG 1972 § 5 Ausbildung Nr. 9 und 10). Dies gilt auch dann, wenn sie dort gelegentlich zusammen mit anderen Mitarbeitern praktische Arbeiten verrichten (BAG 12. 9. 1996 AP BetrVG 1971 § 5 Ausbildung Nr. 11).

3 **2. Wählbarkeit.** Eine untere **Altersgrenze** gibt es für das passive Wahlrecht nach **Abs. 2** nicht. Der gesetzliche Vertreter muss der Kandidatur nicht zustimmen (DKK/*Trittin* Rn. 8; *Fitting* Rn. 9). Betriebsverfassungsrechtliche Regeln zum passiven Wahlrecht gehen als Spezialregelung den allgemeingesetzlichen zur Geschäftsfähigkeit vor (GK-BetrVG/*Oetker* Rn. 9 ff.). Stichtag für die Höchstaltersgrenze ist nicht der Tag der Wahl, sondern der des Beginns der Amtszeit der JAV, wie

§ 64 III zeigt (DKK/*Trittin* Rn. 12; *Fitting* Rn. 11). Die Wählbarkeit ist nicht auf die aktiv Wahlberechtigten beschränkt. In die JAV kann auch gewählt werden, wer zwischen 18 und 25 Jahre alt ist und nicht zu seiner Berufsausbildung beschäftigt wird. Eine bestimmte **Dauer der Betriebszugehörigkeit** ist für die Wählbarkeit nicht erforderlich (Richardi/*Richardi/Annuß* Rn. 8; DKK/*Trittin* Rn. 10; *Fitting* Rn. 12). Wer durch eine strafgerichtliche Verurteilung die Fähigkeit verloren hat, Rechte aus öffentlichen Wahlen zu erlangen (s. § 8 Rn. 6), kann nach Abs. 2 S. 1 2. Halbs. nicht in die JAV gewählt werden. Ausländer sind wählbar (DKK/*Trittin* Rn. 11; *Fitting* Rn. 12); **Mitglieder des BR** nicht (*Fitting* Rn. 14). Ersatzmitglieder des BR sind wählbar, solange sie nicht nachgerückt sind (Richardi/*Richardi/Annuß* Rn. 11; *Fitting* Rn. 14; GK-BetrVG/*Oetker* Rn. 38). Rückt ein Ersatzmitglied – auch nur vorübergehend – nach, scheidet es nach § 65 iVm. § 24 I Nr. 4 endgültig aus der JAV aus und tritt nicht nach Beendigung der Vertretung wieder ein (BAG 21. 8. 1979 AP BetrVG 1972 § 78a Nr. 6; *Fitting* Rn. 14; aA Richardi/*Richardi/Annuß* Rn. 11; DKK/*Trittin* Rn. 16). Das Mitglied der JAV ist nicht zeitweilig verhindert; seine Wählbarkeit ist erloschen. Mitglieder des JAV können nicht zur JAV kandidieren, weil sie nicht wählbar sind. Deren Mitglieder können jedoch zum BR kandidieren (DKK/*Trittin* Rn. 17; *Fitting* Rn. 15). Werden sie gewählt und nehmen sie die Wahl an, scheiden sie aus der JAV aus. Zur Wählbarkeit ist eine Eintragung in die Wählerliste nach §§ 30, 2 III WO nicht für Kandidaten erforderlich, die wählbar, aber nicht wahlberechtigt sind.

3. Streitigkeiten. Über Wahlberechtigung und Wählbarkeit entscheidet zunächst der Wahlvorstand, 4 danach ist im arbeitsgerichtlichen Beschlussverfahren nach den §§ 2 a, 80 ArbGG zu entscheiden.

§ 62 Zahl der Jugend- und Auszubildendenvertreter, Zusammensetzung der Jugend- und Auszubildendenvertretung

(1) Die Jugend- und Auszubildendenvertretung besteht in Betrieben mit in der Regel
5 bis   20 der in § 60 Abs. 1 genannten Arbeitnehmer aus einer Person,
21 bis   50 der in § 60 Abs. 1 genannten Arbeitnehmer aus   3 Mitgliedern,
51 bis 150 der in § 60 Abs. 1 genannten Arbeitnehmer aus   5 Mitgliedern,
151 bis 300 der in § 60 Abs. 1 genannten Arbeitnehmer aus   7 Mitgliedern,
301 bis 500 der in § 60 Abs. 1 genannten Arbeitnehmer aus   9 Mitgliedern,
501 bis 700 der in § 60 Abs. 1 genannten Arbeitnehmer aus 11 Mitgliedern,
701 bis 1000 der in § 60 Abs. 1 genannten Arbeitnehmer aus 13 Mitgliedern,
mehr als 1000 der in § 60 Abs. 1 genannten Arbeitnehmer aus 15 Mitgliedern.

(2) Die Jugend- und Auszubildendenvertretung soll sich möglichst aus Vertretern der verschiedenen Beschäftigungsarten und Ausbildungsberufe der im Betrieb tätigen in § 60 Abs. 1 genannten Arbeitnehmer zusammensetzen.

(3) Das Geschlecht, das unter den in § 60 Abs. 1 genannten Arbeitnehmern in der Minderheit ist, muss mindestens entsprechend seinem zahlenmäßigen Verhältnis in der Jugend- und Auszubildendenvertretung vertreten sein, wenn diese aus mindestens drei Mitgliedern besteht.

1. Mitgliederzahl. Der Wahlvorstand legt die Zahl der Beschäftigten anhand des § 60 I fest. Zu 1 berücksichtigen sind allein AN des Betriebes unter 18 Jahren und zur Berufsausbildung Beschäftigte unter 25 Jahren. Es gilt der **Betriebsbegriff** des § 1 (s. § 1 Rn. 7–12). Sind nicht genügend Beschäftigte bereit, ein Mandat zu übernehmen, ist entsprechend § 11 die nächstniedrigere Größe nach der Tabelle des Abs. 1 zugrunde zu legen (Richardi/*Richardi/Annuß* Rn. 6; DKK/*Trittin* Rn. 4; *Fitting* Rn. 4). So bleibt es immer bei einer ungeraden Zahl von Mitgliedern der JAV. Stichtag für die Feststellung der **Zahl der „idR" Beschäftigten** ist der Tag des Wahlausschreibens (BAG 22. 11. 1984 AP BetrVG 1972 § 64 Nr. 1; *Fitting* Rn. 6; GK-BetrVG/*Oetker* Rn. 12). Maßgebend ist die für den Betrieb im Allgemeinen kennzeichnende Zahl der AN nach § 60 I. Vorübergehende Veränderungen sind unerheblich (BAG 22. 2. 1983 AP BetrVG 1972 § 113 Nr. 7). Der Wahlvorstand entscheidet nach pflichtgemäßem Ermessen (DKK/*Trittin* Rn. 5; *Fitting* Rn. 5). Bei vorzeitiger Neuwahl ist der Tag des Wahlausschreibens für diese Wahl, nicht der der vorangegangenen Wahl ausschlaggebend (BAG 22. 11. 1984 AP BetrVG 1972 § 64 Nr. 1). **Änderungen der Beschäftigtenzahl** zwischen dem Tag des Wahlausschreibens und dem Wahltag sind ohne Bedeutung (Richardi/*Richardi/Annuß* Rn. 5; DKK/*Trittin* Rn. 6; *Fitting* Rn. 6). Ändert sich die Zahl der Beschäftigten nach der Wahl, ist selbst dann keine Neuwahl durchzuführen, wenn die Änderung größeres Ausmaß hat. § 13 II Nr. 1 ist auf JAV nicht anwendbar (BAG 22. 11. 1984 AP BetrVG 1972 § 64 Nr. 1). Sinkt die Zahl der AN nach § 60 I jedoch auf Dauer unter fünf, verlieren die Jugend- und Auszubildendenvertreter ihr Amt (DKK/*Trittin* Rn. 8; *Fitting* Rn. 6; GK-BetrVG/*Oetker* Rn. 20). Verstöße gegen Abs. 1 berechtigen zur Wahlanfechtung. Ohne Anfechtung bleibt es für die gesamte Dauer der Wahlperiode bei der falsch festgelegten Zahl (BAG 14. 1. 1972 AP BetrVG § 20 Jugendvertreter Nr. 2).

2. Zusammensetzung. Abs. 2 und 3 wollen die JAV in den Stand setzen, ihre Arbeit sachkundig zu 2 verrichten. Da die Wahl nicht nach dem Gruppenprinzip erfolgt, kommt Abs. 2 besondere Bedeutung

Eisemann

zu. Mit Abs. 3 wird der Gedanke der Gleichberechtigung von Mann und Frau schon durch die Zusammensetzung der JAV institutionalisiert. Die Verteilung der Sitze zwischen den Geschlechtern ist in den §§ 38–40 WO geregelt. Bei Nichtbeachtung ist die Wahl anfechtbar (*Fitting* Rn. 11).

3 **3. Streitigkeiten.** Über die Richtigkeit der Entscheidungen des Wahlvorstandes wird im **arbeitsgerichtlichen Beschlussverfahren** nach den §§ 2a, 80 ff. ArbGG entschieden. Im Verfahren über die Anfechtung der Wahl zur JAV ist auch der BR Beteiligter, weil die JAV selbst nicht allein prozessual handlungsfähig ist (BAG 20. 2. 1986 AP BetrVG 1972 § 63 Nr. 1).

§ 63 Wahlvorschriften

(1) **Die Jugend- und Auszubildendenvertretung wird in geheimer und unmittelbarer Wahl gewählt.**

(2) ¹ Spätestens acht Wochen vor Ablauf der Amtszeit der Jugend- und Auszubildendenvertretung bestellt der Betriebsrat den Wahlvorstand und seinen Vorsitzenden. ² Für die Wahl der Jugend- und Auszubildendenvertreter gelten § 14 Abs. 2 bis 5, § 16 Abs. 1 Satz 4 bis 6, § 18 Abs. 1 Satz 1 und Abs. 3 sowie die §§ 19 und 20 entsprechend.

(3) Bestellt der Betriebsrat den Wahlvorstand nicht oder nicht spätestens sechs Wochen vor Ablauf der Amtszeit der Jugend- und Auszubildendenvertretung oder kommt der Wahlvorstand seiner Verpflichtung nach § 18 Abs. 1 Satz 1 nicht nach, so gelten § 16 Abs. 2 Satz 1 und 2, Abs. 3 Satz 1 und § 18 Abs. 1 Satz 2 entsprechend; der Antrag beim Arbeitsgericht kann auch von jugendlichen Arbeitnehmern gestellt werden.

(4) ¹ In Betrieben mit in der Regel fünf bis fünfzig der in § 60 Abs. 1 genannten Arbeitnehmern gilt auch § 14a entsprechend. ² Die Frist zur Bestellung des Wahlvorstands wird im Fall des Absatzes 2 Satz 1 auf vier Wochen und im Fall des Absatzes 3 Satz 1 auf drei Wochen verkürzt.

(5) In Betrieben mit in der Regel 51 bis 100 der in § 60 Abs. 1 genannten Arbeitnehmer gilt § 14a Abs. 5 entsprechend.

I. Wahlgrundsätze

1 Für die Wahl der JAV gelten nach **Abs. 1** die allgemeinen – auch ungeschriebenen (BAG 6. 12. 2000 AP BetrVG 1972 § 19 Nr. 48) – Wahlgrundsätze der Wahl des BR (s. § 14 Rn. 1 ff.). Die verschiedenen Beschäftigungsarten und Ausbildungsberufe sollen bei der Aufstellung der Wahlvorschläge nach § 62 II berücksichtigt werden. Die Wahl erfolgt nach Abs. 2 iVm. § 14 II und III idR nach den Grundsätzen der **Verhältniswahl** (s. § 14 Rn. 10). Zur Mehrheitswahl kommt es, wenn nur ein Vertreter zu wählen ist, nur ein Wahlvorschlag eingereicht wird oder das vereinfachte Wahlverfahren nach Abs. 4 iVm. § 14a stattfindet. Im ersten Fall können die Jugendlichen nur eine Liste als Ganzes wählen. Die Verteilung der Sitze erfolgt nach dem d'Hond'schen Höchstzahlensystem (s. § 14 Rn. 6). Im zweiten Fall kann jeder Wahlberechtigte nach § 35 III WO auf dem Stimmzettel so viele Kandidaten ankreuzen, wie Mitglieder der JAV zu wählen sind. Kreuzt er mehr an, ist seine Stimme ungültig, kreuzt er zu weniger an, schadet das nicht. Die Bewerber nehmen entsprechend ihrer Stimmenzahl die Sitze ein. Bei Stimmengleichheit für den letzten zu vergebenden Sitz entscheidet das Los.

2 Die Wahl erfolgt auf Grund von **Wahlvorschlägen.** Vorschlagsberechtigt sind die AN nach § 60 I. Die Wahlvorschläge müssen nach Abs. 2 iVm. § 14 IV von ¹/₂₀ der Wahlberechtigten unterzeichnet sein. 50 Unterschriften reichen in jedem Fall aus, 3 Unterschriften müssen mindestens vorliegen. Sind im Betrieb nur bis zu 20 Wahlberechtigte beschäftigt, genügen nach Abs. 2 iVm. § 14 IV auch zwei Unterschriften. Im Betrieb vertretene Gewerkschaften können nach Abs. 2 iVm. § 14 V einen Wahlvorschlag einreichen, sobald der Wahlvorstand gebildet ist. Er muss von zwei Beauftragten der Gewerkschaft unterzeichnet sein (s. § 14 Rn. 11). Da der BR den Wahlvorstand bildet, können Gewerkschaften im betriebsratslosen Betrieb keine Wahlvorschläge zur Wahl der JAV machen (*Fitting* Rn. 11). Im vereinfachten Wahlverfahren findet nach Abs. 4 iVm. § 14a III stets nur eine Wahlversammlung statt auf der die JAV gewählt wird, weil der Wahlvorstand nach Abs. 2 iVm. § 16 II und III stets vom BR, Gesamt- oder KonzernBR bzw. dem Arbeitsgericht bestellt wird (*Fitting* Rn. 13).

3 Die Wahl ist **nichtig,** wenn in so krasser Weise gegen elementare Grundsätze einer Wahl verstoßen wurde, dass selbst der Anschein einer dem Gesetz entsprechenden Wahl nicht vorliegt (DKK/*Trittin* Rn. 11; *Fitting* Rn. 15; s. § 19 Rn. 15). Sie ist nach Abs. 2 iVm. § 19 **anfechtbar,** wenn gegen wesentliche Vorschriften des Wahlrechts, der Wählbarkeit oder des Wahlverfahrens verstoßen wurde. Die Grundsätze zur Anfechtung der Betriebsratswahl gelten entsprechend (s. § 19 Rn. 1 ff.). Neben dem AG und den im Betrieb vertretenen Gewerkschaften sind nur die AN nach § 60 I anfechtungsberechtigt. § 19 stellt nur auf Wahlberechtigte ab (Richardi/*Richardi/Annuß* Rn. 31; DKK/*Trittin* Rn. 10; *Fitting* Rn. 15). Im Anfechtungsverfahren ist der BR Beteiligter (BAG 20. 2. 1986 AP BetrVG 1972 § 63 Nr. 1).

Die **Kosten** der Wahl inklusive der Pflicht, das Arbeitsentgelt weiterzuzahlen, trägt nach Abs. 2 iVm. § 20 III der AG (s. § 20 Rn. 9 ff.). Die Wahl ist wie die Wahl des BR nach Abs. 2 iVm. § 20 I und II geschützt (s. § 20 Rn. 4 ff.). § 103 und § 15 II KSchG schützen Wahlvorstände und Wahlbewerber gegen **Kündigung** (Richardi/*Richardi/Annuß* Rn. 30; DKK/*Trittin* Rn. 12; *Fitting* Rn. 15). § 78 a gilt für diesen Personenkreis nicht. Wer gewählt wurde, kann sich aber schon mit der Feststellung des Wahlergebnisses nach § 17 WO auf diese Vorschrift berufen (BAG 22. 9. 1983 AP BetrVG 1972 § 78 a Nr. 11). Ansonsten kann unter Umständen § 20 helfen (DKK/*Trittin* Rn. 13; *Fitting* Rn. 17).

II. Wahlvorstand

Die **Aufgaben** des Wahlvorstandes entsprechen denen des Wahlvorstandes der Betriebsratswahl (s. § 18 Rn. 1 ff.). Er muss nach Abs. 2 iVm. § 18 I 1 und III die Wahl einleiten, durchführen und das Wahlergebnis feststellen. Dazu hat er u. a. ein Wahlschreiben zu erlassen, die Wählerliste anzufertigen, über Einsprüche gegen die Richtigkeit der Wählerliste zu entscheiden, öffentlich die Stimmen auszuzählen, das Ergebnis schriftlich festzuhalten und es den AN, dem AG und den im Betrieb vertretenen Gewerkschaften jeweils in einer Abschrift der Wahlniederschrift zuzuleiten.

Die **Bestellung** des Wahlvorstandes **durch den BR** gehört zu dessen gesetzlichen Aufgaben. Kommt er ihr nicht nach, kann dies einen groben Verstoß nach § 23 I darstellen (*Fitting* Rn. 19). Der Wahlvorstand kann selbst dann nicht durch die Jugend- und Auszubildendenversammlung bzw. -vertretung bestellt werden, wenn es keinen BR (mehr) gibt oder der BR untätig bleibt (Richardi/*Richardi/Annuß* Rn. 3; DKK/*Trittin* Rn. 15; GK-BetrVG/*Oetker* Rn. 11). Beim Beschluss des BR zur Bestellung des Wahlvorstandes haben die Delegierten der JAV im BR nach § 67 II Stimmrecht (*Fitting* Rn. 18). Eine frühere Bestellung des Wahlvorstandes als 8 Wochen vor Ende der Amtszeit ist zulässig (*Fitting* Rn. 18). Bei vorzeitigem Ende der Amtszeit ist der Wahlvorstand unverzüglich zu bestellen, nachdem der die Neuwahl bedingende Tatbestand eingetreten ist (DKK/*Trittin* Rn. 15; *Fitting* Rn. 18). Die **Größe** des Wahlvorstandes bestimmt der BR nach pflichtgemäßem Ermessen. Er muss jedoch nach Abs. 2 iVm. § 16 II, 16 I 3 aus mindestens drei und aus einer ungeraden Zahl von Mitgliedern bestehen. Eine Höchstgrenze besteht nicht (Richardi/*Richardi/Annuß* Rn. 6; DKK/*Trittin* Rn. 16; *Fitting* Rn. 20; GK-BetrVG/*Oetker* Rn. 17 ff.). Ein Mitglied muss nach § 30 S. 2 WO das passive Wahlrecht zum BR besitzen. Ansonsten kann der BR jugendliche oder sonstige AN zu Mitgliedern des Wahlvorstandes bestellen (Richardi/*Richardi/Annuß* Rn. 7; DKK/*Trittin* Rn. 19; *Fitting* Rn. 20). Dem Wahlvorstand sollen nach Abs. 2 iVm. § 16 I 5 Frauen und Männer angehören. Der BR kann für jedes Mitglied des Wahlvorstandes oder für mehrere gemeinsam Ersatzmitglieder bestellen. Dabei ist die Reihenfolge des Nachrückens festzulegen (DKK/*Trittin* Rn. 20; *Fitting* Rn. 20). Der BR hat einen **Vorsitzenden** des Wahlvorstandes zu bestellen. Tut er das nicht, wählt ihn der Wahlvorstand mit Stimmenmehrheit aus seiner Mitte (DKK/*Trittin* Rn. 17; *Fitting* Rn. 22; GK-BetrVG/*Oetker* Rn. 26). Ist eine im Betrieb vertretene **Gewerkschaft** nicht durch ein ordentliches Mitglied im Wahlvorstand vertreten, kann sie dorthin einen nicht stimmberechtigten Beauftragten entsenden. Hierfür reicht es aus, dass sie im Betrieb entweder durch einen nach § 60 I Wahlberechtigten vertreten ist (DKK/*Trittin* Rn. 21; *Fitting* Rn. 21; GK-BetrVG/*Oetker* Rn. 27).

Die **Bestellung** des Wahlvorstandes **durch das Arbeitsgericht** erfolgt nach Abs. 3 im Wesentlichen nach den Grundsätzen, welche bei der Betriebsratswahl gelten (s. § 16 Rn. 9). Das Arbeitsgericht kann jedoch nur AN des Betriebes, nicht externe Gewerkschaftsmitglieder berufen (Richardi/*Richardi/Annuß* Rn. 13; DKK/*Trittin* Rn. 27; *Fitting* Rn. 21). § 63 III erklärt nicht § 16 II 3 für entsprechend anwendbar. Die Antragsteller können nach Abs. 3 iVm. § 16 II 2 Vorschläge zur Zusammensetzung des Wahlvorstandes machen. Sie binden das Gericht nicht (DKK/*Trittin* Rn. 27; *Fitting* Rn. 27). Bei vorzeitiger Neuwahl der JAV ist die Bestellung des Wahlvorstandes nicht rechtzeitig, wenn sie nicht innerhalb von 14 Tagen nach dem Ereignis erfolgt, welches die Neuwahl bedingt (DKK/*Trittin* Rn. 22; *Fitting* Rn. 25). Der BR kann seine Bestellung nachholen, solange das Arbeitsgericht ihn nicht bestellt hat (DKK/*Trittin* Rn. 22; *Fitting* Rn. 25). Besteht im Betrieb kein BR, kommt eine gerichtliche Bestellung schon nach dem Wortlaut von Abs. 3 nicht in Betracht (Richardi/*Richardi/Annuß* Rn. 11; *Fitting* Rn. 25; GK-BetrVG/*Oetker* Rn. 34; aA DKK/*Trittin* Rn. 23). **Antragsberechtigt** sind in Verfahren nach Abs. 3 iVm. § 16 I 1 neben den im Betrieb vertretenen Gewerkschaften oder mindestens drei zum BR wahlberechtigten AN (Richardi/*Richardi/Annuß* Rn. 12; DKK/*Trittin* Rn. 24; *Fitting* Rn. 27) nach Abs. 3 auch jugendliche AN.

Verstößt der Wahlvorstand durch Untätigkeit gegen seine Pflichten, können die Antragsberechtigten nach Abs. 3 seine **Ersetzung** durch das Arbeitsgericht beantragen, nicht durch gerichtliche Entscheidung die Durchführung der Wahl erzwingen (DKK/*Trittin* Rn. 26; s. im Übrigen § 18 Rn. 4).

III. Streitigkeiten

Über die Bestellung, Ersetzung, Zuständigkeit des Wahlvorstandes und seine ordnungsgemäße Pflichterfüllung entscheiden die Arbeitsgerichte im Beschlussverfahren nach den §§ 2 a, 80 ff. ArbGG.

Eisemann

§ 64 Zeitpunkt der Wahlen und Amtszeit

(1) ¹Die regelmäßigen Wahlen der Jugend- und Auszubildendenvertretung finden alle zwei Jahre in der Zeit vom 1. Oktober bis 30. November statt. ²Für die Wahl der Jugend- und Auszubildendenvertretung außerhalb dieser Zeit gilt § 13 Abs. 2 Nr. 2 bis 6 und Abs. 3 entsprechend.

(2) ¹Die regelmäßige Amtszeit der Jugend- und Auszubildendenvertretung beträgt zwei Jahre. ²Die Amtszeit beginnt mit der Bekanntgabe des Wahlergebnisses oder, wenn zu diesem Zeitpunkt noch eine Jugend- und Auszubildendenvertretung besteht, mit Ablauf von deren Amtszeit. ³Die Amtszeit endet spätestens am 30. November des Jahres, in dem nach Absatz 1 Satz 1 die regelmäßigen Wahlen stattfinden. ⁴In dem Fall des § 13 Abs. 3 Satz 2 endet die Amtszeit spätestens am 30. November des Jahres, in dem die Jugend- und Auszubildendenvertretung neu zu wählen ist. ⁵In dem Fall des § 13 Abs. 2 Nr. 2 endet die Amtszeit mit der Bekanntgabe des Wahlergebnisses der neu gewählten Jugend- und Auszubildendenvertretung.

(3) Ein Mitglied der Jugend- und Auszubildendenvertretung, das im Laufe der Amtszeit das 25. Lebensjahr vollendet, bleibt bis zum Ende der Amtszeit Mitglied der Jugend- und Auszubildendenvertretung.

1 **1. Regelmäßige Wahlen.** Der Wahlzeitraum für die JAV nach **Abs. 1 S. 1** liegt im Herbst, um den Schulabgängern recht bald die Teilnahme an einer Wahl zu ermöglichen. Die ersten Wahlen nach der Neuregelung des Wahlzeitraums haben im Jahr 1988 stattgefunden. Die nächsten Wahlen finden jeweils im zweijährigen Turnus statt. Der Wahlzeitraum bezieht sich auf den Zeitpunkt der Stimmabgabe (Richardi/*Richardi/Annuß* Rn. 5; DKK/*Trittin* Rn. 4; *Fitting* Rn. 6; GK-BetrVG/*Oetker* Rn. 8). Vor Ablauf des 30. 11. sollte jeweils das Wahlergebnis bekannt gemacht sein, da nach Abs. 2 S. 3 spätestens mit Ablauf dieses Tages die Amtszeit der JAV endet. Im Übrigen gelten die Regelungen zum regelmäßigen Wahlzeitraum für die Betriebsratswahlen auch für die Wahl der JAV (s. § 13 Rn. 1).

2 **2. Außerordentliche Wahlen.** Mit Ausnahme des § 13 II Nr. 1 ist die Wahl der JAV nach **Abs. 1 S. 2** unter denselben Voraussetzungen außerhalb des regelmäßigen Wahlzeitraums möglich wie die des BR (s. § 13 Rn. 3 ff.). Eine ohne diese Voraussetzungen durchgeführte Wahl ist nichtig (*Fitting* Rn. 9). Dies gilt auch für die außerhalb des gesetzlichen Turnus durchgeführte Wahl eines isoliert weiteren Ersatzmitglieds, die durch das Nachrücken des bisher einzigen Ersatzmitglieds veranlasst ist (LAG Hamm 22. 8. 1990 DB 1990, 2531; DKK/*Trittin* Rn. 5). Die Rückkehr zum regelmäßigen Wahlzeitraum sichert Abs. 1 S. 2 iVm. § 13 III. Die Neuwahl findet im nächsten regelmäßigen Wahlzeitraum statt, wenn die JAV an seinem Beginn 1 Jahr oder länger im Amt ist; ansonsten ist sie erst im darauf folgenden regelmäßigen Wahlzeitraum neu zu wählen.

3 **3. Amtszeit.** Die verkürzte Amtszeit der JAV sichert, dass Jugendliche jedenfalls einmal vor Vollendung ihres 18. Lebensjahres bzw. vor Abschluss ihrer Ausbildung Gelegenheit bekommen, an der Wahl teilzunehmen. Zu Beginn und Ende der Amtszeit gelten die Regelungen für den BR sinngemäß (s. § 21 Rn. 2 ff.). Sind alle Mitglieder der JAV zurückgetreten, bleibt sie jedoch nicht bis zur Neuwahl im Amt (GK-BetrVG/*Oetker* Rn. 21; HSG/*Schlochauer* Rn. 7; Richardi/*Richardi/Annuß* Rn. 26; aA DKK/*Trittin* Rn. 10; *Fitting* Rn. 13). § 22 wird in § 64 nicht in Bezug genommen. Ein entsprechender Vorschlag ist im Gesetzgebungsverfahren gescheitert. Der BR muss auch die Interessen der AN des § 60 I vertreten. So bleiben sie für die Übergangszeit nicht ohne Vertretung.

4 **4. Vollendung des 25. Lebensjahres. Abs. 3** sichert die Kontinuität der Mitgliedschaft in der JAV. Maßgebender Zeitpunkt ist nicht der Tag der Wahl, sondern der des Beginns der Amtszeit. Daher rückt ein Ersatzmitglied nicht nach, das nach der Wahl, aber vor Amtsbeginn das 25. Lebensjahr vollendet hat (LAG Düsseldorf 13. 10. 1992 NZA 1993, 474).

5 **5. Streitigkeiten.** Über den Zeitpunkt der Wahlen zur JAV, über vorzeitige Neuwahlen und die Amtszeit wird im arbeitsgerichtlichen Beschlussverfahren nach den §§ 2 a, 80 ff. ArbGG entschieden.

§ 65 Geschäftsführung

(1) Für die Jugend- und Auszubildendenvertretung gelten § 23 Abs. 1, die §§ 24, 25, 26, 28 Abs. 1 Satz 1 und 2, die §§ 30, 31, 33 Abs. 1 und 2 sowie die §§ 34, 36, 37, 40 und 41 entsprechend.

(2) ¹Die Jugend- und Auszubildendenvertretung kann nach Verständigung des Betriebsrats Sitzungen abhalten; § 29 gilt entsprechend. ²An diesen Sitzungen kann der Betriebsratsvorsitzende oder ein beauftragtes Betriebsratsmitglied teilnehmen.

I. Anwendbare Vorschriften

Die entsprechende Anwendung der in Abs. 1 genannten und für den BR konzipierten Vorschriften kann nicht schematisch erfolgen. Sie steht unter dem Vorbehalt der durch Sinn und Zweck vermittelten Vergleichbarkeit. 1

§ 23 Abs. 1: Verletzung gesetzlicher Pflichten. Im Verfahren zur Auflösung der JAV sind der AG, eine im Betrieb vertretene Gewerkschaft und ¼ der Wahlberechtigten nach § 60 I antragsberechtigt. Für den Ausschluss eines Mitglieds ist daneben die JAV selbst antragsberechtigt. Beide Verfahren kann auch der BR einleiten (Richardi/*Richardi/Annuß* Rn. 5; *Fitting* Rn. 4; GK-BetrVG/*Oetker* Rn. 8; aA DKK/*Trittin* Rn. 3). Dies folgt aus seiner allgemeinen Überwachungspflicht nach § 80 I Nr. 1. Wird die JAV aufgelöst, hat das Arbeitsgericht nicht einen Wahlvorstand zu bestellen. Auf § 23 II wird nicht verwiesen. Dies ist daher nach § 63 II erst einmal Sache des BR. Kommt er dem nicht nach, kann das Arbeitsgericht auf Antrag einer im Betrieb vertretenen Gewerkschaft oder von 3 (auch jugendlichen) AN des Betriebes einen Wahlvorstand bestellen (DKK/*Trittin* Rn. 4; Richardi/*Richardi/Annuß* Rn. 5; *Fitting* Rn. 4; s. § 63 Rn. 6 und im Übrigen § 23 Rn. 22). 2

§ 24 Abs. 1: Erlöschen der Mitgliedschaft. Die Tatbestände, welche das Ende der Mitgliedschaft im BR bewirken, entsprechen mit einer Ausnahme denen, die zum Erlöschen der Mitgliedschaft in der JAV führen. Der Verlust der Wählbarkeit beendet dann nicht die Mitgliedschaft in der JAV, wenn er wegen der Vollendung des 25. Lebensjahres eintritt, wie § 64 III zeigt (*Fitting* Rn. 5). Die nachträgliche Mitgliedschaft im BR beendet sie nach Abs. 2, § 24 I Nr. 4 und § 61 II 2 (s. § 61 Rn. 3; im Übrigen § 24 Rn. 2 ff.). 3

§ 25: Ersatzmitglieder. Ist die JAV nach den Grundsätzen der Verhältniswahl gewählt, rücken grundsätzlich die nicht gewählten Bewerber aus der Liste nach, der das verhinderte oder ausgeschiedene Mitglied angehörte (s. § 25 Rn. 9). Bei Mehrheitswahl rückt das Ersatzmitglied mit der nächsthöchsten Stimmenzahl nach (s. § 25 Rn. 9). Besteht die JAV nur aus einem Mitglied, rückt der mit der nächsthöheren Stimmenzahl nicht gewählte Bewerber nach (*Fitting* Rn. 6). Die Geschlechterquote ist beim Nachrücken zu beachten. 4

§ 26: Vorsitzender. Der Vorsitzende vertritt die JAV im Rahmen ihrer Zuständigkeit und der gefassten Beschlüsse. Er nimmt Erklärungen entgegen, die ihr gegenüber abzugeben sind. Er beruft ihre Sitzungen ein, unterrichtet hierüber den Betriebsratsvorsitzenden und leitet sie (s. im Übrigen § 26 Rn. 6). 5

§ 28 Abs. 1 S. 1 und 2: Ausschüsse. Die JAV kann Ausschüsse bilden. Sie werden mit einfacher Mehrheit gewählt. Dabei muss die Geschlechterquote nicht berücksichtigt werden (*Fitting* Rn. 33). Sie können Beschlüsse nur vorbereiten. Zur selbständigen Erledigung können ihnen Aufgaben nicht übertragen werden (*Fitting* Rn. 32). § 28 Abs. 1 S. 3 ist nicht in Bezug genommen. Der Schwellenwert wird bei 100 Arbeitnehmern nach § 60 erreicht, nicht schon bei der Beschäftigung von 100 Arbeitnehmern nach § 28 (*Fitting* Rn. 33; aA DKK/*Trittin* Rn. 28 a). Die Vorschrift gilt nach Abs. 1 nur entsprechend. 6

§ 30: Sitzungen. Auch die Sitzungen der JAV finden grundsätzlich während der Arbeitszeit statt. Beim Festlegen ihres Zeitpunktes ist auf betriebliche Notwendigkeiten Rücksicht zu nehmen. Sie sind wie die des BR nicht öffentlich (s. § 30 Rn. 3). 7

§ 31: Teilnahme der Gewerkschaften. Beschließt die JAV, einen Beauftragten der Gewerkschaft hinzuzuziehen, reicht es aus, wenn diese Gewerkschaft nur im BR vertreten ist (DKK/*Trittin* Rn. 12; *Fitting* Rn. 9). Beantragt ¼ ihrer Mitglieder die Teilnahme eines Beauftragten der Gewerkschaft, können nur Beauftragte der in der JAV vertretenen Gewerkschaften an der Sitzung teilnehmen (DKK/*Trittin* Rn. 10; *Fitting* Rn. 9; GK-BetrVG/*Oetker* Rn. 79). Beschließt der BR, zu ihrer Sitzung einen Gewerkschaftsvertreter hinzuzuziehen kann auch ein Beauftragter einer nicht dort, aber im BR vertretenen Gewerkschaft teilnehmen. (DKK/*Trittin* Rn. 10; *Fitting* Rn. 9; aA GK-BetrVG/*Oetker* Rn. 81). Der Weg über die Teilnahme der JAV an Betriebsratssitzungen nach § 67 I 2 ist unnötig umständlich (s. im Übrigen § 31 Rn. 1 ff.). 8

§ 33 Abs. 1 und 2: Beschlüsse. Im Allgemeinen werden Beschlüsse mit der Mehrheit der Stimmen der anwesenden Mitglieder gefasst. Beauftragte der Gewerkschaften und BRMitglieder sind nicht stimmberechtigt. Beschlussfähigkeit ist bei Anwesenheit der Hälfte der Mitglieder gegeben. Die absolute Mehrheit ist erforderlich (DKK/*Trittin* Rn. 14; *Fitting* Rn. 10) für Beschlüsse der JAV über den Antrag auf Aussetzung eines Beschlusses des BR (§ 66 iVm. § 35), zur Verabschiedung einer Geschäftsordnung (Abs. 1 iVm. § 36), über ihren Rücktritt (§ 64 I iVm. § 13 II Nr. 3) und über den Auftrag an die Gesamt-JAV, eine Angelegenheit mit dem GesamtBR zu behandeln (§ 73 II iVm. § 50 II). Die Jugendvertretung kann alleine keine gegenüber dem AG wirksamen Beschlüsse fassen (BAG 20. 11. 1973 AP BetrVG 1972 § 65 Nr. 1; s. im Übrigen § 33 Rn. 2 ff.). 9

§ 34: Sitzungsniederschrift. Über jede ihrer Sitzungen muss die JAV eine Niederschrift fertigen. Sie muss zumindest den Wortlaut der Beschlüsse und die Stimmenmehrheit enthalten, mit der sie gefasst sind. Jedes Mitglied hat das Recht, die Unterlagen einzusehen (s. im Übrigen § 34 Rn. 2 ff.). 10

§ 36: Geschäftsordnung. Sie ist mit absoluter Mehrheit zu verabschieden und bedarf der Schriftform (s. im Übrigen § 36 Rn. 1 ff.). 11

12 **§ 37: Ehrenamtliche Tätigkeit, Arbeitsversäumnis.** Mitglieder der JAV führen ihr Amt unentgeltlich (s. § 37 Rn. 1). Sie haben Anspruch auf Arbeitsbefreiung, soweit dies zur Aufgabenerfüllung erforderlich ist (s. § 37 Rn. 2 ff.) und können für notwendige Tätigkeiten außerhalb ihrer Arbeitszeit Freizeitausgleich und ggf. Entgeltausgleich verlangen (s. § 37 Rn. 9 ff.). Da es sich dabei nicht um eine Beschäftigung durch den AG handelt, sind die Schutzbestimmungen des JArbSchG nicht anzuwenden (DKK/*Trittin* Rn. 19; *Fitting* Rn. 13). Der Ausgleich sollte primär in Freizeit erfolgen. Wo dies aus betrieblichen Gründen, vor allem wegen der Berufsausbildung, nicht möglich ist, ist die Mehrarbeit in der üblichen Weise zu vergüten (DKK/*Trittin* Rn. 19; *Fitting* Rn. 13; GK-BetrVG/*Oetker* Rn. 39). Mitglieder der JAV dürfen in ihrer beruflichen Entwicklung nicht benachteiligt werden (s. § 37 Rn. 14). Ihr Entgelt darf bis ein Jahr nach Beendigung ihrer Amtszeit nicht geringer als das vergleichbarer AN sein (s. § 37 Rn. 13).

13 **Schulungen** sind nach § 37 VI erforderlich, soweit sie Kenntnisse vermitteln, die für die Tätigkeit in der JAV erforderlich sind (BAG 6. 5. 1975 AP BetrVG 1972 § 65 Nr. 5). Sie werden daher nicht in dem Umfang erforderlich sein, wie für Mitglieder des BR. Die Aufgaben der JAV sind begrenzter. Da deren Mitglieder altersbedingt über geringere Erfahrungen und Kenntnisse verfügen, wird es andererseits eine Reihe von Themen geben, bei denen die Schulung für sie, wenn auch nicht für BRMitglieder, notwendig erscheint (DKK/*Trittin* Rn. 21; *Fitting* Rn. 14; aA GK-BetrVG/*Oetker* Rn. 49). Dabei sollte nicht aus dem Blick geraten, dass sich der Freistellungsanspruch nach § 37 VII angesichts der nur 2-jährigen Amtszeit der JAV gegenüber dem von BRMitgliedern verdoppelt. Als **Themen** können die Grundsätze der Betriebsverfassung und der Jugendvertretung in Frage kommen (BAG 6. 5. 1975 AP BetrVG 1972 § 65 Nr. 5). Auch zum „Gesundheitsschutz im Betrieb" soll geschult werden dürfen, wenn dabei der Jugendschutz im Mittelpunkt steht (BAG 10. 6. 1975 AP BetrVG 1972 § 65 Nr. 6). Zum BBiG und zum JArbSchG soll dies nur gelten, wenn Kenntnisse hierüber „am Rande" einer ansonsten erforderlichen Schulung vermittelt werden (BAG 6. 5. 1975 AP BetrVG 1972 § 65 Nr. 5; aA DKK/*Trittin* Rn. 22; *Fitting* Rn. 15). Für die Frage, ob die Teilnahme an einer Schulungsveranstaltung erforderlich ist, die teils für die Arbeit der JAV erforderliche, teils geeignete Kenntnisse vermittelt, ist entscheidend, welche Themen der Schulung das Gepräge geben (BAG 10. 5. 1974 AP BetrVG 1972 § 65 Nr. 4). Die Teilnahme eines nicht endgültig nachgerückten **Ersatzmitglieds** einer einköpfigen JAV an einer Schulungsveranstaltung ist idR nicht erforderlich (BAG 10. 5. 1974 AP BetrVG 1972 § 65 Nr. 2). Etwas anderes gilt, wenn ein Ersatzmitglied für längere Zeit nachrückt oder häufig vertreten muss (BAG 15. 5. 1986 AP BetrVG 1972 § 37 Nr. 53). Über die **zeitliche Lage** der Schulungsveranstaltung und die **Teilnahme** entscheidet der BR (BAG 15. 1. 1992 AP BetrVG 1972 § 40 Nr. 41). Die JAV hat kein selbständiges Mitbestimmungsrecht. Sie ist an der Entscheidung des BR nach § 67 II zu beteiligen. Geschieht dies nicht, ist der Beschluss deshalb nicht unwirksam (BAG 6. 5. 1975 AP BetrVG 1972 § 65 Nr. 5). Der BR entscheidet auch über die Teilnahme eines Mitglieds der Gesamt-JAV. Zuständig ist der BR, dem das zu schulende Mitglied angehört (BAG 10. 6. 1975 AP BetrVG 1972 § 73 Nr. 1). Der BR muss seinen Beschluss nicht bis zum Erlass einer einstweiligen Verfügung oder bis zur rechtskräftigen Entscheidung über das Teilnehmerecht zurückstellen (BAG 6. 5. 1975 AP BetrVG 1972 § 65 Nr. 5). Die Mitglieder der JAV haben den vollen Freistellungsanspruch nach § 37 VII, obwohl ihre Amtszeit nur halb so lang ist wie die des BR (Richardi/*Richardi*/*Annuß* Rn. 47; DKK/*Trittin* Rn. 26; *Fitting* Rn. 18).

14 **§ 40: Kosten und Sachaufwand.** Zu den danach vom AG zu tragenden Kosten zählen auch die für einen Rechtsanwalt, den ein Mitglied der JAV in einem vom BR eingeleiteten Ausschlussverfahren beauftragt hat (BAG 29. 7. 1982 AuR 1982, 258), nicht aber die Kosten einer anwaltlichen Tätigkeit, die einem Mitglied der JAV in einem Verfahren nach § 78 a IV entstanden sind (BAG 5. 4. 2000 AP BetrVG 1972 § 78 a Nr. 33; s. im Übrigen § 40 Rn. 2 ff.).

15 **§ 41: Umlageverbot.** Beiträge für die Zwecke der JAV dürfen weder von AN noch von Dritten erhoben oder geleistet werden (s. § 41 Rn. 2 ff.).

16 **Weitere Bestimmungen** zur JAV enthalten folgende Vorschriften: **§ 29 II 4** (Ladung zur Betriebsratssitzung); **§ 35** (Aussetzung von Beschlüssen des BR); **§ 39 II** (Teilnahmerecht an den Sprechstunden des BR); **§ 78** (Allgemeines Begünstigungs- und Benachteiligungsverbot); **§ 78 a** (Anspruch auf Übernahme in ein Arbeitsverhältnis); **§ 80 I Nr. 3 und 5** (Zusammenarbeit mit dem BR); **§ 103 und § 15 KSchG** (Kündigungsschutz von Mitgliedern des Wahlvorstandes, Wahlbewerbern und Mitgliedern der JAV).

17 **Nicht anwendbar** auf die JAV sind folgende Vorschriften: **§§ 27, 28**: Sie kann die Führung der Geschäfte nicht generell übertragen (Richardi/*Richardi*/*Annuß* Rn. 9; DKK/*Trittin* Rn. 31; *Fitting* Rn. 22). **§ 32 und § 94 SGB IX, § 3 I ZDVG**: An ihren Sitzungen können weder die Schwerbehindertenvertretung noch der Vertrauensmann der Zivildienstleistenden teilnehmen. **§ 35**: Sie kann eigene Beschlüsse nicht aussetzen. **§ 38**: Mit dem Ausschluss dieser Vorschrift wollte man eine Gefährdung der Berufsausbildung verhindern. In Großbetrieben kann freilich die Freistellung nach § 37 II einer völligen Freistellung nahe kommen. Diese kann auch nach § 37 II durch Vereinbarung zwischen AG und BR vereinbart werden (DKK/*Trittin* Rn. 34; *Fitting* Rn. 25; GK-BetrVG/*Oetker* Rn. 37). Sie darf die Berufsausbildung jedoch nicht entscheidend beeinträchtigen. Im Ergebnis dürfen Auszubildende damit nicht völlig freigestellt werden (Richardi/*Richardi*/*Annuß* Rn. 38; DKK/*Trittin* Rn. 34; *Fitting* Rn. 25).

II. Sitzungen

Auch Sitzungen der JAV müssen der Erfüllung ihrer Aufgaben dienen. Sie benötigt nicht das 18 Einverständnis des **BR**, sondern muss ihn nur verständigen. So gibt sie ihm die Möglichkeit, an ihren Sitzungen nach Abs. 2 S. 2 teilzunehmen. Diese Verständigung ist nicht Wirksamkeitsvoraussetzung für die Rechtmäßigkeit der Sitzung. Es handelt sich um eine Ordnungsvorschrift (DKK/*Trittin* Rn. 36; *Fitting* Rn. 26; GK-BetrVG/*Oetker* Rn. 64). Unterlässt die JAV wiederholt die Verständigung des BR, kann hierin eine grobe Pflichtverletzung nach § 23 I liegen Die Teilnahme eines Vertreters des BR an den Sitzungen dient der sachkundigen Beratung und der Information des BR. Eine Teilnahmepflicht besteht nicht. Der Vertreter des BR hat kein Stimmrecht (DKK/*Trittin* Rn. 42; *Fitting* Rn. 30; GK-BetrVG/*Oetker* Rn. 77; Richardi/*Richardi/Annuß* Rn. 28). Der BR kann – anders als der AG und ¼ der Jugend- und Auszubildendenvertreter – keine Sitzung beantragen (DKK/*Trittin* Rn. 40; *Fitting* Rn. 29; GK-BetrVG/*Kraft/Oetker* Rn. 71; aA Richardi/*Richardi/Annuß* Rn. 16). Er kann selbst die entsprechende Angelegenheit auf die Tagesordnung einer seiner Sitzungen setzen und muss dann die JAV nach § 67 I 2 hinzuziehen. Bei der **Terminfestlegung** muss auch die JAV auf die betrieblichen Notwendigkeiten Rücksicht nehmen. Die Sitzungen finden nach Abs. 1 iVm. § 30 grundsätzlich während der Arbeitszeit statt. Ihre Sitzungen sind – wie die des BR – nicht öffentlich. Für die **Einladung** zu den Sitzungen gilt § 29 (s. § 29 Rn. 2 ff.). Auch der Betriebsratsvorsitzende bzw das beauftragte Mitglied sind vom Vorsitzenden der JAV entsprechend § 29 II 3 zu allen Sitzungen mit Tagesordnung zu laden (*Fitting* Rn. 31). Die wiederholte Verletzung dieser Pflicht kann eine grobe Pflichtverletzung nach § 23 I darstellen (*Fitting* Rn. 31). Soweit Gewerkschaftsbeauftragte hinzugezogen werden (s. Rn. 7), sind auch ihnen nach Abs. 1 iVm. § 31 Tagesordnung, Zeitpunkt und Ort der Sitzung rechtzeitig mitzuteilen. Schwerbehindertenvertretung und der Vertrauensmann der Zivildienstleistenden sind zur Teilnahme an den Sitzungen nicht berechtigt. Die §§ 3 I ZDVG und § 32 sind nicht anwendbar (DKK/*Trittin* Rn. 32; *Fitting* Rn. 28).

III. Streitigkeiten

Über Organisation, Zuständigkeit und Geschäftsführung der JAV wird im arbeitsgerichtlichen 19 **Beschlussverfahren** nach den §§ 2 a, 80 ff. ArbGG entschieden. Bei Streitigkeiten um die Teilnahme an Schulungsveranstaltungen ist neben der JAV und ihrem betroffenen Mitglied (BAG 10. 5. 1974 AP BetrVG 1972 § 65 Nr. 2) auch der BR antrags- und beteiligungsbefugt (BAG 6. 5. 1975 AP BetrVG 1972 § 65 Nr. 5). Wird über die Höhe der vom AG zu tragenden Schulungskosten gestritten, ist die JAV nicht zu beteiligen (BAG 30. 3. 1994 AP BetrVG 1972 § 40 Nr. 42). Ansprüche auf Freizeitausgleich und Lohnansprüche nach § 37 III werden im **Urteilsverfahren** nach § 2 I Nr. 3 ArbGG entschieden.

§ 66 Aussetzung von Beschlüssen des Betriebsrats

(1) Erachtet die Mehrheit der Jugend- und Auszubildendenvertreter einen Beschluss des Betriebsrats als eine erhebliche Beeinträchtigung wichtiger Interessen der in § 60 Abs. 1 genannten Arbeitnehmer, so ist auf ihren Antrag der Beschluss auf die Dauer von einer Woche auszusetzen, damit in dieser Frist eine Verständigung, gegebenenfalls mit Hilfe der im Betrieb vertretenen Gewerkschaften, versucht werden kann.

(2) Wird der erste Beschluss bestätigt, so kann der Antrag auf Aussetzung nicht wiederholt werden; dies gilt auch, wenn der erste Beschluss nur unerheblich geändert wird.

1. Antrag. Die Vorschrift dient dem Minderheitenschutz im Betrieb. Sie entspricht § 35, soweit 1 dort die JAV angesprochen ist (s § 35 Rn. 1 ff.). Diese kann nicht eigene Beschlüsse aussetzen. Sie kann sie aber aufheben, solange sie noch nicht nach außen wirksam geworden sind. Der Antrag erfordert einen **ordnungsgemäßen Beschluss** der JAV, der mit absoluter Mehrheit zu fassen ist (DKK/*Trittin* Rn. 3; *Fitting* Rn. 3; GK-BetrVG/*Oetker* Rn. 6; aA Richardi/*Richardi/Annuß* Rn. 4; HSG/*Schlochauer* Rn. 2). § 35 stellt – wie für die Schwerbehindertenvertretung – auf die Mehrheit der JAV und damit auf das Organ und nicht auf seine Mitglieder ab. Der Wortlaut des § 66 stellt nur klar, dass es sich um eine absolute Mehrheit handeln muss. Der Antrag setzt keine objektive Beeinträchtigung wichtiger Interessen voraus. Es reicht aus, wenn die Mehrheit der Vertreter subjektiv davon ausgeht (DKK/*Trittin* Rn. 4; *Fitting* Rn. 4; GK-BetrVG/*Oetker* Rn. 8). Das Recht entfällt, nachdem sich die Mehrheit der Jugend- und Auszubildendenvertreter in der Betriebsratssitzung für den Beschluss ausgesprochen haben (Richardi/*Richardi/Annuß* Rn. 6; DKK/*Trittin* Rn. 5; *Fitting* Rn. 4). Bei dem Beschluss des BR muss es sich um eine Angelegenheit handeln, bei der nach § 67 I 2 und II ein Teilnahme- oder Stimmrecht für die JAV besteht (Richardi/*Richardi/Annuß* Rn. 5; DKK/*Trittin* Rn. 6; *Fitting* Rn. 4). Der Antrag ist idR berechtigt, wenn sie vom BR pflichtwidrig nicht hinzugezogen wurde. Allein dieser Verstoß kann ihre Interessen erheblich beeinträchtigen (Richardi/*Richardi/Annuß* Rn. 6; DKK/*Trittin* Rn. 6; *Fitting* Rn. 5). Der Antrag muss **begründet** werden, damit der BR prüfen

Eisemann

kann, ob die Voraussetzungen für eine Aussetzung erfüllt sind (Richardi/*Richardi/Annuß* Rn. 5; *Fitting* Rn. 6; GK-BetrVG/*Oetker* Rn. 10; abgeschwächt DKK/*Trittin* Rn. 7). Der Antrag kann eine Woche nachdem der BR seinen Beschluss gefasst hat, nicht mehr gestellt werden (DKK/*Wedde* § 35 Rn. 8; *Fitting* § 35 Rn. 14). Der Beschluss wird nach § 35 I für eine Woche nach Beschlussfassung, nicht nach Antragstellung ausgesetzt. Der Antrag kann jederzeit zurückgenommen werden (DKK/*Wedde* § 35 Rn. 12; *Fitting* § 35 Rn. 17).

2   **2. Aussetzung.** Ist der Beschluss bereits durchgeführt, kann er nach **Abs. 2** nicht mehr ausgesetzt werden (DKK/*Wedde* § 35 Rn. 8; *Fitting* § 35 Rn. 15). Wird der erste Beschluss nach Ablauf der Verständigungsfrist bestätigt, kann kein Aussetzungsantrag mehr gestellt werden, auch wenn der ursprüngliche Beschluss unerheblich abgeändert wurde (DKK/*Trittin* Rn. 9; *Fitting* Rn. 7). Die Aussetzung verlängert keine Ausschlussfristen – etwa die der §§ 99 III oder 102 II 1. Bei § 66 handelt es sich um eine interne Ordnungsvorschrift für die Willensbildung des BR. Sie berührt nicht die Wirksamkeit von Betriebsratsbeschlüssen (DKK/*Wedde* § 35 Rn. 11; *Fitting* § 35 Rn. 30).

3   **3. Streitigkeiten.** Über die Voraussetzungen und Wirkungen des Aussetzungsantrages wird im arbeitsgerichtlichen Beschlussverfahren nach den §§ 2 a, 80 ff. ArbGG entschieden.

§ 67 Teilnahme an Betriebsratssitzungen

(1) ¹Die Jugend- und Auszubildendenvertretung kann zu allen Betriebsratssitzungen einen Vertreter entsenden. ²Werden Angelegenheiten behandelt, die besonders die in § 60 Abs. 1 genannten Arbeitnehmer betreffen, so hat zu diesen Tagesordnungspunkten die gesamte Jugend- und Auszubildendenvertretung ein Teilnahmerecht.

(2) Die Jugend- und Auszubildendenvertreter haben Stimmrecht, soweit die zu fassenden Beschlüsse des Betriebsrats überwiegend die in § 60 Abs. 1 genannten Arbeitnehmer betreffen.

(3) ¹Die Jugend- und Auszubildendenvertretung kann beim Betriebsrat beantragen, Angelegenheiten, die besonders die in § 60 Abs. 1 genannten Arbeitnehmer betreffen und über die sie beraten hat, auf die nächste Tagesordnung zu setzen. ²Der Betriebsrat soll Angelegenheiten, die besonders die in § 60 Abs. 1 genannten Arbeitnehmer betreffen, der Jugend- und Auszubildendenvertretung zur Beratung zuleiten.

I. Allgemeines Teilnahmerecht

1   Die JAV nimmt die Interessen der AN des § 60 I nicht unmittelbar gegenüber dem AG wahr. Dies ist Sache des BR, der alle in den Anwendungsbereich des Gesetzes fallenden AN vertritt (BAG 21. 1. 1982 AP BetrVG 1972 § 70 Nr. 1). Die Vorschrift stellt sicher, dass JAV über ein abgestuftes System der Beteiligung in angemessener Weise an seinen Entscheidungen beteiligt und über sie informiert wird. An **allen Sitzungen** des BR kann nach **Abs. 1 S. 1 ein Mitglied** der JAV **beratend** teilnehmen. Eine Stellungnahme zu allen dort behandelten Punkten ist erlaubt (Richardi/*Richardi/Annuß* Rn. 2, 9; DKK/*Trittin* Rn. 9; GK-BetrVG/*Oetker* Rn. 21). Eine Verpflichtung zur Teilnahme besteht nicht (Richardi/*Richardi/Annuß* Rn. 6; DKK/*Trittin* Rn. 2; *Fitting* Rn. 5). Die JAV bestimmt durch Beschluss selbst, wen sie entsendet (Richardi/*Richardi/Annuß* Rn. 7; *Fitting* Rn. 8). Dies kann auch generell für alle oder einen Teil der Sitzungen geschehen. Sie kann nur eines ihrer Mitglieder entsenden, auch ein Ersatzmitglied muss schon nachgerückt sein (*Fitting* Rn. 7; GK-BetrVG/*Oetker* Rn. 13). Das allgemeine Teilnahmerecht besteht grundsätzlich allein für **Plenarsitzungen** des BR. Hat dieser bestimmte Angelegenheiten einem Ausschuss zur selbständigen Erledigung übertragen, besteht das Teilnahmerecht auch an dessen Sitzungen (Richardi/*Richardi/Annuß* Rn. 8; DKK/*Trittin* Rn. 7; GK-BetrVG/*Oetker* Rn. 7; *Fitting* Rn. 6). Nur so lässt sich die vom Gesetzgeber gewollte lückenlose Information der JAV sicherstellen. Soll das besondere Verhältnis zwischen ihr und dem BR oder das Verhaltens eines ihrer Mitglieder erörtert werden, kann der BR eine **Vorberatung** ohne ihren Vertreter durchführen (Richardi/*Richardi/Annuß* Rn. 3; *Fitting* Rn. 5). Deren Ergebnis ist der JAV mitzuteilen. Das allgemeine Teilnahmerecht betrifft nicht **Besprechungen** von BR und AG außerhalb der Betriebsratssitzungen (*Fitting* § 68 Rn. 5).

II. Besonderes Teilnahmerecht

2   Unter den Voraussetzungen des **Abs. 1 S. 2** sind **alle Mitglieder** einer JAV berechtigt, **beratend** an Sitzungen des BR teilzunehmen. **Besonders** sind die AN des § 60 I von einer Angelegenheit betroffen, wenn sie gerade in ihrer Eigenschaft als Jugendliche und Auszubildende mehr als andere betroffen sind. Es muss sich um eine spezifische Angelegenheit der AN des § 60 I handeln. Dies kann der Fall sein, wenn die Angelegenheit von besonderer altersspezifischer Bedeutung ist – Berufsschulferien und Urlaubsplan – oder Vorschriften betrifft, die gerade den Schutz der AN des § 60 I bezwecken – JArbSchG, BBiG – oder ihren Schwerpunkt in einem dieser Bereiche hat (DKK/*Trittin* Rn. 11; *Fitting* Rn. 12). So kann auch eine personelle Einzelmaßnahme im Einzelfall unter Abs. 1 S. 2 fallen, die von

präjudizieller Bedeutung für die AN des § 60 I ist oder bei der jugend- bzw. ausbildungsspezifische Gesichtspunkte im Vordergrund stehen (*Fitting* Rn. 14; weitergehend Richardi/*Richardi/Annuß* Rn. 13; DKK/*Trittin* Rn. 15; aA GK-BetrVG/*Oetker* Rn. 27).

Die **Ladung** erfolgt durch den Betriebsratsvorsitzenden oder seinen Stellvertreter und kann nicht auf den Vorsitzenden der JAV delegiert werden (Richardi/*Richardi/Annuß* Rn. 16; *Fitting* Rn. 16). Sie ist nicht Wirksamkeitsvoraussetzung für die vom BR gefassten Beschlüsse (DKK/*Trittin* Rn. 16; *Fitting* Rn. 16; GK-BetrVG/*Oetker* Rn. 34). Unterbleibt die Einladung wiederholt, kann dies eine grobe Pflichtverletzung nach § 23 I darstellen (*Fitting* Rn. 17). Das Teilnahmerecht an den Betriebsratssitzungen besteht nur zu den **Tagesordnungspunkten**, welche die AN des § 60 I besonders betreffen (Richardi/*Richardi/Annuß* Rn. 12; *Fitting* Rn. 15; GK-BetrVG/*Oetker* Rn. 28). Teilnahmeberechtigt sind alle Mitglieder der JAV, auch wenn es mehr sind als die BRMitglieder. Der Ausschluss einzelner Mitglieder ist unzulässig (*Fitting* Rn. 16). Für die restlichen Punkte der Tagesordnung steht dieses Recht nur dem Mitglied zu, welches das allgemeine Teilnahmerecht nach S. 1 wahrnimmt. Das Teilnahmerecht besteht für die **Plenarsitzungen** des BR. Soweit einzelne Angelegenheiten zur selbständigen Erledigung auf Ausschüsse übertragen worden sind, besteht es auch dort. Es reduziert sich dann auf so viele JAV, dass dort das zahlenmäßige Verhältnis dem im BR in etwa entspricht (DKK/*Trittin* Rn. 20; *Fitting* Rn. 18; GK-BetrVG/*Oetker* Rn. 31).

III. Stimmrecht

Die AN des § 60 I sind **überwiegend betroffen** und nach **Abs. 2** stimmberechtigt, wenn von dem im BR gefassten Beschluss zahlenmäßig mehr sie als die anderen AN berührt werden (Richardi/*Richardi/Annuß* Rn. 20; DKK/*Trittin* Rn. 21; *Fitting* Rn. 20). Das Stimmrecht wird in den Sitzungen des BR ausgeübt. Die Teilnahme an den Sitzungen setzt nach Abs. 1 S. 2 besondere Betroffenheit voraus. Der Begriff der besonderen Betroffenheit erschließt sich in diesem Zusammenhang vor dem Hintergrund der abgestuften Beteiligungsrechte der JAV. Danach soll das Teilnahmerecht weiter als das Stimmrecht sein. Soweit AN des § 60 I überwiegend betroffen sind, gelten sie damit auch als besonders betroffen (hierzu Richardi/*Richardi/Annuß* Rn. 21; DKK/*Trittin* Rn. 12 ff.; *Fitting* Rn. 12; GK-BetrVG/*Oetker* Rn. 24 ff.). Das Stimmrecht kann bei **personellen Einzelmaßnahmen** ausgeübt werden, soweit bei ihnen jugend- oder ausbildungsspezifische Gesichtspunkte im Vordergrund stehen – Kündigung oder Teilnahme von Mitgliedern der JAV an Schulungsveranstaltungen (*Fitting* Rn. 20; GK-BetrVG/*Oetker* Rn. 41; weitergehend Richardi/*Richardi/Annuß* Rn. 20; DKK/*Trittin* Rn. 24). Bei Feststellung der Beschlussfähigkeit des BR werden die Stimmen der Mitglieder der JAV nicht mitgezählt (DKK/*Trittin* Rn. 23; *Fitting* Rn. 21; GK-BetrVG/*Oetker* Rn. 47). Deren Mitglieder sind bei ihrer Stimmabgabe an vorangegangene Beschlüsse der JAV nicht gebunden (*Fitting* Rn. 24). Ist die Zahl der Mitglieder in der JAV höher als die Zahl der BRMitglieder, können diese bei einem **Beschluss** in Angelegenheiten des Abs. 2 überstimmt werden. Der BR hat kein Vetorecht (GK-BetrVG/*Oetker* Rn. 48). Betrifft ein Beschluss sowohl Angelegenheiten des Abs. 2 als auch andere, ist zu jedem der Teile getrennt abzustimmen (DKK/*Trittin* Rn. 22; *Fitting* Rn. 22). Ist eine Aufteilung nicht möglich, kommt es darauf an, ob der Beschluss insgesamt mehr die AN des § 60 I betrifft. Werden die Mitglieder der JAV in Angelegenheiten des Abs. 2 an der Beschlussfassung nicht beteiligt, ist der Beschluss unwirksam (Richardi/*Richardi/Annuß* Rn. 25; DKK/*Trittin* Rn. 24; *Fitting* Rn. 25). Das soll anders sein, wenn die fehlende Beteiligung auf das Ergebnis rechnerisch keinen Einfluss haben konnte (BAG 6. 5. 1975 AP BetrVG 1972 § 65 Nr. 5; aA DKK/*Trittin* Rn. 24).

IV. Antragsrecht

Die JAV kann keine Sitzung des BR verlangen. Sie kann aber Angelegenheiten des **Abs. 3 S. 1** auf seine nächste Tagesordnung setzen lassen. Auch im Anwendungsbereich dieser Vorschrift gelten die AN des § 60 I als besonders betroffen, wenn sie überwiegend betroffen sind (Richardi/*Richardi/Annuß* Rn. 27; *Fitting* Rn. 26; GK-BetrVG/*Oetker* Rn. 56; DKK/*Trittin* Rn. 26). Der Antrag muss so rechtzeitig gestellt werden, dass die Aufnahme in die Tagesordnung der nächsten Sitzung möglich und zumutbar ist. Sonst muss die Angelegenheit in die nächstfolgende Sitzung genommen werden (DKK/*Trittin* Rn. 30; *Fitting* Rn. 28). Bei der vorgeschriebenen **Vorberatung** ist nicht erforderlich, dass sich die JAV bereits eine abschließende Meinung gebildet hat. Sie muss die Angelegenheit inhaltlich erörtert haben (Richardi/*Richardi/Annuß* Rn. 28; *Fitting* Rn. 27; GK-BetrVG/*Oetker* Rn. 57). Dies ist dem BR mit der Antragstellung mitzuteilen und ggf. nachzuweisen (*Fitting* Rn. 27). Ohne Vorberatung kann der Antrag abgelehnt werden. Sie ist jedoch nicht Wirksamkeitsvoraussetzung für den Beschluss im BR, der diese Angelegenheit betrifft (DKK/*Trittin* Rn. 28; *Fitting* Rn. 27). Der BR muss die Angelegenheit nicht abschließend beraten (DKK/*Trittin* Rn. 30; *Fitting* Rn. 28; GK-BetrVG/*Oetker* Rn. 62). Er kann sie einem **Ausschuss** zur selbständigen Behandlung zuweisen. Dort ist die JAV ebenso zu beteiligen, wie in den Fällen, wo es sich von vornherein um eine Angelegenheit handelt, die in die Zuständigkeit eines Ausschusses nach den §§ 27 II, 28 I 3 gehört (Richardi/*Richardi/Annuß*

(2) ¹Zur Durchführung ihrer Aufgaben ist die Jugend- und Auszubildendenvertretung durch den Betriebsrat rechtzeitig und umfassend zu unterrichten. ²Die Jugend- und Auszubildendenvertretung kann verlangen, dass ihr der Betriebsrat die zur Durchführung ihrer Aufgaben erforderlichen Unterlagen zur Verfügung stellt.

I. Allgemeine Aufgaben

1   Angelehnt an § 80 I enthält die Vorschrift einen Katalog allgemeiner Aufgaben der JAV und ein umfassendes Informationsrecht. Sie überwacht, berät, regt an und stellt Anträge in allen Angelegenheiten, welche die AN des § 60 I betreffen oder ihnen dienen. Dabei ist ihr unmittelbarer Ansprechpartner nicht der AG, sondern der BR. Ihm obliegt die Vertretung der Interessen aller AN gegenüber dem AG (BAG 21. 1. 1982 AP BetrVG 1972 § 70 Nr. 1). Die JAV ist daher bei der Wahrnehmung ihrer Aufgaben auf die Mitwirkung des BR angewiesen (BAG 10. 5. 1974 AP BetrVG 1972 § 65 Nr. 3). So treffen auch die Informationspflichten den BR, nicht den AG (*Fitting* Rn. 1).

II. Antragsrecht

2   Abs. 1 Nr. 1 enthält ein **allgemeines Initiativrecht.** Das Gesetz hebt die Berufsbildung und die Übernahme in ein Arbeitsverhältnis hervor. In Zeiten hoher Arbeitslosigkeit und fortschreitender Rationalisierung ist gerade die zumindest zeitweise Weiterbeschäftigung Jugendlicher nach Abschluss ihrer Ausbildung von besonderer Bedeutung (BT-Drucks. 14/5741 S. 44). Sie kann ihre Chancen auf dem allgemeinen Arbeitsmarkt verbessern. Die Gleichstellung der Geschlechter ist neben der Integration von jugendlichen Ausländern zunehmend in das Blickfeld geraten. Die entsprechenden Antragsrechte in **Abs. 1a und 4** können dazu beitragen, das gleichberechtigte Miteinander am Arbeitsplatz und ein toleranter, verständnisvoller Umgang mit ausländischen Mitarbeitern vom Beginn des Berufslebens an zu lernen das Engagement jugendlicher AN für diese Themen zu stärken. Die JAV kann sich daneben mit allen Angelegenheiten befassen, welche für die AN des § 60 I von Belang sind. Die Anträge sind beim BR, nicht beim AG zu stellen (Richardi/*Richardi*/*Annuß* Rn. 5, 9; DKK/*Trittin* Rn. 10; GK-BetrVG/*Oetker* Rn. 7). Ein entsprechendes Mitbestimmungs- oder Mitwirkungsrecht des BR ist nicht erforderlich. Es muss allerdings zuständig sein. Es muss sich um **den Betrieb betreffende Maßnahmen** handeln. Sonst besteht mangels Legitimation des BR kein Antragsrecht (Richardi/*Richardi*/*Annuß* Rn. 5; DKK/*Trittin* Rn. 10; *Fitting* Rn. 5). Als Angelegenheiten des Abs. 1 Nr. 1 kommen ua. in Betracht: Fragen der Berufsausbildung (Ausbildungspläne, Beurteilungsbögen, Ausbildungsmethoden, Beschaffung von Ausbildungsmitteln), Arbeitszeit, Urlaubsregelungen, Sozialeinrichtungen. Der Antrag an den BR setzt einen Beschluss der JAV voraus. Ihr Vorsitzender hat kein eigenes Antragsrecht. Er führt den Beschluss aus, indem er ihn an den BR weiterleitet (*Fitting* Rn. 8). Der BR muss sich mit dem Antrag befassen (DKK/*Trittin* Rn. 12). Die Beteiligung der JAV hieran richtet sich nach § 67. Der BR ist nicht verpflichtet, dem Antrag zu folgen. Wie er ihn behandelt, unterliegt seinem Ermessen. Unsachliche, unbegründete oder unzweckmäßige Anträge kann er zurückweisen (Richardi/*Richardi*/*Annuß* Rn. 10; DKK/*Trittin* Rn. 10; *Fitting* Rn. 10; GK-BetrVG/*Oetker* Rn. 21). Verfolgt er den Antrag gegenüber dem AG weiter, ist unter den Voraussetzungen des § 68 die JAV zu beteiligen. Ihr Vorsitzender sollte stets beteiligt werden. Hat sie nicht nach § 67 an der Sitzung des BR teilgenommen, muss er ihr das Ergebnis seiner Beratung mitteilen (DKK/*Trittin* Rn. 14; *Fitting* Rn. 10).

III. Überwachung

3   Die JAV ist verpflichtet, ihre Überwachungsaufgaben nach **Abs. 1 Nr. 2** wahrzunehmen (Richardi/*Richardi*/*Annuß* Rn. 12; *Fitting* Rn. 12; GK-BetrVG/*Oetker* Rn. 26). Die angesprochenen Rechtsnormen müssen die AN des § 60 I nicht ausschließlich betreffen. Es reicht aus, wenn sie u. a. auch für sie von Bedeutung sind (Richardi/*Richardi*/*Annuß* Rn. 12; DKK/*Trittin* Rn. 15; *Fitting* Rn. 12; GK-BetrVG/*Oetker* Rn. 27). Neben den einschlägigen arbeitsgesetzlichen Bestimmungen sind vor allem die zum JArbSchG, zum BBiG und zur GewO erlassenen Verordnungen und die AN nach § 60 I betreffenden Sonderregeln in den Unfallverhütungsvorschriften der Berufsgenossenschaften angesprochen. Das Überwachungsrecht macht aus der JAV kein dem AG übergeordnetes Kontrollorgan (Richardi/*Richardi*/*Annuß* Rn. 13; *Fitting* Rn. 14; GK-BetrVG/*Oetker* Rn. 28). Auch hier ist sie auf die Mitwirkung des BR angewiesen. Stellt sie Verstöße gegen die in Nr. 2 genannten Bestimmungen fest, kann nur der BR beim AG auf Abhilfe dringen (DKK/*Trittin* Rn. 16; *Fitting* Rn. 14). Will sie AN des § 60 I im Rahmen ihrer Überwachungsaufgaben am Arbeitsplatz aufsuchen (BAG 21. 1. 1982 AP BetrVG 1972 § 70 Nr. 1) oder eine allgemeine Befragung dieser AN durchführen (BAG 8. 2. 1977 AP BetrVG 1972 § 80 Nr. 10), benötigt sie die Zustimmung des BR (*Fitting* Rn. 14). Der BR kann nicht mit einer generellen Einwilligung jede zukünftige Überwachungsmaßnahme der JAV gestatten (BAG 21. 1. 1982 AP BetrVG 1972 § 70 Nr. 1). Zu ihren Überwachungsaufgaben gehört es nicht, Individualansprüche der AN des § 60 I durchzusetzen oder sie vor dem Arbeitsgericht zu vertreten (vgl. BAG 19. 5. 1983 AP BetrVG 1972 § 37 Rn. 44).

IV. Anregungen

Bei den Anregungen nach **Abs. 1 Nr. 3** handelt es sich um alle Formen der Meinungsäußerung und damit auch um Beschwerden (Richardi/*Richardi/Annuß* Rn. 14; DKK/*Trittin* Rn. 21; GK-BetrVG/ *Oetker* Rn. 45). Sie müssen sich nicht auf Angelegenheiten beziehen, welche die AN des § 60 I besonders betreffen (DKK/*Trittin* Rn. 22; *Fitting* Rn. 15; aA Richardi/*Richardi/Annuß* Rn. 15). Es muss sich aber um **betriebliche Fragen** handeln (*Fitting* Rn. 15; GK-BetrVG/*Oetker* Rn. 40). Die Anregungen können nach § 80 I Nr. 3 auch direkt beim BR angebracht werden (*Fitting* Rn. 15). Die JAV muss in einer Sitzung mit der Anregung befassen und ihre Berechtigung prüfen. Erscheint sie unberechtigt, unzweckmäßig oder undurchführbar, stellt sie dies in einem Beschluss fest. Hält sie die Anregung für berechtigt, muss sie dem BR – nicht dem AG – ihre Stellungnahme und die Bitte um Erledigung zuleiten. Der BR ist durch den Beschluss der JAV nicht gebunden (DKK/*Trittin* Rn. 24; *Fitting* Rn. 18). Erscheinen sie ihm als berechtigt, muss er nach § 80 I Nr. 3 beim AG auf ihre Erledigung hinwirken. Die Beteiligung der JAV an der Sitzung des BR richtet sich nach § 67. Bespricht der BR die Angelegenheit mit dem AG, richtet sich ihr Teilnahmerecht nach § 68. Die JAV muss den, der die Anregung eingebracht hat, über deren Folgen unterrichten. Sie muss mitteilen, wenn sie sie nicht für berechtigt hält oder darüber berichten, wie die Anregung im BR behandelt wurde und welches Ergebnis in dieser Sache mit dem AG geführte Verhandlungen hatten (DKK/*Trittin* Rn. 26; *Fitting* Rn. 19; GK-BetrVG/*Oetker* Rn. 49).

V. Unterrichtung

Der Anspruch richtet sich nach **Abs. 2** allein gegen den BR, nicht gegen den AG (Richardi/*Richardi/Annuß* Rn. 20; DKK/*Trittin* Rn. 27; *Fitting* Rn. 20). Er erstreckt sich auf alle Informationen zu Umständen und Tatsachen, die sich auf die Aufgaben der JAV beziehen und – soweit sie dem BR nicht bekannt sind – ohne Schwierigkeiten von ihm eingeholt werden können (DKK/*Trittin* Rn. 29; GK-BetrVG/*Oetker* Rn. 55). Betriebs- und Geschäftsgeheimnisse fallen auch dann nicht hierunter, wenn sie gerade für die AN des § 60 I von besonderer Bedeutung sind, wie § 79 I 4 zeigt (DKK/*Trittin* Rn. 30; *Fitting* Rn. 21; GK-BetrVG/*Oetker* Rn. 64). Erfahren Mitglieder der JAV dennoch Betriebs- oder Geschäftsgeheimnisse, sind sie nach § 79 II zur Geheimhaltung verpflichtet. Dasselbe gilt für persönliche Angaben nach § 99 I 3 (Richardi/*Richardi/Annuß* Rn. 30; DKK/*Trittin* Rn. 31; *Fitting* Rn. 21). Der Unterrichtungsanspruch umfasst auch Rechtsauskünfte (Richardi/*Richardi/Annuß* Rn. 19; DKK/*Trittin* Rn. 28; *Fitting* Rn. 20) und setzt keinen Antrag voraus. Der BR muss von sich aus tätig werden (Richardi/*Richardi/Annuß* Rn. 20; DKK/*Trittin* Rn. 32; *Fitting* Rn. 21). Dies kann auch formlos geschehen (DKK/*Trittin* Rn. 27; *Fitting* Rn. 21). Rechtzeitig ist die Unterrichtung, wenn die JAV sie bei der Erledigung ihrer Aufgaben noch berücksichtigen kann (DKK/*Trittin* Rn. 32; *Fitting* Rn. 21).

Die nach **Abs. 2 S. 2** erforderlichen **Unterlagen** muss nicht der AG der JAV zur Verfügung stellen (BAG 20. 11. 1973 AP BetrVG 1972 § 65 Nr. 1), sondern auf ihr Verlangen hin allein der BR. Er muss sie ihr auf Zeit überlassen, nicht nur vorlegen (DKK/*Trittin* Rn. 36; *Fitting* Rn. 25; GK-BetrVG/ *Oetker* Rn. 70). Sie müssen zur Erfüllung ihrer Aufgaben notwendig sein (*Fitting* Rn. 23; GK-BetrVG/*Oetker* Rn. 66). Die Pflicht des BR beschränkt sich auf Unterlagen, die ihm vorliegen oder die der AG ihm nach § 80 II zur Verfügung stellen muss (DKK/*Trittin* Rn. 33; *Fitting* Rn. 23). Enthalten sie Betriebs- oder Geschäftsgeheimnisse, besteht keine Vorlagepflicht (DKK/*Trittin* Rn. 33; *Fitting* Rn. 23). Zu den Unterlagen gehören u. a. die einschlägigen Rechtsvorschriften, Ausbildungspläne, Berichte der für die Berufsausbildung zuständigen Behörden und andere Unterlagen, die zur Bearbeitung der jeweils konkreten Aufgabe der JAV erforderlich sind. Die Vorlage von Lohn- und Gehaltslisten der AN des § 60 I kann nicht gefordert werden. Hier steht auch dem BR nach § 80 II 2 nur ein Einsichtsrecht zu (vgl. BAG 15. 6. 1976 AP BetrVG 1972 § 80 Nr. 9). Die JAV kann aber verlangen, dass der BR in die Listen einsieht und ihr berichtet (Richardi/*Richardi/Annuß* Rn. 26; *Fitting* Rn. 24; GK-BetrVG/*Oetker* Rn. 68). Eine Verletzung der Unterrichtungs- und Überlassungspflicht kann im Wiederholungsfall eine grobe Pflichtverletzung nach § 23 I darstellen (Richardi/*Richardi/Annuß* Rn. 31; DKK/*Trittin* Rn. 37; *Fitting* Rn. 26).

VI. Streitigkeiten

Über den Umfang der Aufgaben einer JAV, ihre Unterrichtung und die Pflicht zum Überlassen von Unterlagen wird im arbeitsgerichtlichen Beschlussverfahren nach den §§ 2a, 80 ff. ArbGG entschieden. Dabei ist die JAV zu beteiligen (BAG 8. 2. 1977 AP BetrVG 1972 § 80 Nr. 10).

§ 71 Jugend- und Auszubildendenversammlung

¹ Die Jugend- und Auszubildendenvertretung kann vor oder nach jeder Betriebsversammlung im Einvernehmen mit dem Betriebsrat eine betriebliche Jugend- und Auszubildendenversamm-

lung einberufen. ²Im Einvernehmen mit Betriebsrat und Arbeitgeber kann die betriebliche Jugend- und Auszubildendenversammlung auch zu einem anderen Zeitpunkt einberufen werden. ³ § 43 Abs. 2 Satz 1 und 2, die §§ 44 bis 46 und § 65 Abs. 2 Satz 2 gelten entsprechend.

1 **1. Voraussetzungen.** Mit dieser Vorschrift gibt man den AN des § 60 I Gelegenheit, die sie betreffenden Angelegenheiten unter sich, mit dem BR und ggf. dem AG zu erörtern. Die Versammlung ist grundsätzlich als **einheitliche Versammlung** durchzuführen. Ist wegen der Eigenart des Betriebes eine Vollversammlung der AN des § 60 I nicht möglich, kann sie als Teilversammlung stattfinden (Richardi/*Richardi/Annuß* Rn. 8; *Fitting* Rn. 8; GK-BetrVG/*Oetker* Rn. 16). Obwohl § 42 II 1 in § 71 nicht in Bezug genommen wird, können auch Abteilungsversammlungen durchgeführt werden, wenn die dort genannten Voraussetzungen gegeben sind (DKK/*Trittin* Rn. 7; aA GK-BetrVG/*Oetker* Rn. 18; *Fitting* Rn. 8). Dies wird freilich kaum jemals der Fall sein. Die Zuständigkeit der Jugend- und Auszubildendenversammlung entspricht der der JAV (Richardi/*Richardi/Annuß* Rn. 20; GK-BetrVG/*Oetker* Rn. 46). Sie ist nach S. 3 iVm. § 45 zuständig für alle Themen mit Betriebsbezug, welche gerade die besonderen Belange der AN des § 60 I unmittelbar betreffen (Richardi/*Richardi/Annuß* Rn. 20; *Fitting* Rn. 21; GK-BetrVG/*Oetker* Rn. 46). Dabei muss dieser Personenkreis weder besonders, noch überwiegend betroffen sein, solange er in seinen speziellen Belangen zumindest mitbetroffen ist (DKK/*Trittin* Rn. 28; *Fitting* Rn. 21; aA GK-BetrVG/*Oetker* Rn. 46). Unter diesen Voraussetzungen kann es sich auch um sozialpolitische, tarifpolitische oder allgemein wirtschaftliche Themen handeln. Die Anzahl der Versammlungen richtet sich nach Bedürfnis und Erforderlichkeit (DKK/*Trittin* Rn. 13; *Fitting* Rn. 13; GK-BetrVG/*Oetker* Rn. 33). Es müssen ausreichend Themen für eine allgemeine Erörterung vorhanden sein. Da Fragen der Ausbildung im Vordergrund stehen, wird es dabei besonders auf die Bedürfnisse der Auszubildenden ankommen.

2 **2. Durchführung.** Die Versammlungen müssen – anders als Betriebsversammlungen – nicht durchgeführt werden. Ob sie stattfinden, entscheidet die JAV nach pflichtgemäßem Ermessen (Richardi/*Richardi/Annuß* Rn. 10; DKK/*Trittin* Rn. 2; *Fitting* Rn. 10). Ein Antragsrecht des BR oder der Gewerkschaften besteht nicht (*Fitting* Rn. 10). Nach S. 2 iVm. § 44 finden die Versammlungen grundsätzlich **während der Arbeitszeit** (s. § 44 Rn. 2 ff.) in unmittelbarem zeitlichen Zusammenhang (BAG 15. 8. 1978 AP BetrVG 1972 § 23 Nr. 1) vor oder nach den (regelmäßigen, weiteren oder außerordentlichen) Betriebs- bzw. Abteilungsversammlungen statt (DKK/*Trittin* Rn. 13; *Fitting* Rn. 15; GK-BetrVG/*Oetker* Rn. 34). Liegen besondere betriebliche oder persönliche Gründe der AN des § 60 I vor, welche dies unmöglich machen oder erheblich erschweren, dürfen sie ausnahmsweise am vorangehenden oder dem nachfolgenden Tag stattfinden (BAG 15. 8. 1978 AP BetrVG 1972 § 23 Nr. 1). So werden die Störungen des Betriebsablaufs in möglichst engen Grenzen gehalten. Im Übrigen können sie nach S. 2 im Einverständnis von JAV, BR und AG an jedem anderen Tag abgehalten werden (*Fitting* Rn. 16).

3 Die JAV beschließt das „Ob", „Wann" und „Wie" der Versammlung. Der BR muss zustimmen (DKK/*Trittin* Rn. 3; *Fitting* Rn. 11). Er trifft seine Entscheidung durch Beschluss. Hieran ist die JAV nach den §§ 67 I und II zu beteiligen. Der Beschluss bezieht sich auch auf die zeitliche Lage und die Tagesordnung (Richardi/*Richardi/Annuß* Rn. 11; DKK/*Trittin* Rn. 4; *Fitting* Rn. 11). Eine nachträgliche Ergänzung der Tagesordnung mit sachverwandten Themen ist auch ohne Zustimmung des BR zulässig, eine Änderung in wesentlichen Punkten bedarf seiner Zustimmung (Richardi/*Richardi/Annuß* Rn. 11; *Fitting* Rn. 11). Die Versammlung ist **nicht öffentlich** (Richardi/*Richardi/Annuß* Rn. 19; DKK/*Trittin* Rn. 19; *Fitting* Rn. 20). Sie besteht aus den AN des § 60 I und den Mitgliedern der JAV. Der AG ist nach S. 3 iVm. § 43 II 1 und 2 zu der Versammlung einzuladen. Nach S. 3 iVm. § 46 I 2 darf er einen Beauftragten des AGverbandes hinzuziehen. Nach S. 3 iVm. § 65 II 2 ist auch der Betriebsratsvorsitzende oder ein beauftragtes Mitglied des BR teilnahmeberechtigt. Beauftragte der im Betrieb vertretenen Gewerkschaften können nach S. 3 iVm. § 46 I 1 an der Versammlung teilnehmen. Das Rederecht steht allen zu, die an der Versammlung teilnehmen dürfen (GK-BetrVG/*Oetker* Rn. 55). Stimmrecht haben allein die AN des § 60 I (GK-BetrVG/*Oetker* Rn. 49; *Fitting* Rn. 6). Der Vorsitzende der JAV leitet die Versammlung (Richardi/*Richardi/Annuß* Rn. 18; DKK/*Trittin* Rn. 17; *Fitting* Rn. 18). Er muss dafür sorgen, dass die Versammlung ordnungsgemäß abläuft und keine unzulässigen Themen erörtert werden. Ihm steht auch das Hausrecht zu (s. § 42 Rn. 7). Kommt er seinen Pflichten nicht nach, muss der Vertreter des BR für den ordnungsgemäßen Ablauf sorgen (DKK/*Trittin* Rn. 18; *Fitting* Rn. 19). Bleibt er untätig oder sein Eingreifen wirkungslos, wächst das Hausrecht dem AG zu.

4 **3. Kosten.** Der AG trägt die Kosten für die Durchführung der Versammlung (*Fitting* Rn. 29; Richardi/*Richardi/Annuß* Rn. 29). Neben den Sachkosten sind das vor allem die Lohnkosten. Bei Versammlungen, die auf Wunsch des AG einberufen werden oder im Zusammenhang mit einer Betriebsversammlung nach § 43 I stattfinden, muss er nach S. 3 iVm. § 44 I die Zeit der Teilnahme einschließlich der Wegezeiten wie Arbeitszeit vergüten, selbst wenn sie wegen der Eigenart des Betriebes außerhalb der Arbeitszeit durchgeführt werden (DKK/*Trittin* Rn. 24; *Fitting* Rn. 26). In diesem Fall sind auch zusätzliche Fahrtkosten zu erstatten. Dasselbe gilt, wenn die Versammlung mit

Einverständnis des AG nicht unmittelbar vor oder nach der Betriebsversammlung stattfindet (*Fitting* Rn. 26). Das Arbeitsentgelt darf nach S. 3 iVm. § 44 II nicht gemindert werden, wenn die Versammlung im Zusammenhang mit einer im Einverständnis des AG während der Arbeitszeit durchgeführten außerordentlichen Betriebsversammlung nach § 43 III stattfindet. Ein Anspruch auf Erstatten der Fahrkosten besteht nicht (*Fitting* Rn. 27). Der Anspruch auf Arbeitsentgelt oder Fahrtkosten entsteht nicht, wenn die Versammlung im Zusammenhang mit einer außerhalb der Arbeitszeit stattfindenden außerordentlichen Betriebsversammlung durchgeführt wird (s. § 44 Rn. 7 ff.).

4. Streitigkeiten. Über die Zulässigkeit einer Jugend- und Auszubildendenversammlung, ihre 5 Durchführung und die Teilnahmerechte wird im arbeitsgerichtlichen Beschlussverfahren nach den §§ 2 a, 80 ff. ArbGG entschieden. Fahrtkosten und Lohnansprüche sind im Urteilsverfahren geltend zu machen.

Zweiter Abschnitt. Gesamt-Jugend- und Auszubildendenvertretung

§ 72 Voraussetzungen der Errichtung, Mitgliederzahl, Stimmengewicht

(1) Bestehen in einem Unternehmen mehrere Jugend- und Auszubildendenvertretungen, so ist eine Gesamt-Jugend- und Auszubildendenvertretung zu errichten.

(2) In die Gesamt-Jugend- und Auszubildendenvertretung entsendet jede Jugend- und Auszubildendenvertretung ein Mitglied.

(3) Die Jugend- und Auszubildendenvertretung hat für das Mitglied der Gesamt-Jugend- und Auszubildendenvertretung mindestens ein Ersatzmitglied zu bestellen und die Reihenfolge des Nachrückens festzulegen.

(4) Durch Tarifvertrag oder Betriebsvereinbarung kann die Mitgliederzahl der Gesamt-Jugend- und Auszubildendenvertretung abweichend von Absatz 2 geregelt werden.

(5) Gehören nach Absatz 2 der Gesamt-Jugend- und Auszubildendenvertretung mehr als zwanzig Mitglieder an und besteht keine tarifliche Regelung nach Absatz 4, so ist zwischen Gesamtbetriebsrat und Arbeitgeber eine Betriebsvereinbarung über die Mitgliederzahl der Gesamt-Jugend- und Auszubildendenvertretung abzuschließen, in der bestimmt wird, dass Jugend- und Auszubildendenvertretungen mehrerer Betriebe eines Unternehmens, die regional oder durch gleichartige Interessen miteinander verbunden sind, gemeinsam Mitglieder in die Gesamt-Jugend- und Auszubildendenvertretung entsenden.

(6) ¹ Kommt im Fall des Absatzes 5 eine Einigung nicht zustande, so entscheidet eine für das Gesamtunternehmen zu bildende Einigungsstelle. ² Der Spruch der Einigungsstelle ersetzt die Einigung zwischen Arbeitgeber und Gesamtbetriebsrat.

(7) ¹ Jedes Mitglied der Gesamt-Jugend- und Auszubildendenvertretung hat so viele Stimmen, wie in dem Betrieb, in dem es gewählt wurde, in § 60 Abs. 1 genannte Arbeitnehmer in der Wählerliste eingetragen sind. ² Ist ein Mitglied der Gesamt-Jugend- und Auszubildendenvertretung für mehrere Betriebe entsandt worden, so hat es so viele Stimmen, wie in den Betrieben, für die es entsandt ist, in § 60 Abs. 1 genannte Arbeitnehmer in den Wählerlisten eingetragen sind. ³ Sind mehrere Mitglieder der Jugend- und Auszubildendenvertretung entsandt worden, so stehen diesen die Stimmen nach Satz 1 anteilig zu.

(8) Für Mitglieder der Gesamt-Jugend- und Auszubildendenvertretung, die aus einem gemeinsamen Betrieb mehrerer Unternehmen entsandt worden sind, können durch Tarifvertrag oder Betriebsvereinbarung von Absatz 7 abweichende Regelungen getroffen werden.

1. Vorbemerkung. Die Gesamt-JAV nach **Abs. 1** ist den einzelnen JAV weder über- noch unterge- 1 ordnet (DKK/*Trittin* Rn. 4; *Fitting* Rn. 7; GK-BetrVG/*Oetker* Rn. 7). Die Zuständigkeitsregelung entspricht der zwischen den BR und dem GesamtBR (s. § 50 Rn. 1 ff.). Sie verfügt nicht über eigene Mitwirkungs- und Mitbestimmungsrechte und kann auf Unternehmensebene die Interessen der im Unternehmen beschäftigten AN des § 60 I gegenüber dem AG nur mit Hilfe des GesamtBR vertreten. Ihr Verhältnis zu ihm entspricht dem der JAV zum BR (*Fitting* Rn. 9).

2. Errichtung und Ende. In jedem Unternehmen kann nach **Abs. 2** nur eine Gesamt-JAV gebildet 2 werden (Richardi/*Richardi/Annuß* Rn. 7; *Fitting* Rn. 10). Ihre Errichtung ist zwingend vorgeschrieben (*Fitting* Rn. 12; Richardi/*Richardi/Annuß* Rn. 6). Ein besonderer Errichtungs- oder Entsendungsbeschluss der einzelnen JAV ist nicht erforderlich. Durch Beschluss muss nur das Mitglied bestimmt werden, das entsandt werden soll (Richardi/*Richardi/Annuß* Rn. 11; *Fitting* Rn. 16; GK-BetrVG/*Oetker* Rn. 12). Ein Dritter kann nicht entsandt werden (*Fitting* Rn. 16). Besteht die JAV nur aus einem Mitglied, ist dies ohne weiteres Mitglied der Gesamt-JAV (*Fitting* Rn. 16; GK-BetrVG/*Oetker* Rn. 24). Die Bestimmung des Ersatzmitglieds nach **Abs. 3** erfolgt durch Beschluss der JAV. Besteht sie nur aus einem Mitglied, ist Ersatzmitglied das nach § 63 I iVm. 14 II in einem gemeinsamen Wahlgang gewählte Ersatzmitglied der JAV (aA *Fitting* Rn. 16). Werden mehrere Ersatzmitglieder bestellt, muss auch die Reihenfolge für das Nachrücken geregelt werden. Wo es keinen **GesamtBR** gibt, darf auch keine Gesamt-JAV gebildet werden (Richardi/*Richardi/Annuß* Rn. 5; *Fitting* Rn. 11; GK-BetrVG/ *Oetker* Rn. 10; aA DKK/*Trittin* Rn. 6). Sie wäre jedenfalls in ihrer Tätigkeit weitgehend beschränkt, weil sie nicht direkt gegenüber dem AG agieren darf (Richardi/*Richardi/Annuß* Rn. 5; *Fitting* Rn. 11; GK-BetrVG/*Oetker* Rn. 11). Die Voraussetzungen für ihre Errichtung entsprechen im Übrigen denen für die Bildung eines GesamtBR (s. § 47 Rn. 2 ff.). Als Dauereinrichtung hat sie wie der GesamtBR **keine Amtszeit.** Auflösungsbeschlüsse sind bedeutungslos. Sie endet nur, wenn die Voraussetzungen für ihr Errichtung wegfallen (s. § 47 Rn. 14). Das einzelne Mitglied kann jederzeit durch einfachen Mehrheitsbeschluss wieder abberufen werden (Richardi/*Richardi/Annuß* Rn. 12; *Fitting* Rn. 22; GK-BetrVG/*Kraft/Oetker* Rn. 25).

3   **3. Abweichende Regelung.** Wie Gesamtbetriebsräte können bzw. müssen auch die Gesamt-JAV nach **Abs. 4–6** durch Tarifvertrag oder GesamtBV vergrößert oder verkleinert werden (s. § 47 Rn. 10 ff.). Dabei muss Zahl der Vertreter nicht unter 20 verringert werden (DKK/*Trittin* Rn. 21; *Fitting* Rn. 34, 40; s. § 47 Rn. 10). Die tarifliche hat Vorrang vor der betriebsverfassungsrechtlichen Regelung (Richardi/*Richardi/Annuß* Rn. 16; DKK/*Trittin* Rn. 15; *Fitting* Rn. 34). Die GesamtBV schließt der GesamtBR mit dem AG ab (*Fitting* Rn. 40; *Fitting* Rn. 33). Die Gesamt-JAV ist wie die JAV (s. § 60 Rn. 3) nicht berechtigt, mit dem AG Vereinbarungen zu treffen. Nach den §§ 73 II iVm. 67 I und II, 68 wirken ihre Mitglieder beim Abschluss der Vereinbarung mit und haben im GesamtBR Stimmrecht (DKK/*Trittin* Rn. 17; GK-BetrVG/*Oetker* Rn. 34). Fehlt eine tarifliche Regelung, kann die GesamtBV nach Abs. 5 S. 1 erzwungen werden. Die Einigungsstelle kann nicht von der Gesamt-JAV angerufen werden (DKK/*Trittin* Rn. 21; *Fitting* Rn. 41). Sie sollte im Verfahren jedoch gehört werden.

4   **4. Abstimmung.** Für das Stimmengewicht nach **Abs. 7** kommt es auf die Eintragung in der Wählerliste zur letzten Wahl der JAV, nicht auf die aktuelle Zahl von AN des § 60 I im entsendenden Betrieb an (Richardi/*Richardi/Annuß* Rn. 21; *Fitting* Rn. 27; GK-BetrVG/*Oetker* Rn. 44). Wurde die Mitgliederzahl durch abweichende Vereinbarung vergrößert, teilen sich die entsandten Mitglieder zu gleichen Teilen die Stimmen, welche dem einzelnen Mitglied zugekommen wären (Richardi/*Richardi/ Annuß* Rn. 23; *Fitting* Rn. 37; GK-BetrVG/*Oetker* Rn. 46). Wird die Mitgliederzahl verkleinert, stehen dem einzelnen Mitglied alle sich aus den zusammengefassten Betrieben ergebenden Stimmen zu (Richardi/*Richardi/Annuß* Rn. 22; *Fitting* Rn. 38; GK-BetrVG/*Oetker* Rn. 45). Kommen Mitglieder der GesamtJAV aus einem gemeinsamen Betrieb, können nach **Abs. 8** wie beim GesamtBR (s. § 47 Rn. 16 f.) u. a. Regelungen zur Stimmgewichtung getroffen werden, wenn es um Angelegenheiten geht, die nur eines der beteiligten Unternehmen betreffen (DKK/*Trittin* Rn. 25 a). Die Mitglieder der Gesamt-JAV sind nicht an Aufträge oder Weisungen der JAV gebunden (Richardi/*Richardi/Annuß* Rn. 25; *Fitting* Rn. 30; GK-BetrVG/*Oetker* Rn. 47). Sie können ihre Stimmen nur einheitlich abgeben (*Fitting* Rn. 37).

5   **5. Streitigkeiten.** Über Mitgliedschaft, Errichtung und Stimmengewichtung wird im arbeitsgerichtlichen Beschlussverfahren nach den §§ 2 a, 80 ff. ArbGG entschieden. Örtlich zuständig ist nach § 82 S. 2 das Arbeitsgericht, in dessen Bezirk das Unternehmen seinen Sitz hat.

§ 73 Geschäftsführung und Geltung sonstiger Vorschriften

(1) ¹ Die Gesamt-Jugend- und Auszubildendenvertretung kann nach Verständigung des Gesamtbetriebsrats Sitzungen abhalten. ² An den Sitzungen kann der Vorsitzende des Gesamtbetriebsrats oder ein beauftragtes Mitglied des Gesamtbetriebsrats teilnehmen.

(2) Für die Gesamt-Jugend- und Auszubildendenvertretung gelten § 25 Abs. 1, die §§ 26, 28 Abs. 1 Satz 1, die §§ 30, 31, 34, 36, 37 Abs. 1 bis 3, die §§ 40, 41, 48, 49, 50, 51 Abs. 2 bis 5 sowie die §§ 66 bis 68 entsprechend.

1   **1. Sitzungen.** Der GesamtBR muss den Sitzungen der Gesamt-JAV nach **Abs. 1** nicht zustimmen. Er ist zu verständigen. Es gelten im Übrigen sinngemäß die Regelungen zur Sitzung der JAV (s. § 65 Rn. 1). Sie werden nach Abs. 2 iVm. § 51 II 3, 29 II vom Vorsitzenden einberufen. Er muss nach Abs. 2 iVm. §§ 51 II 3, 29 III eine Sitzung einberufen und den beantragten Gegenstand auf die Tagesordnung setzen, wenn dies ein Viertel der Mitglieder der Gesamt-JAV oder der AG verlangen. Zur konstituierenden Sitzung lädt nach Abs. 2 iVm. § 51 II 1 die bei der Hauptverwaltung des Unternehmens gebildete JAV ein. Fehlt sie dort, lädt die JAV des nach der Zahl der dort beschäftigten AN des § 60 I größten Betriebes ein (Richardi/*Richardi/Annuß* Rn. 4; *Fitting* Rn. 8). An den Sitzungen nimmt der AG nach Abs. 2 iVm. §§ 51 II 3, 29 IV – ggf. mit einem Beauftragten des AGVerbandes – teil. Für die nach Abs. 2 iVm. § 31 zulässige Teilnahme der Gewerkschaft ist erforderlich, dass sie in der Gesamt-JAV vertreten ist (DKK/*Trittin* Rn. 10; *Fitting* Rn. 11; GK-BetrVG/*Oetker* Rn. 28). Beschließt der GesamtBR, zu ihren Sitzungen einen Beauftragten der Gewerkschaft zusammen mit

seinem Vorsitzenden in die Sitzung zu schicken, muss die Gewerkschaft im GesamtBR vertreten sein (*Fitting* Rn. 11; s. § 65 Rn. 7). Die Gesamt-JAV kann auch selbst beschließen, einen Beauftragten der Gewerkschaft hinzuzuziehen (GK-BetrVG/*Oetker* Rn. 30). Diese muss dann nur im Unternehmen vertreten sein (*Fitting* Rn. 11).

2. Anwendbare Vorschriften. Die entsprechende Anwendung der in **Abs. 2** genannten und für 2
andere Gremien konzipierten Vorschriften kann nicht schematisch erfolgen, sondern nur unter dem Vorbehalt der durch Sinn und Zweck vermittelten Vergleichbarkeit. Bei den in Abs. 2 angeführten Organisationsvorschriften handelt es sich um eine abschließende Regelung, die nicht über den dort genannten § 51 V erweitert werden kann, der sich nicht auf Fragen der Geschäftsführung bezieht (*Fitting* Rn. 15). Daher sind die Vorschriften über die Freistellung – § 38 –, über die Betriebsräteversammlung – § 53 – und über die Sprechstunde – § 69 – nicht anwendbar (*Fitting* Rn. 15). Der Hinweis auf § 28 I 1 führt dazu, dass die GesamtJAV Ausschüsse bilden kann, wenn das Unternehmen mehr als 100 AN beschäftigt. Soweit **§ 37 I bis III** in Bezug genommen wird, bedeutet dies nicht, dass die Vorschrift im Übrigen unanwendbar wäre. Sie gilt für die Mitglieder der Gesamt-JAV schon nach § 65 I (DKK/*Trittin* Rn. 15). Über die Teilnahme an Schulungen nach **§ 37 VI** entscheidet der BR des entsendenden Betriebes unter Beteiligung der Gesamt-JAV (BAG 10. 6. 1975 AP BetrVG 1972 § 73 Nr. 1). Die Zuständigkeit der Gesamt-JAV folgt nach Abs. 2 iVm. **§ 50** der des GesamtBR (Richardi/*Richardi/ Annuß* Rn. 20; *Fitting* Rn. 13; GK-BetrVG/*Oetker* Rn. 41). Der Auftrag nach § 50 II ist zulässig, aber wenig sinnvoll, solange nicht auch der GesamtBR beauftragt wurde. Die Gesamt-JAV könnte nicht selbst mit dem AG verhandeln (Richardi/*Richardi/Annuß* Rn. 21; *Fitting* Rn. 13; GK-BetrVG/*Oetker* Rn. 44). Nach Abs. 2 iVm. **§ 51 V** gelten die Vorschriften über die materiellen Rechte und Pflichten der JAV entsprechend für die Gesamt-JAV. Das Teilnahmerecht an Sitzungen des GesamtBR nach Abs. 2 iVm. **§ 67** erstreckt sich auch auf seine Ausschüsse, denen er die Angelegenheit zur selbständigen Erledigung übertragen hat (*Fitting* Rn. 14).

3. Streitigkeiten. Über die Anwendung der Vorschrift und der in Bezug genommenen Bestimmun- 3
gen wird im arbeitsgerichtlichen Beschlussverfahren nach §§ 2 a, 80 ff. ArbGG entschieden. Örtlich zuständig ist nach § 82 S. 2 das Arbeitsgericht, in dessen Bezirk der Sitz des Unternehmens liegt. Über den Freizeitausgleich und die Minderung des Arbeitsentgelts nach § 37 II und III wird im Urteilsverfahren entschieden. Örtlich zuständig hierfür ist nach § 46 II iVm. § 29 ZPO das Arbeitsgericht, in dessen Bezirk der Betrieb liegt.

Dritter Abschnitt. Konzern-Jugend- und Auszubildendenvertretung

§ 73 a Voraussetzung der Errichtung, Mitgliederzahl, Stimmengewicht

(1) ¹Bestehen in einem Konzern (§ 18 Abs. 1 des Aktiengesetzes) mehrere Gesamt-Jugend- und Auszubildendenvertretungen, kann durch Beschlüsse der einzelnen Gesamt-Jugend- und Auszubildendenvertretungen eine Konzern-Jugend- und Auszubildendenvertretung errichtet werden. ²Die Errichtung erfordert die Zustimmung der Gesamt-Jugend- und Auszubildendenvertretungen der Konzernunternehmen, in denen insgesamt mindestens 75 vom Hundert der in § 60 Abs. 1 genannten Arbeitnehmer beschäftigt sind. ³Besteht in einem Konzernunternehmen nur eine Jugend- und Auszubildendenvertretung, so nimmt diese die Aufgaben einer Gesamt-Jugend- und Auszubildendenvertretung nach den Vorschriften dieses Abschnitts wahr.

(2) ¹In die Konzern-Jugend- und Auszubildendenvertretung entsendet jede Gesamt-Jugend- und Auszubildendenvertretung eines ihrer Mitglieder. ²Sie hat für jedes Mitglied mindestens ein Ersatzmitglied zu bestellen und die Reihenfolge des Nachrückens festzulegen.

(3) Jedes Mitglied der Konzern-Jugend- und Auszubildendenvertretung hat so viele Stimmen, wie die Mitglieder der entsendenden Gesamt-Jugend- und Auszubildendenvertretung insgesamt Stimmen haben.

(4) § 72 Abs. 4 bis 8 gilt entsprechend.

§ 73 b Geschäftsführung und Geltung sonstiger Vorschriften

(1) ¹Die Konzern-Jugend- und Auszubildendenvertretung kann nach Verständigung des Konzernbetriebsrats Sitzungen abhalten. ²An den Sitzungen kann der Vorsitzende oder ein beauftragtes Mitglied des Konzernbetriebsrats teilnehmen.

(2) Für die Konzern-Jugend- und Auszubildendenvertretung gelten § 25 Abs. 1, die §§ 26, 28 Abs. 1 Satz 1, die §§ 30, 31, 34, 36, 37 Abs. 1 bis 3, die §§ 40, 41, 51 Abs. 3 bis 5, die §§ 56, 57, 58, 59 Abs. 2 und die §§ 66 bis 68 entsprechend.

1. Voraussetzung und Stellung. Wie der KonzernBR kann die Konzern-JAV nur in einem Unter- 1
ordnungskonzern gebildet werden (Richardi/*Annuß* § 73 a Rn. 4). Sie ist den Gesamt-JAV nicht

übergeordnet (*Fitting* § 73 a Rn. 5). Es gilt dasselbe Verhältnis wie zwischen KonzernBR und GesamtBR. Ihre Errichtung ist freigestellt (DKK/*Trittin* § 73 a Rn. 7; *Fitting* § 73 a Rn. 8). Die Konzern-JAV ist **kein selbständiges Organ** der Betriebsverfassung. Ihr stehen keine Mitbestimmungsrechte zu, die sie unmittelbar selbst gegenüber der Konzernleitung ausüben dürfte. Ihre Aufgaben kann sie nur durch und über den KonzernBR erfüllen (*Fitting* § 73 a Rn. 7). Die Konzern-JAV wird durch Beschluss der einzelnen Gesamt-JAV des Konzerns gebildet (*Fitting* § 73 a Rn. 12; Richardi/*Annuß* § 73 a Rn. 9). Bei der Ermittlung der maßgeblichen Zahlen zählen auch alle AN nach § 60 I mit, die nicht durch eine JAV oder Gesamt-JAV vertreten werden (*Fitting* § 73 a Rn. 25; *Fitting* § 73 a Rn. 15). Hat eine Gesamt-JAV gegen die Errichtung der Konzern-JAV gestimmt, muss sie doch Vertreter entsenden. Die nach § 73 a II 2 zu wählenden Ersatzmitglieder müssen Mitglieder der Gesamt-JAV sein (*Fitting* § 73 a Rn. 21). Bei der Konzern-JAV handelt es sich um eine **Dauereinrichtung**. Sie hat keine Amtszeit (Richardi/*Annuß* § 73 a Rn. 11). Jedes ihrer Mitglieder kam jederzeit ohne Angabe von Gründen durch einfachen Mehrheitsbeschluss der entsendenden Gesamt-JAV abberufen werden (*Fitting* § 73 a Rn. 23). Die Konzern-JAV ist zuständig für alle Konzern-Unternehmen mit oder ohne Gesamt-JAV (DKK/*Trittin* § 73 a Rn. 31).

2   **2. Sitzungen.** Zur konstituierenden Sitzung lädt nach § 73 b II iVm. § 59 II die Gesamt-JAV ein, die beim herrschenden Unternehmen gebildet wurde. Deren Vorsitzender leitet die Sitzung, bis die Konzern-JAV aus ihrer Mitte einen Wahlleiter für die Wahl ihres Vorsitzenden bestellt hat (*Fitting* § 73 a Rn. 26). Maßgebend für das Stimmengewicht nach **§ 73 a III** ist die Zahl der bei der letzten Wahl in die Wählerlisten bei den Konzernunternehmen eingetragenen AN nach § 60 I (*Fitting*, § 73 a Rn. 27; Richardi/*Annuß* § 73 a Rn. 25). Das Stimmengewicht kann durch TV oder BV nicht nur bei einer Vergrößerung oder Verkleinerung der Konzern-JAV nach **§ 73 a IV** abweichend geregelt werden. Zuständig für den Abschluss ist der KonzernBR, nicht die KonzernJAV (*Fitting* § 73 a Rn. 34). Bei der Erhöhung entsenden einzelne Gesamt-JAV mehrere Mitglieder, die sich die Stimmen zu gleichen Teilen unter sich aufteilen (*Fitting*, Rn. 35). Bei der Verringerung entsenden mehrere Gesamt-JAV nur ein Mitglied, dessen Stimmengewicht sich entsprechend erhöht (*Fitting* § 73 a Rn. 35; Richardi/*Annuß* § 73 a Rn. 27). Zum Abhalten ihrer Sitzungen benötigt die Konzern-JAV nach **§ 73 b I** nicht das Einverständnis des KonzernBR (DKK/*Trittin* § 73 b Rn. 2; *Fitting* § 73 b Rn. 3). Sie werden vom Vorsitzenden rechtzeitig und unter Mitteilung der Tagesordnung einberufen (*Fitting* § 73 b Rn. 4; Richardi/*Annuß* § 73 b Rn. 6). Die Konzern-JAV und ein Viertel der Mitglieder können die Einberufung einer Sitzung verlangen (*Fitting* § 73 b Rn. 5). Ist der AG eingeladen oder wurde die Sitzung auf seinen Antrag hin einberufen, darf er beratend teilnehmen (*Fitting* § 73 b Rn. 7; Richardi/*Annuß* § 73 b Rn. 7). Nach **§ 73 a II** dürfen Beauftragte der Gewerkschaften entsprechend § 31 teilnehmen. Für Beschlussfähigkeit und Beschlussfassung der Konzern-JAV gelten nach § 51 III die gleichen Regeln wie für den GesamtBR.

3   **3. Anwendbare Vorschriften.** Bei den in **§ 73 b II** genannten Vorschriften handelt es sich um abschließende Regelungen. Sie können nicht über § 51 II erweitert werden (*Fitting* § 73 b Rn. 15). Es gelten dieselben Vorschriften wie für die Gesamt-JAV. Die Vorschriften über die Freistellung und Teilnahme an Schulungen sind nicht anwendbar (*Fitting* § 73 b Rn. 15). Die Mitglieder der Konzern-JAV können ihre Schulung schon als Mitglied der JAV verlangen. Damit entscheidet über die Teilnahme eines Mitglieds der Konzern-JAV an einer Schulung der BR des Betriebes, dem es angehört (*Fitting* § 73 b Rn. 15).

4   **4. Streitigkeiten.** Streitigkeiten aus der Anwendung von § 73 a und § 73 b und den dort in Bezug genommenen Vorschriften werden im arbeitsgerichtlichen Beschlussverfahren nach den §§ 2 a, 80 ff. ArbGG entschieden. Zuständig ist das Arbeitsgericht, indessen Bezirk das herrschende Unternehmen seinen Sitz hat. Im Urteilsverfahren werden der Streit um eine Minderung oder die Vorenthaltung von Arbeitsentgelt sowie den Anspruch auf Freistellung eines Mitglieds der Konzern-JAV entschieden.

Vierter Teil. Mitwirkung und Mitbestimmung der Arbeitnehmer

Erster Abschnitt. Allgemeines

Einleitung vor § 74

Allgemeines Schrifttum: *Kreutz*, Grenzen der Betriebsautonomie, 1979; *Christoph Müller*, Die Berufsfreiheit des Arbeitgebers, 1996; *Reichold*, Betriebsverfassung als Sozialprivatrecht, 1995; *Veit*, Die funktionelle Zuständigkeit des Betriebsrats, 1998; *H. Hanau*, Individualautonomie und Mitbestimmung in sozialen Angelegenheiten, 1994.

I. Der allgemeine Teil von Mitwirkung und Mitbestimmung

Der 4. Teil des Gesetzes, der die Mitwirkung und Mitbestimmung der AN regelt, beginnt mit einem **1** Allgemeinen Teil. Dieser regelt in den §§ 74, 75 einige **allg. Grundsätze** für die Zusammenarbeit der Betriebspartner und die Behandlung der Betriebsangehörigen, in den §§ 76 bis 77 die wichtigsten Gestaltungsmittel der Betriebsparteien, BV und Einigungsstelle. Dies wird in §§ 78 bis 79 ergänzt durch Schutzbestimmungen für Mitglieder betriebsverfassungsrechtlicher Organe und für den AG. Schließlich enthält § 80 eine allg. Regelung der schwächsten Mitwirkungsform, des Informationsanspruchs des BR gegenüber dem AG einschließlich eines Rechts auf Information durch Sachverständige.

Damit sind die allg. Fragen der Mitwirkung und Mitbestimmung aber nicht vollständig aufgezählt. **2** Zu nennen sind weiterhin die Erweiterung der Beteiligungsrechte des BR durch TV und Betriebsvereinbarung; die Übertragung von Entscheidungsbefugnissen an AG, BR oder AN; die Einwirkung von Arbeitskämpfen auf Beteiligungsrechte; die Rechtsfolgen mitbestimmungs- und mitwirkungswidrigen Verhaltens; die Erstreckung von Beteiligungsrechten auf Annex-Bedingungen, die in den einzelnen Tatbeständen nicht ausdrücklich genannt sind, mit ihnen aber eng zusammenhängen; die Zweckentfremdung von Beteiligungsrechten, dh. ihre Ausübung zu Zwecken, die von dem Sinn der einzelnen Tatbestände nicht gedeckt werden. Diese wichtigen allg. Fragen sind im ersten Abschnitt des 4. Teils gar nicht und in den weiteren, speziellen Abschn. des Gesetzes nur unvollständig geregelt. Im Folgenden wird deshalb zusammengestellt, was sich Gesetz und Rspr. über die allg. Regelungen im ersten Abschnitt hinaus als **Inhalt eines Allgemeinen Teils der Mitwirkung und Mitbestimmung** entnehmen lässt.

Die **Begriffe Mitbestimmung und Mitwirkung** werden im Gesetz weder definiert noch voneinan- **3** der abgegrenzt. Aus der Verwendung des Begriffes Mitbestimmung in §§ 87, 91, 98 I, 99 kann man schließen, dass Initiativ- und Widerspruchsrechte des BR gemeint sind. Mitwirkung umfasst deshalb Unterrichtungs-, Anhörungs- und Beratungsrechte. Allerdings trägt auch § 102, der die Anhörung des BR vor Kündigungen regelt, die Überschrift „Mitbestimmung", doch passt dies immerhin für das in Abs. 3 und 5 der Bestimmung geregelte Widerspruchsrecht. Als Oberbegriff kann man von Beteiligungsrechten sprechen.

II. Erweiterung der Beteiligungsrechte des Betriebsrats durch Kollektivvertrag

1. Erweiterung durch Tarifvertrag. Schon unter dem BetrVG 1952 hat das BAG ausgesprochen, **4** dass die Mitbestimmung in **sozialen Angelegenheiten** (damals § 56) durch TV weitgehend ausgestaltet und selbst auf konkrete Einzelmaßnahmen erstreckt werden könne (BAG 12. 10. 1955 AP BetrVG 1952 § 56 Nr. 1 betr. Beteiligung des BR bei der Änderung von Akkordsätzen; BAG 24. 9. 1959 AP BGB § 611 Akkordlohn Nr. 11 betr. Zustimmung des BR als Voraussetzung für Entgeltminderungen wegen vorsätzlicher Zurückhaltung der Arbeitsleistung oder Minderleistungsfähigkeit; BAG 8. 10. 1969 AP BetrVG 1952 § 56 Nr. 14 betr. Zuständigkeit des BR für die Vereinbarung von Freischichten). Unter dem BetrVG 1972 ließ das BAG zunächst dahingestellt, ob die Mitbestimmung in sozialen Angelegenheiten (§ 87) durch TV erweitert werden könne (22. 12. 1981 AP BetrVG 1972 § 87 Lohngestaltung Nr. 7; BAG 6. 2. 1985 AP TVG § 4 Übertariflicher Lohn und Tariflohnerhöhung Nr. 16; BAG 16. 7. 1985 AP BetrVG 1972 § 87 BetrVG Lohngestaltung Nr. 17; BAG 22. 10. 1985 AP BetrVG 1972 § 99 Nr. 23), und hat dies erstmals mit Urteil vom 18. 8. 1987 (AP BetrVG 1972 § 77 Nr. 23) anerkannt. Hier ging es um einen TV (den sog. Leber-Rüthers-Kompromiss von 1984), der die Mitbestimmung über die Arbeitszeit (§ 87 I Nr. 2, 3) in einem bestimmten Rahmen auf die regelmäßige Dauer der individuellen regelmäßigen wöchentlichen Arbeitszeit ausdehnte, einschließlich der Streitentscheidung durch die Einigungsstelle nach § 87 II. Eine tarifvertragliche Erweiterung der Mitbestimmung sei eine Rechtsnorm über **betriebsverfassungsrechtliche Fragen** iSv. §§ 1 I, 3 II TVG, die für alle AN tarifgebundener AG gelte. Diese umfassende Ermächtigung des TVG zur Regelung betriebsverfassungsrechtlicher Fragen werde durch das BetrVG nicht eingeschränkt. Dieses enthält zwar an mehreren Stellen Vorschriften darüber, ob und in welchem Umfang TV betriebsverfassungsrechtliche Fragen regeln können (§§ 3, 38 I, 47 IV, 55 IV, 117), doch sei dies keine abschließende Regelung.

Mit Beschluss vom 9. 5. 1995 (AP BetrVG 1972 § 76 Einigungsstelle Nr. 2) erklärte das BAG eine **5** tarifliche Regelung für zulässig, die eine Erschwerniszulage vorsah, deren Höhe vom AG im Einvernehmen mit dem BR festgelegt werden musste. Dabei handele es sich um die Vereinbarung eines echten Mitbestimmungsrechts, die nach der st. Rspr. zulässig sei. Mit Beschluss vom 10. 2. 1988 (AP BetrVG 1972 § 99 Nr. 53) wurde diese Rspr. auf die Mitbestimmung bei **Einstellung von AN** gem. § 99 ausgedehnt. Abw. von § 99 könne dem BR bei Einstellungen ein echtes Mitbestimmungsrecht zugesprochen werden, so dass im Streitfall eine Einigungsstelle endgültig zu entscheiden habe. Zur Begründung wurde wiederum auf die Ermächtigung zu betriebsverfassungsrechtlichen Tarifnormen hingewiesen. Ergänzend wurde auf § 102 VI Bezug genommen, nach dem AG und BR Kündigungen von der Zustimmung des BR abhängig machen können. Im Rahmen des § 99 sehe das Gesetz zwar keine Verstärkung der Mitbestimmung durch BV vor, doch enthalte auch diese Bestimmung AN-Schutzvorschriften, die grds. nur einseitig zwingender Natur seien. Ein Beschluss des BAG vom 31. 1. 1995 (AP BetrVG 1972 § 118 Nr. 56) wendet diese Grundsätze sogar auf **Tendenzunternehmen** iSd. § 118 an. Es bestünden keine durchgreifende Bedenken gegen eine tarifvertragliche Regelung, nach der sich die Mitbestimmung des BR in einem städtischen Kinder- und Jugendheim auf alle Personalveränderungen, insb. auf Einstellungen, Eingruppierungen, Umgruppierungen, Versetzungen und Entlassungen erstrecken sollte; im Streitfall war wiederum die Zuständigkeit der Einigungsstelle vorgesehen (s. auch § 118 Rn. 3). BAG 12. 11. 1997 DB 1995, 16 670 (betr. tarifvertragliche Übernahmeverpflichtung und Ausbildung) hält eine Streitentscheidung durch Einigungsstelle stets für erforderlich.

6 **2. Grenzen der Erweiterung.** Bisher gibt es keine Entscheidungen des BAG zu einer tarifvertraglichen Erweiterung der Beteiligung des BR in **wirtschaftlichen Angelegenheiten** (§§ 106 bis 113). Dass hier im Hinblick auf die Unternehmensautonomie Grenzen erforderlich sind, wurde in einer Entscheidung vom 10. 2. 1988 zumindest angedeutet (AP BetrVG 1972 § 99 Nr. 53 Bl. 5). Nach der Rspr. des BVerfG schützt Art. 12 I GG auch den Beruf des Unternehmers (1. 3. 1979 BVerfGE 50, 290, 262; ebenso BAG 3. 4. 1990 AP GG Art. 9 Nr. 56). Bei der notwendigen Abwägung zwischen Art. 9 III GG einerseits und Art. 12 I GG andererseits ist zu berücksichtigen, dass die Tarifautonomie unvermeidlich dazu führt, die unternehmerische Berufsausübung einzugrenzen (*Meier-Krenz*, Die Erweiterung von Beteiligungsrechten des BR durch TV, S. 106; *Reuter* ZfA 1978, 1, 42). Trotzdem kann durch TV nicht jede Unternehmerentscheidung der Mitbestimmung des BR unterworfen werden. Dies ergibt sich schon daraus, dass die Tarifautonomie nur zur „Wahrung und Förderung der Arbeits- und Wirtschaftsbedingungen" durch Art. 9 III GG geschützt ist. Arbeits- und Wirtschaftsbedingungen ist hier als einheitliches Begriffspaar zu sehen. Nur diejenigen Wirtschaftsbedingungen, die für die AN gleichzeitig Arbeitsbedingungen darstellen, werden von der Regelungsbefugnis der TVParteien erfasst (*Beuthien* ZfA 1984, 1, 13; *Meier-Krenz*, Die Erweiterung von Beteiligungsrechten des BR durch TV, S. 94; *Meik*, Der Kernbereich der Tarifautonomie, 1987, S. 93; L/K Vor § 106 Rn. 3; *Wiedemann* RdA 1986, 230, 231). Unzulässig wäre deshalb etwa ein Mitbestimmungsrecht des BR über Produktion und Absatz. Entgegen BAG 7. 11. 1995 (AP TVG § 3 Betriebsnormen Nr. 1 mit abl. Anm. *Hans Hanau*) sind auch die Öffnungszeiten von Banken und Geschäften nicht durch tarifliche Betriebs- und Betriebsverfassungsnormen regelbar.

7 Auch innerhalb des Bereichs der Arbeits- und Wirtschaftsbedingungen iSd. Art. 9 III GG besteht ein durch Art. 12 I GG geschützter Bereich, der durch eine tarifliche Regelung nicht der Mitbestimmung des BR unterworfen werden kann. Denn zwischen beiden Grundrechten muss eine praktische Konkordanz hergestellt werden, damit eines nicht von dem anderen ganz verdrängt wird (s. *Wiedemann* RdA 1986, 230, 235 unter Hinweis auf den durch Art. 19 II GG geschützten Kernbereich des Art. 12 I GG). Eine den Kernbereich verletzende **Beeinträchtigung der Unternehmerfreiheit** ist anzunehmen, wenn eine Tarifregelung dem Unternehmer die Herrschaft über das Unternehmen selbst und die mit ihm verfolgten Ziele entziehen würde. Die Entscheidung über Bestand, Umfang und Zielsetzung des Unternehmens muss deshalb zwingend dem Unternehmensträger verbleiben (*Wiedemann* RdA 1986, 230, 235; ähnlich *Meier-Krenz*, Die Erweiterung von Beteiligungsrechten des BR durch TV, S. 98; s. auch Art. 12 GG Rn. 39; aA *Däubler* Tarifvertragsrecht Rn. 1061). Der tariflichen Regelung entzogen sind insb. die Entscheidungen über die Stilllegung oder Fortführung von Betrieben, ihre Verlegung oder ihren Zusammenschluss mit anderen Betrieben sowie über die Änderung der Betriebsorganisation und des Betriebszwecks (*Meier-Krenz*, Die Erweiterung von Beteiligungsrechten des BR durch TV, S. 98; *Wiedemann* RdA 1986, 230, 235). Insb. wäre es unzulässig, dem BR ein erzwingbares Mitbestimmungsrecht über die Durchführung solcher Maßnahmen zu geben, indem etwa bei Betriebsänderungen iSd. § 111 BetrVG ein erzwingbarer Anspruch auf Abschluss eines Interessenausgleichs eingeräumt würde (*Meier-Krenz*, Die Erweiterung von Beteiligungsrechten des BR durch TV, S. 98).

8 Zusammenfassend ist festzustellen, dass die **Tarifparteien** die Betriebsparteien (nur) zur Regelung der Materien ermächtigen dürfen, die sie selbst regeln können. Tarifnormen über betriebsverfassungsrechtliche Fragen erweitern nicht die durch TV normativ erfassbaren Angelegenheiten, sondern den erfassten Personenkreis, da Betriebsverfassungsnormen nach § 3 II für alle AN tarifgebunder AG gelten. Diese erweiterte Wirkung der TV wird schon dadurch legitimiert, dass die BR durch alle AN ohne Rücksicht auf Tarifgebundenheit gewählt werden (BAG 18. 8. 1987 AP BetrVG 1972 § 77 Nr. 23; BAG 10. 2. 1988 AP BetrVG 1972 § 99 Nr. 53, str., s. etwa *Richardi* NZA 1988, 673). Weitergehende Beschränkungen für Beteiligungsrechte von **Mitarbeitervertretungen in der öffentl. Verwaltung** hat das BVerfG in einem Beschluss vom 24. 5. 1995 herausgearbeitet (BVerfGE 93, 37; dazu *Albers* PersR 1995, 501). Diese Entscheidung, die sich auf das verfassungsrechtliche Demokratieprinzip stützt, betrifft unmittelbar nur die Personalräte, ist aber auch für die Mitbestimmung der BR von Einrichtungen bedeutsam, die zwar privatrechtlich organisiert sind, aber öffentl. Verwaltungsaufgaben wahrnehmen. Es ist anerkannt, dass die öffentl. Verwaltung die Grundrechte und die Grundprinzipien des Rechts- und Sozialstaats aus Art. 20, 28 GG zu respektieren hat, wenn sie öffentl.

Aufgaben in privatrechtlicher Form durchführt (VerfGH NW 15. 9. 1986 DVBl. 1996, 1196; BGH 5. 4. 1984 BGHZ 91, 84, 96; BVerwG 29. 5. 1990 NVwZ 1991, 59). Solche Einrichtungen sind nicht Subjekte, sondern Objekte der Grundrechte (BVerfG 16. 5. 1989, 3. Kammer des 1. Senats NJW 1990, 1783; BGH 5. 4. 1984 BGHZ 91, 84, 97). Allerdings hat das BAG mit Beschluss vom 31. 1. 1995 (AP BetrVG 1972 § 118 Nr. 56) die tarifvertragliche Erweiterung der Mitbestimmung des BR in der Vereinigung städtischer Kinder- und Jugendheime der Freien und Hansestadt Hamburg auf alle personellen Maßnahmen gebilligt, doch ist es dabei auf eine etwaige Bindung durch das Demokratieprinzip nicht eingegangen.

3. Erweiterung durch Betriebsvereinbarung ist in gleichem Umfang zulässig wie durch TV, da sich die regelbaren Materien decken (s. § 77 Rn. 3; LAG Frankfurt 22. 3. 1994 LAGE BetrVG 1972 § 77 Nr. 17; ebenso für Regelungsabreden BAG 14. 8. 2001 AP BetrVG 1972 § 72 Regelungsabrede Nr. 4; LAG Hamburg 6. 5. 1994 LAGE BetrVG 1972 § 77 Nr. 20). 9

III. Übertragung von Entscheidungsbefugnissen an Arbeitgeber, Betriebsrat oder Arbeitnehmer

Die gesetzliche Mitbestimmungsordnung ist nicht nur in ihrem Umfang, sondern auch in ihrer Durchführung abänderbar, insb. durch Übertragung von Entscheidungsbefugnissen an AG. Ein Beschluss des BAG vom 7. 9. 1956 (AP BetrVG 1952 § 56 Nr. 2) sprach allgem. aus, dass dem AG die Befugnis zur einseitigen Regelung übertragen werden könne, solange dies die „Substanz des Mitbestimmungsrechts" nicht berühre; der bloße Verzicht ist freilich unzulässig (BAG 14. 12. 1999 AP BetrVG 1972 § 87 Lohngestaltung Nr. 104). Ein Beschluss des BAG vom 2. 3. 1982 (AP BetrVG 1972 § 87 Arbeitszeit Nr. 6) konkretisierte, AG und BR könnten sich darauf beschränken, allgem. zu regeln, ob und ggf. unter welchen Voraussetzungen, in welchem Umfang und auf welche Weise AN zur Mehrarbeit herangezogen werden sollen. Das Gesetz fordere nicht, dass zu jeder einzelnen mitbestimmungspflichtigen Maßnahme die Zustimmung des BR eingeholt werde. In einem Beschluss vom 13. 1986 (AP BetrVG 1972 § 87 Überwachung Nr. 14) verneinte das BAG einen Verstoß gegen die Mitbestimmungsrechte sogar, wenn dem AG eine Freiheit eingeräumt werde, die einem mitbestimmungsfreien Zustand nahe kommt. Allenfalls sei es möglich, dass ein entspr. Spruch der Einigungsstelle die Grenze ihres Ermessens überschreiten würde. Ebenso für die Aufstellung von Schichtplänen BAG 28. 10. 1986, 18. 4. 1989, 27. 6. 1989, 23. 3. 1999, 10. 3. 1992 (AP BetrVG 1972 § 87 Arbeitszeit Nr. 20, 34, 35, 80, BetrVG § 77 Regelungsabrede Nr. 1). Weitere Entscheidungen zu anderen Mitbestimmungsrechten bestätigen dies (BAG 12. 1. 1988 AP ArbGG 1979 § 81 Nr. 8; BAG 26. 7. 1988 AP BetrVG 1972 § 87 Provision Nr. 6; BAG 31. 1. 1989 AP BetrVG 1972 § 87 Tarifvorrang Nr. 15; BAG 17. 10. 1989 AP BetrVG 1972 § 76 Nr. 39; BAG 11. 2. 1992 AP BetrVG 1972 § 76 Nr. 50). 10

Hinsichtlich des Umfangs der Vorgaben für den AG, welche die **Rahmenregelung** enthalten muss, enthält diese Rspr. allerdings nur allgem. Angaben. Sie müsse Grundregeln, bestimmte Grundsätze und Kriterien oder im Einzelnen geregelte Voraussetzungen für die Umsetzung durch den AG enthalten. Die Anforderungen sind aber nicht sehr hoch, da es zulässig sein soll, dem AG eine Freiheit einzuräumen, die einen mitbestimmungsfreien Zustand nahekommt. Das Schrifttum betont, dass einerseits ein Verzicht auf ein Mitbestimmungsrecht nicht wirksam ist, andererseits die Substanz des Mitbestimmungsrechts gewahrt sei, wenn der BR die Zustimmung zu bestimmten nach Voraussetzungen und Inhalten beschriebenen Maßnahmen im Voraus erteile. Ohne diese Beschränkung dürfe dem AG die alleinige Entscheidung nur für Eilfälle oder zeitlich begrenzte Maßnahmen übertragen werden (so insb. *Otto* Anm. EzA BetrVG § 87; Leistungslohn Nr. 16, ähnlich BAG 17. 11. 1998 AP BetrVG 1972 § 87 Arbeitszeit Nr. 79; LAG Nürnberg 4. 2. 1998 LAGE BetrVG § 87 Nr. 10; DKK/*Klebe* § 87 Rn. 39; weitergehend GK-BetrVG/*Wiese* § 87 Rn. 6; *Henssler* FS Hanau 1999 S. 413 ff. gibt dem AG ein Recht zu vorläufigen Entscheidungen in Einzelfällen). 11

Die Betriebsparteien und die Einigungsstelle können nicht nur dem AG, sondern auch dem **AN** ein **Bestimmungsrecht** in mitbestimmten Angelegenheiten einräumen, insb. bei gleitender Arbeitszeit (BAG 8. 4. 1989 AP BetrVG 1972 § 87 Arbeitszeit Nr. 33, dazu auch § 75 Rn. 11, § 87 Rn. 29). 12

IV. Die Einwirkung von Arbeitskämpfen auf Beteiligungsrechte

Ein Arbeitskampf im Betrieb bringt zwar nicht das Mandat des BR zum Ruhen, aber diejenigen Mitbestimmungsrechte, deren Ausübung **Einfluss auf den Arbeitskampf** hätte (BAG 22. 12. 1980 AP GG Art. 9 Arbeitskampf Nr. 71; s. auch § 74 Rn. 14). In nur **mittelbar von Arbeitskämpfen betroffenen Betrieben** bleiben die Mitbestimmungsrechte dagegen bestehen. Die Mitbestimmung über Kurzarbeit entfällt allerdings dem Grunde nach, soweit schon die Grundsätze des Arbeitskampfrisikos zum Wegfall von Beschäftigungs- und Entgeltpflicht führen; doch bleibt die Mitbestimmung nach § 87 I Nr. 2 und 3 auch hier bestehen, soweit Modalitäten einer etwaigen Arbeitszeitverkürzung festzulegen sind (BAG 22. 12. 1980 AP GG Art. 9 Arbeitskampf Nr. 71). Die Mitbestimmung darf allerdings nicht dazu führen, dass die Entgeltfortzahlungspflicht dauernd oder zeitweise bestehen bleibt, wo dies mit der Verteilung des Arbeitskampfrisikos unvereinbar ist. Insofern geht Arbeits- 13 kampfrecht vor Betriebsverfassungsrecht (BAG 22. 12. 1980 AP GG Art. 9 Arbeitskampf Nr. 71). „Streikbruchprämien" (s. Art. 9 GG Rn. 209 ff.) unterliegen der Mitbestimmung nach § 87 I Nr. 10 nicht, soweit sie, weil vor dem Arbeitskampf zugesagt, als Arbeitskampfmittel gelten (ArbG Frankfurt aM 14. 9. 1999 AiB 1999, 705).

V. Rechtsfolgen mitbestimmungswidrigen Verhaltens

14   1. **Die unvollständige gesetzliche Regelung.** Mitbestimmungs- oder mitwirkungswidriges Verhalten liegt vor, wenn der AG eine Maßnahme auf Grund einseitiger Weisung oder Vereinbarung mit betroffenen AN durchführt und dabei Mitbestimmungs- oder Mitwirkungsrechte des BR nicht oder nicht vollständig beachtet (s. auch § 76 Rn. 29). Als Rechtsfolge sind individualrechtliche, kollektivrechtliche und öffentlich-rechtliche Sanktionen denkbar. Eine individualrechtliche Sanktion liegt vor, wenn eine mitbestimmungs- oder mitwirkungswidrige AGWeisung oder eine entspr. arbeitsvertragliche Abrede unwirksam ist. Von einer kollektivrechtlichen Sanktion kann man sprechen, wenn dem BR ein Anspruch gegen den AG auf Unterlassung oder Beseitigung eines solchen Verhaltens eingeräumt wird. Als öffentlich-rechtliche Sanktion kommen Strafe und Bußgeld in Betracht. Das Gesetz enthält dazu zahlreiche Regelungen, die von der Rspr. aber nicht als abschließend betrachtet werden.

15   Bei groben Verstößen des AG gegen seine Verpflichtungen aus dem BetrVG sieht § 23 III eine **kollektivrechtliche Sanktion** vor, nämlich einen Unterlassungs-, Duldungs- oder sonstigen Anspruch des BR oder einer im Betrieb vertretenen Gewerkschaft gegen den AG. Dies bezieht sich auch auf den Verstoß gegen Mitbestimmungs- und Mitwirkungsrechte, wobei zu klären ist, ob BR bzw. Gewerkschaften nur die Durchführung des Mitbestimmungs- oder Mitwirkungsverfahrens oder auch die Unterlassung mitbestimmungs- und mitwirkungswidrigen Verhaltens vor dem und während des Verfahrens verlangen können (dazu § 23 Rn. 28).

16   Zu der Mitbestimmung in sozialen Angelegenheiten regelt § 87 nur, wie die Mitbestimmung im Streitfall durchzuführen ist, nämlich durch Entscheidung der Einigungsstelle, enthält aber keine Sanktion mitbestimmungswidrigen Verhaltens. Zu den personellen Angelegenheiten enthält § 101 eine **kollektivrechtliche Sanktion** bei Verletzung der Mitbestimmung gem. § 99 über Einstellungen, Ein- und Umgruppierungen und Versetzungen. Bei einer Verletzung der Mitbestimmung bei Kündigungen sieht § 102 I 2 eine **individualrechtliche Sanktion** vor; eine ohne Anhörung des BR ausgesprochene Kündigung ist unwirksam. Daneben gilt auch in personellen Angelegenheiten § 23 III; § 101 verdrängt dies nicht, BAG 17. 3. 1987 AP BetrVG 1972 § 101 Nr. 9. In wirtschaftlichen Angelegenheiten enthält § 113 eine **individualrechtliche Sanktion** in Gestalt eines Abfindungsanspruchs der AN, keine kollektivrechtliche Sanktion.

17   Diese Sanktionsregelungen sind begrenzt, durchgehend der Höhe nach (§ 23 III: 10 000 Euro; § 101: 250 Euro je Tag; § 113: Begrenzung nach Maßgabe des § 10 KSchG) und in §§ 23 III, 101 durch das Erfordernis einer vorangegangenen rechtskräftigen Entscheidung eingeschränkt.

18   Als öffentlich-rechtliche Sanktion ist in § 121 eine Geldbuße bis zu 10 000 Euro nur für den Fall vorgesehen, dass die Aufklärungs- und Auskunftspflichten in personellen und wirtschaftlichen Angelegenheiten nicht, wahrheitswidrig, unvollständig oder verspätet erfüllt werden.

19   2. **Ergänzende Rechtsprechung. a) Individualrechtliche Sanktion: Theorie der Wirksamkeitsvoraussetzung.** Die Rspr. hat das gesetzliche Sanktionssystem nicht als abschließend betrachtet, sondern mehrfach ergänzt. Zur Mitbestimmung in **sozialen Angelegenheiten** (§ 87) hatte das BAG schon früh entschieden, dass trotz des Fehlens einer gesetzlichen Regelung mitbestimmungswidrigen Verhaltens als individualrechtliche Sanktion die Unwirksamkeit aller mitbestimmungswidrigen Weisungen und Abreden zum Nachteil der AN anzunehmen sei, sog. Theorie der Wirksamkeitsvoraussetzung. Dies betraf und betrifft vor allem einseitige Veränderungen der Arbeitszeit (BAG 7. 9. 1956 AP BetrVG 1952 § 56 Nr. 2; BAG 25. 10. 1957 AP BetrVG 1952 § 56 Nr. 6; BAG 22. 2. 1983 AP BetrVG 1972 § 23 Nr. 2; BAG 13. 7. 1977 AP BetrVG 1972 § 87 Kurzarbeit Nr. 2) und Kündigungen, insb. Änderungskündigungen, und Vereinbarungen zur Entgeltminderung (BAG 16. 12. 1960 AP BetrVG 1952 § 56 Nr. 22; BAG 17. 12. 1968 AP BetrVG 1952 § 56 Nr. 27; BAG 31. 1. 1984 AP BetrVG 1972 § 87 Lohngestaltung Nr. 15; ebenso für den Widerruf von AGLeistungen BAG 3. 8. 1982 AP BetrVG 1972 § 87 Lohngestaltung Nr. 12), erst recht einseitige Abweichung des AG von nachwirkendem TV (BAG 24. 4. 2001 – 1 ABR 37/00 –), aber auch bei den anderen Tatbeständen des § 87. So ist ein ohne die nach § 87 I Nr. 1 erforderliche Beteiligung des BR ausgesprochenes Verbot des Radiohörens im Betrieb unwirksam (BAG 14. 1. 1986 AP BetrVG 1972 § 87 Ordnung des Betriebes Nr. 10; s. auch Rn. 23 zur abw. Beurteilung mitbestimmungswidriger Änderungskündigungen bei Versetzungen; zur Einschränkung individualrechtlicher Sanktionen durch die Regelung kollektiver Sanktionen Rn. 30; zur rückwirkenden Heilung durch BV § 77 Rn. 57, neuestens BAG 14. 8. 2001 AP BetrVG 1972 § 77 Regelungsabrede Nr. 4). Zum Verbot der Verwertung mitbestimmungswidrig erlangter Informationen LAG B-W 6. 5. 1999 BB 1999, 1439; LAG Sachsen-Anhalt 23. 11. 1999 NZA-RR 2000, 476; DKK/*Klebe* § 87 Rn. 4.

V. Rechtsfolgen mitbestimmungswidrigen Verhaltens

Bes. Bedeutung hat die Rspr. des BAG erlangt, dass die **Anrechnung übertariflicher Leistungen** 20 auf Tariflohnerhöhungen unwirksam ist, wenn sie den Verteilungsschlüssel der verbleibenden Leistungen ändert und deshalb nach § 87 I Nr. 10 mitbestimmungspflichtig ist (Beschlüsse des BAG GS 3. 12. 1991 AP BetrVG 1972 § 87 Lohngestaltung Nr. 51, 52). Der Anspruch der AN auf Gewährung der bisherigen Zulage zusätzlich zum erhöhten Tarifentgelt wird vom BAG unmittelbar aus der Verletzung des Mitbestimmungsrechts abgeleitet, obwohl es selbst davon ausgeht, dass die arbeitsvertragliche Zusage einer übertariflichen Zulage idR so auszulegen ist, dass sie im Fall einer Tariflohnerhöhung grds. auf den Tariflohn angerechnet werden kann (besonders deutlich 11. 8. 1992 AP BetrVG 1972 § 87 Lohngestaltung Nr. 53). Damit hat das BAG die Rechtswirkung der Mitbestimmung in sozialen Angelegenheiten überdehnt und einen Anspruch ohne Anspruchsgrundlage geschaffen. Die Verletzung des Mitbestimmungsrechts kann zwar zur Unwirksamkeit von einseitigen Maßnahmen und Vereinbarungen führen, so dass die AN auf zuvor bestehende Ansprüche zurückgreifen können, sie kann aber vorher nicht bestehende Ansprüche nicht begründen (so auch BAG 11. 6. 2002, NZA 2003, 570). Stockt der AG übertarifliche Zulagen, mit verändertem Verteilungsschlüssel auf erhöhte Tarifentgelte auf, ohne dass ein Rechtsanspruch darauf besteht, muss dies der erstmaligen Gewährung einer Leistung gleichgestellt werden. BAG 26. 5. 1998 AP § 87 BetrVG Lohngestaltung Nr. 98 deutet den Anrechnungsvorbehalt als Widerrufsvorbehalt, so dass die Anwendung des § 134 BGB i. V. mit § 87 I Nr. 10 BetrVG folgerichtig ist. Das Mitbestimmungsrecht wird auch verletzt, wenn der Arbeitgeber Verteilungsgrundsätze vorgibt, über die er keine Verhandlungen zulässt, sondern bei Widerspruch des Betriebsrats eine mitbestimmungsfreie Vollanrechnung vorsieht (BAG aaO).

Es ist anerkannt, dass bei der **erstmaligen Gewährung** einer Leistung übergangene oder benach- 21 teiligte AN aus der Verletzung des Mitbestimmungsrechts keine Ansprüche herleiten können (BAG 20. 8. 1991 AP BetrVG 1972 § 87 Lohngestaltung Nr. 50; BAG 28. 9. 1994 AP BetrVG 1972 § 87 Lohngestaltung; BAG 15. 11. 1994 AP BGB § 242 Gleichbehandlung Nr. 121; 13. 2. 2002 DB 2002, 1381). Der AG läuft dabei allerdings das Risiko, dass später eine abw. Vereinbarung mit dem BR getroffen wird oder ein abw. Spruch der Einigungsstelle ergeht, die den AG rückwirkend zur Leistung an bisher ausgeschlossene AN verpflichten, während Ansprüche anderer AN ausgeschlossen oder gekürzt werden, ohne dass der AG die entspr. Leistungen zurückfordern könnte (BAG 14. 6. 1994 AP BetrVG 1972 § 87 Lohngestaltung Nr. 69). Andererseits folgt aus der Notwendigkeit, sich vor Einführung einer Leistung mit dem BR über den Verteilungsschlüssel zu einigen, das Recht des AG, die AN bis zur Einigung mit dem BR über Leistungen auszunehmen, die in betriebsratslosen Betrieben erbracht werden (BAG 25. 4. 1995 AP BGB § 242 Gleichbehandlung Nr. 130; 26. 5. 1998 aaO). Der erstmaligen Leistung ist die Einführung zusätzlicher Gehaltsgruppen gleichzustellen; auch hier begründet die Verletzung des Mitbestimmungsrechts keinen Anspruch auf Höhergruppierung (BAG 28. 9. 1994 AP BetrVG 1972 § 87 Lohngestaltung Nr. 68).

Bei der mitbestimmungswidrigen erstmaligen Einführung, Bestätigung oder Erhöhung von Leistun- 22 gen sind nicht nur die **Ansprüche** der übergangenen, sondern auch **der mitbestimmungswidrig bedachten AN** fraglich. Ein Urteil des BAG vom 4. 5. 1982 (AP BetrVG 1972 § 87 Altersversorgung Nr. 6) will auch insoweit die Theorie der Wirksamkeitsvoraussetzung anwenden. Mitbestimmungspflichtige Maßnahmen könnten auch im Wege von Einzelarbeitsverträgen nicht geregelt werden, solange die Zustimmung des BR fehle. Rechtsgeschäfte, die zu einer Umgehung des Mitbestimmungsrechts führen, seien unwirksam. Allerdings könne es dem AG aus Gründen des Vertrauensschutz verwehrt sein, seinerseits die Unwirksamkeit betriebsverfassungsrechtlicher Regelwidrigkeiten geltend zu machen. Ein so weitgehender Vertrauensschutz sei aber nur anzuerkennen, wenn der AN auf der Grundlage der unwirksamen Vertragsregelung bereits Vorkehrungen getroffen habe, die nicht mehr rückgängig gemacht werden können, wenn zB Mehrarbeit oder Akkordarbeit geleistet oder Sonderurlaub genommen wurde. Dagegen spricht aber, dass die Mitbestimmung die AN schützen und ihnen nicht Ansprüche nehmen soll. Deshalb müssen mitbestimmungswidrige Regelungen als wirksam behandelt werden, soweit sie einzelne AN begünstigen und nicht im Interesse der anderen AN rückgängig gemacht werden (L/K § 87 Rn. 17).

Auch im Bereich der **personellen Angelegenheiten** hat die Rspr. anerkannt, dass mitbestimmungs- 23 widrige Maßnahmen zum Nachteil der AN unwirksam sind, allerdings nur bei den nach §§ 95 III, 99 mitbestimmungspflichtigen Versetzungen. Maßgeblich ist hier eine Grundsatzentscheidung des BAG vom 30. 9. 1993 (AP KSchG 1969 § 2 Nr. 33). Will der AG mit einer fristgerechten Änderungskündigung eine Versetzung iSv. § 95 III bewirken, so ist danach die Zustimmung des BR Wirksamkeitsvoraussetzung, allerdings nur für die tatsächliche Zuweisung des neuen Arbeitsbereichs nach Ablauf der Kündigungsfrist, nicht für die Änderungskündigung selbst. Fehlt die Zustimmung des BR und sei sie auch nicht durch das ArbG ersetzt, führe dies nicht zur schwebenden Unwirksamkeit der Änderungskündigung. Der AG könne nur die geänderten Vertragsbedingungen nicht durchsetzen, solange das Verfahren nach § 99 nicht ordnungsgemäß durchgeführt wurde; der AN sei dann in dem alten Arbeitsbereich weiter zu beschäftigen. Dies hat zur Folge, dass das Kündigungsschutzverfahren gem. § 2 KSchG und das Zustimmungsersetzungsverfahren gem. § 99 IV nebeneinander geführt werden können. Das ist sinnvoll. Es ist sogar zu empfehlen, dies auf Änderungskündigungen zu übertragen, die nach § 87 der Mitbestimmung unterliegen (so jetzt BAG 17. 6. 1998 AP § 2 KSchG

1968 Nr. 49). Problematisch ist dagegen, dass das BAG annimmt, während des Zustimmungsersetzungsverfahrens bleibe es bei den alten Arbeitsbedingungen, auch wenn der AN die Änderungskündigung gem. § 2 KSchG unter Vorbehalt angenommen hat. Soweit der BR mit der Zustimmungsverweigerung gem. § 99 II Nr. 4 nur die Interessen des betroffenen AN verfolgt, müsste die von diesem erklärte Annahme unter Vorbehalt, dh. das Einverständnis mit dem vorläufigen Übergang zu neuen Arbeitsbedingungen, den Vorrang haben.

24 **Ein Zusammenhang mit der kollektiven Sanktion** des § 101 ergibt sich daraus, dass gar kein mitbestimmungswidriges Verhalten vorliegt, soweit der AG nach § 100 vorläufig handeln darf. Mitbestimmungswidrige **Einstellungen** berühren die Rechtswirksamkeit des Arbeitsvertrages zunächst überhaupt nicht. Das hat das BAG am 2. 7. 1980 (AP BetrVG 1972 § 101 Nr. 5) aus dem Schutzzweck der Mitbestimmung abgeleitet, obwohl die Mitbestimmung bei der Einstellung idR nicht den Interessen des Einzustellenden, sondern öffentl. Interessen oder den Interessen anderer AN dient. Erst wenn der BR erfolgreich gem. § 101 vorgegangen ist, wird die Beschäftigung rechtlich unmöglich. Das bedeutet freilich nicht, dass in diesem Zeitpunkt der Arbeitsvertrag automatisch sein Ende findet. Soweit arbeitsvertraglich keine Vorsorge durch Vereinbarung einer auflösenden Bedingung getroffen wurde, ist der AG allerdings berechtigt, das Arbeitsverhältnis aus betriebsbedingten Gründen zu kündigen (Näheres s. § 99 Rn. 45 ff.).

25 Die Verletzung der Mitbestimmung bei **Ein- und Umgruppierungen** hat gar keine individualrechtliche Sanktion, weil ausschließlich die objektive Richtigkeit der Ein- und Umgruppierung maßgeblich sein kann, nicht die Einhaltung des Verfahrens (so zuletzt BAG 3. 5. 1994 AP BetrVG 1972 § 99 Eingruppierung Nr. 2). Einzelheiten § 99 Rn. 45–47.

26 Dagegen führt die Verletzung der Verpflichtung zur Anhörung des BR vor Kündigungen gem. § 102 I 2 zur Unwirksamkeit der Kündigung. Dies ist die Einzige ausdrückliche gesetzliche Regelung einer solchen Sanktion wegen Verletzung von Beteiligungsrechten des BR. Dies beruht nicht darauf, dass das Anhörungsrecht des BR vor Kündigungen ein bes. starkes Beteiligungsrecht wäre. Es ist im Gegenteil ein schwaches Beteiligungsrecht (nur Anhörung) und der Gesetzgeber fand es gerade deshalb notwendig, die Unwirksamkeit einer Kündigung ohne die erforderliche Beteiligung zu statuieren. Dies ist eine Ausnahme von der unbestrittenen Regel, dass **die Verletzung bloßer Mitwirkungsrechte nicht zur Unwirksamkeit individualrechtlicher Maßnahmen** führt. Neuerdings ist allerdings strittig, ob die Verletzung der jetzt in § 17 II KSchG geregelten Informations- und Konsultationspflicht gegenüber dem BR zur Unwirksamkeit der Kündigung führt (bejahend KR/*Weigand* § 17 KSchG Rn. 63; *Löwisch* RdA 1997, 80, 84; dazu *Wißmann* RdA 1998, 226).

27 Eine Sonderstellung nimmt § 102 III und V ein, nach dem der Widerspruch des BR unter bestimmten Voraussetzungen (s. § 102 Rn. 31) die Wirkung einer Kündigung zeitweise aussetzt. Dies ist keine Sanktion mitbestimmungswidrigen Verhaltens, da dem AG die Kündigung gegen den Widerspruch des BR nicht untersagt ist. Aber die Situation ist doch vergleichbar: Vom AG gewollte und ansonsten begründete Rechtswirkungen treten wegen des Widerspruchs des BR nicht ein. Deshalb verdient allgemein Beachtung, dass der Widerspruch des BR nach § 102 V 2 unbeachtlich ist, wenn er offensichtlich unbegründet ist oder eine unzumutbare wirtschaftliche Belastung des AG herbeiführen würde. Allerdings muss der AG sich das durch eine einstweilige gerichtliche Verfügung bescheinigen lassen, ehe er es geltend machen kann.

28 **b) Kollektivrechtliche Sanktion: Unterlassungsanspruch des BR.** Im Bereich der sozialen Angelegenheiten hatte das BAG (22. 2. 1983 AP BetrVG 1972 § 23 Nr. 2) als kollektivrechtliche Sanktion mitbestimmungswidrigen Verhaltens zunächst nur den Anspruch aus § 23 III anerkannt, der eine abschließende Regelung enthalte. Mit Urteil vom 3. 5. 1994 (AP BetrVG 1972 § 23 Nr. 23) hat das BAG dagegen angenommen, dass aus § 87 iVm. § 2 ein allg. Anspruch des BR auf Unterlassung mitbestimmungswidrigen AGVerhaltens abzuleiten sei. Dafür spricht, dass § 87 nach der Systematik des BetrVG das stärkste Mitbestimmungsrecht enthält, so dass es widersprüchlich wäre, im Bereich des § 87 nur die kollektivrechtliche Sanktion des § 23 III zu haben, während die schwächeren Mitbestimmungsrechte der §§ 99, 112 durch die zusätzlichen Sanktionen der §§ 101, 113 abgesichert sind (s. *Hanau* NZA 1996, 841, mwN). Die Mitbestimmung nach § 91 wird wie nach § 87 zu behandeln sein. Wie in § 1004 BGB ist der auf die Zukunft gerichtete Unterlassungsanspruch um einen Beseitigungsanspruch in Bezug auf die Folgen früheren mitbestimmungswidrigen Verhaltens zu ergänzen (BAG 16. 6. 1998 AP § 87 BetrVG Gesundheitsschutz Nr. 7 betr. Rücknahme von nach § 87 I Nr. 7 mitbestimmungspflichtiger Anweisungen zur Unfallverhütung; *Thalhofer*, Betriebsverfassungsrechtlicher Beseitigungsanspruch, 1999). Ein Anspruch auf Leistung an einzelne AN ergibt sich aber daraus nicht (s. § 77 Rn. 12).

29 Der Unterlassungsanspruch des BR aus § 87 kann nach § 85 ArbGG auch durch **einstweilige Verfügung** geltend gemacht werden. Bei den Anforderungen, die an den Verfügungsgrund zu stellen sind, können das Gewicht des drohenden Verstoßes und die Bedeutung der umstrittenen Maßnahmen für den AG und die Belegschaft angemessen berücksichtigt werden (BAG 3. 5. 1994 AP BetrVG 1972 § 23 Nr. 23). Dies verlangt eine Interessenabwägung, die zugunsten des AG ausschlagen muss, wenn seine Interessen an der Durchführung der mitbestimmten Maßnahme ersichtlich so überwiegen, dass

V. Rechtsfolgen mitbestimmungswidrigen Verhaltens

ihm ein Abwarten des Mitbestimmungsverfahrens bis hin zur Einigungsstelle nicht zugemutet werden kann. Dies entspricht nicht nur dem gesetzlichen Sanktionssystem, das in §§ 23 III, 101 einen Unterlassungsanspruch des BR erst nach rechtskräftiger Entscheidungen gewährt, sondern auch dem Grundprinzip der Mitbestimmung, dass bei ihrer Ausübung stets eine Abwägung der beiderseitigen Interessen stattzufinden hat (§§ 2, 76). Dieses Grundprinzip würde verletzt, wenn der AG bis zum Abschluss des Mitbestimmungsverfahrens an unternehmerischen Handlungen gehindert werden könnte, obwohl seine Interessen erkennbar überwiegen. Ein Verfügungsgrund liegt nicht schon vor, wenn der AG formal das Mitbestimmungsrecht verletzt, sondern erst, wenn er es auch seinem Sinn und Zweck nach verletzt, weil er Handlungen vornimmt, die noch einer Abklärung im Verhältnis zu deutlich entgegenstehenden ANInteressen bedürfen. Dies entspricht auch der gesetzlichen Regelung in §§ 101, 102 V 2. Dass diese Bestimmungen die personelle Mitbestimmung betreffen, schließt nicht aus, ihren Grundgedanken auf die sozialen Angelegenheiten zu übertragen. Nur diese Verlagerung des Abwägungsprozesses in das Eilverfahren dürfte dem verfassungsrechtlichen Schutz der unternehmerischen Betätigung gerecht werden (dazu *Christoph Müller*, Die Berufsfreiheit des Arbeitgebers, 1996). Freilich kann im Eilverfahren die Entscheidung der Einigungsstelle nicht vorweggenommen werden; es kann aber entschieden werden, ob dem AG zuzumuten ist, diese Entscheidung abzuwarten oder ob seine Interessen so stark überwiegen, dass einstweiliges unternehmerisches Handeln geduldet werden muss (auch *Lang*, Die vorläufige Regelung mitbestimmungspflichtiger sozialer Angelegenheiten im Wege des einstweiligen Rechtsschutzes, 1998; *Schwonberg*, Die einstweilige Verfügung des Arbeitgebers in Mitbestimmungsangelegenheiten, 1997). Soweit der BR gegen einstweilige Maßnahmen des AG nicht gerichtlich vorgeht, die AN aber zur Nichtbefolgung anhält, muss dem AG aus vorstehenden Gründen einstweiliger Rechtsschutz gegen den BR gewährt werden (L/K § 87 Rn. 32), zeitlich begrenzt bis zur Entscheidung einer Einigungsstelle.

Diese **Begrenzung der kollektiven Sanktion** muss auf die **individualrechtliche Sanktion** zurück- 30 wirken. Wenn der BR gegen möglicherweise mitbestimmungswidriges AGVerhalten nicht gerichtlich vorgehen will oder unterliegt, kann der einzelne AN aus der Verletzung des Mitbestimmungsrechts erst recht keine Folgen ableiten (BAG 10. 3. 1998 DB 1999, 2651; BAG 5. 4. 2001 DB 2001, 2403; s. auch § 77 Rn. 8).

In dem Beschluss des BAG vom 3. 5. 1994 (AP BetrVG 1972 § 23 Nr. 23) ging es um einen Antrag 31 des BR auf Unterlassung **einseitiger Abänderung übertariflicher Zahlungen** aus Anlass von Tariflohnerhöhungen (dazu schon Rn. 20). Das BAG wies diesen Antrag als unbegründet ab, da er als zu weitgehender Globalantrag aufzufassen sei. Der Antrag dürfte aber schon unzulässig gewesen sein, weil er der Sache nach ein Zahlungsantrag war. Wenn der AG verurteilt wird, die Anrechnung übertariflicher Zulagen zu unterlassen, läuft dies auf eine Verurteilung hinaus, die Zulagen weiter zu leisten. Wäre dies zulässig, könnte ein Gläubiger stets auf Unterlassung der Nichtleistung klagen und damit den Zugang zu der scharfen Sanktion des § 890 ZPO bekommen. Auf diese Weise ließe sich auch der vom BAG aufgestellte Rechtssatz umgehen, dass der BR aus einer BV keine Ansprüche gegen den AG auf Leistung an die einzelnen AN geltend machen kann (§ 77 Rn. 12).

In der Grundsatzentscheidung vom 3. 5. 1994 (Rn. 28) hat das BAG ausdrücklich offengelassen, ob 32 der Unterlassungsanspruch des BR auch in personellen und wirtschaftlichen Angelegenheiten anzuerkennen sei: Bei den **personellen Angelegenheiten** hat das BAG (6. 12. 1994 AP BetrVG 1972 § 23 Nr. 24) aus Anlass einer Versetzung einen über § 101 hinausgehenden vorbeugenden Unterlassungsanspruch ernsthaft erwogen, obwohl mit § 100, 101 eine Schutzlücke ließen. die durch den allgemeinen Unterlassungsanspruch geschlossen werden müsste. Indessen bieten die gesetzlichen Sanktionen allesamt und offenbar bewusst nur einen begrenzten Schutz, so dass die Feststellung von Schutzlücken noch nicht ausreichen kann, um das gesetzliche System durch außergesetzliche Sanktionen zu ergänzen. Bei der personellen Mitbestimmung dürfte durch die §§ 23 III, 100, 101 ein im Rahmen dieser gesetzlichen Gesamtkonzeption als ausreichend hinzunehmendes Schutzniveau erreicht sein, zumal bei der Versetzung die außergesetzliche individualrechtliche Sanktion der Theorie der Wirksamkeitsvoraussetzung ergänzend herangezogen wird (Rn. 23; s. auch § 101; aA LAG Köln 13. 8. 2002, NZA-RR 2003, 249; *Eisemann* § 23 Rn. 34). Anders im Falle der §§ 94, 95 II, deren Mitbestimmungsregelung dem § 87 entspricht. In der **wirtschaftlichen Mitbestimmung** besteht das Problem, dass die Sanktion des § 113 I, III weitgehend leerläuft, da Abfindungen, sogar weitergehende, idR ohnehin aus einem Sozialplan geschuldet werden. Dazu § 23 Rn. 34; § 111 Rn. 24.

Ein Sonderfall ist die **mitbestimmungswidrige Ein- und Umgruppierung**. Schon die bisherige 33 Rspr. entnahm dem Gesetz, dass § 101 in diesem Fall keinen Unterlassungsanspruch gebe, sondern nur einen Anspruch des BR gegen den AG, dass dieser das Verfahren nach § 99 IV einleite (s. auch § 99). Das BAG hat dies nun auf den Fall übertragen, dass der AG an seiner bisherigen Eingruppierung festhält, obwohl sein im Rahmen des § 99 IV gestelltes Verlangen auf Zustimmung des BR rechtskräftig abgewiesen worden ist. Der Senat meint, dass auch in diesem Fall nur ein Anspruch auf (erneute) Einleitung des Zustimmungsersetzungsverfahrens gegeben sei. Dies ist aber sehr unpraktisch und wird weder vom Wortlaut noch von der Wertung des § 101 gefordert. Wenn sich aus der rechtskräftigen Entscheidung im Zustimmungsersetzungsverfahren eindeutig ergibt, wo der AN einzugruppieren ist, ist als kollektivrechtliche Sanktion nur ein Eingruppierungsanspruch des BR sinnvoll. Ein

Anspruch auf ein erneutes Zustimmungsersetzungsverfahren ist nur angebracht, wenn die erste Entscheidung offen lässt, welche Eingruppierung vorzunehmen ist (s. § 101 Rn. 2).

34 Da das Gesetz selbst bei den Mitbestimmungsrechten der §§ 87 und 99 und den qualifizierten Mitwirkungsrechten der §§ 112, 113 kollektive Sanktionen sehr restriktiv behandelt, scheidet ein über § 23 III hinausgehender Unterlassungsanspruch bei den weniger weitgehenden **Informations- und Beratungsrechten** aus. Hier bestehen nur Erfüllungsansprüche.

VI. Erstreckung von Beteiligungsrechten auf Annex-Bedingungen und Kopplungsgeschäfte?

35 **1. Annexbedingungen.** Noch nicht abschließend geklärt ist, ob und wie weit sich Mitbestimmungstatbestände auch auf „Annex-Bedingungen" beziehen, die zwar nicht eigens genannt sind, mit den ausdrücklich geregelten Angelegenheiten aber in engem Zusammenhang stehen (s. *Hanau/Reitze* FS Wiese 1998). Als erstes und bisher einziges ist die Mitbestimmung nach § 87 I Nr. 4 von der Art der Lohnzahlung (hier bargeldlose Auszahlung) auf die Zahlung von Kontoführungsgebühren oder die Einführung einer Kontostunde als notwendigen Annex ausgedehnt worden (BAG 10. 8. 1993 AP BetrVG 1972 § 87 Auszahlung Nr. 12). Einschränkend heißt es hier, nur soweit zwischen den anfallenden Gebühren bzw. dem Besuch des Kreditinstituts und der Entscheidung für eine bargeldlose Auszahlung des Entgelts ein notwendiger Zusammenhang besteht, lasse sich eine Annex-Kompetenz des BR begründen. Mitbestimmungspflichtige Entscheidungen über Kontoführungsgebühren bzw. Kontostunden seien nur denkbar, soweit sie durch die Überweisung des Entgelts zwangsläufig anfallen. Alles andere stehe nicht mehr im Zusammenhang mit der Entscheidung für eine bargeldlose Lohnzahlung, sondern beziehe sich auf die private Lebensführung des AN.

36 Soweit das BAG zu anderen Mitbestimmungstatbeständen auf diese Problematik eingegangen ist, hat es den notwendigen engen Zusammenhang in der Regel verneint. So heißt es in einem Beschluss vom 30. 8. 1995 (AP BetrVG 1972 § 87 Überwachung Nr. 29), Abmahnungen stünden nicht in so engem Zusammenhang mit der Anwendung technischer Überwachungseinrichtungen, dass sie deshalb von Mitbestimmungsrechten nach § 87 I Nr. 6 gedeckt wären. Informationsrechte des BR über Einrichtung und Gebrauch der Überwachungseinrichtung zählt das BAG hier zum Mitbestimmungsrecht. Nach einer Entscheidung vom 1. 12. 1992 (AP BetrVG 1972 § 87 Ordnung des Betriebes Nr. 20) gehört die Verpflichtung der AN, sich an den Kosten einheitlicher Arbeitskleidung zu beteiligen, nicht zu den Maßnahmen, die notwendig mit der nach § 87 I Nr. 1 mitbestimmten Einführung von Arbeitskleidung verbunden sind. Die Kostentragungspflicht der AG wird dagegen ausdrücklich als Annex des Mitbestimmungsrechts bezeichnet (LAG Nürnberg 10. 9. 2002 NZA-RR 2003, 197). Bes. wichtig ist die Frage, ob die Mitbestimmung über die Lage und die vorübergehende Verkürzung oder Verlängerung der Arbeitszeit nach § 87 I Nr. 2, 3 auch finanzielle Annex-Regelungen einschließt, wie zB Ausgleichszahlungen für unbequeme Arbeitszeiten oder Entgeltminderungen durch Kurzarbeit. Die im Schrifttum hM lehnt dies ab (GK-BetrVG/*Wiese* § 87 Rn. 41). Vermittelnd ArbG Hamburg vom 6. 4. 1993 (AiB 1994, 120): Der BR ist nicht daran gehindert, seine Zustimmung zu den vom AG beabsichtigten Überstunden von der Erbringung zusätzlicher Leistungen an die betroffenen AN abhängig zu machen, auch wenn diese über die von den anzuwendenden TV bzw. BV für den Fall der Mehrarbeit bestimmten Leistungen hinausgehen. Lehnt der AG die Erbringung von zusätzlichen Leistungen ab, habe er, wenn er die Überstunden gleichwohl anordnen möchte, mit dem BR weiter zu verhandeln; ggf. habe er die Einigungsstelle anzurufen. Dies geht sicher zu weit, soweit eine tarifliche Regelung überboten werden soll.

37 **2. Kopplungsgeschäfte.** Von den Annexbedingungen sind die Kopplungsgeschäfte zu unterscheiden. Bei Kopplungsgeschäften wird die Zustimmung des BR nicht von einem aus dem jeweiligen Mitbestimmungstatbestand selbst zu gewinnenden Verweigerungsgrund abhängig gemacht, sondern aus einem Grund verweigert, der mit dem Mitbestimmungstatbestand nichts zu tun hat. Der BR erwartet als Gegenleistung für die Zustimmung etwas, auf das er nach der Systematik der §§ 87 ff. keinen Anspruch hat.

38 Vielfach wird aus dem Gebot der vertrauensvollen Zusammenarbeit (§ 2 I) die Pflicht des BR hergeleitet, bei der Ausübung des Mitbestimmungsrechts den Rahmen des jeweiligen konkreten Mitbestimmungsrechts zu wahren. Es sei ihm verwehrt, die Zustimmung von Zugeständnissen des AG abhängig zu machen, die er auf Grund seiner Mitbestimmung nicht erwirken könne (*Eich* ZfA 1988, 93; HSG/*Glaubitz* BetrVG § 87 Rn. 75; *Kappes* DB 1997, 277, 278; wohl auch GK-BetrVG/*Wiese* § 87 Rn. 361; LAG Köln 14. 6. 1989 NZA 1989, 939). Selbst wenn die Schranke des Rechtsmissbrauchs überschritten sei, komme allerdings ein Verlust des Mitbestimmungsrechts nicht in Betracht, da es zum Schutz der Belegschaft, nicht aber des BR eingeräumt worden sei. In jedem Fall wird die Anrufung der Einigungsstelle für erforderlich gehalten (*Wiese* aaO). Die Gegenauffassung hält Kopplungsgeschäfte für zulässig. Insb. ein Rechtsmissbrauch liege nicht vor. Im Rahmen des § 87 I sei die Zustimmungsverweigerung nämlich nicht an bestimmte Gründe gebunden (DKK/*Klebe* § 87 Rn. 9; LAG Nürnberg 6. 11. 1990 NZA 1991, 281; ähnlich ArbG Hamburg 6. 4. 1993 AiB 1994, 120, 120 f.).

Das BAG hat sich in einem Beschluss vom 10. 2. 1988 mit der Problematik beschäftigt (AP BetrVG 1972 § 87 Lohngestaltung Nr. 33; ebenso wieder BAG 26. 5. 1998 aaO Nr. 98). Der BR hat kein Mitbestimmungsrecht bei der Kürzung einer übertariflichen Zulage, sondern nur bei der Verteilung der Kürzung auf die einzelnen AN. Wende sich der BR nur gegen die Kürzung, könne der AG die Maßnahme durchführen, weil hinsichtlich des mitbestimmungspflichtigen Bereichs eine Einigung zwischen BR und AG zustande gekommen sei. Wenn der BR dem AG mitteilt oder jedenfalls erkennen lässt, dass die Zustimmung zur mitbestimmungspflichtigen Maßnahme nur von dessen Nachgeben in einem anderen Punkt abhänge, macht er zugleich geltend, gegen die Maßnahme an sich keine Einwände zu haben. Das Kopplungsangebot des BR ist demnach nichts anderes als eine, wenn auch (aufschiebend) bedingte Zustimmung (dazu *Hanau/Reitze* FS Wiese 1998). Die Bedingung ist, soweit von dem Mitbestimmungstatbestand nicht gedeckt, unerheblich, die Zustimmung als erteilt zu behandeln. Dies ist insb. bedeutsam, wenn der BR beim ArbG beantragt, den Vorsitzenden der Einigungsstelle zu bestellen und die Zahl der Beisitzer festzulegen (§§ 76 II 2 und 3, 98 ArbGG). Wegen fehlender Zuständigkeit der Einigungsstelle kann ein solcher Antrag nur dann zurückgewiesen werden, wenn die Einigungsstelle offensichtlich unzuständig ist (§ 98 I 2 ArbGG). Deshalb muss offensichtlich sein, dass die Bedingung, an die der BR seine Zustimmung koppelt, unzulässig ist, also nichts mit einem Tatbestand des § 87 I zu tun hat. Ebenso gilt die Zustimmung des BR zu einer personellen Maßnahme als erteilt, wenn sein Widerspruch offenkundig nicht vom Gesetz gedeckt ist (s. § 99 Rn. 39; § 102 Rn. 15).

§ 74 Grundsätze für die Zusammenarbeit

(1) ¹Arbeitgeber und Betriebsrat sollen mindestens einmal im Monat zu einer Besprechung zusammentreten. ²Sie haben über strittige Fragen mit dem ernsten Willen zur Einigung zu verhandeln und Vorschläge für die Beilegung von Meinungsverschiedenheiten zu machen.

(2) ¹Maßnahmen des Arbeitskampfes zwischen Arbeitgeber und Betriebsrat sind unzulässig; Arbeitskämpfe tariffähiger Parteien werden hierdurch nicht berührt. ²Arbeitgeber und Betriebsrat haben Betätigungen zu unterlassen, durch die der Arbeitsablauf oder der Frieden des Betriebs beeinträchtigt werden. ³Sie haben jede parteipolitische Betätigung im Betrieb zu unterlassen; die Behandlung von Angelegenheiten tarifpolitischer, sozialpolitischer, umweltpolitischer und wirtschaftlicher Art, die den Betrieb oder seine Arbeitnehmer unmittelbar betreffen, wird hierdurch nicht berührt.

(3) Arbeitnehmer, die im Rahmen dieses Gesetzes Aufgaben übernehmen, werden hierdurch in der Betätigung für ihre Gewerkschaft auch im Betrieb nicht beschränkt.

I. Vorbemerkung

Die Vorschrift enthält Grundsätze über die allg. Zusammenarbeit von AG und AN. Diese Grundsätze sind als **Konkretisierung des Gebots der vertrauensvollen Zusammenarbeit** gem. § 2 zu verstehen und stehen zu diesem im Verhältnis der Spezialität (GK-BetrVG/*Kreutz* Rn. 2). Abs. 1 S. 1 schreibt eine monatliche Besprechung vor. Abs. 2 sichert die betriebliche Friedenspflicht durch drei sich ergänzende Verbote: Er verbietet Maßnahmen des Arbeitskampfes zwischen AG und BR (Abs. 2 S. 1), er untersagt jede Betätigung, durch die der Arbeitsablauf oder der Frieden des Betriebs beeinträchtigt wird (Abs. 2 S. 2) sowie jede parteipolitische Betätigung im Betrieb (Abs. 2 S. 3). Dies begründet Amtspflichten der BRMitglieder. Entspr. arbeitsvertragliche Pflichten können sich aus der Treuepflicht ergeben, aber nicht aus § 74. § 74 bestätigt die Koalitionsfreiheit der BRMitglieder, indem er ausdrücklich das Recht gewährt, sich auch neben der Wahrnehmung betriebsverfassungsrechtlicher Funktionen für die Gewerkschaft im Betrieb zu betätigen.

Für den GesamtBR und den KonzernBR gelten die Regelungen entspr. (§§ 51 VI, 59 I). Ebenso 2 sind die Vorschriften analog anwendbar auf den Betriebsausschuss, die JAV, die GesamtJAV und den Wirtschaftsausschuss (*Fitting* Rn. 2).

II. Monatliche Besprechungen (Abs. 1 S. 1)

Nach Abs. 1 S. 1 sollen AG und BR sich mindestens einmal im Monat zu einer Besprechung 3 zusammenfinden. Die Vorschrift begründet die **betriebsverfassungsrechtliche Verpflichtung** beider Parteien, für die Besprechungen aktiv Sorge zu tragen (GK-BetrVG/*Kreutz* Rn. 10). Aus dem Sollcharakter dieser Regelung folgt aber, dass AG und BR in gegenseitigem Einvernehmen in einzelnen Fällen von einer Besprechung absehen können (*Fitting* Rn. 4). Das Monatsgespräch ist keine BRSitzung iSd. §§ 29 ff., kann aber mit einer solchen verbunden werden.

Zur Teilnahme verpflichtet sind der AG sowie sämtliche BRMitglieder (GK-BetrVG/*Kreutz* 4 Rn. 14). Die wiederholte grundlose Verweigerung der Teilnahme kann eine grobe Pflichtverletzung iSd. § 23 I oder III darstellen (DKK/*Berg* Rn. 4). Der AG hat grds. persönlich an den Besprechungen teilzunehmen, er kann diese Aufgabe aber auch durch seine nach Gesetz oder Betriebsordnung vertretungsberechtigten Personen wahrnehmen lassen. Der BR braucht eine Vertretung des AG aber nur dann zu akzeptieren, wenn es sich bei dieser um eine in der betrieblichen Organisation maßgeblich verantwortliche Person handelt, die für das Gespräch über die nötige Sachkompetenz verfügt (BAG 11. 12. 1991 AiB 92, 534; *Fitting* Rn. 7). Der AG kann zur Klärung konkreter Fragen sachkundige Betriebsangehörige einbeziehen (GK-BetrVG/*Kreutz* Rn. 15).

5   Dem BR steht das Recht zu, den **Betriebsausschuss** (§ 27) oder einen anderen Ausschuss (§ 28) mit der Durchführung der Besprechung zu beauftragen (*Fitting* Rn. 5; aA GK-BetrVG/*Kreutz* Rn. 14; offengelassen von BAG 19. 1. 1984 AP BetrVG 1972 § 75 Nr. 4). Das Monatsgespräch zählt aber nicht zu den laufenden Geschäften, die stets von dem Betriebsausschuss zu erledigen sind (DKK/*Berg* Rn. 5).

6   Ein Anspruch auf Teilnahme steht auch der **Schwerbehindertenvertretung** gem. § 95 IV SGB IX zu. Das Gleiche gilt gem. § 68 IV für die JAV, sofern Themen erörtert werden, die jugendliche AN betreffen (*Fitting* Rn. 7).

7   **Gewerkschaften und AG Verbände** haben keinen eigenständigen Anspruch auf Teilnahme (GK-BetrVG/*Kreutz* Rn. 18). Deren Vertreter können aber an den Besprechungen teilnehmen, wenn sowohl der AG als auch der BR sich damit einverstanden erklärt haben (GK-BetrVG/*Kreutz* Rn. 18). Das gegenseitige Einverständnis ist im Einzelfall entbehrlich, wenn die Hinzuziehung sachlich geboten erscheint und der andere Betriebspartner keine anerkennenswerten Gründe dagegen vorweisen kann (hM; vgl. *Fitting* Rn. 8). Durch das Einverständnis von AG und BR kann auch anderen Personen die Teilnahme ermöglicht werden, insb. dem SprAu, der kein Teilnahmerecht besitzt.

8   Den Betriebspartnern obliegt die Verpflichtung, streitige Fragen mit dem ernsthaften Willen zur Einigung zu verhandeln und Vorschläge zu deren Lösung zu machen (DKK/*Berg* Rn. 9). Die gegenseitige **Einlassungs- und Erörterungspflicht** besteht auch dann, wenn der BR eine Regelung in einer nicht mitbestimmungspflichtigen Angelegenheit wünscht (BAG 13. 10. 1987 AP BetrVG 1972 § 87 Nr. 24). Jedoch besteht keine Rechtspflicht zum Kompromiss (GK-BetrVG/*Kreutz* Rn. 25). Deshalb kann auch keine grobe Amtspflichtverletzung gem. § 23 darin gesehen werden, dass eine der Parteien auf ihrem Standpunkt beharrt. Die Voraussetzungen des § 23 können aber bei ständiger Verweigerung der Einlassungs- und Erörterungspflicht gegeben sein.

III. Verbot des Arbeitskampfes (Abs. 2 S. 1)

9   Abs. 2 S. 1 unterstellt AG und BR einer **umfassenden Friedenspflicht**. Beiden Betriebspartnern sind wirtschaftliche Kampfmaßnahmen wie Streik, Aussperrung oder Arbeitsverlangsamung zur Durchsetzung betriebsverfassungsrechtlicher Ziele generell untersagt (*Fitting* Rn. 12). Solche Maßnahmen sind rechtswidrig und verpflichten zum Schadensersatz (BAG 7. 6. 1988 AP GG Art. 9 Arbeitskampf Nr. 106). Es dürfte dies auch für die kollektive Ausübung von Zurückbehaltungsrechten gelten, zumal diese von Arbeitskämpfen schwer abzugrenzen sind und einseitige Eingriffe in die Betriebsführung durch § 77 I 2 generell verboten sind.

10   Das Arbeitskampfverbot hat nach § 74 II 1 Halbs. 1 keinen Einfluss auf die Arbeitskämpfe tariffähiger Parteien. Das gilt auch, soweit der Arbeitskampf um den Abschluss eines FirmenTV oder um betriebsverfassungsrechtliche Regelungen geführt wird (GK-BetrVG/*Kreutz* Rn. 43).

11   Adressat des Arbeitskampfverbotes ist der BR als Organ. Kommt es im Betrieb zu Arbeitskampfmaßnahmen tariffähiger Parteien, so hat sich der BR neutral zu verhalten. Er darf insb. keinen Streik unterstützen oder die Belegschaft auffordern, sich an einem gewerkschaftlich organisierten Streik nicht zu beteiligen (*Fitting* Rn. 13). Die Neutralitätspflicht besteht unabhängig davon, ob es sich um einen rechtmäßigen oder einen rechtswidrigen Arbeitskampf handelt (GK-BetrVG/*Kreutz* Rn. 53). Da Abs. 2 S. 1 lediglich ein Unterlassungsgebot enthält, besteht für den BR keine Rechtspflicht, rechtswidrig streikende AN aktiv zur Wiederaufnahme der Arbeit zu bewegen (BAG 5. 12. 1978 – 6 AZR 485/76 – nv.; LAG Hamm 6. 11. 75 BB 1976, 363). Der BR hat keine Garantenstellung für rechtmäßiges Verhalten der AN im Rahmen eines Arbeitskampfes (DKK/*Berg* Rn. 16). Es steht dem BR aber frei, bei einem wilden Streik mit dem AG über die Beendigung des Streiks in Verhandlungen zu treten (BAG 5. 12. 1978 – 6 AZR 485/76 – nv.).

12   Das Arbeitskampfverbot richtet sich auch gegen die **einzelnen BRMitglieder** in dieser Eigenschaft (BAG 5. 12. 1975 AP BetrVG 1972 § 87 Betriebsbuße Nr. 1; BAG 21. 2. 1978 AP BetrVG 1972 § 74 Nr. 1). Treten die BRMitglieder aber als Gewerkschaftsmitglieder oder AN auf, so entfaltet das Arbeitskampfverbot für sie keine Wirkung. Sie können sich in gleicher Weise an einem rechtmäßigen Arbeitskampf aktiv beteiligen wie die übrigen AN, für die das Arbeitskampfverbot nicht gilt (GK-BetrVG/*Kreutz* Rn. 38). Das gilt auch für die freigestellten BRMitglieder (LAG Düsseldorf 5. 7. 1994 AuR 1995, 107). Die BRMitglieder sind nicht verpflichtet darauf hinzuweisen, dass sie als AN oder Gewerkschaftsmitglieder und nicht als BRMitglieder handeln (*Fitting* Rn. 14).

13   Während eines Arbeitskampfes besteht das **BRamt** grds. mit allen Rechten und Pflichten fort. Dies gilt unabhängig davon, ob sich die einzelnen BRMitglieder am Streik beteiligen oder nicht (BAG 25. 10. 1988 AP GG Art. 9 Arbeitskampf Nr. 110). Auch die Teilnahme eines BRMitglieds am Arbeitskampf kann lediglich zu einer Suspendierung des Arbeitsverhältnisses führen, nicht aber zu

dessen Auflösung (BAG GS 21. 4. 1971 AP GG Art. 9 Arbeitskampf Nr. 43; BVerfG 19. 2. 1975 AP GG Art. 9 Arbeitskampf Nr. 50).

Der Arbeitskampf führt nicht zur Funktionsunfähigkeit des BR. Es liegt im allg. Interesse und im 14 Interesse des AG, dass der BR seine Tätigkeiten während des Arbeitskampfes fortsetzt (BAG 14. 2. 1978 AP GG Art. 9 Arbeitskampf Nr. 57). Die **Beteiligungsrechte des BR** bleiben bestehen, soweit die fraglichen Maßnahmen keinen Arbeitskampfbezug haben (BAG 14. 2. 1978 AP GG Art. 9 Arbeitskampf Nr. 57; BVerfG 7. 4. 1997 AP GG Art. 100 Nr. 11). Die Verweigerung der Zustimmung zu Mehrarbeit (§ 87 I Nr. 3) im Vorfeld von Arbeitskämpfen dürfte idR vom Zweck dieses Mitbestimmungstatbestandes nicht gedeckt und deshalb ein unzulässiges Kopplungsgeschäft (Rn. 37 vor § 74) sein (s. auch § 87 Rn. 38). S. zum Ganzen Rn. 13 vor § 74; Art. 9 GG Rn. 150 ff.

Nicht einheitlich beurteilt wird, ob der BR befugt ist, mit dem AG während des Arbeitskampfes 15 Vereinbarungen über Art und Umfang eines **Notdienstes** (zum Begriff BAG 30. 3. 1982 AP GG Art. 9 Arbeitskampf Nr. 74) zu treffen (bejahend GK-BetrVG/*Kreutz* Rn. 82 f.; abl. LAG Frankfurt 22. 4. 1969 AP GG Art. 9 Arbeitskampf Nr. 40; LAG Niedersachsen 1. 2. 1980 AP GG Art. 9 Arbeitskampf Nr. 69; DKK/*Berg* Rn. 21; offengelassen von BAG 30. 3. 1982 AP GG Art. 9 Arbeitskampf Nr. 74). Zum Teil wird eine solche Regelungsbefugnis des BR bejaht, sofern die Kampfparteien selbst noch keine Regelung getroffen haben und die Notdienstregelung den Betriebspartnern überlassen (*Fitting* Rn. 24).

IV. Verbot der Beeinträchtigung von Arbeitsablauf oder Frieden des Betriebs (Abs. 2 S. 2)

Abs. 2 S. 2 verpflichtet die Betriebspartner über das Arbeitskampfverbot hinaus, Betätigungen zu 16 unterlassen, die den Arbeitsablauf oder den Frieden des Betriebs beeinträchtigen. Zur Einhaltung dieser Regelung verpflichtet sind der AG, der BR sowie die Mitglieder des BR in dieser Eigenschaft, nicht aber die einzelnen AN (GK-BetrVG/*Kreutz* Rn. 131). Für die AN ergibt sich jedoch eine entsprechende Pflicht aus dem Arbeitsvertrag (BAG 26. 5. 1977 AP BGB § 611 Beschäftigungspflicht Nr. 5).

Abs. 2 S. 2 bezieht sich ausschließlich auf ein **aktives störendes Verhalten.** Die Adressaten des 17 Verbots haben dagegen nicht die Pflicht, gegen störendes Verhalten einzelner AN vorzugehen (*Fitting* Rn. 25).

Abs. 2 S. 2 setzt nicht voraus, dass bereits eine Störung des Arbeitsablaufs oder des Betriebsfriedens 18 eingetreten ist. Es genügt bereits, dass die Betätigung mit hoher Wahrscheinlichkeit zu einer Beeinträchtigung führen wird (GK-BetrVG/*Kreutz* Rn. 133). Ein solcher Fall liegt vor, wenn **konkrete Anhaltspunkte für eine Störung** vorliegen, insb. wenn eine vergleichbare Situation in der Vergangenheit bereits eine Störung verursacht hat (*Fitting* Rn. 29).

Unter **ungestörtem Arbeitsablauf** ist die organisatorische, räumliche und zeitliche Gestaltung des 19 Arbeitsprozesses im Zusammenwirken von Menschen und Betriebsmitteln zu verstehen (*Fitting* Rn. 27). Eine Störung des Arbeitsablaufs ist insb. dann anzunehmen, wenn durch rechtswidrige Aktionen des BR oder des AG der Arbeitsprozess unterbrochen wird (GK-BetrVG/*Kreutz* Rn. 135). Es liegt niemals eine Beeinträchtigung des Arbeitsablaufs vor, wenn sich die fragliche Handlung als Folge der gesetzlich verankerten BRTätigkeit darstellt (GK-BetrVG/*Kreutz* Rn. 134).

Der Begriff **Betriebsfrieden** bezeichnet das störungsfreie Zusammenleben sowohl zwischen AG 20 einerseits und BR sowie AN andererseits als auch der AN untereinander (*Fitting* Rn. 31). Von einer Beeinträchtigung ist insb. dann auszugehen, wenn AG und BR gegen das Gebot der vertrauensvollen Zusammenarbeit verstoßen, insb. wenn ein Betriebspartner in den Zuständigkeitsbereich des anderen eingreift (*Fitting* Rn. 28). Unzulässig ist etwa eine wiederholte Mißachtung der Beteiligungsrechte des BR durch den AG oder die Verbreitung wahrheitswidriger oder hetzerischer Behauptungen über den anderen Betriebspartner (LAG Köln 16. 11. 1990 BB 1991, 1191). Als Störung des Betriebsfriedens ist auch eine Verlagerung von Auseinandersetzungen in den Medien zu sehen, sofern damit die andere Seite gezielt unter Druck gesetzt werden soll (BAG 22. 7. 1980 AP BetrVG 1972 § 74 Nr. 3). Wie auch in Bezug auf den Arbeitsablauf kann eine Störung des Betriebsfriedens idR nicht angenommen werden, wenn der BR im Rahmen seiner Befugnisse tätig wird. Beispielsweise darf der BR eine Fragebogenaktion gem. § 80 durchführen, wenn sich die Fragen an die AN im Rahmen seiner Zuständigkeit halten und die Persönlichkeitssphäre des AN nicht verletzt wird (BAG 8. 2. 1977 AP BetrVG 1972 § 80 Nr. 10; bedenklich LAG Hessen 17. 2. 1997 NZA-RR 1998, 17: Flugblattaktion eines BR-Mitgliedes).

V. Verbot parteipolitischer Betätigung (Abs. 2 S. 3)

Abs. 2 S. 3 unterstellt AG und BR im Betrieb einem **generellen Verbot** parteipolitischer Betätigung. 21 Das Verbot wirkt der abstrakten Gefährdung des Betriebsfriedens durch parteipolitische Betätigungen entgegen und gilt deshalb unabhängig davon, ob der Betriebsfrieden konkret gefährdet ist (BAG 13. 9. 1977 AP BetrVG 1972 § 42 Nr. 1). Die in dem Verbot liegende Einschränkung des Rechts auf freie Meinungsäußerung nach Art. 5 I GG ist gerechtfertigt, da diese der Wahrung des Betriebsfriedens dient und das BVerfG diesem Rechtsgut gegenüber der uneingeschränkten Meinungsfreiheit den Vorrang eingeräumt hat (28. 4. 1976 AP BetrVG 1972 § 74 Nr. 2; BAG 13. 9. 1977 AP BetrVG 1972 § 42 Nr. 1). Allerdings muss nach der Wechselwirkungstheorie des BVerfG Abs. 2 S. 3 seinerseits zurückhaltend ausgelegt werden (BVerfG 19. 5. 1992 AP GG Art. 5 Abs. 1 Meinungsfreiheit Nr. 12; vgl. auch *Dieterich* Art. 5 Rn. 40 ff.).

22 **Adressaten des Verbots** sind der AG, der BR als Organ sowie die einzelnen BRMitglieder, sofern sie in ihrer Amtseigenschaft tätig sind (BAG 5. 12. 1975 AP BetrVG 1972 § 87 Betriebsbuße Nr. 1). Die Regelung des Abs. 2 S. 3 entfaltet für BRMitglieder keine Wirkung, sofern sie als AN im Betrieb auftreten (*Fitting* Rn. 39; DKK/*Berg* Rn. 40). Insofern entsprechen ihre Möglichkeiten parteipolitischen Engagements denen der übrigen AN. Ein BRMitglied wird dann in seiner Amtseigenschaft tätig, wenn die parteipolitische Betätigung in unmittelbarem Zusammenhang mit der Tätigkeit des BR steht, beispielsweise mit der Leitung der Betriebsversammlung oder der Wahrnehmung der Sprechstunde des BR (GK-BetrVG/*Kreutz* Rn. 102; s. *Zielke* Politische Betätigung von Arbeitnehmern, 1999).

23 Die im Betrieb vertretenen **Gewerkschaften** unterliegen dem Verbot nicht (GK-BetrVG/*Kreutz* Rn. 104), doch umfasst ihr Recht auf Betätigung im Betrieb nicht die Parteipolitik. Auch die AN des Betriebs sind davon nicht betroffen (BAG 12. 6. 1986 AP BetrVG 1972 § 74 Nr. 5; *Fitting* Rn. 41; GK-BetrVG/*Kreutz* Rn. 93). Sie unterstehen lediglich der arbeitsvertraglichen Verpflichtung, den Betriebsfrieden und den Arbeitsablauf nicht zu beeinträchtigen. Voraussetzung dafür ist eine konkrete Beeinträchtigung (BAG 9. 12. 1982 AP BGB § 626 Nr. 73). Die Zulässigkeit des Tragens von Plaketten parteipolitischen Inhalts ist deshalb abhängig von den konkreten Auswirkungen auf den Arbeitsablauf und den Betriebsfrieden (gegen das Tragen der Anti-Strauß-Plakette BAG 9. 12. 1982 AP BGB § 626 Nr. 73; gegen eine Anti-Atomkraft-Plakette im öffentl. Dienst BAG 2. 3. 1982 AP GG Art. 5 Abs. 1 Meinungsfreiheit Nr. 8).

24 Abs. 2 S. 3 richtet sich gegen **aktives Handeln,** enthält aber kein Handlungsgebot. Demnach liegt keine Pflichtverletzung vor, wenn AG oder BR nicht gegen die parteipolitische Betätigung von AN im Betrieb vorgehen. Unzulässig ist aber eine aktive Unterstützung oder eindeutige Billigung solcher parteipolitischen Betätigungen (*Fitting* Rn. 45). Der BR hat zudem die Pflicht, parteipolitische Betätigungen seiner Mitglieder zu unterbinden. Gleiches gilt für den AG in Bezug auf die von ihm mit AGFunktionen Beauftragten (GK-BetrVG/*Kreutz* Rn. 114). Zu Betriebsversammlungen § 45.

25 Abs. 2 S. 3 richtet sich gegen **Betätigungen parteipolitischer Art**. Darunter versteht man Tätigkeiten, die ausdrücklich auf eine politische Partei Bezug nehmen (*Fitting* Rn. 50) oder auf Themen, die im Parteienstreit sind. Eine Partei in diesem Sinne muss nicht der Definition des § 2 I Parteiengesetz entsprechen. Dazu zählen auch sonstige politische Gruppierungen, wie etwa Wählergemeinschaften oder Vereinigungen, denen der Status einer Partei versagt wurde (*Fitting* Rn. 46). Vom Verbot des Abs. 2 S. 3 nicht erfasst wird das Eintreten für Bürgerinitiativen im Betrieb, da diese sich regelmäßig mit Einzelfragen auseinandersetzen, ohne eine politische Richtung im parteipolitischen Sinne zu vertreten (*Fitting* Rn. 48; DKK/*Berg* Rn. 31; aA GK-BetrVG/*Kreutz* Rn. 110). Zur Parteipolitik zählen dagegen, da es sich hier um typische Themen der parteipolitischen Auseinandersetzung handelt, die Friedensbewegung sowie die Bewegung gegen die Nachrüstung (BAG 12. 6. 1986 AP BetrVG 1972 § 74 Nr. 5; GK-BetrVG/*Kreutz* Rn. 97; s. auch BAG 21. 2. 1978 AP BetrVG 1972 § 74 Nr. 1). In einer Parteiendemokratie ist im Zweifel jede Politik Parteipolitik (anders Art. 5 GG Rn. 43). Als unzulässige parteipolitische Betätigung gilt alles, was AG oder AN zu einer Stellungnahme in parteipolitischen Fragen veranlassen soll, insb. die Propaganda durch das Verteilen von Informationsmaterial, Plakaten und Aushängen (*Fitting* Rn. 42). S. auch § 118 Rn. 8.

26 Das Verbot des Abs. 2 S. 3 ist räumlich auf den **Betrieb** begrenzt. Zum Betrieb zählen auch sonstige Einrichtungen auf dem Betriebsgelände sowie Betriebsteile und Nebenbetriebe iSv. § 3 I Nr. 3 und § 4. Das Verbot erstreckt sich zudem auf Aktivitäten in unmittelbarer Nähe des Betriebs, sofern diese objektiv in den Betrieb hineinwirken (BAG 21. 2. 1978 AP BetrVG 1972 § 74 Nr. 1).

27 Außerhalb des Betriebs sind den parteipolitischen Aktivitäten von AG und BRMitgliedern keine Grenzen gesetzt. Sie haben auch das Recht, sich in Wahlreden, Wahlaufrufen oder Wahlwerbeanzeigen als Betriebsinhaber bzw. BRMitglied oder betriebsverfassungsrechtlicher Funktionsträger zu erkennen zu geben (LAG Hamburg 17. 3. 1970 BB 1970, 1480; GK-BetrVG/*Kreutz* Rn. 117). Zur Öffentlichkeitsarbeit des BR § 79 Rn. 15.

28 Das Verbot parteipolitischer Betätigung beschränkt sich für BRMitglieder auf ihren Amtsbereich. Während BRMitglieder in anderen Betrieben des AG dem Verbot nicht unterliegen, sind GesamtBR- und KonzernBRMitglieder in allen Betrieben des Unternehmens bzw. der Konzernunternehmen daran gebunden (*Fitting* Rn. 52).

VI. Behandlung tarifpolitischer, sozialpolitischer und wirtschaftlicher Fragen (Abs. 2 S. 3 2. Halbs. 2)

29 Abs. 2 S. 3 Halbs. 2 legt ausdrücklich fest, dass das Verbot der parteipolitischen Betätigung keinen Einfluss auf die Behandlung von Fragen der Tarif- und Sozialpolitik sowie von Problemen wirtschaftlicher Art hat. Gestattet ist über den Wortlaut der Vorschrift hinaus die Behandlung aller

Angelegenheiten, die den Betrieb und seine AN unmittelbar betreffen (*Fitting* Rn. 54). An das **Unmittelbarkeitserfordernis** sind keine hohen Anforderungen zu stellen. Ausreichend ist, dass die zu behandelnde Angelegenheit zumindest auch den AG in seiner Eigenschaft als Betriebsinhaber oder die AN als Belegschaft berührt (*Fitting* Rn. 52). Deshalb können auch Fragen behandelt werden, die gleichzeitig einen ganzen Wirtschaftszweig oder die gesamte ANSchaft in Deutschland betreffen (BAG 14. 2. 1967 AP BetrVG 1952 § 45 Nr. 2). Zu einschlägigen Presseerklärungen des BR: *Müller-Borutta* NZA 1996, 1071.

Gestattet ist auch die Erörterung von Angelegenheiten, die Gegenstand parteipolitischer Erörterungen oder Programme sind (GK-BetrVG/*Kreutz* Rn. 123). Ein Verstoß gegen das Verbot parteipolitischer Betätigung nach Abs. 2 S. 3 liegt aber dann vor, wenn die Sachaussagen erkennbar **Propaganda** für oder gegen eine Partei beinhalten (GK-BetrVG/*Kreutz* Rn. 123). Ebenso unzulässig ist es, wenn Äußerungen mit parteipolitischem Charakter zu einer konkreten Gefährdung des Betriebsfriedens oder des ungestörten Arbeitsablaufs führen. 30

Unter **tarifpolitischen Fragen** sind alle Angelegenheiten zu verstehen, die in Zusammenhang mit tariflich regelbaren Arbeitsbedingungen stehen, die für den Betrieb gelten oder gefordert werden. 31

Der weit auszulegende Begriff der **Sozialpolitik** (BAG 13. 9. 1977 AP BetrVG 1972 § 44 Nr. 1) bezeichnet sämtliche gesetzlichen und sonstigen Regelungen, die der Sicherung der Existenz und der Würde des arbeitenden Menschen und seiner Angehörigen dienen (GK-BetrVG/*Fabricius/Weber* § 45 Rn. 14). Darunter fallen insb. Maßnahmen des Arbeits- und Unfallschutzes, des Sozialwesens sowie die für Betrieb und AN relevanten Steuerfragen (*Fitting* Rn. 59). 32

Unter **Angelegenheiten wirtschaftlicher Art** sind sowohl konkrete wirtschaftliche Maßnahmen des AG als auch den Betrieb betreffende Maßnahmen der allgemeinen Wirtschaftspolitik zu verstehen. Erfasst werden auch Anregungen zur Verbesserung der geltenden Bestimmungen (*Fitting* Rn. 59). 33

VII. Gewerkschaftsbetätigung von betriebsverfassungsrechtlichen Funktionsträgern (Abs. 3)

Mit dieser Bestimmung wurde einer früher vertretenen Auffassung der Boden entzogen, nach der eine Gewerkschaftstätigkeit nur gestattet war, wenn diese ausdrücklich und eindeutig vom BRAmt getrennt war. Im Zweifel wurde eine solche Trennung verneint (BAG 14. 2. 1967 AP GG Art. 9 Nr. 10; BVerfG 26. 5. 1970 AP GG Art. 9 Nr. 16). Die heutige Rechtslage gestattet den betriebsverfassungsrechtlichen Funktionsträgern gewerkschaftliche Tätigkeiten **in gleichem Umfang wie den übrigen AN,** was auch das Recht zum Tätigwerden als gewerkschaftlicher Vertrauensmann einschließt (BAG 12. 6. 1986 NZA 1987, 153). Allerdings bleiben die Grundsätze des § 75 I unberührt, wonach die Amtsträger als Repräsentanten aller AN in ihrem Amt zur Neutralität verpflichtet sind (BVerfG 27. 3. 1979 NJW 1979, 1875). Daraus ergibt sich, dass eine Verquickung von gewerkschaftlicher Tätigkeit und Amtstätigkeit, wie etwa die Verwendung von betriebsratseigenen Mitteln für gewerkschaftliche Betätigungen, unzulässig ist (BVerwG 22. 8. 1991 NJW 1992, 385). Es besteht aber keine Vermutung dafür, dass ein Gewerkschaftsmitglied als Amtsträger tätig wird (BAG 14. 2. 1967 AP GG Art. 9 Nr. 10). 34

Abs. 3 gilt für BRMitglieder und andere AN, die Aufgaben nach dem BetrVG wahrnehmen, insb. also für die Mitglieder der JAV, der Einigungsstelle, des Wirtschaftsausschusses und des Wahlvorstandes. 35

Gewerkschaftliche Betätigung ist in dem Umfang zulässig, in dem diese vom **Grundrecht der Koalitionsfreiheit** gem. Art. 9 III GG geschützt ist. Seit der Aufgabe der sogenannten Kernbereichslehre durch das BVerfG (14. 11. 1995 AP GG Art. 9 Nr. 80) gewährleistet Art. 9 III GG eine koalitionsmäßige Betätigung auch über den „Kernbereich" dieses Grundrechts hinaus; eine Begrenzung erfolgt durch kollidierende (Grund-)Rechte Dritter. Bereits von der früheren Rspr. des BVerfG anerkannte Gewerkschaftstätigkeiten sind insb. die Verteilung von Informationsmaterial (BAG 12. 6. 1986 NZA 1987, 153), die Plakatwerbung nach Rücksprache mit dem AG (BAG 30. 8. 1983 AP GG Art. 9 Nr. 38) sowie die Aushändigung der Gewerkschaftszeitung an alle AN. Entgegen der Auffassung des BAG (23. 2. 1979 AP GG Art. 9 Nr. 29) ist die Verteilung auch dann als zulässig anzusehen, wenn sie ausschließlich an Gewerkschaftsmitglieder im Betrieb erfolgt (*Fitting* Rn. 73; *Hanau* ArbRGeg. 17, 51). Der AG hat die Ausgabe auch zu dulden, wenn sie seiner Meinung nach unzulässige parteipolitische oder politische Beiträge enthält (BAG 23. 2. 1979 AP GG Art. 9 Nr. 29). Unzulässig ist aber die Werbung zu allgemeinen politischen Wahlen durch die Gewerkschaft (BVerfG 28. 4. 1976 AP BetrVG 1972 § 74 Nr. 2). Von der früheren Rspr. abgelehnt wurde die Werbung während der Arbeitszeit (BAG 26. 1. 1982 AP GG Art. 9 Nr. 35). Nach der Entscheidung des BVerfG vom 14. 11. 1995 (AP GG Art. 9 Nr. 80) ist dies nur noch dann der Fall, wenn die Arbeitsleistung der umworbenen AN beeinträchtigt wird und dadurch der AG unverhältnismäßig in seinen Grundrechten aus Art. 12, 14 GG beeinträchtigt wird. Nach alter wie nach neuer Rspr. unzulässig sind Werbemaßnahmen, die den AG in beleidigender Weise angreifen (*Fitting* Rn. 67) oder konkurrierende Gewerkschaften verunglimpfen (BAG 11. 11. 1968 AP GG Art. 9 Nr. 14). Weiteres, auch zum Zugang externer Gewerkschaftsvertreter Art. 9 GG Rn. 27 ff.; *Däubler* Gewerkschaftsrechte im Betrieb, 15. Aufl. 2000. 36

VIII. Streitigkeiten

37 Die Unterlassungspflicht des § 74 II begründet einen **Unterlassungsanspruch** des BR bzw. des AG. Dieser ist im Beschlussverfahren gem. § 2 a ArbGG geltend zu machen. Der Anspruch muss sich auf die Unterlassung einer konkreten Handlung beziehen (BAG 22. 7. 1980 AP BetrVG 1972 § 74 Nr. 3). Bei groben Verstößen des BR gegen die in § 74 II enthaltenen Regelungen kann der AG die Auflösung des BR oder den Ausschluss einzelner Mitglieder aus dem BR gem. § 23 I beantragen. Zur betriebsverfassungsrechtlichen Abmahnung *Kania* NZA 1996, 970; oben § 23 Rn. 4. Die BRMitglieder können auch gem. § 823 I BGB zum Schadensersatz verpflichtet sein (GK-BetrVG/*Kreutz* Rn. 93).

38 Verstößt der AG grob gegen die Verpflichtungen aus § 74 II, kann er nach § 23 III vom ArbG zu einem gesetzmäßigen Verhalten verpflichtet werden und bei Mißachtung dieser Entscheidung zu einem Ordnungsgeld verurteilt werden. Zudem kommt eine Strafbarkeit des AG gem. § 119 I Nr. 2 und 3 in Betracht (GK-BetrVG/*Kreutz* Rn. 91). Arbeitsvertragliche Sanktionen (Schadensersatz, Abmahnung, Kündigung) können sich aus der Treuepflicht ergeben, aber nicht aus § 74.

39 Fragen der Koalitionsfreiheit der Gewerkschaften und deren Informations- und Werbetätigkeit im Betrieb sind im Urteilsverfahren gem. § 2 I Nr. 2 ArbGG zu klären (BAG 14. 2. 1978 AP GG Art. 9 Nr. 26).

§ 75 Grundsätze für die Behandlung der Betriebsangehörigen

(1) ¹Arbeitgeber und Betriebsrat haben darüber zu wachen, dass alle im Betrieb tätigen Personen nach den Grundsätzen von Recht und Billigkeit behandelt werden, insbesondere, dass jede unterschiedliche Behandlung von Personen wegen ihrer Abstammung, Religion, Nationalität, Herkunft, politischen oder gewerkschaftlichen Betätigung oder Einstellung oder wegen ihres Geschlechts oder ihrer sexuellen Identität unterbleibt. ²Sie haben darauf zu achten, dass Arbeitnehmer nicht wegen Überschreitung bestimmter Altersstufen benachteiligt werden.

(2) ¹Arbeitgeber und Betriebsrat haben die freie Entfaltung der Persönlichkeit der im Betrieb beschäftigten Arbeitnehmer zu schützen und zu fördern. ²Sie haben die Selbständigkeit und Eigeninitiative der Arbeitnehmer und Arbeitsgruppen zu fördern.

I. Vorbemerkung

1 Die Vorschrift enthält die wesentlichen Grundsätze für die Behandlung der Betriebsangehörigen durch AG und BR. Zugleich werden durch diese Norm die grundrechtlichen Wertentscheidungen der Art. 2 I, 3 und Art. 9 III GG hinsichtlich der Tätigkeit der Betriebspartner konkretisiert (Einl. vor Art. 1 GG Rn. 66). § 75 erweitert das Gebot der vertrauensvollen Zusammenarbeit in § 2 I um eine dritte Dimension, indem er die Pflichten der Betriebspartner im Verhältnis zu den im Betrieb tätigen Personen festlegt (Richardi/*Richardi* Rn. 1). Der Norm kommt unmittelbar materiell-rechtliche Bedeutung zu. Sie begründet **Amtspflichten** von AG und BR (*Fitting* Rn. 20). Aufgrund des kollektivrechtlichen Charakters der Norm korrespondieren mit diesen Amtspflichten aber keine subjektiven Rechte der im Betrieb Tätigen (BAG 3. 12. 1985 AP BAT § 74 Nr. 2; GK-BetrVG/*Kreutz* Rn. 23). Allerdings haben die Grundsätze des § 75 inhaltlich den arbeitsrechtlichen Gleichbehandlungsgrundsatz und die arbeitsvertraglichen Schutz- und Fürsorgepflichten mitgeprägt, deren Einhaltung die einzelnen AN gerichtlich durchsetzen können (GK-BetrVG/*Kreutz* Rn. 23). Insofern ist die Einhaltung des § 75 für sie zumindest indirekt erzwingbar. Zudem dient § 75 als Auslegungsregel für die inhaltliche Ausgestaltung der Beteiligungsrechte und -pflichten sowie der Rechte der AN gem. §§ 81 ff. (*Fitting* Rn. 3). Die Vorschrift ist **zwingend**. Sie gilt entspr. für den Gesamt- und KonzernBR, den Wirtschaftsausschuss sowie die JAV (*Fitting* Rn. 4).

II. Das Überwachungsgebot (Abs. 1 S. 1)

2 **1. Normadressaten.** Die Verpflichtungen dieser Vorschrift treffen sowohl den AG als auch den BR als Organ sowie dessen Ausschüsse (*Fitting* Rn. 5 f.). Ebenso an § 75 gebunden sind die einzelnen BRMitglieder, soweit sie in ihrer Amtseigenschaft tätig werden (GK-BetrVG/*Kreutz* Rn. 10), sowie Personen, denen der AG betriebsverfassungsrechtliche Aufgaben übertragen hat (*Fitting* Rn. 7).

3 Die Überwachungspflicht bezieht sich auf **alle im Betrieb tätigen Personen**, einschließlich der Teilzeitkräfte, Leiharbeiter, Auszubildenden und Aushilfskräfte (BAG 25. 1. 1989 AP BeschFG 1985 § 2 Nr. 2; BAG 20. 11. 1990 AP BetrAVG § 1 Gleichberechtigung Nr. 8). Zudem werden die in § 5 II aufgeführten NichtAN, nicht aber Mitarbeiter von im Betrieb tätigen Fremdfirmen vom Schutz des § 75 erfasst (GK-BetrVG/*Kreutz* Rn. 16; weitergehend *Fitting* Rn. 10). Auf leitende Angestellte sowie selbständig Tätige findet die Norm ebenfalls keine Anwendung (GK-BetrVG/*Kreutz* Rn. 14). Zusätzlich hat das BAG solche Personen in den Schutzbereich der Norm miteinbezogen, die nach der Beendigung eines befristeten Arbeitsverhältnisses auf Grund einer Verletzung der in § 75 enthaltenen Grundsätze einen Wiedereinstellungsanspruch geltend machen (BAG 15. 3. 1984 AP KSchG 1969 § 1

II. Das Überwachungsgebot (Abs. 1 S. 1) § 75 BetrVG 210

Soziale Auswahl Nr. 2). Dies darf aber nicht in Widerspruch zu der speziellen Sanktion des § 611 a II BGB treten.

2. **Überwachungspflicht/Überwachungsrecht.** Abs. 1 begründet für AG und BR sowohl eine Überwachungspflicht als auch ein Überwachungsrecht (BAG 26. 1. 1988 AP BetrVG 1972 § 80 Nr. 31; BAG 12. 6. 1975 AP BetrVG 1972 § 87 Altersversorgung Nr. 3). Die Überwachungspflicht beinhaltet, dass AG und BR für die Einhaltung der Grundsätze von Recht und Billigkeit Sorge zu tragen und sich bei deren Verletzung um Abhilfe zu bemühen haben (GK-BetrVG/*Kreutz* Rn. 19). Das schließt für AG und BR auch die Verpflichtung mit ein, bei ihren eigenen Maßnahmen die Einhaltung der Grundsätze des § 75 zu beachten. Das gilt beispielsweise bei BV (BAG 11. 11. 1986 AP BetrAVG § 1 Gleichberechtigung Nr. 4; BAG 20. 7. 1993 AP BetrAVG § 1 Gleichbehandlung Nr. 11) und bei dem Einblick in Lohn- und Gehaltslisten (BAG 12. 2. 1990 AP BetrVG 1972 § 80 Nr. 12).

3. **Grundsätze von Recht und Billigkeit.** Die Behandlung nach den **Grundsätzen des Rechts** meint die Einhaltung des bestehenden Rechts, wozu insb. die Erfüllung der Rechtsansprüche der AN zählt (Richardi/*Richardi* Rn. 11). Das geltende Recht umfasst die positive Arbeitsrechtsordnung, die Wertungen des GG, das arbeitsrechtliche Gewohnheits- und Richterrecht, einschließlich der Grundsätze des Vertrauensschutzes und der Verhältnismäßigkeit, TV und BV sowie sonstige Arbeitsbedingungen und die betriebliche Ordnung (GK-BetrVG/*Kreutz* Rn. 29). Die **Grundsätze der Billigkeit** sollen eine gerechte Entscheidung im Einzelfall gewährleisten (BAG 17. 8. 1999 AP BetrVG § 77 Nr. 79). Das BAG hat früher BV einer abstrakten weitergehenden Billigkeitskontrolle unterstellt, die aber zugunsten einer Rechtskontrolle aufgegeben wurde (BAG 23. 10. 1991 AP BetrAVG § 1 Ablösung Nr. 13; BAG 21. 1. 1992 AP BetrAVG § 1 Ablösung Nr. 17; BAG 26. 7. 1988 AP BetrVG 1972 § 112 Nr. 45; BAG 26. 10. 1994 AP BGB § 611 Anwesenheitsprämie Nr. 18; 16. 7. 1996 AP BetrVG 1972 § 77 Billigkeitskontrolle Nr. 3). Dementsprechend hat § 310 IV 1 BGB nF die BV ebenso wie TV der Inhaltskontrolle nach §§ 307 bis 309 BGB entzogen. Deshalb müssen jetzt BV ebenso wie TV von den richterlichen Grenzen zB von Rückzahlungsklauseln abweichen können (anders BAG 6. 5. 1995 NZA 1996, 437). Es bleibt aber die einzelfallbezogene konkrete Billigkeitskontrolle. BAG 18. 9. 2001 EZA BetrAVG § 1 Ablösung Nr. 31 stellt auf Willkürfreiheit ab. Nach 310 IV BGB gilt auch die Unklarheitenregel des § 305 c BGB nicht.

4. **Diskriminierungsverbot.** Abs. 1 S. 1 hebt die Pflicht zur Gleichbehandlung der AN in Form eines Diskriminierungsverbots besonders hervor. Dadurch werden die verfassungsrechtlichen Gleichberechtigungs- und Gleichbehandlungsgrundsätze des **Art. 3 GG,** deren unmittelbare Wirkung im Privatrechtsverkehr umstritten ist (vgl. Art. 3 GG Rn. 31 f.), zum Bestandteil der für AG und BR verbindlichen Grundsätze über die Behandlung der Betriebsangehörigen. Da § 310 IV 1 BGB BV ebenso wie TV von der Inhaltskontrolle nach §§ 307 bis 309 BGB freistellt, müssen die Betriebsparteien dieselbe Einschätzungsprärogative in Bezug auf Gleichheit und Gleichwertigkeit bekommen wie die Tarifparteien (so früher schon *Schliemann* FS *Hanau* 1999 S. 577, 605). In Konkretisierung der Gleichbehandlungsgrundsätze enthält Abs. 1 S. 1 eine **Aufzählung von Kriterien,** die für sich allein niemals eine unterschiedliche Behandlung der Betriebsangehörigen rechtfertigen können (absolute Differenzierungsverbote). Voraussetzung für einen Verbotsverstoß ist, dass die Ungleichbehandlung kausal auf einem der aufgeführten Differenzierungskriterien beruht. Zum allgemeinen Gleichheitssatz und zu den in Art. 3 III GG enthaltenen besonderen Diskriminierungsverboten Art. 3 GG Rn. 34 ff., Art. 5 GG Rn. 3 ff. § 75 dient jetzt auch dem Vollzug der EG-RL 2000/43 und 2000/78 zur Anwendung des Gleichbehandlungsgrundsatzes ohne Unterschied der Rasse oder der ethnischen Herkunft bzw. zur Festlegung eines allg. Rahmens für die Verwirklichung der Gleichbehandlung in Beschäftigung und Beruf zur Bekämpfung der Diskriminierung wegen der Religion oder der Weltanschauung, einer Behinderung, des Alters oder der sexuellen Ausrichtung (dazu § 80 Rn. 16). Unzulässig ist auch die Zurücksetzung wegen **gewerkschaftlicher Betätigung** oder Einstellung. Art. 9 III 2 GG enthält bereits ein Verbot der Ungleichbehandlung auf Grund gewerkschaftlicher Betätigung. Dieses geht über das Differenzierungsverbot des § 75 insofern hinaus, als es nicht nur die im Betrieb Tätigen schützt, sondern bereits bei der Einstellung von AN eine Differenzierung wegen der Gewerkschaftszugehörigkeit für unzulässig erklärt (BAG 2. 6. 1987 AP GG Art. 9 Nr. 49). Dies gilt für die vorhandene wie die fehlende Gewerkschaftszugehörigkeit. S. Art. 9 GG Rn. 11 ff. Als Tendenzbetriebe dürfen AGVerbände Tendenzträger ohne und Gewerkschaften mit Gewerkschaftszugehörigkeit verlangen. Zur räumlichen Geltung § 611 Rn. 846 bis 848.

Als weiteres Differenzierungsverbot nennt Abs. 1 das **Geschlecht.** Dadurch werden AG und der BR bei der Behandlung der Betriebsangehörigen unmittelbar an den verfassungsmäßig garantierten Gleichbehandlungsgrundsatz sowie das Benachteiligungsgebot wegen des Geschlechts (Art. 3 II und III GG) gebunden. Diese Grundsätze sind auch in internationalen Verträgen enthalten (Art. 141 EGV, Übereinkommen Nr. 100 der IAO, Art. 4 Nr. 3 der Europäischen Sozialcharta). Das Differenzierungsverbot wegen des Geschlechts verpflichtet die Normadressaten, die Einhaltung des

Gleichbehandlungsgrundsatzes im Betrieb zu überwachen und Diskriminierungen durch andere AN, etwa die sexuelle Belästigung von Frauen durch Arbeitskollegen, zu unterbinden (s. Art. 3 GG Rn. 83 ff.). Ergänzend obliegt dem BR nach § 80 I Nr. 2 a die allg. Aufgabe, die Durchsetzung der tatsächlichen Gleichbehandlung von Frauen und Männern zu fördern. Durch das arbeitsrechtliche **EG-Anpassungsgesetz vom 13. 8. 1980** wurden zur stärkeren Absicherung der Gleichbehandlung von Mann und Frau auf individualrechtlicher Ebene die §§ 611 a, 611 b, 612 und 612 a in das BGB eingefügt, die inzwischen tw. modifiziert wurden. S. die dortige Kommentierung. Verboten ist nicht nur eine unmittelbare, sondern auch eine **mittelbare Diskriminierung**. Bei einer unmittelbaren Diskriminierung ist das Geschlecht das maßgebliche Unterscheidungskriterium. Eine mittelbare Diskriminierung liegt vor, wenn das Geschlecht zwar nicht der Anknüpfungspunkt für die Ungleichbehandlung ist, von der Regelung tatsächlich aber wesentlich mehr Frauen als Männer (oder umgekehrt) betroffen sind. Wichtiger Anwendungsfall ist die Teilzeitarbeit (s. § 4 I TzBfG; Art. 3 Rn. 71).

7a   Die Erweiterung des Diskriminierungsverbots auf die sexuelle Identität durch das ReformG entspricht der EG-RL 2000/78 und dem Lebenspartnerschaftsg v. 16. 2. 2001, BGBl. I S. 266. Sie fordert keine Gleichstellung gleichgeschlechtlicher Partnerschaften mit der Ehe, wohl aber mit faktischen ungleichgeschlechtlichen Lebensgemeinschaften (DKK/*Berg* Rn. 23 a).

III. Keine Benachteiligung aus Altersgründen (Abs. 1 S. 2)

8   Abs. 1 S. 2 verpflichtet AG und BR, dafür Sorge zu tragen, dass ältere AN nicht wegen Überschreitung einer bestimmter **Altersstufe** benachteiligt werden. Ergänzend zu dieser Fürsorgepflicht obliegt dem BR die allg. Aufgabe, die Beschäftigung älterer AN im Betrieb zu fördern (§ 80 I Nr. 6) und ihre Belange bei der Durchführung von Berufsbildungsmaßnahmen zu berücksichtigen (§ 96 II 2). Abs. 1 S. 2 schützt über den Wortlaut der Vorschrift hinaus nicht nur „ältere" AN, sondern verbietet jede **objektive Benachteiligung** auf Grund des Erreichens einer bestimmten Altersgrenze (GK-BetrVG/*Kreutz* Rn. 79). Anerkannt hat die Rspr. die Festlegung einer allg. Altersgrenze bei einer betrieblichen Versorgungsordnung, die Leistungen davon abhängig macht, dass die Begünstigten bei Beginn des Arbeitsverhältnisses ein bestimmtes Höchsteintrittsalter noch nicht überschritten haben (BAG 14. 1. 1986 AP BetrAVG § 1 Gleichbehandlung Nr. 5). Für zulässig erklärt wurde außerdem, die Unverfallbarkeit von Versorgungsanwartschaften in einem Sozialplan an bestimmte Altersgrenzen zu koppeln (BAG 13. 2. 1975 AP BGB § 242 Ruhegeld-Unverfallbarkeit Nr. 9). Möglich ist auch eine Schlechterstellung von AN in einem Sozialplan, die das vorgezogene Altersruhegeld in Anspruch nehmen können (BAG 26. 7. 1988 AP BetrVG 1972 § 112 Nr. 45) sowie eine Höchstgrenze für mit dem Alter steigende Sozialplanabfindungen, BAG 19. 10. 1999 DB 2000, 930. Umstritten ist die Wirksamkeit der Festsetzung einer **Altersgrenze von 65 Lebensjahren** durch BV. Das BAG sieht in solchen BV keinen Verstoß gegen § 75, da die Vorschrift allein den Schutz des AN vor einer Benachteiligung bezwecke, nicht aber die Verlängerung des Erwerbslebens (BAG st. Rspr., s. AP BGB § 620 Altersgrenze). Aus § 41 SGB VI ergibt sich die Zulässigkeit vertraglicher Altersgrenzen auf das Alter 65; eine gesetzliche Altersgrenze gibt es nicht. Die EG-RL 2000/78 (s. Rn. 6) präzisiert die gerechtfertigte Ungleichbehandlung wegen Alters und berührt ausdrücklich nicht die einzelstaatlichen Bestimmungen über die Altersgrenzen für den Eintritt in den Ruhestand (vgl. wenig berücksichtigt hierzu *Schmidt/Senne*, Das gemeinschaftsrechtliche Verbot der Altersdiskriminierung, RdA 2002, 80; dazu auch DKK/*Däubler* Rn. 29 ff.). Im Gegensatz zu § 75 I 2 verbietet die RL grds. jede Diskriminierung wegen des Alters, also auch wegen der **Unter**schreitung bestimmter Altersstufen. Dies wird jedenfalls im Rahmen des § 75 I 1 zu berücksichtigen sein und stellt alle an das Lebensalter anknüpfenden Senioritätsregeln auf den Prüfstand. Die Anknüpfung an die Dauer der Betriebszugehörigkeit bleibt unberührt (s. *Däubler* FS Gnade 1992 S. 95), kann aber gegen die Freizügigkeit der AN (Art. 39 EG) verstoßen. S. auch § 77 Rn. 81 ff.

IV. Freie Entfaltung der Persönlichkeit (Abs. 2)

9   In Konkretisierung von Art. 2 I GG normiert Abs. 2 für AG und BR die Verpflichtung, die freie Entfaltung der Persönlichkeit der im Betrieb beschäftigten AN zu schützen und zu fördern. Diese Schutz- und Förderpflicht haben AG und BR nicht nur bei ihren eigenen Maßnahmen zu beachten. Sie ist darüber hinaus als allgemeine Verpflichtung zu verstehen, dafür Sorge zu tragen, dass die freie Entfaltung der Persönlichkeit der AN geschützt und gefördert wird (Richardi/*Richardi* Rn. 33). Die Schutzpflicht des Abs. 2 statuiert ein **betriebsverfassungsrechtliches Übermaßverbot,** durch das insb. rechtswidrige Verletzungen des Persönlichkeitsrechts verhindert werden sollen (*Fitting* Rn. 67). Danach sind Eingriffe etwa in das Recht an der eigenen Ehre oder das Recht auf Achtung des Privatlebens sowie der Intimsphäre nur zulässig, wenn überwiegende betriebliche Interessen dies erfordern und die Einschränkung nur in dem Maße erfolgt, wie es zur Erreichung des rechtlich zulässigen Zwecks unbedingt erforderlich ist (BAG 11. 7. 2000 NZA 2001, 462; GK-BetrVG/*Kreutz* Rn. 95). Das Übermaßverbot bildet somit auch eine Schranke für die Ausübung der Beteiligungsrechte

des BR. Unzulässig ist das heimliche Abhören von dienstlichen oder privaten Telefongesprächen des AN (BVerfG 19. 12. 1991 AP BGB § 611 Persönlichkeitsrecht Nr. 24; BAG 1. 3. 1973 AP BGB § 611 Persönlichkeitsrecht Nr. 1). Als zulässig wurde aber die Erfassung von Telefondaten bei Dienst- oder dienstlich veranlassten Privatgesprächen angesehen (BAG 27. 5. 1986 AP BetrVG 1972 § 87 Überwachung Nr. 15). Zulässig auch die Pflicht zur Angabe von Vornamen in Geschäftsbriefen (BAG 8. 6. 1999 AP § 87 BetrVG 1972 Ordnung des Betriebes Nr. 31) und zur Duldung des Duzens im Betrieb, soweit üblich (LAG Hamm 29. 7. 1998 NZA 1998, 481). Dagegen nicht mit dem Persönlichkeitsrecht des AN vereinbar ist es, wenn der AG graphologische Gutachten ohne Einwilligung des AN anfertigen lässt (GK-BetrVG/*Kreutz* Rn. 101). Bei der Installation von Kameras oder anderen technischen Kontrolleinrichtungen wird der Schutz des Persönlichkeitsrechts durch das Mitbestimmungsrecht gem. § 87 I Nr. 6 gewährt (näheres § 87 Rn. 57). Das BAG (11. 7. 2000 DB 2000, 1522) sieht einen Verstoß gegen das Persönlichkeitsrecht in einer BV, die auch solche AN zu einer Beteiligung an den Kosten einer Kantine verpflichtet, die diese gar nicht in Anspruch nehmen. Eingehend Art. 2 GG Rn. 36 ff.; *Hammer*, Die betriebsverfassungsrechtliche Schutzpflicht für die Selbstbestimmungsfreiheit des Arbeitnehmers, 1998; *Ehmann* FS Wiese 1998 S. 99.

Das **Recht an der eigenen Ehre** wird insb. durch Beleidigung und üble Nachrede (BAG 21. 2. **10** 1979 AP BGB § 847 Nr. 13) sowie durch sexuelle Belästigung (*Fitting* Rn. 84) verletzt. Das Recht auf Achtung der Privatsphäre erlaubt das Aufstellen einer betrieblichen Kleiderordnung nur dann, wenn die betrieblichen Verhältnisse dies erfordern (BAG 8. 8. 1989 AP BetrVG 1972 § 87 Ordnung des Betriebs Nr. 15). Die Respektierung der **Privatsphäre** erfordert auch, dass der AG über ihm bekannte persönliche oder dienstliche Umstände, die vertraulich zu behandeln sind, Stillschweigen bewahrt (*Fitting* Rn. 75). Den Inhalt der Personalakte darf der AG nicht ohne Einwilligung des AN an Unbefugte weitergeben (BAG 18. 12. 1984 AP BGB § 611 Persönlichkeitsrecht Nr. 8). Ein allgemeines **Rauchverbot** lässt sich aus dem Recht zur freien Entfaltung der Persönlichkeit ebenso wenig herleiten wie ein Recht auf uneingeschränktes Rauchen (GK-BetrVG/ *Kreutz* Rn. 113). Allerdings hat der AG gem. § 618 BGB angemessene Maßnahmen zum Schutz der Nichtraucher zu treffen (*Fitting* Rn. 87). Im Kollisionsfall müssen die Interessen der Raucher zurücktreten (BAG 19. 1. 1999 AP § 87 BetrVG Ordnung des Betriebes Nr. 28). Nicht verhältnismäßig sind jedenfalls ein generelles Rauchverbot im Freien oder ein Rauchverbot mit dem Ziel, AN von gesundheitsschädlichen Gewohnheiten abzubringen (BAG 19. 1. 1999 aaO). Die **Förderpflicht** des Abs. 2 verpflichtet den Betriebspartner, die betriebliche Ordnung nicht nur nach kollektiven Gesichtspunkten zu gestalten, sondern auch die Möglichkeiten zur Persönlichkeitsentfaltung der einzelnen AN zu berücksichtigen (*Fitting* Rn. 89). Allerdings können aus der Förderpflicht keine im Gesetz nicht erwähnten Mitwirkungs- und Mitbestimmungsrechte hergeleitet werden (GK-BetrVG/*Kreutz* Rn. 121). Jedoch ist die Förderpflicht als Auslegungsregel zu begreifen, nach der bei Zweifeln über die Interpretation gesetzlicher Regeln stets so zu entscheiden ist, dass die freie Entfaltung der Persönlichkeit der AN in größtmöglichem Maße gewährleistet wird (*Richardi* Rn. 35).

Die durch das BetrVerf-ReformG eingeführte Bestimmung des Abs. 2 S. 2 (dazu *Franzen* ZfA 2001, **11** 423, 424 f.) ist eine von den Betriebsparteien und den Einigungsstellen zu beachtende ErmessensRL. Sie rechtfertigt insb. die weitgehende Übertragung von Entscheidungsbefugnissen in bestimmten Angelegenheiten auf die Einzelnen betroffenen AN, zB im Rahmen einer Gleitzeitregelung (s. Rn. 12 vor § 74; für Arbeitsgruppen besteht insoweit eine Sonderregelung des § 28 a). In Bezug auf **Arbeitsgruppen** ist dies eine Generalklausel, zu deren Ausführung vor allem §§ 28 a, 87 I Nr. 13 dienen. Der Begriff der Arbeitsgruppe deckt sich mit § 28 a, während § 87 I Nr. 13 enger gefasst ist (*Fitting* Rn. 95).

V. Streitigkeiten

Vereinbarungen zwischen AG und BR, die gegen § 75 verstoßen, sind nichtig (GK-BetrVG/*Kreutz* **12** Rn. 139). Entsprechende Anordnungen sind rechtsunwirksam; gegen sie kommt ein Leistungsverweigerungsrecht der AN in Betracht (*Fitting* Rn. 98; aA GK-BetrVG/*Kreutz* Rn. 137). Da § 75 ein Schutzgesetz zugunsten der AN ist, kann eine schuldhafte Verletzung der Vorschrift deliktische Schadensersatzansprüche auslösen (BAG 5. 4. 1984 AP BBiG § 17 Nr. 2; aA GK-BetrVG/*Kreutz* Rn. 139).

Bei Verstößen des AG gegen die Grundsätze des § 75 (Abs. 1, anders Abs. 2 BAG 28. 5. 2002, **13** 1 ABR 32/01) kann der allein antragsberechtigte BR im arbeitsgerichtlichen Beschlussverfahren Feststellungs- oder Unterlassungsansprüche geltend machen (LAG Köln 19. 12. 1988 AiB 1989, 163 f.). Das kann ggf. im Wege der einstweiligen Verfügung geschehen (ArbG Regensburg 28. 7. 1989 AiB 1989, 354 f.). Bei groben Verstößen des AG gegen § 75 kommt ein Verfahren nach § 23 III in Betracht. Verstößt der BR in erheblicher Weise gegen § 75, kann er nach § 23 I aufgelöst werden. Verstöße einzelner BRMitglieder können den Ausschluss aus dem BR (BAG 4. 5. 1955 AP BetrVG 1952 § 44 Nr. 1) zur Folge haben (*Fitting* Rn. 100). Zum Beschwerderecht der AN §§ 84, 85.

§ 76 Einigungsstelle

(1) ¹Zur Beilegung von Meinungsverschiedenheiten zwischen Arbeitgeber und Betriebsrat, Gesamtbetriebsrat oder Konzernbetriebsrat ist bei Bedarf eine Einigungsstelle zu bilden. ²Durch Betriebsvereinbarung kann eine ständige Einigungsstelle errichtet werden.

(2) ¹Die Einigungsstelle besteht aus einer gleichen Anzahl von Beisitzern, die vom Arbeitgeber und Betriebsrat bestellt werden, und einem unparteiischen Vorsitzenden, auf dessen Person sich beide Seiten einigen müssen. ²Kommt eine Einigung über die Person des Vorsitzenden nicht zustande, so bestellt ihn das Arbeitsgericht. ³Dieses entscheidet auch, wenn kein Einverständnis über die Zahl der Beisitzer erzielt wird.

(3) ¹Die Einigungsstelle hat unverzüglich tätig zu werden. ²Sie fasst ihre Beschlüsse nach mündlicher Beratung mit Stimmenmehrheit. ³Bei der Beschlussfassung hat sich der Vorsitzende zunächst der Stimme zu enthalten; kommt eine Stimmenmehrheit nicht zustande, so nimmt der Vorsitzende nach weiterer Beratung an der erneuten Beschlussfassung teil. ⁴Die Beschlüsse der Einigungsstelle sind schriftlich niederzulegen, vom Vorsitzenden zu unterschreiben und Arbeitgeber und Betriebsrat zuzuleiten.

(4) Durch Betriebsvereinbarung können weitere Einzelheiten des Verfahrens vor der Einigungsstelle geregelt werden.

(5) ¹In den Fällen, in denen der Spruch der Einigungsstelle die Einigung zwischen Arbeitgeber und Betriebsrat ersetzt, wird die Einigungsstelle auf Antrag einer Seite tätig. ²Benennt eine Seite keine Mitglieder oder bleiben die von einer Seite genannten Mitglieder trotz rechtzeitiger Einladung der Sitzung fern, so entscheiden der Vorsitzende und die erschienenen Mitglieder nach Maßgabe des Absatzes 3 allein. ³Die Einigungsstelle fasst ihre Beschlüsse unter angemessener Berücksichtigung der Belange des Betriebs und der betroffenen Arbeitnehmer nach billigem Ermessen. ⁴Die Überschreitung der Grenzen des Ermessens kann durch den Arbeitgeber oder den Betriebsrat nur binnen einer Frist von zwei Wochen, vom Tage der Zuleitung des Beschlusses an gerechnet, beim Arbeitsgericht geltend gemacht werden.

(6) ¹Im Übrigen wird die Einigungsstelle nur tätig, wenn beide Seiten es beantragen oder mit ihrem Tätigwerden einverstanden sind. ²In diesen Fällen ersetzt ihr Spruch die Einigung zwischen Arbeitgeber und Betriebsrat nur, wenn beide Seiten sich dem Spruch im Voraus unterworfen oder ihn nachträglich angenommen haben.

(7) Soweit nach anderen Vorschriften der Rechtsweg gegeben ist, wird er durch den Spruch der Einigungsstelle nicht ausgeschlossen.

(8) Durch Tarifvertrag kann bestimmt werden, dass an die Stelle der in Absatz 1 bezeichneten Einigungsstelle eine tarifliche Schlichtungsstelle tritt.

I. Vorbemerkung

1   Wie schon das BetrVG 1952, allerdings unter erheblicher Ausweitung der Kompetenzen, sieht § 76 die Bildung einer betrieblichen Einigungsstelle vor. Von ihrer **Rechtsnatur** her ist sie eine betriebsverfassungsrechtliche Institution eigener Art. Sie ist gegenüber AG und BR, aber auch gegenüber den im Betrieb vertretenen Gewerkschaften eine selbständige Schlichtungsstelle der Betriebsverfassung (BAG 6. 4. 1973 AP BetrVG 1972 § 76 Nr. 1). In dieser Funktion ist sie weder Gericht noch Verwaltungsbehörde, sondern eine privatrechtliche Einrichtung, die eine Hilfsfunktion ausübt, um die Mitbestimmung der AN bei der Gestaltung der betrieblichen Ordnung zu gewährleisten. Sie ist nicht mit hoheitlicher Gewalt ausgestattet, so dass ihre Entscheidungen nicht die Qualität von Verwaltungsakten haben (BAG 22. 1. 1980 AP BetrVG 1972 § 87 Lohngestaltung Nr. 3; *Richardi* Rn. 7).

2   Die **Zuständigkeit der Einigungsstelle** erstreckt sich nach den gesetzlichen Kompetenznormen sowohl auf Rechts- als auch auf Regelungsstreitigkeiten (Rn. 23). Die Einigungsstelle kann gem. Abs. 6 auf Antrag beider Betriebspartner eingeschaltet werden; in den Fällen, in denen der Spruch der Einigungsstelle die Einigung zwischen AG und BR ersetzt (Angelegenheiten der erzwingbaren Mitbestimmung), wird die Einigungsstelle gem. Abs. 5 auf Antrag einer Seite tätig und entscheidet verbindlich. Im Rahmen des verbindlichen Einigungsstellenverfahrens handelt es sich bei der Tätigkeit der Einigungsstelle um **Zwangsschlichtung** (BVerfG 18. 10. 1986 EzA BetrVG 1972 § 76 Nr. 38; GK-BetrVG/*Kreutz* Rn. 6). Verfassungsrechtliche Bedenken gegen die Entscheidungskompetenz der Einigungsstelle bestehen nicht. Sie stellt eine zulässige, dem Sozialstaatsprinzip des Art. 20 I GG entsprechende Einschränkung und Sozialbindung der Unternehmergrundrechte aus Art. 2, 12, 14 GG dar. Frühere Beanstandungen der Verfassungsmäßigkeit richteten sich weniger gegen die Institution der Einigungsstelle als gegen die erhebliche Ausweitung der Mitbestimmungsrechte insgesamt durch das BetrVG 1972 (*Richardi* Rn. 25; *Fitting* Rn. 2).

II. Errichtung und Zusammensetzung der Einigungsstelle

1. Bedarfs- und Dauereinigungsstelle. Eine Einigungsstelle ist gem. § 76 I **grds. nur bei Bedarf**, also bei Auftreten von Meinungsverschiedenheiten, die nicht zwischen BR und AG beigelegt werden können, zu bilden. Vor der Anrufung der Einigungsstelle haben AG und BR gem. § 74 I 1 über strittige Fragen mit dem ernsten Willen zur Einigung zu verhandeln und Vorschläge für die Beilegung des Streites zu machen (*Fitting* Rn. 7; weitergehend DKK/*Berg* Rn. 6 keine Verfahrensvoraussetzung). Im Fall des § 113 III entsteht der Bedarf schon mit Fristbeginn, da dann jederzeit die Anrufung der Einigungsstelle möglich ist (aA *Hunold* NZA 1999, 785, 789).

Im freiwilligen Einigungsstellenverfahren gem. Abs. 6 wird die Einigungsstelle von beiden Seiten, dh. AG und BR bzw. GesamtBR oder KonzernBR, gebildet. Im erzwingbaren Einigungsstellenverfahren kann grds. keine Seite die Mitwirkung an der Bildung der Einigungsstelle verweigern. In jedem Fall setzt die Errichtung einer Einigungsstelle einen **Antrag** gegenüber der anderen Seite voraus, sich an der Bildung einer Einigungsstelle zu beteiligen, die Zahl der gewünschten Beisitzer zu benennen und die Person des Vorsitzenden vorzuschlagen. Kommt eine Einigung über die Person des Vorsitzenden oder über die Zahl der Beisitzer nicht zustande, so kann die Bestellung des Vorsitzenden bzw. die Festlegung der Zahl der Beisitzer nach § 76 II iVm. § 98 ArbGG durch das ArbG erfolgen. Näheres s. § 98 ArbGG. Stets muss festgelegt werden, für welche betrieblichen Streitfragen die Einigungsstelle zust. sein soll; eine weitergehende Kompetenz kann allerdings von den Betriebsparteien vereinbart werden.

Durch **freiwillige BV** kann gem. § 76 I 2 eine st. Einigungsstelle errichtet werden. Die st. Einigungsstelle kann für alle zukünftig auftretenden Meinungsverschiedenheiten zwischen AG und BR errichtet werden. Möglich ist es auch, ihre Zuständigkeit auf bestimmte Streitigkeiten zu beschränken. Auch wenn eine st. Einigungsstelle gebildet ist, können sich die Betriebspartner vorbehalten, die Personen der Beisitzer je nach dem zu regelnden Sachverhalt zu wechseln. Möglich ist es auch, für den Vorsitzenden und/oder die Beisitzer Ersatzpersonen zu bestellen, die bei Verhinderung der ursprünglich bestellten Einigungsstellenmitglieder nachrücken.

2. Zusammensetzung der Einigungsstelle. a) Vorsitzender. Zur Person des Vorsitzenden sagt § 76 II 1 nur aus, dass er **unparteiisch** sein muss. Das LAG Berlin (12. 9. 2001, NZA-RR 2002, 25) meint, dass der Vorsitzende nicht gegen den Widerspruch einer Partei bestellt werden dürfe. Diese Auffassung ist abzulehnen, da sie unbegründetem Parteivorbringen zu viel Gewicht gibt, ja geradezu dazu ermuntert (ferner *Fischer* DB 2000, 217; *Schaub* NZA 2000, 1087).

Im Hinblick auf die entscheidende Bedeutung des Einigungsstellenvorsitzenden sollte dieser neben der Unparteilichkeit auch über die **notwendige fachliche Eignung** verfügen. Die Voraussetzungen der Geeignetheit hängen vom jeweiligen Gegenstand des Einigungsstellenverfahrens ab. Erforderlich sind stets die notwendigen Rechts- und Fachkenntnisse, die Fähigkeit, die streitigen betrieblichen Probleme zu analysieren, die Gesprächs- und Verhandlungsbereitschaft der Betriebsparteien zu fördern sowie die Kompetenz, Verhandlungen zu leiten und zu einem angemessenen Ende zu führen (*Schönfeld* DB 1988, 1966). In der Praxis einigen sich die Betriebspartner überwiegend auf Berufsrichter der Arbeitsgerichtsbarkeit. Zu deren Bestellung s. die Kommentierung zu § 98 ArbGG. Auch andere Sachkundige kommen in Betracht. Ein von den Parteien ins Auge gefasster Vorsitzender ist zur Übernahme des Amtes nicht verpflichtet (*Fitting* Rn. 17).

b) Beisitzer. § 76 II 1 sagt nichts über die **Zahl der Beisitzer**, sondern spricht lediglich von einer gleichen Anzahl von Beisitzern, die von AG und BR bestellt werden. Die Festlegung der Zahl, die im Streitfall im Verfahren nach § 98 ArbGG erfolgt, hängt von den Umständen des Einzelfalls, insb. der Schwierigkeit und Bedeutung der anstehenden Streitfrage ab. Im Regelfall wird eine **Besetzung mit zwei Beisitzern** für jede Seite erforderlich und ausreichend sein, bei einfachen kleineren Streitfragen kann sich die Anzahl auf einen Beisitzer reduzieren, bei bes. schwierigen und bedeutenden Fällen auf drei Beisitzer erhöhen. Eine noch größere Anzahl von Beisitzern dürfte im Regelfall nicht in Betracht kommen (LAG Hamm 8. 4. 1987 DB 1987, 1441; LAG Bremen 2. 7. 1982 AuR 1983, 28; LAG München 15. 7. 1991 DB 1991, 2678; LAG Schleswig-Holstein 4. 2. 1997 DB 1997, 832; gegen die Annahme einer Regelbesetzung DKK/*Berg* Rn. 24). Soweit schwierige Rechtsfragen streitig sind, ist es möglich, dass zusätzlich zu den Beisitzern ein anwaltlicher Verfahrensbevollmächtigter vor der Einigungsstelle hinzugezogen wird. Wenn erforderlich, ist dies auch für den BR auf Kosten des AG möglich (BAG 14. 2. 1996 AP BetrVG 1972 § 76 Nr. 5), sofern er nicht schon einen rechtskundigen Beisitzer hat.

Persönliche und sachliche Voraussetzungen für die Bestellung als Beisitzer werden durch das Gesetz nicht aufgestellt. Dementsprechend sind die Betriebsparteien bei der Auswahl ihrer Beisitzer frei. Insb. müssen die Beisitzer nicht Angehörige des Betriebs sein. Es können zB Verbandsvertreter oder Rechtsanwälte zu Einigungsstellenmitgliedern bestellt werden (BAG 14. 1. 1983; AP BetrVG 1972 § 76 Nr. 12; BAG 14. 12. 1988 AP BetrVG 1972 § 76 Nr. 30). Nach BAG 24. 4. 1996 (AP BetrVG 1972 § 76 Einigungsstelle Nr. 5) ist der BR nicht aus Kostengründen gehalten, möglichst betriebsangehörige Beisitzer zu bestellen, doch kann dies vereinbart werden. Bei Bildung einer

Einigungsstelle im Laufe eines Insolvenzverfahrens besteht keine Verpflichtung, Vertreter der Gläubiger zu Mitgliedern der Einigungsstelle zu bestellen (BAG 6. 5. 1986 AP HGB § 128 Nr. 8). Eine Ablehnung der Beisitzer der Gegenseite wegen Befangenheit ist nicht möglich, weil dies der Funktion der Beisitzer als vom Vertrauen der sie bestellenden Betriebsparteien getragener Interessenvertreter widersprechen würde. Dies gilt selbst dann, wenn vom Ergebnis des Einigungsstellenverfahrens persönliche Interessen eines Beisitzers berührt werden (GK-BetrVG/*Kreutz* Rn. 47; DKK/*Berg* Rn. 29; LAG Düsseldorf 3. 4. 1981 BB 1981, 733; *Fitting* Rn. 10). Zu empfehlen ist die Bestellung eines unmittelbar betroffenen AN etwa in den Fällen des § 38 Abs. 2 S. 4 oder § 87 I Nr. 9 freilich nicht.

10 Die Benennung der vom BR zu bestellenden Beisitzer erfolgt durch BRBeschluss, wobei die Voraussetzungen des § 33 zu beachten sind (dazu *Reitze*, Der Betriebsratsbeschluss, 1998, S. 211). Auch wenn im Gesetz nicht geregelt, ist die Bestellung von Ersatzbeisitzern zulässig. Ferner können die Beisitzer jederzeit ausgewechselt werden, wodurch Unterbrechungen, zB in Krankheitsfällen vermieden werden können.

11 **3. Rechte und Pflichten.** Mit der Annahme der Bestellung zu Mitgliedern in der Einigungsstelle kommt zwischen Beisitzern bzw. Vorsitzendem und dem AG kraft Gesetzes ein **betriebsverfassungsrechtliches Schuldverhältnis** zustande (BAG 27. 7. 1994 AP BetrVG 1972 § 76 a Nr. 4; *Fitting* Rn. 31). Dieses Schuldverhältnis hat, soweit den Mitgliedern ein Honoraranspruch zusteht, den Charakter eines entgeltlichen Geschäftsbesorgungsvertrags gem. §§ 675, 611 BGB, bei betriebsangehörigen Mitgliedern der Einigungsstelle, die keinen Anspruch auf Vergütung haben, den Charakter eines Auftragsverhältnisses nach § 662 BGB (*Fitting* Rn. 31; GK-BetrVG/*Kreutz* Rn. 86). Zu Einzelheiten des Honoraranspruchs vgl. § 76 a Rn. 4. Sie sind berechtigt, das Amt abzulehnen oder niederzulegen (GK-BetrVG/*Kreutz* Rn. 92; DKK/*Berg* Rn. 32). Sie sind an Weisungen oder Aufträge nicht gebunden und haben allein nach bestem Wissen und Gewissen zu entscheiden (*Fitting* Rn. 33).

12 Aufgrund der bestehenden schuldrechtlichen Bindung haften der Einigungsstellenvorsitzende und Beisitzer dem AG grds. für Pflichtverletzungen. Wegen der Funktion der Einigungsstelle als betriebliches Schlichtungsorgan, das einem Gericht vergleichbar ist, ist die **Haftung** jedoch auf grobe Fahrlässigkeit und Vorsatz beschränkt und setzt voraus, dass die Benachteiligten nicht die arbeitsgerichtliche Überprüfung des Spruchs der Einigungsstelle herbeiführen konnten; wird auf die Einlegung von Rechtsmitteln verzichtet, ist von einem überwiegenden Mitverschulden im Sinne des § 254 II 1 BGB auszugehen (*Fitting* Rn. 34; DKK/*Berg* Rn. 39).

13 Die Mitglieder der Einigungsstelle unterliegen ebenso wie BRMitglieder der **Schweigepflicht** gem. § 79 II. Die Verletzung dieser Schweigepflicht ist gem. § 120 I Nr. 1 strafbar. Weiter gilt für Mitglieder der Einigungsstelle die Schutzbestimmung des § 78, dh. Mitglieder der Einigungsstelle dürfen in der Ausübung ihrer Tätigkeit nicht gestört oder behindert werden; sie dürfen wegen ihrer Tätigkeit nicht benachteiligt oder begünstigt werden. Sie genießen allerdings nicht den bes. **Kündigungsschutz** im Rahmen der Betriebsverfassung gem. § 15 KSchG und § 103 BetrVG. Aus dem Benachteiligungsverbot gem. § 78 ergibt sich jedoch ein relativer Kündigungsschutz; eine Kündigung, die wegen der Tätigkeit in der Einigungsstelle ausgesprochen wird, ist nach § 134 BGB nichtig (Richardi/*Richardi* Rn. 145).

III. Das Verfahren vor der Einigungsstelle

14 Das **Gesetz** enthält nur wenige Vorschriften über das Verfahren der Einigungsstelle. Diese sind zwingend (DKK/*Berg* Rn. 60). Im Übrigen regelt die Einigungsstelle das Verfahren nach **pflichtgemäßem Ermessen**. Insb. muss der Verfahrensablauf rechtsstaatlichen Grundsätzen genügen (BAG 18. 4. 1989 DB 1989, 1926). Gem. § 76 IV können durch BV weitere Einzelheiten des Verfahrens vor der Einigungsstelle geregelt werden. Durch die Formulierung „weitere Einzelheiten" wird deutlich gemacht, dass auch durch eine BV keine Abweichung von den zwingenden Vorschriften in § 76 III ff. möglich ist (DKK/*Berg* Rn. 84). Als Regelungsgegenstände einer BV kommen etwa in Betracht: Protokollführung, Zahl der Beisitzer, Schriftlichkeit von Anträgen, zwingende mündliche Verhandlung, Ladungs- und Einlassungsfristen (*Fitting* Rn. 66).

15 Die Einigungsstelle wird nur auf **Antrag** und nicht von Amts wegen tätig. Der Antrag ist im freiwilligen Einigungsstellenverfahren gem. Abs. 6 von beiden Seiten, in Fällen der erzwingbaren Mitbestimmung gem. Abs. 5 von einer Seite zu stellen. Antragsberechtigt und Beteiligte des Verfahrens sind auf der AGSeite der AG und auf der ANSeite der BR bzw. Gesamt- oder KonzernBR. Weitere Beteiligte gibt es nicht. Insb. können sich einzelne AN des Betriebs nicht am Verfahren beteiligen, selbst wenn sie von der Entscheidung unmittelbar betroffen werden (DKK/*Berg* Rn. 61).

16 **Ort und Zeit einer Sitzung der Einigungsstelle** werden üblicherweise zwischen allen Mitgliedern abgesprochen. Ist dies nicht möglich, so hat der Vorsitzende Ort und Zeit zu bestimmen und für die ordnungsgemäße Einladung der Beisitzer zu sorgen. Angebot geeigneter Räume im Betrieb hat der Vorsitzende idR zu akzeptieren, um keine unnötigen Kosten zu verursachen. Dem Einigungsstellenvorsitzenden obliegt die **Leitung der Sitzung**; er erteilt Beisitzern oder Verfahrensbevollmächtigten

III. Das Verfahren vor der Einigungsstelle § 76 BetrVG 210

das Wort und trifft alle darüber hinaus erforderlichen verfahrensleitenden Maßnahmen (GK-BetrVG/ *Kreutz* Rn. 99). Über den Ablauf der Verhandlung und die sonstige Ausgestaltung des Verfahrens entscheidet dagegen die Einigungsstelle als Kollegialorgan (LAG Düsseldorf 21. 10. 1986 DB 1987, 1255; DKK/*Berg* Rn. 65; GK-BetrVG/*Kreutz* Rn. 99). Anders als die Beisitzer (vgl. dazu oben Rn. 9) kann der Vorsitzende schriftlich wegen **Befangenheit** abgelehnt werden. Antragsbefugt sind die Betriebspartner, nicht aber die Beisitzer der Einigungsstelle (BAG 29. 1. 2001 EzA § 76 BetrVG 1972 Nr. 70). BAG 15. 5. 2001 AP BetrVG 1972 § 87 Prämie Nr. 17 betont ebenfalls, wenn auch in anderem Zusammenhang, dass die Beisitzer als solche nicht als Partei handeln können, selbst wenn sie für sie vertretungsbefugt sind. Dies gilt auch dann, wenn der Vorsitzende zunächst einvernehmlich durch die Betriebspartner bestellt wurde (GK-BetrVG/*Kreutz* Rn. 52; DKK/*Berg* Rn. 66; aA *Pünnel* Einigungsstelle Rn. 101). Die Entscheidung obliegt dem ArbG im Verfahren nach § 98 ArbGG; § 1037 ZPO gilt entsprechend. Über die Ablehnung befindet zunächst die Einigungsstelle ohne Beteiligung des Vorsitzenden (BAG 11. 9. 2001, BB 2002, 576). Weist sie den Antrag mit Mehrheit oder Stimmengleichheit zurück, kann das Verfahren entspr. § 1037 Abs. 3 S. 2 ZPO fortgesetzt werden. Wird das Verfahren ohne vorherige gerichtliche Überprüfung der Befangenheit abgeschlossen, ist darüber im Anfechtungsverfahren zu befinden (BAG 11. 9. 2001 BB 2002, 576).

Den **Gegenstand der Einigungsstelle** bestimmen die Betriebsparteien bzw. das ArbG gem. § 98 **17** ArbGG durch den Einsetzungsbeschluss. Der so vorgegebene Regelungsgegenstand kann durch die Einigungsstelle nicht erweitert werden, es sei denn, die Betriebsparteien bzw. deren Vertreter in der Einigungsstelle einigen sich im Rahmen ihrer Vertretungsmacht auf eine entspr. Erweiterung (LAG Frankfurt 13. 11. 1984 DB 1985, 1535; LAG Schleswig-Holstein 28. 9. 1983 DB 1984, 1530). Im Rahmen des so abgesteckten Verfahrensgegenstandes gilt für die Einigungsstelle die **Offizialmaxime**, dh. die Einigungsstelle hat von Amts wegen den Sachverhalt in einem für die zu treffende Sachentscheidung erforderlichen Umfang aufzuklären (DKK/*Berg* Rn. 69; aA MünchArbR/*Joost* § 320 Rn. 40, 41). Dabei ist sie nach pflichtgemäßem Ermessen befugt, selbst Ermittlungen vorzunehmen, Zeugen zu hören, Sachverständige hinzuzuziehen oder selbst Augenschein zu nehmen (*Fitting* Rn. 44). Für die Hinzuziehung von Sachverständigen bedarf es keiner Vereinbarung mit dem AG nach § 80 III (BAG 13. 11. 1991 AP BetrVG 1972 § 76 a Nr. 1; BAG 4. 7. 1989 AP BetrVG 1972 § 87 Tarifvorrang Nr. 20). Die Einigungsstelle verfügt allerdings über keine Zwangsmittel zur Aufklärung des Sachverhalts; es besteht keine Zeugnispflicht gegenüber der Einigungsstelle und kein Recht, erschienene Zeugen zu vereidigen; ebenso wenig kann die Einigungsstelle das ArbG um Zeugenvernehmung ersuchen. Der BR kann aber im Rahmen des § 80 II Auskünfte des AG an die Einigungsstelle verlangen (ArbG Berlin 2. 7. 1999 AiB 2000, 436; L/K Rn. 59).

Die **Sitzungen der Einigungsstelle** sind **nicht öffentlich.** Bei Einverständnis aller Mitglieder der **18** Einigungsstelle ist es allerdings zulässig, die Anwesenheit dritter Personen, etwa von Ersatzbeisitzern, weiteren BRMitgliedern oder betroffenen AN, ausdrücklich zuzulassen. Dies kann auch Gegenstand einer freiwilligen BV nach Abs. 4 sein. Allerdings muss die abschließende Beratung und Beschlussfassung in Abwesenheit anderer Personen, auch der Betriebspartner und anwaltlicher Vertreter, erfolgen; anderenfalls droht die Unwirksamkeit des Spruchs (BAG 18. 1. 1994 AP BetrVG 1972 § 76 Nr. 51; *Fitting* Rn. 49). Im Einigungsstellenverfahren ist der rechtsstaatliche **Grundsatz des rechtlichen Gehörs** gem. Art. 103 I GG zu beachten. Dabei werden die Betriebsparteien durch ihre Beisitzer vertreten (BAG 11. 2. 1992 AP BetrVG 1972 § 76 Nr. 50). Aus dem Grundsatz des rechtlichen Gehörs folgt kein zwingendes **Erfordernis einer mündlichen Verhandlung.** Das Gesetz sieht in § 76 III das Erfordernis einer „mündlichen Beratung" lediglich vor Beschlussfassung durch die Einigungsstelle vor. Allerdings erscheint in aller Regel eine mündliche Verhandlung geboten, und zwar nicht nur im Interesse einer umfassenden Erörterung der streitigen Angelegenheit, sondern auch im Hinblick auf die im Einigungsstellenverfahren stets noch anzustrebende einverständliche Regelung durch AG und BR.

Zur **Beschlussfähigkeit** enthält das Gesetz keine ausdrückliche Regelung. Aus der Verpflichtung **19** zur paritätischen Besetzung der Einigungsstelle und der Regelung des Abs. 3 S. 2 folgt aber, dass die Einigungsstelle grds. nur beschlussfähig ist, wenn alle Mitglieder anwesend sind. Etwas anderes gilt in den Fällen des erzwingbaren Einigungsstellenverfahrens einschließlich des Interessenausgleichs (§ 112 III). Nach § 76 V 2 wird den Betriebspartnern die Möglichkeit abgeschnitten, durch Nichterscheinen eine Einigungsstelle zu torpedieren. Benennt eine Seite keine Mitglieder oder bleiben die von einer Seite genannten Mitglieder trotz rechtzeitiger Einladung der Sitzung der Einigungsstelle fern, so entscheidet der Vorsitzende und die erschienenen Mitglieder allein. Ist ein Mitglied ohne rasche Ersatzmöglichkeit verhindert, entspricht es dem Mitbestimmungsgedanken, keine Entscheidung gegen den Willen einer Seite herbeizuführen. Zulässig ist aber, Parität durch entspr. Stimmverzicht der anderen Seite herzustellen.

Bei der **Beschlussfassung** ist die Einigungsstelle nicht an die Anträge der Betriebsparteien gebunden; **20** vielmehr kann sie im Rahmen des vorgegebenen Verfahrensgegenstandes abw. Lösungsvorschläge zur Beilegung der Meinungsverschiedenheiten zur Abstimmung stellen (BAG 30. 1. 1990 DB 1990, 1090; DKK/*Berg* Rn. 75). Bei der Beschlussfassung hat sich nach § 76 III 2 der Vorsitzende zunächst, dh. beim ersten Abstimmungsversuch, der Stimme zu enthalten. Ergibt die erste Abstimmung keine Mehrheit, so haben die Beteiligten erneut in die (mündliche) Beratung einzutreten, wenn nicht alle verzichten (BAG 30. 1. 1990 AP BetrVG 1972 § 87 Lohngestaltung Nr. 41; *Fitting* Rn. 56; DKK/*Berg* Rn. 77). An der zweiten Abstimmung nimmt der Vorsitzende zwingend teil. Da der Vorsitzende im Nichteinigungsfall den Ausschlag geben soll, kann er sich nicht der Stimme enthalten (*Fitting* Rn. 58; GK-BetrVG/*Kreutz* Rn. 86). Eine Stimmenthaltung der Beisitzer ist dagegen zulässig. Die Stimmenthaltung wird nicht als „Neinstimme", sondern überhaupt nicht berücksichtigt (BAG 17. 9. 1991 AP BetrVG 1972 § 112 Nr. 59; *Fitting* Rn. 58; DKK/*Berg* Rn. 78). Folge ist, dass bei Stimmenthaltung auch schon im ersten Abstimmungsvorgang eine Mehrheit erzielt werden kann, andererseits aber auch im zweiten Abstimmungsgang eine Pattsituation möglich ist. Da keine § 29 II MitbestG entspr. Regelung besteht, zählt im Falle eines Patts nicht etwa die Stimme des Vorsitzenden doppelt. Konsequenz ist, dass in diesem Fall keine das Verfahren beendende Sachentscheidung getroffen wurde, so dass das Verfahren fortzusetzen ist (*Fitting* Rn. 39 b; GK-BetrVG/*Kreutz* Rn. 113; aA MünchArbR/*Joost* § 320 Rn. 52, der vorschlägt, dass in diesem Fall die Stimme des Vorsitzenden unberücksichtigt bleibt).

21 Der Spruch ist gem. § 76 III 3 **schriftlich niederzulegen,** vom Vorsitzenden zu unterschreiben und AG und BR zuzuleiten. Die Unterschrift der Beisitzer ist nicht vorgeschrieben. Das Gesetz verlangt keine schriftliche Begründung; sie ist nach Ansicht des BVerfG (18. 10. 1987 AP BetrVG 1972 § 87 Auszahlung Nr. 7) auch aus Gründen der Rechtsstaatlichkeit nicht zwingend erforderlich. Allerdings ist die schriftliche Begründung zweckmäßig und in der Praxis üblich, schon um eine gerichtliche Überprüfung des Spruchs zu erleichtern (*Fitting* Rn. 64). Für die **Zuleitung des Spruchs** an AG und BR sind keine bes. Erfordernisse aufgestellt. Es muss lediglich sichergestellt werden, dass der Spruch den Beteiligten nachweislich zur Kenntnis gelangt ist, gleichgültig ob dies durch Übergabe unmittelbar nach Schluss der Sitzung, auf dem Postweg oder durch Boten geschieht. Da der Zeitpunkt der Zuleitung des Beschlusses nach § 76 V entscheidend für die gerichtliche Überprüfung des Einigungsstellenspruchs ist, sollte der Zeitpunkt der Zuleitung eindeutig feststellbar sein und nach Möglichkeit festgehalten werden.

IV. Der Spruch der Einigungsstelle

22 1. **Rechtliche Grenzen. a) Zuständigkeit.** Die Einigungsstelle kann nur im Rahmen ihrer durch das Gesetz und den Einsetzungsbeschluss vorgegebenen Zuständigkeit wirksam tätig werden. Sie ist zust. für die Beilegung von Meinungsverschiedenheiten zwischen AG und BR, § 76 I. Die allg. Zuständigkeitsregelung des § 76 I wird durch eine Vielzahl von speziellen Einzelregelungen ergänzt, vgl. zB §§ 87 II, 98 IV, 112 II. Über die Frage der Zuständigkeit hat sie vor einer Sachentscheidung selbst zu befinden (BAG 8. 3. 1983 BetrVG 1972 § 98 Lohngestaltung Nr. 14; BAG 12. 11. 1997 AP BetrVG 1972 § 58 Nr. 2; 22. 1. 2002 DB 02, 1839; bedenklich, da dadurch § 98 ArbGG unterlaufen wird). Hier ist auch zu prüfen, ob das streitige Mitbestimmungsrecht noch durch eine frühere Regelung konsumiert wird (s. § 77 Rn. 16). Sofern keine Zuständigkeit gegeben ist, ist das Verfahren unter Beachtung der Förmlichkeiten des Abs. 3 S. 3 durch Beschluss einzustellen. Die Frage der Zuständigkeit der Einigungsstelle ist eine Rechtsfrage. Sie kann ggf. vom **ArbG** im Beschlussverfahren gem. §§ 2 a, 80 ff. ArbGG entschieden werden. Die Frist des Abs. 5 S. 4 findet keine Anwendung. Sofern das ArbG entgegen der Entscheidung der Einigungsstelle deren Zuständigkeit bejaht, stellt es die Unwirksamkeit des Beschlusses der Einigungsstelle fest. Die zunächst eingerichtete Einigungsstelle muss dann das Verfahren fortsetzen. Eine Neueinrichtung oder erneute Anrufung der Einigungsstelle ist nicht erforderlich (GK-BetrVG/*Kreutz* Rn. 174; aA *Pünnel* Rn. 49; DKK/*Berg* Rn. 72 hält eine erneute Anrufung für erforderlich). Die Einigungsstelle endet dagegen mit einer abschließenden Sachentscheidung. Wird diese aufgehoben und kommt deshalb die Fortsetzung des Verfahrens in Betracht, ist ggf. eine neue Einigungsstelle zu bilden (aA *Kreutz* aaO). Sofern die Einigungsstelle über ihre Zuständigkeit positiv entschieden hat, wird das Verfahren auch durch ein inzwischen anhängig gewordenes arbeitsgerichtliches Beschlussverfahren über ihre Zuständigkeit **nicht unterbrochen.** Es findet keine Aussetzung des Verfahrens statt (BAG 16. 8. 1983 AP ArbGG 1979 § 81 Nr. 2, Bl. 2; MünchArbR/*Joost* § 320 Rn. 132; aA DKK/*Berg* Rn. 73; *Fitting* Rn. 84, die eine Aussetzung für möglich halten, wenn die Betriebspartner damit einverstanden sind). GK-BetrVG/*Kreutz* Rn. 125 hält die Einigungsstelle selbst für befugt, eine Aussetzung gem. § 148 ZPO analog zu beschließen. Das ist zwingend, wenn man in Hinblick auf § 98 ArbGG eine eigene Prüfungskompetenz der Einigungsstelle verneint. Vgl. auch Rn. 34. Innerhalb der Beschlusslage des Betriebsrats kann dessen Vorsitzender das Verfahren auch durch Abschluss einer BV beenden (BAG 24. 2. 2000, DB 2000, 1287).

23 Soweit ihre Zuständigkeit reicht, entscheidet sie sowohl über **Regelungs- als auch über Rechtsstreitigkeiten.** Die Zuständigkeit in Regelungsstreitigkeiten ist unbegrenzt (GK-BetrVG/*Kreutz* Rn. 23). Rechtsstreitigkeiten können von der Einigungsstelle behandelt werden, wenn eine ausdrückliche Zuweisung an sie besteht (zB § 37 VI, VII) oder die Betriebspartner dies beantragen bzw. damit einverstanden sind, dass diese Frage von der Einigungsstelle behandelt wird. Hierfür ist nicht erforderlich, dass die Betriebspartner über den Gegenstand der Rechtsstreitigkeit verfügen können (GK-

IV. Der Spruch der Einigungsstelle § 76 BetrVG 210

BetrVG/*Kreutz* Rn. 22). Die Verfügungsbefugnis ist jedoch im Hinblick auf die Verbindlichkeit des Spruchs maßgeblich.

b) Höherrangiges Recht. Die Einigungsstelle ist in allen Entscheidungen an zwingendes vorrangi- 24 ges Recht gebunden. Dies gilt auch in Bezug auf im Betrieb geltende TV. Zu beachten sind in diesem Rahmen insb. die durch § 77 III gesetzten Schranken. Die Entscheidungen unterliegen dabei in vollem Umfang arbeitsgerichtlicher Rechtskontrolle (GK-BetrVG/*Kreutz* Rn. 150). Die Rechtskontrolle bezieht sich jedoch nur auf die „Sprüche" der Einigungsstelle. Beschlüsse, die sich auf den Verfahrensgang oder Vorfragen beziehen, unterliegen keiner selbständigen Rechtskontrolle (BAG 4. 7. 1989 EzA BetrVG 1972 § 87 Betriebliche Lohngestaltung Nr. 24; 22. 1. 2002 DB 02, 1839). Zur Bindung an Grundrechte Vorb. GG Rn. 71 und Art. 12 Rn. 40: angemessener Spielraum für unternehmerische Entscheidungen muss bleiben. Zur Wirksamkeit s. auch *Hanau/Reitze* FS *Kraft* 1998 S. 167; zur Teilwirksamkeit *Fischer* NZA 1997, 1017.

c) Ermessensgrenzen. Sofern eine Regelungsstreitigkeit Gegenstand des Verfahrens ist, erfolgt die 25 Entscheidung der Einigungsstelle unter angemessener Berücksichtigung der Belange der betroffenen AN und des Betriebes nach billigem Ermessen, Abs. 5 S. 3. Dem Wortlaut gem. gilt dieser Grundsatz nur im erzwingbaren Mitbestimmungsverfahren; er ist aber auch im freiwilligen Einigungsstellenverfahren zu beachten. Für den Bereich der Entscheidungen über einen Sozialplan geht § 112 V als speziellere Regelung vor.

2. Rechtswirkungen. Sofern die Einigungsstelle einen Spruch im verbindlichen Verfahren gem. 26 Abs. 5 erlässt, ist dieser für die Betriebspartner verbindlich. Eine Ausnahme von diesem Grundsatz bildet nur § 112 III (vgl. § 112 Rn. 9). Einem Spruch, der im freiwilligen Einigungsstellenverfahren zustande kommt, weist das Gesetz keine bindende Wirkung zu (Abs. 6). Eine Bindung der Betriebsparteien tritt hier nur ein, wenn sie sich im Voraus mit dem Spruch einverstanden erklären oder ihn nachträglich annehmen (BAG 28. 2. 1984 AP BetrVG 1972 § 87 Tarifvorrang Nr. 4; GK-BetrVG/ *Kreutz* Rn. 103 f.). Die vorherige Unterwerfung kann im Rahmen einer BV für bestimmte oder alle Fälle erfolgen (*Fitting* Rn. 91). Die Einigungsstelle kann eine Frist für die Annahme bestimmen. Nehmen die Parteien den Spruch nachträglich an, geht der Spruch in der hiermit erfolgten Einigung der Parteien auf. Andernfalls hat der Spruch nur die Wirkung eines (unverbindlichen) Einigungsvorschlages.

Sofern es sich um eine **Regelungsstreitigkeit** handelt, wird der Entscheidung idR die Rechtsnatur 27 einer **BV** zukommen. Hierfür ist nicht erforderlich, dass ausdrücklich um den Abschluss einer BV verhandelt wurde. Bereits die Tatsache, dass durch die Regelung Rechte und Pflichten der AN begründet oder geändert werden sollten, spricht für eine BV und gegen eine (formlose) Regelungsabrede; entspr. § 77 II 3 ist der Spruch deswegen im Betrieb auszulegen (L/K Rn. 26). Die Einigungsstelle kann ihrem Spruch aber auch die Wirkung einer Regelungsabrede geben, sofern nicht ein Anspruch auf BV besteht und geltend gemacht wird (s. § 77 Rn. 37). Die Einigungsstelle kann der Entscheidung sowohl rückwirkende Geltung (s. § 77 Rn. 75) als auch eine bestimmte zukünftige Dauer (s. § 77 Rn. 46, 117) beilegen, mit oder ohne Kündigungsmöglichkeit.

3. Gerichtliche Überprüfung. a) Allg. Der Spruch der Einigungsstelle ist nicht schlechthin recht- 28 lich verbindlich, da er nur eine Einigung der Betriebspartner ersetzt, er ist kein Vollstreckungstitel (DKK/*Berg* Rn. 89). Er unterliegt der **Rechtskontrolle.** Diese kann in einem eigenen Beschlussverfahren vor dem ArbG oder inzidenter als Vorfrage in einem anderen gerichtlichen Verfahren erfolgen. Dies gilt für Rechts- und Regelungsstreitigkeiten. Sofern die ordnungsgemäße Ausübung des Ermessens durch die Einigungsstelle in Regelungsstreitigkeiten der erzwingbaren Mitbestimmung überprüft werden soll, setzt § 76 V 4 jedoch eine zeitliche Grenze von **zwei Wochen** fest. Nach Ablauf dieser Frist ist die Überprüfung der Ermessensausübung nicht mehr möglich. Diese Frist gilt freilich nicht für die Überprüfung des Ermessens bei Entscheidungen im Rahmen der freiwilligen Mitbestimmung. In Abs. 6 hat der Gesetzgeber diesbezüglich keine Frist bestimmt. Andere rechtliche Mängel eines Einigungsstellenspruchs können jederzeit unabhängig von einer Frist geltend gemacht werden.

AG und BR sind berechtigt, die Überprüfung des Spruchs zu beantragen und können seine Durch- 29 setzung oder Nichtdurchsetzung (nur) bei offensichtlicher Wirksamkeit bzw. Unwirksamkeit und Dringlichkeit auch durch einstweilige Verfügung betreiben (LAG Köln NZA-RR 2000, 311). Hält sich der AG an einen zwar angefochtenen, aber nicht offensichtlich rechtswidrigen Spruch der Einigungsstelle, liegt also kein mitbestimmungswidriges Verhalten vor. Die Einigungsstelle selbst ist nicht antragsbefugt. Sie kann nicht Antragsgegner sein und ist auch nicht beteiligtenfähig. Einzelne AN können hingegen an dem Verfahren als Beteiligte teilnehmen (GK-BetrVG/*Kreutz* Rn. 118; *Fitting* Rn. 73). Ein einzelner AN kann aber nicht den Antrag auf Überprüfung des Spruchs der Einigungsstelle stellen, da er nicht in einer betriebsverfassungsrechtlichen Rechtsstellung betroffen ist (MünchArbR/*Joost* § 320 Rn. 79; *Fitting* Rn. 98; aA GK-BetrVG/*Kreutz* Rn. 118).

b) Überprüfung von Sprüchen über Rechtsfragen. Der Einigungsstelle kann ein **Beurteilungs-** 30 **spielraum** bei Auslegung unbestimmter Rechtsbegriffe zustehen; dieser unterliegt keiner vollen Rechtskontrolle (BAG 8. 8. 1989 BetrVG 1972 § 106 Nr. 6 allerdings nur in einem obiter dictum;

(DKK/*Berg* Rn. 11). Für diese Kosten kann eine Pauschalierung vereinbart werden (*Fitting* Rn. 9). Die Mitglieder der Einigungsstelle haben gegenüber dem AG einen Freistellungsanspruch in Höhe der eingegangenen Verbindlichkeiten. Ist die Bezahlung bereits erfolgt, steht ihnen ein Zahlungsanspruch gegen den AG zu (GK-BetrVG/*Kreutz* Rn. 7). Nicht nach § 76 a zu ersetzen hat der AG die Kosten eines vom BR mit dessen Vertretung vor der Einigungsstelle beauftragten Rechtsanwalts. Das Honorar dieser Vertretung richtet sich, soweit erforderlich nach § 40 (BAG 21. 6. 1989 AP BetrVG 1972 § 76 Nr. 34). Erforderlichkeit kann dann gegeben sein, wenn zwischen den Betriebsparteien schwierige Rechtsfragen streitig sind (BAG 14. 2. 1996 AP BetrVG 1972 § 76 a Nr. 5 = DB 1996, 2187).

3 **3. Freistellungs- und Entgeltfortzahlungsanspruch betriebsangehöriger Arbeitnehmer.** Nach Abs. 2 haben betriebsangehörige Beisitzer keinen Anspruch auf Vergütung. Ihre Tätigkeit ist ein unentgeltliches Ehrenamt entspr. § 37 I (*Fitting* Rn. 11). Die Vorschrift ist zwingend. Sie gilt gleichermaßen für BRMitglieder und sonstige AN, für Beisitzer der AG- und ANSeite. Die betriebsangehörigen Beisitzer haben aber einen Anspruch darauf, für die Zeit der Einigungsstellentätigkeit **ohne Minderung des Arbeitsentgelts** von ihrer Arbeitstätigkeit freigestellt zu werden. Findet das Einigungsstellenverfahren außerhalb ihrer persönlichen Arbeitszeit statt, haben sie einen Anspruch auf Freizeitausgleich oder hilfsweise auf Mehrarbeitsvergütung nach § 37 III (*Fitting* Rn. 12). Dieselben Grundsätze gelten auch für konzern- bzw. unternehmensangehörige Beisitzer in Einigungsstellen, die für Streitigkeiten zwischen AG und GesamtBR bzw. KonzernBR gebildet werden (*Fitting* Rn. 13). Werden AN eines Betriebs oder Unternehmens aber in der für einen anderen Betrieb gebildeten Einigungsstelle tätig, so fallen sie als betriebsfremde Beisitzer nicht unter Abs. 2, sondern werden nach Abs. 3 bis 5 vergütet (GK-BetrVG/*Kreutz* Rn. 26). Scheidet ein betriebsangehöriger AN aus dem Betrieb während des Einigungsstellenverfahrens aus, ohne dass zur Abberufung aus der Einigungsstelle erfolgt, nimmt er ab diesem Zeitpunkt die Stellung eines außerbetrieblichen Beisitzers ein, dem ein Vergütungsanspruch nach Abs. 3 zusteht (DKK/*Berg* Rn. 7).

4 **4. Vergütungsanspruch des Vorsitzenden und der außerbetrieblichen Beisitzer.** Abs. 3 S. 1 gewährt dem Vorsitzenden und den betriebsfremden Beisitzern der Einigungsstelle einen unmittelbaren Vergütungsanspruch. In Abweichung zur früher hM (BAG 27. 3. 1979 AP BetrVG 1972 § 76 Nr. 7) bedarf es dafür weder hinsichtlich der Beisitzer noch hinsichtlich des Vorsitzenden einer Vereinbarung mit dem AG (BAG 12. 2. 1992 AP BetrVG 1972 § 76 a Nr. 2). Voraussetzung für die Entstehung des Vergütungsanspruchs ist die **rechtswirksame Bestellung**, was bei einem vom BR bestellten Beisitzer einen wirksamen BRBeschluss voraussetzt (BAG 19. 8. 1992 AP BetrVG 1972 § 76 a Nr. 3). Hinsichtlich der vertretbaren Beisitzerzahl und der Zulässigkeit betriebsfremder Beisitzer hat sich durch Einführung der Vorschrift nichts geändert. Ebenso hat ein hauptamtlicher Gewerkschaftsfunktionär, der sein Honorar ganz oder tw. an eine Gewerkschaftsstiftung abzuführen hat, Anspruch auf Vergütung (*Fitting* Rn. 16). Auch ein in die Einigungsstelle berufener Rechtsanwalt kann Vergütung verlangen. Die Festlegung des Honorars erfolgt nicht nach der BRAGO, sondern nach Abs. 3 S. 2, da der Rechtsanwalt als Beisitzer nicht in seiner Eigenschaft als Anwalt tätig wird (BAG 20. 2. 1991 AP BetrVG 1972 § 76 Nr. 44). Bei vorzeitiger Beendigung richtet sich der Vergütungsanspruch nach § 628 I BGB.

5 Da eine Verordnung iSd. Abs. 4 S. 1 bisher nicht erlassen wurde, ist die **Höhe der Vergütung** im Einzelfall festzulegen. Dies geschieht durch vertragliche Absprache mit dem AG, oder, falls eine solche nicht zustande gekommen ist, durch einseitige Bestimmung durch die anspruchsberechtigten Mitglieder der Einigungsstelle gem. §§ 315, 316 nach billigem Ermessen (BAG 12. 2. 1992 AP BetrVG 1972 § 76 a Nr. 2). Anstelle des früher maßgeblichen Streitwertes hat die Festsetzung nunmehr nach den in Abs. 4 S. 3 bis 5 aufgezählten Bemessungskriterien zu erfolgen (s. *Ebert*, Die Kosten der Einigungsstelle gem. § 76 a BetrVG unter besonderer Berücksichtigung der Honorierung, 1999; *R. Schneider* FS Stege 1997 S. 253). Gerichtlich kann die Vergütungshöhe nur dann festgesetzt werden, wenn die Vergütungsbestimmung des Einigungsstellenmitglieds unbillig ist (BAG 14. 2. 1996 AP BetrVG 1972 § 76 a Nr. 6). Umstritten ist die in der Vorschrift nicht geregelte Bestimmung der konkreten **Tages- oder Stundensätze.** Die tw. vorgeschlagene Heranziehung des Gesetzes über die Entschädigung von Zeugen und Sachverständigen (ZSEG), wird unter Hinweis auf die komplexere und umfangreichere Tätigkeit der Einigungsstellenmitglieder überwiegend abgelehnt (DKK/*Berg* Rn. 23; *Fitting* Rn. 24). Das BAG hat mangels einer planwidrigen Gesetzeslücke die gerichtliche Festsetzung von Höchstbeträgen unter Heranziehung des ZSEG verworfen (aA L/K Rn. 8). Es hielt einen Stundensatz von DM 300,– bei einer Angelegenheit von mittlerer Schwierigkeit für nicht unangemessen (BAG 28. 8. 1996 AP BetrVG 1972 § 76 a Nr. 7). Als Richtschnur dürfte heute ein Stundensatz von ca. € 200,– üblich und angemessen sein (bescheidener GK-BetrVG/*Kreutz* Rn. 46: € 100,–).

6 Die Vergütung der Beisitzer hat nach Abs. 4 niedriger zu sein als das Honorar des Vorsitzenden, ohne dass aber ein konkreter Betrag genannt würde. Die vor Einführung des § 76 a maßgeblichen Grundsätze, wonach ein **Beisitzerhonorar in Höhe von $7/10$ des Honorars des Vorsitzenden** in allg. als sachgerecht und dem billigem Ermessen entspr. angesehen wurde, ist vom BAG mittlerweile bestätigt worden (BAG 14. 2. 1996 AP BetrVG 1972 § 76 a Nr. 6). Bei bes. Umständen im Einzelfall

können aber Ausnahmen von diesem Grundsatz gemacht werden (*Fitting* Rn. 25), denn der Anspruch der Beisitzer ergibt sich aus dem Gesetz, nicht aus der Vereinbarung mit dem Vorsitzenden. Diese ist aber ein Indiz für die Angemessenheit der Vergütung. Aus Gründen der Parität ist es unzulässig, bei der Entlohnung der vom BR benannten Einigungsstellenmitglieder andere Bewertungsmaßstäbe anzulegen als bei den übrigen Beisitzern (BAG 20. 2. 1991 AP BetrVG 1972 § 76 Nr. 44; L/K Rn. 13).

5. Abweichende Regelungen. Gem. Abs. 5 kann von den Vergütungsvorschriften der Abs. 3 und 7 4 durch TV und, sofern der Tarifvorrang beachtet wird, auch durch BV abgewichen werden. Über den Wortlaut hinaus können anderweitige Regelungen aber auch durch Individualabsprachen zwischen AG und Einigungsstellenmitglied getroffen werden (GK-BetrVG/*Kreutz* Rn. 60). Die Abweichungen können für die betroffenen Personen sowohl günstiger als auch ungünstiger sein (*Fitting* Rn. 29). Zulässig ist es auch, eigene Berechnungskriterien aufzustellen, sofern dabei der Grundsatz der Parität beachtet wird (*Fitting* Rn. 31; aA GK-BetrVG/*Kreutz* Rn. 62: Parität nicht erforderlich).

6. Streitigkeiten. Streitigkeiten über die Kosten der Einigungsstelle sind im arbeitsgerichtlichen 8 Beschlussverfahren auszutragen. Da es sich um gesetzliche Ansprüche handelt, ist der BR an einem gerichtlichen Verfahren über die Höhe eines Vergütungsanspruchs nicht zu beteiligen (BAG 12. 2. 1992 AP BetrVG 1972 § 76 a Nr. 3). Kosten, die einem betriebsfremden Einigungsstellenmitglied bei der Durchsetzung seines Honoraranspruchs entstehen, sind ebenfalls im Beschlussverfahren auszutragen (BAG 27. 7. 1994 AP BetrVG 1972 § 76 a Nr. 4). Dies schließt auch etwaige Anwaltskosten mit ein (*Fitting* Rn. 34). Ansprüche betriebsangehöriger Beisitzer nach Abs. 2 S. 1 iVm. § 37 II und III sind im Urteilsverfahren geltend zu machen (GK-BetrVG/*Kreutz* Rn. 66). Im Falle eines Insolvenzverfahrens sind Vergütungsansprüche und andere Kosten der Einigungsstelle Masseschulden gem. § 55 I InsO, wenn nicht das Einigungsstellenverfahren bereits vor Insolvenzeröffnung abgeschlossen war (DKK/*Berg* Rn. 29). Das gilt auch dann, wenn das Einigungsstellenverfahren vor Insolvenzeröffnung begonnen und später vom Insolvenzverwalter weitergeführt wurde (BAG 27. 3. 1979 AP BetrVG 1972 § 76 Nr. 7).

§ 77 Durchführung gemeinsamer Beschlüsse, Betriebsvereinbarungen

(1) ¹ Vereinbarungen zwischen Betriebsrat und Arbeitgeber, auch soweit sie auf einem Spruch der Einigungsstelle beruhen, führt der Arbeitgeber durch, es sei denn, dass im Einzelfall etwas anderes vereinbart ist. ² Der Betriebsrat darf nicht durch einseitige Handlungen in die Leitung des Betriebs eingreifen.

(2) ¹ Betriebsvereinbarungen sind von Betriebsrat und Arbeitgeber gemeinsam zu beschließen und schriftlich niederzulegen. ² Sie sind von beiden Seiten zu unterzeichnen; dies gilt nicht, soweit Betriebsvereinbarungen auf einem Spruch der Einigungsstelle beruhen. ³ Der Arbeitgeber hat die Betriebsvereinbarungen an geeigneter Stelle im Betrieb auszulegen.

(3) ¹ Arbeitsentgelte und sonstige Arbeitsbedingungen, die durch Tarifvertrag geregelt sind oder üblicherweise geregelt werden, können nicht Gegenstand einer Betriebsvereinbarung sein. ² Dies gilt nicht, wenn ein Tarifvertrag den Abschluss ergänzender Betriebsvereinbarungen ausdrücklich zulässt.

(4) ¹ Betriebsvereinbarungen gelten unmittelbar und zwingend. ² Werden Arbeitnehmern durch die Betriebsvereinbarung Rechte eingeräumt, so ist ein Verzicht auf sie nur mit Zustimmung des Betriebsrats zulässig. ³ Die Verwirkung dieser Rechte ist ausgeschlossen. ⁴ Ausschlussfristen für ihre Geltendmachung sind nur insoweit zulässig, als sie in einem Tarifvertrag oder einer Betriebsvereinbarung vereinbart werden; dasselbe gilt für die Abkürzung der Verjährungsfristen.

(5) Betriebsvereinbarungen können, soweit nichts anderes vereinbart ist, mit einer Frist von drei Monaten gekündigt werden.

(6) Nach Ablauf einer Betriebsvereinbarung gelten ihre Regelungen in Angelegenheiten, in denen ein Spruch der Einigungsstelle die Einigung zwischen Arbeitgeber und Betriebsrat ersetzen kann, weiter, bis sie durch eine andere Abmachung ersetzt werden.

Übersicht

	Rn.		Rn.
I. Betriebsvereinbarungen	1	4. Form der Betriebsvereinbarung	24
1. Normative Wirkung (Abs. 4)	1	5. Unwirksame Betriebsvereinbarungen	25
2. Schuldrechtliche Wirkung (Abs. 1)	9		25
3. Mitbestimmte und freiwillige Betriebsvereinbarungen	15	II. Regelungsabreden	26
		1. Begriff	26

	Rn.		Rn.
2. Verhältnis zur schuldrechtlichen Betriebsvereinbarung	31	4. Abbau von Leistungen durch ablösende Betriebsvereinbarung bei Widerrufsvorbehalt oder Änderung der Geschäftsgrundlage	101
3. Inhalt der Regelungsabrede	32	5. Umdeutung unwirksamer Betriebsvereinbarungen in arbeitsvertraglichen Abreden	105
4. Der Anspruch auf Betriebsvereinbarung	34	6. Arbeitsvertraglicher Verzicht auf Anspruch aus Betriebsvereinbarung	108
a) Allgem.	34	VI. Verhältnis Regelungsabrede/Arbeitsverhältnis	109
b) Teilmitbestimmte Regelungen	39	VII. Beendigung von Betriebsvereinbarungen und Regelungsabreden	112
5. Umdeutung einer Betriebsvereinbarung in eine Regelungsabrede (zur Umdeutung in einen Arbeitsvertrag Rn. 105)	45	1. Aufhebungsvertrag	112
6. Befristete und bedingte Regelungen	46	2. Kündigung von Betriebsvereinbarungen	117
7. Der Interessenausgleich als Regelungsabrede	48	3. Nachwirkung von Betriebsvereinbarungen	118
III. Verhältnis Betriebsvereinbarung/Tarifvertrag	49	a) In mitbestimmten Angelegenheiten	118
1. Grundsatz	49	b) Bei freiwilligen Regelungen	122
2. Das Verhältnis von § 77 III zu § 87 Einleitungssatz	53	c) Bei Regelungen mit teilw. mitbestimmungspflichtigem Inhalt	123
3. Der verbleibende Anwendungsbereich des § 77 III	64	4. Kündigung und Nachwirkung von Regelungsabreden	130
4. Verhältnis von Tarifvertrag und Betriebsvereinbarung bei Betriebsübergang	68	a) Angelegenheiten der Mitbestimmung des Betriebsrats	130
5. Regelungsabrede zur Vermeidung des § 77 III?	71	b) Bei freiwilligen und teilmitbestimmten Regelungen	133
6. Ausschluss des § 77 III durch § 112 I 4	72	5. Betriebsinhaberwechsel	134
7. Öffnungsklauseln	74	6. Beendigung der Wirkung einer Betriebsvereinbarung/Gesamtbetriebsvereinbarung/Regelungsabrede bei Untergang des Betriebsrats/Gesamtbetriebsrats oder Ausscheiden aus seiner Zuständigkeit?	135
IV. Verhältnis Betriebsvereinbarung/Betriebsvereinbarung	75		
V. Verhältnis Betriebsvereinbarung/Arbeitsvertrag	77		
1. Kollektives Günstigkeitsprinzip	77		
2. Arbeitsvertragsoffene Betriebsvereinbarungen	88		
3. Betriebsvereinbarungsoffene Arbeitsverträge	89	7. Verzicht, Verwirkung, Verfristung	141

I. Betriebsvereinbarungen

1 1. **Normative Wirkung (Abs. 4).** In § 77 I ist ganz allg. von **Vereinbarungen** zwischen BR und AG die Rede. Die folgenden Absätze der Vorschrift regeln dann aber nur eine Art dieser Vereinbarungen, nämlich die **BV**. Vereinbarungen zwischen AG und BR, die mangels normativer Wirkung (dazu Rn. 2) keine BV sind, bezeichnet man als Regelungsabrede (dazu Rn. 26).

2 Charakteristisch für die BV ist die sogenannte **normative** Wirkung. Das BetrVG selbst gebraucht zwar nicht den Ausdruck normativ und legt der BV an keiner Stelle die Befugnis bei, Normen zu setzen, in auffallendem Gegensatz zum TVG, das nicht weniger als sechsmal von den durch TV begründeten Rechtsnormen spricht. Auch § 613 a I 3 BGB spricht nur bei TV, nicht bei BV von Rechtsnormen. Indessen gibt § 77 IV ausdrücklich, dass BV unmittelbar und zwingend gelten. Deshalb geht die ganz hM bei der BV wie beim TV von einer normativen, gesetzesgleichen Wirkung auf die Arbeitsverhältnisse aus (dazu eingehend *Hanau* RdA 1989, 207 ff. mwN). Sie ist unerlässlicher Inhalt jeder BV. Es handelt sich aber nicht um unmittelbar an die Grundrechte gebundene Gesetzgebung iSd. Art. 1 III GG (BVerfG 23. 4. 1986 BVerfGE 73, 261; dazu vor Art. 1 GG Rn. 27, 66).

3 Für die normative Regelung einer Angelegenheit durch BV ist stets eine gesetzliche Ermächtigungsgrundlage erforderlich. Dafür reicht § 77 IV nicht aus, weil er zwar den Mechanismus der normativen Wirkung beschreibt, aber nicht angibt, welche Angelegenheiten normativ geregelt werden können. Dies ergibt sich vielmehr aus Bestimmungen wie §§ 88, 112, die durch BV regelbare Angelegenheiten bezeichnen. Am wichtigsten ist insoweit § 88. Er enthält zwar nur eine beispielhafte, nicht abschließende Aufzählung der durch BV regelbaren Angelegenheiten, doch ergibt sich aus seiner systematischen Stellung im Gesetz, dass er eine Ermächtigung zur Regelung aller „sozialen Angelegenheiten" durch BV enthält. Das BAG spricht mehrfach von einer **umfassenden Regelungskompetenz** der Betriebsparteien, die ebenso weit gehe wie die der Tarifparteien (BAG 7. 11. 1989 NZA 1990, 816 = AP BetrVG 1972 § 77 Nr. 46; BAG 9. 4. 1991 NZA 1991, 734 = AP BetrVG 1972 § 77 Tarifvorbehalt Nr. 1; BAG 1. 12. 1992 NZA 1993, 613 = AP BetrVG 1972 § 77 Tarifvorbehalt Nr. 3; BAG 1. 12. 1992 AP BetrVG 1972 § 87 Ordnung des Betriebes Nr. 20 = DB 1993, 990; *Schliemann* FS Hanau

I. Betriebsvereinbarungen § 77 BetrVG 210

27. 10. 1988 AP BGB § 620 Bedingung Nr. 16; BAG 8. 11. 1988 AP BetrVG 1972 § 102 Nr. 18; 19. 6. 2001 EzA BetrVG 1972 § 77 BetrVG Nr. 77; 22. 5. 2001 EzA BetrAVG § 1 Betriebsvereinbarung Nr. 3. S. auch § 75 Rn. 5).

Die normative Wirkung erweckt den Eindruck und wurde auch zunächst so verstanden, dass die BV **4** über dem Arbeitsvertrag stehe, weil sie unmittelbar und zwingend auf das Arbeitsverhältnis einwirken kann. Dies gilt jetzt aber nur eingeschränkt, weil der Große Senat 1986 das **Günstigkeitsprinzip** in die Betriebsverfassung eingeführt hat. (16. 9. 1986 NZA 1987, 136 = AP BetrVG § 77 Nr. 17). Seitdem oder genauer rückwirkend seit 1982 (BAG 20. 11. 1990 NZA 1991, 477 = AP BetrAVG § 1 Ablösung Nr. 14) können BV die Arbeitsverhältnisse nur noch unmittelbar und zwingend gestalten, soweit im Betrieb nicht schon günstigere arbeitsvertragliche Regelungen bestehen, außer wenn die Arbeitsverträge ausdrücklich oder konkludent für verschlechternde BV offen sind. Galt bis 1982 „Betriebsvereinbarung geht vor Arbeitsvertrag", gilt seitdem grds. „Betriebsvereinbarung geht vor ungünstigerem Arbeitsvertrag", soweit dieser nicht selbst der BV Vorrang einräumt (dazu im einzelnen Rn. 77 ff.). Die BV kann dem auch dadurch Rechnung tragen, dass sie ihre Wirkung von der Zustimmung der AN abhängig macht, zB den Einsatz am Dienstleistungsabend. Fraglich ist, ob das Erfordernis der Freiwilligkeit bedeutet, dass die AN jederzeit die Möglichkeit haben müssen, die Dienstleistung zu verweigern (so LAG Hamm 20. 11. 1990 LAGE BetrVG § 77 Nr. 11), oder ob es ausreicht, dass die Verpflichtung zur Dienstleistung in dem Sinne freiwillig war, dass Anstellung und Beschäftigung im Betrieb nicht davon abhängig sein sollten. Dies ist jeweils eine Auslegungsfrage.

Der BV sind alle AN außer leitende Angestellte iSd. § 5 III unterworfen, die mit dem Inhaber des **5** Betriebes durch einen **Arbeitsvertrag** verbunden und in den Betrieb **eingegliedert sind**. Vorübergehend in andere Betriebe entsandte AN sind nicht ausgeschlossen (BAG 7. 12. 1989 NZA 1990, 658 = AP Internationales Privatrecht, Arbeitsrecht Nr. 27) LeihAN und sonstige in den Betrieb eingegliederte Personen unterliegen der normativen Wirkung der BV, soweit sie dem Direktionsrecht des Entleihers usw. unterworfen sind, insb. im Hinblick auf die Arbeitszeit (BAG 15. 12. 1992 EzA AÜG § 14 Nr. 3 s. auch § 87 Rn. 5).

Dem Zugriff der BV entzogen sind **fällige Ansprüche** und feste **Anwartschaften** (BAG 10. 3. 1992 **6** NZA 1993, 234 = AP BetrAVG § 1 Betriebsvereinbarung Nr. 5; 13. 5. 1997 AP BetrVG § 77 Nr. 65 = NZA 1998, 100; 11. 5. und 17. 8. 1999 AP BetrAVG § 1 Betriebsvereinbarung Nr. 6, BetrVG § 77 Nr. 79; s. aber zur rückwirkenden BV Rn. 75) sowie generell alle **ehemaligen AN** (aA *Fitting* Rn. 39; *Konzen/Jacobs* FS Dieterich 1999 S. 297). Insb. wirkt eine BV über betriebliche Ruhegelder, die Einschränkungen der betrieblichen Leistung vorsieht, nicht hinsichtlich derjenigen früheren AN, die beim Inkrafttreten der neuen BV bereits im Ruhestand leben und Bezüge nach einer früheren Regelung erhalten. Mit seinem Ausscheiden erwirbt der AN, dessen Ansprüche auf einer BV beruhen, gegen den AG einen selbständigen schuldrechtlichen Anspruch (BAG 25. 10. 1988 AP BetrAVG § 1 Betriebsvereinbarung Nr. 1). Im **Arbeitsvertrag** kann allerdings vorgesehen werden, dass für den AN und seinen Ruhegeldanspruch auch nach dem Ausscheiden die **jeweilige BV** maßgeblich sein soll (s. *Höfer* BetrVG, ART Rn. 448ff.). Eine BV kann aber nicht durch eine Jeweiligkeitsklausel ausgeschiedene AN unter das Regime späterer BV stellen (BAG 25. 10. 1988 AP BetrAVG § 1 Betriebsvereinbarung Nr. 1; s. auch Rn. 76). Wohl aber können bei Unterstützungsleistungen die gleichen Kürzungen wie bei aktiven AN vorgesehen werden (BAG 13. 5. 1997 AP BetrVG § 77 Nr. 65, auch stillschweigend, LAG Niedersachsen 26. 10. 2000, LAGE BGB § 611 BGB Gratifikation Nr. 64).

Die BV kann sich auf eine Rahmenregelung beschränken, deren Ausfüllung dem billigen Ermessen **7** des AG überlassen wird (BAG 28. 11. 1989 NZA 1990, 559 = AP BetrVG § 88 Nr. 6; zu Rahmenregelungen der Mitbestimmung vor § 74 Rn. 11).

Unmittelbare und zwingende Wirkung gegenüber den AN haben nicht nur BV, sondern auch über **8** ihre Wirksamkeit und ihren Inhalt ergangene Entscheidungen in **Beschlussverfahren** zwischen AG und BR. Eine zwischen den Betriebspartnern ergangene rechtskräftige gerichtliche Entscheidung über den Inhalt, die Wirksamkeit und den Fortbestand einer BV wirkt auch gegenüber den AN, die Ansprüche aus der BV geltend machen (BAG 17. 8. 1999 AP BetrVG § 77 Nr. 79). Daraus ergeben sich bei einem Streit über Ansprüche aus der BV verschiedene Möglichkeiten. Normative Ansprüche aus einer streitigen BV können von den AN im Urteilsverfahren, schuldrechtliche Ansprüche vom BR im Beschlussverfahren geltend gemacht werden. Der BR kann aus einer BV keine Leistung an AN verlangen, sondern insoweit nur Feststellung (Rn. 12). Folgerichtig wird es dem BR auch verwehrt, im Beschlussverfahren feststellen zu lassen, dass eine Anordnung oder Kündigung des AG wegen Verletzung der Mitbestimmung unwirksam sei (BAG 13. 1. 1987 NZA 1987, 386 = AP BetrVG § 87 Lohngestaltung Nr. 26; BAG 24. 11. 1987 NZA 1988, 322 = AP BetrVG 1972 § 87 Lohngestaltung Nr. 31). Trotzdem kann das Beschlussverfahren für die ANSeite vorteilhaft sein, weil es zu einer Klärung für alle betroffenen AN führen kann und weil der AG nach § 40 die Kosten des Verfahrens ohne Rücksicht auf seinen Ausgang tragen muss, wenn vom BR nicht geradezu mutwillig angestrengt wird (BAG 19. 4. 1989 NZA 1990, 233). Die Antragsbefugnis des BR besteht auch in Bezug auf nachwirkende BV (offen gelassen vom BAG 27. 10. 1998 NZA 1999, 381), nicht aber auf eine rein individualrechtliche Fortwirkung wie im Fall des § 613 a I S. 2 oder nach Beendigung des Arbeitsverhältnisses (BAG 17. 8. 1999 AP BetrVG § 77 Nr. 79).

9 **2. Schuldrechtliche Wirkung (Abs. 1).** Zu dieser durch das Günstigkeitsprinzip beschränkten normativen Wirkung der BV auf die Arbeitsverhältnisse kommt eine **schuldrechtliche Wirkung** (Durchführungspflicht und „Friedenspflicht") unter den Betriebsparteien. Die Pflicht des AG zur Durchführung von BV ergibt sich aus § 77 I, welcher der in § 1 TVG verankerten Durchführungspflicht entspricht. Danach führt der AG Vereinbarungen zwischen BR und AG durch, wenn nicht im Einzelfall etwas anderes vereinbart ist. Das ist keine Zustandsbeschreibung, sondern ein gesetzliches Gebot: Der AG **muss** die Vereinbarungen mit dem BR, also auch die BV, durchführen. Tut er es nicht, kann der BR im arbeitsgerichtlichen Beschlussverfahren nicht nur die Feststellung der Durchführungspflicht beantragen, sondern weitgehend auch die Verpflichtung zu einem der Durchführungspflicht entspr. Tun oder Unterlassen. Nach § 77 I 2 darf der BR aber keine Selbsthilfe üben. Der BR kann auch die Nichtdurchführung einer gesetzwidrigen BV verlangen, LAG Hamburg 13. 3. 2002 LAGE ArbZG § 7 Nr. 1.

10 Einzelfälle: Der AG kann sich in einer BV verpflichten, die Einhaltung eines mit dem BR vereinbarten Alkoholverbots nur mit den ebenfalls in der BV genannten Mitteln (Kontrolle durch Vorgesetzte, freiwilliger Alkoholtest durch Werksarzt) zu überwachen (BAG 10. 11. 1987 NZA 1988, 255 = AP BetrAVG § 77 Nr. 24). Der AG kann sich in einer BV dem BR gegenüber verpflichten, teilzeitbeschäftigte Mitarbeiter nur zu den zuvor im Arbeitsvertrag festgelegten festen Arbeitszeiten zu beschäftigen. Er kann sich weiter verpflichten, Arbeitsverträge nur mit festen Arbeitszeiten abzuschließen, unter Verzicht auf Abrufmöglichkeiten entsprechend dem Arbeitsanfall (BAG 13. 10. 1987 NZA 1988, 253 = AP BetrVG § 77 Auslegung Nr. 2). In diesem Fall ist freilich zweifelhaft, ob es sich wirklich um eine BV mit normativer Wirkung gegenüber den AN handelte oder um eine Regelungsabrede, wie sie unten Rn. 26 geschildert wird. Für den Durchführungsanspruch des BR ist das unerheblich.

11 Der AG verletzt eine BV über eine gleitende Arbeitszeit, wenn er im dienstlichen Interesse liegende Schulungs- und Informationsveranstaltungen für Kundenberater außerhalb der Kernzeit, aber innerhalb der Gleitzeit ohne Zustimmung des BR ansetzt. Der BR kann eine entspr. Feststellung verlangen (BAG 18. 4. 1989 AP BetrVG § 87 Arbeitszeit Nr. 33 = DB 1989, 1978). Das LAG Baden-Württemberg (11. 7. 2002, LAGE § 87 BetrVG Arbeitszeit) verpflichtet den AG, bei Gleitzeit den Verfall von Guthaben und ein Überschreiten des Arbeitszeitrahmens zu unterbinden, doch kann die BV das auch den AN überlassen (§ 75 II). Zulässig ist auch der Antrag auf Feststellung, dass nach einer BV über Akkordzeiten die Erholungszeiten auf die Grundzeiten aufzuschlagen sind (BAG 24. 2. 1987 NZA 1987, 639 = AP BetrVG § 77 Nr. 21).

12 **Einschränkend:** Der Anspruch des BR auf Durchführung einer BV hat nicht die Befugnis des BR zum Inhalt, vom AG aus eigenem Recht die Erfüllung von Ansprüchen der AN aus dieser BV zu verlangen. Ein Antrag des BR, mit dem er die Verurteilung des AG zur Erfüllung oder Nichterfüllung von Ansprüchen der AN aus einem Sozialplan begehrt, ist unzulässig (BAG 17. 10. 1989 NZA 1990, 441 = AP BetrVG § 112 Nr. 53; LAG Nürnberg 24. 2. 1995 LAGE BetrVG 1972 § 77 Nr. 19; LAG Hamm 22. 9. 1999, NZA-RR 2000, 194). Zur Regelungsabrede Rn. 111, zum Interessenausgleich §§ 112, 112 a Rn. 9; zum einstweiligen Rechtsschutz § 76 Rn. 29.

13 Während § 77 I der tarifvertraglichen Durchführungspflicht entspricht, hat die tarifvertragliche **Friedenspflicht** kein Gegenstück in der Betriebsverfassung, weil hier nicht der Arbeitskampf, sondern gem. §§ 87 II, 112 IV die Zwangsschlichtung durch die Einigungsstelle zur Lösung von Konflikten vorgesehen ist. Eine vergleichbare Wirkung der BV ist aber, dass die Anrufung der Einigungsstelle vor ihrem Ablauf ausgeschlossen ist (dazu Rn. 16). Insofern könnte man von einer betriebsverfassungsrechtlichen „Friedenspflicht" sprechen.

14 Durchführungs- und „Friedenspflicht" sind ein Annex zum normativen Teil der BV. Von normativen Regelungen unabhängige Abreden zwischen den Betriebsparteien sind nicht als **schuldrechtliche BV**, sondern als Regelungsabreden einzustufen (dazu Rn. 26; aA *Fitting* Rn. 50 ohne Abgrenzung zur Regelungsabrede).

15 **3. Mitbestimmte und freiwillige Betriebsvereinbarungen.** Im Einzelnen muss man zwischen mitbestimmten, teilmitbestimmten und freiwilligen BV unterscheiden. **Mitbestimmt** sind diejenigen BV, die im Streitfall von einer Einigungsstelle erzwungen werden können. Die wichtigsten Beispiele finden sich in § 87 BetrVG und in § 112 betreffend den Sozialplan. Freilich werden auch mitbestimmte BV idR nicht von den Einigungsstellen beschlossen, sondern von den Betriebspartnern selbst. Insofern unterscheiden sie sich nicht von den freiwilligen BV, die ohne den Druck eines Mitbestimmungsrechts stattfinden. Trotzdem macht es auch bei einer von den Betriebspartnern selbst abgeschlossenen BV einen erheblichen rechtlichen und praktischen Unterschied, ob und inwieweit die Vereinbarung bei Nichteinigung durch eine Einigungsstelle ersetzt werden könnte. Denn die in diesem Sinne mitbestimmten BV haben in zwei wichtigen Hinsichten eine stärkere Wirkung als die freiwilligen BV. Sie sind in geringerem Umfang als die freiwilligen BV an den Vorrang des TV gem. § 77 III gebunden (dazu Rn. 52) und haben nach § 77 VI Nachwirkung (dazu Rn. 130). Mitbestimmte und freiwillige BV unterscheiden sich also nicht nur hinsichtlich des Abschlusstatbestandes durch die vorhandene oder fehlende Erzwingbarkeit, sondern auch in Bezug auf ihre Wirkungsweise.

I. Betriebsvereinbarungen § 77 BetrVG 210

16 Eine wenig beachtete, aber selbstverständliche Besonderheit der mitbestimmten BV ist, dass sie die Ausübung der Mitbestimmung durch BR oder AG bis zu ihrem Ablauf ausschließt. Die mitbestimmte BV bzw. der sie ersetzende Spruch einer Einigungsstelle **verbrauchen das Mitbestimmungsrecht** (BAG 26. 8. 1997 § 112 BetrVG Nr. 117). Fraglich kann nur sein, ob vor Ablauf der BV auch die Einleitung des Mitbestimmungsverfahrens ausgeschlossen ist oder nur das Inkrafttreten eines Spruches der Einigungsstelle. ME ist die Einleitung des Mitbestimmungsverfahrens, insb. der Antrag auf Einsetzung und Besetzung einer Einigungsstelle zulässig, sobald es erforderlich erscheint, um einen nahtlosen Anschluss der Neuregelung mit Ablauf der bisherigen BV zu erreichen.

17 Dies bedeutet freilich nicht, dass man immer prüfen müsste, ob eine BV im Rahmen eines Mitbestimmungsrechts oder ganz freiwillig zustande gekommen ist. Darauf kommt es nur an, soweit zwischen beiden Typen Unterschiede bestehen wie bei der Anrufung der Einigungsstelle, dem Verhältnis zum TV und der Nachwirkung. Im Übrigen, also für Wirksamkeit, Auslegung und Durchführungsanspruch, gelten die **gleichen Grundsätze.**

18 Beispiel: AG und BR schließen eine BV über Maßnahmen gegen **Alkoholsucht** im Betrieb. Die Wirksamkeit dieser BV ist unabhängig davon, ob sie nach § 87 I Nr. 1 mitbestimmt ist. Denn in jedem Fall ist sie als freiwillige BV nach § 88 zulässig, der BV über alle sozialen Angelegenheiten umfasst, dh. über den gesamten Inhalt des Arbeitsverhältnisses.

19 Zwischen der in vollem Umfang mitbestimmten und der ganz freiwilligen BV steht die **teilmitbestimmte BV.** Ihre Besonderheiten sind erst in den letzten Jahren erkannt worden (besonders deutlich BAG 26. 10. 1993 NZA 1994, 572 = AP BetrVG § 77 Nachwirkung Nr. 6), obwohl die meisten BV weder ganz mitbestimmt noch ganz freiwillig, sondern eben teilmitbestimmt sein dürften.

20 Eine BV ist teilmitbestimmt, wenn ihr Inhalt tw. einem Mitbestimmungsrecht unterliegt und deshalb im Streitfall durch eine Einigungsstelle erzwingbar ist. So liegt es insb. in den Fällen, in denen ein Lebensvorgang nicht im ganzen, sondern nur in einzelnen Aspekten der Mitbestimmung unterliegt. Das wichtigste Beispiel sind BV über **Arbeitsentgelte** im weitesten Sinne, in denen nach heutiger Auslegung des § 87 I Nr. 10 nicht die Gesamthöhe der jeweiligen Leistung und auch nicht ihre Zweckbestimmung, sondern nur der Verteilungsschlüssel mitbestimmt sind. Zwar ist es theoretisch denkbar, Gesamthöhe und Zweck der Leistung einerseits, den Verteilungsschlüssel andererseits in verschiedenen BV zu regeln, die dann ganz freiwillig bzw. ganz mitbestimmt wären. In der Praxis geht man aber selten so vor, da Gesamthöhe und Zweck der Leistung mit dem Verteilungsschlüssel eng zusammenhängen. Deshalb enthalten die meisten **BV über Arbeitsentgelte** tw. mitbestimmte und tw. nichtmitbestimmte freiwillige Elemente, abgesehen von den Leistungsentgelten, die nach § 87 I Nr. 11 in vollem Umfang der Mitbestimmung unterliegen.

21 Ähnlich liegt es bei BV über die **Arbeitszeit.** Auch sie sind teilmitbestimmt, soweit sie die Dauer und die Lage der Arbeitszeit regeln, da die Lage der Arbeitszeit nach § 87 I Nr. 2 mitbestimmt ist, ihre regelmäßige Dauer aber nicht.

22 Die teilmitbestimmten BV führen immer dort zu **Schwierigkeiten,** wo eine Rechtsvorschrift zwischen mitbestimmten und freiwilligen BV unterscheidet (dazu Rn. 59, 123).

23 Etwas anders und einfacher liegt es bei den verwandten Fällen, in denen eine BV nicht eine einheitliche, aber nur tw. mitbestimmte Materie regelt, sondern verschiedene Materien, von denen ein Teil mitbestimmt ist, ein anderer nicht. Dabei kann es sich um ganz verschiedene Materien handeln oder auch um nicht mitbestimmte Annex-Bedingungen zu Mitbestimmungstatbeständen (dazu vor § 74 Rn. 35). Da es sich hier um verschiedene Materien handelt, müssen solche BV nicht einheitlich behandelt werden. Vielmehr kann jeder Teil nach den entspr. Regelungen, also als mitbestimmt oder als freiwillig behandelt werden, soweit sie einzeln sinnvoll handhabbar sind (s. BAG 23. 6. 1992 NZA 1993, 229 = AP BetrVG § 77 Nr. 55 betr. Nachwirkung). Rechtsdogmatisch kann man hier vielleicht von **tw. mitbestimmten** BV als Grenzfall der teilmitbestimmten BV sprechen.

24 **4. Form der Betriebsvereinbarung.** Im Gegensatz zu den anderen Vereinbarungen zwischen AG und BR bedarf die BV nach § 77 II der **Schriftform** (zur Umdeutung formunwirksamer BV in Regelungsabrede unten Rn. 45; zur Form von Aufhebungsverträgen Rn. 112 ff.). Die hier vorgesehene Schriftform stellt teils weitere, teils geringere Anforderungen als § 126 BGB (elektronische Form möglich). Über § 126 geht das Erfordernis hinaus, dass beide Seiten auf demselben Schriftstück zu unterzeichnen haben. Geringer sind die Anforderungen, weil die Vorschrift nur eine Klarstellungs- und keine Schutzfunktion hat (BAG 3. 6. 1997 AP BetrVG § 77 Nr. 69). Daraus ergibt sich insb. eine erweiterte Zulässigkeit von Anlagen und Verweisungen. In einem vom BAG (11. 11. 1986 AP BetrVG § 77 Nr. 18) entschiedenen Fall waren die Einzelheiten der Altersversorgung des AN in einer BV und in einer „Musterzusage" geregelt. Die BV war von den Betriebspartnern unterschrieben; die Musterzusage, die nicht unterschrieben war, war mit der BV durch eine Heftklammer verbunden. Dies reichte nach Auffassung des BAG aus (ebenso BAG 7. 5. 1998 AP KSchG 1969 § 1 Namensliste Nr. 1). Einzelheiten ergeben sich aus einem Beschluss des LAG Berlin vom 6. 9. 1991 (LAGE BetrVG § 77 Nr. 15). Danach ist das Schriftformerfordernis nicht erfüllt, wenn der AG die Fotokopie eines BR-Beschlusses unterzeichnet, selbst wenn das Original des Beschlusses von sämtlichen BR-Mitgliedern unterzeichnet war. Auch für die BV maßgeblich ist jetzt ein Beschluss des BGH v. 24. 9. 1997 (ZIP

1997, 2085), nach dem die Schriftform des § 126 BGB keine körperliche Verbindung der einzelnen Blätter verlangt, wenn sich deren Einheit aus fortlaufender Paginierung, fortlaufender Nummerierung der einzelnen Bestimmungen, einheitlicher graphischer Gestaltung, inhaltlichem Zusammenhang des Textes oder vergleichbaren Merkmalen zweifelsfrei ergibt. Zulässig ist auch die Verweisung auf andere Schriftstücke, insb. RL des AG, die aber bei Abschluss der BV schon vorliegen müssen (BAG 3. 6. 1997 AP BetrVG § 77 Nr. 69; s. auch Rn. 62). Ein Anspruch des AG auf Unterzeichnung einer BV besteht auch dann nicht, wenn der BR durch Beschluss dem Entwurf einer BV zugestimmt hat. Freilich kommt dann immer noch die Umdeutung in eine Regelungsabrede in Betracht. Ebenso kann die gemeinsame Unterzeichnung einer Kurzarbeitsanzeige als Regelungsabrede aufgefasst werden (BAG 14. 2. 1991 DB 1991, 1990 = AP BGB § 615 Kurzarbeit Nr. 4). Einschränkend eine Entscheidung des BAG vom 10. 11. 1992 (NZA 1993, 570 = AP BetrVG § 87 Lohngestaltung Nr. 58): Der AG hat in einer nach § 87 I mitbestimmungspflichtigen Angelegenheit vor einer geplanten Maßnahme an den BR heranzutreten. Tut er dies nicht und gibt der BR von sich aus keine Stellungnahme zu der vom AG geplanten Maßnahme ab, kann in dem Verhalten des BR keine Zustimmung zu der Maßnahme gesehen werden. Die in Abs. 2 S. 2 vorgeschriebene **Auslage im Betrieb** (auch durch Intranet möglich [L/K Rn. 10]) ist nicht Wirksamkeitsvoraussetzung (einschränkend *Fischer* BB 2000, 354; 1143 unter Hinweis auf einen Kammerbeschluss des BVerfG zu gesteigerter Publizität bei Eingriffen in die betriebliche Altersversorgung). Zu den Publizitätspflichten nach dem NachwG s. dort.

25 **5. Unwirksame Betriebsvereinbarungen.** Fehlt die Schriftform oder liegt einer der Gründe vor, die nach dem BGB zur Unwirksamkeit von Verträgen führen, ist die BV unwirksam (s. *Richardi* Rn. 46). Nach verbreiteter Ansicht wirkt die Anfechtung nach §§ 119, 123 BGB entgegen § 142 BGB nicht zurück (s. *Richardi* Rn. 49). Dies wird, wie bei Arbeitsverträgen, auch für Unwirksamkeitsgründe gelten müssen. Rückwirkung ist dagegen geboten bei Nichteinhaltung der Formvorschrift und bei der Anfechtung nach § 123 BGB, soweit sonst Arglist und Drohung zum Erfolge kämen. Im allg. zieht man nur eine **Umdeutung** in Arbeitsverträge in Betracht (dazu Rn. 105). Es ist aber auch an eine Umdeutung in eine Regelungsabrede zu denken (Rn. 45). **Teilunwirksamkeit** lässt trennbare Teile unberührt (st. Rspr. s. BAG 12. 10. 1994 BetrVG 1972 § 87 Arbeitszeit Nr. 66).

II. Regelungsabreden

26 **1. Begriff.** Nach § 77 I gibt es Vereinbarungen zwischen AG und BR, die keine BV sind. Allen diesen Vereinbarungen ist begriffsnotwendig gemeinsam, dass sie keine normative, dh. unmittelbare und zwingende **Wirkung** auf die Arbeitsverhältnisse haben (dann wären sie BV), sondern primär nur zwischen AG und BR wirken, allenfalls mit gewissen Reflexwirkungen auf die Arbeitsverhältnisse. Es fehlt aber an einer allg. Regelung oder einer allg. Benennung der Vereinbarungen zwischen AG und BR, die nicht BV sind. Rspr. und Rechtslehre haben das nachgeholt und bezeichnen die nicht normativen Vereinbarungen zwischen AG und BR als Regelungsabrede oder Betriebsabsprachen (*Adomeit*, Die Regelungsabrede, 1961; *ders.* FS Hanau 1998 S. 347; *Peterek* FS Gaul 1992 S. 471). Sie haben idR eine obligatorische, den AG verpflichtende Wirkung, so dass ihre Erfüllung vom BR durch Leistungsantrag im Beschlussverfahren durchgesetzt werden kann. Das BAG lässt es dahingestellt, ob sich dies aus § 77 I oder unmittelbar aus den Abreden selbst ergibt (nach einer Entscheidung des BAG vom 9. 12. 1997 (AP BetrVG 1972 § 77 Tarifvorbehalt Nr. 11; zust. L/K Rn. 54; MünchArbR/ *Matthes* § 328, Rn. 97; wie hier iE *Fitting* Rn. 50; wohl auch *Veit*, Die funktionale Zuständigkeit des BR 1998, 271), kann der Regelungsabrede nicht nach § 328 BGB verpflichtende Wirkung zugunsten der AN beigelegt werden, da eine Wirkung von Abreden zwischen AG und BR auf die Arbeitsverhältnisse nur durch unmittelbar wirkende BV vorgesehen sei. Dem steht aber entgegen, dass das Gesetz nicht nur BV, sondern auch sonstige Vereinbarungen kennt, die gerade keine normative, sondern verpflichtende Wirkung haben. Es kann durchaus sinnvoll oder sogar rechtlich geboten sein, eine zwischen den Betriebsparteien abgesprochene Regelung im Verhältnis zu den AN nicht normativ, sondern auf der arbeitsvertraglichen Ebene durchzusetzen, so etwa, wenn das Günstigkeitsprinzip eine normative Regelung tw. ausschließt. Deshalb sind auch schuldrechtliche TV und sonstige Koalitionsvereinbarungen zugunsten Dritter anerkannt (BAG 5. 11. 1997 AP TVG § 1 Nr. 29). Zur Anwendung des § 77 III Rn. 71, 110.

27 Klärungsbedürftig war, wie weit die Vorschriften über die BV in § 77 II bis VI analog auf Regelungsabreden anwendbar sind. Heute ist geklärt, dass **Abs. 2 unanwendbar** ist, **Abs. 5 und 6 dagegen anwendbar** (Rn. 130; s. aber auch Rn. 26). Zu Abs. 3 Rn. 71. Die Formfreiheit gilt sogar als bes. Kennzeichen der Regelungsabrede.

28 Von den **verpflichtenden** Regelungsabreden kann man die **ermächtigenden** unterscheiden, die dem AG zwar das Recht, aber nicht die Pflicht geben, eine betriebsverfassungsrechtlich relevante Angelegenheit in bestimmter Weise zu regeln. Beispiel: AG erbittet gem. § 87 I Nr. 3 vom BR die Zustimmung zur Einführung von Kurzarbeit. Der BR erklärt, dass er mit der Kurzarbeit einverstanden sei, soweit auch die betroffenen AN zustimmen. Dies ist keine BV, sondern eine Regelungsabrede, da der BR eine unmittelbare und zwingende Wirkung auf die Arbeitsverhältnisse gerade nicht will, sondern

II. Regelungsabreden

das Einverständnis der AN verlangt. Es handelt sich auch nicht um eine verpflichtende Regelungsabrede, da der BR die Kurzarbeit gar nicht will und kein Interesse daran hat, den AG zu ihrer Einführung zu verpflichten. Inhalt der Regelungsabrede ist also nur die Ermächtigung des AG Kurzarbeit einzuführen. Anders, wenn die Vereinbarung über die Kurzarbeit auf Initiative des BR zustande kommt (Zum Initiativrecht des BR auf Einführung von Kurzarbeit BAG 4. 3. 1986 DB 1986, 1395 = AP BetrVG § 87 Kurzarbeit Nr. 3). Dann ist sie als entspr. Verpflichtung des AG zu verstehen.

Während verpflichtende Regelungsabreden sowohl im mitbestimmten als auch im freiwilligen 29 Regelungsbereich zulässig und sinnvoll sind, kommen ermächtigende Regelungsabrede praktisch nur im mitbestimmten Bereich in Betracht. Denn Rechtswirkung der Ermächtigung ist, dass der AG bei Nutzung der Ermächtigung mitbestimmungskonform handelt und deshalb nicht vom BR auf Unterlassung in Anspruch genommen werden kann (BAG 10. 3. 1992 DB 1992, 1734 = AP BetrVG § 77 Regelungsabrede Nr. 1). Gemeinsam ist verpflichtenden und ermächtigenden Regelungsabreden, dass sie sich sowohl auf vorübergehende Sachverhalte als auch auf Dauertatbestände beziehen können.

Da die Mitbestimmung im Bereich des § 87 sowohl durch BV als auch durch Regelungsabrede 30 ausgeübt werden kann, stehen diese beiden Gestaltungsformen nicht nur den Betriebsparteien, sondern im Streitfall auch der **Einigungsstelle** zur Verfügung, deren Spruch nach § 87 II die Einigung zwischen AG und BR ersetzt. Dabei kann es sich also um die Ersetzung einer BV oder die einer Regelungsabrede handeln (zu der insoweit bestehenden Wahlmöglichkeit Rn. 34).

2. Verhältnis zur schuldrechtlichen Betriebsvereinbarung. Während heute allg. anerkannt ist, 31 dass es neben der normativ wirkenden BV die nicht normative, nur den AG verpflichtende oder ermächtigende Regelungsabrede gibt, ist das Verhältnis beider Gestaltungsmittel immer noch nicht abschließend geklärt. Im Schrifttum wird geltend gemacht, bloß obligatorische, nicht normative Abreden zwischen AG und BR könnten nicht nur in Regelungsabreden, sondern auch in **schuldrechtlichen BV** getroffen werden (*Richardi* ZfA 1992, 307, 322; *Heinze* NZA 1994, 583; *Fitting* Rn. 50; aA GK-BetrVG/*Kreutz* Rn. 187 ff.). Gewiss hat die BV auch schuldrechtliche Wirkung, aber nur in dem Sinne, dass der AG nicht nur gegenüber den AN, sondern auch gegenüber dem BR zu ihrer Durchführung verpflichtet ist. Regelungen, die ausschließlich schuldrechtliche Wirkung haben, den AG also nur im Verhältnis zum BR verpflichten oder ermächtigen, können nicht als schuldrechtliche BV, sondern nur als Regelungsabrede angesehen werden (dazu im Einzelnen Rn. 9; *Hanau* AuA 1995, 402). Zum Interessenausgleich §§ 112, 112 a Rn. 9.

3. Inhalt der Regelungsabrede sind zunächst alle betriebsverfassungsrechtlichen Angelegenheiten 32 iSd. §§ 80 ff., die aus rechtlichen oder tatsächlichen Gründen **nicht durch eine BV geregelt werden können.** Beispiele: AG möchte den Gesamtaufwand für bisher arbeitsvertraglich zugesagte Gratifikationen herabsetzen und gleichzeitig den Verteilungsschlüssel ändern. Wegen des Günstigkeitsprinzips ist ein solcher verschlechternder Eingriff durch BV nicht möglich. Andererseits braucht der AG die Zustimmung des BR, weil die Änderung des Verteilungsschlüssels nach § 87 I Nr. 10 der Mitbestimmung unterliegt. Also kann der AG so vorgehen, dass er zunächst mit dem BR eine Regelungsabrede über den neuen Verteilungsschlüssel trifft und dann entspr. Änderungskündigungen ausspricht. Oder: Der AG erstrebt eine betriebliche Regelung einer Materie, die bisher in einem TV geregelt war, der aber abgelaufen ist und nur noch nachwirkt. Nach § 77 III kann eine solche Regelung, wenn der Betrieb im Geltungsbereich des TV liegt, nicht durch BV, wohl aber durch Regelungsabrede in Verbindung mit entspr. arbeitsvertraglichen Absprachen getroffen werden (s. Rn. 71). Eine Regelungsabrede ist auch für Angelegenheiten zulässig, die zwar durch BV geregelt werden könnten, nach dem Willen eines oder beider Betriebsparteien aber **nur durch Regelungsabrede geregelt werden sollen.** So ausdrücklich der Große Senat des BAG in einer Entscheidung vom 3. 12. 1991 (AP BetrVG 1972 § 87 Lohngestaltung Nr. 51) zur Mitbestimmung bei der Lohngestaltung iSd. § 87 I Nr. 10: Diese Mitbestimmung kann sowohl durch Regelungsabrede als auch durch BV ausgeübt werden (s. Rn. 56). Oder: Der BR wendet sich gegen die vom AG geplante Kürzung freiwilliger Leistungen, erklärt aber, dass er gegen die vorgesehene Verteilung keine Bedenken habe. Dann liegt eine Regelungsabrede über den Verteilungsschlüssel vor, nicht dagegen eine zwar mögliche, aber nicht zustande gekommene BV über die Leistung insgesamt (BAG 10. 2. 1988 NZA 1988, 479 = AP BetrVG § 87 Lohngestaltung Nr. 33). Oder: Der BR besteht darauf, über eine Gratifikationsordnung keine BV abzuschließen, sondern nur eine Regelungsabrede, bei der die Zustimmung zu entspr. arbeitsvertraglichen Regelungen ausgesprochen wird, um die, wäre es BV, aber nicht für Arbeitsverträge geltende freie Kündbarkeit gem. § 77 V zu vermeiden. Soweit solche Abreden über die gesetzliche Mitbestimmung hinausgehen, führen sie mangels normativer Wirkung nicht zur Unwirksamkeit der arbeitgeberischen Maßnahmen, BAG 14. 8. 2001 AP BetrVG 1972 § 77 Regelungsabrede Nr. 4.

Besondere Bedeutung haben **Beschäftigungs- oder Standortsicherungsverträge,** in denen sich der 33 AG gegenüber dem BR zur Aufrechterhaltung eines Standorts, zur Vornahme bestimmter Investitionen oder Produktionen verpflichtet, idR gegen Zugeständnisse des BR bei den Arbeitsbedingungen (dazu *Walker,* FS für Schaub, 1998, S. 617). Sie sind zulässig und nach § 77 Abs. 1 gerichtlich durchsetzbar. Aus § 76 ergibt sich, dass bindende Vereinbarungen zwischen AG und BR möglich sind in dem gesamten Bereich, für den der BR nach §§ 80 ff. zust. ist, also nicht nur in dem Bereich, der nach

Kania

§ 88 und anderen Ermächtigungsnormen normativ durch BV geregelt werden kann. Enger BAG 14. 8. 2001 aaO (wie hier dagegen *Fitting* Rn. 45, 220; *Birk* ZfA 1986, 73. S. auch § 92 a Rn. 1). Stets sollte klargestellt werden und ist zu prüfen, ob nur eine Absichterklärung oder eine bindende Verpflichtung gewollt war (*Adomeit*, FS für Hanau 1999, 353). Auf AGSeite ist Vertretungsmacht erforderlich. Entspr. § 113 S. 1 kann der AG aus zwingenden Gründen von den Vereinbarungen abweichen. Bei einer Betriebsveräußerung werden derartige Vereinbarungen wenn sie keine BV sind, nicht gem. § 613 a I 2 BGB transformiert, sondern verlieren ihre Wirkung.

34 **4. Der Anspruch auf Betriebsvereinbarung. a) Allgem.** Das BAG hat in einer Entscheidung vom 8. 8. 1989 bestätigt, dass **Wahlmöglichkeit** zwischen BV und Regelungsabrede besteht (NZA 1990, 322 = AP BetrVG § 87 Initiativrecht Nr. 3). Gleichzeitig hat es allerdings ausgesprochen, dass der BR und der AG ein Recht darauf habe, über mitbestimmte Angelegenheiten eine BV und nicht nur eine Regelungsabrede abzuschließen. Es sei also nicht etwa automatisch über eine Vereinbarung über mitbestimmte Angelegenheiten eine BV, sondern es hängt vom Willen der Betriebsparteien ab, ob sie normative Wirkung hat und damit BV ist oder ob sie nur im Verhältnis zwischen den Betriebsparteien gelten soll und damit Regelungsabrede ist. **Im Zweifel** wird man allerdings annehmen müssen, dass eine Vereinbarung zwischen AG und BR, die sich mit dem Inhalt der Arbeitsverhältnisse befasst, normativ wirken und damit BV sein soll.

35, 36 *(unbesetzt)*

37 Das BAG wirft in der Entscheidung vom 8. 8. 1989 die Frage auf, ob der Anspruch des BR auf Abschluss einer BV mit dem Inhalt einer bisher arbeitsvertraglich vereinbarten Regelung durch die Anrufung der Einigungsstelle zu verfolgen ist oder vor dem ArbG geltend gemacht werden muss. Eine Antwort gibt die Entscheidung für den Fall, dass es bisher noch keine die arbeitsvertragliche Regelung ergänzende und mitbestimmungsrechtlich legitimierende Regelungsabrede gab. In diesem Falle könne und müsse der BR auf Grund seines Initiativrechts eine mitbestimmte Regelung verlangen und zur Durchsetzung dieses Verlangens die **Einigungsstelle** anrufen. Dies muss man so verstehen, dass die Einigungsstelle dann verpflichtet ist, ihrem Spruch die Rechtswirkung einer BV zu geben. Wenn aber weder AG noch BR die normative Regelung einer mitbestimmten Angelegenheit wünschen, kann und muss die **Einigungsstelle** sich auf einen Spruch beschränken, der die **Rechtswirkung einer Regelungsabrede** hat. Allerdings gilt auch hier wieder, dass im Zweifel eine Regelung, die sich auf den Inhalt der Arbeitsverhältnisse bezieht, als BV anzusehen ist.

38 Etwas anderes kann auch nicht gelten, wenn bereits eine Regelungsabrede vorliegt und der BR oder der AG nunmehr die **Umwandlung in eine BV** wünschen. Auch dies kann nicht beim ArbG, sondern nur bei der Einigungsstelle durchgesetzt werden, da sich aus einer Regelungsabrede kein Anspruch auf Abschluss einer BV ergibt. Dieser Anspruch ist vielmehr unmittelbar aus dem jeweiligen Mitbestimmungsrecht abzuleiten und deshalb so durchzusetzen, wie das Mitbestimmungsrecht, dh. idR über die Einigungsstelle.

39 **b) Teilmitbestimmte Regelungen.** Im Bereich der teilmitbestimmten Regelungen, zu denen nach § 87 I Nr. 10 alle Entgeltabreden zählen, ist fraglich, ob man von einem grds. Anspruch jeder Seite auf BV ausgehen kann. Wenn zB der BR seine Mitbestimmung über ein bisher nur arbeitsvertraglich begründetes Entgeltsystem geltend macht, würde der Abschluss einer BV über den Bereich der Mitbestimmung hinausgehen. Denn die Mitbestimmung nach § 87 I Nr. 10 betrifft nicht das Ob und die Gesamthöhe betrieblicher Entgelte, sondern nur den Verteilungsschlüssel. Die Mitbestimmung kann den AG also nicht daran hindern, die Leistungen einzustellen, soweit dies arbeitsvertraglich zulässig ist, insb. gegenüber neueingestellten AN. Eine BV würde dagegen, wenn in ihr nichts anderes bestimmt ist, den AG während der dreimonatigen Kündigungsfrist an der Einstellung der Leistungen hindern. Auch würde die durch eine BV geschaffene Unabdingbarkeit und Unverzichtbarkeit der Leistungen über die Frage des Verteilungsschlüssels hinausgehen und zB Verzichtsverträge ausschließen, die mit dem Verteilungsschlüssel nichts zu tun haben, weil sie etwa auf die Beseitigung der Gesamtleistung oder Einzelfälle abzielen.

40 Trotzdem dürfte der Anspruch auf BV auch hier unentbehrlich sein. Denn idR wird sich nur durch eine im Rahmen der kollektiven Günstigkeit umstrukturierende BV erreichen lassen, das vertraglich gewachsene Vergütungssystem in den betriebsverfassungsrechtlich gebotenen Verteilungsmodus zu überführen. Die BV muss dann aber, soll sie nicht über die ihr zugrundeliegende Mitbestimmung hinausschießen, die Regelung enthalten, dass sie den AG nicht daran hindert, die Leistung AN zu versagen, die nach einem bestimmten Stichtag eingestellt werden. Im Verhältnis zu den bereits beschäftigten AN ist dagegen eine Verkürzung der gesetzlichen Kündigungsfrist nur erforderlich, soweit die bestehenden Ansprüche auf Grund von Freiwilligkeits- oder Widerrufsvorbehalten noch schneller abgebaut werden können (dazu *Hanau* AuA 1995, 402).

41–44 *(unbesetzt)*

45 **5. Umdeutung einer Betriebsvereinbarung in eine Regelungsabrede** (zur Umdeutung in einen Arbeitsvertrag Rn. 105). Scheitert eine BV an § 77 II oder III, ist stets zu prüfen, ob wenigstens eine Regelungsabrede vorliegt. Dies hängt davon ab, ob sie im Verhältnis zur BV ein aliud oder ein minus

darstellt. Wie bereits dargelegt, haben BV und Regelungsabrede zwei Funktionen gemeinsam: Regelung des Verhältnisses zwischen AG und BR, Ausübung der Mitbestimmung. Die BV hat dann noch den weiteren Zweck, unmittelbar und zwingend auf die Arbeitsverhältnisse einzuwirken. Dies zeigt, dass die Regelungsabrede im Verhältnis zur BV ein **Minus**, kein aliud ist. IdR dürfte es auch dem Parteiwillen entsprechen, dass bereits die mündliche Einigung über eine mitbestimmungspflichtige Maßnahme den AG berechtigen und verpflichten soll, so dass die BV dann nur als Gestaltungsmittel gegenüber den AN vorgesehen ist (s. *Belling/Hartmann* NZA 1998, 673; aA *Fitting* Rn. 104). So wird es auch vom BAG verstanden (s. BAG 10. 3. 1992 NZA 1992, 952 = AP BetrVG § 77 Regelungsabrede Nr. 1), wo die Funktionsgleichheit von BV und Regelungsabrede betont wird. Im Einzelfall kann es allerdings so sein, dass die Erklärungen der Parteien erst durch die schriftliche Niederlegung Verbindlichkeit erlangen sollen. Neben der gesetzlichen Schriftform für die BV liegt dann eine gewillkürte Schriftform für die Regelungsabrede vor.

6. Befristete und bedingte Regelungen. BV und Regelungsabrede können wie TV aufschiebend 46 und auflösend befristet abgeschlossen werden; damit ist eine vorzeitige Kündigung im Zweifel ausgeschlossen. Fraglich kann nur sein, ob eine Seite die Einigungsstelle anrufen kann, um im Rahmen des § 87 eine länger dauernde Regelung durchzusetzen. Nach Auffassung des BAG hat die Einigungsstelle die Möglichkeit, im Rahmen billigen Ermessens ihrem Spruch eine **längere als die gesetzliche** (§ 77 V) Dauer zu geben (8. 3. 1977 DB 1977, 1464 = AP BetrVG § 87 Auszahlung Nr. 1; s. auch Rn. 117). Entspricht eine kurze Dauer nach den Umständen nicht billigem Ermessen, kann die Einigungsstelle eine länger dauernde Regelung verfügen. Dies hat zur Folge, dass das ihrem Spruch zugrundeliegende Mitbestimmungsrecht während der Laufzeit der Regelung, sei es BV, sei es Regelungsabrede, nicht geltend gemacht werden kann. Fraglich ist dabei immer, ob die Befristung der Regelung als vertraglicher Ausschluss der Nachwirkung anzusehen ist. Dazu Rn. 121.

Fraglich ist weiter, ob BV und Regelungsabrede unter aufschiebenden oder auflösenden Bedingun- 47 gen abgeschlossen werden können. Im bürgerlichen Recht ist anerkannt, dass Geschäfte **bedingungsfeindlich** sind, die wegen ihrer Wirkung gegenüber einer Vielzahl von Personen Unsicherheiten durch die Abhängigkeit von künftigen Ereignissen nicht vertragen (Palandt/*Heinrichs* vor § 158 Rn. 13). Andererseits werden betriebliche Einigungen erschwert, wenn nicht eine Anpassung an künftige Ereignisse vorgesehen werden kann. Deshalb ist anzunehmen, dass BV und Regelungsabrede unter solche Bedingungen gestellt werden können, deren Eintritt oder Nichteintritt für alle Beteiligten, auch die AN, ohne weiteres feststellbar ist (BAG 15. 1. 2002 EzA § 614 BGB Nr. 1). Bei Eintritt einer auflösenden Bedingung stellt sich dann wieder die Frage der Nachwirkung.

7. Der Interessenausgleich als Regelungsabrede. S. Rn. 9 zu §§ 112, 112 a. 48

III. Verhältnis Betriebsvereinbarung/Tarifvertrag

1. Grundsatz. § 77 III begründet einen grundsätzlichen **Vorrang des TV** vor der Betriebsverein- 49 barung; entgegenstehende frühere oder spätere BV sind nichtig, allerdings genehmigungsfähig (Rn. 74 aE). Tarifgebundenheit des AG ist nicht erforderlich, sondern nur, dass der Betrieb im Geltungsbereich des TV liegt, der auch bloß nachwirkend oder sogar nur üblich sein kann (BAG 24. 1. 1996 AP BetrVG 1972 § 77 Tarifvorbehalt Nr. 8; BAG 9. 12. 1997 AP BetrVG 1972 § 77 Tarifvorbehalt Nr. 11; ebenso für den personellen Geltungsbereich LAG Köln 14. 8. 1996 LAGE BetrVG § 77 Nr. 22; aA *Ehmann*, FS für Zöllner 1998, 715). BAG 24. 2. 1999 DB 1999, 490 stellt klar, dass die Tarifparteien den Geltungsbereich ausdrücklich auf einen Teil ihrer Mitglieder begrenzen können, zB auf die ordentlichen Mitglieder (also unter Ausschluss der OT-Mitglieder). Dadurch wird die Anwendung des § 77 III ausgeschlossen (LAG Köln 16. 3. 1999 NZA-RR 1999, 481; *Kania* BB 2001, 1091; aA L/K Rn. 63; DKK/*Berg* Rn. 69). Die Entscheidung lässt ausdrücklich offen, wie sich die OT-Mitgliedschaft auf § 77 III auswirkt, wenn der TV sie nicht ausdrücklich ausschließt. BAG 23. 10. 1996 DB 1997, 582, hatte im Anschluss an *Buchner* NZA 1994, 2, angenommen, dass die OT-Mitgliedschaft die Tarifzuständigkeit begrenze. Dann erscheint es nur konsequent, dass § 77 III erst recht keine Sperrwirkung für Nichtmitglieder des AG-Verbands entfaltet (*Kania* BB 2001, 1091). Nach BAG 20. 4. 1999 AP Art. 9 GG Nr. 89 kann die tarifschließende Gewerkschaft (und wohl auch der AGVerband) von dem AG (und ggf. auch von dem BR) Nichtanwendung einer unter Verstoß gegen § 77 III geschlossenenBV verlangen, aber nur bis zu ihrem Ablauf (BAG 20. 4. 1999, DB 1999, 2016).

Die Regelung soll die **Tarifautonomie** vor der Betriebsautonomie schützen, konkret Tarifparteien 50 vor einer Konkurrenz durch die Betriebsparteien. Dabei geht es einmal um die Konkurrenz im übertariflichen Bereich, dh. um den Nachweis, dass die BR mehr herausholen können als die Gewerkschaften. Zunehmend wichtiger wird aber die Funktion des § 77 III, den Nichteintritt oder den Austritt aus den Tarifparteien dadurch weniger attraktiv zu machen, dass die Regelung, insb. der Abbau, tariflicher Arbeitsbedingungen durch BV verhindert wird. Zur verfassungsrechtlichen Gewährleistung Art. 9 GG Rn. 60 ff. Sie ist zweifelhaft, soweit eine Regelung durch Arbeitsvertrag möglich wäre. Die tarifschließende Gewerkschaft kann vom AG im Beschlussverfahren (BAG 13. 3. 2001 NZA 2001, 1037 = AP ArbGG 1979 § 2 a Nr. 17) Nichtanwendung einer tarifwidrigen BV oder

Regelungsabrede jedenfalls verlangen, soweit der TV normativ gilt. Dies hat das BAG aus Art. 9 III GG abgeleitet (20. 4. 1999 AP GG Art. 9 Nr. 89 = NJW 1999, 3281; zum zeitlichen Umfang der Antragbefugnis BAG 20. 4. 1999 DB 1999, 2016). Noch nicht abschließend geklärt ist, ob auch die Verletzung des § 77 III durch nicht tarifgebundene AG einen gewerkschaftlichen Unterlassungsanspruch begründen kann. BAG 20. 4. 1999 AP GG Art. 9 Nr. 89 = NJW 1999, 3281 bezweifelt, ob der Anspruch dann auf § 23 III gestützt werden kann, dürfte aber Art. 9 III GG auch dann anwenden wollen. Das BAG geht zwar davon aus, dass der gewerkschaftliche Unterlassungsanspruch nur zur Sicherung „normativ geltender Tarifbestimmungen" bestimmt ist, sagt dann aber ausdrücklich „außerhalb des Anwendungsbereichs des § 77 III BetrVG kommt eine Verletzung der Koalitionsfreiheit der Gewerkschaft durch tarifwidrige Regelungen nur in Betracht, soweit der jeweils betroffene TV normativ gilt". Dies spricht dafür, dass eine Verletzung der Koalitionsfreiheit auch in Betracht kommen soll, wenn nur gegen § 77 III und nicht gegen eine Tarifbindung verstoßen wird. Daraus folgt allerdings nicht, dass § 77 III zur Sicherung der Koalitionsfreiheit verfassungsrechtlich in seinem bisherigen Umfang garantiert wäre; s. auch *Veit*, Die funktionale Zuständigkeit des BR, 1998, 207 ff.; *Emmert*, Betriebsvereinbarungen über Zeitlohn, 2001.

51   Zweifelhaft ist, wieweit die Sperrwirkung auch durch **TV kleinerer Gewerkschaften** ausgelöst werden kann, da es nicht auf die Tarifgebundenheit des AG ankommt. Zu § 59 BetrVG 1952, der nur auf die Üblichkeit einer tariflichen Regelung abstellte, hat BAG 6. 12. 1963 (AP BetrVG 1952 § 59 Nr. 23) Tarifüblichkeit nur angenommen, wenn die Zahl der in den tarifgebundenen Betrieben regelmäßig beschäftigten AN größer ist als die Zahl der in nicht tarifgebundenen Betrieben regelmäßig beschäftigten AN. *Richardi* Rn. 271 will das auch heute anwenden. Allerdings stellt § 77 nicht nur auf die Üblichkeit, sondern schlicht auf die Regelung durch TV ab. Man wird die Sperrwirkung deshalb nur solchen TV absprechen können, denen nach der Zahl der beiderseits Tarifgebundenen keine wesentliche Bedeutung zukommt. Ähnlich MünchArbR/*Matthes* § 327 Rn. 68: Unerheblich, ob der TV für die Branche repräsentativ ist. Weitergehend BAG 20. 11. 2001 EzA BetrVG 1972 § 77 Nr. 70: Zahl der vertraglich tarifgebundenen AN unerheblich.

52   Der Tarifvorbehalt nach § 77 III bezieht sich nicht nur auf **„materielle Arbeitsbedingungen"**. Sind Ausschlussfristen für die Geltendmachung von Ansprüchen aus dem Arbeitsverhältnis tarifvertraglich geregelt, so können durch BV auch für die Geltendmachung von Akkordlohnansprüchen keine Ausschlussfristen geregelt werden, sofern nicht die tarifliche Regelung insoweit eine Öffnungsklausel enthält (BAG 9. 4. 1991 AP BetrVG § 77 Tarifvorbehalt Nr. 1).

53   **2. Das Verhältnis von § 77 III zu § 87 Einleitungssatz.** Nach § 87 I Einleitungssatz ist die Mitbestimmung in sozialen Angelegenheiten ausgeschlossen, soweit eine mitbestimmungspflichtige Angelegenheit tariflich geregelt ist. Soweit diese Sperre reicht, ist sie folgerichtig auch eine Sperre für mitbestimmte BV. Im Ergebnis wirkt sich § 87 I Einleitungssatz aber auch als Sperre für freiwillige BV über mitbestimmte Angelegenheiten aus. Dies ergibt sich aus dem Zusammenhang mit § 77 III, nach dem Arbeitsentgelte und sonstige Arbeitsbedingungen, die durch TV geregelt sind oder üblicherweise geregelt werden, nicht Gegenstand einer BV sein können. **Nach der neueren Rspr. des BAG gilt die Regelungssperre des § 77 III nicht für mitbestimmte, dh. nach § 87 II im Streitfall durch die Einigungsstelle erzwingbare BV** (BAG 24. 2. 1987 NZA 1987, 639 = AP BetrVG § 77 Nr. 21; BAG 24. 11. 1987 NZA 1988, 405 = AP BetrVG § 87 Auszahlung Nr. 6; BAG 10. 2. 1988 NZA 1988, 479 = AP BetrVG § 87 Lohngestaltung Nr. 33; BAG 6. 12. 1988 NZA 1989, 479 = AP BetrVG § 87 Lohngestaltung Nr. 37; BAG 20. 11. 1990 NZA 1991, 426 = AP BetrVG § 77 Nr. 48; BAG 20. 8. 1991 NZA 1992, 317 = AP BetrVG § 77 Tarifvorbehalt Nr. 2; BAG 3. 12. 1991 NZA 1992, 749 = AP BetrVG § 87 Lohngestaltung Nr. 51; BAG 22. 6. 1993 NZA 1994, 184 = AP BetrVG § 23 Nr. 22; 1. 8. 2001 AP TVG § 3 Betriebsnormen Nr. 5). Wenn aber der Einleitungssatz des § 87 die Mitbestimmung über eine an sich mitbestimmungspflichtige Angelegenheit ausschließt, bleibt § 77 III anwendbar (MünchArbR/*Matthes* § 327 Rn. 72). All dies dürfte entspr. für andere Mitbestimmungsrechte mit Letztentscheidungsrechten der Einigungsstelle gelten (aA L/K Rn. 61); bei dem Sozialplan schließt § 112 I S. 4 die Anwendung des § 77 III ausdrücklich aus.

54   Weitgehend unstreitig ist, dass die Regelungssperre des § 87 I Einleitungssatz voraussetzt, dass der AG **tarifgebunden** ist und der TV voll wirksam, also nicht nur nachwirkend oder bloß üblich ist. Tarifbindung auch nur eines AN wird nicht verlangt (BAG 24. 2. 1987 AP BetrVG § 77 Nr. 21). S. § 87 Rn. 15. Zur entscheidenden Frage wird damit, welchen Inhalt, welche Vollständigkeit eine tarifvertragliche Regelung haben muss, um die Mitbestimmung und damit überhaupt BV in der jeweiligen Angelegenheit zu sperren. Die Rspr. geht davon aus, dass der durch den Eingangssatz von § 87 I begründete Vorrang einer tariflichen vor einer betrieblichen Regelung nur eingreift, wenn durch den TV die mitbestimmungspflichtige Angelegenheit selbst abschließend geregelt ist (BAG 18. 4. 1989 NZA 1989, 887 = AP BetrVG § 87 Tarifvorrang Nr. 18; BAG 4. 7. 1989 NZA 1990, 29 = AP BetrVG § 87 Tarifvorrang Nr. 20). Ob man dieses Kriterium eng oder weit auslegt, entscheidet, wie dargelegt, nicht nur über den Umfang der Mitbestimmung, sondern auch über die Möglichkeit der Betriebsparteien, tarifvertraglich geregelte Angelegenheiten aufzugreifen.

III. Verhältnis Betriebsvereinbarung/Tarifvertrag   § 77 BetrVG 210

Die einschlägige Rspr. zeigt eine Neigung, das Erfordernis der abschließenden tariflichen Regelung 55
eng auszulegen, eine solche Regelung also selten anzunehmen und damit der Mitbestimmung und der
BV Raum zu geben. Diese Entwicklung begann mit einem Beschluss des BAG vom 17. 12. 1985 (DB
1986, 914 = NZA 1986, 364 = AP BetrVG § 87 Tarifvorrang Nr. 5). Eine abschließende Regelung im
TV fehle, wenn er lediglich das Entgelt für die tariflich geschuldete Arbeitsleistung regele. Es entspreche dem Wesen tariflicher Entgeltregelungen, dass sie nur Mindestbedingungen setzen. Damit
könne aber die tarifliche Entgeltregelung im übertariflichen Bereich gerade diejenige Schutzwirkung
nicht entfalten, wegen der dem BR bei der Lohngestaltung ein Mitbestimmungsrecht eingeräumt
worden ist.

In der weiteren Rspr. hat sich dies **fortgesetzt**. So wird in einem Urteil des BAG vom 9. 2. 1989 56
(NZA 1989, 765 = AP BetrVG § 77 Nr. 40) ausgesprochen, dass eine betriebliche Regelung über ein
zusätzliches Urlaubsgeld nicht einmal durch eine tarifliche Regelung über ein Urlaubsgeld ausgeschlossen werde. Der folgende Beschluss des Großen Senats des BAG vom 3. 12. 1991 (NZA 1992,
749 = AP BetrVG § 87 Lohngestaltung Nr. 51) über die Mitbestimmung bei der Anrechnung übertariflicher Leistungen bei Tariflohnerhöhungen bezeichnet es schon als ganz überwiegende Auffassung, dass der Tarifvorrang des § 87 I Eingangssatz einem Mitbestimmungsrecht nach § 87 Abs. 1
Nr. 10 bei der Aufstellung und Änderung von Entlohnungsgrundsätzen für übertarifliche Zulagen
nicht entgegensteht.

(unbesetzt) 57

Offen ist noch die wichtige Frage, inwieweit tariflich geregelte Arbeitsbedingungen in nicht 58
oder nicht mehr tarifgebundenen Betrieben **durch BV geregelt werden können.** Vielfach, aber ohne
hinreichende Berücksichtigung der vorstehend aufgezeigten Rspr., wird noch angenommen, dass in
diesem Bereich § 77 III einer BV entgegenstehe (*Bauer/Diller* DB 1993, 3089; *Däubler* ZTR 1994, 448,
455; *Krauss* DB 1995, 1563). Unter Hinweis auf die neue Rspr. wird dagegen zunehmend die Ansicht
vertreten, dass die BV ein geeignetes Instrument sei, um in nicht oder nicht mehr tarifgebundenen
Betrieben mitbestimmungspflichtige Angelegenheiten einschließlich aller Arbeitsentgelte zu regeln
(*Hanau* NZA 1993, 321; *Hoß/Liebscher* DB 1995, 2525; *Hümmerich* DB 1996, 1182).

Soweit sich das BAG mit der Problematik bewusst auseinandersetzt, ist inzwischen eine klare 59
Tendenz zu beachten: sobald neben den (mitbestimmten) Verteilungsgrundsätzen auch die (mitbestimmungsfreie) Vergütungshöhe geregelt wird, ist § 77 III grds. anwendbar, BAG 24. 1. 1996, AP BetrVG
1972 § 77 Tarifvorbehalt Nr. 8; BAG 5. 3. 1997 AP BetrVG 1972 § 77 Tarifvorbehalt Nr. 10; BAG
7. 11. 2000 – EzA BetrVG § 77 Nachwirkung Nr. 2; BAG 20. 2. 2001 AP BetrVG 1972 § 77 Tarifvorbehalt
Nr. 15. Ebenso *Hromadka*, FS für Schaub, 1998, 33 f.; L/K Rn. 67.

Für das **Arbeitszeitrecht** bedeutet dies, dass in nicht oder nicht mehr tarifgebundenen Betrieben BV 60
über eine vom TV abw. Lage der Arbeitszeit nach § 87 I Nr. 2 zulässig sind. Eine BV über die
Verteilung der Arbeitszeit verstößt dagegen gegen § 77 III, wenn sie zugleich Regelungen über die
Dauer der wöchentlichen bzw. jährlichen Arbeitszeit enthält, die im Widerspruch zu einem für den
Betrieb geltenden TV stehen (BAG 22. 6. 1993 AP BetrVG § 23 Nr. 22; ArbG Stuttgart 20. 2. 1998 BB
1998, 696, n. rkr.).

Unverändert hält die Rspr. daran fest, dass § 77 III BV ausschließt, welche einen bestimmten TV auf 61
nicht tarifgebundene AN **ausdehnen** wollen, soweit der TV nicht eine entspr. Öffnungsklausel enthält
(BAG 22. 3. 1994 EzA TVG § 4 Geltungsbereich Nr. 10; BAG 23. 6. 1992 AP BetrVG 1972 §
Nr. 55; 20. 11. 2001 EzA BetrVG 1972 Nr. 70. Dagegen greift § 77 III nicht ein, soweit die BV die
Anrechnung von Tariferhöhungen auf einzelvertragliche Zulagen ausschließt, aber eine Effektivklausel
enthält (BAG 9. 12. 1997 AP BetrVG 1972 § 77 Tarifvorbehalt Nr. 11).

(unbesetzt) 62, 63

3. Der verbleibende Anwendungsbereich des § 77 III. Aus dem von der Rspr. angenommenen 64
Vorrang der Regelungssperre des § 87 ergibt sich schon eine **weitgehende Zurückdrängung der
Regelungssperre des § 77 III.**

Soweit das BAG die Tarifsperre des § 77 III nicht schon auf Grund der Sonderregelung des § 87 I 65
Eingangssatz beiseite schiebt, ist es auf anderen Wegen bemüht, den Anwendungsbereich der Vorschrift klein zu halten. So ist nach einer Entscheidung des BAG vom 1. 12. 1992 (AP BetrVG § 77
Tarifvorbehalt Nr. 3), eine **BV** auch über Angelegenheiten zulässig, die der einschlägige TV ausdrücklich der Regelung durch **Arbeitsvertrag** zuweist (ebenso BAG v. 14. 12. 1993 AP BetrVG § 87 Lohngestaltung Nr. 65 BAG 6. 12. 1988 AP BetrVG § 87 Lohngestaltung Nr. 37). Selbstverständlich
erscheint die Klarstellung in einem Beschluss des BAG vom 27. 1. 1987 (AP BetrVG 1972 § 99
Nr. 42), dass die einzelvertragliche Übernahme eines TV, von dessen Geltungsbereich der AG nicht
erfasst wird, nicht dazu führt, dass in dem Betrieb Arbeitsbedingungen iSv. § 77 III üblicherweise
tariflich geregelt sind und dass der Abschluss von FirmenTV mit einzelnen privaten Forschungseinrichtungen keine übliche tarifliche Regelung iSv. § 77 III für den gesamten Bereich privater Forschungseinrichtungen begründet. Auch die bewusste Nichtregelung einer Materie in einem TV führt
nach einer Entscheidung vom 23. 10. 1985 nicht zum Eintritt der Sperrwirkung des § 77 III (AP TVG
§ 1 Tarifverträge: Metallindustrie Nr. 33).

66 Nach alledem bleiben für die Anwendung des § 77 III nur wenige Fälle. Ein Beschluss des BAG vom 16. 2. 1993 gestand einem TV die Sperrwirkung zu, der die Verwendung von Gewinnanteilen aus betrieblicher Altersversorgung genau geregelt hatte (NZA 1993, 953 = AP BetrVG § 87 Altersversorgung Nr. 19). Dann war eine anderweitige Regelung durch BV nicht möglich. Ein Urteil des BAG vom 9. 4. 1991 sprach aus, dass tarifvertragliche Ausschlussfristen für die Geltendmachung von Ansprüchen aus dem Arbeitsverhältnis durch BV nicht verlängert werden können (NZA 1991, 734 = AP BetrVG § 77 Tarifvorbehalt Nr. 1). Schließlich hat das BAG in einer Entscheidung vom 22. 6. 1993 ausgesprochen, dass eine BV gegen § 77 III verstößt, die zu einer geringeren Arbeitszeitverkürzung führt als im TV vorgesehen (NZA 1994, 184 = AP BetrVG 1972 § 23 Nr. 22). Der Vorrang der Mitbestimmung griff hier nicht ein, weil der BR nicht über die regelmäßige Dauer der wöchentlichen Arbeitszeit mitzubestimmen hat.

67 Einige LAG sind noch bemüht, dem § 77 III einen weiteren Anwendungsbereich zu lassen. Nach einem Beschluss des LAG Rheinland-Pfalz vom 21. 12. 1988 kann Gegenstand einer BV nicht die Zahlung eines Pauschalbetrages über das Tarifgehalt hinaus an alle Angestellten sein, wenn der einschlägige TV keine Öffnungsklausel enthält (LAGE BetrVG 1972 § 77 Nr. 7). Dieser Beschluss setzt sich nicht mit der Rspr. des BAG auseinander, nach welcher übertarifliche Zulagen durch BV geregelt werden können, wenn der AG nicht an einen entsprechenden vollwirksamen TV gebunden ist. Ebenso ein Urteil des LAG Hamm vom 7. 1. 1988 (LAGE BetrVG 1972 § 77 Nr. 3) in bewusstem Widerspruch zur BAG-Rspr. Ein Beschluss des LAG Hamm vom 2. 3. 1988 (LAGE BetrVG 1972 § 77 Nr. 5) wendet sich in einer anderen Hinsicht gegen das BAG: Seiner Auffassung, Tarifüblichkeit im Sinne des § 77 III verlange, dass wenigstens ein TV in dem betrieblichen Unternehmensbereich abgeschlossen worden sei, könne nicht gefolgt werden. Nach LAG Nürnberg 23. 11. 2001 – 8 Sa 15/01 – ist auch die individualvertragliche Zustimmung eines AN zu einer BV unwirksam, die gegen § 77 III verstößt, weil sie die Lohnsätze einer nachwirkenden TV senkt. Dies dürfte sowohl den auf das Ergebnis, nicht nur auf akzessorischen Beitritt zur BV gerichteten Willen der AN verkennen, als auch die Möglichkeit der Umdeutung (s. Rn. 106). Dass im Zweifel Wirksamkeit einer vom TV abw. Regelung gewollt ist, nimmt das BAG 7. 11. 2000 NZA 2001, 1211 zu Recht für einen mit Gewerkschaft und BR geschlossenen Konsolidierungsvertrag an, der deshalb als TV anzusehen ist.

68 **4. Verhältnis von Tarifvertrag und Betriebsvereinbarung bei Betriebsübergang.** Nach § 613 a I BGB werden die Inhaltsnormen eines TV nach Betriebsübergang Inhalt des Arbeitsverhältnisses zwischen dem neuen Inhaber und dem AN und dürfen nicht vor Ablauf eines Jahres nach dem Zeitpunkt des Übergangs zum Nachteil des AN geändert werden. Dies gilt nicht, wenn die Rechte und Pflichten bei dem neuen Inhaber durch Rechtsnormen eines anderen TV oder durch eine andere BV geregelt werden.

69 Da § 613 a I BGB die Ablösung eines TV sowohl durch TV als auch durch eine andere BV nennt, ist von der Zulässigkeit der sog. „Überkreuzablösung" auszugehen. Das bedeutet, dass ein Tarifvertrag grundsätzlich auch durch eine beim Erwerber geltende BV abgelöst werden kann, und zwar unmittelbar nach Wirksamwerden des Betriebsübergangs und nicht erst nach Ablauf der Jahresfrist gemäß § 613 a I 2 BGB (*Kania* DB 1995, 623; *Erman/Hanau*, § 613 a Rn. 93).

70 § 613 a BGB ist insofern Spezialvorschrift zu § 77 III, allerdings nur im Verhältnis zu den beim Veräußerer geltenden Tarifverträgen. Sind auch im Erwerberbetrieb Tarifverträge üblich iSd. § 77 III, ist eine tarifersetzende BV unzulässig. In diesem Fall kann der gemäß § 613 a I 2 BGB transformierte TV nur durch einen anderen TV abgelöst werden (*Kania* DB 1995, 626).

71 **5. Regelungsabrede zur Vermeidung des § 77 III?** Da § 77 III nur BV ausschließt, stellt sich die Frage, ob er durch Regelungsabrede umgangen oder vermieden werden kann. Die Bedeutung dieser Frage ist freilich zurückgetreten, seitdem der Anwendungsbereich des § 77 III durch die Rspr. so stark eingeengt worden ist. Da § 77 III praktisch nur noch für freiwillige BV gilt, ist heute nur noch problematisch, ob die Vorschrift dem Abschluss freiwilliger und teilmitbestimmter Regelungsabreden entgegensteht (BAG 20. 4. 1999 AP GG Art 9 Nr. 89 = NJW 1999, 3281 verneint grds.). Für Verneinung spricht, dass die Regelungsabrede den AN gegenüber nur durch Arbeitsvertrag umgesetzt und deshalb nicht als Konkurrenz zum TV wirken kann (ebenso *Fitting* Rn. 102; aA DKK/*Berg* Rn. 78).

72 **6. Ausschluss des § 77 III durch § 112 I 4.** Nach § 112 I S. 4 ist § 77 III auf Sozialpläne nicht anzuwenden. Dies ist insb. für tarifvertragliche **Rationalisierungsschutzabkommen** bedeutsam, die demnach weitergehende betriebliche Sozialpläne und ihre Erzwingbarkeit nicht ausschließen können. Dagegen kann ein TV bestimmen, dass die in ihm vorgesehenen Leistungen entfallen, wenn und soweit betriebliche Sozialpläne entspr. Leistungen gewähren (s. §§ 112, 112 a Rn. 13).

73 Fraglich ist, ob § 112 I 4 nur für den in § 112 vorgesehenen erzwingbaren Sozialplan gilt, oder auch für darüber hinausgehende Sozialpläne, die mangels der nach §§ 111, 112 a I erforderlichen ANZahl, mangels der nach § 112 a II erforderlichen Unternehmensdauer oder aus sonstigen Gründen **nicht erzwingbar** wären. Man wird dies bejahen müssen, da die Abgrenzung schwer fällt und der Tarifautonomie in diesem Bereich keine wesentliche Gefahr von konkurrierenden BV droht.

7. Öffnungsklauseln (s. *Wiedemann* und *Wisskirchen*, FS für Hanau, 1999, 607, 623). § 77 III 2 lässt 74 die Sperrwirkung des S. 1 entfallen, wenn ein TV den Abschluss **ergänzender BV** ausdrücklich zulässt. Ergänzung ist weit auszulegen, so dass auch untertarifliche Regelungen zugelassen werden können, zumal § 4 III TVG generell von TV abw. Abmachungen zulässt (*Fitting* Rn. 121, hM; aA DKK/*Berg* Rn. 74). Gestattet der TV Abweichungen durch BV, reicht eine Regelungsabrede nicht aus (BAG 18. 12. 1997 AP KSchG 1969 § 2 Nr. 46 = NZA 1998, 304). Der TV kann auch bestimmen, dass die BV in einer nach § 87 nicht mitbestimmten Angelegenheit, zB Dauer der Arbeitszeit, erzwingbar sein soll (BAG 18. 8. 1987 AP BetrVG § 77 Nr. 23) und umgekehrt (*Kort* NZA 2001, 77). Die Öffnungsklausel gilt erst recht, wenn der TV nach § 77 V nur nachwirkt, endet aber mit einem neuen TV ohne Öffnungsklausel (BAG 25. 8. 1983 AP BetrVG 1972 § 77 Nr. 7). Die Klausel kann nur von den Parteien des zu öffnenden TV vereinbart werden (BAG 20. 4. 1999 DB 1999, 1660) Ein FirmenTV kann deshalb einen VerbandsTV nicht für eine BV öffnen, sondern nur nach dem Grundsatz der Spezialität durch eine eigene Regelung verdrängen (s. Wiedemann/*Wank* TVG § 4 Rn. 290). Die Öffnungsklausel kann sich, auch rückwirkend, auf bestimmte BV beziehen und beschränken, soweit nicht die Grundsätze des Vertrauensschutzes entgegenstehen, BAG 20. 4. 1999 AP § 77 BetrVG Tarifvorbehalt Nr. 12; 29. 1. 2002, 1 AZR 267/01. Die Beschränkung einer tariflichen Öffnungsklausel auf BV, die bereits vor dem Inkrafttreten eines TV bestanden haben, ist im Zweifel nicht gewollt (BAG 20. 2. 2001 NZA 2001, 903).

IV. Verhältnis Betriebsvereinbarung/Betriebsvereinbarung

Wird eine BV geschlossen, die eine ältere BV ablösen soll, so gilt nicht das Günstigkeitsprinzip, 75 sondern die **Zeitkollisionsregel:** Die jüngere Norm ersetzt die ältere. Die Verschlechterung von Ansprüchen durch eine nachfolgende BV ist in der Regel unbedenklich (BAG 15. 11. 2000 NZA 2001, 900; 20. 2. 2001 AP BetrVG 1972 § 87 Lohngestaltung Nr. 107; s. auch § 112 Rn. 39). Dies gilt auch, wenn eine BV nach § 613 a I S. 2 BGB zum Inhalt der Arbeitsverträge geworden ist (BAG 14. 8. 2001 AP BetrVG 1972 § 77 Nr. 85). Eine Protokollnotiz reicht im Zweifel nicht aus (BAG 9. 12. 1997 AP BetrVG 1972 § 77 Nr. 62; nicht zweifelnd BAG 20. 2. 2001 AP BetrVG 1972 Tarifvorbehalt Nr. 15). Rückwirkung ist möglich, wenn sie eindeutig ist und die AN damit rechnen konnten (BAG 19. 9. 1995 BB 1996, 326, BAG 20. 4. 1999 BB 1999, 1976; *Fitting* Rn. 44).

Führt die ablösende BV zu einer Kürzung von **Versorgungsanwartschaften,** so unterliegt sie einer 76 Rechtskontrolle. Abzuwägen sind die Änderungsgründe gegen die Bestandsschutzinteressen der betroffenen AN. Je stärker in Besitzstände eingegriffen wird, desto schwerer müssen die Änderungsgründe wiegen. Wie das BAG auch für Unterstützungskassen entschieden hat (30. 4. 1985 AP BetrAVG § 1 Ablösung Nr. 4; ebenso BAG 16. 7. 1996 AP BetrAVG § 1 Ablösung Nr. 21), lassen sich Versorgungsbesitzstände und die für entsprechende Eingriffe erforderlichen Änderungsgründe wie folgt abstufen: Der bereits erdiente und nach den Grundsätzen des § 2 BetrAVG errechnete Teilbetrag darf nur in seltenen Ausnahmefällen gekürzt werden. Zuwächse, die sich aus variablen Berechnungsfaktoren ergeben, können nur aus triftigen Gründen geschmälert werden, soweit sie zeitanteilig erdient sind. Für Eingriffe in Zuwachsraten, die noch nicht erdient sind, genügen sachliche Gründe. Auch für die Verschiebung der Fälligkeit von Betriebsrenten auf das Monatsende genügen sachliche Gründe (BAG 23. 9. 1997 AP BetrAVG § 1 Ablösung Nr. 23). Durch das 20. und das 21. Rentenanpassungsgesetz ist nicht so stark in das System des Sozialversicherungsrechts eingegriffen worden, dass dadurch allein die Aufgabe einer betrieblichen Gesamtversorgung ohne Rücksicht auf vorhandene Besitzstände sachlich begründet werden könnte (BAG 17. 3. 1987 AP BetrAVG § 1 Ablösung Nr. 9; BAG 23. 10. 1990 AP BetrAVG § 1 Ablösung Nr. 13). Anderweitige nahe liegende Einsparmöglichkeiten müssen zumindest erwogen und ihre Unterlassung plausibel erklärt werden. Eines ausgewogenen Sanierungsplans bedarf es indes nicht. Sachlich-proportionale Gründe liegen bereits dann vor, wenn ein unabhängiger Sachverständiger Feststellungen getroffen hat, die einen dringenden Sanierungsbedarf begründen. Allenfalls offensichtliche und ergebnisrelevante Fehler oder die Erstellung der Bilanz entgegen den anerkannten Regeln können der Annahme entgegenstehen, ein Eingriff zu Sanierungszwecken sei nicht willkürlich erfolgt (BAG 18. 9. 2001 EzA § 1 BetrAVG Ablösung Nr. 1). Zur Ablösung von BV nach einem Betriebs- oder Betriebsteilinhaberwechsel s. die Kommentierung zu § 613 a BGB; zur Ablösung durch Kündigung der BV Rn. 127.

V. Verhältnis Betriebsvereinbarung/Arbeitsvertrag

1. Kollektives Günstigkeitsprinzip. Vertraglich begründete Ansprüche der AN auf Sozialleistun- 77 gen, die auf eine vom AG gesetzte Einheitsregelung oder eine Gesamtzusage zurückgehen, können durch eine nachfolgende BV in den Grenzen von Recht und Billigkeit beschränkt werden, wenn die Neuregelung insgesamt bei **kollektiver Betrachtung** nicht ungünstiger ist. Ist demgegenüber die nachfolgende BV insgesamt ungünstiger, ist sie nur zulässig, soweit der ArbG wegen eines vorbehaltenen Widerrufs oder Wegfalls der Geschäftsgrundlage die Kürzung oder Streichung der Sozialleistungen verlangen kann. Es kommt nicht darauf an, ob die in einer solchen BV geregelten Angelegenheiten

92 Wesentlich ist stets, dass der Hinweis auf eine spätere BV oder eine frühere Beteiligung des BR seinerzeit dem einzelnen AN erkennbar war. Es reicht mithin aus, dass es eine Abstimmung zwischen dem AG und dem BR gegeben hat. Sie muss auch in geeigneter Weise im Betrieb veröffentlicht worden sein oder durch einen entspr. Hinweis bei den Arbeitsvertragsverhandlungen. Der Inhalt von BV gilt dagegen stets als bekannt. Wenn die RL den AN nicht ausgehändigt, sondern nur durch Mitteilungen auf Betriebsversammlungen oder an anderer Stelle bekannt gemacht wurden, muss es auch heute noch darauf ankommen, wie die damaligen Mitteilungen zu verstehen waren. Unterrichtet der BR die AN auf einer Betriebsversammlung über eine Regelung oder ihre Änderung, ist dies ein Indiz dafür, dass auch zukünftige Gestaltungen mit dem BR möglich sein sollen.

93 Bisweilen verweisen Arbeitsverträge nicht auf die jeweiligen, sondern auf die gerade im Betrieb geltenden BV. Dies bedeutet aber nicht notwendig, dass es sich wirklich um eine **statische Verweisung** handelt. Vielmehr sind arbeitsvertragliche Verweisungen auf Kollektivverträge idR als dynamisch, spätere Änderungen einbeziehend zu verstehen, da dies den Interessen der Parteien eher gerecht wird als eine Verweisung auf einen im Zeitpunkt des Vertragsabschlusses bestehenden Rechtszustand. Soll nur die im Zeitpunkt der Verweisung geltende Ordnung in Bezug genommen werden, muss dies deutlich zum Ausdruck gebracht werden (BAG 16. 8. 1988 AP BetrAVG § 1 Beamtenversorgung Nr. 8; BAG 23. 9. 1997 ZIP 1998, 517; ebenso für Verweisungen auf TV BAG 24. 8. 1993 AP BetrAVG § 1 Ablösung Nr. 19). Folgerichtig hat das BAG in seiner Entscheidung vom 20. 11. 1987 (AP BGB § 620 Altersgrenze Nr. 2), die schlichte Verweisung auf die „Betriebsvereinbarung" ohne weiteres als dynamisch aufgefasst.

94 Auslegungszweifel können auch entstehen, wenn es im Arbeitsvertrag heißt, „für alle übrigen Fragen" oder „im Übrigen" sollten die im Betrieb geltenden BV maßgeblich sein. Dies könnte bedeuten, dass sich **die Bezugnahme** gar nicht auf die in den Arbeitsverträgen zuvor geregelten Angelegenheiten, also etwa betriebliche Altersversorgung, sondern nur auf sonstige Angelegenheiten bezieht. Eine solche Auslegung kommt aber nur in Betracht, wenn ein Anhaltspunkt dafür vorliegt, dass in einem Arbeitsvertrag geregelte Angelegenheiten abw. oder unabhängig von der Regelung derselben Angelegenheit in späteren BV geregelt werden sollen. So liegt es nur, wenn ein AN annehmen konnte und musste, ihm solle eine individuelle, nicht betriebseinheitlich geregelte Zusage gemacht werden. Sonst können und müssen die AN durch die Verweisung auf die BV erkennen, dass es sich nicht um einen individuelle Zusage, sondern um eine betriebseinheitliche Regelung handeln soll. Meist wird sich auch aus der arbeitsvertraglichen Regelung ergeben, dass sie im Ganzen, nicht nur im Übrigen, im Zusammenhang mit der BV steht.

95 Schließlich gibt es Fälle, in denen eine arbeitsvertragliche Ordnung zwar nicht erkennbar betriebsvereinbarungsoffen war, später aber durch BV verbösert wurde, ohne dass die AN widersprachen. Denkbar ist auch, dass die Abänderung nicht gleich durch BV, sondern erst durch eine weitere Einheitsregelung erfolgt, die den Vorbehalt der Betriebsvereinbarungsoffenheit enthält. Stets fragt es sich, ob die AN einer entspr. Änderung der ursprünglichen Versorgungsordnung zugestimmt haben.

96 Werden einem AN geänderte Vertragsbedingungen angeboten, kann die **widerspruchslose Fortsetzung der Arbeit** als Einverständnis mit der angetragenen Vertragsänderung angesehen werden. Die Rspr. nimmt dies regelmäßig an, wenn neue Bedingungen für die eigentliche Arbeitsleistung (zB Lohn, Zuschläge usw.) angeboten werden oder es sich um sonstige Arbeitsbedingungen handele, die unmittelbar und sogleich bei der Arbeit praktisch werden. Dagegen wird eine konkludente Annahmeerklärung grds. abgelehnt, wenn es sich um Vertragsänderungen handelt, die erst später wirksam werden, wie es bei der betrieblichen Altersversorgung typisch ist (BAG 8. 7. 1960 AP BetrVG § 305 Nr. 2; BAG 30. 7. 1985 NZA 1986, 474). Es bedarf deshalb bes. Umstände, um eine nachträgliche Vereinbarung der Betriebsvereinbarungsoffenheit anzunehmen. Deshalb wird sich auch die weitere Frage gar nicht stellen, wieweit in einer BV ein Angebot zur Änderung vertraglicher Arbeitsbedingungen liegen kann. BAG 26. 3. 1997 DB 1997, 1672, lässt allerdings bei Gratifikationen einen Widerrufsvorbehalt durch dreimalige Wiederholung wirksam werden.

97 Die Betriebsvereinbarungsoffenheit kann sich nicht nur auf die Regelung von Arbeitsentgelten, sondern auch auf die der **Arbeitszeiten** beziehen. Dies ist eine wichtige Grundlage für die Flexibilisierung und Verkürzung von Arbeitszeiten durch BV.

98 Beispiel nach einem Urteil des BAG vom 23. 6. 1992 (NZA 1991, 89 = AP BGB § 611 Arbeitszeit Nr. 1): Vereinbaren die Arbeitsvertragsparteien bei Abschluss des Arbeitsvertrages die zu diesem Zeitpunkt im Betrieb geltende Regelung über Beginn und Ende der täglichen **Arbeitszeit** und die Verteilung der Arbeitszeit auf die einzelnen Wochentage, liegt darin keine individuelle Arbeitszeitvereinbarung, die gegenüber einer späteren Veränderung der betrieblichen Arbeitszeit durch BV Bestand hat. Ein AN, der aus persönlichen Gründen an einer bestimmten, von der betriebsüblichen Arbeitszeit unabhängigen Lage der Arbeitszeit Interesse hat, muss diese Unabhängigkeit mit dem AG auch dann vereinbaren, wenn die zurzeit des Abschlusses des Arbeitsvertrages geltende betriebliche Arbeitszeit seinen Interessen entspricht.

99 Noch weiter geht ein Urteil des LAG Baden-Württemberg vom 28. 10. 1991, nach dem die **betriebsübliche Arbeitszeit,** auch wenn sie 7 Jahre bestanden hat, individualrechtlich noch gar nicht verfestigt ist, so dass sie ohne weiteres durch BV geändert werden kann (LAGE BetrVG 1972 § 77 Nr. 16). Ein

V. Verhältnis Betriebsvereinbarung/Arbeitsvertrag § 77 BetrVG 210

Günstigkeitsvergleich gegenüber einer einzelvertraglichen Regelung finde gar nicht statt, da eine Konkurrenz nicht bestehe.

Diese Entscheidungen beziehen sich in erster Linie auf die Lage der Arbeitszeit. Hier kann der AN 100 in der Tat nicht damit rechnen, dass ihm der Fortbestand der betriebsüblichen Arbeitszeitlage arbeitsvertraglich zugesichert werden solle. Er muss vielmehr damit rechnen, dass die betriebsübliche Arbeitszeit geändert wird und der BR daran mitwirkt. Fraglich ist, ob dies auch für die **Dauer der Arbeitszeit** gilt. Hier ist anerkannt, dass die arbeitsvertragliche Festlegung einer bestimmten Arbeitszeitdauer keinen arbeitsvertraglichen Ausschluss vorübergehender Mehrarbeit oder Kurzarbeit enthält, so dass entspr. BV ohne Verstoß gegen das Günstigkeitsprinzip wirksam sind (davon geht BAG 14. 2. 1991 AP BGB § 615 Kurzarbeit Nr. 4 aus; ebenso *Fitting* Rn. 203). In Bezug auf die regelmäßige Dauer der Arbeitszeit ist den AN bekannt, dass sie regelmäßig durch TV festgelegt wird. Deckt sich die betriebsübliche Arbeitszeitdauer mit der tariflichen, liegt entweder gar keine arbeitsvertraglich bindende Regelung vor oder sie ist jedenfalls tarifvertragsoffen. Eine Veränderung der regelmäßigen betrieblichen Arbeitszeit durch BV ist dann möglich, wenn ein TV dazu ermächtigt. Fehlt es an einer solchen Ermächtigung, ist die Änderung der im TV vorgesehenen regelmäßigen Dauer der Arbeitszeit durch BV schon nach § 77 III unzulässig. Soweit allerdings den AN ersichtlich die betriebliche Arbeitszeit nicht auf TV, sondern auf BV oder jedenfalls Abstimmung mit dem BR beruht, ist eine betriebsvereinbarungsoffene Regelung anzunehmen, die durch BV auch wieder geändert werden kann. Eine der BV entzogene individuelle Vereinbarung der Arbeitszeit ist am ehesten bei Teilzeit anzunehmen (LAG Köln 23. 5. 2001, 8 Sa 36/01).

4. Abbau von Leistungen durch ablösende Betriebsvereinbarung bei Widerrufsvorbehalt oder 101 **Änderung der Geschäftsgrundlage.** Die Vereinbarung der Betriebsvereinbarungsoffenheit einer arbeitsvertraglichen Leistungsordnung bildet einen speziellen Änderungsvorbehalt. Betriebsvereinbarungsoffenheit kann sich aber auch aus weitergehenden vertraglichen oder gesetzlichen Änderungsvorbehalten ergeben. In Leitsatz 2 des Beschlusses des Großen Senats des BAG vom 16. 9. 1986 (AP BetrVG 1972 § 77 Nr. 17) wird dazu festgestellt, dass eine verschlechternde BV zulässig ist, soweit der AG wegen eines vorbehaltenen Widerrufs oder Wegfalls der Geschäftsgrundlage die Kürzung oder Streichung der Sozialleistung verlangen kann. Soweit der Widerruf oder der Wegfall der Geschäftsgrundlage zu einer Anpassung von Leistungsordnungen führen, muss der AG sogar nach § 87 I Nr. 10 den BR beteiligen, wenn die Leistung nicht nur insgesamt gemindert, sondern auch nach einem neuen Schlüssel verteilt wird.

Praktisch wichtig ist, dass der Große Senat diese Überlegungen auch **prozessual** umsetzt. Die 102 Rechtsfrage, ob und in welchem Umfang vertraglich begründete Ansprüche an eine veränderte Geschäftsgrundlage anzupassen sind, könne nicht nur in einem Urteilsverfahren zwischen den Parteien des Arbeitsvertrags geklärt werden, sondern auch in einem Beschlussverfahren unter den Betriebspartnern. Der freiwillige Abschluss einer BV, in der der BR die Notwendigkeit einer Anpassung infolge des Wegfalls der Geschäftsgrundlage anerkennt, werde vielfach ein maßgebliches Indiz dafür sein, dass die gesetzlichen Voraussetzungen für eine notwendig werdende Anpassung der Leistungen erfüllt sind. Andererseits könne der BR die Verantwortung für die Beurteilung der Rechtslage ablehnen und die gerichtliche Klärung der vertragsrechtlichen Anpassungsbefugnis dem AG zuweisen. Das führe aber nicht dazu, dass er seine Mitwirkung völlig verweigern dürfe. Vielmehr müsse der BR in einem solchen Fall über die Modalitäten der Neuregelung unter dem Vorbehalt ihrer vertragsrechtlichen Zulässigkeit verhandeln und mitbestimmen(bestätigt durch BAG 23. 9. 1997 AP BetrAVG § 1 Ablösung Nr. 26).

(unbesetzt) 103, 104

5. Umdeutung unwirksamer Betriebsvereinbarungen in arbeitsvertraglichen Abreden. Eine 105 unwirksame BV kann durch Umdeutung analog § 140 BGB zum **Inhalt der Einzelverträge** der AN werden. Das setzt jedoch voraus, dass besondere tatsächliche Umstände vorliegen, aus denen die AN nach Treu und Glauben schließen durften, dass der AG über die betriebsverfassungsrechtliche Verpflichtung hinaus sich für eine bestimmte Leistung binden wollte (BAG 23. 8. 1989 BB 1989, 2330 = AP BetrVG 1972 § 77 Nr. 42; LAG Köln 12. 6. 1998 NZA-RR 1999, 30; LAG Niedersachsen 11. 2. 1998 LAGE § 77 BetrVG Nr. 23). Also nicht bei für die AN ungünstiger BV (LAG Hamm 22. 10. 1998 NZA-RR 2000, 27). Zur Umdeutung in Regelungsabreden Rn. 45.

Die Erklärung des AG, die zu einer nach § 77 III nichtigen BV geführt hat, kann ausnahmsweise in 106 ein entspr. Vertragsangebot an die AN umgedeutet werden, wenn bes. Umstände darauf schließen lassen, dass der AG sich unabhängig von der betriebsverfassungsrechtlichen Regelungsform binden wollte. Dieses Angebot können die AN annehmen, ohne dass es einer ausdrücklichen Annahmeerklärung bedarf (§ 151 BGB – BAG 24. 1. 1996 AP BetrVG 1972 § 77 Tarifvorbehalt Nr. 8; BAG 5. 3. 1997 AP BetrVG 1972 § 77 Tarifvorbehalt Nr. 10). S. auch Rn. 67.

Für die Umdeutung maßgeblich war hier, dass es sich um eine tarifvertragsersetzende und zudem 107 **zeitlich begrenzte** Regelung handelte (ähnlich LAG Niedersachsen LAGE § 77 BetrVG Nr. 23). Da das BAG wegen der zeitlichen Begrenzung einen konkludenten Ausschluss der ordentlichen Kündigung der BV annahm, musste es sich nicht mit der Frage auseinandersetzen, ob die Umdeutung einer

210 BetrVG § 77 Durchführung gemeinsamer Beschlüsse, Betriebsvereinbarungen

ohne Nachwirkung kündbaren BV nur in eine widerrufliche arbeitsvertragliche Zusage in Betracht kommt. Dies ist idR zu bejahen (s. auch *Hromadka*, FS für Schaub, 1998, S. 337 der einen an die Drei-Monats-Frist gebundenen Widerrufsvorbehalt empfiehlt, ebenso BAG 21. 10. 1998 AP BGB § 140 Nr. 11 für in der BV geregelte Abänderungsmöglichkeit, einschränkend BAG 20. 11. 2001 EzA BetrVG 1972 § 77 Nr. 70).

108   **6. Arbeitsvertraglicher Verzicht auf Anspruch aus Betriebsvereinbarung.** Dazu Rn. 141.

VI. Verhältnis Regelungsabrede/Arbeitsverhältnis

109   Da die Regelungsabrede im Gegensatz zur BV keine normative Wirkung hat, bedarf es zu ihrer Ausführung idR Maßnahmen auf der Ebene des Arbeitsvertrages, sei es eine Vertragsänderung, sei es eine Weisung im Rahmen des Direktionsrechts.

110   Bei einer die AN **begünstigenden** Regelungsabrede, durch die sich der AG gegenüber dem BR zu Leistungen oder sonstigen begünstigenden Maßnahmen (zB Unterlassung von Betriebsänderungen) verpflichtet, stellt sich die Frage, ob die Regelungsabrede zugleich arbeitsvertragliche Wirkung hat, also nicht noch durch Erklärungen des AG gegenüber den AN umgesetzt werden muss. BAG 9. 12. 1997 (s. schon Rn. 26) lehnt ua. ab, weil sonst § 77 III unterlaufen würde. Auch führt die Missachtung einer Regelungsabrede über die Anrechnung übertariflicher Zulagen nicht zur Unwirksamkeit der Anrechnung(BAG 14. 8. 2001 AP BetrVG 1972 § 77 Regelungsabrede Nr. 4). Dagegen handelt der BR im Regelfall als betriebsverfassungsrechtliches Organ, nicht als Stellvertreter für einzelne Beschäftigte (LAG Hamm 28. 10. 1991 EWiR § 42 BetrVG 1/92, 127 – *Däubler*).

111   Stets ist der Sachzusammenhang zwischen der betriebsverfassungsrechtlichen Regelungsabrede und ihrer arbeitsvertraglichen Umsetzung zu beachten, wenn Inhalt und Vollstreckung einer verpflichtenden Regelungsabrede näher bestimmt werden. Verpflichtet sich der AG gegenüber dem BR in einer Regelungsabrede zu bestimmten Leistungen an die AN, kann er im Beschlussverfahren beantragen, dass der AG entsprechende Angebote an die AN abgibt. Für die **Zwangsvollstreckung** gilt dann § 894 ZPO iVm. § 85 ArbGG. Die abw. Rspr. des BAG zu der BV (Rn. 12) kann hier nicht eingreifen, da bei der Regelungsabrede nicht die alternative Möglichkeit zur Geltendmachung der Ansprüche durch die AN auf Grund normativer Wirkung besteht.

VII. Beendigung von Betriebsvereinbarungen und Regelungsabreden

112   **1. Aufhebungsvertrag.** Eine BV kann durch eine spätere BV aufgehoben werden, auch zu Lasten der AN (Rn. 75); zur Nachwirkung Rn. 121.

113   Nach der Rspr. des BAG (20. 11. 1990 AP BetrVG 1972 § 77 Nr. 46) kann eine BV nicht durch eine Regelungsabrede abgelöst werden. Ob in der formlosen Regelungsabrede zugleich ein Aufhebungsvertrag hinsichtlich einer entgegenstehenden BV gesehen werden könne, blieb unentschieden. Eine völlige Beseitigung oder Ersetzung einer BV einschließlich ihrer normativen Wirkung durch eine der Schriftform des § 77 II nicht entspr. Regelungsabrede kommt von vornherein nur in Betracht, wenn die für den Abschluss von BV geltende Schriftform nicht auch für ihre Aufhebung gilt. Für TV hat das BAG (8. 9. 1976 AP TVG § 1 Form Nr. 5) entschieden, dass zwar ihre Änderung, aber nicht ihre Aufhebung der Schriftform des § 1 II TVG unterliege. Das BAG (20. 11. 1990 AP BetrVG 1972 § 77 Nr. 46) bezweifelt aber, dass eine BV formlos, dh. auch durch eine Regelungsabrede, aufgehoben werden könne(für Formerfordernis L/K Rn. 40). Schweigen des Betriebsrats zu einseitigem Vorgehen des Arbeitgebers reicht nicht (BAG 21. 3. 2001 EzA BGB § 611 Gratifikation/Prämie Nr. 168).

114   Diese Frage betrifft also weniger das Verhältnis von BV und Regelungsabrede als **die inhaltliche Reichweite des Schriftformerfordernisses** für TV und BV. Dazu wird das BAG noch abschließend Stellung nehmen müssen. Für das Verhältnis der beiden betriebsverfassungsrechtlichen Regelungsinstrumente interessanter ist, ob durch eine Regelungsabrede die Geltung der BV zwischen den Betriebsparteien aufgehoben werden kann, während ihre normative Wirkung auf die Arbeitsverhältnisse einstweilen bestehen bleibt. Daran können die Betriebsparteien interessiert sein, wenn sie ein neues Mitbestimmungsverfahren über eine durch Betriebsvereinbarung geregelte Angelegenheit in Gang setzen, bis zu dessen Abschluss aber an der bisherigen Regelung festhalten wollen.

115   *(unbesetzt)*

116   Dies führt zu der Aussage, dass **solche BV durch Regelungsabrede geändert und aufgehoben werden können, die sich nicht auf die normative Wirkung, sondern auf ihre Wirkung unter den Betriebsparteien, insb. den Ausschluss von Mitbestimmungsrechten beziehen.** Hier kann es auch bei der Formlosigkeit der Regelungsabrede bleiben, da der Grund für das Schriftformerfordernis, die Klarstellung der Rechtslage gegenüber den AN, nicht berührt wird.

117   **2. Kündigung von Betriebsvereinbarungen.** Nach § 77 V können BV, soweit nichts anderes vereinbart ist, mit einer Frist von drei Monaten gekündigt werden. Ein Grund ist nicht erforderlich (BAG 11. 5. u. 17. 8. 1999, AP BetrAVG § 1 Betriebsvereinbarung Nr. 6, BetrVG § 77 Nr. 79). In der BV und in Sprüchen von Einigungsstellen (GK-BetrVG/*Kreutz* Rn. 363; s. auch Rn. 46) kann eine kürzere

VII. Beendigung von Betriebsvereinbarungen und Regelungsabreden § 77 BetrVG 210

oder längere (nicht in der Insolvenz, § 120 I S. 2 InsO) Kündigungsfrist festgelegt oder die ordentliche Kündigung für eine bestimmte Zeitspanne ausgeschlossen werden. Für den Ausschluss der ordentlichen Kündigung oder eine Änderung der Kündigungsfrist verlangt das BAG eine ausdrückliche Abrede in der BV oder einer Änderungsvereinbarung (10. 3. 1992 NZA 1993, 234 = AP BetrAVG § 1 Betriebsvereinbarung Nr. 5). Im Zweifel schließt eine Befristung oder auflösende Bedingung die Kündigung aus (BAG 7. 11. 2000 EzA BetrVG § 77 Nachwirkung Nr. 29). Enthält eine BV einschränkende Regelungen für den Widerruf in der ihr vorgesehenen Leistungen, wie es in der betrieblichen Altersversorgung die Regel ist, wird dies vom BAG nicht als Beschränkung des Kündigungsrechts angesehen. Eine Kündigungsbeschränkung wird auch nicht angenommen, wenn die BV eine frühere, nur beschränkt kündbare arbeitsvertragliche Regelung übernimmt und fortbildet (18. 4. 1989 AP BetrAVG § 1 Betriebsvereinbarung Nr. 2; BAG 10. 3. 1992, AP BetrAVG § 1 Betriebsvereinbarung Nr. 5). Auch die Bestimmung in einer BV, dass ältere Besitzstände erhalten bleiben sollen, bedeutet nach Auffassung des BAG noch nicht, dass die ordentliche Kündbarkeit ausgeschlossen sein soll (17. 1. 1995 NZA 1995, 1010 = AP BetrVG 1972 § 77 Nachwirkung Nr. 7). In Ausnahmefällen kommt auch eine **außerordentliche Kündigung** in Betracht. Wie jedes Dauerrechtsverhältnis kann die BV durch außerordentliche fristlose Kündigung beendet werden, wenn ihre Fortsetzung bis zum vereinbarten Ende oder zum Ablauf der ordentlichen Kündigungsfrist einer Seite nicht zugemutet werden kann (BAG 28. 4. 1992 AP BetrVG § 50 Nr. 11 = NZA 1993, 31). Ebenso § 120 II InsO.

3. Nachwirkung von Betriebsvereinbarungen. Dazu *Sommer*, Die Kündigung von BV über be- 118 triebliche Sozialleistungen, 1997; *Wollgast*, Geltung, Wirkung und Nachwirkung von Betriebsvereinbarungen, 1999. Zur Antragsbefugnis des BR Rn. 8.

a) In mitbestimmten Angelegenheiten. In mitbestimmten Angelegenheiten tritt nach § 77 VI Nachwirkung ein, wenn die BV abgelaufen ist. Als andere Abmachung kommt in erster Linie eine neue BV in Betracht (zur Ablösung von BV durch Regelungsabrede Rn. 113). Zwar fallen auch Arbeitsverträge unter den Begriff der Abmachung, doch sind in mitbestimmten Angelegenheiten Arbeitsverträge nur zulässig, soweit sie mit dem Mitbestimmungsrecht vereinbar sind (GK-BetrVG/*Kreutz* Rn. 401; *Fitting* Rn. 183). Deshalb müssen nachwirkende BV in mitbestimmten Angelegenheiten auch für neueingestellte AN gelten, da sie nur so in die mitbestimmte Ordnung einbezogen werden können (*Richardi* Rn. 166; *Fitting* Rn. 182, anders für TV BAG 22. 7. 1998 AP TVG § 4 Nachwirkung Nr. 32).

Entfällt der BR, gibt es in dem Betrieb keine mitbestimmungspflichtige Angelegenheit mehr. Folge- 119 richtig muss die Nachwirkung von BV über bisher mitbestimmte Angelegenheiten mit dem Wegfall des BR enden.

Strittig ist, ob die außerordentliche Kündigung eines Kollektivvertrages Nachwirkung auslösen 120 kann. Dies wird vor allem im TVRecht diskutiert (*Buchner* NZA 1993, 93) und dürfte im Betriebsverfassungsrecht wesentlich geringere Bedeutung haben, da die Laufzeit von BV kürzer und die Nachwirkung seltener ist als bei TV. Grds. dürfte es widersprüchlich sein, zunächst die außerordentliche Kündigung eines Kollektivvertrages zu bejahen, weil seine Fortsetzung unzumutbar sei, und trotzdem Nachwirkung anzunehmen (*Fitting* Rn. 179; GK-BetrVG/*Kreutz* § 77 Rn. 399).

Ebenso wie die Kündigung unterliegt die Nachwirkung der BV der kollektiven Vertragsfreiheit der 121 Betriebsparteien und der Einigungsstellen. § 77 VI enthält nach allgemeiner Auffassung kein zwingendes Recht, vielmehr ist der Ausschluss der Nachwirkung in der BV selbst oder einer späteren Vereinbarung der Betriebspartner möglich (BAG 9. 2. 1984 NZA 1984, 96 = AP BetrVG 1972 § 77 Nr. 9). Allerdings muss der Ausschluss der Nachwirkung ausdrücklich und unzweideutig erfolgen. Ein vertraglicher Ausschluss der Nachwirkung kommt insb. in Betracht, wenn eine BV die Erbringung einer Leistung nur während eines bestimmten Zeitraumes vorsieht (BAG 17. 1. 1995 NZA 1995, 1010 = AP BetrVG 1972 § 77 Nachwirkung Nr. 7). Nach einem Beschluss des BAG vom 25. 8. 1983 (DB 1984, 1302 = AP BetrVG 1972 § 77 Nr. 7) ist eine BV, die als Ergänzung zu einem TV abgeschlossen wird, grds. in ihrer Laufzeit auf die Dauer des TV sowie ggf. dessen Nachwirkungszeitraum beschränkt. Durch Regelungen in einem nachfolgenden TV kann danach die Geltung von ergänzenden BV nicht zeitlich erweitert werden. Ist eine ergänzende BV auch im Hinblick auf einen künftigen TV geschlossen, hängt ihre Weitergeltung vom Inhalt dieses TV ab. Ähnlich einem Beschluss des BAG vom 12. 8. 1982 (AP BetrVG 1972 § 77 Nr. 5): Eröffnet ein TV den Betriebspartnern die Möglichkeit, durch freiwillige BV statt des tariflich geregelten summarischen Verfahrens der Lohnfindung die analytische Arbeitsbewertung einzuführen, gilt nach Ablauf der Kündigungsfrist für eine derartige BV ohne Weiteres wieder die tarifliche Regelung über das summarische Verfahren.

b) Bei freiwilligen Regelungen. Ganz freiwillige, in keiner Hinsicht mitbestimmte BV haben nach 122 § 77 VI keine Nachwirkung. Sie kann allerdings vereinbart werden (GK-BetrVG/*Kreutz* Rn. 410; aA *Loritz* DB 1997, 2074; *Schöne/Klaes* BB 1997, 2374, weil der AG zu sehr gebunden werde). Auch wenn „Nachwirkung bis zu einer neuen BV" vereinbart wird, ist angesichts der eindeutigen Regelung der Nachwirkung in § 77 VI, § 4 V TVG anzunehmen, dass eine Änderung auch durch Arbeitsvertrag möglich ist. „Bis zu einer neuen BV" bedeutet im Zweifel nur, dass die Nachwirkung dann wieder in Vollwirkung der BV übergeht. Im Zweifel kann die Vereinbarung einer Nachwirkung zugleich als

Vereinbarung der **Zuständigkeit der Einigungsstelle** angesehen werden kann, weil bei der gesetzlich vorgesehenen Nachwirkung in mitbestimmten Angelegenheiten ebenfalls nach § 87 II die Zuständigkeit der Einigungsstelle gegeben ist (so BAG 28. 4. 1998 DB 1998, 1040; LAG Düsseldorf 23. 2. 1988 LAGE BetrVG § 77 Nr. 4; LAG Frankfurt/M 22. 3. u. 5. 5. 1994 LAGE BetrVG § 77 Nr. 17, 18; LAG Sachsen-Anhalt 19. 1. 1992 LAGE BetrVG § 77 Nachwirkung Nr. 3; Einzelheiten *Boemke/Kursawe* DB 2000, 1405; *Jacobs* NZA 2000, 69). Will der AG eine freiwillige Leistung vollständig einstellen, ist die Einigungsstelle wegen Ermessensreduzierung auf Null verpflichtet, dem Folge zu leisten. Denkbar wäre es, Nachwirkung bis zu einem Widerruf durch den AG vorzusehen. Im Zweifel ist vom gesetzlichen Regelfall auszugehen, also keine Nachwirkung, BAG 21. 8. 2001 DB 2002, 952. Zum Bestandsschutz in der betrieblichen Altersversorgung Rn. 127.

123 c) **Bei Regelungen mit tw. mitbestimmungspflichtigem Inhalt.** Bei Regelungen mit tw. mitbestimmungspflichtigem Inhalt, insb. bei BV über freiwillige AGLeistungen, bei denen nach § 87 I Nr. 10 nur der Verteilungsschlüssel der Mitbestimmung unterliegt, tritt bei **Beendigungskündigungen** keine Nachwirkung ein. Dies hat das BAG in einer ganzen Reihe von Entscheidungen ausgesprochen und damit einen leichten Weg zur Beseitigung zusätzlicher AGLeistungen eröffnet (9. 2. 1989 NZA 1989, 765 = AP BetrVG § 77 1972 Nr. 40; BAG 26. 4. 1990 NZA 1990, 814 = AP BetrVG 1972 § 77 Nachwirkung Nr. 4; BAG 21. 8. 1990 NZA 1991, 190 = AP BetrVG § 77 Nachwirkung Nr. 5; BAG 9. 12. 1997 AP BetrVG § 77 Tarifvorbehalt Nr. 11). Bei Ablauf der BV bereits fällige Ansprüche und feste Anwartschaften, insb. auf betriebliche Altersversorgung, bleiben allerdings auch ohne Nachwirkung der BV zwingend bestehen (BAG 11. 5. u. 17. 8. 1999 aaO Rn. 117).

124 Unklar war lange, wie weit die Mitbestimmung geht und welche Rechtsfolgen eintreten, wenn eine BV nicht zum Zweck ihrer Beendigung, sondern zum Zweck ihrer **Änderung** gekündigt wird. Lange neigte die Rspr. in solchen Fällen dazu, das ändernde Rechtsgeschäft auch dann der Mitbestimmung zu unterwerfen, wenn es gar nicht den mitbestimmungspflichtigen Verteilungsschlüssel ändern, sondern nur die Gesamtdotierung herabsetzen sollte. Denn, so wurde argumentiert, eine Änderung des Verteilungsschlüssels sei immerhin möglich gewesen, so dass seine Beibehaltung gleichsam nur ein Grenzfall der mitbestimmten Änderung sei (so BAG 3. 8. 1982 in Bezug auf Widerruf freiwilliger Leistungen; 31. 1. 1984 in Bezug auf die Änderungskündigung eines Vergütungsgruppensystems; 13. 1. 1987 in Bezug auf die Anrechnung zusätzlicher Leistungen bei Tariflohnerhöhungen; 10. 2. 1988 für den Widerruf freiwilliger Leistungen; 26. 4. 1988 in Bezug auf den Widerruf von Unterstützungskassenleistungen, AP BetrVG § 87 Lohngestaltung Nr. 12, 15, 25, 33, 36). Nunmehr haben aber die Rspr. zur tw. Anrechnung übertariflicher Leistungen auf Tariflohnerhöhungen (Rn. 56) und insb. eine Entscheidung des BAG vom 26. 10. 1993 zur Änderungskündigung einer BV (26. 10. 1993 NZA 1994, 572 = AP BetrVG 1972 § 77 Nachwirkung Nr. 6), herausgearbeitet, dass das Mitbestimmungsrecht nach § 87 I Nr. 10 nur eingreifen kann, wenn der AG nicht nur die Gesamtdotierung, sondern auch den Verteilungsschlüssel der Leistung ändern will. Daraus hat das Urteil vom 26. 10. 1993 dann die folgenden Leitsätze abgeleitet:

125 „Die Regelungen einer teilmitbestimmten BV gelten nach Ablauf der Kündigungsfrist nicht weiter, wenn der AG mit der Kündigung beabsichtigt, die freiwillige Leistung vollständig entfallen zu lassen. Die teilmitbestimmte BV über freiwillige Leistungen (hier zusätzliches Weihnachtsgeld) wirkt gem. § 77 VI BetrVG nach, wenn der AG mit der Kündigung beabsichtigt, das zur Verfügung gestellte Volumen zu reduzieren und den Verteilungsschlüssel zu ändern."

126 *(unbesetzt)*

127 Dies wird abgeschwächt in einer Entscheidung des BAG vom 17. 1. 1995 (NZA 1995, 1010 = AP BetrVG 1972 § 77 Nachwirkung Nr. 7). Danach kann die bloße **Möglichkeit** einer späteren Wiederaufnahme der übertariflichen Leistung keine Nachwirkung erzeugen. Stehe überhaupt nicht fest, ob, wann und in welcher Weise zukünftig eine mitbestimmungspflichtige Regelungsfrage in Bezug auf Weihnachtsgratifikationen wieder entstehen kann, habe die gekündigte BV ihre Bedeutung als kollektivrechtliche Verhandlungsgrundlage verloren. Ebenso BAG 19. 9. 1995 AP BetrVG 1972 § 77 Nr. 61: Der AG kann mitbestimmungsfrei das Zulagenvolumen kürzen und gleichzeitig eine BV anstreben, die den Verteilungsschlüssel rückwirkend ändert (s. auch § 87 Rn. 111 ff.). BAG 11. 5. 1999 EzA BetrAVG § 1 Betriebsvereinbarung Nr. 1 (ebenso weiter BAG 18. 9. 2001 AP BetrAVG § 1 Nr. 31) lässt offen, ob eine geplante Änderung des Verteilungsschlüssels auch im Bereich der betrieblichen Altersversorgung zur Nachwirkung führt. Eine begründete Nachwirkung komme jedenfalls nur dann in Betracht, wenn der AG nicht nur vorübergehend bereit ist, über eine Abmilderung der mit der Kündigung verbundenen Nachteile zu verhandeln, sondern schon mit seiner Kündigung die auch später nicht aufgegebene Absicht verfolgt, an die Stelle der bisherigen Versorgungsregelung ein anderes Versorgungswerk zu setzen mit zwar verringertem, aber einer mitbestimmungspflichtigen Umverteilung zugänglichem Dotierungsrahmen. Die Wirkung der Kündigung einer BV über betriebliche Altersversorgung sei aber mit Hilfe der Grundsätze des Vertrauensschutzes und der Verhältnismäßigkeit zu begrenzen. Je weiter der AG mit seiner Kündigung in Besitzstände und Erwerbschancen eingreifen will, umso gewichtigere Eingriffsgründe braucht er. Dabei sei auf das Prüfungsschema zurückzugreifen, das der Senat für ablösende BV entwickelt hat (Rn. 76). Soweit hiernach die Wirkun-

VII. Beendigung von Betriebsvereinbarungen und Regelungsabreden § 77 BetrVG 210

gen der Kündigung einer BV über betriebliche Altersversorgung beschränkt sind, bleibe die BV als Rechtsgrundlage erhalten. Die nach Kündigung der BV verbleibenden Rechtspositionen genießen unverändert den Schutz des § 77 IV. BAG 17. 8. 1999 AP BetrVG 1972 § 77 Nr. 79 hat dies bestätigt und daraus abgeleitet, dass der BR klagebefugt war. Zur Kündigung einer BV über betriebliche Altersversorgung mit dienstzeitunabhängiger Dynamik BAG 21. 8. 2001 DB 02, 952; auch BAG 18. 9. 2001 EzA § 1 BetrAVG Ablösung Nr. 29.

Haben die Betriebsparteien in einer BV eine bestimmte Belegschaftsstärke für einen bestimmten 128 Arbeitsbereich festgelegt und zugleich vereinbart, dies solle zusammen mit einer mitbestimmungspflichtigen Angelegenheit der Arbeitszeit in einer einzigen BV geregelt werden, bildet diese Folgevereinbarung eine untrennbare Einheit mit der Konsequenz einer einheitlichen Nachwirkung auch für den mitbestimmungsfreien Bestandteil (Belegschaftsstärke), solange die Ausgangsvereinbarung ungekündigt und verändert fortbesteht und die Folgevereinbarung vom AG ausdrücklich nur zum Zweck der Herabsetzung der Belegschaftsstärke gekündigt worden ist (LAG Köln 27. 4. 1995 NZA-RR 1996, 172).

Die Nachwirkung einer gekündigten BV über betriebliche Altersversorgung ist nicht nur aus- 129 geschlossen, wenn der AG mit der Kündigung die Ansprüche der AN völlig beseitigen will. Nichts anderes gilt auch dann, wenn der AG lediglich bestimmte Besitzstände der AN entfallen lassen will und die auf diese Weise mitbestimmungsfrei verringerten Dotierungsmittel kein Raum für eine Neuverteilung bleibt. Der danach verbliebene Dotierungsrahmen könnte nur umverteilt werden, indem bei einer ANGruppe in erdiente Besitzstände eingegriffen würde, um anderen AN die Aussicht zu erhalten, weiterhin Steigerungen ihrer Versorgungsanwartschaften zu erdienen. Für einen solchen Eingriff fehlen den Betriebsparteien aber die erforderlichen bes. Rechtfertigungsgründe. Eine mitbestimmungspflichtige Neuverteilung des mitbestimmungsfrei verringerten Dotierungsrahmens ist damit von Rechts wegen ausgeschlossen (BAG 11. 5. 1999 AP BetrAVG § 1 Betriebsvereinbarung Nr. 6). Die Kündigungserklärung muss erkennen lassen, ob sie nur für neue AN gelten soll oder auch in Besitzstände eingreifen soll. Kündigung der Anwartschaften auf Altersversorgung soweit zulässig, reicht (BAG 17. 8. 1999 AP BetrVG § 77 Nr. 79).

4. Kündigung und Nachwirkung von Regelungsabreden. a) Angelegenheiten der Mitbestim- 130 **mung des Betriebsrats.** Hierzu liegen zwei Entscheidungen des BAG vor, welche § 77 V und VI analog auf die Regelungsabrede anwenden. Nach einem Beschluss vom 10. 3. 1992 (NZA 1992, 952 = AP BetrVG § 87 Regelungsabrede Nr. 1) können die Betriebsparteien eine formlose Abrede, durch die für einen längeren Zeitraum eine mitbestimmungspflichtige Angelegenheit iSv. § 87 I geregelt wird, ordentlich mit einer Frist von drei Monaten (analog § 77 V) **kündigen**, sofern keine andere Kündigungsfrist vereinbart worden ist. Beschränke sich der Inhalt der Regelungsabrede über die Ausübung des Mitbestimmungsrechts nicht auf einen Einzelfall, sondern solle die Regelung die Tarifparteien für längere Zeit binden, müsse sich jede Partei wie bei jedem anderen Dauerverhältnis durch Kündigung von dem schuldrechtlichen Vertrag lösen können. Dies bedeute vor allem, dass das durch eine Regelungsabrede gestaltete Mitbestimmungsrecht des BR nicht vor ihrem Ablauf ausgeübt werden könne.

Dies ist eine sinnvolle Konsequenz aus dem anerkannten Grundsatz (Rn. 16), dass die Mitbestim- 131 mung verbraucht ist, solange eine sie regelnde Vereinbarung besteht. Die analoge Anwendung des § 77 V auf die Regelungsabrede rechtfertigt sich daraus, dass die Regelungsabrede ebenso wie die BV die Beziehungen zwischen den Betriebsparteien, insb. das Mitbestimmungsrecht, gestaltet.

Es ist dann nur folgerichtig, dass nach einem Beschluss des BAG vom 23. 6. 1992 (NZA 1992, 1098 132 = AP BetrVG § 87 Arbeitszeit Nr. 51) auch § 77 VI analog auf Regelungsabreden anzuwenden ist. Soweit die Regelungsabrede die mitbestimmungspflichtige Ordnung gestaltet, können sich beide Seiten nicht einseitig von ihr lösen (aA *Richardi* Rn. 234).

b) Bei freiwilligen und teilmitbestimmten Regelungen. Aus der analogen Anwendung des § 77 V, 133 VI folgt, dass auch freiwillige Regelungsabreden nach Maßgabe des § 77 V kündbar sind, Nachwirkung aber nur eintritt, soweit sie teilmitbestimmt sind und der AG eine einseitige Änderung der teilmitbestimmten Angelegenheit vornehmen will.

5. Betriebsinhaberwechsel. Zum Schicksal von BV und Regelungsabrede nach dem Wechsel eines 134 Betriebs- oder Betriebsteilinhabers s. die Kommentierung des § 613a BGB.

6. Beendigung der Wirkung einer Betriebsvereinbarung/Gesamtbetriebsvereinbarung/Rege- 135 **lungsabrede bei Untergang des Betriebsrats/Gesamtbetriebsrats oder Ausscheiden aus seiner Zuständigkeit?** Eine GesamtBV verliert grundsätzlich im Falle eines Betriebsinhaberwechsels nicht ihre normative Geltung. Werden **sämtliche Betriebe** eines Unternehmens von einem anderen Unternehmen im Wege der Einzel- oder Gesamtrechtsnachfolge übernommen, welches bis dahin keinen eigenen Betrieb besaß, bleibt auch der bisherige Gesamtbetriebsrat im Amt, so dass am kollektivrechtlichen Fortbestand der GesamtBV grundsätzlich keine Zweifel bestehen (BAG 18. 9. 2002 NZA 2003, 671). Einschränkungen können sich nur ergeben, wenn die bisherige Regelung mit Besonderheiten des

Betriebsveräußerers bzw. desses Konzerns verknüpft war (GK-BetrVG/*Kreutz* Rn. 372 ff.; *Röder/ Haußmann*, DB 1999, 1754).

136 Werden nur **einzelne Betriebe** aus dem Unternehmensverbund herausgelöst, ist die Rechtsfolge umstritten. Teilweise sind vertreten, dass als Konsequenz des Verlustes der „Unternehmensidentität" die Auffangvorschrift des § 613 a Abs. 1 Satz 2 BGB mit der Folge einer bloß individualrechtlichen Fortgeltung eingreife (*Gaul* NZA 1995, 717, 724; APS/*Steffan* § 613 a BGB Rn. 121). Mit dem BAG (18. 9. 2002 NZA 2003, 671) ist jedoch grundsätzlich davon auszugehen, dass auch in diesem Fall die normative Fortgeltung nicht angetastet wird. Wenn nur einzelne Betriebe übertragen werden, gilt insofern die bisherige Gesamtbetriebsvereinbarung als Einzelbetriebsvereinbarung beim Erwerber fort. Dies entspricht den schützenswerten Interessen der Beteiligten und ist systemkonform: Die Aufrechterhaltung der kollektiven Ordnung dient zum einem dem Schutz der Arbeitnehmer; sie dient zum anderen dem potentiellen Veränderungsinteresse des Arbeitgebers, denn er kann die bestehenden betrieblichen Regelungen gemeinsam mit dem Betriebrat an veränderte Gegebenheiten anpassen (BAG 18. 9. 2002 NZA 2003, 671, 674).

137 Werden zwar nicht alle, aber **mehrere Betriebe** auf ein neues Unternehmen übertragen, ist davon auszugehen, dass die bisherige Gesamtbetriebsvereinbarung auch beim Erwerberunternehmen als Gesamtbetriebsvereinbarung weitergilt. Auch wenn der bisherige Gesamtbetriebsrat seine Zuständigkeit verliert, ändert dies nichts daran, dass beim Erwerber eine gesamtbetriebsratsfähige Anzahl von Betrieben besteht und damit ein Bedarf an betriebsübergreifender Koordination begründet wird (BAG 18. 9. 2002 NZA 2003, 670, 675).

138 Eine normative Fortgeltung von Gesamtbetriebsvereinbarungen scheidet – ebenso wie die Fortgeltung von Betriebsvereinbarungen – dann aus, wenn es im Zuge der Betriebsveräußerung zu **Betriebsaufspaltungen mit dem Verlust der Betriebsidentität** kommt. In diesem Falle greift als Auffangregelung § 613 a Abs. 1 Satz 2 BGB ein. Für den umgekehrten Fall, dass bisher beim Veräußerer nicht verselbständigte Betriebsteile zu eigenständigen Betrieben beim Erwerber werden, soll dagegen nach Auffassung des BAG wiederum die normative Fortgeltung in Betracht kommen (so BAG 18. 9. 2002 NZA 2003, 670, 675; anderer Ansicht LAG Hamm 23. 5. 2002, NZA-RR 2003, 369).

139 Kommt es nicht zu Betriebs- bzw Betriebsteilveräußerungen, sondern kommt es lediglich vorübergehend oder endgültig zu dem **Wegfall des Betriebsrats,** lässt sies allein die normative Wirkung von Betriebsvereinbarungen unberührt (BAG 18. 9. 2002 NZA 2003, 670, 674; *Fitting* § 77 Rn. 175). Dies gilt erst recht für den Wegfall eines Gesamtbetriebsrats (BAG 18. 9. 2002 NZA 2003, 670, 674).

140 **Regelungsabreden** entfallen dagegen stets mit dem Wegfall des Betriebsrats ersatzlos, da ihre beiden Funktionen – Begründung von Rechten und Pflichten zwischen den Betriebsparteien; Ausübung der Mitbestimmung – untrennbar mit der Existenz eines Betriebsrats verknüpft sind. Den Betriebsrat überdauern kann nur die normative, nicht schuldrechtliche und betriebsverfassungsrechtliche Wirkung einer Vereinbarung zwischen den Betriebsparteien. Aus demselben Grund verlieren Regelungsabreden auch bei einem Betriebsübergang (unter Verlust der Betriebsidentität) jegliche Wirkung; § 613 a Abs. 1 Satz 2 BGB erfasst nur normative Regelungen.

141 **7. Verzicht, Verwirkung, Verfristung.** Ein arbeitsvertraglicher Verzicht auf Ansprüche aus BV ist nach § 77 IV 2 nur mit Zustimmung des BR zulässig; ohne sie ist der Verzicht unwirksam. Bloße Duldung durch den BR, der sich heraushalten will, reicht nach BAG 3. 6. 1997 AP BetrVG 1972 § 77 Nr. 69, nicht aus. Dies ist mE unzutreffend, da der BR dem AG mit einer solchen Haltung freie Hand für Vereinbarungen mit dem AN gibt; mehr kann für seine Zustimmung nicht verlangt werden (aA LAG Köln EWiR § 77 BetrVG 1/2000, 211 mit krit. Anm. *Blomeyer*). Anders nachdem die BV ihre zwingende Wirkung durch Ablauf (Rn. 46), Betriebsinhaberwechsel (§ 613 a I 2 BGB) oder Wegfall des BR (oben Rn. 139) verloren hat. Anders auch, wenn die BV von vornherein eine entspr. Öffnungsklausel enthielt (Rn. 87). Anders auch bei einem Vergleich über die tatsächlichen Grundlagen des Anspruchs, BAG 31. 7. 1996 AP BetrVG 1972 § 77 Nr. 63. Fraglich ist, ob ein zunächst unwirksamer Verzicht wirksam wird, wenn die zwingende Wirkung der BV entfällt. Bei den TV ist das strittig (s. § 4 TVG Rn. 32; BAG 28. 5. 1997 NZA 1998, 40 verneint). Zu Verwirkung und Verfristung s. § 4 TVG Rn. 92 ff.

§ 78 Schutzbestimmungen

¹ Die Mitglieder des Betriebsrats, des Gesamtbetriebsrats, des Konzernbetriebsrats, der Jugend- und Auszubildendenvertretung, der Gesamt-Jugend- und Auszubildendenvertretung, der Konzern-Jugend- und Auszubildendenvertretung, des Wirtschaftsausschusses, der Bordvertretung, des Seebetriebsrats, der in § 3 Abs. 1 genannten Vertretungen der Arbeitnehmer, der Einigungsstelle, einer tariflichen Schlichtungsstelle (§ 76 Abs. 8) und einer betrieblichen Beschwerdestelle (§ 86) sowie Auskunftspersonen (§ 80 Abs. 2 Satz 3) dürfen in der Ausübung ihrer Tätigkeit nicht gestört oder behindert werden. ² Sie dürfen wegen ihrer Tätigkeit nicht benachteiligt oder begünstigt werden; dies gilt auch für ihre berufliche Entwicklung.

Schutzbestimmungen § 78 BetrVG 210

1. Vorbemerkung. Die Vorschrift soll die **Unabhängigkeit** der betriebsverfassungsrechtlichen 1
Funktionsträger (einschließlich der Ersatzmitglieder) sichern (GK-BetrVG/*Kreutz* Rn. 1). Für die
ANVertreter im Aufsichtsrat nach BetrVG 1952 gilt die Vorschrift entspr. (§ 76 BetrVG 1952 iVm.
§ 129); vergleichbaren Schutz gewähren § 26 MitbestG sowie §§ 26 und 27 SchwbG für die Mitglieder
der Schwerbehindertenvertretung. § 78 ist **zwingend**: Eine Abbedingung ist weder tarifvertraglich
noch mittels BV oder im Einzelvertrag möglich (hM, *Fitting* Rn. 4; GK-BetrVG/*Kreutz* Rn. 20). Zu
dem entspr. IAO-Abkommen Nr. 135 DKK/*Buschmann* Rn. 4.

2. Schutz der Tätigkeit der Betriebsverfassungsorgane und ihrer Mitglieder (S. 1). Durch das 2
Behinderungsverbot des S. 1 ist sowohl die vorschriftsmäßige Tätigkeit der genannten betriebsverfassungsrechtlichen Organe als auch die Tätigkeit der einzelnen Mitglieder geschützt. Eine Behinderung ist jede
Störung, Erschwerung oder Verhinderung der BRTätigkeit (BAG 1. 8. 1990 DB 1991, 47) durch
jedermann, also sowohl seitens des AG als auch durch AN oder außerbetriebliche Stellen (hM,
GK-BetrVG/*Kreutz* Rn. 19; *Fitting* Rn. 6).

Behinderungen können durch positives **Tun** und durch **Unterlassen** bei entspr. Mitwirkungspflich- 3
ten erfolgen (GK-BetrVG/*Kreutz* Rn. 27).

Vom Verbot erfasst wird **jede objektive Behinderung**, unabhängig davon, ob sie tatsächlich mit der 4
Zielrichtung der Behinderung begangen wurde. Anders als bei einer Bestrafung nach § 119 kommt es
bei § 78 auf ein Verschulden nicht an (BAG 12. 11. 1997, EzA § 23 BetrVG 1972 Nr. 38; GK-BetrVG/
Kreutz Rn. 29; *Fitting* Rn. 12; DKK/*Buschmann* Rn. 16). So darf der AG nicht dem BR die für dessen
Tätigkeit erforderlichen Räume und Sachmittel verweigern, eigenmächtig dessen Anschläge vom
schwarzen Brett entfernen oder ein BRMitglied von den Sitzungen unberechtigt fernhalten (L/K
Rn. 1). Auch der Hinweis des AG auf die Kosten der BRTätigkeit kann eine Behinderung sein, wenn
nicht erkennbar wird, dass es sich um für die BRTätigkeit erforderliche und verhältnismäßige Kosten
handeln kann, für die der AG von Gesetzes wegen einzustehen hat (BAG 12. 11. 1997 AP BetrVG
1972 § 23 Nr. 27 = BB 1998, 1006; dazu *Bengelsdorf*, FS für Hanau, 1999, 359).

Verstößt der AG gegen das Behinderungsverbot, können sowohl der BR als auch die betroffenen 5
Mitglieder **Unterlassungsansprüche** geltend machen (BAG 12. 11. 1997 AP BetrVG 1972 § 23
Nr. 27); möglich ist auch das Erwirken einer einstweiligen Verfügung sowie bei groben Verstößen ein
Vorgehen gegen den AG aus **§ 23 III.** Wird **vorsätzlich** gegen das Behinderungsverbot verstoßen, ist
dies gem. § 119 I Nr. 2 strafbar (L/K Rn. 6).

3. Benachteiligungs- und Begünstigungsverbot (S. 2). Um die unabhängige, unparteiische Amts- 6
führung der Mitglieder betriebsverfassungsrechtlicher Organe zu gewährleisten, werden durch S. 2
sachlich nicht gerechtfertigte Benachteiligungen und Begünstigungen **wegen der BRTätigkeit** verboten. Hiermit soll sichergestellt werden, dass die BRMitglieder bei ordnungsgemäßer Tätigkeit nicht
anders behandelt werden als die anderen AN (*Fitting* Rn. 14). Wie bei S. 1 genügt das **objektive**
Vorliegen einer Begünstigung bzw. Benachteiligung, auf eine entspr. Absicht des Handelnden kommt
es nicht an (L/K Rn. 7). Das Verbot richtet sich auch hier nicht nur gegen den AG, sondern gegen
jedermann (HSG/*Hess* Rn. 10).

Eine **Benachteiligung** ist jede Schlechterstellung im Verhältnis zu anderen vergleichbaren AN, die 7
nicht aus sachlichen Erwägungen, sondern wegen der Amtstätigkeit erfolgt: In Frage kommen ua.
Kündigung, Versetzung auf einen geringer bezahlten Arbeitsplatz (BAG 9. 6. 1982 AP BPersVG § 107
Nr. 1) und Zuweisung einer weniger angenehmen Arbeit (LAG Bremen 12. 8. 1982 AP BetrVG § 99
Nr. 15). Zur Versetzung in einen anderen Betrieb § 103 Rn. 6. Das Benachteiligungsverbot erfasst
ebenfalls die **berufliche Entwicklung:** Beispielsweise muss einem BRMitglied nach Beendigung seiner
Amtszeit die Möglichkeit zur beruflichen Fortbildung im Rahmen der allg. Möglichkeiten gegeben
werden (GK-BetrVG/*Kreutz* Rn. 54). Bei Beförderungen darf eine Freistellung nicht nachteilig
berücksichtigt werden (BAG 29. 10. 1998 AuR 1999, 241 zum Personalvertretungsrecht). Ob zwischen der betriebsverfassungsrechtlichen Amtsausübung und der Benachteiligung oder Begünstigung
ein **Kausalzusammenhang** besteht, muss für den Einzelfall festgestellt werden; die Beweislast trägt
der AN. Zur Entgeltpauschalierung *Kehrmann*, FS für Wlotzke, 1996, S. 357.

Wird gegen das Benachteiligungsverbot verstoßen, hat dies die **Nichtigkeit** des Rechtsgeschäfts 8
nach § 134 BGB zur Folge. Bei schuldhaftem Verstoß können Schadenersatzansprüche aus **§ 823 II
BGB** in Betracht kommen, da § 78 S. 2 Schutzgesetz iSd. Bestimmung ist (BAG 9. 6. 1982 AP
BPersVG § 107 Nr. 1).

Auch eine **Begünstigung** der AN wegen ihrer BRTätigkeit ist unzulässig, so beispielsweise die über 9
§ 38 I hinausgehende, nicht erforderliche Freistellung eines BRMitglieds, eine sachlich unbegründete
tarifliche Höhergruppierung oder eine höhere Sozialplanabfindung für BRMitglieder (ArbG Nürnberg 27. 1. 1997 BB 1997, 2165). **Vereinbarungen** hierüber sind gem. § 134 BGB **nichtig** (*Fitting*
Rn. 23). Ein Anspruch der anderen AN auf Gleichbehandlung besteht nicht (LAG Düsseldorf 13. 9.
2001 BB 2002, 306 Anm. *Henssler*).

Vorsätzliche Verstöße gegen S. 2 werden auf Antrag der geschützten Betriebsverfassungsorgane, des 10
Unternehmers oder der Gewerkschaft gem. **§ 119 I Nr. 3** strafrechtlich verfolgt. Ebenfalls möglich ist
ein Antrag nach **§ 23 III.**

§ 78a Schutz Auszubildender in besonderen Fällen

(1) Beabsichtigt der Arbeitgeber, einen Auszubildenden, der Mitglied der Jugend- und Auszubildendenvertretung, des Betriebsrats, der Bordvertretung oder des Seebetriebsrats ist, nach Beendigung des Berufsausbildungsverhältnisses nicht in ein Arbeitsverhältnis auf unbestimmte Zeit zu übernehmen, so hat er dies drei Monate vor Beendigung des Berufsausbildungsverhältnisses dem Auszubildenden schriftlich mitzuteilen.

(2) ¹Verlangt ein in Absatz 1 genannter Auszubildender innerhalb der letzten drei Monate vor Beendigung des Berufsausbildungsverhältnisses schriftlich vom Arbeitgeber die Weiterbeschäftigung, so gilt zwischen Auszubildendem und Arbeitgeber im Anschluss an das Berufsausbildungsverhältnis ein Arbeitsverhältnis auf unbestimmte Zeit als begründet. ²Auf dieses Arbeitsverhältnis ist insbesondere § 37 Abs. 4 und 5 entsprechend anzuwenden.

(3) Die Absätze 1 und 2 gelten auch, wenn das Berufsausbildungsverhältnis vor Ablauf eines Jahres nach Beendigung der Amtszeit der Jugend- und Auszubildendenvertretung, des Betriebsrats, der Bordvertretung oder des Seebetriebsrats endet.

(4) ¹Der Arbeitgeber kann spätestens bis zum Ablauf von zwei Wochen nach Beendigung des Berufsausbildungsverhältnisses beim Arbeitsgericht beantragen,
1. festzustellen, dass ein Arbeitsverhältnis nach Absatz 2 oder 3 nicht begründet wird, oder
2. das bereits nach Absatz 2 und 3 begründete Arbeitsverhältnis aufzulösen,
wenn Tatsachen vorliegen, auf Grund derer dem Arbeitgeber unter Berücksichtigung aller Umstände die Weiterbeschäftigung nicht zugemutet werden kann. ²In dem Verfahren vor dem Arbeitsgericht sind der Betriebsrat, die Bordvertretung, der Seebetriebsrat, bei Mitgliedern der Jugend- und Auszubildendenvertretung auch diese Beteiligte.

(5) Die Absätze 2 bis 4 finden unabhängig davon Anwendung, ob der Arbeitgeber seiner Mitteilungspflicht nach Absatz 1 nachgekommen ist.

1 **1. Zweck.** Grds. endet das Ausbildungsverhältnis gem. § 14 BBiG mit Ablauf der Ausbildungszeit, ohne dass es einer Kündigung bedarf. Dem AG steht es vorbehaltlich des § 75 frei, ob er einen Auszubildenden nach Beendigung des Ausbildungsverhältnisses übernimmt oder nicht. Mitglieder betriebsverfassungsrechtlicher Gremien sind damit der Gefahr ausgesetzt, dass sie wegen ihres Amtes nicht in ein Arbeitsverhältnis übernommen werden. Davor will die Regelung des § 78a schützen, indem die durch die automatische Beendigung des Ausbildungsverhältnisses entstandene Lücke im amtsbezogenen Schutz der §§ 103 BetrVG und 15 KSchG geschlossen wird.

2 **2. Persönlicher Schutzbereich.** Die Vorschrift erfasst nach Abs. 1 alle Auszubildenden, die Mitglied der JAV, des BR, der Bordvertretung oder des SeeBR sind. Sie gilt ausschließlich für **Ausbildungsverhältnisse** und nicht für andere Berufsbildungsverhältnisse wie die berufliche Fortbildung und Umschulung, auch nicht die Umschulung zu einem anerkannten Ausbildungsberuf (LAG Köln 23. 2. 2000 AiB 2000, 83). Für den Beginn des Schutzes nach § 78a ist nicht auf den Beginn der Amtszeit, sondern auf den Erwerb der Mitgliedschaft abzustellen (BAG 22. 9. 1983 AP BetrVG 1972 § 78a Nr. 11). Nach Abs. 3 gilt der Schutz auch für **ausgeschiedene Mitglieder** der Betriebsverfassungsorgane während des ersten Jahres nach Ablauf der Amtszeit. Auf **Ersatzmitglieder** findet die Vorschrift Anwendung, soweit sie im letzten Vierteljahr des Berufsausbildungsverhältnisses einem Betriebsverfassungsorgan angehören und in diesem Zeitraum die Weiterbeschäftigung verlangen (BAG 15. 1. 1980 AP BetrVG 1972 § 78a Nr. 8). Ersatzmitglieder genießen auch den nachwirkenden Schutz nach Abs. 3, sofern das Ausbildungsverhältnis innerhalb eines Jahres nach der Vertretung erfolgreich abgeschlossen wird und der Auszubildende innerhalb von drei Monaten nach Beendigung des Ausbildungsverhältnisses seine Weiterbeschäftigung verlangt (BAG 13. 3. 1986 AP BPersVG § 9 Nr. 3).

3 **3. Ablehnung der Weiterbeschäftigung.** Beabsichtigt der AG, einen der geschützten Auszubildenden nach Beendigung des Berufsausbildungsverhältnisses nicht in ein Arbeitsverhältnis auf unbestimmte Zeit zu übernehmen, so muss er dies gem. § 78a I spätestens **drei Monate vor dem normalen Ende** des Berufsausbildungsverhältnisses dem Auszubildenden schriftlich mitteilen. Ist infolge vorzeitiger Ablegung der Prüfung ein früheres Ende vorauszusehen, muss die Mitteilung drei Monate vor diesem Zeitpunkt erfolgen (BAG 31. 10. 1985 AP BetrVG 1972 § 78a Nr. 15). Unterlässt der AG diese Mitteilung, so führt dies nicht automatisch zur Begründung eines Arbeitsverhältnisses, wie Abs. 5 verdeutlicht. Vielmehr muss der Auszubildende in jedem Fall seine Weiterbeschäftigung verlangen. Der AG kann jedoch uU schadensersatzpflichtig sein, so zB wenn der Auszubildende infolge der verspäteten Mitteilung durch den AG ein anderes Arbeitsverhältnis ausschlägt (BAG 31. 10. 1985 AP BetrVG 1972 § 78a Nr. 15). Wird der Auszubildende nach Ablauf des Ausbildungsverhältnisses dagegen tatsächlich weiterbeschäftigt und ist eine fristgemäße Mitteilung nicht erfolgt, so gilt nach § 17 BBiG ein Arbeitsverhältnis auf unbestimmte Zeit als begründet, auch wenn nichts ausdrücklich vereinbart wird.

4. Weiterbeschäftigungsanspruch des Auszubildenden. Möchte der Auszubildende über das Ende 4 des Ausbildungsverhältnisses hinaus weiterbeschäftigt werden, muss er dies gem. § 78 a II 1 innerhalb der Letzten drei Monate vor der vertraglichen Beendigung des Ausbildungsverhältnisses schriftlich vom AG **verlangen,** und zwar auch dann, wenn der AG seine Mitteilungspflicht aus Abs. 1 versäumt hat (vgl. § 78 a V). Mit der Ausübung dieses gesetzlichen Gestaltungsrechtes gilt kraft gesetzlicher Fiktion ein Arbeitsverhältnis als auf unbestimmte Zeit begründet (*Fitting* Rn. 29). Ein vor diesem Zeitraum erfolgtes Weiterbeschäftigungsverlangen ist unwirksam und muss innerhalb der Drei-Monats-Frist wiederholt werden (vgl. § 5 BBiG; BAG 15. 1. 1980 AP BetrVG 1972 § 78 a Nr. 7).

Auf das durch das Weiterbeschäftigungsverlangen des Auszubildenden **zustande gekommene Ar-** 5 **beitsverhältnis** findet nach Abs. 2 S. 2 § 37 IV und V entspr. Anwendung. Der AN darf also während seiner Amtstätigkeit und des darauf folgenden Jahres nur mit Tätigkeiten beschäftigt werden, die den Tätigkeiten vergleichbarer AN mit betriebsüblicher beruflicher Entwicklung gleichwertig sind; sein Arbeitsentgelt muss dem vergleichbarer AN entsprechen (vgl. § 37 Rn. 14). Ein befristetes Arbeitsverhältnis kann kraft Gesetzes nicht begründet werden; insofern bedarf es einer vertraglichen Vereinbarung (BAG 24. 7. 1991 AP BetrVG 1972 § 78 a Nr. 23; aA *Fitting* Rn. 57 mwN für den Fall der Unmöglichkeit einer unbefristeten Weiterbeschäftigung). Dasselbe gilt für ein Arbeitsverhältnis zu geänderten Bedingungen. Allerdings ist der AG nach Auffassung des BAG verpflichtet zu prüfen, ob eine anderweitige Beschäftigung des Auszubildenden möglich und zumutbar ist. Unterlässt er die Prüfung oder verneint er zu Unrecht die Möglichkeit und die Zumutbarkeit, so kann das nach § 78 a II entstandene Arbeitsverhältnis nicht nach § 78 a IV aufgelöst werden. Dies gilt allerdings nur dann, wenn der Auszubildende seine Bereitschaft, ggf. zu anderen als den sich aus § 78 a ergebenden Arbeitsbedingungen übernommen zu werden, unverzüglich nach der Erklärung des AG gem. § 78 a I, spätestens mit seinem Übernahmeverlangen nach § 78 a II erklärt (BAG 6. 11. 1996 DB 1997, 1520).

5. Entbindung von der Weiterbeschäftigungspflicht (Abs. 4). Ist im Zeitpunkt der Beendigung 6 des Ausbildungsverhältnisses über einen Feststellungsantrag des AG noch nicht rechtskräftig entschieden, wandelt sich nach neuerer Rspr. des BAG der Feststellungsantrag automatisch in einen Auflösungsantrag nach Abs. 4 Nr. 2 um, ohne dass es einer Antragsänderung bedarf (BAG 29. 11. 1989 AP BetrVG 1972 § 78 a Nr. 20 unter Abkehr von der früheren Rspr., insb. BAG 14. 5. 1987 AP BPersVG § 9 Nr. 4).

Der AG muss **Tatsachen geltend machen,** auf Grund derer ihm unter Berücksichtigung aller 7 Umstände die Weiterbeschäftigung des Auszubildenden nicht zugemutet werden kann. Da es um die Zumutbarkeit der Beschäftigung eines AN in einem Dauerarbeitsverhältnis und nicht um die Zumutbarkeit der Beschäftigung bis zu einem bestimmten Zeitpunkt geht, können die zum Begriff der Unzumutbarkeit in § 626 I BGB entwickelten Grundsätze nicht auf den Auflösungstatbestand des § 78 a IV übertragen werden (BAG 6. 11. 1996 DB 1997, 1520).

Die **Unzumutbarkeit der Beschäftigung** kann zunächst aus in der Person des Auszubildenden 8 liegenden Gründen folgen, zB bei wiederholtem Nichtbestehen der Abschlussprüfung (LAG Niedersachsen 8. 4. 1975 DB 1975, 1224). Allein das schlechtere Abschneiden bei der Abschlussprüfung im Vergleich zu anderen Ausgebildeten reicht hingegen nicht aus (LAG Hamm 21. 10. 1992 DB 1993, 439; LAG Berlin 18. 7. 1995 LAGE BetrVG § 78 a Nr. 8; aA L/K Rn. 107; OVG Schleswig 9. 9. 1999 AP BPersVG § 9 Nr. 14; DKK/*Kittner* Rn. 35).

Dringende betriebliche Gründe können eine Entbindung von der Weiterbeschäftigungspflicht 9 rechtfertigen, etwa wenn zum Zeitpunkt der Übernahme keine freien Arbeitsplätze vorhanden sind (BAG 16. 1. 1979 AP BetrVG 1972 § 78 a Nr. 5; LAG Schleswig-Holstein 26. 11. 1976 DB 1977, 777; LAG Hamm 13. 5. 1977 DB 1978, 260; LAG Nieders. 11. 3. 1994 AuR 1995, 225). Innerhalb von drei Monaten vor Beendigung des Ausbildungsverhältnisses frei werdende Stellen stehen freien Stellen im Zeitpunkt der Übernahme gleich, wenn eine sofortige Neubesetzung nicht durch dringende betriebliche Gründe geboten ist (BAG 12. 11. 1997 DB 1998, 1423, anders bei 5 Monaten BAG 12. 12. 1997 EzA BetrVG 1972 § 78 a Nr. 26). Dabei ist auf die Weiterbeschäftigungsmöglichkeit im Unternehmen und nicht nur im Betrieb abzustellen. Eine Beschränkung auf den Betrieb, in dem der Auszubildende Mitglied des betriebsverfassungsrechtlichen Gremiums war, widerspricht der Wertung des Gesetzgebers im Verhältnis zu den §§ 1 II Nr. 1 b, 15 IV KSchG (LAG Nieders. 26. 4. 1996 NZA-RR 1997, 14; aber auch OVG Münster 25. 3. 1999 BPersVG § 9 Nr. 13). Allerdings kann vom AG nicht die Schaffung zusätzlicher Arbeitsplätze oder die Entlassung anderer AN verlangt werden (BAG 16. 1. 1979 AP BetrVG 1972 § 78 a Nr. 5; *Fitting* Rn. 55), idR auch nicht der Abbau von Überstunden (LAG Brandenburg 18. 3. 1998 LAGE § 78 a BetrVG Nr. 16). Auf geplante Einsparmaßnahmen, die erst künftig möglicherweise einen Wegfall von Arbeitsplätzen zur Folge haben, kann sich der AG zur Begründung der Unzumutbarkeit nicht berufen (BAG 16. 8. 1995 AP BetrVG 1972 § 78 a Nr. 25).

Genauso wie der Auflösungsantrag nach § 78 a IV 2 zielt auch der Feststellungsantrag auf eine 10 **rechtsgestaltende gerichtliche Entscheidung,** die ihre Wirkung erst mit ihrer Rechtskraft für die Zukunft entfaltet (BAG 29. 11. 1989 AP BetrVG 1972 § 78 a Nr. 20). Solange eine rechtskräftige Entscheidung nicht vorliegt, verhindert daher auch ein vom AG vor Ende des Ausbildungsverhältnisses eingeleitetes Verfahren gem. § 78 a IV 1 nicht die Begründung eines Arbeitsverhältnisses nach

§ 78 a II oder III. Der geschützte Auszubildende ist deshalb grds. bis zu einer rechtskräftigen Entscheidung entsprechend seiner Ausbildung im Betrieb zu beschäftigen (BAG 15. 1. 1980 AP BetrVG 1972 § 78 a Nr. 7). Etwas anderes gilt, wenn sich die gerichtliche Feststellung darauf bezieht, dass wegen Fehlens der Voraussetzungen nach § 78 a II und III ein Arbeitsverhältnis überhaupt nicht begründet wurde. Einen derartigen Feststellungsanspruch kann nach einem erneuten Schwenk der Rspr. der AG in einem einheitlichen Beschlussverfahren mit dem Antrag gem. § 78 a IV verbinden (BAG 11. 1. 1995 AP BetrVG 1972 § 78 a Nr. 24; insoweit unter Aufgabe von BAG 29. 11. 1989 AP BetrVG 1972 § 78 a Nr. 20; s. auch Rn. 11).

11   **6. Streitigkeiten.** Die Entscheidung darüber, ob dem AG gem. § 78 a IV die Weiterbeschäftigung des Auszubildenden nicht zugemutet werden kann, ist im arbeitsgerichtlichen **Beschlussverfahren** zu treffen (BAG 5. 4. 1984 AP BetrVG 1972 § 78 a Nr. 13; BAG 29. 11. 1989 AP BetrVG 1972 § 78 a Nr. 20). Für die Klärung der Frage nach der Zumutbarkeit ist eine vorherige Feststellung der Begründung eines Arbeitsverhältnisses unter den Voraussetzungen der Abs. 2 und 3 nicht notwendig (BAG 29. 11. 1987 AP BetrVG 1972 § 78 a Nr. 20). Demgegenüber hat der Auszubildende seinen Anspruch auf Feststellung des Bestehens eines Arbeitsverhältnisses und dessen Inhalt im **Urteilsverfahren** zu verfolgen (BAG 13. 11. 1987 AP BetrVG 1972 § 78 a Nr. 18; BAG 22. 9. 1983 AP BetrVG 1972 § 78 a Nr. 11). Das Gleiche galt nach bisheriger Rspr. für einen Antrag des AG, mit dem dieser die Feststellung begehrt, dass ein Arbeitsverhältnis deswegen nicht zustande gekommen ist, weil die Voraussetzung nach Abs. 2 oder Abs. 3 nicht vorlagen (BAG 29. 11. 1989 AP BetrVG 1972 § 78 a Nr. 20). Anders jetzt BAG 11. 1. 1995 AP BetrVG 1972 § 78 a Nr. 24 (dazu Rn. 10). Anwaltskosten des betroffenen Auszubildenden sind nicht vom AG zu tragen (BAG 5. 4. 2000 NZA 2000, 1178).

12   Im Wege der **einstweiligen Verfügung** können sowohl die vorläufige Weiterbeschäftigung als auch umgekehrt die Entbindung von der tatsächlichen Weiterbeschäftigungspflicht, nicht aber die Vertragsauflösung geltend gemacht werden (LAG Berlin 22. 2. 1991 NZA 1991, 472).

§ 79 Geheimhaltungspflicht

(1) ¹Die Mitglieder und Ersatzmitglieder des Betriebsrats sind verpflichtet, Betriebs- oder Geschäftsgeheimnisse, die ihnen wegen ihrer Zugehörigkeit zum Betriebsrat bekannt geworden und vom Arbeitgeber ausdrücklich als geheimhaltungsbedürftig bezeichnet worden sind, nicht zu offenbaren und nicht zu verwerten. ²Dies gilt auch nach dem Ausscheiden aus dem Betriebsrat. ³Die Verpflichtung gilt nicht gegenüber Mitgliedern des Betriebsrats. ⁴Sie gilt ferner nicht gegenüber dem Gesamtbetriebsrat, dem Konzernbetriebsrat, der Bordvertretung, dem Seebetriebsrat und den Arbeitnehmervertretern im Aufsichtsrat sowie im Verfahren vor der Einigungsstelle, der tariflichen Schlichtungsstelle (§ 76 Abs. 8) oder einer betrieblichen Beschwerdestelle (§ 86).

(2) Absatz 1 gilt sinngemäß für die Mitglieder und Ersatzmitglieder des Gesamtbetriebsrats, des Konzernbetriebsrats, der Jugend- und Auszubildendenvertretung, der Gesamt-Jugend- und Auszubildendenvertretung, der Konzern-Jugend- und Auszubildendenvertretung, des Wirtschaftsausschusses, der Bordvertretung, des Seebetriebsrats, der gemäß § 3 Abs. 1 gebildeten Vertretungen der Arbeitnehmer, der Einigungsstelle, der tariflichen Schlichtungsstelle (§ 76 Abs. 8) und einer betrieblichen Beschwerdestelle (§ 86) sowie für die Vertreter von Gewerkschaften oder von Arbeitgebervereinigungen.

I. Normzweck und Rechtsnatur

1   Zum einen besteht ein Interesse des AG an der Geheimhaltung von Daten, die ihm gegenüber Konkurrenten einen Wettbewerbsvorsprung verschaffen, zum anderen besteht ein Informationsbedürfnis der Belegschaft und vor allem der Mitglieder betriebsverfassungsrechtlicher Einrichtungen, weil eine effektive und sachgerechte Wahrnehmung der Mitbestimmungsbefugnisse Kenntnisse über alle betrieblichen und unternehmerischen Vorgänge voraussetzt. Diesem Interessenkonflikt wird durch ein Verbot der Offenbarung (dh. Weitergabe an unbefugte Dritte) und Verwertung (dh. Ausnutzung der Kenntnisse zum eigenen Vorteil) geheimhaltungspflichtiger Tatsachen in § 79 Rechnung getragen. Der AG soll Informationen nicht aus Furcht vor Weitergabe an Dritte verschweigen müssen. § 79 betrifft nur die betriebsverfassungsrechtliche Amtspflicht. Davon unabhängig bestehen die arbeitsvertraglichen und deliktsrechtlichen Schweigepflichten, die die BRMitglieder wie alle anderen AN treffen.

II. Gegenstand und Umfang der Schweigepflicht

2   **1. Geheimhaltungspflicht.** Geheimhaltungspflichtig sind Betriebs- und Geschäftsgeheimnisse. Das sind Tatsachen, Erkenntnisse und Unterlagen, die im Zusammenhang mit dem technischen Betrieb oder der wirtschaftlichen Betätigung des Unternehmens stehen, nur einem eng begrenzten Personenkreis bekannt, also nicht offenkundig sind, nach dem bekundeten Willen des AG (Unternehmers)

geheimgehalten werden sollen und deren Geheimhaltung – insb. vor Konkurrenten – für den Betrieb oder das Unternehmen wichtig ist (sog. **materielles Geheimnis;** BAG 26. 2. 1987 AP BetrVG 1972 § 79 Nr. 2; BAG 16. 3. 1982 AP BGB § 611 Betriebsgeheimnis Nr. 1; Richardi/*Richardi*/*Thüsing* Rn. 4; GK-BetrVG/*Oetker* Rn. 8).

Betriebsgeheimnisse liegen meist auf technischem Gebiet, zB technische Geräte und Maschinen, Diensterfindungen, Konstruktionspläne, Aufzeichnungen über neue technische Verfahren oder Mängel der hergestellten Ware, Rezepturen usw., auch die Tatsache, dass ein bestimmtes Verfahren in einem Betrieb angewendet wird (BAG 16. 3. 1982 AP BGB § 611 Betriebsgeheimnis Nr. 1; LAG Köln 16. 12. 1987 LAGE BGB § 611 Betriebsgeheimnis Nr. 1). Zu geplanten Betriebsänderungen und -übertragungen s. § 111 Rn. 5 ff.

Geschäftsgeheimnisse betreffen regelmäßig wirtschaftliche und kaufmännische Tatsachen, zB Absatzplanung, Vorzugspreise, Kalkulation, unveröffentlichte Jahresabschlüsse, Liquidität des Unternehmens, Auftragslage, Umsatzhöhe, uU wichtige Verträge oder Vertragsverhandlungen (vgl. *Thomas Schmidt* AiB 1980, 3), Kundenlisten und -karteien.

Ob auch **Lohn- und Gehaltsdaten** unter die Betriebs- und Geschäftsgeheimnisse iSd. § 79 fallen, lässt sich nicht generell, sondern nur unter Berücksichtigung der Besonderheiten des betroffenen Unternehmens beantworten. Entscheidend ist, ob die Geheimhaltung der Daten gerade dieses Betriebes für den wirtschaftlichen Erfolg des Betriebes insofern von Vorteil ist, als die Konkurrenz mit deren Kenntnis ihre eigene Wettbewerbsfähigkeit steigern könnte (BAG 26. 2. 1987 AP BetrVG 1972 § 79 Nr. 2; DKK/*Buschmann* Rn. 10; aA *Bobke* Anm. zu BAG 26. 2. 1987 AiB 1988, 69; vgl. auch *Friesen* AuR 1982, 246 und dort Fn. 10). Das ist beispielsweise anzunehmen, wenn die Gehaltsdaten weitgehend mit den Produktionskosten identisch und daher wesentlicher Kalkulationsfaktor der Gesamtkosten sind.

Ausgeschlossen aus dem Kreis der schützenswerten Tatsachen sind gesetzeswidrige Vorgänge, zB Steuerhinterziehungen (GK-BetrVG/*Oetker* Rn. 10; *Preis*/*Reinfeld* AuR 1989, 361, 363). Die Verschwiegenheitspflicht des AN, die aus seiner Treuepflicht herrührt, bleibt von § 79 unberührt, ebenso die §§ 17 ff. UWG (Rn. 17). Ferner unterliegen **persönliche Angelegenheiten der AN** des Betriebs nicht der Schweigepflicht, da es sich hier nicht um Betriebs- und Geschäftsgeheimnisse handelt (LAG Hamburg 24. 5. 1988 CR 1989, 409). Insofern kommt allerdings ein Schutz über §§ 99 I 3, 102 II 5 in Betracht.

2. Erklärung des Arbeitgebers. Der AG muss durch ausdrückliche Erklärung darauf hingewiesen haben, dass er die betreffende Angelegenheit als Geschäfts- oder Betriebsgeheimnis ansieht, über das Stillschweigen zu halten ist (sog. **formelles Geheimnis**). Die Erklärung ist formfrei, muss jedoch hinsichtlich des Gegenstandes und des Umfangs der Geheimhaltung klar und eindeutig sein (ArbG Düsseldorf 8. 6. 1953 BB 1953, 915; DKK/*Buschmann* Rn. 11; *Fitting* Rn. 5). Es genügt nicht, dass sich die Geheimhaltungsbedürftigkeit aus den Umständen ergibt (GK-BetrVG/*Oetker* Rn. 15, aA *Zöllner*/*Loritz* § 48 III 8 h). Für den Erklärungsempfänger muss der Wille des AG über die Geheimhaltungsbedürftigkeit klar erkennbar sein. Dazu reicht die bloße Bezeichnung einer Mitteilung als „vertraulich" aus (GK-BetrVG/*Oetker* Rn. 16; MünchArbR/*Joost* § 308 Rn. 187; aA *Fitting* Rn. 5). Eine Angelegenheit kann jedoch nicht willkürlich zum Geschäftsgeheimnis gemacht werden, vielmehr ist ein objektives Geheimhaltungsinteresse erforderlich (*Fitting* Rn. 3; GK-BetrVG/*Oetker* Rn. 8; DKK/*Buschmann* Rn. 6). Das Geheimhaltungsinteresse muss legal und legitim sein (vgl. BAG 26. 2. 1987 AP BetrVG 1972 § 79 Nr. 2: „berechtigtes wirtschaftliches Interesse").

Es ist erforderlich, dass der AG selbst oder ein Vertreter die Geheimhaltungspflichtigkeit gegenüber dem BR erklärt (*Fitting* Rn. 7; DKK/*Buschmann* Rn. 11; Richardi/*Richardi*/*Thüsing* Rn. 7). Auch wenn dem BR im Rahmen seiner Amtstätigkeit das Geheimnis als solches aus einer anderen Quelle bekannt geworden war und der AG erst nachträglich die Geheimhaltung anordnet, greift § 79 ein (GK-BetrVG/*Oetker* Rn. 17; DKK/*Buschmann* Rn. 12; Richardi/*Richardi*/Thüsing Rn. 7). Die Vorschrift ist auch bei Mitteilung des Geheimnisses und der vom AG ausgehenden Anordnung der Geheimhaltung durch Dritte anwendbar.

3. Kenntniserlangung. Die geheimhaltungspflichtige Tatsache muss dem zur Verschwiegenheit Verpflichteten in seiner Eigenschaft als Amtsträger oder auf Grund seiner betriebsverfassungsrechtlichen Funktion bekannt geworden sein (*Fitting* Rn. 7; DKK/*Buschmann* Rn. 12). Wie die Kenntniserlangung im Übrigen erfolgt, ist ohne Belang, insb. dürfen auch rechtswidrig erlangte Kenntnisse weder verwertet noch weitergegeben werden (GK-BetrVG/*Oetker* Rn. 22). Erfolgt die Kenntniserlangung ohne Zusammenhang mit der Amtstätigkeit, unterliegt sie der Geheimhaltungspflicht nicht, die Verwertung oder Weitergabe kann dann allenfalls als Amtspflichtverletzung einen Verstoß gegen § 2 I darstellen und ist arbeitsvertraglich nach den allgemeinen Grundsätzen zu beurteilen. Eine Erweiterung des Geheimhaltungsgebots über § 79 hinaus ist nicht zulässig (vgl. auch BGH 5. 6. 1975 DB 1975, 1308).

4. Adressatenkreis. Zur Verschwiegenheit verpflichtet sind die in der Vorschrift genannten Stellen und Personen, insb. auch die Stellvertreter verhinderter BRMitglieder hinsichtlich während der Dauer der Verhinderung erfahrener Geheimnisse. Diese haben wiederum ihrerseits dafür Sorge zu tragen, dass andere Mitglieder, die von der Erklärung der Geheimhaltungspflichtigkeit bisher keine Kenntnis hatten, von der Geheimhaltungspflicht unterrichtet werden (DKK/*Buschmann* Rn. 11; *Fitting* Rn. 6). Ferner unterliegt der **BR** selbst **als Organ** der Betriebsverfassung der Geheimhaltungspflicht (BAG 26. 2. 1987 AP BetrVG 1972 § 79 Nr. 2).

11 Die Aufzählung in § 79 ist nicht abschließend. §§ 80 III 2, 107 III 4, 108 II 3, 109 S. 3 sind ergänzende Bestimmungen für **Sachverständige** und **AN**, die zur Durchführung betriebsverfassungsrechtlicher Aufgaben hinzugezogen werden. Die Schweigepflicht der **ANVertreter im AR** ergibt sich nicht aus § 79 BetrVG, sondern aus dem Gesellschaftsrecht (GK-BetrVG/*Oetker* Rn. 28).

12 **5. Dauer.** Die Geheimhaltungspflicht **beginnt** mit dem Amtsantritt. Sie **endet** erst, wenn die Tatsache entweder kein Betriebs- oder Geschäftsgeheimnis mehr ist oder vom AG als nicht mehr geheimhaltungsbedürftig erklärt wird (hM, vgl. BAG 15. 12. 1987 AP BGB § 611 Betriebsgeheimnis Nr. 5; BAG 16. 3. 1982 AP BGB § 611 Betriebsgeheimnis Nr. 1; Richardi/*Richardi/Thüsing* Rn. 15, 30; *Fitting* Rn. 17; GK-BetrVG/*Oetker* Rn. 31) und geht somit über die Mitgliedschaft im BR und über die Dauer des Arbeitsverhältnisses hinaus. In der nachvertraglichen Phase verringert sich aber das Gewicht der schutzwürdigen Interessen des AG (BGH 20. 1. 1981 AP BGB § 611 Schweigepflicht Nr. 4; restriktiv *Fezer* Anm. zu BGH 4. 2. 1993 JZ 1993, 956 mwN).

13 **6. Ausnahmen.** Die Schweigepflicht besteht nicht im Innenverhältnis zwischen den BRMitgliedern und nach Abs. 2 hinsichtlich der **internen** Kommunikation innerhalb der in Abs. 2 genannten Institutionen. Nach dem Zweck der Vorschrift muss die Ausnahme auf Mitteilungen mit betriebsverfassungsrechtlicher Relevanz beschränkt werden. Ferner gilt die Schweigepflicht nicht im Verfahren vor der Einigungsstelle, der tariflichen Schlichtungsstelle oder einer betrieblichen Beschwerdestelle, soweit die Kenntnis für diese Stellen von Belang ist. **Unzulässig** ist die Offenbarung von Geheimnissen durch (Gesamt/Konzern)BR, Bordvertretung und SeeBR an die Stellen und Personen, die nur in Abs. 2, nicht aber in Abs. 1 genannt sind (GK-BetrVG/*Oetker* Rn. 35, 36). Somit ist die Offenbarung gegenüber der Gesamt-, JAV dem Wirtschaftsausschuss, den zusätzlichen Vertretern nach § 3 I Nr. 1 und den Vertretern der Gewerkschaften und AGVerbänden nicht gestattet (*Fitting* Rn. 25; GK-BetrVG/ *Oetker* Rn. 35; kritisch DKK/*Buschmann* Rn. 22). Die anderen Vertreter nach § 3 I Nr. 2 sind zwar ebenfalls nicht in Abs. 1 genannt, dennoch dürfen ihnen gegenüber Geheimnisse offenbart werden, da sie an die Stelle des BR treten (*Fitting* Rn. 25; GK-BetrVG/*Oetker* Rn. 36). Ferner kann die Schweigepflicht gegenüber Redepflichten weichen, zB Zeugenaussagen vor Gericht, Anzeigepflichten zur Verhütung strafbarer Handlungen und Auskunftserteilung im Rahmen des Arbeitsschutzes (DKK/ *Buschmann* Rn. 25; *Fitting* Rn. 27).

14 **7. Verbot der Offenbarung und Verwertung.** Die Vorschrift verbietet die Offenbarung und Verwertung von Betriebs- und Geschäftsgeheimnissen. Ein **Offenbaren** liegt dabei in der Weitergabe des Geheimnisses an (unberechtigte) andere; ein **Verwerten** liegt vor, wenn ein Geheimnis zum Zweck der eigenen Gewinnerzielung wirtschaftlich ausgenutzt wird (GK-BetrVG/*Oetker* Rn. 29).

III. Sonstige Schweigepflichten

15 **1. Betriebsverfassungsrechtlicher Art.** Die BRMitglieder trifft eine bes. Verschwiegenheitspflicht aus §§ 82 II, 83 I, 99 I 3 **und** 102 II 5 (Richardi/*Richardi/Thüsing* Rn. 31; *Fitting* Rn. 32; GK-BetrVG/*Oetker* Rn. 48 ff.; DKK/*Buschmann* Rn. 28) hinsichtlich persönlicher Geheimnisse von AN. Zudem kann, auch wenn grds. keine Schweigepflicht hinsichtlich des Inhalts der BRSitzungen besteht (LAG München 15. 11. 1977 DB 1978, 894), doch die Aufgabenstellung des BR gegenüber dem AG gegenüber eine Schweigepflicht auslösen, wenn durch die Preisgabe der Informationen die Tätigkeit des BR ernstlich beeinträchtigt wird (LAG München 15. 11. 1977 DB 1978, 894). Nach *Dieterich* GG Art. 5 Rn. 40 hat der BR aus Art. 5 GG ein Recht auf ungehinderte Öffentlichkeitsarbeit. Diese Auffassung ist abzulehnen, da Öffentlichkeitsarbeit ohne Veranlassung durch die Gegenseite dem Gebot der vertrauensvollen Zusammenarbeit gem. § 2 I widerspricht.

16 **2. Allg. Geheimnisschutz.** Regelmäßig verstößt der AN mit der Offenbarung von geheimhaltungspflichtigen Tatsachen gegen seine Schweigepflicht, die aus der **arbeitsvertraglichen Treuepflicht** herrührt (BGH 20. 1. 1981 AP BGB § 611 Schweigepflicht Nr. 4; BAG 25. 8. 1966 AP BGB § 611 Schweigepflicht Nr. 1; BAG 13. 2. 1969 AP BGB § 611 Schweigepflicht Nr. 3; BAG 16. 3. 1982 AP BGB § 611 Betriebsgeheimnis Nr. 1; BAG 15. 12. 1987 AP BGB § 611 Betriebsgeheimnis Nr. 5; LAG Frankfurt 1. 6. 1967 AP BGB § 611 Schweigepflicht Nr. 2; aA DKK/*Buschmann* Rn. 32, der in § 79 eine abschließende Sonderregelung sieht). Diese Schweigepflicht umfasst über den Geheimnisbegriff des § 79 hinaus alle Geheimnisse, vertrauliche und schützenswerte betriebliche und persönliche Angelegenheiten und gilt gegenüber jedermann. Die Art und Weise der Kenntniserlangung ist unerheblich; auch ist ein ausdrücklicher Hinweis des AG nicht erforderlich (GK-BetrVG/*Oetker* Rn. 54). Darüber hinaus ist der BR auf Grund des **Persönlichkeitsschutzes** (Grundrecht auf informationelle Selbstbestimmung nach Art. 1 GG, vgl. BVerfG 15. 12. 1983 DB 1984, 36, „Volkszählungsurteil") zur

Geheimhaltung vertraulicher Informationen über AN, von denen er im Rahmen seiner Tätigkeit Kenntnis erlangt hat, verpflichtet. Über § 823 BGB erfahren Betriebs- und Geschäftsgeheimnisse Schutz im Rahmen des **eingerichteten und ausgeübten Gewerbebetriebes** (vgl. BGH 25. 1. 1955 AP UnlWG § 17 Nr. 4; BGH 18. 3. 1955 BGHZ 17, 41, 51).

§ 17 UWG unterstellt Betriebs- und Geschäftsgeheimnisse strafrechtlichem Schutz, nach § 19 **17** UWG besteht eine Schadensersatzpflicht. Von der Norm erfasst sind alle AN und Auszubildende eines Geschäftsbetriebs. Das Geheimnis muss ihnen auf Grund ihres Arbeitsverhältnisses anvertraut oder zugänglich gemacht worden sein (GK-BetrVG/*Oetker* Rn. 55).

Wird ein BRMitglied gem. § 83 I 2 zur Einsicht in **personenbezogene Daten** herbeigezogen, gilt **18** für die Schweigepflicht § 83 I 3. Diese Vorschrift geht gem. § 1 III BDSG dem § 5 BDSG vor. Da sich die betriebsverfassungsrechtlichen Verschwiegenheitspflichten jedoch im Wesentlichen auf Daten mit Intimcharakter sowie Betriebs- und Geschäftsgeheimnisse beziehen, ist § 5 BDSG, der sämtliche personenbezogenen Daten erfasst, im Übrigen für den BR anwendbar, da dieser als solcher Teil der speichernden Stelle Betrieb oder Unternehmen ist (GK-BetrVG/*Oetker* Rn. 59): § 5 BDSG verbietet, geschützte personenbezogene Daten anderweitig als zu dem zur jeweiligen rechtmäßigen Aufgabenerfüllung gehörenden Zweck zu nutzen.

IV. Rechtsfolgen der Verletzung der Schweigepflicht

1. Sanktionen nach § 23 I. Bei groben Verletzungen der Verschwiegenheitspflicht aus § 79 kann **19** das BRMitglied gem. § 23 I aus dem BR **ausgeschlossen** werden. Eine gerichtliche **Auflösung** des gesamten BR mit der Konsequenz von Neuwahlen (vgl. § 13 II Nr. 5) ist regelmäßig ausgeschlossen, da es sich bei der Verschwiegenheitspflicht um die Amtspflicht des einzelnen Funktionsträgers handelt (DKK/*Buschmann* Rn. 34). Eine Ausnahme von diesem Grundsatz liegt dann vor, wenn der Verstoß dem BR als Kollegialorgan zuzuordnen ist (vgl. BAG 26. 2. 1987 AP BetrVG 1972 § 79 Nr. 2; BAG 14. 5. 1987 DB 1987, 2569; Richardi/*Richardi/Thüsing* Rn. 36; GK-BetrVG/*Oetker*, Rn. 42; DKK/*Buschmann* Rn. 34).

2. Außerordentliche Kündigung. Im Einzelfall kann wegen der Verletzung der Schweigepflicht **20** auch eine außerordentliche Kündigung in Betracht kommen, wenn gleichzeitig Pflichten aus dem Arbeitsvertrag derart verletzt wurden, dass eine Fortführung des Arbeitsverhältnisses unzumutbar geworden ist (Richardi/*Richardi/Thüsing* Rn. 37; *Fitting* Rn. 41; GK-BetrVG/*Oetker* Rn. 46; aA DKK/*Buschmann* Rn. 35).

3. Schadensersatzansprüche. Ferner ist § 79 ein Schutzgesetz iSv. § 823 II BGB, so dass ein Ver- **21** stoß Schadensersatzansprüche des AG begründen kann (DKK/*Buschmann* Rn. 36; Richardi/*Richardi/Thüsing* Rn. 38 f.; GK-BetrVG/*Oetker* Rn. 43). Soweit ihm gegenüber eine Schweigepflicht verletzt ist, kann auch ein AN Schadensersatzansprüche geltend machen, Schutzgesetze sind insoweit §§ 99 I 3, 102 II 5. Nicht von § 79 berührt sind der allg. Geheimnisschutz im Rahmen der arbeitsvertraglichen Treuepflicht und die Ansprüche aus §§ 823, 826 BGB.

4. Unterlassung. Aus dem Sinn und Zweck der Vorschrift ergibt sich ferner ein Anspruch des AG **22** auf Unterlassung der Offenbarung und Verwertung geheimhaltungspflichtiger Informationen (BAG 26. 2. 1987 AP BetrVG 1972 § 79 Nr. 2; GK-BetrVG/*Oetker* Rn. 45), der idR im Wege der einstweiligen Verfügung gem. §§ 85 ArbGG, 935 ff. ZPO durchgesetzt werden kann.

5. Strafrechtliche Sanktionen. § 120 stellt die vorsätzliche Verletzung der betrieblichen Verschwie- **23** genheitspflicht unter **Strafe**.

V. Streitigkeiten

Über Streitigkeiten hinsichtlich des Bestehens und des Umfangs der Schweigepflicht aus § 79 **24** entscheiden die AG im **Beschlussverfahren** (§ 2 a I Nr. 1, II, §§ 80 ff. ArbGG).

§ 80 Allgemeine Aufgaben

(1) Der Betriebsrat hat folgende allgemeine Aufgaben:
1. darüber zu wachen, dass die zugunsten der Arbeitnehmer geltenden Gesetze, Verordnungen, Unfallverhütungsvorschriften, Tarifverträge und Betriebsvereinbarungen durchgeführt werden;
2. Maßnahmen, die dem Betrieb und der Belegschaft dienen, beim Arbeitgeber zu beantragen;
2 a. die Durchsetzung der tatsächlichen Gleichstellung von Frauen und Männern, insbesondere bei der Einstellung, Beschäftigung, Aus-, Fort- und Weiterbildung und dem beruflichen Aufstieg, zu fördern;
2 b. die Vereinbarkeit von Familie und Erwerbstätigkeit zu fördern;

3. Anregungen von Arbeitnehmern und der Jugend- und Auszubildendenvertretung entgegenzunehmen und, falls sie berechtigt erscheinen, durch Verhandlungen mit dem Arbeitgeber auf eine Erledigung hinzuwirken; er hat die betreffenden Arbeitnehmer über den Stand und das Ergebnis der Verhandlungen zu unterrichten;
4. die Eingliederung Schwerbehinderter und sonstiger besonders schutzbedürftiger Personen zu fördern;
5. die Wahl einer Jugend- und Auszubildendenvertretung vorzubereiten und durchzuführen und mit dieser zur Förderung der Belange der in § 60 Abs. 1 genannten Arbeitnehmer eng zusammenzuarbeiten; er kann von der Jugend- und Auszubildendenvertretung Vorschläge und Stellungnahmen anfordern;
6. die Beschäftigung älterer Arbeitnehmer im Betrieb zu fördern;
7. die Integration ausländischer Arbeitnehmer im Betrieb und das Verständnis zwischen ihnen und den deutschen Arbeitnehmern zu fördern sowie Maßnahmen zur Bekämpfung von Rassismus und Fremdenfeindlichkeit im Betrieb zu beantragen;
8. die Beschäftigung im Betrieb zu fördern und zu sichern;
9. Maßnahmen des Arbeitsschutzes und des betrieblichen Umweltschutzes zu fördern.

(2) ¹Zur Durchführung seiner Aufgaben nach diesem Gesetz ist der Betriebsrat rechtzeitig und umfassend vom Arbeitgeber zu unterrichten; die Unterrichtung erstreckt sich auch auf die Beschäftigung von Personen, die nicht in einem Arbeitsverhältnis zum Arbeitgeber stehen. ²Dem Betriebsrat sind auf Verlangen jederzeit die zur Durchführung seiner Aufgaben erforderlichen Unterlagen zur Verfügung zu stellen; in diesem Rahmen ist der Betriebsausschuss oder ein nach § 28 gebildeter Ausschuss berechtigt, in die Listen über die Bruttolöhne und -gehälter Einblick zu nehmen. ³Soweit es zur ordnungsgemäßen Erfüllung der Aufgaben des Betriebsrats erforderlich ist, hat der Arbeitgeber ihm sachkundige Arbeitnehmer als Auskunftspersonen zur Verfügung zu stellen; er hat hierbei die Vorschläge des Betriebsrats zu berücksichtigen, soweit betriebliche Notwendigkeiten nicht entgegenstehen.

(3) Der Betriebsrat kann bei der Durchführung seiner Aufgaben nach näherer Vereinbarung mit dem Arbeitgeber Sachverständige hinzuziehen, soweit dies zur ordnungsgemäßen Erfüllung seiner Aufgaben erforderlich ist.

(4) Für die Geheimhaltungspflicht der Auskunftspersonen und der Sachverständigen gilt § 79 entsprechend.

I. Vorbemerkung

1 Abs. 1 der Vorschrift enthält eine Aufzählung allg. Aufgaben und Rechte des BR. Der BR ist bei der Ausübung seiner Aufgaben nicht auf diejenigen Gebiete beschränkt, in denen ihm Beteiligungsrechte zustehen (GK-BetrVG/*Kraft* Rn. 1). Die **allg. Aufgaben** bestehen unabhängig von den Mitwirkungs- und Mitbestimmungsbefugnissen der §§ 87 bis 113, auch wenn sie oftmals die Grundlage für die Ausübung der einzelnen Beteiligungsrechte bilden (*Fitting* Rn. 4). Der BR ist zur Wahrnehmung der ihm übertragenen Kompetenzen verpflichtet. Seine Grenze findet die BRTätigkeit in den für alle natürlichen Personen geltenden straf- oder zivilrechtlichen Beschränkungen, in dem Verbot von Arbeitskampfmaßnahmen (§ 74 II), dem Verbot einseitig belastenden Handelns (§ 77 I) sowie des Rechtsmissbrauchs (BAG 11. 7. 1972 AP BetrVG 1972 § 80 Nr. 1). Der AG hat alle Maßnahmen, die der Wahrnehmung der Befugnisse des BR dienen, zu tolerieren (GK-BetrVG/*Kraft* Rn. 24). Die allg. Aufgaben des Abs. 1 räumen dem BR jedoch weder ein Mitbestimmungsrecht noch einen gerichtlich durchsetzbaren Anspruch gegen den AG auf bestimmte Handlungen ein (*Fitting* Rn. 14). Sie bezeichnen und begrenzen vielmehr die Angelegenheiten, über die der AG den BR zu unterrichten und die er mit ihm zu besprechen hat. Die Vorschrift steht in engem Zusammenhang mit der Pflicht zu vertrauensvoller Zusammenarbeit (§ 2 I) und zu regelmäßigen Besprechungen (§ 74 I). Die Vorschrift kann auch als Ermächtigungsgrundlage für Regelungsabreden (s. § 77 Rn. 32 ff.) zwischen AG und BR herangezogen werden.

2 Die Vorschrift gilt für den **GesamtBR** sowie den **KonzernBR** im Rahmen ihrer Zuständigkeit entspr. Nicht zust. ist der GesamtBR jedoch für die Überwachung von BV, auch wenn er sie selbst abgeschlossen hat (BAG 20. 12. 1988 AP ArbGG 1979 § 92 Nr. 5). Die Vorschrift regelt außerdem die Informationspflichten des AG gegenüber dem BR (Abs. 2) und die Möglichkeit der Hinzuziehung von Sachverständigen (Abs. 3). § 70 enthält eine Sonderregelung für die JAV, § 95 SGB IX eine entspr. Vorschrift für den Vertrauensmann der Schwerbehinderten und § 37 II und III ZDG für den Vertrauensmann der Zivildienstleistenden. Deren Aufgaben und Zuständigkeiten lassen diejenigen des BR unberührt (DKK/*Buschmann* Rn. 3). Die in der Vorschrift genannten Aufgaben hat der BR für AN iSd. § 5 I wahrzunehmen, sie beziehen sich jedoch nicht auf leitende Angestellte iSd. § 5 III. Die in § 80 I geregelten Aufgaben können Gegenstand von Schulungsveranstaltungen sein (s. § 37 Rn. 17).

II. Allgemeine Aufgaben des Betriebsrats (Abs. 1)

1. Überwachung von Rechtsnormen. Die Überwachungspflicht des BR über die Einhaltung der in 3 § 80 I 1 aufgeführten Normen soll sicherstellen, dass die Schutzvorschriften zugunsten der AN auch tatsächlich eingehalten werden (GK-BetrVG/*Kraft* Rn. 9). Der BR ist dabei nicht als ein dem AG übergeordnetes Kontrollorgan zu verstehen. Seine Befugnisse bestehen lediglich im Interesse der Rechtskontrolle (*Fitting* Rn. 6). Der Begriff der zugunsten der AN geltenden **Gesetze und Verordnungen** ist weit zu verstehen. Er umfasst neben dem Richterrecht alle Rechtsvorschriften, die sich zugunsten der AN im Betrieb auswirken (*Fitting* Rn. 3). Hierzu zählen insb.: Grundrechte der AN; arbeitsrechtliche Gesetze und Verordnungen, zB MuSchG (BAG 27. 2. 1968 AP BetrVG 1972 § 58 Nr. 1), BetrVG, ArbZG, KSchG, BUrlG, EFZG, AÜG, JArbSchG, arbeitsrechtliche Vorschriften in BGB, HGB und GewO, Bestimmungen des Arbeitsschutzes im Betrieb, NachwG (BAG 19. 10. 1999 EzA § 80 BetrVG Nr. 45) sowie die UVV der Berufsgenossenschaften; ferner die gesetzlichen Bestimmungen über Leiharbeit, Teilzeitarbeit und Schwarzarbeit; allg. arbeitsrechtliche Grundsätze, zB Gleichbehandlungsgrundsatz, Grundsatz von Recht und Billigkeit (BAG 11. 7. 1972 AP BetrVG 1972 § 80 Nr. 1), Fürsorgepflicht; europarechtliche Vorschriften; das BDSG, soweit seine Vorschriften auf die AN des Betriebs Anwendung finden (BAG 17. 3. 1987 AP BetrVG 1972 § 80 Nr. 29); sozialversicherungsrechtliche Vorschriften, zB die Pflicht des AG zur richtigen Berechnung und Abführung von Lohnsteuer und Sozialversicherungsbeiträgen (BAG 17. 3. 1960 AP BGB § 670 Nr. 8); Gesetze und Verordnungen zum Umweltschutz, soweit sie arbeitnehmerschützende Wirkung haben, zB BImSchG, ChemlSchG, AtomG, StrVG, GefStoffV, UmweltauditG und Gesetze, die dem BR weitere Zuständigkeiten zuweisen, zB ArbnErfG; ASiG, MitbestG, SchiedsstellenG, SGB IX, SpTrUG, UmwG, VermBG, VermG, ZDVG.

Die Überwachungspflicht hinsichtlich der **TV** bezieht sich sowohl auf Normen über die Arbeits- 4 verhältnisse als auch auf betriebliche und betriebsverfassungsrechtliche Normen iSd. § 4 I 2 TVG. Sie besteht ebenso bezüglich schuldrechtlicher Regelungen eines TV, die sich zugunsten der AN auswirken (BAG 11. 7. 1972 AP BetrVG 1972 § 80 Nr. 1) und für nachwirkende Tarifnormen (*Oetker* FS Schaub 1998 S. 542). Voraussetzung ist, dass die TV kraft AVE oder als Firmentarif oder Mitgliedschaft des AG im tarifschließenden AGVerband für den betroffenen Betrieb gelten. Liegt keine Allgemeinverbindlichkeit vor, ist bei Abschluss-, Inhalts- und Beendigungsnormen zusätzlich erforderlich, dass der AN tarifgebunden ist oder die Anwendung des TV einzelvertraglich vereinbart wurde (BAG 18. 9. 1973 AP BetrVG 1972 § 80 Nr. 3) sowie stets, dass der TV kraft seines persönlichen und fachlichen Geltungsbereichs für den AN gilt. Die bindenden Festsetzungen der Arbeitsbedingungen nach §§ 19, 22 HAG sowie die Mindestarbeitsbedingungen nach § 8 MindArbBedG stehen dem TV gleich.

Dem BR obliegt auch die Überwachungspflicht bezüglich der Einhaltung von **BV und Regelungs-** 5 **abreden,** deren Durchführung aber gem. § 77 I Aufgabe des AG ist. Die originäre Zuständigkeit der örtlichen BR ist auch dann gegeben, wenn es um eine BV geht, die der GesamtBR oder der KonzernBR abgeschlossen hat (BAG 20. 12. 1988 AP ArbGG § 92 Nr. 5). Es besteht kein eigenständiges Überwachungsrecht bezüglich der Ausgestaltung einzelner Arbeitsverträge. Jedoch hat der BR zu prüfen, ob zwingende ANSchutzbestimmungen verletzt wurden (*Fitting* Rn. 8).

Zur **Prüfung der Einhaltung der Vorschriften** kann der BR auch ohne Darlegung eines Verstoßes 6 gegen eine der in Nr. 1 genannten Vorschriften Betriebsbegehungen durchführen (BAG 21. 1. 1982 AP BetrVG 1972 § 70 Nr. 1). Der BR hat auch die Möglichkeit, AN aufzusuchen, die außerhalb des Betriebs tätig sind (BAG 13. 6. 1989 AP BetrVG 1972 § 80 Nr. 36). Diese Rechte bleiben auch während eines Arbeitskampfes bestehen (DKK/*Buschmann* Rn. 9). Nach dem Gebot der vertrauensvollen Zusammenarbeit sollte der BR dem AG den Grund für die Betriebsbegehung in allg. Form angeben (LAG Nürnberg 18. 10. 1993 DB 1994, 52).

Eine Durchsetzung der Rechtsnormen zugunsten der AN im arbeitsgerichtlichen Beschlussverfah- 7 ren ist dem BR nur bei BV und Regelungsabreden möglich (st. Rspr., BAG 25. 5. 1982 AP BetrVG 1972 § 87 Nr. 2; BAG 10. 6. 1986 AP BetrVG 1972 § 80 Nr. 26; BAG 5. 5. 1992 AP BetrVG 1972 § 99 Nr. 97; LAG Niedersachsen LAGE TVG § 1 Betriebsnorm Nr. 2; zu BV § 77 Rn. 9 ff.). Der BR ist lediglich gehalten, dem AG Verstöße gegen gesetzliche Bestimmungen und Verordnungen anzuzeigen und auf Beseitigung des Missstands hinzuwirken (BAG 10. 6. 1986 AP BetrVG 1972 § 80 Nr. 26). Ferner kann er die AA unterrichten, falls der AG seiner Anzeigepflicht bei Massenentlassungen nicht nachkommt (DKK/*Buschmann* Rn. 13). Es ist auch nicht die Aufgabe des BR, für die AN die Prozessvertretung zu übernehmen (BAG 31. 8. 1994 AP BetrVG 1972 § 37 Nr. 98). Bei der Erteilung von Rechtsauskünften ist er zur Zurückhaltung und Verweisung auf die im Betrieb vertretenen Gewerkschaften angehalten (*Fitting* Rn. 14).

2. Antragsrecht gegenüber dem Arbeitgeber. Abs. 1 Nr. 2 spricht dem BR ein **Initiativrecht** 8 bezüglich der Beantragung aller Maßnahmen zu, die dem Wohl des Betriebes, der gesamten Belegschaft oder des einzelnen AN dienen. Das Initiativrecht besteht unabhängig von einem Beteiligungsrecht bei den einzelnen Maßnahmen (BAG 27. 6. 1989 AP BetrVG 1972 § 80 Nr. 37).

Voraussetzung für die Antragstellung ist ein konkreter Bezug zum Betrieb und seinen AN (*Fitting* Rn. 23).

9   Auf **sozialem Gebiet** kann der BR zB die Einführung von Ausgleichszahlungen, die Gewährung von Vorschüssen oder außertariflichen Lohnerhöhungen anregen (BAG 26. 1. 1962 AP BGB § 626 Druckkündigung Nr. 8). Auf **personellem Gebiet** sind als Antragsgegenstand insb. die Umgruppierung, Versetzung oder Neuanstellung von Mitarbeitern zu nennen (*Fitting* Rn. 20), auf **wirtschaftlichem Gebiet** die humanere Gestaltung der Arbeit, die Verbesserung der Arbeitsmethoden sowie Rationalisierungsmaßnahmen und andere unternehmerische Entscheidungen (GK-BetrVG/*Kraft* Rn. 32).

10 Der AG ist nach §§ 2 I, 74 I verpflichtet, sich mit den Anträgen des BR **ernsthaft zu befassen**. Eine Pflicht zur Umsetzung besteht aber nur in den im Gesetz ausdrücklich genannten Fällen (§§ 85 II, 87, 91, 95 II, 98 V, 103 I, 104, 109, 112 IV iVm. 112 a).

11 **3. Durchsetzung der tatsächlichen Gleichstellung von Männern und Frauen; Vereinbarkeit von Familie und Erwerbstätigkeit.** Die Vorschrift verleiht dem in Art. 3 II 2 GG verankerten Staatsziel Ausdruck, die tatsächliche Gleichberechtigung der Geschlechter zu fördern. Hauptsächlich wird es dabei um ausgleichende Maßnahmen zugunsten weiblicher AN gehen. Nr. 2 a ist als Aufforderung an den BR zu verstehen, durch Anträge und Vorschläge an den AG auf den Abbau von Benachteiligungen bei der Einstellung, Beschäftigung, Aus-, Fort- und Weiterbildung sowie dem beruflichen Aufstieg hinzuwirken. Auch hier kann der BR ein Tätigwerden des AG nur im Rahmen einzelner Mitbestimmungsrechte, insb. der §§ 92 ff., erzwingen. Die durch das ReformG eingefügte Vereinbarkeit von Familie und Erwerbstätigkeit erweitert das Mandat des BR ein Stück weit in den Privatbereich des AN.

12 **4. Behandlung von Anregungen der Arbeitnehmer und der Jugend- und Auszubildendenvertretung.** Nr. 3 ergänzt die Befugnisse des BR aus Abs. 1 Nr. 2. Der BR soll nicht aus eigenem Antrieb auf den AG einwirken, sondern auch Anregungen der AN und der JAV entgegennehmen und sich sachlich mit ihnen befassen (*Fitting* Rn. 26). Unter Anregungen sind Vorschläge und Beschwerden zu verstehen (GK-BetrVG/*Kraft* Rn. 36). Unabhängig davon besteht für den einzelnen AN, nicht aber für die JAV, die Möglichkeit, sich direkt an den AG zu wenden (GK-BetrVG/*Kraft* Rn. 35). Hält die Mehrheit des BR die Anregung für gerechtfertigt, ist der BR berechtigt und verpflichtet, mit dem AG über die Umsetzung zu verhandeln (GK-BetrVG/*Kraft* Rn. 37). Bei Meinungsverschiedenheiten über Beschwerden kann das Einigungsverfahren nach § 85 eingeleitet werden. Über das Ergebnis der Verhandlungen hat der BR den AN bzw. die JAV zu informieren (*Fitting* Rn. 26).

13 **5. Eingliederung besonders schutzbedürftiger Personen.** Zu den bes. schutzbedürftigen Personen zählen neben den in Nr. 4 ausdrücklich erwähnten Schwerbehinderten auch sonstige körperlich, geistig oder seelisch Behinderte. Die Schutzpflicht erstreckt sich weiterhin auf sonstige AN, die auf dem Arbeitsmarkt nur unter erschwerten Bedingungen zu vermitteln sind (§§ 18, 19 SGB III). Soweit gesetzliche Vorschriften zum Schutz der besonders schutzbedürftigen Personen bestehen, hat der BR deren Umsetzung mit bes. Aufmerksamkeit zu überwachen. Dies gilt beispielsweise für die Förderungspflicht des AG nach § 81 SGB IX sowie die Pflicht zur Einstellung Schwerbehinderter gem. § 71 SGB IX (BAG 14. 11. 1989 AP BetrVG 1972 § 99 Nr. 77). Dabei hat der BR mit der Schwerbehindertenvertretung zusammenzuarbeiten (GK-BetrVG/*Kraft* Rn. 41). Neben diesen Überwachungspflichten ist es Aufgabe des BR, die schutzbedürftigen Personen in den Betrieb zu integrieren, auf eine ihren Kräften und Fähigkeiten entsprechende Beschäftigung hinzuwirken und bei der übrigen Belegschaft um Verständnis für sie zu werben (*Fitting* Rn. 28).

14 **6. Wahl und Zusammenarbeit mit der Jugend- und Auszubildendenvertretung.** Nr. 5 erweitert die Pflicht des BR gem. § 63 II zur Vorbereitung der Wahl zur JAV. Dem BR wird es zur Aufgabe gemacht, die Information der Betroffenen, die Vermittlung von Kenntnissen und Erfahrungen und die Bereitstellung der sächlichen Mittel zu übernehmen (GK-BetrVG/*Kraft* Rn. 44). Nach der Wahl einer JAV hat der BR mit dieser zur Förderung der in § 60 I genannten Belange eng zusammenzuarbeiten und der Vertretung Unterstützung anzubieten (GK-BetrVG/*Kraft* Rn. 45). Interessenvertreter gegenüber dem AG ist allein der BR (*Fitting* Rn. 34).

15 **7. Förderung der Beschäftigung älterer AN.** Die Förderungspflicht der Nr. 6 stellt eine Ergänzung zu den §§ 75 I 2, 96 II dar. Handlungsbedarf besteht insb. in Bezug auf die berufliche Weiterentwicklung, die Anpassung an veränderte wirtschaftliche und technische Gegebenheiten sowie die Neueinstellung älterer AN (*Fitting* Rn. 35).

16 **8. Integration; Kampf gegen Rassismus und Fremdenfeindlichkeit.** Nr. 8 zielt primär auf die Integration bereits beschäftigter ausländischer AN (*Fitting* Rn. 21) sowie die Durchsetzung des in § 75 verankerten Gleichbehandlungsgebotes ab. Dazu gehört auch, gegen Ausländerfeindlichkeit im Betrieb vorzugehen und ausländische AN vor Ausbeutung durch illegale Beschäftigung zu schützen (*Fitting* Rn. 21). Die Bekämpfung von Rassismus und Fremdenfeindlichkeit im Betrieb, also nicht außerhalb, war schon immer in dem Integrationsauftrag enthalten und ist durch das ReformG aus-

drücklich hervorgehoben worden (*Fitting* § 74 Rn. 63). Dies dient auch zur Umsetzung der EG-RL 2000/43 zur Anwendung des Gleichbehandlungsgrundsatzes ohne Unterschied der Rasse oder der ethnischen Herkunft vom 29. 6. 2000, ABlEG L 180 v. 19. 7. 2000, S. 22 (DKK/*Buschmann* Rn. 55). Diese Begriffe werden in der RL nicht definiert. Man kann aber auf die englische Rspr. zum Race Relations Act 1976 zurückgreifen (s. *Eva Dreyer*, Race Relations Act 1976 und Rassendiskriminierung in Großbritannien, Diss. Halle 1998). Danach ist eine Menschenrasse, was dafür gehalten wird. Für eine ethnische Gruppe ist charakteristisch (1) eine lange gemeinsame Geschichte, die von der Gruppe bewusst als andersartig im Vergleich zu anderen Gruppen wahrgenommen wird und deren Erinnerung lebendig gehalten wird; (2) eine eigene kulturelle Tradition, die familiäre und gesellschaftliche Sitten und Gebräuche mit einbezieht und oft, aber nicht notwendigerweise verbunden ist mit Befolgung religiöser Gebote. Dazu zählen ua. die Roma, die Sikhs und die Waliser, dagegen nicht die Rastafaris, in Deutschland die Sorben, aber wohl nicht (mehr) die Bayern. Zur Diskriminierung rechnet die RL auch die Viktimisierung ua. durch ein von Einschüchterungen, Anfeindungen, Erniedrigungen, Entwürdigungen oder Beleidigungen gekennzeichnetes Umfeld.

9. Förderung und Sicherung der Beschäftigung. Die Sicherung der Beschäftigung im Betrieb gehört zu den angestammten Aufgaben der BR. Ihr dienen auch die neuen Vorschriften der §§ 2 a, 97 II (s. dort). Wie § 2 SGB III zeigt, ist die Sicherung ihrer Beschäftigung auch eine Obliegenheit der AN selbst. Auch im Rahmen des § 80 kann es sich nicht nur um Maßnahmen des AG handeln, sondern auch um gemeinsamen Einsatz von AG, AN und BR. Die neben der Sicherung erwähnte Förderung der Beschäftigung zielt nicht auf die Schaffung zusätzlicher Arbeitsplätze für Externe, sondern auf zusätzliche Chancen für die bereits Beschäftigten (Richardi/*Richardi/Thüsing* Rn. 44), wie auch die Beispiele in § 92 a I S. 2 zeigen. Die Vorschrift enthält also kein allg. beschäftigungspolitisches Mandat für den BR (*Fitting* Rn. 44). **16 a**

10. Förderung von Arbeits- und Umweltschutz. S. die Kommentierung von § 89. **16 b**

III. Pflicht des Arbeitgebers zur Information und zum Bereitstellen von Unterlagen und Auskunftspersonen

1. Informationspflicht. Abs. 2 S. 1 statuiert eine allg. Informationspflicht des AG, sofern der BR Informationen zur Durchführung der ihm obliegenden Aufgaben benötigt. Durch diese Unterrichtung soll dem BR die sachgerechte und wirksame Wahrnehmung seiner gesetzlichen Aufgaben ermöglicht werden (BAG 26. 1. 1988 AP BetrVG 1972 § 80 Nr. 31; BAG 10. 2. 1987 AP BetrVG 1972 § 80 Nr. 27). Unter Aufgaben in diesem Sinne sind sämtliche Mitbestimmungs- und Beteiligungsrechte sowie die Aufgaben aus Abs. 1 zu fassen (*Fitting* Rn. 38). Gegenüber den speziellen Informationspflichten des AG in Zusammenhang mit der Durchführung konkreter Aufgaben (§§ 43, 53, 89, 90, 92, 96, 97, 99, 100, 102, 106, 111, 115) tritt die Generalklausel des Abs. 2 S. 2 zurück (GK-BetrVG/*Kraft* Rn. 53). **17**

Das Gebot der vertrauensvollen Zusammenarbeit bedingt ein **hohes Maß an Offenheit** (*Fitting* Rn. 39). Die dem AG obliegende Unterrichtungspflicht soll den BR in die Lage versetzen, in eigener Verantwortung zu prüfen, ob er tätig werden kann und soll. Das Informationsrecht besteht also nicht erst dann, wenn bereits feststeht, dass Aufgaben des BR vorliegen (BAG 26. 1. 1988 AP BetrVG 1972 § 80 Nr. 31; BAG 9. 7. 1991 AP BetrVG 1972 § 99 Nr. 94). Der BR muss aber darlegen, wozu er die gewünschten Informationen braucht (*Fitting* Rn. 40). Er kann nicht ohne Bezug auf eine konkrete Aufgabe jede Auskunft verlangen (BAG 5. 2. 1991 AP BGB § 613 a Nr. 89). In Bezug auf mitbestimmungspflichtige Angelegenheiten besteht ein Informationsanspruch, wenn zumindest eine gewisse Wahrscheinlichkeit für ein Mitbestimmungsrecht besteht (BAG 15. 12. 1998 AP BetrVG 1972 § 80 Nr. 56). Für den erforderlichen Grund der Wahrscheinlichkeit ist der jeweilige Kenntnisstand des BR maßgeblich. Die Anforderungen sind umso niedriger, je weniger der BR auf Grund der ihm bereits zugänglichen Informationen beurteilen kann, ob die begehrte Auskunft tatsächlich erforderlich ist (BAG 8. 6. 1999 AP BetrVG 1972 § 80 Nr. 57). Soweit es um die in Abs. 1 Nr. 1 genannten Überwachungsaufgaben geht, kann der BR seinen Informationsanspruch geltend machen, ohne dass es eines konkreten Anlasses bedarf (BAG 11. 7. 1972 AP BetrVG 1972 § 80 Nr. 1; BAG 18. 9. 1973 AP BetrVG 1972 § 80 Nr. 3; einschränkend GK-BetrVG/*Kraft* Rn. 72). **18**

Die Information des BR hat **rechtzeitig und umfassend** zu erfolgen. Rechtzeitig bedeutet so frühzeitig, dass der BR die entspr. gesetzliche Aufgabe ordnungsgemäß erfüllen kann (GK-BetrVG/*Kraft* Rn. 68). Umfassend ist die Information, wenn der BR von allen Angaben Kenntnis erlangt, die er zur ordnungsgemäßen Erfüllung seiner Aufgaben benötigt (GK-BetrVG/*Kraft* Rn. 69). Der AG hat den BR ohne vorherige Aufforderung zu unterrichten. Das begründet die Pflicht des AG zu prüfen, ob er Informationen besitzt, auf die der BR zur Erfüllung seiner gesetzlichen Aufgaben angewiesen ist (GK-BetrVG/*Kraft* Rn. 67). Darüber hinaus ist es Aufgabe des BR, von ihm benötigte Informationen beim AG anzufordern und sich beispielsweise durch eine Betriebsbegehung eigenständig Informationen zu beschaffen (BAG 13. 6. 1989 AP BetrVG 1972 § 80 Nr. 36). Der Informationsanspruch ist auf **19** diejenigen Informationen beschränkt, die der AG selbst im Besitz hat. Er ist nicht verpflichtet, sich weitere Informationen zu beschaffen (GK-BetrVG/*Kraft* Rn. 70). Der AG ist nicht berechtigt, Informationen mit der Begründung zurückzuhalten, sie stellten Betriebs- oder Geschäftsgeheimnisse dar (BAG 5. 2. 1991 AP BGB § 613a Nr. 89). Der BR ist aber zur Geheimhaltung nach § 79 verpflichtet (GK-BetrVG/*Kraft* Rn. 76).

20 Der AG muss **beispielsweise** unterrichten über: die Merkmale, nach denen Zulagen oder Einmalzahlungen geleistet werden (DKK/*Buschmann* Rn. 35); die Konditionen der Beschäftigung von freien Mitarbeitern (BAG 15. 12. 1998 AP BetrVG 1972 § 80 Nr. 56 = NZA 1999, 722); die der Beschäftigung von AN aus Fremdfirmen zugrundeliegenden Verträge (BAG 31. 1. 1989 AP BetrVG 1972 § 80 Nr. 33); einen geplanten Betriebsübergang oder den vollständigen Gesellschafterwechsel (BAG 22. 1. 1991 AP BetrVG 1972 § 106 Nr. 9); der Auswertung einer im Betrieb durchgeführten Befragung, wenn hinreichende Wahrscheinlichkeit besteht, dass die dabei gewonnenen Erkenntnisse Aufgaben des Betriebsrats betreffen (BAG 8. 6. 1999 AP BetrVG 1972 § 80 Nr. 57) und die geplante Einführung und Änderung von EDV-Systemen (BAG 17. 3. 1987 AP BetrVG 1972 § 80 Nr. 29). Die neue Vorschrift des § 80 II S. 1, 2. Halbs. dient nach der amtl. Begr. der Klarstellung im Anschluss an die vorstehend zitierte Rspr. des BAG zur Beschäftigung von freien Mitarbeitern und FremdAN. Die Unterrichtung hat soweit zu gehen, wie es zur Wahrnehmung der BR-Aufgaben erforderlich ist.

21 Der AG kann sich bei der Informationserteilung durch dazu beauftragte AN **vertreten** lassen. Voraussetzung für eine Vertretung ist, dass die betreffenden Vertreter über die erforderlichen Kenntnisse und Vollmachten verfügen (*Fitting* Rn. 52). Die Unterrichtungspflicht bleibt aber in der Person des AG bestehen (GK-BetrVG/*Kraft* Rn. 55). Eine Verweisung auf ausländische Muttergesellschaften ist unzulässig (DKK/*Buschmann* Rn. 84). Anspruchsberechtigt ist der BR als Gesamtgremium und, soweit eine gesetzliche Verweisung vorliegt, auch der Gesamt- oder KonzernBR im Rahmen seiner Zuständigkeit (GK-BetrVG/*Kraft* Rn. 56).

22 Der Unterrichtungspflicht des AG wird durch das **BDSG** nicht eingeschränkt. § 80 II 1 geht dem BDSG insoweit vor (GK-BetrVG/*Kraft* Rn. 75).

23 Die Unterrichtung unterliegt **keiner gesetzlichen Formvorschrift**. Auskünfte und die Beantwortung einzelner Fragen sind ebenso denkbar wie die Aushändigung fotokopierter Unterlagen (DKK/*Buschmann* Rn. 43). Notwendig ist aber, dass die Unterrichtung in verständlicher Weise erfolgt (*Fitting* Rn. 56). Ein Schriftformerfordernis kann sich aus § 2 I ergeben (*Fitting* Rn. 56). Die Unterrichtung des BR hat grds. in deutscher Sprache zu erfolgen (LAG Frankfurt aM 19. 8. 1993, NZA 1995, 285). Die Unterrichtung in einer Fremdsprache kommt in Betracht, wenn im BR ausreichende Kenntnisse der betreffenden Fremdsprache vorhanden sind (*Diller/Powietzka* DB 2000, 718).

24 **2. Vorlage von Unterlagen.** Der AG hat dem BR auf dessen Verlangen Unterlagen zur Verfügung zu stellen, soweit diese zur Durchführung der gesetzlichen Aufgaben des BR **erforderlich** sind (GK-BetrVG/*Kraft* Rn. 78). Der BR kann auch die regelmäßige Vorlage bestimmter Unterlagen verlangen, die er zur Durchführung seiner Aufgaben benötigt, wie etwa Statistiken über Arbeitsunfälle sowie über Mehr- und Nachtarbeit (*Fitting* Rn. 63). Der AG hat dem BR entweder das Original, eine Durchschrift oder Fotokopie für eine angemessene Zeit auszuhändigen (GK-BetrVG/*Kraft* Rn. 86). Unterlagen iSd. Vorschrift sind alle Schriftstücke, die der AG im Besitz hat und die für die Aufgaben des BR von Belang sind (GK-BetrVG/*Kraft* Rn. 81). Dazu zählen auch Betriebs- und Geschäftsgeheimnisse (*Fitting* Rn. 64). Die Form der Unterlagen ist unerheblich; es kommt auch die Vorlage von Tonträgern, Fotos oder Werkstücken in Betracht (BAG 7. 8. 1986 AP BetrVG 1972 § 80 Nr. 25). Der BR kann auch verlangen, dass ihm im Einzelfall eine konkrete Information aus den Personalakten zugänglich gemacht wird (BAG 18. 10. 1988 AP BetrVG 1972 § 80 Nr. 25). Aus § 83 I ergibt sich jedoch, dass ihm die Vorlage der Personalakten grds. verwehrt ist. Die Vorlagepflicht des AG beschränkt sich auf bereits **vorhandene Unterlagen** (BAG 17. 3. 1983 AP BetrVG 1972 § 80 Nr. 18; aA DKK/*Buschmann* Rn. 89). Der BR hat keinen Anspruch darauf, dass der AG bestimmte Unterlagen beschafft oder Anlagen installiert, die die geforderten Unterlagen erst herstellen (BAG 7. 8. 1986 AP BetrVG 1972 § 80 Nr. 25). Jedoch muss der AG Unterlagen erstellen, soweit die Informationen von einem Datenspeicher abgerufen werden können (BAG 17. 3. 1983 AP BetrVG 1972 § 80 Nr. 18 oder von Dritten zur Verfügung gestellt werden (Hess. LAG 19. 3. 1996 AiB 1996, 668). Zu Unterlagen über Aktienoptionen ausländischer Muttergesellschaften LAG Nürnberg 22. 1. 2002 DB 2002, 488. Nach der Rspr. des BAG ist die Vorlagepflicht auch gegeben, wenn kein Verdacht eines drohenden Verstoßes des AG gegen zugunsten der AN geltende Vorschriften besteht (BAG 11. 7. 1972 AP BetrVG 1972 § 80 Nr. 1; BAG 18. 9. 1973 AP BetrVG 1972 § 80 Nr. 3; einschränkend BAG 19. 10. 1999 EzA § 80 BetrVG Nr. 45 betr. Vorlage von Arbeitsverträgen, deren Muster mit dem BR abgestimmt ist). Der AG hat das Recht, die Vorlage von Unterlagen zu verweigern, wenn das Verlangen des BR rechtsmissbräuchlich ist (BAG 10. 6. 1974 AP BetrVG 1972 § 80 Nr. 8).

III. Pflicht d. AG z. Inf. u. z. Bereitstellen v. Unterlagen u. Auskunftspers. § 80 BetrVG 210

3. Einblicksrecht in Lohn- und Gehaltslisten. Nach Abs. 2 S. 2 Halbs. 2 hat der BR das Recht zur 25 Einsicht in die Listen der Bruttolöhne und -gehälter, soweit dies zur Erfüllung seiner Aufgaben erforderlich ist. Unter „Listen" ist auch die Speicherung in Datenanlagen zu verstehen (BAG 17. 3. 1983 AP BetrVG 1972 § 80 Nr. 18). Das Einblicksrecht dient insb. dazu, dem BR die Überprüfung zu ermöglichen, ob die TV und die Grundsätze des § 75 I eingehalten wurden.

Das Einblicksrecht in Lohn- und Gehaltslisten bezieht sich auf **alle Lohnbestandteile** (BAG 10. 2. 26 1987 AP BetrVG 1972 § 80 Nr. 27). Nach Auffassung des BAG erstreckt sich das Einblicksrecht auch auf individuell ausgehandelte Vergütungen (BAG 10. 2. 1987 AP BetrVG 1972 § 80 Nr. 27; aA GK-BetrVG/*Kraft* Rn. 90). Auch bei übertariflichen Zahlungen einschließlich von Prämien und Gratifikationen ist die Einsichtnahme möglich, ohne dass der BR darlegen müsste, dass diese auf einer kollektiven oder kollektivähnlichen Regelung beruhen (BAG 28. 5. 1974, 12. 2. 1980, 30. 6. 1981, 3. 12. 1982 AP BetrVG 1972 § 80 Nr. 7, 12, 15, 16).

Von dem Einblicksrecht umfasst sind die Lohn- und Gehaltslisten aller **AN** iSd. BetrVG. Aus- 27 genommen sind also lediglich die Gehälter der leitenden Angestellten, nicht aber die der AT-Angestellten (*Fitting* Rn. 42). Die Beschränkung der Einsichtnahme auf die Bruttolisten dient dazu, die persönlichen Verhältnisse der AN vor dem Einblick Dritter zu schützen (BAG 17. 3. 1983 AP BetrVG 1972 § 80 Nr. 18). Zur Durchsetzung der tatsächlichen Gleichberechtigung von Männern und Frauen kann der BR verlangen, dass die Gehälter geschlechtsspezifisch aufgeschlüsselt werden (*Fitting* Rn. 73). Das Einsichtsrecht besteht in gleichem Umfang in Tendenzbetrieben hinsichtlich der Einsichtnahme in die Gehälter von Tendenzträgern (BAG 30. 4. 1974 AP BetrVG 1972 § 118 Nr. 1). Da die Individualrechte gegenüber dem kollektiven Recht des BR zurückzutreten haben, besteht das Einblicksrecht unabhängig vom Einverständnis des AN (BAG 20. 12. 1988 AP ArbGG 1979 § 92 Nr. 5).

Einblick iSd. Vorschrift bedeutet **Vorlage zur Ansicht.** Der BR hat darüber hinaus das Recht, sich 28 Notizen zu machen, er kann aber nicht die Aushändigung der Listen verlangen (BAG 15. 6. 1976 AP BetrVG 1972 § 80 Nr. 9) und ebenso wenig Abschriften oder Fotokopien anfertigen (BAG 3. 12. 1981 AP BetrVG 1972 § 80 Nr. 17).

Zur Einsichtnahme berechtigt sind nach dem Wortlaut der Vorschrift der Betriebsausschuss (§ 27) 29 sowie ein nach § 28 gebildeter Ausschuss. Damit ist die Ausübung des Einsichtsrechts Betrieben mit mehr als 300 AN vorbehalten. Das BAG sieht darin einen Widerspruch zu dem Gesamtziel der Regelung und erkennt ein Einblicksrecht auch in kleineren Betrieben an. Das Einsichtsrecht in kleineren Betrieben steht danach den in § 27 IV erwähnten Personen zu, also dem BRVorsitzenden oder einem anderen BRMitglied, dem die laufenden Geschäfte übertragen wurden, nicht aber dem ganzen BR (BAG 23. 3. 1973 AP BetrVG 1972 § 80 Nr. 2; BAG 18. 9. 1973 AP BetrVG 1972 § 80 Nr. 3; LAG Niedersachsen 17. 8. 2001; LAGE BetrVG § 80 Nr. 17).

Die Weitergabe der durch die Einsichtnahme erlangten Kenntnisse ist unzulässig, soweit die Listen 30 Betriebs- oder Geschäftsgeheimnisse iSd. § 79 darstellen (BAG 23. 2. 1973 AP BetrVG 1972 § 79 Nr. 2). Trotzdem ist der BR berechtigt, benachteiligte AN über seinen bes. Kenntnisstand zu unterrichten (*Fitting* Rn. 70).

4. Auskunftspersonen. Die Zurverfügungstellung sachkundiger AN war bisher eine Obliegenheit 30 a des AG, wenn er dadurch die Beiziehung externer Sachverständiger durch den BR entbehrlich machen konnte (s. Rn. 34). Durch die neue Vorschrift ist dies zur erzwingbaren Rechtspflicht gegenüber dem BR geworden. Im Streitfall muss sie vom BR wie die Beiziehung externer Sachverständiger gerichtlich durchgesetzt werden. Gegen den Willen des AG dürfen sich deshalb auch keine AN von sich aus dem BR in der Arbeitszeit als Auskunftspersonen zur Verfügung stellen. Die Vorschrift erwähnt die sachkundigen AN im Plural, beschränkt den Anspruch also nicht auf eine Einzelperson. Dementsprechend erläutert die amtl. Begr., dass ein AN im Rahmen einer Einzelfalllösung hinzugezogen werden könne oder aber auch in einer oder mehrere sachkundige AN zusammen mit BRMitgliedern Arbeitskreise bilden können. Die AN können auch anderen Betrieben des Unternehmens angehören; leitende Angestellte sind nicht erfasst (*Fitting* Rn. 85; aA DKK/*Buschmann* Rn. 120). Im Schrifttum wird angenommen, dass die AN zwar nicht vom AG zur Tätigkeit für den BR verpflichtet werden können, doch sei die Auskunftstätigkeit Teil der Arbeitsleistung, so dass vom AG einschließlich etwaiger Mehrarbeit zu vergüten sei (L/K Rn. 47; auch DKK/*Buschmann* Rn. 124). Dies erscheint widersprüchlich. Angesichts der Einbeitung aller Arbeitsverhältnisse in die Betriebsverfassung erstreckt sich das Direktionsrecht auch auf die Zusammenarbeit mit dem BR (*Fitting* Rn. 85). Wie auch sonst ist es Sache des AG zu bestimmen, ob zu diesem Zwecke Überstunden abgeleistet werden. In die vom Gesetz geforderte Feststellung der Erforderlichkeit muss also auch die Überlegung eingehen, ob und in welchem Umfang es erforderlich ist, dass der BR von den AN in der Arbeitszeit beraten wird. Außerhalb der Arbeitszeit steht den AN die Beratung des BR frei, sofern sie nicht gegen arbeitsvertragliche Loyalitäts- und Verschwiegenheitspflichten verstößt. Die Mitteilung von Tatsachen, insb. Geschäftsgeheimnissen, zu deren Weitergabe an den BR der AG nicht verpflichtet ist, kann nicht über die Auskunftsperson erzwungen werden (*Fitting* Rn. 84).

Kania

IV. Hinzuziehung von externen Sachverständigen

31 Der BR hat die Möglichkeit, bei der Durchführung seiner Aufgaben Sachverständige hinzuzuziehen. Sachverständige sind Personen, die dem BR die ihm fehlenden Kenntnisse fachlicher oder rechtlicher Art vermitteln, damit sie ihre Aufgaben in Zusammenarbeit mit dem AG ordnungsgemäß erfüllen können (BAG 19. 4. 1989 AP BetrVG 1972 § 80 Rn. 35). Die Sachverständigen unterliegen der Geheimhaltungspflicht des § 79. Die Kosten für die Einschaltung von Sachverständigen trägt der AG (BAG 26. 2. 1992 AuR 1993, 95). Der Anspruch kann vom BR an den Sachverständigen abgetreten werden (BAG 13. 5. 1998 AP § 80 BetrVG Nr. 55). Im Gegensatz zu den in Rn. 30 a behandelten Auskunftspersonen handelt es sich hier um externe, weder betriebs- noch unternehmensangehörige Sachverständige.

32 Sachverständige müssen bei ihrer Beratungstätigkeit keine „neutrale" Haltung einnehmen, sondern können den BR bei der Geltendmachung seiner Interessen mit ihrem Fachwissen unterstützen (BAG 26. 2. 1992 AP BetrVG 1972 § 80 Nr. 48). Gewerkschaftsvertreter können ebenfalls als Sachverständige fungieren. Das Gleiche gilt für Rechtsanwälte, sofern sie nicht den BR in einem gerichtlichen Verfahren oder in einem Verfahren vor der Einigungsstelle vertreten (GK-BetrVG/*Kraft* Rn. 116). Die Finanzierung der Vertretung in einem solchen Verfahren beurteilt sich unmittelbar nach § 40. Eine Vereinbarung mit dem AG gem. § 80 III ist in diesen Fällen nicht erforderlich (*Fitting* Rn. 8 b).

33 Nicht als Sachverständige gelten **Auskunftspersonen,** die den BR im Rahmen ihrer beruflichen Tätigkeit ohne Gebührenanspruch informieren, wie etwa Bedienstete der Betriebskrankenkasse, Werksärzte, andere BR desselben Unternehmens oder Beamte der Gewerbeaufsicht (GK-BetrVG/*Kraft* Rn. 117). Die Teilnahme von Sachverständigen an Betriebsversammlungen und BRSitzungen verstößt nicht gegen den Grundsatz der Nichtöffentlichkeit (BAG 13. 9. 1977 AP BetrVG 1972 § 42 Nr. 1).

34 Voraussetzung für die Konsultation eines Sachverständigen ist die **Erforderlichkeit.** Diese ist in Bezug auf Rechtsanwälte zB zu bejahen bei schwierigen Rechtsfragen sowie Vorbereitungen für einen Interessenausgleich und Sozialplan (BAG 5. 11. 1981 AP BetrVG 1972 § 76 Nr. 9). Bei der Unterrichtung des BR über EDV-Systeme darf ein außerbetrieblicher Sachverständiger erst dann herangezogen werden, wenn der Informationsbedarf des BR mit den im Betrieb zur Verfügung stehenden Mitteln, etwa die Unterrichtung durch Fachkräfte des Betriebs oder das Studium von Fachliteratur, nicht befriedigt werden kann (BAG 4. 6. 1987 AP BetrVG 1972 § 80 Nr. 30; aA DKK/*Buschmann* Rn. 136 f.). Sachverständige dürfen nur in Zusammenhang mit einer zu erledigenden Aufgabe angehört werden (BAG 17. 3. 1987 AP BetrVG 1972 § 80 Nr. 29).

35 Wird die Erforderlichkeit bejaht, begründet sie einen **Anspruch des BR** auf Hinzuziehung (*Fitting* Rn. 90). Die Ausübung des Rechts auf Hinzuziehung eines Sachverständigen bedarf einer formlosen „näheren Vereinbarung" mit dem AG hinsichtlich der Modalitäten, etwa der Person des Sachverständigen, seines Honorars und des Gegenstandes der Sachverständigentätigkeit (BAG 19. 4. 1989 AP BetrVG 1972 § 80 Nr. 35). Ggf. muss der BR den AG auf Zustimmung zu diesen Modalitäten verklagen. Er kann notfalls eine einstweilige Verfügung erwirken (*Fitting* Rn. 93). Unter den Voraussetzungen des § 76 VI kann eine Einigung auch mit Hilfe der Einigungsstelle betrieben werden. Kommt eine Einigung nicht zustande, sind die Kosten für den Sachverständigen nicht vom AG zu erstatten (BAG 19. 4. 1989 EzA BetrVG § 80 Nr. 35). Zur Sondervorschrift des § 111 S. 2 dort Rn. 22 a.

V. Streitigkeiten

36 Meinungsverschiedenheiten über das Bestehen und den Umfang der Informationspflichten sind im Beschlussverfahren beizulegen. Ebenfalls im Beschlussverfahren ist darüber zu entscheiden, ob die Hinzuziehung eines Sachverständigen erforderlich ist (BAG 18. 7. 1978 AP BetrVG 1972 § 108 Nr. 1; BAG 25. 4. 1978 AP BetrVG 1972 § 80 Nr. 11). Die Entscheidung des ArbG ersetzt die „nähere Vereinbarung" nach Abs. 3. Der Gegenstandswert bemisst sich nach den veranschlagten Kosten (LAG Hamm 12. 6. 2001, LAGE BRAGO § 8 Rn. 50). Einstweiliger Rechtsschutz kann nach § 85 ArbGG gewährt werden (LAG Hamm 2. 10. 2001 AiB 2002, 114). Die Zwangsvollstreckung zur Einsichtgewährung in Lohn- und Gehaltslisten erfolgt nach § 888 ZPO durch die Verhängung von Zwangsgeld (BAG 17. 5. 1983 AP BetrVG 1972 § 80 Nr. 19).

37 Verletzt der AG grob seine in § 80 geregelten Pflichten, kommt ein Verfahren nach § 23 III in Frage. Die Vorschrift enthält dagegen kein Schutzgesetz iSv. § 823 II BGB, da sie keine konkreten Interessen schützt. Der Sachverständige hat keinen eigenen Anspruch (BAG 13. 5. 1998 EzA BetrVG § 80 Nr. 42).

Zweiter Abschnitt. Mitwirkungs- und Beschwerderecht des Arbeitnehmers

§ 81 Unterrichtungs- und Erörterungspflicht des Arbeitgebers

(1) ¹Der Arbeitgeber hat den Arbeitnehmer über dessen Aufgabe und Verantwortung sowie über die Art seiner Tätigkeit und ihre Einordnung in den Arbeitsablauf des Betriebs zu unter-

richten. ² Er hat den Arbeitnehmer vor Beginn der Beschäftigung über die Unfall- und Gesundheitsgefahren, denen dieser bei der Beschäftigung ausgesetzt ist, sowie über die Maßnahmen und Einrichtungen zur Abwendung dieser Gefahren und die nach § 10 Abs. 2 des Arbeitsschutzgesetzes getroffenen Maßnahmen zu belehren.

(2) ¹ Über Veränderungen in seinem Arbeitsbereich ist der Arbeitnehmer rechtzeitig zu unterrichten. ² Absatz 1 gilt entsprechend.

(3) In Betrieben, in denen kein Betriebsrat besteht, hat der Arbeitgeber die Arbeitnehmer zu allen Maßnahmen zu hören, die Auswirkungen auf Sicherheit und Gesundheit der Arbeitnehmer haben können.

(4) ¹ Der Arbeitgeber hat den Arbeitnehmer über die auf Grund einer Planung von technischen Anlagen, von Arbeitsverfahren und Arbeitsabläufen oder der Arbeitsplätze vorgesehenen Maßnahmen und ihre Auswirkungen auf seinen Arbeitsplatz, die Arbeitsumgebung sowie auf Inhalt und Art seiner Tätigkeit zu unterrichten. ² Sobald feststeht, dass sich die Tätigkeit des Arbeitnehmers ändern wird und seine beruflichen Kenntnisse und Fähigkeiten zur Erfüllung seiner Aufgaben nicht ausreichen, hat der Arbeitgeber mit dem Arbeitnehmer zu erörtern, wie dessen berufliche Kenntnisse und Fähigkeiten im Rahmen der betrieblichen Möglichkeiten den künftigen Anforderungen angepasst werden können. ³ Der Arbeitnehmer kann bei der Erörterung ein Mitglied des Betriebsrats hinzuziehen.

1. **Vorbemerkung.** Die in §§ 81 bis 86 festgelegten Einzelrechte des AN stehen im Zusammenhang mit dem Schutz des Persönlichkeitsrechts, § 75 II (*Fitting* Rn. 1). Diese ANRechte ergeben sich bereits aus der arbeitsvertraglichen Fürsorgepflicht des AG (DKK/*Buschmann* Rn. 1; *Fitting* Rn. 2) und bestehen deshalb auch in betriebsratslosen Betrieben. BPersVG und SprAuG enthalten keine entspr. Vorschrift.

2. **Unterrichtung des Arbeitnehmers über Aufgaben, Verantwortung und Tätigkeitsbereich.** Die vorgeschriebene **Unterrichtung** des AN über Aufgaben, Tätigkeiten und Verantwortung dient dem Zweck, dem AN ein rechtzeitiges Vertrautmachen und Einstellen auf seine Arbeit zu ermöglichen. Zweckwahrend erfolgt sie daher insgesamt *vor* der Arbeitsaufnahme (hM, GK-BetrVG/*Wiese* Rn. 7; DKK/*Buschmann* Rn. 5; L/K Rn. 1), auch wenn dies vom Gesetz ausdrücklich nur für die Unfall- und Gesundheitsgefahren angeordnet wird. Die individualrechtliche Verpflichtung zur Unterrichtung ist von den Berufsbildungsmaßnahmen nach §§ 96 ff. abzugrenzen (BAG 5. 11. 1985 AP BetrVG 1972 § 98 Nr. 2; s. auch § 96 Rn. 9). Danach erfordert § 81, dass der AN bereits die für die Ausübung der Tätigkeit am vorgesehenen Arbeitsplatz erforderlichen beruflichen Kenntnisse und Fähigkeiten besitzt (BAG 23. 4. 1991 AP BetrVG 1972 § 98 Nr. 7). § 81 ist erfüllt, wenn in einer vom AG organisierten Veranstaltung die Kundenfreundlichkeit des Verkaufspersonals verbessert werden soll (BAG 28. 1. 1992 AP BetrVG 1972 § 96 Nr. 1).

Pauschale, allg. **Information** zB im Rahmen eines Vorstellungsgesprächs reicht dabei nicht; es muss vielmehr präzise und individuell auf den einzelnen AN und seinen Arbeitsplatz abgestellt werden (HSG/*Hess* Rn. 1).

Dazu eine Unterrichtung über die Beschaffenheit des Arbeitsplatzes und der Arbeitsgeräte, die Art der Tätigkeit sowie der Werkstoffe, mit denen der AN umgeht. Ebenso sollen die Verantwortung des AN für sein Arbeitsergebnis sowie etwaige Leitungsaufgaben gegenüber seinen Mitarbeitern und ggf. bes. Verhaltensweisen erläutert werden.

Nicht erforderlich ist ein **persönliches Tätigwerden** des AG; ausreichend ist vielmehr eine Übertragung der Aufgaben an die organisatorisch zust. Person, wie zB den Abteilungsleiter (HSG/*Hess* Rn. 4; GK-BetrVG/*Wiese* Rn. 11). Allerdings ist der AG für eine ordnungsgemäße Unterrichtung verantwortlich.

Bei **ausländischen AN** hat eine Unterrichtung erforderlichenfalls in ihrer Heimatsprache zu erfolgen (GK-BetrVG/*Wiese* Rn. 10).

3. **Belehrung über Unfall- und Gesundheitsgefahren.** Ebenfalls vor Beginn der Beschäftigung hat eine **Belehrung** über Unfall- und Gesundheitsgefahren, die im Zusammenhang mit der aufzunehmenden Beschäftigung, zu erfolgen. Hierunter versteht man eine bes. intensive Form der Unterrichtung (DKK/*Buschmann* Rn. 12).

In diesem Zusammenhang müssen **Schutzmaßnahmen und -ausrüstungen** (Helme, Brillen, Handschuhe, Masken, Rettungsgeräte) detailliert erläutert und demonstriert werden, insb. auch solche für den Betrieb gefährlicher Maschinen im Tätigkeitsbereich des AN (DKK/*Buschmann* Rn. 9).

Erforderlich sind auch: Erläuterungen von Warnsignalen, Informationen über Unfallhilfsstellen und Sanitätskästen sowie Benennung der bei Unfällen und Gefahrenlagen zu unterrichtenden Personen.

Soll ein Einsatz in gesundheitsgefährdenden Arbeitszeitsystemen wie **Nachtarbeit** erfolgen, die für einzelne ANGruppen verboten sind, ist eine bes. Belehrung erforderlich (BVerfG 28. 1. 1992 NJW 1992, 964).

11 Eine weitere **Konkretisierung** der Belehrungspflicht erfolgt durch Vorschriften des gesetzlichen Arbeitsschutzes wie zB § 12 ArbSchG, § 29 JArbSchG, § 7a HAG, §§ 20, 21 GefStoffV, § 6 Störfall-VO.

12 Nicht ausreichend ist die Aushändigung eines **Merkblattes** an die AN (*Bächle* DB 1973, 1400, 1402). Das zu den ausländischen AN Rn. 6 Gesagte gilt entspr.

13 **4. Unterrichtung bei Veränderungen im Arbeitsbereich.** Über Veränderungen in seinem **Arbeitsbereich** (der Arbeitsplatz und seine Beziehung zur betrieblichen Umgebung in räumlicher, technischer und organisatorischer Hinsicht) ist der AN während seiner Tätigkeit zu unterrichten. Dies betrifft organisatorische und technische Veränderungen am gleichen Arbeitsplatz oder in der Arbeitsumgebung (zB neues Arbeitsgerät, neue betriebliche Werte, auch neue Produktionsmethoden) wie auch Versetzungen an einen anderen Arbeitsplatz mit anderen Tätigkeiten oder die Einordnung in einen anderen Arbeitsablauf. Auch bei vorübergehender Zuweisung einer anderen Arbeit ist eine erneute Unterrichtung bzw. Belehrung insb. bzgl. der Sicherheit am Arbeitsplatz erforderlich.

14 **5. Unterrichtungs- und Erörterungspflicht des Arbeitgebers bei Planung von Maßnahmen und deren Auswirkungen auf Arbeitsplätze, Arbeitsumgebung und Tätigkeit.** Abs. 3 beinhaltet zwei Verpflichtungen des AG gegenüber dem einzelnen AN: zunächst muss der AG über die Planung von technischen Anlagen, Arbeitsverfahren und Arbeitsplätzen **unterrichten** (S. 1). Die Unterrichtung hat umfassend dann zu erfolgen, wenn sich bereits konkrete Maßnahmen abzeichnen; sie beinhaltet sämtliche Auswirkungen auf die Tätigkeit des AN, insb. auf seinen Arbeitsplatz und die Arbeitsmethode. Sinn dieser Regelung ist die Einbeziehung des AN in den Informationsprozess bei der Planung und Einführung neuer Techniken.

15 Die zweite Verpflichtung des AG besteht in der frühzeitigen **Erörterung** der Möglichkeiten des AN seine bisherigen beruflichen Kenntnisse und Fähigkeiten an die nun geänderten Anforderungen anzupassen; möglich sind Umschulung sowie betriebs- und unternehmensinterne Weiterbildung (s. dazu §§ 96 ff.). Die Verpflichtung des AG bezieht sich dabei nur auf die Erörterung; der AN hat keinen Anspruch auf Umschulung und Weiterbildung bzw. auf Kostenübernahme durch den AG bei entsprechenden Maßnahmen. Im Falle einer Kündigung wegen mangelnder Qualifikation ist allerdings § 1 II 3 KSchG, § 102 III 4 BetrVG zu beachten, neuerdings auch § 97 II.

16 Zur Erörterung kann der AN ein BRMitglied hinzuziehen (S. 3). Als Folge einer **versäumten Erörterung** ist der AG verpflichtet, vor einer personenbedingten Kündigung (gem. § 1 II KSchG) wegen unzureichender Kenntnisse und Fähigkeiten für die neue Aufgabe dem AN einen längeren Anpassungszeitraum an die neuen Anforderungen einzuräumen. Gleiches gilt auch bei der Unterlassung zumutbarer Förderungsmaßnahmen durch den AG.

17 **6. Sanktionen.** Bei Nichterfüllung der AGPflichten kann der AN das ArbG anrufen, das im **Urteilsverfahren** entscheidet. Zudem kann der AN ein Leistungsverweigerungsrecht gem. § 273 BGB ausüben (*Fitting* Rn. 28; GK-BetrVG/*Wiese* vor § 81 Rn. 37), wodurch der AG in Annahmeverzug gerät. Schadensersatzansprüche können sich aus § 280 BGB und, wenn eine Verletzung der Belehrungspflichten zu Verletzungen von Körper, Gesundheit und Eigentum geführt hat, auch aus § 823 I BGB ergeben (GK-BetrVG/*Wiese* vor § 81 Rn. 39; DKK/*Buschmann* Rn. 21).

§ 82 Anhörungs- und Erörterungsrecht des Arbeitnehmers

(1) ¹Der Arbeitnehmer hat das Recht, in betrieblichen Angelegenheiten, die seine Person betreffen, von den nach Maßgabe des organisatorischen Aufbaus des Betriebs hierfür zuständigen Personen gehört zu werden. ²Er ist berechtigt, zu Maßnahmen des Arbeitgebers, die ihn betreffen, Stellung zu nehmen sowie Vorschläge für die Gestaltung des Arbeitsplatzes und des Arbeitsablaufs zu machen.

(2) ¹Der Arbeitnehmer kann verlangen, dass ihm die Berechnung und Zusammensetzung seines Arbeitsentgelts erläutert und dass mit ihm die Beurteilung seiner Leistungen sowie die Möglichkeiten seiner beruflichen Entwicklung im Betrieb erörtert werden. ²Er kann ein Mitglied des Betriebsrats hinzuziehen. ³Das Mitglied des Betriebsrats hat über den Inhalt dieser Verhandlungen Stillschweigen zu bewahren, soweit es vom Arbeitnehmer im Einzelfall nicht von dieser Verpflichtung entbunden wird.

1 **1. Vorbemerkung.** In Ergänzung zu § 81 räumt § 82 I dem AN das Recht ein, selbst die Initiative zu ergreifen, um für ihn wichtige Auskünfte zu erlangen und durch Vorschläge oder Stellungnahmen an der Gestaltung des Arbeitsplatzes oder -ablaufs mitzuwirken. Weiterhin kann der AN nach § 82 II jederzeit die Berechnung und Zusammensetzung seines Arbeitsentgelts zu erläutern. Diese Anhörungs- und *Erörterungsrechte* ergeben sich aus der Treue- und Fürsorgepflicht des AG. Die Vorschrift gilt auch für Betriebe ohne BR (*Fitting* Rn. 1).

Der AG hat Personalakten sorgfältig zu verwahren und den Kreis der mit Personalakten befassten 5 Personen so weit wie möglich zu begrenzen (BAG 15. 7. 1987 AP BGB § 611 Persönlichkeitsrecht Nr. 14). Ohne Einverständnis des AN ist eine **Weitergabe der Personalakten** an Betriebsfremde unzulässig (BAG 18. 12. 1984 AP BGB § 611 Persönlichkeitsrecht Nr. 8). Weiterhin obliegt dem AG die Pflicht, dem AN die in seiner Personalakte enthaltenen Informationen zugänglich zu machen. Kodierte Angaben hat er soweit zu entschlüsseln, dass sie für den AN ohne weiteres verständlich sind. Soweit die Informationen auf elektronischen Datenträgern gespeichert sind, muss der AG sie lesbar machen (L/K Rn. 3; *Fitting* Rn. 11; Richardi/*Richardi*/*Thüsing* Rn. 18).

IV. Erklärungen

Gem. Abs. 2 hat der AN das Recht, der Personalakte schriftliche Erklärungen und sonstige ergän- 6 zende Unterlagen zu einem bestimmten Vorgang beizufügen. Dieses Recht besteht auch dann, wenn der AG die Erklärungen für fehlerhaft oder nicht in die Personalakte gehörend erachtet (DKK/*Buschmann* Rn. 12). Ein Anspruch des AN auf Berichtigung der Personalakte oder **Entfernung unrichtiger Angaben** aus dieser enthält Abs. 2 nicht. Ein solches Recht ergibt sich aber aus der arbeitsvertraglichen Fürsorgepflicht (BAG 15. 1. 1986 AP BGB § 611 Fürsorgepflicht Nr. 96). Der Berichtigungsanspruch ist dann gegeben, wenn die Personalakte unzutreffende Tatsachenbehauptungen enthält, die den AN in seiner Rechtsstellung und in seinem beruflichen Fortkommen beeinträchtigen können (BAG 25. 4. 1972 AP BGB § 611 Öffentlicher Dienst Nr. 9). Die Entfernung einer schriftlichen Abmahnung, die wegen Verletzung arbeitsvertraglicher Pflichten erfolgte, kann der AN verlangen, soweit die Abmahnung unbegründet oder inhaltlich unbestimmt war oder ohne vorherige Anhörung des AN in die Personalakte aufgenommen wurde (BAG 5. 8. 1992 AP BGB § 611 Abmahnung Nr. 8; BAG 13. 4. 1988 AP BGB § 611 Fürsorgepflicht Nr. 100). Auch bei nur tw. unzutreffenden Angaben besteht ein Anspruch auf die Beseitigung der vollständigen Abmahnung (BAG 13. 3. 1991 NZA 1991, 768). Der Entfernungsanspruch besteht regelmäßig nur bis zur Beendigung des Arbeitsverhältnisses.

V. Hinzuziehung eines Betriebsratsmitglieds

Gem. Abs. 1 S. 2 kann der AN zur Einsichtnahme in die Personalakte ein BRMitglied seiner Wahl 7 hinzuziehen. Ablehnen kann das BRMitglied diese unterstützende Funktion nur aus wichtigen Gründen (DKK/*Buschmann* Rn. 9). S. 3 stellt die beteiligte Person unter eine **Schweigepflicht**, von welcher sie aber im Einzelfall durch eine ausdrückliche Erklärung des AN befreit werden kann. Die Regelungen im BetrVG über die Schweigepflicht gehen dem BDSG gem. § 1 IV BDSG insoweit vor. Das Einsichtsrecht steht dem BRMitglied in demselben Umfang zu wie dem AN (*Fitting* Rn. 41). Schwerbehinderte AN haben nach § 95 III SGB IX die Möglichkeit, die Schwerbehindertenvertretung hinzuzuziehen.

VI. § 83 und das Bundesdatenschutzgesetz

Der Anwendungsbereich des BDSG erstreckt sich auf personenbezogene Daten, insbesondere die in 8 Dateien verarbeitet werden. Eine **Datei** ist gem. § 3 II BDSG jede Sammlung personenbezogener Daten, die durch automatisierte Verfahren nach bestimmten Merkmalen ausgewertet werden kann (automatisierte Datei) oder die gleichartig aufgebaut ist und nach bestimmten Merkmalen geordnet, umgeordnet und ausgewertet werden kann (nicht-automatisierte Datei). Die Personalakte im formellen Sinn unterfiel, wie allg. Akten und Aktensammlungen, nicht den Schutzvorschriften des BDSG (BAG 6. 6. 1984 AP BGB § 611 Persönlichkeitsrecht Nr. 7). Dies ist jetzt differenzierter zu beurteilen.

Das BDSG gilt nur, sofern die Daten **geschäftsmäßig** genutzt oder verarbeitet werden, was bei der 9 Verarbeitung von ANDaten stets der Fall ist; ferner setzt die volle Anwendbarkeit des BDSG hinsichtlich nicht-automatisierter Dateien voraus, dass deren Daten für die **Übermittlung an Dritte** bestimmt sind. Der die Unternehmensgrenzen überschreitende Datenfluss innerhalb des Konzerns stellt eine Übermittlung an Dritte dar (*Fitting* Rn. 24).

Das BDSG gestattet die **Nutzung und Verarbeitung** (Speicherung, Veränderung, Übermittlung, 10 Sperrung und Löschung) personenbezogener Daten gem. § 4 I nur in solchen Fällen, in denen eine **Norm des BDSG** oder eine andere Rechtsvorschrift dies vorsieht, oder in denen eine ausdrückliche schriftliche Einwilligung des Betroffenen vorliegt. Das BDSG selbst erlaubt in § 28 I Nr. 1 das Speichern, Verändern oder Übermitteln personenbezogener Daten aus Dateien oder ihre Nutzung für eigene Geschäftszwecke im Rahmen der Zweckbestimmung eines Vertragsverhältnisses oder vertragsähnlichen Vertrauensverhältnisses mit dem Betroffenen. Außerdem enthält § 28 I Nr. 2 BDSG eine Erlaubnis, soweit es zur Wahrung berechtigter Interessen der speichernden Stelle erforderlich ist und kein Grund zu der Annahme besteht, dass das schutzwürdige Interesse des Betroffenen an dem Ausschluss der Verarbeitung oder Nutzung überwiegt. Weitere Erlaubnistatbestände enthalten § 28 I Nr. 3 und § 28 III. § 29 BDSG regelt die geschäftsmäßige Datenspeicherung zum Zwecke der Übermittlung. Im Hinblick auf das Grundrecht der informationellen Selbstbestimmung sind diese Verarbeitsvoraussetzungen restriktiv zu interpretieren (LAG Baden-Württemberg 11. 7. 1985 DB 1985, 2567 f.).

11   Zu den **Rechtsvorschriften außerhalb des BDSG,** die eine Verarbeitung und Nutzung von Daten zulassen, zählen die dem AG obliegenden Auskunfts- und Meldepflichten (*Fitting* Rn. 30) sowie TV und BV (BAG 27. 5. 1986 AP BetrVG 1972 § 87 Überwachung Nr. 15). Letztere können auch die im BDSG normierten Zulässigkeitsvoraussetzungen der Datenverarbeitung weiter einschränken, sofern dies nach eigenen, an sachlichen Gesichtspunkten orientierten Zulässigkeitsvoraussetzungen erfolgt (*Fitting* Rn. 31).

12   Die **Einwilligung des Betroffenen** kann nur eine rechtliche Grundlage für die Verarbeitung oder Nutzung solcher Daten schaffen, die in objektivem Zusammenhang mit dem Arbeitsverhältnis stehen und an deren Kenntnis der AG ein objektiv gerechtfertigtes Interesse hat (*Fitting* Rn. 28). Auch lässt die Einwilligung ein in einer höherrangigen Norm enthaltenes Verbot der Verarbeitung von Daten unberührt.

13   Das BDSG gewährt dem Betroffenen in Zusammenhang mit der Verarbeitung seiner Daten bestimmte **Schutzrechte.** § 34 I Nr. 1 bis 3 enthalten Ansprüche des AN auf Auskunft über die zu seiner Person gespeicherten Daten und den Zweck der Speicherung, denen allerdings das Einsichtsrecht aus § 83 vorgeht (ArbG Berlin 24. 9. 1987 BB 1988, 70). Dagegen stehen neben § 83 die Rechte auf Benachrichtigung des Betroffenen von der erstmaligen Speicherung und der Art der Daten (§ 33 I BDSG), auf Korrektur unrichtiger personenbezogener Daten (§ 35 I BDSG) sowie auf Löschung in den Fällen des § 35 II Nr. 1 bis 4 BDSG bzw. auf Sperrung gem. § 35 III und IV BDSG, wenn eine Löschung ausnahmsweise ausscheidet.

VII. Streitigkeiten

14   Streitigkeiten zwischen AG und AN über die in § 83 gewährten Rechte sind im arbeitsgerichtlichen Urteilsverfahren auszutragen (*Fitting* Rn. 42). Das Urteilsverfahren ist auch maßgeblich bei Auseinandersetzungen über die Rechte des AN aus dem BDSG, sowie wenn dieser die Entfernung unrichtiger Angaben aus der Personalakte verlangt. Den Anspruch auf Hinzuziehung eines BRMitglieds bei der Einsichtnahme kann der AN nicht gerichtlich durchsetzen (*Fitting* Rn. 43). Streitigkeiten zwischen dem BR und dem AG über eine BV zum Zwecke der weiteren Ausgestaltung des § 83 sind im Beschlussverfahren auszutragen.

§ 84 Beschwerderecht

(1) ¹Jeder Arbeitnehmer hat das Recht, sich bei den zuständigen Stellen des Betriebs zu beschweren, wenn er sich vom Arbeitgeber oder von Arbeitnehmern des Betriebs benachteiligt oder ungerecht behandelt oder in sonstiger Weise beeinträchtigt fühlt. ²Er kann ein Mitglied des Betriebsrats zur Unterstützung oder Vermittlung hinzuziehen.

(2) Der Arbeitgeber hat den Arbeitnehmer über die Behandlung der Beschwerde zu bescheiden und, soweit er die Beschwerde für berechtigt erachtet, ihr abzuhelfen.

(3) Wegen der Erhebung einer Beschwerde dürfen dem Arbeitnehmer keine Nachteile entstehen.

1   **1. Vorbemerkung.** Das Recht des AN zur Beschwerde und die Pflicht des AG, den AN über die Behandlung der Beschwerde zu bescheiden, ergibt sich unabhängig von der gesetzlichen Anordnung aus der **arbeitsvertraglichen Fürsorgepflicht.** Aus diesem individualrechtlichen Charakter folgt, dass das Beschwerderecht auch für nicht betriebsratsfähige und betriebsratslose Betriebe gilt (*Fitting* Rn. 1; DKK/*Buschmann* Rn. 2; aA *Worzalla* NZA 1994, 1019). Einen betriebsverfassungsrechtlichen Bezug erhält das Beschwerderecht nur durch die Möglichkeit der Zuziehung eines Mitglieds des BR gem. § 84 I 2 und das bes. Beschwerdeverfahren gem. § 85. Für leitende Angestellte gilt § 26 SprAuG. Die Beschwerdemöglichkeit besteht unabhängig von einem Klagerecht des einzelnen AN vor den ArbG. Bei einer Klage ohne vorherige Beschwerde oder anderweitige Geltendmachung droht allerdings bei sofortigem Anerkenntnis die Kostenfolge des § 93 ZPO. Andererseits werden gesetzliche Fristen durch die Beschwerde nicht gehemmt. Zur Wahrung tariflicher Ausschlussfristen genügt die Beschwerde, wenn lediglich eine schlichte Geltendmachung des Anspruchs verlangt wird (GK-BetrVG/ *Wiese* Rn. 19; DKK/*Buschmann* Rn. 2).

2   Abgesehen von der klageweisen Geltendmachung von Rechtsansprüchen sind Vorstellungen oder Beschwerden bei **außerbetrieblichen Stellen** regelmäßig erst nach Erschöpfung der betrieblichen Beschwerdemöglichkeiten zulässig (GK-BetrVG/*Wiese* Rn. 9; *Fitting* Rn. 1; aA DKK/*Buschmann* Rn. 3 f.). § 17 II ArbSchG bestimmt dies für seinen Anwendungsbereich ausdrücklich. Ausnahmen sind denkbar, wenn Straftaten des AG oder sonstige erhebliche Gefährdungen unmittelbar bevorstehen und ohnehin nicht mit einer Abhilfe seitens des AG zu rechnen ist (vgl. auch *Preis/Reinfeld* AuR 1989, 361, 372).

Neben dem betriebsverfassungsrechtlichen Beschwerderecht räumt § 3 BeschSchG dem AN das 3
Recht ein, sich bei den zust. Stellen des Betriebs oder der Dienststelle zu beschweren, wenn sie sich
vom AG, von Vorgesetzen, von anderen Beschäftigten oder von Dritten am Arbeitsplatz **sexuell belästigt** fühlen. Gem. S. 2 der Vorschrift bleiben §§ 84, 85 BetrVG unberührt. Der sich sexuell belästigt fühlende AN kann deshalb auch eine Beschwerde nach §§ 84 ff. BetrVG erheben und auf diese Weise die im BeschSchG nicht vorgesehene Möglichkeit der Beteiligung des BR ausschöpfen. Dazu *Linde* AuR 1995, 398; *Worzalla* NZA 1994, 1016; *Fitting* Rn. 19 f.

2. Beschwerdegegenstand. Gegenstand der Beschwerde kann jede Benachteiligung, ungerechte 4
Behandlung oder sonstige Beeinträchtigung des einzelnen AN sein. Nach dem eindeutigen Wortlaut der Vorschrift („beeinträchtigt fühlt") kommt es allein auf das **subjektive Empfinden** des AN an (L/K Rn. 4). Voraussetzung für die Beschwerdemöglichkeit ist, dass eine individuelle Position des einzelnen AN berührt ist. Ausgeschlossen ist deshalb die sogenannte **Popularbeschwerde** (LAG Schleswig-Holstein 21. 12. 1989 NZA 1990, 703; *Nebendahl/Lunk* NZA 1990, 676). Allein die Tatsache, dass eine Beschwerde von mehreren AN gleichzeitig vorgetragen wird, begründet noch nicht das Vorliegen einer unzulässigen Popularbeschwerde. Die Grenze ist erst dann erreicht, wenn der gerügte Missstand keinen Bezug zur individuellen Stellung des jeweiligen einzelnen Beschwerdeführers im Betrieb aufweist, etwa wenn lediglich das allg. Betriebsklima oder das unzureichende Sicherheitsniveau gerügt werden (*Nebendahl/Lunk* NZA 1990, 676, 677).

Soweit keine unzulässige Popularbeschwerde vorliegt, kann die **Beeinträchtigung des AN** in einer 5
vermeintlichen Vereitelung von Rechtsansprüchen bestehen (zB Verstoß gegen die Grundsätze des § 75, insb. den Gleichbehandlungsgrundsatz, falsche Eingruppierung, unberechtigte Abmahnung); die Beeinträchtigung kann sich auch auf betriebsverfassungsrechtliche Regelungsfragen beziehen (Lage der Arbeitszeit, Rauchverbot am Arbeitsplatz, Essensqualität in der Werkskantine) oder rein tatsächliche Beeinträchtigungen zum Gegenstand haben (st. Zuweisung bes. unangenehmer Arbeiten, Arbeitsüberlastung, Mobbing). Diese Beeinträchtigungen werden vielfach vom AG oder anderen Vorgesetzten des AN ausgehen. Gerügt werden können aber auch Beeinträchtigungen von Arbeitskollegen (zB Intrigen, Übergriffe in fremde Arbeitsbereiche, Schikane; sonstiges Mobbing). Es muss stets um die Abstellung negativ bewerteter Zustände gehen. Das Ausbleiben von Vorteilen kann nur Beschwerdegegenstand sein, wenn auf sie ein Rechtsanspruch besteht, insb. unter dem Aspekt der Gleichbehandlung. Nicht von § 84 erfasst werden Beschwerden gegen den BR oder einzelne BRMitglieder. Insoweit ist nur ein Antrag nach § 23 I möglich (*Fitting* Rn. 12; GK-BetrVG/*Wiese* Rn. 14).

3. Beschwerdeverfahren. Die Beschwerde ist bei der zust. Stelle des Betriebes einzulegen. Dies ist 6
regelmäßig der unmittelbare Vorgesetzte, soweit keine bes. Regelung gem. § 86 S. 1 durch BV oder TV getroffen ist. Gem. § 84 I 2 kann der AN ein Mitglied des BR zur Unterstützung oder Vermittlung hinzuziehen. Weigert sich das vom AN ausgewählte BRMitglied, kann der AN dessen Unterstützung nicht gerichtlich erzwingen; außer bei querulatorischen Beschwerden liegt jedoch eine Verletzung der gesetzlichen Pflichten des BRMitglieds vor, so dass ein Verfahren nach § 23 I in Betracht kommt.

Die **Prüfung der Beschwerde** obliegt gem. § 84 II dem AG. Dieser hat selbst oder durch einen 7
bevollmächtigten Vertreter die Berechtigung der Beschwerde zu prüfen und den AN über das Ergebnis zu unterrichten. Bei längerer Dauer der Prüfung ist ein Zwischenbescheid zu geben (*Fitting* Rn. 15; GK-BetrVG/*Wiese* Rn. 27; DKK/*Buschmann* Rn. 15). Mit durch die Sache nicht gerechtfertigten Beleidigungen vorgebrachte Beschwerden sind rechtsmissbräuchlich; sie müssen nicht beschieden werden. Erkennt der AG die Berechtigung der Beschwerde an, so ist er durch diese Selbstbindung zur Abhilfe verpflichtet, soweit die Möglichkeit der Abhilfe in seinem Einflussbereich liegt. Der AG geht insofern eine vertragliche Verpflichtung ein, aus der ein **Rechtsanspruch des AN** erwächst (*Fitting* Rn. 18; *v. Hoyningen-Huene* BB 1991, 2217). Hilft der AG der Beschwerde nicht ab, so ist er dem AN gegenüber verpflichtet, seine Entscheidung zu begründen (*Fitting* Rn. 16). Der AN hat die Entscheidung des AG hinzunehmen, vorbehaltlich einer Anrufung der Einigungsstelle gem. § 85. Nur wenn Gegenstand der Beschwerde ein Rechtsanspruch war, bleibt dem AN die Möglichkeit, seinen Anspruch im Klageweg weiter zu verfolgen.

4. Benachteiligungsverbot. Gem. § 84 III dürfen dem AN wegen der Erhebung einer Beschwerde 8
keine Nachteile entstehen, auch keine Entgeltminderung (*Hallmen*, Die Beschwerde des AN als Instrument innerbetrieblicher Konfliktsregelung, 1997, 26 ff.). Die Vorschrift stellt eine Spezialregelung des allgemeinen Maßregelungsverbots gem. § 612 a BGB dar. Eine Kündigung oder andere Sanktion allein für die Beschwerdeerhebung ist unwirksam (*Fitting* § 84 Rn. 21). Etwas anderes kann sich allerdings aus den Begleitumständen der Beschwerde ergeben. Haltlose Vorwürfe, insb. wenn sie in beleidigender Form vorgetragen sind, können ggf. eine Abmahnung oder auch Kündigung rechtfertigen (DKK/*Buschmann* Rn. 20; GK-BetrVG/*Wiese* Rn. 34). § 84 III ist Schutzgesetz iSd. § 823 II BGB. Maßnahmen des AG, die gegen das Benachteiligungsverbot verstoßen, können deshalb Schadensersatzansprüche auslösen (*Fitting* Rn. 21).

5. Streitigkeiten. Der **AN** kann auf Entgegennahme und Bescheidung seiner Beschwerde klagen, 9
jedoch keine konkrete Beschwerdeentscheidung erzwingen. Erkennt der AG eine Beschwerde an,

kann der AN bei Weigerung zur Abhilfe auch diese gerichtlich erzwingen. Bei der Zuziehung von BRMitgliedern ist zu unterscheiden: Weigert sich ein BRMitglied, die Beschwerde eines AN zu unterstützen, kann dessen Mitwirkung gerichtlich nicht erzwungen werden (Rn. 6). Weigert sich dagegen der AG, ein vom AN ausgewähltes BRMitglied zu beteiligen, steht dem AN die Möglichkeit offen, dessen Hinzuziehung gerichtlich zu erzwingen (*Fitting* Rn. 22). Sämtliche Ansprüche, auch der Anspruch auf Hinzuziehung eines BRMitglieds (BAG 24. 4. 1979 AP BetrVG 1972 § 82 Nr. 1), sind im Urteilsverfahren geltend zu machen.

10   Bei einer Beschwerde eines AN über einen anderen ist fraglich, ob der AG gegenüber dem Beschuldigten die Person des Beschwerdeführers „outen" muss. Dies ist jedenfalls dann zu bejahen, wenn der AG auf Grund der Vorwürfe die Verhängung konkreter Maßnahmen wie Abmahnung oder Kündigung plant (ausf. *Hallmen*, Die Beschwerde des AN als Instrument innerbetrieblicher Konfliktregelung, 1997, S. 45 ff.; GK-BetrVG/*Wiese* Rn. 23).

§ 85 Behandlung von Beschwerden durch den Betriebsrat

(1) Der Betriebsrat hat Beschwerden von Arbeitnehmern entgegenzunehmen und, falls er sie für berechtigt erachtet, beim Arbeitgeber auf Abhilfe hinzuwirken.

(2) [1] Bestehen zwischen Betriebsrat und Arbeitgeber Meinungsverschiedenheiten über die Berechtigung der Beschwerde, so kann der Betriebsrat die Einigungsstelle anrufen. [2] Der Spruch der Einigungsstelle ersetzt die Einigung zwischen Arbeitgeber und Betriebsrat. [3] Dies gilt nicht, soweit Gegenstand der Beschwerde ein Rechtsanspruch ist.

(3) [1] Der Arbeitgeber hat den Betriebsrat über die Behandlung der Beschwerde zu unterrichten. [2] § 84 Abs. 2 bleibt unberührt.

1 **1. Verhältnis zu § 84.** Die Vorschrift des § 85 ergänzt die des § 84, dessen Voraussetzungen gegeben sein müssen. Dem AN steht es frei, zunächst ein eigenes Beschwerdeverfahren gem. § 84 einzulegen oder unmittelbar die Beschwerde in die Hand des BR zu geben. Wählt der AN den Weg über § 85, wird das individuelle zum kollektiven, betriebsverfassungsrechtlichen Beschwerdeverfahren (*Fitting* Rn. 1; Richardi/*Richardi/Thüsing* Rn. 2; aA GK-BetrVG/*Wiese* Rn. 4).

2 **2. Einlegung und Annahme der Beschwerde.** Die Beschwerde ist grds. an den BR als Gremium zu richten. Etwas anderes gilt, wenn der BR gem. § 28 einen bes. (Beschwerde-)Ausschuss gebildet hat. Der BR bzw. der Ausschuss muss sich mit der Beschwerde befassen und über ihre Berechtigung einen Beschluss fassen. Ist der BR der Ansicht, die Beschwerde sei nicht berechtigt, hat er den AN mit Begründung zu unterrichten (*Fitting* Rn. 3). Ein weiteres Tätigwerden des BR kann vom AN nicht erzwungen werden. Auch hier bleibt nur die Möglichkeit, ggf. ein Verfahren nach § 23 I einzuleiten (DKK/*Buschmann* Rn. 4; *Fitting* Rn. 2).

3 Nimmt der BR die Beschwerde an, hat er zunächst beim AG auf Abhilfe hinzuwirken (Abs. 1). Der AG hat mit dem BR über die Erledigung der Beschwerde zu **verhandeln**. Kommt es dabei nicht zu einer Einigung über die Berechtigung oder Nichtberechtigung der Beschwerde, bleibt ggf. die Möglichkeit der Anrufung der **Einigungsstelle** gem. Abs. 2, wobei das Gesetz danach unterscheidet, ob Beschwerdegegenstand ein Rechtsanspruch oder eine sonstige Beeinträchtigung des AN ist. Die Anrufung der Einigungsstelle ist nicht von der ausdrücklichen Zustimmung des betroffenen AN abhängig. Dieser sollte in die Verhandlung zwischen AG und BR einbezogen werden; zwingend vorgeschrieben ist dies nicht (*Fitting* Rn. 3). Allerdings behält der betroffene AN insofern die Herrschaft über das Verfahren, als er jederzeit seine Beschwerde zurücknehmen und damit das weitere Verfahren hinfällig machen kann (MünchArbR/*v. Hoyningen-Huene* § 303 Rn. 31; *Fitting* Rn. 4). Sein Name muss dem AG auf Verlangen offenbart werden (*Hallmen*, Die Beschwerde des AN als Instrument innerbetrieblicher Konfliktsregelung, 1997, 91).

4 **3. Zuständigkeit der Einigungsstelle.** Soweit Gegenstand der Beschwerde ein **Rechtsanspruch** ist, ergibt sich aus Abs. 2 S. 3 eindeutig, dass ein die Einigung der Betriebspartner ersetzender Spruch der Einigungsstelle nicht ergehen kann. Umstritten ist dagegen, ob beim Streit um Rechtsansprüche dem BR schon die Möglichkeit der einseitigen Anrufung der Einigungsstelle verwehrt ist. *Buschmann* (DKK/*Buschmann* Rn. 10) bejaht diese Möglichkeit. Zur Begründung macht er geltend, dass sich Abs. 2 S. 3 nur auf S. 2 der Regelung beziehe, und verweist auf das erzwingbare Einigungsstellenverfahren mit nicht verbindlichem Spruch der Einigungsstelle beim Interessenausgleich (§ 112 III). Das Einigungsstellenverfahren beim Interessenausgleich macht aber deswegen Sinn, weil dem BR ausschließlich diese (verfahrensmäßige) Möglichkeit der Einflussnahme auf die geplante Betriebsänderung offen steht. Soweit es im Rahmen des § 85 um Rechtsansprüche geht, ist eine solche Einflussnahmemöglichkeit dagegen überflüssig, weil der betroffene AN seine Rechtsansprüche gerichtlich geltend machen kann. Die hM verneint deswegen zu Recht schon die Möglichkeit der einseitigen Anrufung der Einigungsstelle (BAG 28. 6. 1984 AP BetrVG 1972 § 85 Nr. 1; LAG München 6. 3. 1997 LAGE BetrVG § 85 Nr. 4; GK-BetrVG/*Wiese* Rn. 14).

Der **Ausschluss des erzwingbaren Einigungsstellenverfahrens** betrifft zunächst eindeutig in Gesetzen, TV, BV oder individualvertraglichen Regelungen festgeschriebene Ansprüche und Rechte, etwa wenn sich ein AN beschwert, weil der AG den vereinbarten Lohn nicht zahlt, die Kündigung erklärt oder den tariflichen Urlaub nicht gewährt. Dasselbe gilt für Rechtsansprüche, die von der Rspr. entwickelt und anerkannt sind. Beispiel hierfür ist etwa der Anspruch auf Rücknahme einer unberechtigten Abmahnung (LAG Rheinland-Pfalz 17. 1. 1985 NZA 1985, 190; LAG Berlin 19. 8. 1988 BB 1988, 2040; aA LAG Köln 16. 11. 1984 BB 1985, 524; LAG Hamburg 10. 7. 1985 BB 1985, 1729) oder Gleichbehandlung (LAG München LAGE BetrVG § 85 Nr. 4). **Eindeutig zust.** ist dagegen die Einigungsstelle, soweit es um rein tatsächliche Beschwerdegegenstände geht, wie die ständige Zuweisung bes. schmutziger und unangenehmer Arbeiten, die subjektiv empfundene Unwürdigkeit von Arbeiten oder Arbeitsüberlastung (LAG Baden-Württemberg 13. 3. 2000 AiB 2000, 760). Den **Grenzfall** bilden Beschwerdegegenstände, die zwar möglicherweise unter dem Gesichtspunkt der „Fürsorgepflicht" Nebenpflichten des AG und damit eventuell auch Rechtsansprüche des AN begründen, bei denen es aber bislang an der notwendigen Konkretisierung und Absicherung durch die Rspr. fehlt. Würde man auch in diesen Fällen den AN auf den (unsicheren) Weg vor den AG verweisen, würde das durch die Einigungsstelle durchsetzbare Beschwerderecht des AN weitgehend leer laufen. Dafür spricht auch der Hinweis des BeschSchG auf §§ 84, 85 BetrVG (s. § 84 Rn. 3). Deshalb ist die Einigungsstelle schon dann zu bilden, wenn zweifelhaft oder nicht ganz sicher ist, dass aus dem vom AN vorgetragenen Beschwerdegrund ein diesen beseitigender Rechtsanspruch entspringen kann. Nur wenn offensichtlich (Rechtsgedanke des § 98 I ArbGG) ein Rechtsanspruch besteht, ist die Einigungsstelle unzuständig (LAG Düsseldorf NZA 1994, 767; Hess. LAG DB 1993, 1248; *Hallmen* S. 116 ff.; *Fitting* Rn. 8; aA *Hunold* DB 1993, 2282, 2285). Mobbing kann deshalb Gegenstand des Verfahrens sein (so BAG 15. 1. 1997 NZA 1997, 781 zu § 37 VI, allerdings ohne Auseinandersetzung mit einem Ausschluss des Verfahrens wegen bestehenden Rechtsanspruchs; ebenso ArbG Kiel 27. 2. 1997 NZA-RR 1998, 212; DKK/*Buschmann* Rn. 10). Ein Ausschluss des Verfahrens kann sich auch aus der Sonderregelung der einzelnen Mitbestimmungsrechte ergeben (*Hallmen* S. 128 ff.; L/K Rn. 5; *Fitting* Rn. 12; im Grundsatz auch DKK/*Buschmann* Rn. 3, 12).

4. Rechtsfolgen. Erkennt der AG entweder nach Verhandlung mit dem BR die Berechtigung der Beschwerde an oder ersetzt die Einigungsstelle die Einigung zwischen BR und AG dahin, dass die Beschwerde als berechtigt gilt, so hat der AG der Beschwerde **abzuhelfen**, wenn dies im Rahmen seiner Einflussmöglichkeiten liegt. Ebenso wie im Fall der Anerkennung der Berechtigung der Beschwerde nach § 84 entsteht ein ggf. im Klagewege durchsetzbarer Rechtsanspruch des einzelnen AN (DKK/*Buschmann* Rn. 16; *Fitting* Rn. 9). Die Art und Weise der Abhilfe bestimmt der AG. Der BR kann die Abhilfe der Beschwerde nicht verlangen. § 77 I bildet insofern keine Anspruchsgrundlage, denn der aus dem Einigungsstellenspruch folgende Abhilfeanspruch ist individualrechtlicher Natur (*Fitting* Rn. 9; aA DKK/*Buschmann* Rn. 16). Die Einigungsstelle ist insoweit offensichtlich unzuständig (LAG Düsseldorf 29. 6. 2000, 5 TabV 42/00).

Über die Behandlung der Beschwerde, insb. über die Art der Abhilfe, hat der AG den BR (§ 85 III 1) und den betreffenden AN zu **unterrichten**. Dies gilt auch bei Ablehnung der Beschwerde im Einvernehmen von AG und BR oder durch Spruch der Einigungsstelle (*Fitting* Rn. 10).

§ 86 Ergänzende Vereinbarungen

¹ Durch Tarifvertrag oder Betriebsvereinbarung können die Einzelheiten des Beschwerdeverfahrens geregelt werden. ² Hierbei kann bestimmt werden, dass in den Fällen des § 85 Abs. 2 an die Stelle der Einigungsstelle eine betriebliche Beschwerdestelle tritt.

Die durch § 86 eingeräumte Möglichkeit, durch TV oder BV Einzelheiten des Beschwerdeverfahrens zu regeln, bezieht sich sowohl auf das Verfahren nach § 84 als auch auf das nach § 85. BV oder TV können etwa **Regelungen** enthalten über die Festlegung der „zuständigen Stelle" iSd. § 84 I, die Bestimmung von Formen oder Fristen für die Behandlung von Beschwerden, die Einrichtung eines betrieblichen Instanzenzuges oder Besetzung und Geschäftsordnung der Einigungsstelle nach § 85 II. Ausdrücklich räumt S. 2 darüber hinaus die Möglichkeit ein, anstelle der in § 85 II vorgesehenen Einigungsstelle eine **betriebliche Beschwerdestelle** einzurichten. Soweit deren Zusammensetzung, Verfahrens- und Geschäftsordnung geregelt werden, muss gewährleistet sein, dass BR und AG ein gleichgewichtiger Einfluss eingeräumt ist (*Fitting* Rn. 4). Die Möglichkeit der Einrichtung einer **tarifliche Schlichtungsstelle** gem. § 76 VIII schließt S. 2 aus. S. 2 will nur eine zusätzliche (dritte) Möglichkeit für die Entscheidung über die Beschwerde schaffen (DKK/*Buschmann* Rn. 4; *Fitting* Rn. 4; aA Richardi/*Richardi/Thüsing* Rn. 9; GK-BetrVG/*Wiese* Rn. 7). Da sich die durch § 86 eingeräumte Regelungsmacht nur auf die „Einzelheiten des Beschwerdeverfahrens" erstreckt, kann die Zuständigkeit der Einigungs-, Schlichtungs- oder Beschwerdestelle nicht durch TV oder BV verändert werden (DKK/*Buschmann* Rn. 4). Unzulässig ist es auch, durch BV oder TV zwingend festzulegen, dass der AN vor

Anrufung des ArbG den betrieblichen Beschwerdeweg ausgeschöpft haben muss (*Moll/Klunker* RdA 1973, 361, 368).

2   TV nach § 86 enthalten Rechtsnormen über betriebliche und betriebsverfassungsrechtliche Fragen iSd. § 1 I TVG und gelten deshalb gem. § 3 II TVG für alle AN des Betriebs, auch die Außenseiter. Voraussetzung für die Geltung ist allein die Tarifgebundenheit des AG. Für den Abschluss von BV räumt § 86 kein erzwingbares Mitbestimmungsrecht ein. Besteht sowohl eine (freiwillige) BV nach § 86 als auch eine tarifliche Regelung, geht diese vor. Bloße **Tarifüblichkeit** sperrt dagegen den Abschluss einer BV nicht, da es sich bei Regelungen nach § 86 nicht um Arbeitsbedingungen iSd. § 77 III handelt (*Fitting* Rn. 1 a). Deshalb kann eine BV auch dann das Beschwerdeverfahren näher regeln, wenn ein entspr. TV nur noch kraft Nachwirkung gilt (*Fitting* Rn. 2; DKK/*Buschmann* Rn. 3).

§ 86 a Vorschlagsrecht der Arbeitnehmer

¹ Jeder Arbeitnehmer hat das Recht, dem Betriebsrat Themen zur Beratung vorzuschlagen. ² Wird ein Vorschlag von mindestens 5 vom Hundert der Arbeitnehmer des Betriebs unterstützt, hat der Betriebsrat diesen innerhalb von zwei Monaten auf die Tagesordnung einer Betriebsratssitzung zu setzen.

1   Das durch das ReformG eingeführte Vorschlagsrecht (s. *Wiese* BB 2001, 2267) und das Recht zu einer Unterstützung steht allen AN des Betriebes zu, außer den leitenden Angestellten. Es muss sich im Rahmen der funktionellen Zuständigkeit des BR gem. §§ 80 ff. halten (s. *Veit*, Die funktionelle Zuständigkeit des BR, 1998, allerdings zu sehr auf die BV fixiert). Die notwendige Unterschriftensammlung kann während der Arbeitszeit durchgeführt werden (*Fitting* Rn. 5), aber nur, soweit dies unumgänglich ist.

2   Auf GBR und KBR ist die Vorschrift nicht anwendbar. Auch besteht kein individueller Rechtsanspruch auf entspr. Handeln des BR (*Fitting* Rn. 11).

Dritter Abschnitt. Soziale Angelegenheiten

§ 87 Mitbestimmungsrechte

(1) Der Betriebsrat hat, soweit eine gesetzliche oder tarifliche Regelung nicht besteht, in folgenden Angelegenheiten mitzubestimmen:
1. Fragen der Ordnung des Betriebs und des Verhaltens der Arbeitnehmer im Betrieb;
2. Beginn und Ende der täglichen Arbeitszeit einschließlich der Pausen sowie Verteilung der Arbeitszeit auf die einzelnen Wochentage;
3. Vorübergehende Verkürzung oder Verlängerung der betriebsüblichen Arbeitszeit;
4. Zeit, Ort und Art der Auszahlung der Arbeitsentgelte;
5. Aufstellung allgemeiner Urlaubsgrundsätze und des Urlaubsplans sowie die Festsetzung der zeitlichen Lage des Urlaubs für einzelne Arbeitnehmer, wenn zwischen dem Arbeitgeber und den beteiligten Arbeitnehmern kein Einverständnis erzielt wird;
6. Einführung und Anwendung von technischen Einrichtungen, die dazu bestimmt sind, das Verhalten oder die Leistung der Arbeitnehmer zu überwachen;
7. Regelungen über die Verhütung von Arbeitsunfällen und Berufskrankheiten sowie über den Gesundheitsschutz im Rahmen der gesetzlichen Vorschriften oder der Unfallverhütungsvorschriften;
8. Form, Ausgestaltung und Verwaltung von Sozialeinrichtungen, deren Wirkungsbereich auf den Betrieb, das Unternehmen oder den Konzern beschränkt ist;
9. Zuweisung und Kündigung von Wohnräumen, die den Arbeitnehmern mit Rücksicht auf das Bestehen eines Arbeitsverhältnisses vermietet werden, sowie die allgemeine Festlegung der Nutzungsbedingungen;
10. Fragen der betrieblichen Lohngestaltung, insbesondere die Aufstellung von Entlohnungsgrundsätzen und die Einführung und Anwendung von neuen Entlohnungsmethoden sowie deren Änderung;
11. Festsetzung der Akkord- und Prämiensätze und vergleichbarer leistungsbezogener Entgelte, einschließlich der Geldfaktoren;
12. Grundsätze über das betriebliche Vorschlagswesen;
13. Grundsätze über die Durchführung von Gruppenarbeit; Gruppenarbeit im Sinne dieser Vorschrift liegt vor, wenn im Rahmen des betrieblichen Arbeitsablaufs eine Gruppe von Arbeitnehmern eine ihr übertragene Gesamtaufgabe im Wesentlichen eigenverantwortlich erledigt.

(2) ¹ Kommt eine Einigung über eine Angelegenheit nach Absatz 1 nicht zustande, so entscheidet die Einigungsstelle. ² Der Spruch der Einigungsstelle ersetzt die Einigung zwischen Arbeitgeber und Betriebsrat.

Übersicht

	Rn.		Rn.
I. Vorbemerkung	1	e) Verhältnis zum BDSG	61
II. Allgemeine Voraussetzungen	4	f) Beispiele technischer Überwachungseinrichtungen	62
1. Anwendungsbereich	4	7. Regelungen zum Arbeitsschutz	63
2. Kollektive Regelung und Einzelfall	6	a) Grundsatz	63
3. Eil- und Notfälle	7	b) Anwendungsfälle	65
4. Initiativrecht des BR	9	8. Sozialeinrichtungen	68
5. Gesetzes- und Tarifvorrang	10	a) Begriff	68
a) Gesetzliche Regelungen	10	b) Umfang des Mitbestimmungsrechts	73
b) Tarifliche Regelungen	14	9. Zuweisung und Kündigung von Wohnraum	83
III. Mitbestimmungstatbestände	18	a) Wohnraum iSd. Nr. 9	83
1. Ordnung im Betrieb	18	b) Umfang des Mitbestimmungsrechts	86
a) Ordnungs- und Arbeitsverhalten	18	aa) Alleinentscheidungsrecht des Arbeitgebers	86
b) Betriebsbußen	22	bb) Zuweisung und Kündigung von Wohnraum	87
2. Verteilung der Arbeitszeit	25	cc) Nutzungsbedingungen	91
a) Umfang der Mitbestimmung	25	10. Betriebliche Lohngestaltung	96
b) Einzelfälle	27	a) Lohn	96
3. Vorübergehende Verkürzung oder Verlängerung der Arbeitszeit	31	b) Umfang des Mitbestimmungsrechts	99
a) Grundsatz	31	aa) Lohngestaltung	99
b) Überstunden	34	bb) Tarifvertragsergänzende und -ersetzende Regelungen	104
c) Kurzarbeit	35	cc) Freiwillige übertarifliche Leistungen	107
d) Vergütung	37	11. Leistungsbezogene Entgelte	117
e) Besonderheiten im Arbeitskampf	38	12. Betriebliches Vorschlagswesen	128
4. Auszahlung der Arbeitsentgelte	39	13. Gruppenarbeit	134
5. Urlaub	42		
6. Überwachung durch technische Einrichtungen	48		
a) Technische Einrichtungen	48		
b) Verhalten oder Leistung der Arbeitnehmer	50		
c) Bestimmung zur Überwachung	55		
d) Einführung, Anwendung und Abschaffung technischer Einrichtungen	58		

(Zu Abs. 2 s. die Kommentierung des § 76)

I. Vorbemerkung

Die Vorschrift betrifft den **Kernbereich der Mitbestimmung** der AN nach dem BetrVG. In den in Nr. 1 bis 12 geregelten Angelegenheiten hat der BR ein erzwingbares Mitbestimmungsrecht. Dadurch sollen die AN vor allem in den zentralen Angelegenheiten des § 87 I vor einseitigen Anordnungen im Wege des Direktionsrechts durch den AG geschützt werden; die einseitige Anordnung wird durch die einverständliche Regelung zwischen BR und AG ersetzt, die ggf. über die Einigungsstelle erzwungen werden kann. 1

Der Katalog der Mitbestimmungstatbestände, in denen das erzwingbare Mitbestimmungsrecht besteht, ist abschließend. Die Vorschrift erweitert die Mitbestimmung in sozialen Angelegenheiten gegenüber der Vorgängerregelung in § 56 BetrVG 1952 erheblich. Gleichzeitig ist durch die Neuregelung die früher kontrovers diskutierte Frage, ob sich die Mitbestimmungsrechte nur auf **formelle oder auch auf materielle Arbeitsbedingungen** erstrecken, gegenstandslos geworden. Ob materielle oder formelle Arbeitsbedingungen Gegenstand des Mitbestimmungsrechts sind, hängt von dem einzelnen Mitbestimmungstatbestand ab (BAG 13. 3. 1973 AP BetrVG 1972 § 87 Werkmietwohnungen Nr. 8 und 9; BAG 29. 3. 1977 AP BetrVG 1972 § 87 Provision Nr. 1; *Fitting* Rn. 21). Die Erweiterung erzwingbarer Mitbestimmungsrechte in sozialen Angelegenheiten durch TV ist zulässig (dazu vor § 74 Rn. 4). 2

Zentrales **Mittel zur Ausübung der Mitbestimmung** nach § 87 ist die BV, da nur durch sie unmittelbare Rechte und Pflichten für AG und AN ausgelöst werden können (§ 77 IV). Zwingend ist der Abschluss einer BV nicht. Soweit es nur um die Wahrung des Mitbestimmungsrechts und nicht um die Einräumung unmittelbar und zwingend geltender Rechte und Pflichten geht, kann auch die formlose Regelungsabrede (näher dazu § 77 Rn. 26) das geeignete Mittel sein (BAG 24. 4. 2001 EzA § 87 BetrVG 1972 Betriebliche Lohngestaltung Nr. 71). Kommt zwischen AG und BR eine Einigung über 3 eine Angelegenheit nach Abs. 1 nicht zustande, entscheidet die **Einigungsstelle,** deren Spruch die Einigung zwischen AG und BR ersetzt (Abs. 2). Solange eine mitbestimmte Regelung läuft, kann eine neue nicht erzwungen, aber schon verhandelt werden (DKK/*Berg* § 77 Rn. 56). Missachtet der AG die erzwingbaren Mitbestimmungsrechte nach Abs. 1, sind einseitige den AN belastende Maßnahmen unwirksam (sog. Theorie der Wirksamkeitsvoraussetzung). Gleichzeitig besteht nach der neueren Rspr. des BAG (3. 5. 1994 AP BetrVG 1972 § 23 Nr. 23) für den BR die Möglichkeit, vom AG die Unterlassung einseitiger mitbestimmungspflichtiger Maßnahmen zu verlangen; dieser Unterlassungsanspruch kann ggf. auch im Wege der einstweiligen Verfügung geltend gemacht werden. Näheres zu den Rechtsfolgen mitbestimmungswidrigen Verhaltens vor § 74 Rn. 14 ff.

II. Allgemeine Voraussetzungen

4   1. **Anwendungsbereich.** Persönlich gilt das Mitbestimmungsrecht gem. § 87 für alle **AN** iSd. § 5 I, also auch für außertarifliche Angestellte (AT-Angestellte). Im Hinblick auf das definitionsmäßige Fehlen einschlägiger tariflicher Regelungen besteht insofern sogar ein erweitertes Mitbestimmungsrecht. Für eine Einschränkung der Mitbestimmungsrechte gegenüber AT-Angestellten findet sich im Gesetz keine Stütze (BAG 11. 2. 1992 AP BetrVG 1972 § 76 Nr. 50). Kein Mitbestimmungsrecht besteht gegenüber leitenden Angestellten gem. § 5 III.

5   **LeihAN** gelten betriebsverfassungsrechtlich nur eingeschränkt als AN des Entleiherbetriebs; sie bleiben auch während der Zeit ihrer Arbeitsleistung bei einem Entleiher Angehörige des entsendenden Betriebs und sind bei der BRWahl im Entleiherbetrieb wahlberechtigt, wenn sie länger als drei Monate dort eingesetzt werden (§ 7 Satz 2). Mitbestimmungsrechte gem. § 87 I können sich dann auf LeihAN erstrecken, wenn der Normzweck und das dem Entleiher zustehende Weisungsrecht eine betriebsverfassungsrechtliche Zuordnung der LeihAN auch zum Entleiherbetrieb erforderlich machen, weil ansonsten diese AN ohne kollektiven Schutz durch eine Interessenvertretung der AN blieben (*Fitting* Rn. 12). Das BAG hat eine Erstreckung des Mitbestimmungsrechts nach § 87 I Nr. 2 auf LeihAN bejaht (BAG 15. 12. 1992 AP AÜG § 14 Nr. 7). Für Überstunden durch höhere regelmäßige Arbeitszeit beim Entleiher bleibt dagegen der Betriebsrat des Verleihers zuständig (BAG 19. 6. 2001, AP BetrVG 1972 § 87 Leiharbeitnehmer Nr. 1).

6   2. **Kollektive Regelung und Einzelfall.** Grds. beziehen sich die Mitbestimmungsrechte nach Abs. 1 nur auf generelle, kollektive Angelegenheiten (*Raab* ZfA 2001, 31; *Wank*, FS für Wiese, 1998, 617). Ausnahmen, in denen auch die Regelung eines Einzelfalles mitbestimmungspflichtig ist, bilden nur Nr. 5 (Urlaub für einzelne AN) und Nr. 9 (Zuweisung und Kündigung von Wohnräumen). Soweit der **kollektive Bezug** Voraussetzung für das Eingreifen des Mitbestimmungsrechts ist, kommt es für die Abgrenzung maßgeblich darauf an, inwiefern sich eine Maßnahme abstrakt auf den ganzen Betrieb oder eine Gruppe von AN oder einen Arbeitsplatz, nicht aber auf einen AN persönlich bezieht (*Fitting* Rn. 16; GK/*Wiese* Rn. 20 ff.). Ob Maßnahmen oder Entscheidungen des AG einen kollektiven Bezug haben, richtet sich nicht nach der Zahl der betroffenen AN; ist die Zahl ist lediglich ein Indiz. Nur Vereinbarungen, die den **individuellen Besonderheiten** einzelner Arbeitsverhältnisse Rechnung tragen und deren Auswirkungen sich auf das Arbeitsverhältnis dieses AN beschränken, sind mitbestimmungsfrei (BAG GS 3. 12. 1991 AP BetrVG 1972 § 87 Lohngestaltung Nr. 51, 52; BAG 22. 9. 1992 AP BetrVG § 87 Lohngestaltung Nr. 56, 60). Zu Entgelten Rn. 99.

7   3. **Eil- und Notfälle.** Da im Bereich der sozialen Angelegenheiten anders als zB in § 100 keine Regelungen für vorläufige Maßnahmen existieren, schränkt die Rspr. des BAG das Mitbestimmungsrecht des BR auch in sogenannten **Eilfällen** nicht ein, in denen eine Regelung umgehend getroffen werden muss (BAG 5. 3. 1974 AP BetrVG 1972 § 87 Kurzarbeit Nr. 1; BAG 19. 2. 1991 AP BetrVG 1972 § 87 Arbeitszeit Nr. 42; BAG 17. 11. 1998 AP BetrVG 1972 § 87 Arbeitszeit Nr. 79 = NZA 1999, 662). Beispiel ist etwa der plötzliche Bedarf der Anordnung von Überstunden wegen eines unerwarteten und eilig zu erledigenden Auftrags. Um das Mitbestimmungsrecht zu wahren, ist der AG auf eine sofortige Einigung mit dem BR angewiesen. Insb. genügt in solchen Fällen eine formlose Regelungsabrede zur Wahrung des Mitbestimmungsrechts. Gelingt eine solche Einigung nicht, ist der AG nicht berechtigt, vorläufig einseitige Anordnungen zu treffen (*Fitting* Rn. 26; aA *Richardi* Rn. 61). Die eingetretene Zwangslage wird als Ergebnis mangelhafter Organisation des AG gewertet, die dieser durch den frühzeitigen Abschluss von **RahmenBV** hätte abfangen können (zu diesen Rn. 11 vor § 74; insb. *Henssler* FS Hanau 1999 S. 413 zum Anspruch auf eine solche Betriebsvereinbarung). Allerdings kann die Eilsituation bei der Beurteilung des Verfügungsgrundes berücksichtigt werden, wenn der BR einstweiligen Rechtsschutz beantragt (s. vor § 74 Rn. 29).

8   Die Mitbestimmungsrechte nach Abs. 1 entfallen dagegen in sogenannten **echten Notfällen** (LAG Hamm 23. 4. 1975 DB 1975, 1515; *Henssler* FS Hanau 1999 S. 413, 422; *Fitting* Rn. 27). Unter einem Notfall kann in Abgrenzung gegenüber dem Eilfall eine plötzliche, nicht vorausehbare und schwerwiegende Situation verstanden werden, die zur Verhinderung nicht wieder gutzumachender Schäden zu unaufschiebbaren Maßnahmen zwingt; es muss eine Extremsituation vorliegen (so BAG 2. 3. 1982 DB 1982, 1115, 1116). Beispiele hierfür sind etwa Brände, Überschwemmungen oder andere Katastro-

II. Allgemeine Voraussetzungen § 87 BetrVG 210

phen. Ein **rechtlicher Notfall** ist anzuerkennen, wenn eine mitbestimmte Regelung fehlt, die von Rechts wegen erforderlich ist, wie zB die Festlegung der Arbeitszeit.

4. Initiativrecht des BR. Da § 87 I erzwingbare Mitbestimmungsrechte normiert, steht grds. auch 9 dem BR ein Initiativrecht zu; er kann von sich aus die Regelung einer Angelegenheit anstreben und ggf. die Einigungsstelle anrufen (BAG 14. 11. 1974 AP BetrVG 1972 § 87 Nr. 1). Tw. wird ein Initiativrecht abgelehnt, wenn der BR mit seiner Initiative unmittelbar in die unternehmerische und wirtschaftliche Führung des Betriebes eingreifen würde (*Rüthers* ZfA 1973, 411 ff.; GK-BetrVG/*Wiese* Rn. 146). Das BAG hat jedoch entschieden, dass Mitbestimmungsrechte des BR nicht unter dem Vorbehalt stehen, dass durch sie nicht in die unternehmerische Entscheidungsfreiheit eingegriffen werden dürfe, so dass aus diesem Grund auch eine Einschränkung des Initiativrechts nicht möglich ist (BAG 31. 8. 1982 AP BetrVG 1972 § 87 Arbeitszeit Nr. 8; BAG 4. 3. 1986 AP BetrVG 1972 § 87 Kurzarbeit Nr. 3; BAG 24. 11. 1987 AP BetrVG § 87 Akkord Nr. 6). Der BR kann deshalb auch zB die Initiative zur Einführung von Kurzarbeit oder zur Anordnung von Überstunden ergreifen (vgl. BAG 4. 3. 1986 AP BetrVG 1972 § 87 Kurzarbeit Nr. 3). Eine Einschränkung des Initiativrechts kann sich aus dem Inhalt des Mitbestimmungsrechts selbst ergeben, soweit dies nur eine abwehrende Funktion hat. Deshalb ist der BR nicht berechtigt, die Einführung einer technischen Überwachungseinrichtung zu verlangen, da sein Mitbestimmungsrecht nach Nr. 6 allein dem Schutz der AN vor den Gefahren einer technischen Überwachung dient (BAG 28. 11. 1989 AP BetrVG § 87 Initiativrecht Nr. 4; L/K Rn. 9). Für Fragen der betrieblichen Ordnung iSd. Nr. 1 besteht keine Einschränkung des Initiativrechts (LAG Nürnberg 10. 9. 2002, NZA-RR 2003, 197). Zur Einführung von Leistungslohn Rn. 100 ff.

5. Gesetzes- und Tarifvorrang. a) Gesetzliche Regelungen. Nach § 87 I Eingangssatz bestehen 10 die Mitbestimmungsrechte nach Abs. 1 nur, soweit eine gesetzliche oder tarifliche Regelung nicht besteht. Besteht eine gesetzliche Regelung, sind die Interessen der AN hinreichend durch das Gesetz geschützt; für einen weiteren Schutz durch Mitbestimmungsrechte besteht kein Bedürfnis. Wenn der AG keinen Entscheidungsspielraum hat, braucht auch der BR nicht mitzuentscheiden (BAG 24. 2. 1987 AP BetrVG 1972 § 77 Nr. 21; *Fitting* Rn. 32).

Zu den **gesetzlichen Regelungen** iSd. § 87 gehören alle Gesetze im materiellen Sinne, solange es 11 sich um zwingendes Recht handelt; dispositive Gesetzesvorschriften entfalten nach hM keine Sperrwirkung (BAG 13. 3. 1973 AP BetrVG 1972 § 87 Werkmietwohnungen Nr. 1; BAG 26. 5. 1988 AP BetrVG 1972 § 87 Ordnung des Betriebes Nr. 14). Dagegen spricht, dass zwingendes Recht ohnehin unabänderlich ist, so dass die bes. Sperrwirkung gegenüber der Mitbestimmung hier sinnlos ist. Nicht zum Gesetzesrecht zählt gesetzesvertretendes Richterrecht (*Fitting* Rn. 30; aA GK-BetrVG/*Wiese* Rn. 58), doch ist es im Zusammenhang mit der jeweils betroffenen Norm bedeutsam. Zu § 6 V ArbZG Rn. 65.

VA und Anordnungen auf Grund gesetzlicher Vorschriften oder Ermächtigungen, insb. im 12 Bereich des öffentl. Rechts, stehen nach Sinn und Zweck des Gesetzes in ihrer Wirkung einer gesetzlichen Regelung gleich (*Fitting* Rn. 31). Nur mittelbarer Zwang auf den AG lässt dagegen das Mitbestimmungsrecht nicht entfallen. So bleibt zB das Mitbestimmungsrecht erhalten, wenn die öffentl. Hand als Zuwendungsgeber für private Forschungseinrichtungen lediglich Auflagen für die Vergütung der AN macht (BAG 27. 1. 1987 AP BetrVG 1972 § 99 Nr. 42; BAG 24. 11. 1987 AP BetrVG 1972 § 87 Auszahlung Nr. 6). Im Einzelfall kann freilich eine solche faktische Zwangslage das Direktionsrecht des AG ebenso beschränken wie eine gesetzliche oder tarifliche Regelung. Eine Berücksichtigung einer solchen Zwangslage erfolgt dann zumindest durch eine entspr. **Ermessensbindung der Einigungsstelle;** im Einzelfall kann eine Ausübung des Beteiligungsrechts des BR rechtsmissbräuchlich sein. Beispiel für eine solche faktische Zwangslage ist es etwa, wenn in einem Einkaufszentrum die Vergabe von Ladenlokalen an die Einhaltung bestimmter Ladenöffnungszeiten gekoppelt wird.

Ausgeschlossen ist das Mitbestimmungsrecht stets nur, „soweit" eine gesetzliche oder gesetzes- 13 **vertretende Regelung besteht.** Wenn trotz einer gesetzlichen Regelung noch ein Gestaltungsspielraum verbleibt, den AG durch sein Direktionsrecht ausfüllen könnte, bleibt in gleichem Umfang auch das Mitbestimmungsrecht erhalten. So steckt zB das LadSchlG nur die äußersten Ladenöffnungszeiten und damit Arbeitszeiten ab, steht aber – jedenfalls nach Auffassung des BAG – nicht einer Ausgestaltung der Arbeitszeiten in diesem Rahmen nach § 87 Nr. 2 entgegen (BAG 31. 8. 1982 AP BetrVG 1972 § 87 Arbeitszeit Nr. 8). Ebenso sperrt eine behördliche Auflage, die den Betreiber einer kerntechnischen Anlage zur stichprobenartigen Sicherheitsüberprüfung der AN verpflichtet, die Auswahl der AN aber nicht im Einzelnen regelt, nicht das Mitbestimmungsrecht des BR nach § 87 I Nr. 1 hinsichtlich der Modalitäten der Auswahl der zu überprüfenden Personen (BAG 9. 7. 1991 AP BetrVG § 87 Ordnung des Betriebs Nr. 19). Nach BAG 25. 1. 2000 BB 2000, 362 schließt auch § 5 I S. 3 EFZG, nach dem der AG jederzeit die Vorlage einer Arbeitsunfähigkeitsbescheinigung verlangen kann, die Mitbestimmung nicht aus (s. auch Rn. 21). Nach dieser Logik müsste sich die Mitbestimmung auch darauf beziehen, ob der AG die Bescheinigung nach 3 Tagen fordern kann, wie in § 5 I 2 EFZG als Regel vorsieht. Durch diese Rspr. läuft der Gesetzesvorbehalt weitgehend leer.

14 **b) Tarifliche Regelungen.** Ausgeschlossen sind die Mitbestimmungsrechte nach Abs. 1 weiter, soweit eine tarifliche Regelung besteht. Der tariflichen Regelung gleichgestellt ist die bindende Festsetzung nach § 19 HAG für Heimarbeiter. Ebenso wie der Ausschluss der Mitbestimmungsrechte bei Bestehen einer abschließenden gesetzlichen Regelung basiert auch der Vorrang des TV auf der Überlegung, dass bei Eingreifen einer tariflichen Regelung ein weitergehender Schutz der AN durch Mitbestimmungsrechte nicht erforderlich ist (*Fitting* Rn. 38). Die Zielrichtung des Tarifvorrangs nach § 87 ist also eine andere als die des Tarifvorbehalts nach § 77 III, welcher die Gewerkschaften vor einer Konkurrenz durch BR als „beitragsfreie Ersatzgewerkschaften" schützen will. § 77 III bildet im Bereich des § 87 keine zusätzliche Schranke der Mitbestimmungsrechte (vgl. zur Abgrenzung § 77 Rn. 52).

15 Der Tarifvorrang wird nur ausgelöst, soweit eine **tarifliche Regelung „besteht"**. Voraussetzung hierfür ist, dass der jeweilige TV im Betrieb mit unmittelbarer und zwingender Wirkung gem. § 4 I TVG gilt. Das bedeutet, dass er bereits in Kraft getreten und noch nicht abgelaufen ist; ein bloß nachwirkender TV iSd. § 4 V TVG sperrt die Mitbestimmungsrechte nicht (BAG 13. 7. 1977 AP BetrVG 1972 § 87 Kurzarbeit Nr. 2; BAG 24. 2. 1987 AP BetrVG 1972 § 77 Nr. 21; BAG 14. 2. 1989 AP BetrVG 1972 § 87 Akkord Nr. 8). Dasselbe gilt für einen TV, der gem. § 613a I 2 BGB als Bestandteil des Einzelarbeitsvertrags weitergilt (*Kania* DB 1995, 625, 626). Weiter muss der Betrieb dem räumlichen und fachlich-betrieblichen Geltungsbereich des TV unterfallen, und schließlich muss der AG die persönlichen Voraussetzungen der Tarifgebundenheit erfüllen, dh. beim VerbandsTV, dass der AG grds. Mitglied (§ 3 I TVG) bzw. ehemaliges Mitglied (§ 3 III TVG) des tarifschließenden AGVerbands sein muss, soweit der TV nicht ausnahmsweise gem. § 5 TVG für allgemeinverbindlich erklärt ist. **Tarifbindung der AN ist nicht erforderlich;** vielfach kommt es hierauf schon deshalb nicht an, weil es sich bei den mitbestimmungspflichtigen sozialen Angelegenheiten iSd. § 87 I um betriebliche Fragen handelt, deren Regelung im TV gem. § 3 II TVG bereits bei einseitiger Tarifbindung des AG für alle AN des Betriebs verbindlich ist. Aber auch unabhängig davon entfällt ein Bedürfnis für das Aufleben der Mitbestimmungsrechte nach Abs. 1 bei Bestehen eines TV im Betrieb, weil der AG ohnehin Außenseiter und Gewerkschaftsmitglieder gleichbehandeln wird, um die Außenseiter nicht in die Arme der Gewerkschaft zu treiben (BAG 24. 2. 1987 AP BetrVG 1972 § 77 Nr. 21; BAG 10. 8. 1993 AP BetrVG 1972 § 87 Auszahlung Nr. 12; *Fitting* Rn. 42; aA für beiderseitige Tarifgebundenheit GK-BetrVG/*Wiese* Rn. 68; *Löwisch/Rieble* § 4 Rn. 290 ff.).

16 Inhaltlich muss der TV – ebenso wie eine gesetzliche Regelung – eine **abschließende Regelung** der mitbestimmungspflichtigen Angelegenheit enthalten, damit das Mitbestimmungsrecht vollständig entfällt (BAG GS 3. 12. 1991 AP BetrVG § 87 Lohngestaltung Nr. 51, 52; BAG 17. 11. 1998 BetrVG § 87 Arbeitszeit Nr. 79). Voraussetzung hierfür ist, dass der TV selbst eine ausreichende materielle Regelung der Angelegenheit enthält. Wenn die TVParteien über eine bestimmte Angelegenheit im TV überhaupt keine Regelung treffen, bleibt es beim Mitbestimmungsrecht des BR (BAG 18. 4. 1989 AP BetrVG 1972 § 87 Tarifvorrang Nr. 18; BAG 21. 9. 1993 AP BetrVG 1972 § 87 Arbeitszeit Nr. 62). Ebenso wenig können die TVParteien die Mitbestimmungsrechte nach § 87 durch eine ausdrückliche Negativregelung ausschließen. S. auch § 77 Rn. 55–57.

17 Möglich und vielfach üblich sind tarifliche Regelungen, die ausdrücklich zu dem **verbleibenden Raum für Mitbestimmungsrechte** Stellung nehmen: Dies gilt zum einen für Tarifnormen, die den Betriebspartnern aufgeben, die tariflichen Regelungen näher festzulegen. Beispiel ist etwa ein TV, der Regelungen für Zuschläge über Nachtarbeit vorsieht, es dem AG und BR aber überlässt, die zuschlagspflichtige Zeitspanne innerhalb eines zeitlichen Rahmens festzulegen (BAG 21. 9. 1993 AP BetrVG 1972 § 87 Arbeitszeit Nr. 62). Zum anderen sind dies ausdrückliche **tarifliche Öffnungsklauseln**, mit denen den Betriebspartnern vom TV abw. Regelungen ermöglicht werden (BAG 24. 11. 1987 AP BetrVG 1972 § 87 Akkord Nr. 6). Ein Übergehen des BR durch eine tarifliche Öffnungsklausel, die dem AG ein einseitiges Bestimmungsrecht einräumt, ist nicht möglich. Bei einer solchen tariflichen Regelung bleibt es beim Mitbestimmungsrecht des BR. Überlässt zB ein TV den Parteien des Arbeitsvertrags die Vereinbarung über die Höhe des Entgelts, ohne selbst eine Entgeltordnung aufzustellen, unterliegt die Feststellung und Gewichtung von Kriterien für eine betriebliche Lohnstruktur dem Mitbestimmungsrecht des BR (BAG 14. 12. 1993 AP BetrVG 1972 § 87 Lohngestaltung Nr. 65). Ebenso sperrt ein TV, der dem AG die Befugnis zur Verlängerung oder Verkürzung der betrieblichen Arbeitszeit einräumt, nicht das Mitbestimmungsrecht gem. Nr. 3 hinsichtlich Ob und Umfang (LAG Rheinland-Pfalz 24. 10. 2001 NZA 2001, 369).

III. Mitbestimmungstatbestände

18 **1. Ordnung im Betrieb. a) Ordnungs- und Arbeitsverhalten.** Das Mitbestimmungsrecht nach Nr. 1 bezieht sich auf die Gestaltung des Zusammenlebens und Zusammenwirkens der AN im Betrieb. Es erfasst die allg. betriebliche Ordnung und das Verhalten der AN, soweit deren Zusammenleben und Zusammenwirken berührt wird und damit ein Bezug zur betrieblichen Ordnung besteht. Das BAG unterscheidet dieses sogenannte **Ordnungsverhalten** vom nicht mitbestimmten **Arbeitsverhalten**. Hierbei geht es um Maßnahmen, mit denen die Arbeitspflicht im Verhältnis zwischen AG und AN

Anzahl der Schichten und deren Änderung (zB Umstellung von einem Drei- auf ein Zwei-Schichten-System), auf die Grundsätze, nach denen die AN den einzelnen Schichten zugeordnet werden sollen und auf die Aufstellung des einzelnen Schichtplans (BAG 27. 6. 1989 AP BetrVG 1972 § 87 Arbeitszeit Nr. 35; BAG 8. 8. 1989 AP BetrVG 1972 § 23 Nr. 11). Ein **unzulässiges Koppelungsgeschäft** liegt vor, wenn der BR seine Zustimmung zur Einführung von Schichtarbeit davon abhängig macht, dass der AG zusätzliche Zuschläge zahlt (ArbG Bielefeld 29. 10. 1982 DB 1983, 1880; L/K Rn. 85; dazu vor § 74 Rn. 37).

Auch die Einführung und Ausgestaltung **sonstiger Arbeitszeitmodelle** ist – im Rahmen der tariflichen Vorgaben – mitbestimmt, etwa die Einführung der sog. gleitenden Arbeitszeit (BAG 18. 4. 1989 AP BetrVG § 87 Arbeitszeit Nr. 33), die Frage, ob AN nach Bedarf (sog. KAPOVAZ) oder zu festen Arbeitszeiten beschäftigt werden sollen (BAG 28. 9. 1988 AP BetrVG 1972 § 87 Arbeitszeit Nr. 29), die Einführung von Bereitschaftsdiensten (BAG 29. 2. 2000 EzA BetrVG 1972 § 87 Arbeitszeit Nr. 61; LAG Hamburg 13. 2. 2002 LAGE ArbZG § 7 Nr. 1) die Errichtung einer Rufbereitschaft (BAG 21. 12. 1982 AP BetrVG 1972 § 87 Arbeitszeit Nr. 9), die Einführung von Arbeitszeitkonten oder die Möglichkeit des Ansparens längerer Freizeiten („Sabbaticals"), dagegen nicht die Nutzung freier Tage durch den AN (BAG 27. 1. 1998 AP BetrVG § 87 Sozialeinrichtung Nr. 14). Zu Brückentagen *Wirges* DB 1997, 2488. 29

Für **Teilzeitbeschäftigte** gilt das Mitbestimmungsrecht entspr. Das bedeutet, der BR hat über die Dauer der vereinbarten oder tariflich festgelegten wöchentlichen Arbeitszeit ebenso wenig mitzubestimmen wie über die Anzahl der wöchentlich einzusetzenden AN; das Mitbestimmungsrecht setzt erst ein, soweit es um die Lage der vorgegebenen wöchentlichen Arbeitszeit geht; es erstreckt sich auf die Verteilung der Arbeitszeit auf die einzelnen Wochentage, auf die Frage, ob an einem Arbeitstag zusammenhängend oder in mehreren Schichten gearbeitet werden soll und insb. auf die Festlegung der Mindestdauer der täglichen Arbeitszeit (BAG 13. 10. 1987, 28. 9. 1988, 16. 7. 1991 AP BetrVG 1972 § 87 Arbeitszeit Nr. 24, 29, 44). Bei AN, die einen Teilzeitanspruch gem. § 8 TzBfG geltend machen, ist zu unterscheiden: Mitbestimmungsfrei ist die Festlegung der Dauer der regelmäßigen (Teilzeit-)Arbeit. Die Verteilung der Arbeitszeit auf die vom AN gewünschten Wochentage und Tageszeiten unterliegt dagegen grundsätzlich der Mitbestimmung des BR. § 8 TzBfG schafft kein Recht auf bevorzugte Zuweisung attraktiver Arbeitszeiten. Mitbestimmungsfreie Individualregelungen kommen nur ausnahmsweise in Betracht, wenn es um eine Tätigkeit geht, für die es im Betrieb keine vergleichbaren AN gibt (ähnlich *Rieble/Gutzeit* NZA 2002, 7; *Fitting* Rn. 125; aA *Preis/Gotthardt* DB 2001, 149). 30

3. Vorübergehende Verkürzung oder Verlängerung der Arbeitszeit. a) Grundsatz. Nr. 3 ergänzt Nr. 2 für den Sonderfall der vorübergehenden Verkürzung oder Verlängerung der betriebsüblichen Arbeitszeit. Die Vorschrift verfolgt einen doppelten **Zweck:** Einerseits bindet sie im Hinblick auf die sogenannte Theorie der Wirksamkeitsvoraussetzung (dazu vor § 74 Rn. 19) den AG bei der Einführung von Überstunden oder Kurzarbeit an die Mitwirkung des BR; andererseits dient das Mitbestimmungsrecht der Schaffung einer Ermächtigungsgrundlage, was insb. bei der Einführung von Kurzarbeit auch im Interesse des AG liegt. Ohne die Beteiligung des BR wäre der AG bei Anordnung von Kurzarbeit auf die Zustimmung jedes einzelnen AN bzw. – in den engen Grenzen des § 19 KSchG – an die Zulassung durch das Landesarbeitsamt gebunden. 31

Das Mitbestimmungsrecht bezieht sich auf die **Veränderung der „betriebsüblichen" Arbeitszeit**. Betriebsüblich ist die regelmäßige betriebliche Arbeitszeit (BAG 21. 11. 1978 AP BetrVG 1972 § 87 Arbeitszeit Nr. 2, nicht die Jahresarbeitszeit, BAG 11. 2. 2001, EzA § 87 Arbeitszeit Nr. 67). Diese muss nicht für alle AN identisch sein, sondern kann zwischen verschiedenen Arbeitsplätzen und ANGruppen differieren. Es kann also in einem Betrieb mehrere betriebsübliche Arbeitszeiten geben mit der Folge, dass zB auch die vorübergehende Verlängerung oder Verkürzung der Arbeitszeit von Teilzeitbeschäftigten mitbestimmungspflichtig ist (BAG 16. 7. 1991 AP BetrVG 1972 § 87 Arbeitszeit Nr. 44). Bei Gleitzeitregelungen beschreibt der „Gleitzeit-Korridor" die betriebsübliche Arbeitszeit (L/K Rn. 76). 32

Weiter ist für das Eingreifen des Mitbestimmungsrechts die **„vorübergehende" Verkürzung oder Verlängerung** erforderlich. Eine vorübergehende Veränderung der Arbeitszeit liegt vor, wenn diese lediglich einen überschaubaren Zeitraum betrifft und nicht auf Dauer erfolgen soll (BAG 21. 11. 1978 AP BetrVG 1972 § 87 Arbeitszeit Nr. 2; BAG 28. 2. 2000 EzA § 87 BetrVG Arbeitszeit Nr. 61 betr. Bereitschaftsdienst). Der Endzeitpunkt muss nicht feststehen; es reicht die Absicht, nach Fortfall des Anlasses der Verkürzung oder Verlängerung der betrieblichen Arbeitszeit zur bisherigen Arbeitszeit zurückzukehren (GK-BetrVG/*Wiese* Rn. 264; DKK/*Klebe* Rn. 88). Nicht mehr vorübergehend ist die Veränderung der Arbeitszeit im Hinblick auf den Ausnahmecharakter der Nr. 3, wenn die Verkürzung oder Verlängerung von vornherein für mehrere Jahre festgeschrieben wird. Vorübergehend iSv. Nr. 3 wird die Arbeitszeit auch verändert, wenn die Arbeit aus einem bes. Anlass (Rosenmontagszug) an einem Tag ausfällt oder einmalig eine Sonderschicht eingelegt wird (BAG 14. 2. 1991 NZA 1991, 607; DKK/*Klebe* Rn. 88). Für LeihAN stellt die Entsendung in Betriebe, deren betriebsübliche Arbeitszeit die vertraglich geschuldete Arbeitszeit übersteigt, eine Anordnung von Überstunden dar; zust. für die 33

Ausübung der Mitbestimmung ist der BR beim Verleiher (BAG 19. 6. 2001 AP BetrVG 1972 § 87 Leiharbeitnehmer Nr. 1 = NZA 2001, 1263). Keine vorübergehende Veränderung der Arbeitszeit liegt dagegen vor, wenn stets AN zum Sonntagsverkauf herangezogen werden; insofern handelt es sich um eine regelmäßige Arbeitszeit iSd. Nr. 2 (BAG 25. 9. 1997 BB 1997, 2003).

34 **b) Überstunden.** Bei Überstunden bezieht sich das Mitbestimmungsrecht auf die Frage, ob und in welchem Umfang Überstunden zu leisten sind und welche AN diese Überstunden leisten sollen. Das Mitbestimmungsrecht greift nicht nur bei der ausdrücklichen Anordnung von Überstunden ein, sondern auch, wenn der AG freiwillig geleistete Überstunden duldend entgegennimmt (BAG 27. 11. 1990 AP BetrVG 1972 § 87 Arbeitszeit Nr. 41; BAG 16. 7. 1991 AP BetrVG 1972 § 87 Arbeitszeit Nr. 41, 44, dagegen nicht bei dem Abbau (BAG 25. 10. 1977 AP BetrVG 1972 § 87 Arbeitszeit Nr. 1; L/K Rn. 84). Mitbestimmt sind zwar nur kollektive Regelungen von Überstunden und Kurzarbeit (vgl. dazu schon Rn. 6); auf die Zahl der betroffenen AN kommt es aber nicht entscheidend an, deswegen kann auch bei der Anordnung von Überstunden gegenüber einem einzigen AN ein kollektiver Tatbestand gegeben sein, solange die Anordnung nicht auf der Berücksichtigung individueller Interessen dieses AN beruht (*Fitting* Rn. 134). Eine Vereinbarung zwischen den Betriebspartnern, die den AG lediglich pauschal zur Anordnung von Überstunden ermächtigt, verbraucht das Mitbestimmungsrecht nicht (BAG 17. 11. 1998 AP BetrVG 1972 § 87 Arbeitszeit Nr. 79 = NZA 1999, 662). Es müssen zumindest die tatbestandlichen Vorgaben vorgezeichnet werden, innerhalb derer dem AG dann ein gewisser Freiraum bei der Einzelfallregelung zustehen kann (LAG Berlin 29. 10. 1998 – 10 Sa 95/98); die Festsetzung von Durchschnittswerten reicht aus (BAG 23. 3. 1999 AP BetrVG 1972 § 87 Arbeitszeit Nr. 80). Mitbestimmt sind etwa die Einführung von Bereitschaftsdienst außerhalb der regelmäßigen Arbeitszeit (BAG 29. 2. 2000 DB 2000, 1971) oder die Anberaumung einer Mitarbeiterversammlung außerhalb der betrieblichen Arbeitszeit, wenn eine Verpflichtung zur Teilnahme besteht (BAG 19. 3. 2001 NZA 2001, 976). Für regelmäßige Überstunden von Leiharbeitnehmern ist der Betriebsrat des Entleihers zuständig (BAG 19. 6. 2001 AP BetrVG 1972 § 87 Leiharbeitnehmer Nr. 1).

35 **c) Kurzarbeit.** Das Mitbestimmungsrecht bei der Kurzarbeit erstreckt sich auf die Frage, ob und in welchem Umfang Kurzarbeit eingeführt werden soll und wie die geänderte Arbeitszeit auf die einzelnen Wochentage zu verteilen ist (*Fitting* Rn. 150). Kurzarbeit ist auch die Einführung von „Kurzarbeit null" und damit ggf. auch die Freistellung von AN aus insolvenzspezifischen Gründen durch den Insolvenzverwalter (*Berscheid* BuW 1998, 913, 918; offengelassen von LAG Hamm 27. 9. 2000 NZA-RR 2001, 654), soweit die Freistellung nicht auf Dauer erfolgt (LAG Hamm 20. 9. 2002, NZA-RR 2003, 422). Hinsichtlich der Einführung von Kurzarbeit steht dem BR ein **Initiativrecht** zu und damit ein effektives Mittel zur Verfügung, Entlassungen aus betriebsbedingten Gründen überflüssig zu machen (BAG 4. 3. 1986 AP BetrVG 1972 § 87 Kurzarbeit Nr. 3; *Fitting* Rn. 159; *Löwisch* FS für Wiese, 1998, 249). Bejaht man ein Initiativrecht des BR, muss grds. nicht nur die Einführung von Kurzarbeit, sondern auch die Rückkehr zur Normalarbeitszeit der Mitbestimmung des BR unterliegen (aA BAG 21. 11. 1978 AP BetrVG 1972 § 87 Arbeitszeit Nr. 2; wie hier *Fitting* Rn. 151). Das Mitbestimmungsrecht bei der Rückkehr zur Normalarbeitszeit entfällt freilich dann, wenn der Zeitraum der Anordnung von Kurzarbeit von vornherein befristet oder auflösend bedingt festgelegt war, da insofern das Einverständnis des BR bereits vorweggenommen ist.

36 Für die **Einführung von Kurzarbeit** ist eine förmliche BV zu empfehlen, da nur diese unmittelbare und zwingende Wirkung gegenüber den AN entfaltet und damit eine verbindliche Rechtsgrundlage für die Einführung von Kurzarbeit schafft; bei Ausübung der Mitbestimmung in Form einer bloßen Regelungsabrede bleibt der AG auf die Zustimmung jedes einzelnen AN bzw. – in den engen Grenzen des § 19 KSchG – auf die Zulassung durch das LAA angewiesen, um Kurzarbeit wirksam einführen will. Um dem für Rechtsnormen geltenden Bestimmtheitsgrundsatz zu genügen, ist für eine BV ein Mindestmaß konkreter Regelungen zu Umfang der Kurzarbeit und Personenkreis zu verlangen (zu restriktiv LAG Sachsen 31. 7. 2002, NZA-RR 2003, 366; LAG Hessen 14. 3. 1997, NZA-RR 1997, 478). Der Tarifvorrang nach § 87 I Eingangssatz setzt vielfach der Einführung von Kurzarbeit bzw. der Mitbestimmung des BR Grenzen, da viele TV für die Einführung von Kurzarbeit Ankündigungsfristen vorsehen, die von den Betriebspartnern nicht unterschritten werden dürfen (vgl. BAG 10. 12. 1994 AP BetrVG 1972 § 87 Arbeitszeit Nr. 63). Das Günstigkeitsprinzip steht der Einführung von Kurzarbeit durch BV regelmäßig schon deshalb nicht entgegen, weil Arbeitsverträge für die vorübergehende Verkürzung der Arbeitszeit idR keine Vorschriften enthalten, so dass ein Günstigkeitsvergleich überhaupt nicht angestellt werden kann.

37 **d) Vergütung.** Das Mitbestimmungsrecht des BR erstreckt sich nicht auf das während der verkürzten oder verlängerten Arbeitszeit zu zahlende Entgelt. Insb. ist der BR nicht berechtigt, seine Zustimmung zur Einführung von Kurzarbeit davon abhängig zu machen, dass der AG den AN das volle Entgelt zahlt bzw. die Differenz zwischen vollem Entgelt und Kurzarbeitergeld ausgleicht (LAG Köln 14. 6. 1989 NZA 1989, 939; L/K Rn. 85; aA DKK/*Klebe* Rn. 102; s. zu diesem Problem der Annexregelungen vor § 74 Rn. 35). Wird Kurzarbeit wirksam eingeführt, hat der AN neben der Vergütung für seine kürzere Arbeitszeit nur Anspruch auf **Kurzarbeitergeld**, falls die Voraussetzungen der §§ 169 ff. SGB III erfüllt sind. Ein Widerruf der Zusage des AA, Kurzarbeitergeld zu zahlen,

III. Mitbestimmungstatbestände § 87 BetrVG 210

lässt den Entgeltanspruch in Höhe des Kurzarbeitergeldes aufleben, wenn die Kurzarbeit in einer BV mit dem BR vereinbart worden war (BAG 11. 7. 1990 AP BGB § 615 Betriebsrisiko Nr. 32; L/K Rn. 79). Die weitergehende Zahlung eines Ausgleichs zwischen Kurzarbeitergeld und voller Vergütung erfolgt auf freiwilliger Basis. Hat sich allerdings der AG hierzu entschlossen, greift hinsichtlich der Verteilungsgrundsätze das Mitbestimmungsrecht des BR nach Nr. 10 ein (dazu unten Rn. 96 ff.). Fehlt es an einer wirksamen Rechtsgrundlage für Einführung von Kurzarbeit, haben die AN für die ausgefallene Arbeit nach Maßgabe des § 615 BGB Anspruch auf das volle Arbeitsentgelt.

e) **Besonderheiten im Arbeitskampf.** Im Arbeitskampf kollidiert das Mitbestimmungsrecht des BR 38 mit dessen Neutralitätspflicht (vgl. schon vor § 74 Rn. 13). Ist der AG in seinem Betrieb **unmittelbar vom Streik betroffen,** hat der BR weder bei der Anordnung von Überstunden zur Aufrechterhaltung der Produktion noch bei der Anordnung von Kurzarbeit zum Zwecke einer (tw.) Betriebsschließung mitzubestimmen (BAG 22. 12. 1980 AP GG Art. 9 Arbeitskampf Nr. 70, 71; BAG 24. 4. 1979 AP GG Art. 9 Arbeitskampf Nr. 63; s. auch BVerfG 7. 4. 1997 EzA BetrVG 1972 § 99 Einstellung Nr. 2). Bei **mittelbar kampfbetroffenen Betrieben** ist Kurzarbeit mitbestimmungsfrei, wenn eine Beeinträchtigung der Kampfparität droht, etwa wenn für mittelbar betroffene Betriebe in derselben Branche dieselben Verbände zuständig sind oder eine enge wirtschaftliche Verflechtung (Konzern) besteht. Allerdings hat der BR bei dem „Wie", dh. bei den Modalitäten mitzubestimmen, soweit noch etwas zu regeln ist (BAG 22. 12. 1980 AP GG Art. 9 Arbeitskampf Nr. 71; weitergehend *Fitting* Rn. 135). Beide Seiten müssen sich dann auf sofortige Verhandlungen einlassen. Kann keine rechtzeitige Einigung (ggf. über die Einigungsstelle) erreicht werden, liegt für den AG ein „Notfall" vor, der ihn zur alleinigen Anordnung arbeitskampfbedingter Kurzarbeit ermächtigt (ähnlich GK-BetrVG/*Wiese* Rn. 415).

4. Auszahlung der Arbeitsentgelte. Arbeitsentgelt iSv. Nr. 4 ist im weitesten Sinne zu verstehen; 39 hierunter fällt jede Gegenleistung des AG für die Arbeitsleistung des AN unabhängig von ihrer Bezeichnung (Lohn, Gehalt, Tantieme, Provision, Urlaubsgeld, Gratifikation).

Das Mitbestimmungsrecht erstreckt sich auf Zeit, Ort und Art der Auszahlung, **nicht aber auf die** 40 **Höhe** der jeweils zu zahlenden Vergütung. Der Mitbestimmung unterliegen die Festlegung der Lohnzahlungsperiode (wöchentlich, monatlich), die Bestimmung des Zahlungszeitpunkts von Zeitguthaben (BAG 15. 1. 2002 EzA § 614 BGB Nr. 1), Tag und Stunde der Entgeltzahlung, der Ort der Zahlung sowie die Art der Entgeltzahlung, also Auszahlung in bar, durch Scheck oder bargeldlos durch Überweisung auf ein Bankkonto. Soweit die bargeldlose Zahlung vorgesehen ist, ergibt sich für den BR eine **Annex-Kompetenz** für die Regelung der Fragen, wer die Kosten der bargeldlosen Zahlung zu tragen hat und ob und in welchem Umfang Zeitaufwand vergütet werden soll, der den AN entsteht, um das Geld bei der Bank abzuholen (BAG 8. 3. 1977, 5. 3. 1991, 10. 8. 1993 AP BetrVG 1972 § 87 Auszahlung Nr. 1, 11, 12; *Fitting* Rn. 186; aA GK-BetrVG/*Wiese* Rn. 435). In einer BV kann deshalb dem AG auferlegt werden, die Kontoführungsgebühren zu tragen, soweit sie durch die Überweisung des Arbeitsentgelts verursacht werden (BAG 24. 11. 1987 AP BetrVG 1972 § 87 Auszahlung Nr. 6); zwingend ist dies nicht, insb. wenn der AG kein Interesse an der bargeldlosen Lohnzahlung hat. Für Einigungsstellensprüche gilt die Grenze billigen Ermessens nach § 76 V. Diese Grenze ist überschritten, wenn ein Einigungsstellenspruch den AG verpflichtet, alle AN monatlich eine Stunde von der Arbeit freizustellen, um den Zeitaufwand für das Abholen des Geldes von der Bank auszugleichen, obwohl der AG die Zahlung per Scheck im Betrieb angeboten hat (BAG 10. 8. 1993 AP BetrVG § 87 Auszahlung Nr. 12).

Stets sind bei der Mitbestimmung nach Nr. 4 **vorrangige tarifliche und gesetzliche Vorschriften** 41 zu beachten. § 64 HGB schreibt vor, dass das Gehalt für kaufmännische Angestellte zwingend am Ende jedes Monats ausgezahlt werden muss. Nach § 87 c I 1 HGB darf der Abrechnungszeitraum bei auf Provisionsbasis bezahlten kaufmännischen Angestellten drei Monate nicht überschreiten. Gem. § 107 GewO ist das Arbeitsentgelt in Euro zu berechnen und auszuzahlen.

5. Urlaub. Das Mitbestimmungsrecht nach Nr. 5 beschränkt das dem AG bei der Festlegung der 42 Lage des Urlaubs zustehende Gestaltungsrecht, um einen Ausgleich der unterschiedlichen Interessen der einzelnen AN und des Interesses des AG an einem ungestörten Betriebsablauf unter Beteiligung des BR zu ermöglichen.

Von dem **Begriff Urlaub** iSd. Nr. 5 wird jede Form bezahlten und unbezahlten Urlaubs erfasst, also 43 gesetzlicher Mindesturlaub gem. § 1 BUrlG, zusätzlicher Erholungsurlaub nach Tarif- oder Einzelarbeitsvertrag, Zusatzurlaub für Schwerbehinderte (LAG Frankfurt 16. 2. 1987 BB 1987, 1461), Bildungsurlaub nach den Landesgesetzen zur ANWeiterbildung (BAG 28. 5. 2002 NZA 2003, 171) sowie bezahlter oder unbezahlter Sonderurlaub (BAG 18. 6. 1974 AP BetrVG 1972 § 87 Urlaub Nr. 1; BAG 17. 11. 1977 AP BUrlG § 9 Nr. 8). Nicht erfasst wird dagegen die vorübergehende oder dauerhafte **Suspendierung** von der Arbeitspflicht; diese kann, wenn die individualrechtlichen Voraussetzungen vorliegen, mitbestimmungsfrei ausgesprochen werden (LAG Köln 16. 3. 2000 BB 2000, 1627).

Das Mitbestimmungsrecht nach Nr. 5 erstreckt sich zunächst auf die **Aufstellung allg. Urlaubs-** 44 **grundsätze.** Urlaubsgrundsätze sind Regeln, die festlegen, nach welchen Grundsätzen der AG den AN Urlaub gewähren soll. Hierunter fallen etwa Vereinbarungen über die Aufteilung des Urlaubsanspruchs und die Verteilung des Urlaubs innerhalb des Kalenderjahres, über Sperrzeiten zB während des Schlussverkaufs im Einzelhandel, über Auswirkungen von Familienstand und Vorhandensein schulpflichtiger Kinder auf die zeitliche Lage des Urlaubs und über die Einführung und zeitliche Lage von Betriebsferien (BAG 16. 3. 1972 AP BUrlG § 9 Nr. 3; BAG 28. 7. 1981 AP BetrVG 1972 § 87 Urlaub Nr. 2). Da dem BR auch im Rahmen der Nr. 5 ein Initiativrecht zusteht, kann dieser auch von sich aus die Einführung allg. Betriebsferien verlangen (*Fitting* Rn. 196; aA GK-BetrVG/*Wiese* Rn. 463). Soweit dem berechtigte betriebliche Belange entgegenstehen, dürfen allerdings die Betriebsferien nicht durch einen Einigungsstellenspruch gegen den Willen des AG eingeführt werden. Zum Bildungsurlaub BAG 28. 5. 2002, AuR 2002.

45 Auf Basis der allg. Urlaubsgrundsätze ist der gleichfalls nach Nr. 5 mitbestimmte **Urlaubsplan** aufzustellen. In diesem werden die Zeiten festgelegt, in denen den einzelnen AN der Urlaub im Laufe des Kalenderjahres gewährt werden soll. Der Urlaubsplan ist zu unterscheiden von der Urlaubsliste, in die AN ihre Urlaubswünsche eintragen. Die Aufstellung der Urlaubsliste ist mitbestimmungsfrei (*Fitting* Rn. 202).

46 Schließlich eröffnet Nr. 5 ausnahmsweise (vgl. Rn. 6) auch ein **Mitbestimmungsrecht im Einzelfall:** Mitbestimmt ist auch die Festsetzung der zeitlichen Lage des Urlaubs für einzelne AN, wenn zwischen dem AG und den beteiligten AN kein Einverständnis erzielt wird. AG und BR haben von den Grundsätzen auszugehen, die § 7 I BUrlG aufstellt. Die Urlaubswünsche des betroffenen AN die berechtigte konkurrierenden Urlaubswünsche anderer AN und dringende betriebliche Erfordernisse sind nach billigem Ermessen gegeneinander abzuwägen (BAG 4. 12. 1970 AP BUrlG § 7 Nr. 5; *Fitting* Rn. 205). Gelingt eine Einigung zwischen AG und BR nicht, entscheidet die Einigungsstelle. Nr. 5 bezweckt insofern, dem einzelnen AN eine zusätzliche Möglichkeit einzuräumen, seinen sich aus § 7 I BUrlG ergebenden Rechtsanspruch auf Berücksichtigung seiner Urlaubswünsche wirksam durchzusetzen; die Vorschrift soll dagegen nicht die individualarbeitsrechtliche Stellung des einzelnen AN schmälern (*Fitting* Rn. 211; L/K Rn. 96; aA GK-BetrVG/*Wiese* Rn. 471 f.). Trotz einer für den AN ungünstigen Einigung der Betriebspartner bzw. eines ungünstigen Einigungsstellenspruchs kann deshalb der AN auf Erteilung des Urlaubs für einen bestimmten Zeitraum unter Berufung auf § 7 I BUrlG im Urteilsverfahren klagen.

47 **Kein Mitbestimmungsrecht** räumt Nr. 5 hinsichtlich der **Dauer des Urlaubs** und hinsichtlich der **Gewährung von zusätzlichem Urlaubsgeld** ein. Daraus ergibt sich, dass der BR zB nicht darüber mitzubestimmen hat, ob eine Schonzeit auf den Urlaubsanspruch anzurechnen ist oder nicht (BAG 26. 11. 1964 AP BUrlG § 10 Schonzeit Nr. 1). Da die mitbestimmten Tatbestände in Nr. 5 abschließend aufgezählt sind, ist auch der Widerruf eines gewährten Urlaubs im Einzelfall aus dringenden betrieblichen Gründen mitbestimmungsfrei, nach BAG allerdings unzulässig.

48 **6. Überwachung durch technische Einrichtungen. a) Technische Einrichtungen.** Nr. 6 dient dem Schutz des allg. Persönlichkeitsrechts der AN vor Eingriffen durch anonyme technische Kontrolleinrichtungen. Dabei soll die Mitbestimmung nicht zur Verhinderung, sondern zu einer angemessenen, die Interessen beider Seiten berücksichtigenden Ausgestaltung der Maßnahmen führen (BAG 6. 12. 1983, 14. 9. 1984, 27. 5. 1986 AP BetrVG 1972 § 87 Überwachung Nr. 7, 9, 15). Eine technische Einrichtung stellt **jedes optische, mechanische, akustische oder elektronische Gerät** dar (BAG 8. 11. 1994 AP BetrVG 1972 § 87 Überwachung Nr. 27; DKK/*Klebe* Rn. 137; GK-BetrVG/*Wiese* Rn. 225). Unter den Begriff der Überwachung fällt zunächst die **Erhebung von Daten**. Beispiele hierfür sind die Überwachung der AN durch Film- oder Fernsehkameras, Abhörgeräte, Stechuhr, Produktographen, Fahrtenschreiber und ähnliche Geräte. Unerheblich ist dabei, auf welche Weise die Überwachungsdaten dem AG von der technischen Einrichtung zugänglich gemacht werden. Dies wird im Regelfall durch eine Aufzeichnung geschehen (BAG 6. 12. 1983 AP BetrVG 1972 § 87 Überwachung Nr. 7). Möglich und ausreichend ist aber auch die direkte Übermittlung der Informationen (BVerwG 31. 8. 1988 AP BPersVG § 75 Nr. 25). Eine Auswertung muss die Einrichtung nicht vornehmen (*Kraft* ZfA 1985, 141, 150; aA *Goos* BB 1983, 581, 583).

49 Über die Datenerhebung hinaus unterliegt nach Ansicht des BAG und des überwiegenden Teils des Schrifttums auch die alleinige **Datenauswertung** dem Mitbestimmungsrecht des BR nach Nr. 6 (BAG 14. 9. 1984 AP BetrVG 1972 § 87 Überwachung Nr. 9; DKK/*Klebe* Rn. 137; GK-BetrVG/*Wiese* Rn. 527 mwN). Dies bedeutet, dass Daten, die auf nichttechnischem Wege gewonnen und erst im Anschluss daran in eine Datenverarbeitungsanlage zur weiteren Verarbeitung eingespeist wurden, der Mitbestimmung unterworfen sind. Eine Auswertung liegt vor, wenn verhaltens- oder leistungsbezogene Daten gegebenenfalls mit anderen Daten programmgemäß gesichtet, sortiert, zusammengestellt oder miteinander in Beziehung gesetzt und damit zu Aussagen über Verhalten oder Leistung von AN verarbeitet werden. Die Durchführung eines Soll-Ist-Vergleichs ist nicht erforderlich. Dieser extensiven Auslegung des Überwachungsbegriffs widersprechen HSG/*Glaubitz* (Rn. 314 ff.), *Kraft* (ZfA 1985, 141, 152 ff.) und *Zöllner* (DB 1984, 241, 244 f.). Sie verneinen insb. einen vergleichbaren Eingriff in das Persönlichkeitsrecht der AN durch die reine Datenauswertung (*Weng* DB 1985, 1341, 1345; *Kraft* ZfA 1985, 141, 154). Dem ist entgegenzuhalten, dass die reine Datenauswertung vor allen Dingen durch ihre vielfältigen Verknüpfungsmöglichkeiten und die Unübersichtlichkeit für den ein-

III. Mitbestimmungstatbestände · § 87 BetrVG 210

zelnen AN eine zumindest vergleichbare technik-spezifische Gefährdung des Persönlichkeitsrechts mit sich bringt. Zumeist wird der Überwachungsdruck auf den AN stärker sein als bei der Datenerfassung, da er nicht selber beurteilen kann, welche Ergebnisse die Datenverarbeitung über ihn zu Tage fördert.

b) Verhalten oder Leistung der Arbeitnehmer. Die Überwachung muss sich auf ein Verhalten 50 oder die Leistung der AN beziehen. Unter dem Begriff „Verhalten" wird ein individuell steuerbares **Tun oder Unterlassen** verstanden (BAG 11. 3. 1986 AP BetrVG 1972 § 87 Überwachung Nr. 14; *Däubler*, Gläserne Belegschaften, Rn. 427; weitergehend GK-BetrVG/*Wiese* Rn. 537, der jedes Tun oder Unterlassen unabhängig von einer willentlichen Steuerung unter den Begriff des Verhaltens subsumiert). Eine Unterscheidung danach, ob die Verhaltensweisen auf die **Erbringung der Arbeitsleistung** gerichtet sind oder sich **außerhalb des Betriebes** abspielen, erfolgt nicht (GK-BetrVG/ *Wiese* Rn. 540; DKK/*Klebe* Rn. 149; aA BAG 11. 3. 1986 AP BetrVG 1972 § 87 Überwachung Nr. 14). Allerdings müssen sie für das Arbeitsverhältnis relevant sein (GK-BetrVG/*Wiese* Rn. 536; MünchArbR/*Matthes* § 338 Rn. 25). Auf die Art der verarbeiteten Daten kommt es nicht an (MünchArbR/*Matthes* § 338 Rn. 25). Dem **Leistungsbegriff** kommt neben dem weit verstandenen Verhaltensbegriff keine selbständige Bedeutung zu. Er wird von dem Verhaltensbegriff eingeschlossen. Das Arbeitsergebnis, welches nicht in Beziehung zu anderen Daten gesetzt wird, stellt kein Leistungsdatum dar.

Nicht mitbestimmt ist die **Erhebung sogenannter Status- oder Betriebsdaten**. Statusdaten um- 51 schreiben persönliche Eigenschaften des AN und betreffen damit weder das Verhalten noch die Leistung des AN. Etwas anderes gilt jedoch, wenn diese Daten durch **Verknüpfung** mit anderen Daten zu Aussagen über das Verhalten oder die Leistung von AN führen (BAG 11. 3. 1986 AP BetrVG 1972 § 87 Überwachung Nr. 14; *Fitting* Rn. 231; *Simitis* NJW 1985, 401, 406; *Kort* CR 1992, 611, 617; aA BAG 22. 10. 1986 AP BDSG § 23 Nr. 2 ohne Begründung).

Betriebsdaten sind Daten, die Auskunft über die Produktion, Nutzung von Maschinen, Lagerhal- 52 tung, etc. geben. Die Verarbeitung von Betriebsdaten ist grds. mitbestimmungsfrei nach Nr. 6. Auch dies ändert sich jedoch, wenn sie Rückschlüsse auf das Verhalten oder die Leistung von AN zulassen.

Weiterhin muss zumindest die Möglichkeit der Zuordnung der Daten zu einzelnen AN (**Indivi-** 53 **dualisierbarkeit**) bestehen (BAG 6. 12. 1983 AP BetrVG 1972 § 87 Überwachung Nr. 7; GK-BetrVG/ *Wiese* Rn. 546). Ausreichend ist insoweit, dass der jeweilige AN durch seinen Namen, seine Personalnummer etc. bestimmt ist oder über Schichtpläne mit vertretbarem Aufwand bestimmbar ist (MünchArbR/*Matthes* § 338 Rn. 27). Die technische Einrichtung muss die Individualisierung hierbei nicht selbst vornehmen (GK-BetrVG/*Wiese* Rn. 546). Es genügt bereits, wenn die erfassten oder ermittelten Daten durch Hinzuziehung anderer Informationen einem bestimmten AN zugeordnet werden können. Die Erhebung oder Verarbeitung anonymisierter Daten unterliegt demnach nicht der Mitbestimmung nach Nr. 6. Voraussetzung ist jedoch, dass die **Anonymisierung** der Daten nicht aufgehoben werden kann (vgl. hierzu eingehend *Gebhardt/Umnuß* NZA 1995, 103 ff.; *Däubler*, Gläserne Belegschaften, Rn. 438).

Das BAG macht seit dem Beschluss vom 18. 2. 1986 (AP BetrVG 1972 § 87 Überwachung Nr. 13) 54 von dem Grundsatz der Individualisierbarkeit eine Ausnahme für den Fall der Überwachung einer **Arbeitsgruppe**. Voraussetzung ist, dass die ganze Gruppe für eine bestimmte Leistung oder ein bestimmtes Verhalten gemeinsam verantwortlich ist und daneben klein und überschaubar ist. Ferner müsse der von der technischen Einrichtung ausgehende Überwachungsdruck von der Gruppe auf den einzelnen AN durchschlagen (vgl. auch BAG 26. 7. 1994 DB 1995, 147, 148. Zustimmend *Fitting* Rn. 220; GK-BetrVG/*Wiese* Rn. 549). Dem ist nicht zu folgen, denn der Druck auf die einzelnen Gruppenmitglieder wird nicht durch die technische Einrichtung, sondern durch die anderen Gruppenmitglieder verursacht (*Hunold* Anmerkung zu BAG 26. 7. 1994 DB 1995, 147, 150; *Ehmann* ZfA 1986, 357, 381; *Kort* CR 1987, 300, 307). Der von der Gruppe auf den einzelnen AN ausgeübte Druck ist ein Spezifikum des Gruppenakkordsystems, dessen Ausgestaltung gem. Nr. 10, 11, 13 der Mitbestimmung des BR unterliegt.

c) Bestimmung zur Überwachung. Weiterhin erfordert der Tatbestand der Nr. 6, dass die tech- 55 nische Einrichtung dazu bestimmt ist, die Leistung oder das Verhalten von AN zu überwachen. Dies ist trotz des insoweit missverständlichen Wortlauts bereits dann der Fall, wenn die technische Einrichtung **objektiv geeignet** ist, das Verhalten oder die Leistung von AN zu überwachen (st. Rspr. seit BAG 9. 9. 1975 AP BetrVG 1972 § 87 Überwachung Nr. 2; BAG 23. 4. 1985 AP BetrVG 1972 § 87 Überwachung Nr. 11; GK-BetrVG/*Wiese* Rn. 507; *Fitting* Rn. 221 mwN). Hiervon zu unterscheiden ist die bloße (theoretische) Möglichkeit bestimmter technischer Einrichtungen, auf Grund ihrer technischen Voraussetzungen ANDaten zu verarbeiten. Erst wenn eine solche Einrichtung konkrete Funktionen beinhaltet, um das Verhalten oder die Leistung von AN zu überwachen, wird ein Mitbestimmungsrecht des BR begründet (BAG 6. 12. 1983 AP BetrVG 1972 § 87 Überwachung Nr. 7; MünchArbR/*Matthes* § 338 Rn. 31). In Bezug auf eine moderne PC-Anlage bedeutet das, dass die Anschaffung der **Hardware** den AG zwar theoretisch in die Lage versetzt, ANDaten zu verarbeiten, eine Mitbestimmungspflichtigkeit indes erst durch das Aufspielen der entsprechenden **Software**

(= Anwendungsprogramme) begründet wird. Nur dann ist der AG tatsächlich in der Lage, AN zu überwachen. Ob er diese Möglichkeit dann wahrnimmt oder nicht, ist unerheblich. Weiterhin ist es nicht erforderlich, dass die Einrichtung ausschließlich oder überwiegend der Überwachung von AN dient (*Fitting* Rn. 235).

56   Des Weiteren sind „**absolute Systeme**" zur Überwachung von AN bestimmt (*Däubler*, Gläserne Belegschaften, Rn. 518; *Klebe* NZA 1985, 44, 46 f.; *Fitting* Rn. 242; *Ehmann* SAE 1985, 181, 189; aA HSG/*Glaubitz* Rn. 318). Ein „absolutes System" liegt vor, wenn eine technische Einrichtung Verhaltens- oder Leistungsdaten nicht auf Grund eines Programms, sondern durch die Anwendung von **Abfragesprachen** zu Aussagen über Verhalten oder Leistung von AN verarbeitet (BAG 14. 9. 1984 AP BetrVG 1972 § 87 Überwachung Nr. 9). Der Unterschied zu herkömmlichen Programmen besteht darin, dass bei einer Abfragesprache die Parameter zur Verknüpfung und Auswahl von Daten (in einem bestimmten Rahmen) frei gewählt werden können. Der AG kann nach seinen Anforderungen die im System vorhandenen ANDaten unterschiedlich miteinander verknüpfen und zu immer neuen Aussagen verbinden. Eine objektive Eignung zur ANÜberwachung ist folglich bereits dann gegeben, wenn die im System vorhandenen Daten zu Aussagen über Verhalten oder Leistung von AN verknüpft werden können. **Probleme** ergeben sich bei diesen Systemen auf der Ebene der Ausübung der Mitbestimmung. Durch die Flexibilisierung der Abfrage ist der BR bei Anschaffung eines solchen Systems kaum in der Lage zu erkennen, welche Möglichkeiten der Verknüpfung und Auswertung von ANDaten bestehen.

57   Um eine zu breite Anwendung des Tatbestandes zu verhindern, hatte das BAG bei den Entsch. bezüglich traditioneller Überwachungsinstrumente (Produktograph, Filmkamera etc.) verlangt, dass die technische Einrichtung unmittelbar, dh. in ihrem **Kern** schon selbst die Überwachung bewerkstellige. In neueren Entsch. zu Datenverarbeitungsanlagen wird dieses Kriterium nicht mehr erwähnt. Im allg. wird dies als Aufgabe der bisherigen Rspr. gedeutet (GK-BetrVG/*Wiese* Rn. 511; *Gaul* RDV 1987, 109, 112; *Klebe* NZA 1985, 44, 45; *Däubler*, Gläserne Belegschaften, Rn. 450; *Ehmann* SAE 1985, 273, 276). Tatsächlich ist das Unmittelbarkeitserfordernis lediglich in einem neuen Verständnis des Begriffes „zur Überwachung bestimmt" aufgegangen. Die Rspr. geht nunmehr davon aus, dass die technische Einrichtung eine **objektiv eigenständige Überwachungswirkung** haben müsse, um zur Überwachung bestimmt zu sein (BAG 6. 12. 1983 AP BetrVG 1972 § 87 Überwachung Nr. 7; BAG 14. 9. 1984 AP BetrVG 1972 § 87 Überwachung Nr. 9). Eine gesonderte Prüfung des Unmittelbarkeitserfordernisses erübrigt sich folglich (*Matthes* ArbRGeg. Bd. 23 (1985), 19, 26; vgl. auch GK-BetrVG/*Wiese* Rn. 511 mwN).

58   **d) Einführung, Anwendung und Abschaffung technischer Einrichtungen.** Das Mitbestimmungsrecht des BR besteht gleichermaßen bei der Einführung und der Anwendung einer technischen Einrichtung. Die Mitbestimmung bei der **Einführung** einer technischen Einrichtung umfasst das „Ob" der Anschaffung sowie die hierzu erforderlichen näheren Modalitäten. Die Einführungsphase beginnt, sobald der AG die Entscheidung getroffen hat, eine Überwachungseinrichtung einzuführen. Die diesbezüglich vorgelagerte Planung kann lediglich dem Beratungsrecht gem. § 90 oder § 111 unterliegen. Der Mitbestimmung bei der Einführung unterliegen insb. die Modalitäten über die Zweckbestimmung, die Art und Anzahl einzelner Komponenten, der Zeitpunkt der Einführung, der Ort der Verwendung, die Art der Installation, ggf. der Zeitraum, die Wirkungsweise ihrer Verwendung, sowie unmittelbar auf die Einführung bezogene Vorbereitungsmaßnahmen (Veränderung des Arbeitsplatzes, bzw. Arbeitsablaufs). Auch der Betrieb einer neuen Anlage zur **Probe** mit realen ANDaten fällt unter den Tatbestand der Nr. 6 (LAG Berlin 12. 8. 1986 DB 1987, 544). Sofern eine Einigung über die Einführung einer Überwachungseinrichtung zwischen AG und BR erzielt wurde, obliegt die Auswahl des Herstellers, des Modells sowie die Installation allein dem AG.

59   Unter **Anwendung** iSv. Nr. 6 ist zunächst die allg. Handhabung der eingeführten Überwachungseinrichtung zu verstehen. Diese umfasst die Art und Weise, in der die Einrichtung tatsächlich zur Überwachung verwendet wird. Dazu gehört zB die Entscheidung über die Einschaltzeiten, die Festlegung des zu überwachenden Teils der AN oder die Festlegung des Aufstellungsortes (vgl. GK-BetrVG/*Wiese* Rn. 569). Die **Veränderung der Einrichtung** fällt ebenfalls unter den Begriff der Anwendung. Eine solche liegt etwa vor, wenn der Kreis der betroffenen AN oder die Zahl der erfassten Daten vergrößert wird. Damit eine Veränderung der technischen Einrichtung mitbestimmungspflichtig iSv. Nr. 6 ist, ist es erforderlich, dass zumindest die Möglichkeit besteht, dass durch die Veränderung eine Intensivierung der Überwachung stattfindet oder diese eine neue Qualität bekommt (ebenso *Däubler*, Gläserne Belegschaften, Rn. 465; aA *Schwarz* Arbeitnehmerüberwachung S. 125; DKK/*Klebe* Rn. 156). Ansonsten ändert sich zwar die technische Einrichtung, nicht aber die Überwachung der AN. Der alleinige Austausch der Computerhardware genügt folglich nicht, um ein Mitbestimmungsrecht des BR auszulösen. Die Vergabe der Überwachungstätigkeit an ein **Drittunternehmen** schließt die Mitbestimmungspflichtigkeit nicht aus (BAG 18. 4. 2000 NZA 2000, 1176). Der AG muss durch eine entspr. Vertragsgestaltung dafür Sorge tragen, dass die ordnungsgemäße Wahrnehmung des Mitbestimmungsrechts gewährleistet ist. Zu beachten ist auch die Vorschrift des § 11 BDSG.

III. Mitbestimmungstatbestände § 87 BetrVG 210

Dass die Einrichtung „sozial" sein muss, bedeutet nicht, dass der AG mit ihr altruistische Zwecke 69 verfolgen muss. Der soziale Charakter setzt lediglich voraus, dass den AN des Betriebs und eventuell deren Familienangehörigen über das unmittelbare Arbeitsentgelt für die Arbeitsleistung hinaus weitere Vorteile gewährt werden (*Fitting* Rn. 335). Damit handelt es sich bei den durch eine Sozialeinrichtung gewährten Vergünstigungen um Arbeitsentgelt iwS; insofern überschneiden sich die Mitbestimmungstatbestände in Nr. 8 und Nr. 10. Nr. 8 ist im Vergleich zu Nr. 10 der speziellere Tatbestand (MünchArbR/*Matthes* § 339 Rn. 3 u. 4).

Nr. 8 setzt für ein Eingreifen des Mitbestimmungsrechts weiter voraus, dass der Wirkungsbereich der 70 Sozialeinrichtung **auf den Betrieb, das Unternehmen oder den Konzern beschränkt** ist. Unter den Begriff Konzern fallen in Übereinstimmung mit § 54 nur Unterordnungskonzerne (Richardi/*Richardi* Rn. 613; L/K Rn. 131; aA *Fitting* Rn. 346). Nicht zu den Sozialeinrichtungen iSd. Nr. 8 gehören deshalb zB Unterstützungskassen, die konzernübergreifend oder für mehrere Unternehmen eines Gleichordnungskonzerns eingerichtet sind (BAG 22. 4. 1986 AP BetrVG 1972 § 87 Altersversorgung Nr. 13). Möglich ist allerdings, dass bei konzernübergreifenden Sozialeinrichtungen das Mitbestimmungsrecht nach Nr. 10 eingreift, bezogen auf das Abstimmungsverhalten des einzelnen Unternehmers (BAG 9. 5. 1989 AP BetrVG 1972 § 87 Altersversorgung Nr. 18; BAG 14. 12. 1993 NZA 1994, 554). Nach einer Entscheidung des LAG Hamm v. 10. 8. 1999 DB 1999, 237, kann die Verletzung des Mitbestimmungsrechts in einem Unternehmen zur Unwirksamkeit eines Beschlusses einer Gruppenkasse führen, wenn mit einiger Wahrscheinlichkeit anzunehmen ist, dass es sonst zu einem anderen Beschluss gekommen wäre. Unschädlich ist es dagegen, wenn Sozialleistungen auch Personen zugute kommen, die dem Unternehmen oder Konzern nicht mehr angehören wie zB Pensionäre (BAG 21. 6. 1979 AP BetrVG 1972 § 87 Sozialeinrichtung Nr. 1) oder noch nie angehörten, aber mit dem Unternehmen verbunden sind (GK-BetrVG/*Wiese* Rn. 699 zu Familienangehörigen von AN). Ebenso wenig nimmt die Mitbenutzungsmöglichkeit der Einrichtung durch **leitende Angestellte** iSd. § 5 III das Mitbestimmungsrecht nach Nr. 8. Anders ist es jedoch wegen fehlender Zuständigkeit des BR, wenn eine Sozialeinrichtung ausschließlich für leitende Angestellte und Organmitglieder errichtet wird (BAG 30. 4. 1974 BB 1974, 1070; LAG Düsseldorf 20. 6. 1978 DB 1979, 115).

Beispiele für Sozialeinrichtungen iSd. Nr. 8 sind etwa Pensions- und Unterstützungskassen (BAG 71 18. 3. 1976 AP BetrVG 1972 § 87 Altersversorgung Nr. 4), Kantinen (BAG 15. 9. 1987 AP BetrVG 1972 § 87 Sozialeinrichtung Nr. 9; BAG 11. 7. 2000 AP BetrVG 1972 § 87 Sozialeinrichtung Nr. 16 = NZA 2001, 462), betriebliche Sportanlagen, Kindergärten (BAG 22. 10. 1981 AP BetrVG 1972 § 76 Nr. 10), eigene Werksbusse (BAG 9. 7. 1985 AP BPersVG § 75 Nr. 16), ggf. Beschäftigungs- und Qualifizierungsgesellschaften (BAG 23. 9. 2001 ZIP 2001, 2059 zu § 2 I Nr. 4b ArbGG; L/K § 88 Rn. 5), Werksbüchereien, Lehrlingsheime, Werkskrankenhäuser usw. Das Mitbestimmungsrecht bei Werkmietwohnungen ist in Nr. 9 eigenständig geregelt (dazu Rn. 83 ff.).

Nicht zu den Sozialeinrichtungen iSd. Nr. 8 zählen wegen fehlender organisatorischer Eigen- 72 ständigkeit zB unmittelbare Versorgungszusagen des AG, selbst wenn zur Finanzierung der Pensionsleistungen eine Rückdeckungsversicherung besteht (BAG 18. 3. 1976 AP BetrVG 1972 § 87 Altersversorgung Nr. 4; BAG 16. 2. 1993 AP BetrVG 1972 § 87 Altersversorgung Nr. 19), die Vergabe von zinsvergünstigten AGDarlehen, selbst wenn sie nach vom AG festgelegten und bekannt gegebenen RL erfolgt (BAG 9. 12. 1980 AP BetrVG 1972 § 87 Lohngestaltung Nr. 5), die Gewährung von Warenbezug unter Einräumung eines Personalrabatts (BAG 18. 5. 1965 AP BetrVG 1972 § 56 Nr. 26) und die Ausgabe von Essensmarken unmittelbar an die AN (BAG 15. 1. 1987 AP BPersVG § 75 Nr. 21) sowie ein Liquidationspool (BAG 16. 6. 1998 BB 1998, 1956). Wegen fehlender Dauerhaftigkeit nicht von Nr. 8 erfasst wird zB die Veranstaltung von Betriebsfeiern und Betriebsausflügen (BAG 27. 1. 1998 BB 1998, 1419 = AP BetrVG § 87 Sozialeinrichtung Nr. 14).

b) Umfang des Mitbestimmungsrechts. Das Mitbestimmungsrecht erstreckt sich auf Form, Aus- 73 gestaltung und Verwaltung. **Nicht mitbestimmt** ist dagegen, wie sich aus § 88 Nr. 2 ergibt, die Entscheidung über die **Errichtung einer Sozialeinrichtung.** Der AG kann deshalb autonom entscheiden, ob er eine Sozialeinrichtung errichten, mit welchen finanziellen Mitteln er sie ausstatten will, welchem Zweck die Einrichtung dienen und ob sie wieder geschlossen werden soll. Zum mitbestimmungsfreien „Ob" zählt etwa die Entscheidung, eine geplante betriebliche Altersversorgung über eine Pensionsbzw. Unterstützungskasse oder über eine Gruppen-Lebensversicherung und damit ohne Sozialeinrichtung abzuwickeln. Entscheidet sich der AG für die Errichtung der Sozialeinrichtung, kann er autonom die finanzielle Ausstattung, die „Dotierung" der Einrichtung, festlegen (BAG 12. 6. 1975 AP BetrVG 1972 § 87 Altersversorgung Nr. 3; BAG 26. 4. 1988 AP BetrVG 1972 § 87 Altersversorgung Nr. 16). Weiter zählen zur mitbestimmungsfreien „Errichtung" die Festlegung des Zwecks und die (abstrakte) Bestimmung des begünstigten Personenkreises. Der AG kann deshalb zB allein entscheiden, ob er eine Kantine oder ein Erholungsheim oder eine Unterstützungskasse zur Durchführung einer Altersversorgung einrichten will (GK-BetrVG/*Wiese* Rn. 707; MünchArbR/*Matthes* § 339 Rn. 23).

Bei der – vom AG autonom vorzunehmenden – Festlegung des Personenkreises kann die **Abgren-** 74 **zung zur mitbestimmten** „Ausgestaltung" der Sozialeinrichtung schwierig werden. Der AG darf nicht unter dem Mantel der Zweckbestimmung die Ausgestaltung der Sozialeinrichtung allein bestimmen; er darf umgekehrt aber auch nicht über die Ausgestaltungsmitbestimmung des BR in seiner Zweckbestimmung eingeschränkt werden. Grds. lässt sich sagen, dass die Abgrenzung der bezugsberechtigten AN nach generellen Merkmalen, etwa die Begünstigung nur der Angestellten, nur der Arbeitnehmerinnen, nur der älteren AN oder nur der AN bestimmter Betriebsabteilungen zur Zweckbestimmung gehört, während die Bestimmung der Leistungsvoraussetzungen im Einzelnen, etwa die Festlegung von Wartezeiten und anrechnungsfähigen Dienstzeiten bei einer betrieblichen Ruhegeldeinrichtung, die Sozialeinrichtung näher ausgestaltet (L/K Rn. 134; GK-BetrVG/*Wiese* Rn. 624). Stets ist bei der Beschränkung des begünstigten Personenkreises der Gleichbehandlungsgrundsatz gem. § 75 zu beachten. S. auch § 75 Rn. 9 aE.

75 Schließlich besteht **kein Mitbestimmungsrecht** bei der **Kürzung oder vollständigen Streichung** einer einmal durch den AG gewährten finanziellen Ausstattung (BAG 15. 1. 1987 AP BPersVG § 75 Nr. 21; BAG 10. 3. 1992 AP BetrAVG § 1 Unterstützungskasse Nr. 34; BAG 13. 3. 1972 AP BetrVG 1972 § 87 Werkmietwohnungen Nr. 1). Entschließt sich der AG nicht zur vollständigen Schließung, sondern nur zur Kürzung der finanziellen Mittel, hat allerdings der BR regelmäßig über die Grundsätze der Neuverteilung der reduzierten Mittel mitzubestimmen, soweit nicht ausnahmsweise jeglicher Regelungsspielraum für die Verteilung der verbleibenden Mittel entfällt (BAG 10. 3. 1992 AP BetrAVG § 1 Unterstützungskasse Nr. 34). Da insofern zumindest tw. ein Mitbestimmungsrecht eingreift, gilt § 77 VI, so dass die bisherige Regelung bis zu einer Einigung der Betriebspartner über die Neuverteilung nachwirkt (zur Nachwirkung im Bereich teilmitbestimmter BV § 77 Rn. 123).

76 Das **Mitbestimmungsrecht beginnt** bei der Frage, in welcher **Form die Sozialeinrichtung** errichtet werden soll. Gemeint ist die Rechtsform. AG und BR haben deshalb gemeinsam über die Frage zu bestimmen, ob eine Sozialeinrichtung als unselbständiger Teil des Betriebs, Unternehmens oder Konzerns oder als selbständige juristische Person (zB GmbH, AG, VaG) betrieben werden soll.

77 Weiter erstreckt sich das Mitbestimmungsrecht nach Nr. 8 auf die **Ausgestaltung der Sozialeinrichtung**, dh. auf die Maßnahmen, die zeitlich und ihrer Bedeutung nach zwischen der Festlegung der Form und der laufenden Verwaltung der Sozialeinrichtung liegen (BAG 13. 3. 1973 AP BetrVG 1972 § 87 Werkmietwohnungen Nr. 1). Zur Ausgestaltung gehört die Aufstellung von Benutzungsordnungen (BAG 15. 9. 1997 AP BetrVG 1972 § 87 Sozialeinrichtung Nr. 9) oder von Grundsätzen über die Ausstattung der Einrichtung (zB Plastikgeschirr in der Kantine, Verwendung von Automaten und ähnliches). Ferner die Aufstellung von Verteilungsgrundsätzen oder Leistungsplänen (*Fitting* Rn. 363), etwa die Voraussetzungen, unter denen Anwartschaften entstehen und Ansprüche auf betriebliche Altersversorgung gegen eine Unterstützungskasse erworben werden können, die Festsetzung von Kantinenpreisen oder die Aufstellung eines Fahrplans für den Werksbusverkehr.

78 Mitbestimmt ist schließlich die **Verwaltung der sozialen Einrichtung**. Ihre Abgrenzung zur Ausgestaltung ist fließend. Zur Verwaltung zählt die gesamte innerbetriebliche Organisation bis hin zur Geschäftsführung ebenso wie die Entscheidungsfindung im Einzelfall, ob und wie Leistungen der Sozialeinrichtung gewährt werden sollen (DKK/*Klebe* Rn. 217; GK-BetrVG/*Wiese* Rn. 736). Je nach dem Gegenstand der sozialen Einrichtung kann die Notwendigkeit der Übereinkunft zwischen AG und BR in jedem Einzelfall hinderlich sein. Insofern empfiehlt es sich, entweder im Rahmen des Mitbestimmungsrechts bei der Ausgestaltung Einzelheiten der Leistungsgewährung bzw. Benutzung in einer BV festzulegen oder einen paritätisch besetzten gemeinsamen Ausschuss von BR und AG gem. § 28 III zu errichten.

79 Entschließen sich AG und BR, eine Sozialeinrichtung **auf einen Dritten zu übertragen** (zB Verpachtung einer Kantine), hat der BR sowohl über das Ob als auch über das Wie der Übertragung mitzubestimmen. Einigen sich AG und BR auf die Übertragung, wird Vertragspartner des Dritten nur der AG, da der BR nicht rechtsfähig ist. Dessen Mitbestimmungsrecht beschränkt sich während der Laufzeit des Vertrages darauf, auf den AG als Vertragspartner des Dritten Einfluss zu nehmen. Der AG muss seine vertraglichen Befugnisse gegenüber dem Dritten in Übereinstimmung mit dem BR ausüben (BAG 18. 7. 1978 AP BetrVG 1972 § 87 Werksmietwohnungen Nr. 4; L/K Rn. 136).

80 Bei **Sozialeinrichtungen mit eigener Rechtspersönlichkeit** ergeben sich im Grundsatz zwei Modelle, um die Mitbestimmung bei der Verwaltung zu verwirklichen. Einmal können AG und BR vereinbaren, dass der BR gleichberechtigte Vertreter in die Organe der Sozialeinrichtung entsendet und dass mitbestimmungspflichtige Fragen in den Beschlussgremien der Sozialeinrichtung nicht gegen den Widerspruch der Vertreter des BR entschieden werden dürfen. Bei diesem organschaftlichen Modell ist eine paritätische Beteiligung des BR Voraussetzung (BAG 13. 7. 1978 AP BetrVG 1972 § 87 Altersversorgung Nr. 5; *Fitting* Rn. 371 f.). Das **organschaftliche Modell** schließt grds. eine Mitbestimmung des BR außerhalb des Organs der juristischen Person aus; nur bei Entstehen einer Pattsituation müssen AG und BR die zu entscheidende Frage selbst, notfalls unter Einschaltung der Einigungsstelle entscheiden (*Hanau* BB 1973, 1274, 1277; GK-BetrVG/*Wiese* Rn. 751).

81 Fehlt es an einer solchen organschaftlichen Regelung, müssen alle mitbestimmungspflichtigen Fragen zwischen AG und BR ausgehandelt werden. Die Umsetzung der Einigung, sei es im Einzelfall, sei es nach Maßgabe einer BV (vgl. § 77), obliegt dem AG (**zweistufiges Modell**). Dieser muss sich maßgebenden Einfluss auf die Verwaltung der Sozialeinrichtung sichern, damit die zwischen AG und BR vereinbarten Regelungen in der Sozialeinrichtung auch durchgeführt werden können (BAG 13. 7.

III. Mitbestimmungstatbestände § 87 BetrVG 210

1978 AP BetrVG 1972 § 87 Altersversorgung Nr. 5; BAG 10. 3. 1992 AP BetrAVG § 1 Unterstützungskassen Nr. 34; *Fitting* Rn. 371). Die Mitbestimmung erfolgt hier ähnlich wie bei der Übertragung einer Sozialeinrichtung auf einen Dritten.

Zuständig für die Ausübung des Mitbestimmungsrechtes nach Nr. 8 ist grds. der BR des begünstigten Betriebes. Soweit in dem Betrieb der Sozialeinrichtung ein eigener BR besteht, ist dieser nur für die eigenen Angelegenheiten der dort beschäftigten AN zuständig (*Fitting* Rn. 368; differenzierend GK-BetrVG/*Wiese* Rn. 758). Allerdings ist, wenn die Sozialeinrichtung in einem eigenen Betrieb geführt wird, die Ausübung des Mitbestimmungsrechts nach Nr. 8 stets betriebsübergreifend, so dass die Zuständigkeit eines GesamtBR bzw. bei rechtlicher Verselbständigung der sozialen Einrichtung eines KonzernBR gegeben ist, falls dieser existiert. **82**

9. Zuweisung und Kündigung von Wohnraum. a) Wohnraum iSd. Nr. 9. Das Mitbestimmungsrecht dient der gerechten Verteilung der vom AG zur Verfügung gestellten Wohnräume. Eigentümer muss der AG nicht sein; es genügt, wenn er ein Belegungs- oder Vorschlagsrecht für die Nutzung der Räume hat (BAG 18. 7. 1978 AP BetrVG § 87 Werkmietwohnungen Nr. 4). Das Gesetz spricht von **Wohnraum** und nicht von Wohnung. Darunter fällt jede Art von Räumen, die zum Wohnen geeignet und bestimmt ist (*Fitting* Rn. 381). Das Mitbestimmungsrecht besteht deshalb auch bei der Belegung einzelner Zimmer, von Behelfsheimen, Baracken, Wohnwagen und anderen Schlafstätten (GK-BetrVG/*Wiese* Rn. 772; *Fitting* Rn. 381). **83**

Voraussetzung für das Eingreifen des Mitbestimmungsrechts ist allerdings, dass die Wohnräume „mit Rücksicht auf das Bestehen eines Arbeitsverhältnisses vermietet werden". Das bedeutet, dass zwischen Arbeitsverhältnis und Mietverhältnis ein **innerer Zusammenhang** bestehen muss (DKK/*Klebe* Rn. 260). Im Regelfall wird dieser dadurch hergestellt, dass Werkswohnungen nur an AN und ihre Angehörige vermietet werden. Bes. günstige Mietkonditionen sind häufig, aber nicht notwendig. Der erforderliche innere Zusammenhang mit dem Arbeitsverhältnis besteht auch, wenn AN zwar zu Marktpreisen, aber bevorzugt die Nutzung eingeräumt wird. Kein Mitbestimmungsrecht besteht dagegen, wenn der AG AN Wohnungen wie jedem beliebigen Dritten vermietet, etwa wenn eine Versicherungsgesellschaft Wohnungen zur Vermögensanlage baut und diese zu den üblichen Bedingungen ua. auch an ihre AN vermietet (BAG 18. 7. 1978 AP BetrVG 1972 § 87 Werkmietwohnungen Nr. 4). Aus dieser Abgrenzung ergibt sich, dass jede mitbestimmungspflichtige Werkmietwohnung zugleich eine Sozialeinrichtung iSd. Nr. 8 darstellt. Das Mitbestimmungsrecht nach Nr. 9 ist deshalb ein Spezialfall der Nr. 8 (aA wohl GK-BetrVG/*Wiese* Rn. 762). **84**

Kein Mitbestimmungsrecht besteht bei **Werkdienstwohnungen.** Diese unterscheiden sich von den (mitbestimmten) Werkmietwohnungen dadurch, dass die Wohnräume dem AN im Rahmen seines Arbeitsverhältnisses aus dienstlichen Gründen überlassen werden, ohne dass neben dem Arbeitsvertrag ein bes. Mietvertrag abgeschlossen wird. Beispiele sind Wohnräume von Hausmeistern, Pförtnern oder Wachdienstpersonal. **85**

b) Umfang des Mitbestimmungsrechts. aa) Alleinentscheidungsrecht des Arbeitgebers. Ebenso wie nach Nr. 8 ist die Entscheidung über das „**Ob**" mitbestimmungsfrei. Der AG kann deshalb autonom darüber entscheiden, ob er Wohnräume im Zusammenhang mit dem Arbeitsverhältnis zur Verfügung stellt oder dies wieder einstellt (BAG 23. 3. 1993 AP BetrVG 1972 § 87 Werkmietwohnungen Nr. 8), in welchem Umfang er finanzielle Mittel für die Beschaffung von Wohnräumen bzw. zur Gewährung von Mietzuschüssen zur Verfügung stellt und wie der begünstigte Personenkreis (zB Gastarbeiter, Monteure) abstrakt abgegrenzt werden soll (*Fitting* Rn. 387 f.; GK-BetrVG/*Wiese* Rn. 776; aA DKK/*Klebe* Rn. 232). **86**

bb) Zuweisung und Kündigung von Wohnraum. Mitbestimmt ist nach Nr. 9 zunächst die „Zuweisung und Kündigung von Wohnräumen". Insofern erstreckt sich das Mitbestimmungsrecht auf jeden Einzelfall (*Fitting* Rn. 390). Der BR soll stets bei der Zuweisung der Werkswohnung die sozialen Belange aller Bewerber und bei der Kündigung die des betroffenen AN in die Entscheidung einbringen können. **87**

Hinsichtlich der **Zuweisung einer Werkswohnung an NichtAN** ist zu unterscheiden: Zählen nur Personen, die nicht zu den AN iSd. § 5 I zählen, zu dem begünstigten Personenkreis, besteht wegen fehlender Zuständigkeit des BR kein Mitbestimmungsrecht. Dies ist etwa der Fall, wenn der AG nur leitenden Angestellten iSd. § 5 III Werkwohnungen zur Verfügung stellt (GK-BetrVG/*Wiese* Rn. 769). Werden allerdings Werkswohnungen aus einem einheitlichen Bestand sowohl AN iSd. § 5 I als auch Dritten zur Verfügung gestellt, bleibt das Mitbestimmungsrecht bestehen, und zwar für alle Wohnungen. Denn jede Zuweisung einer Werkswohnung an einen Dritten verhindert die Zuweisung an die AN iSd. § 5 I. Es ist deshalb unter Mitwirkung des BR eine gerechte Auswahl unter den potentiellen Benutzern zu treffen (BAG 28. 7. 1992 AP BetrVG 1972 § 87 Werkmietwohnungen Nr. 7; BAG 23. 3. 1993 AP BetrVG 1972 § 87 Werkmietwohnungen Nr. 8; *Fitting* Rn. 391). **88**

Umstritten ist, inwiefern die Beteiligung des BR **Wirksamkeitsvoraussetzung für Abschluss und Kündigung eines Mietvertrages** ist. Richtigerweise ist zu differenzieren: Die „Zuweisung" betrifft die Entscheidung über die Person des Begünstigten, die dem Abschluss des Mietvertrages vorgelagert ist, nicht aber den Abschluss des Mietvertrages selbst. Das Mitbestimmungsrecht läuft bei diesem **89**

Verständnis nicht leer, denn der BR kann ggf. Beseitigung der Folgen der unzulässigen Zuweisung und damit die Kündigung des Mietverhältnisses verlangen (GK-BetrVG/*Wiese* Rn. 779; MünchArbR/*Matthes* § 340 Rn. 9).

90 Anders ist es dagegen bei der **Kündigung:** Hier ergibt sich aus dem eindeutigen Wortlaut von Nr. 9, dass die Kündigung selbst und nicht nur ein vorgelagerter Entscheidungsakt der Zustimmung des BR unterliegt (*Fitting* Rn. 396). Hinsichtlich der zivilrechtlichen Wirksamkeit der Kündigung sind die Spezialregelungen in §§ 576 ff. BGB zu beachten. Danach ist eine ordentliche Kündigung idR nur möglich, wenn das Arbeitsverhältnis beendet wird. Eine automatische Koppelung zwischen Kündigung des Arbeitsverhältnisses und des Mietverhältnisses scheidet nach § 576 BGB aus (*Fitting* Rn. 395). Das Mitbestimmungsrecht des BR besteht auch **nach wirksamer Beendigung des Arbeitsverhältnisses** fort, obwohl die Mieter nun nicht mehr zum Kreis der AN iSd. § 5 I gehören. Denn das Interesse der vom BR repräsentierten Belegschaft ist bei fortbestehender Belegung einer Wohnung mit einem NichtAN dadurch berührt, dass diese Wohnung nicht an einen gegenwärtigen AN vergeben werden kann (BAG 28. 7. 1992 AP BetrVG 1972 § 87 Werkmietwohnungen Nr. 7).

91 cc) **Nutzungsbedingungen.** Die „allgemeine Festlegung der Nutzungsbedingungen" betrifft zunächst die **Modalitäten der Wohnraumnutzung,** wie sie in Formularmietverträgen und Hausordnungen niedergelegt werden, etwa Regelungen über Schönheitsreparaturen, Reinigung des Treppenhauses, Anbringen von Antennen usw. (*Fitting* Rn. 399). Die Durchführung von Modernisierungs- und Instandsetzungsarbeiten ist teilmitbestimmt. Der BR kann vom AG nicht verlangen, solche Arbeiten durchzuführen, da dies finanzielle Aufwendungen des AG erforderte. Er hat aber ein Zustimmungsrecht wenn der AG von sich aus solche Maßnahmen durchführen will und es darum geht, ob, in welchem Umfang, und zu welchen Zeiten die Mieter diese Arbeiten dulden müssen (*Röder,* Das betriebliche Wohnungswesen im Spannungsfeld von Betriebsverfassungsrecht und Wohnungsmietrecht 1983, S. 57 f.).

92 Zu den allg. Nutzungsbedingungen gehört auch die **Festlegung der Grundsätze über die Mietzinsbildung** (BAG 13. 3. 1973 AP BetrVG 1972 § 87 Werkmietwohnungen Nr. 1; BAG 28. 7. 1992 AP BetrVG 1972 § 87 Werkmietwohnungen Nr. 7). Mitbestimmungspflichtig ist insofern die Festlegung von Kriterien, nach denen der Mietzins gebildet werden soll. Nicht zu beteiligen ist der BR dagegen, wenn der konkrete Mietzins anhand der mitbestimmten Grundsätze für die einzelne Werkmietwohnung festgesetzt wird (L/K Rn. 151). Da der AG den Dotierungsrahmen vorgibt, kann er nicht über das Mitbestimmungsrecht bei den Nutzungsbedingungen gezwungen werden, seinen finanziellen Beitrag zur Schaffung und Erhaltung eines Wohnungsbestandes zu erhöhen (*Fitting* Rn. 400).

93 Hat der AG als **Vermieter eine selbständige juristische Person** eingeschaltet, gelten für das Mitbestimmungsrecht des BR nach Nr. 9 dieselben Grundsätze wie für das Mitbestimmungsrecht bei Sozialeinrichtungen nach Nr. 8 (vgl. dort Rn. 80). Der BR muss entweder in den Organen der juristischen Person mindestens paritätisch vertreten sein oder über die Art und Weise, in der der AG auf die juristische Person Einfluss nimmt, mitbestimmen können.

94 Das Mitbestimmungsrecht des BR kann stets nur so weit reichen, wie die Rechte des AG gegenüber dem Vermieter (BAG 18. 7. 1978 AP BetrVG 1972 § 87 Werkmietwohnungen Nr. 4). Relevant wird dieser Grundsatz bei sogenannten **werksgeförderten Wohnungen,** bei denen sich die Leistung des AG auf die Bezuschussung des Baus von Wohnungen beschränkt, in denen ihm als Gegenleistung dingliche oder schuldrechtliche Wohnungsbesetzungsrechte eingeräumt werden. Beschränken sich die Möglichkeiten des AG darauf, dem Vermieter AN zur Auswahl vorzuschlagen, kann auch der BR nur an der Ausübung des Vorschlagsrechts beteiligt werden.

95 Anders als bei Zuweisung und Kündigung von Wohnräumen gilt das Mitbestimmungsrecht bei der Festlegung der Nutzungsbedingungen nur, soweit die Wohnungen an **AN** des Betriebs iSd. § 5 I vermietet werden (BAG 28. 7. 1992 AP BetrVG 1972 § 87 Werkmietwohnungen Nr. 7).

96 10. **Betriebliche Lohngestaltung. a) Lohn.** Der Lohnbegriff gem. Nr. 10 ist vom Sinn und Zweck des Mitbestimmungsrechts her zu bestimmen. Das Mitbestimmungsrecht soll die AN vor einer einseitig an den Interessen des AG orientierten oder willkürlichen Lohngestaltung schützen. Es soll die **Angemessenheit und Durchsichtigkeit des innerbetrieblichen Lohngefüges** und die innerbetriebliche Lohngerechtigkeit sichern (BAG GS 3. 12. 1991 AP BetrVG 1972 § 87 Lohngestaltung Nr. 51; *Fitting* Rn. 408; GK-BetrVG/*Wiese* Rn. 805). Um diesem Zweck gerecht zu werden, ist der Begriff „**Lohn" im weitesten Sinne** zu verstehen. Darunter fallen unabhängig von ihrer Bezeichnung alle Leistungen des AG, die als Gegenwert für die von den AN erbrachten Leistungen gewährt werden, gleichgültig ob es sich hierbei um leistungsbezogene Vergütungen oder Gratifikationen, um einmalige oder laufende Zahlungen, um Geld oder Sachleistungen handelt (BAG GS 16. 9. 1986 AP BetrVG 1972 § 77 Nr. 17; GK-BetrVG/*Wiese* Rn. 822; *Fitting* Rn. 412). Dies dürfte sich mit dem Lohnsteuerrecht decken.

97 **Lohn iSd. Nr. 10** sind danach zB alle leistungs- und tätigkeitsbezogenen Vergütungsbestandteile wie Provisionen (BAG 26. 7. 1988 AP BetrVG 1972 § 87 Provision Nr. 6), Leistungsprämien (BAG 8. 12. 1981 AP BetrVG 1972 § 87 Prämie Nr. 1) oder Erschwerniszulagen (BAG 22. 12. 1981 AP BetrVG 1972 § 87 Lohngestaltung Nr. 7), Aktienoptionen (LAG Nürnberg 22. 1. 2002 NZA-RR

2002, 247). Gratifikationen wie Weihnachtsgeld, Treueprämien, Jubiläumsgelder, Anwesenheitsprämien und Urlaubsgeld (BAG 31. 1. 1984 AP BetrVG 1972 § 87 Lohngestaltung Nr. 15; BAG 30. 3. 1982 AP BetrVG 1972 § 87 Lohngestaltung Nr. 10), sonstige freiwillige Leistungen wie AGDarlehen (BAG 9. 12. 1980 AP BetrVG 1972 § 87 Lohngestaltung Nr. 5), Leistungen der betrieblichen Altersversorgung (BAG 16. 2. 1993 AP BetrVG 1972 § 87 Altersversorgung Nr. 19) oder übertarifliche Zulagen aller Art (BAG GS 3. 12. 1991 AP BetrVG 1972 § 87 Lohngestaltung Nr. 51) und Sachleistungen wie etwa verbilligtes Heizgas aus eigener Produktion (BAG 22. 10. 1985 AP BetrVG 1972 § 87 Werkmietwohnungen Nr. 5), „Haustrunk" in einer Brauerei oder verbilligte bzw. kostenlose Personalfahrten von der Wohnung zur Arbeitsstätte (BAG 9. 7. 1985 AP BPersVG § 75 Nr. 16), uU Liquidationspool (BAG 16. 6. 1998 AP BetrVG 1972 § 87 Lohngestaltung Nr. 92) und Zeitgutschriften (BAG 27. 1. 1998 BB 1998, 1419).

Nicht zum Lohn iSd. Nr. 10 zählen Leistungen, die ohne jeden Vergütungscharakter allein dem 98 Ersatz von Aufwendungen oder Schäden dienen. Beispiele sind etwa die Erstattung von Kontoführungsgebühren, Tage- und Übernachtungsgelder, Umzugskosten oder Aufwandsentschädigungen für den Einsatz des privaten Pkw für Dienstfahrten (BAG 8. 12. 1981 AP BetrVG 1972 § 87 Lohngestaltung Nr. 6; BAG 10. 6. 1986 AP BetrVG 1972 § 87 Lohngestaltung Nr. 22; BAG 27. 10. 1998 NZA 1999, 381; *Fitting* Rn. 416). Auch Abfindungen zählen nicht dazu.

b) Umfang des Mitbestimmungsrechts. aa) Lohngestaltung. Das Mitbestimmungsrecht bezieht 99 sich, wie die beispielhaft aufgeführten Tatbestände „Entlohnungsgrundsätze" und „Entlohnungsmethoden" dokumentieren, nur auf **kollektive Tatbestände.** Ein kollektiver Tatbestand liegt vor, wenn Grund und Höhe der Zahlung von allg. Merkmalen abhängig gemacht werden, die von einer Mehrzahl der AN des Betriebs erfüllt werden können (*Fitting* Rn. 419). Die Anzahl der betroffenen AN ist nur ein Indiz; auch bei der Zahlung einer Vergütung an nur einen AN kann ein kollektiver Tatbestand vorliegen. Dies ist stets der Fall, wenn die Zahlung einer **Vergütung nach Leistung** erfolgt, da das Kriterium der Leistung notwendig den Vergleich mit einer Normal-, Mindest- oder Minderleistung anderer AN voraussetzt (BAG 22. 9. 1992, 27. 10. 1992, 14. 6. 1994, 29. 2. 2000 AP BetrVG 1972 § 87 Lohngestaltung Nr. 56, 61, 69, 105). Dasselbe gilt für Lohnbestandteile, die nach der Anzahl der Fehlzeiten, nach der Dauer der Betriebszugehörigkeit oder nach allg. Erwägungen sozialer Art, die mehrere AN betreffen können, vergeben werden (*Fitting* Rn. 419). Dem AG ist so die Möglichkeit abgeschnitten, das Mitbestimmungsrecht durch den Abschluss einer Vielzahl vermeintlicher Einzelvereinbarungen zu umgehen (BAG GS 3. 12. 1991, 23. 3. 1993, 18. 10. 1994 AP BetrVG 1972 § 87 Lohngestaltung Nr. 51, 64, 70; BAG 29. 2. 2000 AP BetrVG 1972 § 87 Lohngestaltung Nr. 105 = NZA 2000, 1066). Ein **nicht mitbestimmter Einzelfall** liegt danach nur vor, soweit besondere Umstände des einzelnen AN für die Zahlung eines Vergütungsbestandteils eine Rolle spielen, die keinen inneren Zusammenhang mit Leistungen anderer AN haben (BAG GS 3. 12. 1991 AP BetrVG 1972 § 87 Lohngestaltung Nr. 51), zB wenn für die Lohnbemessung der Wunsch eines einzelnen AN maßgebend ist, der steuerliche Nachteile vermeiden will (BAG 27. 10. 1992 AP BetrVG 1972 § 87 Lohngestaltung Nr. 61) oder wenn ein AN ein konkretes anderweitiges Arbeitsangebot hat und nur durch das Angebot einer zusätzlichen Vergütung zum Verbleib bewegt werden kann (*Fitting* Rn. 293) oder eine nachträgliche Sonderzahlung (LAG Köln 8. 1. 1999 LAGE BetrVG § 87 Betriebliche Lohngestaltung Nr. 15, differenzierend BAG 29. 2. 2000 EzA § 87 BetrVG Betr. Lohngestaltung Nr. 69). Die Einführung der „Riester-Rente" unterliegt bereits deswegen nicht der erzwingbaren Mitbestimmung, weil § 1 a BetrAVG einen individuellen Anspruch auf Lohnumwandlung normiert (*Fender* DB 2001, 2047, 2049; *Blomeyer* DB 2001, 1413, 1418).

Mitbestimmte Entlohnungsgrundsätze sind die übergeordneten allg. Regelungen, nach denen das 100 Entgelt für den Betrieb, bestimmte Betriebsabteilungen oder Gruppen von AN ermittelt werden soll. Es geht um die Aufstellung von Vergütungssystemen. Mitbestimmt sind etwa die Fragen, ob im Zeitlohnsystem, im Prämienlohnsystem oder im Akkordlohnsystem, ob im Gruppenakkord oder im Einzelakkord gearbeitet werden soll, ob Gruppenprämien oder Einzelprämien zu zahlen sind, ob entgeltrelevante Zielvereinbarungen getroffen werden sollen, nicht dagegen die einzelne Zielvereinbarung, da Einzelregelungen grds. mitbestimmungsfrei sind (Rn. 99), mit Ausnahme der in Nr. 11 geregelten Leistungsentgelte. Ein Initiativrecht auf Einführung von Leistungslohn steht dem BR aber nicht zu, denn dann ließe sich der Dotierungsrahmen nicht mitbestimmungsfrei festlegen; außerdem würden die tarifvertraglichen Zeitlohnregelungen unterwertet, wenn alternativ oder kumulativ im Wege der Mitbestimmung Leistungsentgelte festgelegt werden könnten (L/K Rn. 10, 194; aA LAG Niedersachsen 30. 11. 1995 LAGE BetrVG § 87 Initiativrecht Nr. 4 mit abl. Anm. *Rüthers/Ruoff*). Will der AG dagegen selbst Leistungslohn, ist seine Ausgestaltung mitbestimmt. Zu den Entlohnungsgrundsätzen zählen weiter die Gesichtspunkte, nach denen Vergütungsbestandteile berechnet und bemessen werden sollen, etwa die Aufstellung der Progressionsstufen bei erfolgsabhängigen Vergütungen (BAG 29. 3. 1977 AP BetrVG 1972 § 87 Provision Nr. 1) oder die Festlegung der Zahl der Provisionspunkte je Geschäft (BAG 13. 3. 1984 AP BetrVG 1972 § 87 Provisionen Nr. 4). Zum Mitbestimmungsrecht bei der Aufstellung der Entlohnungsgrundsätze für die Zahlung zusätzlicher freiwilliger Vergütungsbestandteile s. Rn. 107 ff.

101   **Entlohnungsmethoden** betreffen das Verfahren, also die Art und Weise, in der die zwischen AG und BR ausgehandelten Entlohnungsgrundsätze ausgeführt werden sollen. Dabei geht es einmal um die Ermittlung des Arbeitswertes, dh. um die Feststellung des Schwierigkeitsgrades einer Arbeit, von dem die Zuordnung einer bestimmten Arbeit zu einer Entgeltgruppe abhängt (L/K Rn. 167). **Beispiele** sind Punktbewertungssysteme, die die Schwierigkeitsgrade jeder Arbeit durch Punkte ausdrücken, sowie Leistungsgruppensysteme, bei denen näher definierte Typen von Arbeiten bestimmten Entgeltgruppen zugeordnet werden. Zum anderen hat der BR mitzubestimmen über die Frage, wie der Leistungsgrad der einzelnen AN insb. beim Akkord- und Prämienlohn zu ermitteln ist. Mitbestimmt sind etwa beim Prämienlohn die Bestimmung der Normalleistung, der Bezugsgröße sowie des Prämienansatzes und der Prämienkurve, beim Akkordlohn die Frage, nach welchem System die Vorgabezeiten zu ermitteln sind (zB Refa- oder Bedaux-System) sowie die Zuordnung von bestimmten Provisionssätzen zu bestimmten Geschäftsabschlüssen bei Vereinbarung einer Abschlussprovision (BAG 26. 7. 1988 AP BetrVG 1972 § 87 Provision Nr. 6; Rn. 168; *Fitting* Rn. 431). (Noch) **nicht mitbestimmt** sind dagegen Zeitstudien und sonstige Maßnahmen, die der Erprobung und Vorbereitung der Einführung von Entlohnungsmethoden dienen (GK-BetrVG/*Wiese* Rn. 803). Beispiele sind etwa die Einführung von Funktionsbeschreibungen ohne Bezug zu einer konkreten Vergütungsregelung (BAG 14. 1. 1986 AP BetrVG 1972 § 87 Lohngestaltung Nr. 21), die Festlegung der Bandgeschwindigkeit (*Fitting* Rn. 438), die Durchführung von Refa-Zeitmessungen mittels einer Stoppuhr (BAG 8. 11. 1994 AP BetrVG 1972 § 87 Überwachung Nr. 27) oder die Aufstellung und Auswahl von Kriterien für eine „Balanced Scorecard". Keinen mitbestimmten Teil der Entlohnungsmethode stellt auch die Zuteilung von Arbeitsgebieten für Außendienstmitarbeiter dar; hierbei handelt es sich um eine der Lohngestaltung vorgelagerte Frage, die dem Direktionsrecht des AG unterfällt (BAG 16. 7. 1991 DB 1991, 2677). Allerdings kann eine gem. § 99 mitbestimmte Versetzung vorliegen (näheres § 99 Rn. 13).

102   Das Mitbestimmungsrecht erstreckt sich nach dem Wortlaut von Nr. 10 auf die „Aufstellung" von Entlohnungsgrundsätzen und die „Einführung und Anwendung" von neuen Entlohnungsmethoden sowie deren „Änderung". In der Sache besteht zwischen der Mitbestimmung bei Entlohnungsgrundsätzen und bei Entlohnungsmethoden kein Unterschied: in beiden Fällen sind sowohl **Einführung als auch Änderung mitbestimmt.** Soweit hinsichtlich der Entlohnungsmethoden auch die „Anwendung" mitbestimmt ist, trägt dies dem Umstand Rechnung, dass bei jeder Entlohnungsmethode, mag sie auch bis in die Einzelheiten bestimmt sein, immer wieder Fragen auftreten, die durch eine Auslegung oder Weiterentwicklung der gewählten Methode gelöst werden müssen (L/K Rn. 169).

103   Nicht mitbestimmt ist nach Nr. 10 die **Lohnhöhe** und konsequenterweise auch nicht die Dauer der regelmäßigen Arbeitszeit (BAG 30. 10. 2001 NZA 2002, 920; vgl. zur Mitbestimmung gem. § 87 Nr. 2 Rn. 25). Die gegenteilige Auffassung (DKK/*Klebe* Rn. 255) steht zum einen im Widerspruch zum Mitbestimmungsrecht nach Nr. 11, in dem unter den dort genannten engeren Voraussetzungen ausnahmsweise auch die Höhe des Entgelts als mitbestimmungspflichtig eingestuft wurde (dazu Rn. 117 ff.), und widerspricht zum anderen der Grundkonzeption des BetrVG; könnte nämlich der BR über sein Initiativrecht und die Einschaltung einer Einigungsstelle die Höhe der Lohnsumme beeinflussen, wäre dies unvereinbar mit der vom Gesetzgeber anerkannten Verantwortung des AG für den wirtschaftlichen Erfolg des Unternehmens und dessen damit verbundene Verpflichtung, das Risiko für den Einsatz der Produktionsmittel zu tragen (BAG GS 3. 12. 1991 AP BetrVG 1972 § 87 Lohngestaltung Nr. 51). Aber auch wenn der AG zustimmt, darf die Einigungsstelle die Lohnsätze nicht gegen den Willen des BR festsetzen (BAG 20. 7. 1999 AP BetrVG 1972 § 76 Einigungsstelle Nr. 8; 14. 8. 2001 ZIP 2002, 316). Auch die Zustimmung der AG-Beisitzer der Einigungsstelle reicht nicht. Der AG muss den Dotierungsrahmen der Einigungsstellen vorgeben (BAG 15. 5. 2001 AP BetrVG 1972 § 87 Prämie Nr. 17; 14. 8. 2001 AP BetrVG 1972 § 77 Nr. 85). Die Trennung von mitbestimmten abstrakten Verteilungsgrundsätzen und im Übrigen mitbestimmungsfreien konkreten Regelungen kann im Hinblick auf § 77 III, V zweckmäßig sein, aber auch zu praktischen Schwierigkeiten führen und dann die Befriedungsfunktion der betrieblichen Zusammenarbeit gefährden. Sie entspricht auch nicht dem Wortlaut des § 87 I Nr. 10, der ganz allg. die Lohngestaltung betrifft und nur im AGInteresse einschränkend ausgelegt wird (so LAG Köln 16. 3. 1999 NZA-RR 1999, 481).

104   bb) **Tarifvertragsergänzende und -ersetzende Regelungen.** Vergütungsregelungen sind typischer Kernbestandteil von TV. Insofern finden sich in den einschlägigen Lohn- und GehaltsTV vielfach abschließende Regelungen, die keinen Raum für abw. oder ergänzende BV lassen. Soweit derartige VergütungsTV im Betrieb gelten oder zumindest üblich sind (vgl. § 77 III), scheidet ein Mitbestimmungsrecht aus. Vielfach beschränken sich die TV aber darauf, Entgelthöhe und bestimmte Entgeltzahlungssysteme (zB Zeitlohn, Akkordlohn, Prämienlohn) festzusetzen, regeln aber nicht, welches System in welchem Betrieb für welche Arbeit angewandt wird und wie es dort **näher ausgestaltet** werden soll. Dann greift das Mitbestimmungsrecht nach Nr. 10 ein (L/K Rn. 157). So hat der BR zB über die Festlegung und Gewichtung der Kriterien für eine betriebliche Lohnstruktur mitzubestimmen, wenn ein TV den Arbeitsvertragsparteien die Vereinbarung der Höhe des Entgelts überlässt, ohne selbst eine Entgeltordnung aufzustellen (BAG 14. 12. 1993 AP BetrVG 1972 § 87 Lohngestaltung Nr. 65). Sieht

III. Mitbestimmungstatbestände § 87 BetrVG 210

der TV für einen tariflichen Nachtarbeitszuschlag nur einen Zeitrahmen vor, ist die Festlegung der Zeitspanne, für die der Nachtzuschlag gezahlt werden soll, mitbestimmungspflichtig (BAG 21. 9. 1993 AP BetrVG 1972 § 87 Arbeitszeit Nr. 62).

Ein **umfassendes Mitbestimmungsrecht** im Bereich der „normalen" Vergütung hat der BR nur, 105 wenn ein Betrieb ausnahmsweise überhaupt nicht unter den betrieblich-fachlichen Geltungsbereich eines einschlägigen Tarifwerks fällt. In diesem Fall schlüpft der BR in die Rolle der Gewerkschaft und hat mit dem AG ein vollständiges Vergütungssystem auszuhandeln. Im Unterschied zur Gewerkschaft hat allerdings der BR auch in diesem Fall das vom AG vorgesehene Gesamtvolumen der Vergütung hinzunehmen; eine höhere Dotierung kann weder durch die Einigungsstelle noch durch Arbeitskampf (§ 74 II 1) erzwungen werden. **Wird ein Betrieb tariffrei** bzw. wird in einem tariffreien Betrieb erstmals ein BR gewählt, ergibt sich der Dotierungsrahmen aus der bislang auf tarifvertraglicher/ einzelvertraglicher Grundlage gezahlten Gesamtvergütung. Theoretisch könnten BR und AG nun völlig neue Vergütungsformen und -prinzipien zur Verteilung dieses Volumens einführen (zB das Verhältnis von Fixum und variabler Vergütung ändern). Da ein solches Vorgehen wegen des Günstigkeitsprinzips (§ 77 Rn. 77 ff.) leicht zu einer faktischen Erhöhung des für die Gesamtvergütung vorgesehenen finanziellen Volumens führt, ist im Zweifel das Ermessen der Einigungsstelle in Richtung einer Beibehaltung des bisherigen Vergütungssystems gebunden. Eine grundlegende Änderung der bisherigen Systematik würde eine Einbeziehung der betroffenen AN und deren Bereitschaft zu Arbeitsvertragsänderungen voraussetzen. Die Problematik entschärft sich, wenn arbeitsvertragliche Vergütungsregelungen von vornherein betriebsvereinbarungsoffen gestaltet sind (dazu § 77 Rn. 89 ff.).

AT-Angestellte sind nach ihrer Definition AN, deren Vergütung gerade nicht durch TV geregelt 106 wird, weil ihre Tätigkeit höher zu bewerten ist als die Tätigkeit in der obersten Tarifgruppe. Insofern wird das Mitbestimmungsrecht des BR nicht durch den Tarifvorrang gem. § 77 III eingeschränkt, so dass der BR nach den eben dargelegten Grundsätzen über die Aufstellung eines Vergütungssystems mitzubestimmen hat. Der BR kann gemeinsam mit dem AG Gehaltsgruppen bilden und ihre Wertigkeit zueinander festzulegen (BAG 28. 9. 1994 AP BetrVG 1972 § 87 Lohngestaltung Nr. 68). Das Mitbestimmungsrecht erstreckt sich auf die Festlegung der generellen Grundsätze der Gehaltsfindung, etwa auf die Findung von Gehaltsgruppen, die Festlegung der Wertunterschiede zwischen diesen oder die Bestimmung der Kriterien für Gehaltserhöhungen (BAG 22. 1. 1980 AP BetrVG 1972 § 87 Lohngestaltung Nr. 3; BAG 21. 8. 1990 NZA 1991, 434; BAG 27. 10. 1992 AP BetrVG 1972 § 87 Lohngestaltung Nr. 61; *Wohlgemuth* BB 1993, 286, 288). Voraussetzung für ein Mitbestimmungsrecht ist allerdings, dass der AG die Vergütungsstruktur der AT-Angestellten nach abstrakt generellen Kriterien festlegt. Dass ein AT-Gehaltsgruppensystem innerhalb einer gewissen Bandbreite Spielraum für individuelle Gehaltsvereinbarungen lässt, steht der Anwendung von Nr. 10 nicht entgegen (BAG 28. 9. 1994 AP BetrVG 1972 § 87 Lohngestaltung Nr. 68). Kein Mitbestimmungsrecht besteht hinsichtlich der Festlegung der Abstände zur höchsten Tarifgruppe, weil damit gleichzeitig die Gehaltshöhe festgelegt wäre, was dem AG allein vorbehalten bleiben soll (BAG 21. 8. 1990 NZA 1991, 434, 436; BAG 27. 10. 1992 AP BetrVG 1972 § 87 Lohngestaltung Nr. 61; aA *Fitting* Rn. 484; unklar BAG 28. 9. 1994 AP BetrVG 1972 § 87 Lohngestaltung Nr. 68).

cc) **Freiwillige übertarifliche Leistungen.** Freiwillige Leistungen sind solche, zu deren Gewährung 107 der AG weder durch Gesetz noch durch TV verpflichtet ist. Im Hinblick auf die Freiwilligkeit ergibt sich die Notwendigkeit der Abgrenzung zwischen mitbestimmungsfreier Lohnpolitik des AG und mitbestimmungspflichtiger Lohngestaltung. Anerkannt ist, dass die Freiwilligkeit einer Leistung Mitbestimmungsrechte nicht ausschließt, sondern nur insoweit einschränkt, als es erforderlich ist, um die Entscheidungsfreiheit des AG darüber zu erhalten, in welchem Umfang er finanzielle Mittel für die Leistung zur Verfügung stellen will, zu welchem Zweck er die Leistung erbringen will und welchen Personenkreis er mit der Leistung begünstigen will (BAG 8. 12. 1981 AP BetrVG 1972 § 87 Lohngestaltung Nr. 6; MünchArbR/*Matthes* § 341 Rn. 19).

Zur **mitbestimmungsfreien Lohnpolitik** gehört danach zunächst die Frage, ob überhaupt und mit 108 welchem finanziellen Aufwand eine übertarifliche Leistung eingeführt werden soll. Der AG bestimmt allein über den sogenannten „Dotierungsrahmen". Dieser kann allerdings dann überschritten werden, wenn der AG bereits vor Beteiligung des BR freiwillige Leistungen auf einzelvertraglicher Grundlage erbracht bzw. sich einzelvertraglich zu deren zukünftiger Zahlung verpflichtet hat. Die Möglichkeit der Entstehung von Mehrkosten des AG begrenzt bei einem solchen mitbestimmungswidrigen Vorgehen nicht den Entscheidungsspielraum der Einigungsstelle bei der Aufstellung von Verteilungsgrundsätzen (BAG 14. 6. 1994 AP BetrVG 1972 § 87 Lohngestaltung Nr. 69). Zur Forderung des BAG nach ausdrücklicher Trennung von Dotierungsrahmen und Verteilungsgrundsätzen Rn. 103 aE.

Mitbestimmungsfrei ist weiter die Entscheidung, welchen **abstrakten Zweck** der AG mit der 109 freiwilligen Leistung verfolgen will. Dieser kann allein entscheiden, ob er eine Weihnachtsgratifikation, ein zusätzliches Urlaubsgeld, Leistungen der betrieblichen Altersversorgung oder sonstige übertarifliche Zulagen zahlen will (*Fitting* Rn. 449). Mit der Bestimmung des Zwecks hängt wiederum die Bestimmung zusammen, für welchen Personenkreis die geplanten Leistungen gedacht sind (BAG 8. 12. 1981 AP BetrVG 1972 § 87 Prämie Nr. 1). Der AG darf deshalb auch darüber allein entscheiden,

Kania 1165

für welchen Kreis der AN er eine zusätzliche Leistung bereitstellen will, etwa nur für die Arbeiter, nur die Angestellten oder nur die AN im Außendienst. Bei der Abgrenzung des Personenkreises werden freilich Grenzen durch den Gleichbehandlungsgrundsatz gesetzt (näheres dazu § 75 Rn. 5 f.). Will der AG von der durch § 4a EFZG eingeräumten Möglichkeit Gebrauch machen, Sondervergütungen wegen Krankheit überproportional zu kürzen, sind sowohl der Dotierungsrahmen als auch der Zweck der Leistung betroffen, deshalb mE mitbestimmungsfrei (s. *Hanau* RdA 1997, 208). In seiner Rspr. zur Anrechnung übertariflicher Entgelte bei Tariflohnerhöhungen hat das BAG die Nichtanrechnung wegen Krankheit der Mitbestimmung nach § 87 I Nr. 10 unterworfen, ohne auf die Frage einzugehen, ob die Differenzierung zwischen Gesunden und Kranken zum mitbestimmungsfreien Bereich der Entgeltgestaltung gehört (27. 10. 1992 AP BetrVG 1972 § 87 Lohngestaltung Nr. 61; dazu *Thüsing* DB 1997, 1130).

110   **Mitzubestimmen** hat der BR dagegen bei der **näheren Ausgestaltung der übertariflichen Entgelte** in dem vom AG vorgegebenen Rahmen, insb. bei der Aufstellung der **Verteilungsgrundsätze**. Da keine übertarifliche Leistung ohne eine nähere Ausgestaltung eingeführt werden kann, hat der BR mittelbar auch Einfluss auf die Einführung übertariflicher Entgelte. Allerdings kann der BR die Einführung unliebsamer Zusatzleistungen, insb. von Streikbruchprämien, nicht endgültig verhindern (so aber *Fitting* Rn. 452), sondern nur bis in die Einigungsstelle blockieren (GK-BetrVG/*Wiese* Rn. 864). Umgekehrt kann der AG auch nicht durch die Einigungsstelle zur Einführung einer freiwilligen Leistung gezwungen werden. War der AG eigentlich zur Zahlung einer freiwilligen Leistung bereit, ist er aber mit den von der Einigungsstelle vorgesehenen Verteilungsgrundsätzen nicht einverstanden, kann er trotz des Spruchs der Einigungsstelle noch immer von der Gewährung der Leistung absehen (BAG 13. 9. 1983 AP BetrVG 1972 § 87 Prämie Nr. 3; anders möglicherweise BAG 26. 5. 1998 AP BetrVG 1972 § 87 Lohngestaltung Nr. 98).

111   Bei der **Kürzung und Einstellung freiwilliger Leistungen** ist zwischen der individualrechtlichen und der kollektivrechtlichen Ebene zu unterscheiden. Ob der AG übertarifliche Zulagen einstellen, kürzen oder auf Tariflohnerhöhungen anrechnen darf, hängt, soweit die übertarifliche Zulage nicht ausschließlich in einer BV geregelt ist, von der zugrundeliegenden arbeitsvertraglichen Regelung ab. Erforderlich ist grds. ein **Widerrufs- oder Freiwilligkeitsvorbehalt**, um eine Kürzung oder Einstellung vornehmen zu können. Hinsichtlich der **Anrechenbarkeit von Tariflohnerhöhungen** auf übertarifliche Zulagen ist dagegen auch ohne ausdrückliche vertragliche Regelung von einer Anrechnungsmöglichkeit auszugehen (BAG 22. 9. 1992 NZA 1993, 232; BAG 7. 2. 1995 AP TVG § 4 Verdienstsicherung Nr. 6). Etwa anderes gilt nur dann, wenn der individuelle Arbeitsvertrag ein Anrechnungsverbot enthält, etwa indem eine Zulage als „tariffest" oder „nicht anrechenbar" bezeichnet wird oder wenn es sich um eine zweckbestimmte Zulage (zB Leistungs- oder Erschwerniszulage) handelt, da die Zweckbestimmung als konkludentes Anrechnungsverbot zu verstehen ist (BAG 23. 3. 1993 NZA 1993, 806).

112   Das Mitbestimmungsrecht des BR hängt davon ab, inwiefern nach einer Anrechnungs- oder Kürzungsentscheidung des AG noch **Spielraum für eine Neuverteilung** des verbleibenden Zulagenvolumens bleibt. Die Einzelheiten waren früher auch zwischen den verschiedenen Senaten des BAG umstritten, bis der Große Senat des BAG mit seinem Beschluss vom 3. 12. 1991 (NZA 1992, 749 ff.) die Problematik einer grds. Klärung zugeführt hat. Die Entscheidung des Großen Senats ist im Schrifttum zT kritisch aufgenommen worden (vgl. *Richardi* NZA 1992, 961; *Hromadka* DB 1992, 1573). Die einzelnen Senate des BAG halten jedoch an der Entscheidung fest und entwickeln die dort aufgestellten Grundsätze konsequent fort, so dass heute in der Praxis allein von den **Grundsätzen des Großen Senats** auszugehen ist. Im Einzelnen gilt folgendes:

113   Da das Mitbestimmungsrecht nach Nr. 10 nicht dazu führen darf, dass ursprünglich freiwillige Leistungen in zwingende Leistungen umgewandelt werden, ist der **vollständige Widerruf** einer freiwilligen Leistung mitbestimmungsfrei, sofern die endgültige Einstellung der Leistung beabsichtigt ist (BAG 13. 1. 1987 AP BetrVG 1972 § 87 Lohngestaltung Nr. 26). Das Mitbestimmungsrecht nach Nr. 10 kommt dagegen in Betracht, entweder wenn eine freiwillige Leistung nur tw. widerrufen wird bzw. bei einer unter Freiwilligkeitsvorbehalt gezahlten Leistung die weitere Zahlung tw. eingestellt wird oder wenn eine übertarifliche Leistung tw. auf eine Tariflohnerhöhung angerechnet wird (BAG 14. 2. 1995 AP BetrVG 1972 § 87 Lohngestaltung Nr. 73) oder wenn eine übertarifliche Leistung zwar vollständig widerrufen wird, aber im Zusammenhang mit dem Widerruf eine Neuverteilung eines ggf. gekürzten Zulagenvolumens vom AG geplant ist. Zwar unterliegen auch in diesen Fällen der Widerruf als solcher bzw. die Anrechnungsentscheidung als solche nicht der Mitbestimmung, wohl aber die im Zusammenhang damit geplante Neuverteilung der Leistung (BAG GS 3. 12. 1991 NZA 1992, 757). Der tw. Einstellung gleichzustellen ist der Fall, dass der AG dem BR verbindliche Verteilungsgrundsätze vorgibt und bei deren Ablehnung die Wirkung vollständig widerruft (BAG 26. 5. 1998 DB 1998, 2119).

114   Das **Mitbestimmungsrecht entfällt** unter zwei Voraussetzungen: einmal, wenn der Widerruf bzw. die Anrechnungsentscheidung **nicht zu einer Änderung der Verteilungsgrundsätze** führt (BAG GS 3. 12. 1991 NZA 1992, 758). Dies ist der Fall, wenn der AG bislang eine für alle AN prozentual zum jeweiligen Tariflohn gleiche Zulage gezahlt hat und diese nunmehr in gleichem prozentualen Umfang

III. Mitbestimmungstatbestände § 87 BetrVG 210

angerechnet bzw. gekürzt wird. Bei der üblichen differenzierten Zulagengestaltung liegt dagegen regelmäßig eine Änderung der Verteilungsgrundsätze, dh. eine Verschiebung des Verhältnisses der Zulagen verschiedener AN zueinander, vor. Und selbst bei einer summenmäßig oder prozentual gleichen Anrechnung führt allein eine bislang unterschiedliche Zulagenhöhe bei einzelnen AN zu einer Änderung des Verteilungsschlüssels im Verhältnis der Zulagen untereinander (BAG 14. 2. 1995 AP BetrVG 1972 § 87 Lohngestaltung Nr. 73). Zu Einmalleistungen BAG 14. 8. 2001 AP BetrVG 1972 § 77 Regelungsabrede Nr. 4.

Zum zweiten scheidet ein Mitbestimmungsrecht aus, wenn trotz der Anrechnung bzw. Kürzung der 115 Zulage für den AG **kein Regelungsspielraum** verbleibt. In tatsächlicher Hinsicht scheidet ein Mitbestimmungsrecht aus, wenn die Anrechnung so weitgehend ist, dass sie insgesamt zum Wegfall der Zulage führt. Ohne verbleibendes Zulagenvolumen scheidet eine Verteilung und damit gleichzeitig jede dahingehende Mitwirkungshandlung des BR aus. In rechtlicher Hinsicht sind nach der Rspr. des Großen Senats die Mitbestimmungsgrenzen dann erreicht, wenn der AG eine Tariflohnerhöhung vollständig auf alle Zulagen anrechnet, unabhängig davon, ob hierdurch eine Änderung der Verteilungsgrundsätze bewirkt wird (BAG 22. 9. 1992 AP BetrVG 1972 § 87 Lohngestaltung Nr. 55; BAG 3. 3. 1993 AP BGB § 611 Gratifikation Nr. 151; 21. 9. 1999 NZA 2000, 898).

Missachtet der AG ein nach diesen Grundsätzen bestehendes Mitbestimmungsrecht in Bezug auf 116 die Änderung der Verteilungsgrundsätze, soll der – an sich nicht mitbestimmte – Widerruf gegenüber dem einzelnen AN unwirksam sein, mit der **Folge**, dass bis zur Einigung mit dem BR ein Anspruch auf die Zulage in bisheriger Höhe erhalten bleibt (BAG GS 3. 12. 1991 NZA 1992, 759). Allerdings besteht die Möglichkeit, durch eine BV die Neuverteilung der Zulage rückwirkend auf den Zeitpunkt der Ausübung des Widerrufsrechts zu regeln (BAG 19. 9. 1995 AP BetrVG 1972 § 77 Nr. 61). Die Verletzung des Mitbestimmungsrechts ist grundsätzlich nicht geeignet, Ansprüche der AN zu begründen, die vor der mitbestimmungspflichtigen Maßnahme nicht bestanden und bei Beachtung des Mitbestimmungsrechts nicht notwendig entstanden wären (BAG 28. 9. 1994 AP BetrVG 1972 § 87 Lohngestaltung Nr. 68; 13. 2. 2002 DB 2002, 1381. Allerdings kann die Konsequenz der Beibehaltung der bisherigen Vergütungsstruktur im Falle der Verletzung des Mitbestimmungsrechts bei Neueinstellungen dazu führen, dass Ansprüche auf eine höhere Vergütung als die vertraglich vereinbarte entstehen (BAG 11. 6. 2002 NZA 2003, 570).

11. Leistungsbezogene Entgelte. Nr. 11 unterstellt leistungsbezogene Entgelte einem verstärkten 117 Mitbestimmungsrecht, indem der BR über alle Bezugsgrößen des Lohns einschließlich des Geldfaktors und damit **auch über die Lohnhöhe** mitzubestimmen hat. Der Sinn des erweiterten Mitbestimmungsrechts liegt in der bes. Belastung der AN durch leistungsbezogene Vergütung (BAG 29. 3. 1977 AP BetrVG 1972 § 87 Provision Nr. 1; BAG 10. 7. 1979 AP BetrVG 1972 § 87 Provision Nr. 2; BAG 28. 7. 1981 AP BetrVG 1972 § 87 Lohngestaltung Nr. 2), zum Initiativrecht Rn. 100.

Mitbestimmt sind zunächst die **Akkordsätze**. Beim Akkordlohn erfolgt die Bezahlung ausschließ- 118 lich nach der in einer bestimmten Zeit erreichten Arbeitsmenge, wobei zwischen Geld- bzw. Stückakkord und Zeitakkord zu unterscheiden ist. Alle anderen Formen des Akkords, zB der Gruppenakkord (dazu BAG 26. 4. 1961 AP BGB § 611 Akkordlohn Nr. 14), sind Unterarten von Geld- oder Zeitakkord.

Beim **Geldakkord** richtet sich der Verdienst nach der Anzahl der erbrachten Leistungseinheiten (zB 119 Anzahl der bearbeiteten Stücke) und dem pro Leistungseinheit vorgegebenen Geldbetrag (Geldfaktor). Beim **Zeitakkord** wird pro Leistungseinheit (zu bearbeitendes Stück) ein bestimmter – meist in Minuten ausgedrückter – Zeitwert vorgegeben. Jeder Akkordminute wird dann ein bestimmter Geldbetrag zugerechnet. Die pro Leistungseinheit vorgegebene Minutenzahl (Zeitfaktor) ergibt in Verbindung mit dem vorgegebenen Geldbetrag (Geldfaktor) und den erbrachten Leistungseinheiten den Verdienst. Den beim Geldakkord für die Leistungseinheit festgesetzten Geldwert und die beim Zeitakkord für die Leistungseinheit vorgesehene Bearbeitungszeit bezeichnet man als Akkordvorgabe. Die Festlegung der Akkordvorgabe erfolgt unter Berücksichtigung des sogenannten Akkordrichtsatzes, mit dem festgelegt wird, welchen Verdienst ein Akkordarbeiter bei normaler Leistung pro Stunde erreichen soll. Der Akkordrichtsatz ist regelmäßig im einschlägigen TV geregelt (ausf. *Fitting* Rn. 501 ff.).

Zur Verdeutlichung folgende **Beispiele** (nach DKK/*Klebe* Rn. 276): Ist beim Geldakkord der Ak- 120 kordrichtsatz auf € 24,– im TV festgesetzt, muss die Vergütung (Akkordvorgabe) für eine Leistungseinheit (zu bearbeitendes Stück) so festgesetzt werden, dass der AN pro Stunde bei einer normalen Arbeitsleistung den Akkordrichtsatz erreicht. Beträgt die Vergütung für eine Leistungseinheit € 4,– muss der AN bei normaler Leistung in der Stunde wenigstens 6 Leistungseinheiten erbringen. Dann macht die Vergütung pro Stunde € 24,– (Akkordrichtsatz) aus (€ 4,– × 6 Leistungseinheiten = € 24,–). Werden aber durch Mehrleistung des AN in einer Stunde zB 7 Leistungseinheiten erbracht, beträgt die Vergütung dann € 28,– (€ 4,– × 7 Leistungseinheiten = € 28,–). Beträgt beim Zeitakkord der Akkordrichtsatz € 24,–, muss die je Leistungseinheit vorgegebene Minutenzahl (Zeitfaktor) so festgesetzt werden, dass in Verbindung mit einem festzusetzenden Geldbetrag (Geldfaktor: 1/60 des Akkordrichtsatzes von € 24,– = € 0,40), der AN bei normaler Arbeitsleistung in einer Stunde den

zahlen (BAG 24. 8. 1981 AP BetrVG 1972 § 87 Vorschlagswesen Nr. 1). Ebenfalls nicht mitbestimmt ist die Entscheidung über die Annahme von Verbesserungsvorschlägen. Da der AG für angenommene Verbesserungsvorschläge individualrechtlich grds. zur Zahlung einer Vergütung aus Treu und Glauben verpflichtet ist (BAG 30. 4. 1965 AP ArbnErfG § 20 Nr. 1), würde der AG durch die Annahmeverpflichtung mittelbar zur Zahlung einer Vergütung gezwungen. Noch weitergehend ist die Einflussnahme auf das mitbestimmungsfreie „Ob" bei der Zahlung einer Anerkennungsprämie für nicht verwertete Verbesserungsvorschläge; auch insofern fehlt es an einem erzwingbaren Mitbestimmungsrecht (BAG 16. 3. 1982 AP BetrVG 1972 § 87 Vorschlagswesen Nr. 2; *Fitting* Rn. 550; aA DKK/*Klebe* Rn. 297).

132   Mitbestimmungsfrei ist die Entscheidung über das „Ob" einer Vergütung von Verbesserungsvorschlägen, nicht aber über das **„Ob" eines betrieblichen Vorschlagswesens.** Das Mitbestimmungsrecht nach Nr. 12 ist nicht davon abhängig, dass der AG zuvor ein betriebliches Vorschlagswesen „errichtet" oder dafür Mittel bereitstellt. Der BR hat vielmehr ein Initiativrecht, sobald für eine allg. Regelung ein Bedürfnis besteht (BAG 24. 8. 1981 AP BetrVG 1972 § 87 Vorschlagswesen Nr. 1). Ist dies der Fall, sind die Grundsätze über das betriebliche Vorschlagswesen mitbestimmungspflichtig. Darunter fallen insb. Fragen der **Organisation und des durchzuführenden Verfahrens.** Festzulegen ist im Einzelnen, wie eingereichte Verbesserungsvorschläge zu behandeln sind, wie die Prüfung vorzunehmen ist, welche Bewertungsmethoden Anwendung finden sollen und welche Organe einzusetzen sind, etwa ein Beauftragter für das betriebliche Vorschlagswesen oder ein paritätisch besetzter Ausschuss (DKK/*Klebe* Rn. 297; *Fitting* Rn. 552). Daneben umfasst das Mitbestimmungsrecht auch **generelle Regelungen über die Bestimmung der zu gewährenden Vergütung.** Der BR hat mitzubestimmen, nach welchen Grundsätzen und Methoden die Prämie bemessen werden soll, wie der Nutzen eines Verbesserungsvorschlags zu ermitteln ist, welche Grundsätze für die Höhe und Art der Prämie und die Verteilung einer Prämie bei Gruppenvorschlägen gelten, sowie darüber, wie eine Prämie für einen Verbesserungsvorschlag bestimmt werden soll, dessen Nutzen nicht zu ermitteln ist (BAG 28. 4. 1981 AP BetrVG 1972 § 87 Vorschlagswesen Nr. 1; BAG 16. 3. 1982 AP BetrVG 1972 § 87 Vorschlagswesen Nr. 2).

133   Nicht (mehr) mitbestimmt ist dagegen die **Ausführung** der von BR und AG ausgehandelten Grundsätze über das Vorschlagswesen; diese obliegt, wie sich aus § 77 I ergibt, allein dem AG. Der AG entscheidet deshalb allein über die Annahme eines einzelnen Verbesserungsvorschlags und über die Höhe der Prämie im Einzelfall, auch wenn diese im Rahmen der vereinbarten Bewertungsgrundsätze getroffen werden soll (BAG 16. 3. 1982 AP BetrVG 1972 § 87 Vorschlagswesen Nr. 2). Ebenso wenig besteht ein Mitbestimmungsrecht bei der Bestellung eines Beauftragten für das betriebliche Vorschlagswesen in Ausführung der (mitbestimmten) Richtlinien über Aufgaben und persönliche und fachliche Voraussetzungen der Person des Beauftragten. Ein weitergehendes Mitbestimmungsrecht des BR bei der konkreten Besetzung der Stelle kann sich nur unter den Voraussetzungen des § 99 ergeben, wenn für die Besetzung eine Einstellung oder Versetzung erforderlich ist (BAG 16. 3. 1982 AP BetrVG 1972 § 87 Vorschlagswesen Nr. 2).

134   **13. Gruppenarbeit** (*Federlin* NZA, Sonderheft 2001, 26; *Preis/Elert* NZA 2001, 371; Wiese BB 2002, 198). Die durch das ReformG eingeführte Vorschrift ergänzt die allg. Vorschriften der §§ 3 I Nr. 5, 28 a, 75 II S. 2 um eine Sondervorschrift für teilautonome Gruppen, die der Gefahr einer Selbstausbeutung der Gruppenmitglieder und einer Ausgrenzung von leistungsschwächeren AN begegnen soll. Die amtl. Begr. nennt als Beispiel die Wahl eines Gruppensprechers, dessen Stellung und Aufgaben, Abhalten von Gruppengesprächen, Berücksichtigung von leistungsschwächeren AN, Konfliktlösung in der Gruppe. Die Mitbestimmung über diese Grundsätze liegt bei der Gruppe selbst, wenn ihr diese Befugnis im Rahmen des § 28 a übertragen wurde. Die Grundsätze haben je nach Inhalt den Charakter von BV oder Regelungsabreden (zu diesen Begriffen s. die Kommentierung zu § 77). Zur Frage, ob die Gruppe im ArbGVerfahren parteifähig ist s. die Kommentierung zu § 28 a.

135   Einführung und Beendigung der Gruppenarbeit bzw. ihres teilautonomen Charakters sind mitbestimmungsfrei, ebenso Aufgabenstellung und Zusammensetzung der Gruppe (*Preis/Elert* NZA 2001, 374; L/K Rn. 216). AA in Bezug auf die Zusammensetzung *Fitting* Rn. 575, doch hätte ein soweit gehender Eingriff in die Befugnisse des AG im Gesetzestext oder wenigstens in der Begr. deutlicher zum Ausdruck kommen müssen.

§ 88 Freiwillige Betriebsvereinbarungen

Durch Betriebsvereinbarung können insbesondere geregelt werden
1. zusätzliche Maßnahmen zur Verhütung von Arbeitsunfällen und Gesundheitsschädigungen;
1 a. Maßnahmen des betrieblichen Umweltschutzes;
2. die Errichtung von Sozialeinrichtungen, deren Wirkungsbereich auf den Betrieb, das Unternehmen oder den Konzern beschränkt ist;
3. Maßnahmen zur Förderung der Vermögensbildung;

4. **Maßnahmen zur Integration ausländischer Arbeitnehmer sowie zur Bekämpfung von Rassismus und Fremdenfeindlichkeit im Betrieb.**

1. Anwendungsbereich. Während die Vorschrift des § 87 diejenigen sozialen Angelegenheiten, in 1 denen dem BR ein erzwingbares Mitbestimmungsrecht zusteht, abschließend aufführt, können nach § 88 darüber hinaus in allen anderen sozialen Angelegenheiten, die nicht mitbestimmungspflichtig sind, BV freiwillig geschlossen werden (*Fitting* Rn. 1; GK-BetrVG/*Wiese* Rn. 3). Die Vorschrift enthält **keine abschließende** Aufzählung der Regelungsgegenstände, sondern gibt lediglich Beispiele für denkbare freiwillige BV (vgl. BAG 18. 8. 1987 AP BetrVG 1972 § 77 Nr. 23; BAG GS 7. 11. 1989 AP BetrVG 1972 § 77 Nr. 46). Zu den sozialen werden alle durch TV regelbaren Angelegenheiten gerechnet (BAG GS 7. 11. 1989 BetrVG 1972 § 77 Nr. 46; *Fitting* Rn. 3; DKK/*Berg* Rn. 1; s. auch § 77 Rn. 3; enger *Veit*, Die funktionelle Zuständigkeit des BR, 1998, S. 200 ff.). Die Annahme einer umfassenden Regelungskompetenz steht in Übereinstimmung mit dem Gesetzentwurf (vgl. BT-Drucks. VI/1786 S. 47). Schließlich wird sie auch durch die Vorschrift des § 28 SprAuG verdeutlicht. Nach § 28 I SprAuG können AG und SprAu RL über den Inhalt, Abschluss und die Beendigung von Arbeitsverhältnissen der leitenden Angestellten schriftlich vereinbaren. Der Inhalt der RL entfaltet unmittelbare und zwingende Wirkung für die Arbeitsverhältnisse, soweit dies zwischen AG und SprAu vereinbart wird (§ 28 II 1 SprAuG). Da nicht davon auszugehen ist, dass der Gesetzgeber dem SprAu eine größere Regelungskompetenz als dem BR einräumen wollte, wird daher durch § 28 SprAuG eine umfassende Regelungsbefugnis des BR zum Abschluss freiwilliger BV bestätigt (BAG GS 7. 11. 1989 AP BetrVG 1972 § 77 Nr. 46). Allerdings werden freiwillige BV im bes. auch durch TV eingeschränkt (s. § 77 Rn. 49 ff.). BAG 14. 8. 2001 AP BetrVG 1972 § 77 Regelungsabrede Nr. 4, deutet an, dass die Beschränkung auf soziale Angelegenheiten zu eng sein könnte.

Zu den möglichen Anwendungsfällen der Vorschrift gehören Regelungen über freiwillige Sozial- 2 leistungen (Gratifikationszahlungen, Treueprämien, Beihilfen zu Familienereignissen, Weihnachtsgelder), Regelungen über Angelegenheiten des betrieblichen Umweltschutzes, sowie Regelungen über Dauer der wöchentlichen **Arbeitszeit** und Art und Höhe des **Arbeitsentgelts,** soweit der Tarifvorbehalt gem. § 77 III nicht entgegensteht.

2. Die ausdrücklich genannten Angelegenheiten. a) Verhütung von Unfällen und Gesundheits- 3 **beschädigungen.** Soweit gesetzliche Regelungen zur Verhütung von Arbeitsunfällen und Gesundheitsschädigungen nicht bestehen, können in freiwilligen BV zusätzliche Maßnahmen zur Verhütung dieser Gefahren abgeschlossen werden. Die Vorschrift ergänzt die sich aus § 87 I Nr. 7 und § 89 ergebenden Mitwirkungs- und Mitbestimmungsrechte. **Beispiele** für zusätzliche Maßnahmen sind etwa Vereinbarungen zur Verbesserung der Arbeitshygiene, zur Einrichtung einer Unfallstation, zur Einführung von freiwilligen Reihenuntersuchungen (*Löwisch* DB 1987, 938), zur Durchführung von Vorsorge- und Rehabilitationsmaßnahmen, zur Verbesserung der Licht- und Luftverhältnisse oder zur Verbesserung der Schutzvorrichtungen an Maschinen. Erfüllen zusätzliche Maßnahmen zur Verhütung von Arbeitsunfällen und Gesundheitsschädigungen die tatbestandlichen Voraussetzungen einer nach § 87 I mitbestimmungspflichtigen Angelegenheit, insb. von Nr. 1 und Nr. 6, unterliegen sie insoweit auch dem erzwingbaren Mitbestimmungsrecht des BR (GK-BetrVG/*Wiese* Rn. 15).

b) Maßnahmen des betrieblichen Umweltschutzes. S. die Kommentierung des § 89. Normative 4 Regelungen durch BV können vor allem Pflichten des AG zur Beratung des betrieblichen Umweltschutzes beinhalten.

c) Errichtung von Sozialeinrichtungen. § 88 Nr. 2 ergänzt § 87 I Nr. 8, der die Form, Ausgestal- 5 tung und Verwaltung von Sozialeinrichtungen der Mitbestimmung des BR unterwirft. Die nicht mitbestimmungspflichtige Errichtung einer Sozialeinrichtung soll von den Betriebsparteien freiwillig vereinbart werden können. Beide Regelungsbereiche, der nach § 87 I Nr. 8 erzwingbare und der freiwillige Teil der Angelegenheit, können in einer BV geregelt werden. Gegenstand einer BV nach § 88 Nr. 2 kann die **Zweckbestimmung** und die **Dotierung** der Sozialeinrichtung sein (*Fitting* Rn. 20). Der Wirkungskreis kann sich, wie bei § 87 I Nr. 8, auf den Betrieb, das Unternehmen oder den Konzern erstrecken. Ist die Errichtung einer Sozialeinrichtung in einer BV festgelegt, so kann der AG diese nicht einfach schließen, sondern muss die BV zunächst kündigen. Gleiches gilt, wenn der AG die Zweckbestimmung oder Dotierung aufheben oder ändern will.

d) Förderung der Vermögensbildung. § 88 Nr. 3 erwähnt weiterhin als Gegenstand einer BV 6 Angelegenheiten zur Förderung der Vermögensbildung. Dadurch wird klargestellt, dass die Betriebsparteien auch andere Formen der Vermögensbildung, als die im VermBG geregelten, vereinbaren können, zB die Ausgabe von Beteiligungspapieren wie Belegschaftsaktien (BAG 28. 11. 89 AP BetrVG 1972 § 88 Nr. 6). Soweit TV Fragen der Vermögensbildung regeln, greift der Tarifvorrang gem. § 77 III (GK-BetrVG/*Wiese* Rn. 29; aA *Fitting* Rn. 25). Für eine tw. vorgeschlagene restriktive Auslegung der Vorschrift fehlt es an hinreichenden Anhaltspunkten.

e) Bekämpfung von Rassismus und Fremdenfeindlichkeit. S. § 80 Rn. 16. BV können normative 7 Regelungen über entspr. Verhaltenspflichten von AG und AN treffen.

8 **3. Streitigkeiten.** Weder der AG noch der BR können den Abschluss einer BV nach § 88 über die Einigungsstelle erzwingen. Es besteht jedoch die Möglichkeit, die Einigungsstelle freiwillig gem. § 76 VI einzuschalten. Streitigkeiten über Zulässigkeit, Bestehen, Inhalt und Durchführung von freiwilligen BV entscheidet gem. § 2a ArbGG das ArbG im **Beschlussverfahren**. Ebenfalls ist im Beschlussverfahren darüber zu entscheiden, ob eine Angelegenheit durch BV geregelt werden kann (BAG GS 7. 11. 1989 AP BetrVG 1972 § 77 Nr. 46). Ansprüche eines einzelnen AN aus freiwilliger BV sind gegen den AG nach § 2 I Nr. 3 ArbGG im Urteilsverfahren geltend zu machen.

§ 89 Arbeits- und betrieblicher Umweltschutz

(1) ¹Der Betriebsrat hat sich dafür einzusetzen, dass die Vorschriften über den Arbeitsschutz und die Unfallverhütung im Betrieb sowie über den betrieblichen Umweltschutz durchgeführt werden. ²Er hat bei der Bekämpfung von Unfall- und Gesundheitsgefahren die für den Arbeitsschutz zuständigen Behörden, die Träger der gesetzlichen Unfallversicherung und die sonstigen in Betracht kommenden Stellen durch Anregung, Beratung und Auskunft zu unterstützen.

(2) ¹Der Arbeitgeber und die in Absatz 1 Satz 2 genannten Stellen sind verpflichtet, den Betriebsrat oder die von ihm bestimmten Mitglieder des Betriebsrats bei allen im Zusammenhang mit dem Arbeitsschutz oder der Unfallverhütung stehenden Besichtigungen und Fragen und bei Unfalluntersuchungen hinzuzuziehen. ²Der Arbeitgeber hat den Betriebsrat auch bei allen im Zusammenhang mit dem betrieblichen Umweltschutz stehenden Besichtigungen und Fragen hinzuzuziehen und ihm unverzüglich die den Arbeitsschutz, die Unfallverhütung und den betrieblichen Umweltschutz betreffenden Auflagen und Anordnungen der zuständigen Stellen mitzuteilen.

(3) Als betrieblicher Umweltschutz im Sinne dieses Gesetzes sind alle personellen und organisatorischen Maßnahmen sowie alle die betrieblichen Bauten, Räume, technische Anlagen, Arbeitsverfahren, Arbeitsabläufe, und Arbeitsplätze betreffenden Maßnahmen zu verstehen, die dem Umweltschutz dienen.

(4) An Besprechungen des Arbeitgebers mit den Sicherheitsbeauftragten im Rahmen des § 22 Abs. 2 des Siebten Buches Sozialgesetzbuch nehmen vom Betriebsrat beauftragte Betriebsratsmitglieder teil.

(5) Der Betriebsrat erhält vom Arbeitgeber die Niederschriften über Untersuchungen, Besichtigungen und Besprechungen, zu denen er nach den Absätzen 2 und 4 hinzuzuziehen ist.

(6) Der Arbeitgeber hat dem Betriebsrat eine Durchschrift der nach § 193 Abs. 5 des Siebten Buches Sozialgesetzbuch vom Betriebsrat zu unterschreibenden Unfallanzeige auszuhändigen.

1 **1. Normzweck.** Die Vorschrift regelt die Rolle und Beteiligung des BR bei der **Durchführung** der gesetzlichen Vorschriften über den Arbeitsschutz. Sie **ergänzt** die in anderen Bereichen des BetrVG vorhandenen Regelungen zum Arbeitsschutz (§ 80 I Nr. 1, § 87 I Nr. 7, § 88 Nr. 1, §§ 90, 91, § 115 VII Nr. 7). Weitere Aufgaben des BR für den Bereich des Arbeitsschutzes ergeben sich aus **speziellen Arbeitsschutzvorschriften** außerhalb des BetrVG (vgl. hierzu insb. die Kommentierungen zum ArbSchG, zur ArbStättV und zum ASiG). Der von § 89 erfasste Bereich des Arbeitsschutzes ist **weit** zu verstehen. Unter den Begriff fällt nicht nur die Verhütung von Arbeitsunfällen oder arbeitsbedingten Erkrankungen, sondern jede Vorschrift, die der Gesunderhaltung der AN dient. Der Begriff knüpft nicht an das einzelne Arbeitsverhältnis an. Der BR ist demnach im Rahmen des § 89 auch für AN fremder AG, LeihAN sowie Selbständige zuständig, sofern sie im Unternehmen tätig sind (DKK/*Buschmann* Rn. 2).

2 **2. Unterstützung und Überwachung.** Dem BR obliegt auf Grund von Abs. 1 die Verpflichtung, alle für den gesetzlichen Arbeitsschutz **zust. Stellen** durch Anregung, Beratung und Auskunft in Bezug auf den Arbeitsschutz im Betrieb zu unterstützen. Als staatliche Stellen kommen Gewerbeaufsichtsämter, Gewerbeärzte, (in Hessen und NRW Ämter für Arbeitssicherheit und Sicherheitstechnik, Gesundheitsbehörden, die Stellen für vorbeugenden Brandschutz, TÜV, Immissionsschutzbehörden, die Technischen Aufsichtsbeamten der Berufsgenossenschaften (TAB), Umweltschutzbehörden etc. in Betracht (ausf. Übersicht bei GK-BetrVG/*Wiese* Rn. 9). Träger der gesetzlichen Unfallversicherung sind vorwiegend die Berufsgenossenschaften, vgl. hierzu § 114 I SGB VII. Im Rahmen seiner Unterstützungspflicht ist der **BR verpflichtet,** den entspr. Stellen über Missstände im Betrieb zu berichten und ggf. Kontrollen anzuregen. Insoweit ist er von seiner **Schweigepflicht** nach § 79 entbunden (GK-BetrVG/*Wiese* Rn. 60 mwN). Der BR muss in diesem Rahmen aber die Grundsätze des § 2 I und § 74 I 2 beachten. Das bedeutet, dass er im Regelfall zunächst versuchen muss, durch den AG eine Beseitigung der Mängel zu erreichen (MünchArbR/*Matthes* § 344 Rn. 8). Die **Durchführung** der Maßnahmen des Arbeitsschutzes obliegt ausschließlich dem AG (DKK/*Buschmann* Rn. 19).

3 Gem. Abs. 1 2. Halbs. hat der BR die **Pflicht zu überwachen,** dass die im Betrieb geltenden Arbeitsschutzvorschriften eingehalten werden. Hierfür muss er sich nicht nur beim AG, sondern auch bei den AN einsetzen (*Fitting* Rn. 13). Daraus folgt indes nicht, dass er die Befugnis besitzt, entspr. Maßnahmen selbst zu ergreifen (vgl. Rn. 2). Der BR hat jedoch das Recht, alle zur Erfüllung seiner Überwachungsverpflichtung erforderlichen Maßnahmen ohne vorherige Überprüfung durch den AG vorzunehmen. Der BR kann allg. Maßnahmen oder auch unangekündigte Stichproben durchführen. Hierfür darf er sogar Bereiche des Betriebes betreten, die auf Grund entspr. Arbeitsschutz- oder UVV mit dem Schild „Unbefugten ist der Zutritt verboten" gekennzeichnet sind. Er muss jedoch die einschlägigen Sicherheitsvorschriften beachten (GK-BetrVG/*Wiese* Rn. 11; DKK/*Buschmann* Rn. 21).

Der BR muss vom AG **rechtzeitig** und **umfassend unterrichtet** werden, um seine Aufgaben 4 ordnungsgemäß durchführen zu können. Hierzu gehört auch, dass dem BR die entspr. Gesetzestexte und Kommentare zur Verfügung gestellt werden, §§ 40 II, 80 II 2.

3. Beteiligung des Betriebsrats. Durch Abs. 2 der Vorschrift werden AG und die für den Arbeits- 5 schutz zust. Stellen verpflichtet, den BR bei allen im Zusammenhang mit dem Arbeitsschutz und der Unfallverhütung stehenden Maßnahmen **hinzuzuziehen.** Dies beinhaltet, dass der BR rechtzeitig und umfassend unterrichtet und informiert wird (vgl. Rn. 3). Der AG muss den BR über Auflagen oder Anordnungen der in Abs. 1 genannten Stellen informieren, sofern sie den Arbeitsschutz oder die Unfallverhütung betreffen. Diese Information kann auch durch die mit der entspr. Anordnung befasste Stelle erfolgen. Bei der Einführung und Prüfung von Arbeitsschutzeinrichtungen ist der BR ferner so rechtzeitig in Kenntnis zu setzen, dass er die Entscheidung des AG noch beeinflussen kann (DKK/*Buschmann* Rn. 29).

Bei der **Unfalluntersuchung** ist der BR unabhängig von etwaigen Personenschäden hinzuzuziehen. 6 Unerheblich ist auch, ob sich der Unfall innerhalb der betrieblichen Räume oder bei Außenarbeiten ereignet hat. Er ist von Beginn der Untersuchung an zu beteiligen. Ebenso kann er Einsicht in die vom AG erstellten Unfallberichte und **Gefährdungsanalysen** (§ 45 VBG 1) verlangen.

4. Teilnahmerecht des Betriebsrats. Das in Abs. 4 normierte Recht des BR, an **Besprechungen** 7 **des AG mit den Sicherheitsbeauftragten teilzunehmen,** erweitert den in Abs. 2 begründeten Informationsanspruch des BR. Zur Bestellung des/der Sicherheitsbeauftragten vgl. § 22 I SGB VII. Der BR ist bei der Auswahl und der Festlegung der Anzahl der Sicherheitsbeauftragten zu beteiligen. Den Sicherheitsbeauftragten obliegt die Aufgabe, den AG bei der Durchführung der Maßnahmen zur Verhütung von Arbeitsunfällen und Berufskrankheiten zu unterstützen und auf Risiken im Betrieb aufmerksam zu machen. Die früher in § 719 IV RVO vorgesehene Bildung eines Sicherheitsausschusses bei Bestellung von mehr als drei Sicherheitsbeauftragten im Betrieb sowie das dort vorgeschriebene monatliche Treffen des AG mit den Sicherheitsbeauftragten und dem BR zum Erfahrungsaustausch wurde nicht in § 22 SGB VII übernommen. Sofern dennoch Besprechungen stattfinden und der BR an einer Besprechung des AG mit den Sicherheitsbeauftragten **nicht** teilgenommen hat, hat er nichtsdestotrotz einen Anspruch auf Aushändigung der Besprechungsniederschriften. Dieser Anspruch richtet sich gegen denjenigen, der die Niederschrift angefertigt hat. Dies kann auch die für den Arbeitsschutz zust. Stelle sein (*Fitting* Rn. 27; GK-BetrVG/*Wiese* Rn. 29). Eine Verpflichtung zur Aushändigung einer Niederschrift besteht indes nur, sofern eine andere Norm die Anfertigung einer Niederschrift vorschreibt oder diese freiwillig angefertigt wurde (DKK/*Buschmann* Rn. 38).

Die in Abs. 6 geregelte Verpflichtung des BR, vom AG angefertigte Unfallanzeigen zu unterschrei- 8 ben, soll den BR in die Lage versetzen, Einwendungen gegen die Schilderung des Unfalls geltend zu machen.

5. Betrieblicher Umweltschutz (*Wendeling-Schröder* NZA Sonderheft 2001, 309; *Wiese* BB 2002, 9 674). Der durch das ReformG eingeführte Abs. 3 definiert den Begriff des betrieblichen Umweltschutzes, der auch in §§ 43 II 3, 45 S. 2, 80 I Nr. 9, 88 Nr. 1 a, 106 III Nr. 5c verwandt wird. Nach der amtl. Begr. ist die Definition zweckorientiert auf die Betriebsverfassung und die sich hieraus ergebende Zuständigkeit und Beteiligung des BR zugeschnitten. Stehen Maßnahmen in Bereichen an, an denen der BR zB nach den §§ 90, 99 oder 111 zu beteiligen ist, habe er das Recht und Pflicht, im Rahmen seiner Beteiligung die umweltschutzrelevanten Gesichtspunkte und Auswirkungen zu prüfen und bei seiner Entscheidungsfindung zu berücksichtigen. Wenn sich auch Maßnahmen des betrieblichen Umweltschutzes idR außerhalb des Betriebs mittelbar oder unmittelbar auswirken, gehe dadurch der Bezug zu der betriebsverfassungsrechtlichen Aufgabenstellung des BR nicht verloren. Ein generelles umweltpolitisches Mandat zugunsten Dritter oder der Allgemeinheit stehe dem BR als innerbetrieblichem Interessenvertretungsorgan der AN nicht zu. Nach dieser amtl. Begr. bezieht sich die Regelung also auf den Umweltschutz im Betrieb, nicht aus dem Betrieb heraus (ebenso *Fitting* Rn. 10; L/K Rn. 12; *Wendeling-Schröder* – ZA Sonderheft 2001, 30; aA DKK/*Buschmann* Rn. 56; wohl auch Richardi/*Richardi/Thüsing* § 80 Rn. 45). In die Zuständigkeit des BR eingeschlossen sind Situationen und Störungen, die sich auch auf den Betrieb auswirken, selbst wenn sie darüber hinausgehen.

Sofern der AG den BR bei der Wahrnehmung seiner Aufgaben nach § 89 stört, kann der BR oder 10 eine im Betrieb vertretene Gewerkschaft gegen ihn gem. § 23 III vorgehen. Erfolgt die Störung durch den AG vorsätzlich, macht der AG sich gem. § 119 I 2 strafbar. Verletzt der BR seine Verpflichtungen nach § 89 gröblich, so kommt ein Verfahren nach § 23 I in Betracht.

11   Über Streitigkeiten zwischen BR und AG sowie BR und der für den Arbeitsschutz zust. außerbetrieblichen Stelle entscheidet das ArbG im **Beschlussverfahren** gem. §§ 2 a I Nr. 1, II, 80 ff. ArbGG. Den Ersatz von Aufwendungen, die im Rahmen der Tätigkeit nach § 89 entstanden sind, kann ein BRMitglied ebenfalls im Beschlussverfahren geltend machen.

Vierter Abschnitt. Gestaltung von Arbeitsplatz, Arbeitsablauf und Arbeitsumgebung

§ 90 Unterrichtungs- und Beratungsrechte

(1) Der Arbeitgeber hat den Betriebsrat über die Planung
1. von Neu-, Um- und Erweiterungsbauten von Fabrikations-, Verwaltungs- und sonstigen betrieblichen Räumen,
2. von technischen Anlagen,
3. von Arbeitsverfahren und Arbeitsabläufen oder
4. der Arbeitsplätze

rechtzeitig unter Vorlage der erforderlichen Unterlagen zu unterrichten.

(2) ¹Der Arbeitgeber hat mit dem Betriebsrat die vorgesehenen Maßnahmen und ihre Auswirkungen auf die Arbeitnehmer, insbesondere auf die Art ihrer Arbeit sowie die sich daraus ergebenden Anforderungen an die Arbeitnehmer so rechtzeitig zu beraten, dass Vorschläge und Bedenken des Betriebsrats bei der Planung berücksichtigt werden können. ²Arbeitgeber und Betriebsrat sollen dabei auch die gesicherten arbeitswissenschaftlichen Erkenntnisse über die menschengerechte Gestaltung der Arbeit berücksichtigen.

1   **1. Normzweck.** Der Gesetzgeber hat dem BR den konkreten Auftrag gegeben, im betrieblichen Bereich bereits im Planungsstadium (BT-Drucks. VI/1786 S. 49) darauf Einfluss zu nehmen, dass **Grundrechte** wie der Schutz der Menschenwürde, die freie Entfaltung der Persönlichkeit und das Recht auf körperliche Unversehrtheit beachtet werden (*Fitting* Rn. 2). Das Beteiligungsrecht dient damit nicht nur dem Arbeits- und Gesundheitsschutz, sondern zielt auch auf die Förderung der Selbstbestimmung des AN- und den Abbau der Entfremdung von der Arbeit, die Erhöhung der Qualifikation sowie die Verbesserung der Aufstiegs- und Entfaltungschancen (DKK/*Klebe* Rn. 1). Die Rechte des BR können weder durch TV noch durch BV eingeschränkt werden (DKK/*Klebe* Rn. 6). Ein Verzicht des BR auf zukünftige Mitwirkungs- und Mitbestimmungsrechte ist unzulässig (BAG 29. 11. 1983 AP BetrVG 1972 § 113 Nr. 10; BAG 23. 6. 1992 AP BetrVG 1972 § 77 Nr. 55).

2   **2. Unterrichtung. a) Gegenstand der Unterrichtung.** Die Unterrichtung bezieht sich abschließend auf die in Abs. 1 genannten Unterrichtungsgegenstände; **Neu-, Um- und Erweiterungsbauten** iSd. Nr. 1 sind alle Veränderungen der baulichen Substanz an Fabrikations-, Verwaltungs- und sonstigen betrieblichen Räumen. Erfasst werden Veränderungen der baulichen Substanz an Laboratorien, Ausbildungsstätten, Lagerhallen und Verwaltungsgebäuden sowie sonstigen betrieblichen Räume wie Kantinen, Aufenthaltsräumen und Toiletten (HSG/*Schlochauer* Rn. 5). Betrieblich ist allerdings nur ein Ort, an dem AN tätig werden, also nicht die Errichtung von Park- oder Fußballplätzen (HSG/*Schlochauer* Rn. 5; aA für Sport- und Spielräume *Stege/Weinspach/Schiefer* Rn. 6). Renovierungs- und Reparaturarbeiten werden nicht erfasst (*Fitting* Rn. 18). Auch das Brechen neuer Türen löst keine Unterrichtungspflicht nach dieser Vorschrift aus (*Fitting* Rn. 18; HSG/*Schlochauer* Rn. 7; aA DKK/*Klebe* Rn. 7).

3   **Technische Anlagen** iSd. Nr. 2 sind Maschinen und sonstige Geräte, die dem Betriebszweck und damit dem Arbeitsablauf dienen (DKK/*Klebe* Rn. 8). **Beispiele:** numerisch gesteuerte (NC), computergesteuerte (CNC) und zentralcomputergesteuerte Maschinen; Geräte zum computergestützten Konstruieren (CAD) oder Fertigen (CAM); Förderbänder, Fahrstühle; EDV-gestützte Personalabrechnungssysteme (BAG 17. 3. 1987 AP BetrVG 1972 § 80 Nr. 29). Die bloße Ersatzbeschaffung ohne nachhaltige Veränderung der gegebenen Bedingungen wird nicht erfasst (GK-BetrVG/*Wiese* Rn. 14).

4   **Arbeitsverfahren und Arbeitsablauf. Arbeitsablauf** ist die räumliche und zeitliche Folge des Zusammenwirkens von Mensch und Betriebsmitteln (HSG/*Schlochauer* Rn. 7). **Beispiele:** Fließbandarbeit, Gruppen- oder Einzelarbeit, Arbeit im Freien und unter Tage und Spät- oder Nachtschicht, Bandgeschwindigkeit bei taktgebundenen Produktionsanlagen und Rationalisierungsmaßnahmen. Das **Arbeitsverfahren** bezieht sich dagegen auf die nähere Beschreibung des Arbeitsablaufs in einem Teilabschnitt (HSG/*Schlochauer* Rn. 7). Damit ist der Einsatz technischer Mittel gemeint, mit denen auf den Arbeitsgegenstand eingewirkt wird (DKK/*Klebe* Rn. 12). Es wird allerdings **nicht jede Anweisung** des AG erfasst, auch wenn sie den Arbeitsablauf betrifft. Gegenstand des Beteiligungsrechts ist nur die Schaffung, Gestaltung oder generelle Änderung von Arbeitsaufgaben, nicht aber die

Einzelanweisung innerhalb einer unveränderten Aufgabenstellung (LAG Hamm 3. 12. 1976 DB 1977, 2190; HSG/*Schlochauer* Rn. 8).

Arbeitsplätze. Nr. 4 stellt eine Art begrenzte Generalklausel dar. Sie erstreckt das Beteiligungs- 5 recht auf die Ausgestaltung der einzelnen Arbeitsplätze und damit zugleich auf die Ausschaltung schädigender Einflüsse aus der Arbeitsumgebung (DKK/*Klebe* Rn. 15). **Arbeitsplatz** ist der räumlich-funktionale Bereich, in dem der AN im Rahmen seiner Arbeitsaufgabe in einem bestimmten Arbeitssystem tätig wird (GK-BetrVG/*Wiese* Rn. 19). Unterrichtungspflichtig ist hierbei insb. die Gestaltung der Arbeitsbedingungen, der Arbeitsmethode, des Arbeitsverfahrens und der Einflüsse der Arbeitsumgebung (*Fitting* Rn. 32; HSG/*Schlochauer* Rn. 9). **Beispiele:** Räumliche Anordnung und Gestaltung der Maschinen; Raumbedarf des AN entspr. der Arbeitssituation; Ausschaltung schädigender Einflüsse wie Staub, Gas oder Lärm; Umzug von Abteilungen. Häufig sind mehrere Alt. des Abs. 1 erfüllt.

b) Zeitpunkt der Unterrichtung. Die genannten Maßnahmen müssen rechtzeitig mitgeteilt wer- 6 den, also bereits im Planungsstadium, dabei so früh wie möglich (BAG 18. 7. 1972 AP BetrVG 1952 § 72 Nr. 10) und spätestens zu dem Zeitpunkt, zu dem der AG noch Alt. überlegt (BAG 11. 12. 1991 AP BetrVG 1972 § 90 Nr. 2; LAG Hamburg 20. 6. 1985 DB 1985, 2308; DKK/*Klebe* Rn. 19; GK-BetrVG/*Wiese* Rn. 5).

c) Art der Unterrichtung. Die Unterrichtung hat unter Vorlage der erforderlichen Unterlagen und 7 umfassend zu geschehen. Der AG muss dem BR die erforderlichen Unterlagen vorlegen. Dies bedeutet wie in § 106 II Einsichtnahme und Überlassung auf Zeit und nicht auf Dauer (BAG 20. 11. 1984 AP BetrVG 1972 § 106 Nr. 3; aA DKK/*Klebe* Rn. 24 f mwN).

3. Beratung. a) Zeitpunkt und Inhalt. Die Beratungen müssen ebenso rechtzeitig erfolgen, wie 8 dies für die Unterrichtung gilt, sie sind aber dennoch klar von dieser zu trennen (DKK/*Klebe* Rn. 26). Erst nach ausreichender Information finden die Beratungen statt, wobei der BR das betriebliche Vorhaben im Sinne einer sozialen Gestaltung beeinflussen soll. Bei der Beratung können sämtliche Gesichtspunkte erörtert werden. Die Formulierung „insb." soll dabei nicht als Einschränkung gegenüber anderen Überlegungen angesehen werden. Sie soll vielmehr für einen bes. wichtigen Bereich den Beratungsgegenstand konkretisieren (*Fitting* Rn. 37; GK-BetrVG/*Wiese* Rn. 22).

b) Auswirkungen auf Art der Arbeit und Anforderungen an die AN sind zu beraten. In Betracht 9 kommen dabei der Grad der Arbeitsteilung, der Mechanisierung und Automatisierung und der daraus folgenden Veränderung des Arbeitstempos und der Arbeitsqualität (DKK/*Klebe* Rn. 28). **Beispiele** für sich auf AN beziehende Auswirkungen: höhere Anforderungen an Ausbildung, Erfahrung, Geschicklichkeit, Körpergewandtheit, Verantwortung, Aufmerksamkeit; oder aus dem **Umfeld:** höhere Belastungen durch Schmutz, Nässe, Gase, Lärm oder Erschütterung.

c) Menschengerechte Arbeitsgestaltung. § 90 II verpflichtet AG und BR, bei ihren Beratungen 10 nicht nur die gesicherten arbeitswissenschaftlichen Erkenntnisse über die menschengerechte Arbeitsgestaltung zu berücksichtigen, sondern auch **sonstigen Gesichtspunkten** personeller, wirtschaftlicher und sozialer Art Rechnung zu tragen (GK-BetrVG/*Wiese* Rn. 27). IdR ergeben sich Zielkonflikte zwischen **Rentabilität** und oben genannten Prinzipien. Diesen Konflikt müssen AG und BR zu lösen versuchen (DKK/*Klebe* Rn. 30).

Die menschengerechte Arbeitsgestaltung richtet sich nach dem **Maßstab Mensch** und nach der 11 **Arbeitswissenschaft.** Maßstab Mensch bedeutet, dass die Arbeit den Bedingungen, Bedürfnissen und Interessen der AN gerecht werden muss. Dabei sind folgende Gesichtspunkte zu beachten: Ausführbarkeit der Tätigkeit auf Dauer, nur kurzfristige Höchstbelastungen, Zumutbarkeit, keine Gesundheitsschäden, möglichst Hervorrufen von Wohlbefinden und Zufriedenheit, Anerkennung und Förderung der Kreativität (*Fitting* Rn. 52, 53; DKK/*Klebe* Rn. 32).

Von dem Begriff **Arbeitswissenschaft** sind Bereiche der Wissenschaft wie Arbeitsmedizin, Arbeits- 12 physiologie und Arbeitspsychologie erfasst (*Fitting* Rn. 41 f.; GK-BetrVG/*Wiese* Rn. 34). Allgem. umfasst die Arbeitswissenschaft die Voraussetzungen und Bedingungen, unter denen sich Arbeit vollzieht, die Wechselwirkungen und Folgen, die sie auf die Menschen, ihr Verhalten und somit auch auf ihre Leistungsfähigkeit hat, sowie die Faktoren, durch die die Arbeit, ihre Bedingungen und Wirkungen menschengerecht beeinflusst werden können. **Quellen:** Arbeitsschutzgesetze wie ArbStättV, UVV, TV, DIN-Normen, VDI-RL und die überwiegende Meinung in Fachkreisen (GK-BetrVG/*Wiese* Rn. 31 ff.). **Beispiele: ergonomische** Fragen wie Anpassung von Büromöbeln auf Körpermaße, optimale Gestaltung von Umwelteinflüssen wie Licht, Lärm, Temperatur und Ähnliches, aber auch **soziale** Fragen wie Abbau von autoritären Führungsstrukturen oder bessere innerbetriebliche Kommunikation.

4. Streitigkeiten. Bei § 90 handelt es sich um eine Norm iSd. § 121, so dass der AG bei verspäteter, 13 unvollständiger oder wahrheitswidriger Information mit einer Geldbuße bis zu 10 000 Euro bestraft werden kann. Bei Streitigkeiten über die Voraussetzungen der Beratungs- und Informationspflicht entscheidet das ArbG im Beschlussverfahren nach §§ 2 a, 80 ff. ArbGG. Der BR kann seine Rechte auf Information und Beratung auch mit einer einstweiligen Verfügung durchsetzen, wenn die erforderliche Eilbedürftigkeit gegeben ist (DKK/*Klebe* Rn. 37; *Fitting* Rn. 48). § 90 gibt dem BR nicht das Recht,

entwicklungsplanung) gedeckt werden kann. Bei Neueinstellungen ist festzulegen, nach welchen Kriterien diese ausgewählt werden sollen (Zusammenstellung von Auswahlkriterien, Einsatz von Personalfragebögen). Insofern greifen die speziellen Mitbestimmungsrechte der §§ 93 bis 95 ein. Bei Personalabbauplanung sind insb. Fluktuationen im Personalbereich mit in die Überlegungen einzubeziehen. An die Personaldeckungsplanung schließt sich die **Personaleinsatzplanung** an, die die optimale Verknüpfung von Arbeitskräften und Arbeitsplätzen bewirken soll. Der Einsatz einzelner AN auf einen bestimmten Arbeitsplatz fällt jedoch nicht unter § 92, sondern wird von § 99 erfasst. Auch die **Kostenplanung**, also die Planung hinsichtlich der Kosten, die bei der Durchsetzung des Planzieles entstehen, wird von § 92 erfasst (*Fitting* Rn. 20; DKK/*Schneider* Rn. 30; aA GK-BetrVG/*Kraft* Rn. 18). Abs. 3 stellt **Frauenförderpläne** und Ähnliches gleich (*Fitting* Rn. 41).

6 **3. Unterrichtungs- und Beratungsrechte des Betriebsrats.** Der AG hat den BR über die gesamte Personalplanung rechtzeitig und umfassend zu unterrichten und mit ihm über erforderliche Maßnahmen zu beraten. Das Beteiligungsrecht des BR wird durch den Umfang der vom AG durchgeführten Personalplanung begrenzt. Ist keine **Personalplanung** vorhanden, kann sie vom BR nicht erzwungen werden; allerdings kann er ihre Einführung gem. Abs. 2 vorschlagen (*Fitting* Rn. 22). Wenn konkrete Vorstellungen über eine der o. g. Komponenten der Personalplanung bestehen und der Unternehmer diese zur Basis seiner Handlungen macht, ist der BR in Kenntnis zu setzen (BAG 19. 6. 1984 AP BetrVG 1972 § 92 Nr. 2). Bei bloßen Vorüberlegungen des AG im Hinblick auf den künftigen Arbeitskräftebedarf entsteht noch kein Informationsrecht des BR (L/K Rn. 4). Der BR ist vom Unternehmer, unabhängig von der Ursache, die ihn zur Personalplanung motiviert hat, zu beteiligen (OLG Hamm 7. 12. 1977 DB 1978, 748).

7 Der BR ist **umfassend** zu unterrichten. Dieses Recht auf Vollständigkeit ist auch nicht durch einen Hinweis auf den Tendenzcharakter des Betriebes oder die Gefährdung von Betriebsgeheimnissen einzuschränken (BAG 6. 11. 1990 AP BetrVG 1972 § 92 Nr. 4; *Fitting* Rn. 31; aA L/K Rn. 6). Gem. Abs. 1 S. 1 bedarf es zur Vollständigkeit der Vorlage der zugrundegelegten Unterlagen, wie etwa Statistiken über Beschäftigte, Fluktuation, Krankenstand etc. Davon werden auch Personalunterlagen, Statistiken oder ähnliches, die durch EDV-Anlagen ermittelt oder berechnet wurden und möglicherweise nur als Datei bestehen, erfasst (*Fitting* Rn. 25). Die Unterlagen müssen im Gegensatz zu § 80 II dem BR nicht zur Verfügung gestellt und für eine bestimmte Zeit überlassen werden, sondern es reicht aus, ihm **Einblick** zu gewähren (L/K Rn. 6; GK-BetrVG/*Kraft* Rn. 26; LAG München 6. 8. 1986 BB 1987, 615; aA *Fitting* Rn. 31).

8 Es bedarf einer **rechtzeitigen** Unterrichtung des BR, was bedeutet, dass er bereits in einem möglichst frühen Stadium der Planung hinzugezogen werden muss, um eine Einflussnahme überhaupt möglich zu machen.

9 Nach Abs. 1 S. 2 hat der AG mit dem BR über Art und Umfang und über die Vermeidung von Härten zu beraten. Somit erstreckt sich nach dem Wortlaut das Beratungsrecht lediglich auf den Bereich der Personaldeckungsplanung. In den anderen Bereichen der Personalplanung ist der BR auf die Unterrichtung durch den AG und auf das Recht zur Unterbreitung von Vorschlägen an den AG beschränkt (GK-BetrVG/*Kraft* Rn. 29; *Heinze* Personalplanung Rn. 39; aA *Fitting* Rn. 35; DKK/*Schneider* Rn. 43). Bestehen im Bereich der **Personaldeckungsplanung** und demzufolge auch im Rahmen der Personalentwicklungs- bzw. Personaleinsatzplanung Uneinigkeiten oder sollen in diesen Bereichen Maßnahmen folgen, so haben die Parteien darüber mit ernstem Willen zur Einigung (Grundgedanke der §§ 2 und 74 I 2) zu beratschlagen. Freiwillig kann der AG natürlich auch über die anderen Komponenten der Personalplanung mit dem BR verhandeln. Eine Einigung kann vom BR jedoch nicht erzwungen werden. Es besteht zwar die Möglichkeit, eine Einigungsstelle einzuschalten oder ggf. zu errichten, kann allerdings nur mit dem Einverständnis beider Parteien angerufen werden (GK-BetrVG/*Kraft* Rn. 30).

10 Für den BR besteht gem. Abs. 2 die Möglichkeit, **Vorschläge für die Personalplanung** einzubringen. Einerseits ist der AG zwar nicht verpflichtet diese Vorschläge umzusetzen oder zu übernehmen, andererseits hat er diese ernsthaft in seine Überlegungen einzubeziehen (Grundgedanke des § 74 Abs. 1 iVm. § 2 I).

11 In Unternehmen, in denen eine Personalplanung für **mehrere Betriebe** durchgeführt wird, ist der GesamtBR zuständig. Bei einer unternehmensübergreifenden Personalplanung ergibt sich die Zuständigkeit des KonzernBR (§ 58) für eine Personalplanung im Konzern.

12 **4. Sanktionen und Streitigkeiten.** Kommt der Unternehmer seiner Unterrichtungspflicht nicht nach, droht ihm ein **Bußgeld** bis zu 10 000 Euro gem. § 92 I 1 iVm. § 121. Verstöße gegen § 92 haben keinen Einfluss auf die Wirksamkeit der Personalplanung oder Maßnahmen bei Vollzug der Planung (HSG/*Schlochauer* Rn. 32). Im Falle von groben Verstößen des AG kommt ein Verfahren gem. § 23 III in Betracht. Bei **Streitigkeiten** über das Bestehen und den Umfang der in § 92 zuerkannten Rechte und über die aus § 92 entstehenden Pflichten entscheidet das ArbG im Beschlussverfahren (§ 2, §§ 80 ff. ArbGG).

§ 92 a Beschäftigungssicherung

(1) ¹Der Betriebsrat kann dem Arbeitgeber Vorschläge zur Sicherung und Förderung der Beschäftigung machen. ²Diese können insbesondere eine flexible Gestaltung der Arbeitszeit, die Förderung von Teilzeitarbeit und Altersteilzeit, neue Formen der Arbeitsorganisation, Änderungen der Arbeitsverfahren und Arbeitsabläufe, die Qualifizierung der Arbeitnehmer, Alternativen zur Ausgliederung von Arbeit oder ihrer Vergabe an andere Unternehmen sowie zum Produktions- und Investitionsprogramm zum Gegenstand haben.

(2) ¹Der Arbeitgeber hat die Vorschläge mit dem Betriebsrat zu beraten. ²Hält der Arbeitgeber die Vorschläge des Betriebsrats für ungeeignet, hat er dies zu begründen; in Betrieben mit mehr als 100 Arbeitnehmern erfolgt die Begründung schriftlich. ³Zu den Beratungen kann der Arbeitgeber oder der Betriebsrat einen Vertreter des Arbeitsamtes oder des Landesarbeitsamtes hinzuziehen.

Die durch das ReformG eingeführte Vorschrift konkretisiert die schon in § 80 I Nr. 8 verankerte 1 Aufgabe des BR, sich für Sicherung und Förderung der Beschäftigung im Betrieb einzusetzen (dazu schon § 80 Rn. 16 a). Wie die Beispiele zeigen, bezieht sich das nur auf die Beschäftigungsinteressen der vorhandenen AN, nicht auf die Arbeitslosen schlechthin (*Fitting* Rn. 5; L/K Rn. 7; aA DKK/ *Däubler* Rn. 3). Größere praktische Bedeutung dürfte die Vorschrift nicht erlangen, da eine Sanktion fehlt. Die Verweigerung von Beratung oder Begründung durch den AG gibt dem BR keinen Unterlassungsanspruch in Bezug auf Maßnahmen des AG und kann auch im Kündigungsschutzprozess nicht zu seinem Nachteil ausschlagen (*Rieble* NZA Sonderheft 2001, 49, 519). Bedeutsam wird die Vorschrift aber, wenn sie zu freiwilligen Vereinbarungen zwischen AG und BR über die in § 92 a genannten Materien führt. Hier stellt sich die bereits in § 77 Rn. 33 angesprochene Frage, ob AG und BR im gesamten Funktionsbereich des BR bindende Regelungsabreden vereinbaren können oder dies auf die Materien beschränkt ist, die insb. gem. § 88 normativer Regelung zugänglich sind. Für eine Vereinbarungsbefugnis im Gesamtbereich des § 92 a DKK/*Däubler* Rn. 16; *Hähnlein* DB 2001, 2098 und die oben § 77 Rn. 33 vertretene Auffassung; für Beschränkung auf soziale Angelegenheiten wie flexible Gestaltung der Arbeitszeit, die Förderung von Teilzeitarbeit und Altersteilzeit und die Durchführung von Qualifizierungsmaßnahmen L/K Rn. 7; *Rieble* NZA Sonderheft 2001, 50. Eine Bestimmung des Referentenentwurfs, nach der AG berechtigt sein sollte, von entspr. Vereinbarungen abzugehen, ist nicht Gesetz geworden.

§ 93 Ausschreibung von Arbeitsplätzen

Der Betriebsrat kann verlangen, dass Arbeitsplätze, die besetzt werden sollen, allgemein oder für bestimmte Arten von Tätigkeiten vor ihrer Besetzung innerhalb des Betriebs ausgeschrieben werden.

1. Normzweck. Die Vorschrift dient nach dem erklärten Willen des Gesetzgebers (BT-Drucks. 1 VI/1786 S. 50) der Aktivierung des innerbetrieblichen Arbeitsmarktes und damit zugleich auch der Transparenz betrieblicher Vorgänge und der Vermeidung von Verstimmungen über die Einstellung externer AN trotz eines qualifizierten internen Angebots (BAG 23. 2. 1988 AP BetrVG 1972 § 93 Nr. 2; LAG Chemnitz 13. 8. 1993 AuA 1994, 26). Sie wahrt damit zwar allein die Interessen der Belegschaft (BAG 27. 7. 1993 AP BetrVG 1972 § 93 Nr. 3), geht indes nicht so weit, den Kreis der für eine Einstellung in Frage kommenden AN auf die innerbetrieblichen Bewerber zu beschränken (s. dazu Rn. 8). Ihnen sollen lediglich gleiche Chancen im Bewerbungsverfahren eingeräumt werden (HSG/*Schlochauer* § 93 Rn. 2).

2. Regelungsinhalt. a) Begriff der Ausschreibung. Eine Ausschreibung ist die schriftliche Auf- 2 forderung an alle AN oder an eine bestimmte Gruppe von AN des Betriebs, sich um bestimmte Arbeitsplätze im Betrieb zu bewerben (BAG 23. 2. 1988 AP BetrVG 1972 § 93 Nr. 2; *Fitting* Rn. 5). Um eine Ausschreibung iSd. Gesetzes handelt es sich dabei nur, wenn aus ihr hervorgeht, um welchen Arbeitsplatz es sich handelt und welche Anforderungen der Bewerber erfüllen muss (BAG 23. 2. 1988 AP BetrVG 1972 § 93 Nr. 2; BAG 27. 10. 1992 AP BetrVG 1972 § 95 Nr. 29). Darüber hinaus schreibt das Gesetz keinen bestimmten **Inhalt der innerbetrieblichen Stellenausschreibung** vor. Aus Sinn und Zweck der Vorschrift ergibt sich jedoch, dass eine innerbetriebliche Ausschreibung denselben Inhalt aufweisen muss wie eine externe Ausschreibung, da andernfalls keine Chancengleichheit zwischen externen und internen Bewerbern bestünde (vgl. dazu unten Rn. 8 sowie § 99 Rn. 34).

b) Zulässiger Inhalt des Ausschreibungsverlangens. Der BR kann die Ausschreibung frei werden- 3 der oder neu geschaffener Arbeitsplätze allg. oder nur für bestimmte Arten von Tätigkeiten verlangen. Diese Formulierung verdeutlicht zugleich, dass eine Ausschreibungspflicht **nicht für konkrete einzelne Arbeitsplätze** begründet werden kann (LAG Köln 1. 4. 1993 LAGE BetrVG 1972 § 93 Nr. 2;

GK-BetrVG/*Kraft* Rn. 3; *Fitting* Rn. 3; aA DKK/*Buschmann* Rn. 3; *Kuhn*/*Wedde* AiB 1992, 546, 548). Ein auf einen bestimmten einzelnen Arbeitsplatz bezogenes Ausschreibungsverlangen kann daher nur ausgesprochen werden, wenn damit lediglich deklaratorisch auf eine bereits begründete allg. Ausschreibungsverpflichtung nach § 93, der im Einzelfall nachgekommen werden soll, hingewiesen wird. Zu besetzende Arbeitsplätze leitender Angestellter werden von der Ausschreibungspflicht nicht erfasst (GK-BetrVG/*Kraft* Rn. 5; HSG/*Schlochauer* Rn. 3). Die Ausschreibungspflicht erstreckt sich nach einer Entscheidung des BAG vom 27. 7. 1993 (AP BetrVG 1972 § 93 Nr. 3) auch auf Arbeitsplätze, die nach dem Willen des AG mit freien Mitarbeitern besetzt werden sollen, wenn es sich bei der vorgesehenen Beschäftigung um eine Einstellung iSd. § 99 handelt. Dies ist jedoch nach der neuen Rspr. des BAG zu § 99 bei der Beschäftigung freier Mitarbeiter regelmäßig nicht der Fall (s. § 99 Rn. 8).

4   Das Ausschreibungsverlangen ist nur dann verbindlich, wenn es **zeitlich vor der Besetzung** eines Arbeitsplatzes allg. oder für diese Art von Arbeitsplätzen ausgesprochen wurde. Ist dies nicht der Fall, so kann der Einstellung eines AN nicht mit Hinweis auf § 99 II Nr. 5 die Zustimmung verweigert werden (*Fitting* Rn. 3).

5   § 93 berechtigt den BR grds. nicht, im Hinblick auf **Form und Inhalt** der Ausschreibung ein zwingendes Mitbestimmungsrecht geltend zu machen (BAG 27. 10. 1992 AP BetrVG 1972 § 95 Nr. 29; BAG 23. 2. 1988 AP BetrVG 1972 § 93 Nr. 2; GK-BetrVG/*Kraft* Rn. 11; HSG/*Schlochauer* Rn. 4; aA DKK/*Buschmann* Rn. 4; *Fitting* Rn. 4). Alles andere liefe auf die Begründung von Mitbestimmungsrechten bei der Bestimmung von Anforderungsprofilen für Arbeitsplätze hinaus (vgl. die Nachweise zur st. Rspr. bei BAG 23. 2. 1988 AP BetrVG 1972 § 93 Nr. 2). Dass die Ausschreibung einen bestimmten Mindestinhalt aufweisen muss, bedeutet daher nicht, dass dieser Inhalt auch mitbestimmungspflichtig ist. Es bleibt den Betriebspartnern unbenommen, über die Einzelheiten der Durchführung einer Ausschreibung eine freiwillige BV zu schließen.

6   Eine inhaltliche Vorgabe bei der Ausübung folgt – jedenfalls dem Wortlaut nach – aus § 7 I TzBfG. Danach hat der AG einen Arbeitsplatz auch als **Teilzeitarbeitsplatz** auszuschreiben, wenn er sich hierfür eignet. Da der Gesetzgeber aber von einer Sanktion abgesehen hat, erweist sich die Vorschrift als „Papiertiger": Die Beurteilung der Eignung zur Teilzeitarbeit obliegt letztlich dem AG (*Preis*/*Gotthardt* DB 2001, 145, 150). Und auch die Ausschreibung als Teilzeitarbeitsplatz hindert den AG nicht, die Stelle mit einer Vollzeitkraft zu besetzen (*Richardi*/*Annuß* DB 2000, 2201). Die Stellung des BR wurde eher geschwächt, da das Recht zur Anregung der Ausschreibung als Teilzeitstelle gem. § 93 S. 2 aF gestrichen wurde. S. auch § 99 Rn. 34. Für die Umwandlung eines befristeten in einen unbefristeten Arbeitsvertrag sieht das TzBfG keine Ausschreibung vor, deshalb muss das auch für § 93 gelten (aA LAG Hamm 31. 10. 2000 LAGE BetrVG 1972 § 93 Nr. 3).

7   Dem Wortlaut der Vorschrift zufolge, kann nur eine **betriebsweite Ausschreibung** verlangt werden. Nach hM kann jedoch der Gesamt- bzw. KonzernBR in seinem Zuständigkeitsbereich eine **unternehmens- bzw. konzernweite Ausschreibung** verlangen (GK-BetrVG/*Kraft* Rn. 9; *Fitting* Rn. 10; aA HSG/*Schlochauer* Rn. 12). Das BAG hat die durch einen GesamtBR begründete Ausschreibungsverpflichtung nicht beanstandet (BAG 18. 11. 1980 AP BetrVG 1972 § 93 Nr. 1). Tatsächlich entspricht es der auch sonst im BetrVG üblichen Gesetzgebungstechnik, Beteiligungsrechte des BR zunächst nur im Hinblick auf einen Betrieb zu normieren. Ob eine Ausübung des Beteiligungsrechts durch den Gesamt- oder KonzernBR sinnvoll, praktikabel oder erforderlich ist, ist eine andere – nach den einschlägigen Zuständigkeitsvorschriften – zu beantwortende Frage.

8   **3. Rechtsfolgen der Ausschreibungspflicht.** Auch bei Bestehen einer innerbetrieblichen Ausschreibungsverpflichtung bleibt der AG berechtigt, die Stelle **außerbetrieblich auszuschreiben** (GK-BetrVG/*Kraft* Rn. 12). Allerdings darf er in dieser Ausschreibung nicht geringere Anforderungen an den Bewerber stellen als in der betriebsinternen Ausschreibung (BAG 23. 2. 1988 AP BetrVG 1972 § 93 Nr. 2; vgl. auch § 99 Rn. 34). Der BR kann in diesem Fall der auf der Grundlage der externen Stellenausschreibung erfolgenden Einstellung gem. § 99 II Nr. 5 die **Zustimmung verweigern**. Darüber hinaus ist der BR berechtigt, seine Zustimmung zu verweigern, wenn die vermeintliche Ausschreibung nicht den oben (Rn. 3 ff.) angesprochenen Mindestinhalt aufweist und den AN eine sinnvolle Bewerbung daher nicht möglich ist.

9   § 93 verpflichtet den AG nicht, einen Bewerber aus dem Betrieb vorrangig zu berücksichtigen (BAG 18. 11. 1980 AP BetrVG 1972 § 93 Nr. 1). Die **Auswahlentscheidung** liegt – vorbehaltlich etwaiger AuswahlRL gem. § 95 sowie zwingender gesetzlicher Vorschriften – in seinem Ermessen.

10 **4. Streitigkeiten und Sanktionen.** Schreibt der AG die Stelle entgegen der rechtzeitig begründeten Verpflichtung durch den BR nicht aus, so kann dieser der daraufhin beabsichtigten Einstellung die Zustimmung gem. § 99 II Nr. 5 verweigern. Bei Streitigkeiten über den Inhalt und den Umfang der Ausschreibungspflicht entscheidet das ArbG im **Beschlussverfahren** (§§ 2 a I Nr. 1, 80 ff. ArbGG). Die trotz bestehender Verpflichtung wiederholte Weigerung, eine innerbetriebliche Ausschreibung durchzuführen, kann eine grobe Pflichtverletzung iSd. § 23 III darstellen.

§ 94 Personalfragebogen, Beurteilungsgrundsätze

(1) ¹Personalfragebogen bedürfen der Zustimmung des Betriebsrats. ²Kommt eine Einigung über ihren Inhalt nicht zustande, so entscheidet die Einigungsstelle. ³Der Spruch der Einigungsstelle ersetzt die Einigung zwischen Arbeitgeber und Betriebsrat.

(2) Absatz 1 gilt entsprechend für persönliche Angaben in schriftlichen Arbeitsverträgen, die allgemein für den Betrieb verwendet werden sollen, sowie für die Aufstellung allgemeiner Beurteilungsgrundsätze.

1. Normzweck. Die Mitbestimmung des BR bei Personalfragebogen dient dem Schutz des AN in seiner Menschenwürde, seinem Persönlichkeitsrecht und seinem **Recht auf informationelle Selbstbestimmung** (BAG 9. 7. 1991 AP BetrVG 1972 § 87 Ordnung des Betriebs Nr. 19; BAG 21. 9. 1993 AP BetrVG 1972 § 94 Nr. 4; *Fitting* Rn. 2). Dies geschieht dadurch, dass das Fragerecht des AG auf die Gegenstände beschränkt bleibt, an denen ein berechtigtes Interesse besteht (BT-Drucks. VI/1786 S. 50).

2. Personalbogen und persönliche Angaben in schriftlichen Arbeitsverträgen. a) Begriffe. Personalfragebogen ist dem Wortlaut nach ein Formular, in dem personenbezogene Fragen nach einem bestimmten Schema zusammengestellt sind, die ein AN oder ein Bewerber um einen Arbeitsplatz schriftlich beantworten soll, um dem AG Aufschluss über seine Person und Qualifikation zu geben (BAG 21. 9. 1993 AP BetrVG 1972 § 94 Nr. 4; auch wenn von einer ausländischen Konzernmutter kommend, Hess. LAG 5. 7. 2001 NZA-RR 2002, 200). Darüber hinaus werden wegen der Zielrichtung des § 94 alle formalisierten und standardisierten Informationserhebungen des AG über AN-Daten vom Begriff des Personalfragebogens erfasst (DKK/*Klebe* Rn. 3). Daraus ergibt sich, dass auch eine **mündliche Befragung** in der Form eines Tests oder Interviews, die anhand einer Checkliste und einer anschließenden schriftlichen Fixierung der Antworten erfolgt, unter § 94 fällt (BAG 21. 9. 1993 AP BetrVG 1972 § 94 Nr. 4). **Persönliche Angaben in schriftlichen Arbeitsverträgen** sind Angaben in allg. und nicht nur individuell im Betrieb verwendeten Arbeitsverträgen, wobei nur die Angaben zur Person erfasst werden (GK-BetrVG/*Kraft* Rn. 9; DKK/*Klebe* Rn. 27).

b) Rechte des Betriebsrats. § 94 enthält ein Mitbestimmungsrecht und kein Initiativrecht (LAG Düsseldorf 24. 7. 1984 DB 1985, 134, 135; LAG Frankfurt 8. 1. 1991 DB 1992, 534; DKK/*Klebe* Rn. 2). Dieses Mitbestimmungsrecht betrifft zunächst die bereits im Betrieb tätigen AN, aber auch die noch nicht beschäftigten Bewerber. Dagegen ist die Einholung von Informationen über den AN bei Dritten, etwa einem früheren AG, einer Detektei oder beim Verfassungsschutz, nicht mitbestimmt (BAG 9. 7. 1991 AP BetrVG 1972 § 87 Ordnung des Betriebs Nr. 19; GK-BetrVG/*Kraft* Rn. 17; aA DKK/*Klebe* Rn. 5). Das Mitbestimmungsrecht bezieht sich auch auf die Frage, ob überhaupt ein Fragebogen eingeführt wird (DKK/*Klebe* Rn. 6; *Fitting* Rn. 6; aA L/K Rn. 4). Die **Verwendung** der durch Fragebogen erhobenen Daten ist nicht im Rahmen des § 94 mitbestimmt, da die Art und Weise der Verwendung bereits durch § 87 I Nr. 6, die arbeitsvertragliche Treupflicht und gesetzliche Normen (wie das BDSG) geschützt ist und ein darüber hinausgehender Schutzzweck nicht aus der Norm des § 94 hervorgeht (GK-BetrVG/*Kraft* Rn. 16; L/K Rn. 5; aA DKK/*Klebe* Rn. 7; *Fitting* Rn. 7). Ebenfalls **nicht mitbestimmt** sind **ärztliche Fragebogen** für die Einstellungsuntersuchung, da die Formulierung des Fragebogens vom Weisungsrecht des AG unabhängig ist und die Beantwortung der Fragen der ärztlichen Schweigepflicht unterliegt. Weiter gilt § 94 nicht für **Beurteilungsgrundsätze**, die unmittelbar auf die Höhe des Entgelts Einfluss haben (insofern greift aber evtl. § 87 I Nr. 10, 11), sowie **Stellenbeschreibungen** und Anforderungsprofile, da sich diese auf den Arbeitsplatz und nicht auf die Person beziehen. Bzgl. den **zulässigen Inhalts** von Fragebogen und den Rechtsfolgen bei falscher Beantwortung wird auf die Ausführungen zum Fragerecht des AG verwiesen (vgl. § 611 BGB Rn. 336 ff.). Bei Fragebogen, denen der BR nicht zugestimmt hat, ist die **Anfechtung** des Arbeitsverhältnisses durch den AG bei falscher Beantwortung zulässiger Fragen durch den Bewerber nicht ausgeschlossen, da § 94 lediglich das Verhältnis AG/BR und nicht das Verhältnis AG/AN regelt (GK-BetrVG/*Kraft* Rn. 32; HSG/*Schlochauer* Rn. 32; jetzt auch BAG 2. 12. 1999 DB 2000, 1418).

3. Beurteilungsgrundsätze. Beurteilungsgrundsätze sind Grundsätze, die der Beurteilung von Leistung und Verhalten der AN dienen und für eine bestimmte Gruppe von AN und nicht nur individuell gelten (GK-BetrVG/*Kraft* Rn. 10 mwN). **Beispiele** sind Grundsätze über die Effektivität der Arbeit, die Sorgfalt der Ausführung der Arbeit, über Selbständigkeit und Belastbarkeit, Zusammenarbeit und Anpassungsfähigkeit der AN. Voraussetzung des Mitbestimmungsrechts ist die Verfestigung durch schriftliche Fixierung der Grundsätze und eine Anwendung nach einer bestimmten Verfahrensweise, die nicht nur konkret individuell erfolgt (GK-BetrVG/*Kraft* Rn. 10; DKK/*Klebe* Rn. 29). **Nicht mitbestimmt** sind Fähigkeitsprofile in Bezug auf einzelne AN, Kriterien der Arbeitsplatzbewertung, Arbeitsplatzbeschreibung, FührungsRL (BAG 23. 10. 1984 AP BetrVG 1972 § 87 Ordnung des Betriebes Nr. 8) und Zielvereinbarungen (VG Karlsruhe 7. 3. 1997 PersR 1997, 407,

210 BetrVG § 95   Auswahlrichtlinien

Anm. *Geffken* 518). Zu Beurteilungsgrundsätzen, die unmittelbar auf die Lohnhöhe Einfluss haben, s. oben Rn. 3.

5   **4. Streitkeiten.** Beim Streit über den Inhalt entscheidet gem. § 94 die Einigungsstelle verbindlich. Bei Anwendung des Personalfragebogens ohne Zustimmung des BR kann der BR ggf. gem. § 23 III vorgehen, doch dürfte auch der zu § 87 anerkannte allg. Unterlassungsanspruch (s. Rn. 28, 32 vor § 74) bestehen (unklar insoweit Hess. LAG 5. 7. 2001 B 2001, 2254). Einer Beurteilung, der der BR nicht zugestimmt hat, kann der AN widersprechen und verlangen, dass die Beurteilung nicht verwandt wird oder dass sie ggf. aus der Personalakte gestrichen wird (GK-BetrVG/*Kraft* Rn. 38).

§ 95 Auswahlrichtlinien

(1) [1] Richtlinien über die personelle Auswahl bei Einstellungen, Versetzungen, Umgruppierungen und Kündigungen bedürfen der Zustimmung des Betriebsrats. [2] Kommt eine Einigung über die Richtlinien oder ihren Inhalt nicht zustande, so entscheidet auf Antrag des Arbeitgebers die Einigungsstelle. [3] Der Spruch der Einigungsstelle ersetzt die Einigung zwischen Arbeitgeber und Betriebsrat.

(2) [1] In Betrieben mit mehr als 500 Arbeitnehmern kann der Betriebsrat die Aufstellung von Richtlinien über die bei Maßnahmen des Absatzes 1 Satz 1 zu beachtenden fachlichen und persönlichen Voraussetzungen und sozialen Gesichtspunkte verlangen. [2] Kommt eine Einigung über die Richtlinien oder ihren Inhalt nicht zustande, so entscheidet die Einigungsstelle. [3] Der Spruch der Einigungsstelle ersetzt die Einigung zwischen Arbeitgeber und Betriebsrat.

(3) [1] Versetzung im Sinne dieses Gesetzes ist die Zuweisung eines anderen Arbeitsbereichs, die voraussichtlich die Dauer von einem Monat überschreitet, oder die mit einer erheblichen Änderung der Umstände verbunden ist, unter denen die Arbeit zu leisten ist. [2] Werden Arbeitnehmer nach der Eigenart ihres Arbeitsverhältnisses üblicherweise nicht ständig an einem bestimmten Arbeitsplatz beschäftigt, so gilt die Bestimmung des jeweiligen Arbeitsplatzes nicht als Versetzung.

1   **1. Vorbemerkung.** § 95 dient dem Zweck, die erforderlichen **personellen Entscheidungen** des AG durchschaubarer zu machen und zu versachlichen; der Betriebsfrieden und eine gerechtere Behandlung der AN wird dadurch gefördert, dass die Entscheidung des AG an **objektive Kriterien** gebunden wird (GK-BetrVG/*Kraft* Rn. 1). Willkürliche Personalveränderungen sollen dem AG so unmöglich gemacht werden.

2   Zu beachten ist die Größe des jeweiligen Betriebes: Sind **bis zu 500 AN** beschäftigt, steht dem AG die Einführung von AuswahlRL frei. Entscheidet er sich jedoch dafür, bedürfen diese der Zustimmung des BR (Abs. 1). Demgegenüber kann der BR in Betrieben mit **mehr als 500 AN** gem. Abs. 2 die Aufstellung von AuswahlRL verlangen, da hier angesichts der häufiger anfallenden gleichartigen personellen Maßnahmen eine Objektivierung besonders notwendig ist (*Fitting* Rn. 2). § 95 verstärkt somit die Mitwirkungsrechte des BR in der Personaldeckungsplanung erheblich (GK-BetrVG/*Kraft* Rn. 1). Die Stellengrenze ist im Zuge der Reform des BetrVG zum 28. 7. 2001 von früher 1000 auf jetzt 500 AN reduziert worden.

3   **2. Auswahlrichtlinien.** AuswahlRL sind Grundsätze, die der Entscheidungsfindung bei personellen Einzelmaßnahmen dienen sollen, wenn für diese mehrere AN und Bewerber in Frage kommen (*Fitting* Rn. 6). Durch sie können, wie sich aus Abs. 2 S. 1 ergibt, die zu beachtenden **fachlichen, persönlichen und sozialen Voraussetzungen** festgelegt werden. Zur Abgrenzung § 94 Rn. 3.

4   AuswahlRL setzen voraus, dass sie **nicht nur für einen Einzelfall,** sondern für alle zukünftigen personellen Einzelmaßnahmen gelten sollen. Ein für eine konkrete Betriebsänderung aufgestelltes Punkteschema für Sozialauswahl bei betriebsbedingten Kündigungen ist deshalb keine AuswahlRL, die der Zustimmung des BR bedarf (LAG Niedersachsen 18. 10. 1994 DB 1995, 2375; L/K Rn. 2). Dies hindert die Betriebspartner nicht, eine konkrete Betriebsänderung zum Anlass für die Aufstellung dauerhaft geltender RL zu nehmen.

5   Schriftlich abgeschlossene AuswahlRL bzw. solche, die auf einem Spruch der Einigungsstelle beruhen, sind regelmäßig **BV** (GK-BetrVG/*Kraft* Rn. 6; *Fitting* Rn. 6). Davon ist jedenfalls seit der Neufassung von § 1 IV KSchG durch das ArbRBeschFG 1996 auszugehen. **Schriftform** ist allerdings nicht vorgeschrieben, so dass AuswahlRL auch formlose Regelungsabreden vereinbart werden können. Anerkannt ist, dass auch in diesem Fall § 77 V entspr. gilt, so dass ein einseitiger Widerruf der RL ohne Wahrung der Kündigungsfrist nicht möglich ist (GK-BetrVG/*Kraft* Rn. 5). **Nachwirkung** entfalten AuswahlRL nur im Anwendungsbereich von § 95 II (*Fitting* Rn. 14; GK-BetrVG/*Kraft* Rn. 8; aA DKK/*Klebe* Rn. 13).

6   **3. Mitbestimmung des Betriebsrats.** Abs. 1 sieht ein Mitbestimmungsrecht des BR bei Betrieben mit bis zu 500 AN nur vor, wenn der AG, der hier nach seinem Ermessen handeln kann und das **alleinige Initiativrecht** hat (*Fitting* Rn. 12), AuswahlRL aufstellen will. Entschließt sich der AG dafür,

bedarf sowohl die Aufstellung an sich als auch der Inhalt der RL der Zustimmung des BR. Für die Feststellung der erforderlichen Betriebsgröße ist dabei auf die „**regelmäßige**" **Zahl von AN** abzustellen (GK-BetrVG/*Kraft* Rn. 22; DKK/*Klebe* Rn. 15).

Bei RL, die nach Abs. 1 zustande kommen, kann über die in Abs. 2 genannten fachlichen und 7 persönlichen Voraussetzungen und sozialen Gesichtspunkte hinaus auch die **Regelung des Auswahlverfahrens** selbst Gegenstand sein, da hier umfassender von „RL über die personelle Auswahl" die Rede ist (GK-BetrVG/*Kraft* Rn. 19).

Abs. 2 sieht anders als Abs. 1 für Betriebe mit mehr als 500 AN ein **Initiativrecht des BR** vor, so 8 dass im Falle der Nichteinigung AuswahlRL über die Einigungsstelle erzwungen werden können.

Wird vom AG die Aufstellung von einheitlichen AuswahlRL für alle Betriebe eines Unternehmens 9 gewünscht und besteht hierzu eine zwingende Notwendigkeit, kann eine Zuständigkeit des **GesamtBR** gegeben sein; dieser besitzt allerdings nur für die Betriebe das Initiativrecht nach Abs. 2, die mehr als 500 AN beschäftigen (GK-BetrVG/*Kraft* Rn. 24; aA *Fitting* Rn. 14; DKK/*Klebe* Rn. 20).

4. Auswahlgesichtspunkte. Gem. Abs. 2 S. 1 sollen sich die AuswahlRL auf die fachlichen und 10 persönlichen Voraussetzungen und sozialen Gesichtspunkte der aufgezählten personellen Einzelmaßnahmen erstrecken.

Bei **Einstellungen** und **Versetzungen** (vgl. hierzu die Anm. bei § 99 Rn. 4 ff.) hat der AG, sofern 11 nicht ein individueller Rechtsanspruch des AN gegeben ist, einen verhältnismäßig weiten Ermessensspielraum, der durch Richtlinien kanalisiert und konkretisiert werden kann (*Fitting* Rn. 19). Bei Versetzungen kann die Einigungsstelle bei der Aufstellung von AuswahlRL eine Bewertung in Form eines **Punktesystems** beschließen, wobei dem AG noch ein Entscheidungsspielraum verbleiben muss (BAG 27. 10. 1992 AP BetrVG 1972 § 95 Nr. 29; dazu *Hanau* FS Beusch 1993 S. 361).

In Form von AuswahlRL können **fachliche Voraussetzungen** vorgegeben werden, um eine Aus- 12 wahl unter mehreren Bewerbern zu ermöglichen, die alle der Mindestanforderung eines erstellten **Anforderungsprofils** genügen. Bei den auf der Grundlage von Stellenbeschreibungen erstellten Anforderungsprofilen selbst, die die generellen Anforderungen an den Inhaber der zu besetzenden Stelle festlegen, handelt es sich jedoch noch nicht um AuswahlRL, solange sie nicht als Gesichtspunkte für die konkrete Auswahl bestimmt sind (BAG 31. 5. 1983 AP BetrVG 1972 § 95 Nr. 2; GK-BetrVG/ *Kraft* Rn. 30; aA *Fitting* Rn. 19). S. auch § 93 Rn. 3.

Mögliche Auswahlkriterien im **persönlichen Bereich** sind beispielsweise das Alter, Gesundheits- 13 zustand, Belastbarkeit und Führungsverhalten (*Fitting* Rn. 19).

Zu den **sozialen Gesichtspunkten** zählen etwa der Familienstand, die Dauer der Betriebszugehörig- 14 keit und Unterhaltspflichten.

Bei **Kündigungen** liegt der Reiz der Aufstellung von Auswahlkriterien in der Sonderregelung des 15 § 1 IV KSchG. § 1 IV ist zum 1. 10. 1996 eingeführt und zum 1. 1. 1999 geändert worden. Nach der Neufassung der Vorschrift kann in einer KündigungsRL auch festgelegt werden, „welche sozialen Gesichtspunkte nach Absatz 3 S. 1 zu berücksichtigen sind". Damit eröffnet die Vorschrift den Betriebspartnern die Möglichkeit, den seit der Neufassung von § 1 IV KSchG wieder offenen Katalog der Sozialauswahlkriterien auf eine abschließende (und praktisch handhabbare) Zahl von Kriterien zurückzuschrauben und damit die Sozialauswahl der Rechtslage zwischen dem 1. 10. 1996 und dem 31. 12. 1998 anzunähern. Die auf der Grundlage einer solchen RL erfolgte Sozialauswahl kann nur auf grobe Fehlerhaftigkeit überprüft werden. Raum für eine abschließende Einzelfallentscheidung des AG braucht bei verbindlicher Festlegung der Sozialauswahlkriterien und der Bewertungsgesichtspunkte nicht belassen zu werden (LAG Düsseldorf 17. 3. 2000 NZA-RR 2000, 421).

Die Aufstellung von RL für **verhaltensbedingte** Kündigungen ist mangels Voraussehbarkeit der 16 möglichen Tatbestände praktisch nicht möglich (*Fitting* Rn. 28). Dasselbe gilt für Umgruppierungen, da hier keine Auswahlmöglichkeit für den AG besteht (GK-BetrVG/*Kraft* Rn. 34).

5. Begriff der Versetzung (Abs. 3). Der Begriff der Versetzung wird wegen des Sachzusammen- 17 hangs bei § 99 Rn. 13 erläutert.

6. Streitigkeiten. Bestehen Streitigkeiten über Inhalt und Umfang des Mitbestimmungsrechts, 18 werden diese vom ArbG im **Beschlussverfahren** nach §§ 2 a, 80 ff. ArbGG entschieden. Bleibt eine Einigung zwischen AG und BR über den zweckmäßigen Inhalt der AuswahlRL im Rahmen der gesetzlichen Vorschriften aus, entscheidet die **Einigungsstelle** verbindlich. Diese kann im Fall des Abs. 1 nur durch den AG, im Fall des Abs. 2 sowohl durch den AG als auch durch den BR angerufen werden.

Zweiter Unterabschnitt. Berufsbildung

§ 96 Förderung der Berufsbildung

(1) ¹ Arbeitgeber und Betriebsrat haben im Rahmen der betrieblichen Personalplanung und in Zusammenarbeit mit den für die Berufsbildung und den für die Förderung der Berufsbildung

zuständigen Stellen die Berufsbildung der Arbeitnehmer zu fördern. ²Der Arbeitgeber hat auf Verlangen des Betriebsrats den Berufsbildungsbedarf zu ermitteln und mit ihm Fragen der Berufsbildung der Arbeitnehmer des Betriebs zu beraten. ³Hierzu kann der Betriebsrat Vorschläge machen.

(2) ¹Arbeitgeber und Betriebsrat haben darauf zu achten, dass unter Berücksichtigung der betrieblichen Notwendigkeiten den Arbeitnehmern die Teilnahme an betrieblichen oder außerbetrieblichen Maßnahmen der Berufsbildung ermöglicht wird. ²Sie haben dabei auch die Belange älterer Arbeitnehmer, Teilzeitbeschäftigter und von Arbeitnehmern mit Familienpflichten zu berücksichtigen.

I. Vorbemerkung

1   Ein **Wandel der Berufsbildung** vollzieht sich sowohl im Bereich beruflicher Ausbildung wie beruflicher Weiterbildung infolge des Erfordernisses lebenslangen Lernens (dazu BVerfG 15. 12. 1987 AP GG Art. 12 Nr. 62). Voraussetzungen dafür werden in der Berufsausbildung geschaffen, indem ein Großteil der Berufsausbildungsordnungen reformiert und neue Berufsbilder geschaffen werden (s. ArbRGeg. 33 (1996), S. 119 ff.; Berufsbildungsbericht 1998, S. 73 f.). Berufliche Weiterbildung ist gekennzeichnet durch Bemühungen um Qualitätssicherung, Lean Management, Outsourcing und informelles Lernen im Arbeitsprozess, häufig mit Hilfe von Multimediaanwendungen (Berufsbildungsbericht 1996, S. 115 ff.). An beruflicher Weiterbildung nahmen 1994 24% der Deutschen zwischen 19 bis 64 Jahren teil. Geschlechtsspezifische Unterschiede sind ebenso minimal wie die Abweichungen im Ost-West-Vergleich (Berichtssystem Weiterbildung VI, Bonn 1996). Die Aufwendungen der privaten gewerblichen Wirtschaft haben 1992 für berufliche Weiterbildung 36,5 Mrd. DM betragen, für alle Bereiche beruflicher Weiterbildung etwa 100 Mrd. DM (Berufsbildungsbericht 1996, S. 115).

2   Allg. wird die Bedeutung der Berufsbildung sowie die **hohe Relevanz der Beteiligungsrechte** hieran betont (*Fitting* Rn. 2 mwN). In der Praxis wirken die BR allerdings vergleichsweise selten entscheidend an Berufsbildungsmaßnahmen mit (*Oetker*, Die Mitbestimmung der Betriebs- und Personalräte bei der Durchführung von Berufsbildungsmaßnahmen, 1986, S. 263 ff.).

3   **Normzweck** der §§ 96 ff. ist die Berücksichtigung der Belegschaftsinteressen im Rahmen der Berufsbildung, insb. eine ordnungsgemäße Durchführung der Bildungsmaßnahme sowie eine gerechte Beteiligung der AN an den bestehenden Bildungsmöglichkeiten (MünchArbR/*Matthes* § 351 Rn. 1 ff.; GK-BetrVG/*Raab* Rn. 1). Zudem sollen alle Maßnahmen in den Betrieben der Mitbestimmung des BR unterworfen sein, die den AN diejenigen Kenntnisse und Erfahrungen verschaffen, die der Ausfüllung ihres Arbeitsplatzes und ihrer beruflichen Tätigkeit dienen (BAG 31. 1. 1969 AP BetrVG 1952 § 56 Berufsausbildung Nr. 1; BAG 5. 11. 1985 AP BetrVG 1972 § 98 Nr. 2). Der **gesetzliche Normzusammenhang** von §§ 96 bis 98 mit § 92 im Abschnitt „Personelle Angelegenheiten" ergibt, dass Berufsbildung in engem Bezug zur Personalplanung steht. Berufsbildung trägt dazu bei, einen bestehenden Personalbedarf innerbetrieblich durch Qualifikation zu decken, wobei dies unter Berücksichtigung der §§ 96 ff. zu erfolgen hat (GK-BetrVG/*Raab* § 96 Rn. 1).

II. Begriff der Berufsbildung

4   **1. Persönlicher Geltungsbereich** von § 96 ist ebenso wie von §§ 97, 98 die Berufsbildung der AN iSd. §§ 5, 6. Berufsbildung **für leitende Angestellte** ist mitbestimmungsfrei (DKK/*Buschmann* § 98 Rn. 25). Berufsbildung **zum leitenden Angestellten** oder für eine Aufgabe, die leitende Angestellte idR wahrnehmen, ist nach hM mitbestimmungspflichtig (*Fitting* § 98 Rn. 10; DKK/*Buschmann* § 98 Rn. 25; GK-BetrVG/*Raab* § 98 Rn. 44 hält nicht die Durchführung, wohl aber die Teilnehmerauswahl für mitbestimmungspflichtig).

5   **2. Sachlicher Geltungsbereich.** Das Gesetz definiert den **Begriff** der Berufsbildung nicht. In Rspr. und Literatur wird von einem weiten Verständnis ausgegangen, das zumindest alle Maßnahmen gem. § 1 I BBiG umfasst, also **Berufsausbildung, berufliche Fortbildung und berufliche Umschulung** (BAG 5. 11. 1985 AP BetrVG 1972 § 98 Nr. 2; BAG 23. 4. 1991 AP BetrVG 1972 § 98 Nr. 7; BAG 28. 1. 1992 AP BetrVG 1972 § 96 Nr. 1; *Fitting* Rn. 12 ff.; GK-BetrVG/*Raab* Rn. 10).

6   Die im BBiG vorzufindende Differenzierung war auch in den bis 1997 geltenden §§ 33 bis 52 AFG verankert, was als Beleg dafür angesehen wurde, dass der Gesetzgeber den in verschiedenen Gesetzen normierten Begriff der Berufsbildung gleich verwandt habe (GK-BetrVG/*Kraft* 6. Aufl. Rn. 4). Zumindest für das Arbeitsförderungsrecht fällt dieser Beleg jetzt weg, da das ab dem 1. 1. 1998 geltende SGB III zwischen Förderung der Berufsausbildung (Fünfter Abschnitt, §§ 59 ff. SGB III) und Förderung der beruflichen Weiterbildung (Sechster Abschnitt, §§ 77 ff. SGB III) unterscheidet. Indes wird dadurch der Begriff der Berufsbildung für das BetrVG nicht enger. Weder die Dreiteilung des Berufsbildungsbegriffes im BBiG noch die neue Zweiteilung im SGB III vermögen den Begriff der Berufsbildung zu erschöpfen. Der gesetzliche Normzweck (s. Rn. 3) erfordert über die Definition der Begriffe in BBiG und AFG/SGB III hinaus, dass **jede Maßnahme, die den AN diejenigen Kenntnisse**

und Erfahrungen verschaffen soll, die zur Ausfüllung ihres Arbeitsplatzes und ihrer beruflichen Tätigkeiten dienen, den Beteiligungsrechten aus §§ 96 ff. unterfällt (hM, BAG 23. 4. 1991 AP BetrVG 1972 § 98 Nr. 7; BAG 20. 4. 1993 AP BetrVG 1972 § 99 Nr. 106; *Fitting* Rn. 10; GK-BetrVG/*Raab* Rn. 11; aA *Eich* DB 1974, 2154, 2155 und HSG/*Glaubitz* Rn. 4, die den Begriff der Berufsbildung des BBiG für das BetrVG übernehmen wollen). Vonnöten ist eine systematische Vermittlung der Kenntnisse und Fähigkeiten (BAG 5. 11. 1985 AP BetrVG 1972 § 98 Nr. 2; zuletzt BAG 28. 1. 1992 AP BetrVG 1972 § 96 Nr. 1; *Fitting* Rn. 13).

Von § 1 I BBiG nicht erfasste Bildungsmaßnahmen, die aber den Beteiligungsrechten der §§ 96 ff. 7 unterfallen, sind Maßnahmen gem. § 19 BBiG; dazu gehören relativ kurzzeitig durchgeführte Ausbildungsmaßnahmen für Anlernlinge und Praktikanten, sofern ihnen ein gewisser Plan zugrunde liegt (GK-BetrVG/*Raab* Rn. 11; *Fitting* Rn. 14). Die Art der Maßnahme ist unerheblich, solange die Voraussetzung der **berufsbezogenen systematischen Vermittlung** erfüllt ist. Betriebliche Lehrgänge (BAG 4. 12. 1990 AP BetrVG 1972 § 97 Nr. 1), Seminare, Bildungsprogramme, Veranstaltungen zum Zweck des Erfahrungsaustausches, Besuch von Ausstellungen, Messen, Kongressen und Traineeprogramme können daher Berufsbildungsmaßnahmen sein (*Fitting* Rn. 10, 23; DKK/*Buschmann* Rn. 7). Qualitätszirkel nur, soweit sie berufsbildende Elemente haben (*Fitting* Rn. 24; DKK/*Buschmann* Rn. 9; generell dagegen GK-BetrVG/*Raab* Rn. 21). Assessment-Center gehören nicht zu Maßnahmen der Berufsbildung, da sie zur Personalauswahl außerbetrieblicher Bewerber dienen; allerdings unterliegt eine Einweisung in den Arbeitsplatz, die nur als Assessment-Center bezeichnet wird, den Rechten aus § 98 (BAG 20. 4. 1993 AP BetrVG 1972 § 99 Nr. 106 unter B.II.2.). Sonstige Maßnahmen iSv. § 98 VI (s. dort) gehören nicht zur Berufsbildung, da der berufliche Bezug fehlt (*Fitting* Rn. 10; aA *Natzel* S. 514 f.). Ausf. zum Begriff der Berufsbildung *Gilberg*, Die Mitwirkung des BR bei der Berufsbildung, 1999.

Die Beteiligung des BR bezieht sich vor allem auf **betriebliche Maßnahmen.** Eine solche liegt nach 8 herrschendem funktionalen Verständnis immer dann vor, wenn der AG Träger bzw. Veranstalter der Bildungsmaßnahme ist, unabhängig von der örtlichen Durchführung. Dabei muss die Maßnahme für die eigenen AN durchgeführt werden, zumindest müssen sie anteilmäßigen Vorrang haben (BAG 4. 12. 1990 AP BetrVG 1972 § 97 Nr. 1; BAG 12. 11. 1991 AP BetrVG 1972 § 98 Nr. 8). Träger oder Veranstalter ist der AG, wenn er auf Inhalt und Organisation rechtlich einen beherrschenden Einfluss hat (BAG 4. 12. 1990 AP BetrVG 1972 § 97 Nr. 1; BAG 12. 11. 1991 AP BetrVG 1972 § 98 Nr. 8). Fehlt es bei der Durchführung der Bildungsmaßnahme durch Dritte an dem beherrschenden Einfluss des AG, scheidet eine unmittelbare Mitbestimmung gem. §§ 96 ff. aus. In entspr. Anwendung der §§ 96 ff. ist dem BR aber ein Mitbestimmungsrecht bei Festlegung der Konditionen für die überbetriebliche Bildungsmaßnahme, zB in einem Kooperationsvertrag, einzuräumen (BAG 18. 4. 2000 AP BetrVG 1972 § 98 Nr. 9 = NZA 2001, 167). Der neue Abs. 1 S. 2 bezieht sich auf betriebliche und außerbetriebliche Maßnahmen (*Fitting* Rn. 36; aA *Konzen* RdA 2001, 76) zur Deckung des betrieblichen Personalbedarfs, auch des zukünftigen (*Fitting* Rn. 35; aA *Rieble* NZA Sonderheft 2001, 48, 52).

Das **Verhältnis zwischen Berufsbildungsmaßnahmen und Unterrichtung gem. § 81 I** wirft 9 Probleme auf. Die hM trennt scharf zwischen Berufsbildungsmaßnahmen und Unterrichtung gem. § 81 I 1 (BAG 5. 11. 1985 AP BetrVG 1972 § 98 Nr. 2; BAG 23. 4. 1991 AP BetrVG 1972 § 98 Nr. 7; *Fitting* Rn. 21; nach aA sind Überschneidungen möglich, GK-BetrVG/*Raab* Rn. 14 mwN). Eine Unterrichtung gem. § 81 soll nur vorliegen können, wenn der AN die für die Ausübung der Tätigkeit am vorgesehenen Arbeitsplatz erforderlichen beruflichen Kenntnisse und Fähigkeiten bereits besitzt (BAG 23. 4. 1991 AP BetrVG 1972 § 98 Nr. 7), insb. wenn er die Voraussetzungen der Stellenbeschreibung des konkreten Arbeitsplatzes erfüllt (GK-BetrVG/*Raab* Rn. 14). Auch bei kollektiven Veranstaltungen können die Voraussetzungen des § 81 erfüllt sein. Findet eine organisierte Veranstaltung zur Verbesserung der Freundlichkeit und Hilfsbereitschaft Kunden gegenüber statt, so liegt eine Einweisung gem. § 81 vor (BAG 28. 1. 1992 AP BetrVG 1972 § 96 Nr. 1; krit. *Fitting* Rn. 23).

III. Normgehalt

1. Förderungspflicht. Abs. 1 S. 1 verpflichtet AG und BR zur Förderung der Berufsbildung, belässt 10 Planung und Konzeption aber in der Zuständigkeit des AG. Inhaltlich soll die Förderungspflicht unter Anwendung der Maßstäbe von § 75 I allen AN des Betriebs die gleiche Möglichkeit zur Teilnahme an Berufsbildung sichern (DKK/*Buschmann* Rn. 21). Ein Mitbestimmungsrecht besteht nur gemäß § 97 II, § 98, der AG entscheidet im Übrigen frei über die Einführung betrieblicher Bildungsmaßnahmen (*Fitting* Rn. 31; GK-BetrVG/*Raab* Rn. 22; im Einzelfall für eine Pflicht zur Einführung von Berufsbildungsmaßnahmen *Hamm* AuR 1992, 326, 328). Dem AN erwächst kein Individualanspruch auf Förderung, dieser kann sich aber zB aus den ANWeiterbildungsgesetzen der Länder ergeben (*Fitting* Rn. 31; GK-BetrVG/*Raab* Rn. 22). Die Förderung hat im Rahmen der betrieblichen Personalplanung und **in Zusammenarbeit mit den für die Berufsbildung und den für die Förderung der Berufsbildung zust. Stellen** zu erfolgen. Zust. für die Berufsbildung sind verschiedene Kammern (§§ 74, 75, 79, 87, 89, 91 BBiG), die nach § 97 BBiG durch RechtsV bestimmten Stellen sowie jeweilige Landesausschüsse und der Berufsbildungsausschuss (§§ 55 ff. BBiG). Für die Förderung der Berufsbildung zuständig sind die BA sowie die ihr nachgeordneten Stellen, berufs- und weiterbildende Schulen, AGVerbände und Gewerkschaften, soweit sie sich mit Berufsbildung und ihrer Förderung befassen (GK-BetrVG/*Raab* Rn. 26).

11 **2. Beratungsanspruch und Vorschlagsrecht (Abs. 1 S. 2, 3)** des BR bestehen unabhängig von der nach § 92 I vorausgesetzten Personalplanung. Der BR muss die Beratung fordern; nur für die von § 97 erfassten Angelegenheiten kommt es auf das Verlangen des BR nicht an (GK-BetrVG/*Raab* Rn. 31; *Fitting* Rn. 40). **Beratungsgegenstand** sind alle mit der Berufsbildung im Zusammenhang stehenden Themen. So gehören etwa konkrete Einzelfragen im Rahmen einer laufenden Berufsbildungsmaßnahme ebenso dazu wie Fragen der Aufgabe und Einstellung von Berufsbildungsmaßnahmen (Münch-ArbR/*Matthes* § 351 Rn. 6). Gleiches gilt für das **Vorschlagsrecht**, das im Falle seiner Ausübung dazu führt, dass die Betriebspartner mit dem Ziel einer Verständigung beraten müssen (vgl. § 74 I 2). Vorschläge des BR können sich zB auf die Erhebung des Bildungsbedarfs oder die Einführung einer Bildungsplanung beziehen. Die durch das ReformG eingefügte Ermittlung des Berufsbildungsbedarfs bereitet die Mitbestimmung nach §§ 96 ff. vor (dazu *Fitting* Rn. 34 ff.).

12 **3. Ermöglichung der Berufsbildungsteilnahme.** Abs. 2 verpflichtet die Betriebspartner, unter Berücksichtigung der betrieblichen Notwendigkeiten den AN Berufsbildung zu ermöglichen, wobei S. 2 besonders die Berücksichtigung von benachteiligten Gruppen fordert. Abs. 2 gewährt ebenso wie Abs. 1 keinen Rechtsanspruch einzelner AN, keine Kostentragungspflicht des AG und keinen Freistellungsanspruch des AN (HSG/*Glaubitz* Rn. 16; GK-BetrVG/*Raab* Rn. 34). Die ausdrückliche Erwähnung von älteren AN, Teilzeitbeschäftigten und AN mit Familienpflichten ergänzt § 75 I 1 und 2 sowie § 80 I Nr. 2 a und 6 und **dient der Chancengleichheit.** Zumindest bezüglich älterer AN ist das Ziel gleichberechtigter Teilhabe an Berufsbildung noch nicht erreicht worden. Teilzeitbeschäftigte und AN mit Familienpflichten sind häufig Frauen, so dass die Vorschrift auch mittelbarer Diskriminierung entgegenwirken soll (vgl. GK-BetrVG/*Raab* Rn. 35). Dazu sollen zB Veranstaltungen mit geringerem zeitlichen Umfang oder Tagesveranstaltungen mit Kinderbetreuung angeboten werden (*Fitting* Rn. 32).

IV. Streitigkeiten

13 Streitigkeiten über Informations-, Beratungs- oder Vorschlagsrechte entscheiden die ArbG im Beschlussverfahren, §§ 2 a, 80 ff. ArbGG. Weigert sich der AG, Fragen der Berufsbildung zu beraten, kann auch die Einleitung eines Verfahrens nach § 23 III in Betracht kommen, wenn ein „grober Verstoß" gegen die Pflichten vorliegt. Bei groben Pflichtverletzungen des BR kommt ein Verfahren nach § 23 I in Betracht.

§ 97 Einrichtungen und Maßnahmen der Berufsbildung

(1) ¹Der Arbeitgeber hat mit dem Betriebsrat über die Errichtung und Ausstattung betrieblicher Einrichtungen zur Berufsbildung, die Einführung betrieblicher Berufsbildungsmaßnahmen und die Teilnahme an außerbetrieblichen Berufsbildungsmaßnahmen zu beraten.

(2) ¹Hat der Arbeitgeber Maßnahmen geplant oder durchgeführt, die dazu führen, dass sich die Tätigkeit der betroffenen Arbeitnehmer ändert und ihre beruflichen Kenntnisse und Fähigkeiten zur Erfüllung ihrer Aufgaben nicht mehr ausreichen, so hat der Betriebsrat bei der Einführung von Maßnahmen der betrieblichen Berufsbildung mitzubestimmen. ²Kommt eine Einigung nicht zustande, so entscheidet die Einigungsstelle. ³Der Spruch der Einigungsstelle ersetzt die Einigung zwischen Arbeitgeber und Betriebsrat.

1 **1. Verhältnis zu den Rechten aus § 96.** § 97 ergänzt § 96 um ein bes. Beratungsrecht und statuiert im Gegensatz zu § 96 eine von dem Verlangen des BR unabhängige Beratungspflicht (*Fitting* Rn. 4). Im Übrigen gilt das in § 96 Gesagte, dh. der Begriff der Berufsbildung ist gleich und die – vorbehaltlich des Abs. 2 – freie unternehmerische Entscheidung bleibt auch bei § 97 unangetastet (GK-BetrVG/*Raab* Rn. 2). Zu Streitigkeiten s. § 96 Rn. 13.

2 **2. Beratungsrechte.** Die Errichtung und Ausstattung **betrieblicher Einrichtungen zur Berufsbildung** erfasst solche Einrichtungen, die ohne das Erfordernis einer organisatorischen Verselbständigung dauerhaft den Zweck der Berufsbildung zumindest auch der betriebsangehörigen AN verfolgen (GK-BetrVG/*Kraft* Rn. 4). Als solche kommen in Betracht: zB Lehrwerkstätten, Lehrlingsecken, Unterrichtsräume, Umschulungswerkstatt, Betriebliches Bildungszentrum, Ausbildungslabors und -büros (*Fitting* Rn. 4). Die Einbeziehung einer Beschäftigungs- und Qualifizierungsgesellschaft (dafür DKK/*Buschmann* Rn. 1) sollte davon abhängig gemacht werden, in welchem Umfang sie für den Betrieb tätig wird. Sofern die Voraussetzungen einer Sozialeinrichtung erfüllt sind, besteht für Form, Ausgestaltung und Verwaltung der Berufsbildungseinrichtung ein Mitbestimmungsrecht nach § 87 I Nr. 8 (GK-BetrVG/*Raab* Rn. 8).

Gegenstand des Beratungsrechts ist die **Errichtung und Ausstattung**. Wenn der AG die Errichtung 3
von Berufsbildungseinrichtungen plant, muss er die Beratungsinitiative ergreifen (dazu *Fitting* Rn. 4).
Die Ausstattung bezieht sich auf die sachliche, finanzielle und personelle Ausstattung; bei letzterer ist
zusätzlich § 98 II und V zu beachten. Zur sachlichen Ausstattung zählen etwa die Anschaffung
technischer Anlagen, Maschinen, Werkzeug und Lehrmaterial (DKK/*Buschmann* Rn. 4). Daneben ist
Beratungsgegenstand auch die **Änderung** (hM *Fitting* Rn. 4; GK-BetrVG/*Raab* Rn. 6; aA HSG/*Glaubitz*
Rn. 3) und **Schließung bzw. Beseitigung** von Einrichtungen (hM *Galperin/Löwisch* BetrVG
Rn. 17; *Hamm* AuR 1992, 326, 328; *Natzel* Berufsbildungsrecht S. 521; aA GK-BetrVG/*Kraft* Rn. 4).

Die **Einführung betrieblicher Berufsbildungsmaßnahmen** bezieht sich auf alle betrieblichen 4
Maßnahmen, die der Berufsbildung dienen (vgl. zum Begriff der Berufsbildung § 96 Rn. 4 ff.). Dazu
können zB Fortbildungskurse, Traineemaßnahmen, betrieblicher Zusatzunterricht für Auszubildende,
Einführung in neue technische Verfahren oder Werkstoffe gehören (DKK/*Buschmann* Rn. 5; *Fitting*
Rn. 5). Ebenso wie im Rahmen von § 96 muss hier der Berufsbildungsbegriff gegen Maßnahmen
abgegrenzt werden, die sich aus dem Individualanspruch des AN gem. § 81 I und II auf Unterrichtung
ergeben (vgl. § 96 Rn. 9). Bei der Durchführung betrieblicher Berufsbildungsmaßnahmen besteht das
Mitbestimmungsrecht aus § 98 I.

Die **Teilnahme an außerbetrieblichen Berufsbildungsmaßnahmen** erfasst die von betriebsfrem- 5
den Trägern der Berufsbildung, etwa von Kammern und AA, überbetrieblichen Einrichtungen, Gewerkschaften
oder AG durchgeführten Maßnahmen (GK-BetrVG/*Raab* Rn. 10). Das Beratungsrecht
erstreckt sich auf die Frage, ob der AG sich an solchen Maßnahmen beteiligen soll und welchen AN er
die Teilnahme ermöglichen soll, auf Themen, Kurse, Träger, Zeitpunkt und Dauer der Maßnahme
(DKK/*Buschmann* Rn. 5, GK-BetrVG/*Raab* Rn. 10). Die Mitbestimmungsrechte nach § 98 sind zu
beachten, da sie weitergehende Rechte bezüglich der Beratungsgegenstände eröffnen.

3. Mitbestimmung. Die Bestimmung des durch das ReformG eingeführten Abs. 2 ergänzt die 6
individualrechtliche Regelung des § 1 II 3 KSchG, sowie die betriebsverfassungsrechtlichen Regelungen
in § 81 I und § 102 III Nr. 4. Aus diesen Bestimmungen ist abzuleiten, dass die betriebliche
Berufsbildungsmaßnahme auch im Rahmen des § 97 II sowohl dem AN als auch dem AG zumutbar
sein muss (*Fitting* Rn. 25). Die Zumutbarkeit für den AG ist auf die Zahl der AN begrenzt, die er nach
der Maßnahme weiterbeschäftigen will. Macht dies eine Auswahl unter den betroffenen AN notwendig,
so entscheidet auch darüber nach §§ 97 II, 98 III, IV die Einigungsstelle. Diese ist, auch wenn
damit eine Vorentscheidung für Kündigungen getroffen wird, nicht strikt an die Maßstäbe der sozialen
Auswahl gebunden, hat aber auf soziale Kriterien Rücksicht zu nehmen (so wohl auch *Fitting* Rn. 28).

Noch nicht abschließend geklärt ist die Verteilung der Kosten und der Zeitaufwendung auf AG und 7
AN. Der Begriff der „betrieblichen" Bildungsmaßnahmen spricht für eine alleinige Verantwortung des
AG, doch dient er nur der Abgrenzung gegenüber außerbetrieblichen Bildungsmaßnahmen. Das
Kriterium der beiderseitigen Zumutbarkeit und die in § 2 SGB III verankerte Verantwortung beider
Seiten für die Beschäftigungsfähigkeit der AN spricht für die Einbeziehung dieser Frage in die
Mitbestimmung, einschließlich etwaiger Rückzahlungsklauseln (ebenso *Rieble* NZA Sonderheft 2001,
49; *Franzen* NZA 2001, 865; aA *Fitting* Rn. 30 f.; GK-BetrVG/*Raab* Rn. 23).

Der Spruch der Einigungsstelle kann normative Wirkung haben, soweit er Ansprüche der AN 8
festlegt (aA L/K Rn. 9: keine Individualansprüche einzelner AN), sich aber auch auf eine Regelungsabrede
beschränken, die dem BR ein Recht zur Etablierung bestimmter betrieblicher Bildungseinrichtungen
gibt. Ein Unterlassungsanspruch in Bezug auf vom AG beabsichtigte oder durchgeführte
Maßnahmen ergibt sich aus der Vorschrift nicht, da keine Mitbestimmung in Bezug auf die
Maßnahme und aus ihr folgende Kündigungen begründet (*Richardi/Richardi/Thüsing* Rn. 16; aA
Fitting Rn. 36). Dafür spricht auch die Beschränkung des Unterlassungsanspruchs in § 98 V auf den
Tatbestand des § 98 II. Wird ein AN entlassen, weil ihm in Folge einer Maßnahme iSd. § 97 II die
erforderliche Qualifikation fehlt, fällt eine Einigung zwischen AG und BR über das Ausmaß erforderlicher
Schulungsmaßnahmen, das Ergebnis solcher Maßnahmen oder aber die mitbestimmungswidrige
Ablehnung solcher Maßnahmen im Kündigungsschutzprozess ins Gewicht (GK-BetrVG/*Raab*
Rn. 28–30).

§ 98 Durchführung betrieblicher Bildungsmaßnahmen

(1) **Der Betriebsrat hat bei der Durchführung von Maßnahmen der betrieblichen Berufsbildung
mitzubestimmen.**

(2) **Der Betriebsrat kann der Bestellung einer mit der Durchführung der betrieblichen Berufsbildung
beauftragten Person widersprechen oder ihre Abberufung verlangen, wenn diese die
persönliche oder fachliche, insbesondere die berufs- und arbeitspädagogische Eignung im Sinne
des Berufsbildungsgesetzes nicht besitzt oder ihre Aufgaben vernachlässigt.**

(3) **Führt der Arbeitgeber betriebliche Maßnahmen der Berufsbildung durch oder stellt er für
außerbetriebliche Maßnahmen der Berufsbildung Arbeitnehmer frei oder trägt er die durch die**

13 Ausbilder ist davon auszugehen, dass eine einseitige Bestellung nicht möglich ist (*Fitting* Rn. 21; DKK/*Buschmann* Rn. 16). Zu den Folgen einer rechtskräftigen Entscheidung des ArbG vgl. Abs. 5 S. 2, 3. Die gem. § 890 II ZPO notwendige Androhung im Falle der Unterlassungserzwingung kann schon mit dem Bestellungsverbot des Ausbilders in einem Beschluss verbunden werden (*Fitting* Rn. 24), so dass der BR beide Anträge zugleich stellen kann. Nach LAG Berlin 6. 1. 2000 kann der AN selbst die Berechtigung des Widerspruchs gerichtlich überprüfen lassen (10 Ta BV 2213/99).

13 Abzugrenzen von der Bestellung und Abberufung eines Ausbilders sind die **personellen Einzelmaßnahmen** auf Grund §§ 99, 102. § 98 II und V stellt einen Sondertatbestand zu § 99 und § 23 III dar (DKK/*Buschmann* Rn. 15; *Fitting* Rn. 23; GK-BetrVG/*Raab* Rn. 33) Ungeeignetheit iSd. § 98 II bedeutet nicht das Vorliegen eines Zustimmungsverweigerungsrechts gem. § 99 II; ebenso wenig ersetzt die gerichtliche Abberufungsentscheidung eine Kündigung des AG Wird eine solche durch den AG ausgesprochen, kommen Widerspruchsrechte des BR gem. § 102 III nur noch nach Nr. 3 und 5 in Betracht (GK-BetrVG/*Raab* Rn. 37; *Fitting* Rn. 23; *Ehrich* RdA 1993, 220, 230). Beim gekündigten Ausbilder ist ein Weiterbeschäftigungsanspruch gem. § 102 V 1 ausgeschlossen, weil die Weiterbeschäftigung am bisherigen Arbeitsplatz im Widerspruch zum Abberufungsverlangen des BR steht (GK-BetrVG/*Raab* Rn. 37; *Ehrich* RdA 1993, 220, 230).

14 Dem BR fällt nach Abs. 2 eine **Überwachungsfunktion** zu, die gem. Abs. 5 S. 4 neben den zust. Stellen bzw. der zust. Behörde gem. §§ 24, 47 IV BBiG wahrzunehmen ist (vgl. GK-BetrVG/*Raab* Rn. 15; DKK/*Buschmann* Rn. 14). § 80 II verpflichtet den AG zur rechtzeitigen Information über die Ausbilderbestellung (*Galperin*/*Löwisch* BetrVG Rn. 15), wodurch die Überwachung gesichert werden kann. Die doppelte Zuständigkeit von BR und zust. Stelle gem. §§ 20 ff. BBiG, 23 a, 24 HandwO für die Eignung der Ausbilder ist auch dann hinzunehmen, wenn eine divergierende Entscheidung zwischen Verwaltungsbehörde bzw. -gericht und ArbG möglich ist. Sie wird praktisch kaum in Betracht kommen, da zum einen die berufliche Fortbildung nicht unter § 24 BBiG fällt und die Norm zum anderen nicht unmittelbar Bestellung und Abberufung regelt (*Fitting* Rn. 27; *Ehrich* RdA 1993, 220, 225).

IV. Teilnahmevorschläge des Betriebsrats für Maßnahmen der Berufsbildung

15 Abs. 3 verfolgt den Zweck, die Chancengleichheit der AN beim beruflichen Fortkommen zu fördern, dh. die Verwirklichung des Gleichberechtigungsgrundsatzes im Berufsbildungsbereich (HSG/ *Glaubitz* Rn. 53). Nicht nur der BR, sondern auch ein paritätisch besetzter Bildungsausschuss gem. § 28 III kann sich mit dem AG über die Teilnehmer einigen (*Fitting* Rn. 29). In den drei Fällen des Abs. 3 greift das Vorschlagsrecht ein: Durchführung betrieblicher Maßnahmen der Berufsbildung (s. § 96 Rn. 5 ff.), Freistellung für außerbetriebliche Maßnahmen der Berufsbildung, vollständige oder tw. Kostentragung des AG für die Teilnahme an Maßnahmen der Berufsbildung. Die **freie Entscheidung des AG** bleibt erhalten bezüglich der Entscheidung über das „Ob" der Durchführung, der Freistellung bzw. der Kostenübernahme; ebenso bezüglich der Festlegung der Ausbildungsziele und der Teilnehmerzahl (GK-BetrVG/*Raab* Rn. 24; *Fitting* Rn. 31 f.).

16 Aus der Verbindung mit Abs. 4 ergibt sich die **Erzwingbarkeit des Vorschlagsrechts**. Allerdings bedeutet dies nicht, dass immer über alle Teilnehmer Einigung erzielt werden müsste. Denn grds. entscheidet die Einigungsstelle nur dann, wenn AG und BR zusammen mehr AN vorschlagen als Ausbildungsplätze zur Verfügung stehen. In diesem Fall werden auch die vom AG vorgeschlagenen AN nach den Kriterien der Einigungsstelle beurteilt (BAG 8. 12. 1987 AP BetrVG 1972 § 98 Nr. 4). Macht der BR dagegen nicht von seinem Vorschlagsrecht gem. § 98 III Gebrauch, kommt auch kein Einigungsstellenverfahren in Betracht (BAG 8. 12. 1987 AP BetrVG 1972 § 98 Nr. 4; BAG 10. 2. 1988 AP BetrVG 1972 § 98 Nr. 5), dh. er kann in diesem Fall nicht die Teilnahme der vom AG benannten AN verhindern. **Das Mitbestimmungsrecht greift damit nur ein, wenn der BR Teilnehmer vorschlägt.** Die Einigungsstelle entscheidet unter Berücksichtigung der Grundsätze des § 96 II im Rahmen der vom AG nach Beratung mit dem BR gem. § 97 festgesetzten Aufnahmekapazität und den Teilnahmeanforderungen gem. Abs. 4 verbindlich (*Fitting* Rn. 33).

17 Den Betriebspartnern ist es möglich, objektive Auswahlgesichtspunkte aufzustellen, die das Vorschlagsrecht des BR präjudizieren, aber keine AuswahlRL iSd. § 95 darstellen (DKK/*Buschmann* Rn. 24; HSG/*Glaubitz* § 98 Rn. 61).

V. Durchführung sonstiger Bildungsmaßnahmen im Betrieb

18 Abs. 6 ordnet die entspr. Geltung der Abs. 1 bis 5 für die Durchführung sonstiger Bildungsmaßnahmen im Betrieb an. Zur Betrieblichkeit von Bildungsmaßnahmen s. die Erl. zu §§ 96, 98 I. Im Übrigen gelten die Erl. zu Abs. 1 bis 5 auch hier.

19 Die Vorschrift erfasst alle Bildungsmaßnahmen, die nicht Berufsbildungsmaßnahmen sind, dh. sich nicht auf die aktuelle oder zukünftige berufliche Tätigkeit von AN beziehen (DKK/*Buschmann* Rn. 27; GK-BetrVG/*Raab* Rn. 39). **Erfasst werden alle Veranstaltungen, die zur Vermittlung von Kenntnissen führen, um einen Lernprozess herbeizuführen** (vgl. GK-BetrVG/*Raab* Rn. 39). Bei-

spiele dafür sind Kurse zur ersten Hilfe, zur Unfallverhütung, Veranstaltungen über staatsbürgerliche, sozialkundliche, gesundheits- oder kunsterzieherische Themen (vgl. DKK/*Buschmann* Rn. 27; HSG/*Glaubitz* Rn. 65). Soweit Programmiererkurse, Sprachkurse oder Lehrgänge über elektronische Datenverarbeitung unter Abs. 6 gefasst werden (GK-BetrVG/*Raab* Rn. 39; HSG/*Glaubitz* Rn. 65), kann dies nur unter Ermittlung des jetzigen und absehbaren Betätigungsfeldes des AN festgestellt werden, da bei der wachsenden Verbreitung von computerisierten Arbeitsplätzen hier oftmals berufliche Bildung vorliegen wird.

Nicht unter Abs. 6 fallen die betriebliche Berufsbildung des AN, die Unterrichtung des AN nach 20 § 81 I, die Information über das Unternehmen und Veranstaltungen zum Erfahrungsaustausch zwischen den AN (ähnlich GK-BetrVG/*Raab* Rn. 40). Ferner scheiden zB aus Malkurse, betriebliche Sportvereine und Schachclubs, Werksorchester oder Vergnügungsveranstaltungen, Betriebsausflüge und Jubilarehrungen (vgl. DKK/*Buschmann* Rn. 28; HSG/*Glaubitz* Rn. 66).

VI. Streitigkeiten

Hat ein AN trotz bes. Schulung Schaden verursacht, kann sich der AG nicht auf eine unter 21 Verletzung des § 98 I durchgeführte Schulungsveranstaltung zum Nachweis groben Verschuldens berufen (BAG 23. 6. 94 – 8 AZR 599/92 – nv.; aA LAG Hamm 29. 9. 1992 BB 1992, 2223). Die **Einigungsstelle** entscheidet verbindlich über Streitigkeiten über die Durchführung von Berufsbildung oder sonstigen Bildungsmaßnahmen und über die Vorschläge des BR bezüglich der ANTeilnahme an Maßnahmen iSv. Abs. 3. Das **ArbG** entscheidet im Wege des Beschlussverfahrens über Streitigkeiten bei der Bestellung und Abberufung von Ausbildern, zudem über die Frage, ob eine Maßnahme der Mitbestimmung unterliegt (*Fitting* Rn. 42).

Dritter Unterabschnitt. Personelle Einzelmaßnahmen

§ 99 Mitbestimmung bei personellen Einzelmaßnahmen

(1) ¹In Unternehmen mit in der Regel mehr als zwanzig wahlberechtigten Arbeitnehmern hat der Arbeitgeber den Betriebsrat vor jeder Einstellung, Eingruppierung, Umgruppierung und Versetzung zu unterrichten, ihm die erforderlichen Bewerbungsunterlagen vorzulegen und Auskunft über die Person der Beteiligten zu geben; er hat dem Betriebsrat unter Vorlage der erforderlichen Unterlagen Auskunft über die Auswirkungen der geplanten Maßnahme zu geben und die Zustimmung des Betriebsrats zu der geplanten Maßnahme einzuholen. ²Bei Einstellungen und Versetzungen hat der Arbeitgeber insbesondere den in Aussicht genommenen Arbeitsplatz und die vorgesehene Eingruppierung mitzuteilen. ³Die Mitglieder des Betriebsrats sind verpflichtet, über die ihnen im Rahmen der personellen Maßnahmen nach den Sätzen 1 und 2 bekannt gewordenen persönlichen Verhältnisse und Angelegenheiten der Arbeitnehmer, die ihrer Bedeutung oder ihrem Inhalt nach einer vertraulichen Behandlung bedürfen, Stillschweigen zu bewahren; § 79 Abs. 1 Satz 2 bis 4 gilt entsprechend.

(2) Der Betriebsrat kann die Zustimmung verweigern, wenn
1. die personelle Maßnahme gegen ein Gesetz, eine Verordnung, eine Unfallverhütungsvorschrift oder gegen eine Bestimmung in einem Tarifvertrag oder in einer Betriebsvereinbarung oder gegen eine gerichtliche Entscheidung oder eine behördliche Anordnung verstoßen würde,
2. die personelle Maßnahme gegen eine Richtlinie nach § 95 verstoßen würde,
3. die durch Tatsachen begründete Besorgnis besteht, dass infolge der personellen Maßnahme im Betrieb beschäftigte Arbeitnehmer gekündigt werden oder sonstige Nachteile erleiden, ohne dass dies aus betrieblichen oder persönlichen Gründen gerechtfertigt ist; als Nachteil gilt bei unbefristeter Einstellung auch die Nichtberücksichtigung eines gleich geeigneten befristet Beschäftigten,
4. der betroffene Arbeitnehmer durch die personelle Maßnahme benachteiligt wird, ohne dass dies aus betrieblichen oder in der Person des Arbeitnehmers liegenden Gründen gerechtfertigt ist,
5. eine nach § 93 erforderliche Ausschreibung im Betrieb unterblieben ist oder
6. die durch Tatsachen begründete Besorgnis besteht, dass der für die personelle Maßnahme in Aussicht genommene Bewerber oder Arbeitnehmer den Betriebsfrieden durch gesetzwidriges Verhalten oder durch grobe Verletzung der in § 75 Abs. 1 enthaltenen Grundsätze, insbesondere durch rassistische oder fremdenfeindliche Betätigung, stören werde.

(3) ¹Verweigert der Betriebsrat seine Zustimmung, so hat er dies unter Angabe von Gründen innerhalb einer Woche nach Unterrichtung durch den Arbeitgeber diesem schriftlich mitzuteilen. ²Teilt der Betriebsrat dem Arbeitgeber die Verweigerung seiner Zustimmung nicht innerhalb der Frist schriftlich mit, so gilt die Zustimmung als erteilt.

(4) **Verweigert der Betriebsrat seine Zustimmung, so kann der Arbeitgeber beim Arbeitsgericht beantragen, die Zustimmung zu ersetzen.**

I. Anwendungsbereich

1 §§ 99 ff. regeln die Mitbestimmungsrechte bei personellen Einzelmaßnahmen. Dabei sind drei der vier zentralen personellen Einzelmaßnahmen (Einstellung, Versetzung, Ein- und Umgruppierung) in §§ 99 bis 101 einem Zustimmungserfordernis seitens des BR unterworfen, während bei der Kündigung gem. § 102 nur die Anhörung des BR vorgesehen ist. Auf der anderen Seite reicht das Mitbestimmungsrecht des BR bei der Kündigung gem. § 102 insoweit weiter, als die Beteiligung des BR in jedem Betrieb erforderlich ist, während § 99 nur in Unternehmen (bis 28. 7. 2001: Betrieb) mit idR mehr als 20 wahlberechtigten AN eingreift. Bei der **Ermittlung der regelmäßigen ANZahl** ist nicht die zufällige tatsächliche Beschäftigtenzahl zum Zeitpunkt der vorgesehenen personellen Einzelmaßnahme maßgeblich, sondern die normale ANZahl des Unternehmens, dh. diejenige Personalstärke, die für das Unternehmen im Allg. kennzeichnend ist. Insofern bedarf es eines Rückblicks auf die bisherige personelle Stärke des Betriebs und einer Einschätzung der künftigen Entwicklung (näher dazu § 111 Rn. 5). Ein einzustellender AN, durch dessen Einstellung die Mindestzahl von mehr als 20 wahlberechtigten AN erst erreicht würde, ist nicht mitzuzählen (*Fitting* Rn. 12). In Gemeinschaftsbetrieben (§ 1 II) muss es ausreichen, dass ein beteiligter Unternehmer mehr als 20 AN hat (str., s. *Fitting* Rn. 10).

2 Für **leitende Angestellte** gelten weder §§ 99 bis 101 noch § 102; insofern ist lediglich einheitlich für alle personellen Einzelmaßnahmen eine Mitteilungspflicht gegenüber dem BR in § 105 vorgesehen. Nur § 105 greift auch dann ein, wenn ein AN zum leitenden Angestellten befördert werden soll (BAG 29. 1. 1980 AP BetrVG 1972 § 5 Nr. 24). Hat der AG einen AN fälschlich als leitenden Angestellten angesehen und den BR bei einer personellen Einzelmaßnahme nur nach § 105 beteiligt, kann die Mitteilung nach § 105 idR nicht in eine Unterrichtung nach § 99 umgedeutet werden (L/K Rn. 2). Zu den der **Deutschen Bahn** AG zugewiesenen Beamten BAG 12. 12. 1995 AP BetrVG 1972 § 99 Versetzung Nr. 8; 26. 6. 1996 AP ArbGG 1979 § 20 Nr. 12; zur **Post** AG BAG 12. 8. 1999 AP BetrVG 1972 § 99 Versetzung Nr. 15; *Fitting* Rn. 242 ff.

3 Eingeschränkt ist das Mitbestimmungsrecht gem. § 99 im **Arbeitskampf,** soweit seine Ausübung unmittelbar und zwangsläufig zur Folge hätte, dass die Freiheit des AG, Arbeitskampfmaßnahmen zu ergreifen oder Folgen eines Arbeitskampfes zu begegnen, in ihrem Kernbereich beeinträchtigt würde (BVerfG 7. 4. 1997 AP GG Art. 100 Nr. 11; BAG 10. 2. 1988 AP BetrVG 1972 § 98 Nr. 5; BAG 19. 2. 1991 AP BetrVG 1972 § 95 Nr. 26). Eine solche Beeinträchtigung setzt voraus, dass sich der AG selbst im Arbeitskampf befindet und die betreffende personelle Maßnahme unmittelbar arbeitskampfbezogen ist (*Fitting* Rn. 8 a). Beispiele sind etwa die Einstellung von Streikbrechern oder die Versetzung arbeitswilliger AN auf Arbeitsplätze streikender AN. Bei Maßnahmen, die nicht wegen, sondern nur während des Arbeitskampfes durchgeführt werden, bleibt das Mitbestimmungsrecht dagegen bestehen (BAG 6. 3. 1979 AP BetrVG 1972 § 102 Nr. 20). In jedem Fall bleibt wegen mangelnder Arbeitskampfrelevanz die Unterrichtungspflicht des AG erhalten (LAG Niedersachsen 21. 11. 2001, LAGE BetrVG 87 Arbeitszeit Nr. 28).

II. Mitbestimmungspflichtige Angelegenheiten

4 **1. Einstellung.** Darunter kann man sowohl die Begründung des Arbeitsverhältnisses durch Abschluss des Arbeitsvertrages als auch die tatsächliche Eingliederung in den Betrieb verstehen. Während das BAG zunächst in Übereinstimmung mit der überwiegenden Auffassung in der Literatur (*Fitting* Rn. 32; GK-BetrVG/*Kraft* Rn. 20) davon ausging, dass die jeweils zeitlich erste Maßnahme mitbestimmungspflichtig sei, stellt das Gericht nunmehr allein auf die tatsächliche Beschäftigung im Betrieb ab (BAG 28. 4. 1992 AP BetrVG 1972 § 99 Nr. 98; BAG 27. 7. 1993 AP BetrVG 1972 § 93 Nr. 3). Diese liegt vor, wenn Personen **in den Betrieb eingegliedert** werden, um zusammen mit den im Betrieb schon beschäftigten AN den arbeitstechnischen Zweck des Betriebes durch weisungsgebundene Tätigkeit zu verwirklichen (BAG 27. 7. 1993 AP BetrVG 1972 § 93 Nr. 3).

5 Beteiligungspflichtig ist zunächst jede **Einstellung auf Grund eines wirksamen Arbeitsvertrages,** gleichgültig ob der AN unbefristet, befristet, zur Probe oder zur Aushilfe eingestellt wird. Gleichgestellt ist die Ausgabe von Arbeit an in Heimarbeit Beschäftigte gem. § 6 und grds. auch die Begründung von Berufsausbildungsverhältnissen. Insoweit gilt eine Ausnahme für den Fall der Einstellung eines Auszubildenden in einem reinen Ausbildungsbetrieb, da es hier an der notwendigen Eingliederung fehlt (vgl. BAG 21. 7. 1993 AP BetrVG 1972 § 5 Ausbildung Nr. 8). Allerdings soll der BR bereits **vor Abschluss des Arbeitsvertrages** zu beteiligen und seine Zustimmung zu der geplanten Beschäftigung einzuholen sein (BAG 28. 4. 1992 AP BetrVG 1972 § 99 Nr. 98). Insofern befindet sich das BAG in Übereinstimmung mit der hM und seiner früheren Rspr., wonach bei zeitlichem Auseinanderfallen von Vertragsschluss und Eingliederung jeweils die zeitlich erste Maßnahme des AG mitbestimmungspflichtig sein soll (*Fitting* Rn. 32; DKK/*Kittner* Rn. 37; BAG 14. 5. 1974 AP BetrVG

II. Mitbestimmungspflichtige Angelegenheiten
§ 99 BetrVG 210

1972 § 99 Nr. 2; BAG 18. 7. 1978 AP BetrVG 1972 § 99 Nr. 7). Die Mitbestimmung bei einem Rahmenvertrag deckt auch die späteren Vereinbarungen über die einzelnen Arbeitseinsätze ab, BAG 28. 4. 1992 aaO.

Bei der **Fortsetzung eines Arbeitsverhältnisses** wird eine mitbestimmungspflichtige Einstellung 6 angenommen, wenn der Fortsetzung jeweils eine neue AGEntscheidung zugrunde liegt. Dies gilt etwa für die Beschäftigung über die vertraglich vereinbarte oder tarifliche Altersgrenze hinaus (BAG 10. 3. 1992 AP BetrVG 1972 § 99 Nr. 96), die vorübergehende Beschäftigung von AN im Betrieb aus einem anderen Konzernunternehmen, die Übernahme in ein Arbeitsverhältnis nach Beendigung des Berufsausbildungsverhältnisses (BAG 22. 1. 1991 AP BetrVG 1972 § 99 Nr. 86), die Teilzeitbeschäftigung eines AN während des Erziehungsurlaubs (BAG 28. 4. 1998 AP BetrVG 1972 § 99 Einstellung Nr. 22 = NZA 98, 1352); nach BVerwG 23. 3. 1999 BVerwGE 108, 347 = AP BPersVG § 75 Nr. 73; LAG Niedersachsen 12. 9. 2000 LAGE BetrVG § 99 Nr. 2 auch eine nicht nur vorübergehende oder geringfügige Aufstockung eines Teilzeitbeschäftigungsverhältnisses, aA, weil die Dauer der Arbeitszeit nach § 87 I Nr. 2 mitbestimmungsfrei ist, BAG 16. 7. 1991 BetrVG § 95 Nr. 28, oder die **Verlängerung von zunächst befristet abgeschlossenen Arbeitsverträgen** (BAG 28. 10. 1986 AP BetrVG 1972 § 118 Nr. 32). Eine Ausnahme gilt für die Verlängerung eines befristeten Probearbeitsverhältnisses, sofern dem BR vor der Einstellung zur Probe mitgeteilt worden ist, der AN solle bei Bewährung weiterbeschäftigt werden (BAG 7. 8. 1990 AP BetrVG 1972 § 99 Nr. 82), angesichts des Zwecks des Probearbeitsverhältnisses ein überflüssiger und lebensfremder Formalismus. Darüber hinaus widerspricht es dem Wortlaut des Gesetzes und der Grundkonzeption des BAG, die Verlängerung einer Beschäftigung im Betrieb als Einstellung anzusehen, geht es hier doch nur um die Dauer der Beschäftigung, die auch nach der Auffassung des BAG (s. Rn. 23) der Mitbestimmung nicht unterliegt. Mangels erforderlicher AGEntscheidung entfällt die Mitbestimmung gem. § 99 bei der Wiederaufnahme eines ruhenden Arbeitsverhältnisses, zB nach Ableistung des Wehr- bzw. Zivildienstes (*Fitting* Rn. 42) oder bei Übergang des Arbeitsverhältnisses im Wege des Betriebsübergangs nach § 613 a BGB (BAG 17. 11. 1975 BB 1976, 134).

Eine Einstellung kann auch vorliegen, wenn der Arbeitsvertrag unwirksam ist oder ein solcher gar 7 nicht existiert. Auch die Eingliederung von NichtAN in die betriebliche Tätigkeit wird erfasst, da das kollektive Interesse der Belegschaft unabhängig davon berührt wird, auf welcher vertraglichen Grundlage die in die betriebliche Arbeit eingeschalteten Personen tätig werden (BAG 27. 7. 1993 AP BetrVG 1972 § 93 Nr. 3; BAG 22. 4. 1997 NZA 1997, 1297 zu Rote-Kreuz-Schwestern; BAG 19. 6. 2001 DB 2002, 1278 zu Zivildienstleistenden). Entscheidend ist allein, ob „Personen in den Betrieb eingegliedert werden, um zusammen mit den im Betrieb schon beschäftigten AN den arbeitstechnischen Zweck des Betriebes durch weisungsgebundene Tätigkeit zu verwirklichen" (BAG 20. 4. 1993 AP BetrVG 1972 § 99 Nr. 106; BAG 17. 7. 1993 AP BetrVG 1972 § 93 Nr. 3).

Dementsprechend hat das BAG die **Arbeitsaufnahme von LeihAN** als Einstellung angesehen 8 (BAG 14. 5. 1974 AP BetrVG 1972 § 99 Nr. 2). Dies ist heute durch § 14 III AÜG ausdrücklich klargestellt. Inkonsequent war, dass die **Beschäftigung von freien Mitarbeitern**, uU sogar von selbständigen Unternehmern (BAG 15. 4. 1986 AP BetrVG 1972 § 99 Nr. 35), nach der früheren Rspr. des BAG eine Einstellung iSd. § 99 BetrVG darstellen konnte. Darauf, ob tatsächlich im Einzelfall Weisungen gegeben werden, komme es nicht an (BAG 27. 7. 1993 AP BetrVG 1972 § 93 Nr. 3; BAG 18. 10. 1994 AP BetrVG 1972 § 99 Einstellung Nr. 5). Es ist aber widersprüchlich, einerseits freie Mitarbeit, andererseits Eingliederung anzunehmen. Jetzt hat das Gericht klargestellt, dass normalerweise die Beschäftigung freier Mitarbeiter keine Einstellung iSd. § 99 BetrVG darstellt. Nur wenn sich die Tätigkeit nicht nennenswert von der weisungsabhängigen Tätigkeit vergleichbarer AN desselben Betriebes unterscheidet und eine arbeitnehmertypische tw. Einbindung in die betriebliche Organisation vorliegt, könne ausnahmsweise bei der Beschäftigung freier Mitarbeiter oder Selbständiger eine Einstellung vorliegen (BAG 30. 8. 1994 NZA 1995, 649). In Wirklichkeit handelt es sich dann aber nicht um freie Mitarbeiter. Um das Eingreifen des Mitbestimmungsrechts prüfen zu können, hat der BR auch hinsichtlich der Beschäftigung freier Mitarbeiter Anspruch auf Unterrichtung gem. § 80 II (BAG 15. 12. 1998 AP BetrVG 1972 § 80 Nr. 56 = NZA 1999, 722). Einsatz von Testkäufern ist erst recht keine Einstellung (BAG 13. 3. 2001 DB 2001, 2558).

Auch in Bezug auf **werk- oder dienstvertragliche Tätigkeit** hat das BAG erst nach längerem 9 Schwanken zu einer einheitlichen Linie gefunden. Tw. hatte das Gericht darauf abgestellt, ob sich die Aufgaben von Fremdfirmen auf „absonderbare Tätigkeitsbereiche", die nicht unmittelbar der Verwirklichung des Betriebszwecks dienten, beziehen (BAG 28. 11. 1989 AP AÜG § 14 Nr. 5). Auch sollte es für die Anwendung des § 99 ausreichen, wenn die von FremdfirmenAN ausgeübte Tätigkeit ihrer Art nach weisungsgebunden sei, gleichgültig, von wem die FremdfirmenAN tatsächlich ihre Weisungen erhalten (BAG 1. 8. 1989 AP BetrVG 1972 § 99 Nr. 68). Die Wende zu einer folgerichtigen Anwendung des § 99 vollzog das BAG mit Urteil vom 5. 3. 1991 (AP BetrVG 1972 § 99 Nr. 90). Danach kommt es für die Anwendung des § 99 maßgeblich darauf an, ob Personen, die als Erfüllungsgehilfen eines Dienst- oder Werknehmers im Betrieb des Auftraggebers tätig werden, so in die Arbeitsorganisation des Auftraggebers eingegliedert werden, dass dieser **die für ein Arbeitsverhältnis typischen Entscheidungen** über deren Arbeitseinsatz auch nach Zeit und Ort zu treffen hat (ebenso BAG

5. 5. 1992 AP BetrVG 1972 § 99 Nr. 97; BAG 18. 10. 1994 AP BetrVG 1972 § 99 Einstellung Nr. 5; BAG 13. 3. 2001 AP BetrVG 1972 § 99 Einstellung Nr. 34 = NZA 2001, 1262). Typische Weisungen über den Arbeitseinsatz sind solche, mit denen die individuelle Arbeitspflicht nach Gegenstand, Ort und Zeit konkretisiert wird, etwa die Bestimmung des täglichen Arbeitsbeginns, die Zuweisung einer bestimmten Aufgabe oder die Reihenfolge der Arbeitsschritte. Nicht den konkreten Arbeitseinsatz betreffen dagegen Weisungen, die sich auf die Person des AN beziehen, etwa die Gewährung von Freizeiten oder die Festlegung des Urlaubs. Auch wenn solche Weisungen beim VertragsAG bleiben, steht dies einer Einstellung iSd. § 99 BetrVG nicht entgegen (vgl. ausf. zu dieser Differenzierung *Schüren* AÜG § 1 Rn. 162 ff.). Im Ergebnis trifft damit das BAG mitbestimmungsrechtlich dieselbe Abgrenzung wie individualrechtlich zur ANÜberlassung.

10 **2. Eingruppierung.** Unter Eingruppierung versteht man die erstmalige Festsetzung der für die Entlohnung des AN maßgebenden Lohn- bzw. Gehaltsgruppe. Die Eingruppierung erfolgt zwingend nach der ausgeübten bzw. vertraglich auszuübenden Tätigkeit, ohne Rücksicht auf die Entgeltvereinbarung, BAG 18. 6. 1991 BetrVG 1972 § 99 Eingruppierung Nr. 15. Folge ist, dass dem BR über § 99 kein Gestaltungs-, sondern lediglich ein **Mitbeurteilungsrecht** zusteht, welches eine größere Gewähr für die Richtigkeit der vorgenommenen Eingruppierung bieten soll (BAG 18. 6. 1991 AP BetrVG 1972 § 99 Nr. 103; BAG 9. 2. 1993 AP BetrVG 1972 § 99 Nr. 105). Dabei kann der BR nach Auffassung des BAG nicht nur einer zu niedrigen, sondern auch einer zu hohen Eingruppierung widersprechen (BAG 28. 4. 1998 AP BetrVG 1972 § 99 Eingruppierung Nr. 18 = DB 1998, 552). Die Eingruppierung fällt zeitlich mit der Einstellung zusammen, stellt jedoch einen davon zu trennenden Mitbestimmungstatbestand dar. Deshalb kann der BR der Einstellung nicht deshalb widersprechen, weil um die richtige oder fehlende Eingruppierung gestritten wird (BAG 20. 12. 1988 AP BetrVG 1972 § 99 Nr. 62; 9. 7. 1996 AP BetrVG 1972 Einstellung Nr. 9).

11 Die Eingruppierung erfolgt in der Praxis meist unter die jeweilige **Lohn- bzw. Gehaltsgruppe** des einschlägigen TV. Dabei ist es gleichgültig, ob der TV kraft beiderseitiger Tarifbindung oder auf Grund einzelvertraglicher Vereinbarung bzw. betrieblicher Übung gilt (BAG 12. 12. 2000 EzA BetrVG § 87 Betriebliche Lohngestaltung Nr. 70; *Fitting* Rn. 74). Soweit die Entlohnung nicht nach Tarif erfolgt, ist unter Eingruppierung die Festlegung der betriebsüblichen Entlohnung in einer BV, RL oder einseitig vom AG geschaffenen Vergütungsordnung zu verstehen (BAG 28. 1. 1986 AP BetrVG 1972 § 99 Nr. 32; BAG 23. 11. 1993 AP BetrVG 1972 § 99 Nr. 111). Die Gewährung von Zulagen macht eine Eingruppierung nur dann erforderlich, wenn die Zulage an Tätigkeitsmerkmale anknüpft, die für die Eingruppierung in die Vergütungsgruppe nicht maßgebend waren (BAG 24. 6. 1986 AP BetrVG 1972 § 99 Nr. 37; BAG 2. 4. 1996 AP BetrVG 1972 § 99 Eingruppierung Nr. 7). Voraussetzung für die Entstehung des Mitbestimmungsrechts ist aber stets, dass überhaupt eine Lohn- oder Gehaltsgruppenordnung besteht (BAG 20. 12. 1988 AP BetrVG 1972 § 99 Nr. 62). Ist dies nicht der Fall, gilt das Mitbestimmungsrecht für alle AN mit Ausnahme der Leitenden, also auch für AT-Angestellte. Fällt die Lohn- oder Gehaltsgruppenordnung weg, entfällt das Mitbestimmungsrecht bei der Eingruppierung (BAG 12. 12. 2000 – aaO). Allerdings kann der BR nach § 87 I Nr. 10 die Einführung betrieblicher Entgeltgruppen verlangen. Enthält eine Vergütungsgruppe auch abstrakt personenbezogene Voraussetzungen (zB § 22 II a aE BAT) gehört auch deren Feststellung zu der Eingruppierung, dagegen nicht die konkrete Beurteilung der Leistung einzelner AN (LAG Düsseldorf 21. 6. 1999 – 18 TaBV 26/99 –), denn insoweit sieht § 94 nur die Mitbestimmung bei allg. Beurteilungsgrundsätzen vor. Die unveränderte Fortsetzung eines befristeten Arbeitsverhältnisses erfordert keine neue Eingruppierung (BAG 1. 11. 1997 BAG BetrVG 1972 § 99 Eingruppierung Nr. 17).

12 **3. Umgruppierung.** Unter Umgruppierung versteht man jede **Änderung der Zuordnung** eines AN zu der für ihn maßgeblichen tariflichen oder betrieblichen Lohn- bzw. Gehaltsgruppenordnung. Während die Eingruppierung regelmäßig zusammen mit einer Einstellung anfällt, besteht keine vergleichbare Verknüpfung zwischen Umgruppierung und Versetzung. Die Versetzung auf einen höher oder niedriger eingestuften Arbeitsplatz ist nur eine Möglichkeit, bei der eine Umgruppierung erforderlich wird. Denkbar ist weiter, dass eine Umgruppierung erforderlich wird, weil sich die dem AN übertragenen Aufgaben auf demselben Arbeitsplatz in ihrem Verhältnis zueinander ändern und der AN damit in eine andere Vergütungsgruppe „hineinwächst" (GK-BetrVG/*Kraft* Rn. 48; *Fitting* Rn. 88; aA BAG 7. 10. 1981 AP BAT 1975 §§ 22, 23 Nr. 49). Das Erfordernis der Umgruppierung kann sich auch bei unverändertem Tätigkeitsbereich des AN ergeben, wenn die einschlägige Vergütungsgruppenordnung etwa durch Änderung der Zahl der Vergütungsgruppen oder durch Neufassung der Tätigkeitsmerkmale geändert wird (BAG 12. 1. 1993 AP BetrVG 1972 § 99 Nr. 101; BAG 9. 3. 1993 AP BetrVG 1972 § 99 Nr. 104; ebenso BAG 12. 8. 1997 AP BetrVG 1972 § 99 Eingruppierung Nr. 14), oder wenn die bisherige Eingruppierung für falsch gehalten und deshalb korrigiert wird. Eine **Umgruppierung liegt nicht vor,** wenn der einzelne AN mit dem AG eine Änderung seiner Arbeitszeit (BAG 30. 10. 2001 AP BetrVG 1972 § 99 BetrVG Eingruppierung Nr. 28) oder seines Arbeitsentgelts, insb. eine übertarifliche Bezahlung vereinbart. Dies gilt auch dann, wenn vereinbart wird, dass der AN in eine höhere Tarifgruppe eingestuft wird, als dies seiner Tätigkeit entspricht. Denn auch dann handelt es sich um ein einzelvertraglich vereinbartes

Entgelt, für das auf den TV lediglich Bezug genommen wird (LAG Hamburg 30. 4. 1975 BB 1975, 1015; L/K Rn. 30).

4. Versetzung. Der betriebsverfassungsrechtliche Begriff der Versetzung ist in § 95 III legal definiert. Der „**Arbeitsbereich**" iSd. § 95 III ist der konkrete Arbeitsplatz und seine Beziehung zur betrieblichen Umgebung in räumlicher, technischer und organisatorischer Hinsicht (BAG 19. 2. 1991 AP BetrVG 1972 § 95 Nr. 25; BAG 23. 11. 1993 AP BetrVG 1972 § 95 Nr. 33). Die Zuweisung eines anderen Arbeitsbereichs kann darin liegen, dass der AN mit einer Tätigkeit betraut wird, die sich inhaltlich erheblich von seiner früheren Aufgabe unterscheidet (BAG 10. 4. 1984 AP BetrVG 1972 § 95 Nr. 4). Dies ist etwa der Fall, wenn der Tätigkeitsbereich durch das Hinzufügen oder die Wegnahme von Teilfunktionen erweitert oder verkleinert wird und sich dadurch das Gesamtbild der Tätigkeit ändert (BAG 2. 4. 1996 AP BetrVG 1972 § 95 Nr. 34; es muss sich daher um wesentliche Veränderungen handeln (BAG 11. 9. 2001 EzA § 95 BetrVG 1972 Nr. 34). Beispiele sind der Einsatz eines Sachbearbeiters als Abteilungsleiter, einer Stenotypistin als Chefsekretärin oder eines Arbeiters als Lagerverwalter (L/K Rn. 18). Die bloße **Veränderung von Lage und Dauer der Arbeitszeit** stellt keine Versetzung dar. Nicht mitbestimmungspflichtig ist deshalb etwa die Verlängerung oder Verkürzung der normalen Wochenarbeitszeit von VollzeitAN, der Mindestwochenarbeitszeit von Teilzeitbeschäftigten mit variabler Arbeitszeit, die Umsetzung von Normal- in Wechselschicht oder von Tag- in Nachtschicht (BAG 19. 2. 1991, 16. 7. 1991, 23. 11. 1993 AP BetrVG, § 95 Nr. 25, 28, 33; *Fitting* Rn. 126; aA LAG Niedersachsen 12. 9. 2000 NZA-RR 2001, 141).

Die Zuweisung einer anderen Arbeitsaufgabe kann, muss aber nicht mit einem **Wechsel des Arbeitsplatzes** verbunden sein. Kommt es zu einem Wechsel des Arbeitsplatzes, liegt regelmäßig eine mitbestimmungspflichtige Versetzung vor. Beispiele sind etwa der Wechsel eines AN von der Forschungsabteilung in die Produktion, von der einen in die andere Abteilung eines Warenhauses, soweit grdl. andere Warenkenntnisse erforderlich sind (LAG Düsseldorf 28. 1. 1987 NZA 1988, 69; s. auch BAG 29. 2. 2000 EzA § 95 BetrVG Nr. 31 betr. verschiedene Abteilungen eines Seniorenheims) und evtl. auch der Wechsel von Einzel- in Gruppenarbeit oder umgekehrt (BAG 22. 4. 1997 DB 1998, 208; LAG Köln 26. 7. 1996 NZA 1997, 280). BAG 29. 2. 2000, AP BetrVG 1972 § 95 Nr. 36, zählt sogar die Umsetzung auf eine andere Station eines Seniorenheimes dazu. Bleibt der AN dagegen an seinem bisherigen Arbeitsplatz tätig, ohne dass sich die ihm zugewiesenen Aufgaben wenigstens tw. verändern, und kommt es lediglich zu **organisatorischen Umstrukturierungen** innerhalb der Abteilung, liegt keine Versetzung vor. Beispiele hierfür sind die Zuordnung eines Betriebsteils zu einer anderen Leitungsstelle im Unternehmen (BAG 10. 4. 1984 AP BetrVG 1972 § 95 Nr. 4), die Veränderung der Zuordnung von AN zu bestimmten Vorgesetzten oder die Vervollständigung einer Arbeitsgruppe durch neueingestellte AN. Wird dem AN überhaupt kein Arbeitsbereich zugewiesen, stellt dies nicht die Zuweisung eines anderen Arbeitsbereichs dar; die Suspendierung eines AN ist deshalb keine Versetzung (BAG 28. 3. 2000 NZA 2000, 1355).

Wird einem AN ein **Arbeitsplatz an einem anderen Ort** zugewiesen, liegt regelmäßig eine mitbestimmungspflichtige Versetzung vor. Es handelt sich hierbei um die Zuweisung eines anderen „Arbeitsbereichs" auch dann, wenn die an dem anderen Arbeitsort zu erbringende Arbeitsleistung inhaltlich unverändert ist (BAG 18. 2. 1986 AP BetrVG 1972 § 99 Nr. 33; BAG 18. 10. 1988 AP BetrVG 1972 § 99 Nr. 56). Das Mitbestimmungsrecht entfällt grds. auch dann nicht, wenn der Ortswechsel mit dem **Wechsel in einen anderen Betrieb** desselben Unternehmens oder auch in den Betrieb eines anderen Unternehmens verbunden ist (BAG 19. 2. 1991 AP BetrVG 1972 § 95 Nr. 26). In diesen Fällen sind sowohl der BR des abgebenden als auch der BR des aufnehmenden Betriebes zu beteiligen; aus der Sicht des abgebenden Betriebes handelt es sich um eine Versetzung, aus der des aufnehmenden Betriebes um eine Einstellung. Das Mitbestimmungsrecht (nicht die Informationspflicht) im abgebenden Betrieb entfällt nur dann, wenn der Wechsel des Arbeitsplatzes dem Wunsch des AN entspricht. Zwar können auch in diesen Fällen die Interessen der Belegschaft des abgebenden Betriebes durch die geplante Versetzung berührt sein, etwa wenn sich mehrere AN für den Wechsel in einen anderen Betrieb interessiert haben. Allerdings kann § 99 hier keinen wirksamen Schutz der Belegschaft gewährleisten; denn bei Einverständnis des wechselnden AN kann der Wechsel in den neuen Betrieb jederzeit durch Beendigung des Arbeitsverhältnisses und Neubegründung eines Arbeitsverhältnisses im aufnehmenden Betrieb erreicht werden (BAG 20. 9. 1990 AP BetrVG 1972 § 99 Nr. 84). Diese Ausnahme gilt nur für den auf Dauer vorgesehenen Wechsel in einen anderen Betrieb. Ist die Rückkehr des AN in den abgebenden Betrieb beabsichtigt, handelt es sich um eine einheitliche Maßnahme des Ausscheidens aus und der Wiedereingliederung in den abgebenden Betrieb, die – auch bei Einverständnis des AN – insgesamt der Mitwirkung des BR bedarf (BAG 18. 2. 1986 AP BetrVG 1972 § 99 Nr. 33; BAG 14. 11. 1989 AP BetrVG 1972 § 99 Nr. 76).

In allen genannten Fällen setzt das Mitbestimmungsrecht grds. erst dann ein, wenn die Zuweisung des anderen Arbeitsbereichs **voraussichtlich die Dauer von einem Monat** überschreiten wird. Ziel dieser gesetzlichen Regelung ist es, insb. kurzfristige Krankheits- und Urlaubsvertretungen aus der Mitbestimmungspflicht herauszuhalten. Plant der AG eine Versetzung des AN auf Dauer, muss der BR der Versetzung auch dann zustimmen, wenn der AG den AN zunächst nur für einen Monat auf dem neuen Arbeitsplatz einsetzt (LAG Schleswig-Holstein 5. 6. 1992 LAGE BetrVG § 95 Nr. 14). Die einen Monat oder kürzer dauernde Zuweisung eines anderen Arbeitsbereichs ist nur dann mitbestimmungspflichtig, wenn sie mit einer **erheblichen Änderung der Umstände** verbunden ist, unter denen die Arbeit zu leisten ist. Eine solche erhebliche Änderung der Arbeitsumstände kann etwa vorliegen, wenn ein AN aus einer normalen Arbeitsumgebung auf einen Arbeitsplatz mit starken Umwelteinflüssen (Hitze, Nässe, Lärm usw.) wechselt (L/K Rn. 21). Ob die Verpflichtung zur Arbeitsleistung an einem anderen Ort eine erhebliche Veränderung der Arbeitsumstände mit sich bringt, hängt von der Entfernung und den Verkehrsverbindungen im Einzelfall ab (*Fitting* Rn. 121). Die Rspr. war hierbei früher sehr großzügig. Eine erhebliche Änderung der Arbeitsumstände soll etwa vorliegen bei der zweitägigen Abordnung eines Croupiers von Berlin zur Kölner Messe (BAG 1. 8. 1989 AP BetrVG 1972 § 95 Nr. 17), bei der mehrfachen Entsendung eines Qualitätskontrolleurs für jeweils 4 bis 9 Tage in einen 160 km entfernt liegenden Schokoladenbetrieb (BAG 8. 8. 1989 AP BetrVG 1972 § 95 Nr. 18), bei der kurzzeitigen Versetzung in eine weit entfernte Filiale (BAG 28. 9. 1988 AP BetrVG 1972 § 99 Nr. 55) oder der Verpflichtung zu einem Arbeitseinsatz an einem anderen Ort verbunden mit der einmaligen Pflicht zur auswärtigen Übernachtung (LAG Brandenburg 7. 11. 1994 AiB 1996, 123). Diese Rspr. ist wohl durch die heutige Realität des Arbeitslebens überholt. Grundsätzlich sind gelegentliche Dienstreisen mit Übernachtung unterhalb der maßgeblichen Wesentlichkeitsgrenze anzusiedeln, soweit nicht besondere Umstände des Einzelfalls eine andere Wertung verlangen (so tendenziell auch BAG 21. 9. 1998 AP BetrVG 1972 § 99 Versetzung Nr. 21).

17 **Keine mitbestimmungspflichtige Versetzung** liegt gem. § 95 III 2 vor, wenn AN nach der Eigenart ihres Arbeitsverhältnisses üblicherweise nicht st. an einem bestimmten Arbeitsplatz beschäftigt werden. Der st. Wechsel des Arbeitsplatzes muss für das Arbeitsverhältnis typisch sein (BAG 18. 2. 1986 AP BetrVG 1972 § 99 Nr. 33; BAG 8. 8. 1989 AP BetrVG 1972 § 95 Nr. 18). Beispiele hierfür sind AN im Baugewerbe, angestellte Reisende, Montagearbeiter und sogenannte „Springer". Erfasst werden ggf. auch Auszubildende, wenn der st. Wechsel, wie etwa bei Trainees, üblich und zur Erreichung des Ausbildungsziels erforderlich ist (BAG 3. 12. 1985 AP BetrVG 1972 § 95 Nr. 8). Allein eine arbeitsvertragliche Vereinbarung, in der die jederzeitige Möglichkeit der Versetzung an einen anderen Ort oder auf eine andere Tätigkeit vorgesehen ist, führt nicht zum Ausschluss des Mitbestimmungsrechts nach § 99, wenn der ständige Wechsel nicht in der Tätigkeit als solcher angelegt ist (*Fitting* Rn. 133; *Künzl* BB 1995, 824; aA *Gerauer* BB 1995, 406). Dies wird aber idR der Fall sein, wenn von der vertraglichen Versetzungsmöglichkeit ständig Gebrauch gemacht wird, wie bei job rotation. Gelegentliche Auslandsreisen reichen nicht (BAG 21. 9. 1999 AP § 99 BetrVG Versetzung Nr. 21).

18 Ebenso wie bei der Einstellung ist auch bei der Versetzung zwischen der tatsächlichen Beschäftigung und der zugrundeliegenden individualarbeitsvertraglichen Vereinbarung zu differenzieren. Das Mitbestimmungsrecht des § 99 bezieht sich nur auf die **tatsächliche Zuweisung** eines anderen Arbeitsbereichs (BAG 30. 9. 1993 AP KSchG 1969 § 2 Nr. 33). Ob diese Zuweisung eines anderen Arbeitsbereichs individualrechtlich zulässig ist, hängt von der getroffenen vertraglichen Vereinbarung und der Qualität des neuen Arbeitsplatzes ab (Einzelheiten Rn. 44 ff.).

III. Unterrichtungspflicht des Arbeitgebers

19 Liegt eine mitbestimmungspflichtige Einstellung, Eingruppierung, Umgruppierung oder Versetzung vor, ist der AG verpflichtet, den BR vor der betreffenden Maßnahme zu unterrichten und unter Vorlage der erforderlichen Bewerbungsunterlagen Auskunft über die Person der Beteiligten zu geben. Die Unterrichtungspflicht beschränkt sich nicht auf die Person des unmittelbar betroffenen AN. Bei der Einstellung ist deshalb nicht nur über die **Person des Bewerbers,** den der AG einstellen möchte, Auskunft zu geben, sondern auch über diejenigen Bewerber, die er nicht berücksichtigen will (BAG 18. 7. 1978 AP BetrVG 1972 § 99 Nr. 7; BAG 19. 5. 1981 AP BetrVG 1972 § 118 Nr. 18). Allerdings müssen sich die AN um den konkret in Rede stehenden Arbeitsplatz beworben haben. An sich geeignete AN, die sich für einen anderen Arbeitsplatz beworben haben, sind nicht zu berücksichtigen (BAG 10. 11. 1992 AP BetrVG 1972 § 99 Nr. 100). Werden Einstellungen durch ein **Personalberatungsunternehmen** vorbereitet und ist dieses mit einer Vorauswahl von Bewerbern beauftragt, so hat der AG den BR nach Auffassung des BAG nur über die Bewerber zu informieren, die ihm selbst von dem Beratungsunternehmen benannt werden (BAG 18. 12. 1990 AP BetrVG 1972 § 99 Nr. 85; *Fitting* Rn. 145). Dies erscheint zweifelhaft, weil sich der AG so durch die Einschaltung Dritter von seinen Pflichten befreien kann (DKK/*Kittner* Rn. 130).

20 **Inhaltlich** sind im Rahmen der Unterrichtung die genauen Personalien, der Zeitpunkt der Maßnahme und die persönlichen Tatsachen über den Bewerber bzw. betroffenen AN mitzuteilen, die den BR nach Abs. 2 zur Verweigerung der Zustimmung berechtigten könnten, also alle Umstände über die fachliche und persönliche Eignung für den vorgesehenen Arbeitsplatz (BAG 10. 11. 1992 AP BetrVG 1972 § 99 Nr. 100). Dazu gehören auch sonstige persönliche Umstände wie Schwerbehinderteneigenschaft und Schwangerschaft (GK-BetrVG/*Kraft* Rn. 89). Die Auskunft hat sich auch auf die **Auswirkungen der geplanten Maßnahme** zu erstrecken, zB den Wegfall von Provisionsmöglichkeiten (LAG Schleswig-Holstein 3. 7. 2001 BB 2001, 2432). Bei Einstellungen und Versetzungen hat der AG

insb. den in Aussicht genommenen Arbeitsplatz und die vorgesehene Eingruppierung mitzuteilen (vgl. § 99 I 2. Halbs., S. 2). Ausreichend sind die Angaben des AG, wenn der BR in die Lage versetzt wird, die Berechtigung der vorgesehenen personellen Einzelmaßnahme und das Eingreifen von Zustimmungsverweigerungsgründen zu prüfen (*Fitting* Rn. 149; L/K Rn. 36). Deshalb sind bei Ein- und Umgruppierungen die Anforderungen an die Auskunftspflicht herabzusetzen. Der AG muss dem BR neben dem Namen des betroffenen AN und der nach seiner Ansicht zutreffenden Vergütungsgruppe nur mitteilen, aus welchen Tatsachen er zu der konkreten Eingruppierung gelangt. Nähere Angaben über die Person des beteiligten AN sind dagegen nicht erforderlich (L/K Rn. 43). Im Übrigen ist der AG nicht verpflichtet, sich **Informationen zu beschaffen,** die er selbst nicht hat. Hinsichtlich der persönlichen Angelegenheiten der AN, die den BRMitgliedern bei Wahrnehmung des Mitbestimmungsrechts gem. § 99 bekannt werden, unterliegen diese einer bes. Schweigepflicht, für die § 79 I 2 entspr. gilt.

Die Unterrichtung des BR hat unter Vorlage der erforderlichen, dh. der für die Meinungsbildung 21 des BR notwendigen Bewerbungsunterlagen zu erfolgen. Auch die Auswirkungen der geplanten Maßnahme sind dem BR durch **Vorlage der erforderlichen Unterlagen** zu verdeutlichen. Zu den Bewerbungsunterlagen zählen einmal die vom Bewerber eingereichten Unterlagen wie Bewerbungsschreiben, Zeugnisse, Lebenslauf, Lichtbild usw. Weiter zählen zu den Bewerbungsunterlagen aber auch die Unterlagen, die der AG anlässlich der Bewerbung erstellt, also insb. ausgefüllte Personalfragebogen, Ergebnisse von Einstellungsprüfungen und Tests, Aufzeichnungen über Einstellungsgespräche und ähnliches (L/K Rn. 35). Nicht zu den Bewerbungsunterlagen zählt der Arbeitsvertrag als solcher (BAG 18. 10. 1988 AP BetrVG 1972 § 99 Nr. 57). Dieser ist dem BR nicht vorzulegen. Ebenso wenig kann der BR Vorlage der gesamten Personalakten verlangen (*Fitting* Rn. 159). Soweit Unterlagen dem BR „vorzulegen" sind, müssen diese dem BR ausgehändigt werden, allerdings längstens für eine Woche. Der BR kann in dieser Zeit Einsicht in die Unterlagen nehmen, ist aber nicht berechtigt, Kopien oder Abschriften zu fertigen (BAG 3. 12. 1985 AP BetrVG 1972 § 99 Nr. 29; L/K Rn. 37). Eine Verpflichtung des AN Unterlagen die er selbst nicht hat, für den BR zu erstellen, folgt aus § 99 nicht. Weiter folgt aus § 99 kein Recht des BR bzw. einzelner BRMitglieder, an persönlichen Vorstellungsgesprächen von Bewerbern beim AG teilzunehmen (BAG 18. 7. 1978 AP BetrVG 1972 § 99 Nr. 7).

Hinsichtlich des **Zeitpunkts der Unterrichtung** verlangt § 99 I ausdrücklich nur, dass die Unter- 22 richtung „vor" der jeweiligen Maßnahme zu erfolgen hat. Zweckmäßig kann es sein, den BR so früh wie möglich einzuschalten. Spätestens hat die Information wegen der Frist des Abs. 3 eine Woche vor der Durchführung der Maßnahme zu erfolgen. Erfolgt innerhalb dieser Frist die Information nicht vollständig oder unterbleibt sie ganz, hat dies zur Folge, dass die Wochenfrist des Abs. 3 nicht zu laufen beginnt (BAG 10. 8. 1993 NZA 1994, 187). Der AG darf dann – außer bei einem Vorgehen nach § 100 – die Maßnahme nicht durchführen. Eine gerichtliche Ersetzung der Zustimmung gem. § 99 IV kommt nicht in Betracht. Allerdings ist der BR verpflichtet, den AG auf die **ihm bekannten Mängel der Unterrichtung hinzuweisen.** Ergänzt der AG seine Unterrichtung, setzt er damit eine neue Wochenfrist in Lauf. Hat der BR schon auf eine unvollständige Unterrichtung hin die Zustimmung verweigert, kann der AG noch im Zustimmungsersetzungsverfahren die fehlende Unterrichtung nachholen. Der BR kann dann innerhalb einer Woche weitere, sich aus der nachgeschobenen Unterrichtung ergebende Zustimmungsverweigerungsgründe geltend machen. Nach Ablauf dieses Zeitraums kann dann das schon eingeleitete Zustimmungsersetzungsverfahren fortgeführt werden (BAG 10. 8. 1993 NZA 1994, 187, 188).

IV. Gründe für die Zustimmungsverweigerung

1. Verstoß gegen Rechtsvorschriften. Zu beachten ist bei Nr. 1, dass ein Zustimmungsverweige- 23 rungsgrund nur dann besteht, wenn die **personelle Maßnahme als solche** gegen eine Rechtsvorschrift verstößt. Insb. bei der Einstellung bedeutet dies, dass Nr. 1 dem BR **kein Mittel zu einer Inhaltskontrolle** einzelner Arbeitsvertragsbestimmungen an die Hand gibt (BAG 28. 6. 1994 AP BetrVG 1972 § 99 Einstellung Nr. 4). Der BR wird über Nr. 1 nicht zum betrieblichen „Hüter des zwingenden Rechts" (BAG 9. 7. 1996 AP BetrVG 1972 § 99 Einstellung Nr. 9). Nach Nr. 1 zum Widerspruch berechtigende Gesetzesverstöße betreffen deshalb in erster Linie gesetzliche Beschäftigungsverbote, etwa die Verbote der Beschäftigung von Frauen gem. §§ 3, 4, 8 MuSchG, die gesundheitsschutzrechtlichen Vorschriften der §§ 3 ff. ArbZG, die Bestimmungen zum Jugendschutz in §§ 22 ff. JArbSchG, das Verbot der Beschäftigung von Nicht-EG-Ausländern ohne Arbeitserlaubnis bzw. Arbeitsberechtigung gem. §§ 284 bis 288 SGB III (BAG 22. 1. 1991 AP BetrVG 1972 § 99 Nr. 86 zu § 19 AFG) oder die Missachtung der notwendigen Qualifikation eines Datenschutzbeauftragten gem. § 36 III BDSG (BAG 22. 3. 1994 AP BetrVG 1972 § 99 Versetzung Nr. 4). Die Verletzung des Arbeitsvertrags reicht nicht aus, zB bei einer vertragswidrigen Versetzung.

Nach Auffassung des BAG muss allerdings die tatsächliche Beschäftigung nicht zwingend als solche 24 verboten sein. Ausreichend soll es sein, wenn die personelle Maßnahme unter **Verstoß gegen eine vom Gesetzgeber erwünschte Verhaltensweise** erfolgt, so dass etwa die Einstellung unter Verstoß gegen ein gesetzliches Diskriminierungsverbot (zB § 611a BGB, Art. 9 III GG, BAG 28. 3. 2000 DB 2000, 723) oder auch die Einstellung eines gesunden AN ohne die gem. § 81 SGB IX erforderliche Prüfung der Einstellung von Schwerbehinderten zum Widerspruch nach Nr. 1 berechtigt (BAG 14. 11. 1989 AP BetrVG 1972 § 99 Nr. 77; BAG 10. 11. 1992 AP BetrVG 1972 § 99 Nr. 100; DKK/*Kittner* Rn. 174). Dagegen berechtigt der Umstand, dass der mit einem einzustellenden AN abgeschlossene Arbeitsvertrag unzulässig befristet ist, nicht zum Widerspruch, da die personelle Maßnahme als solche (Einstellung) gesetzlich nicht untersagt ist und Nr. 1 – wie dargelegt – kein Instrument für eine umfassende „Rechtsaufsicht" des BR liefert (BAG 10. 2. 1988 AP ArbGG 1979 § 92a Nr. 6; BAG 28. 6. 1994 AP BetrVG 1972 § 99 Einstellung Nr. 4; jetzt auch DKK/*Kittner* Rn. 172). Während also gesetzwidrige Kürze des Arbeitsvertrages den Widerspruch nicht begründet, soll für gesetzwidrige Länge (ANÜberlassung über § 3 Nr. 6 AÜG a. F. hinaus) das Gegenteil gelten (LAG Düsseldorf 4. 10. 2001 DB 2002, 328; BAG 12. 11. 2002, NZA 2003, 513).

25 **Verstöße gegen TV** kommen in erster Linie bei Ein- und Umgruppierungen wegen Anwendung der falschen (BAG 24. 4. 2001 EzBAT §§ 22, 23 BAT A Nr. 78) oder falschen Anwendung der richtigen tariflichen Vergütungsregelung in Betracht. Voraussetzung ist stets, dass der TV auf den betreffenden AN anwendbar ist, wobei in seinem Geltungsbereich auch die arbeitsvertragliche Bezugnahme ausreichen dürfte, soweit nicht im Einzelfall abbedungen (s. auch Rn. 33 zu nachwirkenden TV). Daneben besteht die Möglichkeit der Zustimmungsverweigerung, wenn tarifvertragliche Abschlussverbote (zB Ausschluss von Jugendlichen, Kindern oder von ungelernten Arbeitern von der Beschäftigung an bestimmten Arbeitsplätzen) oder Abschlussgebote (zB Wiedereinstellungsklauseln in tariflichen „Sozialplänen", Besetzungsregeln, vgl. BAG 22. 1. 1991 AP GG Art. 12 Nr. 67 zu TV der Druckindustrie) missachtet werden. Das BAG zählt hierzu auch Einstellungen unter Verletzung tariflicher Vorschriften über Mindestarbeitszeiten (BAG 28. 1. 1992 AP BetrVG 1972 § 99 Nr. 95). Dies erscheint bedenklich, da es den AN um jede Arbeitszeit bringt; es handelt sich um tarifliche Inhaltsnormen, die sich nicht selbst durchsetzen (so *Rieble* SAE 1992, 178). Untertarifliche Bezahlung ist auch nach Auffassung des BAG (28. 3. 2000 DB 2000, 722) kein Grund für die Verweigerung der Zustimmung zu einer Einstellung; Dasselbe gilt für die Überschreitung betrieblicher Höchstarbeitszeiten (BAG 17. 6. 1997 AP TVG § 3 Betriebsnormen Nr. 2; anders unter dem Aspekt der Eingruppierung LAG Hamburg 2. 12. 1999 (n. rkr.) AuR 2000, 197).

26 Für **BV** gilt im Prinzip nichts anderes. Nur ist deren Anwendungsbereich durch §§ 77 III, 87 I erheblich eingeschränkt. Von bes. Bedeutung sind deshalb insb. in Sozialplänen enthaltene Wiedereinstellungsklauseln (BAG 18. 12. 1990 AP BetrVG 1972 § 99 Nr. 85). Bei den **gerichtlichen Entscheidungen** ist einmal an vom Gericht verhängte Berufsverbote (zB § 70 StGB für Ärzte, § 44 StGB für Kraftfahrer) und zum anderen an rechtskräftige Gerichtsentscheidungen gem. §§ 100 III, 101 zu denken, die gerade die Durchführung der geplanten personellen Maßnahme betreffen. Als behördliche Anordnungen, die eine Zustimmungsverweigerung auslösen können, kommen etwa die Untersagung des Einstellens und des Ausbildens nach §§ 22, 24 BBiG oder das Verbot der Beschäftigung von Jugendlichen gem. § 27 JArbSchG in Betracht.

27 **2. Verstoß gegen eine Auswahlrichtlinie.** Der Widerspruchsgrund gem. Nr. 2 besteht unabhängig davon, ob die Aufstellung der AuswahlRL gem. § 95 II vom BR über die Einigungsstelle erzwungen werden konnte oder ob sie gem. § 95 I vom AG freiwillig eingeführt wurde. Allerdings greift Nr. 2 nicht ein, soweit es um einseitig vom AG verfügte und angewandte RL geht; das Vorliegen des Mitbestimmungstatbestands des § 95 und der ausdrücklichen Zustimmung des BR ist unerlässlich (LAG Frankfurt 16. 10. 1984 DB 1985, 1534).

28 **3. Benachteiligung anderer Arbeitnehmer.** Nr. 3 nennt zwei mögliche Widerspruchsgründe: Einmal die Besorgnis, dass infolge der personellen Maßnahme im Betrieb beschäftigte AN gekündigt werden, zum anderen die Besorgnis, dass im Betrieb beschäftigte AN sonstige Nachteile erleiden, ohne dass dies aus betrieblichen oder persönlichen Gründen gerechtfertigt ist. In beiden Fällen wird vom Gesetzgeber gefordert, dass die Besorgnis „durch Tatsachen begründet" ist. Bloße Vermutungen und Befürchtungen des BR genügen nicht; vielmehr muss dieser Tatsachen vortragen, die seine Besorgnis schlüssig erscheinen lassen (LAG Düsseldorf 19. 10. 1976 EzA BetrVG § 99 Nr. 11). Da die Mitbestimmung hier direkt in die durch Art. 12 GG geschützte Betriebsführung des AG eingreift, kann sie nur durch **erhebliche** Nachteile der betroffenen AN gerechtfertigt werden.

29 Die **Besorgnis der Kündigung eines anderen AN** besteht dann, wenn ein AN, dessen Arbeitsplatz wegfällt, auf einen bereits besetzten Arbeitsplatz versetzt wird, soweit nach den Grundsätzen der Sozialauswahl dem versetzten AN gekündigt werden müsste (BAG 15. 9. 1987 AP BetrVG 1972 § 99 Nr. 45). Nach Auffassung des BAG (s. auch 2. 4. 1996 AP BetrVG 1972 § 99 Versetzung Nr. 9) besteht ein Widerspruchsgrund nach Nr. 3 auch, wenn mehrere vergleichbare Arbeitsplätze wegfallen, gleichzeitig nur für einen Teil der betroffenen AN andere Beschäftigungsmöglichkeiten zur Verfügung stehen, so dass eine **Sozialauswahl** vorzunehmen ist, und dann ein AN auf einen der freien Arbeitsplätze versetzt wird. Dies überdehnt den Anwendungsbereich der Vorschrift: Das Zustimmungsverweigerungsrecht des BR soll lediglich den Arbeitsplatzinhaber davor schützen, dass durch die Einstellung oder Versetzung eines anderen AN der Kreis der mit ihm iSd. § 1 III KSchG

IV. Gründe für die Zustimmungsverweigerung § 99 BetrVG 210

vergleichbaren AN erweitert und dadurch die Gefahr einer Kündigung erhöht wird. Wird dagegen einer von mehreren ohnehin vergleichbaren AN auf einen freien Arbeitsplatz versetzt, verschlechtert sich die Rechtsstellung der konkurrierenden AN nicht, da sie sich der Sozialauswahl mit dem versetzten AN ohnehin stellen müssen. Die Richtigkeit der Sozialauswahl ist dann nicht im Zustimmungsverweigerungsverfahren nach § 99, sondern im Anhörungsverfahren nach § 102 bzw. im Kündigungsschutzprozess nachzuprüfen (so *Löwisch* Anm. zu BAG 30. 8. 1995 EzA BetrVG § 99 Nr. 130).

Zu den **sonstigen, zum Widerspruch berechtigenden Nachteilen** zählen angeblich auch tatsächliche, nicht unerhebliche Erschwerungen der Arbeit, etwa die Verdoppelung des Verantwortungsbereichs für einen Schichtleiter durch Versetzung des zweiten Schichtleiters der Abteilung (BAG 15. 9. 1987 AP BetrVG 1972 § 99 Nr. 46) oder andere Formen der Leistungsverdichtung (*Fitting* Rn. 187). Dies steht allerdings in Widerspruch dazu, dass § 91 eine Mitbestimmung über den Arbeitsablauf nur unter bestimmten Voraussetzungen vorsieht und auch bei der Anwendung von § 1 KSchG die Einsparung von Arbeitsplätzen durch Leistungsverdichtung zu den gerichtlich unüberprüfbaren Unternehmerentscheidungen gerechnet wird. „Nachteil" ist allerdings nicht gleichzusetzen mit „ausgebliebener Vorteil". Infolge einer personellen Maßnahme vereitelte Aussichten auf Beförderung oder sonstige berufliche Entwicklungsmöglichkeiten stellen deshalb nur dann einen relevanten Nachteil dar, wenn auf die Beförderung ein Rechtsanspruch oder mindestens eine rechtserhebliche Anwartschaft besteht (BAG 18. 9. 2002 NZA 2003, 622; BAG 13. 6. 1989 AP BetrVG 1972 § 99 Nr. 66; *Fitting* Rn. 188; aA DKK/*Kittner* Rn. 186). Weitergehende Mitwirkungsrechte des BR ergeben sich nur bei Bestehen von AuswahlRL. 30

Auch wenn ein rechtserheblicher Nachteil iSd. Nr. 3 vorliegt, berechtigt dieser nicht zum Widerspruch, wenn dies aus betrieblichen oder persönlichen Gründen gerechtfertigt ist. Beispiele sind etwa die Notwendigkeit, einen bes. qualifizierten AN auf einer bestimmten Position zu beschäftigen oder die Ungeeignetheit des bisherigen Inhabers des Arbeitsplatzes (*Fitting* Rn. 195). Die Darlegungslast für das Vorliegen betrieblicher oder persönlicher Gründe trägt der AG. 31

Nach der seit dem 28. 7. 2001 geltenden Vorschrift der Nr. 3 HS. 2 gilt bei unbefristeter Einstellung auch die Nichtberücksichtigung eines gleich geeigneten befristet Beschäftigten als Nachteil. Einstellung verlangt hier die Begründung eines neuen Arbeitsverhältnisses; die Versetzung aus einem anderen Betrieb reicht nicht aus (aA *Fitting* Rn. 189); sie kann nicht anders behandelt werden als die Versetzung im gleichen Betrieb. *Fitting* (Rn. 192) erkennt ja auch an, dass die Vorschrift bei einem betriebsinternen Wettbewerb um unbefristete Arbeitsplätze nicht greift. Zu der gleichen Eignung steht dem Arbeitgeber ein Beurteilungsspielraum zu (*Fitting* Rn. 190). Neben der Eignungsbeurteilung werden sonstige betriebliche Gründe nur selten in Betracht kommen, so bei besserer Zukunftsperspektive des externen Bewerbers. Zu den berücksichtigungsfähigen persönlichen Gründen zählen auch Gründe in der Person des externen Bewerbers, zB früher gemachte Einstellungszusagen oder soziale Gründe. Nr. 3 Halbs. 2 greift nicht ein, wenn ein AN zunächst befristet eingestellt wird und anschließend sein Arbeitsverhältnis in ein unbefristetes umgewandelt wird. Dem AG steht also ein einfacher Weg offen, um die Anwendung des Zustimmungsverweigerungsrechts zu vermeiden (Richardi/*Richardi/Thüsing* Rn. 222). 31a

4. Benachteiligung des betroffenen Arbeitnehmers. Der Widerspruchsgrund der Nr. 4 ist grds. nur für **Versetzungen** relevant. Eine zum Widerspruch berechtigende Benachteiligung des betroffenen AN kann sowohl in einer durch die Versetzung bedingten Verschlechterung der äußeren Arbeitsbedingungen (zB Schmutz, Lärm, längere Wege) als auch der materiellen Arbeitsbedingungen liegen (*Fitting* Rn. 198; DKK/*Kittner* Rn. 195). Der Verlust des BRAmtes ist keine Benachteiligung iSd. Nr. 4 (BAG 11. 7. 2000, AP BetrVG 1972 § 103 Nr. 44). Wie bei Nr. 3 ist der Widerspruch nur berechtigt, wenn die Benachteiligung erfolgt, ohne dass dies aus betrieblichen oder in der Person des AN liegenden Gründen gerechtfertigt ist. Da Nr. 4 allein der Wahrung der Interessen des betroffenen AN dient, scheidet ein Widerspruch auch dann aus, wenn die Versetzung dem **Wunsch des betreffenden AN** entspricht (BAG 6. 10. 1978 AP BetrVG 1972 § 99 Nr. 10; BAG 20. 7. 1990 AP BetrVG 1972 § 99 Nr. 84; GK-BetrVG/*Kraft* Rn. 145; aA *Fitting* Rn. 202; DKK/*Kittner* Rn. 194). Allein der Verzicht auf die Erhebung einer Klage gegen eine mit der betreffenden Versetzung einhergehende Änderungskündigung soll jedoch nicht genügen, um auf einen solchen Wunsch schließen zu können (BAG 2. 4. 1996 AP BetrVG 1972 § 99 Versetzung Nr. 5). 32

Bei anderen personellen Maßnahmen entfaltet Nr. 4 regelmäßig keine Bedeutung: Eine benachteiligende Ein- bzw. Umgruppierung wird bereits von dem Widerspruchsgrund nach Nr. 1 erfasst. Relevante Benachteiligungen bei Einstellungen scheiden von vornherein aus; insb. können ungerechtfertigte Schlechterstellungen bei Arbeitsbedingungen, die nicht als Eingruppierungsproblem fassbar sind, nicht über Nr. 4 zum Widerspruchsgrund erhoben werden. Dies hat seinen Grund darin, dass auch der Widerspruchsgrund nach **Nr. 4 kein Instrument zu einer allg. Inhaltskontrolle** der arbeitsvertraglichen Bedingungen ist (BAG 9. 7. 1996 AP BetrVG 1972 § 99 Einstellung Nr. 9; aA *Fitting* Rn. 201; wie hier jetzt DKK/*Kittner* Rn. 193). Deshalb kann der BR, wenn ein AG nach der Kündigung des maßgebenden TV im Nachwirkungszeitraum des § 4 V TVG einen AN zu untertariflichen 33

Bedingungen einstellt, dieser Einstellung nicht unter Berufung auf § 99 II Nr. 4 die Zustimmung verweigern (BAG 9. 7. 1996 AP BetrVG 1972 § 99 Einstellung Nr. 9). S. auch Rn. 23.

34   **5. Unterbliebene Ausschreibung im Betrieb.** Nach Nr. 5 kann der BR auch dann einer vorgesehenen personellen Maßnahme widersprechen, wenn eine nach § 93 erforderliche Ausschreibung im Betrieb unterblieben ist. Der unterbliebenen Ausschreibung gleichzusetzen ist der Fall, dass eine erfolgte Ausschreibung inhaltlich gegen vereinbarte Ausschreibungsgrundsätze oder gegen geltendes Recht verstößt (*Fitting* Rn. 206; *DKK/Kittner* Rn. 198). Zum Widerspruch berechtigt deshalb eine nicht geschlechtsneutrale, gegen § 611b BGB verstoßende Stellenausschreibung (LAG Frankfurt/Main 3. 7. 1999 AuR 2000, 35; *Fitting* Rn. 205; aA GK-BetrVG/*Kraft* Rn. 150), nicht jedoch eine entgegen § 7 I TzBfG unterbliebene Ausschreibung als Teilzeitarbeitsplatz, da der BR hinsichtlich der Eignung als Teilzeitarbeitskraft kein Mitsprache – oder Mitbeurteilungsrecht hat (*Ehler* BB 2001, 1146; L/K Rn. 50; *Hanau* NZA 2001, 1168; aA *Fitting* Rn. 204; *DKK/Kittner* Rn. 197 a). Schreibt der AG zwar eine bestimmte Stelle im Betrieb aus, schaltet aber gleichzeitig eine Stellenanzeige in der Tageszeitung, in der geringere Anforderungen für den Bewerber verlangt werden, kann der BR der Einstellung eines Bewerbers, der sich auf die Zeitungsanzeige hin bewirbt, unter Berufung auf Nr. 5 widersprechen; denn die in der Tageszeitung ausgeschriebene Stelle (mit den geringeren Anforderungen) ist im Betrieb noch nicht ausgeschrieben worden (BAG 23. 2. 1988 AP BetrVG 1972 § 93 Nr. 2).

35   **Unzulässig ist ein Widerspruch,** wenn von vornherein feststeht, dass kein AN des Betriebs für die ausgeschriebene Stelle in Betracht kommt. Bestünde der BR in einem solchen Fall auf der Ausschreibung, wäre das ein Formalismus, der sich mit dem Grundsatz der vertrauensvollen Zusammenarbeit (§ 2) nicht verträgt (GK-BetrVG/*Kraft* Rn. 150; L/K Rn. 70; aA *DKK/Kittner* Rn. 201; Hess. LAG 2. 11. 1999 DB 2001, 155). Widersprüchlich und deshalb unzulässig ist es weiter, wenn der BR zunächst gebilligt hat, dass eine Stelle innerbetrieblich nicht ausgeschrieben wird, und später hiervon abrückt (LAG Berlin 11. 2. 1985 DB 1986, 49). Schließlich steht die fehlende Ausschreibung einer vorläufigen Einstellung gem. § 100 nicht entgegen, wenn die Einstellung so dringend war, dass eine Ausschreibung vor Besetzung der Stelle ohnehin keinen innerbetrieblichen Bewerber mehr erreicht hätte (*DKK/Kittner* Rn. 200). Im Übrigen genügt für die Erhebung des Widerspruchs nach Nr. 5 der bloße Hinweis auf die unterbliebene Ausschreibung, ohne dass es einer weitergehenden Begründung seitens des BR bedarf (LAG Hamm 24. 3. 1992 DB 1992, 2639; *Fitting* Rn. 203).

36   **6. Gefahr für den Betriebsfrieden.** Nr. 6 stellt das Gegenstück zu § 104 dar. Während nach § 104 der BR vom AG die Entlassung oder Versetzung eines AN verlangen kann, der durch gesetzwidriges Verhalten oder durch grobe Verletzung der in § 75 I enthaltenen Grundsätze den Betriebsfrieden wiederholt ernstlich gestört hat, sieht Nr. 6 das Recht des BR vor, von vornherein eine Einstellung oder Versetzung eines AN aus diesen Gründen zu unterbinden. Anders als bei § 104 kann der BR bei Nr. 6 nur eine **Prognose für die Zukunft** anstellen, die auf Ereignisse in der Vergangenheit gestützt wird. Da dem AN zukünftiges rechtswidriges Verhalten unterstellt werden muss, sind an die Widerspruchsgründe nach Nr. 6 strenge Anforderungen zu stellen (*Fitting* Rn. 208; *DKK/Kittner* Rn. 203). Denkbare Fälle für einen Widerspruch nach Nr. 6 sind etwa Diebstahl an Kollegen, Beleidigungen, Mobbing, Raufereien am Arbeitsplatz, Denunziation oder sexuelle Belästigung am Arbeitsplatz (*Fitting* Rn. 212), vorausgesetzt, dass diese Vorfälle aus der jüngsten Vergangenheit stammen und eine ernstliche (vgl. § 104) Störung des Betriebsfriedens zu besorgen ist.

V. Entscheidung über die Zustimmung

37   Ist der BR vom AG über die geplante personelle Einzelmaßnahme unterrichtet worden, hat er gem. Abs. 3 **eine Woche** Zeit, über die Zustimmung zu der Maßnahme zu entscheiden. Geht es um die personelle Maßnahme gegenüber einem BRMitglied, ist dieses wegen Befangenheit sowohl von der Beschlussfassung als auch von der vorangehenden Beratung auszuschließen (BAG 3. 8. 1999 DB 2000, 626). Für die Berechnung der Wochenfrist gem. Abs. 3 gelten §§ 187 I, 188 II BGB. Das bedeutet, der Tag, an dem die Auskunft dem BR zugegangen ist, ist bei der Fristberechnung nicht mitzurechnen. Fällt das Fristende auf einen Samstag, Sonntag oder Feiertag, endet die Frist am folgenden Werktag. Eine Verkürzung der Frist ist unzulässig, eine Verlängerung durch Vereinbarung zwischen BR und AG hingegen möglich (BAG 17. 5. 1983 AP BetrVG 1972 § 99 Nr. 18; GK-BetrVG/*Kraft* Rn. 112; *DKK/Kittner* Rn. 157; aA *Richardi/Richardi/Thüsing* Rn. 258).

38   Innerhalb der Frist des Abs. 3 hat der BR **drei Reaktionsmöglichkeiten:** er kann zunächst der geplanten personellen Maßnahme **ausdrücklich zustimmen.** Anders als für die Ablehnung ist hierfür keine bestimmte Form vorgesehen. Allerdings sollte die Schriftform aus Beweisgründen gewahrt werden. Rücknahme bzw. Widerruf der ausdrücklichen Zustimmung sind nicht möglich (*Fitting* Rn. 221; *Schreiber* RdA 1987, 257; einschränkend *DKK/Kittner* Rn. 159). Eine Anfechtung wegen Irrtums oder arglistiger Täuschung (zB Vorenthalten von Informationen) ist möglich, allerdings nur bis zum Vollzug der personellen Einzelmaßnahme.

39   Die zweite Reaktionsmöglichkeit des BR besteht in der **ausdrücklichen Verweigerung der Zustimmung.** Diese hat nach § 99 III 1 zum einen schriftlich und zum anderen „unter Angabe von

Gründen" zu erfolgen. Hierfür reicht eine formelhafte, nicht dem Einzelfall angepasste Begründung, insb. die bloße Wiederholung des Wortlautes einer der Nummern des Abs. 2 nicht aus (BAG 24. 7. 1979 AP BetrVG 1972 § 99 Nr. 11). Ebenso wenig genügt eine Begründung, die offensichtlich keinen Bezug zu einem der Verweigerungsgründe des Gesetzes aufweist (*Fitting* Rn. 214; s. auch Hess. VGH 16. 3. 1995 ZTR 1995, 379). Ausreichend ist eine Begründung, die es als möglich erscheinen lässt, dass mit der gegebenen Begründung ein gesetzlicher Widerspruchstatbestand geltend gemacht wird, ohne dass ausdrücklich auf eine der Nummern des Abs. 2 Bezug genommen wird (BAG 26. 1. 1988 AP BetrVG 1972 § 99 Nr. 50; BAG 18. 10. 1988 AP BetrVG 1972 § 99 Nr. 57; BAG 20. 11. 1990 AP BetrVG 1972 § 118 Nr. 47; *Fitting* Rn. 214). Ist durch die Rspr. des BAG geklärt, dass ein bestimmter Grund (zB Befristung) nicht dem Gesetz entspricht, ist seine Angabe nicht ausreichend. Ein **Nachschieben neuer Widerspruchsgründe** nach Ablauf der Wochenfrist des Abs. 3 ist nach der Rspr. des BAG nicht zulässig (BAG 3. 7. 1984 AP BetrVG 1972 § 99 Nr. 20; BAG 15. 4. 1986 AP BetrVG 1972 § 99 Nr. 36; BAG 10. 8. 1993 NZA 1994, 187; aA DKK/*Kittner* Rn. 167). Zulässig ist es allerdings, bereits mitgeteilte Widerspruchsgründe rechtlich zu vertiefen (BAG 28. 4. 1998 AP BetrVG 1972 § 99 Eingruppierung Nr. 18). Nicht anwendbar soll die Wochenfrist für solche Gründe sein, die die Wirksamkeit einer Rechtsnorm betreffen, auf der die vom AG beabsichtigte Maßnahme beruht (BAG 6. 8. 2002, NZA 2003, 386). Wiederholt der AG mit neuen Argumenten die Bitte um Zustimmung, beginnt die Frist nicht erneut (LAG Bremen 13. 9. 2001 – 4 TaBV 6/01 –), wohl aber, wenn der BR zusätzliche Informationen verlangt (BAG 10. 8. 1993 NZA 1993, 187). Die Zustimmungsverweigerung hat **schriftlich** zu erfolgen. Das bedeutet nicht Schriftform iSd. § 126 I BGB, so dass die Zustimmung wirksam per Telefax verweigert werden kann (BAG 11. 6. 2002 NZA 2003, 226).

Schließlich kann der BR als dritte Reaktion die **Frist des Abs. 3 schlicht verstreichen lassen.** In 40 diesem Fall gilt gem. § 99 III 2 die Zustimmung des BR als erteilt. Dies gilt auch, wenn die Verweigerung der Zustimmung nicht schriftlich oder ohne die Angabe konkreter, dem Gesetz entspr. Gründe ausgesprochen wurde. Diese Zustimmungsfiktion tritt allerdings in zwei Fällen nicht ein: einmal bei unzureichender Information des BR. In diesem Fall wird die Wochenfrist nicht in Lauf gesetzt. Daraus ergibt sich aber kein ewiges Widerspruchsrecht; denn der BR muss den AG auf ihm bekannte Mängel der Unterrichtung innerhalb der Wochenfrist hinweisen (BAG 10. 8. 1993 NZA 1994, 187; *Fitting* Rn. 220). Tut er dies nicht, entfällt das Mitbestimmungsrecht (*Fitting* Rn. 220; DKK/*Kittner* Rn. 169). Dies gilt auch bei gänzlich fehlender Unterrichtung des AG, wenn der BR faktisch von der Einstellung/Versetzung Kenntnis erhält und den AG nicht zur Einhaltung des Mitbestimmungsrechts auffordert. Zum anderen tritt die Zustimmungsfiktion nicht ein, wenn der BR die Frist ohne sein Verschulden nicht einhalten konnte („höhere Gewalt"): In diesem Fall bleibt dem BR die Möglichkeit, seine Zustimmung alsbald nach Wegfall der Hindernisse zur Abgabe einer Erklärung auch nachträglich zu verweigern (*Fitting* Rn. 221; aA MünchArbR/*Matthes* § 352 Rn. 94). Mit Ablauf der Wochenfrist gilt die Zustimmung als erteilt, wenn für ein wegen eigener Betroffenheit von Beratung und Entscheidung ausgeschlossenes BR-Mitglied kein Ersatzmitglied geladen wird (BAG 3. 8. 1999 EzA BetrVG 1972 § 33 Nr. 1).

VI. Gerichtliches Zustimmungsersetzungsverfahren

Verweigert der BR frist- und formgerecht mit der erforderlichen Begründung die Zustimmung zu 41 einer personellen Einzelmaßnahme, ist der AG, soweit er nicht nach § 100 vorgeht, zunächst rechtlich gehindert, die geplante Maßnahme durchzuführen. Er kann allerdings gem. § 99 IV beim ArbG beantragen, die fehlende Zustimmung des BR zu ersetzen. Die Möglichkeit, stattdessen **von der geplanten Maßnahme gänzlich abzusehen,** besteht nur bei einer geplanten Einstellung oder Versetzung. Anders ist es bei Ein- bzw. Umgruppierung: Wenn der AG den AN tatsächlich beschäftigt, muss er ihn auch entspr. der zugewiesenen Tätigkeit vergüten und dementsprechend eingruppieren. Da dies nicht ohne Zustimmung des BR möglich ist, muss er das Verfahren nach Abs. 4 einleiten. Der BR kann den AG hierzu über § 101 – ggf. auch mehrfach – zwingen, bis die richtige Vergütungsgruppe ermittelt ist (BAG 3. 5. 1994 AP BetrVG 1972 § 99 Eingruppierung Nr. 2). Der Rechtsstreit erledigt sich bei Wegfall der Maßnahme (BAG AP ArbGG § 83 a 1979 Nr. 3–6).

Über den Zustimmungsersetzungsantrag des AG entscheidet das ArbG im **Beschlussverfahren.** 42 Dabei sind die von der geplanten personellen Maßnahme betroffenen AN nicht Beteiligte (BAG 27. 5. 1982 AP ArbGG 1979 § 80 Nr. 3; BAG 17. 5. 1983 AP BetrVG 1972 § 99 Nr. 18; BAG 22. 3. 1983 AP BetrVG 1972 § 101 Nr. 6). Im Verfahren hat der BR nur die frist- und formgerechte Verweigerung der Zustimmung darzulegen. Im Übrigen trifft die **Darlegungslast** den AG, insb. für das Nichtvorliegen der vom BR vorgetragenen Verweigerungsgründe. Im Rahmen der gerichtlichen Amtsermittlung nicht aufgeklärte Tatsachen gehen insoweit zu Lasten des AG. Das Amtsermittlungsprinzip ändert nichts daran, dass sich der Prüfungsumfang des Gerichts nur auf die vom BR vorgetragenen Widerspruchsgründe erstreckt (*Fitting* Rn. 237; vgl. zum Nachschieben von Widerspruchsgründen Rn. 39). Zum Gegenstandswert LAG Berlin 6. 4. 2001, LAGE ArbGG § 12 Nr. 122.

43 Haben AG oder BR **Zweifel, ob überhaupt eine mitbestimmte personelle Maßnahme vorliegt,** kann dies in einem gerichtlichen Feststellungsverfahren geklärt werden. Hält der AG die Zustimmungsverweigerung des BR für unbeachtlich, kann er die Feststellung beantragen, dass die Zustimmung des BR nach dessen ordnungsgemäßer Unterrichtung wegen Fristablaufs als erteilt gilt (BAG 28. 1. 1986 AP BetrVG 1972 § 99 Nr. 34). Mit diesem Antrag kann hilfsweise der Antrag auf Zustimmungsersetzung verbunden werden. Ggf. hat das ArbG aber auch ohne ausdrücklichen Antrag statt auf Ersetzung der Zustimmung auf die Feststellung zu erkennen, dass die Zustimmung als erteilt gilt (BAG 18. 10. 1988 AP BetrVG 1972 § 99 Nr. 57). S. auch § 101 Rn. 7 ff. Ob eine Versetzung vorliegt, ist im Rechtsbeschwerdeverfahren nur eingeschränkt überprüfbar (BAG 11. 9. 2001 EzA BetrVG 1972 § 95 Nr. 34).

VII. Rechtsstellung des einzelnen Arbeitnehmers

44 Grdl. für die Auswirkungen der (fehlenden) Mitbestimmung gem. § 99 auf die Rechtsstellung des einzelnen AN ist das **Prinzip der Trennung von personeller Einzelmaßnahme einerseits und zugrundeliegender Arbeitsvertragsgestaltung** andererseits (ausf. *Claus Weber,* Individualrechtliche Auswirkungen betriebsverfassungswidriger personeller Einzelmaßnahmen, 2000).

45 Bei der **Einstellung** bedeutet dies, dass ohne Zustimmung des BR zwar die tatsächliche Eingliederung des AN in den Betrieb, also dessen Beschäftigung untersagt ist; der zugrundeliegende Arbeitsvertrag kann dagegen auch vor Einholung der Zustimmung oder während eines schwebenden Mitbestimmungsverfahrens abgeschlossen werden und bleibt selbst bei endgültiger Ablehnung der Zustimmung wirksam (BAG 2. 7. 1980 AP BetrVG 1972 § 101 Nr. 5; BAG 25. 6. 1987 AP BGB § 620 Bedingung Nr. 14; aA *Fitting* Rn. 227; wie hier GK-BetrVG/*Kraft* Rn. 123). Der AG kann allerdings bei Verweigerung der Zustimmung das Arbeitsverhältnis aus betriebsbedingten Gründen fristgerecht **kündigen,** soweit der AN bei Abschluss des Arbeitsvertrags über das Fehlen der BRZustimmung informiert wurde, auch fristlos (HSG/*Schlochauer* § 100 Rn. 41; DKK/*Kittner* § 100 Rn. 41). Zulässig ist es auch, das Arbeitsverhältnis auflösend bedingt an eine Verweigerung der Zustimmung des BR/ablehnende Gerichtsentscheidung zu knüpfen bzw. das Arbeitsverhältnis unter die aufschiebende Bedingung der Zustimmung des BR/gerichtliche Ersetzung der Zustimmung zu stellen. Eine Beschäftigung vor Ersetzung einer verweigerten Zustimmung durch das ArbG ist nur in dem Fall des § 100 II 3 zulässig, sonst unzulässig und damit rechtlich unmöglich (*Rixecker* AuR 1983, 238). Die Beschäftigung wird (rechtlich) unmöglich, wenn sie dem AG auf Antrag des BR untersagt wird. Hat der AG das zu vertreten, haftet er nach § 324 BGB auf das Entgelt; sonst nur aus Verschulden bei Vertragsschluss (§ 311 II BGB) auf das Vertrauensinteresse, wenn der AG den AN nicht auf die fehlende Zustimmung des BR hinwies. Das BAG (2. 7. 1980 AP BetrVG 1972 § 101 Nr. 5) nimmt allerdings Annahmeverzug (§ 615 BGB) an, doch hindert das Verbot des § 100 II 2 AG und AN an der Beschäftigung. Es ist auch nicht gerechtfertigt, das Risiko einer vom AG nicht verschuldeten Zustimmungsverweigerung diesem aufzuerlegen. Beruft sich der BR gar nicht auf sein Mitbestimmungsrecht, kann der betroffene AN kein Zurückbehaltungsrecht geltend machen (BAG 5. 4. 2001 DB 2001, 2403).

46 Ebenso wie bei der Einstellung führt auch bei der **Versetzung** die fehlende Zustimmung des BR gem. § 99 nur zur Unzulässigkeit der tatsächlichen Zuweisung eines anderen Arbeitsbereichs. Die Rechtmäßigkeit einer mit der Versetzung einhergehenden Änderungskündigung wird nach der Rspr. des BAG durch die fehlende Zustimmung nicht tangiert (BAG 30. 9. 1993 AP KSchG 1969 § 2 Nr. 33). Gleichwohl soll der betroffene AN bis zur Erteilung der Zustimmung gem. § 99 zur Weiterarbeit auf seinem bisherigen Arbeitsplatz berechtigt bleiben, selbst wenn er die Änderungskündigung unter Vorbehalt angenommen hat. Dies spricht aber für eine die Wirksamkeit der Änderungskündigung suspendierende Wirkung der Mitbestimmung nach § 99 (vgl. *Kania* Anm. zu BAG 30. 9. 1993 EzA BetrVG § 99 Nr. 18).

47 Bei **Ein- und Umgruppierungen** führt schließlich das Prinzip der Trennung zwischen gem. § 99 mitbestimmter Maßnahme und zugrundeliegender Vertragsgestaltung dazu, dass der Vergütungsanspruch des betreffenden AN grds. unabhängig von der Reaktion des BR im Verfahren nach § 99 ist. Wenn der AG eine Ein- bzw. Umgruppierung zwar ohne Beteiligung des BR, aber tarifrechtlich zutreffend vorgenommen hat, steht dem AN die tarifvertragliche Vergütung zu (BAG 14. 6. 1972 AP BAT §§ 22, 23 Nr. 54; BAG 19. 7. 1978 AP BAT 1975 §§ 22, 23 Nr. 8). Der einzelne AN kann unabhängig von einem Beschlussverfahren über die Ersetzung der Zustimmung zur Eingruppierung die seines Erachtens richtige Vergütungsgruppe einklagen (BAG 13. 5. 1981 AP HGB § 59 Nr. 24; *Fitting* Rn. 230). Ist allerdings im Verfahren nach § 99 die anzuwendende Vergütungsgruppe festgestellt worden, kann der AN seinen Vergütungsanspruch unmittelbar auf die gerichtliche Entscheidung stützen. Insoweit ist ein Anspruch nicht von einer weiteren Prüfung der tariflichen Eingruppierungsvoraussetzungen abhängig (BAG 3. 5. 1994 AP BetrVG 1972 § 99 Eingruppierung Nr. 2). Dies gilt aber nur zugunsten, nicht zu Lasten des am Beschlussverfahren nicht beteiligten AN.

§ 100 Vorläufige personelle Maßnahmen

(1) ¹Der Arbeitgeber kann, wenn dies aus sachlichen Gründen dringend erforderlich ist, die personelle Maßnahme im Sinne des § 99 Abs. 1 Satz 1 vorläufig durchführen, bevor der Betriebsrat sich geäußert oder wenn er die Zustimmung verweigert hat. ²Der Arbeitgeber hat den Arbeitnehmer über die Sach- und Rechtslage aufzuklären.

(2) ¹Der Arbeitgeber hat den Betriebsrat unverzüglich von der vorläufigen personellen Maßnahme zu unterrichten. ²Bestreitet der Betriebsrat, dass die Maßnahme aus sachlichen Gründen dringend erforderlich ist, so hat er dies dem Arbeitgeber unverzüglich mitzuteilen. ³In diesem Fall darf der Arbeitgeber die vorläufige personelle Maßnahme nur aufrechterhalten, wenn er innerhalb von drei Tagen beim Arbeitsgericht die Ersetzung der Zustimmung des Betriebsrats und die Feststellung beantragt, dass die Maßnahme aus sachlichen Gründen dringend erforderlich war.

(3) ¹Lehnt das Gericht durch rechtskräftige Entscheidung die Ersetzung der Zustimmung des Betriebsrats ab oder stellt es rechtkräftig fest, dass offensichtlich die Maßnahme aus sachlichen Gründen nicht dringend erforderlich war, so endet die vorläufige personelle Maßnahme mit Ablauf von zwei Wochen nach Rechtskraft der Entscheidung. ²Von diesem Zeitpunkt an darf die personelle Maßnahme nicht aufrechterhalten werden.

I. Vorläufige Durchführung der Maßnahme

Um aus dem Zustimmungserfordernis gem. § 99 entstehende Unzuträglichkeiten für den Betrieb zu vermeiden, ermöglicht § 100 die vorläufige Durchführung der geplanten personellen Maßnahme, wenn dies **aus sachlichen Gründen dringend erforderlich** ist. Ein solches Erfordernis liegt vor, wenn ein verantwortungsbewusster AG im Interesse des Betriebes alsbald handeln müsste, die geplante Maßnahme also keinen Aufschub verträgt (*Fitting* Rn. 4). Allein der Umstand, dass im Betrieb AN fehlen, stellt noch keinen sachlichen Grund iSd. Vorschrift dar, weil dies bei geplanten Einstellungen die Regel ist. Dass Einstellungen verzögert werden, kann aber nicht hingenommen werden, wenn dadurch der ordnungsgemäße betriebliche Ablauf gestört wird (BAG 6. 10. 1978 BetrVG 1972 § 99 Nr. 10). Ein typischer Grund für eine vorläufige Maßnahme liegt vor, wenn eine für den Betrieb wichtige Person mit bes. Qualifikationen nur bei sofortigem Handeln gewonnen werden kann (LAG Berlin 27. 9. 1982 BB 1983, 574; *Fitting* Rn. 4). Für das Vorliegen des sachlichen Grundes kommt es allein auf die Verhältnisse im Zeitpunkt der Durchführung der Maßnahme an; entfällt nachträglich der Grund, so ist der AG nicht verpflichtet, die Maßnahme vor Abschluss des Zustimmungsersetzungsverfahrens wieder aufzuheben (BAG 6. 10. 1978 AP BetrVG 1972 § 99 Nr. 10). Denkbar sind vorläufige personelle Maßnahmen nur bei Einstellung und Versetzung, nicht aber bei Ein- und Umgruppierung (vgl. DKK/*Kittner* Rn. 7). 1

II. Unterrichtungspflichten des Arbeitgebers

1. Unterrichtung des Arbeitnehmers. Gem. § 100 I 2 hat der AG den AN über die Sach- und Rechtslage aufzuklären, dh. hinzuweisen auf die Vorläufigkeit der Maßnahme, einen eventuellen Widerspruch des BR und die Möglichkeit, dass die Maßnahme kraft gerichtlicher Entscheidung rückgängig gemacht werden muss. Die Unterrichtung des AN durch den AG ist **keine Wirksamkeitsvoraussetzung** für die vorläufige Durchführung der Maßnahme, sondern dient zur Vermeidung von Schadensersatzansprüchen wegen Verschuldens bei Vertragsschluss bei Rückgängigmachung der Maßnahme (BAG 14. 6. 1972 AP BAT §§ 22, 23 Nr. 54; *Fitting* Rn. 7). Der AN ist seinerseits verpflichtet, den AG auf persönliche Umstände hinzuweisen, die zu einer Verweigerung der Zustimmung des BR führen könnten. Eine Verletzung dieser Pflicht kann ihn ebenfalls schadensersatzpflichtig gegenüber dem AG machen, und einen eigenen Schadensersatzanspruch aus dem Gesichtspunkt des Mitverschuldens (§ 254 BGB) mindern (DKK/*Kittner* Rn. 19). Insb. bei der vorläufigen Einstellung empfiehlt es sich, den Arbeitsvertrag unter der **auflösenden Bedingung** einer negativen arbeitsgerichtlichen Entscheidung abzuschließen, um Kündigungs- und Schadensersatzprobleme zu vermeiden (vgl. zu den Auswirkungen der verweigerten Zustimmung des BR auf den zugrundeliegenden Arbeitsvertrag § 99 Rn. 44 ff.). 2

2. Unterrichtung des Betriebsrats. Gem. § 100 II 1 hat der AG den BR unverzüglich, also „ohne schuldhaftes Zögern" (§ 121 I BGB), von der vorläufigen personellen Maßnahme zu unterrichten. Die Unterrichtung kann sowohl vor als notfalls auch unmittelbar nach Durchführung der Maßnahme erfolgen (BAG 7. 11. 1977 AP BetrVG 1972 § 100 Nr. 1). Eine Form ist für die Unterrichtung nicht vorgeschrieben; aus Beweisgründen empfiehlt sich jedoch die Einhaltung der Schriftform. Inhaltlich muss die Information alle Angaben enthalten, die den BR in die Lage versetzen, die vorläufige Maßnahme und ihre Erforderlichkeit, insb. das Vorliegen eines sachlichen Grundes, zu beurteilen (DKK/*Kittner* Rn. 15). Ist der BR noch nicht nach § 99 I unterrichtet, kann die Unterrichtung nach § 99 zusammen mit der nach § 100 II 1 erfolgen (*Fitting* Rn. 8). Erfüllt der AG seine Verpflichtung nach 3

Abs. 2 S. 1 nicht oder nicht ordnungsgemäß, fehlt es an einer Wirksamkeitsvoraussetzung für die vorläufige personelle Maßnahme. Der BR kann deren Aufhebung über § 101 verlangen (*Fitting* § 101 Rn. 3; DKK/*Kittner* Rn. 16; aA HSG/*Schlochauer* Rn. 16).

III. Reaktionen des Betriebsrats und Konsequenzen für den Arbeitgeber

4   Gem. § 100 II 2 ist der BR verpflichtet, dem AG unverzüglich zu antworten. Für den BR ergeben sich folgende Reaktionsmöglichkeiten: Er kann der vorläufigen Maßnahme **zustimmen bzw. auf die Unterrichtung des AG schweigen:** In beiden Fällen ist bzw. gilt die Maßnahme vorläufig als gebilligt. Dem gleichzustellen ist der Fall, dass der BR der endgültigen Maßnahme gem. § 99 III zustimmt, aber deren Dringlichkeit bestreitet. Ein solches Bestreiten geht ins Leere und ist gegenstandslos (DKK/*Kittner* Rn. 24). Stimmt der BR dagegen nur der vorläufigen Maßnahme zu, verweigert aber die Zustimmung zur endgültigen Durchführung, muss der AG das Zustimmungsersetzungsverfahren nach § 99 IV einleiten, wenn er eine Aufhebung der vorläufigen Maßnahme über § 101 verhindern will. Eine Frist für die Einleitung des Verfahrens nach § 99 IV in diesem Fall nennt das Gesetz nicht; es bietet sich jedoch die analoge Anwendung der Frist des § 100 II 3 an (*Matthes* DB 1989, 1287; DKK/*Kittner* Rn. 20).

5   **Bestreitet der BR,** dass die Maßnahme aus sachlichen Gründen dringend erforderlich ist, darf sie der AG gem. § 100 II 3 nur aufrechterhalten, wenn er innerhalb von drei Tagen beim ArbG die Ersetzung der Zustimmung des BR und die Feststellung beantragt, dass die Maßnahme aus sachlichen Gründen dringend erforderlich war. Wie sich aus dem Gesetzeswortlaut ergibt, muss der AG beide Anträge innerhalb der **Drei-Tage-Frist** stellen. Beide Verfahren werden zwingend miteinander verbunden, um zu verhindern, dass der AG den Streit auf die Wirksamkeit der vorläufigen Maßnahme beschränkt und das Verfahren gem. § 99 IV in der Schwebe hält (BAG 15. 9. 1987 AP BetrVG 1972 § 99 Nr. 46; *Fitting* Rn. 7). Stellt der AG innerhalb der Drei-Tage-Frist nur den Feststellungsantrag zur vorläufigen personellen Maßnahme, ist dieser unzulässig (*Matthes* DB 1989, 1287; DKK/*Kittner* Rn. 28).

6   Bei der **Berechnung der Frist** von drei Tagen ist zu beachten, dass es sich um Kalendertage und nicht Werktage handelt. Der Tag des Zugangs wird nicht mitgerechnet (§ 187 BGB). Bei einem Widerspruch des BR am Freitag muss also das ArbG am folgenden Montag angerufen werden. Nur wenn der letzte Tag der Frist ein Samstag, Sonntag oder gesetzlicher Feiertag ist, verlängert sich die Frist bis zum Ablauf des nächsten Werktages (§ 193 BGB).

IV. Entscheidung des Arbeitsgerichts

7   Das ArbG entscheidet im **Beschlussverfahren,** wobei der AN – wie beim isolierten Verfahren gem. § 99 – nicht Beteiligter ist. Das Gericht hat stets über zwei Anträge, den Antrag auf Feststellung der Dringlichkeit einer vorläufigen Maßnahme und den Antrag auf Ersetzung der Zustimmung des BR zur endgültigen Maßnahme, zu entscheiden. Umstritten ist, ob über diese Anträge gemeinsam (LAG Schleswig-Holstein 27. 9. 1977 BB 1978, 611), über den Feststellungsantrag vorrangig (*Matthes* DB 1989, 1285, 1288) oder nach freiem Ermessen des Gerichts (DKK/*Kittner* Rn. 32) zu entscheiden ist. Das BAG (18. 10. 1988 NZA 1989, 183) empfiehlt den Instanzgerichten die vorgezogene Entscheidung über den Feststellungsantrag.

8   Die Kombination von Feststellungs- und Zustimmungsersetzungsantrag ergibt **vier mögliche Entscheidungen des ArbG:** Einmal ist es möglich, dass das ArbG die Maßnahme für dringlich und keinen Zustimmungsverweigerungsgrund iSd. § 99 II für gegeben hält. In diesem Fall obsiegt der AG und kann die Maßnahme endgültig durchführen. Zum zweiten kann das ArbG sowohl die Dringlichkeit der vorläufigen Maßnahme verneinen als auch die Zustimmungsverweigerungsgründe des BR anerkennen. In diesem Fall unterliegt der AG voll und darf die Maßnahme weder vorläufig noch endgültig aufrechterhalten. Die dritte Möglichkeit besteht darin, dass das ArbG zwar die Dringlichkeit der Maßnahme anerkennt, aber die Zustimmung (auf Dauer) nicht ersetzt. Der AG obsiegt dann zwar mit dem Feststellungsantrag; mit Rechtskraft der Entscheidung über die Verweigerung der Zustimmung werden aber die Rechtsfolgen des § 100 III ausgelöst; das bedeutet, die vorläufige personelle Maßnahme endet mit Ablauf von zwei Wochen nach Rechtskraft der Entscheidung; von diesem Zeitpunkt an darf sie nicht aufrechterhalten werden. Als viertes bleibt die Möglichkeit, dass das ArbG zwar die Verweigerung der Zustimmung durch den BR nicht für gerechtfertigt hält, aber auch keinen sachlichen Grund für die vorläufige Durchführung der Maßnahme sieht. Gem. § 100 III ist in diesem Fall der Feststellungsantrag aber nur abzuweisen, wenn ein sachlicher Grund „offensichtlich", dh. auf den ersten Blick und eindeutig ersichtlich, nicht gegeben war. Wird eine solche **Offensichtlichkeit** rechtskräftig festgestellt, darf der AG die Maßnahme nicht über einen Zeitraum von zwei Wochen nach Rechtskraft aufrechterhalten (§ 100 III 2). Relevant wird diese Entscheidungsvariante nur, wenn das ArbG über den Feststellungsantrag vorab entschieden hat. Denn mit der gerichtlichen Ersetzung der Zustimmung des BR endet die Rechtshängigkeit des Feststellungsantrages; über diesen ist dann nicht mehr zu entscheiden; viel-

mehr ist das Verfahren in entspr. Anwendung von § 83a II 1 ArbGG einzustellen (BAG 27. 1. 1987 AP BetrVG 1972 § 99 Nr. 42; BAG 18. 10. 1988 AP BetrVG 1972 § 100 Nr. 4; aA *Fitting* Rn. 15).

Soweit gem. § 100 III vorläufige personelle Maßnahmen **zwei Wochen nach Rechtskraft** „enden" und „nicht aufrechterhalten werden" dürfen, bedeutet dies, dass eine (vorläufige) Einstellung oder Versetzung in diesem Moment ihre betriebsverfassungsrechtliche Zulässigkeit verliert: Der vorläufig eingestellte AN darf nicht mehr beschäftigt werden; ist der Bestand des zugrundeliegenden Arbeitsvertrages nicht an die negative Gerichtsentscheidung als auflösende Bedingung geknüpft, wird die Leistung des AN rechtlich unmöglich (vgl. näher § 99 Rn. 45). Bei der Versetzung ist der AN auf seinen bisherigen Arbeitsplatz „zurückzuversetzen" (*Fitting* Rn. 19). Die tatsächliche Durchführung des Beschlusses des ArbG über die Beendigung der vorläufigen personellen Maßnahme kann der BR gem. § 101 erzwingen. 9

§ 101 Zwangsgeld

¹Führt der Arbeitgeber eine personelle Maßnahme im Sinne des § 99 Abs. 1 Satz 1 ohne Zustimmung des Betriebsrats durch oder hält er eine vorläufige personelle Maßnahme entgegen § 100 Abs. 2 Satz 3 oder Abs. 3 aufrecht, so kann der Betriebsrat beim Arbeitsgericht beantragen, dem Arbeitgeber aufzugeben, die personelle Maßnahme aufzuheben. ²Hebt der Arbeitgeber entgegen einer rechtskräftigen gerichtlichen Entscheidung die personelle Maßnahme nicht auf, so ist auf Antrag des Betriebsrats vom Arbeitsgericht zu erkennen, dass der Arbeitgeber zur Aufhebung der Maßnahme durch Zwangsgeld anzuhalten sei. ³Das Höchstmaß des Zwangsgeldes beträgt für jeden Tag der Zuwiderhandlung 250 Euro.

1. Anwendungsbereich von S. 1. § 101 dient der Sicherung der Mitbestimmungsrechte des BR 1 gem. §§ 99, 100. Den Antrag nach S. 1 kann der BR **in drei Fällen** stellen:
– wenn der AG eine endgültige personelle Maßnahme entgegen § 99 ohne Zustimmung des BR durchgeführt hat, also die Zustimmung weder ausdrücklich erteilt worden ist noch wegen Ablauf der Wochenfrist nach § 99 III 2 als erteilt gilt noch durch das ArbG rechtskräftig im Verfahren nach § 99 IV ersetzt worden ist,
– wenn der AG eine vorläufige personelle Maßnahme aufrechterhält, obwohl er den BR überhaupt nicht bzw. nicht unverzüglich unterrichtet hat oder – nach unverzüglicher Unterrichtung – nicht innerhalb von drei Tagen nach einem Bestreiten der Dringlichkeit durch den BR das ArbG angerufen hat,
– wenn der AG den AN noch länger als zwei Wochen nach einer negativen rechtskräftigen Entscheidung des ArbG über die Ersetzung der Zustimmung bzw. die Dringlichkeit der Maßnahme faktisch weiterbeschäftigt.

Der in § 101 S. 1 vorgesehene **Aufhebungsantrag passt nur auf Einstellung und Versetzung,** 2 nicht aber auf Ein- und Umgruppierung. Da die Eingruppierung selbst zu keiner tatsächlichen Veränderung der Verhältnisse im Betrieb führt, kann auch eine betriebsverfassungswidrige **Eingruppierung** nicht aufgehoben werden. Der BR kann aber über § 101 verlangen, dem AG aufzugeben, die Zustimmung des BR zur vorgesehenen Eingruppierung nachträglich einzuholen und im Verweigerungsfalle durch das ArbG ersetzen zu lassen (BAG 22. 3. 1983 AP BetrVG 1972 § 101 Nr. 6; 12. 8. 1997 AP BetrVG 1972 § 99 Eingruppierung Nr. 14). Bleibt der AG im Zustimmungsersetzungsverfahren mit der von ihm vorgeschlagenen Vergütungsgruppe erfolglos, kann der BR über § 101 beantragen, dem AG aufzugeben, ein erneutes Beteiligungsverfahren einzuleiten, das die Eingruppierung in eine andere Vergütungsgruppe vorsieht (BAG 3. 5. 1994 AP BetrVG 1972 Eingruppierung Nr. 2; BAG 27. 6. 2000 BB 2001, 1094). Dies ist aber gekünstelt; wenn sich aus dem Beschluss die richtige Gruppe ergibt, entspricht es dem Sinn des § 101, dem BR dann einen Anspruch auf die richtige Eingruppierung zuzubilligen.

Das ArbG entscheidet im Beschlussverfahren; eine auf § 101 gestützte einstweilige Verfügung ist, 3 da Rechtskraft erforderlich, nicht möglich (LAG Frankfurt 15. 12. 1987 DB 1995, 915; Münch-ArbR/*Matthes* § 354 Rn. 25; zu anderen Rechtsschutzmöglichkeiten außerhalb des § 101 unten Rn. 7 ff.). **Beteiligte** sind der BR und der AG, nicht der betroffene AN (BAG 27. 5. 1982 AP ArbGG 1979 § 80 Nr. 3). Hat der AG ein **Verfahren** auf Ersetzung der Zustimmung und Feststellung der Dringlichkeit nach § 100 II 3 eingeleitet, kann der BR bereits in diesem Verfahren seinen Abweisungsantrag mit dem Antrag verbinden, dass dem AG aufgegeben wird, die vorläufige personelle Maßnahme aufzuheben (*Fitting* Rn. 6; DKK/*Kittner* Rn. 11). Demgegenüber kann der AG seinen Abweisungsantrag gegenüber einem BRantrag nach § 101 nicht mit einem Hilfsantrag verbinden, die fehlende Zustimmung des BR zu ersetzen. Zudem kann er grds. in einem Verfahren nach § 101 nicht geltend machen, in Wahrheit fehle ein Zustimmungsverweigerungsgrund (BAG 18. 7. 1978 AP BetrVG 1972 § 101 Nr. 1; BAG 21. 11. 1978 AP BetrVG 1972 § 101 Nr. 3; BAG 16. 7. 1985 AP BetrVG 1972 § 99 Nr. 21 *Fitting* Rn. 4). Möglich ist dagegen der Einwand des AG, die vorgesehene Maßnahme sei gar nicht mitbestimmungspflichtig bzw. der Widerspruch des BR entbehre der erforderlichen Begründung (ähnlich *Richardi* Anm. zu BAG AP BetrVG 1972 § 101 Nr. 3; wohl auch DKK/*Kittner* Rn. 12). Beispiele sind etwa der Widerspruch gegen die geplante Beschäftigung freier Mitarbeiter oder der ohne jede Begründung erfolgende bzw. abwegige Widerspruch gegen eine Einstellung oder Versetzung eines AN.

4   Hebt der AG die Maßnahme während des Verfahrens nach § 101 auf oder endet sie auf andere Weise, muss der Antrag als unbegründet abgewiesen werden, wenn er nicht zuvor für erledigt erklärt wird (DKK/*Kittner* Rn. 10).

5   **2. Zwangsgeldverfahren.** Ergeht ein Beschluss nach S. 1 in **Rechtskraft,** kann der AG bei der Einstellung und Versetzung zur tatsächlichen Aufhebung bzw. Rückgängigmachung der Maßnahme angehalten werden; bei einer mitbestimmungswidrigen Ein- oder Umgruppierung muss er der Verpflichtung zur Einleitung eines neuen Zustimmungsverfahrens nachkommen. Eine ausdrückliche Frist hierfür nennt das Gesetz nicht; die hM gewährt dem AG in entspr. Anwendung von § 100 III 1 eine **Frist von zwei Wochen ab Rechtskraft zur Umsetzung des Beschlusses** (*Fitting* Rn. 7; GK-BetrVG/ *Kraft* Rn. 12; aA DKK/*Kittner* Rn. 13).

6   Leistet der AG einem Beschluss nach S. 1 nicht Folge, kann der BR nach Rechtskraft der Entscheidung (BAG 18. 6. 1991 AP BetrVG 1972 § 99 Nr. 92) beim ArbG beantragen, den AG durch **Zwangsgeld** zur Befolgung der gerichtlichen Anordnung anzuhalten. Da der AG zur Zahlung von „Zwangsgeld" und nicht von „Ordnungsgeld" (vgl. § 890 ZPO) verpflichtet wird, kommt es auf ein Verschulden nicht an (*Fitting* § 101 Rn. 11). Zwangsgelder sind als Beugemaßnahme nicht mehr festzusetzen oder zu vollstrecken, wenn der BR seinen Antrag zurücknimmt oder der AG die ihm verbotene personelle Maßnahme vor Verhängung oder Vollstreckung des Zwangsgeldes aufhebt (GK-BetrVG/ *Kraft* Rn. 14; *Fitting* Rn. 11). Das Zwangsgeld beträgt gem. § 101 S. 3 höchstens 250,0 Euro für jeden Tag der Zuwiderhandlung. Die Bestimmung der Höhe liegt im Ermessen des Gerichts. Zust. ist der Kammervorsitzende allein (§ 53 ArbGG). Die Entscheidung ergeht ohne mündliche Verhandlung und ohne erneute Sachprüfung. Allerdings ist dem AG Gelegenheit zur mündlichen oder schriftlichen Äußerung zu geben (§ 891 ZPO). Einwendungen können sich nur darauf erstrecken, dass die Maßnahme in der Zwischenzeit bereits beendet wurde oder der BR seinen Antrag zurückgenommen hat (DKK/*Kittner* Rn. 16).

7   **3. Weitere Rechtsschutzmöglichkeiten.** Neben einem Vorgehen nach § 101 kann der BR bei Vorliegen eines entspr. Rechtsschutzbedürfnisses **Beteiligungsrechte gerichtlich für die Zukunft feststellen lassen.** Zu bejahen ist ein Rechtsschutzbedürfnis, wenn es um häufig im Betrieb wiederkehrende Rechtsfragen geht (vgl. BAG 30. 4. 1981 AP BetrVG 1972 § 99 Nr. 12 zu der Frage, ob die Versetzung von einem Betrieb in den anderen mitbestimmungspflichtig ist; BAG 16. 7. 1985 AP BetrVG 1972 § 99 Nr. 21 zu der Frage, ob die Befristung eines Arbeitsverhältnisses zum Widerspruch berechtigt). Unzulässig ist dagegen ein Antrag auf Feststellung, dass die Einstellung bestimmter, inzwischen wieder entlassener AN mitbestimmungswidrig war (BAG 16. 7. 1985 AP BetrVG 1972 § 99 Nr. 21) oder ein Antrag des BR, den AG zu verpflichten, zu bereits vorgenommenen Einstellungen nachträglich die Zustimmung des BR nach § 99 I einzuholen (BAG 20. 2. 2001 AP BetrVG 1972 § 101 Nr. 23 = NZA 2001, 1033).

8   Weiter kann der BR **bei groben Verstößen** des AG gegen das Mitbestimmungsrecht des BR aus §§ 99, 100 nach § 23 III deren **Unterlassung für die Zukunft** beantragen. Insoweit wird § 23 III nicht durch § 101 verdrängt (BAG 17. 3. 1987 AP BetrVG 1972 § 23 Nr. 7; *Fitting* Rn. 12). Der Unterlassungsantrag muss diejenige Handlung genau bezeichnen, deren Unterlassung dem AG aufgegeben werden soll. Ein Antrag ist unbegründet, wenn das umstrittene Beteiligungsrecht nicht für alle von ihm erfassten Vorgänge bejaht oder verneint werden kann (BAG 6. 12. 1994 NZA 1995, 488).

9   Umstritten ist, ob daneben ein ggf. im Wege der einstweiligen Verfügung zu verfolgender **allg. Unterlassungsanspruch** des BR besteht (vgl. ausf. DKK/*Kittner* Rn. 23 ff.). Die Rspr. des BAG zum allg. Unterlassungsanspruch im Bereich des § 87 (vgl. BAG 3. 5. 1994 NZA 1995, 40) lässt sich nicht auf die §§ 99, 100 übertragen. Anders als im Bereich der §§ 87 ff. (und auch anders als im Bereich der wirtschaftlichen Mitbestimmung gem. §§ 111 ff.) hat der Gesetzgeber mit § 101 eine ausdrückliche kollektivrechtliche Sanktion für mitbestimmungswidriges Verhalten des AG angeordnet. Der erste Senat des BAG hat in einem Beschluss vom 6. 12. 1994 (NZA 1995, 488) ausdrücklich offengelassen, ob trotz § 101 die verbleibende Rechtsschutzlücke so groß ist, dass ergänzend ein allg. Unterlassungsanspruch in Betracht kommt. Dies ist zu verneinen. Die Rechtsschutzlücke bezieht sich im Wesentlichen auf die Einstellung kurzfristiger Aushilfen, bei denen ein Verfahren nach § 101 regelmäßig zu spät kommt. Ungeahndet bleibt dieses Vorgehen aber nur, soweit es sich um einen Einzelfall handelt. Handelt es sich um eine st. Praxis des AG, kann der BR nach § 23 III vorgehen, da ein grober Verstoß gegen die betriebsverfassungsrechtlichen Pflichten des AG anzunehmen ist (s. auch vor § 74 Rn. 28). Zudem hat der Gesetzgeber etwaige Rechtsschutzlücken bewusst in Kauf genommen, wie die eingehende, aber vielfach eingeschränkte Regelung der §§ 101, 23 III zeigt (anders DKK/*Kittner* Rn. 26 mwN; LAG Köln 13. 8. 2002, NZA-RR 2003, 249).

§ 102 Mitbestimmung bei Kündigungen

(1) ¹Der Betriebsrat ist vor jeder Kündigung zu hören. ²Der Arbeitgeber hat ihm die Gründe für die Kündigung mitzuteilen. ³Eine ohne Anhörung des Betriebsrats ausgesprochene Kündigung ist unwirksam.

(2) ¹Hat der Betriebsrat gegen eine ordentliche Kündigung Bedenken, so hat er diese unter Angabe der Gründe dem Arbeitgeber spätestens innerhalb einer Woche schriftlich mitzuteilen. ²Äußert er sich innerhalb dieser Frist nicht, gilt seine Zustimmung zur Kündigung als erteilt. ³Hat der Betriebsrat gegen eine außerordentliche Kündigung Bedenken, so hat er diese unter Angabe der Gründe dem Arbeitgeber unverzüglich, spätestens jedoch innerhalb von drei Tagen, schriftlich mitzuteilen. ⁴Der Betriebsrat soll, soweit dies erforderlich erscheint, vor seiner Stellungnahme den betroffenen Arbeitnehmer hören. ⁵§ 99 Abs. 1 Satz 3 gilt entsprechend.

(3) Der Betriebsrat kann innerhalb der Frist des Absatzes 2 Satz 1 der ordentlichen Kündigung widersprechen, wenn
1. der Arbeitgeber bei der Auswahl des zu kündigenden Arbeitnehmers soziale Gesichtspunkte nicht oder nicht ausreichend berücksichtigt hat,
2. die Kündigung gegen eine Richtlinie nach § 95 verstößt,
3. der zu kündigende Arbeitnehmer an einem anderen Arbeitsplatz im selben Betrieb oder in einem anderen Betrieb des Unternehmens weiterbeschäftigt werden kann,
4. die Weiterbeschäftigung des Arbeitnehmers nach zumutbaren Umschulungs- oder Fortbildungsmaßnahmen möglich ist oder
5. eine Weiterbeschäftigung des Arbeitnehmers unter geänderten Vertragsbedingungen möglich ist und der Arbeitnehmer sein Einverständnis hiermit erklärt hat.

(4) Kündigt der Arbeitgeber, obwohl der Betriebsrat nach Absatz 3 der Kündigung widersprochen hat, so hat er dem Arbeitnehmer mit der Kündigung eine Abschrift der Stellungnahme des Betriebsrats zuzuleiten.

(5) ¹Hat der Betriebsrat einer ordentlichen Kündigung frist- und ordnungsgemäß widersprochen, und hat der Arbeitnehmer nach dem Kündigungsschutzgesetz Klage auf Feststellung erhoben, dass das Arbeitsverhältnis durch die Kündigung nicht aufgelöst ist, so muss der Arbeitgeber auf Verlangen des Arbeitnehmers diesen nach Ablauf der Kündigungsfrist bis zum rechtskräftigen Abschluss des Rechtsstreits bei unveränderten Arbeitsbedingungen weiterbeschäftigen. ²Auf Antrag des Arbeitgebers kann das Gericht ihn durch einstweilige Verfügung von der Verpflichtung zur Weiterbeschäftigung nach Satz 1 entbinden, wenn
1. die Klage des Arbeitnehmers keine hinreichende Aussicht auf Erfolg bietet oder mutwillig erscheint oder
2. die Weiterbeschäftigung des Arbeitnehmers zu einer unzumutbaren wirtschaftlichen Belastung des Arbeitgebers führen würde oder
3. der Widerspruch des Betriebsrats offensichtlich unbegründet war.

(6) Arbeitgeber und Betriebsrat können vereinbaren, dass Kündigungen der Zustimmung des Betriebsrats bedürfen und dass bei Meinungsverschiedenheiten über die Berechtigung der Nichterteilung der Zustimmung die Einigungsstelle entscheidet.

(7) Die Vorschriften über die Beteiligung des Betriebsrats nach dem Kündigungsschutzgesetz bleiben unberührt.

I. Anwendungsbereich

Gem. § 102 I 1 ist der **BR** vor jeder Kündigung zu hören. Stichtag ist die Konstituierung eines neugewählten BR gem. § 29 (BAG 23. 8. 1984 AP BetrVG 1972 § 102 Nr. 36). Soweit einem BR ein Übergangsmandat zusteht, ist dieser zu beteiligen (zum Übergangsmandat vgl. § 21 Rn. 7ff.). Ist der BR tw. verhindert, sind die im Betrieb anwesenden Mitglieder des BR in entspr. Anwendung von § 22 vor Ausspruch einer Kündigung anzuhören (BAG 18. 8. 1982 AP BetrVG 1972 § 102 Nr. 24). Sind sämtliche BRMitglieder verhindert, etwa durch einen längeren Urlaub oder Auslandstätigkeit, entfällt grds. die Anhörungspflicht; allerdings darf der AG die Zeit der Funktionsunfähigkeit des BR nicht missbrauchen, zB indem er eine Kündigung bis zum Eintritt einer vorhersehbaren Verhinderung des BR (zB Betriebsferien) wartet (KR/*Etzel* Rn. 24 c ff.; aA DKK/*Kittner* Rn. 35; *Fitting* Rn. 7). Die Erkrankung eines BRMitglieds führt nicht regelmäßig zu dessen Amtsunfähigkeit. Ist das einzige BRMitglied arbeitsunfähig erkrankt und hat der AG ihn gleichwohl schon in anderen Angelegenheiten beteiligt, muss er ihn auch vor dem beabsichtigten Ausspruch einer Kündigung anhören (BAG 15. 11. 1984 AP BetrVG 1972 § 25 Nr. 2). 1

Die Anhörungspflicht besteht bei jeder **Kündigung eines AN** iSd. § 5 I bzw. gleichgestellter Heimarbeiter iSd. § 6. Ob das KSchG Anwendung findet, ist ebenso irrelevant wie die Geltung deutschen Arbeitsvertragsrechts (BAG 13. 7. 1978, 28. 9. 1978, 8. 9. 1988 AP BetrVG 1972 § 102 Nr. 17, 18, 19, 2

49; BAG 9. 11. 1977 AP Internationales Privatrecht, Arbeitsrecht Nr. 13); erforderlich ist immer Betriebszugehörigkeit. Die Anhörungspflicht besteht **bei allen Arten der Kündigung**: ordentlichen und außerordentlichen, Beendigungs- und Änderungskündigungen. Die Anhörungspflicht entfällt auch dann nicht, wenn der AG den BR zu einem bestimmten Sachverhalt bereits angehört hat und im Hinblick auf mögliche Verfahrensfehler (vorsorglich) eine Wiederholungskündigung ausspricht (BAG 31. 1. 1996 AP BetrVG 1972 § 102 Nr. 80; eine förmliche nicht teleologische Auslegung). Selbst bei Aufnahme zu kündigender AN in eine Namensliste gem. § 125 InsO bleibt die Pflicht zur Durchführung des Anhörungsverfahrens gem. § 102 bestehen (BAG 20. 5. 1999 NZA 1999, 1023 zu § 1 IV KSchG aF) Nicht erneut angehört werden muss der BR, wenn eine Kündigung, zu der der BR bereits ordnungsgemäß angehört wurde, nur am fehlenden Zugang beim AN scheitert und daraufhin sofort eine auf denselben Sachverhalt gestützte zweite Kündigung ausgesprochen wird; in diesem Fall liegt der zweiten Kündigung kein eigenständiger Kündigungsentschluss des AG zugrunde (BAG 11. 10. 1989 AP BetrVG 1972 § 102 Nr. 55). Da sich die Anhörungspflicht nur auf Kündigungen bezieht, ist der BR nicht zu beteiligen, wenn das Arbeitsverhältnis aus anderen Gründen endet, etwa durch Aufhebungsvertrag oder Zeitablauf beim befristeten Arbeitsverhältnis (BAG 28. 10. 1986 AP BetrVG 1972 § 118 Nr. 32; *Fitting* Rn. 15).

II. Unterrichtung des Betriebsrats

3   1. **Zeitpunkt und Form der Unterrichtung.** Gem. § 102 I 2 hat der AG dem BR die Gründe für die Kündigung mitzuteilen. Die Mitteilung muss in jedem Fall **vor Ausspruch der Kündigung** erfolgen. „Ausspruch" bedeutet bei der schriftlichen Kündigung, dass das Kündigungsschreiben den Machtbereich des AG verlassen hat, insb. zur Post gegeben ist (BAG 13. 11. 1975 AP BetrVG 1972 § 102 Nr. 7). Der vom AG zu wahrende **Mindestzeitraum** zwischen Unterrichtung des BR und geplantem Ausspruch der Kündigung ergibt sich mittelbar aus den Stellungnahmefristen des BR gem. § 102 II: Danach hat der BR bei der ordentlichen Kündigung dem AG Bedenken gegen die geplante Kündigung innerhalb einer Woche, bei der außerordentlichen Kündigung innerhalb von drei Tagen mitzuteilen (vgl. zur Fristberechnung Rn. 11). Erfolgt die Anhörung erheblich vor dem geplanten Ausspruch der Kündigung, ist eine erneute Anhörung des BR nur erforderlich, falls sich inzwischen der Kündigungssachverhalt geändert hat (BAG 26. 5. 1977 AP BetrVG 1972 § 102 Nr. 14; *Fitting* Rn. 28). Bei Schwerbehinderten hat der AG die Wahl, ob er den BR schon vor oder erst nach dem Verfahren vor dem Integrationsamt anhört. Bei vorheriger Anhörung braucht das Anhörungsverfahren auch dann nicht wiederholt zu werden, wenn die Zustimmung des Integrationsamtes erst nach einem jahrelangen VGVerfahren erteilt wird (BAG 18. 5. 1994 AP BPersVG § 108 Nr. 3). Bei außerordentlichen Kündigungen ist zu beachten, dass die Drei-Tage-Frist für die Anhörung des BR auf die Zwei-Wochen-Frist nach § 626 II 1 BGB angerechnet wird. Eilfälle, in denen eine Anhörung des BR entbehrlich würde, werden nicht anerkannt (BAG 13. 11. 1975 AP BetrVG 1972 § 102 Nr. 7; BAG, 29. 3. 1977 AP BetrVG 1972 § 102 Nr. 11; *Fitting* Rn. 20; GK-BetrVG/*Raab* Rn. 41). Ist dem AG die Weiterbeschäftigung nach Kenntnis des Kündigungsgrundes unzumutbar, bleibt ihm die Möglichkeit der Suspendierung von der Arbeit, in schweren Fällen sogar ohne Vergütung (näheres zur Suspendierung § 611 BGB Rn. 829). Die Anhörung bei einer wegen Ausschlusses der ordentlichen Kündigung zulässigen außerordentlichen Kündigung mit Auslauffrist muss wie bei der ordentlichen Kündigung erfolgen (BAG 18. 1. 2001 DB 2002, 100), also mit einer entspr. Bedenkzeit.

4   Eine **Form für die Unterrichtung** ist nicht zwingend vorgeschrieben; sie kann mündlich oder schriftlich erfolgen, wobei die zumindest auch schriftliche Mitteilung von Beweisgründen zu empfehlen ist. Schriftform ist auch dann nicht zwingend erforderlich, wenn der Kündigungssachverhalt ungewöhnlich komplex ist (BAG 6. 2. 1997 NZA 1997, 656). Die Unterrichtung hat zu Händen des BRVorsitzenden bzw. bei dessen Verhinderung zu Händen seines Stellvertreters zu erfolgen (§ 26 III). Die Information eines anderen BRMitglieds genügt, wenn dieses vom BR oder BRVorsitzenden zur Entgegennahme der Mitteilung ermächtigt worden ist (BAG 27. 6. 1985 AP BetrVG 1972 § 102 Nr. 37) oder wenn es der BR versäumt hat, Vorkehrungen für den Fall zu treffen, dass sowohl der BRVorsitzende als auch sein Stellvertreter verhindert sind (LAG Frankfurt 23. 3. 1976 BB 1977, 1048). Ist das Beteiligungsrecht nach § 102 dem Betriebsausschuss (§ 27 III) oder einem weiteren Ausschuss (§ 28 I) übertragen, was zulässig ist (BAG 4. 8. 1975 EzA BetrVG § 102 Nr. 57), muss der Ausschussvorsitzende bzw. dessen Stellvertreter informiert werden (BAG 4. 8. 1975 EzA BetrVG § 102 Nr. 14). Die Information von BR bzw. Ausschuss hat grds. während der Arbeitszeit des empfangsberechtigten BRMitglieds und innerhalb der Arbeitsräume zu erfolgen (DKK/*Kittner* Rn. 138). Nimmt allerdings ein Empfangsberechtigter die Mitteilung außerhalb der Arbeitsräume bzw. außerhalb seiner persönlichen Arbeitszeit entgegen, gilt dies als wirksame Einleitung des Anhörungsverfahrens (BAG 27. 8. 1982 AP BetrVG 1972 § 102 Nr. 25). Der AG ist nicht verpflichtet, der Unterrichtung weitere Unterlagen oder Beweismaterial beizufügen (BAG 26. 1. 1995 AP BetrVG 1972 § 102 Nr. 69; aA *Fitting* Rn. 26; DKK/*Kittner* Rn. 47).

II. Unterrichtung des Betriebsrats § 102 BetrVG 210

2. Inhalt der Unterrichtung. Nach § 102 I 2 hat der AG dem BR die Gründe der Kündigung 5
mitzuteilen, zunächst die Personalien des betreffenden AN (BAG 16. 3. 1993 EzA BetrVG 1972 § 102
Nr. 84) und die Art der Kündigung, also ob es sich um eine Änderungs- oder Beendigungskündigung
handelt, um eine ordentliche oder außerordentliche, um eine außerordentliche fristlose oder eine
außerordentliche mit Auslauffrist (BAG 12. 8. 1976 AP BetrVG 1972 § 102 Nr. 10; BAG 29. 8. 1991
AP BetrVG 1972 § 102 Nr. 58; *Fitting* Rn. 25). Hält der AG eine Sozialauswahl für entbehrlich
(ansonsten Rn. 9), müssen dem BR nur Lebensalter und Dauer der Betriebszugehörigkeit, nicht aber
Unterhaltspflichten und Familienstand mitgeteilt werden (BAG 22. 1. 1998 EzA § 613 a BGB
Nr. 161). Hat der AG den BR nur zu einer beabsichtigten ordentlichen Kündigung angehört, kann er
keine außerordentliche Kündigung aussprechen (BAG 12. 8. 1976 AP BetrVG 1972 § 102 Nr. 10).
Erfolgte die Anhörung nur zu einer außerordentlichen Kündigung, kommt eine Umdeutung in eine
ordentliche Kündigung, auch wenn diese nach materiellem Kündigungsschutzrecht zulässig wäre,
nicht in Betracht (BAG 16. 3. 1978 AP BetrVG 1972 § 102 Nr. 15; BAG 20. 9. 1984 AP BGB § 626
Nr. 80). Eine Ausnahme gilt, wenn der BR der außerordentlichen Kündigung ausdrücklich zugestimmt hat (BAG 20. 9. 1984 AP BGB § 626 Nr. 80; KR/*Etzel* Rn. 182 a). Mitgeteilt werden müssen
auch Kündigungsfrist und Kündigungstermin (BAG 29. 3. 1990 AP BetrVG 1972 § 102 Nr. 56; BAG
16. 9. 1993 AP BetrVG 1972 § 102 Nr. 62; BAG 15. 12. 1994 AP KSchG 1969 § 1 Betriebsbedingte
Kündigung Nr. 67). Allerdings führt die unrichtige Angabe des Kündigungstermins alleine nicht zur
Unwirksamkeit der Kündigung (BAG 29. 1. 1986 AP BetrVG 1972 § 102 Nr. 42; *Fitting* Rn. 25).

Hinsichtlich der Kündigungsgründe gilt für die Unterrichtungspflicht des AG der sogenannte 6
Grundsatz der subjektiven Determinierung. Das bedeutet, dass der AG nur diejenigen Kündigungsgründe dem BR mitteilen muss, auf die er die Kündigung stützen will; es müssen dem BR also nicht
alle objektiv kündigungsrechtlich erheblichen Tatsachen, sondern nur die vom AG für die Kündigung
als ausschlaggebend angesehenen Umstände mitgeteilt werden (BAG 11. 7. 1991 AP BetrVG 1972
§ 102 Nr. 57; BAG 22. 9. 1994 AP BetrVG 1972 § 102 Nr. 68; zur Sozialauswahl Rn. 9), diese
allerdings vollständig, also auch unter Einbeziehung der entlastenden Momente. Diese Kündigungsgründe müssen vom AG so detailliert dargelegt werden, dass sich der BR ohne zusätzliche eigene
Nachforschungen ein Bild über ihre Stichhaltigkeit machen und beurteilen kann, ob es sinnvoll ist,
Bedenken zu erheben oder Widerspruch gegen die Kündigung einzulegen (BAG 21. 6. 2001 EzA BGB
§ 626 BGB Unkündbarkeit Nr. 7). Soweit diesen Anforderungen Genüge getan ist, bleibt die Möglichkeit der weiteren Erläuterung und Konkretisierung der dem BR mitgeteilten Kündigungsgründe im
Kündigungsschutzprozess. Die Einführung eines neuen Kündigungssachverhaltes ist dagegen nicht
mehr möglich (vgl. zum Problem des Nachschiebens von Kündigungsgründen Rn. 27).

Die Verpflichtung des AG zu einer genauen und umfassenden Unterrichtung des BR entfällt, wenn 7
der AG den BR bereits vor Beginn des Anhörungsverfahrens, etwa wegen einer geplanten Betriebsänderung, erschöpfend über die Kündigungsgründe unterrichtet hatte. Der AG genügt seiner Mitteilungsverpflichtung in einem solchen Fall, wenn er im Anhörungsverfahren pauschal auf die **bereits
mitgeteilten Gründe** verweist (BAG 19. 5. 1993 AP KSchG 1969 § 2 Nr. 31). Das Gleiche gilt, wenn
dem BR die Gründe für die Kündigung ohnehin bekannt sind (BAG 24. 11. 1983 AP BetrVG 1972
§ 102 Nr. 30). Hat der AG keinen durch Tatsachen begründeten Kündigungsgrund und bedarf es eines
solchen auch nicht (zB Kündigung während der Ersten 6 Monate eines Arbeitsverhältnisses), genügt
der AG ausnahmsweise seiner Unterrichtungspflicht auch durch die Mitteilung eines Werturteils,
wenn dieses Werturteil das Motiv der Kündigung darstellt (BAG 18. 5. 1994 AP BetrVG 1972 § 102
Nr. 64; BAG 3. 12. 1998 AP BetrVG 1972 § 102 Nr. 99 = NZA 1999, 477). Ebenso reicht bei einer
Kündigung vor Ablauf der Wartefrist nach § 1 I KSchG die Mitteilung, der AN „genügt nach unserer
allgemeinen, subjektiven Einschätzung unseren Anforderungen nicht" (LAG Berlin 22. 1. 1998 LAGE
BetrVG 1972 § 102 Nr. 68).

Schildert der AG dem BR den **Sachverhalt bewusst unrichtig** oder irreführend – etwa durch 8
Verschweigen wesentlicher Umstände – macht dies wie eine Nichtinformation die Anhörung unwirksam. War der AG bei Anhörung des BR über den wahren Kündigungssachverhalt im Irrtum, kann der
AG ausnahmsweise den BR nach Aufklärung des Irrtums ergänzend zum wahren Sachverhalt anhören
und den neuen Sachverhalt im Kündigungsschutzprozess nachschieben, ohne eine neue Kündigung
aussprechen zu müssen (vgl. zum Nachschieben von Kündigungsgründen Rn. 27). Dafür, dass sich der
AG in einem Irrtum befunden hat, trägt dieser ebenso die Darlegungs- und Beweislast wie für den
Umstand, dass er den BR nicht bewusst in die Irre geführt hat (dazu BAG 22. 9. 1994 AP BetrVG
1972 § 102 Nr. 68; BAG 9. 3. 1995 NZA 1995, 678). Den Kern des Vorwurfs nicht berührende
Abweichungen sind unerheblich (LAG Schleswig-Holstein 24. 7. 2001, LAGE § 1 KSchG Verhaltensbedingte Kündigung Nr. 78).

Beispiele aus der Rspr. zu einzelnen Kündigungsgründen: Bei einer betriebsbedingten Kündigung 9
muss dem BR im Einzelnen mitgeteilt werden, inwiefern der Arbeitsplatz des zu kündigenden AN
wegfällt; Pauschalhinweise auf Auftragsmangel, Arbeitsmangel oder Rationalisierungsmaßnahmen
genügen nicht. Fehlen anderweitige Beschäftigungsmöglichkeiten, genügt grundsätzlich der pauschale
Hinweis darauf; hat jedoch der BR konkrete freie Arbeitsplätze genannt, muss der AG darauf
eingehen (BAG 17. 2. 2000 NZA 2000, 761). Kommt es auf die soziale Auswahl unter mehreren AN

an, so sind auch die hierfür maßgeblichen Gesichtspunkte, insb. Lebensalter, Dauer der Betriebszugehörigkeit und Unterhaltspflichten mitzuteilen, und zwar nicht nur für den betroffenen, sondern auch für andere AN mit vergleichbarer Tätigkeit, die der AG in seine Erwägungen einbezogen hat (BAG 29. 3. 1984 AP BetrVG 1972 § 102 Nr. 31; BAG 16. 9. 1993 AP BetrVG 1972 § 102 Nr. 62). Die Anforderungen an die Mitteilungspflicht reduzieren sich nicht bei Massenentlassungen (BAG 16. 9. 1993 AP BetrVG 1972 § 102 Nr. 62). Hält der AG eine Sozialauswahl – etwa wegen Widerspruchs des AN gegen einen Betriebsübergang – nicht für erforderlich, so müssen die sozialen Gesichtspunkte vergleichbarer AN auch nicht vorsorglich mitgeteilt werden (BAG 24. 2. 2000 AP KSchG 1969 § 1 Soziale Auswahl Nr. 47 = NZA 2000, 764). Der Wirksamkeit einer außerordentlichen Kündigung stehe die fehlerhafte Mitteilung der genauen Sozialdaten nur dann nicht entgegen, wenn es dem AG wegen der Schwere der Kündigungsvorwürfe auf die genauen Daten ersichtlich nicht ankomme und dem BR die ungefähren Daten kenne (BAG 15. 11. 2001 DB 2002, 1509). Bei einer verhaltensbedingten Kündigung müssen dem BR auch etwaige entlastende Umstände mitgeteilt werden, zB die Nichtbestätigung eines Diebstahlsverdachts durch einen Tatzeugen (BAG 2. 11. 1983 AP BetrVG 1972 § 102 Nr. 29) oder Gegenvorstellungen des AN gegenüber einer Abmahnung (BAG 31. 8. 1989 AP LPVG Schleswig-Holstein § 77 Nr. 1). Bei der krankheitsbedingten Kündigung wegen häufiger Kurzerkrankungen sind dem BR Fehlzeiten, Zukunftsprognose und wirtschaftliche Belastungen für den Betrieb mitzuteilen (BAG 25. 11. 1982 AP KSchG 1969 § 1 Krankheit Nr. 30; BAG 21. 5. 1992 AP KSchG 1969 § 1 Krankheit Nr. 30; BAG 24. 11. 1983 AP BetrVG 1972 § 102 Nr. 7; BAG 18. 5. 1994 AP BetrVG 1972 § 102 Nr. 64). Bei der Kündigung wegen dauernder AU entfällt die Mitteilungspflicht hinsichtlich der wirtschaftlichen Beeinträchtigung (BAG 30. 1. 1986 NZA 1997, 555). Bei einer Änderungskündigung müssen dem BR der Inhalt des Änderungsangebots und die Gründe für die beabsichtigte Beendigung des Arbeitsverhältnisses mitgeteilt werden (BAG 30. 11. 1989 AP BetrVG 1972 § 102 Nr. 53).

III. Reaktionen des Betriebsrats

10   **1. Ausdrückliche oder fingierte Zustimmung.** Der BR kann auf eine entspr. Mitteilung des AG ausdrücklich seine Zustimmung zu der geplanten Kündigung erklären. Hierzu hat er bei der ordentlichen Kündigung gem. § 102 II 1 eine Woche und bei der außerordentlichen Kündigung gem. § 102 II 3 drei Tage Zeit. Äußert er sich innerhalb der Wochenfrist zu einer ordentlichen Kündigung nicht, gilt gem. § 102 II 2 seine Zustimmung als erteilt. Für die außerordentliche Kündigung fehlt es im Gesetz an einer Zustimmungsfiktion; diese ist nicht erforderlich, da das Gesetz an einen frist- und ordnungsgemäßen Widerspruch gegen eine außerordentliche Kündigung keine bes. Rechtsfolgen knüpft. Zur betriebsverfassungsrechtlichen Gleichstellung außerordentliche Kündigungen mit Auslaufsfrist, die nur wegen des Ausschlusses der ordentlichen Kündigung zulässig sind, mit ordentlichen Kündigungen Rn. 14.

11   Für die **Fristberechnung** gelten §§ 187, 188, 193 BGB. Die Frist beginnt am Tag nach Zugang der Mitteilung des AG beim BR; der Zugangstag ist nicht mitzurechnen. Will der BR zustimmen, muss seine schriftliche Zustimmung an dem Wochentag der folgenden Woche beim AG eingehen, der in seiner Bezeichnung dem Tage entspricht, an dem beim BR die vollständige Mitteilung des AG einging. Bei Eingang der AGMitteilung am Montag endet also die Drei-Tages-Frist am Donnerstag, die Wochenfrist am Montag der folgenden Woche. Fällt der letzte Tag der Frist auf einen Samstag, Sonntag oder gesetzlichen Feiertag, so endet die Frist mit Ablauf des nächsten Werktages (§ 193 BGB). Ob die **Frist am Tage des Fristablaufs** bis Mitternacht ausgeschöpft werden kann, hängt von den Verhältnissen im Betrieb ab: Grds. endet die Frist mit normalem Dienstschluss der Personalverwaltung; Fristende 24.00 Uhr gilt nur, wenn der AG entspr. Vorrichtungen (zB Nachtbriefkasten) getroffen hat (LAG Hamm 11. 2. 1992 LAGE BetrVG 1972 § 102 Nr. 33; DKK/*Kittner* Rn. 170). Im Übrigen ist der BR aber berechtigt, die Wochen- bzw. Drei-Tages-Frist voll auszuschöpfen. Dies gilt auch in Eilfällen. Eine **Verkürzung der Frist** kommt weder einseitig durch den AG noch durch Vereinbarung zwischen AG und BR in Betracht (BAG 29. 3. 1977 AP BetrVG 1972 § 102 Nr. 11; aA GK-BetrVG/*Raab* Rn. 101; wie hier KR/*Etzel* Rn. 88). Eine Fristverlängerung kann dagegen zwischen AG und BR vereinbart werden (BAG 14. 8. 1986 AP BetrVG 1972 § 102 Nr. 43; *Fitting* Rn. 64). Automatisch tritt eine Fristverlängerung allerdings auch bei Massenkündigungen nicht ein; die Verweigerung einer Fristverlängerung durch den AG kann in diesen Fällen jedoch rechtsmissbräuchlich sein (BAG 14. 8. 1986 AP BetrVG 1972 § 102 Nr. 43). Ändert sich der Sachverhalt oder der Informationsstand des AG darüber während der Anhörungsfrist, muss der AG die Anhörung ergänzen (BAG 17. 2. 2000 EzA § 102 BetrVG Nr. 103); dadurch dürfte keine neue Anhörungsfrist ausgelöst werden.

12   **2. Mitteilung von Bedenken.** Innerhalb der Wochen- bzw. Drei-Tages-Frist kann der BR – wie es in § 102 II 1, 3 heißt – „Bedenken" gegen die beabsichtigte Kündigung äußern. Die Geltendmachung von Bedenken nach Abs. 2 ist der generelle Auffangtatbestand für alle ablehnenden Stellungnahmen des BR. Sie ist das geeignete Mittel, wenn der BR mit einer geplanten Kündigung nicht einverstanden ist, ohne dass einer der ausdrücklich in § 102 III genannten Widerspruchsgründe eingreifen würde.

III. Reaktionen des Betriebsrats

Bei der außerordentlichen Kündigung besteht ohnehin keine Möglichkeit eines Widerspruchs iSd. § 102 III.

Konkrete Rechtswirkungen kommen der Geltendmachung von Bedenken nicht zu. Der AG kann 13 sich ihnen anschließen oder nicht; überzeugen ihn die Bedenken nicht, kann er die Kündigung aussprechen. Auch im anschließenden Kündigungsrechtsstreit entfalten die „Bedenken" keine unmittelbare Wirkung, sondern stärken allenfalls mittelbar die Rechtsstellung des AN. Die Einzige unmittelbare Rechtswirkung ist, dass eine Stellungnahme des BR, in der dieser Bedenken gegen die bevorstehende Kündigung äußert, als **abschließende Erklärung** des BR in Betracht kommt, so dass der AG nach ihrem Eingang auch schon vor Ablauf der Wochen- bzw. Drei-Tages-Frist die Kündigung aussprechen darf. Dies ist allerdings nur der Fall, wenn die Schriftform gem. § 102 II 1, 3 gewahrt ist und sich aus dem Inhalt der Erklärung deutlich ergibt, dass es sich um eine abschließende Äußerung des BR handeln soll. Eine solche liegt regelmäßig vor, wenn der BR erklärt, er nehme die Kündigung zur Kenntnis und beabsichtige, keine Stellungnahme abzugeben. Ob die bloße Mitteilung des BR, er nehme die Kündigung zur Kenntnis, reicht, hängt insb. von der Übung des BR ab (BAG 12. 3. 1987 AP BetrVG 1972 § 102 Nr. 47; s. auch LAG Berlin 12. 7. 1999 NZA-RR 1999, 485).

3. Widerspruch des Betriebsrats. a) Allgemeines. Bei einer geplanten ordentlichen Kündigung hat 14 der BR die Möglichkeit, innerhalb der Wochenfrist nach Abs. 2 S. 1 gestützt auf einen der Widerspruchsgründe gem. Abs. 3 ausdrücklich zu widersprechen. **Bei der außerordentlichen Kündigung** besteht diese Möglichkeit grds. nicht. Eine Ausnahme ist anerkannt für die außerordentliche Kündigung mit sozialer Auslauffrist eines tariflich oder arbeitsvertraglich ordentlich nicht mehr kündbaren AN; ansonsten würde der bes. Kündigungsschutz in § 102 in sein Gegenteil umschlagen (BAG 4. 3. 1993 EzA BGB § 626 nF Nr. 144; BAG 21. 6. 2001 EzA BGB § 626 Unkündbarkeit Nr. 7).

Wie sich aus § 102 V ergibt, muss der Widerspruch nicht nur frist- sondern auch **ordnungsgemäß** 15 erfolgen. Das bedeutet nach hM schriftlich und unter Angabe von Gründen. Im Rahmen der Begründung muss der BR auf wenigstens einen der in Abs. 3 abschließend (hM: vgl. *Fitting* Rn. 71) aufgezählten Widerspruchsgründe Bezug nehmen. An die Begründung sind keine zu hohen Anforderungen zu stellen, wie sich mittelbar aus Abs. 5 Nr. 3 ergibt, wonach die Entbindung von der Weiterbeschäftigungspflicht einen „offensichtlich" unbegründeten Widerspruch verlangt. Ausreichend ist eine Begründung, die es als möglich erscheinen lässt, dass mit der gegebenen Begründung ein gesetzlicher Widerspruchstatbestand geltend gemacht wird; die bloße Wiederholung des Gesetzeswortlauts allein reicht nicht (BAG 17. 6. 1999 AP § 102 BetrVG Weiterbeschäftigung Nr. 11; LAG Schleswig-Holstein 22. 11. 1999 AP § 102 BetrVG Weiterbeschäftigung Nr. 12; *Fitting* Rn. 71; DKK/*Kittner* Rn. 181). Nach Ablauf der Wochenfrist kann der BR keine neuen Widerspruchsgründe nachschieben (DKK/*Kittner* Rn. 178).

Hinsichtlich der **Rechtsfolgen des Widerspruchs** ist zu unterscheiden: Ist der Widerspruch frist- 16 und ordnungsgemäß eingereicht, hindert dies den AG nicht am Ausspruch der vorgesehenen Kündigung; der betroffene AN kann allerdings unter den weiteren Voraussetzungen des § 102 V einen Weiterbeschäftigungsanspruch geltend machen. Ist der Widerspruch nicht nur frist- und ordnungsgemäß eingelegt, sondern darüber hinaus auch der behauptete Widerspruchsgrund tatsächlich ist, ist die Kündigung, soweit der AN dem KSchG unterliegt, nach § 1 II KSchG sozial ungerechtfertigt. Es liegt dann ein absoluter Sozialwidrigkeitsgrund vor; die Rechtsstellung des AN wird insofern verstärkt, als keine gerichtliche Interessenabwägung mehr erforderlich ist (BAG 6. 6. 1984 AP KSchG 1969 § 1 Betriebsbedingte Kündigung Nr. 16; BAG 13. 9. 1971 AP KSchG 1969 § 1 Nr. 2). Nach Abs. 4 ist ein frist- und ordnungsgemäßer Widerspruch dem AN zuzuleiten, doch ist dies nicht Wirksamkeitsvoraussetzung der Kündigung (LAG Köln 19. 10. 2000, LAGE BetrVG 1972 § 102 Nr. 75).

b) Einzelne Widerspruchsgründe. Bei den Widerspruchsgründen nach Abs. 3 handelt es sich in 17 erster Linie – aber nicht nur – um Gesichtspunkte betriebsbedingter Kündigungen mit kollektivem Einschlag, die der BR wegen seines besseren Überblicks über die betrieblichen Geschehnisse leichter geltend machen kann als der einzelne AN (*Fitting* Rn. 73).

Nach Abs. 3 Nr. 1 kann der BR widersprechen, wenn der AG bei der Auswahl des zu kündigenden 18 AN **soziale Gesichtspunkte** nicht oder nicht ausreichend berücksichtigt hat. Dieser Widerspruchsgrund kommt nur bei betriebsbedingten Kündigungen in Betracht. Die Vorschrift knüpft an § 1 III KSchG an. Nach der Neufassung der Vorschrift durch das ArbRBeschFG 96 hat der AG bei der Sozialauswahl nur noch die Kriterien Dauer der Betriebszugehörigkeit, Lebensalter und Unterhaltspflichten des AN zu berücksichtigen. Daraus folgt, dass auch der BR seinen Widerspruch nur noch auf die Nichtbeachtung bzw. nicht ausreichende Beachtung eines dieser drei Kriterien stützen darf.

Nach Abs. 3 Nr. 2 kann der BR widersprechen, wenn die Kündigung gegen eine **RL nach § 95** 19 verstößt. Die Bedeutung dieser Vorschrift ist dadurch erhöht, dass der Gesetzgeber durch die Neufassung von § 1 IV KSchG im Rahmen des ArbRBeschFG AuswahlRL bei Kündigungen aufgewertet hat (näheres § 95 Rn. 15 und § 1 KSchG Rn. 563 ff.).

Nach Nr. 3 besteht ein Widerspruchsrecht, wenn der zu kündigende AN an einem anderen Arbeits- 20 platz in demselben Betrieb oder in einem anderen Betrieb des Unternehmens **weiterbeschäftigt** werden kann. Dabei ist die anderweitige Beschäftigungsmöglichkeit vom BR in bestimmbarer Weise

33 Zweite Voraussetzung für das Entstehen des Weiterbeschäftigungsanspruchs ist, dass der AN nach dem KSchG **Klage auf Feststellung** erhoben hat, dass das Arbeitsverhältnis durch die Kündigung nicht aufgelöst ist. Der AN muss also dem persönlichen und sachlichen Geltungsbereich des KSchG unterliegen (§§ 1, 23 KSchG). Er muss weiter innerhalb der Frist des § 4 KSchG Klage erheben und diese zumindest auch auf die Sozialwidrigkeit iSd. § 1 KSchG stützen. Hat der AN innerhalb der Drei-Wochen-Frist die Kündigung zunächst nur aus anderen Gründen angegriffen und erfolgt die Rüge der Sozialwidrigkeit gem. § 6 KSchG erst später, entsteht erst ab diesem Zeitpunkt der Weiterbeschäftigungsanspruch. Wird eine verspätete Klage gem. § 5 KSchG zugelassen, entsteht der Weiterbeschäftigungsanspruch erst mit Rechtskraft des Beschlusses über die nachträgliche Zulassung der Klage (KR/*Etzel* Rn. 207; GK-BetrVG/*Raab* Rn. 171; aA *Fitting* Rn. 109). Der Weiterbeschäftigungsanspruch entfällt, wenn die Klage zurückgenommen wird oder vom AN ein Antrag auf Auflösung des Arbeitsverhältnisses gegen Zahlung einer Abfindung gestellt wird (KR/*Etzel* Rn. 208).

34 Drittens entsteht der Weiterbeschäftigungsanspruch nur, wenn der AN gegenüber dem AG **ausdrücklich die Weiterbeschäftigung verlangt**, also erklärt, dass er bis zur rechtskräftigen Entscheidung des Kündigungsrechtsstreites weiterbeschäftigt werden will. In der Literatur wird überwiegend vertreten, dass das Weiterbeschäftigungsverlangen innerhalb der Kündigungsfrist bzw. spätestens bei Klageerhebung zu stellen ist (*Fitting* Rn. 106; KR/*Etzel* Rn. 209). Das BAG räumt dagegen dem AN die Möglichkeit ein, das Weiterbeschäftigungsverlangen noch am ersten Tag nach Ablauf der Kündigungsfrist zu stellen; entscheidend sei, dass keine Beschäftigungslücke entstehe (BAG 11. 5. 2000 AP BetrVG 1972 § 102 Weiterbeschäftigung Nr. 13 = NZA 2000, 1055). Unabhängig von den Voraussetzungen des § 102 V bleibt die Möglichkeit, den vom Großen Senat des BAG im Beschluss vom 27. 2. 1985 (AP BGB § 611 Beschäftigungspflicht Nr. 14) entwickelten sogenannten allg. Weiterbeschäftigungsanspruch geltend zu machen (zu dessen Voraussetzungen vgl. § 4 KSchG Rn. 94 ff.).

35 **2. Inhalt und Durchsetzung.** Liegen die Voraussetzungen des § 102 V 1 vor, muss der AG den AN für die Zeit nach Ablauf der Kündigungsfrist bis zum rechtskräftigen Abschluss des Kündigungsrechtsstreits bei unveränderten Arbeitsbedingungen weiterbeschäftigen; in dieser Zeit besteht das ursprüngliche Arbeitsverhältnis unverändert mit dem bei Ablauf der Kündigungsfrist bestehenden Inhalt und der zu diesem Zeitpunkt gegebenen Dauer der Betriebszugehörigkeit fort, und zwar auflösend bedingt durch die rechtskräftige Abweisung der Kündigungsschutzklage (BAG 12. 9. 1985 AP BetrVG 1972 § 102 Weiterbeschäftigung Nr. 7; KR/*Etzel* Rn. 215). Wird dagegen der Kündigungsschutzklage rechtskräftig stattgegeben, steht damit fest, dass das ursprüngliche Arbeitsverhältnis unbefristet fortbesteht. Beschäftigt der AG den AN nicht, gerät er gem. § 615 BGB in Annahmeverzug. Nur soweit arbeitsvertraglich zulässig, sind Versetzungen auf einen gleichwertigen Arbeitsplatz möglich (BAG 27. 1. 1994 AP KSchG § 2 Nr. 32). Die bisherige Vergütung einschließlich aller Neben- und Sonderleistungen ist weiter zu gewähren. Der AN hat keinen Anspruch auf erst entstehende Leistungen, die an eine ununterbrochene Betriebszugehörigkeit anknüpfen, wie zB Gratifikationen, Jubiläumsgelder, „Unkündbarkeit" oder Ruhegeld (L/K Rn. 51). Auch besteht kein Anspruch auf Lohnerhöhungen. Denn der AN ist zu unveränderten Arbeitsbedingungen zu beschäftigen (*Fitting* Rn. 114). Diese sind ggf. nachzuzahlen, wenn der Kündigungsschutzprozess gewonnen wird (*Fitting* Rn. 114). Widersprüchlich ist, dass unveränderte Weiterbeschäftigung auch geboten ist, wenn der BR veränderte verlangt. Deren Angebot muss dann reichen.

36 **Durchsetzen** kann der AN den Weiterbeschäftigungsanspruch sowohl durch Klage als auch im Wege der **einstweiligen Verfügung.** Der Darlegung eines bes. Verfügungsgrundes bedarf es nicht. Das nach § 935 ZPO erforderliche bes. Sicherungsinteresse ergibt sich schon aus der Rechtsnatur des Verfügungsanspruchs. § 102 V will verhindern, dass die Reintegration eines AN nach Obsiegen im Kündigungsschutzprozess durch die faktische Ausgliederung während des Rechtsstreits erschwert wird. Damit folgt allein aus dem Bestehen dieses Anspruchs die Aussage, dass jede Zeitspanne der Nichtbeschäftigung eine Gefährdung des Beschäftigungsanspruchs des AN bedeutet (wie hier LAG Hamburg 14. 9. 1992 NZA 1993, 140; GK-BetrVG/*Raab* Rn. 183; L/K Rn. 54; aA LAG Düsseldorf 25. 1. 1993 DB 1993, 1680; LAG München 16. 8. 1995 LAGE BetrVG § 102 Beschäftigungspflicht Nr. 22; LAG Baden-Württemberg 30. 8. 1993 NZA 1995, 683). Die Voraussetzungen für das Vorliegen des Weiterbeschäftigungsanspruchs sind vom AN darzulegen und ggf. zu beweisen bzw. glaubhaft zu machen (ArbG Hamm 18. 1. 1990 DB 1990, 944). Der AG kann sich im Wege der Einrede auf solche Gründe berufen, die eine Entbindung von der Weiterbeschäftigungspflicht rechtfertigen könnten, da hierfür das besondere Verfahren nach § 102 V 2 vorgesehen ist (LAG Schleswig-Holstein 5. 3. 1996 LAGE § 102 BetrVG Beschäftigungspflicht Nr. 23; LAG Hamm 24. 1. 1994 AuR 1994, 310; LAG München 10. 2. 1994 NZA 1994, 997), wohl aber auf Unzumutbarkeit der tatsächlichen Beschäftigung BAG 15. 3. 2001, 2 AZR 141/00. Die Vollstreckung erfolgt gem. § 888 ZPO durch Verhängung von Zwangsgeld oder Zwangshaft gegenüber dem AG. Will der AN neben oder unabhängig von der tatsächlichen Weiterbeschäftigung die Fortzahlung des Entgelts erreichen, darf er sich nicht den Weiterbeschäftigungsantrag beschränken, sondern muss Antrag auf Entgeltzahlung stellen.

37 **3. Entbindung von der Weiterbeschäftigungspflicht.** Aufgrund einer vom AG beantragten einstweiligen Verfügung im Urteilsverfahren kann der AG von der Verpflichtung zur Weiterbeschäftigung

gem. § 102 V entbunden werden. Dies hat nicht nur den Wegfall des Weiterbeschäftigungsanspruchs, sondern auch den unveränderten Fortbestand des Arbeitsverhältnisses zur Folge.

Die Klage des AN hat dann **keine hinreichende Aussicht auf Erfolg,** wenn sie offensichtlich oder **38** mit erheblicher Wahrscheinlichkeit abgewiesen wird. Der AG hat die entsprechenden Kündigungsgründe darzulegen und glaubhaft zu machen. Haben beide Seiten hinreichende Erfolgsaussichten glaubhaft gemacht, kommt eine Befreiung von der Weiterbeschäftigungspflicht nicht in Betracht (LAG Düsseldorf/Köln 23. 5. 1975 EzA BetrVG § 102 Beschäftigungspflicht Nr. 4).

Eine **unzumutbare wirtschaftliche Belastung** nach Nr. 2 kommt in Betracht, wenn die wirtschaft- **39** lichen Belastungen für den AG so schwerwiegend sind, dass sie seine Existenz gefährden (KR/*Etzel* Rn. 226; LAG Hamburg 16. 5. 2001 NZA-RR 2002, 25; ausführlich *Rieble* BB 2003, 844). Dies ist insb. bei der Stilllegung von Betrieben oder Betriebsabteilungen der Fall (*Fitting* Rn. 119; weitergehend *Willemsen/Hohenstatt* DB 1995, 215 ff., die insofern Unmöglichkeit iSd. § 275 BGB annehmen, so dass es einer gerichtlichen Entbindung von der Weiterbeschäftigungspflicht nicht bedarf).

Schließlich ist der AG auch dann von der Weiterbeschäftigung zu entbinden, wenn der **Widerspruch 40 des BR offensichtlich unbegründet** war. Dies ist der Fall, wenn sich die Grundlosigkeit geradezu aufdrängt (*Fitting* Rn. 120). Beispiele sind etwa die Rüge der mangelnden Sozialauswahl bei personen- oder verhaltensbedingter Kündigung (LAG Düsseldorf 2. 9. 1975 DB 1975, 1995) oder die Rüge eines Verstoßes gegen AuswahlRL, obwohl solche überhaupt nicht bestehen. Offensichtlich unbegründet ist ein Widerspruch auch dann, wenn die tatsächlichen Voraussetzungen für den geltend gemachten Widerspruch offensichtlich nicht gegeben sind, was vom AG mit den eingeschränkten Beweismitteln des einstweiligen Verfügungsverfahrens glaubhaft zu machen ist. Zumindest entspr. heranzuziehen ist § 102 V 2 für den Fall, dass bereits kein ordnungsgemäßer Widerspruch vorliegt und deshalb überhaupt kein Weiterbeschäftigungsanspruch entstanden ist (LAG Düsseldorf 15. 3. 1978 DB 1979, 1293; *Fitting* Rn. 121 a; aA LAG Berlin 11. 6. 1974 DB 1974, 1629).

Wurde ein Antrag des AG auf Entbindung von der Weiterbeschäftigungspflicht rechtskräftig abge- **41** wiesen, so kann er wiederholt werden, wenn er sich auf **neue Tatsachen** stützt (LAG Köln 19. 5. 1983 DB 1983, 2368), die auch während des Verfahrens nachgeschoben werden können; zB Abweisung der Kündigungsschutzklage in 1. Instanz (LAG München 16. 8. 1995 LAGE BetrVG § 102 Beschäftigungspflicht Nr. 22). Wird einem Antrag des AG auf Entbindung von der Weiterbeschäftigungspflicht stattgegeben, lässt dies für die Zeit bis zur Entbindungsentscheidung angefallene Vergütungsansprüche unberührt (BAG 7. 3. 1996 DB 1996, 1985).

VI. Erweiterung der Mitbestimmung

Gem. § 102 VI können AG und BR vereinbaren, dass Kündigungen der Zustimmung des BR **42** bedürfen und bei Meinungsverschiedenheiten über die Berechtigung der Nichterteilung der Zustimmung die Einigungsstelle entscheidet. Erforderlich ist der Abschluss einer schriftlichen Betriebsvereinbarung; eine formlose Regelungsabrede genügt nicht (BAG 14. 2. 1978 AP TVG § 9 Arbeitskampf Nr. 60; *Fitting* Rn. 124). Abs. 6 erfasst jede Kündigung, also auch die außerordentliche (LAG Düsseldorf 25. 8. 1995 BB 1996, 1277).

Inhaltlich bezweckt Abs. 6 lediglich eine **verfahrensmäßige Absicherung des individuellen Kün- 43 digungsschutzes auf der kollektiven Ebene.** Dagegen ermöglicht die Vorschrift nicht eine Erweiterung oder Beschränkung der individualrechtlichen Kündigungsmöglichkeiten des AG: Abs. 6 verstärkt die Beteiligungsrechte des BR im Verhältnis zur bloßen Anhörung nach Abs. 1 und dem Widerspruchsrecht nach Abs. 3 durch eine zusätzliche verfahrensmäßige Hürde. Die Anerkennung eines vom materiellen Kündigungsrecht unabhängigen paritätischen Mitbestimmungsrechtes würde demgegenüber einen systematischen Bruch zu den Mitwirkungsrechten des BR nach Abs. 1, 3 darstellen, für die es einer eindeutigen gesetzgeberischen Entscheidung bedurft hätte (GK-BetrVG/*Raab* Rn. 198; *Henssler* RdA 1991, 268, 273; L/K Rn. 65; aA DKK/*Kittner* Rn. 311 ff.).

Wird eine BV über das Zustimmungserfordernis bei Kündigungen gem. Abs. 6 eingeführt, tritt **44** dieses Verfahren **anstelle des Anhörungsverfahrens gem. § 102 I.** Eine Anhörung neben diesem Verfahren ist nicht erforderlich (GK-BetrVG/*Raab* Rn. 200). Für den Fall der Verweigerung der Zustimmung durch den BR kann die Möglichkeit der verbindlichen Entscheidung der Einigungsstelle vorgesehen werden. Zwingend ist dies nicht. Möglich ist es auch, die sofortige Entscheidung des ArbG über die Zustimmungsersetzung zu vereinbaren (GK-BetrVG/*Raab* Rn. 206; KR/*Etzel* Rn. 252, 256; aA *Fitting* Rn. 126). Unwirksam wäre dagegen eine BV, die zwar das Zustimmungsrecht für den BR einführt, aber überhaupt keine Überprüfung seiner Entscheidung ermöglicht (GK-BetrVG/*Raab* Rn. 205; *Hanau* BB 1971, 485, 490; aA MünchArbR/*Matthes* § 358 Rn. 5). Wird keine Zustimmungs-, sondern nur eine Beratungspflicht eingeführt, bedarf es einer ausdrücklichen Klarstellung, dass die Verletzung dieser Pflicht die Unwirksamkeit der Kündigung zur Folge haben soll (BAG 6. 2. 1997 DB 1997, 2081). Ist ein Verfahren vor der Einigungsstelle vorgesehen, kann der AG seine Mitteilungen zu den Kündigungsgründen noch im Verfahren vor der Einigungsstelle vervollständigen (BAG 7. 12. 2000 AP KSchG 1969 § 1 Betriebsbedingte Kündigung Nr. 23 = NZA 2001, 495).

45 Daraus ergeben sich **folgende Entscheidungsvarianten:** Stimmt der BR einer beabsichtigten Kündigung zu, kann der AG die Kündigung aussprechen. Verweigert der BR die Zustimmung und ist die Einschaltung der Einigungsstelle vorgesehen, kann der AG diese anrufen mit dem Antrag der Ersetzung der Zustimmung. Bei der außerordentlichen Kündigung hat der AG die Frist des § 626 II BGB zu beachten. Der AG muss innerhalb der Zwei-Wochen-Frist den Antrag auf Zustimmung beim BR stellen und, falls dieser ihn ablehnt, innerhalb der Frist auch noch die Einigungsstelle anrufen (GK-BetrVG/*Raab* Rn. 202). Sowohl Einigungsstelle als auch BR steht bei der Entscheidung über die Zustimmung zur Kündigung kein Ermessens-, sondern nur ein Beurteilungsspielraum zu, da sie über eine Rechtsfrage zu entscheiden haben. Einigungsstelle bzw. BR haben deshalb die Zustimmung zu erteilen, wenn die Voraussetzungen des § 1 II KSchG für die ordentliche bzw. des § 626 I BGB für die außerordentliche Kündigung erfüllt sind (GK-BetrVG/*Raab* Rn. 208; KR/*Etzel* Rn. 257; aA DKK/*Kittner* Rn. 310; *Rieble* AuR 1993, 39, 41 ff.).

46 **Ersetzt die Einigungsstelle die Zustimmung,** kann der AG unmittelbar die Kündigung aussprechen. Dass die Entscheidung der Einigungsstelle vom BR noch vor dem ArbG angefochten werden kann, steht dem nicht entgegen, weil diese Anfechtung ohne Bindung an eine Frist möglich ist und der BR die Kündigungsmöglichkeit des AG ansonsten beliebig hinauszögern könnte (L/K Rn. 66). Bei der außerordentlichen Kündigung muss der AG die Kündigung unverzüglich aussprechen (vgl. § 81 Abs. 5 SGB IX), um die Ausschlussfrist des § 626 II BGB zu wahren. **Verweigert die Einigungsstelle die Zustimmung,** darf der AG die Kündigung nicht durchführen. Eine gleichwohl ausgesprochene Kündigung ist unwirksam (*Fitting* Rn. 124). Allerdings unterliegt die Entscheidung der Einigungsstelle der vollen Überprüfung durch das ArbG. Der betroffene AN ist – anders als im außergerichtlichen Verfahren vor der Einigungsstelle – im arbeitsgerichtlichen Verfahren zur Überprüfung eines Einigungsstellenspruchs Beteiligter iSd. § 83 ArbGG. Dasselbe gilt in einem ohne vorhergehende Einschaltung der Einigungsstelle vorgesehenen gerichtlichen Verfahren über die Ersetzung der Zustimmung (*Fitting* Rn. 128; KR/*Etzel* Rn. 261; aA GK-BetrVG/*Raab* Rn. 209). Eine gerichtliche Entscheidung über die Ersetzung der Zustimmung zur Kündigung nimmt dem AN nicht die Möglichkeit, anschließend Kündigungsschutzklage zu erheben. Allerdings ist er in diesem Verfahren mit solchen Einwendungen präkludiert, die schon Gegenstand des Beschlussverfahrens über die Zustimmungsersetzung waren (*Fitting* Rn. 129; aA GK-BetrVG/*Raab* Rn. 210).

47 Besteht eine BV nach Abs. 6 für ordentliche Kündigungen, entfällt die Möglichkeit des Widerspruchs des BR gem. Abs. 3 und damit eine Weiterbeschäftigungspflicht nach Abs. 5 (*Fitting* Rn. 125; KR/*Etzel* Rn. 248, 251; aA DKK/*Kittner* Rn. 313). Bei einem Widerspruch des BR ist die einstweilige Weiterbeschäftigung durch das vorstehend beschriebene Verfahren gesichert.

VII. Anderweitige Beteiligungsrechte

48 Gem. § 102 VII bleiben durch die Regelung des § 102 I bis VI die Vorschriften über die Beteiligung des BR nach dem KSchG unberührt. Das betrifft das Recht des betroffenen AN, binnen einer Woche nach der Kündigung Einspruch beim BR einzulegen (§ 3 KSchG), ferner die bes. Beteiligungsrechte bei Massenentlassungen gem. § 17 KSchG. Der bis zum 31. 12. 1997 im Gesetz enthaltene Verweis auf § 8 AFG ist durch das Inkrafttreten des SGB III, in das eine § 8 AFG vergleichbare Vorschrift nicht aufgenommen wurde, erledigt.

§ 103 Außerordentliche Kündigung und Versetzung in besonderen Fällen

(1) **Die außerordentliche Kündigung von Mitgliedern des Betriebsrats, der Jugend- und Auszubildendenvertretung, der Bordvertretung und des Seebetriebsrats, des Wahlvorstands sowie von Wahlbewerbern bedarf der Zustimmung des Betriebsrats.**

(2) ¹Verweigert der Betriebsrat seine Zustimmung, so kann das Arbeitsgericht sie auf Antrag des Arbeitgebers ersetzen, wenn die außerordentliche Kündigung unter Berücksichtigung aller Umstände gerechtfertigt ist. ²In dem Verfahren vor dem Arbeitsgericht ist der betroffene Arbeitnehmer Beteiligter.

(3) ¹Die Versetzung der in Absatz 1 genannten Personen, die zu einem Verlust des Amtes oder der Wählbarkeit führen würde, bedarf der Zustimmung des Betriebsrats; dies gilt nicht, wenn der betroffene Arbeitnehmer mit der Versetzung einverstanden ist. ²Absatz 2 gilt entsprechend mit der Maßgabe, dass das Arbeitsgericht die Zustimmung zu der Versetzung ersetzen kann, wenn diese auch unter Berücksichtigung der betriebsverfassungsrechtlichen Stellung des betroffenen Arbeitnehmers aus dringenden betrieblichen Gründen notwendig ist.

I. Zweck der Vorschrift

1 Durch den grds. Ausschluss der ordentlichen Kündigung gem. § 15 KSchG und das Zustimmungserfordernis bei der außerordentlichen Kündigung gem. § 103 soll im Interesse der **Funktionsfähigkeit der Betriebsverfassungsorgane** die unbefangene Amtsausübung der gewählten Organmitglieder bzw.

III. Zustimmung des Betriebsrats § 103 BetrVG 210

die unbefangene Bewerbung um derartige Ämter gesichert werden (BAG 17. 9. 1981 AP BetrVG 1972 § 103 Nr. 14; GK-BetrVG/*Raab* Rn. 1). Das Zustimmungserfordernis des § 103 gewährleistet zudem, dass bis zu einer gerichtlichen Klärung das Organmitglied seine betriebsverfassungsrechtlichen Funktionen ausüben kann. Die Vorschrift dient damit gleichzeitig dem Schutz der AN vor Ausschaltung ihrer gewählten Vertreter (GK-BetrVG/*Raab* Rn. 1). Zum Ganzen *Weber/Lohr* BB 1999, 2350.

II. Anwendungsbereich

1. Der geschützte Personenkreis ist in Abs. 1 aufgezählt. Gleichgestellt sind gem. § 29 a HAG in Heimarbeit Beschäftigte, die nach § 103 geschützte betriebsverfassungsrechtliche Funktionen ausüben, sowie gem. § 96 III SGB IX Mitglieder der Schwerbehinderten- und Gesamtschwerbehindertenvertretung sowie die Wahlbewerber für diese Ämter. Damit bleibt der durch § 103 geschützte Personenkreis deutlich hinter dem in der allg. Schutznorm des § 78 genannten Personenkreis zurück. Keinen bes. Kündigungsschutz nach § 103 genießen etwa Mitglieder der Einigungsstelle, einer tariflichen Beschwerdestelle nach § 86 oder des Wirtschaftsausschusses. Eine Kündigung **wegen der** betriebsverfassungsrechtlichen Tätigkeit ist nicht nur sozialwidrig, sondern gem. § 78 iVm. § 134 BGB nichtig (vgl. BAG 22. 2. 1979 DB 1979, 1659; *Fitting* Rn. 8). 2

§ 103 gewährt anders als § 15 KSchG **keinen nachwirkenden Kündigungsschutz;** das Zustimmungserfordernis besteht für die außerordentliche Kündigung nur während der Amtszeit der Mitglieder des BR bzw. der JAV, der Bordvertretung oder des SeeBR. Für Ersatzmitglieder gilt der bes. Kündigungsschutz für die Zeit ihrer Vertretung im BR einschließlich einer kurzfristigen eigenen Verhinderung während der Vertretungszeit (BAG 9. 11. 1977 AP KSchG 1969 § 15 Nr. 3). 3

Für **Mitglieder des Wahlvorstands** beginnt der Sonderkündigungsschutz mit dem Zeitpunkt ihrer Bestellung (§§ 16, 17), **für Wahlbewerber** mit dem Zeitpunkt der Aufstellung des Wahlvorschlages (§ 15 III 1 KSchG analog. Für den Beginn des Kündigungsschutzes eines Wahlbewerbers genügt bereits die Unterzeichnung eines Wahlvorschlages durch die in § 14 V vorgesehene Mindestzahl von AN (BAG 4. 3. 1976 AP KSchG 1969 Wahlbewerber Nr. 1; BAG 5. 12. 1980 AP KSchG 1969 § 15 Nr. 9). Nach LAG Köln 29. 3. 2001 AiB 2001, 603 greift der Schutz auch ein, wenn sich mehr als 80% der AN bewerben, um den Kündigungsschutz zu bekommen. Dies wird unter dem Aspekt des Rechtsmissbrauches zu überprüfen sein. Der Schutz der Wahlvorstandsmitglieder und der nicht gewählten Wahlbewerber bei außerordentlichen Kündigungen nach § 103 endet mit der Bekanntgabe des Wahlergebnisses durch den Wahlvorstand (BAG 30. 5. 1978 AP KSchG 1969 § 15 Nr. 4). Der Schutz der Wahlvorstandsmitglieder und Wahlbewerber besteht auch bei der erstmaligen Wahl eines BR im Betrieb. Da bei einer beabsichtigten Kündigung kein BR existiert, der zustimmen könnte, hat der AG unmittelbar die Erteilung der Zustimmung beim ArbG zu beantragen (BAG 12. 8. 1976 AP KSchG 1969 § 15 Nr. 2; BAG 30. 5. 1978 AP KSchG 1969 § 15 Nr. 4; *Fitting* Rn. 11; KR/*Etzel* Rn. 53 ff.). 4

Bei **Anfechtung einer BRWahl** endet der Sonderkündigungsschutz sowohl gem. § 15 KSchG als auch gem. § 103 mit Rechtskraft eines der Anfechtung stattgebenden arbeitsgerichtlichen Beschlusses (LAG Niedersachsen 15. 5. 1991 DB 1991, 2248), ebenso mit Amtsende. Erneute Anhörung des BR ist nicht notwendig, BAG 8. 6. 2000, EzA § 102 BetrVG Nr. 106. Die in einer nichtigen Wahl bestimmten Organmitglieder genießen keinen bes. Kündigungsschutz (BAG 7. 5. 1986 AP KSchG 1969 § 15 Nr. 18). 5

2. Kündigung und andere Beendigungsformen. Kein Zustimmungserfordernis besteht, wenn das Arbeitsverhältnis auf anderer Weise, also etwa durch Ablauf eines befristeten Arbeitsverhältnisses, durch einen Aufhebungsvertrag oder durch eine ausnahmsweise zulässige ordentliche Kündigung gem. § 15 IV und V KSchG endet; auch bei tariflicher Unkündbarkeit bedarf es für die betriebsbedingte Kündigung nach § 15 IV, V KSchG nicht der Zustimmung des BR (BAG 18. 9. 1997 NZA 1998, 189). Andererseits besteht das Zustimmungserfordernis für jede außerordentliche Kündigung, also auch die Änderungskündigung und auch die Massenänderungskündigung (BAG 6. 3. 1986 AP KSchG 1969 § 15 Nr. 19; BAG 21. 6. 1995 AP KSchG 1969 § 15 Nr. 36; aA GK-BetrVG/*Raab* Rn. 25; *Fitting* Rn. 12). Die vom BAG (11. 7. 2000 AP BetrVG 1972 § 103 Nr. 44 = NZA 2000, 516) abgelehnte analoge Anwendung von Abs. 1 auf Versetzungen, ist durch den seit 28. 7. 2001 geltenden Abs. 3 ersetzt worden. Er gilt nur für Versetzungen kraft Direktionsrechts, während Änderungskündigungen zur Versetzung nach wie vor von Abs. 1, 2 erfasst werden (L/K Rn. 13). Das Einverständnis des AN kann auch nachträglich erklärt werden (Richardi/*Richardi/Thüsing* Rn. 32), die Versetzung wird aber nicht rückwirkend wirksam. 6

Die betrieblichen Gründe können auch personen- und verhaltensbedingte sein (Richardi/*Richardi/Thüsing* Rn. 34).

III. Zustimmung des Betriebsrats

1. Verfahren. Will der AG eine außerordentliche Kündigung nach § 103 aussprechen, bedarf er hierzu der vorherigen Zustimmung des BR. Die Kündigung vor Zustimmung ist nichtig; eine Heilung 7 durch spätere Zustimmung des BR nicht möglich (BAG 22. 8. 1974, 20. 3. 1975, 25. 3. 1976 AP BetrVG 1972 § 103 Nr. 1, 2, 6; *Fitting* Rn. 24; GK-BetrVG/*Raab* Rn. 45; aA Richardi/*Richardi/Thüsing* Rn. 54, 55). Eine Delegation der Entscheidung über die Zustimmung auf einen Ausschuss ist wegen der Bedeutung der Sache nicht zulässig (LAG Köln 28. 8. 2001 LAGE BetrVG 1972 § 103 Rn. 18; DKK/*Kittner* Rn. 33; aA *Fitting* Rn. 32). Das zu kündigende BRMitglied ist wegen **Befangenheit** von der Beratung und der Beschlussfassung über die Zustimmung ausgeschlossen; es gilt als zeitweilig verhindert iSd. § 25 I 2 und wird durch ein Ersatzmitglied vertreten (s. auch § 99 Rn. 40). Besteht der BR nur aus einem einzigen BRMitglied, entscheidet das Ersatzmitglied. Ist ein Ersatzmitglied nicht vorhanden oder nicht erreichbar, muss der AG gem. § 103 II analog unmittelbar die Zustimmung des ArbG einholen (BAG 14. 9. 1994 EzA BetrVG § 103 Nr. 36). Dasselbe gilt für die Kündigung von Wahlbewerbern und Wahlvorstandsmitgliedern in einem bisher betriebsratslosen Betrieb (BAG 30. 5. 1978 AP KSchG 1969 § 15 Nr. 4). Sollen mehrere BRMitglieder wegen des gleichen Vorfalls gekündigt werden, ist nach Auffassung des BAG jedes Mitglied nur von der Teilnahme an der Beratung und Abstimmung über seine eigene Kündigung ausgeschlossen (BAG 25. 3. 1976 AP BetrVG 1972 § 103 Nr. 6). Richtigerweise ist von einem Ausschluss aller beteiligten BRMitglieder auszugehen, da ansonsten eine auch nur annähernd objektive Entscheidung nicht zu erwarten ist.

8 Ist der **Beschluss über die Zustimmung fehlerhaft** zustande gekommen oder basiert er auf einer unzureichenden Unterrichtung (BAG 5. 2. 1981 AP LPVG NW § 72 Nr. 1), kann der AG grds. keine wirksame Kündigung aussprechen. Problematisch ist die Behandlung von Verfahrensmängeln, die durch den BR veranlasst sind. Die für § 102 weitgehend anerkannte „Sphärentheorie" wird im Rahmen des § 103 überwiegend – auch vom BAG – abgelehnt (BAG 23. 8. 1984 AP BetrVG 1972 § 103 Nr. 17; *Fitting* Rn. 38; DKK/*Kittner* Rn. 34; KR/*Etzel* Rn. 107; aA Richardi/*Richardi/Thüsing* Rn. 53). Gleichzeitig gewährt das BAG dem AG aber dann Vertrauensschutz, wenn dieser die Tatsachen, aus denen die Unwirksamkeit des Beschlusses folgt, nicht kannt oder kennen muss (BAG 23. 8. 1984 AP BetrVG 1972 § 103 Nr. 17). Damit gilt im Ergebnis über das Argument des Vertrauensschutzes nichts anderes als nach der Sphärentheorie im Rahmen des § 102. Das BAG (3. 5. 1999 EzA BetrVG § 33 Nr. 1) erwägt, dass die unzulässige Beteiligung des betroffenen BR-Mitgliedes an einem ihm ungünstigen Beschluss unerheblich sein könne.

9 Bei der Einholung der Zustimmung hat der AG zwei **Fristen** zu beachten: Einmal die Frist zum Ausspruch der außerordentlichen Kündigung gem. § 626 II BGB, zum anderen die Frist für die Zustimmung des BR, die sich aus einer entspr. Anwendung von § 102 II 3 ergibt (*Fitting* Rn. 33). Im Einzelnen ergibt sich daraus folgendes: Erlangt der AG bzw. ein sonstiger Kündigungsberechtigter Kenntnis vom potentiellen Kündigungsgrund, beginnt der Lauf der Zwei-Wochen-Frist gem. § 626 BGB. Innerhalb dieser Frist ist der BR um Zustimmung zu ersuchen. Diesem steht eine Frist von drei Tagen zur Entscheidung über die Erteilung der Zustimmung zu. Keine entspr. Anwendung findet im Rahmen des § 103 die Zustimmungsfiktion gem. § 102 II 2. Gibt der BR also innerhalb der Drei-Tages-Frist keine Erklärung ab, so **gilt die Zustimmung als verweigert** (BAG 18. 8. 1977 AP BetrVG 1972 § 103 Nr. 10; *Fitting* Rn. 33; HSG/*Schlochauer* Rn. 38). Stimmt der BR innerhalb der Drei-Tages-Frist ausdrücklich der beabsichtigten außerordentlichen Kündigung zu, kann der AG nunmehr die Kündigung aussprechen. Der Ausspruch der Kündigung hat innerhalb der durch das Zustimmungsverfahren nicht gehemmten Frist des § 626 II BGB zu erfolgen. Verweigert der BR ausdrücklich die Zustimmung oder äußert er sich innerhalb der Drei-Tages-Frist nicht, muss der AG, wenn er an seinem Kündigungsentschluss festhält, innerhalb der Zwei-Wochen-Frist des § 626 II BGB beim ArbG die **Ersetzung der Zustimmung** beantragen (BAG 18. 8. 1977 AP BetrVG 1972 § 103 Nr. 10). Eine nachträgliche, also nach Ablauf der Drei-Tages-Frist erfolgende Zustimmung des BR bleibt möglich (*Fitting* Rn. 36; KR/*Etzel* Rn. 99). Soweit zum Zeitpunkt der Zustimmungserteilung vom AG bereits ein gerichtliches Zustimmungsersetzungsverfahren eingeleitet ist, wird dieses gegenstandslos und ist einzustellen (BAG 10. 12. 1992 AP ArbGG 1979 § 87 Nr. 4; BAG 23. 6. 1993 AP ArbGG 1979 § 83 a Nr. 2). Hat der AG allerdings bereits vor der Zustimmung die Kündigung ausgesprochen, ist diese unheilbar nichtig (vgl. Rn. 7). Wird eine Kündigung wegen rechtlicher Bedenken wiederholt, ist eine erneute Zustimmung erforderlich (BAG 24. 10. 1996 AP BetrVG 1972 § 103 Nr. 32; s. auch § 102 Rn. 2).

10 Ist das zu kündigende **BRMitglied schwerbehindert** iSd. SGB IX, ist zusätzlich zu dem Zustimmungsverfahren das Verfahren vor dem Integrationsamt einzuhalten. Der AG kann wählen, ob er zunächst das Verfahren nach § 103 einleitet oder erst das Verfahren vor dem Integrationsamt durchführt. Wird zweckmäßigerweise erst das Verfahren vor dem Integrationsamt durchgeführt, hat der AG nach erteilter oder fingierter Zustimmung unverzüglich das Verfahren nach § 103 einzuleiten (BAG 22. 1. 1987 AP BetrVG 1972 § 103 Nr. 24).

11 **2. Verweigerungsgründe.** Der BR trifft im Rahmen des § 103 I – ebenso wie das ArbG beim Verfahren nach § 103 II – **keine Ermessensentscheidung,** in die er Gesichtspunkte einfließen lassen könnte, die nichts mit dem vom AG dargelegten Kündigungsgrund zu tun haben. Der BR darf seine Zustimmung zur außerordentlichen Kündigung deswegen nur mit der Begründung verweigern, die

Kündigung sei unwirksam, weil entweder ein wichtiger Grund fehle oder die Kündigung aus anderen Gründen, etwa wegen Nichteinhaltung der Zwei-Wochen-Frist des § 626 II BGB, nichtig sei (BAG 25. 3. 1976 AP BetrVG 1972 § 103 Nr. 6; L/K Rn. 18). Für die Frage der Zumutbarkeit der Fortsetzung des Arbeitsverhältnisses ist entgegen der früheren Rspr. des BAG (6. 3. 1986 AP KSchG 1969 § 15 Nr. 19) nicht auf eine „fiktive Kündigungsfrist" abzustellen, die gelten würde, wenn das BRMitglied normaler AN wäre. Maßgeblich für die Zumutbarkeit ist vielmehr der Zeitraum, in dem tatsächlich (voraussichtlich) die Möglichkeit der ordentlichen Kündigung ausgeschlossen ist, also die ablaufende Amtszeit einschließlich des nachwirkenden Kündigungsschutzes gem. § 15 KSchG (so BAG 21. 6. 1995 AP KSchG 1969 § 15 Nr. 36, anders wieder BAG 10. 2. 1999 NZA 1999, 708; GK-BetrVG/*Raab* Rn. 63 f.).

Hinsichtlich des Kündigungsgrundes gilt im Grundsatz nichts anderes als für die außerordentliche 12 Kündigung „normaler" AN. Allerdings ist zu berücksichtigen, dass für Amtspflichtverstöße das besondere Verfahren gem. § 23 I vorgesehen ist. Eindeutig ergibt sich daraus, dass für **reine Amtspflichtverletzungen** nur die Möglichkeit des Ausschlusses aus dem BR in Betracht kommt. Begeht das BRMitglied dagegen im Zusammenhang mit seinen Amtspflichten zugleich auch (gravierende) **Verstöße gegen seine arbeitsvertraglichen Pflichten**, ist im Hinblick auf die bes. Konfliktsituation des BRMitglieds ein „strengerer Maßstab" an den Ausspruch der außerordentlichen Kündigung anzulegen (BAG 16. 10. 1986 AP BGB § 626 Nr. 95; *Fitting* Rn. 30). Insb. ist, da die außerordentliche Kündigung stets ultima ratio ist, zu prüfen, ob bei Ausschluss des BRMitglieds aus dem BR weitere vergleichbare Arbeitsvertragsverletzungen drohen und inwiefern das Vertrauensverhältnis zum AG nachhaltig zerstört ist. Vorbehaltlich der Umstände des Einzelfalls kommt nach der Rspr. eine außerordentliche Kündigung in Betracht zB bei Unterschlagungen und Veruntreuungen (BAG 22. 8. 1974 AP BetrVG 1972 § 103 Nr. 1), der Bereitschaft, in einem Rechtsstreit gegen den AG vorsätzlich falsch auszusagen (BAG 16. 10. 1986 AP BGB § 626 Nr. 95) und der verunglimpfenden und aufhetzenden Wahlwerbung bei einer BRWahl (BAG 15. 12. 1977 AP BGB § 626 Nr. 69). Eine außerordentliche Änderungskündigung (mit sozialer Auslauffrist) hat das BAG anerkannt bei der Auflösung einer Leitungsebene in einem Unternehmen bei gleichzeitiger Rückstufung aller Mitarbeiter, von denen einer BRMitglied war (BAG 21. 6. 1995 KSchG 1969 § 15 Nr. 36). Der Gedanke der Gleichbehandlung rechtfertigt dagegen keine Änderungskündigung mit dem Ziel der Lohnreduzierung (BAG 20. 1. 2000 NZA 2000, 592).

IV. Gerichtliche Zustimmungsersetzung

Wenn der BR die Zustimmung verweigert bzw. sich innerhalb der Drei-Tages-Frist nicht äußert, 13 kann der AG gem. Abs. 2 beim ArbG Antrag auf gerichtliche Zustimmungsersetzung stellen. Dieser **Antrag** muss – wie dargelegt – noch innerhalb der Zwei-Wochen-Frist gem. § 626 II BGB, darf aber nicht vor Ablauf der Drei-Tages-Frist bzw. der Zustimmungsverweigerung gestellt werden (BAG 7. 5. 1986 AP BetrVG 1972 § 103 Nr. 18; BAG 24. 10. 1996 AP BetrVG 1972 § 103 Nr. 32).

Das ArbG hat in vollem Umfang nachzuprüfen, ob die beantragte Kündigung wirksam ist oder 14 nicht, insb. ob sie durch einen wichtigen Grund iSd. § 626 I BGB gerechtfertigt ist und ob die Ausschlussfrist des § 626 II BGB eingehalten worden ist. Nach Ablauf der Frist des § 626 II BGB bekannt werdende neue Kündigungsgründe kann der AG in das Zustimmungsverfahren einführen, wenn es sie vorher dem BR mitgeteilt und ihm Gelegenheit zur Stellungnahme gegeben hat (BAG 16. 9. 1999 BB 1999, 2197). Der betroffene AN ist gem. § 103 II 2 Beteiligter und berechtigt, gegen für ihn ungünstige Entscheidungen Rechtsmittel einzulegen (BAG 10. 12. 1992 AP ArbGG 1979 § 87 Nr. 4; BAG 23. 6. 1993 AP ArbGG 1979 § 83 a Nr. 2). Zum **Ausspruch der Kündigung** ist der AG grds. erst dann berechtigt, wenn eine die Zustimmung ersetzende Entscheidung des ArbG rechtskräftig wird (BAG 11. 11. 1976 AP BetrVG 1972 § 103 Nr. 8; BAG 9. 7. 1998 AP BetrVG 1972 § 103 Nr. 36 = BB 1998, 2317). Anders, wenn sich aus den Gründen der zugestellten Entscheidung ergibt, dass eine Nichtzulassungsbeschwerde offensichtlich unstatthaft ist (BAG 25. 1. 1975 AP BetrVG 1972 § 103 Nr. 12). Der AG ist aber nicht zu einer unsicheren Prognose über die offensichtliche Unstatthaftigkeit einer Nichtzulassungsbeschwerde gezwungen; er kann stets aus Gründen der Rechtssicherheit die Rechtskraft abwarten (klarstellend jetzt BAG 9. 7. 1998 AP BetrVG 1972 § 103 Nr. 36). Nach Rechtskraft muss der AG die Kündigung unverzüglich aussprechen (BAG 24. 4. 1975, 18. 8. 1977, 25. 1. 1979 AP BetrVG 1972 § 103 Nr. 3, 10, 12; GK-BetrVG/*Raab; Fitting* Rn. 46). Bis zur Rechtskraft der Entscheidung kann der AG je nach den Umständen des Einzelfalles, insb. nach dem Gewicht des angeführten Kündigungsgrundes, zur Suspendierung des AN von der Arbeitspflicht (s. § 611 Rn. 829) berechtigt sein, wobei grds. die Pflicht zur Vergütungsfortzahlung nicht tangiert wird, es sei denn, dass die Weiterbezahlung unzumutbar ist (BAG 11. 11. 1976 AP BetrVG 1972 § 103 Nr. 8). Auch bei einer individualarbeitsrechtlich zulässigen Suspendierung bleibt der AN aber grds. berechtigt, den Betrieb weiterhin aufzusuchen, um sein BRAmt auszuüben. Nur wenn das zu kündigende BRMitglied sein Zutrittsrecht rechtsmissbräuchlich ausübt, etwa den Betriebsfrieden unmittelbar und konkret gefährdet, endet trotz fortbestehender Mitgliedschaft im BR auch dieses Recht, so dass ein Ersatzmitglied nachzurücken hat (LAG Düsseldorf 22. 2. 1977 DB 1977, 1053; L/K Rn. 34). In diesem Fall entfällt auch der Entgeltanspruch.

15   Ersetzt das ArbG rechtskräftig die Zustimmung und spricht daraufhin der AG die außerordentliche Kündigung aus, kann der AN Kündigungsschutzklage erheben. Allerdings hat die Entscheidung im Beschlussverfahren insofern präjudizielle Wirkung für den nachfolgenden Kündigungsrechtsstreit, als über das Vorliegen eines wichtigen Grundes zur außerordentlichen Kündigung bereits rechtskräftig entschieden wurde (BAG 10. 12. 1992 AP ArbGG 1979 § 87 Nr. 4; BAG 23. 6. 1993 AP ArbGG 1979 § 83 a Nr. 2). Anders wenn der AN Neues vorbringen kann. Beispiele sind etwa neue Tatsachen, welche die früheren Kündigungsgründe in einem anderen Licht erscheinen lassen, oder formelle Mängel beim Ausspruch der Kündigung (BAG 24. 4. 1975 AP BetrVG 1972 § 103 Nr. 3; BAG 9. 1. 1986 AP BGB § 626 Ausschlussfrist Nr. 20; *Fitting* Rn. 47). Lehnt das ArbG rechtskräftig die Zustimmung ab, kann die Zustimmungsersetzung in einem neuen Verfahren geboten sein, wenn das BRMitglied wegen der Tatvorwurfs zwischenzeitlich strafrechtlich rechtskräftig verurteilt wurde (BAG 16. 9. 1999 DB 2000, 229). Keine Bindungswirkung entfaltet die rechtskräftige Zustimmungsersetzung hinsichtlich des Kündigungsgrundes für einen späteren Kündigungsschutzprozess, in dem der AN die Sozialwidrigkeit einer auf denselben Sachverhalt gestützten ordentlichen Kündigung geltend macht (BAG 15. 8. 2002, NZA 2003, 432).

16   Die dem AN durch seine Beteiligung am Zustimmungsersetzungsverfahren gem. § 103 II entstehenden Kosten sind keine Kosten der BRTätigkeit iSd. § 40 I, da er hier keine kollektivrechtlichen, sondern lediglich persönliche Interessen aus dem Arbeitsverhältnis wahrnimmt. Aus dem Benachteiligungsverbot des § 78 S. 2 folgt allerdings eine Pflicht zur Kostenerstattung, wenn nur das betroffene BRMitglied gegen eine zustimmungsersetzende Entscheidung des ArbG Beschwerde einlegt und gewinnt (BAG 31. 1. 1990 AP BetrVG 1972 § 103 Nr. 28).

17   Der durch § 103 III gewährte Schutz kann durch einstweilige Verfügung durchgesetzt werden (ArbG Berlin 10. 9. 2001 AiB 2002, 49). Die Annahme einer Änderungskündigung unter Vorbehalt ersetzt die Zustimmung nicht.

§ 104 Entfernung betriebsstörender Arbeitnehmer

¹ Hat ein Arbeitnehmer durch gesetzwidriges Verhalten oder durch grobe Verletzung der in § 75 Abs. 1 enthaltenen Grundsätze, insbesondere durch rassistische oder fremdenfeindliche Betätigungen, den Betriebsfrieden wiederholt ernstlich gestört, so kann der Betriebsrat vom Arbeitgeber die Entlassung oder Versetzung verlangen. ² Gibt das Arbeitsgericht einem Antrag des Betriebsrats statt, dem Arbeitgeber aufzugeben, die Entlassung oder Versetzung durchzuführen, und führt der Arbeitgeber die Entlassung oder Versetzung einer rechtskräftigen gerichtlichen Entscheidung zuwider nicht durch, so ist auf Antrag des Betriebsrats vom Arbeitsgericht zu erkennen, dass er zur Vornahme der Entlassung oder Versetzung durch Zwangsgeld anzuhalten sei. ³ Das Höchstmaß des Zwangsgeldes beträgt für jeden Tag der Zuwiderhandlung 250 Euro.

1   **1. Normzweck.** § 104 ist eine Ergänzung des § 99 II 6 und des § 75 I und konkretisiert die dem BR obliegende Pflicht, den Betriebsfrieden zu wahren (L/K Rn. 1; KR/*Etzel* Rn. 3).

2   **2. Voraussetzungen.** Vom **Personenkreis** erfasst sind alle AN gem. § 5 I und § 6. Gegenüber der Versetzung oder Entlassung anderer Personen (wie etwa leitende Angestellte gem. § 5 III, auch wenn erst während des Verfahrens dazu geworden, LAG Nürnberg 22. 1. 2002 DB 2002, 488) hat der BR lediglich ein Antragsrecht gem. § 80 I Nr. 2 (*Fitting* Rn. 3; aA MünchArbR/*Matthes* § 359 Rn. 5, wonach alle potentiellen Gefährder des Betriebsfriedens zum Personenkreis des § 104 gehören). Die Vorschrift findet auch in Tendenzbetrieben und gegenüber Tendenzträgern Anwendung. Für **gesetzwidriges Verhalten** kommen zB Verletzungen des StGB (Beleidigung, Verleumdung, Körperverletzung und Diebstahl), von Arbeitsschutzvorschriften (*Galperin/Löwisch* BetrVG Rn. 3) von TV oder BV (MünchArbR/*Matthes* § 359 Rn. 2) in Betracht. Verstöße gegen arbeitsvertragliche Pflichten als solche sind nicht gesetzeswidrig, können aber im Einzelfall andere Gesetzesvorschriften verletzen (KR/*Etzel* Rn. 8; aA GK-BetrVG/*Raab* Rn. 5). Außerhalb des Betriebs sind Verstöße nur dann relevant, wenn sich das gesetzwidrige Verhalten **unmittelbar störend** auf den Betriebsfrieden auswirkt.

3   **Grobe Verstöße gegen § 75 I.** Grob ist ein Verstoß, wenn er bes. schwerwiegend ist. Dies ist zB der Fall bei bes. auffälligen Diskriminierungen wegen Abstammung, Religion, Nationalität, Herkunft, politischer oder gewerkschaftlicher Betätigung oder wegen des Geschlechts (KR/*Etzel* Rn. 9). Weiterhin muss es sich um eine **ernstliche und wiederholte Störung des Betriebsfriedens handeln.** Der AN muss mindestens zweimal den Betriebsfrieden gestört haben (*Fitting* Rn. 7). Zwischen diesen Handlungen braucht kein innerer Zusammenhang zu bestehen (GK-BetrVG/*Raab* Rn. 9), wohl aber ein **ursächlicher Zusammenhang** zwischen Handlung und Störung des Betriebsfriedens (*Fitting* Rn. 5). Für eine ernstliche Störung reicht die bloße Gefährdung des Betriebsfriedens nicht aus. Ernstlich ist der Betriebsfrieden dann gestört, wenn eine erhebliche Beunruhigung einer beachtlichen

Anzahl von AN eingetreten ist (LAG Köln 15. 10. 1993 NZA 1994, 431; LAG Hamm 11. 11. 1994 BB 1995, 678). Das Verhalten des AN muss **verschuldet**, also zumindest fahrlässig sein (GK-BetrVG/ *Raab* Rn. 10; *Fitting* Rn. 6). Im Falle der Schuldunfähigkeit genügt auch die objektive Herbeiführung der Störung des Betriebsfriedens.

3. Verlangen des Betriebsrats. Für sein Verlangen muss der BR einen **Beschluss** gem. § 33 fassen, 4 den der AG nochmals zu prüfen hat. Der BR kann allein Versetzung oder Entlassung verlangen, nicht jedoch unmittelbar eine Änderungskündigung (KR/*Etzel* Rn. 21). Eine Änderungskündigung kann aber erforderlich werden, wenn der BR die Versetzung verlangt und der AG diesem Verlangen nachkommen will, dies aber mangels Direktionsrecht nur durch eine Änderungskündigung möglich ist. Das Verlangen des BR muss den Grundsätzen der **Verhältnismäßigkeit** entsprechen. Genügt also eine Versetzung der Wahrung des Betriebsfriedens, so ist diese als weniger einschneidend als eine Kündigung vorzuziehen (GK-BetrVG/*Raab* Rn. 11). Dasselbe gilt im Verhältnis von außerordentlicher und ordentlicher Kündigung. Der **AG** hat den Sachverhalt in eigener Verantwortung zu prüfen. Dabei schafft das Verlangen des BR keinen neuen Kündigungsgrund, sondern setzt einen solchen voraus (DKK/*Kittner* Rn. 9). Ist das Verlangen des BR sachlich nicht berechtigt, muss der AG sich in **zumutbarer** Weise wegen seiner Fürsorgepflicht vor den betroffenen AN stellen (BAG 18. 9. 1975 AP BGB § 626 Druckkündigung Nr. 10; ArbG Berlin 16. 6. 1987 NZA 1987, 637; *Fitting* Rn. 10). Entspricht der AG dem Verlangen, so kann der betroffene AN Kündigungsschutzklage erheben. Bei einer Versetzung ist der **BR zu beteiligen,** falls er nicht bereits Vorschläge zum neuen Arbeitsplatz des störenden AN unterbreitet hat. Bei der Kündigung wird die erforderliche Anhörung gem. § 102 durch das Entlassungsverlangen ersetzt (BAG 15. 5. 1997 NZA 1997, 1106).

4. Anrufung und Entscheidung des Arbeitsgerichts. Der Antrag des BR ist bei Ablehnung durch 5 den AG im Beschlussverfahren geltend zu machen. Eine Frist besteht dafür nicht. Als RL gelten 3 **Monate** (DKK/*Kittner* Rn. 12; KR/*Etzel* Rn. 40; aA *Galperin/Löwisch* BetrVG Rn. 16, der eine Frist ablehnt). Bei einer vorgesehenen Versetzung kann das Gericht **nicht** den neuen Arbeitsplatz genau bestimmen. Die Möglichkeit der **fristlosen Kündigung** wird regelmäßig in Hinsicht auf die Frist des § 626 II 1 BGB verwirkt sein.

5. Zwangsgeldverfahren. Kommt der AG der rechtskräftigen gerichtlichen Entscheidung nicht 6 nach, so ist er auf Antrag des BR durch die Verhängung von Zwangsgeld (§ 888 ZPO) zur Vornahme der Entlassung oder Versetzung anzuhalten. Eine vorherige Androhung ist nicht erforderlich (GK-BetrVG/*Raab* Rn. 19). Die in S. 2 vorgesehene Regelung über die Verhängung eines Zwangsgeldes stellt gegenüber § 23 III eine Sondervorschrift dar (DKK/*Kittner* Rn. 16).

§ 105 Leitende Angestellte

Eine beabsichtigte Einstellung oder personelle Veränderung eines in § 5 Abs. 3 genannten leitenden Angestellten ist dem Betriebsrat rechtzeitig mitzuteilen.

1. Normzweck. Mit der Vorschrift wird der Zweck verfolgt, den BR über die Verteilung der 1 Führungsaufgaben im Betrieb zu unterrichten und ihm die Möglichkeit zu geben, Bedenken gegen eine personelle Maßnahme im Bereich der leitenden Angestellten geltend zu machen (KR/*Etzel* Rn. 2).

2. Voraussetzungen. Von der Norm erfasst sind alle **Personen**, die unter § 5 III fallen (s. § 5 2 Rn. 30 ff.). Weiterhin fallen auch AN unter die Bestimmung, die zum leitenden Angestellten befördert werden, sowie leitende Angestellte, die infolge einer personellen Maßnahme aus dem Kreis des § 5 III ausscheiden (GK-BetrVG/*Raab* Rn. 3; DKK/*Kittner* Rn. 2). **Nicht** von § 105 erfasst sind Personen iSd. § 5 II (s. § 5 Rn. 24 ff.). In Zweifelsfällen empfiehlt es sich, vorsorglich das Anhörungsverfahren gem. § 102 durchzuführen, da eine Information gem. § 105 nicht ohne weiteres in eine Anhörung gem. § 102 umgedeutet werden kann (BAG 19. 8. 1975 AP BetrVG 1972 § 105 Nr. 1; BAG 7. 12. 1979 AP BetrVG 1972 § 102 Nr. 21; *Fitting* Rn. 1).

3. Mitteilungspflicht. Personelle Veränderung ist jede Änderung der Führungsfunktion des leiten- 3 den Angestellten, seiner Stellung in der Organisation, eine Suspendierung, ein Ausscheiden im gegenseitigen Einvernehmen oder eine Kündigung auch durch den Angestellten selbst (*Fitting* Rn. 2; einschränkend GK-BetrVG/*Raab* Rn. 8; KR/*Etzel* Rn. 24). Die Information ist dem BR oder dem gem. §§ 27, 28 zust. Ausschuss zu geben. Sind mehrere Betriebe innerhalb eines Unternehmens durch die Maßnahme betroffen, so sind alle BR zu benachrichtigen. Bestehen Gesamt- oder KonzernBR, so sind auch diese zu benachrichtigen, wenn der leitende Angestellte mit Funktionen im Unternehmens- oder Konzernbereich eingesetzt wird (KR/*Etzel* Rn. 31; HSG/*Schlochauer* Rn. 13; aA *Fitting* Rn. 5 a). Der **AG** ist lediglich verpflichtet, die Bedenken des BR in seine Überlegungen aufzunehmen, erörtern muss er sie nicht. Es bleibt ihm frei, seine Entscheidung **unabhängig** zu treffen. **Rechtzeitig** ist die Mitteilung dann, wenn dem BR die Möglichkeit bleibt, sich zu der

Maßnahme zu äußern und die AN zu unterrichten (*Fitting* Rn. 6; GK-BetrVG/*Raab* Rn. 10; aA KR/*Etzel* Rn. 29, der in Anlehnung an § 99 III und § 102 II eine Unterrichtung mindestens eine Woche vor der geplanten Maßnahme für erforderlich hält).

4. Sanktionen. Verstöße gegen § 105 sind nicht als Ordnungswidrigkeit zu ahnden, da die Aufzählung in § 121 I, bei deren Verletzung Geldbußen möglich sind, erschöpfend ist. Allenfalls käme ein Verfahren gem. § 23 III in Betracht, dies aber sicherlich noch nicht bei einmaligem Verstoß gegen die Vorschrift (GK-BetrVG/*Raab* Rn. 15; HSG/*Schlochauer* Rn. 14).

Sechster Abschnitt. Wirtschaftliche Angelegenheiten

Erster Unterabschnitt. Unterrichtung in wirtschaftlichen Angelegenheiten

§ 106 Wirtschaftsausschuss

(1) ¹ In allen Unternehmen mit in der Regel mehr als einhundert ständig beschäftigten Arbeitnehmern ist ein Wirtschaftsausschuss zu bilden. ² Der Wirtschaftsausschuss hat die Aufgabe, wirtschaftliche Angelegenheiten mit dem Unternehmer zu beraten und den Betriebsrat zu unterrichten.

(2) Der Unternehmer hat den Wirtschaftsausschuss rechtzeitig und umfassend über die wirtschaftlichen Angelegenheiten des Unternehmens unter Vorlage der erforderlichen Unterlagen zu unterrichten, soweit dadurch nicht die Betriebs- und Geschäftsgeheimnisse des Unternehmens gefährdet werden, sowie die sich daraus ergebenden Auswirkungen auf die Personalplanung darzustellen.

(3) Zu den wirtschaftlichen Angelegenheiten im Sinne dieser Vorschrift gehören insbesondere
1. die wirtschaftliche und finanzielle Lage des Unternehmens;
2. die Produktions- und Absatzlage;
3. das Produktions- und Investitionsprogramm;
4. Rationalisierungsvorhaben;
5. Fabrikations- und Arbeitsmethoden, insbesondere die Einführung neuer Arbeitsmethoden;
5 a. Fragen des betrieblichen Umweltschutzes;
6. die Einschränkung oder Stilllegung von Betrieben oder von Betriebsteilen;
7. die Verlegung von Betrieben oder Betriebsteilen;
8. der Zusammenschluss oder die Spaltung von Unternehmen oder Betrieben;
9. die Änderung der Betriebsorganisation oder des Betriebszwecks sowie
10. sonstige Vorgänge und Vorhaben, welche die Interessen der Arbeitnehmer des Unternehmens wesentlich berühren können.

I. Normzweck

Der Wirtschaftsausschuss ist nicht Mitbestimmungsorgan, sondern Hilfsorgan des BR. Seine Aufgabe besteht darin, wirtschaftliche Angelegenheiten zu beraten und den BR darüber zu informieren (DKK/*Däubler* Rn. 2). § 106 steht unabhängig neben dem Anspruch aus § 80 II (BAG 5. 2. 1991 AP BetrVG 1972 § 106 Nr. 10).

II. Voraussetzungen

Die Errichtung des Wirtschaftsausschusses erfordert die st. Beschäftigung von idR (vgl. § 1 Rn. 14) mehr als 100 AN im Unternehmen, also mindestens 101 AN. Es gilt der betriebsverfassungsrechtliche ANBegriff (DKK/*Däubler* Rn. 5), so dass leitende Angestellte nicht mitgezählt werden. Der Wirtschaftsausschuss wird für das gesamte Unternehmen unabhängig von der Zahl der Betriebe und BR gebildet (*Fitting* Rn. 7). Bilden mehrere Unternehmen einen Gemeinschaftsbetrieb mit zusammen mehr als 100 AN, so ist ein Wirtschaftsausschuss zu bilden, obwohl die Unternehmen rechtlich selbständig sind (BAG 1. 8. 1990 AP BetrVG 1972 § 106 Nr. 8; DKK/*Däubler* Rn. 19). Bei Unternehmen mit Betrieben **im Ausland** zählen lediglich die inländischen AN (*Fitting* Rn. 4; L/K Rn. 4; aA DKK/*Däubler* Rn. 23; wie hier jetzt GK-BetrVG/*Fabricius*/*Oetker* Rn. 36). Bei Unternehmen mit **Hauptsitz im Ausland** wird ein Wirtschaftsausschuss gebildet, wenn die im Inland angesiedelten Betriebe organisatorisch zusammengefasst sind und die erforderliche Anzahl von AN beschäftigen (BAG 1. 10. 1974 AP BetrVG 1972 § 106 Nr. 1; BAG 31. 10. 1975 AP BetrVG 1972 § 106 Nr. 2; *Fitting* Rn. 9). Die Norm ist **zwingend** und kann nicht entspr. auf kleinere Betriebe angewandt werden (BAG 5. 2. 1991 AP BetrVG 1972 § 106 Nr. 10; *Fitting* Rn. 16; GK-BetrVG/*Fabricius*/*Oetker* Rn. 31). Ausschüsse, die auf Grund freiwilliger BV in kleineren Betrieben gebildet werden, haben nicht die gesetzlichen Befugnisse des Wirtschaftsausschusses (*Fitting* Rn. 16). Daraus folgt, dass der BR in Unternehmen mit 100 und weniger AN keinen Anspruch auf Einblick in die Jahresbilanz (LAG

Köln 8. 9. 1987 NZA 1988, 210) oder den Wirtschaftsprüfungsbericht zum Jahresabschluss (BAG 5. 2. 1991 AP BetrVG 1972 § 106 Nr. 10) hat. Der KonzernBR kann keinen Wirtschaftsausschuss errichten (BAG 23. 8. 1989 BetrVG § 106 Nr. 7). Doch besteht die Unterrichtungspflicht unabhängig davon, ob es um Entscheidungen des Unternehmens selbst oder eines es beherrschenden Unternehmens geht.

III. Allgemeine Aufgaben

§ 106 nennt die **Beratung** wirtschaftlicher Angelegenheiten mit dem Unternehmer und die **Unterrichtung** des BR über das Ergebnis der Beratungen. Beratung ist hierbei nicht nur ein der Vorbereitung dienender Meinungsaustausch; es können vielmehr auch neue Vorschläge und Initiativen vom Wirtschaftsausschuss eingebracht werden (DKK/*Däubler* Rn. 33). Die Unterrichtungspflicht bezieht sich auf den Verlauf und das Ergebnis der Beratungen und die vom AG gegebenen Informationen und ist näher in § 108 III beschrieben. 3

IV. Unterrichtungspflicht des Unternehmers

Rechtzeitig erfolgt die Unterrichtung durch den Unternehmer (= AG), wenn sie vor der Entscheidung des Unternehmers stattfindet und vor der Beratung im BR. Die Pflicht entsteht mit dem Entschluss zur Planung. Verspätet ist die Unterrichtung, wenn die Entscheidung im betreffenden Unternehmensorgan bereits gefallen ist (*Fitting* Rn. 22). 4

Umfassend ist die Unterrichtung, wenn der Wirtschaftsausschuss alle Informationen erhält, die für eine sinnvolle Beratung erforderlich sind (*Fitting* Rn. 16). Diese Informationen müssen verständlich und glaubwürdig sein (BAG 17. 3. 1987 AP BetrVG 1972 § 80 Nr. 29). Im Rahmen der umfassenden Unterrichtung sind die Auswirkungen auf die **Personalplanung** darzustellen. Dabei ist die Personalplanung selbst nicht Gegenstand der Unterrichtung sondern lediglich deren Auswirkungen (Richardi/*Richardi/Annuß* Rn. 22; GK-BetrVG/*Fabricius/Oetker* Rn. 48; aA DKK/*Däubler* Rn. 54). 5

Der Unternehmer muss dem Ausschuss die **erforderlichen Unterlagen zur Einsicht vorlegen**, vgl. § 108 III. Diese Vorlage erfordert ein Zurverfügungstellen rechtzeitig vor der Sitzung und bis zu deren Ende in Form von Originalen, Fotokopien oder Abschriften, da deren Auswertung und sofortige Beratung im zeitlichen Rahmen einer Sitzung gar nicht möglich ist (BAG 20. 11. 1984 AP BetrVG 1972 § 106 Nr. 3; *Fitting* Rn. 27; aA *Galperin/Löwisch* BetrVG Rn. 29). Der Wirtschaftsausschuss kann ggf. zu einer vorbereitenden Sitzung zusammentreten (BAG 16. 3. 1982 AP BetrVG 1972 § 108 Nr. 3). Ohne Zustimmung des Unternehmers dürfen sich Mitglieder des Wirtschaftsausschusses aus Gründen der Vertraulichkeit keine Ablichtungen anfertigen (BAG 20. 11. 1994 AP BetrVG 1972 § 106 Nr. 3); dagegen sind schriftliche Aufzeichnungen und Notizen grds. zulässig (*Fitting* Rn. 19). Beschränkt wird die Unterrichtspflicht durch das Recht des Unternehmers, die Auskunftserteilung zu verweigern, soweit **Betriebs- und Geschäftsgeheimnisse** gefährdet werden (*Fitting* Rn. 29; GK-BetrVG/*Fabricius/Oetker* Rn. 97 ff.). Der Unternehmer muss nach pflichtgemäßer Prüfung der objektiv begründeten Ansicht sein, dass trotz § 79 II eine Gefährdung der Betriebs- und Geschäftsgeheimnisse eintreten könnte (DKK/*Däubler* Rn. 58). Eine solche Gefährdung kommt nur in Ausnahmefällen in Betracht, etwa wegen der bes. Bedeutung einer Tatsache für Bestand oder Entwicklung des Unternehmens oder wegen persönlicher Umstände eines Mitglieds des Wirtschaftsausschusses (*Fitting* Rn. 30 mwN). Erforderlich sind die Unterlagen, die für die in Abs. 3 genannten wirtschaftlichen Angelegenheiten jeweils von Bedeutung sind (DKK/*Däubler* Rn. 48). Beispiele: Jahresabschluss (BAG 8. 8. 1989 AP BetrVG 1972 § 106 Nr. 6); Wirtschaftsprüfungsbericht nach § 321 HGB (BAG 8. 8. 1989 AP BetrVG 1972 § 106 Nr. 6); Bericht einer Unternehmensberatungsfirma (LAG Frankfurt 1. 9. 1988 NZA 1989, 193); Marktanalysen (OLG Karlsruhe 7. 6. 1985 NZA 1985, 570 f.); Vertrag über die Veräußerung sämtlicher Geschäftsanteile (BAG 21. 1. 1991 AP BetrVG 1972 § 106 Nr. 9 = BB 1991, 1191; uU Betriebsabrechnungsbögen BAG 17. 9. 1991 AP BetrVG 1972 § 106 Nr. 13). Bei Auskunftsverweigerung des Unternehmers kann gem. § 109 die Einigungsstelle angerufen werden. Bei weiterer Verweigerung des Unternehmers trotz Verpflichtung durch die Einigungsstelle kann eine Geldbuße gem. § 121 verhängt werden. Zur Beschränkung auf bei dem Unternehmer vorhandene Unterlagen vgl. § 80 Rn. 24. 6

V. Wirtschaftliche Angelegenheiten

Der Katalog in Abs. 3 ist nach hM **nicht erschöpfend**, er zählt lediglich beispielhaft die wichtigsten wirtschaftlichen Angelegenheiten auf; Nr. 10 stellt unter den Beispielen eine beschränkte Generalklausel dar (*Fitting* Rn. 33; GK-BetrVG/*Fabricius* Rn. 88 f.; aA *Galperin/Löwisch* BetrVG Rn. 42). Von Abs. 3 werden auch Dienstleistungsunternehmen erfasst, auch wenn in Nr. 2, 3 und 5 von „Fabrikation" bzw. „Produktion" gesprochen wird (*Fitting* Rn. 33). Zu den wirtschaftlichen Angelegenheiten gehört nicht die laufende Geschäftsführung. Andererseits muss der Unternehmer aber auch über solche Angelegenheiten unterrichten, die er zur Durchführung auf nachgeordnete Teilebenen delegiert hat (*Fitting* Rn. 35). 7

8   Zur **wirtschaftlichen und finanziellen Lage des Unternehmens** nach Nr. 1 gehören alle auf das Unternehmen einwirkenden Gegebenheiten, die für die unternehmerische Planung von Bedeutung sind (*Fitting* Rn. 37). **Beispiele:** Verluste, Gewinne, Risikolage, dh. die Frage, ob die Produktion in der Zukunft mit besonderen kaufmännischen Risiken behaftet ist, Versorgungslage mit Energie, Roh- und Betriebsstoffen, Preisgestaltung und deren Kalkulationsgrundlage (GK-BetrVG/*Fabricius/Oetker* Rn. 50 ff.; *Fitting* Rn. 37; aA zur Preisgestaltung HSG/*Hess* Rn. 31); steuerliche Belastung, Konjunktur, soziale Aufwendungen, Konkurrenz, wirtschaftliche Entwicklung der Branche, Wechselkurse und Exportabhängigkeit, Auftragsbestand, monatliche Erfolgsrechnung (BAG 18. 9. 1991 AP BetrVG 1972 § 106 Nr. 13), Lieferzeiten und Liquidität, beabsichtigte Stellung eines Insolvenzantrags (DKK/*Däubler* Rn. 64; *Fitting* Rn. 38).

9   Nr. 2 erfasst zunächst die Darstellung der **Absatzlage** der Erzeugnisse oder Dienstleistungen anhand der Verkaufs- und Umsatzstatistiken des Unternehmens und der Unterlagen der Marktforschung. Dabei kommt insb. die Abhängigkeit von einigen wenigen Großbetrieben in Betracht. Die **Produktionslage** ist die auf der Absatzlage basierende Analyse des Kapazitätsbestands bzw. der Auslastung des Betriebs, der Höhe der Lagerbestände und ggf. der Bedarf an Personal, Betriebsmitteln und Roh- oder Hilfsstoffen (*Fitting* Rn. 40). Die Produktionslage als Grundlage zur Erstellung des Produktionsprogramms stellt das Verhältnis dar zwischen der Produktionskapazität und der tatsächlichen Produktion, die eventuell durch Hemmnisse wie gewerbliche Auflagen, Streik oder höhere Gewalt gemindert ist (*Fitting* Rn. 39).

10 Das **Produktionsprogramm** gem. Nr. 3 legt im Hinblick auf Produktions- und Marktkapazität fest, welche Waren oder Dienstleistungen mittel- und langfristig erzeugt werden (GK-BetrVG/*Fabricius/Oetker* Rn. 50). Basierend auf dem Absatzprogramm legt es die zu erbringende arbeitstechnische Leistung der Betriebe fest. Im **Investitionsprogramm** wird festgelegt, welche Investitionsprojekte oder Einzelinvestitionen durchgeführt werden sollen.

11 **Rationalisierungsvorhaben** iSd. Nr. 4 sind Vorhaben zur zweckmäßigeren Gestaltung der Arbeitsvorgänge bzw. zur Steigerung der Wirtschaftlichkeit durch Normung oder Typisierung der Produkte oder des Arbeitsablaufs (L/K Rn. 22; *Fitting* Rn. 41). Die Mitteilungspflicht des Unternehmers erstreckt sich auf solche Vorhaben, die über die bereits in den Betrieben eingeführten Methoden hinausgehen oder diese ändern (*Fitting* Rn. 41). Bei Veränderungen des Personalbedarfs ist Abs. 2 anzuwenden. Die Mitteilungspflicht über Rationalisierungsvorhaben besteht neben den Rechten des BR aus §§ 90, 92 oder bei geplanten Betriebsänderungen nach §§ 111 ff.

12 **Fabrikationsmethode** gem. Nr. 5 ist das planmäßige Vorgehen bei der Gütererzeugung unter technischen Gesichtspunkten (GK-BetrVG/*Fabricius/Oetker* Rn. 59). **Arbeitsmethode** beschreibt dagegen die Erzeugung von Gütern bzw. die Ausführung von Dienstleistungen unter dem Gesichtspunkt der menschlichen Arbeitskraft (GK-BetrVG/*Fabricius/Oetker* Rn. 60). Bedeutend sind hierbei der Umfang des Maschineneinsatzes, Einzel- oder Massenfertigung, Sorten- oder Serienfertigung. Der Wirtschaftsausschuss berät auch Methoden, die im Betrieb entwickelt werden sollen (*Fitting* Rn. 43).

13 **Die Einschränkung oder Stilllegung von Betrieben oder von Betriebsteilen** gem. Nr. 6 entspricht weitgehend § 111 Nr. 1, wobei der Wirtschaftsausschuss auch dann zu unterrichten ist, wenn es sich um kleine Betriebsteile handelt oder der Betrieb(steil) keinen BR besitzt (BAG 9. 5. 1995 BetrVG § 106 Nr. 12).

14 Für die **Verlegung von Betrieben oder Betriebsteilen** gilt dasselbe, da Nr. 7 anders als § 111 Nr. 2 keine Beschränkung auf „wesentliche" Betriebsteile enthält.

15 **Der Zusammenschluss oder die Spaltung von Betrieben** gem. Nr. 8 entspricht § 111 Nr. 3, während die ebenfalls unter Nr. 8 fallende Spaltung von **Unternehmen**, zB in Besitz- und Betriebsgesellschaften, weitergeht. Die Vorschrift stammt aus dem UmwG, gilt aber auch für Spaltungen durch Einzelrechtsnachfolge.

16 Nr. 9 erfasst anders als § 111 Nr. 4 jede **Änderung der Betriebsorganisation oder des Betriebszwecks** und nicht nur grdl. Änderungen. Im Übrigen wird wegen der Einzelheiten der Begriffe in Nr. 6 bis 9 auf die Kommentierung zu § 111 Nr. 1 bis 4 verwiesen (vgl. § 111 Rn. 9 ff.).

17 **Sonstige für den AN bedeutsame Vorgänge und Vorhaben** iSd. Nr. 10 sind alle Vorgänge und Vorhaben, die die Interessen des AN im sozialen, karitativen, kulturellen, politischen oder wirtschaftlichen Bereichs wesentlich berühren können (GK-BetrVG/*Fabricius/Oetker* Rn. 71). Nr. 10 bildet auf Grund seiner weiten Fassung eine beschränkte Generalklausel. **Beispiele:** Errichtung medizinisch-hygienischer Zentren; Werkstheater; Rechtsstreitigkeiten von grdl. Bedeutung, Auswirkungen der Steuerpolitik und andere Maßnahmen der öffentl. Hand, allgem. wirtschaftliche Lage der Branche, Verlagerung der Produktion ins Ausland, Umstrukturierung und Entflechtung in den neuen Bundesländern (*Fitting* Rn. 54), evtl. die Einführung von „Balanced Scorecards" (*Däubler* DB 2000, 2270) und der Börsengang (*Fischer* DB 1998, 2606).

VI. Streitigkeiten

18 Bei dem Streit um eine Auskunft ist zunächst die Einigungsstelle gem. § 109 zust. Auf der ANSeite ist der BR beteiligt und nicht der Wirtschaftsausschuss. Bei weiterer Verweigerung des Unternehmers

trotz Verpflichtung durch die Einigungsstelle kann gem. § 111 eine Geldbuße verhängt werden. Ob es sich bei der Angelegenheit um eine wirtschaftliche iSd. § 106 handelt, entscheidet das ArbG im Beschlussverfahren nach § 2a ArbGG. Dabei ist der Wirtschaftsausschuss nicht Beteiligter iSd. Vorschrift (vgl. § 107 Rn. 19).

§ 107 Bestellung und Zusammensetzung des Wirtschaftsausschusses

(1) ¹ Der Wirtschaftsausschuss besteht aus mindestens drei und höchstens sieben Mitgliedern, die dem Unternehmen angehören müssen, darunter mindestens einem Betriebsratsmitglied. ² Zu Mitgliedern des Wirtschaftsausschusses können auch die in § 5 Abs. 3 genannten Angestellten bestimmt werden. ³ Die Mitglieder sollen die zur Erfüllung ihrer Aufgaben erforderliche fachliche und persönliche Eignung besitzen.

(2) ¹ Die Mitglieder des Wirtschaftsausschusses werden vom Betriebsrat für die Dauer seiner Amtszeit bestimmt. ² Besteht ein Gesamtbetriebsrat, so bestimmt dieser die Mitglieder des Wirtschaftsausschusses; die Amtszeit der Mitglieder endet in diesem Fall in dem Zeitpunkt, in dem die Amtszeit der Mehrheit der Mitglieder des Gesamtbetriebsrats, die an der Bestimmung mitzuwirken berechtigt waren, abgelaufen ist. ³ Die Mitglieder des Wirtschaftsausschusses können jederzeit abberufen werden; auf die Abberufung sind die Sätze 1 und 2 entsprechend anzuwenden.

(3) ¹ Der Betriebsrat kann mit der Mehrheit der Stimmen seiner Mitglieder beschließen, die Aufgaben des Wirtschaftsausschusses anderen Ausschüssen des Betriebsrats zu übertragen. ² Die Zahl der Mitglieder des Ausschusses darf die Zahl der Mitglieder des Betriebsausschusses nicht überschreiten. ³ Der Betriebsrat kann jedoch weitere Arbeitnehmer einschließlich der in § 5 Abs. 3 genannten leitenden Angestellten bis zur selben Zahl, wie der Ausschuss Mitglieder hat, in den Ausschuss berufen; für die Beschlussfassung gilt Satz 1. ⁴ Für die Verschwiegenheitspflicht der in Satz 3 bezeichneten weiteren Arbeitnehmer gilt § 79 entsprechend. ⁵ Für die Abänderung und den Widerruf der Beschlüsse nach den Sätzen 1 bis 3 sind die gleichen Stimmenmehrheiten erforderlich wie für die Beschlüsse nach den Sätzen 1 bis 3. ⁶ Ist in einem Unternehmen ein Gesamtbetriebsrat errichtet, so beschließt dieser über die anderweitige Wahrnehmung der Aufgaben des Wirtschaftsausschusses; die Sätze 1 bis 5 gelten entsprechend.

I. Zusammensetzung des Wirtschaftsausschusses

Die **Anzahl** der Mitglieder beträgt mindestens drei und höchstens sieben. Die Anzahl ist unabhängig von der Größe des Unternehmens. Die konkrete Mitgliederzahl wird vom BR bzw. GesamtBR festgelegt. Hierbei ist eine Abstimmung mit dem Unternehmen nicht erforderlich (Richardi/*Richardi/ Annuß* Rn. 2). 1

Die Mitgliederanzahl kann auch gerade sein; allein aus der Festlegung ungerader Mindest- und Höchstgrenzen kann nicht das Gegenteil geschlossen werden, zumal keine formellen Beschlüsse zu fassen sind (HSG/*Hess* Rn. 4). Das Amt eines Vorsitzenden ist vom Gesetz nicht vorgesehen; jedoch ist es sinnvoll, wenn ein Mitglied Geschäftsführungsaufgaben übernimmt (*Fitting* Rn. 4). 2

Die Mitglieder müssen als AN im Unternehmen tätig sein. Auch **Leitende Angestellte** können gem. § 107 I 2 Mitglied des Ausschusses werden (LAG Düsseldorf 25. 3. 1975 DB 1975, 1418; *Fitting* Rn. 5). Ebenfalls kommen **AN ausländischer Betriebe** des Unternehmens als Mitglieder des Wirtschaftsausschuss in Betracht (HSG/*Hess* Rn. 6). Als mitgliederuntauglich müssen der Unternehmer selbst, sein Vertreter, sowie die in § 5 II Nr. 1 und 2 genannten Personen angesehen werden (DKK/ *Däubler* Rn. 8). Mindestens ein Mitglied des Ausschusses muss einem der Betriebsräte und dem Unternehmen angehören. Besteht ein GesamtBR, so kann dieser entscheiden, ob ein Mitglied aus seinen Reihen oder eines EinzelBR entsandt wird (Richardi/*Richardi/Annuß* Rn. 7; GK-BetrVG/*Fabricius/Oetker* Rn. 11). 3

Die **fachliche Eignung** ist in der Fähigkeit zu sehen, die vom Unternehmer gegebenen Informationen in ihrem gesamtwirtschaftlichen Zusammenhang zu verstehen, um im Wirtschaftsausschuss sinnvoll mitarbeiten zu können. Somit geht es weniger um die Beherrschung des Bilanzwesens oder bes. betriebswirtschaftlicher Kenntnisse als um Erfahrungen im Betrieb, die zum Verständnis der wirtschaftlichen, finanziellen und technischen Gegebenheiten des Unternehmens ausreichen (*Fitting* Rn. 10). Das BAG verlangt von Mitgliedern des Wirtschaftsausschusses die Fähigkeit, den Jahresabschluss anhand der gegebenen Erläuterungen zu verstehen und gezielte Fragen zu stellen (BAG 18. 7. 1978 AP BetrVG 1972 § 108 Nr. 1). Damit drückt es den Charakter des Abs. 1 S. 3 den Charakter einer Mussvorschrift auf (*Fitting* Rn. 10). Die **persönliche Eignung** meint vorrangig Loyalität und Diskretion. Die genauen Voraussetzungen sind weitgehend umstritten. So wird tw. Anständigkeit und Zuverlässigkeit, jedoch keine bes. Charaktereigenschaft gefordert (*Fitting* Rn. 11). Die letztendliche Entscheidung, wer für geeignet erachtet wird, obliegt allein dem (Gesamt-)BR. Der 4

Vorschrift kommt nur die Bedeutung eines Hinweises zu, in das Gremium allein fachlich und persönlich geeignete Personen zu entsenden.

II. Bestellung, Berufung und Amtszeit der Mitglieder

5   In Unternehmen mit einem Betrieb bestimmt der **BR** mit einfacher Stimmenmehrheit die Mitglieder im Wirtschaftsausschuss. Besteht ein GesamtBR, liegt die alleinige Zuständigkeit für die **Auswahl** bei diesem. Ist ein **GesamtBR** entgegen der gesetzlichen Verpflichtung nicht errichtet, kann kein Wirtschaftsausschuss gebildet werden (*Fitting* Rn. 20; GK-BetrVG/*Fabricius*/*Oetker* Rn. 22). Sind einzelne Betriebe, die keinen BR gewählt haben, nicht im GesamtBR vertreten, so ist dies unbeachtlich. Ebenfalls steht der Bildung des Ausschusses nicht entgegen, dass nur in einem Betrieb ein BR besteht, soweit die allg. Voraussetzungen des § 106 I vorliegen. Eine gerichtliche Überprüfung der Auswahl von Mitgliedern ist außer bei offensichtlicher Ungeeignetheit nicht möglich (GK-BetrVG/*Fabricius*/ *Oetker* Rn. 19).

6   Die **Amtszeit** des Wirtschaftsausschusses verhält sich **akzessorisch zu der des BR**. Sie beträgt somit im Regelfall 4 Jahre (Abs. 2 S. 1). Wird die Amtszeit des BR vorzeitig beendet, wirkt sich dies auch auf den Wirtschaftsausschuss aus. Unbeachtlich ist, wenn nach Rücktritt oder Ausscheiden einzelner BRMitglieder Ersatzmitglieder nachrücken, da der BR als solcher bestehen bleibt (DKK/*Däubler* Rn. 23).

7   In dem Fall des § 13 II Nr. 1 endet die Amtszeit nicht bereits mit einem **erheblichen Absinken der ANZahl**, sondern erst mit Beendigung der Amtszeit des BR, der den Wirtschaftsausschuss bestellt hat, also mit Bekanntgabe des Wahlergebnisses einer gem. § 13 II vorgenommenen Neuwahl (*Fitting* Rn. 14). Wurde der Wirtschaftsausschuss von einem GesamtBR bestellt, endet die Amtszeit seiner Mitglieder, wenn die Amtszeit der Mehrheit der Mitglieder des GesamtBR, die **berechtigt** waren, an der Wahl mitzuwirken, abgelaufen ist (Abs. 2 S. 2, 2. Halbs.). Dabei endet die Amtszeit eines Gesamtbetriebsratsmitglieds mit der Amtszeit des BR, der ihn entsandt hat (*Fitting* Rn. 19). Zu beachten ist hierbei, dass es auf die Amtszeit und nicht auf das dem Mitglied zukommende Stimmengewicht ankommt (Richardi/*Richardi*/*Annuß* Rn. 19).

8   Vor Ablauf der Amtszeit endet die Mitgliedschaft durch Niederlegung des Amtes oder durch Abberufung.

9   Die Möglichkeit zur Beendigung des Amtes durch **Rücktritt** ergibt sich aus der Freiwilligkeit der Übernahme des Amtes in entsprechender Anwendung des § 24 I Nr. 2 (GK-BetrVG/*Fabricius*/*Oetker* Rn. 32).

10   Für die **Abberufung** ist dasselbe Verfahren wie für die Wahl vorgesehen, dh. ein Mitglied kann jederzeit und ohne bes. Grund durch einfachen Mehrheitsbeschluss des bestellenden BR seines Amtes im Wirtschaftsausschuss enthoben werden. Der vom ArbG Hamburg (11. 9. 1975 DB 75, 2331) vertretenen Auffassung, dass eine Abberufung nur erfolgen könne, wenn die erforderliche persönliche und fachliche Eignung fehle, ist nicht zuzustimmen. In Anbetracht der engen Bindung des Wirtschaftsausschusses an den (Gesamt-)BR scheint es nicht sinnvoll, ein Mitglied des Wirtschaftsausschusses im Amt zu belassen, obwohl bei der Mehrheit des BR kein Vertrauen mehr zu diesem besteht (DKK/*Däubler* Rn. 24). Scheidet ein Mitglied aus dem Unternehmen aus, verliert es die Wählbarkeitsvoraussetzungen des Abs. 1 S. 1, demzufolge endet in diesem Moment auch sein Amt im Ausschuss.

11   Im Falle des Ausscheidens eines Mitgliedes ist für den Rest der Amtszeit vom BR ein neues Mitglied zu bestellen. Daher ist es zweckmäßig, **Ersatzmitglieder** für den Fall der zeitweiligen oder dauerhaften Verhinderung eines ordentlichen Mitglieds zu bestimmen (*Fitting* Rn. 13).

III. Rechtsstellung der Mitglieder

12   Für die Rechtsstellung der Ausschussmitglieder gelten die §§ 78 und 79 ausdrücklich. Inwieweit sonstige Vorschriften über die Mitglieder des BR analog auf die Mitglieder des Wirtschaftsausschusses anwendbar sind, ist in den Einzelheiten umstritten (vgl. HSG/*Hess* Rn. 23; GK-BetrVG/*Fabricius*/ *Oetker* Rn. 36 ff.; DKK/*Däubler* Rn. 29; L/K Rn. 8 f.). Praktische Bedeutung hat dies für alle Mitglieder des Wirtschaftsausschusses, die nicht zugleich im BR tätig sind.

13   **Versäumnisse von Arbeitszeit** auf Grund der Teilnahme an Beratungen des Wirtschaftsausschusses berechtigen den AG nicht zur Minderung des Arbeitsentgelts (§ 37 II/III analog). Des Weiteren sind die durch die Tätigkeit im Wirtschaftsausschuss entstandenen **Kosten** vom AG zu tragen, da diese Kosten durch die Tätigkeit des BR erforderlich werden (BAG 17. 10. 1990 AP BetrVG 1972 § 108 Nr. 8). Umstritten ist, ob bzw. inwieweit die Mitglieder des Wirtschaftsausschusses (soweit sie nicht Mitglieder des BR sind) analog § 37 VI an **Schulungs- und Bildungsveranstaltungen** teilnehmen können, die Kenntnisse für die Arbeit im Ausschuss vermitteln und so dessen Funktionsfähigkeit dienen. Dies befürworten das LAG Bremen (17. 1. 1984 AuR 1985, 132) sowie ein Teil der Literatur (DKK/*Däubler* Rn. 32; Richardi/*Richardi*/*Annuß* Rn. 28; aA jetzt GK-BetrVG/*Fabricius*/*Oetker* Rn. 36). Anders das BAG (28. 4. 1988 NZA 1989, 221; BAG 11. 11. 1998 AP BetrVG 1972 § 37

Nr. 129), welches eine entspr. Anwendung des § 37 VI nur in bes., jedoch nicht näher umschriebenen Ausnahmesituationen gelten lässt, und ein Teil der Literatur, der die Anwendung des § 37 VI nur für Mitglieder des Wirtschaftsausschusses, die auch zugleich Mitglieder des BR sind, zulässt (L/K Rn. 9; HSG/*Hess* Rn. 28; MünchArbR/*Joost* § 319 Rn. 111).

Gem. der §§ 78 und 119 I Nr. 2 besteht ein Verbot, die Mitglieder des Ausschusses auf Grund ihrer Tätigkeit zu **benachteiligen oder zu begünstigen**. Die Mitglieder genießen keinen Kündigungsschutz aus § 15 KSchG (Richardi/*Richardi/Annuß* Rn. 29; *Fitting* Rn. 26; HSG/*Hess* Rn. 30; GK-BetrVG/ *Fabricius/Oetker* Rn. 41). Nach § 79 II unterliegen die Mitglieder des Wirtschaftsausschusses einer **Geheimhaltungspflicht** hinsichtlich Betriebs- und Geschäftsgeheimnissen. 14

IV. Übertragung der Aufgaben auf einen Ausschuss des Betriebsrats (Abs. 3)

Um eine **Anpassung** an die bes. Verhältnisse einzelner Unternehmen zu gewährleisten, bietet Abs. 3 die Möglichkeit, von der Bildung eines Wirtschaftsausschusses abzusehen und statt dessen die Aufgaben einem bes. Ausschuss des BR (§ 28) bzw. GesamtBR (§ 51 I) oder dem Betriebsausschuss (§ 27) zu übertragen. Aufgrund der Tragweite dieser Entscheidung bedarf es eines Beschlusses mit absoluter Stimmenmehrheit (DKK/*Däubler* Rn. 37). 15

Eine **Ersetzung des Wirtschaftsausschusses** kommt nur in Betracht, wenn ein Betriebsausschuss gebildet wurde. Dies ergibt sich mittelbar aus Abs. 3 S. 2 (Richardi/*Richardi/Annuß* Rn. 36; GK-BetrVG/*Fabricius/Oetker* Rn. 49). Für die Zusammensetzung des gesonderten Ausschusses gilt § 28 I und II entspr. Die Zahl der Mitglieder des Ausschusses darf die des Betriebsausschusses nicht übersteigen. Der (Gesamt-)BR hat auch das Recht, bis zu dieser Zahl weitere AN oder leitende Angestellte (§ 5 III) in den Ausschuss zu berufen. Mithin beträgt die Höchstzahl der Mitglieder des Ausschusses 22. Diese Möglichkeit dient dazu, Sachkunde von AN außerhalb des BR für das Unternehmen nutzbar zu machen. 16

In kleineren Unternehmen die nicht die ANZahl von 301, welche zur Bildung eines Betriebsausschusses notwendig ist, erreichen, kann von der Möglichkeit des Abs. 3 kein Gebrauch gemacht werden. Dann kann zwar der BR die Aufgaben des Wirtschaftsausschusses nicht selber übernehmen, aber ihm steht es offen, in den Wirtschaftsausschuss nur eigene Mitglieder zu wählen, was letztlich zum selben Ergebnis führt (DKK/*Däubler* Rn. 42). 17

Der berufende BR kann jederzeit die Übertragung der Aufgaben an den bes. Ausschuss widerrufen sowie die Mitgliederzahl innerhalb der vorgeschriebenen Höchstgrenzen ändern. Zu einer solchen Beschlussfassung bedarf es der absoluten Stimmenmehrheit. 18

V. Streitigkeiten

Alle Streitigkeiten über die Errichtung, Zusammensetzung, Amtszeit und Größe des Wirtschaftsausschusses entscheidet das ArbG im **Beschlussverfahren** gem. § 2a ArbGG. Antragsbefugt ist jedenfalls der (Gesamt-)BR (§ 109). Dem Wirtschafsausschuss wird überwiegend eine Antragsbefugnis verweigert (BAG 7. 4. 1981 AP BetrVG 1972 § 118 Nr. 16; BAG 8. 3. 1983 AP BetrVG 1972 § 118 Nr. 26; BAG 8. 8. 1989 AP BetrVG 1972 § 106 Nr. 6; *Fitting* Rn. 38). Streitigkeiten über Lohn- und Gehaltsfortzahlung sind im Urteilsverfahren zu entscheiden. Die Behinderung und Störung des Ausschusses ist gem. § 119 I Nr. 3 strafbar. Die Verletzung von Betriebs- und Geschäftsgeheimnissen durch Mitglieder des Wirtschaftsausschusses wird nach § 120 verfolgt. 19

§ 108 Sitzungen

(1) Der Wirtschaftsausschuss soll monatlich einmal zusammentreten.

(2) ¹An den Sitzungen des Wirtschaftsausschusses hat der Unternehmer oder sein Vertreter teilzunehmen. ²Er kann sachkundige Arbeitnehmer des Unternehmens einschließlich der in § 5 Abs. 3 genannten Angestellten hinzuziehen. ³Für die Hinzuziehung und die Verschwiegenheitspflicht von Sachverständigen gilt § 80 Abs. 3 und 4 entsprechend.

(3) Die Mitglieder des Wirtschaftsausschusses sind berechtigt, in die nach § 106 Abs. 2 vorzulegenden Unterlagen Einsicht zu nehmen.

(4) Der Wirtschaftsausschuss hat über jede Sitzung dem Betriebsrat unverzüglich und vollständig zu berichten.

(5) Der Jahresabschluss ist dem Wirtschaftsausschuss unter Beteiligung des Betriebsrats zu erläutern.

(6) Hat der Betriebsrat oder der Gesamtbetriebsrat eine anderweitige Wahrnehmung der Aufgaben des Wirtschaftsausschusses beschlossen, so gelten die Absätze 1 bis 5 entsprechend.

1. **Sitzungen.** Die Vorschrift legt **Rechte und Pflichten** im Zusammenhang mit der Tätigkeit des Wirtschaftsausschusses fest. Abs. 1 bestimmt, dass die Sitzungen des Wirtschaftsausschusses **einmal** 1

im Monat stattfinden **sollen:** Die Verpflichtung ist flexibel gestaltet, nach Bedarf kann der Wirtschaftsausschuss auch in längeren oder kürzeren Zeitabständen tagen, beispielsweise wegen mangelnden Beratungsstoffs bzw. dringender wirtschaftlicher Entscheidungen (*Fitting* Rn. 2). In der Praxis finden mehrheitlich vier Sitzungen pro Jahr statt.

2   Gesetzlich nicht geregelt ist die Frage, wie die Sitzungen veranlasst, vorbereitet und durchgeführt werden. IdR wird der Wirtschaftsausschuss bestimmte **geschäftsleitende Aufgaben** auf einzelne Mitglieder **übertragen,** beispielsweise die Festlegung der Tagesordnung, die Einladung zu den Sitzungen und ggf. die Vorsitzübernahme, die jedoch bei dem nur beratenden Wirtschaftsausschuss nicht erforderlich sein soll (*Fitting* Rn. 3). Zur Ausfüllung von Lücken sind die Vorschriften über die Geschäftsführung des BR analog heranzuziehen (GK-BetrVG/*Fabricius*/*Oetker* Rn. 11), da der Wirtschaftsausschuss ein Hilfsorgan bzw. ein besonderer Ausschuss des BR bzw. des GesamtBR ist (BAG 18. 11. 1980 AP BetrVG 1972 § 108 Nr. 2).

3   Die **Sitzungstermine** sind mit dem Unternehmer, dessen Teilnahme vorgeschrieben ist, bzw. der Unternehmensleitung **abzustimmen,** um diesen eine ausreichende Vorbereitung auf die Sitzung zu ermöglichen (HSG/*Hess* Rn. 2; DKK/*Däubler* Rn. 6).

4   Die **Tagesordnungspunkte** der Sitzungen sind weitgehend bestimmt durch die in § 106 II und III genannten Gegenstände, über die der Unternehmer unaufgefordert rechtzeitig und umfassend zu berichten hat (*Fitting* Rn. 5).

5   Die Sitzungen sind **nicht öffentlich,** was aus der Vertraulichkeit der zu behandelnden Beratungsgegenstände und der analogen Anwendung des § 30 folgt (DKK/*Däubler* Rn. 7; L/K Rn. 2) und finden regelmäßig während der Arbeitszeit unter Fortzahlung des Arbeitsentgelts statt.

6   **2. Teilnahme des Unternehmers und anderer Personen (Abs. 2).** Der Unternehmer bzw. dessen Vertreter in unternehmerischen Funktionen ist verpflichtet, an den Sitzungen des Wirtschaftsausschusses teilzunehmen, um seine **Informationspflicht** ordnungsgemäß zu erfüllen. Dies bedeutet jedoch nicht, dass ohne das Hinzutreten des Unternehmers keine Wirtschaftsausschusssitzung stattfinden könnte: Zur Vorbereitung der Sitzung mit dem Unternehmer kann der Wirtschaftsausschuss auch ohne diesen zusammentreten (BAG 16. 3. 1982 AP BetrVG 1972 § 108 Nr. 3; GK-BetrVG/*Fabricius*/ *Oetker* Rn. 16). Gleiches gilt, wenn der Unternehmer sich weigert, an den Sitzungen teilzunehmen, da er anderenfalls die Arbeit des Wirtschaftsausschusses lahm legen könnte. Ein solches Verhalten des Unternehmers kann einen groben Pflichtverstoß iSd. § 23 III darstellen (DKK/*Däubler* Rn. 8).

7   Abs. 2 gestattet dem Unternehmer, weitere **sachkundige AN** einschließlich leitender Angestellter hinzuzuziehen (GK-BetrVG/*Fabricius*/*Oetker* Rn. 23 f.). Anzahl und Auswahl stehen dabei im Ermessen des Unternehmers bzw. seines Vertreters. Zahlenmäßige Parität ist anders als bei einem Entscheidungsgremium nicht erforderlich (*Fitting* Rn. 17; DKK/*Däubler* Rn. 20).

8   Auch **Sachverständige** können sowohl durch den Unternehmer als auch durch den Wirtschaftsausschuss hinzugezogen werden (Abs. 2 S. 3). Hierüber muss nach hM insb. bei externen Sachverständigen eine Vereinbarung zwischen Wirtschaftsausschuss und Unternehmer getroffen werden (vgl. § 80 III; BAG 18. 7. 1978 AP BetrVG 1972 § 108 Nr. 1; DKK/*Däubler* Rn. 24; GK-BetrVG/*Fabricius*/*Oetker* Rn. 33). Die Hinzuziehung eines Sachverständigen soll die Ausnahme bleiben, da grds. die Mitglieder des Wirtschaftsausschusses selbst die fachliche Eignung besitzen müssen (HSG/*Hess* Rn. 9). Auch für die sachlichen Voraussetzungen der Zuziehung gilt § 80 III entsprechend: Erforderlich ist, dass der Wirtschaftsausschuss ohne die Heranziehung der Sachverständigen seine Aufgaben nicht erfüllen könnte.

9   **Gewerkschaftsbeauftragte** dürfen ebenfalls analog § 31 hinzugezogen werden (BAG 18. 11. 1980 AP BetrVG 1972 § 108 Nr. 2; aA HSG/*Hess* § 31 Rn. 21). Ihre Teilnahme kann jeweils **nur für eine bestimmte Sitzung** des Wirtschaftsausschusses beschlossen werden, wenn die Sachkunde der Wirtschaftsausschussmitglieder nicht ausreicht; generelle Einladung zu allen künftigen Sitzungen unzulässig (BAG 8. 3. 1983 AP BetrVG 1972 § 108 Nr. 4). Die Rspr. bejaht zudem ein Teilnahmerecht des **Schwerbehindertenvertreters** auf Grund § 95 IV SGB IX (BAG 4. 6. 1987 AP SchwbG § 22 Nr. 2) sowie die Möglichkeit des AG, analog § 29 IV 2 einen **Verbandsvertreter** zuzuziehen (BAG 18. 11. 1980 AP BetrVG 1972 § 108 Nr. 2; aA DKK/*Däubler* Rn. 19).

10   **3. Einsicht in Unterlagen (Abs. 3).** Abs. 3 gewährt in Ergänzung zu § 106 II den Mitgliedern des Wirtschaftsausschusses ein umfassendes Einsichtsrecht in Unterlagen, die wirtschaftliche Angelegenheiten betreffen. Je nach Umfang müssen diese schon vor der Sitzung zugänglich gemacht werden, um ausreichende Zeit zur Einsichtnahme zu gewähren. Näheres s. § 106 Rn. 6.

11   **4. Bericht an den Betriebsrat (Abs. 4).** Der Wirtschaftsausschuss hat unverzüglich nach jeder Sitzung dem zust. **BR** vollständig über die Sitzung **zu berichten** und auf die Geheimhaltungspflicht (auch bezüglich mitgeteilter Betriebs- und Geschäftsgeheimnisse) hinzuweisen. Sinn dieser Unterrichtungspflicht ist es, den BR ständig über die aktuelle wirtschaftliche Lage des Unternehmens zu informieren. Mit Zustimmung des BR ist es ausreichend, dass lediglich ein Mitglied des Wirtschaftsausschusses unterrichtet (*Fitting* Rn. 27; HSG/*Hess* Rn. 25; aA GK-BetrVG/*Fabricius*/*Oetker* Rn. 55:

keine Zustimmung erforderlich). **Nicht ausreichend** ist allein die Übergabe der **Sitzungsprotokolle** (*Fitting* Rn. 26; aA HSG/*Hess* Rn. 24).

5. Erläuterung des Jahresabschlusses (Abs. 5). Gem. Abs. 5 hat der Unternehmer dem Wirt- 12 schaftsausschuss unter Beteiligung des BR den Jahresabschluss zu erläutern. Dieser umfasst gem. § 242 III HGB die **Bilanz** und die **Gewinn- und Verlustrechnung** sowie den bei Kapitalgesellschaften aufzustellenden **Anhang** (§§ 264 bis 288 HGB); bei letztgenannten ist dem Wirtschaftsausschuss zusätzlich auch noch der **Lagebericht** zugänglich zu machen (§ 289 HGB; *Fitting* Rn. 29; DKK/*Däubler* Rn. 35).

Da die ANSeite möglichst früh in den Willensbildungsprozess eingeschaltet werden soll, hat der 13 Unternehmer seiner Erörterungspflicht *nach* der gesetzlichen Prüfung des Jahresabschlusses, aber *vor* seiner Feststellung nachzukommen (*Fitting* Rn. 33; DKK/*Däubler* Rn. 38; GK-BetrVG/*Fabricius*/*Oetker* Rn. 65 ff.; aA L/K Rn. 14: nach Feststellung).

Vorzulegen sind auch: der Prüfungsbericht des Abschlussprüfers gem. § 106 II (diese Vorschrift ist 14 neben § 108 V anwendbar, aA GK-BetrVG/*Fabricius*) sowie die Steuerbilanz, wenn sie von der Handelsbilanz abweicht (DKK/*Däubler* Rn. 37; aA HSG/*Hess* Rn. 17). Der Unternehmer hat die Bedeutung der einzelnen Bilanzposten zu erklären (ggf. mit Unterstützung von sachkundigen Mitarbeitern), die Zusammenhänge darzustellen und Fragen von Mitgliedern des Wirtschaftsausschusses sachgemäß zu beantworten (BAG 18. 7. 1978 AP BetrVG 1972 § 108 Nr. 1). Den Wirtschaftsausschussmitgliedern ist es gestattet, sich Notizen und Aufzeichnungen zu machen (DKK/*Däubler* Rn. 39).

6. Entsprechende Anwendung für den Betriebsratsausschuss. Gem. Abs. 6 sind die § 108 I bis V 15 entspr. anwendbar, wenn die Aufgaben des Wirtschaftsausschusses gem. § 107 III von einem BR- bzw. Gesamtbetriebsratsausschuss wahrgenommen werden.

7. Streitigkeiten. Streitigkeiten, die die Zuständigkeit und Geschäftsführung des Wirtschaftsaus- 16 schusses oder eines nach § 107 III gebildeten anderen Ausschusses, die Ordnungsmäßigkeit der Unterrichtung durch den Unternehmer oder die Frage der Hinzuziehung eines Sachverständigen betreffen, werden vom ArbG im Beschlussverfahren entschieden (BAG 18. 7. 1978 AP BetrVG 1972 § 108 Nr. 1). Dasselbe gilt für Streitigkeiten über das Einsichtsrecht nach Abs. 3 und die Erläuterung des Jahresabschlusses nach Abs. 5 (*Fitting* Rn. 40). Antragsberechtigt sind jedenfalls Unternehmer und BR bzw. GesamtBR; dem Wirtschaftsausschuss wird überwiegend eine Antrags- und Beteiligungsbefugnis abgesprochen (HSG/*Hess* § 107 Rn. 39; *Fitting* § 107 Rn. 40; GK-BetrVG/*Fabricius*/*Oetker* § 107 Rn. 61), jedoch soll der Wirtschaftsausschuss zur Vermeidung einer Rechtsschutzverweigerung im Ausnahmefall seine Ansprüche im Beschlussverfahren geltend machen dürfen (DKK/*Däubler* § 107 Rn. 44).

§ 109 Beilegung von Meinungsverschiedenheiten

¹ Wird eine Auskunft über wirtschaftliche Angelegenheiten des Unternehmens im Sinne des § 106 entgegen dem Verlangen des Wirtschaftsausschusses nicht, nicht rechtzeitig oder nur ungenügend erteilt und kommt hierüber zwischen Unternehmer und Betriebsrat eine Einigung nicht zustande, so entscheidet die Einigungsstelle. ² Der Spruch der Einigungsstelle ersetzt die Einigung zwischen Arbeitgeber und Betriebsrat. ³ Die Einigungsstelle kann, wenn dies für ihre Entscheidung erforderlich ist, Sachverständige anhören; § 80 Abs. 4 gilt entsprechend. ⁴ Hat der Betriebsrat oder der Gesamtbetriebsrat eine anderweitige Wahrnehmung der Aufgaben des Wirtschaftsausschusses beschlossen, so gilt Satz 1 entsprechend.

1. Vorbemerkung. Gegenstand des Verfahrens nach § 109 ist die Beilegung von Meinungsverschie- 1 denheiten zwischen Wirtschaftsausschuss und Unternehmer über dessen Auskunftpflicht nach § 106. Die Einigungsstelle als innerbetriebliche Schlichtungsstelle **entscheidet dabei über Rechtsfragen** (*Fitting* Rn. 1). Überprüft wird die Auskunftspflicht des Unternehmers im konkreten Fall (BAG 17. 9. 1991 AP BetrVG 1972 § 106 Nr. 13). Die grds. Frage, ob ein bestimmter Sachverhalt eine wirtschaftliche Angelegenheit iSd. § 106 III darstellt, ist von den ArbG zu klären (BAG 27. 9. 1991 AP BetrVG 1972 § 106 Nr. 13). § 109 findet auch Anwendung, soweit Umfang und Zeitpunkt der Auskunftserteilung in Frage stehen, bei Streitigkeiten über die Erläuterung des Jahresabschlusses nach § 108 V, über das Einsichtsrecht in Unterlagen nach § 108 III und über die Verpflichtung des AG zur Vorlage des Wirtschaftsprüferberichts (BAG 8. 8. 1978 DB 1978, 1695). Im Verfahren nach § 109 ist zudem die Frage zu klären, ob Auskunft deshalb verweigert werden kann, weil sonst Betriebs- oder Geschäftsgeheimnisse gefährdet würden (LAG Düsseldorf 13. 3. 1978 DB 1978, 1695).

2. Zuständigkeit der Einigungsstelle. Ein Vorgehen nach § 109 setzt voraus, dass der Unternehmer 2 die Auskunft auf ein **ausdrückliches Verlangen** des Wirtschaftsausschusses oder des nach § 107 III gebildeten Ausschusses bezüglich bestimmter wirtschaftlicher Fragen iSd. § 106 III verweigert oder nur unzureichend oder verspätet erteilt hat (*Fitting* Rn. 6). Unzureichend ist die Auskunftserteilung auch dann, wenn der Unternehmer die erforderlichen Unterlagen iSd. § 106 nicht offengelegt hat (DKK/*Däubler* Rn. 2).

3   Hat der Unternehmer nach Auffassung des Wirtschaftsausschusses seine Auskunftspflicht verletzt, muss dieser zunächst den BR einschalten. Hält der BR bzw. der GesamtBR seinerseits den Auskunftsanspruch für gegeben, so tritt er mit dem Unternehmer in Verhandlungen. Erzielen beide Parteien eine Einigung, dann sind beide Seiten und auch der Wirtschaftsausschuss an sie gebunden. Scheitern die Verhandlungen, können beide Parteien die Einigungsstelle anrufen. Aufgrund der Primärzuständigkeit der Einigungsstelle ist es dem BR nicht möglich, eine Entscheidung im Beschlussverfahren unter Umgehung des Verfahrens nach § 109 herbeizuführen (BAG 8. 8. 1989 AP BetrVG 1972 § 106 Nr. 6).

4   **3. Verfahren der Einigungsstelle.** Das Verfahren der Einigungsstelle **unterliegt den in § 76 normierten allg. Vorschriften.** Bevor sie Verhandlungen mit dem Unternehmer aufnimmt, hat sie ggf. in einer Vorprüfung festzustellen, ob eine wirtschaftliche Angelegenheit iSd. § 106 III vorliegt. § 109 III gewährt der Einigungsstelle das Recht, ohne vorherige Absprache mit dem Unternehmer Sachverständige anzuhören. Diese unterliegen der Verschwiegenheitspflicht des § 79. Streitigkeiten über die Erforderlichkeit von Sachverständigen sind im Beschlussverfahren beizulegen (*Fitting* Rn. 10). Die Einigungsstelle kann ihre Kompetenz auch an eine tarifliche Schlichtungsstelle übertragen (*Fitting* Rn. 12; einschränkend GK-BetrVG/*Fabricius*/*Oetker* Rn. 3).

5   Der Spruch der Einigungsstelle ersetzt die Einigung zwischen Unternehmer und BR. Einigen sich BR und Unternehmer oder erlässt die Einigungsstelle einen Spruch, sind beide Parteien gem. § 109 II daran gebunden.

6   **4. Anrufung der Arbeitsgerichte.** Hat die Einigungsstelle dem Auskunftsbegehren stattgegeben und kommt der Unternehmer seiner Verpflichtung nicht nach, macht er sich gem. § 121 einer **Ordnungswidrigkeit** schuldig. Der BR kann die Auskunftserteilung im Beschlussverfahren erzwingen. Gem. § 85 I ArbGG kann aus dem rechtskräftigen Beschluss die Zwangsvollstreckung betrieben werden. Das ArbG hat den Unternehmer auf Antrag gem. § 888 I ZPO durch Zwangsgeld zur Auskunftserteilung anzuhalten.

7   **Gegen einen Spruch der Einigungsstelle** können BR und Unternehmer gerichtlichen Rechtsschutz in Anspruch nehmen. Die Entscheidung der Einigungsstelle darüber, wann, in welcher Weise und in welchem Umfang der Unternehmer den Wirtschaftsausschuss zu unterrichten hat, unterliegt im vollem Umfang der Rechtskontrolle der ArbG (BAG 11. 7. 2000 AP BetrVG 1972 § 109 Nr. 2 = NZA 2001, 402; *Fitting* Rn. 13; aA noch BAG 8. 8. 1989 AP BetrVG 1972 § 106 Nr. 6). Dies gilt auch für die Frage, ob eine Gefährdung von Betriebs- oder Geschäftsgeheimnissen der Auskunft entgegensteht (BAG 11. 7. 2000 aaO).

8   Kommt die Einigungsstelle nicht rechtzeitig zu einer Entscheidung oder wird eine von der Einigungsstelle gefällte Entscheidung nicht umgesetzt, so kann in **Eilfällen** eine einstweilige Verfügung im Beschlussverfahren ergehen (DKK/*Däubler* Rn. 16; aA ArbG Wetzlar 28. 2. 1989 NZA 1989, 443).

§ 110 Unterrichtung der Arbeitnehmer

(1) In Unternehmen mit in der Regel mehr als 1000 ständig beschäftigten Arbeitnehmern hat der Unternehmer mindestens einmal in jedem Kalendervierteljahr nach vorheriger Abstimmung mit dem Wirtschaftsausschuss oder den in § 107 Abs. 3 genannten Stellen und dem Betriebsrat die Arbeitnehmer schriftlich über die wirtschaftliche Lage und Entwicklung des Unternehmens zu unterrichten.

(2) ¹In Unternehmen, die die Voraussetzungen des Absatzes 1 nicht erfüllen, aber in der Regel mehr als zwanzig wahlberechtigte ständige Arbeitnehmer beschäftigen, gilt Absatz 1 mit der Maßgabe, dass die Unterrichtung der Arbeitnehmer mündlich erfolgen kann. ²Ist in diesen Unternehmen ein Wirtschaftsausschuss nicht zu errichten, so erfolgt die Unterrichtung nach vorheriger Abstimmung mit dem Betriebsrat.

1   **1. Vorbemerkung. Zweck** der in dieser Vorschrift normierten vierteljährlichen Unterrichtung der AN ist, die Information des einzelnen Belegschaftsmitglieds über die wirtschaftliche Situation und Entwicklung des Unternehmens zu gewährleisten. Der AN soll in die Lage versetzt werden, in der Betriebsversammlung sachgerechte Fragen zu stellen (DKK/*Däubler* Rn. 6).

2   Unberührt von der Auskunftspflicht des § 110 bleibt die Verpflichtung des AG aus § 43 II 3, einmal im Kalenderjahr in einer Betriebsversammlung über die wirtschaftliche Lage und Entwicklung des Betriebs zu berichten (*Fitting* Rn. 8).

3   **2. Der Vierteljahresbericht in Unternehmen mit über 1000 Beschäftigten.** § 110 I schreibt für Unternehmen mit idR mehr als 1000 st. beschäftigten AN eine Unterrichtung in schriftlicher Form vor. Der AG hat dafür zu sorgen, dass jedes Belegschaftsmitglied von den betreffenden Informationen **mühelos Kenntnis nehmen** kann (*Fitting* Rn. 4). In Betracht kommt insb. die Veröff. des Berichts in der Werkszeitung, dessen Vervielfältigung und Verteilung mit der Hauspost oder auf einer Betriebs-

versammlung sowie eine Zusendung an die Privatanschrift (DKK/*Däubler* Rn. 9). Nicht ausreichend ist eine Bek. am Schwarzen Brett, da sich die eventuell komplizierten wirtschaftlichen Zusammenhänge nicht für eine Lektüre im Vorübergehen eignen (DKK/*Däubler* Rn. 9; aA *Fitting* Rn. 5; GK-BetrVG/*Fabricius/Oetker* Rn. 18). Der Unternehmer hat den Bericht in verständlicher Sprache abzufassen. Sind im Unternehmen in größerem Umfang der deutschen Sprache nicht mächtige Ausländer beschäftigt, muss der Vierteljahresbericht in die entspr. Sprache übersetzt werden (Richardi/*Richardi/Annuß* Rn. 7).

Der **Lagebericht** soll einen groben Überblick über die wirtschaftliche Situation des Unternehmens gewähren. Dazu gehören sowohl die Veränderungen, die sich seit dem letzten Bericht ergeben haben, als auch eine Prognose für die weitere Entwicklung (*Fitting* Rn. 7). Der Bericht hat insb. Stellung zu nehmen zu geplanten und bereits getätigten Investitionen, die sich auf die Lage der AN auswirken können. Der Umfang der erforderlichen Unterrichtung ist abhängig von den Umständen des Einzelfalles. Die Informationspflicht des Unternehmers erstreckt sich nicht auf Angaben, durch die Betriebs- oder Geschäftsgeheimnisse gefährdet werden könnten (DKK/*Däubler* Rn. 7). Auch kann der Unternehmer solche Informationen zurückhalten, die die Wettbewerbs- und Finanzsituation des Unternehmens beeinträchtigen könnten (*Fitting* Rn. 7; aA DKK/*Däubler* Rn. 7). 4

§ 110 schreibt eine Unterrichtung **mindestens einmal im Kalendervierteljahr** vor. Bei ausreichendem Anlass der AG oder Belegschaft aber auch mehrmals innerhalb eines Kalendervierteljahres informieren (DKK/*Däubler* Rn. 8). 5

Vor der Verbreitung des Vierteljahresberichtes ist der Unternehmer verpflichtet, dem BR und, sofern vorhanden, dem Wirtschaftsausschuss **Gelegenheit zur Stellungnahme** zu geben. Besteht in dem Unternehmen ein GesamtBR, so ist dieser zu beteiligen. Gem. dem Gebot der vertrauensvollen Zusammenarbeit nach § 2 I hat der Unternehmer bei der endgültigen Fassung des Berichts abw. Ansichten von BR und Wirtschaftsausschuss zu berücksichtigen. Jedoch ist der Unternehmer nicht verpflichtet, sich der Auffassung des Wirtschaftsausschusses anzuschließen. Er bleibt für die Berichterstattung verantwortlich (BAG 1. 3. 1966 AP BetrVG 1952 § 69 Nr. 1). Wirtschaftsausschuss und BR können auch nicht verlangen, dass ihr abw. Standpunkt in den Vierteljahresbericht mit aufgenommen wird. Sie haben die Möglichkeit, einen eigenen Alternativbericht in Umlauf zu bringen (DKK/*Däubler* Rn. 12). Andernfalls wäre die Einschaltung des Wirtschaftsausschusses und des BR eine reine Formalität (*Fitting* Rn. 4). 6

3. Der Vierteljahresbericht in kleineren Unternehmen. § 110 II beschränkt die Unterrichtungspflicht für Unternehmen, die nicht die in Abs. 1 vorgeschriebene ANZahl aufweisen, sondern mehr als **20 wahlberechtigte, st. AN** beschäftigen, auf eine mündliche Stellungnahme. Der Inhalt der Auskunftspflicht entspricht derjenigen des Abs. 1 (*Fitting* Rn. 1). Insofern gelten die Ausführungen zu Abs. 1 entspr. Falls in dem Unternehmen kein Wirtschaftsausschuss besteht, hat der Unternehmer nach § 110 II 2 lediglich den BR zu konsultieren. Der Unternehmer kann sich bei der Berichterstattung vertreten lassen (DKK/*Däubler* Rn. 14). Für Unternehmen mit bis zu 20 AN hat § 110 keine Gültigkeit; auch nicht für Unternehmen ohne BR. 7

4. Streitigkeiten. Meinungsverschiedenheiten zwischen BR und Wirtschaftsausschuss einerseits und dem Unternehmer andererseits über den Inhalt des Berichts, die Einbeziehung des BR oder die Pflicht zur Berichterstattung sind im arbeitsgerichtlichen **Beschlussverfahren** beizulegen (*Fitting* Rn. 10). Antragsbefugt sind der AG und der BR bzw. der GesamtBR. Kommt der Unternehmer seiner Pflicht zur Unterrichtung der AN nicht nach oder informiert er diese falsch, unvollständig oder verspätet, so macht er sich einer Ordnungswidrigkeit gem. § 121 schuldig, die mit einer Geldbuße geahndet werden kann. Für den **einzelnen AN** besteht die Möglichkeit, seine Informationsrechte im Urteilsverfahren durchzusetzen (DKK/*Däubler* Rn. 18). 8

Zweiter Unterabschnitt. Betriebsänderungen

§ 111 Betriebsänderungen

¹ In Unternehmen mit in der Regel mehr als zwanzig wahlberechtigten Arbeitnehmern hat der Unternehmer den Betriebsrat über geplante Betriebsänderungen, die wesentliche Nachteile für die Belegschaft oder erhebliche Teile der Belegschaft zur Folge haben können, rechtzeitig und umfassend zu unterrichten und die geplanten Betriebsänderungen mit dem Betriebsrat zu beraten. ² Der Betriebsrat kann in Unternehmen mit mehr als 300 Arbeitnehmern zu seiner Unterstützung einen Berater hinzuziehen; § 80 Abs. 4 gilt entsprechend; im Übrigen bleibt § 80 Abs. 3 unberührt. ³ Als Betriebsänderungen im Sinne des Satzes 1 gelten
1. Einschränkung und Stilllegung des ganzen Betriebs oder von wesentlichen Betriebsteilen,
2. Verlegung des ganzen Betriebs oder von wesentlichen Betriebsteilen,
3. Zusammenschluss mit anderen Betrieben oder die Spaltung von Betrieben,

4. grundlegende Änderungen der Betriebsorganisation, des Betriebszwecks oder der Betriebsanlagen,
5. Einführung grundlegend neuer Arbeitsmethoden und Fertigungsverfahren.

Neuestes Schrifttum: *Gaul,* Das Arbeitsrecht der Betriebs- und Unternehmensspaltung, 2002; *Picot/Schnitker,* Arbeitsrecht bei Unternehmenskauf und Restrukturierung, 2001; *Willemsen/Hohenstatt/Schweibert,* Umstrukturierung und Übertragung von Unternehmen, 2. Aufl. 2003.

I. Vorbemerkung

1 Die Mitbestimmung des BR bei Betriebsänderungen stellt den Kernbereich der Mitbestimmung in wirtschaftlichen Angelegenheiten dar. § 111 stellt hierbei die **Grundnorm** dar; sie steckt den tatbestandlichen Rahmen ab, in dem festgelegt wird, in welchen Fällen ein betriebsverfassungsrechtlich relevante Betriebsänderung vorliegt. Gleichzeitig normiert die Vorschrift die Erste betriebsverfassungsrechtliche Konsequenz, nämlich die Pflicht des AG, den BR rechtzeitig und umfassend über eine geplante Betriebsänderung zu unterrichten und diese mit dem BR zu beraten. Die weiteren Rechte und Pflichten, die sich aus dem Vorliegen einer Betriebsänderung ergeben, sind insb. in §§ 112, 112a und 113 geregelt.

2 Gem. § 112 I bis III haben AG und BR den Abschluss eines **Interessenausgleichs** zu versuchen. Dessen Ziel ist es, Einigkeit über das Ob, Wann, Wie viel und Wie der durchzuführenden Maßnahme zu erreichen.

3 Die sozialen Auswirkungen der Betriebsänderung sind durch einen **Sozialplan** abzumildern. Anders als der Interessenausgleich ist der Sozialplan erzwingbar. Der Spruch der Einigungsstelle ersetzt die Einigung zwischen BR und AG (§ 112 IV). § 112a regelt zwei Ausnahmen von der Erzwingbarkeit des Sozialplanes: Einmal wird als Voraussetzung für die Erzwingbarkeit des Sozialplanes bei einem reinen Personalabbau das Erreichen bestimmter Zahlengrenzen verlangt; zum anderen sollen neu gegründete Unternehmen in den ersten vier Jahren nach ihrer Gründung von (erzwingbaren) Sozialplänen verschont bleiben. § 113 schließlich gewährt dem einzelnen AN Nachteilsausgleichsansprüche, wenn der AG ohne zwingenden Grund von einem vereinbarten Interessenausgleich abweicht bzw. überhaupt keinen Interessenausgleich mit dem BR versucht hat. Ob in diesem Fall der BR im Wege der einstweiligen Verfügung die geplante Betriebsänderung stoppen kann, ist umstritten (Einzelheiten unten Rn. 24).

4 Neben den ausdrücklichen Beteiligungsrechten des BR gem. §§ 111 ff. können durch eine Betriebsänderung **weitere Beteiligungsrechte** des BR bzw. sonstiger betriebsverfassungsrechtlicher Gremien ausgelöst werden, welche innerhalb und außerhalb des BetrVG geregelt sind: Soweit im Unternehmen ein Wirtschaftsausschuss existiert, ist dieser im Regelfall vor einer Betriebsänderung zu unterrichten, da die in § 106 III genannten wirtschaftlichen Angelegenheiten weitgehend mit den in § 111 aufgezählten Betriebsänderungen identisch sind. Weiter ist bei Massenentlassungen der BR im Rahmen der Anzeige gem. § 17 KSchG zu beteiligen. Das UmwG verpflichtet den Unternehmer, die BR über die Folgen der Umwandlung für die AN und ihre Vertreter sowie die insoweit vorgesehenen Maßnahmen zu unterrichten (vgl. §§ 5 I Nr. 9, 126 I Nr. 11, 136, 176, 177, 194 I Nr. 7 UmwG). Zu einer Überschneidung mit den Beteiligungsrechten gem. §§ 111 ff. kommt es, wenn sich infolge der Unternehmensumwandlung auch die Betriebsstrukturen ändern, etwa durch Aufspaltung oder Fusion von Betrieben (dazu Rn. 13). Schließlich sind ggf. Mitbestimmungsrechte bei sozialen Angelegenheiten und personellen Einzelmaßnahmen neben den Beteiligungsrechten gem. §§ 111 ff. zu beachten.

II. Begriff der Betriebsänderung

5 **1. Allgemeine Voraussetzungen. a) Existenz eines Betriebsrats und Betriebsgröße.** Die Beteiligungsrechte gem. §§ 111 ff. gelten gem. § 111 S. 1 ab 28. 7. 2001 für **Unternehmen,** vorher für Betriebe (maßgeblich der Zeitpunkt der Betriebsänderung) mit idR mehr als 20 wahlberechtigten AN. Bei der Ermittlung der **regelmäßigen Beschäftigtenzahl** des Betriebs ist auf den Zeitpunkt abzustellen, in dem die Beteiligungsrechte des BR nach den §§ 111, 112 entstehen. Maßgeblich ist nicht die zufällige tatsächliche Beschäftigtenzahl zu diesem Zeitpunkt, sondern die normale Beschäftigtenzahl des Betriebes, dh. diejenige Personalstärke, die für den Betrieb im allg. kennzeichnend ist. Insofern bedarf es eines Rückblicks auf die bisherige personelle Stärke des Betriebs und – außer im Falle der Betriebsstilllegung – auch einer Einschätzung der künftigen Entwicklung (BAG 22. 2. 1983 AP BetrVG 1972 § 113 Nr. 7). Geht der Stilllegung eines Betriebes ein Personalabbau voraus, so richtet sich die Zahl der regelmäßig beschäftigten AN danach, wie sich der Personalabbau im Zeitablauf darstellt. Erweist er sich im Zeitpunkt des Stilllegungsbeschlusses rückblickend als Vorstufe der Betriebsstilllegung, die damit in der Form eines gleitenden Überganges eingeleitet wurde, so bleibt er außer Betracht; maßgebend ist die ursprüngliche Beschäftigtenzahl. Sollte die Personalverminderung dagegen eine Fortführung des Betriebs ermögli-

II. Begriff der Betriebsänderung § 111 **BetrVG 210**

chen und hat sie für eine nicht unerhebliche Zeit zu einer Stabilisierung der Belegschaft auf niedrigerem Niveau geführt, so ergibt sich die Zahl der idR Beschäftigten aus der Belegschaftsstärke dieser Zwischenstufe (BAG 9. 5. 1995 AP BetrVG 1972 § 111 Nr. 33). Ist die Betriebsänderung mit einem Personalabbau verbunden, so kann sich die erforderliche Würdigung nur auf die vorangehende Entwicklung beziehen. Als die zurzeit eines Stilllegungsbeschlusses maßgebliche Zahl der idR Beschäftigten kann auch eine erst zwei Monate vorher erreichte Belegschaftsstärke anzusehen sein, wenn diese das Ergebnis längerfristiger personalwirtschaftlicher Entscheidungen des AG ist (BAG 10. 12. 1996 AP BetrVG 1972 § 111 Nr. 37). In einem **gemeinsamen Betrieb** mehrerer Unternehmen kommt es allein auf die Größe der an ihm beteiligten Unternehmen an. Liegt ihre ANZahl unter dem Schwellenwert, entfällt die Mitbestimmung gem. §§ 111ff. Hat nur eines der beteiligten Unternehmen die erforderliche Größe, besteht nur diesem gegenüber das Beteiligungsrecht des BR (Richardi/*Richardi/Annuß* Rn. 26; aA *Däubler* AuR 2001, 285). Etwaige Sozialplanansprüche richten sich grundsätzlich gegen den vertraglichen AG, soweit nicht ausnahmsweise eine gesamtschuldnerische Inanspruchnahme vereinbart ist (BAG 12. 11. 2002 NZA 2003, 676; vgl. auch *Gaul* NZA 2003, 695).

Weitere zwingende Voraussetzung für die Auslösung der Beteiligungsrechte gem. §§ 111ff. ist **6** grundsätzlich das **Bestehen eines BR** in dem von der Maßnahme betroffenen Betrieb. Wird der BR erst gewählt, wenn der Unternehmer schon mit der Betriebsänderung begonnen hatte, stehen dem neu gewählten BR keine Beteiligungsrechte hinsichtlich dieser Betriebsänderung mehr zu (BAG 20. 4. 1982 AP BetrVG 1972 § 112 Nr. 15). Dies gilt selbst dann, wenn dem Unternehmer im Zeitpunkt seines Beschlusses bekannt war, dass ein BR gewählt werden soll (BAG 28. 10. 1992 AP BetrVG 1972 § 112 Nr. 63; aA *Fitting* Rn. 34; *Bauer* DB 1994, 217, die erst den Beginn der Durchführung einer geplanten Betriebsänderung für maßgeblich halten; noch weitergehend ArbG Reutlingen 29. 10. 1998 LAGE BetrVG § 112 Nr. 100, *Kraushaar* AuR 2000, 245: Bildung des BR müsse bei dem Stilllegungsbeschluss greifbare Formen angenommen haben). Führt die Betriebsänderung selbst zur Auflösung des BR, etwa bei einer Betriebsaufspaltung oder Betriebsschließung, so werden dadurch die Beteiligungsrechte des BR nicht tangiert. Trotz der an sich gegebenen Beendigung der Amtszeit bleibt ein Restmandat (BAG 16. 6. 1987 AP BetrVG 1972 § 111 Nr. 19; 12. 1. 2000 BB 2000, 1088; s. jetzt § 21 b). Denkbar sind allerdings seit der Neufassung von §§ 50 I, 58 I zum 28. 7. 2001 auch Interessenausgleiche und Sozialpläne in **betriebsratslosen Betrieben** oder sogar Unternehmen, wenn es sich ausnahmsweise um eine betriebs- bzw. unternehmensübergreifende Maßnahme handelt, die in die Zuständigkeit von Gesamt- bzw. KonzernBR fällt (zur Zuständigkeitsabgrenzung BAG 11. 12. 2001 DB 2002, 1276).

b) **Wesentlicher Nachteil.** Wesentliche Nachteile iSd. § 111 können materieller und immaterieller **7** Art sein (*Fitting* Rn. 45). Zu den Nachteilen materieller Art zählen etwa der Verlust des Arbeitsplatzes, ein geringerer Verdienst auf Grund einer Versetzung oder höhere Fahrtkosten. Nachteile immaterieller Art sind etwa Leistungsverdichtung, Qualifikationsverluste, psychische Belastung durch zusätzliche Kontrolle oder schlechteres Betriebsklima (DKK/*Däubler* Rn. 94). Die Bedeutung des Tatbestandsmerkmals „wesentlicher Nachteil" ist allerdings durch die Rspr. des BAG nahezu bedeutungslos geworden. Zum einen weist das BAG darauf hin, dass es nach dem Gesetzeswortlaut nicht auf den tatsächlichen Nachteilseintritt, sondern allein auf dessen Möglichkeit ankomme (BAG 16. 6. 1987 AP BetrVG 1972 § 111 Nr. 19). Zum anderen geht das Gericht davon aus, dass jedenfalls hinsichtlich der in § 111 S. 2 aufgeführten Betriebsänderungen ein wesentlicher Nachteil fingiert wird. Dies ergibt sich deutlich aus dem Wortlaut der Vorschrift. Denn S. 2 definiert nicht den Begriff der „Betriebsänderung" schlechthin, sondern denjenigen der „Betriebsänderung iSd. S. 1", dh. derjenigen Betriebsänderung, bei der alle Voraussetzungen des S. 1 über die Auswirkungen auf die AN als erfüllt gelten (BAG 17. 8. 1982, 26. 10. 1982, 17. 12. 1985 AP BetrVG 1972 § 111 Nr. 10, 11, 15; BAG 10. 12. 1996 AP BetrVG 1972 § 112 Nr. 110; 25. 1. 2000 EzA § 112 BetrVG 1972 Nr. 106).

c) **Belegschaft oder erhebliche Teile der Belegschaft.** § 111 S. 1 verlangt weiter, dass von einer **8** geplanten Betriebsänderung „die Belegschaft oder erhebliche Teile der Belegschaft" betroffen sind. Ob ein erheblicher Teil der Belegschaft betroffen ist, richtet sich nach der Anzahl der von der Maßnahme betroffenen AN. Maßgeblich sind nach st. Rspr. des BAG die **Zahlenangaben des § 17 I KSchG** (BAG 6. 12. 1988 AP BetrVG 1972 § 111 Nr. 26; BAG 7. 8. 1990 AP BetrVG 1972 § 111 Nr. 30). Zusätzlich verlangt das BAG, dass mindestens 5% der Belegschaft von der Maßnahme betroffen sind (BAG 7. 8. 1990 AP BetrVG 1972 § 111 Nr. 30). Eine starre Frist für die Berechnung der maßgeblichen ANZahl nach den Vorgaben des § 17 KSchG existiert nicht. Insb. ist der 4-Wochen-Zeitraum nach § 17 I KSchG nicht übertragbar (BAG 22. 5. 1979 AP BetrVG 1972 § 111 Nr. 3). Soweit zwischen mehreren „Wellen" von Personalabbau- und (oder) Versetzungsmaßnahmen nur ein Zeitraum von wenigen Wochen oder Monaten liegt, spricht eine tatsächliche Vermutung dafür, dass diese Maßnahmen auf einer einheitlichen unternehmerischen Planung beruhen. Der Unternehmer, der das Vorliegen einer einheitlichen Betriebsänderung, welche die Zahlengrenzen des § 17 KSchG überschreitet, bestreitet, muss dann darlegen und beweisen, dass verschiedene Maßnahmen nicht Teil einer einheitlichen Unternehmerentscheidung sind (*Fitting* Rn. 48; vgl. auch BAG 9. 5. 1995 AP BetrVG 1972 § 111 Nr. 33; LAG Köln 21. 2. 1997 NZA-RR 1998, 24).

Kania

9 **2. Betriebsänderungen iSd. S. 2. a) Einschränkung und Stilllegung des ganzen Betriebs oder von wesentlichen Betriebsteilen.** Unter einer **Betriebsstilllegung** ist die Aufgabe des Betriebszwecks unter gleichzeitiger Auflösung der Betriebsorganisation auf Grund eines ernstlichen und endgültigen Willensentschluss des Unternehmers für unbestimmte, nicht nur vorübergehende Zeit zu verstehen (BAG 19. 6. 1991 KSchG 1969 § 1 Betriebsbedingte Kündigung Nr. 53; *Fitting* Rn. 65). Die Weiterbeschäftigung weniger AN mit Abwicklungsarbeiten steht der Annahme einer Stilllegung nicht entgegen (BAG 14. 10. 1982 AP KSchG 1969 § 1 Konzern Nr. 1). Demgegenüber liegt eine **Betriebseinschränkung** vor, wenn der Betriebszweck zwar weiterverfolgt wird, dies jedoch unter einer nicht nur vorübergehenden Herabsetzung der Betriebsleistung geschieht, etwa durch die Außerbetriebnahme von Anlagen und Maschinen oder durch die Herabsetzung der Zahl der idR beschäftigten AN. Eine nur vorübergehende geringere Auslastung der Betriebsanlagen ohne nennenswerte Verminderung des Personals genügt jedoch nicht (*Wlotzke* Anm. 4 a). Die Stilllegung oder Einschränkung eines Betriebsteils ist dann eine Betriebsänderung iSd. Nr. 1, wenn ein wesentlicher Betriebsteil betroffen ist. Ebenso wie für den Begriff „erhebliche Teile der Belegschaft" (s. Rn. 8) ist auch für den Begriff „wesentlicher Betriebsteil" auf die **Zahlengrenzen des § 17 I KSchG** zurückzugreifen. Werden diese Zahlengrenzen (annähernd) erreicht, kann auch der bloße Personalabbau als Einschränkung des ganzen Betriebes oder von wesentlichen Betriebsteilen einzustufen sein. Die in § 112a I 1 angegebenen höheren Zahlengrenzen sind für das Vorliegen einer Betriebsänderung irrelevant; sie sind nur maßgeblich für die Frage, ob beim bloßen Personalabbau ein Sozialplan über die Einigungsstelle erzwungen werden kann (*Fitting* Rn. 76). Allerdings wird wie in § 112a II die Mindestzahl von 20 AN im Betrieb entfallen müssen, seitdem die Mindestgrenze von 20 AN in § 111 nicht mehr auf den Betrieb, sondern auf das Unternehmen bezogen wird. Für die Frage, ob beim Personalabbau die maßgeblichen Zahlengrenzen des § 17 KSchG erreicht werden, kommt es auf den wahren Auflösungsgrund an, nicht auf die Form der Beendigung des Arbeitsverhältnisses. Mitzuzählen sind deshalb nicht nur AN, die durch betriebsbedingte Kündigungen ihren Arbeitsplatz verlieren, sondern auch solche, die sich **auf Veranlassung des AG** zu Aufhebungsverträgen bzw. Eigenkündigungen entschließen (BAG 23. 8. 1988 AP BetrVG 1972 § 113 Nr. 17; BAG 28. 10. 1992 BetrVG § 112 Nr. 65; *Fitting* Rn. 78; DKK/*Däubler* Rn. 54). Dasselbe gilt grds. für AN, die nur deshalb gekündigt werden müssen, weil die AN dem Übergang auf einen Teilbetriebserwerber (§ 613 a BGB) widersprochen hatten und eine Beschäftigungsmöglichkeit im Restbetrieb nicht besteht (BAG 10. 12. 1996 NZA 1996, 787). Widerspricht eine größere Anzahl von AN einem Betriebsübergang und muss daraufhin beim Veräußerer betriebsbedingt entlassen werden, liegt ggf. eine neue Betriebsänderung iSd. § 111 Nr. 1 vor. Nicht mitzuzählen sind AN, die aus personen- oder verhaltensbedingten Gründen entlassen werden oder deren Arbeitsverhältnisse infolge Fristablauf enden (LAG Hessen 1. 2. 2000 – 3 Sa 565/00–50).

10 Zu differenzieren ist beim **Betriebsübergang**: Wird ein **Betrieb als ganzes** im Wege der Einzelrechtsnachfolge gem. § 613 a BGB oder im Wege der Gesamtrechtsnachfolge insb. nach dem UmwG auf einen neuen Inhaber übertragen, liegt nach ganz hM keine Betriebsänderung vor (BAG 17. 2. 1981 AP BetrVG 1972 § 111 Nr. 9; BAG 17. 3. 1987 AP BetrVG 1972 § 111 Nr. 18; Richardi/*Richardi/Annuß* Rn. 124 ff.; *Fitting* Rn. 47; aA DKK/*Däubler* Rn. 102). Dies wird tw. damit begründet, dass § 613 a BGB eine abschließende Sonderregelung für den ANSchutz darstelle; entscheidend ist aber, dass eine Betriebsänderung immer greifbare Änderungen der betrieblichen Arbeitsorganisation voraussetzt; wechselt jedoch nur der Inhaber eines Betriebes, ändert sich an der Betriebsorganisation als solcher nichts (*Fitting* Rn. 50). Zu Recht ist deshalb vom BAG anerkannt, dass § 613 a BGB die Mitbestimmungsrechte gem. §§ 111 ff. dann nicht ausschließt, wenn es anlässlich eines Betriebsübergangs zu einer damit verbundenen Betriebsänderung kommt (BAG 25. 1. 2000 EzA § 112 BetrVG 1972 Nr. 106 = NZA 2000, 1069). Denkbar ist etwa, dass Veräußerer oder Erwerber anlässlich eines Betriebsübergangs grds. neue Arbeitsmethoden einführen wollen (Nr. 5) oder einen Personalabbau durchführen (Nr. 1). Ausreichend ist aber nach dem eindeutigen Wortlaut von § 111 S. 2 Nr. 3 auch der bloße Zusammenschluss mit einem anderen Betrieb. Das BAG stuft auch die **Veräußerung eines Betriebsteils** als solche nicht als Betriebsänderung ein (BAG 16. 6. 1987 AP BetrVG 1972 § 111 Nr. 19). Allerdings stellt die Betriebsteilveräußerung regelmäßig eine Spaltung des Betriebes dar, die gem. § 111 S. 2 Nr. 3 ausdrücklich als Betriebsänderung eingestuft wird (vgl. dazu noch Rn. 14). Entlässt ein AG alle AN und löst er damit die betriebliche Organisation auf, so kann er einen Sozialplan nicht später mit der Begründung verweigern, die Kündigungen seien unwirksam gewesen, weil in Wirklichkeit ein Betriebsübergang vorgelegen habe. Ein solches Verhalten ist rechtsmissbräuchlich (BAG 27. 6. 1995 AP BetrVG 1972 § 4 Nr. 7).

11 Der **Betriebsbegriff** im Rahmen des § 111 ist der allg. Betriebsbegriff des BetrVG, wie er in §§ 1, 4 konkretisiert ist. Folglich gilt auch ein betriebsratsfähiger Betriebsteil iSd. § 4 als selbständiger Betrieb iSd. § 111, bei dessen Schließung unabhängig von den Zahlen des § 17 KSchG eine „Betriebsstilllegung" anzunehmen ist. Dies gilt selbst dann, wenn der Betriebsbegriff bei BRWahlen verkannt wurde, aber eine fehlerhaft erfolgte Wahl des BR nicht angefochten wurde (BAG 27. 6. 1995 AP BetrVG 1972 § 4 Nr. 7).

II. Begriff der Betriebsänderung　　　　　　　　　　　　　　　§ 111 BetrVG 210

b) **Verlegung des ganzen Betriebs oder von wesentlichen Betriebsteilen.** Unter Verlegung versteht 12
man jede **wesentliche Veränderung der örtlichen Lage** des Betriebs. Nur geringfügige Veränderungen der örtlichen Lage oder solche ohne wirtschaftliche Auswirkung auf die betroffenen AN scheiden aus, etwa der Umzug in einem Gebäude oder in ein Gebäude in der Nähe der alten Betriebsstätte. Ausreichend ist nach der Rspr. etwa Verlegung des Betriebs vom Zentrum einer Großstadt an den Stadtrand mit 4,3 km Entfernung (BAG 17. 8. 1982 AP BetrVG 1972 § 111 Nr. 11) bzw. innerhalb einer Großstadt mit einem Entfernungsunterschied von 5,5 km (LAG Frankfurt 28. 10. 1986 AiB 1987, 292). Nr. 2 gilt von vornherein nur für ortsgebundene Betriebe oder Betriebsteile, also zB nicht für Baustellen (*Fitting* Rn. 81). Abzugrenzen ist die Betriebsverlegung von der Betriebsstilllegung. Nach Auffassung des BAG stellt eine erhebliche räumliche Verlegung des Betriebs eine Betriebsstillegung dar, wenn die alte Betriebsgemeinschaft aufgelöst wird und der Aufbau einer im Wesentlichen neuen Betriebsgemeinschaft am neuen Betriebssitz erfolgt (BAG 12. 2. 1987 AP BGB § 613 a Nr. 67). Dies wird bei Verlegung eines Betriebs in eine andere Gegend oder ins Ausland vielfach der Fall sein, wenn sich die AN weigern, am neuen Betriebssitz zu arbeiten.

c) **Zusammenschluss mit anderen Betrieben oder die Spaltung von Betrieben.** Der Zusammen- 13
schluss zweier Betriebe kann auf zweierlei Weise erfolgen, einmal dadurch, dass sich zwei Betriebe zu einer neuen Einheit vereinigen, zum anderen dadurch, dass ein Betrieb einen anderen aufnimmt (DKK/*Däubler* Rn. 70; *Fitting* Rn. 84). Maßgeblich ist allein die entspr. **Änderung der Leitungsorganisation** der bisher selbständigen Betriebe. IdR wird sich diese organisatorische Änderung innerhalb eines Unternehmens abspielen; der Betriebszusammenschluss kann allerdings auch unternehmensübergreifend erfolgen durch Bildung eines sogenannten Gemeinschaftsbetriebs (vgl. dazu § 1 II). Der Zusammenschluss von Betriebsteilen unterfällt dann Nr. 3, wenn die beteiligten Betriebsteile gem. § 4 als selbständige Betriebe gelten. Nicht von Nr. 3 erfasst wird der Zusammenschluss sonstiger Betriebsteile. Insofern kann eine Betriebsänderung aber zB unter dem Gesichtspunkt von Nr. 1 und Nr. 4 vorliegen (streitig, wie hier GK-BetrVG/*Fabricius/Oetker* Rn. 100). Zum Übergangsmandat § 21 a II.
Die Aufnahme der **Spaltung von Betrieben** in den Katalog des § 111 erfolgte im Rahmen der 14
Neuregelung des Umwandlungsrechts zum 1. 1. 1995. Erfasst wird von der Vorschrift sowohl die unternehmensinterne Betriebsaufspaltung durch Änderung der Organisationsstrukturen als auch die unternehmensübergreifende Betriebsaufspaltung durch Übertragung eines Betriebsteils auf einen anderen Inhaber. Nicht erfasst ist die in §§ 133 UmwG, 1 II Nr. 2, 106 BetrVG geregelte Aufspaltung von Unternehmen insbes. in Besitz- und Betriebsgesellschaft. Irrelevant ist, ob sich die Übertragung des Betriebsteils im Wege der Einzelrechtsnachfolge unmittelbar gem. § 613 a BGB oder im Wege der Gesamtrechtsnachfolge nach dem UmwG (Spaltung gem. §§ 123 ff. UmwG) vollzieht. Ungeklärt ist, ob die Abspaltung kleiner und kleinster Betriebsteile die Beteiligungsrechte gem. §§ 111 ff. auslöst (offen gelassen von BAG 10. 12. 1996 AP BetrVG 1972 § 112 Nr. 110). Ein Vergleich mit den anderen Fällen der Betriebsänderung in § 111, in denen das Betroffensein „wesentlicher" Betriebsteile bzw. „grundlegender" Änderungen verlangt werden, spricht dafür, auch im Rahmen der Nr. 3 eine gewisse Bedeutung des abgespaltenen Betriebsteils zu verlangen. Einen Rückgriff auf die Zahlengrenze des § 17 KSchG hat das BAG in der Entscheidung vom 10. 12. 1996 (AP BetrVG 1972 § 112 Nr. 110) abgelehnt; jedenfalls bei Unterschreitung der Zahlengrenze des § 1 dürfte aber eine nicht mitbestimmungspflichtige Bagatellspaltung anzunehmen sein (aA Richardi/*Richardi/Annuß* Rn. 102; GK-BetrVG/*Fabricius/Oetker* Rn. 100). Zu den berücksichtigungsfähigen Nachteilsfolgen gehören nicht eine etwaige Verringerung der Haftungsmasse bei dem Betriebserwerber sowie dessen befristete Befreiung von der Sozialplanpflicht nach § 112 a II (BAG 10. 12. 1996 AP BetrVG 1972 § 112 Nr. 110; ebenso BAG 5. 2. 1997 AP BetrVG 1972 § 112 Nr. 92, 25. 1. 2000 EzA § 112 BetrVG 1972 Nr. 106 zum Wegfall von Leistungen beim Erwerber). Bei einer Betriebsspaltung kann es nach § 21 a zu einem Übergangsmandat des BR gegenüber dem Inhaber des abgespaltenen Betriebsteils kommen. Trotzdem richten sich die Rechte an §§ 111 bis 113 wegen der Betriebsspaltung zunächst gegen den bisherigen Betriebsinhaber (s. auch §§ 112, 112 a Rn. 2).

d) **Grundlegende Änderungen der Betriebsorganisation, des Betriebszwecks oder der Betriebs-** 15
anlagen. Eine grdl. **Änderung der Betriebsorganisation** liegt vor bei einer vollständigen Änderung des Betriebsaufbaus bzw. der Gliederung des Betriebes oder der Zuständigkeiten (*Fitting* Rn. 92). Beispiele sind etwa die Verlagerung von Entscheidungsbefugnissen „nach unten" (Dezentralisierung), die Organisation nach Sparten bzw. Geschäftsbereichen (DKK/*Däubler* Rn. 82), der Übergang zur Gruppenarbeit, die Einführung „flacher Hierarchien", Verringerung der Fertigungstiefe, Outsourcing (ArbG München 22. 2. 2000 AiB 2000, 766; ArbG Würzburg 30. 8. 2000 AiB 2001, 302) und ähnliche Maßnahmen, die unter dem Schlagwort „Lean production" geführt werden (*Hunold* NZA 1993, 723; *Fitting* Rn. 92).
Die grdl. **Änderung des Betriebszwecks** setzt eine nachhaltige Veränderung der arbeitstechnischen 16
und nicht nur wirtschaftlichen Zwecksetzung des Betriebes voraus (BAG 17. 12. 1985 AP BetrVG 1972 § 111 Nr. 15). Erforderlich ist die Umstellung oder zumindest nachhaltige Ergänzung der

bisherigen Produktion bzw. des bisherigen Gegenstandes der Betriebstätigkeit. Dies ist etwa der Fall, wenn von der Motorrad- auf die Kraftwagenproduktion übergegangen wird, nicht aber wenn lediglich ein verbesserter Typ eines Motorrads hergestellt wird (*Fitting* Rn. 93). Das BAG hat eine grdl. Änderung des Betriebszwecks verneint, wenn in einem Schlachthof dazu übergegangen wird, nur noch Schweine zu schlachten (BAG 28. 4. 1993 NZA 1993, 1142). Andererseits hat das Gericht eine grdl. Änderung des Betriebszwecks bejaht, wenn in einem Spielkasino neben dem herkömmlichen Glücksspiel an Spieltischen in einem bes. Saal mit eigenem Zugang das Spiel an Automaten angeboten wird (BAG 17. 12. 1985 AP BetrVG 1972 § 111 Nr. 15).

17 Die **Änderung der Betriebsanlagen** betrifft die Betriebsmittel iwS. Beispiele sind etwa die Einführung völlig neuer Maschinen, die Einführung eines EDV-Systems (LAG Hamburg 5. 2. 1986 LAGE BetrVG § 23 Nr. 5), der Bau neuer Werkshallen, der Übergang zur Selbstbedienung in einem Einzelhandelsgeschäft, Schaffung von Bildschirm- oder Telearbeitsplätzen (BAG 26. 10. 1982 AP BetrVG 1972 § 111 Nr. 10) und Ähnliches.

18 e) **Einführung grdl. neuer Arbeitsmethoden und Fertigungsverfahren.** Die Abgrenzung von Nr. 5 zu den Tatbeständen unter Nr. 4 ist im Einzelfall schwierig. Der Unterschied ist nur ein gradueller; Nr. 5 stellt mehr als Nr. 4 auf die Art der Verwertung der menschlichen Arbeitskraft ab (*Fitting* Rn. 97). Insofern kommen auch bei Nr. 5 Maßnahmen der Rationalisierung und der Einsatz neuer Technologien in Betracht, soweit es sich hierbei nicht nur um die übliche laufende Anpassung der Arbeitsmethoden und Fertigungsverfahren handelt. Ob eine Arbeitsmethode oder ein Fertigungsverfahren „grundlegend neu" ist, richtet sich nach den Verhältnissen im einzelnen Betrieb oder in der betroffenen Betriebsabteilung, nicht dagegen nach dem technischen oder organisatorischen Standard in der Branche (DKK/*Däubler* Rn. 91; GK-BetrVG/*Fabricius*/*Oetker* Rn. 127). Die bloße Einführung von „Balanced Scorecards" reicht nicht aus (*Däubler* DB 200, 2270, 2275).

19 f) **Sonstige Betriebsänderungen.** Umstritten ist, ob die Aufzählung in § 111 S. 2 abschließend ist. Der Wortlaut ist nicht eindeutig. Die wohl überwiegende Meinung geht davon aus, dass neben den ausdrücklich aufgezählten Fällen einer Betriebsänderung auch sonstige Betriebsänderungen denkbar sind, die lediglich die allg. Voraussetzungen des S. 1 erfüllen (*Fitting* Rn. 44; GK-BetrVG/*Fabricius*/*Oetker* Rn. 34; DKK/*Däubler* Rn. 33; aA Richardi/*Richardi*/*Annuß* BetrVG Rn. 41; HSG/*Hess* Rn. 15). Die wesentlichen Fälle werden von S. 2 erfasst, so dass der Streit hauptsächlich theoretische Bedeutung hat.

III. Unterrichtung und Beratung

20 Liegt eine (geplante) Betriebsänderung iSd. § 111 vor, hat der Unternehmer (= AG: BAG 15. 1. 1991 DB 1991, 1472) den BR rechtzeitig und umfassend zu unterrichten und die geplanten Betriebsänderungen mit ihm zu beraten. Der Begriff „**rechtzeitig**" ist vom Ziel des Beteiligungsrechts her zu bestimmen. Der BR soll auf Grund der vom AG gegebenen Informationen in die Lage versetzt werden, auf das Ob und Wie der geplanten Betriebsänderung Einfluss nehmen zu können (BAG 14. 9. 1976 AP BetrVG 1972 § 113 Nr. 2). Daraus folgt, dass eine rechtzeitige Information nicht mehr vorliegt, wenn sich die Unternehmensleitung bereits auf eine konkrete Maßnahme in allen Einzelheiten festgelegt und die Zustimmung des AR, der Gesellschafterversammlung, eines Beirats oder ähnlicher Gremien eingeholt hat (BAG 14. 9. 1976 AP BetrVG § 113 Nr. 2; LAG Düsseldorf 27. 8. 1985 NZA 1986, 371; DKK/*Däubler* Rn. 132; GK-BetrVG/*Fabricius*/*Oetker* Rn. 148; aA Richardi/ *Richardi*/*Annuß* Rn. 147). Auf der anderen Seite braucht der BR nicht an sämtlichen Vorüberlegungen der Unternehmensleitung zu partizipieren; dem Unternehmer steht es frei, von sich aus abzuklären, ob überhaupt Handlungsbedarf besteht (LAG Düsseldorf 27. 8. 1985 NZA 1986, 371). Ausreichend ist es, wenn der AG den BR informiert, nachdem sich seine allg. Vorüberlegungen zu einem konkreten Konzept verdichtet haben, ohne dass die Überlegungen über die Umsetzung der Maßnahme und ihre Details abgeschlossen sind.

21 **Umfassend** ist die Unterrichtung dann, wenn sich der BR aus den gegebenen Informationen ein vollständiges Bild von der geplanten Maßnahme und deren Auswirkungen machen kann (*Fitting* Rn. 111). Notwendig ist stets die Darlegung der wirtschaftlichen und sozialen Gründe, die nach Auffassung des Unternehmens für die Betriebsänderung sprechen. Auch bei reinen Personalabbaumaßnahmen reichen die in § 17 II KSchG vorgeschriebenen Informationen nicht aus (zur Abgrenzung *Wißmann* RdA 98, 225). Gem. § 80 II sind dem BR idR Unterlagen zur Verfügung zu stellen, die er auswerten kann. Hierzu zählen etwa Gutachten von Unternehmensberatungen, Wirtschaftsprüferberichte und Bilanzen. Auch hier gilt, dass der Unternehmer nur die Unterlagen zur Verfügung stellen muss, die er selbst zur Verfügung hat (s. § 80 Rn. 24). Geschäfts- und Betriebsgeheimnisse schränken die Unterrichtungspflichten nicht ein; die Verpflichtung besteht ohne Vorbehalt (*Fitting* Rn. 111; GK-BetrVG/*Fabricius*/*Oetker* Rn. 144; *Richardi* Rn. 144). Die Informationspflicht gegenüber dem BR besteht auch dann, wenn der Unternehmer den Wirtschaftsausschuss bereits unterrichtet hat (DKK/*Däubler* Rn. 134; *Fitting* Rn. 111).

Neben der Unterrichtung verpflichtet § 111 den AG zur **Beratung** mit dem BR über die geplante 22 Betriebsänderung. Ziel der Beratung sind der Versuch eines Interessenausgleichs sowie der Abschluss eines Sozialplans (vgl. dazu die Ausführungen zu §§ 112, 112 a).

Die in S. 2 vorgesehene Hinzuziehung eines Beraters in Unternehmen mit regelmäßig (DKK/*Däub-* 22 a *ler* Rn. 135 b) mehr als 300 AN erweitert die Vorschrift des § 80 Abs. 3 durch Wegfall der Notwendigkeit vorheriger Verständigung mit dem Arbeitgeber und des Nachweises der Erforderlichkeit im Einzelfall (*Fitting* Rn. 123; DKK/*Däubler* Rn. 135 g; aA in Bezug auf die Erforderlichkeit Richardi/*Richardi/Annuß* Rn. 53). Die nach § 40 vom Arbeitgeber zu tragenden Kosten der Hinzuziehung müssen im Bezug auf die Bedeutung der Angelegenheit und der Finanzlage des Betriebes, insbesondere in der Insolvenz, verhältnismäßig sein (*Fitting* Rn. 124). Im Gegensatz zum Wortlaut wird von der hM die Hinzuziehung mehrerer Berater für zulässig gehalten (*Fitting* Rn. 121; DKK/*Däubler* Rn. 135 k; Richardi/*Richardi/Annuß* Rn. 5). Dagegen spricht entscheidend der Gegenschluss zu den verwandten Regelungen in § 80 II 3, III, denen die Beschränkung auf einen Berater fehlt. Andernfalls wäre auch der Verzicht auf die Erforderlichkeit nicht denkbar. Da die Regelung der Beschleunigung des Verfahrens dienen soll, rechtfertigt sie keine Verzögerung des Interessenausgleichs, geschweige denn eine Verlängerung der 3-Wochen-Frist des § 122 InsO. Nach Ablauf der Frist ist das Recht auf Hinzuziehung eines Beraters hinfällig.

IV. Streitigkeiten

Besteht Streit über die Frage, **ob eine Betriebsänderung** iSd. § 111 vorliegt, kann der BR die 23 gerichtliche Feststellung beantragen, dass die geplante Maßnahme eine Betriebsänderung sei, die den Unternehmer zu Verhandlungen über einen Interessenausgleich und Sozialplan verpflichte. Der gerichtliche Beschluss bindet nicht nur AG und BR, sondern entfaltet darüber hinaus auch Bindungswirkung im Verhältnis zu einzelnen AN, die einen Anspruch auf Nachteilsausgleich nach § 113 geltend machen (BAG 10. 11. 1987 AP BetrVG 1972 § 113 Nr. 15). Kommt der AG seiner Pflicht zur rechtzeitigen Unterrichtung und Beratung nicht nach, besteht einmal die Möglichkeit, **Antrag auf Erfüllung der Unterrichtungspflichten** zu stellen; dieser Anspruch kann auch im Wege der einstweiligen Verfügung geltend gemacht werden. Die Vollstreckung richtet sich nach § 85 ArbGG iVm. § 888 ZPO (*Fitting* Rn. 141). Bei schweren (wiederholten) Verstößen des Unternehmers gegen die Pflicht zur Unterrichtung und Beratung kommt ein Verfahren nach § 23 III in Betracht. Daneben kann eine Ordnungswidrigkeit gem. § 121 vorliegen, die mit einer Geldbuße bis zu 10 000,00 € geahndet wird (§ 121 II).

Umstritten ist, ob der BR, um seine Mitwirkungsrechte nach §§ 111 ff. zu sichern, dem AG durch 24 einstweilige Verfügung untersagen kann, eine Betriebsänderung durchzuführen, insb. bei einer Betriebsstilllegung betriebsbedingte Kündigungen auszusprechen, bis das Interessenausgleichsverfahren abgeschlossen ist. Gegen einen solchen **Unterlassungsanspruch** spricht, dass der Gesetzgeber mit dem Nachteilsausgleich gem. § 113 III anders als bei der Mitbestimmung gem. § 87 eine ausdrückliche Sanktion für die Nichtbeachtung der Beteiligungsrechte des BR vorgesehen hat. Daneben ist kein Raum für ein eigenständiges Recht des BR zu einer präventiven Verhinderung eines vorzeitigen Abbruchs von Interessenausgleichsverhandlungen. Insofern überzeugt auch das vielfach bemühte Argument, dass § 113 nur eine individualrechtliche Sanktion beinhalte, die daneben Raum für kollektivrechtliche Sanktionen lasse, nicht. Diese Trennung passt nicht in den Regelungskomplex der §§ 111, 113. Einerseits ist nämlich durchaus anerkannt, dass die „individualrechtliche" Sanktion des Nachteilsausgleichs auch den Arbeitgeber dazu anhalten soll, seinen betriebsverfassungsrechtlichen Verpflichtungen im Rahmen des § 111 zu genügen, so dass § 113 auch „kollektivrechtliche Wirkung" zukommt (BAG 8. 11. 1988, DB 1989, 931). Andererseits würde die Anerkennung eines vermeintlich „kollektivrechtlichen" Unterlassungsanspruchs jedenfalls bei dem beabsichtigten Ausspruch betriebsbedingter Kündigungen in erster Linie zu einer Verdoppelung der individualrechtlichen Sanktionen eines vorzeitigen Abbruchs von Interessenausgleichsverhandlungen führen. Dass der Gesetzgeber in Kenntnis dieser Problematik § 113 auch im Rahmen der Reform der Betriebsverfassung vom 28. 7. 2001 nicht geändert hat, stützt die hier vertretene Auffassung. Die Meinungen der Instanzgerichte und der Literatur hierzu sind geteilt (dafür LAG Thüringen 26. 9. 2000 – LAGE BetrVG 1972 § 111 Nr. 17; LAG Hamburg 26. 6. 1997 NZA-RR 1997, 196; LAG Berlin 7. 9. 1995 AuR 1996, 251; LAG Hamburg 13. 11. 1981 DB 1982, 1522; LAG Frankfurt 21. 9. 1982 DB 1983, 613; LAG Frankfurt 30. 8. 1984 DB 1985, 178; LAG Hamm 23. 3. 1983 AuR 1984, 54; ArbG Kaiserslautern 19. 12. 1996 AiB 1997, 178; ArbG München 6. 12. 2002 – 27 BVGa 68/02 nv.; zusammenfassend Christian *Schulze*, Die Zulässigkeit einstweiliger Verfügungen gegen Betriebsänderungen, 1998; dagegen LAG Düsseldorf 19. 11. 1996 NZA-RR 1997, 297; LAG Düsseldorf 14. 11. 1983 DB 1984, 511; LAG Baden-Württemberg 28. 8. 1985 DB 1986, 805; LAG Schleswig-Holstein 13. 1. 1992 DB 1992, 1788; ArbG Kiel 13. 12. 1996 NZA-RR 1997, 298; ArbG München 29. 7. 2003 – 20 BVGa 40/03 nv.; Richardi/*Richardi/Annuß* Rn. 168; GK-BetrVG/*Fabricius/Oetker* Rn. 192). S. weiter § 23 Rn. 34; Rn. 32 vor § 74; § 113 Rn. 8.

25 Unabhängig von den umstrittenen kollektivrechtlichen Möglichkeiten besteht – wie dargelegt – die Möglichkeit der Geltendmachung von **Nachteilsausgleichsansprüchen** durch den einzelnen AN, wenn der AG die Beteiligungsrechte des BR bei einer Betriebsänderung nicht hinreichend beachtet (vgl. dazu § 113 Rn. 1 ff.). Eine weitere individualrechtliche Sanktion ergibt sich jedenfalls dann, wenn die Betriebsänderung zum Ausspruch von Kündigungen führt, aus §§ 17 f. KSchG. § 17 II KSchG verpflichtet den AG, den BR von der Absicht einer Massenentlassung vorab schriftlich zu informieren und mit diesem über die geplante Maßnahme zu beraten. Nach § 17 III 3 KSchG ist der Massenentlassungsanzeige die Stellungnahme des BR beizufügen. Die Sanktion besteht darin, dass mangels ausreichender Information und Beratung mit dem BR Sperr- und Freifrist des § 18 I und IV KSchG nicht zu laufen beginnen und deshalb die Entlassungen nicht wirksam werden können (*Löwisch* RdA 1997, 80, 84). Schließlich scheidet in dem Fall, dass ein Interessenausgleich nicht versucht wurde, die Möglichkeit der Bezuschussung von Sozialplänen durch die BA gem. §§ 254 ff. SGB III aus (§ 255 I Nr. 1 SGB III).

§ 112 Interessenausgleich über die Betriebsänderung, Sozialplan

(1) ¹Kommt zwischen Unternehmer und Betriebsrat ein Interessenausgleich über die geplante Betriebsänderung zustande, so ist dieser schriftlich niederzulegen und vom Unternehmer und Betriebsrat zu unterschreiben. ²Das Gleiche gilt für eine Einigung über den Ausgleich oder die Milderung der wirtschaftlichen Nachteile, die den Arbeitnehmern infolge der geplanten Betriebsänderung entstehen (Sozialplan). ³Der Sozialplan hat die Wirkung einer Betriebsvereinbarung. ⁴§ 77 Abs. 3 ist auf den Sozialplan nicht anzuwenden.

(2) ¹Kommt ein Interessenausgleich über die geplante Betriebsänderung oder eine Einigung über den Sozialplan nicht zustande, so können der Unternehmer oder der Betriebsrat den Präsidenten des Landesarbeitsamtes um Vermittlung ersuchen. ²Geschieht dies nicht oder bleibt der Vermittlungsversuch ergebnislos, so können der Unternehmer oder der Betriebsrat die Einigungsstelle anrufen. ³Auf Ersuchen des Vorsitzenden der Einigungsstelle nimmt der Präsident des Landesarbeitsamtes an der Verhandlung teil.

(3) ¹Unternehmer und Betriebsrat sollen der Einigungsstelle Vorschläge zur Beilegung der Meinungsverschiedenheiten über den Interessenausgleich und den Sozialplan machen. ²Die Einigungsstelle hat eine Einigung der Parteien zu versuchen. ³Kommt eine Einigung zustande, so ist sie schriftlich niederzulegen und von den Parteien und vom Vorsitzenden zu unterschreiben.

(4) ¹Kommt eine Einigung über den Sozialplan nicht zustande, so entscheidet die Einigungsstelle über die Aufstellung eines Sozialplans. ²Der Spruch der Einigungsstelle ersetzt die Einigung zwischen Arbeitgeber und Betriebsrat.

(5) ¹Die Einigungsstelle hat bei ihrer Entscheidung nach Absatz 4 sowohl die sozialen Belange der betroffenen Arbeitnehmer zu berücksichtigen als auch auf die wirtschaftliche Vertretbarkeit ihrer Entscheidung für das Unternehmen zu achten. ²Dabei hat die Einigungsstelle sich im Rahmen billigen Ermessens insbesondere von folgenden Grundsätzen leiten zu lassen:
1. Sie soll beim Ausgleich oder bei der Milderung wirtschaftlicher Nachteile, insbesondere durch Einkommensminderung, Wegfall von Sonderleistungen oder Verlust von Anwartschaften auf betriebliche Altersversorgung, Umzugskosten oder erhöhte Fahrtkosten, Leistungen vorsehen, die in der Regel den Gegebenheiten des Einzelfalles Rechnung tragen.
2. Sie hat die Aussichten der betroffenen Arbeitnehmer auf dem Arbeitsmarkt zu berücksichtigen. Sie soll Arbeitnehmer von Leistungen ausschließen, die in einem zumutbaren Arbeitsverhältnis im selben Betrieb oder in einem anderen Betrieb des Unternehmens oder eines zum Konzern gehörenden Unternehmens weiterbeschäftigt werden können und die Weiterbeschäftigung ablehnen; die mögliche Weiterbeschäftigung an einem anderen Ort begründet für sich allein nicht die Unzumutbarkeit.
2 a. Sie soll insbesondere die im Dritten Buch des Sozialgesetzbuches vorgesehenen Förderungsmöglichkeiten zur Vermeidung von Arbeitslosigkeit berücksichtigen.
3. Sie hat bei der Bemessung des Gesamtbetrages der Sozialplanleistungen darauf zu achten, dass der Fortbestand des Unternehmens oder die nach Durchführung der Betriebsänderung verbleibenden Arbeitsplätze nicht gefährdet werden.

§ 112 a Erzwingbarer Sozialplan bei Personalabbau, Neugründungen

(1) ¹Besteht eine geplante Betriebsänderung im Sinne des § 111 Satz 3 Nr. 1 allein in der Entlassung von Arbeitnehmern, so findet § 112 Abs. 4 und 5 nur Anwendung, wenn
1. in Betrieben mit in der Regel weniger als 60 Arbeitnehmern 20 vom Hundert der regelmäßig beschäftigten Arbeitnehmer, aber mindestens 6 Arbeitnehmer,

2. in Betrieben mit in der Regel mindestens 60 und weniger als 250 Arbeitnehmern 20 vom Hundert der regelmäßig beschäftigten Arbeitnehmer oder mindestens 37 Arbeitnehmer,
3. in Betrieben mit in der Regel mindestens 250 und weniger als 500 Arbeitnehmern 15 vom Hundert der regelmäßig beschäftigten Arbeitnehmer oder mindestens 60 Arbeitnehmer,
4. in Betrieben mit in der Regel mindestens 500 Arbeitnehmern 10 vom Hundert der regelmäßig beschäftigten Arbeitnehmer, aber mindestens 60 Arbeitnehmer
aus betriebsbedingten Gründen entlassen werden sollen. ²Als Entlassung gilt auch das vom Arbeitgeber aus Gründen der Betriebsänderung veranlasste Ausscheiden von Arbeitnehmern aufgrund von Aufhebungsverträgen.

(2) ¹§ 112 Abs. 4 und 5 findet keine Anwendung auf Betriebe eines Unternehmens in den ersten vier Jahren nach seiner Gründung. ²Dies gilt nicht für Neugründungen im Zusammenhang mit der rechtlichen Umstrukturierung von Unternehmen und Konzernen. ³Maßgebend für den Zeitpunkt der Gründung ist die Aufnahme einer Erwerbstätigkeit, die nach § 138 der Abgabenordnung dem Finanzamt mitzuteilen ist.

I. Interessenausgleich

1. Zweck und Inhalt. Ziel der nach § 111 vorgeschriebenen Beratung zwischen Unternehmer und 1 BR ist der Versuch, einen Interessenausgleich zu vereinbaren. Gegenstand des Interessenausgleichs ist das **Ob, Wann und Wie der geplanten Betriebsänderung** (BAG 27. 10. 1987 AP BetrVG § 112 Nr. 41; BAG 17. 9. 1991 AP BetrVG § 112 Nr. 59). Anders als der Sozialplan soll der Interessenausgleich nicht entstandene wirtschaftliche Nachteile ausgleichen, sondern nach Möglichkeit deren Entstehung verhindern bzw. abmildern. Zwischen Interessenausgleich und Sozialplan besteht ein Ausschließlichkeitsverhältnis: All das, was **Gegenstand des Interessenausgleichs** ist, kann nicht Gegenstand des Sozialplans sein und umgekehrt (BAG 17. 9. 1991 AP BetrVG 1972 § 112 Nr. 59). Typische Regelungen im Interessenausgleich sind etwa Vereinbarungen über die Modalitäten der Betriebsänderung einschließlich der Termine für Entlassungen und Freistellungen bei Betriebsstilllegungen, Regelungen zur Einführung von Kurzarbeit; zur (zeitweisen) Vermeidung einer geplanten Betriebsänderung, Vereinbarungen von Qualifikationsmaßnahmen der AN zum Umgang mit neuen Produktionen oder Techniken, sonstige Maßnahmen der menschengerechten Arbeitsgestaltung, die Vereinbarung von AuswahlRL für Versetzungen oder Entlassungen (vgl. *Fitting* Rn. 17; DKK/*Däubler* Rn. 14). Problematisch ist, inwiefern auch Umschulungs- und Fortbildungsmaßnahmen, die die Versetzung von AN auf einen anderen Arbeitsplatz im Unternehmen ermöglichen sollen, Gegenstand eines Interessenausgleichs sind. Das BAG bejaht dies mit der Folge, dass derartige Maßnahmen nicht in einem Sozialplan geregelt werden dürfen und deshalb nicht über die Einigungsstelle erzwungen werden können (BAG 17. 9. 1991 AP BetrVG 1972 § 112 Nr. 59). Entfällt aber der bisherige Arbeitsplatz infolge einer Betriebsänderung, liegt ein wirtschaftlicher Nachteil durch den Verlust des bisherigen Arbeitsplatzes unzweifelhaft vor. Umschulungs- bzw. Fortbildungsmaßnahmen, die die Weiterbeschäftigung auf einem anderen freien Arbeitsplatz ermöglichen sollen, dienen deshalb in Wirklichkeit der Abmilderung entstandener Nachteile und gehören somit in den Sozialplan. Davon geht jetzt auch § 254 SGB III aus, der Zuschüsse der BA ermöglicht, für in einem Sozialplan vorgesehene Maßnahmen, die der Eingliederung in den Arbeitsmarkt dienen. Der dazu ergangene Runderlass der BA erfasst ausdrücklich Maßnahmen der beruflichen Weiterbildung (s. *Löwisch* RdA 1997, 287; *Meyer* NZA 1998, 403, 513).

In zwei Fällen sieht der Gesetzgeber die Möglichkeit der Vereinbarung eines Interessenausgleichs 2 **unter Namensnennung betroffener AN** mit bes. Rechtsfolgen vor: Kommt es bei einer Verschmelzung, Spaltung oder Vermögensübertragung nach dem UmwG zugleich zu einer Betriebsänderung, insb. in Form der Betriebsaufspaltung gem. § 111 Nr. 3, sieht **§ 323 II UmwG** die Möglichkeit vor, im Interessenausgleich diejenigen AN namentlich zu bezeichnen, die nach der Umwandlung einem bestimmten Betrieb oder Betriebsteil zugeordnet werden sollen. Liegt ein solcher Interessenausgleich vor, so kann die Zuordnung der AN durch das ArbG nur auf grobe Fehlerhaftigkeit überprüft werden. Der Vorschrift kommt jedoch nur geringe Bedeutung zu, da über § 324 UmwG zugleich auch § 613a BGB anwendbar ist und mit einer Zuordnung nach § 323 II UmwG nicht die gesetzliche Regelung des § 613a BGB außer Kraft gesetzt werden kann (*Kreßel* BB 1995, 925; *Wlotzke* DB 1995, 40; *Bachner* NJW 1995, 2181). Ein Anwendungsbereich verbleibt für § 323 II UmwG deshalb nur bei den problematischen Zuordnungsfällen im Rahmen des § 613a BGB (Springer, Overheadfunktionen). Deren Zuordnung kann im Interessenausgleich mit der nach § 323 II UmwG eingeschränkten gerichtlichen Kontrolle vorgenommen werden, da insoweit § 613a BGB keinen Lösungsmechanismus anbietet (*Kreitner* NZA 1990, 429; aA wohl *Lieb* ZfA 1995, 229).

Eine Sonderregelung für Kündigungen, die im Rahmen einer Betriebsänderung in der Insolvenz 3 ausgesprochen werden sollen, sieht § 125 InsO vor. Sind die AN, denen gekündigt werden soll, in einem Interessenausgleich zwischen AG und BR namentlich bezeichnet, so wird vermutet, dass die Kündigung durch dringende betriebliche Erfordernisse iSd. § 1 II KSchG bedingt ist. Die soziale Auswahl der AN kann dann nur auf grobe Fehlerhaftigkeit überprüft werden (dazu ausführlich § 125 InsO Rn. 1 ff.). Der Entwurf eines Gesetzes zur Reform am Arbeitsmarkt vom 18. 6. 2003 (BR-

Drucks. 421/03) sieht zudem vor, dass eine dem § 125 InsO vergleichbare Vorschrift auch für Betriebsänderungen außerhalb der Insolvenz eingeführt werden soll. Der vorgesehene § 1 Abs. 5 KSchG würde die Rechtslage wieder herstellen, die bereits in der Zeit vom 1. 10. 1996 bis Ende 1999 galt. All diese Regelungen setzen eine Betriebsänderung iSd. § 111 voraus. Es dürfte allerdings ausreichen, dass die Betriebspartner vertretbar vom Vorliegen einer Betriebsänderung iSd. § 111 ausgingen.

4   **2. Erforderlichkeit eines Interessenausgleichs.** Die Verpflichtung zur Aufnahme von Verhandlungen über einen Interessenausgleich besteht **bei jeder Betriebsänderung** iSd. § 111. Dies gilt auch dann, wenn gem. § 112 a ein Sozialplan wegen Nichterreichung der in § 112 a I genannten Zahlengrenzen oder in neu gegründeten Unternehmen (§ 112 a II) nicht erzwingbar ist. In diesen Fällen kommt den Verhandlungen über einen Interessenausgleich sogar bes. Bedeutung zu, da infolge des Fehlens eines erzwingbaren Ausgleichs entstandener wirtschaftlicher Nachteile der BR sein Augenmerk ganz auf die (tw.) Vermeidung wirtschaftlicher Nachteile lenken muss. Erforderlich ist, dass über konkret geplante Maßnahmen mit dem BR verhandelt wird und schon eine Einigung über das Ob und Wie angestrebt werden kann (BAG 19. 1. 1999 NZA 1999, 949). Ein früherer Rahmeninteressenausgleich befreit nicht von der Notwendigkeit eines weiteren Interessenausgleichsversuchs, wenn sich später eine Betriebsänderung konkretisiert. Er dürfte aber Bindungswirkung haben, soweit sie für den Interessenausgleich überhaupt besteht (s. Rn. 12, zum Rahmensozialplan Rn. 15). Ein mit dem BR vereinbarter, zeitlich unbefristeter Sozialplan entbindet den AG nicht von seiner Pflicht, bei später von ihm geplanten Betriebsänderungen jeweils einen neuen Interessenausgleich mit dem BR zu versuchen (BAG 29. 11. 1983 AP BetrVG 1972 § 113 Nr. 10). In Tendenzbetrieben gem. § 118 I finden die §§ 111 bis 113 nur insoweit Anwendung, als sie den Ausgleich oder die Milderung wirtschaftlicher Nachteile für die AN infolge von Betriebsänderungen regeln. Die Pflicht zur Verhandlung über einen Interessenausgleich entfällt also (s. § 118 Rn. 18).

5   **3. Form des Interessenausgleichs.** Der Interessenausgleich ist gem. § 112 I **schriftlich** niederzulegen und vom Unternehmer und BR zu unterschreiben. Dies gilt auch für die im Interessenausgleich enthaltenen Regeln über Zuordnung und Kündigung von AN (s. oben Rn. 2, 3). Wird der Interessenausgleich in der Einigungsstelle abgeschlossen, muss gem. § 112 III 3 auch der Vorsitzende unterschreiben. Besteht der Interessenausgleich aus mehreren Blättern, die zB durch eine Heftklammer fest verbunden sind, genügt die Unterschrift auf einem Blatt (BAG 11. 11. 1986 DB 1987, 994). Fehlt es an einer festen körperlichen Verbindung der einzelnen Blätter, ist die Unterschrift jeder einzelnen Seite nur dann entbehrlich, wenn sich die Einheitlichkeit der Urkunde aus fortlaufenden Paginierung, fortlaufender Nummerierung der einzelnen Bestimmungen, einheitlicher graphischer Gestaltung, inhaltlichen Zusammenhang des Textes oder vergleichbaren Merkmale zweifelsfrei ergibt (BGH 24. 9. 1997 ZIP 1997, 2085 zum Mietvertrag). Die **Unterschriftsberechtigung** richtet sich auf AGSeite nach den Vertretungsbefugnissen im Unternehmen. Auf BRSeite ist gem. § 26 III 1 der BRvorsitzende und im Falle seiner Verhinderung der Stellvertreter unterschriftsbefugt. Eine Delegation des Abschlusses eines Interessenausgleichs vom BR auf einen Ausschuss ist nicht möglich. § 27 III 2 gilt insofern entspr. (DKK/*Däubler* Rn. 12). In der Praxis werden vielfach **Interessenausgleich und Sozialplan in einer gemeinsamen Urkunde** niedergelegt. Die Rechtswirksamkeit von Interessenausgleich und Sozialplan wird dadurch nicht angetastet (*Fitting* Rn. 27). Werden Regelungen, die zum Interessenausgleich gehören, in den Sozialplan aufgenommen, liegt eine unschädliche falsa demonstratio vor. Sie führt nicht zur Unwirksamkeit der Regelung, sondern kann im Gegenteil zu gesteigerter Wirksamkeit führen, wenn sich aus der Aufnahme in den Sozialplan der Wille ergibt, ein Klagerecht für AN und/oder BR zu begründen (s. Rn. 9). Wird umgekehrt eine Regelung, die in den Sozialplan gehört, in den Interessenausgleich aufgenommen, kann sich der Wille zu einem Klageausschluss ergeben. Dies erfordert aber bes. Anhaltspunkte. **Formmängel**, die der wirksamen Vereinbarung eines Interessenausgleichs entgegenstehen, liegen etwa vor bei einem gemeinsam von AG und BR unterzeichneten Rundschreiben (LAG Düsseldorf 3. 2. 1977 DB 1977, 1954), bei einem bloßen Protokoll über die Verhandlung des Interessenausgleichs (Küttner/*Eisemann* Interessenausgleich Rn. 9) und bei einer gemeinsamen Unterschrift unter einer Massenentlassungsanzeige nach § 17 III KSchG (DKK/*Däubler* Rn. 11). Die Massenentlassungsanzeige schafft nur die kündigungsrechtlichen Voraussetzungen für die geplanten Entlassungen.

6   **4. Verfahren.** Das BetrVG sieht für den Interessenausgleich ein obligatorisches Verfahren ohne erzwingbare Einigung vor. Um Nachteilsausgleichsansprüche und ggf. Unterlassungsverfügungen seitens des BR (vgl. dazu § 111 Rn. 24) abzuwenden, hat der Unternehmer den **Abschluss eines Interessenausgleichs zu versuchen** (§§ 112 III 2, 113 III). Insofern trifft den Unternehmer die Initiativlast. Er ist verpflichtet, den BR gem. § 111 rechtzeitig und umfassend zu unterrichten und Beratungen mit ihm aufzunehmen. Und er ist auch verpflichtet, den richtigen Verhandlungspartner zu ermitteln. Bei Zweifeln darüber, welcher BR oder ob der GesamtBR zuständig ist, muss der AG die in Betracht kommenden ANVertretungen zur Klärung der Zuständigkeitsfrage auffordern. Einigen sich die ANVertretungen, wer zuständig sein soll, ist durch Verhandlung mit diesen Gremien der Interessenausgleich „versucht". Einigen sich die Mitbestimmungsorgane nicht auf einen Verhandlungspartner,

darf der AG mit der Vertretung verhandeln, deren Herausgreifen nachvollziehbar erscheint (BAG 24. 1. 1996 AP BetrVG 1972 § 50 Nr. 16 = BB 1996, 2093; Küttner/*Eisemann* Interessenausgleich Rn. 15). Das BAG hält verschiedene Zuständigkeiten für Interessenausgleich (GesamtBR) und Sozialplan (BR) für möglich (BAG 11. 12. 2001, DB 2002, 1276).

Scheitern innerbetriebliche Interessenausgleichsverhandlungen, so kann nach § 112 II jede Seite den **7** **Präsidenten des LAA** um Vermittlung ersuchen. Dieser braucht nicht persönlich zu erscheinen, sondern kann einen Vertreter entsenden. Verweigern darf der Präsident des LAA seine Mitwirkung nicht. Da die Einschaltung des Präsidenten des LAA fakultativ ist, hat ihr Unterbleiben keine Rechtsfolgen nach § 113 (*Fitting* Rn. 31).

Kommt es nicht zu einem Vermittlungsversuch durch den Präsidenten des LAA oder bleibt die **8** Vermittlung erfolglos, muss der Unternehmer von sich aus die Einigungsstelle anrufen, wenn er Ansprüche der AN auf Nachteilsausgleich vermeiden will (BAG 18. 12. 1984 AP BetrVG 1972 § 113 Nr. 11). Nur wenn in der Einigungsstelle das Scheitern der Verhandlungen festgestellt wird, sollte ein hinreichender Versuch des Interessenausgleichs vorliegen, wobei allerdings umstritten ist, wer wann das Scheitern bestimmt. *Fitting* (§§ 112, 112 a Rn. 47) weist die Zuständigkeit für die Feststellung des Scheiterns dem Vorsitzenden der Einigungsstelle zu, Richardi/*Annuß* (§ 112, Rn. 238) der Einigungsstelle selbst. Nach einer vielfach vertretenen Auffassung kann der BR seine Zustimmung zur Betriebsänderung von der Aufstellung eines Sozialplans abhängig machen (BAG 17. 9. 1974 AP BetrVG 1972 § 113 Nr. 1; *Fitting* Rn. 26; *Richardi/Annuß* § 112 Rn. 24 f.; aA *Galperin/Löwisch*, BetrVG, 6. Aufl. 1982, § 113 Rn. 45; HSG/*Hess* § 112 Rn. 6; vermittelnd *Hanau* ZfA 1974, 89, 111: die Einigungsstelle kann nach ihrem Ermessen die Verhandlung über Interessenausgleich und Sozialplan verbinden oder auch nicht). Nach BAG 14. 9. 1976 AP BetrVG 1972 § 113 Nr. 2 und DKK/*Däubler* §§ 112, 112 a Rn. 7 kann der AG auch dann nicht unmittelbar zur Fortsetzung des Interessenausgleichsversuchs gezwungen werden, wenn er ihn gar nicht oder zu spät beginnt oder vorzeitig abbricht; er sei denn jedoch den Ansprüchen aus § 113 ausgesetzt. Die Regelung des Interessenausgleichsversuchs setzt den Willen des AG voraus, mit dem ernsten Willen zur Einigung zu verhandeln („to bargain in good faith"); sonst wäre sie sinnlos. Einen ungefähren Anhalt für die Dauer des Verfahrens gibt der Gesetzgeber durch die Abschaffung der bisherigen Fristenregelung. Nach seiner Auffassung reichen jedenfalls in komplexen Fällen zwei Monate für die Verhandlungen zwischen den Betriebspartnern und ein weiterer Monat für die Einigungsstelle idR nicht aus. Dies bedeutet aber nicht, dass sich die Verhandlungen beliebig hinziehen könnten. Der AG hat jederzeit die Möglichkeit, das Verfahren voranzubringen, indem er für die Bildung einer Einigungsstelle sorgt und das Verfahren in ihr betreibt. Auch die Einigungsstelle kann das Verfahren nicht beliebig hinauszögern. Im Rahmen von einstweiligen Verfügungen auf Unterlassung von Betriebsänderungen vor Abschluss des Interessenausgleichsversuchs haben die Gerichte auch schon unter der früheren, jetzt wiederhergestellten Rechtslage Fristen gesetzt. Nach LAG Frankfurt 6. 4. 1993 (LAGE BetrVG § 111 Nr. 12; ähnlich LAG Berlin LAGE BetrVG § 111 Nr. 13) kann bei der Bestimmung der Dauer der Unterlassungspflicht ua. berücksichtigt werden, dass auch der BR die Interessenausgleichsverhandlungen bis hin zur Bildung der Einigungsstelle aktiv betreiben kann und das von ihm regelmäßig zu erwarten ist. Es sei dann darauf abzustellen und abzuschätzen, bis wann die Einigungsstelle – unter Annahme eines zügigen und komplikationslosen Verlaufs der Vorgänge – hätte gebildet werden, und die Verhandlungen abschließen können. Für die notwendige und zulässige Dauer des Verfahrens bei der Einigungsstelle wird es auch eine Rolle spielen, wie lange und wie ernsthaft sich schon die Betriebspartner selbst um einen Interessenausgleich bemüht haben. Allerdings wird die Entscheidung der Einigungsstelle über das Scheitern bzw. Nichtscheitern des Interessenausgleichsversuchs nicht unbeschränkt gerichtlich überprüfbar sein. Nur im Falle einer Überschreitung ihres Ermessens ist eine nachträgliche gerichtliche Inzidentprüfung geboten. Im Ermessen der Einigungsstelle steht es auch, ob sie den Interessenausgleichsversuch zur Einigung über den Sozialplan fortsetzt, doch darf dies nicht dazu führen, dass wegen Verzögerung der Betriebsänderung drohende Verluste den AG bei dem Sozialplan zu ungerechtfertigten Konzessionen zwingen. Bei den präventiven Unterlassungsverfügungen kann sich das Gericht an Erfahrungswerten orientieren und gegebenenfalls bei einem erneuten Antrag auf einstweilige Verfügung oder ihre Aufhebung den bisherigen Verfahrensstand einbeziehen. Für die Feststellung des Scheiterns oder Nichtscheiterns dürfte angesichts der Bedeutung dieser Entscheidung nicht der Vorsitzende allein, sondern nur die Einigungsstelle im ganzen zuständig sein, die allerdings mit Mehrheit entscheiden kann.

5. Bindungswirkung. Die Wirkung des Interessenausgleichs hängt von seiner Rechtsnatur ab, zu **9** der sich das BetrVG nicht ausdrücklich äußert. Aus einem Umkehrschluss zu § 112 I 3 ergibt sich, dass es sich beim Interessenausgleich anders als beim Sozialplan nicht um eine BV handelt. Das bedeutet, dass der Interessenausgleich keine unmittelbare und zwingende Wirkung für die einzelnen AN entfaltet. Es handelt sich bei ihm um eine kollektive Vereinbarung besonderer Art (GK-BetrVG/ *Fabricius/Oetker* Rn. 48; *Meyer* BB 2001, 882; MünchArbR/*Matthes* § 361 Rn. 28). Aus der Einstufung als „Vereinbarung" kann jedoch nicht der Schluss gezogen werden, dass der BR einen klagbaren Anspruch auf Einhaltung hat. Das Argument, Verträge seien einzuhalten (*Fitting* Rn. 51), greift zu kurz; denn in § 113 I hat der Gesetzgeber ausdrücklich Sanktionen für den Fall der Abweichung des

Unternehmers von einem vereinbarten Interessenausgleich vorgesehen (BAG 28. 8. 1991 AP ArbGG 1979 § 85 Nr. 2; GK-BetrVG/*Fabricius/Oetker* Rn. 61; aA MünchArbR/*Matthes* § 361 Rn. 28 Fitting Rn. 51; *Siemes* ZfA 1998, 183; LAG München 30. 7. 1997 LAGE § 112 BetrVG Interessenausgleich Nr. 1). Im Hinblick auf die Regelung in § 113 ist der Interessenausgleich deshalb als unvollkommene Verbindlichkeit einzustufen, die auch sonst der Privatrechtsordnung nicht fremd ist. BR und AG steht es aber frei, den Interessenausgleich ausdrücklich als Regelungsabrede oder sogar BV zu vereinbaren, um dem BR einen Anspruch auf dessen Einhaltung oder sogar den AN eigene unabdingbare Rechte einzuräumen, soweit die entsprechenden Voraussetzungen dieser Vereinbarung gegeben sind (*Fitting* Rn. 52; *Molkenbur/Schulte* DB 1995, 270). Der Regelung des Interessenausgleichsverfahrens kann nicht der Wille des Gesetzgebers entnommen werden, die allgemein gegebenen Regelungsmöglichkeiten der Betriebsparteien einzuschränken; angesichts der Sondernorm des § 112 wären hierfür besondere Anhaltspunkte nötig. Ein erzwingbares Mitbestimmungsrecht besteht insofern freilich nicht. Weitergehende Bindungswirkung kommt allerdings dem besonderen Interessenausgleich gem. § 125 InsO, § 323 II UmwG zu. Dieser entfaltet insofern unmittelbare Rechtswirkung gegenüber dem einzelnen betroffenen AN, als durch den eingeschränkten gerichtlichen Kontrollmaßstab dessen Rechtsschutzmöglichkeiten verringert werden. Außerdem dürfte ein solcher Interessenausgleich idR dahingehend zu verstehen sein, dass der AG sich rechtswirksam und klagbar verpflichtet, die im Interessenausgleich nicht aufgeführten AN, nach Maßgabe des Interessenausgleichs nicht zu entlassen (s. auch Rn. 4).

10   **6. Sonderregeln in der Insolvenz.** Die Pflicht, bei einer Betriebsänderung einen Interessenausgleich zu versuchen, bleibt auch in der Insolvenz bestehen. §§ 121, 122 InsO ermöglichen allerdings eine erhebliche Beschleunigung des Verfahrens: Ein Vermittlungsversuch des Präsidenten des LAA findet nur dann statt, wenn Insolvenzverwalter und BR gemeinsam um eine solche Vermittlung ersuchen. Ansonsten können beide Parteien sofort die Einigungsstelle anrufen. Erscheint dem Insolvenzverwalter auch die Anrufung der Einigungsstelle zu langwierig, kann er gem. § 122 I InsO die Zustimmung des ArbG zur Betriebsänderung ohne Durchführung eines Einigungsstellenverfahrens beantragen, wenn innerhalb von drei Wochen nach Verhandlungsbeginn bzw. nach Aufforderung zur Aufnahme von Verhandlungen ein Interessenausgleich nicht zustande gekommen ist. Die Frist muss erst bei dem Anhörungstermin abgelaufen sein (ArbG Lingen 9. 7. 1999 ZIP 1999, 1892). Das ArbG hat die Zustimmung zu erteilen, wenn dies die wirtschaftliche Lage des Unternehmens auch unter Berücksichtigung der sozialen Belange des AN erfordert (§ 122 II InsO). Im Rahmen des § 158 II InsO ist das ArbG an die Entscheidung nicht gebunden. Der Beschluss des ArbG wird grds. sofort rechtskräftig, es sei denn, das ArbG lässt die Rechtsbeschwerde zum BAG zu. Ein Beschwerdeverfahren beim LAG gibt es nicht (§ 122 III InsO). Die entspr. Anwendung des § 72 II Nr. 2 ArbGG ist auf abw. ArbGEntscheidungen zu beziehen.

11   Da § 122 II allg. auf das Beschlussverfahren verweist, gilt auch der einstweilige Rechtsschutz gem. § 85 ArbGG (so der Rechtsausschuss des BT, BT-Drucks. 12/7302 S. 171; ArbG Hamburg 4. 2. 1997 ZIP 1997, 474; aA DKK/*Däubler* § 122 InsO Rn. 13; *Lakies*, RdA 1997, 145, 153). Während des Verfahrens nach § 122 besteht kein zusätzliches Hindernis für die Durchführung der Betriebsänderung, da es diese erleichtern soll. Zu Sonderregeln des Interessenausgleichs in §§ 125 ff. InsO s. dort.

II. Sozialplan

12   **1. Zweck und Wirkung.** Der Sozialplan dient gem. § 112 I 2 dem **Ausgleich bzw. der Milderung der wirtschaftlichen Nachteile,** die den AN infolge einer Betriebsänderung entstehen. Immaterielle Nachteile, die AN ggf. stärker belasten können als wirtschaftliche (zB Verlust sozialer Beziehungen, Entwertung speziellen Wissens) sind nicht ausgleichspflichtig (*Fitting* Rn. 99; *Hanau* ZfA 1974, 101). Umstritten ist, ob der Sozialplan (vergangenheitsbezogen) einen Ausgleich für den Verlust des Arbeitsplatzes oder (zukunftsbezogen) eine Überbrückungshilfe bis zu einem neuen Arbeitsverhältnis bzw. dem Bezug des gesetzlichen Altersruhegeldes leisten soll. Das BAG neigte zunächst zu einer Kombination beider Zwecke (BAG GS 13. 12. 1978 AP BetrVG 1972 § 112 Nr. 6), betont jetzt aber auf Grund des 1985 eingefügten § 112 a vor allem die **Überleitungs- und Vorsorgefunktion** des Sozialplans (BAG 11. 8. 1993 AP BetrVG 1972 § 112 Nr. 71; BAG 11. 9. 1994 AP BetrVG 1972 § 112 Nr. 85; BAG 31. 7. 1996 AP BetrVG 1972 § 112 Nr. 103). Daraus folgt, dass für die Betriebspartner und ggf. die Einigungsstelle die rechtliche Möglichkeit besteht, AN, die unmittelbar im Anschluss an ihr Ausscheiden einen neuen Arbeitsplatz finden, von Sozialplansprüchen auszunehmen (BAG 30. 11. 1994 AP BGB § 611 Ausbildungshilfe Nr. 20 = DB 1995, 1283), verminderte Leistungen für AN vorzusehen, die kurz vor Erreichen des Rentenalters stehen (BAG 26. 7. 1988 AP BetrVG 1972 § 112 Nr. 45) oder prinzipiell die Betriebszugehörigkeit bei der Bemessung von Sozialplanleistungen unberücksichtigt zu lassen (*Fitting* Rn. 117). Andererseits behalten die Betriebszugehörigkeit und das damit verbundene höhere Lebensalter ihre Bedeutung als Prognosegrundlage für die Aussichten auf dem Arbeitsmarkt, sowie als Kriterium für die Abfindung, wenn nicht alle zukünftigen Nachteile berücksichtigt werden können. Insofern ist es, auch wenn man die Überbrückungsfunktion des

II. Sozialplan §§ 112, 112a BetrVG 210

Sozialplans betont, nach wie vor möglich, die Betriebszugehörigkeit als Faktor für die Berechnung von Sozialplanleistungen einfließen zu lassen. Sozialplanabfindungen aber allein nach der Betriebszugehörigkeit zu bemessen und auf diese Weise eine zusätzliche Belohnung für geleistete Betriebstreue auszuwerfen, ist mit dem vom BAG angenommenen Zweck des Sozialplans nicht vereinbar. Die Möglichkeit der freiwilligen Leistung derartiger Zahlungen bleibt davon unberührt (s. auch § 77 Rn. 72 f.).

Der Sozialplan hat nicht nur die **Wirkung einer BV** (vgl. § 112 I 3), sondern er ist eine (BAG 18. 12. 13 1990 AP BetrVG 1972 § 99 Nr. 85). Er enthält gem. § 77 IV 1 unabdingbare Rechtsansprüche der AN, die diese im Urteilsverfahren einklagen können. Ein Verzicht ist nur mit Zustimmung des BR zulässig. Anders als bei sonstigen BV gilt der Tarifvorbehalt des § 77 III nicht (§ 112 I 4). Sozialpläne können daher auch abgeschlossen werden, wenn entspr. tarifliche Regelungen (Rationalisierungsschutzabkommen) für den Geltungsbereich des Sozialplans vorliegen oder üblich sind. Zwischen tariflichem Rationalisierungsschutzabkommen und Sozialplan gilt das Günstigkeitsprinzip (BAG 27. 8. 1975 AP BetrVG 1972 § 112 Nr. 2). Der AG ist deshalb verpflichtet, die jeweils für den betroffenen AN bessere Leistung zu erbringen, soweit im TV nicht ausdrücklich etwas anderes vereinbart ist (s. auch § 77 Rn. 72 f.).

2. Erforderlichkeit eines Sozialplans. Grds. kann **bei jeder Betriebsänderung** iSd. § 111 ein Sozial- 14 plan verlangt werden. Dies gilt auch dann, wenn der Unternehmer einen Interessenausgleich mit dem BR weder erreicht noch versucht hat und deshalb zur Leistung von Nachteilsausgleichsansprüchen an die einzelnen AN gem. § 113 verpflichtet ist. Auch der Sozialplan sollte grds. vor der Betriebsänderung vereinbart werden. Der Unternehmer kann sich jedoch durch eine rasche Durchführung der Betriebsänderung seiner Sozialplanpflicht nicht entziehen. Der Sozialplan kann auch nach Durchführung der Betriebsänderung noch vereinbart werden. Dies gilt selbst dann, wenn etwa bei einer Betriebsschließung oder Betriebsaufspaltung die Amtszeit des BR eigentlich beendet wäre; der BR behält für den Abschluss des Sozialplans ein Restmandat (BAG 20. 4. 1982 AP BetrVG 1972 § 112 Nr. 15 = DB 1982, 1727).

Die Sozialplanpflicht besteht bei **jeder** einzelnen Betriebsänderung. **Rahmensozialpläne**, für mögli- 15 che, aber noch nicht geplante konkrete Betriebsänderungen. verbrauchen das Mitbestimmungsrecht, wenn die geahnte bzw. befürchtete Betriebsänderung eintritt (BAG 26. 8. 1997 AP BetrVG 1972 § 112 Nr. 117; BAG 19. 1. 1999 NZA 1999, 949 mit Abgrenzung zum Rahmeninteressenausgleich (Rn. 4).

Einschränkungen von der Erzwingbarkeit des Sozialplans macht der 1985 in das Gesetz einge- 16 fügte § 112a. § 112a I bezieht sich auf den Fall, dass die geplante Betriebsänderung allein in einem **Personalabbau** besteht. In diesem Fall kann der Sozialplan nur erzwungen werden, wenn die Zahl der aus betriebsbedingten Gründen entlassenen AN die in Nr. 1 bis 4 genannten Grenzen erreicht, die anders als § 111 auf den Betrieb, nicht auf das Unternehmen bezogen wird. Die in § 112a I genannten Zahlen und Prozentsätze liegen über den Zahlengrenzen des § 17 KSchG, welche das BAG zur Bestimmung der Begriffe „erhebliche Teile der Belegschaft" bzw. „wesentliche Betriebsteile" iSd. § 111 heranzieht. Folge ist, dass bei einem Personalabbau, der die Zahlengrenzen des § 17 KSchG überschreitet, die Grenzen des § 112a I dagegen nicht erreicht, der Unternehmer lediglich einen Interessenausgleich mit dem BR versuchen muss, ohne zum Abschluss eines Sozialplans über die Einigungsstelle gezwungen werden zu können. Eine Einigungsstelle ist nach § 98 ArbGG nur einzurichten, wenn die Anwendbarkeit der Bestimmungen streitig ist (s. auch LAG Nürnberg 9. 5. und 21. 8. 2001, AuR 2002, 37). Besteht eine Betriebsänderung nicht nur aus einem Personalabbau, sondern sind zugleich weitere ausdrücklich in § 111 S. 3 aufgeführte Tatbestände einer Betriebsänderung erfüllt, greift die Ausnahmevorschrift des § 112a I nicht ein. Als Entlassung aus betriebsbedingten Gründen gilt gem. § 112a I 2 ausdrücklich auch das vom AG aus Gründen der Betriebsänderung veranlasste Ausscheiden von AN auf Grund von Aufhebungsverträgen. Dem ist der Fall gleichzustellen, dass der AG AN zu Eigenkündigungen veranlasst hat (BAG 4. 7. 1989 AP BetrVG 1972 § 111 Nr. 27 = DB 1990, 485; Küttner/*Eisemann* Sozialplan Rn. 15). Zum Begriff der „Veranlassung" Rn. 20.

§ 112a II stellt **neu gegründete Unternehmen** in den ersten vier Jahren nach ihrer Gründung von 17 der Verpflichtung zum Abschluss von Sozialplänen frei, um ihnen die schwierige Anfangsphase des Aufbaus zu erleichtern. Der Unternehmer soll von dem Risiko befreit werden, im Falle des Scheiterns seiner Neugründung mit Sozialplanverpflichtungen belastet zu werden (*Fitting* Rn. 88). Privilegiert werden soll der „junge Unternehmer", so dass das Alter der unternehmenszugehörigen Betriebe irrelevant ist. Unternehmen, die länger als vier Jahre bestehen, können sich deshalb nicht auf die begünstigende Vorschrift berufen, wenn sie einen neuen Betrieb gründen (*Wlotzke* NZA 1984, 217; *Fitting* Rn. 89). Umgekehrt ist ein neu gegründetes Unternehmen in den ersten vier Jahren nach seiner Gründung auch dann von der Sozialplanpflicht für eine Betriebsänderung befreit, wenn diese Betriebsänderung in einem Betrieb erfolgt, den das Unternehmen übernommen hat und der selbst schon länger als vier Jahre besteht (BAG 13. 6. 1989 AP BetrVG 1972 § 112a Nr. 3; aA *Fitting* Rn. 94; DKK/ *Däubler* Rn. 35).

Die Privilegierung gilt nicht für **Neugründungen im Zusammenhang mit der rechtlichen Um-** 18 **strukturierung von Unternehmen und Konzernen** (§ 112a II 2). Sozialplanpflicht besteht deshalb

Kania   1243

etwa, wenn zwei Unternehmen einzelne Betriebe einem neugegründeten Unternehmen übertragen, das diese Betriebe mit einer auf dem Zusammenschluss beruhenden unternehmerischen Zielsetzung fortführen soll (BAG 22. 2. 1995 AP BetrVG 1972 § 112a Nr. 8) oder wenn der Alleingesellschafter und Geschäftsführer der Komplementär-GmbH einer KG eine neue GmbH gründet und diese von der KG einen Betrieb übernimmt (BAG 22. 2. 1995 AP BetrVG 1972 § 112a Nr. 7).

19   3. Erfasster Personenkreis. Vom persönlichen Anwendungsbereich her werden **alle AN** iSd. § 5 I vom Sozialplan erfasst, die durch die geplante Betriebsänderung Nachteile erleiden. Dies gilt auch für **Teilzeitbeschäftigte;** sie dürfen wegen des Verbots unterschiedlicher Behandlung in § 4 I TzBfG von Sozialplanleistungen nicht ausgenommen werden, können aber mit Leistungen bedacht werden, die entspr. ihrer persönlichen Arbeitszeit im Verhältnis zur üblichen Arbeitszeit herabgesetzt sind (BAG 28. 10. 1992 NZA 1993, 515). Nicht vom Sozialplan erfasst werden die in § 5 II aufgeführten Personen sowie **leitende Angestellte** (BAG 31. 1. 1979 AP BetrVG 1972 § 112 Nr. 8). Dies ergibt sich jetzt eindeutig aus § 32 II SprAuG, der lediglich eine Beratungspflicht wegen wirtschaftlicher Nachteile für leitende Angestellte durch Betriebsänderungen vorsieht. Leitende Angestellte haben auch auf Grund des Gleichbehandlungsgrundsatzes keinen Anspruch gegen den Unternehmer auf Sozialplanleistungen (BAG 16. 7. 1985 AP BetrVG 1972 § 112 Nr. 32). Zulässig ist es dagegen, mit leitenden Angestellten in Einzelvereinbarungen Ansprüche in Anlehnung an den Sozialplan vorzusehen (*Fitting* Rn. 177). Problematisch ist der Ausschluss leitender Angestellter, wenn ein zuvor über Jahre als „normaler" AN Beschäftigter kurz vor der Betriebsänderung zum leitenden Angestellten befördert wurde. In diesem Fall ist zu prüfen, ob die Beförderung rechtsmissbräuchlich gerade zum Zwecke des Ausschlusses von Sozialplanansprüchen erfolgte.

20   Da der AG seine Pflichten nicht durch Hinauszögern des Sozialplans umgehen kann, werden auch **ausgeschiedene Mitarbeiter** vom Sozialplan erfasst (LAG Hamm 1. 3. 1972 DB 1972, 632, 648). Grds. zulässig ist es, wenn die Betriebspartner bei der Zuerkennung von Ansprüchen auf eine Abfindung in einem Sozialplan unterscheiden zwischen AN, denen infolge der Betriebsänderung gekündigt worden ist und solchen, die ihr Arbeitsverhältnis (vorher) durch eine Eigenkündigung oder einen Aufhebungsvertrag beendet haben. Eine Ausnahme von diesem Grundsatz gilt dann, wenn die Eigenkündigung oder der Aufhebungsvertrag vom AG **veranlasst** worden ist. In einem solchen Fall sind gekündigte AN und AN die auf Grund einer Eigenkündigung oder eines Aufhebungsvertrages ausgeschieden sind, gleich zu behandeln (BAG 11. 8. 1993, 20. 4. 1994, 8. 11. 1994 AP BetrVG § 112 Nr. 71, 77, 85; BAG 13. 11. 1996 AP BGB § 620 Aufhebungsvertrag Nr. 4). Eine Veranlassung in diesem Sinne liegt nach Auffassung des BAG nur dann vor, wenn der AG den AN im Hinblick auf eine konkret geplante Betriebsänderung bestimmt, selbst zu kündigen oder einen Aufhebungsvertrag zu schließen, umso eine sonst notwendig werdende Kündigung zu vermeiden. Ein bloßer Hinweis des AG auf eine unsichere Lage des Unternehmens, auf notwendig werdende Betriebsänderungen oder der Rat, sich eine neue Stelle zu suchen, genüge nicht (BAG 19. 7. 1995 AP BetrVG 1972 § 112 Nr. 96). Der AG wird auf Grund dieser Rspr. in die Lage versetzt, durch eine blumige Darstellung der schlechten Ertragslage des Unternehmens den AN „bange zu machen" und ihm auf diese Weise eine Eigenkündigung nahe zu legen, ohne dass von einer „Veranlassung" gesprochen werden könnte, die zu einer Einbeziehung in den Sozialplan verpflichten würde.

21   4. Verfahren. Das Verfahren entspricht grds. dem der Verhandlungen über den Interessenausgleich (vgl. Rn. 6). Im Unterschied zum Interessenausgleich kann aber der Sozialplan **vor der Einigungsstelle** erzwungen werden. Der Spruch der Einigungsstelle ersetzt die Einigung zwischen AG und BR (§ 112 IV 2). Die Verfahren von Interessenausgleich und Sozialplan werden in der Praxis häufig miteinander verbunden; notwendig ist dies nicht. Kommt ein Interessenausgleich nicht zustande, braucht mit dem Abschluss des Sozialplans nicht gewartet zu werden, bis der Unternehmer die Betriebsänderung tatsächlich durchgeführt hat. Die Regelungen des Sozialplans haben sich danach zu richten, wie der Unternehmer seiner erklärten Absicht nach die Betriebsänderung durchführen will. Ändert er nachträglich seinen Entschluss, beginnt das Verfahren nach §§ 111 ff. von neuem mit der Folge, dass ggf. auch ein neuer Sozialplan aufzustellen ist, der den alten ganz oder tw. ersetzen kann (*Fitting* Rn. 21).

22   Bei **Betriebsänderungen im Zusammenhang mit einem Betriebsübergang** ist fraglich, wer Vertragspartner des BR ist; dabei ist zu differenzieren: Liegt die Betriebsänderung in dem Betriebsübergang selbst (Betriebsaufspaltung gem. § 111 S. 2 Nr. 3) oder beruht sie auf einem interessenausgleichspflichtigen Entschluss des Veräußerers, bleibt dieser auch nach dem Betriebsübergang zust. für die Sozialplanverhandlungen. Beruht die Betriebsänderung dagegen auf einem Entschluss des Erwerbers (zB Personalabbau nach Betriebsübergang), ist dieser Verhandlungspartner des nunmehr zust. BR (tw. aA *Bauer* DB 1994, 217, 221; *Fitting* Rn. 116; zur Betriebsspaltung § 111 Rn. 14). Bei Zweifeln kann ein Sozialplan für den Fall vereinbart werden, dass kein Betriebsübergang vorliegt (BAG 1. 4. 1998 AP BetrVG 1972 § 112 Nr. 123).

23   **5. Inhalt des vereinbarten Sozialplans. Rechtliche Grenzen** des zulässigen Inhalts eines zwischen BR und AG vereinbarten Sozialplans ergeben sich zunächst **aus seinem Zweck,** durch eine Betriebs-

änderung entstehende wirtschaftliche Nachteile der AN auszugleichen oder zu mildern. Mit diesem Zweck nicht zu vereinbaren sind solche Regelungen, die ausschließlich zu Lasten der betroffenen AN gehen. Unzulässig sind etwa Vereinbarungen über die Kürzung entstandener Lohnansprüche (*Fitting* Rn. 106), über die Aufhebung oder Kapitalisierung unverfallbarer Versorgungsanwartschaften (BAG 24. 3. 1981 AP BetrVG 1972 § 112 Nr. 12) oder Regelungen über eine ungünstigere Zahlungsweise von ausstehendem Lohn (LAG München 22. 11. 1987 LAGE BetrVG § 112 Nr. 10). Weiter darf die Zahlung einer Sozialplanabfindung nicht davon abhängig gemacht werden, dass ein ausländischer AN in seine Heimat zurückkehrt (BAG 7. 5. 1987 AP KSchG 1969 § 9 Nr. 19 = DB 1988, 450) oder dass ein AN keine Kündigungsschutzklage erhebt bzw. eine bereits erhobene Klage wieder zurücknimmt (BAG 20. 12. 1983 AP BetrVG § 112 Nr. 17). Zulässig ist es dagegen, die Fälligkeit von Ansprüchen aus dem Sozialplan bis zum Abschluss des Kündigungsschutzverfahrens hinauszuschieben und im Sozialplan zu vereinbaren, dass eine Abfindung nach den §§ 9, 10 KSchG auf die Sozialplanabfindung anzurechnen ist (BAG 20. 6. 1985 AP BetrVG 1972 § 112 Nr. 33 = DB 1985, 2357) bzw. dass eine Sozialplanabfindung bei Zahlung einer Abfindung nach §§ 9, 10 KSchG ganz entfällt. Knüpft die Abfindung an die Differenz zwischen Entgelt und Arbeitslosengeld an, muss der AN den AG-Anspruch durch Wahl der günstigsten Steuerklasse ausschöpfen (LAG Sachsen-Anhalt 29. 9. 1995, BB 1999, 1713 LS).

Im Übrigen ist der Sozialplan wie jede BV an **zwingendes staatliches Recht** gebunden. Bes. 24 Bedeutung kommt hier § 75 zu, der die Betriebspartner zur Behandlung der AN nach Recht und Billigkeit und insb. zur Wahrung des allg. **Gleichbehandlungsgrundsatzes** verpflichtet.

Mit § 75 zu vereinbaren ist es, bei Ausgleichsleistungen anspruchsmindernd zu berücksichtigen, 25 dass ältere AN vorgezogenes Altersruhegeld beziehen können (BAG 28. 10. 1992 EzA BetrVG § 112 Nr. 66; LAG Rheinland-Pfalz 26. 10. 2001 DB 02, 1167), ältere AN von Sozialplanleistungen ganz auszunehmen, wenn sie nach Beendigung des Arbeitsverhältnisses Arbeitslosengeld und im unmittelbaren Anschluss daran Rente erhalten können (BAG 31. 7. 1996 AP BetrVG 1972 § 112 Nr. 103; LAG Köln 25. 11. 1998 NZA-RR 1999, 888). Weiter können AN ausgeschlossen werden, die auf Vermittlung des AG einen neuen zumutbaren Arbeitsplatz erhalten (BAG 19. 6. 1996 AP BetrVG 1972 § 112 Nr. 102 = DB 1996, 2083). Dabei kommt es weniger auf die Vermittlungstätigkeit, als auf die Qualität des neuen Arbeitsplatzes an; im Hinblick auf die durch die Wartefrist des § 1 I KSchG verursachte Unsicherheit über den Bestand des neuen Arbeitsverhältnisses dürfte es etwa zulässig sein, den Ausschluss von Abfindungszahlungen aus einem Sozialplan an einen mehr als sechsmonatigen Bestand des neuen Arbeitsverhältnisses zu knüpfen. Zulässig ist weiter der Ausschluss von Abfindungszahlungen bei Weigerung, einen zumutbaren Arbeitsplatz im Betrieb, Unternehmen oder Konzern anzunehmen (BAG 28. 9. 1988 AP BetrVG 1972 § 112 Nr. 47 = DB 1989, 48; BAG 28. 2. 2002 DB 2002, 1894) oder bei unbegründetem Widerspruch gegen den Übergang des Arbeitsverhältnisses nach § 613 a BGB (BAG 10. 11. 1993 AP TVG § 1 Tarifverträge: Einzelhandel Nr. 43; BAG 5. 2. 1997 DB 1997, 1623; BAG 19. 2. 1998 AP TVG § 4 Rationalisierungsschutz Nr. 25 = DB 1998, 2224, BAG 15. 12. 1998 DB 1999, 1402). Nicht gleichheitswidrig ist es grds., AN von der Zahlung von Sozialplanleistungen auszuschließen, die ihr Arbeitsverhältnis durch Aufhebungsvertrag oder Eigenkündigung selbst gekündigt haben (BAG 20. 4. 1994, 9. 11. 1994, 30. 11. 1994 AP BetrVG 1972 § 112 Nr. 77, 85, 89), es sei denn, Eigenkündigung oder Aufhebungsvertrag sind vom AG „veranlasst" (dazu Rn. 20). Bei teilzeitbeschäftigten AN ist es gerechtfertigt, die Höhe von Sozialplanleistungen im Verhältnis der jetzigen Arbeitszeit zur üblichen Arbeitszeit herabzusetzen (BAG 28. 10. 1992 AP BetrVG 1972 § 112 Nr. 67 = NZA 1993, 515). Andererseits soll es auch zulässig sein, frühere Teilzeitphasen abfindungsmindernd zu berücksichtigen (BAG 14. 8. 2001 AP BetrVG 1972 § 112 Nr. 142). Dies ist mit dem Diskriminierungsverbot in § 4 TzBfG nur vereinbar, wenn die Ausrichtung an der zukünftigen bzw. vorangegangenen Entwicklung in dem jeweiligen Sozialplan konsequent eingehalten und nicht zu Lasten jetziger Teilzeitbeschäftigter modifiziert wird. Zulässig ist es schließlich auch, im Sozialplan festzulegen, dass er zu einem bestimmten Stichtag in Kraft tritt und dass er für eine bestimmte Zeit gilt, also nur solche Kündigungen und andere Formen des Ausscheidens erfasst, die sich innerhalb dieses Geltungszeitraums vollziehen (BAG 24. 1. 1996 NZA 1996, 834). Umgekehrt ist es auch zulässig, den AN zusätzliche Leistungen zu versprechen, die sich nur dadurch zur Aufgabe ihrer Arbeitsverhältnisse bewegen lassen (BAG 18. 9. 2001, DB 2002, 225). Der AG ist bei dem Angebot eines Aufhebungsvertrages grds. nicht verpfichtet, den AN von sich aus darüber aufzuklären, dass er weitere Entlassungen beabsichtigt, die uU zu einer sozialplanpflichtigen Betriebseinschränkung führen können (BAG 13. 11. 1996 AP BGB § 620 Aufhebungsvertrag Nr. 4). S. auch § 75 Rn. 8.

Unbillig bzw. unvereinbar mit dem allg. Gleichbehandlungsgrundsatz ist es demgegenüber, 26 wenn bei Stilllegung des Betriebs diejenigen AN im Sozialplan nicht berücksichtigt werden, die aus einem vorhergehenden, für die ursprünglich beabsichtigte Teilstilllegung aufgestellten Sozialplan wesentlich geringere Abfindungen erhalten hatten (BAG 9. 12. 1981 AP BetrVG 1972 § 112 Nr. 14; BAG 11. 2. 1998 ZIP 1998, 802; L/K § 112 Rn. 61). Unzulässig ist es weiter, wenn die vom AG der BA nach § 147 a SGB III zu erstattenden Beträge zur Hälfte auf die Abfindung angerechnet werden; dies benachteiligt ohne sachlichen Grund langjährig Beschäftigte gegenüber älteren AN mit relativ kurzer Betriebszugehörigkeit (BAG 16. 6. 1990 NZA 1991, 111). Gleichheitswidrig wären weiter zB die Schlechterstellung von Ausländern im Sozialplan oder die pauschale Differenzierung zwischen Arbeitern und Angestellten (DKK/*Däubler* Rn. 49). Wird zur Bemessung von Ansprüchen auf die Dauer der Beschäftigung abgestellt, verstößt es gegen § 75, Elternzeit nicht zu berücksichtigen (BAG 12. 11. 2002 DB 2003, 1635). Mit dem Gleichbehandlungsgrundsatz unvereinbar ist schließlich auch die Ausschüttung einer Einheitsabfindung an alle AN im Sozialplan (zB 5000,00 Euro für jeden AN); denn der Gleichbehandlungsgrundsatz verlangt nicht nur, Gleiches gleich, sondern auch Ungleiches seiner Eigenart entspr. unterschiedlich zu behandeln. Konsequenterweise ist dann auch die Berechnung von Sozialplanabfindungen allein nach der Anzahl der Jahre der Betriebszugehörigkeit unzulässig. Das BAG hat dies bislang nur für einen Sozialplan, der auf einem Spruch der Einigungsstelle beruhte, ausgesprochen, in dem als Abfindung 75% des Monatsgehalts eines AN pro Beschäftigungsjahr vorgesehen war (BAG 14. 9. 1994 AP BetrVG 1972 § 112 Nr. 87 = NZA 1995, 440). Auch wenn die Betriebspartner beim vereinbarten Sozialplan nicht an die Ermessensgrundsätze des § 112 V gebunden sind, kann nichts anderes gelten, zumal neben dem Verstoß gegen den Gleichbehandlungsgrundsatz die Berücksichtigung allein der Betriebszugehörigkeit nicht mit dem vom BAG betonten Zweck des Sozialplans, eine Überbrückungshilfe für die Zukunft zu leisten, zu vereinbaren ist. Einen Verstoß gegen § 75 BetrVG stellt auch die Begünstigung von BRMitgliedern dar, allerdings können die benachteiligten ArbN bei einer derartigen Begünstigung Einzelner keine Anpassung nach oben verlangen (LAG Düsseldorf 13. 9. 2001 DB 2002, 306).

27   Abgesehen von diesen rechtlichen Grenzen sind die Betriebspartner frei in ihrer Entscheidung, **welche wirtschaftlichen Nachteile** sie ausgleichen oder mildern wollen (BAG 29. 11. 1978, 27. 10. 1987, 28. 9. 1988 AP BetrVG 1972 § 112 Nr. 7, 41, 47; BAG 14. 9. 1994 NZA 1995, 440). Soweit als Folge einer Betriebsänderung Entlassungen von AN vorzunehmen sind, steht in der Praxis die Zahlung von Abfindungen im Vordergrund. Da jedenfalls beim vereinbarten Sozialplan Pauschalierungen in weitem Umfang möglich sind, erfolgt die Berechnung der Abfindungen häufig auf der Grundlage von Punktesystemen. Eine gängige Formel für die Berechnung von Abfindungen lautet: Dauer der Betriebszugehörigkeit × Lebensalter × Bruttomonatsvergütung geteilt durch einen von den Betriebspartnern ausgehandelten Divisor = Abfindung. Je kleiner dieser Divisor ist, desto höher ist die einzelne Abfindung und damit das Volumen des Sozialplanes, welches sich nur als rechnerische Größe aus der Gesamtsumme der Abfindungen ergibt. Als Faustregel gilt ein halbes (letztes) Monatsgehalt pro Dienstjahr, wobei die Schwankungen nach oben und unten abhängig von Branche und wirtschaftlicher Situation erheblich sind. Um dem Zweck des Sozialplans als Überbrückungshilfe gerecht zu werden, empfiehlt es sich, nicht bei dieser Formel stehen zu bleiben. Für bes. schwer auf dem Arbeitsmarkt zu vermittelnde Personen, etwa Schwerbehinderte, sollten zusätzliche Zahlungen vorgesehen werden. Ebenso empfiehlt sich eine Berücksichtigung der unterschiedlichen Unterhaltspflichten der betroffenen AN. Die Zahlung geringerer Abfindungen für ältere AN in Rentennähe ist nicht nur mit dem Gleichbehandlungsgrundsatz vereinbar (BAG 26. 7. 1988 AP BetrVG 1972 § 112 Nr. 45), sondern auch im Hinblick auf die Überleitungs- und Vorsorgefunktion des Sozialplans geboten.

28   Entgegen der Auffassung des BAG (17. 9. 1991 AP BetrVG 1972 § 112 Nr. 59) ist es auch möglich, im Sozialplan anstelle oder ergänzend zu Abfindungsleistungen **Umschulungs- oder Fortbildungsmaßnahmen** vorzusehen, die eine Anschlusstätigkeit innerhalb oder außerhalb des Unternehmens ermöglichen bzw. erleichtern (vgl. § 111 Rn. 11).

29   Bestehen die wirtschaftlichen Nachteile einer Betriebsänderung nicht in Entlassungen, kommen als **Ausgleichsmaßnahmen** in Betracht etwa: Zahlungen von Lohnausgleich oder Auslösung bei Versetzungen, Beihilfe für Umschulungs- oder Weiterbildungsmaßnahmen, Übernahme von Bewerbungs- und Fahrtkosten, Aufrechterhaltung von Pensionsanwartschaften, Übernahme von Umzugskosten und vieles mehr.

30   Geregelt werden sollte im Sozialplan schließlich die **Fälligkeit** etwaiger Ansprüche. Fehlt es an einer ausdrücklichen Regelung, sind Ansprüche mit ihrer Entstehung, dh. in dem Moment, in dem sämtliche Tatbestandsvoraussetzungen erfüllt sind, fällig (*Fitting* Rn. 181). Für Ansprüche auf Abfindungen ist dies regelmäßig der Zeitpunkt der rechtlichen Beendigung des Arbeitsverhältnisses. Die Fälligkeit kann aber auch auf einen späteren Zeitpunkt hinausgeschoben werden. Üblich und zulässig ist es, die Fälligkeit von Ansprüchen aus dem Sozialplan bis zum Abschluss eines Kündigungsschutzverfahrens hinauszuschieben. Darüber hinaus können Ausschlussfristen für Abfindungen (und andere Leistungen) im Sozialplan vereinbart werden. Nach Auffassung des BAG werden Abfindungsansprüche aus Sozialplänen auch von üblichen tariflichen Ausschlussklauseln erfasst, soweit diese „Ansprüche aus dem Arbeitsverhältnis" erfassen (BAG 30. 11. 1994 AP BetrVG 1972 § 112 Nr. 89). Ob eine tarifliche Ausschlussklausel im Einzelfall eingreift, ist im Wege der Auslegung der jeweiligen tariflichen Bestimmung zu ermitteln (*Fitting* Rn. 184; vgl. auch BAG 3. 4. 1990 EzA TVG § 4 Ausschlussfrist Nr. 94 = SAE 1991, 84).

31   **6. Ermessensrichtlinien beim erzwungenen Sozialplan. a) Grundsatz.** Die Entscheidung der Einigungsstelle ersetzt die Einigung zwischen Unternehmer und BR (Abs. 4). Die Einigungsstelle darf nur solche Nachteile ausgleichen, die unmittelbar durch die Betriebsänderung verursacht sind (BAG 10. 12. 1996 NZA 1996, 787). Die Einigungsstelle hat wie auch in den anderen Fällen des § 76 V 3 ihre

Entscheidung nach billigem Ermessen zu treffen. Dabei wird der Begriff des billigen Ermessens durch § 112 V konkretisiert: Die Einigungsstelle hat sowohl die sozialen Belange der betroffenen AN zu berücksichtigen als auch auf die wirtschaftliche Vertretbarkeit ihrer Entscheidung für das Unternehmen zu achten und dabei die Leitlinien gem. § 112 V Nr. 1 bis 3 einzuhalten. Werden diese Leitlinien nicht eingehalten, liegt eine Ermessensüberschreitung vor, die den Sozialplan anfechtbar (s. Rn. 50) macht (BAG 14. 9. 1994 AP BetrVG 1972 § 112 Nr. 87 zu einer ausschließlich an der Betriebszugehörigkeit anknüpfenden Abfindungsregelung).

b) **Gegebenheiten des Einzelfalls.** Die in Nr. 1 angesprochenen wirtschaftlichen Nachteile sind in erster Linie solche, die entstehen, obwohl die betroffenen AN weiterbeschäftigt werden können. Die Verpflichtung der Einigungsstelle, die Gegebenheiten des Einzelfalls zu beachten, gilt aber über die beispielhafte Aufzählung hinaus auch für Sozialplanleistungen, die an den Verlust des Arbeitsplatzes anknüpfen (BAG 14. 9. 1994 AP BetrVG 1972 § 112 Nr. 87; aA *Fitting* Rn. 221). Die Verpflichtung, den Gegebenheiten des Einzelfalls Rechnung zu tragen, bedeutet nicht, dass die Einigungsstelle ihr Verfahren so lange hinauszögern muss, bis die konkreten Nachteile für jeden einzelnen AN feststehen. **Pauschalierende Prognosen** und Beträge sind im Interesse einer zügigen Abwicklung der Sozialplanverhandlungen meist unvermeidbar (*Berenz* NZA 1993, 538). Insofern bestehen keine Bedenken gegen das Abstellen auf die „Grunddaten" Lebensalter, Dauer der Betriebszugehörigkeit und Unterhaltspflichten sowie die Bemessung von Abfindungen nach einem Punktesystem (*Fitting* Rn. 223). Allerdings muss bei einem solchen Vorgehen Raum bleiben für die Erfassung (typischer) Sonderfälle wie zB der Schwerbehinderteneigenschaft zugunsten oder einem unmittelbaren Anschlussarbeitsverhältnis (vgl. Nr. 2) zulasten des jeweiligen AN. Unzulässig ist es jedenfalls, Abfindungen für alle Betroffenen in gleicher Höhe für jedes Beschäftigungsjahr ohne weitere Differenzierung, zB nach Alter und Beruf, familiären Belastungen, Schwerbehinderteneigenschaften usw. auszuwerfen (BAG 14. 9. 1994 AP BetrVG 1972 § 112 Nr. 87; *Fitting* Rn. 224).

c) **Aussichten auf dem Arbeitsmarkt.** Nach § 112 V Nr. 2 S. 1 **hat** die Einigungsstelle die Aussichten der betroffenen AN auf dem Arbeitsmarkt zu berücksichtigen. S. 1 bezieht sich auf AN, die infolge einer Betriebsänderung ihren Arbeitsplatz verlieren und – wie sich aus einem Gegenschluss zu S. 2 ergibt – keinen zumutbaren Arbeitsplatz innerhalb des Konzerns angeboten bekommen. Die Einigungsstelle kommt ihrer zwingenden gesetzlichen Verpflichtung nicht nach, wenn sie die Aussichten auf dem Arbeitsmarkt völlig außer Acht lässt und zB auch solchen AN, die außerhalb des Konzerns im Zeitpunkt des Sozialplanabschlusses ein Anschlussarbeitsverhältnis gefunden haben, die volle Abfindung zuspricht. Denn gute Aussichten auf dem Arbeitsmarkt werden insb. dadurch belegt, dass der AN bereits einen neuen Arbeitsplatz gefunden hat. Im Übrigen ist die Einigungsstelle frei, wie sie die Aussichten auf dem Arbeitsmarkt berücksichtigt. Lässt sich noch nicht sicher beurteilen, ob ein neuer Arbeitsplatz zur Verfügung steht, kann der Sozialplan sich auch auf eine Vermutung in der einen oder anderen Richtung stützen (BAG 24. 11. 1993 AP BetrVG § 112 Nr. 72; BAG 9. 11. 1994 AP BetrVG § 112 Nr. 85). Maßgeblich sind eben nach § 112 V die **Aussichten** auf dem Arbeitsmarkt, nicht nur die bereits feststehenden Umstände. BAG 24. 11. 1993 (AP BetrVG § 112 Nr. 72) spricht in diesem Zusammenhang von **typischerweise** zu erwartenden Vorteilen und Nachteilen. Stellt sich die Vermutung als falsch heraus, ist eine Korrektur des Sozialplans nicht geboten. Es besteht aber auch kein Zwang zu Vorhersagen, sondern es kann, insb. in Härteregelungen, auch auf die konkrete Dauer der Arbeitslosigkeit abgestellt werden (BAG 31. 7. 1996 AP BetrVG § 77 Nr. 63; auch BAG 11. 2. 1998 AP BetrVG § 112 Nr. 121). Die Einigungsstelle hat die Aussichten der AN auf dem Arbeitsmarkt nicht nur zu berücksichtigen, sondern auch zu fördern (Rn. 37 a, b). Dem entspricht, dass § 112 II die Vermittlung des LAA-Präsidenten nicht nur bei dem Interessenausgleich, sondern auch bei dem Sozialplan vorsieht. Nach § 255 II Nr. 3 SGB III aF war eine Förderung von Eingliederungssozialplänen ausgeschlossen, wenn der Sozialplan ein Wahlrecht für den einzelnen AN zwischen Abfindung und Eingliederungsmaßnahmen vorsehen. Dies war für die Einigungsstelle nicht unmittelbar verbindlich, gab aber einen Hinweis, dass Eingliederungsmaßnahmen und Abfindungen nicht gleichwertig sind, vielmehr nur Eingliederungsmaßnahmen bes. förderungswürdig sind. In die gleiche Richtung geht die Feststellung der Amtl. Begr. des § 254 SGB II (BT-Drucks. 13/4941 S. 197), mit dem neuen Instrument der Zuschüsse zu Sozialplanmaßnahmen sollten Sozialpläne beschäftigungswirksam genutzt werden können. Der Anreiz für die Sozialpartner, in Sozialplänen beschäftigungswirksame Maßnahmen anstelle von Abfindungen zu gewähren, werde hierdurch erhöht. Durch das Job-AQTIV-Gesetz ist § 255 II Nr. 3 aufgehoben worden, doch begründet jetzt § 112 V Nr. 2 a BetrVG den Vorrang der Eingliederung (s. Rn. 37 a, b). Bei der Abwägung zwischen Transfermaßnahmen und Abfindungen kommt es weiterhin auf die Erfolgsaussichten der Transfermaßnahmen an. § 255 I Nr. 4 SGB III stellt insoweit auf die arbeitsmarktliche Zweckmäßigkeit der Maßnahme ab. Die bedeutet, dass wenig Erfolg versprechende Maßnahmen von einer Förderung ausgeschlossen sind (so die Amtl. Begr. aaO S. 198). Dies ist auch für die Ermessensausübung der Einigungsstellen bedeutsam. Je höher die Erfolgsaussichten einer Maßnahme sind, desto eher gebietet es das Ermessen, Transfermaßnahmen statt Abfindungen vorzusehen. Kann und muss die Einigungsstelle davon ausgehen, dass Transfermaßnahmen mit hoher Wahrscheinlichkeit zu neuen, zumutbaren Arbeitsplätzen führen,

schaft neue Arbeitsverträge angeboten werden. Dies soll nach Auffassung des BAG keine rechtswidrige Umgehung von § 613 a BGB bzw. § 1 III KSchG sein (BAG 10. 12. 1998 NZA 1999, 422).

38   e) **Bemessung des Gesamtbetrages** (s. *Glaubitz* FS Hanau 1999 S. 403). Nach Nr. 3 hat die Einigungsstelle bei der Bemessung des Gesamtbetrages der Sozialplanleistungen darauf zu achten, dass der Fortbestand des Unternehmens oder die nach Durchführung der Betriebsänderung verbleibenden Arbeitsplätze nicht gefährdet werden. Was **wirtschaftlich vertretbar** ist, kann nicht allg. beurteilt werden. Die Vertretbarkeit hängt davon ab, welche Nachteile die betroffenen AN erleiden (BAG 14. 9. 1994 AP BetrVG 1972 § 112 Nr. 87; GK-BetrVG/*Fabricius/Oetker* Rn. 306). Nach der Rspr. des BAG kann die Belastung durch den Sozialplan für das Unternehmen durchaus „einschneidend" sein (BAG 17. 10. 1989 AP BetrVG 1972 § 111 Nr. 29). Dass Sozialplanmittel anderen Investitionen nicht mehr zur Verfügung stehen, spielt für sich allein keine Rolle (BAG 22. 5. 1979 AP BetrVG 1972 § 111 Nr. 4). Allerdings muss das Unternehmen trotz des Sozialplans zu notwendigen Investitionen in der Lage bleiben (*v. Hoyningen-Huene* RdA 1986, 106). Auch ein Sozialplan, der durch die Betriebsänderung begründete Einsparungen für ein Jahr aufzehrt, ist nicht zu beanstanden (BAG 27. 10. 1987 AP BetrVG 1972 § 112 Nr. 41). Vertretbar ist in jedem Fall ein Sozialplanvolumen, das den in der Bilanz hierfür ausgewiesenen Rückstellungen entspricht, wobei die Rspr. davon ausgeht, dass entsprechende „Rücklagen" gebildet werden (BAG 13. 6. 1989 AP BetrVG 1972 § 112 a Nr. 3). Bei Zweifeln über die wirtschaftliche Vertretbarkeit können der BR oder auch die Einigungsstelle einen Sachverständigen hinzuziehen (DKK/*Däubler* Rn. 91; *Fitting* Rn. 242). Bei einer Unternehmensspaltung nach dem UmwG in Besitz- und Betriebsgesellschaft kann sich aus § 134 UmwG eine nachwirkende Haftung für Sozialpläne ergeben. Dabei dürfte mit dem Haftungs- ein Bemessungsdurchgriff verbunden sein, so dass sich das Volumen des Sozialplans nach der gesamten Vermögenslage beider Gesellschaften richtet. Zu einer Mithaftung für Sozialpläne kann es auch in **Konzernen** kommen. Im Anschluss an den BGH hat das BAG die Haftung von Obergesellschaften in qualifiziert-faktischen Konzernen in entspr. Anwendung des § 303 AktG ausgedehnt (s. AP zu § 303 AktG). Für Sozialpläne bes. wichtig ist die zu § 16 BetrAVG ergangene Entscheidung des BAG vom 14. 12. 1993 (DB 1994, 1147), nach der in solchen Fällen aus dem Haftungs- ein Bemessungsdurchgriff folgt. Dies wird auch für Sozialpläne gelten (dazu zuletzt LAG Frankfurt aM 17. 7. 2001 BB 2002, 1421; GK-BetrVG/*Fabricius/Oetker* Rn. 312). Insb. bei an sich unkündbaren AN kann die Abfindung gem. § 143 a SGB III zu einem Ruhen des Arbeitslosengeldes führen (BSG 5. 2. 1998 SozR 3-4/00 § 117 Nr. 15; krit. *Gagel* NZA 2000, 327; Einzelheiten bei *Fitting* Rn. 195 ff.).

39   7. **Änderung und Kündigung.** Der Sozialplan endet normalerweise mit Erreichen des verfolgten Zwecks, dh. wenn die vorgesehenen Ausgleichsleistungen an die betroffenen AN gewährt worden sind. Den Betriebspartnern steht es frei, den Sozialplan für die Zukunft **einvernehmlich aufzuheben** oder abzuändern, insb. durch einen neuen Sozialplan abzulösen (BAG 24. 3. 1981 AP BetrVG 1972 § 112 Nr. 12; BAG 10. 8. 1994 AP BetrVG 1972 § 112 Nr. 86). Eine rückwirkende Abänderung mit der Folge, dass in fällige (BAG 24. 3. 1981 AP BetrVG 1972 § 112 Nr. 12) bzw. noch nicht fällige, aber bereits entstandene Ansprüche (BAG 10. 8. 1994 AP BetrVG 1972 § 112 Nr. 86) zulasten der AN eingegriffen wird, ist im Rahmen der Grenzen des Vertrauensschutzes und der Verhältnismäßigkeit zulässig (BAG 5. 10. 2000 AP BetrVG 1972 § 112 Nr. 141 = NZA 2001, 849; s. auch Rn. 41).

40   Hinsichtlich der **Möglichkeit der Kündigung** eines Sozialplanes ist zu unterscheiden: Zulässig ist es stets, die ordentliche Kündigung eines Sozialplans ausdrücklich zu **vereinbaren**. Fehlt es an einer solchen Vereinbarung, kann ein Sozialplan, der nur für eine bestimmte Betriebsänderung vereinbart wurde, grds. nicht ordentlich gekündigt werden. Etwas anderes gilt, wenn der Sozialplan Dauerregelungen enthält, wobei Dauerregelungen nur solche Bestimmungen sind, nach denen ein bestimmter wirtschaftlicher Nachteil durch auf bestimmte oder unbestimmte Zeit laufende Leistungen ausgeglichen oder gemildert werden soll (BAG 10. 8. 1994 AP BetrVG 1972 § 112 Nr. 86). Ob die **außerordentliche Kündigung** aus wichtigem Grund zulässig ist, hat das BAG in der Entscheidung vom 10. 8. 1994 (AP BetrVG 1972 § 112 Nr. 86) ausdrücklich offengelassen. Auch hier bietet es sich an, danach zu unterscheiden, ob der betreffende Sozialplan Dauerregelungen enthält oder nicht. Enthält er Dauerregelungen, ist nach allg. Grundsätzen wie bei jedem Dauerschuldverhältnis von der Möglichkeit einer außerordentlichen Kündigung auszugehen (*v. Hoyningen-Huene* Anm. zu BAG 10. 8. 1994 AP BetrVG 1972 § 112 Nr. 86). Sowohl bei der ordentlichen als auch nach hM bei der außerordentlichen Kündigung wirken die Regelungen des Sozialplans gem. § 77 VI nach, bis sie durch eine neue Regelung ersetzt werden (BAG 10. 8. 1994 AP BetrVG 1972 § 112 Nr. 86; MünchArbR/*Matthes* § 328 Rn. 58; *Fitting* Rn. 206).

41   Ein Eingriff in entstandene Sozialplanansprüche kommt auch dann in Betracht, wenn die **Geschäftsgrundlage** eines Sozialplans wegfällt und eine ggf. rückwirkende Vertragsanpassung erforderlich wird. Voraussetzung für eine Anwendung der Lehre vom Wegfall der Geschäftsgrundlage (jetzt § 313 BGB) ist, dass AG und BR bei Abschluss eines Sozialplans von Vorstellungen ausgehen, die sich später als nicht zutreffend erweisen, und das Festhalten an der Vereinbarung für eine Seite unzumutbar wird (*Fitting* Rn. 207). Von einem Wegfall der Geschäftsgrundlage ist etwa auszugehen, wenn beide Parteien bei Abschluss des Sozialplans von der Vorstellung ausgingen, die Treuhandanstalt werde die für

die Erfüllung des Sozialplans benötigten Mittel ganz oder tw. zur Verfügung stellen (BAG 10. 8. 1994 AP BetrVG 1972 § 112 Nr. 86; *Däubler* NZA 1985, 541) oder wenn nach Abschluss eines Sozialplans ein Betrieb von einem Erwerber übernommen wird, der eigentlich stillgelegt werden sollte (BAG 28. 8. 1996 AP BetrVG 1972 § 112 Nr. 104).

Die bei Wegfall der Geschäftsgrundlage notwendige **Anpassung des Sozialplans** müssen die Betriebspartner vereinbaren. Die Partei, die sich auf den Wegfall beruft, hat gegenüber der anderen Partei einen Anspruch auf Aufnahme von Verhandlungen. Verweigert die andere Partei die Anpassung oder kommt es nicht zu einer Einigung, kann sie die Einigungsstelle anrufen, die dann entscheidet, und zwar sowohl über die Rechtsfrage, ob die Geschäftsgrundlage weggefallen ist, als auch über die notwendig werdende Neuregelung (BAG 10. 8. 1994 AP BetrVG 1972 § 112 Nr. 86; *Fitting* Rn. 209). **42**

8. Sozialplan in der Arbeitgeberinsolvenz. § 123 I, II InsO entspricht wörtlich § 2 SozPlKonkG und begrenzt das Sozialplanvolumen auf einen Gesamtbetrag von 2½ Monatsverdiensten der von der Entlassung betroffenen AN. Zudem darf für Sozialplanforderungen nicht mehr als ⅓ der Masse verwendet werden, die ohne einen Sozialplan für die Insolvenzgläubiger zur Verfügung stünde. Die einzelnen Forderungen sind anteilig zu kürzen, wenn das Sozialplanvolumen diese Grenze übersteigt. Grdl. neu ist dagegen die insolvenzrechtliche Einordnung der Sozialplanforderungen: Anders als nach § 4 S. 1 SozPlKonkG handelt es sich nicht nur um bevorrechtigte Konkursforderungen, sondern um Masseverbindlichkeiten (§ 123 II 1 InsO). Auf eine einseitige Sozialzusage des AG ohne Beteiligung eines BR findet § 123 InsO keine Anwendung (BAG 21. 9. 1999 DB 1999, 2014). **43**

Sozialpläne aus den letzten drei Monaten vor dem Antrag auf Eröffnung: § 124 InsO sieht keine Begrenzung des Sozialplanvolumens vor, sondern gibt sowohl dem Insolvenzverwalter als auch dem BR ein Widerrufsrecht. Unterbleibt der Widerruf, so werden die Ansprüche nicht Masseschulden, sondern einfache Insolvenzforderungen gem. § 38 InsO. Ein bloßes Unterlassen des Insolvenzverwalters steht nach Auffassung des BAG einem Handeln iSd. § 55 I Nr. 1 InsO nicht gleich (BAG 31. 7. 2002 NZA 2002, 1332; aA *Lakies* BB 1999, 206, 210; *Warrikoff* BB 1994, 2338, 2344; *Fitting* Rn. 299). Gem. § 124 II können AN, deren Sozialplanansprüche vom Widerruf betroffen sind, in den Sozialplan gem. § 123 InsO berücksichtigt werden (*Warrikoff* BB 1994, 2338, 2344). Der Insolvenzverwalter kann mit vor Verfahrenseröffnung gekündigten AN vereinbaren, dass sie die Kündigungsschutzklage gegen Abfindung zurückziehen (BAG 27. 10. 1998 EzA BetrVG 1972 § 112 Nr. 102). Ältere Sozialpläne bleiben und begründen Insolvenzforderungen. Vor Insolvenzeröffnung aufgestellte Sozialpläne können nur dann Masseforderungen begründen, wenn sie von einem vorläufigen Insolvenzverwalter mit Verfügungsbefugnis abgeschlossen werden (BAG 31. 7. 2002 NZA 2003, 1332). **44**

III. Streitigkeiten

Ist streitig, **ob** überhaupt eine interessenausgleichs- und ggf. sozialplanpflichtige Betriebsänderung vorliegt, kann dies im Wege des Beschlussverfahrens geklärt werden. Die rechtskräftige Entscheidung des ArbG ist für die Einigungsstelle bindend (BAG 15. 10. 1979 AP BetrVG 1972 § 111 Nr. 5; BAG 22. 1. 1980 AP BetrVG 1972 § 111 Nr. 7). Die Einigungsstelle hat ihr Verfahren einzustellen; ein von der Einigungsstelle bereits beschlossener Sozialplan verliert seine Wirkung (DKK/*Däubler* Rn. 150). Keine Bindungswirkung entfaltet dagegen eine Entscheidung des ArbG im Verfahren nach § 98 ArbGG über die Besetzung der Einigungsstelle, da eine Zurückweisung des Antrags nur bei „offensichtlicher Unzuständigkeit" der Einigungsstelle in Betracht kommt. Zu den Rechtsmitteln des BR bei Weigerung des AG, einen Interessenausgleich mit dem BR zu versuchen, s. § 111 Rn. 23. **45**

Sind AG oder BR der Ansicht, dass die Einigungsstelle bei ihrem Spruch über die Aufstellung eines Sozialplans **Rechtsfehler** begangen hat, kann – gleichfalls im Wege des Beschlussverfahrens – die Feststellung der Unwirksamkeit des Spruchs geltend gemacht werden. Wird eine Überschreitung der Ermessensgrenzen des § 112 V gerügt, kann der Antrag nur binnen zwei Wochen vom Tage der Zustellung des Spruchs an gestellt werden (§ 76 V 4). Für sonstige Rechtsfehler, etwa den Verstoß gegen die Grundsätze des § 75, gilt diese Frist nicht. **46**

Der **einzelne AN** kann die ihm aus einem Sozialplan zustehenden Ansprüche im Urteilsverfahren vor den ArbG einklagen. Er kann auch gerichtlich geltend machen, dass er zu Unrecht, insb. wegen Verstoß gegen § 75, von Sozialplanleistungen ausgenommen wurde (BAG 25. 10. 1983 AP BetrVG 1972 § 112 Nr. 18; BAG 12. 4. 1996 NZA 1996, 1113). Liegt ein Verstoß gegen den Gleichbehandlungsgrundsatz vor und erhöht sich durch einen Anspruch des diskriminierten AN das Gesamtvolumen, führt dies nach Auffassung des BAG nicht zur Unwirksamkeit des Sozialplans, „solange nur einzelne AN benachteiligt worden sind und die Mehrbelastung des AG durch die Korrektur im Verhältnis zum Gesamtvolumen des Sozialplans nicht ins Gewicht fällt" (BAG 26. 6. 1990 NZA 1991, 111, 113). Fällt die Erhöhung des Gesamtvolumens ins Gewicht, insb. weil eine Vielzahl von AN gleichheitswidrig benachteiligt wurde und Ansprüche aus § 75 herleitet, kann es dagegen zu einem Wegfall der Geschäftsgrundlage des Sozialplans führen mit der Folge, dass ein neuer **47**

Sozialplan verhandelt werden muss (*Fitting* Rn. 207). Hält sich der Sozialplan im Rahmen billigen Ermessens und verstößt er auch nicht gegen höherrangige Rechtsnormen, kann der einzelne AN nicht geltend machen, die Festlegung des Gesamtvolumens des Sozialplans durch die Betriebspartner bzw. die Einigungsstelle sei nicht angemessen (BAG 17. 2. 1981, 14. 2. 1984, 26. 7. 1988 AP BetrVG 1972 § 112 Nr. 11, 21, 45). Die Individualansprüche des einzelnen AN aus dem Sozialplan können nicht vom BR „eingeklagt" werden (BAG 17. 10. 1989 AP BetrVG 1972 § 112 Nr. 53), s. § 77 Rn. 12.

§ 113 Nachteilsausgleich

(1) **Weicht der Unternehmer von einem Interessenausgleich über die geplante Betriebsänderung ohne zwingenden Grund ab, so können Arbeitnehmer, die infolge dieser Abweichung entlassen werden, beim Arbeitsgericht Klage erheben mit dem Antrag, den Arbeitgeber zur Zahlung von Abfindungen zu verurteilen; § 10 des Kündigungsschutzgesetzes gilt entsprechend.**

(2) **Erleiden Arbeitnehmer infolge einer Abweichung nach Absatz 1 andere wirtschaftliche Nachteile, so hat der Unternehmer diese Nachteile bis zu einem Zeitraum von zwölf Monaten auszugleichen.**

(3) **Die Absätze 1 und 2 gelten entsprechend, wenn der Unternehmer eine geplante Betriebsänderung nach § 111 durchführt, ohne über sie einen Interessenausgleich mit dem Betriebsrat versucht zu haben, und infolge der Maßnahme Arbeitnehmer entlassen werden oder andere wirtschaftliche Nachteile erleiden.**

I. Normzweck

1   Die Vorschrift verfolgt in erster Linie den Zweck, den Unternehmer durch Androhung einer finanziellen **Sanktion** zur Durchführung des vorgesehenen Interessenausgleichsverfahrens bzw. zur Einhaltung eines vereinbarten Interessenausgleichs anzuhalten. Sanktioniert wird ein betriebsverfassungswidriges Verhalten des AG, unabhängig davon, ob den AG ein Verschulden trifft. Ansprüche auf Nachteilsausgleich entstehen auch dann, wenn der AG in entschuldbarer Unkenntnis seiner gesetzlichen Pflichten aus § 112 handelte (BAG 4. 12. 1979 AP BetrVG 1972 § 111 Nr. 6; BAG 29. 11. 1983 AP BetrVG 1972 § 113 Nr. 10). Als Sanktionsmittel werden dem einzelnen AN unter den Voraussetzungen des § 113 I bis III individuelle Ausgleichsansprüche eingeräumt, die der AN im Urteilsverfahren einklagen kann. Der BR kann auf Nachteilsausgleichsansprüche nicht zulasten der betroffenen AN verzichten. Seine Erklärung, keine rechtlichen Schritte gegen den AG wegen eines unterbliebenen Interessenausgleichsverfahrens bzw. wegen einer Abweichung von einem vereinbarten Interessenausgleich unternehmen zu wollen, ist ohne Bedeutung (BAG 14. 9. 1976 AP BetrVG 1972 § 113 Nr. 2). Zu der Frage, ob der BR die Einhaltung des Interessenausgleichs gerichtlich durchsetzen kann §§ 112, 112 a Rn. 9.

2   Wegen des Sanktionscharakters des § 113 sind Ansprüche auf Nachteilsausgleich grds. **unabhängig von eventuellen finanziellen Leistungen auf Grund eines Sozialplans** (*Fitting* Rn. 2). Umstritten ist die Frage, ob Nachteilsausgleichsansprüche auf Sozialplanleistungen anzurechnen sind. Das BAG hat die automatische **Anrechenbarkeit** des erfolgreich eingeklagten Nachteilsausgleichs auf Sozialplanansprüche bejaht (BAG 20. 11. 2001 DB 2002, 950). Mit dem Sanktionscharakter des § 113 ist dies kaum zu vereinbaren; § 113 würde nämlich in all den Fällen weitgehend leer laufen, in denen Sozialplanleistungen den Nachteilsausgleichsansprüchen entsprechen bzw. diese übersteigen (DKK/*Däubler* §§ 112, 112 a Rn. 60; GK-BetrVG/*Fabricius/Oetker* Rn. 68).

3   Die **Pflicht zum Nachteilsausgleich** unter den Voraussetzungen des § 113 entsteht unabhängig davon, ob ein Sozialplan abgeschlossen werden muss, also auch in den Fällen des § 112 a. Weicht der AG von einem Sozialplan ab bzw. weigert er sich, einen Sozialplan abzuschließen, greift § 113 nicht ein: Der Sozialplan kann über die Einigungsstelle erzwungen werden; Rechte aus dem Sozialplan müssen vom einzelnen AN eingeklagt werden (vgl. §§ 112, 112 a Rn. 51).

II. Abweichungen vom Interessenausgleich

4   **1. Abfindungen bei Entlassungen (Abs. 1).** Voraussetzung für das Entstehen von Nachteilsausgleichsansprüchen nach Abs. 1 ist, dass der Unternehmer von einem Interessenausgleich über die geplante Betriebsänderung ohne zwingenden Grund abweicht. Eine **Abweichung** liegt etwa vor, wenn der Unternehmer eine Betriebsänderung, auf die er im Interessenausgleich verzichtet hat, doch durchführt oder sich nicht an die vereinbarten Modifikationen der Betriebsänderung hält, diese etwa nicht zeitlich hinausschiebt oder umfangmäßig beschränkt. Ohne Sanktion ist eine solche Abweichung nur dann zulässig, wenn hierfür ein **zwingender Grund** vorliegt. Zwingende können nur nachträglich entstandene oder nachträglich erkennbar gewordenen Umstände sein; es darf sich nicht um einen Grund handeln, der allein in den ursprünglichen Gründen für die Betriebsänderung liegt (BAG 17. 9. 1974 AP BetrVG 1972 § 113 Nr. 1). Vom Standpunkt eines verständigen Unternehmers aus darf diesem praktisch keine andere Wahl bleiben, als vom Interessenausgleich abzuweichen (*Fitting* Rn. 8).

Beispiele sind etwa die Entziehung eines entscheidenden Bankkredits, plötzlicher Verlust von Großaufträgen, Konkurs eines Hauptkunden oder ein schwerwiegender Rohstoff- oder Energiemangel, die zu einer sofortigen Anpassung des Betriebs an die veränderten Umstände zwingen. Beruht die Abweichung vom Interessenausgleich auf einem freien Entschluss des Unternehmers, liegt kein zwingender Grund vor (*Fitting* Rn. 10). Der AG ist für das Vorliegen des zwingenden Grundes darlegungs- und beweispflichtig (L/K Rn. 3).

Liegen keine zwingenden Gründe in diesem Sinne vor, kann der AN beim ArbG Klage auf Zahlung 5 von Abfindungen erheben, wenn er infolge der Abweichung vom Interessenausgleich **entlassen** wird (zu den Rechtsbehelfen des BR §§ 112, 112 a Rn. 9). Der Begriff „Entlassung" ist genauso zu verstehen wie im Rahmen der Betriebsänderung durch Personalabbau. Erfasst werden danach nicht nur (betriebsbedingte) Kündigungen, sondern auch die Beendigung des Arbeitsverhältnisses durch **vom AG veranlasste Aufhebungsverträge und Eigenkündigungen** (DKK/*Däubler* Rn. 14; *Fitting* Rn. 22). Ansprüche entstehen nur dann, wenn ausgesprochene Kündigungen rechtswirksam sind. Gegenüber unwirksamen Kündigungen ist der AN durch das Kündigungsschutzrecht hinreichend geschützt (BAG 31. 10. 1995 AP ArbGG 1979 § 72 Nr. 29; L/K Rn. 5; aA GK-BetrVG/*Fabricius/Oetker* Rn. 46; *Fitting* Rn. 23). Bei Zweifeln über die Rechtswirksamkeit einer Kündigung kann der AN den Nachteilsausgleichsanspruch nach Abs. 1 im Kündigungsschutzprozess hilfsweise für den Fall geltend machen, dass die Rechtswirksamkeit der Kündigung festgestellt wird. Nicht nachteilsausgleichspflichtig sind Entlassungen, die von vornherein im Interessenausgleich vorgesehen sind, insb. solche, die auf einem stellenscharfen Interessenausgleich iSd. § 1 V KSchG beruhen.

Für die **Höhe des Abfindungsanspruchs** gilt § 10 KSchG entsprechend. § 10 KSchG sieht nur 6 Höchstbeträge vor. Innerhalb dieser Höchstbeträge entscheidet das ArbG nach pflichtgemäßem Ermessen. Dabei sind insb. Lebensalter und Betriebszugehörigkeit, die Aussichten des AN auf dem Arbeitsmarkt, aber auch der Grad der Zuwiderhandlung gegen betriebsverfassungsrechtliche Pflichten von Bedeutung (BAG 29. 2. 1972 AP BetrVG 1952 § 72 Nr. 9; *Fitting* Rn. 38). Wegen des Sanktionscharakters des § 113 spielt die wirtschaftliche Vertretbarkeit für das Unternehmen eine untergeordnete Rolle (GK-BetrVG/*Fabricius/Oetker* Rn. 62; DKK/*Däubler* Rn. 16). Der AN braucht keinen bezifferten **Klageantrag** zu stellen. Es genügt der Antrag, „den Beklagten zur Zahlung einer Abfindung zu verurteilen, deren Höhe das Gericht gem. § 10 KSchG festsetzt" (BAG 22. 2. 1983 AP BetrVG 1972 § 113 Nr 7). Vorzutragen sind aber die für die Bemessung der Abfindung maßgeblichen Umstände.

2. Ausgleich sonstiger Nachteile (Abs. 2). Abs. 2 betrifft Nachteile von AN, die infolge einer 7 Betriebsänderung nicht entlassen werden. Derartige Nachteile sind bis zu einem Zeitraum von 12 Monaten auszugleichen. Dabei ist **grds. voller Ausgleich** zu gewähren, dessen Höhe vom ArbG gem. § 287 ZPO zu schätzen ist, wenn ein genauer Betrag nicht ermittelt werden kann (*Fitting* Rn. 43). Der in der Vorschrift genannte Zeitraum von 12 Monaten stellt die äußerste Grenze dar; entfällt der wirtschaftliche Nachteil zu einem früheren Zeitraum, ist der Ausgleichsanspruch entsprechend zu verkürzen. Beispiele für Ausgleichsleistungen sind etwa Fahrtkostenersatz, Ersatz von Umzugskosten, Trennungsentschädigungen oder Lohnausgleichszahlungen.

III. Unterbliebener Versuch eines Interessenausgleichs

Abs. 1 und Abs. 2 gelten entspr., wenn der Unternehmer eine geplante Betriebsänderung nach § 111 8 durchführt, ohne über sie einen Interessenausgleich mit dem BR versucht zu haben. Nachdem die zum 1. 10. 1996 eingeführten Definitionen des „Versuchs" eines Interessenausgleichs in § 113 III 2 BetrVG aF zum 31. 12. 1999 wieder aufgehoben wurden, ist heute wieder auf die Rspr. des BAG vor dem 1. 10. 1996 zurückzugreifen, wonach vom AG verlangt wird, von sich aus die Einigungsstelle anzurufen und erst nach Feststellung des Scheiterns der Verhandlungen in der Einigungsstelle mit dem Betriebsrat zu verhandeln (BAG 18. 12. 1984 AP BetrVG 1972 § 113 Nr. 11; aA L/K Rn. 12; näheres s. §§ 112, 112 a Rn. 8). Die Problematik wird dadurch gemildert, dass die Einigungsstelle gleich nach Beginn des Interessenausgleichsversuchs gebildet werden kann (§ 76 Rn. 3).

Der Verweis auf die Abs. 1 und 2 betrifft nur die Rechtsfolgen, nicht auch die Anspruchsvoraus- 9 setzungen (BAG 17. 9. 1974 AP BetrVG 1972 § 113 Nr. 1; BAG 18. 12. 1984 AP BetrVG 1972 § 113 Nr. 11). Die **Anspruchsvoraussetzungen** richten sich allein nach Abs. 3; danach setzt der Nachteilsausgleich nur voraus, dass die Betriebsänderung für die Entlassung oder den sonstigen Nachteil des AN kausal geworden ist (L/K Rn. 14). Ob diese Nachteile auch entstanden wären, wenn der AG einen Interessenausgleich rechtzeitig versucht hätte, spielt keine Rolle. Ebenso entstehen Ansprüche auf Nachteilsausgleich auch dann, wenn der Unternehmer nachweisen kann, dass für die geplante Betriebsänderung ein zwingender Grund bestanden hat, welcher ein Abweichen vom Interessenausgleich iSd. Abs. 1 gerechtfertigt hätte (BAG 22. 5. 1979 AP BetrVG 1972 § 111 Nr. 3). S. auch BAG 10. 12. 1996 NZA 1996, 787. Das ist bedenklich, soweit der Unternehmer das noch Mögliche getan hat. Entsteht durch eine Betriebsänderung überhaupt kein Nachteil (zB Betriebsaufspaltung), gibt es auch keinen Nachteilsausgleich (LAG Düsseldorf 8. 7. 1998 – 4 Sa 735/98 – nv.). Zu einem Unterlassungsanspruch des BR § 111 Rn. 24. Der Anspruch aus § 113 ist Insolvenz- und nicht Masseforderung, wenn die Stilllegung des Betriebes vor Insolvenzeröffnung begonnen wurde (BAG 22. 10. 2001 ZIP 2002, 1300).

Fünfter Teil. Besondere Vorschriften für einzelne Betriebsarten

Erster Abschnitt. Seeschifffahrt

§ 114 Grundsätze

(1) Auf Seeschifffahrtsunternehmen und ihre Betriebe ist dieses Gesetz anzuwenden, soweit sich aus den Vorschriften dieses Abschnitts nichts anderes ergibt.

(2) [1] Seeschifffahrtsunternehmen im Sinne dieses Gesetzes ist ein Unternehmen, das Handelsschifffahrt betreibt und seinen Sitz im Geltungsbereich dieses Gesetzes hat. [2] Ein Seeschifffahrtsunternehmen im Sinne dieses Abschnitts betreibt auch, wer als Korrespondenzreeder, Vertragsreeder, Ausrüster oder aufgrund eines ähnlichen Rechtsverhältnisses Schiffe zum Erwerb durch die Seeschifffahrt verwendet, wenn er Arbeitgeber des Kapitäns und der Besatzungsmitglieder ist oder überwiegend die Befugnisse des Arbeitgebers ausübt.

(3) Als Seebetrieb im Sinne dieses Gesetzes gilt die Gesamtheit der Schiffe eines Seeschifffahrtsunternehmens einschließlich der in Absatz 2 Satz 2 genannten Schiffe.

(4) [1] Schiffe im Sinne dieses Gesetzes sind Kauffahrteischiffe, die nach dem Flaggenrechtsgesetz die Bundesflagge führen. [2] Schiffe, die in der Regel binnen 24 Stunden nach dem Auslaufen an den Sitz eines Landbetriebs zurückkehren, gelten als Teil dieses Landbetriebs des Seeschifffahrtsunternehmens.

(5) Jugend- und Auszubildendenvertretungen werden nur für die Landbetriebe von Seeschifffahrtsunternehmen gebildet.

(6) [1] Besatzungsmitglieder sind die in § 3 des Seemannsgesetzes genannten Personen. [2] Leitende Angestellte im Sinne des § 5 Abs. 3 dieses Gesetzes sind nur die Kapitäne.

§ 115 Bordvertretung

(1) [1] Auf Schiffen, die mit in der Regel mindestens fünf wahlberechtigten Besatzungsmitgliedern besetzt sind, von denen drei wählbar sind, wird eine Bordvertretung gewählt. [2] Auf die Bordvertretung finden, soweit sich aus diesem Gesetz oder aus anderen gesetzlichen Vorschriften nicht etwas anderes ergibt, die Vorschriften über die Rechte und Pflichten des Betriebsrats und die Rechtsstellung seiner Mitglieder Anwendung.

(2) Die Vorschriften über die Wahl und Zusammensetzung des Betriebsrats finden mit folgender Maßgabe Anwendung:
1. Wahlberechtigt sind alle Besatzungsmitglieder des Schiffes.
2. Wählbar sind die Besatzungsmitglieder des Schiffes, die am Wahltag das 18. Lebensjahr vollendet haben und ein Jahr Besatzungsmitglied eines Schiffes waren, das nach dem Flaggenrechtsgesetz die Bundesflagge führt. § 8 Abs. 1 Satz 3 bleibt unberührt.
3. Die Bordvertretung besteht auf Schiffen mit in der Regel
   5 bis 20 wahlberechtigten Besatzungsmitgliedern aus einer Person,
   21 bis 75 wahlberechtigten Besatzungsmitgliedern aus drei Mitgliedern,
   über 75 wahlberechtigten Besatzungsmitgliedern aus fünf Mitgliedern.
4. (weggefallen)
5. § 13 Abs. 1 und 3 findet keine Anwendung. Die Bordvertretung ist vor Ablauf ihrer Amtszeit unter den in § 13 Abs. 2 Nr. 2 bis 5 genannten Voraussetzungen neu zu wählen.
6. Die wahlberechtigten Besatzungsmitglieder können mit der Mehrheit aller Stimmen beschließen, die Wahl der Bordvertretung binnen 24 Stunden durchzuführen.
7. Die in § 16 Abs. 1 Satz 1 genannte Frist wird auf zwei Wochen, die in § 16 Abs. 2 Satz 1 genannte Frist wird auf eine Woche verkürzt.
8. Bestellt die im Amt befindliche Bordvertretung nicht rechtzeitig einen Wahlvorstand oder besteht keine Bordvertretung, wird der Wahlvorstand in einer Bordversammlung von der Mehrheit der anwesenden Besatzungsmitglieder gewählt; § 17 Abs. 3 gilt entsprechend. Kann aus Gründen der Aufrechterhaltung des ordnungsgemäßen Schiffsbetriebs eine Bordversammlung nicht stattfinden, so kann der Kapitän auf Antrag von drei Wahlberechtigten den Wahlvorstand bestellen. Bestellt der Kapitän den Wahlvorstand nicht, so ist der Seebetriebsrat berechtigt, den Wahlvorstand zu bestellen. Die Vorschriften über die Bestellung des Wahlvorstands durch das Arbeitsgericht bleiben unberührt.

9. Die Frist für die Wahlanfechtung beginnt für Besatzungsmitglieder an Bord, wenn das Schiff nach Bekanntgabe des Wahlergebnisses erstmalig einen Hafen im Geltungsbereich dieses Gesetzes oder einen Hafen, in dem ein Seemannsamt seinen Sitz hat, anläuft. Die Wahlanfechtung kann auch zu Protokoll des Seemannsamtes erklärt werden. Wird die Wahl zur Bordvertretung angefochten, zieht das Seemannsamt die an Bord befindlichen Wahlunterlagen ein. Die Anfechtungserklärung und die eingezogenen Wahlunterlagen sind vom Seemannsamt unverzüglich an das für die Anfechtung zuständige Arbeitsgericht weiterzuleiten.

(3) Auf die Amtszeit der Bordvertretung finden die §§ 21, 22 bis 25 mit der Maßgabe Anwendung, dass
1. die Amtszeit ein Jahr beträgt,
2. die Mitgliedschaft in der Bordvertretung auch endet, wenn das Besatzungsmitglied den Dienst an Bord beendet, es sei denn, dass es den Dienst an Bord vor Ablauf der Amtszeit nach Nummer 1 wieder antritt.

(4) [1]Für die Geschäftsführung der Bordvertretung gelten die §§ 26 bis 36, § 37 Abs. 1 bis 3 sowie die §§ 39 bis 41 entsprechend. [2]§ 40 Abs. 2 ist mit der Maßgabe anzuwenden, dass die Bordvertretung in dem für ihre Tätigkeit erforderlichen Umfang auch die für die Verbindung des Schiffes zur Reederei eingerichteten Mittel zur beschleunigten Übermittlung von Nachrichten in Anspruch nehmen kann.

(5) [1]Die §§ 42 bis 46 über die Betriebsversammlung finden für die Versammlung der Besatzungsmitglieder eines Schiffes (Bordversammlung) entsprechende Anwendung. [2]Auf Verlangen der Bordvertretung hat der Kapitän der Bordversammlung einen Bericht über die Schiffsreise und die damit zusammenhängenden Angelegenheiten zu erstatten. [3]Er hat Fragen, die den Schiffsbetrieb, die Schiffsreise und die Schiffssicherheit betreffen, zu beantworten.

(6) Die §§ 47 bis 59 über den Gesamtbetriebsrat und den Konzernbetriebsrat finden für die Bordvertretung keine Anwendung.

(7) Die §§ 74 bis 105 über die Mitwirkung und Mitbestimmung der Arbeitnehmer finden auf die Bordvertretung mit folgender Maßgabe Anwendung:
1. Die Bordvertretung ist zuständig für die Behandlung derjenigen nach diesem Gesetz der Mitwirkung und Mitbestimmung des Betriebsrats unterliegenden Angelegenheiten, die den Bordbetrieb oder die Besatzungsmitglieder des Schiffes betreffen und deren Regelung dem Kapitän aufgrund gesetzlicher Vorschriften oder der ihm von der Reederei übertragenen Befugnisse obliegt.
2. Kommt es zwischen Kapitän und Bordvertretung in einer der Mitwirkung oder Mitbestimmung der Bordvertretung unterliegenden Angelegenheiten nicht zu einer Einigung, so kann die Angelegenheit von der Bordvertretung an den Seebetriebsrat abgegeben werden. Der Seebetriebsrat hat die Bordvertretung über die weitere Behandlung der Angelegenheit zu unterrichten. Bordvertretung und Kapitän dürfen die Einigungsstelle oder das Arbeitsgericht nur anrufen, wenn ein Seebetriebsrat nicht gewählt ist.
3. Bordvertretung und Kapitän können im Rahmen ihrer Zuständigkeiten Bordvereinbarungen abschließen. Die Vorschriften über Betriebsvereinbarungen gelten für Bordvereinbarungen entsprechend. Bordvereinbarungen sind unzulässig, soweit eine Angelegenheit durch eine Betriebsvereinbarung zwischen Seebetriebsrat und Arbeitgeber geregelt ist.
4. In Angelegenheiten, die der Mitbestimmung der Bordvertretung unterliegen, kann der Kapitän, auch wenn eine Einigung mit der Bordvertretung noch nicht erzielt ist, vorläufige Regelungen treffen, wenn dies zur Aufrechterhaltung des ordnungsgemäßen Schiffsbetriebs dringend erforderlich ist. Den von der Anordnung betroffenen Besatzungsmitgliedern ist die Vorläufigkeit der Regelung bekannt zu geben. Soweit die vorläufige Regelung der endgültigen Regelung nicht entspricht, hat das Schifffahrtsunternehmen Nachteile auszugleichen, die Besatzungsmitgliedern durch die vorläufige Regelung entstanden sind.
5. Die Bordvertretung hat das Recht auf regelmäßige und umfassende Unterrichtung über den Schiffsbetrieb. Die erforderlichen Unterlagen sind der Bordvertretung vorzulegen. Zum Schiffsbetrieb gehören insbesondere die Schiffssicherheit, die Reiserouten, die voraussichtlichen Ankunfts- und Abfahrtszeiten sowie die zu befördernde Ladung.
6. Auf Verlangen der Bordvertretung hat der Kapitän ihr Einsicht in die an Bord befindlichen Schiffstagebücher zu gewähren. In den Fällen, in denen der Kapitän eine Eintragung über Angelegenheiten macht, die der Mitwirkung oder Mitbestimmung der Bordvertretung unterliegen, kann diese eine Abschrift der Eintragung verlangen und Erklärungen zum Schiffstagebuch abgeben. In den Fällen, in denen über eine der Mitwirkung oder Mitbestimmung der Bordvertretung unterliegenden Angelegenheit eine Einigung zwischen Kapitän und Bordvertretung nicht erzielt wird, kann die Bordvertretung dies zum Schiffstagebuch erklären und eine Abschrift dieser Eintragung verlangen.

Kania

fliegerische Tätigkeit der arbeitsvertraglich geschuldeten Gesamttätigkeit das Gepräge geben (BAG 14. 10. 1986 AP BetrVG 1972 § 117 Nr. 5), ua. Piloten, Co-Piloten, Flugingenieure, Navigatoren, Stewards und Stewardessen. Hinzu kommen muss aber die für den Sinn und Zweck von § 117 II prägende Ortsgebundenheit. Deshalb sind Hubschrauberpiloten eines Luftrettungsdienstes, die täglich zu ihrem Stützpunkt zurückkehren, dem Landbetrieb zuzuordnen (BAG 20. 2. 2001 NZA 2001, 1089). Diese Regelung ist verfassungskonform (BAG 5. 11. 1985 AP BetrVG 1972 § 117 Nr. 4).

2 Abs. 2 S. 1 ermöglicht aber für die im Flugbetrieb beschäftigten AN die **Bildung einer bes. Vertretung durch TV**. Errichtung und Wahl der bes. Vertretung können in dem TV abw. vom BetrVG geregelt werden; ebenso zulässig sind vom BetrVG abw. Bestimmungen über die Beteiligungsrechte der Vertretungen (BAG 5. 11. 1985 AP BetrVG 1972 § 117 Nr. 4). Da es sich hier um betriebsverfassungsrechtliche Normen iSv. § 3 II TVG handelt, gelten diese TV für alle Betriebe, deren AG tarifgebunden ist. TV nach Abs. 2 S. 1 bedürfen keiner behördlichen Genehmigung nach § 3 II. Es existieren mehr als 10 derartige TV; hervorzuheben ist der TV für das gesamte Bordpersonal der Deutschen Lufthansa. Der Geltungsbereich des TV kann sich auf die vom Unternehmen betriebenen Flugzeuge erstrecken, auch auf ausländischen Teilstrecken; insofern liegt eine sogenannte „Ausstrahlung" des Betriebes vor (BAG 10. 9. 1985 AP BetrVG 1972 § 117 Nr. 3).

3 Neben einem TV nach Abs. 2 S. 1 kann nach Abs. 2 S. 2 auch ein **TV über die Zusammenarbeit der Vertretungen** für das fliegende Personal mit dem gesetzlichen BR der Landbetriebe abgeschlossen werden. Ein solcher TV bedarf der Zustimmung der zust. obersten Arbeitsbehörde seit dem ReformG vom 28. 7. 2001 nicht mehr. Auf Bundesebene wurde bisher nur ein TV iSv. Abs. 2 S. 2 geschlossen.

4 Für die Frage der **Anwendung des KSchG** behandelt die Sondervorschrift des § 24 I 2 KSchG die Gesamtheit der Luftfahrzeuge als einheitlichen Betrieb (BAG 28. 12. 1956 AP KSchG § 22 Nr. 1).

Dritter Abschnitt. Tendenzbetriebe und Religionsgemeinschaften

§ 118 Geltung für Tendenzbetriebe und Religionsgemeinschaften

(1) ¹Auf Unternehmen und Betriebe, die unmittelbar und überwiegend
1. politischen, koalitionspolitischen, konfessionellen, karitativen, erzieherischen, wissenschaftlichen oder künstlerischen Bestimmungen oder
2. Zwecken der Berichterstattung oder Meinungsäußerung, auf die Artikel 5 Abs. 1 Satz 2 des Grundgesetzes Anwendung findet,

dienen, finden die Vorschriften dieses Gesetzes keine Anwendung, soweit die Eigenart des Unternehmens oder des Betriebs dem entgegensteht. ²Die §§ 106 bis 110 sind nicht, die §§ 111 bis 113 nur insoweit anzuwenden, als sie den Ausgleich oder die Milderung wirtschaftlicher Nachteile für die Arbeitnehmer infolge von Betriebsänderungen regeln.

(2) Dieses Gesetz findet keine Anwendung auf Religionsgemeinschaften und ihre karitativen und erzieherischen Einrichtungen unbeschadet deren Rechtsform.

A. Tendenzbetriebe

I. Normzweck und Normcharakter

1 Die Vorschrift ordnet eine nur eingeschränkte Anwendbarkeit des BetrVG auf Unternehmen und Betriebe, die die aufgeführten geistig-ideellen Zielsetzungen verfolgen, an. Grund dieser Privilegierung ist nach der nunmehr in st. Rspr. geäußerten Ansicht des BAG sowie der hL, ein ausgewogenes Verhältnis „zwischen den **Freiheitsrechten** der Tendenzträger und dem **Sozialstaatsprinzip**" zu schaffen (BAG 22. 4. 1975, 7. 11. 1975, 22. 5. 1979, 19. 5. 1981, 21. 6. 1989 AP BetrVG 1972 § 118 Nr. 2, 4, 13, 18, 43; Richardi/Richardi/Thüsing Rn. 17 ff.; Fitting Rn. 2). Demnach soll die Vorschrift dem Unternehmer einen gegenüber der Beteiligung des BR möglichst breiten Raum bei der Ausübung seiner speziellen Grundrechte gewährleisten. In entspr. Weise hat sich auch das BVerfG zur Funktion des § 118 I bei Pressebetrieben geäußert (BVerfG 6. 11. 1979 AP BetrVG 1972 § 118 Nr. 14).

2 Dem steht die von einem Teil der Lehre vertretene Auffassung gegenüber, der Normzweck des § 118 I bestehe in der **Privilegierung nichtwirtschaftlicher Unternehmen** (GK-BetrVG/Fabricius, 6. Aufl., Rn. 78 ff.). Diese Überzeugung erweist sich jedoch bereits durch einen Blick auf die Gesetzgebungsgeschichte als unzutreffend, denn Idealtypus eines Tendenzbetriebes und primäres Schutzobjekt der Regelung sollten Presseunternehmen sein, die regelmäßig auch im wirtschaftlichen Interesse betrieben werden. Zugleich reduzierte diese Auffassung den Anwendungsbereich der Norm auf ein Maß, das selbst mit ihrem Charakter als Ausnahmebestimmung nicht gerechtfertigt werden könnte. Die hM geht vielmehr zutreffend davon aus, dass ein **Erwerbs- oder gar Gewinnstreben** des Unternehmers der Anwendung des § 118 I **nicht entgegensteht** (BAG 14. 11. 1975 AP BetrVG 1972 § 118 Nr. 5; BAG 27. 7. 1993 AP BetrVG 1972 § 118 Nr. 51; Richardi/Richardi/Thüsing Rn. 41 ff.;

jetzt auch GK-BetrVG/*Fabricius/Weber* Rn. 23). Eine Ausnahme besteht bei karitativen Zwecken (BAG 29. 6. 1988 AP BetrVG 1972 § 118 Nr. 37; s. dazu unten Rn. 11).

Dennoch weist auch die Ansicht der hM, insb. wegen der stereotypen Übernahme der Gesetzes- 3 begründung, Schwächen auf. Es fehlt an einer klaren und genauen Einordnung der Vorschrift in die Grundrechtsdogmatik, die ihre Auslegung wesentlich erleichtern würde. So bleibt fraglich, welche Schutzrichtung des Grundrechts im Vordergrund steht. Bedeutung hat dies vor allem für die in einer neueren Entscheidung des BAG aufgeworfene Frage (BAG 31. 1. 1995 AP BetrVG 1972 § 118 Nr. 56) der **Abdingbarkeit des** § 118. Im Widerspruch zur früheren Rspr. betont das Gericht dort die individuale Schutzrichtung der Vorschrift sowie ihren fehlenden Grundrechtsbezug, soweit sie erzieherische und karitative Unternehmen und Betriebe betrifft (ebenso wieder BAG 5. 10. 2000, NZA 2001, 1325). Inwieweit dies eine Abkehr von der bisherigen Überzeugung des Grundrechtsbezugs einleiten soll, bleibt angesichts der knappen Ausführungen abzuwarten (vgl. Rn. 18). **Redaktionsstatute** mit Beteiligungsrechten eines Redaktionsrates sind im tendenzbezogenen Bereich zulässig (BAG 19. 4. 2001 EzA BetrVG § 118 Nr. 73).

Der Charakter der Norm als **Ausnahmebestimmung** ist hingegen unbestritten (BAG 31. 10. 1975 4 AP BetrVG 1972 § 118 Nr. 3 zu BT-Drucks. VI/2729 S. 17; GK-BetrVG/*Fabricius/Weber* Rn. 33). Streit besteht lediglich darüber, welche Auswirkungen dies auf die **Analogiefähigkeit** der Vorschrift hat (für die analoge Anwendung des § 118 I: ArbG Berlin 25. 11. 1977 AP BetrVG 1972 § 118 Nr. 9; Richardi/*Richardi/Thüsing* Rn. 48; dagegen: BAG 23. 3. 1999 AP BetrVG 1972 § 118 Nr. 66; *Fitting* Rn. 3; DKK/*Wedde* Rn. 20). Letztlich gelangen beide Meinungen einerseits durch Auslegung, andererseits durch Analogie zu identischen Ergebnissen (vgl. BAG 7. 4. 1981 AP BetrVG 1972 § 118 Nr. 16 und ArbG Berlin 25. 11. 1977 AP BetrVG 1972 § 118 Nr. 9). Zu bedenken ist darüber hinaus aber, dass es einen allg. Rechtsgrundsatz, Ausnahmevorschriften seien einer Analogie nicht zugänglich, nicht gibt.

II. Tatbestandsvoraussetzungen

1. Betrieb und Unternehmen. Die Erwähnung beider Begriffe dient – als Reaktion auf die Kontro- 5 versen bei Geltung des § 81 BetrVG 1952 – der Klarstellung, dass ein überwiegend tendenzfreies Unternehmen Tendenzbetriebe und vice versa ein Tendenzunternehmen auch überwiegend tendenzfreie Betriebe unterhalten kann. Die häufig anzutreffende Formulierung, Tendenzschutz bestehe nur, wenn das Unternehmen und der jeweilige Betrieb unmittelbar und überwiegend den in § 118 I genannten Zielsetzungen dienten, ist daher missverständlich (so aber BAG 27. 7. 1993 AP BetrVG 1972 § 118 Nr. 51; *Weber* NZA 1989, Beil. 3, S. 2).

2. Unmittelbarkeit des Dienens. Das Merkmal der Unmittelbarkeit dient als Neuerung gegenüber 6 der Regelung in § 81 BetrVG 1952 der Betonung des Ausnahmecharakters der Vorschrift (zu BT-Drucks. VI/2729 S. 17). Die in Rspr. und Literatur weit verbreitete Umschreibung mit den Worten „der Unternehmenszweck selbst müsse auf die Tendenz ausgerichtet sein" (BAG 31. 10. 1975 AP BetrVG 1972 § 118 Nr. 3; *Fitting* Rn. 13) erleichtert die Anwendung der Vorschrift im Einzelfall kaum. Aus diesem Grund sollten die übrigen von der Rspr. entwickelten Auslegungshilfen herangezogen werden. Danach müssen die AN selbst die Tendenz „erarbeiten" und beeinflussen können, die **Tendenz** muss also im Unternehmen **selbst verwirklicht** werden. Es genügt nicht, wenn der Unternehmenszweck nach seiner wirtschaftlichen Tätigkeit geeignet ist, das eigentliche Tendenzunternehmen zu unterstützen (BAG 31. 10. 1975 AP BetrVG 1972 § 118 Nr. 3). Diese Definition legt auch der oben (Rn. 1 ff.) aufgezeigte Normzweck nahe. Denn eine tendenzschutzbedingte Besserstellung ist nur gerechtfertigt, sofern Ziele angestrebt werden, die dem Schutzbereich der jeweiligen Grundrechte unterfallen. Nur Unternehmen und Betriebe, in denen die AN selbst erzieherisch, wissenschaftlich, künstlerisch usw. tätig werden, können Tendenzschutz genießen (BVerfG 29. 4. 2003 NZA 2003, 864). Das Merkmal „unmittelbar" geht jedoch – wie das Beispiel der Lohndruckereien (s. dazu unten Rn. 15) zeigt – noch darüber hinaus, indem auch an sich grundrechtlich geschützte Bestrebungen aus dem Tendenzschutz wegen fehlender Unmittelbarkeit ausgeklammert werden. Demgegenüber kann der von BAG (21. 6. 1989 AP BetrVG 1972 § 118 Nr. 43) am Beispiel der Forschungsabteilung eines Pharmakonzerns entwickelten weitergehenden Einschränkung nicht zugestimmt werden. Nach Ansicht des Gerichts wird den Anforderungen an die Unmittelbarkeit nicht genügt, wenn die geistigideellen Aufgaben lediglich dazu dienen, einen anderen, nicht tendenzgeschützten Unternehmenszweck zu fördern. Damit setzt es sich in Widerspruch zu seiner – zutreffenden – Überzeugung, ein Erwerbs- oder Gewinnstreben schade der Tendenzfähigkeit nicht.

3. Überwiegendes Dienen. ISd. vorherrschenden sog. **Theorie vom quantitativ-numerischen** 7 **Prinzip** muss ein quantitatives Übergewicht unmittelbar tendenzbezogener Tätigkeiten vorliegen (BAG 21. 6. 1989 AP BetrVG 1972 § 118 Nr. 43; *Fitting* Rn. 14; DKK/*Wedde* Rn. 9). Der früher herrschenden sog. **Geprägetheorie** wurde damit eine Absage erteilt (vgl. dazu BAG 29. 5. 1970 AP BetrVG 1952 § 81 Nr. 13; dagegen L/K Rn. 19). Abzustellen ist weniger auf die – zu Recht – als unzuverlässig geltenden Umsatz- und Gewinnzahlen. Vielmehr ist festzustellen, in welcher Größenordnung das Unternehmen seine personellen und sonstigen Mittel zur Verwirklichung seiner tendenzgeschützten und nicht-tendenzgeschützten Ziele einsetzt. Bei personalintensiven Unternehmen liegt dabei das Hauptaugenmerk auf dem Umfang der für die geschützten Ziele eingesetzten Arbeitszeit aller AN, dh. nicht nur der sog. Tendenzträger (BAG 21. 6. 1989 AP BetrVG 1972 § 118 Nr. 43).

8   **4. Geistig-ideelle Bestimmungen.** Besonderen Schutz sollen zunächst Betriebe erfahren, die **politischen Zwecken** dienen. Erfasst werden davon nicht nur parteipolitische Zielsetzungen verfolgende Unternehmen und Betriebe wie der Verwaltungsapparat politischer Parteien, sondern auch wirtschafts- und sozialpolitische Vereinigungen wie Behindertenverbände oder Wirtschaftsverbände (zu BT-Drucks. VI/2729 S. 17), nicht die Erfüllung staatlicher Aufgaben (BAG 21. 7. 1998 BB 1999, 1116; vgl. auch *Kohte* BB 1999, 1110).

9   **Koalitionspolitischen Bestimmungen** dienen Gewerkschaften und AGVerbände, sofern in ihren Unternehmen oder Betrieben Aufgaben wahrgenommen werden, die den Koalitionen durch Art. 9 III GG zugewiesen sind. Ihr Zweck muss also auf das Gestalten von Arbeits- und Wirtschaftsbedingungen gerichtet sein (BAG 3. 7. 1990 AP BetrVG 1972 § 99 Nr. 81). Bildungs- und Schulungseinrichtungen erfüllen diese Voraussetzungen nur, sofern sie über die Weiterbildung der Mitglieder zur Förderung und Stärkung der gewerkschaftlichen Tätigkeit dienen (zu pauschal daher *Fitting* Rn. 16). Dementsprechend werden rechtlich selbständige, wirtschaftliche Unternehmen der Koalitionen nicht erfasst.

10 Einer genauen Abgrenzung bedürfen wegen der differierenden Rechtsfolgen von § 118 I und II die **konfessionellen Bestimmungen** dienenden Unternehmen und Betriebe. Damit scheiden im Rahmen des Abs. 1 zunächst alle Einrichtungen aus, die von Abs. 2 erfasst werden. Darüber hinaus ist wegen der staatlichen Neutralitätspflicht und der in Art. 4 I GG verankerten Freiheit des religiösen und weltanschaulichen Bekenntnisses eine weite Auslegung des Konfessionsbegriffs geboten. Erfasst werden daher Einrichtungen, deren Aufgaben und Ziele durch eine bestimmte religiöse oder weltanschauliche Überzeugung geprägt sind, wie zB anthroposophische Vereinigungen, Freidenkerverbände, Pfadfinder (*Müller* ArbRGeg. Bd. 19, 50 f.; *Fitting* Rn. 18; DKK/*Wedde* Rn. 26; GK-BetrVG/*Fabricius/Weber* Rn. 88; einschränkend Richardi/*Richardi/Thüsing* Rn. 57).

11 **Karitativen Bestimmungen** dient ein Unternehmen, wenn es sich ohne die Absicht der Gewinnerzielung und ohne eine unmittelbare gesetzliche Verpflichtung zur Aufgabe gemacht hat, körperlich, geistig oder seelisch leidenden Menschen zu helfen (BAG 7. 4. 1971, 29. 6. 1988, 8. 11. 1988, 22. 11. 1995 AP BetrVG 1972 § 118 Nr. 16, 37, 38, 58). Erforderlich ist nicht, dass die Hilfeleistung unentgeltlich erfolgt. Kostendeckende Einnahmen dürfen erzielt werden (BAG 24. 5. 1995 AP BetrVG 1972 § 118 Nr. 57; aA DKK/*Wedde* Rn. 27). Unerheblich ist, wer rechtlich oder wirtschaftlich an dem Unternehmen beteiligt ist oder einen beherrschenden Einfluss ausübt (BAG 29. 6. 1988 AP BetrVG 1972 § 118 Nr. 37). Von einer *unmittelbaren* gesetzlichen Verpflichtung kann jedoch selbst dann nicht ausgegangen werden, wenn die gesamten Anteile in den Händen einer gesetzlich verpflichteten Gebietskörperschaft liegen (BAG 24. 5. 1995 AP BetrVG 1972 § 118 Nr. 57). Hiergegen spricht sich zu Recht *Löwisch* (FS Wlotzke 1996 S. 386 ff.), der auf die fehlende Freiwilligkeit des Unternehmens hinweist, aus. Karitative Unternehmen sind demzufolge beispielsweise das Deutsche Rote Kreuz, Krankenhäuser unter den oben dargelegten Voraussetzungen, Berufsförderungswerke für Behinderte, Drogenberatungsstellen, Altenheime.

12 Für die Verfolgung **erzieherischer Zielsetzungen** genügt es nicht allein, bestimmte Fertigkeiten vermitteln zu wollen. Vielmehr muss außerdem bezweckt werden, durch planmäßige und methodische Unterweisung in einer Mehrzahl allgemeinbildender oder berufsbildender Fächer die Persönlichkeit zu formen, sofern dies mit einer gewissen Nachhaltigkeit geschieht (BAG 21. 6. 1989, 13. 1. 1987, 14. 4. 1988, 22. 5. 1979 AP BetrVG 1972 § 118 Nr. 43, 33, 36, 12; BAG 3. 12. 1987 NZA 1988, 507; *Oldenburg* NZA 1989, 412). Wegen der nur kurzen Einwirkungsmöglichkeit auf den zu erziehenden Menschen dienen zoologische Gärten nicht erzieherischen Bestimmungen (BAG 21. 6. 1989 AP BetrVG 1972 § 118 Nr. 43). Auch Erwachsene können in diesem Sinne noch in ihrer Persönlichkeit geformt und ihre Entwicklung zu einem Glied der menschlichen Gesellschaft gefördert werden (BAG 3. 7. 1990 AP BetrVG 1972 § 99 Nr. 81). Erzieherische Tendenzbetriebe sind daher zB Privatschulen und Berufsbildungswerke, nicht Landessportverband, BAG 23. 3. 1999 BB 1999, 1118.

13 Zur Bestimmung des Begriffs der **Wissenschaft** greift die Rspr. zutreffend auf die zu Art. 5 III GG entwickelte Definition zurück (BAG 21. 6. 1989 AP BetrVG 1972 § 118 Nr. 43; BAG 20. 10. 1990 AP BetrVG 1972 § 118 Nr. 47; aA *Wendeling-Schröder* AuR 1984, 328), der zufolge alles, was nach Inhalt und Form als ernsthafter, planmäßiger Versuch zur Ermittlung der Wahrheit anzusehen ist, Wissenschaft ist (BVerfG 29. 5. 1973 BVerfGE 35, 79). Diese Erfordernisse erfüllen Einrichtungen, die auf dem Gebiet der Grundlagen- oder der anwendungsorientierten Forschung tätig werden, wie die Max-Planck-Gesellschaft, die Fraunhofergesellschaft, Großforschungseinrichtungen, Meinungsforschungsinstitute, Wirtschaftsforschungsinstitute und im Hinblick auf den Normzweck des § 118 I auch industrielle Forschungsbetriebe (aA *Fitting* Rn. 21; DKK/*Wedde* Rn. 34). Auch ein zoologischer Garten kann wissenschaftlichen Bestimmungen dienen, soweit er dazu bestimmt ist, Erkenntnisse über Tierbiologie zu gewinnen oder Methoden der Arterhaltung zu erforschen (BAG 21. 6. 1989 AP

BetrVG 1972 § 118 Nr. 43). Umfassend *Poeche*, Mitbestimmung in wissenschaftlichen Tendenzbetrieben, 1999.

Ebenso stellt die Rspr. zur Definition „künstlerischer Bestimmungen" auf den Inhalt von 14 Art. 5 III GG ab (BAG 8. 3. 1983 AP BetrVG 1972 § 118 Nr. 26; BAG 15. 2. 1989 AP BetrVG 1972 § 118 Nr. 39), mit der Folge, dass sowohl Betätigungen im sog. Werkbereich als auch im sog. Wirkbereich Tendenzcharakter vermitteln können. Letzterem unterfällt aber nicht die Gesellschaft für musikalische Aufführungs- und mechanische Vervielfältigungsrechte (GEMA), da sie lediglich der wirtschaftlichen Verwertung musikalischer Urheberrechte dient (BAG 8. 3. 1983 AP BetrVG 1972 § 118 Nr. 26). Unternehmen mit künstlerischer Zielsetzung sind daher Orchester (BAG 3. 11. 1982 DB 1983, 830), Theater (BAG 4. 8. 1981 AP BetrVG 1972 § 87 Arbeitszeit Nr. 5; BAG 28. 10. 1986 AP BetrVG 1972 § 118 Nr. 32), belletristische Buchverlage (BAG 15. 2. 1989 AP BetrVG 1972 § 118 Nr. 39). Str. ist die Tendenzeigenschaft von Revuen und Zirkusunternehmen (dagegen *Fitting* Rn. 22; dafür *Galperin/Löwisch* BetrVG Rn. 24) sowie Profisportvereinen (dazu *Kania* SpuRt 1994, 121, 125).

Zwecke der Berichterstattung oder Meinungsäußerung nach § 118 I Nr. 2 können beispielsweise 15 Zeitungs- und Zeitschriftenverlage (BAG 7. 11. 1975, 30. 1. 1979, 22. 5. 1979, 19. 5. 1981, 30. 1. 1990, 14. 1. 1992 AP BetrVG 1972 § 118 Nr. 4, 11, 13, 18, 21, 44, 49; vgl. auch *Dieterich* Art. 5 Rn. 79 ff.); Rundfunk- und Fernsehsender, auch wenn sie nur zu 10% Wortbeiträge senden (BAG 11. 2. 1992 AP BetrVG 1972 § 118 Nr. 50; BAG 27. 3. 1993 NZA 1994, 329); Presse- und Nachrichtenagenturen (DKK/*Wedde* Rn. 44) verfolgen. Buchverlage können sowohl Bestimmungen nach Nr. 1 als auch Zwecken iSv. Nr. 2 dienen (BAG 14. 11. 1975 AP BetrVG 1972 § 118 Nr. 5; BAG 15. 2. 1989 AP BetrVG 1972 § 118 Nr. 39). Das Fehlen der in Art. 5 I 2 GG aufgeführten Presse hat also nicht zur Folge, dass Presseunternehmen keinen Tendenzschutz genießen. Gleichwohl lässt sich dieser Abweichung vom Grundrechtswortlaut entnehmen, dass diese eben nur dem Anwendungsbereich des § 118 I unterfallen, sofern sie Zwecken der Berichterstattung (Weitergabe von Tatsachen) und der Meinungsäußerung (Abgabe von wertenden Stellungnahmen) dienen. Adressbuch- oder Telefonbuchverlage, die zwar durch Art. 5 GG geschützt sind, sind damit keine Tendenzbetriebe (BAG 27. 8. 1968 AP BetrVG 1952 § 81 Nr. 10; aA *Galperin/Löwisch* BetrVG Rn. 25 ff.).

Druckereien sind nach Ansicht des BAG ebenfalls im Regelfall keine Tendenzunternehmen (BAG 16 22. 2. 1966, 27. 8. 1968, 29. 5. 1970, AP BetrVG 1952 § 81 Nr. 4, 11, 13; BAG 31. 10. 1975, 30. 6. 1981 AP BetrVG 1972 § 118 Nr. 3, 20). Entgegen anderer Aussagen in der Kommentarliteratur (*Fitting* Rn. 27; DKK/*Wedde* Rn. 45) verneint die Rspr. sogar dann den Tendenzcharakter, wenn die Druckerei ein selbständiges Unternehmen oder einen selbständigen Betrieb darstellt, überwiegend aber eine verlagseigene Zeitung druckt (vgl. BAG 31. 10. 1975 AP BetrVG 1972 § 118 Nr. 3). Etwas anderes soll dann gelten, wenn das Druckunternehmen selbst Einfluss auf die Tendenzverwirklichung nehmen kann oder wenn es die wirtschaftliche Existenz des Verlagsunternehmens sichern soll, was indessen auch dann nicht der Fall ist, wenn das Druckunternehmen abhängiges Unternehmen in einem sog. Tendenzkonzern ist (BAG 30. 6. 1981 AP BetrVG 1972 § 118 Nr. 20). Die Diskussion der Problematik an dieser Stelle offenbart eine allg. Schwäche bei der Auslegung der Vorschrift durch Rspr. und Lehre, die Grenzen zwischen den einzelnen Tatbestandsmerkmalen zu verwischen. Denn an sich stellt sich nicht die Frage, ob Druckereien den genannten Zwecken dienen, sondern ob sie ihnen *unmittelbar* dienen.

III. Rechtsfolgen

1. Absoluter Ausschluss der §§ 106 bis 110. § 118 I S. 2, 1. Halbs. ordnet die Unanwendbarkeit 17 der §§ 106 bis 110 an. Da es sich um Vorschriften handelt, die nur auf Unternehmensebene relevant werden, kommt es hier auf die Tendenzeigenschaft des Unternehmens an. In Tendenzunternehmen entfällt damit die Pflicht zur Errichtung eines Wirtschaftsausschusses sowie zur Unterrichtung der AN über die wirtschaftliche Lage und Entwicklung des Unternehmens gem. § 110. Dagegen findet nach Ansicht der Rspr. § 43 II S. 3 uneingeschränkt Anwendung (BAG 8. 3. 1977 AP BetrVG 1972 § 43 Nr. 1; aA HSG/*Hess* Rn. 53). Das BAG hat die Verfassungsmäßigkeit des Ausschlusses entgegen anderslautender Literaturmeinungen bestätigt (BAG 14. 11. 1975 AP BetrVG 1972 § 118 Nr. 5; BAG 7. 4. 1981 AP BetrVG 1972 § 118 Nr. 16; aA ArbG Berlin 25. 11. 1977 AP BetrVG 1972 § 118 Nr. 9; DKK/*Wedde* Rn. 56; *Ihlefeld* RdA 1977, 233). Das BVerfG (15. 12. 1999 EzA BetrVG 1972 § 118 Nr. 70, 71) bestätigt ausdrücklich, dass Mitbestimmungsrechte von Verfassungs wegen ausgeschlossen sind, soweit durch sie die von der Pressefreiheit geschützte Tendenzentscheidung und ihre Durchführung eingeschränkt wird. Dies muss für andere „Tendenzen" als Presse ebenso gelten.

2. Eingeschränkter Ausschluss der §§ 111 bis 113. § 118 I 2, 2. Halbs. erklärt die §§ 111 bis 113 18 nur insoweit für anwendbar, als sie den Ausgleich und die Milderung wirtschaftlicher Nachteile für die AN infolge von Betriebsänderungen regeln. Mit dieser Formulierung nimmt die Vorschrift auf die Definition des Sozialplanes in § 112 I 2 Bezug, so dass in Tendenzbetrieben nach überwiegender Ansicht nur die ihn betreffenden Vorschriften anwendbar bleiben (BAG 17. 8. 1982 AP BetrVG 1972 § 111 Nr. 11; ArbG Frankfurt 26. 9. 1995 BB 1996, 1063; Richardi/*Richardi/Thüsing* Rn. 171; *Hanau*

BB 1973, 903). Der Abschluss eines Interessenausgleiches muss dagegen nicht angestrebt werden (str., aA DKK/*Wedde* Rn. 61). Allerdings bleibt die Pflicht des AG, gem. § 17 II S. 2 KSchG mit dem BR über die Vermeidung und Einschränkung von Entlassungen sowie die Milderung ihrer Folgen zu beraten, bestehen. Der Ausschluss des Interessenausgleichs schließt auch § 125 InsO aus, doch dürfte die Vorschrift anwendbar sein, wenn der Unternehmer auf den Ausschluss des Interessenausgleichs verzichtet. Dies kann allgemein oder im Einzelfall geschehen. Anderenfalls wäre der beabsichtigte Schutz des Tendenzunternehmers verfehlt. Zu Nachteilsausgleichsansprüchen gem. § 113 III BetrVG kann es nach Auffassung des BAG kommen, wenn der AG eine Betriebsänderung durchführt, ohne den BR rechtzeitig unterrichtet und Verhandlungen über einen Sozialplan ermöglicht zu haben (BAG 27. 10. 1998 AP BetrVG 1972 § 118 Nr. 65).

19 **3. Relativer Ausschluss der übrigen Vorschriften.** Die übrigen Vorschriften finden laut § 118 I 1 keine Anwendung, „soweit die Eigenart des Unternehmens oder des Betriebs dem entgegensteht".

20 a) **Allgemeines.** Die sog. Eigenartsklausel ermöglicht eine tendenzrelative Anwendung der betriebsverfassungsrechtlichen Vorschriften, indem sie die Möglichkeit offen hält, zum einen bestimmte Vorschriften uneingeschränkt bestehen zu lassen und zum anderen Regelungen auch nur tw. anzuwenden. So entspricht es übereinstimmender Auffassung, Anhörungs-, Beratungs- und Informationsrechte des BR als grds. tendenzunschädlich anzusehen und echte Mitbestimmungsrechte auf diese Beteiligungsrechte zu reduzieren (BAG 22. 4. 1975 AP BetrVG 1972 § 118 Nr. 2; BAG 31. 5. 1983 AP BetrVG 1972 § 118 Nr. 27; *Fitting* Rn. 38). Diesen Beteiligungsrechten wird die Wirkung abgesprochen, der Eigenart des Tendenzunternehmens bzw. -betriebes entgegenstehen zu können. Denn „entgegenstehen" erfordert nach st. Rspr. des BAG mehr als nur ein Beeinträchtigen, Berühren oder Erschweren. Entscheidend ist vielmehr, ob die Alleinentscheidung des AG aus Tendenzschutzgründen notwendig ist (BAG 22. 4. 1975 AP BetrVG 1972 § 118 Nr. 2; BAG 19. 5. 1981 AP BetrVG 1972 § 118 Nr. 18). Zur Feststellung, ob eine Vorschrift der „Eigenart" eines Betriebs oder Unternehmens entgegensteht, haben Rspr. und Lehre eine – insb. für den Bereich der personellen Mitbestimmung bedeutsame – Systematik entwickelt. Zunächst muss es sich um eine einen **Tendenzträger** betreffende Maßnahme handeln. Des Weiteren muss diese Maßnahme einen Tendenzbezug aufweisen, also **aus tendenzbedingten Gründen** erfolgen (sog. Maßnahmetheorie: BAG 30. 1. 1979, 28. 10. 1986, 8. 5. 1990, 27. 7. 1993 AP BetrVG 1972 § 118 Nr. 11, 32, 46, 51; *Fitting* Rn. 30, 36; HSG/*Hess* Rn. 28). Tendenzträger ist derjenige AN, für dessen Tätigkeit die Bestimmungen und Zwecke der in § 118 I genannten Unternehmen und Betriebe prägend sind und der daher die Möglichkeit der inhaltlichen Einflussnahme auf die Tendenzverwirklichung hat, wobei es unschädlich ist, wenn er im Einzelfall nach gewissen RL oder Weisungen arbeitet (BAG 28. 10. 1986 AP BetrVG 1972 § 118 Nr. 32). Als Tendenzträger wurden bisher anerkannt: Redakteure bei Tageszeitungen (BAG 7. 11. 1975 AP BetrVG 1972 § 118 Nr. 4), Sportredakteure (BAG 9. 12. 1975 AP BetrVG 1972 § 118 Nr. 7), Redakteure eines Rundfunksenders (BAG 11. 2. 1992 NZA 1992, 705), hauptamtliche Funktionäre in Koalitionen und politischen Parteien (BAG 6. 12. 1979 AP KSchG 1969 § 1 Verhaltensbedingte Kündigung Nr. 2), Lehrer und Erzieher einer privaten Ersatzschule (BAG 22. 5. 1979 AP BetrVG 1972 § 118 Nr. 12), Redaktionsvolontäre (BAG 19. 5. 1981 AP BetrVG 1972 § 118 Nr. 21), Solo- und Erster Hornist eines Orchesters (BAG 3. 11. 1982 AP BetrVG 1972 § 118 Nr. 25), Psychologen eines Berufsförderungswerks (BAG 8. 11. 1988 AP BetrVG 1972 § 118 Nr. 38), Wissenschaftler mit Forschungsaufgaben (BAG 20. 11. 1990 AP BetrVG 1972 § 118 Nr. 47; LAG Berlin 18. 10. 1982 BB 1983, 502).

21 b) **Organisatorische Vorschriften, §§ 1 bis 73.** Die Organisation der Betriebsverfassung unterliegt im Regelfall keinen tendenzschutzbedingten Einschränkungen. Dies gilt auch für das durch § 2 II eingeräumte Zutrittsrecht der Gewerkschaften (BAG 14. 2. 1978 AP GG Art. 9 Nr. 26), es sei denn, es handelt sich um einen AGVerband oder um eine andere Gewerkschaft (*Fitting* Rn. 31). Ebenfalls keine Einschränkung erfährt nach umstrittener Auffassung des BAG die Verpflichtung des AG zur Erstattung des Jahresberichts nach § 43 II (s. Rn. 17).

22 c) **Allg. Vorschriften der Mitwirkung und Mitbestimmung, §§ 74 bis 80 sowie §§ 81 bis 86.** Tendenzschutzbedingten Einschränkungen unterliegen hier lediglich die durch § 75 aufgestellten Grundsätze über die Behandlung der Betriebsangehörigen, so dass zB in Betrieben politischer Parteien ein tendenzentsprechendes Auftreten und Verhalten verlangt werden kann. Die Tendenzeigenschaft eines Betriebs oder Unternehmens steht auch nicht dem durch § 80 II 2 gewährten Einblicksrecht des BR in die Gehaltslisten entgegen (BAG 22. 5. 1979 AP BetrVG 1972 § 118 Nr. 12; BAG 30. 6. 1981 AP BetrVG 1972 § 80 Nr. 15). Unberührt bleiben auch die §§ 81 bis 86.

23 d) **Soziale Angelegenheiten, §§ 87 bis 89.** Eine Einschränkung der Mitbestimmungsrechte in sozialen Angelegenheiten kommt idR nicht in Betracht, da mit ihnen meist der tendenzneutrale Arbeitsablauf im Betrieb geregelt wird (BAG 30. 1. 1990 AP BetrVG 1972 § 118 Nr. 44; BAG 13. 2. 1990 AP BetrVG 1972 § 118 Nr. 45; *Fitting* Rn. 32). Bedeutung für die Tendenzverwirklichung kann § 87 Nr. 1 haben (BAG 28. 5. 2002 NZA 2003, 166 zu Ethikregeln für Redakteure). Bedeutung kann der Tendenzschutz weiter bei der Festlegung der **Arbeitszeit** gem. § 87 I Nrn. 2, 3 erlangen. Dies gilt beispielsweise für die Entscheidung des Schulträgers einer privaten Ersatzschule über die Einrichtung

von Nachmittagsunterricht (BAG 13. 1. 1987 AP BetrVG 1972 § 118 Nr. 33); die Bestimmung von Probenbeginn und -ende in Theaterunternehmen, soweit der BR dabei über die Gesamtdauer der Proben mitbestimmen und damit die künstlerische Qualität der Aufführung beeinflussen kann (BAG 4. 8. 1981 AP BetrVG 1972 § 87 Arbeitszeit Nr. 5); Beginn und Ende der täglichen Arbeitszeit von Redakteuren, sofern deren Festlegung nicht nur aus technisch-organisatorischen Gründen, sondern wegen der Aktualität oder der inhaltlichen Ausgestaltung der Berichterstattung erfolgt (BAG 22. 5. 1979, 14. 1. 1992, 11. 2. 1992 AP BetrVG 1972 § 118 Nr. 13, 49, 50). BVerfG 15. 12. 1999 (Rn. 17) nennt als mitbestimmungsfreie Entscheidungen: Erscheinungstermin, regelmäßige Wochenarbeitszeit, Redaktionsschluss, Einführung und zeitlicher Umfang von Redaktionskonferenzen, Einsatz von Redakteuren, Zeitvorgaben zur Berichterstattung über ein Großereignis, nicht dagegen regelmäßige Verteilung der Arbeitszeit auf die Wochentage, nach BVerfG 15. 12. 1999 (NZA 2000, 264) auch nicht Sollandruckzeiten. Gleiches muss für die Arbeitszeit von Wissenschaftlern in Forschungseinrichtungen gelten, deren arbeitszeitrechtlicher Sonderstatus bereits eine Anerkennung in § 14 II ArbZG gefunden hat. Soweit EDV-Systeme in die Forschung eines wissenschaftlichen Tendenzbetriebes integriert werden, bestehen keine Mitbestimmungsrechte nach **§ 87 I Nr. 6**, wohl aber, wenn sie zu Überwachungszwecken eingesetzt werden (LAG München 17. 9. 1987 CR 1988, 562). Das Mitbestimmungsrecht gem. **§ 87 I Nr. 10** kann entfallen, sofern die Regelung Entgeltformen betrifft, die gerade die Tendenz fördern sollen, indem sie etwa die AN zu bes. Leistungen für die Tendenzverwirklichung anspornen und sie dafür honorieren sollen (BAG 31. 1. 1984 AP BetrVG 1972 § 87 Lohngestaltung Nr. 15; BAG 13. 2. 1990 AP BetrVG 1972 § 118 Nr. 45; verkannt von BAG 17. 12. 1980 AP BetrVG 1972 § 87 Lohngestaltung Nr. 4, wo die Zulagen die Gewinnung und Bindung besonders qualifizierter wissenschaftlicher Mitarbeiter bezweckten; ebenfalls verkannt von BAG 3. 8. 1982 AP BetrVG 1972 § 87 Lohngestaltung Nr. 12; *Endlich* NZA 1990, 12).

e) **Personelle Angelegenheiten, §§ 92 bis 105.** Die Unterrichtungs- und Beratungsverpflichtungen 24 des AG über die Personalplanungen gem. § 92 bestehen nach Auffassung des BAG in einem Tendenzbetrieb auch hinsichtlich der Tendenzträger fort (BAG 6. 11. 1990 AP BetrVG 1972 § 92 Nr. 3; aA unter Hinweis auf die dann vorhandenen Unstimmigkeiten mit der Regelung des § 118 I 2: *Hanau* BB 1973, 901; Richardi/*Richardi/Thüsing* Rn. 153). Dem Verlangen des BR, gem. § 93 vakante Arbeitsplätze innerbetrieblich auszuschreiben, steht die Eigenart des Tendenzunternehmens idR auch dann nicht entgegen, wenn sich die Ausschreibung auf sog. Tendenzträger erstrecken soll, da dem AG auch dann die Auswahl freisteht (BAG 30. 1. 1979 AP BetrVG 1972 § 118 Nr. 11; *Fitting* Rn. 33; krit. bei wissenschaftlichen Tendenzbetrieben, die auf den Zulauf externer Wissenschaftler angewiesen sind: *Hanau* BB 1973, 901). Dagegen entfällt das Zustimmungserfordernis nach § 94 I bei in Einstellungsfragebögen eines wissenschaftlichen Tendenzbetriebes enthaltenen Fragen nach einem Engagement im früheren Ministerium für Staatssicherheit (BAG 21. 9. 1993 AP BetrVG 1972 § 94 Nr. 4) oder bei formalinhaltlichen Fragen nach Aktienbesitz bei der Einstellung von Wirtschaftsredakteuren (BAG 28. 5. 2002 AuR 2002, 268). Entspr. Einschränkungen müssen bei der Aufstellung von Beurteilungsgrundsätzen nach § 94 II sowie von AuswahlRL iSd. § 95 gemacht werden (*Fitting* Rn. 33). Keiner Einschränkung unterliegen die Vorschlags- und Beratungsrechte des BR im Rahmen der **betrieblichen Berufsbildung gem. §§ 96, 97**. Anderes gilt hingegen für die Rechte aus § 98, soweit es sich um die Ausbildung von Tendenzträgern handelt, denn hinsichtlich ihrer Auswahl und der Auswahl des Ausbilders trifft der AG eine tendenzrelevante Entscheidung (L/K Rn. 31; aA DKK/*Wedde* Rn. 87).

Im Rahmen der **personellen Einzelmaßnahmen** findet der Tendenzschutz in § 118 I sein Haupt- 25 anwendungsgebiet. Wiederum gelten hier die oben dargelegten (Rn. 20) Voraussetzungen, nach denen die Maßnahme zunächst einen sog. Tendenzträger betreffen und außerdem aus tendenzbedingten Gründen erfolgen muss. Letzteres wird bei **Einstellungen** und **Versetzungen** eines Tendenzträgers grds. vermutet (BAG 9. 12. 1975, 19. 5. 1981, 28. 10. 1986 AP BetrVG 1972 § 118 Nr. 7, 18, 32). Entsprechend entfällt hier das Zustimmungsverweigerungsrecht des BR gem. § 99 II und zwar unabhängig davon, ob der BR die Zustimmung aus tendenzbedingten oder tendenzneutralen Gründen verweigern möchte (so ausdrücklich BAG 27. 7. 1993 AP BetrVG 1972 § 118 Nr. 51; noch zweifelnd BAG 28. 10. 1986 AP BetrVG 1972 § 118 Nr. 32; aA LAG Düsseldorf 14. 11. 1990 LAGE BetrVG 1972 § 118 Nr. 15; DKK/*Wedde* Rn. 88 ff.). Dagegen bleiben die Rechte auf Information, Vorlage der Bewerbungsunterlagen, Beratung und Äußerung von Bedenken bestehen (BAG 9. 12. 1975, 19. 5. 1981 AP BetrVG 1972 § 118 Nr. 7, 18, 21). Bei **Eingruppierungsmaßnahmen** bestehen die Rechte des BR unvermindert fort, da es sich hierbei nicht um rechtsgestaltende, sondern um rechtsbeurteilende Maßnahmen handelt (BAG 31. 5. 1983 AP BetrVG 1972 § 118 Nr. 27; aA *Meusel* NZA 1987, 658). Verletzt der AG die auch im Tendenzbetrieb weiterhin bestehenden Rechte aus § 99, so trifft ihn die Rechtsfolge des § 101 (BAG 8. 5. 1990 AP BetrVG 1972 § 118 Nr. 46).

Ähnliches gilt für die **Beteiligung des BR nach § 102**. Wird einem Tendenzträger aus tendenz- 26 bedingten Gründen gekündigt, so entfällt nach hM das Widerspruchsrecht des BR gem. § 102 III und infolge dessen auch die Weiterbeschäftigungsverpflichtung nach § 102 V. Der BR ist indessen anzuhören, ihm sind alle Kündigungsgründe – auch die tendenzbezogenen – mitzuteilen (BVerfG 7. 11. 1975 AP BetrVG 1972 § 118 Nr. 4; BAG 6. 11. 1979 AP BetrVG 1972 § 118 Nr. 14). Der BR kann

Einwendungen gegen die Kündigung aus sozialen Gesichtspunkten erheben (BAG 7. 11. 1975 AP BetrVG 1972 § 118 Nr. 4), wobei unklar bleibt, mit welcher Folge (DKK/*Wedde* Rn. 95 für die Folge der Weiterbeschäftigung). Eine Stellungnahme des BR zu tendenzbezogenen Kündigungsgründen ist mit § 118 unvereinbar (BVerfG 15. 12. 1999 NZA 2000, 264). Eine Kündigung wegen Leistungsmängeln muss nicht notwendig tendenzbedingt sein (BAG 3. 11. 1982 AP KSchG § 15 Nr. 12).

27 Im **Streitfall** trifft den AG die Beweislast dafür, dass sein Betrieb ein Tendenzbetrieb ist und die Ausübung der Mitbestimmungsrechte der Eigenart des Betriebs entgegensteht (DKK/*Wedde* Rn. 115; *Prütting*, Gegenwartsprobleme der Beweislast, 1983, S. 317 ff.).

B. Religionsgemeinschaften

I. Normzweck

28 Im Unterschied zur Regelung des § 118 I schließt § 118 II Religionsgemeinschaften und ihre karitativen und erzieherischen Einrichtungen insgesamt aus dem Anwendungsbereich des BetrVG aus. Damit wird nach Ansicht der Rspr. den in Art. 140 GG iVm. Art. 137 III WRV zum Ausdruck kommenden verfassungsrechtlichen Geboten, den „Religionsgesellschaften" die selbständige Regelung ihrer Angelegenheiten innerhalb der Schranken des für alle geltenden Gesetzes, entsprochen (BVerfG 11. 10. 1977 AP GG Art. 140 Nr. 1; BAG 9. 2. 1982, 14. 4. 1988, 24. 7. 1991 AP BetrVG 1972 § 118 Nr. 24, 36, 48; aA DKK/*Wedde* Rn. 105).

29 Der Ausnahmetatbestand umfasst nicht die öffentlich-rechtlich organisierten Kirchen. Sie werden bereits durch § 130 aus dem BetrVG ausgeklammert (s. § 130 Rn. 4). § 118 II betrifft daher nur privatrechtlich organisierte Religionsgemeinschaften sowie ihre karitativen und erzieherischen Einrichtungen.

II. Tatbestandsvoraussetzungen

30 **1. Der Begriff der Religionsgemeinschaft** in § 118 II ist ebenso zu verstehen wie der Begriff der Religionsgesellschaft iSd. Art. 137 III WRV (BAG 24. 7. 1991 AP BetrVG 1972 § 118 Nr. 48). Damit werden von der Regelung Weltanschauungsgesellschaften nicht erfasst. Indessen stellt Art. 137 VII WRV diese den „Religionsgesellschaften" gleich. Entspr. erstreckt ein großer Teil der Lehre § 118 II auch auf diese Gemeinschaften (*Fitting* Rn. 56; DKK/*Wedde* Rn. 106; zu Recht aA GK-BetrVG/*Fabricius*/*Weber* Rn. 221). Über ihre Einbeziehung ist wegen des Wortlauts von § 118 II – trotz bestehender verfassungsrechtlicher Bedenken hinsichtlich der Regelung des Art. 137 VII WRV – nur im Wege einer verfassungskonformen Auslegung oder einer analogen Anwendung zu entscheiden (für eine freilich nicht näher konkretisierte „weite" Auslegung: BAG 21. 11. 1975 AP BetrVG 1972 § 118 Nr. 6). Keine Religionsgemeinschaft ist die Scientology-Kirche (BAG 22. 3. 1995 AP ArbGG 1979 § 5 Nr. 21). Von § 118 II wird der gesamte Verwaltungsapparat, einschließlich der örtlichen und überörtlichen Dienststellen unabhängig von deren Rechtsform und Selbständigkeit (*Fitting* Rn. 56) erfasst. Andere Einrichtungen können wegen der expliziten Aufzählung der karitativen und erzieherischen Einrichtungen nicht unter den Begriff der Religionsgemeinschaften subsumiert werden. In Betracht kommt nur die Anwendung des § 118 I (ebenso *Fitting* Rn. 57; vgl. aber zur abw. Rechtsentwicklung Rn. 32).

31 **2. Das Vorliegen karitativer und erzieherischer Einrichtungen** ist anhand der oben (Rn. 11 f.) zu § 118 I dargelegten Kriterien festzustellen (ebenso BAG 14. 4. 1988 AP BetrVG 1972 § 118 Nr. 36; im Widerspruch dazu BAG 24. 11. 1981 AP ArbGG 1979 § 72 a Divergenz Nr. 10; GK-BetrVG/*Fabricius*/*Weber* Rn. 225).

32 Die ausdrückliche gesetzliche Beschränkung auf diese Arten von Einrichtungen wird durch die weitgehend uferlose verfassungsrechtliche Definition des Selbstbestimmungsrechts der Religionsgemeinschaften stark verwässert. Das BAG geht zT soweit, auch die Definition dessen, was karitativ bzw. erzieherisch ist, dem verfassungsrechtlich garantierten Selbstbestimmungsrecht zuzuordnen und damit diesen selbst zu überlassen (BAG 24. 11. 1981 AP ArbGG 1979 § 72 a Divergenz Nr. 10). Die Folge ist eine anhand des Gesetzeswortlauts und der Gesetzessystematik nicht mehr nachvollziehbare Subsumtionspraxis der Rspr., die zB ohne nähere Begründung selbst den rechtlich selbständigen evangelischen Presseverband über die Vorschrift des § 118 II von der Anwendung des BetrVG freistellt (BAG 24. 7. 1991 AP BetrVG 1972 § 118 Nr. 48; krit. auch *Fitting* Rn. 60 sowie gegen die Aufnahme sonstiger Einrichtungen GK-BetrVG/*Fabricius*/*Weber* Rn. 225). Darüber hinaus wurden als Einrichtungen iSd. Vorschrift Kindergärten (BAG 9. 2. 1982 AP BetrVG 1972 § 118 Nr. 24) sowie Altersheime, Schulen und Krankenhäuser (BAG 21. 11. 1975 AP BetrVG 1972 § 118 Nr. 6; BAG 6. 12. 1977 AP BetrVG 1972 § 118 Nr. 10) anerkannt.

33 **3. „Ihre" Einrichtungen.** Während die Rspr. früher zur Feststellung einer hinreichenden Zuordnung zu der Religionsgemeinschaft darauf abstellte, ob die Einrichtung unter Verwaltung und Aufsicht kirchlicher Organe steht (BAG 21. 11. 1975 AP BetrVG 1972 § 118 Nr. 6), genügte nach späterer

Auffassung allein, ob die Gemeinschaft nach ihrem Selbstverständnis die Einrichtung als die ihrige begreift (BAG 6. 12. 1977 AP BetrVG 1972 § 118 Nr. 10; einschränkend und mit ausf. Begründung allerdings BAG 14. 4. 1988 AP BetrVG 1972 § 118 Nr. 36; BAG 30. 4. 1997 AP BetrVG 1972 § 118 Nr. 60 wonach ein – nicht notwendig satzungsmäßig abgesicherter – ordnender und verwaltender Einfluss der Kirche erforderlich ist). Heute ist weitgehend geklärt, dass die Möglichkeit kirchlicher Einflussnahme und die Bindung an den kirchlichen Sendungsauftrag kumulativ vorliegen müssen (BAG 31. 7. 2002, NZA 2002, 1409; *Hanau/Thüsing*, Kirche & Recht 2002, 9).

Sechster Teil. Straf- und Bußgeldvorschriften

§ 119 Straftaten gegen Betriebsverfassungsorgane und ihre Mitglieder

(1) Mit Freiheitsstrafe bis zu einem Jahr oder mit Geldstrafe wird bestraft, wer
1. eine Wahl des Betriebsrats, der Jugend- und Auszubildendenvertretung, der Bordvertretung, des Seebetriebsrats oder der in § 3 Abs. 1 Nr. 1 bis 3 oder 5 bezeichneten Vertretungen der Arbeitnehmer behindert oder durch Zufügung oder Androhung von Nachteilen oder durch Gewährung oder Versprechen von Vorteilen beeinflusst,
2. die Tätigkeit des Betriebsrats, des Gesamtbetriebsrats, des Konzernbetriebsrats, der Jugend- und Auszubildendenvertretung, der Gesamt-Jugend- und Auszubildendenvertretung, der Konzern-Jugend- und Ausbildungsvertretung, der Bordvertretung, des Seebetriebsrats, der in § 3 Abs. 1 bezeichneten Vertretungen der Arbeitnehmer, der Einigungsstelle, der in § 76 Abs. 8 bezeichneten tariflichen Schlichtungsstelle, der in § 86 bezeichneten betrieblichen Beschwerdestelle oder des Wirtschaftsausschusses behindert oder stört, oder
3. ein Mitglied oder ein Ersatzmitglied des Betriebsrats, des Gesamtbetriebsrats, des Konzernbetriebsrats, der Jugend- und Auszubildendenvertretung, der Gesamt-Jugend- und Auszubildendenvertretung, der Konzern-Jugend- und Ausbildungsvertretung, der Bordvertretung, des Seebetriebsrats, der in § 3 Abs. 1 bezeichneten Vertretungen der Arbeitnehmer, der Einigungsstelle, der in § 76 Abs. 8 bezeichneten Schlichtungsstelle, der in § 86 bezeichneten betrieblichen Beschwerdestelle oder des Wirtschaftsausschusses um seiner Tätigkeit willen oder eine Auskunftsperson nach § 80 Abs. 2 Satz 3 um ihrer Tätigkeit willen benachteiligt oder begünstigt.

(2) Die Tat wird nur auf Antrag des Betriebsrats, des Gesamtbetriebsrats, des Konzernbetriebsrats, der Bordvertretung, des Seebetriebsrats, einer der in § 3 Abs. 1 bezeichneten Vertretungen der Arbeitnehmer, des Wahlvorstands, des Unternehmers oder einer im Betrieb vertretenen Gewerkschaft verfolgt.

1. Vorbemerkung. Die Strafvorschriften des § 119 richten sich **gegen jedermann**, somit nicht nur 1
gegen den AG und dessen Vertreter, sondern auch gegen AN, Betriebsangehörige, die nach § 5 II nicht als AN gelten, leitende Angestellte, sowie außenstehende Dritte wie Funktionäre der AGVerbände und Gewerkschaften (*Fitting* Rn. 1). Strafbar sind alle Formen der Tatbegehung gem. den §§ 25, 26, 27 StGB. Eine Strafbarkeit durch Unterlassen kann nur bei einer Garantenstellung relevant sein. Eine solche kann sich für den AG aus einer gesetzlich normierten Duldungs-, Auskunfts- und Unterstützungspflicht ergeben. Aus § 15 StGB ergibt sich, dass nur die vorsätzliche Begehung strafbar ist. Der Versuch ist mangels einer ausdrücklichen Regelung, da § 119 lediglich ein Vergehen darstellt (§ 23 I StGB), nicht strafbar.

2. Die Tatbestände. a) Tatbestand Nr. 1. Schutzgut ist die **unbeeinflusste Wahl** des BR oder der 2
anderen hier abschließend genannten ANvertretungen. Es gelten die Grundsätze des § 20, die durch die Strafsanktion des § 119 I Nr. 1 verstärkt werden sollen. Unzulässig ist alles, was in sittlich anstößiger Weise durch Zufügung oder Androhung von Nachteilen oder durch Gewährung oder Versprechung von Vorteilen die Stimmabgabe und das Wahlergebnis beeinflussen kann (BAG 8. 3. 1957 AP BetrVG 1972 § 119 Nr. 1). Wahlschutz genießt somit auch der Wahlberechtigte. Unter den Schutz der Nr. 1 fallen auch vorbereitende Maßnahmen (BayObLG 29. 7. 1980 AP BetrVG 1972 § 119 Nr. 1). Vom Schutz nicht umfasst ist die Wahl der ANvertretung zum AR. Zulässig bleibt Wahlpropaganda seitens der Gewerkschaften (BAG 2. 12. 1960 AP BetrVG 1972 § 119 Nr. 2). Die Zulässigkeit von Wahlpropaganda des AG muss in Anbetracht seiner Verpflichtung zur Neutralität grundsätzlich verneint werden (*Richardi/Thüsing* § 20 Rn. 18 f.; *G. Müller* FS Kunze S. 257). Basierend darauf, dass ein Wahlrecht und keine Wahlpflicht besteht, stellt eine Stimmenthaltung von AN keine Behinderung der Wahl dar.

b) Tatbestand Nr. 2. Nr. 2 schützt die **Tätigkeit der** in dieser Bestimmung genannten **Organe** der 3
Betriebsverfassung und stellt deren Behinderung bzw. Störung unter Strafe. Eine solche Behinderung oder Störung kann gesehen werden: in der Aufforderung des AG an den BR zurückzutreten verbunden mit der Androhung, dass ansonsten Zulagen gestrichen würden (BayObLG 29. 7. 1980 AP

BetrVG 1972 § 119 Nr. 1); in der Weigerung des AG, die zur Amtsführung notwendigen Kosten zu tragen oder Mittel zur Verfügung zu stellen (DKK/*Trümner* Rn. 12); in dem Verbot des AG, sich an den BR zu wenden (*Fitting* Rn. 6); in der beharrlichen Weigerung, überhaupt mit dem BR zusammenzuarbeiten (DKK/*Trümner* Rn. 12). Hingegen nicht strafbar ist es, wenn der AG pflichtwidrig, jedoch unbewusst versäumt, den BR in mitbestimmungspflichtigen Angelegenheiten zu beteiligen (DKK/*Trümner* Rn. 13). Die Strafandrohung richtet sich nicht gegen die Mitglieder der Organe selbst. Für diesen Fall kann die Möglichkeit eines Ausschlussverfahrens gem. § 23 I gegeben sein (Richardi/*Richardi/Annuß* Rn. 27).

4 c) **Tatbestand Nr. 3.** Geschützt wird hier die **Betätigung der Mitglieder** der betriebsverfassungsrechtlichen Organe. Diese dürfen nicht um ihrer Amtstätigkeit willen benachteiligt oder begünstigt werden. In den Schutzbereich fallen auch die Ersatzmitglieder (GK-BetrVG/*Oetker* Rn. 26). Das begünstigte Mitglied selber steht nach § 119 nicht unter Strafandrohung. In Betracht kommt jedoch eine Amtsenthebung von BRMitgliedern gem. § 23 I wegen grober Verletzung der gesetzlichen Pflichten (*Fitting* Rn. 7).

5 **3. Strafantrag.** Sämtliche Verstöße gegen § 119 sind Antragsdelikte (Abs. 2). Der Antrag ist gem. § 158 StPO schriftlich bei einem Gericht oder der Staatsanwaltschaft oder zu Protokoll bei einer anderen Behörde anzubringen. Antragsberechtigt ist auf Grund eines Beschlusses gem. § 33 der BR, alle anderen in Abs. 2 genannten ANVertretungen, der Wahlvorstand, der Unternehmer, sowie jede im Betrieb vertretene Gewerkschaft. Der Antrag unterliegt einer dreimonatigen Frist (§ 77 b StGB), welche mit dem Tag beginnt, an dem der Antragstellende von der Handlung bzw. Unterlassung und der Identität des Täters Kenntnis erlangt hat. Mit Ablauf der Frist entfällt eine Strafverfolgung. Die Tat verjährt nach drei Jahren (§ 78 II Ziffer 5 StGB). Eine Rücknahme des Antrags ist bis zur rechtskräftigen Verurteilung möglich (§ 77 I 1 StGB).

§ 120 Verletzung von Geheimnissen

(1) **Wer unbefugt ein fremdes Betriebs- oder Geschäftsgeheimnis offenbart, das ihm in seiner Eigenschaft als
1. Mitglied oder Ersatzmitglied des Betriebsrats oder einer der in § 79 Abs. 2 bezeichneten Stellen,
2. Vertreter einer Gewerkschaft oder Arbeitgebervereinigung,
3. Sachverständiger, der vom Betriebsrat nach § 80 Abs. 3 hinzugezogen oder von der Einigungsstelle nach § 109 Satz 3 angehört worden ist,
3 a. Berater, der vom Betriebsrat nach § 111 Satz 2 hinzugezogen worden ist,
3 b. Auskunftsperson, die dem Betriebsrat nach § 80 Abs. 2 Satz 3 zur Verfügung gestellt worden ist, oder
4. Arbeitnehmer, der vom Betriebsrat nach § 107 Abs. 3 Satz 3 oder vom Wirtschaftsausschuss nach § 108 Abs. 2 Satz 2 hinzugezogen worden ist,
bekannt geworden und das vom Arbeitgeber ausdrücklich als geheimhaltungsbedürftig bezeichnet worden ist, wird mit Freiheitsstrafe bis zu einem Jahr oder mit Geldstrafe bestraft.

(2) Ebenso wird bestraft, wer unbefugt ein fremdes Geheimnis eines Arbeitnehmers, namentlich ein zu dessen persönlichen Lebensbereich gehörendes Geheimnis, offenbart, das ihm in seiner Eigenschaft als Mitglied oder Ersatzmitglied des Betriebsrats oder einer der in § 79 Abs. 2 bezeichneten Stellen bekannt geworden ist und über das nach den Vorschriften dieses Gesetzes Stillschweigen zu bewahren ist.

(3) ¹Handelt der Täter gegen Entgelt oder in der Absicht, sich oder einen anderen zu bereichern oder einen anderen zu schädigen, so ist die Strafe Freiheitsstrafe bis zu zwei Jahren oder Geldstrafe. ²Ebenso wird bestraft, wer unbefugt ein fremdes Geheimnis, namentlich ein Betriebs- oder Geschäftsgeheimnis, zu dessen Geheimhaltung er nach den Absätzen 1 oder 2 verpflichtet ist, verwertet.

(4) Die Absätze 1 bis 3 sind auch anzuwenden, wenn der Täter das fremde Geheimnis nach dem Tode des Betroffenen unbefugt offenbart oder verwertet.

(5) ¹Die Tat wird nur auf Antrag des Verletzten verfolgt. ²Stirbt der Verletzte, so geht das Antragsrecht nach § 77 Abs. 2 des Strafgesetzbuches auf die Angehörigen über, wenn das Geheimnis zum persönlichen Lebensbereich des Verletzten gehört; in anderen Fällen geht es auf die Erben über. ³Offenbart der Täter das Geheimnis nach dem Tode des Betroffenen, so gilt Satz 2 sinngemäß.**

1 **1. Vorbemerkung. Schutzgut** des § 120 ist ausschließlich das **Individualinteresse** an der Geheimhaltung bestimmter Tatsachen (GK-BetrVG/*Oetker* Rn. 7). Vereinzelt wird auch das Allgemeininteresse an der Funktionsfähigkeit der Institution „Betriebsrat" als unmittelbar geschütztes Rechtsgut angesehen (*Tag* BB 2001, 1578, 1580). Zur Strafbarkeit nach den hier geregelten Tatbeständen ist vorsätzliches Handeln erforderlich. Der Versuch bleibt, da § 120 gem. seiner Strafandrohung Vergehen

ist und es an einer ausdrücklichen Regelung fehlt, straflos (§ 23 I iVm. § 12 II StGB). Dies gilt insb. für den in § 120 III 1 aufgeführten Qualifikationstatbestand. Eine Strafbarkeit kommt grds. in allen Formen der Tatbegehung in Frage, wobei der Mittäter die persönlichen Merkmale des Abs. 1 bzw. 2 erfüllen muss. Besteht für den Teilnehmer keine Pflicht zur Geheimniswahrung, so ist seine Strafe gem. § 49 I zu mildern (§ 28 I StGB). Ein strafprozessuales Zeugnisverweigerungsrecht kommt für das BRMitglied nicht in Betracht. Eine Analogie zu §§ 53, 54 StPO scheidet aus (*Tag* BB 2001, 1578, 1583).

2. Die Tatbestände. a) Offenbarung von Betriebs- oder Geschäftsgeheimnissen. Es handelt sich bei Abs. 1 um ein echtes Sonderdelikt. **Täter** können somit nur die in den Nr. 1 bis 4 abschließend aufgezählten Personen sein. Unter die in Nr. 1 genannten Mitglieder des BR fallen auch die Mitglieder des Gesamt- bzw. KonzernBR, sowie die Mitglieder eines SeeBR, der Bordvertretung und einer gem. § 3 I Nr. 1 und 2 errichteten ANVertretung (DKK/*Trümner* Rn. 6). Als Täter kommen gem. Abs. 1 Nr. 1 auch die Mitglieder der in § 79 II genannten „Stellen" in Betracht. Hierunter sind nur die Einigungs-, die tarifliche Schlichtungs- und die betriebliche Beschwerdestelle zu verstehen (DKK/*Trümner* Rn. 6; GK-BetrVG/*Oetker* Rn. 23). Demnach entfällt beispielsweise eine Strafverfolgung eines Mitglieds der JAV sowie der Gewerkschaften und AGVerbände (vgl. auch *Tag* BB 2001, 1578, 1581). Des Weiteren werden in Abs. 1 Nr. 4 AN, die vom „Wirtschaftsausschuss nach § 108 Abs. 2 S. 2 hinzugezogen worden sind" zum Täterkreis gezählt. Nicht in den Täterkreis fallen ANVertreter im AR. Sie unterfallen der Strafbestimmung des § 404 AktG (*Fitting* Rn. 4).

Tathandlung ist die **unbefugte Offenbarung**, dh. die ohne Zustimmung des Geheimnisträgers erfolgte Mitteilung an Dritte, die nicht einem der in § 79 genannten Betriebsverfassungsorgane angehören und denen das Geheimnis nicht bekannt gewesen ist (*Fitting* Rn. 3). Das offenbarte Geheimnis muss dem Täter im Rahmen seiner amtlichen Tätigkeit bekannt geworden sein. Unbefugt bedeutet ohne Rechtfertigung, also nicht schon, wenn der Geheimnisträger nicht eingewilligt hat. Unbefugt stellt kein Tatbestandsmerkmal, sondern einen Rechtfertigungsgrund im strafrechtlichen Sinne dar (hM; *Tröndle/Fischer* StGB § 203 Rn. 27, DKK/*Trümner* Rn. 8; aA *Tag* BB 2001, 1578, 1583). Bei dem offenbarten Umstand muss es sich objektiv um ein Betriebs- oder Geschäftsgeheimnis handeln, welches der AG ausdrücklich als geheimhaltungsbedürftig bezeichnet haben muss (vgl. dazu § 79 Rn. 2 ff.).

b) Offenbarung persönlicher Geheimnisse eines Arbeitnehmers. Diese Vorschrift stellt eine Norm des „Intimschutzes" dar. Dieser erstreckt sich, auf die Weitergabe von Geheimnissen aus dem persönlichen Lebensbereich des AN. Darunter fallen solche Umstände, die geheim, somit nur einem beschränkten Personenkreis vorbehalten, sind und deren Geheimhaltung der AN möchte bzw. an der er ein berechtigtes Interesse hat wie zB Familienverhältnisse, Vorstrafen, Krankheiten, Beurteilungen, Lohnhöhe (*Fitting* Rn. 5). Für eine Strafbarkeit nach Abs. 2 bedarf es des Weiteren einer ausdrücklichen Regelung im BetrVG, dass Stillschweigen zu bewahren ist. Dies sieht das Gesetz in den §§ 82 II 3; 83 I 3, 99 I 3, 102 II 5 vor. § 43 BDSG findet keine Anwendung. Er wird von § 83 BetrVG im Rahmen der Spezialität verdrängt (GK-BetrVG/*Oetker* Rn. 62).

c) Strafschärfung, Strafantrag. Abs. 3 enthält Qualifikationen der Straftaten nach Abs. 1 und 2. Danach wird schwerer bestraft, wer gegen Entgelt, in Bereicherungs- oder Schädigungsabsicht agiert (S. 1) oder das fremde Geheimnis verwertet hat (S. 2). Unter Verwerten ist das wirtschaftliche Ausnutzen des Geheimnisses zu verstehen (L/K Rn. 3).

Die Tat wird nur auf **Antrag** des Verletzten verfolgt, also insb. des AG oder AN (Abs. 4 S. 1). Nach dem Tod des Verletzten geht das Antragsrecht wegen Offenbarung von Betriebs- oder Geschäftsgeheimnissen auf die Erben (Abs. 5 S. 2, 2. Alt.), bei Verrat persönlicher Geheimnisse auf die Angehörigen (Abs. 5 S. 2, 1. Alt.) über. Die Antragsfrist endet in diesen Fällen frühestens 3 Monate nach dem Tod des Verletzten (§ 77 b IV StGB).

§ 121 Bußgeldvorschriften

(1) Ordnungswidrig handelt, wer eine der in § 90 Abs. 1, 2 Satz 1, § 92 Abs. 1 Satz 1 auch in Verbindung mit Abs. 3, § 99 Abs. 1, § 106 Abs. 2, § 108 Abs. 5, § 110 oder § 111 bezeichneten Aufklärungs- oder Auskunftspflichten nicht, wahrheitswidrig, unvollständig oder verspätet erfüllt.

(2) Die Ordnungswidrigkeit kann mit einer Geldbuße bis zu zehntausend Euro geahndet werden.

1. Verletzung von Aufklärungs- oder Auskunftspflichten. Die Vorschrift dient insb. der Durchsetzung von Informationsrechten des BR in Fällen, in denen ihm kein erzwingbares Mitbestimmungsrecht zukommt und er somit auf die Unterrichtung durch den AG angewiesen ist (BAG 7. 11. 1975 AP BetrVG 1972 § 99 Nr. 3).

2 Die Pflichten, deren Verletzung ordnungswidrig ist, sind in § 121 **abschließend** aufgezählt. Es besteht jedoch die Möglichkeit, dass Aufklärungs- oder Unterrichtspflichten, soweit sie in den genannten Paragraphen nicht ausdrücklich erwähnt sind, gem. § 119 I Nr. 2 geahndet werden.

3 **Ordnungswidrig** können nur der **AG** oder die von ihm **beauftragten Personen** handeln (§ 9 II OWiG), da nur sie unterrichtungspflichtig sind. Die Festsetzung einer Geldbuße kann bei juristischen Personen nicht nur gegen deren Organe bzw. vertretungsberechtigte Gesellschafter, sondern auch gegen sie selbst erfolgen (§ 30 IV OWiG). Nicht ordnungswidrig handelt jedoch, wer im Einzelfall vom AG beauftragt ist, eine bestimmte Auskunft zu erteilen, und dies nicht oder nicht ordnungsgemäß tut (DKK/*Trümner* Rn. 6, aA Richardi/*Richardi/Annuß* Rn. 5). Eine Verhängung von Geldbußen ist nicht nur möglich bei Nichterfüllung der Aufklärungs-, Auskunfts- oder Unterrichtungspflicht, sondern auch, wenn dies in wahrheitswidriger, unvollständiger oder verspäteter Weise geschieht. Die Art und Weise, wie der AG die geschuldete Pflicht zu erfüllen hat, ergibt sich aus den in Abs. 1 genannten Vorschriften. Es ist grds. davon auszugehen, dass der AG keine Information zurückhalten darf.

4 Als ordnungswidrig kommen **beispielsweise** folgende Verstöße in Betracht: keine rechtzeitige Information des BR über Planung von Neu-, Um-, und Erweiterungsbauten von Fabrikations-, Verwaltungs- und sonstigen betrieblichen Räumen, von technischen Anlagen, von Arbeitsverfahren und Arbeitsabläufen oder von Arbeitsplätzen (OLG Düsseldorf 8. 4. 1982 BB 1982, 1113); Nichtunterrichten des BR über die Personalplanung, insb. über den gegenwärtigen und künftigen Personalbedarf (OLG Hamm 7. 12. 1977 DB 1978, 748); unterlassene Unterrichtung des BR vor einer Einstellung, Eingruppierung oder Versetzung (OLG Stuttgart 21. 12. 1977 DB 1978, 592).

5 Grds. wird nur **vorsätzliches Handeln** geahndet. Die fahrlässige Verletzung von Aufsichtspflichten kann jedoch gem. § 130 OWiG zur Verhängung von Geldbußen führen (GK-BetrVG/*Oetker* Rn. 23). Das fehlende Unrechtsbewusstsein schließt die Ordnungswidrigkeit nicht für den Fall aus, dass der Irrtum nicht vorwerfbar ist (§ 11 II OWiG). Dem AG wird man regelmäßig die Unkenntnis der gesetzlichen Aufklärungs- und Auskunftspflichten zum Vorwurf machen müssen (*Fitting* Rn. 5). Der Versuch wird nicht geahndet (§ 13 II OWiG).

6 **2. Verfahren.** Prinzipiell können Anzeigen wegen einer Ordnungswidrigkeit von jedermann getätigt werden, somit auch vom einzelnen AN. Dabei ist jedoch Vorsicht geboten, da dies nach Ansicht der Rspr. den AG unter Umständen zur fristlosen Kündigung berechtigen kann (BAG 5. 2. 1959 AP HGB § 70 Nr. 2; LAG Frankfurt 12. 2. 1987 LAGE BGB § 626 Nr. 28). Demnach ist es sinnvoll, eine Anzeige durch die im Betrieb vertretene Gewerkschaft oder den BR zu erstatten (DKK/*Trümner* Rn. 22), in Einzelfällen auch durch einen Rechtsanwalt, LAG Schleswig-Holstein 14. 4. 2000, LAGE BetrVG § 40 Rn. 67. Die Verfolgung der Ordnungswidrigkeit erfolgt von Amts wegen. Die örtliche Zuständigkeit richtet sich nach § 37 OWiG. Bei Einstellung des Verfahrens ist dies dem Anzeigenden mitzuteilen. Über die Frage, ob dem Anzeigenden auch die Begründung für die Einstellung mitzuteilen ist, herrscht Uneinigkeit (zust. DKK/*Trümner* Rn. 26; abl. *Fitting* Rn. 8; GK-BetrVG/*Oetker* Rn. 33). Die Verfolgung der Ordnungswidrigkeit verjährt in zwei Jahren nach Begehung der Tat (§ 31 II Nr. 2 OWiG).

7 **3. Geldbuße.** Die Höhe der zu verhängenden Geldbuße beträgt mindestens fünf Euro (§ 17 I OWiG) und höchstens 10 000 Euro (§ 121 II). Bei der Feststellung der Höhe sind die Bedeutung der Ordnungswidrigkeit, die Schwere des Vorwurfs und die wirtschaftlichen Verhältnisse des Täters zu berücksichtigen (§ 17 III OWiG). Erfolgt gleichzeitig die Bestrafung einer strafbaren Handlung, insb. gem. § 119 I Nr. 2, so ist von einer Geldbuße abzusehen (§ 21 OWiG). Gegen einen Bußgeldbescheid (§§ 65, 66 OWiG) kann binnen einer Woche nach Zustellung schriftlich oder zur Niederschrift der Behörde, die den Bescheid erlassen hat, Einspruch eingelegt werden. Dann entscheidet das Amtsgericht (§§ 67 ff. OWiG).

Siebenter Teil. Änderung von Gesetzen

§§ 122–124. (*gegenstandslos*)

Achter Teil. Übergangs- und Schlussvorschriften

§ 125 Erstmalige Wahl nach diesem Gesetz

(1) **Die erstmaligen Betriebsratswahlen nach § 13 Abs. 1 finden im Jahre 1972 statt.**

(2) ¹**Die erstmaligen Wahlen der Jugend- und Auszubildendenvertretung nach § 64 Abs. 1 Satz 1 finden im Jahre 1988 statt.** ²Die Amtszeit der Jugendvertretung endet mit der Bekannt-

gabe des Wahlergebnisses der neu gewählten Jugend- und Auszubildendenvertretung, spätestens am 30. November 1988.

(3) Auf Wahlen des Betriebsrats, der Bordvertretung, des Seebetriebsrats und der Jugend- und Auszubildendenvertretung, die nach dem 28. Juli 2001 eingeleitet werden, finden die Erste Verordnung zur Durchführung des Betriebsverfassungsgesetzes vom 16. Januar 1972 (BGBl. I S. 49), zuletzt geändert durch die Verordnung vom 16. Januar 1995 (BGBl. I S. 43), die Zweite Verordnung zur Durchführung des Betriebsverfassungsgesetzes vom 24. Oktober 1972 (BGBl. I S. 2029), zuletzt geändert durch die Verordnung vom 28. September 1989 (BGBl. I S. 1795) und die Verordnung zur Durchführung der Betriebsratswahlen bei den Postunternehmen vom 26. Juni 1995 (BGBl. I S. 871) bis zu deren Änderung entsprechende Anwendung.

(4) Ergänzend findet für das vereinfachte Wahlverfahren nach § 14a die Erste Verordnung zur Durchführung des Betriebsverfassungsgesetzes bis zu deren Änderung mit folgenden Maßgaben entsprechende Anwendung:
1. Die Frist für die Einladung zur Wahlversammlung zur Wahl des Wahlvorstands nach § 14a Abs. 1 des Gesetzes beträgt mindestens sieben Tage. Die Einladung muss Ort, Tag und Zeit der Wahlversammlung sowie den Hinweis enthalten, dass bis zum Ende dieser Wahlversammlung Wahlvorschläge zur Wahl des Betriebsrats gemacht werden können (§ 14a Abs. 2 des Gesetzes).
2. § 3 findet wie folgt Anwendung:
   a) Im Fall des § 14a Abs. 1 des Gesetzes erlässt der Wahlvorstand auf der Wahlversammlung das Wahlausschreiben. Die Einspruchsfrist nach § 3 Abs. 2 Nr. 3 verkürzt sich auf drei Tage. Die Angabe nach § 3 Abs. 2 Nr. 4 muss die Zahl der Mindestsitze des Geschlechts in der Minderheit (§ 15 Abs. 2 des Gesetzes) enthalten. Die Wahlvorschläge sind abweichend von § 3 Abs. 2 Nr. 7 bis zum Abschluss der Wahlversammlung zur Wahl des Wahlvorstands bei diesem einzureichen. Ergänzend zu § 3 Abs. 2 Nr. 10 gibt der Wahlvorstand den Ort, Tag und Zeit der nachträglichen Stimmabgabe an (§ 14a Abs. 4 des Gesetzes).
   b) Im Fall des § 14a Abs. 3 des Gesetzes erlässt der Wahlvorstand unverzüglich das Wahlausschreiben mit den unter Buchstabe a genannten Maßgaben zu § 3 Abs. 2 Nr. 3, 4 und 10. Abweichend von § 3 Abs. 2 Nr. 7 sind die Wahlvorschläge spätestens eine Woche vor der Wahlversammlung zur Wahl des Betriebsrats (§ 14a Abs. 3 Satz 2 des Gesetzes) beim Wahlvorstand einzureichen.
3. Die Einspruchsfrist des § 4 Abs. 1 verkürzt sich auf drei Tage.
4. Die §§ 6 bis 8 und § 10 Abs. 2 finden entsprechende Anwendung mit der Maßgabe, dass die Wahl aufgrund von Wahlvorschlägen erfolgt. Im Fall des § 14a Abs. 1 des Gesetzes sind die Wahlvorschläge bis zum Abschluss der Wahlversammlung zur Wahl des Wahlvorstands bei diesem einzureichen; im Fall des § 14a Abs. 3 des Gesetzes sind die Wahlvorschläge spätestens eine Woche vor der Wahlversammlung zur Wahl des Betriebsrats (§ 14a Abs. 3 Satz 2 des Gesetzes) beim Wahlvorstand einzureichen.
5. § 9 findet keine Anwendung.
6. Auf das Wahlverfahren finden die §§ 21 ff. entsprechende Anwendung. Auf den Stimmzetteln sind die Bewerber in alphabetischer Reihenfolge unter Angabe von Familienname, Vorname und Art der Beschäftigung im Betrieb aufzuführen.
7. § 25 Abs. 5 bis 8 findet keine Anwendung.
8. § 26 Abs. 1 findet mit der Maßgabe Anwendung, dass der Wahlberechtigte sein Verlangen auf schriftliche Stimmabgabe spätestens drei Tage vor dem Tag der Wahlversammlung zur Wahl des Betriebsrats dem Wahlvorstand mitgeteilt haben muss.
9. § 31 findet entsprechende Anwendung mit der Maßgabe, dass die Wahl der Jugend- und Auszubildendenvertretung aufgrund von Wahlvorschlägen erfolgt.

Die Vorschrift des Abs. 1 hat nur noch insofern Bedeutung, als in ihr der Ausgangspunkt für die 1 Festlegung des Jahres der regelmäßigen Betriebsratswahlen bzw. Wahlen zur Jugend- und Auszubildendenvertretung bestimmt ist. Die Übergangsvorschriften gelten für alle Wahlen, die zwischen dem 28. 7. 2001 und dem Inkrafttreten der neuen Wahlordnung (§ 126) eingeleitet wurden, auch soweit sie zu letzterem Zeitpunkt noch nicht abgeschlossen waren (Richardi/*Thüsing* § 43 WO).

§ 126 Ermächtigung zum Erlass von Wahlordnungen

Der Bundesminister für Arbeit und Sozialordnung wird ermächtigt, mit Zustimmung des Bundesrates Rechtsverordnungen zu erlassen zur Regelung der in den §§ 7 bis 20, 60 bis 63, 115 und 116 bezeichneten Wahlen über
1. die Vorbereitung der Wahl, insbesondere die Aufstellung der Wählerlisten und die Errechnung der Vertreterzahl;
2. die Frist für die Einsichtnahme in die Wählerlisten und die Erhebung von Einsprüchen gegen sie;

3. die Vorschlagslisten und die Frist für ihre Einreichung;
4. das Wahlausschreiben und die Fristen für seine Bekanntmachung;
5. die Stimmabgabe;
5a. die Verteilung der Sitze im Betriebsrat, in der Bordvertretung, im Seebetriebsrat sowie in der Jugend- und Auszubildendenvertretung auf die Geschlechter, auch soweit die Sitze nicht gemäß § 15 Abs. 2 und § 62 Abs. 3 besetzt werden können;
6. die Feststellung des Wahlergebnisses und die Fristen für seine Bekanntmachung;
7. die Aufbewahrung der Wahlakten.

1 Die Ermächtigung des § 126 erstreckt sich auf die nähere Regelung der Wahlen zum BR (§§ 7 bis 20), zur JAV (§§ 60 bis 63), zur Bordvertretung (§ 115) und zum SeeBR (§ 116). Für die Wahl des BR und der JAV galt die erste VO zur Durchführung des BetrVG v. 16. 1. 1972 (BGBl. I S. 49), zuletzt geändert durch die dritte ÄnderungsVO v. 16. 1. 1995 (BGBl. I S. 43). Die neue WO ist am 15. 12. 2001 in Kraft getreten (BGBl. I S. 3494) und gilt für alle danach eingeleiteten Wahlverfahren (s. § 125 Rn. 1). Kommentierungen von Richardi/*Thüsing* und DKK/*Schneider*. Für die Wahl der Bordvertretung und des SeeBR gilt die zweite VO zur Durchführung des BetrVG v. 7. 2. 2002 (BGBl. I S. 594).

2 Nicht auf § 126, sondern auf § 34 PostPersRG gestützt ist die VO v. 22. 2. 2002 (BGBl. I S. 946), welche das Wahlverfahren bei den privatisierten Postunternehmen in spezieller Form regelt. Für die Wahl der ANVertreter in den Aufsichtsrat nach den §§ 76 f. BetrVG 1952 gilt die auf Grund von § 87 BetrVG 1952 erlassene Wahlordnung v. 18. 3. 1953 (BGBl. I S. 58).

§ 127 Verweisungen

Soweit in anderen Vorschriften auf Vorschriften verwiesen wird oder Bezeichnungen verwendet werden, die durch dieses Gesetz aufgehoben oder geändert werden, treten an ihre Stelle die entsprechenden Vorschriften oder Bezeichnungen dieses Gesetzes.

1 Durch § 127 wird klargestellt, dass gesetzliche Regelungen oder sonstige Vorschriften, die auf Vorschriften des BetrVG 1952 verweisen, durch die Neufassung des Gesetzes 1972 nicht ihre Bedeutung verloren haben. Vielmehr gelten als Gegenstand der Verweisung nunmehr die entspr. Vorschriften des BetrVG. Auf die fortgeltenden Regelungen des BetrVG 1952 findet die Vorschrift keine Anwendung; insofern gilt § 129 II.

§ 128 Bestehende abweichende Tarifverträge

Die im Zeitpunkt des Inkrafttretens dieses Gesetzes nach § 20 Abs. 3 des Betriebsverfassungsgesetzes vom 11. Oktober 1952 geltenden Tarifverträge über die Errichtung einer anderen Vertretung der Arbeitnehmer für Betriebe, in denen wegen ihrer Eigenart der Errichtung von Betriebsräten besondere Schwierigkeiten entgegenstehen, werden durch dieses Gesetz nicht berührt.

1 Nach § 20 III BetrVG 1952 konnte ebenso wie heute nach § 3 I Nr. 2 in bestimmten Betrieben eine andere ANVertretung anstelle von BR vorgesehen werden. TV, die auf der Grundlage von § 20 III BetrVG 1952 abgeschlossen wurden, sollten durch die Neufassung des Gesetzes 1972 nicht tangiert werden. Heute kommt der Vorschrift keine wesentliche Bedeutung mehr zu.

§ 129 Außerkrafttreten von Vorschriften

(1) ¹ Mit dem Inkrafttreten dieses Gesetzes tritt das Betriebsverfassungsgesetz vom 11. Oktober 1952 (BGBl. I S. 681), zuletzt geändert durch das Erste Arbeitsrechtsbereinigungsgesetz vom 14. August 1969 (BGBl. I S. 1106) mit Ausnahme der §§ 76–77a, 81, 85 und 87 außer Kraft. ² In § 81 Abs. 1 Satz 1 werden die Worte „§§ 67–77" durch die Worte „§§ 76 und 77" ersetzt; Satz 2 wird gestrichen. ³ In § 87 werden die Worte „6–20, 46 und 47," gestrichen. ⁴ Das Betriebsverfassungsgesetz vom 11. Oktober 1952 erhält die Bezeichnung „Betriebsverfassungsgesetz 1952".

(2) Soweit in den nicht aufgehobenen Vorschriften des Betriebsverfassungsgesetzes 1952 auf Vorschriften verwiesen wird, die nach Absatz 1 aufgehoben sind, treten an ihre Stelle die entsprechenden Vorschriften dieses Gesetzes.

1 § 129 I stellt klar, dass die Vorschriften über die Beteiligung der AN im AR des BetrVG 1952 weitergelten. Abs. 2 stellt sicher, dass in den fortgeltenden Bestimmungen des BetrVG 1952 an die Stelle der Verweisung auf aufgehobene Vorschriften die auf die „entsprechenden Vorschriften des BetrVG tritt". Die neuen Vorschriften sind auch dann anwendbar, wenn sie mit den bisherigen inhaltlich nicht voll übereinstimmen, aber den gleichen Sachverhalt regeln (*Fitting* Rn. 3).

§ 130 Öffentlicher Dienst

Diese Gesetz findet keine Anwendung auf Verwaltungen und Betriebe des Bundes, der Länder, der Gemeinden und sonstiger Körperschaften, Anstalten und Stiftungen des öffentlichen Rechts.

1. Normzweck. Zweck des § 130 ist die lückenlose Abgrenzung zwischen dem Anwendungsbereich der Personalvertretungsgesetze und dem BetrVG. Dem BetrVG wird im Rahmen dieser Abgrenzung keine Auffangfunktion beigemessen, auch wenn das BPersVG nicht anwendbar ist (BAG 30. 7. 1987 AP BetrVG 1972 § 130 Nr. 3).

2. Abgrenzung. Allg. hängt die Unterscheidung zwischen öffentl. Dienst und Privatwirtschaft vom **formellen rechtlichen Charakter** des Inhabers als Rechtsträger ab. Auf Betriebe, deren Inhaber entweder eine natürliche oder juristische Person oder eine Gesellschaft des Privatrechts sind, findet das BetrVG Anwendung (BAG 18. 4. 1967 AP BetrVG 1952 § 63 Nr. 3; BAG 7. 11. 1975 AP BetrVG 1972 § 130 Nr. 1). Dabei spielt es keine Rolle, ob sämtliche Geschäftsanteile oder Aktien an einer GmbH oder AG von der öffentl. Hand gehalten werden, da allein der formelle Charakter entscheidet (*Fitting* Rn. 4) Genauso ist der Fall zu beurteilen, wenn zwei Körperschaften öffentl. Rechts gemeinsam eine juristische Person des Privatrechts gründen (BAG 8. 3. 1977 AP BetrVG 1972 § 43 Nr. 1; DKK/*Trümner* Rn. 2). Die Anwendung eines TV des öffentl. Dienst auf einen Betrieb ist für die Abgrenzung unerheblich (BAG 3. 12. 1985 AP BAT § 74 Nr. 2; *Fitting* Rn. 4).

Nicht anwendbar ist das BetrVG dagegen bei **Eigen- und Regiebetrieben** (BAG 18. 1. 1989 AP AÜG § 14 Nr. 2). Als **Eigenbetrieb** bezeichnet man ein wirtschaftliches Unternehmen einer Gebietskörperschaft, das zwar Teil der Körperschaft bleibt, von der sonstigen Verwaltung aber deutlich abgesetzt ist. Der Eigenbetrieb hat ein abgegrenztes Sondervermögen und arbeitet nach eigenem Wirtschaftsplan unter kaufmännischer Buchführung (DKK/*Trümner* Rn. 2a). Entscheidend ist, dass der Eigenbetrieb keine Rechtsfähigkeit erlangt und damit die jeweilige Körperschaft des öffentl. Rechts AG der im Eigenbetrieb Beschäftigten bleibt (DKK/*Trümner* Rn. 2a). **Regiebetrieb** ist eine bes. Abteilung der Kommunalverwaltung ohne abgegrenztes Sondervermögen und ohne eigenen Wirtschaftsplan. Er bleibt Teil des Gemeindehaushalts und wird idR nach kameralistischen Haushaltsgrundsätzen geführt (DKK/*Trümner* Rn. 2b).

3. Einzelfälle. Betriebskrankenkassen unterfallen dem BPersVG, da es auf die formelle Rechtsnatur des Betriebsinhabers ankommt und sie nach § 29 I SGB IV Körperschaften öffentl. Rechts sind (*Fitting* Rn. 4; aA *Neumann* BB 1980, 1696). **Betriebe ausländischer oder internationaler Organisationen**, die auf dem Gebiet der BRD liegen, unterfallen dem BetrVG, selbst wenn der Träger eine ausländische juristische Person öffentl. Rechts ist und keine abw. Vereinbarungen getroffen worden sind (LAG Berlin 31. 8. 1992 BB 1993, 141; DKK/*Trümner* Rn. 5; *Fitting* Rn. 6). Dies gilt **nicht** für Betriebe der **EG**, für die weder das BPersVG noch das BetrVG, sondern Gemeinschaftsrecht gelten soll (Richardi/*Richardi/Annuß* Rn. 7). Eine **Klosterbrauerei**, die den Status einer Körperschaft öffentl. Rechts innehat, fällt nicht unter das BetrVG, auch wenn für diese das BPersVG wegen des kirchenrechtlichen Status keine Anwendung findet (BAG 30. 7. 1987 AP BetrVG 1972 § 130 Nr. 3; aA DKK/*Trümner* Rn. 3). Sind an einem **gemeinschaftlichen Betrieb** sowohl eine juristische Person des Privatrechts als auch eine Körperschaft des öffentl. Rechts beteiligt, findet das BetrVG Anwendung, wenn sich die Betriebsführung mangels entgegenstehender Anhaltspunkte auf der Grundlage einer privatrechtlichen Vereinbarung in der Rechtsform einer BGB-Gesellschaft vollzieht (BAG 24. 1. 1996 AP BetrVG 1972 § 1 Gemeinsamer Betrieb Nr. 8). Die öffentlich-rechtlichen Kirchen haben eigene Mitarbeitervertretungsordnungen erlassen (s. *Richardi*, Arbeitsrecht in der Kirche, § 16).

§ 131 (Berlin-Klausel) (gegenstandslos)

§ 132 (Inkrafttreten)

Das Gesetz ist am 18. 1. 1972 im BGBl. (1972 I S. 13 ff.) verkündet worden und somit in seiner ursprünglichen Fassung am 19. 1. 1972 in Kraft getreten.

220. Betriebsverfassungsgesetz 1952

Vom 11. Oktober 1952 (BGBl. I S. 681)
Zuletzt geändert durch Gesetz vom 23. Juli 2001 (BGBl. I S. 1852)

(BGBl. III/FNA 801-1)

– Auszug –

Schrifttum: *Köstler*, Rechtsleitfaden für Aufsichtsratsmitglieder nach dem Betriebsverfassungsgesetz 52, 6. Aufl. 2002; *Wienke*, Die Aufsichtsratswahlen nach dem Betriebsverfassungsgesetz, 1988.

Einleitung

1 Das BetrVG 1952 führte Bestrebungen zur **Beteiligung der AN** an Entscheidungen auf betrieblicher und Unternehmensebene fort und schuf die gesetzliche Grundlage für die Beteiligung der AN in den Unternehmensorganen als Mittel der Unternehmensmitbestimmung. Es knüpfte an Bestimmungen an, die bereits im **Gesetz zur Entsendung von BRMitgliedern in den AR vom 15. 2. 1922** (RGBl. I S. 209) sowie im **Montan-MitbestG vom 21. 5. 1951** (BGBl. I S. 347) vorgesehen waren, das eine Beteiligung der AN im AR sowie einen Arbeitsdirektor als Vorstandsmitglied in Unternehmen des Bergbaus und der Eisen und Stahl erzeugenden Industrie festschrieb. Damit schloß das BetrVG 1952 für die Unternehmensmitbestimmung die Lücke, die bei Ablehnung der Voraussetzungen des Montan-MitbestG die gänzliche Versagung des ANEinflusses auf die Unternehmensleitung zur Folge hatte.

2 Das BetrVG vom 15. 1. 1972 (BGBl. I S. 13) enthält keine Vorschriften über die Beteiligung von ANVertretern in Gesellschaftsorganen, da diese mit der **rein arbeitsrechtlichen Konzeption des novellierten BetrVG** nicht vereinbar gewesen wären (dazu BT-Drucks. VI/2729 S. 18). Deshalb ordnet § 129 I BetrVG die **Weitergeltung** der Vorschriften des **BetrVG 1952** über die Entsendung von ANVertretern in Unternehmensorgane (§§ 76 bis 77 a, 81, 85 und 87) an. Art. 9 des **BetrVerf-ReformG** vom 23. 7. 2001 passte die überholten Verweisungen auf das BetrVG 1952 an, so dass § 129 II BetrVG nur noch insoweit von Bedeutung ist, als die Vorschrift die Wertung enthält, dass auch für das Verständnis der Rechtsbegriffe in den §§ 76 ff. das BetrVG maßgeblich ist. So sind zB für die Anwendung der Begriffe AN und Betrieb nunmehr die §§ 5 und 4 BetrVG heranzuziehen (*Fitting* vor BetrVG 1952 Rn. 7). Ferner hob Art. 9 des BetrVerf-ReformG die Unterscheidung zwischen Arbeitern und Angestellten auf und passte insoweit § 76 II an.

3 Neben den anderen Gesetzen zur Unternehmensmitbestimmung (Montan-MitbestG, MitbestErgG, MitbestG) haben die weitergeltenden Vorschriften des BetrVG 1952 einen **eigenen Anwendungsbereich** für diejenigen Unternehmen, die keinem dieser Gesetze unterliegen. Es handelt sich insb. um Unternehmen, die in der Rechtsform einer **AG** oder einer **KGaA** betrieben werden, mit idR nicht mehr als 2000 AN oder **Familiengesellschaften** mit mehr als 500, aber weniger als 2000 AN (§ 76 I und VI). Weiterhin fallen darunter **GmbH** und **Erwerbs- und Wirtschaftsgenossenschaften** mit idR mehr als 500, aber weniger als 2000 AN sowie **VVaG** mit mehr als 500 AN (§ 77), bei denen die Obergrenze von 2000 AN jedoch ohne Bedeutung ist, da sie vom MitbestG nicht erfasst werden (s. auch Einl. MitbestG Rn. 5, § 1 MitbestG Rn. 2).

4 Das BetrVG 1952 verzichtet darauf, neue gesellschaftsrechtliche Organisationsformen zu entwickeln. Die Vorschriften über die Zusammensetzung des AR modifizieren die ursprünglichen Rechtsformen lediglich in ihrer Ausprägung (*Kötter* JZ 1953, 199, 203). Die Besonderheiten der spezifischen Rechtsformen beanspruchen auch weiterhin Geltung, soweit dies der Mitbestimmung der AN nicht zuwiderläuft (*Kötter* JZ 1953, 199, 204; näher § 77 Rn. 9 ff.).

5 Das BetrVG 1952 findet nur auf **inländische Unternehmen** Anwendung. Dies beurteilt sich nach dem effektiven Verwaltungssitz der Gesellschaft, der im Bundesgebiet liegen muss – sog. Sitztheorie (im Gegensatz zur Gründungstheorie, nach der der statutarische Sitz der Gesellschaft maßgebend sein soll; für die hM GK-BetrVG/*Kraft* Rn. 20; *Dietz/Richardi* Rn. 26 mwN). AN von im Ausland gelegenen Betrieben eines inländischen Unternehmens sind nicht in das BetrVG 1952 einbezogen, insb. auch nicht an den ARWahlen zu beteiligen (GK-BetrVG/*Kraft* Rn. 21 f.; *Dietz/Richardi* Rn. 27 f.). Ebenso sind sie bei den maßgeblichen Schwellenwerten nicht zu berücksichtigen. Nach **ausländischem Recht** errichtete Gesellschaften unterliegen nach hM selbst dann nicht dem BetrVG 1952, wenn sie ihren tatsächlichen Verwaltungssitz in die Bundesrepublik verlegen. Unabhängig von der Frage, ob die Gesellschaft auf der Grundlage der Gründungstheorie ihre rechtliche Existenz

behält, will das BetrVG 1952 mit der ANMitbestimmung nicht in die gesellschaftsrechtlichen Strukturen ausländischer Gesellschaften eingreifen.

Ausnahmeregelungen gelten für **deutsche AG**, die **zum Betrieb von deutsch-schweizerischen** 6 **Grenzkraftwerken am Oberrhein** gegründet worden sind. Auf sie ist das BetrVG 1952 nach Art. 1 des deutsch-schweizerischen Vertrages vom 6. 12. 1955 (BGBl. II S. 264) nicht anzuwenden. Nach Art. 2 § 1 dieses Vertrages können allerdings ANVertreter beratend und ohne Stimmrecht an den ARSitzungen teilnehmen (vgl. Gesetz vom 13. 5. 1957, BGBl. II S. 262; dazu *Neumann* RdA 1957, 281 f.).

Bei den vom BetrVG 1952 erfassten Unternehmen bestehen die zu bildenden AR **zu einem Drittel** 7 aus **ANVertretern** (§§ 76 I, 77 I). Die Beteiligung der AN kann nach hM grds. (s. Rn. 9) **nicht** durch Satzung, TV oder Betriebsvereinbarung **erweitert** werden (*Dietz/Richardi* Rn. 45; *A. Hueck* BB 1952, 781, 783; *Hensche* AuR 1971, 33, 34 f.; *Kötter* JZ 1953, 199, 200); die gesetzlichen Bestimmungen sind **zwingendes Recht** (*Fitting* § 76 Rn. 6; *Dietz/Richardi* Rn. 10; GK-BetrVG/*Kraft* Rn. 7). Für die AG und die KGaA, die zwingend AR bilden müssen (§§ 95 fl., 278 III, 287 AktG), können keine abw. Vereinbarungen zum zahlenmäßigen Verhältnis der Mitglieder untereinander oder zur Zahl der AN-Vertreter im AR getroffen werden (*Dietz/Richardi* Rn. 11 und 14; *Fitting* § 76 Rn. 2; GK-BetrVG/*Kraft* Rn. 8; *Hensche* AuR 1971, 33, 34; *Biedenkopf/Säcker* ZfA 1971, 211, 262; aA *Fabricius*, FS für Hilger/Stumpf, 1983, S. 155, 158 ff.). Gleiches gilt für VVaG und Genossenschaften (*Dietz/Richardi* Rn. 12 f. mwN).

Das zur Bestellung der Mitglieder der Anteilseignervertreter zust. Organ der Gesellschaft kann aber 8 **AN des Unternehmens** oder **von ANSeite** (BR, Gewerkschaft) benannte Personen **als Anteilseignervertreter** in den AR bestellen (BGH 3. 7. 1975 AP AktG § 96 Nr. 1; *Fitting* § 76 Rn. 7; GK-BetrVG/*Kraft* Rn. 10; aA *Claussen* AG 1971, 385, 387; *v. Godin/Wilhelmi* § 105 Anm. 3, nach denen AN des Unternehmens nicht in dessen AR gewählt werden können). Ebenso ist ein **Stimmbindungsvertrag** rechtswirksam, nach dem sich Aktionäre verpflichten, in der Hauptversammlung weitere AN als Vertreter der Anteilseigner in den AR zu wählen (*Fitting* § 76 Rn. 7; *Dietz/Richardi* Rn. 11; *Hensche* AuR 1971, 33, 39 ff.; *Biedenkopf/Säcker* ZfA 1971, 211, 262 f.; *Raiser* RdA 1972, 65, 69 ff.).

Bei der **GmbH** ist ein AR zwingend zu bilden, wenn diese mehr als 500 AN beschäftigt (§ 77 I); 9 anderenfalls ist seine Errichtung gem. § 52 GmbHG **fakultativ** möglich. Die Gesellschafterversammlung ist in dieser Konstellation nach einhelliger Meinung in der Zusammensetzung des AR frei und nicht an die Drittelbeteiligung der AN als Höchst- oder Mindestgrenze gebunden (*Dietz/Richardi* Rn. 15; GK-BetrVG/*Kraft* Rn. 12).

Bei einer GmbH mit **mehr als 500 AN** kann dem AR nach hM eine höhere Anzahl von Mitgliedern 10 der AN als **gesetzlich vorgesehen** angehören (BGH 3. 7. 1975 AP AktG § 96 Nr. 1; *Hensche* AuR 1971, 33, 36; *Biedenkopf/Säcker* ZfA 1971, 211, 262 Fn. 81; *Raiser* ZGR 1976, 105, 107 f.; s. auch *Hanau* ZGR 2001, 75, 94 ff.). Hiergegen spricht, dass der im GmbH-Recht an sich geltende Grundsatz der Satzungsfreiheit nur im Hinblick auf den nach § 52 GmbHG fakultativ gebildeten AR Anwendung finden kann (*Dietz/Richardi* Rn. 13). Der Satzungsvorbehalt des § 52 GmbHG kann auch nicht in § 77 I hinein interpretiert werden (*Dietz/Richardi* Rn. 13 gegen *Hensche* AuR 1971, 33, 36 f.). Ferner wollte der Gesetzgeber die dem BetrVG 1952 unterfallenden Gesellschaften hinsichtlich der Beteiligung der AN im AR gleichbehandeln (*Dietz/Richardi* Rn. 13). Ein **Satzungsvorbehalt**, wie er für die GmbH angenommen wird, steht für die übrigen Gesellschaften nicht zur Diskussion (*Dietz/ Richardi* Rn. 13).

AG und GmbH, deren Anteile sich in der Hand einer oder mehrerer **juristischer Personen des** 11 **öffentl. Rechts** befinden, können sich den Bindungen des öffentl. Rechts nicht dadurch entziehen, indem sie ihre Aufgaben in den Formen des Privatrechts erfüllen. So darf eine Erweiterung der Mitbestimmung nicht die **demokratische Legitimation der Entscheidungskompetenz** beseitigen (*Dietz/Richardi* Rn. 47; *Biedenkopf/Säcker* ZfA 1971, 211, 212; aA *Fitting* § 76 Rn. 7, nach denen nicht einzusehen sei, warum die Benutzung privatrechtlicher Rechtsformen einerseits zulässig sein soll, andererseits aber keine vollkommene Gleichstellung mit privaten Aktionären erfolgen kann; ebenso *Hensche* AuR 1971, 33, 41 ff.; näher auch *Raiser* RdA 1972, 65, 69).

§ 76 [Vertretungen der Arbeitnehmer im Aufsichtsrat]

(1) **Der Aufsichtsrat einer Aktiengesellschaft oder einer Kommanditgesellschaft auf Aktien muß zu einem Drittel aus Vertretern der Arbeitnehmer bestehen.**

(2) ¹**Die Vertreter der Arbeitnehmer werden in allgemeiner, geheimer, gleicher und unmittelbarer Wahl von allen nach § 7 des Betriebsverfassungsgesetzes wahlberechtigten Arbeitnehmern der Betriebe des Unternehmens für die Zeit gewählt, die im Gesetz oder in der Satzung für die von der Hauptversammlung zu wählenden Aufsichtsratsmitglieder bestimmt ist.** ²**Ist ein Vertreter der Arbeitnehmer zu wählen, so muß dieser in einem Betrieb des Unternehmens als Arbeitnehmer beschäftigt sein.** ³**Sind zwei oder mehr Vertreter der Arbeitnehmer zu wählen, so müssen sich unter diesen mindestens zwei Arbeitnehmer aus den Betrieben des Unternehmens befinden.**

⁴ Sind in den Betrieben des Unternehmens mehr als die Hälfte der Arbeitnehmer Frauen, so soll mindestens eine von ihnen Arbeitnehmervertreter im Aufsichtsrat sein. ⁵ Für die Vertreter der Arbeitnehmer gilt § 78 des Betriebsverfassungsgesetzes entsprechend.

(3) ¹ Die Betriebsräte und die Arbeitnehmer können Wahlvorschläge machen. ² Die Wahlvorschläge der Arbeitnehmer müssen von mindestens einem Zehntel der wahlberechtigten Arbeitnehmer der Betriebe des Unternehmens oder von mindestens einhundert wahlberechtigten Arbeitnehmern unterzeichnet sein.

(4) ¹ An der Wahl der Vertreter der Arbeitnehmer für den Aufsichtsrat des herrschenden Unternehmens eines Konzerns (§ 18 Abs. 1 Satz 1 und 2 des Aktiengesetzes) nehmen auch die Arbeitnehmer der Betriebe der übrigen Konzernunternehmen teil. ² In diesen Fällen kann die Wahl durch Delegierte erfolgen.

(5) ¹ Die Bestellung eines Vertreters der Arbeitnehmer zum Aufsichtsratsmitglied kann vor Ablauf der Wahlzeit auf Antrag der Betriebsräte oder von mindestens einem Fünftel der wahlberechtigten Arbeitnehmer der Betriebe des Unternehmens durch Beschluß der wahlberechtigten Arbeitnehmer widerrufen werden. ² Der Beschluß bedarf einer Mehrheit, die mindestens drei Viertel der abgegebenen Stimmen umfaßt. ³ Auf die Beschlußfassung finden die Vorschriften der Absätze 2 und 4 Anwendung.

(6) ¹ Auf Aktiengesellschaften, die weniger als fünfhundert Arbeitnehmer beschäftigen, finden die Vorschriften über die Beteiligung der Arbeitnehmer im Aufsichtsrat keine Anwendung; für Aktiengesellschaften, die vor dem 10. August 1994 eingetragen worden sind, gilt dies nur, wenn sie Familiengesellschaften sind. ² Als Familiengesellschaften gelten solche Aktiengesellschaften, deren Aktionär eine einzelne natürliche Person ist oder deren Aktionäre untereinander im Sinne von § 15 Abs. 1 Nr. 2 bis 8, Abs. 2 der Abgabenordnung verwandt oder verschwägert sind. ³ Dies gilt entsprechend für Kommanditgesellschaften auf Aktien.

I. Anwendungsbereich

1 **1. Allgemeines.** Ein AR mit Drittelbeteiligung der AN ist grds. in allen Unternehmen zu bilden, die die Voraussetzungen des § 76 hinsichtlich ihrer Rechtsform (dazu Rn. 3) und der ANZahl (dazu Rn. 4 ff.) erfüllen. Trotz des Standorts des § 76 im BetrVG 1952 handelt es sich nicht um eine betriebsverfassungsrechtliche, sondern um eine **unternehmensverfassungsrechtliche Norm**, die unabhängig vom Bestehen eines BR in dem betreffenden Unternehmen anzuwenden ist (*Fitting* Rn. 13; *Marienhagen* BB 1973, 293). Die Pflicht zur Beteiligung der AN im AR wird durch **Ausnahmeregelungen** für Familiengesellschaften (dazu Rn. 9 ff.) und Tendenzbetriebe (dazu § 81) eingeschränkt.

2 Sind die Voraussetzungen für eine Beteiligung der AN im AR nicht erfüllt oder greift eine der Ausnahmeregelungen ein, so sind sämtliche ARMitglieder einer AG nach § 101 I AktG (iVm. § 278 III AktG für die KGaA) von der Hauptversammlung zu wählen bzw. werden nach § 101 II AktG (bzw. iVm. § 278 III AktG) entsandt.

3 **2. Rechtsform.** Nach § 76 I sind AR in einer AG oder KGaA zu bilden. Dabei wird die **Pflicht** zur **ARBildung** für Unternehmen dieser Rechtsformen bereits durch die §§ 95 ff., §§ 278 III, 287 AktG begründet. Maßgeblicher Regelungsinhalt des § 76 I ist bei ihnen die **Beteiligung von ANVertretern im AR zu einem Drittel**.

4 **3. Arbeitnehmerzahl.** Nach dem durch das Gesetz vom 2. 8. 1994 (BGBl. I S. 1961) geänderten § 76 VI 1 1. Halbs. sind in Unternehmen der betreffenden Rechtsformen (vgl. Rn. 3) die AN grds. nicht zu einem Drittel in den AR zu beteiligen, wenn sie **weniger als 500 AN** beschäftigen. Damit wollte der Gesetzgeber die bis dahin bestehende Ungleichbehandlung zwischen der AG (gleiches gilt für die KGaA) und der GmbH, in der mehr als 500 AN beschäftigt sein müssen (vgl. § 77 I), beseitigen (dazu *Blanke* BB 1994, 1505, 1510 f.).

5 Zuvor hing die ANBeteiligung nach dem BetrVG 1952 in der AG und der KGaA nicht von einer **bestimmten ANZahl** ab (vgl. *Fuchs/Köstler* Rn. 45; *Gaul* AuR 1966, 366, 368; *Kirschner* DB 1971, 2063, 2064, sofern wenigstens so viele AN im Unternehmen beschäftigt sind, wie dem AR anzugehören haben) oder es wurde eine Mindestanzahl von drei (so *Dietz*, BetrVG, 4. Aufl. 1967, Anm. 2 b; *Radke* AuR 1958, 161, 166) bzw. fünf AN gefordert (so GK-BetrVG/*Kraft* Rn. 5 ff., insb. Rn. 8; *Dietz/Richardi* Anm. 8 f.; *Rüthers* BB 1977, 605 f.), sofern es sich nicht um Familiengesellschaften handelte und das Unternehmern überhaupt AN beschäftigte (**keine Anwendung** des BetrVG 1952 bei **völliger ANLosigkeit**: GK-BetrVG/*Kraft* Rn. 5; MünchArbR/*Wißmann* § 383 Rn. 5; so auch BAG 24. 5. 1957 AP BetrVG 1952 § 76 Nr. 7, wonach im Rahmen von § 76 IV eine Teilnahme der AN in Konzernunternehmen an der Wahl zum AR des herrschenden Unternehmens nicht möglich ist, wenn im herrschenden Unternehmen keine AN zur Durchführung der Wahl vorhanden sind; aA *Radke* AuR 1958, 161, 166 f.).

6 Das Erfordernis von **mindestens 500 AN** gilt nur für eine AG und KGaA, die **nach dem 9. 8. 1994 eingetragen** worden ist. Vor dem Stichtag eingetragene Gesellschaften mit weniger als 500 AN sind

I. Anwendungsbereich
§ 76 BetrVG 1952 220

nach § 76 VI 1 2. Halbs. von der Verpflichtung, AN zu einem Drittel am AR zu beteiligen, nur befreit, wenn sie Familiengesellschaften (dazu Rn. 9) sind. Dies entspricht der bis zum Gesetz vom 2. 8. 1994 (BGBl. I S. 1961) für sie geltenden Rechtslage.

Für die maßgebliche ANZahl ist der **regelmäßige Beschäftigungsstand** im Unternehmen heranzuziehen (*Fitting* Rn. 10; MünchArbR/*Wißmann* § 383 Rn. 3), nicht die – uU zufällige – konkrete Zahl der Beschäftigten im Zeitpunkt der Wahl (GK-BetrVG/*Kraft* Rn. 151; *Dietz/Richardi* Rn. 208). 7

Der **ANBegriff** bestimmt sich nach § 5 BetrVG (LG Mannheim 19. 10. 2001 AG 2003, 51, 52; GK-BetrVG/*Kraft* Rn. 150; vgl. dazu § 5 Rn. 2 ff.). Einzurechnen sind **teilzeitbeschäftigte AN** (*Fitting* Rn. 10; GK-BetrVG/*Kraft* Rn. 151). Gleiches gilt für nicht zum BR wahlberechtigte AN wie **leitende Angestellte** (*Fitting* Rn. 10; aA GK-BetrVG/*Kraft* Rn. 150; MünchArbR/*Wißmann* § 383 Rn. 2), da es für die Ermittlung des regelmäßig im Betrieb beschäftigten AN nicht auf das aktive oder passive Wahlrecht dieser AN, das leitenden Angestellten nach § 5 III BetrVG nicht zusteht, ankommt. **LeihAN** sind nur mitzuzählen, wenn sie auf Arbeitsplätzen beschäftigt werden, die regelmäßig von AN des betreffenden Unternehmens besetzt sind (GK-BetrVG/*Kraft* Rn. 151; *Fitting* Rn. 10). Die Zubilligung des Wahlrechts durch § 76 II 1 iVm. § 7 S. 2 BetrVG an einzelne, von anderen AG überlassene AN ist für die notwendige ANZahl bedeutungslos; zum aktiven Wahlrecht s. Rn. 30. AN in **Gemeinschaftsbetrieben** sind bei der Beschäftigtenzahl zumindest dann zu berücksichtigen, wenn diese mit dem Unternehmen arbeitsvertraglich verbunden sind (s. auch § 1 MitbestG Rn. 6 mwN). Hinsichtlich der AN von Konzernunternehmen s. § 77 a; zu Arbeitnehmern in Betrieben des Unternehmens im Ausland s. Einl. Rn. 4. 8

4. Familiengesellschaften. Nach § 76 VI sind Familiengesellschaften zunächst diejenigen Unternehmen, deren Aktionär eine einzelne natürliche Person (**Einmanngesellschaft**) ist, wobei sich sämtliche Aktien in der Hand einer natürlichen Person befinden müssen; eine Mehrheitsbeteiligung reicht nicht aus (GK-BetrVG/*Kraft* Rn. 144; *Dietz/Richardi* Rn. 213; MünchArbR/*Wißmann* § 383 Rn. 6). 9

Eine Familiengesellschaft liegt ebenso vor, wenn **alle Aktionäre** untereinander iSd. § 15 I Nr. 2 bis 8, II AO miteinander **verwandt oder verschwägert** sind. Auch in diesem Fall müssen sich alle Aktien in der Hand dieser Personen befinden, eine Mehrheitsbeteiligung genügt nicht (*Dietz/Richardi* Rn. 214; MünchArbR/*Wißmann* § 383 Rn. 6). 10

Es müssen nicht alle Aktionäre miteinander verwandt oder verschwägert sein. Ausreichend ist, dass ein Aktionär jeweils mit mindestens einem anderen verwandt oder verschwägert ist, der wiederum in dieser Beziehung zu einem weiterem Aktionär steht, so dass letztlich **alle Aktionäre** durch **familienrechtliche Verhältnisse** miteinander verbunden sind (GK-BetrVG/*Kraft* Rn. 146; *Dietz/Richardi* Rn. 221; *Fitting* Rn. 30; MünchArbR/*Wißmann* § 383 Rn. 6). Erfasst wird insb. das Verhältnis unter Ehegatten (§ 15 I Nr. 2 AO), das nach Auflösung der Ehe bestehen bleibt (§ 15 II Nr. 1 AO). 11

Weiterhin können die Beziehungen zwischen Verwandten und Verschwägerten in gerader Linie (§ 15 I Nr. 3 AO; §§ 1589 S. 1, 1590 BGB) sowie Verwandten 2. und 3. Grades in der Seitenlinie und Verschwägerte 2. Grades in der Seitenlinie (§ 15 I Nr. 4 AO; §§ 1589 S. 2 und 3, 1590 BGB) eine Familiengesellschaft begründen. **Verwandte und Verschwägerte in gerader Linie** sind zB Eltern und Kinder, Großeltern und Enkel, Schwiegereltern und Schwiegerkinder, Stiefeltern und Stiefkinder. Als **Verwandte 2. und 3. Grades** in der Seitenlinie und **Verschwägerte 2. Grades** in der Seitenlinie sind zB Geschwister und Kinder von Geschwistern, Ehegatten der Geschwister, Geschwister der Ehegatten, Geschwister der Eltern einbezogen. 12

Pflegekinder und **Pflegeeltern**, dh. nach § 15 I Nr. 8 AO Personen, die auf Grund eines auf längere Dauer angelegten Pflegeverhältnisses in häuslicher Gemeinschaft wie Eltern und Kinder zusammenleben, sind ebenfalls erfasst. Das für die Annahme einer Familiengesellschaft erforderliche Verwandtschaftsverhältnis endet nicht, weil die Verwandtschaft oder Schwägerschaft durch Annahme an Kindes Statt erloschen oder die häusliche Gemeinschaft mit Pflegekindern aufgehoben ist, sich die betreffenden Personen aber weiterhin wie Eltern und Kinder verbunden bleiben (§ 15 II Nr. 2 und 3 AO), sofern es nur vorher bestanden hatte. 13

Eine AG ist ebenfalls Familiengesellschaft, wenn sämtliche ihrer Aktien einer Personen- oder Kapitalgesellschaft gehören, die eine Familiengesellschaft ist (BAG 6. 4. 1955 AP BetrVG 1952 § 76 Nr. 5; GK-BetrVG/*Kraft* Rn. 147; *Dietz/Richardi* Rn. 223; *Fitting* Rn. 30; MünchArbR/*Wißmann* § 383 Rn. 6); die **mittelbare Beteiligung der familiär verbundenen Anteilseigner** reicht aus (*Spethmann/Schnorr* RdA 1953, 448, 449; *Vieweg* NJW 1953, 1615; aA *Schnorr* AuR 1953, 34). Eine Familiengesellschaft liegt auch vor, wenn an einer AG außer den miteinander verwandten oder verschwägerten Personen iSv. § 15 I Nr. 2 bis 8, II AO eine AG beteiligt ist, deren Aktionäre ausschließlich dem gleichen Verwandtenkreis wie diese Personen angehören (*Dietz/Richardi* Rn. 223). 14

Damit eine **KGaA** als Familiengesellschaft behandelt werden kann, müssen neben den Kommanditaktionären auch die **persönlich haftenden Komplementäre** in die familienrechtlichen Verbindungen 15

Oetker 1275

einbezogen sein (GK-BetrVG/*Kraft* Rn. 148; *Dietz/Richardi* Rn. 222; *Fitting* Rn. 31; MünchArbR/*Wißmann* § 383 Rn. 6).

II. Zusammensetzung, Aufgaben und Organisation des Aufsichtsrats

16 1. **Zahl der Aufsichtsratsmitglieder.** § 76 I schreibt für den AR eine Beteiligung von ANVertretern zu einem Drittel vor. Für die Gesamtzahl der Mitglieder ist auf **das AktG** zurückzugreifen, diese muss gem. § 95 I 3 AktG **durch drei teilbar** sein. Soweit die Satzung keine höhere Zahl festsetzt, besteht der AR aus drei Mitgliedern.

17 Die **durch Satzung festlegbare zulässige Höchstzahl** von ARMitgliedern richtet sich gemäß § 95 AktG nach der Höhe des Grundkapitals der Gesellschaft, so dass maximal 9, 15 oder 21 Mitglieder zulässig sind. In der durch § 95 AktG vorgegebenen Spanne muss die Satzung eine **genau bestimmte Zahl** von Mitgliedern festsetzen, die Festlegung einer Mindest- und/oder Höchstzahl reicht **nicht aus** (GK-BetrVG/*Kraft* Rn. 11; *Dietz/Richardi* Rn. 11; *Fitting* Rn. 138; MünchArbR/*Wißmann* § 383 Rn. 10). Die damit bestimmte Zahl von Mitgliedern des AR muss überdies den gesetzlichen Erfordernissen – wie Teilbarkeit durch drei – genügen, entgegenstehende Satzungsbestimmungen sind nichtig. In diesem Fall besteht der AR aus der gesetzlich vorgesehenen Zahl von drei Mitgliedern (*Vieweg* NJW 1953, 1615; aA *Bärmann* BB 1953, 534, 535: Abrundung auf die nächst zulässige Zahl).

18 Eine Satzungsbestimmung, die vorsieht, dass bei **Ausscheiden eines Mitglieds** der AR für den Rest der Wahlperiode aus den **verbleibenden Mitgliedern** besteht, ist **unwirksam**. Sie widerspricht sowohl dem Grundsatz, dass eine bestimmte Zahl von ARMitgliedern festzulegen ist, als auch dem Erfordernis der Teilbarkeit durch drei (BAG 3. 10. 1989 AP BetrVG 1952 § 76 Nr. 28; *Dietz/Richardi* Rn. 11; *Fitting* Rn. 139; GK-BetrVG/*Kraft* Rn. 12; MünchArbR/*Wißmann* § 383 Rn. 10).

19 Eine **Erhöhung oder Verringerung** der Zahl der ARMitglieder durch eine Satzungsänderung ist im Rahmen des § 95 AktG möglich (GK-BetrVG/*Kraft* Rn. 28). Eine Verkleinerung des AR wirkt sich nach hM grds. **erst zum Ende der regulären Amtszeit** des AR aus (OLG Dresden 18. 2. 1997 ZIP 1997, 589, 591; GK-BetrVG/*Kraft* Rn. 28, 30; *Fitting* Rn. 140; MünchArbR/*Wißmann* § 383 Rn. 3; s. auch Rn. 21). Nur so bleibt der Aktionärsmehrheit im AR ein Einfluss auf die Rechtsstellung der ANVertreter während der laufenden Amtszeit versagt (GK-BetrVG/*Kraft* Rn. 28; *Kirschner* DB 1971, 2063, 2066).

20 Die Satzungsänderung wird **nicht bereits mit Eintragung** derselben **im Handelsregister** (§§ 181 III, 224, 229 III, 238 I AktG) **wirksam** (so aber *Fuchs/Köstler* Rn. 74; iE auch *Spethmann/Schnorr* RdA 1953, 448, 452; ähnlich *Dietz/Richardi* Rn. 125, wonach die mit der geringsten Stimmenzahl gewählten ARMitglieder automatisch ausscheiden, ebenso *Schmitt* BB 1953, 474 f.; *Seydel* BB 1953, 475 f.). Die Annahme eines automatischen Ausscheidens der nach der Satzungsänderung überzähligen Mitglieder lässt sich gesetzlich nicht begründen (GK-BetrVG/*Kraft* Rn. 26), da dieses nicht vorgesehen ist und die Gefahr besteht, dass der AR infolge des Ausscheidens **nicht mehr ordnungsgemäß** mit einer **Drittelbeteiligung der AN** zusammengesetzt ist (*Fitting* Rn. 140; GK-BetrVG/*Kraft* Rn. 26).

21 Nach einer beschlossenen **Verkleinerung des AR** ist der bestehende AR nicht mehr nach den maßgeblichen Satzungsbestimmungen zusammengesetzt. In diesem Fall ist die **entspr. Anwendung der §§ 97 ff. AktG** geboten (BAG 3. 10. 1989 AP BetrVG 1952 § 76 Nr. 28; MünchArbR/*Wißmann* § 383 Rn. 13; *Oetker* ZHR 149 [1985], 575, 578 ff.; aA OLG Hamburg 26. 8. 1988 DB 1988, 1941, 1942; s. auch §§ 97 bis 99 AktG Rn. 5). Die Aktionärsmehrheit gewinnt damit **keinen Einfluss** auf die Zusammensetzung der **ANVertreter**, da die AN diese **im Rahmen der Neuwahl** bestimmten (*Oetker* ZHR 149 [1985], 575, 585). Bei freiwilligem Ausscheiden von ARMitgliedern nach der Satzungsänderung ist die Durchführung des Statusverfahrens nur möglich, wenn sich dadurch die Zusammensetzung des AR ändert, so dass sie nicht mehr den gesetzlichen Vorschriften entspricht (GK-BetrVG/*Kraft* Rn. 29). Bei einer **Vergrößerung** des AR findet eine **Nachwahl von ARMitgliedern** statt (BAG 3. 10. 1989 AP BetrVG 1952 § 76 Nr. 28; zur Unverhältnismäßigkeit einer Nachwahl LAG Köln 30. 6. 2000 NZA-RR 2001, 317 f.). Dabei ist das Erfordernis der Drittelbeteiligung von ANVertretern nach § 76 I zu beachten (*Dietz/Richardi* Rn. 126; GK-BetrVG/*Kraft* Rn. 24).

22 2. **Beschlussfähigkeit des Aufsichtsrats.** Die Beschlussfähigkeit des nicht entspr. den gesetzlichen Vorschriften zusammengesetzten AR beurteilt sich nach **allg. Aktienrecht.** Gem. **§ 108 II 4 AktG** ist es grds. unerheblich, wenn dem AR weniger Mitglieder als vorgeschrieben angehören und/oder die Drittelbeteiligung von ANVertretern nicht gewahrt ist. Das gilt selbst, wenn der AR keine ANVertreter angehören oder an der Beschlussfassung teilnehmen, wenn die Satzung keine andere Regelung vor (GK-BetrVG/*Kraft* Rn. 14; *Dietz/Richardi* Rn. 19; *Köstler/Kittner/Zachert/Müller* Rn. 431; aA noch *Möhring/Reichl* DB 1953, 637, 638: Drittelbeteiligung der AN muss stets gewahrt werden). Stets müssen **mindestens die Hälfte der Mitglieder,** aus denen der AR nach Gesetz oder Satzung insgesamt zu bestehen hat, jedenfalls aber drei Mitglieder an der Beschlussfassung teilnehmen (§ 108 II 2 und 3).

Die **Satzung** kann die Voraussetzungen für die Beschlussfähigkeit **abw. vom Gesetz** regeln. Als **Bezugsgröße** für die mindestens erforderliche Teilnehmerzahl an der Beschlussfassung ist die **satzungsmäßige Gesamtmitgliederzahl**, nicht aber die Zahl der sich im Amt befindenden ARMitglieder heranzuziehen (BGH 15. 12. 1951 BGHZ 4, 224, 228; GK-BetrVG/*Kraft* Rn. 15; *Dietz/Richardi* Rn. 16). Dabei erfordert die Teilnahme an der Beschlussfassung nicht die persönliche Anwesenheit; schriftliche Stimmabgabe ist nach § 108 III und IV AktG grds. zulässig (*Fitting* Rn. 141). 23

Als Voraussetzung für die Beschlussfähigkeit kann die Satzung bestimmen, dass eine **gleich große Zahl von Vertretern beider Gruppen** anwesend sein muss (GK-BetrVG/*Kraft* Rn. 16). Dabei müssen die allg. Grundsätze über die Behandlung und Rechtsstellung der ARMitglieder beachtet werden, insb. müssen sie gleich behandelt und ihnen die gleichen Rechte gewährt werden (GK-BetrVG/*Kraft* Rn. 16; *Dietz/Richardi* Rn. 17). Hiergegen verstößt eine Satzungsbestimmung, welche die Beschlussfähigkeit mit der **Anwesenheit eines bestimmten ARMitglieds** oder **einer bestimmten Zahl von Vertretern** der Anteilseigner verknüpft (BGH 25. 2. 1982 BGHZ 83, 151, 154 f.; GK-BetrVG/*Kraft* Rn. 16; *Dietz/Richardi* Rn. 17; *Köstler/Kittner/Zachert/Müller* Rn. 431). 24

3. Ergänzung des Aufsichtsrats. Gehören dem AR nicht die für die Beschlussfähigkeit erforderlichen Mitglieder an, so hat das **Registergericht** (AG, vgl. § 14 AktG, §§ 125 I, 145 FGG) nach § 104 I AktG auf Antrag den AR **auf die betreffende Mitgliederanzahl zu ergänzen** (Ersatzbestellung). Gleiches gilt, wenn die Beschlussunfähigkeit des AR auf einer längeren Verhinderung eines oder mehrerer seiner Mitglieder beruht (*Dietz/Richardi* Rn. 22). Eine bestimmte **Dauer** der Beschlussunfähigkeit ist nicht erforderlich. Im Übrigen s. die Erl. zu § 104 AktG. 25

4. Organisation des Aufsichtsrats. Für die innere Ordnung des AR sind die **§§ 107 ff. AktG** maßgebend (*Dietz/Richardi* Rn. 43). Danach hat der AR einen **Vorsitzenden** und mindestens einen **Stellvertreter** zu wählen (§ 107 I AktG). Dem Vorsitzenden können neben den vom Gesetz zugewiesenen durch Satzung weitere Aufgaben übertragen werden. Die Grenze bilden den Gesamtorgan kraft Gesetzes zugewiesenen Aufgaben, wie zB die Bestellung des Vorstands nach § 84 AktG oder die Überwachungs- und Vertretungsbefugnis nach §§ 111 f. AktG (GK-BetrVG/*Kraft* Rn. 35; *Dietz/Richardi* Rn. 44). Die Satzung kann dem Vorsitzenden das **Recht der Stichentscheidung** bei Stimmengleichheit einräumen (GK-BetrVG/*Kraft* Rn. 35 mwN). Nach § 107 III AktG kann der AR **Ausschüsse** bestellen (dazu näher § 107 AktG Rn. 15 ff.). 26

5. Aufgaben des Aufsichtsrats. Die Aufgaben des AR bestimmen sich **ausschließlich nach Aktienrecht** (insb. §§ 107 ff., 278 III, 287 AktG). Er hat die Vorstandsmitglieder zu berufen und abzuberufen (§ 84 AktG) sowie die Geschäftsführung des Vorstands zu überwachen (§ 111 Abs. 1 AktG). Dagegen kann ihm nicht die Geschäftsführung als solche übertragen werden, sie ist Aufgabe des Vorstands (*Dietz/Richardi* Rn. 53). 27

6. Aufsichtsrat im Gründungsstadium. Der AR einer AG im Gründungsstadium muss grds. nicht zu einem Drittel aus Vertretern der AN bestehen (§ 30 II AktG), da die bis zu ihrer Eintragung in das Handelsregister nicht bestehende Gesellschaft (§ 41 AktG) **noch keine Betriebe** haben kann (*Dietz/Richardi* Rn. 37; *Fitting* Rn. 115). Etwas **anderes** gilt bei einer **Sachgründung,** bei der die Sacheinlage oder Sachübernahme in der Einbringung eines Unternehmens oder des Teils eines solchen besteht (§ 31 AktG; näher GK-BetrVG/*Kraft* Rn. 33 f.; *Dietz/Richardi* Rn. 39 f.; *Röder/Gneiting* DB 1993, 1618; *Fuchs/Köstler* Rn. 180 ff.; *Oetker* ZGR 2000, 19, 40 ff.). Zur formwechselnden Umwandlung in eine AG s. Einl. MitbestG Rn. 20. 28

III. Bestellung der Arbeitnehmervertreter

Das BetrVG 1952 regelt lediglich die Bestellung der ANVertreter. Für die **Bestellung der Anteilseignervertreter** gelten die Vorschriften des **AktG**. Sie werden grds. von der Hauptversammlung der Gesellschaft gewählt (§ 101 I AktG). Auch die Aktionäre können AN in den AR wählen (s. Einl. Rn. 8). 29

1. Wahlberechtigung. a) Aktives Wahlrecht. Die Berechtigung zur Wahl der ANVertreter richtet sich nach den **Regeln** zur **BRWahl** (§ 76 II 1 iVm. § 7 BetrVG). Aktiv wahlberechtigt sind alle AN des Unternehmens, die das **18. Lebensjahr vollendet** haben (näher § 7 BetrVG Rn. 7). Für LeihAN begründet § 7 S. 2 BetrVG das aktive Wahlrecht, das jedoch erst nach dreimonatiger Einsatzzeit entsteht (GK-BetrVG/*Kraft* Rn. 9). Zur Beteiligung der AN von Konzernunternehmen s. Rn. 54. Formell richtet sich die Wahlberechtigung nach der Eintragung in der **Wählerliste** (vgl. § 31 V WO 1953). 30

b) Passives Wahlrecht. Für die Wählbarkeit stellt das BetrVG 1952 **keine bes. Anforderungen** auf; § 8 BetrVG ist nicht anzuwenden (*Fitting* Rn. 59; GK-BetrVG/*Kraft* Rn. 45). Es gelten die allg. aktienrechtlichen Anforderungen, die bei der Wahl von Anteilseignervertretern zu wahren sind (*Dietz/Richardi* Rn. 69; *A. Hueck* RdA 1965, 321, 323). 31

32 Nach § 105 I AktG kann ein **Prokurist** oder **ein zum gesamten Geschäftsbetrieb ermächtigter Handlungsbevollmächtigter** der Gesellschaft nicht zugleich ARMitglied der Gesellschaft sein; § 6 II 1 MitbestG (dazu § 6 MitbestG Rn. 6) findet im Rahmen des BetrVG 1952 keine entspr. Anwendung (*Dietz/Richardi* Rn. 70; *Fitting* Rn. 60; GK-BetrVG/*Kraft* Rn. 48; MünchArbR/*Wißmann* § 383 Rn. 25). Gem. § 100 I AktG kann Mitglied des AR nur eine **unbeschränkt geschäftsfähige Person** sein. **Sonstige persönliche Voraussetzungen,** die die Satzung vorsieht, gelten nach § 100 IV AktG nicht für die ANVertreter, da die Bestimmungen des BetrVG 1952 ansonsten **eingeschränkt** würden (BGH 21. 2. 1963 AP BetrVG 1952 § 76 Nr. 12; *Fitting* Rn. 59).

33 Bes. Voraussetzungen stellt das BetrVG 1952 hinsichtlich der **Zusammensetzung der ANVertreter** auf. Gem. § 76 II 2 und 3 müssen sie **AN eines Betriebs des Unternehmens** sein, wenn nur **ein oder zwei ANVertreter** zu wählen sind. Sind **mehr als zwei ANVertreter** zu wählen, so müssen von ihnen mindestens zwei AN eines Betriebs des Unternehmens sein (§ 76 II 3). Diese Vorschrift ist zwingend (*Marienhagen* BB 1973, 293, 294).

34 Müssen ARMitglieder einem Betrieb des Unternehmens als AN angehören (*Dietz/Richardi* Rn. 73), werden nur **AN im betriebsverfassungsrechtlichen Sinn** erfasst (*Dietz/Richardi* Rn. 74). Deshalb können zu ihnen keine **leitenden Angestellten** gehören (LAG Bremen 15. 7. 1959 AP BetrVG 1952 § 76 Nr. 9; *Dietz/Richardi* Rn. 74; GK-BetrVG/*Kraft* Rn. 45; *Fitting* Rn. 61). Entsprechendes gilt für **LeihAN,** selbst wenn ihnen wegen § 7 S. 2 BetrVG das aktive Wahlrecht zum BR zusteht (GK-BetrVG/*Kraft* Rn. 45). AN gehören einem Betrieb des Unternehmens nur an, wenn sie in diesem beschäftigt sind, was zu verneinen ist, wenn sich der AN in Altersteilzeit befindet und feststeht, dass er für das Unternehmen keine Arbeitsleistung mehr erbringen wird (BAG 25. 10. 2000 AP BetrVG 1952 § 76 Nr. 32). Eine Aufteilung der den unternehmensangehörigen AN vorbehaltenen Sitze auf die Arbeiter und Angestellten findet nicht mehr statt, Art. 9 BetrVerf-ReformG hat § 76 II 3 in diesem Sinne korrigiert.

35 Hinsichtlich der **weiteren ANVertreter** bestehen **keine bes. Voraussetzungen,** sie müssen weder Angehörige des Unternehmens, noch AN mit einer bestimmten Gruppenzugehörigkeit sein (*Dietz/Richardi* Rn. 78). Daher können auch **leitende Angestellte** als ANVertreter gewählt werden, soweit nicht § 105 I AktG entgegensteht (dazu vorstehend Rn. 32; *Dietz/Richardi* Rn. 78; *Fitting* Rn. 60). Entsprechendes gilt für im Betrieb eingesetzte **LeihAN.** Im Hinblick auf die **Wahl von Frauen** in den AR ist § 76 II 4 eine **Sollvorschrift,** die erfüllt werden kann, aber nicht muss (GK-BetrVG/*Kraft* Rn. 45 und 50; *Dietz/Richardi* Rn. 79; *Fitting* Rn. 64).

36 **2. Wahl der Arbeitnehmervertreter. a) Wahlgrundsätze.** Die ANVertreter werden durch die **Gesamtheit der wahlberechtigten AN** der Betriebe des Unternehmens gewählt. Ihre Wahl erfolgt **einheitlich für das gesamte Unternehmen** und nicht getrennt nach einzelnen Betrieben (GK-BetrVG/*Kraft* Rn. 57; vgl. auch *Dietz/Richardi* Rn. 92, 94).

37 Das Wahlverfahren regelt die **WO vom 18. 3. 1953,** die nach § 43 II WO zum BetrVG 1972 für die Wahl der ANVertreter in den AR nach dem BetrVG 1952 weiter gilt (s. auch § 87; dazu insb. *Dietz/Richardi* Rn. 85 ff.; GK-BetrVG/*Kraft* Rn. 58 ff.; *Fitting* Rn. 65 ff.). Das BetrVG 1952 regelt nur die Grundzüge über die Durchführung der Wahl. Für nach dem 28. 7. 2001 eingeleitete Wahlen ist die WO bis zum Erlass einer neuen WO entspr. anzuwenden (§ 87 a).

38 Nach § 76 II 1 muss die Wahl **allgemein, gleich, geheim und unmittelbar** sein. Alle AN der Betriebe haben das Recht, sich an der Wahl zu beteiligen, sofern sie die Voraussetzungen für ihre Wahlberechtigung erfüllen (*Dietz/Richardi* Rn. 81; GK-BetrVG/*Kraft* Rn. 52). Eine öffentl. Stimmabgabe ist ausgeschlossen, sie erfolgt durch Wahlzettel (*Dietz/Richardi* Rn. 82; GK-BetrVG/*Kraft* Rn. 54). Die Stimme jedes AN ist gleichgewichtig in die Auswertung der abgegebenen Stimmen einzubeziehen. Jeder Wahlberechtigte kann so viele Bewerber ankreuzen, wie Vertreter der AN in den AR zu wählen sind (§ 33 II WO 1953; GK-BetrVG/*Kraft* Rn. 53; *Dietz/Richardi* Rn. 83). Die Stimme ist für diejenigen Kandidaten abzugeben, die direkt in den AR gewählt werden sollen. Die Zwischenschaltung von Wahlmännern ermöglicht § 76 IV nur bei der Wahl zum AR bei der herrschenden Gesellschaft eines Konzerns (GK-BetrVG/*Kraft* Rn. 51 a; *Dietz/Richardi* Rn. 84; dazu Rn. 54 ff.).

39 **b) Wahlvorschläge.** Die ANVertreter werden gem. § 76 III auf Grund von Wahlvorschlägen gewählt, die von den **BR** oder jeweils entweder mindestens von einem **Zehntel der wahlberechtigten AN** der Betriebe des Unternehmens oder mindestens von **100 wahlberechtigten AN** aufgestellt werden. Die BR des Unternehmens müssen sich nicht auf einen gemeinsamen Wahlvorschlag einigen (*Dietz/Richardi* Rn. 88). Einzelne BRMitglieder können sich nur an einem einzigen Wahlvorschlag der AN beteiligen (*Dietz/Richardi* Rn. 88). Auch der **GesamtBR** kann einen Wahlvorschlag aufstellen, allerdings nur neben dem BR (*Dietz/Richardi* Rn. 88; GK-BetrVG/*Kraft* Rn. 67; MünchArbR/*Wißmann* § 383 Rn. 23; *Fuchs/Köstler* Rn. 493; *Fitting* Rn. 74). **Weder** der **AG** noch die im Unternehmen vertretenen **Gewerkschaften** sind berechtigt, Wahlvorschläge aufzustellen (*Dietz/Richardi* Rn. 90; GK-BetrVG/*Kraft* Rn. 61).

40 **c) Wahlsystem.** Die Wahl erfolgt als **Mehrheits-, nicht als Verhältniswahl** (*Dietz/Richardi* Rn. 94; GK-BetrVG/*Kraft* Rn. 55; *Fitting* Rn. 77). Es findet keine nach den Gruppen der Arbeiter oder Angestellten getrennte, sondern eine **gemeinsame Wahl** statt (BAG 8. 12. 1970 AP BetrVG 1952 § 76

III. Bestellung der Arbeitnehmervertreter § 76 BetrVG 1952 220

Nr. 21). Selbst ein übereinstimmender Beschluss beider Gruppen kann keine Gruppenwahl herbeiführen (*Dietz/Richardi* Rn. 95; *Fitting* Rn. 77).

Gewählt ist grds., wer die meisten Stimmen auf sich vereinigt (**Mehrheitsprinzip**). Modifizierungen ergeben sich für die Unternehmenszugehörigkeit, die **hinsichtlich des einzigen bzw. von mindestens zwei ARMitgliedern** der AN zu beachten ist (§ 34 S. 2 WO 1953 iVm. § 76 II 2 und 3; dazu Rn. 33 f.), das reine Mehrheitsprinzip gilt nur für die weiteren ARMitglieder (*Marienhagen* BB 1973, 293, 296). Jeder Wahlberechtigte hat die Möglichkeit, jeden Kandidaten zu wählen (BAG 8. 12. 1970 AP BetrVG 1952 § 76 Nr. 21; *Fitting* Rn. 77; GK-BetrVG/*Kraft* Rn. 55). 41

Gehören dem AR drei Mitglieder an, so ist als **einziger** ihm angehörender **ANVertreter** derjenige Kandidat gewählt, der als dem Betrieb des Unternehmens angehöriger AN die meisten Stimmen erhalten hat (vgl. *Dietz/Richardi* Rn. 106). Sind **zwei ANVertreter** zu wählen, so sind die belegschaftsangehörigen AN mit den meisten Stimmen gewählt. Sind **mehr als zwei ANVertreter** in den AR zu wählen, so müssen zunächst die beiden Mitglieder der AN bestimmt werden; hinsichtlich der **übrigen Sitze** ist das Mehrheitssystem anzuwenden (*Dietz/Richardi* Rn. 108). 42

Falls der nach Rn. 42 Gewählte die Wahl ablehnt, gelten die vorstehenden Ausführungen entspr. für den Eintritt des Bewerbers mit der nächsthöchsten Stimmenzahl (§ 25 III WO 1953), nicht jedoch, wenn ein gewähltes ARMitglied nachträglich aus dem AR ausscheidet (*Fitting* Rn. 79; GK-BetrVG/*Kraft* Rn. 73). 43

d) **Wahl von Ersatzmitgliedern.** Für ARMitglieder kann nach § 101 III 2 AktG ein Ersatzmitglied bestellt werden. Die Bestellung muss **gleichzeitig mit der ARWahl** erfolgen. Sie kann nicht nachgeholt werden (*Faude* DB 1983, 485; aA *Gleichenstein* AG 1970, 1 f.). Scheidet ein Mitglied aus, so rückt nicht der Bewerber mit der nächsthöheren Stimmenzahl automatisch nach, sofern er nicht als Ersatzmitglied gewählt worden war (BAG 12. 12. 1965 AP BetrVG 1952 § 76 Nr. 14). Nicht zulässig ist nach § 101 III 1 AktG die **Wahl von stellvertretenden ARMitgliedern** (vgl. *Dietz/Richardi* Rn. 151). 44

Die Ersatzmitglieder müssen grds. **nicht die gleichen persönlichen Voraussetzungen** erfüllen, wie das ARMitglied, dem sie zugeordnet sind (GK-BetrVG/*Kraft* Rn. 71; aA *Fitting* Rn. 135). Etwas anderes gilt nur, wenn ein nach § 76 II 2 und 3 erforderliches ARMitglied der AN ausscheidet (GK-BetrVG/*Kraft* Rn. 71; *Fitting* Rn. 136; *Dietz/Richardi* Rn. 154). 45

3. Anfechtung und Nichtigkeit der Wahl. a) Wahlanfechtung. Gem. § 87 lit. g sollte die WO für die Anfechtung der Wahlen von ANVertretern **Regelungen** schaffen. Deren Fehlen steht einer Wahlanfechtung nicht entgegen (vgl. BAG 21. 12. 1965 AP BetrVG 1952 § 76 Nr. 14); die **Lücke** ist durch **analoge Anwendung des § 19 BetrVG** zu schließen (BAG 21. 12. 1965 AP BetrVG 1952 § 76 Nr. 14; GK-BetrVG/*Kraft* Rn. 75; *Dietz/Richardi* Rn. 111; *Fitting* Rn. 85; MünchArbR/*Wißmann* § 383 Rn. 37). **Gegenstand** der Wahlanfechtung ist entweder die Wahl einzelner ANVertreter oder der ANVertreter insgesamt (BAG 21. 12. 1965 AP BetrVG 1952 § 76 Nr. 14; BAG 12. 8. 1970 AP BetrVG 1952 § 76 Nr. 21; GK-BetrVG/*Kraft* Rn. 75). Eine auf ein einzelnes ARMitglied beschränkte Teilanfechtung ist jedoch nur zulässig, wenn sich der Anfechtungsgrund auf dieses beschränkt (so zu § 22 MitbestG BAG 11. 6. 1997 AP MitbestG § 22 Nr. 1). Mit der Anfechtung kann auch geltend gemacht werden, dass ein Sitz nicht richtig besetzt ist (BAG 12. 8. 1970 AP BetrVG 1952 § 76 Nr. 18; GK-BetrVG/*Kraft* Rn. 82; *Dietz/Richardi* Rn. 138; *Fitting* Rn. 85). 46

Anfechtungsberechtigt sind analog § 19 BetrVG drei wahlberechtigte AN des Unternehmens (dazu BAG 12. 2. 1985 AP BetrVG 1952 § 76 Nr. 27) sowie das gesetzliche Vertretungsorgan der Gesellschaft, dh. der Vorstand einer AG und die Komplementäre einer KGaA (*Dietz/Richardi* Rn. 112; GK-BetrVG/*Kraft* Rn. 76; *Fitting* Rn. 86). Abw. von § 19 BetrVG sind auch die **(Gesamt-)BR** antragsberechtigt (BAG 27. 1. 1993 AP BetrVG 1952 § 76 Nr. 29; GK-BetrVG/*Kraft* Rn. 76; *Dietz/Richardi* Rn. 114 unter Hinweis auf § 98 II Nr. 4 AktG; *Fitting* Rn. 88), die nach § 76 III vorschlagsberechtigt sind. 47

Eine im Betrieb vertretene **Gewerkschaft** kann nach dem Rechtsgedanken des § 98 II Nr. 7 und 8 AktG die Wahl anfechten (BAG 27. 1. 1993 AP BetrVG 1952 § 76 Nr. 29; *Dietz/Richardi* Rn. 113; *Fitting* Rn. 87; MünchArbR/*Wißmann* § 383 Rn. 37). Die Gewerkschaften würden anderenfalls erheblich in der Erfüllung ihrer Aufgaben bei der **Mitgestaltung der betriebs- und unternehmensverfassungsrechtlichen Ordnung** beeinträchtigt (aA ArbG Düsseldorf 22. 4. 1953 BB 1953, 443 sowie GK-BetrVG/*Kraft* Rn. 77 f., da antragsberechtigt nur jemand sein könne, der in seinen Rechten unmittelbar betroffen werde, dies sei bei den Gewerkschaften nicht der Fall; ebenso *Vieweg* NJW 1953, 1615, 1616). 48

Zu beteiligen sind im **Anfechtungsverfahren** nur die Personen, denen das Gesetz ein Antragsrecht zuerkennt oder deren Rechtsposition durch die gerichtliche Entscheidung beeinträchtigt werden kann (vgl. GK-BetrVG/*Kraft* Rn. 78). Die im Betrieb vertretene **Gewerkschaft** ist trotz ihres Anfechtungsrechts nur zu beteiligen, wenn sie selbst den Anfechtungsantrag gestellt hat (BAG 27. 1. 1993 AP BetrVG 1952 § 76 Nr. 29; vgl. dazu auch BAG 19. 9. 1985 AP BetrVG 1972 § 19 Nr. 12; aA *Fitting* Rn. 87 sowie noch BAG 20. 7. 1982 AP BetrVG 1952 § 76 Nr. 26). Das gilt auch für den **BR** (BAG 12. 2. 1985 AP BetrVG 1952 § 76 Nr. 27). Die **Anfechtungsfrist** beträgt entspr. § 35 II 2 iVm. § 19 WO 1953 zwei Wochen, beginnend mit dem Tag der Bekanntgabe des Wahlergebnisses (vgl. BAG 49

Oetker 1279

3. 12. 1954 AP BetrVG 1952 § 76 Nr. 3; BAG 15. 7. 1960 AP BetrVG 1952 § 76 Nr. 10; GK-BetrVG/ *Kraft* Rn. 80; *Dietz/Richardi* Rn. 111; *Fitting* Rn. 89).

50   Die Anfechtung der Wahl kann nur darauf gestützt werden, dass bei ihrer Durchführung gegen **wesentliche Vorschriften** über das **Wahlrecht**, die **Wählbarkeit** oder das **Wahlverfahren** verstoßen wurde, keine Berichtigung erfolgt ist und der Verstoß für das ermittelte Wahlergebnis ursächlich war (BAG 20. 7. 1982 AP BetrVG 1952 § 76 Nr. 26; BAG 27. 1. 1993 AP BetrVG 1952 § 76 Nr. 29; GK-BetrVG/*Kraft* Rn. 82). Das **Amt der von der Anfechtung betroffenen ARMitglieder endet** mit Rechtskraft der Entscheidung, die der Anfechtung stattgibt (MünchArbR/*Wißmann* § 383 Rn. 37; GK-BetrVG/*Kraft* Rn. 83; *Dietz/Richardi* Rn. 118; *Fuchs/Köstler* Rn. 624). An ihre Stelle rücken, so vorhanden, die Bewerber, welche die persönlichen Voraussetzungen des ursprünglich Gewählten ebenfalls erfüllen, mit der nächsthöchsten Stimmenzahl nach, anderenfalls die für den oder die Ausscheidenden gewählten Ersatzmitglieder (GK-BetrVG/*Kraft* Rn. 83). Fehlen diese, so wird eine Nachwahl erforderlich (BAG 21. 12. 1965 AP BetrVG 1952 § 76 Nr. 14; GK-BetrVG/*Kraft* Rn. 83; *Dietz/ Richardi* Rn. 118). Die **zwischenzeitlich gefassten Beschlüsse des AR** bleiben infolge der ex-nunc Wirkung der Anfechtung (*Kuhlendahl* BB 1963, 690, 692; aA *Schwela* BB 1963, 1375) wirksam. Dem im Rahmen einer anfechtbaren Wahl gewählten Mitglied des AR stehen bis zu einer rechtskräftigen Entscheidung, die der Anfechtung stattgibt, alle Rechte und Pflichten eines ARMitglieds zu (*Kuhlendahl* BB 1963, 690, 692).

51   b) **Nichtigkeit der Wahl.** Neben einer entspr. Anwendung des § 19 BetrVG kann die Wahl der ANVertreter nichtig sein, wenn die **Voraussetzungen einer Wahl nicht vorlagen** oder derart **gegen fundamentale Wahlgrundsätze verstoßen** wurde, dass nicht einmal der Anschein einer Wahl gegeben ist (GK-BetrVG/*Kraft* Rn. 84; *Dietz/Richardi* Rn. 119; *Fitting* Rn. 92). Die Nichtigkeit der Wahl kann jederzeit, von jedermann und in jedem Verfahren geltend gemacht werden (GK-BetrVG/*Kraft* Rn. 84; *Fitting* Rn. 92). Zur Feststellung der Nichtigkeit ist auch ein Antrag an das ArbG zulässig, das darüber im Beschlussverfahren (vgl. § 2 a I Nr. 3 ArbGG) entscheidet (GK-BetrVG/*Kraft* Rn. 84; *Dietz/Richardi* Rn. 119).

52   4. **Kosten der Wahl.** Das BetrVG 1952 regelt nicht, wer die Kosten für die Durchführung der Wahl der ANVertreter in den AR trägt. § 20 III BetrVG ist deshalb entspr. anzuwenden, so dass die Kosten, welche für die dem Gesetz entspr. Durchführung der Wahl nach pflichtgemäßem Ermessen des Wahlvorstands anfallen, das **Unternehmen** zu tragen hat, **dessen AR zu wählen ist** (*Fitting* Rn. 66; *Dietz/Richardi* Rn. 120; GK-BetrVG/*Kraft* Rn. 85). Dazu gehören auch die **Kosten einer Wahlanfechtung** oder eines **Verfahrens zur Feststellung der Nichtigkeit** der Wahl, soweit die Kosten erforderlich waren (GK-BetrVG/*Kraft* Rn. 86; *Dietz/Richardi* Rn. 120; aA LAG Frankfurt aM 23. 9. 1980 – 4 TaBV 45/80 nv.). Es besteht keine Kostentragungspflicht des Unternehmens, wenn die Verfahrenseinleitung offensichtlich unbegründet oder mutwillig war (GK-BetrVG/*Kraft* Rn. 86; *Dietz/Richardi* Rn. 120).

53   5. **Verbot der Wahlbehinderung.** Nach § 78 I lit. a war die **vorsätzliche Behinderung oder sachwidrige Beeinflussung der Wahl** der ARMitglieder der AN strafbar, § 129 I BetrVG hat die Weitergeltung des § 78 indes nicht angeordnet. Die mit § 78 vergleichbare Vorschrift in **§ 119 BetrVG** bezieht sich nicht auf die Wahlen zum AR und kann **nicht analog** angewendet werden (vgl. Art. 103 II GG, § 1 StGB). Die durch das Fehlen einer § 20 I und II BetrVG entspr. Regelung bestehende Lücke ist durch eine analoge Anwendung dieser Vorschrift zu schließen (GK-BetrVG/ *Kraft* Rn. 74; *Fitting* Rn. 66). Ein Verstoß gegen diese Grundsätze kann uU zu einer **anfechtbaren oder nichtigen Wahl** führen (GK-BetrVG/*Kraft* Rn. 74; *Fitting* Rn. 66).

IV. Wahl zum Aufsichtsrat eines herrschenden Konzernunternehmens

54   1. **Konzernbegriff. a) Allgemeines.** Das BetrVG 1952 verwendet **keinen eigenen Konzernbegriff**, sondern verweist in § 76 IV auf § 18 I 1 und 2 AktG. Danach muss es sich um ein oder mehrere abhängige Unternehmen handeln, die unter der einheitlichen Leitung eines herrschenden Unternehmens zusammengefasst sind (**Unterordnungskonzern**). Dies ist nach § 18 I 2 AktG insb. anzunehmen, wenn zwischen den Unternehmen ein Beherrschungsvertrag besteht.

55   § 76 IV verweist nicht auf **§ 18 I 3 AktG**, nach dem von abhängigen Unternehmen iSv. § 17 AktG vermutet wird, dass sie mit dem herrschenden Unternehmen einen Konzern bilden. Die Vermutung findet daher im Rahmen des § 76 IV keine Anwendung (BAG 16. 8. 1995 AP BetrVG 1952 § 76 Nr. 30; *Dietz/Richardi* Rn. 184; *Fitting* Rn. 95; GK-BetrVG/*Kraft* Rn. 155; *Köstler/Kittner/Zachert/ Müller* Rn. 264; aA *Klinkhammer*, Mitbestimmung in Gemeinschaftsunternehmen, 1977, S. 88 ff.). Deshalb hat, soweit § 18 I 2 AktG nicht eingreift, derjenige, der das Bestehen eines Konzernverhältnisses geltend macht, dieses zu **beweisen** (*Fitting* Rn. 95; GK-BetrVG/*Kraft* Rn. 155; *Köstler/Kittner/ Zachert/Müller* Rn. 264).

56   b) **Abhängiges Unternehmen.** Für die Anwendung des § 76 IV kommt es nicht auf die **Rechtsform des oder der abhängigen Unternehmen** oder deren **BRFähigkeit** an (*Fitting* Rn. 102; GK-

IV. Wahl zum Aufsichtsrat eines herrschenden Konzernunternehmens   § 76 BetrVG 1952

BetrVG/*Kraft* Rn. 156; aA *A. Hueck* BB 1953, 326). Wenn auf das abhängige Unternehmen das BetrVG 1952 wegen § 81 keine Anwendung findet, können die AN dieses Unternehmens gleichwohl an der Wahl der ANVertreter zum AR des herrschenden Unternehmens teilnehmen (*Fitting* Rn. 103; GK-BetrVG/*Kraft* Rn. 162; MünchArbR/*Wißmann* § 383 Rn. 17). Das Wahlrecht besteht auch für die AN abhängiger Konzernunternehmen, deren AR nach dem **Montan-MitbestG** gebildet wird (BAG 18. 6. 1970 AP BetrVG 1952 § 76 Nr. 20; *Dietz/Richardi* Rn. 187; GK-BetrVG/*Kraft* Rn. 161; *Fitting* Rn. 99).

c) **Herrschendes Unternehmen.** Anders als nach der Zurechnungsvorschrift des § 77a muss im Rahmen des § 76 IV bei dem **herrschenden Unternehmen** ein AR nach dem BetrVG 1952 zu bilden sein. Dieses muss in einer der vom Gesetz erfassten Rechtsformen betrieben werden und selbst eine **ausreichende Anzahl von AN** beschäftigen (vgl. Rn. 4 ff.). Hat das herrschende Unternehmen keine AN, so entfällt auch eine Beteiligung der AN der Konzernunternehmen an der Wahl (BAG 24. 5. 1957 AP BetrVG 1952 § 76 Nr. 7; GK-BetrVG/*Kraft* Rn. 152; aA *Fitting* Rn. 107; *Köstler/Kittner/Zachert/Müller* Rn. 266). Etwas anderes kommt nur in Betracht, wenn in einer vor dem 10. 8. 1994 eingetragenen AG als herrschendem Unternehmen die Beschäftigung eigener AN geboten ist (BAG 24. 5. 1957 AP BetrVG 1952 § 76 Nr. 7).

d) **Konzerntatbestand.** Zwischen dem herrschenden und dem oder den abhängigen Unternehmen muss ein Abhängigkeitsverhältnis iSv. § 17 AktG vorliegen. Ausreichend ist hierfür die Koordination der Konzernunternehmen im finanziellen Bereich (GK-BetrVG/*Kraft* Rn. 154 mwN). Die Personenidentität der Vorstände der beteiligten Unternehmen soll nicht genügen (BAG 16. 8. 1995 AP BetrVG 1952 § 76 Nr. 30). Die einheitliche Leitung muss tatsächlich ausgeübt werden, das **potentielle Bestehen** einer einheitlichen Leitung reicht nicht aus (*Frisinger/Lehmann* DB 1972, 2337, 2338). Unbeachtlich ist, ob es sich um einen **Vertragskonzern** oder um einen **faktischen Konzern** handelt, ob also die einheitliche Leitung auf Grund eines Beherrschungsvertrags (§ 291 AktG) bzw. einer Eingliederung (§ 319 AktG) oder allein auf Grund einer Mehrheitsbeteiligung oder sonstigen Gründen ausgeübt wird (GK-BetrVG/*Kraft* Rn. 157; *Fitting* Rn. 95; näher dazu *Frisinger/Lehmann* DB 1972, 2337 f.).

Im **mehrstufigen Konzern** haben die AN des Tochter- wie auch des Enkelunternehmens ein Wahlrecht jedenfalls hinsichtlich der ANVertreter, die in den AR des herrschenden Unternehmens zu wählen sind (BAG 18. 6. 1970 AP BetrVG 1952 § 76 Nr. 20; GK-BetrVG/*Kraft* Rn. 158; *Dietz/Richardi* Rn. 185). Sofern das **Tochterunternehmen** bezüglich der Enkelunternehmen **eigene wesentliche Leitungsbefugnisse** hat, ist auch dieses herrschendes Unternehmen iSv. § 76 IV (§ 18 I AktG). Es bildet mit den Enkelunternehmen einen „Konzern im Konzern" (vgl. dazu § 18 AktG Rn. 4, § 5 MitbestG Rn. 8 f.), so dass sich die AN der Enkelunternehmen auch an der Wahl der ANVertreter zum AR des Tochterunternehmens beteiligen können (ebenso *Fitting* Rn. 97; *W. Bayer* DB 1975, 1167, 1168; *ders.* ZGR 1977, 173, 182; im Grundsatz ebenso *Frisinger/Lehmann* DB 1972, 2337, 2340; *Köstler/Kittner/Zachert/Müller* Rn. 238 ff.; aA *Dietz/Richardi* Rn. 186; GK-BetrVG/*Kraft* Rn. 159 f.; *Lutter* ZGR 1977, 195, 211; *Schilling* ZHR 140 [1976], 528, 533 f.). Von Bedeutung ist dies insb., wenn bei dem herrschenden Unternehmen wegen der Rechtsform oder des Sitzes im Ausland kein AR mit ANBeteiligung nach dem BetrVG 1952 gebildet werden kann (*Fitting* Rn. 97). In diesem Fall sind die Grundsätze über den Konzern im Konzern anzuwenden, obwohl § 5 III MitbestG für das BetrVG 1952 nicht gilt (*Fitting* Rn. 97).

Ein Unternehmen kann von zwei oder mehreren Muttergesellschaften beherrscht werden (**Gemeinschaftsunternehmen**). Ein Konzernverhältnis des beherrschten Unternehmens zu jeder Obergesellschaft kann bestehen, wenn die Obergesellschaften den Konzern auf Grund gemeinsamer Willensbildung leiten (BAG 18. 6. 1970 AP BetrVG 1952 § 76 Nr. 20; BAG 16. 8. 1995 AP BetrVG 1952 § 76 Nr. 30). In diesem Fall können die AN des abhängigen Unternehmens an der Wahl der ANVertreter zu dem AR beider Obergesellschaften teilnehmen (BAG 18. 6. 1970 AP BetrVG 1952 § 76 Nr. 20; *Köstler/Kittner/Zachert/Müller* Rn. 245 f.; *Fitting* Rn. 98; aA GK-BetrVG/*Kraft* Rn. 162 ff.; s. auch § 5 MitbestG Rn. 10 ff.).

2. Wahlrecht der Arbeitnehmer der abhängigen Gesellschaften. a) Aktives Wahlrecht. Die AN des abhängigen Unternehmens können sich nach § 76 IV an der Wahl der ANVertreter in den AR des herrschenden Unternehmens beteiligen, sie sind **ebenso wie die AN des herrschenden Unternehmens** aktiv wahlberechtigt (*Fitting* Rn. 104; GK-BetrVG/*Kraft* Rn. 165).

b) **Passives Wahlrecht.** Das passive Wahlrecht steht den AN der abhängigen Konzernunternehmen **wie den AN der Obergesellschaft im gleichen Umfange** zu. Den AN des herrschenden Unternehmens ist keine bestimmte Anzahl von Sitzen vorbehalten (BAG 24. 11. 1981 AP BetrVG 1952 § 76 Nr. 24; BAG 8. 12. 1981 AP BetrVG 1952 § 76 Nr. 25; *Fitting* Rn. 104 f.; MünchArbR/*Wißmann* § 373 Rn. 16; GK-BetrVG/*Kraft* Rn. 166 f.; *Köstler/Kittner/Zachert/Müller* Rn. 267). Die AN aller Konzernunternehmen bilden eine **einheitliche Konzernbelegschaft**, die ihre Vertreter in den AR wählt (GK-BetrVG/*Kraft* Rn. 165).

3. Wahlverfahren. Auf die Wahl der ANVertreter sind die gleichen Grundsätze wie auf die Wahlen in einem Unternehmen mit mehreren Betrieben nach § 76 II anzuwenden. Allerdings kann die Wahl auch durch **Delegierte** erfolgen (§ 76 IV 2; dazu BAG 6. 2. 1968 AP BetrVG 1952 § 76 Nr. 16). Die Wahl wird durch einen bei dem herrschenden Unternehmen zu bestellenden Wahlvorstand geleitet, dem AN aus allen Konzernunternehmen angehören können (GK-BetrVG/*Kraft* Rn. 168).

64 Eine **Wahl durch Delegierte** müssen die wahlberechtigten AN aller Konzernunternehmen beschließen (GK-BetrVG/*Kraft* Rn. 169). Der **Beschluss** ist **nach** den **allg. geltenden rechtsstaatlichen Wahlgrundsätzen** (s. Rn. 38) zu fassen, da gesetzliche Regelungen fehlen (BAG 6. 2. 1968 AP BetrVG 1952 § 76 Nr. 16; GK-BetrVG/*Kraft* Rn. 169; *Dietz/Richardi* Rn. 199; *Fitting* Rn. 110). Analog § 76 III muss eine Beschlussfassung über die Wahl durch Delegierte herbeigeführt werden, wenn ein (Gesamt- oder Konzern-)BR oder der zehnte Teil aller wahlberechtigten AN oder mindestens 100 der wahlberechtigten AN ungeachtet ihres Verhältnisses zur Gesamtbelegschaft einen entspr. Antrag stellen (BAG 6. 2. 1968 AP BetrVG 1952 § 76 Nr. 16; *Dietz/Richardi* Rn. 200; GK-BetrVG/*Kraft* Rn. 170; *Fitting* Rn. 111). **Stets** ist eine **Abstimmung** der wahlberechtigten AN **erforderlich**; die (Gesamt- oder Konzern-)BR können die Wahl durch Delegierte nicht von sich aus beschließen (GK-BetrVG/*Kraft* Rn. 170). Auch der **Hauptwahlvorstand** hat das Recht, eine Abstimmung durchführen zu lassen (*Dietz/Richardi* Rn. 200; GK-BetrVG/*Kraft* Rn. 170; für eine ausschließliche Zuständigkeit des Hauptwahlvorstandes *Fitting* Rn. 111). Für die Wahl durch Delegierte muss sich die **Mehrheit** der **teilnehmenden wahlberechtigten AN** entscheiden. Nicht erforderlich ist, dass die Mehrheit aller wahlberechtigten AN zustimmt (BAG 6. 2. 1968 AP BetrVG 1952 § 76 Nr. 16; GK-BetrVG/*Kraft* Rn. 171; *Fitting* Rn. 111; MünchArbR/*Wißmann* § 383 Rn. 31; aA *Dietz/Richardi* Rn. 200).

65 Die vom Hauptwahlvorstand für eine Delegiertenwahl zu erlassende **WO** (näher dazu *Fitting* DB 1962, 1339) muss sich an rechtsstaatliche Grundsätze des Wahlverfahrens halten und daraufhin gerichtlich überprüfbar sein (BAG 6. 2. 1968 AP BetrVG 1952 § 76 Nr. 16; GK-BetrVG/*Kraft* Rn. 171; *Dietz/Richardi* Rn. 201). Sie kann die Wahl durch Delegierte nur **einheitlich für alle Konzernunternehmen** vorsehen. Jeder Delegierte muss die gleiche Anzahl von AN repräsentieren (GK-BetrVG/*Kraft* Rn. 172). Die Delegierten selbst sind von den wahlberechtigten AN der Konzernunternehmen durch Mehrheitswahl zu wählen (*Dietz/Richardi* Rn. 201; *Fitting* Rn. 112; GK-BetrVG/*Kraft* Rn. 172; näher *Fitting* DB 1962, 1339 ff.).

V. Amtszeit der Arbeitnehmervertreter

66 **1. Amtszeit des einzelnen Aufsichtsratsmitglieds.** Die ANVertreter werden nach § 76 II 1 für die Zeit gewählt, die **das Gesetz** oder **die Satzung** des Unternehmens **bestimmt**. Die **maximale Amtszeit** endet vorbehaltlich einer abw. Regelung nach § 102 I AktG mit der Beendigung der Hauptversammlung, die über die Entlastung des AR für das vierte Geschäftsjahr seit Beginn der Amtszeit beschließt. Das Ergebnis der Beschlussfassung ist unbeachtlich (GK-BetrVG/*Kraft* Rn. 88). Die Amtszeit beginnt grds. mit der Annahme der Wahl (GK-BetrVG/*Kraft* Rn. 88). Werden die **ANVertreter** in einem **früheren Geschäftsjahr** als die übrigen ARMitglieder gewählt, so beginnt ihr Amt erst mit Ablauf der Hauptversammlung, die Anteilseignervertreter wählt (*Dopfer* DB 1957, 93; *Geßler* DB 1957, 214).

67 Die **Satzung** kann für alle ARMitglieder eine **kürzere Amtszeit** vorsehen, die auch für die ANVertreter gilt (GK-BetrVG/*Kraft* Rn. 90). Demgegenüber kann eine Bestimmung im Wahlausschreiben, wonach die Amtszeit mit dem Ausscheiden aus dem aktiven Dienst endet, die Amtszeit der ANVertreter nicht wirksam verkürzen (GK-BetrVG/*Kraft* Rn. 90 mwN; aA BAG 31. 1. 1969 AP BetrVG 1952 § 76 Nr. 19). Wird **nachträglich** durch eine **Satzungsänderung** die Amtszeit aller ARMitglieder verkürzt, so gilt dies auch für die **ANVertreter** (GK-BetrVG/*Kraft* Rn. 90; *Dietz/Richardi* Rn. 124; *Fitting* Rn. 113; aA MünchArbR/*Wißmann* § 383 Rn. 15).

68 Werden die ANVertreter in einem **späteren Geschäftsjahr** als die Aktionärsvertreter in den AR gewählt, so erlischt ihr Amt gleichzeitig mit dem der Aktionärsvertreter (GK-BetrVG/*Kraft* Rn. 91; *Fitting* Rn. 113; *Fuchs/Köstler* Rn. 241). Auch nachgewählte Ersatzmitglieder werden idR nur für den Rest der Amtszeit gewählt (GK-BetrVG/*Kraft* Rn. 91).

69 Die Satzung kann vorschreiben, dass die ARmitglieder **turnusmäßig** aus dem AR **ausscheiden**. Von einer solchen Regelung sind die **ANVertreter** ebenso **wie** die **Anteilseignervertreter** betroffen (GK-BetrVG/*Kraft* Rn. 92; *Fitting* Rn. 114; *Fuchs/Köstler* Rn. 239).

70 **2. Vorzeitige Beendigung der Amtszeit aller Aufsichtsratsmitglieder bzw. der Arbeitnehmervertreter.** Fällt die Gesellschaft, für die der AR bestand, weg, so erlischt auch das Amt der ARMitglieder (GK-BetrVG/*Kraft* Rn. 93; *Dietz/Richardi* Rn. 128; *Fitting* Rn. 120). Bei Änderungen der Gesellschaft, zB ihrer Rechtsform, der Beschäftigtenzahlen, oder ihres Unternehmenszwecks, die zur Folge haben, dass diese daraufhin einem anderen Mitbestimmungsstatut unterliegt, gilt – vorbehaltlich der Sonderregelungen in den §§ 203, 325 UmwG (s. dazu Einl. MitbestG Rn. 7 ff.) – § 97 AktG (GK-BetrVG/*Kraft* Rn. 94; *Dietz/Richardi* Rn. 129; *Fitting* Rn. 120). Das Gleiche gilt, wenn die Gesellschaft eine **Familiengesellschaft** nach § 76 VI oder ein **Tendenzunternehmen** iSv. § 81 BetrVG 1952 wird (GK-BetrVG/*Kraft* Rn. 94; *Fitting* Rn. 120; *Dietz/Richardi* Rn. 130). Damit erlischt das Amt der ARMitglieder spätestens **mit Ablauf von 6 Monaten nach der Bekanntmachung des Vorstands** bzw. spätestens 6 Monate nach Rechtskraft einer gerichtlichen Entschei-

V. Amtszeit der Arbeitnehmervertreter § 76 BetrVG 1952 220

dung (GK-BetrVG/*Kraft* Rn. 94; *Fitting* Rn. 119). Das Amt der ANVertreter endet auch, wenn deren Wahl rechtskräftig angefochten worden ist (GK-BetrVG/*Kraft* Rn. 95; *Dietz/Richardi* Rn. 131; *Fitting* Rn. 119).

3. **Vorzeitige Beendigung der Amtszeit einzelner Aufsichtsratsmitglieder bzw. einzelner Arbeit-** 71 **nehmervertreter.** Das Amt eines ARMitglieds kann nach hM durch dessen **vorzeitige Niederlegung** enden. Die durch das Mitglied abgegebene Erklärung ist **unanfechtbar** und **unwiderruflich** (GK-BetrVG/*Kraft* Rn. 96; *Dietz/Richardi* Rn. 132; *Natzel* RdA 1960, 256 ff.). Sie hat – nach bestrittener Ansicht – gegenüber dem ARVorsitzenden oder dem gesetzlichen Vertreter der Gesellschaft zu erfolgen (GK-BetrVG/*Kraft* Rn. 96). Weiterhin endet das Amt eines einzelnen ARMitglieds, wenn dessen Wahl **rechtskräftig angefochten** worden ist (GK-BetrVG/*Kraft* Rn. 97; *Dietz/Richardi* Rn. 133), oder durch Widerruf der Bestellung bzw. gerichtliche Abberufung (GK-BetrVG/*Kraft* Rn. 98; *Dietz/Richardi* Rn. 134 f.; dazu Rn. 75 ff.).

Das ARAmt eines ANVertreters endet im Übrigen mit dem **Wegfall einer Voraussetzung für seine** 72 **Wählbarkeit** (BAG 25. 10. 2000 AP BetrVG 1952 § 76 Nr. 32). Endet das **Arbeitsverhältnis** eines ANVertreters, der nach § 76 II 2 **notwendig** in einem Betrieb des Unternehmens **beschäftigt** sein muss, mit dem Unternehmen, so folgt daraus auch das Ende seines ARAmts (BAG 25. 10. 2000 AP BetrVG 1952 § 76 Nr. 32; GK-BetrVG/*Kraft* Rn. 99; *Dietz/Richardi* Rn. 137; *Fitting* Rn. 124; vgl. auch BGH 21. 2. 1963 AP BetrVG 1952 § 76 Nr. 12, zur Kündigung des einzigen Angestellten als ANVertreter im AR). Im Falle der Kündigung des ANVertreters erlischt dessen Amt erst mit Unanfechtbarkeit der Kündigung (vgl. *Fitting* Rn. 124; *Dietz/Richardi* Rn. 137; GK-BetrVG/*Kraft* Rn. 99). Die „Beschäftigung" eines AN endet auch bei einem **ruhenden Arbeitsverhältnis**, wenn diese Phase vor der Beendigung des Arbeitsverhältnisses liegt und keine gesicherte Rückkehrmöglichkeit besteht (BAG 25. 10. 2000 AP BetrVG 1952 § 76 Nr. 32, für die Freistellungsphase einer Altersteilzeit im sog. Blockmodell; zust. *Fitting* Rn. 124; *Fuchs/Köstler* Rn. 222; GK-BetrVG/*Kraft* Rn. 99; *Haag/Gräter/ Dangelmaier* DB 2001, 702 ff.; *Windbichler* SAE 2001, 208 ff.; aA LAG Hamburg 1. 3. 2000 DB 2000, 1770 [Vorinstanz zu BAG]). Bei einer Freistellung des ANVertreters gem. § 38 BetrVG gilt dies jedoch nicht (*Windbichler* SAE 2001, 209). Das ARAmt eines ANVertreters, der dem AR als AN notwendig angehört und **leitender Angestellter wird**, endet ebenfalls (*Dietz/Richardi* Rn. 137; GK-BetrVG/*Kraft* Rn. 99; *Fitting* Rn. 125).

Diese Grundsätze gelten entspr., wenn ein **abhängiges Unternehmen aus dem Konzern ausschei-** 73 **det**. Danach verliert der ANVertreter, der im abhängigen Unternehmen beschäftigt war, sein ARAmt, wenn der AR nunmehr nicht mehr den nach § 76 II 3 erforderlichen zwei in Konzernunternehmen beschäftigten AN angehören (*Radke* AuR 1958, 161, 169).

Die **Grundsätze** in Rn. 72 und 73 gelten **nicht**, wenn der AR aus mehr unternehmensangehörigen 74 ANVertretern besteht, als nach dem Gesetz erforderlich (GK-BetrVG/*Kraft* Rn. 101; *Dietz/Richardi* Rn. 137; *Fitting* Rn. 125; MünchArbR/*Wißmann* § 383 Rn. 15). Endet bei einem ANVertreter die Beschäftigung, so führt dies nur dann zum Amtsverlust, wenn dadurch dem AR nicht mehr eine ausreichende Zahl von unternehmensangehörigen ANVertretern angehören.

4. **Widerruf der Bestellung der Arbeitnehmervertreter.** Die ANVertreter im AR können vor 75 Ablauf ihrer Amtszeit nach § 76 V durch **Beschluss der wahlberechtigten AN des Unternehmens** abberufen werden, nicht jedoch durch die Hauptversammlung (*Dietz/Richardi* Rn. 138; *Fitting* Rn. 127; *Köstler/Kittner/Zachert/Müller* Rn. 779; vgl. dazu auch §§ 42 ff. WO 1953). Der Beschluss kann nur auf Antrag der **BR** oder von mindestens einem **Fünftel der wahlberechtigten AN** der Betriebe des Unternehmens gefasst werden. Die Abberufung kann sich auf alle ANVertreter beziehen, aber auch auf einzelne von ihnen beschränken (*Dietz/Richardi* Rn. 144).

Ein **gemeinsamer Antrag aller BR** ist nicht erforderlich. Jeder BR kann **einzeln** einen Antrag auf 76 Abberufung stellen (*Dietz/Richardi* Rn. 140; GK-BetrVG/*Kraft* Rn. 106; aA *Fitting* Rn. 128, nach denen die dem Antrag zustimmenden BR bzw. der den Antrag stellende BR die Mehrheit aller bzw. der wahlberechtigten AN des Unternehmens vertreten muss). Neben dem BR steht auch dem **GesamtBR** und dem **KonzernBR** ein Antragsrecht zu (*Dietz/Richardi* Rn. 141; MünchArbR/*Wißmann* § 383 Rn. 41; aA *Fitting* Rn. 128; GK-BetrVG/*Kraft* Rn. 106).

Der von mindestens einem **Fünftel der wahlberechtigten AN** gestellte Antrag ist an den Ge- 77 samtBR oder, falls dieser nicht besteht, an alle **BR** bzw. den arbeitnehmerstärksten Unternehmens oder gegebenenfalls wenn, im Unternehmen kein BR besteht, an eine einzuberufende **Betriebsversammlung** zu richten (§ 42 WO 1953; dazu GK-BetrVG/*Kraft* Rn. 104 ff.).

Der Beschluss zur Abberufung erfordert eine **Mehrheit von mindestens drei Viertel der abge-** 78 **gebenen Stimmen** der wahlberechtigten AN (§ 76 V 2), die Gesamtzahl der im Unternehmen beschäftigten wahlberechtigten AN ist unerheblich (*Dietz/Richardi* Rn. 147). Für die Beschlussfassung gelten die gleichen Grundsätze wie für die Wahl der ANVertreter in den AR (§ 76 V 3, vgl. *Dietz/Richardi* Rn. 146).

Das Amt des abberufenen ARMitglieds endet mit der **Mitteilung des Abstimmungsergebnisses** 79 durch den Wahlvorstand an das betreffende Mitglied (*Dietz/Richardi* Rn. 148; *Fitting* Rn. 133; GK-BetrVG/*Kraft* Rn. 104; *Fuchs/Köstler* Rn. 548).

Oetker

80   Die Abstimmung über die Abberufung eines ARMitglieds der AN kann unter den gleichen Voraussetzungen wie dessen Wahl **angefochten** werden (*Fitting* Rn. 134; *Dietz/Richardi* Rn. 149; GK-BetrVG/*Kraft* Rn. 107).

81   **5. Gerichtliche Abberufung eines Arbeitnehmervertreters.** ARMitglieder der AN können nach § 103 III und IV AktG durch Beschluss des für die Gesellschaft zust. **Registergerichts** (§ 145 I FGG, § 14 AktG) abberufen werden, wenn in ihrer Person ein **wichtiger Grund** vorliegt (*Fitting* Rn. 126; GK-BetrVG/*Kraft* Rn. 108; *Dietz/Richardi* Rn. 150; *Köstler/Kittner/Zachert/Müller* Rn. 779). Dieser setzt voraus, dass ein **Verbleiben in dem AR** bei Abwägung aller Umstände für die Gesellschaft **unzumutbar** ist (GK-BetrVG/*Kraft* Rn. 108; *Eckardt* NJW 1967, 1010 ff.; *Hofmann* BB 1973, 1081 ff.). Ein Grund, der die fristlose Kündigung eines im Unternehmen beschäftigten ANVertreters rechtfertigt, muss nicht notwendig einen Grund für eine gerichtliche Abberufung dieses Mitglieds darstellen (BAG 21. 2. 1963 AP BetrVG 1952 § 76 Nr. 12; *Dietz/Richardi* Rn. 150). Gegen die Entscheidung des Registergerichts ist die **sofortige Beschwerde** zum LG statthaft (§ 103 III 4 AktG), gegen dessen Entscheidung die **sofortige weitere Beschwerde** zum OLG eröffnet ist (§§ 27, 28 I, 29 II FGG).

VI. Schutz der Tätigkeit der Arbeitnehmervertreter

82   Nach § 76 II 5 gilt für die ANVertreter das **Behinderungs-, Benachteiligungs-** und **Bevorzugungsverbot** des § 78 BetrVG entspr. (vgl. *Köstler/Kittner/Zachert/Müller* Rn. 730 ff.; im Einzelnen dazu § 78 BetrVG). Der AN, der gleichzeitig ARMitglied ist, darf in seiner beruflichen Entwicklung nicht anders als die übrigen AN behandelt werden (*Fitting* Rn. 170). Eine **Beförderung** auf Grund der durch die ARTätigkeit gewonnenen Kenntnisse und Erfahrungen untersagt § 76 II 5 iVm. § 78 BetrVG nicht, da das Begünstigungsverbot nur aus unsachlichen Gründen gewährte Vorteile verbietet (*Fitting* Rn. 172).

83   ANVertretern im AR steht kein bes. **Kündigungsschutz** zu, wie dies § 15 KSchG und § 103 BetrVG für Mitglieder von Betriebsverfassungsorganen vorsehen. Diese Bestimmungen sind nicht entspr. auf die ANVertreter im AR anzuwenden (GK-BetrVG/*Kraft* Rn. 134; *Fitting* Rn. 170; *Dietz/Richardi* Rn. 177; MünchArbR/*Wißmann* § 384 Rn. 10, § 380 Rn. 25; aA *Naendrup* AuR 1979, 204 ff.), es sei denn, es handelt sich gleichzeitig um BRMitglieder (BAG 4. 4. 1974 AP BGB § 626 Arbeitnehmervertreter im AR Nr. 1; *Fitting* Rn. 170; GK-BetrVG/*Kraft* Rn. 134). Allerdings ist eine Kündigung **unwirksam**, die erfolgt, um die Tätigkeit im AR unmöglich zu machen oder aus diesem Grund zu maßregeln; insoweit begründet § 78 BetrVG einen **relativen Kündigungsschutz** (ebenso *Dietz/Richardi* Rn. 177; *Fitting* Rn. 170; GK-BetrVG/*Kraft* Rn. 134; *Köstler/Kittner/Zachert/Müller* Rn. 722 ff.).

§ 77 [Bildung von Aufsichtsräten bei der GmbH]

(1) ¹Bei Gesellschaften mit beschränkter Haftung und bergrechtlichen Gewerkschaften mit eigener Rechtspersönlichkeit mit mehr als fünfhundert Arbeitnehmern ist ein Aufsichtsrat zu bilden. ²Seine Zusammensetzung sowie seine Rechte und Pflichten bestimmen sich nach § 90 Abs. 3, 4, 5 Satz 1 und 2, §§ 95 bis 114, 116, 118 Abs. 2, § 125 Abs. 3, §§ 171, 268 Abs. 2 des Aktiengesetzes und § 76 dieses Gesetzes.

(2) Besteht bei Versicherungsvereinen auf Gegenseitigkeit mit mehr als fünfhundert Arbeitnehmern ein Aufsichtsrat, so findet § 76 dieses Gesetzes Anwendung.

(3) ¹Auf Erwerbs- und Wirtschaftsgenossenschaften mit mehr als fünfhundert Arbeitnehmern findet § 76 Anwendung; § 96 Abs. 2 und die §§ 97 bis 99 des Aktiengesetzes sind entsprechend anzuwenden. ²Das Statut kann nur eine durch drei teilbare Zahl von Aufsichtsratsmitgliedern festsetzen. ³Der Aufsichtsrat muß mindestens einmal im Kalendervierteljahr einberufen werden.

I. Regelungsinhalt

1   Ergänzend zu § 76, der sich nur auf die AG und die KGaA bezieht, befasst sich § 77 mit den **übrigen Gesellschaften**, die einen AR bilden können: GmbH, VVaG und eingetragene Genossenschaften. Er gilt nach § 81 nicht für Tendenzunternehmen. Die Norm findet nach § 85 II keine Anwendung auf Unternehmen, die dem MitbestG, dem Montan-MitbestG oder dem MitbestErgG unterliegen (dazu § 85).

II. GmbH

2   **1. Arbeitnehmerzahl.** § 52 GmbHG stellt der GmbH die Bildung eines AR frei. Beschäftigt das Unternehmen aber mehr als 500 AN, dann ist es nach § 77 I **verpflichtet,** einen **AR zu bilden.** Diese Verpflichtung ergibt sich unmittelbar aus dem Gesetz, ohne dass zuvor der Gesellschaftsvertrag geändert und die Bildung eines AR vorgesehen wird (*Dietz/Richardi* Rn. 10).

Für die Bestimmung der **ANZahl** einer GmbH gelten die gleichen Grundsätze wie für die AG (dazu 3
§ 76 Rn. 4 ff.). Maßgeblich ist die Zahl der **regelmäßig** beschäftigten AN (LG Stuttgart 11. 9. 1984 BB
1984, 2082; *Dietz/Richardi* Rn. 7; GK-BetrVG/*Kraft* Rn. 7; MünchArbR/*Wißmann* § 383 Rn. 5; dazu
auch § 76 Rn. 7), unabhängig davon, ob sie wahlberechtigt sind (*Dietz/Richardi* Rn. 7). Es kommt
nicht auf die **Zahl der Arbeitsplätze** im Unternehmen an (so aber wohl BAG 1. 12. 1961 AP BetrVG
1952 § 77 Nr. 1; dazu ebenso *Dietz/Richardi* Rn. 8), die von der ANZahl abweichen kann, sofern ein
Arbeitsplatz nicht ständig oder aber von mehreren AN besetzt wird (GK-BetrVG/*Kraft* Rn. 7; *Dietz/
Richardi* Rn. 8).

Ist die GmbH **herrschendes Konzernunternehmen**, so kommt es für die Anwendung des BetrVG 4
1952 auf das Unternehmen allein auf dessen ANZahl an. Unbeachtlich ist die Zahl der AN in
abhängigen Konzernunternehmen, sofern nicht § 77 a eingreift (zur vergleichbaren Lage beim VVaG
BAG 24. 5. 1957 DB 1957, 750; ebenso *A. Hueck* BB 1953, 321, 324 f.).

AN sind alle in einem Arbeitsverhältnis oder Berufsausbildungsverhältnis zur Gesellschaft stehen- 5
den Personen (vgl. § 76 Rn. 8). LeihAN gehören nach § 14 AÜG zur Belegschaft des Verleihers und
sind bei der Ermittlung der Beschäftigtenzahl des Entleihers grds. nicht mitzurechnen (GK-BetrVG/
Kraft Rn. 9; *Dietz/Richardi* Rn. 8; vgl. § 76 Rn. 8). Ist die Gesellschaft herrschendes Unternehmen
eines Konzerns, so können ihr die AN in Konzernunternehmen nach § 77 a zugerechnet werden (s.
§ 77 a).

2. Bildung des Aufsichtsrats. Beschäftigt die Gesellschaft regelmäßig mehr als 500 AN, so hat sie 6
einen AR zu bilden. Ggf. ist der **Gesellschaftsvertrag** zu ändern und die **Gesellschafter** haben die von
ihnen zu bestellenden ARMitglieder zu bestimmen (*Dietz/Richardi* Rn. 11). Kommen sie diesen
Verpflichtungen nicht nach, so können die ARMitglieder nach § 104 AktG gerichtlich bestellt werden.
Das gilt auch, soweit die AN ihre Vertreter in den AR nicht gewählt haben (*Dietz/Richardi* Rn. 11).

Ändern sich die für die Anwendung des BetrVG 1952 erforderlichen Voraussetzungen, so haben die 7
Geschäftsführer dies nach § 97 I AktG bekannt zu machen. Wird gegen die **Bekanntmachung** nicht
das zust. LG angerufen, dann ist der AR entspr. den in der Bekanntmachung angegebenen Vorschriften
zusammenzusetzen (§§ 97 ff. AktG; *Dietz/Richardi* Rn. 12).

3. Zusammensetzung und Organisation des AR. Für die Zahl der ARMitglieder gilt § 95 AktG. 8
Die Verweisung auf § 76 und § 95 AktG ist zwingend. Der Gesellschaftsvertrag der GmbH kann
keinen **höheren Anteil** an **ANVertretern** im AR vorsehen oder die Zuständigkeit für die Wahl der
ANVertreter frei bestimmen (GK-BetrVG/*Kraft* Rn. 16; aA OLG Bremen 22. 3. 1977 NJW 1977,
1153 ff., nach dem sich diese Möglichkeit aus der im Gegensatz zum Aktienrecht größeren Flexibilität
des GmbH-Rechts ergeben soll). Allerdings kann das zust. Organ AN in den AR wählen. Diese sind
aber keine ANVertreter (GK-BetrVG/*Kraft* Rn. 16; s. auch Einl. Rn. 7).

4. Aufgaben des Aufsichtsrats. Die Aufgaben des unter Beteiligung von ANVertretern gebildeten 9
AR einer GmbH richten sich gemäß § 77 I 2 grds. nach allg. Aktienrecht (*Dietz/Richardi* Rn. 21;
GK-BetrVG/*Kraft* Rn. 31). **Abweichungen** ergeben sich jedoch aus der bei einer GmbH gegenüber
einer AG anderen **Kompetenzverteilung** (eingehend *A. Hueck* BB 1953, 325, 326 ff.; *Vieweg* NJW
1953, 1615, 1617). Danach hat der AR seine Überwachungspflicht nach § 111 I AktG nur gegenüber
den Geschäftsführern auszuüben, soweit ihnen Maßnahmen der Geschäftsführung zustehen. Anders
ist es hinsichtlich der **Gesellschafterversammlung,** soweit sie Maßnahmen der Geschäftsführung
ergreift. Diesbezüglich hat der AR kein Überwachungsrecht; § 44 Nr. 6 GmbHG gilt unverändert
(GK-BetrVG/*Kraft* Rn. 31; *Dietz/Richardi* Rn. 24 mwN; aA *Bergmann* NJW 1953, 81, 82 f.).

Entspr. **§ 112 AktG,** auf den § 77 I 2 verweist, vertritt der AR die Gesellschaft gegenüber den 10
Geschäftsführern. Dies gilt aber nur mit **Einschränkungen,** da die Anwendung des Aktienrechts die
Kompetenzverteilung nach dem GmbHG nicht vollständig ändern sollte (GK-BetrVG/*Kraft* Rn. 34).
Die Kompetenz zur **Bestellung der Geschäftsführer** bleibt, sofern sie nicht schon durch den Gesellschaftsvertrag geschieht, auch in einer unter das BetrVG 1952 fallenden GmbH bei der Gesellschafterversammlung (vgl. § 46 Nr. 5 GmbHG), da § 77 I nicht auf § 84 AktG verweist. Damit bleibt die
Gesellschafterversammlung im Rahmen einer **Annexkompetenz** (vgl. BGH 14. 11. 1983 Z 89, 48 ff.
zum MitbestG) auch für den Abschluss der Anstellungsverträge mit den zukünftigen Geschäftsführern
zuständig (GK-BetrVG/*Kraft* Rn. 34; *Dietz/Richardi* Rn. 22; s. auch BGH 3. 7. 2000 ZIP 2000, 1442,
1443). Anderes gilt für Prozesse der Gesellschaft gegen ihre Geschäftsführer; § 46 Nr. 8 GmbHG gilt
nicht, wenn die Gesellschaft unter das BetrVG 1952 fällt (GK-BetrVG/*Kraft* Rn. 34).

In der nach dem BetrVG 1952 mitbestimmten GmbH kann die Satzung die Kompetenz des obliga- 11
torisch zu bildenden **AR,** nach § 111 IV 2 AktG Geschäftsführungsmaßnahmen von seiner **Zustimmung** abhängig zu machen, nicht ausschließen, da § 77 I 2 anders als § 52 I GmbHG keinen entspr.
Vorbehalt anordnet (GK-BetrVG/*Kraft* Rn. 36; *Hommelhoff* ZGR 1978, 119, 150 ff.; *Immenga* ZGR
1977, 249, 259 ff.; *Säcker* DB 1977, 1845, 1848; aA *Hölters* BB 1978, 640, 643).

Die Gesellschafterversammlung kann ein **Veto des AR** gegen eine Geschäftsführungsmaßnahme 12
analog § 111 IV 3 und 4 AktG nicht auf Verlangen der Geschäftsführer überwinden. Die nach
dem GmbHG gewichtigere Stellung der Gesellschafterversammlung wird insoweit durch das BetrVG

1952 nicht berührt (GK-BetrVG/*Kraft* Rn. 37), sie kann durch eine entspr. Weisung an die Geschäftsführer nach § 37 GmbHG das Veto des AR auch von sich aus überwinden (GK-BetrVG/*Kraft* Rn. 37 mwN; *Zöllner* ZGR 1977, 319, 327; aA *Hommelhoff* ZGR 1978, 119, 153; *Säcker* DB 1977, 1845, 1848).

13 Zu den Aufgaben des AR einer nach dem BetrVG 1952 mitbestimmten GmbH gehört auch die **Prüfung des Jahresabschlusses** nach § 171 AktG. Dagegen bleibt es hinsichtlich der **Feststellung des Jahresabschlusses** bei der Zuständigkeit der Geschäftsführer und der Gesellschafterversammlung nach § 46 Nr. 1 GmbHG, soweit die Satzung keine andere Regelung trifft, da § 77 I 2 nicht auf § 172 AktG verweist (GK-BetrVG/*Kraft* Rn. 32; *Dietz/Richardi* Rn. 23).

14 Die **Informationsrechte** des AR und seiner Mitglieder richten sich wegen § 77 I 2 nach den §§ 90 III, IV, V 1 und 2, 111 II sowie 125 III AktG. Auch § 125 IV AktG ist, obwohl nicht ausdrücklich in Bezug genommen, entspr. anzuwenden (GK-BetrVG/*Kraft* Rn. 38). Im Übrigen haben die ARMitglieder analog § 118 II AktG das Recht zur **Teilnahme** an der Gesellschafterversammlung (GK-BetrVG/*Kraft* Rn. 38), allerdings ohne Antragsrecht (GK-BetrVG/*Kraft* Rn. 38).

15 **5. Bestellung der Aufsichtsratsmitglieder.** Für Wahl und Abberufung der ANVertreter einer mitbestimmten GmbH gilt § 76 II bis V entspr. (s. § 76 Rn. 29 ff.). Im Hinblick auf die **Wählbarkeit** ist als **Besonderheit** zu beachten, dass die Mitgliedschaft in einem Beirat der Gesellschaft nicht die Zugehörigkeit zum AR ausschließt (GK-BetrVG/*Kraft* Rn. 19).

16 Hinsichtlich der Bestellung der **Anteilseignervertreter** bleibt die **Gesellschafterversammlung** zuständig. Sofern einzelnen Gesellschaftern ein Entsendungsrecht eingeräumt ist, gilt gem. § 101 II 4 AktG nach dem eindeutigen Wortlaut der Verweisung in § 77 I 2 im Unterschied zu § 52 I GmbHG die Beschränkung auf höchstens ein Drittel der Anteilseignervertreter (GK-BetrVG/*Kraft* Rn. 21; aA *Dietz/Richardi* Rn. 20).

III. Bergrechtliche Gewerkschaften mit eigener Rechtspersönlichkeit

17 Ursprünglich waren in bergrechtlichen Gewerkschaften unter den gleichen Voraussetzungen wie bei einer GmbH die AN in den AR zu beteiligen. Nach **§ 163 BBergG** vom 13. 8. 1980 (BGBl. I S. 1310 ff.) mussten die noch bestehenden bergrechtlichen Gewerkschaften in andere Rechtsformen umgewandelt werden, ansonsten waren sie mit Ablauf des 1. 1. 1994, auf den die ursprünglich bis zum 1. 1. 1986 laufende Frist durch Gesetz vom 20. 12. 1988 (BGBl. I S. 2450) verlängert wurde, aufgelöst. Seitdem hat die Rechtsform der bergrechtlichen Gewerkschaft **keinen eigenen Anwendungsbereich** mehr, die Unternehmen können nur noch in der Rechtsform der AG, KGaA oder GmbH weitergeführt werden und unterliegen dem BetrVG 1952 nach Maßgabe der §§ 76 und 77 I.

IV. Versicherungsverein auf Gegenseitigkeit

18 Abhängig davon, ob der Wirkungskreis eines VVaG nach seiner Satzung in sachlicher, örtlicher oder personeller Hinsicht beschränkt ist (sog. kleiner VVaG), schreibt **§ 35 VAG** die **zwingende** Bildung eines AR für große VVaG vor, während in kleinen VVaG nach § 53 III VAG die Bildung eines AR **fakultativ** ist.

19 Sofern ein **großer VVaG** mehr als 500 AN beschäftigt, unterfällt er nach § 77 II dem BetrVG 1952. Auf den nach § 35 VAG zwingend zu bildenden AR ist **§ 76 entspr.** anzuwenden. Er muss zu einem Drittel aus Vertretern der AN bestehen, welche die gleiche Rechtsstellung wie die übrigen ARMitglieder haben. Im Übrigen finden auf den AR die allg. aktienrechtlichen Regeln Anwendung (GK-BetrVG/*Kraft* Rn. 42). Das BetrVG 1952 gilt auch, wenn mehr als 2000 AN im Unternehmen beschäftigt werden, da § 1 I Nr. 1 MitbestG den VVaG nicht erfasst (s. § 1 MitbestG Rn. 2).

20 Beschäftigt ein **kleiner VVaG mehr als 500 AN** und ist in diesem Unternehmen von der Möglichkeit Gebrauch gemacht worden, nach § 35 VAG einen **AR** zu bilden (§ 53 III VAG), so muss dieser den Anforderungen des § 76 genügen. Auch hier sind ANVertreter zu einem Drittel am AR zu beteiligen, deren Bestellung durch die AN des Unternehmens erfolgt und deren Zusammensetzung sich nach § 76 II richtet.

21 Besteht in einem **kleinen VVaG** kein AR, so folgt aus dem BetrVG 1952 selbst dann **kein Zwang** zur Bildung eines AR, wenn der VVaG mehr als 500 AN beschäftigt. Wurde zwar ein AR gebildet, beschäftigt der VVaG aber weniger als 500 AN, dann findet § 76 ebenfalls keine Anwendung.

V. Erwerbs- und Wirtschaftsgenossenschaften

22 Für Erwerbs- und Wirtschaftsgenossenschaften ist nach **§ 36 GenG** die Bildung eines AR zwingend vorgeschrieben. In diesem sind nach § 77 III die AN nach § 76 zu beteiligen, sofern **mehr als 500 AN** beschäftigt werden. Stellung und Aufgaben des AR richten sich im Gegensatz zur GmbH und zum VVaG nicht nach dem Aktienrecht, sondern vorbehaltlich einer anderen Regelung durch das BetrVG 1952 (vgl. § 85 I) nach den **§§ 36 bis 41 GenG**. Da dort eine § 95 I 3 AktG entspr. Regelung fehlt, schreibt § 77 III 2 zur Vermeidung rechnerischer Schwierigkeiten bei der Besetzung der zu vergeben-

den ARSitze mit einem Drittel ANVertretern vor, dass die **Gesamtzahl** der ARMitglieder **durch drei teilbar** sein muss. Eine Höchstbegrenzung gibt es nicht (vgl. § 36 I 1 GenG). Im Übrigen legt § 77 III 3 fest, dass der AR anders als nach § 110 III AktG mindestens einmal im Kalenderjahr einzuberufen ist. Sofern sich die Voraussetzungen für die Anwendung des BetrVG 1952 geändert haben, ist nach § 96 II iVm. §§ 97 ff. AktG das Statusverfahren einzuleiten.

§ 77 a [Zurechnung von Konzernunternehmen]

Soweit nach §§ 76 oder 77 die Beteiligung von Arbeitnehmern im Aufsichtsrat eines herrschenden Unternehmens von dem Vorhandensein oder der Zahl von Arbeitnehmern abhängt, gelten die Arbeitnehmer der Betriebe eines Konzernunternehmens als Arbeitnehmer des herrschenden Unternehmens, wenn zwischen den Unternehmen ein Beherrschungsvertrag besteht oder das abhängige Unternehmen in das herrschende Unternehmen eingegliedert ist.

1. **Normzweck.** Für die Anwendung des BetrVG 1952 auf ein Unternehmen kommt es u. a. auf die Beschäftigtenzahl in diesem Unternehmen an. Nach der durch § 40 I Nr. 6 EGAktG mit Wirkung zum 1. 1. 1966 eingefügten Bestimmung des § 77 a können einem herrschenden Unternehmen, das die Anforderungen hinsichtlich seiner Beschäftigtenzahl selbst nicht erfüllt, die **AN der Konzernunternehmen** unter engen Voraussetzungen zugerechnet werden. Davon zu unterscheiden ist die Frage des Wahlrechts der AN von Konzernunternehmen zum AR des herrschenden Unternehmens, die ausschließlich nach § 76 IV zu beantworten ist (vgl. GroßKomm/*Oetker* § 77 a Rn. 7 mwN). Die Zurechnung der AN der Konzernunternehmen zum herrschenden Unternehmen setzt voraus, dass zwischen den Unternehmen ein Beherrschungsvertrag besteht oder das abhängige Unternehmen in das herrschende Unternehmen eingegliedert ist.

2. **Zurechnung der Arbeitnehmer. a) Beherrschungsvertrag.** Das Vorliegen eines Beherrschungsvertrags richtet sich nach **§ 291 AktG** und setzt damit an sich voraus, dass das **abhängige Unternehmen** in der Rechtsform einer AG oder KGaA betrieben wird, während es auf die Rechtsform des herrschenden Unternehmens nicht ankommt. Allerdings ist § 77 a nur auf Unternehmen, die ihrer Rechtsform nach dem BetrVG 1952 unterliegen, anzuwenden. In Betracht kommt daher nur ein herrschendes Unternehmen, das in der Rechtsform einer AG oder KGaA (§ 76) bzw. einer GmbH, eines VVaG oder einer eingetragenen Genossenschaft (§ 77) betrieben wird. Zur bergrechtlichen Gewerkschaft § 77 Rn. 17.

Für § 77 a ist abw. von § 291 AktG die **Rechtsform** des abhängigen Unternehmens **gleichgültig** (GK-BetrVG/*Kraft* Rn. 7; *Dietz/Richardi* Rn. 3; *Köstler/Kittner/Zachert/Müller* Rn. 265; *Fitting* § 77 Rn. 6; MünchArbR/*Wißmann* § 383 Rn. 7). Voraussetzung ist lediglich ein Vertrag, der die Leitung des beherrschten Unternehmens auf das herrschende Unternehmen überträgt und damit den inhaltlichen Anforderungen des § 291 AktG genügt. Ein Ergebnisabführungsvertrag mit einem weisungsabhängigen 100%-igen Tochterunternehmen reicht hierfür nicht (OLG Düsseldorf 27. 12. 1996 ZIP 1997, 546, 548).

b) **Eingliederung.** Nach § 319 AktG ist eine Eingliederung nur zwischen **AG** möglich. Diese Einschränkung ist für § 77 a zu übernehmen, da die rechtstechnische Ausgestaltung ausschließlich auf die AG zugeschnitten ist (OLG Düsseldorf 27. 12. 1996 ZIP 1997, 546, 548; GK-BetrVG/*Kraft* Rn. 8; *Fitting* § 77 Rn. 5; MünchArbR/*Wißmann* § 383 Rn. 7; *Dietz/Richardi* Rn. 3; *Köstler/Kittner/Zachert/Müller* Rn. 265).

c) **Faktischer Konzern.** Nicht nach § 77 a dem herrschenden Unternehmen zugerechnet werden können die AN nur faktisch oder auf Grund anderer als Beherrschungsverträge abhängiger Unternehmen (BayObLG 10. 12. 1992 AP BetrVG 1952 § 77 a Nr. 1; OLG Düsseldorf 27. 12. 1996 ZIP 1997, 546, 548; GK-BetrVG/*Kraft* Rn. 5; *Dietz/Richardi* Rn. 3; *Fitting* § 76 Rn. 95; MünchArbR/*Wißmann* § 383 Rn. 7; *Köstler/Kittner/Zachert/Müller* Rn. 265). Anders ist die Rechtslage nach **§ 5 MitbestG**.

§ 81 [Ausnahmen für Tendenzbetriebe]

(1) Auf Betriebe, die politischen, gewerkschaftlichen, konfessionellen, karitativen, erzieherischen, wissenschaftlichen, künstlerischen und ähnlichen Bestimmungen dienen, finden die §§ 76 und 77 keine Anwendung.

(2) Dieses Gesetz findet keine Anwendung auf Religionsgemeinschaften und ihre karitativen und erzieherischen Einrichtungen unbeschadet deren Rechtsform.

1. **Normzweck.** Die Beteiligung der AN in AR nach dem BetrVG 1952 entfällt bei **Tendenzunternehmen** und Religionsgemeinschaften sowie deren karitativen und erzieherischen Einrichtungen. Die Aufrechterhaltung des § 81 im Hinblick auf die Unternehmensmitbestimmung der AN im AR war erforderlich, da sich **§ 118 BetrVG** auf den Tendenzschutz im Rahmen der betrieblichen Mitbestimmung beschränkt (*Dietz/Richardi* Rn. 1). Die von § 81 erfassten Betriebe sind aus dem Anwendungs-

bereich der Unternehmensmitbestimmung wegen der **grundrechtlichen Gewährleistung** der betroffenen Zwecke und ihrer Verwirklichung herauszunehmen. Dies wird hinsichtlich der Religionsgemeinschaften zusätzlich von Art. 140 GG gefordert, da ihnen hiernach die Freiheit zusteht, ihre Angelegenheiten selbständig zu regeln (*Dietz/Richardi* Rn. 5; GK-BetrVG/*Kraft* Rn. 3). Sofern die Voraussetzungen des § 81 vorliegen, sind die **AN** nicht am AR des betreffenden Unternehmens **zu beteiligen**.

2   **2. Verhältnis zu § 118 BetrVG.** § 118 BetrVG regelt ausschließlich den Tendenzschutz im Hinblick auf die betriebliche Mitbestimmung der AN in Betrieben, während die wörtlich nahezu identische Bestimmung in § 81 ausschließlich die Unternehmensmitbestimmung betrifft. Allerdings ist davon auszugehen, dass § 81 **inhaltlich § 118 BetrVG 1972 entspricht** (GK-BetrVG/*Kraft* Rn. 5; *Dietz/ Richardi* Rn. 3; *Fuchs/Köstler* Rn. 53), so dass unter Berücksichtigung des § 1 IV MitbestG praktisch kaum Unterschiede bestehen bleiben (MünchArbR/*Wißmann* § 383 Rn. 8; *Fitting* § 118 BetrVG 1972 Rn. 3). Damit kann im Einzelnen auf die Erl. zu § 118 BetrVG verwiesen werden.

3   **3. Tendenzschutz im Konzern.** Für die Beteiligung der AN im AR des **herrschenden Unternehmens** ist maßgebend, ob dieses selbst die **Voraussetzungen** des § 81 erfüllt. Sofern danach die §§ 76, 77 für das herrschende Unternehmen nicht gelten, folgt daraus nicht automatisch auch die völlige Mitbestimmungsfreiheit der abhängigen Konzernunternehmen. Für diese ist jeweils maßgebend, ob bei ihnen die Voraussetzungen des § 81 vorliegen.

4   Erfüllt ein abhängiges Konzernunternehmen die Anforderungen des § 81, so gelten für dieses die §§ 76, 77 nicht. Danach sind die AN nicht an dem bei diesem Konzernunternehmen gebildeten AR zu beteiligen. Allerdings können die AN des Konzernunternehmens nach Maßgabe des **§ 76 IV** an der Wahl zum AR des herrschenden Unternehmens zu beteiligen sein (GK-BetrVG/*Kraft* Rn. 15 a; *Fitting* § 76 Rn. 103; vgl. auch MünchArbR/*Wißmann* § 387 Rn. 36 f.).

§ 85 [Anwendung des Genossenschaftsgesetzes und anderer Gesetze]

(1) **Die Vorschriften des Genossenschaftsgesetzes über die Zusammensetzung des Aufsichtsrats sowie über die Wahl und die Abberufung von Aufsichtsratsmitgliedern gelten insoweit nicht, als sie den Vorschriften dieses Gesetzes widersprechen.**

(2) **Die Vorschriften dieses Gesetzes über Vertreter der Arbeitnehmer im Aufsichtsrat finden keine Anwendung auf die in § 1 Abs. 1 des Mitbestimmungsgesetzes, die in § 1 des Montan-Mitbestimmungsgesetzes und die in den §§ 1 und 3 Abs. 1 des Mitbestimmungsergänzungsgesetzes bezeichneten Unternehmen.**

1   Die Vorschrift grenzt den **Anwendungsbereich** des BetrVG 1952 zum GenG sowie den übrigen Gesetzen über die Beteiligung der AN im AR ab. Für Genossenschaften wird die zwingende Natur der §§ 77, 76 betont. Zugleich verdeutlicht § 85 I, dass die übrigen Normen des GenG hinsichtlich Aufgaben, Rechtsstellung und innerer Ordnung des AR unberührt bleiben (vgl. *Fitting* Rn. 1; näher insb. GK-BetrVG/*Kraft* Rn. 2 ff.; *Dietz/Richardi* Rn. 2).

2   Nach § 85 II werden Gesellschaften, die unter das Montan-MitbestG, das MitbestErgG oder das MitbestG fallen, vom BetrVG 1952 nicht erfasst. Es handelt sich um eine § 1 III MitbestG entspr. **Abgrenzungsregelung**.

§ 87 [Erlass einer Wahlordnung]

Die Bundesregierung erlässt mit Zustimmung des Bundesrates Rechtsverordnungen zur Regelung der in den §§ 76 und 77 bezeichneten Wahlen über

a) **die Vorbereitung der Wahl, insbesondere die Aufstellung der Wählerlisten und die Errechnung der Vertreterzahl;**
b) **die Frist für die Einsichtnahme in die Wählerlisten und die Erhebung von Einsprüchen gegen sie;**
c) **die Vorschlagslisten und die Frist für ihre Einreichung;**
d) **das Wahlausschreiben und die Fristen für seine Bekanntmachung;**
e) **die Stimmabgabe;**
f) **die Feststellung des Wahlergebnisses und die Fristen für seine Bekanntmachung;**
g) **die Anfechtung der Wahl;**
h) **die Aufbewahrung der Wahlakten;**
i) **den Widerruf der Bestellung der Arbeitnehmervertreter im Aufsichtsrat.**

1   Das BetrVG 1972 enthält in § 126 eine Ermächtigungsnorm zum Erlass von RechtsV für die BRWahlen. Aus diesem Grund erhält § 129 BetrVG die Ermächtigung in § 87 aufrecht und passt diese lediglich der veränderten Rechtslage an. Sie bezieht sich nur noch auf WO für die in den §§ 76 und 77 geregelten Wahlen und Abstimmungen. Aufgrund der Ermächtigung in § 87 ist die **Erste RechtsV**

zur Durchführung des Betriebsverfassungsgesetzes vom 18. 3. 1953 (BGBl. I S. 58; sog. Wahlordnung 1953) erlassen worden, deren Vorschriften gem. § 43 II WO zum BetrVG 1972 für die Wahlen der ANVertreter zum AR weitergelten.

§ 87 a [Übergangsregelung]

Auf die in den §§ 76 und 77 bezeichneten Wahlen, die nach dem 28. Juli 2001 eingeleitet werden, findet die Erste Rechtsverordnung zur Durchführung des Betriebsverfassungsgesetzes in der im Bundesgesetzblatt Teil III, Gliederungsnummer 801-1-1, veröffentlichten bereinigten Fassung entsprechende Anwendung.

Die Vorschrift trifft die bis zum Erlass einer neuen WO notwendige Übergangsregelung, da die   1
nach § 87 erlassene WO nicht mehr in allen Punkten mit der Neuregelung des § 76 II durch Art. 9 BetrVerf-ReformG kompatibel ist (Reg. Begr., BT-Drucks. 14/5741, S. 56). Das Gebot einer entsprechenden Anwendung führt insbesondere dazu, dass die Unterscheidungen zwischen Arbeitern und Angestellten wegen der Aufgabe des Gruppenprinzips durch das BetrVerf-ReformG auch im Rahmen der WO bedeutungslos ist (vgl. *Fitting* Einl. Rn. 6).

230. Bürgerliches Gesetzbuch

In der Fassung der Bekanntmachung vom 2. 1. 2002 (BGBl. I S. 42, ber. S. 2909)
Zuletzt geändert durch Gesetz vom 24. August 2002 (BGBl. I S. 3412, ber. 2003 I S. 738)
(BGBl. III/FNA 400-2)

– Auszug –

Buch 1. Allgemeiner Teil

Abschnitt 1. Personen

Titel 1. Natürliche Personen, Verbraucher, Unternehmer

§ 13 Verbraucher

Verbraucher ist jede natürliche Person, die ein Rechtsgeschäft zu einem Zwecke abschließt, der weder ihrer gewerblichen noch ihrer selbständigen beruflichen Tätigkeit zugerechnet werden kann.

§ 14 Unternehmer

(1) Unternehmer ist eine natürliche oder juristische Person oder eine rechtsfähige Personengesellschaft, die bei Abschluss eines Rechtsgeschäfts in Ausübung ihrer gewerblichen oder selbständigen beruflichen Tätigkeit handelt.

(2) Eine rechtsfähige Personengesellschaft ist eine Personengesellschaft, die mit der Fähigkeit ausgestattet ist, Rechte zu erwerben und Verbindlichkeiten einzugehen.

[1] Zu §§ 13, 14 s. § 611 Rn. 208.

Abschnitt 3. Rechtsgeschäfte

Titel 1. Geschäftsfähigkeit

§ 104 Geschäftsunfähigkeit

Geschäftsunfähig ist:
1. wer nicht das siebente Lebensjahr vollendet hat,
2. wer sich in einem die freie Willensbestimmung ausschließenden Zustand krankhafter Störung der Geistestätigkeit befindet, sofern nicht der Zustand seiner Natur nach ein vorübergehender ist.

§ 105 Nichtigkeit der Willenserklärung

(1) Die Willenserklärung eines Geschäftsunfähigen ist nichtig.

(2) Nichtig ist auch eine Willenserklärung, die im Zustand der Bewusstlosigkeit oder vorübergehender Störung der Geistestätigkeit abgegeben wird.

§ 105 a Geschäfte des täglichen Lebens

[1] Tätigt ein volljähriger Geschäftsunfähiger ein Geschäft des täglichen Lebens, das mit geringwertigen Mitteln bewirkt werden kann, so gilt der von ihm geschlossene Vertrag in Ansehung von Leistung und, soweit vereinbart, Gegenleistung als wirksam, sobald Leistung und Gegenleistung bewirkt sind. [2] Satz 1 gilt nicht bei einer erheblichen Gefahr für die Person oder das Vermögen des Geschäftsunfähigen.

Preis

§ 106 Beschränkte Geschäftsfähigkeit Minderjähriger

Ein Minderjähriger, der das siebente Lebensjahr vollendet hat, ist nach Maßgabe der §§ 107 bis 113 in der Geschäftsfähigkeit beschränkt.

§ 107 Einwilligung des gesetzlichen Vertreters

Der Minderjährige bedarf zu einer Willenserklärung, durch die er nicht lediglich einen rechtlichen Vorteil erlangt, der Einwilligung seines gesetzlichen Vertreters.

§ 108 Vertragsschluss ohne Einwilligung

(1) Schließt der Minderjährige einen Vertrag ohne die erforderliche Einwilligung des gesetzlichen Vertreters, so hängt die Wirksamkeit des Vertrags von der Genehmigung des Vertreters ab.

(2) [1] Fordert der andere Teil den Vertreter zur Erklärung über die Genehmigung auf, so kann die Erklärung nur ihm gegenüber erfolgen; eine vor der Aufforderung dem Minderjährigen gegenüber erklärte Genehmigung oder Verweigerung der Genehmigung wird unwirksam. [2] Die Genehmigung kann nur bis zum Ablauf von zwei Wochen nach dem Empfang der Aufforderung erklärt werden; wird sie nicht erklärt, so gilt sie als verweigert.

(3) Ist der Minderjährige unbeschränkt geschäftsfähig geworden, so tritt seine Genehmigung an die Stelle der Genehmigung des Vertreters.

§ 109 Widerrufsrecht des anderen Teils

(1) [1] Bis zur Genehmigung des Vertrags ist der andere Teil zum Widerruf berechtigt. [2] Der Widerruf kann auch dem Minderjährigen gegenüber erklärt werden.

(2) Hat der andere Teil die Minderjährigkeit gekannt, so kann er nur widerrufen, wenn der Minderjährige der Wahrheit zuwider die Einwilligung des Vertreters behauptet hat; er kann auch in diesem Falle nicht widerrufen, wenn ihm das Fehlen der Einwilligung bei dem Abschluss des Vertrags bekannt war.

§ 110 Bewirken der Leistung mit eigenen Mitteln

Ein von dem Minderjährigen ohne Zustimmung des gesetzlichen Vertreters geschlossener Vertrag gilt als von Anfang an wirksam, wenn der Minderjährige die vertragsmäßige Leistung mit Mitteln bewirkt, die ihm zu diesem Zweck oder zu freier Verfügung von dem Vertreter oder mit dessen Zustimmung von einem Dritten überlassen worden sind.

§ 111 Einseitige Rechtsgeschäfte

[1] Ein einseitiges Rechtsgeschäft, das der Minderjährige ohne die erforderliche Einwilligung des gesetzlichen Vertreters vornimmt, ist unwirksam. [2] Nimmt der Minderjährige mit dieser Einwilligung ein solches Rechtsgeschäft einem anderen gegenüber vor, so ist das Rechtsgeschäft unwirksam, wenn der Minderjährige die Einwilligung nicht in schriftlicher Form vorlegt und der andere das Rechtsgeschäft aus diesem Grunde unverzüglich zurückweist. [3] Die Zurückweisung ist ausgeschlossen, wenn der Vertreter den anderen von der Einwilligung in Kenntnis gesetzt hatte.

§ 112 Selbständiger Betrieb eines Erwerbsgeschäfts

(1) [1] Ermächtigt der gesetzliche Vertreter mit Genehmigung des Vormundschaftsgerichts den Minderjährigen zum selbständigen Betrieb eines Erwerbsgeschäfts, so ist der Minderjährige für solche Rechtsgeschäfte unbeschränkt geschäftsfähig, welche der Geschäftsbetrieb mit sich bringt. [2] Ausgenommen sind Rechtsgeschäfte, zu denen der Vertreter der Genehmigung des Vormundschaftsgerichts bedarf.

(2) Die Ermächtigung kann von dem Vertreter nur mit Genehmigung des Vormundschaftsgerichts zurückgenommen werden.

§ 113 Dienst- oder Arbeitsverhältnis

(1) [1] Ermächtigt der gesetzliche Vertreter den Minderjährigen, in Dienst oder in Arbeit zu treten, so ist der Minderjährige für solche Rechtsgeschäfte unbeschränkt geschäftsfähig, welche

Preis

die Eingehung oder Aufhebung eines Dienst- oder Arbeitsverhältnisses der gestatteten Art oder die Erfüllung der sich aus einem solchen Verhältnis ergebenden Verpflichtungen betreffen. ²Ausgenommen sind Verträge, zu denen der Vertreter der Genehmigung des Vormundschaftsgerichts bedarf.

(2) Die Ermächtigung kann von dem Vertreter zurückgenommen oder eingeschränkt werden.

(3) ¹Ist der gesetzliche Vertreter ein Vormund, so kann die Ermächtigung, wenn sie von ihm verweigert wird, auf Antrag des Minderjährigen durch das Vormundschaftsgericht ersetzt werden. ²Das Vormundschaftsgericht hat die Ermächtigung zu ersetzen, wenn sie im Interesse des Mündels liegt.

(4) Die für einen einzelnen Fall erteilte Ermächtigung gilt im Zweifel als allgemeine Ermächtigung zur Eingehung von Verhältnissen derselben Art.

I. Zweck der Norm

1 § 113 bietet die Möglichkeit, einen Minderjährigen in begrenztem Umfang von den Beschränkungen der §§ 107 bis 111 zu befreien. Will ein Minderjähriger eine Tätigkeit gegen Entgelt aufnehmen, so kann er grds. einen Dienst- oder Arbeitsvertrag nicht selbständig schließen, da er in der Geschäftsfähigkeit beschränkt ist (§ 106). Er bedarf gem. § 107 zum Abschluss eines derartigen Vertrags der Einwilligung des gesetzlichen Vertreters, da er hierdurch nicht lediglich einen rechtlichen Vorteil erlangt. Schließt ein Jugendlicher unter 18 Jahren einen Arbeitsvertrag ohne die Zustimmung seines gesetzlichen Vertreters, ist der Vertrag zunächst schwebend, nach der Verweigerung der Genehmigung endgültig unwirksam (§ 108).

2 § 113 **erweitert** die Geschäftsfähigkeit des Minderjährigen. Nach dieser Vorschrift kann der gesetzliche Vertreter den Minderjährigen ermächtigen, in Dienst oder Arbeit zu treten. Hierdurch wird der Minderjährige für solche Rechtsgeschäfte **unbeschränkt geschäftsfähig**, die die Eingehung oder Aufhebung eines Dienst- oder Arbeitsverhältnisses oder die Erfüllung der sich aus einem solchen Verhältnis ergebenden Verpflichtungen betreffen. Durch diese Ermächtigung erlangt der Minderjährige eine Teilgeschäftsfähigkeit („Arbeitsmündigkeit"), die ein Handeln des gesetzlichen Vertreters für den Minderjährigen in diesem Bereich ausschließt, solange die Ermächtigung besteht. Anders als in dem Fall eines Generalkonsenses iSv. § 107 kann der gesetzliche Vertreter in diesem Bereich für den Minderjährigen keine Rechtsgeschäfte mehr tätigen, seine gesetzliche Vertretungsmacht ruht (Palandt/*Heinrichs* § 112 Rn. 1). Durch die Herabsetzung des Volljährigkeitsalters hat sich die praktische Bedeutung des § 113 verringert, stehen doch die meisten Jugendlichen bis zur Vollendung ihres 18. Lebensjahres in einem Lehr-, Anlern- oder Volontärverhältnis, die wegen ihres Ausbildungscharakters nicht unter § 113 fallen (Rn. 6). § 113 spielt aber nach wie vor bei der entgeltlichen Tätigkeit von Jugendlichen zur Aufbesserung des Taschengeldes eine Rolle.

II. Voraussetzungen

3 **1. Ermächtigung.** Die Ermächtigung ist eine einseitige, formfreie, an den Minderjährigen zu richtende Erklärung. Tw. wird vertreten, der AG sei der richtige Erklärungsempfänger (*Feller* FamRZ 1961, 420; ArbG Bremen 17. 3. 1959 DB 1959, 863). Dagegen spricht jedoch der Wortlaut der Vorschrift, die davon ausgeht, dass die Ermächtigung vor Eingehung eines Arbeitsverhältnisses erteilt wird, damit dies der Minderjährige selbständig abschließen kann; richtiger Erklärungsempfänger ist deshalb der Minderjährige (LAG Düsseldorf 28. 2. 1968 DB 1968, 2221; MünchKommBGB/*Schmitt* Rn. 17).

4 Anders als bei § 112 bedarf die Ermächtigung nicht der Genehmigung des Vormundschaftsgerichts und kann deshalb auch **konkludent** erteilt werden (ArbG Wilhelmshaven 8. 5. 1964 ARSt. 68, 94; LAG Bayern 16. 10. 1967 ARSt. 68, 163); „resignierendes Dulden" reicht aber nicht aus (BAG 19. 7. 1974 AP BGB § 113 Nr. 6). Nur der **Vormund** bedarf gem. § 1822 Nr. 7 einer vormundschaftlichen Genehmigung, wenn der Mündel zu persönlichen Leistungen für eine längere Zeit als ein Jahr verpflichtet werden soll. Es liegt beim gesetzlichen Vertreter, den Umfang der Ermächtigung („Dienst- oder Arbeitsverhältnis der gestatteten Art") im Einzelnen zu bestimmen. So kann zB die Ermächtigung auf die Eingehung eines Arbeitsverhältnisses in einer bestimmten Firma beschränkt sein oder ganz allg. für einen bestimmten Gewerbezweig ausgesprochen werden. Die Ermächtigung kann jederzeit eingeschränkt oder widerrufen werden, § 113 II (Rn. 12 ff.).

5 § 113 führt nicht zu einem wirksamen Arbeits- oder Dienstverhältnis, das der Minderjährige auf Grund einer vom **gesetzlichen Vertreter** erteilten Ermächtigung mit diesem eingeht. Auf diese Konstellation ist § 181 wegen der Gefahr des Interessenkonflikts zumindest analog anwendbar (MünchKommBGB/*Schmitt* Rn. 12). Der BFH hat einem Arbeitsverhältnis eines Minderjährigen mit seinem gesetzlichen Vertreter ebenfalls die **steuerliche Anerkennung** mit der Begründung versagt, es fehle an ihrer zivilrechtlichen Wirksamkeit (BFH 17. 3. 1988 NJW 1989, 319). Die Wirksamkeit eines Dienst- oder Arbeitsvertrags kann durch die Bestellung eines Ergänzungspflegers erreicht werden (§ 1909 I 1).

Ob dies zu einer steuerrechtlichen Anerkennung führt, ist im Hinblick auf die §§ 12 EStG, 42 AO zweifelhaft.

2. Dienste oder Arbeit. Die Ermächtigung muss sich auf die entgeltliche Verrichtung von Diensten 6 oder Arbeit beziehen. Erfasst sind alle Dienst- oder Arbeitsverträge, aber auch Werkverträge. Voraussetzung ist entgegen LAG Stuttgart (28. 3. 1963 BB 1963, 1193) nicht das Vorliegen einer wirtschaftlichen Abhängigkeit oder einer **un**selbständigen Tätigkeit des Minderjährigen. Deshalb fällt auch der selbständige **Handelsvertreter** iSv. § 84 I HGB unter § 113 (BAG 20. 4. 1964 AP HGB § 90 a Nr. 1). Dass er auch von § 112 erfasst ist, ist unerheblich, da sich die beiden Vorschriften nicht gegenseitig ausschließen, sondern ergänzen: So regelt § 113 die von § 112 offengelassene Frage, ob der minderjährige selbständige Handelsvertreter den Unternehmer wechseln kann (BAG 20. 4. 1964 AP HGB § 90 a Nr. 1; MünchKommBGB/*Schmitt* Rn. 6). **Berufsausbildungsverträge** fallen nicht unter § 113, da bei ihnen nicht die Leistung von Diensten und Arbeit, sondern der Ausbildungszweck als solcher im Vordergrund steht (MünchKommBGB/*Schmitt* Rn. 14; Staudinger/*Dilcher* Rn. 5; hM). Dies gilt auch für Volontärverhältnisse gem. § 82a HGB und Anlernverträge (LAG Düsseldorf 27. 1. 1955 AP HandwO § 21 Nr. 1). Auf **öffentlich-rechtliche Dienstverhältnisse**, zB den Dienst im Bundesgrenzschutz (BVerwG 6. 11. 1969 E 34, 168) oder den Dienst als Zeitsoldaten (OVG Münster 14. 12. 1961 NJW 62, 758) ist § 113 analog anwendbar.

III. Rechtsfolge: Erweiterte Geschäftsfähigkeit

1. Grundsatz. Grds. wird der Minderjährige partiell unbeschränkt geschäfts- und prozessfähig 7 (§ 52 ZPO) für alle Geschäfte, welche die Eingehung, Aufhebung oder Erfüllung eines Dienst- oder Arbeitsverhältnisses der gestatteten Art betreffen. § 113 I 1 erstreckt sich nach allgA auch auf die verkehrsübliche Ausgestaltung der Rechte und Pflichten eines Arbeitsverhältnisses. Tarifvertraglich vorgesehene Gestaltungsmöglichkeiten sind idR als verkehrsüblich anzusehen (BAG 8. 6. 1999 EzA BGB § 113 Nr. 2). Dies gilt aber nicht für **außergewöhnliche, den Minderjährigen übermäßig belastende** Vereinbarungen: Sie sind unter Berücksichtigung des Minderjährigenschutzes nicht von der partiellen Geschäftsfähigkeit gedeckt (*Brill* BB 1975, 287; hM). Die Ermächtigung umfasst niemals Rechtsgeschäfte, zu deren Vornahme der Vertreter der Genehmigung des Vormundschaftsgerichts (§§ 1643, 1821 f.) bedarf, § 113 I 2.

2. Die Teilgeschäftsfähigkeit erfasst im Einzelnen: a) Eingehung des gestatteten Dienst- oder 8 **Arbeitsverhältnisses (§ 113 I 1 Alt. 1).** Der Minderjährige kann den Vertrag selbständig schließen, Arbeitsbedingungen vereinbaren und Nebenabreden treffen. Wahlrechte bei der Durchführung der **betrieblichen Altersversorgung** sind verkehrsüblich (BAG 8. 6. 1999 AP BGB § 113 Nr. 7). **Wettbewerbsverbote** und **Vertragsstrafen** sind nur wirksam, wenn sie branchenüblich sind (BAG 20. 4. 1964 AP HGB § 90 a Nr. 1 zum **Handelsvertreter**; LAG Berlin 28. 3. 1963 AP BGB § 113 Nr. 1 und Rn. 7). **Nachvertragliche Wettbewerbsverbote** gegenüber einem minderjährigen AN sind nach §§ 110 GewO, 74a II 2 HGB unwirksam.

b) Erfüllung des Dienst- oder Arbeitsverhältnisses (§ 113 I 1 Alt. 3). Der Minderjährige ist 9 ermächtigt, den Lohn mit Erfüllungswirkung anzunehmen, ein Gehaltskonto zu eröffnen und Geld in bar abzuheben, nicht aber zu Überweisungen, Scheckbegebungen zu Lasten des Kontos und sonstigen Verfügungen über sein Arbeitseinkommen (ArbG Bremen 17. 3. 1959 DB 1959, 583; *Hagemeister* JuS 1992, 839, 842; *Vortmann* WM 1994, 965, 967). Der Minderjährige kann also keine Leistungsklage gegen den AG erheben; er muss zur Prozessführung eine bes. Zustimmung des gesetzlichen Vertreters einholen (ArbG Wilhelmshaven 21. 3. 1961 AuR 1963, 347). Lohnverzicht, Stundung und der Abschluss eines Vergleichs durch den Minderjährigen sind möglich. Ist zur Aufnahme der gestatteten Tätigkeit ein Wohnungswechsel (vgl. LG Mannheim 30. 10. 1968 NJW 1969, 239) und die Verköstigung am Arbeitsort (vgl. OLG Karlsruhe 28. 11. 1904 OLGE 12, 11 f.) nötig, so sind auch Miet- und Kaufverträge in notwendigem Rahmen von der Ermächtigung gedeckt. Gleiches gilt für die Anschaffung von Arbeitskleidung, Werkzeug und Arbeitsmaterial, soweit dies nicht branchenüblich vom AG gestellt wird. Nach LAG Hamm (8. 9. 1970 DB 1971, 779) soll der Minderjährige gegenüber dem AG eine **Ausgleichsquittung** (hierzu § 611 Rn. 604 ff.; § 4 KSchG Rn. 72) erteilen können. Dies ist abzulehnen, da eine derartige Erklärung, deren Bedeutung auch zahlreiche volljährige AN nur unzureichend einschätzen können, als außergewöhnliches Geschäft zu werten und deshalb nicht von § 113 gedeckt ist (Rn. 7). Die Ermächtigung umfasst den **Beitritt zu einer Gewerkschaft,** da er für die Regelungen der Arbeitsbedingungen erheblich größere Bedeutung besitzt als das individuelle Aushandeln zwischen Minderjährigem und AG (LG Essen 18. 3. 1965 AP BGB § 113 Nr. 3; LG Frankfurt 5. 4. 1967 FamRZ 1967, 680; *Gilles/Westphal* JuS 1981, 899; jetzt ganz hM), nicht aber die Aufnahme eines Darlehens durch den Minderjährigen von der Gewerkschaft (LG Münster 10. 10. 1967 MDR 68, 146). Gem. § 36 SGB I können Minderjährige mit Vollendung des 15. Lebensjahres Anträge auf Sozialleistungen stellen und diese entgegennehmen (*Coester* FamRZ 1985, 982). Der Wechsel von einer Ortskrankenkasse in eine Ersatzkrankenkasse ist von § 113, aber nicht von § 36 SGB I gedeckt (*Woltereck* SGb 1965, 161; str.). Nach § 71 SGG, der Minderjährige in eigener Sache für prozessfähig erklärt, soweit sie durch eine materiele Rechtsvorschrift für den Gegenstand des Verfahrens als Geschäftsfähig anerkannt sind, kann der Minderjährige sozialrechtliche Ansprüche auch gerichtlich verfolgen.

10   c) **Änderung und Aufhebung des Dienst- oder Arbeitsverhältnisses.** Der Minderjährige kann selbständig Änderungen des Dienst- oder Arbeitsvertrags vereinbaren oder den Vertrag fristgerecht oder fristlos **kündigen** (ArbG Wilhelmshaven 3. 5. 1965 DB 1965, 1864). Genauso kann ihm gegenüber gekündigt werden (BAG 18. 2. 1977 AP BGB § 130 Nr. 10). Eine minderjährige Schwangere kann jedoch nicht durch Abschluss eines Aufhebungsvertrags wirksam auf die Vorteile des Mutterschutzes verzichten, wenn ihr diese vorher nicht bekannt waren (LAG Bremen 15. 10. 1971 DB 1971, 2318 und Rn. 7).

11   d) **Abschluss eines neuen Dienst- oder Arbeitsvertrags (§ 113 I 1 Alt. 2).** Gem. § 113 IV erstreckt sich die für einen Vertrag erteilte Ermächtigung **im Zweifel** auch auf Verträge gleicher Art. Der Minderjährige kann daher im Zweifel nach Beendigung des ursprünglichen Arbeitsverhältnisses ein anderes **gleichartiges Arbeitsverhältnis** eingehen. Ob Gleichartigkeit vorliegt, entscheidet die Verkehrsauffassung. Auch Tätigkeiten in verwandten Berufszweigen können gleichartig sein. Unter diesen Voraussetzungen erfasst die Ermächtigung zur Arbeit als Hausgehilfin somit nicht die Tätigkeit als Kellnerin, Bardame oder kaufmännische Angestellte (KG 8. 1. 1906 DJZ 1906, 322; LAG Altona 27. 1. 1931 DRiZR 1931 Nr. 514). Ebensowenig ist die Tätigkeit in einer Wäscherei mit der Arbeit als Bedienung vergleichbar (LAG Bayern 16. 10. 1967 ARSt. 1968, 163). Die Ermächtigung einer minderjährigen Tochter zur Arbeit als Fotomodell für Werbeaufnahmen erfasst nicht die Möglichkeit, einen Vertrag zum Aufnehmen von Nacktaufnahmen abzuschließen (BGH 2. 7. 1974 NJW 1974, 1947, 1949).

IV. Einschränkung und Rücknahme der Ermächtigung

12   1. Durch die Ermächtigung wird der Minderjährige nicht endgültig aus dem Schutz der elterlichen bzw. vormundschaftlichen Sorge entlassen: Die Ermächtigung kann – anders als bei § 112 – jederzeit auch ohne bes. Grund aufgehoben oder eingeschränkt werden. Nur im Fall des § 113 III 2 ist dies dem Vormundschaftsgericht vorbehalten, damit dessen Entscheidung nicht durch den Vormund unterlaufen werden kann (Rn. 14).

13   2. Einschränkung und Rücknahme sind wie die Erteilung einseitige empfangsbedürftige an den Minderjährigen zu richtende Willenserklärungen (BAG 19. 7. 1974 AP BGB § 113 Nr. 6; Münch-KommBGB/*Schmitt* Rn. 36). Widerspricht der gesetzliche Vertreter einem vom Minderjährigen beabsichtigten Rechtsgeschäft, so liegt darin **konkludent** die nachträgliche Einschränkung der Ermächtigung. Sie wirkt **ex nunc**, lässt also zuvor im Rahmen der Ermächtigung getroffene Vereinbarungen des Minderjährigen unberührt (BAG 8. 6. 1999 AP BGB § 113 Nr. 7).

V. Ersetzung der Ermächtigung

14   Das Vormundschaftsgericht kann eine vom **Vormund** verweigerte Ermächtigung ersetzen, wenn dies im Interesse des Mündels liegt. Das Verfahren richtet sich nach §§ 18, 53 55, 59 FGG. Der Ersetzungsbeschluss wird mit Zustellung an den Minderjährigen wirksam, § 16 II FGG. Hiergegen hat der Vormund das Rechtsmittel der Beschwerde, § 60 Nr. 6 FGG. Haben die **Eltern** die Ermächtigung verweigert, darf das Gericht nur unter den Voraussetzungen des § 1666 eingreifen.

VI. Beweislast

15   Beweispflichtig für das Vorliegen der Ermächtigung, ihre Rücknahme oder Einschränkung ist derjenige, der sich darauf beruft. Wer vorträgt, die Ermächtigung sei nur für einen Einzelfall erteilt, muss dies wegen der Zweifelsregelung des § 113 IV beweisen.

Titel 2. Willenserklärung

§ 125 Nichtigkeit wegen Formmangels

¹ Ein Rechtsgeschäft, welches der durch Gesetz vorgeschriebenen Form ermangelt, ist nichtig.
² Der Mangel der durch Rechtsgeschäft bestimmten Form hat im Zweifel gleichfalls Nichtigkeit zur Folge.

§ 126 Schriftform

(1) Ist durch Gesetz schriftliche Form vorgeschrieben, so muss die Urkunde von dem Aussteller eigenhändig durch Namensunterschrift oder mittels notariell beglaubigten Handzeichens unterzeichnet werden.

Preis

Vereinbarte Form

(2) ¹Bei einem Vertrag muss die Unterzeichnung der Parteien auf derselben Urkunde erfolgen. ²Werden über den Vertrag mehrere gleichlautende Urkunden aufgenommen, so genügt es, wenn jede Partei die für die andere Partei bestimmte Urkunde unterzeichnet.

(3) Die schriftliche Form kann durch die elektronische Form ersetzt werden, wenn sich nicht aus dem Gesetz ein anderes ergibt.

(4) Die schriftliche Form wird durch die notarielle Beurkundung ersetzt.

§ 126a Elektronische Form

(1) Soll die gesetzlich vorgeschriebene schriftliche Form durch die elektronische Form ersetzt werden, so muss der Aussteller der Erklärung dieser seinen Namen hinzufügen und das elektronische Dokument mit einer qualifizierten elektronischen Signatur nach dem Signaturgesetz versehen.

(2) Bei einem Vertrag müssen die Parteien jeweils ein gleichlautendes Dokument in der in Absatz 1 bezeichneten Weise elektronisch signieren.

§ 126b Textform

Ist durch Gesetz Textform vorgeschrieben, so muss die Erklärung in einer Urkunde oder auf andere zur dauerhaften Wiedergabe in Schriftzeichen geeignete Weise abgegeben, die Person des Erklärenden genannt und der Abschluss der Erklärung durch Nachbildung der Namensunterschrift oder anders erkennbar gemacht werden.

§ 127 Vereinbarte Form

(1) Die Vorschriften des § 126, des § 126a oder des § 126b gelten im Zweifel auch für die durch Rechtsgeschäft bestimmte Form.

(2) ¹Zur Wahrung der durch Rechtsgeschäft bestimmten schriftlichen Form genügt, soweit nicht ein anderer Wille anzunehmen ist, die telekommunikative Übermittlung und bei einem Vertrag der Briefwechsel. ²Wird eine solche Form gewählt, so kann nachträglich eine dem § 126 entsprechende Beurkundung verlangt werden.

(3) ¹Zur Wahrung der durch Rechtsgeschäft bestimmten elektronischen Form genügt, soweit nicht ein anderer Wille anzunehmen ist, auch eine andere als die in § 126a bestimmte elektronische Signatur und bei einem Vertrag der Austausch von Angebots- und Annahmeerklärung, die jeweils mit einer elektronischen Signatur versehen sind. ²Wird eine solche Form gewählt, so kann nachträglich eine dem § 126a entsprechende elektronische Signierung oder, wenn diese einer der Parteien nicht möglich ist, eine dem § 126 entsprechende Beurkundung verlangt werden.

Schrifttum: *Bernard*, Formbedürftige Rechtsgeschäfte, 1979; *Kliemt*, Formerfordernisse im Arbeitsverhältnis, 1995; *Reinicke*, Rechtsfolgen formwidrig abgeschlossener Verträge, 1969.

A. Allgemeines

I. Bedeutung der Formvorschriften

Rechtsgeschäfte bedürfen grds. keiner Form. Dieser allg. **Grundsatz der Formfreiheit** gilt auch 1 im Arbeitsrecht. Arbeitsrechtliche Abreden können deshalb wirksam mündlich, schriftlich, ausdrücklich oder durch schlüssiges Verhalten getroffen werden. Es existieren jedoch für das Arbeitsverhältnis eine Vielzahl von bes. Formvorschriften. Neben vereinzelten gesetzlichen Formbestimmungen (vgl. nunmehr § 623 BGB für Kündigung und Auflösungsverträge sowie § 14 IV TzBfG für die Befristung) enthalten TV und Betriebsvereinbarungen regelmäßig Bestimmungen, die die Wahrung einer bestimmten Form, idR der Schriftform, für unterschiedliche Rechtsgeschäfte vorsehen (zB Änderungsverträge).

II. Formarten

Das **BGB** kennt folgende Arten der Form: Die Schriftform (§ 126, hierzu Rn. 13 ff.), die durch die 2 elektronische Form (§ 126a, hierzu Rn. 26 ff.) ersetzt werden kann (§ 126 III), die Textform (§ 126b, hierzu Rn. 32 ff.), die öffentl. Beglaubigung der Unterschrift (§ 129) und die notarielle Beurkundung (§ 128). Für bestimmte Fälle bestehen bes. Formerfordernisse, so zB für die Auflassung (§ 925), das eigenhändige Testament (§ 2231) und die Eheschließung (§ 1311). Bei dem **vereinbarten** Formzwang können die Parteien die einzuhaltende Form frei bestimmen. In der Praxis wird regelmäßig eine der

Preis

gesetzlichen Formen gewählt. Im Bereich des **Arbeitsrecht** greifen sowohl der Gesetzgeber als auch die Parteien bislang fast ausschließlich auf die **Schriftform** (§ 126) zurück. Vereinbarte Form

III. Zwecke der Formvorschrifte

3 Im Hinblick auf den Zweck der Formvorschriften ist zu unterscheiden. Die **Schriftform** (§ 126) dient im Wesentlichen der **Beweiserleichterung** und dem Schutz des Erklärenden vor übereilten Entscheidungen (**Warnfunktion**). Die Form dient zudem der inhaltlichen Gewissheit darüber, was die Parteien vereinbart haben. Aber auch die Endgültigkeit des Vertragsschlusses wird so von noch unverbindlichen Vorverhandlungen abgehoben (schafft Gewissheit). Darüber hinaus erfüllt die eigenhändige Unterschrift noch weitere Zwecke: Durch sie ist der Aussteller der Urkunde erkennbar und identifizierbar (**Identitätsfunktion**). Es stehen Vertragspartner die Erklärung vom Unterzeichner herrührt (**Echtheitsfunktion**). Der Empfänger kann Ausüberprüfen, ob sie vom Aussteller stammt (**Verifikationsfunktion**). Die elektronische Form muss ebenfalls diese wesentlichen Formzwecke erfüllen, weil sie die Schriftform ersetzt (AnwKom-BGB/*Noack* § 126a Rn. 3; *Vehlshage* DB 2001, 1801, 1802). Die **Textform** hingegen erfüllt nicht die klassischen Formzwecke (Warn-, Beweis- und Identitätsfunktion), besitzt lediglich Dokumentations- und Informationsfunktion (*Hähnchen* NJW 2001, 28, Palandt/*Heinrichs* § 126b Rn. 1; sehr krit. BR BT-Drucks. 14/6044 S. 1). Ausnahmsweise können Formvorschriften auch den Zweck haben, eine wirksame behördliche Überwachung zu gewährleisten (**Kontrollfunktion**) oder der **Normenklarheit** dienen (BAG 9. 7. 1980 AP TVG § 1 Nr. 7).

IV. Anwendungsbereich

4 § 125 gilt für alle Formvorschriften des Privatrechts und ist im öffentl. Recht entspr. anwendbar.

5 Die Länder sehen in ihren **Gemeindeordnungen** regelmäßig die Schriftform, eigenhändige Unterzeichnung durch einen oder zwei Organwalter, die Beifügung eines Dienstsiegels oder der Amtsbezeichnung für Verpflichtungserklärungen, die nicht lediglich die laufende Verwaltung betreffen, vor. Diese Bestimmungen sind keine Formvorschriften, sondern ausschließlich **Zuständigkeits- bzw. Vertretungsregeln**. Dem Landesgesetzgeber fehlt nämlich die Kompetenz zum Erlass von Formvorschriften, vgl. Art. 55 EGBGB. Halten der bzw. die Vertreter diese Vorschriften nicht ein, so ist das Geschäft nicht wegen Formmangels nach § 125 S. 1 nichtig, sondern bindet, falls nicht die Grundsätze über Anscheins- oder Duldungsvollmacht eingreifen, die Gemeinde wegen Überschreitung der Vertretungsmacht gem. §§ 177 ff. nicht (BAG 6. 8. 1970 AP BGB § 125 Nr. 7; BGH 24. 7. 1998 NJW 1998, 3056, 3058; BGH 10. 5. 2001 NJW 2001, 2626; aA in Bezug auf Art. 55 EGBGB BAG 29. 6. 1988 AP BGB § 174 Nr. 6; ebenso *Kliemt* S. 36). Zur Anwendbarkeit des Grundsatzes von Treu und Glauben vgl. Rn. 56 ff.

B. Gesetzlicher Formzwang

I. Gesetzliche Formbestimmungen

6 **1. Gesetz.** Gesetz iSv. § 125 S. 1 ist **jede** Rechtsnorm. Formbestimmungen in förmlichen Gesetzen sind auf dem Gebiet des Arbeitsrechts relativ selten. Zentrale die Schriftform anordnende Gesetze sind §§ 12 I AÜG, 15 III BBiG, 77 II BetrVG, 623 BGB, 74 HGB, 1 II TVG, 14 IV TzBfG.

7 **2. Tarifverträge.** TV sind zwar keine Gesetze im formellen Sinn, aber Art. 2 EGBGB bestimmt, dass unter Gesetz iSd. BGB jede Rechtsnorm zu verstehen ist (vgl. BGH 1. 7. 1999 NJW 2001, 600 f.). Der **normative** Teil des TV enthält nach §§ 1 I, 4 I TVG solche Rechtsnormen. Tarifvertragliche Formvorschriften gehören, wenn sie sich auf den Inhalt, den Abschluss oder die Beendigung von Arbeitsverhältnissen beziehen, nicht zum schuldrechtlichen, die TVParteien betreffenden Teil des TV, sondern haben normative Wirkungen. Es handelt sich deshalb bei der tarifvertraglich bestimmten konstitutiven Form um eine **gesetzliche Form** iSv. § 125 S. 1 (BAG 12. 10. 1967 AP BGB § 611 Artisten Nr. 1; BAG 6. 11. 1989 AP BAT § 11 Nr. 3 unter III. 1. der Gründe; *Löwisch/Rieble* § 1 TVG Rn. 544; *Richardi* NZA 2001, 57, 58).

8 Tarifvertragliche Formvorschriften unterliegen, wenn sie normativ gelten, keiner **Inhaltskontrolle** nach den §§ 305 ff. (§ 310 IV 1). Das BAG kontrolliert schon bisher TV nur auf Verstöße gegen Verfassungsrecht, zwingendes Gesetzesrecht, gute Sitten und tragende Grundsätze des Arbeitsrechts, während es eine darüber hinausgehende Kontrolle ablehnt (BAG 31. 3. 1966 AP BGB § 611 Gratifikation Nr. 54; BAG 30. 9. 1971 AP BGB § 620 Befristeter Arbeitsvertrag Nr. 36). Nichts anderes folgt aus § 310 IV 1.

9 **3. Betriebsvereinbarungen.** Soweit Betriebsvereinbarungen *Formerfordernisse* enthalten, handelt es sich gem. § 77 IV 1 BetrVG um unmittelbar *und zwingend* geltende Bestimmungen, die Rechtsnormcharakter iSv. Art. 2 EGBGB *besitzen*. In Betriebsvereinbarungen angeordnete Formerforder-

Ein **Vertreter** kann mit dem Namen des Vollmachtgebers unterschreiben (BGH 3. 3. 1966 BGHZ **20** 45, 195; BAG 21. 9. 1999 NJW 2000, 1060 mit Einschränkungen für das Zeugnisrecht). Unterzeichnet er mit eigenem Namen, so muss die Stellvertretung in der Urkunde zum Ausdruck kommen (RG 30. 9. 1919 RGZ 96, 286, 289).

3. Zweiseitige Rechtsgeschäfte. Für **Verträge** enthält § 126 II Sonderregelungen. Die Unterzeich- **21** nung der Parteien muss grds. auf derselben Urkunde erfolgen, § 126 II 1. Damit wird der für die einzelne Willenserklärung geltende Grundsatz der Urkundeneinheit (Rn. 16) auf den Vertrag ausgedehnt. Daher ist es nicht ausreichend, wenn eine Partei ein schriftliches Angebot abgibt und die andere Partei dieses Angebot in einem gesonderten Schreiben annimmt (BAG 24. 10. 1972 AP HGB § 74 Nr. 31; BAG 15. 11. 1957 AP BGB § 125 Nr. 2). Dies gilt auch dann, wenn ein schriftlicher Vertragsentwurf nur mit Änderungen durch ein gesondertes Schreiben angenommen wird (BGH 18. 10. 2000 NJW 2001, 221, 222 f.). Werden Vereinbarungen allein vom AG in Richtlinien festgehalten und veröffentlicht, fehlt es ebenfalls an der Unterzeichnung durch beide Parteien (BAG 9. 12. 1981 AP BAT § 4 Nr. 8). Auch hier gilt, dass die Unterschriften den gesamten Vertragstext decken müssen (Rn. 18). Nachträgliche Änderungen oberhalb der Unterschriften werden aber von dieser gedeckt, wenn die früheren Unterschriften nach dem Willen der Parteien für den geänderten Inhalt ihre Gültigkeit behalten sollen (BAG 24. 1. 2001 AP BetrVG 1972 § 3 Nr. 1). Die Unterzeichnung des Angebots durch die eine Partei und die Annahme durch die andere wird man aber dann als ausreichend ansehen können, wenn sich beide Erklärungen auf einem Blatt befinden und das schriftliche Angebot ohne Änderungen auf demselben Blatt mit dem Zusatz „einverstanden" vom anderen unterzeichnet wird (OLG Hamburg 2. 4. 1998 ZMR 2000, 589; dahingehend a. BGH 16. 2. 2000 NJW-RR 2000, 1108; aA RG 8. 12. 1925 RGZ 112, 199, 200; Soergel/*Hefermehl* § 126 Rn. 19; Palandt/*Heinrichs* § 126 Rn. 12; MünchKommBGB/*Einsele* § 126 Rn. 20). Der Praxis ist allerdings gerade bei § 14 IV TzBfG zur rechtssicheren Vermeidung eines unbefristeten Arbeitsverhältnisses diese Vorgehensweise noch nicht zu raten.

Werden über einen Vertrag **mehrere gleich lautende Urkunden** aufgenommen, lässt es § 126 II 2 **22** ausreichen, wenn jede Partei die für die andere Partei bestimmte Urkunde unterschreibt. Diese Vorschrift ist auf **Betriebsvereinbarungen** nicht anwendbar: Nach § 77 II 3 BetrVG ist die Betriebsvereinbarung im Betrieb auszulegen, was voraussetzt, dass das Original von beiden Parteien unterschrieben wurde. Nur so wird für den normunterworfenen AN eindeutig dokumentiert, dass der Inhalt der Betriebsvereinbarung von den Betriebsparteien übereinstimmend verabschiedet wurde (LAG Berlin 6. 9. 1991 DB 1991, 2593).

4. Gerichtlicher Vergleich. Durch notarielle Beurkundung wird die Schriftform ersetzt, § 126 IV. **23** Die Schriftform wird deshalb auch durch einen gerichtlichen Vergleich erfüllt, § 127 a.

5. Beweislast. Ist für ein Rechtsgeschäft gesetzliche Form vorgeschrieben, muss diejenige Partei **24** sämtliche Voraussetzungen der jeweiligen Formvorschrift beweisen, die für sich aus dem Rechtsgeschäft Folgen herleitet (LAG München 11. 11. 1977 ARSt. 1978, 156; *Baumgärtel/Laumen*, Handbuch der Beweislast, Bd. 1, § 125 Rn. 1). Dies gilt auch für § 126 (*Rosenberg* Beweislast S. 253).

Der Inhalt einer **Urkunde** hat die Vermutung der **Richtigkeit und Vollständigkeit** für sich (BGH **25** 14. 10. 1988 NJW 1989, 898; *Hueck/Nipperdey*, Bd. 1, S. 168). Die Vermutung gilt unabhängig davon, ob ein gesetzliches, kollektiv- oder einzelvertragliches Formerfordernis – sei es deklaratorisch oder konstitutiv – besteht (*Schaub* § 32 Rn. 47). Die Vermutung ist widerlegbar, wobei an den Beweis strenge Anforderungen zu stellen sind.

III. Elektronische Form

Mit der Einführung der elektronischen Form in § 126 III, 126 a durch das Gesetz zur Anpassung **26** der Formvorschriften des Privatrechts und anderer Vorschriften an den modernen Rechtsgeschäftsverkehr (BGBl. I v. 18. 7. 2001 S. 1542) mit Wirkung vom 1. 8. 2001 wollte der Gesetzgeber Art. 9 der RL 2000/31/EG über den elektronischen Geschäftsverkehr (ABl. EG v. 17. 7. 2000 Nr. L 178 S. 1) umsetzen, die aber nicht für Arbeitsverhältnisse gilt (BT-Drucks. 14/4987 S. 14; Grabitz/Hilf/*Marly* A 4 Art. 2 Rn. 12; *Richardi* NZA 2001, 57, 62 f.). Der **Anwendungsbereich** der elektronischen Form im Arbeitsrecht ist vom Gesetzgeber eingeschränkt worden. Die Ersetzung der schriftlichen durch die elektronische Form ist unzulässig für Kündigung und Aufhebungsvertrag (§ 623), die Zeugniserteilung (§ 109 III GewO, § 630 S. 3 BGB, § 73 S. 3 HGB) und den Nachweis der wesentlichen Arbeitsvertragsbedingungen (§ 2 I 3 NachwG). Der Ausschluss gilt im Seearbeitsrecht entspr. für die Erteilung des Heuerscheins (§ 24 I 4 SeemannsG) und die Kündigung (§§ 62 I 2, 68, 78 II 2, III 2 SeemannsG). Ist die Ersetzung der Schriftform durch elektronische Form nicht ausgeschlossen, ist diese auch im Arbeitsrecht zulässig (§ 125 III). Dies gilt zB für die **Befristungsabrede** (§ 14 IV TzBfG, *Gotthardt*/ *Beck* NZA 2002, 876, 878; AnwKom-BGB/*Noack* § 126 Rn. 22; KR/*Spilger* § 623 Rn. 127; § 14 TzBfG Rn. 389), was aber realitätsfern ist, weil für den Nachweis der Dauer des Arbeitsverhältnisses (§ 2 I 2 Nr. 3 NachwG) die elektronische Form ausgeschlossen ist (KR/*Spilger* § 14 TzBfG Rn. 389).

Preis

Warum für die **Kündigung** eines Berufsausbildungsverhältnisses die elektronische Form zulässig sein soll (§ 15 III BBiG), nicht aber bei § 623, ist unverständlich. Man wird deshalb erst recht bei § 15 III BBiG die elektronische Form ausschließen müssen. Der vom Gesetzgeber angeführte Grund, dass Dokumente über die Beendigung von Arbeitsverhältnissen für die Vorlage bei verschiedenen Behörden und bei Neubewerbungen benötigt werden und insoweit gegenwärtig noch die herkömmliche Papiervorlage erforderlich ist (BT-Drucks. 14/4987 S. 22), gilt allgemein für die Kündigung als Beendigungstatbestand (*Gotthardt/Beck* NZA 2002, 876, 877). Ebenso gilt der Ausschluss der elektronischen Form bei § 9 III 2 MuSchG für die Kündigung aber auch für die Mitteilung der Kündigungsgründe (*Gotthardt/Beck* NZA 2002, 876, 877). Im Berufsbildungsrecht ist für die Vertragsniederschrift (§ 4 BBiG) entspr. § 2 I 3 NachwG die elektronische Form ausgeschlossen (*Gotthardt/Beck* NZA 2002, 876, 878; aA *Richardi* NZA 2001, 57, 63). Das Zeugnis nach § 8 BBiG ist, auch wenn dort nicht ausdrücklich normiert, ebenfalls schriftlich zu erteilen (§ 630 Rn. 28). Entspr. §§ 109 III GewO ist die elektronische Form auch hier ausgeschlossen. Im Seearbeitsrecht waren die Erteilung des Heuerscheins und die Kündigung in elektronischer Form in entspr. Anwendung des § 2 I 3 NachwG bzw. des § 623 auch vor In-Kraft-Treten des Gesetzes zur Änderung des Seemanns G und anderer Gesetze am 1. 7. 2002, das die elektronische Form jetzt ausdrücklich ausschließt, nicht zulässig (BT-Drucks. 14/7760 S. 13 spricht für die Kündigung von einer Klarstellung der Rechtslage). Im Recht der ANÜberlassung ist entspr. § 2 I 3 NachwG bei § 11 AÜG die elektronische Form ausgeschlossen (*Gotthardt/Beck* NZA 2002, 876, 878; aA *Richardi* NZA 2001, 57, 63). Der Gesetzgeber hatte bei Einfügung der §§ 126 III, 126a offenbar den Überblick über die arbeitsrechtlichen Formvorschriften verloren. Mit § 309 Nr. 12 werden auch in Formulararbeitsverträgen (§ 310 IV) Empfangsbekenntnisse durch gesondert qualifizierte elektronische Signaturen zugelassen (s. §§ 305–310 Rn. 77).

27 Im **kollektiven Arbeitsrecht** ist jetzt der elektronische Abschluss von TV (§ 1 II TVG) und Betriebsvereinbarungen (§ 77 II BetrVG; so auch *Löwisch/Kaiser* § 77 Rn. 7) möglich. Im **Prozessrecht** soll nach § 46b ArbGG die Einreichung elektronischer Dokumente ermöglicht werden, wobei aber nicht auf § 126 III, 126a verwiesen wird. Das Prozessrecht geht insoweit eigene Wege (AnwKom-BGB/*Noack* § 126 Rn. 13; hierzu § 46b ArbGG s. die Kommentierung dort).

28 Aus der Formulierung des § 126 III folgt, dass die elektronische Form die Schriftform nur ersetzen kann, wenn die Beteiligten ausdrücklich oder nach Maßgabe der bisherigen Geschäftsgepflogenheiten die Anwendung der elektronischen Form **billigen** (BT-Drucks. 14/6897 S. 15; *Roßnagel* NJW 2001, 1817, 1825). Im Rahmen ihrer Tarifautonomie können die **TVParteien** für den Abschluss von Arbeitsverträgen weiterhin nur die Schriftform vorsehen und die elektronische Form ausschließen (BT-Drucks. 14/4987 S. 14 f.). Schweigt eine tarifliche Formvorschrift, kann die elektronische Form verwendet werden (vgl. AnwKom-BGB/*Noack* § 126 Rn. 17 für Satzungen im Vereins- und Gesellschaftsrecht). Dies gilt aber nicht in den Fällen, in denen der Gesetzgeber die elektronische Form ausgeschlossen hat, weil die Erwägungen (BT-Drucks. 14/4987 S. 22, 31) insoweit gleichermaßen für tarifliche und betriebliche Regelungen gelten, der Ausschluss der elektronischen Form in §§ 623 BGB, 109 III GewO, 2 I 3 NachwG insoweit zwingend ist.

29 Bei **einseitigen Rechtsgeschäften** muss das elektronische Dokument das gesamte formbedürftige Rechtsgeschäft enthalten. Der Grundsatz der Urkundeneinheit gilt auch hier (Palandt/*Heinrichs* § 126a Rn. 7). Der Aussteller der Erklärung muss dieser seinen Namen hinzufügen. Anders als bei § 126 I ist keine Unterschrift erforderlich; ein räumlicher Abschluss der Erklärung durch sie deshalb nicht erforderlich. Das Dokument muss zudem mit der **qualifizierten elektronischen Signatur** des Ausstellers signiert sein. Die genauen technischen Anforderungen ergeben sich nicht aus dem BGB, sondern aus dem am 22. 5. 2001 in Kraft getretenen Signaturgesetz (BGBl. I v. 21. 5. 2001 S. 876; hierzu *Roßnagel* NJW 2001, 1817, 1819 ff.). Elektronische Signaturen sind danach Daten in elektronischer Form, die anderen elektronischen Daten beigefügt oder logisch mit ihnen verknüpft sind und zur Authentifizierung dienen (§ 2 Nr. 1 SigG), wobei die qualifizierte Signatur den zusätzlichen Merkmalen des § 2 Nr. 2, 3 SigG genügen muss. Von einem Zertifizierungsdiensteanbieter kann sodann ein qualifiziertes Zertifikat erworben werden. Dieser elektronische Schlüssel besteht aus einem privaten und einem öffentl. Schlüssel. Die elektronische Signatur erfolgt zB durch Einlesen des privaten Schlüssels über ein spezielles Zusatzgerät in den Computer unter Verwendung einer Geheimnummer. Der Empfänger kann so über den Zertifizierungsdiensteanbieter die Zuordnung der elektronischen Signatur zum Aussteller nachprüfen. Auch ein **Dritter** kann den privaten elektronischen Schlüssel samt Geheimnummer verwenden. Der Inhaber des Schlüssels muss bei Behauptung eines Missbrauchs den Anscheinsbeweis des § 292a ZPO (Rn. 31) entkräften, wobei außerdem die Grundsätze der Anscheins- oder Duldungsvollmacht eingreifen können (AnwKom-BGB/*Noack* § 126 Rn. 26 ff.).

30 Für **Verträge** enthält § 126a eine § 126 II nachgebildete Vorschrift. Es ist ebenso wie bei § 126 II nicht ausreichend, wenn jeweils nur Angebot und Annahmeerklärung elektronisch signiert werden. Die Parteien müssen zumindest ein gleich lautendes Dokument elektronisch signieren (BT-Drucks. 14/4987 S. 17). Möglich ist auch eine Kombination von elektronisch und schriftlich vermitteltem Vertragsschluss (AnwKom-BGB/*Noack* § 126b Rn. 29).

B. Gesetzlicher Formzwang §§ 125–127 **BGB 230**

Die **Beweisfunktion** der elektronischen Signatur wird über § 292a ZPO sichergestellt. Es gilt der 31 gesetzliche Anscheinsbeweis, dass die Erklärung von dem Signaturschlüssel-Inhaber, der sich durch die Überprüfung der Signatur nach dem SigG, dh. über den Zertifizierungsdiensteanbieter, ergibt, stammt. Der Beweisgegner kann diesen Anschein durch Tatsachen entkräften, die ernstliche Zweifel daran begründen, dass die Erklärung mit dem Willen des Signaturschlüssel-Inhabers abgegeben worden ist.

IV. Textform

Mit dem Gesetz zur Anpassung der Formvorschriften des Privatrechts und anderer Vorschriften an 32 den modernen Rechtsgeschäftsverkehr hat der Gesetzgeber in § 126b die neue Textform geschaffen. Sie wird vom Gesetzgeber für Erklärungen für ausreichend erachtet, bei denen die Warn-, Beweis- und Identitätsfunktion nur geringe Bedeutung hat, angesichts des Bedürfnisses nach Dokumentation und Information eine mündliche Äußerung aber nicht ausreicht.

§ 126b ist anzuwenden, wenn dies gesetzlich bestimmt ist, was bei arbeitsrechtlichen Normen 33 allerdings bislang nur in § 613a V für die Unterrichtung der AN über den Betriebsübergang und in § 108 I 1 GewO für die Abrechnung über das Arbeitsentgelt der Fall ist. Damit ist der **Anwendungsbereich** aber nicht erschöpft. § 126b ist auch ohne gesetzliche Verweisung anzuwenden, wenn dies nach dem Normzweck ausreichend ist (Rn. 13). Sie kann im Übrigen vereinbart werden, soweit nicht zwingendes Gesetzesrecht, wie zB § 623 BGB, § 14 TzBfG, dem entgegensteht.

Die **Wahrung der Textform** setzt voraus, dass die Erklärung in einer **Urkunde** (Rn. 14) oder auf 34 andere zur dauerhaften **Wiedergabe in Schriftzeichen** geeignete Weise abgegeben ist. Ausreichend sind deshalb Telefax, Telegramm, Fernschreiben, einfache E-Mail und Computerfax (AnwKom-BGB/ *Noack* § 126b Rn. 9, 17). Zugang erfolgt aber nur dann, wenn der Empfänger ausdrücklich oder konkludent zu erkennen gegeben hat, dass er mit der telekommunikativen Übermittlung derartiger Erklärungen einverstanden ist (Palandt/*Heinrichs* § 126b Rn. 3). Die **Person des Erklärenden** muss genannt sein. Eine Unterschrift ist nicht erforderlich, ausreichend dafür die Nennung innerhalb der Erklärung. Der Abschluss der Erklärung ist kenntlich zu machen, was durch Nachbildung der Namensunterschrift, zB die eingescannte Unterschrift bei einem Computerfax, oder aber auch auf andere Weise zB durch Datierung oder Grußformel (Palandt/*Heinrichs* § 126b Rn. 5) geschehen kann.

V. Rechtsfolge bei Verstoß gegen gesetzliche Formerfordernisse

Die Nichteinhaltung einer **gesetzlichen** Formvorschrift macht das Rechtsgeschäft grds. **nichtig**, 35 **§ 125 S. 1**. Ist Schriftform erforderlich und die elektronische Form ausgeschlossen, genügt die Einhaltung der Letzten nicht; das Rechtsgeschäft ist gem. § 125 S. 1 nichtig (AnwKom-BGB/*Noack* § 126 Rn. 20), was zB für § 623 gilt. Ist die Einhaltung der Textform erforderlich, begründet auch dies ein gesetzliches Formerfordernis mit der prinzipiellen Folge des § 125 S. 1. Jedoch können gesetzliche Formerfordernisse **in Ausnahmefällen** dahin zu verstehen sein, dass die Formwahrung nicht Wirksamkeitsvoraussetzung für das Rechtsgeschäft sein, sondern lediglich Ordnungsfunktion haben soll (BAG 11. 7. 1991 AP BGB § 174 Nr. 9). Dies gilt beispielsweise für das NachwG (vgl. die Kommentierung dort). Ein weiteres Beispiel für eine deklaratorische gesetzliche Formvorschrift ist **§ 4 BBiG** (BAG 22. 2. 1972 EzA BBiG § 15 Nr. 1; BAG 21. 8. 1997 NZA 1998, 37). Bei der von § 623 BGB, § 14 IV TzBfG verlangten Schriftform handelt es sich um ein **konstitutives Wirksamkeitserfordernis**. Die genannten Formerfordernisse können weder durch die der Arbeitsvertragsparteien noch durch Betriebsvereinbarung oder TV abbedungen werden (für § 623 s. § 623 Rn. 19; *Preis/Gotthardt* NZA 2000, 348, 349; *Richardi* NZA 2001, 57, 60; KR/*Spilger* § 623 Rn. 30). Dies folgt für § 623 aus dem Grundsatz, dass gesetzliche Formvorschriften zwingend sind (MünchKommBGB/*Voelskow* § 564a Rn. 10); für § 14 IV TzBfG aus § 22 I TzBfG.

Der Verstoß gegen eine **tarifvertragliche** Formvorschrift löst nicht stets die Nichtigkeitsfolge des 36 § 125 S. 1 aus. Vielmehr ist bei tarifvertraglichen Formvorschriften ebenso wie bei vereinbarten Schriftform (s. Rn. 42ff.) stets genau zu untersuchen, ob sie **konstitutive** oder nur **deklaratorische** Wirkung haben sollen (BAG 7. 7. 1955 AP AOG § 32 Tarifordnung Nr. 1; BAG 15. 11. 1957 AP BGB § 125 Nr. 2; BAG 16. 7. 1975 AP BMT-G II § 54 Nr. 1; *Schaub* § 32 Rn. 53; *Löwisch/Rieble* TVG § 1 Rn. 544). Eine konstitutive Formvorschrift liegt vor, wenn die Einhaltung der Form als Wirksamkeitserfordernis gewollt ist. Ein Verstoß führt dann gem. § 125 S. 1 zur Nichtigkeit. Bei **vollzogenem Arbeitsverhältnis** wirkt die Geltendmachung der Formnichtigkeit auf Grund einer unbeachteten tarifvertraglichen Schriftformklausel aber nur ex nunc (BAG 15. 11. 1957 NJW 1958, 398; vgl. zum **faktischen Arbeitsverhältnis** § 611 Rn. 459ff.). Soll der TV lediglich einen Anspruch auf schriftliche Festlegung der getroffenen Vereinbarung begründen und die Wirksamkeit der mündlichen Abrede unberührt lassen, handelt es sich um eine deklaratorische Form.

Wie die jeweilige tarifvertragliche Vorschrift gemeint ist, ist unter Heranziehung der allg. Aus- 37 legungsgrundsätze zu ermitteln (*Wiedemann* TVG § 1 Rn. 459; vgl. § 1 TVG Rn. 14 ff.). Umstritten ist, ob bei ergebnisloser Auslegung „im Zweifel" von einer deklaratorischen (so *Schaub* § 32 Rn. 53) oder einer konstitutiven Form (so LAG Berlin 24. 6. 1985 LAGE § 125 Nr. 3) auszugehen ist. Eine Auslegungsregel dergestalt, dass im Zweifel eine nur deklaratorische Wirkung anzunehmen ist, während für die Schriftform als Wirksamkeitsvoraussetzung eindeutige Umstände sprechen müssen, existiert nicht. Eine tarifvertragliche Formvorschrift wird ähnlich wie bei einer einzelvertraglich aufgenommenen Formabrede von den Parteien diskutiert und dann übereinstimmend in den (Tarif)Vertrag aufgenommen. Es ist deshalb, auch im Hinblick auf § 125 S. 2, davon auszugehen, dass die TVParteien im Zweifel eine Wirksamkeitsvoraussetzung für das formbedürftige Rechtsgeschäft vereinbaren wollten, wenn sie sich zu einer Aufnahme einer Form in den TV durchgerungen haben.

38 **Beispiele aus der Judikatur. Deklaratorische** Formvorschriften: **Abschluss des Arbeitsvertrages:** BAG 9. 2. 1972 AP BAT § 4 Nr. 1; BAG 7. 5. 1986 AP BAT § 4 Nr. 12; **Nebenabreden:** BAG 15. 3. 1989 AP BGB § 620 Befristeter Arbeitsvertrag Nr. 126. **Konstitutive** Formvorschrift: **Abschluss des Arbeitsvertrages:** LAG Berlin 17. 4. 1978 AP TVG § 4 Formvorschriften Nr. 1, offengelassen BAG 24. 6. 1981 AP TVG § 4 Nr. 2; BAG 12. 10. 1967 AP BGB § 611 Artisten Nr. 1; **Nebenabreden:** BAG 26. 11. 1969 AP BAT § 4 II Nr. 8.

39 Auch bei **Betriebsvereinbarungen** ist durch Auslegung zu ermitteln, ob eine konstitutive oder deklaratorische Formvorschrift gewollt ist. Der auf einer derartigen Abrede beruhende Formzwang führt damit zu denselben Rechtsfolgen wie der tarifliche Formzwang. Eine Betriebsvereinbarung entfaltet jedoch keine normativen Wirkungen für AN, die noch nicht dem Betrieb angehören (LAG Saarbrücken 2. 2. 1966 NJW 1966, 2136; MünchArbR/*Richardi* § 43 Rn. 46). Soweit deshalb in einer Betriebsvereinbarung die Wahrung einer bestimmten Form als Wirksamkeitsvoraussetzung für den Abschluss des Arbeitsvertrages vorgeschrieben ist, hat diese Abschlussnorm keine unmittelbare Rechtswirkung auf den Abschluss des Arbeitsvertrages des neu eintretenden AN. Der formlose Abschluss des Arbeitsvertrages ist wirksam und nicht nach § 125 S. 1 nichtig.

VI. Aufhebung durch die Parteien

40 **Gesetzliche Formerfordernisse** können durch die Arbeitsvertragsparteien nicht beseitigt werden (Staudinger/*Dilcher* § 125 Rn. 28). Nur ausnahmsweise können sie durch Aufhebungsvereinbarung beseitigt werden, wenn es sich nicht um zwingendes Recht handelt. Dies ist zB bei § 22 ArbnErfG der Fall.

41 Für **kollektivvertragliche Formvorschriften** gilt auch unter dem Gesichtspunkt des Günstigkeitsprinzips dasselbe. Nach richtiger Ansicht ist das Günstigkeitsprinzip der Natur der Sache nach nicht auf tarifvertragliche Formvorschriften anwendbar, da sie günstigkeitsneutral sind (BAG 28. 1. 1981 AP TV Arb Bundespost § 19 Nr. 3; *Wiedemann/Stumpf* TVG 5. Aufl. § 4 Rn. 224).

C. Rechtsgeschäftlich begründeter Formzwang

I. Allgemeines

42 Den Arbeitsvertragsparteien steht es nach dem Grundsatz der Privatautonomie grds. frei, neben den ohnehin geltenden gesetzlichen und kollektivvertraglichen Formvorschriften ihrerseits für die Vornahme bestimmter Rechtsgeschäfte einzelvertraglich die Einhaltung einer bestimmten Form vorzuschreiben (*Schaub* § 32 Rn. 57).

II. Begründung und Rechtsfolgen

43 Die **Konstituierung** gewillkürter Formerfordernisse wird regelmäßig ausdrücklich vereinbart, kann aber auch stillschweigend erfolgen (OLG Celle 14. 1. 1960 MDR 1960, 398). Nach ganz hM kann ein Formzwang nicht durch die Üblichkeit eines schriftlichen Abschlusses bestimmter Geschäfte begründet werden (BAG 21. 2. 1961 AP TVG § 4 Günstigkeitsprinzip Nr. 8). Die Parteien können die vereinbarte Form nach **Art, Umfang** und **Rechtsfolge** beliebig ausgestalten. Bedürfen Änderungen oder Ergänzungen des Vertrages der Schriftform, so gilt dieses vereinbarte Formerfordernis nicht für die Beendigung von Arbeitsverhältnissen (BAG 16. 5. 2000 AP BGB § 125 Nr. 15). Wegen § 623 hat diese Rspr. nur noch für Altfälle Bedeutung. Obige Schriftformklausel bezieht sich nach LAG Köln 27. 4. 2001 NZA-RR 2002, 369 auch nicht auf die Vereinbarung eines AGDarlehens.

44 Im Wege der Vertragsauslegung ist zu ermitteln, ob eine konstitutive oder deklaratorische Form (vgl. hierzu bereits Rn. 36) gewollt ist. Ausschlaggebend ist, ob die Einhaltung der Form als Wirksamkeitserfordernis gewollt ist oder ob den Vertragsparteien lediglich zu Beweiszwecken ein Anspruch auf Formwahrung eingeräumt werden soll (LAG Düsseldorf 29. 9. 1966 DB 1966, 1695). Ist nur ein deklaratorisches Formerfordernis gewollt, so lässt seine Verletzung die Wirksamkeit der formlos getroffenen Vereinbarung unberührt. Es besteht dann ein Anspruch auf Nachholung der Form, die durch Klage auf Mitwirkung durchgesetzt werden kann (BAG 4. 6. 1963 AP BGB § 127 Nr. 1). Soll die Einhaltung der Form Wirksamkeitsvoraussetzung sein, führt die Nichteinhaltung der Form zur Nichtigkeit des Rechtsgeschäfts. Ist vertraglich Kündigung des Arbeitsverhältnisses durch

C. Rechtsgeschäftlich begründeter Formzwang §§ 125–127 BGB 230

eingeschriebenen Brief vorgesehen, wird man nicht mehr davon ausgehen können, dass die Schriftform im Zweifel konstitutive Bedeutung, die Übermittlungsform dagegen nur Beweisfunktion hat (so BAG 20. 9. 1979 AP BGB § 125 Nr. 8). Da die Kündigung nunmehr zwingend der Schriftform bedarf (§ 623), kann für die Differenzierung nicht mehr auf § 125 S. 2 abgestellt werden. Welche Bedeutung die Übersendungsklausel hat, bedarf der Auslegung anhand aller Umstände des Einzelfalls. Führt die Auslegung zu keinem eindeutigen Ergebnis, hat nach § 125 S. 2 ein Formmangel die Nichtigkeit des formlos Vereinbarten zur Folge.

Während es den Vertragsparteien versagt ist, die Schriftform etwa gem. § 623 BGB abzubedingen (s. **45** Rn. 35), steht es ihnen nach dem Grundsatz der Privatautonomie frei, neben ohnehin geltenden gesetzlichen Formvorschriften ihrerseits für die Vornahme bestimmter Rechtsgeschäfte oder rechtsgeschäftsähnlicher Handlungen die Einhaltung einer bestimmten Form vorzuschreiben, dh. auch strengere Anforderungen als in § 623 vorzusehen (§ 623 Rn. 19; BBDW/*Bader* § 623 Rn. 72; KDZ/*Däubler* § 623 Rn. 55; *Preis/Gotthardt* NZA 2000, 348, 349; anders die wohl hM zu § 568 Palandt/*Weidenkaff* § 568 Rn. 3). In Formulararbeitsverträgen ist jedoch wegen § 309 Nr. 13 die Vereinbarung einer strengeren Form als der Schriftform oder das Aufstellen bes. Zugangserfordernisse unzulässig (*Gotthardt* ZIP 2002, 277, 284; bereits *Preis* Vertragsgestaltung S. 412 f.; *Kliemt* S. 431 f. für § 11 Nr. 16 AGBG). Betriebsvereinbarungen oder TV können jedoch strengere Formvorschriften vorsehen. Weder durch Einzelarbeitsvertrag noch durch TV oder Betriebsvereinbarung kann die elektronische Form zugelassen werden (s. a. Rn. 28). Für die Kündigung gilt darüber hinaus, dem Rechtsgedanken des § 622 VI entspr., dass einseitige Kündigungserschwerungen für den AN unwirksam sind (BAG 6. 9. 1989 AP BGB § 622 Nr. 27; Stahlhacke/*Preis* Rn. 519) und damit auch jegliche Vereinbarung einer strengeren Form nur für die arbeitnehmerseitige Kündigung.

III. Aufhebung

Die Parteien können den vereinbarten Formzwang für **zweiseitige** Rechtsgeschäfte jederzeit **form- 46 los aufheben** (BAG 4. 6. 1963 AP BGB § 127 Nr. 1; BGH 15. 5. 1991 NJW 1991, 1750; hM). Dies kann ausdrücklich oder konkludent, insb. auch durch **betriebliche Übung**, geschehen (BAG 7. 9. 1982 AP TV Arb Bundespost § 3 Nr. 1 hierzu Rn. 34 und § 611 Rn. 276 ff.). Nach einer Auffassung ist eine **konkludente** Aufhebung des Formerfordernisses nur wirksam, wenn in dem mündlich Vereinbarten der ausdrückliche Wille erkennbar ist, das Formerfordernis aufzuheben (LAG Düsseldorf 25. 11. 1980 EzA BGB § 125 Nr. 6; OLG Köln 29. 10. 1975 WM 1976, 362). Nach ganz hM kommt es jedoch nicht darauf an, dass sich die Parteien des Formzwanges bewusst sind. Ausreichend ist, dass die Parteien das formlos Vereinbarte übereinstimmend gewollt haben, da sie gegenüber ihrer eigenen Formbestimmung souverän bleiben müssen (BGH 26. 11. 1964 AP BGB § 127 Nr. 2; BAG 10. 1. 1989 AP HGB § 74 Nr. 57; Soergel/*Hefermehl* § 125 Rn. 33; Erman/*Palm* § 125 Rn. 9).

Das konkludente Aufheben einer Formabrede ist auch dann wirksam, wenn der Vertrag für ihre **47** Aufhebung ausdrücklich Formzwang vorsieht, sog. **qualifizierte Schriftformklausel** (BAG 25. 6. 1985 AP HGB § 74 c Nr. 11; *Brox*, Anm. zu BAG 9. 12. 1981 AP BAT § 4 Nr. 8; Soergel/*Hefermehl* § 125 Rn. 33; Erman/*Palm* § 125 Rn. 9 a; aA BGH 2. 6. 1976 BGHZ 66, 378; offengelassen in BGH 17. 4. 1991 NJW-RR 1991, 1289, 1290). Für vorformulierte Schriftformklauseln folgt bereits aus § 305 b der Vorrang der Individualabrede (s. §§ 305–310 Rn. 28). Sich auf zweiseitige Rechtsgeschäfte beziehende Arbeitsvertragsparteien beziehende Formerfordernisse sind damit weitgehend entwertet.

Wird durch Tarifungebundene eine **tarifvertragliche Formvorschrift** in Bezug genommen, so gilt **48** diese nicht als Norm, sondern als Vertragsbestandteil. Die nachträgliche Aufhebung dieser Formklausel folgt damit grds. denselben Regeln wie die Aufhebung einer individuell vereinbarten Formklausel. Nach der Rspr. soll eine stillschweigende Abbedingung einer in Bezug genommenen tarifvertraglichen Formklausel auf dem Bereich des öffentl. Dienstes nicht durch **betriebliche Übung** stillschweigend abbedungen werden können (BAG 9. 12. 1981 AP BAT § 4 Nr. 8; BAG 6. 3. 1984 – 3 AZR 1048/79 – nv.; BAG 27. 3. 1987 AP BGB § 242 Betriebliche Übung Nr. 29). Diese Auffassung privilegiert ohne rechtfertigenden Grund Arbeitsverhältnisse des öffentl. Dienstes (hierzu § 611 Rn. 267).

IV. Vereinbarte Form

1. Allgemeines. Ist rechtsgeschäftlich **Schriftform, elektronische Form oder Textform** vereinbart, **49** so können die Parteien sowohl strengere als auch schwächere Voraussetzungen an die Wahrung der Form als die gesetzliche bestimmt vorsehen. Ist eine von § 127 erfasste Form vereinbart, muss derjenige, der eine von § 127 abw. Ausgestaltung der Form behauptet, dies **beweisen** (vgl. MünchKommBGB/*Einsele* § 127 Rn. 11). Haben die Parteien die Anforderungen an die Form eines kraft Gesetzes formlos gültigen Rechtsgeschäfts nicht selbst bestimmt und verläuft die Auslegung ergebnislos, greift die Auslegungsvorschrift des § 127 I ein: Es gelten für die Wahrung der vereinbarten Form die Regeln über die gesetzliche Schriftform (§ 126), elektronische Form (§ 126 a) oder Textform (§ 126 b) mit den in § 127 II, III gewährten Erleichterungen entsprechend. In der Missachtung einer vereinbarten Formvorschrift kann die stillschweigende Aufhebung eines Formzwangs liegen (Rn. 46 ff.).

50 **2. Modifikationen bei der Schriftform.** Durch § 127 II werden, soweit keine abw. Vereinbarungen getroffen sind, die Anforderungen an die Einhaltung der Schriftform nach § 126 **erleichtert**.

51 Zur Wahrung der Schriftform genügt auch die telekommunikative, nicht mehr bloß die telegraphische Übermittlung. Erfasst sind damit unter den Voraussetzungen des § 126 b neben dem Telefax (bisher BAG 17. 5. 2001, EzA BGB § 620 Kündigung Nr. 3), Fernschreiben und Teletext insb. auch das Computerfax und die E-Mail (BT-Drucks. 14/4987 S. 20; Palandt/*Heinrichs* § 127 Rn. 2). Der Text muss so zugehen, dass er dauerhaft aufbewahrt werden kann oder der Empfänger einen Ausdruck anfertigen kann. Es wird also auf die Unterschrift, nicht aber auf eine textlich verkörperbare Erklärung verzichtet (AnwKom-BGB/*Noack* § 127 Rn. 11; Palandt/*Heinrichs* § 127 Rn. 2). Unerheblich ist, ob ein Telegramm schriftlich oder telefonisch aufgegeben wurde (Erman/*Palm* § 127 Rn. 6). Die Übermittlung der Erklärung im Wege der Sprache zB die telefonische Durchsage oder das Aufsprechen auf eine Voice-Box sind aber nicht ausreichend (BT-Drucks. 14/4987 S. 21; AnwKom-BGB/*Noack* § 127 Rn. 11).

52 Für Verträge ist entgegen § 126 II ein Vertragsschluss auch durch Briefwechsel zulässig. Nach überwiegender Ansicht ist insoweit die eigenhändige Unterschrift zur Formwahrung notwendig (RG 5. 2. 1923 RGZ 106, 268; Soergel/*Herfermehl* § 127 Rn. 6; Erman/*Palm* § 127 Rn. 7; krit. MünchKommBGB/*Einsele* § 127 Rn. 9). Beide Formerleichterungen können kombiniert werden, so dass durch den Austausch eines Telegramms und eines Briefes aber auch zweier Telegramme der Vertrag formgerecht zustande kommt.

53 Wird von den Formerleichterungen Gebrauch gemacht, räumt § 127 II 2 jedem Beteiligten das Recht ein, eine dem § 126 entspr. nachträgliche Beurkundung zu verlangen. Dadurch soll der Nachteil der durch die Erleichterungen ausgelösten geringeren Beweiskraft beseitigt werden können. Die Wirksamkeit des in der erleichterten Form zustande gekommenen Rechtsgeschäfts bleibt hiervon unberührt (MünchKommBGB/*Einsele* § 127 Rn. 10).

54 **3. Modifikationen bei der elektronischen Form.** Dem § 127 II sind die **Erleichterungen** für die Wahrung der vereinbarten elektronischen Form in § 127 III nachgebildet. Ausreichend ist auch eine andere als die in § 126 a bestimmte qualifizierte elektronische Signatur. Nicht erforderlich ist deshalb, dass es sich um eine elektronische Signatur nach dem SigG handelt (BT-Drucks. 14/4987 S. 21). Auch das Hinzufügen einer eingescannten Unterschrift wird ausreichen können (AnwKom-BGB/*Noack* § 127 Rn. 12; *Roßnagel* NJW 2001, 1817 1819). Bei Verträgen ist es ausreichend, wenn Angebots- und Annahmeerklärung ausgetauscht werden, die jeweils mit einer elektronischen Signatur versehen sind. Entspr. § 127 II 2 kann jede Partei nachträglich die § 126 a entspr. elektronische Signierung oder, wenn dies einer der Parteien nicht möglich ist, eine dem § 126 entspr. Beurkundung verlangen (§ 127 III 2). Erleichterungen für die vereinbarte Textform sind nicht normiert.

V. Beweislast

55 Nach hM trifft denjenigen die Beweislast, der die Vereinbarung einer vom Gesetz nicht verlangten Form behauptet (OLG München 11. 1. 1984 WM 1984, 469; *Rosenberg* Beweislast S. 255, 258). Die Einhaltung der gesetzlich oder rechtsgeschäftlich vereinbarten Form muss diejenige Partei beweisen, die aus dem Rechtsgeschäft Rechtsfolgen für sich herleitet (*Baumgärtel/Laumen* § 125 Rn. 9). Wer sich auf die Änderung eines Vertrages beruft, die nicht in der vereinbarten Form vollzogen worden ist, muss die Vertragsänderung und die Aufhebung des Formzwangs beweisen. Es besteht eine tatsächliche Vermutung für den Abschluss eines Änderungsvertrages, wenn ein Vertrag über längere Zeit zu veränderten Bedingungen ohne Beachtung der Schriftformklausel durchgeführt worden ist (BGH 2. 6. 1976 BGHZ 66, 378). Ist zwischen den Parteien streitig, welche Rechtsfolge bei Verletzung eines unstreitig verabredeten Formerfordernisses eintreten soll, ist die Partei beweisbelastet, die entgegen der Auslegungsregel der §§ 125 S. 2, 154 II behauptet, es sei keine konstitutive Form vereinbart. Zum Beweiswert einer Urkunde vgl. bereits Rn. 25.

D. Durchbrechung der Formnichtigkeit

I. Treu und Glauben, § 242 BGB

56 **1. Allgemeines.** Das BAG und der BGH nehmen in st. Rspr. an, dass die Nichtigkeitsfolge des § 125 durch den **Grundsatz von Treu und Glauben (§ 242)** eingeschränkt ist, die Berufung auf die Nichteinhaltung der Form also eine unzulässige Rechtsausübung darstellen kann. Dieser Einwand kann jedoch nur in Ausnahmefällen erfolgreich sein, weil Sinn und Zweck der Formvorschriften sonst ausgehöhlt würden. Keinesfalls ist die Berufung einer Partei auf die Formnichtigkeit eines Rechtsgeschäfts für sich genommen bereits arglistig oder treuwidrig (BAG 7. 7. 1955 AP AOG Tarifordnung § 32 Nr. 1; BAG 19. 8. 1987 EzBAT § 4 Nebenabrede Nr. 12; zu § 623 ArbG Nürnberg 5. 6. 2001 –

D. Durchbrechung der Formnichtigkeit §§ 125–127 BGB 230

12 Ca 2734/01 –). Im Grundsatz hat jede Partei die Rechtsnachteile zu tragen, die sich aus der Formnichtigkeit eines Rechtsgeschäfts ergeben. Abweichungen von diesem Grundsatz sind nur zulässig, wenn es nach den Beziehungen der Parteien und den gesamten Umständen mit Treu und Glauben unvereinbar wäre, das Rechtsgeschäft am Formmangel scheitern zu lassen; das Ergebnis muss für die Parteien nicht nur hart, sondern schlechthin untragbar sein (BAG 26. 9. 1957 AP HGB § 74 Nr. 2; BAG 17. 11. 1957 AP BGB § 125 Nr. 2; BAG 22. 2. 1972 EzA BBiG § 15 Nr. 1; BAG 27. 3. 1987 AP BGB § 242 Betriebliche Übung Nr. 29).

2. Anwendungsbereich. Die Rspr. hat den Grundsatz, dass der Formmangel ausnahmsweise gem. 57 § 242 unbeachtlich sein kann, zu § 313 entwickelt. Er gilt jedoch auch im **Arbeitsrecht** und zwar sowohl für **gesetzliche, kollektiv-** als auch **einzelvertragliche Formvorschriften** (BAG 6. 8. 1981 – 2 AZR 351/79 – nv.; BGH 2. 6. 1976 BGHZ 66, 378). Da die Rspr. jedenfalls für zweiseitige Rechtsgeschäfte in einer mündlichen Abrede regelmäßig eine übereinstimmende stillschweigende Aufhebung der Formabrede annimmt (vgl. hierzu Rn. 46), hat der Grundsatz für vereinbarte Formvorschriften nur eine geringe Bedeutung.

Vorschriften in **Kommunalverfassungen,** die rechtsgeschäftliches Handeln der Gemeinde, vertreten 58 durch ihre Organe, an bestimmte Förmlichkeiten knüpft, sind keine **Form-, sondern Zuständigkeitsvorschriften** (Rn. 5). Deshalb sind die Grundsätze über die unzulässige Berufung auf Formmängel wegen Verstoßes gegen Treu und Glauben grds. auf diesen Bereich nicht anwendbar. Die Rspr. differenziert jedoch wie folgt:

Sind für eine Körperschaft **unzuständige Organe** aufgetreten, so findet § 242 keine Anwendung, 59 da öffentlich-rechtliche Zuständigkeitsregelungen nicht unter Berufung auf Treu und Glauben ignoriert werden können (BGH 2. 3. 1972 NJW 1972, 940). Nur im Arbeitsrecht kann der Zuständigkeitsmangel ausnahmsweise im Interesse des ANSchutzes gem. § 242 unbeachtlich sein (BAG 28. 10. 1974 AP BAT §§ 22, 23 Nr. 34).

Sind für die Körperschaften zust. Organe aufgetreten und fehlen lediglich **sonstige Förmlichkeiten,** 60 so sind die Grundsätze von Treu und Glauben wie bei einer Nichtigkeit des Rechtsgeschäfts nach § 125 S. 1 **entspr.** anwendbar. Zwar regeln die Bestimmungen nicht die Form des Rechtsgeschäfts iSv. § 125. Es liegt jedoch eine vergleichbare Interessenlage, wie sie bei der Missachtung von Formvorschriften besteht, vor (BGH 13. 10. 1983 NJW 1984, 607).

3. Grenzen für die Anwendung von § 242. Abgesehen vom Formmangel muss ein **gültiges** 61 **Rechtsgeschäft** vorliegen. § 242 ist nicht anwendbar, wenn die **anderweitiger Rechtsschutz** erlangt werden kann, zB bei einem nichtigen Vertrag die schutzbedürftige Partei Ansprüche aus § 280 iVm. §§ 311 II, 241 II oder unerlaubter Handlung geltend machen kann. IdR reicht dieser bestehende Rechtsschutz aus, ein für die Anwendung von § 242 erforderliches schlechthin untragbares Ergebnis zu verhindern.

4. Fallgruppen. Die von der Rspr. verwendete Formel vom „schlechthin untragbaren Ergebnis" 62 bedarf im Interesse der Rechtssicherheit der Bildung von Fallgruppen für die Anwendung des § 242 gegenüber der Berufung auf Formmängel. Es fehlt hier nicht an nützlichen Bemühungen (*Reinicke* S. 41 ff.). Die hier angebotene Einteilung stellt die besonders typischen Fallgruppen dar und berücksichtigt arbeitsrechtliche Besonderheiten. Es darf jedoch nicht verkannt werden, dass es wegen der Vielfalt möglicher Fallgestaltungen unmöglich ist, ein allgemeingültiges Anwendungsschema aufzustellen.

a) Kenntnis von der Formbedürftigkeit. § 242 ist nicht anwendbar, wenn **beide Parteien** den 63 Formmangel kannten (BGH 22. 6. 1973 NJW 1973, 1455). Dies gilt auch dann, wenn ein Beteiligter einen formgerechten Abschluss des Vertrages nicht durchsetzt, weil er dies wegen der Rechtschaffenheit oder des Ansehens des Vertragspartners für überflüssig hält (RG 21. 5. 1927 RGZ 117, 121; MünchKommBGB/*Einsele* § 125 Rn. 57; hM). Zu Recht muss von diesem Grundsatz eine Ausnahme gemacht werden, wenn ein Vertragspartner seine Machtstellung dazu ausgenutzt hat, die Formwahrung zu verhindern (BGH 27. 10. 1967 BGHZ 48, 396 mit abl. Anm. *Reinicke* NJW 1968, 39) oder wenn beim Vertragspartner der Eindruck erweckt wird, die Zusage solle auch ohne Rücksicht auf die vorgeschriebene Form erfüllt werden (BAG 10. 9. 1975 AP BAT § 23 a Nr. 12 mit zust. Anm. *Crisolli*).

Bei **beidseitiger Unkenntnis** verbleibt es bei der Rechtsfolge von § 125 S. 1 (BAG 22. 8. 1979 AP 64 BAT § 4 Nr. 6). Dies gilt auch dann, wenn eine Partei bei der anderen die irrige Vorstellung von der Formfreiheit veranlasst hat (BGH 10. 6. 1977 NJW 1977, 2072). Nach Ansicht des ArbG Berlin steht der Wirksamkeit einer Faxkündigung § 623 BGB jedenfalls dann nicht entgegen, wenn beide Parteien davon ausgehen, der notwendigen Form entsprochen zu haben. Für den Fall, dass ein Arbeitnehmer zum Ausdruck gebracht hat, dass er annahm, mit einem Fax die Schriftform gewählt zu haben, soll es rechtsmissbräuchlich sein, wenn er sich gegenüber dem Arbeitgeber im Fall einer Faxkündigung auf das Schriftformerfordernis beruft (ArbG Berlin 1. 3. 2002 NZA-RR 2002, 522).

Eine **einseitige Kenntnis** einer Vertragspartei von der Formbedürftigkeit des Rechtsgeschäfts 65 begründet noch keine Anwendung des § 242, erst recht nicht, wenn die den Formmangel kennende

Preis

Partei bei Vertragsschluss davon ausging, die andere kenne ihn auch. Hat jedoch eine Partei die andere über die Formbedürftigkeit des Rechtsgeschäfts getäuscht, um sich später ggf. zu ihrem Vorteil auf die Unwirksamkeit des Rechtsgeschäfts berufen zu können, so ist die Geltendmachung des Formmangels **arglistig** und gem. § 242 verwehrt (BAG 26. 9. 1957 AP HGB § 74 Nr. 2 mit zust. Anm. *Larenz*; BAG 15. 11. 1957 AP BGB § 125 Nr. 2; BAG 7. 5. 1986 AP BAT § 4 Nr. 12). Daneben scheidet bei Unkenntnis der anderen Partei die Geltendmachung des Formmangels aus, wenn sich die andere Partei hierdurch gröblich in Widerspruch zu ihrem eigenen Verhalten setzt. Dies bejahte das BAG in einem Fall, wo die Bundespost 16 Jahre allen AN eine außertarifliche Zuwendung nach Antragstellung in einem Verwaltungsverfahren gezahlt hatte, ohne dass die tariflich vorgesehene Schriftform für Nebenabreden eingehalten wurde (BAG 7. 9. 1982 AP TV Arb Bundespost § 3 Nr. 1).

66 **b) Existenzgefährdung.** Würde die Nichterfüllung oder Rückabwicklung eines Vertrages dazu führen, dass die wirtschaftliche Existenz einer Partei, die gutgläubig auf die Rechtswirksamkeit des Geschäfts vertraut hat, gefährdet oder vernichtet würde, tritt der Formmangel hinter § 242 zurück (BGH 15. 11. 1960 WM 1961, 179). Dieser ursprünglich für das Höferecht entwickelte Grundsatz gilt für alle Rechtsgebiete, also auch für das Arbeitsrecht (BGH 19. 11. 1982 BGHZ 85, 315). Das BAG hat eine Existenzgefährdung bei der Einstellung einer formwidrig vereinbarten Zahlung eines Mankogeldes (BAG 27. 10. 1988 ZTR 1989, 109) und der Anhebung der Wochenarbeitszeit von 32 auf 36 Stunden (BAG 3. 2. 1987 AP BGB § 242 Betriebliche Übung Nr. 29) verneint.

67 **c) Erreichung des Formzwecks.** Auch wenn im Einzelfall der Formzweck, zB Schutz vor Übereilung, nicht zum Tragen kommt, weil etwa nach der Persönlichkeit der Beteiligten eine derartige Warnung nicht erforderlich gewesen wäre, ist die Geltendmachung der Formnichtigkeit nicht ausgeschlossen (BGH 18. 12. 1955 BGHZ 16, 334; BGH 6. 2. 1970 BGHZ 53, 189; aA BAG 4. 2. 1997 AP BGB § 626 Nr. 141 für vertragliche Schriftform). Bei dem mit der Form verfolgten Zweck handelt es sich um das Motiv des Gesetzgebers bzw. der Parteien, die das Formerfordernis geschaffen haben. Es ist aber kein Tatbestandsmerkmal der Formvorschrift (*Reinicke* S. 73). Genauso wenig muss der Grund, wegen dessen sich eine Partei auf den Formmangel beruft, vom Formzweck her bestimmt sein. Vielmehr darf er auch zum Anlass genommen werden, ein aus vom Formzweck unabhängigen Gründen lästiges Geschäft nicht mehr durchzuführen (BGH 9. 3. 1965 WM 1965, 480). Dient die Formvorschrift jedoch **ausschließlich dem Schutz einer Partei** und will diese trotz des Formmangel zu dem formnichtigen Rechtsgeschäft stehen, ist die Geltendmachung der Formnichtigkeit gem. § 242 ausgeschlossen (BGH 18. 11. 1966 NJW 1967, 245; BGH 5. 11. 1982 NJW 1983, 566).

68 **d) Fürsorgepflicht des Arbeitgebers.** Wäre ein Vertragspartner auf Grund einer bes. Fürsorgepflicht verpflichtet gewesen, den anderen Vertragspartner auf die Formbedürftigkeit hinzuweisen und bedeutet die Nichtigkeitsfolge eine Existenzgefährdung dieser Partei, bejaht die Rspr. ein Zurücktreten der Nichtigkeitsfolge gegenüber § 242 (BGH 16. 2. 1955 BGHZ 16, 334 „Träger-Siedlervertrag"; BGH 24. 3. 1972 DNotZ 1972, 526 „Behördliche Grundstücksveräußerungszusage"; BGH 21. 4. 1972 NJW 1972, 1189 „öffentlich geförderter Wohnungsbau"). Umstritten ist, ob dem AG gegenüber dem AN gleichfalls eine solche Fürsorgepflicht obliegt, ihn über Formerfordernisse zu belehren und auf eine formgerechte Durchführung des Rechtsgeschäfts hinzuwirken. Eine Ansicht bejaht dies mit dem pauschalen Hinweis auf die Fürsorgepflicht des AG (*Beer* AuR 1964, 174; *Tophoven*, Anm. zu LAG Kiel 23. 11. 1954 AP TVG § 4 Ausschlussfristen Nr. 1; *Volmer/Gaul*, ArbnErfG § 12 Rn. 65). Sie übersieht jedoch, dass auf diese Weise bei fehlender Belehrung durch den AG über die Formbedürftigkeit einer formwidrigen Erklärung über den Umweg von Treu und Glauben stets zur Wirksamkeit verholfen werden könnte. Dieses Ergebnis stünde aber im Gegensatz zu dem Grundsatz, dass eine Formdurchbrechung gem. § 242 im Interesse der Rechtssicherheit nur in krassen Ausnahmefällen durchgreifen kann. Eine Fürsorgepflicht, den AN über das Bestehen von Formvorschriften zu belehren, besteht deshalb nicht (RAG 18. 12. 1942 ARS 46, 81 mit Anm. *Hueck*; *Hueck/Nipperdey* Bd. 1, S. 41; § 623 Rn. 26).

69 **e) Erfüllung des formnichtigen Rechtsgeschäfts.** Grds. führt das Erbringen von Leistungen in Erfüllung des formnichtigen Rechtsgeschäfts ohne das Hinzutreten weiterer Umstände nicht dazu, von der Nichtigkeitsfolge des Formmangels nach Treu und Glauben absehen zu können. Eine Heilung tritt nur in den vom Gesetz vorgesehenen Fällen ein. Selbst die langjährige praktische Durchführung einer formnichtigen Vereinbarung hindert die Parteien nicht, sich später auf die Formnichtigkeit zu berufen (BAG 9. 12. 1981 AP BAT § 4 Nr. 8; BAG 9. 7. 1985 AP BPersVG § 75 Nr. 16; BAG 19. 8. 1987 EzBAT BAT § 4 Nebenabrede Nr. 12; BGH 22. 6. 1973 NJW 1973, 1455). Rückforderungsansprüche aus ungerechtfertigter Bereicherung entfallen bei Kenntnis des Leistenden von der Formnichtigkeit (§ 814). Die Rspr. behandelt einen formfehlerhaften Vertrag jedoch dann nach § 242 als wirksam, wenn durch die Erfüllung Verhältnisse eingetreten sind, die nicht mehr sachgerecht rückabgewickelt werden können oder wenn jedenfalls ein Teil unwiederbringlich Vorteile aus dem nichtigen Rechtsgeschäft gezogen hat (BGH 30. 10. 1961 WM 1962, 9; MünchKommBGB/*Einsele* § 125 Rn. 56). Zu Recht ist dies vom BAG angenommen worden, wo es dem AG nur durch eine besondere

Zusage – idR bestimmter Sozialleistungen oder Zulagen – gelungen ist, den AN zum Abschluss des Arbeitsvertrages zu bewegen (BAG 15. 1. 1987 – 6 AZR 602/85 – nv.; BAG 7. 5. 1986 AP BAT § 4 Nr. 12). Beruft sich der AG erst nach einer längeren Zeit der Erfüllung auf die Formnichtigkeit dieser Zusage, so hat er bereits von dem nur auf Grund der Zusage abgeschlossenen Arbeitsverhältnis profitiert. Dieser Vorteil kann ihm im Rahmen der bereicherungsrechtlichen Rückabwicklung nicht mehr genommen werden.

Abschnitt 5. Verjährung

Titel 1. Gegenstand und Dauer der Verjährung

§ 194 Gegenstand der Verjährung

(1) Das Recht, von einem anderen ein Tun oder Unterlassen zu verlangen (Anspruch), unterliegt der Verjährung.

(2) Ansprüche aus einem familienrechtlichen Verhältnis unterliegen der Verjährung nicht, soweit sie auf die Herstellung des dem Verhältnis entsprechenden Zustands für die Zukunft gerichtet sind.

§ 195 Regelmäßige Verjährungsfrist

Die regelmäßige Verjährungsfrist beträgt drei Jahre.

§ 196 Verjährungsfrist bei Rechten an einem Grundstück

Ansprüche auf Übertragung des Eigentums an einem Grundstück sowie auf Begründung, Übertragung oder Aufhebung eines Rechts an einem Grundstück oder auf Änderung des Inhalts eines solchen Rechts sowie die Ansprüche auf die Gegenleistung verjähren in zehn Jahren.

§ 197 Dreißigjährige Verjährungsfrist

(1) In 30 Jahren verjähren, soweit nicht ein anderes bestimmt ist,
1. Herausgabeansprüche aus Eigentum und anderen dinglichen Rechten,
2. familien- und erbrechtliche Ansprüche,
3. rechtskräftig festgestellte Ansprüche,
4. Ansprüche aus vollstreckbaren Vergleichen oder vollstreckbaren Urkunden und
5. Ansprüche, die durch die im Insolvenzverfahren erfolgte Feststellung vollstreckbar geworden sind.

(2) Soweit Ansprüche nach Absatz 1 Nr. 2 regelmäßig wiederkehrende Leistungen oder Unterhaltsleistungen und Ansprüche nach Absatz 1 Nr. 3 bis 5 künftig fällig werdende regelmäßig wiederkehrende Leistungen zum Inhalt haben, tritt an die Stelle der Verjährungsfrist von 30 Jahren die regelmäßige Verjährungsfrist.

§ 198 Verjährung bei Rechtsnachfolge

Gelangt eine Sache, hinsichtlich derer ein dinglicher Anspruch besteht, durch Rechtsnachfolge in den Besitz eines Dritten, so kommt die während des Besitzes des Rechtsvorgängers verstrichene Verjährungszeit dem Rechtsnachfolger zugute.

§ 199 Beginn der regelmäßigen Verjährungsfrist und Höchstfristen

(1) Die regelmäßige Verjährungsfrist beginnt mit dem Schluss des Jahres, in dem
1. der Anspruch entstanden ist und
2. der Gläubiger von den den Anspruch begründenden Umständen und der Person des Schuldners Kenntnis erlangt oder ohne grobe Fahrlässigkeit erlangen müsste.

(2) Schadensersatzansprüche, die auf der Verletzung des Lebens, des Körpers, der Gesundheit oder der Freiheit beruhen, verjähren ohne Rücksicht auf ihre Entstehung und die Kenntnis oder grob fahrlässige Unkenntnis in 30 Jahren von der Begehung der Handlung, der Pflichtverletzung oder dem sonstigen, den Schaden auslösenden Ereignis an.

Preis

(3) ¹ Sonstige Schadensersatzansprüche verjähren
1. ohne Rücksicht auf die Kenntnis oder grob fahrlässige Unkenntnis in zehn Jahren von ihrer Entstehung an und
2. ohne Rücksicht auf ihre Entstehung und die Kenntnis oder grob fahrlässige Unkenntnis in 30 Jahren von der Begehung der Handlung, der Pflichtverletzung oder dem sonstigen, den Schaden auslösenden Ereignis an.

² Maßgeblich ist die früher endende Frist.

(4) Andere Ansprüche als Schadensersatzansprüche verjähren ohne Rücksicht auf die Kenntnis oder grob fahrlässige Unkenntnis in zehn Jahren von ihrer Entstehung an.

(5) Geht der Anspruch auf ein Unterlassen, so tritt an die Stelle der Entstehung die Zuwiderhandlung.

§ 200 Beginn anderer Verjährungsfristen

¹ Die Verjährungsfrist von Ansprüchen, die nicht der regelmäßigen Verjährungsfrist unterliegen, beginnt mit der Entstehung des Anspruchs, soweit nicht ein anderer Verjährungsbeginn bestimmt ist. ² § 199 Abs. 5 findet entsprechende Anwendung.

§ 201 Beginn der Verjährungsfrist von festgestellten Ansprüchen

¹ Die Verjährung von Ansprüchen der in § 197 Abs. 1 Nr. 3 bis 5 bezeichneten Art beginnt mit der Rechtskraft der Entscheidung, der Errichtung des vollstreckbaren Titels oder der Feststellung im Insolvenzverfahren, nicht jedoch vor der Entstehung des Anspruchs. ² § 199 Abs. 5 findet entsprechende Anwendung.

§ 202 Unzulässigkeit von Vereinbarungen über die Verjährung

(1) Die Verjährung kann bei Haftung wegen Vorsatzes nicht im Voraus durch Rechtsgeschäft erleichtert werden.

(2) Die Verjährung kann durch Rechtsgeschäft nicht über eine Verjährungsfrist von 30 Jahren ab dem gesetzlichen Verjährungsbeginn hinaus erschwert werden.

Titel 2. Hemmung, Ablaufhemmung und Neubeginn der Verjährung

§ 203 Hemmung der Verjährung bei Verhandlungen

¹ Schweben zwischen dem Schuldner und dem Gläubiger Verhandlungen über den Anspruch oder die den Anspruch begründenden Umstände, so ist die Verjährung gehemmt, bis der eine oder der andere Teil die Fortsetzung der Verhandlungen verweigert. ² Die Verjährung tritt frühestens drei Monate nach dem Ende der Hemmung ein.

§ 204 Hemmung der Verjährung durch Rechtsverfolgung

(1) Die Verjährung wird gehemmt durch
1. die Erhebung der Klage auf Leistung oder auf Feststellung des Anspruchs, auf Erteilung der Vollstreckungsklausel oder auf Erlass des Vollstreckungsurteils,
2. die Zustellung des Antrags im vereinfachten Verfahren über den Unterhalt Minderjähriger,
3. die Zustellung des Mahnbescheids im Mahnverfahren,
4. die Veranlassung der Bekanntgabe des Güteantrags, der bei einer durch die Landesjustizverwaltung eingerichteten oder anerkannten Gütestelle oder, wenn die Parteien den Einigungsversuch einvernehmlich unternehmen, bei einer sonstigen Gütestelle, die Streitbeilegungen betreibt, eingereicht ist; wird die Bekanntgabe demnächst nach der Einreichung des Antrags veranlasst, so tritt die Hemmung der Verjährung bereits mit der Einreichung ein,
5. die Geltendmachung der Aufrechnung des Anspruchs im Prozess,
6. die Zustellung der Streitverkündung,
7. die Zustellung des Antrags auf Durchführung eines selbständigen Beweisverfahrens,
8. den Beginn eines vereinbarten Begutachtungsverfahrens oder die Beauftragung des Gutachters in dem Verfahren nach § 641 a,
9. die Zustellung des Antrags auf Erlass eines Arrests, einer einstweiligen Verfügung oder einer einstweiligen Anordnung, oder, wenn der Antrag nicht zugestellt wird, dessen Einreichung, wenn der Arrestbefehl, die einstweilige Verfügung oder die einstweilige Anordnung innerhalb

eines Monats seit Verkündung oder Zustellung an den Gläubiger dem Schuldner zugestellt wird,
10. die Anmeldung des Anspruchs im Insolvenzverfahren oder im Schifffahrtsrechtlichen Verteilungsverfahren,
11. den Beginn des schiedsrichterlichen Verfahrens,
12. die Einreichung des Antrags bei einer Behörde, wenn die Zulässigkeit der Klage von der Vorentscheidung dieser Behörde abhängt und innerhalb von drei Monaten nach Erledigung des Gesuchs die Klage erhoben wird; dies gilt entsprechend für bei einem Gericht oder bei einer in Nummer 4 bezeichneten Gütestelle zu stellende Anträge, deren Zulässigkeit von der Vorentscheidung einer Behörde abhängt,
13. die Einreichung des Antrags bei dem höheren Gericht, wenn dieses das zuständige Gericht zu bestimmen hat und innerhalb von drei Monaten nach Erledigung des Gesuchs die Klage erhoben oder der Antrag, für den die Gerichtsstandsbestimmung zu erfolgen hat, gestellt wird, und
14. die Veranlassung der Bekanntgabe des erstmaligen Antrags auf Gewährung von Prozesskostenhilfe; wird die Bekanntgabe demnächst nach der Einreichung des Antrags veranlasst, so tritt die Hemmung der Verjährung bereits mit der Einreichung ein.

(2) ¹Die Hemmung nach Absatz 1 endet sechs Monate nach der rechtskräftigen Entscheidung oder anderweitigen Beendigung des eingeleiteten Verfahrens. ²Gerät das Verfahren dadurch in Stillstand, dass die Parteien es nicht betreiben, so tritt an die Stelle der Beendigung des Verfahrens die letzte Verfahrenshandlung der Parteien, des Gerichts oder der sonst mit dem Verfahren befassten Stelle. ³Die Hemmung beginnt erneut, wenn eine der Parteien das Verfahren weiter betreibt.

(3) Auf die Frist nach Absatz 1 Nr. 9, 12 und 13 finden die §§ 206, 210 und 211 entsprechende Anwendung.

§ 205 Hemmung der Verjährung bei Leistungsverweigerungsrecht

Die Verjährung ist gehemmt, solange der Schuldner auf Grund einer Vereinbarung mit dem Gläubiger vorübergehend zur Verweigerung der Leistung berechtigt ist.

§ 206 Hemmung der Verjährung bei höherer Gewalt

Die Verjährung ist gehemmt, solange der Gläubiger innerhalb der letzten sechs Monate der Verjährungsfrist durch höhere Gewalt an der Rechtsverfolgung gehindert ist.

§ 207 Hemmung der Verjährung aus familiären und ähnlichen Gründen

(1) ¹Die Verjährung von Ansprüchen zwischen Ehegatten ist gehemmt, solange die Ehe besteht. ²Das Gleiche gilt für Ansprüche zwischen
1. Lebenspartnern, solange die Lebenspartnerschaft besteht,
2. Eltern und Kindern und dem Ehegatten eines Elternteils und dessen Kindern während der Minderjährigkeit der Kinder,
3. dem Vormund und dem Mündel während der Dauer des Vormundschaftsverhältnisses,
4. dem Betreuten und dem Betreuer während der Dauer des Betreuungsverhältnisses und
5. dem Pflegling und dem Pfleger während der Dauer der Pflegschaft.
³Die Verjährung von Ansprüchen des Kindes gegen den Beistand ist während der Dauer der Beistandschaft gehemmt.

(2) § 208 bleibt unberührt.

§ 208 Hemmung der Verjährung bei Ansprüchen wegen Verletzung der sexuellen Selbstbestimmung

¹Die Verjährung von Ansprüchen wegen Verletzung der sexuellen Selbstbestimmung ist bis zur Vollendung des 21. Lebensjahres des Gläubigers gehemmt. ²Lebt der Gläubiger von Ansprüchen wegen Verletzung der sexuellen Selbstbestimmung bei Beginn der Verjährung mit dem Schuldner in häuslicher Gemeinschaft, so ist die Verjährung auch bis zur Beendigung der häuslichen Gemeinschaft gehemmt.

§ 209 Wirkung der Hemmung

Der Zeitraum, während dessen die Verjährung gehemmt ist, wird in die Verjährungsfrist nicht eingerechnet.

Preis

§ 210 Ablaufhemmung bei nicht voll Geschäftsfähigen

(1) ¹Ist eine geschäftsunfähige oder in der Geschäftsfähigkeit beschränkte Person ohne gesetzlichen Vertreter, so tritt eine für oder gegen sie laufende Verjährung nicht vor dem Ablauf von sechs Monaten nach dem Zeitpunkt ein, in dem die Person unbeschränkt geschäftsfähig oder der Mangel der Vertretung behoben wird. ²Ist die Verjährungsfrist kürzer als sechs Monate, so tritt der für die Verjährung bestimmte Zeitraum an die Stelle der sechs Monate.

(2) Absatz 1 findet keine Anwendung, soweit eine in der Geschäftsfähigkeit beschränkte Person prozessfähig ist.

§ 211 Ablaufhemmung in Nachlassfällen

¹Die Verjährung eines Anspruchs, der zu einem Nachlass gehört oder sich gegen einen Nachlass richtet, tritt nicht vor dem Ablauf von sechs Monaten nach dem Zeitpunkt ein, in dem die Erbschaft von dem Erben angenommen oder das Insolvenzverfahren über den Nachlass eröffnet wird oder von dem an der Anspruch von einem oder gegen einen Vertreter geltend gemacht werden kann. ²Ist die Verjährungsfrist kürzer als sechs Monate, so tritt der für die Verjährung bestimmte Zeitraum an die Stelle der sechs Monate.

§ 212 Neubeginn der Verjährung

(1) Die Verjährung beginnt erneut, wenn
1. der Schuldner dem Gläubiger gegenüber den Anspruch durch Abschlagszahlung, Zinszahlung, Sicherheitsleistung oder in anderer Weise anerkennt oder
2. eine gerichtliche oder behördliche Vollstreckungshandlung vorgenommen oder beantragt wird.

(2) Der erneute Beginn der Verjährung infolge einer Vollstreckungshandlung gilt als nicht eingetreten, wenn die Vollstreckungshandlung auf Antrag des Gläubigers oder wegen Mangels der gesetzlichen Voraussetzungen aufgehoben wird.

(3) Der erneute Beginn der Verjährung durch den Antrag auf Vornahme einer Vollstreckungshandlung gilt als nicht eingetreten, wenn dem Antrag nicht stattgegeben oder der Antrag vor der Vollstreckungshandlung zurückgenommen oder die erwirkte Vollstreckungshandlung nach Absatz 2 aufgehoben wird.

§ 213 Hemmung, Ablaufhemmung und erneuter Beginn der Verjährung bei anderen Ansprüchen

Die Hemmung, die Ablaufhemmung und der erneute Beginn der Verjährung gelten auch für Ansprüche, die aus demselben Grunde wahlweise neben dem Anspruch oder an seiner Stelle gegeben sind.

Titel 3. Rechtsfolgen der Verjährung

§ 214 Wirkung der Verjährung

(1) Nach Eintritt der Verjährung ist der Schuldner berechtigt, die Leistung zu verweigern.

(2) ¹Das zur Befriedigung eines verjährten Anspruchs Geleistete kann nicht zurückgefordert werden, auch wenn in Unkenntnis der Verjährung geleistet worden ist. ²Das Gleiche gilt von einem vertragsmäßigen Anerkenntnis sowie einer Sicherheitsleistung des Schuldners.

§ 215 Aufrechnung und Zurückbehaltungsrecht nach Eintritt der Verjährung

Die Verjährung schließt die Aufrechnung und die Geltendmachung eines Zurückbehaltungsrechts nicht aus, wenn der Anspruch in dem Zeitpunkt noch nicht verjährt war, in dem erstmals aufgerechnet oder die Leistung verweigert werden konnte.

§ 216 Wirkung der Verjährung bei gesicherten Ansprüchen

(1) Die Verjährung eines Anspruchs, für den eine Hypothek, eine Schiffshypothek oder ein Pfandrecht besteht, hindert den Gläubiger nicht, seine Befriedigung aus dem belasteten Gegenstand zu suchen.

(2) ¹Ist zur Sicherung eines Anspruchs ein Recht verschafft worden, so kann die Rückübertragung nicht auf Grund der Verjährung des Anspruchs gefordert werden. ²Ist das Eigentum vorbehalten, so kann der Rücktritt vom Vertrag auch erfolgen, wenn der gesicherte Anspruch verjährt ist.

(3) Die Absätze 1 und 2 finden keine Anwendung auf die Verjährung von Ansprüchen auf Zinsen und andere wiederkehrende Leistungen.

§ 217 Verjährung von Nebenleistungen

Mit dem Hauptanspruch verjährt der Anspruch auf die von ihm abhängenden Nebenleistungen, auch wenn die für diesen Anspruch geltende besondere Verjährung noch nicht eingetreten ist.

§ 218 Unwirksamkeit des Rücktritts

(1) ¹Der Rücktritt wegen nicht oder nicht vertragsgemäß erbrachter Leistung ist unwirksam, wenn der Anspruch auf die Leistung oder der Nacherfüllungsanspruch verjährt ist und der Schuldner sich hierauf beruft. ²Dies gilt auch, wenn der Schuldner nach § 275 Abs. 1 bis 3, § 439 Abs. 3 oder § 635 Abs. 3 nicht zu leisten braucht und der Anspruch auf die Leistung oder der Nacherfüllungsanspruch verjährt wäre. ³§ 216 Abs. 2 Satz 2 bleibt unberührt.

(2) § 214 Abs. 2 findet entsprechende Anwendung.

Schrifttum: *Mansel/Budzikiewicz*, Das neue Verjährungsrecht, 2002; *Weber*, Die Ausschlussfrist im Arbeitsrecht, 1983; *Weyand*, Die tariflichen Ausschlussfristen in Arbeitsrechtsstreitigkeiten, 2. Aufl., 1995.

A. Verjährung

I. Änderungen des Schuldrechtsmodernisierungsgesetzes

Durch das Gesetz zur Modernisierung des Schuldrechts (GzMSchuld) ist es zu einer grdl. Neuordnung des Verjährungsrechts des BGB gekommen, da es nach allg. Auffassung nicht mehr den Bedürfnissen des modernen Rechts- und Wirtschaftsverkehrs entsprach (grdl. schon *Peters/Zimmermann*, „Verjährungsfristen", in: Gutachten und Vorschläge zur Überarbeitung des Schuldrechts, hrsg. vom BMJ 1981, Band I, S. 77 bis 372; vgl. auch *Zimmermann/Leenen/Mansel/Ernst* JZ 2001, 684; *Heinrichs* BB 2001, 1417). Das Verjährungsrecht dient der Rechtssicherheit (BGH 16. 6. 1972 BGHZ 59, 72, 74). Der Gläubiger soll die faire Chance erhalten, seinen Anspruch geltend zu machen und der Schuldner vor den Nachteilen geschützt werden, die der Zeitablauf bei der Abwehr unbegründeter und der Erfüllung begründeter Ansprüche mit sich bringt (Begr. des RegEntw., BT-Drucks. 14/6040 S. 95, 96). 1

Zur Erreichung dieser Ziele hat der Gesetzgeber einen grdl. Systemwechsel des Verjährungsrechts bewirkt. Der Beginn der von 30 auf 3 Jahre verkürzten regelmäßigen Verjährungsfrist knüpft nunmehr neben dem objektiven Kriterium der Entstehung des Anspruchs in Anlehnung an die deliktische Verjährung des § 852 I BGB auch an eine subjektive Voraussetzung an: Die Frist beginnt nur zu laufen, wenn der Gläubiger von den den Anspruch begründenden Umständen und der Person des Schuldners Kenntnis erlangt oder ohne grobe Fahrlässigkeit erlangen müsste, § 199 I Nr. 2. Die drastische Verkürzung der regelmäßigen Verjährungsfrist findet ihre Rechtfertigung in dem Umstand, dass die nach alter Gesetzeslage als regelmäßig bezeichnete Frist durch zahlreiche, in gesetzlichen Vorschriften vorgesehene kürzere Fristen bereits vor den Änderungen zur Ausnahme geworden war. Eine allzu nachteilhafte Auswirkung der kurzen Verjährungsfrist auf die Rechtsstellung des Gläubigers wird zudem durch die Anknüpfung ihres Beginns an das subjektive Kriterium vermieden (vgl. *Heinrichs* BB 2001, 1417, 1418). Weiteres wichtiges Merkmal der Neuausrichtung des Verjährungsrechts ist die deutlich **erhöhte Dispositionsbefugnis** der Parteien über die Ausgestaltung der Verjährungsfristen **durch nicht formularmäßige Vereinbarungen**. Hintergrund dessen ist die Erkenntnis, dass sich das starre Verbot einer rechtsgeschäftlichen Verjährungserschwerung in der Praxis als wenig praktikabel erwiesen hat (Begr. des RegEntw., BT-Drucks. 14/6040 S. 110). Im Unterschied zu der äußerst restriktiven Regelung des § 225 S. 1 aF sind Erschwerungen jetzt nur noch dann unzulässig, wenn sie zu einer die Grenze von 30 Jahren übersteigenden Verjährungsfrist ab dem gesetzlichen Verjährungsbeginn führen. Ansonsten geht der Gesetzgeber von der Zulässigkeit verjährungserschwerender Vereinbarungen entspr. der Vertragsfreiheit aus (Begr. des RegEntw., BT-Drucks. 14/6040 S. 110). Durch Individualvereinbarung kann die Verjährung – vorbehaltlich der Haftung wegen Vorsatzes – zudem uneingeschränkt verkürzt werden, § 202 I. Zur Inhaltskontrolle bei **vorformierten Vereinbarungen** nach §§ 305 ff. vgl. Rn. 27; zu Ausschlussfristen Rn. 48. Begrifflich neu ist die Verwendung des Terminus Neubeginn statt Unterbrechung der Verjährung, § 212. Zu lasten der alten 2

Unterbrechungstatbestände ist es zudem zu einer erheblichen Ausweitung der Hemmungstatbestände gekommen, § 204. Gem. der speziellen Übergangsregelung Art. 229 § 6 I S. 1 EGBGB (*Gotthardt* Rn. 311) findet das neue Verjährungsrecht grds. auf Ansprüche, die entweder nach dem 31. 12. 2001 entstehen oder am 1. 1. 2002 bereits bestehen aber noch nicht verjährt sind, Anwendung. Gem. Art. 229 § 6 I S. 2 EGBGB richten sich Beginn, Hemmung, Ablaufhemmung und Neubeginn der Verjährung jedoch für den Zeitraum vor dem 1. 1. 2002 nach der alten Rechtslage. Wenn das neue Recht die Verjährungsfrist für Ansprüche verlängert (so zB für den Vergütungsanspruch des AN), bleibt zum Schutz des Schuldners zudem die kürzere Frist des bisherigen Rechts maßgebend, Art. 229 § 6 III EGBGB. Zum Schutz des Gläubigers bestimmt Art. 229 § 6 IV EGBGB, dass eine gegenüber dem alten Recht kürzere Verjährungsfrist (so zB für Rückzahlungsansprüche des AG) erst am 1. 1. 2002 zu laufen beginnt. Sieht das neue Recht anstelle der Unterbrechung eine Hemmung der Verjährung vor und ist die Unterbrechung der Verjährung vor dem 1. 1. 2002 eingetreten aber an sich noch nicht beendet, so gilt sie dennoch als beendet und wird durch die Hemmung der neuen Verjährung ab dem 1. 1. 2002 ersetzt, Art. 229 § 6 II EGBGB (ausf. zum Übergangsrecht *Gotthardt* Rn. 308 ff.; AnwKom-BGB/*Mansel*, § 14 Rn. 14 ff.).

II. Allgemeines

3 Verjährung ist die Entkräftung eines Anspruchs durch Zeitablauf. Wird die Einrede der Verjährung vom Schuldner erhoben, so ist er berechtigt, die Leistung dauernd zu verweigern, § 214 I. Sie gibt dem Schuldner eine Einrede, die geltend gemacht werden muss. Nur ein Anspruch kann Gegenstand der Verjährung sein (vgl. *Zimmermann* JuS 1984, 409).

4 Im Prozess darf das Gericht sie nur beachten, wenn die Voraussetzungen des Einrederechts gegeben sind und sich der Berechtigte auf die Einrede berufen hat; von Amts wegen prüft der Richter die Verjährung nicht. Der Richter darf dem Schuldner auch nicht raten, die Einrede der Verjährung zu erheben, ohne sich befangen zu machen (Baumbach/*Hartmann* § 139 ZPO Rn. 11; anders bei Ausschlussfristen, vgl. Rn. 33). Da es sich um einen tatsächlichen Vorgang handelt, kann sich der Schuldner nicht erstmals in der Revisionsinstanz auf die Verjährung berufen (BGH 1. 3. 1951 BGHZ 1, 234). Der Anspruch bleibt – anders als bei den in arbeitsrechtlichen Beziehungen üblichen Ausschlussfristen, vgl. Rn. 33 – trotz Fristablaufs bestehen, so dass er noch freiwillig erfüllt werden kann. Wer eine schon verjährte Forderung erfüllt hat, kann das Geleistete nicht mehr zurückfordern, selbst wenn ihm die Verjährung nicht bekannt war, § 214 II 1. Allerdings schließt der Eintritt der Verjährung weder die Aufrechnung noch die Geltendmachung eines Zurückbehaltungsrechts aus. Da die Aufrechnung gem. § 389 BGB auf den erstmaligen Eintritt der Aufrechnungslage zurückwirkt, kommt es gem. § 215 vielmehr darauf an, ob der Anspruch zu diesem Zeitpunkt schon verjährt war oder nicht. Das Zurückbehaltungsrecht wird der Aufrechnung nun insoweit gleichgestellt. Auch wenn abhängige Nebenansprüche (insb. Zinsen, Nutzungen, Provisionen etc.) bezüglich Verjährungsbeginn, -dauer, -hemmung und -unterbrechung vom Hauptanspruch unabhängig sind, tritt das Ende der Verjährungsfrist gem. § 217 spätestens dann ein, wenn der Hauptanspruch verjährt.

III. Verjährungsfristen

5 **1. Regelmäßige Verjährungsfrist, § 195.** Durch das SchuldRModG ist die regelmäßige Verjährungsfrist von 30 auf 3 Jahre verkürzt und die kurze Verjährungsfrist aufgehoben worden. Deswegen stellt sich die für die Anwendbarkeit der § 196 I Nr. 8 und 9 aF äußerst wichtige Frage nach Inhalt und Rechtsnatur des Anspruchs aus dem Arbeitsverhältnis nicht mehr (vgl. zu der umfangreichen Kasuistik die Vorauflage Rn. 5). Alle vertraglichen und außervertraglichen Ansprüche sowohl des AN (etwa Vergütungsanspruch, Anspruch auf Verzugslohn, Anspruch auf Auslagenersatz, Schadensersatzanspruch) als auch des AG (Anspruch auf Lohnrückzahlung aus ungerechtfertigter Bereicherung, Schadensersatzanspruch) unterliegen – vorbehaltlich der auch nach der neuen Rechtslage existierenden Sonderregelungen (Rn. 6) und Gestaltungsmöglichkeiten (Rn. 26) – nunmehr der regelmäßigen Verjährungsfrist von 3 Jahren. Die Verjährung von verschiedenen Schadensersatzansprüchen und sonstigen Ansprüchen unterscheidet sich somit nur durch unterschiedliche Höchstfristen (vgl. Rn. 15).

6 **2. Andere Verjährungsfristen.** Einer bes. Verjährungsfrist von 10 bzw. 30 Jahren unterliegen die in §§ 196 bis 197 genannten Ansprüche. In arbeitsrechtlichen Beziehungen wird die bes. Verjährungsfrist regelmäßig nur im Fall eines rechtskräftig festgestellten Anspruchs (§ 197 I Nr. 3), eines Anspruchs aus vollstreckbaren Vergleichen oder vollstreckbaren Urkunden (§ 197 I Nr. 4) oder eines Anspruchs, der durch die im Insolvenzverfahren erfolgte Feststellung vollstreckbar geworden ist (§ 197 I Nr. 5), relevant werden. Nach § 197 II gilt für Ansprüche nach Nr. 3 bis 5, die künftig fällig werdende regelmäßig wiederkehrende Leistungen zum Inhalt haben, die regelmäßige Verjährungsfrist von 3 Jahren; diese Regelung entspricht im Grundsatz § 218 II aF. Hat der AN seinen Lohnanspruch rechtskräftig feststellen lassen, so unterliegt dieser Anspruch – soweit das Arbeitsverhältnis auch in der Zukunft besteht – somit nicht einer Verjährungsfrist von 30, sondern 3 Jahren. Eine bes. Verjährungs-

regelung für Ansprüche aus der betrieblichen Altersversorgung existiert mit § 18a BetrAVG (s. die Kommentierung dort; *Gotthardt* Rn. 306)

IV. Beginn der Verjährungsfristen

1. Beginn der regelmäßigen Verjährungsfrist. Völlig neu geregelt ist der Beginn der regelmäßigen 7 Verjährungsfrist (vgl. schon Rn. 2). Er ist nunmehr an eine **objektive** und eine **subjektive Voraussetzung** geknüpft. Neben der Entstehung des Anspruchs muss der Gläubiger gem. § 199 I Nr. 2 von den den Anspruch begründenden Umständen und der Person des Schuldners Kenntnis erlangt haben oder ohne grobe Fahrlässigkeit erlangt haben müssen. Die Verjährung beginnt aber – entgegen der Entwurfsfassung – erst mit dem Schluss des Jahres, in dem kumulativ beide Voraussetzungen gegeben sind (sog. Ultimoverjährung). Nach dieser Regelung richtet sich der Beginn der Verjährung für vertragliche Erfüllungs- (insb. Lohnanspruch) und Schadensersatzansprüche, Schadensersatzansprüche aus unerlaubter Handlung, Ansprüche aus GOA sowie Ansprüche aus ungerechtfertigter Bereicherung (insb. Anspruch auf Lohnrückzahlung).

a) Objektive Voraussetzung. Der Anspruch muss entstanden sein. Dies ist jedenfalls der Fall, 8 sobald dessen Befriedigung rechtlich verlangt und notfalls klageweise geltend gemacht werden kann (BGH 17. 2. 1971 NJW 1971, 979). Hierfür muss der Anspruch grds. fällig sein, § 271 (BGH 19. 9. 1990 BGHZ 113, 188, 193; Palandt/*Heinrichs* § 199 Rn. 3); der Grundsatz der Schadenseinheit bleibt unangetastet (Palandt/*Heinrichs* § 199 Rn. 14). Dh. die Verjährung des Ersatzanspruchs für alle vorhersehbaren Schadensfolgen, mögen sie auch erst zu einem späteren Zeitpunkt in der Zukunft eintreten, beginnt einheitlich, sobald bezüglich des ersten Teilbetrags eine Leistungsklage erhoben werden kann. Somit ist der Geschädigte gehalten, die Ersatzpflicht für noch nicht bezifferbare Folgeschäden im Wege der Feststellungsklage geltend zu machen, um insoweit eine Verjährungshemmung herbeizuführen. Bei Lohnansprüchen liegt die objektive Voraussetzung für den Beginn der Verjährung schon dann vor, wenn der Anspruch des AN auf Lohnzahlung zwar noch nicht fällig aber schon entstanden ist. Bei Lohnansprüchen ist der AN somit uU gehalten, Feststellungsklage oder, wenn der Zahlungsanspruch bereits einseitig geworden ist, eine Klage auf künftige Leistung gem. § 257 ZPO zu erheben. Der Anspruch auf Jahresumsatzprovisionen entsteht nicht schon am letzten Tag des für den Umsatz maßgeblichen Jahres (BAG 10. 12. 1973 AP BGB § 196 Nr. 7).

b) Subjektive Voraussetzung. aa) Kenntnis der anspruchsbegründenden Umstände. Der Gläu- 9 biger muss Kenntnis von den anspruchsbegründenden Umständen haben; auf die rechtliche Würdigung der Umstände hingegen kommt es nicht an (BGH 17. 10. 1995 NJW 1996, 117 zu § 852 BGB). Die unzutreffende rechtliche Würdigung hindert somit den Verjährungsbeginn nicht (vgl. *Mansel* NJW 2002, 89, 92). Soweit der AN seine geschuldete Tätigkeit ausgeübt hat, wird eine entspr. Kenntnis bezogen auf den Lohnanspruch regelmäßig vorliegen. Da es nicht auf die rechtliche Bewertung ankommt, beginnt die Verjährung selbst dann, wenn der AN auf Grund einer komplizierten Vergütungsstruktur sein Gehalt trotz Tatsachenkenntnis nicht berechnen kann (*Gotthardt* Rn. 300). Bei Schadensersatzansprüchen zählen zu den anspruchsbegründenden Tatsachen auch die Pflichtverletzung und die Entstehung eines Schadens. Eine genaue Kenntnis der Höhe und des Umfangs des Schadens ist hingegen nicht erforderlich (*Mansel/Budzikiewicz* § 3 Rn. 105). Im Allgemeinen muss es als ausreichend erachtet werden, wenn der Geschädigte zumindest eine aussichtsreiche, wenn auch nicht risikolose Feststellungsklage erheben könnte (BGH 17. 2. 2000 NJW 2000, 1498, 1500; BAG 24. 10. 2001, AP BGB § 823 Schutzgesetz Nr. 27 u. NZA 2002, 211 beide zu § 852). Dies gilt insb. auch für Schadensfolgen, die erst später eintreten, aber bereits als möglich vorhersehbar sind. Zum Verjährungsbeginn bei Ansprüchen aus unerlaubter Benachteiligung als Teilzeitkraft nach § 823 II BGB s. BAG 24. 10. 2001, AP BGB § 823 Schutzgesetz Nr. 27.

bb) Kenntnis von der Person des Schuldners. Weitere Voraussetzung ist, dass der Gläubiger 10 Kenntnis von der Person hat, gegen die ihm der von der Verjährung bedrohte Anspruch zusteht. In Übertragung der Rspr. zu § 852 (vgl. BGH 16. 12. 1997 NJW 1998, 988, 989) ist für die Kenntnis zu fordern, dass der Gläubiger zumindest Name und Anschrift des Schuldners kennt (*Mansel/Budzikiewicz* § 3 Rn. 113; Palandt/*Heinrichs* § 199 Rn. 32). In arbeitsrechtlichen Beziehungen wird diese Voraussetzung idR erfüllt sein.

cc) Grob fahrlässige Unkenntnis. Gegenüber seinem Vorbild § 852 I ist das subjektive Kenntnis- 11 kriterium in § 199 I Nr. 2 um den Rechtsgedanken des § 277 erweitert (Begr. des RegEntw., BT-Drucks. 14/6040 S. 108). Die Frist beginnt auch dann zu laufen, wenn der Gläubiger die entspr. Kenntnis grob fahrlässig nicht erlangt hat. Da keine Sorgfaltspflicht des Gläubigers zur Anspruchsverfolgung besteht, ist bei § 199 I Nr. 2 auf einen Obliegenheitsverstoß bei der Anspruchsverfolgung in eigenen Angelegenheiten abzustellen (*Mansel* NJW 2002, 89, 91). Grobe Fahrlässigkeit liegt vor, wenn die im Verkehr erforderliche Sorgfalt in ungewöhnlich großem Maße verletzt worden ist, ganz nahe liegende Überlegungen nicht angestellt oder beiseitegeschoben wurden und dasjenige unbeachtet geblieben ist, was im gegebenen Fall jedem hätte einleuchten müssen (Begr. des RegEntw., BT-

Drucks. 14/6040 S. 108 unter Berufung auf BGH 11. 5. 1953, BGHZ 10, 14, 16; BGH 28. 6. 1994, NJW-RR 1994, 1469, 1471; krit. *Zimmermann/Leenen/Mansel/Ernst* JZ 2001, 684, 687).

12   dd) **Zurechnung der Kenntnis Dritter.** Bezüglich der Zurechung der Kenntnis Dritter bietet es sich grds. an, auf die Rspr. zu § 852 zurückzugreifen (*Mansel* NJW 2002, 89, 92). Bei Geschäftsunfähigen oder Geschäftsbeschränkten ist daher die Kenntnis des gesetzlichen Vertreters entscheidend (BGH 16. 5. 1989 VersR 1989, 914). Allerdings gelten Geschäftsbeschränkte, die auf Grund einer Ermächtigung nach § 113 ein Arbeitsverhältnis begründet haben, für die Erfüllung der sich ergebenden Verpflichtungen als unbeschränkt geschäftsfähig. Daher ist bei der Verjährung von Ansprüchen aus dem Arbeitsvertrag auf ihre Kenntnis abzustellen. Um unbillige Ergebnisse zu vermeiden, bietet es sich an, die Ermächtigung in diesem Punkt einzuschränken und etwas Abweichendes zu vereinbaren, § 113 II. Für die Verjährung deliktischer Ansprüche dürfte jedoch weiterhin auf die Kenntnis des gesetzlichen Vertreters abzustellen sein. Probleme können bei der Zurechung der Kenntnis in arbeitsteiligen Unternehmen entstehen. Bislang hat es die Rspr. in Bezug auf § 852 aF abgelehnt, eine Wissenszurechnung auch außerhalb der strengen Voraussetzungen des § 166 I zu begründen. Somit war stets zu prüfen, ob es sich bei dem Bediensteten, der Kenntnis hatte, um jemanden handelte, dessen in Eigenverantwortung ausgeübter Aufgabenbereich die Sachverhaltserfassung bei der Verfolgung von Ansprüchen und deren rechtzeitige Geltendmachung einschließt (BGH 9. 3. 2000 NJW 2000, 1412; BGH 25. 6. 1996 NJW 1996, 2510). Da § 199 I jetzt ausdrücklich auch auf die grob fahrlässige Unkenntnis abstellt, soll das Unterlassen eines Mindestmaßes an aktenmäßiger Erfassung von und Informationsaustausch über verjährungsrelevante Tatsachen nunmehr aber den Lauf der Verjährung in Gang setzen können (*Mansel/Budzikiewicz* § 3 Rn. 139; Palandt/*Heinrichs* § 199 Rn. 24).

13   **2. Beginn anderer Verjährungsfristen. a) Nicht regelmäßige Verjährungsfrist.** Die Verjährungsfrist von Ansprüchen, die nicht der regelmäßigen Verjährungsfrist unterliegen, beginnt – vorbehaltlich einer anderweitigen Bestimmung wie zB der des § 201 – mit der Entstehung des Anspruchs, § 200. Der Gesetzgeber hat hier sowohl auf die subjektive Voraussetzung als auch auf die sog. Ultimoverjährung verzichtet. Bei fehlender Parteiabsprache regelt § 200 auch den Beginn von Verjährungsfristen, welche die Parteien infolge der zugestandenen Dispositionsbefugnis vereinbart haben. Gerade bei der Vereinbarung von kurzen Verjährungsfristen wird es aber der Interessenlage des Gläubigers entsprechen, den Beginn der Verjährungsfrist an die subjektive Voraussetzung des § 199 I Nr. 1 zu knüpfen. Wegen der nunmehr zulässigen Verjährungserschwerung ist dies auch möglich. Die Parteien können auch in Anlehnung an § 199 I den Jahresschluss als maßgeblichen Zeitpunkt für den Beginn der Verjährungsfrist vereinbaren. Somit kann es in der Praxis in erhöhtem Maße zu einer Kombination aus Erleichterung (Verkürzung der Verjährungsfrist) und Erschwerung (Knüpfung des Beginns an subjektives Kriterium oder Ultimoverjährung) der Verjährung kommen.

14   **b) Beginn der Verjährungsfrist von festgestellten Ansprüchen.** Die Verjährung von festgestellten Ansprüchen beginnt mit Rechtskraft der Entscheidung, der Errichtung des vollstreckbaren Titels oder der Feststellung des Insolvenzverfahrens, § 201 S. 1, nach § 201 S. 2 jedoch nicht vor Entstehung des Anspruchs. S. 2 betrifft seinem Wortlautverständnis nach somit den Fall, dass ein Anspruch, der bereits rechtskräftig festgestellt worden ist, erst zeitlich später entsteht. Der tatsächliche Anwendungsbereich des S. 2 allerdings bliebe fraglich, da eine rechtskräftige Entscheidung über einen Anspruch vor seiner Entstehung ohnehin nicht möglich ist. Entstehung des Anspruchs ist daher iSv. Fälligkeit des Anspruchs zu verstehen (AnwKom-BGB/*Mansel* § 201 Rn. 3). So macht die Einschränkung Sinn, da Klage auf zukünftige oder wiederkehrende Leistung bereits vor der Fälligkeit eines Anspruchs möglich ist, §§ 257, 258 ZPO.

V. Höchstfristen

15   Die Verjährung von unterschiedlichen Schadensersatzansprüchen und anderen Ansprüchen als Schadensersatzansprüchen unterscheidet sich in der maximalen Dauer der Verjährungsfristen. Diese bezeichnet der Gesetzgeber als **Höchstfrist.** Sie beträgt bei Schadensersatzansprüchen wegen qualifizierter Rechtsgutsverletzungen (Verletzung des Lebens, Körpers, der Gesundheit oder der Freiheit) 30 Jahre ab Begehung der Handlung, Pflichtverletzung oder dem sonstigen, den Schaden auslösenden Ereignis, § 199 II. Ungeachtet dessen, dass der Gläubiger keine Kenntnis hat und die Unkenntnis nicht auf grober Fahrlässigkeit beruht, verjähren **sonstige Schadensersatzansprüche** (zB wegen Verletzung des Eigentums) in zehn Jahren von ihrer Entstehung an, § 199 III Nr. 1. Jedenfalls verjähren die Schadensersatzansprüche in 30 Jahren von der Handlung, Pflichtverletzung oder dem sonstigen, den Schaden auslösenden Ereignis, § 199 III Nr. 2. Nach S. 2 ist die kürzere Frist maßgeblich. Andere Ansprüche, die der regelmäßigen Verjährungsfrist unterliegen, verjähren längstens in 10 Jahren von ihrer Entstehung an, § 199 IV. Für Ansprüche, die nicht der regelmäßigen Verjährungsfrist unterfallen, beträgt die maximale Höchstfrist wegen § 202 II 30 Jahre (vgl. Rn. 26). Die Verjährungshöchstfristen unterliegen nicht der ultimo-Verjährung nach § 199 I.

VI. Hemmung

Die Verjährung ist aus den in §§ 203 ff. genannten Gründen gehemmt. Die Hemmung der Verjährung bewirkt, dass der Zeitraum, während dessen die Hemmung besteht, nicht in die Verjährungsfrist eingerechnet wird, § 209; die Verjährung ruht solange. Nach Wegfall der Hemmung läuft die Verjährungsfrist sofort – nicht erst mit dem Schluss des Jahres – weiter und verlängert sich um den Zeitraum der Hemmung. **16**

1. Verhandlungen zwischen Gläubiger und Schuldner. Unter Übernahme des Rechtsgedankens **17** des bisherigen § 852 II ist § 203 als neuer Hemmungstatbestand eingefügt worden. Die Verjährung ist gehemmt, solange Schuldner und Gläubiger in Verhandlung stehen. Zudem bleiben dem Gläubiger wegen § 203 S. 2 auch nach dem Scheitern der Verhandlungen drei Monate Zeit, um die erforderlichen Schritte einzuleiten. Bislang berücksichtigte die Rspr. Verhandlungen, indem sie die Einrede der Verjährung unter gewissen Voraussetzungen als treuwidrig ansah (BGH 20. 11. 1970 VersR 1971, 439). Anspruch ist nicht iSv. materiell-rechtlicher Anspruchsgrundlage, sondern weiter iSv. einem aus einem Sachverhalt hergeleiteten Begehren auf Befriedigung eines Interesses zu verstehen. Daher sind bei Verhandlungen über einen vertraglichen Anspruch die Verjährungsfristen möglicherweise konkurrierend oder alternativ gegebener Ansprüche ebenfalls gem. § 203 gehemmt (Begr. des RegEntw., BT-Drucks. 14/6040 S. 112; zust. AnwKom/*Mansel* § 203 Rn. 3; Palandt/*Heinrichs* § 203 Rn. 3; *Wendtland* in *Haas u. a.* Das neue Schuldrecht 2002, 2 Rn. 77). Nach der Rspr. zu § 852 II aF lagen Verhandlungen bereits dann vor, wenn der Verpflichtete anfragte, ob Ansprüche geltend gemacht würden und der Berechtigte den Eindruck einer diesbezüglichen Prüfung erweckte (BGH 20. 2. 2001 NJW 2001, 1723). Da § 203 den Rechtsgedanken des bisherigen § 852 II übernimmt, kann diese Auslegung auch bei § 203 gelten (vgl. auch AnwKomm-BGB/*Mansel* § 203 Rn. 4; Palandt/*Heinrichs* § 203 Rn. 2). Die Verhandlungen müssen jedenfalls nicht schriftlich erfolgen. Schlafen die Verhandlungen ein, so endet die Hemmung entspr. der Rspr. zum bisherigen § 852 (BGH 7. 1. 1986 NJW 1986, 1337, 1338) in dem Zeitpunkt, in dem der nächste Schritt nach Treu und Glauben zu erwarten gewesen wäre (Begr. des RegEntw., aaO).

2. Klageerhebung. Die Zustellung der Klageschrift beim Beklagten (Klageerhebung), § 253 I **18** ZPO, hemmt hinsichtlich des geltend gemachten Anspruchs die Verjährung, § 204 I Nr. 1. Die Hemmung tritt nur für den geltend gemachten Anspruch, also den Streitgegenstand der erhobenen Klage ein. Deshalb unterbricht die Kündigungsschutzklage nicht hinsichtlich des Lohnanspruches aus §§ 615, 293 ff. (BAG 7. 11. 1991 AP BGB § 209 Nr. 6; aA *Becker/Bader* BB 1981, 1709, 1710). Allerdings nahm das LAG Düsseldorf (13. 2. 1998 MDR 1998, 784) eine Hemmung der Verjährung von Vergütungsansprüchen durch höhere Gewalt gem. § 203 II aF (jetzt § 206) an, wenn eine Kündigungsschutzklage fehlerhaft abgewiesen und die Entscheidung später im Wege des Restitutionsverfahrens aufgehoben wurde. Das BAG verneint höhere Gewalt und eine Hemmung der Verjährung (BAG 7. 11. 2002 AP ZPO § 580 Nr. 6). Eine Teilklage unterbricht nur in Höhe des eingeklagten Betrages.

a) **Klagearten.** Eine Klage, welche die Geltendmachung des Anspruchs nur vorbereitet, hemmt die **19** Verjährung dieses Anspruchs nicht. So hemmen weder die Auskunftsklage (BAG 5. 9. 1995 AP BGB § 196 Nr. 16) noch die Klage auf Rechnungslegung (BAG 30. 4. 1971 AP ArbGG 1953 § 9 Nr. 15) die Verjährung der Provisionsansprüche. Der Hauptanspruch muss deshalb in einer Stufenklage geltend gemacht werden, da nur so alle Ansprüche sofort rechtshängig werden und die Verjährung gehemmt wird (BGH 17. 6. 1992 NJW 1992, 2563, 2564). Auch die Klage auf zukünftige Leistung und auf Feststellung hemmen. Die Hemmung erstreckt sich auch auf den hilfsweise geltend gemachten Anspruch (BGH 10. 10. 1977 NJW 78, 261).

b) **Die fehlerhafte Klage.** Eine Klage, die den wesentlichen Formvorschriften des Gesetzes nicht **20** entspricht, wird schon nicht rechtshängig, so dass sie die Verjährung nicht hemmen kann. Die unzulässige Klage hingegen hemmt die Verjährung (Begr. des RegEntw., BT-Drucks. 14/6040 S. 118; Palandt/*Heinrichs* § 204 Rn. 4 f.). Zur Wahrung der Frist des § 4 KSchG durch eine unzulässige Klage s. § 4 KSchG Rn. 10, 59 ff.

c) **Rückwirkung der Zustellung.** Soll durch die Zustellung die Verjährung neu beginnen oder **21** durch die Zustellung der Klage bzw. des Mahnbescheids die Verjährung nach § 204 BGB gehemmt werden, so tritt die Wirkung, sofern die Zustellung demnächst erfolgt, bereits mit Eingang des Antrags oder der Erklärung ein, §§ 46 II, 46a ArbGG iVm. 167 ZPO. Diese Rückwirkung setzt voraus, dass die Klage oder der Mahnantrag vor Ablauf der Frist in die Verfügungsgewalt des Gerichts gelangt, dass es sich um eine Frist handelt und die Zustellung „demnächst" erfolgt. Die hierfür maßgebende angemessene Frist ist – anders als sonst – nicht vom Zeitpunkt des Eingangs bei Gericht, sondern erst vom letzten Tag der Verjährungsfrist an zu rechnen (BAG 13. 5. 1987 AP BGB § 209 Nr. 3; BGH 24. 1. 1983 NJW 1983, 1050). Nach der Rspr. ist die Klage bei einem Verschulden des Klägers an einer verzögerten Zustellung bei einer geringen Zeitspanne (2 bis 3 Wochen) zwischen Fristende und Zustellung noch „demnächst" erfolgt. Trifft den Kläger kein

Preis

Verschulden an der Verzögerung, so hat die Rspr. bis jetzt noch keine absolute zeitliche Grenze festgelegt und eine Zustellung nach neun Monaten seit Fristende noch als demnächst angesehen (BGH 16. 12. 1987 NJW 1988, 1980, 1982). In Betracht kommt aber eine Nachfrageobliegenheit des Klägers.

22   **3. Sonstige Hemmungstatbestände.** Auch die **Zustellung eines Mahnbescheids** hemmt die Verjährung, § 204 I Nr. 3. Dabei wird die Verjährung auch durch einen vor Ablauf der Verjährung beim unzuständigen ArbG eingereichten Antrag auf Erlass eines Mahnbescheids gehemmt, wenn auf Antrag das Verfahren an das zust. ArbG abgegeben und der von diesem erlassene Mahnbescheid – nach Ablauf der Verjährung – demnächst zugestellt wird (BAG 13. 5. 1987 AP BGB § 209 Nr. 3). Zudem wird die Verjährung gem. § 691 II ZPO auch dann gehemmt, wenn der fristwahrende Mahnantrag zurückgewiesen wird. Der Antragsteller – ggf. nach Verjährungsablauf – binnen eines Monats Klage erhebt und diese demnächst zugestellt wird. Die Hemmung erfolgt zudem durch die Geltendmachung der (Eventual-)Aufrechnung (§ 204 I Nr. 5), die Zustellung der Streitverkündung (§ 204 I Nr. 6), die Zustellung einer einstweiligen Verfügung (§ 204 I Nr. 9) und durch weitere in § 209 ff. genannte Gründe. Auch die **Veranlassung der Bekanntgabe des erstmaligen Antrags auf Prozesskostenhilfe** hemmt die Verjährung, § 204 I Nr. 14. Der Gesetzgeber geht im Unterschied zu der Rspr. zu der alten Rechtslage davon aus, dass der Antrag für die Hemmungswirkung ordnungsgemäß begründet, vollständig, von den erforderlichen Unterlagen begleitet und von der subjektiven Ansicht der Bedürftigkeit getragen sein muss. Die Herausbildung von Mindestanforderungen ist hier der Rspr. überlassen worden (Begr. des RegEntw., BT-Drucks. 14/6040 S. 116). Da mangels Zustellung § 270 III ZPO keine Anwendung findet, ist klargestellt, dass die Hemmungswirkung auf die Einreichung des Prozesskostenhilfeantrags zurückwirkt, wenn die Bekanntgabe demnächst nach der Einreichung erfolgt, § 204 I Nr. 14. Auch ein vereinbartes, vorübergehendes Leistungsverweigerungsrecht hemmt die Verjährung, § 205. Mit § 208 existiert eine spezielle Regelung für die Hemmung der Verjährung bei Ansprüchen wegen Verletzung der sexuellen Selbstbestimmung.

23   **4. Rücknahme verjährungshemmender Maßnahmen.** Auf eine dem alten § 212 I entspr. Regelung hat der Gesetzgeber verzichtet, so dass die Hemmung bei der Rücknahme verjährungshemmender Maßnahmen nicht rückwirkend entfällt. Ihre Rechtfertigung findet diese Änderung in der nunmehr deutlich geringeren Einwirkung auf den Lauf der Verjährung, der nur noch gehemmt, nicht aber mehr unterbrochen wird (Begr. des RegEntw., BT-Drucks. 14/6040 S. 118). Auch bei der Rücknahme verjährungshemmender Maßnahmen gilt § 204 II (Rn. 24), da der Aufschub der Verjährung nach dem Willen des Gesetzgebers unabhängig von dem Ausgang des Verfahrens sein soll (Begr. des RegEntw., BT-Drucks. 14/6040 S. 118).

24   **5. Dauer der Hemmung.** Nach § 204 II endet die Hemmung 6 Monate nach der rechtskräftigen Entscheidung oder anderweitigen Beendigung des Verfahrens. Somit dauert sie zum einen während des gesamten Verfahrens an. Zum anderen wird dem Gläubiger eine Nachfrist von 6 Monaten ab der Beendigung des Verfahrens gewährt, innerhalb derer er – ohne der Gefahr einer alsbaldigen Verjährung seines Anspruchs ausgesetzt zu sein – weitere Maßnahmen der Rechtsverfolgung einleiten kann. An die Stelle der Beendigung des Verfahrens tritt die letzte Verfahrenshandlung der Parteien, des Gerichts oder der sonst mit dem Verfahren befassten Stelle, wenn das Verfahren dadurch, dass es die Parteien nicht betreiben, in Stillstand gerät, § 204 II S. 2. Dies ist ua. der Fall, wenn ein neuer Verhandlungstermin auf Antrag einer Partei anberaumt werden soll, dieser jedoch erst nach über 2 Jahren gestellt wird (BAG 18. 2. 1972 AP BGB § 211 Nr. 1). Da die letzte Verfahrenshandlung an die Stelle der Beendigung des Verfahrens tritt, gilt auch in den Fällen, in denen das Verfahren in Stillstand gerät, die Nachfrist von sechs Monaten. Hat **das Gericht** den Stillstand des Verfahrens herbeigeführt, so greift diese Regelung nicht ein unabhängig davon, ob die Untätigkeit des Gerichts gem. § 148 ZPO berechtigt oder unberechtigt ist (zu dem alten § 211 II: BAG 29. 3. 1990 AP BGB § 196 Nr. 11). Etwas anderes gilt nur dann, wenn die Untätigkeit des Gerichts auf ein Verhalten der Parteien zurückzuführen ist, beispielsweise das Ruhen des Verfahrens auf Antrag der Parteien angeordnet wird, § 251 ZPO (BGH 21. 2. 1983 NJW 1983, 2496; BGH 23. 4. 1998 AP BGB § 211 Nr. 2). In den Fällen des § 204 I 2 beginnt die Hemmung erneut, wenn eine der Parteien das Verfahren weiterbetreibt, § 204 I 3.

VII. Neubeginn der Verjährung/Ablaufhemmung

25   Die Verjährung beginnt aus den in § 212 genannten Gründen erneut. Ein Neubeginn der Verjährung tritt ein, wenn der Verpflichtete dem Berechtigten gegenüber den Anspruch durch Abschlagszahlung, Zinszahlung, Sicherheitsleistung oder in andere Weise **anerkennt**, § 212 I Nr. 1. Ein Anerkenntnis kann durch jedes dem Gläubiger gegenüber an den Tag gelegte Verhalten – auch durch Untätigkeit oder Stillschweigen – begründet werden, wenn sich aus diesem das Bewusstsein vom Bestehen des Anspruchs zumindest dem Grunde nach unzweideutig ergibt (BAG 8. 6. 1983 AP TVG § 4 Aus-

schlussfristen Nr. 78; BAG 18. 3. 1997 AP BGB § 217 Nr. 1; BGH 30. 9. 1993 NJW-RR 1994, 373). Des Weiteren führt auch die Vornahme oder Beantragung einer gerichtlichen oder behördlichen Vollstreckungshandlung zum Neubeginn der Verjährung, § 212 I Nr. 2. Bei nicht voll Geschäftsfähigen ohne gesetzlichen Vertreter tritt eine für oder gegen sie laufende Verjährung nach der gesetzlichen Regel des § 210 I 1 erst sechs Monate nach dem Zeitpunkt ein, in dem die Person unbeschränkt geschäftsfähig oder der Mangel der Vertretung behoben wird (Ablaufhemmung). In arbeitsrechtlichen Beziehungen ist jedoch zu beachten, dass eine an sich in der Geschäftsfähigkeit beschränkte Person für Ansprüche aus dem Arbeitsverhältnis unbeschränkt geschäftsfähig ist (§ 113 I) und § 210 demnach ohnehin keine Anwendung findet.

VIII. Verjährungserleichterung und -erschwerung

1. Individualvereinbarung. Die Verjährung kann im Gegensatz zu der alten Rechtslage bis zu **26** einer Höchstfrist von 30 Jahren erschwert werden, § 202 II; ein Ausschluss der Verjährung ist nach wie vor nicht möglich. Auch nach der neuen Rechtslage kann daher auf die Einrede der Verjährung nicht von vornherein wirksam verzichtet werden (BGH 6. 12. 1990 NJW 1991, 974, 975 zu der alten Rechtslage), da ein wirksamer Verzicht einem Ausschluss der Verjährung gleichkäme (vgl. aber Rn. 29). Bei Haftung wegen Vorsatzes kann die Verjährung nicht im Voraus erleichtert werden, § 202 I. Ansonsten ist die Erleichterung der Verjährung durch Individualvereinbarung uneingeschränkt möglich (Rn. 2). Insofern hat der Gesetzgeber die Länge der gesetzlichen Verjährungsfristen in beide Richtungen verstärkt in die Disposition der Parteien gestellt. Ausnahmen ergeben sich aus gesetzlichen Vorschriften. Aus dem Sinn des § 4 IV 3 TVG, der die Vereinbarung von Ausschlussfristen für die Geltendmachung tariflicher Rechte nur durch den TV selbst erlaubt, ergibt sich ein entspr. Verbot für die Abkürzung von Verjährungsfristen (Wiedemann/*Wank* TVG § 4 Rn. 688, 732; *Hueck/Nipperdey* II/1 § 32 III 3). Für Ansprüche aus Betriebsvereinbarung kann die Verjährungsfrist ebenfalls nur in der Betriebsvereinbarung selbst oder durch TV verkürzt werden, § 77 IV 4 Halbs. 2 BetrVG. Die rechtsgeschäftliche Gestaltung der Verjährung eines Anspruchs erstreckt sich – vorbehaltlich anderweitiger eindeutiger Absprache oder Auslegung – im Zweifel auch auf solche Ansprüche, die mit dem Anspruch konkurrieren oder alternativ an dessen Stelle treten (Begr. des RegEntw., BT-Drucks. 14/6040 S. 111; *Mansel/Budzikiewicz* § 6 Rn. 19; krit. Huber/Faust/*Huber* 11. Kapitel Rn. 28). Dass die Verjährungsvereinbarung idR gleichzeitig eine Höchstfrist für die verjährungsabhängigen Nebenforderungen festlegt, ergibt sich aus dem Rechtsgedanken des § 217 (vgl. oben Rn. 4). Die rechtsgeschäftliche Dispositionsbefugnis über die Verjährung eines Anspruchs ist auf Grund der allg. Vertragsfreiheit nicht auf den Zeitpunkt vor der Entstehung des Anspruchs begrenzt. Daher können sowohl eine noch nicht laufende als auch eine bereits laufende Verjährungsfrist verlängert und verkürzt werden (Begr. des RegEntw., BT-Drucks. 14/6040 S. 110).

2. Formularmäßige Vereinbarungen. Vorformulierte Vereinbarungen über die Verjährungsfristen **27** unterliegen nach § 310 IV (hierzu ausf. die Kommentierung zu §§ 305 bis 310) einer Inhaltskontrolle, so dass die Zulässigkeit einer formularmäßig vereinbarten und von der regelmäßigen abw. Verjährungsfrist am Maßstab des § 307 zu überprüfen ist. Allerdings ist zu berücksichtigen, dass für Arbeitsverhältnisse, die bereits vor dem 1. 1. 2002 geschlossen wurden, das neue Recht erst ab dem 1. 1. 2003 Anwendung findet, Art. 229 § 5 S. 2 EGBGB (*Gotthardt* Rn. 310).

§ 310 IV verlangt, dass bei der Inhaltskontrolle die im Arbeitsrecht geltenden Besonderheiten **28** ausreichende Berücksichtigung finden sollen. Freilich ist die Abkürzung von Verjährungsfristen eine allg. Problematik des Vertragsrechts, bei der prinzipielle Besonderheiten des Arbeitsrechts nicht festzustellen sind. Eine unangemessene Benachteiligung iSd. § 307 ist dann anzunehmen, wenn die Durchsetzung eines Anspruchs unzumutbar beeinträchtigt wird und der Verwender kein überwiegendes Gegeninteresse geltend machen kann (*Ulmer/Brandner/Hensen* § 9 AGBG Rn. 158). Die Verkürzung der Verjährungsfrist darf nicht auf eine ungerechtfertigte Beschneidung wohlerworbener Ansprüche hinauslaufen. Dabei ist die Verkürzung nicht nur unwirksam, wenn sie die Durchsetzung etwaiger Ansprüche weitgehend verhindert, sondern auch dann, wenn eine Behinderung des Anspruchsberechtigten infolge der Verkürzung bei der Prüfung der Sach- und Rechtslage eintritt (BGH 20. 4. 1993 NJW 1993, 2056). Insb. der AN sollte nicht dazu gezwungen sein, gegen seinen AG vorschnell rechtliche Schritte zur Durchsetzung einleiten zu müssen. Ihm muss die nötige Zeit verbleiben, das Für und Wider solcher Maßnahmen beurteilen zu können. Nach der gesetzlichen Regel beträgt die Verjährungsfrist für Ansprüche des AN nunmehr nicht mehr nur zwei, sondern stets mehr als drei, maximal fast vier Jahre. Vor dem Hintergrund des Leitbildcharakters der drei- bis maximal vierjährigen Regelverjährung arbeitsrechtlicher Ansprüche sollte die Verjährung regelmäßig nicht auf weniger als 6 Monate verkürzt werden (zur Leitbildfunktion *Mansel/Budzikiewicz* § 6 Rn. 97 ff.; Palandt/*Heinrichs* § 202 Rn. 8 ff.). Auch der Diskussionsentwurf für ein Arbeitsvertragsgesetz erklärte vertragliche Verjährungsfristen von weniger als sechs Monaten für unwirksam (§ 159 ArbVG 92). Die Zivilrspr. hielt im Handelsvertreterrecht die einseitige Verkürzung der vierjährigen Verjährung nach § 88 HGB auf sechs Monate für unwirksam (BGH 12. 10. 1979 BGHZ 75, 218; OLG Celle 12. 2. 1988 NJW-RR 1988, 1064), eine für beide Parteien geltende Abkürzung auf sechs Monate, wenn für den Fristbeginn Kenntnis von der Anspruchsentstehung Voraussetzung ist, jedoch für wirksam (BGH 10. 5. 1990 NJW-RR 1991, 35). Überhaupt scheint der BGH in der Verkürzung der Verjährung auf drei Monate eine absolute Untergrenze zu sehen (vgl. *Preis*, Der Arbeitsvertrag II A 150 Rn. 37; *Gotthardt*, Rn. 275). Von einer unangemessenen Benachteiligung des AN ist daher jedenfalls bei einer Verkürzung auf weniger als drei Monate auszugehen (vgl. für Ausschlussfristen unten Rn. 49). Für den Bereich des Zivilrechts halten *Mansel/Budzikiewicz* (§ 6 Rn. 104) eine Verkürzung auf zwei Jahre für regelmäßig noch angemessen. Dies zeigt, wie stark die gegenwärtige Rspr. des BAG, insb. zu Ausschlussfristen, von zivilrechtlichen Gerechtigkeitsvorstellungen abweicht. Ist die Vereinbarung nach § 307 unwirksam, bleibt es auch nach der neuen Rechtslage bei einem Verbot der geltungserhaltenden Reduktion und die gerade noch zulässigen Regelungsgehalt (*Mansel/Budzikiewicz* § 6 Rn. 38 ff.) Eine unangemessene Benachteiligung iSd. § 307 kann auch im Fall einer einseitigen, erheblichen Verlängerung der Verjährungsfrist für AGAnsprüche, uU einhergehend mit einer Verkürzung der Verjährungsfrist für ANAnsprüche, vorliegen. Das Interesse des AG an schneller Rechtssicherheit rechtfertigt idR keine einseitige Benachteiligung des AN (vgl. dazu in Bezug auf Ausschlussfristen auch Rn. 50).

IX. Treu und Glauben

29   Während die Verjährungseinrede nach der alten Rechtslage unter gewissen Voraussetzungen bei Verhandlungen wegen Verstoßes gegen Treu und Glauben unbeachtlich war, ist dieser Fall nunmehr durch den neuen Hemmungstatbestand § 203 gesetzlich geregelt (Rn. 17). Daneben sind aber auch nach der neuen Rechtslage Konstellationen denkbar, in denen die Verjährungseinrede gegen Treu und Glauben verstoßen kann. Die Einrede ist missbräuchlich, wenn der Verpflichtete zuvor – ohne dass es zu Verhandlungen iSv. § 203 gekommen ist – den Anschein erweckt hatte, er werde sein Gegenrecht nicht geltend machen, und wenn er dadurch, absichtlich oder unabsichtlich (BAG 24. 5. 1957 AP BGB § 198 Nr. 2), den Berechtigten von der rechtzeitigen Erhebung einer Klage zwecks Verjährungshemmung (nach der alten Rechtslage noch Verjährungsunterbrechung) abgehalten hat (BAG 7. 5. 1986 AP BAT § 4 Nr. 12; BAG 18. 3. 1997 AP BGB § 217 Nr. 1; BAG 4. 11. 1992 – 5 AZR 75/92 – nv.). Die Rspr. hat dies angenommen, wenn der Schuldner dem Gläubiger gegenüber auf die Einrede der **Verjährung verzichtet** (zur Unwirksamkeit dieses Verzichts vgl. Rn. 26) hat (BGH 6. 12. 1990 NJW 1991, 974, 975), wenn der AG die AN nur unzureichend über die **Lohnberechnung** unterrichtet und sie deshalb die rechtzeitige Klageerhebung unterließen (BAG 24. 11. 1958 AP TOA § 3 Nr. 42), oder wenn der AG den AN durch die Vereinbarung, einen **Musterprozess** zu führen, von einer Klageerhebung abhielt (BAG 29. 1. 1975 AP BGB § 242 Unzulässige Rechtsausübung Nr. 11).

30   Die Geltendmachung der Verjährungseinrede in Kenntnis des Bestehens der Verpflichtung ist für sich allein noch keine unzulässige Rechtsausübung, weil die Rechtsordnung sie erlaubt. Deswegen ist es dem Schuldner nicht verwehrt, sich auf die Verjährung zu berufen, wenn der Gläubiger mit Rücksicht auf Ansehen und Stellung des Schuldners mit einer pünktlichen Erfüllung seiner Ansprüche rechnen durfte (BAG 29. 7. 1966 AP BGB § 242 Ruhegehalt Nr. 115). Der AG muss den AN nicht auf die drohende Verjährung seiner Ansprüche aufmerksam machen (BAG 7. 5. 1986 AP BAT § 4 Nr. 12; vgl. für Ausschlussfristen auch Rn. 35).

31   Der Gläubiger verliert das Recht, sich auf den Einwand der unzulässigen Rechtsausübung berufen zu können, wenn er nach Wegfall der den Einwand der unzulässigen Rechtsausübung begründenden tatsächlichen Umstände den Anspruch nicht innerhalb angemessener Frist geltend macht. Die Rspr. billigt dem Gläubiger eine kurze, in der Mehrzahl der durchschnittlichen Fälle eine vier Wochen nicht übersteigende Überlegungsfrist zu (BAG 24. 11. 1958 AP TOA § 3 Nr. 42; BGH 6. 12. 1990 NJW 1991, 974, 975).

B. Ausschlussfristen

I. Allgemeines

32   **1. Bedeutung.** Wie die Verjährung dienen die **Ausschlussfristen (Verfallklauseln)** dem **Rechtsfrieden** und der **Rechtssicherheit** im Vertragsverhältnis. Der Schuldner soll binnen einer angemessenen Frist darauf hingewiesen werden müssen, welche Ansprüche gegen ihn noch geltend gemacht werden. Ferner soll er sich darauf verlassen können, dass nach Fristablauf gegen ihn keine Ansprüche mehr erhoben werden (*Gaul* ZTR 1988, 123, 124; *Kiefer* NZA 1988, 785, 785; *C. S. Hergenröder* AR-Blattei SD 350 Rn. 4; anschaulich auch ArbG Hamburg 18. 5. 1998 DB 1998, 1523, 1524). Dies gilt insb. auch nach Beendigung des Arbeitsverhältnisses. Derartige Fristen finden sich regelmäßig in TV, Betriebsvereinbarungen und im Arbeitsvertrag (vgl. hierzu die Untersuchungen *Busse*, Die Aus-

schlussfrist im Geflecht arbeitsrechtlicher Gestaltungsfaktoren, 1991; *Weber,* Die Ausschlussfrist im Arbeitsrecht, 1983, und *Weyand,* Die tariflichen Ausschlussfristen in Arbeitsrechtsstreitigkeiten, 2. Aufl., 1995).

2. Wirkung. Anders als der Ablauf der Verjährungsfrist führt der der **Ausschlussfrist** zum **Erlö-** 33 **schen** eines nicht fristgemäß geltend gemachten **Anspruchs** (BAG 30. 3. 1973 AP BGB § 390 Nr. 4). Ausschlussfristen sind vor Gericht **von Amts wegen** zu beachten (BAG 27. 3. 1963 AP BetrVG § 59 Nr. 9). Deshalb muss der Richter sicherstellen, ob ein einschlägiger TV Ausschlussfristen enthält, wenn ihm die Tarifbindung der Parteien bekannt ist. Er ist aber nicht verpflichtet, von sich aus nachzuforschen, ob eine **Tarifbindung** besteht (BAG 15. 6. 1993 AP TVG § 4 Ausschlussfristen Nr. 123).

3. Wirksamkeitsvoraussetzungen. Auf **formularmäßig** vereinbarte arbeitsvertragliche **Aus-** 34 **schlussfristen** wurde die Anwendung des ABGB in der Rspr. einerseits stets verneint (BAG 13. 12. 2000 AP BGB § 241 Nr. 2), anderseits sollten Ausschlussfristen unter Heranziehung des Rechtsgedankens des alten § 3 AGBG nicht Vertragsinhalt werden, wenn sie in einem Formulararbeitsvertrag ohne bes. Hinweis und ohne drucktechnische Hervorhebung unter falscher oder missverständlicher Überschrift platziert wurden (BAG 29. 11. 1995 AP AGB-Gesetz § 3 Nr. 1; BAG 13. 12. 2000 AP BGB § 241 Nr. 2; vgl. auch LAG Köln 30. 7. 2002 9 Sa 1301/01 n. rkr.; LAG Köln 28. 6. 2002 11 Sa 1315/01). Schon nach der alten Rechtslage überzeugte die strikte Ablehnung der Anwendbarkeit der AGB-Vorschriften nicht *(Preis* RdA 2002, 38, 43). Nunmehr ist durch § 310 IV klargestellt, dass die AGB-Vorschriften auch auf arbeitsvertragliche Regelungen Anwendung finden (hierzu ausf. §§ 305–310 Rn. 1 ff.). Wegen der Üblichkeit von Ausschlussfristen ist die Frage der wirksamen Einbeziehung aber auch nach der jetzigen Rechtslage richtigerweise regelmäßig nicht unter dem Aspekt einer überraschenden Klausel, sondern unter dem Aspekt der Inhaltskontrolle zu diskutieren *(Henssler* RdA 2002, 128, 137; vgl. hierzu Rn. 48). Tarifvertragliche Ausschlussfristen können auch durch vertragliche Bezugnahme Gegenstand des Vertrages werden. Nach der Rspr. des BAG kann sich eine formlose Bindung auch durch konkludentes Verhalten der Vertragsparteien oder betriebliche Übung ergeben (BAG 19. 1. 1999 AP TVG § 1 Bezugnahme auf Tarifvertrag Nr. 9). Mit dem auf den Entscheidungssachverhalt noch nicht anzuwendenden NachwG kollidiert die Entscheidung insoweit, als die bloß kraft betrieblicher Übung geltende Ausschlussfrist die Nachweispflicht verletzt und der AG insoweit zum Schadensersatz aus § 280 I verpflichtet ist (BAG 17. 4. 2002 AP NachwG § 2 Nr. 6; vgl. zu den Nachweispflichten des AG nach ausf. § 2 NachwG Rn. 7 ff.).

Tarifvertragliche Ausschlussfristen laufen auch (zum Fristlauf vgl. unten Rn. 60 ausf.), wenn sie 35 den Parteien unbekannt sind (BAG 18. 2. 1992 AP TVG § 4 Ausschlussfristen Nr. 115) oder wenn der TV entgegen § 8 TVG nicht im Betrieb ausgehängt wurde (BAG 8. 1. 1970 AP TVG § 4 Ausschlussfristen Nr. 43; BAG 23. 1. 2002 AP NachwG § 2 Nr. 5; LAG Bremen 9. 11. 2000 DB 2001, 336; LAG Schleswig-Holstein 3. 6. 2002 LAG Report 2002, 325; s. aber LAG Köln 15. 3. 2001 ARSt. 2001, 186 für den Fall der Nichtaushändigung eines schriftlichen Arbeitsvertrages). Bedenken gegen die Wirksamkeit solcher formularmäßiger Ausschlussfristen, die unabhängig von der Kenntnis des Anspruchsinhabers zu laufen beginnen, können nunmehr jedoch im Hinblick auf § 307 BGB bestehen (vgl. Rn. 50). Im Einzelfall kann es jedenfalls rechtsmissbräuchlich sein, sich auf eine Ausschlussfrist im TV zu berufen, die man gesetzeswidrig nicht ausgelegt hat *(Küttner/ Eisemann* Ausschlussfrist Rn. 3; *Schaub* § 205 Rn. 27; vgl. aber LAG Niedersachsen 7. 12. 2000 NZA-RR 2001, 145, nach dem eine Berufung auf die Ausschlussfrist trotz Verstoßes gegen § 8 TVG jedenfalls dann nicht ausgeschlossen ist, wenn der AG den AN zumindest auf die Geltung des TV hingewiesen hat; vgl. aber zum Verstoß gegen § 2 I Nr. 10 NachwG unten Rn. 72). Es besteht aber keine Verpflichtung des AG, die Unkenntnis des AN von der Geltung tariflicher Ausschlussfristen zu beseitigen (BAG 15. 6. 1972 AP BGB § 242 Auskunftspflicht Nr. 14; *Fenski* BB 1987, 2293 ff.). Ein Teil der Literatur spricht sich bei einem Verstoß des AG gegen § 8 TVG zumindest für einen Schadensersatzanspruch des AN aus *(Plander/Wissmann* EwiR 2001, 543). Nach **Eröffnung des Insolvenzverfahrens** sind tarifliche Ausschlussfristen für zeitlich zuvor erworbene Ansprüche nicht zu beachten, da § 28 I InsO – obwohl keine Ausschlussfrist (AG Krefeld 28. 11. 2000 NZI 2001, 45) – insofern die speziellere Regelung ist (vgl. zu Ausschlussfristen im Konkurs BAG 12. 6. 2002 NZA 2002, 1175 sowie BAG 18. 12. 1984 AP TVG § 4 Ausschlussfristen Nr. 88 zu den alten §§ 138 ff. KO). Bei Fortführung des Betriebs durch den Insolvenzverwalter unterfallen jedoch Forderungen, die nach der Eröffnung des Insolvenzverfahrens erworben werden (Masseverbindlichkeiten nach § 55 I InsO), wieder den tariflichen Ausschlussfristen (vgl. *Lakies* NZA 2001, 521, 524, 525; zur KO vgl. auch LAG Hamm 20. 3. 1998 EWiR 1999, 121). Ist ein Arbeitsvertrag hinsichtlich der Geltung einer Ausschlussfrist auf Grund alternativer Regelung unklar, so soll die für den AN günstigere Frist gelten (LAG Köln 2. 2. 2001 MDR 2001, 946 AP TVG § 4 Ausschlussfristen Nr. 154). Zur Geltung einer Ausschlussfrist bei Betriebsübergang vgl. BAG 12. 12. 2000 DB 2001, 1676.

II. Reichweite

36 **1. Ausschlussfristen in Tarifverträgen. a) Unabdingbare gesetzliche Ansprüche.** Umstritten ist, ob **unabdingbare gesetzliche** Ansprüche **tarifvertraglichen** Ausschlussfristen unterworfen werden können. Das BAG bejaht dies in st. Rspr. (BAG 24. 5. 1973 AP TVG § 4 Ausschlussfristen Nr. 52; BAG 20. 4. 1989 AP BUrlG § 7 Abgeltung Nr. 47; BAG 16. 1. 2002 AP EntgeltG § 3 Nr. 13). Soweit hierfür eine Begründung gegeben wird, verweist die Rspr. darauf, dass die zwingende Natur des gesetzlichen Anspruchs lediglich bedeute, dass er nach Inhalt und Voraussetzungen nicht umgestaltet werden könne. Die zeitliche Begrenzung seiner Geltendmachung durch eine Ausschlussfrist sei jedoch nicht ausgeschlossen (BAG 30. 3. 1962 AP TVG § 4 Ausschlussfristen Nr. 28). Für die Erfassung auch gesetzlich unabdingbarer Ansprüche von tariflichen Ausschlussfristen – mit Ausnahme der Regelung in § 4 IV TVG – spricht einerseits, dass nur so ein deutlicher Wertungswiderspruch zum Verjährungsrecht, nach dem die Verkürzung der Verjährung auch für unabdingbare Ansprüche zulässig ist (s. Rn. 26), vermieden wird (*Preis* ZIP 1989, 885, 891). Andererseits hat der 6. Senat bereits entschieden, dass zum Inhalt eines Rechts auch die Dauer, innerhalb derer es geltend gemacht werden könne, gehöre (BAG 5. 4. 1984 AP BUrlG § 13 Nr. 16). In der Literatur wird deshalb gefordert, dass Ausschlussfristen in TV für Gesetzesnormen nur dann wirksam vereinbart werden können, wenn der gesetzliche Anspruch tarifdispositiv ausgestaltet ist (*Preis* ZIP 1989, 885, 891; *Küttner/Eisemann* Ausschlussfrist Rn. 11).

37 **b) Betriebsvereinbarungen.** Aus dem Vorrang des TV nach §§ 77, 87 BetrVG gegenüber Betriebsvereinbarungen und aus § 77 IV 4 BetrVG ergibt sich, dass in einem TV für Rechte aus einer **Betriebsvereinbarung** Ausschlussfristen vereinbart werden können. So unterfallen auch Ansprüche aus einem Sozialplan nach der Rspr. des BAG tariflichen Ausschlussfristen (BAG 19. 1. 1999 AP TVG § 1 Bezugnahme auf Tarifvertrag Nr. 9).

38 **c) Arbeitsvertragliche Vereinbarungen.** Beruht ein Recht allein auf **arbeitsvertraglicher Vereinbarung**, so soll es durch eine tarifliche Ausschlussfrist ohne weiteres erfasst werden. Dies ist unter dem Gesichtspunkt des Günstigkeitsprinzips (§ 4 III TVG) jedenfalls dann unzutreffend, soweit **einseitig** die ANAnsprüche der Verfallsklausel unterworfen werden. Da der Ablauf einer Ausschlussfrist zudem zum Erlöschen des Anspruchs führt (Rn. 33), ist eine arbeitsvertragliche Regelung, welche die Anwendbarkeit der Verjährungsvorschriften zulässt oder ausdrücklich vorsieht, unter dem Gesichtspunkt der Rechtseinwirkung (Anspruch bleibt trotz Verjährung bestehen) ebenfalls günstiger. Gleiches gilt, wenn bestimmte einzelvertragliche Ansprüche von der tariflichen Ausschlussfrist ausdrücklich ausgenommen oder die tarifliche Verfallfrist im Arbeitsvertrag für sie verlängert wurde. Liegt eine **beiderseitige**, auch die AGAnsprüche erfassende Ausschlussfrist vor, ist es schwierig, über die Günstigkeit der individualvertraglichen Vereinbarung eine Aussage zu treffen. Dabei ist zu beachten, dass der Günstigkeitsvergleich nicht separat jeweils nur für die Ausschlussfrist für ANAnsprüche oder für AGAnsprüche vorzunehmen ist, sondern sich auf den ganzen Regelungskomplex der (AN- und AGseitigen) Anschlussfristen bezieht. Bedenkt man, dass die Ausschlussfrist überwiegend ANAnsprüche (Vergütungsanspruch, Anspruch auf Verzugslohn, Anspruch auf Auslagenersatz, Gratifikationen und Abfindungen) und weniger AGAnsprüche (etwa Rückzahlungsansprüche, Schadensersatzansprüche) betreffen wird (vgl. *Preis* ZIP 1989, 885, 890), kann auch die Beidseitigkeit für sich allein noch kein überzeugendes Argument dafür sein, prinzipiell von der fehlenden Günstigkeit einer individualvertraglichen Vereinbarung auszugehen. Die individualvertragliche Verlängerung einer tariflichen Ausschlussfrist ist nach der Rspr. wegen der Zweischneidigkeit einer solchen Bestimmung – Begünstigung und Belastung des AN gleichzeitig – nicht von § 4 III TVG gedeckt und somit rechtsunwirksam (BAG 11. 10. 1979 AP TVG § 4 Ausschlussfristen Nr. 70).

39 **d) Persönlicher Geltungsbereich.** Umstritten ist, ob Ausschlussfristen allein für ANAnsprüche statuiert werden können, während es für die AGAnsprüche bei den Verjährungsvorschriften des BGB bleibt, sog. **einseitige Ausschlussfristen**. Die hM (BAG 27. 9. 1967 AP TVG § 1 Tarifverträge Fernverkehr Nr. 1; BAG 28. 6. 1967 AP TVG § 4 Ausschlussfristen Nr. 36; BAG 4. 12. 1997 AP TVG § 4 Ausschlussfristen Nr. 143; Wiedemann/*Wank* TVG § 4 Rn. 766; *Löwisch/Rieble* TVG § 1 Rn. 470; *Bauer* NZA 1987, 440; 441; aA *Kempen/Zachert* TVG § 4 Rn. 258; für einzelvertragliche Fristen *Kramer* BB 1997, 731, 734) hat in **TV** einseitige Ausschlussfristen gebilligt, weil es einen beachtlichen sachlichen Unterschied darstellen könne, ob eine Vielzahl von AN ihre Ansprüche gegen den AG oder ob der AG einer Vielzahl von einzelnen AN gegenüber kurzfristig und rechtzeitig Ansprüche geltend machen müsse. Einseitige Ausschlussfristen, auch soweit sie nur für bestimmte ANGruppen gelten, halten idR einer Rechtskontrolle anhand Art. 3 I GG stand (BAG 4. 12. 1997 AP TVG § 4 Ausschlussfristen Nr. 143). Die Einseitigkeit kann sich aber in der Angemessenheitskontrolle nach § 307 BGB niederschlagen (*Gotthardt* ZIP 2002, 277, 287; Rn. 50). **Beiderseitige** Verfallfristen müssen von AG und AN eingehalten werden (BAG 26. 4. 1978 AP TVG § 4 Ausschlussfristen Nr. 64). Verfallfristen erfassen weder Ansprüche der AN bzw. der AG untereinander noch Ansprüche gegenüber **Dritten** (BAG 19. 10. 1983 AP BGB § 611 Ärzte, Gehaltsansprüche Nr. 37). Sie wirken aber gegen-

über dem **Rechtsnachfolger** des Anspruchsberechtigten (BAG 24. 5. 1973 AP TVG § 4 Ausschlussfristen Nr. 52), nicht aber gegenüber dem Gläubiger des säumigen Drittschuldners (LAG Köln 9. 7. 1991 NZA 1992, 82).

2. Ausschlussfristen in Betriebsvereinbarungen. a) Gesetzliche Ansprüche. Ob gesetzliche Ansprüche von Verfallfristen in Betriebsvereinbarungen auch erfasst werden, wenn sie unabdingbar sind, hat das BAG bis jetzt nicht entschieden. Die Frage muss aber wie bei der gleichgelagerten Problematik, gesetzlich unabdingbare Rechte durch tarifvertragliche Ausschlussfristen wirksam zu verkürzen, beantwortet werden (vgl. Rn. 36). 40

b) Tarifvertragliche Ansprüche. Tarifvertragliche Ansprüche werden wegen § 4 IV 3 TVG nicht berührt. 41

c) Ansprüche aus Betriebsvereinbarungen. Ansprüche aus Betriebsvereinbarung können grds. durch Ausschlussfristen in Betriebsvereinbarungen erfasst werden, § 77 IV 4 BetrVG. Zu beachten ist aber, dass gem. § 77 III BetrVG Ausschlussfristen nicht in Betriebsvereinbarungen wirksam vereinbart werden können, wenn sie schon im TV enthalten sind oder dort üblicherweise geregelt werden, falls der TV nicht insoweit eine Öffnungsklausel enthält (BAG 9. 4. 1991 AP BetrVG 1972 § 77 Tarifvorbehalt Nr. 1). 42

d) Einzelvertragliche Ansprüche. Auch im Verhältnis Einzelarbeitsvertrag und Betriebsverfassung gilt das Günstigkeitsprinzip (BAG GS 7. 11. 1989 AP BetrVG 1972 § 77 Nr. 46). Zur Erfassung **einzelvertraglicher** Ansprüche vgl. Rn. 35. 43

3. Ausschlussfristen im Arbeitsvertrag. a) Gesetzliche Ansprüche. Die **einzelvertragliche Vereinbarung** einer Verfallklausel für **abdingbare gesetzliche Ansprüche** ist im Rahmen der Vertragsfreiheit zulässig und wirksam (Wiedemann/*Wank* TVG § 4 Rn. 754). Gleiches bejaht der 2. Senat des BAG für **unabdingbare** gesetzliche Ansprüche (BAG 24. 3. 1988 AP BGB § 241 Nr. 1 unter Hinweis auf BAG 25. 7. 1984 – 5 AZR 219/82 – nv.) und zwar unabhängig davon, ob die Klausel ausdrücklich im Einzelfall ausformuliert oder auf eine Verfallklausel in TV verwiesen wird. Die Verfallklausel beträfe nicht den Inhalt des Anspruchs, sondern allein seine Geltendmachung. Damit kommt es zu einer Gleichbehandlung von tarif- und einzelvertraglich vereinbarten Ausschlussfristen bzgl. unabdingbarer gesetzlicher ANRechte (vgl. Rn. 36). Im Widerspruch dazu steht eine Entscheidung des 6. Senats vom 5. 4. 1984 AP BUrlG § 13 Nr. 16, welche die Wirksamkeit einer einzelvertraglichen Ausschlussfrist für gesetzliche Urlaubsansprüche mit der Begründung verneinte, § 13 I BUrlG sehe eine Abweichung von den Vorschriften des BUrlG zuungunsten des AN nur in **TV** vor. Denn wenn die einzelvertraglich vereinbarte Verfallklausel unabdingbare gesetzliche Ansprüche erfassen soll, so muss dies erst recht für gesetzliche Ansprüche gelten, die der Gesetzgeber bereits mit einer ausdrücklichen Einschränkungsmöglichkeit versehen hat. In der Literatur wird gefordert, dass einzelvertragliche Ausschlussfristen nur gesetzlich abdingbare Ansprüche erfassen können sollen (*Preis*, Der Arbeitsvertrag II A 150 Rn. 22). 44

b) Tarifliche Ansprüche. Tarifliche Ansprüche werden bei **beiderseitiger Tarifbindung** wegen § 4 I 3 TVG von arbeitsvertraglichen Ausschlussfristen nicht erfasst (§ 4 TVG Rn. 95). Anderes gilt bei **fehlender Tarifbindung:** Die einzelvertragliche Vereinbarung einer Verfallklausel für Ansprüche, die sich aus der Inbezugnahme eines TV ergeben, ist im Rahmen der Vertragsfreiheit nach §§ 241, 311 zulässig und zwar unabhängig davon, ob auf eine tarifliche Verfallklausel verwiesen oder die Klausel im Einzelarbeitsvertrag ausdrücklich ausformuliert wird (BAG 24. 3. 1988 AP BGB § 241 Nr. 1). 45

c) Ansprüche aus Betriebsvereinbarungen. Ansprüche aus **Betriebsvereinbarung** können wegen des Verbots des § 77 IV 4 BetrVG nicht durch arbeitsvertragliche Ausschlussfristen verkürzt werden. 46

III. Inhaltskontrolle

1. Tarifvertragliche Ausschlussfristen. Die Rspr. lehnte eine Inhaltskontrolle tarifvertraglicher Bestimmungen generell ab, da aus der Parität der TVParteien eine weitgehende Richtigkeitsgewähr folge (BAG 30. 9. 1971 AP BGB § 620 Befristeter Arbeitsvertrag Nr. 36). Das BAG überprüfte TV deshalb nur auf Verstöße gegen Verfassungsrecht, zwingendes Gesetzesrecht, gute Sitten und tragende Grundsätze des Arbeitsrechts. Dies gilt auch für tarifvertragliche Ausschlussfristen (vgl. BAG 22. 9. 1999 AP TVG § 1 Tarifverträge Nr. 226). Nunmehr stellt § 310 IV S. 1 im Einklang mit dieser Rspr. klar, dass TV – somit auch die in ihnen enthaltenen Ausschlussfristen – keiner Inhaltskontrolle unterliegen. Extrem kurze Fristen allerdings konnten nach der Rspr. bislang einen Verstoß gegen das von den Gerichten zu berücksichtigende Gebot von Treu und Glauben oder das Verbot der Sittenwidrigkeit darstellen (BAG 22. 9. 1999 AP TVG § 1 Tarifverträge Nr. 226; BAG 16. 11. 1965 AP TVG § 4 Ausschlussfristen Nr. 30; ArbG Hamburg 5. 3. 1997 EzA § 4 TVG Ausschlussfristen Nr. 126 und 18. 5. 1998 DB 1998, 1523). Wegen § 310 IV S. 3 findet eine Inhaltskontrolle ausgenommen einer Transparenzkontrolle auch dann nicht statt, wenn ein Einzelvertrag einen TV insgesamt einbezieht; 47

bei einer Teilverweisung hingegen ist eine Inhaltskontrolle vorzunehmen (*Gotthardt* Rn. 273; *Preis*, FS für Wiedemann, 2002, S. 425).

48 **2. Formularmäßig vereinbarte Ausschlussfristen.** Die Vereinbarung von Ausschlussfristen in (Formular-)Arbeitsverträgen ist im Rahmen der Vertragsfreiheit zulässig (BAG 17. 6. 1997 AP HGB § 74b Nr. 2; LAG Düsseldorf 12. 9. 1980 DB 1981, 590; *Henssler* RdA 2002, 129, 137; *C. S. Hergenröder* AR-Blattei SD 350 Rn. 11; *Schaub* § 205 Rn. 4; s. bereits Rn. 44). Rspr. und Literatur hatten die zu tarifvertraglichen Ausschlussfristen entwickelten Grundsätze zur Inhaltskontrolle auch für solche Ausschlussfristen übernommen, die in Arbeitsverträgen vorformuliert gestellt wurden. Kritikwürdig war dieser Ansatz bereits nach der alten Rechtslage. Nun ist eine im Arbeitsvertrag gestellte vorformulierte Ausschlussfrist – mit der sich aus Art. 229 § 5 S. 2 EGBGB ergebenden Einschränkung (vgl. dazu Rn. 27) – auf ihre Wirksamkeit hin zu überprüfen, § 310 IV (vgl. bereits oben Rn. 34). Die zur Verjährung angestellten Erwägungen (Rn. 28) beanspruchen dabei erst recht Geltung bei der inhaltlichen Überprüfung der schärfer wirkenden Ausschlussfristen, die den Anspruch entfallen lassen.

49 Auch bei der Frage nach der zulässigen Länge einer Ausschlussfrist muss entspr. der Rspr. des BGH entscheidend sein, ob durch sie ein berechtigtes Klarstellungsinteresse verfolgt oder aber das berechtigte Anliegen des Vertragspartners, vor Klageerhebung die Sach- und Rechtslage abschließend zu prüfen und nicht zur voreiligen Klageerhebung gezwungen zu sein, unvertretbar einschränkt wird (*Gotthardt* Rn. 275; vgl. zur Verjährung bereits Rn. 28). Die Überprüfung einer arbeitsrechtlichen Ausschlussfrist muss der Gefahr einer nicht zu rechtfertigenden Beschneidung wohlerworbener Ansprüche durch zu kurze Fristen entgegnen (vgl. *Preis* RdA 2002, 42, 46). Entgegen der Vorinstanz (LAG Hamm 10. 12. 1999 LAGE § 611 Inhaltskontrolle Nr. 4) hielt das BAG nach der alten Rechtslage eine zweistufige, insgesamt zweimonatige Ausschlussfrist für wirksam (BAG 13. 12. 2000 AP BGB § 241 Nr. 2; dagegen *Gotthardt* Rn. 274; *Preis* RdA 2002, 42 ff.). Gerade bei dieser Kürze aber droht eine nicht zu tolerierende Beschneidung von ANAnsprüchen. Den gleichen Vorwurf trifft eine zweimonatige Ausschlussfrist, auch wenn das Gesetz in § 611a IV S. 2 davon ausgeht, dass eine Mindestdauer der Ausschlussfrist von 2 Monaten ausreichend ist (aA BAG 17. 6. 1997 AP HGB § 74b Nr. 2; LAG Köln 28. 6. 2002 LAGReport 2003, 165; s. auch LAG Köln 18. 11. 1996 ARSt. 1997, 91; anders ArbG Hanau 29. 8. 1996 BB 1997, 582). Richtig ist es, für die Bewertung der Frage, wie kurz eine Ausschlussfrist bemessen sein darf, Leitlinien zu entwickeln, die die Interessenlage der Parteien, die Zwecke der Frist, die Art des Anspruchs und der Arbeitsvertragsbeziehungen, den Fristbeginn und den Grad der Fristverkürzung einbeziehen (hierzu schon ausf. *Preis* ZIP 1989, 885 ff.). Der Hinweis auf das Interesse, innerhalb eines möglichst überschaubaren Zeitraums offene Ansprüche zu klären, ist allein wenig aussagekräftig, da er lediglich eine allg. Umschreibung des Zwecks von Ausschlussfristen, Rechtssicherheit zu bewirken, darstellt. Zu berücksichtigen ist, dass der AN der Wirkung einer Ausschlussfrist idR härter getroffen wird, da er vorleistungspflichtig und überwiegend Anspruchssteller ist. Gerade bei Arbeitsverhältnissen, in denen der AN erfolgsabhängig in Prämien- und Akkordlohn oder auf Provisionsbasis tätig ist, ist zu bedenken, dass Vergütungsansprüche nicht immer schnell zu beziffern sind und geltend gemacht werden können. Daher erscheint es sinnvoll, in diesen Fällen erst bei einer Dauer von sechs Monaten von der Wirksamkeit der Ausschlussfrist auszugehen. Dafür spricht auch, dass der Diskussionsentwurf für ein Arbeitsvertragsgesetz vertragliche Ausschlussfristen von weniger als sechs Monaten für unwirksam erklärt hatte (§ 159 ArbVG 92). Wenn die absolute Untergrenze schon bei einer Verjährungsfrist bei drei Monaten erreicht sein dürfte (vgl. Rn. 28), so muss dies – insb. auch in Ansehung des Leitbildcharakters der neuen dreijährigen Regelverjährung – ebenfalls für die schärfer wirkenden Ausschlussfristen gelten (*Preis*, Der Arbeitsvertrag, II A 150 Rn. 39). Daher verstößt eine Ausschlussfrist von weniger als drei Monaten jedenfalls gegen § 307 (*Gotthardt* Rn. 275; *Henssler* RdA 2002, 129, 138; Palandt/*Putzo* Einf v § 611 Rn. 75c; *Laskawy* DB 2003, 1325, 1328; aA *Lingemann* NZA 2002, 181, 189f).

50 Neben der Länge der Ausschlussfrist kann insb. auch die Einseitigkeit einer Ausschlussfrist eine unangemessene Benachteiligung beinhalten (vgl. auch BGH 12. 10. 1979 BGHZ 75, 218; sowie LAG Köln 30. 7. 2002 9 Sa 1301/01 n. rkr. zur Rechtslage vor Anwendung der AGBG Vorschriften). Für tarifliche Regelungen ist streitig, ob einseitige Bestimmungen zulässig sind (Rn. 39). Bezogen auf sie ist jedoch zu bedenken, dass tarifliche Regelungen regelmäßig das Ergebnis gegenseitigen Nachgebens sind. Bei vorformulierten Bestimmungen, welche die Durchsetzung von AGAnsprüchen besser gewährleisten als die von ANAnsprüchen, greift diese Überlegung jedoch gerade nicht ein. Die Ungleichbehandlung allein mit der Erwägung zu rechtfertigen, es sei ein Unterschied, ob der AG Ansprüche gegen die AN oder aber der einzelne AN Ansprüche gegen den AG geltend macht (vgl. Rn. 39), erscheint ungiebig. Insofern können Ausschlussklauseln wohl wirksam nicht einseitig vereinbart werden (Palandt/*Putzo* Einf v. § 611 Rn. 75c). Letztlich soll auch die Wirksamkeit solcher Ausschlussfristen fraglich sein, die unabhängig von der Kenntnis des Anspruchsinhabers zu laufen beginnen (so *Henssler* RdA 2002, 129, 138). Die Entscheidung über die Wirksamkeit richtet sich entscheidend nach der Reichweite des Leitbildcharakters der neuen Verjährungsvorschriften, welche den Fristlauf auch an eine subjektive Voraussetzung knüpfen.

IV. Auslegung von Ausschlussfristen

1. Erfasste Rechte. Welche Rechte eine Ausschlussklausel **erfassen** will, ist eine Frage der Auslegung. Entscheidend kommt es auf Wortlaut und Regelungszusammenhang der Ausschlussfrist an. Typische Ausschlussfristen erfassen **Ansprüche aus dem Arbeitsverhältnis** (§ 70 BAT), oder **alle beiderseitigen Ansprüche aus dem Arbeitsverhältnis und solche, die mit dem Arbeitsverhältnis in Verbindung stehen** (§ 16 BRTV-Bau). Dabei ist insb. zum Schutze des AN die Regelung des Anwendungsbereichs **eng** auszulegen (BAG 4. 9. 1991 AP TVG Ausschlussfristen Nr. 113). Grds. kommt es nicht auf die konkrete materiell-rechtliche Anspruchsgrundlage an, sondern darauf, ob der Entstehungsbereich des Anspruchs im Arbeitsverhältnis liegt (BAG 26. 2. 1992 AP BPersVG § 46 Nr. 18). Entscheidend soll die enge Verknüpfung eines Lebenssachverhaltes mit dem Arbeitsverhältnis sein. Die Kasuistik zu der Frage, welche Ansprüche im Einzelnen unter die Ausschlussfrist fallen, die auf Ansprüche aus dem Arbeitsverhältnis abstellt, ist nahezu unüberschaubar und kann deshalb hier nicht vollständig dargestellt werden. Auf folgende wichtige Entscheidungen, in denen das Tatbestandsmerkmal „**Anspruch aus dem Arbeitsverhältnis**" bejaht wurde, soll hier hingewiesen werden: „Anspruch auf Ersatz eines auf Grund verspäteter Lohnzahlungen entstandenen Steuerschadens" (BAG 20. 6. 2002 DB 2002, 2275); „Alle Ansprüche aus dem Austauschverhältnis" (BAG 27. 11. 1984 AP TVG § 4 Ausschlussfristen Nr. 89); „Rückzahlungsansprüche des AG" (BAG 26. 4. 1978 AP TVG § 4 Ausschlussfristen Nr. 64; BAG 4. 9. 1991 AP TVG § 4 Ausschlussfristen Nr. 113); „Ansprüche aus unerlaubter Handlung" (BAG 6. 5. 1969 AP TVG § 4 Ausschlussfristen Nr. 42; BAG 26. 5. 1981 AP TVG § 4 Ausschlussfristen Nr. 71; aA *Löwisch/Rieble* TVG § 1 Rn. 477); „Anspruch auf Erteilung eines qualifizierten Zeugnisses" (BAG 23. 2. 1983 AP BAT § 70 Nr. 10; jüngst LAG Köln 11. 9. 2002 7 Sa 530/02); „Anspruch auf Berichtigung des qualifizierten Arbeitszeugnisses" (LAG Hamm 10. 4. 2002 LAG Report 2002, 267); „Anspruch auf Abfindung des AN nach § 113 III BetrVG" (BAG 20. 6. 1978 AP BetrVG 1972 § 113 Nr. 3); „Sozialplanansprüche" (BAG 19. 1. 1999 AP TVG § 1 Bezugnahme auf Tarifvertrag Nr. 9); „Abfindungsansprüche aus außergerichtlichem Vergleich" (LAG Berlin 27. 7. 1998 LAGE TVG § 4 Ausschlussfristen Nr. 48); „Anspruch auf Zahlung einer Abfindung" (BAG 31. 1. 2002 EzA § 4 TVG Ausschlussfristen Nr. 153); „Ansprüche auf vermögenswirksame Leistungen" (BAG 27. 11. 1991 AP TVG § 4 Nachwirkung Nr. 22); „Urlaubs- und Urlaubsabgeltungsansprüche" (BAG 7. 11. 1985 AP BUrlG § 7 Abgeltung Nr. 25; BAG 19. 1. 1999 AP TVG § 1 Tarifverträge: Druckindustrie Nr. 34) sowie entsprechende bereicherungsrechtliche Rückzahlungsansprüche (BAG 1. 10. 2002 NZA 2003, 568; zum Anspruch auf Korrektur von Urlaubsanmeldungen gegenüber Urlaubs- und Lohnausgleichskasse vgl. LAG Schleswig-Holstein 20. 8. 2002 5 Sa 80 c/02); „Vertragliche Erstattungsansprüche" (BAG 1. 12. 1967 AP BGB § 670 Nr. 17; BAG 14. 6. 1974 AP BGB § 670 Nr. 20); „Ansprüche auf Rückzahlung überbezahlter Lohnbeträge" (BAG 23. 5. 2001 AP BGB § 812 Nr. 25 ausf. auch zur Einwendung der unzulässigen Rechtsausübung; BAG 6. 4. 1978 AP TVG § 4 Ausschlussfristen Nr. 64); „Ansprüche auf Rückzahlung von Lohn- und Gehaltsvorschüssen" (BAG 18. 6. 1980 AP TVG § 4 Ausschlussfristen Nr. 68); „Entgeltforderungen aus § 10 I AÜG" (BAG 27. 7. 1983 AP AÜG § 10 Nr. 6); „Ansprüche auf Rückzahlung von Ausbildungsbeihilfen" (BAG 12. 12. 1979 AP BGB § 611 Ausbildungsbeihilfe Nr. 4); „Ansprüche aus § 87c HGB" (BAG 23. 3. 1982 AP HGB § 87c Nr. 18); „Lohnfortzahlung im Krankheitsfall" (BAG 15. 11. 1973 AP TVG § 4 Ausschlussfristen Nr. 53); „Karenzentschädigung bei vertraglichem Wettbewerbsverbot" (BAG 18. 12. 1984 AP TVG § 4 Ausschlussfristen Nr. 87; BAG 17. 6. 1997 AP HGB § 74b Nr. 2); „Mehrarbeitsvergütung" (BAG 26. 8. 1960 AP TVG § 4 Ausschlussfristen Nr. 6); „Schadensersatzansprüche wegen Verletzung der Fürsorgepflicht" (BAG 25. 4. 1972 AP BGB § 611 Öffentlicher Dienst Nr. 9); „Vertragsstrafe" (BAG 7. 11. 1969 AP BGB § 340 Nr. 1); „Freizeitausgleich eines Personalratsmitglieds" (BAG 26. 2. 1992 AP BPersVG § 46 Nr. 18); Ablieferung von Nebentätigkeitsvergütungen (LAG Berlin 7. 10. 1998 ZTR 1999, 169); „Schadensersatzanspruch von Angestellten der Deutschen Reichsbahn wegen entgangener Leistungen der Bundesanstalt für Arbeit" (LAG Sachsen-Anhalt 13. 6. 2002 9 Sa 763/01 n. rkr.). Auch ist es möglich, zu formulieren, dass tarifliche Ansprüche innerhalb einer bestimmten Ausschlussfrist geltend gemacht werden müssen. In diesem Fall fallen darunter auch gesetzliche oder vertragliche Ansprüche, die in ihrem Bestand von einem tariflich ausgestalteten Anspruch abhängig sind oder in einem rechtlichen Zusammenhang mit einem tariflichen Anspruch stehen (BAG 1. 10. 2002 AP BGB § 253 Nr. 37 zugleich zur Erfassung eines Anspruchs auf Rückzahlung wegen Überbezahlung von Urlaubsgeld).

Eine Klausel, die sich auf alle Ansprüche bezieht, die mit dem Arbeitsverhältnis **im Zusammenhang bzw. in Verbindung stehen**, erfasst trotz ihres weiten Ansatzes nicht Ansprüche aus selbständigen neben dem Arbeitsverhältnis geschlossenen anderen bürgerlich-rechtlichen Verträgen, wie zB Forderungen aus Miet- oder Kaufverträgen (BAG 20. 1. 1982 AP TVG § 4 Ausschlussfristen Nr. 72). Nach der Rspr. spricht jedoch die Günstigkeit einer getroffenen Vereinbarung für einen bes. engen Zusammenhang mit dem Arbeitsverhältnis, so dass Ansprüche eines AG auf Rückzahlung eines Darlehens sehr wohl der genannten Klausel unterfallen können (BAG 20. 2. 2001 AP BGB § 611 Arbeitnehmerdarlehen Nr. 5; aA bei Formulierung „Ansprüche aus dem Arbeitsverhältnis" LAG Köln 27. 4. 2001 AuR 2001, 319; für Zinsforderungen aus AGDarlehen BAG 23. 2. 1999 AP BGB § 611 Arbeitnehmerdarlehen Nr. 4). Oftmals werden strafbare Handlungen und unerlaubte Handlungen ausdrücklich vom Geltungsbereich der Ausschlussfrist ausgenommen. Unter eine Klausel, die alle beiderseitigen Ansprüche aus dem Arbeitsverhältnis erfasst, fallen auch deliktische Ansprüche (LAG Schleswig-Holstein 13. 3. 2001 3 Sa 655/00). Der Verstoß gegen ein arbeitsrechtliches Schutzgesetz kann dann über § 823 II dazu führen, dass für die Geltendmachung eines arbeitsvertraglichen Anspruchs die Ausschlussfrist nicht gilt (zu § 2 I BeschFG vgl. BAG 25. 4. 2001 AP BGB § 611 Teilzeit Nr. 38; BAG 12. 6. 1996 AP BGB § 611 Werkstudent Nr. 4).

53   **2. Nicht erfasste Rechte.** Regelmäßig **nicht erfasst** von Ausschlussfristen sind das **Statusverhältnis** der AN prägende und andere bes. wichtige Ansprüche, die tw. aus dem Persönlichkeitsrecht herrühren. Hierzu gehören der Anspruch auf Beseitigung oder Rücknahme einer Abmahnung (BAG 14. 12. 1994 AP BGB § 611 Abmahnung Nr. 15); Schulungskosten eines BRMitglieds (BAG 30. 1. 1973 AP BetrVG 1972 § 40 Nr. 3); Stammrechte aus der betrieblichen Altersversorgung (BAG 27. 2. 1990 AP TVG § 4 Ausschlussfristen Nr. 107); einzelne Ruhegeldraten (BAG 3. 4. 1990 EzA TVG § 4 Ausschlussfristen Nr. 94; anders BAG 19. 7. 1983 AP BetrAVG § 1 Zusatzversorgungskasse Nr. 1); der Anspruch auf eine Ruhegeldzusage (BAG 24. 5. 1974 AP BGB § 242 Ruhegehalt – VBL Nr. 5); Unterstützungsleistungen für Angehörige bei Tod des AN (LAG Hessen 13. 1. 1995 NZA-RR 1996, 60 ff.); Vorruhestandsleistungen im Baugewerbe (BAG 5. 9. 1995 AP TVG § 1 Vorruhestand Nr. 24); schöpferische Sonderleistungen des AN (BAG 21. 6. 1979 AP ArbNErfG § 9 Nr. 4); Ansprüche auf Herausgabe des Eigentums (BAG 15. 7. 1987 AP BGB § 611 Persönlichkeitsrecht Nr. 14); Sozialplanansprüche mit Vorsorgecharakter (BAG 3. 4. 1990 EzA TVG § 4 Ausschlussfristen Nr. 94; anders bei einmaligen Leistungen (BAG 19. 1. 1999 AP TVG § 1 Bezugnahme auf TV Nr. 9); Ansprüche wegen Eingriffs in Persönlichkeitsrechte (BAG 15. 7. 1987 AP BGB § 611 Persönlichkeitsrecht Nr. 14); Ansprüche auf vertragsgemäße Beschäftigung (BAG 15. 5. 1991 AP BGB § 611 Beschäftigungspflicht Nr. 23); Abfindungsansprüche aus gerichtlichem Vergleich (BAG 13. 1. 1982 AP KSchG 1969 § 9 Nr. 7); Schadensersatzansprüche wegen Versorgungsschäden (BAG 13. 12. 1988 AP BetrVG § 1 Zusatzversorgungskassen Nr. 22) und Ansprüche der Hinterbliebenen eines AN auf tarifliches Sterbegeld (BAG 4. 4. 2001 AP TVG § 4 Ausschlussfristen Nr. 156).

V. Zeitlicher Geltungsbereich

54   Die Wirkung einer Ausschlussfrist beginnt bei TV mit der **Tarifunterworfenheit** des Arbeitsverhältnisses, bei vertraglicher Grundlage mit Vertragsschluss. Bestand die Tarifgebundenheit bereits beim Abschluss des Arbeitsvertrages, so beginnt die Ausschlussfrist, sobald die tariflich festgelegten Voraussetzungen hierfür eingetreten sind, regelmäßig also mit Fälligkeit des Anspruchs (siehe unten Rn. 55). Tritt die Tarifbindung erst nach Fälligkeit des Anspruchs ein, so will das BAG von diesem Zeitpunkt an lediglich eine „angemessene Nachfrist" setzen (BAG 24. 4. 1958 AP JugSchG Niedersachsen § 16 Nr. 1). Richtigerweise muss den Arbeitsvertragsparteien ab Eintritt der Tarifgebundenheit die volle Ausschlussfrist zustehen (ebenso Wiedemann/Wank TVG § 4 Rn. 777; Löwisch/Rieble TVG § 4 Rn. 471). Ausschlussklauseln können aber auch durch ausdrückliche Verlegung des Wirkungsbeginns vor den Zeitpunkt des Abschlusses des TV **rückwirkend** in Kraft gesetzt werden. Der in der Zukunft liegende Teil der Frist muss jedoch genügend Zeit zur Geltendmachung der Forderung lassen (BAG 14. 7. 1965 AP TVG Tarifverträge BAVAV Nr. 5). Sieht der TV vor, dass Ansprüche dann nicht wegen Versäumung der Ausschlussfrist erlöschen, wenn den AN der TV nicht ausgehändigt wurde, läuft die Ausschlussfrist regelmäßig erst mit Erfüllung dieser Voraussetzung (BAG 11. 11. 1998 AP TVG § 1 Bezugnahme auf TV Nr. 8).

VI. Fristbeginn

55   Die Verfallklausel verlangt vom Gläubiger die fristgemäße Geltendmachung. Häufigster Fall des Fristbeginns ist die **Fälligkeit** des Anspruchs (zum Fristbeginn bei Provisionsansprüchen vgl. LAG Baden-Württemberg 4. 2. 2002 – 9 Sa 51/00 –). Bei Geltendmachung vor Fälligkeit des Anspruchs soll bei einer zweistufigen Ausschlussfrist die Frist für die gerichtliche Geltendmachung nicht vor der Fälligkeit beginnen (BAG 26. 9. 2001 AP TVG § 4 Ausschlussfristen Nr. 160 in Bezug auf § 16 BRTV-Bau). Soweit ein AN seinen ANStatus rückwirkend geltend macht, werden Ansprüche des AG erst fällig iSd. tarifvertraglichen Ausschlussfrist, wenn – im Fall einer gerichtlichen Klärung – rechtskräftig entschieden ist, dass tatsächlich ein AV bestand (BAG 14. 3. 2001 AP TVG § 1 Tarifverträge: Rundfunk Nr. 35). Problematisch ist zudem, dass es im Arbeitsverhältnis eine Anzahl

von Ansprüchen „aus dem Arbeitsverhältnis" gibt, deren Grund und deren Höhe der AN im Zeitpunkt der Fälligkeit nicht kennen kann. Den bes. Härten, denen der Gläubiger insb. durch das Zusammenspiel einer kurzen Verfallfrist (bei zweistufigen Ausschlussfristen mit einer kurzen zweistufigen Ausschlussfrist) mit dem Beginn der Ausschlussfrist ausgesetzt sein kann, begegnet das BAG mit einer **eigenen Definition einer Fälligkeit** im Sinne (tariflicher) Ausschlussfristen (BAG 26. 5. 1981 AP TVG § 4 Ausschlussfristen Nr. 71; BAG 16. 5. 1984 AP TVG § 4 Ausschlussfristen Nr. 85): Für Ansprüche soll die Frist mit dem Zeitpunkt zu laufen beginnen, in dem der Berechtigte den Anspruch **rechtlich und tatsächlich** geltend machen kann. Danach muss der Anspruch zunächst **fällig** sein. Ferner muss der Anspruchsberechtigte – anders als bei der Verjährung – **objektiv** in der Lage sein, die Anspruchshöhe zu beziffern (BAG 17. 10. 1974 AP TVG § 4 Ausschlussfristen Nr. 55). Entspr. dem Zweck der Ausschlussfristen, Rechtssicherheit und -klarheit zu schaffen, muss der Beginn der Ausschlussfrist nach einem allg. und objektiven Maßstab ermittelt werden (BAG 23. 8. 1990 AP TVG § 1 Tarifverträge Metallindustrie Nr. 93). In dem Bemühen, dem Zusammenspiel von Fristbeginn (Fälligkeit) und kurzen tariflichen Ausschlussfristen die Härte zu nehmen und deshalb im Einzelfall einen neuen Fälligkeitszeitpunkt zu konstruieren, hat sich eine systematisch schwer nachvollziehbare Rspr. entwickelt (krit. hierzu *Preis* ZIP 1989, 885, 896; *Kiefer* NZA 1988, 785, 787). So läuft trotz der Fälligkeit des Anspruchs eine hieran anknüpfende Ausschlussfrist nicht, wenn der AG verpflichtet ist, eine **Abrechnung** zu erteilen, damit der AN seinen Anspruch geltend machen kann, wozu der AG im Hinblick auf das Arbeitsentgelt grds. nach § 108 GewO verpflichtet ist. Die Frist beginnt vielmehr mit Rechnungslegung zu laufen (BAG 6. 11. 1985 AP TVG § 4 Ausschlussfristen Nr. 93). Verfällt der Anspruch auf Rechnungslegung, beginnt mit Erlöschen dieses Anspruchs auch die Frist für den abzurechnenden Anspruch zu laufen (BAG 27. 11. 1987 AP TVG § 4 Ausschlussfristen Nr. 89). Die Ausschlussfrist für einen gegen den AG gerichteten **Freistellungsanspruch von der Außenhaftung gegenüber einem Dritten** beginnt erst, wenn der AN von dem Dritten mit Erfolg in Anspruch genommen worden ist (BAG 18. 1. 1966 AP BGB § 611 Haftung des AN Nr. 37). Mit Beendigung des Arbeitsverhältnisses wird der Anspruch auf **Nachteilsausgleich** nach § 113 BetrVG fällig, auch wenn über die Wirksamkeit der Kündigung noch vor dem ArbG gestritten wird (BAG 3. 8. 1982 AP BetrVG 1972 § 113 Nr. 5). Der AG darf bei Ansprüchen aus **unerlaubter Handlung** bei nicht leicht aufzuklärenden komplexen Tatbeständen das Ende des Strafverfahrens abwarten, bevor die Fälligkeit eintritt (BAG 26. 5. 1981 AP TVG § 4 Ausschlussfristen Nr. 71). Zu Urlaubs-Ausgleichsansprüchen bei Arbeitszeitkonten vgl. BAG 5. 9. 2002 NZA 2003, 727. Die Ausschlussfrist für einen **Rückgriffsanspruch** des AG gegen den AN wegen eines vom AN verursachten Schadens beginnt nicht mit Schadensentstehung, sondern mit Inanspruchnahme des AG durch den geschädigten Dritten zu laufen (BAG 16. 3. 1966 AP TVG § 4 Ausschlussfristen Nr. 32). Für Ansprüche auf **Rückzahlung zu viel gezahlten Entgelts** beginnt die Verfallfrist im Regelfall im Zeitpunkt der Überzahlung; auf die Kenntnis des AG von seinem Rückzahlungsanspruch kommt es nicht an. Zu einem späteren Zeitpunkt beginnt die Ausschlussfrist nur dann, wenn der AG die Überzahlung nicht kennen kann (BAG 27. 3. 1996 AP BAT § 70 Nr. 26; LAG Köln 19. 6. 1998 ZTR 1999, 24). Nach Ansicht des BAG soll in den Fällen, in denen ein Rechtsverhältnis rückwirkend als Arbeitsverhältnis eingestuft wird, die Verfallfrist für den Anspruch des AG auf Rückzahlung überzahlter Beträge erst beginnen, wenn feststeht, dass das Vertragsverhältnis kein freier Dienstvertrag, sondern ein Arbeitsverhältnis war. Bis dahin nämlich sei es dem AG unbenommen, seinen abweichenden Rechtsstandpunkt zu vertreten (BAG 29. 5. 2002 AP § 812 BGB Nr. 27). Die Ausschlussfrist für einen **Schadensersatzanspruch** beginnt zu laufen, wenn der Geschädigte bei Beachtung der gebotenen Sorgfalt Kenntnis von Schadensfall und -höhe haben kann (BAG 16. 5. 1984 AP TVG § 4 Ausschlussfristen Nr. 85). Für einen **Vertragsstrafeanspruch** wegen Nichterfüllung beginnt die Ausschlussfrist zu laufen, wenn der AG vom AN Erfüllung verlangt. Denn bis zu diesem Zeitpunkt steht dem AG das von der Ausschlussfrist nicht erfasste Wahlrecht zwischen Erfüllung und Vertragsstrafe zu (BAG 7. 1. 1969 AP BGB § 340 Nr. 1).

Hat es der Gläubiger in der Hand, den Anspruch **fällig** zu stellen, beginnt die Verfallfrist erst mit der Fälligstellung zu laufen. Durch die einseitige Erklärung, er zahle „**unter Vorbehalt**", kann der AG den Beginn der Ausschlussfrist des § 70 BAT für die Geltendmachung von Ansprüchen auf Rückzahlung von gezahltem Arbeitsentgelt nicht hinausschieben. In dieser Erklärung des AG und der widerspruchslosen Entgegennahme des Arbeitsentgelts durch den AN liegt auch keine Vereinbarung des Inhalts, dass der Beginn der Ausschlussfrist des § 70 BAT hinausgeschoben werden soll (BAG 27. 3. 1996 AP BAT § 70 Nr. 26).

Ändert der Anspruch seinen Inhalt, wie zB bei einem Übergang von einem Freistellungs- in einen Zahlungsanspruch, beeinflusst diese **Inhaltsänderung** den Lauf der Ausschlussfrist nicht; es beginnt insb. keine neue Frist zu laufen (BAG 1. 12. 1967 AP BGB § 670 Nr. 17; BAG 16. 3. 1995 AP TVG § 4 Ausschlussfristen Nr. 129).

Denkbar ist, dass die Parteien den Fristbeginn an die **Entstehung**, die **Ablehnung** eines Anspruchs oder die **Beendigung** des Arbeitsverhältnisses knüpfen. Soweit in TV von der Entstehung des Anspruchs die Rede ist, wird oft seine Fälligkeit gemeint sein (BAG 9. 8. 1990 AP BGB § 615

Nr. 46). Soll eine Verfallfrist mit der Beendigung des Arbeitsverhältnisses zu laufen beginnen, ist damit im Zweifel die rechtliche, nicht die tatsächliche Beendigung gemeint. Derartige Verfallfristen laufen deshalb erst ab Rechtskraft des Urteils, das einen Rechtsstreit über die Beendigung des Arbeitsverhältnisses abschließt (BAG 3. 12. 1970 AP TVG § 4 Ausschlussfristen Nr. 45). Knüpft eine Ausschlussfrist an das Ausscheiden aus dem Arbeitsverhältnis an, beginnt sie im Fall des § 613a mit dem Zeitpunkt des Betriebsübergangs zu laufen (BAG 10. 8. 1994 AP TVG § 4 Ausschlussfristen Nr. 126).

59   Der Fristlauf der zweiten Stufe einer zweistufigen Ausschlussfrist (vgl. hierzu Rn. 65) setzt regelmäßig voraus, dass der Schuldner auf die Anspruchserhebung in der ersten Stufe ablehnend oder nicht fristgerecht reagiert. Genügt für die Geltendmachung in der ersten Stufe eine Kündigungsschutzklage (Rn. 66), ist der Klageabweisungsantrag bereits eine Ablehnung derjenigen Ansprüche, die vom Ausgang des Verfahrens abhängen (BAG 13. 9. 1984 AP TVG § 4 Ausschlussfristen Nr. 86). Nur wenn die Ausschlussfrist eine ausdrückliche Ablehnung fordert, ist eine gesonderte Erklärung erforderlich (BAG 4. 5. 1977 AP TVG § 4 Ausschlussfristen Nr. 60). Für Ansprüche, die während des Kündigungsschutzprozesses fällig werden und von seinem Ausgang abhängen, ist es möglich, in einem TV zu bestimmen, dass die Frist zur gerichtlichen Geltendmachung erst mit der rechtskräftigen Entscheidung im Kündigungsschutzprozess beginnt (BAG 8. 8. 2000 NZA 2000, 1236; BAG 24. 8. 1999 AP BGB § 1615 Anrechnung Nr. 1; ausf. Rn. 68). Nicht erfasst von dieser Regelung ist allerdings der Fall, dass ein AN wegen einer seitens des AG behaupteten Eigenkündigung des AN Feststellungsklage auf Fortbestand des AV erhebt (BAG 8. 8. 2000 NZA 2000, 1236; BAG 24. 8. 1999 AP BGB § 1615 Anrechnung Nr. 1).

VII. Fristlauf

60   Die Ausschlussfrist läuft (vgl. auch schon Rn. 35), wenn nichts anderes bestimmt ist, nur einmal und nur die genau bestimmte Zeit. Die Vorschriften über Hemmung und Neubeginn finden keine entspr. Anwendung; dies muss insb. auch für den neu eingefügten § 203 gelten (vgl. dazu *Gotthardt* Rn. 304; aA *Fromm* ZTR 2003, 70). Ist die Ausschlussfrist einmal gewahrt, ist eine weitere Geltendmachung nicht erforderlich (BAG 9. 8. 1990 AP BGB § 615 Nr. 46). Dies gilt auch bei einer durch Anerkenntnis des Schuldners gewährten Ausschlussfrist (BAG 20. 10. 1982 AP TVG § 4 Ausschlussfristen Nr. 76; aA BAG 29. 5. 1985 AP TVG § 4 Ausschlussfristen Nr. 92 zur erteilten Lohnabrechnung). Die unverschuldete Unkenntnis von Anspruch oder Ausschlussfrist ändert nichts am Rechtsverlust (BAG 28. 2. 1979 AP BAT § 70 Nr. 6). Genauso wenig beeinflusst die unverschuldete Fristversäumnis den Lauf der Verfallfrist.

61   Eine Grenze für den Lauf der Ausschlussfrist sah das BAG in höherer Gewalt und wendete den § 203 II aF entspr. an (BAG 8. 3. 1976 AP ZPO § 496 Nr. 4 mit zust. Anm. *Wiedemann*). Die Berücksichtigung höherer Gewalt muss als allgemeingültiges Rechtsprinzip nach wie vor auch im Rahmen tariflicher Ausschlussklauseln Berücksichtigung finden (aA *Löwisch/Rieble* TVG § 1 Rn. 498).

VIII. Fristgerechte Geltendmachung

62   **1. Allgemeines.** Die Geltendmachung ist eine **einseitige rechtsgeschäftsähnliche Handlung,** auf die die Vorschriften über Willenserklärungen Anwendung finden können. In Bezug auf § 174 BGB hat das BAG allerdings jüngst klargestellt, dass diese Vorschrift auf die Geltendmachung von Ansprüchen zur Wahrung einer tariflichen Ausschlussfrist keine entsprechende Anwendung findet (BAG 14. 8. 2002 AP BGB § 174 Nr. 16). Da die Geltendmachung dem Schuldner zugehen muss, genügt eine Anzeige bei der Polizei nicht (BAG 10. 1. 1974 AP TVG § 4 Ausschlussfristen Nr. 54). Der **BR** ist zur Vertretung des AN befugt (BAG 7. 12. 1962 AP HausArbTagsG NRW § 1 Nr. 1; *Däubler* Tarifvertragsrecht Rn. 1362; offengelassen in BAG 5. 4. 1995 AP TVG § 4 Ausschlussfristen Nr. 130). Die Geltendmachung muss idR. nach Fälligkeit erfolgen. Vor Fälligkeit kann eine ordnungsgemäße Geltendmachung jedenfalls dann nicht erfolgen, wenn die Tarifnorm vorgibt, dass Ansprüche nach Fälligkeit geltend gemacht werden müssen, um ein Verfallen zu verhindern (BAG 24. 10. 1990 AP BAT § 3 Nr. 7; BAG 17. 5. 2001 AP BAT-O § 70 Nr. 2; LAG München 10. 4. 2002 9 Sa 902/01 zum Anspruch auf Entlohnung geleisteter Nachtschichten; LAG Berlin 24. 1. 2002 7 Sa 1632/01). Daher wahrt die Rückforderung überbezahlter Bezüge unter Hinweis auf eine fehlerhafte Eingruppierung nicht die Ausschlussfrist für Rückzahlungsforderungen aus künftigen Überbezahlungen (AP BAT-O § 70 Nr. 2).

63   **Geltendmachung** bedeutet, dass der Gläubiger den Anspruch so bestimmt beschreiben muss, dass der Schuldner erkennen kann, um welche Forderung es sich handelt (BAG 30. 5. 1972 AP TVG § 4 Ausschlussfristen Nr. 50). Deshalb muss jede Forderung grds. nach **Grund und Höhe** angegeben werden. Zur Angabe des Grundes gehört keine rechtliche Begründung. Der Gläubiger muss die Höhe zumindest ungefähr beziffern (BAG 17. 10. 1974 AP TVG § 4 Ausschlussfristen Nr. 55). Ist nur der Anspruchsgrund strittig, ist die Angabe der ungefähren Höhe ausnahmsweise nicht erforderlich (BAG

7. 9. 1982 AP BAT § 44 Nr. 7). Verlangt der Gläubiger erheblich zu wenig, soll dies die Geltendmachung **insgesamt** unwirksam machen, da der Schuldner wissen müsse, in welcher Höhe eine Forderung auf ihn zukomme (BAG 8. 2. 1972 AP TVG § 4 Ausschlussfrist Nr. 49). Das ist nicht nachvollziehbar, da sich mit dem Ausschluss des fälschlicherweise nicht geltend gemachten Betrages Gläubigerverlangen und Anspruch decken, so dass zumindest dieser nicht verfallen darf. Der Gläubiger muss ferner unmissverständlich zum Ausdruck bringen, dass er die Erfüllung des Anspruchs verlangt. Als ausreichend wurde es angesehen, dass der Gläubiger beim Empfang der Lohnabrechnung bemängelt, ein bestimmter Lohnbestandteil fehle (BAG 20. 2. 2001 AP BGB § 611 Arbeitnehmerdarlehen Nr. 5). Nicht ausreichend ist es hingegen, wenn der AN den AG auffordert, „seinen Standpunkt zu überdenken" (BAG 5. 4. 1995 AP TVG § 4 Ausschlussfristen Nr. 130) oder der AN lediglich mitteilt, sich die Geltendmachung „vorzubehalten" (LAG Köln 24. 7. 1984 EzA TVG § 4 Ausschlussfristen Nr. 59). Die Rückforderung überbezahlter Bezüge unter Hinweis auf eine fehlerhafte Eingruppierung wahrt nicht die Ausschlussfrist des § 70 BAT-O für künftige Überbezahlungen (BAG 17. 5. 2001 AP BAT-O § 70 Nr. 2).

Gleichartige Ansprüche müssen für jeden Sachverhalt erneut geltend gemacht werden (BAG 64 26. 10. 1994 AP BAT § 70 Nr. 22). Die Geltendmachung gegenüber dem ursprünglichen Gläubiger wirkt nach einem **Betriebsübergang** auch gegenüber dem neuen Gläubiger (BAG 21. 3. 1991 AP BGB § 615 Nr. 49). Gleiches gilt für einen **Schuldbeitritt** (BAG 11. 11. 1971 AP TVG § 4 Ausschlussfristen Nr. 47). Hat der Schuldner den Anspruch **anerkannt** oder ihn durch Abrechnung **unstreitig** gestellt, können diese Forderungen nicht mehr verfallen (BAG 29. 5. 1985 AP TVG § 4 Ausschlussfristen Nr. 92). Dies gilt auch dann, wenn der AG die Forderung später bestreitet (BAG 21. 4. 1993 AP TVG § 4 Ausschlussfristen Nr. 124).

2. Mehrstufige Ausschlussfristen. Ausschlussklauseln können formlose, schriftliche oder gericht- 65 liche Geltendmachung vorsehen (**einstufige Ausschlussfrist**). Bei den sogenannten **zweistufigen Ausschlussfristen** muss der Anspruch nach erfolgloser formloser oder schriftlicher Geltendmachung innerhalb einer bestimmten Frist **gerichtlich** geltend gemacht werden.

a) Erste Stufe. Die Schriftform wird durch eine **Klage** gewahrt. Insb. reicht im Kündigungsfalle 66 für die schriftliche Geltendmachung das Erheben der **Kündigungsschutzklage** auch für die Ansprüche aus, die vom erfolgreichen Ausgang des Kündigungsschutzprozesses abhängen, wie zB Lohnansprüche (BAG 7. 11. 1991 AP TVG § 4 Ausschlussfristen Nr. 114, st. Rspr; vgl. aber LAG Rostock 14. 9. 2000 – 1 Sa 86/00 – n. rkr. für den Fall, dass die Geltendmachung solcher Ansprüche innerhalb einer Frist nach Rechtskraft der Entscheidung vorgeschrieben ist). Der Klageabweisungsantrag des AG reicht allerdings idR nicht für die Wahrung der Ausschlussfrist für denkbare Rückforderungsansprüche aus. Für Rückforderungsansprüche, die vom Ausgang des Kündigungsrechtsstreits abhängen, beginnt die Ausschlussfrist erst mit Rechtskraft des Urteils im Kündigungsschutzprozess (BAG 19. 1. 1999 AP BAT-O § 70 Nr. 1). Für das Wahren der Schriftform ist es unerheblich, ob die Klage als Prozesshandlung unzulässig erhoben, später zurückgenommen oder durch die Parteien nicht weiterbetrieben wird (vgl. BAG 7. 11. 1991 AP TVG § 4 Ausschlussfristen Nr. 114 zu der Anwendbarkeit der §§ 211, 212 aF BGB). Eine allg. Statusklage wahrt die Verfallfrist für Zahlungsansprüche aus diesem Arbeitsverhältnis nicht (BAG 25. 10. 1989 AP ArbGG 1979 § 72 a Nr. 39). Ersetzt die Klage die schriftliche Geltendmachung, so muss die Klage rechtzeitig zugestellt sein; **§ 270 III ZPO** findet keine Anwendung (BAG 8. 3. 1976 AP ZPO § 496 Nr. 4; BGH 21. 10. 1981 NJW 1982, 172). Die **verfrühte Geltendmachung** wahrt – anders als in der zweiten Stufe (Rn. 59) – die Ausschlussfrist, was wegen des oft schwierig zu beurteilenden Beginns der Ausschlussfrist sinnvoll ist (BAG 22. 2. 1978 AP TVG § 4 Ausschlussfristen Nr. 63; BAG 26. 9. 2001 AP TVG § 4 Ausschlussfristen Nr. 160). Die Frist für die gerichtliche Geltendmachung (2. Stufe) beginnt aber nicht vor der Fälligkeit (BAG 13. 2. 2003 AP BGB § 613 a Nr. 244). Ein Anspruch wird auch dann schriftlich geltend gemacht, wenn der Gläubiger dem Schuldner ein Telefaxschreiben sendet (BAG 14. 8. 2002 AP TVG § 4 Ausschlussfristen Nr. 166 zugleich zum Nachweis der Geltendmachung durch den „O. K.-Vermerk"; BAG 11. 10. 2000 AP § 4 TVG Ausschlussfristen Nr. 153; *Gotthardt/Beck* NZA 2002, 876, 883; LAG Hamm LAGE § 4 TVG Ausschlussfristen Nr. 43; s. a. §§ 125–127 Rn. 13). In der Konsequenz wird man sogar auch das Versenden einer einfachen e-mail für ausreichend erachten müssen, da diese ebenfalls die Voraussetzungen der Textform iSd. § 126 b erfüllt (*Gotthardt/Beck* NZA 2002, 876, 883).

b) Zweite Stufe. Verlangt eine zweistufige tarifliche Ausschlussklausel eine fristgebundene Klageer- 67 hebung, so beginnt die Frist für die Klageerhebung nach dem Sinn der Tarifnorm regelmäßig mit dem Bestreiten des Anspruchs (BAG 16. 3. 1995 AP TVG § 4 Ausschlussfristen Nr. 129). Nur eine **zulässige** Klage erfüllt die Anforderungen an eine gerichtliche Geltendmachung in der zweiten Stufe (BAG 29. 6. 1989 AP TVG § 4 Ausschlussfristen Nr. 103). Das BAG lässt aber eine Nachbesserung einer rechtzeitigen, aber unzulässigen Leistungsklage nach Ablauf der Ausschlussfrist für die Wahrung der Verfallfrist zu, wenn die für die Höhe des Anspruchs geltend gemachten Tatsachen so mitgeteilt sind, dass die Errechnung des Betrages jederzeit möglich ist (BAG 30. 3. 1989 EzA TVG § 4 Ausschlussfristen Nr. 79).

68 Nach der Rspr. des BAG muss der betroffene Anspruch **Streitgegenstand** der Klage sein. Deshalb reicht die **zulässige Feststellungsklage** aus, wenn sie geeignet ist, den gesamten von den Parteien unterschiedlich beurteilten Streitstoff zu klären (BAG 29. 6. 1989 AP TVG § 4 Ausschlussfristen Nr. 103). Nach BAG 16. 1. 2002 AP EntgeltFG § 3 Nr. 13 können Zahlungsansprüche nur durch Leistungsklage gerichtlich geltend gemacht werden. Eine Feststellungsklage, die nur Vorfragen kläre, reiche nicht. Die **Kündigungsschutzklage** oder eine allgemein auf den Fortbestand des AV gerichtete **Feststellungsklage** genügt nicht für die gerichtliche Geltendmachung von Zahlungsansprüchen, welche vom Ergebnis des Kündigungsschutzprozesses abhängen (BAG 8. 8. 2000 AP TVG § 4 Ausschlussfristen Nr. 151; BAG 7. 11. 1991 – 2 AZR 548/79 – nv.; BAG 22. 2. 1978 AP TVG § 4 Ausschlussfristen Nr. 63; st. Rspr.). Die an die Ablehnung gekoppelte Frist für die gerichtliche Geltendmachung dieser Ansprüche beginnt mit dem **Klagabweisungsantrag** des AG im Kündigungsschutzprozess zu laufen (BAG 13. 9. 1984 AP TVG § 4 Ausschlussfristen Nr. 86; vgl. aber Rn. 59). Diese BAG-Rspr. führt zu dem unökonomischen Ergebnis, dass der AN trotz rechtshängigen Kündigungsschutzprozesses den Lohnanspruch als Anspruch „aus dem Arbeitsverhältnis" (durch Leistungsklage nach § 259 ZPO oder Feststellungsklage nach § 256 ZPO für einen ungewissen Zeitraum) gerichtlich geltend machen muss, obwohl noch gar nicht feststeht, ob das Arbeitsverhältnis auf Grund einer etwaigen Wirksamkeit der Kündigung überhaupt noch besteht. Das BAG setzt sich zudem auch inhaltlich in Widerspruch: Es lässt die Kündigungsschutzklage zur Wahrung solcher Ausschlussfristen ausreichen, die die schriftliche Geltendmachung der vom Erfolg der Kündigungsschutzklage abhängenden Ansprüche vorsehen, weil auf das Gesamtziel des Kündigungsschutzbegehrens zu achten ist. Dieses Ziel beschränkt sich – jedenfalls im Regelfall – nicht auf die Erhaltung des Arbeitsplatzes, sondern ist auch auf die Sicherung der Ansprüche gerichtet, die durch den Verlust des Arbeitsplatzes möglicherweise verloren gehen (BAG 16. 6. 1976 AP TVG § 4 Nr. 56; vgl. Rn. 66). Offen bleibt, warum dieses Gesamtziel der Kündigungsschutzklage, sich auch die Entgeltansprüche sichern zu wollen, vom BAG bei der Auslegung der Ausschlussfrist für die Geltendmachung in der zweite Stufe keine Berücksichtigung findet. Eine interessen- und zweckgerechte Auslegung führt vielmehr zu dem Ergebnis, dass das Erfordernis gerichtlicher Geltendmachung eines Anspruches, der vom Ausgang des Kündigungsschutzprozesses abhängt, auch durch die Erhebung einer Kündigungsschutzklage gewahrt werden kann (*Preis* ZIP 1989, 885, 897; *Zöllner* Anm. zu BAG 9. 3. 1966 AP TVG § 4 Ausschlussfristen Nr. 31; unter Betonung des § 203 *Fromm* ZTR 2003, 70, 72, 73). Um den AN nicht zu überflüssigen Lohnklagen zu veranlassen, sehen einige TV vor, dass die Ausschlussfrist erst mit Rechtskraft des Urteils beginnt, das den Kündigungsschutzprozess beendet (vgl. § 16 Nr. 2 S. 2 und 3 BRTV-Bau; vgl. auch Rn. 59). Stellt die tarifliche Regelung allein auf den Kündigungsschutzprozess ab, so muss jedoch eine Kündigungsschutzklage erhoben worden sein; eine allg. Feststellungsklage, in der aus anderen Gründen über das Bestehen oder Nichtbestehen des AV gestritten wird, reicht nicht aus (BAG 8. 8. 2000 NZA 2000, 1236; vgl. auch BAG 25. 10. 1989 AP ArbGG 1979 § 72 a Grundsatz Nr. 39). Können Ansprüche erst nach dem Kündigungsschutzprozess, von dessen Ausgang sie abhängig sind, geltend gemacht werden, ist eine verfrühte Leistungsaufforderung unwirksam (BAG 22. 10. 1988 AP TVG § 4 Ausschlussfristen Nr. 69). Die **unbezifferte Leistungsklage** reicht aus, wenn das Prozessrecht das zulässt, wie zB für Ansprüche aus § 113 BetrVG oder §§ 9, 10 KSchG (BAG 29. 11. 1983 AP BetrVG 1972 § 113 Nr. 10; BAG 29. 6. 1989 AP TVG § 4 Ausschlussfristen Nr. 103).

69 Ob zur Fristwahrung die Einreichung der Klage beim Gericht reicht, wenn die Zustellung demnächst erfolgt (§ 270 III aF, jetzt § 167 ZPO), ist umstritten. Überzeugender erscheint eine Bejahung der Frage, da die Ausschlussklausel mit der Ausgestaltung der Ausschlussfrist als Klagefrist auf das Prozessrecht Bezug nimmt und die Vorschrift auf materielle Ausschlussfristen (*Zöller/Stephan* ZPO § 270 Rn. 12) anwendbar ist (*Löwisch/Rieble* TVG § 1 Rn. 510; *Bader* NZA 1997, 905, 909; bejaht bei rechtzeitigem Stellen eines Antrags auf Prozesskostenhilfe von LAG Niedersachsen 25. 3. 1999 LAGE TVG § 4 Ausschlussfristen Nr. 50).

70 Fraglich ist, wie es um die Wahrung der Frist bestellt ist, wenn die Klage zurückgenommen wird. Im Verjährungsrecht führt die Rücknahme der Klage nicht mehr dazu, dass die Hemmung der Verjährung rückwirkend entfällt (Rn. 23). Im Hinblick auf die Funktionsgleichheit von Verjährung und Ausschlussfristen, Rechtsfrieden und Rechtssicherheit zu schaffen, ist auch in Bezug auf Ausschlussfristen davon auszugehen, dass die Fristwahrung, die durch die Klageerhebung eingetreten ist, nicht mehr durch die Klagerücknahme rückwirkend entfällt. Während bei der Verjährung nach der Klagerücknahme die Nachfrist von sechs Monaten gilt, bietet es sich bei Ausschlussfristen an, dem Gläubiger eine der Dauer der Ausschlussfrist entsprechende Nachfrist zuzusprechen, innerhalb derer der Anspruch noch geltend gemacht werden kann (vgl. *Grunsky*, FS für Kissel, S. 281, 291 zu der Anwendbarkeit des § 212 II aF). Diese, sich für die Gleichbehandlung von Verjährung und Ausschlussfristen aussprechende Auffassung dürfte allerdings im Widerspruch zu der bisherigen Rspr. des BAG stehen, nach der § 212 II aF bislang auf Ausschlussfristen keine Anwendung fand (BAG 11. 7. 1990 AP TVG § 4 Ausschlussfristen Nr. 108; beachte auch die Klagerücknahmefiktion des § 54 V 4 ArbGG).

IX. Aufrechnung

Schuldner wie Gläubiger können während der Ausschlussfrist aufrechnen. Ist der Anspruch 71 verfallen, besteht diese Möglichkeit nicht mehr (BAG 30. 3. 1973 AP BGB § 390 Nr. 4). In der Aufrechnung des Schuldners gegen einen verfallenen Anspruch kann ein Verzicht auf die eigene Forderung liegen. Die Aufrechnung bedarf nicht der Form, die für die Geltendmachung des Anspruchs erforderlich ist, da eine Aufrechnung nicht mit der üblichen Geltendmachung des Anspruchs gleichzusetzen ist (aA LAG Düsseldorf 6. 1. 1971 DB 1971, 1015; wie hier *Schaub* § 87 Rn. 13). Bei unwirksamer Aufrechnung kann die Aufrechnung des Gläubigers als wirksame Geltendmachung die Verfallfrist wahren. Die Aufrechnung des Gläubigers kann ein Anerkenntnis sein.

X. Treu und Glauben

Mit dem Einwand der unzulässigen Rechtsausübung (§ 242) kann der Ablauf der Ausschlussfrist 72 überwunden werden. Die Berufung des **AG** auf eine Ausschlussfrist verstößt gegen das Gebot von Treu und Glauben, wenn er durch positives Tun oder durch pflichtwidriges Unterlassen dem AN die Geltendmachung des Anspruchs erschwert oder unmöglich gemacht hat oder den AN von der Einhaltung der Frist abgehalten oder es pflichtwidrig unterlassen hat, dem Gläubiger die Umstände mitzuteilen, die ihn zur Einhaltung der Ausschlussfrist veranlasst hätten (BAG 11. 6. 1980 AP BAT § 70 Nr. 7). Gleiches gilt, wenn der AG an objektiven Maßstäben gemessen den Eindruck erweckt hat, der AN könne darauf vertrauen, dass der Anspruch auch ohne Wahrung einer tariflichen Ausschlussfrist erfüllt werde (BAG 8. 8. 2000 AP TVG § 4 Ausschlussfristen Nr. 151; BAG 6. 9. 1972 AP BAT § 4 Nr. 2; BAG 17. 4. 1986 AP BGB § 615 Nr. 40; BAG 17. 1. 1995 AP BUrlG § 7 Abgeltung Nr. 66). Dies ist nicht der Fall, wenn er dem AN eine mündliche **unzutreffende Auskunft** über das Bestehen seines Anspruchs gegeben hat, da der AN nicht an der Geltendmachung seines Anspruchs in irgendeiner Art gehindert wurde, sondern es ihm vielmehr freistand, seine vermeintlichen Ansprüche schriftlich geltend zu machen (BAG 22. 1. 1997 AP BAT § 70 Nr. 27). Auch der alleinige Verstoß gegen die aus § 2 II 1 NachwG folgende Verpflichtung begründet nicht den Einwand eines rechtsmissbräuchlichen Verhaltens (§ 242 BGB) des Arbeitgebers (BAG 29. 5. 2002 NZA 2002, 1360; BAG 17. 4. 2002 AP NachwG § 2 Nr. 6; aA LAG Schleswig-Holstein 8. 2. 2000 LAGE NachwG § 2 Nr. 8). Zu erwägen ist, ob es im Einzelfall treuwidrig sein kann, wenn sich ein AG ohne die Hinzurechnung von Verhandlungstagen auf den Ablauf einer Ausschlussfrist beruft (vgl. aber Rn. 60). Treuwidrig verhält sich der AG, der den AN während des Kündigungsschutzprozesses vorsorglich zur Auskunft über anderweitigen Verdienst auffordert, um nach Beendigung des Arbeitsverhältnisses geschuldete **Karenzentschädigungen** abrechnen zu können, aber nach Obsiegen des Kündigungsschutzprozesses den Ablauf der Ausschlussfrist rügt (BAG 18. 12. 1984 AP TVG § 4 Ausschlussfristen Nr. 87). Nach einer Entscheidung des LAG Berlin (26. 11. 1990 DB 1991, 1286) kommt ein Eingreifen der Verfallfristen nicht in Betracht, wenn der Anspruch unstreitig ist und der AN in eine erhebliche Notlage geraten würde, wenn man den Anspruch zurückweisen würde. Gleichfalls treuwidrig soll es sein, wenn der AG seine AN offensichtlich böswillig unter Tarif entlohnt und sich gegenüber der Nachforderung auf die Ausschlussfrist beruft (BAG 26. 8. 1960 AP TVG § 4 Ausschlussfristen Nr. 6; aA *Löwisch/Rieble* TVG § 4 Rn. 513; Wiedemann/*Wank* TVG § 4 Rn. 789).

Der **AN** handelt treuwidrig, wenn er nach einer strafbaren Handlung Ansprüche des AG ver- 73 schweigt (BAG 6. 5. 1969 AP TVG § 4 Ausschlussfristen Nr. 42). Wurde ein AN in erheblichem Umfang erkennbar überbezahlt und hat er es pflichtwidrig unterlassen, den AG auf die Überbezahlung aufmerksam zu machen bzw. ihm die Umstände mitzuteilen, welche es ihm ermöglicht hätten, den Rückzahlungsanspruch rechtzeitig geltend zu machen, verstößt gegen das Gebot von Treu und Glauben, wenn er sich auf die Ausschlussfrist beruft (BAG 1. 6. 1995 AP BGB § 812 Nr. 6). Auch verstößt es in der Regel gegen Treu und Glauben, wenn sich ein AN darauf beruft, der Gläubiger habe bei der Geltendmachung einer Schadensersatzforderung die gültige ein- oder zweistufige Ausschlussfrist nicht gewahrt, falls der AN die Forderung zuvor deklaratorisch anerkannt hat. Dies gilt auch dann, wenn er das deklaratorische Schuldanerkenntnis später anficht (BAG 10. 10. 2002 AP § 4 TVG Ausschlussfristen Nr. 169).

Als Rechtsfolge der unzulässigen Rechtsausübung gilt die Ausschlussfrist entspr. dem Rechts- 74 gedanken des § 162 I als endgültig gewahrt (BAG 4. 9. 1985 AP BGB § 611 Gratifikation Nr. 123).

Buch 2. Recht der Schuldverhältnisse

Abschnitt 1. Inhalt der Schuldverhältnisse

Titel 1. Verpflichtung zur Leistung

§ 241 Pflichten aus dem Schuldverhältnis

(1) [1] Kraft des Schuldverhältnisses ist der Gläubiger berechtigt, von dem Schuldner eine Leistung zu fordern. [2] Die Leistung kann auch in einem Unterlassen bestehen.

(2) Das Schuldverhältnis kann nach seinem Inhalt jeden Teil zur Rücksicht auf die Rechte, Rechtsgüter und Interessen des anderen Teils verpflichten.

[1] Zu § 241 s. § 611 Rn. 753 ff. und 869 ff.

§ 253 Immaterieller Schaden

(1) Wegen eines Schadens, der nicht Vermögensschaden ist, kann Entschädigung in Geld nur in den durch das Gesetz bestimmten Fällen gefordert werden.

(2) Ist wegen einer Verletzung des Körpers, der Gesundheit, der Freiheit oder der sexuellen Selbstbestimmung Schadensersatz zu leisten, kann auch wegen des Schadens, der nicht Vermögensschaden ist, eine billige Entschädigung in Geld gefordert werden.

[1] Zu § 253 s. § 619 a Rn. 82 ff.

§ 273 Zurückbehaltungsrecht

(1) Hat der Schuldner aus demselben rechtlichen Verhältnis, auf dem seine Verpflichtung beruht, einen fälligen Anspruch gegen den Gläubiger, so kann er, sofern nicht aus dem Schuldverhältnis sich ein anderes ergibt, die geschuldete Leistung verweigern, bis die ihm gebührende Leistung bewirkt wird (Zurückbehaltungsrecht).

(2) Wer zur Herausgabe eines Gegenstands verpflichtet ist, hat das gleiche Recht, wenn ihm ein fälliger Anspruch wegen Verwendungen auf den Gegenstand oder wegen eines ihm durch diesen verursachten Schadens zusteht, es sei denn, dass er den Gegenstand durch eine vorsätzlich begangene unerlaubte Handlung erlangt hat.

(3) [1] Der Gläubiger kann die Ausübung des Zurückbehaltungsrechts durch Sicherheitsleistung abwenden. [2] Die Sicherheitsleistung durch Bürgen ist ausgeschlossen.

[1] Zu § 273 s. § 611 Rn. 577 und 851 f.

§ 274 Wirkungen des Zurückbehaltungsrechts

(1) Gegenüber der Klage des Gläubigers hat die Geltendmachung des Zurückbehaltungsrechts nur die Wirkung, dass der Schuldner zur Leistung gegen Empfang der ihm gebührenden Leistung (Erfüllung Zug um Zug) zu verurteilen ist.

(2) Auf Grund einer solchen Verurteilung kann der Gläubiger seinen Anspruch ohne Bewirkung der ihm obliegenden Leistung im Wege der Zwangsvollstreckung verfolgen, wenn der Schuldner im Verzug der Annahme ist.

§ 275 Ausschluss der Leistungspflicht

(1) Der Anspruch auf Leistung ist ausgeschlossen, soweit diese für den Schuldner oder für jedermann unmöglich ist.

(2) [1] Der Schuldner kann die Leistung verweigern, soweit diese einen Aufwand erfordert, der unter Beachtung des Inhalts des Schuldverhältnisses und der Gebote von Treu und Glauben in einem groben Missverhältnis zu dem Leistungsinteresse des Gläubigers steht. [2] Bei der Bestimmung der dem Schuldner zuzumutenden Anstrengungen ist auch zu berücksichtigen, ob der Schuldner das Leistungshindernis zu vertreten hat.

Preis

(3) Der Schuldner kann die Leistung ferner verweigern, wenn er die Leistung persönlich zu erbringen hat und sie ihm unter Abwägung des seiner Leistung entgegenstehenden Hindernisses mit dem Leistungsinteresse des Gläubigers nicht zugemutet werden kann.

(4) Die Rechte des Gläubigers bestimmen sich nach den §§ 280, 283 bis 285, 311 a und 326.

Amtlicher Hinweis: Diese Vorschrift dient auch der Umsetzung der Richtlinie 1999/44/EG des Europäischen Parlaments und des Rates vom 25. Mai 1999 zu bestimmten Aspekten des Verbrauchsgüterkaufs und der Garantien für Verbrauchsgüter (ABl. EG Nr. L 171 S. 12). 1

§ 276 Verantwortlichkeit des Schuldners

(1) ¹Der Schuldner hat Vorsatz und Fahrlässigkeit zu vertreten, wenn eine strengere oder mildere Haftung weder bestimmt noch aus dem sonstigen Inhalt des Schuldverhältnisses, insbesondere aus der Übernahme einer Garantie oder eines Beschaffungsrisikos zu entnehmen ist. ²Die Vorschriften der §§ 827 und 828 finden entsprechende Anwendung.

(2) Fahrlässig handelt, wer die im Verkehr erforderliche Sorgfalt außer Acht lässt.

(3) Die Haftung wegen Vorsatzes kann dem Schuldner nicht im Voraus erlassen werden.

§ 277 Sorgfalt in eigenen Angelegenheiten

Wer nur für diejenige Sorgfalt einzustehen hat, welche er in eigenen Angelegenheiten anzuwenden pflegt, ist von der Haftung wegen grober Fahrlässigkeit nicht befreit.

§ 278 Verantwortlichkeit des Schuldners für Dritte

¹Der Schuldner hat ein Verschulden seines gesetzlichen Vertreters und der Personen, deren er sich zur Erfüllung seiner Verbindlichkeit bedient, in gleichem Umfang zu vertreten wie eigenes Verschulden. ²Die Vorschrift des § 276 Abs. 3 findet keine Anwendung.

§ 279 *(weggefallen)*

§ 280 Schadensersatz wegen Pflichtverletzung

(1) ¹Verletzt der Schuldner eine Pflicht aus dem Schuldverhältnis, so kann der Gläubiger Ersatz des hierdurch entstehenden Schadens verlangen. ²Dies gilt nicht, wenn der Schuldner die Pflichtverletzung nicht zu vertreten hat.

(2) Schadensersatz wegen Verzögerung der Leistung kann der Gläubiger nur unter der zusätzlichen Voraussetzung des § 286 verlangen.

(3) Schadensersatz statt der Leistung kann der Gläubiger nur unter den zusätzlichen Voraussetzungen des § 281, des § 282 oder des § 283 verlangen.

§ 281 Schadensersatz statt der Leistung wegen nicht oder nicht wie geschuldet erbrachter Leistung

(1) ¹Soweit der Schuldner die fällige Leistung nicht oder nicht wie geschuldet erbringt, kann der Gläubiger unter den Voraussetzungen des § 280 Abs. 1 Schadensersatz statt der Leistung verlangen, wenn er dem Schuldner erfolglos eine angemessene Frist zur Leistung oder Nacherfüllung bestimmt hat. ²Hat der Schuldner eine Teilleistung bewirkt, so kann der Gläubiger Schadensersatz statt der ganzen Leistung nur verlangen, wenn er an der Teilleistung kein Interesse hat. ³Hat der Schuldner die Leistung nicht wie geschuldet bewirkt, so kann der Gläubiger Schadensersatz statt der ganzen Leistung nicht verlangen, wenn die Pflichtverletzung unerheblich ist.

(2) Die Fristsetzung ist entbehrlich, wenn der Schuldner die Leistung ernsthaft und endgültig verweigert oder wenn besondere Umstände vorliegen, die unter Abwägung der beiderseitigen Interessen die sofortige Geltendmachung des Schadensersatzanspruchs rechtfertigen.

(3) Kommt nach der Art der Pflichtverletzung eine Fristsetzung nicht in Betracht, so tritt an deren Stelle eine Abmahnung.

(4) Der Anspruch auf die Leistung ist ausgeschlossen, sobald der Gläubiger statt der Leistung Schadensersatz verlangt hat.

(5) Verlangt der Gläubiger Schadensersatz statt der ganzen Leistung, so ist der Schuldner zur Rückforderung des Geleisteten nach den §§ 346 bis 348 berechtigt.

Preis

§ 282 Schadensersatz statt der Leistung wegen Verletzung einer Pflicht nach § 241 Abs. 2

Verletzt der Schuldner eine Pflicht nach § 241 Abs. 2, kann der Gläubiger unter den Voraussetzungen des § 280 Abs. 1 Schadensersatz statt der Leistung verlangen, wenn ihm die Leistung durch den Schuldner nicht mehr zuzumuten ist.

§ 283 Schadensersatz statt der Leistung bei Ausschluss der Leistungspflicht

¹Braucht der Schuldner nach § 275 Abs. 1 bis 3 nicht zu leisten, kann der Gläubiger unter den Voraussetzungen des § 280 Abs. 1 Schadensersatz statt der Leistung verlangen. ²§ 281 Abs. 1 Satz 2 und 3 und Abs. 5 findet entsprechende Anwendung.

§ 284 Ersatz vergeblicher Aufwendungen

Anstelle des Schadensersatzes statt der Leistung kann der Gläubiger Ersatz der Aufwendungen verlangen, die er im Vertrauen auf den Erhalt der Leistung gemacht hat und billigerweise machen durfte, es sei denn, deren Zweck wäre auch ohne die Pflichtverletzung des Schuldners nicht erreicht worden.

§ 285 Herausgabe des Ersatzes

(1) Erlangt der Schuldner infolge des Umstands, auf Grund dessen er die Leistung nach § 275 Abs. 1 bis 3 nicht zu erbringen braucht, für den geschuldeten Gegenstand einen Ersatz oder einen Ersatzanspruch, so kann der Gläubiger Herausgabe des als Ersatz Empfangenen oder Abtretung des Ersatzanspruchs verlangen.

(2) Kann der Gläubiger statt der Leistung Schadensersatz verlangen, so mindert sich dieser, wenn er von dem in Absatz 1 bestimmten Recht Gebrauch macht, um den Wert des erlangten Ersatzes oder Ersatzanspruchs.

§ 286 Verzug des Schuldners

(1) ¹Leistet der Schuldner auf eine Mahnung des Gläubigers nicht, die nach dem Eintritt der Fälligkeit erfolgt, so kommt er durch die Mahnung in Verzug. ²Der Mahnung stehen die Erhebung der Klage auf die Leistung sowie die Zustellung eines Mahnbescheids im Mahnverfahren gleich.

(2) Der Mahnung bedarf es nicht, wenn
1. für die Leistung eine Zeit nach dem Kalender bestimmt ist,
2. der Leistung ein Ereignis vorauszugehen hat und eine angemessene Zeit für die Leistung in der Weise bestimmt ist, dass sie sich vom dem Ereignis an nach dem Kalender berechnen lässt,
3. der Schuldner die Leistung ernsthaft und endgültig verweigert,
4. aus besonderen Gründen unter Abwägung der beiderseitigen Interessen der sofortige Eintritt des Verzugs gerechtfertigt ist.

(3) ¹Der Schuldner einer Entgeltforderung kommt spätestens in Verzug, wenn er nicht innerhalb von 30 Tagen nach Fälligkeit und Zugang einer Rechnung oder gleichwertigen Zahlungsaufstellung leistet; dies gilt gegenüber einem Schuldner, der Verbraucher ist, nur, wenn auf diese Folgen in der Rechnung oder Zahlungsaufstellung besonders hingewiesen worden ist. ²Wenn der Zeitpunkt des Zugangs der Rechnung oder Zahlungsaufstellung unsicher ist, kommt der Schuldner, der nicht Verbraucher ist, spätestens 30 Tage nach Fälligkeit und Empfang der Gegenleistung in Verzug.

(4) Der Schuldner kommt nicht in Verzug, solange die Leistung infolge eines Umstands unterbleibt, den er nicht zu vertreten hat.

1   Amtlicher Hinweis: Diese Vorschrift dient zum Teil auch der Umsetzung der Richtlinie 2000/35/EG des Europäischen Parlaments und des Rates vom 29. Juni 2000 zur Bekämpfung von Zahlungsverzug im Geschäftsverkehr (ABl. EG Nr. L 200 S. 35).

§ 287 Verantwortlichkeit während des Verzugs

¹Der Schuldner hat während des Verzugs jede Fahrlässigkeit zu vertreten. ²Er haftet wegen der Leistung auch für Zufall, es sei denn, dass der Schaden auch bei rechtzeitiger Leistung eingetreten sein würde.

§ 288 Verzugszinsen

(1) ¹Eine Geldschuld ist während des Verzugs zu verzinsen. ²Der Verzugszinssatz beträgt für das Jahr fünf Prozentpunkte über dem Basiszinssatz.

(2) Bei Rechtsgeschäften, an denen ein Verbraucher nicht beteiligt ist, beträgt der Zinssatz für Entgeltforderungen acht Prozentpunkte über dem Basiszinssatz.

(3) Der Gläubiger kann aus einem anderen Rechtsgrund höhere Zinsen verlangen.

(4) Die Geltendmachung eines weiteren Schadens ist nicht ausgeschlossen.

Amtlicher Hinweis: Diese Vorschrift dient zum Teil auch der Umsetzung der Richtlinie 2000/35/EG des Europäischen Parlaments und des Rates vom 29. Juni 2000 zur Bekämpfung von Zahlungsverzug im Geschäftsverkehr (Abl. EG Nr. L 200 S. 35).

Zu §§ 275 bis 288 s. § 611 Rn. 835 ff. S. auch § 619a Rn. 51 ff.

Titel 2. Verzug des Gläubigers

§ 293 Annahmeverzug

Der Gläubiger kommt in Verzug, wenn er die ihm angebotene Leistung nicht annimmt.

§ 294 Tatsächliches Angebot

Die Leistung muss dem Gläubiger so, wie sie zu bewirken ist, tatsächlich angeboten werden.

§ 295 Wörtliches Angebot

¹Ein wörtliches Angebot des Schuldners genügt, wenn der Gläubiger ihm erklärt hat, dass er die Leistung nicht annehmen werde, oder wenn zur Bewirkung der Leistung eine Handlung des Gläubigers erforderlich ist, insbesondere wenn der Gläubiger die geschuldete Sache abzuholen hat. ²Dem Angebot der Leistung steht die Aufforderung an den Gläubiger gleich, die erforderliche Handlung vorzunehmen.

§ 296 Entbehrlichkeit des Angebots

¹Ist für die von dem Gläubiger vorzunehmende Handlung eine Zeit nach dem Kalender bestimmt, so bedarf es des Angebots nur, wenn der Gläubiger die Handlung rechtzeitig vornimmt. ²Das Gleiche gilt, wenn der Handlung ein Ereignis vorauszugehen hat und eine angemessene Zeit für die Handlung in der Weise bestimmt ist, dass sie sich von dem Ereignis an nach dem Kalender berechnen lässt.

§ 297 Unvermögen des Schuldners

Der Gläubiger kommt nicht in Verzug, wenn der Schuldner zur Zeit des Angebots oder im Falle des § 296 zu der für die Handlung des Gläubigers bestimmten Zeit außerstande ist, die Leistung zu bewirken.

§ 298 Zug-um-Zug-Leistungen

Ist der Schuldner nur gegen eine Leistung des Gläubigers zu leisten verpflichtet, so kommt der Gläubiger in Verzug, wenn er zwar die angebotene Leistung anzunehmen bereit ist, die verlangte Gegenleistung aber nicht anbietet.

§ 299 Vorübergehende Annahmeverhinderung

Ist die Leistungszeit nicht bestimmt oder ist der Schuldner berechtigt, vor der bestimmten Zeit zu leisten, so kommt der Gläubiger nicht dadurch in Verzug, dass er vorübergehend an der Annahme der angebotenen Leistung verhindert ist, es sei denn, dass der Schuldner ihm die Leistung eine angemessene Zeit vorher angekündigt hat.

Preis

§ 300 Wirkungen des Gläubigerverzugs

(1) Der Schuldner hat während des Verzugs des Gläubigers nur Vorsatz und grobe Fahrlässigkeit zu vertreten.

(2) Wird eine nur der Gattung nach bestimmte Sache geschuldet, so geht die Gefahr mit dem Zeitpunkt auf den Gläubiger über, in welchem er dadurch in Verzug kommt, dass er die angebotene Sache nicht annimmt.

1   Zu §§ 293–300 s. § 615 Rn. 1 ff.

§ 301 Wegfall der Verzinsung

Von einer verzinslichen Geldschuld hat der Schuldner während des Verzugs des Gläubigers Zinsen nicht zu entrichten.

§ 302 Nutzungen

Hat der Schuldner die Nutzungen eines Gegenstands herauszugeben oder zu ersetzen, so beschränkt sich seine Verpflichtung während des Verzugs des Gläubigers auf die Nutzungen, welche er zieht.

§ 303 Recht zur Besitzaufgabe

¹ Ist der Schuldner zur Herausgabe eines Grundstücks oder eines eingetragenen Schiffs oder Schiffsbauwerks verpflichtet, so kann er nach dem Eintritt des Verzugs des Gläubigers den Besitz aufgeben. ² Das Aufgeben muss dem Gläubiger vorher angedroht werden, es sei denn, dass die Androhung untunlich ist.

§ 304 Ersatz von Mehraufwendungen

Der Schuldner kann im Falle des Verzugs des Gläubigers Ersatz der Mehraufwendungen verlangen, die er für das erfolglose Angebot sowie für die Aufbewahrung und Erhaltung des geschuldeten Gegenstands machen musste.

Abschnitt 2. Gestaltung rechtsgeschäftlicher Schuldverhältnisse durch Allgemeine Geschäftsbedingungen

§ 305 Einbeziehung Allgemeiner Geschäftsbedingungen in den Vertrag

(1) ¹ Allgemeine Geschäftsbedingungen sind alle für eine Vielzahl von Verträgen vorformulierten Vertragsbedingungen, die eine Vertragspartei (Verwender) der anderen Vertragspartei bei Abschluss eines Vertrags stellt. ² Gleichgültig ist, ob die Bestimmungen einen äußerlich gesonderten Bestandteil des Vertrags bilden oder in die Vertragsurkunde selbst aufgenommen werden, welchen Umfang sie haben, in welcher Schriftart sie verfasst sind und welche Form der Vertrag hat. ³ Allgemeine Geschäftsbedingungen liegen nicht vor, soweit die Vertragsbedingungen zwischen den Vertragsparteien im Einzelnen ausgehandelt sind.

(2) Allgemeine Geschäftsbedingungen werden nur dann Bestandteil eines Vertrags, wenn der Verwender bei Vertragsschluss
1. die andere Vertragspartei ausdrücklich oder, wenn ein ausdrücklicher Hinweis wegen der Art des Vertragsschlusses nur unter unverhältnismäßigen Schwierigkeiten möglich ist, durch deutlich sichtbaren Aushang am Ort des Vertragsschlusses auf sie hinweist und
2. der anderen Vertragspartei die Möglichkeit verschafft, in zumutbarer Weise, die auch eine für den Verwender erkennbare körperliche Behinderung der anderen Vertragspartei angemessen berücksichtigt, von ihrem Inhalt Kenntnis zu nehmen,
und wenn die andere Vertragspartei mit ihrer Geltung einverstanden ist.

(3) Die Vertragsparteien können für eine bestimmte Art von Rechtsgeschäften die Geltung bestimmter Allgemeiner Geschäftsbedingungen unter Beachtung der in Absatz 2 bezeichneten Erfordernisse im Voraus vereinbaren.

§ 305 a Einbeziehung in besonderen Fällen. *(nicht abgedruckt)*

§ 305 b Vorrang der Individualabrede
Individuelle Vertragsabreden haben Vorrang vor Allgemeinen Geschäftsbedingungen.

§ 305 c Überraschende und mehrdeutige Klauseln
(1) Bestimmungen in Allgemeinen Geschäftsbedingungen, die nach den Umständen, insbesondere nach dem äußeren Erscheinungsbild des Vertrags, so ungewöhnlich sind, dass der Vertragspartner des Verwenders mit ihnen nicht zu rechnen braucht, werden nicht Vertragsbestandteil.
(2) Zweifel bei der Auslegung Allgemeiner Geschäftsbedingungen gehen zu Lasten des Verwenders.

§ 306 Rechtsfolgen bei Nichteinbeziehung und Unwirksamkeit
(1) Sind Allgemeine Geschäftsbedingungen ganz oder teilweise nicht Vertragsbestandteil geworden oder unwirksam, so bleibt der Vertrag im Übrigen wirksam.
(2) Soweit die Bestimmungen nicht Vertragsbestandteil geworden oder unwirksam sind, richtet sich der Inhalt des Vertrags nach den gesetzlichen Vorschriften.
(3) Der Vertrag ist unwirksam, wenn das Festhalten an ihm auch unter Berücksichtigung der nach Absatz 2 vorgesehenen Änderung eine unzumutbare Härte für eine Vertragspartei darstellen würde.

§ 306 a Umgehungsverbot
Die Vorschriften dieses Abschnitts finden auch Anwendung, wenn sie durch anderweitige Gestaltungen umgangen werden.

§ 307 Inhaltskontrolle
(1) [1] Bestimmungen in Allgemeinen Geschäftsbedingungen sind unwirksam, wenn sie den Vertragspartner des Verwenders entgegen den Geboten von Treu und Glauben unangemessen benachteiligen. [2] Eine unangemessene Benachteiligung kann sich auch daraus ergeben, dass die Bestimmung nicht klar und verständlich ist.
(2) Eine unangemessene Benachteiligung ist im Zweifel anzunehmen, wenn eine Bestimmung
1. mit wesentlichen Grundgedanken der gesetzlichen Regelung, von der abgewichen wird, nicht zu vereinbaren ist oder
2. wesentliche Rechte oder Pflichten, die sich aus der Natur des Vertrags ergeben, so einschränkt, dass die Erreichung des Vertragszwecks gefährdet ist.
(3) [1] Die Absätze 1 und 2 sowie die §§ 308 und 309 gelten nur für Bestimmungen in Allgemeinen Geschäftsbedingungen, durch die von Rechtsvorschriften abweichende oder diese ergänzende Regelungen vereinbart werden. [2] Andere Bestimmungen können nach Absatz 1 Satz 2 in Verbindung mit Absatz 1 Satz 1 unwirksam sein.

§ 308 Klauselverbote mit Wertungsmöglichkeit
In Allgemeinen Geschäftsbedingungen ist insbesondere unwirksam
1. (Annahme- und Leistungsfrist)
eine Bestimmung, durch die sich der Verwender unangemessen lange oder nicht hinreichend bestimmte Fristen für die Annahme oder Ablehnung eines Angebots oder die Erbringung einer Leistung vorbehält; ausgenommen hiervon ist der Vorbehalt, erst nach Ablauf der Widerrufs- oder Rückgabefrist nach § 355 Abs. 1 und 2 und § 356 zu leisten;
2., 3. *(nicht abgedruckt)*
4. (Änderungsvorbehalt)
die Vereinbarung eines Rechts des Verwenders, die versprochene Leistung zu ändern oder von ihr abzuweichen, wenn nicht die Vereinbarung der Änderung oder Abweichung unter Berücksichtigung der Interessen des Verwenders für den anderen Vertragsteil zumutbar ist;

5. (Fingierte Erklärungen)
eine Bestimmung, wonach eine Erklärung des Vertragspartners des Verwenders bei Vornahme oder Unterlassung einer bestimmten Handlung als von ihm abgegeben oder nicht abgegeben gilt, es sei denn, dass
   a) dem Vertragspartner eine angemessene Frist zur Abgabe einer ausdrücklichen Erklärung eingeräumt ist und
   b) der Verwender sich verpflichtet, den Vertragspartner bei Beginn der Frist auf die vorgesehene Bedeutung seines Verhaltens besonders hinzuweisen;...
6. (Fiktion des Zugangs)
eine Bestimmung, die vorsieht, dass eine Erklärung des Verwenders von besonderer Bedeutung dem anderen Vertragsteil als zugegangen gilt;
7. (Abwicklung von Verträgen)
eine Bestimmung, nach der der Verwender für den Fall, dass eine Vertragspartei vom Vertrag zurücktritt oder den Vertrag kündigt,
   a) eine unangemessen hohe Vergütung für die Nutzung oder den Gebrauch einer Sache oder eines Rechts oder für erbrachte Leistungen oder
   b) einen unangemessen hohen Ersatz von Aufwendungen verlangen kann;
8. *(nicht abgedruckt)*

§ 309 Klauselverbote ohne Wertungsmöglichkeit

Auch soweit eine Abweichung von den gesetzlichen Vorschriften zulässig ist, ist in Allgemeinen Geschäftsbedingungen unwirksam
1. *(nicht abgedruckt)*
2. (Leistungsverweigerungsrechte)
eine Bestimmung, durch die
   a) das Leistungsverweigerungsrecht, das dem Vertragspartner des Verwenders nach § 320 zusteht, ausgeschlossen oder eingeschränkt wird oder
   b) ein dem Vertragspartner des Verwenders zustehendes Zurückbehaltungsrecht, soweit es auf demselben Vertragsverhältnis beruht, ausgeschlossen oder eingeschränkt, insbesondere von der Anerkennung von Mängeln durch den Verwender abhängig gemacht wird;
3. (Aufrechnungsverbot)
eine Bestimmung, durch die dem Vertragspartner des Verwenders die Befugnis genommen wird, mit einer unbestrittenen oder rechtskräftig festgestellten Forderung aufzurechnen;
4. (Mahnung, Fristsetzung)
eine Bestimmung, durch die der Verwender von der gesetzlichen Obliegenheit freigestellt wird, den anderen Vertragsteil zu mahnen oder ihm eine Frist für die Leistung oder Nacherfüllung zu setzen;
5. (Pauschalierung von Schadensersatzansprüchen)
die Vereinbarung eines pauschalierten Anspruchs des Verwenders auf Schadensersatz oder Ersatz einer Wertminderung, wenn
   a) die Pauschale den in den geregelten Fällen nach dem gewöhnlichen Lauf der Dinge zu erwartenden Schaden oder die gewöhnlich eintretende Wertminderung übersteigt oder
   b) dem anderen Vertragsteil nicht ausdrücklich der Nachweis gestattet wird, ein Schaden oder eine Wertminderung sei überhaupt nicht entstanden oder wesentlich niedriger als die Pauschale;
6. (Vertragsstrafe)
eine Bestimmung, durch die dem Verwender für den Fall der Nichtabnahme oder verspäteten Abnahme der Leistung, des Zahlungsverzugs oder für den Fall, dass der andere Vertragsteil sich vom Vertrag löst, Zahlung einer Vertragsstrafe versprochen wird;
7. (Haftungsausschluss bei Verletzung von Leben, Körper, Gesundheit und bei grobem Verschulden)
   a) (Verletzung von Leben, Körper, Gesundheit)
   ein Ausschluss oder eine Begrenzung der Haftung für Schäden aus der Verletzung des Lebens, des Körpers oder der Gesundheit, die auf einer fahrlässigen Pflichtverletzung des Verwenders oder einer vorsätzlichen oder fahrlässigen Pflichtverletzung eines gesetzlichen Vertreters oder Erfüllungsgehilfen des Verwenders beruhen;
   b) (Grobes Verschulden)
   ein Ausschluss oder eine Begrenzung der Haftung für sonstige Schäden, die auf einer grob fahrlässigen Pflichtverletzung des Verwenders oder auf einer vorsätzlichen oder grob fahrlässigen Pflichtverletzung eines gesetzlichen Vertreters oder Erfüllungsgehilfen des Verwenders beruhen;...

8. (Sonstige Haftungsausschlüsse bei Pflichtverletzung)
   a) (Ausschluss des Rechts, sich vom Vertrag zu lösen)
      eine Bestimmung, die bei einer vom Verwender zu vertretenden, nicht in einem Mangel der Kaufsache oder des Werkes bestehenden Pflichtverletzung das Recht des anderen Vertragsteils, sich vom Vertrag zu lösen, ausschließt oder einschränkt; ...
   b) ...
9. (Laufzeit bei Dauerschuldverhältnissen)
   bei einem Vertragsverhältnis, das die regelmäßige Lieferung von Waren oder die regelmäßige Erbringung von Dienst- oder Werkleistungen durch den Verwender zum Gegenstand hat,
   a) eine den anderen Vertragsteil länger als zwei Jahre bindende Laufzeit des Vertrags,
   b) eine den anderen Vertragsteil bindende stillschweigende Verlängerung des Vertragsverhältnisses um jeweils mehr als ein Jahr oder
   c) zu Lasten des anderen Vertragsteils eine längere Kündigungsfrist als drei Monate vor Ablauf der zunächst vorgesehenen oder stillschweigend verlängerten Vertragsdauer; ...
10. (Wechsel des Vertragspartners)
    eine Bestimmung, wonach bei Kauf-, Dienst- oder Werkverträgen ein Dritter anstelle des Verwenders in die sich aus dem Vertrag ergebenden Rechte und Pflichten eintritt oder eintreten kann, es sei denn, in der Bestimmung wird
    a) der Dritte namentlich bezeichnet oder
    b) dem anderen Vertragsteil das Recht eingeräumt, sich vom Vertrag zu lösen;
11. (Haftung des Abschlussvertreters)
    eine Bestimmung, durch die der Verwender einem Vertreter, der den Vertrag für den anderen Vertragsteil abschließt,
    a) ohne hierauf gerichtete ausdrückliche und gesonderte Erklärung eine eigene Haftung oder Einstandspflicht oder
    b) im Falle vollmachtsloser Vertretung eine über § 179 hinausgehende Haftung
    auferlegt;
12. (Beweislast)
    eine Bestimmung, durch die der Verwender die Beweislast zum Nachteil des anderen Vertragsteils ändert, insbesondere indem er
    a) diesem die Beweislast für Umstände auferlegt, die im Verantwortungsbereich des Verwenders liegen, oder
    b) den anderen Vertragsteil bestimmte Tatsachen bestätigen lässt;
    Buchstabe b gilt nicht für Empfangsbekenntnisse, die gesondert unterschrieben oder mit einer gesonderten qualifizierten elektronischen Signatur versehen sind;
13. (Form von Anzeigen und Erklärungen)
    eine Bestimmung, durch die Anzeigen oder Erklärungen, die dem Verwender oder einem Dritten gegenüber abzugeben sind, an eine strengere Form als die Schriftform oder an besondere Zugangserfordernisse gebunden werden.

§ 310 Anwendungsbereich

(1) ¹§ 305 Abs. 2 und 3 und die §§ 308 und 309 finden keine Anwendung auf Allgemeine Geschäftsbedingungen, die gegenüber einem Unternehmer, einer juristischen Person des öffentlichen Rechts oder einem öffentlich-rechtlichen Sondervermögen verwendet werden. ²§ 307 Abs. 1 und 2 findet in den Fällen des Satzes 1 auch insoweit Anwendung, als dies zur Unwirksamkeit von in den §§ 308 und 309 genannten Vertragsbestimmungen führt; auf die im Handelsverkehr geltenden Gewohnheiten und Gebräuche ist angemessen Rücksicht zu nehmen.

(2) *(nicht abgedruckt)*

(3) Bei Verträgen zwischen einem Unternehmer und einem Verbraucher (Verbraucherverträge) finden die Vorschriften dieses Abschnitts mit folgenden Maßgaben Anwendung:
1. Allgemeine Geschäftsbedingungen gelten als vom Unternehmer gestellt, es sei denn, dass sie durch den Verbraucher in den Vertrag eingeführt wurden;
2. § 305 c Abs. 2 und die §§ 306 und 307 bis 309 dieses Gesetzes sowie Artikel 29 a des Einführungsgesetzes zum Bürgerlichen Gesetzbuche finden auf vorformulierte Vertragsbedingungen auch dann Anwendung, wenn diese nur zur einmaligen Verwendung bestimmt sind und soweit der Verbraucher auf Grund der Vorformulierung auf ihren Inhalt keinen Einfluss nehmen konnte;
3. bei der Beurteilung der unangemessenen Benachteiligung nach § 307 Abs. 1 und 2 sind auch die den Vertragsschluss begleitenden Umstände zu berücksichtigen.

(4) ¹Dieser Abschnitt findet keine Anwendung bei Verträgen auf dem Gebiet des Erb-, Familien- und Gesellschaftsrechts sowie auf Tarifverträge, Betriebs- und Dienstvereinbarungen. ²Bei der Anwendung auf Arbeitsverträge sind die im Arbeitsrecht geltenden Besonderheiten angemes-

sen zu berücksichtigen; § 305 Abs. 2 und 3 ist nicht anzuwenden. [3] Tarifverträge, Betriebs- und Dienstvereinbarungen stehen Rechtsvorschriften im Sinne von § 307 Abs. 3 gleich.

Übersicht

	Rn.		Rn.
A. Das Recht der Allgemeinen Geschäftsbedingungen im Arbeitsrecht	1	(2) Erscheinungsbild des Gesamtvertrags	47
I. Intention des Gesetzgebers	1	(3) Verfassungsrechtliche Wertungen	48
II. Abgrenzung zu anderen Kontrollinstrumenten	4	(4) Risikoverteilung	49
		(5) Kündigungserschwerungen	50
1. Verbotsgesetze; Sittenwidrigkeit; Kollektivverträge	5	c) Einzelne Vertragsklauseln	51
2. Verbot der Gesetzesumgehung	6	aa) Änderungsvorbehalte (Anrechnungs-, Freiwilligkeits-, Widerrufsvorbehalte, Befristung einzelner Arbeitsbedingungen; Direktionsrechtserweiterung)	51
3. Billigkeitskontrolle	7		
III. Die Systematik des § 310 IV	9		
1. Kontrolle kollektiver Regelungen	10		
a) Tarifverträge	11		
b) Betriebs- und Dienstvereinbarungen	12	(1) Veränderung von Dauer, Lage und Art der Arbeit	55
2. Kontrolle einzelvertraglicher Regelungen	13	(2) Widerrufsvorbehalte	56
		(3) Teilkündigungsklauseln	62
a) Grundsatz	13	(4) Anrechnungsvorbehalte	64
b) Besonderheiten des Arbeitsrechts	14	(5) Freiwilligkeitsvorbehalte	68
		(6) Befristung einzelner Arbeitsbedingungen	73
c) Inhaltskontrolle einbezogener kollektiver Regelungen	15	bb) Ausgleichsquittungen	74 b
aa) Globalverweisungen	16	cc) Ausschlussfristen	75
bb) Einzelverweisungen	19	dd) Aufrechnungsverbote	76
cc) Teilverweisungen	20	ee) Beweislastvereinbarungen	77
IV. Übergangsrecht	23	ff) Darlehen	78
		gg) Entgeltrisiko	79
B. Allgemeine Geschäftsbedingungen als Kontrollgegenstand	25	hh) Form von Anzeigen und Erklärungen	80
		ii) Haftungsausschlüsse	81
C. Einbeziehungskontrolle	29	jj) Konzernversetzungsklauseln	83
		kk) Mahnung und Fristsetzung	84
D. Überraschende Klauseln	32	ll) Mankoabreden	85
		mm) Mehrarbeits- und Überstundenvergütung	88
E. Mehrdeutige Klauseln	34	nn) Rückzahlungsklauseln, überzahltes Arbeitsentgelt	90
F. Die Inhaltskontrolle	35		
1. Schranken der Inhaltskontrolle	36	oo) Rückzahlungsklauseln, Ausbildungs- und Fortbildungskosten	91
2. Die Angemessenheitskontrolle nach den §§ 307–309	40		
a) Besondere Klauselverbote	40	pp) Salvatorische Klauseln	92
b) Leitlinien der Angemessenheitskontrolle nach § 307	41	qq) Vertragsstrafen und Schadenspauschalierungen	93
aa) Gesetzliche Beispiele unangemessener Benachteiligung	43	rr) Verzichtsklauseln	96
		ss) Zugangsfiktionen	97
bb) Kriterienkatalog	45	tt) Zurückbehaltungsrechte	98
(1) Art des Arbeitsvertrags, Stellung des Arbeitnehmers	46	3. Rechtsfolgen unwirksamer Vertragsbestimmungen	99
		4. Verfahren	100

Schrifttum: *Fastrich,* Richterliche Inhaltskontrolle im Privatrecht, 1992; *Hildebrandt,* Disparität und Inhaltskontrolle im Arbeitsrecht, 1987; *v. Hoyningen-Huene,* Die Billigkeit im Arbeitsrecht, 1978; *Lindemann,* Flexible Gestaltung von Arbeitsverträgen nach der Schuldrechtsreform, Diss. Köln 2003; *Preis,* Der Arbeitsvertrag, 2002; *ders.,* Grundfragen der Vertragsgestaltung im Arbeitsrecht, 1992; *Stoffels,* AGB-Recht, 2003; *Westhoff,* Die Inhaltskontrolle von Arbeitsverträgen, Rechtsanwendung, Rechtsfortbildung oder Rechtspolitik?, 1975.

A. Das Recht der Allgemeinen Geschäftsbedingungen im Arbeitsrecht

I. Intention des Gesetzgebers

1   Das AGBG, das durch das Schuldrechtsmodernisierungsgesetz mit den §§ 305 ff. in das BGB integriert worden ist, war bislang nach dem Wortlaut des § 23 I AGBG auf das Arbeitsrecht insgesamt nicht anwendbar. Dies bedeutete aber nicht, dass im Arbeitsrecht keine Inhaltskontrolle, die Kern-

bestandteil des AGBG war, von Arbeitsverträgen vorgenommen wurde. In der Literatur war schon bisher nachgewiesen, dass die Bereichausnahme in § 23 I AGBG allzu positivistisch interpretiert worden ist und der Heranziehung der allgemeinen Rechtsgedanken des AGBG auch im Arbeitsrecht nicht entgegenstand (im Grundsatz bereits *Coester-Waltjen* AcP 190, 1990, 1, 16; *Zöllner* RdA 1989, 152, 158; *Wolf* RdA 1988, 269; MünchArbR/*Richardi* § 14 Rn. 61 ff.; *Krause* AR-Blattei SD 220.2.1 Rn. 41 ff.; *Koller* SAE 1994, 48 ff.; *Reinecke* NZA 2000 Beilage 3, 23 ff.; *Hromadka* FS Dieterich 1999 S. 251 ff.; *Fenn* FS Söllner 2000 S. 333 ff.; ausf. *Preis* Vertragsgestaltung S. 237 ff.; aus der Rspr.: ArbG Herne 8. 6. 1989 AuR 1990, 162; LAG Köln 15. 3. 1991 LAGE BGB § 339 Nr. 4; LAG Saarland 29. 4. 1987 LAGE AGB-Gesetz § 9 Nr. 1 = NZA 1988, 164; LAG Bremen 28. 7. 1987 NZA 1987, 815; LAG Niedersachsen 14. 1. 1992 LAGE BGB § 611 Personalrabatt Nr. 2; LAG Hamm 19. 2. 1993 NZA 1994, 559 = LAGE BGB § 607 Nr. 2).

Die **Rspr. des BAG** verhielt sich uneinheitlich. Zwar meinte das BAG, § 23 I AGBG hindere eine unmittelbare ebenso wie eine entspr. Anwendung des AGBG (BAG 27. 5. 1992 EzA BGB § 339 Nr. 8; BAG 14. 11. 1993 AP BGB § 611 Mehrarbeitsvergütung Nr. 11; zuletzt BAG 27. 2. 2002 AP TVG § 4 Ausschlussfristen Nr. 162). Dies hinderte das BAG jedoch nicht, im Rahmen der „arbeitsrechtlichen Inhaltskontrolle", deren Rechtsgrundlage es letztlich in § 242 sah, Grundgedanken der AGB-Kontrolle heranzuziehen (BAG 16. 3. 1994 AP BGB § 611 Ausbildungsbeihilfe Nr. 18 = NZA 1996, 702). Insb. der 5. Senat des BAG hat die Grundsätze des AGBG tw. unmittelbar, tw. analog für Fragen der Inhaltskontrolle fruchtbar gemacht (zu **Darlehensverträgen** BAG 23. 9. 1992 AP BGB § 611 Arbeitnehmerdarlehen Nr. 1; BAG 23. 2. 1999 AP BGB § 611 Arbeitnehmerdarlehen Nr. 4; zu **Kaufverträgen mit AN** BAG 26. 5. 1993 AP AGB-Gesetz § 23 Nr. 3 = NZA 1993, 1029; hierzu *Koller* SAE 1994, 48 ff.; krit. *Nicolai* ZIP 1995, 359; zu **Leasingverträgen mit AN** LAG Düsseldorf 18. 5. 1995 LAGE BGB § 611 Inhaltskontrolle Nr. 1). Im Kernbereich arbeitsrechtlicher Materien hat der 5. Senat die Inhaltskontrolle auf § 242 gestützt (**Mehrarbeitsvergütung** BAG 24. 11. 1993 AP BGB § 611 Mehrarbeitsvergütung Nr. 11 = NZA 1994, 759; vgl. auch LAG Köln 20. 12. 2001 AuR 2002, 193 **zur Rückzahlungsvereinbarung über Ausbildungskosten** BAG 16. 3. 1994 AP BGB § 611 Ausbildungsbeihilfe Nr. 18 = NZA 1994, 937; BAG 6. 5. 1998 AP BGB § 611 Ausbildungsbeihilfe Nr. 28; BAG 21. 11. 2001 NZA 2002, 551; des Weiteren LAG Düsseldorf 3. 2001 NZA-RR 2002, 292; zu **Aus- und Weiterbildungsentschädigungen im Berufssport** BGH 27. 9. 1999 AP BGB § 611 Berufssport Nr. 17; **zu Ausschlussfristen** BAG 29. 11. 1995 AP BGB § 242 Nr. 13 = NZA 1996, 702). Der 10. Senat hat allerdings die Kontrolle einer arbeitsvertraglichen Bezugnahme auf einen TV nach Maßgabe des § 242 verneint (BAG 11. 1. 1995 ZTR 1995, 277). In einer Entscheidung aus dem Jahre 2000 hatte sich der 10. Senat des BAG noch einmal rigide gegen eine auch entsprechende Anwendung des AGBG im Arbeitsrecht gewandt (BAG 13. 12. 2000, NZA 2001, 723 m. abl. Anm. *Preis* RdA 2002, 42 ff.).

Diese **Rechtsunsicherheit** wollte der Gesetzgeber durch die Streichung der Bereichsausnahme im Arbeitsrecht beenden. Sachlich geht er davon aus, dass ein Bedürfnis gerichtlicher Kontrolle einseitig vom AG festgesetzter Arbeitsbedingungen angesichts des existentiellen Angewiesenseins des AN auf einen Arbeitsplatz von bes. Bedeutung ist. Das Schutzniveau der Inhaltskontrolle im Arbeitsrecht soll nicht hinter demjenigen des Zivilrechts zurückbleiben (BT-Drucks. 14/6857 S. 53 f.; BT-Drucks. 14/7052 S. 189). Die Grundsätze zur Vertragskontrolle hatten sich jedoch in der Rspr. von BGH und BAG auseinanderentwickelt (vgl. den Vergleich der Rspr. bei *Preis* AuR 1994, 139 ff.). Mit der Anwendung der §§ 305 ff. wie dem gesamten SchuldRModG findet ein Stück Reintegration des Arbeitsvertragsrechts in das BGB statt.

II. Abgrenzung zu anderen Kontrollinstrumenten

Die Kontrolle von Arbeitsverträgen an Hand von §§ 305 ff. ist aber nicht das einzige Instrument der Vertragsinhaltskontrolle.

1. Verbotsgesetze; Sittenwidrigkeit; Kollektivverträge. Die zunächst bei der Vertragsgestaltung zwingend zu beachtenden Grenzen sind das zweiseitig und einseitig zwingende Gesetzesrecht, ebenso wie das tarifdispositive Gesetzesrecht (§ 611 Rn. 404; 480). Die zwingenden Schranken der Sittenwidrigkeit (§ 138; s. § 611 Rn. 411; 480) und des Maßregelungsverbotes (§ 612 a; siehe dort) sind zu beachten. Die Anwendung der §§ 305 ff. auf das Arbeitsvertragsrecht führt jedoch dazu, die unterschiedlichen Kontrollansätze in der Rspr. des BAG zu überprüfen. Insb. § 138 ist auf seinen funktionsgerechten Kern zurückzuführen. § 138 ist insb. der richtige Kontrollansatz, um Entgeltabreden zu überprüfen, die im engeren Sinne einer Kontrolle nach §§ 307 ff. nicht zugänglich sind (hierzu § 611 Rn. 411; § 612 Rn. 3 ff.). In der Praxis sind wesentliche Schranken der arbeitsvertraglichen Vereinbarung die konkret geltenden TV oder BV (§ 4 I TVG, § 77 IV 1 BetrVG).

2. Verbot der Gesetzesumgehung. Hervorragende Bedeutung hat bislang in der Rspr. des BAG der Gesichtspunkt der funktionswidrigen Vertragsgestaltung durch objektive Gesetzesumgehung erlangt. Das Verbot von Umgehungsgeschäften ist ein allg. anerkannter Rechtsgrundsatz, der in einer Reihe spezialgesetzlicher Vorschriften ausdrücklich niedergelegt worden ist und in Bezug auf die §§ 305 ff. gemäß §§ 306 a, 310 IV jetzt ausdrücklich auch im Arbeitsvertragsrecht gilt. Es bedarf jedoch der

Differenzierung zwischen Fällen echter Gesetzesumgehungen, die sowohl in Individualverträgen als auch in TV unzulässig sind, und den Fällen der bloßen Inhalts- bzw. Angemessenheitskontrolle einseitig gestellter Vertragsbedingungen (ausf. *Preis* Vertragsgestaltung S. 163 ff.).

6a Das Institut der Gesetzesumgehung ist in der Vergangenheit allerdings zum Teil als Ersatz für die fehlende gesetzliche Ermächtigung zur Inhaltskontrolle **extensiv angewendet** worden. Zahlreiche Fallgruppen sind jedoch kein Fall der Gesetzesumgehung, sondern einer schlichten Inhaltskontrolle zum Schutz vor diktierten und unangemessen gestalteten Vertragsbedingungen. Dies zeigt sich deutlich nach der Aufhebung der Bereichsausnahme in § 310 IV für das Arbeitsvertragsrecht. So ist der Gedanke der Gesetzesumgehung zB für die Frage der **Rückzahlungsklauseln** herangezogen worden (BAG 27. 7. 1972 AP BGB § 611 Gratifikation Nr. 75; BAG 12. 10. 1972 AP BGB § 611 Gratifikation Nr. 77). Eine wesentliche Rolle spielte der Gedanke der Gesetzesumgehung bislang bei der Kontrolle von **Widerrufsvorbehalten** und **einseitigen Leistungsbestimmungsrechten** hins. der Vergütung und der Arbeitszeit (BAG 13. 5. 1987 AP BGB § 305 Billigkeitskontrolle Nr. 4; zuletzt BAG 7. 8. 2002 EzA BGB § 315 Nr. 51). Diese Problemstellungen unterliegen jetzt der Inhaltskontrolle an Hand von § 307 ff. (*Gotthardt* Rn. 312 ff.; vgl. hierzu auch *Schnitker/Grau* BB 2002, 2120, 2123). Die Befristungskontrolle hat nach dem In-Kraft-Treten des TzBfG ihre dogmatische Grundlage nicht mehr in der Umgehung des Kündigungsschutzes, sondern ist spezialgesetzlich normierte Inhaltskontrolle (*Gotthardt* Anm. BAG EzA BeschFG 1985 § 1 Klagefrist Nr. 4). Die vom TzBfG nicht erfasste **Befristung von Einzelarbeitsbedingungen** ist ebenfalls eine Frage der Inhaltskontrolle (KR/*Lipke*, § 14 TzBfG Rn. 18; aA APS/*Backhaus* § 14 TzBfG Rn. 59). Es bedarf deshalb stets der Differenzierung zwischen Fällen echter Gesetzesumgehungen, die sowohl in Individualverträgen als auch in TV unzulässig sind, und den Fällen der bloßen Inhalts- bzw. Angemessenheitskontrolle einseitig gestellter Vertragsbedingungen (ausf. *Preis* Vertragsgestaltung S. 163 ff.).

7 **3. Billigkeitskontrolle.** Die Billigkeitskontrolle nach Maßgabe des § 315 ist strikt zu unterscheiden von der Inhaltskontrolle, die eine Rechtskontrolle darstellt. Der früheren Rspr., die die Begriffe Billigkeits- und Inhaltskontrolle zT synonym verwandte (BAG 30. 1. 1970 AP BGB § 242 Ruhegehalt Nr. 142; BAG 21. 11. 2001 NZA 2002, 551), ist durch die §§ 305 ff. die Grundlage entzogen. Bei der notwendigen Unterscheidung handelt es sich nicht lediglich um einen terminologischen Unterschied (so BAG 8. 12. 1981 AP BetrAVG § 1 Ablösung Nr. 1). Das zeigt sich, wenn statt genereller normativer RL der Fall anhand einer individualisierenden Einzelabwägung entschieden wird. Unangemessene Vertragspflichten werden bei der Billigkeitskontrolle nicht als unwirksam verworfen, sondern im Einzelfall reduziert. Die Billigkeitskontrolle ist eng verknüpft mit der geltungserhaltenden Reduktion an sich unwirksamer Vertragsgestaltungen.

8 Ein **legitimes Anwendungsfeld der Billigkeits- bzw. Ausübungskontrolle** ist der Bereich **einseitiger Leistungsbestimmungsrechte** (hierzu § 611 Rn. 482 ff.). Bei der Kontrolle einseitiger Leistungsbestimmungsrechte erschöpft sich die Kontrolle jedoch nicht in der Billigkeitskontrolle; vielmehr ist zuvor zu prüfen, ob überhaupt ein wirksames vertragliches Leistungsbestimmungsrecht vereinbart worden ist. Dies richtet sich bei vorformulierten Verträgen nach §§ 305 ff. Vorrang vor der Billigkeitskontrolle hat also die Inhaltskontrolle einseitig vorformulierter Leistungsbestimmungsrechte. Das BAG wendet diesen Vorrang im Grundsatz bei der Kontrolle solcher Leistungsbestimmungsrechte an, bei denen es den Kernbereich des Arbeitsverhältnisses, etwa durch Widerrufs- oder Änderungsvorbehalte, unzulässig tangiert sieht. Nach der Rspr. des BGH lässt die Möglichkeit der Billigkeitskontrolle nach § 315 nicht das Erfordernis für eine vorrangige Inhaltskontrolle entfallen (BGH 21. 12. 1983 BGHZ 89, 206, 213; BGH 26. 11. 1984 BGHZ 93, 29). Nach der Aufhebung der Bereichsausnahme für Arbeitsverträge gilt dieses Prüfungssystem auch für Arbeitsverträge (hierzu *Preis* I C Rn. 88 ff.; II V 70 Rn. 43 ff.).

III. Die Systematik des § 310 IV

9 § 310 IV hat das Recht der AGB nicht im gesamten Arbeitsrecht zur Anwendung gebracht. Die Bereichsausnahme gilt vielmehr weiter für TV, Betriebs- und Dienstvereinbarungen. Für Arbeitsverträge ist sie aufgehoben, wobei aber die Besonderheiten des Arbeitsrechts angemessen zu berücksichtigen sind, § 310 IV 2 (hierzu Rn. 14). Die Einbeziehung kollektiver Regelwerke ist in § 310 IV 3 speziell geregelt. Daraus folgt für die Zukunft ein **differenzierter Prüfungsmaßstab**.

10 **1. Kontrolle kollektiver Regelungen.** Auf die in § 310 IV 1 genannten kollektiven Regelwerke finden die §§ 305 ff. keine Anwendung.

11 **a) Tarifverträge.** Für TV wird damit nur die ohnehin bestehende Rechtslage bestätigt. TV werden von gleichberechtigten Partnern ausgehandelt und genießen die Institutsgarantie des Art. 9 GG. Wegen der Gleichgewichtigkeit der Tarifpartner ist deshalb davon auszugehen, dass bei einer Gesamtbetrachtung der tariflichen Regelungen eine ausgewogene, auch die ANInteressen berücksichtigende Regelung getroffen ist. Damit korrespondiert eine gegenüber den Arbeitsvertragsparteien **weitere Vertragsgestaltungsfreiheit**. TV sind deshalb nur daraufhin zu untersuchen, ob sie gegen die Ver-

fassung, höherrangiges Recht oder gegen die guten Sitten verstoßen (BAG 6. 9. 1995 AP BGB § 611 Nr. 22). Nichts anderes folgt aus § 310 IV 1.

b) Betriebs- und Dienstvereinbarungen. § 310 IV 1 nimmt für Betriebs- und Dienstvereinbarungen, was die Anwendung der §§ 305 ff. betrifft, eine **Gleichstellung mit TV** vor. Der Gesetzgeber geht davon aus, dass in diesen gewissermaßen „normsetzenden" Bereich nicht durch eine AGB-Kontrolle eingegriffen werden darf (BT-Drucks. 14/6857 S. 54). Aus § 310 IV 1 ergibt sich deshalb eindeutig, dass eine Inhaltskontrolle im Sinne einer Angemessenheitskontrolle gemäß §§ 307 ff. nicht stattzufinden hat. Entgegen der bisherigen Rspr. (BAG 1. 12. 1992 AP BetrVG 1972 § 77 Tarifvorbehalt Nr. 3) wird man deshalb BV keiner **allg. Billigkeitskontrolle** mehr unterziehen können (v. Westphalen/*Thüsing* Arbeitsverträge Rn. 33). Diese Rspr. sah sich bereits bisher in der Literatur starker Kritik ausgesetzt, die angesichts der dogmatischen Unklarheiten eine Rückführung auf eine Rechtskontrolle befürwortete (*Fitting* § 77 Rn. 198; *Richardi* § 77 Rn. 110 ff.). Diese Ansicht wird durch § 310 IV 1 bestätigt (aA *Däubler* NZA 2001, 1329, 1334). Eine allgemeine Billigkeitskontrolle iS einer Angemessenheitskontrolle der Regelung lässt sich jetzt nicht mehr begründen. Einer Rechtskontrolle dagegen steht auch § 310 IV nicht entgegen. Im Ergebnis dürften die Abweichungen vom bisherigen Recht aber überschaubar bleiben, weil die Rspr. auch bislang oft über eine **Rechtskontrolle** nicht hinausgegangen ist. Insb. die Grundsätze über die Ablösung von BV über die betriebliche Altersversorgung bezeichnet das BAG selbst als Rechtskontrolle (BAG 21. 1. 1992, AP BetrAVG § 1 Ablösung Nr. 24), und auch die Beachtung des § 75 BetrVG ist Rechtskontrolle (*Richardi* § 77 Rn. 116). Für **Dienstvereinbarungen** gilt Entsprechendes. So können etwa AN nicht durch BV zur Tragung der Kosten für das Kantinenessen verpflichtet werden, unabhängig davon, ob sie diese Leistung in Anspruch nehmen (BAG 11. 7. 2000 AP BetrVG 1972 § 87 Sozialeinrichtung Nr. 16). Im Kern unternimmt das BAG über § 75 BetrVG eine Rechts- und Inhaltskontrolle der BV zum Schutz der Individualsphäre der AN. Daran wird sich auch durch § 310 IV 1 nichts ändern.

2. Kontrolle einzelvertraglicher Regelungen. a) Grundsatz. Für die Kontrolle von Einzelarbeitsverträgen gelten jetzt die §§ 305 ff.; es findet also eine Inhaltskontrolle nach Maßgabe des Rechts der AGB statt, nicht aber eine Einbeziehungskontrolle gemäß § 305 II, III. Diese sind auf Arbeitsverträge nicht anzuwenden (§ 310 IV 2). Auf **arbeitnehmerähnliche Personen** fanden die Schutzvorschriften des AGBG bereits bisher unmittelbare Anwendung (OLG Düsseldorf 11. 6. 1999 OLGR Düsseldorf 1999, 468; LAG Hamm 15. 5. 1998 NZA-RR 1999, 405; *Preis/Stoffels* ZHR 160, 1996, 442, 454 f.; *Ulmer/Brandner/Hensen* § 23 AGBG Rn. 7), so dass die zwischen Arbeitsverträgen und Dienst- und Werkverträgen arbeitnehmerähnlicher Personen bestehende Diskrepanz in den Maßstäben der Inhaltskontrolle beseitigt sind. Sie besteht nur noch insoweit, als für arbeitnehmerähnliche Personen auch die § 305 II, III gelten und „Besonderheiten des Arbeitsrechts" (§ 310 IV) nach dem Gesetz keine Rolle spielen können. Der Unterschied dürfte allerdings nicht allzu groß sein. Der Gesetzgeber hat die Nichtanwendung der § 305 II, III im Arbeitsrecht mit dem NachwG begründet, das aber für arbeitnehmerähnliche Personen nicht gilt (§ 1 NachwG Rn. 5). Der AG als Verwender kann sich nicht zu seinen Gunsten auf die Inhaltskontrolle berufen (LAG Hamm 9. 9. 1999 NZA-RR 2000, 230 f.).

b) Besonderheiten des Arbeitsrechts. Die Anwendung der §§ 305 ff. erfolgt auf Grund ausdrücklicher Anordnung des Gesetzgebers unter angemessener Berücksichtigung der im Arbeitsrecht geltenden Besonderheiten (§ 310 IV 2). Diese gesetzgeberische Wertung wird nicht dadurch – unter Hinweis auf § 24 S. 2 ABGB – vollständig entwertet, dass man jegliche arbeitsrechtliche Besonderheiten, die sich gegen das zwingende Recht der §§ 307 ff. durchsetzen könnten, negiert und diese als **Missbräuche** bezeichnet (so PdSR/*v. Westphalen* (1. Aufl. 2002) § 310 Rn. 7; anders nunmehr PdSR/*Henssler* § 310 Rn. 6, wonach die besondere Interessenlage im Arbeitsrecht zu berücksichtigen ist). Es geht gar nicht um die Durchsetzungskraft von Gewohnheiten oder Gebräuchen im Arbeitsleben gegenüber dem zwingenden Recht der §§ 307 ff., sondern um die Berücksichtigung der dem Arbeitsverhältnis als Rechtsverhältnis innewohnenden Besonderheiten (*Gotthardt* ZIP 2002, 307; s. a. *Berkowsky* AuA 2002, 11, 15; *Hromadka* NJW 2002, 2523, 2528; eingehend *Thüsing* NZA 2002, 591 ff., der davon ausgeht, dass mit § 310 IV 2 nur solche Umstände zu berücksichtigen sind, die im ArbR anders als in anderen RGebieten geregelt sind. Er kommt daher zu dem Schluss, dass der Anwendungsbereich des § 310 IV 2 eng begrenzt ist. So sind seiner Ansicht nach zB bei Änderungsvorbehalten (§ 308 Nr. 4) die Wertungen des TzBfG zu berücksichtigen, s. a. BAG 10. 7. 1990 BGHZ 112, 115, 118; aA Dauner-Lieb/Konzen/Schmidt/*Henssler* S. 615, 636 f. sowie *Joost* FS Ulmer 2003 S. 1199, 1203, die auch die tatsächlichen, nicht nur die rechtlichen Besonderheiten berücksichtigen möchten). Andererseits darf die Klausel nicht dazu führen, die gesetzgeberische Grundentscheidung der Anwendbarkeit der §§ 305 ff. unbeachtet zu lassen und im Arbeitsrecht nach alten Gedankenmustern fortzufahren (*Preis* I C Rn. 46, so aber *Lingemann* NZA 2002, 181). Sogar im kaufmännischen Geschäftsverkehr unterscheidet sich trotz der Sonderregelung des § 310 I die Grundsätze zur Inhaltskontrolle in der Praxis der BGH-Rspr. nur wenig. Zu bedenken ist, dass die Einbeziehung des Arbeitsvertragsrechts nach dem Wortlaut des § 310 IV sogar über § 310 I hinausgeht. Die meisten Grundsätze des AGB-Rechts enthalten allgemeine vertragsrechtliche Fairnessgebote, die im Arbeitsrecht, wie in allen anderen Schuldverhältnissen auch, Geltung beanspruchen. Nur die völlige Negierung arbeitsrechtlicher Besonderheiten ist verfehlt. Insb. bei den Klauselverboten ohne Wertungsmöglichkeit (BT-Drucks. 14/6857 S. 54) ist zu beachten, dass sie im Arbeitsverhältnis nicht immer passen. Beispiel ist das Klauselverbot der Vertragsstrafe (dazu Rn. 93). § 310 IV 2 soll auch eine Rücksichtnahme auf die **Besonderheiten des kirchlichen Arbeitsrechts** (hierzu *Hanau/Thüsing* Europarecht und kirchliches Arbeitsrecht, 2001; *Richardi*, Arbeitsrecht in der Kirche, 3. Aufl. 2000; *Thüsing* NZA 2002, 306) ermöglichen (BT-Drucks. 14/7052 S. 189). Bestehen also arbeitsrechtliche Besonderheiten, schließen diese nicht die Inhaltskontrolle von vornherein aus. Vielmehr sind sie „angemessen zu berücksichtigen". Das kann nur so geschehen, dass die im Rahmen der Inhaltskontrolle vorgefundene **Interessenlage der Vertragspartner im allgemeinen Zivilrecht mit derjenigen im Arbeitsrecht zu vergleichen** ist. Anhand dieses Interessenvergleichs ist hinsichtlich jeder einzelnen Norm der §§ 307 ff. bzw. jedes richterrechtlichen Grundsatzes zu prüfen, ob eine Abweichung im Arbeitsrecht weiterhin gerechtfertigt ist. Besteht kein wesentlicher Unterschied zwischen der im Zivilrecht geregelten und der im Arbeitsrecht bestehenden Interessenlage, müssen die Gerichte die §§ 305 ff. (uneingeschränkt) anwenden (vgl. hierzu *Preis* NZA 2003, Sonderbeilage zu Heft 16; *Lindemann* § 12 III; ähnlich *Stoffels*, AGB-Recht, Rn. 181, wonach die Vorschriften der §§ 307 ff. nur dort keine Anw. finden, wo die erkennbare Ausgangssituation des Klauselverbots erkennbar nicht auf ArbV zugeschnitten ist).

15 c) **Inhaltskontrolle einbezogener kollektiver Regelungen.** Einzelarbeitsverträge nehmen oft ganze oder auch teilweise kollektive Regelungen in Bezug und machen sie damit zum Gegenstand des individuellen Arbeitsvertrags. Dies gilt insb. für TV. Dem hat der Gesetzgeber über die Verweisung in § 310 IV 3 Rechnung getragen. Auch insoweit gilt ein **differenzierter Kontrollmaßstab**. Es ist zwischen Global-, Einzel- und Teilverweisung zu unterscheiden (vgl. hierzu ausf. *Preis* FS Wiedemann 2002 S. 425, 429 ff.; für eine Differenzierung auch Dauner-Lieb/Konzen/Schmidt/*Henssler* S. 615, 639).

16 aa) **Globalverweisungen.** Die Globalverweisung nimmt einen **gesamten TV** in Bezug. Auf Grund der Gleichstellung von TV mit Rechtsvorschriften iSv. § 307 III ergibt sich aber, dass die §§ 307 I, II, 308, 309 nicht anzuwenden sind. Die einbezogene kollektive Regelung soll keiner Inhaltskontrolle unterliegen (BT-Drucks. 14/6857 S. 54). Die Inhaltskontrolle ist nur für von Rechtsvorschriften, dh. auch von TV, abw. Regelungen eröffnet (§ 307 III 1). Auch schon bislang war für eine Inhaltskontrolle dann kein Raum, wenn einzelvertraglich ein TV insgesamt in den Vertrag einbezogen wurde (BAG 6. 11. 1996 AP AVR Caritasverband § 10 a Nr. 1; *Schliemann* ZTR 2000, 198, 200; zum neuen Recht übereinstimmend *Oetker* FS Wiedemann 2002 S. 383, 398 ff.; *Preis* FS Wiedemann 2002 S. 425, 441 ff.). Der einbezogene TV unterliegt der gleichen Richtigkeitsgewähr wie der normativ geltende TV selbst.

17 Allerdings kann die Kontrollfreiheit selbst bei Globalverweisungen nicht uneingeschränkt gelten. Eine Inhaltskontrolle ist nur dann entbehrlich, wenn auf den jeweils **einschlägigen TV** verwiesen wird. Ausreichend ist die Bezugnahme auf jeden TV, der abgesehen von der Frage der Tarifbindung potenziell anwendbar wäre. Aus dem Zweck der §§ 310 IV 3, 307 III, dass Kontrollfreiheit nur dann bestehen soll, wenn die tarifliche Regelung ihre Angemessenheit in sich trägt, folgt aber, dass dies bei der Einbeziehung branchenfremder TV nicht mehr gilt. Ein **fremder TV** legt ganz andere ökonomische und betriebliche Bedingungen zugrunde als in der Branche gelten, in der die Verweisung vorgenommen wird, weshalb bei Bezugnahmen auf fremde TV die Angemessenheit der Regelungen nicht mehr vermutet werden kann (*Gotthardt* Rn. 266; Dauner-Lieb/Konzen/Schmidt/*Henssler* S. 615, 639; Kompaktkomm/*Micklitz* § 310 Rn. 3; *Richardi* NZA 2002, 1057, 1062; *Thüsing/Lambrich* NZA 2002, 1361, 1362, wonach Gleiches für die Bezugnahme auf einen abgelaufenen TV gelten soll; s. a. *Müller* RdA 1990, 321, 323; *Stein* Tarifvertragsrecht, Rn. 241). So kann auch die Bezugnahme auf beamtenrechtliche Bestimmungen, die zum Ausschluss von Mehrarbeitsvergütung führt, unangemessen benachteiligen (BAG 24. 11. 1993 AP BGB § 611 Mehrarbeitsvergütung Nr. 1).

18 Wie sich aus § 307 III 2 und der Begr. zu § 310 IV (BT-Drucks. 14/6857 S. 54) ergibt, unterliegt aber auch der einzelvertraglich vollständig einbezogene TV der **Transparenzkontrolle** (Rn. 44; zur Inhaltskontrolle dynamischer Verweisungen in AGB vgl. *Oetker* JZ 2002, 337 ff.; dynamische Bezugnahmeklauseln auf TV sollen allerdings nicht das Transparenzgebot verletzen, *Oetker* FS Wiedemann 2002 S. 383, 396 ff.). Die Rspr. des BAG bei einer dynamischen Bezugnahme in einem vorformulierten Vertrag (Gleichstellungsabrede, BAG 26. 9. 2001 AP TVG § 1 Bezugnahme auf Tarifvertrag Nr. 21 mit abl. Anm *Thüsing*; abl. auch *Lambrich* BB 2002, 1267; *Annuß* AuR 2002, 361 ff.; ArbG Duisburg 9. 1. 2003 EzA-SD 2003, Nr. 1, 8; dem BAG folgend *Gaul* ZfA 2003, 75, 92) wird den Maßstäben der Unklarheitenregel (§ 305 c II) und des Transparenzgebots (§ 307 I 2) nicht gerecht.

19 bb) **Einzelverweisungen.** Im Gegensatz zur Globalverweisung wird bei der Einzelverweisung nicht ein von gleichstarken Parteien ausgehandeltes Vertragswerk in Bezug genommen, sondern nur einzelne Passagen desselben. In solchen Fällen besteht die Gefahr der einseitigen Benachteiligung des AN, denn in aller Regel wird der AG lediglich auf für ihn vorteilhafte Regelungen verweisen. Aus diesem Grund kann der in Bezug genommenen Tarifregelung nicht die Angemessenheits- und Richtigkeitsgewähr zukommen wie bei Globalverweisungen (*Däubler* NZA 2001, 1329, 1335; *Preis* Vertragsgestaltung, S. 398 f.; *ders.* FS Wiedemann 2002 S. 425, 443; *Reinecke* NZA 2000 Beil. 3, 23, 29; v. Westphalen/*Thüsing* Arbeitsverträge Rn. 84). Eine privilegierte Beurteilung von Tarifregelungen, die auf einer inhaltlichen Ausgewogenheit und Kompensation von Nachteilen durch Vorteile in einem TV

aufbaut, entbehrt bei Einzelverweisungen jeder Grundlage. Nur durch eine **volle Inhaltskontrolle** ist gewährleistet, dass eine einseitige Benachteiligung des AN vermieden wird.

cc) Teilverweisungen. Die Teilverweisung steht zwischen Global- und Einzelverweisung. Es werden bestimmte **Regelungskomplexe** des TV in Bezug genommen. Nach der Begr. zu § 310 soll eine Inhaltskontrolle insoweit nicht stattfinden, als auf den TV oder einen anderen Kollektivvertrag *als ganzes* verwiesen wird (BT-Drucks. 14/6857 S. 54). Weil die Gefahr besteht, dass der AG nur auf solche Regelungskomplexe verweist, die für ihn vorteilhaft erscheinen, wird zT das Erfordernis einer Inhaltskontrolle auch insoweit bejaht (*Däubler* NZA 2001, 1329, 1335; *Löwisch/Rieble* § 3 Rn. 115; *Reinecke* NZA 2000 Beil. 3, 23, 29; v. Westphalen/*Thüsing* Arbeitsverträge Rn. 84, der darauf hinweist, dass auch bei einer Verweisung auf einzelne Teile des TV eine Abweichung vom TV vorliegt, die die Inhaltskontrolle erforderlich macht), andererseits die Angemessenheitsvermutung des TV aber auch auf geschlossene Regelungskomplexe erstreckt (*D. Gaul* ZTR 1991, 188, 190; Wiedemann/*Oetker* § 3 Rn. 258). 20

An zahlreichen Stellen ermöglicht das Gesetz allerdings Teilverweisungen auf Tarifnormkomplexe, zB § 622 Abs. 4 S. 2, § 13 Abs. 1 S. 2 BUrlG, § 7 Abs. 3 ArbZG, § 4 Abs. 4 S. 2 EFZG. Zwar sagt die Zulässigkeit einer Verweisung noch nichts über die Angemessenheit der Tarifregelung und die Erforderlichkeit einer Inhaltskontrolle aus. Aus dem Regelungszusammenhang sowie aus der in diesen Vorschriften vorgesehenen Beschränkung der Verweisungsmöglichkeit kann aber ersehen werden, in welchen Konstellationen der Gesetzgeber von der Angemessenheit der tariflichen Regelung ausgeht. So wird dem AG Gelegenheit gegeben, in bestimmten Fällen durch Verweisung auf TV Arbeitsbedingungen zu vereinbaren, die von der gesetzlichen Regelung zu Lasten des AN abweichen. Das zeigt, dass der Gesetzgeber **tarifliche Regelungskomplexe unter** bestimmten **Umständen** für so **ausgewogen** hält, dass der Schutz des AN auch bei einer Abweichung des TV von den gesetzlichen Vorschriften ausreichend gewährleistet ist. Eine Kontrolle der betreffenden Tarifklauseln auf ihre Angemessenheit ist daher in Fällen der gesetzlich zugelassenen Teilverweisungen nicht gewollt. Doch sind solche Teilverweisungen nicht uneingeschränkt zulässig. Vielmehr muss auf den einschlägigen TV verwiesen werden (§ 622 IV 2; § 4 IV 2 EFZG) also auf den TV, der gelten würde, wenn beide Vertragsparteien tarifgebunden wären. Darüber hinaus muss stets der gesamte Regelungskomplex in Bezug genommen werden (§ 622 Rn. 83, § 4 EFZG Rn. 62). 21

Diese Grundsätze erscheinen auch für **gesetzlich nicht geregelte Teilverweisungen** angemessen. Nimmt der AG also einen gesamten Regelungskomplex des einschlägigen TV in Bezug, kann noch von der Angemessenheitsvermutung ausgegangen werden (*D. Gaul* ZTR 1991, 188, 190; einschränkend PdSR/*Henssler* § 310 Rn. 33, wonach die Ausgewogenheit tariflicher Teilkomplexe im Einzelfall zu prüfen ist). Eine Inhaltskontrolle findet dann nicht statt. So macht aber zB. eine Ausschlussfrist allein keinen Regelungskomplex aus. Wird auf einzelne Passagen der tariflichen Regelung verwiesen, ist die tarifliche Regelung auf ihre Angemessenheit hin zu untersuchen. Innerhalb eines Regelungskomplexes muss zumindest die Möglichkeit bestehen, Ausgewogenheit durch kompensatorische Effekte herzustellen. Unabhängig davon ist eine Transparenzkontrolle vorzunehmen (Rn. 44). 22

IV. Übergangsrecht

Die §§ 305 ff. sind am 1. 1. 2002 in Kraft getreten. Art. 229 § 5 EGBGB enthält jedoch eine Übergangsvorschrift mit einer Sonderregelung für Dauerschuldverhältnisse in S. 2. Aus der Norm folgt, dass für alle **Neuverträge**, die nach dem 1. 1. 2002 abgeschlossen werden, das neue Recht anzuwenden ist. Bei Dauerschuldverhältnissen galt für **Altverträge**, die vor dem 1. 1. 2002 entstanden sind, übergangsweise bis zum 31. 12. 2002 das bisherige Recht, dh. das BGB und das AGBG in der bis zum 1. 1. 2002 geltenden Fassung. Seit dem 1. 1. 2003 findet auch auf die Altverträge das BGB in der jeweils geltenden Fassung Anwendung. Allerdings wird die uneingeschränkte Anwendung des AGB-Rechts auf Altverträge zur **Unwirksamkeit einiger Klauseln**, zB. von intransparenten Widerrufs- und Freiwilligkeitsvorbehalten, führen. Eine gesetzliche Regelung dieser Übergangsproblematik besteht nicht, insb. regelt Art. 229 § 5 EGBGB diesen Fall nicht. Eine Anpassung an die neue Rechtslage ist also nur durch einvernehmliche Vertragsänderung oder Änderungskündigung möglich. Verweigert der AN die Zustimmung zu einem entsprechenden Änderungsangebot des AG, ist deshalb Art. 229 § 5 EGBGB verfassungskonform auszulegen: In den Fällen, in denen der Arbeitgeber auf der Basis gefestigter Rechtsprechung davon ausgehen konnte, dass die verwendete Klausel nicht unwirksam war bzw. in ständiger Rspr. geltungserhaltend reduziert wurde, ist eine geltungserhaltende Reduktion der Altklauseln vorzunehmen (vgl. dazu auch *Preis* NZA 2003, Sonderbeilage zu Heft 16; *Lindemann* § 14 III). Im Übrigen sind jedoch unwirksame Klauseln entgegen der bisherigen Praxis der Rspr. nicht mehr geltungserhaltend zu reduzieren (hierzu Rn. 99). 23

Die Arbeitsvertragsparteien konnten im Sinne einer Rechtswahlklausel auch bei Altverträgen schon vor dem 1. 1. 2003 die Anwendung neuen Rechts vereinbaren (AnwKom-BGB/*Mansel* EGBGB 229 § 5 Rn. 7). Für Neuverträge konnte die Anwendung des Rechts der AGB auf Arbeitsverträge jedoch auch in der Übergangsfrist nicht mehr ausgeschlossen werden (*Gotthardt* Rn. 352). 24

B. Allgemeine Geschäftsbedingungen als Kontrollgegenstand

25 Die §§ 305 ff. finden auch im Arbeitsrecht nur auf AGB Anwendung. Dies sind Vertragsbedingungen, die für eine Vielzahl von Verträgen vorformuliert sind, und die eine Vertragspartei, der Verwender, der anderen Vertragspartei bei Abschluss eines Arbeitsvertrags oder dessen Änderung stellt (§ 305 I). Die Verwendung von vorformulierten Arbeitsverträgen durch den AG ist der Regelfall (*Preis* Vertragsgestaltung S. 58). Für eine **Vielzahl von Verträgen** vorformulierte Bedingungen liegen bereits dann vor, wenn eine Partei von einem anderen vorformulierte Vertragsbedingungen benutzt, selbst wenn die Partei eine mehrfache Verwendung nicht plant (BGH 16. 11. 1990, NJW 1991, 843). Es reicht deshalb, wenn der AG einmalig ein Vertragsmuster, zB seines AGVerbandes, verwendet. Der AG muss die Vertragsbedingungen **stellen**, muss konkret die Einbeziehung in den Arbeitsvertrag verlangen (Palandt/*Heinrichs* § 305 Rn. 4). Nicht entscheidend ist, in welcher Form die gestellte Vertragsbedingung nach außen hin erscheint. AGB liegen auch vor, wenn ein im PC gespeichertes Formular verwendet wird, das einen individuellen Anschein erweckt (*Preis* I C Rn. 47).

26 Weil der AN aber auch **Verbraucher** iSv. § 13 ist (BT-Drucks. 14/7052 S. 190; vgl. § 611 Rn. 208 mwN zum Streitstand) findet auf Arbeitsverträge auch § 310 III Anwendung (*Däubler* NZA 2001, 1329, 1334; *Gotthardt* Rn. 242; Preis NZA 2003, Sonderbeilage zu Heft 16, s. bereits zu § 24 a AGBG *Ulmer/Brandner/Hensen* § 23 Rn. 4 a; *Zöllner* NZA 2000 Beil. 3, S. 1, 6; aA *Bauer/Kock* DB 2002, 42, 45; *Lingemann* NZA 2002, 181, 184). Das Merkmal des Stellens ist deshalb nur dann zu verneinen, wenn der AN die AGB in den Vertrag eingeführt hat (§ 310 III Nr. 1), wofür den AG die **Beweislast** trifft (*Ulmer/Brandner/Hensen* § 24 a Rn. 39). Darüber hinaus finden die §§ 305 c II, 306, 307, 308, 309, dh. auch die Vorschriften über die Inhaltskontrolle, selbst dann Anwendung, wenn die vorformulierten Vertragsbedingungen nur zur **einmaligen Verwendung** bestimmt sind und soweit der Verbraucher auf ihren Inhalt keinen Einfluss nehmen konnte, § 310 III Nr. 2. Damit unterliegt idR jeder arbeitgeberseitig, auch nur für den Einzelfall vorformulierte Vertrag der Inhaltskontrolle.

27 Echte **Individualabreden** unterliegen dagegen nicht der Anwendung des Rechts der AGB. AGB liegen nicht vor, soweit die Vertragsbedingungen zwischen den Vertragsparteien im Einzelnen ausgehandelt sind (§ 305 I 3). Ein Aushandeln erfordert ein **wirkliches Aushandeln,** der AG muss den gesetzesfremden Kern der Klausel ernsthaft zur Disposition des AN gestellt und diesem die Möglichkeit eingeräumt haben, den Inhalt der fraglichen Klauseln beeinflussen zu können (BGH 3. 11. 1999 NJW 2000, 1110, 1111 f.; *Ziemann*, Brennpunkte des Arbeitsrechts 2003, 243, 264 ff.). Daraus folgt, dass bei echt ausgehandelten Einzelabreden auch im Arbeitsrecht, die allerdings nicht der Regelfall sind, **keine Inhaltskontrolle** nach den Maßstäben der §§ 307 ff. vorzunehmen ist (aA bisher *Fastrich* RdA 1997, 65, 75; *Dieterich* RdA 1995, 129, 135 sowie die gängige Praxis der Rspr, vgl. nur BAG 16. 3. 1994, 26. 10. 1994 AP BGB § 611 Ausbildungsbeihilfe Nrn. 18, 19; BAG 4. 7. 1972 AP HGB § 65 Nr. 6; LAG München 30. 5. 2001 – 9 Sa 8/01 –; zuletzt bestätigt BAG 21. 11. 2001 DB 2002, 744). Diese Grundwertung darf auch nicht durch die Anwendung anderer Rechtsinstitute (Rn. 4 ff.) umgangen werden (vgl. a. *Thüsing* BB 2002, 2666, 2667; unklar v. Westphalen/*Thüsing* Arbeitsverträge Rn. 12, wonach individuell ausgehandelte Klauseln am Maßstab der Billigkeit (§ 315 BGB, § 106 GewO) zu überprüfen sein sollen). Die Beweislast dafür, dass es sich um eine ausgehandelte Vertragsbedingung handelt, liegt beim AG als Verwender (BGH 3. 4. 1998, NJW 1998, 2600 f.; ebenso bereits LAG Düsseldorf 18. 5. 1995 LAGE BGB § 611 Inhaltskontrolle Nr. 1 = NZA-RR 1996, 363).

28 Die Individualabrede hat **Vorrang** vor AGB (§ 305 b), was angesichts des Günstigkeitsprinzips insb. für das Verhältnis von Einzelarbeitsvertrag zu Allgemeinen Arbeitsbedingungen Bedeutung hat. Dies gilt im Ergebnis trotz § 310 III Nr. 2 auch bei vorformulierten Arbeitsverträgen zur einmaligen Verwendung (*Gotthardt* Rn. 254). Aus § 305 b folgt, dass dieser Grundsatz sich gegen eine individuelle, mündliche Aufhebung der **Schriftform** nicht durchsetzen kann. Formularmäßige Klauseln können die höherrangige individuelle Abrede nicht außer Kraft setzen (BGH 20. 10. 1994, NJW-RR 1995, 179; *Fenn* FS Söllner 2000 S. 333, 359; aA BGH 24. 10. 1979, NJW 1980, 234). Dies gilt auch für sog. qualifizierte Schriftformklauseln, welche die Aufhebung der Schriftform selbst der Form unterwerfen (Palandt/*Heinrichs* § 125 Rn. 14; *Preis* Vertragsgestaltung S. 409; aA für den Geschäftsverkehr BGH 2. 6. 1979 BGHZ 66, 378, 382; s. a. *Preis* II S 30).

C. Einbeziehungskontrolle

29 Auf den Vertragsschluss zwischen den Arbeitsvertragsparteien finden § 305 II, III keine Anwendung. Anders als im allgemeinen Zivilrecht muss der AG zur Wirksamkeit der AGB also weder erkennbar auf diese hinweisen noch dem AN eine zumutbare Kenntnisnahmemöglichkeit verschaffen. Der Gesetzgeber hielt insoweit die Nachweispflicht nach § 2 NachwG für ausreichend (BT-Drucks. 14//6857 S. 54; krit. dazu unter Hinweis auf den unterschiedlichen Regelungsgehalt *Annuß* BB 2002, 458, 460; *Joost* FS Ulmer 2003 S. 1199, 1200 ff.; *Richardi* NZA 2002, 1057, 1059; v. Westphalen/*Thüsing* Arbeitsverträge Rn. 36). Danach muss der AG spätestens einen Monat nach Beginn

des Arbeitsverhältnisses dem AN einen schriftlichen Nachweis der wesentlichen Arbeitsbedingungen aushändigen (vgl. hierzu ausf. § 2 NachwG Rn. 23 ff.). Auf Grund dieser klaren gesetzgeberischen Entscheidung scheidet auch eine analoge Anwendung der § 305 II, III aus (dagegen zu § 2 AGBG bereits Wiedemann/*Oetker* § 3 Rn. 235). Dies gilt auch für die einzelvertragliche **Einbeziehung von TV** (*Preis* II V 40 Rn. 4; s. a. BAG 2. 3. 1988 AP TVG § 1 Form Nr. 11; Wiedemann/*Oetker* § 3 Rn. 235; sehr großzügig aber BAG 4. 8. 1999 RdA 2000, 178 m. abl. Anm. *Annuß*; s. a. BAG 30. 8. 2000 NZA 2001, 510). Die konkludente Einbeziehung zB von TV in Einzelarbeitsverträge bleibt möglich (zB BAG 19. 1. 1999 AP TVG § 1 Bezugnahme auf Tarifvertrag Nr. 9, jetzt *Preis* II V 40 Rn. 8), wobei das BAG davon ausgegangen ist, dass es dem AN obliegt, sich von dessen Inhalt Kenntnis zu verschaffen (BAG 6. 7. 1972 AuR 1972, 381; vgl. auch BAG 30. 8. 2000 NZA 2001, 510; BAG 4. 8. 1999 AP TVG § 1 Tarifverträge: Papierindustrie Nr. 14; BAG 19. 1. 1999 AP TVG § 1 Bezugnahme auf Tarifvertrag Nr. 9; BAG 11. 8. 1988 AP BGB § 625 Nr. 5; BAG 5. 11. 1963 AP TVG § 1 Bezugnahme auf Tarifvertrag Nr. 1; krit. zu dieser Rspr. *Preis/Lindemann* Anm. zu EuGH 8. 2. 2001 EAS RL 91/533/EWG Art. 2 Nr. 2 sowie § 2 NachwG Rn. 23 ff.).

Aus der Nichtanwendung der §§ 305 II, III auf Arbeitsverträge folgt, dass **Jeweiligkeitsklauseln,** 30 die auf ein Klauselwerk in der jeweiligen Fassung verweisen, zulässig bleiben (*Preis* II J 10 Rn. 3; s. a. II V 40 Rn. 49 ff.), was mit dem Schutzzweck des § 2 AGBG, jetzt § 305 II, als unvereinbar angesehen wurde (*Wolf/Horn/Lindacher* § 2 Rn. 5).

Die – im Arbeitsrecht nicht durchzuführende – Einbeziehungskontrolle nach § 305 II, III ist jedoch 31 Voraussetzung für die wirksame Einbeziehung der AGB in den Vertrag, während hingegen der Nachweis der wesentlichen Vertragsbedingungen nach dem **NachwG** nach ganz überwiegender Ansicht **keine Wirksamkeitsvoraussetzung** bzgl. der nachzuweisenden Vertragsbedingung ist (EuGH 8. 2. 2001 EAS RL 91/533/EWG, Art. 2 Nr. 2 m. Anm. *Preis/Lindemann*; BAG 21. 8. 1997 AP BBiG § 4 Nr. 1; *Müller-Glöge* RdA 2001, Beil. Heft 5, 46, 49; *Thüsing/Lambrich* NZA 2002, 1361, 1367; anders, soweit ersichtlich, allein *Zwanziger* DB 1996, 2027 f.; hinsichtlich Überstundenvereinbarungen in diese Richtung wohl auch *Buschmann* AuR 2001, 109, 110). Allein durch den Hinweis des Gesetzgebers auf § 2 NachwG in der Begr. zu § 310 IV wird die Beachtung des NachwG nicht zum Wirksamkeitserfordernis für den Arbeitsvertrag oder einbezogene Regelwerke (s. § 2 NachwG Rn. 1; *Gotthardt* Rn. 248). Wie auch im Geschäftsverkehr (§ 310 I) genügt also zur wirksamen Einbeziehung von AGB jede, auch **stillschweigende Willensübereinkunft.**

D. Überraschende Klauseln

Das **Verbot überraschender Klauseln** (§ 305 c I) war bereits bislang im Arbeitsrecht anerkannt 32 (BAG 13. 12. 2000 NZA 2001, 723 f.). Es hat jedoch in der Praxis keine überragende Bedeutung, weil für den AN der Arbeitsvertrag kein Massengeschäft ist und deshalb das subjektive Überraschungsmoment regelmäßig ausscheidet (zu § 310 III Nr. 2 *Gotthardt* Rn. 259). Ein wichtiger Anwendungsfall für das Verbot überraschender Klauseln ist jedoch der Fall der **Ausgleichsquittungen** (*B. Preis* AuR 1979, 97, 101; LAG Berlin 18. 1. 1993 LAGE AGBG § 3 Nr. 1 = DB 1992, 942; s. a. v. Westphalen/*Thüsing* Arbeitsverträge Rn. 59 ff.). Das BAG hat darüber hinaus eine versteckte, drucktechnisch nicht besonders hervorgehobene vertragliche **Ausschlussfrist** als Überraschungsklausel in analoger Anwendung des § 3 AGBG gewertet (BAG 29. 11. 1995 AP BGB § 242 Nr. 13 = NZA 1996, 702). Dem ist auch für § 305 c I insoweit zuzustimmen, als sich das Überraschungsmoment auch aus dem äußeren Erscheinungsbild des Vertrags ergeben kann (sog. formale Überraschung; zust. deshalb MünchKommBGB/*Basedow* § 305 c Rn. 17; *Gotthardt* Rn. 256; *Lingemann* NZA 2002, 181, 186; ebenso LAG Köln 18. 11. 1996 AR-Blattei ES 350 Nr. 153). Abgesehen davon sind Ausschlussfristen jedoch nicht generell überraschend, vielmehr im Arbeitsleben üblich (BAG 27. 4. 2000 – 8 AZR 301/99; BAG 13. 12. 2000 NZA 2001, 723, 724; LAG Berlin 17. 5. 1999 AR-Blattei ES 350 Nr. 163; insoweit aA BAG 29. 11. 1995 AP AGBG § 3 Nr. 1). **Vertragsstrafenabreden** (Rn. 93) können ebenfalls als überraschende Klauseln unwirksam sein, insb. wenn sie nicht durch eine eigene Überschrift oder drucktechnische Hervorhebung ohne Weiteres erkennbar sind (ArbG Bremen 30. 1. 2003 – 6 Ca 5124/02 –). **Widerrufs- und Anrechnungsvorbehalte** hingegen sind wegen ihrer weiten Verbreitung in der Regel nicht objektiv überraschend (vgl. *Schnitker/Grau* BB 2002, 2120, 2122). Zu beachten ist jedoch auch hier, dass diese Klauseln auf Grund der optischen Gestaltung des Vertrags für den AN eindeutig erkennbar sein müssen.

Zunehmende Bedeutung kann § 305 c I überdies bei **Verweisungsklauseln** erhalten (*Preis* I C 33 Rn. 59; *Seibert* NZA 1985, 730 ff.; *Mook* DB 1987, 2252 ff.). Einen Überraschungsschutz vor der Verweisung auf tarifliche Ausschlussfristen hat das BAG jedoch abgelehnt (BAG 11. 1. 1995 ZTR 1995, 277; anders LAG Berlin 27. 2. 1998 – 6 Sa 153/97 – für Verweisung auf überraschende Beendigungsklausel). Erforderlich ist aber nach dem NachwG ein zumindest qualifizierter Hinweis auf die tarifvertragliche Bestimmung (s. § 2 NachwG Rn. 24 ff.). Wird einzelvertraglich auf einen **branchen- oder ortsfremden TV** verwiesen, wird man diese Verweisungsklausel regelmäßig als überraschend ansehen müssen (*Gotthardt* Rn. 258; *Preis* I C Rn. 59, II V 40 Rn. 26; *Seibert* NZA 1985, 730, 732;

Thüsing/Lambrich NZA 2002, 1361, 1365, wonach bei dynamischen Bezugnahmeklauseln auch bei jeder Änderung des TV zu fragen ist, ob darin eine unzulässige Überraschungsklausel liegt). Anders ist dies nur, wenn dessen Einbeziehung im Einzelfall üblich ist, so dass der AN mit einer derartigen Verweisung rechnen musste (vgl. BGH 21. 6. 2001 DB 2001, 2240), wobei dann aber die Inhaltskontrolle eröffnet ist (Rn. 15 ff.).

E. Mehrdeutige Klauseln

34   Die Unklarheitenregel des § 305 c II hat die **Funktion,** bei objektiv mehrdeutigen Klauseln eine Auslegungshilfe zu geben, und in diesem Fall die Interessen des Verwenders hinter denjenigen der anderen Partei zurücktreten zu lassen. Die Norm beruht auf dem Gedanken, dass es Sache derjenigen Partei ist, welche die Vertragsgestaltungsfreiheit für sich in Anspruch nimmt, sich klar und unmissverständlich auszudrücken. Unklarheiten gehen zu ihren Lasten (*Ulmer/Brandner/Hensen* § 5 Rn. 1). Die Unklarheitenregel des § 5 AGBG, die mit § 305 c II übereinstimmt, fand seit langem in der Rspr. der Arbeitsgerichte Anerkennung, so dass sich in diesem Bereich kaum Änderungen ergeben. Sie ist zunächst bei der Auslegung von **Versorgungszusagen** berücksichtigt worden (BAG 27. 6. 1969 AP BGB § 242 Ruhegehalt – VBL Nr. 2; BAG 25. 5. 1973 AP BGB § 242 Ruhegehalt Nr. 160; BAG 12. 2. 1985 AP BetrAVG § 1 Nr. 12; BAG 11. 8. 1987 AP BetrAVG § 1 Hinterbliebenenversorgung Nr. 4; BAG 24. 6. 1986 AP BetrAVG § 6 Nr. 12; BAG 27. 1. 1998 AP BetrAVG § 1 Unterstützungskassen Nr. 38; vgl. a. BAG 19. 2. 2002 AP BetrAVG § 1 Unterstützungskassen Nr. 40). Die Regel ist aber auch auf **AGDarlehen** (BAG 16. 10. 1991 AP BErzGG § 19 Nr. 1 = NZA 1992, 793), **Wettbewerbsverbote** (BAG 5. 9. 1995 AP HGB § 74 Nr. 67 = NZA 1996, 700), **Vertragsstrafenabreden** (BAG 18. 9. 1991 AP BGB § 339 Nr. 14), vorformulierte **Aufhebungsverträge** (ArbG Hanau 26. 9. 1996 NZA-RR 1997, 333), **Bezugnahmeklauseln** (BAG 17. 11. 1998 AP TVG § 1 Bezugnahme auf Tarifvertrag Nr. 10; LAG Hamm 25. 2. 2000 NZA-RR 2000, 541) und andere Fallgestaltungen (BAG 27. 4. 1995 NZA 1995, 935, 936; BAG 18. 8. 1998 NZA 1999, 659; LAG Köln 2. 2. 2001 AR-Blattei ES 350 Nr. 171) angewandt worden. Einer Übertragung der Unklarheitenregel auf individuell ausgehandelte Arbeitsvertragsbedingungen ist mit ihrer Verankerung in § 305 c II eine Absage erteilt. Insoweit gelten die herkömmlichen Grundsätze der Vertragsauslegung in Anwendung der §§ 133, 154, 155, 157 (*Preis* I C Rn. 61; s. BAG 21. 3. 1974 AP HGB § 74 c Nr. 3).

F. Die Inhaltskontrolle

35   Kernstück des Rechts der AGB ist die Inhaltskontrolle, die jetzt in den §§ 307 ff. niedergelegt ist. Wegen § 310 IV findet eine Inhaltskontrolle jetzt auch im Kernbereich des Arbeitsrechts, nämlich bei vorformulierten Einzelarbeitsverträgen statt (noch offen gelassen von BAG 29. 11. 1995 AP BGB § 242 Nr. 13).

36   **1. Schranken der Inhaltskontrolle.** § 307 III übernimmt im Wesentlichen den bislang geltenden § 8 AGBG, der die Schranken der Inhaltskontrolle bestimmte. §§ 307 I, II, 308, 309 gelten danach nur für Bestimmungen in AGB, die von Rechtsvorschriften abweichen oder diese ergänzende Regelungen enthalten. Wie bislang unterliegen deshalb Klauseln, die lediglich den Gesetzeswortlaut wiederholen, sog. deklaratorische Klauseln, aber auch Leistungsbeschreibungen und Entgeltregelungen nicht der Inhaltskontrolle (BGH 12. 3. 1987 BGHZ 100, 158, 173; BGH 24. 9. 1998 NJW 1999, 864; s. a. BT-Drucks. 14/7052 S. 188).

37   Die **deklaratorischen Klauseln** unterliegen deshalb keiner Inhaltskontrolle, weil an die Stelle der unwirksamen Klausel ohnehin die gesetzliche Regelung treten würde. Für das Arbeitsrecht bedeutsam ist, dass die Rspr. den Begriff der Rechtsvorschriften weit auslegt, so dass darunter nicht nur alle materiellen Gesetze fallen, sondern auch ungeschriebene Rechtsgrundsätze und Richterrecht (BGH 10. 12. 1992 BGHZ 121, 13, 18). Auf Grund der Gleichstellung von TV, Betriebs- und Dienstvereinbarungen mit Rechtsvorschriften besteht zudem Kontrollfreiheit bei einzelvertraglicher Einbeziehung dieser kollektiven Regelungen insgesamt oder daraus entnommener Regelungskomplexe (Rn. 15 ff.).

38   Nicht kontrollfähig sind auch **Leistungsbeschreibungen** und **Preisabreden** (vgl. hierzu *Tschöpe* DB 2002, 1830 ff.). Es ist nicht Aufgabe des Richters, über §§ 305 ff. einen „gerechten Preis" zu finden, sondern nur zu prüfen, ob die betreffende Klausel den Vertragspartner einseitig unangemessen benachteiligt (v. Westphalen/*Thüsing* Arbeitsverträge Rn. 56). Allerdings unterliegen AGB dann der Inhaltskontrolle, wenn eine gesetzliche Vergütungsregelung besteht, wie zB die GOÄ (BGH 9. 7. 1981 BGHZ 81, 229, 233; BGH 17. 9. 1998 NJW 1998, 3567, 3569). Freilich ist zu beachten, dass diese Urteile entscheidend auf AGB-typische Besonderheiten unklarer, dem Verwender unangemessene Ermessensspielräume einräumender Klauseln, die Leistungsbestimmungsrechte beinhalten, abstellen (vgl. BGH 19. 2. 1998 BGHZ 138, 100, 112). Aufgrund der Gleichstellung von TV mit Rechtsvorschriften iSv. § 307 III wird zT vertreten, dass eine Inhaltskontrolle auch der **Höhe des Arbeitsent-**

gelts in Formulararbeitsverträgen vorzunehmen sei. Maßstab sei das tarifliche Lohnniveau, dessen Unterschreitung um mehr als 20% unangemessen sei (*Däubler* NZA 2001, 1329, 1335 f.; offen gelassen *Reinecke* DB 2002, 583, 585). Grundfrage ist, ob die in § 310 IV 3 genannten kollektiven Regelungen, insb. TV, Maßstab für die Inhaltskontrolle sind. Durch die Verweisung in § 310 IV 3 sind **TV kein Kontrollmaßstab** für die Inhaltskontrolle des § 307 I, II geworden (*Annuß* BB 2002, 458, 460; *Bartz* AuA 2002, 62, 65; MünchKommBGB/*Basedow* § 310 Rn. 96; *Berger-Delhey* ZTR 2002, 66, 68; *Gotthardt* ZIP 2002, 277, 281; *Henssler* RdA 2002, 131, 136; Dauner-Lieb/Konzen/Schmidt/*Henssler* S. 615, 637; *Hromadka* NJW 2002, 2523, 2527; *Lieb* FS Ulmer 2003 S. 1231, 1242 f.; *Lindemann* § 13 IV 1. a) cc); *Lingemann* NZA 2002, 181, 188 f.; *Richardi* NZA 2002, 1057, 1061; *Stoffels*, AGB-Recht, Rn. 180; *Thüsing* BB 2002, 2666, 2667; *Ziemann*, Brennpunkte des Arbeitsrechts, 2003, 243, 291 ff.; aA *Joost* FS Ulmer 2003 S. 1199, 1206 (aber krit.); *Lakies* NZA-RR 2002, 337, 344). Dies folgt schon aus der verfassungsrechtlich garantierten **Koalitionsfreiheit** des Art. 9 III GG (vgl. *Lingemann* NZA 2002, 181, 189), aber auch aus einer **teleologischen Auslegung** der Verweisung in § 310 IV 3. Der Gesetzgeber wollte lediglich sicherstellen, dass TV bei einzelvertraglicher Bezugnahme keiner Inhaltskontrolle unterliegen (BT-Drucks. 14/6857 S. 54), nicht aber umgekehrt TV und dann auch Betriebs- und Dienstvereinbarungen selbst zum Maßstab der Inhaltskontrolle machen. Dies zeigt sich auch daran, dass die Verweisung in § 310 IV 3 sich nur auf § 307 III bezieht, nicht aber auf § 307 I 1, II BGB, der die Inhaltskontrolle regelt (*Gotthardt* Rn. 269). Zudem geriete man in Widerspruch dazu, dass der Gesetzgeber gerade auch die Entscheidung des BAG vom 13. 12. 2000 (RdA 2002, 39 m. abl. Anm. *Preis*), die eine einzelvertragliche Ausschlussfrist von einem Monat mit Verweis auf die Kürze tariflicher Ausschlussfristen rechtfertigte, zum Anlass genommen hat, die Bereichsausnahme für Arbeitsverträge zu streichen (BT-Drucks. 14/6857 S. 54). Dies zeigt deutlich, dass für vorformulierte Einzelarbeitsverträge nicht die TV der Kontrollmaßstab sein können, was dann folgerichtig nicht nur für Ausschlussfristen, sondern auch für die Höhe des Entgelts gilt. Etwas anderes folgt auch nicht aus **§ 612 III**, weil dies keine gesetzliche Regelung mit normativer RLFunktion ist. Sie setzt das Fehlen einer Vergütung voraus und scheidet deshalb als Maßstab der Inhaltskontrolle aus, wenn eine Vereinbarung über das Arbeitsentgelt vorliegt (*Ulmer/Brandner/Hensen* § 8 Rn. 17; *Wolf/Horn/Lindacher* § 8 Rn. 16, 20; für § 632 II BGH 19. 11. 1991 NJW 1992, 688, 689).

Wenn auch Preisvereinbarungen nicht der Inhaltskontrolle unterliegen, so geht die Rspr. doch davon **39** aus, dass sog. **Preisnebenabreden** kontrollfähig sind, die sich zwar mittelbar auf den Preis auswirken, an deren Stelle aber bei Unwirksamkeit eine dispositive gesetzliche Regelung treten kann (BGH 30. 11. 1993 BGHZ 124, 254, 256; Palandt/*Heinrichs* § 307 Rn. 60). Diese schwierige Abgrenzung wird jetzt auch im Arbeitsrecht zu beachten sein. Kontrollfähig sind zB Klauseln über Verzugszinsen (BGH 31. 1. 1985 NJW 1986, 376 f.). Wichtig für das Arbeitsrecht ist insb., dass kontrollfähig auch die **einseitigen Leistungsbestimmungsrechte** im Bereich der Hauptleistungspflichten sind (*Preis* Vertragsgestaltung S. 297; ausf. hierzu *Lindemann* § 13 ff.). Der Vertragspartner des Verwenders soll gerade vor der unangemessenen Verkürzung oder Modifikation der vollwertigen Leistung, die er nach Gegenstand und Zweck des Vertrags erwarten darf, geschützt werden, was sich auch aus § 307 II Nr. 2 ergibt (s. BGH 24. 3. 1999 NJW 1999, 2280). Zur Frage, ob die Vereinbarung der Aufhebung eines Arbeitsvertrages (ggf. gegen Abfindung) kontrollfähig ist, vgl. prinzipiell abl. *Preis*, NZA 2003, Sonderbeilage zu Heft 16; *Gotthardt* Rn. 308; LAG Hamm 1. 4. 2003 DB 2003, 1443).

2. Die Angemessenheitskontrolle nach den §§ 307-309. a) Besondere Klauselverbote. § 309 ent- **40** hält Klauselverbote **ohne Wertungsmöglichkeit,** § 308 Klauselverbote **mit Wertungsmöglichkeit.** Diese Klauselverbote gehen der allgemeinen Inhaltskontrolle nach § 307 vor. Gerade in Bezug auf die bes. Klauselverbote stellt sich die Frage, ob sie angesichts der Besonderheiten des Arbeitsrechts uneingeschränkt Anwendung finden können (s. Rn. 14). Die bes. Klauselverbote sind im Einzelnen bei den Klauseltypen behandelt (Rn. 51 ff.).

b) Leitlinien der Angemessenheitskontrolle nach § 307. Für die Inhalts- bzw. Angemessenheits- **41** kontrolle fehlt es bislang an entwickelten Leitlinien. Diese sind aber unverzichtbar, um Rechtssicherheit zu Fragen der Inhaltskontrolle und der Vertragsgestaltung zu schaffen.

Typisierte Vertragsklauseln müssen nicht nur bei der Auslegung, sondern auch im Rahmen der **42** Inhaltskontrolle **typisierenden und generalisierenden Wertungen** unterzogen werden. Die Auslegung geht der Inhaltskontrolle vor. Soweit das BAG bislang im Wege der Auslegung eine kaschierte Inhaltskontrolle unangemessener Klauseln vorgenommen hat (krit. hierzu § 611 Rn. 470 ff.), ist dieser problematischen Rspr. durch die §§ 305 ff. endgültig die Grundlage entzogen. Hat eine Vertragsklausel einen unangemessen benachteiligenden Inhalt, ist es für die Wirksamkeit der Klausel grds. nicht ausschlaggebend, ob sich der benachteiligende Inhalt auch im konkreten Einzelfall tatsächlich auswirkt. Entscheidend ist, welche Rechte nach dem konkreten Inhalt der Klausel geltend gemacht werden können und welche Folgen sich daraus bei genereller Betrachtung ergeben (BGH 23. 6. 1988 ZIP 1988, 1126, 1128; BGH 28. 10. 1981 NJW 1982, 870, 872; BGH 6. 2. 1985 NJW 1985, 3013, 3015). Aufgrund der Einordnung von AN als Verbraucher ist dieser generalisierende Prüfungsmaßstab nach **§ 310 III Nr. 3** aber durch die Berücksichtigung **konkret individueller Umstände des Vertragsschlusses** zu ergänzen (*Gotthardt* Rn. 297). Diese Regelung geht zurück auf die RL 93/13/EWG (ABl.

EG Nr. L 95 v. 21. 4. 1993, S. 29 ff.). Nach deren Erwägungsgrund 16 sind bei der Beurteilung von Treu und Glauben und damit bei der Angemessenheitsprüfung „besonders zu berücksichtigen, welches **Kräfteverhältnis** zwischen den Verhandlungspositionen der Parteien bestand, ob auf den Verbraucher in irgendeiner Weise eingewirkt wurde, seine Zustimmung zu der Klausel zu geben, und ob die Güter oder Dienstleistungen auf eine Sonderbestellung des Verbrauchers hin verkauft bzw. erbracht wurden." Es kommt also auf die **persönlichen Eigenschaften, die Geschäftserfahrung und Verhandlungsstärke, die Beurteilungsfähigkeit, das Angewiesensein auf die Leistung** (*Ulmer/Brandner/ Hensen* § 9 Rn. 179), auf **intellektuelle Stärken und Schwächen** (*Bunte* DB 1996, 1389, 1390) sowie auf die **konkrete Situation des Vertragsschlusses** an, dh. ob der Verwender seinen Vertragspartner überrascht, überrumpelt oder den wahren Vertragsinhalt verschleiert (*Bunte* DB 1996, 1389, 1390; *Ulmer/Brandner/Hensen* § 9 Rn. 179). Die Regelung des § 310 III Nr. 3 beseitigt also nicht den generell-abstrakten Prüfungsmaßstab, sondern ergänzt ihn lediglich (*Gotthardt* Rn. 297; vgl. zum AGBG BT-Drucks. 13/2713, S. 7 f.; *Brandner* MDR 1997, 312, 314; *Damm* JZ 1994, 161, 174; *Staudinger/Coester*, § 9 AGBG Rn. 85; *Staudinger/Schlosser* § 24 a AGBG Rn. 75; *Ulmer/Brandner/ Hensen* § 9 Rn. 178; *v. Westphalen* BB 1996, 2101, 2104; aA *Schmidt-Salzer* JZ 1995, 223; *Wolf/Horn/ Lindacher* Art. 4 RL Rn. 3; gegen eine Anwendung von § 310 III im Arbeitsrecht *Annuß* BB 2002, 458, 461; *Bauer/Kock* DB 2002, 42, 43). Nicht möglich ist also, dass die Umstände des Vertragsschlusses allein die Unwirksamkeit der Klausel begründen können, erforderlich ist vielmehr, dass inhaltliche Kriterien Bedenken gegen die Klausel erwecken, ohne jedoch schon die Unwirksamkeit zu begründen (*Wolf/Horn/Lindacher*, § 24 a Rn. 52). Erst auf einer zweiten Ebene können die Umstände des Vertragsschlusses den Ausschlag geben, dass eine unangemessene Benachteiligung angenommen werden kann. § 310 III Nr. 3 kann daher **ambivalent** wirken: Bedenkliche, aber noch nicht unangemessene Klauseln können unter Umständen wegen der Art und Weise des Zustandekommens des Vertrages als unwirksam betrachtet werden. Das gilt aber in gleicher Weise auch umgekehrt (OLG Frankfurt v. 17. 11. 2000, NJW-RR 2001, 780; MünchKommBGB/*Basedow* § 305 c Rn. 75; *Börner* JZ 1997, 595, 600; *Brandner* MDR 1997, 312, 314; *Bunte* DB 1996, 1389, 1390; *Eckert* ZIP 1995, 1460, 1462; *Heinrichs* NJW 1996, 2190, 2194; Palandt/*Heinrichs* § 310 Rn. 21; Staudinger/*Schlosser* § 24 a AGBG Rn. 55; *Ulmer/Brandner/Hensen* § 9 Rn. 180; *Wolf/Horn/Lindacher* § 24 a Rn. 53; vgl. auch *Hromadka* FS Dieterich 1999 S. 251, 258: zu berücksichtigen sei die „Marktmacht" des AN; aA *Coester-Waltjen* Jura 1997, 272, 274; *Michalski* DB 1999, 677, 679; in diese Richtung auch *Damm* JZ 1994, 171, 174 zur Richtlinie, wonach die Umstände des Vertragsschlusses nur zugunsten des AN zu berücksichtigen seien). Damit stellt § 310 III Nr. 3 auch im Arbeitsrecht ein flexibles Reaktionsinstrument dar, um insb. Vertragsgestaltungen mit erfahrenen Spitzenkräften und leitenden Angestellten mit der gebotenen Zurückhaltung zu kontrollieren.

43 **aa) Gesetzliche Beispiele unangemessener Benachteiligung.** Typische Erscheinungen unangemessener Benachteiligung des Vertragspartners sind in § 307 II kodifiziert. Danach ist eine unangemessene Benachteiligung im Zweifel anzunehmen, wenn eine Bestimmung mit **wesentlichen Grundgedanken der gesetzlichen Regelung,** von der abgewichen wird, nicht zu vereinbaren ist. Dahinter steht die Idee des Leitbildes des dispositiven Rechts. Die Anwendung im Arbeitsrecht ist deshalb schwierig, weil es zum großen Teil zwingend ist oder aus Richterrecht besteht. Relativiert wird dies jedoch dadurch, dass die Zivilrechtsprechung auch die von ihr entwickelten Rechtsgrundsätze als gesetzliches Leitbild anerkennt (BGH 10. 12. 1992 BGHZ 121, 14, 18), was auf das Arbeitsrecht übertragen werden kann (*Preis* Vertragsgestaltung S. 304; *Wolf* RdA 1988, 270, 274). Eine unangemessene Benachteiligung liegt im Zweifel auch dann vor, wenn wesentliche Rechte oder Pflichten, die sich aus der Natur des Vertrags ergeben, so eingeschränkt werden, dass die **Erreichung des Vertragszwecks gefährdet** ist.

44 Mit § 307 I 2 ist das **Transparenzgebot,** wie vom EuGH 10. 5. 2001 NJW 2001, 2244 f. verlangt, ausdrücklich gesetzlich normiert (bisher auf §§ 5, 9 AGBG stützten BGH 6. 10. 1999 NJW 2000, 515, 519). Eine unangemessene Benachteiligung kann sich auch daraus ergeben, dass eine Vertragsbestimmung nicht klar und verständlich ist. Das Transparenzgebot ist Bestandteil der Angemessenheitskontrolle. Besonderheiten des Arbeitsrechts stehen seiner Anwendung nicht entgegen. Vielmehr ist es im Arbeitsrecht bereits bisher zu Grunde gelegt worden. Beispiel seiner Anwendung ist die Rspr. zu auflösenden Bedingungen, die – sofern keine generellen Wirksamkeitsbedenken bestehen – hinreichend bestimmt ausgestaltet sein müssen (BAG 27. 10. 1988 NZA 1989, 643; zu Vertragsstrafen vgl. Rn. 94; zu Kaufverträgen mit AN BAG 26. 5. 1993 AP AGB-Gesetz § 23 Nr. 3 = NZA 1993, 1029; *Koller* SAE 1994, 48 ff.). Übersteigerte Anforderungen dürfen jedoch nicht gestellt werden. Auslegungsbedürftigkeit bedeutet nicht zugleich Intransparenz (BGH 17. 12. 1999 NJW 1999, 942). Das Transparenzgebot begründet auch **keine allgemeine Rechtsbelehrungspflicht** des Verwenders, dh. regelmäßig des AG (*Gotthardt* Rn. 302; s. BGH 5. 11. 1998 NJW 1999, 276). Allerdings gilt die Transparenzkontrolle auch für **preisbestimmende, leistungsbeschreibende Vertragsklauseln** (§ 307 III 2; bisher zB OLG Köln 23. 8. 2000 ZIP 2000, 1836, 1837 f.) und damit auch für vorformulierte einzelvertragliche Vergütungsregeln. Das BAG akzentuiert entspr. Rechtsgedanken bei sog. Freiwilligkeitsvorbehalten (Rn. 68) und verlangt in der Vertragsgestaltung eine unmissverständliche Klar-

F. Die Inhaltskontrolle §§ 305–310 **BGB 230**

stellung des Ausschlusses eines Rechtsanspruches (BAG 11. 4. 2000 AP BGB § 611 Gratifikation Nr. 227). Dies gilt auch bei Global- und Teilverweisungen auf TV, die nicht bereits normativ gelten (BT-Drucks. 14/6857 S. 54; *Gotthardt* Rn. 304), wobei das Transparenzgebot aber nur selten verletzt sein wird (BT-Drucks. 14/6040 S. 154). Problematisch unter dem Gesichtspunkt des Transparenzgebots sind jedoch **dynamische Verweisungen** auf TV, weil dadurch die Gefahr besteht, dass der AN bei Vertragsschluss zukünftige Änderungen des Vertragsinhalts nicht absehen kann (vgl. hierzu ausf. *Oetker* JZ 2002, 337, 339 ff., wonach die Zulässigkeit solcher Verweisungen aber daraus folgt, dass der Gesetzgeber selbst diese Art der Regelungstechnik für zulässig hält und verwendet; aA offenbar v. Westphalen/*Thüsing* Arbeitsverträge Rn. 92).

bb) Kriterienkatalog. Die Konkretisierung unangemessener Vertragsgestaltung bedarf einer norma- 45 tiven Struktur und insb. normativer Leitbilder, die die Inhaltskontrolle zu leiten imstande sind (dazu für den Bereich flexibler Arbeitsbedingungen ausf. *Lindemann* § 13). Generalisierend kann auf folgende Kriterien abgestellt werden:

(1) **Art des Arbeitsvertrags, Stellung des AN.** Die Art des Arbeitsvertrags, der Status des AN, der 46 konkret vereinbarte Inhalt, die Vergütungsform und der zeitliche Umfang der geschuldeten Tätigkeiten sowie die Dauer der Vertragsbeziehung können für die jeweilige Wirksamkeit der Vertragsklauseln relevant sein. Allerdings kann nicht generell von einer geringeren Kontrollbedürftigkeit von Teilzeitarbeitsverträgen ausgegangen werden, weil auch diese die Existenzgrundlage des AN bilden können (*Preis* Vertragsgestaltung S. 314 ff.). Bei der Inhaltskontrolle vorformulierter Vertragsbedingungen im Bereich der **Führungskräfte** ist auf die bei diesen AN typischen Besonderheiten Rücksicht zu nehmen. Dies kann etwa bei der Kontrolle von Überstundenpauschalierungen relevant werden (*Preis* Vertragsgestaltung S. 317).

(2) **Erscheinungsbild des Gesamtvertrags.** Der gesamte Vertragsinhalt ist zu betrachten und nicht 47 nur die isolierte Vertragsklausel. Summierende und kompensierende Effekte sind zu berücksichtigen (Beispiel: Mankoabrede, deren Zulässigkeit von einem kompensatorischen finanziellen Ausgleich abhängig ist; vgl. Rn. 85; Rückzahlungsklauseln für Ausbildungskosten, wo die Bindung umso eher zuzumuten ist, je größer der mit der Ausbildung verbundene berufliche Vorteil ist: BAG 18. 8. 1976 AP BGB § 611 Ausbildungsbeihilfe Nr. 3).

(3) **Verfassungsrechtliche Wertungen.** Verfassungsrechtliche Wertungen sind nach der Lehre von 48 der Schutzgebotsfunktion der Grundrechte im Rahmen der Angemessenheitskontrolle zu berücksichtigen (BAG 16. 3. 1994 AP BGB § 611 Ausbildungsbeihilfe Nr. 18 = NZA 1996, 702; BAG 6. 11. 1996 AP AvR Caritasverband § 10 Nr. 1; *Preis* Vertragsgestaltung S. 327 ff.; s. hier Art. 2 GG Rn. 30 ff., 71; GG-Einl. Rn. 33 ff.). Zur Beschränkung der Tätigkeit eines Versicherungsvertreters BAG 15. 12. 1999 AP HGB § 92 Nr. 5.

(4) **Risikoverteilung.** Der Aspekt gerechter Risikoverteilung spielt bei der Inhaltskontrolle eine 49 hervorragende Rolle. Prinzipiell hat der AG das **Betriebs- und Wirtschaftsrisiko** zu tragen, das er nicht ohne Weiteres auf den AN abwälzen darf. Dies ist schon im Rahmen des § 138 anerkannt (vgl. § 611 Rn. 415). Auch Vertragsgestaltungen, die das **Beschäftigungsrisiko** auf den AN verlagern, sind regelmäßig unzulässig (BAG 13. 8. 1980 AP BUrlG § 1 Unbezahlter Urlaub Nr. 1; zum Fall auflösender Bedingungen BAG 9. 7. 1981 AP BGB § 620 Bedingung Nr. 4; zu einseitigen Leistungsbestimmungsrechten zur Reduktion des Umfangs der Arbeitszeit BAG 12. 12. 1984 AP KSchG 1969 § 2 Nr. 6).

(5) **Kündigungserschwerungen.** Ein wesentlicher Aspekt der Angemessenheitskontrolle vertragli- 50 cher Bindungsklauseln ist die einseitige Kündigungserschwerung. Mit ihm sollen unzumutbare Beschränkungen der Vertrags- und Kündigungsfreiheit des AN abgewendet werden. Auf das Kriterium der Kündigungserschwerung hat das BAG insb. bei Rückzahlungsklauseln aller Art (Gratifikation, Umzugskosten und Ausbildungskosten, hierzu § 611 Rn. 549 ff., 554 ff., 685 ff., Vertragsstrafen; hierzu §§ 339–345 BGB Rn. 16) sowie bei AGDarlehen und Personalrabatten abgestellt (hierzu näher *Preis* Vertragsgestaltung S. 555 ff. mwN). Auch die Bindung einer am erzielten Umsatz orientierten Erfolgsbeteiligung, die Provisionscharakter hat, darf nicht davon abhängig gemacht werden, dass das Arbeitsverhältnis eine bestimmte Zeit bestanden hat (BAG 12. 1. 1973 AP HGB § 87 a Nr. 4; BAG 20. 8. 1996 AP HGB § 87 Nr. 9 = NZA 1996, 1151; BAG 8. 9. 1998 NZA 1999, 420). Generell problematisch sind Vertragsgestaltungen, die mit dem Verbot ungleicher Kündigungsfristen (§ 622 VI) in Konflikt geraten. Das Verbot einseitiger Kündigungserschwerung entspricht st. Rspr. (BAG 11. 3. 1971 AP BGB § 622 Nr. 9; BAG 9. 3. 1972 AP BGB § 622 Nr. 12). Die Bindung einer Eigenkündigung an eine Abfindung wurde ebenso als unzulässige Kündigungsbeschränkung gewertet (BAG 6. 9. 1989 AP BGB § 622 Nr. 27) wie die Erstattung von Ablösekosten bzw. die Übernahmepflicht für ein dienstlich genutztes Leasing-Fahrzeug (LAG Düsseldorf 18. 5. 1995 LAGE BGB § 611 Inhaltskontrolle Nr. 1 = NZA-RR 1996, 363).

c) **Einzelne Vertragsklauseln. aa) Änderungsvorbehalte (Anrechnungs-, Freiwilligkeits-, Wider-** 51 **rufsvorbehalte, Befristung einzelner Arbeitsbedingungen; Direktionsrechtserweiterung).** Einseitige Leistungsbestimmungsrechte sind im Arbeitsrecht, zB in Form von **Versetzungsklauseln** bei der Tätigkeit, **Änderungsvorbehalten** bei der Arbeitszeit sowie bei **Widerrufs- und Anrechnungsvor-**

behalten beim Entgelt weit verbreitet. Die Rspr. des BGH unterscheidet insoweit streng zwischen der **Angemessenheitskontrolle** der Klausel, welche das Leistungsbestimmungsrecht einräumt, und der **Ausübungskontrolle** in Bezug auf die darauf beruhende Leistungsbestimmung im konkreten Einzelfall (BGH 26. 11. 1984 BGHZ 93, 29, 34). Im Hinblick auf die Angemessenheit des vertraglichen Leistungsbestimmungsrechts werden zwei wesentliche Anforderungen statuiert. Zum einen verlangt der BGH, dass die Klausel hinreichend transparent ist (in diese Richtung jetzt auch BAG 23. 10. 2002 AP BGB § 611 Gratifikation Nr. 243, wonach die bloße Bezeichnung einer Sozialleistung als „freiwillig" nicht genügt, um die Leistung wieder einzustellen. Gefordert wird vielmehr, dass der AG unmissverständlich zum Ausdruck bringt, dass er sich die jederzeitige Lösung von der Leistungszusage vorbehält). Zum anderen geht der BGH davon aus, dass vorformulierte Leistungsbestimmungsrechte nur hingenommen werden können, soweit sie bei unsicherer Entwicklung des Schuldverhältnisses als Instrument der Anpassung notwendig sind und den Anlass, aus dem das Bestimmungsrecht entsteht, sowie die RL und Grenzen seiner Ausübung so konkret wie möglich angeben (BGH 19. 10. 1999 NJW 2000, 651, 652; *Ulmer/Brandner/Hensen*, Anh. §§ 9–11 Rn. 470).

52 Diese prinzipielle **Zweiteilung der Prüfung** in Angemessenheitskontrolle der Klausel und Ausübungskontrolle ist auch bei der Prüfung von Änderungsvorbehalten in Arbeitsverträgen anzuwenden (*Hromadka* FS Dieterich 1999 S. 251, 263 ff.; *Preis* II V 70 Rn. 43 ff.; *Gotthardt* Rn. 316; *Reichold* RdA 2002, 321, 331 f.; *Sievers* NZA 2002, 1182, 1184; aA *Zöllner* NZA 1997, 121, 126; *Lingemann* NZA 2002, 181, 190 f.). Besonderheiten des Arbeitsrechts stehen dem nicht entgegen; auch der BGH wendet die Angemessenheitskontrolle durchaus auf Dauerschuldverhältnisse an (BGH 16. 1. 1985 BGHZ 93, 252, 257 f.; BGH 3. 11. 1999 BGHZ 143, 104). Eine vollständige Nichtanwendung des Transparenzgebotes verstieße zudem gegen dessen grundlegende Bedeutung, welche der Gesetzgeber durch die ausdrückliche Kodifikation in § 307 I 2 auch für Arbeitsverträge zum Ausdruck gebracht hat. Zudem soll dieses Gebot im Arbeitsrecht prinzipiell anwendbar sein (s. bereits bisher *Hartung* DB 1979, 1275, 1277; *Henssler* SAE 1988, 165; *Preis* FS Kissel 1994 S. 879, 897).

53 Die Inhaltskontrolle erfolgt im Kern auf der Basis des § 307 (für § 308 Nr. 4 hingegen Dauner-Lieb/Konzen/Schmidt/*Henssler* S. 615, 640; *Richardi* NZA 2002, 1057, 1063; *Sievers* NZA 2002, 1182, 1184; offen gelassen v. Westphalen/*Thüsing* Arbeitsverträge Rn. 116). § 308 Nr. 4 enthält als Klauselverbot mit Wertungsmöglichkeit zwar eine Regelung zu Änderungsvorbehalten, die sich allerdings nach dem Wortlaut auf die versprochene Leistung des Verwenders bezieht. Im Arbeitsvertrag wäre dies die Entgeltzahlungspflicht des AG. Das Klauselverbot erstreckt sich jedoch primär auf Warenlieferungen und Werkverträge. § 308 Nr. 4 verdeutlicht aber, dass der Vertragspartner durch Leistungsänderungsvorbehalte vor der Aushöhlung des gegebenen Leistungsversprechens geschützt werden soll. Vor diesem Hintergrund fallen „zumutbare" Änderungsvorbehalte auch nicht unter § 308 Nr. 4. Die Abgrenzung zur Generalklausel, die „unangemessene Benachteiligungen" verbietet, ist damit nur schwer zu vollziehen und praktisch unnötig (*Gotthardt* ZIP 2002, 277, 285). Der BGH kontrolliert einseitige Leistungsbestimmungsrechte deshalb auch auf der Basis der Generalklausel, soweit die Spezialregelung des § 308 Nr. 4 nicht eindeutig einschlägig ist (vgl. etwa BGH 19. 10. 1999 NJW 2000, 651). Im Kern geht es aber bei beiden Kontrollansätzen um die Frage, ob die Änderungsvorbehalte zu einer unangemessen Aushöhlung der Austauschbeziehung und zu einer Verlagerung der Vertragsrisiken führen.

54 Auch das **BAG** ist zwar grds. ebenfalls von einer zweigeteilten Prüfung einseitiger Leistungsbestimmungsrechte ausgegangen. Allerdings hat es die Wirksamkeit eines Änderungsvorbehaltes insb. an einer **Umgehung** des § 2 KSchG geprüft und bejaht, wenn in den Kernbereich des Arbeitsverhältnisses eingegriffen wird (BAG 7. 10. 1982 AP BGB § 620 Teilkündigung Nr. 5; zuletzt BAG 7. 8. 2002 EzA BGB § 315 Nr. 51). Dieser Ansatz kann mit den Wertungen aus § 308 Nr. 4 und § 307 in Deckung gebracht werden. Denn der „Kernbereich" dürfte die Schwelle markieren, ab der Änderungsvorbehalte „unzumutbar" bzw. unangemessen benachteiligend wirken können. Der Schwerpunkt der Prüfung lag jedoch bislang auf der Ausübungskontrolle am Maßstab des § 315 (BAG 12. 12. 1984 AP KSchG § 2 Nr. 6) und wird nunmehr auf die Kontrolle der Klausel selbst vorverlagert werden müssen. Mit der Verankerung der Angemessenheitskontrolle in § 307 gilt diese für alle Arbeitsverträge und ist nicht, wie die Umgehungsrechtsprechung, auf den Anwendungsbereich des § 2 KSchG beschränkt. Konkret kann bei den Änderungsvorbehalten ein **abgestufter Prüfungsmaßstab** angewandt werden. Sachgerecht erscheint es, zum einen nach der **Art der flexibilisierten Leistung** – synallagmatische oder nicht synallagmatische Leistung – zu differenzieren und zum anderen nach der **Einflussmöglichkeit des AN** auf Eintritt und Umfang der Änderungen (vgl. hierzu *Lindemann* § 13 VI 3). Bei Leistungen, die im Gegenseitigkeitsverhältnis stehen, ist ein konkreter Widerrufsgrund zu verlangen, der vor dem Hintergrund der §§ 1, 2 KSchG bestehen können muss, sofern der AN keinen Einfluss auf den Eintritt der Änderungen nehmen kann (*Lindemann* § 13 IV 3). Kann der AN hingegen zumindest mit beeinflussen, ob und in welchem Umfang Änderungen eintreten, gelten diese strengen Voraussetzungen nicht, da hier die Gefahr der einseitigen Verlagerung wirtschaftlicher Risiken nicht im Vordergrund steht (*Lindemann* § 13 IV 3). Auch bei nicht synallagmatischen Leistungen sind geringere Anforderungen an die Klausel zu stellen. Ausreichend sind willkürfreie und nachvollziehbare Gründe für mögliche Änderungen (*Preis* II V 70 Rn. 50 ff.; so auch *Reichold* RdA 2002, 321, 331;

v. Westphalen/*Thüsing* Arbeitsverträge Rn. 117). Diese Grundsätze der abgestuften Prüfung gelten für Widerrufsvorbehalte und die **Befristung von Einzelarbeitsbedingungen** (*Preis* II V 70 Rn. 79; II D 30 Rn. 225 ff.). Der Kontrollmaßstab ist auch im Hinblick auf **Freiwilligkeitsvorbehalte** in Formulararbeitsverträgen zu harmonisieren. Im Einzelnen:

(1) **Veränderung von Dauer, Lage und Art der Arbeit.** Hat sich der AG die Änderung von 55 Arbeitsbedingungen im Vertrag vorbehalten, ist nach dem jeweils betroffenen Bereich zu differenzieren: Die Dauer der **Arbeitszeit** hat idR Auswirkungen auf die Höhe der Vergütung und bezieht sich damit auf eine synallagmatische Leistung. Sie darf jedenfalls nach der Rspr. nicht zur Disposition des AG stehen. Deshalb hat das BAG eine Klausel im Einzelarbeitsvertrag, durch die der AG zur Festlegung der Arbeitszeit ermächtigt wird, wegen Eingriffs in das Austauschverhältnis als unwirksam angesehen (BAG 12. 12. 1984 AP KSchG 1969 § 2 Nr. 6). Im Bereich der Teilzeitarbeit folgt dies aus § 12 I 2 TzBfG (vgl. zur Anwendbarkeit des § 12 TzBfG auf Vollzeitarbeitsverhältnisse § 12 TzBfG Rn. 7). Ob allerdings dieser gänzliche Ausschluss von Flexibilisierungen hins. der Arbeitszeitdauer aufrecht erhalten werden kann und muss, ist zweifelhaft. Jedenfalls im Bereich der Vollzeitarbeit können Änderungsvorbehalte wirksam sein, sofern entweder Änderungen nur aus dringenden betrieblichen Gründen iSv. § 1 II KSchG zugelassen werden oder sofern der AN Einfluss auf Eintritt und Umfang der Änderungen hat und das Transparenzgebot eingehalten ist (*Lindemann* § 13 IV 2). Grds. **wirksam** ist ein vertraglicher Änderungsvorbehalt, der nicht die Dauer, sondern lediglich die Lage der Arbeitszeit betrifft (ausf. *Preis* II A 90 Rn. 46 ff.).

Gegen die Wirksamkeit einer Vertragsvereinbarung, die den AG dazu berechtigt, dem AN eine 55 a **andere gleichwertige Tätigkeit** zuzuweisen, bestehen keine Bedenken (ausf. hierzu § 611 Rn. 281). Da das Direktionsrecht nicht die Befugnis zur Versetzung des AN auf einen Arbeitsplatz mit einer geringerwertigen Tätigkeit umfasst, und zwar auch dann nicht, wenn die bisher gezahlte Vergütung fortgezahlt wird (BAG 14. 7. 1965 AP BGB § 611 Direktionsrecht Nr. 19; BAG 30. 8. 1995 AP BGB § 611 Direktionsrecht Nr. 44; BAG 24. 4. 1996 AP BGB § 611 Direktionsrecht Nr. 44), kommt es gerade in dieser Hinsicht häufig zu einer vertraglichen Erweiterung des Direktionsrechts. Eine einzelvertragliche Klausel, durch die der AG dem AN eine geringerwertige Tätigkeit mit einer verminderten Vergütung zuweisen kann, ist aber **wegen des damit verbundenen Eingriffs in den Kernbereich der Entgeltzahlungspflicht** nur dann zulässig, wenn Änderungen entweder an die strengen **Voraussetzungen der §§ 1, 2 KSchG** gebunden sind oder wenn der AN angemessenen **Einfluss auf Eintritt und Umfang** der Änderungen hat (für die Unzulässigkeit solcher Klauseln KDZ/*Kittner* § 2 KSchG Rn. 27). Entspr. **tarifvertragliche** Klauseln werden auch von der Rspr. für zulässig gehalten (BAG 22. 5. 1985 AP TVG § 1 Tarifverträge: Bundesbahn Nr. 6, 7). Grundlage dieser Ansicht ist die dem TV innewohnende Richtigkeitsvermutung, welche sich auf das Machtgleichgewicht zwischen den TVParteien stützt.

(2) **Widerrufsvorbehalte.** Beim Widerrufsvorbehalt wird eine Leistung zunächst unbefristet zuge- 56 sagt, aber dem AG die Möglichkeit eingeräumt, durch Ausübung des Widerrufsrechts die Weitergewährung der Leistung zu beenden. Im **Unterschied zum Freiwilligkeitsvorbehalt,** der schon die Entstehung eines Rechtsanspruchs verhindert, setzt der Widerrufsvorbehalt einen entstandenen Anspruch voraus, der allerdings unter erleichterten Voraussetzungen wieder entzogen werden kann (vgl. MünchArbR/*Hanau* § 60 Rn. 107; Küttner/*Kania*, Widerrufsvorbehalt/Freiwilligkeitsvorbehalt Rn. 3; *Reiserer* DB 1997, 426). Der Widerruf **muss ausdrücklich vereinbart sein,** er ergibt sich nicht aus der zusätzlichen Leistung als solcher (BAG 16. 7. 1976 AP BGB § 611 Lohnzuschläge Nr. 7; BAG 14. 6. 1995 AP BGB § 611 Personalrabatt Nr. 1). Ansonsten hilft nur die einvernehmliche Vertragsänderung (§ 241 I; hierzu § 611 Rn. 473) oder die Änderungskündigung (§ 2 KSchG). Er gilt nicht rückwirkend, dh. nicht für die Vergangenheit (BAG 27. 7. 1972 AP BGB § 611 Gratifikation Nr. 75; LAG Düsseldorf 30. 11. 1973 BB 1974, 231). Zulässig – und empfehlenswert – ist es aber, für den Fall der Unwirksamkeit des Widerrufs hilfsweise eine Änderungskündigung auszusprechen (vgl. BAG 21. 4. 1993 AP KSchG 1969 § 2 Nr. 34).

Das BAG hat Widerrufsvorbehalte im Rahmen der Inhaltskontrolle einer **zweistufigen Prüfung** 57 unterzogen, freilich mit anderen dogmatischen Grundlagen, als sie jetzt nach Einführung der §§ 305 ff. durchzuführen sind. Die bisherige Rspr. kann daher nur noch modifiziert fortgeführt werden. Auf der **ersten Stufe** ermittelte das BAG, ob die Vorbehaltsklausel überhaupt wirksam ist. In der Tat können entspr. Klauseln gegen §§ 134, 138, 307 ff. verstoßen. Die bisherige Rspr., die die Wirksamkeit eines Widerrufsvorbehalts unter dem Gesichtspunkt der Umgehung des Kündigungsschutzes prüfte, unterlag bisher schon der Kritik, vor allem wegen ihrer Herleitung aus dem KSchG (*Hromadka* RdA 1992, 234; *Zöllner* NZA 1997, 121; KDZ/*Kittner* § 2 KSchG Rn. 28). Nunmehr ist zwischen ausgehandelten und gestellten Abreden zu unterscheiden. Erstere können nur nach § 138 kontrolliert werden; bei gestellten Vorbehaltsklauseln (Regelfall) ist zu prüfen, ob die Klausel zu einer „unangemessenen Benachteiligung" führt. Unter diesem Gesichtspunkt können einige Wertungen der früheren Rspr. weitergeführt werden. Denn eine „unangemessene Benachteiligung" durch einen Widerrufsvorbehalt liegt nach der Rspr. vor, wenn durch den Widerrufsvorbehalt der **Kernbestand des Arbeitsverhältnisses** betroffen ist. Das ist der Fall, wenn **wesentliche Elemente** des Arbeitsvertrags einer einseitigen Änderung – ohne Einflussmöglichkeit des AN – unterliegen sollen, durch die das **Gleichgewicht**

erhalten Sie eine übertarifliche Zulage, die mit zukünftigen Tariferhöhungen verrechnet wird" vgl. *Küttner* in Hromadka (Hrsg.), Die Mitarbeitervergütung, S. 61, 69). Wo ein solcher ausdrücklicher Vorbehalt im Formularvertrag enthalten ist, kann dies unter dem Gesichtspunkt des Transparenzgebotes (§ 307 I 2) nicht beanstandet werden. Der AN erkennt an dieser Vertragsgestaltung, dass seine übertariflichen Lohnbestandteile nur so lange effektiv wirken, bis eine Tariflohnerhöhung erfolgt. Der Anrechnungsgrund ist auf einen konkreten und transparenten Aspekt reduziert (s. im Einzelnen *Preis* FS Kissel 1994 S. 879 ff.). Bei **Anrechnungsvorbehalten** genügt der von der Rspr. bislang akzeptierte Hinweis „übertariflich" (BAG 8. 12. 1982 EzA TVG § 4 Tariflohnerhöhung Nr. 6; BAG 11. 8. 1992 EzA BetrVG 1972 § 87 Betriebliche Lohngestaltung Nr. 32) dem Transparenzgebot nicht, weil sich dieser Kennzeichnung nicht mit der notwendigen Bestimmtheit entnehmen lässt, dass eine jederzeitige Anrechenbarkeit gewollt ist (*Preis* II V 70 Rn. 118). Auch kann bei formularmäßiger Vereinbarung ein Anrechnungsvorbehalt in Zweifelsfragen nicht zu Lasten des AN ausgelegt werden (§ 305 c II; s. bereits *Henssler* SAE 1988, 164 f.).

66 Im Falle der Anrechnung ist der AG jedoch an den Gleichbehandlungsgrundsatz gebunden (ArbG Wiesbaden 6. 7. 1995 NZA-RR 1996, 223). Auch kann die Anrechnung gegen allg. Grundsätze verstoßen (zB § 612 a) und im Einzelfall billigem Ermessen widersprechen (LAG Frankfurt 28. 1. 1998 – 8 Sa 2219/96). Im Regelfall entspricht die Anrechnung **allgemeiner übertariflicher Zulagen** billigem Ermessen, weil das Arbeitsentgelt nominal unverändert bleibt. Die Absenkung der Zulage findet ihre Rechtfertigung darin, dass die Tariferhöhung den vorher mit der Zulage verfolgten Zweck erfüllt, das für den AN verfügbare Einkommen ohne Bindung an bes. Voraussetzungen zu erhöhen (BAG 28. 5. 1998 AP BetrVG 1972 § 87 Lohngestaltung Nr. 98). Wird die Zulage hingegen aus einem **anderen Grund** gewährt – etwa zum Ausgleich besonderer Erschwernisse – scheidet eine Anrechnung wegen einer Tariflohnerhöhung aus (LAG Köln 25. 1. 2001 NZA-RR 2001, 487).

67 **Anrechnungsklauseln in TV**, nach denen bisherige übertarifliche Leistungen durch eine Tariflohnerhöhung abgebaut werden (sog. negative Effektivklauseln), unabhängig davon ob sie einzelvertraglich auch nach einer Tariflohnerhöhung weiterzuzahlen, also anrechnungsfest sind, sind dagegen unzulässig (BAG 26. 4. 1961 AP TVG § 4 Effektivklausel Nr. 5; BAG 18. 8. 1971 AP TVG § 4 Effektivklausel Nr. 8).

68 (5) **Freiwilligkeitsvorbehalte**. Freiwilligkeitsvorbehalte dienen dazu, von vornherein die Entstehung eines Anspruchs auf die Leistung zu verhindern (BAG 6. 12. 1995 AP BGB § 611 Gratifikation Nr. 187). Sie haben ihren Ursprung im Gratifikationsrecht bei der **Verhinderung einer betrieblichen Übung**. Nach bisheriger Rspr. musste ein solcher Freiwilligkeitsvorbehalt, damit er Rechtsansprüche für die Zukunft ausschließen, grds. **bei der jeweiligen Auszahlung** wiederholt werden. In neuer Rspr. hat das BAG aber ausgesprochen, dass ein Anspruch auf Grund betrieblicher Übung trotz idR dreimaliger vorbehaltloser Zahlung auch nicht entstehen könne, wenn ein Freiwilligkeitsvorbehalt, der das Entstehen eines entspr. Anspruchs verhindert, **bereits im Dienstvertrag enthalten** ist (BAG 2. 9. 1992 EzA BGB § 611 Gratifikation, Prämie Nr. 95; BAG 6. 12. 1995 AP BGB § 611 Gratifikation Nr. 187; BAG 5. 6. 1996 AP BGB § 611 Gratifikation Nr. 193; BAG 12. 1. 2000 AP BGB § 611 Gratifikation Nr. 223).

69 Selbst wenn der Vertrag nicht nur die Möglichkeit einer freiwilligen Gratifikationszahlung vorsieht, sondern konkrete „Anspruchsvoraussetzungen" sowie Angaben zu deren Höhe enthält, ergibt sich nach Ansicht des BAG nichts anderes (BAG 6. 12. 1995 AP BGB § 611 Gratifikation Nr. 187). An einer Entscheidung des 5. Senats (BAG 26. 6. 1975 AP BGB § 611 Gratifikation Nr. 86), wonach trotz des Freiwilligkeitsvorbehalts im Arbeitsvertrag stets ein Anspruch für das laufende Jahr entstehe, solange der AG nicht rechtzeitig zu erkennen gebe, dass er von dem Freiwilligkeitsvorbehalt Gebrauch mache, hält der nunmehr zuständige 10. Senat nicht fest (BAG 5. 6. 1996 AP BGB § 611 Gratifikation Nr. 193 = NZA 1996, 1028; BAG 12. 1. 2000 AP BGB § 611 Gratifikation Nr. 223).

70 Hins. des Wortlauts ist auf eine eindeutige Formulierung zu achten. Freiwilligkeitsvorbehalte müssen dem Transparenzgebot des § 307 I 2 genügen. Der AG sollte **ausdrücklich** klarstellen, dass er nicht nur freiwillig leisten, sondern auch einen **Rechtsanspruch** für die Zukunft **ausschließen** will (vgl. BAG 26. 5. 1992 AP BUrlG § 1 Nr. 2; BAG 5. 6. 1996 AP BGB § 611 Gratifikation Nr. 193; BAG 11. 4. 2000 AP BGB § 611 Gratifikation Nr. 227). Die bloße Auflistung freiwilliger Leistungen im Vertrag begründet noch keinen Freiwilligkeitsvorbehalt (BAG 23. 10. 2002 AP BGB § 611 Gratifikation Nr. 243; BAG 11. 4. 2000 AP BGB § 611 Gratifikation Nr. 227; LAG Köln 7. 8. 1998 NZA-RR 1998, 529; *Freitag* NZA 2002, 294, 295). Auch eine Klausel, die einen bloßen Vorbehalt enthält, stellt noch keinen Freiwilligkeits- oder Widerrufsvorbehalt dar (LAG Hamm 5. 6. 1998 NZA-RR 1999, 315). Die „freiwillige" Gewährung des Treueurlaubs schließt einen Anspruch der AN auf die versprochene Leistung nicht aus, sondern macht nur kenntlich, dass es sich um eine tarifvertraglich nicht vorgesehene, zusätzliche Leistung der Beklagten handelt (BAG 26. 5. 1992 AP BUrlG § 1 Treueurlaub Nr. 2; vgl. auch BAG 5. 9. 1985 AP TVG § 4 Besitzstand Nr. 1). Daher entsteht bei einem solchen Freiwilligkeitsvorbehalt ein **Anspruch** auf die Sonderleistung für ein bestimmtes Jahr entweder mit einer vorbehaltlosen Zusage oder **erst mit** der tatsächlichen **Zahlung** (BAG 6. 12. 1995 AP BGB § 611 Gratifikation Nr. 187) bzw. wenn der AG nach dem Stichtag die Gratifikationszahlung in Aussicht gestellt hat (LAG Köln 13. 12. 2001 NZA-RR 2002, 629).

F. Die Inhaltskontrolle   §§ 305–310 BGB 230

Zu beachten ist, dass die bisherige Rspr. des BAG, soweit sie die Rechtmäßigkeit von Freiwil- 71
ligkeitsvorbehalten anerkannt hat, sich ausschließlich auf Gratifikationen und ähnliche Jahressonderleistungen (zB jährliches Urlaubsgeld BAG 11. 4. 2000 AP BGB § 611 Gratifikation Nr. 227) bezieht. Wegen der restriktiven Widerrufsvorbehaltsprüfung ist nicht anzunehmen, dass das Gericht den Freiwilligkeitsvorbehalt auch in Bezug auf Vergütungsbestandteile, die in unmittelbarem Gegenseitigkeitsverhältnis zur Arbeitsleistung stehen, anerkennen wird (vgl. LAG Köln 21. 6. 2002 MDR 2003, 160, wonach es unzulässig ist, Vergütungsbestandteile in einem Umfang von über 30% des Einkommens unter Freiwilligkeitsvorbehalt zu stellen; dies steht im Einklang mit der Rspr. des BGH, vgl. BGH 12. 1. 1994 BGHZ 124, 351 = NJW 1994, 1060).

Ausreichend für die Einstellung solcher Leistungen sind, da sie nicht im Gegenseitigkeitsverhältnis 72
stehen, **willkürfreie und nachvollziehbare Gründe** (*Preis* II V 70 Rn. 106). Aus dem Zweck der Leistung können sich Gründe für deren Einstellung ergeben. So ist beispielsweise einsichtig, dass eine Gratifikation, die nur bei Abschluss eines positiven Geschäftsjahrs gezahlt wird, eingestellt werden kann, wenn der Betrieb Verluste macht. Des Weiteren ist es zulässig, eine freiwillige Leistung mit einer Tariflohnerhöhung zu verrechnen, dh. um den Betrag des erhöhten Tariflohns zu kürzen (BAG 25. 9. 2002 AP BGB § 611 Gratifikation Nr. 241). Die Kürzung einer freiwilligen Leistung ist außerdem in den Grenzen des § 4 a S. 2 EFZG bei AN möglich, die im Bezugszeitraum Fehlzeiten aufwiesen (BAG 7. 8. 2002 AP EntgeltFG § 4 a Nr. 2).

(6) Befristung einzelner Arbeitsbedingungen. Wie alle anderen Flexibilisierungsinstrumente ist 73
auch die Befristung bei allen wesentlichen Vertragsbestandteilen (Übertragung von Tätigkeiten, Arbeitszeitregelungen, Entgelten und Sozialleistungen) denkbar. Das BAG erkennt die Möglichkeit der Befristung einzelner Arbeitsbedingungen und auch der befristeten Gewährung außertariflicher Vergütungsbestandteile im Grundsatz an (vgl. BAG 23. 1. 2002 AP BeschFG 1996 § 1 Nr. 12; BAG 21. 4. 1993 AP KSchG 1969 § 2 Nr. 34; LAG Sachsen-Anhalt 10. 2. 1995 ArztR 1998, 287; LAG Köln 6. 5. 1992 LAGE BGB § 620 Nr. 27; vgl. auch zur befristeten Erhöhung der Arbeitszeit BAG 9. 8. 2000 – 7 AZR 823/98 –). Hins. der befristeten Übertragung einer höherwertigen Tätigkeit hat das Gericht ausgeführt, dass für die Befristung einzelner Arbeitsbedingungen die gleichen Grundsätze gelten wie für die Befristung des gesamten Arbeitsverhältnisses, also ein **sachlicher Grund erforderlich** sei (BAG 13. 6. 1986 AP KSchG 1969 § 2 Nr. 19; so auch nach der Schuldrechtsreform *Sievers* NZA 2002, 1182, 1184). Nach der überkommenen Rspr. des BAG ist ein **sachlicher Grund** für die Befristung **nur** zu verlangen, wenn ein Eingriff in den **Kernbereich** des Arbeitsverhältnisses vorliegt. Einen solchen Eingriff verneinte das BAG im konkreten Fall mit dem Argument, dass das Tarifgehalt von der Befristungsregelung unberührt bleibe (BAG 21. 4. 1993 AP KSchG 1969 § 2 Nr. 34). Die Anknüpfung an die Umgehungsrechtsprechung ist nunmehr obsolet, denn auch die Befristung einzelner Arbeitsbedingungen in gestellten Vertragsbedingungen unterliegt einer Inhaltskontrolle nach §§ 307 ff.

Nach der bisherigen Rspr. kommt es zu erheblichen **Wertungswidersprüchen:** Während Widerrufs- 74
vorbehalte, die den Kernbereich betreffen, nach der Rspr. grds. unwirksam sind (Rn. 57), soll bei Befristungen ein sachlicher Grund ausreichen, um einen solchen Eingriff zu rechtfertigen. Außerdem fehlt bei Befristungen außerhalb des Kernbereichs im Gegensatz zum Widerrufsvorbehalt die Ausübungskontrolle nach § 315 BGB, da mit Ablauf des Befristungszeitraums die jeweilige Vertragsbedingung automatisch endet. Insoweit ist eine **Harmonisierung der Kontrollmaßstäbe** im Hinblick auf die vertraglichen Anpassungsinstrumente erforderlich (im Einzelnen *Preis* Vertragsgestaltung § 15).

Zunächst ist zu unterscheiden, ob **bereits im gestellten Arbeitsvertrag** selbst Befristungen ent- 74 a
halten sind oder ob eine befristete Arbeitsbedingung im bestehenden bestandsgeschützten Arbeitsverhältnis durch Aushandlung vereinbart wird. Gerade bei Änderungsbefristungen **im bestehenden Arbeitsverhältnis** befindet sich der AN in einer stärkeren Position als derjenige, der einen Arbeitsplatz erst haben will, und kann nachteilige Befristungsabreden ablehnen. Beim Angebot besserer Arbeitsbedingungen, wenn auch befristet, ist regelmäßig die Gefahr eines unangemessenen Nachteils nicht zu erkennen, da der AN mit Ende der Befristung zumindest die ursprünglichen Arbeitsbedingungen zurückerhält (s. dazu im Einzelnen Staudinger/*Preis* § 620 Rn. 126 ff.; *Wank* in Hromadka (Hrsg.), Änderung von Arbeitsbedingungen, S. 35, 62 ff.). Ist die Befristung der Arbeitsbedingung ausnahmsweise wegen unangemessener Benachteiligung unwirksam, bleibt der Vertrag im Übrigen wirksam (§ 306 I) mit der Folge, dass die Vertragsbedingung auf unbestimmte Zeit gilt (s. bereits BAG 13. 6. 1986 AP KSchG 1969 § 2 Nr. 19).

bb) Ausgleichsquittungen. Ausgleichsquittungen finden sich vielfach bei der Beendigung des Ar- 74 b
beitsverhältnisses, wo Streit um bestehende oder zukünftige Ansprüche verhindern und klare Verhältnisse schaffen sollen. Sie stellen je nach Wortlaut bei gegenseitigem Nachgeben einen **Vergleich** (§ 779), wenn die Parteien vom Bestand einer Forderung ausgehen, einen **Erlassvertrag** (§ 397 I), oder aber ein **negatives Schuldanerkenntnis** (§ 397 II) dar, und zwar ein deklaratorisches, wenn die Parteien davon ausgehen, dass keine Ansprüche mehr bestehen, oder ein konstitutives, wenn sie alle bekannten und unbekannten Ansprüche zum Erlöschen bringen wollen. In der Rspr. wurde versucht,

Preis

unter analoger Heranziehung des § 3 I AGBG (Verbot überraschender Klauseln) Ausgleichsquittungen zu begrenzen, insb. in Fällen, in denen in den Ausgleichsquittungen auf die Erhebung der Kündigungsschutzklage verzichtet wurde (*B. Preis* AuR 1979, 97, 101; LAG Berlin 18. 1. 1993 LAGE AGBG § 3 Nr. 1; vgl. a. Stahlhacke/*Preis* Rn. 1254). Nunmehr finden über § 310 IV unmittelbar die Vorschriften zur Überraschungsklausel (§ 305 c I), die Unklarheitenregel (§ 305 c II) und die Grundsätze der Inhaltskontrolle Anwendung (§ 307 BGB). Danach dürfte eine **formularmäßige Verzichtserklärung ohne kompensatorische Gegenleistung idR eine unangemessene Benachteiligung** darstellen (vgl. *Reinecke* DB 2002, 583, 586; Stahlhacke/*Preis* Rn. 1255; aA PdSR/*Henssler* § 310 Rn. 26). Daher sollten echte Ausgleichsquittungen in vorformulierten Verträgen nicht verwendet werden. Sofern im Kontext der Beendigung eines Arbeitsverhältnisses durch vorformulierte Vertragsabrede auf bestimmte Rechte verzichtet werden soll, etwa im Rahmen eines sog. Abwicklungsvertrages, sollten nur eindeutig begrenzte und möglichst durch Vorteile (zB eine Abfindung) kompensierte Verzichtserklärungen verwendet werden. vgl. zu Ausgleichsquittungen a. § 611 Rn. 514.

75 cc) **Ausschlussfristen.** Hierzu §§ 194–218 Rn. 32 ff.

76 dd) **Aufrechnungsverbote.** Das Verbot einer Bestimmung, mit welcher dem Vertragspartner die Befugnis genommen wird, mit einer unbestrittenen oder rechtskräftig festgestellten Forderung aufzurechnen (§ 309 Nr. 3), gilt auch im Arbeitsrecht. Praktisch bedeutsam kann dies zB bei zum **Inkasso** berechtigten Vertretern werden (Preis/*Stoffels* II A 110 Rn. 13 ff.).

77 ee) **Beweislastvereinbarungen.** Beweislastvereinbarungen in Arbeitsverträgen sind am Klauselverbot des § 309 Nr. 12 zu messen; arbeitsrechtliche Besonderheiten stehen dem nicht entgegen (*Gotthardt* Rn. 286; s. bereits BAG 16. 3. 1994 AP BGB § 611 Ausbildungsbeihilfe Nr. 18; *Wolf/Horn/Lindacher* § 23 Rn. 43). § 309 Nr. 12 a steht etwa Klauseln entgegen, nach denen wegen einer Vertragsverletzung Schadensersatz an den AN nur zu leisten ist, wenn der AN ein Verschulden des AG nachweist (s. BGH 23. 2. 1984 NJW 1985, 3016). Von größerer praktischer Bedeutung sind die in § 309 Nr. 12 b genannten **Tatsachenbestätigungen,** weil in der Bestätigung von Tatsachen durch den AN gegenüber dem AG als Klauselverwender eine faktische Verschiebung der Beweislast eintritt (*Preis* II B 30 Rn. 6). § 309 Nr. 12 verbietet außerdem alle sonstigen Änderungen der Beweislast, nicht nur die Umkehr derselben, sondern auch die Änderung der Beweisanforderungen (s. BGH 20. 4. 1989 NJW-RR 1989, 817). Die **Aushändigung einer Wettbewerbsabrede** (§§ 110 iVm. 74 I HGB) wird sich der AG deshalb nicht mehr im Formulararbeitsvertrag bestätigen lassen können (aA v. Westphalen/*Thüsing* Arbeitsverträge Rn. 77, sofern die Bestätigung der Aushändigung durch deutliche drucktechnische oder räumliche Abhebung vom übrigen Vertragstext vorgenommen wird). Zulässig ist die Empfangsbestätigung aber nach § 309 Nr. 12 b, wenn sie gesondert unterschrieben oder mit einer gesonderten elektronischen Signatur versehen ist, was nicht notwendig ein eigenständiges Formular erfordert (*Preis* II B 30 Rn. 31 ff.). Betrachtet man **§ 619a** als dispositive Norm (so *Gotthardt* Rn. 200; aA wohl *Däubler* NZA 2001, 1329, 1332), scheitert die Verlagerung der Beweislast für das Vertretenmüssen bei der Haftung des AN auf diesen an § 309 Nr. 12. Zu Mankoabreden Rn. 85 ff. **Vollständigkeitsklauseln** sind in Formulararbeitsverträgen nicht grds. zu beanstanden, weil es nicht um eine verbotene Beweislastäunderung geht, sondern die Klausel ohnehin nur die Vermutung der Richtigkeit und Vollständigkeit des schriftlichen Vertrags wiederholt (s. BGH 19. 6. 1985 NJW 1985, 2329; Palandt/*Heinrichs* § 309 Rn. 101; ausf. *Preis* II V 60).

78 ff) **Darlehen.** Darlehensverträge, die vom AG vorformuliert sind, unterliegen der Inhaltskontrolle nach §§ 307 ff. Dies gilt sowohl für ANDarlehen als auch für AGDarlehen (hierzu näher § 611 Rn. 544 f.). Auf sie finden prinzipiell auch die allgemeinen Vorschriften des reformierten Darlehensrechts des BGB Anwendung. Die Verbraucherschutzregelungen sind anzuwenden, weil der AN insoweit unstreitig als Verbraucher angesehen werden kann (§ 611 Rn. 544).

79 gg) **Entgeltrisiko.** In der Norm des § 615 kommt eine **elementare Gerechtigkeitsvorstellung** zum Ausdruck (Staudinger/*Richardi* § 611 Rn. 10, 12, dem folgend ArbG Leipzig 11. 2. 1999 – 6 Ca 10412/98 –). Ein Abweichen von dieser Vorschrift zum Nachteil des AN in Formulararbeitsverträgen stellt sich deshalb als unangemessene Benachteiligung dar (bereits *Preis* Vertragsgestaltung S. 332). In § 615 S. 3 ist jetzt auch ausdrücklich das Betriebsrisiko erfasst. Eine Verlagerung desselben entgegen § 615 S. 3 auf den AN stellt deshalb regelmäßig eine unangemessene Benachteiligung dar. Allerdings wird auch hier zu prüfen sein, ob dem AN für die Belastung mit dem Betriebsrisiko ein angemessener Ausgleich gewährt wird (vgl. BAG 10. 10. 1990 AP BGB § 138 Nr. 47). **Tarifvertragliche** Klauseln, die das Betriebsrisiko auf die AN überwälzen, sind von der Inhaltskontrolle nach § 307 nicht betroffen, sofern der TV normativ gilt oder sofern die Klauseln durch Global- oder Teilverweisung in den Arbeitsvertrag einbezogen werden. In Formulararbeitsverträgen ist auch die vollständige Abbedingung des § 616, ohne dass dafür ein sachlicher Rechtfertigungsgrund, zB auf Grund der bes. Verhältnisse des Betriebs, gegeben ist, nach § 307 I, II Nr. 1 unwirksam (s. bereits MünchArbR/*Boewer* § 80 Rn. 9; Staudinger/*Oetker* § 616 Rn. 144; offen lassend BAG 20. 6. 1979 AP BGB § 616 Nr. 49).

hh) Form von Anzeigen und Erklärungen. § 309 Nr. 13 verbietet auch im Arbeitsrecht (*Reinecke* **80** NZA 2000, Beil. 3, 23, 27; *ders.* DB 2002, 583, 586) Bestimmungen, durch die Anzeigen oder Erklärungen, die gegenüber dem Verwender, aber auch gegenüber einem Dritten abzugeben sind, an eine strengere Form als die Schriftform oder an bes. Zugangserfordernisse gebunden werden. So kann zB in Formulararbeitsverträgen für die **Kündigung** über § 623 hinausgehend keine strengere Form oder ein bes. Zugangserfordernis aufgestellt werden (Dauner-Lieb/Konzen/Schmidt/*Henssler* S. 615, 643; Preis/*Gotthardt* NZA 2000, 348 f.). Im Umkehrschluss ergibt sich aus § 309 Nr. 13, dass der AG die **Geltendmachung von Ansprüchen** im Rahmen von Ausschlussfristen an die Schriftform binden darf (s. BGH 18. 1. 1989 NJW-RR 1989, 625 f.; zust. MünchKommBGB/*Basedow* § 309 Nr. 13 Rn. 4). Verlangt eine Ausschlussfrist die gerichtliche Geltendmachung zur Fristwahrung, so ist dies mit § 309 Nr. 13 vereinbar (*Gotthardt* Rn. 289; aA *Däubler* NZA 2001, 1329, 1336). Der hinter der Vorschrift stehende Gedanke trifft insoweit im Arbeitsrecht nicht zu. § 309 Nr. 13 soll vor allem der Gefahr begegnen, dass der Vertragspartner des Verwenders, mithin der AN, durch Form- und Zugangserfordernisse in den AGBs überrascht wird. Ausschlussklauseln, und zwar auch solche, die an die gerichtliche Geltendmachung anknüpfen, sind im Arbeitsrecht nicht objektiv ungewöhnlich (Rn. 32).

ii) Haftungsausschlüsse. § 309 Nr. 7 betrifft den Haftungsausschluss für Pflichtverletzungen des **81** Verwenders, mithin regelmäßig die **Haftung des AG.** Wegen der Haftungsfreistellung in § 104 SGB VII liegt der praktische Anwendungsbereich bei der Haftung des AG für **Sachen** des AN. Insoweit normiert § 309 Nr. 7 b das Verbot des Ausschlusses der Haftung für grob fahrlässige Pflichtverletzungen des Verwenders. Es handelt sich dabei um eine ganz allgemeine Bewertung, die auf vorformulierte Arbeitsverträge übertragbar ist (*Brox* Anm. AP BGB § 611 Parkplatz Nr. 5; *Kreßel* RdA 1992, 169, 175; ausf. Preis/*Stoffels* II H 10 Rn. 6 ff.). Das BAG hat bereits bisher im Ergebnis die Möglichkeit eines Haftungsausschlusses für grobe Fahrlässigkeit verneint (BAG 5. 3. 1959 AP BGB § 611 Fürsorgepflicht Nr. 26). Auch die Haftung für Verkehrssicherheit kann der AG nicht durch vertragliche Einheitsregelung ausschließen (BAG 28. 9. 1989 AP BGB § 611 Parkplatz Nr. 5). Der Ausschluss der Haftung für einfache Fahrlässigkeit ist an § 307 zu messen (s. Staudinger/*Coester* § 9 AGBG Rn. 336 ff.; v. Westphalen/*Thüsing* Arbeitsverträge Rn. 131).

Für die **Haftung des AN** hat das BAG die Grundsätze der privilegierten ANHaftung entwickelt **82** (§ 619a Rn. 9 ff.). Das BAG betrachtet diese als „einseitig zwingendes ANSchutzrecht", von dem weder einzel- noch kollektivvertraglich zu Lasten des AN abgewichen werden könne (BAG 22. 11. 1973 AP BGB § 626 Nr. 67; BAG 13. 2. 1974 AP BGB § 611 Haftung des Arbeitnehmers Nr. 77; BAG 29. 1. 1985 AP BGB § 611 Haftung des Arbeitnehmers Nr. 87; *Woltereck* S. 64; MünchArbR/ *Blomeyer* § 59 Rn. 74). Eine Abweichung von diesen Grundsätzen zu Ungunsten des AN durch haftungsverschärfende Klauseln wäre dann kaum möglich. Man wird jedoch die Haftungsprivilegierung als anerkannte Rechtsfortbildung des dispositiven Haftungsrechts verstehen müssen (*Preis* Vertragsgestaltung S. 464 f.; ebenso *Gotthardt* Rn. 195; *Stoffels*, AGB-Recht, Rn. 991; s. a. BT-Drucks. 14/6857 S. 48, wo die Haftungsprivilegierung jetzt – zu weit gehend – als rein vertragliche Haftungsbeschränkung iSv. § 276 I angesehen wird). Auf dieser Grundlage hat eine Kontrolle von **Haftungsverschärfungen** zu Ungunsten des AN in vorformulierten Arbeitsverträgen anhand von § 307 zu erfolgen. Jede Abweichung von diesen Grundsätzen birgt die Gefahr einer unangemessenen Benachteiligung des AN. Eine solche ist zB. zu bejahen, wenn die Haftung des AN auf den ganzen Schaden unabhängig vom Grad seines Verschuldens erstreckt wird. Erforderlich ist aber eine differenzierte Betrachtung des gesamten Vertrags im Einzelfall. Eine angemessene Haftungsvereinbarung wird man auch dann annehmen können, wenn der Vertrag eine angemessene summenmäßige Haftungsbegrenzung unabhängig vom Verschulden des AN vorsieht (vgl. LAG Düsseldorf vom 24. 11. 1965 BB 1966, 80; zust. *Preis* Vertragsgestaltung S. 466; zur Selbstbeteiligung und Haftungshöchstsummen bei Haftung des AN für KFZ-Schäden am arbeitgebereigenen PKW *Otto*/*Schwarze* Rn. 241; Preis/ *Stoffels* II H 30 Rn. 12 ff.). Eine Abweichung von den Grundsätzen der ANHaftung kann des Weiteren durch einen angemessenen **wirtschaftlichen Ausgleich** für den AN kompensiert werden. Dies wird auf der Grundlage der Rspr. vom BAG nur dann bejaht, wenn die jeweilige Haftungsregelung das generelle Schutzniveau des innerbetrieblichen Schadensausgleichs nicht unterschreitet und im wirtschaftlichen Ergebnis keine Verschärfung der beschränkten ANHaftung eintritt (Preis/*Stoffels* II H 20 Rn. 20 f.; s. ferner *Krause* Anm. AP BGB § 611 Mankohaftung Nr. 3; *Deinert* RdA 2000, 33).

jj) Konzernversetzungsklauseln. Das Klauselverbot des **§ 309 Nr. 10** findet auf sog. „Konzern- **83** versetzungsklauseln", die auf eine dauerhafte Versetzung abzielen, dh. auf einen Wechsel des AG, keine **Anwendung** (aA PdSR/*Henssler* § 310 Rn. 19). Ob in einem solche Fall die antizipierte Zustimmung des AN zum AGWechsel ausreicht (*Windbichler* S. 97 Fn. 160 unter Bezug auf § 11 Nr. 13 AGBG) oder aber die Versetzung der aktuellen Zustimmung des AN bedarf (v. *Hoyningen-Huene*/*Boemke*, Die Versetzung, S. 218), ist im Arbeitsrecht streitig. Allein die namentliche Nennung des eintretenden AG als ausreichend für einen Vertragswechsel zu erachten (§ 309 Nr. 10a), geriete in Widerspruch zum zwingenden Kündigungsrecht bzgl. des Vertrags zum ersten AG. Die zweite Alternative des § 309 Nr. 10b, nämlich die Einräumung eines Lösungsrechts vom Vertrag, passt nicht zum Bestandsschutzbedürfnis des AN (vgl. a. § 613 a Widerspruchsrecht, BAG 21. 3. 1996 BB 1996,

230 BGB §§ 305–310 Allgemeine Geschäftsbedingungen

1502 f.; ausf. *Gotthardt* Rn. 285). Eine Konzernversetzungsklausel mit AGWechsel ist anhand von §§ 305 c I, 307 zu prüfen (vgl. zu Konzernversetzungsklauseln ausf. *Preis* II D 30 Rn. 244 ff.).

84 **kk) Mahnung und Fristsetzung.** § 309 Nr. 4 verbietet Klauseln, durch die der Verwender von der gesetzlichen Obliegenheit freigestellt wird, den anderen Vertragsteil zu mahnen. Für Entgeltforderungen des AN ist die praktische Bedeutung gering, weil Verzug mit der Entgeltforderung idR ohnehin ohne Mahnung eintritt (§ 286 II Nr. 2). Im Übrigen kann aber auch im Arbeitsvertrag nicht auf das gesetzliche Erfordernis einer Mahnung verzichtet werden.

85 **ll) Mankoabreden.** Auf der Grundlage der jüngeren Rspr. des BAG, das seine Grundsätze zur privilegierten ANHaftung für „einseitig zwingendes ANSchutzrecht" hält (§ 619 a Rn. 25 ff.), sind Mankoabreden grds. problematisch, weil sie die allgemeinen Haftungsgrundsätze zu Lasten des AN verschieben. Danach ist zweifelhaft, ob es überhaupt noch wirksame Mankoabreden geben kann, die von den Grundsätzen der ANHaftung abweichen. Allerdings bezieht sich das BAG formal zugleich auf seine frühere Rspr., wonach Mankoabreden bei Zahlung eines bes. Mankogeldes zugelassen werden können. Ein etwas weiterer Spielraum der Vertragsgestaltung ergibt sich, wenn man die Grundsätze der ANHaftung richtigerweise als dispositiv versteht (Rn. 82).

86 Nach jüngster Rspr. verlangt das BAG allerdings strenger, „dass eine Haftung auf Grund bes. vertraglicher Abrede die Summe der gezahlten Mankogelder nicht übersteigen" darf (BAG 17. 9. 1998 AP BGB § 611 Mankohaftung Nr. 2; BAG 2. 12. 1999 AP BGB § 611 Mankohaftung Nr. 3; LAG Hamm 5. 7. 2001 – 17 Sa 455/01 –; s. hierzu Preis/*Stoffels* II M 10 Rn. 12). Mit dieser einschränkenden Voraussetzung erreicht das BAG im Ergebnis, dass der AN nicht weitergehend für Fehlbestände haftet, als er als Ausgleich über die Mankoabrede ohnehin erlangt hat. Damit sichert das BAG zugleich seinen Ansatz, dass die Haftungsprivilegierung einseitig zwingendes Schutzrecht ist. Derartige Vertragsgestaltungen würden auch bei Zugrundelegung eines dispositiven Charakters der Grundsätze über die ANHaftung einer Angemessenheitskontrolle standhalten (*Gotthardt* Rn. 319). Die Normierung einer **verschuldensunabhängigen Haftung** ist dann jedoch nicht so eng begrenzt, sondern kann durch einen wirtschaftlichen Ausgleich in Form eines Mankogeldes kompensiert werden, wobei es ausreichend ist, dass dieses sich an einem durchschnittlichen Fehlbetrag orientiert (Staudinger/*Richardi* Rn. 479; MünchArbR/*Blomeyer* § 59 Rn. 77). Es ist also nicht erforderlich, dass in jedem Falle die Summe der gezahlten Mankogelder durch den Umfang der vertraglich vereinbarten Haftung nicht überschritten wird.

87 Mitunter unterwerfen Mankovereinbarungen den AN bes. Beweislastanforderungen. Im Mittelpunkt steht dann zumeist die Verschuldensfrage. Die gebräuchlichen Klauseln sehen durchweg vor, dass der AN sich zu entlasten habe. Das BAG hielt solche **Beweislastvereinbarungen** prinzipiell für zulässig, wenn sie eine sinnvolle, den Eigenarten des Betriebes und der Beschäftigung angepasste Beweislastverteilung enthalten (BAG 13. 2. 1974 AP BGB § 611 Haftung des Arbeitnehmers Nr. 77 und zuletzt BAG 29. 1. 1985 AP BGB § 611 Haftung des Arbeitnehmers Nr. 87; s. aber a. BAG 17. 9. 1998 AP BGB § 611 Mankohaftung Nr. 2, das die Verknüpfung der Beweislastverteilung mit den nach Ansicht des BAG zwingenden Grundsätzen der ANHaftung betont). Eine Änderung der Beweislast, die zu Ungunsten des AN von § 619 a abweicht, verstößt jetzt jedoch gegen § 309 Nr. 12 (so bisher in Anlehnung an § 11 Nr. 15 AGBG *Preis* AuR 1994, 139, 151; *Stoffels* AR-Blattei SD 870.2 Rn. 136; *Boemke* SAE 2000, 13; *Deinert* RdA 2000, 22, 35). Die differenzierende Betrachtungsweise in Bezug auf materiell-rechtliche Haftungsverschärfungen und Beweislastverteilungen ist nicht unstimmig, sondern vielmehr in Bezug auf die Rechtsklarheit bei den Beweislastvereinbarungen vorzugswürdig (Preis/Stoffels II M 10 Rn. 13 ff.; *Deinert* RdA 2000, 22, 35).

88 **mm) Mehrarbeits- und Überstundenvergütung.** Die Regelung von Mehrarbeits- und Überstundenvergütungen ist zwar eine Domäne des Tarifrechts, doch finden sich oftmals auch in Arbeitsverträgen Regelungen über den Ausschluss oder die Gewährung von Überstundenvergütungen. Vorformulierte Nebenabreden zur Hauptleistungspflicht der Arbeitszeit (arbeitszeitmodifizierende Nebenabreden) unterliegen der Inhaltskontrolle. Der Kontrolle einer Abrede, die die Befugnis zur Anordnung von Überstunden kombiniert mit einer Pauschalabgeltung vorsieht, ist nicht Kontrolle von Hauptleistungspflichten. Es handelt sich um eine **kontrollfähige Preisnebenabrede** (*Preis* II M 20 Rn. 4; *Hümmerich/Rech* NZA 1999, 1132). Im Übrigen fände jedenfalls das **Transparenzgebot** auch auf Vereinbarungen über die Hauptleistungspflichten Anwendung (§§ 307 III 2; s. a. *Gotthardt* Rn. 303). Allerdings hat das BAG schon bislang verlangt, dass sich aus der getroffenen Abrede eindeutig ergeben müsse, dass eine vereinbarte Vergütung Äquivalent für die gesamte Arbeitsleistung, dh. auch für die Mehrarbeit ist (BAG 26. 1. 1956 AP AZO § 15 Nr. 1; BAG AP BGB § 611 Mehrarbeitsvergütung Nr. 5; ArbG Regensburg EzA AZO § 15 Nr. 13).

89 Bislang hat die Rspr. **Pauschalierungsabreden** an § 138 gemessen (BAG 26. 1. 1956 AP AZO § 15 Nr. 1; ArbG Berlin 31. 10. 1988 DB 1988, 1423; LAG Kiel 15. 11. 2002 LAGReport 2003, 93). Bei vorformulierten Vertragsklauseln kann es jedoch bereits zu einer unangemessenen Benachteiligung (§ 307) kommen. Die Rspr. hat es genügen lassen, dass der AG den AN darauf hinweist, dass Mehr- bzw. Überarbeit nicht gesondert vergütet wird, auch wenn nicht im Einzelnen klar ist, welcher Gehaltsteil Abgeltung für die Mehrarbeit ist (BAG 26. 1. 1956 AP AZO § 15 Nr. 1). Eine **krasse**

F. Die Inhaltskontrolle §§ 305–310 BGB 230

Beeinträchtigung des Äquivalenzverhältnisses und damit eine unangemessene Benachteiligung liegt vor, wenn vorformuliert die Verpflichtung zur Ableistung von Mehr- und Überarbeit mit einer Pauschalabgeltung verbunden wird. Ohne Begrenzung der Anordnung von Mehr- bzw. Überarbeit wird dem AG damit das Recht zum einseitigen, zum Teil erheblichen Einbruch in das Synallagma eröffnet (*Preis* II M 20 Rn. 19 f.; dem folgend LAG Köln 20. 12. 2001 AuR 2002, 193; zust. *Schwerdtner*, Brennpunkte des Arbeitsrechts, 2003, 305, 316). Anders ist dies dann, soweit nur geringfügige (bis ca. 10%) Überschreitungen der regelmäßigen Arbeitszeit mit dem vereinbarten Gehalt abgegolten sind. Ist erkennbar, welcher Teil einer Pauschale Mehr- bzw. Überarbeit abgelten soll, ist auch eine formularmäßige Vertragsgestaltung dann nicht zu beanstanden, wenn die Pauschalabgeltung in angemessenem Verhältnis zu den tatsächlich geleisteten Überstunden steht (*Preis* II M 20 Rn. 24 ff.; s. a. ArbG Regensburg 7. 3. 1990 EzA AZO § 15 Nr. 13, Nettogehalt von 4 DM für Erzieherin pro Stunde).

nn) Rückzahlungsklauseln, überzahltes Arbeitsentgelt. Bislang wurden Vertragsklauseln, die 90 eine uneingeschränkte Rückzahlungspflicht bei Lohnüberzahlungen vorsahen, überwiegend für zulässig gehalten (BAG 8. 2. 1964 AP BGB § 611 Lohnrückzahlung Nr. 2; BGH 21. 1. 1998 NJW-RR 1998, 1425 für Versorgungssatzung). Allerdings ist anerkannt, dass den AG eine Nebenpflicht zu **richtiger Lohnberechnung** trifft (BAG 8. 2. 1964 AP BGB § 611 Lohnrückzahlung). Auch wenn § 818 III dispositiv ist, dürfte die vollständige Verlagerung des Risikos der Überzahlung von Entgelt auf den AN einer Freizeichnung der Haftung auch für grobe Fahrlässigkeit des AG gleichkommen. Dem steht aber § 309 Nr. 7 entgegen. Auch das BAG hat die globale Freizeichnung des AG für von ihm verursachten oder zu verantwortenden Betriebsrisiken in Allgemeinen Arbeitsbedingungen für unzulässig erachtet (BAG 28. 9. 1989 EzA BGB § 611 Parkplatz Nr. 1). Maßgeblich ist eine Gesamtbewertung. Eine globale Verlagerung des Risikos überzahlten Entgelts auf den AN in Formulararbeitsverträgen wird man wegen der vollständigen Abkehr vom Leitbild des § 818 III als unangemessene Benachteiligung des AN ansehen müssen. Anders ist dies bei begrenzten Rückzahlungsklauseln für Fälle der groben Fahrlässigkeit des AN bzw. eingeschränkt auf leichte Fahrlässigkeit des AG (ausf. *Preis* II A 80 Rn. 10 ff.).

oo) Rückzahlungsklauseln, Ausbildungs- und Fortbildungskosten. Mit Klauseln, welche die 91 Rückzahlung von Fort- und Ausbildungskosten betreffen, hat sich die Rspr. vielfach beschäftigt (hierzu § 611 Rn. 685 ff.; Preis/*Stoffels* II A 120). War die Klausel in Einzelarbeitsverträgen enthalten, hat sie geprüft, ob die Erstattungspflicht einem begründeten und billigenswerten Interesse des AG entspricht sowie dem AN nach Treu und Glauben zumutbar ist und hat unter Berücksichtigung der Umstände des Einzelfalles eine Interessenabwägung vorgenommen. Dies hat das BAG selbst als **Inhaltskontrolle,** allerdings anhand von §§ 138 I, 242 bezeichnet (BAG 6. 5. 1998 AP BGB § 611 Ausbildungsbeihilfe Nr. 28). Richtige Grundlage der Angemessenheitskontrolle für vorformulierte Arbeitsverträge ist jetzt § 307 (bereits LAG Hamm 15. 5. 1998 NZA-RR 1999 405, 407 f.; LAG Brandenburg 13. 4. 2000 – 3 Sa 826/99 – für selbständigen Handels-/Versicherungsvertreter; jetzt Preis/*Stoffels* II A 120 Rn. 18; *Gotthardt* Rn. 324). Leitlinien der Angemessenheitskontrolle können die von der Rspr. aufgestellten schematischen Grenzen der zulässigen Bindungsdauer (§ 611 Rn. 687 f.) sein (*Preis* Vertragsgestaltung S. 502; s. a. LAG Köln 1. 2. 2001 NZA-RR 2001, 461, 463 f.). Die Inhaltskontrolle wird jetzt einem generalisierenden Maßstab folgen müssen, ergänzt durch eine Berücksichtigung konkret-individueller Umstände des Vertragsschlusses (Rn. 42). Die Rspr. des BAG bedarf aber insoweit einer Korrektur, als zwischen Individualvereinbarungen und – was der Regelfall ist – vorformulierten Rückzahlungsklauseln zu unterscheiden ist. Nur für Letztere gilt die Inhaltskontrolle nach § 307, die für Individualvereinbarungen auf dem Umweg über §§ 138, 242 nicht wieder eingeführt werden darf. Bestätigt wird durch § 310 IV 1 zudem, dass TV insoweit keiner Inhaltskontrolle unterliegen (*Thüsing* BB 2002, 2666, 2667; s. bereits BAG 6. 9. 1995 AP BGB § 611 Ausbildungsbeihilfe Nr. 22; *Reinecke* NZA 2000 Beil. 3, 23, 28). Überprüfungsbedürftig ist ferner die Rspr. des BAG zur Aufrechterhaltung unzulässiger Rückzahlungsklauseln innerhalb der von der Rspr. entwickelten zulässigen Grenzen (hierzu § 611 Rn. 687; v. Westphalen/*Thüsing* Arbeitsverträge Rn. 137 ff.). Die Vertragskorrektur geht so weit, dass bei Ausbildungskosten die Staffelung des Rückzahlungsbetrages der abgekürzten Frist angepasst, also neu verteilt wird (BAG 24. 1. 1963 AP GG Art. 12 Nr. 29; BAG 11. 4. 1984 AP BGB § 611 Ausbildungsbeihilfe Nr. 8; zur Anwesenheitsprämie BAG 15. 2. 1990 AP BGB § 611 Anwesenheitsprämie Nr. 15; dem folgend *Hager* SAE 1996, 365; offen lassend *Reinecke* NZA 2000 Beil. 3, 23, 28). Dies kollidiert mit dem Verbot geltungserhaltender Reduktion im AGB-Recht (hierzu Rn. 99).

pp) Salvatorische Klauseln. In individuell ausgehandelten Arbeitsverträgen sind salvatorische 92 Klauseln zulässig (*Ulmer/Brandner/Hensen* § 6 Rn. 41; Staudinger/*Schlosser* § 6 AGBG Rn. 17). Anders ist dies in **Formulararbeitsverträgen.** Klauseln, die Teilnichtigkeit in Abweichung von § 139 anordnen, sind zwar zulässig, aber überflüssig, weil dies ohnehin § 306 I entspricht und § 139 im Arbeitsrecht überdies nur ausnahmsweise zur Gesamtunwirksamkeit führt (§ 611 Rn. 417 ff.). Unzulässig sind aber auch in Formulararbeitsverträgen folgende Klauseln: **Ersetzungsklauseln,** die das Ziel verfolgen bei Unwirksamkeit das Eingreifen dispositiven Rechts zu verhindern (*Bunte* NJW 1982,

2298, 2299; *Ulmer/Brander/Hensen* § 6 Rn. 39; Palandt/*Heinrichs* § 306 Rn. 9), dies gilt selbst für Klauseln, die eine konkrete Ersatzregelung benennen (BGH 29. 11. 1989 BGHZ 109, 240, 248; Palandt/*Heinrichs* § 306 AGBG Rn. 9; *Ulmer/Brandner/Hensen* § 6 Rn. 40; aA Staudinger/*Schlosser* § 6 AGBG Rn. 11), **Reduktionsklauseln,** die eine unwirksame Regelung auf ein angemessenes Maß zurückführen sollen (BGH 24. 9. 1985 BGHZ 96, 18, 25 f.; BGH 17. 5. 1982 BGHZ 84, 109, 116), sowie für **gesetzesverweisende Klauseln** (BGH 16. 11. 1982 BGHZ 86, 135, 137 f.; *Wolf/Horn/Lindacher* § 6 Rn. 38). Allen Klauseln ist gemeinsam, dass sie das Verbot der geltungserhaltenden Reduktion (§ 306 II), das auch im Arbeitsrecht gilt (Rn. 99), unterlaufen und dem AG als Klauselverwender das Risiko der Unwirksamkeit seiner Bestimmungen abnehmen. Gerade wegen des Fehlens der Möglichkeit der abstrakten Kontrolle von Formulararbeitsverträgen (§ 15 UKlaG; s. Rn. 100) begründet erst das Risiko der Totalunwirksamkeit der Klausel für den AG den Anreiz zur Formulierung und Verwendung angemessener Klauseln (ausf. *Preis* II S 10).

93 **qq) Vertragsstrafen und Schadenspauschalierungen. Vertragsstrafen** insbes. für den Fall, dass der AN sich unberechtigt vom Vertrag löst, finden sich in einer Vielzahl von Arbeitsverträgen (vgl. §§ 339–345 Rn. 18 ff.). Das **bes. Klauselverbot des § 309 Nr. 6** findet im Arbeitsrecht **keine Anwendung** (ArbG Duisburg 14. 8. 2002 DB 2002, 1943; *Annuß,* BB 2002, 458, 463; *Bartz* AuA 2002, 62, 64; ArbRBGB/*Corts,* § 628 Rn. 26; *Gotthardt,* Rn. 278 ff.; *Henssler* RdA 2002, 129, 138; PdSR/*Henssler* § 310 Rn. 13; *Leder/Morgenroth* NZA 2002, 952 ff.; ErfK/*Müller-Glöge,* §§ 339–345, Rn. 11; *Lingemann* NZA 2002, 181, 191; *Preis* NZA 2003, Sonderbeilage zu Heft 16; *Preis/Stoffels* II V 30 Rn. 27; *Reichold* ZTR 2002, 202, 207; *Richardi* NZA 2002, 1057, 1064 (krit.); *Schaub/Linck,* § 60 Rn. 4; *Stoffels,* AGB-Recht, Rn. 903; iE auch *Hromadka* NJW 2002, 2523, 2528; so bereits bisher BAG 23. 5. 1984 AP BGB § 339 Nr. 9; BAG 27. 5. 1992 EzA BGB § 339 Nr. 8; BAG 27. 4. 2000 – 8 AZR 301/99 –; MünchArbR/*Blomeyer* § 57 Rn. 57; *Brox* Anm. AP BGB § 339 Nr. 9; MünchKommBGB/*Basedow* § 310 Rn. 95; Erman/*Hanau* § 611 Rn. 332; MünchKommBGB/*Müller-Glöge* § 611 Rn. 422; *Preis* Vertragsgestaltung S. 472 f.; MünchArbR/*Richardi* § 14 Rn. 76; *Stoffels,* Der Vertragsbruch des AN, S. 210 f.; *Wolf/Horn/Lindacher* § 23 Rn. 46; für eine Anwendung des § 309 Nr. 6 hingegen LAG Hamm 24. 1. 2003 NZA 2003, 499; LAG Düsseldorf 8. 1. 2003 NZA 2003, 382; ArbG Bochum 8. 7. 2002 DB 2002, 1659; *Däubler* NZA 2001, 1329, 1336; *Reichenbach* NZA 2003, 309, 311; für eine Anwendung im Grundsatz auch *Thüsing* NZA 2002, 591, 594, der aber § 309 Nr. 6 BGB teleologisch reduziert und dies ablehnt; *v. Koppenfels* NZA 2002, 598, 599 f.; in diese Richtung auch *Reinecke* DB 2002, 583, 586, der aber Vertragsstrafen bei besonders qualifizierten AN zulassen möchte; wohl auch *Joost* FS Ulmer 2003 S. 1199, 1204; *Wiesinger* AuA 2002, 354, 355; so schon vor der Schuldrechtsreform ArbG Herford 2. 7. 1981 NJW 1982, 1550 f.; *Fenn* FS Söllner 2000 S. 361 f.). Der Anwendung des § 309 Nr. 6 stehen Besonderheiten des Arbeitsrechts (§ 310 IV 2) entgegen. § 309 Nr. 6 ist, wie die anderen dort genannten Fälle, zB. „Nichtabnahme der Leistung" zeigen, primär am Erscheinungsbild des zahlungspflichtigen Kunden orientiert (*Stoffels,* Der Vertragsbruch des AN, S. 210). § 309 Nr. 6 ist zudem auf Situationen zugeschnitten, in denen dem Verwender der Nachweis eines Schadens regelmäßig nicht schwer fällt und ein Schadensersatzanspruch deshalb als Sanktion für die Vertragsverletzung zur Verfügung steht. Bei einem Vertragsbruch des AN ist dies jedoch nicht der Fall, vielmehr hat der AG zumeist erhebliche Beweisschwierigkeiten in Bezug auf einen Schaden.

94 Abreden über Vertragsstrafen sind aber einer **Inhaltskontrolle** nach § 307 zu unterziehen. Die Angemessenheit der Vertragsstrafenklausel wird man nur dann bejahen können, wenn ein berechtigtes Interesse des AG an der Sanktionierung bestimmter Verhaltensweisen des AN besteht. Die Vertragsstrafe muss zudem der Höhe nach angemessen sein, sie darf nicht unverhältnismäßig sein (s. BGH 21. 3. 1990 DB 1990, 1323). Im Arbeitsrecht dürfte die Höchstgrenze generell bei **einem Monatsverdienst** liegen (LAG Berlin 19. 5. 1980 AP BGB § 339 Nr. 8; LAG Baden-Württemberg 30. 7. 1985 LAGE BGB § 339 Nr. 1), wobei ein Überschreiten dieser Summe im Einzelfall, zB zur Sicherung einer längerfristigen Bindung, zulässig ist (ArbG Frankfurt 20. 4. 1999 NZA-RR 2000, 82). Außerdem ist das **Transparenzgebot** zu beachten. Sowohl die vereinbarte Strafe als auch der Tatbestand, der sie auslösen soll, müssen klar und deutlich bezeichnet sein, damit der andere Teil sich in seinem Verhalten darauf einstellen kann (s. BAG 27. 4. 2000 – 8 AZR 301/99 –; ausf. zur Inhaltskontrolle *Preis/Stoffels* II V 30 Rn. 23 ff.).

95 **Schadenspauschalierungen** sind von der Vertragsstrafe abzugrenzen. Soll die Schadenspauschale allein den Schadensbeweis ersparen, so hat die Vertragsstrafe zwei Funktionen. Sie soll zum einen die Erfüllung der Hauptleistungspflicht sichern und zum anderen den Schadensbeweis entbehrlich machen. Maßgeblich für die Abgrenzung ist deshalb, ob auch „Druck" zur Erfüllung der Verbindlichkeit ausgeübt werden soll (BGH 6. 11. 1967 BGHZ 49, 84, 89; Palandt/*Heinrichs* § 276 Rn. 26). **§ 309 Nr. 5** enthält inhaltliche Vorgaben für die Pauschalierung von Schadensersatzansprüchen, die auch im Arbeitsrecht anzuwenden sind (*Gotthardt* Rn. 281; PdSR/*Henssler* § 310 Rn. 14; Preis/*Stoffels* II S. 20 Rn. 17; v. Westphalen/*Thüsing* Arbeitsverträge Rn. 153; bereits bisher Erman/*Hanau* § 611 Rn. 331; *Stein* Anm. zu BAG 4. 9. 1964 AP BGB § 339 Nr. 8; aA *Wolf/Horn/Lindacher* § 23 Rn. 43). Die Pauschale darf den nach dem gewöhnlichen Lauf der Dinge zu erwartenden Schaden nicht übersteigen (§ 309 Nr. 5 a). Zudem ist die Schadenspauschalierungsabrede unwirksam, wenn dem anderen Ver-

tragsteil nicht ausdrücklich der Nachweis gestattet wird, dass kein Schaden entstanden ist oder nur ein erheblich niedrigerer als die Pauschale (§ 309 Nr. 5 b).

rr) Verzichtsklauseln. Formularmäßige **Verzichtserklärungen** unterliegen einer **Angemessen- 96 heitskontrolle** nach § 307 unausweichlich und zwar unabhängig davon, ob der AN auf **zwingende** oder **einfache Rechte** verzichtet (ebenso zum AGB-Recht: *Wolf/Horn/Lindacher* § 9 Rn. 61; *Erman/ Hefermehl/Werner* § 9 AGBG Rn. 353). Dabei indiziert allein der unentgeltliche Verzicht ohne kompensatorische Gegenleistung des AG bereits die unangemessene Benachteiligung. Gegen Verzichtsvereinbarungen bestehen aber grds. dann keine Bedenken, wenn sie mit einer Abfindung verbunden sind. Ferner unterliegen individuelle Aufhebungsvereinbarungen mit Verzichtserklärungen keiner Inhaltskontrolle nach §§ 307 ff. (vgl. auch Rn. 74 a).

ss) Zugangsfiktionen. Für die formularmäßige Vereinbarung von Zugangsfiktionen enthält § 308 97 Nr. 6 ein bes. Klauselverbot, das auch im Arbeitsrecht anzuwenden ist (bisher *Fenn* FS Söllner 2000 S. 360; *Reinecke* NZA 2000 Beil 3, 23, 27; *Wolf/Horn/Lindacher* § 23 Rn. 42; jetzt *Preis* II Z 10 Rn. 14; *Gotthardt* Rn. 294; *Mauer* DB 2002, 1442, 1445; *Richardi* NZA 2002, 1057, 1064). Klauseln, wonach allgemein Willenserklärungen des AN unabhängig vom tatsächlichen Zugang als zugegangen gelten, sind unwirksam. § 308 Nr. 6 verbietet solche Klauseln für Erklärungen von bes. Bedeutung, was weit zu verstehen ist und **alle Erklärungen** erfasst, die für den Vertragspartner **mit nachteiligen Rechtsfolgen** verbunden sind, zB. Mahnungen, Kündigungen, Fristsetzungen, etc. (s. *Ulmer/Brandner/Hensen* § 10 Nr. 6 Rn. 7). Im Übrigen kommt eine geltungserhaltende Reduktion nicht in Betracht (Rn. 99). Eine formularmäßig vereinbarte Klausel, die einen Aushang am **schwarzen Brett** als konstitutive Zugangsfiktion vorschreibt, hält der Inhaltskontrolle nicht stand. Dies gilt unabhängig davon, ob man sie mit der Wertung des § 308 Nr. 6 als unvereinbar ansieht (LG Koblenz 20. 3. 1987 DNotZ 1988, 496, 497 f.) oder dessen Wertung im Rahmen von § 307 beachtet (OLG Saarbrücken 22. 12. 1987 NJW 1988, 3210 f.; LG München I 23. 10. 1991 NJW-RR 1992, 244; *MünchKommBGB/ Basedow* § 308 Nr. 6 Rn. 4; *Wolf/Horn/Lindacher* § 10 Nr. 6 Rn. 12).

tt) Zurückbehaltungsrechte. § 309 Nr. 2 verbietet weitgehend den Ausschluss oder die Einschrän- 98 kung der Leistungsverweigerungsrechte nach den §§ 320, 273. Diese finden trotz der regelmäßigen Vorleistungspflicht des AN auch im Arbeitsrecht Anwendung (*MünchArbR/Blomeyer* § 49 Rn. 50 ff.). Arbeitsrechtliche Besonderheiten stehen einer Anwendung des § 309 Nr. 2 nicht prinzipiell entgegen. In beiden Vorschriften kommt ein **Redlichkeitsgedanke** (*Ulmer/Brandner/Hensen* § 11 Nr. 2 Rn. 1) zum Ausdruck, der auch im Arbeitsrecht gilt. Jedenfalls die vollständige formularmäßige Abbedingung des Zurückbehaltungsrechts des AN wegen rückständigen **Arbeitsentgelts** ist deshalb unzulässig (*Gotthardt* Rn. 274; *Dauner-Lieb/Konzen/Schmidt/Henssler* S. 615, 643; *Preis* II Z 20 Rn. 34). Im Übrigen ist zu berücksichtigen, dass § 309 Nr. 2 nur den Standard des dispositiven Rechts sichern soll, so dass die Frage der Wirksamkeit der Klausel dahinstehen kann, wenn ein Leistungsverweigerungsrecht nach Treu und Glauben im konkreten Fall (hierzu LAG Düsseldorf 19. 5. 1999 – 2 Sa 1149/98 –) nicht besteht (MünchKommBGB/*Basedow* § 309 Nr. 6 Rn. 9). Darüber kann dann auch der Tatsache Rechnung getragen werden, dass die Arbeitsleistung nicht nachholbar ist. Unberührt bleibt auch der Ausschluss der Zurückbehaltungsrechte im Einzelfall kraft Gesetzes (ausf. *Preis* II Z 20 Rn. 23 ff.).

3. Rechtsfolgen unwirksamer Vertragsbestimmungen. § 306 I enthält eine kodifizierte Abwei- 99 chung von der Auslegungsregel des § 139 und bestimmt, dass bei **Teilnichtigkeit** grds. der Vertrag im Übrigen aufrechterhalten bleibt. Dieser Grundsatz gilt im Arbeitsrecht ohnehin allg. (vgl. § 611 Rn. 417). Ungeklärt war bislang im Arbeitsrecht die Reichweite des in § 306 II kodifizierten Grundsatzes, wonach bei unwirksamen Vertragsbestimmungen der Inhalt des Vertrags sich nach den gesetzlichen Bestimmungen richtet. Soweit die Unangemessenheit von Vertragsklauseln in Rede steht, ging das BAG allerdings in seiner Vertragskontrollpraxis einen anderen Weg und befürwortete stärker noch die **geltungserhaltende Reduktion** überschießender Vertragsbedingungen (s. aber BAG 14. 6. 1995 AP BGB § 611 Gratifikation Nr. 176). So wurden als unzulässige Rückzahlungsklauseln durch das BAG innerhalb der zulässigen Grenzen aufrechterhalten (s. Rn. 91). Mit § 310 IV gilt das Verbot der geltungserhaltenden Reduktion von Vertragsklauseln gemäß § 306 II nunmehr auch für Arbeitsverträge. Besonderheiten des Arbeitsrechts gebieten davon keine Abweichung. Bereits bisher sprachen die besseren Gründe dafür, bei vorformulierter Vertragsgestaltung von einem Verbot geltungserhaltender Reduktion auszugehen (hierzu im Einzelnen *Preis* Vertragsgestaltung S. 350 ff.; ebenso LAG Düsseldorf 18. 5. 1995 LAGE BGB § 611 Inhaltskontrolle Nr. 1 = NZA-RR 1996, 363; *Wolf* RdA 1988, 270, 276; *Fenn* FS Söllner 2000 S. 333, 362 ff.; *v. Hoyningen-Huene* Anm. BAG AP BGB § 611 Ausbildungsbeihilfe Nr. 23; *Stoffels* SAE 1995, 180; *ders.,* AGB-Recht, Rn. 610; *Wiesinger* AuA 2002, 354, 356; aA *Hromadka* FS Dieterich 1999 S. 251, 276 ff.; für eine geltungserhaltende Reduktion auch nach neuem Schuldrecht MünchKommBGB/*Basedow* § 310 Rn. 92; *Hromadka* NJW 2002, 2523, 2529; *Reinecke* DB 2002, 583, 586; *Thüsing* NZA 2002, 501, 594; *ders.* BB 2002, 2666, 2674; wohl auch *Schnitker/Grau* BB 2002, 2120, 2126; offen lassend LAG Köln 1. 2. 2002 NZA-RR 2001, 461; aA jetzt *Lingemann* NZA 2002, 181, 187). Für eine Anwendung des Verbots der geltungserhaltenden Reduktion für Arbeitsverträge spricht zudem, dass der BGH sich in st. Rspr. weigert, Vertragsklauseln im Rahmen des gerade noch Zulässigen aufrecht zu erhalten, weil hierdurch dem Verwender jegliches Risiko bei der Vorformulierung von Vertragswerken abgenommen würde (BGH 6. 10. 1982 NJW 1983, 159; BGH 1. 2. 1984 BGHZ 69, 73; BGH 8. 10. 1986 NJW 1987, 487) und die geltungserhaltende Reduktion auch bei arbeitsrechtlichen Sachverhalten (Inhaltskontrolle einer Versorgungssatzung) abgelehnt hat (BGH 30. 9. 1998 BGHZ 139, 333 = ZTR 1999, 34; s. a. BGH 23. 6. 1999 NZA 1999, 1164; LG Karlsruhe 9. 3. 2001 NJW 2001, 1655, 1657). Vgl. zur geltungserhaltenden Reduktion in Einzelfällen im Rahmen des Übergangsrechts Rn. 23.

100   **4. Verfahren.** Nach § 1 UKlaG besteht, wie im bisherigen § 13 AGBG, u. a. für Verbraucherverbände die Möglichkeit, Verwender von nach §§ 307 bis 309 unwirksamen AGB auf Unterlassung in Anspruch zu nehmen. Das UKlaG findet jedoch gemäß § 15 UKlaG auf das Arbeitsrecht insgesamt keine Anwendung. Eine **Verbandsklage** von Verbraucherverbänden, aber auch von Gewerkschaften gegen einzelne AG, die unwirksame AGB verwenden, ist damit **nicht möglich**. Die Unwirksamkeit von AGB ist im Arbeitsrecht **im Individualprozess** zu klären.

Abschnitt 3. Schuldverhältnisse aus Verträgen

Titel 1. Begründung, Inhalt und Beendigung

Untertitel 1. Begründung

§ 311 Rechtsgeschäftliche und rechtsgeschäftsähnliche Schuldverhältnisse

(1) Zur Begründung eines Schuldverhältnisses durch Rechtsgeschäft sowie zur Änderung des Inhalts eines Schuldverhältnisses ist ein Vertrag zwischen den Beteiligten erforderlich, soweit nicht das Gesetz ein anderes vorschreibt.

(2) Ein Schuldverhältnis mit Pflichten nach § 241 Abs. 2 entsteht auch durch
1. die Aufnahme von Vertragsverhandlungen,
2. die Anbahnung eines Vertrags, bei welcher der eine Teil im Hinblick auf eine etwaige rechtsgeschäftliche Beziehung dem anderen Teil die Möglichkeit zur Einwirkung auf seine Rechte, Rechtsgüter und Interessen gewährt oder ihm diese anvertraut, oder
3. ähnliche geschäftliche Kontakte.

(3) [1] Ein Schuldverhältnis mit Pflichten nach § 241 Abs. 2 kann auch zu Personen entstehen, die nicht selbst Vertragspartei werden sollen. [2] Ein solches Schuldverhältnis entsteht insbesondere, wenn der Dritte in besonderem Maße Vertrauen für sich in Anspruch nimmt und dadurch die Vertragsverhandlungen oder den Vertragsschluss erheblich beeinflusst.

1   Zu § 311 s. § 611 Rn. 316 ff.

§ 311 a Leistungshindernis bei Vertragsschluss

(1) Der Wirksamkeit eines Vertrags steht es nicht entgegen, dass der Schuldner nach § 275 Abs. 1 bis 3 nicht zu leisten braucht und das Leistungshindernis schon bei Vertragsschluss vorliegt.

(2) [1] Der Gläubiger kann nach seiner Wahl Schadensersatz statt der Leistung oder Ersatz seiner Aufwendungen in dem in § 284 bestimmten Umfang verlangen. [2] Dies gilt nicht, wenn der Schuldner das Leistungshindernis bei Vertragsschluss nicht kannte und seine Unkenntnis auch nicht zu vertreten hat. [3] § 281 Abs. 1 Satz 2 und 3 und Abs. 5 findet entsprechende Anwendung.

1   Zu § 311 a s. § 611 Rn. 840 ff.

Untertitel 2. Besondere Vertriebsformen

§ 312 Widerrufsrecht bei Haustürgeschäften

(1) [1] Bei einem Vertrag zwischen einem Unternehmer und einem Verbraucher, der eine entgeltliche Leistung zum Gegenstand hat und zu dessen Abschluss der Verbraucher
1. durch mündliche Verhandlungen an seinem Arbeitsplatz oder im Bereich einer Privatwohnung,
2. anlässlich einer vom Unternehmer oder von einem Dritten zumindest auch im Interesse des Unternehmers durchgeführten Freizeitveranstaltung oder

3. im Anschluss an ein überraschendes Ansprechen in Verkehrsmitteln oder im Bereich öffentlich zugänglicher Verkehrsflächen

bestimmt worden ist (Haustürgeschäft), steht dem Verbraucher ein Widerrufsrecht gemäß § 355 zu. ² Dem Verbraucher kann anstelle des Widerrufsrechts ein Rückgaberecht nach § 356 eingeräumt werden, wenn zwischen dem Verbraucher und dem Unternehmer im Zusammenhang mit diesem oder einem späteren Geschäft auch eine ständige Verbindung aufrechterhalten werden soll.

(2) Die erforderliche Belehrung über das Widerrufs- oder Rückgaberecht muss auf die Rechtsfolgen des § 357 Abs. 1 und 3 hinweisen.

(3) Das Widerrufs- oder Rückgaberecht besteht unbeschadet anderer Vorschriften nicht bei Versicherungsverträgen oder wenn
1. im Falle von Absatz 1 Nr. 1 die mündlichen Verhandlungen, auf denen der Abschluss des Vertrags beruht, auf vorhergehende Bestellung des Verbrauchers geführt worden sind oder
2. die Leistung bei Abschluss der Verhandlungen sofort erbracht und bezahlt wird und das Entgelt 40 Euro nicht übersteigt oder
3. die Willenserklärung des Verbrauchers von einem Notar beurkundet worden ist.

Zu § 312 s. § 611 Rn. 207; § 620 Rn. 13 ff.   1

Untertitel 3. Anpassung und Beendigung von Verträgen

§ 313 Störung der Geschäftsgrundlage

(1) Haben sich Umstände, die zur Grundlage des Vertrags geworden sind, nach Vertragsschluss schwerwiegend verändert und hätten die Parteien den Vertrag nicht oder mit anderem Inhalt geschlossen, wenn sie diese Veränderung vorausgesehen hätten, so kann Anpassung des Vertrags verlangt werden, soweit einem Teil unter Berücksichtigung aller Umstände des Einzelfalls, insbesondere der vertraglichen oder gesetzlichen Risikoverteilung, das Festhalten am unveränderten Vertrag nicht zugemutet werden kann.

(2) Einer Veränderung der Umstände steht es gleich, wenn wesentliche Vorstellungen, die zur Grundlage des Vertrags geworden sind, sich als falsch herausstellen.

(3) ¹ Ist eine Anpassung des Vertrags nicht möglich oder einem Teil nicht zumutbar, so kann der benachteiligte Teil vom Vertrag zurücktreten. ² An die Stelle des Rücktrittsrechts tritt für Dauerschuldverhältnisse das Recht zur Kündigung.

§ 314 Kündigung von Dauerschuldverhältnissen aus wichtigem Grund

(1) ¹ Dauerschuldverhältnisse kann jeder Vertragsteil aus wichtigem Grund ohne Einhaltung einer Kündigungsfrist kündigen. ² Ein wichtiger Grund liegt vor, wenn dem kündigenden Teil unter Berücksichtigung aller Umstände des Einzelfalls und unter Abwägung der beiderseitigen Interessen die Fortsetzung des Vertragsverhältnisses bis zur vereinbarten Beendigung oder bis zum Ablauf einer Kündigungsfrist nicht zugemutet werden kann.

(2) ¹ Besteht der wichtige Grund in der Verletzung einer Pflicht aus dem Vertrag, ist die Kündigung erst nach erfolglosem Ablauf einer zur Abhilfe bestimmten Frist oder nach erfolgloser Abmahnung zulässig. ² § 323 Abs. 2 findet entsprechende Anwendung.

(3) Der Berechtigte kann nur innerhalb einer angemessenen Frist kündigen, nachdem er vom Kündigungsgrund Kenntnis erlangt hat.

(4) Die Berechtigung, Schadensersatz zu verlangen, wird durch die Kündigung nicht ausgeschlossen.

Zu § 314 s. § 626 Rn. 6 und 45.

Untertitel 4. Einseitige Leistungsbestimmungsrechte

§ 315 Bestimmung der Leistung durch eine Partei

(1) Soll die Leistung durch einen der Vertragschließenden bestimmt werden, so ist im Zweifel anzunehmen, dass die Bestimmung nach billigem Ermessen zu treffen ist.

(2) Die Bestimmung erfolgt durch Erklärung gegenüber dem anderen Teil.

(3) ¹ Soll die Bestimmung nach billigem Ermessen erfolgen, so ist die getroffene Bestimmung für den anderen Teil nur verbindlich, wenn sie der Billigkeit entspricht. ² Entspricht sie nicht der

Billigkeit, so wird die Bestimmung durch Urteil getroffen; das Gleiche gilt, wenn die Bestimmung verzögert wird.

§ 316 Bestimmung der Gegenleistung

Ist der Umfang der für eine Leistung versprochenen Gegenleistung nicht bestimmt, so steht die Bestimmung im Zweifel demjenigen Teil zu, welcher die Gegenleistung zu fordern hat.

§ 317 Bestimmung der Leistung durch einen Dritten

(1) Ist die Bestimmung der Leistung einem Dritten überlassen, so ist im Zweifel anzunehmen, dass sie nach billigem Ermessen zu treffen ist.

(2) Soll die Bestimmung durch mehrere Dritte erfolgen, so ist im Zweifel Übereinstimmung aller erforderlich; soll eine Summe bestimmt werden, so ist, wenn verschiedene Summen bestimmt werden, im Zweifel die Durchschnittssumme maßgebend.

§ 318 Anfechtung der Bestimmung

(1) Die einem Dritten überlassene Bestimmung der Leistung erfolgt durch Erklärung gegenüber einem der Vertragschließenden.

(2) [1] Die Anfechtung der getroffenen Bestimmung wegen Irrtums, Drohung oder arglistiger Täuschung steht nur den Vertragschließenden zu; Anfechtungsgegner ist der andere Teil. [2] Die Anfechtung muss unverzüglich erfolgen, nachdem der Anfechtungsberechtigte von dem Anfechtungsgrund Kenntnis erlangt hat. [3] Sie ist ausgeschlossen, wenn 30 Jahre verstrichen sind, nachdem die Bestimmung getroffen worden ist.

§ 319 Unwirksamkeit der Bestimmung; Ersetzung

(1) [1] Soll der Dritte die Leistung nach billigem Ermessen bestimmen, so ist die getroffene Bestimmung für die Vertragschließenden nicht verbindlich, wenn sie offenbar unbillig ist. [2] Die Bestimmung erfolgt in diesem Falle durch Urteil; das Gleiche gilt, wenn der Dritte die Bestimmung nicht treffen kann oder will oder wenn er sie verzögert.

(2) Soll der Dritte die Bestimmung nach freiem Belieben treffen, so ist der Vertrag unwirksam, wenn der Dritte die Bestimmung nicht treffen kann oder will oder wenn er sie verzögert.

1 Zu §§ 315–319 s. § 611 Rn. 482.

Titel 2. Gegenseitiger Vertrag

§ 320 Einrede des nichterfüllten Vertrags

(1) [1] Wer aus einem gegenseitigen Vertrag verpflichtet ist, kann die ihm obliegende Leistung bis zur Bewirkung der Gegenleistung verweigern, es sei denn, dass er vorzuleisten verpflichtet ist. [2] Hat die Leistung an mehrere zu erfolgen, so kann dem einzelnen der ihm gebührende Teil bis zur Bewirkung der ganzen Gegenleistung verweigert werden. [3] Die Vorschrift des § 273 Abs. 3 findet keine Anwendung.

(2) Ist von der einen Seite teilweise geleistet worden, so kann die Gegenleistung insoweit nicht verweigert werden, als die Verweigerung nach den Umständen, insbesondere wegen verhältnismäßiger Geringfügigkeit des rückständigen Teils, gegen Treu und Glauben verstoßen würde.

§ 321 Unsicherheitseinrede

(1) [1] Wer aus einem gegenseitigen Vertrag vorzuleisten verpflichtet ist, kann die ihm obliegende Leistung verweigern, wenn nach Abschluss des Vertrags erkennbar wird, dass sein Anspruch auf die Gegenleistung durch mangelnde Leistungsfähigkeit des anderen Teils gefährdet wird. [2] Das Leistungsverweigerungsrecht entfällt, wenn die Gegenleistung bewirkt oder Sicherheit für sie geleistet wird.

(2) [1] Der Vorleistungspflichtige kann eine angemessene Frist bestimmen, in welcher der andere Teil Zug um Zug gegen die Leistung nach seiner Wahl die Gegenleistung zu bewirken oder Sicherheit zu leisten hat. [2] Nach erfolglosem Ablauf der Frist kann der Vorleistungspflichtige vom Vertrag zurücktreten. [3] § 323 findet entsprechende Anwendung.

§ 322 Verurteilung zur Leistung Zug-um-Zug

(1) Erhebt aus einem gegenseitigen Vertrag der eine Teil Klage auf die ihm geschuldete Leistung, so hat die Geltendmachung des dem anderen Teil zustehenden Rechts, die Leistung bis zur Bewirkung der Gegenleistung zu verweigern, nur die Wirkung, dass der andere Teil zur Erfüllung Zug um Zug zu verurteilen ist.

(2) Hat der klagende Teil vorzuleisten, so kann er, wenn der andere Teil im Verzug der Annahme ist, auf Leistung nach Empfang der Gegenleistung klagen.

(3) Auf die Zwangsvollstreckung findet die Vorschrift des § 274 Abs. 2 Anwendung.

§ 323 Rücktritt wegen nicht oder nicht vertragsgemäß erbrachter Leistung

(1) Erbringt bei einem gegenseitigen Vertrag der Schuldner eine fällige Leistung nicht oder nicht vertragsgemäß, so kann der Gläubiger, wenn er dem Schuldner erfolglos eine angemessene Frist zur Leistung oder Nacherfüllung bestimmt hat, vom Vertrag zurücktreten.

(2) Die Fristsetzung ist entbehrlich, wenn
1. der Schuldner die Leistung ernsthaft und endgültig verweigert,
2. der Schuldner die Leistung zu einem im Vertrag bestimmten Termin oder innerhalb einer bestimmten Frist nicht bewirkt und der Gläubiger im Vertrag den Fortbestand seines Leistungsinteresses an die Rechtzeitigkeit der Leistung gebunden hat oder
3. besondere Umstände vorliegen, die unter Abwägung der beiderseitigen Interessen den sofortigen Rücktritt rechtfertigen.

(3) Kommt nach der Art der Pflichtverletzung eine Fristsetzung nicht in Betracht, so tritt an deren Stelle eine Abmahnung.

(4) Der Gläubiger kann bereits vor dem Eintritt der Fälligkeit der Leistung zurücktreten, wenn offensichtlich ist, dass die Voraussetzungen des Rücktritts eintreten werden.

(5) ¹Hat der Schuldner eine Teilleistung bewirkt, so kann der Gläubiger vom ganzen Vertrag nur zurücktreten, wenn er an der Teilleistung kein Interesse hat. ²Hat der Schuldner die Leistung nicht vertragsgemäß bewirkt, so kann der Gläubiger vom Vertrag nicht zurücktreten, wenn die Pflichtverletzung unerheblich ist.

(6) Der Rücktritt ist ausgeschlossen, wenn der Gläubiger für den Umstand, der ihn zum Rücktritt berechtigen würde, allein oder weit überwiegend verantwortlich ist oder wenn der vom Schuldner nicht zu vertretende Umstand zu einer Zeit eintritt, zu welcher der Gläubiger im Verzug der Annahme ist.

Amtlicher Hinweis: Diese Vorschrift dient auch der Umsetzung der Richtlinie 1999/44/EG des Europäischen Parlaments und des Rates vom 25. Mai 1999 zu bestimmten Aspekten des Verbrauchsgüterkaufs und der Garantien für Verbrauchsgüter (ABl. EG Nr. L 171 S. 12). [1]

§ 324 Rücktritt wegen Verletzung einer Pflicht nach § 241 Abs. 2

Verletzt der Schuldner bei einem gegenseitigen Vertrag eine Pflicht nach § 241 Abs. 2, so kann der Gläubiger zurücktreten, wenn ihm ein Festhalten am Vertrag nicht mehr zuzumuten ist.

§ 325 Schadensersatz und Rücktritt

Das Recht, bei einem gegenseitigen Vertrag Schadensersatz zu verlangen, wird durch den Rücktritt nicht ausgeschlossen.

§ 326 Befreiung von der Gegenleistung und Rücktritt beim Ausschluss der Leistungspflicht

(1) ¹Braucht der Schuldner nach § 275 Abs. 1 bis 3 nicht zu leisten, entfällt der Anspruch auf die Gegenleistung; bei einer Teilleistung findet § 441 Abs. 3 entsprechende Anwendung. ²Satz 1 gilt nicht, wenn der Schuldner im Falle der nicht vertragsgemäßen Leistung die Nacherfüllung nach § 275 Abs. 1 bis 3 nicht zu erbringen braucht.

(2) ¹Ist der Gläubiger für den Umstand, auf Grund dessen der Schuldner nach § 275 Abs. 1 bis 3 nicht zu leisten braucht, allein oder weit überwiegend verantwortlich oder tritt dieser vom Schuldner nicht zu vertretende Umstand zu einer Zeit ein, zu welcher der Gläubiger im Verzug der Annahme ist, so behält der Schuldner den Anspruch auf die Gegenleistung. ²Er muss sich jedoch dasjenige anrechnen lassen, was er infolge der Befreiung von der Leistung erspart oder

durch anderweitige Verwendung seiner Arbeitskraft erwirbt oder zu erwerben böswillig unterlässt.

(3) ¹ Verlangt der Gläubiger nach § 285 Herausgabe des für den geschuldeten Gegenstand erlangten Ersatzes oder Abtretung des Ersatzanspruchs, so bleibt er zur Gegenleistung verpflichtet. ² Diese mindert sich jedoch nach Maßgabe des § 441 Abs. 3 insoweit, als der Wert des Ersatzes oder des Ersatzanspruchs hinter dem Wert der geschuldeten Leistung zurückbleibt.

(4) Soweit die nach dieser Vorschrift nicht geschuldete Gegenleistung bewirkt ist, kann das Geleistete nach den §§ 346 bis 348 zurückgefordert werden.

(5) Braucht der Schuldner nach § 275 Abs. 1 bis 3 nicht zu leisten, kann der Gläubiger zurücktreten; auf den Rücktritt findet § 323 mit der Maßgabe entsprechende Anwendung, dass die Fristsetzung entbehrlich ist.

1 Amtlicher Hinweis: Diese Vorschrift dient auch der Umsetzung der Richtlinie 1999/44/EG des Europäischen Parlaments und des Rates vom 25. Mai 1999 zu bestimmten Aspekten des Verbrauchsgüterkaufs und der Garantien für Verbrauchsgüter (ABl. EG Nr. L 171 S. 12).

Titel 4. Draufgabe, Vertragsstrafe

§ 339 Verwirkung der Vertragsstrafe

¹ Verspricht der Schuldner dem Gläubiger für den Fall, dass er seine Verbindlichkeit nicht oder nicht in gehöriger Weise erfüllt, die Zahlung einer Geldsumme als Strafe, so ist die Strafe verwirkt, wenn er in Verzug kommt. ² Besteht die geschuldete Leistung in einem Unterlassen, so tritt die Verwirkung mit der Zuwiderhandlung ein.

§ 340 Strafversprechen für Nichterfüllung

(1) ¹ Hat der Schuldner die Strafe für den Fall versprochen, dass er seine Verbindlichkeit nicht erfüllt, so kann der Gläubiger die verwirkte Strafe statt der Erfüllung verlangen. ² Erklärt der Gläubiger dem Schuldner, dass er die Strafe verlange, so ist der Anspruch auf Erfüllung ausgeschlossen.

(2) ¹ Steht dem Gläubiger ein Anspruch auf Schadensersatz wegen Nichterfüllung zu, so kann er die verwirkte Strafe als Mindestbetrag des Schadens verlangen. ² Die Geltendmachung eines weiteren Schadens ist nicht ausgeschlossen.

§ 341 Strafversprechen für nicht gehörige Erfüllung

(1) Hat der Schuldner die Strafe für den Fall versprochen, dass er seine Verbindlichkeit nicht in gehöriger Weise, insbesondere nicht zu der bestimmten Zeit, erfüllt, so kann der Gläubiger die verwirkte Strafe neben der Erfüllung verlangen.

(2) Steht dem Gläubiger ein Anspruch auf Schadensersatz wegen der nicht gehörigen Erfüllung zu, so findet die Vorschrift des § 340 Abs. 2 Anwendung.

(3) Nimmt der Gläubiger die Erfüllung an, so kann er die Strafe nur verlangen, wenn er sich das Recht dazu bei der Annahme vorbehält.

§ 342 Andere als Geldstrafe

Wird als Strafe eine andere Leistung als die Zahlung einer Geldsumme versprochen, so finden die Vorschriften der §§ 339 bis 341 Anwendung; der Anspruch auf Schadensersatz ist ausgeschlossen, wenn der Gläubiger die Strafe verlangt.

§ 343 Herabsetzung der Strafe

(1) ¹ Ist eine verwirkte Strafe unverhältnismäßig hoch, so kann sie auf Antrag des Schuldners durch Urteil auf den angemessenen Betrag herabgesetzt werden. ² Bei der Beurteilung der Angemessenheit ist jedes berechtigte Interesse des Gläubigers, nicht bloß das Vermögensinteresse, in Betracht zu ziehen. ³ Nach der Entrichtung der Strafe ist die Herabsetzung ausgeschlossen.

(2) Das Gleiche gilt auch außer in den Fällen der §§ 339, 342, wenn jemand eine Strafe für den Fall verspricht, dass er eine Handlung vornimmt oder unterlässt.

§ 344 Unwirksames Strafversprechen

Erklärt das Gesetz das Versprechen einer Leistung für unwirksam, so ist auch die für den Fall der Nichterfüllung des Versprechens getroffene Vereinbarung einer Strafe unwirksam, selbst wenn die Parteien die Unwirksamkeit des Versprechens gekannt haben.

§ 345 Beweislast

Bestreitet der Schuldner die Verwirkung der Strafe, weil er seine Verbindlichkeit erfüllt habe, so hat er die Erfüllung zu beweisen, sofern nicht die geschuldete Leistung in einem Unterlassen besteht.

I. Normzweck

1. **Unselbständiges Strafversprechen.** Die Vertragsstrafe ist eine meist in Geld bestehende Leistung, die der Schuldner für den Fall der Nichterfüllung oder nicht gehörigen Erfüllung einer Verbindlichkeit verspricht. Das Strafversprechen ist eine **vertragliche Abrede**, keine einseitige Erklärung. Das Leistungsversprechen steht unter der aufschiebenden Bedingung der Nichterfüllung oder nicht gehörigen Erfüllung der dem Schuldner obliegenden Verbindlichkeit. Die gesetzliche Regelung der Vertragsstrafe in den §§ 339 ff. ist auf das unselbständige Strafversprechen zugeschnitten. „Unselbständigkeit" bezeichnet das Abhängigkeitsverhältnis der Vertragsstrafe zur Hauptverbindlichkeit (Akzessorietät). Der Zweck einer Strafabrede besteht in erster Linie darin, den Schuldner zur ordnungsgemäßen Vertragserfüllung anzuhalten (**Erfüllungssicherungsfunktion**). Kommt es dennoch zu einer vom Schuldner zu vertretenden Störung der Leistungsbeziehung, sichert das unselbständige Strafversprechen dem Gläubiger den Ausgleich seines Schadens (BGH 23. 6. 1988 BGHZ 105, 24 = NJW 1988, 2536).

2. **Selbständiges Strafversprechen.** Während die unselbständige Vertragsstrafe an die Nicht- oder nicht gehörige Erfüllung anknüpft, wird das selbständige Strafversprechen für den Fall vereinbart, dass jemand eine Handlung vornimmt oder unterlässt, zu deren Vornahme oder Unterlassung er **rechtlich nicht verpflichtet** ist. Im Arbeitsrecht werden selbständige Strafversprechen ua. vereinbart anlässlich von Vorverhandlungen für den Fall des Nichtabschlusses eines Arbeitsvertrags oder im Rahmen unbefristeter Arbeitsverhältnisse, wenn sie vor Ablauf einer bestimmten Zeit gekündigt werden (vgl. BAG 6. 9. 1989 AP BGB § 622 Nr. 27). Wird für den Fall der Kündigung des Arbeitsverhältnisses die Rückzahlung einer Gratifikation, einer Kaution oder einer ähnlichen Leistung vereinbart, wird hierin ein selbständiges Strafversprechen liegen (*Bötticher* ZfA 1970, 19 ff.; aA BAG 31. 5. 1960 AP BGB § 611 Gratifikation Nr. 15; BAG 11. 3. 1971 AP BGB § 622 Nr. 9; *Engel* Konventionalstrafen S. 30 f.; *Westhoff* Inhaltskontrolle S. 46 ff.).

Mit der selbständigen Vertragsstrafe befasst sich nur eine einzige Vorschrift des BGB, nämlich 3 § 343 II. Sie erstreckt das richterliche **Ermäßigungsrecht** ausdrücklich auch auf unverhältnismäßig hohe, nicht akzessorische Vertragsstrafen. Darüber hinaus ist man sich einig, dass § 344 entspr. anwendbar ist und die Verwirkung der Strafe im Zweifel Verschulden voraussetzt.

3. **Verwandte Tatbestände. a) Verfallklausel.** Der Unterschied zwischen Vertragsstrafeversprechen 4 und Verfallklausel (**Verwirkungsabrede**) ist rechtstechnischer Art. Während sich der Schuldner mit der Eingehung eines Vertragsstrafeversprechens verpflichtet, bei Nichterfüllung oder nicht gehöriger Erfüllung seiner Verbindlichkeit eine zur Hauptleistung hinzutretende, meist in Geld bestehende Leistung zu erbringen, sieht die Verwirkungsabrede für diesen Fall den Eintritt eines Rechtsverlustes vor. Die wirtschaftliche Belastung wird idR gleich sein. Die wirtschaftliche und funktionelle Verwandtschaft von Straf- und Verwirkungsabreden spricht dafür, die teils gesetzlich normierten, teils von der Rspr. und Wissenschaft erarbeiteten Wirksamkeitsvoraussetzungen der Vertragsstrafe auch auf Verwirkungsklauseln zu erstrecken (so BAG 18. 11. 1960 AP TVG § 4 Vertragsstrafe Nr. 1; Staudinger/*Rieble* § 339 Rn. 66; zumindest für analoge Anwendung: *Bötticher* ZfA 1970, 39; *Söllner* AuR 1981, 97, 101). Weitere Grenzen ergeben sich aus den Lohnsicherungsvorschriften (insb. §§ 850 ff. ZPO) sowie aus der zum 1. 1. 2003 aufgehobenen Sondervorschrift des § 134 I GewO für gewerbliche AN (vgl. Staudinger/*Rieble* § 339 Rn. 66 f.; Preis/*Stoffels* II V 30 Rn. 81).

b) **Schadenspauschalierung.** Die vertragliche Schadenspauschalierung ist ein eigenständiges, „der 5 Vertragsstrafe ähnliches Rechtsinstitut" (BAG 14. 12. 1966 AP BGB § 138 Nr. 26; BGH 8. 10. 1969 NJW 1970, 29). Für die Abgrenzung kommt es auf den mit der Vereinbarung verfolgten Zweck an. Soll sie in erster Linie die Erfüllung des Hauptanspruches sichern und auf den Vertragsgegner einen möglichst wirkungsvollen Druck ausüben, liegt der Sache nach eine Vertragsstrafe vor. Um eine Schadenspauschalierung handelt es sich dagegen, wenn sie der **vereinfachten Durchsetzung** eines Schadensersatzanspruches dienen soll (BAG 16. 5. 1984 – 7 AZR 162/81 – nv.). Die Pauschalierung stellt den Versuch einer antizipierten Schadensschätzung dar (BAG 14. 12. 1966 AP BGB § 138

Müller-Glöge

Nr. 26). Das Klauselverbot des § 309 Nr. 5 findet auf Arbeitsverträge Anwendung, denn die Besonderheiten des Arbeitsrechts erfordern keine abw. Regelung (*Gotthardt* Rn. 281). Deshalb darf in AGB die vereinbarte Pauschale den in den geregelten Fällen nach dem gewöhnlichen Lauf der Dinge zu erwartenden Schaden oder die gewöhnlich eintretende Wertminderung nicht übersteigen. Darüber hinaus darf dem AN nicht der Nachweis versagt werden, ein Schaden oder eine Wertminderung sei überhaupt nicht entstanden oder wesentlich niedriger als die Pauschale. Der Begriff der AGB ist in § 305 I definiert und auch erfüllt, wenn die vorformulierten Vertragsbedingungen in die Vertragsurkunde selbst aufgenommen sind. Für Berufsausbildungsverhältnisse verbietet § 5 II Nr. 4 BBiG vertragliche Schadenspauschalierungen.

6   c) **Betriebsbuße.** Von der Vertragsstrafe sind Betriebsbußen zu unterscheiden (vgl. *Löwisch/Würtenberg* JuS 1970, 261 ff.; *Leinemann* AuR 1970, 134). Die Betriebsbußenordnung als durch BV (vgl. § 87 I Nr. 1 BetrVG) herbeigeführte Regelung hat (nur) **Straf- und Sühnecharakter** und soll als Disziplinarmaßnahme die kollektive Ordnung und Sicherheit aufrechterhalten (BAG 5. 12. 1975 AP BetrVG 1972 § 87 Betriebsbuße Nr. 1; BAG 5. 2. 1986 AP BGB § 339 Nr. 12). Die Verhängung von Betriebsbußen setzt eine einzelvertragliche Unterwerfung des AN unter die Betriebsbußenordnung voraus (*Walker*, FS für Kissel, 1994, S. 1205, 1210 ff.). Die hM lässt aber allein die BV als Ermächtigungsgrundlage ausreichen (BAG 14. 12. 1966 AP BetrVG § 59 Nr. 27; BAG 12. 9. 1967 AP BetrVG § 56 Betriebsbuße Nr. 1; BAG 17. 10. 1989 AP BetrVG 1972 § 87 Betriebsbuße Nr. 12; *Herschel* Betriebsbußen, 1967, S. 28; vgl. aber BAG 11. 7. 2000 AP BetrVG 1972 § 87 Sozialeinrichtung Nr. 16 zur Kostentragung für nicht in Anspruch genommene Kantinenessen), obgleich die heutige Gesetzeslage keine entspr. Delegation an die Betriebspartner kennt (vgl. zur historischen Entwicklung: *Walker*, FS für Kissel, 1994, S. 1205, 1208 f.). In jedem Fall müssen die mit Buße bedrohten Handlungen als Tatbestände bestimmt gefasst sein und das Verfahren der Bußenverhängung rechtsstaatlichen Anforderungen genügen (BAG 12. 9. 1967 AP BetrVG § 56 Betriebsbuße Nr. 1). Der BR hat bei Anwendung der Betriebsbußenordnung im Einzelfall mitzubestimmen (vgl. § 87 I Nr. 1 BetrVG; BAG 17. 10. 1989 AP BetrVG 1972 § 87 Betriebsbuße Nr. 12). Dies kann auch durch Beteiligung an einem paritätisch besetzten Spruchgremium geschehen. Demgegenüber bezieht sich die Vertragsstrafe auf schuldrechtliche Ansprüche aus dem Arbeitsverhältnis und berücksichtigt damit allein das individuelle Interesse des AG als Gläubiger der Arbeitsleistungen (BAG 5. 2. 1986 AP BGB § 339 Nr. 12). Ihre Vereinbarung und Einforderung unterliegen nicht der betrieblichen Mitbestimmung (BAG 5. 2. 1986 AP BGB § 339 Nr. 12).

7   d) **Belohnung.** Keine Strafe iSd. §§ 339 ff. ist die Versagung einer Belohnung.

8   e) **Vergleich.** Wird in einem Prozessvergleich vereinbart, dass bei Leistung bis zu einem bestimmten Termin ein geringerer Betrag zu zahlen ist, fällt diese Absprache nicht unter § 339 (BGH 19. 12. 1979 AP BGB § 779 Nr. 5 = NJW 1980, 1043; BGH 8. 7. 1981 NJW 1981, 2686).

II. Vertragsstrafen in Arbeitsverträgen

9   **1. Grundsatz.** Vertragsstrafevereinbarungen finden sich **in nahezu jedem vierten Arbeitsvertrag** (hierzu *Preis/Stoffels* II V 30 Rn. 1). In der Praxis belasten sie durchweg einseitig den AN. Eine Vertragsstrafe wird vor allem für den Fall des Vertragsbruchs, der Veranlassung einer außerordentlichen Kündigung oder des Verstoßes gegen ein Wettbewerbsverbot vereinbart. Bisweilen werden auch Verstöße gegen die Verschwiegenheitspflicht oder ein Nebentätigkeitsverbot sanktioniert.

10 Vertragliche Strafversprechen laufen Gefahr, den Versprechenden über Gebühr zu belasten. Im Arbeitsrecht erhöht sich die Gefahr einer unangemessenen Benachteiligung noch dadurch, dass Strafklauseln dem AN in aller Regel bei Vertragsschluss als Bestandteil eines **Formulararbeitsvertrags** präsentiert werden. Dies kann dazu führen, dass sich AG überhöhte Strafsummen ausbedingen oder die Voraussetzungen für die Verwirkung der Strafe sehr niedrig ansetzen.

11 Gleichwohl besteht die grds. Zulässigkeit von Vertragsstrafevereinbarungen zu Lasten des AN fort. Das für Neuverträge zum 1. 1. 2002 und für Altverträge zum 1. 1. 2003 (vgl. § 5 EGBGB) in Kraft getretene Klauselverbot ohne Wertungsmöglichkeit des **§ 309 Nr. 6** lässt die Wirksamkeit der in Arbeitsverträgen vereinbarten Vertragsstrafeversprechen im Grundsatz unberührt. Unabhängig davon, ob die Vertragsstrafe individuell ausgehandelt worden oder Bestandteil vorformulierter Vertragsbedingungen (zum Begriff der AGB s. § 305 I) ist. Dies erfordern die Besonderheiten des Arbeitsrechts iSv. § 310 IV 2 (LAG Düsseldorf 8. 1. 2003 LAGE BGB 2002 § 309 Nr. 1; ArbG Duisburg 14. 8. 2002 NZA 2002, 1038, 1039; *Gotthardt* Rn. 277 f.; *Henssler* RdA 2002, 129, 138; *Preis/Stoffels* II V 30 Rn. 27; *Grobys* DStR 2002, 1002, 1007; *Bartz* AuA 2002, 62, 64; *Schaub/Linck* § 60 Rn. 4; *Lingemann* NZA 2002, 181, 191; *Annuß* BB 2002, 458, 463 [grds. im ArbR unanwendbar]; *Hoß* ArbRB 2002, 138, 142; *Leder/Morgenroth* NZA 2002, 952, 956; *Reichenbach* NZA 2003, 309, 312 [jedenfalls bei qualifizierten Diensten]; zweifelnd *Thüsing* NZA 2002, 591, 594; aA LAG Hamm 24. 1. 2003 NZA 2003, 499, 500 ff.; ArbG Bochum 8. 7. 2002 NZA 2002, 978 = DB 2002, 1659; ArbG Bielefeld 2. 12. 2002 – 3 Ca 3733/02 – EzA-SD 2/2003, 11; *Däubler* NZA 2001, 1329, 1336; *von Koppenfels* NZA 2002, 598, 602; *Reinecke* DB 2002, 583, 586). Insb. gegen die Folgen eines Vertragsbruchs des AN kann sich der

AG nicht hinreichend schützen. Ein Verbot von Vertragsstrafen im Arbeitsrecht würde der Interessenlage nicht gerecht. Die Praxis hat hier gezeigt, dass dem berechtigten Sicherungsbedürfnis des AG in vielen Fällen nur durch Vereinbarung einer Vertragsstrafe entsprochen werden kann (*Engel* Konventionalstrafen S. 114f.; *Koller* SAE 1985, 156). Dies wird durch die bes. gesetzlichen Regelungen in § 75c HGB und (bis 31. 12. 2002) § 134 I GewO sowie dem aus § 5 II Nr. 2 BBiG (vgl. dazu Rn. 14) zu ziehenden Umkehrschluss bestätigt. Durch das spezifische Verbot von Vertragsstrafeabreden in Berufsausbildungsverträgen verdeutlicht der Gesetzgeber die ansonsten auch im Arbeitsrecht gegebene Zulässigkeit solcher Vereinbarungen. Allerdings können Abreden über Vertragsstrafen im Einzelfall gegen Gesetze oder arbeitsrechtliche Schutzprinzipien verstoßen und deshalb unwirksam sein (BAG 23. 6. 1982 AP BBiG § 5 Nr. 4; BAG 23. 5. 1984 AP BGB § 339 Nr. 9; BAG 5. 2. 1986 AP BGB § 339 Nr. 12; BAG 27. 5. 1992 EzA BGB § 339 Nr. 8).

Ebenso wenig widerspricht die Vereinbarung von Vertragsstrafen im Arbeitsverhältnis § 888 II **12** ZPO, der die Vollstreckung zur Erwirkung einer Dienstleistung aus einem Dienstverhältnis für unzulässig erklärt (BAG 23. 5. 1984 AP BGB § 339 Nr. 9 = NZA 1984, 255). Die Vertragsstrafe hat nämlich eine Doppelfunktion, sie will nicht nur den AN zur ordnungsgemäßen Erfüllung der vertraglich vereinbarten Leistung anspornen und so die Erfüllungswahrscheinlichkeit erhöhen, sondern zugleich eine vertragliche Schadenspauschalierung begründen, die den Nachweis eines Schadens und dessen Höhe im Einzelfall entbehrlich werden lässt (BGH 23. 6. 1988 BGHZ 105, 24, 27 = NJW 1988, 2356; LAG Berlin 19. 5. 1980 AP BGB § 339 Nr. 8; abl. LAG Düsseldorf 8. 1. 2003 NZA 2003, 382, 383).

2. Wirksamkeit. a) Vereinbarung in AGB. Vertragsstraferegelungen in Arbeitsverträgen müssen, **13** um überhaupt Vertragsbestandteil zu werden, vom Konsens der vertragsschließenden Parteien mitumfasst sein. Daran fehlt es, wenn die Strafklausel in einem Formularvertrag an versteckter Stelle unter einer nichts sagenden Überschrift untergebracht ist (§ 305c). Die Klausel ist dann nicht wirksam in den Arbeitsvertrag einbezogen. In AGB enthaltene Abreden über Vertragsstrafen unterliegen der Inhaltskontrolle gem. § 307, dh. sie sind unwirksam, wenn sie den AN entgegen den Geboten von Treu und Glauben unangemessen benachteiligen. Diese Benachteiligung kann sich auch daraus ergeben, dass die Bestimmung nicht klar und verständlich ist (§ 307 I 2). Das Verschuldenserfordernis (§ 339) kann in AGB nicht wirksam abbedungen werden (vgl. Rn. 32; *Reichenbach* NZA 2003, 309, 313). Es muss ein berechtigtes Interesse des AG an der **Ahndung eines bestimmten Verhaltens** des AN bestehen. Zur Vereinbarkeit mit § 309 Nr. 6 vgl. Rn. 11.

b) § 5 II Nr. 2 BBiG. Eine ausdrückliche Verbotsnorm enthält § 5 II Nr. 2 BBiG. Nach dieser **14** Vorschrift sind im Rahmen eines Berufsausbildungsverhältnisses Vereinbarungen über vom Auszubildenden zu zahlende Vertragsstrafen nichtig. Die Vorschrift bezweckt, den **Schutz des Auszubildenden** zu stärken und ihn vom Ausbildungsbetrieb in persönlicher und finanzieller Hinsicht so unabhängig wie möglich zu stellen. Insb. soll verhindert werden, dass der Auszubildende unter dem Druck finanzieller Belastungen an einem Ausbildungsverhältnis festgehalten wird, das er nicht weiter fortführen möchte. Die Schutzvorschrift des § 5 BBiG wird gem. § 19 BBiG auf solche Personen erweitert, die erstmals Kenntnisse, Fähigkeiten oder Erfahrungen in einer der Berufsausbildung angenäherten Form erwerben wollen. Zu diesem Personenkreis zählen insb. Anlernlinge, Volontäre und Praktikanten (BAG 20. 2. 1975 AP BGB § 611 Ausbildungsbeihilfe Nr. 2). § 5 II Nr. 2 BBiG schließt allein solche Vertragsstrafen aus, die sich unmittelbar auf das Berufsausbildungsverhältnis beziehen. In einem Anschlussarbeitsvertrag, der gem. § 5 I 2 BBiG wirksam innerhalb der letzten sechs Monate des Ausbildungsverhältnisses geschlossen werden kann, darf mithin eine Vertragsstrafe für den Fall des Nichtantritts der Arbeit vereinbart werden (BAG 23. 6. 1982 AP BBiG § 5 Nr. 4).

c) Bestimmtheitsgrundsatz. In einer Strafabrede muss nicht nur die zu leistende **Strafe**, sondern **15** auch die sie auslösende Pflichtverletzung so **klar bezeichnet** sein, dass sich der Versprechende in seinem Verhalten darauf einstellen kann (BAG 14. 12. 1988 – 5 AZR 10/88 – nv.). Dabei wird es für ausreichend erachtet, dass der Verwirkungstatbestand bestimmbar ist, also im Wege der Auslegung ermittelt werden kann (BAG 5. 2. 1986 AP BGB § 339 Nr. 12). Globale Strafversprechen, die auf die Absicherung aller arbeitsvertraglichen Pflichten zielen, sind wegen Verstoßes gegen das Bestimmtheitsgebot unwirksam. Sollen arbeitsvertragliche Nebenpflichten sanktioniert werden, bedarf es einer konkreten Benennung der zu sichernden Pflicht (BAG 4. 9. 1964 AP BGB § 339 Nr. 3). Aus der Strafhöhe kann sich ergeben, dass bloße Vorbereitungshandlungen nicht erfasst sein sollen (OLG Hamm 26. 10. 1992 NJW-RR 1993, 1383). Einseitige Vertragsstrafeabreden werden von der Rspr. im Zweifel eng ausgelegt (BAG 20. 4. 1989 EzAÜG BGB § 611 Leiharbeitsverhältnis Nr. 7).

d) Keine unzulässige Kündigungserschwerung. Unzulässig ist eine Strafvereinbarung, die das **16** Kündigungsrecht des AN einseitig beeinträchtigt. **§ 622 VI** verbietet zwar nur, für den AN eine längere Kündigungsfrist als für die Kündigung durch den AG zu vereinbaren. Doch hat die Rspr. diese Vorschrift zu einem allg. Verbot ungleicher Kündigungsbedingungen ausgeweitet (vgl. § 622 Rn. 100 ff.). Längere, für beide Vertragsparteien gleiche Kündigungsfristen können durch Strafversprechen gesichert werden (BAG 27. 5. 1992 EzA BGB § 339 Nr. 8). Die fristgerechte Kündigung des AN darf nicht mit einer Vertragsstrafe sanktioniert werden, auch nicht in der Form eines selbständigen Strafversprechens (BAG 9. 3. 1972 AP BGB § 622 Nr. 12; BAG 6. 9. 1989 AP BGB § 622 Nr. 27; Kasseler Handbuch/*Künzl* 2.1 Rn. 212). Jedoch kann das Recht zur ordentlichen Kündigung für die Zeit bis zum Dienstantritt ausgeschlossen werden (vgl. § 620 Rn. 65), so dass für den Fall des Nichtantritts des Arbeitsverhältnisses eine Vertragsstrafe wirksam vereinbart werden kann (BAG 17. 7. 1985 – 5 AZR 104/84 – nv.; BAG 13. 6. 1990 – 5 AZR 304/89 – nv.), wenn die ordentliche Kündigung für beide Vertragsparteien ausgeschlossen ist. Das Recht zur außerordentlichen Kündigung nach § 626 darf in keinem Fall durch eine Vertragsstrafe beeinträchtigt werden (BGH 3. 7. 2000 NZA 2000, 945).

17 **e) Angemessene Höhe der Vertragsstrafe.** Aus der im Einzelfall **unverhältnismäßigen Höhe** einer vereinbarten Vertragsstrafe folgt nicht die Nichtigkeit der gesamten Abrede (LAG Baden-Württemberg 14. 5. 1963 AP BGB § 339 Nr. 2; LAG Berlin 19. 5. 1980 AP BGB § 339 Nr. 8), denn in diesem Fall greift § 343 ein. Eine in AGB getroffene Vertragsstrafenabrede unterliegt der Kontrolle anhand § 307, die zur Unwirksamkeit grob unangemessener Klauseln führen kann.

III. Typische Anwendungsfälle

18 **1. Arbeitsvertragsbruch. a) Auslegung.** Für den Fall des Vertragsbruchs oder der Veranlassung einer fristlosen Kündigung wegen schuldhaft vertragswidrigen Verhaltens kann sich jede Seite durch die **Vereinbarung einer Vertragsstrafe** absichern (BAG 23. 5. 1984 AP BGB § 339 Nr. 9 = NZA 1984, 255). Dabei ist unter Vertragsbruch die vom Schuldner einseitig und ohne Willen des Gläubigers herbeigeführte faktische Vertragsauflösung zu verstehen, also auf ANSeite der Fall der Nichtaufnahme der Arbeit oder die rechtswidrige vorzeitige Beendigung des Vertragsverhältnisses (BAG 18. 9. 1991 AP BGB § 339 Nr. 14 = NZA 1992, 215, 216 f.; *Stoffels*, Der Vertragsbruch des Arbeitnehmers, 1994, S. 33 f.). Die vom AN schuldhaft veranlasste Beendigung des Arbeitsverhältnisses durch Kündigung seitens des AG ist kein Fall des Vertragsbruchs (BAG 18. 9. 1991 AP BGB § 339 Nr. 14). Der im Vergleich zum Vertragsbruch umfassendere Tatbestand einer „**rechtswidrigen Beendigung**" setzt ein Verhalten voraus, das auf eine vorzeitige und rechtswidrige Beendigung der Rechtsbeziehung abzielt (BAG 9. 6. 1993 – 5 AZR 470/92 – nv.).

19 **b) Wirksamkeit.** Im Falle eines arbeitnehmerseitigen Vertragsbruchs wird der betroffene AG erfahrungsgemäß einen nicht unerheblichen Schaden erleiden können, den er aber auf Grund zahlreicher Schwierigkeiten (insb. Beweis) nicht oder nicht in voller Höhe durchzusetzen vermag. Auch von den sonstigen ihm zu Gebote stehenden Rechtsbehelfen kann sich der AG nicht viel versprechen (*Lohr* MDR 2000, 429, 430). Deshalb ist ein berechtigtes Interesse des AG an der Vereinbarung einer Vertragsstrafe anzuerkennen (BAG 23. 5. 1984 AP BGB § 339 Nr. 9; BAG 5. 2. 1986 AP BGB § 339 Nr. 12; *Engel* Konventionalstrafen S. 224 ff.).

20 Hinsichtlich der Höhe der Strafsumme muss gewährleistet sein, dass die Vertragsstrafe eine fühlbare Bestrafung ermöglicht (BAG 1. 10. 1963 AP HGB § 67 Nr. 2; LAG Berlin 19. 5. 1980 AP BGB § 339 Nr. 8). Andererseits ist zu beachten, dass der Wert der nicht erbrachten Arbeitsleistung im Wesentlichen durch den Wegfall der Vergütungspflicht ausgeglichen wird. Den in der Rspr. immer wieder genannten **Betrag von einem Monatsgehalt** wird man daher als generelle Höchstgrenze akzeptieren können (LAG Berlin 19. 5. 1980 AP BGB § 339 Nr. 8; LAG Baden-Württemberg 30. 7. 1985 LAGE BGB § 339 Nr. 1; relativierend BAG 6. 10. 1993 – 5 AZR 636/92 – nv.: „allenfalls als Faustregel zu verstehende Obergrenze"; weniger bei zweiwöchiger Kündigungsfrist: Sächs. LAG 25. 11. 1997 LAGE BGB § 339 Nr. 12 = DB 1998, 684).

21 **2. Nachvertragliches Wettbewerbsverbot. a) Auslegung.** Wird ein nachvertragliches Wettbewerbsverbot durch Vertragsstrafe gesichert, bedarf es der Auslegung, ob die Strafe für jeden einzelnen Fall der Zuwiderhandlung während der Karenzzeit, für Zuwiderhandlungen während bestimmter Zeiträume oder nur für einen Dauerverstoß geschuldet sein soll. Ist **die Vertragsstrafe für jeden Fall** der Zuwiderhandlung vereinbart, kann bei einem Dauerverstoß die Auslegung ergeben, dass sie nur für jeden Monat der Zuwiderhandlung geschuldet ist. Eine lückenhafte Klausel ist ggf. im Wege ergänzender Vertragsauslegung zu einer sinnvollen Regelung zu führen (BAG 26. 9. 1963 AP HGB § 75 Nr. 1).

22 **b) Wirksamkeit.** Wie sich aus § 75 c HGB ergibt, sind Vertragsstrafeabreden zur Sicherung von Wettbewerbsverboten grds. wirksam (BAG 21. 5. 1971 AP BGB § 339 Nr. 5; BAG 25. 9. 1980 AP BGB § 339 Nr. 7; BAG 25. 10. 1994 – 9 AZR 265/93 – nv.). Der AN wird bei Wettbewerbsverstößen vor unangemessenen Benachteiligungen dadurch geschützt, dass der AG mit dem Verlangen der Vertragsstrafe den Anspruch auf Einhaltung der Wettbewerbsabrede für die Zeit verliert, auf die sich die verwirkte Strafe bezieht (§ 75 c I HGB, § 340 I 2; BAG 13. 9. 1969 AP BGB § 611 Konkurrenzklausel Nr. 24; BAG 26. 11. 1971 AP BGB § 611 Konkurrenzklausel Nr. 26). Für die verbleibende Zeit bleibt allerdings der Erfüllungsanspruch weiter bestehen (BAG 29. 1. 1981 – 3 AZR 235/78 – nv.; Kasseler Handbuch/*Künzl* 2.1 Rn. 221).

Die mögliche Höhe der Vertragsstrafe ist gesetzlich nicht geregelt, insb. ist kein angemessenes Verhältnis zwischen **Vertragsstrafe und Karenzentschädigung** gefordert (BAG 21. 5. 1971 AP BGB § 339 Nr. 5). Auch gibt es keinen Rechtssatz, dass eine Vertragsstrafe die Höhe des für die Kündigungsfrist zu zahlenden Gehalts nicht übersteigen dürfe (BAG 25. 10. 1994 – 9 AZR 265/93 – nv.). Es ist auf die Umstände des Einzelfalles abzustellen (BAG 21. 5. 1971 AP BGB § 339 Nr. 5; BAG 25. 10. 1994 – 9 AZR 265/93 – nv.) und eine überhöhte Vertragsstrafe gem. § 343 auf ein vertretbares Maß zurückzuführen (BAG 30. 4. 1971 AP BGB § 340 Nr. 2). 23

3. Verschwiegenheitspflicht. Auf AGSeite besteht zumeist ein erhebliches Interesse an der Geheimhaltung wichtiger Betriebsinterna (zB Produktionsverfahren, künftige Entwicklungsvorhaben, Kundenlisten etc.), die dem AN im Laufe seiner Arbeit bekanntgeworden sind. Ein entspr. Verschwiegenheitsgebot ergibt sich für den AN während der Laufzeit des Arbeitsvertrags als Nebenpflicht aus dem Vertrag. Für den **nachvertraglichen Zeitraum** bedarf es hingegen einer ausdrücklichen Absprache (Kasseler Handbuch/*Künzl* 2.1 Rn. 141 ff.; MünchKommBGB/*Müller-Glöge* § 611 Rn. 487 jeweils mwN). Bei der Missachtung solcher Geheimhaltungspflichten entstehen Schäden, deren Höhe der AG selten zuverlässig beziffern kann. Hier kann durch eine Vertragsstrafeabrede geholfen werden (*Engel* Konventionalstrafen S. 224; Staudinger/*Rieble* § 339 Rn. 71). 24

4. Schlechtleistung. Vertragsstrafeklauseln, die auch Schlechtleistungen (mangelhafte Arbeitsqualität oder -quantität) umfassen, sind unwirksam, wenn sie den von der Rspr. entwickelten, zwingenden **Haftungsbeschränkungen** widersprechen (Kasseler Handbuch/*Künzl* 2.1 Rn. 202; *Weber* AuA 1999, 551, 553). 25

5. Nebentätigkeitsverbot; Mitteilungspflichten. Ein berechtigtes Interesse des AG an der Sicherung eines Nebentätigkeitsverbots bzw. entspr. Anzeigepflichten lässt sich kaum begründen (*Müller-Glöge* FA 2000, 114, 115). Ganz allg. ist die Absicherung von Nebenpflichten, die eher dem Ordnungsbereich zuzuweisen sind, problematisch (*Söllner* AuR 1981, 97, 104). Jedenfalls lösen geringfügige Verletzungen von Nebenpflichten wegen § 242 keine Vertragsstrafe aus (BAG 24. 6. 1987 – 8 AZR 641/85 – nv.). Gleichfalls kritisch sind Vertragsstrafeversprechen zu beurteilen, die die Pflicht, eine Arbeitsverhinderung unverzüglich anzuzeigen, sanktionieren (*Preis/Stoffels* AR-Blattei SD 1710 Rn. 156 ff.). 26

6. Arbeitspflicht. Das unentschuldigte **Fernbleiben von der Arbeit** (Blaumachen) kann durch Vertragsstrafe geahndet werden, denn wie beim Arbeitsvertragsbruch besteht ein berechtigtes Interesse des AG an der Sanktionierung dieser Pflichtverletzung (*Engel* Konventionalstrafen S. 232). Entspr. kann die Unpünktlichkeit mit einer Vertragsstrafe geahndet werden. 27

7. Sicherung von Ausbildungskosten. Das BAG hat die für **Rückzahlungsklauseln** entwickelten Zulässigkeitskriterien wegen der Funktionsidentität beider Rechtsinstitute auf solche Vertragsstrafeversprechen übertragen, die ersichtlich dem Zweck dienen, dem AG die Amortisation seiner aufgewendeten Aus- oder Fortbildungskosten zu sichern (BAG 27. 7. 1977 AP BGB § 611 Entwicklungshelfer Nr. 2). 28

IV. Vertragsstraferegelungen in Kollektivverträgen

Die Regelung von Vertragsstrafen in **TV** wird als zulässig angesehen. Vor allem sind Vorschriften denkbar, die Strafabreden ausschließen oder beschränken (Staudinger/*Rieble* § 339 Rn. 59). 29

Vertragsstrafen zu Lasten der AN sollen auch in **Betriebsvereinbarungen** begründet und geregelt werden können (BAG 18. 8. 1987 AP BetrVG 1972 § 77 Nr. 23; BAG 9. 4. 1991 AP BetrVG 1972 § 77 Tarifvorbehalt Nr. 1; BAG 6. 8. 1991 AP BetrVG 1972 § 77 Nr. 52; aA *Richardi* BetrVG § 77 Rn. 113). Das BAG ordnet Vereinbarungen über Vertragsstrafen nicht die Struktur des Arbeitsverhältnisses prägenden materiellen Arbeitsbedingungen zu (BAG 6. 8. 1991 AP BetrVG 1972 § 77 Nr. 52). Die Betriebspartner seien befugt, in einer BV alle Fragen zu regeln, die auch Inhalt des Arbeitsvertrags sein könnten, soweit nicht der Vorbehalt einer tariflichen Regelung nach § 77 III BetrVG eingreife. 30

Ob die Regelungskompetenz der Betriebspartner auch BV umfasst, die ausschließlich Bestimmungen zu Lasten der AN enthalten, hat das BAG offen gelassen (BAG 6. 8. 1991 AP BetrVG 1972 § 77 Nr. 52). Jedenfalls bedarf es der sorgfältigen Prüfung, ob überhaupt die von der BV vorausgesetzte und durch die Vertragsstrafe gesicherte Pflicht wirksam begründet worden ist (zB Pflicht zur Teilnahme am Betriebsausflug, Verhinderung einer Pfändung der Arbeitsvergütung; vgl. dazu GK-BetrVG/*Kreutz* § 77 Rn. 287 ff.). Eine Grenze markiert darüber hinaus § 4 III TVG. Gegen das dort normierte Günstigkeitsprinzip verstoßen Vertragsstraferegelungen, wenn der einschlägige TV ihre Vereinbarung verbietet bzw. in bestimmter Weise vorgibt (LAG Düsseldorf 13. 10. 1971 DB 1971, 1017; vgl. auch BAG 23. 5. 1984 AP BGB § 339 Nr. 9 zum Verhältnis TV zu einem arbeitsvertraglichen Strafversprechen. Auch dürfen die Betriebspartner die BV nicht zweckwidrig einsetzen. So widerspricht es der Ordnungs- und Schutzfunktion der BV, wenn diese bestimmt, dass einzelvertragliche Strafversprechen der BV auch dann vorgehen, wenn sie für den AN ungünstiger sind. BV sollen den AN Mindestarbeitsbedingungen gewährleisten, die durch einzelvertragliche Abreden nicht zu 31

Lasten der AN verändert werden können. Eine solche Umkehrung des **Günstigkeitsprinzips** würde zu unterschiedlich ausgestalteten Vertragsstrafenregelungen im selben Betrieb führen und damit auch gegen den Grundsatz der gleichmäßigen Behandlung aller AN durch die Betriebspartner verstoßen (§ 75 I BetrVG; BAG 6. 8. 1991 AP BetrVG 1972 § 77 Nr. 52).

V. Verwirkung der Strafe

32 Die Strafe ist verwirkt, sobald der Schuldner mit der Erfüllung seiner vertraglichen Verpflichtung in **Verzug** gerät oder der ihm obliegenden Unterlassungspflicht zuwiderhandelt (§ 339). Verzug setzt Vertretenmüssen des Schuldners voraus (§ 286 IV). Das **Verschuldenserfordernis** gilt auch für den Fall, dass die gesicherte Hauptverbindlichkeit in einem Unterlassen besteht (BGH 29. 6. 1972 AP BGB § 339 Nr. 6). Vom Verschuldenserfordernis kann zumindest in AGB nicht abgesehen werden (§ 307; *Preis/Stoffels* II V 30 Rn. 69). Der Verschuldensmaßstab ergibt sich bei Fehlen einer Vereinbarung der Parteien aus § 276 I, dh. es genügt auch einfache Fahrlässigkeit (MünchKommBGB/*Gottwald* § 339 Rn. 16; aA Kasseler Handbuch/*Künzl* 2.1 Rn. 225). Ist die Vertragsstrafe für den Fall des Vertragsbruchs versprochen, führt diese Vereinbarung dazu, dass Vorsatz vorausgesetzt wird (LAG Berlin 6. 12. 1966 AP BGB § 339 Nr. 4; MünchKommBGB/*Gottwald* § 339 Rn. 16; *Lohr* MDR 2000, 429, 434). Eine für den Fall der Nichterfüllung versprochene Vertragsstrafe ist nicht bereits dann verwirkt, wenn der Schuldner sie nicht gehörig erfüllt (BAG 14. 6. 1975 AP BGB § 340 Nr. 3).

33 Rechtsfolge der Verwirkung ist die Entstehung des Strafanspruchs. **Inhalt und Höhe der Strafe** richten sich nach der getroffenen Abrede. Durch (ggf. ergänzende) Vertragsauslegung ist auch zu bestimmen, in welchem Umfange bei mehrfachen Verstößen gegen eine strafbewehrte Unterlassungspflicht Vertragsstrafen verwirkt sind (BGH 25. 1. 2001 NJW 2001, 2622 = DB 2001, 1242). UU können mehrere Verstöße zu einer rechtlichen Einheit (Fortsetzungszusammenhang) zusammen zu fassen sein. Die Festsetzung der Vertragsstrafe kann dem Gläubiger (§ 315; BGH 12. 7. 1984 NJW 1985, 191), einem Dritten (§ 317), einem Schiedsgericht, nicht aber dem staatlichen Gericht übertragen werden (BAG 25. 9. 1980 AP BGB § 339 Nr. 7 = NJW 1981, 1799). In diesen Fällen hat die Herabsetzung gem. §§ 315 III, 319 den Vorrang vor der nach § 343 (BGH 30. 9. 1993 NJW 1994, 45).

34 Die Erfüllung des Tatbestandes löst als **Bedingung** den Vertragsstrafenanspruch aus. Im Falle eines Strafversprechens für **Nichterfüllung** (§ 340) wird dieser erst erfüllbar, wenn der Gläubiger dem Schuldner erklärt, dass er die Strafe verlange (BAG 7. 11. 1969 AP BGB § 340 Nr. 1).

VI. Herabsetzung der Strafe (§ 343)

35 Eine **im Einzelfall unverhältnismäßig hohe Vertragsstrafe** kann gem. § 343 auf einen angemessenen Betrag herabgesetzt werden. Damit können unbillige Härten für den AN vermieden werden (BAG 23. 5. 1984 AP BGB § 339 Nr. 9 = NZA 1984, 255). Durch § 343 wird dem Richter die Möglichkeit gegeben, auf Grund einer Billigkeitskontrolle rechtsgestaltend tätig zu werden. § 343 gilt auch für andere nicht in der Zahlung einer Geldsumme bestehenden Strafen (§ 342). § 343 ist ebenso auf das selbständige Strafversprechen anwendbar. § 343 ist zwingendes Recht (BGH 13. 2. 1952 BGHZ 5, 133; BGH 22. 5. 1968 NJW 1968, 1625).

36 Bei der Entscheidung, ob eine ausbedungene Strafe „unverhältnismäßig hoch" ist und welcher Betrag als „angemessen" anzusehen ist, ist jedes berechtigte Interesse der Parteien und nicht bloß das Vermögensinteresse des Gläubigers zu berücksichtigen (BAG 26. 9. 1963 AP HGB § 74a Nr. 1; BAG 30. 11. 1994 AP TVG § 4 Nr. 16). In die Abwägung sind insb. die Schwere und die Dauer der Vertragsverletzung, der Verschuldensgrad sowie die wirtschaftliche Lage und die Einkommensverhältnisse des Schuldners einzubeziehen (MünchKommBGB/*Gottwald* § 343 Rn. 14). Das Fehlen eines Schadens rechtfertigt allein eine Herabsetzung nicht, doch kann dieser Gesichtspunkt im Rahmen der Abwägung durchaus von mittelbarer Bedeutung sein (BAG 30. 11. 1994 AP TVG § 4 Nr. 16; LAG Berlin 19. 5. 1980 AP BGB § 339 Nr. 8; LAG Berlin 24. 6. 1991 LAGE BGB § 339 Nr. 8). Wichtig ist die Feststellung, welchen Schaden die sanktionierte Vertragsverletzung hätte herbeiführen können, wenngleich der mögliche Schaden nicht als Obergrenze angesehen wird (BAG 30. 11. 1994 AP TVG § 4 Nr. 16). Den Tatsacheninstanzen kommt ein Beurteilungsspielraum zu (BAG 6. 10. 1993 – 5 AZR 636/92 – nv.). Maßgebender Zeitpunkt ist die Geltendmachung des Strafanspruchs, denn es handelt sich um eine Kontrolle der Rechtsausübung (str.; vgl. MünchKommBGB/*Gottwald* § 343 Rn. 15). § 343 findet auch Anwendung, wenn die Vertragsstrafe in einem TV oder einer BV geregelt ist (vgl. zum Fall einer Verordnung BGH 29. 1. 1957 BGHZ 23, 175).

37 Die Herabsetzung der Strafe ist erst nach Verwirkung der Strafe möglich, eine vorherige Feststellungsklage ist unzulässig. Ist eine verwirkte Geldstrafe unverhältnismäßig hoch, so kann sie vor ihrer Entrichtung auf **Antrag oder Einrede** des Schuldners herabgesetzt werden. Der Antrag braucht nicht ausdrücklich gestellt zu werden; ausreichend ist jeder Vortrag, aus dem sich ergibt, dass eine Herabsetzung der Vertragsstrafe begehrt wird. Nach der Entrichtung der Strafe ist eine Herabsetzung ausgeschlossen (§ 343 I 3). Ist sie tlw. entrichtet, schließt dies im Übrigen eine Herabsetzung nicht aus (MünchKommBGB/*Gottwald* § 343 Rn. 13).

VII. Abtretung, Erfüllungsort

Der Strafanspruch kann wegen seiner Akzessorietät vor der Verwirkung der Strafe nicht selbständig abgetreten werden. Er hat den gleichen Erfüllungsort wie der Hauptanspruch. Als **akzessorische Verbindlichkeit** geht der Strafanspruch mit der Hauptforderung über, wenn diese abgetreten wird oder von einem Betriebs- oder Unternehmensnachfolger übernommen wird (BGH 25. 4. 1996 NJW 1996, 2866). 38

VIII. Rechtsfolgen

Wird der Anspruch auf die Vertragsstrafe geltend gemacht, ist die Erfüllung der gesicherten Hauptverbindlichkeit ausgeschlossen (§ 340 I 2). Damit entfällt für den Gläubiger auch die Möglichkeit, nach § 61 ArbGG vorzugehen. Das gilt nicht, wenn die Vertragsstrafe für den Fall nicht gehöriger Erfüllung vereinbart worden ist (§ 341 I). Hier können **Strafe und Erfüllung nebeneinander** verlangt werden, wenn sich der Gläubiger bei der Annahme der (weiteren) Erfüllung das Recht dazu vorbehalten hat (§ 341 III). 39

Gem. §§ 340 II, 341 II kann die **Vertragsstrafe als Mindestschaden** beansprucht werden. Der Gläubiger ist also der Pflicht enthoben, den Eintritt und die Höhe des Schadens nachweisen zu müssen. Weiteren Schaden kann der Gläubiger ersetzt verlangen. Die Vertragsstrafe ist auf den Schadensersatzanspruch anzurechnen (BAG 23. 5. 1984 AP BGB § 339 Nr. 9 = NZA 1984, 255). Die Kumulation von Vertragsstrafe und Schadensersatz kann nicht wirksam vereinbart werden. 40

IX. Darlegungs- und Beweislast

Der Schuldner trägt für die Erfüllung die Beweislast. § 345 bestätigt den **allg. Grundsatz**, dass bei Verpflichtungen zu einem Tun der Schuldner die Erfüllung auch dann zu beweisen hat, wenn der Gläubiger aus der Nichterfüllung Rechte herleitet (BGH 24. 3. 1982 BGHZ 83, 26 = NJW 1982, 1516). Das gilt sowohl für die Tatsache der Leistung als auch dafür, dass die Leistung vertragsgemäß war. Eine Umkehr der Beweislast tritt ein, wenn der Gläubiger die Leistung als Erfüllung angenommen hat (§ 363). Bei der Verpflichtung zu einem Unterlassen hat dagegen der Gläubiger die Zuwiderhandlung zu beweisen. Bei Beratungs- und Aufklärungspflichten trägt der Gläubiger die Beweislast, wenn streitig ist, ob er vom Schuldner richtig und vollständig informiert worden ist (BGH 16. 10. 1984 NJW 1985, 264). Gleiches gilt, wenn der Gläubiger behauptet, das Aufklärungsgespräch habe überhaupt nicht stattgefunden (BGH 4. 6. 1996 NJW 1996, 2571). Die Darlegungs- und Beweislast für die Tatsachen, aus denen sich die **Unverhältnismäßigkeit** der Strafe ergeben soll, trägt der Schuldner (LAG Düsseldorf 7. 9. 1967 DB 1968, 90, 91; LAG Berlin 19. 5. 1980 AP BGB § 339 Nr. 8). 41

Titel 5. Rücktritt; Widerrufs- und Rückgaberecht bei Verbraucherverträgen

§ 355 Widerrufsrecht bei Vertragsverträgen

(1) ¹Wird einem Verbraucher durch Gesetz ein Widerrufsrecht nach dieser Vorschrift eingeräumt, so ist er an seine auf den Abschluss des Vertrags gerichtete Willenserklärung nicht mehr gebunden, wenn er sie fristgerecht widerrufen hat. ²Der Widerruf muss keine Begründung enthalten und ist in Textform oder durch Rücksendung der Sache innerhalb von zwei Wochen gegenüber dem Unternehmer zu erklären; zur Fristwahrung genügt die rechtzeitige Absendung.

(2) ¹Die Frist beginnt mit dem Zeitpunkt, zu dem dem Verbraucher eine deutlich gestaltete Belehrung über sein Widerrufsrecht, die ihm entsprechend den Erfordernissen des eingesetzten Kommunikationsmittels seine Rechte deutlich macht, in Textform mitgeteilt worden ist, die auch Namen und Anschrift desjenigen, gegenüber dem der Widerruf zu erklären ist, und einen Hinweis auf den Fristbeginn und die Regelung des Absatzes 1 Satz 2 enthält. ²Wird die Belehrung nach Vertragsschluss mitgeteilt, beträgt die Frist abweichend von Absatz 1 Satz 2 einen Monat. ³Ist der Vertrag schriftlich abzuschließen, so beginnt die Frist nicht zu laufen, bevor dem Verbraucher auch eine Vertragsurkunde, der schriftliche Antrag des Verbrauchers oder eine Abschrift der Vertragsurkunde oder des Antrags zur Verfügung gestellt werden. ⁴Ist der Fristbeginn streitig, so trifft die Beweislast den Unternehmer.

(3) ¹Das Widerrufsrecht erlischt spätestens sechs Monate nach Vertragsschluss. ²Bei der Lieferung von Waren beginnt die Frist nicht vor dem Tag ihres Eingangs beim Empfänger. ³Abweichend von Satz 1 erlischt das Widerrufsrecht nicht, wenn der Verbraucher nicht ordnungsgemäß über sein Widerrufsrecht belehrt worden ist.

§ 356 Rückgaberecht bei Verbraucherverträgen

(1) ¹Das Widerrufsrecht nach § 355 kann, soweit dies ausdrücklich durch Gesetz zugelassen ist, beim Vertragsschluss auf Grund eines Verkaufsprospekts im Vertrag durch ein uneingeschränktes Rückgaberecht ersetzt werden. ²Voraussetzung ist, dass
1. im Verkaufsprospekt eine deutlich gestaltete Belehrung über das Rückgaberecht enthalten ist,
2. der Verbraucher den Verkaufsprospekt in Abwesenheit des Unternehmers eingehend zur Kenntnis nehmen konnte und
3. dem Verbraucher das Rückgaberecht in Textform eingeräumt wird.

(2) ¹Das Rückgaberecht kann innerhalb der Widerrufsfrist, die jedoch nicht vor Erhalt der Sache beginnt, und nur durch Rücksendung der Sache oder, wenn die Sache nicht als Paket versandt werden kann, durch Rücknahmeverlangen ausgeübt werden. ² § 355 Abs. 1 Satz 2 findet entsprechende Anwendung.

§ 357 Rechtsfolgen des Widerrufs und der Rückgabe

(1) ¹Auf das Widerrufs- und das Rückgaberecht finden, soweit nicht ein anderes bestimmt ist, die Vorschriften über den gesetzlichen Rücktritt entsprechende Anwendung. ²Die in BGB § 286 Abs. 3 bestimmte Frist beginnt mit der Widerrufs- oder Rückgabeerklärung des Verbrauchers.

(2) ¹Der Verbraucher ist bei Ausübung des Widerrufsrechts zur Rücksendung verpflichtet, wenn die Sache durch Paket versandt werden kann. ²Kosten und Gefahr der Rücksendung trägt bei Widerruf und Rückgabe der Unternehmer. ³Wenn ein Widerrufsrecht besteht, dürfen dem Verbraucher bei einer Bestellung bis zu einem Betrag von 40 Euro die regelmäßigen Kosten der Rücksendung vertraglich auferlegt werden, es sei denn, dass die gelieferte Ware nicht der bestellten entspricht.

(3) ¹Der Verbraucher hat abweichend von BGB § 346 Abs. 2 Satz 1 Nr. 3 Wertersatz für eine durch die bestimmungsgemäße Ingebrauchnahme der Sache entstandene Verschlechterung zu leisten, wenn er spätestens bei Vertragsschluss in Textform auf diese Rechtsfolge und eine Möglichkeit hingewiesen worden ist, sie zu vermeiden. ²Dies gilt nicht, wenn die Verschlechterung ausschließlich auf die Prüfung der Sache zurückzuführen ist. ³BGB § 346 Abs. 3 Satz 1 Nr. 3 findet keine Anwendung, wenn der Verbraucher über sein Widerrufsrecht ordnungsgemäß belehrt worden ist oder hiervon anderweitig Kenntnis erlangt hat.

(4) Weitergehende Ansprüche bestehen nicht.

1 Zu §§ 355–357 siehe § 620 Rn. 13.

Abschnitt 8. Einzelne Schuldverhältnisse

Titel 8. Dienstvertrag

§ 611 Vertragstypische Pflichten beim Dienstvertrag

(1) Durch den Dienstvertrag wird derjenige, welcher Dienste zusagt, zur Leistung der versprochenen Dienste, der andere Teil zur Gewährung der vereinbarten Vergütung verpflichtet.

(2) Gegenstand des Dienstvertrags können Dienste jeder Art sein.

Übersicht

	Rn.		Rn.
A. Grundlagen des Arbeitsvertragsrechts ..	1	9. Eingliederungsvertrag	41
I. Anwendbarkeit auf Arbeitsverträge ..	1	10. Wiedereingliederungsverhältnis......	42
II. Wesen des Arbeitsvertrags	4	B. Geltungsbereich des Arbeitsrechts	44
III. Abgrenzung des Arbeitsvertrags zu anderen Vertragstypen	12	I. Abgrenzung zur selbständigen Tätigkeit (Arbeitnehmerbegriff)	44
1. Freie Dienstverträge	12	1. Begriff, Normzweck	44
2. Werkverträge (§ 631 BGB)	17	a) Vertrag als Ausgangspunkt	46
3. Gesellschaftsverträge	22	b) Zweck des Arbeitnehmerbegriffs, Inhaltskontrolle	47
4. Auftrag (§ 662 BGB)	28	c) Tatsächliche Vertragsdurchführung	57
5. Geschäftsbesorgungsverträge	30	d) Persönliche Abhängigkeit	60
6. Miete, Pacht	33		
7. Dienstverschaffungsverträge	34		
8. Franchising	38		

		Rn.
e)	Typologische Methode des BAG	65
f)	Neuere Lehre	68
g)	Zusammenfassende Stellungnahme	73
2.	Leitlinien der Vertragskontrolle in Zweifelsfällen	80
a)	Modalitäten des Weisungsrechts	82
aa)	Örtliche Weisungsgebundenheit	83
bb)	Zeitliche Weisungsbindung	84
cc)	Fachliche Weisungsbindung	86
b)	Organisatorische Abhängigkeit, Eingliederung	87
c)	Persönliche Bindung	89
d)	Fremdnützigkeit der Leistung; Dauer der Inanspruchnahme	90
e)	Unternehmerische Risiken und Chancen	92
3.	Kasuistik und Einzelfälle	94
a)	Berufe in Produktions- und Baubetrieben	94
b)	Berufe im Dienstleistungsbereich	96
c)	Ortsungebundene Tätigkeiten (Außendienst, Telearbeit)	100
d)	Freie Berufe	102
e)	Fachlich weisungsfreie Tätigkeiten (Chefärzte, Wissenschaftler, Künstler)	105
f)	Dozenten, Lehrer, Volkshochschuldozenten	107
g)	Medienmitarbeiter	110
h)	Sportler	115
i)	Handelsvertreter; Versicherungsvermittler; Kommissionär	117
j)	Sog. „neue Selbständigkeit"	119
4.	Folgen fehlerhafter Vertragstypenzuordnung	121
5.	Arbeitnehmerbegriff im Sozialversicherungs- und Steuerrecht	124
II.	Abgrenzung der verschiedenen Arbeitnehmergruppen	125
1.	Arbeiter – Angestellte	125
2.	Leitende Angestellte	127
3.	Außertarifliche Angestellte; Führungskräfte	131
4.	Arbeitnehmerähnliche Personen	133
a)	Begriff	133
b)	Einzelfälle	137
III.	Arbeitsrechtliche Sonderregelungen für bestimmte Arbeitnehmergruppen	141
1.	Gewerbliche Arbeitnehmer	142
2.	Kaufmännische Angestellte	143
3.	Arbeitnehmer des öffentlichen Dienstes	144
4.	Kirchliche Mitarbeiter	146
5.	Dienstordnungs-Angestellte	148
6.	Schiffsbesatzungen	149
7.	Land- und Forstwirtschaft	150
8.	Künstler	151
IV.	Beschäftigungsverhältnisse außerhalb des Geltungsbereichs des Arbeitsrechts	152
1.	Beamten, Richter, Soldaten, Zivildienstleistende	152
2.	Entwicklungshelfer	155
3.	Strafgefangene	156
4.	Familienrechtliche Arbeitsleistung	157
5.	Gesellschafter und Organmitglieder juristischer Personen	161

		Rn.
6.	Mitglieder religiöser oder gemeinnütziger Gemeinschaften	165
V.	Arten des Arbeitsverhältnisses	169
1.	Das Vollzeitarbeitsverhältnis auf unbestimmte Zeit („Normalarbeitsverhältnis")	169
2.	Fehlerhaftes (faktisches) Arbeitsverhältnis	170
3.	Teilzeit- und Nebenarbeitsverhältnisse, Doppelarbeitsverhältnisse	175
a)	Begriff	175
b)	Geringfügig Beschäftigte	176
c)	Job-Sharing	178
d)	Altersteilzeit	179
e)	Nebentätigkeit	180
4.	Probearbeitsverhältnis	181
5.	Aushilfsarbeitsverhältnis	185
6.	Leiharbeitsverhältnis	189
7.	Gruppenarbeitsverhältnis	190
8.	Mittelbares Arbeitsverhältnis	198
9.	Befristetes Arbeitsverhältnis	202
10.	Aus- und Fortbildungsverhältnisse; Werkstudenten	203
11.	Arbeitsverhältnis in Werkstätten für behinderte Menschen	206
C.	Grundbegriffe des Arbeitsrechts	207
I.	Parteien des Arbeitsvertrags	207
1.	Arbeitnehmer; Verbraucherbegriff	207
2.	Arbeitgeber	209
a)	Allgemeines	209
b)	Prozessrechtliche Bedeutung	214
c)	Einheitliches Arbeitsverhältnis mehrerer Arbeitgeber	222
d)	Aufspaltung der Arbeitgeberfunktion	224
II.	Betrieb, Betriebsteil, Teilbetrieb, Betriebszugehörigkeit	226
III.	Unternehmen	231
IV.	Konzern	232
D.	Rechtsquellen des Arbeitsrechts	235
I.	Arbeitsvölkerrecht	235
II.	Europäisches Gemeinschaftsrecht	237
1.	Grundlagen	237
2.	Überblick	238
III.	Verfassungsrecht	244
IV.	Arbeitsrechtliche Gesetze	245
1.	Übersicht	245
2.	Einseitig und zweiseitig zwingendes Gesetzesrecht	247
3.	Tarifdispositives Gesetzesrecht	248
4.	Dispositives Gesetzesrecht	249
V.	Rechtsverordnungen	250
VI.	Satzungsrecht	251
VII.	Tarifverträge	252
VIII.	Betriebs- und Dienstvereinbarungen	253
IX.	Arbeitsvertrag	254
1.	Ausgehandelte Einzelarbeitsverträge	256
2.	Formularverträge, vertragliche Einheitsregelungen, allgemeine Arbeitsbedingungen	257
3.	Gesamtzusage	259
4.	Betriebliche Übung	261
5.	Bezugnahme auf Kollektivvertrag	271

Preis

	Rn.
X. Weisungsrecht des Arbeitgebers	274
XI. Richterrecht	283
XII. Verhältnis der Rechtsquellen zueinander	286
E. Begründung des Arbeitsverhältnisses	292
I. Vertragsanbahnung	292
1. Allgemeines	292
a) Stellenausschreibungen	293
b) Personalfragebögen	294
c) Vorstellungskosten	296
2. Vorverhandlungen, Anbahnungsverhältnis, Vorvertrag	306
a) Vorverhandlungen	306
b) Anbahnungsverhältnis	307
c) Vorvertrag	308
3. Vorvertragliche Pflichten	316
a) Culpa in contrahendo (§ 311 II und III)	316
aa) Pflichten des anwerbenden Arbeitgebers	317
bb) Pflichten des Bewerbers	325
cc) Rechtsfolgen	326
b) Diskriminierungsverbote	328
4. Informationsrechte des Arbeitgebers	330
a) Allgemeines	330
b) Einzelne Fragen	336
c) Offenbarungspflichten	353
d) Auskunft durch Dritte	360
5. Untersuchung und Begutachtung des Arbeitnehmers	363
a) Einstellungsuntersuchung	363
b) Genomanalysen	371
c) Testverfahren	374
aa) Lebenslauf	375
bb) Assessment-Center	381
cc) Psychologische Tests	382
II. Begründung des Arbeitsverhältnisses	384
1. Abschluss des Arbeitsvertrags	384
a) Vertragsschluss	384
b) Geschäftsfähigkeit	386
c) Formerfordernisse	387
d) Vertretung beim Abschluss des Arbeitsvertrags	388
2. Sonderformen der Begründung eines Arbeitsverhältnisses	389
3. Gesetzliche Abschlussgebote	390
4. Tarifliche und betriebsverfassungsrechtliche Abschlussgebote	394
5. Vertragliche Einstellungsansprüche	397
6. Abschluss- und Beschäftigungsverbote	403
a) Gesetzliche Abschlussverbote	404
b) Kollektivvertragliche Abschlussverbote	405
c) Vertragliche Abschlussverbote	406
III. Mängel des Arbeitsverhältnisses	407
1. Nichtigkeitsgründe	408
a) Verstoß gegen gesetzliche Verbote	409
b) Verstoß gegen die guten Sitten	411
c) Rechtsfolgen der Nichtigkeit	417
2. Anfechtung	420
a) Erklärungs-, Inhalts- und Eigenschaftsirrtum (§ 119)	427
aa) Verkehrswesentliche Eigenschaften	429
bb) Kausalität	439
cc) Anfechtungsfrist	440

	Rn.
b) Drohungs- und Täuschungsanfechtung (§ 123)	444
aa) Täuschung	445
bb) Vorsatz	449
cc) Rechtswidrigkeit	450
dd) Kausalität	454
ee) Anfechtungsfrist	455
c) Anfechtungserklärung	458
d) Rechtsfolge	459
e) Klagefrist	467
IV. Vertragsgestaltung; Inhaltskontrolle	468
1. Gegenstand arbeitsrechtlicher Vertragsgestaltung	468
2. Vertragsauslegung und Vertragsergänzung	470
3. Änderungs- und Fortsetzungsverträge	473
4. Flexibilisierung von Vertragsbedingungen	474
a) Änderung ohne vertragliche Vorbehalte	475
b) Änderungsvorbehalte im Vertrag	478
5. Schranken der Vertragsgestaltungsfreiheit	479
a) Verbotsgesetze; Sittenwidrigkeit; Kollektivverträge	480
b) Kontrolle unangemessen benachteiligender Vertragsbedingungen	481
c) Billigkeitskontrolle bei einseitiger Leistungsbestimmung	482
F. Pflichten des Arbeitgebers	487
I. Hauptpflichten des Arbeitgebers	487
1. Vergütungspflicht	487
a) Allgemeines, Begriff des Arbeitsentgelts	487
b) Prinzipien der Entgeltfindung und -berechnung	489
aa) Zeitlohn	489
bb) Leistungslohn	490
cc) Akkordlohn	491
dd) Prämienlohn	500
ee) Gedinge	504
c) Ort, Art und Weise der Lohnzahlung	506
aa) Lohnbelege	512
bb) Quittung	513
cc) Ausgleichsquittungen	514
d) Vergütungsrückzahlung/Lohnüberzahlung	520
e) Ein- und Umgruppierung, Versetzung	530
f) Wirkungen von Tariflohnerhöhungen	537
g) Darlehen, Vorschüsse	544
h) Umzugskosten	546
i) Ausbildungs- und Fortbildungskosten	554
j) Entgeltschutz und Entgeltsicherung	567
aa) Allgemeines	567
bb) Aufrechnung und Aufrechnungsverbote	568
cc) Zurückbehaltungsrechte	577
dd) Pfändungsschutz	578
ee) Abtretung und Abtretungsverbote	579
ff) Insolvenz, Insolvenzgeld	586
gg) Lohnverwendungsabreden	589
k) Lohnverzicht; Erlassvertrag	590

	Rn.
l) Lohnverwirkungsabrede	591
m) Verjährung, Ausschlussfristen, Verwirkung, Verzicht	592
aa) Verjährung, Ausschlussfristen	592
bb) Verwirkung	593
2. Art und Formen der Vergütung	596
a) Nettolohnvereinbarungen	596
b) Zulagen	603
aa) Erschwerniszulagen	604
bb) Nachtschicht- und Wechselschichtzulagen	605
cc) Leistungszulagen	606
dd) Sozialzulagen	607
ee) Nachtarbeits-, Sonn- und Feiertagszuschläge	608
c) Überstundenvergütung (oder Mehrarbeitsvergütung)	609
aa) Grundsatz	609
bb) Überstundenzuschläge für Teilzeitbeschäftigte	614
cc) Darlegungs- und Beweislast	615
d) Provision	616
e) Tantieme; Erfolgsbeteiligung; Gewinnbeteiligung; Zielvereinbarungen	617
f) Heuer	627
g) Bedienungsgelder	629
h) Wegezeiten	636
i) Auslösung	640
j) Naturalvergütung, Truckverbot; Personalrabatt	646
k) Dienstwagen	658
l) Sondervergütungen	663
aa) Begriff	663
bb) Auslegung	664
cc) Anspruchsgrundlagen; freiwillige Leistung	665
dd) Anspruchsvoraussetzungen, Zwecke der Sondervergütungen	670
ee) Gleichbehandlungsgrundsatz	671
ff) Höhe der Sondervergütung	674
gg) Vorzeitiges Ausscheiden des Arbeitnehmers	675
hh) Ausschluss und Kürzung bei Fehlzeiten	679
ii) Anrechnungs- und Widerrufsvorbehalte	684
jj) Rückzahlungsklauseln	685
m) Anwesenheitsprämien	689
n) Vermögenswirksame Leistungen	690
3. Aufwendungsersatz	691
a) Allgemeines	691
b) Einzelfragen	696
aa) Fahrt- und Reisekosten	696
bb) Vorstellungskosten	697
cc) Arbeitsmittel	698
dd) Arbeitskleidung	699
ee) Vorschuss	700
c) Nicht ersatzfähige Aufwendungen	701
4. Beschäftigungspflicht	702
a) Allgemeines	702
b) Durchbrechung der Beschäftigungspflicht	705
aa) Einseitige Suspendierung ohne vertragliche Vereinbarung	706

	Rn.
bb) Freistellung mit vertraglicher Vereinbarung	707
II. Gleichbehandlung	711
1. Grundlagen	711
2. Inhalt des arbeitsrechtlichen Gleichbehandlungsgrundsatzes	713
a) Allgemeines	713
b) Voraussetzungen	718
aa) Bestehende Rechtsbeziehung	718
bb) Gruppenbildung; kollektiver Bezug	719
cc) Räumlicher Geltungsbereich	723
dd) Ungleichbehandlung ohne sachlichen Grund	730
3. Einzelfragen	734
a) Arbeitsentgelt	734
b) Gleichbehandlung einzelner Beschäftigtengruppen	741
4. Darlegungs- und Beweislast	748
5. Rechtsfolgen	749
III. Nebenpflichten des Arbeitgebers	753
1. Grundlagen	753
a) Übersicht und Rechtsquellen der Nebenpflichten	753
b) Sog. Fürsorgepflicht des Arbeitgebers	760
c) Sanktionen	763
2. Allgemeine Schutzpflichten	764
a) Leben und Gesundheit des Arbeitnehmers, öffentlich-rechtliche Schutzpflichten	764
b) Schutz der Persönlichkeit; Schutz vor sexueller Belästigung	765
c) Datenschutz und Personalakten	770
d) Schutz des Arbeitnehmervermögens	772
aa) Obhuts- und Verwahrungspflichten	772
bb) Sonstige Vermögensinteressen des Arbeitnehmers	775
e) Aufklärungs-, Auskunfts- und Unterrichtungspflichten	781
f) Sonstige Nebenpflichten	785
G. Pflichten des Arbeitnehmers	789
I. Hauptpflichten des Arbeitnehmers	789
1. Arbeitsleistung	789
a) Grundlagen	789
aa) Persönliche Verpflichtung (§ 613)	791
bb) Gegenstand der Leistungsverpflichtung	792
cc) Leistungsmaßstab	794
b) Art der zu leistenden Arbeit	799
c) Erfüllungsort	806
d) Arbeitszeit	812
aa) Kurzarbeit	819
bb) Überstunden	825
cc) Anspruch des Arbeitnehmers auf Reduktion der Arbeitszeit	830
dd) Arbeitsbereitschaft	831
ee) Bereitschaftsdienst	832
ff) Rufbereitschaft	833
e) Leistungsstörungen	835
aa) Nichterfüllung	837
bb) Leistungsverzögerung	843
cc) Schlechtleistung	844
dd) Unzumutbarkeit der Arbeitsleistung (§ 275 III)	847

Preis

	Rn.		Rn.
ee) Leistungsverweigerungs- und Zurückbehaltungsrecht	851	e) Außerdienstliches Verhalten	892
f) Ruhen der Arbeitspflicht; Sonderurlaub	853	f) Handlungspflichten, Schutzpflichten	897
g) Durchsetzung der Arbeitspflicht	857	aa) Anzeige-, Aufklärungs- und Auskunftspflichten	898
h) Sanktionen bei Verletzung der Arbeitspflicht	858	bb) Wahrung der betrieblichen Ordnung	900
aa) Entgeltminderung	859	cc) Anzeigepflicht	903
bb) Schadensersatz	862	dd) Pflicht zur Schadensabwendung	906
cc) Vertragsstrafe	867	3. Sanktionen	910
dd) Kündigung	868	H. Nachwirkungen des Arbeitsverhältnisses	911
II. Nebenpflichten des Arbeitnehmers	869	I. Allgemeines	911
1. Allgemeines	869	II. Nachwirkende Nebenpflichten	914
2. Einzelne Nebenpflichten	872	1. Pflichten des Arbeitgebers	914
a) Verschwiegenheitspflicht	872	2. Pflichten des Arbeitnehmers	916
b) Wettbewerbsverbot	882		
c) Verbot der Annahme von Schmiergeldern	884		
d) Nebentätigkeit	886		

A. Grundlagen des Arbeitsvertragsrechts

I. Anwendbarkeit auf Arbeitsverträge

1 § 611, der lediglich den Typus des Dienstvertrags regelt, bildet auch die Grundlage des Arbeitsvertrags. Der Arbeitsvertrag ist ein Unterfall des Dienstvertrags nach § 611 (*Preis* Vertragsgestaltung S. 11; MünchArbR/*Richardi* § 6 Rn. 2 ff.). Das Fehlen einer ausdrücklichen Bestimmung über den Arbeitsvertrag beruht auf einem Versäumnis des Gesetzgebers des BGB, der lediglich die höheren Dienste als regelungsbedürftig ansah, jedoch die Problematik der abhängigen Arbeit von Angestellten und Arbeitern ausschloss. Das im Zuge der Verabschiedung des BGB gegebene Versprechen des Reichstages, eine einheitliche Kodifikation des Arbeitsvertragsrechts „baldthunlichst" vorzunehmen, ist bis heute nicht erfüllt. Folgende Kodifikationsvorschläge, die auch die Diskussion um die Inhalte des Arbeitsvertragsrechts belebt haben, sind zu nennen: Entwurf eines Arbeitsgesetzbuches (Allgemeines Arbeitsvertragsrecht, Arbeitsgesetzbuchkommission, Bonn 1977); Diskussionsentwurf des Arbeitskreises Deutsche Rechtseinheit im Arbeitsrecht (Gutachten D zum 59. Deutschen Juristentag). Inzwischen haben sowohl der Freistaat Sachsen (BR-Drucks. 293/95) als auch das Land Brandenburg (BR-Drucks. 671/96) Gesetzentwürfe in den Bundesrat eingebracht, deren weiteres Schicksal ungewiss ist. Wie schon zu Ende des 19. Jahrhunderts (Motive II, 455) steht auch der heutige Gesetzgeber noch auf dem Standpunkt, mit zerstückelten, unsystematischen Regelungen das Arbeitsvertragsrecht hinreichend zu erfassen. Zuletzt hat sich dies bei der Änderung der §§ 105 ff. GewO gezeigt. Hier ist an versteckter Stelle der „Nukleus" eines Arbeitsvertragsgesetzes geregelt worden. Aus § 310 IV folgt wiederum, dass der Arbeitsvertrag in die Systematik des BGB zu integrieren ist.

2 Das Dienstvertragsrecht unterfällt in zwei Grundtypen: **Der freie, unabhängige Dienstvertrag und der Arbeitsvertrag des abhängige Dienste leistenden AN.** Gegenstand der folgenden Kommentierung ist nur der abhängige Arbeitsvertrag. Problematisch ist insb. die Abgrenzung des abhängigen Arbeitsvertrags zum freien Dienstvertrag und anderen selbständigen Vertragstypen über Leistungserbringung.

3 Die Anwendbarkeit der §§ 611 ff. auf das Arbeitsvertragsrecht ergibt sich inzident aus dem Umstand, dass der Gesetzgeber in späteren Regelungen punktuell Normen aufgenommen hat, die ausschließlich für Arbeitsverhältnisse gelten (§§ 611 a, 611 b, 612 III, 613 a, 615 S. 3, 619 a, 620 III, 622, 623).

II. Wesen des Arbeitsvertrags

4 Der Arbeitsvertrag ist wie der Dienstvertrag auf den Austausch von Leistung gegen Vergütung gerichtet (zur Rahmenvereinbarung, welche nur die Bedingungen erst noch abzuschließender Arbeitsverträge wiedergibt BAG 31. 7. 2002 AP TzBfG § 4 Nr. 2; hierzu *Lindemann* BB 2003, 527; vgl. auch Rn. 97). Er ist ein **Austauschvertrag,** dessen Hauptleistungspflichten im Synallagma (hierzu *Söllner* AcP 167, 1967, 132, 137 ff.) stehen. Der Arbeitsvertrag ist als Unterfall des Dienstvertrags ein **schuldrechtlicher Vertrag,** auf den die Regelungen des ersten Buches des BGB, also des allgemeinen Teils (§§ 1 bis 240) grds. Anwendung finden. Auch die Rechtsregeln des zweiten Buches des BGB, also das Recht der Schuldverhältnisse, hat in zahlreichen Fragen des Arbeitsvertragsrechts große Bedeutung. Zwar werden die Regeln des allg. Schuldrechts (§§ 241 bis 432) vielfach durch Sonderregelungen des Arbeitsrechts verdrängt. Das Schuldrechtsmodernisierungsgesetz (SchuldRModG) hat

A. Grundlagen des Arbeitsvertragsrechts § 611 BGB 230

jedoch an zahlreichen Stellen den Arbeitsvertrag und arbeitsrechtliche Fragestellungen ausdrücklich in das BGB einbezogen (zB § 275 III, 310 IV, 615 S. 3, 619 a), so dass die Funktionsfähigkeit des BGB für das Arbeitsvertragsrecht deutlich gesteigert worden ist. Freilich wollte der Gesetzgeber die bisher anerkannten Grundsätze des Leistungsstörungsrechts im Arbeitsvertragsrecht nicht ändern (BT-Drucks. 14/6857 S. 48; *Pick* ZIP 2001, 1173, 1181; *Gotthardt* Rn. 3; 6 f.).

Der **Unterschied zum freien Dienstvertrag** besteht zunächst nur darin, dass der AN sich zur 5 Leistung abhängiger bzw. unselbständiger Arbeit verpflichtet. Der AG verpflichtet sich, die Arbeitsvergütung zu zahlen. Der AN wird regelmäßig, aber nicht notwendig, im Rahmen einer arbeitsteiligen Organisation tätig. Er stellt dem AG seine Arbeitskraft zur Verfügung. Im Unterschied zum freien Dienstvertrag ist es Sache des AG als Dienstherr, diese Arbeitskraft sinnvoll einzusetzen, also dem AN Arbeit zuzuweisen. Vom AG mangels Weisung nicht abgerufene Arbeitskraft geht nicht zu Lasten des AN. Der AN hat umgekehrt einen Anspruch darauf, vertragsgemäß beschäftigt zu werden (zum Beschäftigungsanspruch vgl. Rn. 702 ff.).

Die **Regelungen des allg. Schuldrechts** hins. der Leistungsstörungen sind damit grds. anwendbar, 6 wenn sie auch bestimmte Modifikationen erfahren (hierzu Rn. 835 ff.). Dass das konditionelle Synallagma zum Schutze des AN Durchbrechungen erfährt (§§ 615, 616, Betriebsrisikolehre – jetzt § 615 S. 3 –, Entgeltfortzahlung im Krankheitsfall) berührt diese dogmatische Einordnung nicht.

Die Betonung des Wesens des Arbeitsvertrags als **Austauschvertrag** ist angesichts der wechselvol- 7 len Dogmengeschichte des Arbeitsvertragsrechts weiterhin notwendig. Die Ausklinkung der Kodifikation des Arbeitsvertragsrechts aus dem Gesetzesprogramm des BGB hat zu zahlreichen Versuchen geführt, das Arbeitsrecht „vom allgemeinen bürgerlichen Recht, dessen Geist ihm fremd ist, möglichst zu emanzipieren" (so die Forderung von *Sinzheimer*, Über den Grundgedanken und die Möglichkeit eines einheitlichen Arbeitsrechts für Deutschland, 1914). Die zeitweise Abkopplung von der dogmatischen Entwicklung des BGB wurde auch durch *v. Gierke* gefördert, der das Wesen des Dienstvertrags in deutschrechtlichen Ursprüngen sah (*v. Gierke* FS Brunner 1914 S. 37 ff.), womit die Einordnung des Dienstvertrags als Treudienstvertrag, der keinen schuldrechtlichen, sondern einen personenrechtlichen Vertrag darstellen sollte, verbunden war. Diese noch nach Beendigung des Nationalsozialismus fortgeführte Lehre des personenrechtlichen Gemeinschaftsverhältnisses (vgl. noch *Hueck/Nipperdey*, Bd. 1, S. 129; BAG 10. 11. 1955 AP BGB § 611 Beschäftigungspflicht Nr. 2) wird nach eingehender Kritik (insb. *Schwerdtner* Fürsorgetheorie 1970) in praktisch allen neueren Darstellungen des Arbeitsrechts nicht mehr vertreten (*Preis* Vertragsgestaltung S. 14 mwN). Sie ist nach dem SchuldRModG vollends obsolet.

Für die Abgrenzung der typischen Rechtspflichten sind auch im Arbeitsvertragsrecht allg. **schuld-** 8 **rechtliche Grundsätze** zu beachten. § 241 II ist Ausdruck der allg. Rücksichtnahmepflicht, die für alle Schuldverhältnisse gilt (*Gotthardt* Rn. 28 ff.). Diese Betrachtung vermeidet insb. eine Überspannung gemeinschaftsbezogener Rechtspflichten zu Lasten des AG wie des AN. Bei dieser Einstufung des Arbeitsverhältnisses als Austauschverhältnis wird nicht negiert, dass die dem **Dauerschuldverhältnis** zugrunde liegende Pflichtstruktur weitergehende Nebenpflichten begründen kann als der einmalige Austausch von Leistungen. Die **Nebenpflichten** können umso stärker sein, je intensiver die Leistung des anderen in Anspruch genommen wird (Erman/*Hanau* Rn. 72; *Preis* Vertragsgestaltung S. 15). Auf dieser dogmatischen Grundlage ist es möglich, die personale Struktur des Arbeitsverhältnisses zu berücksichtigen (ausf. *Wiese* ZfA 1996, 439 ff.), ohne das Arbeitsverhältnis aus dem herkömmlichen Vertragsdenken auszuklammern. Die Arbeitsleistung beansprucht den AN als Person vielfach in wesentlich größerem und intensiverem Umfang, als dies bei Gegenleistungen anderer Schuldverträge der Fall ist. Überdies ist der AN vielfach in einen Betrieb eingegliedert, so dass er die Arbeitsleistung nur in Kooperation mit Arbeitskollegen erbringen kann.

Diese Besonderheiten rechtfertigen jedoch keine Vermischung der dienstvertraglichen Leistungs- 9 struktur mit **gesellschaftsrechtlichen Elementen** (so aber *Adomeit*, Gesellschaftsrechtliche Elemente im Arbeitsverhältnis, 1986; *Reuter*, Die Stellung des Arbeitsrechts in der Privatrechtsordnung, 1989). Die Annahme eines gemischten Rechtsverhältnisses zwischen Dienstvertrag und Gesellschaftsvertrag ist abzulehnen (*Lieb* Rn. 39; *Preis* Vertragsgestaltung S. 15 ff.).

Der Arbeitsvertrag zwischen AG und AN bedarf als schuldrechtlicher Vertrag zu seinem Zustande- 10 kommen idR eines **Vertragsschlusses** (zu einigen Ausnahmen Rn. 389 ff.). Der Streit um die sog. **Vertragstheorie** (zB vertreten von *Hueck/Nipperdey* I § 21 IV) und die sog. **Eingliederungstheorie** (*Nikisch* I § 19 II) ist als rechtshistorische Kontroverse obsolet. Hintergrund des Streits war die Problematik, wie Fälle zu behandeln sind, in denen der Arbeitsvertrag unwirksam oder angefochten ist, aber gleichwohl eine Arbeitsleistung erbracht wurde. Die Problematik wird gelöst über die Lehre vom faktischen oder auch fehlerhaften Arbeitsverhältnis (hierzu Rn. 170). Das Merkmal der Eingliederung spielt jedoch bei der Abgrenzung zwischen Arbeitsvertrag und freiem Dienstvertrag noch eine Rolle (zum ANBegriff Rn. 87).

Die Einordnung des Arbeitsvertrags in das Privatrechtssystem negiert nicht die vielfach bestehende 11 **reale Ungleichheit der Vertragsparteien.** Das klassische bürgerliche Vertragsmodell funktioniert nur, wenn Selbstbestimmung des einzelnen und damit eine rechtsgeschäftliche Entscheidungsfreiheit gesichert ist. Das Arbeitsrecht ist geprägt von einer Vielzahl zwingender, arbeitnehmerschützender, die

Ungleichgewichtigkeit kompensierender Regelungen. Dass der privatrechtlich einzuordnende Arbeitsvertrag durch zahlreiche öffentlich-rechtliche Schutzvorschriften überlagert wird, spricht nicht gegen diese Einordnung. Das Arbeitsvertragsrecht unterscheidet sich von zahlreichen Vertragstypen des allgemeinen Zivilrechts auch nicht durch das Bedürfnis einer Inhaltskontrolle zu Lasten des schwächeren Vertragspartners, insb. bei vorformulierter Vertragsgestaltung. Dies hat der Gesetzgeber jetzt ausdrücklich durch die Einbeziehung des Arbeitsvertragsrechts in die Vorschriften zur Inhaltskontrolle verdeutlicht (vgl. die Kommentierung zu §§ 305 bis 310).

III. Abgrenzung des Arbeitsvertrags zu anderen Vertragstypen

12   1. **Freie Dienstverträge.** Arbeitsvertrag und Dienstvertrag sind gemeinsam im Sechsten Titel „Dienstvertrag" geregelt. Das Gesetz enthält für beide Vertragstypen keine materiellen Abgrenzungskriterien. Es setzt die Existenz von Arbeitsverhältnissen stillschweigend voraus. Dienstverträge, die **kein Arbeitsverhältnis** sind (vgl. § 621), werden als „freie Dienstverträge" oder auch „freie Mitarbeiterverträge" bezeichnet. Mit dem Adjektiv „frei" wird zutreffend der Gegensatz zwischen unabhängiger Dienstleistung und abhängiger Arbeitsleistung akzentuiert. In Grenzfällen kann die Abgrenzung äußerst schwierig sein. Entscheidend ist, ob der zur Dienstleistung Verpflichtete als AN zu qualifizieren ist (Rn. 44 ff.).

13   Unabhängig von dieser Qualifikation steht es den Vertragsparteien nach dem **Grundsatz der Vertragsfreiheit** frei, ein **Arbeitsverhältnis zu begründen,** auch wenn der Abschluss eines freien Dienstvertrags möglich wäre. Umgekehrt gilt dies nicht: Ist der Dienstverpflichtete entgegen der gewählten Bezeichnung als freier Dienstnehmer in Wahrheit AN, liegt ein Arbeitsvertrag vor und findet prinzipiell das gesamte Arbeitsrecht Anwendung. Das Arbeitsverhältnis wandelt sich nicht schon allein deshalb in ein freies Mitarbeiterverhältnis um, weil der AG sein Weisungsrecht längere Zeit nicht ausübt (BAG 12. 9. 1996 AP BGB § 611 Freier Mitarbeiter Nr. 1; hierzu näher Rn. 46). Es bedarf einer ausdrücklichen Vereinbarung und idR der Aufhebung der zuvor geschlossenen Arbeitsverträge (BAG 13. 5. 1992 ZIP 1992, 1496 = GmbHR 1993, 35).

14   Gegenstand von Arbeitsverträgen und **freien Dienstverträgen können Dienste jeder Art** sein. Aus der Art der Dienste folgt noch kein taugliches Abgrenzungskriterium (*Zöllner/Loritz* § 4 III 3). Auch „Dienste" einer Prostituierten können je nach Vertragsgestaltung als abhängige oder als selbständige Dienstleistung erbracht werden (LAG Hessen 12. 8. 1997 NZA 1998, 221; s. a. §§ 1, 3 Prostitutionsgesetz; hierzu *Laskowski* AuR 2002, 406). Freie Dienstverträge liegen vor, wenn die Dienste in wirtschaftlicher und sozialer Selbständigkeit und Unabhängigkeit geleistet werden. Das trifft insb. zu, wenn der Dienstverpflichtete selbst unternehmerisch mit Risiken und Chancen am Markt tätig ist oder einen klassischen freien Beruf ausübt. Das Spektrum der Dienstverträge ist weit. Im Vordergrund stehen insb. Dienstleistungen der klassischen freien Berufe (Ärzte, Anwälte, Steuerberater, Wirtschaftsprüfer). Weitere Beispiele für freie Dienstverträge sind der Unterrichtsvertrag, Fitnesscenterverträge, Personalberaterverträge und die Partnerschaftsvermittlung. Die Rechtsprobleme der freien Dienstverträge sind nicht Gegenstand der vorliegenden Kommentierung (hierzu MünchKommBGB/ *Müller-Glöge* Rn. 42 ff.; *Anders/Gehle,* Das Dienstvertragsrecht im BGB, 1999, Rn. 1 bis 790).

15   Problematisch ist insb. die Vertragssituation, in der der freie Dienstnehmer **nur für einen Dienstgeber** tätig ist. Nahezu jede Dienstleistung kann in abhängiger Stellung erbracht werden. Das gilt auch für die klassischen freien Berufe. So steht der **Chefarzt** idR zum Krankenhaus nicht in einem freien Dienstverhältnis, sondern trotz fachlicher Weisungsfreiheit in einem Arbeitsverhältnis (Rn. 105 ff.). Die Tätigkeit eines **Rechtsanwalts** kann auf unterschiedlicher vertraglicher Basis beruhen. Als Partner einer Anwaltssozietät richtet sich die Rechtsbeziehung zwischen den Sozien nach dem Gesellschaftsvertrag und den maßgebenden Normen der §§ 705 ff. (zum Partnerschaftsgesellschaftsgesetz v. 25. 7. 1994 BGBl. I S. 1744 *Seibert* DB 1994, 2381). Er ist auch dann keine arbeitnehmerähnliche Person iSd. § 5 I 2 ArbGG, wenn er von der Sozietät wirtschaftlich abhängig ist (BAG 15. 4. 1993 AP ArbGG 1979 § 5 Nr. 12; weitere Nachweise Rn. 139 und 140). Unter Umständen kann jedoch der als freier Mitarbeiter beschäftigte Anwalt als AN zu qualifizieren sein, wenn ein ihn beschäftigender Anwalt oder eine Anwaltssozietät Weisungen hins. der auszuübenden anwaltlichen Tätigkeit nach Zeit, Umfang und Ort vorzunehmen berechtigt ist (hierzu noch Rn. 103). Gegen eine Weisungsgebundenheit spricht nicht eine Selbständigkeit bei fachbezogenen Entscheidungen (vgl. für den Fall eines in einer Anwaltskanzlei beschäftigten Betriebswirts OLG Köln 15. 9. 1993 NJW-RR 1993, 1526). Wichtigstes Kriterium für die Abgrenzung ist, ob der in einem Anwaltsbüro tätige Rechtsanwalt seine gesamte Arbeitskraft zur Verfügung zu stellen hat, selbst keine Mandate haben darf, ein vertraglich fixiertes Arbeitsgebiet hat und auf die Zuweisung und den Entzug von Mandaten keinen Einfluss nehmen kann, weder am Gewinn noch am Verlust der Anwaltspraxis beteiligt ist sowie persönlichen und fachlichen Weisungen unterworfen ist (LAG Frankfurt 16. 3. 1990 LAGE BGB § 611 Arbeitnehmerbegriff Nr. 16; LAG Baden-Württemberg 14. 3. 1985 NZA 1985, 739; LAG Hamm 20. 7. 1989 NZA 1990, 228; LAG Berlin 16. 12. 1986 NZA 1987, 488; BSG 30. 11. 1978 AP BGB § 611 Abhängigkeit Nr. 31).

Der **Anstellungsvertrag von Organmitgliedern** juristischer Personen ist Dienstvertrag und kein 16
Arbeitsverhältnis (BAG 21. 2. 1994 AP ArbGG 1979 § 5 Nr. 17; näher Rn. 161 ff.).

2. Werkverträge (§ 631 BGB). Gegenstand des Werkvertrags ist nach § 631 I die Herstellung eines 17
Werkes. Geschuldet ist damit ein **bestimmtes Arbeitsergebnis** bzw. ein Arbeitserfolg. Im Unterschied hierzu wird in Dienst- und Arbeitsverträgen nur die Tätigkeit als solche geschuldet (BGH 16. 7. 2002 JZ 2003, 369). Bedeutend ist die Abgrenzung im Hinblick darauf, dass im Unterschied zum Werkvertragsrecht im Dienstvertragsrecht Regelungen über die Gewährleistung fehlen (hierzu Rn. 845 ff.).

Durch eine **fehlerhafte Bezeichnung** können die Parteien einen Dienst- oder Arbeitsvertrag nicht 18
zu einem Werkvertrag machen. Entscheidend ist der geschuldete Vertragsinhalt. Ob ein Werkvertrag oder ein freier Dienstvertrag vorliegt, richtet sich nach den Voraussetzungen des ANBegriffs (BAG 13. 11. 1991 AP BGB § 611 Abhängigkeit Nr. 60). Einem persönlich abhängig beschäftigten AN kann nicht durch Auferlegung einer Erfolgsgarantie der arbeitsrechtliche Schutz entzogen werden (Erman/ *Hanau* Rn. 17). Die bloße wirtschaftliche Abhängigkeit schließt allerdings die Vereinbarung eines Werkvertrags nicht aus. Der Werkvertragsunternehmer kann jedoch als arbeitnehmerähnliche Person (§ 12 a TVG, vgl. Rn. 133 ff.) zu behandeln sein.

Problematisch ist die Abgrenzung insb. hins. des Weisungsrechts. Auch der Werkbesteller kann 19
nach § 645 I 1 Anweisungen für die Erstellung des Werkes erteilen. Dieses **werkvertragliche Weisungsrecht** ist im Einzelfall von Weisungen arbeitsvertraglicher Art abzugrenzen. Ist die Weisung gegenständlich ausschließlich auf die zu erbringende Werkleistung beschränkt, spricht dies nicht gegen das Vorliegen eines Werkvertrags. Werden jedoch arbeitsvertragliche Weisungen gegeben, also erst der Gegenstand der Werkleistung bestimmt oder auch persönlich bindende Weisungen erteilt, die den Einsatz und die Arbeit unmittelbar und bindend organisieren, spricht dies für das tatsächliche Vorliegen eines Arbeitsverhältnisses oder ggf. einer ANÜberlassung (BAG 30. 1. 1991 AP AÜG § 10 Nr. 8).

Die Ähnlichkeit der Leistungserbringung im Rahmen von Arbeits- und Werkverträgen legitimiert 20
unter Umständen die **wechselseitige analoge Anwendung** grdl. Vorschriften. So wurde der Rechtsgedanke des § 645 zw. zur Begründung der Betriebsrisikolehre herangezogen, die jetzt in § 615 S. 3 für das Arbeitsrecht Anerkennung gefunden hat. Umgekehrt wird die Schutzpflicht aus § 618 auf Werkverträge analog angewendet, wenn der Besteller des Werkes Räume, Vorrichtungen und Gerätschaften bereitzustellen hat. So hat ein Bauunternehmer neben dem öffentlich-rechtlichen Arbeitsschutz und den Unfallverhütungsvorschriften die Baustelle so einzurichten und zu unterhalten, dass für Subunternehmer und deren Bedienstete keine Gesundheitsgefahren entstehen können (OLG Düsseldorf 21. 10. 1994 NJW-RR 1995, 403).

Werden Tätigkeiten durch AN eines Werkunternehmers im Betrieb des Bestellers erbracht, kann 21
zweifelhaft sein, ob die AN im Wege eines **drittbezogenen Personaleinsatzes** für ihren AG, der auf Grund eines Dienst- oder Werkvertrags zur Erreichung eines wirtschaftlichen Erfolgs sich seiner AN als Erfüllungsgehilfen bedient, tätig werden, oder ob ein Fall der **ANÜberlassung** vorliegt. Ein Fall der ANÜberlassung liegt vor, wenn der AG dem Dritten lediglich geeignete Arbeitskräfte überlässt, die der Dritte jedoch nach eigenen betrieblichen Erfordernissen in seinem Betrieb nach seinen Weisungen einsetzt (BAG 30. 1. 1991 AP AÜG § 10 Nr. 8; Einzelheiten § 1 AÜG Rn. 14 ff.).

3. Gesellschaftsverträge. Dienstleistungen können auch auf gesellschaftsvertraglicher Basis ge- 22
schuldet werden. Insb. Personengesellschafter einer GbR, OHG oder KG können zur **persönlichen Dienstleistung auf Grund des Gesellschaftsvertrags** verpflichtet sein (§ 706 III). Der Gesellschaftsvertrag kann auch die Grundlage für Dienstleistungen sein, die die Gesellschafter im Rahmen ihrer Pflicht zur Förderung des Gesellschaftszwecks erbringen müssen. Grds. ist daher davon auszugehen, dass Personengesellschafter ohne gesonderte Vereinbarung keine Dienstnehmer oder AN der Gesellschaft sind. Auch Gesellschafter einer GmbH können Dienstleistungen auf der Basis des Gesellschaftsvertrags erbringen. Daneben sind arbeitsrechtliche Beziehungen denkbar, jedoch bedarf es hierfür einer gesonderten Vereinbarung.

Fehlt es an einer ausdrücklichen Vereinbarung, ist auf Grund einer Gesamtbetrachtung der **tatsäch-** 23
lichen Ausgestaltung der Rechtsverhältnisse zu prüfen, ob der mitarbeitende Gesellschafter insb. unter Berücksichtigung der Merkmale der persönlichen Abhängigkeit neben seiner gesellschaftsrechtlichen Stellung auch AN ist. Wer am Gewinn und stillen Reserven beteiligt ist, gesellschaftsrechtlichen Bestandsschutz genießt sowie Mitsprache- und Informationsrechte hat, genießt ohne gesonderte Vereinbarung nicht zugleich die Stellung des AN, sondern ist Gesellschafter (hierzu *Loritz*, Die Mitarbeit Unternehmensbeteiligter, 1984, S. 405; Erman/*Hanau* Rn. 20). An einer persönlichen Abhängigkeit des Gesellschafters fehlt es schon dann, wenn der **Gesellschafter weitgehende Mitbestimmungsrechte** hat, so für den Fall mitarbeitender Gesellschafter einer Familien-GmbH, die jeweils über eine Sperrminorität verfügen (BAG 28. 11. 1990 AP TVG § 1 Tarifverträge Nr. 137). Der Gesellschafter einer GmbH, dem mehr als 50% der Stimmen zustehen, kann auch dann kein AN dieser Gesellschaft sein, wenn er nicht Geschäftsführer ist (BAG 6. 5. 1998 AP BGB § 611 Abhängigkeit Nr. 95). Er kann auf Grund seiner gesellschaftsrechtlichen Stellung keinem Weisungsrecht, etwa des Geschäftsführers, unterliegen. Werden in einem **selbstverwalteten, alternativen Betrieb** alle Mitarbeiter Gesellschafter

einer GmbH und alle zu deren Geschäftsführer bestellt, so liegt kein Arbeitsverhältnis vor (BAG 10. 4. 1991 AP BGB § 611 Abhängigkeit Nr. 54).

24 Die gesellschaftsrechtliche Rechtsstellung schließt es allerdings nicht aus, dass die Gesellschafter einer GmbH mit der Gesellschaft **ausdrücklich Arbeitsverträge** abschließen (BAG 9. 1. 1990 AP GmbHG § 35 Nr. 5). Auch Kommanditisten einer KG können auf Grund eines Arbeitsvertrags für die Gesellschaft tätig werden. Wird neben dieser gesellschaftsrechtlichen Dienstleistungspflicht noch ein Arbeitsvertrag geschlossen, erlischt hierdurch nicht die aus dem Gesellschaftsverhältnis folgende Dienstverpflichtung und Dienstberechtigung (BAG 11. 5. 1978 AP HGB § 161 Nr. 2).

25 Wird der **Kommanditist** jedoch ohne gesonderte Vereinbarung tätig, kann nicht ohne Weiteres davon ausgegangen werden, dass neben der gesellschaftsrechtlichen Stellung ein Dienst- oder Arbeitsverhältnis besteht. Gegenteiliges ist im Zweifel nur seine Gewinnbeteiligung (LAG Köln 12. 8. 1994 LAGE BGB § 611 Gewinnbeteiligung Nr. 1; aA LAG Berlin 26. 3. 2003 – 5 Ta 1306/01). Auch der Kommanditist kann auf der Basis des Gesellschaftsvertrags für die KG arbeiten. Er steht jedoch dann nicht (zusätzlich) in einem Arbeitsverhältnis zu der Gesellschaft, wenn es sich um eine Familiengesellschaft handelt und vereinbarte Gewinnvorabentnahmen nicht vom Umfang der Dienstleistung abhängig sind (BAG 8. 1. 1970 AP ZPO § 528 Nr. 14). Die in einem Gesellschaftsvertrag neben der kapitalmäßigen Beteiligung festgelegten Dienstleistungen haben ihren Grund primär im Gesellschaftsverhältnis. Sie sind als Gesellschafterbeiträge iSv. §§ 161, 105 III HGB, § 706 III anzusehen.

26 Der Umstand allein, dass das Entgelt ganz oder tw. aus einer Erfolgs- oder Gewinnbeteiligung („Tantieme") besteht, reicht noch nicht aus, statt eines Dienst- oder Arbeitsvertrags eine gesellschaftsrechtliche Verbindung anzunehmen (BAG 12. 2. 1959 AP HGB § 74 Nr. 1).

27 Einzelfälle: **Mitglieder einer Produktionsgenossenschaft** der früheren DDR waren keine AN (BAG 13. 6. 1996 AP AGB-DDR § 15 Nr. 1; BAG 16. 2. 1995 AP Einigungsvertrag Anlage II zu Kap. VI Nr. 1). Auf sog. **partiarische Arbeitsverhältnisse** findet grds. Arbeitsrecht Anwendung; Analogien zu gesellschaftsrechtlichen Vorschriften sind idR abzulehnen (hierzu *Baier* MDR 1985, 890).

28 **4. Auftrag (§ 662 BGB).** Dienstleistungen jeder Art können auch Gegenstand eines Auftrags nach § 662 sein. Der Auftrag ist jedoch **unentgeltlich,** während der Arbeitsvertrag ein auf Entgeltzahlung gerichteter Austauschvertrag ist. Fraglich ist, ob das Kriterium der Entgeltlichkeit ein **hinreichendes Abgrenzungsmerkmal** gegenüber Dienstverträgen ist. Richtigerweise ist dies im Hinblick auf § 612 I zu bejahen, weil bei Dienst- und Arbeitsverträgen eine Vergütung als stillschweigend vereinbart gilt, wenn die Leistung nach den Umständen nur gegen eine Vergütung zu erwarten ist. Ein unentgeltlicher selbständiger Dienstvertrag erfüllt das dispositive Leitbild des Auftrags (ähnlich Erman/*Hanau* Rn. 18). Die Entgeltlichkeit ist für den Arbeitsvertrag konstitutives Merkmal. Dies kann nicht mit dem Hinweis bezweifelt werden, dass ein AN bei Ausschluss des Vergütungsanspruchs schutzlos gestellt würde (so Erman/*Hanau* Rn. 18). Ist nach den objektiven Umständen eine Dienstleistung nur gegen Vergütung zu erwarten, bewirkt § 612 I eine zwingende Vergütungs- und Vertragsbegründungsfiktion (vgl. hier § 612 Rn. 1; ebenso Erman/*Hanau* § 612 Rn. 1). Die aus § 612 I folgende materielle Betrachtung geht dem ausdrücklichen Ausschluss eines Vergütungsanspruches zwingend vor. Dies zeigt sich bei der missbräuchlichen Beschäftigung als sog. „Gastarzt" (hierzu *Hammerschlag* ZTR 1988, 243) zum Zwecke der Weiterbildung bzw. Erfüllung der Voraussetzungen für die Facharztzulassung. Die in diesem Rahmen erbrachten Dienstleistungen sind nach der Verkehrssitte nur gegen Vergütung zu erwarten.

29 Die Abgrenzung nach dem Merkmal der Entgeltlichkeit wird nicht dadurch unbrauchbar, weil es wenige Vertragsverhältnisse über unentgeltliche Dienstleistungen gibt, auf die arbeits- und dienstvertragliche Regelungen tw. anwendbar sind (zB Volontär- und Praktikantenverhältnisse; hierzu MünchKommBGB/*Müller-Glöge* Rn. 34; *Schaub* § 16 Rn. 7 ff.). Sie bedürfen jedoch einer bes. Rechtfertigung. Zu Ausbildungsverhältnissen vgl. § 19 BBiG Rn. 1 ff. Zur Rechtsstellung behinderter Menschen in Werkstätten für Behinderte vgl. §§ 138, 139 SGB IX.

30 **5. Geschäftsbesorgungsverträge.** Die Nähe des Auftragsrechts zum Dienstvertragsrecht zeigt sich an § 675 I, der verdeutlicht, dass das Merkmal der Entgeltlichkeit ein wichtiges, wenn auch nicht hinreichendes Kriterium für die Abgrenzung ist. Geschäftsbesorgungsverträge können nach § 675 I lediglich Dienstverträge oder Werkverträge sein. Gegenüber dem Arbeits- bzw. Dienstvertrag wird zur **Abgrenzung** gegenüber § 675 I das Merkmal relevant, ob die **Arbeitsleistung „eine Geschäftsbesorgung zum Gegenstand hat".** Der umfassende rechtsdogmatische Streit um die Geschäftsbesorgungsformel (hierzu ausführlich Staudinger/*Martinek* § 675 Rn. A 11 ff.) hat im Ergebnis keine praktische Relevanz.

31 Kern der Regelung des § 675 I ist die Erklärung der Anwendbarkeit der §§ 663, 665 bis 670, 672 bis 674. Im Arbeitsrecht geht man ohne Rücksicht auf den zum Dienst- und Werkvertragsrecht geführten Meinungsstreit weitgehend von einer **analogen Anwendung der in § 675 I erwähnten Auftragsregelungen** aus, soweit diese für arbeitsrechtliche Sachverhalte Bedeutung haben (MünchKommBGB/ *Müller-Glöge* Rn. 33; *Reichold* NZA 1994, 488 ff.).

Einzelfragen: Die **Auskunfts- und Rechenschaftspflicht** des Beauftragten nach § 666 kann analog 32
herangezogen werden (LAG Berlin 15. 6. 1992 NZA 1993, 27; LAG Düsseldorf 31. 7. 1962 BB 1962,
1285). Ebenso trifft den AN in analoger Anwendung des § 667 die **Pflicht zur Herausgabe** des zur
und durch das Arbeitsverhältnis Erlangten (BAG 16. 6. 1976 AP BGB § 611 Treuepflicht Nr. 8 =
NJW 1977, 646; ArbG MAuRg 5. 2. 1969 DB 1969, 2041; BAG 9. 7. 1985 – 3 AZR 428/83 – nv.; BAG
10. 12. 1959 AP BGB § 242 Herausgabepflicht Nr. 1 leitet die entspr. Pflicht aus § 242 ab). Hierzu
gehört auch der Anspruch auf **Herausgabe von Schmiergeldern** (BAG 14. 7. 1961 NJW 1961, 2036 =
AP BGB § 687 Nr. 1; LAG Chemnitz 19. 9. 1995 – 5 Sa 322/95 – nv.). Wird der AN verpflichtet, bes.
Aufwendungen in Ausführung seines Arbeitsvertrags zu leisten, kann er entspr. § 669 einen **Vorschuss**
verlangen (LAG Frankfurt 21. 3. 1986 LAGE BGB § 626 Nr. 25). Hervorragende Bedeutung hat die
traditionelle analoge Heranziehung des § 670, wonach der AG **Aufwendungen des AN** zu ersetzen
hat (zur Anschaffung von Sicherheitsschuhen: BAG 21. 8. 1985 AP BGB § 618 Nr. 19; Reisekosten:
ArbG Wetzlar 21. 1. 1993 BB 1993, 1592; hierzu Rn. 696 ff.). Aus einer analogen Anwendung des
§ 670 kann der Bewerber auch die Erstattung von Vorstellungskosten verlangen, wenn er zur Vorstellung aufgefordert worden ist (hierzu Rn. 296 ff.). Darüber hinaus wird aus § 670 ein Erstattungsanspruch für Sachschäden hergeleitet, die der AN ohne Verschulden des AG bei Ausführung der
übertragenen Dienste erleidet (hierzu Rn. 691 ff.).

6. Miete, Pacht. Miete und Pacht sind als gegenseitige entgeltliche Verträge gerichtet auf die Über- 33
lassung bzw. Nutzung des Miet- und Pachtgegenstandes und damit von der persönlichen Leistungserbringung klar zu unterscheiden. Problematisch kann jedoch die Abgrenzung bei Pachtverträgen sein.
Ist der Pächter nach dem Pachtvertrag von der tatsächlichen Gestaltung in der **Nutzung des überlassenen Gegenstandes unabhängig**, liegt ein Pachtvertrag vor. Behält sich aber der Verpächter weitgehende **Weisungsrechte** für die Tätigkeit des Pächters mit dem überlassenen Gegenstand vor, kann
unter Umständen nach dem tatsächlichen Geschäftsinhalt ein Arbeitsvertrag vorliegen (zur Verpachtung einer Kantine BAG 13. 8. 1980 AP BGB § 611 Abhängigkeit Nr. 37; zur Verpachtung eines Taxis
LAG Hamm 16. 5. 1975 ARSt. 1976, 142). Ein Arbeitsvertrag ist nur anzunehmen, wenn die Voraussetzungen des ANBegriffes, insb. die persönliche Abhängigkeit des Pächters, gegeben ist (verneint für
einen Tankstellenverwalter von LAG Frankfurt 3. 12. 1975 BB 1976, 1178; BSG 11. 8. 1966 AP BGB
§ 611 Abhängigkeit Nr. 5).

7. Dienstverschaffungsverträge. Gegenstand eines Dienstverschaffungsvertrags ist nicht die per- 34
sönliche Dienstleistung, sondern die **Verpflichtung,** der anderen Partei **Dienste eines oder mehrerer
Personen zu verschaffen.** Dienstverschaffungsverträge können sowohl auf Verschaffung von Diensten
im Rahmen eines freien Dienstvertrags als auch im Rahmen eines Arbeitsvertrags gerichtet sein. Im
Bereich des Arbeitsrechts ist relevant die Abgrenzung zwischen bloßer Arbeitsvermittlung und dem
Anwendungsbereich des AÜG. ANüberlassungsverträge sind Dienstverschaffungsverträge, die im
Falle gewerbsmäßiger ANÜberlassung dem AÜG unterfallen (hierzu § 1 AÜG Rn. 39, 47 ff.). Für die
nicht gewerbsmäßige ANüberlassung (sog. „echte" ANüberlassung) gilt das AÜG nicht. Für sie sind
die allgemeinen Grundsätze über Dienstverschaffungsverträge einschlägig.

Der Unternehmer, der auf Grund eines Dienstverschaffungsvertrags Arbeitskräfte zur Verfügung 35
stellt, **haftet** nicht für die ordnungsgemäße Leistungserbringung, allerdings für die **Eignung der
Arbeitskräfte** für die vorgesehene Arbeits- bzw. Dienstleistung (BGH 9. 3. 1971 NJW 1971, 1129 =
AP BGB § 611 Leiharbeitsverhältnis Nr. 1). Es kommt jedoch eine Haftung nach § 831 für Fehler
der Bediensteten in Betracht. Diese Haftung entfällt, wenn die Abhängigkeit vom bisherigen Geschäftsherrn während der Tätigkeit in einem anderen Unternehmen aufgehoben ist. Das ist zu bejahen, wenn
die AN vollständig aus dem Unternehmen herausgelöst sind, davon kann jedoch nicht ausgegangen
werden, wenn der Dienstverschaffer sein Personal jederzeit zurückziehen und anders verwenden kann
(BGH 26. 1. 1995 NJW-RR 1995, 659; BGH 22. 5. 1968 VersR 1968, 779).

Als Dienstverschaffungsverträge können auch **Schwesterngestellungsverträge** (MünchKomm- 36
BGB/*Müller-Glöge* Rn. 38; LAG Hamm 9. 9. 1971 DB 1972, 295; aA BAG 4. 7. 1979 AP BGB § 611
Rotes Kreuz Nr. 10) und Verträge mit einer **Eigengruppe** (Rn. 196; LAG Frankfurt 18. 6. 1952 BB
1952, 691) angesehen werden.

Vom **Arbeitsvertrag** und von der **echten ANüberlassung** sind Dienstverschaffungsverträge abzu- 37
grenzen, bei denen der AG einem Dritten Maschinen mit Bedienungspersonal derart zur Verfügung
stellt, dass der Dritte den Einsatz der Maschinen oder Geräte mit dem dazugehörigen Personal nach
eigenen betrieblichen Erfordernissen selbst bestimmt und organisiert. Derartige gemischte Verträge
werden auch von den Vorschriften des AÜG jedenfalls dann nicht erfasst, wenn nicht die Überlassung
von AN, sondern die Gebrauchsüberlassung des Gerätes oder der Maschine den Inhalt des Vertrags
prägt. So ist in der Rspr. anerkannt, dass etwa die Vermietung von Baumaschinen (zB Baggern und
Planierraupen) unter Gestellung des Bedienungspersonals begrifflich keine ANüberlassung iSv. § 1
AÜG ist (hierzu § 1 AÜG Rn. 40 ff.). Denn Sinn und Zweck eines solchen gemischten Miet- und
Dienstverschaffungsvertrags ist nicht primär, dem Dritten Personal zur Verfügung zu stellen, das er
nach seinem Belieben in seinem Betrieb und damit auch an Geräten oder Maschinen, über die er
ohnehin verfügt, einsetzen kann, sondern dem Dritten durch die Personalüberlassung überhaupt erst

Preis

den Einsatz der Geräte oder Maschinen zu ermöglichen, die ihm im Rahmen des gemischten Vertrags zum Gebrauch überlassen werden (BAG 17. 2. 1993 AP AÜG § 10 Nr. 9).

38 **8. Franchising.** Franchising bezeichnet die **Gesamtheit von Rechten an** gewerblichem oder geistigem Eigentum, wie Warenzeichen, Handelsnamen, Ladenschilder, Gebrauchsmuster, Geschmacksmuster, Urheberrechten, Know-how oder Patenten, die zum Zweck des Weiterverkaufs von Waren oder der Erbringung von Dienstleistungen an Endverbraucher genutzt werden (vgl. VO (EWG) 4087/88 v. 30. 11. 1988 ABl. EG 395 S. 46). Auch zwischen Franchisegeber und Franchisenehmer wird ein **Dauerschuldverhältnis** begründet, das dem Franchisenehmer die Erlaubnis einräumt, die genannten Rechte zum Zwecke der Vermarktung von Waren und Dienstleistungen zu nutzen. Der Franchisegeber erhält dafür ein Entgelt. Der Franchisenehmer verpflichtet sich, seine Leistung nach bestimmten Anweisungen des Franchisegebers anzubieten. Rechtsnatur und Inhalt der Franchising-Verträge sind den Vertragshändlerverträgen angenähert. Die Absatztätigkeit erfolgt bei beiden im eigenen Namen und auf eigene Rechnung, jedoch ist der Franchisenehmer stärker in das Vertriebs- und Absatzsystem des Franchisegebers eingegliedert.

39 Die Abgrenzung zwischen Franchising und Arbeitsverhältnis ist problematisch (hierzu *Bauder* NJW 1989, 78; *Horn/Henssler* ZIP 1998, 589; *Nolting*, Die individualarbeitsrechtliche und betriebsverfassungsrechtliche Beurteilung von Franchisesystemen, 1994; *Weltrich* DB 1988, 806; *Wank* DB 1992, 90 f.). Der Franchisenehmer kann jedenfalls **nicht stets als Selbständiger** eingeordnet werden (so *Weltrich* DB 1988, 806). Weder aus der Bezeichnung noch aus dem „Wesen" des Franchise-Vertrags lässt sich schließen, dass der Franchisenehmer kein AN ist (BAG 16. 7. 1997 AP ArbGG 1979 § 5 Nr. 37; BGH 4. 11. 1998 NZA 1999, 53; aA OLG Schleswig 27. 8. 1986 NJW-RR 1987, 220; OLG Düsseldorf 30. 1. 1998 ZIP 1998, 624). Die jeweilige Vertragskonstruktion ist im Einzelnen zu prüfen. Zu unterscheiden sind koordinativ und subordinativ strukturierte Franchise-Verträge (MünchArbR/*Richardi* § 25 Rn. 126; HzA/*Worzalla* Gruppe 1 Rn. 242 ff.). Beim Subordinations-Franchising verpflichtet sich der Franchisenehmer zur Absatzförderung nach RL und Anweisungen des Franchisegebers. Diese im weitesten Sinne fremdbestimmte Tätigkeit ist von der Abhängigkeit als AN zu unterscheiden. Dem Franchise-Vertrag sind intensive Weisungs- und Bindungsrechte des Franchisegebers gegenüber dem Franchisenehmer immanent (vgl. BGH 3. 10. 1984 NJW 1985, 1894; BGH 5. 10. 1981 NJW 1982, 1817). Problematisch ist lediglich der Fall, dass der Franchisenehmer allein ohne eigene Mitarbeiter tätig ist. Die Kontrolle von Abhängigkeiten und unangemessenen Vertragsgestaltungen (hierzu ausführlich *Ekkenga* AG 1989, 301; *Wolf/Horn/Lindacher* AGBG § 9 Rn. F 105 ff.) ist nicht in erster Linie durch die Konstruktion eines Arbeitsverhältnisses, sondern durch die Inhaltskontrolle des Franchise-Vertrags zu gewährleisten (hierzu auch BAG 30. 9. 1998 AP BGB § 611 Abhängigkeit Nr. 103; OLG Düsseldorf 11. 6. 1999 OLGR Düsseldorf 1999, 468). Nach der Rspr. ist auf den Grad der Weisungsbindung und die persönliche Abhängigkeit des Franchisenehmers abzustellen. Letztere wird verneint, wenn der Franchisenehmer seine Chancen auf dem Markt selbständig und im Wesentlichen weisungsfrei suchen kann (BAG 16. 7. 1997 NZA 1997, 1126 = AP ArbGG 1979 § 5 Nr. 37). Wenn der Franchisevertrag die ausschließliche Erwerbsquelle ist, kann dies für die wirtschaftliche Abhängigkeit sprechen, die den Status einer arbeitnehmerähnlichen Person begründet (BGH 4. 11. 1998 NZA 1999, 53; ArbG Düsseldorf 17. 10. 2000 NZA-RR 2001, 183).

40 Wesentlich ist, ob der sog. Franchisenehmer de facto **lediglich als Verkäufer des Franchisegebers** fungiert und damit in einem Arbeitsverhältnis steht (BGH 4. 11. 1998 NZA 1999, 53). Die Eingliederung in die **Organisation** des Franchisegebers und die fehlende Möglichkeit, anderweitig seine Arbeitskraft einzusetzen, sprechen für die persönliche Abhängigkeit. Für das Vorliegen eines Arbeitsverhältnisses spricht, wenn dem Franchisenehmer **bestimmte Arbeitszeiten vorgegeben** werden, ohne dass dies zwingend für die Ausführung des Geschäfts erforderlich wäre, der Franchisenehmer nur **unwesentlich auf die Höhe des Umsatzes** und die **Gestaltung seiner Tätigkeit Einfluss nehmen kann** sowie dem Franchisegeber **umfangreiche Kontrollrechte** eingeräumt werden (LAG Düsseldorf 20. 10. 1987 LAGE BetrVG 1972 § 5 Nr. 16 = NJW 1988, 725; s. LSG Berlin 27. 10. 1993 NZA 1995, 139 ff.). Dagegen spricht für eine **selbständige Tätigkeit**, dass dem Franchisenehmer über den eigentlichen Vertragszweck des Franchising hinaus keine weiteren Weisungen erteilt werden, insb. hinsichtlich Verkaufszeiten, sondern sich die Vertragspflichten auf den Kern des Franchising beschränken. Darüber hinaus spricht für die Selbständigkeit, dass der Franchisenehmer seinen Betrieb weitgehend selbst organisiert, über Anzahl und Personen, die er zur Erbringung der Dienstleistung einsetzt, frei entscheiden kann (BGH 27. 1. 2000 NZA 2000, 390; BAG 21. 2. 1990 AP BGB § 611 Abhängigkeit Nr. 57; vgl. zuvor schon BAG 24. 4. 1980 AP BGB § 84 Nr. 1). Abrechnungen, Art und Umfang der Werbung, Mitbestimmung über das Sortiment sprechen ebenfalls gegen ein Arbeitsverhältnis. Der erfolglos operierende Franchisenehmer wird jedoch nicht allein wegen seiner Erfolgslosigkeit zum AN (LAG Rheinland-Pfalz 12. 7. 1996 LAGE BGB § 611 Arbeitnehmerbegriff Nr. 32 = BB 1996, 1890).

41 **9. Eingliederungsvertrag.** Die in §§ 229 ff. SGB III aF seit 1. 1. 1998 bestehende Möglichkeit des **Eingliederungsvertrags für förderungsbedürftige Arbeitslose** (hierzu Vorauflage Rn. 41) ist durch das sog. Job-AQTIV-Gesetz mit Wirkung vom 1. 1. 2002 wieder entfallen (vgl. G v. 10. 12. 2001 BGBl I S. 3443).

10. Wiedereingliederungsverhältnis. § 74 SGB V kennt bei arbeitsunfähigen Versicherten die stu- 42 fenweise Wiederaufnahme ihrer Tätigkeit, wenn sie nach ärztlicher Feststellung ihre bisherige Tätigkeit tw. verrichten können. Nach Auffassung des BAG stellt das zwischen dem AG und dem AN zum Zweck der Wiedereingliederung begründete Rechtsverhältnis kein Arbeitsverhältnis, sondern ein **Rechtsverhältnis eigener Art** dar, weil es nicht auf eine Arbeitsleistung im üblichen Sinne gerichtet ist, sondern als Maßnahme der Rehabilitation dem AN ermöglichen soll, die Arbeitsfähigkeit wieder herzustellen. Deshalb stehe dem AN ohne ausdrückliche Zusage **weder aus dem Wiedereingliederungsvertrag noch aus dem Gesetz ein Vergütungsanspruch zu** (BAG 29. 1. 1992 AP SGB V § 74 Nr. 1; in Anlehnung an *v. Hoyningen-Huene* NZA 1992, 49; vgl. auch BAG 19. 4. 1994 AP SGB V § 74 Nr. 2; BAG 28. 7. 1999 AP SGB V § 74 Nr. 3). Das Wiedereingliederungsverhältnis begründet keine arbeitsvertraglichen Pflichten zur Arbeitsleistung, sondern es wird lediglich die Gelegenheit gegeben, sich bei quantitativ verringerter Tätigkeit zu erproben (*Gitter* ZfA 1995, 123 ff.; aA *Glaubitz* BB 1992, 402). Auch sonstige Nebenansprüche aus einem Arbeitsverhältnis, zB Aufwendungsersatz, bestehen ohne bes. Abrede nicht. Allerdings kann es konkludente Zusagen, zB auf Fahrtkostenerstattung, geben (BAG 28. 7. 1999 AP SGB V § 74 Nr. 3). Die Parteien können einverständlich vorübergehend einen Arbeitsvertrag mit verkürzter Arbeitszeit oder verändertem Vertragsgegenstand schließen. Bei einer entspr. Abrede können auch Ansprüche aus dem Arbeitsverhältnis bejaht werden (ausf. *Gitter* ZfA 1995, 125, 135 ff.). Die hM zur Behandlung des Wiedereingliederungsverhältnisses überzeugt nicht durchweg. Aus § 74 SGB V, der lediglich die Ausstellung einer ärztlichen Bescheinigung regelt, lässt sich eine so weitgehende Freistellung von arbeitgeberseitigen Pflichten nicht herleiten.

Die Beschäftigung zur „Wiedereingewöhnung" schließt nach § 5 II Nr. 4 BetrVG die ANEigen- 43 schaft aus (hier BAG 25. 10. 1989 AP BetrVG 1972 § 5 Nr. 40).

B. Geltungsbereich des Arbeitsrechts

Schrifttum: Hanau, Die Anforderungen an die Selbständigkeit des Versicherungsvertreters nach den §§ 84, 92 HGB, Mannheimer Vorträge zur Versicherungswissenschaft, Band 69, 1997, 7 f.; *Heinze,* Der richtige Vertrag für jede Arbeit – vom Arbeitsvertrag über den Werkvertrag zum Franchising, in: Hromadka (Hrsg.), Möglichkeiten und Grenzen flexibler Vertragsgestaltung, 1991, 93 ff.; *Maschmann,* Arbeitsverträge und Verträge mit Selbständigen, 2001; *Wank,* Arbeitnehmer und Selbständige, 1988.

I. Abgrenzung zur selbständigen Tätigkeit (Arbeitnehmerbegriff)

1. Begriff, Normzweck. Zentraler Anknüpfungspunkt für die Anwendbarkeit arbeitsrechtlicher 44 Regelungen ist der Begriff des AN. Von der Qualifizierung der geschuldeten Dienstleistung als unselbständige Arbeitsleistung, die von AN erbracht wird, hängt das Eingreifen des Rechtsregimes des Arbeitsrechts ab. Die begriffliche Abgrenzung hat daher hervorragende praktische Bedeutung. Dies gilt schon für die richtige **Wahl des Rechtsweges.** Die ArbG sind nur für bürgerliche Rechtsstreitigkeiten zwischen AN (zu denen auch § 5 ArbGG auch die arbeitnehmerähnlichen Personen gehören) und AG zuständig, die ordentlichen Gerichte dagegen für Rechtsstreite aus freien Dienstverträgen (näher § 2 ArbGG Rn. 21 ff., § 5 ArbGG Rn. 2 ff.). Wird ein Vertrag fehlerhaft nicht als Arbeitsvertrag eingeordnet, begründet die gerichtliche Feststellung eines Arbeitsverhältnisses keinen Grund zur (außerordentlichen) Kündigung des Vertrags (BAG 3. 10. 1975 AP BGB § 611 Abhängigkeit Nr. 17; *Wank* S. 112 ff.; MünchArbR/*Richardi* § 24 Rn. 64; aA *Lieb* RdA 1975, 49, 52; zu den Folgen fehlerhafter Einordnung vgl. Rn. 121).

Rspr. und hL greifen auf die von *Alfred Hueck* entwickelte Begriffsbestimmung zurück. Danach ist 45 AN, **„wer auf Grund eines privatrechtlichen Vertrags zur Arbeit im Dienste eines anderen verpflichtet ist"** (*Hueck/Nipperdey* I § 9 II; vgl. auch BAG 15. 3. 1978 AP BGB § 611 Abhängigkeit Nr. 26). Erforderlich und auch genügend für die Annahme eines Arbeitsverhältnisses ist, dass der Betreffende überhaupt, wenn auch nur in einem geringen Umfang, zur Erbringung von weisungsgebundener Arbeit vertraglich verpflichtet, also ein Verfügungsrecht des AG über einen Teil seiner Arbeitskraft gegeben ist (BAG 14. 2. 1974 AP BGB § 611 Abhängigkeit Nr. 12). So kurz diese Definition ist, so unvollkommen ist sie. Alle drei in ihr enthaltenen Elemente treffen zwar auf viele Arbeitsverhältnisse zu, können aber in Randbereichen kaum Entscheidungshilfe liefern. Die Rechtsentwicklung hat gezeigt, dass sich exakte Definitionen kaum finden lassen (*Hilger* RdA 1989, 1, 6). Dennoch ist von einem **für das Arbeitsrecht einheitlichen Begriff** auszugehen (BAG 25. 3. 1992 AP BetrVG 1972 § 5 Nr. 48). Es geht um die Qualifizierung eines Vertragstyps, auf den – durch den Gesetzgeber vorgegeben – bestimmte Rechtsregeln Anwendung finden sollen. Eine von Gesetz zu Gesetz verschiedene ANDefinition könnte zwar der Gesetzgeber regeln, ist aber de lege lata grds. nicht anzuerkennen (insoweit anders MünchArbR/*Richardi* § 24 Rn. 48 ff.; *Heinze* NZA 1997, 1, 3). Dies gilt auch deshalb, weil der Gesetzgeber sich einer allgemeinen Definition entzieht und nur in Randbereichen für bestimmte Zwecke Modifikationen des allgemeinen ANBegriffs durch Einbeziehung oder Ausklammerung von Beschäftigtengruppen vornimmt (vgl. etwa § 5 BetrVG, § 5 ArbGG; § 2 II ArbSchG). Mit einer Vielzahl von Einzelkriterien, mit deren Hilfe das Vorliegen einer **persönlichen Abhängigkeit** festgestellt werden soll, wird in Grenzfällen die ANEigenschaft zu bestimmen versucht. Dabei müssen mehrere Grundvoraussetzungen beachtet werden:

46 a) **Vertrag als Ausgangspunkt.** Der geschlossene Vertrag über die zu erbringenden Dienste ist Ausgangspunkt der Prüfung. Auch ein Arbeitsverhältnis kann regelmäßig nur durch einen **privatrechtlichen Vertrag** begründet werden (zu Ausnahmen Rn. 389 ff.; zur Abgrenzung zu anderen Rechtsformen der Dienstleistung Rn. 12 ff.). Wenn die Vertragsparteien **ausdrücklich ein Arbeitsverhältnis** vereinbart haben, ist der zur Dienstleistung Verpflichtete kraft privatautonomer Entscheidung als AN mit allen Rechten und Pflichten anzusehen. Es erfolgt in diesem Fall keine objektive, korrigierende Prüfung, ob das Vertragsverhältnis nicht auch als freier Dienstvertrag hätte ausgestaltet werden können (BAG 13. 3. 1987 AP KSchG 1969 § 1 Betriebsbedingte Kündigung Nr. 37; LAG Thüringen 6. 2. 1998 NZA-RR 1998, 296). Durch bloße **Nichtausübung von Weisungsrechten** oder sonstigen Wegfall der persönlichen Abhängigkeit des AN wandelt sich das Arbeitsverhältnis noch nicht in ein freies Mitarbeiter- oder Dienstverhältnis um (BAG 12. 9. 1996 AP BGB § 611 Freier Mitarbeiter Nr. 1). Die **Umwandlung des vereinbarten Arbeitsverhältnisses in ein freies Dienstverhältnis** bedarf einer klaren und unmissverständlichen Vereinbarung. Denkbar ist, dass zwischen den gleichen Parteien mehrere Vertragsverhältnisse bestehen, so dass neben dem Arbeitsverhältnis durchaus auch – von der Arbeitsleistung getrennt – ein Werkvertrag oder uU auch ein freier Dienstvertrag geschlossen werden kann (Bsp.: Wissenschaftlicher Angestellter fertigt außerhalb seiner geschuldeten Arbeitsleistung ein Gutachten für den AG; s. a. BAG Köln 7. 10. 1998 ARSt. 1999, 111: angestellter Rundfunksprecher übernimmt in freier Mitarbeit Autorenleistungen). Die Aufspaltung in verschiedene Rechtsverhältnisse darf allerdings nicht zur Umgehung arbeitsrechtlicher Schutzvorschriften führen (vgl. *Rumpenhorst* NZA 1993, 1067 ff.).

47 b) **Zweck des Arbeitnehmerbegriffs, Inhaltskontrolle.** Der ANBegriff ist der **Schlüssel für die Anwendung des Arbeitsrechts.** Er ist ein **Rechtsbegriff,** der in fast allen arbeitsrechtlichen Gesetzen verwandt, aber nicht allgemeingültig definiert wird (Überblick bei ArbRBGB/*Schliemann* Rn. 961 ff.). Sein Zweck ist primär, den abhängigen Arbeitsvertrag von dem unabhängigen (freien) Dienstvertrag abzugrenzen. Diese durch den Gesetzgeber bislang allerdings nicht geleistete Abgrenzung ist notwendig, um den Kreis derjenigen zu bestimmen, denen das gesamte ANSchutzrecht zur Verfügung stehen soll und jenen, die dieses Schutzes nicht bedürfen. Hinter der Begriffsabgrenzung steht daher die Globalmaxime der Schutzbedürftigkeit des AN (hierzu *Lieb* § 1 I 2), die aber als solche hier wie in anderen Zusammenhängen nicht geeignet ist, nachvollziehbare Abgrenzungskriterien zu liefern (vgl. *Preis* Vertragsgestaltung S. 283 ff.; MünchArbR/*Richardi* § 24 Rn. 36 ff.).

48 Missverständlich ist die verbreitete Aussage, die Klassifizierung des Arbeitsverhältnisses sei als Anwendungsfall eines **Rechtsformzwangs** anzusehen (LAG Berlin 16. 8. 1983 AP BGB § 611 Abhängigkeit Nr. 44; Erman/*Hanau* Rn. 9 ff.; hierzu auch *Fenn* FS für Bosch S. 171 ff.; klarstellend und richtig differenzierend *Jahnke* ZHR 1982, Bd. 146, S. 595 ff.; *Stoffels* NZA 2000, 690 ff.) ebenso wie die Auffassung, der ANBegriff sei ein **Statusbegriff** (krit. hierzu Staudinger/*Richardi* vor § 611 Rn. 176; ArbRBGB/*Schliemann* Rn. 951 ff.). Richtig ist daran nur, dass für eine Wahl der Vertragstypen, insb. zwischen freiem und abhängigem Dienstvertrag, nur ein schmaler Raum besteht (MünchArbR/*Richardi* § 24 Rn. 55 f.; ArbRBGB/*Schliemann* Rn. 954). Dabei geht es richtigerweise um zwei Fragen: (1) die richtige **Einordnung des Vertragstyps nach dem wahren Inhalt des Vertrags** unabhängig von dessen Bezeichnung und (2) um die Frage nach **Umfang und Grenzen der Privatautonomie bei der Rechtswahl** zwischen freiem Dienstvertrag und (abhängigem) Arbeitsvertrag. Erreicht werden soll durch eine objektivierte Überprüfung einerseits die Anwendung der für den jeweiligen Vertragstyp charakteristischen (auch dispositiven) Rechtsregeln, andererseits soll die Umgehung zwingender arbeitsrechtlicher Normen vermieden werden, wobei unerheblich ist, ob die Abbedingung bewusst oder unbewusst erfolgt (BAG 15. 3. 1978 AP BGB § 611 Abhängigkeit Nr. 26).

49 Dieser Ansatzpunkt geht weitgehend von einer zwingenden, nicht vertragsdispositiven Einordnung aus. Jedoch ist zu unterscheiden: Der **Rechtsbegriff des AN ist weder vertrags- noch tarifdispositiv.** Für den gesetzlichen Begriff der arbeitnehmerähnlichen Person hat das BAG dies ausdrücklich erklärt (BAG 2. 10. 1990 AP TVG § 12 a Nr. 1). Davon ist jedoch die grds. **Möglichkeit der Vertragstypenwahl** zu unterscheiden. Die richtige Zuordnung des Vertragstyps ebenso wie die (damit einhergehende) Abbedingung eines bestimmten Rechtsregimes ist dogmatisch als Anwendungsfall einer Inhaltskontrolle zu begreifen. Das zeigt sich auch daran, dass – jedenfalls innerhalb der Typengruppe „Dienstverträge" – bei frei ausgehandelten, nicht paritätsgestörten Vertragsschlüssen der freie Parteiwille Vorrang hat (hierzu *Preis* Vertragsgestaltung S. 381 ff.).

50 Allerdings ist auch hier zu differenzieren. Eine **fehlerhafte Vertragstypenzuordnung** ist stets durch die Rspr. zu korrigieren. Schon das BGB selbst sieht eine bestimmte Vertragstypenzuordnung mit bestimmten Rechtsregeln vor. So kann ein Vertrag, der die konstitutiven Elemente eines Werkvertrags besitzt, nicht durch schlichte Bezeichnung zum freien Dienstvertrag werden. Die anwendbaren Rechtsregeln werden nach dem vereinbarten Vertragstyp objektiv zugeordnet. Die Vertrags-

parteien haben es in der Hand, die beiderseitigen Rechte und Pflichten so festzulegen, dass ihr Rechtsverhältnis der einen oder anderen Rechtsform entspricht (zutr. *Jahnke* ZHR 1982, Bd. 146, S. 595 ff.). Die fehlerhafte Bezeichnung ist im Kern ein Anwendungsfall der „falsa demonstratio non nocet"-Regel (vgl. auch *Heinze* S. 105; MünchArbR/*Richardi* § 24 Rn. 59; abl. *Stoffels* NZA 2000, 690, 693). Wie die von den Vertragsparteien getroffenen Abreden rechtlich zu qualifizieren sind, entzieht sich deren Belieben. Die Zuordnung erfolgt nach objektiv-rechtlichen Kriterien (BAG 15. 12. 1999 AP HGB § 92 Nr. 5).

Geben die Parteien dem geschlossenen Vertrag eine andere Rechtsform, haben aber in der Sache alle 51 Voraussetzungen für die Annahme eines anderen Vertragsverhältnisses erfüllt (Beispiel: ein als „Werkvertrag" oder „freier Mitarbeitervertrag" bezeichneter Vertrag erfüllt alle Voraussetzungen eines Arbeitsverhältnisses), handelt es sich um den Fall einer **Rechtsformverfehlung.** Die einverständliche konkrete Ausgestaltung des Vertrags als unselbständige, persönliche Abhängigkeit begründende Arbeitsleistung führt zur Anwendung des Arbeitsrechts, selbst wenn die Parteien es nicht wollen (zutr. *Jahnke* ZHR 1982, Bd. 146, S. 595, 620).

Ebenso können die Vertragsparteien **nicht die sich zwingend ergebenden Rechtsfolgen** aus dem 52 jeweiligen Vertragstyp abbedingen (ArbRBGB/*Schliemann* Rn. 953). Dies gilt innerhalb wie außerhalb des Arbeitsrechts. Dies zeigt sich etwa an der Behandlung gemischter Vertragstypen, wo objektiv zwischen dienstvertraglichem und werkvertraglichem Element unterschieden wird (zum zahnärztlichen Behandlungsvertrag BGH 9. 12. 1974 NJW 1975, 305). Sofern es um die Auflösung eines gemischten Vertragsverhältnisses geht, ist der Vertragstypus zugrunde zu legen, der wirtschaftlich überwiegt (BAG 6. 2. 1969 AP BGB § 611 Gemischter Vertrag Nr. 1). In zahlreichen Anwendungsfällen hat sich die Zivilrechtsprechung nicht von der Bezeichnung des Vertragstyps durch die Parteien leiten lassen, sondern die **objektive Rechtsnatur des Vertrags** für ausschlaggebend erklärt und die diesem zugeordneten Rechtsregeln angewandt (RG 11. 7. 1924 RGZ 108, 369, 371; BGH 8. 11. 1979 BGHZ 75, 299, 301 = AP AÜG § 10 Nr. 2).

Die **Rechtsformwahl** ist **umso eingeschränkter, je mehr der jeweilige Vertragstyp von zwingen-** 53 **den Rechtsregeln geprägt** ist. Deshalb ist es auch unzulässig, in einem Arbeitsvertrag die Kündigungsregelungen freier Dienstverträge oder des Auftragsrechts zugrunde zu legen. Anleihen aus anderen Vertragstypen sind dort möglich, wo der jeweilige Vertragstyp keine zwingenden Rechtsregeln enthält. So wäre es zweifellos zulässig, in freien Dienstverträgen oder Werkverträgen (ggf. mit arbeitnehmerähnlichen Personen) arbeitsrechtliche Rechtsregeln zu vereinbaren (*Jahnke* ZHR 1982, Bd. 146, S. 595, 621). Umgekehrt gilt dies jedoch nur eingeschränkt. Regeln aus dem Auftrags- oder Werkvertragsrecht können nur dann auf Arbeitsverträge angewandt werden, wenn diese Regeln mit den zwingenden Rechtsregeln des Arbeitsrechts vereinbar sind (*Jahnke* ZHR 1982, Bd. 146, S. 595, 620 f.; s. BGH 29. 11. 1959 NJW 1960, 431 zum freien Dienstvertrag). Problematisch ist der Fall, wo das Arbeitsrecht einschlägige Rechtsregeln nicht kennt. So wäre die Vereinbarung der Gewährleistungsregeln des Werkvertragsrechts kaum mit dem Vertragstyp „Arbeitsvertrag" vereinbar. Allerdings handelt es sich hierbei richtigerweise nicht um eine Frage der Vertragstypenzuordnung, sondern um eine Frage der Inhaltskontrolle des Vertrags, wenn dem AN risikoverlagernde Gewährleistungsregeln bei fehlender Selbständigkeit auferlegt werden. Die Inhaltskontrolle ist bei dispositivem Vertragsrecht eine Erscheinungsform zwingenden Rechts, die eine schrankenlose Vermischung der vertragstypenbezogenen Regeln ausschließt.

Eine klare Zuordnung ist hiernach nur im **Bereich der Dienstverträge und verwandter Vertrags-** 54 **typen** schwierig. Für die nahezu ideologische Frage, welcher Dienstvertrag als „frei bzw. unabhängig" und welcher als „unfrei bzw. abhängig" zu bezeichnen ist, fehlt es an einer zweifelsfreien Definition. Es gibt zwar einen **Kerngehalt des Vertragstyps „Arbeitsvertrag",** der mit dem Begriff der „persönlichen Abhängigkeit" erfasst zu werden versucht (Rn. 60). Dieser Begriff deckt aber nicht alle Facetten des Abgrenzungsproblems ab. Wenn es darum geht, die fremdbestimmte, unselbständige, von der selbstbestimmten, selbständigen Arbeit abzugrenzen, ist dies nur aus dem Normzweck der arbeitsrechtlichen Schutzvorschriften insgesamt möglich. Der **ANBegriff ist Bestandteil des ANSchutzrechts.** Nur vermittelt durch die Existenz arbeitnehmerschützender Normen ist der „ANBegriff" erklärbar und definierbar. Die fehlende freie Wahlmöglichkeit zwischen freiem Dienstvertrag und Arbeitsvertrag ist der Existenz des zwingenden Arbeitsrechts immanent. Arbeitsvertrag und Dienstvertrag sind deshalb begrifflich scharf voneinander abzugrenzen (*Jahnke* ZHR 1982, Bd. 146, S. 595, 615). Eine funktionale Äquivalenz oder völlige Wahlfreiheit besteht nicht (verkannt von *Heinze* S. 93, 102 ff.).

Das Arbeitsrecht kompensiert ein durch den **Gesetzgeber vermutetes Ungleichgewicht zwischen** 55 **AG und AN.** Dieser Kompensationsgedanke kann nicht dadurch umgangen werden, dass die Definition der Schutzbedürftigkeit zum Nachteil des Unterlegenen von den Vertragsparteien selbst festgelegt wird (zust. *Stoffels* NZA 2000, 690, 694 mwN). Eine **Definitionsmacht im Grenzbereich** zwischen freier und abhängiger Dienstleistung ist allerdings anzunehmen, wenn eine gestörte Vertragsparität nicht anzunehmen ist. Hieraus folgt, dass die Vertragsparteien an der Einordnung des Vertragstyps als Arbeitsverhältnis stets festzuhalten sind, auch wenn sie objektiv einen anderen Vertragstyp mit dienstvertraglichem Zuschnitt hätten wählen können. Innerhalb des Vertragstyps sind die Parteien aber

Preis

wiederum an bestimmte vertragsimmanente Rechtsregeln gebunden. Denkbar ist, dass sich ein zunächst als abhängiger Arbeitsvertrag darstellendes Vertragsverhältnis im Laufe der Zeit zum freien Dienstvertrag entwickelt. Gegen die ausdrückliche Vereinbarung eines Arbeitsvertrags ist eine Umwandlung in ein freies Mitarbeiterverhältnis nicht möglich; denkbar ist in diesem Fall aber eine Änderungsvereinbarung, die vom beiderseitigen Vertragswillen erkennbar getragen sein muss (BAG 12. 9. 1996 AP BGB § 611 Freier Mitarbeiter Nr. 1; BAG 13. 5. 1992 ZIP 1992, 1496; so bereits *Jahnke* ZHR 1982, Bd. 146, S. 595, 622).

56 Die in st. Rspr. vom BAG praktizierte objektive Prüfung der Vertragsdurchführung (Rn. 57) ist Bestandteil einer **Vertragsinhaltskontrolle**. Dies wird insb. daran deutlich, dass eine derartige Vertragskontrolle erfolgt, wenn die **Verträge nicht ausgehandelt**, sondern von der einen Partei vorformuliert worden sind (ausdrücklich BAG 12. 9. 1996 AP BGB § 611 Lehrer, Dozenten Nr. 122). Durch vorformulierte Vertragsbedingungen kann nicht die Vertragsart bestimmt werden. Eine Klauselgestaltung, die dieses versucht, stellt eine unangemessene Benachteiligung dar, weil hierdurch „wesentliche Rechte oder Pflichten, die sich aus der Natur des Vertrags ergeben, so eingeschränkt werden, dass die Erreichung des Vertragszwecks gefährdet ist" (§ 307 II Nr. 2; vgl. hierzu §§ 305–310 Rn. 53 ff.). Andererseits unterliegen ausgehandelte Individualabreden nach § 305 I 3 keiner Inhaltskontrolle. Diese nach dem SchuldRModG deutlicher hervortretende dogmatische Grundlage der Vertragskontrolle ist auch bisher schon in Ansätzen zu erkennen gewesen. So wurde im Schrifttum darauf abgestellt, ob der Mitarbeiter in den „freien" Dienstvertrag **gedrängt** worden ist (ArbRBGB/*Schliemann* Rn. 954; *Wank* S. 104 ff.). Wenn der frühere AN auf eigene Initiative eine Fortsetzung des Vertragsverhältnisses auf freier Mitarbeiterbasis verlangt, findet eine Inhaltskontrolle nicht statt. Solche, vom AN in den Vertrag eingeführte Vertragsbedingungen sind schon nicht vom AG „gestellt" (vgl. § 310 III Nr. 1) und bedürfen schon deshalb keiner Inhaltskontrolle (nur im Ergebnis ebenso BAG 11. 12. 1996 AP BGB § 242 Unzulässige Rechtsausübung – Verwirkung Nr. 35, ähnlich Erman/*Hanau* Rn. 11, wo die nachträgliche Berufung auf den ANStatus bei selbstgewählter freier Mitarbeit unnötig als „rechtsmissbräuchlich" verworfen wird). Umgekehrt begründen nachteilige Klauseln in Verträgen über selbständige Dienstleistungen für sich genommen noch kein Arbeitsverhältnis. Entscheidend ist primär auch hier die Abgrenzung des Vertragstypus. Der Hinweis des BAG, dass ein Schutz der schwächeren Vertragspartei bei selbständigen und arbeitnehmerähnlichen Vertragsverhältnissen über die Kontrolle nach dem AGB-Recht stattfindet (BAG 30. 9. 1998 AP BGB § 611 Abhängigkeit Nr. 103; BAG 15. 12. 1999 AP HGB § 92 Nr. 5; s. a. *Rieble* ZfA 1998, 327, 341; *Reinecke* FS für Dieterich 1999 S. 463, 469; vgl. hier Rn. 136), ist zutreffend. Das SchuldRModG hat aber durch § 310 IV klargestellt, dass – nach der Einbeziehung des Arbeitsrechts in die AGB-Kontrolle – sich die Inhaltskontrolle von Arbeitsverträgen, arbeitnehmerähnlichen Dienst- oder Werkverträgen sowie freien Dienstverträgen in den dogmatischen Grundlagen nicht mehr unterscheidet. Insofern ist die Erkenntnis nachzuvollziehen, dass auch die Vertragstypenzuordnung über § 307 II Nr. 2 bei vorformulierter Vertragsgestaltung kontrolliert werden kann. Dieser Kontrollansatz führt im Wesentlichen nicht – wie hier gezeigt – zu abw. Resultaten. Er hat jedoch den Vorteil einer klareren gesetzlichen Grundlage, betont die Einbeziehung des Arbeitsrechts in das allgemeine Vertragsrecht und lässt der Vertragsfreiheit dort Raum, wo sie auch im Arbeitsrecht gegeben werden kann, nämlich im Bereich echter ausgehandelter Individualabreden (vgl. näher §§ 305–310 Rn. 27 f.).

57 c) **Tatsächliche Vertragsdurchführung.** Mit dieser Erscheinung korreliert, dass nach herrschender Rspr. für die rechtliche Einordnung einer Vertragsbeziehung die darin getroffene **Bezeichnung nicht entscheidend** ist. Es wäre mit dem Grundgedanken des Arbeitsrechts als ANSchutzrecht nicht zu vereinbaren, wenn es der typischerweise wirtschaftlich stärkere AG in der Hand hätte, durch eine von ihm durchgesetzte Formulierung im Vertrag die Zuordnung der betreffenden Person zum Arbeitsrecht zu steuern. Abzustellen ist somit im Zweifel auf die **praktische Durchführung des Vertrags** (BAG 22. 3. 1995 AP ArbGG 1979 § 5 Nr. 21; BAG 19. 11. 1997 AP BGB § 611 Abhängigkeit Nr. 90).

58 Dabei kommt es nicht darauf an, wie die Parteien das Vertragsverhältnis bezeichnen, sondern danach, wie die Rechtsbeziehung nach ihrem Geschäftsinhalt objektiv einzuordnen ist. Denn durch Parteivereinbarung kann die Bewertung einer Rechtsbeziehung als Arbeitsverhältnis nicht abbedungen und der Geltungsbereich des ANSchutzrechts nicht eingeschränkt werden. Der wirkliche Geschäftsinhalt ist den ausdrücklich getroffenen Vereinbarungen und der praktischen Durchführung des Vertrags zu entnehmen. Wird der Vertrag abw. von den ausdrücklichen Vereinbarungen vollzogen, ist die tatsächliche Durchführung maßgebend. Denn die praktische Handhabung lässt Schlüsse darauf zu, von welchen Rechten und Pflichten die Parteien in Wirklichkeit ausgegangen sind (BAG 22. 3. 1995 AP ArbGG 1979 § 5 Nr. 21; BAG 12. 9. 1996 AP BGB § 611 Lehrer, Dozenten Nr. 122).

59 Zur Beurteilung der tatsächlichen Vertragsdurchführung können auch **weitere Indizien der Vertragsgestaltung** und praktischen Durchführung des Arbeitsverhältnisses herangezogen werden. So ist wesentlich, ob der Beschäftigte seine gesamte Arbeitskraft zur Verfügung zu stellen hat und weitere Nebentätigkeiten ausgeschlossen sind. Ferner können die Form der Vergütung (Einzelhonorar oder Monatsentgelt), die Abführung von Steuern und Sozialversicherungsbeiträgen, die Gewährung von Urlaub, die Zurverfügungstellung von Arbeitsgeräten, die Führung von Personalunterlagen, die Anforderung der Lohnsteuerkarte usw. Indizien für das Vorliegen eines Arbeitsverhältnisses darstellen (BAG 8. 6. 1967 AP BGB § 611 Abhängigkeit Nr. 6). Allerdings sind diese Hilfstatsachen nicht wesentlich und können lediglich zu Gunsten des Mitarbeiters herangezogen werden (BAG 26. 5. 1999 AP BGB § 611 Abhängigkeit Nr. 104). Allein aus dem Umstand, dass ein AG (zu Unrecht) Folgerungen aus dem von ihm eingenommenen Rechtsstandpunkt zieht, und auf Vorlage von Attesten, Gewährung von Urlaub, Abführung von Steuer und Sozialversicherung verzichtet, kann nicht bereits auf ein freies Mitarbeiterverhältnis geschlossen werden (BAG 9. 3. 1977 AP BGB § 611 Abhängigkeit Nr. 22).

d) **Persönliche Abhängigkeit.** Die Rspr. macht die Unterscheidung zwischen Arbeits- und freiem 60 Dienstvertrag davon abhängig, ob derjenige, der die Dienste erbringt, von seinem Vertragspartner persönlich abhängig ist. Wann ein solches persönliches Abhängigkeitsverhältnis vorliegt, ergibt sich anhand eines Umkehrschlusses aus § 84 HGB. Nach dieser Bestimmung ist selbständig, wer im Wesentlichen frei seine Tätigkeit gestalten und seine Arbeitszeit bestimmen kann. Unselbständig und deshalb persönlich abhängig ist derjenige Mitarbeiter, der **nicht im Wesentlichen frei seine Tätigkeit gestalten und seine Arbeitszeit bestimmen kann.** Dies ist der **unabdingbare Kern des ANBegriffes** und damit der Vertragstypenzuordnung. In eindeutigen Fällen geht die Rspr. zu Recht von einem Vertragstypenzwang aus. In der Sache bestimmt dies auch der Vorschlag in § 2 E-ArbVG-Brandenburg (BR-Drucks. 293/95), der bei Vorliegen dieser Voraussetzungen die ANEigenschaft unwiderleglich vermutet.

Die persönliche Abhängigkeit – und mit ihr die ANEigenschaft – ist anzunehmen, wenn statt der 61 freien Tätigkeitsbestimmung die Einbindung in eine **fremde Arbeitsorganisation** vorliegt, die sich im **Weisungsrecht des AG** bezüglich **Inhalt, Durchführung, Zeit, Dauer und Ort der Tätigkeit** zeigt (BAG 30. 11. 1994 AP BGB § 611 Abhängigkeit Nr. 74).

Dabei ist zu unterscheiden zwischen der Weisungsgebundenheit hins. des **Arbeitsortes,** der **Arbeits-** 62 **zeit** und der **Art der** zu leistenden **Arbeit.** Der **Weisungsumfang** kann in allen drei Bereichen unterschiedlich ausgeprägt sein: So können beispielsweise Außendienstmitarbeiter bei der Wahl ihres Einsatzortes relativ frei sein, allerdings wird auch ihnen idR ein bestimmtes räumlich abgegrenztes Gebiet (Kreis oder Stadt, Bundesland, bestimmter Postleitzahlbereich) zugewiesen. Die Wahl der Arbeitszeit kann im Rahmen von Gleitzeitregelungen individuell gestaltet sein, gerade Teilzeitbeschäftigte können hier einen erheblichen Freiraum haben. Auch AN, die zB zu Hause Arbeiten am Bildschirm verrichten (Heim-/Telearbeiter) genießen uU erhebliche Freiheiten. Zahlreiche Tätigkeiten (Ärzte, Künstler, hochqualifizierte Berufe) sind in fachlicher Hinsicht weitgehend weisungsfrei. Dennoch hat die Rspr. auch bei Fehlen einzelner Merkmale die ANEigenschaft durchaus bejaht.

Entscheidend sollen die Umstände sein, unter denen die Dienstleistung zu erbringen ist. Der Grad 63 der persönlichen Abhängigkeit hängt von der Eigenart der jeweiligen Tätigkeit ab. Das Bestehen eines Arbeitsverhältnisses kann auch aus der **Art oder Organisation der Tätigkeit** folgen (BAG 30. 11. 1994 AP BGB § 611 Abhängigkeit Nr. 74).

Dabei stellt das BAG hins. der Umstände insb. auf die **Eingliederung in eine fremde Arbeits-** 64 **organisation** ab (hierzu schon *Zeuner* RdA 1975, 84 f.). Neuerdings akzentuiert die Rspr., dass sich die Eingliederung insb. in dem Weisungsrecht des AG zeige (BAG 30. 11. 1994 AP BGB § 611 Abhängigkeit Nr. 74). Dies hat freilich die merkwürdige Konsequenz, dass die bindende Vertragsgestaltung mit einer **Festlegung der weisungsrelevanten Bereiche** im Vertrag gegen die Annahme eines Arbeitsverhältnisses sprechen soll (BAG 30. 10. 1991 AP BGB § 611 Abhängigkeit Nr. 59). Dies kann schon allein deshalb nicht überzeugen, weil der ANBegriff in der Sache eine Erscheinung der Vertragskontrolle darstellt. Durch geschickte, das Weisungsrecht bis ins Einzelne vertraglich konkretisierende Vertragsgestaltung kann schwerlich der Arbeitsrecht ausgewichen werden. Vielmehr kann eine derartige Vertragsgestaltung gerade umgekehrt die Schutzbedürftigkeit begründen (in diese Richtung zutreffend auch *Schliemann* RdA 1997, 322, 327). Wenn die Art der Tätigkeit genau durch Vertragsbestimmungen vorgeschrieben ist, spricht dies für die ANEigenschaft (BAG 30. 9. 1998 AP BGB § 611 Abhängigkeit Nr. 103).

e) **Typologische Methode des BAG.** Vor dem Hintergrund der schwierigen, nicht zweifelsfreien 65 Einstufung auf der Basis des Merkmals der persönlichen Abhängigkeit verneint das BAG die Möglichkeit, abstrakte, für alle Arbeitsverhältnisse geltende Kriterien aufzustellen. Deshalb sei es unvermeidlich, die unselbständige von der selbständigen Arbeit typologisch abzugrenzen (BAG 23. 4. 1980 AP BGB § 611 Abhängigkeit Nr. 34 mit Anm. *Küchenhoff, Wank* und *Otto*). Ausgehend vom Normalfall wird der Begriff in Form eines Typus beschrieben. Daraus folge, dass nicht sämtliche Kriterien des Normalfalls zur Erfüllung des ANBegriffes vorliegen müssten. Diese könnten vielmehr in einem unterschiedlichen Maße gegeben sein. Maßgeblich sei das Gesamtbild. Für alle AN geltende Kriterien ließen sich nicht aufstellen; entscheidend seien die Umstände des Einzelfalles. Selbst die Weisungsbindung sei nicht immer typisch (BAG 15. 3. 1978 AP BGB § 611 Abhängigkeit Nr. 26; BAG 13. 1. 1983 AP BGB § 611 Abhängigkeit Nr. 42; BAG 29. 1. 1992 AP BetrVG 1972 § 5 Nr. 47). Diese typologische Methode hat das BVerfG mit dem Hinweis auf die Schwierigkeit der Abgrenzung gebilligt (BVerfG 20. 5. 1996 AP BGB § 611 Abhängigkeit Nr. 82).

Preis

66   Die **typologische Methode ist abzulehnen.** Im Rahmen der typologischen Methode werden selbst klar handhabbare normative Kriterien zu irrelevanten Topoi (zutr. MünchArbR/*Richardi* § 24 Rn. 49 „Muster ohne Wert"; zur Kritik auch *Wank* S. 23 ff.; *Rüthers* RdA 1985, 129, 131). Nachvollziehbare allgemeingültige Kriterien liefert sie nicht. Nach der typologischen Methode des BAG kann weder aus dem Umstand der Nebenberuflichkeit oder Hauptberuflichkeit etwas für die ANEigenschaft gefolgert werden noch aus dem Umstand, dass es sich um ein auf Dauer angelegtes Rechtsverhältnis handelt (BAG 8. 10. 1975 AP BGB § 611 Abhängigkeit Nr. 18; BAG 30. 10. 1991 AP BGB § 611 Abhängigkeit Nr. 59; BAG 30. 11. 1994 AP BGB § 611 Abhängigkeit Nr. 74). Andererseits soll für das Vorliegen eines Arbeitsverhältnisses sprechen, wenn Mitarbeiter mit überwiegend gleicher Funktion im Arbeitsverhältnis beschäftigt werden (BAG 2. 6. 1976 AP BGB § 611 Abhängigkeit Nr. 20). Aber auch diese Typusbetrachtung wird nicht durchgehalten (vgl. etwa die Rspr. zu Lehrkräften Rn. 107 ff.). Wenn es kein Kriterium der Abhängigkeit gibt, das nicht auch bei freien Mitarbeitern erfüllt sein kann (BAG 23. 4. 1980 AP BGB § 611 Abhängigkeit Nr. 34) und auch kein Einzelmerkmal vorliegen muss, um die persönliche Abhängigkeit zu begründen (BAG 3. 10. 1975 AP BGB § 611 Abhängigkeit Nr. 15), sondern maßgeblich die Gesamtschau aller Umstände ist, wobei bei jedem Einzelfall auf die Verkehrsanschauung abgestellt werden muss (BAG 13. 1. 1983 AP BGB § 611 Abhängigkeit Nr. 42), ist der Erkenntniswert der Rspr. gering.

67   Soweit die „Eigenart der jeweiligen Tätigkeit" durch das BAG gewürdigt wird (BAG 13. 11. 1991 AP BGB § 611 Abhängigkeit Nr. 60), hat dieses, die typologische Methode lediglich anders bezeichnende Merkmal nachvollziehbare Erkenntnisse nicht zutage fördern können (s. Staudinger/*Richardi* vor § 611 Rn. 164).

68   **f) Neuere Lehre.** Bedeutung erlangt hat in der Rspr. zur Bestimmung der ANEigenschaft das Kriterium des „Unternehmerrisikos" (*Wank* S. 122 ff.). Dabei wird richtig herausgearbeitet, dass der selbständige Unternehmer typischerweise als Wettbewerber am Markt auftritt (während der AN idR nur seine Arbeitskraft einem AG zur Verfügung stellt und nicht am Markt operiert), mit eigenem oder aufgenommenem Kapital eine eigene Betriebsstätte bzw. Organisation aufbaut, die er idR mit mehreren Mitarbeitern betreibt. Dem **Risiko, keine Aufträge zu erhalten** und **kein Einkommen zu erzielen,** steht die unternehmerische Chance erfolgsabhängiger Gewinne gegenüber. Der AN hingegen erhält von seinem AG Lohn auch dann, wenn der AG für ihn keine Arbeit hat; allerdings muss der AN bei länger andauerndem Auftragsmangel damit rechnen, dass der AG das Arbeitsverhältnis beendet. *Wank* stellt folgende Merkmale als typische ANMerkmale heraus: auf Dauer angelegte Tätigkeit, für nur einen Auftraggeber, in einer Person, ohne Mitarbeiter, im Wesentlichen ohne eigenes Kapital und im Wesentlichen ohne eigene Organisation.

69   *Wank* legt seinem ANBegriff das duale Modell der Erwerbstätigkeit zugrunde, wonach die abhängige Tätigkeit einen umfassenden Berufs- und Existenzschutz benötige, während bei Selbständigen Eigenvorsorge unterstellt werden könne (*Wank* S. 94 ff.). Nur bei tatsächlicher Entscheidungsfreiheit des Beschäftigten könne zwischen den Systemen gewählt werden (*Wank* S. 102 ff., 129 ff.). Unternehmer sei daher nur derjenige, der freiwillig ein Unternehmerrisiko übernehme, AN dagegen derjenige, der es nicht oder unfreiwillig auf sich nehme (*Wank* S. 122, 127 ff.).

70   In mehreren Gesetzentwürfen ist auf die Kriterien der freiwilligen Übernahme des Unternehmerrisikos abgestellt worden (vgl. Gesetzentwürfe der Länder Brandenburg und Sachsen zum Arbeitsvertragsrecht BR-Drucks 293/95 und 671/96; Gesetzentwurf der SPD zur Bekämpfung der Scheinselbständigkeit BR-Drucks. 793/96; hierzu *Kretschmer* RdA 1997, 327). Einige Instanzgerichte haben sich dieser Sicht angeschlossen (LAG Niedersachsen 7. 9. 1990 LAGE BGB § 611 Arbeitnehmerbegriff Nr. 24, die Nichtzulassungsbeschwerde hat das BAG mit Beschluss v. 1. 9. 1992 – 2 AZN 40/92 – mangels Divergenz verworfen; LAG Köln 30. 6. 1995 LAGE BGB § 611 Arbeitnehmerbegriff Nr. 29; ArbG Nürnberg 31. 7. 1996 EzA BGB § 611 Arbeitnehmerbegriff Nr. 57).

71   Allerdings vermag diese neue Lehre als allein ausschlaggebender Ansatz nicht zu überzeugen (abl. auch LAG Niedersachsen 23. 1. 1995 LAGE ArbGG 1979 § 48 Nr. 10; LAG Düsseldorf 4. 9. 1996 LAGE § 611 BGB Arbeitnehmerbegriff Nr. 33; *Hanau* S. 7 f.; *Buchner* NZA 1998, 1144, 146; *Hromadka* NZA 1997, 569, 576; *Rommé* ZfA 1997, 251 ff.; *Griebeling* RdA 1988, 208, 214; ders. NZA 1998, 1137, 1142 ff.; *Reinecke* ZIP 1998, 581; *Rieble* ZfA 1998, 327, 334 ff.). Er vermag die vertragstypenbezogenen, traditionellen Kriterien lediglich zu ergänzen. Dies entspricht im Ansatz auch schon überkommener Rspr. (vgl. etwa BAG 2. 6. 1976 AP BGB § 611 Abhängigkeit Nr. 20; anschaulich LG München I 15. 5. 1997 NZA 1997, 943). Richtig an der Auffassung von *Wank* ist, dass derjenige, der seine Chancen auf dem Markt selbständig verfolgt und insoweit weisungsfrei operieren kann, Selbständiger ist (s. BAG 16. 7. 1997 AP ArbGG 1979 § 5 Nr. 37). Die von *Wank* entwickelten Kriterien stellen jedoch unzureichend auf den Vertragstyp ab, sondern entwickeln einen Typusbegriff, der außerhalb des Vertrags steht, ähnlich der Kategorie des „Verbrauchers" und des „selbständig Erwerbstätigen" (hierzu ausf. *Preis* ZHR 158, 1994, S. 567 ff.), der isoliert, ohne Vertragsbezug keine plausiblen Kriterien liefert, allerdings die vertragstypenbezogenen Kriterien unterstützen kann. Dies gilt zunächst einmal für die **personenbezogene Leistung,** die sicher auch charakteristisch für den Arbeitsvertrag ist. Ob die personenbezogene Leistung dagegen **nur für einen Auftraggeber** erfolgt,

ist **unerheblich**. Schon angesichts der zunehmenden Verbreitung von Teilzeitarbeitsverhältnissen ist die Tätigkeit in Arbeitsverhältnissen für mehrere Auftraggeber geradezu üblich geworden ist (zur sozialversicherungsrechtlichen Zusammenrechnung vgl. § 8 II SGB IV). Es ist ferner möglich, dass ein (Teilzeit)AN daneben auch als selbständiger Unternehmer in einem anderen Bereich tätig ist. In beiden Fällen ist er nicht für einen Auftraggeber tätig, was aber für die Qualifizierung des jeweiligen Vertragsverhältnisses wenig aussagt. Auch das Kriterium „eigenes Kapital" ist unerheblich, weil es zweifellos Unternehmer gibt, die fast ausschließlich mit Fremdkapital arbeiten, wie auch umgekehrt AN, die über erhebliches Eigenkapital verfügen (so LAG Düsseldorf 4. 9. 1996 LAGE BGB § 611 Arbeitnehmerbegriff Nr. 33). Das Merkmal der Organisation deckt sich demgegenüber mit dem differenziert entwickelten Kriterium der organisatorischen Einbindung (Rn. 87). Das Kriterium „ohne eigene Mitarbeiter" ist sowohl in Abgrenzung zu § 12a TVG als auch zur (eingeschränkten) Möglichkeit mittelbarer Arbeitsverhältnisse (Rn. 198) problematisch (LAG Düsseldorf 4. 9. 1996 LAGE BGB § 611 Arbeitnehmerbegriff Nr. 33).

Im Kern zieht *Wank* die Kriterien zur Füllung seines ANBegriffes heran, die die wirtschaftliche 72 Abhängigkeit der arbeitnehmerähnlichen Person kennzeichnen. Die wirtschaftliche Abhängigkeit ist jedoch ebenfalls nicht vertragstypenbezogen und kann kein plausibles Kriterium zur Abgrenzung der Vertragstypen liefern (MünchArbR/*Richardi* § 24 Rn. 27; aA wohl aus sozialrechtlicher Sicht *Brand* NZS 1997, 552, 555). Auch der wirtschaftliche Einfluss eines Auftraggebers macht diesen noch nicht zum AG seines Vertragspartners (BAG 26. 11. 1975 AP BGB § 611 Abhängigkeit Nr. 19). Zu Recht wird darauf hingewiesen (*Hanau* S. 7 f.), dass sich der traditionelle ANBegriff im Umkehrschluss aus den Vorschriften zu den selbständigen Handels- und Versicherungsvertretern (§§ 84, 92, 92a HGB) und den arbeitnehmerähnlichen Personen (§§ 12a TVG, 5 ArbGG, 2 BUrlG) ergebe. Aus den Vorschriften folge, dass weder der Umstand der wirtschaftlichen Abhängigkeit noch die Tätigkeit für nur einen Auftraggeber den ANStatus begründen könne. *Wanks* ANBegriff ist im Wesentlichen aus den Kriterien des § 12a TVG sowie des § 1 II HAG gespeist. Diese Normen schreiben eine Abstufung in der Schutzbedürftigkeit zwischen wirtschaftlich unabhängigen Selbständigen, wirtschaftlich abhängigen Selbständigen (Arbeitnehmerähnliche, Heimarbeiter und Gleichgestellte) und persönlich abhängigen, unselbständigen AN vor. Die gesetzliche Abstufung geht nicht von einem dualen System, sondern von einem dreigeteilten System aus (*Hromadka* NZA 1997, 569, 576). Die mit der Definition von *Wank* vollzogene Abkehr von der arbeitnehmerähnlichen Person mag vernünftig sein, stellt aber eine unzulässige Rechtsfortbildung dar (*Hromadka* NZA 1997, 569, 576). Aus diesen Gründen ist es de lege lata ausgeschlossen, den ANBegriff von *Wank* als zwingende Definition anzuwenden. Überdies hat der Gesetzgeber in § 7 I 2 SGB IV (vgl. die Kommentierung dort) neuerdings die traditionellen Kriterien der Eingliederung und der Weisungsbindung in das Zentrum der Abgrenzung gestellt (hierzu *Preis* NZA 2000, 914).

g) Zusammenfassende Stellungnahme. Die Abgrenzung des persönlichen Geltungsbereichs des 73 Arbeitsrechts anhand des Begriffs des AN mit einer alle Fallgestaltungen umfassenden Definition kann nicht geleistet werden. Vielmehr ist in mehreren Schritten vorzugehen:

Zunächst ist zu prüfen, ob die Ausgestaltung des Rechtsverhältnisses überhaupt unter die **Gruppe** 74 **der Dienstverträge** zu fassen ist. Wie im gesamten Privatrecht auch kann die fehlerhafte Bezeichnung eines Vertrags, der nach seinem materiellen Inhalt einen anderen Vertragstyp erfüllt, nur nach seinem objektiven Inhalt, nicht aber nach seiner fehlerhaften Bezeichnung rechtlich bewertet werden.

Kann der Vertragstyp der **Gruppe der Dienstverträge im weitesten Sinne** zugeordnet werden, ist 75 anhand der gesetzlich vorhandenen Anhaltspunkte zunächst der Kerngehalt abhängiger und unabhängiger Dienstleistung herauszuarbeiten (so etwa BAG 30. 9. 1998 AP BGB § 611 Abhängigkeit Nr. 103). Wer im Wesentlichen frei seine Tätigkeit und seine Arbeitszeit bestimmen kann (§ 84 I 2 HGB), ist selbständig. Bei ihm fehlt das Merkmal der tätigkeits- und arbeitszeitbezogenen Fremdbestimmung. Wer dagegen weder seine Tätigkeit frei gestalten noch seine Arbeitszeit bestimmen kann, ist als AN einzustufen (deutlich BAG 15. 12. 1999 AP HGB § 92 Nr. 5).

In einem weiteren Prüfungsschritt ist zu klären, ob die durch einen Werkvertrag oder freien Dienst- 76 vertrag verpflichtete Person nicht (bloß) als **arbeitnehmerähnliche Person** einzustufen ist. Hierfür genügt die **wirtschaftliche Abhängigkeit**, die Erbringung der geschuldeten Leistungen **in Person, im Wesentlichen ohne Mitarbeit von AN** sowie überwiegend für einen Auftraggeber (hierzu Rn. 133).

Ist auf dieser Basis die Qualifizierung eines Rechtsverhältnisses nicht eindeutig als Arbeitsverhältnis 77 möglich und sprechen nach den objektiven Gegebenheiten sowohl für die eine wie die andere Vertragsform Gründe bzw. liegt eine Vertragstypenvermischung vor, kann zunächst der **Wille der Vertragsparteien** den Ausschlag geben, ob die eine oder andere Vertragsform gewollt war (hierzu LAG Hamm 22. 6. 1989 NZA 1990, 193; s. BAG 8. 6. 1967 AP BGB § 611 Abhängigkeit Nr. 6; BAG 12. 4. 1974 AP BGB § 611 Abhängigkeit Nr. 11; MünchArbR/*Richardi* § 24 Rn. 52; 58 ff.). Eine derartige Wahlfreiheit ist jedoch nur gerechtfertigt, wenn der **Vertragswille frei gebildet** worden ist (*Wank* S. 104 ff., 107; LAG Köln 7. 4. 1994 NZA 1994, 1090).

Lässt der Auftraggeber (Dienstberechtigte) nicht die Wahl, auch als AN tätig zu werden, kann die 78 oktroyierte Vertragsform nach der Rspr. ein Missbrauch der Vertragsfreiheit darstellen, wenn sie nicht durch einen sachlichen Grund gerechtfertigt ist (BAG 14. 2. 1974 AP BGB § 611 Abhängigkeit Nr. 12; MünchArbR/*Richardi* § 24 Rn. 61). Es erfolgt in Zweifelsfällen mithin eine **Inhaltskontrolle hins. der Wahl des Vertragstyps.** Diese Vertragsinhaltskontrolle bei gestellten Vertragsbedingungen richtet sich nach § 307 II Nr. 2 (vgl. Rn. 56 sowie §§ 305–310 Rn. 41 ff.).

79   Zusammenfassend kann festgehalten werden, dass in eindeutigen Fällen fehlerhafter Bezeichnung des Vertrags und einer einhergehender Abbedingung der Kardinalpflichten des Arbeitsrechts der von der Rspr. angenommene „Vertragstypenzwang" über die Inhaltskontrolle nach § 307 II Nr. 2 erreicht wird (Rn. 56). Bei einer wirklich freien Wahl des selbständigen Status durch den Dienstnehmer ist der Parteiwille zu respektieren (krit. *Hilger* RdA 1989, 1, 6 f.; offenbar auch *Hromadka* NZA 1997, 569, 577). Eine ausgehandelte Individualabrede (§ 305 I 3) und eine vom Dienstnehmer selbst in den Vertrag eingebrachte Bedingung (§ 310 III Nr. 1) unterliegt nicht der Inhaltskontrolle. Im Regelfall bedarf es jedoch der Inhaltskontrolle nach Maßgabe der §§ 307 ff. Die von der Rspr. akzentuierten Topoi des Arbeitnehmerbegriffs sind Kernkriterien der Vertragskontrolle. Die persönliche, fachliche und örtliche Weisungsgebundenheit ebenso wie die Prüfung der organisatorischen Weisungsgebundenheit durch Eingliederung in den Betrieb, die Angewiesenheit auf die Materialien des Dienstberechtigten ebenso wie die Verteilung des unternehmerischen Risikos können als Kriterien der Vertragskontrolle dienen. Der Schwerpunkt der Betrachtung bleibt dabei eindeutig bei **Kriterien**, die das Merkmal der **persönlich abhängigen Leistungserbringung** ausfüllen. Berücksichtigungsfähig sind nur solche Kriterien, die die Vertragstypenzuordnung ermöglichen. Aus diesem Grunde ist mit dem BAG (seit 28. 2. 1962 AP BGB § 611 Abhängigkeit Nr. 1) anzunehmen, dass die **wirtschaftliche Abhängigkeit kein ausschlaggebendes Kriterium** sein kann, weil es **keinen bestimmten Vertragstyp** qualifiziert. Wirtschaftliche Abhängigkeit kann in nahezu allen Vertragsgestaltungen des Privatrechts gegeben sein. Dies wird auch daran deutlich, dass § 12 a TVG für sog. arbeitnehmerähnlichen Personen die wirtschaftliche Abhängigkeit voraussetzt, die Tätigkeit dort aber auch auf der Basis eines Werkvertrags erbracht werden kann. Auch der Begriff der **sozialen Schutzbedürftigkeit** ist **nicht vertragstypenbezogen,** so dass aus ihm kein plausibles Abgrenzungskriterium hergeleitet werden kann (s. MünchArbR/*Richardi* § 24 Rn. 19).

80   **2. Leitlinien der Vertragskontrolle in Zweifelsfällen.** Auf der Basis der vorstehenden Ausführungen sind Leitlinien für die Vertragskontrolle in Zweifelsfällen der vertraglichen Zuordnung zu entwickeln. Des Rückgriffs auf die Leitlinien bedarf es nur, wenn nicht schon eine klare Zuordnung nach den Kernbestandteilen des Arbeitsverhältnisses möglich ist (fehlende fachliche und zeitliche Selbstbestimmung) und nicht ein Fall der nichtparitätsgestörten freien Vereinbarung eines freien Mitarbeiterverhältnisses gegeben ist.

81   Die verbreitete Bildung von Typenreihen oder die Auflistung von Berufsbildern, bei denen die Rspr. den ANStatus angenommen bzw. verworfen hat (ausführlichst etwa Küttner/*Küttner* Anhang zum Stichwort: Arbeitnehmer (Begriff), bringt keinen Erkenntnisaufschluss, weil nahezu jede Tätigkeit bzw. jedes Berufsbild in verschiedenen Vertragsformen geleistet werden kann.

82   **a) Modalitäten des Weisungsrechts.** Wichtigstes Prüfungsmerkmal der Abgrenzung ist das typische Weisungsrecht des AG im Unterschied zum freien Dienstvertrag. **Je stärker die Weisungsbindung, umso eher ist ein Arbeitsverhältnis anzunehmen.** Der Grad der Weisungsrechts ist der zentrale Gesichtspunkt bei der Feststellung der persönlichen Abhängigkeit (BAG 30. 11. 1994 AP BGB § 611 Abhängigkeit Nr. 74 = NZA 1995, 622; HzA/*Worzalla* Gruppe 1 Rn. 140 ff.). Das Kriterium wird nicht dadurch entwertet, dass es zunehmend als Arbeitsverhältnisse einzuordnende Vertragsbeziehungen gibt, bei denen die Weisungsbindung gelockert ist (Rn. 105 ff.). Das Weisungsrecht hins. Umfang, Inhalt und organisatorischer Einbindung der Arbeitsleistung charakterisiert das Arbeitsverhältnis im Unterschied zu freien Dienstverhältnissen, weil der AN nur fremdbestimmt zur Leistungserbringung in der Lage ist. Fehlt es an jeder Weisungsgebundenheit, liegt idR kein Arbeitsverhältnis vor (BSG 21. 4. 1993 AP BGB § 611 Abhängigkeit Nr. 67).

83   **aa) Örtliche Weisungsgebundenheit.** Ist der Leistende verpflichtet, die **Dienste an einem bestimmten Ort** zu erbringen, den er nicht selbst bestimmen kann, liegt idR ein Arbeitsverhältnis vor (BAG 13. 1. 1983 AP BGB § 611 Abhängigkeit Nr. 42). Dabei ist die örtliche Weisungsgebundenheit nicht mit der Eingliederung in den Hauptbetrieb des Unternehmens zu verwechseln. Auch im Außenbereich tätige Mitarbeiter (Monteure, Außendienstmitarbeiter; Kundenberater) können hins. des Arbeitsortes engen Bindungen unterliegen (BAG 6. 5. 1998 AP BGB § 611 Abhängigkeit Nr. 102). Bei bestimmten Tätigkeiten (Außendienstmitarbeiter, Journalisten, Telearbeit) entfällt uU die örtliche Weisungsbindung. Für die Qualifizierung dieser Beschäftigungsverhältnisse tritt die zeitliche und fachliche Weisungsgebundenheit sowie die Eingliederung in die Betriebsstruktur in den Vordergrund.

84   **bb) Zeitliche Weisungsbindung.** Zeitlich weisungsgebunden ist der Dienstleistende dann, wenn der Dienstberechtigte Dauer und zeitliche Lage der zu erbringenden Leistung im Rahmen der arbeits- und tarifvertraglichen Vereinbarungen bestimmen kann. Die nach dem Vertragsinhalt wie auch nach der praktischen Durchführung des Vertragsverhältnisses verlangte ständige Dienstbereitschaft spricht für die ANEigenschaft (BAG 19. 11. 1997 AP BGB § 611 Abhängigkeit Nr. 90). Wenn keine Möglichkeit

besteht, nach eigenem Gutdünken Termine wahrzunehmen, spricht dies für eine abhängige Beschäftigung (BAG 6. 5. 1998 AP BGB § 611 Abhängigkeit Nr. 102). Entscheidend ist dabei **nicht,** ob eine **Weisungsausübung im Einzelfall** erfolgt. Die zeitliche Weisungsbindung kann auch bereits vertraglich fixiert sein (missverständlich deshalb BAG 13. 11. 1991 AP BGB § 611 Abhängigkeit Nr. 60). Ein Arbeitsverhältnis kann idR angenommen werden, wenn der Verpflichtete eine zweck- und zeitbestimmte Arbeitsleistung mit im Voraus nicht abgegrenzten Einzelleistungen zugesagt hat. Wesentlich ist die rechtsgeschäftliche Zusage (zur Rahmenvereinbarung, die noch keine Pflicht zur Arbeitsleistung begründet BAG 31. 7. 2002 AP TzBfG § 4 Nr. 2). Zeitliche Weisungsbindung ist auch bei **Teilzeitbeschäftigten,** bei denen die Lage der Arbeitszeit vertraglich konkretisiert ist, erst recht aber bei Abrufverhältnissen zu bejahen. Entscheidend ist, ob der Dienstleistende **bei Begründung** des Dienstverhältnisses oder **während dessen Laufes** die zeitliche Lage **frei bestimmen** kann. Dieses Merkmal ist im Hinblick auf § 84 I 2 HGB für die Qualifizierung des Vertragsverhältnisses wesentlich (BAG 9. 9. 1981 AP BGB § 611 Abhängigkeit Nr. 38). Starkes Indiz für die ANEigenschaft ist die Aufführung in **Dienstplänen** (BAG 16. 3. 1994 AP BGB § 611 Abhängigkeit Nr. 68; BAG 16. 2. 1994 AP BGB § 611 Rundfunk Nr. 15). Unerheblich ist, ob sich der AN darin selbst eintragen kann, wenn der AG vertraglich zur einseitigen Zuweisung befugt ist (BAG 12. 6. 1996 AP BGB § 611 Werkstudent Nr. 4). Das Versprechen, eine Leistung zu einem bestimmten Zeitpunkt zu erbringen oder zu einem bestimmten Zeitpunkt fertigzustellen, macht den Leistenden im arbeitsrechtlichen Sinne nicht weisungsabhängig (zur Abgrenzung zwischen selbständigen und unselbständigen Musikern BAG 22. 8. 2001 AP BGB § 611 Abhängigkeit Nr. 109).

Allerdings ist die zeitliche Weisungsgebundenheit vielfach durch Arbeitszeitrahmen oder Gleitzeit- 85 regelungen gelockert. Jedoch kann auch bei **Flexibilisierung der Arbeitszeiten** eine sehr weitgehende Bindung in zeitlicher Hinsicht vorliegen, weil der AG gerade das Interesse an einer Leistungserbringung zu einer bestimmten Zeit hat. Bes. **eng** ist die **Weisungsbindung** bei allen Formen der **Arbeitsbereitschaft, Rufbereitschaft** und des **Bereitschaftsdienstes** (hierzu Rn. 831 ff.), ebenso wie bei der **Arbeit auf Abruf** (hierzu § 12 TzBfG), wo sich der AN in mehr oder weniger starkem Umfang stets zur Arbeitsleistung bereithalten muss (BAG 12. 6. 1996 AP BGB § 611 Werkstudent Nr. 4; BAG 20. 10. 1993 AfP 1994, 72; LAG Köln 28. 6. 1989 LAGE BGB § 611 Arbeitnehmerbegriff Nr. 10; LAG Düsseldorf 5. 12. 1988 LAGE BGB § 611 Arbeitnehmerbegriff Nr. 8). Die Verweigerung zulässig angeordneter Abrufarbeit stellt eine Vertragsverletzung dar. Bei einem freien Dienstvertrag kann demgegenüber der Dienstberechtigte in aller Regel nicht den genauen Zeitpunkt der Dienste kraft Weisung bestimmen. Die Vorgabe von Zielgrößen führt noch nicht zwingend zu einer zeitlichen Weisungsbindung (BAG 26. 5. 1999 AP BGB § 611 Abhängigkeit Nr. 104). Denkbar ist dies jedoch bei Mindestsollvorgaben, deren Nichterreichen zur Vergütungsminderung und zur Steuerung der Dauer der Arbeitszeit führen (vgl. BAG 15. 12. 1999 AP HGB § 92 Nr. 5).

cc) Fachliche Weisungsbindung. Die fachliche Weisungsbindung ist zwar ein typisches Merkmal 86 weisungsgebundener Tätigkeit. Insb. kann der AG im Rahmen seines Direktionsrechts die Art der Tätigkeit bestimmen und auch fachliche Weisungen erteilen (Rn. 274 ff.). In der Realität des Arbeitslebens arbeiten jedoch viele hochqualifizierte Mitarbeiter fachlich weitgehend selbständig (hierzu im Einzelnen Rn. 105 ff.). Dennoch ist auch bei den hochqualifizierten Tätigkeiten nur von einer Lockerung der fachlichen Weisungsgebundenheit auszugehen. Die rechtliche Möglichkeit der Weisung besteht vielfach; die rein faktische Unmöglichkeit und das Vertrauen auf die fachgerechte Leistungserbringung durch den AN lassen die Weisungsgebundenheit nicht entfallen (*Hromadka* NZA 1997, 569, 576). Werden jedoch fachliche Weisungen erteilt, ist dies ein gewichtiger Anhaltspunkt für die Annahme eines Arbeitsverhältnisses (BAG 9. 3. 1971 AP BGB § 611 Abhängigkeit Nr. 21).

b) Organisatorische Abhängigkeit, Eingliederung. Organisatorische Abhängigkeit von den Ein- 87 richtungen des Auftraggebers oder die Notwendigkeit der arbeitsorganisatorischen Zusammenarbeit mit anderen AN spricht für eine **Eingliederung in die Betriebsorganisation** des AG und damit für das Vorliegen eines Arbeitsverhältnisses (BAG 13. 8. 1980 AP BGB § 611 Abhängigkeit Nr. 37; BAG 9. 9. 1981 AP BGB § 611 Abhängigkeit Nr. 38). Dies gilt insb., wenn ähnliche Tätigkeiten im gleichen Organisationszusammenhang von AN erbracht werden (BAG 3. 10. 1975 AP BGB § 611 Abhängigkeit Nr. 17). Aus Art und Organisation der Tätigkeit kann das Bestehen eines Arbeitsverhältnisses gefolgert werden (BAG 30. 11. 1994 NZA 1995, 622 = AP BGB § 611 Abhängigkeit Nr. 74). Ständige Dienstbereitschaft ist ein starkes Indiz für die ANEigenschaft (BAG 19. 11. 1997 AP BGB § 611 Abhängigkeit Nr. 90). Indizien für die organisatorische Eingliederung sind die **Einordnung in Organisations-, Dienst- und Produktionspläne** sowie die **Unterordnung** unter die **Arbeitskontrolle** durch den AG. Die Eingliederung ist geradezu klassisches Merkmal, das zum Begriffskern des ANBegriffes gehört (*MünchArbR/Richardi* § 24 Rn. 24 mwN; *Zeuner* RdA 1975, 84 f.). Es wird in seinem normativen Gehalt nicht dadurch entwertet, dass neue Organisationsstrukturen die klassische betriebliche Eingliederung zurückdrängen.

Organisatorische Weisungsgebundenheit liegt vor, wenn der AG Anweisungen hins. der Leistung in 88 einer bestimmten **Abteilung** und in **Zusammenarbeit** mit bestimmten Mitarbeitern erteilen kann. Dies ist auch und insb. bei der Anordnung von Gruppenarbeit der Fall (Rn. 194). Für die Eingliederung in die Organisation des AG spricht, wenn der Leistende selbst keine Betriebsstätte hat, andererseits aber auf Arbeitsmittel und Organisation des AG angewiesen ist. Der Kritik in der Literatur an der Tauglichkeit des Merkmals zur Qualifizierung des Vertrags (etwa *Zöllner/Loritz* § 4 III 5 b; MünchArbR/*Richardi* § 24 Rn. 24 f.; 33) kann nicht gefolgt werden (ebenso HzA/*Worzalla* Gruppe 1 Rn. 175). Umgekehrt spricht das Bestehen einer eigenen Betriebsstätte und der Einsatz eigener Arbeitsmittel gegen ein umfassendes Weisungsrecht und damit gegen das Bestehen eines Arbeitsverhältnisses (vgl. auch *Wank* DB 1992, 90; HzA/*Worzalla* Gruppe 1 Rn. 175; LAG Berlin 4. 1. 1994 LAGE BGB § 611 Arbeitnehmerbegriff Nr. 26).

89   c) **Persönliche Bindung.** Die starke persönliche Bindung des Verpflichteten spricht für die ANEigenschaft (MünchKommBGB/*Müller-Glöge* Rn. 138). Zwar ist auch bei freien Dienstverträgen die Leistung im Zweifel in Person zu erbringen (§ 613 S. 1; hierzu BAG 26. 5. 1999 AP BGB § 611 Abhängigkeit Nr. 104), jedoch ist die Abweichung von dieser Auslegungsregel im Arbeitsverhältnis typischerweise nicht gegeben (vgl. § 613 Rn. 3; s. HzA/*Worzalla* Gruppe 1 Rn. 180; hierzu auch LAG Düsseldorf 4. 9. 1996 LAGE § 611 BGB Arbeitnehmerbegriff Nr. 33). Gegen die Annahme eines Arbeitsverhältnisses spricht umgekehrt nicht, dass der Vertragspartner sich der Mithilfe Familienangehöriger oder anderer Personen zur Erfüllung seiner Arbeitsleistung bedienen darf (für den Fall der Zeitungszusteller LAG Düsseldorf 5. 3. 1996 LAGE § 611 Arbeitnehmerbegriff Nr. 30; Frachtführer, für den Fall der Vertretung LAG Niedersachsen 26. 1. 1999 LAGE BGB § 611 Arbeitnehmerbegriff Nr. 38; aA BAG 16. 7. 1997 AP BGB § 611 Zeitungsausträger Nr. 4; BAG 12. 12. 2001 AP BGB § 611 Abhängigkeit Nr. 111, sofern das übernommene Arbeitsvolumen nicht durch eine Person erbracht werden kann.).

90   d) **Fremdnützigkeit der Leistung; Dauer der Inanspruchnahme.** Wesentlich zur Ausfüllung des Merkmals „Arbeitsleistung im Dienste eines anderen" ist der Aspekt der Fremdnützigkeit der Leistung. Auch nach Auffassung des BAG charakterisiert den AN, dass er seine Arbeitskraft „nicht – wie ein Unternehmer – nach selbst gesetzten Zielen unter eigener Verantwortung und mit eigenem Risiko am Markt verwerten" kann, sondern darauf angewiesen ist, die Arbeitsleistung dem Plan des AG zu überlassen (BAG 15. 3. 1978 AP BGB § 611 Abhängigkeit Nr. 26). Im Anschluss an *Lieb* kann die ANEigenschaft auch (wenn auch nicht abschließend) aus dem **„Verlust eigener Dispositionsmöglichkeit und der daraus resultierenden Unmöglichkeit eigennützigen, unternehmerischen Einsatzes der eigenen Arbeitskraft"** für den Regelfall erklärt werden (*Lieb* § 1 I 2; s. *Wiedemann* S. 15, 19; abl. MünchArbR/*Richardi* § 24 Rn. 36 ff.). Deshalb hat im Unterschied zur Auffassung des BAG (etwa BAG 29. 1. 1992 AP BetrVG 1972 § 5 Nr. 47) die Dauer und der Umfang der Verpflichtung „für einen anderen" tätig zu sein, entscheidende Bedeutung für die Bejahung der ANEigenschaft (*Lieb* § 1 I 2; *Wank* Anm. zu BAG AP BetrVG 1972 § 4 Nr. 47). Gerade das **Ausmaß der dienstvertraglichen Bindung** kennzeichnet die Abhängigkeit (BAG 22. 8. 2001 AP BGB § 611 Abhängigkeit Nr. 109).

91   Dagegen kann aus dem Umstand, dass die Arbeitsleistung nur als **Teilzeitarbeit** geleistet wird, nicht auf das Nichtvorliegen eines Arbeitsverhältnisses geschlossen werden. Sowohl das gesetzliche Arbeitsrecht (TzBfG) als auch das Sozialrecht (§§ 7, 8 SGB IV) gehen stillschweigend von der Möglichkeit des Arbeitsverhältnisses aus. Bei bloß nebenberuflicher Beschäftigung, etwa neben einem Hauptarbeitsverhältnis, oder geringfügiger zeitlicher Inanspruchnahme ist allerdings von einem größeren Gestaltungsspielraum der Vertragsparteien zwischen selbständiger und unselbständiger Tätigkeit auszugehen (MünchArbR/*Richardi* § 24 Rn. 80; *Preis* Vertragsgestaltung S. 315), was für die sozialrechtliche Beurteilung jedoch unerheblich ist (§ 8 III SGB IV).

92   e) **Unternehmerische Risiken und Chancen.** Mit der Fremdnützigkeit der erbrachten Arbeitsleistung korreliert die insb. von *Wank* (DB 1992, 90 f.; vgl. oben Rn. 68 ff.) für notwendig gehaltene Prüfung der ausgewogenen Verteilung von Risiken und Chancen im Vertragsverhältnis. Als **zusätzliches Kriterium** kann die Vertragsgestaltung daraufhin überprüft werden, ob sie nicht in der Tat eine weitgehende vertragliche Bindung des Verpflichteten enthält, die einer „persönlichen Abhängigkeit" gleichsteht (im Ansatz auch BAG 23. 4. 1980 AP BGB § 611 Abhängigkeit Nr. 34; BAG 13. 8. 1980 AP BGB § 611 Abhängigkeit Nr. 37). Wichtiger ist jedoch umgekehrt die Beurteilung, ob der Vertrag tatsächlich noch Chancen für eine eigenständige unternehmerische Tätigkeit ermöglicht. Dies gilt nicht nur hins. der **Entgeltsituation**, sondern auch im Blick auf die **zeitliche Disposition über die eigene Arbeitskraft** (s. BSG 13. 7. 1978 AP BGB § 611 Abhängigkeit Nr. 28; ausf. BAG 9. 5. 1996 AP KSchG 1969 § 1 Betriebsbedingte Kündigung Nr. 79). Dass in dieser Beurteilung Aspekte der **Vertragskontrolle** eine Rolle spielen, spricht nicht gegen die Heranziehung des Kriteriums (so aber HzA/*Worzalla* Gruppe 1 Rn. 178), weil die Kategorisierung des Vertragsverhältnisses in Grenzfällen richtigerweise insgesamt als Vertragskontrolle zu begreifen ist.

93   Lediglich unternehmerische Risiken, nicht aber unternehmerische Chancen sind einer Vertragsgestaltung immanent, wenn mit der Begründung des Vertragsverhältnisses der Leistende verpflichtet ist, eigenes Kapital einzusetzen. Der **Einsatz eigenen Kapitals** kann für die Unausgewogenheit der Vertragsgestaltung sprechen. Er spricht nicht notwendig gegen die Unselbständigkeit der Leistungserbringung (auch insoweit bestehen Bedenken gegen das Merkmal von *Wank*; wie hier HzA/*Worzalla* Gruppe 1 Rn. 192), kann aber in die Gesamtbeurteilung der Vertragsgestaltung einfließen (richtig LG

München I 15. 5. 1997 NZA 1997, 943). Wer ohne eigenes Kapital sein Betriebskapital (zB Anmietung eines Lkw) vom Auftraggeber gegen Entgelt (Kredit, Miete, Leasing) gestellt bekommt und von der Arbeitsorganisation in zeitlicher und örtlicher Hinsicht weisungsgebunden arbeitet, ohne nach der Vertragslage noch wie ein Unternehmer am Markt auftreten zu können, weil zB konkurrierende Tätigkeit vertraglich untersagt ist, der kann nicht als selbständiger Unternehmer angesehen werden (zutr. LG München I 15. 5. 1997 NZA 1997, 943).

3. Kasuistik und Einzelfälle. a) Berufe in Produktions- und Baubetrieben. Bei Leistung von 94 Arbeit in Produktionsbetrieben ist in aller Regel vom Vorliegen eines Arbeitsverhältnisses auszugehen. Der **Industriearbeiter** stellt den traditionellen Normaltypus des AN dar, auf dessen Basis der AN-Begriff entwickelt wurde (MünchArbR/*Richardi* § 24 Rn. 72). Organisatorische Eingliederung, zeitliche, örtliche und idR auch fachliche Weisungsbindung liegen hier vor. Die Einstufung dieser Tätigkeitsgruppen machen in aller Regel keine Schwierigkeiten.

Beschäftigte in Baubetrieben sind idR zeitlich, örtlich, fachlich und organisatorisch weisungsgebun- 95 den und damit AN. Dies gilt auch für **Bauleiter** (BAG 21. 3. 1984 – 5 AZR 462/82 – nv.), die das einzelne Bauvorhaben nach den Planungen des Bauunternehmens umzusetzen haben, in Detailanweisungen gebunden sind, Bauberichte zu fertigen und die Bauarbeiten stetig und regelmäßig zu überwachen haben.

b) Berufe im Dienstleistungsbereich. Berufsbilder im Dienstleistungsbereich haben dagegen ein 96 äußerst breites Spektrum. Sie können von der vollständigen organisatorischen und zeitlichen Einbindung der AN in einen Betrieb reichen (zB kaufmännischer Angestellter in Versicherungen und Banken), aber auch zeitlich organisatorisch weitgehend weisungsfrei sein. Bei dieser Mitarbeitergruppe macht es daher wenig Sinn, einzelne Berufsbilder zu diskutieren. Maßgebend ist auf Art und Ausmaß der Vertragsbindung abzustellen. Ein wesentlicher Gesichtspunkt ist ferner, ob der Dienstleistende berechtigt ist, die **Übernahme von Aufträgen abzulehnen** (vgl. auch *Bezani* NZA 1997, 856, 861). Ferner hängt es von der Art und Weise der Leistungserbringung ab, ob und inwieweit eine zeitliche und organisatorische Weisungsbindung besteht.

Einzelfälle: Gebäudereiniger und **Reinigungskräfte** sind in aller Regel AN des Reinigungsunter- 97 nehmens. Das gilt schon deshalb, weil ihnen idR der Ort der zu reinigenden Räume vorgegeben ist, sie in der zeitlichen Lage der Leistung nicht frei sind und die Reinigungsmittel vom Auftraggeber gestellt werden (HzA/*Worzalla* Gruppe 1 Rn. 276). Gästebetreuer (**Hostessen**), die regelmäßig zur Betreuung auswärtiger Gäste herangezogen werden, können je nach Vertragsgestaltung in einem freien Mitarbeiterverhältnis oder in einem Arbeitsverhältnis stehen (BAG 29. 11. 1995 RzK I 4 a Nr. 74; LAG Düsseldorf 3. 12. 1996 ARSt. 1997, 141; ebenso für Prostituierte: LAG Hessen 12. 8. 1997 NZA 1998, 221). **Kundenberater,** die Kunden ihres Dienstherrn in der Bedienung von Geräten gemäß den terminlichen Wünschen und in den Räumlichkeiten dieser Kunden nach inhaltlichen Vorgaben des Dienstherrn zu unterweisen haben, sind regelmäßig AN (BAG 6. 5. 1998 AP BGB § 611 Abhängigkeit Nr. 102). Ein sog. **Pharmaberater** ist AN, wenn er in dem ihm zugewiesenen Reisegebiet pro Arbeitstag durchschnittlich zehn Arztbesuche auszuführen hat, Einzelnachweise über die geführten Gespräche darzulegen und zweimal wöchentlich Besuchsberichte vorzulegen sind (LAG Hamm 13. 10. 1989 LAGE BGB § 611 Arbeitnehmerbegriff Nr. 14 = DB 1990, 2028). Die willkürliche Differenzierung zwischen Angestellten und „freien" Pharmaberatern bei im Wesentlichen gleicher Tätigkeitserfüllung spricht für eine einheitliche arbeitsrechtliche Einordnung aller Mitarbeiter (LAG Hamm 5. 10. 1989 LAGE BGB § 611 Arbeitnehmerbegriff Nr. 13). Anders kann die Situation schon zu beurteilen sein, wenn der Pharmaberater selbständig entscheiden kann, welche Ärzte er wann in einem vorgegebenen Gebiet aufsucht (ArbG München 29. 5. 1990 EzA BGB § 611 Arbeitnehmerbegriff Nr. 33). **Piloten** sind in aller Regel AN (BAG 16. 3. 1994 AP BGB § 611 Abhängigkeit Nr. 68). **Sekretariatsarbeiten** werden typischerweise im Arbeitsverhältnis erbracht (BAG 11. 12. 1996 AP BGB § 242 Unzulässige Rechtsausübung – Verwirkung Nr. 36). **Tankwarte** sind idR AN, weil sie zeitlich und örtlich weisungsgebunden sind. Keine freie Mitarbeit liegt vor, wenn ein als Werkstudent beschäftigter Tankwart über zehn Jahre auf Teilzeitbasis beschäftigt wird, er sich selbst in einem vom AG ausgehängten Schichtplan eintragen kann, die Vertragsgestaltung dem AG aber das Recht zur einseitigen Schichteinteilung gibt (BAG 12. 6. 1996 AP BGB § 611 Werkstudent Nr. 4). Bei **Taxifahrern** hängt die ANEigenschaft von der Eingliederung in den Betrieb sowie dem Grad der Weisungsgebundenheit ab. Problematisch ist, dass auch als freie Mitarbeiter beschäftigte Taxifahrer idR in gleicher Weise wie fest angestellte Fahrer beschäftigt werden. Das BAG hat bei einer nur aushilfsweisen Eingliederung in den Betrieb den Status als freier Mitarbeiter bejaht (BAG 15. 4. 1986 AP BetrVG 1972 § 99 Nr. 35). Entscheidend ist, ob der AG innerhalb eines bestimmten zeitlichen Rahmens über die Arbeitsleistung des Taxifahrers verfügen darf (BAG 29. 5. 1991 AP BetrVG 1972 § 9 Nr. 2). Die zeitliche Vorgabe oder die Verpflichtung, bestimmte Termine für die Erledigung der übertragenen Aufgabe einzuhalten, führen nicht zur Begründung eines Arbeitsverhältnisses. Können Taxifahrer sich jederzeit bei der Zentrale „abmelden" und das Taxi zurückgeben, sind sie nicht zur Einhaltung von Mindest- und Höchstzeiten, Präsenz- oder Bereitschaftszeiten verpflichtet und ergibt sich der Ort der auszuführenden Tätigkeit erst aus dem jeweiligen Fahrauftrag, können ferner die Aushilfsfahrer Fahraufträge

Preis

ablehnen, spricht dies gegen die Annahme eines Arbeitsverhältnisses (BAG 29. 5. 1991 AP BetrVG 1972 § 9 Nr. 2). **Zeitungszusteller** können je nach Umfang und Organisation der übernommenen Tätigkeit AN oder Selbständige sein (BAG 16. 7. 1997 AP BGB § 611 Zeitungsausträger Nr. 4). Bei zeitlicher fester Bindung und/oder Eingliederung sind sie AN (LAG Düsseldorf 5. 3. 1996 LAGE § 611 Arbeitnehmerbegriff Nr. 30; LAG Hamm 8. 9. 1977 EzA BGB § 611 Arbeitnehmerbegriff Nr. 12; LAG Baden-Württemberg 25. 2. 1991 LAGE BGB § 611 Arbeitnehmerbegriff Nr. 19; anders bei geringer zeitlicher Inanspruchnahme ArbG Oldenburg v. 7. 6. 1996 NZA-RR 1997, 162). Die Übernahme eines Arbeitsvolumens, die ein einzelner Zusteller nicht erledigen kann und die Leistung für mehrere Auftraggeber sprechen gegen die ANEigenschaft (BAG 16. 7. 1997 AP BGB § 611 Zeitungsausträger Nr. 4).

98 Uneinheitlich ist die Beurteilung in **erzieherischen und beratenden Dienstleistungen**. Bei studentischer Mitarbeit in Jugendfreizeitstätten und Jugendheimen hat das BAG trotz vorgegebener Öffnungszeiten den ANStatus abgelehnt, weil der **Jugendbetreuer** über Art und zeitliche Lage seiner Tätigkeit mitbestimmen kann (BAG 9. 5. 1984 AP BGB § 611 Abhängigkeit Nr. 45). Die Beachtung eines allgemeinen Konzepts für die Jugendarbeit und die örtliche Bindung an die Freizeitstätte begründe keine für ein Arbeitsverhältnis notwendige Abhängigkeit (in der Tendenz anders LAG Frankfurt 6. 11. 1979 AuR 1980, 182). Nach Auffassung des BAG sagt die langjährige Beschäftigungsdauer nichts darüber aus, ob es sich in diesen Fällen um ein Arbeitsverhältnis oder um ein freies Dienstverhältnis handelt (BAG 9. 5. 1984 – 5 AZR 325/82 – nv.; ferner BAG 20. 10. 1993 ZTR 1994, 255). Auch **Ehe-, Erziehungs- und Familienberater** sind trotz freierer Arbeitszeitgestaltung im Hinblick auf die organisatorische Eingliederung regelmäßig AN (zur Familienhelferin nach § 31 SGB VIII: BAG 6. 5. 1998 AP BGB § 611 Abhängigkeit Nr. 94; ArbG Freiburg 14. 10. 1992 ARSt. 1993, 75; anders bei freier Zeiteinteilung: **Sprach- und Spieltherapeutin** LAG Frankfurt 26. 9. 1991 ZTR 1992, 123; Psychologe in Behindertenbetreuung BAG 9. 9. 1981 AP BGB § 611 Abhängigkeit Nr. 38).

99 Zur ANEigenschaft von **Pflegekräften** ambulanter Pflegedienste LG Hamburg 11. 1. 1995 RsDE Nr. 34, 116; studentischer Hilfspfleger im Krankenhaus BAG 13. 2. 1985 – 7 AZR 345/82 – nv.; **Pförtner** in sog. Kurzzeitarbeitsverhältnissen LAG Köln 27. 8. 1992 LAGE § 620 BGB Nr. 28; **Codierungserfasser** LAG Düsseldorf 5. 12. 1988 LAGE § 611 BGB Arbeitnehmerbegriff Nr. 8.

c) Ortsungebundene Tätigkeiten (Außendienst, Telearbeit)

Schrifttum: *Dulle*, Rechtsfragen der Telearbeit, 1999; *Godehardt*, Telearbeit, 1994; *Kappus*, Rechtsfragen der Telearbeit, 1986; *Küfner-Schmitt*, Die soziale Sicherheit der Telearbeitnehmer, 1986; *Preis*, Arbeitsrechtliche Probleme der Telearbeit in: Schriftenreihe des Instituts für Rundfunkrecht der Universität Köln, Bd. 71, 1998, S. 75 ff.; *Wank*, Telearbeit, 1997; *Wedde*, Telearbeit, 2002.

100 **Außendienstmitarbeiter** (Journalisten, Telearbeiter, Vertreter), die den Ort ihrer Leistungserbringung möglicherweise ganz eigenständig festlegen können, können zwar nicht im Hinblick auf den Ort der Leistungserbringung, jedoch auf Grund anderweitiger Weisungsgebundenheit (fachlich, zeitlich, organisatorisch) als AN einzustufen sein (HzA/*Worzalla* Gruppe 1 Rn. 151, 159). Bei ortsungebundenen Tätigkeiten ist das Weisungsrecht insb. in zeitlicher sowie (nicht notwendig) in örtlicher Hinsicht gelockert. Es lässt sich jedoch keine generelle Klassifizierung dieser Tätigkeiten vornehmen, weil auch solche Mitarbeiter fachlichen und örtlichen Weisungen unterliegen. Die Erbringung kann auch zeitlich gebunden sein (Reporter wird zur Berichterstattung über ein bestimmtes Ereignis eingeteilt). Ferner kann je nach Ausgestaltung eine starke organisatorische Verbundenheit und Angewiesenheit auf die Organisation des AG gegeben sein. Auch die starke Einbindung in das Kundenbetreuungskonzept durch Dienstpläne spricht für die ANEigenschaft (BAG 6. 5. 1998 AP BGB § 611 Abhängigkeit Nr. 102; weitere **Einzelfälle:** LAG Baden-Württemberg 26. 10. 1990 VersR 1991, 1156; LAG Köln 20. 1. 1995 MDR 1995, 934). Wer dem Auftraggeber jedoch keine Rechenschaft schuldet, in der Zeitplanung frei ist und auch anderweitigen Beschäftigungen nachgehen kann, ist freier Mitarbeiter (LAG Düsseldorf 6. 3. 1991 LAGE BGB § 611 Arbeitnehmerbegriff Nr. 18; zu sog. Partnerverträgen BAG 9. 5. 1996 AP KSchG 1969 § 1 Betriebsbedingte Kündigung Nr. 79).

101 Verschiedene Organisationsformen der **Telearbeit** sind dadurch charakterisiert, dass die physische Anwesenheit des Telearbeiters im zentralen Betrieb fehlt. Gleichwohl reicht es für die Annahme des Merkmals der **Eingliederung in die betriebliche Organisation** aus, wenn der Telearbeiter für seine Tätigkeit auf die Arbeitsmittel des AG bzw. auf die Zusammenarbeit mit den betrieblichen Mitarbeitern angewiesen ist (*Wedde* Rn. 177 ff.; *Wank* Rn. 314). Dies wird insb. bei Online-Telearbeit der Fall sein. Eine Eingliederung in die Betriebsorganisation ist erst dann zu verneinen, wenn ein zu Hause tätiger Telemitarbeiter bei Verwendung eigener Arbeitsmittel bloße Arbeitsergebnisse beim AG abliefert (*Wedde* Rn. 181). Bei der Sonderform der **alternierenden Telearbeit** ist regelmäßig nicht nur eine organisatorische, sondern auch eine persönliche Eingliederung zu bejahen (*Wedde* Rn. 179). Bezüglich der **örtlichen Weisungsbindung** ist der stetig oder überwiegend Telearbeit Ausübende dem Typus des AußenAN durchaus vergleichbar. Bei einer Tätigkeit zu Hause kann sich diese auch aus der dortigen Installation der notwendigen Arbeitsgeräte ergeben (*Wank* Rn. 314; *Wedde* Rn. 178). **Zeitliche Weisungsgebundenheit** liegt nicht nur bei einer vorgeschriebenen festen Arbeitszeit, sondern

B. Geltungsbereich des Arbeitsrechts § 611 BGB 230

auch dann vor, wenn bei Online-Telearbeit die Möglichkeit der Datenübermittlung zum Zentralrechner nur in begrenzten Zeiträumen möglich ist. Die **fachliche Weisungsgebundenheit** resultiert aus der Vorgabe von Arbeitsinhalten und der dabei zu verwendenden Software durch den AG (ausf. zum ANStatus *Wank* NZA 1999, 225 ff.; ferner *Boemke* BB 2000, 147; *Peter* DB 1998, 573 f.; zur Vertragsgestaltung *Kramer* DB 2000, 1329).

d) Freie Berufe. Gegenstand der Dienstleistung eines freien Berufes (Anwalt, Arzt, Architekt, 102 Steuerberater) ist idR ein Dienstvertrag (BAG 3. 6. 1998 AP BGB § 611 Abhängigkeit Nr. 97). Hiervon zu unterscheiden ist das Vertragsverhältnis der Freiberufler selbst innerhalb einer Organisation von Freiberuflern. Hier ist zu prüfen, ob die Mitarbeit auf einer gesellschaftsrechtlichen Basis, einem Dienstvertrag oder auf einem Arbeitsvertrag beruht.

Ein **Rechtsanwalt,** der in einer Anwaltssozietät auf der Basis eines Gesellschaftsvertrags (§ 705) 103 tätig ist, ist idR weder AN noch arbeitnehmerähnliche Person, selbst wenn er von der Sozietät wirtschaftlich abhängig ist (BAG 15. 4. 1993 AP ArbGG 1979 § 5 Nr. 12). Die tatsächliche Zurverfügungstellung der gesamten Arbeitskraft im Rahmen der Sozietät ist für die Einordnung des Vertragsverhältnisses unerheblich. Anwälte können jedoch auch als **AN** von einer Anwaltskanzlei beschäftigt werden. Für das Bestehen eines Arbeitsverhältnisses spricht, wenn der Rechtsanwalt an feste Dienstzeiten gebunden bzw. jederzeit abrufbar ist, Mandate zugewiesen erhält sowie verpflichtet ist, nur für eine Kanzlei zu arbeiten. Darüber hinaus spricht für das Vorliegen eines Arbeitsverhältnisses, wenn er nicht am Gewinn und Verlust der Kanzlei beteiligt ist, sondern ein festes Entgelt erhält (LAG Düsseldorf 23. 7. 2002 NZA-RR 2002, 567; LAG Thüringen 28. 3. 1996 LAGE BGB § 611 Arbeitnehmerbegriff Nr. 31; LAG Thüringen 6. 2. 1998 NZA-RR 1998, 296; LAG Hamm 20. 7. 1989 NZA 1990, 228; LAG Berlin 16. 12. 1986 NZA 1987, 488; LAG Baden-Württemberg 14. 3. 1985 BB 1985, 1534; LAG Frankfurt 16. 3. 1990 BB 1990, 2492). Unerheblich für die Einstufung ist, dass der Rechtsanwalt inhaltlich nach § 1 BRAO keinen Weisungen unterliegt. Ob bei Nebentätigkeit von **Referendaren** ein Arbeitsverhältnis anzunehmen ist, ist zweifelhaft. Zwar unterliegen Referendare bei ihrer Tätigkeit in erheblichem Maße Weisungen der Rechtsanwaltskanzlei, jedoch sind sie vielfach berechtigt, die Übernahme von Aufträgen auch abzulehnen und in der zeitlichen Lage ihrer Dienstleistung frei (Vorbereitung von Schriftsätzen, Gutachten).

Der Mitarbeiter eines **Steuerberaters,** der Vorbereitungsarbeiten für Steuererklärungen und Jahres- 104 abschlüsse an selbstgewählten Tagen zu Hause und außerhalb der Kanzlei erledigt, ist regelmäßig als freier Mitarbeiter tätig (LAG Berlin 29. 5. 1989 LAGE BGB § 611 Arbeitnehmerbegriff Nr. 9; LAG Köln 23. 3. 1988 LAGE § 611 BGB Arbeitnehmerbegriff Nr. 7). Das Gleiche gilt für einen nur gelegentlich in einer Anwaltskanzlei tätigen **Dolmetscher** (LAG Berlin 11. 4. 1988 LAGE § 611 BGB Arbeitnehmerbegriff Nr. 6).

e) Fachlich weisungsfreie Tätigkeiten (Chefärzte, Wissenschaftler, Künstler). Der ANEigen- 105 schaft steht bei fachlich bes. qualifizierten Tätigkeiten nicht entgegen, dass der AG vielfach gar nicht in der Lage ist, Anweisungen hins. der Art der zu leistenden Arbeit zu erteilen. So steht beispielsweise ein **Chefarzt,** der auf Grund der mangelnden Sachkenntnis des Krankenhausträgers und der Standesethik keine fachbezogenen Weisungen empfangen kann, dennoch in einem abhängigen Beschäftigungsverhältnis (BAG 27. 7. 1961 AP BGB § 611 BGB Ärzte, Gehaltsansprüche Nr. 24; ausf. *Peris,* Die Rechtsbeziehung zwischen angestelltem Chefarzt und Krankenhausträger, 2002 S. 59 ff.). Hier tritt die organisatorische Einbindung in das Krankenhaus in den Vordergrund: die Pflicht zur Behandlung sämtlicher Krankenhauspatienten, die Bindung an Dienststunden sowie die Festlegung von Erholungsurlaub. Der Chefarzt ist insoweit in keiner wesentlich anderen Lage als etwa ein vertraglich mit Forschungsaufgaben beauftragter **Wissenschaftler** (BAG 8. 2. 1962 AP BGB § 611 Erfinder Nr. 1). Zur Tätigkeit des **Betriebsarztes,** der als freier Mitarbeiter nach Maßgaben des ASiG beschäftigt wird: LAG München 2. 8. 1984 NJW 1985, 696; **Vertragsarzt** eines Gesundheitsamtes LAG Niedersachsen 9. 6. 1989 ZTR 190, 161; vgl. auch LAG Bremen 21. 6. 1967 AP PersVG Bremen § 65 Nr. 2.

Orchestermusiker, die ständig zu Orchesterdiensten herangezogen werden, sind AN (BAG 7. 5. 106 1980 AP BGB § 611 Abhängigkeit Nr. 36; BAG 3. 10. 1975 AP BGB § 611 Abhängigkeit Nr. 16). Bei zur Aushilfe engagierten Orchestermusikern kommt es darauf an, ob der Musiker trotz des Engagements seine Arbeitszeit im Wesentlichen frei gestalten kann oder einem umfassenden Weisungsrecht der Orchesterleitung unterliegt; soweit ein Musiker nur für einzelne Aufführungen engagiert wird, kann eine bloße Rahmenvereinbarung vorliegen, mit der keine Verpflichtung zur Arbeitsleistung begründet wird (BAG 9. 10. 2002 AP BGB § 611 Abhängigkeit Nr. 114); BAG 22. 8. 2001 AP § 611 Abhängigkeit Nr. 109), nicht dagegen ein frei agierender **Theaterintendant** (BAG 16. 8. 1977 AP BGB § 611 Abhängigkeit Nr. 23) oder punktuell im Unternehmen auftretende **Künstler** (BAG 6. 12. 1974 AP BGB § 611 Abhängigkeit Nr. 14); für mehrere Chöre arbeitende **Chorleiter** (ArbG Hanau 2. 1. 1997 ARSt. 1997, 141); für zwei Konzerte verpflichteter Gastmoderator für Kinderkonzert (LAG Berlin 16. 7. 2001 – 6 Ta 1178/01 –).

f) Dozenten, Lehrer, Volkshochschuldozenten. Die typologische Methode praktiziert das BAG 107 insb. bei der Prüfung der ANEigenschaft von Lehrpersonal. Danach gilt: An **allgemeinbildenden Schulen** Unterrichtende sind in aller Regel AN, auch wenn sie ihren Unterricht nebenberuflich

Preis 1397

erteilen. Demgegenüber können **Volkshochschuldozenten,** die außerhalb schulischer Lehrgänge unterrichten, auch als freie Mitarbeiter beschäftigt werden, und zwar selbst dann, wenn es sich bei ihrem Unterricht um aufeinander abgestimmte Kurse mit vorher festgelegtem Programm handelt. Gleiches gilt für **Lehrkräfte an Musikschulen.** Volkshochschuldozenten, die außerhalb schulischer Lehrgänge unterrichten, und Musikschullehrer sind nur dann AN, wenn die Parteien dies vereinbart haben oder im Einzelfall festzustellende Umstände vorliegen, aus denen sich ergibt, dass der für das Bestehen eines Arbeitsverhältnisses erforderliche Grad der persönlichen Abhängigkeit gegeben ist, insb. die einseitige Einteilung in Stundenpläne (BAG 24. 6. 1992 AP BGB § 611 Abhängigkeit Nr. 61; BAG 12. 9. 1996 AP BGB § 611 Lehrer, Dozenten Nr. 122; BAG 29. 5. 2002 NZA 2002, 1232; LAG Köln 13. 1. 1994 LAGE BGB § 611 Arbeitnehmerbegriff Nr. 27). Für die Annahme der ANEigenschaft ist erforderlich, dass die Volkshochschullehrer wie eine Lehrkraft an allgemeinbildenden Schulen in den Schulbetrieb eingegliedert sind (BAG 29. 5. 2002 NZA 2002, 1232). Nach der typologischen Betrachtung des BAG stehen auch Lehrkräfte in schulischen Kursen des **zweiten Bildungsweges** den Lehrern an allgemeinbildenden Schulen gleich, so dass sie in aller Regel als AN zu betrachten sind (BAG 12. 9. 1996 AP BGB § 611 Lehrer, Dozenten Nr. 122). Entscheidend ist nach Auffassung des BAG, wie intensiv die Lehrkraft in den Unterrichtsbetrieb eingebunden ist und in welchem Umfang sie den Unterrichtsinhalt, die Art und Weise seiner Erteilung, ihre Arbeitszeit und die sonstigen Umstände der Dienstleistung gestalten kann (BAG 30. 10. 1991 AP BGB § 611 Abhängigkeit Nr. 59).

108   Das BAG rechtfertigt die **typisierende Unterscheidung** zwischen Lehrern an allgemeinbildenden Schulen einerseits und außerhalb schulischer Lehrgänge unterrichtender Volkshochschuldozenten und Musikschullehrer andererseits damit, dass der stärkeren Einbindung von Schülern in ein Schul- oder Ausbildungssystem auch eine stärkere persönliche Abhängigkeit der Lehrkräfte vom Unterrichtsträger entspreche. Dies **kann nicht überzeugen.** Zwar stellt das BAG Lehrkräfte an Volkshochschulen oder privaten Abendgymnasien den Lehrern an allgemeinbildenden Schulen gleich, wenn sie in schulischen Lehrgängen unterrichten (BAG 12. 9. 1996 AP BGB § 611 Lehrer, Dozenten Nr. 122; s. LAG Köln 24. 7. 1991 LAGE § 611 Arbeitnehmerbegriff Nr. 23). Es ist jedoch nicht gerechtfertigt, die Klassifizierung des Vertragsverhältnisses von dem Gegenstand des Unterrichts abhängig zu machen. Zu folgen ist der Auffassung des 7. Senats, der zu Recht darauf abstellt, dass die Bindung an schulrechtliche Vorschriften und Lehrpläne unerheblich ist, sondern entscheidend ist, ob und inwieweit die Lehrkraft in zeitlicher Hinsicht dem Weisungsrecht des Schulträgers unterliegt (BAG 30. 10. 1991 AP BGB § 611 Abhängigkeit Nr. 59; BAG 13. 11. 1991 AP BGB § 611 Abhängigkeit Nr. 60; vgl. auch LAG Niedersachsen 9. 2. 2001 LAGE § 611 Arbeitnehmerbegriff Nr. 42). Nicht überzeugen kann allerdings die Auffassung des 7. Senats, dass die Qualifizierung des Arbeitsverhältnisses wesentlich davon abhängt, ob der Stundenplan bei Vertragsschluss schon feststand bzw. Gegenstand der Vereinbarung war. Dies hat das merkwürdige Resultat, dass eine strikte vertragliche Bindung hins. der Arbeitszeit gegen die Annahme eines Arbeitsverhältnisses spricht, was erkennbar nicht mit den Kernkriterien des ANBegriffes vereinbar ist.

109   **Einzelfälle: Dozent in Berufsakademie** (LAG Baden-Württemberg 4. 7. 1996 BB 1997, 683); **Dozent an einem Weiterbildungsinstitut** (BAG 11. 4. 1997 AP ArbGG § 5 Nr. 30; BAG 19. 11. 1997 AP BGB § 611 Lehrer, Dozenten Nr. 133 = NZA 1998, 595); **Dozent in einem privaten Lehrinstitut** (LAG Frankfurt 11. 7. 1996 ZTR 1996, 518).

110   **g) Medienmitarbeiter.** Im Hinblick auf die durch Art. 5 GG (vgl. Art. 5 GG Rn. 85) geforderte Flexibilität in der Berichterstattung ist der Status von Medienmitarbeitern sehr umstritten. An der Einstufung der Dienstverhältnisse im Medienbereich sind wesentliche Grundsätze des ANBegriffs entwickelt worden. Zu berücksichtigen ist, dass die auch verfassungsrechtlich erforderliche Flexibilität nicht unbedingt mit dem jeweiligen Vertragstyp gewährleistet werden muss, sondern auch über die Erleichterung der Befristung von Arbeitsverträgen erreicht werden kann (BAG 9. 6. 1993 AP BGB § 611 Abhängigkeit Nr. 66; BVerfG 18. 2. 2000 NZA 2000, 653, 656; hierzu § 620 Rn. 119 ff.). Im Medienbereich war und ist es weithin üblich, die für die Programmgestaltung verantwortlichen Mitarbeiter nicht als AN, sondern als „freie" Mitarbeiter zu beschäftigen, die ihre Dienstleistungen ohne ein festes, dauerndes Beschäftigungsverhältnis erbringen mit der Folge, dass die arbeitsrechtlichen Schutzvorschriften nicht gelten. Das BAG hatte zunächst erkannt, dass die auf diese Weise Beschäftigten tatsächlich AN seien (BAG 22. 6. 1977 AP BGB § 611 Abhängigkeit Nr. 22). Gegen diese Entscheidungen hatten die Rundfunkanstalten jedoch mit Erfolg Verfassungsbeschwerde eingelegt. Das BVerfG meinte, dass die Rundfunkanstalten wegen der anzubietenden Programmvielfalt auf einen großen Mitarbeiterkreis angewiesen seien, dessen Angehörige folglich nur für die Dauer zu beschäftigen seien, in der sie benötigt werden (BVerfG 13. 1. 1982 AP GG Art. 5 Abs. 1 Rundfunkfreiheit Nr. 1; hierzu näher Art. 5 GG Rn. 107 ff.).

111   Das BAG hat im Anschluss an diese Entscheidung des BVerfG den Erfordernissen der Programmvielfalt in größerem Maße Rechnung getragen (BAG 13. 1. 1983 AP BGB § 611 Abhängigkeit Nr. 42; BAG 30. 11. 1994 AP BGB § 611 Abhängigkeit Nr. 74). Es lässt jetzt freie Mitarbeiterverträge unter bestimmten Voraussetzungen zu, betont aber zugleich, dass ein, ggf. befristetes, **Arbeitsverhältnis** anzunehmen ist, wenn der Sender vom Mitarbeiter **ständige Dienstbereitschaft** erwartet und ihm

B. Geltungsbereich des Arbeitsrechts § 611 BGB 230

Arbeiten in nicht unerheblichem Umfang **zugewiesen** werden (BAG 9. 6. 1993 AP BGB § 611 Abhängigkeit Nr. 66). Typisierend unterscheidet das BAG zwischen programmgestaltenden und nicht programmgestaltenden Mitarbeitern. Auf diese Typisierung kommt es jedoch für die Frage der Arbeitnehmereigenschaft nicht entscheidend an (ebenso *Bezani* NZA 1997, 856, 860 f.). Die Flexibilität bei programmgestaltender Mitarbeit kann durch die insoweit verfassungsrechtlich gebotene Befristung des Arbeitsverhältnisses gewährleistet werden (BVerfG 18. 2. 2000 NZA 2000, 653, 656; näher § 620 Rn. 119 ff.).

Bei der Arbeit der **programmgestaltenden Mitarbeiter** wird unterschieden zwischen einem vor- 112 bereitenden Teil, einem journalistisch-schöpferischen oder künstlerischen Teil und dem technischen Teil der Ausführung. Je größer die gestalterische Freiheit ist, desto mehr wird die Gesamttätigkeit von der journalistisch-schöpferischen Tätigkeit geprägt. Ein Arbeitsverhältnis kann vorliegen, wenn der Mitarbeiter zwar an dem Programm gestalterisch mitwirkt, dabei jedoch weitgehenden inhaltlichen Weisungen unterliegt, ihm also nur ein geringes Maß an Gestaltungsfreiheit, Eigeninitiative und Selbständigkeit verbleibt. Ein Arbeitsverhältnis kann auch dann zu bejahen sein, wenn der Sender innerhalb eines bestimmten zeitlichen Rahmens über die Arbeitsleistung verfügen kann. Das ist dann der Fall, wenn ständige Dienstbereitschaft erwartet wird oder wenn der Mitarbeiter in nicht unerheblichem Umfang auch ohne entspr. Vereinbarung herangezogen wird, ihm also die Arbeiten letztlich „zugewiesen" werden (BAG 22. 4. 1998 AP BGB § 611 Abhängigkeit Nr. 96; BAG 19. 1. 2000 AP BGB § 611 Rundfunk Nr. 33). Ein starkes Indiz ist es danach, wenn ein Mitarbeiter in **Dienstplänen** aufgeführt wird, ohne dass die einzelnen Einsätze im Voraus abgesprochen werden (BAG 30. 11. 1994 AP BGB § 611 Rundfunk Nr. 15). Die tatsächliche Vertragsdurchführung ist entscheidend (BAG 20. 7. 1994 AP BGB § 611 Abhängigkeit Nr. 73). Dabei ist eine Gesamtbetrachtung vorzunehmen. Allein der Umstand, dass eine Aufnahme in Dienstpläne erfolgt, führt noch nicht zur ANEigenschaft (BAG 20. 9. 2000 AP BGB § 611 Rundfunk Nr. 37). Programmgestaltende Rundfunk- und Fernsehmitarbeiter sind auch nicht schon allein deswegen AN, weil sie vom Apparat und Team des Senders abhängig sind (BAG 19. 1. 2000 AP BGB § 611 Rundfunk Nr. 33; BAG 30. 11. 1994 AP BGB § 611 Abhängigkeit Nr. 74; unter Aufgabe von BAG 15. 3. 1978 AP BGB § 611 Abhängigkeit Nr. 26).

Einzelfälle programmgestaltender Mitarbeit: In Sendebetrieb eingliederte **Fernsehreporterin:** 113 BAG 21. 9. 1977 AP BGB § 611 Abhängigkeit Nr. 27; bei fehlender Eingliederung verneinend: BAG 27. 2. 1991 EzA BGB § 611 Arbeitnehmerbegriff Nr. 43; **Filmkritiker** mit eigener Sendung (BAG 19. 1. 2000 AP BGB § 611 Rundfunk Nr. 33); **Fotoreporter** (BAG 16. 6. 1998 AP ArbGG 1979 § 5 Nr. 44; LAG Rheinland-Pfalz 16. 5. 2001 – 10 Sa 6/01 –); **Hörfunk-Korrespondent** (BAG 7. 5. 1980 AP BGB 611 Abhängigkeit Nr. 35); **Regieassistenten** (LAG Berlin 23. 8. 1982 EzA BGB § 611 Arbeitnehmerbegriff Nr. 23); **Regisseur** (BAG 13. 1. 1983 AP BGB § 611 Abhängigkeit Nr. 43); Redakteur/Reporter (BAG 20. 9. 2000 AP BGB § 611 Rundfunk Nr. 37); nebenberuflicher **Sportreporter** (BAG 22. 4. 1998 AP BGB § 611 Abhängigkeit Nr. 96; LAG Köln 30. 1. 1997 NZA-RR 1997, 283).

Nicht programmgestaltende, aber rundfunk- und fernsehtypische **Mitarbeit** soll dagegen idR nur 114 in einem Arbeitsverhältnis durchgeführt werden können, dies gilt etwa für routinemäßige Tätigkeiten als **Sprecher, Aufnahmeleiter** und **Übersetzer** (BAG 16. 2. 1994 AP BGB § 611 Rundfunk Nr. 15; BAG 30. 11. 1994 AP BGB § 611 Abhängigkeit Nr. 74; LAG Köln 21. 6. 1989 LAGE BGB § 611 Arbeitnehmerbegriff Nr. 10), und zwar auch bei Teilzeitbeschäftigung (BAG 11. 3. 1998 AP BGB § 611 Rundfunk Nr. 23 = NZA 1998, 705). Diese typisierende Betrachtung wird aber nicht durchgehalten. Vielmehr ist auch bei anderen Mitarbeitern im Medienbereich **nach allgemeinen Kriterien** zu entscheiden, ob freie Mitarbeit oder abhängige Arbeitsleistung vorliegt. Dies gilt etwa für die Tätigkeit der Lektoren. Hier kommt es ganz auf die Vertragsgestaltung an, weil Lektoratstätigkeiten auch typischerweise in einem Arbeitsverhältnis erbracht werden können (im konkreten Fall verneinend BAG 27. 3. 1991 AP BGB § 611 Abhängigkeit Nr. 53). Die gleiche Einschätzung gilt im Bereich der journalistischen Tätigkeit, auch der sog. Fotoreporter. Bei einem pauschal bezahlten **Bildberichterstatter,** der einer Zeitungsredaktion monatlich eine bestimmte Anzahl von Bildern zu liefern hat, hat das BAG die ANEigenschaft abgelehnt, wenn er in der Übernahme der Fototermine frei ist (BAG 29. 1. 1992 AP BetrVG 1972 § 5 Nr. 47 mit abl. Anmerkung *Wank;* ebenso BAG 3. 5. 1989 BB 1990, 779; anders bei Einbindung in den täglichen Redaktionsbetrieb BAG 16. 6. 1998 AP ArbGG 1979 § 5 Nr. 44). Weitere Einzelfälle: **Bühnenbildner** (BAG 3. 10. 1975 AP BGB § 611 Abhängigkeit Nr. 17); **Gebührenbeauftragter** (BAG 17. 5. 1978 AP BGB § 611 Abhängigkeit Nr. 28; BAG 2. 10. 1990 AP TVG § 12 a Nr. 1; BAG 26. 5. 1999 BGB § 611 Abhängigkeit Nr. 104); **Kameraassistent** (BAG 22. 4. 1998 AP BGB § 611 Rundfunk Nr. 24 und 25); **Musikbearbeiter** mit freier Arbeitszeiteinteilung (BAG 21. 9. 1977 AP BGB § 611 Abhängigkeit Nr. 27). Orchesteraushilfe (BAG 22. 8. 2001 AP BGB § 611 Abhängigkeit Nr. 109).

h) Sportler. Berufssportler sind AN, wenn sie ihre Leistungen in einem persönlichen Abhängig- 115 keitsverhältnis erbringen, das über die durch die Vereinsmitgliedschaft begründete Weisungsgebundenheit hinausgeht (BAG 10. 5. 1990 AP BGB § 611 Abhängigkeit Nr. 51; BAG 17. 1. 1979 AP BGB § 611 Berufssport Nr. 2; OLG Stuttgart 17. 11. 1977 AuR 1978, 125). **Vertragsamateure** iSv. § 15 der

in Wahrheit als AN zu Behandelnde kann infolge der Bejahung eines Arbeitsverhältnisses **Ansprüche auf Gleichbehandlung** hins. Entgelt und Sonderleistungen geltend machen (vgl. hierzu Rn. 711 ff.).

123 Bei beiderseitigem Rechtsirrtum der Parteien über die Einordnung des als freien Mitarbeitervertrags geschlossenen Arbeitsverhältnisses soll sich die Anpassung des Vertrags nach den Grundsätzen über den Wegfall der Geschäftsgrundlage (jetzt § 313 BGB) richten (BAG 9. 7. 1976 AP BGB § 242 Geschäftsgrundlage Nr. 7 = NZA 1987, 16; *Lampe* RdA 2002, 18, 22). So kann eine Anpassung für die Zukunft erfolgen; allerdings werden die Grundsätze zum Wegfall der Geschäftsgrundlage durch § 626, wonach auch ausnahmsweise das Recht zur fristlosen Änderungskündigung besteht, regelmäßig verdrängt (BAG aaO). Die prinzipielle Anwendbarkeit ist daher zumindest zweifelhaft (abl. LAG Berlin 8. 6. 1993 NZA 1994, 512 zum alten Recht; zum neuen Recht krit. auch *Preis* II A 60 Rn. 31). Fraglich ist, ob im Hinblick auf eintretende Sozialversicherungspflicht der AG für die Zukunft die Vergütung nach den Grundsätzen für den **Wegfall der Geschäftsgrundlage (§ 313)** herabsetzen kann. Das BAG hat diese Möglichkeit ebenfalls nicht prinzipiell verneint, allerdings im Hinblick auf die zwingenden abschließenden Regelungen des Sozialrechts eine Anpassung des Vertrags und einen Erstattungsanspruch des AG verneint (BAG 14. 1. 1988 NZA 1988, 803; bestätigt durch BVerfG 18. 4. 1989 – 1 BvR 1295/88 – nv.). Ein als „freier Mitarbeiter" eingestellter AN hat nach rechtskräftigem Abschluss einer Statusklage nur Anspruch auf die tarifliche Vergütung und nicht des bisher gezahlten Honorars (LAG Köln 17. 10. 1996 ARSt. 1997, 94). Dies gilt aber nur dann, wenn der AG üblicherweise Selbständige und AN in unterschiedlicher Form (Stundenpauschale bzw. Tarifgehalt) vergütet. Die für ein Dienstverhältnis getroffene Vergütungsabrede ist nicht allein deshalb unwirksam, weil das Rechtsverhältnis in Wahrheit ein ArbVerh. ist (BAG 12. 12. 2001 AP BGB § 612 Nr. 65 in Abgrenzung zu BAG 21. 11. 2001 AP BGB § 612 Nr. 65). Ein AG kann jedoch die Rückzahlung überzahlter Honorare verlangen, wenn der ANStatus eines vermeintlich freien Mitarbeiters rückwirkend festgestellt wird, da ein Rechtsgrund für die Honorarzahlungen nicht bestand, wenn bei dem AG unterschiedliche Vergütungsordnungen für freie Mitarbeiter und für AN galten. Allerdings umfasst der Bereicherungsanspruch nicht sämtliche Honorarzahlungen, sondern nur die Differenz zwischen beiden Vergütungen (BAG 21. 1. 1998 AP § 612 BGB Nr. 55; BAG 29. 5. 2002 AP § 812 BGB Nr. 27; zum Lauf einer etwaigen Ausschlussfrist siehe §§ 194–218 Rn. 55). UU kann diesem § 814 BGB entgegenstehen (vgl. BAG 29. 5. 2002 AP § 812 BGB Nr. 27, dort allerdings nicht bejaht).

124 **5. Arbeitnehmerbegriff im Sozialversicherungs- und Steuerrecht.** Der ANBegriff hat auch im Sozialversicherungs- und Steuerrecht Bedeutung. Jedoch bestehen – bezogen auf das jeweilige Rechtsgebiet – Unterschiede, die aber nicht erheblich sind. Das Sozialversicherungsrecht knüpft an den Begriff der Beschäftigung an. Nach der Legaldefinition des § 7 SGB IV ist Beschäftigung „**die nichtselbständige Arbeit, insb. in einem Arbeitsverhältnis**". Dies zeigt, dass der Begriff nicht deckungsgleich mit dem arbeitsrechtlichen Begriff ist, wenn auch das Arbeitsverhältnis der Hauptanwendungsfall des sozialversicherungsrechtlichen Beschäftigungsverhältnisses ist (zu Einzelheiten vgl. Kommentierung zu § 7 SGB IV). Deutlich zeigt sich dies bei der sog. „Ich-AG". Bei ihr ist sozialrechtlich die Selbständigkeit fingiert (§ 7 IV 2 SGB IV). Arbeitsrechtlich kann die „Ich-AG" indes AN sein (*Greiner* DB 2003, 1058). Im Steuerrecht ist die Abgrenzung zwischen Einkünften aus selbständiger und nichtselbständiger Arbeit erheblich (§ 19 EStG). § 1 LStDV konstituiert einen eigenständigen ANBegriff, der nicht mit dem arbeits- und sozialversicherungsrechtlichen ANBegriff übereinstimmen muss und umgekehrt (ausf. *Küttner/Huber* Arbeitnehmer(Begriff) Rn. 28 ff.).

II. Abgrenzung der verschiedenen Arbeitnehmergruppen

1. Arbeiter – Angestellte

Schrifttum: *Hromadka* (Hrsg.), Gleichstellung von Arbeitern und Angestellten, 1989; *Wank,* Arbeiter und Angestellte, 1992.

125 Für die Abgrenzung zwischen Arbeitern und Angestellten stellt die Verkehrsanschauung auf die Natur der ausgeübten Tätigkeit ab. Ursprünglich wurde als **Angestelltentätigkeit die überwiegend geistige Tätigkeit** angesehen und dem Begriff des **Arbeiters die überwiegend körperliche Tätigkeit** zugeordnet. Diese Unterscheidung hat mit fortschreitender Entwicklung der Technik und der Produktionssysteme an Berechtigung verloren. An den klassischen Arbeiter werden immer höhere geistige Anforderungen gestellt, so dass die Unterscheidung zwischen vorwiegend körperlicher und vorwiegend geistiger Tätigkeit kein vernünftiges Abgrenzungskriterium mehr liefert. Maßgebend ist damit letztlich die Verkehrsanschauung. Als Orientierung kann dabei die in **§ 133 II SGB VI** aufgeführte nicht abschließende Liste typischer Angestelltenberufe dienen. Die Abgrenzung anhand dieser Norm hat jetzt nicht einmal mehr Bedeutung im Betriebsverfassungsrecht und Mitbestimmungsrecht, nachdem durch das BetrVG das Gruppenprinzip aufgehoben worden ist. Es hat noch Bedeutung im Arbeitsrecht des öffentl. Dienstes (Personalvertretungsrecht) und in differenzierenden Tarifverträgen (*Schaub* § 13 Rn. 5).

126 Im Individualarbeitsrecht spielt die Unterscheidung fast keine Rolle mehr. Dazu hat zuletzt maßgeblich auch das BVerfG beigetragen, das mit Beschluss v. 30. 5. 1990 die unterschiedlichen Kündi-

gungsfristen für Arbeiter und Angestellte (§§ 622 aF, 2 AngKündG) in Ermangelung eines sachlichen Grundes für die Ungleichbehandlung für verfassungswidrig erklärt hat (BVerfG 30. 5. 1990 BVerfGE 82, 126, 148, 152 ff. = AP BGB § 622 Nr. 28). Zuletzt hat das BVerfG eine Entscheidung des BAG (19. 4. 1995 AP BGB § 611 Gratifikation Nr. 172), die bei Gratifikationen zwischen Arbeitern und Angestellten wegen unterschiedlicher Krankenstände Differenzierung zuließ, als verfassungswidrig aufgehoben (BVerfG 1. 9. 1997 NZA 1997, 1339). Zwischen Arbeitern und Angestellten differenzierende Ausschlussfristen in verschiedenen Tarifverträgen wurden vom BAG (4. 12. 1997 AP TVG § 4 Ausschlussfristen Nr. 143) noch gebilligt, nicht aber eine Differenzierung bei der betrieblichen Altersversorgung (BAG 10. 10. 2002 – 3 AZR 3/02 –). Hierzu näher Rn. 743 ff.

2. Leitende Angestellte. Der Begriff des leitenden Angestellten wird in verschiedenen arbeitsrechtlichen Gesetzen mit nicht deckungsgleichem Inhalt verwandt. Einen einheitlichen Begriff des leitenden Angestellten gibt es nicht. Als AN ist der leitende Angestellte prinzipiell in den Schutzbereich des Arbeitsrechts einbezogen. Die rechtliche Stellung des leitenden Angestellten wird durch den Umstand bestimmt, dass er zwar selbst in einem **abhängigen Beschäftigungsverhältnis** zu seinem AG steht, seine Aufgaben aber ganz oder überwiegend in der Wahrnehmung typischer **AGFunktionen** wie Personalplanung, Einstellung und Entlassung von AN, Entwicklung von Arbeitsabläufen etc. bestehen. 127

Deutlich wird die Sonderstellung insb. im Kollektivarbeitsrecht. Der leitende Angestellte ist weitgehend vom Geltungsbereich des BetrVG ausgenommen (§ 5 III BetrVG vgl. dort); seine Repräsentation obliegt den sog. **Sprecherausschüssen** (vgl. die Kommentierung zum SprAuG), die jedoch erheblich geringere Kompetenzen haben als die BR. Nach § 32 II SprAuG ist im Falle einer Betriebsänderung iSv. § 111 BetrVG nur über den Ausgleich von Nachteilen zu beraten, es besteht aber kein erzwingbarer Anspruch auf Abschluss eines Sozialplanes. Das **ArbZG** findet auf den leitenden Angestellten nach § 18 I Nr. 1 ArbZG keine Anwendung. Sein **Kündigungsschutz** ist schwächer ausgestaltet (§ 14 KSchG) und auch im Mitbestimmungsgesetz finden sich Sonderregelungen (§ 15 II MitbestG). 128

Die exakte Abgrenzung des Begriffs des leitenden Angestellten bereitet in den jeweiligen Bestimmungen zT erhebliche Schwierigkeiten, die sogar zu der Frage geführt haben, ob § 5 III BetrVG aF verfassungswidrig, weil nicht justitiabel war (vgl. BAG 29. 1. 1980 AP BetrVG 1972 § 5 Nr. 22). Wesentliche Überlegungen des BAG zur Zuordnung eines AN zur Ebene der leitenden Angestellten sind inzwischen in die BetrVG-Novelle v. 20. 12. 1988 eingeflossen, die § 5 III BetrVG neu gefasst und Abs. 4 hinzugefügt hat (hierzu § 5 BetrVG Rn. 30 ff.). Zur Qualifizierung eines Angestellten als leitend muss er **unternehmerische Führungsaufgaben** von einer **nicht untergeordneten Bedeutung** wahrnehmen (vgl. BAG 11. 1. 1995 AP BetrVG 1972 § 5 Nr. 55). 129

Im **Individualarbeitsrecht** von bes. Bedeutung ist, dass der Erste Abschnitt des KSchG gemäß § 14 II KSchG auf „Geschäftsführer, Betriebsleiter und ähnliche leitende Angestellte, soweit diese zur selbständigen Einstellung und Entlassung von AN berechtigt sind", nur eingeschränkt Anwendung findet. Fraglich ist, ob der leitende Angestellte über die positiv angeordneten Einschränkungen hinaus eines geringeren arbeitsrechtlichen Schutzes bedarf. Zu bejahen ist jedenfalls eine gesteigerte Leistungstreue- und Rücksichtnahmepflicht (*Kaiser* AR-Blattei SD 70.2 Rn. 202; *Schaub* § 14 Rn. 34; LAG Nürnberg 5. 9. 1990 LAGE § 626 BGB Nr. 51). Nach bisheriger Auffassung finden die Grundsätze der privilegierten ANHaftung auch auf leitende Angestellte Anwendung (vgl. § 619 a Rn. 19). Dies wird neuerdings bezweifelt, weil Sinn und Zweck der allgemeinen Haftungsprivilegierung bei betrieblicher Tätigkeit nach der neueren Rspr. des BAG auf leitende Angestellte nicht mehr zutreffen, da diese selbst Arbeitsorganisation und Betriebsrisiko steuerten (*Kaiser* AR-Blattei SD 70.2 Rn. 216). 130

3. Außertarifliche Angestellte; Führungskräfte

Schrifttum: *Blanke* (Hrsg.), Außertarifliche Angestellte, 1995; *Franke*, Der außertarifliche Angestellte, 1991.

Außertarifliche Angestellte (AT-Angestellte) zeichnen sich dadurch aus, dass sie kraft ihrer Tätigkeitsmerkmale oder ihrer Bezahlung nicht mehr unter den persönlichen Geltungsbereich des einschlägigen TV fallen (BAG 18. 9. 1973 AP BetrVG 1972 § 80 Nr. 3; BAG 28. 5. 1974 AP BetrVG 1972 § 80 Nr. 6). Wesentlich ist insb. die Abgrenzung zu den leitenden Angestellten iSd. § 5 III BetrVG. AT-Angestellte unterfallen dem Betriebsverfassungsrecht. Im Übrigen kann bei der Inhaltskontrolle von Arbeitsvertragsbedingungen auf die Rechtsstellung des AT-Angestellten Rücksicht genommen werden. 131

Die betriebsübliche oder tarifliche **Arbeitszeit** findet auf AT-Angestellte nur Anwendung, wenn dies ausdrücklich vereinbart ist (BAG 9. 12. 1987 DB 1988, 657; zur Anwendung des Gleichbehandlungsgrundsatzes vgl. Rn. 741 ff.; zum Mitbestimmungsrecht nach § 87 I Nr. 10 bei Festlegung der Vergütungsgrundsätze vgl. § 87 BetrVG Rn. 96 ff.). **Problematisch** ist die Vereinbarung von **Pauschalabgeltung** hins. der Mehrarbeitsvergütung bei AT-Angestellten, wenn durch diese Vertragsgestaltung im Ergebnis der „AT-Angestellte" unter die höchste Tariflohngruppe sinkt (hierzu §§ 305–310 Rn. 88 f.; *Franke*, Der außertarifliche Angestellte, 1991, S. 99 ff.). 132

Preis

133 **4. Arbeitnehmerähnliche Personen. a) Begriff.** Von den AN abzugrenzen sind die sog. arbeitnehmerähnlichen Personen (hierzu *Neuvians*, Die arbeitnehmerähnliche Person, 2002). Das sind, wenn man die **Legaldefinition des § 12 a I TVG** ein wenig verkürzt, Personen, die (1) wirtschaftlich abhängig und (2) einem AN vergleichbar sozial schutzbedürftig sind, weil sie (3) auf Grund eines Dienst- oder Werkvertrags überwiegend für eine Person tätig sind, (4) die geschuldete Leistung persönlich und (5) im Wesentlichen ohne Mitarbeit von AN erbringen (BAG 15. 4. 1993 AP ArbGG 1979 § 5 Nr. 12). Eine arbeitnehmerähnliche Person kann für mehrere Auftraggeber tätig sein; für sie ist jedoch kennzeichnend, dass die Beschäftigung für einen der Auftraggeber wesentlich ist und die daraus fließende Vergütung die entscheidende Existenzgrundlage darstellt (BAG 11. 4. 1997 AP ArbGG 1979 § 5 Nr. 30).

134 Im Gegensatz zu AN fehlt es bei ihnen jedoch an der persönlichen Abhängigkeit. Arbeitnehmerähnliche Personen sind wegen einer fehlenden Eingliederung in eine betriebliche Organisation und im Wesentlichen freier Zeitbestimmung **nicht persönlich abhängig wie AN**; an die Stelle der persönlichen Abhängigkeit und Weisungsgebundenheit tritt das Merkmal der **wirtschaftlichen Unselbständigkeit**. Darüber hinaus muss der so wirtschaftlich Abhängige auch seiner gesamten sozialen Stellung nach **einem AN vergleichbar und sozial schutzbedürftig** sein. Wann dies der Fall ist, kann unter Berücksichtigung der Verkehrsanschauung nur den gesamten Umständen des Einzelfalles entnommen werden (BAG 15. 4. 1993 AP ArbGG 1979 § 5 Nr. 12). Die Voraussetzungen liegen nicht vor, wenn ein Dienstnehmer über den Umfang und den Ablauf seines Arbeitseinsatzes selbst entscheidet sowie über erhebliche Einkommenschancen sowie anderweitige Einnahmen, die seine Existenz sichern, verfügt (BAG 2. 10. 1990 AP TVG § 12 a Nr. 1; OLG Köln 13. 8. 1993 AP TVG § 12 a Nr. 5).

135 Primäre Rechtsfolge der Einordnung als arbeitnehmerähnliche Person ist die **Zuständigkeit der ArbG** (§ 5 I 2 ArbGG, vgl. § 5 ArbGG Rn. 7). Sie sind zuständig für Rechtsstreitigkeiten aus Dienst- oder Werkverträgen mit arbeitnehmerähnlichen Personen (BAG 17. 10. 1990 AP ArbGG 1979 § 5 Nr. 9). Tw. werden arbeitsschutzrechtliche Normen ausdrücklich auch auf arbeitnehmerähnliche Personen erstreckt (§ 2 Satz 2 BUrlG, § 5 I 2 ArbGG, § 138 SGB IX; § 2 II Nr. 3 ArbSchG; § 2 II Nr. 1 BeschSchG). ZT finden Bildungsurlaubsgesetze der Länder auf sie Anwendung (§ 2 AWbG NW). Abw. Definitionen enthalten diese Normen nicht. TV können den **zwingenden Begriff der ANÄhnlichkeit** nicht abw. regeln (BAG 13. 3. 1978 AP BGB § 611 Abhängigkeit Nr. 26).

136 Wichtigste Rechtsfolge der Annahme einer arbeitnehmerähnlichen Person ist die **grds. Nichtanwendbarkeit des Arbeitsrechts.** Ein wesentlicher Vertragsschutz wird durch die Inhaltskontrolle nach Maßgabe der §§ 305 ff. gewährleistet (für die unmittelbare **Anwendung des AGBG** bereits BGH 18. 2. 1982 AP AGBG § 23 Nr. 1; *Preis* Vertragsgestaltung S. 229 mwN; siehe jetzt hier §§ 305–310 Rn. 13). Im Übrigen wird eine vorsichtige **Analogie zu einzelnen arbeitsrechtlichen Vorschriften** bejaht (*Schaub* § 9 Rn. 4; KR/*Rost*, Arbeitnehmerähnliche Personen, Rn. 32 ff.; MünchArbR/*Wank* § 124 Rn. 29). **Nicht anwendbar** auf arbeitnehmerähnliche Personen sind insb. das **KSchG** (§ 1 KSchG Rn. 70) sowie die **Sonderkündigungsschutzbestimmungen** (§§ 9 MuSchG, 85 ff. SGB IX, 2 ArbPlSchG). Die Fristen des § 621 sind zu wahren, bei befristeten Verträgen nach BAG (7. 1. 1971 AP BGB § 611 Abhängigkeit Nr. 8) eine zweiwöchige Ankündigungsfrist. Auch § 613 a findet keine Anwendung (§ 613 a Rn. 40). Das BAG hat die analoge Anwendung auf Heimarbeitsverhältnisse abgelehnt (BAG 3. 7. 1980 AP BGB § 613 a Nr. 23). Auch die Grundsätze zur privilegierten ANHaftung sollen nicht anwendbar sein (§ 619 a Rn. 19; für eine Ausweitung der analogiefähigen Grundsätze: *Hromadka* NZA 1997, 569, 579). Im Übrigen richten sich die anwendbaren Rechtsvorschriften nach dem **jeweils vereinbarten Vertragstyp** (Dienstvertrag §§ 611 ff., Werkvertrag §§ 631 ff. oder Werklieferungsvertrag § 651). Im Zuge der Diskussion um sog. Scheinselbständigkeit und der Schutzfunktion der Grundrechte wird ein Bestandsschutz aus § 242 BGB gefordert (*Pfarr* FS Kehrmann 1997 S. 75, 92; *Appel/Frantzioch* AuR 1998, 93, 97; *Oetker* FS LAG Rheinland-Pfalz 1999 S. 311 ff.).

137 **b) Einzelfälle.** Bei den arbeitnehmerähnlichen Personen handelt es sich im Wesentlichen um zwei Personengruppen: um **Heimarbeiter** und um **Einfirmen-Handelsvertreter.** Die Einordnung dieser Rechtsverhältnisse erfolgt ebenfalls nach dem tatsächlichen Vertragsinhalt (BAG 3. 4. 1990 AP HAG § 2 Nr. 11). Dementspr. enthält insb. das **HAG** bes. Bestimmungen für diese arbeitnehmerähnlichen Personen. Sonderregelungen finden sich zudem in § 10 I EFZG. Heimarbeiter haben einerseits Anspruch auf Kurzarbeitergeld nach § 176 SGB III, andererseits sind aber die allgemeinen Kündigungsschutzvorschriften auf diesen Personenkreis nicht anwendbar (§ 1 KSchG Rn. 69; LAG Hamm 15. 6. 1989 LAGE KSchG § 23 Nr. 6).

138 Für das Vertragsverhältnis eines **Einfirmen-Handelsvertreters,** der nur für einen Unternehmer tätig wird, können nach § 92 a HGB Mindestarbeitsbedingungen festgesetzt werden. In einem solchen Fall fallen die Streitigkeiten der Handelsvertreter gemäß § 5 III ArbGG auch unter die Gerichtsbarkeit der Gerichte für Arbeitssachen. § 12 a TVG findet nach dessen Abs. 4 keine Anwendung.

139 Einzelkasuistik gibt es insb. zur Frage der Rechtswegzuständigkeit nach § 5 I 2 ArbGG. Das ArbGG definiert den Begriff nicht, sondern setzt ihn als bekannt voraus. **Einzelfälle,** in denen Vorliegen einer ANÄhnlichkeit **bejaht** wurde: **Dozent am Weiterbildungsinstitut** (BAG 11. 4. 1997 AP ArbGG 1979 § 5 Nr. 30); **Dozent in einem privaten Lehrinstitut** (HessLAG 11. 7. 1996 ZTR

B. Geltungsbereich des Arbeitsrechts § 611 BGB 230

1996, 518); **Frachtführer** (LAG Düsseldorf 28. 8. 1995 BB 1995, 2275); **Franchisenehmer** (BAG 16. 7. 1997 AP ArbGG 1979 § 5 Nr. 37 unter Aufhebung von LAG Rheinland-Pfalz 9. 7. 1996 LAGE BGB § 611 Arbeitnehmerbegriff Nr. 32; BGH 4. 11. 1998 NZA 1999, 53); **freie Mitarbeiter von Rundfunk- und Fernsehanstalten** (BAG 17. 10. 1990 AP ArbGG 1979 § 5 Nr. 9); **Geschäftsführer einer GmbH** (BAG 10. 7. 1980 AP ArbGG 1979 § 5 Nr. 1); **Geschäftsführer einer Betriebskrankenkasse** (BAG 25. 7. 1996 AP ArbGG 1979 § 5 Nr. 28); **Rechtsanwalt (Scheinsozius)** (LAG Hessen 1. 6. 1995 NZA-RR 1996, 64; OLG München 24. 11. 1998 EzA ArbGG § 5 Nr. 31 = NZA-RR 1999, 604); **Redakteur** (BAG 23. 9. 1992 AP TVG § 1 Tarifverträge Rundfunk Nr. 1); als **Repetitor** tätiger Jurist (LAG Hamm 22. 8. 1989 AP ArbGG 1979 § 5 Nr. 7); **Rundfunkgebührenbeauftragter** (bejaht bei geringem Einkommen: BAG 30. 8. 2000 AP ArbGG 1979 § 2 Nr. 75; verneint bei hohem Einkommen: BAG 2. 10. 1990 AP TVG § 12 a Nr. 1); **selbständiger Erfinder** (BAG 13. 9. 1956 BAGE 3, 110 = AP ArbGG 1953 § 5 Nr. 2); **Servicebeauftragter für Fotokopiergeräte** (BAG 28. 9. 1995 RzK I 10 a Nr. 19); **Au-Pair** (ArbG Hanau 8. 2. 1996 DB 1996, 2446); **Testfahrerin im Motorradwerk** (BAG 17. 6. 1999 BB 2000, 98); **Theaterintendant** (BAG 17. 12. 1968 AP ArbGG 1953 § 5 Nr. 17).

Den Status einer arbeitnehmerähnlichen Person hat das BAG grds. abgelehnt bei Tätigkeiten auf 140 gesellschafts- und vereinsrechtlicher Basis. Ein **Rechtsanwalt**, der Partner einer Anwaltssozietät ist, ist keine arbeitnehmerähnliche Person, auch wenn er von der Sozietät wirtschaftlich abhängig ist (BAG 15. 4. 1993 AP ArbGG 1979 § 5 Nr. 12). **Rote-Kreuz-Schwestern** betrachtet das BAG ebenfalls nicht als arbeitnehmerähnliche Personen (BAG 6. 7. 1995 AP ArbGG 1979 § 5 Nr. 22). Ferner wurde ANÄhnlichkeit verneint: **Nebenberuflich tätiger Theaterintendant** (BAG 16. 8. 1977 AP BGB § 611 Abhängigkeit Nr. 23); **einmalig tätiger Künstler** (BAG 6. 12. 1974 AP BGB § 611 Abhängigkeit Nr. 14); selbständiger **Frachtführer** (BGH 21. 10. 1998 ArbGG § 5 Nr. 30).

III. Arbeitsrechtliche Sonderregelungen für bestimmte Arbeitnehmergruppen

Die berufsständische Gliederung nach ANGruppen bestimmter Branchen macht in Ansehung des 141 Gleichbehandlungsgrundsatzes wenig Sinn. Berufsständische Sonderregelungen werden an Bedeutung verlieren. Im konkreten Anwendungsbereich gehen die Spezialgesetze (GewO, HGB) den allgemeinen Regelungen der §§ 611 ff. vor; jedoch sind die in den Spezialgesetzen geregelten punktuellen arbeitsrechtlichen Bestimmungen vielfach verallgemeinerungsfähig und finden daher allgemein auf Arbeitsverhältnisse Anwendung. Zunehmend werden Sonderbestimmungen abgebaut.

1. Gewerbliche Arbeitnehmer. Durch die Neufassung der GewO ist auch der Begriff der gewerb- 142 lichen AN entfallen. Die §§ 105 ff. GewO gelten jetzt für alle Arbeitnehmer (§ 6 II GewO).

2. Kaufmännische Angestellte. Unter kaufmännischen Angestellten versteht man die den §§ 59 ff. 143 HGB unterfallenden Regelungen über „Handlungsgehilfen" (vgl. hierzu die Kommentierung zu §§ 59 ff. HGB; ausf. *v. Hoyningen-Huene*, Die kaufmännischen Hilfspersonen, 1996). Bes. Bedeutung für das gesamte Arbeitsrecht haben die im HGB enthaltenen Regelungen über nachvertragliche Wettbewerbsverbote und die Grundregelungen über Provisionen.

3. Arbeitnehmer des öffentlichen Dienstes. Die AN des öffentl. Dienstes (zum Begriff § 130 144 BetrVG) sind AN im klassischen Sinn (ausf. *B. Müller*, Arbeitsrecht im öffentl. Dienst, 5. Aufl. 2001; *Pfohl*, Arbeitsrecht des öffentlichen Dienstes, 2002) deren Rechtsverhältnisse durch **TV** geregelt werden (§ 191 BBG). Diese unterscheiden noch zwischen Arbeitern und Angestellten (BAT, BMT-G, MTL; zur Problematik *Hanau/Kania* Ungleichbehandlung von Arbeitern und Angestellten in den Tarifverträgen des öffentl. Dienstes, 1994). Im Bereich der öffentl. Hand steht die Verwaltung, Körperschaft oder Anstalt dem Unternehmen gleich. Der Begriff des Betriebes wird regelmäßig durch den Begriff Dienststelle ersetzt.

Die TV für den öffentl. Dienst enthalten zahlreiche Sonderregelungen, die dem Umstand Rechnung 145 tragen, dass diese Personen mit Beamten zusammenarbeiten, vielfach die gleichen Funktionen erfüllen und ihre Arbeit für einen dem Haushaltsrecht unterliegenden Dienstherrn erbringen. Die Besonderheiten dieses Bereiches drücken sich zB darin aus, dass für den öffentl. Dienst nicht das BetrVG, sondern ein besonderes Personalvertretungsrecht des Bundes und der Länder gilt.

4. Kirchliche Mitarbeiter

Schrifttum: *Hanau/Thüsing* Europarecht und kirchliches Arbeitsrecht, 2001; *Richardi*, Arbeitsrecht in der Kirche, 3. Aufl. 2000.

Große Bedeutung hat die Beschäftigung von AN im kirchlichen Dienst. Sie sind zu unterscheiden 146 von den Kirchenbeamten und den kraft mitgliedschaftsrechtlicher Verpflichtung dienstleistenden Personen (hierzu Rn. 165 ff.). Soweit sich die Kirchen wie jedermann der **Privatautonomie** zur Begründung von Arbeitsverhältnissen bedienen, findet auf diese das **staatliche Arbeitsrecht Anwendung.** Das ist schlichte Folge der Rechtswahl (BVerfG 4. 6. 1985 AP GG Art. 140 Nr. 24; BAG 17. 4. 1996 AP BGB § 611 Kirchendienst Nr. 24). Die Rechte und Pflichten kirchlicher AN folgen aus den arbeitsvertraglichen Vereinbarungen. Hins. der **Loyalitätspflichten** besteht jedoch angesichts des verfassungsrechtlich garantierten Selbstbestimmungsrechts der Kirchen eine weitergehende Bindung

Preis

im Bereich der privaten Lebensgestaltung als bei anderen AN (BVerfG 4. 6. 1985 AP GG Art. 140 Nr. 24; ausführlich *Richardi* S. 68 ff.).

147 Im Bereich der Kirchen werden idR keine TV geschlossen (ausf. Art. 4 GG Rn. 48 ff.). Es bestehen Arbeitsvertrags- oder Anstellungsordnungen und **ArbeitsvertragsRL**. Auch wenn diese in bes. Kommissionen verhandelt werden, stellen sie **keine TV** dar (BAG 17. 4. 1996 AP BGB § 611 Kirchendienst Nr. 24; LAG Hamm 17. 10. 2000 LAGE BGB § 613 a Nr. 80; BAG 20. 2. 2002 AP GG Art. 140 Nr. 53). Auch der „BAT-KF", der im Bereich der Evangelischen Kirche gilt, ist kein TV im Rechtssinne (BAG 6. 11. 1996 AP AVR Caritasverband § 10 a Nr. 1; LAG Hamm 17. 10. 2000 LAGE BGB § 613 a Nr. 80). Diese RL folgen dem allgemeinen Vertragsrecht, dh. sie müssen **durch Vereinbarung Bestandteil des Arbeitsverhältnisses** werden (BAG 14. 6. 1995, 26. 7. 1995 AP AVR Caritasverband § 12 Nr. 7, 8). Änderungen dieser Regelwerke auf Basis einer „Jeweiligkeitsklausel" durch Arbeitsrechtskommissionen stellen eine **Leistungsbestimmung** durch Dritte iSd. § 317 dar. Die Leistungsbestimmung hat **nach billigem Ermessen** zu erfolgen; sie sind nur dann nicht verbindlich, wenn sie offenbar unbillig sind (§ 319 I 1). Dieser gerichtlichen Billigkeitskontrolle steht das Selbstorganisations- und Selbstverwaltungsrecht der Kirchen nicht entgegen (BAG 17. 4. 1996 AP BGB § 611 Kirchendienst Nr. 24; Art. 4 GG Rn. 52; aA *Thüsing* RdA 1997, 163, 170). Soweit allerdings die kirchlichen ArbeitsvertragsRL **TVRegelungen ganz oder mit im Wesentlichen gleichen Inhalten übernehmen**, sind für die **Inhaltskontrolle die für TV geltenden Maßstäbe** heranzuziehen (BAG 6. 11. 1996 AP AVR Caritasverband § 10 a Nr. 1; abl. *Hammer* AuR 2002, 49 ff.). Auch der Gesetzgeber respektiert tw. die auf einem „Dritten Weg" durch unabhängige und paritätische Kommissionen entstandenen Regelwerke wie TV (vgl. § 21 a ArbSchG, § 7 IV ArbZG). Im Bereich der betrieblichen Mitbestimmung besteht ein besonderes Mitarbeitervertretungsrecht.

148 **5. Dienstordnungs-Angestellte.** Dienstordnungsangestellte sind traditionell die **Beschäftigten der Sozialversicherung** und ihrer Verbände, die selbst keine Beamten ernennen können. Dienstordnungsangestellte werden nach § 354 RVO durch privatrechtlichen Anstellungsvertrag eingestellt (zur Abberufung: *v. Hoyningen-Huene/Boemke* NZA 1994, 481). Das Dienstordnungsrecht ist weitgehend dem Beamtenrecht angeglichen. Die mit Genehmigung der Aufsichtsbehörde als öffentlich-rechtliche Satzung erlassene Dienstordnung (§§ 350 ff. RVO) wirkt auf das Privatvertragsverhältnis maßgebend ein. Die Bedeutung der Dienstordnungs-Angestellten wird sinken, nachdem § 358 RVO für die Krankenkasse neue Vertragsabschlüsse auf dieser Basis ausschließt. Für die Verbände gilt die Möglichkeit nach § 414 b RVO jedoch fort. Im Bereich der Unfallversicherungsträger sind Dienstordnungsverhältnisse auch nach der gesetzlichen Neuordnung noch möglich, allerdings im Unterschied zum früheren Recht nur fakultativ (vgl. § 144 SGB VII).

149 **6. Schiffsbesatzungen.** Das Arbeitsrecht der Schiffsbesatzungen unterliegt, soweit überhaupt deutsches Recht Anwendung findet, einem weitgehend kodifizierten Sonderrecht. Für Kapitäne, Schiffsoffiziere, sonstige Angestellte und „Schiffsmänner" gilt das SeemannsG v. 26. 7. 1957 (BGBl. II S. 713). Das Arbeitsverhältnis bezeichnet das Gesetz als „Heuerverhältnis" (§§ 23 ff. SeemannsG). Das Heuerverhältnis wird vorliegend nicht kommentiert. Es wird auf aktuelle Sonderdarstellungen verwiesen (insb. *Franzen* Seearbeitsrecht I–V AR-Blattei SD 1450). Zu beachten ist ferner das Binnenschifffahrtsgesetz v. 15. 6. 1895 (RGBl. I S. 301) sowie das Abkommen über die Arbeitsbedingungen der Rheinschiffer v. 21. 5. 1954 (BGBl. II 1957, S. 217). Keine Bedeutung hat das Gesetz betreffend die privatrechtlichen Verhältnisse der Flößerei v. 15. 6. 1895 (RGBl. S. 341).

150 **7. Land- und Forstwirtschaft.** Für die AN in der Land- und Forstwirtschaft gelten die Vorschriften der §§ 611 ff. Zu beachten sind jedoch einzelne Sonderregelungen für den Bereich der Land- und Forstwirtschaft (§§ 7 II Nr. 2, 10 I Nr. 12 ArbZG; §§ 8 III, 14 II Nr. 3, 17 II Nr. 2 JArbSchG).

151 **8. Künstler.** Künstlerische Leistungen können im Rahmen eines Dienstvertrags oder eines Arbeitsvertrags erbracht werden. Auf das Arbeitsverhältnis, das mit einem Künstler eingegangen wird, finden die Bestimmungen der §§ 611 ff. Anwendung. Bei Bühnenkünstlern ist im Regelfall vom Vorliegen eines Arbeitsverhältnisses auszugehen (LAG Berlin 29. 12. 1989 AP BGB § 611 Abhängigkeit Nr. 50). Im Bereich der Bühnenkünstler besteht eine bes. Tarifstruktur und -kultur (hierzu *Vogel* AR-Blattei SD 1030.2). In den jeweiligen TV sind zahlreiche Sondervorschriften über Inhalt und Beendigung enthalten. Gleiches gilt für die Berufsgruppen der Musiker und der Artisten (hierzu ebenfalls *Vogel* AR-Blattei SD 1030.5).

IV. Beschäftigungsverhältnisse außerhalb des Geltungsbereichs des Arbeitsrechts

152 **1. Beamten, Richter, Soldaten, Zivildienstleistende.** Beamte, Richter und Soldaten sind **keine AN**. Sie werden auf Grund **durch VA** (§ 35 VwVfG) **begründeter öffentlich-rechtlicher Dienstverhältnisse** tätig, die jeweils durch Sondergesetze (BBG, BRRG, und die Beamtengesetze der Länder; DRiG, SoldatenG, ZDG) geregelt sind. Auch die Kirchen haben auf Grund ihres Status als Körperschaften des öffentl. Rechts die Möglichkeit, Dienstverhältnisse nach öffentlich-rechtlichen Grundsätzen zu ordnen. Dies gilt nicht über die geistlichen Amtsträger hinaus (**Kirchenbeamte;** vgl. *Richardi,* Arbeitsrecht in der Kirche, 3. Aufl., 2000, S. 7 ff.). Auch Zivildienstleistende stehen in keinem Arbeitsverhältnis. Im Falle des Ersatz-Zivildienstes nach § 15 a ZDG kann allerdings ein Arbeitsverhältnis zum Träger des Krankenhauses oder der gleichgestellten Einrichtung bestehen.

Von ihnen zu unterscheiden sind die AN (Arbeiter und Angestellte) im öffentl. Dienst, auf die das 153 Arbeitsvertragsrecht Anwendung findet (Rn. 144). Daneben bestehen bes. öffentlich-rechtliche Dienstverhältnisse insb. im Hochschulbereich, die als solche keine Arbeitsverhältnisse begründen. **Lehrbeauftragte**, die mit einer bestimmten Lehrverpflichtung im Semester beauftragt werden, stehen in einem öffentlich-rechtlichen Dienstverhältnis bes. Art, wenn der Lehrauftrag durch eine einseitige Maßnahme der Hochschule erteilt wird (BAG 15. 4. 1982 AP BGB § 611 Lehrer-Dozenten Nr. 27; BAG 22. 9. 1995 – 5 AZB 19/95 – nv.; ausf. hierzu *Reinecke* ZTR 1996, 337 ff.; zu **Privatdozenten** BAG 27. 6. 1984 AP BGB § 611 Lehrer-Dozenten Nr. 42; **Verwalter einer Professorenstelle** BAG 30. 11. 1984 AP BGB § 611 Lehrer-Dozenten Nr. 43). Das schließt aber nicht aus, dass im Einzelfall die Hochschule mit dem Lehrbeauftragten ausdrücklich ein (Teilzeit-)Arbeitsverhältnis abschließt, auf das dann auch die allgemeinen Grundsätze (etwa Gleichbehandlungsgrundsatz, § 4 I TzBfG) Anwendung finden (BAG 1. 11. 1995 AP BeschFG 1985 § 2 Nr. 45).

Die ANEigenschaft fehlt den genannten Personen aber nur innerhalb des öffentlich-rechtlichen 154 Dienstverhältnisses. Sie können – soweit ihre Pflichten aus dem Hauptamt dies erlauben – daneben wie jeder andere auch auf privatrechtlicher Basis eine **Nebentätigkeit als AN** (hierzu Rn. 181, 886) ausüben (BAG 13. 3. 1987 AP KSchG 1969 § 1 Betriebsbedingte Kündigung Nr. 37). Ein von seinem öffentl. Dienstherrn unter Fortzahlung des Gehalts „zur Dienstleistung" bei einer privaten Einrichtung beurlaubter Beamter, begründet regelmäßig neben dem Beamtenverhältnis ein Arbeitsverhältnis mit der privaten Einrichtung (BAG 27. 6. 2001 AP BGB § 611 Faktisches Arbeitsverhältnis Nr. 20). Dabei kann AG sogar der Dienstherr aus dem Beamtenverhältnis sein. In der Rspr. ist anerkannt, dass die Vereinbarung eines zivilrechtlich ausgestalteten Beschäftigungsverhältnisses mit einem Beamten jedenfalls dann rechtswirksam ist, wenn es sich bei der übernommenen Tätigkeit um eine verhältnismäßig geringfügige Nebenbeschäftigung handelt, die nicht zu den Obliegenheiten seines Dienstzweiges gehört, wenn die übernommene Arbeitspflicht den Beamten nicht über Gebühr in Anspruch nimmt, so dass er seinem Amt gerecht werden kann (BAG 27. 7. 1994 AP BGB § 611 Abhängigkeit Nr. 72). So ist die Neubegründung eines nach § 10 IV LBG NW erloschenen Arbeitsverhältnisses zwischen Beamten und Dienstherrn nicht durch diese Vorschrift gehindert, wenn es sich um einen Beamten auf Widerruf handelt und dieser bei Vertragsabschluss aus dem Arbeitsverhältnis bis zu Beendigung des Beamtenverhältnisses auf Widerruf beurlaubt wird (BAG 27. 7. 1994 AP BGB § 611 Abhängigkeit Nr. 72). Mit der Ernennung zum Beamten erlischt ein privatrechtliches Arbeitsverhältnis zum Dienstherrn (vgl. § 10 III BBG). Bei Rücknahme der Ernennung (§ 12 BBG) lebt das frühere Arbeitsverhältnis nicht wieder auf (BAG 24. 4. 1997 AP BGB § 611 Ruhendes Arbeitsverhältnis Nr. 2).

2. Entwicklungshelfer. Ein Rechtsverhältnis eigener Art wird zwischen dem Träger des Entwick- 155 lungsdienstes und dem Entwicklungshelfer nach dem Entwicklungshelfergesetz begründet, allerdings kann das Rechtsverhältnis zwischen dem Entwicklungshelfer und dem ausländischen Projektträger ein Arbeitsverhältnis sein (BAG 27. 4. 1977 AP BGB § 611 Entwicklungshelfer Nr. 1; Einzelheiten bei *Echterhölter* AR-Blattei, Entwicklungshelfer SD 660). Nach § 2 Nr. 7 ArbGG sind allerdings die ArbG für bürgerliche Rechtsstreitigkeiten der Entwicklungshelfer zuständig.

3. Strafgefangene. Strafgefangene, Sicherungsverwahrte und andere Personen, die in geschlossene 156 Anstalten eingewiesen sind, sind als solche keine AN (BAG 3. 10. 1978 AP BetrVG 1972 § 5 Nr. 18). Arbeit innerhalb der Haftanstalt wird ihnen gemäß § 37 StVollzG zugewiesen. Auch wenn sie außerhalb der Anstalt in einem privaten Betrieb beschäftigt werden, wird die von ihnen zwangsweise geforderte bzw. ihnen auf Verlangen zugeteilte Arbeit nicht auf Grund eines Arbeitsvertrags geleistet. Allerdings können sie mit einem Dritten im Rahmen der in § 39 StVollzG eröffneten Möglichkeit ein Arbeitsverhältnis begründen (LAG Baden-Württemberg 15. 9. 1988 NZA 1989, 886). Sozialversicherungsrechtlich stehen sie allerdings abhängig Beschäftigten zT gleich (§ 2 II 2 SGB VII; zur Anwendbarkeit §§ 104 ff. SGB VII BGH 9. 11. 1982 LM § 636 RVO Nr. 22).

4. Familienrechtliche Arbeitsleistung. Bei Dienstleistungen von Familienangehörigen ist zu diffe- 157 renzieren, ob diese auf der Basis eines **privatrechtlichen Arbeitsvertrags** oder auf **familienrechtlicher Grundlage** tätig werden (hierzu *Depping* BB 1991, 1981; *Menken* DB 1993, 161; *Hergenröder* AR-Blattei SD 615.1). Erschöpft sich die Tätigkeit in der üblichen Mitarbeit auf familienrechtlicher Basis, sind Rechtsgrund für die Dienstleistung von Ehepartnern oder Kindern die familienrechtlichen Vorschriften der §§ 1353, 1619. Für Ehegatten besteht – anders als für Kinder (§ 1619) – seit dem 1. EheRG keine ausdrückliche gesetzliche Verpflichtung zur Mitarbeit im Geschäft des Ehepartners. Jedoch kann diese auf der Pflicht zur Unterhaltsleistung nach § 1360 oder der Beistandspflicht innerhalb der ehelichen Lebensgemeinschaft (§ 1353) beruhen. Problematisch ist, wenn die Dienstleistung über das übliche Maß hinausgeht. Zur Frage des **Vergütungsanspruchs** in diesen Fällen vgl. § 612 Rn. 13, 21 ff.

Preis

158 Ob die Tätigkeit im Unternehmen eines Ehegatten oder nichtehelichen Lebenspartners ein abhängiges Beschäftigungsverhältnis darstellt (**Ehegattenarbeitsverhältnis**) oder nicht, richtet sich nach den allgemeinen Grundsätzen (Rn. 44 ff.). Der Annahme eines Beschäftigungsverhältnisses steht dabei nicht entgegen, dass die Abhängigkeit unter Ehegatten – wie im Übrigen auch unter nichtehelichen Lebenspartnern – im Allg. weniger stark ausgeprägt und deshalb das Weisungsrecht möglicherweise mit bestimmten Einschränkungen ausgeübt wird (LAG Baden-Württemberg 24. 6. 1975 AuR 1976, 187). Die Grenze zwischen einem abhängigen Beschäftigungsverhältnis mit Entgeltzahlung und einer nicht (sozial-)versicherungspflichtigen Beschäftigung auf Grund eines Gesellschaftsverhältnisses oder der familienhaften Zusammengehörigkeit ist nicht immer leicht zu ziehen und kann nur nach Lage der jeweiligen Umstände entschieden werden. Hierbei sind insb. die Eingliederung des Ehegatten bzw. nichtehelichen Lebenspartners in den Betrieb, die vertragliche Regelung auch der Höhe der Geld- und Sachbezüge und ihr Verhältnis zu Umfang und Art der im Betrieb verrichteten Tätigkeit sowie zu der Bezahlung vergleichbarer fremder Arbeitskräfte und die steuerliche Behandlung wesentlich (BSG 21. 4. 1993 AP BGB § 611 Abhängigkeit Nr. 67; BSG 23. 6. 1994 AP BGB § 611 Ehegatten-Arbeitsverhältnis Nr. 4; BSG 12. 9. 1996 SGb 1996, 539).

159 Ernstlich vereinbarte, tatsächlich erfüllte und angemessen abgegoltene Ehegattenarbeitsverhältnisse sind auch einkommensteuerrechtlich anzuerkennen. Die **steuerliche Anerkennung** darf nicht lediglich daran scheitern, dass das Gehalt auf ein gemeinsames Konto der Ehegatten überwiesen wird (BVerfG 7. 11. 1995 AP BGB § 611 Ehegatten-Arbeitsverhältnis Nr. 5). Der schriftliche Arbeitsvertrag hat auch beim Ehegattenarbeitsverhältnis die Vermutung der Richtigkeit und Vollständigkeit für sich. Für die Behauptung, es handele sich um ein Scheingeschäft iSd. § 117 I trägt die Partei die Beweislast, die sich darauf beruft (BAG 9. 2. 1995 NZA 1996, 249).

160 Die Scheidung der Ehe begründet idR keinen **Kündigungsgrund** für das Ehegattenarbeitsverhältnis (BAG 9. 2. 1995 NZA 1996, 249; aA LAG Köln 26. 1. 1994 LAGE KSchG § 1 Personenbedingte Kündigung Nr. 11).

5. Gesellschafter und Organmitglieder juristischer Personen

Schrifttum: *Diller*, Gesellschafter und Gesellschaftsorgane als Arbeitnehmer, 1994.

161 Bei Organmitgliedern juristischer Personen fehlt es nicht nur an der persönlichen Abhängigkeit, sie repräsentieren vielmehr die juristische Person unmittelbar als AG. Dies gilt auch für den GmbH-Geschäftsführer oder den als Fremdgeschäftsführer oder Minderheitsgesellschafter-Geschäftsführer tätig wird. Die ANEigenschaft von GmbH-Geschäftsführern ist idR abzulehnen (BAG 26. 5. 1999 AP GmbHG § 35 Nr. 10; LAG Berlin 30. 6. 1997 AP ArbGG 1979 § 5 Nr. 41; ausf. *Diller* S. 65 ff., 129 ff.; *Boemke* ZfA 1998, 209 f.; *Fleck* FS Hilger/Stumpf 1983 S. 197; *Henssler* RdA 1992, 289; *Hueck* ZfA 1985, 25 und FS Hilger/Stumpf 1983 S. 365; *Kamanabrou* DB 2002, 146 ff.; *Reiserer* NZA 1996, 469; *Staab* RdA 1995, 60.). Die ArbG sind für Rechtsstreitigkeiten der Organmitglieder regelmäßig unzuständig (§ 5 I 3 ArbGG; hierzu § 5 AbGG Rn. 6 ff.), und zwar auch dann, wenn das Organmitglied geltend macht, es sei wegen seiner eingeschränkten Kompetenz in Wahrheit AN (BAG 6. 5. 1999 AP ArbGG 1979 § 5 Nr. 46). Sie werden regelmäßig auf der Basis eines freien Dienstvertrags tätig. **Organstellung** (zB §§ 35, 46 Nr. 5 GmbHG) und **Anstellungsvertrag** sind jedoch streng voneinander zu **trennen** mit der Folge, dass beide Rechtsverhältnisse unter Umständen unterschiedliche Schicksale erleiden können. Nach der st. Rspr. des BGH führt das Erlöschen der Bestellung zum Geschäftsführer (zB durch Abberufung nach § 38 iVm. § 46 Nr. 7 GmbHG) nicht von selbst zur Auflösung des Anstellungsverhältnisses; beide Rechtsverhältnisse können vielmehr ein unterschiedliches Schicksal erleiden (zur Begründung eines Dienstverhältnisses neben der Bestellung zum Geschäftsführer: *Bauer/Gragert* ZIP 1997, 2177 ff.). Deshalb ist es möglich, dass ein bestimmter Sachverhalt für die Gesellschaft einen wichtigen Grund für den Widerruf der Bestellung, aber zunächst nicht für die Kündigung des Anstellungsvertrags bildet. Bei einer solchen Sachlage kann der aus seiner Organstellung Abberufene gehalten sein, sich mit dem Angebot einer angemessenen anderen Beschäftigung zufrieden zu geben, wenn er eine sofortige Kündigung auch des Anstellungsvertrags vermeiden will (BGH 9. 2. 1978 AP GmbHG § 38 Nr. 1; hierzu *Bauer/Gragert* ZIP 1997, 2177, 2182 f.).

162 Obwohl auch der **GmbH-Geschäftsführer** in einem freien Dienst-, und nicht in einem Arbeitsverhältnis steht, ist bei ihm doch zu berücksichtigen, dass er gem. § 37 GmbHG gegenüber den Gesellschaftern weisungsgebunden ist. Daraus resultiert eine gewisse **soziale Schutzbedürftigkeit,** der der BGH durch die entspr. Anwendung bestimmter auf abhängige Beschäftigungsverhältnisse zugeschnittener Normen Rechnung trägt (vgl. zB zur entspr. Anwendung der Kündigungsfristen des § 622 BGH 29. 1. 1981 BGHZ 79, 291, 292 ff. = AP BGB § 622 Nr. 14; BAG 27. 6. 1985 NZA 1986, 794; LAG Köln 18. 11. 1998 NZA-RR 1999, 300; *Reiserer* DB 1994, 1822, 1824). § 623 ist allerdings auf GmbH-Geschäftsführer und AG-Vorstände nicht anwendbar (*Zimmer* BB 2003, 1175). Auch kann vereinbart werden, dass Streitigkeiten zwischen diesen Personen und den Gesellschaftern, für die sie tätig sind, vor die ArbG gebracht werden (§ 2 IV ArbGG).

163 **Wechselt** jemand von seiner bisherigen Stellung als **AN** in die des **Geschäftsführers** über, so endet nach neuerer Rspr. des BAG (7. 10. 1993 AP ArbGG 1979 § 5 Nr. 16; BAG 8. 6. 2000 AP ArbGG

1979 § 5 Nr. 49) im Zweifel das bisherige Arbeitsverhältnis, es ruht nicht lediglich (so noch BAG 9. 5. 1985 AP ArbGG 1979 § 5 Nr. 3). Wird der AN eines Vereins zum Vorstandsmitglied bestellt und im Hinblick darauf ein Dienstvertrag mit höheren Bezügen abgeschlossen, so wird im Zweifel das bisherige Arbeitsverhältnis aufgehoben (BAG 28. 9. 1995 AP ArbGG 1979 § 5 Nr. 24). An dieser Rspr. kann im Lichte des § 623 nicht festgehalten werden. Die Auflösung des Arbeitsverhältnisses unterliegt dem Schriftformzwang. Eine Aufhebung des Arbeitsverhältnisses durch den nachfolgenden **schriftlichen Dienstvertrag** kann nur dann angenommen werden, wenn sich im Dienstvertrag eine entspr. Aufhebungsvereinbarung findet. Zumindest müssen die Voraussetzungen der sog. Andeutungstheorie gewahrt sein (hierzu Staudinger/*Oetker* § 623 Rn. 39; *Bauer* GmbHR 2000, 769; *Krause* ZIP 2000, 2289). Der Verlust der Organstellung durch Abberufung führt auch nicht zwangsläufig zur Begründung eines Arbeitsverhältnisses (BAG 18. 12. 1996 EzA § 2 ArbGG 1979 Nr. 35; s. a. BAG v. 25. 6. 1997 AP ArbGG 1979 § 5 Nr. 36; für das Vorstandsmitglied einer Sparkasse: BGH 10. 1. 2000 AP BGB § 611 Organvertreter Nr. 15). Vorrang haben aber ausdrückliche Vereinbarungen über das Schicksal des ursprünglichen Anstellungsvertrags im Zusammenhang mit der Geschäftsführerbestellung (vgl. auch BAG 18. 12. 1996 AP ArbGG 1979 § 2 Zuständigkeitsprüfung Nr. 3). Anders dagegen, wenn ein AN zum Geschäftsführer einer konzernabhängigen Gesellschaft bestellt wird (BAG 20. 10. 1995 AP ArbGG 1979 § 2 Nr. 36). Hier beruht die Organstellung in einer juristischen Person auf einem Vertrag mit einem Dritten. Dieser Vertrag kann auch ein Arbeitsvertrag sein (*Henssler* RdA 1992, 289, 300). Das Anstellungsverhältnis ist nur dann ausnahmsweise als Arbeitsverhältnis zu qualifizieren, wenn über die gesellschaftsrechtlichen Weisungsverhältnisse hinaus die Gesellschaft typische arbeitsrechtliche, dh. arbeitsbegleitende und die konkrete Leistungserbringung steuernde Weisungen erteilen kann (BAG 26. 5. 1999 AP GmbHG § 35 Nr. 10). Von dieser vertragstypenbezogenen Abgrenzung der Weisungsverhältnisse weicht die Rspr. des BSG (21. 2. 1990 SozR 3 2940 § 3 AVG Nr. 1) bei Vorstandsmitgliedern und GmbH-Geschäftsführern ab (hierzu § 7 SGB IV Rn. 21 ff.; abl. *Preis* NZA 2000, 914, 917 ff.). Wendet sich ein ausgeschiedenes Vorstandsmitglied einer AG gegen die Kündigung seines für die Dauer der Vorstandstätigkeit ruhenden Arbeitsverhältnisses, hat er die Kündigungsschutzklage gemäß § 112 AktG gegen die AG, vertreten durch den Aufsichtsrat zu richten, wenn die Kündigungsgründe in unmittelbarem Zusammenhang mit seiner Tätigkeit als Mitglied des Vertretungsorgans stehen (BAG 4. 7. 2001 AP BGB § 611 Organvertreter Nr. 18). Für Klagen aus dem organschaftlichen Verhältnis sind die ArbG nicht zuständig (BAG 23. 8. 2001 AP ArbGG 1979 § 5 Nr. 54).

Personen, die **allein auf Grund gesellschaftsvertraglicher Verpflichtung** tätig werden, sind idR 164 keine AN, es sei denn, durch gesellschaftsrechtliche Vereinbarungen wird Arbeitsrecht zu umgehen versucht (Rn. 23, 167). Das gilt insb. für die persönlich haftenden Gesellschafter einer offenen Handels- oder Kommanditgesellschaft. Das BAG hält aber auch den Abschluss eines Arbeitsvertrags zwischen Gesellschaft und Gesellschafter für zulässig. Die **Gesellschafterstellung,** dh. die Inhaberschaft an Gesellschaftsanteilen, **schließt nicht aus, als AN** in die Dienste der juristischen Person zu treten, was allerdings nicht nur als Scheingeschäft iSd. § 117 erfolgen darf (BAG 9. 1. 1990 AP GmbHG § 35 Nr. 5). Der Anstellungsvertrag eines Geschäftsführers kann konkludent in ein Arbeitsverhältnis umgewandelt werden, wenn der Geschäftsführer zB als Niederlassungsleiter weisungsgebunden tätig wird (BAG 13. 2. 2003 AP BGB § 611 Organvertreter Nr. 24). Fehlt es an einer arbeitsvertraglichen Vereinbarung, müssen die genannten Merkmale vorliegen, insb. die persönliche Abhängigkeit, und in einer Gesamtschau abgewogen werden. So ist ein mitarbeitender Gesellschafter, der mindestens über eine Sperrminorität verfügt, kein AN der Gesellschaft (BAG 28. 11. 1990 AP TVG § 1 Tarifverträge: Bau Nr. 137; BAG 6. 5. 1998 AP BGB § 611 Abhängigkeit Nr. 95).

6. Mitglieder religiöser oder gemeinnütziger Gemeinschaften. Ordensmitglieder der katholischen 165 Kirche oder Diakonissen in evangelischen Einrichtungen werden auf Grund ihrer mitgliedschaftlichen Bindung in einer religiösen Gemeinschaft beschäftigt. Auf sie findet Arbeitsrecht grds. keine Anwendung (BAG 7. 2. 1990 AP GG Art. 140 Nr. 37). Sie sind keine AN im Rechtssinne.

Auch bei Personen, die Dienstleistungen auf Grund ihrer Mitgliedschaft in einem **Verein** erbringen, 166 handelt es sich **nicht um AN.** Zwar stellt der Beitritt zu einem Verein unzweifelhaft ein privatrechtliches Rechtsgeschäft dar, dieses allein aber begründet lediglich mitgliedschaftliche Rechte und Pflichten. Die Pflicht zur Arbeitsleistung kann lediglich auf der Satzung des Vereins oder dem Beschluss eines zuständigen Organs beruhen (Beispiele: Handwerkliche Arbeiten am Vereinsheim, Instandhaltung des Vereinsgeländes, Verkauf von Speisen oder Ausschank von Getränken bei Veranstaltungen).

Bei Vereinen, bei denen die Leistung von Diensten nicht lediglich eine bes. Form der Beitrags- 167 entrichtung, sondern ein ganz **wesentliches Element der mitgliedschaftlichen Stellung** ist, bereitet die Abgrenzung Schwierigkeiten (BAG 26. 9. 2002 AP ArbGG 1979 § 2 Nr. 83 zu hauptamtlichen Mitgliedern der Scientology). Auch in diesen Fällen ist bei der Prüfung der ANEigenschaft Ausgangspunkt, dass als Rechtsgrundlage für die Leistung von Diensten in persönlicher Abhängigkeit auch die Mitgliedschaft in einem Verein in Betracht kommt, da der Mitgliedsbeitrag in der Leistung von Diensten bestehen kann (BAG 26. 9. 2002 AP ArbGG 1979 § 2 Nr. 83). Die mit ihrem Beitritt zu einer Schwesternschaft übernommene Pflicht der Rote-Kreuz-Schwester, in der karitativen Krankenpflege tätig zu werden, gründet allein auf ihre Zugehörigkeit zu der Schwesternschaft. Neben dieser alle maßgeblichen Rechte und Pflichten umfassenden Mitgliedschaft wird ein besonderes Arbeitsverhältnis regelmäßig nicht begründet (BAG 3. 6. 1975 AP BetrVG 1972 § 5 Nr. 1; BAG 6. 7. 1995 AP ArbGG 1979 § 5 Nr. 22), so dass **die ANEigenschaft zu verneinen** ist. Das **religiöse oder karitative Motiv** bestimmt die Tätigkeit. **Rote-Kreuz-Schwestern** sind weder AN der Schwesternschaft noch arbeitnehmerähnliche Personen iSv. § 5 I ArbGG (BAG 6. 7. 1995 AP ArbGG 1979 § 5 Nr. 22; aA LAG Schleswig-Holstein 5. 4. 1993 LAGE ArbGG 1979 § 5 Nr. 2). Allerdings darf die Begründung vereinsrechtlicher Arbeitspflichten nicht zur Umgehung zwingender arbeitsrechtlicher Schutzbestimmungen führen (BAG 26. 9. 2002 AP ArbGG 1979 § 2 Nr. 83; vgl. auch LAG Frankfurt 11. 11. 1991 BB 1992, 2291).

168 Eine solche **Umgehung** arbeitsrechtlicher Schutzbestimmungen liegt vor, wenn dem zur Leistung abhängiger Arbeit verpflichteten Vereinsmitglied **keine Mitgliedschaftsrechte** zustehen, die ihm eine Einflussnahme ermöglichen. Eine Umgehung kann ferner vorliegen, wenn der Verein seinen in erheblichem Umfang zur Arbeit in persönlicher Abhängigkeit verpflichteten Mitgliedern weder einen Anspruch auf angemessene Vergütung noch einen Anspruch auf Versorgung einräumt. Weiter kann hier der Vereinszweck eine Rolle spielen. Bei Vereinen mit wirtschaftlicher Zwecksetzung kommt die Begründung einer vereinsrechtlichen Verpflichtung zur Leistung von Arbeit in persönlicher Abhängigkeit wohl in aller Regel nicht in Betracht (aA BAG 26. 9. 2002 AP ArbGG 1979 § 2 Nr. 83: einer Entscheidung, ob Religionsgemeinschaft oder wirtschaftlicher Verein vorliegt, bedürfe es nicht). Werden arbeitsrechtliche Schutzbestimmungen objektiv umgangen, so ist das Rechtsverhältnis, auf Grund dessen die Verpflichtung besteht, jedenfalls als Arbeitsverhältnis zu qualifizieren (BAG 22. 3. 1995 AP ArbGG 1979 § 5 Nr. 21 – „Scientology-Kirche"). Jüngst hat das BAG selbst hauptamtliche (aktiv tätige) außerordentliche Mitglieder von Scientology nicht als AN eingestuft.

V. Arten des Arbeitsverhältnisses

169 **1. Das Vollzeitarbeitsverhältnis auf unbestimmte Zeit („Normalarbeitsverhältnis").** Das für unbestimmte Zeit vereinbarte Arbeitsverhältnis (§ 620 II) ohne bes. Zweckbindung, dh. vereinbarte Arbeitszeit auf „Vollzeitbasis" war traditionell der Regelfall des Arbeitsvertrags (zur Gefährdung des sog. „Normalarbeitsverhältnisses": *Däubler* AuR 1988, 302; *Zachert* AuR 1988, 129). Obwohl zunehmend befristete und zeitliche Flexibilisierungen in den Vordergrund treten, sieht die EU jedenfalls das unbefristete Arbeitsverhältnis als Regelfall an (vgl. RL 99/70/EG). Der Gesetzgeber fördert inzwischen allerdings Teilzeitarbeit. Beide Materien hat der Gesetzgeber mit Wirkung vom 1. 1. 2001 im Teilzeit- und Befristungsgesetz zusammengeführt (vgl. die Kommentierung zum TzBfG).

170 **2. Fehlerhaftes (faktisches) Arbeitsverhältnis.** Von einem fehlerhaften (auch faktischen) Arbeitsverhältnis spricht man, wenn ein AN ohne wirksame Vertragsgrundlage Arbeit geleistet hat. Der Begriff faktisches Arbeitsverhältnis ist missverständlich, weil in jedem Falle (auch bei fehlerhaften Arbeitsverhältnissen) eines, wenn auch gestörten, Vertragsschlusses bedarf (so auch BAG 30. 4. 1997 AP BGB § 812 Nr. 20; BAG 16. 2. 2000 ArbGG 1979 § 2 Nr. 70), dh. der Vertrag nicht lediglich durch die Arbeitsleistung zustande kommt (*Walker* JA 1985, 138, 148). Grundlage des fehlerhaften Arbeitsverhältnisses ist also ein **geschlossener und in Vollzug gesetzter Arbeitsvertrag**, der von **Anfang an wegen Rechtsverstoß** (§§ 134, 138) **nichtig** oder **rückwirkend wegen Anfechtung** (§ 142 I) vernichtet worden ist (BAG 14. 1. 1987 EzA BGB § 611 Faktisches Arbeitsverhältnis Nr. 1). Wegen der Schwierigkeit der Rückabwicklung bejahen Rspr. und hL nach der Lehre vom fehlerhaften Arbeitsverhältnis **quasi-vertragliche Ansprüche**, dh. für die Vergangenheit bzw. die Dauer der tatsächlichen Beschäftigung ist es wie ein fehlerfrei zustande gekommenes Arbeitsverhältnis zu behandeln (BAG 5. 12. 1957 AP BGB § 123 Nr. 2; BAG 7. 6. 1972 AP BGB § 611 Faktisches Arbeitsverhältnis Nr. 18; *Herschel* AuR 1983, 225; *Walker* JA 1985, 138, 147 f.; aA *Beuthien* RdA 1969, 161 ff.). Im Ergebnis bedeutet die Lehre vom fehlerhaften Arbeitsverhältnis eine teleologische Reduktion der Nichtigkeitsfolgen, die nicht ex tunc (rückwirkend), sondern in aller Regel ex nunc (ab Geltendmachung der Nichtigkeit) greifen (näher zur **Anfechtung** Rn. 420 ff.).

171 Anwendbar sind die Grundsätze prinzipiell bei allen Nichtigkeitsgründen (ausf. *Boemke* AR-Blattei SD 220.5 Rn. 113 ff.; zB **Geschäftsunfähigkeit** des AN; **Formmangel**; **gesetzlichen Verboten** iSd. § 134 vgl. Rn. 409; **Nichtvorliegen öffentlich-rechtlicher Erlaubnisse**, zB Arbeitserlaubnisse BAG 26. 11. 1971 AP AFG § 19 Nr. 1; LAG Berlin 24. 1. 1974 DB 1974, 1440; LAG Hamm 29. 3. 1972 DB 1972, 1171; LAG Hamm 23. 11. 1971 DB 1972, 293; hierzu *Eckert* AR-Blattei SD 1620 Rn. 54 f.; *McHardy* RdA 1994, 93, 98). Bei **bewusstem Verstoß beider Vertragsparteien gegen Strafgesetze** (BAG 25. 4. 1963 AP BGB § 611 Faktisches Arbeitsverhältnis Nr. 2) und **krasser Sittenwidrigkeit** (§ 138) des Arbeitsvertragsinhalts (BAG 1. 4. 1976 AP BGB § 138 Nr. 34) hat die Rspr. die Anwendung der Grundsätze über das fehlerhafte Arbeitsverhältnis **verneint**. Bejaht wurde es jedoch bei Mitarbeitern, die „Telefonsex" anbieten (BSG 10. 8. 2000 NJW 2001, 1965). Ebenfalls keine Anwendung finden die Grundsätze bei rechtsgrundloser Fortsetzung des Arbeitsverhältnisses trotz wirksamer Beendigung (zu § 59 BAT BAG 30. 4. 1997 AP BGB § 812 Nr. 20).

B. Geltungsbereich des Arbeitsrechts § 611 BGB 230

Für die Dauer des vollzogenen fehlerhaften Vertragsverhältnisses bestehen die gleichen **Rechte und** 172
Pflichten wie im wirksam begründeten Arbeitsverhältnis (BAG 15. 1. 1986 AP LohnFG § 1
Nr. 66). Der AN hat Anspruch auf das vereinbarte ggf. nach § 612 II zu bemessende Entgelt. Der AG
hat alle ANSchutzgesetze einzuhalten, insb. bestehen auch Ansprüche nach dem EFZG und BUrlG
(BAG 15. 1. 1986 AP LohnFG § 1 Nr. 66). Es besteht allerdings **keine Pflicht zu weiterer Arbeitsleistung.** Das Arbeitsverhältnis kann **sofort beendet werden,** und zwar durch einseitige Erklärung.
Kündigung ist nicht erforderlich. Der allgemeine Kündigungsschutz oder Sonderkündigungsschutz
greifen nicht ein, ebenso wenig bedarf es einer BRAnhörung nach § 102 BetrVG noch einer Schriftform nach § 623.

Bei einem gekündigten Arbeitsverhältnis kann der AG den AN **während des Laufs des Kündi-** 173
gungsschutzprozesses zur Vermeidung von Rechtsnachteilen (zB § 615) weiterbeschäftigen. Nach
BAG (15. 1. 1986 AP LohnFG § 1 Nr. 66) soll diese Weiterbeschäftigung nach den Grundsätzen
über das faktische Arbeitsverhältnis behandelt werden (aA MünchArbR/*Boewer* § 81 Rn. 18; Kütt-
ner/*Bauer/Röller* Faktisches Arbeitsverhältnis Rn. 7, die eine auflösend bedingte Fortsetzung des
ursprünglich begründeten Arbeitsverhältnisses annehmen). Die gerichtlich erzwungene Weiterbeschäftigung nach den Grundsätzen des vorläufigen **Weiterbeschäftigungsanspruchs während des
Kündigungsschutzprozesses** (hierzu § 4 KSchG Rn. 94) soll dagegen nicht nach diesen Grundsätzen, sondern nach Bereicherungsrecht abgewickelt werden (BAG 10. 3. 1987 AP BGB § 611
Weiterbeschäftigung Nr. 1, BAG 12. 2. 1992 AP BGB § 611 Weiterbeschäftigung Nr. 9; dazu *Ha-
nau/Rolfs* JZ 1993, 321). Da der AG die bereits erbrachte Arbeitsleistung nicht zurückgewähren
kann, hat er nach § 812 II den Wert zu ersetzen, der sich nach Auffassung des BAG nach der
üblichen Vergütung richtet. Das muss nicht unbedingt der Tariflohn sein (s. hierzu auch § 612
Rn. 38 ff.). Der AG muss aber darlegen und beweisen, dass der AN während der erzwungenen
Weiterbeschäftigung eine niedriger zu bewertende Arbeitsleistung erbracht hat. Ist hiernach der
zustehende Lohn geringer als das gezahlte, kommt möglicherweise der Einwand des Wegfalls der
Bereicherung in Betracht, § 818 III. Wurde der AN aber während der erzwungenen Weiterbeschäfti-
gung freigestellt und zahlt der AG entspr. § 615 Annahmeverzugslohn, soll die Rückforderung nach
Bereicherungsrecht ausgeschlossen sein (BAG 7. 3. 1996 AP BetrVG 1972 § 102 Weiterbeschäftigung
Nr. 9).

Vergleichbare Grundsätze über die Rückabwicklung gelten, wenn der AN rechtsgrundlos (ohne 174
Erfüllung der Voraussetzungen des § 625) nach Beendigung des Arbeitsverhältnisses ohne Wissen des
AG die Arbeit fortsetzt. Auch hier erfolgt die Rückabwicklung nach bereicherungsrechtlichen Grundsätzen. Urlaubsgeld, Krankenbezüge und Sonderzahlungen können (ggf. anteilig) zurückgefordert
werden (BAG 30. 4. 1997 AP BGB § 812 Nr. 20).

3. Teilzeit- und Nebenarbeitsverhältnisse, Doppelarbeitsverhältnisse. a) Begriff. Eine zeitliche 175
Begrenzung hins. der zu erbringenden Arbeit erfolgt durch Teilzeitarbeit (vgl. hierzu ausf. die Kom-
mentierung zum TzBfG). Von einem **Doppelarbeitsverhältnis** spricht man, wenn ein AN in zwei
Arbeitsverhältnissen bei verschiedenen AG steht. Mindestens eines der Arbeitsverhältnisse ist stets ein
Teilzeitarbeitsverhältnis, weil zwei Vollzeitarbeitsverhältnisse mit den zwingenden Bestimmungen des
Arbeitszeitrechts (§ 3 ArbZG) unvereinbar sind. Verstöße gegen die gesetzliche Höchstarbeitszeit
führen grds. zur Nichtigkeit des zweiten Arbeitsverhältnisses (LAG Nürnberg 19. 9. 1995 LAGE
§ 611 BGB Doppelarbeitsverhältnis Nr. 1; vgl. hier Rn. 409; zu den Grenzen der Vereinbarung vgl.
Rn. 886; Einzelheiten *Hunold* AR-Blattei SD 1190).

b) Geringfügig Beschäftigte. Der Begriff der geringfügigen Beschäftigung ist sozialrechtlicher 176
Natur (vgl. hierzu die Kommentierung zu § 8 SGB IV). Nach § 2 II 3 NachwG bestehen schriftliche
Hinweispflichten des AG auf sozialversicherungsrechtliche Konsequenzen (vgl. hier § 2 Rn. 23). Sie
unterfallen arbeitsrechtlich dem TzBfG. Insb. ist auf sie auch das Diskriminierungsverbot des § 4
TzBfG anzuwenden.

Nimmt der AN, der bereits geringfügig beschäftigt und daher versicherungsfrei ist, eine weitere 177
geringfügige Beschäftigung auf, ist er verpflichtet, dies seinem AG mitzuteilen (BAG 18. 11. 1988 AP
BGB § 611 Doppelarbeitsverhältnis Nr. 3; vgl hierzu auch BAG 27. 4. 1995 NZA 1995, 935). Der AG
ist auch berechtigt, den geringfügig beschäftigten AN nach einer weiteren Beschäftigung, die die
Versicherungspflicht begründet, zu fragen. Täuscht der AN den AG, können vertragliche oder deliktische (unter den Voraussetzungen des § 826) Schadensersatzansprüche gegeben sein (BSG 23. 2. 1988
SozR 2100 § 8 SGB IV Nr. 5). Eine Vereinbarung, nach der ein geringfügig Beschäftigter AGAnteile
zur Sozialversicherung zu erstatten hat, wenn eine weitere geringfügige Beschäftigung nicht angezeigt
wird, ist nach §§ 28 g und 28 o SGB IV nichtig (LAG Köln 28. 1. 1994 LAGE § 28 g SGB IV Nr. 3 =
AuR 1995, 158 mit Anm. *Buschmann*; Preis/*Rolfs* II B Rn. 43 ff.).

c) Job-Sharing. Unter Job-Sharing oder auch Arbeitsplatzteilung versteht man die Besetzung eines 178
Arbeitsplatzes mit zwei oder mehreren AN, wobei die AN gemeinsam die Verantwortung für die
Arbeitspflicht übernehmen (Einzelheiten vgl. Kommentierung zu § 13 TzBfG).

179 **d) Altersteilzeit.** Sondervorschriften gelten für den Fall der Alterteilzeit. Arbeitsrechtlich ist die Altersteilzeit wie die allgemeine Teilzeitbeschäftigung zu behandeln. Mit dem „Gesetz zur Förderung eines gleitenden Übergangs in den Ruhestand" ist am 1. 8. 1996 (BGBl. I S. 1078 ff.) ein neues ATG in Kraft getreten, dessen Kern arbeitsförderungsrechtlicher Natur ist (vgl. die Kommentierung dort).

180 **e) Nebentätigkeit.** Eine gesetzliche Definition der Nebentätigkeit besteht nicht. Von ihrem Vorliegen ist auszugehen, wenn eine entgeltliche Tätigkeit neben einem Arbeitsverhältnis ausgeübt wird, das den AN überwiegend in Anspruch nimmt (BAG 14. 1. 1982 AP BGB § 620 Befristeter Arbeitsvertrag Nr. 65). Der AN stellt dem AG nicht seine ganze Arbeitskraft zur Verfügung, sondern nur eine gewisse Zeitspanne. Zur Zulässigkeit der vertraglichen Beschränkung der Nebentätigkeit vgl. Rn. 886 ff. Die Parteien eines Nebenarbeitsverhältnisses haben grds. dieselben Rechte und Pflichten wie in einem Arbeitsverhältnis. Allerdings ist die Intensität der Nebenleistungs- und Schutzpflichten regelmäßig geringer.

181 **4. Probearbeitsverhältnis.** Sinn und Zweck des Probearbeitsverhältnisses (ausf. hierzu *Preis/Kliemt/Ulrich*, Aushilfs- und Probearbeitsverhältnis, 2. Aufl. 2003) ist es, dem AG wie dem AN die Möglichkeit zu geben, sich ein Bild über die Arbeitsstelle und den Vertragspartner zu machen. Eine Probezeit besteht grds. nur dann, wenn dies **gesetzlich vorgesehen** oder **bes. vereinbart** ist, sei es im TV, in einer freiwilligen BV oder im Arbeitsvertrag. Für Berufsausbildungsverhältnisse sieht § 13 BBiG eine gesetzliche Probezeit von mindestens einem Monat zwingend vor. Weitere Regelungen über das Probearbeitsverhältnis enthalten § 90 III SGB IX sowie § 622 III, der eine ausdrückliche gesetzliche Regelung der Kündigungsfrist während einer vereinbarten Probezeit trifft.

182 Das Probearbeitsverhältnis kann zum einen nach § 14 I Nr. 5 TzBfG als **befristetes Arbeitsverhältnis** ausgestaltet sein, das nach Ablauf der Probezeit automatisch endet, falls nicht ein neuer Arbeitsvertrag abgeschlossen wird (hierzu näher § 14 TzBfG Rn. 80 ff.). Zum anderen kann das Probearbeitsverhältnis als **vorgeschaltete Probezeit** im Rahmen eines unbefristeten Arbeitsverhältnisses vereinbart werden. Bei einer solchen Vertragsgestaltung ist zwar eine Kündigungserklärung erforderlich, wenn nach Ablauf der Probezeit kein Dauerarbeitsverhältnis entstehen soll; die Kündigung ist aber im Zweifel zu keiner Zeit ausgeschlossen. Hier wird allein angestrebt, die Vertragsbeendigung zu erleichtern.

183 Der **Abschluss des Probearbeitsverhältnisses** richtet sich nach den allgemeinen Regeln der §§ 145 f. Ob und mit welchem Inhalt eine Probezeit gewollt ist, ist im Wege der Auslegung der getroffenen Vereinbarung (§§ 133, 157) zu ermitteln. Das Probearbeitsverhältnis steht im Grundsatz dem normalen Arbeitsverhältnis hins. Rechte und Pflichten gleich.

184 Vom Probearbeitsverhältnis zu unterscheiden ist das sog. „**Einfühlungsverhältnis**" ohne Vergütungsanspruch und ohne Arbeitspflicht des potentiellen AN (LAG Hamm 24. 5. 1989 LAGE § 611 BGB Probearbeitsverhältnis Nr. 2 = BB 1989, 1759; LAG Bremen 25. 7. 2002 LAG-Report 2002, 357). Um der Gefahr der Umgehung des ArbR zu begegnen, dürfen derartige „Schnupperkurse" nur für kurze Zeit, idR nicht länger als eine Woche andauern (*Bertzbach* FA 2002, 341).

185 **5. Aushilfsarbeitsverhältnis.** Ein Aushilfsarbeitsverhältnis setzt voraus, dass der AN von vornherein zu dem Zweck eingestellt wird, einen vorübergehenden Bedarf an Arbeitskräften abzudecken, der nicht durch den normalen Betriebsablauf, sondern durch den Ausfall von Arbeitskräften oder einen zeitlichen begrenzten zusätzlichen Arbeitsanfall begründet wird. Allein eine entspr. Bezeichnung des Arbeitsverhältnisses durch die Vertragsparteien (sog. Aushilfsklausel) reicht für die Annahme eines Aushilfsarbeitsverhältnisses nicht aus. Zusätzlich muss der Tatbestand des vorübergehenden Bedarfs auch objektiv gegeben sein (**Aushilfszweck**). Fehlt es an einer dieser beiden Voraussetzungen, so liegt kein Aushilfsarbeitsverhältnis vor, sondern ein den allgemeinen Regeln unterliegendes Arbeitsverhältnis (BAG 22. 5. 1986 AP BGB § 620 Nr. 23).

186 Aushilfsarbeitsverhältnisse können befristet oder unbefristet abgeschlossen werden, wobei auch Mischformen vorkommen. Die Ausgestaltung richtet sich nach dem TzBfG; der Befristungsgrund richtet sich nach § 14 I Nr. 1 TzBfG (vgl. § 14 TzBfG Rn. 36 ff.). Aushilfsarbeitsverhältnisse können auch in der Form der Teilzeitbeschäftigung geschlossen werden. Die Befristung des Aushilfsvertrags bedarf der Schriftform nach § 623. Für Aushilfsarbeitsverhältnisse besteht gemäß § 622 V Nr. 1 eine bedeutsame Ausnahme: Hiernach kann einzelvertraglich eine kürzere als die in § 622 I genannte Grundkündigungsfrist vereinbart werden (hierzu § 622 Rn. 32 ff.).

187 Für das Aushilfsarbeitsverhältnis bestehen hins. des allgemeinen Kündigungsschutzes keine Besonderheiten. Auch Aushilfskräfte können sich auf den allgemeinen Kündigungsschutz des KSchG berufen, sofern dessen gesetzliche Voraussetzungen in personeller, betrieblicher und zeitlicher Hinsicht vorliegen. Ebenfalls findet das MuSchG, das SGB IX, das EFZG und das BUrlG auf Aushilfskräfte Anwendung. Aushilfskräfte werden aber beispielsweise häufig die sechsmonatige Wartefrist des § 4 I BUrlG nicht erfüllen. Aus diesem Grunde erwerben sie hier meist nur einen Teilurlaubsanspruch nach § 5 I lit. b BUrlG.

188 Aushilfskräfte sind zudem wie dauernd beschäftigte AN gemäß § 7 BetrVG bei BRWahlen wahlberechtigt und nach sechsmonatiger Betriebszugehörigkeit zum BR wählbar nach § 8 I BetrVG.

Allerdings sind nur vorübergehend beschäftigte AN bei der Feststellung der BRPflicht nach § 1 BetrVG nicht zu berücksichtigen (hierzu § 1 BetrVG Rn. 22).

6. Leiharbeitsverhältnis. Vgl. hierzu die Kommentierung zum AÜG. 189

7. Gruppenarbeitsverhältnis

Schrifttum: *Elert,* Gruppenarbeit, Individual- und kollektivarbeitsrechtliche Fragen moderner Arbeitsformen, 2001.

Das Gruppenarbeitsverhältnis ist eine Sonderform des Arbeitsverhältnisses mit einer Drittbeziehung. Zu unterscheiden ist zwischen der sog. **Betriebsgruppe,** in der mehrere AN durch den AG zur Erreichung eines spezifischen Arbeitserfolges zusammengefasst werden (zB Montagekolonnen), und der **Eigengruppe,** in der die Gruppenbildung von den AN ausgeht, um dem AG gemeinsam eine Arbeitsleistung anzubieten (zB Musikkapelle, Hausmeisterehepaar). Neuerdings erlangt die Gruppenarbeit weitergehende praktische Bedeutung unter dem Gesichtspunkt der Kosteneinsparung und Produktivitätssteigerung. Das BetrVerf-ReformG hat in § 28 a und § 87 I Nr. 13 BetrVG neue Mitbestimmungsregelungen für diese Form der Arbeitsleistung geschaffen (vgl. die Kommentierung dort sowie *Preis/Elert* NZA 2001, 371; *Federlin* NZA Sonderheft 2001, S. 24 ff.). 190

Bei den **Betriebsgruppen** bestehen zwischen den AN der Gruppe grds. keine vertraglichen Beziehungen (*Elert* S. 76 ff.); lediglich die dem AG geschuldete Arbeitsleistung wird in einer Gruppe erbracht. Der AG schließt mit jeweils eigenständigen Arbeitsverträgen zu einer Gruppe zusammen, die als ganze einen bestimmten Arbeitserfolg gemeinsam verwirklichen soll. Derartige Betriebsgruppen werden vielfach als Akkordgruppen tätig (BAG 23. 2. 1961 AP BGB § 611 Akkordkolonnen Nr. 2). Der AG organisiert die Betriebsgruppe grds. im Rahmen seines Weisungsrechts (*Rüthers* ZfA 1977, 1, 9 ff.). 191

Das einzelne Gruppenmitglied ist dem AG **haftungsrechtlich** verantwortlich. Das BAG wies allerdings bei Gruppenarbeit in analoger Anwendung des § 282 aF dem **AN die Beweislast** dafür zu, dass bei vertragswidriger Schlechtleistung der Gruppe er einen vom AG dargelegten und bewiesenen Schaden nicht (auch) zu verantworten hat (BAG 24. 4. 1974 AP BGB § 611 Akkordkolonne Nr. 4 m. Anm. *Lieb*). Diese Beweislastumkehr ist problematisch und nur zu rechtfertigen, wenn die Gruppenmitglieder eine gemeinsame Verantwortung für die Erbringung des Arbeitsergebnisses übernommen haben (vgl. auch *Kniffka* BB 1976, 274 ff.; *Rüthers* ZfA 1977, 1, 18 ff.; *Elert* S. 236 ff.). Gegen die Auffassung des BAG spricht jetzt auch § 619 a. Eine vorformulierte Beweislastverlagerung auf den AN scheitert an § 309 Nr. 12. Dabei haften die Gruppenmitglieder regelmäßig nur anteilig für den durch ihre individuelle Schlechtleistung verursachten Schadensanteil. Gesamtschuldnerische Haftung kommt in aller Regel nicht in Betracht (*Schaub* § 182 Rn. 17; *Rüthers* ZfA 1977, 1, 25 ff.; BAG 18. 5. 1983 AP TVG § 1 Tarifverträge, Bau Nr. 51; LAG Bremen 12. 11. 1969 DB 1970, 1696). 192

Vielfach hängt die **Entlohnung** von dem Ergebnis der Betriebsgruppe ab (etwa in Form eines Gruppenakkordes). Dessen Einführung ist nicht einseitig durch den AG ohne Vertragsänderung möglich (MünchArbR/*Marschall* § 171 Rn. 3). Das Mitbestimmungsrecht nach § 87 I Nr. 10, 11 BetrVG ist zu beachten. Hängt die Entlohnung einer Betriebsgruppenarbeit von dem Gruppenergebnis ab, muss der AG bei der Besetzung freiwerdender Stellen hins. der Qualifikation Rücksicht darauf nehmen, damit die Gruppenakkordleistung gehalten werden kann. Bei der Zuweisung unterdurchschnittlicher AN können **Schadensersatzansprüche der Gruppe** bzw. der Gruppenmitglieder aus § 280 I entstehen (*Küttner/Kreitner* Gruppenarbeitsverhältnis Rn. 4, 12 noch zur pVV). 193

Problematisch ist, ob der AG im Rahmens seines **Direktionsrechts** einem AN die Mitarbeit in einer Betriebsgruppe einseitig zuweisen kann. Im Hinblick auf die spezifische Leistungspflicht sowie bes. Haftungsrisiken kann die Arbeit in einer Betriebsgruppe grds. nicht kraft Weisungsrecht angeordnet werden (Staudinger/*Richardi* vor § 611 Rn. 383; aA *Schaub* § 182 Rn. 1). Vielmehr ist in aller Regel eine Vertragsänderung oder Änderungskündigung erforderlich (*Rüthers* ZfA 1977, 1, 7; *Elert* S. 125 ff. mwN). Dies ist insb. dann richtig, wenn mit der Gruppenarbeit eine bes. Entlohnungsform verbunden ist. 194

Bei einer sog. **Eigengruppe** bieten AN schon vor der Arbeitsaufnahme dem AG eine Arbeitsleistung als Gruppe an (anzutreffen ist diese Fallgestaltung bei Musikkapellen, Bauarbeiterkolonnen, Hausmeisterehepaaren usw.). Auf die personelle Zusammensetzung der Eigengruppe hat der AG keinen Einfluss, weil sein Vertragsverhältnis idR nur zur Gruppe besteht. Es sind allerdings **verschiedene Gestaltungsformen** möglich. 195

Die **Eigengruppe** kann selbst **als Vertragspartner** auftreten. Steht nur sie in vertraglichen Beziehungen zum Auftraggeber, bestehen unmittelbare vertragliche Ansprüche gegen die einzelnen Gruppenmitglieder nicht. Allerdings kann sich eine **gesellschaftsrechtliche Haftung** aus §§ 714, 427, 421 ergeben, wenn die Eigengruppe als GbR die Arbeit angeboten hat. Der Vertrag zwischen Auftraggeber und der Gruppe kann als Werkvertrag, Dienstvertrag oder sog. Dienstverschaffungsvertrag (Rn. 34) ausgestaltet sein (*Rüthers* ZfA 1977, 1, 36 ff.). Im letzteren Fall kann auch ein mittelbares Arbeitsverhältnis zwischen dem Auftraggeber und den einzelnen Gruppenmitgliedern begründet werden (zum mittelbaren Arbeitsverhältnis Rn. 198); ggf. liegt aber auch ein Leiharbeitsverhältnis vor (hierzu 196

§ 1 AÜG Rn. 14 ff.). Schließt die Eigengruppe im eigenen Namen mit dem AG einen Vertrag, ohne dass die einzelnen Gruppenmitglieder Vertragspartner werden, so kommt die Eigengruppe schon dann in Verzug, wenn nur eines ihrer Mitglieder die Arbeitsleistung nicht rechtzeitig erbringt.

197 Denkbar ist auch, dass die **Gruppenmitglieder Vertragspartner** sind und selbst Arbeitsverträge mit dem Auftraggeber abschließen (LAG 7. 8. 1973 ARSt. 1975, 79). Schließt die Eigengruppe nicht im eigenen Namen, sondern im Namen aller Gruppenmitglieder Arbeitsverträge ab, dann liegen unmittelbare Arbeitsverhältnisse zwischen den Gruppenmitgliedern und dem Auftraggeber vor. In diesem Fall ist die Rechtslage mit der Situation der Betriebsgruppe vergleichbar (*Rüthers* ZfA 1977, 40 f.; Rn. 191). Schließlich können **sowohl Eigengruppe als auch Gruppenmitglieder** Vertragsbeziehungen zum Auftraggeber eingehen. **Schlechtleistungen und Verzug einzelner Gruppenmitglieder** sind jedoch regelmäßig der Gesamtgruppe zuzurechnen. Der **Vergütungsanspruch** ist zumeist als Gesamtentlohnung ausgestaltet und steht der Gruppe und nicht den einzelnen Mitgliedern zu. Bei Leistungsstörungen ist **gesamtschuldnerische Haftung** anzunehmen, wenn die Gruppenmitglieder die Verpflichtung übernommen haben für die Erfüllung einzustehen oder ein Vertragsbruch auf gemeinsamem Entschluss beruht (BAG 30. 5. 1972 AP TVG § 4 Ausschlussfrist Nr. 50). **Kündigungen** können schließlich grds. nur von und gegenüber der gesamten Gruppe ausgesprochen werden (BAG 21. 10. 1971 AP BGB § 611 Gruppenarbeitsverhältnisse Nr. 1). Der Kündigungsgrund gegenüber allen Gruppenmitgliedern kann in der Schlechtleistung oder dem Verhalten nur eines einzelnen Gruppenmitgliedes liegen (BAG 9. 2. 1960 AP BGB § 626 Nr. 39; BAG 21. 10. 1971 AP BGB § 611 Gruppenarbeitsverhältnis Nr. 1).

198 **8. Mittelbares Arbeitsverhältnis.** Unter einem mittelbaren Arbeitsverhältnis versteht man ein Arbeitsverhältnis zwischen einem AG und einer **Mittelsperson, die zum Zweck der Erfüllung ihrer Arbeitspflichten wiederum ein Arbeitsverhältnis mit einem AN begründet** (*Röhsler* AR-Blattei SD 220.3). Darin liegt eine Ausnahme von § 613, wonach der zur Dienstleistung Verpflichtete die Dienste im Zweifel in Person zu erbringen hat. Die praktische Bedeutung dieser Konstellation ist nicht groß. Beispiele sind der in einem Arbeitsverhältnis zu einem Rundfunksender stehende Orchesterleiter, der unmittelbarer AG einzelner Musiker ist (BAG 22. 7. 1982 EzAÜG § 611 BGB Leiharbeitsverhältnis Nr. 5) oder ein Wissenschaftler, der im Rahmen eines Forschungsprojektes im eigenen Namen einen Arbeitsvertrag mit einem wissenschaftlichen Mitarbeiter schließt (BAG 29. 6. 1988 AP HRG § 25 Nr. 1). Voraussetzung für die Annahme eines mittelbaren Arbeitsverhältnisses ist aber, dass neben dem unmittelbaren Arbeitsvertrag eine Vertragsbindung des Mittelsmannes besteht. Wenn der Mittelsmann lediglich Mittler des Direktionsrechts des mittelbaren AG ist, kann ein Fall der ANÜberlassung vorliegen (Küttner/*Bauer*, Mittelbares Arbeitsverhältnis, Rn. 4). Im Übrigen prüft die Rspr., ob die Konstruktion des mittelbaren Arbeitsverhältnisses (zB AG weist Hausmeister an, im eigenen Namen und auf fremde Rechnung Arbeitsverträge mit Reinigungskräften zu schließen) nicht zur **Umgehung zwingenden Gesetzes- und Tarifrechts** führt (BAG 20. 7. 1982 AP BGB § 611 Mittelbares Arbeitsverhältnis Nr. 5). Die Privatisierung öffentl. Dienstleistungen und Vergabe von Drittmitteln an juristische Personen des Privatrechts führt nicht zu einem mittelbaren ArbVerh. des Drittmittelgebers (BAG 11. 4. 2000 – 9 AZR 94/99 –).

199 Die Mittelsperson unterliegt den Weisungen des AG auch in Bezug auf den AN. Durch das in sich abgestufte Verhältnis von AG, Mittelsperson (die selbst AG und AN in einer Person ist) und dem AN ergibt sich gleichzeitig ein Weisungsrecht des AG gegenüber dem AN, ohne dass die Mittelsperson davon betroffen wäre. Ebenso resultieren aus dieser Konstellation bestimmte Schutz- und Rücksichtspflichten des AG. Der **mittelbare AG haftet** aus dem mittelbaren Arbeitsverhältnis für Ansprüche gegen den Mittelsmann nur **subsidiär**, wenn sich Ansprüche gegen diesen unmittelbaren AG nicht durchsetzen lassen oder wenn sich die Begründung eines mittelbaren Arbeitsverhältnisses als Rechtsmissbrauch darstellt (BAG 21. 2. 1990 AP BGB § 611 Abhängigkeit Nr. 57). Den mittelbaren AG treffen auch Schutz- und Rücksichtnahmepflichten (**vertragsähnliches Schutzverhältnis;** hierzu *Konzen* ZfA 1982, 285 ff.). Primärer Adressat für die arbeitsrechtlichen Schutzgesetze ist jedoch der Mittelsmann. Er hat als VertragsAG die Kündigung auszusprechen und ist ebenso Adressat einer Kündigung (BAG 9. 4. 1957 AP BGB § 611 Mittelbares Arbeitsverhältnis Nr. 2).

200 Problematisch ist die **Beendigung des Arbeitsverhältnisses,** wenn die Vertragsbeziehung zwischen Mittelsmann und dessen AG endet. Hier kann nicht davon ausgegangen werden, dass damit zugleich das Arbeitsverhältnis zwischen Mittelsmann und AN endet. Hierdurch würde der Kündigungsschutz unzulässig umgangen. Grds. kann eine Kündigung nur innerhalb der jeweiligen Vertragsverhältnisse ausgesprochen werden. Fraglich ist, ob der mittelbare AG selbst unmittelbar dem AN kündigen kann. Das ist jedenfalls dann der Fall, wenn der unmittelbare AG dem mittelbaren AG gemäß § 185 I die Kündigungsbefugnis eingeräumt hat (KR/*Etzel* § 1 KSchG Rn. 62).

201 **Ansprüche gegen den mittelbaren AG** können erst geltend gemacht werden, wenn der AN gegen den unmittelbaren AG bereits obsiegt hat, dieser sich aber den Verpflichtungen entzieht oder zu ihrer Erfüllung nicht in der Lage ist (BAG 22. 7. 1982 EzAÜG § 611 BGB Leiharbeitsverhältnis Nr. 5). Besteht bei missbräuchlicher Wahl eines mittelbaren Arbeitsverhältnisses (zB bei illegaler ANÜberlassung) ein Vertragsverhältnis zum mittelbaren AG, kann eine Kündigungsschutzklage sowohl gegen

den unmittelbaren als auch gegen den mittelbaren AG gerichtet werden (BAG 8. 12. 1988 EzAÜG Nr. 309).

9. Befristetes Arbeitsverhältnis. Zu befristeten Arbeitsverhältnissen vgl. die Kommentierung zum TzBfG.

10. Aus- und Fortbildungsverhältnisse; Werkstudenten. Auszubildende sind AN (§ 3 II BBiG; vgl. die Kommentierung dort). Fraglich ist, wie andere Rechtsverhältnisse mit Ausbildungsinhalten zu werten sind. **Anlernverhältnisse** können als normale Arbeitsverhältnisse vereinbart werden. Nur wenn kein Arbeitsverhältnis vereinbart ist (§ 19 BBiG) gelten die §§ 3 bis 18 BBiG, wenn Personen eingestellt werden, um Kenntnisse, Fertigkeiten oder Erfahrungen zu erwerben, ohne dass es sich um eine Berufsausbildung iSd. BBiG handelt (hierzu § 19 BBiG Rn. 1 ff.).

Sofern kein echtes Volontärverhältnis oder Anlernverhältnis iSd. § 19 BBiG vorliegt, können **Volontäre, Praktikanten und Anlernlinge als AN** oder freie Dienstnehmer nach den **allgemeinen Grundsätzen** über die Klassifizierung des Arbeitsverhältnisses sein (hierzu Rn. 44 ff.). **Werkstudenten** sind in aller Regel AN, ggf. im Rahmen eines Aushilfsarbeitsverhältnisses (Rn. 185). Gleiche Grundsätze gelten für sog. **Anlernverhältnisse** (BAG 12. 6. 1996 AP BGB § 611 Werkstudent Nr. 4). Als idR Teilzeitbeschäftigte haben sie Anspruch auf Gleichbehandlung nach Maßgabe des § 4 TzBfG. Zur Befristung des Arbeitsverhältnisses mit Werkstudenten vgl. § 14 TzBfG Rn. 75).

Der Rechtsstatus der **Volontäre und Praktikanten** ist weitgehend ungeklärt. Überwiegend werden sie als AN mit bes. Rechten und Pflichten, insb. auch mit einem verminderten Vergütungsanspruch angesehen (ausführlich *Knigge* AR-Blattei SD 1740). Nach § 10 BBiG hat der Auszubildende einen Anspruch auf angemessene Vergütung. Aus § 82 a HGB folgt jedoch auch die prinzipielle Möglichkeit der unentgeltlichen Tätigkeit der Volontäre, die nach zT vertretener Auffassung obsolet sein soll (*Knigge* AR-Blattei SD 1740 Rn. 95; hierzu *Schaub* § 16 Rn. 8). Keine Vergütungspflicht besteht jedoch für Praktikanten, die im Rahmen ihrer universitären Ausbildung bestimmte betriebliche Praktika abzuleisten haben (*Knigge* AR-Blattei SD 1740 Rn. 103; vgl. auch den Praktikantenvertrag von *Scherer* NZA 1986, 285).

11. Arbeitsverhältnisse in Werkstätten für behinderte Menschen. Die Rechtsstellung der Beschäftigten in einer Werkstatt für behinderte Menschen (§ 136 SGB IX) ist auch nach der neuen Regelung in § 138 SGB IX nur tw. geklärt. Nach dieser Vorschrift gelten im Arbeitsbereich anerkannter Werkstätten Beschäftigte, sofern diese nicht nach allgemeinen Grundsätzen (Rn. 44 ff.) als AN zu betrachten sind, als arbeitnehmerähnliche Personen, soweit sich aus dem zugrunde liegenden Sozialleistungsverhältnis nichts anderes ergibt. Der Begriff des arbeitnehmerähnlichen Rechtsverhältnisses scheint der Gesetzgeber in einem untechnischen Sinne zu gebrauchen. § 138 II SGB IX enthält darüber hinaus Vorschriften über das zu zahlende Entgelt, das sich aus einem Grundbetrag in Höhe eines Ausbildungsgeldes, das sich nach den Bestimmungen der BA richtet, und einem Steigerungsbetrag zusammensetzt, soweit das Arbeitsergebnis die Zahlung zulässt (Einzelheiten *Pünnel* AuR 1996, 483 f.). § 138 SGB IX verpflichtet die Werkstätten, aus ihrem Arbeitsergebnis an die im Arbeitsbereich beschäftigten Behinderten ein Arbeitsentgelt zu zahlen. Danach sind die Werkstätten nicht berechtigt, schon den Grundbetrag in erster Linie nach der individuellen Leistungsfähigkeit der Behinderten zu staffeln (BAG 3. 3. 1999 AP SchwbG 1986 § 54 b Nr. 1).

C. Grundbegriffe des Arbeitsrechts

I. Parteien des Arbeitsvertrags

1. Arbeitnehmer; Verbraucherbegriff. AN ist der durch ein Arbeitsverhältnis zur Leistung von Arbeit Verpflichtete (Einzelheiten Rn. 44 ff.). Weiterhin kennzeichnend für das Arbeitsverhältnis ist die persönlich abhängige Dienstleistung. Aus diesem Grunde können nur **natürliche Personen** AN sein (Erman/*Hanau* Rn. 108). Eine juristische Person kann niemals AN sein; sie kann allerdings selbständige Dienstverträge oder Dienstverschaffungsverträge abschließen (zu einzelnen ANGruppen vgl. Rn. 94 ff.).

Umstritten ist, ob der AN als **Verbraucher iSv. § 13** anzusehen ist. Diese Frage ist von praktischer Relevanz, weil zahlreiche Normen des BGB an die Verbrauchereigenschaft anknüpfen. Unstreitig ist, dass bezogen auf **Rechtsgeschäfte, die der AG mit dem AN außerhalb des Arbeitsvertrages** schließt (Darlehen, Kaufverträge etc.), der AN als „Verbraucher" im Rechtssinne anzusehen ist (vgl. *Bülow/Artz* NJW 2000, 2049, 2050; Palandt/*Heinrichs* § 13 Rn. 3). Ob der **AN** aber auch **in seiner Eigenschaft als solcher** „Verbraucher" ist und die entspr. sonderprivatrechtlichen Regelungen im Arbeitsverhältnis anzuwenden sind (zB § 310 III, § 288 II), ist umstritten. In der Literatur wird zwischen dem sog. „absoluten" und dem „relativen" Verbraucherbegriff differenziert. Die Vertreter des sog. „absoluten" Verbraucherbegriffes wenden jede Verbraucherschutznorm – unabhängig von ihrer Zweckrichtung – im Arbeitsverhältnis an (*Däubler* NZA 2001, 1329, 1333; *Hümmerich/Holthausen* NZA 2002, 173). Vertreter des „relativen" Verbraucherbegriffs wollen Verbraucherschutzregeln nur bei Vertragsschlüssen zwischen AG und AN außerhalb des Arbeitsvertrages, also zB AGDarlehen (vgl. hierzu § 491 I Nr. 2) anwenden (*Henssler* RdA 2002, 129, 133 ff.). Die Differenzierung zwischen relativem und absolutem Verbraucherbegriff bringt **keinen Erkenntnisfortschritt**. Die Grundentscheidung muss bei § 13 ansetzen. Nach dem **Wortlaut** des § 13 ist der AN auch in seiner Eigenschaft als solcher Verbraucher. Denn Verbraucher ist eine natürliche Person, die ein Rechtsgeschäft zu einem Zweck abschließt, der weder ihrer gewerblichen, noch ihrer selbständigen beruflichen Tätigkeit zugerechnet werden kann. Der Wortlaut des § 13 ist auch nicht etwa missglückt (so *Henssler* RdA 2002, 129, 234), weil er die geronnene Erkenntnis aus zahlreichen Vorläuferregelungen war (hierzu *Preis* ZHR 158 (1994), 567, 608). Der AN ist der Prototyp des „Unselbständigen". Arbeitsvertragliche Vereinbarungen dienen keinesfalls einer gewerblichen oder selbständigen beruflichen Tätigkeit des AN. Ein Verbraucher iSv. § 13 muss auch nichts verbrauchen; das Rechtsgeschäft muss keinen „konsumtiven Zweck" haben (*Gotthardt* Rn. 11). Der Begriff „Verbraucher" ist kein Tatbestandsmerkmal, sondern bloßer rechtstechnischer Oberbegriff, der durch die dargestellten Tatbestandsmerkmale des § 13 gefüllt wird. Es führt auch nicht weiter, das dichotome Konzept des BGB und EU-Rechts durch weitere, („dritte") Personen- und Gesellschaftstypen weiter aufzuspalten (so *Henssler* RdA 2002, 129, 134). Dagegen spricht die Rechtsprechung des BGH, der – sogar in Ansehung der beschränkten Rechtsfähigkeit der Gesellschaft bürgerlichen Rechts (GbR) – die GbR dem Verbraucherkreditrecht unterworfen hat (BGH 23. 10. 2001 NJW 2002, 368). Die **Entstehungsgeschichte** spricht ebenfalls für die Einordnung des AN als Verbraucher (vgl. BT-Drucks. 14/6040 S. 243). Unterstützt wird diese Sicht durch § 15 UKlaG, der die Möglichkeit der Unterlassungsklagen bei Verstößen gegen §§ 307–309 und verbraucherschutzwidrigen Praktiken im Arbeitsrecht ausschließt. Dieser Ausschluss ist nur damit zu erklären, dass der Gesetzgeber implizit davon ausgegangen ist, dass der AN Verbraucher ist (vgl. a. BT-Drucks. 14/7052 S. 190). Bei den Vorschriften zur Inhaltskontrolle formulieren die Materialien, dass das Schutzniveau im Arbeitsrecht nicht hinter dem des Zivilrechts zurückbleiben solle (BT-Drucks. 14/6857, S. 17). In **systematischer Hinsicht** folgt aus der Reintegration des Arbeitsrechts in das BGB eindeutig, dass auch die Definitionsnormen des Allgemeinen Teils des BGB für das Arbeitsvertragsrecht Gültigkeit beanspruchen (vgl. a. BT-Drucks. 14/6040 S. 166: Ausstrahlungswirkung auf das ganze Vertragsrecht). Es ist verfehlt, diese Umklammerung durch die generelle Annahme, das Arbeitsvertragsrecht sei eine Sondermaterie, wieder trennen zu wollen (so aber *Natzel* NZA 2002, 595, 596). Die „Besonderheiten des Arbeitsrechts" berücksichtigt der Gesetzgeber im jeweiligen Sachzusammenhang (vgl. § 310 IV 2). Entscheidend ist die **teleologische** Interpretation der maßgebenden Normen. Bedingt durch die Verbraucherschutzrichtlinien der Europäischen Union ist in das deutsche Privatrecht ein Schutzsystem integriert worden. In der Dichotomie „Unternehmer – Verbraucher", ist der Verbraucher, definiert als nicht zu selbständigen Erwerbszwecken handelnde natürliche Person, das Schutzobjekt schlechthin. Man mag dies rechtspolitisch beklagen. Eindeutig ist aber, dass der AN als der klassisch unselbständig Handelnde eher noch schutzwürdiger ist als der „Nur-Verbraucher", weil letzterer auch auf den Vertragsabschluss (zum Beispiel Zeitungsabonnement) verzichten könnte, während der AN als unselbständig Handelnder auf den Vertragsschluss angewiesen ist. Der Verbraucherbegriff ist bewusst weit gefasst und nicht für bestimmte Vertragstypen reserviert; der AN ist damit Verbraucher iSv. § 13 BGB (ebenso *Boemke* BB 2002, 96 f.; *Bülow/Artz*, Verbraucherprivatrecht 2003, S. 20; *Däubler* NZA 2001, 1329, 1333 f.; ErfK/*Dörner* § 616 Rn. 20; *Gotthardt* ZIP 2002, 277, 278 f.; *Grundstein* FA 2003, 41; *Hanau* Anm. AP Nr. 4 zu § 288 BGB; *Holtkamp* AuA 2002, 250, 252; *Hümmerich/Holthausen* NZA 2002, 173, 176 ff.; *Hümmerich* AnwBl 2002, 671 ff.; *Klevemann* AiB 2002, 579, 580; *Lakies* NZA-RR 2002, 337, 343; *Lindemann* AuR 2002, 81, 84; *Lorenz/Riehm*, Lehrbuch zum neuen Schuldrecht, 2002, Rn. 93; ErfK/*Müller-Glöge* § 620 Rn. 13; Staudinger/*Neumann*, 2002, vor §§ 620 ff. Rn. 14; *Preis* NZA 2003, Sonderbeilage zu Heft 16; *Reinecke* DB 2002, 583, 587; *Schleusener* NZA 2002, 949 (950); APS/*Schmidt* AufhebVtr Rn. 88; *Thüsing* BB 2002, 2666 (2668); *Wedde* AiB 2002, 267 (269); *Ziemann*, in *Schimmel/Buhlmann*, Rn. 209 f.; ArbG Hamburg 1. 8. 2002 ZGS 2003, 79; im Grundsatz, wenn auch einschränkend *Lieb* FS Ulmer 2003 S. 1231 (1235 f.); *Rieble/Klumpp* ZIP 2002, 2153; **aA** *Annuß* NJW 2002, 2544 ff.; *Bauer/Diller* NJW 2002, 1609 f.; *Bauer/Kock* DB 2002, 42, 44; *Berger-Delhey* ZTR 2002, 66; *Berkowsky*, AuA 2002, 11, 15; *Clemens* ZGS 2003, 80; *Fiebig* DB 2002, 1608, 1610; *Jauernig* § 310 Rn. 16; *Henssler* RdA 2002, 129, 133; *Hromadka* NJW 2002, 2523, 2524; *Krebs* DB 2002, 517, 520; *Joussen* NZA 2001, 745, 749; *Lingemann* NZA 2002, 181, 184; *Löwisch* FS Wiedemann 2002 S. 315 f.; *Natzel* NZA 2002, 595, 597; Palandt/*Heinrichs* § 13 Rn. 3; Soergel/*Pfeiffer* § 13 Rn. 44; *Reichold*, ZTR 2002, 202, 204; *Richardi* NZA 2002, 1004, 1008). Die äußerst umstrittene Frage bedarf höchstrichterlicher Klärung. Die sachgerechte Abgrenzung ist nicht auf der Statusebene vorzunehmen, sondern bei den konkret in Rede stehenden Normen. Dort, wo kraft gesetzlicher Anordnung (zB § 15 UKlaG, § 491 Abs. 1 Nr. 2 BGB) oder aus systematisch-teleologischen Gründen anderes folgt, ist von der Anwendung der Verbraucherschutzregeln im Arbeitsrecht abzusehen. Vertragstypenübergreifendes Verbraucherschutzrecht findet auch im Arbeitsrecht Anwendung. Das bedeutet, dass der geringere gesetzliche Zinssatz nach § 288 I auch im Arbeitsrecht gilt, da der Arbeitnehmer iSd. § 288 Abs. 2 Verbraucher ist. § 310 III ist ebenso eine vertragstypenunabhängige Grundregel. Dagegen ist das sog. Haustürwiderrufsrecht ein vertragstypenbezogenes **und** situationsbezogenes Verbraucherrecht. Deshalb finden §§ 315, 312 auf Arbeitsverträge und Auf-

C. Grundbegriffe des Arbeitsrechts § 611 BGB 230

hebungsverträge keine Anwendung. Schon ausweislich des Untertitels – gilt das Widerrufsrecht nur für „besondere Vertriebsformen" (fast allg. Auffassung im vorbezeichneten; aA nur *Hümmerich/Holthausen* NZA 2002, 173, 178; *Schleusener* NZA 2002, 949 ff.; stark einschränkend *Gotthardt* Rn. 211 ff.; *Grundstein* FA 2003, 41, 43; LAG Brandenburg 30. 10. 2002 DB 2003, 1446; LAG Hamm 1. 4. 2003 DB 2003, 1443). Die Begriffspaare **AG – AN** und **Unternehmer – Verbraucher** sind nicht miteinander zu vermischen (so aber *Löwisch* NZA 2001, 765, 766; dagegen zutreffend *Bömke* BB 2002, 96, 97). Die Begriffspaare sind funktional zu trennen. Nicht jeder AG ist zugleich Unternehmer, zB, wenn der AG für private Zwecke einen AN (Gärtner) einstellt, ist er AG, aber nicht Unternehmer.

2. Arbeitgeber. a) Allgemeines. AG ist zunächst derjenige, der die **Leistung von Arbeit von einem** 209 **AN** kraft Arbeitsvertrag verlangen kann und zugleich **Schuldner des Vergütungsanspruches** ist (BAG 9. 9. 1982 AP BGB § 611 Hausmeister Nr. 1). Der AGBegriff wird wie der ANBegriff vom Gesetzgeber **stillschweigend vorausgesetzt**. Der Begriff des AG wird **mittelbar** über den ANBegriff definiert („AG ist, wer mindestens einen AN beschäftigt"; BAG 21. 1. 1999 AP KSchG 1969 § 1 Konzern Nr. 9).

Der AGBegriff wird auch nicht durch weitere materielle Erfordernisse eingeschränkt. So setzt die 210 AGStellung kein Eigentum an Betriebsmitteln voraus, ebenso nicht das Vorhandensein einer Betriebsstätte (*Zöllner/Loritz* § 4 V 1; MünchArbR/*Richardi* § 30 Rn. 1). Auch eine natürliche Person, die als AN beschäftigt wird, kann gleichzeitig AG sein. Nur wenn der AG in Ausübung seiner gewerblichen oder selbständigen Berufstätigkeit handelt, ist er zugleich **Unternehmer** iSd. § 14 und damit Adressat des Verbraucherschutzrechts.

Der Begriff des AG wird in zahllosen Gesetzen verwendet, nicht nur im Vertragsrecht (vgl. §§ 611 a, 211 611 b, 612 a, 613 a, 622), sondern auch im Kollektivarbeitsrecht (BetrVG, Mitbestimmungsgesetze), im Sozialversicherungsrecht und im Strafrecht (§ 266 a StGB). § 12 III SGB IV enthält eine Fiktion des AGBegriffs für den Fall der Heimarbeit.

AG kann **jede natürliche und juristische Person** sein. Die rechtliche Organisationsform ist für den 212 AGBegriff irrelevant. Wird ein Betrieb als GbR iSd. § 705 betrieben, so waren die Einzelnen **Gesellschafter** bisher als **AG anzusehen** (BAG 16. 10. 1974 AP BGB § 705 Nr. 1; zur Haftung eines Handwerksmeisters, der sich im Rahmen einer GbR als „Konzessionsträger" zur Verfügung stellt: BAG 2. 2. 1994 AP BGB § 705 Nr. 8). Der BGH (29. 1. 2001 AP ZPO § 50 Nr. 9) hat inzwischen die Rechtsfähigkeit der (Außen-)GbR anerkannt. In diesem Rahmen ist sie zugleich im Zivilprozess aktiv und passiv parteifähig. Die nach außen bestehende Rechtssubjektivität hat zur Konsequenz, dass ein Wechsel im Mitgliederbestand keinen Einfluss auf den Fortbestand der mit der Gesellschaft bestehenden Rechtsverhältnisse mehr hat (BGH 29. 1. 2001 AP ZPO § 50 Nr. 9 = NJW 2001, 1056, 1057). Die GbR ist bei Anerkennung dieser Rechtsfortbildung im ArbR als AG anzusehen (ebenso LAG Bremen 24. 1. 2001 – 2 Sa 167/00 –; *Diller* NZA 2003, 401). Dennoch kann der Gesellschafter einer GbR kann nicht zugleich deren AN sein (LAG Frankfurt 7. 8. 2001 BB 2002, 207).

Die AGStellung kann sich auch **kraft gesetzlicher Fiktion** ergeben, zB bei unzulässiger ANÜber- 213 lassung (§ 10 I iVm. § 9 Nr. 1 AÜG; BAG 23. 11. 1988 NZA 1989, 812 = AP AÜG § 1 Nr. 14; nicht bei vermuteter Arbeitnehmerüberlassung nach § 1 II AÜG, vgl. BAG 28. 6. 2000 AP AÜG § 13 Nr. 3). Tritt der Wille eines Vertreters, für seinen AG zu handeln beim Vertragsschluss nicht hervor, kann er selbst als Vertragspartner, also als AG, in Anspruch genommen werden (§ 164 II). Im Falle des § 613 a findet ein gesetzlicher AGWechsel statt.

b) Prozessrechtliche Bedeutung. Im Prozessrecht gilt **kein vom materiellen Recht abw. AGBe-** 214 **griff.** Der AGBegriff hat jedoch im Prozessrecht bes. Bedeutung. Insb. bei **fristgebundenen Klagen** (zB §§ 4, 7 KSchG) muss der AN innerhalb der gesetzlichen Frist die richtige Partei verklagen, weil nur dann die Klagefrist eingehalten ist.

Beim **mittelbaren Arbeitsverhältnis** (hierzu Rn. 198) ist AG der Mittelsmann (BAG 9. 4. 1957 AP 215 BGB § 611 Mittelbares Arbeitsverhältnis Nr. 2; BAG 21. 2. 1990 AP BGB § 611 Abhängigkeit Nr. 57). Ist der AG eine **juristische Person**, ist diese zu verklagen. Das Gleiche gilt nach § 50 II ZPO für einen **nicht rechtsfähigen Verein.** Bei einer **BGB-Gesellschaft** sind – im Unterschied zur früheren Rechtslage – nicht mehr die einzelnen Gesellschafter als Gesamtschuldner (§ 427) zu verklagen (BAG 17. 2. 1982 AP SchwbG § 15 Nr. 1; BAG 6. 7. 1989 AP BGB § 705 Nr. 4; BAG 16. 10. 1974 AP BGB § 705 Nr. 1; aA MünchArbR/*Richardi* § 30 Rn. 10). Vielmehr hat der BGH die aktive und passive Parteifähigkeit der GbR im Zivilprozess anerkannt (BGH 29. 1. 2001 AP ZPO § 50 Nr. 9 = NJW 2001, 1056). Da nicht mehr die einzelnen Gesellschafter, sondern die Gesellschaft materiell Rechtsinhaber oder Verpflichtete ist, ist diese „richtige" Partei eines Rechtsstreits und insoweit parteifähig und prozessführungsbefugt (BGH 29. 1. 2001 AP ZPO § 50 Nr. 9 = NJW 2001, 1056, 1058; LAG Bremen 24. 1. 2001 – 2 Sa 167/00 –; näher *Diller* NZA 2003, 401). Bei einer **Partnerschaft Angehöriger freier Berufe** finden nach § 1 IV PartGG die Vorschriften über die BGB-Gesellschaft Anwendung, jedoch konnten schon bisher nach § 7 II PartGG iVm. § 124 HGB die Partner unter dem Namen der Partnerschaft verklagt werden (§ 2 PartGG).

Bei einer **GmbH & Co. KG** kann zweifelhaft sein, ob die KG, die GmbH oder der Geschäftsführer 216 selbst AG ist. IdR handelt der Geschäftsführer der GmbH für die GmbH & Co. KG. Hat diese einem

Preis

AN gekündigt, ist die Klage gegen diese zu richten. Eine Klage lediglich gegen die GmbH als persönlich haftende Gesellschafterin reicht nicht aus (LAG Berlin 18. 1. 1982 BB 1982, 679 = LAGE KSchG § 4 nF Nr. 5). Eine GmbH ebenso wie eine GmbH & Co. KG verlieren ihre Parteifähigkeit auch dann nicht, wenn sie im **Handelsregister gelöscht und kein verteilbares Vermögen** mehr vorhanden ist (BAG 9. 7. 1981 AP ZPO § 50 Nr. 4). Nach aA tritt jedoch der Verlust der Rechts- und Parteifähigkeit ein, wenn neben der Löschung auch völlige Vermögenslosigkeit der Gesellschaft vorliegt (LAG Frankfurt 28. 6. 1993 NZA 1994, 384).

217 Eine **OHG oder KG** ist unter ihrer Firma zu verklagen (§§ 124 I, 161 II HGB). Der AN kann jedoch als Gesellschaftsgläubiger zugleich auch gegen die Gesellschafter vorgehen, die persönlich und unbeschränkt haften (§ 128 Satz 1; § 161 II HGB). Auch der persönlich haftende Gesellschafter einer Personengesellschaft ist daher AG iSd. § 2 I Nr. 3 ArbGG (BAG 1. 3. 1993 AP ArbGG 1979 § 2 Nr. 25).

218 AG ist jedoch **nicht der Kommanditist** einer KG. Auch die Einstandspflicht nach § 171 HGB begründet keine arbeitgeberähnliche Stellung. Die ArbG sind für Klagen aus diesem Rechtsgrund nicht zuständig (BAG 23. 6. 1992 AP ArbGG 1979 § 2 Nr. 23 = NZA 1993, 862). Besonderheiten gelten hins. der **Ausfallhaftung im qualifiziert faktischen Konzern** (hierzu § 18 AktG Rn. 18 f.). Hier kann der alleinige Kommanditist und alleinige Gesellschafter einer Komplementär-GmbH einer Kommanditgesellschaft von den AN nach den Grundsätzen der Ausfallhaftung in Anspruch genommen werden (BAG 1. 8. 1995 AP AktG § 303 Nr. 8 = NZA 1996, 311). Dem Kommanditisten wird hierdurch wie einem OG die persönliche Haftung auferlegt, wenn er die Konzernleitungsmacht ohne Rücksicht auf die abhängige Gesellschaft ausgeübt hat und die zugefügten Nachteile sich nicht kompensieren ließen (hierzu näher *Oetker* AuR 1996, 326; *Bitter* BB 1996, 2153). Problematisch erscheint die Zuständigkeit der ArbG auch für diese Fallgruppe, die grds. bei einer Einstandspflicht von Kommanditisten verneint wird (vgl. BAG 23. 6. 1992 AP ArbGG 1979 § 2 Nr. 23; für die Haftung im qualifiziert faktischen Konzern ausdrücklich auch ArbG Berlin 13. 4. 1995 NZA-RR 1996, 109).

219 In Fällen der sog. **Durchgriffshaftung** (zB auf die Gesellschafter einer GmbH) wird dem Gesellschafter die Berufung auf die rechtliche Selbständigkeit der GmbH als AG abgeschnitten. Der Gesellschafter wird hierdurch aber noch nicht AG iSd. § 2 I Nr. 3 ArbGG. Jedoch wendet das BAG in diesen Fällen zur Begründung der Zuständigkeit der Arbeitsgerichtsbarkeit die Regelung zur **Rechtsnachfolge (§ 3 ArbGG)** analog an. Entscheidend sei nicht die durch den Arbeitsvertrag oder seine Vor- und Nachwirkungen begründete Rechtsstellung als AG. Rechtsnachfolge im weitesten Sinne zu verstehen und erfasse aber auch Sachverhalte, in denen ein Dritter auf Grund seiner gesellschaftsrechtlichen Stellung als Inhaber des AG in Anspruch genommen werde (BAG 11. 11. 1986 AP ArbGG 1979 § 3 Nr. 2; BAG 13. 6. 1997 NZA 1997, 1128 = AP ArbGG 1979 § 3 Nr. 5; Hess. LAG 16. 10. 2001 AR-Blattei ES 160.5.2 Nr. 94).

220 Im Insolvenzfalle des AG werden dessen Rechte und Pflichten vom **Insolvenzverwalter** nach §§ 22, 27 InsO mit seiner vorläufigen Bestellung, jedenfalls aber mit Eröffnung des Verfahrens (zur Kündigungsbefugnis des Insolvenzverwalters vgl. § 113 InsO) wahrgenommen. Der Insolvenzverwalter nimmt auch die sozialversicherungsrechtlichen Pflichten eines AG, insb. gegenüber der Sozialversicherung wahr. Für Klagen der AN gegen den Insolvenzverwalter auf Einhaltung der AGPflichten. sind die ArbG zuständig (zur Arbeitsbescheinigung nach § 312 SGB III LAG Bremen 16. 6. 1995 DB 1995, 1770 = LAGE AFG § 141 h Nr. 4).

221 Problematisch ist die **AGStellung bei einem Vertragsschluss mit einer noch nicht im Handelsregister eingetragenen GmbH.** Nach § 11 I GmbHG besteht die GmbH als solche vor der Eintragung nicht. Die Art und Weise des Vertragsschlusses ist nicht nur für die Frage entscheidend, wer als AG des AN anzusehen ist, sondern auch für die Haftung und die Bestimmung des Klagegegners. Der Vertrag kann **ausdrücklich oder konkludent im Namen der Gründungsgesellschaft** abgeschlossen werden. Denkbar ist aber auch, dass der Vertrag **aufschiebend bedingt mit der Eintragung der GmbH** abgeschlossen wird. Der Vertrag kann schließlich namens der Gründungsgesellschaft und **zugleich** im Namen der künftigen GmbH geschlossen werden mit der Folge, dass die GmbH mit ihrer Entstehung an die Stelle der Gründungsgesellschaft tritt (BAG 7. 6. 1973 AP GmbHG § 11 Nr. 2). Sofern sich aus den Umständen bei den Vertragsverhandlungen nichts anderes ergibt, ist der Abschluss eines Arbeitsvertrags mit der Gründungsgesellschaft anzunehmen, wenn diese bereits werbend im Geschäftsverkehr tätig geworden ist, der AN seine Beschäftigung schon vor Eintragung der GmbH aufnehmen soll und ihm nicht bekannt ist, dass die Eintragung noch nicht erfolgt ist (BAG 7. 6. 1973 AP GmbHG § 11 Nr. 2). Die Vor-GmbH ist entspr. § 50 II ZPO passiv parteifähig und kann daher bereits als AG verklagt werden (BAG 8. 11. 1962 NJW 1963, 680 = AP GmbHG § 611 Nr. 1). Die **persönliche Haftung der Handelnden nach § 11 II GmbHG** entfällt mit der Eintragung in das Handelsregister (BAG 7. 6. 1973 AP GmbHG § 11 Nr. 2; BGH 9. 3. 1981 NJW 1981, 1373). Unter Umständen können die **Gesellschafter einer GmbH in Gründung als AG** angesehen werden, wenn sie die Arbeitskraft eines AN ohne Hinweis auf die noch nicht existente Gesellschaft in Anspruch nehmen (LAG Bremen 18. 11. 1980 – 4 Sa 92/79 – nv.; *Küttner/Bauer* Arbeitgeber Rn. 2). Fehlt jedoch die Zustimmung oder Ermächtigung nur eines Gesellschafters einer Vor-GmbH zu einem von einem Gesellschafter mit einem Dritten abgeschlossenen Arbeitsvertrag, so tritt eine Haftung der späteren

Preis

GmbH nicht ein und es bleibt bei der persönlichen Haftung des Handelnden (LAG Hamm 28. 10. 1982 – 10 Sa 726/82 – nv.).

c) **Einheitliches Arbeitsverhältnis mehrerer Arbeitgeber.** Auf AGSeite können bei einem einheitlichen Arbeitsverhältnis auch mehrere natürliche und juristische Personen beteiligt sein. Nach Auffassung des BAG ist für die Annahme eines einheitlichen Arbeitsverhältnisses nicht Voraussetzung, dass die AG in einem bes. gesellschaftsrechtlichen Rechtsverhältnis stehen, einen gemeinsamen Betrieb führen oder den Arbeitsvertrag gemeinsam abschließen. Ausreichend sei ein **allgemeiner rechtlicher Zusammenhang zwischen einzelnen AG**, der es verbietet, die Beziehungen rechtlich getrennt zu behandeln (BAG 27. 3. 1981 AP BGB § 611 Arbeitgebergruppe Nr. 1 mit krit. Anm. *Wiedemann*; krit. ferner *Schwerdtner* ZIP 1982, 900; *Schulin* SAE 1983, 294). 222

Die Annahme eines einheitlichen Arbeitsverhältnisses hat zur Konsequenz, dass mehrere AG hins. Beschäftigungs- und Vergütungspflicht als **Gesamtschuldner** haften. Im Regelfall kann das einheitliche Arbeitsverhältnis nur von und gegenüber allen auf einer Vertragsseite Beteiligten gekündigt werden. Ob ein dergestalt einheitliches Arbeitsverhältnis anzunehmen ist, ist durch **Auslegung des Vertrags** zu ermitteln. Eine Mehrheit von AG kann ein AN innerhalb eines Konzerns insb. dann haben, wenn bei **Entsendung** ein Arbeitsverhältnis ruht und ein weiteres Vertragsverhältnis mit der aufnehmenden Gesellschaft begründet wird. Allein durch die Bildung eines Gemeinschaftsbetriebs in Form einer BGB-Gesellschaft werden jedoch nicht alle Unternehmen AG aller in diesem Betrieb beschäftigten AN (BAG 5. 3. 1987 AP KSchG 1969 § 15 Nr. 30; LAG Düsseldorf 3. 7. 1998 ARST 1998, 262). 223

d) **Aufspaltung der Arbeitgeberfunktion.** AGFunktionen muss der Vertragspartner nicht notwendig selbst wahrnehmen. Dies wird bes. deutlich bei juristischen Personen und Minderjährigen. Hier wird von den gesetzlichen Organen bzw. den gesetzlichen Vertretern die AGFunktion wahrgenommen (MünchArbR/*Richardi* § 30 Rn. 10). 224

Eine Aufspaltung der AGFunktion (hierzu *Konzen* ZfA 1982, 259; *Ramm* ZfA 1973, 263; *Wendeling-Schröder* FS Gnade 1992 S. 367) tritt immer dann ein, wenn der AG nicht selbst beschäftigt, sondern beschäftigen lässt. Die Delegation von AGFunktionen sind bei Sonderformen des Arbeitsverhältnisses anzutreffen (zu mittelbaren Arbeitsverhältnissen und Gruppenarbeitsverhältnissen vgl. Rn. 190, 198; zum Konzernarbeitsverhältnis vgl. Rn. 232; § 1 AÜG Rn. 86 ff.; zu Arbeitsgemeinschaften im Baugewerbe § 9 BRTV). Das **Gesamthafenarbeitsverhältnis** nach Maßgabe des GesamthafenbetriebsG v. 3. 8. 1950 (BGBl. I S. 532) stellt einen gesetzlichen Fall der Aufspaltung der AGFunktion zwischen dem Gesamthafenbetrieb als „besonderer AG zur Schaffung stetiger Arbeitsverhältnisse für Hafenarbeiter" und den einzelnen Hafenbetrieben dar. Das Gesetz begründet keine Monopolstellung in Bezug auf die Vergabe von Hafenarbeiten (BAG 6. 12. 1995 AP Gesamthafenbetrieb § 1 Nr. 9). 225

II. Betrieb, Betriebsteil, Teilbetrieb, Betriebszugehörigkeit

Schrifttum: *Joost*, Betrieb und Unternehmen als Grundbegriffe im Arbeitsrecht, 1988; *Natzel*, Die Betriebszugehörigkeit im Arbeitsrecht, 2000.

Eine für alle arbeitsrechtlichen Gesetze gleichermaßen anzuwendende gesetzliche Definition des Betriebsbegriffes gibt es nicht (*Preis* RdA 2000, 257 ff.). Viele bedeutende arbeitsrechtliche Regelungen knüpfen an den Begriff eines Betriebes an. Das **Kündigungsschutzgesetz** ist im Ausgangspunkt betriebsbezogen (vgl. § 1 II KSchG). Der Betrieb ist Ausgangspunkt und Wirkungsstätte des **BR** (§ 1 BetrVG). Schließlich spielt der Begriff des Betriebes auch im **TVRecht** bezüglich der Frage der Wirkung von TV eine Rolle (vgl. etwa § 3 II TVG). Auch wenn bisweilen darauf abgestellt wird, dass etwa der Betriebsbegriff des KSchG und des BetrVG der gleiche sei, ist stets zu beachten, dass der teleologische Zusammenhang eine abw. Definition erfordern kann. So kann etwa die Definition der Betriebsteile und Nebenbetriebe in § 4 BetrVG nicht ohne weiteres auf das KSchG übertragen werden (BAG 21. 6. 1995 AP BetrVG 1972 § 1 Nr. 16). Insb. im Bereich des § 613 a hat der Betriebsbegriff eine eigenständige Funktion (vgl. § 613 a Rn. 5 ff.). 226

Die klassische Definition des Betriebs ist **organisatorische Einheit**, innerhalb derer der **Unternehmer** allein oder zusammen mit seinen Mitarbeitern bestimmte **arbeitstechnische Zwecke** mit Hilfe **sächlicher** oder **immaterieller Mittel fortgesetzt** verfolgt (BAG 18. 1. 1990 AP KSchG 1969 § 23 Nr. 9). Diese Definition ist weder für die Abgrenzung im Betriebsverfassungsrecht hinreichend noch im Individualarbeitsrecht als teleologischer Bezugspunkt anwendbar. Im Individualarbeitsrecht wird mit dem Begriff „Betrieb" regelmäßig der Rechtsträger gekennzeichnet. Das ist aber regelmäßig der AG bzw. das Unternehmen (*Preis* RdA 2000, 257 ff.). 227

Mehrere Unternehmen können einen gemeinsamen Betrieb führen. Die Existenz sog. **Gemeinschaftsbetriebe** (Einzelheiten vgl. § 4 BetrVG Rn. 7; § 23 KSchG Rn. 5) erkennt das Gesetz in § 1 I 2 BetrVG und 322 UmwG ausdrücklich an. 228

Zahlreiche arbeitsrechtliche Vergünstigungen knüpfen an die **Dauer der „Betriebs"zugehörigkeit** an (zB § 622; ausf. *Natzel* aaO). Dieser Begriff ist zumeist in einem untechnischen Sinne zu verstehen. Er ist idR iSv. Unternehmenszugehörigkeit bzw. rechtlichem Bestand eines Arbeitsverhältnisses zu 229 interpretieren. Eine Unternehmenszugehörigkeit ohne Betriebszugehörigkeit ist regelmäßig nicht denkbar (MünchArbR/*Richardi* § 31 Rn. 62; aA *Boemke* AR-Blattei SD 540 Rn. 10). Die Betriebszugehörigkeit ist insb. für die Erreichung von Schwellenwerten im Kündigungsschutzrecht und im Betriebsverfassungsrecht wesentliche Tatbestandsvoraussetzung (vgl. § 23 I 2 KSchG, § 1 BetrVG).

230 Zum Begriff des **Tendenzbetriebes** vgl. § 118 BetrVG.

III. Unternehmen

231 Der Begriff des Unternehmens ist arbeitsrechtlich weniger bedeutsam als der des Betriebes. Sein Schwerpunkt liegt vielmehr im Handels- und Wirtschaftsrecht. Der Begriff des Unternehmens kann definiert werden als die **organisatorische Einheit**, die **aus einem oder mehreren Betrieben** bestehen kann und die durch einen **gemeinsamen wirtschaftlichen oder ideellen Zweck** verbunden ist (BAG 23. 9. 1980 AP BetrVG 1972 § 47 Nr. 4). Der Begriff des Unternehmens setzt (im Unterschied zum Betrieb) idR einen einheitlichen Rechtsträger voraus (BAG 11. 12. 1987 AP BetrVG 1972 § 47 Nr. 7 m. Anm. *Wiedemann*). Mehrere Unternehmen können sich aber zur Führung eines Gemeinschaftsbetriebes verbinden. AG der in dem Gemeinschaftsbetrieb beschäftigten AN sind idR die Einzelunternehmen; in Ausnahmefällen kann jedoch auch die zur Betriebsführung gebildete Gesellschaft AG sein.

IV. Konzern

Schrifttum: *Henssler*, Der Arbeitsvertrag im Konzern, 1983; *Junker*, Internationales Arbeitsrecht im Konzern, 1992; *Windbichler*, Arbeitsrecht im Konzern, 1989; *dies.*, Arbeitsrechtliche Vertragsgestaltung im Konzern, 1990.

232 Das Arbeitsrecht kennt keinen selbständigen Konzernbegriff, sondern übernimmt den in § 18 AktG definierten **gesellschaftsrechtlichen Begriff des Konzerns** (hierzu § 18 AktG Rn. 1 ff.). Danach liegt ein (sog. Unterordnungs-)Konzern vor, wenn mehrere verbundene Unternehmen vorliegen, von denen eines herrschend ist und eines oder mehrere abhängig sind, die unter der einheitlichen Leitung des herrschenden Unternehmens zusammengefasst sind. Es ist zu berücksichtigen, dass in der Rspr. des BGH die Existenz eines Konzerns unter Umständen auch ohne Vorliegen eines Beherrschungs- oder Gewinnabführungsvertrags angenommen wird (BGH 20. 2. 1989 BGHZ 107, 7; BGH 23. 9. 1991 BGHZ 115, 187 = AP AktG § 303 Nr. 1; BGH 29. 3. 1993 BGHZ 122, 123 = AP AktG § 303 Nr. 2; zu Haftungsfragen und zum sog. Berechnungsdurchgriff § 18 AktG Rn. 11 ff.).

233 Die Zugehörigkeit des Unternehmens zu einem Konzern hat für das **Individualarbeitsrecht** nur in wenigen Fällen Bedeutung. Die Rechte und Pflichten aus dem Arbeitsverhältnis werden durch die Konzernbindung des AG idR nicht berührt. Umstritten ist die Reichweite eines **konzernweiten Kündigungsschutzes** (vgl. BAG 27. 11. 1991 AP KSchG 1969 § 1 Konzern Nr. 6; BAG 20. 1. 1994 AP KSchG 1969 § 1 Konzern Nr. 8; BAG 21. 1. 1999 AP KSchG 1969 § 1 Konzern Nr. 9). Im Geltungsbereich des KSchG hat das BAG einen „Berechnungsdurchgriff" im Konzern abgelehnt (BAG 12. 11. 1998 AP KSchG 1969 § 23 Nr. 20). Die Möglichkeit zu **Abordnung** und **Versetzung** im Konzern bestimmt sich in erster Linie nach dem Inhalt des Arbeitsvertrags. Regelmäßig wird der AN nur für ein bestimmtes Konzernunternehmen eingestellt. Ein Vertragsschluss mit dem Konzern als solchem kommt nicht in Betracht, da dieser keine eigene Rechtspersönlichkeit hat (*Henssler* S. 38, 40 f.; *Konzen* RdA 1984, 65, 68). Bei der **vorübergehenden Beschäftigung** (Abordnung, Entsendung, Konzernleihe) in einem anderen Konzernunternehmen bleibt die arbeitsvertragliche Beziehung zum einstellenden Konzernunternehmen bestehen (zur konzerninternen ANÜberlassung vgl. § 1 AÜG Rn. 86). Sie ist nur zulässig, wenn der AN für den gesamten Bereich des Konzerns eingestellt ist bzw. sich im Arbeitsvertrag ein entspr. Vorbehalt findet oder die Parteien (konkludent) eine entspr. Vereinbarung treffen. Die Abordnung auf der Basis eines vertraglich eingeräumten Bestimmungsrechts unterliegt der Billigkeitskontrolle nach § 315 I (*Maschmann* RdA 1996, 24 ff.). Soll der AN dauerhaft in einem anderen Konzernunternehmen beschäftigt („versetzt") werden, kommt es zu einem konzerninternen AGWechsel, der nur durch Auflösung des bisherigen Arbeitsvertrags (durch Kündigung oder Aufhebungsvereinbarung) und Begründung eines neuen Vertragsverhältnisses oder im Wege eines dreiseitigen Übernahmevertrags erreicht werden kann. Der konzerninterne AGWechsel kann durch eine bloße „Konzernversetzungsklausel" nicht erreicht werden (näher *Maschmann* RdA 1996, 24, 35 ff.; *Windbichler* S. 95 f.; *Preis* II D 30 Rn. 244 ff.). Die konzerndimensionale Ausgestaltung des Arbeitsvertrags hat aber durchaus kündigungsrechtliche Konsequenzen: Der AN kann sich auf eine ggf. bestehende Weiterbeschäftigungsmöglichkeit in konzernangehörigen Unternehmen berufen (BAG 27. 11. 1991 AP KSchG 1969 § 1 Konzern Nr. 6). Bei einer Abordnung zu einem Konzernunternehmen mit Rückkehrvereinbarung kann ein vertraglicher Verzicht auf die betriebsbedingte Kündigung aus bestimmten Gründen vorliegen (BAG 28. 11. 1962 EzA KSchG § 1 Nr. 12).

234 Regelmäßig gibt es keinen **konzerndimensionalen Gleichbehandlungsanspruch,** da die im Konzern zusammengeschlossenen Unternehmen ihre Eigenständigkeit behalten (BAG 20. 8. 1986 AP TVG § 1 Tarifverträge: Seniorität Nr. 6, hierzu näher Rn. 728 f.). Etwas anderes kann nur dann gelten,

D. Rechtsquellen des Arbeitsrechts

wenn die Konzernspitze für die Gewährung von AGLeistungen eine Verteilungskompetenz in Anspruch nimmt und konzernrechtlich entspr. Weisungen erteilt.

D. Rechtsquellen des Arbeitsrechts

I. Arbeitsvölkerrecht

In zahlreichen völkerrechtlichen Verträgen werden arbeitsrechtliche Fragen behandelt (hierzu ausf. 235 MünchArbR/*Birk* § 17). Hier kommen unter anderem in Betracht die **Europäische Sozialcharta v. 18. 10. 1961,** die **Europäische Menschenrechtskonvention** von 1950 (in Deutschland in Kraft getreten am 3. 9. 1953 BGBl. II 1954, S. 14) und der **Internationale Pakt über wirtschaftliche, soziale und kulturelle Rechte** von 1966, der 1976 in der Bundesrepublik in Kraft getreten ist (Gesetz v. 23. 11. 1973 BGBl. II 1973 S. 1570). Während die beiden zuletzt genannten Abkommen als unmittelbar geltendes Bundesrecht wirken, ist die Rechtsnatur der Sozialcharta umstritten. Nach überwiegender Auffassung stellt die Sozialcharta kein unmittelbar geltendes Recht dar (vgl. MünchArbR/*Birk* § 17 Rn. 83 mwN; *Zöllner* § 9 I 2; *Konzen,* JZ 1986, 157; aA *Söllner* § 6 III 2). Allerdings hat sich die Bundesrepublik zur Durchführung der Sozialcharta verpflichtet, so dass überwiegend zu Recht vertreten wird, dass die Sozialcharta Bedeutung bei der Auslegung von Gesetzen, der Lückenfüllung und ggf. auch für die Rechtsfortbildung haben kann (*Zöllner* § 9 I 2; *Franzen* AR-Blattei SD 920 Rn. 8; offen lassend BVerfG 20. 10. 1981 BVerfGE 58, 233, 257 f.).

Zu nennen sind des Weiteren **Übereinkommen der Internationalen Arbeitsorganisation/Interna-** 236 **tional Labor Organization (IAO/ILO).** Diese Organisation will allgemein gerechte und menschenwürdige Arbeitsbedingungen schaffen und durch Ausgleich des sozialen Gefälles dem Weltfrieden dienen (Präambel der Verfassung, zul. geänd. am 27. 6. 1972, Bek. v. 21. 11. 1975, BGBl. II 2206). Die Übereinkommen, die von den Mitgliedstaaten zu ratifizieren und in nationales Recht umzusetzen sind, binden die Unterzeichnerstaaten völkerrechtlich; der einzelne AN kann aber aus ihnen unmittelbar regelmäßig keine Rechte herleiten (MünchArbR/*Birk* § 17 Rn. 52; *Franzen* AR-Blattei SD 920 Rn. 20; BAG 25. 3. 1998 AP BAT § 23 a Nr. 42). Sind die Übereinkommen in nationales Recht umgesetzt, so ist dies innerstaatlich einfaches Gesetzesrecht. Stimmt die nationale Regelung mit dem Übereinkommen nicht überein, so kann das ein völkerrechtlicher Vertragsverstoß sein, innerstaatlich bleibt die Regelung jedoch wirksam. Da diese Abkommen nur Mindeststandards festlegen und eine möglichst große Zahl von Staaten ihnen beitreten soll, kann das Schutzniveau nicht allzu hoch sein; die deutsche Arbeitsrechtsgesetzgebung erfüllt regelmäßig die Anforderungen. Überdies wird in Europa die Bedeutung der IAO-Übereinkommen durch die Rechtsetzung der EU abnehmen (s. MünchArbR/*Birk* § 17 Rn. 75).

II. Europäisches Gemeinschaftsrecht

1. Grundlagen. Das Arbeitsrecht bildet im Recht der EU keinen eigenständigen Regelungsgegen- 237 stand, sondern ist Bestandteil der Bestimmungen über die Sozialpolitik. Der Einfluss des EG-Rechts auf das nationale Arbeitsrecht steigt jedoch. Die Rechtsetzung der EU betrifft zunehmend Bereiche des allgemeinen Arbeitsvertragsrechts, insb. aber des sozialen und technischen Arbeitsschutzes. Die EU wird jedoch nur gemäß Art. 5 EG (1999) innerhalb der Grenzen der ihr im EG gesetzten Ziele tätig. Es gilt das Prinzip der enumerativen Einzelermächtigung. Im EG-Vertrag selbst befinden sich nur wenige materielle arbeitsrechtliche Regelungen, so zB die Bestimmungen über die Freizügigkeit der AN (Art. 39 ff. EG) oder den Grundsatz gleichen Entgelts für Männer und Frauen (Art. 141 EG). Diese Vorschriften entfalten unmittelbare Wirkung. Sie stehen über dem nationalen Bundesrecht.

2. Überblick. Die einzelnen Verordnungen und RL mit arbeitsrechtlicher Relevanz haben inzwi- 238 schen ein fast unüberschaubares Ausmaß angenommen. Im Folgenden seien die wesentlichen Regelungsgruppen skizziert.

Bes. Bedeutung hat die **Freizügigkeit der AN,** geregelt in Art. 39 ff. EG nebst zu diesem Komplex 239 ergangener Verordnungen und RL (hierzu Art. 39 EG; ausführlich *Runggaldier,* Die Freizügigkeit der AN im EG-Vertrag, in EAS B 2000).

Hervorragende Bedeutung hat der Rechtsgrundsatz **gleichen Entgelts von Männern und Frauen** 240 gem. Art. 141 EG nebst zahlreicher hierzu ergangener RL (hierzu Art. 141 EG Rn. 25). Zur Problematik der Vereinbarkeit des § 611 a mit dem EG-Recht vgl. § 611 a Rn. 3, 28 ff.

Abschluss, Inhalt und Beendigung des Arbeitsverhältnisses sind bruchstückhaft geregelt in der 241 **NachweisRL** (91/533/EWG v. 14. 10. 1991 ABl. EG Nr. L 288 v. 18. 10. 1991 = EAS A 3330), der **ArbeitszeitRL** (93/104/EWG v. 23. 11. 1993 ABl. EG Nr. L 307 v. 13. 12. 1993 = EAS A 3440), **MassenentlassungsRL** (98/59/EG v. 20. 7. 1998 ABl. EG Nr. L 225 v. 12. 8. 1998 S. 16 = EAS A 3590), **BetriebsübergangsRL** (2001/23/EG v. 12. 3. 2001 ABl. EG Nr. L 82 v. 22. 3. 2001, S. 16 = EAS A 3660), **ElternurlaubsRL** (96/34/EG v. 3. 6. 1996 ABl. EG Nr. L 145 v. 19. 6. 1996 S. 4 = EAS A 3490), **EntsendeRL** (96/71/EWG v. 16. 12. 1996 ABl. EG Nr. L 18 v. 21. 1. 1997 = EAS A 3510),

Preis

BeweislastRL bei Geschlechtsdiskriminierung (97/80/EG v. 15. 12. 1997 ABl. EG Nr. L 14 v. 20. 1. 1998, S. 6 = EAS A 3530), **TeilzeitRL** (97/81/EG v. 15. 12. 1997 ABl. EG Nr. 9 14 v. 20. 1. 1998, S. 9 = EAS A 3540) sowie die RL über **befristete Arbeitsverträge** (1999/70/EG v. 28. 6. 1999 ABl. EG Nr. L 175 v. 10. 7. 1999 S. 43 = EAS A 3610). Alle Materien sind weitgehend durch nationale arbeitsrechtliche Gesetze umgesetzt worden (vgl. NachwG, ArbZG, KSchG, TzBfG und §§ 611a, 613a und die hierzu ergangenen Kommentierungen). Neu sind umfangreiche **GleichbehandlungsRL** zum Bereich Rasse und Herkunft (2000/43/EG v. 29. 6. 2000 ABl. EG Nr. L 180 v. 19. 7. 2000 S. 22 = EAS 3630) und zur Gleichbehandlung in **Beschäftigung und Beruf** (2000/78/EG v. 27. 11. 2000 ABl. EG Nr. L 303 v. 2. 12. 2000 S. 21 = EAS 3650).

242 Hervorragende Bedeutung hat die Rechtsetzung im Bereich des **technischen und sozialen Arbeitsschutzes**. Die RahmenRL 89/391/EWG (v. 12. 6. 1989 ABl. EG Nr. L 183 v. 29. 6. 1989 = EAS A 3200) ist zwischenzeitlich durch das Arbeitsschutzgesetz in nationales Recht umgesetzt worden. Zur Umsetzung der zahlreichen EinzelRL vgl. § 1 ArbSchG Rn. 1. Im Bereich des sozialen Arbeitsschutzes sind die RL über den **Arbeitsschutz bei befristeter Beschäftigung und bei Leiharbeit** (91/383/EWG v. 25. 6. 1991 ABl. EG Nr. L 206 v. 29. 7. 1991 S. 19 = EAS A 3320), die **MutterschutzRL** (92/85/EWG v. 19. 10. 1992 ABl. EG Nr. L 348 v. 28. 11. 1992 = EAS A 3380) und die **JugendarbeitsschutzRL** (94/33/EWG v. 22. 6. 1994 ABl. EG Nr. L 216 v. 20. 8. 1994 = EAS A 3450) als zentrale Materien zu nennen, die jedoch allesamt in den entspr. nationalen arbeitsrechtlichen Vorschriften umgesetzt sind (AÜG, MuSchG, JArbSchG). Eine Sonderstellung nehmen die Sozialvorschriften im Straßenverkehr ein, die dem Schutz der Fahrer und der Sicherheit des Straßenverkehrs dienen (vgl. VO EWG 3820/85 v. 20. 12. 1985 ABl. EG Nr. L 370 v. 31. 12. 1985 = EAS A 2070 und VO EWG 3821/85 v. 20. 12. 1985 ABl. EG Nr. L 370 v. 31. 12. 1985 = EAS A 2080).

243 Im Bereich des Kollektivarbeitsrechts ist die Rechtsetzung der EG angesichts der unterschiedlichen Systeme in Europa sehr zurückhaltend. Als erster wesentlicher Rechtsetzungsakt ist hier zu nennen die RL über die Einsetzung eines **europäischen BR** (94/45/EWG v. 22. 9. 1994 ABl. EG Nr. L 254 v. 30. 9. 1994 = EAS A 3460). Auch dieses Gesetz ist zwischenzeitlich durch nationales Gesetz über europäische BR (EBRG) in nationales Recht umgesetzt. Auch für rein innerstaatliche Sachverhalte legt jetzt die **RL für Unterrichtung und Anhörung der Arbeitnehmer** (2002/14/EG ABl. EG Nr. L 80 v. 23. 2. 2002, S. 29 = EAS A 3680) einen allgemeinen Rahmen für die Unterrichtung und Anhörung der Arbeitnehmer fest.

III. Verfassungsrecht

244 Das GG der Bundesrepublik Deutschland steht auch im Arbeitsrecht unter den nationalen Rechtsquellen an erster Stelle und geht allen anderen innerstaatlichen Rechtsquellen vor. Die Bedeutung des GG, insb. die Einwirkung der Grundrechte auf das Arbeitsrecht ist bes. stark. Angesichts der fehlenden Konkretisierung in einem kodifizierten Arbeitsvertragsrecht wird die Schutzgebotsfunktion der Grundrechte in vielen Einzelfragen bei der Anwendung arbeitsrechtlicher Generalklauseln aktiv (vgl. zum Gesamtkomplex die Kommentierung zu den Vorschriften des GG).

IV. Arbeitsrechtliche Gesetze

245 **1. Übersicht.** Das Arbeitsrecht gehört nach Art. 74 I Nr. 12 GG einschließlich der Betriebsverfassung, des Arbeitsschutzes und der Arbeitsvermittlung zu den Gegenständen der konkurrierenden Gesetzgebung des Bundes. Deshalb ist die Bedeutung der Landesgesetze auf dem Gebiet des Arbeitsrechts gering. ZT gibt es noch Landesgesetze über das Schlichtungswesen (Nipperdey I Nr. 521 bis 524). Eine – umstrittene – Domäne sind die Landesgesetze über Sonderurlaub für Mitarbeiter in der Jugendhilfe und die ANWeiterbildungsgesetze der Länder (abgedruckt in Nipperdey Nr. 135 bis 149a). Zur verfassungsrechtlichen Problematik vgl. BVerfG 11. 2. 1992 AP SonderUrlG Hessen § 1 Nr. 1; BVerfG 15. 7. 1997 AP SonderUrlG Hessen § 1 Nr. 2.

246 Beim Gesetzesrecht ist zu unterscheiden zwischen Normen zwingenden Rechts und solchen, die dispositiv sind. Charakteristisch für das Arbeitsrecht ist, dass die dispositiven Regelungen im Vergleich zahlenmäßig deutlich seltener sind, was darauf zurückzuführen ist, dass der Gesetzgeber angesichts des typischerweise bestehenden Machtungleichgewichts zwischen AG und AN Schutzvorschriften zugunsten der AN schuf, die ihrer Funktion nach zwingend sein müssen.

247 **2. Einseitig und zweiseitig zwingendes Gesetzesrecht.** Ob Normen zwingend sind, ergibt sich tw. auf Grund ausdrücklicher Anordnung, zB in § 619, § 62 IV HGB, § 13 I 3 BUrlG. Bei nicht ausdrücklicher Anordnung kann sich die zwingende Wirkung aus dem Schutzgedanken der Norm ergeben. Zahlreiche arbeitsrechtliche Schutzvorschriften enthalten Verbotsnormen iSv. § 134. Hier sind zB zu nennen die Beschäftigungsverbote in §§ 3, 4, 6 MuSchG. Zwingende Schutzvorschriften finden sich des Weiteren im JArbSchG, im BUrlG und im ArbZG. Vgl. zu den Rechtsfolgen Rn. 417 ff.

D. Rechtsquellen des Arbeitsrechts
§ 611 BGB 230

3. Tarifdispositives Gesetzesrecht. Etwas anderes gilt für Normen, die durch TV abbedungen 248 werden können. Als Beispiele sind zu nennen: Lohnfortzahlung (§ 4 IV EFZG); Kündigungsfristen (§ 622 IV); Teilzeitarbeitsrecht (§§ 12 III, 13 IV TzBfG); Befristungsrecht (§ 14 II 2 TzBfG); Urlaubsrecht (§ 13 BUrlG); betriebliche Altersversorgung (§ 17 III BetrAVG); Arbeitszeitschutz (§ 7 ArbZG, § 21a JArbSchG); ANÜberlassung (§ 1 I und III AÜG); Arbeitsrecht für Seeleute (§§ 100a, 104, 140 SeemannsG); Zuständigkeitsregelungen im Arbeitsgerichtsprozess (§§ 48 II und 101 I und II ArbGG). Dahinter steht die Vorstellung, dass zwar der einzelne AN des Schutzes bedarf, TV aber zwischen in etwa gleich starken Partnern ausgehandelt werden. Zu beachten ist, dass die Geltung zuungunsten der AN abw. Regelungen in TV auch zwischen nichttarifgebundenen Parteien vereinbart werden kann. Insoweit stehen auch zwingende Regelungen zur Disposition. Zu nennen sind hier § 622 IV 2 BGB, § 13 I 2 BUrlG, § 17 III 2 BetrAVG; §§ 12 III 2, 13 IV 2, 14 IV 2 TzBfG.

4. Dispositives Gesetzesrecht. Neben den tarifdispositiven Normen, die nur durch TV abbedungen 249 werden dürfen, bestehen dispositive Normen, die der Vertragsgestaltung der Parteien unterliegen, zB §§ 612, 613, 614, 615. Diese können grds. auch durch Arbeitsvertrag oder BV abw. ausgestaltet werden.

V. Rechtsverordnungen

Als arbeitsrechtliche Rechtsquelle unterhalb der Ebene des Gesetzesrechts, dh. der Gesetze im 250 formellen Sinne sind die Rechtsverordnungen zu nennen, die nur auf Grund einer den Anforderungen des Art. 80 GG genügenden Ermächtigungsnorm erlassen werden dürfen. Diese haben von ihrer Verbreitung her nicht die Bedeutung wie das Gesetzesrecht und sind im Laufe der Rechtsentwicklung als arbeitsrechtliche Gestaltungsform eher zurückgedrängt worden. In Rechtsverordnungen sind zB die Durchführung des TVG sowie des BetrVG sowie Wahlordnungen des Kollektivarbeitsrechts geregelt. Wichtige Materien der Rechtsverordnung betreffen den Bereich des Arbeitsschutzes (hierzu §§ 18, 19 ArbSchG). Zum Rechtscharakter der Allgemeinverbindlichkeitserklärung von TV (vgl. § 5 TVG).

VI. Satzungsrecht

Eine bes. Stellung zwischen Arbeitsrecht und Sozialrecht nehmen die Unfallverhütungsvorschriften 251 ein. Es handelt sich dabei nicht um Rechtsverordnungen, sondern um autonomes Satzungsrecht der Berufsgenossenschaften, dh. der Träger der gesetzlichen Unfallversicherung. Diese Unfallverhütungsvorschriften enthalten Verhaltensmaßregeln für AG und AN und binden die in der gesetzlichen Unfallversicherung Versicherten – also die AN – und ihre AG (vgl. dazu § 15 SGB VII). Gegenstand der Vorschriften sind die Einrichtungen, Anordnungen und Maßnahmen, die von den Unternehmern zur Verhütung von Arbeitsunfällen zu treffen sind und das Verhalten, das die Versicherten zur Verhütung von Arbeitsunfällen zu beachten haben. Die Durchführung wird von Aufsichtspersonen überwacht.

VII. Tarifverträge

TV enthalten Rechtsnormen, die den Inhalt, den Abschluss und die Beendigung von Arbeitsverhält- 252 nissen sowie betriebliche und betriebsverfassungsrechtliche Fragen regeln (§ 1 I TVG). Sie setzen Mindestarbeitsbedingungen zu Gunsten der tarifgebundenen AN und wirken zwingend und unmittelbar (§ 4 TVG). TV haben erhebliche Bedeutung für die Gestaltung des Arbeitsvertragsinhalts. Sie werden typischerweise auch auf nicht tarifgebundene AN durch Bezugnahme (Rn. 271) angewendet. Einzelheiten zum TVRecht vgl. die Kommentierung zum TVG.

VIII. Betriebs- und Dienstvereinbarungen

BV wirken nach § 77 BetrVG unmittelbar und zwingend auf die Arbeitsverhältnisse in ihrem 253 Geltungsbereich ein (vgl. näher hierzu § 77 BetrVG Rn. 1 ff.).

IX. Arbeitsvertrag

Im Rahmen der von Recht und Gesetz sowie insb. Kollektivverträgen gesetzten Grenzen wird der 254 Inhalt des Arbeitsverhältnisses wesentlich durch den Arbeitsvertrag gestaltet. Begründung und inhaltliche Ausgestaltung erfolgen nach dem Prinzip der Privatautonomie (vgl. auch § 105 GewO), das jedoch mannigfache Erschränkungen erfährt. Im Arbeitsrecht sind **verschiedene Erscheinungsformen arbeitsvertraglicher Abreden** anzutreffen. Diese sind in die allgemeine Privatrechtsdogmatik einzuordnen.

Nach dem Grundsatz der Privatautonomie können Arbeitsverträge auch während ihres Laufs 255 geändert werden (§ 311 I). Eine bes. Bedeutung hat die konkludente **Vertragsänderung**. Vom AG

Preis

angebotene Verbesserungen der Vertragsbedingungen werden zumeist iSd. § 151 ohne ausdrückliche Annahmeerklärung Vertragsbestandteil (hierzu Rn. 473).

256 **1. Ausgehandelte Einzelarbeitsverträge.** Der **Begriff** des Einzelarbeitsvertrags wird im Arbeitsrecht vielfach als Gegenbegriff zu den arbeitsrechtlichen Kollektivverträgen (TV, BV) verwandt. Mit dem Begriff des Einzelarbeitsvertrags ist jedoch noch keine qualitative Einstufung zur Art und Weise des Zustandekommens verbunden. Einzelarbeitsverträge sind auch Formulararbeitsverträge bzw. Einheitsregelungen, die einer bes. Inhaltskontrolle nach Maßgabe der §§ 305 ff. bedürfen (vgl. §§ 305–310 Rn. 13 ff.). Insoweit muss künftig kraft gesetzlicher Regelung zwischen dem **vorformulierten** (der Inhaltskontrolle nach §§ 305 ff. unterliegenden) **und dem individuell ausgehandelten Einzelarbeitsvertrag** differenziert werden, der nach § 305 I 3 nicht der Inhaltskontrolle nach dem Recht der Allgemeinen Geschäftsbedingungen unterliegt (vgl. §§ 305–310 Rn. 27 f.). Insb. bei der Vereinbarung von Vertragsbedingungen, die ausdrücklich vom AN gewünscht sind, besteht kein über die allgemeinen Grundsätze hinausgehendes Bedürfnis zur Inhaltskontrolle (vgl. schon zur Befristung auf Wunsch des AN: BAG 22. 3. 1973 AP BGB § 620 Befristeter Arbeitsvertrag Nr. 38; zur Vertragstypenwahl Rn. 77).

257 **2. Formularverträge, vertragliche Einheitsregelungen, allgemeine Arbeitsbedingungen.** Die typische Form der arbeitsvertraglichen Abrede ist der arbeitgeberseitig vorformulierte (Formular-)Vertrag. Neben dem vorformulierten Grundvertrag werden darüber hinaus zahlreiche Einheitsregelungen oder allgemeine Arbeitsbedingungen durch Verweisung in den Arbeitsvertrag einbezogen. Diese Vertragsformen unterfallen dem Begriff der **Allgemeinen Geschäftsbedingungen** und der Inhaltskontrolle nach §§ 305 ff. Auch wenn Arbeitsbedingungen nur zu einem geringen Teil individuell ausgehandelt werden, rechtfertigt dies nicht die Schmälerung des **Prinzips der Vertragsbindung** (§ 311 I). Das Prinzip „pacta sunt servanda" gilt auch im Arbeitsrecht. Vertragsparteien, die die grundrechtlich geschützte Vertragsfreiheit (hierzu Art. 2 GG Rn. 27 ff.) gleichermaßen durch einen Akt freiheitlicher Selbstbestimmung vollzogen haben, trifft die gleiche Verantwortung, das Gewollte zu erfüllen.

258 In der Rspr. findet sich ferner die **Differenzierung zwischen typischen und atypischen Verträgen**. Sog. „nicht-typische Vertragsklauseln" (= individuell vereinbarte Klauseln) sind revisionsgerichtlich nur daraufhin nachzuprüfen, ob das Berufungsgericht gegen die gesetzlichen Auslegungsregeln der §§ 133, 157, gegen Denkgesetze oder allgemeine Erfahrungssätze verstoßen hat (BAG 17. 2. 1966 AP BGB § 133 Nr. 30; BAG 28. 1. 1987 AP BAT 1975 §§ 22, 23 Nr. 130). Der sog. „typische Arbeitsvertrag" unterliegt nach st. Rspr. dagegen der vollen Nachprüfung durch das Revisionsgericht, weil darin Vertragsbedingungen enthalten sind, die in gleicher Weise für eine Vielzahl von Arbeitsverhältnissen bestimmt sind (BAG 11. 10. 1976 AP TVG § 1 Rundfunk Nr. 1; BAG 13. 8. 1986 AP BGB § 242 Gleichbehandlung Nr. 77; BAG 3. 12. 1985 AP BAT § 74 Nr. 2). Dabei ist unerheblich, ob ein Formulartext oder ein jeweils aus einem Textverarbeitungssystem abgerufener einheitlicher Vertrag vorliegt (BAG 27. 1. 1997 NZA 1997, 1009, 1011).

259 **3. Gesamtzusage.** Der AG hat die Möglichkeit, durch förmliche Bekanntgabe an die Belegschaft zusätzliche Leistungen, zB Ruhegeld, zu gewähren. Die Gesamtzusagen beziehen sich nur auf die den AN begünstigenden Regelungen. Nach herrschender Ansicht wird in der Gesamtzusage ein Vertragsangebot an jeden einzelnen AN gesehen (zu einer Gesamtzusage per Internet (BAG 22. 1. 2003 AP BGB § 611 Gratifikation Nr. 247). Die AN können ein solches Angebot annehmen, ohne dass es einer ausdrücklichen Annahmeerklärung bedarf (§ 151; BAG 13. 3. 1975 AP BGB § 242 Ruhegehalt Nr. 167). Ungeachtet der dogmatischen Begründung werden nach Auffassung des BAG Gesamtzusagen Bestandteil des Arbeitsvertrags (BAG 12. 10. 1995 AP BetrVG 1972, § 99 Versetzung Nr. 8). Von der Zusage kann sich der AG nur durch Änderungskündigung lösen, sofern die Zusage keinen Änderungs- oder Widerrufsvorbehalt enthält (BAG 14. 6. 1995 AP BGB § 611 Personalrabatt Nr. 1). Änderungsvereinbarungen sind möglich; verschlechternde Änderungsangebote des AG werden aber nicht ohne ausdrückliche Annahmeerklärung des AN wirksam. § 151 greift in diesem Falle nicht (LAG Berlin 9. 3. 2001 NZA-RR 2001, 491). Die Gesamtzusage bezieht sich in der Praxis typischerweise auf für den AN günstige Sozial- oder Geldleistungen; Bedeutung hat sie insb. im Ruhegeldrecht (vgl. etwa BAG 28. 7. 1998 AP BetrAVG § 1 Überversorgung Nr. 4), bei Sondervergütungen (Rn. 663 ff.), Personalrabatten und Deputaten (BAG 14. 6. 1995 AP BGB § 611 Personalrabatt Nr. 1; BAG 10. 4. 1984 AP BGB § 242 Gleichbehandlung Nr. 64). Eine begünstigende Gesamtzusage kann regelmäßig nicht durch einen späteren Kollektivvereinbarung verschlechtert werden (BAG 4. 4. 2001 NZA 2002, 408).

260 Das Mitbestimmungsrecht des BR nach § 87 I Nr. 8, 10 BetrVG ist von wesentlicher Bedeutung und hat in der Praxis zur weitgehenden Verdrängung der Gesamtzusage durch BV oder Regelungsabrede geführt (zur Möglichkeit der Ablösung einer Gesamtzusage durch BV vgl. § 77 BetrVG Rn. 88). Im Einzelfall kann eine unwirksame BV in eine Gesamtzusage umgedeutet werden (BAG 23. 8. 1989 AP BetrVG 1972 § 77 Nr. 42). Neben einer geschlossenen BV entsteht aber regelmäßig kein selbständiger Anspruch aus einer Gesamtzusage (LAG Köln 12. 6. 1998 NZA-RR 1999, 30).

4. Betriebliche Übung. Das Institut der betrieblichen Übung ist – **gewohnheitsrechtlich anerkannt** (*Gamillscheg* FS Hilger/Stumpf 1983 S. 227 ff.; *Backhaus* AuR 1983, 65; *Hromadka* NZA 1984, 241; *Pauly* MDR 1997, 213; *Seiter,* Die Betriebsübung, 1967; *Singer* ZfA 1993, 487) – die regelmäßige (gleichförmige) Wiederholung bestimmter Verhaltensweisen des AG, aus denen AN einen konkreten Verpflichtungswillen des AG ableiten können, ihnen solle eine Leistung oder Vergünstigung auf Dauer gewährt werden. Eine betriebliche Übung ist grds. bei jedem Verhalten und bezogen auf **alle Arbeitsvertragsinhalte** denkbar. Ob eine betriebliche Übung auch bei Sonderzahlungen an Rentner entstehen kann, ist zweifelhaft (bejahend LAG Düsseldorf 18. 1. 2002 LAGE BGB § 611 Gratifikation Nr. 68 a unter Bezugnahme auf BAG 23. 4. 1963 AP BGB § 611 Gratifikation Nr. 26; BAG 30. 10. 1984 AP BetrAVG § 1 Betriebliche Übung Nr. 1; offen gelassen in BAG 16. 4. 1997 AP BGB § 242 Betriebliche Übung Nr. 53). Ein Bindungswille wird nur ausnahmsweise bei Gegenständen anzunehmen sein, die die Organisation des Betriebes oder das Direktionsrecht des AG betreffen (BAG 21. 1. 1997 AP BetrVG 1972 § 77 Nr. 64). 261

Ansprüche aus betrieblicher Übung können nur entstehen, wenn für den geltend gemachten Anspruch keine anderweitige Anspruchsgrundlage besteht (BAG 27. 6. 1985 AP BetrVG 1972 § 77 Nr. 14). Gewährt der AG mehrere Jahre, mindestens 3 Jahre, eine Leistung (Weihnachtsgratifikation, Ruhegeld), entsteht auch ohne eine ausdrückliche vertragliche Regelung aus diesem als Willenserklärung zu wertenden Verhalten, das von den AN stillschweigend angenommen wird (§ 151) wird, ein Anspruch in den Folgejahren (sog. **Vertragstheorie** – BAG 14. 8. 1996 AP BGB § 242 Betriebliche Übung Nr. 47; BAG 21. 1. 1997 AP BetrVG 1972 § 77 Nr. 64; abl. *Singer* ZfA 1993, 487 ff.). Es kommt nicht darauf an, ob ein Verpflichtungswille besteht, sondern wie die AN als Erklärungsempfänger das Verhalten unter Berücksichtigung aller Begleitumstände gem. §§ 133, 157 verstehen mussten. Die wohl herrschende Vertragstheorie wird durch Elemente der **Theorie der Vertrauenshaftung** (grdl. *Canaris,* Die Vertrauenshaftung im deutschen Privatrecht, 1971, S. 387 ff.) ergänzt, da bestimmte Erscheinungen der betrieblichen Übung dogmatisch nur mit dem Grundsatz des Vertrauensschutzes über § 242 begründet werden können. Dies gilt insb. bezüglich der Rspr. zur dreimaligen vorbehaltlosen Gewährung von Sonderleistungen (zutreffend MünchKommBGB/*Müller-Glöge* Rn. 241; Erman/*Hanau* Rn. 277; *Singer* ZfA 1993, 487, 494). Die Annahme einer Willenserklärung bei rein tatsächlicher Leistung erscheint konstruiert. Vielmehr kommt es maßgeblich auf die Schutzwürdigkeit des Vertrauens an, das den Bruch mit einer regelmäßigen Übung als ein gegen Treu und Glauben verstoßendes widersprüchliches Verhalten erscheinen lassen würde. Für die Vertragstheorie spricht auch, dass bei der Entstehung einer betrieblichen Übung nicht auf die subjektiven Vorstellungen des AG ankommen soll, aber eine irrtümliche Leistung des AG eine betriebliche Übung dann nicht begründet, wenn der AN den Irrtum erkennen konnte (BAG 26. 5. 1993 AP AVR Diakonisches Werk § 12 Nr. 3; BAG 25. 7. 2001 EzA BGB § 611 Schichtarbeit Nr. 2). 262

Die praktische Handhabung des Instituts der betrieblichen Übung in der jüngeren Rspr. ebenso wie die Fortentwicklung der Vertragspraxis lassen im Ergebnis nur noch selten eine vertragliche Bindung des AG entstehen (s. a. *Hennige* NZA 1999, 281, 288). Im Einzelnen: Auf der Basis der Vertragstheorie kann der AG durch **ausdrückliche oder konkludente Willenserklärung** (BAG 4. 9. 1985 AP BGB § 242 Betriebliche Übung Nr. 22) eine **Bindung für die Zukunft ausschließen.** Ein Anspruch entsteht demnach nicht, wenn der AG die Leistung jedes Mal nur **unter Vorbehalt**, sei es durch Aushang, Rundschreiben oder Erklärung gegenüber jedem einzelnen AN, gewährt hat. Damit macht er hinreichend deutlich, dass er jedes Jahr neu über die zusätzliche Leistung entscheiden will. Eine zukünftige Bindung kann der AG durch einen unmissverständlich erklärten Vorbehalt ausschließen, wobei der Vorbehalt **keiner bestimmten Form bedarf** (BAG 6. 9. 1994 AP BGB § 242 Betriebliche Übung Nr. 45). Die jüngere Rspr. ist bei der **Annahme eines vertrauenszerstörenden Vorbehalts** großzügig. Schon wenn der AG eine freiwillige Leistung (Weihnachtsgeld) jährlich in unterschiedlicher Höhe „nach Gutdünken" gewährt, wird dies als Vorbehalt gewertet, diese Leistung nur für das jeweilige Jahr zu zahlen (BAG 28. 2. 1996 AP BGB § 611 Gratifikation Nr. 192 = NZA 1996, 758). Auch der Vorbehalt der jährlichen Prüfung einer Gehaltsanpassung steht dem Entstehen einer betrieblichen Übung entgegen (LAG Düsseldorf 9. 7. 1997 LAGE BGB § 242 Betriebliche Übung Nr. 21). Die Erklärung, dass eine (freiwillige) Arbeitsbefreiung (Rosenmontag, Brauchtumstage, Heiligabend) „auch in diesem Jahr" bzw. für das „laufende Jahr" gewährt wird, soll ein Vertrauen auf Weitergewährung zerstören (BAG 12. 1. 1994 AP BGB § 242 Betriebliche Übung Nr. 43; BAG 6. 9. 1994 AP BGB § 242 Betriebliche Übung Nr. 45). Ein Vertrauen soll schon dann nicht entstehen, wenn die jährliche Leistung erkennbar als nicht ins Gewicht fallende Annehmlichkeit („eine kleine Freude": Sonderzahlung oder Sachgeschenk im Werte von seinerzeit DM 100,–) ausgestaltet ist (BAG 16. 4. 1997 AP BGB § 242 Betriebliche Übung Nr. 53 = NZA 1998, 423). 263

Der **öffentl. AG** kann bei Fehlen einer formellen Rechtsgrundlage stets freiwillig gewährte Freistellungen wieder einstellen (BAG 14. 9. 1994 AP BGB § 242 Betriebliche Übung Nr. 46; LAG Köln 8. 7. 1993 LAGE BGB § 242 Betriebliche Übung Nr. 7). **Ansprüche auf Gehaltserhöhung** können mangels Vertrauenstatbestandes regelmäßig nicht aus betrieblicher Übung folgen (BAG 4. 9. 1985 AP BGB § 242 Betriebliche Übung Nr. 22; BAG 16. 1. 2002 NZA 2002, 632). Dies gilt auch dann, wenn der AG auf Grund BV zu jährlicher Gehaltsüberprüfung verpflichtet ist (BAG 16. 9. 1998 AP BGB 264

§ 242 Betriebliche Übung Nr. 54). Insbesondere bei nicht tarifgebundenen AG kann eine betriebliche Übung der Erhöhung der Löhne und Gehälter nur angenommen werden, wenn es deutliche Anhaltspunkte dafür gibt, dass er auf Dauer die von den TVParteien ausgehandelten Tariflohnerhöhungen übernehmen will (BAG 20. 6. 2001 NZA 2002, 352; BAG 16. 1. 2002 NZA 2002, 632; BAG 13. 3. 2002 NZA 2002, 1232).

265 Eine **Schriftformabrede** im Arbeitsvertrag steht dem Entstehen einer betrieblichen Übung idR nicht entgegen (BAG 16. 7. 1996 AP BetrAVG § 1 Betriebliche Übung Nr. 7; BAG 7. 9. 1982 AP TV Arb Bundespost § 3 Nr. 1; BAG 28. 10. 1987 AP AVR § 7 Caritasverband Nr. 1 = NZA 1988, 425; aA BAG 27. 3. 1987 AP BGB § 242 Betriebliche Übung Nr. 29; BAG 18. 9. 2002 AP BGB § 242 Betriebliche Übung Nr. 59 für den öffentl. Dienst). Einer Schriftformklausel im unmittelbar und zwingend geltenden TV (nicht im nachwirkenden BAG 18. 5. 1977 AP BAT § 4 Nr. 4) soll dagegen dem Entstehen der betrieblichen Übung grds. entgegenstehen (BAG 8. 12. 1981 AP BAT § 4 Nr. 8), sofern kein Rechtsmissbrauch vorliegt (BAG 7. 9. 1982 AP TV Arb Bundespost § 3 Nr. 1).

266 Der aus einer betrieblichen Übung entstandene vertragliche Anspruch kann **nicht mehr durch einseitigen Widerruf** der Vereinbarung zwischen AG und AN **abgeändert und aufgehoben** werden. Es gelten hier keine erleichterten Voraussetzungen gegenüber anderen arbeitsvertraglichen Vereinbarungen. Notwendig wird eine Änderungsvereinbarung oder eine Änderungskündigung nach Maßgabe der §§ 1, 2 KSchG (ArbG Celle 30. 7. 1996 NZA-RR 1998, 490; LAG Berlin 11. 5. 1998 NZA-RR 1998, 498). Eine Kürzung wegen wirtschaftlicher Schwierigkeiten aus dem Gesichtspunkt des Wegfalls der Geschäftsgrundlage (jetzt § 313) kommt idR nicht in Betracht (BAG 26. 10. 1961 NJW 1962, 173 = AP ZPO § 322 Nr. 7). Das bloße Schweigen (§ 147) des AN auf eine arbeitgeberseitig angebotene Änderung stellt aber noch keine Annahme dar (BAG 14. 8. 1996 AP BGB § 242 Betriebliche Übung Nr. 47; krit. hierzu *Feudner* BB 1997, 1049). Denkbar ist aber eine Betriebsübung **zuungunsten der AN**, wenn zB eine sonst regelmäßig gewährte Weihnachtsgratifikation mehrere Jahre hintereinander widerspruchslos nicht mehr gezahlt wird (BAG 18. 7. 1968 AP BGB § 242 Betriebliche Übung Nr. 8). Einmalige Nichterfüllung genügt nicht (BAG 10. 8. 1988 AP BGB § 242 Betriebliche Übung Nr. 32). Auch soll eine alte betriebliche Übung einvernehmlich geändert werden, wenn der AN einer **geänderten Handhabung** (hier: Gewährung unter Freiwilligkeits- und Widerrufsvorbehalt) **über einen Zeitraum von drei Jahren nicht widerspricht** (BAG 26. 3. 1997 AP BGB § 242 Betriebliche Übung Nr. 50 = NZA 1997, 1007; BAG 4. 5. 1999 AP BGB § 242 Betriebliche Übung Nr. 55; LAG Köln 21. 4. 1998 LAGE BGB § 242 Betriebliche Übung Nr. 22 = NZA-RR 1998, 506). Das ist zweifelhaft, weil sich dogmatisch nicht begründen lässt, dass ein zum Vertragsbestandteil erwachsener Anspruch durch bloßes Schweigen auf eine einseitig geänderte Handhabung verändert werden kann (krit. bzw. abl. auch *Speiger* NZA 1998, 510; *Kettler* NJW 1998, 435; *Franzen* SAE 1997, 344 ff.; *Goertz* AuR 1999, 463 ff.; s.a. LAG Schleswig-Holstein 24. 2. 1998 LAGE BGB § 611 Gratifikation Nr. 41 = NZA-RR 1998, 391 gewährt Vertrauensschutz gegen Rspr. des BAG; dem BAG im Ergebnis zust. *Tappe/Koplin* DB 1998, 2114).

267 Für die Arbeitsverhältnisse des **öffentl. Dienstes** hält die Rspr. die Grundsätze der betrieblichen Übung nicht für uneingeschränkt anwendbar, weil in großem Umfang Rechts- und Haushaltsvorschriften ebenso wie Tarifvorschriften zu beachten seien. Deshalb gelte im Zweifel der **Grundsatz des Normvollzuges**, weil der AN davon ausgehen müsse, dass sein AG nur die Leistungen gewährt, zu denen er rechtlich verpflichtet ist (BAG 11. 10. 1995 AP BGB § 611 Arbeitsrecht Nr. 9 = NZA 1996, 718; BAG 16. 1. 1985 AP BAT § 44 Nr. 9; BAG 10. 4. 1985 AP BGB § 242 Betriebliche Übung Nr. 19; BAG 14. 9. 1994 AP BGB § 242 Betriebliche Übung Nr. 46). Ohne bes. Anhaltspunkte darf im öffentl. Dienst auch bei langjähriger Gewährung von Vergünstigungen, die den Rahmen rechtlicher Verpflichtungen überschreiten, nicht darauf vertraut werden, die Übung sei Vertragsinhalt geworden und werde unbefristet weitergewährt; der AN muss mit einer Korrektur der fehlerhaften Rechtsanwendung rechnen (vgl. BAG 29. 11. 1983 AP BGB § 242 Betriebliche Übung Nr. 15; BAG 23. 6. 1988 AP BGB § 242 Betriebliche Übung Nr. 33; BAG 24. 3. 1993 AP BGB § 242 Betriebliche Übung Nr. 38; BAG 14. 9. 1994 AP BGB § 242 Betriebliche Übung Nr. 46 zur vorübergehenden Zahlung von Überstunden BAG 29. 5. 2002 NZA 2003, 120; s. aber auch LAG Düsseldorf – 16 Sa 418/01). Hierdurch werden AG des öffentl. Dienstes gegenüber privaten AG insofern bevorzugt, weil unterstellt wird, dieser AG erklärten im Zweifel keinen rechtsgeschäftlichen erheblichen Willen (vgl. MünchKommBGB/*Müller-Glöge* Rn. 240; *Singer*, 487, 512 ff.; zurückhaltend auch BAG 16. 7. 1996 AP BetrAVG § 1 Betriebliche Übung Nr. 7). Im **kirchlichen Bereich** wendet die Rspr. die allgemeinen Grundsätze an (zur Gewährung einer Heimzulage BAG 26. 5. 1993 AP AVR Diakonisches Werk § 12 Nr. 2 und 3).

268 Für später eintretende AN kann die betriebliche Übung jederzeit durch eindeutige, einseitige Erklärung des AG beendet werden. Es reicht allerdings nicht aus, wenn der AG lediglich die durch betriebliche Übung begründeten Ansprüche nicht erfüllt (BAG 10. 8. 1988 AP BGB § 242 Betriebliche Übung Nr. 32; BAG 14. 11. 2001 NZA 2002, 527). Die Möglichkeit einer kollektiven Kündigung der betrieblichen Übung besteht nicht. Unter Umständen kann bei Sozialleistungen eine Ablösung der durch betriebliche Übung entstandenen Ansprüche durch eine umstrukturierende BV erfolgen (hierzu BAG 16. 9. 1986 AP BetrVG 1972 § 77 Nr. 17).

D. Rechtsquellen des Arbeitsrechts § 611 BGB 230

Einzelfälle: Der Anwendungsbereich der betrieblichen Übung ist weit gestreckt. Jede Arbeitsvertragsbedingung kann – bei Vorliegen der Voraussetzungen – durch betriebliche Übung Bestandteil des Arbeitsverhältnisses werden (zu Ansprüchen auf **Altersversorgung** nach beamtenrechtlichen Grundsätzen BAG 16. 7. 1996 AP BetrAVG § 1 Betriebliche Übung Nr. 7; ferner BAG 29. 10. 1995 AP BetrAVG § 1 Betriebliche Übung Nr. 2; **13. Ruhegehalt,** das in Versorgungsordnung nicht vorgesehen war BAG 30. 10. 1984 AP BetrVG § 1 Betriebliche Übung Nr. 1). Auch eine **Versorgungsordnung** kann in ihrer jeweiligen Fassung durch betriebliche Übung einbezogen werden (LAG Düsseldorf 2. 10. 1998 BB 1999, 110). So kann die **Anwendung von TV** auf nicht tarifgebundene Vertragsparteien durch betriebliche Übung begründet werden (BAG 14. 10. 2001 EzA TVG § 4 Tarifkonkurrenz Nr. 16; BAG 19. 1. 1999 AP TVG Bezugnahme auf Arbeitsvertrag § 1 Nr. 9; BAG 17. 4. 2002 § 2 NachwG Nr. 6; BAG 8. 12. 1960 AP BGB § 611 Wegezeit Nr. 1; LAG Hamburg 3. 2. 1998 LAGE TVG § 3 Bezugnahme auf Tarifvertrag Nr. 5). Problematisch ist, ob die – vertragsrechtlich mögliche – konkludente Einbeziehung den Anforderungen des NachwG genügt (hierzu § 2 NachwG Rn. 26). Typische Ansprüche aus betrieblicher Übung sind Zusatzvergütung oder Aufwandsentschädigung: **Sondervergütungen, 13. Gehalt** (BAG 2. 9. 1992 EzA § 611 BGB Gratifikation, Prämie Nr. 95); **Nichtanrechnung von Tariflohnerhöhung** (hierzu Rn. 541); Vergütung von **Betriebspausen als Arbeitszeit** (LAG Hamm 25. 7. 1986 LAGE BGB § 242 Betriebliche Übung Nr. 2); **Fahrtkostenzuschüsse** (LAG Düsseldorf 24. 1. 1989 LAGE § 611 Kirchliche AN Nr. 2); **Wechselschichtzuschlag** (BAG 3. 8. 1982 AP BGB § 242 Betriebliche Übung Nr. 12); **Fortbildungskosten** (LAG 5. 2. 1991 LAGE BGB § 670 Nr. 8); **Trennungsentschädigung** (BAG 7. 9. 1982 AP TV Arb Bundespost § 3 Nr. 1; BAG 27. 6. 2001 EzA BGB § 242 Betriebliche Übung Nr. 44); **Vergütung von Bereitschaftsdienst** (BAG 13. 11. 1986 AP BGB § 242 Betriebliche Übung Nr. 27); Anordnung von **Überstunden** (LAG Niedersachsen 14. 11. 2000 LAGE BGB § 242 Betriebliche Übung Nr. 24); Zahlung einer **Überstundenpauschale** (BAG 29. 5. 2002 NZA 2003, 120); **Sonderkonditionen von Bankmitarbeitern** (LAG Köln 16. 3. 1995 ARSt. 1995, 254); **Verbilligtes Kantinenessen** (LAG Frankfurt 24. 2. 1984 NZA 1984, 259); **Freizeit an Brauchtumstagen oder Feiertagen** (BAG 12. 1. 1994 AP BGB § 242 Betriebliche Übung Nr. 43; BAG 14. 9. 1994 AP BGB § 242 Betriebliche Übung Nr. 46; BAG 6. 9. 1994 AP BGB § 242 Betriebliche Übung Nr. 45; LAG Düsseldorf 3. 9. 1993 NZA 1994, 696; LAG Köln 2. 10. 1991, 8. 11. 1991 und 5. 12. 1991 LAGE BGB § 242 Betriebliche Übung Nr. 9, 10 und 12; LAG Frankfurt 1. 9. 1992 LAGE BGB § 242 Betriebliche Übung Nr. 15). Untypisch sind im Grenzbereich der Nebenpflichten liegende Leistungen wie die Zurverfügungstellung eines **Parkplatzes** (LAG Kiel 3. 4. 2001 NZA-RR 2001, 488). 269

Denkbar ist auch die **Konkretisierung des Arbeitsverhältnisses** durch betriebliche Übung bei fortdauernder Beschäftigung eines AN mit Arbeiten einer bestimmten tariflichen Vergütungsgruppe. Dies kann zur Folge haben, dass der AN nicht mehr mit Tätigkeiten einer niedrigeren Vergütungsgruppe beschäftigt werden darf. Eine derartige Konkretisierung kann sich auch gegen den Wortlaut des Arbeitsvertrags vollziehen (MünchKommBGB/*Müller-Glöge* Rn. 243). Die Rspr. ist allerdings bei der Annahme entspr. Konkretisierungen in jüngster Zeit zurückhaltend. Grds. kann ein Verzicht auf das **arbeitgeberseitige Direktionsrecht** nicht angenommen werden (zur Arbeitszeit: BAG 23. 6. 1992 AP BGB § 611 Arbeitszeit Nr. 1 = NZA 1993, 89; Schichtbetrieb: BAG 21. 1. 1997 NZA 1997, 1009; zur Lage des Arbeitsplatzes: BAG 11. 10. 1995 AP BetrVG 1972 § 77 Nr. 64 = NZA 1996, 718 = AP BGB § 611 Arbeitszeit Nr. 9; BAG 7. 12. 2000 AP BGB § 611 Direktionsrecht Nr. 61; zur geschuldeten Tätigkeit: LAG Rheinland-Pfalz 5. 7. 1996 NZA 1997, 1113; zum ganzen *Hennige* NZA 1999, 281, 285 f.). 270

5. Bezugnahme auf Kollektivvertrag. Im Arbeitsvertrag wird regelmäßig auf **TV** Bezug genommen (*Bauschke* ZTR 1993, 416; *Etzel* NZA 1987, Beil. 1, 19 ff.; *Gaul* ZTR 1993, 355; *Seibert* NZA 1985, 730 ff.; *Annuß* BB 1999, 2559). Eine derartige Verweisung ist überflüssig, wenn die Vertragspartner tarifgebunden sind. Die Verweisung erlangt jedoch **konstitutive Bedeutung bei fehlender Tarifbindung.** Verweisungsklauseln wollen erreichen, dass für alle AN unabhängig von der Gewerkschaftszugehörigkeit gleiche Arbeitsbedingungen gelten (BAG 21. 1. 1997 AP BetrVG 1972 § 77 Nr. 64 = NZA 1997, 1009, 1012). Das BAG geht schon bei einer dynamischen Bezugnahme auf die einschlägigen TV in einem vom tarifgebundenen AG vorformulierten Vertrag von einer Gleichstellungsabrede mit der zweifelhaften Konsequenz, dass die Bezugnahme bei Verbandsaustritt des AG nicht mehr dynamisch wirkt (BAG 26. 9. 2001 AP TVG § 1 Bezugnahme auf Tarifvertrag Nr. 21 m. abl. Anm. *Thüsing*; abl. auch *Lambrich* BB 2002, 1267; *Thüsing/Lambrich* RdA 2002, 193; *Annuß* AuR 2002, 361 ff.; *Bayreuther* DB 2002, 1008 ArbG Duisburg 9. 1. 2003 – 4 Ca 3028/02 –; dem BAG folgend *Gaul* ZfA 2003, 75, 92). Das BAG hat seine Auffassung mit dem Zweck der Bezugnahme, der Interessenlage (zB Vermeidung von Anreizen zum Gewerkschaftsbeitritt) und der sozialtypischen Ausgangslage bei Vertragsschluss (zB Kenntnis oder Unkenntnis des Bestehens oder Nichtbestehens der Verbandszugehörigkeit der jeweils anderen Vertragspartei) begründet (bestätigt durch BAG 21. 8. 2002 AP TVG § 1 Bezugnahme auf Tarifvertrag Nr. 22 in Ausweitung der Grundsätze bei Verweisung auf räumlich andere TV). Die Rspr. wird jedenfalls den neuen Maßstäben der Unklarheitenregel (§ 305 c II) und des Transparenzgebots (§ 307 I 2) nicht gerecht. Die Normen werden schuldrecht- 271 licher Inhalt des Vertrags, gelten also entgegen § 4 I TVG nicht unmittelbar und zwingend zwischen den Parteien. In § 622 IV findet sich eine normierte Möglichkeit der Bezugnahme. Zu bedenken ist, dass die vertraglichen Bezugnahmen auf TV zu einer Tarifbindung führen, die über die Tarifbindung des TVG hinausgeht (hierzu *Preis* II V 60; *Tschöpe* MDR 1996, 1089) und von denen sich der AG ggf. nur durch Änderungskündigung lösen kann (siehe LAG Hamm 17. 5. 1995 LAGE TVG § 3 Bezugnahme auf Tarifverträge Nr. 4).

272   Bei einer **einzelvertraglichen Gesamt- oder Globalbezugnahme** unterliegt der einzelvertragliche einbezogene TV der gleichen **Richtigkeitsgewähr wie die TVNorm** selbst (zur Grundrechtsbindung der TV Einl. GG Rn. 46 ff.). Einer Inhalts- bzw. Billigkeitskontrolle bedarf es nicht (s. BAG 6. 9. 1995 AP BGB § 611 Ausbildungsbeihilfe Nr. 23 mit Anm. *v. Hoyningen-Huene*; BAG 6. 11. 1996 AP AVR Caritasverband § 10 a Nr. 1; *Schliemann* ZTR 2000, 198, 200). Dies hat der Gesetzgeber jetzt durch § 310 III bestätigt. Freilich bedarf es einer differenzierenden Behandlung bei Einzel- oder Teilverweisungen auf Tarifnormen (hierzu §§ 305–310 Rn. 15 ff.).

273   In der Praxis wird auch auf **BV** verwiesen („im Übrigen gelten die Betriebsvereinbarungen"). Der Verweis ist an sich überflüssig, weil BV im Betrieb ohnehin „unmittelbar und zwingend" gelten (§ 77 IV BetrVG). Dies spricht für einen bloß informatorischen, deklaratorischen Verweis (*Preis* Vertragsgestaltung S. 61), zumal die Bezugnahme keinem Vereinheitlichungszweck wie bei TV dient (vgl. auch BAG 21. 1. 1997 DB Direktionsrecht § 77 Nr. 64 = NZA 1997, 1009, 1012). Der Hinweis auf BV führt jedoch nach Auffassung des BAG zu einer „Betriebsvereinbarungsoffenheit" des Arbeitsvertrags (BAG 16. 9. 1986 AP BetrVG 1972 § 77 Nr. 17; BAG 3. 11. 1987 AP BetrVG 1972 § 77 Nr. 25; BAG 20. 11. 1987 AP BGB § 620 Altersgrenze Nr. 2 mit Anm. *Joost*; hierzu § 77 BetrVG Rn. 88).

X. Weisungsrecht des Arbeitgebers

274   Das auf dem Arbeitsvertrag beruhende Weisungsrecht gehört zum **wesentlichen Inhalt eines jeden Arbeitsverhältnisses** (*Berger-Delhey* DB 1990, 2266; *Hromadka* DB 1995, 1609 und 2601; *Hunold* AR-Blattei SD 600; *Preis* II D 30 Rn: 11 ff.; *Richter* DB 1989, 2378; *Weber/Ehrich* BB 1996, 2246). Die vertragliche Leistungspflicht wird durch Anweisungen des AG in Ausübung seines Direktions- oder Weisungsrechts konkretisiert. Das Direktions- und Weisungsrecht hat zum 1. 1. 2003 in § 106 GewO eine **eigene Rechtsquelle**. Unbeschadet dessen ergibt sich das Direktionsrechts aus dem Arbeitsvertrag selbst.

275   Auf Grund des Weisungsrechts kann der AG die im Arbeitsvertrag nur **rahmenmäßig umschriebene Leistungspflicht nach Zeit, Ort und Art bestimmen** (§ 106 S. 1 GewO; BAG 25. 10. 1989 AP BGB § 611 Direktionsrecht Nr. 36). Es erstreckt sich nicht auf die Bestandteile des Austauschverhältnisses, also die Höhe des Entgelts oder den Umfang der geschuldeten Arbeitszeit (*Hromadka* DB 1995, 2601; zu erweiterten Änderungsvorbehalten ausf. *Preis* II D 30 Rn. 112 ff.; vgl. §§ 305–310 Rn. 51 ff.). Das Weisungsrecht kann sich auch auf Ordnung und **Verhalten des AN im Betrieb** erstrecken (§ 106 S. 2 GewO; ausf. *Hromadka* DB 1995, 2601, 2604 ff.), allerdings ist hier das Mitbestimmungsrecht nach § 87 I Nr. 1 BetrVG zu beachten (zB Rauchverbot: LAG Frankfurt 6. 7. 1989 LAGE BGB § 611 Direktionsrecht Nr. 5). Auf der Grundlage dieses Weisungsrechts bestimmt der AG Zeit, Art und Ort der Arbeitsleistung; dabei kann er dem AN einen Wechsel in der Art der Beschäftigung auferlegen, ein Vorgang, der als „Versetzung" nicht immer richtig gekennzeichnet wird, oder er kann auch den Arbeitsbereich verkleinern (BAG 27. 3. 1980 AP BGB § 611 Direktionsrecht Nr. 26) bzw. Arbeitsaufgaben in den Grenzen billigen Ermessens entziehen. Der Entzug einer Aufgabe ist nur dann eine unüberprüfbare Unternehmerentscheidung, wenn die Aufgabe im Unternehmen überhaupt nicht mehr wahrgenommen werden soll (BAG 12. 9. 1996 AP ZDG § 30 Nr. 1).

276   Seine **Grenzen** findet das Weisungsrecht in den Vorschriften der Gesetze, des Kollektiv- und Einzelarbeitsvertragsrechts (klarstellend § 106 S. 1 GewO nF). Die einzelne Weisung darf straf- und öffentlich-rechtlichen Bestimmungen nicht zuwiderlaufen. So ist die Weisung, Ordnungswidrigkeiten zu begehen (zB an Fernfahrer, die Lenkzeiten zu überschreiten), entspr. §§ 38 II Halbs. 2 BRRG, 56 II 3 BBG unwirksam. Mitarbeiter von Jugendämtern, die die Aufgaben eines Pflegers oder Vormundes wahrnehmen, sind AGWeisungen insoweit nicht unterworfen, wie sie nicht den Belangen der Betreuungspersonen zuwiderlaufen (BAG 10. 4. 1991 AP BGB § 611 Direktionsrecht Nr. 37). Nichtig sind ferner Anweisungen, die kollektivrechtlichen Bestimmungen (TV, BV) oder dem Arbeitsvertrag zuwiderlaufen (LAG Berlin 26. 9. 1996 LAGE BGB § 611 Direktionsrecht Nr. 26 = NZA-RR 1997, 97). Ein arbeitsunfähig Erkrankter muss sich keine andere, dem AG zumutbar erscheinende Tätigkeit zuweisen lassen (LAG Hamm 20. 7. 1988 LAGE LohnFG § 1 Nr. 21). Der unter ein Beschäftigungsverbot fallenden schwangeren AN darf eine zumutbare Ersatztätigkeit zugewiesen werden (BAG 21. 4. 1999 AP MuSchG 1968 § 4 Nr. 5). Die Zuweisung muss die Ersatztätigkeit so konkretisieren, dass die Wahrung billigen Ermessens beurteilt werden kann (BAG 15. 11. 2000 AP MuSchG 1968 § 4 Nr. 7). Nur in **Notfällen** muss der AN Arbeiten leisten, die vom allgemeinen Weisungsrecht hins. Art, Ort und Zeit der Arbeit nicht mehr gedeckt sind (hierzu BAG 3. 12. 1980 AP BGB § 615 Böswilligkeit

D. Rechtsquellen des Arbeitsrechts § 611 **BGB 230**

Nr. 4; LAG Berlin 26. 7. 1993 LAGE BGB § 611 Direktionsrecht Nr. 16). Er muss allerdings auch in Notfällen keine unbezahlten Überstunden leisten (ArbG Leipzig 4. 2. 2003 DB 2003, 1279).

Je enger die Tätigkeit des AN sowie die Einzelheiten seiner Beschäftigung, der Einsatzort, Umfang 277 und Lage der Arbeitszeit im Arbeitsvertrag festgeschrieben sind, umso geringer ist der Spielraum des AG zur Ausübung des Direktionsrechts (LAG Köln 26. 10. 1984 NZA 1985, 258; LAG Berlin 25. 4. 1988 DB 1988, 1228; LAG Rheinland-Pfalz 13. 10. 1987 NZA 1988, 471). Welche Arbeitsleistungen zum jeweils vereinbarten Berufs- bzw. Tätigkeitsbild gehören, ist im Wege der Auslegung unter Berücksichtigung der Verkehrsanschauung zu ermitteln. So gehören zum Tätigkeitsbild eines Kraftfahrers auch Ladetätigkeiten (LAG Hessen 13. 6. 1995 NZA-RR 1996, 210). Im Wege der Auslegung des Arbeitsvertrags kann sich ergeben, dass der AN in gewissem Umfang einen fachlich weisungsfreien Raum in Anspruch nehmen kann, zB bei angestellten Künstlern, Ärzten, Wissenschaftlern und Rechtsanwälten (hierzu auch MünchArbR/*Blomeyer* § 48 Rn. 6). Der AG kann den AN nicht anweisen, über den Vertragsrahmen hinaus tätig zu werden, insb. besteht keine Grundlage für die Anweisung, Ehrenämter zu übernehmen (BAG 23. 1. 1992 AP BGB § 611 Direktionsrecht Nr. 39).

Die **Ausübung des Weisungsrechts muss nach billigem Ermessen** (§ 106 GewO nF, § 315) 278 erfolgen. Die Wahrung billigen Ermessens setzt voraus, dass die wesentlichen Umstände des Falles abgewogen und die beiderseitigen Interessen angemessen berücksichtigt werden (BAG 12. 12. 1984 AP KSchG 1969 § 2 Nr. 6; BAG 23. 6. 1993 AP BGB § 611 Direktionsrecht Nr. 42; BAG 24. 4. 1996 AP BGB § 611 Direktionsrecht Nr. 48). Ob dies geschehen ist, unterliegt der gerichtlichen Kontrolle (§ 315 III 2). Unbillig ist, wenn der AG allein seine Interessen durchzusetzen versucht (BAG 19. 5. 1992 AP Verf. Baden-Württemberg Art. 70 Nr. 1 = NZA 1992, 978). Widersprüchliches Verhalten des AG kann Unbilligkeit begründen (BAG 16. 9. 1998 NZA 1999, 384). Im Rahmen des Weisungsrechts sind auch Grundrechte des AN, insb. Gewissenkonflikte zu beachten (BAG 10. 10. 2002 NZA 2003, 483; hierzu Art. 4 GG Rn. 69 ff.; Rn. 847 ff.). Nach § 106 S. 3 GewO nF hat der AG bei der Ermessensausübung auf Behinderungen des AG Rücksicht zu nehmen. Zu Einzelfällen des Direktionsrechts vgl. zur Arbeitszeit (Rn. 812 ff.), zum Arbeitsort (Rn. 806 ff.), zur Art der Tätigkeit (Rn. 799 ff.). Zum erweiterten Direktionsrecht (Rn. 474 ff.), zu einseitigen Leistungsbestimmungsrechten allgemein (§§ 305–310 Rn. 51 ff.).

Soweit der AG die Grenzen des Direktionsrechts beachtet, hat der AN den Weisungen Folge zu 279 leisten. Im Fall der Verweigerung kann der AN, ggf. nach einschlägiger Abmahnung, wegen Arbeitsverweigerung ordentlich oder außerordentlich gekündigt werden (hierzu § 1 KSchG Rn. 379).

Stellt die Ausübung des Direktionsrechts eine **Versetzung** dar, bestehen Mitbestimmungsrechte des 280 BR (hierzu BAG 2. 4. 1996 AP BetrVG 1972 § 95 Nr. 34; § 99 BetrVG Rn. 13). Vor einer Versetzung wegen Leistungsmängeln soll der AG gehalten sein, eine Abmahnung auszusprechen (BAG 30. 10. 1985 AP BAT § 12 Nr. 1). Dies geht zu weit, wenn mit der Versetzung keine Eingriffe in das Vertragsgefüge verbunden sind. Spannungen kann der AG durch schlichte Umsetzung begegnen, ohne dass er gezwungen wäre, stattdessen eine Abmahnung auszusprechen (BAG 24. 4. 1996 AP BGB § 611 Direktionsrecht Nr. 48).

Das Weisungsrecht kann durch **einzelvertragliche oder kollektivvertragliche Vereinbarung be-** 281 **grenzt oder erweitert werden** (hierzu Rn. 276). Die Erweiterung des Rechts zur einseitigen Leistungsbestimmung unterliegt der Inhaltskontrolle (§§ 305–310 Rn. 51 ff.). Nach der Rspr. kann eine Umgehung des Kündigungsschutzrechts bei Erstreckung von Leistungsbestimmungsrechten auf wesentliche Elemente des Arbeitsvertrags vorliegen, wenn durch sie das Gleichgewicht zwischen Leistung und Gegenleistung grdl. gestört wird (hierzu § 2 KSchG Rn. 15 ff.; zur Erweiterung des Direktionsrecht durch TV *Rost* FS Dieterich 1999 S. 505 ff.).

Aus dem Direktionsrecht kann unter Umständen auch eine **Pflicht zur Ausübung des Direktions-** 282 **rechts** werden. So muss der AG dem AN nach dem Beschäftigungsanspruch vertragsgemäße Arbeit zuweisen (BAG 12. 9. 1996 AP ZDG § 30 Nr. 1 = NZA 1997, 381; LAG München 18. 9. 2002 LAGE BGB § 611 Beschäftigungspflicht Nr. 45; Rn. 702 ff.). Das Ermessen zur Ausübung des Direktionsrechts kann sogar „auf Null" schrumpfen (zur Zuweisung eines Gymnasiallehrers an ein Gymnasium BAG 11. 10. 1995 AP BGB § 611 Direktionsrecht Nr. 45). Im Rahmen des Kündigungsschutzes kann die Ausübung des Direktionsrechts zur Wahrung des ultima-ratio-Prinzips bzw. der Fürsorgepflicht des AG erforderlich sein. Das BAG verlangt die Zuweisung vertragsgemäßer „leidensgerechter" Arbeit (BAG 29. 1. 1997 AP KSchG § 1 Krankheit Nr. 32 = NZA 1997, 709; BAG 29. 1. 1998 AP BGB § 615 Nr. 77; BAG 11. 3. 1999 – 2 AZR 538/98 – nv.; LAG Frankfurt 2. 4. 1993 LAGE BGB § 611 Direktionsrecht Nr. 15). Aus dem Grundsatz der **Gleichbehandlung** kann ein Anspruch auf Zuweisung bestimmter Tätigkeiten (Heranziehung zu Überstunden) folgen (LAG Köln 22. 6. 1994 LAGE BGB § 611 Direktionsrecht Nr. 19). Der AG kann sich durch Erklärungen binden, sein Direktionsrecht in bestimmter Weise auszuüben (BAG 17. 12. 1997 AP BGB § 611 Direktionsrecht Nr. 52).

XI. Richterrecht

Das **Richterrecht ist keine Rechtsquelle** im eigentlichen Sinn, es hat aber faktische Bindungs- 283 wirkung. Angesichts der zahlreichen unbestimmten Rechtsbegriffe und der fehlenden Kodifikation

Preis

wichtiger Teile des Arbeitsrechts (Arbeitskampfrecht, Arbeitsvertragsrecht) hat die Arbeitsgerichtsbarkeit zT eigene Rechtsregeln und Rechtsinstitute entwickelt. Zu nennen ist das insgesamt auf richterrechtlichen Regeln beruhende Arbeitskampfrecht (hierzu Art. 9 GG Rn. 78 ff.) sowie die Betriebsrisikolehre (§ 615 Rn. 126 ff.) und die privilegierte Arbeitnehmerhaftung (§ 619 a Rn. 9 ff.).

284 Ob und inwieweit diese **richterrechtlichen Grundsätze abdingbar** sind, ist **umstritten**. Die Grundsätze der Betriebsrisikolehre sind einzelvertrags- und tarifvertragsdispositiv (vgl. § 615 Rn. 138). Zur Frage der **Beschäftigungspflicht** vgl. Rn. 705 ff. Zur Arbeitnehmerhaftung vgl § 619 a Rn. 11).

285 Ein spezifisches Konstrukt des Arbeitsrechts ist das sog. **tarifdispositive Richterrecht**, das die Rspr. mit der fehlenden Ungleichgewichtslage bei Tarifvereinbarungen begründet. Die Konstruktion des tarifdispositiven Richterrechts kann richtigerweise damit erklärt werden, dass zahlreiche Anwendungsfälle des tarifdispositiven Richterrechts Fragen der Inhaltskontrolle arbeitsvertraglicher Bedingungen sind. Angesichts der Gleichgewichtslage bei TVParteien ist eine derartige Angemessenheitskontrolle verzichtbar. Tarifdispositives Richterrecht hat die Rspr. hins. der Grundsätze für Rückzahlungsklauseln bei Gratifikationen (BAG 31. 3. 1966 AP BGB § 611 Gratifikation Nr. 54; BAG 23. 2. 1967 AP BGB § 611 Gratifikation Nr. 57) sowie bei Ausbildungskosten (BAG 6. 9. 1995 AP BGB § 611 Ausbildungsbeihilfe Nr. 22) anerkannt. Das tarifdispositive Richterrecht ist bei befristeten Arbeitsverträgen nach der Kodifikation wegen § 22 I TzBfG obsolet (zur Problematik umfassend *Vossen*, Tarifdispositives Richterrecht, 1974; *Käppler*, Voraussetzungen und Grenzen tarifdispositiven Richterrechts, 1977; *Lieb* RdA 1972, 129 ff.; *Preis* Vertragsgestaltung S. 209 ff.).

XII. Verhältnis der Rechtsquellen zueinander

286 Angesichts der Vielzahl der Rechtsquellen, die auf das Arbeitsverhältnis einwirken, ist die Klärung der Rangfolge und des Verhältnisses der Rechtsquellen im Arbeitsrecht von hervorragender Bedeutung. Der **Arbeitsvertrag ist die primäre Rechtsquelle** für Begründung und Inhalt des **Arbeitsverhältnisses**, wird aber durch andere Rechtsquellen überlagert.

287 Bei Kollision mehrerer Rechtsquellen sind folgende Konfliktlösungsprinzipien zu beherzigen: **Rangprinzip, Günstigkeitsprinzip, Spezialitätsprinzip** und **Ordnungsprinzip**. Das Rangprinzip und das Günstigkeitsprinzip regeln das Verhältnis verschiedenrangiger Rechtsquellen zueinander, während sich das Spezialitäts- und Ordnungsprinzip auf das Verhältnis gleichrangiger Rechtsquellen bezieht.

288 Bestehen **mehrere gleichrangige Rechtsquellen,** ist zunächst die einschlägige Rechtsquelle nach dem **Ordnungsprinzip** oder dem **Spezialitätsprinzip** zu ermitteln. Erst danach kommt das Rangprinzip zur Anwendung. Das Günstigkeitsprinzip ist als Kollisionsregel auf der Ebene gleichrangiger Rechtsquellen ungeeignet.

289 Nach dem **Rangprinzip** geht die ranghöhere der rangniederen Regelung vor. Überdies muss die niederrangige Rechtsvorschrift mit der höherrangigen Rechtsquelle vereinbar sein. So bricht Verfassungsrecht das einfache Gesetzesrecht und Rechtsverordnungen. Verfassungsrecht und Gesetzesrecht geht seinerseits Kollektivvereinbarungen und arbeitsvertraglichen Regelungen vor. Das Rangprinzip wird durchbrochen, wenn die ranghöheren Rechtsquellen Ausnahmen in rangniederen Rechtsquellen gestatten. Hier handelt es sich um die Fälle des dispositiven Gesetzesrechts oder tarifvertraglicher **Öffnungsklauseln** (vgl. § 4 III TVG). Die Wirkungskraft des Rangprinzips hängt also von der Frage ab, ob die jeweilige Norm zwingend oder dispositiv gestaltet ist. Ein dispositives Gesetz kann durch Einzelvertrag, aber auch durch Kollektivvertrag abbedungen werden. Bestimmte Gesetze erlauben eine Abweichung lediglich durch TV (zum tarifdispositiven Gesetzesrecht vgl. Rn. 248).

290 Die **rangniedere Rechtsquelle geht** allerdings der höherrangigen Rechtsquelle dann **vor,** wenn sie **für den AN günstigere Regelungen** enthält und das höherrangige Recht nicht (ausnahmsweise) zweiseitig zwingend ist. Das **Günstigkeitsprinzip** stellt damit eine Durchbrechung des Rangprinzips dar. Gesetzlich geregelt ist es in § 4 III TVG. Es greift auch für vertragliche Vereinbarungen, die vor Abschluss eines TV getroffen wurden (LAG Hamburg 20. 12. 1994 LAGE TVG § 4 Günstigkeitsprinzip Nr. 4). Es wird allerdings auch ohne ausdrückliche Regelung im Betriebsverfassungsrecht anerkannt (vgl. hierzu § 77 BetrVG Rn. 4, 77 ff.). Allerdings bildet § 77 III BetrVG eine zwingende Schranke, wonach § 77 III BetrVG nicht Gegenstände sein dürfen, die durch TV geregelt sind oder üblicherweise geregelt werden. Die Vorschrift dient dem Schutz der Tarifautonomie (hierzu näher § 77 BetrVG Rn. 49 ff.). **Abw. von dem individuellen Günstigkeitsprinzip** hat der GS des BAG (16. 9. 1986 AP BetrVG 1972 § 77 Nr. 17) entschieden, dass Ansprüche der AN auf Sozialleistungen, die in einer vertraglichen Einheitsregelung, einer Gesamtzusage oder einer betrieblichen Übung geregelt sind, nur durch kollektiven Günstigkeitsvergleich vor einer ablösenden BV geschützt sind (hierzu § 77 BetrVG Rn. 77 ff.). Diese Grundsätze sind nicht auf TV übertragbar (LAG Hamburg 20. 12. 1994 LAGE TVG § 4 Günstigkeitsprinzip Nr. 4).

291 Auf **gleicher Normebene** verdrängt die jüngere die ältere Rechtsnorm mit dem gleichen Gegenstand (**Zeitkollisionsregel**). Das **Ordnungsprinzip** verdrängt die alte Regelung auch dann, wenn die neue Regelung ungünstiger ist (lex posterior derogat legi priori). So können die TVParteien innerhalb

rechtlicher Grenzen eine Tarifnorm sowohl zu Gunsten als auch zum Nachteil der betroffenen AN ändern (BAG 24. 8. 1993 AP BetrAVG § 1 Ablösung Nr. 9; BAG 16. 5. 1995 AP TVG § 4 Ordnungsprinzip Nr. 15). Bestehen auf einer Rechtsquellenstufe Regelungen zum gleichen Gegenstand, geht die speziellere der allgemeineren Regelung vor. Die zeitliche Reihenfolge ist unerheblich. So geht der FirmenTV als speziellere Regelung dem VerbandsTV vor. Sind sowohl in allgemeinen Arbeitsvertragsbedingungen als auch in den Arbeitsverträgen mit den einzelnen Mitarbeitern Regelungen zu einem Sachbereich getroffen, geht die Regelung in den Einzelarbeitsverträgen als speziellere Regelung vor.

E. Begründung des Arbeitsverhältnisses

I. Vertragsanbahnung

1. Allgemeines. Für die Vertragsanbahnung gelten die allgemeinen Grundsätze des Schuldrechts. Hier ist insb. auf die Kodifikation des vorvertraglichen Schuldverhältnisses hinzuweisen (§ 311 II und III; näher Rn. 316 ff.). Steht der AN noch in einem Vertragsverhältnis, so kann er gem. § 629 angemessene Freizeit zur Stellensuche beanspruchen, sobald das Vertragsverhältnis gekündigt ist (§ 629 Rn. 1 ff.). Von seinem bisherigen AG kann er ferner nach Maßgabe des § 630 ein Zeugnis verlangen (§ 630 Rn. 1 ff.). 292

a) Stellenausschreibungen. Nach § 93 BetrVG kann der BR die Ausschreibung von Arbeitsplätzen vor ihrer Besetzung innerhalb des Betriebs verlangen, unter Angabe der hervorgehenden muss, um welchen Arbeitsplatz es sich handelt und welche Anforderungen ein Bewerber erfüllen muss (BAG 23. 2. 1988 AP BetrVG 1972 § 93 Nr. 2; § 93 BetrVG Rn. 3). Eine Sonderregelung für Teilzeitarbeitsplätze enthält § 7 TzBfG (vgl. dort). Das BAG geht davon aus, dass der BR die Ausschreibung freier Stellen dann verlangen kann, wenn es sich um Arbeitsplätze handelt, deren Besetzung als Einstellung iSv. § 99 BetrVG zu werten ist (BAG 27. 7. 1993 AP BetrVG 1972 § 93 Nr. 3). Unter Umständen kann daher auch die Ausschreibung von Stellen für freier Mitarbeiter oder LeihAN verlangt werden (näher § 93 BetrVG Rn. 3). Bezüglich des Inhalts der Ausschreibung hat der BR nach der Rspr. des BAG kein Mitbestimmungsrecht (vgl. § 93 Rn. 5). Unterlässt der AG die geforderte Ausschreibung im Betrieb, kann der BR gemäß § 99 II Nr. 5 BetrVG die Zustimmung zur Einstellung verweigern (näher zu den Rechtsfolgen § 93 BetrVG Rn. 8; zum Sonderfall des Teilzeitarbeit vgl § 7 TzBfG Rn. 5). Gemäß § 611 b muss sich die Stellenausschreibung gleichermaßen an Frauen und Männer wenden (§ 611 b Rn. 2 ff.). 293

b) Personalfragebögen. Zur Abwendung von Eingriffen in das **Persönlichkeitsrecht** des AN (Art. 2 GG Rn. 96 ff.) unterliegen Einführung und Änderung von Personalfragebögen gem. § 94 I BetrVG der **erzwingbaren Mitbestimmung** des BR (Einzelheiten § 94 BetrVG Rn. 2 ff.). Wird vom AG im Fragebogen eine Frage gestellt, die nicht die Zustimmung des BR gefunden hat, wird das Recht des AG zur Anfechtung nach § 123 I allein wegen der möglichen Verletzung des Mitbestimmungsrechts nicht eingeschränkt (BAG 2. 12. 1999 DB 2000, 1418). Bei der Beschaffung der Informationen über den Bewerber mittels eines Fragebogens handelt es sich um **Datenerhebung iSd. BDSG** (näher zum Begriff § 3 IV BDSG) aus der sich bei Verletzung des Mitbestimmungsrechts die Unzulässigkeit der Datenerhebung folgen kann (hierzu § 28 BDSG Rn. 4 ff.). 294

Die Fragebögen bleiben Eigentum des AG. Ein allgemeiner arbeitsrechtlicher Grundsatz, der die **Vernichtung** der Fragebögen nach einem erfolglosen Bewerbungsverfahren gebietet, existiert nicht. Unter Beachtung des Persönlichkeitsrechts hat der abgelehnte Bewerber aber außerhalb des Anwendungsbereichs der Bestimmungen des BDSG einen Anspruch auf Vernichtung des Fragebogens aus § 1004 analog (BAG 6. 6. 1984 AP BGB § 611 Persönlichkeitsrecht Nr. 7). Die dauerhafte Aufbewahrung anderer Daten als solcher, die zur Identifizierung der Person wie Name, Anschrift und Geburtsdatum erforderlich sind, stellt einen rechtswidrigen Eingriff in das Persönlichkeitsrecht des Bewerbers dar. Dieses umfasst das Recht, zu entscheiden, ob persönliche, die Intimsphäre betreffende Daten vom AG aufbewahrt werden dürfen. Dem kann nur ein berechtigtes Interesse des AG entgegenstehen, so zB, wenn die Wiederholung der Bewerbung in absehbarer Zeit vereinbart wird oder der AG mit Rechtsstreitigkeiten über die Ablehnung des Bewerbers rechnen muss. 295

c) Vorstellungskosten. Nach einem Vorstellungsgespräch hat der Bewerber Anspruch auf Erstattung der **Vorstellungskosten**, wenn er vom AG zur Vorstellung aufgefordert worden ist. Neben der ausdrücklichen Einladung zum Vorstellungsgespräch liegt eine Aufforderung auch vor, wenn der AG einen Besuch anheim- oder freistellt (*Becker-Schaffner* BlStSozArbR 1985, 161; aA *Müller* ZTR 1990, 237, 239). Es genügt, wenn die Vorstellung mit Wissen und Wollen des AG geschieht (LAG Nürnberg 25. 7. 1995 LAGE BGB § 670 Nr. 12, str.). Bei Unklarheiten ist gem. § 133 festzustellen, ob der AG ein konkretes Interesse daran hat, den Stellenbewerber persönlich kennenzulernen. Will er die Erstattung ausschließen, was zulässig ist (ArbG Kempten 12. 4. 1994 BB 1994, 1504), muss er dies unmissverständlich erklären (*Becker-Schaffner* BlStSozArbR 1985, 161; MünchArbR/*Blomeyer* § 96 Rn. 84). Die Aufforderung kann durch einen Stellvertreter, zB den mit der Personalsuche beauftragten Unternehmensberater, erfolgen (BAG 29. 6. 1988 NZA 1989, 468). 296

297 Stellt sich der Bewerber unaufgefordert vor oder wird er vom AA zugewiesen, besteht kein Anspruch aus §§ 677, 683, da der Bewerber ausschließlich im eigenen Interesse handelt (*Müller* ZTR 1990, 237, 240; differenzierend *Brune* AR-Blattei SD 1770 Rn. 8 ff.). In der Veröffentlichung eines Stellenangebots liegt nicht die Aufforderung zur Vorstellung, sondern nur zur schriftlichen Bewerbung, deren Kosten nicht zu ersetzen sind (Staudinger/*Preis* § 629 Rn. 25).

298 Im Übrigen folgt der Anspruch aus **§§ 662, 670** (BAG 14. 2. 1977 AP BGB § 196 Nr. 8; BAG 29. 6. 1988 NZA 1989, 468; *Becker-Schaffner* BlStSozArbR 1985, 161). Nach aA wird für einen Anspruch auf Erstattung eine entspr. Abrede gefordert (MünchKommBGB/*Schwerdtner* § 629 Rn. 13). Wegen der Verkehrsüblichkeit der Erstattung der Vorstellungskosten (vgl. *Becker-Schaffner* BlStSozArbR 1985, 161) kann von einer stillschweigenden Abrede bei der Aufforderung zur Vorstellung ausgegangen werden, wenn kein ausdrücklicher Ausschluss erfolgt.

299 Der AG muss dem Bewerber alle **Aufwendungen** ersetzen, die dieser den Umständen nach **für erforderlich halten durfte** (BAG 14. 2. 1977 AP BGB § 196 Nr. 8; BAG 29. 6. 1988 NZA 1989, 468). Dazu zählen vorwiegend Fahrtkosten und Mehrkosten für Verpflegung und Übernachtung.

300 Während das LAG München (30. 5. 1985 LAGE BGB § 670 Nr. 4) den AG grds. nur für verpflichtet hält, die **Fahrtkosten** zu ersetzen, die bei Benutzung der Bundesbahn – 2. Wagenklasse – entstehen, geht die hM davon aus, dass zu den erstattungsfähigen Kosten grds. auch die Fahrtkosten mit dem eigenen Kraftfahrzeug gehören. Diese sind nach den steuerrechtlichen Vorschriften über die Abgeltung der Benutzung eines Privatfahrzeuges für Dienstreisen zu berechnen (LAG Nürnberg 25. 7. 1995 LAGE BGB § 670 Nr. 12; ArbG Berlin 25. 6. 1975 BB 1975, 1205; *Becker-Schaffner* BlStSozArbR 1985, 161, 162; MünchKommBGB/*Schwerdtner* § 629 Rn. 10, 11). Bezüglich der Entfernung ist wie im Lohnsteuerrecht der kilometermäßig günstigste Weg zugrunde zu legen, Umwege für die Besichtigung nahegelegener Sehenswürdigkeiten werden demnach nicht erstattet (ArbG Wuppertal 1. 6. 1976 DB 1976, 1917).

301 Die Erstattung der Fahrtkosten kann aber bei Bewerbern für leitende Führungspositionen im Einzelfall anders zu beurteilen sein (LAG Frankfurt 6. 8. 1980 DB 1981, 1000). Eine konkrete Absprache – auch über die Benutzung der 1. Wagenklasse bei Bahnanreise – empfiehlt sich. Befindet sich der Bewerber ohnehin aus anderen Gründen am Vorstellungsort, sind die Fahrtkosten im Regelfall nicht zu ersetzen (ArbG Wuppertal 1. 6. 1976 DB 1976, 1917). Grds. sind Flugkosten nicht zu ersetzen (ArbG Hamburg 2. 11. 1994 NZA 1995, 428). Es kommt jedoch auf die Abwägung im Einzelfall an. Je bedeutender die zu besetzende Stelle ist, desto eher darf der Bewerber die Erstattung höherer Vorstellungskosten erwarten (Staudinger/*Preis* § 629 Rn. 27).

302 **Übernachtungskosten** sind zu ersetzen, wenn dem Bewerber auf Grund der zeitlichen Lage oder Dauer und auf Grund der Entfernung zum Heimatort die Hin- und Rückreise am selben Tag nicht zugemutet werden kann (*Becker-Schaffner* BlStSozArbR 1985, 161, 162; Staudinger/*Preis* § 629 Rn. 26).

303 Die Erstattung von **Verpflegungskosten** kann pauschal oder auf Einzelnachweis hin erfolgen. **Verdienstausfall** ist nicht zu ersetzen. Hier besteht entweder ein Anspruch aus §§ 629, 616 gegen den alten AG (Staudinger/*Preis* § 629 Rn. 26) oder der Bewerber trägt das Risiko beruflicher Veränderungen selbst, die zu einem Verdienstausfall nicht zu den ersatzfähigen erforderlichen Aufwendungen zu zählen ist (*Becker-Schaffner* BlStSozArbR 1985, 161, 162).

304 Kommt der vereinbarte Vorstellungstermin aus Verschulden des AG nicht zustande, hat dieser dem Bewerber dennoch die entstandenen Kosten zu ersetzen (ArbG Solingen 12. 5. 1980 ARSt. 1981, 29). Schließlich sind die Vorstellungskosten unabhängig von der späteren Begründung eines Arbeitsverhältnisses zu erstatten. Deshalb kann der Erstattungsbetrag vom AG auch nicht zurückverlangt werden, wenn der Bewerber die Stelle vertragswidrig nicht antritt (*Becker-Schaffner* BlStSozArbR 1985, 161, 163).

305 Dem Arbeitsuchenden kann das AA nach § 45 SGB III einen **Zuschuss** zu den Bewerbungskosten leisten. Der Anspruch auf Erstattung der Vorstellungskosten genoss **nicht den Vorrang** des § 61 Nr. 1 KO aF, da er nicht aus einem Arbeitsvertrag folgt. Er **verjährte** gemäß § 196 I Nr. 8 und 9 in zwei Jahren (BAG 14. 2. 1977 AP BGB § 196 Nr. 8) und unterliegt jetzt der regelmäßigen Verjährung von drei Jahren (§ 195). Die Vorstellungskostenerstattung ist als Aufwandsentschädigung **unpfändbar** nach § 850 a Nr. 3 ZPO.

306 **2. Vorverhandlungen, Anbahnungsverhältnis, Vorvertrag. a) Vorverhandlungen.** Dem Vertragsschluss können **Vorverhandlungen** vorausgehen. Diese sind noch nicht bindend (§ 154). Die Vorverhandlungen können zur Ermittlung des Vertragsinhalts, wenn der Vertragstext hierzu nicht ausreicht, im Wege der Auslegung (§§ 133, 157) herangezogen werden (BAG 27. 1. 1988 AP BGB § 620 Hochschule Nr. 6).

307 **b) Anbahnungsverhältnis.** Während der Vorverhandlungen entsteht nach § 311 I Nr. 1 bereits ein vorvertragliches Schuldverhältnis mit den Pflichten des § 241 II, woraus insb. Rücksichtnahmepflichten resultieren, deren Verletzung Schadensersatzansprüche aus § 280 begründen können (Rn. 316). Im Anbahnungsverhältnis sind die arbeitsvertraglichen Schutzpflichten und Haftungsgrundsätze bereits

anwendbar (BAG 24. 1. 1974 AP BGB § 611 Haftung des AN Nr. 74; Erman/*Hanau* Rn. 261; *Gotthardt* Rn. 150 ff.).

c) Vorvertrag. Ein **Vorvertrag** dagegen ist ein schuldrechtlicher Vertrag, der die Parteien zum Abschluss eines Hauptvertrags mit schuldrechtlich bindendem Inhalt verpflichtet. Die Zulässigkeit des Vorvertrags ergibt sich aus dem Grundsatz der Vertragsfreiheit. Wichtiges Kriterium ist, dass die übereinstimmenden Willenserklärungen noch ausstehen (*Zöllner* FS Floretta 1983 S. 455, 456). Die Wirksamkeit eines Vorvertrags setzt voraus, dass die Essentialia des Hauptvertrags inhaltlich bestimmt oder gemäß §§ 157, 315 ff. bestimmbar sind (*Zöllner* FS Floretta 1983 S. 455, 461 f.; *Schaub* § 32 Rn. 28; LAG Sachsen 24. 8. 1999 NZA-RR 2000, 410). Ein Vorvertrag liegt nicht vor, wenn der Arbeitsplatz allgemein bestimmt ist und die genaue Art der Tätigkeit noch durch den AG geregelt werden soll. Hier handelt es sich um die Wahrnehmung der Weisungsbefugnis durch den AG, deren Vorbehalt dem Abschluss eines Hauptvertrags nicht entgegensteht (*Zöllner* FS Floretta 1983 S. 455, 458). 308

Einstellungszusagen können bereits eine hauptvertragliche und nicht nur eine vorvertragliche Offerte darstellen. Gerade im Arbeitsrecht sind die einzelnen Vertragsbestimmungen zwischen den Parteien oft **nicht individuell aushandelbar,** sondern durch Gesetz, TV oder BV vorgegeben. Wenn dies der Fall ist und Einzelheiten keiner weiteren Festlegung bedürfen, ist von einer hauptvertraglichen Offerte auszugehen. Ein Vorvertrag kommt dagegen ua. bei Berufsgruppen in Betracht, in denen die Parteien schon längere Zeit vor der Tätigkeitsaufnahme gebunden sein wollen, den Vertrag jedoch erst zu einem späteren Zeitpunkt schließen, wie zB bei Künstlern, Wissenschaftlern und leitenden Angestellten. Hier sind individuelle Abreden in größerem Umfang üblich (*Zöllner* FS Floretta 1983 S. 455, 457, 460). 309

Vertragsverhandlungen, die zu einem endgültigen Abschluss führen sollen, sehen idR erst dann eine rechtsgeschäftliche Bindung vor, wenn der in Aussicht genommene Vertrag nach Einigung über alle Einzelheiten abschlussreif ist. Die Annahme eines Vorvertrags ist daher nur dann gerechtfertigt, wenn bes. Umstände darauf schließen lassen, dass die Parteien sich – ausnahmsweise – schon binden wollten, bevor sie alle Vertragspunkte abschließend geregelt haben (BGH 26. 3. 1980 NJW 1980, 1577, 1578). Dies kann der Fall sein, wenn dem Abschluss des Hauptvertrags Hindernisse rechtlicher oder tatsächlicher Art entgegenstehen, die Parteien eine Bindung aber schon vorab begründen wollen, um sich auf diese Weise die spätere Zweckerreichung zu sichern. Dabei kann der Vorvertrag nicht nur die Pflicht zum Abschluss des Hauptvertrags beinhalten, sondern auch die Mitwirkung an der Überbrückung derartiger Hindernisse, wie beispielsweise die Einholung behördlicher Zustimmungen (BAG 21. 3. 1974 AP BGB § 611 Bühnenengagementsvertrag Nr. 14). 310

Durch Vorvertrag können sich ggf. einklagbare Verpflichtungen zur Abgabe eines Angebotes auf Abschluss eines Arbeitsvertrags bzw. zur Annahme eines entspr. Angebotes ergeben. Freilich muss diese Verpflichtung hinreichend konkretisiert und durch Auslegung müssen die wesentlichen Inhalte des späteren Arbeitsvertrags feststellbar sein (BGH 26. 3. 1980 NJW 1980, 1577, 1578). Die **Verurteilung** zum Vertragsabschluss ist somit möglich, allerdings ist gemäß § 888 II ZPO der Anspruch des AG auf Arbeitsleistung nicht vollstreckbar (*Zöllner* FS Floretta 1983 S. 455, 465). Aus dem Vorvertrag kann des Weiteren ein **Schadensersatzanspruch** geltend gemacht werden, wenn die Verpflichtung zum Abschluss des Hauptvertrags während der Laufzeit des Vorvertrags schuldhaft nicht erfüllt wird. Die Verpflichtung zum Abschluss des Hauptvertrags aus dem Vorvertrag unterliegt der regelmäßigen Verjährungsfrist von 3 Jahren nach § 195 (vgl. BAG 6. 9. 1962 AP BGB § 611 Film Nr. 3 zu § 195 aF). 311

Ein Vorvertrag ist bezüglich **einzelner Vertragsbedingungen** möglich, die später ergänzt oder geändert werden sollen. Der AN kann sich verpflichten, zu einem späteren Zeitpunkt ein Wettbewerbsverbot zu vereinbaren. Ein solcher Vorvertrag darf jedoch nicht dazu dienen, die Verpflichtung des AG zur Zahlung einer Karenzschädigung zu umgehen, zB wenn ein Wettbewerbsverbot auch noch nach der Kündigung des Arbeitsvertrags vereinbar sein soll (BAG 18. 4. 1969 AP GewO §§ 133 f. Nr. 22; *Schaub,* § 58 Rn. 47). Vorverträge können somit aus den allgemeinen Gründen, wie etwa Verstoß gegen ein gesetzliches Verbot nach § 134, nichtig sein. 312

Der Vorvertrag ist trotz einer für den Hauptvertrag vorgesehenen Schriftform formlos wirksam, wenn der Schriftform keine Warnfunktion, sondern lediglich eine Klarstellungs- oder Beweisfunktion zukommen soll (BGH 7. 6. 1973 BGHZ 61, 48; *Zöllner* FS Floretta S. 1983, 455, 459). Nach Ansicht *Zöllners* ist eine Zustimmung des BR nach § 99 BetrVG zum Vorvertrag noch nicht erforderlich (*Zöllner* FS Floretta 1983 S. 455, 461). 313

Abzugrenzen ist bezüglich der Verpflichtung von der **Festofferte** und dem **Optionsvertrag** (*Zöllner* FS Floretta 1983 S. 455, 456). Bei der Festofferte handelt es sich um ein bindendes Angebot, in dem dem zukünftigen Vertragspartner eine längere als die gesetzliche Annahmefrist eingeräumt wird. Hier liegt noch kein Vertrag vor. Beim Optionsvertrag handelt es sich ebenfalls um ein bindendes Angebot, in dem festgelegt ist, unter welchen Voraussetzungen der andere Teil das Angebot annehmen kann. Möglich ist hier auch der Abschluss des Hauptvertrags unter der aufschiebenden Bedingung der Ausübung des Optionsrechts. 314

315 Der Vorvertrag kann durch **Anfechtung** und die Ausübung eines vereinbarten **Rücktrittsrechts** aufgelöst werden. Ebenso kann unter den Voraussetzungen der §§ 323, 324, 326 V ein gesetzliches Rücktrittsrecht ausgeübt werden. Eine Kündigung kommt nicht in Betracht, da es sich bei einem Vorvertrag nicht um ein Dauerschuldverhältnis handelt, sondern um eine einmalige Leistungspflicht, gerichtet auf den Abschluss eines Hauptvertrags (LAG Hamm 29. 10. 1985 BB 1986, 667, 668). Jedoch steht dem Abschluss eines Hauptvertrags der **Einwand der Unzumutbarkeit** entgegen, wenn ein Grund zur fristlosen Kündigung des Hauptvertrags vorliegt. Die Rückabwicklung des Vorvertrags ist ebenfalls nach den Grundsätzen des Wegfalls der Geschäftsgrundlage (§ 313) möglich (*Zöllner* FS Floretta 1983 S. 455, 463 f.).

316 **3. Vorvertragliche Pflichten. a) Culpa in contrahendo (§ 311 II und III).** Gemäß § 311 II entsteht ein Schuldverhältnis mit den in § 241 II umrissenen Pflichten in den jetzt gesetzlich ausdrücklich geregelten Fallgruppen der **Aufnahme von Vertragsverhandlungen,** der **Anbahnung eines Vertrags** und bei **ähnlichen geschäftlichen Kontakten.** Für den Inhalt der vorvertraglichen Pflichten wird auf § 241 II BGB verwiesen, womit keine inhaltliche Konkretisierung verbunden ist. An die bisherigen Grundsätze zur Schadensersatzpflicht bei der vorsätzlichen oder fahrlässigen Verletzung vorvertraglicher Pflichten kann angeknüpft werden (BAG 10. 11. 1955 AP BGB § 276 Verschulden bei Vertragsschluss Nr. 1; BAG 15. 5. 1974 AP BGB § 276 Verschulden bei Vertragsschluss Nr. 9). Als vorvertragliche Pflichten kommen neben der Pflicht, bestehende Rechtsgüter des Verhandlungspartners vor Schäden zu bewahren, Aufklärungs-, Mitwirkungs-, Obhuts-, und Rücksichtnahmepflichten in Betracht. Die beiderseitigen Rücksichtspflichten gebieten den Vertragspartnern, schon vor Abschluss des Arbeitsvertrags ungefragt auf Umstände hinzuweisen, die für den anderen Teil von wesentlicher Bedeutung sind. Ein Verschulden bei Vertragsschluss kann nach der Rspr. des BAG noch **nach Abschluss des Arbeitsvertrags** zu Schadensersatz verpflichten, zB dann, wenn das Arbeitsverhältnis aus Gründen vorzeitig endet oder seinen Sinn verliert, die der AG dem AN vor Abschluss des Vertrags schuldhaft verschwiegen hat (BAG 2. 12. 1976 AP BGB § 276 Verschulden bei Vertragschluss Nr. 10).

317 **aa) Pflichten des anwerbenden Arbeitgebers.** Dem AG obliegen vorvertragliche **Aufklärungspflichten.** Hierher gehört die Pflicht, den AN über solche Umstände aufzuklären, die zu einer vorzeitigen Beendigung des Arbeitsverhältnisses führen können (BAG 2. 12. 1976 AP BGB § 276 Verschulden bei Vertragsabschluss Nr. 10), oder über bes. gefährliche Eigenschaften des Vertragsgegenstandes, die sich nicht aus der Sachlage von selbst ergeben. Der anwerbende AG muss dem Bewerber Mitteilung über solche Umstände machen, die für seine Entscheidung maßgeblich sein können, wie geplante Betriebsübergänge oder örtliche Versetzungen. Auch die Höhe des zu erzielenden Einkommens, wenn dies provisionsabhängig ist, ist von den Aufklärungspflichten umfasst.

318 Schadensersatzpflichtig macht sich ein AG, der bei den Verhandlungen über den Abschluss eines Arbeitsvertrags in dem Bewerber die **nicht gerechtfertigte Annahme erweckt, er werde bestimmt zu dem Abschluss des Arbeitsvertrags kommen,** und ihm dabei bedeutet, er könne seine bisherige Stellung ohne großes Risiko kündigen (BAG 7. 6. 1963 AP BGB § 276 Verschulden bei Vertragsschluss Nr. 1 mit Anm. *Diederichsen*; BAG 15. 5. 1974 AP BGB § 276 Verschulden bei Vertragsschluss Nr. 9; ArbG Wiesbaden 12. 6. 2001 NZA-RR 2002, 349; hierzu *Hümmerich* NZA 2002, 1305 ff.). Abgesehen von den Fällen des zurechenbar veranlassten Vertrauens kann der Vertragsschluss begründet jedoch der **Abbruch der Vertragsverhandlungen** grds. keine Schadensersatzpflicht, und zwar auch dann nicht, wenn der andere Teil in Erwartung des Vertrags bereits Aufwendungen gemacht hat (BGH 14. 7. 1967 NJW 1967, 2199; BGH 18. 10. 1974 NJW 1975, 43; Palandt/*Heinrichs* § 311 BGB Rn. 26; MünchArbR/*Richardi* § 45 Rn. 19). Eine Haftung kommt nicht in Betracht, wenn der AN äußert, er lege Wert auf eine Dauerstelle, dann aber einen Arbeitsvertrag mit Probezeit und freier Kündigungsmöglichkeit akzeptiert (LAG Nürnberg 25. 7. 1994 LAGE BGB § 276 Verschulden bei Vertragsschluss Nr. 2).

319 Wenn der AG Anlass zu Zweifeln hat, ob er in nächster Zeit in der Lage sein wird, Löhne und Gehälter auszuzahlen, muss er vor Abschluss neuer Arbeitsverträge darauf hinweisen, soweit er nicht seine Zahlungsschwierigkeiten als bekannt voraussetzen kann (BAG 24. 9. 1974 AP GmbHG § 13 Nr. 1). Die pünktliche Gehaltszahlung ist eine der wichtigsten Voraussetzungen des Vertragsabschlusses für den AN, zumal er zur Vorleistung verpflichtet ist. Dagegen braucht der AG den künftigen AN bei den Einstellungsverhandlungen nicht über solche Umstände zu unterrichten, die sich aus der Sachlage von selbst ergeben. Dies gilt insb. auch hins. der an ihn zu stellenden Anforderungen, soweit sich diese im Rahmen des Üblichen halten (BAG 12. 12. 1957 AP BGB § 276 Verschulden bei Vertragsschluss Nr. 2 mit Anm. *Larenz*).

320 Auch über Umstände, die dem wirksamen Vertragsabschluss entgegenstehen, wie die fehlende Zustimmung des BR nach § 99 BetrVG zur Einstellung, muss der AG den Bewerber aufklären. Denn wird die Zustimmung nicht nach § 99 IV BetrVG ersetzt, muss der AG von der Einstellung absehen. Darauf muss sich der Bewerber einrichten können. Die Aufklärungspflicht ist für diesen Fall in § 100 I 2 BetrVG auch gesetzlich vorgesehen.

321 Der **Abbruch von Vertragsverhandlungen** kann ebenfalls Schadensersatzfolgen haben (hierzu *Gotthardt* Rn. 155). Ruft der Unternehmer das unbegründete Vertrauen hervor, dass es zum Abschluss

E. Begründung des Arbeitsverhältnisses § 611 BGB 230

eines Arbeitsvertrags kommen werde, und kündigt der Bewerber deshalb seinen alten Arbeitsplatz, haftet der nicht einstellende Unternehmer wegen Verletzung seiner vorvertraglichen Pflichten (BAG 15. 5. 1974 AP BGB § 276 Verschulden bei Vertragsabschluss Nr. 9). Das Recht, Vertragsverhandlungen aus **sachlichen Gründen** abzubrechen, steht dem AG daneben jederzeit zu. Es besteht jedoch eine allgemeine Pflicht, den Abschluss eines Arbeitsvertrags nicht zu verhindern, zB durch die Nichteinholung von Zustimmungen.

Der AG hat des Weiteren dafür zu sorgen, dass Stellenbewerber in seinen Räumlichkeiten keinen 322 Schaden an Person oder mitgeführten Sachen erleiden (**Verkehrssicherungspflichten**; *Schaub* § 25 Rn. 6).

Weiterhin schuldet der AG die **sorgfältige Aufbewahrung und pflegliche Behandlung der Bewer-** 323 **bungsunterlagen.** Über ihm bekannt gewordene Geheimnisse hat er **Stillschweigen** zu bewahren. Die Verletzung dieser Pflichten führt ebenfalls zu einem Anspruch aus §§ 280 I, 311 II Nr. 2, 241 II (zur cic. ArbG Passau 6. 5. 1991 (LS) BB 1991, 1125; *Schaub* § 25 Rn. 16). Keine Sorgfaltspflichten bestehen bezüglich unverlangt zugesandter Unterlagen.

Die Beachtung des Persönlichkeitsrechts des Bewerbers gehört ebenfalls zu den vorvertraglichen 324 Pflichten des AG. Zwar muss er vor der Einstellung das Recht haben, sich Informationen zu verschaffen. Es ist ihm aber verwehrt, unzulässige, persönlichkeitsrechtsverletzende Fragen zu stellen (Rn. 330 ff.).

bb) Pflichten des Bewerbers. Vorvertragliche Pflichten sind auch vom Bewerber zu beachten. 325 Hierher gehören neben der Pflicht zur wahrheitsgemäßen Beantwortung von zulässigen Fragen durch den AG (Rn. 336 ff.) die Offenbarungspflichten über Eigenschaften, die eine Erbringung der angestrebten Tätigkeit unmöglich machen (BAG 25. 3. 1976 AP BGB § 123 Nr. 19; BAG 1. 8. 1985 AP BGB § 123 Nr. 30). So muss er zB seinen Gesundheitszustand offenbaren, wenn er infolge einer schon vorliegenden Krankheit außerstande ist, seine Arbeit aufzunehmen (BAG 7. 2. 1964 AP BGB § 276 Verschulden bei Vertragsschluss Nr. 6). Die gleiche Pflicht obliegt ihm bei unmittelbar bevorstehenden Heilverfahren, wenn es um die Einstellung für ein zweckgebundenes, befristetes Arbeitsverhältnis geht (LAG Berlin 18. 4. 1978 BB 1979, 1145). Vgl. im Übrigen zu den Offenbarungspflichten Rn. 353.

cc) Rechtsfolgen. Rechtsfolge der Verletzung einer Pflicht aus dem vorvertraglichen Schuldverhält- 326 nis ist ein Schadensersatzanspruch nach Maßgabe des § 280 I. Eine detailliertere Regelung der Rechtsfolgen hat der Gesetzgeber im Rahmen der Kodifikation der cic. in § 311 II und III unterlassen. Danach kann der Geschädigte verlangen, so gestellt zu werden, wie er ohne das schuldhafte Verhalten des anderen Teils stände. Das bedeutet nicht notwendig eine Begrenzung auf den Ersatz des **Vertrauensschadens** bzw. des negativen Interesses. Freilich folgt aus der verletzten Pflicht zumeist, dass der Ersatzanspruch auf den Vertrauensschaden begrenzt ist (BAG 10. 11. 1955 AP BGB § 276 Verschulden bei Vertragsschluss Nr. 1; *Gotthardt* Rn. 156). Durch die Vertragsanbahnung entsteht ein Schuldverhältnis ohne primäre Leistungspflicht. Bei einer Verletzung ist der Bewerber deshalb so zu stellen, wie er gestanden hätte, wenn das schädigende Ereignis nicht eingetreten wäre. Das negative Interesse ist jedoch nicht durch das Erfüllungsinteresse begrenzt, es kann dieses vielmehr erreichen oder übersteigen. Das negative Interesse ist nicht notwendigerweise niedriger als das positive, bei Ansprüchen aus dem vorvertraglichen Schuldverhältnis ist das Erfüllungsinteresse nicht die obere Grenze des Ersatzanspruchs (BGH 9. 10. 1989 NJW-RR 1990, 229, 230; BAG 15. 5. 1974 AP BGB § 276 Verschulden bei Vertragsabschluss Nr. 9; *Palandt/Heinrichs* § 311 Rn. 57). Dieser Grundsatz findet auch im Arbeitsrecht Anwendung (*Wiedemann* FS Herschel 1982 S. 463, 475). Die Schadenshöhe bei enttäuschtem Vertrauen auf Zustandekommen eines Vertrags bestimmt sich nach dem Verdienst des gekündigten und nicht des angestrebten Arbeitsplatzes (BAG 15. 5. 1974 AP BGB § 276· Verschulden bei Vertragsabschluss Nr. 9; *MünchArbR/Richardi* § 45 Rn. 23). Dagegen wird eingewandt, dass derjenige, der Einkommen im Hinblick auf einen jederzeit kündbaren Vertrag aufgibt, keinen Vertrauensschutz verdient. Eine falsche Auskunft sei zwar für den Schaden mitursächlich, es liege aber alleine im Risikobereich des Betroffenen, wenn er eine Situation falsch einschätzt und daraufhin auf Grund seines eigenen Fehlverhaltens die alte Einnahmequelle aufgibt (*Wiedemann* FS Herschel 1982 S. 463, 477; *Erman/Hanau* Rn. 261). Der Bewerber ist jedoch so zu stellen, als wäre die Auskunft nicht oder richtig erteilt worden. Dann wäre die Kündigung des alten Arbeitsplatzes unterblieben und Einnahmen in der Regel in Höhe des Gehalts erfolgt.

Bei **Abbruch von Vertragsverhandlungen** kann der Bewerber grds. nicht verlangen, so gestellt zu 327 werden, als wäre das Arbeitsverhältnis zustande gekommen (MünchArbR/*Richardi* § 45 Rn. 22). Als Rechtsfolge des § 280 ist in diesen Fällen nur unter bestimmten Umständen der Zwang zum Abschluss eines Vertrags in Betracht zu ziehen. Sagt der AG beim **Abschluss eines befristeten Vertrags** zu, den Bewerber bei Vorliegen bestimmter Voraussetzungen in ein unbefristetes Vertragsverhältnis zu übernehmen, und unterlässt er dies später trotzdem, so ergibt sich der Abschlusszwang aus der insoweit erfolgten Selbstbindung des AG. Der Schaden gemäß § 249 besteht gerade in dem Nichtabschluss des Vertrags (BAG 16. 3. 1989 AP BeschFG 1985 § 1 Nr. 8; vgl. ferner *Gotthardt* Rn. 156 mwN).

b) Diskriminierungsverbote. Vorvertragliche Pflichten können für AG aus europarechtlichen (zB 328 Art. 39 ff. EGV), verfassungsrechtlichen (zB Art. 33 II GG; Rn. 438) und einfachrechtlichen zwingen-

Preis 1435

den Vorschriften (zB § 611 a; § 81 II SGB IX) entstehen. Ein AG darf wegen der **Gewerkschaftszugehörigkeit** nicht den Abschluss eines Arbeitsvertrags verweigern (Art. 9 GG Rn. 42). Art. 9 III 2 GG ordnet die unmittelbare Wirkung der **Koalitionsfreiheit** an. Die Norm kann als Schutzgesetz angesehen werden, so dass ein Schadensersatzanspruch aus § 823 II in Betracht kommt (MünchArbR/ *Buchner* § 39 Rn. 79).

329 Im Übrigen bedarf die durch Diskriminierungsverbote – speziell des Art. 3 II, III GG, hierzu Art. 3 GG Rn. 66 ff. – entstehende zivilrechtliche Pflichtenstruktur der differenzierten Betrachtung. Aus ihrer Verletzung folgt regelmäßig kein Einstellungs-, sondern allenfalls ein Schadensersatzanspruch. In Betracht kommt ein Anspruch aus § 823 I wegen Verletzung des allgemeinen Persönlichkeitsrechts oder ein solcher aus § 826 wegen sittenwidriger Schädigung. Arbeits- und zivilrechtliche Antidiskriminierungsgesetze, die die EU-RL umsetzen, sind in Vorbereitung.

330 **4. Informationsrechte des Arbeitgebers. a) Allgemeines.** Vor Abschluss des Arbeitsvertrags ist der AG grds. berechtigt, Informationen über die für ihn maßgeblichen Umstände auch durch Fragen an den Bewerber einzuholen (hierzu aus dem Schrifttum *Däubler* CR 1994, 101; *Degener*, Das Fragerecht des Arbeitgebers gegenüber Bewerbern, 1975; *Ehrich* DB 2000, 421; *Eich* NZA 1987 Beil. 2 zu H. 12, 10; *Großmann* NZA 1989, 702; *Linnenkohl* AuR 1983, 129; *Moritz* NZA 1987, 329; *Raab* RdA 1995, 36; *Richardi* NZA 1988, 73; *Schatzschneider* NJW 1993, 1115; *Schmid* DB 1980, 2442; *Schulte-Westenberg* NJW 1994, 1573; *Schulz* NZA 1990, 717; *Sowka* NZA 1994, 967; *Teske* ZIP 1987, 960; *Thüsing/ Lambrich* BB 2002, 1146; *Walker* DB 1987, 273; *Wedde* CR 1992, 679; *Wohlgemuth* AuR 1992, 46; *Zeller* BB 1987, 1522 und 2439; *ders.*, BB 1993, 219).

331 Aus der Vertrags- und Abschlussfreiheit folgt das Recht des AG auf Informationsfreiheit. Ihm muss möglich sein, die für ihn und seinen Betrieb maßgeblichen Umstände in der Person eines Bewerbers aufzuklären. Anerkannt ist jedoch, dass **Beschränkungen der Informationsfreiheit** erforderlich sind (BAG 5. 12. 1957 AP BGB § 123 Nr. 2; BAG 5. 10. 1995 AP BGB § 123 Nr. 40; *Buchner* NZA 1991, 577, 579; *Moritz* NZA 1987, 329, 331). Rechtliche Grenzen setzt das positive Recht nur in Art. 33 GG für den öffentl. Dienst, wonach bei der Einstellung nur auf Eignung, Befähigung und fachliche Leistung abgestellt werden darf, und in Art. 9 III GG, mit dem durch das Verbot der Benachteiligung wegen der Gewerkschaftszugehörigkeit auch die Frage danach dem AG nicht gestattet ist. Für die AN in der unmittelbaren und mittelbaren Bundesverwaltung normiert **§ 7 II BGleiG** jetzt erstmals einen **Katalog unzulässiger Fragen.** Danach darf in Vorstellungs- oder Auswahlgesprächen nicht nach dem Familienstand, einer bestehenden oder geplanten Schwangerschaft sowie der Sicherstellung der Betreuung von Kindern, behinderten oder pflegebedürftigen Angehörigen neben der Berufstätigkeit gefragt werden (hierzu *Scheuring* ZTR 2002, 314, 317). Mit dem Diskriminierungsverbot in § 611 a BGB, der die geschlechtsspezifische Benachteiligung schon bei der Einstellung verbietet, soweit sie nicht durch sachliche Gründe geboten ist, lässt sich die Unzulässigkeit geschlechtsbezogener Fragen begründen. Die Rspr. stellt im Übrigen zur Begrenzung des Fragerechts in erster Linie auf das Interesse des AN am Schutz seines Persönlichkeitsrechts und der Unverletzlichkeit seiner Individualsphäre ab (BAG 5. 12. 1957 AP BGB § 123 Nr. 2; BAG 5. 10. 1995 AP BGB § 123 Nr. 40; näher Art. 2 GG Rn. 96 ff.). Die fehlende Zustimmung des BR zu einem Personalfragebogen gibt dem Bewerber nicht das Recht, zulässige Fragen falsch zu beantworten (BAG 2. 12. 1999 DB 2000, 1418).

332 Darüber hinaus sind zur Einschränkung des Fragerechts spezielle Grundrechte heranzuziehen (MünchArbR/*Buchner* § 41 Rn. 17). Über die klare Anordnung der Drittwirkung für den Fall der Gewerkschaftszugehörigkeit hinaus (Art. 9 III 2 GG) finden die Wertungen der Grundrechte im arbeitsrechtlichen Anbahnungsverhältnis Anwendung.

333 Zulässigerweise dürfen nur Fragen gestellt werden, an deren wahrheitsgemäßer Beantwortung der AG ein **berechtigtes, billigenswertes und schutzwürdiges Interesse** hat, auf Grund dessen die Belange des Bewerbers zurücktreten müssen (BAG 7. 6. 1984 AP BGB § 123 Nr. 26; BAG 5. 10. 1995 AP BGB § 123 Nr. 40; *Buchner* NZA 1991, 577, 578). Ein solches Interesse ist regelmäßig nur anzunehmen, wenn die Beantwortung der Frage für die angestrebte Arbeitsplatz und die zu verrichtende Tätigkeit selbst von Bedeutung ist (BAG 5. 12. 1957 AP BGB § 123 Nr. 2; *Wank*, Anm. zu BAG 19. 3. 1983 EzA BGB § 123 Nr. 23; *Wohlgemuth* AuR 1992, 46, 47). Betrifft die Frage dagegen die Privat- oder Intimsphäre des Bewerbers, ohne dass ein Zusammenhang mit der zu übernehmenden Aufgabe besteht, ist die gestellte Frage unzulässig.

334 Das Schweigen des Bewerbers auf eine unzulässige Frage erregt den Verdacht, der Bewerber habe etwas zu verbergen, und kann den erfolgreichen Vertragsabschluss gefährden. Deshalb hat der Bewerber nicht nur die Möglichkeit **zu schweigen**, sondern er darf sogar die **Unwahrheit sagen** (vgl. Art. 2 GG Rn. 98; MünchArbR/*Buchner* § 38 Rn. 184; für ein „Recht auf Lüge" *Däubler* CR 1994, 101, 104; *Wohlgemuth* AuR 1992, 46, 49; dagegen *Moritz* NZA 1987, 329, 336). Die Rspr. löst den Konflikt im Rahmen der Rechtsfolgen bei Falschbeantwortung einer Frage. War sie zulässigerweise gestellt, kann der AG den Vertrag wegen arglistiger Täuschung nach § 123 anfechten. Hatte der AG jedoch kein Recht, die betreffende Information zu erfragen, sind die Voraussetzungen für eine Täuschungsanfechtung nicht gegeben. Das Merkmal der Arglist ist zu verneinen (BAG 5. 12. 1957 AP BGB § 123 Nr. 2; BAG 21. 2. 1991 AP BGB § 123 Nr. 35; BAG 5. 10. 1995 AP BGB § 123 Nr. 40; MünchArbR/

E. Begründung des Arbeitsverhältnisses § 611 BGB 230

Richardi § 46 Rn. 39). Entsprechendes gilt für die nach § 7 II BGleiG (Rn. 331) unzulässigen Fragen (*Scheuring* ZTR 2002, 314, 317).

In den Fällen, in denen wegen der unzulässigerweise eingeholten Informationen ein Arbeitsvertrag 335 nicht zustande kommt, ist auch ein Schadensersatzanspruch des Bewerbers wegen Verletzung des Persönlichkeitsrechts aus § 823 I, Art. 1, 2 GG (s. § 619a Rn. 83) oder nach den Grundsätzen der cic. (§§ 311 II, 280 I) denkbar (*Wiedemann* FS Herschel 1982 S. 463).

b) Einzelne Fragen. Je weniger die Frage mit dem angestrebten Arbeitsplatz in Zusammenhang 336 steht und die Person selbst ausforscht, desto eher wird sie als unzulässig eingestuft werden müssen.

Zulässig ist die Frage nach dem **beruflichen Werdegang** einschließlich Ausbildungs- und Weiter- 337 bildungszeiten, der ohnehin regelmäßig durch die vom AN vorgelegten Zeugnisse dokumentiert sein wird (BAG 12. 2. 1970 AP BGB § 123 Nr. 17). Bei einer entspr. Frage ist der Bewerber verpflichtet, die früheren AG und die Dauer der jeweiligen Beschäftigung wahrheitsgemäß anzugeben (LAG Hamm 8. 2. 1995 LAGE BGB § 123 Nr. 21), denn dadurch kann die Eignung für die vorgesehene Tätigkeit ermittelt werden. Hierher gehört auch die Information über längere Arbeitsfreistellungen bei einem früheren AG (LAG Frankfurt 29. 10. 1980 AR-Blattei ES 640 Nr. 10). Der Bewerber darf auch dann die Dauer früherer Arbeitsverhältnisse nicht falsch angeben, wenn er damit eine Entziehungstherapie verheimlichen und seine Wiedereingliederung in das Arbeitsleben erleichtern will (LAG Köln 13. 11. 1995 NZA-RR 1996, 403).

Die Frage nach **Wettbewerbsverboten** ist zulässig, wenn sie sich auf das einzugehende Arbeits- 338 verhältnis beziehen (MünchArbR/*Buchner* § 41 Rn. 105; *Ehrich* DB 2000, 421, 422).

Bei der Frage nach dem **bisherigen Gehalt** ist zu differenzieren. Zur geschützten Individualsphäre 339 sind auch die Einkommensverhältnisse des AN zu rechnen. Unzulässig ist die Frage, wenn das bisherige Gehalt nicht aufschlussreich bezüglich der Qualifikation für den zu besetzenden Arbeitsplatz ist. Eine andere Beurteilung ergibt sich, wenn der Bewerber von sich aus das bisherige Einkommen zur Mindestbedingung erhebt oder wenn es Rückschlüsse auf seine Eignung zulässt. Dies kann der Fall sein, wenn das bisherige und der angestrebte Posten zumindest vergleichbare Kenntnisse und Fähigkeiten erfordern, oder wenn der Bewerber zuvor eine leistungsabhängige Vergütung erhielt, deren Höhe für seine Einsatzbereitschaft kennzeichnend ist (BAG 19. 5. 1983 AP BGB § 123 Nr. 25). Abgesehen von diesen Ausnahmen wird die Zulässigkeit der Frage abgelehnt, weil sich die Verhandlungsposition des Bewerbers durch die Kenntnis des AG verschlechtere (*Moritz* NZA 1987, 329, 333). Gehaltsverhandlungen sind Gegenstand des Vorstellungsgesprächs, in denen jede Partei auf ihren Vorteil bedacht ist. Bemühungen des AG, eine ihm vorteilhafte Position zu erringen, braucht der Bewerber nicht durch eine wahre Angabe über sein früheres Gehalt zu unterstützen (LAG Baden-Württemberg 23. 12. 1980 AR-Blattei ES 640 Nr. 11).

Die Frage nach **Lohnpfändungen oder Lohnabtretungen** ist nur bei Bewerbern für bes. Vertrau- 340 enspositionen zulässig (*Zeller* BB 1987, 1522, 1523). Im Übrigen darf nicht danach gefragt werden (ArbG Berlin 16. 7. 1986 BB 1986, 1853; aA *Moritz* NZA 1987, 329, 333). Als Ausnahme soll in Betracht kommen, dass wegen bes. betrieblicher Umstände, zB in einem Kleinbetrieb, die Bearbeitung von Lohnpfändungen einen nicht zumutbaren Aufwand erfordern (BAG 4. 11. 1981 AP KSchG § 1 Verhaltensbedingte Kündigung Nr. 4; *Dörner* AR-Blattei SD 60 Rn. 55). Da die Bearbeitung derartiger Fälle jedoch stets aus dem schematischen Ablauf herausfällt und bes. Umstände verursacht, ist eine Ungleichbehandlung aus diesen Gründen nicht zu vertreten. Das Interesse des AN an der Erlangung eines Arbeitsplatzes trotz der Lohnpfändung oder -abtretung ist hier vorrangig.

Vorstrafen dürfen verschwiegen werden, wenn sie gem. § 51 BZRG nicht (mehr) in ein polizei- 341 liches Führungszeugnis aufzunehmen sind. Nach st. Rspr. darf im Übrigen bei privatrechtlichen Arbeitsverhältnissen nach Vorstrafen des Bewerbers nicht einschränkungslos gefragt werden, schon um die Resozialisierung des Vorbestraften nicht unnötig zu erschweren und den sich redlich um einen Arbeitsplatz Bemühenden nicht in unnötige Gewissenskonflikte zu bringen. Es darf aber nach Vorstrafen gefragt, wenn und soweit die Art des zu besetzenden Arbeitsplatzes dies erfordert (BAG 20. 5. 1999 AP BGB § 123 Nr. 50). Beispiele: Vorstrafe eines Bankkassierers auf vermögensrechtlichem Gebiet, verkehrsrechtliche Vorstrafen eines Kraftfahrers, Sittlichkeitsdelikte eines Erziehers. Die Strafe muss demnach **einschlägig** sein (BAG 5. 12. 1957 AP BGB § 123 Nr. 2; BAG 15. 1. 1970 AP KSchG § 1 Verhaltensbedingte Kündigung Nr. 7; LAG Düsseldorf 24. 6. 1988 AuR 1989, 185).

Unter der Voraussetzung der Rn. 341 darf auch nach einschlägigen **laufenden Ermittlungsverfah-** 342 **ren** gefragt werden. Dies verstößt nicht gegen die Unschuldsvermutung nach Art. 6 II EMRK (BAG 20. 5. 1999 AP BGB § 123 Nr. 50; *Ehrich* DB 2000, 421, 423; aA ArbG Münster 20. 11. 1992 NZA 1993, 421). Arbeitsrechtlich relevant kann zudem sein, ob die Verfügbarkeit des Bewerbers durch das Verfahren eingeschränkt ist, wenn mit umfangreichen Ermittlungen oder gar Untersuchungshaft zu rechnen ist (*Raab* RdA 1995, 36, 42) oder die Verurteilung zu einer Freiheitsstrafe zu erwarten ist. Hier ist das Einstellungs- und Beschäftigungsrisiko so groß, dass dem AG ein Fragerecht zugebilligt werden muss (*Linnenkohl* AuR 1983, 129; zur Sicherheitsüberprüfung eines Bewerbers *Buchner* NZA 1991, 577).

343 Strenge Maßstäbe sind bei Fragen nach **Krankheiten** anzulegen, da sie einen nicht unerheblichen Eingriff in die Intimsphäre des Bewerbers darstellen. Die Frage ist zulässig, wenn die Krankheit die Eignung des Bewerbers für die angestrebte Tätigkeit **auf Dauer** oder in **periodisch wiederkehrenden Abständen** erheblich **beeinträchtigt** oder **aufhebt** (BAG 7. 6. 1984 AP BGB § 123 Nr. 26). Die allgemein gehaltene Frage nach dem Gesundheitszustand ist dagegen unzulässig. Des Weiteren ist die Frage zulässig bei ansteckenden Krankheiten, die Kollegen oder Kunden gefährden könnten. Fragen darf der AG auch, ob zum Zeitpunkt des Dienstantritts bzw. in absehbarer Zeit mit einer Arbeitsunfähigkeit, zB durch eine geplante oder bereits bewilligte **Operation oder Kur**, oder durch eine zurzeit bestehende Erkrankung zu rechnen ist (BAG 7. 6. 1984 AP BGB § 123 Nr. 26; ArbG Stade 3. 9. 1971 BB 1971, 1235; *Dörner* AR-Blattei SD 60 Rn. 60). In einer Entscheidung des BAG v. 27. 3. 1991 (AP LohnFG § 1 Nr. 92) konnte das Bestehen einer Mitteilungspflicht bezüglich einer bereits im Zeitpunkt des Vorstellungsgesprächs beantragten Kur offen bleiben, da ein Schadensersatzanspruch eingeklagt war, der AG aber einen Schaden, der über die gesetzliche Pflicht zur Lohnfortzahlung hinausging, nicht darlegen konnte. Nach einer bestehenden **Alkoholkrankheit** darf den genannten Grundsätzen entspr. gefragt werden. Die Frage nach einer **genetischen Veranlagung** wird grds. für unzulässig gehalten (*Wiese* RdA 1988, 217, 218).

344 Besonderheiten gelten im Bereich der **AIDS**-Erkrankung. Da mit einer Heilung nicht gerechnet werden kann und deshalb die Arbeitsunfähigkeit absehbar ist, darf die Frage danach gestellt werden (*Heilmann* BB 1989, 1413, 1414; *Richardi* NZA 1988, 73, 74). Anders ist es bei einer **HIV-Infizierung.** Hier ist die Frage nur zulässig, wenn auf Grund der Tätigkeit ein **erhöhtes Risiko** der Ansteckung von Kollegen oder Kunden besteht, wie etwa bei Berufen im Gesundheitsdienst, bei Küchenpersonal und bei Berufsgruppen, die mit der Herstellung von Lebensmitteln beschäftigt sind (*Keller* NZA 1988, 561, 563; *Richardi* NZA 1988, 73, 74; für die generelle Unzulässigkeit der Frage *Heilmann* BB 1989, 1413, 1415). Nach aA soll deshalb ein berechtigtes, billigenswertes und schutzwürdiges Interesse des AG an der wahrheitsgemäßen Beantwortung der Frage, weil die AIDS-Erkrankung nach dem gegenwärtigen Kenntnisstand der Medizin unweigerlich zum Tod führe (*Eich* NZA 1987 Beil. 2, 10, 12; *Klak* BB 1987, 1382, 1384; *Zeller* BB 1987, 1522, 1523). Nur mit den möglichen Kosten einer vielleicht erst in Jahren ausbrechenden Krankheit ist die Zulässigkeit der Frage jedoch nicht zu begründen. Auch bei anderen Erkrankungen ist der AN nur auskunftspflichtig, wenn sie in absehbarer Zeit zur Arbeitsunfähigkeit führen (Rn. 343; gegen ein unbegrenztes Fragerecht auch *Dörner* AR-Blattei SD 60 Rn. 61).

345 Die Frage nach einer bestehenden **Schwangerschaft** ist unzulässig. Unter Aufgabe seiner früheren Rspr. (BAG 22. 9. 1961 AP BGB § 123 Nr. 15; BAG 20. 2. 1986 AP BGB § 123 Nr. 31) sieht das BAG in der Frage nach der Schwangerschaft einen Verstoß gegen § 611a (BAG 6. 2. 2003 EzA BGB 2002 § 123 Nr. 2; BAG 15. 10. 1992 AP BGB § 611a Nr. 8; LAG Düsseldorf 1. 4. 1992 NZA 1992, 695). Die Literatur folgt dem tw. (*Coester* Anm. zu BAG 15. 10. 1992 AP BGB § 611a Nr. 8; *Schatzschneider* NJW 1993, 1115, 1116; krit. zT aus beschäftigungspolitischer Sicht *Sowka* NZA 1994, 967, 969; *Schulte-Westenberg* NJW 1994, 1573, 1575; *Walker* DB 1987, 273, 276; *Zeller* BB 1993, 219, 220). Das BAG hielt allerdings die Frage für möglich, wenn die Beschäftigung dem gesundheitlichen Schutz der Mutter oder des ungeborenen Kindes zuwiderläuft (BAG 1. 7. 1993 AP BGB § 123 Nr. 36). Dies war jedoch mit der Rspr. des EuGH nicht vereinbar, der zu Recht in einem Beschäftigungsverbot während der Schwangerschaft nur ein zeitweiliges Hindernis sieht, die Arbeit zu verrichten (EuGH 5. 5. 1994 „*Habermann-Beltermann*" AP EWG/RL 76/207 Art. 2 Nr. 3 = EAS RL 76/207 Art. 2 Nr. 9; EuGH 3. 2. 2000 AP BGB § 611a Nr. 18 = EAS RL 76/207/EWG Art. 2 Nr. 16). Nach jüngster Rspr. des EuGH ist die Frage nach der Schwangerschaft nicht einmal mehr dann zulässig, wenn die AN auf bestimmte Zeit eingestellt wurde und feststeht, dass sie während eines wesentlichen Teils der Vertragszeit nicht arbeiten kann (EuGH 4. 10. 2001 EAS 76/207/EWG Art. 5 Nr. 16 m. abl. Anm. *Stahlhacke;* abl. auch *Herrmann* SAE 2003, 125; zur Verkürzung des Erziehungsurlaubs (jetzt Elternzeit) bei erneuter Schwangerschaft s. Vorlage ArbG Lübeck 6. 8. 2001 – 1 Ca 1222/01 –). Das BAG hat sich der Auffassung des EuGH angeschlossen und sieht in der Frage nach der Schwangerschaft auch dann eine unzulässige Diskriminierung, wenn eine unbefristet eingestellte AN ihre Tätigkeit wegen eines mutterschutzrechtlichen Beschäftigungsverbots zunächst nicht ausüben kann (BAG 6. 2. 2003 EzA BGB 2002 § 123 Nr. 2). Die bisher verbreitet vertretene Auffassung, dass die Frage nach der Schwangerschaft jedenfalls dann zulässig ist, wenn die Bewerberin befristet eingestellt werden soll und für die gesamte vorgesehene Vertragsdauer eine Beschäftigung aus Gründen des Mutterschutzes ausscheidet (APS/*Rolfs* § 9 MuSchG Rn. 48; *Paul* DB 2000, 974; KR/*Pfeiffer* § 611a Rn. 33; *Coester* Anm. EAS RL 76/207/EWG Art. 2 Nr. 9 und 10), ist damit mit der Rspr. des EuGH nicht vereinbar. Es ist anzunehmen, dass das BAG dem folgen wird. (*Thüsing/Lambrich* BB 2002, 1146, 1147 f. wollen allerdings den Einwand des Rechtsmissbrauchs zulassen). Im Anwendungsbereich des BGleiG (Rn. 331) enthält § 7 II BGleiG ohnehin ein totales Verbot (*Scheuring* ZTR 2002, 314, 317), in Vorstellung- oder Auswahlgesprächen nach einer bestehenden oder geplanten Schwangerschaft zu fragen.

346 Die Frage nach der **Körperbehinderung** ist insoweit zulässig, als sie auf eine durch die Körperbehinderung mögliche Beeinträchtigung der zu verrichtenden Arbeit gerichtet ist (BAG 7. 6. 1984 AP BGB § 123 Nr. 26; BAG 29. 8. 1984 AP BGB § 123 Nr. 27).

E. Begründung des Arbeitsverhältnisses
§ 611 BGB 230

Problematisch ist die Frage nach der bloßen **Schwerbehinderteneigenschaft**. Das BAG tendierte 347 zwischenzeitlich dazu, die Zulässigkeit der Frage davon abhängig zu machen, ob die der Schwerbehinderung zugrunde liegende Beeinträchtigung für die auszuübende Tätigkeit von Bedeutung ist (BAG 11. 11. 1993 AP BGB § 123 Nr. 38). Jetzt hält es die Frage wieder wie zuvor (BAG 25. 3. 1976 AP BGB § 123 Nr. 19; BAG 1. 8. 1985 AP BGB § 123 Nr. 30) ausdrücklich für uneingeschränkt zulässig (BAG 5. 10. 1995 AP BGB § 123 Nr. 40; BAG 3. 12. 1998 AP BGB § 123 Nr. 49), weil das Schwerbehindertenrecht für den AG während der gesamten Dauer des Arbeitsverhältnisses zahlreiche gesetzliche Pflichten begründe. Auch nicht auf Grund der erst 1994 erfolgten Aufnahme des Verbots der Benachteiligung Behinderter in das GG (Art. 3 III 2 GG) sei eine andere Bewertung vorzunehmen. Der Vergleich mit der Frage nach der Schwangerschaft, die grds. für unzulässig gehalten wird (Rn. 348 ff.), sei nicht vorzunehmen, da der Gesetzgeber in § 611 a ein ausdrückliches geschlechtsspezifisches Diskriminierungsverbot bei der Begründung von Arbeitsverhältnissen normiert habe, das im Falle der Behinderten fehle. Diese problematische Rspr. (abl. bereits hier Art. 3 Rn. 82; *Pahlen* RdA 2001, 143, 148 f.) hat das BAG schon für den Fall durchbrochen, dass die Schwerbehinderung offensichtlich war und deshalb beim AG kein Irrtum erregt werden konnte (BAG 18. 10. 2000 AP BGB § 123 Nr. 59). Dieser Rspr. ist jetzt durch § 81 SGB IX die Grundlage entzogen (ebenso Hauck/Noftz/*Griebeling*, SGB IX § 85 Rn. 28; LPK-SGB IX/*Düwell*, § 85 Rn. 16 f.; KR/*Etzel*, §§ 85–90 SGB IX Rn. 32; *Rolfs*/*Paschke* BB 2002, 1260, 1261; *Thüsing*/*Lambrich* BB 2002, 1146, 1149; *Messingschlager* NZA 2003, 301; aA *Schaub* NZA 2003, 299). § 81 II Nr. 1 SGB IX sieht nämlich jetzt das vom BAG vermisste ausdrückliche, in § 611 a angelehnte Benachteiligungsverbot vor. Auch angesichts der Art. 3 III 2 und Art. 5 der neuen GleichbehandlungsRL (2000/78/EG v. 27. 11. 2000 ABl. EG Nr. L 303 v. 2. 12. 2000 S. 21), ist davon auszugehen, dass diese Rspr. des BAG nicht mehr gehalten werden kann (LPK-SGB IX/*Düwell*, § 85 Rn. 18). Die Frage nach der bloßen (tätigkeitsneutralen) Schwerbehinderteneigenschaft ist daher unzulässig (vgl. auch § 81 SGB IX Rn. 6). § 81 II Nr. 1 S. 4 SGB IX lässt aber die unterschiedliche Behandlung zu, soweit bestimmte körperliche Funktionen, geistige Fähigkeiten oder seelische Gesundheit wesentliche und entscheidende Voraussetzung für die Tätigkeit ist.

Überwiegend für zulässig wird die Frage nach dem zukünftigen **Wehr- oder Ersatzdienst** gehalten 348 (zB ArbRBGB/*Schliemann* Rn. 1218). Diese betrifft die Verfügbarkeit des Bewerbers für einen längeren Zeitraum und berührt erhebliche betriebliche Interessen des AG. Allerdings ist fraglich, ob diese Ansicht mit der Rspr. des EuGH zum Verbot der **geschlechtsspezifischen Diskriminierung** (vgl. die Frage nach der Schwangerschaft Rn. 345 ff.) vereinbar ist. Die Frage betrifft ausschließlich männliche Bewerber und enthält somit ebenfalls eine Benachteiligung wegen des Geschlechts (*Coester* Anm. zu BAG 20. 2. 1986 AP BGB § 123 Nr. 31; *Moritz* NZA 1987, 329, 335; *Ehrich* DB 2000, 421, 426). Zu erwägen ist auch hier, die Frage nur im befristeten Arbeitsverhältnis zuzulassen, in dem der Wehrdienst der Vertragsdurchführung insgesamt im Wege steht. Ob in der Vergangenheit Wehr- oder Zivildienst geleistet wurde, unterliegt der grundrechtlich geschützten Gewissensfreiheit des Bewerbers und darf nicht erfragt werden (MünchArbR/*Buchner* § 41 Rn. 14).

Die Frage nach der **Gewerkschaftszugehörigkeit** ist wegen der in Art. 9 III GG verfassungsrecht- 349 lich garantierten Koalitionsfreiheit unzulässig (BAG 28. 3. 2000 AP BetrVG 1972 § 99 Einstellung Nr. 27). Ebenfalls darf die Einstellung nicht vom Austritt aus der Gewerkschaft abhängig gemacht werden. Gegen einen derartigen rechtswidrigen Eingriff in die Koalitionsfreiheit kann sich auch die betroffene Gewerkschaft durch eine Unterlassungsklage schützen (BAG 2. 6. 1987 AP GG Art. 9 Nr. 49). Gleichfalls unzulässig sind vor Abschluss des Arbeitsvertrags die Fragen nach der **Konfession** oder der Mitgliedschaft in **politischen Parteien** (*Wohlgemuth* AuR 1992, 46, 47). Etwas anderes kann für bestimmte **Tendenzbetriebe** (zB Verlage, Parteien) gelten. Auch im öffentl. Dienst ist die Frage nach der Mitgliedschaft in einer verfassungsfeindlichen Partei zulässig (OVG NRW 26. 9. 1983 BB 1984, 1490).

Die Frage nach einer früheren Tätigkeit im Dienste des **Ministerium für Staatssicherheit** für die 350 **Übernahme** in den öffentl. Dienst ist nach der Rspr. des BVerfG (8. 7. 1997 NJW 1997, 2307; vgl. auch BerlVerfGH 17. 12. 1997 NZA 1998, 591) für Vorgänge, die **vor dem Jahre 1970** abgeschlossen waren, wegen Verletzung des allgemeinen Persönlichkeitsrechts (Art. 2 I GG) unzulässig. Im Übrigen ist die Befragung nach Funktionen und Tätigkeiten in SED und MfS zulässig (BAG 28. 5. 1998 AP BGB § 123 Nr. 46; BAG 26. 8. 1993 AP Einigungsvertrag Art. 20 Nr. 8; BAG 14. 12. 1995 AP Einigungsvertrag Anlage I Kap. XIX Nr. 56; bei einer verschwiegenen bes. schwerwiegenden Mitarbeit für das MfS auch für Tätigkeiten vor 1970 BAG 6. 7. 2000 AP BGB § 123 Nr. 58). Die Frage nach erfolglosen Anwerbungsversuchen braucht nicht beantwortet zu werden (BAG 7. 9. 1995 AP BGB § 242 Auskunftspflicht Nr. 24). Eine **Anfechtung** des Arbeitsverhältnisses wegen Falschbeantwortung der Frage nach der Stasi-Tätigkeit kommt dann in Betracht, wenn der Bewerber erst nach der Einigung am 3. 10. 1990 in den öffentl. Dienst aufgenommen wurde (vgl. LAG Mecklenburg-Vorpommern 27. 11. 1995 NZA-RR 1996, 401). Für das Fragerecht des **privaten AG** bietet sich der Vergleich mit den Fragen nach einer Vorstrafe an, da auch das einer Vorstrafe zugrunde liegende Verhalten auf einer bewussten und vorwerfbaren Entscheidung beruht (*Wedde* CR 1992, 679, 681). Bei der Vorstrafe ist jedoch die Pflicht zur wahrheitsgemäßen Beantwortung nur gegeben, soweit ein Bezug zum angestrebten Arbeitsplatz besteht (Rn. 341). Da bezüglich der Stasitätigkeit die Gefahr eines Rückfalls aus der Natur der Sache folgend nicht gegeben ist, ist insoweit ein berechtigtes, billigenswertes und schützenswertes Interesse des AG an der Frage nicht vorhanden. Eine Ausnahme ist nur anzuerkennen in Tendenzbetrieben, in denen der ehemalige Stasi-Mitarbeiter oder -Informant nach außen in Erscheinung tritt (*Fitting* § 94 Rn. 18; *Wedde* CR 1992, 679, 682; *Wohlgemuth* AuR 1992, 46, 48 f.). Das BAG hält die Frage nach der MfS-Tätigkeit bei einem privaten AG für zulässig, wenn der AN dort Aufgaben ausführt, die der öffentlichen Verwaltung zuzurechnen sind oder aber nur mit öffentlich-rechtlichen Aufgaben eng verbunden sind. Es hat die Zulässigkeit der Frage deshalb sogar bei dem Mitarbeiter eines privatrechtlich organisierten Verkehrsflughafens bejaht, der im Bereich der Flugsicherung und der Flugplankoordinierung eingesetzt war (BAG 25. 10. 2001 EzA BGB § 626 nF Nr. 191).

351 In der aktuellen Diskussion steht die Frage nach der **Scientology**-Mitgliedschaft. Die Unzulässigkeit der Frage folgt schon aus dem Gesichtspunkt der Religionszugehörigkeit, weil nach der Rspr. des BAG die Scientology-Organisation keine Religions- und Weltanschauungsgemeinschaft ist (BAG 22. 3. 1995 AP ArbGG 1979 § 5 Nr. 21). Allerdings ist die Frage nach inneren Überzeugungen idR nur im öffentl. Dienst und in Tendenzbetrieben zulässig (im bestehenden ArbVerh. als Frage „ins Blaue hinein" ablehnend ArbG München 24. 10. 2000 NZA-RR 2001, 296). Im privaten Arbeitsverhältnis kann die Frage bei der Vergabe von Vertrauensstellungen zulässig sein (*Bauer/Baeck/Merten* DB 1997, 2534, 2535 f.; *Ehrich* DB 2000, 421, 426).

352 Fragen nach den **persönlichen Lebensverhältnissen** wie Heiratsabsichten, Leben in einer nichtehelichen Lebensgemeinschaft, Homosexualität und Religionszugehörigkeit sind unzulässig (*Ehrich* HwB AR 865 Rn. 69 f.; *Dörner* AR-Blattei SD 60 Rn. 80). Im Anwendungsbereich des BGleiG (Rn. 331) darf ohnehin nicht nach dem Familienstand gefragt werden.

353 **c) Offenbarungspflichten.** Nur ausnahmsweise besteht eine Offenbarungspflicht des Bewerbers, wenn er erkennt, dass er **auf Grund fehlender Qualifikationen oder Fähigkeiten für die Arbeit völlig ungeeignet** ist, die verschwiegenen Umstände ihm die Erfüllung der arbeitsvertraglichen **Leistungspflicht unmöglich** machen oder sonst ausschlaggebende Bedeutung für den Arbeitsplatz haben. Dann kann der AG nach Treu und Glauben eine freiwillige Auskunft erwarten (BAG 21. 2. 1991 AP BGB § 123 Nr. 35; *Moritz* NZA 1987, 329, 331; MünchArbR/*Buchner* § 41 Rn. 165). Offenbarungspflichten **scheiden aus,** wenn schon eine **Frage** des AG nach demselben Gegenstand **unzulässig** wäre. Wegen dieses Zusammenhangs sind im Folgenden nur die Fälle behandelt, in denen zumindest ein Fragerecht des AG anerkannt wird.

354 Unterliegt der Bewerber einem **Wettbewerbsverbot,** muss er dies offenbaren, da die Möglichkeit besteht, dass er die Tätigkeit nicht aufnimmt oder abbricht, wenn sein alter AG gegen ihn vorgeht (*Ehrich* HwB AR 865 Rn. 17). Seine Verfügbarkeit ist direkt betroffen.

355 Eine Offenbarungspflicht bezüglich der **Vorstrafen** kann bei bes. Vertrauenspositionen bestehen, in denen es erkennbar auf die Integrität des Stelleninhabers ankommt. Im Übrigen muss der Bewerber den AG aufklären, wenn er demnächst eine Freiheitsstrafe anzutreten hat (LAG Frankfurt 7. 8. 1986 LAGE BGB § 123 Nr. 8; *Conze,* Anm. zu BAG 18. 9. 1987 AP BGB § 123 Nr. 32). Der längere Ausfall und die absehbare Nichterfüllung des Arbeitsvertrags durch den Bewerber stellen eine erhebliche wirtschaftliche Belastung für den AG dar. Auf die Einschlägigkeit des der Strafe zugrunde liegenden Delikts (Rn. 341) kommt es dabei nicht an.

356 Eine Offenbarungspflicht des Bewerbers besteht, wenn zum Zeitpunkt des Dienstantritts bzw. in absehbarer Zeit mit einer Arbeitsunfähigkeit durch eine zurzeit bestehende **Erkrankung** zu rechnen ist (BAG 7. 2. 1964 AP BGB § 276 Verschulden bei Vertragsschluss Nr. 6). Ungefragt muss der sich als Kraftfahrer bewerbende AN eine Alkoholabhängigkeit offenbaren. Die abstrakte Gefahr des Führens von Kraftfahrzeugen unter Alkoholgenuss und der damit verbundenen Risiken reicht aus, um die Eignung des Bewerbers für den Arbeitsplatz zu verneinen (ArbG Kiel 21. 1. 1982 BB 1982, 804; *Gola* BB 1987, 538, 539). Im Falle eines zweckgebundenen, befristeten Arbeitsverhältnisses muss der Bewerber nach einer Entscheidung des LAG Berlin (18. 4. 1978 BB 1979, 1145) ein unmittelbar bevorstehendes Heilverfahren von sich aus mitteilen.

357 Seine **Schwerbehinderteneigenschaft oder Gleichstellung** nach SGB IX muss der Bewerber nur dann ungefragt offenbaren, wenn er die angestrebte Tätigkeit wegen der Art seiner Behinderung gar nicht ausüben kann oder die beschränkte Leistungsfähigkeit für den Arbeitsplatz sonst von **ausschlaggebender Bedeutung** ist (BAG 25. 3. 1976 AP BGB § 123 Nr. 19; BAG 1. 8. 1985 AP BGB § 123 Nr. 30; LAG Düsseldorf 6. 3. 1991 NZA 1991, 674). Mit der Schwerbehinderteneigenschaft ist noch kein objektives Leistungshindernis verbunden (LPK-SGB IX/*Düwell,* § 85 Rn. 14).

358 Eine Offenbarungspflicht bezüglich der **Schwangerschaft** besteht nicht (näher Rn. 347 ff.).

359 Ein Bewerber für den öffentl. Dienst muss nicht ungefragt seine **Mitgliedschaft in einer politischen Partei** angeben. Er kann regelmäßig davon ausgehen, dass er seine Dienstpflichten ordnungsgemäß erbringen kann (LAG Mainz 6. 7. 1984 NJW 1985, 510). Zur Offenbarungspflicht eines MfS-Mitarbeiters: LAG Mecklenburg-Vorpommern 27. 11. 1995 NZA-RR 1996, 401.

360 **d) Auskunft durch Dritte.** Wegen der erheblichen Schwächen von Zeugnissen (§ 630 Rn. 39 ff.) ein neuer AG vielfach daran interessiert, weitergehende Informationen über den Stellenbewerber zu

erlangen. Außer der Einschaltung eines Branchenauskunftsdienstes oder einer Auskunftei kommt der **bisherige AG** als Informationsquelle in Betracht. Das BAG hat angenommen, die AG seien aus dem Gesichtspunkt der Sozialpartnerschaft berechtigt, andere AG bei der Wahrung ihrer Belange zu unterstützen (BAG 25. 10. 1957 AP BGB § 630 Nr. 1) und daraus hergeleitet, dass Auskünfte nicht nur ohne Zustimmung, sondern auch gegen den ausdrücklich erklärten Willen des AN zulässig sind. Diese Auskünfte müssen jedoch wie Zeugnisse wahr sein und dürfen nur solchen Personen gegeben werden, die ein berechtigtes Interesse daran haben (BAG 5. 8. 1976 AP BGB § 630 Nr. 10; *Däubler* CR 1994, 101, 105).

Das Auskunftserteilungsrecht besteht nicht schrankenlos (*Schulz* NZA 1990, 717, 719; Staudinger/ 361 *Preis* § 630 Rn. 85). Es findet seine **Grenze im Fragerecht** des neuen AG beim Einstellungsgespräch (Rn. 330 ff.). Der Persönlichkeitsschutz des Bewerbers darf nicht durch Nachfragen beim alten AG unterlaufen werden. Des Weiteren dürfen die Auskünfte dem Zeugnisinhalt nicht widersprechen (LAG Berlin 8. 5. 1989 NZA 1989, 965). Sie unterliegen denselben Erfordernissen im Hinblick auf Vollständigkeit, Einheitlichkeit und Wahrheit wie das Zeugnis selbst (BAG 25. 10. 1957 AP BGB § 630 Nr. 1). Die Auskunft hat sich auf Leistung und Verhalten des AN während des Arbeitsverhältnisses zu beschränken (BAG 18. 12. 1984 AP BGB § 611 Persönlichkeitsrecht Nr. 8; *Schulz* NZA 1990, 717, 719). Insb. ist keine Einsicht in die Personalakten und in den alten Arbeitsvertrag zu gewähren, da sich dadurch die Verhandlungsposition des Bewerbers verschlechtern kann.

Verletzt der AG die ihm danach obliegenden Pflichten in zu vertretender Weise, steht dem AN ein 362 **Schadensersatzanspruch** aus § 280 I wegen Verletzung der nachvertraglichen Nebenpflichten (LAG Berlin 8. 5. 1989 NZA 1989, 965), uU auch aus §§ 823, 826 zu. Darüber hinaus kann der AN sowohl aus dem Gesichtspunkt der Naturalrestitution (§ 249) als auch entspr. § 1004 verlangen, dass unrichtige Auskünfte berichtigt werden.

5. Untersuchung und Begutachtung des Arbeitnehmers. a) Einstellungsuntersuchung. Mit 363 Hilfe der Einstellungsuntersuchung soll festgestellt werden, ob der Bewerber physisch den Anforderungen des Arbeitsplatzes gewachsen ist. Die Leistungsfähigkeit muss mit der Leistungsanforderung vereinbar sein (*Zeller* BB 1987, 2439). Die Einstellungsuntersuchung kann jedoch in das **Persönlichkeitsrecht** des Bewerbers eingreifen (näher Art. 2 GG Rn. 93; *Bepler* NJW 1976, 1872; *Diekgräf* BB 1991, 1854; *Deutsch* NZA 1989, 657; *Heilmann* AuA 1995, 157; *Keller* NZA 1988, 561; *Michel/Wiese* NZA 1989, 505; *Oetker* BlStSozArbR 1985, 65 u. 81; *Rehwald* AiB 2000, 125; *Scholz* NJW 1981, 1987; *Wiese* RdA 1988, 217; ders. BB 1994, 1209).

Die Untersuchung und deren Umfang muss wie das Fragerecht im **berechtigten Interesse** des AG 364 liegen (BAG 23. 2. 1967 AP BAT § 7 Nr. 1). Im Bereich der Einstellungsuntersuchung sind die Grundsätze zur Frage nach einer Krankheit oder Körperbehinderung heranzuziehen. Die Untersuchung muss sich auf die gegenwärtige Eignung des Bewerbers für den zu besetzenden Arbeitsplatz beziehen (*Däubler* CR 1994, 101, 104; *Wiese* RdA 1988, 217, 219). Der Bezug besteht jedenfalls, wenn die Untersuchung ergeben soll, ob die Krankheit die Eignung des Bewerbers für die angestrebte Tätigkeit auf Dauer oder in periodisch wiederkehrenden Abständen erheblich beeinträchtigt oder aufhebt (BAG 7. 6. 1984 AP BGB § 123 Nr. 26). Mit gegenwärtiger Eignung ist die Eignung im Zeitpunkt der Einstellung oder die absehbare Zeit danach gemeint. Ob der gesundheitliche Zustand den Anforderungen des Arbeitsplatzes genügt, unterliegt im Übrigen der Beurteilung des Arztes (*Keller* NZA 1988, 561, 562). Dies wird an dem Umstand deutlich, dass der Arzt dem AG nur Auskunft über die allgemeine Tauglichkeit, nicht aber über einzelne Untersuchungsergebnisse geben darf (Rn. 367).

Der Bewerber ist nicht verpflichtet, die Untersuchung durchführen zu lassen (ArbG Stuttgart 21. 1. 365 1983 BB 83, 1162; *Zeller* BB 1987, 2439, 2442). Die Untersuchung kann nur auf freiwilliger Basis durchgeführt werden (zur Untersuchungspflicht im bestehenden Arbeitsverhältnis BAG 6. 11. 1997 AP BGB § 626 Nr. 142). Mit der Verweigerung der Einwilligung riskiert der Bewerber freilich seine sofortige Ablehnung.

Ausnahmen von dem Freiwilligkeitsgrundsatz bestehen in den **gesetzlich angeordneten Unter-** 366 **suchungen** nach §§ 32 ff. JArbSchG. Zum **Schutz der Allgemeinheit** ist für Personen, die im Lebensmittelbereich beschäftigt sind, die Vorlage eines Gesundheitszeugnisses vorgeschrieben, wenn Anhaltspunkte für eine ein Beschäftigungsverbot begründende Erkrankung vorliegen (§ 43 I IfSG). Dem Schutze der AN dienen des Weiteren die Untersuchungsanordnungen im SeemannsG (§ 81), in der Röntgen- (§§ 37 ff.) und Strahlenschutzverordnung (§§ 60 ff.), der Gefahrstoffverordnung (§ 28), der Verordnung über die Beschäftigung von Frauen auf Fahrzeugen und die Unfallverhütungsvorschriften der Berufsgenossenschaften. Auch diese Untersuchungen sind freiwillig, doch wird die Verweigerung unausweichlich die Nichteinstellung zur Folge haben, da die fehlende Untersuchung ein **Beschäftigungsverbot** nach sich ziehen kann (*Heilmann* AuA 1995, 157, 159). Die Einstellungsuntersuchung kann auch tarifvertraglich geregelt sein, so zB in § 7 BAT, wonach sie auf Verlangen des AG durchzuführen ist.

Mit der Einstellungsuntersuchung wird regelmäßig ein nach § 2 ASiG berufener **Werksarzt** beauf- 367 tragt. Fehlt dieser, können auch Vertrauens-, Amts- oder frei praktizierende Ärzte beauftragt werden (*Heilmann* AuA 1995, 157). Der Arzt hat die ärztliche **Schweigepflicht** (§ 203 I StGB, § 8 I ASiG) zu beachten, auch wenn er im Interesse des AG die Untersuchung vornimmt. Die Weitergabe des Untersuchungsergebnisses darf somit nur mit **Einwilligung des Bewerbers** erfolgen. Allerdings kann von einer stillschweigenden Einwilligung ausgegangen werden, wenn er sich zur Untersuchung bereit erklärt hat, da der Bewerber den Zweck der Untersuchung kennt (*Zeller* BB 1987, 2439, 2442). Das Auskunftsrecht erstreckt sich nur auf das Untersuchungsergebnis, soweit es für den in Aussicht stehenden Arbeitsplatz von Bedeutung ist, die einzelnen Befunde dürfen vom Arzt nicht mitgeteilt werden (*Heilmann* AuA 1995, 157, 158; *Keller* NZA 1988, 561, 563; *Zeller* BB 1987, 2439, 2442). Für die Mitteilung differenzierter Untersuchungsergebnisse ist eine gesonderte Entbindung von der Schweigepflicht notwendig.

368 Sollen die Ergebnisse der Untersuchung in Dateien gespeichert werden, sind die Vorschriften des BDSG zu beachten. Nach § 4 I BDSG ist die Einwilligung des Betroffenen oder die Erlaubnis durch das BDSG oder eine andere Rechtsvorschrift erforderlich.

369 Ein Mitbestimmungsrecht des BR, etwa nach § 87 I Nr. 7 BetrVG oder § 9 ASiG, besteht nicht (*Zeller* BB 1987, 2439, 2443). Die Einstellungsuntersuchung dient in erster Linie dem Interesse des AG und der Personalauslese, steht also nicht im Zusammenhang mit arbeitsschutzrechtlichen Vorschriften.

370 Der AN kann schon vor Durchführung der Einstellungsuntersuchung unter der **auflösenden Bedingung** nach § 158 II (§ 21 TzBfG Rn. 1 ff.) eingestellt werden, dass das Ergebnis der Untersuchung die gesundheitliche Eignung für den Arbeitsplatz ergibt (*Zeller* BB 1987, 2439, 2441).

371 b) **Genomanalysen.** Die Genomanalyse umfasst Untersuchungsmethoden, die Rückschlüsse auf die Strukturen und Funktionen der Gene zulassen (*Diekgräf* BB 1991, 1854). Die Gefahr eines Verstoßes gegen das Persönlichkeitsrecht ist sehr hoch, da durch die Auswertung der unveränderlichen genetischen Daten die untersuchte Person klassifiziert wird. Die Untersuchungen sollen Erbanlagen für Krankheiten oder genetisch bedingte Empfindlichkeiten gegenüber Umwelteinflüssen aufdecken (*Simon* MDR 1991, 5, 6). Dadurch könnte der AG Einstellungen vermeiden, die **vielleicht in Zukunft** die Gefahr von wirtschaftlichen Belastungen durch Krankheitskosten mit sich bringen. Für den Bewerber könnten Arbeitsmarktchancen ausgeschlossen sein, obwohl die Krankheit gar nicht oder erst spät zum Ausbruch kommen kann. Eine zunächst im Gesetzgebungsverfahren zum ArbSchG (vgl. BR-Drucks. 792/93; *Wiese* BB 1994, 1209) diskutierte gesetzliche Regelung ist nicht in das ArbSchG aufgenommen worden.

372 Zusammenhänge bestehen mit dem **Arbeitsschutzrecht.** Der AG ist verpflichtet, Arbeitsplatz und Arbeitsbedingungen so zu gestalten, dass Gesundheitsgefährdungen und Gesundheitsschäden des AN ausgeschlossen sind. Durch die Erkenntnis über erbbedingte Risiken wäre es ihm jedoch bei der Einstellung möglich, bes. gefährdete Bewerber von vornherein auszuschließen, anstatt geeignete Arbeitsschutzmaßnahmen zu ergreifen (*Diekgräf* BB 1991, 1854, 1857; *Simon* MDR 1991, 5, 13).

373 Überwiegend wird die **Unzulässigkeit** der Genomanalyse auch ohne gesetzliche Regelung angenommen bzw. deren ausdrückliches gesetzliches Verbot gefordert (*Däubler* CR 1994, 101, 105; *Diekgräf* BB 1991, 1854, 1859; *Fitting* § 94 Rn. 26). Tw. werden bei Annahme eines grds. Unzulässigkeit nur in Einzelfällen Ausnahmen zugelassen (*Wiese* RdA 1988, 217, 218, 220; dagegen *Däubler* CR 1994, 101, 105). Diese sollen durch den Schutz des betroffenen AN selbst oder bei verantwortungsvollen Tätigkeiten durch das Schutzbedürfnis anderer Personen begründet sein. An der Notwendigkeit einer gesetzlichen Regelung wird trotzdem festgehalten (*Wiese* RdA 1988, 217, 222). Falls die Zulässigkeit ohne gesetzliche Regelung bejaht wird, ist für die Durchführung der Genomanalyse Voraussetzung, dass sie sich auf arbeitsvertragliche Ermittlungen beschränkt, der AN über Grenzen und Umfang aufgeklärt wird und der Analyse zustimmt, zudem, dass die Geheimhaltung der Ergebnisse gewährleistet ist (*Deutsch* NZA 1989, 657, 660; *Simon* MDR 1991, 5, 12; *Schaub* § 24 Rn. 19).

374 c) **Testverfahren.** Für Testverfahren zur Bewerberauswahl (zB graphologische Gutachten, Assessment-Center, psychologische Eignungstests, Stress-Interview) benötigt der AG ein **berechtigtes, billigenswertes und schutzwürdiges Interesse** an der Durchführung, insb. im Hinblick auf den zu besetzenden Arbeitsplatz. Wie bei der Einstellungsuntersuchung muss der Bewerber in den Test **einwilligen.** Die Tests dürfen nicht zu einer völligen Durchleuchtung der Persönlichkeit führen (*Fitting* § 94 Rn. 26). Schadensersatz- (§ 823) und Geldentschädigungsansprüche (vgl. § 619 a Rn. 83) kommen bei der Verletzung des Persönlichkeitsrechts in Betracht. Zum Mitbestimmungsrecht vgl. § 92 BetrVG Rn. 2.

375 aa) **Lebenslauf.** Die Anforderung eines **handgeschriebenen Lebenslaufs** ist im Bewerbungsverfahren zur Vervollständigung des Persönlichkeitsbildes vielfach üblich. Soll er zur Einholung eines **graphologischen Gutachtens** (zur Leistungsfähigkeit *Michel/Wiese* NZA 1986, 505, 507) dienen, bedarf es einer Einwilligung des Betroffenen wegen der Gefährdung des durch Art. 1 I und Art. 2 I GG geschützten Persönlichkeitsrechts. Die Einholung eines graphologischen Gutachtens ohne Einwilligung des Betroffenen ist unzulässig und verpflichtet nach § 823; Art. 1, 2 GG (s. § 619 a Rn. 83) ggf. zum Schadensersatz (BAG 16. 9. 1982 AP BGB § 123 Nr. 24; LAG Baden-Württemberg 26. 1. 1972 NJW 1976, 310, 311; *Michel/Wiese* NZA 1986, 505, 506). Wird das Gutachten ohne Einwilligung

E. Begründung des Arbeitsverhältnisses   § 611   BGB 230

erstellt, kann der Bewerber aus §§ 823, 1004 die Vernichtung verlangen (*Bepler* NJW 1976, 1872, 1874; *Oetker* BlStSozArbR 1985, 81, 85).

Umstritten ist, ob schon in der einfachen Übersendung eines handgeschriebenen Lebenslaufs eine **konkludente Einwilligung** in ein graphologisches Gutachten zu sehen ist (dafür ArbG München 14. 4. 1975 NJW 1975, 1908; *Heilmann* AuA 1995, 157, 158; dagegen *Brox*, Anm. zu BAG 16. 9. 1982 AP BGB § 123 Nr. 24; *Bürger*, Anm. zu LAG Frankfurt 5. 12. 1979 AR-Blattei D Einstellung Nr. 8; *Michel/Wiese* NZA 1986, 505). Ist bei der Anforderung des Lebenslaufs dem Bewerber der Hinweis auf die Anfertigung eines graphologischen Gutachtens gegeben worden, so ist in der Übersendung eine konkludente Einwilligung zu erblicken (*Oetker* BlStSozArbR 1985, 65, 70). Eine konkludente Einwilligung durch die Einsendung ist auch bei leitenden Angestellten und Führungspositionen anzunehmen (*Brox*, Anm. zu BAG 16. 9. 1982 AP BGB § 123 Nr. 24; *Bürger*, Anm. zu LAG Frankfurt 5. 12. 1979 AR-Blattei D Einstellung Nr. 8; aA *Michel/Wiese* NZA 1986, 505, 506). Das bloße Vorhandensein handschriftlicher Unterlagen in der Personalakte lässt nicht den Schluss auf die Einwilligung in ein graphologisches Gutachten zu (LAG Baden-Württemberg 26. 1. 1972 NJW 1976, 310, 311). 376

Lässt der Bewerber den angeforderten handschriftlichen Lebenslauf **von einem Dritten** schreiben, obwohl er erkennt, dass der Lebenslauf zur Erstellung eines graphologischen Gutachtens dienen soll, begeht er damit eine arglistige Täuschung iSv. § 123 (BAG 16. 9. 1982 AP BGB § 123 Nr. 24). 377

Wie bei allen Informationserhebungsrechten darf sich das graphologische Gutachten nur auf Bereiche beziehen, die mit der auszufüllenden Position in Zusammenhang stehen (ArbG München 14. 4. 1975 NJW 1975, 1908). Es sind die Grundsätze zum Fragerecht des AG heranzuziehen. Je hervorgehobener die Position ist, die besetzt werden soll, desto eher ist auch die Ausforschung von Persönlichkeitsmerkmalen zulässig (*Brox*, Anm. zu BAG 16. 9. 1982 AP BGB § 123 Nr. 24). 378

Das erstellte Gutachten ist vertraulich zu behandeln. Nach § 83 I BetrVG hat der eingestellte AN das Recht, seine Personalakte und damit auch das graphologische Gutachten einzusehen (*Michel/Wiese* NZA 1986, 505, 506). Kommt es nicht zu einer Einstellung, ist das Gutachten wie auch ein Fragebogen (Rn. 295) analog § 1004 zu vernichten. Ein berechtigtes Interesse des AG an der Aufbewahrung, etwa wegen einer geplanten späteren Einstellung oder Beförderung, ist kaum zu begründen, da das graphologische Gutachten nur eine Momentaufnahme darstellt. Für die Aufbewahrung muss deshalb eine sich darauf erstreckende Einwilligung vorliegen (*Oetker* BlStSozArbR 1985, 65, 71, 84). 379

Dem Mitbestimmungsrecht des BR unterliegt die Entscheidung des AG über die **generelle** Anfertigung graphologischer Gutachten zur Personalauslese nach § 94 II BetrVG (*Oetker* BlStSozArbR 1985, 81). Sind dem BR im Zustimmungsverfahren zur Einstellung nach § 99 BetrVG die Bewerbungsunterlagen vorzulegen, reicht es aus, wenn ihm das Ergebnis des Gutachtens zugänglich gemacht wird. Eine Vorlagepflicht ist nur anzunehmen, wenn im Betrieb eine AuswahlRL bzgl. graphologischer Gutachten iSd. §§ 95, 99 II Nr. 2 BetrVG existiert (*Oetker* BlStSozArbR 1985, 81, 83). 380

bb) **Assessment-Center.** Unter einem **Assessment-Center** ist ein systematisches Verfahren zur qualifizierten Festlegung von Verhaltensleistungen und Verhaltensdefiziten, das von mehreren Beobachtern gleichzeitig für mehrere Teilnehmer in Bezug auf vorher definierte Anforderungen angewandt wird, zu verstehen (*Schönfeld/Gennen* NZA 1989, 543). Die Einwilligung der Probanden zur Durchführung des Assessment-Center ist Voraussetzung dafür. Der BR hat ein Mitbestimmungsrecht nach §§ 94, 95 BetrVG (*Schönfeld/Gennen* NZA 1989, 543, 544 f.). Schon die Aufnahme in das Assessment-Center-Verfahren führt nach Auffassung des BAG zur „Einstellung" gem. § 99 BetrVG und zur Mitbestimmungspflicht (BAG 20. 4. 1993 AP BetrVG 1972 § 99 Nr. 106). 381

cc) **Psychologische Tests.** Neben der Voraussetzung der Einwilligung und der Arbeitsplatzbezogenheit (hierzu BAG 13. 2. 1964 AP GG Art. 1 Nr. 1) sind **psychologische Tests** nur zulässig, wenn sie von diplomierten Psychologen durchgeführt werden. Der Bewerber muss über die Funktionsweise und den Zweck des Tests aufgeklärt sein. Weiter wird gefordert, dass andere Erkenntnisquellen dem AG verschlossen sind (*Grunewald* NZA 1996, 15). Der durchführende Psychologe unterliegt der Schweigepflicht nach § 203 StGB in Bezug auf Tatsachen, uU auch persönliche Meinungen des Bewerbers (*Scholz* NJW 1981, 1987, 1988). Es ist ebenso wie bei der Einstellungsuntersuchung dem AG nur das Gesamtergebnis der Eignung oder Nichteignung mitzuteilen (*Däubler* CR 1994, 101, 105). Reine IQ-Tests sind unzulässig, weil ihnen idR der Bezug zum konkreten Arbeitsplatz fehlt (*Heilmann* AuA 1995, 157, 158) und sie einen übermäßigen Eingriff in die Persönlichkeitssphäre darstellen (*Däubler* CR 1994, 101, 105). 382

Bei **Stressinterviews** soll herausgefunden werden, wie der Bewerber auf emotionale und intellektuelle Belastungen reagiert. Sie setzen sich zusammen aus einer Folge unangenehmer, unerwarteter und unsicher machender Fragen (*Schmid* DB 1980, 2442, 2443). Sie können zur vollständigen Persönlichkeitsdurchleuchtung führen und verletzen das Persönlichkeitsrecht. Sie sind deshalb unzulässig (*Däubler* CR 1994, 101, 105). 383

Preis   1443

II. Begründung des Arbeitsverhältnisses

384 **1. Abschluss des Arbeitsvertrags. a) Vertragsschluss.** Der Arbeitsvertrag ist ein gegenseitiger Vertrag, auf den die Regeln des Allgemeinen Teils des BGB und des allgemeinen Schuldrechts prinzipiell Anwendung finden. Der Arbeitsvertrag wird nach dem Grundsatz der Vertragsfreiheit begründet (klarstellend § 105 GewO). Nach dem Prinzip der **Abschlussfreiheit** ist der AG frei in der Entscheidung, ob und mit wem er ein Vertragsverhältnis eingeht. Er ist nicht an den arbeitsrechtlichen Gleichbehandlungsgrundsatz gebunden, sondern hat nur die Diskriminierungsverbote zu beachten. Für eine Nichteinstellung schuldet er keine Rechtfertigung (*Buchner* NZA 1991, 577, 579). Für den Abschluss des Arbeitsverhältnisses gelten grds. die Regeln der allgemeinen Rechtsgeschäftslehre. So sind **Stellenangebote** in der Presse idR kein Vertragsangebot, sondern eine bloße Aufforderung zur Abgabe von Angeboten **(invitatio ad offerendum)**, weil sich der inserierende AG nicht gegenüber jedem Interessenten, der zum Abschluss bereit ist, binden will (ArbG Bremen 1. 6. 1971 DB 1972, 540; LAG Frankfurt 23. 4. 1993 EzBAT §§ 22, 23 BAT B 4 VergGr I a Nr. 3). Erforderlich ist eine Einigung über die essentialia negotii. Hins. der Anwendung des **§ 154 I 1 (offener Einigungsmangel)** bestehen im Arbeitsrecht keine Besonderheiten. Ist ausdrücklich eine Einigung über die Höhe der Vergütung nicht erfolgt, kommt kein Vertrag zustande. § 612 II, der eine Einigung voraussetzt, kann nicht zur Anwendung kommen (LAG Berlin 1. 6. 1990 BB 1990, 1563 = LAGE BGB § 154 Nr. 1). In Ausnahmefällen kann auch der Vertragsabschluss an § 154 II scheitern, wenn die Parteien eine Beurkundung des Vertrags oder Schriftform (§§ 126, 127) vereinbart haben. Dass § 154 II auch im Falle der Vereinbarung einer konstitutiven Schriftform gilt, ist allgemeine Auffassung (Palandt/*Heinrichs* § 154 Rn. 4; BAG 19. 9. 1985 – 2 AZR 539/84 – nv.; LAG Hamm 7. 6. 1984 ARSt. 1985, 189).

385 Gegen die Wirksamkeit arbeitsvertraglicher Abreden ist der Einwand eines bloßen **Scheingeschäftes § 117 I** möglich (zum Scheingeschäft über betriebliche Altersversorgung BAG 9. 1. 1990 NZA 1990, 525 = AP GmbHG § 35 Nr. 6; beim Ehegattenarbeitsverhältnis BAG 9. 2. 1995 NZA 1996, 249). Ein Scheingeschäft nach § 117 I liegt vor, wenn die Beteiligten ein Ziel durch den bloßen Schein eines wirksamen Rechtsgeschäftes erreichen, aber die mit dem betreffenden Rechtsgeschäft verbundenen Rechtswirkungen nicht eintreten lassen wollen. Wird etwa in einem schriftlichen Arbeitsvertrag nur deshalb eine in Wahrheit nicht zu erbringende Arbeitszeit angegeben, um auf diese Weise eine übertarifliche Vergütung zu verschleiern, so ist der AN nur verpflichtet, die wirklich gewollte tatsächlich vereinbarte Arbeitszeit zu leisten (BAG 28. 9. 1982 AP BGB § 117 Nr. 1). Wer sich auf die Nichtigkeit eines geschlossenen Arbeitsvertrags beruft, trägt für den Scheincharakter des Geschäfts die Beweislast (BAG 9. 2. 1995 NZA 1996, 249). Zur Frage des Ehegattenarbeitsverhältnisses vgl. Rn. 157 ff. Bei Arbeitsverträgen, die mit einem Strohmann abgeschlossen werden, liegt idR ein Scheingeschäft vor. Gemäß § 117 II richten sich die Rechtsfolgen nach dem verdeckten Arbeitsverhältnis (BAG 22. 9. 1992 NZA 1993, 837 = AP BGB § 117 Nr. 2).

386 **b) Geschäftsfähigkeit.** Das Zustandekommen des Arbeitsvertrags setzt zwei gültige Willenserklärungen voraus. Daran kann es fehlen, wenn eine Vertragspartei geschäftsunfähig (§§ 104 f. BGB) oder beschränkt geschäftsfähig (§§ 106 ff. BGB) ist. Speziell für die Begründung von Arbeitsverhältnissen enthält schon das BGB zwei wichtige **Erweiterungen der Geschäftsfähigkeit:** § 112 BGB erweitert für den minderjährigen AG dessen beschränkte Geschäftsfähigkeit auf eine unbeschränkte Geschäftsfähigkeit für solche Rechtsgeschäfte, welche der Geschäftsbetrieb mit sich bringt, wenn er durch den gesetzlichen Vertreter mit Genehmigung des Vormundschaftsgerichts zum selbständigen Betrieb eines Erwerbsgeschäfts ermächtigt worden ist. Zu derartigen Rechtsgeschäften gehört auch der Abschluss von Arbeitsverträgen. Jedoch bedarf es im Falle der Eingehung von Arbeitsverhältnissen für längere Zeit als ein Jahr dennoch einer Genehmigung des Vormundschaftsgerichts für jedes vorgenommene Rechtsgeschäft (§§ 112 I 2, § 1822 Nr. 7). Zu Gunsten des minderjährigen AN greift § 113 (vgl. die Kommentierung zu § 113).

387 **c) Formerfordernisse.** Der Arbeitsvertrag bedarf zu seiner Wirksamkeit grds. keiner Form. Er muss also insb. nicht schriftlich abgeschlossen werden. Mündliches oder konkludentes Zustandekommen eines Arbeitsverhältnisses sind möglich. Dennoch finden sich einzelne gesetzliche Formvorschriften (§ 4 BBiG für den Ausbildungsvertrag, § 11 AÜG für den Leiharbeitsvertrag) und mannigfaltige Schriftformerfordernisse für den Abschluss des Arbeitsvertrags in TV und BV (ausführlich hierzu *Kliemt*, Formerfordernisse im Arbeitsverhältnis, 1995). Zum *NachwG* vgl. die Kommentierung dort.

388 **d) Vertretung beim Abschluss des Arbeitsvertrags.** Bei der Abgabe von Willenserklärungen können sich sowohl AG als auch AN nach Maßgabe der §§ 164 ff. vertreten lassen. Typischerweise treten Probleme der Vertretungsmacht und Bevollmächtigung auf Seiten des AG auf. Arbeitsrechtlich gelten jedoch gegenüber den allgemeinen zivilrechtlichen Grundsätzen keine Besonderheiten (vgl. BAG 21. 12. 1972 AP SeemannsG § 24 Nr. 1; BAG 29. 6. 1988 NZA 1989, 468; LAG Schleswig-Holstein 19. 11. 1987 LAGE BGB § 164 Nr. 2; BAG 1. 12. 1960 AP BGB § 625 Nr. 1). Soll ein Arbeitsvertrag für einen Vertretenen abgeschlossen werden, so muss der Wille, in fremdem Namen zu handeln, dem AG erkennbar geworden sein (LAG Tübingen 26. 5. 1967 DB 1967, 1462; zur Anscheinsvollmacht: LAG Tübingen 20. 10. 1960 DB 1961, 132). Zur **Duldungs- und Anscheinsvoll-**

E. Begründung des Arbeitsverhältnisses § 611 BGB 230

macht vgl. auch BAG 11. 9. 1984 – 3 AZR 33/82 – nv.; BAG 20. 7. 1994 NZA 1995, 161 = AP BGB § 611 Abhängigkeit Nr. 73; zur Haftung des AN bei Vollmachtsüberschreitung (LAG Hessen 15. 5. 1996 ARSt. 1997, 14). Schließt ein nicht vertretungsberechtigter Mitarbeiter des AG mit einem AN einen Vertrag, ist der AN nach § 177 I zum Widerruf berechtigt, wenn er den Mangel der Vertretungsmacht bei Abschluss des Vertrags nicht kennt (§ 178 S. 1). Der Widerruf muss erkennen lassen, dass der Vertrag wegen des Vertretungsmangels nicht gelten soll. Stützt der AN den Widerruf nicht auf diesen Mangel, kann der Vertrag durch Genehmigung nach § 184 wirksam zustande kommen (BAG 31. 1. 1996 AP BGB § 123 Nr. 41). Zur **Haftung des Vertreters ohne Vertretungsmacht** bei Abschluss von Anstellungsverträgen: BGH 9. 10. 1989 AP BGB § 179 Nr. 2; LAG Köln 25. 11. 1987 DB 1988, 864; LAG Hamm 18. 9. 1980 ARSt. 1981, 157; BAG 10. 8. 1964 AP BGB § 179 Nr. 1; LAG Düsseldorf 4. 7. 1961 DB 1961, 1263; LAG Bremen 27. 1. 1960 DB 1960, 296.

2. Sonderformen der Begründung eines Arbeitsverhältnisses. Kraft gesetzlicher Anordnung können Arbeitsverhältnisse unter Umständen durch einseitige Erklärung kraft Gesetzes bzw. gesetzlicher Fiktion begründet werden. Dies gilt zunächst für die **Übernahme eines Jugendvertreters** nach § 78a II BetrVG (vgl. dort). Im Falle eines **Betriebsübergangs** tritt nach § 613a der Betriebsübernehmer kraft Gesetzes in das bestehende Arbeitsverhältnis ein, wenn nicht der AN von seinem Widerspruchsrecht Gebrauch macht (vgl. näher § 613a Rn. 91 ff.). Bei **Tod des AG** geht das Arbeitsverhältnis im Wege der **Universalsukzession** nach § 1922 I auf dessen Erben über. Im Falle des Todes des AN gilt dies freilich nicht: Die Arbeitsleistung hat der AN in Person zu erbringen. Der Anspruch auf die Arbeitsleistung ist im Zweifel nicht übertragbar, also höchstpersönlicher Natur (§ 613). Mit dem Tode des AN erlischt daher der Arbeitsvertrag. Hat im Bereich der gewerbsmäßigen **ANÜberlassung** ein Verleiher nicht die nach § 1 AÜG erforderliche Erlaubnis und ist der Vertrag deshalb nach § 9 Nr. 1 AÜG unwirksam, so gilt ein Arbeitsverhältnis zwischen Entleiher und LeihAN zu dem zwischen dem Entleiher und dem Verleiher für den Beginn der Tätigkeit vorgesehenen Zeitpunkt als zustande gekommen (§ 10 I 1 AÜG; hierzu § 10 AÜG Rn. 3 ff.). 389

3. Gesetzliche Abschlussgebote. Echte **Kontrahierungszwänge** gibt es ebenso wie im allgemeinen Privatrecht im Arbeitsrecht kaum. Eine Ausnahme bildet etwa die Übernahmepflicht eines Jugendvertreters (§ 78a II BetrVG). Kontrahierungszwänge stoßen überdies auf verfassungsrechtliche Grenzen (Art. 2 I, 12 I GG; hierzu Art. 12 GG Rn. 30). Es gibt jedoch zahlreiche Regelungen, die die Abschlussfreiheit tangieren. Zum Schutze bestimmter ANGruppen kann kraft Gesetzes oder TV der Abschluss mit einem bestimmten Kreis von AN geboten sein. Die Nichtbegründung eines entspr. Arbeitsverhältnisses kann Sanktionen zur Folge haben. 390

Gesetzliche Abschlussgebote bestehen insb. zu Gunsten schutzbedürftiger Personengruppen, wobei allerdings idR keine Verpflichtung besteht, das Arbeitsverhältnis mit einem bestimmten Stellenbewerber zu begründen. § 71 SGB IX verpflichtet die AG, in bestimmtem Umfang **Schwerbehinderte** zu beschäftigen. Es handelt sich hierbei um eine öffentlich-rechtliche Verpflichtung, die einem einzelnen Schwerbehinderten jedoch keinen Einstellungsanspruch verschafft. Nur mittelbar wird die Verletzung des Abschlussgebots über Ausgleichsabgaben und Bußgelder sanktioniert (§§ 77, 156 I Nr. 1 SGB IX). § 611a I verbietet bei der Begründung des Arbeitsverhältnisses eine **geschlechtsbezogene Benachteiligung**, begründet jedoch keinen Einstellungsanspruch des diskriminierten Bewerbers, wie Abs. 3 der Vorschrift ausdrücklich klarstellt (vgl. § 611a Rn. 28 ff.). Entsprechend führt auch die Diskriminierung wegen der Schwerbehinderung bei einer Stellenbesetzung nicht zu einem Einstellungsanspruch (§ 81 II 2 Nr. 2 SGB IX). 391

Einen Einstellungsanspruch für **AN im öffentl. Dienst** kann Art. 33 II GG begründen, wenn jede andere Entscheidung ermessensfehlerhaft und damit rechtswidrig ist. Grds. kann ein Bewerber nur verlangen, dass die Behörde seine Einstellungsbewerbung nach Eignung, Befähigung und fachlicher Leistung prüft und insb. nicht nach den in Art. 3 III GG missbilligten Merkmalen differenziert (BAG 5. 8. 1982 AP GG Art. 33 Nr. 18; BAG 28. 5. 2002 AP GG Art. 33 Abs. 2 Nr. 56). Wird eine Stelle gleichermaßen für Beamte und für Angestellte ausgeschrieben, dürfen ohne sachlichen Grund keine Anforderungen gestellt werden, die nur von Beamten, nicht aber von Angestellten erfüllt werden können (BAG 18. 9. 2001 NZA 2002, 271). Eine derartige Handhabung verstieße gegen das Prinzip der „Bestenauslese". Art. 33 II GG enthält kein Vorzugsrecht für eine bestimmte Gruppe von Bediensteten. Es besteht aber kein Anspruch auf Gleichbehandlung im Unrecht, wenn der ArbG unter Verstoß gegen Art. 33 II GG Einstellungen vorgenommen hat (BAG 19. 2. 2003 – 1 AZR 67/02). Ein Einstellungsanspruch nach Art. 33 II GG setzt das Vorhandensein einer besetzungsfähigen, haushaltsrechtlich abgesicherten Planstelle voraus. Das SED-Unrechtsbereinigungsgesetz gewährt keinen Einstellungsanspruch gegenüber öffentl. oder privaten AG bei einem verfolgungsbedingten Verlust des Arbeitsplatzes (BAG 9. 11. 1994 AP GG Art. 33 Nr. 33). 392

Einen gesetzlichen Wiedereinstellungsanspruch enthalten die Vorschriften des § 91 VI SGB IX sowie § 2 V ArbPlSchG. 393

4. Tarifliche und betriebsverfassungsrechtliche Abschlussgebote. Ebenso wie in Gesetzen können auch in TV und BV Abschlussgebote geregelt sein. In der Hauptsache sind hier zu nennen Verpflich- 394

395 Im Anschluss an **Arbeitskämpfe** werden häufig in TV sog. Wiedereinstellungsklauseln vereinbart, wonach AN, deren Arbeitsverhältnis im Rahmen eines Arbeitskampfes geendet hat, wieder einzustellen sind. Aus derartigen Klauseln kann ein unmittelbarer Einstellungsanspruch folgen, ihre praktische Bedeutung ist indessen gering, weil die Aussperrung des AG in aller Regel das Arbeitsverhältnis nur für die Dauer des Arbeitskampfes suspendiert, aber nicht beendet (suspendierende, nicht lösende Aussperrung; hierzu Art. 9 GG Rn. 247).

tungen des AG, bestimmte ANGruppen zu beschäftigen, zB ältere AN. IdR wird aber auch mit solchen Abschlussgeboten kein Anspruch einer einzelnen Person begründet.

396 Manche TV enthalten auch Wiedereinstellungsklauseln für den Fall der Beendigung des Arbeitsverhältnisses bei länger dauernden **Betriebsstörungen** (vgl. BAG 16. 6. 1987 AP BetrVG 1972 § 111 Nr. 20). Tarifliche Wiedereinstellungsansprüche (zB § 59 V BAT) werden auch für den Fall der festgestellten **Wiederherstellung der Berufs- bzw. Erwerbsfähigkeit** begründet (vgl. BAG 24. 1. 1996 AP BAT § 59 Nr. 7). Ob ein Wiedereinstellungsanspruch tatsächlich besteht, hängt von den sehr unterschiedlich ausgestalteten Tatbestandsvoraussetzungen der Tarifnormen ab. So setzt ein Anspruch nach der Protokollnotiz Nr. 4 zu Nr. 1 SR 2 a MTA auf bevorzugte Berücksichtigung bei der Besetzung eines Dauerarbeitsplatzes ebenso wie ein Einstellungsanspruch aus Art. 33 II GG voraus, dass im Zeitpunkt der Letzten mündlichen Verhandlung ein freier zu besetzender Arbeitsplatz noch vorhanden ist (BAG 14. 11. 2001 AP MTA SR 2 a § 2 Nr. 1). Ist dagegen die Stelle bereits mit einem anderen Bewerber besetzt, kommen grds. nur noch Schadensersatzansprüche in Betracht. Zum Wiedereinstellungsanspruch in einer BV nach freiwillig gewährter Elternzeit LAG Hamm 4. 5. 1998 BuW 1998, 838 (Erziehungsurlaub).

397 **5. Vertragliche Einstellungsansprüche.** Einstellungsansprüche können sich auch aus einer entspr. vertraglichen Verpflichtung ergeben: Durch **Vorvertrag** können sich ggf. einklagbare Verpflichtungen zur Abgabe eines Angebotes auf Abschluss eines Arbeitsvertrags bzw. zur Annahme eines entspr. Angebotes ergeben. Freilich muss diese Verpflichtung hinreichend konkretisiert und durch Auslegung müssen die wesentlichen Inhalte des späteren Arbeitsvertrags feststellbar sein. Vertragsverhandlungen, die zu einem endgültigen Abschluss führen sollen, sehen idR erst dann eine rechtsgeschäftliche Bindung vor, wenn der in Aussicht genommene Vertrag nach Einigung über alle Einzelheiten abschlussreif ist. Die Annahme eines Vorvertrags ist daher nur dann gerechtfertigt, wenn bes. Umstände darauf schließen lassen, dass die Parteien sich – ausnahmsweise – schon binden wollten, *bevor* sie alle Vertragspunkte abschließend geregelt haben (BGH 26. 3. 1980 NJW 1980, 1577, 1578; Einzelheiten oben Rn. 308 ff.).

398 **(Wieder-)Einstellungspflichten** können sich auch aus einer **nachwirkenden Pflicht** nach Treu und Glauben aus § 242 bei einem zunächst wirksam gekündigten Arbeitsverhältnis ergeben. Hauptfall ist hier, dass ein ursprünglich gegebener Kündigungsgrund nachträglich objektiv wegfällt. Bekanntester Fall ist die **Verdachtskündigung,** bei der sich später die Unschuld des AN herausstellt. Hier ist der AG uU zur Wiedereinstellung verpflichtet (BAG 4. 6. 1964 AP BGB § 626 Verdacht strafbarer Handlung Nr. 13; BAG 20. 8. 1997 AP BGB § 626 Verdacht strafbarer Handlung Nr. 27).

399 Weitere Ausnahmefälle einer Wiedereinstellungspflicht nach Wegfall des Kündigungsgrundes sind nur zurückhaltend anzuerkennen. Diskutiert wird insb. der **Wegfall des betriebsbedingten Kündigungsgrundes** während des Laufs der Kündigungsfrist (näher § 1 KSchG Rn. 158 ff.). Das BAG hat einen Anspruch auf Vertragsfortsetzung bejaht, wenn der AG mit Rücksicht auf die Wirksamkeit der Kündigung noch keine Dispositionen getroffen hat und ihm aus der unveränderten Fortsetzung nicht zumutbar ist (BAG 27. 2. 1997 AP KSchG 1969 § 1 Wiedereinstellung Nr. 1; ähnlich LAG Köln 10. 1. 1989 LAGE BGB § 611 Einstellungsanspruch Nr. 1 mit Anm. *Preis*). Nach Ablauf der Kündigungsfrist kommt ein Wiedereinstellungsanspruch in dieser Fallgruppe nicht mehr in Betracht (BAG 6. 8. 1997 AP KSchG 1969 § 1 Wiedereinstellung Nr. 2; BAG 28. 6. 2000 AP KSchG 1969 § 1 Wiedereinstellung Nr. 6 = EzA KSchG § 1 Wiedereinstellungsanspruch Nr. 6 m. Anm. *Gotthardt*).

400 Im Falle eines **Betriebsübergangs** bejaht die Rspr. neuerdings – bei vorausgehender wirksamer betriebsbedingter Kündigung – einen Einstellungsanspruch gegen den Betriebsübernehmer (BAG 13. 11. 1997 AP BGB § 613 a Nr. 169; hierzu § 613 a Rn. 15).

401 Vergleichbare Ansprüche auf Begründung eines unbefristeten Arbeitsverhältnisses können sich auch durch **vertrauenserzeugende Zusagen des AG** ergeben, wenn etwa einem befristet eingestellten AN für den Fall seiner Bewährung die **unbefristete Fortsetzung des Arbeitsverhältnisses** in Aussicht gestellt worden ist. Ein AG kann verpflichtet sein, einen an sich wirksam befristeten Arbeitsvertrag auf unbestimmte Zeit fortzusetzen, wenn er bei einem AN die Erwartung geweckt und bestätigt hat, er werde ihn bei Eignung und Bewährung unbefristet weiterbeschäftigen und wenn der AG sich mit einer Ablehnung in Widerspruch zu seinem früheren Verhalten und dem von ihm geschaffenen Vertrauenstatbestand setzt (BAG 16. 3. 1989 AP BeschFG 1985 § 1 Nr. 8; BAG 26. 4. 1995 DB 1995, 2374 f.). Dasselbe gilt zB bei **Saisonarbeitern:** Ein Vertrauenstatbestand liegt vor, wenn Jahr für Jahr alle AN in der Saison wieder eingestellt werden, die dies verlangen, der AG den Beginn der Saison ohne Vorbehalt am schwarzen Brett bekannt gibt und sogar AN neu einstellt (BAG 29. 1. 1987 AP BGB § 620 Saisonarbeit Nr. 1).

E. Begründung des Arbeitsverhältnisses § 611 BGB 230

Der AN hat aber nicht ohne weiteres einen Anspruch auf Wiederbegründung des Arbeitsverhältnisses, wenn er an einem Fortbildungs- oder Umschulungslehrgang teilnimmt und zu diesem Zweck das Arbeitsverhältnis beendet worden ist. Unter Umständen kann jedoch der Gleichbehandlungsgrundsatz eine Einstellungspflicht begründen, wenn die Fortbildungs- und Umschulungsmaßnahme auf Veranlassung des AG durchgeführt wurde und der AG bislang ausnahmslos alle AN nach Absolvierung des Lehrgangs wieder eingestellt hat (BAG 10. 11. 1977 AP BGB § 611 Einstellungsanspruch Nr. 1). 402

6. Abschluss- und Beschäftigungsverbote. Dem wirksamen Vertragsschluss können Abschluss- und Beschäftigungsverbote entgegenstehen. 403

a) Gesetzliche Abschlussverbote. Beschäftigungsverbote bestehen insb. für Kinder und Jugendliche (§§ 2, 5, 7 JArbSchG). Aus dem Zweck dieser Beschäftigungsverbote folgt, dass gegenteilige Arbeitsverträge nichtig sind (§ 134). In aller Regel führen jedoch sonstige Beschäftigungsverbote (zB für werdende Mütter) nicht zu einer Nichtigkeit des Arbeitsvertrags. Dies gilt zum Schutze des AN, so dass insb. trotz Beschäftigungsverbot Vergütungsansprüche bestehen bleiben, wenn eine Arbeitsleistung entgegen dem Beschäftigungsverbot tatsächlich erbracht wurde. Die bestehenden Beschäftigungsverbote können auch nicht dazu herangezogen werden, das Arbeitsverhältnis einer Schwangeren zu kündigen, anzufechten oder für unwirksam zu erklären. Der EuGH sieht hierin eine unzulässige Diskriminierung wegen des Geschlechts (EuGH 5. 5. 1994 AP EWG-RL Nr. 76/207 Art. 2 Nr. 3 = EAS RL 76/207 Art. 2 Nr. 9). 404

b) Kollektivvertragliche Abschlussverbote. Auch in Kollektivverträgen können Abschlussverbote begründet werden. In der Sache handelt es sich um Abschlussverbote bei den sog. Besetzungsregeln in der Druckindustrie, wo die Besetzung eines Arbeitsplatzes von einer bestimmten Ausbildung abhängig gemacht wird. Das BAG sieht in derartigen Besetzungsregelungen keinen Verstoß gegen Art. 12 GG (BAG 26. 4. 1990 AP GG Art. 9 Nr. 57). Auch durch betriebsverfassungsrechtliche Regelungen, insb. AuswahlRL (§§ 95, 99 II Nr. 1 BetrVG), können unter Umständen Abschlussverbote begründet werden. 405

c) Vertragliche Abschlussverbote. Durch Arbeitsvertrag können Abschlussverbote wirksam nicht begründet werden. Prinzipiell bleibt das Recht des AN, ein weiteres Arbeitsverhältnis einzugehen, unberührt. Allerdings kann ein weiterer Arbeitsvertrag bei ganz erheblicher Überschreitung der gesetzlich zulässigen Arbeitszeit (§§ 3 ff. ArbZG) nichtig sein (Rn. 889). Die Vereinbarung von Wettbewerbsverboten lässt die Möglichkeit unberührt, dass der AN schuldvertragswidrig doch ein weiteres Arbeitsverhältnis begründet. Das Wettbewerbsverbot berührt die Wirksamkeit des dennoch abgeschlossenen zweiten Vertrags nicht. 406

III. Mängel des Arbeitsverhältnisses

Der Arbeitsvertrag kann wie jedes andere Rechtsgeschäft nichtig bzw. anfechtbar sein. Nichtige und anfechtbare Rechtsgeschäfte können nach Maßgabe der **§§ 141, 144** bestätigt werden. Die Berufung auf die Nichtigkeit bzw. das Anfechtungsrecht kann danach ausgeschlossen sein (LAG Nürnberg 4. 7. 1994 DB 1994, 2453; BAG 21. 2. 1991 NZA 1991, 719 = AP BGB § 123 Nr. 35). Zu beachten sind hins. der Rechtsfolgen die Besonderheiten bei fehlerhaften Arbeitsverhältnissen (Rn. 170 ff.). 407

1. Nichtigkeitsgründe. Arbeitsverträge können aus allgemeinen Gründen (§§ 105 ff., 116 S. 2, 117 I, 118, 138, 177 ff., 306) nichtig sein. Größere Bedeutung haben jedoch unter Umständen arbeitsrechtliche Beschäftigungsverbote iVm. § 134 BGB (zB §§ 2, 5, 7 JArbSchG; § 4 MuSchG, hierzu LAG Berlin 9. 3. 1990 LAGE MuSchG § 4 Nr. 1) und tarifliche oder betriebsverfassungsrechtliche Normen (§ 4 I TVG, § 77 IV BetrVG; hierzu BAG 10. 2. 1999 NZA 1999, 657). Der Verstoß gegen steuer- und sozialrechtliche Meldepflichten führt idR nicht zur Nichtigkeit des Arbeitsvertrags (LAG Berlin 15. 10. 1990 LAGE BGB § 134 Nr. 4; vgl. aber OLG Karlsruhe 6. 4. 1993 AP SGB IV § 104 Nr. 1). 408

a) Verstoß gegen gesetzliche Verbote. Der Arbeitsvertrag kann **insgesamt** oder **tw.** gegen ein gesetzliches Verbot iSd. § 134 verstoßen. Der unmittelbare Anwendungsbereich des § 134 ist im Arbeitsrecht groß. Zahlreiche arbeitsrechtliche Schutzgesetze enthalten Verbotsnormen, insb. Beschäftigungsverbote iSd. § 134 (vgl. hierzu auch Rn. 403 ff.). In Verbotsnormen spiegelt sich der in großen Teilen zwingende Charakter des Arbeitsschutzrechts wider. Die Rspr. hat den Verbotscharakter arbeitsrechtlicher Grundsätze ausgeweitet durch den Gesichtspunkt der Gesetzesumgehung (vgl. hierzu Rn. 404 ff.) und durch die Annahme, dass Grundrechtsartikel Verbotsgesetze beinhalten, was nur bei Verfolgung der Lehre der unmittelbaren Drittwirkung der Grundrechte (hierzu Einl. GG Rn. 17 ff.) dogmatisch möglich ist (vgl. etwa noch BAG 18. 11. 1988 AP BGB § 611 Doppelarbeitsverhältnis Nr. 3; BAG 6. 9. 1990 AP BGB § 611 Seeschifffahrt Nr. 1). Zur Nichtigkeit einer „Schwarzlohnabrede" BAG 26. 2. 2003 DB 2003, 1581 (hierzu noch Rn. 417); LAG Berlin 26. 11. 2002 LAGReport 2003, 97. 409

Eine immer wichtigere allgemeine Verbotsnorm des Arbeitsrechts beinhaltet § 612 a (vgl. dort). Eine in der Praxis und Rechtsdogmatik wesentlich größere Bedeutung hat die Inhalts- bzw. 410

Preis

Billigkeitskontrolle, die die Rspr. über den Kerngehalt der §§ 134, 138 hinaus ausgeübt hat. Die Inhaltskontrolle von Arbeitsverträgen richtet sich jetzt gemäß § 310 IV nach dem Recht der Allgemeinen Geschäftsbedingungen (hierzu §§ 305–310 Rn. 9 ff.).

411 **b) Verstoß gegen die guten Sitten.** § 138 versagt Rechtsgeschäften die Wirksamkeit, die den Grundprinzipien unserer Rechts- und Sittenordnung widersprechen. Die Norm markiert ein unumgängliches rechtsethisches Minimum (BAG 24. 3. 1963 AP GG Art. 12 Nr. 29; MünchKommBGB/*Roth* § 242 Rn. 91). Im Rahmen der Konkretisierung des § 138 sind die ArbG auch gehalten, die Gewährleistung der Privatautonomie der strukturell schwächeren Vertragspartei zu beachten (BAG 10. 10. 1993 AP GG Art. 2 Nr. 35; näher hierzu Art. 2 GG Rn. 27 ff.). Das Verbot der Sittenwidrigkeit nach § 138 gilt für alle Rechtsgeschäfte. Ihre Grenzen sind weit gezogen, um der Vertragsfreiheit möglichst weiten Raum zu lassen (vgl. zur Abgrenzung von dem Instrument der Inhaltskontrolle §§ 305–310 Rn. 5).

412 Ein klassischer Anwendungsbereich des § 138 liegt bei der Prüfung von **Leistung und Gegenleistung**. § 138 ist das Einzige legitime Instrument, um die Relation von Leistung und Entgelt zu prüfen (zur Problematik des **Lohnwuchers** vgl. § 612 Rn. 2 ff.). Dogmatik und Anwendungsfälle des § 138 sind im Arbeitsrecht nicht gesichert. Die Dogmatik des allgemeinen Zivilrechts entwickelt sich zunehmend dahin, den Sittenverstoß zu objektivieren und maßgeblich darauf abzustellen, ob das Rechtsgeschäft selbst einen objektiv sittenwidrigen Inhalt hat. Subjektive Merkmale (Beweggründe, Geschäftszweck) können hinzutreten, sind aber nicht mehr Voraussetzung für die Annahme einer Sittenwidrigkeit, wenn der Inhalt des Rechtsgeschäfts mit **grdl. Wertungen der Rechts- oder Sittenordnung unvereinbar** ist. Unerheblich ist insb., ob die Vertragspartner das **Bewusstsein der Sittenwidrigkeit** hatten (BGH 8. 5. 1985 BGHZ 94, 268, 272; Palandt/*Heinrichs* § 138 Rn. 7). Dessen ungeachtet kann sich die Sittenwidrigkeit aus dem **Gesamtcharakter eines Rechtsgeschäfts** ergeben. In dieser Fallgruppe bedarf es einer umfassenden Würdigung von Inhalt, Beweggrund und Zweck des Rechtsgeschäfts. Der schrittweise Wandel zu einer objektiven Betrachtung der Sittenwidrigkeit ist auch in arbeitsrechtlichen Fallgestaltungen nachvollziehbar.

413 In der früheren Rspr. hielt das BAG noch ein Verhalten der begünstigten Partei des Vertrags für notwendig, das auf verwerflicher Gesinnung beruht (BAG 10. 9. 1959 AP BGB § 138 Nr. 1). Sog. Zölibatsklauseln hat das BAG im Jahre 1957 nicht als sittenwidrig verworfen, weil der bloße Verstoß gegen die Wertungen der Rechts- und Sittenordnung nicht ausreiche, sondern zudem ein persönliches Verhalten der Vertragsschließenden für erforderlich gehalten wurde, das ihnen sittlich vorgeworfen werden könne (BAG 10. 5. 1957 AP GG Art. 6 I Ehe und Familie Nr. 1). Mit seiner Lehre von der unmittelbaren Drittwirkung hat das BAG jedoch entspr. Klauseln wegen ihres objektiv sittenwidrigen Inhalts verworfen. Zutreffenderweise wird man diese Fallgruppe unter § 138 I bzw. 612a subsumieren müssen (*Preis* Vertragsgestaltung S. 177; vgl. hier auch § 612a Rn. 2). In neuer Rspr. wird diese Drittwirkungslehre nicht mehr vertreten (vgl. ausf. GG-Einl. Rn. 17 ff.). Vielmehr wird der Verweis in § 138 I auf die guten Sitten zuvörderst am Maßstab der Wertvorstellungen konkretisiert, die in den Grundrechten ihren Ausdruck gefunden haben (BAG 20. 11. 1996 AP BGB § 611 Berufssport Nr. 12). Insoweit können die Berufswahl beschränkende Vertragsbindungen im Lichte des Art. 12 GG (hierzu Art. 12 GG Rn. 32 f.) sittenwidrig sein.

414 Auch im klassischen Anwendungsbereich, dem Missverhältnis von Leistung und Gegenleistung (zum sog. Wucherlohn vgl. § 612 Rn. 3 ff.), ist eine Objektivierung möglich und anzustreben. In der Rspr. des BGH sind die Anforderungen an die subjektive Komponente in diesem Bereich zunehmend verringert worden (BGH 24. 3. 1988 BGHZ 104, 102 ff.; BGB 13. 3. 1990 BGHZ 110, 336 ff.). Bei **objektivem Missverhältnis zwischen Leistung und Gegenleistung** sind die subjektiven Voraussetzungen des § 138 I zu **vermuten**. Es bleibt Sache des AG darzulegen, dass der AN sich nicht nur wegen seiner schwächeren Lage, Rechtsunkundigkeit oder Geschäftsungewandtheit auf den objektiv übermäßig belastenden Vertrag eingelassen hat.

415 In jüngeren Entscheidungen des BAG wird ein Wandel zum objektiven Sittenwidrigkeitsmaßstab deutlich. Nach BAG 10. 10. 1990 AP BGB § 138 Nr. 47 verstößt eine arbeitsvertragliche Vergütungsregelung gegen die guten Sitten, wenn der AN mit dem **Betriebs- und Wirtschaftsrisiko des AG** belastet wird. Dies ist insb. dann anzunehmen, wenn die Vergütungsabrede eine Verlustbeteiligung des AN vorsieht. Entscheidend sei, dass der AG aus der schwächeren Lage des AN übermäßige Vorteile ziehen wolle. Eine in subjektiver Hinsicht verwerfliche Gesinnung werde nicht gefordert, sondern nur die **Kenntnis der Umstände, aus denen sich die Sittenwidrigkeit ergibt**. Das BAG hat auch bei Wuchergeschäften eine Ausnutzung der wirtschaftlichen oder intellektuellen Überlegenheit in Anlehnung an die Rspr. des BGH angenommen, wenn der objektiv sittenwidrig Handelnde sich böswillig oder leichtfertig der Erkenntnis verschließt, dass sich der andere nur unter dem Zwang der Verhältnisse auf den ungünstigen Vertrag einlässt. Ein grobes Missverhältnis der beiderseitigen Leistung könne den Schluss auf eine verwerfliche Gesinnung und dementspr. die Anwendung des § 138 I rechtfertigen (BAG 11. 9. 1984 AP BGB § 138 Nr. 37).

416 **Einzelfälle:** Die Möglichkeit der Sittenwidrigkeit einer **Provisionsvereinbarung** wurde bejaht, wenn durch die Vorschusszahlungen eine unzulässige Bindung des AN herbeigeführt wird und die

E. Begründung des Arbeitsverhältnisses § 611 BGB 230

Provisionsabrede so getroffen ist, dass der AN die geforderten Umsätze überhaupt nicht erbringen kann (BAG 20. 6. 1989 AP HGB § 87 Nr. 8; LAG Berlin 3. 11. 1986 AP HGB § 65 Nr. 14); zur Möglichkeit der Sittenwidrigkeit einer vertraglichen Pauschalierung der **Mehrarbeitsvergütung**, wenn der Vergleich mit der üblichen Vergütung ein erhebliches Missverhältnis ergibt: ArbG Berlin 31. 10. 1988 EzA AZO § 13 Nr. 12 = DB 1989, 1423; zur Sittenwidrigkeit einer mit Betrugsabsicht geschlossenen Vereinbarung zur **Täuschung des Finanzamts**: BGH 23. 1. 1992 AP BGB § 138 Nr. 48; Rückdatierung zur **Täuschung der Arbeitsverwaltung**: ArbG Wetzlar 24. 8. 1993 ARSt. 1994, 26; LAG Frankfurt 11. 3. 1998 LAGE BGB § 138 Nr. 13; zur Problematik der Sittenwidrigkeit von **Aufhebungsverträgen**: BAG 30. 9. 1993 AP BGB § 123 Nr. 37; zu Verstößen gegen § 138 im **Kündigungsrecht** vgl. § 13 KSchG Rn. 21; zur Sittenwidrigkeit eines **außergerichtlichen Vergleichs bzw. Schuldanerkenntnis über Schadensersatz**: BAG 11. 9. 1984 AP BGB § 138 Nr. 37; BAG 22. 10. 1998 NZA 1999, 417; Thüringer LAG 10. 9. 1998 LAGE BGB § 138 Nr. 2 = NZA-RR 1999, 399; OLG Düsseldorf 26. 2. 1999 NZA-RR 1999, 397; zur Nichtigkeit eines Arbeitsvertrags über Vorführung des Geschlechtsverkehrs auf einer Bühne: BAG 1. 4. 1976 AP BGB § 138 Nr. 34. Keine Sittenwidrigkeit des Arbeitsvertrags ist gegeben, wenn der Geschäftsführer seine Geliebte einstellt (LAG Nürnberg 4. 7. 1994 LAGE BGB § 138 Nr. 8); zur Sittenwidrigkeit von Wettbewerbsbeschränkungen vgl. BAG 9. 9. 1968 AP BGB § 611 Konkurrenzklausel Nr. 22. Zur Sittenwidrigkeit eines **Kauf- und Darlehensvertrags in Abhängigkeit vom Abschluss eines Arbeitsvertrags**: LAG Hamburg 26. 11. 1992 LAGE BGB § 138 Nr. 7; zur Sittenwidrigkeit einer **Hinterbliebenenklausel**, wonach die Betriebsrente nicht an die Ehefrau, sondern an eine Lebensgefährtin gezahlt wird: BAG 16. 8. 1983 AP BetrAVG § 1 Hinterbliebenenversorgung Nr. 2; **sittenwidrige Überwälzung des Marktrisikos** auf AN: BAG 10. 10. 1990 AP BGB § 138 Nr. 47; LAG Berlin 17. 2. 1997 NZA-RR 1997, 371; LAG Hamm 16. 10. 1989 LAGE BGB § 138 Nr. 4; **Probezeit ohne Vergütung**: LAG Köln 18. 3. 1998 LAGE BGB § 138 Nr. 10; sittenwidrige **Verschwiegenheitsvereinbarung** über alle betrieblichen Tatsachen: LAG Hamm 5. 10. 1988 DB 1989, 783; Sittenwidrigkeit der Abhängigkeit des Lohnes von der Zahlungswilligkeit der Gäste bei Serviererinnen: LAG Hamm 3. 10. 1979 DB 1980, 597; **Transferentschädigung** im Profisport: BAG 20. 11. 1996 AP BGB § 611 Berufssport Nr. 12). Zur Ausübung der **Prostitution** können rechtswirksame Arbeitsverhältnisse begründet werden (§ 1 ProstG).

c) **Rechtsfolgen der Nichtigkeit**. IdR wird der Arbeitsvertrag nicht als Ganzes, sondern nur in 417 Teilen gegen gesetzliche Verbote bzw. § 138 verstoßen. Nach § 139 ist bei **Teilnichtigkeit** eines Rechtsgeschäfts das ganze Rechtsgeschäft nichtig, wenn nicht anzunehmen ist, dass es auch ohne den nichtigen Teil vorgenommen sein würde. Diese Grundregel des BGB ist nicht nur in der allgemeinen Zivilrechtsdogmatik, sondern speziell auch im Arbeitsvertragsrecht weitgehend umgekehrt worden. Nach st. Rspr. (zB BAG 4. 10. 1978 AP BGB § 611 Anwesenheitsprämie Nr. 11; BAG 28. 3. 1963 AP Hausarbeitsgesetz § 1 Nr. 24; BAG 9. 9. 1981 AP GG Art. 3 Nr. 117) und Lehre (*Zöllner/Loritz* § 11 II 1 c; *Preis* Vertragsgestaltung S. 343 ff., 353 ff.) ist § 139 unanwendbar, wenn ein **Verstoß gegen arbeitnehmerschützende Vorschriften** vorliegt. Für das Arbeitsverhältnis ist die bloße Teilnichtigkeit bei Fortbestand des Arbeitsvertrags der Regelfall. Unabhängig vom Parteiwillen wird die Grundregel des § 139 entweder unter Anwendung des § 242 begrenzt oder mit Hinweis auf den Zweck der jeweiligen Verbotsnorm für nicht anwendbar erklärt (hierzu statt vieler Soergel/*Hefermehl* § 139 Rn. 44 ff., 49 ff.). Hauptanwendungsfall der Abweichung von der Regelung des § 139 ist der Zweck der Verbotsnorm, die im Arbeitsrecht generell der ANSchutz ist. Aber auch darüber hinaus gebietet der Schutzzweck der Norm nur selten die Gesamtnichtigkeit des Arbeitsvertrages. Dies zeigt sich bei der „Schwarzlohnabrede". Die Abrede, die Arbeitsvergütung ohne Berücksichtigung von Steuern und Sozialversicherungsbeiträgen („schwarz") auszuzahlen, führt regelmäßig weder zur Nichtigkeit des Arbeitsvertrags noch zur Nichtigkeit der Schwarzgeldabrede, weil die insb. aus strafrechtlichen Normen (z.B. §§ 266 a, 263 StGB) folgenden Pflichten nicht die Gesamtnichtigkeit gebieten, sondern lediglich die Nichtigkeit der Abrede, Steuern und Sozialversicherungsbeiträge nicht abzuführen. Nicht der gesamte Arbeitsvertrag ist mit dem Makel der Verbotsnormen behaftet. Eine Erstreckung der Nichtigkeitsfolge auf das vertragliche Grundverhältnis würde dem Schutzzweck engegenlaufen, weil ohne Erfüllungsanspruch des AN weder Sozialversicherungsbeiträge noch Steuern anfallen. Dadurch würde nur einseitig der AN belastet (BAG 26. 2. 2003 DB 2003, 1581). Etwas anderes gilt nur, wenn die Steuer- und Abgabenhinterziehung Hauptzweck des Vertrages ist.

Durchgängiges **Prinzip** ist daher bei den meisten Erscheinungen gesetzeswidriger, sittenwidriger 418 oder angemessener Vertragsbestimmungen die **Aufrechterhaltung des Vertrags** im Übrigen. Nur in **Ausnahmefällen** wurde bei Verstößen gegen zumeist öffentlich-rechtliche Schutznormen, die sich gegen den Vertrag insgesamt richten, eine **Totalnichtigkeit** angenommen (Einstellung einer Schwangeren für Arbeiten, die nach dem MuSchG verboten sind: vgl. BAG 8. 9. 1988 AP MuSchG § 4 Nr. 2; Überschreitung der arbeitszeitrechtlichen Grenzen: BAG 4. 12. 1959 AP BGB § 611 Doppelarbeitsverhältnis Nr. 2; LAG Nürnberg 29. 8. 1995 AP BGB § 134 Nr. 9) oder bei extremen Verstößen gegen § 138 (BAG 18. 7. 1980 AP BGB § 138 Nr. 35). Sofern Teile des Vertrags gegen § 138 verstoßen (Beispiele: Hungerlohn, Mankoabreden, Wettbewerbsverbote) bleibt das Vertragsverhältnis in aller

Regel im Übrigen unberührt. Die nichtigen Vertragsbestandteile entfallen ersatzlos; im Falle des Lohnwuchers wird die Vergütung nach § 612 II bestimmt (hierzu § 612 Rn. 35 ff.).

419 Hauptproblematik des Arbeitsvertragsrechts ist nicht die Frage der Restgültigkeit des Vertrags, sondern die Problematik der Art und Weise der Aufrechterhaltung des Vertrags im Übrigen bzw. die **Lückenfüllung.** Die harte Folge der Unwirksamkeit gesetzeswidriger Bestimmungen ist insb. in den Fällen des Verstoßes gegen Verbotsgesetze (§ 134), der Sittenwidrigkeit (§ 138) und der Verstöße gegen Vorschriften zur Gleichberechtigung (Art. 119 EG-Vertrag, §§ 611a, 612 III) anzutreffen. Die Teilnichtigkeit gleichheitswidriger Regelungen führt nach Auffassung des BAG dazu, dass dem Gleichheitsverstoß jedenfalls für die Vergangenheit nur dadurch abgeholfen werden kann, dass die zu Unrecht ausgeschlossenen AN ebenfalls in das Entlohnungssystem einbezogen werden (BAG 14. 3. 1989 AP BetrAVG § 1 Gleichberechtigung Nr. 5; BAG 23. 1. 1990 AP BetrAVG § 1 Gleichberechtigung Nr. 7; BAG 20. 11. 1990 AP BetrAVG § 1 Gleichberechtigung Nr. 8; BAG 28. 7. 1992 AP BetrAVG § 1 Gleichbehandlung Nr. 18). Die Anwendung dispositiven Rechts zur Lückenfüllung einer durch Nichtigkeit entstandenen Vertragslücke ist dogmatisch unproblematisch, jedoch wegen der fehlenden Kodifikation eines dispositiven Leitbilds des Arbeitsvertragsrechts praktisch selten. Die Rspr. hilft bisweilen durch die Anwendung allgemeiner arbeitsrechtlicher Grundsätze oder durch ergänzende Vertragsauslegung. Zur Problematik der geltungserhaltenden Reduktion unangemessener Vertragsbedingungen vgl. §§ 305–310 Rn. 99.

420 **2. Anfechtung.** Die Willenserklärung zum Abschluss eines Arbeitsvertrags kann wie jedes Rechtsgeschäft wegen Irrtums gem. § 119 (BAG 28. 3. 1974 AP BGB § 119 Nr. 3), falscher Übermittlung der Willenserklärung (§ 120), Drohung oder arglistiger Täuschung nach § 123 (BAG 5. 12. 1957 AP BGB § 123 Nr. 2; BAG 25. 3. 1976 AP BGB § 123 Nr. 19; BAG 5. 10. 1995 AP BGB § 123 Nr. 40; BAG 6. 12. 2001 DB 2002, 1328) angefochten werden. Möglich ist es auch, nur einzelne Vertragsbestandteile anzufechten.

421 Erklärt eine Seite eine „fristlose Kündigung", so kann hierin auch eine Anfechtung zu erblicken sein, wenn aus den Gesamtumständen ersichtlich ist, dass die Auflösung des Arbeitsverhältnisses aus Gründen der Täuschung oder Drohung gewollt ist. Für das **Verhältnis von Anfechtung und außerordentlicher Kündigung** gilt, dass sie nebeneinander ausgesprochen werden können, wenn der Anfechtungsgrund seine Bedeutung für das Arbeitsverhältnis noch nicht verloren hat und im Zeitpunkt der Anfechtungserklärung so stark nachwirkt, dass die weitere Fortsetzung des Arbeitsverhältnisses unzumutbar ist (BAG 5. 12. 1957 AP BGB § 123 Nr. 2; BAG 22. 9. 1961 AP BGB § 123 Nr. 15; BAG 28. 3. 1974 AP BGB § 119 Nr. 3; BAG 21. 2. 1991 AP BGB § 123 Nr. 35).

422 Eine **Umdeutung** einer ordentlichen Kündigung in eine Anfechtungserklärung kommt nicht in Betracht, da das ersatzweise Rechtsgeschäft nicht weiterreichende Folgen haben darf als das ursprünglich erklärte, die Anfechtung jedoch die sofortige Beendigung der Vertragsbeziehung bedeutet (BAG 3. 11. 1982 AP KSchG § 15 Nr. 12; *Dörner* AR-Blattei SD 60 Rn. 105). Die Umdeutung einer außerordentlichen Kündigung ist dagegen zulässig (*Dörner* AR-Blattei SD 60 Rn. 106). Die Umdeutung einer Anfechtung in eine außerordentliche Kündigung hat das BAG abgelehnt für den Fall, dass der Anfechtungsberechtigte seine Wahl ausdrücklich und klar bezeichnet hat (BAG 14. 12. 1979 AP BGB § 119 Nr. 4; aA *Herschel* Anm. zu BAG 14. 12. 1979 AuR 1982, 255).

423 **Kündigungsverbote** des bes. Kündigungsschutzes (zB § 9 MuSchG, § 18 BErzGG, §§ 85 ff. SGB IX) stehen der Anfechtung nicht entgegen (*Dörner* AR-Blattei SD 60 Rn. 45; *Wolf/Gangel* AuR 1982, 271, 278). Bei Kündigung und Anfechtung handelt es sich um verschiedene Gestaltungsrechte. Die Kündigungsverbote oder -einschränkungen sollen nur das rechtsfehlerfrei zustande gekommene Arbeitsverhältnis schützen.

424 Anders als bei einer Kündigung ist der **BR** vor einer Anfechtung nicht nach § 102 BetrVG anzuhören. Da der BR keine Einstellung erzwingen kann, ist der AG auch frei in der Entscheidung über die Geltung des Vertragsschlusses (BAG 11. 11. 1993 AP BGB § 123 Nr. 38; *Dörner* AR-Blattei SD 60 Rn. 41; *Fitting* § 102 Rn. 15; *Picker* ZfA 1981, 1, 43; aA *Hönn* ZfA 1987, 61, 89; *Wolf/Gangel* AuR 1982, 271, 276, die den Zweck der Anhörung auch bei einer Anfechtung für gegeben erachten).

425 Erfährt der AG geraume Zeit nach dem Vertragsabschluss von seinem Irrtum oder einer Täuschung durch den AN, kann eine Anfechtung trotz Vorliegen aller tatbestandlichen Voraussetzungen ausgeschlossen sein, wenn der Anfechtungsgrund keine Auswirkungen auf das Arbeitsverhältnis (mehr) hat bzw. seine Bedeutung hierfür verloren hat. Das Recht zur Anfechtung kann nach dem Grundsatz von Treu und Glauben (§ 242) **verwirkt** sein, wenn das Arbeitsverhältnis bereits jahrelang beanstandungsfrei durchgeführt wurde (BAG 12. 2. 1970 AP BGB § 123 Nr. 17; BAG 19. 5. 1983 AP BGB § 123 Nr. 25; BAG 18. 9. 1987 AP BGB § 123 Nr. 32; BAG 11. 11. 1993 AP BGB § 123 Nr. 38; BAG 28. 5. 1998 AP BGB § 123 Nr. 46; MünchArbR/*Richardi* 46 Rn. 49).

426 Die **Darlegungs- und Beweislast** für die zur Anfechtung berechtigenden Umstände trägt der Anfechtende, idR also der AG (LAG Berlin 19. 11. 1984 LAGE BGB § 123 Nr. 5). Bei der Anfechtung eines Aufhebungsvertrags trägt sie dagegen der AN (BAG 12. 8. 1999 AP BGB § 123 Nr. 51).

427 **a) Erklärungs-, Inhalts- und Eigenschaftsirrtum (§ 119).** Anfechtungsberechtigt ist nach § 119 derjenige, der sich bei Abgabe einer Willenserklärung in einem Irrtum befunden hat. Für die Anfech-

E. Begründung des Arbeitsverhältnisses § 611 BGB 230

tung nach § 119 I wegen Erklärungsirrtums, bei dem der Erklärende eine Erklärung dieses Inhalts gar nicht abgeben wollte, oder Inhaltsirrtums, bei dem der Erklärende über die rechtliche Bedeutung seiner Erklärung irrte (*Dörner* AR-Blattei SD 60 Rn. 3, 4; MünchArbR/*Richardi* § 46 Rn. 30), gelten die allgemeinen Grundsätze.

Besonderheiten gelten im Arbeitsrecht für den Fall des Irrtums über **verkehrswesentliche Eigen-** 428 **schaften** des AN (BAG 26. 7. 1989 AP LohnFG § 1 Nr. 87). Anders als bei der Anfechtung nach § 123 kommt es hier nicht darauf an, ob der Bewerber den AG vorsätzlich über das Vorliegen einer Tatsache getäuscht hat. Es reicht aus, wenn sich der AG über eine konkrete verkehrswesentliche Eigenschaft des Bewerbers im Irrtum befindet. Eine Fehlbeurteilung der allgemeinen Fähigkeiten des AN kann allerdings nicht als Irrtum in Betracht kommen.

aa) Verkehrswesentliche Eigenschaften. Verkehrswesentliche Eigenschaften einer Person bestehen 429 neben ihren körperlichen Merkmalen auch in ihren tatsächlichen oder rechtlichen Verhältnissen und Beziehungen zur Umwelt, soweit sie nach der Verkehrsanschauung für die Wertschätzung und die zu leistende Arbeit von Bedeutung und nicht nur vorübergehender Natur sind. Sie müssen sich auf die Eignung der Person für die Arbeit auswirken (BAG 21. 2. 1991 AP BGB § 123 Nr. 35; MünchArbR/ *Richardi* § 46 Rn. 31).

Wenn die Frage nach der betreffenden Eigenschaft unzulässig ist, kann idR davon ausgegangen 430 werden, dass ein Irrtum über die betreffende Eigenschaft nicht zu einer Anfechtung nach § 119 II berechtigt (zu den Fragerechten im Einstellungsgespräch Rn. 330 ff.). Dies gilt jedenfalls dann, wenn nicht zusätzliche Umstände hinzutreten (zB völlige Ungeeignetheit des Bewerbers für den angestrebten Arbeitsplatz auf Grund der betreffenden Eigenschaft).

Die **Leistungsfähigkeit** an sich und deren Fehlen stellt keine zur Anfechtung berechtigende 431 verkehrswesentliche Eigenschaft dar. In diesem Fall macht sich der AG lediglich fehlerhafte Vorstellungen über die Fähigkeiten des AN, er befindet sich nicht im Irrtum oder in Unkenntnis bezüglich einer konkreten Eigenschaft (*Dörner* AR-Blattei SD 60 Rn. 6).

Der **Gesundheitszustand** gehört zu den verkehrswesentlichen Eigenschaften, sobald dem AN 432 deswegen nicht nur vorübergehend die Fähigkeit fehlt, die vertraglich übernommene Arbeit zu verrichten (BAG 28. 3. 1974 AP BGB § 119 Nr. 3).

Der Grad der Leistungsfähigkeit eines AN oder eine vorübergehende Leistungsminderung sind 433 zwar regelmäßig noch keine verkehrswesentlichen Eigenschaften. Anders verhält es sich jedoch, wenn die objektive Tauglichkeit des AN durch seinen Gesundheitszustand erheblich herabgesetzt wird. Wenn der AN wegen eines nicht nur kurzfristig auftretenden Leidens für die übernommene Arbeit nicht oder nicht ausreichend geeignet ist, kann ihm eine verkehrswesentliche Eigenschaft fehlen. Das gilt insb. auch dann, wenn der AN durch ein Anfallsleiden (zB Epilepsie) in seiner für eine bestimmte Arbeitsaufgabe notwendigen durchschnittlichen Leistungsfähigkeit ständig erheblich beeinträchtigt ist (BAG 28. 3. 1974 AP BGB § 119 Nr. 3).

Auch die **Schwerbehinderteneigenschaft** kann demzufolge nur dann eine verkehrswesentliche 434 Eigenschaft der Person darstellen, wenn sie dazu führt, dass der Bewerber für die angestrebte Tätigkeit nicht geeignet ist, also auch ohne Befragung eine Offenbarungspflicht bestünde.

Die **Schwangerschaft** ist keine Eigenschaft, weil es sich bei ihr nur um einen vorübergehenden 435 Zustand handelt (BAG 22. 9. 1961 AP BGB § 123 Nr. 15; BAG 8. 9. 1988 AP MuSchG § 8 Nr. 1). Darüber hinaus wird aus dem Mutterschutzgesetz ein Ausschluss der Anfechtung gefolgert (MünchArbR/*Richardi* § 46 Rn. 34). Die in der Rspr. des BAG anerkannte Ausnahme für den Fall, dass die Arbeitnehmerin nur befristet eingestellt wird und die Schwangerschaft der Vertragsdurchführung für einen im Verhältnis erheblichen Zeitraum entgegensteht, etwa durch ein **Beschäftigungsverbot** (BAG 6. 10. 1962 AP MuSchG § 9 Nr. 24; BAG 8. 9. 1988 AP MuSchG 1968 § 8 Nr. 1), ist wohl nicht mit der Rspr. des EuGH vereinbar (hierzu Rn. 345; EuGH 4. 10. 2001 EAS 76/207/EWG Art. 5 Nr. 16 m. abl. Anm. *Stahlhacke*).

Das BAG hat auch in der weiblichen Identität eine für den Vertrag als Arzthelferin verkehrs- 436 wesentliche Eigenschaft gesehen (zum Fall eines transsexuellen Arzthelfers: BAG 21. 2. 1991 AP BGB § 123 Nr. 35; *Dörner* AR-Blattei SD 60 Rn. 62; zur Problematik auch EuGH 30. 4. 1996 EAS RL 76/207/EWG Art. 5 Nr. 10).

Die **Vertrauenswürdigkeit** kann nur in bes. Vertrauenspositionen eine verkehrswesentliche Eigen- 437 schaft begründen (BAG 12. 2. 1970 AP BGB § 123 Nr. 17). Die Vertrauenswürdigkeit kann durch eine **Vorstrafe** erschüttert sein. Sie muss einschlägig sein und zur Annahme der Nichteignung des Bewerbers für den Arbeitsplatz führen. Irrelevant ist sie gemäß §§ 51, 53 BZRG, wenn sie aus dem Strafregister getilgt ist (MünchArbR/*Richardi* § 46 Rn. 33).

Zumindest bei Angehörigen des öffentl. Dienstes soll der **MfS-Mitarbeiterstatus** eine verkehrs- 438 wesentliche Eigenschaft darstellen (*Heidsiek*, Anm. zu ArbG Darmstadt BB 1994, 2495, 2496). Richtigerweise muss vor der Anfechtung jedoch eine Abwägung der Umstände vorgenommen werden (vgl. Rn. 350 ff.).

bb) Kausalität. Ein Anfechtungsrecht steht dem AG nur zu, wenn er bei Kenntnis der tatsäch- 439 lichen Sachlage und bei verständiger Würdigung den Arbeitsvertrag nicht oder nicht mit dem

Preis 1451

vereinbarten Inhalt abgeschlossen hätte (*Dörner* AR-Blattei SD 60 Rn. 7; MünchArbR/*Richardi* § 46 Rn. 31).

440 **cc) Anfechtungsfrist.** Auf die Anfechtung nach § 119 wendet das BAG die Ausschlussfrist des § 626 II entspr. an mit der Folge, dass eine Anfechtung wegen Inhalts-, Erklärungs- oder Eigenschaftsirrtums nur dann **unverzüglich** iSv. § 121 I und somit ohne schuldhaftes Zögern erfolgt ist, wenn zwischen der Kenntniserlangung und dem Zugang der Anfechtungserklärung höchstens **zwei Wochen** liegen (BAG 14. 12. 1979 AP BGB § 119 Nr. 4; BAG 19. 5. 1983 AP BGB § 123 Nr. 25; BAG 21. 2. 1991 AP BGB § 123 Nr. 35; *Wolf/Gangel* AuR 1982, 271, 274; aA *Herschel,* Anm. zu BAG 14. 12. 1979 AuR 1980, 255, 256; *Picker* ZfA 1981, 1, 108 ff.).

441 Die Notwendigkeit einer der Frist des § 626 II angepassten Erklärungsfrist auch bei der Anfechtung ergibt sich zum einen aus der möglichen wahlweisen Anwendung von Anfechtung und außerordentlicher Kündigung. Der Anfechtungsgrund kann im Zeitpunkt der Anfechtungserklärung noch so stark nachwirken, dass deswegen auch die Fortsetzung des Arbeitsverhältnisses unzumutbar wäre, was Voraussetzung für die außerordentliche Kündigung ist. Die Zuerkennung eines Wahlrechts gebietet es, auf beide Gestaltungsrechte die gleichen Grundsätze anzuwenden. Ansonsten besteht die Gefahr der Umgehung der Ausschlussfrist des § 626 II.

442 In der Literatur wird allerdings darauf hingewiesen, dass es sich um wesensverschiedene Gestaltungsrechte handelt und kein Grund besteht, die Bedingungen der außerordentlichen Kündigung auf die Anfechtung zu übertragen (*Küchenhoff,* Anm. zu BAG 28. 3. 1974 AP BGB § 119 Nr. 3; MünchArbR/*Richardi* § 46 Rn. 27, 51; *Picker* ZfA 1981, 1, 24, 26). Die Kündigung diene dazu, ein rechtsfehlerfrei zustande gekommenes Arbeitsverhältnis zu beseitigen, weil sich dessen Umstände geändert haben, die Anfechtung dagegen zur Befreiung von einem fehlerhaft zustande gekommenen Arbeitsverhältnis. Somit hätten beide Rechte unterschiedliche Ordnungsfunktionen. Dagegen spricht, dass eine Begrenzung der Erklärungsfrist dem Bedürfnis nach Rechtsklarheit und Rechtssicherheit Rechnung trägt. Hinzuweisen ist darauf, dass das BAG jüngst in anderem Zusammenhang die Unterschiede zwischen Anfechtung und Kündigung sowie eine eingeschränkte Rechtsfortbildungskompetenz betont hat (BAG 3. 12. 1998 AP BGB § 123 Nr. 49).

443 Nach Ablauf der Frist können weitere Anfechtungsgründe nicht nachgeschoben werden, wenn eine selbständige Anfechtung mit diesen Gründen verspätet wäre (BAG 21. 1. 1981 AP BGB § 119 Nr. 5; LAG Berlin 19. 11. 1984 LAGE BGB § 123 Nr. 5).

444 **b) Drohungs- und Täuschungsanfechtung (§ 123).** Die Anfechtung nach § 123 kommt im Arbeitsrecht in erster Linie wegen der Verwirklichung des Tatbestandes der arglistigen Täuschung in Betracht.

445 **aa) Täuschung.** Eine Täuschung besteht in der Erregung oder Aufrechterhaltung eines Irrtums bezüglich objektiv nachprüfbarer Umstände, durch die der Erklärungsgegners zur Abgabe einer Willenserklärung veranlasst wird (BAG 5. 10. 1995 AP BGB § 123 Nr. 40; LAG Köln 13. 11. 1995 NZA-RR 1996, 403; ausf. MünchKommBGB/*Kramer* § 123 Rn. 14 ff.). Die Täuschung muss sich auf objektive Umstände beziehen (BAG 21. 2. 1991 AP BGB § 123 Nr. 35). Der Bewerber muss positive Kenntnis von der Unwahrheit bzw. vom Vorliegen einer offenbarungspflichtigen Tatsache haben.

446 Die Täuschung kann auch durch **Vorspiegelung oder Entstellung** von Tatsachen erfolgen. Dieser Fall liegt vor, wenn ein handgeschriebener **Lebenslauf** von einem Dritten gefertigt wird, um bei einem angekündigten graphologischen Gutachten bessere Wertungen zu erzielen (BAG 16. 9. 1982 AP BGB § 123 Nr. 24). Auch die Fälschung von Zeugnissen erfüllt den Tatbestand.

447 Das **Verschweigen von Tatsachen** stellt nur eine Täuschung dar, wenn der Anfechtungsgegner zur Aufklärung verpflichtet war, insofern also eine Offenbarungspflicht bestand (BAG 8. 9. 1988 AP MuSchG 1968 § 8 Nr. 1; *Dörner* AR-Blattei SD 60 Rn. 12; MünchKommBGB/*Kramer* § 123 Rn. 16).

448 Bei der Begründung des Arbeitsverhältnisses kommt insb. in Betracht, dass eine vom AG im Bewerbungsverfahren zulässigerweise gestellte Frage falsch beantwortet wird (BAG 5. 10. 1995 AP BGB § 123 Nr. 40; Rn. 334). Für die Täuschung iSv. § 123 ist erforderlich, dass der Bewerber die Frage bewusst falsch beantwortet oder die nicht offenbarte Tatsache bewusst verschwiegen hat (LAG Köln 13. 11. 1995 NZA-RR 1996, 403).

449 **bb) Vorsatz.** Der Anfechtungsgegner wusste oder musste erkennen, dass die von ihm vorgespiegelte oder verschwiegene Tatsache den Geschäftswillen des AG mitbeeinflusst, also für die Entscheidung zur Begründung des Arbeitsverhältnisses wesentlich sein kann. Ihm musste erkennbar sein, dass der AG den Arbeitsvertrag bei Kenntnis der wahren Sachlage nicht oder zumindest nicht mit den gleichen Konditionen abgeschlossen hätte. Dabei muss er zumindest bedingt vorsätzlich gehandelt haben. Fahrlässigkeit reicht zur Begründung der Arglist nicht aus (MünchArbR/*Richardi* § 46 Rn. 38; MünchKommBGB/*Kramer* § 123 Rn. 8).

450 **cc) Rechtswidrigkeit.** In Literatur und Rspr. ist anerkannt, dass nicht jede Erregung eines Irrtums zum Recht der Anfechtung wegen arglistiger Täuschung führt. Ungeschriebenes Tatbestandsmerkmal der Täuschung nach § 123 I ist wie bei der Drohung deren Rechtswidrigkeit (BAG 21. 2. 1991 AP BGB § 123 Nr. 35; BAG 5. 10. 1995 AP BGB § 123 Nr. 40). § 123 soll die freie Willensentschließung

E. Begründung des Arbeitsverhältnisses § 611 BGB 230

vor Eingriffen anderer schützen. Der Schutzzweck ist nicht berührt, wenn eine rechtswidrige Handlung des die Anfechtung Erklärenden selbst zur Täuschung geführt hat.

Das BGB geht davon aus, dass die arglistige Täuschung stets rechtswidrig ist. Den Fall rechtmäßiger 451 Täuschung – vor allem im Arbeitsverhältnis – sieht das Gesetz nicht. Diese Lücke des Gesetzes kann durch teleologische Reduktion geschlossen werden. Die Norm des § 123 ist insofern zu weit gefasst, als sie die Fälle einer an sich arglistigen, aber rechtlich erlaubten Täuschung mit umfasst (BAG 21. 2. 1991 AP BGB § 123 Nr. 35; MünchArbR/*Richardi* § 46 Rn. 39).

Somit stellt im Bereich der Fragerechte nur eine **falsche Antwort auf eine zulässigerweise gestellte** 452 **Frage** eine arglistige Täuschung dar (BAG 5. 12. 1957 AP BGB § 123 Nr. 2; BAG 19. 5. 1983 AP BGB § 123 Nr. 25). Entscheidend ist also, ob der AG zu der konkreten, falsch beantworteten Frage überhaupt berechtigt war (Rn. 334). Daneben führt das Verschweigen einer Tatsache nur zum Anfechtungsrecht des AG, wenn der Bewerber nach Treu und Glauben mit Rücksicht auf die Verkehrssitte auch ohne bes. Befragung zur Offenbarung der Tatsache verpflichtet war (Rn. 353 ff.).

Für den Fall, dass ein nicht eigenhändig geschriebener Lebenslauf zur Erstellung eines graphologi- 453 schen Gutachtens zu den Bewerbungsunterlagen gereicht wird (Rn. 375), um durch Täuschung über den Aussteller bessere Ergebnisse zu erzielen, kann eine zur Anfechtung berechtigende Täuschung nur bejaht werden, wenn die Einholung des Gutachtens durch den AG rechtmäßig ist (*Brox*, Anm. zu BAG 16. 9. 1982 AP BGB § 123 Nr. 24).

dd) Kausalität. Die Täuschung muss für die Begründung des Arbeitsverhältnisses ursächlich gewor- 454 den sein. Das ist der Fall, wenn der Getäuschte die Willenserklärung anderenfalls nicht oder mit einem anderen Inhalt abgegeben hätte. Es reicht aus, wenn die Täuschung zumindest mitursächlich und für den Entschluss des Getäuschten von Bedeutung war (BAG 11. 11. 1993 AP BGB § 123 Nr. 38; LAG Köln 13. 11. 1995 NZA-RR 1996, 403; MünchKommBGB/*Kramer* § 123 Rn. 12).

ee) Anfechtungsfrist. Die Ausschlussfrist des § 626 II ist bei der Drohungs- und Täuschungs- 455 anfechtung im Gegensatz zu der Irrtumsanfechtung nicht entspr. anzuwenden. Die Fristbestimmung in § 124 I enthält bereits eine genaue Zeitgrenze, so dass für eine entspr. Anwendung von § 626 II kein Raum bleibt (BAG 19. 5. 1983 AP BGB § 123 Nr. 25). Bei der gravierenden Willensbeeinflussung durch die Merkmale des § 123 ist zudem die Jahresfrist auch im Arbeitsrecht der angemessene Zeitraum (*Schulte* HwB AR 100, Rn. 11).

Somit kann die Anfechtung wegen arglistiger Täuschung oder Drohung **innerhalb eines Jahres** ab 456 Entdeckung der Täuschung oder Beendigung der Zwangslage erklärt werden. Die Frist beginnt in dem Zeitpunkt, in dem der Anfechtungsberechtigte von der Täuschung positive Kenntnis erhalten hat. Bloßes Kennenmüssen oder die Vermutung der Täuschung reicht nicht aus (BAG 16. 9. 1982 AP BGB § 123 Nr. 24).

Eine Einschränkung des Anfechtungsrechts kann sich nur aus Treu und Glauben nach dem Grund- 457 satz der Verwirkung ergeben, wenn der Anfechtungsgrund objektiv für die Durchführung des Arbeitsverhältnisses keine Bedeutung mehr hat (Rn. 425).

c) Anfechtungserklärung. Die Anfechtung wird durch formlose – § 623 ist nicht anzuwenden – 458 Willenserklärung gem. § 143 gegenüber dem anderen Teil erklärt. Sie ist unwiderruflich und bedingungsfeindlich (MünchKommBGB/*Kramer* § 143 Rn. 5).

d) Rechtsfolge. Nach der wirksamen Anfechtung eines Vertrags ist dieser gem. § 142 von Anfang 459 an als nichtig anzusehen. Bei der Anfechtung nach § 119 hat der Anfechtende dem Anfechtungsgegner gem. § 122 den Schaden zu ersetzen, den dieser dadurch erleidet, dass er auf die Gültigkeit des Rechtsgeschäfts vertraut hat. Der Schadensersatzanspruch umfasst das negative Interesse, den Vertrauensschaden (BGH 14. 3. 1969 AP BGB § 122 Nr. 1; MünchKommBGB/*Kramer* § 122 Rn. 8).

Der Anfechtende hat im Falle der Anfechtung nach § 123 wegen arglistiger Täuschung Schadens- 460 ersatzansprüche aus cic. (§§ 280 I, 311 II) und aus unerlaubter Handlung gemäß §§ 823 II, 826 (*Schulte*, HwB AR 100 Rn. 54; MünchKommBGB/*Kramer* § 123 Rn. 30).

Bereits ausgetauschte Leistungen werden nach den Grundsätzen des Bereicherungsrechts (§§ 812 ff.) 461 rückgewährt. Erbrachte Arbeitsleistungen können jedoch schwerlich rückabgewickelt werden (BAG 16. 9. 1982 AP BGB § 123 Nr. 24). Bei den Rechtsfolgen der Anfechtung muss deshalb danach unterschieden werden, ob das Arbeitsverhältnis bereits in **Vollzug oder Funktion** gesetzt war, insb. ein Leistungsaustausch stattgefunden hat. In Funktion gesetzt ist ein Arbeitsvertrag dann, wenn der AN beim AG erschienen ist, seinen Arbeitsplatz zugewiesen bekommen und die Arbeit aufgenommen hat (BAG 3. 12. 1988 AP BGB § 123 Nr. 49 unter Aufgabe von 18. 4. 1968 AP HGB § 63 Nr. 32; *Dörner* AR-Blattei SD 60 Rn. 93; MünchArbR/*Richardi* § 46 Rn. 65). Wenn der Vertrag noch **nicht in Funktion** gesetzt worden ist, bleibt es bei der Regel des § 142 I, so dass eine Anfechtung die Willenserklärung mit rückwirkender Kraft **(ex tunc)** vernichtet.

Demgegenüber wirkt die Anfechtung bei **bereits vollzogenen Arbeitsverhältnissen** nur für die 462 Zukunft: Wegen der Rückabwicklungsschwierigkeiten hat sich die Auffassung durchgesetzt, dass eine Anfechtung nur die kündigungsähnliche Wirkung der Auflösung des Arbeitsverhältnisses für die Zukunft hat und entgegen § 142 I **ex nunc** wirkt, wenn ein Leistungsaustausch bereits stattgefunden hat (BAG 5. 12. 1957 AP BGB § 123 Nr. 2; BAG 16. 9. 1982 AP BGB § 123 Nr. 24; BAG 29. 8. 1984

AP BGB § 123 Nr. 27; *Dörner* AR-Blattei SD 60 Rn. 94; MünchArbR/*Richardi* § 46 Rn. 65; *Picker* ZfA 1981, 53). Für die Vergangenheit ist das Arbeitsverhältnis wie ein fehlerfrei zustande gekommenes zu behandeln (sog. fehlerhaftes Arbeitsverhältnis Rn. 170).

463 Hervorzuheben ist ausdrücklich, dass es sich bei der ex-nunc-Wirkung um eine Ausnahme vom gesetzlich aufgestellten Grundsatz in § 142 I handelt, die nur wegen der Rückabwicklungsschwierigkeiten gerechtfertigt ist. Würde auch bei einem noch nicht vollzogenen Arbeitsverhältnis die Anfechtung nur eine ex-nunc-Wirkung haben, entstünde dem in diesem Fall Täuschenden ein unbilliger und nicht zu rechtfertigender Vorteil (BAG 16. 9. 1982 AP BGB § 123 Nr. 24).

464 Abw. gilt, wenn ein aufgenommenes Arbeitsverhältnis später wieder **außer Funktion gesetzt** wird und der AN ab diesem Zeitpunkt keine Arbeitsleistung mehr erbringt. In diesem Fall wirkt die Anfechtung auf den Zeitpunkt zurück, in dem das Arbeitsverhältnis außer Funktion gesetzt worden ist (grdl. BAG 3. 12. 1998 AP BGB § 123 Nr. 49). In Betracht kommt, dass der AG bereits vor der Anfechtung eine **Kündigung** ausgesprochen hat und seitdem vom AN ohne Anspruch auf Gehaltszahlungen auch keine Leistungen mehr erbracht wurden, die beschriebenen Rückabwicklungsschwierigkeiten somit nicht auftreten. Dieses gilt zumindest dann, wenn das Anfechtungsrecht auf einer arglistigen Täuschung iSv. § 123 beruht. Gesichtspunkte eines eventuell bestehenden Vertrauensschutzes greifen dann nicht (BAG 29. 8. 1984 AP BGB § 123 Nr. 27). Die Rückwirkung auf den Zeitpunkt einer Außerfunktionssetzung ist bislang für die Irrtumsanfechtung offengeblieben. Die Beschränkung auf die Fälle der Täuschungsanfechtung kann nur mit der geringeren Schutzwürdigkeit des täuschenden Anfechtungsgegners begründet werden (*Walker*, Anm. zu BAG 29. 8. 1984 JA 1985, 164, 165).

465 Nach früherer Rspr. des BAG verhielt es sich anders, wenn der AN schon vor der Anfechtung krank geworden ist und auf Grund der unabhängig vom Willen beider Vertragsparteien bestehenden Arbeitsunfähigkeit keine Leistungen mehr erbringt. Auch hier sollte die Anfechtung ex-nunc wirken (BAG 18. 4. 1968 AP HGB § 63 Nr. 32; BAG 20. 2. 1986 AP BGB § 123 Nr. 31). Für die Vergangenheit seien beide auf die Leistungen aus einem bestehenden Arbeitsverhältnis zur Sicherung der Existenzgrundlage angewiesen (*Brox* Anm. zu BAG 16. 9. 1982 AP BGB § 123 Nr. 24; *Dörner* AR-Blattei SD 60 Rn. 98).

466 Von dieser Rspr. ist das BAG jetzt abgewichen (BAG 3. 12. 1998 AP BGB § 123 Nr. 49; zust. *Gotthardt* Rn. 125). Die Anfechtung wirkt in diesen Fällen entspr. § 142 I BGB ex tunc. Rückabwicklungsschwierigkeiten seien ab dem Zeitpunkt der Arbeitsunfähigkeit nicht zu besorgen. Weder war eine Arbeitsleistung dem Vermögen des Arbeitgebers unwiderruflich zugewachsen (so *Picker* ZfA 1981, 1 f., 53) noch wird idR nach der Anfechtung Vergütung gezahlt. Der AN könne nicht darauf vertrauen, dass das Arbeitsverhältnis auch für die Zeit, in der es nicht mehr praktiziert worden ist, bis zur Anfechtungserklärung des AG als rechtsbeständig behandelt wird. Würde man der Anfechtung auch in einem solchen Falle nur Wirkung für die Zukunft beilegen, so würde man dem Täuschenden damit zu einem nicht gerechtfertigten Vorteil verhelfen (krit. *Strick* NZA 2000, 695 ff.).

467 e) **Klagefrist.** Die **Klagefrist** des § 4 KSchG ist für die Anfechtung unbeachtlich (*Dörner* AR-Blattei SD 60 Rn. 100; *Picker* ZfA 81, 1, 104 ff.; *Wolf/Gangel* AuR 1982, 271, 277). Das BAG hat diese Frage für die AN, die nach sechsmonatigem Bestehen ihres Arbeitsverhältnisses unter das KSchG fallen, offengelassen (BAG 14. 12. 1979 AP BGB § 119 Nr. 4). Eine Anwendung des § 4 KSchG ist aber auch hier nicht zu befürworten, weil es keinen allgemeinen Grundsatz gibt, die Beendigung eines Arbeitsverhältnisses innerhalb von drei Wochen anzugreifen. Eine Klage auf Feststellung des Bestehens des Arbeitsverhältnisses kann jedoch nach gewissem Zeitablauf wegen Verwirkung unzulässig sein. Insofern ist eine Interessenabwägung erforderlich (Stahlhacke/*Preis* Rn. 147).

IV. Vertragsgestaltung; Inhaltskontrolle

468 1. **Gegenstand arbeitsrechtlicher Vertragsgestaltung.** Der Arbeitsvertrag kann inhaltlich grds. nach den Prinzipien der Privatautonomie (§§ 241 I, 311 I) gestaltet werden. Der Vertragsgestaltung im Arbeitsrecht werden jedoch durch zahlreiche zwingende Gesetze und Kollektivverträge Grenzen gesetzt. Im Bereich der Arbeitsvertragsgestaltung überwiegt der **standardisierte Vertrag** (hierzu bereits Rn. 257 f.; ausführlich zur Vertragspraxis: *Preis* I B). Die Standardisierung der Vertragsgestaltung mit der fehlenden Möglichkeit für den AN, einzelne Vertragsbedingungen auszuhandeln, ist der Grund Inhaltskontrolle nach Maßgabe der §§ 305 ff.

469 Das Standardisierungsinteresse bei der Vertragsgestaltung findet insb. in Verweisungsklauseln auf allgemeine Arbeitsvertragsbedingungen, aber auch auf TV, ihren Ausdruck (hierzu *Bauschke* ZTR 1993, 416; *Etzel* NZA 1987, 19 ff.; *Seibert* NZA 1985, 730 ff.; *Preis* II V 60; *Reinecke* NZA Beilage 3/2000, 23, 26 f.). Hauptfunktion der Verweisungen, zumeist in vorformulierten Arbeitsverträgen, ist das Bestreben, gleiche vertragliche Grundlagen für die gesamte oder doch abgrenzbare Teile der Belegschaft zu schaffen. Hiermit wird zwar einerseits dem Prinzip der Gleichbehandlung gedient. Derartige **Verweisungs- und Bezugnahmeklauseln** sind nach dem Prinzip der Vertragsfreiheit generell zulässig.

2. Vertragsauslegung und Vertragsergänzung. Die Grundsätze der §§ 133, 157 zur Auslegung 470 von Arbeitsverträgen gelten auch im Arbeitsvertragsrecht. Prinzipielle Abweichungen zum allgemeinen Privatrecht sind nicht gerechtfertigt. Bes. Behandlung bedarf die Auslegung vorformulierter Vertragsbedingungen (hierzu §§ 305–310 Rn. 25 ff.). Bedenken begegnet die Rspr. des BAG, soweit sie über die Generalklauseln der §§ 133, 157 eine kaschierte Inhaltskontrolle praktiziert (hierzu *Preis* Vertragsgestaltung S. 153 ff.). Vermittelt über die §§ 133, 157 fließt in die Auslegung bisweilen die objektive Wertordnung des GG ein, was zu einer grundrechtsgesteuerten Kontrolle der Vertragspraxis über das Instrument der Auslegung führt. Anzutreffen ist die Entscheidungspraxis insb. bei der **restriktiven oder korrigierenden "Auslegung"** von Nebentätigkeitsverboten in Arbeitsverträgen (hierzu BAG 3. 12. 1970 AP BGB § 626 Nr. 60; BAG 26. 8. 1976 AP BGB § 626 Nr. 68; BAG 18. 11. 1988 AP BGB § 611 Doppelarbeitsverhältnis Nr. 3; BAG 6. 9. 1990 AP BGB § 615 Nr. 47). Auch das Instrument der **ergänzenden Vertragsauslegung** wird zur Vertragskorrektur genutzt. Der 9. Senat hält eine „ergänzende Vertragsauslegung (für) geboten, wenn die Vereinbarung ohne die Ergänzung gegen § 622 VI verstößt" (BAG 20. 8. 1996 AP HGB § 87 Nr. 9 = NZA 1996, 1151). Der 4. Senat legt arbeitsvertragliche Verweisungsklauseln, die „einen konkret benannten Tarifvertrag in der jeweils geltenden Fassung in Bezug nehmen", bei Verbandswechsel des AG idR dahin „korrigierend" aus, dass die Verweisung auf den jeweils für den Betrieb geltenden TV erfolgt (BAG 4. 9. 1996 AP TVG § 1 Bezugnahme auf Tarifvertrag Nr. 1).

Diese Rspr. ist abzulehnen. Auslegung und Inhaltskontrolle sind methodisch streng voneinander zu 471 unterscheiden. Jede **ergänzende Vertragsauslegung setzt eine regelungsbedürftige Lücke voraus** (BGH 12. 7. 1989 ZIP 1989, 1196; *Preis* Vertragsgestaltung S. 370 ff.). Sie kommt in Betracht, wenn zu einer bestimmten regelungsbedürftigen Frage eine Vereinbarung der Parteien nicht vorliegt oder wenn sich später durch Umstände, die bei Vertragsschluss noch nicht erkennbar waren, auf Grund der weiteren Entwicklung der Rechtsbeziehungen der Vertragspartner eine Vertragslücke öffnet (richtig BAG 22. 1. 1997 AP BGB § 620 Teilkündigung Nr. 6 = NZA 1997, 711; BAG 26. 6. 1996 AP BGB § 620 Bedingung Nr. 23; BAG 24. 11. 1993 AP BGB § 611 Mehrarbeitsvergütung Nr. 10; BAG 8. 11. 1972 AP BGB § 157 Nr. 3; vgl. auch BGH 1. 2. 1984 BGHZ 90, 69, 74; BGH 12. 7. 1989 ZIP 1989, 1196). Eine Lücke kann durch die Feststellung der Unwirksamkeit einer Regelung entstehen. Eine ergänzende Vertragsauslegung ist bei der vorrangig vorzunehmen Vertrags- oder Inhaltskontrolle jedoch nur zulässig, wenn die Unwirksamkeit der beanstandeten Klausel eine Lücke offenbart, die die beteiligten Interessen beider Vertragsparteien unangemessen geregelt erscheinen lässt. Die Rspr. einiger Senate des BAG führt zu Eingriffen in die Vertragsgestaltung und zu unzulässiger Vertragskorrektur. Ohne Feststellung einer Vertragslücke ist das Auslegungsprinzip der gesetzes- oder verfassungskonformen Auslegung verfehlt. Dem Vertragsverwender zu unterstellen, er wolle bei der Vertragsgestaltung im Zweifel die Grundrechte des anderen wahren, ist schlichte Fiktion. In Wahrheit praktiziert das BAG eine geltungserhaltende Reduktion verfassungsrechtlich problematischer Klauseln (hierzu noch §§ 305–310 Rn. 199).

Ist eine Vertragslücke vorhanden und ein Bedürfnis für eine Vertragsergänzung zu bejahen, muss die 472 Lücke unter Berücksichtigung des hypothetischen Parteiwillens geschlossen werden. Dabei ist darauf abzustellen, was die Parteien bei einer angemessenen Abwägung ihrer Interessen nach Treu und Glauben als redliche Vertragsparteien vereinbart hätten, wenn sie den nicht geregelten Fall bedacht hätten (BAG 9. 2. 1984 AP BGB § 620 Bedingung Nr. 7; BAG 26. 5. 1996 AP BGB § 620 Bedingung Nr. 23). Bei standardisierter Vertragsgestaltung im Verwenderinteresse versagt das Instrument regelmäßig. Die ergänzende Vertragsauslegung darf nicht als Mittel zur geltungserhaltenden Reduktion missverstanden werden (*Preis* Vertragsgestaltung S. 369 ff.).

3. Änderungs- und Fortsetzungsverträge. Eine Vertragspartei, die einschränkende Vertragsbedin- 473 gungen in das Arbeitsverhältnis einführen will, kann nach der Verkehrssitte nicht schon das bloße Schweigen des Empfängers als Annahme werten. Nur unter bes. Umständen kann Schweigen als Zustimmung zu verstehen sein, wenn der Erklärende nach Treu und Glauben annehmen durfte, der andere Vertragsteil würde der angebotenen Vertragsänderung widersprechen, wenn er ihr nicht zustimmen wolle (BAG 30. 7. 1995 AP HGB § 65 Nr. 13; BAG 14. 8. 1996 AP BGB § 242 Betriebliche Übung Nr. 47). Nach der Verkehrssitte wird in Anwendung des § 151 allgemein eine ausdrückliche Annahmeerklärung des AN bei **einseitigen begünstigenden Zusagen** des AG nicht erwartet. Dies gilt für die Zusage von Gehaltserhöhungen, freiwilligen Leistungen und sonstigen Sonderleistungen (BAG 17. 5. 1966 DB 1966, 1277 = AP BGB § 242 Ruhegehalt Nr. 110; BAG 24. 1. 1996 NZA 1996, 948 = AP BetrVG 1972 § 77 Tarifvorbehalt Nr. 8; BAG 27. 1. 1988 ZTR 1988, 307; LAG Rheinland-Pfalz 19. 4. 1996 BB 1996, 2521). Anders sind **Änderungsangebote** von Seiten des AG zu werten, wenn diese **zum Nachteil des AN** sind (hierzu *Hennige* NZA 1999, 281, 283). Trägt der AG einseitig verschlechternde Vertragsbedingungen an den AN heran, so kann die bloße stillschweigende Fortsetzung der bisherigen Tätigkeit nicht als Annahme des Änderungsangebotes angesehen werden (BAG 30. 7. 1985 NZA 1986, 474 = AP HGB § 65 Nr. 13; BAG 18. 9. 2001 NZA 2002, 268, 269). Das gilt insb. im Zusammenhang mit Änderungskündigungen (LAG Hamm 30. 1. 1997 NZA-RR 1997, 419). Eine Zustimmung des AN kann nur dann angenommen werden, wenn sich die Vertragsänderung unmittelbar im Arbeitsverhältnis auswirkt und der AN deshalb umgehend feststellen kann, welchen Einfluss die Änderung auf seine Rechte und Pflichten hat. Eine stillschweigende Annahmeerklärung kann daher idR nicht angenommen werden, solange die Folgen der Änderung nicht hervortreten (BAG 2. 5. 1976 AP BGB § 305 Nr. 4; BAG 17. 7. 1965 AP BGB § 242 Ruhegehalt Nr. 101; BAG 8. 7. 1960 AP BGB § 305 Nr. 2). Die Rspr. lässt es jedoch ausreichen, wenn bei einem Bündel von Vertragsänderungen sich nur Teile der Änderungen unmittelbar auswirken (BAG 1. 8. 2001 AP BGB § 157 Nr. 20; krit. *Franzen* RdA 2002, 235 ff.). Bei einem Änderungsangebot, das – wie die konstitutive Vereinbarung von Tarifrecht – ein ganzes Bündel von Vertragsänderungen zum Inhalt hat, ist jedoch nicht erforderlich, dass alle diese Änderungen sich unmittelbar auswirken, sondern dies nur tw. der Fall ist. Andernfalls wären komplexe Vertragsänderungen – insb. die konstitutive Vereinbarung von Tarifrecht, dessen Regelungen sich typischerweise nicht alle unmittelbar im Arbeitsverhältnis auswirken (zB hinsichtlich Urlaub, Weihnachtsgeld, Jubiläumsgeld) – im Wege konkludenter Vereinbarung ausgeschlossen (BAG 1. 8. 2001 AP BGB § 157 Nr. 20). Auf die bloße Mitteilung des Schuldners, er werde den Anspruch nicht erfüllen, muss der Gläubiger nicht reagieren. Soll ein Arbeitsverhältnis in ein freies Mitarbeiterverhältnis umgewandelt werden, muss das unzweideutig vereinbart werden. Eine Veränderung der Bezeichnung des Arbeitsverhältnisses reicht nicht aus (BAG 12. 9. 1996 AP BGB § 611 Freier Mitarbeiter Nr. 1).

474 **4. Flexibilisierung von Vertragsbedingungen.** Arbeitsverhältnisse, die oft jahrzehntelang andauern, dürfen nicht versteinern. Es muss grds. möglich sein, sie an veränderte Rahmenbedingungen anzupassen, sie also **flexibel** zu halten. Die Veränderungen können die Art der Arbeit, die Arbeitszeit und das Entgelt betreffen (zur Problematik *Hromadka* (Hrsg.), Änderung von Arbeitsbedingungen, 1990; *ders.* RdA 1992, 234; *Isenhardt* FS Hanau 1999 S. 221 ff.; *Kania* DB 1998, 2418; *Leuchten* NZA 1994, 721; *Preis* FS Kissel 1994 S. 879; *Reiserer* DB 1997, 426; *Sievers* NZA 2002, 1182 ff.; *Weber/Ehrich* BB 1996, 1822; *Zöllner* NZA 1997, 121).

475 **a) Änderung ohne vertragliche Vorbehalte.** Ohne entspr. Vorbehalte im Arbeitsvertrag kann sich der AG von den getroffenen Vereinbarungen nur sehr schwer einseitig lösen. Hier bleibt ihm daher nur die Möglichkeit, mit seinem AN eine einvernehmliche Änderung herbeizuführen (**Änderungsvertrag**, § 305 BGB), oder aber, wenn ihm dies nicht gelingt, eine **Änderungskündigung** (§ 2 KSchG) auszusprechen. Letztere ist allerdings nur unter strengen Voraussetzungen möglich und daher häufig nicht praktikabel (hierzu § 2 KSchG). Die **Teilkündigung**, also die Kündigung nur einzelner Vertragsbedingungen, ohne das Arbeitsverhältnis insgesamt in Frage zu stellen, ist nach hM **unzulässig**, da sie zu einer unzulässigen einseitigen Veränderung des Verhältnisses von Leistung und Gegenleistung führen würde (BAG 25. 2. 1988 AP BGB § 611 Arzt-Krankenhaus-Vertrag Nr. 18; BAG 14. 11. 1990 AP BGB § 611 Arzt-Krankenhaus-Vertrag Nr. 25; BAG 12. 2. 1987 EzBAT § 35 BAT Nr. 3; krit. dazu Stahlhacke/*Preis* Rn. 255 ff.).

476 Außerdem können vertraglich zugesagte Entgeltbestandteile **durch BV nachteilig** geändert werden. Zwar ist auf Grund des Günstigkeitsprinzips grds. die arbeitsvertragliche Vereinbarung vorrangig, doch macht das BAG davon eine Ausnahme bei sog. Einheitsregelungen und Gesamtzusagen: Zulässig sind danach BV, die sich zwar für den einzelnen AN nachteilig auswirken (sog. individueller Günstigkeitsvergleich), die aber für die Belegschaft „insgesamt gesehen" nicht ungünstiger sind (sog. **kollektiver Günstigkeitsvergleich**, BAG 16. 9. 1986 AP BetrVG 1972 § 77 Nr. 17; BAG 7. 11. 1989 AP BetrVG 1972 § 77 Nr. 46; sehr str. vgl. *Richardi* NZA 1990, 331). Der wirtschaftliche Wert der AGLeistung wird also insgesamt nicht verringert, sondern nur umstrukturiert.

477 Schließlich können auch die Grundsätze über den **Wegfall der Geschäftsgrundlage** (§ 313) zur Änderung von Arbeitsbedingungen führen. Deren **Bedeutung** ist jedoch im Arbeitsrecht **gering,** da der AG sich zur Vertragsanpassung an geänderte Umstände grds. der Änderungskündigung bedienen muss (BAG 29. 1. 1981 AP KSchG 1969 § 15 Nr. 10; BAG 6. 3. 1986 AP KSchG 1969 § 15 Nr. 19). Sie kommt lediglich dort in Betracht, wo eine Kündigung überhaupt nicht möglich ist, zB bei der Anpassung betrieblicher Ruhegelder an geänderte Verhältnisse. Die Berufung auf den Wegfall der Geschäftsgrundlage ist grds. kein selbständiger Grund für die Beendigung oder Änderung eines Arbeitsverhältnisses. Die Notwendigkeit, einen Arbeitsvertrag an veränderte Verhältnisse anzupassen, kann zwar Anlass für eine Änderungskündigung sein, ersetzt diese aber nicht (BAG 29. 1. 1981 AP KSchG 1969 § 15 Nr. 10; BAG 6. 3. 1986 AP KSchG 1969 § 15 Nr. 19). Zur Anpassung eines Vertrags wegen Gesetzesänderung siehe BAG 25. 2. 1988, 3. 5. 1989, 10. 12. 1992 AP BGB § 611 Arzt-Krankenhaus-Vertrag Nr. 18, 20, 27.

478 **b) Änderungsvorbehalte im Vertrag.** Verbreitet in Arbeitsverträgen sind Änderungsvorbehalte vielfältiger Art. Sie unterliegen nach der bisherigen Rspr. einer Rechtskontrolle unter dem Gesichtspunkt der **Umgehung des Kündigungsschutzes** (BAG 12. 12. 1984 AP KSchG 1969 § 2 Nr. 6). Bei dieser Vertragsgestaltung handelt es sich in aller Regel um arbeitgeberseitig gestellte Vertragsbedingungen, die jetzt nach Maßgabe der §§ 305 ff. einer Inhaltskontrolle unterliegen. Die bisherige Rspr. kann insoweit nur modifiziert fortgeführt werden. Einer Inhaltskontrolle unterliegen jedoch nicht individuell ausgehandelte und vom Arbeitnehmer in den Vertrag eingebrachte Änderungsvorbehalte (vgl. §§ 305–310 Rn. 55). Dieser Fall dürfte jedoch nur selten vorliegen. Zur Inhaltskontrolle der Änderungsvorbehalte vgl. §§ 305–310 Rn. 51 ff.

E. Begründung des Arbeitsverhältnisses § 611 BGB 230

5. Schranken der Vertragsgestaltungsfreiheit
Schrifttum: *Fastrich,* Richterliche Inhaltskontrolle im Privatrecht, 1992; *Preis,* Der Arbeitsvertrag, 2002; *Hildebrandt,* Disparität und Inhaltskontrolle im Arbeitsrecht, 1987; *v. Hoyningen-Huene,* Die Billigkeit im Arbeitsrecht, 1978; *Westhoff,* Die Inhaltskontrolle von Arbeitsverträgen. Rechtsanwendung, Rechtsfortbildung oder Rechtspolitik?, 1975.

Das BVerfG verpflichtet Gesetzgeber und hilfsweise die Gerichte, im Privatrecht Vorkehrungen 479 zum **Schutz der Berufsfreiheit** (Art. 12 Rn. 31) gegen vertragliche Beschränkungen zu schaffen, wenn es an einem annähernden Kräftegleichgewicht der Beteiligten fehlt (BVerfG 7. 2. 1990 AP GG Art. 12 Nr. 65; BAG 19. 10. 1993 AP GG Art. 3 Nr. 35). Die objektiv notwendigen Schutzmechanismen sind im Arbeitsrecht durch zwingende Gesetze, TV und BV nur tw. vorhanden. In zahlreichen zentralen Fragen der Arbeitsvertragsgestaltung (Rechtsformwahl, Ausweitung der Leistungsbestimmungsrechte, Befristungsabreden, Versorgungszusagen, Rückzahlungsklauseln uam.) war bis zum 31. 12. 2002 die Rspr. aufgerufen, den AN vor unangemessen benachteiligenden, insb. zwingendes Arbeitsrecht unzulässig umgehende Vertragsgestaltungen zu schützen (BAG 15. 2. 1990 AP BGB § 611 Anwesenheitsprämie Nr. 15; *Reinecke* NZA Beilage 3/2000, 23 ff.). Durch die §§ 305 ff. hat der Gesetzgeber diesem verfassungsrechtlichen Schutzauftrag auch im Arbeitsrecht Rechnung getragen.

a) **Verbotsgesetze; Sittenwidrigkeit; Kollektivverträge.** Die zunächst bei der Vertragsgestaltung 480 zwingend zu beachtenden Grenzen das zweiseitig und einseitig zwingende Gesetzesrecht, ebenso wie das tarifdispositive Gesetzesrecht (Rn. 237). Die zwingenden Schranken der Sittenwidrigkeit (§ 138; s. Rn. 371) und des Maßregelungsverbotes (§ 612 a; siehe dort) sind zu beachten. Zum Verbot der Gesetzesumgehung und zur Bewertung der hierzu ergangenen Rspr. vgl. §§ 305–310 Rn. 4 ff.). In der Praxis sind wesentliche Schranken der arbeitsvertraglichen Vereinbarung die konkret geltenden TV oder BV (§ 4 I TVG, § 77 IV 1 BetrVG).

b) **Kontrolle unangemessen benachteiligender Vertragsbedingungen.** Die Kontrolle unangemes- 481 sen benachteiligender Vertragsbedingungen erfolgt gemäß § 310 IV nach Maßgabe der §§ 305–310 (vgl. die Kommentierung dort).

c) **Billigkeitskontrolle bei einseitiger Leistungsbestimmung.** Die Billigkeitskontrolle nach Maß- 482 gabe des § 315 ist strikt zu unterscheiden von der Inhaltskontrolle nach §§ 305 ff. BGB. Die frühere Rspr., die die Begriffe Billigkeits- und Inhaltskontrolle zT synonym verwandte (BAG 30. 1. 1970 AP BGB § 242 Ruhegehalt Nr. 142), ist durch die Einbeziehung des Arbeitsrechts in die Vorschriften zur Inhaltskontrolle obsolet. Zu beachten ist, dass bei einseitigen Leistungsbestimmungsrechten der **Inhaltskontrolle** nach §§ 307 ff. der **Vorrang** zukommt (hierzu §§ 305–310 Rn. 53). Nur wenn durch (ggf. vorformulierten) Vertrag oder TV ein wirksam eingeräumtes einseitiges Bestimmungsrecht vorliegt, kann **zusätzlich** eine Kontrolle nach Maßgabe des § 315 erfolgen (ausf. *Hromadka* DB 1995, 1609 ff. mwN). Die Wahrung billigen Ermessens setzt voraus, dass die wesentlichen Umstände des Falles abgewogen und die beiderseitigen Interessen angemessen berücksichtigt werden (BAG 12. 12. 1984 AP KSchG § 2 Nr. 6; BAG 23. 6. 1993 AP BGB § 611 Direktionsrecht Nr. 42; BAG 24. 4. 1996 AP BGB § 611 Direktionsrecht Nr. 48).

Überlassen die Vertragsparteien die Leistungsbestimmung einem Dritten, zB einer von BR und AG 483 paritätisch besetzten Kommission, hat dieser die Leistungsbestimmung nach billigem Ermessen vorzunehmen. Die Bestimmung ist den Parteien gegenüber unverbindlich, wenn sie **offenbar unbillig** ist (§ 319 I 1). Das ist der Fall, wenn sie in grober Weise gegen Treu und Glauben verstößt und sich dies bei unbefangener sachkundiger Prüfung sofort aufdrängt (BGH 26. 4. 1991 NJW 1991, 2761; BAG 17. 4. 1996 AP BGB § 611 Kirchendienst Nr. 24; BAG 22. 1. 1997 AP TVG § 1 Tarifverträge: Metallindustrie Nr. 146). Die Vertragspartei, die sich auf die grobe Unbilligkeit beruft, ist für die tatsächlichen Umstände darlegungs- und beweispflichtig.

Durch TV können dem AG Bestimmungsklauseln (**tarifliche Bestimmungsklauseln**) eingeräumt 484 werden. Die Rspr. unterzieht diese tariflichen Bestimmungsklauseln keiner weiteren Inhaltskontrolle. Bei der Ausübung des Bestimmungsrechts muss der AG jedoch billiges Ermessen wahren. Die Ermessensentscheidung ist grds. in vollem Umfang nachprüfbar. Es ist ein objektiver Maßstab anzulegen (BAG 28. 11. 1984 AP TVG § 4 Bestimmungsrecht Nr. 2; BAG 15. 1. 1987 AP BPersVG § 75 Nr. 21; BAG 3. 12. 2002 BAGReport 2003, 165). Das gilt aber nicht, wenn der TV ausdrücklich den jederzeitigen auch grundlosen Widerruf vorsieht (zum Widerruf einer Fahrvereinbarung BAG 30. 8. 2000 AP TVG § 1 Tarifverträge: Metallindustrie Nr. 172). Zur Einstellung einer Funktionszulage: BAG 19. 1. 1995 AP TV AL II § 10 Nr. 2 = NZA 1996, 391. Zur Nichtverlängerungsmitteilung zur Vertragsänderung: BAG 3. 11. 1999 – 7 AZR 898/98 –.

Bes. Bedeutung hat die einseitige Leistungsbestimmung bei der Festsetzung und Herabsetzung von 485 Entgeltbestandteilen. Unbeschadet zwingender gesetzlicher oder tariflicher Normen unterliegt die **einseitige Entgeltfestsetzung** der Kontrolle nach billigem Ermessen (zur Problematik der Vergütungserlasse im öffentl. Dienst: BAG 13. 2. 1985 AP BAT §§ 22, 23 Lehrer Nr. 12, 13; BAG 11. 2. 1987 AP BAT 1975 §§ 22, 23 Nr. 131; EingruppierungsRL BAG 28. 3. 1990 AP BAT §§ 22, 23 Nr. 26), ebenso die Einhaltung eines **angemessenen Gehaltsabstands** bei frei vereinbarten Gehältern zu unteren Gehaltsklassen (BAG 18. 6. 1977 AP TVG § 1 Tarifverträge: Presse Nr. 12). Zu erwähnen ist ferner **Ausschüttung von Prämien** (BAG 9. 6. 1965 AP BGB § 315 Nr. 10), **Anrechnung von Beschäftigungszeiten** (BAG 21. 9. 1995 AP BAT-O § 19 Nr. 4), **Sondervergütungen** (BAG 21. 12. 1970 AP BGB § 305 Billigkeitskontrolle Nr. 1), **Kinderzuschläge** (BAG 28. 9. 1977 AP TVG § 1 Tarifverträge Rundfunk Nr. 4), **Gewinnbeteiligungen** (BAG 28. 11. 1989 AP BetrVG 1972 § 88 Nr. 6 = NZA 1990, 559). Fehlende Abreden über notwendige **Vergütungspauschalen** können über §§ 315, 316 gerichtlich ersetzt werden (BAG 20. 9. 1989 AP TVG § 1 Tarifverträge: Bau Nr. 119 = NZA 1990, 488). Die Wahlmöglichkeit des AG zwischen **Überstundenvergütung und Freizeitausgleich** unterliegt ebenfalls einer Billigkeitskontrolle (BAG 16. 2. 1989 AP BAT § 42 Nr. 9; BAG 17. 1. 1995 AP BGB § 611 Mehrarbeitsvergütung Nr. 15 = NZA 1995, 1000). **Ermessensleistungen und Härtefallregelungen** in Ruhegeldordnungen (BAG 25. 4. 1995 AP RuhegeldG Hamburg § 2 Nr. 1 = NZA 1996, 427); selbst bei der Überlassung von Kundenadressen an einen Abonnementwerber kann der AG fehlerhaft handeln, wenn plötzlich deutlich weniger Adressen zur Verfügung gestellt werden, anderweitige Tätigkeiten untersagt sind und sich der Verdienst des AN um 20% mindert (BAG 7. 8. 2002 EzA BGB § 315 Nr. 51).

486   Zahlreiche Nebenpflichten (Nebentätigkeitsverbote, Annahme von Geschenken) hängen von **Zustimmungsvorbehalten** ab, die stets nach billigem Ermessen ausgeübt werden müssen (BAG 17. 4. 1984 AP BAT § 10 Nr. 1). Über die Gewährung von **Sonderurlaub** hat der AG nach billigem Ermessen zu entscheiden (BAG 12. 1. 1989 AP BAT § 50 Nr. 14). Zum Abschluss eines (Alters-)Teilzeitvertrags LAG Köln 6. 10. 1999 ZTR 2000, 125. **Widerrufs- und Änderungsvorbehalte** unterliegen ebenfalls der Kontrolle nach § 315 (hierzu §§ 305–310 Rn. 51 ff.).

F. Pflichten des Arbeitgebers

I. Hauptpflichten des Arbeitgebers

487   **1. Vergütungspflicht. a) Allgemeines, Begriff des Arbeitsentgelts.** Nach § 611 I ist der AG verpflichtet, dem AN die vereinbarte Vergütung zu zahlen. Die Entgeltpflicht ist Hauptleistungspflicht und steht daher im Gegenseitigkeitsverhältnis zur Arbeitspflicht. Herkömmlicherweise bezeichnet man die Vergütung bei Arbeitern als Lohn, bei Angestellten als Gehalt. Davon abw. ist aber auch der Begriff Lohn als Oberbegriff für die verschiedenen Entgeltleistungen des AG gebräuchlich.

488   Die **Vergütungshöhe** unterliegt grds. freier Vereinbarung, doch darf im Fall beiderseitiger Tarifbindung die vereinbarte Vergütung nicht geringer sein als die tarifliche (vgl. § 4 III TVG). Zur Vergütungshöhe näher § 612 Rn. 35 ff. Zur Fälligkeit und Konsequenzen bei Nichtleistung der Vergütung vgl. § 614.

489   **b) Prinzipien der Entgeltfindung und -berechnung. aa) Zeitlohn.** Beim **Zeitlohn** wird das Entgelt nach Zeitabschnitten berechnet, wobei es allerdings auch hier grds. auf die in dieser Zeit tatsächlich geleistete Arbeit ankommt. Man unterscheidet regelmäßig zwischen Stunden- oder Wochenlohn für Arbeiter und dem Monatsgehalt für Angestellte. Bei tage- oder stundenweise unentschuldigtem Fehlen kann das Entgelt zeitanteilig gekürzt werden, sofern die Leistung nicht nachholbar ist (BAG 17. 3. 1988 AP BGB § 626 Nr. 99). Das Arbeitsergebnis, also die Qualität und Quantität der Arbeitsleistung, sind für die Zeitvergütung unerheblich, so dass der AG auch bei Schlechtleistung des AN die vereinbarte Vergütung zu zahlen hat (hierzu Rn. 845; zur Möglichkeit der Aufrechnung mit einem Schadensersatzanspruch im Rahmen der Pfändungsfreigrenzen vgl. Rn. 846).

490   **bb) Leistungslohn.** Im Gegensatz zum Zeitlohn wird beim sog. Leistungslohn die Lohnhöhe durch das Arbeitsergebnis, also die Qualität oder Menge der geleisteten Arbeit, unmittelbar beeinflusst. Die bekannteste Form des Leistungslohns ist der Akkordlohn.

491   **cc) Akkordlohn.** Zweck dieser Lohnform ist es, den AN entspr. der geleisteten Arbeitsmenge zu entlohnen. Hins. dieser Arbeitsmenge unterscheidet man weiter je nach der Art der zu leistenden Arbeit zwischen dem Stückakkord (Anzahl der gefertigten Stücke), Gewichtsakkord (Gewicht des beförderten Materials), Maßakkord (es wird auf Maßeinheiten abgestellt, zB Länge eines bearbeiteten Gegenstandes), dem Flächenakkord (Größe einer zu bearbeitenden, zB zu verputzenden Fläche) und dem Pauschalakkord (Arbeitsaufgabe besteht aus mehreren unterschiedlichen Einzelaufgaben).

492   Beim **Geldakkord** wird ein bestimmter Geldbetrag pro Leistungseinheit gewährt. Der Lohnanspruch des AN ergibt sich durch Multipplikation der erbrachten Leistungseinheiten mit dem dafür angesetzten Geldbetrag. Der Nachteil dieser historisch älteren Akkordform besteht darin, dass der für die Lohnbemessung maßgebliche Gesichtspunkt, nämlich die benötigte Zeit für die Erbringung einer Leistungseinheit (sog. Zeitvorgabe), nicht offen ausgewiesen wird (ebenso *Zöllner/Loritz* § 15 V 3; Staudinger/*Richardi* Rn. 582).

493   Dagegen wird beim **Zeitakkord** für eine bestimmte Arbeitsleistung eine festgelegte Zeit als Berechnungsfaktor vorgegeben (sog. Vorgabezeit). Unter der Vorgabezeit versteht man die in Minuten ausgedrückte Zeit, die für die Erbringung einer Leistungseinheit bei Normalleistung erforderlich ist. Der Akkordsatz beim Zeitakkord wird daher berechnet nach der Formel: Zahl der erbrachten Leistungseinheiten × Vorgabezeit × Geldfaktor.

F. Pflichten des Arbeitgebers § 611 BGB 230

Bei diesem **Geldfaktor** handelt es sich um den pro Minute zu verdienenden Geldbetrag. Er ist der **494** sechzigste Teil des Akkordrichtsatzes. Unter letzterem versteht man den Stundenverdienst bei Normalleistung. Dabei war es bislang üblich, den tariflichen oder sonst üblichen Stundenlohn um einen prozentualen Zuschlag (**Akkordzuschlag**) zu erhöhen. Dieser Zuschlag, der auf der Überlegung beruht, dass derjenige, der im anstrengenderen Akkord arbeitet, auch bei normaler Leistung mehr verdienen soll als der nach Zeit bezahlte AN, ist in neuerer Zeit lohnpolitisch umstritten. Gegen ihn wird vor allem eingewendet, dass angesichts der fortgeschrittenen Mechanisierung auch viele Stundenlohnarbeiter zur Einhaltung eines bestimmten Arbeitstempos angehalten werden, so dass die Besserstellung der Akkordarbeiter nicht mehr gerechtfertigt sei. Neue TV unterscheiden daher vielfach nicht mehr zwischen Zeitlohn und Akkordrichtsatz.

Die Festsetzung der **Vorgabezeit** hat daher wesentliche Bedeutung für die Richtigkeit der Akkord- **495** entlohnung. Sie kann zum einen nach dem bisherigen Erfahrungswissen geschätzt werden (sog. Faust- oder Meisterakkord); in der betrieblichen Praxis wird sie heute mit arbeitswissenschaftlichen Methoden ermittelt. Am verbreitetsten sind das Refa-System (Reichsausschuss für Arbeitszeitermittlung), das Bédaux-System und das MTM-System (Methods Time Measurement). Alle diese Methoden beruhen auf der Beobachtung des Arbeitsablaufs zur Feststellung des Zeitbedarfs (zu den Einzelheiten Münch ArbR/*Kreßel* § 65 Rn. 15 ff.; *Schaub* § 64). Der Vorteil des Zeitakkords liegt darin, dass bei Lohnerhöhungen jeweils nur der Geldfaktor geändert werden muss. Die Festlegung der Akkordfaktoren (Zeit- und Geldfaktor) unterliegt dem **Mitbestimmungsrecht** des BR nach § 87 I Nr. 11 BetrVG.

Zu unterscheiden ist weiter zwischen dem **Einzelakkord** und dem **Gruppenakkord**. Während bei **496** ersterem der Akkordlohn für jeden einzelnen AN nach dessen Leistungsergebnis errechnet wird, richtet sich beim Gruppenakkord die Entlohnung nach dem Leistungsergebnis einer Arbeitsgruppe, welches dann unter den einzelnen Gruppenmitgliedern aufgeteilt wird (vgl. BAG 26. 4. 1961 AP BGB § 611 Akkordlohn Nr. 14).

Da beim Akkord der AN seinen Verdienst durch Steigerung des Arbeitstempos erhöhen kann, damit **497** aber gleichzeitig das Risiko einer gesundheitlichen Überforderung einhergeht, ist im Interesse des ANSchutzes für bestimmte ANGruppen die Einführung einer **Akkordvergütung unzulässig**, zB für Schwangere (§ 4 III MuSchG), Jugendliche (§ 23 JArbSchG) und Fahrpersonal (§ 3 FahrpersonalG).

Der AN trägt das **Risiko der** – quantitativen – **Minderleistung.** Daher enthalten zahlreiche TV für **498** Akkordarbeiter eine Mindestlohngarantie (**Verdienstsicherungsklausel**). Damit wird erreicht, dass ein AN auch beim Zurückbleiben seiner Leistung hinter der Normalleistung den Mindestlohn erreicht, der dem Stundenlohn entspricht. Akkordarbeit eröffnet damit die Möglichkeit, mehr zu verdienen als im Zeitlohn, bedeutet aber bei unternormaler Leistung kein Verdienstrisiko (BAG 28. 6. 1961 AP BGB § 611 Akkordlohn Nr. 15). Hat der AG die Minderleistung zu vertreten, weil er zB Arbeitsgerät nicht bereitstellt, behält der AN nach § 615 S. 1 den vollen Vergütungsanspruch (Erman/*Hanau* Rn. 439; MünchKommBGB/*Schaub* § 612 Rn. 69).

Das Risiko **qualitativer Minderleistung** trägt beim Akkordlohn wie auch beim Zeitlohn der AG, es **499** sei denn, es wurde tarif- oder einzelvertraglich vereinbart, dass eine Bezahlung nur für fachlich einwandfreie Arbeiten erfolgt (BAG 15. 3. 1960 AP BGB § 611 Akkordlohn Nr. 13). Der AG kann ohne vertragliche Vereinbarung nicht ohne weiteres zwischen Akkordlohn und Zeitlohn allein auf der Basis des Direktionsrechts wechseln (ArbG Regensburg 17. 12. 1990 EzA BGB § 611 Akkord Nr. 6). Hierfür bedarf es vielmehr eines Änderungsvorbehalts, einer Änderungsvereinbarung oder -kündigung.

dd) Prämienlohn. Prämienlohn ist eine weitere Form der Leistungsentlohnung. Auch hier wird **500** eine Leistung des AN gemessen und zu einer Bezugsleistung ins Verhältnis gesetzt (BAG 13. 9. 1983 AP BetrVG 1972 § 87 Prämie Nr. 3). Er wird in der Praxis **zumeist als Zulage** zum Zeitlohn gezahlt, um dem AN einen Anreiz zu einem bestimmten Leistungserfolg zu geben. Reine Prämienlohnsysteme – mit und ohne Mindestlohngarantie – sind dagegen selten. Je nach Bezugsgröße für diesen Erfolg unterscheidet man zwischen Mengenprämie (Quantität der Arbeit), Qualitätsprämie (geringer Ausschuss), Ersparnisprämie (geringer Verbrauch von Rohstoffen oder Energie) und der Nutzungsprämie (optimale Maschinenausnutzung). Dies zeigt bereits, dass anstelle der durch den starren Akkord nur möglichen Produktionssteigerung mit der Prämie viel flexiblere und differenziertere Ziele verfolgt werden können. Außerdem kann die Prämienlohnkurve – im Gegensatz zur meist linear ansteigenden Akkordlohnkurve – linear oder in Stufen, progressiv oder degressiv ansteigen. Zu den in diesem Zusammenhang wichtigsten Prämienlohnsystemen von *Halsey, Rowan, Taylor* und *Gantt* siehe MünchArbR/*Kreßel* § 65 Rn. 76 ff.; *Schaub* § 65 Rn. 3.

Der Prämienlohn kann durch TV, BV oder Einzelarbeitsvertrag zur Anwendung kommen. Entspr. **501** den Möglichkeiten beim Akkord gibt es Geld- oder Zeitprämien sowie Gruppen- oder Einzelprämien. Außerdem bedarf es auch hier der Festlegung einer Normalleistung, an der die Leistung des AN zu messen ist. Diese kann ausgehandelt, statistisch ermittelt oder arbeitswissenschaftlich ermittelt werden.

Da der Prämienlohn wie der Akkordlohn gesundheitliche Gefahren für die AN aufweist, ist er **502** gleichfalls für Schwangere (§ 4 III Nr. 1 MuSchG), Jugendliche (§ 23 I Nr. 1 JArbSchG) sowie Fahrpersonal (§ 3 FahrpersonalG) **verboten**.

Preis

503 Kein echter Prämienlohn ist die sog. Pünktlichkeits- oder **Anwesenheitsprämie,** denn mit ihr soll nicht die Arbeitsleistung selbst belohnt, sondern Fehlzeiten reduziert werden (s. hierzu § 4a EFZG). Zum **Mitbestimmungsrecht des BR** nach § 87 I Nr. 10 und 11 BetrVG vgl. § 87 BetrVG Rn. 96 ff.

504 ee) Gedinge. Hierbei handelt es sich um die typische **Leistungsentlohnung im Bergbau,** dessen Wurzeln bis ins frühe Mittelalter zurückgehen. Rechtsgrundlage für den Gedingevertrag sind heute die einschlägigen MTV für den Bergbau (zB Anlage 6 des MTV für die Arbeiter des rheinisch-westfälischen Steinkohlebergbaus vom 14. 11. 1989 m. späteren Änderungen). Der Gedingevertrag wird zwischen Vertretern der Gedingebelegschaft und dem Vertreter des Unternehmens geschlossen. Er ähnelt dem ausgehandelten Akkord (MünchKommBGB/*Schaub* § 612 Rn. 84). Dem Gedingeabschluss ist uU eine Zeitkalkulation zugrunde zu legen, die in einen Gedingekalkulationsschein eingetragen werden muss.

505 Zur Beilegung von Gedinge-, Akkord- und Prämienlohnstreitigkeiten schaffen die Tarifpartner üblicherweise ein **besonderes Schlichtungsverfahren.** Für den rheinisch-westfälischen Steinkohlenbergbau ist dies im TV über allgemeine betriebliche Arbeitsbedingungen v. 12. 4. 1975 geregelt. Zur Beratung bei Gedingeabschluss, zur Überprüfung abgeschlossener Gedinge sowie zur Beilegung von Streitigkeiten sind sogen. Gedingeinspektoren eingesetzt. Werden auch auf Grund dessen Empfehlungen die Meinungsverschiedenheiten nicht beseitigt, so kann eine Gedingekommission angerufen werden. Diese setzt sich aus zwei Vertretern der Werksleitung und zwei Vertretern der IG-Bergbau-Chemie-Energie zusammen. Das ArbG kann erst nach Abschluss des Gedingeschlichtungsverfahrens angerufen werden (zu den Einzelheiten *Schaub* § 67 Rn. 52 ff.).

506 **c) Ort, Art und Weise der Lohnzahlung.** Erfüllungsort ist regelmäßig der Betriebssitz des AG (näher Rn. 806; LAG Berlin 19. 5. 1960 AP BGB § 269 Nr. 3). Auf ihn hat grds. die Vergütung im Betrieb abzuholen (**Holschuld**). Für die Auszahlung der Heuer an Seeleute gilt § 35 SeemannsG.

507 **Empfangsberechtigt** ist der AN oder ein von ihm Bevollmächtigter. Ein **Minderjähriger** wird zwar Eigentümer des Arbeitsentgelts, da der Eigentumserwerb lediglich rechtlich vorteilhaft ist (§ 107), doch muss die Leistung an den gesetzlichen Vertreter erfolgen, da wegen des Erlöschens der Lohnforderung der Empfang nicht nur vorteilhaft ist und somit keine Erfüllungswirkung eintritt. Anderes gilt, wenn der gesetzliche Vertreter nach § 113 eine Ermächtigung zum Eingehen des Arbeitsverhältnisses erteilt hat (hierzu § 113 Rn. 3 ff.). Verlangt er in diesem Fall die Zahlung an sich, ist darin der Widerruf der Ermächtigung zu sehen (§ 113 II).

508 Die Lohnzahlung erfolgt mangels anderweitiger Vereinbarung in Kollektiv- oder Einzelverträgen **nach der Leistung der Dienste** (§ 614), wobei für einzelne ANGruppen auch Sonderregelungen bestehen (s. im Einzelnen § 614 Rn. 7 ff.).

509 Grds. kann der AG den Lohn bar auszahlen. In der Praxis hat sich aber die **bargeldlose Lohnzahlung** per Überweisung durchgesetzt. Erfolgt die Zahlung durch **Scheck**, so befreit nicht schon dessen Hingabe, sondern erst die Einlösung den AG von der Schuld.

510 Bei der bargeldlosen Zahlung bleibt es bei dem gesetzlichen Regelfall, dass der Schuldner im Zweifel das Geld auf seine Kosten und auf seine Gefahr dem Gläubiger an dessen Wohnsitz zu übermitteln hat. Es handelt sich um eine **Schickschuld** (Küttner/*Griese* Entgeltzahlungsformen Rn. 2; unklar BAG 15. 12. 1976 AP BAT § 36 Nr. 1). Erfüllung tritt ein, wenn die Überweisung dem Konto des AN gutgeschrieben ist. Der AG trägt das Risiko des Fehlgehens der Überweisung. Die **Kontoführungsgebühren** sind mangels anderweitiger Vereinbarung vom AN zu tragen und zwar auch dann, wenn sie erst nach Abschluss eines TV über bargeldlose Entgeltzahlung eingeführt werden, da nach § 270 dem AG nur die Kosten der Überweisung zur Last fallen (BAG 15. 12. 1976 AP BAT § 36 Nr. 1). Der Spruch einer Einigungsstelle, der diese Kontoführungsgebühren dem AG auferlegt, ist verfassungsrechtlich nicht zu beanstanden (BVerfG 18. 10. 1987 AP BetrVG 1972 § 87 Auszahlung Nr. 7). Auch die Pauschalierung dieser Gebühren ist zulässig (BAG 8. 3. 1977 AP BetrVG § 87 Auszahlung Nr. 1; BAG 5. 3. 1991 AP BetrVG § 87 Auszahlung Nr. 11).

511 Dem **Mitbestimmungsrecht** des BR nach § 87 I Nr. 4 BetrVG unterliegt die Einführung bargeldloser Zahlung, aber auch als „Annexregelung" die Frage der Kostentragung bei dieser Art der Lohnzahlung (BAG 8. 3. 1977, 24. 11. 1987, 5. 3. 1991, 10. 8. 1993 AP BetrVG § 87 Auszahlung Nr. 1, 6, 11, 12). Deshalb kann der BR seine Zustimmung davon abhängig machen, dass der AG die Kontoführungskosten übernimmt und der AN so seinen Lohn ungeschmälert erhält (BAG 8. 3. 1977 AP BetrVG § 87 Auszahlung Nr. 1; BAG 31. 8. 1982 AP BetrVG 1972 § 87 Auszahlung Nr. 2). Außerdem kann durch BV geregelt werden, ob der Zeitaufwand zum Bankbesuch zwecks Abhebung des Lohns (sog. Kontostunde) Arbeitszeit ist (BAG 20. 4. 1982 DB 1982, 1674; BAG 20. 12. 1988 AP BetrVG 1972 § 87 Auszahlung Nr. 9). Zu beachten ist, dass eine tarifliche Regelung gem. § 87 I BetrVG eine Sperrwirkung für die Betriebspartner entfaltet, selbst wenn eine ausdrückliche Regelung über die Tragung der Kontoführungsgebühren fehlt (BAG 31. 8. 1982 AP BetrVG § 87 Auszahlung Nr. 2; BVerwG 20. 7. 1998 ZTR 1999, 141).

512 **aa) Lohnbelege.** Nach § 108 I 1 GewO ist der AG verpflichtet, dem AN bei Zahlung des Arbeitsentgelts eine Abrechnung in Textform (§ 126 b; s. §§ 125–127 Rn. 32 ff.) mit den Angaben des § 108 I 2, 3 GewO zu Abrechnungszeitraum und Zusammensetzung des Arbeitsentgelts zu erteilen (vgl. die

F. Pflichten des Arbeitgebers § 611 BGB 230

Kommentierung zu § 108 GewO; zu den Grenzen nach altem Recht LAG Rheinland-Pfalz 23. 1. 2001 NZA-RR 2002, 293). Für Heimarbeiter besteht nach § 9 HAG ein Anspruch auf Aushändigung von Entgeltbüchern. Nach § 82 II BetrVG kann jeder AN verlangen, dass ihm die Berechnung und Zusammensetzung seines Arbeitsentgelts erläutert wird.

bb) Quittung. Der AN ist gem. § 368 S. 1 bei Empfang der Lohnzahlung zur Erteilung einer 513 Quittung, dh. eines schriftlichen Empfangsbekenntnisses verpflichtet. Hierbei handelt es sich lediglich um ein Beweismittel. Davon zu unterscheiden ist die Erteilung einer Ausgleichsquittung, also einer Bestätigung der Arbeitsvertragsparteien, dass ihnen weitere Ansprüche gegeneinander nicht zustehen. Hierzu ist der AN nicht verpflichtet.

cc) Ausgleichsquittungen. Ausgleichsquittungen finden sich vielfach bei der Beendigung des Ar- 514 beitsverhältnisses, wo sie Streit um bestehende oder zukünftige Ansprüche verhindern und klare Verhältnisse schaffen sollen. Sie stellen je nach Wortlaut bei gegenseitigem Nachgeben einen Vergleich (§ 779), wenn die Parteien vom Bestand einer Forderung ausgehen, einen Erlassvertrag (§ 397), oder aber ein negatives Schuldanerkenntnis (§ 397 II) dar, und zwar ein deklaratorisches, wenn die Parteien davon ausgehen, dass keine Ansprüche mehr bestehen, oder ein konstitutives, wenn sie alle bekannten und unbekannten Ansprüche zum Erlöschen bringen wollen. Die **Rechtsnatur** ist durch Auslegung zu ermitteln. Allerdings kann ein Verzicht auf tarifliche Ansprüche (§ 4 IV 1 TVG) oder Ansprüche aus einer BV (§ 77 IV 2 BetrVG) nicht erfolgen.

Auch der **Umfang** der Ausgleichsquittung ist **durch Auslegung** zu ermitteln. Sie bezieht sich im 515 Zweifel nicht auf Ruhegeldansprüche und Anwartschaften (BAG 9. 11. 1973 AP BGB § 242 Ruhegehalt Nr. 163; BAG 27. 2. 1990 AP BetrAVG § 1 Vordienstzeiten Nr. 13; LAG Düsseldorf EzA BGB § 242 Ruhegeld Nr. 61), Zeugnisansprüche (BAG 16. 9. 1974 AP BGB § 630 Nr. 9; LAG Köln 17. 6. 1994 LAGE BGB § 630 Nr. 22; LAG Düsseldorf 23. 5. 1995 NZA-RR 1996, 42 zum Zeugnisberichtigungsanspruch), Rechte aus einem vertraglichen Wettbewerbsverbot (BAG 22. 10. 1981 AP HGB § 74 Nr. 39) oder sachenrechtliche Ansprüche (LAG Hamm 15. 1. 1980 DB 1980, 643; Küttner/*Eisemann* Ausgleichsquittung Rn. 8; *Schaub* § 72 Rn. 9; siehe auch LAG Berlin 5. 6. 1996 NZA-RR 1997, 124 zur Aufgabe und Übertragung von Eigentumsrechten an einem Dienstwagen).

Ausgleichsklauseln sind im Zweifel **eng auszulegen** (BAG 3. 5. 1979 AP KSchG 1969 § 4 Nr. 6; 516 anders bei Aufhebungsverträgen und gerichtl. Vergleichen, vgl. BAG 31. 7. 2002 NZA 2003, 100). Da ein Verzicht auf Rechte nach der Lebenserfahrung im Allg. nicht zu vermuten ist, muss sich nach dem Wortlaut der Erklärung und den Begleitumständen klar ergeben, dass und in welchem Umfang der AN ihm bekannte oder mögliche Ansprüche aufgibt (BAG 20. 8. 1980 AP LohnFG § 9 Nr. 3; LAG Brandenburg 16. 12. 1992 AuA 1994, 54: erfasst sind nicht Abfindungsansprüche, die noch entstehen können; ebenso für Versorgungsansprüche und -anwartschaften LAG Hamm 24. 11. 1998 LAGE BetrAVG § 1 Nr. 19). Aus der Formulierung, dass dem AN aus dem beendeten Arbeitsverhältnis keine Ansprüche mehr zustehen, ergibt sich nur, dass der AN den Empfang seiner Arbeitspapiere quittiert und allenfalls die Richtigkeit der Lohnabrechnung anerkannt hat. Ein weitergehender Verzicht kann in einer solchen weitgefassten Klausel nicht gesehen werden (BAG 20. 8. 1980 AP LohnFG § 9 Nr. 3; ArbG Kaiserslautern 29. 1. 1992 ARSt. 1992, 168, 169). Von daher empfiehlt es sich, die von der Ausgleichsklausel erfassten **Ansprüche genau zu bezeichnen** und die Klausel selbst von anderen Erklärungen bei Beendigung des Arbeitsverhältnisses drucktechnisch oder räumlich (gesondertes Blatt) zu trennen (s. auch LAG Köln 22. 11. 1996 NZA-RR 1997, 123, wonach eine handschriftlichen Erklärung auf einem Quittungsblock, dass „keine weiteren Ansprüche" mehr bestünden, auch Überstundenvergütung aus dem beendeten Arbeitsverhältnis erfasst).

Die Ausgleichsquittung ist in aller Regel als formularmäßige Verzichtserklärung ausgestaltet. Als 517 solche unterliegt sie der **Inhaltskontrolle** nach §§ 305ff. (hierzu §§ 305–310 Rn. 96). Sofern die Ausgleichsquittung sich auf den bloßen Rechtsverzicht beschränkt, sind sie unangemessen benachteiligend (vgl. auch *Reinecke* DB 2002, 583, 586; *Preis* NZA 2003, Sonderbeilage zu Heft 16). Zur Zulässigkeit des **Verzichts auf den Kündigungsschutz** in einer Ausgleichsquittung siehe BAG 3. 5. 1979 AP KSchG 1969 § 4 Nr. 6; BAG 20. 6. 1985 AP BetrVG 1972 § 112 Nr. 33 sowie hier § 1 KSchG Rn. 17.

Dagegen schließt die in einem **gerichtlichen Vergleich** enthaltene Ausgleichsklausel alle Ansprüche 518 aus, die nicht unmissverständlich in diesem Vergleich als weiterbestehend bezeichnet werden (BAG 10. 5. 1978 AP ZPO § 794 Nr. 25; LAG Hamm 28. 4. 1995 NZA-RR 1996, 286: erfasst werden aber nicht Rückzahlungsansprüche aus einem neben dem Arbeitsverhältnis rechtlich selbständigen Darlehensvertrag).

Eine **Anfechtung der Ausgleichsquittung** wegen **Inhaltsirrtums** nach § 119 ist möglich, wenn der 519 AN geglaubt hat, nur eine einfache Quittung zu unterschreiben, nicht dagegen, wenn er die Ausgleichsquittung ungelesen unterschreibt (BAG 27. 8. 1970 AP BGB § 133 Nr. 33). Konnte ein **ausländischer AN** den Inhalt der Erklärung nicht verstehen, so kann er diese nach § 119 anfechten, wenn der AG die mangelnden Sprachkenntnisse kannte (LAG Berlin 7. 12. 1972 DB 1973, 1030; LAG Baden Württemberg 16. 3. 1967 DB 1967, 867; 30. 12. 1970 DB 1971, 245; LAG Düsseldorf 2. 11. 1971 DB 1971, 2318; LAG Hamm 2. 1. 1976 DB 1976, 923; Küttner/*Eisemann* Ausgleichsquittung Rn. 13).

Umstr. ist, ob in diesem Fall bereits mangels Übersetzung eine Unwirksamkeit wegen Verstoßes gegen die Fürsorgepflicht des AG gegeben ist (LAG Berlin 7. 12. 1973 DB 1973, 1030; aA LAG Düsseldorf 2. 5. 1957 DB 1957, 659; *Stahlhacke* NJW 1968, 582; *Schaub* § 72 Rn. 14). Eine zur Anfechtung nach § 123 berechtigende **arglistige Täuschung** kommt in Betracht, wenn dem AN vorgespiegelt wird, es handele sich nur um eine einfache Quittung. Eine widerrechtliche Drohung liegt vor, wenn der AG die Herausgabe von Arbeitspapieren oder Restlohn von der Unterzeichnung abhängig macht. Darüber hinaus kann in TV der **Widerruf** einer Ausgleichsklausel vorgesehen sein, für den dann die dort normierten Voraussetzungen und nicht Anfechtungsgründe erfüllt sein müssen. Nach **Bereicherungsrecht** (§ 812 II) kann das eine Ausgleichsquittung darstellende konstitutive negative Schuldanerkenntnis zurückgefordert werden, wenn der Anerkennende vom Nichtbestehen der tatsächlich noch existierenden Forderung ausgegangen ist. Das gilt nicht, wenn der Bestand der Forderung strittig war (vgl. Staudinger/*Richardi* § 611 BGB Rn. 805; HzA/*Künzl* Teilbereich 5 Gruppe 1 Rn. 1577).

520   d) **Vergütungsrückzahlung/Lohnüberzahlung.** Zahlt der AG versehentlich (wegen § 814) zu viel Vergütung, so hat er einen Anspruch auf Rückzahlung nach § 812 I 1 Alt 1. Der AN kann sich aber evtl. auf den Wegfall der Bereicherung (§ 818 III) berufen, solange kein Fall des § 818 IV oder § 819 I gegeben ist. Entreicherung ist anzunehmen, wenn er die rechtsgrundlose Leistung ersatzlos für (Luxus-)Ausgaben verwendet hat, die er sonst nicht gemacht hätte (BAG 18. 1. 1995 AP BGB § 812 Nr. 13), nicht dagegen, wenn er anderweitige Aufwendungen erspart (BAG 18. 9. 1986 AP BGB § 812 Nr. 5) oder bestehende Schulden getilgt hat. Der AN als Bereicherungsschuldner hat darzulegen und ggf. zu beweisen, dass er nicht mehr bereichert ist. Dabei können ihm allerdings die Erleichterungen des **Beweises des ersten Anscheins** zugute kommen (BAG 12. 1. 1994 AP BGB § 818 Nr. 3; BAG 18. 1. 1995 AP BGB § 812 Nr. 13; LAG Hamm 3. 12. 1999 NZA-RR 2000, 181), zumal ein konkreter Nachweis im Regelfall nicht geführt werden kann. Der Anscheinsbeweis führt aber nicht zur Umkehr der Beweislast, sondern nur zur Erleichterung der Beweisführung.

521   Diese Erleichterung der Darlegungs- und Beweislast kommt aber nur dann in Betracht, wenn erfahrungsgemäß und typischerweise anzunehmen ist, dass die Zuvielzahlung für den laufenden Lebensunterhalt, insb. für konsumtive Ausgaben verbraucht wurde. Dies setzt einmal voraus, dass es sich um Überzahlungen in relativ geringer Höhe handelt. Je höher die Überzahlung im Verhältnis zum Realeinkommen ist, umso weniger lässt sich annehmen, die zusätzlichen Mittel seien für den Lebensunterhalt verbraucht worden (BAG 23. 5. 2001 AP BGB § 812 Nr. 25). Ob eine **Überzahlung geringfügig** ist, kann nach den RL beurteilt werden, die im öffentl. Dienst gelten. Insoweit ist in Verwaltungsvorschriften bestimmt, dass von einem Wegfall der Bereicherung auszugehen ist, wenn die Zuvielzahlung bei einmaligen Leistungen 10% des zustehenden Betrages, höchstens € 153,39, bei wiederkehrenden Leistungen 10% aller für den Zeitraum zustehenden Bezüge, höchstens monatlich € 153,39 nicht übersteigt (zB BMI, Allgemeine Verwaltungsvorschriften zum BBesG v. 27. 4. 1998, GMBl. S. 311 für Beamte bzw. Rundschreiben des BMI v. 23. 10. 1962 idF des Rundschreibens v. 4. 7. 1980, GMBl. S. 412 für Arbeiter und Angestellte des Bundes).

522   Außerdem muss die Lebenssituation des AN, insb. seine wirtschaftliche Lage, so sein, dass die Verwendung der Überzahlung für die laufende Lebensführung naheliegt. Das ist regelmäßig dann der Fall, wenn **AN mit geringem oder mittlerem Einkommen** nicht über nennenswerte weitere Einkünfte verfügen, so dass sie die Nettobezüge aus ihrem Arbeitsverhältnis verwenden, um den laufenden Lebensunterhalt für sich und evtl. ihren Familienhaushalt zu bestreiten. Bei Besserverdienenden kann dagegen idR nicht davon ausgegangen werden, dass höhere Einkünfte auch ausgegeben werden (BAG 12. 1. 1994 AP BGB § 818 Nr. 3). Sind daher – etwa vom Bereicherungsgläubiger substantiiert behauptet – noch weitere nennenswerte Einkünfte vorhanden, ist es Sache des Bereicherungsschuldners, darzustellen, welche anderen Einkünfte vorhanden sind und inwieweit noch der Schluss auf einen typischen Ablauf, den Verbrauch zum Lebensunterhalt, möglich ist. Der AN genügt seiner **Darlegungs- und Beweislast** nicht, wenn er zu den nach Art oder dem Grund nach plausibel behaupteten anderweitigen Einkünften nicht substantiiert Stellung nimmt (BAG 18. 1. 1995 AP BGB § 812 Nr. 13).

523   Bei einer **irrtümlichen Eingruppierung** in eine zu hohe Vergütungsgruppe kann der insoweit zu viel gezahlte Lohn erst nach dem Wirksamwerden einer Änderungskündigung geltend gemacht werden (BAG 15. 3. 1991 NZA 1992, 120 = AP KSchG 1969 § 2 Nr. 28).

524   Ist im Arbeits- oder Kollektivvertrag ausdrücklich die **Rückzahlung** überzahlter Beträge **vereinbart,** kann sich der AN grds. nicht auf den Wegfall der Bereicherung berufen (BAG 8. 2. 1964 AP BGB § 611 Nr. 2; BAG 20. 6. 1989 AP HGB § 87 Nr. 8; ebenso für Versorgungssatzung BGH 21. 1. 1998 NJW-RR 1998, 1425). In diesem Fall verstößt das Verlangen auf Rückzahlung nur dann gegen Treu und Glauben, wenn die Richtigkeit der Lohnberechnung zugesagt wurde oder eine Nachprüfung unmöglich gemacht wurde (BAG 8. 2. 1964 AP BGB § 611 Lohnrückzahlung Nr. 2; Staudinger/*Richardi* Rn. 775; HzA/*Künzl* Teilbereich 5 Gruppe 1 Rn. 1546). Die einseitige Erklärung des AN auf einem vom AG vorgelegten Formular, er wisse, dass er alle Bezüge zurückzahlen müsse, die er infolge unterlassener, verspäteter oder fehlerhafter Meldung zu viel erhalten habe, enthält jedoch keine Vereinbarung über den Ausschluss des Entreicherungseinwands (BAG 18. 9. 1986 AP BGB § 812

F. Pflichten des Arbeitgebers § 611 BGB 230

Nr. 5). Vorformulierte Vereinbarungen unterliegen einer Inhaltskontrolle nach §§ 305 ff. (näher *Preis* II A 80 Rn. 13 ff.). In der Sache bedeuten Rückzahlungsklauseln eine Freizeichnung des AG von der Pflicht zu richtiger Lohnberechnung. Die Abweichung vom dispositiven Leitbild des § 818 III kann zur Unwirksamkeit der Rückzahlungsklauseln führen, jedenfalls wenn sie einer Freizeichnung für grobe Fahrlässigkeit des AG gleichkommt (vgl. *Preis* II A 80 Rn. 13 ff.).

Der AN kann mit einem **Schadensersatzanspruch** aufrechnen, wenn er auf Grund der fehlerhaften 525 Lohnauszahlung Ausgaben tätigt, die er bei Kenntnis von der Überzahlung nicht getätigt hätte. Denn die richtige Berechnung der Vergütung ist Teil der Nebenpflichten des AG (BAG 8. 2. 1964 AP BGB § 611 Lohnrückzahlung Nr. 2). Nach der Rspr. setzt ein solcher Schadensersatzanspruch zumindest grobe Fahrlässigkeit des AG voraus (BAG 8. 2. 1964 AP BGB § 611 Lohnrückzahlung Nr. 2; LAG Frankfurt 29. 3. 1956 AP BGB § 611 Lohnrückzahlung Nr. 1; aA Küttner/*Griese* Entgeltrückzahlung Rn. 3 f.; krit. auch *Schaub* § 74 Rn. 4). Schadensersatzansprüche wegen fahrlässiger Verletzung der Fürsorgepflicht bei der Lohnberechnung können zudem vertraglich ausgeschlossen werden (BAG 27. 3. 1958 AP BGB § 670 Nr. 1, 2, 4, 5; BAG 24. 10. 1958 AP BGB § 670 Nr. 7; HzA/*Künzl* Gruppe 1 Teilbereich 5 Rn. 1548).

Müssen unverdient gebliebene **Vorschüsse** zurückgezahlt werden, so ergibt sich die Rückzahlungs- 526 verpflichtung aus der Vorschussvereinbarung. Insoweit besteht die Verpflichtung zur Rückzahlung ohne Rücksicht auf eine evtl. Bereicherung (BAG 28. 6. 1965 AP BGB § 614 Gehaltsvorschuss Nr. 3; BAG 25. 2. 1993 AP BAT § 37 Nr. 10). Der Anspruch verjährt in der regelmäßigen dreijährigen Verjährungsfrist nach § 195.

Neben dem Rückzahlungsanspruch aus ungerechtfertigter Bereicherung oder Vertrag kann dem AG 527 noch ein **Schadensersatzanspruch** aus unerlaubter Handlung bzw. 280 I, 241 II in Höhe der Überzahlung zustehen, wenn der AN seine Auskunfts- und Informationspflicht verletzt. Dies ist zB dann gegeben, wenn er Änderungen in den für die Gewährung von Sozialzulagen maßgeblichen Verhältnissen oder im Fall des Annahmeverzugs anderweitigen Verdienst (vgl. § 615 S. 2) nicht mitteilt, oder wenn ein Ruhegeldberechtigter den AG nicht über anderweitige anrechnungsfähige Versorgungsbezüge informiert (dazu BAG 27. 3. 1990 AP BetrAVG § 1 Überzahlung Nr. 1). § 818 III gilt für diesen Anspruch weder unmittelbar noch mittelbar. Es gilt die **Verjährungsfrist** von 3 Jahren (BAG 27. 3. 1990 AP BetrAVG § 1 Überzahlung Nr. 1 zur alten Rechtslage). Durch bloßen Zeitablauf tritt keine Verwirkung des Rückzahlungsanspruchs ein (BAG 25. 4. 2001 AP BGB § 242 Verwirkung Nr. 46 = NZA 2001, 966).

Umstritten ist, ob der AN den zu viel erhaltenen Nettobetrag (dafür *Groß* ZIP 1987, 5; Küttner/ 528 *Griese* Entgeltrückzahlung Rn. 12; MünchArbR/*Hanau* § 76 Rn. 5; HzA/*Künzl* Teilbereich 5 Gruppe 1 Rn. 1547) oder den **Bruttobetrag,** also einschließlich Steuer und Sozialabgaben (dafür LAG Köln 17. 11. 1995 NZA-RR 1996, 161; *Matthes* DB 1973, 331; Palandt/*Putzo* Rn. 89 zu Gratifikationen; MünchKommBGB/*Müller-Glöge* Rn. 360; ebenso für tariflichen, nicht bereicherungsrechtlichen Rückzahlungsanspruch BAG 5. 4. 2000 AuR 2000, 399), zurückzahlen muss. Nach der Praxis der Finanzverwaltung (Einheitlicher Ländererlass DB 1986, 725) ist der Bruttobetrag zu erstatten und die Rückabwicklung im Übrigen zwischen AN und Finanzamt vorzunehmen.

Der Rückzahlungsanspruch wird nach § 271 I bereits im Zeitpunkt der Überzahlung **fällig,** wenn 529 die maßgeblichen Umstände bekannt waren oder hätten bekannt sein müssen und die Vergütung gleichwohl fehlerhaft berechnet wird. Auf die Kenntnis des AG von seinem Rückzahlungsanspruch kommt es regelmäßig nicht an (BAG 1. 6. 1995 AP BGB § 812 Nr. 16; BAG 14. 9. 1994 AP TVG § 4 Ausschlussfristen Nr. 127). Dem Ablauf einer **tariflichen Ausschlussfrist** kann der AG mit dem Einwand der **unzulässigen Rechtsausübung** (§ 242) begegnen, wenn der AN es pflichtwidrig unterlassen hat, ihm Umstände mitzuteilen, die ihn zur Einhaltung der Ausschlussfrist veranlasst hätten. Dies liegt regelmäßig vor, wenn der AN erkennt, dass seinem AG bei der Überweisung ein Irrtum unterlaufen ist, der zu einer erheblichen Überzahlung geführt hat, und er die Überzahlung nicht anzeigt. Zwar trifft den AN keine allgemeine Pflicht, die durch den AG erstellte Vergütungsabrechnung zu überprüfen (BAG 29. 4. 1982 – 5 AZR 1229/79 – nv.; BAG 19. 6. 1985 – 5 AZR 569/82 – nv.), doch liegt eine pflichtwidrige Unterlassung vor, wenn der AN eine gegenüber sonst ungewöhnlich hohe Zahlung erhalten hat und dies nicht zum Anlass nimmt, sich über den Grund zu vergewissern bzw. bei Nichtaufklärung dem AG durch Mitteilung Gelegenheit zur Prüfung und Richtigstellung gibt (BAG 1. 6. 1995 AP BGB § 812 Nr. 16; aA LAG Düsseldorf 11. 6. 1997 BB 1997, 2273).

e) **Ein- und Umgruppierung, Versetzung.** Unter **Eingruppierung** ist die Zuordnung einer vom 530 AN auszuübenden Tätigkeit zu den Tätigkeitsmerkmalen der Lohn- oder Vergütungsgruppen einer im Betrieb geltenden Lohn- oder Vergütungsordnung zu verstehen. Als Grundlage einer solchen Vergütungsordnung kommt neben dem TV oder einer BV auch eine betriebliche Übung in Betracht (BAG 23. 11. 1993 AP BetrVG 1972 § 99 Nr. 111). Die tariflichen Entgelte sind im Regelfall nach Tarifgruppen gestaffelt, welche die jeweiligen Anforderungen an den Arbeitenden beschreiben. Die Eingruppierung des AN in eine bestimmte Vergütungsgruppe hat grds. **nur deklaratorische,** also feststellende Bedeutung, da aus der Erfüllung der tariflichen Tätigkeitsmerkmale unmittelbar ein entspr. tariflicher Mindestvergütungsanspruch folgt, ohne dass es einer Maßnahme des AG bedarf

Preis 1463

541 Auch wenn der AG jahrelang eine Tariflohnerhöhung weitergegeben hat, ist er nicht gehindert, eine Anrechnung vorzunehmen. Eine **betriebliche Übung entsteht** selbst bei jahrelanger vorbehaltloser Nichtanrechnung **nicht** (LAG Köln 15. 11. 1990 LAGE TVG § 4 Tariflohnerhöhung Nr. 9; aA *Schirge* AiB 1993, 377, 379, wonach die Zulage nach dreimaliger aufeinander folgender Nichtanrechnung anrechnungsfest sei; ebenso MünchArbR/*Hanau* § 62 Rn. 53; einschränkend BAG 19. 7. 1978 AP TVG § 4 Übertarifl. Lohn und Tariflohnerhöhung Nr. 10; LAG Hamm 14. 12. 1989 LAGE § 4 TVG Tariflohnerhöhung Nr. 8: jedenfalls nicht bei entspr. Vorbehalten). TV werden im Allg. nur unter Berücksichtigung der wirtschaftlichen Verhältnisse der betreffenden Branche abgeschlossen, nicht aber eines einzelnen Unternehmens innerhalb der jeweiligen Branche abgeschlossen. Von daher ist es für den Unternehmer regelmäßig nicht überschaubar, ob er bei künftigen Tariflohnerhöhungen wirtschaftlich in der Lage und willens ist, eine bisher gewährte übertarifliche Zulage weiterzuzahlen. Deshalb entspricht es auch nicht der Üblichkeit im Arbeitsleben, dass der AG übertarifliche Lohnbestandteile grds. zum jeweiligen Tariflohn und ohne Rücksicht auf dessen Höhe zahlt. Ein AN kann somit ohne entspr. Vereinbarung auch nicht auf die Weitergewährung einer übertariflichen Zulage zum jeweiligen Tariflohn vertrauen.

542 Es bedarf zur Verhinderung eines entspr. Vertrauenstatbestandes auch keines Vorbehaltes, da ein solcher auf Grund der wirtschaftlichen Gegebenheiten, insb. der Unsicherheit der wirtschaftlichen und tarifpolitischen Prognosen, in der Natur der Sache liege. Die Rspr. zur vorbehaltlosen Gewährung einer Weihnachtsgratifikation ist daher auf die vorbehaltlose Zahlung einer übertariflichen Zulage **nicht übertragbar** (BAG 4. 6. 1980 AP TVG § 4 Übertarifl. Lohn und Tariflohnerhöhung Nr. 13; BAG 8. 12. 1982 AP TVG § 4 Übertarifl. Lohn und Tariflohnerhöhung Nr. 15; BAG 7. 2. 1995 AP TVG § 4 Verdienstsicherung Nr. 6; BAG 31. 10. 1995 AP BetrVG 1972 § 87 Lohngestaltung Nr. 80).

543 TVParteien können die Anrechnung nicht verhindern. **Effektivgarantieklauseln** („Die Tariflohnerhöhung wird effektiv gewährt" oder „Die Tariflohnerhöhung tritt zu dem bisher gezahlten Lohn hinzu"), die bewirken, dass die bisher gezahlten übertariflichen Zulagen zu Tariflöhnen werden, sind unwirksam (BAG 13. 6. 1958, 14. 2. 1968 AP TVG § 4 Effektivklausel Nr. 2, 7). Die Rspr. lehnt auch die **begrenzte Effektivklausel** ab, nach der die bisherigen übertariflichen Lohnbestandteile auf den neuen Tariflohn aufgestockt werden (BAG 14. 2. 1968, 16. 9. 1987 AP TVG § 4 Effektivklausel Nr. 7, 15). Die Unwirksamkeit solcher Tarifnormen wird insb. daraus geschlossen, dass sie einzelvertraglich vereinbarte Lohnbestandteile der Verfügung der Arbeitsvertragsparteien entziehen und somit unzulässigerweise in deren Vertragsbeziehungen eingreifen (BAG 21. 7. 1993 AP TVG § 1 Auslegung Nr. 144).

544 g) **Darlehen, Vorschüsse.** Die Darlehensgewährung im Arbeitsverhältnis ist von der Entgeltzahlung im engeren Sinne abzugrenzen. Ein **AGDarlehen** liegt vor, wenn der AG mit Rücksicht auf das Arbeitsverhältnis einem AN Kapital zur vorübergehenden Nutzung, typischerweise zu günstigeren Bedingungen als auf dem Kapitalmarkt, überlässt. Das AGDarlehen ist zunächst abzugrenzen vom **Vorschuss** (vgl. hierzu *Jesse/Schellen*, Arbeitgeberdarlehen und Vorschuss, 1990 sowie hier § 614 Rn. 19 ff.). Die Vergabe von AGDarlehen ist eine Frage der **betrieblichen Lohngestaltung** und unterliegt der Mitbestimmung nach § 87 I Nr. 10 BetrVG (*Kania* AR-Blattei SD 570 Rn. 17 ff.). Vertragsrechtlich ist relevant, dass vorformulierte Darlehensbedingungen eine Inhaltskontrolle nach Maßgabe der §§ 305 ff unterliegen. Dies entsprach schon bisheriger Rspr. im Geltungsbereich des AGBG (BAG 26. 5. 1993 AP AGBG § 23 Nr. 3; LAG Hamm 19. 2. 1993 DB 1994, 1243; LAG Saarbrücken 29. 4. 1997 LAGE AGBG § 9 Nr. 1; *Kania* AR-Blattei SD 570 Rn. 22 ff.; *Preis* Vertragsgestaltung S. 547 ff.; aA *Berger-Delhey* DB 1990, 837). Die Vorschriften über den Verbraucherdarlehensvertrag (§§ 491 ff.) finden keine Anwendung, wenn ein AG mit seinem AN Kreditverträge zu Zinsen abschließt, die unter den marktüblichen Sätzen liegen (§ 491 II 1 Nr. 2). Problematisch ist das Schicksal von AGDarlehen bei Beendigung des Vertragsverhältnisses. Ein AGDarlehen geht im Falle des § 613 a auf den Betriebserwerber über, wenn das Darlehen zu den Rechten und Pflichten aus dem Arbeitsverhältnis gehört. Dies ist dann der Fall, wenn der AG dem AN ein Darlehen als Lohn- oder Gehaltsvorschuss gegeben hat. Der eigenständige Darlehensvertrag wird durch den Betriebsübergang jedoch nicht berührt (BAG 21. 1. 1999 – 8 AZR 373/97 –). Ohne bes. Vereinbarung gehen das AGDarlehen und das Arbeitsverhältnis getrennte Wege. Für eine ergänzende Vertragsauslegung oder für eine Anpassung des AGDarlehens nach den Grundsätzen des Wegfalls der Geschäftsgrundlage (§ 313) ist regelmäßig kein Raum (*Kania* AR-Blattei SD 570 Rn. 56 ff.). Fälligkeitsklauseln und Zinsanpassungsklauseln, die das Schicksal des Darlehensvertrags an den Bestand des Arbeitsverhältnisses koppeln, unterliegen einer Inhaltskontrolle unter ähnlichen Aspekten wie Rückzahlungsklauseln bei

F. Pflichten des Arbeitgebers																										§ 611 BGB 230

Gratifikationen (hierzu *Kania* AR-Blattei SD 570 Rn. 62 ff.; *Preis* Vertragsgestaltung S. 555 ff.). Eine Vertragsbedingung, nach der bei Beendigung des Arbeitsverhältnisses ein konkret vereinbarter höherer Zinssatz zur Anwendung kommt, hält der Inhaltskontrolle stand (BAG 23. 2. 1999 AP BGB § 611 Arbeitnehmerdarlehen Nr. 4).

Bei **ANDarlehen** überlässt der AN mit Rücksicht auf das Arbeitsverhältnis seinem AG Kapital zur 545 vorübergehenden Nutzung. ANDarlehen werden insb. bei wirtschaftlichen Schwierigkeiten des AG gewährt. Arbeitgeberseitig vorformulierte Vertragsbedingungen für ANDarlehen unterliegen einer unmittelbaren Inhaltskontrolle nach §§ 305 ff. (Zum früheren AGBG bereits BAG 23. 9. 1992 AP BGB § 611 Arbeitnehmerdarlehen Nr. 1). Der gewährte Zins stellt keinen Arbeitslohn dar. Selbst wenn eine höhere Verzinsung als marktüblich gewährt wird, handelt es sich um eine Leistung im Hinblick auf das Darlehen und nicht auf die erbrachte Arbeitsleistung (*Kania* AR-Blattei SD 570 Rn. 92). Denkbar ist allerdings eine unzulässige Lohnverwendungsabrede im Zusammenhang mit der Hingabe des ANDarlehens. Das ist der Fall, wenn der AN auf die Auszahlung bestimmter, bereits vereinbarter Vergütungsbestandteile verzichtet und die entspr. Beträge dem AG als Darlehen zur Verfügung stellt. Zulässig ist es allerdings, dass der AG eine freiwillige zusätzliche Leistung verspricht und dieses Leistungsversprechen daran koppelt, dass der AN den Betrag dem AG als Darlehen zur Verfügung stellt (BAG 23. 9. 1992 AP BGB § 611 Arbeitnehmerdarlehen Nr. 1). Das Schicksal des ANDarlehens bei Beendigung des Arbeitsverhältnisses richtet sich nach der vertraglichen Vereinbarung. Das BAG hat in einer Klausel, die für ein mit 4% verzinstes ANDarlehen eine Laufzeit von 15 Jahren unabhängig von der Beendigung des Arbeitsverhältnisses vorsieht, keine unangemessene Benachteiligung des AN iSv. § 9 I AGBG (jetzt § 307 I 1) gesehen (BAG 23. 9. 1992 AP BGB § 611 Arbeitnehmerdarlehen Nr. 1).

h) **Umzugskosten.** Grds. hat der AN gegen den AG keinen Kostenerstattungsanspruch, wenn er 546 zur Arbeitsaufnahme oder im laufenden Arbeitsverhältnis in die Nähe des Betriebes umzieht. Eine solche Kostenübernahmeverpflichtung kann sich jedoch aus **Vereinbarungen** im Einzelvertrag, BV oder TV ergeben. So hat zB im öffentl. Dienst nach § 44 BAT die Erstattung bei einem aus Anlass der Einstellung erfolgenden Umzug zu erfolgen, wenn die Einstellung im dringenden öffentl. Interesse liegt (BAG 7. 9. 1982 AP BAT § 44 Nr. 7). Auch sonst ist es in der betrieblichen Praxis üblich, dass der AG sich an den Kosten eines durch das Arbeitsverhältnis veranlassten Umzugs beteiligt, indem er dem AN diese Kosten in voller Höhe erstattet, eine Umzugspauschale oder doch zumindest eine Umzugskostenbeihilfe gewährt.

Wenn der AN aber aus dienstlichen Gründen **versetzt** wird, hat er unter dem Gesichtspunkt des 547 Aufwendungsersatzes (§ 670) einen Anspruch auf Erstattung der entstandenen Umzugskosten, sofern der Umzug aus betrieblichen Gründen notwendig ist und der AN die dafür getätigten Aufwendungen für erforderlich halten durfte (BAG 21. 3. 1973 AP BAT § 44 Nr. 4). Eine solche betriebliche Notwendigkeit liegt insb. dann vor, wenn ein tägliches Pendeln dem AN nicht mehr zumutbar ist. Daraus folgt zugleich, dass eine Kostenerstattung nicht in Betracht kommt, wenn der neue Arbeitsplatz nur unerheblich weiter entfernt ist als der alte. Außerdem fehlt die betriebliche Notwendigkeit bei einer Versetzung auf Wunsch des AN (BAG 18. 3. 1992 AP TVG § 1 Tarifverträge: Bau Nr. 154). Sie ist aber gegeben, wenn der AN auf Grund einer **Betriebsverlagerung** umziehen muss (Küttner/ *Griese* Umzugskosten Rn. 6; *Schaub* § 45 Rn. 21). Bei einer Versetzung in entferntes Ausland ist eine Zusage der Umzugskostenerstattung dahin zu verstehen, dass sie auch die Kosten der Rückumzugs erfasst (BAG 27. 7. 1995 AP BGB § 157 Nr. 7; s. a. *Gotthardt* MDR 2001, 961, 968 f.).

Die **Höhe** der Umzugskostenvergütung richtet sich danach, was der AN den Umständen nach für 548 erforderlich halten durfte. Vertragliche Vereinbarungen der Parteien haben insoweit Vorrang. Verbreitet ist die Praxis, diesbezüglich das für den öffentl. Dienst geltende BUKG (idF v. 11. 12. 1990 BGBl. I S. 2682) zugrunde zu legen. Ist dies im Betrieb üblich, so hat der AN auf Grund des Gleichbehandlungsgrundsatzes Anspruch auf die dort vorgesehenen Erstattungsbeträge.

Nach der Rspr. des BAG sind Vereinbarungen unter dem Gesichtspunkt der Vertragsfreiheit recht- 549 lich nicht zu beanstanden, die den AN zur **Rückgewähr** erstatteter Umzugskosten mit einer **dreijährigen Bindung** verpflichten, falls er vorzeitig ausscheidet (BAG 24. 2. 1975 AP GG Art. 12 Nr. 50; BAG 22. 8. 1990 – 5 AZR 556/89 –; LAG Frankfurt 29. 3. 1993 Mitbestimmung 1994, Nr. 2, 59). Fünfjährige Bindungsfristen sind dagegen nicht anerkannt worden (LAG Düsseldorf 3. 12. 1971 DB 1972, 1587; LAG Düsseldorf 23. 12. 1971 DB 1972, 979). Unter Umständen beträgt die Höchstgrenze sogar nur zwei Jahre, etwa wenn der AG ein überwiegendes Interesse daran hat, größere Teile der Belegschaft durch Zahlung einer Pauschale zu veranlassen, in ein anderes, weiter entferntes Werk, das an einem für den AN ungünstigeren Standort liegt, überzuwechseln (LAG Düsseldorf 3. 12. 1971 DB 1972, 97). Eine solche Rückzahlungsvereinbarung ergibt sich nicht von selbst, sie muss **ausdrücklich vereinbart** sein. Übernimmt der AG über die Umzugskosten hinaus weitere mit dem Ortswechsel verbundene Mehraufwendungen (zB Maklerkosten, Kautionen oder Mietzinszahlungen für das alte Mietverhältnis), so müssen auch diese ausdrücklich in der Rückzahlungsklausel aufgeführt werden (Preis/*Stoffels* II U 10 Rn. 21). Die **Höhe des Rückzahlungsbetrags** darf keinesfalls über den tatsächlich erstatteten Kosten liegen, da andernfalls die Rückzahlungsvereinbarung Züge einer wegen

Preis

§ 622 VI unzulässigen Vertragsstrafe annehmen würde (Preis/*Stoffels* II U 10 Rn. 21). Erfolgt ein Umzug aus dienstlichen Gründen, so ist eine Rückzahlungsklausel nichtig (BAG 21. 3. 1973 AP BAT § 44 Nr. 4).

550 Anders als im Fall der Rückzahlung von Aus- oder Fortbildungskosten (s. dazu Rn. 554 ff.) sieht die Rspr. in der **Staffelung** des Rückforderungsbetrages keine Wirksamkeitsvoraussetzung (BAG 24. 2. 1975 AP GG Art. 12 Nr. 50; LAG Kiel 15. 12. 1972 AP BGB § 611 Umzugskosten Nr. 1). Dies gelte jedenfalls dann, wenn der Erstattungsbetrag einem Monatseinkommen entspreche und der Stellen- und Wohnungswechsel auch den Interessen des AN diene, was regelmäßig der Fall sein dürfte. Liegt aber der Rückzahlungsbetrag deutlich über einem Monatseinkommen oder ist aus anderen Gründen ein größeres Bindungsinteresse des AG feststellbar, so wäre wohl auch nach der Rspr. eine Staffelungsregelung unverzichtbar (Preis/*Stoffels* II U 10 Rn. 22; *Säcker* Anm. SAE 1976, 74; *Blomeyer* Anm. AP GG Art. 12 Nr. 50). Ob sich diese Grundsätze mit der Rspr. zur Rückzahlung aufgewendeter Aus- und Fortbildungskosten, bei denen immer eine Staffelung verlangt wird, vereinbaren lassen, erscheint fraglich, da der verwendete Amortisationsgedanke gerade auf eine zeitabhängige Minderung zielt (Preis/*Stoffels* II U 10 Rn. 22).

551 Als **Auslöser für eine Rückzahlungspflicht** kann insb. eine Kündigung des AN, ein auf dessen Wunsch geschlossener Aufhebungsvertrag und eine arbeitgeberseitige verhaltens- und personenbedingte Kündigung vereinbart werden. Sie gilt aber nicht für eine betriebsbedingte Kündigung (LAG Düsseldorf 1. 4. 1975 EzA BGB § 157 Nr. 1; Küttner/*Griese* Umzugskosten Rn. 9; *Schaub* § 84 Rn. 15) sowie eine arbeitnehmerseitige Kündigung aus wichtigem, vom AG zu vertretenden Grund (Preis/*Stoffels* II U 10 Rn. 12). Bei einer ausdrücklichen Einbeziehung einer auf Krankheit des AN gestützten Kündigung wird man sie aber für zulässig erachten müssen (Preis/*Stoffels* II U 10).

552 Genügt im Einzelfall eine Rückzahlungsklausel nicht diesen Anforderungen, so führen die Gerichte die Rückzahlungsklausel bislang auf das noch **zulässige Maß** zurück (LAG Kiel 15. 12. 1972 AP BGB § 611 Umzugskosten; Nr. 1; LAG Düsseldorf 3. 12. 1971 DB 1972, 97 unter ausdrücklicher Übernahme der Rspr. des BAG zu Aus- und Fortbildungskosten). Bei Formularverträgen zieht ein Rechtsverstoß aber nach § 306 II grds. die Gesamtnichtigkeit der entspr. Klausel nach sich (Preis/*Stoffels* II U 10 Rn. 24; zum Verbot der geltungserhaltenden Reduktion §§ 305–310 Rn. 91).

553 Die vorgehend aufgezeigten Regeln finden auch dann Anwendung, wenn andere rechtliche Gestaltungsformen, insb. **nichtrückzahlbare Darlehen**, verwendet werden. Danach ist der AN zur Rückzahlung nur verpflichtet, wenn er vor der vereinbarten Zeit ausscheidet; ansonsten gilt die Darlehensschuld als erlassen. Auf die rechtliche Beurteilung haben die Bezeichnung und die Konstruktion der Zahlungsverpflichtungen keinen Einfluss (LAG Düsseldorf 3. 12. 1971 DB 1972, 1587; LAG Düsseldorf 23. 12. 1971 DB 1972, 979; Preis/*Stoffels* II U 10 Rn. 24; *Luhmann/Zach* Sonderzuwendungen S. 152; *Blomeyer* Anm. AP GG Art. 12 Nr. 50).

554 i) **Ausbildungs- und Fortbildungskosten.** Sind im Rahmen eines Arbeitsverhältnisses Aus- oder Fortbildungskosten entstanden, so sind nach st. Rspr. des BAG einzelvertragliche Vereinbarungen über die **Rückzahlung dieser Kosten** im Fall einer vorzeitigen Beendigung des Arbeitsverhältnisses grds. zulässig (hierzu ausf. Hanau/*Stoffels*, Beteiligung von AN an den Kosten der beruflichen Fortbildung, 1992; Preis/*Stoffels* II A 120 Rn. 12 ff.; *Meier/Schulz* NZA 1996, 742). Solche Rückzahlungsklauseln bedürfen einer **ausdrücklichen** – idR formfreien – **Vereinbarung**, die jedoch nicht unter Druck während der Ausbildung erzwungen werden dürfen. Der AG muss vielmehr den AN zu Beginn der Ausbildung auf alle Folgen, die sich aus einer solchen Vereinbarung ergeben, klar und unmissverständlich hinweisen (BAG 19. 3. 1980 AP BGB § 611 Ausbildungsbeihilfe Nr. 5; BAG 21. 11. 2002 EzA BGB 2002 § 611 Ausbildungsbeihilfe Nr. 2), was für formularmäßige Vereinbarungen jetzt bereits aus § 307 I 2 folgt. Falls eine solche Rückzahlungsvereinbarung den Fall einer vorzeitigen oder erfolglosen Beendigung der Ausbildung nicht erfasst, kann sich dies aus einer ergänzenden Vertragsauslegung ergeben (BAG 12. 12. 1979 AP BGB § 611 Ausbildungsbeihilfe Nr. 4), wobei aber bei formularmäßiger Gestaltung die Unklarheitenregel des § 305 c II zu beachten ist.

555 Ausnahmsweise können derartige Zahlungsverpflichtungen nach bisheriger Rspr. wegen Verstoßes gegen Treu und Glauben (§ 242) unter dem Gesichtspunkt einer übermäßigen Beeinträchtigung des Grundrechts des AN, seinen Arbeitsplatz frei zu wählen (Art. 12 I 1 GG), **unwirksam** sein. Richtiger Kontrollansatz ist für vorformulierte Vertragsbedingungen ist jetzt aber § 307 (§§ 305–310 Rn. 91). Die Rückzahlungspflicht muss bei verständiger Betrachtung einem billigenswerten Interesse des AG entsprechen. Hierzu gehört angesichts der von ihm erbrachten Finanzierung der Ausbildung dessen Erwartung, dass der AN ihm die erworbenen Kenntnisse und Fähigkeiten jedenfalls für eine gewisse Zeit zur Verfügung stellt. Der AN muss mit der Aus- oder Fortbildungsmaßnahme eine angemessene Gegenleistung für die Rückzahlungsverpflichtung erhalten haben. Insgesamt muss dem AN die Erstattungspflicht zuzumuten sein. Die für ihn tragbaren Bindungen sind auf Grund einer **Güter- und Interessenabwägung** nach Maßgabe des Verhältnismäßigkeitsgrundsatzes unter Heranziehung aller Umstände des Einzelfalls zu ermitteln (BAG 16. 3. 1994 AP BGB § 611 Ausbildungsbeihilfe Nr. 18; BAG 26. 10. 1994 AP BGB § 611 Ausbildungsbeihilfe Nr. 19; BAG 30. 11. 1994 AP BGB § 611 Ausbildungsbeihilfe Nr. 20; BAG 21. 11. 2001 DB 2002, 744, 745). Beim selbständigen Handelsver-

tretervertrag erfolgte die Inhaltskontrolle schon bislang nach § 307 mit vergleichbaren Maßstäben (BAG 24. 10. 2002 NZA 2003, 668 zu § 9 AGBG).

Die Interessenabwägung hat sich insb. daran zu orientieren, ob und wieweit der AN durch die Aus- 556 oder Fortbildung einen **geldwerten Vorteil** erlangt (BAG 18. 8. 1976 AP BGB § 611 Ausbildungsbeihilfe Nr. 3; BAG 6. 9. 1995 AP BGB § 611 Ausbildungsbeihilfe Nr. 23; anders aber bei tarifvertraglichen Rückzahlungsklauseln, vgl. Rn. 560). Eine Kostenbeteiligung ist ihm umso eher zuzumuten, je größer für ihn der mit der Aus- oder Fortbildung verbundene berufliche Vorteil ist. Bei beruflichen Aus- oder Fortbildungsmaßnahmen kann der die Bindung rechtfertigende geldwerte Vorteil sowohl darin liegen, dass der AN die Voraussetzungen einer höheren Tarifgruppe erfüllt, als auch darin, dass sich die erworbenen Kenntnisse für andere Arbeitsverhältnisse nutzbar machen lassen. Die Vereinbarung von Rückzahlungsklauseln kommt daher vor allem dann in Betracht, wenn der AN die erworbenen Kenntnisse und Fähigkeiten auch außerhalb des Betriebs des AG verwerten oder zum beruflichen Aufstieg nutzen kann (BAG 20. 2. 1975 AP BGB § 611 Ausbildungsbeihilfe Nr. 2; BAG 18. 8. 1976 AP BGB § 611 Ausbildungsbeihilfe Nr. 3; BAG 30. 11. 1994 AP BGB § 611 Ausbildungsbeihilfe Nr. 20; BAG 21. 11. 2001 AP BGB § 611 Ausbildungsbeihilfe Nr. 31).

Unwirksam sind Rückzahlungsvereinbarungen dagegen, wenn die Aus- oder Fortbildung aus- 557 schließlich für den Betrieb von Nutzen ist, oder es sich lediglich um die Auffrischung oder Anpassung vorhandener Kenntnisse an vom AG veranlasste oder zu vertretende neuere betriebliche Gegebenheiten geht (BAG 20. 2. 1975 AP BGB § 611 Ausbildungsbeihilfe Nr. 2; BAG 18. 8. 1976 AP BGB § 611 Ausbildungsbeihilfe Nr. 3; BAG 16. 3. 1994 AP BGB § 611 Ausbildungsbeihilfe Nr. 18; BAG 30. 11. 1994 AP BGB § 611 Ausbildungsbeihilfe Nr. 20; LAG Düsseldorf 29. 3. 2001 NZA-RR 2002, 292). Ebenso sind bei AN in einem **Berufsausbildungsverhältnis** und gleichgestellten Ausbildungsgängen Abmachungen über die Rückzahlung der Ausbildungskosten unwirksam, da diese Kosten der Ausbildende zu tragen hat (§§ 5 II Nr. 1, 19 BBiG). Dies gilt auch hins. der Kosten für Unterkunft und Verpflegung der Auszubildenden, wenn sich die gesamte praktische Ausbildung außerhalb des Ausbildungsbetriebs vollzieht (BAG 21. 9. 1995 AP BBiG § 5 Nr. 6) und hins. der Kosten von Bildungsmaßnahmen, die der AG zwingend zu tragen hat (BRSchulung, Bildungsurlaub) und derjenigen, die bei der Einweisung des AN in seinen Arbeitsplatz nach § 81 BetrVG entstehen. Ungeklärt ist bislang, wer die Kosten von Umschulungsmaßnahmen zur Abwehr einer Kündigung (§ 1 II 3 KSchG) zu tragen hat. Wäre es der AG (dafür *Küttner/Reinecke* Rückzahlungsklausel Rn. 5), so ergäbe sich auch daraus die Unwirksamkeit einer Rückzahlungsklausel (BAG 16. 3. 1994 AP BGB § 611 Ausbildungsbeihilfe Nr. 18). Schließlich bestehen auch Bedenken, mit dem **Nichtbestehen einer Prüfung** Rückzahlungsverpflichtungen zu verbinden, da insoweit der AG sich vor der Finanzierung der Ausbildung über die Fähigkeiten des AN Kenntnis verschaffen kann (*Küttner/Reinecke* Rückzahlungsklausel Rn. 18) bzw. der AG dem AN nicht per Rückzahlungsabrede unter finanziellem Druck Ausbildungserfolge abfordern soll (ArbG Celle 8. 8. 1978 ARSt. 1979, 3).

Das BAG hat für den Fall der **arbeitnehmerseitigen Kündigung vor Abschluss der Ausbildung** 558 eine Rückzahlungsvereinbarung gebilligt, wenn der AG dem AN darin eine angemessene Überlegungsfrist einräumt, innerhalb derer der AN sich ohne Kostenrisiko entscheiden kann, ob er die Ausbildung fortsetzen oder aufgeben will (BAG 20. 2. 1975 AP BGB § 611 Ausbildungsbeihilfe Nr. 2). Bei Nichtbestehen der Abschlussprüfung wird man ebenso entscheiden müssen, wenn der AN seine intellektuellen Möglichkeiten schuldhaft ungenutzt lässt. Eine Rückzahlungsverpflichtung ist dagegen unzulässig, wenn die Erfolglosigkeit ihre Ursache in der intellektuellen Überforderung des AN findet (*Meier/Schulz* NZA 1996, 742, 747).

Fortbildungs- und Bindungsdauer müssen in angemessenem Verhältnis stehen. Von der **Dauer der** 559 **Fortbildung** hängt wegen Vergütungsfortzahlung oder Gewährung von Unterhaltszuschuss nicht nur maßgeblich die Höhe der AGAufwendungen ab. Entscheidend ist vielmehr, dass sie zudem ein starkes Indiz für den Wert der erworbenen Qualifikation ist (BAG 15. 12. 1993 AP BGB § 611 Ausbildungsbeihilfe Nr. 17; BAG 16. 3. 1994 AP BGB § 611 Ausbildungsbeihilfe Nr. 18; BAG 6. 9. 1995 AP BGB § 611 Ausbildungsbeihilfe Nr. 23). Dazu gilt **im Einzelnen:** Bei einer Lehrgangsdauer von bis zu 1 Monat ohne Verpflichtung zur Arbeitsleistung darf höchstens eine sechsmonatige Bindung (BAG 5. 12. 2002 NZA 2003, 559) bei einer Lehrgangsdauer von bis zu 2 Monaten eine einjährige Bindung (BAG 15. 12. 1993 AP BGB § 611 Ausbildungsbeihilfe Nr. 17; LAG Hessen 8. 12. 1994 DB 1995, 1617), bei Lehrgangsdauer von 3 bis 4 Monaten eine zweijährige Bindungsfrist (BAG 6. 9. 1995 AP BGB § 611 Ausbildungsbeihilfe Nr. 23; aA LAG Köln 27. 9. 1992 DB 1993, 222) und bei einer Lehrgangsdauer von 6 Monaten bis zu einem Jahr ohne Arbeitsverpflichtung im Regelfall keine längere Bindung als 3 Jahre (BAG 23. 2. 1983 AP BGB § 611 Ausbildungsbeihilfe Nr. 6; BAG 11. 4. 1984 AP BGB § 611 Ausbildungsbeihilfe Nr. 8; BAG 23. 4. 1986 AP BGB § 611 Ausbildungsbeihilfe Nr. 10; BAG 15. 12. 1993 AP BGB § 611 Ausbildungsbeihilfe Nr. 17) vereinbart werden. Bei einer mehr als zweijährigen Dauer der Fortbildungsmaßnahme ohne Arbeitsleistung wird eine Bindungsdauer von fünf Jahren für zulässig gehalten (BAG 19. 6. 1974 AP BGB § 611 Ausbildungsbeihilfe Nr. 1; BAG 12. 12. 1979 AP BGB § 611 Ausbildungsbeihilfe Nr. 4; vgl. auch die Zusammenfassung der bisherigen Rspr. in BAG 6. 12. 1995 AP BGB § 611 Ausbildungsbeihilfe Nr. 22; BAG 6. 12. 1995 AP BGB § 611 Ausbildungsbeihilfe Nr. 23). Diese Grundsätze gelten aber nur für den Regelfall, so dass zB **im**

Preis

230 BGB § 611   Vertragstypische Pflichten beim Dienstvertrag

Einzelfall auch bei kürzerer Dauer der Fortbildung eine längere Bindung gerechtfertigt ist, wenn der AG erhebliche Mittel aufwendet *und* die Fortbildung dem AN bes. Vorteile bringt (sowie umgekehrt bei geringem Aufwand und geringen Vorteilen; BAG 15. 12. 1993 AP BGB § 611 Ausbildungsbeihilfe Nr. 17; BAG 6. 9. 1995 AP BGB § 611 Ausbildungsbeihilfe Nr. 23). Hohe Aufwendungen des AG allein reichen nicht. Wegen der zeitlichen und gegenständlichen Begrenzung von sog. Musterberechtigungen zum Führen eines Flugzeugs ist zB trotz der erheblichen Aufwendungen des AG idR nur eine Bindungsdauer von einem Jahr zulässig (BAG 16. 3. 1994 AP BGB § 611 Ausbildungsbeihilfe Nr. 18).

560   **Tarifvertragliche Rückzahlungsklauseln** unterliegen nicht in diesem Umfang der gerichtlichen Inhaltskontrolle, da wegen der Gleichberechtigung der Partner eine materielle Richtigkeitsgewähr besteht und die Parteien eine weitgehende Gestaltungsfreiheit haben (BAG 6. 9. 1995 AP BGB § 611 Ausbildungsbeihilfe Nr. 22: Bindungsdauer wurde nicht von der jeweiligen Dauer und Umfang der Fortbildung abhängig gemacht, sondern betrug starr drei Jahre), was § 310 IV 1 bestätigt (§§ 305–310 Rn. 91). Von daher ist bei einer tariflichen Rückzahlungsklausel auch nicht zu prüfen, inwieweit dem AN durch die erfolgreiche Bildungsmaßnahme im Einzelfall ein geldwerter Vorteil erwachsen ist. Eine Rückzahlungspflicht besteht vielmehr bereits dann, wenn die maßgebliche tarifvertragliche Bestimmung ihrerseits einer Rechtmäßigkeitsprüfung standhält und ihre Voraussetzungen vorliegen. Erfolgt eine Fort- oder Weiterbildung „im Rahmen des Personalbedarfs des AG", so müssen beim AG innerhalb des Bindungszeitraums wahrscheinlich Stellen zu besetzen sein, die mit einer Höhergruppierung verbunden sind und für die eine durch die Weiterbildung erlangte Qualifikation vorausgesetzt wird. Es reicht nicht aus, dass der AG lediglich eine allgemeine Qualifizierung seines Fachpersonals erreichen will (BAG 6. 11. 1996 AP BAT SR 2 a § 2 Nr. 7).

561   Auch dort, wo nach dem Vorstehenden eine Rückzahlungsklausel wirksam vereinbart werden kann, muss sich die Rückzahlungspflicht für jedes Jahr der Betriebszugehörigkeit während der Bindungsdauer **zeitanteilig mindern**. Die Vereinbarung der sachgerechten monatlichen Staffelung ist rechtlich allerdings nicht gefordert (BAG 23. 4. 1986 AP BGB § 611 Ausbildungsbeihilfe Nr. 10).

562   Rechtsfolge einer **unzulässig langen Bindungsfrist** ist nach bislang st. Rspr. ihre arbeitsgerichtliche Rückführung auf das (noch) zulässige Maß, also eine geltungserhaltende Reduktion (BAG 15. 5. 1985 AP BGB § 611 Ausbildungsbeihilfe Nr. 9; BAG 16. 3. 1994 AP BGB § 611 Ausbildungsbeihilfe Nr. 18; BAG 6. 9. 1995 AP BGB § 611 Ausbildungsbeihilfe Nr. 23 (BAG 5. 12. 2002 NZA 2003, 559). Mit der Geltung des § 306 II auch für vorformulierte Arbeitsverträge kann daran jedoch nicht festgehalten werden (§§ 305–310 Rn. 91; gegen geltungserhaltende Reduktion bei Rückzahlungsklauseln in allgemeinen Arbeitsbedingungen mit der Folge, dass die Klausel ersatzlos entfällt, bereits bisher *von Hoyningen-Huene* Anm. zu AP BGB § 611 Ausbildungsbeihilfe Nr. 23; *Stoffels* Anm. zu BAG v. 16. 3. 1994 SAE 1995, 176, 180; *Preis* Vertragsgestaltung S. 197, 344 ff.). Dabei sei die monatliche Abstufung der Rückzahlungsleistung beizubehalten (BAG 16. 3. 1994 AP BGB § 611 Ausbildungsbeihilfe Nr. 18; BAG 26. 10. 1994 AP BGB § 611 Ausbildungsbeihilfe Nr. 19; BAG 6. 9. 1995 AP BGB § 611 Ausbildungsverhältnis Nr. 23).

563   Als **Auslöser der Rückzahlungspflicht** steht der arbeitnehmerseitigen Kündigung ein Aufhebungsvertrag gleich, wenn dieser ausschließlich auf Wunsch des AN und unter Berücksichtigung seiner Interessen erfolgt (BAG 5. 7. 2000 AP BGB § 611 Ausbildungsbeihilfe Nr. 29; LAG Köln 10. 9. 1992 BB 1993, 222). Allerdings besteht kein Rückzahlungsanspruch des AG, wenn der Kündigungsgrund ausschließlich in der **Sphäre des AG** liegt (BAG 6. 5. 1998 AP BGB § 611 Ausbildungsbeihilfe Nr. 28: betriebsbedingte Kündigung; *Küttner/Reinecke* Rückzahlungsklausel Rn. 8; *Preis/Stoffels* II A 120 Rn. 46 ff.) oder wenn der AN zu Recht wegen vom AG gesetzter Gründe fristlos kündigt (LAG Bremen 25. 2. 1994 BB 1994, 1150). Für AN des öffentl. Dienstes gilt beim Wechsel zu einem anderen öffentlich-rechtlichen AG nicht der Grundsatz der Einheit der öffentl. Verwaltung (BAG 15. 5. 1985 AP BGB § 611 Ausbildungsbeihilfe Nr. 9 zum Wechsel eines Lehrers von einem Bundesland in ein anderes).

564   Der **Höhe** nach ist die Rückzahlungsverpflichtung nach der Rspr. in doppelter Hinsicht begrenzt. Der AG kann höchstens den Betrag zurückverlangen, den er tatsächlich aufgewendet hat, da es sich ansonsten um eine Vertragsstrafe handeln würde. Außerdem hat der AN höchstens den vereinbarten Betrag zurückzuzahlen, selbst wenn die Kosten der Aus- oder Weiterbildung höher lagen (BAG 16. 3. 1994 AP BGB § 611 Ausbildungsbeihilfe Nr. 18).

565   Die **Darlegungs- und Beweislast** für die tatsächlichen Voraussetzungen der Rechtswirksamkeit der Rückzahlungsvereinbarung trägt nach st. Rspr. der AG (BAG 18. 8. 1976 AP BGB § 611 Ausbildungsbeihilfe Nr. 3; BAG 11. 4. 1990 AP BGB § 611 Ausbildungsbeihilfe Nr. 14; BAG 24. 7. 1991 AP BGB § 611 Ausbildungsbeihilfe Nr. 16). Auf Kritik (*Hanau/Stoffels* S. 52 ff.) hat das BAG zwar die Beweislastverteilung beibehalten, aber die an den AG gestellten Anforderungen gemindert: Es reicht nun aus, wenn dieser Umstände darlegt und beweist, aus denen sich ergibt, dass im Zeitpunkt der Vereinbarung der Rückzahlungsklausel durch die Weiterbildung ein beruflicher Vorteil für den AN mit überwiegender Wahrscheinlichkeit erwartet werden konnte (BAG 16. 3. 1994 AP BGB § 611 Ausbildungsbeihilfe Nr. 18; BAG 30. 11. 1994 AP BGB § 611 Ausbildungsbeihilfe Nr. 20).

566   Wenn die Rückzahlung als **Darlehen** geschuldet ist und sich der zu erstattende Betrag bei Fortdauer des Arbeitsverhältnisses zeitanteilig bis auf Null mindert, ist die Wirksamkeitsprüfung ebenfalls den

F. Pflichten des Arbeitgebers § 611 BGB 230

dargestellten Grundsätzen zu unterziehen, da in Wahrheit kein Darlehen, sondern eine Rückzahlungsklausel vorliegt (BAG 11. 4. 1990 AP BGB § 611 Ausbildungsbeihilfe Nr. 14). Gleiches gilt, wenn bei Beendigung des Arbeitsverhältnisses vereinbart wird, dass der Rückzahlungsbetrag als Darlehen geschuldet werden soll (BAG 26. 10. 1994 AP BGB § 611 Ausbildungsbeihilfe Nr. 19). Zur **unbedingten Kostenbeteiligung** BAG 21. 11. 2001 DB 2002, 744 ff.

j) Entgeltschutz und Entgeltsicherung. aa) Allgemeines. Da der Lohn im Allg. die wesentliche, 567 wenn nicht die einzige Einkommensquelle des AN und damit dessen Existenzgrundlage darstellt, ist er vom Gesetzgeber nicht nur vor dem Zugriff von Gläubigern des AN bis zu einem gewissen Betrag geschützt. Darüber hinaus findet sich auch ein Schutz vor bestimmten Handlungen des AG und sogar vor eigenen leichtfertigen Verfügungen des AN selbst. Schließlich wird der Anspruch auf das Arbeitsentgelt auch im Konkurs des AG privilegiert, um den völligen Entzug der finanziellen Existenzgrundlage zu verhindern.

bb) Aufrechnung und Aufrechnungsverbote. Eine Aufrechnungslage entsteht in der Praxis 568 vielfach dann, wenn der Vergütungsforderung des AN oder einem Anspruch des AN auf Urlaubsentgelt oder Abfindung Schadensersatzforderungen oder Erstattungsansprüche des AG gegenüberstehen. Ebenso kann gegenüber Restlohnforderungen bei Beendigung des Arbeitsverhältnisses ein Anspruch auf Entrichtung einer Vertragsstrafe oder auf Rückzahlung von Gratifikationen gegenüberstehen. Allerdings kann der AG in diesen Fällen nur gegen den **Nettolohnanspruch** des AN aufrechnen, weil er weiterhin zur Abführung der Steuern und Sozialversicherungsbeiträge verpflichtet bleibt. Eine Aufrechnung gegen Bruttolohnansprüche verstößt gegen § 394. Nach § 850 e ZPO sind bei der Berechnung des pfändbaren Arbeitseinkommens nicht mitzurechnen die Beträge, die unmittelbar auf Grund steuerrechtlicher oder sozialrechtlicher Vorschriften zur Erfüllung gesetzlicher Verpflichtungen des Schuldners abzuführen sind. Aufgerechnet werden kann daher stets nur gegen den pfändbaren Nettobetrag des Arbeitseinkommens (BAG 13. 11. 1980 – 5 AZR 572/78 – nv.). Nur ausnahmsweise kann bei der Rückforderung von Lohnbestandteilen die Bruttoüberzahlung gegen die Bruttoforderung aufgerechnet werden, weil dann die sich gegenüberstehenden Forderungen im wirtschaftlichen Ergebnis gleich sind. Bei Abtretung der Vergütungsforderung durch den AN kann der AG gegen den Zessionar aufrechnen (§ 406; hierzu BAG 6. 12. 1978 AP GewO § 115 Nr. 4). An der Gegenseitigkeit nach § 387 fehlt es, wenn der AG gegen eine Krankengeldforderung des AN aufrechnen will, die dieser gegen die Krankenkasse hat (LAG Köln 3. 2. 1994 AuR 1994, 304).

Die Aufrechnung ist ausgeschlossen, soweit ein **Aufrechnungsverbot** besteht. Ein Aufrechnungs- 569 ausschluss kann sich aus den §§ 390 bis 395 ergeben. Praktische Bedeutung hat im Arbeitsrecht § 394 S. 1: Hiernach kann eine Lohnforderung nur in der Höhe aufgerechnet werden, wie diese nach den §§ 850 ff. ZPO pfändbar ist. Der AG hat also, auch wenn ihm höhere Gegenansprüche zustehen, stets den unpfändbaren Teil auszuzahlen (zum Einbehalt einer rückzuzahlenden Zuwendung: BAG 25. 9. 2002 NZA 2003, 617). Lohnvorschüsse sind auf den unpfändbaren Teil des später fällig werdenden Lohnes anzurechnen (BAG 9. 2. 1956 AP BGB § 394 Nr. 1; BAG 11. 2. 1987 AP ZPO § 850 Nr. 11). Dieses **Aufrechnungsverbot** gilt allerdings nur für den AG, nicht für den AN. Ausnahmsweise ist – nach Abwägung der Umstände des Einzelfalles (BAG 31. 3. 1960 AP BGB § 394 Nr. 5) – eine Aufrechnung bis zur Grenze des § 850 d ZPO zulässig, wenn der AN den AG vorsätzlich geschädigt hat. Eine Berufung auf das Aufrechnungsverbot würde hier gegen Treu und Glauben verstoßen (BAG 22. 4. 1959 AP BGB § 394 Nr. 4; BAG 16. 6. 1960 AP BGB § 394 Nr. 8 zur vorsätzlichen unerlaubten Handlung; BAG 31. 3. 1960 AP BGB § 394 Nr. 5; BAG 28. 8. 1964 AP BGB § 394 Nr. 9 zur vorsätzlichen Vertragsverletzung; Staudinger/*Richardi* Rn. 738; *Schaub* § 87 Rn. 12; aA zur Vertragsverletzung Küttner/*Griese* Aufrechnung Rn. 8). Regelmäßig kann der AN jedoch auch in diesen Fällen verlangen, dass ihm der nach § 850 d ZPO zu bestimmende Selbstbehalt verbleibt (BAG 18. 3. 1997 AP BGB § 394 Nr. 30; aA LAG Hamm 29. 8. 1995 LAGE BGB § 394 Nr. 2 = DB 1995, 2122). Eine Aufrechnung ist über die Grenze des § 850 d ZPO hinaus zulässig, wenn der AN bereits ausgeschieden ist (BAG 28. 8. 1964 AP BGB § 394 Nr. 9). Zum Verstoß bei Berufung auf das Aufrechnungsverbot des § 394 gegen den Grundsatz von Treu und Glauben: BAG 15. 11. 1962 AP UrlG NRW § 10 Nr. 3. Nach Auffassung des BGH tritt das Aufrechnungsverbot des § 394 dagegen nicht gegenüber Schadensersatzansprüchen zurück, die nur auf einer Vertragsverletzung beruhen; vielmehr muss es sich hiernach stets um eine Schadensersatzforderung aus vorsätzlicher unerlaubter Handlung handeln (BGH 22. 4. 1959 AP BGB § 394 Nr. 4; aA bei vorsätzlicher Schadenszufügung gegenüber Urlaubsabgeltungsanspruch BAG 28. 8. 1964 AP BGB § 394 Nr. 9). Auch Ansprüche auf Zahlung einer **Karenzentschädigung** aus einem vereinbarten Wettbewerbsverbot unterfallen dem Pfändungsschutz der §§ 850 ff. und damit dem Aufrechnungsverbot des § 394 (OLG Rostock 9. 6. 1994 NJW-RR 1995, 173). Das Urlaubsentgelt ist Arbeitsentgelt und ebenso wie anderes Arbeitsentgelt pfändbar. Das gilt auch für den Urlaubsabgeltungsanspruch nach § 7 IV BUrlG (BAG 28. 8. 2001 EzA BUrlG § 7 Abgeltung Nr. 7). Es ist nach § 850 c I 1 ZPO pfändbar, soweit es die Pfändungsfreigrenzen für den Zeitraum übersteigt, für den es gezahlt wird.

Preis

570 § 394 gilt auch für den **Aufrechnungsvertrag**. Diese Vereinbarung ist aber zulässig, wenn sie nach Fälligkeit der unpfändbaren Forderung geschlossen wird (BAG 18. 8. 1976 NJW 1977, 1168; Palandt/ *Heinrichs* § 387 Rn. 20; § 394 Rn. 1).

571 Darüber hinaus ist eine Aufrechnung unzulässig, wenn sie durch Kollektiv- oder Einzelarbeitsvertrag **vertraglich ausgeschlossen** ist, wobei sich ein solcher Ausschluss im Wege der Vertragsauslegung ergeben kann (BGH 20. 12. 1979 ZIP 1980, 110). Dies ist insb. anzunehmen bei noch nicht fälligen Forderungen, zB künftigen Ruhegeldansprüchen (BAG 16. 12. 1986 AP BetrAVG § 8 Nr. 1). Zu Möglichkeiten und Grenzen vertraglicher Aufrechnungsregelungen: *Preis* II A 110 Rn. 12 ff. sowie hier §§ 305–310 Rn. 76.

572 Die Aufrechnung kann ferner **kraft Gesetzes ausgeschlossen** sein. Nicht aufgerechnet werden kann mit Forderungen aus unter Verstoß gegen § 107 II 2 GewO **kreditierten Waren**; der Anspruch auf die Vergütung in Geld ist nicht erloschen (Rn. 649; zu § 118 GewO aF: BAG 20. 3. 1974 AP GewO § 115 Nr. 1; BAG 6. 12. 1978 AP GewO § 115 Nr. 4; OLG Hamm 26. 5. 1989 NJW 1990, 55). Dagegen ist ein zulässiger, nicht gegen das Truckverbot verstoßender **Aufrechnungsvertrag** gegeben, wenn die Parteien in einem Werkswohnungsvertrag vereinbaren, dass der AG die Miete von der Arbeitsvergütung einbehalten darf (BAG 1. 8. 1959 AP BGB § 392 Nr. 1; BAG 15. 5. 1974 AP BGB § 387 Nr. 2). Aus sozialrechtlichen Vorschriften können sich Beschränkungen der Aufrechnungsmöglichkeit ergeben (§ 54 III Nr. 2 SGB I; LAG Berlin 14. 12. 1987 DB 1988, 764). Im Einzelfall kann die Aufrechnung nach dem **Grundsatz von Treu und Glauben (§ 242)** ausgeschlossen sein. Dies ist etwa der Fall, wenn sich ein Aufrechnungsausschluss aus der Natur des Rechtsverhältnisses bzw. dem Zweck der geschuldeten Leistung ergibt. Ein solcher Fall kann gegeben sein, wenn der Außendienstmitarbeiter erkennbar auf die Gewährung von Reisegeld angewiesen ist und durch die Aufrechnung die Erreichung des gemeinsamen Vertragszwecks ausgeschlossen würde (*Preis* II A 110 Rn. 11).

573 Die Aufrechnung erfolgt durch **einseitige, empfangsbedürftige und bedingungsfeindliche Willenserklärung** (§ 388), die bewirkt, dass die Forderungen, soweit sie sich decken, in dem Zeitraum als erloschen gelten, in welchem sie sich zur Aufrechnung geeignet gegenüberstanden (§ 389). Die **Aufrechnungserklärung** kann auch einer einzelvertraglichen oder tarifvertraglichen Ausschlussfrist unterfallen. Die Aufrechnungserklärung (§ 388 BGB) ist grds. formfrei (aA wenn ein TV eine **schriftliche Geltendmachung** von Ansprüchen vorsieht (LAG Düsseldorf 6. 1. 1971 DB 1971, 1015 hierzu §§ 194–218 Rn. 71).

574 Mit Forderungen, die im Zeitpunkt der Aufrechnungserklärung durch Ablauf einer **tariflichen Ausschlussfrist** erloschen sind, kann nicht aufgerechnet werden; § 215 findet keine entspr. Anwendung (Palandt/*Heinrichs* § 215 Rn. 2; zu § 390 S. 2; BAG 18. 1. 1962, 15. 11. 1967, 30. 3. 1973 AP BGB § 390 Nr. 2, 3, 4). Treffen Aufrechnung und Abtretung zusammen, gilt § 406, bei Pfändung § 392. Eine vor der Lohnpfändung zwischen dem AG und AN getroffene Aufrechnungsvereinbarung kann unter den Voraussetzungen des § 392 BGB dem Pfändungsgläubiger entgegengehalten werden (BAG 1. 8. 1959, 10. 10. 1966 AP BGB § 392 Nr. 1, 2).

575 **Prozessuale Fragen.** Unzulässig ist es, die Klageforderung dahingestellt sein zu lassen und nur über die Aufrechnungsforderung zu entscheiden (BAG 26. 10. 1961 AP ZPO § 322 Nr. 7). Wird eine Aufrechnung als unbegründet zurückgewiesen, zB wegen mangelnder Substantiierung der Forderung, mit der aufgerechnet werden soll, so kann die Forderung später nicht mehr geltend gemacht werden (BAG 20. 8. 1964 AP HGB § 70 Nr. 7). Da die Aufrechnung kein „rechtlicher Gesichtspunkt" iSv. § 17 II GVG ist, sondern ein selbständiges Gegenrecht, das dem durch die Klage bestimmten Gegenstand einen weiteren selbständigen Gegenstand hinzufügt, entscheidet das ArbG nach BAG 23. 8. 2001 AP GVG § 17 Nr. 2 nicht über zur Aufrechnung gestellte Forderungen, die in die Zuständigkeit der ordentlichen Gerichtsbarkeit fallen und damit erst recht nicht über rechtswegfremde Forderungen (sehr str., s. im Einzelnen § 2 ArbGG Rn. 42 ff.).

576 Von der Aufrechnung ist die **Lohnanrechnung** zu unterscheiden. Bei dieser werden Leistungen anderer AG oder Sozialleistungsträger auf die Vergütung angerechnet. Die wichtigsten Anwendungsfälle sind anderweitige Einkommen im Annahmeverzugszeitraum (§ 615 S. 2; § 11 KSchG), im Krankheitsfall (§ 616 S. 2, § 617 I 3) sowie die Karenzentschädigung im Fall eines Wettbewerbsverbots (§ 74 c HGB). Die Anrechnung ist rechtlich keine Aufrechnung, so dass die Aufrechnungsverbote und insb. § 394 keine Anwendung finden (*Küttner/Griese* Aufrechnung Rn. 2; *Schaub* § 87 Rn. 22).

577 **cc) Zurückbehaltungsrechte.** Bes. bedeutsam ist das Zurückbehaltungsrecht des AN mit seiner Arbeitsleistung, wenn der AG seinerseits die **Hauptleistungspflicht** der Vergütung nicht erfüllt. Umstritten ist, ob sich das Zurückbehaltungsrecht aus § 320 oder § 273 ergibt (hierzu *Preis* II Z 30 Rn. 7). Richtig ist die Anwendung des § 273, weil der AN nach § 614 idR vorleistungspflichtig ist (vgl. BAG 9. 5. 1996 AP BGB § 273 Nr. 5). Dies gilt aber nur für einen Vergütungszeitraum; der AN muss nicht Leistungen auf Kredit erbringen (richtig MünchKommBGB/*Müller-Glöge* § 611 Rn. 9). Damit die Wirkung des § 394 nicht umgangen wird, ist bei Geldansprüchen im gleichen Umfang wie die Aufrechnung auch die Geltendmachung eines Zurückbehaltungsrechts (§ 273) ausgeschlossen (BAG 16. 10. 1967 AP BGB § 394 Nr. 11). Ist der Anspruch des AG dagegen nicht auf Geld, sondern zB auf Herausgabe von Werkzeugen oder die Räumung einer Werkswohnung gerichtet, können die Aufrech-

F. Pflichten des Arbeitgebers   § 611   BGB 230

nungsbeschränkungen nicht entspr. angewendet werden (vgl. hierzu Staudinger/*Richardi* Rn. 742). Die Geltendmachung des Zurückbehaltungsrechts kann in diesem Fall aber gegen Treu und Glauben verstoßen, wenn die Gegenforderung im Verhältnis zur Restlohnforderung nur gering ist (*Schaub* § 87 Rn. 19; Soergel/*Kraft* § 611 BGB Rn. 249). Ein Lohnrückstand von 1,5 Monatsverdiensten ist nicht geringfügig (ArbG Hannover 11. 12. 1996 EzA BGB § 273 Nr. 6). Ein Zurückbehaltungsrecht an Arbeitspapieren besteht nach allgemeiner Auffassung nicht (Staudinger/*Richardi* Rn. 742; Soergel/ *Kraft* Rn. 249; *Schaub* § 87 Rn. 19). Ein formularmäßiger Ausschluss des Zurückbehaltungsrechts ist nach § 309 Nr. 2 unwirksam (§§ 305–310 Rn. 98).

dd) Pfändungsschutz. Um dem AN in jedem Fall den Betrag zu belassen, der sein Existenzmini- **578** mum und das seiner Familie sichert, schränken die §§ 850 ff. ZPO die Vollstreckung wegen Geldforderungen in Lohnforderungen ein. Danach sind bestimmte Beträge **absolut unpfändbar** (§ 850 a ZPO), die Bezüge im Übrigen entweder nur bedingt, dh. nur unter der Voraussetzung pfändbar, dass die Vollstreckung in das sonstige bewegliche Vermögen nicht zu einer vollständigen Befriedigung des Gläubigers führen würde (§ 850 b ZPO), oder relativ, dh. nur in bestimmten Höchstbeträgen (**"Pfändungsgrenzen"**) unter Berücksichtigung der Unterhaltspflichten des AN pfändbar (§ 850 c ZPO).

ee) Abtretung und Abtretungsverbote. Der Vergütungsanspruch des AN kann grds. nach § 398 **579** abgetreten werden. Eine über die Grenzen der Pfändbarkeit (§§ 850 a bis i ZPO) vorgenommene Abtretung ist jedoch nach § 400 unwirksam (BAG 21. 12. 2000 AP BGB § 400 Nr. 2). Eine entgegenstehende Vereinbarung ist nichtig. Der AG, der dennoch das gesamte Gehalt an den Zessionar überweist, muss den unpfändbaren Teil erneut an den AN zahlen. Gegen den Abtretungsempfänger hat er einen Bereicherungsanspruch gem. § 812 I 1 Alt. 1.

Das Abtretungsverbot erfasst auch andere Maßnahmen, soweit diese gegen den Schutzzweck des **580** § 400 verstoßen. Unzulässig sind daher Inkassozession, unwiderrufliche Einziehungsermächtigung (BGH 10. 12. 1951 BGHZ 4, 153) und Vereinbarungen über die Verwaltung unpfändbaren Einkommens (OLG Celle OLGZ 1971, 345). Erteilt ein AN bei einer Gehaltsabtretung zugunsten seines Darlehensgläubigers seinem AG den Auftrag, die laufenden Darlehensraten von seinem Gehalt zu überweisen, so erstreckt sich dieser Auftrag nicht auf den unpfändbaren Gehaltsteil (BAG 23. 11. 1988 AP BGB § 400 Nr. 1).

Die Abtretung kann außerdem durch **Vereinbarung** der Arbeitsvertragsparteien nach § 399, aber **581** auch durch BV (BAG 20. 12. 1957 AP BGB § 399 Nr. 1; BAG 5. 9. 1960 AP BGB § 399 Nr. 4; LAG Hamm 5. 10. 1989 LAGE § 399 Nr. 2 auch mit Abhängigkeit von der Zustimmung des AG LAG Tübingen 18. 4. 1967 DB 1967, 1094) oder TV (LAG Frankfurt 2. 3. 1971 DB 1972, 243) **ausgeschlossen** werden (anders dagegen für Lohnabtretungsverbote durch Dienstvereinbarungen mit dem Personalrat BAG 26. 1. 1983 AP LPVG RhPf § 75 Nr. 1). Ein in einer **BV** enthaltenes Abtretungsverbot gilt auch für Ansprüche derjenigen AN, die erst nach Abschluss in den Betrieb eintreten (BAG 5. 9. 1960 AP BGB § 399 Nr. 4). Es gilt außerdem gegenüber zeitlich vorangehenden Vorausabtretungen (LAG Düsseldorf 16. 10. 1975 DB 1976, 440). Ein stillschweigender Ausschluss der Abtretung von Lohnforderungen ist hingegen auch bei Arbeitsverhältnissen in Großunternehmen nicht zu vermuten (BGH 20. 12. 1956 AP BGB § 398 Nr. 1). Die Mehrbelastung bei der Lohnabrechnung begründet alleine noch nicht den Einwand der unzulässigen Rechtsausübung gegenüber dem Abtretungsempfänger (BGH 20. 12. 1956 AP BGB § 398 Nr. 1). Das Abtretungsverbot ist aber unwirksam, wenn der AG grundlos keinen Lohn zahlt und ein Dritter dem AN gegen Gehaltsabtretung die zur Existenz notwendigen Mittel vorgeschossen hat (BAG 2. 6. 1966 AP BGB § 399 Nr. 8; Staudinger/*Richardi* Rn. 780). Gleiches gilt, wenn die Arbeitsvergütung über den Pfändungsschutz hinaus an einen Vermieter abgetreten worden ist, soweit in dem pfändungsgeschützten Teil der Vergütung Anteile für die Vermietung enthalten sind (LG Hagen 22. 7. 1988 NJW-RR 1988, 1232). Das Abtretungsverbot ist nicht anzuwenden, wenn der geschützte Zedent den pfändungsfreien Betrag vom Zessionar bereits vorher erhalten hat (BAG 10. 6. 1980 AP GG Art. 9 Nr. 66 zur Lohnabtretung an Gewerkschaften, die Streikunterstützung gewährt hat). Dies gilt auch im Verhältnis zwischen AG und AN, ist aber nicht auf den Fall der Wohnraumüberlassung durch den AG anwendbar (BAG 21. 12. 2000 AP BGB § 400 Nr. 2). Stimmt der AG einer abredewidrig getroffenen Verfügung über die Forderung nachträglich zu, so liegt darin die vertragliche Aufhebung des Abtretungsverbots oder der Verzicht auf die Einrede des § 399, die nicht zurückwirkt und daher eine zwischenzeitliche Pfändung wirksam lässt (vgl. BGH 1. 2. 1978 NJW 1978, 813).

Eine **Vorausabtretung** ist grds. zulässig, wenn sie **den Grundsatz der Bestimmtheit** und das **582** Verbot der Übersicherung beachtet (BGH 22. 6. 1989 AP BGB § 398 Nr. 5). Der Inhaltskontrolle nach § 307 I BGB halten solche Klauseln nur stand, wenn sie Zweck und Umfang der Abtretung sowie die Voraussetzungen der Verwertungsbefugnis eindeutig bezeichnen. Unzulässig ist daher eine Klausel, die nicht zweifelsfrei erkennen lässt, ob die Vorausabtretung nur die Ansprüche aus dem Kreditvertrag oder auch solche aus anderen Rechtsgründen sichern soll (BGH 22. 6. 1989 AP BGB § 398 Nr. 5 zur Klausel „zur Sicherung der Ansprüche der Bank"). Zu unbestimmt ist auch die Abtretung zur Sicherung der Ansprüche, da insoweit nicht klar wird, ob die Verwertungsbefugnis vom Zahlungsverzug abhängt (BAG 22. 6. 1989 AP BGB § 398 Nr. 5). Hinzu kommt eine mögliche

Preis

übermäßige Sicherung, wenn die Vorausabtretung die gesamte pfändbare Arbeitsvergütung ohne zeitliche und betragsmäßige Begrenzung erfasst. Als Lösung sieht der BGH eine betragsmäßige Begrenzung der Zession und im Hinblick auf die fortschreitende Tilgung eine geeignete Freigabeklausel (siehe zum ganzen BGH 22. 6. 1989 AP BGB § 398 Nr. 5; BGH 27. 4. 1995 NJW 1995, 2289).

583   Die Vorausabtretung ist unwirksam, wenn sie an eine Gesellschaft erfolgt, die geschäftsmäßig Rechtsberatung und Einziehung fremder Forderungen betreibt, ohne im Besitz der erforderlichen Erlaubnis nach dem Rechtsberatungsgesetz zu sein (BAG 24. 3. 1993 AP BGB § 134 Nr. 7).

584   Ist die Abtretung wirksam, muss der AG den abgetretenen Teil der Vergütung an den Zessionar zahlen, wobei er sich gem. § 410 eine Abtretungsurkunde aushändigen lassen kann. Dabei ist umstritten, ob eine Fotokopie ausreicht (dafür BAG 27. 6. 1968 AP BGB § 398 Nr. 3; LAG Frankfurt 11. 9. 1987 DB 1988, 612; *Schaub* § 87 Rn. 7; aA Palandt/*Heinrichs* § 410 Rn. 2; MünchKommBGB/*Roth* § 410 Rn. 5; Küttner/*Griese* Lohnabtretung Nr. 11). Der AG kann dem neuen Gläubiger außerdem gem. § 404 alle **Einwendungen** entgegensetzen, die er gegenüber dem Lohnanspruch des AN gehabt hätte.

585   Die Mehrarbeit, die durch die Bearbeitung von Lohnabtretungen entsteht, begründet keinen Erstattungsanspruch und berechtigt nicht zur Kündigung (Küttner/*Griese* Lohnabtretung Rn. 12; vgl. BAG 4. 11. 1981 AP KSchG 1969 Verhaltensbedingte Kündigung Nr. 4 zur Lohnpfändung). Der AG hat schließlich die Möglichkeit, nach § 399 ein Abtretungsverbot zu vereinbaren.

586   **ff) Insolvenz, Insolvenzgeld.** Entgeltansprüche des AN in der Insolvenz des AG sind in der Insolvenzordnung geregelt, wobei zwischen Ansprüchen aus der Zeit nach und vor Eröffnung des Insolvenzverfahrens zu unterscheiden ist. Bei letzteren ist hins. der Rangfolge noch weiter zu unterscheiden, auf welche Zeiträume sich die Entgeltansprüche beziehen. Nach § 38 InsO sind grds. vor dem Eröffnungsantrag begründete Entgeltansprüche einfache Insolvenzforderungen. Wurde ein vorläufiger Insolvenzverwalter bestellt (§ 22 I InsO), stellen die in dieser Zeit begründeten ANForderungen Masseverbindlichkeiten dar (§ 55 II 2 InsO).

587   Darüber hinaus gibt es eine zusätzliche Sicherung wegen der Entgeltansprüche für die letzten drei Monate vor Eröffnung des Insolvenzverfahrens über das Vermögen des AG. Hier kann der AN, wenn das Insolvenzverfahren nicht zu seiner Befriedigung führt, Insolvenzgeld von der BAnstArb. verlangen (§§ 183 bis 189 SGB III). Ein entspr. Antrag ist innerhalb einer Ausschlussfrist von 2 Monaten nach Eröffnung des Insolvenzverfahrens beim zuständigen AA zu stellen (§ 324 III SGB III). Mit Antragstellung geht nach § 187 SGB III die Forderung des AN gegen den AG auf die BAnstArb. über. In der Höhe entspricht das Insolvenzgeld dem um die gesetzlichen Abzüge verminderten Arbeitsentgelt (§ 185 SGB III).

588   Für das **Ruhegeld** ist eine spezielle Insolvenzsicherung in den §§ 7 ff. BetrAVG vorgesehen. Danach haben bei Zahlungsunfähigkeit des AG Versorgungsempfänger und Inhaber von Versorgungsanwartschaften Ansprüche auf die Leistung gegen den Träger der Insolvenzsicherung, den PSV.

589   **gg) Lohnverwendungsabreden.** Lohnverwendungsabreden sind Vereinbarungen, durch die der AN sich dem AG gegenüber verpflichtet, die Arbeitsvergütung ganz oder tw. zu bestimmten Zwecken oder zugunsten bestimmter Personen zu verwenden. Sie unterliegen Schranken nach § 107 GewO (vgl. hierzu die Kommentierung dort; zur Frage der unzulässigen Lohnverwendungsabrede in einem Sanierungstarifvertrag *H. P. Müller* DB 2000, 770).

590   **k) Lohnverzicht; Erlassvertrag.** Der Lohnverzicht stellt rechtlich einen Erlassvertrag (§ 397) dar. Für bestimmte Vergütungsansprüche ist ein Verzicht gesetzlich ausgeschlossen, wie zB Entgeltfortzahlung im Krankheitsfall (§ 12 EFZG) oder Urlaubsentgelt (§ 13 I BUrlG). Sofern keine zwingenden gesetzlichen Vorschriften bestehen, kann der **formularmäßige Verzicht** wegen unangemessener Benachteiligung nach §§ 307 ff. unwirksam sein (vgl. §§ 305–310 Rn. 96). Die Rspr. hat auch bislang bereits in der Sache, nicht aber ausdrücklich, auf formularmäßige Verzichtserklärungen die Grundsätze der Inhaltskontrolle angewandt (LAG Köln 18. 10. 1995 LAGE BetrAVG § 17 Nr. 1). Erlassverträge können uU wegen sittenwidrig sein (LAG Rheinland-Pfalz 16. 12. 1987 LAGE BGB § 138 Nr. 2; LAG Berlin 17. 2. 1997 NZA-RR 1997, 371). Für Heimarbeiter wird Entgeltschutz nach Maßgabe der §§ 23 ff. HAG gewährleistet. Auf **tarifliche Rechte** kann nur in einem von den TVParteien gebilligten Vergleich verzichtet werden (§ 4 IV 1 TVG), und bei Lohnansprüchen aus einer BV ist die Zustimmung des BR erforderlich (§ 77 IV 2 BetrVG). Allerdings kann ein Kind auf Teile seiner tariflichen Ausbildungsvergütung verzichten, umso die Anspruchsvoraussetzungen für das Kindergeld zu erfüllen, da hierin eine abw. Vereinbarung iSd. § 4 III Halbs. 2 TVG liegt (BSG 28. 2. 1990 NZA 1990, 995; vgl. auch SG Reutlingen 4. 10. 1990 HV-INFO 1991, 783 zum Bezug von Waisenrente). An die Annahme eines **stillschweigenden Verzichts** auf individualrechtliche Ansprüche sind strenge Anforderungen im Hinblick auf einen eindeutigen Verzichtswillen zu stellen (BAG 18. 12. 1984 AP BetrVG 1972 § 118 Nr. 4; Palandt/*Heinrichs* § 397 Rn. 4). Lohnverzichte aus Anlass eines **Betriebsübergangs** sind nur zulässig, wenn dafür bei Anlegung eines strengen Maßstabs sachliche Gründe vorliegen (BAG 18. 8. 1976, 27. 4. 1988 AP BGB § 613 a Nr. 4, 71). Das kann insbes. bei einem Lohnverzicht zum Erhalt von Arbeitsplätzen gegeben sein (dafür MünchArbR/*Hanau* § 75 Rn. 8). Ein Verzicht auf die unpfändbare Arbeitsvergütung ist wegen des Rechtsgedankens der §§ 394, 400

F. Pflichten des Arbeitgebers § 611 BGB 230

unwirksam (Staudinger/*Kaduk* § 397 BGB Rn. 50; *Schaub* § 87 Rn. 4). Ein im Voraus erklärter Gehaltsverzicht kann nach § 138 sittenwidrig sein (LAG Berlin 17. 2. 1997 NZA-RR 1997, 371). Aus der Treuepflicht folgt bei wirtschaftlichen Schwierigkeiten des AG keine Pflicht zum Gehaltsverzicht (LAG Hamm 9. 2. 1996 NZA-RR 1997, 17).

l) Lohnverwirkungsabrede. Die Lohnverwirkungsabrede ist von der Verwirkung des Lohn- 591 anspruchs durch illoyale verspätete Geltendmachung (s. Rn. 593) zu unterscheiden. Es handelt sich hierbei um eine Vereinbarung, dass für den Fall des vertragswidrigen Verhaltens des AN der Anspruch auf die Vergütung entfällt. Eine solche Vertragsklausel ist eine dem Rechtsinstitut der **Vertragsstrafe** gleichstehende Abrede, die tarifrechtlich zulässig ist und weder eine Verwirkung iSd. § 4 IV 2 TVG noch einen unzulässigen Verzicht iSd. § 4 IV 1 TVG darstellt (BAG 18. 11. 1960 AP TVG § 4 Vertragsstrafe Nr. 1).

m) Verjährung, Ausschlussfristen, Verwirkung, Verzicht. aa) Verjährung, Ausschlussfristen. 592 Vgl. hierzu die Kommentierung zu §§ 194–225.

bb) Verwirkung. Vergütungsansprüche des AN können grds. bereits vor Ablauf der Verjährungs- 593 frist **verwirkt** sein. Nach st. Rspr. des BAG ist ein Recht verwirkt, wenn der Gläubiger es längere Zeit nicht ausgeübt hat (**Zeitmoment**), der Schuldner darauf vertraut hat, er werde nicht mehr in Anspruch genommen werden, und diesem die Erfüllung unter Berücksichtigung aller Umstände nach Treu und Glauben auch nicht mehr zuzumuten ist (sog. **Umstandsmoment;** BAG 28. 7. 1960 AP BGB § 242 Verwirkung Nr. 17; BAG 12. 1. 1994 AP BGB § 818 Nr. 3; BAG 8. 9. 1994 BB 1994, 2210). Zum Zeitablauf müssen daher bes. Umstände sowohl im Verhalten des Berechtigten, als auch des Verpflichteten hinzukommen (BAG 7. 11. 1995 – 9 AZR 541/94 –). Hins. der zeitlichen Voraussetzungen gilt der Grundsatz, dass umso seltener Raum für eine Verwirkung sein wird, je kürzer die Verjährungsfrist ist. Von daher werden Vergütungsansprüche, die bereits nach 3 Jahren verjähren, **nur selten** verwirken (so BGH 16. 12. 1988 AP BGB § 242 Verwirkung Nr. 44; LAG Frankfurt 15. 2. 1995 BB 1995, 2325; MünchKommBGB/*Müller-Glöge* Rn. 349; MünchArbR/*Hanau* § 75 Rn. 11 in Bezug auf die kurze Verjährungsfrist in § 196 BGB aF.; vgl. aber LAG Köln 31. 5. 1996 – 11 Sa 140/96 –; LAG Köln 5. 2. 1999 MDR 1999, 1005: grds. ist ein Zeitraum von mehr als einem halben Jahr seit Beendigung des Arbeitsverhältnisses geeignet, das Zeitmoment zu erfüllen). Während des Ablaufs tariflicher Verfallfristen verwirken Ansprüche grds. nicht (Küttner/*Eisemann* Verwirkung Rn. 3; *Schaub* § 73 Rn. 19). Die Verwirkung wird **von Amts wegen** geprüft, der Schuldner muss sich nicht auf sie berufen.

Ausgeschlossen ist die Verwirkung **tariflicher Rechte** (§ 4 IV 2 TVG), durch BV eingeräumter 594 Rechte (§ 77 IV 3 BetrVG) sowie für Ansprüche aus bindenden Festsetzungen nach dem HAG (§ 19 III 4 HAG). Dies gilt aber nur für die Verwirkung kraft Zeitablaufs, nicht für den Einwand der Arglist oder den der unzulässigen Rechtsausübung wegen widersprüchlichen Verhaltens (BAG 9. 8. 1990 AP BGB § 615 Nr. 46; MünchArbR/*Hanau* § 75 Rn. 12; *Schaub* § 73 Rn. 20; krit. hins. des widersprüchlichen Verhaltens Küttner/*Eisemann* Verwirkung Rn. 5, da die genannten Vorschriften selbst den ausdrücklichen Verzicht für unbeachtlich erklärten).

Umstritten ist, ob die Verwirkung für **übertarifliche Ansprüche,** für die Dauer der Nachwirkung 595 und im Fall der einzelvertraglichen Bezugnahme auf den gesamten TV ebenfalls ausgeschlossen ist (dafür Küttner/*Eisemann* Verwirkung Rn. 7–9; dagegen *Schaub* § 73 Rn. 21).

2. Art und Formen der Vergütung. a) Nettolohnvereinbarungen. Vereinbartes Entgelt ist in aller 596 Regel der **Bruttolohn.** Dass die vereinbarte Vergütung ausnahmsweise bereits den Nettolohn, also das um die Abzüge verminderte Entgelt, darstellen soll, hat der AN zu beweisen (BAG 19. 12. 1963 AP BGB § 670 Nr. 15; BAG 18. 1. 1974 AP BGB § 670 Nr. 19; LAG Berlin 21. 2. 1994 DB 1994, 2632; LAG Düsseldorf 7. 11. 1984 DB 1985, 1403).

Haben die Parteien ausdrücklich oder konkludent (LAG Köln 1. 8. 1997 AuR 1998, 334) eine 597 **Nettolohnvereinbarung** getroffen, so übernimmt der AG sämtliche Steuern und Sozialversicherungsbeiträge (BAG 8. 9. 1998 AP BGB § 611 Nettolohn Nr. 10). Ändern sich dann die Grundlagen der Lohnsteuerberechnung (Änderung der Steuerklasse, Wegfall von Freibeträgen, Gesetzesänderung) so wirkt sich dies auf die Höhe des dem AN zustehenden Nettolohns nicht aus. Dieser wird als feste Größe geschuldet (Küttner/*Griese* Nettolohnvereinbarung Rn. 8; HzA/*Künzl* Teilbereich 5 Gruppe 1 Rn. 1584 und *Schaub* § 71 Rn. 114, beide zu der sog. originären Nettolohnvereinbarung; aA BAG 6. 7. 1970 AP BGB § 611 Nettolohn Nr. 1), so dass sich Entlastungen zugunsten des AG auswirken, dieser andererseits aber auch Mehrbelastungen zu tragen hat. Wenn der AN aber willkürlich die Besteuerungsgrundlagen ändert (zB durch Verzicht auf Wiedereintrag eines Freibetrages oder Wechsel in der Lohnsteuerklasse), kann die Vergütung gem. § 242 angepasst werden (Küttner/*Griese* Nettolohnvereinbarung Rn. 9; MünchArbR/*Hanau* § 65 Rn. 65; *Schaub* § 71 Rn. 114; HzA/*Künzl* Teilbereich 5 Gruppe 1 Rn. 1586: keine Minderung, jedoch Schadensersatzanspruch des AG).

Bei einem vereinbarten Bruttoentgelt ist die **Lohnzahlungsklage** grds. auf den Bruttobetrag zu 598 richten, und das Urteil hat ebenfalls auf diesen Betrag zu lauten (BGH 21. 4. 1966 AP BGB § 611 Nr. 13; BAG 29. 8. 1984 AP BGB § 123 Nr. 27). Die arbeitsrechtliche Vergütungspflicht beinhaltet nicht nur die Nettoauszahlung, sondern umfasst auch die Leistungen, die nicht in einer unmittelbaren

Auszahlung an den Arbeitnehmer bestehen (vgl. BAG GS 7. 3. 2001 AP § 288 Nr. 4 m. Anm. *Hanau*). Hat der AG bereits Teilzahlungen erbracht, kann der Klageantrag auf den Bruttobetrag abzüglich des erhaltenen Nettobetrags lauten (Küttner/*Griese* Bruttolohnvereinbarung Rn. 12; *Schaub* § 71 Rn. 4). Auch bei einer vereinbarten Nettovergütung kann Bruttoklage erhoben werden, wahlweise Nettolohnklage (HzA/*Künzl* Teilbereich 5 Gruppe 1 Rn. 1589, 1591). Die Drittschuldnerklage ist netto zu beziffern (MünchArbR/*Hanau* § 72 Rn. 9). Auch die **Zwangsvollstreckung** ist auf den Bruttobetrag gerichtet (BGH 21. 4. 1966 AP BGB § 611 Lohnanspruch Nr. 13; BAG 29. 8. 1984 AP BGB § 123 Nr. 27) und der AN für die richtige Abführung der Lohnabzüge verantwortlich. Die Zwangsvollstreckung ist jedoch einzustellen (§ 775 Nr. 5 ZPO), wenn der AG durch Quittungen nachweist, dass die öffentlich-rechtlichen Lohnabzüge abgeführt sind (BAG 14. 1. 1964 AP BGB § 611 Dienstordnungsangestellte Nr. 20; BGH 21. 4. 1966 AP BGB § 611 Lohnanspruch Nr. 13).

599 Auch die **Zinsen** von 5% über dem Basiszinssatz des § 247 (§ 288 I; ebenfalls für § 288 I gegen § 288 II *Boemke* BB 2002, 96 f.; *Däubler* NZA 2001, 1329, 1333 f.; *Gotthardt* Rn. 12; Palandt/*Heinrichs* § 288 Rn. 9; *Reinecke* DB 2002, 583, 587; iE *Bauer/Kock* DB 2002, 42, 46; *Berkowsky* AuA 2002, 11, 15; *Henssler* RdA 2002, 129, 135; aA Staudinger/*Löwisch* Vorbem. Zu §§ 284–292 Rn. 4 a f.) können vom Bruttobetrag verlangt werden (BAG GS 7. 3. 2001 AP § 288 Nr. 4 m. Anm. *Hanau* = RdA 2002, 177 m. Anm. *Löwisch*; BAG 11. 8. 1998 AP BGB § 288 Nr. 1; BAG 10. 6. 1980 AP GG Art. 9 Arbeitskampf Nr. 64; LAG München 31. 5. 1990 NZA 1990, 66; LAG Frankfurt 29. 1. 1990 DB 1990, 1291; LAG Nürnberg 23. 6. 1994 BB 1995, 206; Küttner/*Griese* Bruttolohnvereinbarung Rn. 12; HzA/*Künzl* Teilbereich 5 Gruppe 1 Rn. 1594; MünchKommBGB/*Müller-Glöge* Rn. 340; *Schaub* § 71 Rn. 6: Zinsen vom Nettobetrag nur bei Zinsforderung als Schadensersatz nach § 286;. aA insb. der 4. Senat BAG 13. 2. 1985 DB 1985, 1395; BAG 20. 4. 1983 AP TVAL II § 21 Nr. 2; LAG Nürnberg 22. 3. 1994 – 6 Sa 371/90 – n. rkr.).

600 Führt der AG **zu wenig Lohnsteuer** an das Finanzamt ab, so hat er gegenüber dem betroffenen AN einen Anspruch auf Freistellung von drohenden Steuernachforderungen, bzw. bei eigener Nachentrichtung einen Erstattungsanspruch aus dem zwischen ihnen bestehenden Gesamtschuldverhältnis (§ 42 d EStG; BAG 14. 6. 1974 AP BGB § 670 Nr. 20; BAG 19. 1. 1979 AP BGB § 670 Nr. 21; BAG 20. 3. 1984 AP BGB § 670 Nr. 22; dazu *Müller* DB 1981, 2172). Im Innenverhältnis trägt der AN als Steuerschuldner die Steuerlast voll (BAG 19. 1. 1979 AP BGB § 670 Nr. 21). Es ist zulässig, eine – grds. vom AG zu zahlende – pauschalierte Lohnsteuer auf den AN abzuwälzen (LAG Niedersachsen 19. 6. 1992 LAGE BGB § 611 Nettolohn, Lohnsteuer Nr. 5).

601 Zahlt der AG **zu viel Steuern**, kann der AN diese zu viel einbehaltenen Vergütungsbestandteile vom AG verlangen, da er seinen Erfüllungsanspruch behält (LAG Hamm 4. 6. 1980 DB 1980, 2196; HzA/*Künzl* Teilbereich 5 Gruppe 1 Rn. 1525; Küttner/*Griese* Bruttolohnvereinbarung Rn. 11). Außerdem hat er einen Schadensersatzanspruch wegen verzögerter Lohnzahlung (BAG 17. 3. 1960 AP BGB § 670 Nr. 8).

602 Der AG hat außerdem die Pflicht, die **Sozialversicherungsbeiträge** abzuführen und ist insoweit berechtigt, den ANAnteil von dessen Bruttolohn einzubehalten (vgl. LAG Köln 6. 2. 1991 LAGE SGB IV § 28 g Nr. 2). Durch die Verletzung dieser Pflicht macht er sich gegenüber dem AN schadensersatzpflichtig. Unterbleibt der Abzug, so darf der Beitrag nur bei den nächsten drei Gehaltszahlungen (dazu LAG Köln 6. 2. 1991 LAGE SGB IV § 28 g Nr. 2) einbehalten werden, danach nur dann, wenn der Abzug ohne Verschulden des AG unterblieben ist (§ 28 g S. 3 SGB IV).

603 **b) Zulagen. Ansprüche** auf Zulagen können aus allen Rechtsquellen des Arbeitsrechts folgen; typischerweise sind sie aber Gegenstand von TV und Einzelarbeitsverträgen. Der Kern zahlreicher Rechtsstreitigkeiten ist die Auslegung der jeweiligen Regelung. Zahlt ein AG – in Verkennung der tariflichen Vorschriften – rechtsgrundlos eine Zulage, kann er die Zahlung grds. einstellen bzw. zurückfordern (Rn. 520). Ist die Zahlung der tariflichen Zulage jedoch vertraglich vereinbart, so kann der Anspruch grds nur durch Änderungskündigung oder Aufhebungsvereinbarung beseitigt werden (BAG 11. 11. 1993 AP BGB § 123 Nr. 38). Bei **Teilzeitbeschäftigten** sind die Grundsätze des § 4 I TzBfG (Rn. 45 ff., 59) zu beachten. Es ist zwischen Zulagen entspr. dem Umfang der geleisteten Arbeit einerseits und Erschwerniszulagen für die mit der Tätigkeit unabhängig von der Gesamtarbeitszeit verbundenen Belastungen andererseits zu unterscheiden (BAG 11. 6. 1997 AP BMT-G II § 24 Nr. 2 zum Schichtlohnzuschlag; BAG 11. 12. 1996 AP BAT §§ 22, 23 Zulagen Nr. 19 zur Sicherheitszulage; BAG 17. 4. 1996 AP BAT §§ 22, 23 Zulagen Nr. 18 zur Funktionszulage). Bei arbeitszeitbezogenen Leistungen ist eine anteilige Kürzung nach dem Umfang der Teilzeittätigkeit zulässig (zur Pflegezulage BAG 10. 2. 1999 AP BAT § 34 Nr. 5). Bei einer Zulage, mit der Erschwernisse unabhängig von der Dauer der persönlichen Arbeitszeit oder in einem bestimmten, tariflich vorgegebenen Umfang abgegolten werden sollen, besteht kein sachlicher Grund für eine anteilige Kürzung (BAG 8. 12. 1993 – 10 AZR 17/93 – nv. zu einer Stellenzulage für Angestellte der Bundeswehr in der Nachrichtengewinnung durch Fernmelde- und elektronische Aufklärung; BAG 23. 6. 1993 AP BAG § 34 Nr. 1 zur Wechselschichtzulage).

604 **aa) Erschwerniszulagen.** Sie werden für Arbeiten unter bes. erschwerenden oder gesundheitsgefährdenden Umständen gezahlt (Schmutzzulage, Hitze- oder Kältezulage, Lärmzulage, Zulagen für

F. Pflichten des Arbeitgebers   § 611 BGB 230

weite Entfernung zum Arbeitsplatz). Von letzteren ist die Aufwandsentschädigung/Auslösung (dazu Rn. 636) zu unterscheiden, die keine Arbeitsvergütung, sondern Ersatz für Mehraufwand darstellt (BAG 23. 12. 1960 AP AZO § 12 Nr. 6; BAG 18. 9. 1991 AP BetrVG 1972 § 37 Nr. 82). Rechtsgrundlage ist auch hier der Kollektiv- oder Einzelarbeitsvertrag. Die Zulagen können – bei entspr. Vorbehalt – **widerrufen** werden, wenn der Grund der Gewährung (Erschwernis) für den AN wegfällt (BAG 30. 8. 1972 AP BGB § 611 Lohnzuschläge Nr. 6 zum Widerruf bei neuer leistungsgerechter tariflicher Lohnregelung). Eine **Anrechnung** bei Tariflohnerhöhungen ist nur möglich, wenn ein entspr. Vorbehalt ausdrücklich vereinbart ist, da die Erschwerniszulage ansonsten tarifbeständig ist (BAG 23. 3. 1993 AP BetrVG 1972 § 87 Tarifvorrang Nr. 26).

bb) **Nachtschicht- und Wechselschichtzulagen.** Typischerweise werden bei Nachtschicht und 605 Wechselschicht tarifliche Zulagen gewährt. Sie stellen einen Ausgleich für die erschwerten Arbeitsbedingungen dar. Erfolgt eine vertragsrechtliche (kraft Direktionsrecht) zulässige Versetzung von der Nachtschicht in die Tagschicht oder aus der Wechselschicht heraus, entfällt auch die für diese Leistung gewährte Zulage (LAG Hamm 30. 6. 1994 LAGE BGB § 611 Direktionsrecht Nr. 17). Der Anspruch erlischt aber nicht, wenn der AN in der Früh- oder Spätschicht wegen Urlaub oder Krankheit keine Arbeitsleistung erbringt (BAG 9. 12. 1998 DB 1999, 1118). Ansprüche auf Zulagen können auch aus betrieblicher Übung (Rn. 261; BAG 3. 8. 1982 AP BGB § 242 Betriebliche Übung Nr. 12) erwachsen. Zur Gewährung an Teilzeitbeschäftigte vgl. Rn. 603. Bei Nachtschichtarbeit hat der AG dem NachtschichtAN in angemessenem Umfang bezahlte freie Tage oder einen Zuschlag zu gewähren. Der AG muss dabei die Grundsätze billigen Ermessens (§ 315 BGB) wahren (BAG 24. 2. 1999 AP TVG § 3 Verbandszugehörigkeit Nr. 17). Die Zulage entfällt idR nicht, wenn der AN wegen Urlaub oder Krankheit keine Arbeitsleistung erbringt (zu § 33 a BAT: BAG 9. 12. 1998 AP BAT § 33 a Nr. 15).

cc) **Leistungszulagen.** In Anerkennung einer bes. Leistung oder Leistungsfähigkeit des AN kann 606 eine höhere Entlohnung durch Einstufung in eine höhere Vergütungsgruppe oder die Zahlung einer Zulage zum bisherigen Entgelt erfolgen. Bei **Tariflohnerhöhungen** sind Leistungszulagen grds. neben dem erhöhten Tariflohn weiterzuzahlen, also **anrechnungsfest**, da sie einen selbständigen Lohnbestandteil neben dem jeweiligen Tariflohn darstellen (st. Rspr. BAG 7. 2. 1995 AP TVG § 4 Verdienstsicherung Nr. 6; zur Anrechnung s. Rn. 537). Der **Widerruf** einer vorbehaltlos gewährten Leistungszulage ist unzulässig und ein Nachlassen der Leistung auch nicht unter Berufung auf den Wegfall der Geschäftsgrundlage (§ 313) möglich (BAG 16. 7. 1967 AP BGB § 611 Lohnzuschläge Nr. 7). Trotz eines entspr. Vorbehaltes kann der Widerruf nicht frei und jederzeit, sondern nur unter Beachtung billigen Ermessens (§ 315 I) erfolgen (BAG 13. 5. 1987 AP BGB § 305 Billigkeitskontrolle Nr. 4; s. im Einzelnen zum Widerruf auch §§ 305–310 Rn. 56 ff.). Ein sachlicher Grund ist nicht gegeben, wenn der AN krankheitsbedingte Fehlzeiten hat, aber während der Arbeitsfähigkeit überdurchschnittliche Leistungen erbringt (BAG 1. 3. 1990 AP BMT-G II § 20 Nr. 2) oder wenn der Widerruf wegen eines 3 Jahre zurückliegenden geringfügigen Versehens erklärt wird (BAG 13. 5. 1987 AP BGB § 305 Billigkeitskontrolle Nr. 4).

dd) **Sozialzulagen.** Hierbei handelt es sich um Zulagen, die an die bes. soziale Situation des AN 607 anknüpfen. Darunter fallen insb. Verheirateten-, Kinder-, Alters- und Ortszulagen. Diese Zulagen sind in TV, BV oder Einzelarbeitsvertrag geregelt (zur Entstehung einer betrieblichen Übung BAG 14. 8. 1985 – 5 AZR 154/84 –). Sie werden tw. auch als freiwillige, widerrufliche Leistung gewährt. Sie stellen einen Teil der Vergütung dar, sind also Gegenleistung für die erbrachte Arbeitsleistung (BAG 24. 11. 1971 AP TVG § 1 Tarifverträge: Versicherungsgewerbe Nr. 3). Eine tarifliche Sozialzulage kann im Zweifel auch neben einem übertariflichen Gehalt gefordert werden. Für die Vereinbarung, dass die Sozialzulage dadurch mit abgegolten sein soll, trägt der AG die Beweislast (BAG 19. 12. 1958 AP TVG § 4 Sozialzulagen Nr. 1). Von bes. Bedeutung in Zusammenhang mit Sozialzulagen ist der arbeitsrechtliche **Gleichbehandlungsgrundsatz** (s. dazu Rn. 711 ff.). So verstößt es gegen Art. 3 II GG, wenn nur der männliche AN eine Ehefrauenzulage erhält (BAG 13. 11. 1985 AP GG Art. 3 Nr. 136); außerdem, wenn die Gewährung einer Haushaltszulage an eine verheiratete Arbeitnehmerin an eine Antragspflicht geknüpft wird, die für einen verheirateten AN nicht besteht. Damit vereinbar ist aber, bei Doppelverdienern eine Haushaltszulage nur demjenigen zu gewähren, der die Familie überwiegend unterhält (BAG 20. 4. 1977 AP GG Art. 3 Nr. 111; zur Verhinderung des Doppelbezugs von familienbezogenen Bestandteilen auch BAG 1. 3. 1990 AP TVG § 1 Tarifverträge: DRK Nr. 1). Es ist zulässig, tariflich einen Kinderzuschlag festzuschreiben, dessen Höhe aber dem gerichtlich überprüfbaren billigen Ermessen (§ 315 I) des AG zu überlassen ist (BAG 28. 9. 1977 AP TVG § 1 Tarifverträge: Rundfunk Nr. 4). Von den Kinderzuschlägen ist das als öffentlich-rechtliche Sozialleistung ausgestaltete Kindergeld zu unterscheiden (ausf. Küttner/*Griese/Thomas/Voelzke* Kindergeld Rn. 1 ff.).

ee) **Nachtarbeits-, Sonn- und Feiertagszuschläge.** Nachtarbeit ist nach § 2 III, VI ArbZG die 608 Arbeit von mindestens 2 Stunden in der Zeit von 23 bis 6 Uhr, wobei in TV vielfach die Zeit zwischen 20 bzw. 22 und 6 Uhr gemeint ist. Nach § 6 V ArbZG muss der AG dem AN für die Nachtarbeit eine angemessene Zahl bezahlter freier Tage oder einen angemessenen Zuschlag auf das ihm hierfür zustehende Bruttoeinkommen zahlen, wenn keine tarifvertraglichen Ausgleichsregelungen bestehen

Preis   1477

(hierzu BAG 24. 2. 1999 AP TVG § 3 Verbandszugehörigkeit Nr. 17). In erster Linie kommt es also auf die tarifvertragliche Regelung an. Der Ausschluss Teilzeitbeschäftigter von der Zulage verstößt gegen § 4 I TzBfG (BAG 15. 12. 1998 AP BeschFG 1985 § 2 Nr. 71 zu § 2 I BeschFG). Zur Angemessenheit des Ausgleichs kann auf die Üblichkeit in der Branche bzw. in vergleichbaren Branchen zurückgegriffen werden. Es werden für Nachtarbeit Zuschläge von 10–40% (durchschnittlich 25%) gezahlt (*Zmarzlik/Anzinger* § 6 ArbZG Rn. 58). Siehe auch die Kommentierung zu § 6 ArbZG Rn. 24.

609 c) **Überstundenvergütung (oder Mehrarbeitsvergütung). aa) Grundsatz.** Für die Vergütung von Über- oder Mehrarbeit bestehen keine bes. gesetzlichen Regelungen. Das ArbZG ist ein reines ANSchutzgesetz bezüglich der Länge/Dauer der Arbeitszeit und enthält keine Vergütungsregelungen (anders noch § 15 der früheren AZO). **Überarbeit** liegt vor, wenn die regelmäßige betriebliche Arbeitszeit überschritten wird. Überstunden können sich ergeben, wenn der AG anordnet, dass im Anschluss an die regelmäßige Arbeitszeit der Arbeit fortzusetzen ist (BAG 26. 11. 1992 AP BAT § 17 Nr. 20) oder vorgeschriebene Pausen nicht gewährt (BAG 27. 2. 1992 AP AZO Kr § 3 Nr. 5). Auch wenn die im TV verlangte schriftliche Anordnung der Überstunden unterblieben ist, besteht ein Anspruch auf Vergütung (BAG 15. 10. 1992 AP BAT § 17 Nr. 19; LAG Hessen 29. 10. 1992 DB 1994, 382). Von **Mehrarbeit** spricht man, wenn die gesetzliche Arbeitszeit überschritten wird. Nach anderer Diktion ist Überarbeit der Oberbegriff für Überstunden und Mehrarbeit. Inwieweit Mehrarbeit überhaupt zulässig ist, ergibt sich aus den Arbeitszeit-Schutzbestimmungen, insb. dem ArbZG. Hins. der hier interessierenden Vergütung ist zu unterscheiden zwischen der für diese Zeiten anfallenden Grundvergütung und eventuellen Vergütungszuschlägen.

610 Sieht die tarifliche Regelung vor, dass Überstunden grds. durch Arbeitsbefreiungen auszugleichen sind, so wird damit dem AG die Möglichkeit eingeräumt, zwischen Vergütung und Freizeitausgleich zu wählen. Es besteht weder ein Anspruch des AN allein auf Vergütung noch allein auf Freizeitausgleich. Hat der AG keine Arbeitsbefreiung gewährt, so ist Vergütung für die Überstunden zu zahlen (BAG 16. 2. 1989 ZTR 1989, 320; BAG 20. 7. 1989 ZTR 1990, 155, 156; BAG 4. 5. 1994 AP TVG § 1 Tarifverträge: Arbeiterwohlfahrt Nr. 1). Die Parteien des Arbeitsvertrags können abw. von dieser tarifl. Bestimmung vereinbaren, dass dem AN selbst der **Ausgleich von Überstunden durch Freizeit** obliegt. Eine solche Vereinbarung ist nur dann zu beanstanden, wenn der AG eine finanzielle Abgeltung auch für die Fälle ausschließt, in denen der Freizeitausgleich aus in seiner Sphäre liegenden Gründen nicht möglich ist, oder wenn das zugewiesene Arbeitsvolumen in der vertraglich vorgesehenen Zeit nicht zu bewältigen ist und gleichwohl ein finanzieller Ausgleich ausgeschlossen ist. Kommt der AN einer solchen Verpflichtung nicht nach, ist der Anspruch auf Überstundenvergütung ausgeschlossen (BAG 4. 5. 1994 AP TVG § 1 Tarifverträge: Arbeiterwohlfahrt Nr. 1). Ist ein arbeitsvertraglich begründeter Anspruch auf Überstundenvergütung entstanden, kann der AG diesen nicht durch Freistellung des AN erfüllen, wenn keine Ersetzungsbefugnis vereinbart ist (BAG 18. 9. 2001 NZA 2002, 268 ff.).

611 Auch ohne vertragliche Regelung gilt eine **Grundvergütung** für die Überstunden (üblicher Stundenverdienst; Anteil des Monatslohns) gem. § 612 I als stillschweigend vereinbart, da der AN eine quantitative Mehrleistung erbringt (BAG 10. 6. 1959 AP AZO § 7 Nr. 5; BAG 31. 3. 1960 AP BGB § 611 Ärzte, Gehaltsansprüche Nr. 17; BAG 23. 2. 1977 AP TVG § 1 Tarifverträge: Techniker-Krankenkasse Nr. 1; BAG 17. 3. 1982 AP BGB § 612 Nr. 33; BAG 3. 2. 1988 – 4 AZR 516/87 – nv.). Die bloße Kenntnis des AG von den Überstunden reicht jedoch nicht aus; der AN muss zumindest eine konkludente Vereinbarung über die Mehrleistung nachweisen (LAG Hamm 10. 6. 1999 MDR 2000, 220). Es existiert jedoch kein allgemeiner Rechtsgrundsatz, dass jede Mehrarbeitszeit oder jede dienstliche Anwesenheit über die vereinbarte oder betriebsübliche Arbeitszeit zu vergüten ist. Gem. § 612 I gilt eine Vergütung nur dann als stillschweigend vereinbart, wenn die Umstände der Dienstleistungen im Einzelfall für eine Erwartung zusätzlicher Vergütung sprechen (BAG 3. 9. 1997 AP BGB § 611 Dienstreisen Nr. 1). Diese Erwartung wird zumeist gegeben sein. Etwas anderes gilt nur für **leitende Angestellte** und Chefärzte bei Mehrarbeit im Rahmen ihres Aufgabenkreises, da diese grds. mit der vereinbarten Vergütung abgegolten ist (BAG 17. 11. 1966 AP BGB § 611 Leitende Angestellte Nr. 1; BAG 17. 3. 1982 AP BGB § 611 Nr. 33), oder wenn es dem AN oblag, Überstunden durch Freizeit selbst auszugleichen (BAG 4. 5. 1994 AP TVG § 1 Tarifverträge: Arbeiterwohlfahrt Nr. 1; LAG Köln 7. 9. 1989 NZA 1990, 349 f.; ebenso LAG Köln 20. 5. 1992 NZA 1993, 24 für den Fall der Beendigung des Arbeitsverhältnisses). Es ist aber auch möglich, dass für die Überarbeit eine geringere als die sonst übliche Vergütung (BAG 3. 10. 1969 AP AZO § 15 Nr. 12) oder ein Ausgleich durch Freizeitgewährung („Überstunden abfeiern") vereinbart wird (MünchKommBGB/*Schaub* § 612 Rn. 183).

612 Ohne bes. kollektiv- oder einzelvertragliche Rechtsgrundlage ist der AG nicht zur Zahlung eines **Zuschlages** für Überstunden oder Mehrarbeit verpflichtet (anders der frühere 15 II AZO: 25%). Insoweit braucht auch der Ausgleich von Überstunden durch Freizeitgewährung keinen Zuschlag zu enthalten.

613 Aus einem übertariflichen oder überdurchschnittlichen Gehalt alleine kann noch nicht gefolgert werden, dass damit auch eine etwaige Mehrarbeit abgegolten sein soll (LAG Bremen 1. 9. 1954 AP

BGB § 611 Mehrarbeitsvergütung Nr. 1; MünchKommBGB/*Schaub* § 612 Rn. 184) Allerdings sind die Regelungen über Mehrarbeitsvergütung seit der Aufhebung des § 15 AZO vornehmlich den Arbeits- und Tarifparteien vorbehalten (MünchArbR/*Kreßel* § 67 Rn. 194). Eine vereinbarte Überstundenpauschale kann widerruflich ausgestaltet werden (LAG Köln 3. 11. 1998 MDR 1999, 877). Zur Inhaltskontrolle vgl. §§ 305–310 Rn. 88 f.).

bb) Überstundenzuschläge für Teilzeitbeschäftigte. Teilzeitbeschäftigte haben keinen Anspruch 614 auf Überstundenzuschläge bei bloßer Überschreitung der individuell vereinbarten Arbeitszeit, solange die regelmäßige werktägliche Arbeitszeit eines vollzeitbeschäftigten AN nicht überschritten wird. Während die BAG eine Ungleichbehandlung als sachlich gerechtfertigt ansieht, weil mit dem Zuschlag ein Ausgleich für eine körperliche Mehrbelastung gezahlt werden soll, die erst ab Überschreiten der Vollarbeitszeit eintrete (BAG 20. 6. 1995 AP TVG § 1 Tarifverträge: Nährmittelindustrie Nr. 1; BAG 25. 7. 1996 AP BAT § 35 Nr. 6), fehlt es nach Auffassung des EuGH bereits an einer Ungleichbehandlung: Teil- und VollzeitAN hätten Anspruch auf gleiche Entlohnung der jeweiligen Arbeitsstunde (EuGH 15. 12. 1994 AP BGB § 611 Teilzeit Nr. 7; näher hierzu § 4 TzBfG Rn. 30 f.).

cc) Darlegungs- und Beweislast. Der AN, der im Prozess von seinem AG die Bezahlung von 615 Überstunden fordert, muss, zumal wenn zwischen der Geltendmachung und der behaupteten Leistung ein längerer Zeitraum liegt, beim Bestreiten der Überstunden im Einzelnen darlegen, an welchen Tagen und zu welchen Tageszeiten er über die übliche Arbeitszeit hinaus tätig geworden ist. Er muss ferner eindeutig vortragen, ob die Überstunden vom AG angeordnet oder zur Erledigung der ihm obliegenden Arbeit notwendig oder vom AG gebilligt oder geduldet worden sind (BAG 15. 6. 1961 AP ZPO § 253 Nr. 7; BAG 25. 11. 1993 AP KSchG 1967 § 14 Nr. 4; BAG 4. 5. 1994 AP TVG § 1 Tarifverträge: Arbeiterwohlfahrt Nr. 1; BAG 17. 4. 2002 AP BGB § 611 Mehrarbeitsvergütung Nr. 40). Überstunden werden nicht nur in der Weise angeordnet, dass ihre Zahl und Lage im Voraus festgelegt werden, sondern häufig allgemein, dass ein bestimmter Arbeitsauftrag innerhalb einer bestimmten Zeit ohne Rücksicht auf Dienststunden durchgeführt werden muss („offene Überstundenanordnung", BAG 28. 11. 1973 AP BAT § 17 Nr. 2). Es kann auch genügen, dass der AG dem AN eine Arbeit zuweist, die in der regelmäßigen Arbeitszeit nicht erledigt werden kann oder wenn der AG die vom AN geleistete Überstundenarbeit kennt und mit ihr einverstanden ist oder ihre Leistung duldet (BAG 20. 7. 1989 ZTR 1990, 155; BAG 4. 5. 1994 AP TVG § 1 Tarifverträge: Arbeiterwohlfahrt Nr. 1).

d) Provision. Mit einer Provision wird der AN prozentual am Wert von Geschäften beteiligt, die 616 auf seine Tätigkeit zurückzuführen sind (zB Abschlussprovision, Vermittlungsprovision). Häufig wird die Provision zusätzlich zu einer festen Grundvergütung (Fixum) gezahlt. Die Provision ist die typische Vergütung des Handelsvertreters und in §§ 87 bis 87 c HGB geregelt. Diese Vorschriften finden Anwendung, wenn sie mit Handlungsgehilfen vereinbart sind, § 65 HGB (s. dazu die Kommentierung zu § 65 HGB).

e) Tantieme; Erfolgsbeteiligung, Gewinnbeteiligung; Zielvereinbarungen. Die Tantieme ist eine 617 **Gewinnbeteiligung** als zusätzliche Vergütung, die prozentual nach dem Jahresgewinn des Unternehmens berechnet wird. Die Tantieme gehört zu den Vergütungsbestandteilen, die in das Austauschverhältnis „Arbeit gegen Lohn" einbezogen sind. Sie ist Arbeitsentgelt und keine Gratifikation (BAG 8. 9. 1998 AP BGB § 611 Tantieme Nr. 2; aA für stichtagsbezogene Ergebnis- oder Umsatzbeteiligung LAG Niedersachsen 5. 7. 2002 LAGReport 2003, 65). In der Praxis ist sie bes. bei Vorstands- und Aufsichtsratsmitgliedern von Kapitalgesellschaften (vgl. §§ 86, 113 III AktG) sowie bei den leitenden Angestellten zu finden. Damit wird ihnen ein Anreiz gegeben, zu einem guten wirtschaftlichen Ergebnis des Unternehmens beizutragen, auch wenn die Höhe der Tantieme – im Gegensatz zur Provision – nicht unmittelbar von einzelnen Geschäften des Berechtigten abhängt. Entscheidend ist nicht die Begriffswahl (zB auch Dividende, Erfolgsbeteiligung), sondern der vereinbarte rechtsgeschäftliche Inhalt (BAG 12. 2. 2003 AP BGB § 611 Tantieme Nr. 3).

Davon zu unterscheiden ist die an die Gesamtheit oder einen großen Teil der Belegschaft ohne 618 Rücksicht auf Gewinn oder Verlust des Unternehmens gezahlte **Jahresabschlussvergütung** (Abschlussgratifikation), die zur Anerkennung für geleistete Dienste und für erwiesene und weitere Betriebstreue gezahlt wird (s. dazu Rn. 663 ff.), außerdem die **Ergebnisbeteiligung,** durch die eine stärkere Verbundenheit der AN mit dem Unternehmen erzielt werden soll (MünchArbR/*Kreßel* § 68 Rn. 86 ff.; *Schaub* § 77 Rn. 1). Die Gewinnbeteiligung kann auch in der Weise erfolgen, dass dem AN eine Beteiligung an dem Unternehmen zugestanden wird (BAG 28. 11. 1989 AP BetrVG 1972 § 88 Nr. 6; MünchArbR/*Kreßel* § 68 Rn. 97; MünchKommBGB/*Schaub* § 612 Rn. 108).

Ist über ihre **Höhe** keine Vereinbarung getroffen worden, so ist die für gleichartige Fälle übliche 619 Tantieme zu zahlen (§ 612 II). Ihre Bestimmung kann dem AG nach billigem Ermessen gemäß § 315 überlassen bleiben (BAG 22. 12. 1970 AP BGB § 305 Billigkeitskontrolle Nr. 2).

Die Berechnung der Tantieme erfolgt nach dem jährlichen Reingewinn des Unternehmens (LAG 620 Düsseldorf 29. 1. 1957 DB 1957, 288) oder eines Unternehmensteils (Abteilung, Filiale). Für dessen Feststellung ist die Handelsbilanz, nicht die Steuerbilanz maßgeblich (BAG 7. 7. 1960 AP BGB § 242 Auskunftspflicht Nr. 2; BAG 13. 4. 1978 AP BGB § 611 Tantieme Nr. 1; zur Berücksichtigung stiller Reserven LAG Baden-Württemberg 20. 1. 1970 DB 1970, 934). Ist eine **Mindesttantieme** festgelegt,

Gläubiger des Kellners können dessen Lohnanspruch gegen den Wirt pfänden und sich überweisen lassen. Dieser darf die Aufrechnung nicht weiter zulassen, da er sonst nach § 836 I ZPO haftet (RAG 26. 6. 1942 ARS 45, 191; BAG 22. 5. 1965 AP BGB § 611 Kellner Nr. 4; ArbG Göttingen 22. 7. 1957 AP BGB § 611 Kellner Nr. 1). Er muss vielmehr den gepfändeten Teil einbehalten bzw. vom Kellner einfordern und an den Gläubiger abführen (Staudinger/*Richardi* Rn. 601).

633 Erhält das Bedienungspersonal vom Gast neben dem Rechnungsbetrag freiwillig einen zusätzlichen Betrag, ein sog. **Trinkgeld**, so steht ihm dieses unmittelbar zu. § 107 III 2 GewO definiert Trinkgeld jetzt als Geldbetrag, den ein Dritter ohne rechtliche Verpflichtung dem AN zusätzlich zu einer dem AG geschuldeten Leistung zahlt. Während im Dienstleistungsgewerbe (zB Hotels, Gaststätten, Taxi, Friseur) Trinkgelder üblich sind, ist deren Annahme bei Behörden oder dem TÜV pflichtwidrig. Besteht ein Anspruch auf die tarifliche Vergütung, so bleibt das Trinkgeld als freiwillige Zuwendung insoweit unberücksichtigt (*Schaub* § 68 Rn. 9; *Küttner/Griese* Trinkgeld Rn. 2; nach Staudinger/*Richardi* Rn. 599 ist die Anrechnung auf das Arbeitsentgelt nur im Zweifel zu verneinen). Trinkgelder gehören arbeitsrechtlich nicht zum Arbeitsverdienst, weil auf sie regelmäßig mangels entspr. Vereinbarung kein Anspruch gegen den AG besteht, sondern sie als persönliche Zuwendung aus einer bestimmten Motivationslage von Dritten erbracht werden. Sie gehören daher für Zeiten des Urlaubs, der Arbeitsunfähigkeit und der BRTätigkeit nicht zum vom AG fortzuzahlenden Arbeitsentgelt (BAG 28. 6. 1995 AP BetrVG 1972 § 37 Nr. 112). Andererseits sind bei der Höhe der Abfindung nach § 10 KSchG zum Monatsverdienst eines Kellners die erzielten Trinkgelder hinzuzurechnen (LAG Düsseldorf 18. 2. 1981 – 12 Sa 1534/80). Befindet sich in einer Gaststätte an der Kasse ein nicht näher gekennzeichnetes Sparschwein, in das die Gäste Geld werfen können, so soll der AG im Verhältnis zu den AN des Betriebs allein berechtigt sein, über die Verwendung des eingeworfenen Geldes zu entscheiden (ArbG Düsseldorf 15. 6. 1989 AiB 1990, 86).

634 Die Möglichkeit, Trinkgelder zu erhalten, ist grds. **nicht als Naturalvergütung** anzusehen. Wird Trinkgeld ausnahmsweise vom AG als Naturalbezug geschuldet, wird die Lohnzahlungspflicht des AG (tw.) durch die Pflicht ersetzt, Einnahmen aus Trinkgeldern zu ermöglichen. Die Zahlung eines regelmäßigen Arbeitsentgelts kann wegen des Trinkgeldes jedoch nicht ausgeschlossen werden (§ 107 III 1 GewO). Dies setzt zumindest eine – konkludente – Vereinbarung der Arbeitsvertragsparteien voraus, die sich ua. daraus ergeben kann, wenn ein so geringes Festgehalt vereinbart wird, dass der AN ein für derartige Arbeitsleistung übliches Entgelt erst unter Einrechnung der erwarteten Trinkgelder erreichen kann (BAG 28. 6. 1995 AP BetrVG 1972 § 37 Nr. 112). Da das Trinkgeld dann vertraglicher Vergütungsbestandteil ist, ist der AN gegenüber dem AG zur **Auskunft** über die Höhe der erhaltenen Trinkgelder verpflichtet (*Küttner/Griese* Trinkgeld Rn. 5).

635 Der Anspruch auf das Trinkgeld kann beim Wirt nicht gepfändet werden (vgl. RAG 8. 10. 1932 ARS 16, 116). Zu ihrer Beschlagnahme bedarf es notfalls der sog. Taschenpfändung (*Gräfl* HwB AR 1210 Rn. 70).

636 h) **Wegezeiten.** Für den Begriff der Wegezeit zeigt sich in der Praxis ein uneinheitlicher Sprachgebrauch.

637 (1) **Wegezeit** ist zum einen die Zeit für die An- und Abfahrt des AN zum Betrieb des AG (MünchArbR/*Blomeyer* § 48 Rn. 108). Diese Fahrten sind keine Arbeitsleistung und daher nicht vergütungspflichtig. Die Wegezeit gehört nicht zur Arbeitszeit (BAG 8. 12. 1960 AP BGB § 611 Wegezeit Nr. 1; BAG 26. 8. 1960 AP BGB § 611 Wegezeit Nr. 2). Allerdings sind die Fahrten des AN zum und von einem **außerhalb des Betriebs** des AG liegenden Arbeitsplatz als Arbeitszeit zu vergüten, sofern keine gegenteilige tarif- oder einzelvertragliche Regelung besteht (BAG 8. 12. 1960 AP BGB § 611 Wegezeit Nr. 1; BAG 28. 3. 1963 AP BGB § 611 Wegezeit Nr. 3; einschränkend jetzt BAG 3. 9. 1997 EzA BGB § 612 Nr. 20; zur Vergütungspflicht bei Dienstreisen ausf. *Loritz* NZA 1997, 1188, 1192 ff.; *Loritz/Koch* BB 1987, 1102 ff.). Wenn der AN den Arbeitsplatz direkt von seiner Wohnung aus aufsucht, muss er sich aber die Zeit, die er gewöhnlich für die Fahrt zum Betrieb aufwendet, anrechnen lassen (BAG 8. 12. 1960 AP BGB § 611 Wegezeit Nr. 1; BAG 3. 9. 1997 EzA BGB § 612 Nr. 20; vgl. BAG 15. 3. 1989 AP BGB § 611 Wegezeit Nr. 9; MünchArbR/*Blomeyer* § 48 Rn. 108; MünchArbR/*Hanau* § 62 Rn. 15). Mangels näherer Erläuterung durch die TVParteien ist unter Betriebssitz nicht die politische Gemeinde, in der sich der Betrieb befindet, sondern die Betriebsstätte zu verstehen. Daher steht auch einem AN, der in einer Großstadt außerhalb der Betriebsstätte arbeitet, Anspruch auf Wegegeld zu (BAG 15. 3. 1989 AP BGB § 611 Wegezeit Nr. 9 zum BRTV im Garten-, Landschafts- und Sportplatzbau).

638 (2) Wegezeit ist außerdem die auf dem **Weg von der Arbeitsstelle zum Arbeitsplatz** verbrachte Zeit (BAG 18. 1. 1990 AP BAT § 15 Nr. 16). Arbeitsstelle ist die Gesamtheit der Räumlichkeiten derjenigen Organisationseinheit innerhalb der Dienststelle/des Betriebes, der der Angestellte angehört und in der sich sein Arbeitsplatz befindet. Typische Beispiele für den so eingegrenzten Begriff der Arbeitsstelle ist das Dezernat, die Abteilung, die Werkstatt oder im Krankenhausbereich die Station. Arbeitsstelle einer Krankenschwester ist daher nicht die Station (aA noch BAG 18. 1. 1990 AP BAT § 15 Nr. 16), sondern das Krankenbett, das Schwesternzimmer oder die Teeküche (BAG 28. 7. 1994 AP BAT § 15 Nr. 32). Ist daher die Pflegekraft eines Krankenhauses nur in einer bestimmten Station

F. Pflichten des Arbeitgebers   § 611 BGB 230

eingesetzt und hat sie ihre Dienstkleidung auf dieser Station an- bzw. auszuziehen, so ist für diese Pflegekraft die Wegezeit zwischen dem Eingang des Krankenhauses und der Station keine Arbeitszeit iSd. § 15 VII BAT (LAG Hamm 11. 11. 1993 ARSt. 1995, 43). Liegt aber die Umkleideeinrichtung im Untergeschoss der Klinik, so kann nur die Zeit angerechnet werden, die der AN für den Umweg (vom Erdgeschoss zum Umkleideraum und zurück) benötigt. Die Strecke vom Erdgeschoss zur Station (Arbeitsstelle) muss unabhängig vom Aufsuchen des Umkleideraums zurückgelegt werden, und kann daher keine vergütungspflichtige Arbeitszeit darstellen (*Dobberahn* Anm. zu AP BAT § 15 Nr. 32; aA MünchArbR/*Blomeyer* § 48 Rn. 151).

Umstritten ist, ob und inwieweit die **Zeit des Waschens und Umkleidens** zur Arbeitszeit zählt. ISd. 639 ArbZG, also des öffentlich-rechtlichen Arbeitsschutzes, stellt die Zeit für das Umkleiden und Waschen vor und nach der Arbeit dagegen keine Arbeitszeit dar (BAG 25. 4. 1962 AP BGB § 611 Mehrarbeitsvergütung Nr. 6 zur früheren AZO). Vertragsrechtlich kommt es darauf an, ob und inwieweit sie – wie zB bei einem Model – zum Inhalt der geschuldeten Arbeitsleistung gehört. Umkleiden und Waschen ist Arbeit, wenn sie der Befriedigung eines fremden Bedürfnisses dient (BAG 11. 10. 2000 AP BGB § 611 Arbeitszeit Nr. 20). Das ist aber dann nicht der Fall, wenn zugleich ein „eigenes Bedürfnis" befriedigt wird. Ist aber Dienstkleidung notwendig im Betrieb anzulegen, hat dort nach Beendigung der Tätigkeit zu verbleiben hat und darf der AN arbeitsschutzrechtlich ohne sie die Arbeit gar nicht aufnehmen, dient das Umkleiden vorwiegend dem fremden Bedürfnis des AG.

Die **Rspr.** ist je nach den Umständen **uneinheitlich:** So gehört bei einem Koch das An- und Ablegen seiner Berufskleidung nicht zu seiner vergütungspflichtigen Arbeitszeit (BAG 22. 3. 1995 AP BGB § 611 Arbeitszeit Nr. 8); gleiches gilt mangels anderweitiger normativer Bestimmungen für die Umkleidezeit beim Flugpersonal (LAG Berlin 16. 6. 1986 LAGE BetrVG 1972 § 76 Nr. 24). Dagegen gehört die Zeit für das An- und Ablegen von Sicherheitsbekleidung zur vergütungspflichtigen Arbeitszeit (LAG Baden-Württemberg 12. 2. 1987 AiB 1987, 246); ebenso bei Müllwerker die aus hygienischen Gründen erforderliche Umkleidung und Körperreinigung. Ob aber diese „Arbeit" – bei Fehlen bes. Abreden zu vergüten ist, richtet sich nach § 612 I, wonach erforderlich ist, dass diese Arbeit den Umständen nach „nur gegen eine Vergütung zu erwarten war" (hierzu § 612 Rn. 11). Dies ist in Ansehung der bestehenden vertraglichen und kollektivvertraglichen Vergütungsregeln zu beurteilen (zu Tarifverträgen: BAG 11. 10. 2000 AP BGB § 611 Arbeitszeit Nr. 20; vgl. zu BV: BAG 22. 3. 1995 AP BGB § 611 Arbeitszeit Nr. 8).

i) **Auslösung.** Die Auslösung ist ein **pauschalierter Aufwendungsersatz**, der Fahrt-, Übernach- 640 tungs- und Verpflegungskosten, insb. im Montagebereich abdecken soll. Von Gesetzes wegen existiert hierfür nur der Aufwendungsersatzanspruch nach § 670, der einen Anspruch auf Ersatz der konkret angefallenen und nachgewiesenen Einzelaufwendungen gibt. Die Pauschalierung dieser Aufwendungen in Form von Auslösungssätzen bedarf einer bes. Rechtsgrundlage; sie findet sich häufig in TV. Die wichtigsten Fälle sind der BundesmontageTV der Eisen-, Metall- und Elektroindustrie (BMTV) v. 30. 4. 1980 und der BRTV-Bau. Soweit die Erstattung durch TV abschließend geregelt ist, wird § 670 verdrängt (BAG 4. 12. 1974, 29. 7. 1992 AP BGB § 1 Tarifverträge: Bau Nr. 20, 155; BAG 14. 2. 1996 AP BGB § 611 Aufwandsentschädigung Nr. 5).

Fernauslösung ist der Ersatz der Mehraufwendungen für Übernachtung, Verpflegung und sonstige 641 Bedürfnisse, die dem AN infolge einer auswärtigen Beschäftigung entstehen, bei der er auswärts übernachten muss, weil ihm die tägliche Rückkehr von der Arbeitsstelle zur Wohnung nicht zumutbar ist. Für die Unzumutbarkeit wird entweder auf die Entfernung zwischen Arbeitsstelle und Betriebssitz oder auf den Zeitaufwand für Hin- und Rückfahrt von der Wohnung bei Benutzung öffentl. Verkehrsmittel oder auch auf eine Kombination beider Kriterien (so zB § 7 Nr. 4.1 BRTV-Bau) abgestellt (BAG 27. 2. 1996 AP TVG § 1 Auslösung Nr. 28). **Der BundesmontageTV der Eisen-, Metall- und Elektroindustrie v. 30. 4. 1980 (BMTV)** unterscheidet in §§ 6 und 7 zwischen der Fernmontage und der Nahmontage, und war je nachdem, ob dem Montagearbeiter die tägliche Rückkehr mit öffentl. Verkehrsmitteln unter Zeitgesichtspunkten zumutbar ist oder nicht. Bei der Berechnung dieses **Zeitaufwandes** sind notwendige Wartezeiten an der Montagestelle bis zum Schichtbeginn und nach Schichtende bis zum Antritt des Rückweges nur mitzuberücksichtigen, wenn sie jeweils 30 Minuten übersteigen (BAG 13. 12. 1994 AP TVG § 1 Auslösung Nr. 27). Außerdem sind öffentl. Verkehrsmittel nur fahrplanmäßig verkehrende Verkehrsmittel wie Bahnen und Busse; für die Berechnung des Zeitaufwandes können Taxifahrten nicht berücksichtigt werden (BAG 7. 12. 1988 AP TVG § 1 Auslösung Nr. 21). Nach dem BMTV hat der AN Anspruch auf Fernauslösung auch an arbeitsfreien Tagen, wenn er – obwohl ihm dies nicht zumutbar ist – täglich nach Hause fährt und deshalb am Montageort keinen zweiten Wohnsitz unterhält (BAG 28. 6. 1989 AP TVG § 1 Auslösung Nr. 22; BAG 23. 10. 1991 AP TVG § 1 Auslösung Nr. 26). Anspruch auf Fernauslösung hat auch derjenige AN, der ohne Kosten, zB als Familienmitglied, an seinem Heimatwohnort eine Wohnung mitbenutzen kann (BAG 13. 5. 1974 AP TVG § 1 Auslösung Nr. 3). Die **Fernauslösung** nach § 6 BMTV ist eine pauschalierte Aufwandsentschädigung, die bei einer BRTätigkeit nicht zum fortzuzahlenden Entgelt iSd. § 37 II BetrVG gehört (BAG 18. 9. 1991 AP BetrVG 1972 § 37 Nr. 82). Auch ihre steuerpflichtigen Teile gehören weder zum fortzuzahlenden Arbeitsentgelt bei Krankheit, noch zum Urlaubsentgelt

Preis

gem. § 11 BUrlG (BAG 28. 1. 1982 AP LohnFG § 2 Nr. 11; BAG 15. 6. 1983 AP LohnFG § 2 Nr. 12). Dagegen hat der steuerpflichtige Teil der **Nahauslösung** nach § 7 BMTV Arbeitsentgeltcharakter, da er zur beliebigen Verwendung zur Verfügung steht und somit dem Wesen nach zusätzliches Arbeitsentgelt darstellt. Er ist während der BRTätigkeit iSd. § 37 II BetrVG fortzuzahlen (BAG 10. 2. 1988 AP BetrVG 1972 § 37 Nr. 64), Bestandteil des bei krankheitsbedingter Arbeitsunfähigkeit fortzuzahlenden Arbeitsentgelts (BAG 14. 8. 1985 AP LohnFG § 2 Nr. 14) und auch während des Urlaubs zu gewähren (BAG 10. 3. 1987 DB 1987, 1741; ebenso für Feiertagslohnfortzahlung BAG 24. 9. 1986 AP Feiertagslohnzahlungsgesetz § 1 Nr. 50; BAG 1. 2. 1995 AP Feiertagslohnzahlungsgesetz § 1 Nr. 67).

642 **Voraussetzungen des Auslösungsanspruchs nach dem BRTV-Bau:** Der Auslösungsanspruch nach dem BRTV-Bau setzt voraus, dass der AN außerhalb seiner Erstwohnung übernachtet hat. Eine Übernachtung am Ort der Baustelle ist aber nicht erforderlich, da erhöhte Kosten bei jeder Übernachtung anfallen und die Fahrtkosten zur Baustelle nicht zu Lasten des AG gehen (BAG 25. 9. 1991 AP TVG § 1 Tarifverträge: Bau Nr. 146). Der Begriff der **getrennten Haushaltsführung** setzt voraus, dass der Bauarbeiter neben seinem Haushalt am Wohnort noch am auswärtigen Arbeitsort einen zweiten Haushalt führen muss, wobei es ausreicht, wenn er dort eine Unterkunft unterhält und sich idR selbst verköstigen muss. Eine solche Einrichtung zum Übernachten kann eine feste Wohnung, ein Campingwagen und auch ein PKW mit Schlafeinrichtung sein. Der AN ist dafür darlegungs- und beweispflichtig, dass er außerhalb seines Erstwohnsitzes übernachtet hat. Dagegen hat der AG keinen bürgerlich-rechtlichen Anspruch darauf, dass die Übernachtung in bestimmter Form (zB Bescheinigung durch Vermieter) nachgewiesen wird (BAG 29. 7. 1992 AP TVG § 1 Tarifverträge: Bau Nr. 155). Mit den tariflichen Auslösungen nach § 7 BRTV sollen auch die Aufwendungen des AN für auswärtige Übernachtungen abgegolten werden (BAG 14. 2. 1996 AP BGB § 611 Aufwandsentschädigung Nr. 5).

643 Arbeitet ein AN auf verschiedenen, tw. weit voneinander entfernten Baustellen jeweils weniger als 7 Tage, so ist für die in § 7 4.3 BRTV-Bau vorgesehene Unterscheidung hins. der **Höhe der Auslösung** auf die Dauer der einzelnen Baustelle abzustellen, nicht auf die Dauer der gesamten Auswärtsbeschäftigung. Die unterschiedlichen Auslösungssätze tragen nämlich der Erfahrung Rechnung, dass die Kosten für Unterkunft und Verpflegung bei kurzer Beschäftigung an einem Ort im Allg. höher sind als bei längerer Dauer (BAG 14. 8. 1991 AP TVG § 1 Tarifverträge: Bau Nr. 144).

644 Ein AN kann auch für die Tage, an denen nach Arbeitsende die (Wochenend-)Heimreise angetreten wird, Auslösung nach § 7 Nr. 4.1 BRTV-Bau beanspruchen, da die Tätigkeit durch **Wochenendheimreisen** nicht unterbrochen wird (BAG 26. 5. 1998 AP TVG § 1 Tarifverträge: Bau Nr. 206). Kehrt der AN täglich von einer auswärtigen Baustelle zu seiner Wohnung zurück, scheidet der Anspruch auf Auslösung aus; er beschränkt sich auf die Ansprüche aus § 7.3 BRTV-Bau für tägliche Heimfahrt (BAG 26. 5. 1998 AP TVG § 1 Tarifverträge: Bau Nr. 217). Auch für arbeitsfreie Tage der (ersten) Anreise und (letzten) Rückreise ist gem. § 7 Nr. 4.2 BRTV-Bau die Auslösung zu zahlen. Für den Anspruch auf Fahrtkostenabgeltung nach § 7 Nr. 2.1 BRTV-Bau sind nicht allein die Verhältnisse zum Zeitpunkt des Abschlusses des Arbeitsvertrags maßgebend, so dass die im Fall eines **Wohnungswechsels** des AN geänderten tatsächlichen Verhältnisse zu berücksichtigen sind (BAG 21. 1. 1987 – 4 AZR 104/86 –). Verlangt werden kann nach § 7 Nr. 4.6 nur die Bahnfahrt 2. Klasse (BAG 15. 12. 1998 AP TVG § 1 Tarifverträge: Bau Nr. 217). Auch wenn eine Baustelle über mehrere Jahre unterhalten wird, so handelt es sich dabei nicht um eine „ständige Vertretung" iSd. § 7 Nr. 2.2 BRTV-Bau, da sie nicht auf unbestimmte Zeit betrieben wird und dies auch nicht beabsichtigt ist (BAG 12. 11. 1986 – 4 AZR 716/85 –).

645 Die Ansprüche auf Auslösungsgelder und sonstige soziale Zulagen sind nach § 850a Nr. 3 ZPO **unpfändbar,** soweit sie den Rahmen des Üblichen nicht übersteigen.

646 **j) Naturalvergütung, Truckverbot; Personalrabatt.** Zur Naturalvergütung und dem sog. Truckverbot vgl. § 107 GewO.

647–649 *unbesetzt*

650 In **Berufsausbildungsverhältnissen** dürfen Sachbezüge nur insoweit auf die Gesamtvergütung angerechnet werden, als sie nicht mehr als 75% der Bruttovergütung ausmachen (§ 10 II BBiG).

651 Ist Gegenstand der Naturalvergütung die Gewährung von Kost und Logis **(Aufnahme in die häusliche Gemeinschaft),** so gelten für den AG bes. Fürsorgepflichten (§§ 617, 618 II, § 62 II HGB), bei deren Nichterfüllung er schadensersatzpflichtig werden kann (§ 618 III, § 62 III HGB).

652 Naturalbezug kann auch die Verschaffung von Verdienstmöglichkeiten sein. Hierzu zählt insb. die Möglichkeit, **Trinkgelder** in Empfang zu nehmen (MünchKommBGB/*Schaub* § 612 Rn. 27; Staudinger/*Richardi* Rn. 569; *Schaub* § 68 Rn. 9; s. zu Trinkgeld im Übrigen Rn. 629 ff.).

653 Kann der AN für Zeiten, in denen die **Vergütung fortzuzahlen** ist, die Naturalbezüge nicht entgegennehmen oder ist ihm die Entgegennahme nicht zumutbar, so sind sie mit dem Betrag abzugelten, den der AN aufwenden muss, um sie auf dem freien Markt zu beschaffen (BAG 22. 9. 1960 AP BGB § 616 Nr. 27; LAG Schleswig-Holstein 2. 9. 1983 EzB BBiG § 10 II Nr. 1; gilt nicht für Trinkgelder BAG 28. 6. 1995 AP BetrVG 1972 § 37 Nr. 112; MünchKommBGB/*Schaub* § 612

F. Pflichten des Arbeitgebers § 611 BGB 230

Rn. 29; HzA/*Künzl* Gruppe 1 Rn. 1306). Siehe insoweit auch die Sonderregel für Auszubildende in § 12 II BBiG.

Auch **Personalrabatte** sind eine Form des Arbeitentgelts (MünchArbR/*Hanau* § 70 Rn. 6; Münch- 654 KommBGB/*Schaub* § 612 Rn. 27; *Schaub* § 68 Rn. 8; aA LAG Bremen 28. 7. 1987 NZA 1987, 815). Steuerrechtlich werden sie als Arbeitsentgelt eingestuft (BFH 2. 10. 1968 DB 1969, 70). Hat der AG seinen AN einen Personalrabatt zugesagt, ohne sich den Widerruf vorzubehalten, so kann er die Vergünstigung nicht mehr ohne weiteres einstellen (BAG 14. 6. 1995 AP BGB § 611 Personalrabatt Nr. 1; BAG 11. 12. 1996 AP BGB § 611 Sachbezüge Nr. 5 = NZA 1997, 442).

Mit der Aufhebung des RabattG seit dem 25. 7. 2001 (BGBl I v. 24. 7. 2001, S. 1663) ist die Rspr. 655 des BAG zu § 9 Nr. 3 RabattG, die Personalrabatte auch Rentnern zugestand (BAG 11. 12. 1996 NZA 1997, 442), obsolet.

Die in Allgemeinen Geschäftsbedingungen über den Verkauf von Autos an Werksangehörige ent- 656 haltene Klausel, die den AN zur Nachzahlung des ihm eingeräumten Preisnachlasses („**Werksangehörigenrabatt**") verpflichtet, wenn das Arbeitsverhältnis vorzeitig endet, ist wegen Verstoßes gegen das Transparenzgebot (§ 307 I 2) unwirksam, wenn die Höhe des Preisnachlasses im Vertrag nicht angegeben wird (BAG 26. 5. 1993 AP AGB-Gesetz § 23 Nr. 3; für die Bedeutung von AGB bei Personalkäufen auch MünchArbR/*Hanau* § 70 Rn. 7 ff.). Auch ansonsten wird man solche Klauseln in Verträgen über Jahreswagen einer Inhaltskontrolle unterziehen müssen, da sie – ähnlich wie Rückzahlungsklauseln – eine Kündigungserschwerung enthalten (ähnlich *Schaub* § 68 Rn. 8; LAG Bremen 28. 7. 1987 NZA 1987, 815; MünchArbR/*Hanau* § 70 Rn. 7, der aber mangels der Regelmäßigkeit des Jahreswagenkaufs die zu Gratifikationen entwickelte Staffelung ablehnt und eine Bindungsdauer von 9 oder 12 Monaten für zulässig erachtet).

Hat ein AN ein Kraftfahrzeug von seinem AG zu Vorzugsbedingungen für Werksangehörige 657 erworben, so besteht auch für Rechtsstreitigkeiten über **Gewährleistungsansprüche** aus diesem Kaufvertrag die ausschließliche Zuständigkeit der ArbG (OLG Braunschweig 10. 2. 1993 NJW-RR 1994, 64).

k) Dienstwagen. Die Überlassung eines **Firmenwagens** ist dann Naturalbezug und damit Arbeits- 658 lohn, wenn der AN den Wagen auch **für private Zwecke** nutzen kann (BAG 23. 6. 1994 AP BGB § 249 Nr. 34; LAG Hamm 13. 7. 1992 LAGE BGB § 249 Nr. 5; LAG Hamm 10. 4. 1991 BB 1991, 1496: daher auch bei der Pfändung zu berücksichtigen). Sie ist dann eine zusätzliche Gegenleistung für geschuldete Arbeitsleistung (BAG 16. 11. 1995 AP BGB § 611 Sachbezüge Nr. 4; BAG 27. 5. 1999 AP § 611 Sachbezüge Nr. 12). Damit stellt die private Nutzungsmöglichkeit eines Firmen-Pkw einen Teil des auf das Tarifgehalt anzurechnenden Gesamteinkommens dar (BAG 24. 1. 1990 – 4 AZR 555/89 –). Von daher ist auch die Ausübung eines vorbehaltenen Widerrufs nur nach billigem Ermessen zulässig (BAG 17. 9. 1998 AuR 1999, 111; ArbG Ludwigshafen 17. 2. 1976 BB 1976, 793; *Becker-Schaffner* BB 1993, 2078; *Nägele* NZA 1997, 1196, 1200). Weiterhin ist der Naturalbezug im Rahmen nachvertraglicher Wettbewerbsverbote bei der Berechnung der Karenzentschädigung zu berücksichtigen (*Schaub* § 58 Rn. 76; *Dombrowski/Zettelmeyer* NZA 1995, 155; BAG 8. 11. 1994 AP HGB § 74 c Nr. 17). Ob die private Nutzung eines Dienstfahrzeugs bei der Ruhegeldberechnung zu berücksichtigen ist, richtet sich nach der Versorgungsordnung und ist zu verneinen, wenn diese den Begriff des ruhegeldfähigen Einkommens eng fasst, um die Bemessungsgrundlage von Zufälligkeiten und Einflussnahmen des AN freizuhalten (BAG 14. 8. 1990 AP BetrAVG § 1 Berechnung Nr. 2).

Der Dienstwagen ist dem AN auch dann zu überlassen, wenn er aus persönlichen Gründen 659 (Arbeitsverhinderung, Krankheit) an der Arbeitsleistung verhindert ist. Das gilt beim unwiderruflich überlassenen Dienstwagen auch während der Mutterschutzfristen (BAG 11. 10. 2000 AP BGB § 611 Sachbezüge Nr. 13 = NZA 2001, 445). Im Einzelfall kann sich die Verpflichtung des AN aus arbeitsvertraglicher Nebenverpflichtung ergeben, den Wagen während der Arbeitsverhinderung an den AG zurückzugeben, wenn er zur Dienstverrichtung einer Ersatzkraft gebraucht wird (MünchKommBGB/*Schaub* § 612 Rn. 27; MünchArbR/*Hanau* § 70 Rn. 12). In diesem Fall hat der AN Anspruch auf Wertersatz (aA MünchArbR/*Hanau* § 70 Rn. 12). Mit dem Ende des Entgeltfortzahlungszeitraums kann der AG dem AN den Dienstwagen entschädigungslos entziehen, sofern sich aus den arbeitsvertraglichen Vereinbarungen nichts Abweichendes ergibt (LAG Köln 29. 11. 1995 NZA 1996, 986; LAG Köln 22. 6. 2001 NZA-RR 2001, 523; *Meier* NZA 1997, 298). Bei Beendigung des Arbeitsverhältnisses ist der Dienstwagen zurückzugeben. Hat der AN die Kündigung mit der Kündigungsschutzklage angefochten, so folgt die Rückgabe des Dienstwagens den Regeln des Weiterbeschäftigungsanspruchs (vgl. dazu BAG 27. 2. 1985 AP BGB § 611 Beschäftigungspflicht Nr. 14). Der Dienstwagen ist also zunächst zurückzugeben. Spricht das BAG dem AN einen Weiterbeschäftigungsanspruch zu, hat er wiederum Anspruch auf den Dienstwagen. Stellt sich später heraus, dass der AG sich mit der Überlassung des Dienstwagens in Verzug befand, so schuldet er Wertersatz nach § 615 (BAG 23. 6. 1994 AP BGB § 249 Nr. 34; MünchKommBGB/*Schaub* § 612 Rn. 27).

Die Arbeitsvertragsparteien können aber auch wirksam vereinbaren, dass das Dienstfahrzeug **ent-** 660 **schädigungslos** an den AG herauszugeben ist, wenn der AN von der Erbringung der Arbeitsleistung freigestellt ist (*Pauly* AuA 1995, 381, 384; *Nägele* BB 1994, 2277, 2278; von BAG 23. 6. 1994 AP BGB

Preis 1485

§ 249 Nr. 37 offengelassen; für die Vereinbarung einer Austauschmöglichkeit gegen ein anderes Kfz *Meier* NZA 1997, 298, 299; Einzelfall des Prozessvergleichs BAG 5. 9. 2002 AP BGB § 280 nF Nr. 1). Es handelt sich bei einer solchen Vereinbarung um einen Widerrufsvorbehalt, der nur nach billigem Ermessen (§ 315 III) ausgeübt werden darf (BAG 17. 9. 1998 AuR 1999, 111; *Pauly* AuA 1995, 381, 384; aA *Nägele* BB 1994, 2277, 2278: Erlassvertrag). Der Widerruf ist nicht unbillig nach einer Kündigung und zulässiger Freistellung des AN (BAG 17. 9. 1998 AuR 1999, 111).

661 Hat der AG dem AN nach §§ 280 I, 283, 251 Schadensersatz wegen unterbliebener Bereitstellung eines PKW auch zur privaten Nutzung zu leisten und nutzt der AN seinen gleichwertigen privaten Pkw, kann er für die hierfür aufgewendeten Kosten ersetzt verlangen. Der erlittene Schaden muss **konkret** dargelegt werden (BAG 16. 11. 1995 AP BGB § 611 Sachbezüge Nr. 4). Bei der unberechtigten Entziehung eines auch zur privaten Nutzung überlassenen Firmenwagens kann der AN mindestens den Betrag verlangen, den er benötigt, um auf dem freien Markt ein gleichwertiges Fahrzeug unterhalten zu können. Er ist nicht auf die Erstattung des steuerlichen Vorteils beschränkt. Zur Ermittlung dieses Betrags kann mit Einschränkungen auf die alljährlich vom ADAC veröffentlichten **Kostentabellen** zurückgegriffen werden, da sich aus ihnen ergibt, welche Kosten dem AN durch die Überlassung des Firmenfahrzeugs erspart bleiben, aber nur, soweit in diesen nicht Kosten enthalten sind, die der AG nicht zu tragen hat (BAG 16. 11. 1995 AP BGB § 611 Sachbezüge Nr. 4; LAG Rheinland-Pfalz 23. 3. 1990 BB 1990, 1202; LAG Köln 4. 3. 1994 BB 1994, 1719; MünchArbR/*Hanau* § 70 Rn. 14; *Gruss* BB 1994, 71; *Pauly* AuA 1995, 381, 382 f.; aA bei auch dienstlichem Gebrauch LAG Hamm 10. 4. 1991 BB 1991, 1496; *Schaub* § 68 Rn. 6; *Marschner* AR-Blattei SD 1380 Rn. 23; *Küttner*/*Griese* Dienstwagen Rn. 12 f., da diese Tabellen nur auf eine ausschließlich private Nutzung abstellen und daher auf einen geringeren Nutzungswert nach den **lohnsteuerrechtlichen Vorteilsermittlung** abzustellen sei).

662 Eine **abstrakt** nach der Tabelle von *Küppersbusch/Seifert/Splitter* (Stand 1. 1. 2002; Bezugsnachweis Palandt/*Heinrichs* vor § 249 Rn. 23 a) ermittelte **Nutzungsausfallentschädigung** steht ihm nicht zu (BAG 16. 11. 1995 AP BGB § 611 Sachbezüge Nr. 4; BAG 27. 5. 1999 AP BGB § 611 Sachbezüge Nr. 12; noch offengelassen in BAG 23. 6. 1994 AP BGB § 249 Nr. 37; LAG Rheinland-Pfalz 23. 3. 1990 BB 1990, 1202; dafür LAG Hamm 13. 7. 1992 – 17 Sa 1824/91 –; MünchArbR/*Hanau* § 70 Rn. 14; *Pauly* AuA 1995 381, 383 aber zeitlich begrenzt bis zur Güteverhandlung; dagegen *Nägele/Schmidt* DB 1993, 1797). Bei den zur privaten Nutzung überlassenen Dienst-Pkw ist indes nicht jede abstrakte Schadensberechnung abgeschnitten. Dabei entspricht es ständiger Übung, die steuer- und sozialversicherungsrechtlich maßgeblichen Bewertungsfaktoren heranzuziehen, wenn eine Naturalvergütung wegen Zeitablaufs nicht mehr gewährt werden kann und deshalb dem AN Geldersatz zu leisten ist (vgl. § 615 BGB Rn. 78). Nach Auffassung des BAG ist zu berücksichtigen, dass der Gesetzgeber durch die Einfügung von § 6 I Nr. 4 EStG eine gesetzliche Grundlage für die steuerliche Bewertung der privaten Nutzung eines Kraftfahrzeugs mit Wirkung ab dem Veranlagungsjahr 1996 geschaffen und damit die früheren Regelungen (vgl. Abschnitt 31 VII LohnsteuerRL) bestätigt hat. Deshalb liege es im Rahmen richterlichen Ermessens, den Wert der privaten Nutzung eines Kraftfahrzeugs für jeden Kalendermonat mit 1% des inländischen Listenpreises im Zeitpunkt der Erstzulassung zuzüglich der Kosten für Sonderausstattungen einschließlich Umsatzsteuer anzusetzen (BAG 27. 5. 1999 AP BGB § 611 Sachbezüge Nr. 12; krit. hierzu *Meier* NZA 1999, 1083; zust. *Küttner*/*Griese* Dienstwagen Rn. 13). Der Anspruch besteht auch dann, wenn der AN das Fahrzeug auf die unberechtigte Rückforderung ohne weiteres zurückgegeben hat; den AN trifft insoweit kein Mitverschulden (BAG 23. 6. 1994 AP BGB § 249 Nr. 34; *Pauly* AuA 1995, 381, 384; krit. insoweit die Anm. von *Nägele* BB 1994, 2277, 2278).

l) Sondervergütungen

Schrifttum: *Lipke/Vogt/Steinmeyer,* Sonderleistungen im Arbeitsverhältnis, 2. Aufl., 1995; *Wackerbarth,* Entgelt für Betriebstreue, 1996.

663 **aa) Begriff.** Unter den Begriff der Sondervergütungen (Sonderzahlungen, Sonderzuwendungen) sind alle Leistungen des AG zu fassen, die nicht regelmäßig mit dem Arbeitsentgelt ausgezahlt werden, sondern aus bestimmten Anlässen oder zu bestimmten Terminen gewährt werden. Der Gesetzgeber verwendet in § 4 a EFZG den Begriff der Sondervergütung, ohne ihn zu präzisieren. Dagegen definiert § 23 a I 1 SGB IV den Begriff des „einmalig gezahlten Arbeitsentgelts" mit Zuwendungen, die dem Arbeitsentgelt zuzurechnen sind und nicht für die Arbeit in einem einzelnen Entgeltabrechnungszeitraum gezahlt werden. Vorbild dieser Regelungen waren Vorschläge in den E-ArbVG Sachsen und Brandenburg (§ 50). In diesen Entwürfen sind Sondervergütungen präziser als Leistungen definiert, „die der AG **zusätzlich zum laufenden Entgelt erbringt** und die **nicht in jedem Abrechnungszeitraum fällig** werden". Unter diese Definition lassen sich alle traditionell unter verschiedene Begriffe gefassten Sondervergütungen fassen **(Gratifikation, 13. Monatsgehalt, Jahresabschlussvergütung, Sondervergütung, Weihnachtsgeld, Urlaubsgeld, Jubiläumszuwendungen).** Sondervergütungen aller Art haben prinzipiell Entgeltcharakter; sie sind – auch bei freiwilliger Gewährung – nicht als Schenkung des AG zu qualifizieren (BAG 18. 1. 1978 AP BGB § 611 Gratifikation Nr. 92, 93; BAG 23. 10. 2002 AP BGB § 611 Gratifikation Nr. 243; *Freitag* NZA 2002, 294). Schenkungen im

F. Pflichten des Arbeitgebers   § 611   BGB 230

Sinne der §§ 516 ff. werden nur bei persönlichen unentgeltlichen Zuwendungen im Einzelfall anzunehmen sein (persönliches Geschenk des AG zu persönlichen Anlässen). Auch schadensrechtlich stellen sie Entgelt für geleistete Arbeit dar (BGH 7. 5. 1996 AP BGB § 249 Nr. 36).

bb) Auslegung. Welche Rechtsqualität die Sondervergütung im Einzelfall hat, ist durch Auslegung **664** zu ermitteln. Bei der Auslegung kommt es nicht auf den von den Parteien gewählten Begriff, sondern auf die in der Vereinbarung festgelegten Anspruchsvoraussetzungen an. Es ist in erster Linie dem **Inhalt der Zusage** zu entnehmen, unter welchen Voraussetzungen ein Anspruch **entsteht, gekürzt** werden kann oder ein Anspruch **ausgeschlossen** ist (BAG 16. 3. 1994 AP BGB § 611 Gratifikation Nr. 162; BAG 11. 10. 1995 AP TVG § 1 Tarifverträge: Metallindustrie Nr. 133; BAG 17. 4. 1996 AP BGB § 611 Kirchendienst Nr. 24). Nur subsidiär kann auf den Zweck der Sondervergütung abgestellt werden. Die Rspr. unterscheidet insoweit zB Jahressonderzahlungen mit reinem Entgeltcharakter, zur Belohnung vergangener oder künftiger Betriebstreue sowie mit „Mischcharakter" (hierzu noch Rn. 670 ff.). Die **Bezeichnung** der Jahressonderzahlung (zB 13. Monatsgehalt, Weihnachtsgratifikation) hat für ihre Zweckbestimmung **allenfalls Indizcharakter,** darf jedoch nicht als ausschlaggebendes oder gar alleiniges Merkmal herangezogen werden (BAG 7. 11. 1991 EzA BGB § 611 Gratifikation, Prämie Nr. 87). Eine Ausnahme hiervon hat das BAG in einem Streitfall bezüglich der Bezeichnung „Weihnachtsgeld" gemacht (BAG 30. 3. 1994 AP BGB § 611 Gratifikation Nr. 161; anders aber wieder zu einer als „Weihnachtsgratifikation" bezeichneten Sonderzuwendung: BAG 21. 12. 1994 EzA BGB § 611 Gratifikation, Prämie Nr. 119). Sonderzahlungen sind im Zweifel als Arbeitsentgelt ieS zu verstehen (überzeugend LAG Düsseldorf 27. 6. 1996 NZA-RR 1996, 441 f.).

cc) Anspruchsgrundlagen; freiwillige Leistung. Gesetzliche Verpflichtungen zur Leistung von **665** Jahresvergütungen bestehen nicht. Es bedarf einer bes. Rechtsgrundlage, die typischerweise in Regelungen von **TV, freiwilligen BV** (§ 88 BetrVG) sowie arbeitsvertraglichen Einzelabreden, Einheitsregelungen oder Gesamtzusagen enthalten sein können (hierzu oben Rn. 258 ff.). Ferner können Ansprüche auf Sondervergütungen aus **betrieblicher Übung** (Rn. 261) oder **Gleichbehandlungsgrundsätzen** (Rn. 711 ff.) entstehen.

Ein unbedingter Anspruch auf die Jahressonderzahlung besteht nicht, wenn sich der AG im Arbeits- **666** vertrag die Gewährung der Sonderzuwendung als **freiwillige Leistung** vorbehalten hat (so BAG 10. 5. 1995 AP BGB § 611 Gratifikation Nr. 174; *Freitag* NZA 2002, 294, 295) oder **im Arbeitsvertrag ausdrücklich hervorgehoben** ist, dass **ein Recht** bzw. ein Anspruch auf die Sonderzuwendung **überhaupt nicht besteht** (so BAG 28. 2. 1996 AP BGB § 611 Gratifikation Nr. 192). Enthält eine Gratifikationszusage einen Freiwilligkeitsvorbehalt des Inhalts, dass Ansprüche für die Zukunft auch aus wiederholten Zahlungen nicht hergeleitet werden können, dann schließt dieser Vorbehalt nicht nur Ansprüche für die Zukunft, sondern auch für den laufenden Bezugszeitraum aus. Der AG ist hiernach jederzeit frei, erneut zu bestimmen, ob und unter welchen Voraussetzungen er eine Gratifikation gewähren will (BAG 5. 6. 1996 AP BGB § 611 Gratifikation Nr. 193 unter Aufgabe von BAG 26. 6. 1975 AP BGB § 611 Gratifikation Nr. 86; BAG 12. 1. 2000 AP BGB § 611 Gratifikation Nr. 223). Der Anspruch entsteht erst, wenn der AG weitergehende Erklärungen oder Handlungen vornimmt oder dem AN ein Anspruch auf Gleichbehandlung (Rn. 711) erwächst. Der Anspruch kann vom Fortbestand des Arbeitsverhältnisses am Auszahlungstag abhängig gemacht werden (BAG 26. 10. 1994 AP BGB § 611 Gratifikation Nr. 167). Der **Freiwilligkeitsvorbehalt muss eindeutig** vereinbart sein. Ein bloßer allgemeiner Vorbehalt genügt nicht (LAG Hamm 5. 6. 1998 AP TVG § 1 Bezugnahme auf Tarifvertrag Nr. 11 = NZA-RR 1999, 315). Die bloße Bezeichnung als „freiwillige Leistung" begründet noch keinen Ausschluss eines Rechtsanspruchs. Der AG muss in seiner Erklärung unmissverständlich deutlich machen, wenn er eine vertragliche Bindung verhindern will, etwa indem er die Leistung bloß „ohne Anerkennung einer Rechtspflicht" in Aussicht stellt. Andernfalls können die AN davon ausgehen, dass sich der AG „freiwillig" zur Erbringung der Leistung verpflichtet, dh. ohne dazu durch TV, Betriebsvereinbarung oder Gesetz gezwungen zu sein (vgl. BAG 23. 10. 2002 AP BGB § 611 Gratifikation Nr. 243; BAG 22. 1. 2003 AP BGB § 611 Gratifikation Nr. 247).

Die Freiwilligkeit einer Leistung setzt voraus, dass sie vom AG auch als solche bezeichnet wird. **667** Sagt der AG eine Sonderleistung (Gratifikation, Personalrabatt etc.) **ohne Vorbehalt** zu, kann er diese nicht mit der Begründung widerrufen, die Leistung liege in seinem Ermessen (BAG 14. 6. 1995 AP BGB § 611 Gratifikation Nr. 176).

Wird in allgemeinen Arbeitsbedingungen unter dem Freiwilligkeitsvorbehalt eine Gratifikation für **668** AN in Aussicht gestellt, deren „Arbeitsverhältnis während des ganzen Jahres bestanden hat und im Auszahlungszeitpunkt nicht gekündigt ist", so hindert diese normierte Voraussetzung den AG nicht, künftig den Personenkreis auch anders zu bestimmen und etwa AN, deren Arbeitsverhältnis ruht, von der Leistung auszunehmen. Der AG kann bei freiwilligen Leistungen AN, die im Laufe des Bezugsjahres ausgeschieden sind, auch dann von der Leistung ausnehmen, wenn er den im Laufe des Bezugsjahres neu eingetretenen AN die Leistung anteilig gewährt (BAG 8. 3. 1995 AP BGB § 611 Gratifikation Nr. 184).

Auch ohne ausdrückliche vertragliche Zusage kann dem AN ein Anspruch auf Zahlung einer **669** Jahressonderleistung entstehen. Das ist zum einen auf Grund **betrieblicher Übung** der Fall, wenn der

Preis   1487

ohne tatsächliche Arbeitsleistung fortzuzahlen ist, wie zB im Falle des Urlaubs, der unverschuldeten krankheitsbedingten Arbeitsunfähigkeit oder des Mutterschutzes (BAG 10. 5. 1995 AP BGB § 611 Gratifikation Nr. 174; zu Beschäftigungsverboten nach §§ 3 II, 6 I MuSchG: BAG 12. 7. 1995 AP BGB § 611 Gratifikation Nr. 182; BAG 25. 11. 1998 AP BGB § 611 Gratifikation Nr. 212; BAG 24. 2. 1999 AP BGB § 611 Gratifikation Nr. 213; sa. EuGH 21. 10. 1999 AP EG-Vertrag Art. 119 Nr. 14). Wird die Sondervergütung dagegen nur für die erwiesene oder künftige **Betriebstreue (Betriebszugehörigkeit)** gewährt, entfällt der Anspruch auch dann nicht, wenn der AN im gesamten Bezugsjahr keinerlei Arbeitsleistung erbringt, weil ausschließlich der Bestand des Arbeitsverhältnisses, nicht aber die Arbeitsleistung honoriert wird. Bei Sondervergütungen mit „Mischcharakter" gilt, dass **nur bei ausdrücklicher Regelung** sich **Zeiten ohne tatsächliche Arbeitsleistung anspruchsausschließend** auf die Sonderzahlung auswirken können (seit BAG 5. 8. 1992 AP BGB § 611 Gratifikation Nr. 143; zuletzt BAG 9. 8. 1995 AP BGB § 611 Gratifikation Nr. 181 = NZA 1996, 155; BAG 10. 4. 1996 AP TVG § 1 Tarifverträge: Bergbau Nr. 3). Eine Ausnahme gilt im Rahmen des § 105 a AFG (jetzt § 125 SGB III; hierzu BAG 28. 9. 1994 AP BGB § 611 Gratifikation Nr. 168 = NZA 1995, 899; BAG 9. 8. 1995 AP BGB § 611 Gratifikation Nr. 181; BAG 10. 4. 1996 AP TVG § 1 Tarifverträge: Bergbau Nr. 3; BAG 11. 2. 1998 BB 1998, 2367).

680 Bei der Frage, ob eine Sondervergütung bei Fehlzeiten des AN gekürzt werden kann, kommt es primär darauf an, ob nach der gegebenen Zusage eine ausdrückliche Kürzungsvereinbarung besteht. Bei **fehlender Kürzungsabrede** kann wegen Fehlzeiten nur bei Sondervergütungen mit reinem Entgeltcharakter gekürzt werden, da mit dem Fehlen einer Arbeitsleistung auch (anteilig) der lediglich in der Fälligkeit aufgeschobene Anspruch entfällt. Es gilt der Grundsatz „ohne Arbeit kein Lohn". Trotz fehlender Arbeitsleistung ist eine derartige Sonderzahlung dennoch **für Zeiten zu gewähren**, für die der Gesetzgeber zwingende Entgeltfortzahlung vorsieht, zB im Falle des Erholungsurlaubs und der unverschuldeten krankheitsbedingten Arbeitsunfähigkeit (BAG 19. 4. 1995 AP BGB § 611 Gratifikation Nr. 173 = NZA 1995, 1098; BAG 10. 5. 1995 AP BGB § 611 Gratifikation Nr. 174 = NZA 1995, 1096). Entlohnt die Sondervergütung lediglich die **Betriebstreue**, kommt es für den Anspruch nicht auf die Arbeitsleistung an, so dass die Zahlung **ohne ausdrückliche Kürzungsvereinbarung nicht gemindert** werden kann. Eine nur an die ANEigenschaft anknüpfende Regelung über Urlaubsgeld kann auch bei Arbeitsunfähigkeit oder Inanspruchnahme von Elternzeit nicht gekürzt werden (BAG 6. 9. 1994 AP TVG § 1 Tarifverträge: Einzelhandel Nr. 50; BAG 19. 1. 1999 AP TVG § 1 Tarifverträge: Einzelhandel Nr. 67 und 68). Gleiches gilt für Sondervergütungen mit „Mischcharakter", mit denen nicht ausschließlich erbrachte Arbeitsleistung honoriert werden soll (hierzu schon Rn. 670). Enthält die Zusage jedoch die Einschränkung, dass die Sondervergütung entfällt, wenn „aus sonstigen Gründen" im Kalenderjahr nicht gearbeitet wurde, erfasst dies auch den Fall der „Null-Stunden-Kurzarbeit" (BAG 19. 4. 1995 AP BGB § 611 Gratifikation Nr. 170 = NZA 1996, 997).

681 Eine **ausdrückliche Kürzungsabrede** hat für Sondervergütungen mit reinem Entgeltcharakter nach der gegenwärtigen Rspr. (Rn. 679) lediglich klarstellende Funktion. Eine weitergehende Kürzungsabrede, die auch Fehlzeiten mit zwingender Entgeltfortzahlung erfasst, ist nach § 134 nichtig. Krankheitsbedingte (auch schwangerschaftsbedingte) Fehlzeiten, für die kein Anspruch auf Entgelt besteht, können grds. anspruchsmindernd berücksichtigt werden (BAG 27. 7. 1994 AP BGB § 611 Gratifikation Nr. 164 = NZA 1995, 233). Darüber hinaus dürfen sich Kürzungsabreden für Zeiten der Arbeitsunfähigkeit nur in dem Rahmen des § 4 a EFZG bewegen. Hiernach darf die Kürzung nach § 4 a S. 2 EFZG für jeden Tag der Arbeitsunfähigkeit infolge Krankheit des Arbeitsentgelts, das im Jahresdurchschnitt auf einen Arbeitstag entfällt, nicht überschreiten. Nach BAG 22. 2. 1990 AP BGB § 611 Anwesenheitsprämie Nr. 15 ist eine Kürzung wegen Fehlzeiten bei Kleinstsondervergütungen unzulässig. Es ist fraglich, ob diese Rspr. angesichts des Schweigens des Gesetzgebers in der Neuregelung des § 4 a EFZG fortgilt (hierzu § 4 a Rn. 2 ff.). Im Übrigen sind Kürzungsabreden weitgehend zulässig. Ihr Umfang hängt von dem jeweiligen Inhalt der Vereinbarung ab. Im Einzelnen:

682 Benennt eine Kürzungsvereinbarung **konkret die Zeiten ohne tatsächliche Arbeitsleistung**, um die die Sonderzahlung gekürzt werden soll, zB Elternzeit, Arbeitsunfähigkeitszeiten, darf die Sondervergütung um nicht ausdrücklich genannte Fehlzeiten nicht gekürzt werden (BAG 22. 2. 1995 AP TVG § 1 Tarifverträge: Metallindustrie Nr. 123 = NZA 1995, 951). Kann die Sondervergütung für Zeiten des **Ruhens des Arbeitsverhältnisses** gekürzt werden, fallen grds. alle vertraglichen oder gesetzlichen Ruhenstatbestande unter die Kürzungsregel, zB Fehlzeiten wegen Elternzeit und wegen eines **rechtmäßigen Arbeitskampfes** (hierzu BAG 20. 12. 1995 AP GG Art. 9 Arbeitskampf Nr. 141 = NZA 1996, 491), **nicht** aber **krankheitsbedingte Fehlzeiten** (BAG 23. 8. 1990 AP TVG § 1 Tarifverträge: Metallindustrie Nr. 93; BAG 11. 10. 1995 AP TVG § 1 Tarifverträge: Metallindustrie Nr. 133 = NZA 1996, 542). Die Arbeitsunfähigkeit führt noch nicht zu einem Ruhen des Arbeitsverhältnisses (LAG Köln 14. 8. 1998 MDR 1999, 166). Soweit die Kürzungsvereinbarung auf Zeiten beschränkt ist, in denen das Arbeitsverhältnis „kraft Gesetzes" ruht, fallen hierunter entgegen einer früheren Rspr. des BAG (BAG 7. 12. 1989 AP BErzGG § 15 Nr. 3) auch Zeiten der Elternzeit (BAG 10. 2. 1993 AP BErzGG § 15 Nr. 7; BAG 24. 5. 1995 AP BGB § 611 Gratifikation Nr. 175 = NZA 1996, 31; BAG 12. 1. 2000 EzA BGB § 611 Gratifikation/Prämie Nr. 158). Das gilt aber nicht, wenn während der Elternzeit das Arbeitsverhältnis als geringfügige Beschäftigung weitergeführt wird (BAG 24. 2. 1999

F. Pflichten des Arbeitgebers

AP BAT §§ 22, 23 Zuwendungs-TV Nr. 21). Die Kürzungsbefugnis kann sich auch aus einer Regelung über die Berechnung der Jahressonderzahlung ergeben, wenn etwa auf den **tatsächlichen** Verdienst im Bezugszeitraum (zB Kalenderjahr) abgestellt wird. Dadurch wird (mittelbar) abschließend geregelt, wie sich **Fehlzeiten ohne Entgeltfortzahlung** auf die Jahressonderzahlung auswirken (BAG 5. 8. 1992 AP BGB § 611 Gratifikation Nr. 144; vgl. auch BAG 11. 10. 1995 AP TVG § 1 Tarifverträge: Metallindustrie Nr. 133).

Die Kürzungsvereinbarung kann sich auch auf Fehlzeiten, für die der AN einen **gesetzlichen Entgeltfortzahlungsanspruch** hat, beziehen (BAG 12. 7. 1995 AP BGB § 611 Gratifikation Nr. 182). Das galt für krankheitsbedingte Fehlzeiten mit einem Anspruch auf Entgeltfortzahlung nach § 3 I 1 EFZG schon vor Inkrafttreten des § 4a EFZG (BAG 15. 2. 1990 AP BGB § 611 Anwesenheitsprämie Nr. 15; BAG 26. 10. 1994 AP BGB § 611 Anwesenheitsprämie Nr. 18). Entgegen einer früheren Rspr. des BAG (zB BAG 12. 5. 1993 AP BGB § 611 Gratifikation Nr. 156) soll eine Jahressonderzahlung mit Mischcharakter künftig auch für die Zeit der Beschäftigungsverbote während der Mutterschutzfristen nach §§ 3 und 6 MuSchG auf Grund entspr. Vereinbarung gekürzt werden können (BAG 12. 7. 1995 AP BGB § 611 Gratifikation Nr. 182 = NZA 1995, 1165 unter Aufgabe von BAG 12. 5. 1993 AP BGB § 611 Gratifikation Nr. 156 = NZA 1993, 1002; anders, wenn TV nur Kürzung für Zeiten ohne Gehaltsfortzahlung vorsieht BAG 24. 2. 1999 AP BGB § 611 Gratifikation Nr. 213). Diese Rspr. des BAG dürfte mit der Rspr. des EuGH nicht vereinbar sein (EuGH 21. 10. 1999 AP EG-Vertrag Art. 119 Nr. 14), da es mit Art. 141 EG (ex-Art. 119 EG-Vertrag) unvereinbar ist, Mutterschutzzeiten als Ausschluss- oder Kürzungstatbestand zu berücksichtigen. Die Kürzung wegen Elternzeit kann eine mittelbare Frauendiskriminierung darstellen, wobei eine solche nach EuGH nicht vorliegt, wenn die Gewährung der Gratifikation davon abhängt, dass sich der Arbeitnehmer im „aktiven" Beschäftigungsverhältnis befindet (EuGH 21. 10. 1999 AP EG-Vertrag Art. 119 Nr. 14; hierzu BAG 12. 1. 2000 EzA BGB § 611 Gratifikation/Prämie Nr. 158). Eine **proportionale Kürzung** der Sondervergütungszahlung pro Fehltag ist **unbedenklich**. **Überproportionale Kürzungsregelungen** unterliegen jedenfalls in Arbeitsverträgen und BV einer **richterlichen Inhaltskontrolle**. Die Kürzungsrate muss dem Grundsatz der Verhältnismäßigkeit genügen; es darf also die Sonderzuwendung nicht bereits bei einem Fehltag vollständig entfallen (BAG 15. 2. 1990 AP BGB § 611 Anwesenheitsprämie Nr. 15). Hins. **krankheitsbedingter** Fehlzeiten hat das BAG bei einem Arbeitsvertrag eine **Kürzungsrate von** 1/60 (BAG 15. 2. 1990 AP BGB § 611 Anwesenheitsprämie Nr. 15), bei einer **BV** eine solche **von** 1/30 (BAG 26. 10. 1994 AP BGB § 611 Anwesenheitsprämie Nr. 18) für **angemessen** gehalten. Diese Rechtsgrundsätze sind **bezüglich Arbeitsunfähigkeitszeiten mit Wirkung** v. 1. 10. 1996 durch § 4a S. 2 EFZG, der eine Begrenzung der Kürzungsrate vorsieht, abgelöst worden. Für den Fall, dass ein AG ohne Rechtspflicht und ohne Rechtsbindung für die Zukunft eine Weihnachtszuwendung als freiwillige Leistung gewährt, kann er in den Grenzen des § 4a S. 2 EFZG solche AN ausnehmen, die im Bezugszeitraum Fehlzeiten aufwiesen (BAG 7. 8. 2002 AP § 4a EntgeltFG Nr. 2).

ii) Anrechnungs- und Widerrufsvorbehalte. Sondervergütungen können unter Anrechnungs- und Widerrufsvorbehalt stehen (hierzu §§ 305–310 Rn. 51 ff.).

jj) Rückzahlungsklauseln. Sondervergütungen können unter bestimmten Voraussetzungen mit einem Rückzahlungsvorbehalt versehen werden. Das setzt allerdings eine **ausdrückliche** und **eindeutige Vereinbarung** voraus (BAG 14. 6. 1995 AP BGB § 611 Gratifikation Nr. 176), was für formularmäßige Vereinbarungen bereits § 307 I 2 belegt. Eine Rückzahlungsklausel ist unwirksam, wenn weder die Voraussetzungen für die Rückzahlungspflicht noch einen eindeutig bestimmten Zeitraum für die Bindung des AN festlegt. Eine ergänzende Auslegung dahingehend, dass die Rückforderung im Rahmen der von der Rspr. entwickelten Grenzen erfolgen könne, kommt nicht in Betracht. Dies verstieße bei formularmäßiger Vereinbarung gegen das Verbot geltungserhaltender Reduktion aus § 306 II (§§ 305–310 Rn. 99). In Abgrenzung zu sog. Stichtagsklauseln betreffen Rückzahlungsklauseln den Fall, dass das Arbeitsverhältnis vor Ablauf eines **außerhalb des Bezugszeitraumes** liegenden Stichtages endet (zB Vereinbarung der Rückzahlung der Sondervergütung, wenn das Arbeitsverhältnis vor Ablauf des 31. 3. des Folgejahres endet).

Eine Rückzahlungspflicht ist bei Sondervergütungen mit reinem Entgeltcharakter (Rn. 679 ff.) ausgeschlossen, weil der AN bereits diese ausschließlich von der Arbeitsleistung abhängige Sonderzuwendung durch seine bereits erbrachte Arbeitsleistung verdient hat und durch den Entzug eines bereits verdienten Lohnanteils bestraft würde (BAG 13. 9. 1974 AP BGB § 611 Gratifikation Nr. 84). Es kann auch nicht nachträglich der Zweck der Sondervergütung abw. definiert werden (zur Frage der befristeten Fortsetzung des Arbeitsverhältnisses bis zum Stichtag BAG 11. 1. 1995 AP BAT Zuwendungs-TV §§ 22–23 Nr. 10 = NZA 1995, 953). Rückzahlungsklauseln müssen überdies eindeutig vereinbart werden (LAG Rheinland-Pfalz 19. 4. 1996 DB 1996, 2632). Eine Rückzahlungsklausel für den Fall der Kündigung erstreckt sich nicht auch auf den Fall einer Aufhebungsvereinbarung (LAG Hamm 12. 2. 1999 NZA-RR 1999, 514). Die Vereinbarung einer Rückzahlungsklausel kann auch durch Bezugnahme auf die Bestimmungen einer Betriebsordnung geschehen (LAG Nürnberg 26. 5. 1992 LAGE BGB § 611 Gratifikation Nr. 12).

Preis

687 Rückzahlungsklauseln werden von der Rspr. überdies nur anerkannt, wenn der AN durch sie nicht in unzulässiger Weise in seiner durch Art. 12 I GG garantierten Berufsausübung behindert wird. Entspr. Vereinbarungen in Formulararbeitsverträgen unterliegen nach § 307 einer Inhaltskontrolle. Für **einzelvertraglich vereinbarte Rückzahlungsklauseln** hat das BAG (grdl. BAG 10. 5. 1962 AP BGB § 611 Gratifikation Nr. 22; BAG 9. 6. 1993 AP BGB § 611 Gratifikation Nr. 150) in richterlicher Rechtsfortbildung **Grenzwerte** entwickelt. Diese **Grenzwerte** gelten nach der bisherigen Rspr. **auch** für Rückzahlungsklauseln in **BV** (BAG 16. 11. 1967 AP BGB § 611 Gratifikation Nr. 63), **nicht** dagegen in **TV** (BAG 31. 3. 1966 AP BGB § 611 Gratifikation Nr. 54; BAG 23. 2. 1967 AP BGB § 611 Gratifikation Nr. 57). Im Einzelnen:

688 Bei Sonderzuwendungen bis zu einem Betrag von EUR 100,00 (DM 200,00) brutto (seit BAG 17. 3. 1982 AP BGB § 611 Gratifikation Nr. 110; bestätigt durch BAG 21. 5. 2003 – 10 AZR 390/02) ist eine Rückzahlungsklausel schlechthin unwirksam. Erhält der AN einen Betrag, der EUR 100,00 übersteigt, aber einen **Bruttomonatsverdienst nicht** erreicht, ist ihm regelmäßig zuzumuten, eine Rückzahlungsklausel einzuhalten, die bis zum 31. 3. des Folgejahres reicht. Der AN kann mithin am 31. 3. ausscheiden; eine darüber hinausgehende Bindung ist unwirksam. Erhält der AN eine Sonderzuwendung **in Höhe eines vollen Monatsbezuges,** ist eine Bindung über den 31. 3. des Folgejahres möglich. Hat der AN bis dahin **nur eine** Kündigungsmöglichkeit, ist ihm zuzumuten, diese auszulassen, dh. den Betrieb erst nach dem 31. 3. zu verlassen. Umstritten ist, ob eine Kündigung zum 31. 3. unschädlich ist (vgl. einerseits LAG Düsseldorf 25. 3. 1997 NZA-RR 1997, 457, andererseits LAG Düsseldorf 28. 1. 1998 LAGE BGB § 611 Gratifikation Nr. 40). Jedoch ist eine Bindung über den 30. 6. hinaus unzulässig. Erhält der AN eine Sonderzahlung, die einen **Monatsbezug übersteigt,** jedoch ein **zweifaches Monatsgehalt nicht erreicht,** kann er durch eine Rückzahlungsklausel nicht über den 30. 6. des folgenden Jahres hinaus gebunden werden, wenn er bis dahin mehrere Kündigungsmöglichkeiten hatte. Eine über den 30. 6. hinausgehende Bindung ist nur dann möglich, wenn die Sonderzahlung ein Monatsgehalt erheblich übersteigt und eine eindrucksvolle und beachtliche Zuwendung darstellt (BAG 12. 12. 1962 AP BGB § 611 Gratifikation Nr. 25). Ob sich an diesen richterlichen Grundsätzen nach der Neuregelung der Kündigungsfristen in § 622 I etwas ändert, bleibt abzuwarten (verneinend LAG Hamm 14. 8. 1998 AP BGB § 611 Gratifikation Nr. 208). Die seinerzeitigen Bemessungsfaktoren waren stark von der regelmäßigen Möglichkeit zur Quartalskündigung geprägt.

689 m) **Anwesenheitsprämien.** Vgl. hierzu die Kommentierung zu § 4 a EFZG sowie § 612 a Rn. 18 ff.

690 n) **Vermögenswirksame Leistungen.** Der AG kann zur Erbringung zusätzlicher vermögenswirksamer Leistungen durch Arbeitsvertrag, TV, BV oder Festsetzungen nach § 19 HAG verpflichtet sein (vgl. § 10 des 5. Vermögensbildungsgesetzes; ausf. hierzu *Schaub* § 83). Bei tarifwidriger irrtümlicher Zahlung zusätzlicher vermögenswirksamer Leistungen kann der AG die Zahlung wieder einstellen. Ein Anspruch aus betrieblicher Übung entsteht idR nicht (LAG Hamm 6. 9. 1991 LAGE BGB § 242 Betriebliche Übung Nr. 11).

691 **3. Aufwendungsersatz. a) Allgemeines.** Der AN kann Aufwendungsersatz gegen den AG geltend machen, sobald dieser **eigenes Vermögen im Interesse des AG** eingesetzt hat und die erbrachten Aufwendungen **nicht durch das Arbeitsentgelt abgegolten** sind. Der Anspruch ist in analoger Anwendung der §§ 675, 670 allgemein anerkannt (BAG 1. 2. 1963 AP BGB § 670 Nr. 10; BAG 14. 2. 1996 AP BGB § 611 Aufwandsentschädigung Nr. 5; MünchArbR/*Blomeyer* § 96 Rn. 77 ff.; *Franzen* ZTR 1996, 305; *Reichold* NZA 1994, 488). Die Analogie ist gerechtfertigt, weil es sich insoweit um eine unentgeltliche Geschäftsbesorgung des AN handelt, auch wenn Gegenstand des Arbeitsverhältnisses keine Geschäftsbesorgung im engeren Sinne ist.

692 Der Aufwendungsersatz ist kein **Entgelt für die erbrachte Arbeitsleistung** (BAG 15. 7. 1992 AP BPersVG § 46 Nr. 19; BAG 27. 7. 1994 AP BPersVG § 46 Nr. 14). Er steht nicht im Gegenseitigkeitsverhältnis. § 4 I a EFZG zählt den Aufwendungsersatzanspruch nicht zum fortzuzahlenden Arbeitsentgelt. Nach § 850 a Nr. 3 ZPO fällt der Ersatzanspruch jedoch idR unter die unpfändbaren Bezüge (zur Erstreckung der Verjährung und Ausschlussfristen vgl. §§ 194 bis 218 Rn. 44). Aufwendungen sind freiwillige Vermögensopfer, die der AN in Folge einer AGWeisung erleidet oder die er nach den Umständen im Rahmen seiner arbeitsvertraglichen Pflichten für erforderlich halten durfte. Als Aufwendungen gelten auch die unfreiwilligen Vermögensschäden des AN im Zusammenhang mit der Erbringung der Arbeitsleistung (sog. Eigenschäden, vgl. hierzu § 619 a Rn. 88).

693 Der AN kann Aufwendungen vom AG ersetzt verlangen, wenn (1) er die **Aufwendungen in Bezug auf die Arbeitsausführung** gemacht hat, (2) als Folge einer AGWeisung oder wenn er sie nach **verständigem Ermessen** subjektiv **für notwendig** halten durfte und (3) er keine bes. Abgeltung für sie vom AG erhält (BAG 1. 2. 1963 AP BGB § 670 Nr. 10). Bei **Mitverschulden** kann der Anspruch in analoger Anwendung des § 254 gemindert werden.

694 **Vertragliche Vereinbarungen** über Aufwendungsersatz sind grds. **vorrangig;** das gilt nur dann nicht, wenn zwingende Vorschriften (zB §§ 618, 619, Unfallverhütungsvorschriften) den AG zum vollen Aufwendungsersatz verpflichten (BAG 14. 2. 1996 AP BGB § 611 Aufwandsentschädigung Nr. 5). Tarifvertragliche Regelungen sind üblich und zu beachten (zB § 7 BRTV-Bau; §§ 42, 44 BAT). Aufwendungsersatz kann **pauschaliert** werden (BAG 15. 7. 1992 AP BPersVG § 46 Nr. 19; BAG

27. 7. 1994 AP BPersVG § 46 Nr. 14; BAG 14. 2. 1996 AP BGB § 611 Aufwandsentschädigung Nr. 5), wobei eine gesonderte Ausweisung in der Lohnabrechnung erforderlich ist, weil der Aufwendungsersatz nicht steuer- und sozialabgabenpflichtig ist.

Welche Aufwendungen von einer Pauschale umfasst sind, muss im Einzelfall durch **Auslegung** 695 ermittelt werden. Mit der Vereinbarung eines Kilometergeldes sind grds. auch die Kosten für eine Haftpflichtversicherung abgegolten. So kann ein AN, der nach einem Verkehrsunfall seinen Schadensfreiheitsrabatt tw. einbüßt, diesen sog. Rückstufungsschaden nicht ersetzt verlangen (BAG 30. 4. 1992 AP BGB § 611 Gefährdungshaftung des AG Nr. 11). Ob eine Pauschale auch dann zu zahlen ist, wenn der AN keine Arbeitsleistung erbringt, hängt von der Auslegung der vertraglichen Vereinbarung und im Zweifel davon ab, ob die Aufwendungen dem AN auch während der Freistellung entstehen.

b) **Einzelfragen. aa) Fahrt- und Reisekosten.** Die **Anfahrt zum Arbeitsplatz** ist nach allgemeinen 696 Grundsätzen dem **persönlichen Lebensbereich** des AN zuzuordnen und nicht über § 670 ersatzfähig (MünchArbR/*Blomeyer* § 96 Rn. 82). Kann der AN die übertragene Arbeit nicht ohne auswärtige Übernachtung ausführen, hat der AG die Reise- und Übernachtungskosten zu ersetzen (BAG 14. 2. 1996 AP BGB § 611 Aufwandsentschädigung Nr. 5; LAG Düsseldorf 22. 5. 1987 NZA 1987, 679). Die Vergünstigung durch eine arbeitnehmerseitig beschaffte „Bahncard" mindern den Anspruch grds. nicht (BAG 7. 2. 1995 AP TVG § 1 Tarifverträge: Bau Nr. 190). Ersatzfähige Aufwendungen können jedoch der Mehraufwand wegen auswärtiger Beschäftigung sein. Vielfach bestehen bes. vertragliche oder tarifvertragliche Regelungen. IdR bestehen Bestimmungen über Reisespesen, Auswärtszulagen, Trennungsgeld (zur sog. Auslösung vgl. Rn. 640). Auch Umzugskosten aus dienstlichen Gründen kann der AN unter Umständen ersetzt verlangen (vgl. hierzu Rn. 546).

bb) **Vorstellungskosten.** Zum Ersatz von Vorstellungskosten vgl. Rn. 296. 697

cc) **Arbeitsmittel.** Ohne bes. Vereinbarung kommt ein Anspruch auf Aufwendungsersatz für Ar- 698 beitsmittel nicht in Betracht (aA ArbG Frankfurt 18. 6. 1998 ARSt. 1998, 194). Der AG stellt grds. die Arbeitsmittel zur Verfügung. Vom mitgebrachte Arbeitsmittel können unter Umständen nach den Grundsätzen zum Aufwendungsersatz für Eigenschäden ersetzt werden (vgl. § 619 a Rn. 88).

dd) **Arbeitskleidung.** Unabhängig von der gesetzlichen Verpflichtung des AG zur Überlassung von 699 Schutzkleidung (hierzu § 618 Rn. 6 ff.) besteht prinzipiell kein Aufwendungsersatzanspruch für Arbeitskleidung. Ist der AG nach §§ 618, 619 verpflichtet, Schutzkleidung zur Verfügung zu stellen, so hat der AN einen Erstattungsanspruch aus § 670 in dem Umfang, den er für die Selbstbeschaffung der Kleidung erforderlich halten durfte (BAG 21. 8. 1985 AP BGB § 618 Nr. 19; BAG 19. 5. 1998 AP BGB § 670 Nr. 31; so auch § 21 II AVR-Caritas: BAG 13. 2. 2003 – 6 AZR 536/01 –). Die Festlegung von Höchsterstattungsgrenzen ist möglich. Die Kosten der Reinigung von aus hygienischen Gründen vorgeschriebener Arbeitskleidung, auch soweit sie dem AN übereignet worden ist, hat der AG zu tragen. Entgegenstehende Vereinbarungen sind gemäß § 619 BGB unwirksam (LAG Düsseldorf 26. 4. 2001 NZA-RR 2001, 409).

ee) **Vorschuss.** Soweit ein Anspruch auf Aufwendungsersatz besteht, kann der AN nach Maßgabe 700 der §§ 675, 669 hierfür auch einen Vorschuss verlangen (vgl. hier Rn. 32); zum Gehaltsvorschuss § 614 Rn. 19 ff.

c) **Nicht ersatzfähige Aufwendungen.** Aufwendungen, die durch das Arbeitsentgelt abgegolten 701 sind und auch sonst nicht durch den AG veranlasst bzw. durch die Arbeitsleistung gefordert sind, rechnen grds. zu den **Kosten der persönlichen Lebensführung**. **Geldstrafen** und **Bußgelder** sind grds. nicht ersatzfähig. Kraftfahrer müssen sich vor Fahrtantritt über Sicherheit und Zulassung des Fahrzeuges selbst überzeugen. Unzulässig ist es, die Erstattung möglicher Bußgelder vor Begehung der Straftat vertraglich zu vereinbaren (MünchArbR/*Blomeyer* § 96 Rn. 88; *Holly/Friedhofen* NZA 1992, 145, 149 ff.). Ein AN, der seine Berufspflichten verletzt, darf die daraus entstehenden **Kosten der Strafverfolgung** nicht mehr für erforderlich halten und kann deren Ersatz folglich nicht verlangen (zu unwahren negativen Behauptungen eines Journalisten: BAG 14. 11. 1991 AP BGB § 611 Gefährdungshaftung des AG Nr. 10). Bei einem **unverschuldeten** schweren Verkehrsunfall realisiert sich jedoch das unternehmerische Risiko der Teilnahme am Straßenverkehr. Bei Einleitung staatsanwaltschaftlicher Ermittlungen gegen den Berufskraftfahrer hat dieser einen Anspruch gegen den AG auf Erstattung der erforderlichen Kosten der Verteidigung (BAG 16. 3. 1995 AP BGB § 611 Gefährdungshaftung des AG Nr. 12).

4. **Beschäftigungspflicht. a) Allgemeines.** Abw. zum Kauf- und Werkvertragsrecht kennt das 702 Dienstvertragsrecht nach dem Gesetzeswortlaut keine Pflicht des Gläubigers (AG), die angebotenen Dienste auch anzunehmen, dh. den AN vertragsgemäß zu beschäftigen. Das BAG leitet eine allgemeine Beschäftigungspflicht aus dem **Persönlichkeitsrecht des AN** ab (BAG 10. 11. 1955 AP BGB § 611 Beschäftigungspflicht Nr. 2). Diesen Grundsatz hat der GS des BAG, allerdings bezogen auf die Weiterbeschäftigung im gekündigten Arbeitsverhältnis, bestätigt (BAG 27. 2. 1985 AP BGB § 611 Beschäftigungspflicht Nr. 14). Hiernach ist der Beschäftigungsanspruch aus §§ 611, 613 iVm. § 242 abzuleiten. Der Anspruch beruht nach Auffassung des BAG unmittelbar auf der sich aus § 242 unter Berücksichtigung der verfassungsrechtlichen Wertentscheidung der Art. 1 und 2 GG über den Persönlichkeits-

schutz für den AG ergebenden arbeitsvertraglichen Förderungspflicht der Beschäftigungsinteressen des AN. Der Beschäftigungsanspruch muss jedoch dann zurücktreten, wenn **überwiegende schutzwerte Interessen des AG entgegenstehen**. Dies können nach der Rspr. des GS im Einzelnen sein: Wegfall der Vertrauensgrundlage, fehlender Einsatzmöglichkeit, Gefahr des Geheimnisverrats, unzumutbare wirtschaftliche Belastung sowie alle Gründe, die eine fristlose Kündigung rechtfertigen würden.

703 Der Anspruch auf vertragsgemäße Beschäftigung kann als **rechtsfortbildende Konkretisierung der Hauptpflichten des AG** eingeordnet werden. Zumindest ist sie aber als eine wesentliche Nebenpflicht des AG aus dem Arbeitsvertrag anzusehen, die eng mit den Hauptleistungspflichten zusammenhängt (im Regelfall Nebenpflicht: MünchArbR/*Blomeyer* § 95 Rn. 12). Auch die generelle Annahme einer Hauptpflicht ließe sich begründen, weil die Beschäftigungspflicht die Kehrseite der Arbeitspflicht ist. Schon *Wiedemann* (Das Arbeitsverhältnis als Austausch- und Gemeinschaftsverhältnis, 1966, S. 62) hat auf die Parallelen zu den Abnahmepflichten nach §§ 433 II und 640 I hingewiesen (hierzu ferner *Leßmann* RdA 1988, 149, 151; Erman/*Hanau* Rn. 353). Bei unwirksamer Versetzung auf einen geringer bewerteten Arbeitsplatz wird der Beschäftigungsanspruch des AN verletzt. Bei offensichtlicher Unwirksamkeit kann der Beschäftigungsanspruch in der bisherigen Position im Wege der einstweiligen Verfügung geltend gemacht werden (LAG Chemnitz 8. 3. 1996 NZA-RR 1997, 4).

704 Der Beschäftigungsanspruch des AN hat verschiedene gesetzliche und richterrechtliche Ausprägungen erfahren. Zum **allgemeinen Weiterbeschäftigungsanspruch während des Kündigungsschutzprozesses** § 4 KSchG Rn. 94 ff.; zum **betriebsverfassungsrechtlichen Weiterbeschäftigungsanspruch** vgl. § 102 V BetrVG. In bes. Arbeitsverhältnissen, nämlich mit Auszubildenden (§ 18 iVm. § 6 II BBiG) und Schwerbehinderten (§ 81 IV 1 Nr. 1 SGB IX) besteht eine gesetzliche Beschäftigungspflicht. Zu prozessualen Fragen vgl. § 4 KSchG Rn. 94. Aus dem Beschäftigungsanspruch lässt sich ein Anspruch auf Unterlassung der Änderung eines Arbeitsbereichs nicht herleiten (LAG Düsseldorf 28. 2. 1995 LAGE BGB § 1004 Nr. 3).

705 b) **Durchbrechung der Beschäftigungspflicht.** Aus arbeitsvertraglicher Sicht ist insb. problematisch, ob die Beschäftigungspflicht durch einseitige Erklärung des AG durchbrochen werden kann. Ferner sind Umfang und Grenzen der Dispositivität des Beschäftigungsanspruchs zweifelhaft. Grds. ist der aus dem Persönlichkeitsrecht abgeleitete Beschäftigungsanspruch nach Auffassung des BAG nicht zweiseitig zwingend. Der Anspruch auf Beschäftigung kann keinem AN aufgezwungen werden. Als **dispositiver Anspruch** hängt er prinzipiell davon ab, ob der AN Beschäftigung verlangt (BAG GS 27. 2. 1985 AP BGB § 611 Beschäftigungspflicht Nr. 14).

706 aa) **Einseitige Suspendierung ohne vertragliche Vereinbarung.** Die einseitige Suspendierung des AN ohne vertragliche Vereinbarung ist angesichts des Rechtscharakters der Beschäftigungspflicht allenfalls unter den **Voraussetzungen des § 626** als – vorübergehendes – milderes Mittel zur Vermeidung einer sofortigen außerordentlichen Kündigung (ausführlich *Preis* S. 462 f. mwN; ebenso LAG Köln 20. 3. 2001 LAGE BGB § 611 Beschäftigungspflicht Nr. 44) oder im gekündigten Arbeitsverhältnis bei Vorliegen eines wichtigen Kündigungsgrundes (Konkurrenztätigkeit, hierzu LAG Hamm 3. 11. 1993 LAGE BGB § 611 Beschäftigungspflicht Nr. 36) möglich. Die außerordentliche Kündigung wegen Loyalitätsverstoßes ist aber nicht deshalb unwirksam, weil für den AG die Möglichkeit der Freistellung unter Fortzahlung der Bezüge bis zum Ablauf einer ordentlichen Kündigungsfrist besteht (BAG 11. 3. 1999 AP BGB § 626 Nr. 149; gegen LAG Düsseldorf 5. 6. 1998 LAGE BGB § 626 Nr. 120). Selbst im Falle berechtigter einseitiger Suspendierung behält der AN in aller Regel den **Vergütungsanspruch**. Das BAG lässt dem AG nur die Wahl zwischen der vollen Lohnzahlung und der Kündigung (BAG 4. 6. 1964 AP BGB § 626 Verdacht strafbarer Handlung Nr. 13; BAG 10. 11. 1955 AP BGB § 611 Beschäftigungspflicht Nr. 2). Die unberechtigte Suspendierung löst die Folge des § 615 aus. Bei berechtigter Suspendierung wegen bes. schutzwürdiger Interessen des AG besteht ebenfalls im Grundsatz der Vergütungsanspruch des AN fort. In seltenen Ausnahmefällen, in denen das vertragswidrige Verhalten des AN so schwerwiegend ist, dass dem AG die Annahme der Arbeitsleistung schlechthin unzumutbar ist, handelt es sich nicht mehr um ein ordnungsgemäßes Angebot. Der AG gerät dann nicht in Annahmeverzug. Der Vergütungsanspruch entfällt (BAG 26. 4. 1956 AP MuSchG § 9 Nr. 5; bestätigt durch BAG 29. 10. 1987 AP BGB § 615 Nr. 42).

707 bb) **Freistellung mit vertraglicher Vereinbarung.** Eine Suspendierung der Arbeitspflicht kraft **individueller Vereinbarung** ist angesichts der Dispositivität des Beschäftigungsanspruchs grds. zulässig (LAG Köln 20. 8. 1998 RzK I 2a Nr 20). Fraglich ist, ob in einem **vorformulierten Arbeitsvertrag** eine Abweichung vom Beschäftigungsanspruch im Voraus vereinbart werden kann (hierzu ausführlich *Preis* II F 10; generell bejahend LAG Hamburg 10. 6. 1994 LAGE BGB § 611 Beschäftigungspflicht Nr. 37). Die zT anzutreffende Argumentation, wonach die prinzipielle Dispositivität des Beschäftigungsanspruchs auch die Zulässigkeit des Vorausverzichts umfasst, kann nicht überzeugen, weil das Recht des AN, seinen Beschäftigungsanspruch in einer konkreten Situation geltend zu machen, durch einen vertragsmäßigen Vorausverzicht unangemessen eingeschränkt wird (§ 307 I). Dies gilt insb. für Vertragsklauseln, die kein gewichtiges AGInteresse zur Rechtfertigung voraussetzen. Die Grundsätze des GS zum ausnahmsweisen Fortfall der Beschäftigungspflicht sind auch im Falle vorformulierter Vertragsgestaltung zu beachten. In jedem Fall bleibt die konkrete Ausübung des

F. Pflichten des Arbeitgebers § 611 BGB 230

eingeräumten Suspendierungsrechts nach Maßgabe des § 315 überprüfbar. Diese strengen Grundsätze gelten jedenfalls **im ungekündigten Arbeitsverhältnis.**

Bei **gekündigten Arbeitsverhältnissen** stellt sich die Rechtslage anders dar, weil auch der GS 708 anerkennt, dass sich die Interessenlage beim gekündigten Arbeitsverhältnis ändert. Nur unter der Voraussetzung der offensichtlichen Unwirksamkeit der Kündigung bzw. nach Obsiegen in erster Instanz gesteht er einen vorläufigen Weiterbeschäftigungsanspruch zu (BAG GS 27. 2. 1985 AP BGB § 611 Beschäftigungspflicht Nr. 14). Jedoch kann die Vertragsgestaltung nicht die zwingenden Voraussetzungen des GS für einen vorläufigen Weiterbeschäftigungsanspruch unterlaufen. Der vom BAG bejahte allgemeine Weiterbeschäftigungsanspruch ist insoweit Teil des Kündigungsschutzes. Bei offensichtlich unwirksamer Kündigung oder Obsiegen des AN in der ersten Instanz ist davon auszugehen, dass sich die Grundsätze der Rspr. gegenüber einer allgemeinen Freistellungsklausel in einem vorformulierten Arbeitsvertrag durchsetzen (*Ruhl/Kassebohm* NZA 1995, 497; *Preis* II F 10 Rn. 8 ff.).

Überwiegend wird vertreten, dass bei gekündigtem Arbeitsverhältnis grds. ein berechtigtes Interesse 709 des AG zur sofortigen Freistellung des AN bis zum Ablauf der Kündigungsfrist besteht (ArbG Düsseldorf 3. 6. 1993 NZA 1994, 559; *Schaub* § 95 Rn. 20; wohl auch *Buchner,* Die Beschäftigungspflicht, 1989, S. 23; *Leßmann* RdA 1988, 149, 151). Dabei wird verkannt, dass während des Laufs der Kündigungsfrist das reguläre Arbeitsverhältnis und damit auch noch der allgemeine Beschäftigungsanspruch besteht (LAG München 19. 8. 1992 LAGE BGB § 611 Beschäftigungspflicht Nr. 32; ArbG Leipzig 8. 8. 1996 BB 1997, 366). Es kann daher nicht davon ausgegangen werden, dass sofort nach Ausspruch der Kündigung ein Weiterbeschäftigungsanspruch und ein Beschäftigungsinteresse des AN entfällt (differenzierend jetzt auch *Küttner/Kreitner,* Freistellung von der Arbeit, Rn. 18 f.).

Bei wirksamer Freistellung müssen die Bezüge regelmäßig fortgezahlt werden. Gerechtfertigt ist 710 jedoch, im Wege der vertraglichen Vereinbarung die Freistellung auf den Resturlaub anzurechnen. Fehlt eine entspr. Klausel, kann uU nach Beendigung des Arbeitsverhältnisses Anspruch auf Urlaubsabgeltung (§ 7 IV BUrlG) bestehen. Im Zeitraum der Freistellung mit Vergütungsfortzahlung kann der AN grds. eine anderweitige Beschäftigung aufnehmen. Eine Anrechnungspflicht des anderweitigen Verdienstes bzw. eine analoge Anwendung des § 615 S. 2 scheidet bei ausdrücklicher Vergütungsregelung aus, wenn keine dementspr. Regelung getroffen worden ist (LAG Hamm 11. 10. 1996 NZA-RR 1997, 287 mwN; LAG Hamm 27. 2. 1991 LAGE BGB § 615 Nr. 26; LAG Köln 21. 8. 1991 NZA 1992, 123; BAG 30. 9. 1982 – 6 AZR 802/79 –; aA BAG 6. 2. 1964 AP BGB § 615 Nr. 24; LAG Schleswig-Holstein 20. 2. 1997 NZA-RR 1997, 286; LAG Hessen 28. 10. 1992 LAGE BGB § 615 Nr. 42 mit abl. Anm. *Gravenhorst*). Anders ist die Rechtslage bei unberechtigter Suspendierung, die Annahmeverzug begründet. Hier findet § 615 S. 2 unmittelbar Anwendung. Vgl. zum ganzen näher § 615 Rn. 91 ff.

II. Gleichbehandlung

1. Grundlagen. Der Grundsatz der Gleichbehandlung gehört zu den **Grundprinzipien des deut-** 711 **schen Arbeitsrechts** (zu verfassungsrechtlichen Grundlagen vgl. Art. 3 GG Rn. 14 ff.; aus dem Schrifttum: *Bauschke* RdA 1985, 72; *Göhle-Sander* HwB AR Nr. 930; *Hunold* DB 1991, 1670; *Lieb* ZfA 1996, 319; *Mayer-Maly,* AR-Blattei, Gleichbehandlung im Arbeitsverhältnis (1975); *Marhold/ Beckers* AR-Blattei SD 800.1; *Palme* BlStSozArbR 1983, 257; *Schaub* NZA 1984, 73; *Simon/Hinderlich* NZA 1987, 623; *Tschöpe* DB 1994, 40; *Weber/Ehrich* ZIP 1997, 1681; *Wiedemann,* Die Gleichbehandlungsgebote im Arbeitsrecht, 2001; *Widmaier* ZTR 1990, 359). Die Pflicht zur Gleichbehandlung der AN kann sich für den AG aus dem allgemeinen, dem Gleichbehandlungsgrundsatz und dem speziellen Differenzierungsverbot der Verfassung (**Art. 3 GG** Rn. 5 ff.) oder aus einfachgesetzlichen Regelungen wie § 4 I TzBfG (§ 4 TzBfG Rn. 2 ff.) für die Gleichbehandlung Teilzeitbeschäftigter, § 4 II TzBfG für die Gleichbehandlung befristet beschäftigter AN sowie **§§ 611 a, 611 b, 612 III** hins. der Gleichbehandlung von Frauen und Männern ergeben. Zu beachten ist ferner der im EG in **Art. 141** positiv gesetzlich normierte Grundsatz der Entgeltgleichbehandlung für Frauen und Männer bei gleicher und gleichwertiger Arbeit, dem zwischen Privaten unmittelbare Geltung zukommt (EuGH 8. 4. 1976 EAS EG-Vertrag Art. 119 Nr. 2 Rn. 7 ff.; Art. 141 EG Rn. 2). **Art. 39 II EG,** der ebenfalls Individualrechte begründen kann (EuGH 14. 7. 1976 EAS EG-Vertrag Art. 6 Nr. 3 – LS; *Schaub* NZA 1984, 73), verbietet ferner jede auf die Staatsangehörigkeit zurückzuführende unterschiedliche Behandlung der AN der Mitgliedstaaten in Bezug auf Beschäftigung, Entlohnung und sonstige Arbeitsbedingungen. Der gesetzlich nicht normierte, dem Privatrecht zuzuordnende **arbeitsrechtliche Gleichbehandlungsgrundsatz** schließlich entspricht dem allgemeinen Gleichbehandlungsgrundsatz des Art. 3 I GG. Er ist im Verhältnis zu den spezialgesetzlichen Regelungen subsidiär.

TVNormen sind nach herkömmlicher Sicht – wie gesetzliche Regelungen – unmittelbar an 712 Art. 3 I GG zu messen (BAG 28. 5. 1996 AP TVG § 1 Tarifverträge Metallindustrie Nr. 143 = NZA 1997, 101, 102; BAG 17. 10. 1995 AP BGB § 242 Gleichbehandlung Nr. 132 mit Anm. *Wiedemann*; BAG 4. 4. 2000 AP § 1 TVG § 1 Gleichbehandlung Nr. 2; offen lassend BAG 30. 8. 2000 AP TVG § 4 Geltungsbereich Nr. 25 = AR-Blattei ES 1550.1.4 Nr 5 mit Anm. *Dieterich* = SAE 2001, 295–297 mit Anm. *Löwisch*; hierzu näher differenzierend Art. 3 GG Rn. 26 ff.); auch für **BV** ist dies umstritten.

im Betrieb durch § 75 BetrVG einen explizite Regelung erfahren hat (*Tschöpe* DB 1994, 40, 41). **Ausnahmen** wurden nur zugelassen, wenn der AG eine überbetriebliche Regel aufstellt und anwendet (BAG 17. 12. 1992 AP BGB § 242 Gleichbehandlung Nr. 105; BAG 12. 1. 1994 AP BGB § 242 Gleichbehandlung Nr. 112). Dann kann sich ein AN auf die Verletzung des Gleichbehandlungsgrundsatzes auch berufen, wenn in seinem Betrieb eine unterschiedliche Behandlung zweier ANGruppen deshalb nicht festzustellen ist, weil AN der begünstigten Gruppe dort nicht arbeiten (BAG 17. 12. 1992 AP BGB § 242 Gleichbehandlung Nr. 105). Die Ungleichbehandlung von Betrieben mit und ohne BR ist zulässig, selbst wenn ein bestehender GesamtBR für die jeweilige Leistung nach § 50 I BetrVG mitbestimmungsrechtlich zuständig wäre. Scheitert eine überbetriebliche Regelung in einem Unternehmen mit einem betiebsratslosen Betrieb und einem Betrieb, für welchen ein BR existiert, an der Zustimmung des BR, so ist eine Ungleichbehandlung zulässig, weil der AG sonst zu einem Verstoß gegen die mitbestimmungsrechtlichen Kompetenzen des BR aus dem BetrVG genötigt würde (BAG 25. 4. 1995 AP BGB § 242 Gleichbehandlung Nr. 130).

724 Nach der inzwischen hM soll der Gleichbehandlungsgrundsatz dagegen grds. auf das gesamte **Unternehmen** ausgedehnt werden (*Zöllner/Loritz* § 17 III 1; *Schaub* § 112 Rn. 15; MünchArbR/*Richardi* § 14 Rn. 9; MünchKommBGB/*Müller-Glöge* Rn. 452; ArbRBGB/*Schliemann* Rn. 916; *v. Hoyningen-Huene* Anm. zu BAG 20. 8. 1986 AP TVG § 1 Tarifverträge: Seniorität Nr. 6; *Fastrich* Anm. zu BAG 17. 12. 1992 AP BGB § 242 Gleichbehandlung Nr. 105; Küttner/*Kania* Gleichbehandlung Rn. 12; *Konzen* RdA 1984, 65, 87; *Däubler,* Das Arbeitsrecht 2, S. 312; auch LAG Baden-Württemberg 22. 7. 1993 – 6 Sa 39/93 –). Begründet wird dies zum einen mit der keineswegs immer eindeutigen Abgrenzung zwischen Betriebsteil und selbständigem Betrieb. Dem Hinweis auf § 75 I 1 BetrVG wird entgegengehalten, dass dadurch nicht die individualrechtliche Pflicht des AG zur Gleichbehandlung auf den Betrieb begrenzt werde (MünchArbR/*Richardi* § 14 Rn. 9). Soweit man das Vorliegen einer Gemeinschaft der AN untereinander fordere, lässt sich schließlich auch bei der Unternehmensbelegschaft von einer Gemeinschaft sprechen (*Zöllner/Loritz* § 17 III 1; vgl. auch *Fastrich* Anm. zu BAG 17. 12. 1992 AP BGB § 242 Gleichbehandlung Nr. 105).

725 Das BAG ist dieser Auffassung jetzt gefolgt (BAG 17. 11. 1998 AP BGB § 242 Gleichbehandlung Nr. 162 mit Anm. *Richardi*).

726 Der **unternehmens(=arbeitgeber)bezogenen Betrachtung** des Gleichbehandlungsgrundsatzes ist zu folgen. Dabei ist zu beachten, dass die unterschiedliche **Betriebszugehörigkeit** im Rahmen der **sachlichen Rechtfertigung** ggf. als Differenzierungsgrund berücksichtigt werden kann. Insoweit wird es vielfach sachliche, den Willkürvorwurf ausschließende Gründe für eine unterschiedliche Behandlung einzelner Betriebe (nicht einzelner Betriebsabteilungen) geben (BAG 17. 11. 1998 AP BGB § 242 Gleichbehandlung Nr. 162). Es ist nicht sachgerecht, dass durch schlichte Betriebsaufspaltungen die Geltung des Gleichbehandlungsgrundsatzes umgangen werden kann (MünchArbR/*Richardi* § 14 Rn. 9; *Preis* SAE 1994, 21, 24). **Adressat** des Gleichbehandlungsgrundsatzes ist der **AG**; auf dessen konkrete **Ausübung** der Leitungsmacht kommt es an. Diesen Ansatz verfolgte das BAG schon mit seiner Rspr., in der es den Gleichbehandlungsgrundsatz auf Fälle ausdehnte, in denen der AG eine überbetriebliche Regel aufstellt (BAG 17. 12. 1992 AP BGB § 242 Gleichbehandlung Nr. 105).

727 Nur die Herstellung eines unternehmensübergreifenden AGBezuges ermöglicht sachgerechte, nicht willkürliche Differenzierungen. Eine sachlich gerechtfertigte Differenzierung liegt vor, wenn der AG einen Betrieb nach **§ 613a** übernimmt und einen einheitlichen Betrieb schafft, aber jeder der beiden ANGruppen weiter eine Weihnachtsgratifikation nach dem im früheren Betrieb praktizierten Ordnung gewährt. Eine Differenzierung nach dem bisherigen Besitzstand ist nicht sachwidrig (BAG 25. 8. 1976 AP BGB § 242 Gleichbehandlung Nr. 41; BAG 29. 8. 2001 AP GG Art. 3 Nr. 291; krit. *Rieble* SAE 2003, 11). Für eine arbeitgeberbezogene Geltung des Gleichbehandlungsgrundsatzes spricht ferner, dass **auch im Kündigungsrecht** die Unternehmensaufspaltung innerhalb eines Betriebes für sich genommen kein sachgerechtes Differenzierungskriterium darstellt, obwohl das KSchG grds. betriebsbezogen ausgestaltet ist (Stahlhacke/*Preis* Rn. 887). Damit wird die Umgehung des Kündigungsschutzes durch Aufspaltung einer Betriebseinheit in mehrere Unternehmen verhindert. Ferner wird die Konzerndimensionalität des Kündigungsschutzes als Ausfluss einer konkretisierten Fürsorge- und Gleichbehandlungspflicht ausnahmsweise anerkannt (BAG 13. 6. 1985 AP KSchG 1969 § 1 Nr. 10 = NZA 1986, 600; BAG 27. 11. 1991 AP KSchG 1969 § 1 Konzern Nr. 6 = NZA 1992, 644).

728 Eine unternehmensübergreifende, **konzernweite Ausdehnung** des Gleichbehandlungsgrundsatzes wird überwiegend abgelehnt (BAG 20. 8. 1986 AP TVG § 1 Tarifverträge: Seniorität Nr. 6 mit insoweit zust. Anm. *v. Hoyningen-Huene;* *Schaub* § 112 Rn. 15; *Zöllner/Loritz* § 17 III 1; *Windbichler,* Arbeitsrecht im Konzern 1989, 420 ff.; *Rüthers/Bakker* ZfA 1990, 284 ff.; MünchArbR/*Richardi* § 31 Rn. 27; *Tschöpe* DB 1994, 40; aA *Däubler,* Das Arbeitsrecht 2, S. 667; *Henssler,* Der Arbeitsvertrag im Konzern, 1983, S. 107 ff.; *Martens,* FS 25 Jahre BAG, S. 367, 386 ff.; *Konzen* RdA 1984, 65, 87: wenn die Konzernspitze diese Leistungen aus Konzernvermögen gewährt). Das BAG stellt darauf ab, dass die in einem Konzern zusammengeschlossenen Firmen ihre rechtliche Selbständigkeit behalten, auch wirtschaftlich mehr oder weniger selbständig bleiben und damit in einem Konzern mehrere unterschiedliche AG vorhanden sind. Außerdem sind in einem Konzern nicht selten Unternehmen gänzlich unterschiedlicher Fachsparten zusammengeschlossen, bei denen verschiedene Arbeitsbedin-

F. Pflichten des Arbeitgebers § 611 BGB 230

gungen bestehen und demgemäß auch Tarifverträge ganz unterschiedlicher Art gelten können (BAG 20. 8. 1986 AP TVG § 1 Tarifverträge: Seniorität Nr. 6). Mit dem in die gleiche Richtung zielenden Hinweis auf die rechtliche und wirtschaftliche Selbständigkeit der in einem gemeinsamen Betrieb zusammenwirkenden Unternehmen hat das BAG weiter auch die Geltung des Gleichbehandlungsgrundsatzes **in einem von zwei verschiedenen Unternehmen gemeinsam geführten Betrieb** verneint (BAG 19. 11. 1992 AP BGB § 611 Gratifikation Nr. 148).

Konzernbezogen wirkt der Gleichbehandlungsgrundsatz nach richtiger Ansicht nur ausnahmsweise, 729 wenn die Konzernspitze für sich eine Verteilungskompetenz in Anspruch nimmt und entspr. Weisungen erteilt, die konzerndimensional wirken (vgl. auch BAG 20. 8. 1986 AP TVG § 1 Tarifverträge: Seniorität Nr. 6; *Göhle-Sander* Rn. 13; MünchArbR/*Richardi* § 31 Rn. 28).

dd) Ungleichbehandlung ohne sachlichen Grund. Der arbeitsrechtliche Gleichbehandlungs- 730 anspruch will einer Ungleichbehandlung in der Sache entgegenwirken. Daher sind Gegenstand der Prüfung einzelne Ansprüche oder Rechte eines AN (BAG 25. 4. 1995 AP BetrAVG § 1 Gleichbehandlung Nr. 25). Der **Gleichbehandlungsgrundsatz** ist **verletzt, wenn der AG einzelne AN oder Gruppen von AN ohne sachlichen Grund von allgemein begünstigenden Regelungen des Arbeitsverhältnisses ausnimmt und schlechterstellt** als andere AN in vergleichbarer Lage (st. Rspr. BAG 6. 12. 1995 AP BGB § 611 Gratifikation Nr. 186; BAG 27. 10. 1998 AP BGB § 611 Gratifikation Nr. 211). Er ist nicht erst beim Vollzug, sondern schon beim Aufstellen entspr. Regeln vom AG zu beachten (BAG 11. 9. 1974 AP BGB § 242 Gleichbehandlung Nr. 39 m. Anm. *Birk*). Ob ein **sachlicher Grund** vorliegt, ist im Einzelfall zu bestimmen (*Widmaier* ZTR 1990, 259, 360; *Palme* BlStSozArbR 1983, 257).

Die Ungleichbehandlung verschiedener ANGruppen bei freiwilligen Leistungen ist immer dann mit 731 dem arbeitsrechtlichen Gleichbehandlungsgrundsatz vereinbar, wenn die Unterscheidung nach dem Zweck der Leistung gerechtfertigt ist (BAG 20. 7. 1993 AP BetrAVG § 1 Gleichbehandlung Nr. 11; BAG 19. 4. 1995 AP BGB § 242 Gleichbehandlung Nr. 124; BAG 19. 4. 1995 AP BGB § 611 Gratifikation Nr. 172; BAG 20. 12. 1995 ZTR 1996, 226; BAG 28. 5. 1996 AP TVG § 1 Tarifverträge: Metallindustrie Nr. 143). Unter Berücksichtigung aller Umstände muss es vom Zweck der Leistung her gerechtfertigt sein, der einen ANGruppe die Leistung vorzuenthalten, die der anderen Gruppe eingeräumt worden ist (BAG 28. 5. 1996 AP TVG § 1 Tarifverträge: Metallindustrie Nr. 143). Eine Verletzung des Gleichbehandlungsgrundsatzes entfällt nicht schon deshalb, weil die ohne sachlichen Grund begünstigte Gruppe kleiner ist als die benachteiligte Gruppe (BAG 30. 3. 1994 AP BGB § 242 Gleichbehandlung Nr. 113).

Generell ungeeignet als **sachlicher Differenzierungsgrund** sind die in **Art. 3 GG, § 75 BetrVG,** 732 **§ 67 BPersVG** genannten Merkmale (Geschlecht, Abstammung, Rasse, Sprache, Heimat und Herkunft, Glauben oder religiöse wie politische Anschauung, Art. 3 III GG, oder gewerkschaftliche Betätigung § 75 I BetrVG, § 67 I 1 BPersVG, sowie sexuelle Identität § 75 I BetrVG). Der **Status als Studierender** und die in der Versicherungsfreiheit liegende sozialrechtliche Begünstigung sind ferner keine sachlichen Gründe für die Schlechterstellung studentischer AN bei der Gestaltung allgemeiner Arbeitsbedingungen (BAG 28. 3. 1996 AP BeschFG 1985 § 2 Nr. 49). Die im Sozialversicherungsrecht und Steuerrecht getroffenen Unterscheidungen verfolgen öffentlich-rechtliche Zwecke und sind dort, wo es auf die arbeitsrechtliche Bedeutung und Zielsetzung ankommt, nicht beachtlich, da es sich um unterschiedliche, nicht zu vergleichende Rechtsgebiete handelt (BAG 7. 3. 1995 AP BetrAVG § 1 Gleichbehandlung Nr. 26).

Zur Gleichbehandlung bei Differenzierungen in **Sozialplänen** vgl. § 112 BetrVG Rn. 23 ff.; BAG 733 17. 4. 1996 AP BetrVG 1972 § 112 Nr. 101. Zum Anspruch auf Gleichbehandlung bei **Abfindungszahlungen** bei Betriebsschließungen oder -änderungen (BAG 25. 11. 1993 AP BGB § 242 Gleichbehandlung Nr. 114; BAG 8. 3. 1995 AP BGB § 242 Gleichbehandlung Nr. 123; BAG 11. 2. 1998 AP BetrVG 1972 § 112 Nr. 121; BAG 27. 10. 1998 AP KO § 61 Nr. 29; LAG Düsseldorf 5. 5. 1998 NZA-RR 1999, 404; in einem Aufhebungsvertrag verneint LAG Berlin 18. 1. 1999 NZA-RR 1999, 179).

3. Einzelfragen. a) Arbeitsentgelt. Der Hauptanwendungsbereich des Gleichbehandlungsgrund- 734 satzes liegt auf dem Gebiet der **Sondervergütungen** (hierzu bereits Rn. 671), **Ruhegelder** (hierzu § 1 BetrAVG Rn. 45; Vorb BetrAVG Rn. 43 ff.) sowie **Zulagen** aller Art (BAG 5. 3. 1980 AP BGB § 242 Gleichbehandlung Nr. 44; *Hunold* DB 1991, 1670; MünchArbR/*Richardi* § 14 Rn. 13). Die Rspr. musste sich in der jüngeren Vergangenheit insb. mit der Frage der Ungleichbehandlung Teilzeitbeschäftigter im Vergütungsbereich auseinandersetzen (hierzu § 4 I TzBfG).

Dem Gleichbehandlungsgrundsatz kann nicht etwa dadurch ausgewichen werden, dass die Sonder- 735 leistung jeweils mit dem Hinweis ausbezahlt wird, dass es sich um eine freiwillige Leistung des AG handele, auf die kein Rechtsanspruch für die Zukunft bestehe. Ein solcher **Freiwilligkeitsvorbehalt** schließt eine Bindung des AG an den Gleichbehandlungsgrundsatz im Jahr der Zahlung auch nicht aus (BAG 27. 10. 1978, 25. 4. 1991, 26. 10. 1994, 8. 3. 1995, 6. 12. 1995 AP BGB § 611 Gratifikation Nr. 97, 137, 167, 184, 187). Der Freiwilligkeitsvorbehalt schließt nur eine Bindung für die Zukunft aus und verhindert das Entstehen einer betrieblichen Übung (Rn. 263).

Preis

1499

736 Im **Bereich der Arbeitsvergütung** ist der arbeitsrechtliche Gleichbehandlungsgrundsatz wegen des **Vorrangs der Vertragsfreiheit** nur beschränkt anwendbar (BAG 9. 11. 1972 AP BGB § 242 Gleichbehandlung Nr. 36 m. Anm. *Hueck*; BAG 23. 8. 1995 AP BGB § 242 Gleichbehandlung Nr. 134; s. bereits Rn. 715). Allerdings ist bei **freiwilligen Lohnerhöhungen** oder dem **Verzicht des AG auf eine mögliche Anrechnung übertariflicher Lohnbestandteile** auf eine Tariflohnerhöhung zu prüfen, ob der AG nicht doch eine **allgemeine, gruppen- oder betriebseinheitliche Regelung** festlegt, nach deren Maßgabe er verfährt. Die Regelung kann so ausgestaltet sein, dass nur ein Teilbetrag auf einer abstrakten Regelung beruht. Der Grundsatz der Gleichbehandlung verpflichtet den AG nicht, eine umfassende lückenlose, allgemeine Regelung für Gehaltserhöhungen aufzustellen (BAG 15. 11. 1994 AP BGB § 242 Gleichbehandlung Nr. 121). Steht eine freiwillige Lohnerhöhung in Rede, die wegen des Anstiegs der Preise und Gehälter in den Erhöhungsbeiträgen eine lineare Komponente enthält **(Inflationsausgleich),** so ist der arbeitsrechtliche Gleichbehandlungsgrundsatz jedoch selbst dann zu beachten, wenn die Lohnerhöhung individuelle Leistungsgesichtspunkte berücksichtigt (BAG 9. 11. 1972 AP BGB § 242 Gleichbehandlung Nr. 36 m. Anm. *Hueck*). Es spricht eine tatsächliche Vermutung dafür, dass der AG den Grundbetrag einer Lohnerhöhung zum Zwecke des Kaufkraftausgleichs gewährt, wenn er diese über mehrere Jahre im ungefähren Jahresrhythmus für die überwiegende Zahl seiner AN auszahlt (BAG 11. 9. 1985 AP BGB § 242 Gleichbehandlung Nr. 76). Werden die Arbeitsentgelte aller AN durch eine vertragliche Einheitsregel **rückwirkend erhöht,** so dürfen AN, die im Rückwirkungszeitraum in dem Betrieb gearbeitet haben, nicht nur deshalb von der Leistung ausgenommen werden, weil sie im Erhöhungszeitpunkt nicht mehr dort arbeiteten oder erkrankt waren (BAG 4. 2. 1976 AP BGB § 242 Gleichbehandlung Nr. 40). TVParteien steht dieses Recht jedoch zu (BAG 10. 3. 1982 AP BGB § 242 Gleichbehandlung Nr. 47).

737 Sachwidrig ist es, einen Lehrer bei gleicher Tätigkeit beim sog. **Bewährungsaufstieg** nur deshalb schlechter zu stellen, weil er (im Unterschied zu anderen) die Voraussetzungen für die Übernahme in das Beamtenverhältnis nicht erfüllt (BAG 24. 4. 1991 AP BGB § 242 Gleichbehandlung Nr. 140). Sachlich gerechtfertigt kann aber eine freiwillige Leistung aus Anlass einer Umstrukturierungsmaßnahme als Motivationsanreiz sein; dabei dürfen vergleichbare AN mit höherer Vergütung in einem unwirtschaftlichen und stillzulegenden Betriebsteil ausgeschlossen werden (BAG 10. 3. 1998 AP BGB § 611 Gratifikation Nr. 207). Nicht sachwidrig ist es, die Höhe der Vergütung an die Zahl der unterstellten Mitarbeiter zu koppeln (BAG 7. 11. 2001 AP TVG Tarifverträge: Einzelhandel § 1 Nr. 78).

738 Der AG darf zwischen tarifgebundenen und **nicht tarifgebundenen** AN bei der Höhe der Vergütung differenzieren (BAG 20. 7. 1960 AP TVG § 4 Nr. 7; *Zöllner/Loritz* § 17 VI; aA *Wiedemann* RdA 1969, 321, 323ff.). Bedenklich ist aber die pauschale Argumentation, bei Werkstudenten könne die geringere gewerkschaftliche Bindung die Differenzierung rechtfertigen (so in BAG 30. 8. 2000 AP TVG § 4 Geltungsbereich Nr. 25). Ein nicht tarifgebundener AG darf sich darauf beschränken, nur mit AN in bestimmten Funktionen eine Vergütung in Anlehnung an einen TV zu vereinbaren (BAG 19. 8. 1992 AP BGB § 242 Gleichbehandlung Nr. 102; BAG 20. 11. 1996 AP BGB § 242 Gleichbehandlung Nr. 133 = NZA 1997, 724). Er darf aber nicht willkürlich differenzieren (BAG 25. 4. 1995 AP BetrAVG § 1 Gleichbehandlung Nr. 25). Der AN kann sich grds. nicht auf den Vergleich tarifgebundener und nicht tarifgebundener Vergütungssysteme berufen (BAG 30. 9. 1998 AP BGB § 242 Gleichbehandlung Nr. 159).

739 Bei freiwilligen **Sondervergütungen** (Rn. 671 ff.) kann grds. nach folgenden Gesichtspunkten differenziert werden: Lebensalter, Familienstand, Kinderzahl, Bedürftigkeit, Dauer der Betriebs- oder Berufszugehörigkeit, Dauer- oder AushilfsAN, fachliche oder berufliche Qualifikation, Innen- oder Außendienst und Arbeitsleistung (HzA/*Lipke* Gruppe 3 Rn. 151). Ferner erkennt das BAG als sachgerechte Gründe für eine Gruppenbildung bei Sonderzahlungen an: die **Bindung bestimmter ANGruppen** an den Betrieb (BAG 25. 8. 1982, 25. 1. 1984, 23. 8. 1995 AP BGB § 242 Gleichbehandlung Nr. 53, 67, 134; BAG 20. 11. 1996 AP BetrAVG § 1 Gleichbehandlung Nr. 31); die **bes. Belastung einer Gruppe** (BAG 5. 3. 1980 AP BGB § 242 Gleichbehandlung Nr. 43 zum Arbeiten „unter einer erheblichen Stresssituation"; BAG 25. 1. 1984 AP BGB § 242 Gleichbehandlung Nr. 67) und den Ausgleich von Nachteilen im Entgeltbereich (BAG 30. 3. 1994, 19. 4. 1995 AP BGB § 242 Gleichbehandlung Nr. 113, 124). Auch eine Differenzierung nach Aufgaben und Anforderungen der unterschiedlich behandelten ANGruppen kommt in Betracht (BAG 5. 3. 1980 AP BGB § 242 Gleichbehandlung Nr. 43). Bei der **Zulagengewährung** ist Differenzierungsgrund allein der Zweck der Zulage. Arbeitskräftemangel kann Zulagen rechtfertigen, um AN zu gewinnen oder zu halten. Diese sog. Arbeitsmarktzulagen müssen bei neu eingestellten Kräften nicht fortgeführt werden, wenn der Arbeitskräftemangel nicht mehr besteht BAG 21. 3. 2001 AP BAT § 33 a Nr. 17 = NZA 2001, 782). Ein sachlicher Grund liegt nicht allein in dem Umstand, dass die Mitarbeiter unterschiedlichen Tarifgebieten (hier BAT-West und BAT-Ost) zugeordnet sind (BAG 23. 4. 1997 AP BAT §§ 22, 23 Zulagen Nr. 22; Die Frage ist in vielfältige Schattierungen umstritten. Zur **Ost/West-Differenzierung** ablehnend bei Weihnachtsgratifikationen LAG Halle 9. 11. 2001 – 2 Sa 18/01 –; bei Gehältern LAG Berlin 16. 8. 2001 NJ 2001, 668). Der 6. Senat des BAG hat die Differenzierung bei übertariflichen Leistungen jedoch gerechtfertigt, wenn für die entspr. Arbeitsplätze in den östlichen Bundesländern Mitarbei-

ter aus den westlichen Bundesländern ohne zusätzlichen finanziellen Anreiz nicht zu gewinnen oder zu halten waren (BAG 27. 9. 2001 ZTR 2002, 291). Demgegenüber meint der 1. Senat, dass diese Begründung in dieser Allgemeinheit die praktizierte Gehaltsdifferenzierung sachlich nicht mehr rechtfertigen könne. Der ursprüngliche Wohnsitz eines AN auch unter Berücksichtigung der bes. Situation der Wiedervereinigung sei so lange nach dem Beitritt kein zwingender Beleg mehr für eine besondere, unter marktwirtschaftlichen und rechtsstaatlichen Bedingungen erlangte berufliche Qualifikation, die eine Differenzierung rechtfertige (BAG 15. 5. 2001 AP BGB § 242 Gleichbehandlung Nr. 176). Dies schließt eine konkrete Differenzierung aus Gründen des Besitzstandes und des Arbeitsmarktes nicht aus.

Öffentl. AG dürfen nach der fachlichen Befähigung differenzieren (zB Lehrkräfte mit und ohne **740** Lehramtsbefähigung BAG 23. 2. 1994 AP EWG-Vertrag Art. 119 Nr. Nr. 51; BAG 30. 9. 1998 AP BGB § 242 Gleichbehandlung Nr. 159). Zulässig ist es, dass § 3 d BAT ABM-Kräfte von den Vergütungsregelungen des BAT ausnimmt. Auch aus dem arbeitsrechtlichen Gleichbehandlungsgrundsatz ergibt sich für ABM-Kräfte kein Anspruch auf den Tariflohn. Der AG darf zwischen der Gruppe der „NormalAN" und ABM-Kräften differenzieren, weil diese Arbeitsverhältnisse von dem arbeitsförderungsrechtlichen Zweck der Arbeitsbeschaffung geprägt sind (BAG 18. 6. 1997 AP BAT § 3 d Nr. 2).

b) Gleichbehandlung einzelner Beschäftigtengruppen. Grds. **nicht vergleichbar** sind AN mit **741 Handelsvertretern** (BAG 28. 1. 1971 AP BGB § 242 Gleichbehandlung Nr. 35), mit **Heimarbeitern** (BAG 19. 6. 1957 AP BGB § 242 Nr. 12) oder mit **Organen juristischer Personen** (*Schaub* § 112 Rn. 12). Auch sind Angestellte im öffentl. Dienst schon ob der unterschiedlichen rechtlichen Status nicht mit **Beamten** vergleichbar (BAG 17. 12. 1992 AP BGB § 242 Gleichbehandlung Nr. 105; BAG 3. 4. 2003 – 6 AZR 633/01). Die Gleichbehandlung von **Ärzten** im Praktikum mit Assistenzärzten ist nicht geboten (BAG 24. 3. 1993 AP BGB § 242 Gleichbehandlung Nr. 106), wohl aber die von studentischen und wissenschaftlichen Hilfskräften an **Hochschulen** (BAG 6. 10. 1993 AP BGB § 242 Gleichbehandlung Nr. 107). Bei Übernahme von Belegschaften dürfen diese Beschäftigten im Sinne einer Besitzstandswahrung besser als die Stammbelegschaft behandelt werden (BAG 29. 8. 2001 AP GG Art. 3 Nr. 291).

Befristet und unbefristet beschäftigte AN dürfen nur bei Vorliegen sachlicher Gründe hins. der **742** materiellen Arbeitsbedingungen ungleich behandelt werden (ausdr. jetzt 4 II TzBfG, s. die Kommentierung dort). Lehrkräfte in Altersteilzeit dürfen von Stundenermäßigungen für ältere Lehrkräfte nicht ausgenommen werden (BAG 21. 1. 2003 AP BGB § 611 Lehrer, Dozenten Nr. 157). Auch zwischen **Außendienst und Innendienstmitarbeitern** darf hins. der Altersversorgung nicht allein deshalb differenziert werden, weil Außendienstmitarbeiter ein höheres Entgelt erhalten (BAG 20. 7. 1993 AP BetrAVG § 1 Gleichbehandlung Nr. 11; krit. *Lieb* ZfA 1996, 319 ff.). Die Differenzierung zwischen leitenden Mitarbeitern und Außendienstmitarbeitern, die der AG an das Unternehmen binden will, und einfachen Innendienstmitarbeitern ist indes möglich (BAG 17. 2. 1998 AP BetrAVG § 1 Gleichbehandlung Nr. 37 = NZA 1998, 762). Sehr großzügig hat das BAG die Differenzierung in der Zusatzversorgung, die eine Privatschule gewährt, nach den **Refinanzierungsmöglichkeiten** durch Privatschulfinanzierungsgesetze anerkannt (BAG 19. 6. 2001 DB 2002, 436).

Die Unterscheidung zwischen **Angestellten und Arbeitern** nach ihrem Status ist sachlich nicht zu **743** begründen (BVerfG 16. 11. 1982 AP BGB § 622 Nr. 16; BAG 21. 3. 1991 AP BGB § 622 Nr. 29; *Küttner/Kania* Gleichbehandlung Rn. 15 f.; *Simon/Hinderlich* NZA 1987, 623 ff.; *Preis* SAE 1994, 21, 24; *Hanau/Kania,* Ungleichbehandlung von Arbeitern und Angestellten in den Tarifverträgen des öffentl. Dienstes, 1994, S. 27; hierzu auch Rn. 125, 672). Die Differenzierung kann nur ausnahmsweise mit bes. Augenmerk auf den **Zweck der Leistung** sachlich gerechtfertigt sein (*Simon/Hinderlich* NZA 1987, 623 ff.). Gleiches gilt, wenn AG innerhalb der AN-Gruppen differenziert (BAG 27. 10. 1998 AP BGB § 611 Gratifikation Nr. 211). Das BAG hat für Angestellte und Arbeiter unterschiedliche tarifliche Ausschlussfristen mit Rücksicht auf den Gestaltungsspielraum der Tarifparteien aus Art. 9 III GG gebilligt (BAG 4. 12. 1997 AP TVG § 4 Ausschlussfristen Nr. 143).

Ein zulässiger Differenzierungsgrund liegt nicht schon darin, dass die Angestellten eine Leistung **744** auf Grund einzelvertraglicher Grundlage, die gewerblichen AN diese Leistung auf Grund einer BV erhalten (BAG 19. 4. 1995 AP BGB § 611 Gratifikation Nr. 172). Für TV ist danach zu unterscheiden, ob die unterschiedlichen Leistungen auf TV beruhen, die verschiedene Tarifpartner ausgehandelt haben (dann ist dies zulässig: BAG 12. 12. 1990 ZTR 1991, 159) oder ob sie durch dieselben TVParteien vereinbart wurden (dann unzulässig: BAG 23. 1. 1992 AP BGB § 622 Nr. 35 und BAG 17. 12. 1992 AP BAT SR 2 e II § 2 Nr. 1). Auch **dienststellenbezogene, nicht tätigkeitsbezogene Besonderheiten** des Arbeitsplatzes treffen Arbeiter und Angestellte gleichermaßen und sind nicht für eine Differenzierung geeignet (BAG 17. 12. 1992 AP § 242 Gleichbehandlung Nr. 5 m. Anm. *Fastrich*). Das ArbG Reutlingen hat in einem Urteil v. 9. 1. 1997 (BB 1997, 687, 688) die Ungleichbehandlung von Arbeitern und Angestellten im Hinblick auf die **Entgeltfortzahlung** als verfassungswidrig eingestuft und sich hierzu auf die Rspr. zu § 1 III Nr. 2 des LFZG idF v. 27. 7. 1969 berufen (BAG 5. 8. 1987 AP LohnFG § 1 Nr. 72). In dem Fall gewährte ein im Juli 1994 abgeschlossener HausTV den Angestellten ausdrücklich eine 100 %ige Lohnfortzahlung, die Regelung für Arbeiter verwies auf die gesetzliche Regelung. Nach Absenkung der gesetzlichen Entgeltfortzahlung auf 80 vH kürzte der AG die Entgeltfortzahlung an die gewerblichen AN entspr. (zur Möglichkeit verfassungskonformer Auslegung LAG Berlin 6. 11. 1997 AuR 1998, 84).

745 Zur Gewährung von **Weihnachtsgratifikationen** in unterschiedlicher Höhe an Angestellte und Arbeiter s. Rn. 672.

746 Nachdem das BVerfG unterschiedliche **gesetzliche Kündigungsfristen für Arbeiter und Angestellte** (BVerfG 16. 11. 1982 AP BGB § 622 Nr. 16 = BVerfGE 62, 256 ff.; BVerfG 30. 5. 1990 AP BGB § 622 Nr. 28 = BVerfGE 82, 126 ff.) wegen eines Verstoßes gegen Art. 3 I GG für verfassungswidrig erklärt hat, hat das BAG in mehreren Entscheidungen über die Verfassungsgemäßheit von Kündigungsfristen **in TV** ebenso das Fehlen sachlicher Gründe für eine Differenzierung festgestellt, da diese nur auf eine pauschale Unterscheidung zwischen den Gruppen der Angestellten und der Arbeiter zurückzuführen seien (BAG 21. 3. 1991 AP BGB § 622 Nr. 31; BAG 29. 8. 1991 AP BGB § 622 Nr. 32). Nur wenn entweder eine verhältnismäßig kleine Gruppe nicht intensiv benachteiligt oder funktions-, branchen- oder betriebspezifische Interessen im Geltungsbereich eines TV die verkürzten Kündigungsfristen für Arbeiter rechtfertigen, könnte die Differenzierung als sachlich begründet und damit als zulässig angesehen werden (BAG 21. 3. 1992 AP BGB § 622 Nr. 36). Ein Interesse an kürzeren Kündigungsfristen für Arbeiter könne sich daraus ergeben, dass die Notwendigkeit flexibler **Personalanpassung an schwankende Auftragsentwicklungen** bei Arbeitern ungleich höher ist als bei Angestellten (BAG 21. 3. 1992 AP BGB § 622 Nr. 35, 36, 37; BAG 28. 5. 1996 AP TVG § 1 Tarifverträge: Metallindustrie Nr. 143). Differenzierende **Ausschlussfristen** in verschiedenen TV hat das BAG gebilligt (BAG 4. 12. 1997 AP TVG § 4 Ausschlussfrist Nr. 143; BAG 29. 10. 1998 AuA 1999, 85).

747 Eine **Differenzierung** zwischen ANGruppen mit vergleichbarem Tätigkeitsprofil kann sachlich damit gerechtfertigt werden, dass nur auf Grund der Zahlung einer Zulage zum Arbeitsentgelt **Arbeitskräfte für die Tätigkeit zu gewinnen und zu halten** sind (BAG 25. 8. 1982 AP BGB § 242 Gleichbehandlung Nr. 53; BAG 30. 3. 1994 AP BGB § 242 Gleichbehandlung Nr. 113; BAG 20. 11. 1996 AP BetrAVG § 1 Gleichbehandlung Nr. 31; BAG 27. 10. 1998 AP BGB § 611 Gratifikation Nr. 211; BAG 19. 3. 2003 NZA 2003, 724). Voraussetzung ist, dass der AG auf Grund des auf der Durchsetzungsfähigkeit der ANSeite beruhenden ANDrucks schließen durfte und geschlossen hat, er könne den vorhandenen Schwierigkeiten durch eine generelle Entgeltverbesserung begegnen (BAG 23. 8. 1995 AP BGB § 242 Gleichbehandlung Nr. 134).

748 **4. Darlegungs- und Beweislast.** Die Darlegungs- und Beweislast ist zwischen AG und AN sachgerecht abzustufen. Grds. liegt sie beim AN. Entlohnt ein AG jedoch AN mit ähnlichen Tätigkeiten nach unterschiedlichen Vergütungssystemen, so hat der AG darzulegen, wie groß der begünstigte Kreis ist, wie er sich zusammensetzt und abgegrenzt ist und warum der AN nicht dazugehört (BAG 19. 8. 1992 AP BGB § 242 Gleichbehandlung Nr. 102). Nachgeschobener Vortrag zur sachlichen Rechtfertigung kann nur eingeschränkt berücksichtigt werden. Die den AN nicht erkennbaren Unterscheidungsmerkmale, deren Auswahl der AG nicht offengelegt hat, können nur dann berücksichtigt werden, wenn bes. Umstände erkennen lassen, dass sie nicht nur vorgeschoben sind (BAG 27. 10. 1998 AP BGB § 611 Gratifikation Nr. 211 unter Hinweis aus BVerfG 16. 11. 1993 AP BGB § 611 a Nr. 9).

749 **5. Rechtsfolgen.** Die Rechtsfolgen des Gleichbehandlungsgrundsatzes sind je nach Maßnahme unterschiedlich. Dem AN **nachteilige Rechtshandlungen** (Kündigung, einseitige Leistungsbestimmungen jeder Art, Widerruf), die unter Verstoß gegen den Gleichbehandlungsgrundsatz ergehen, sind **unwirksam** (*Zöllner/Loritz* § 17 V 1). Rechtsgeschäfte, die andere **AN gleichheitswidrig begünstigen,** sind **grds. wirksam.** Der Verstoß gegen den arbeitsrechtlichen Gleichbehandlungsgrundsatz hat jedoch zur Folge, dass die übergangenen AN verlangen können, nach Maßgabe der allgemeinen Regelung behandelt zu werden (BAG 11. 9. 1985 AP BGB § 242 Gleichbehandlung Nr. 76; BAG 24. 4. 1991 AP BGB § 242 Gleichbehandlung Nr. 140). Sie können also die **Leistung verlangen,** von der sie ohne sachlichen Grund ausgeschlossen worden sind, also diejenige, welche **die begünstigten AN erhalten haben** (BAG 11. 9. 1974, 10. 3. 1982, 9. 6. 1982, 30. 11. 1982 AP BGB § 242 BGB Gleichbehandlung Nr. 39, 47, 51, 54; LAG Hamm 14. 7. 1998 LAGE BetrAVG § 1 Gleichbehandlung Nr. 11; *Zöllner/Loritz* § 17 II und V). Da dieser Leistungsanspruch nach hM ein **Erfüllungs- und kein Schadensersatzanspruch** ist, kommt es auf ein Verschulden des AG nicht an (BAG 28. 7. 1992 AP BetrAVG § 1 Gleichbehandlung Nr. 18; BAG 23. 4. 1997 AP BAT §§ 22, 23 Zulagen Nr. 22; LAG Hamm 13. 7. 1999 NZA-RR 1999, 541; *Zöllner/Loritz* § 17 V 1; *Göhle-Sander* Rn. 39; *Marhold/Beckers* Rn. 229; aA MünchArbR/*Richardi* § 14 Rn. 36).

750 IdR wird man dem zu Unrecht ungleich Behandelten **für die Vergangenheit** dieselbe Leistung zuerkennen müssen, wie sie den übrigen Personen der Vergleichsgruppe gewährt worden ist, weil eine andere Möglichkeit zur Gleichbehandlung – etwa durch Rückforderung der den anderen Personen gewährten Leistung – weitgehend rechtlich wegen des Bestandsschutzes, jedenfalls aber faktisch nicht in Betracht kommt (BAG 13. 11. 1985 AP GG Art. 3 Nr. 136). Das BAG billigt dem AG allerdings in Ausnahmefällen eine **Anpassungsfrist** zu, wenn es die Unzulässigkeit einer bestimmten Gruppen-

F. Pflichten des Arbeitgebers § 611 BGB 230

bildung feststellt, die zuvor in Rspr. und Lehre streitig war (BAG 25. 1. 1984 AP BGB § 242 Gleichbehandlung Nr. 66; MünchArbR/*Richardi* § 14 Rn. 39). Ist einem AG auf Grund der Versorgungsbestimmungen eine Nachversicherung des gleichzustellenden AN in der betrieblichen Altersversorgung nicht möglich, so hat sie ihm die entspr. Versorgung auf anderem Wege, notfalls durch Selbsteintritt, zu verschaffen (BAG 25. 4. 1995 BetrAVG § 1 Gleichbehandlung Nr. 25).

Für eine gegen den allgemeinen Gleichheitssatz (Art. 3 I GG) verstoßende **Tarifregelung** kommt es 751 darauf an, ob sie insgesamt nichtig oder teilnichtig ist. Diese Entscheidung ist über eine ergänzende Auslegung der tariflichen Normen zu treffen, wobei der hypothetische Regelungswille der TVParteien zu berücksichtigen ist (BAG 28. 5. 1996 AP TVG § 1 Tarifverträge: Metallindustrie Nr. 143). Eine gleichheitswidrige Tarifregelung ist dann **nicht insgesamt nichtig**, wenn auf Grund des Regelungsgegenstandes unter Berücksichtigung der Belastung aus einer „Anpassung nach oben" davon auszugehen ist, dass die TVParteien die Regelung selbst dann getroffen hätten, wenn sie die Gleichheitswidrigkeit der von ihnen vorgenommenen Gruppenbildung gekannt hätten (BAG 7. 3. 1995 AP BetrAVG § 1 Gleichbehandlung Nr. 26). Im Übrigen ist den Gerichten für Arbeitssachen im Falle einer insgesamt nichtigen Regelung nur erlaubt, die **Regelungslücke** anstelle der TVParteien zu **schließen**, wenn **nur eine einzige Regelung** möglich ist, die dem Gleichheitssatz entspricht. Hat ein AG in Kenntnis eines möglichen Gleichheitsverstoßes eine Leistung erbracht, ohne sich eine Rückforderungsoption offenzuhalten, so dass er Rückforderungsansprüche nicht durchsetzen kann, kann die Gleichbehandlung der benachteiligten ANGruppe nur dadurch gewährleistet werden, dass ihr ebenfalls ein Anspruch auf die Leistung zugesprochen wird (BAG 28. 5. 1996 AP TVG § 1 Tarifverträge: Metallindustrie Nr. 143).

Für die Zukunft kann der Benachteiligte dagegen nicht die Gleichstellung verlangen. Hier muss es 752 dem AG (bzw. den TVParteien) im Rahmen ihrer Gestaltungsmöglichkeiten **freigestellt bleiben, auf welchem Niveau** sie eine Gleichbehandlung erreichen wollen (BAG 13. 11. 1985 AP GG Art. 3 Nr. 136; BAG 28. 5. 1996 AP TVG § 1 Tarifverträge: Metallindustrie Nr. 143). Die Wahrung des Gleichbehandlungsgrundsatzes stellt allerdings keinen betriebsbedingten Grund zur Rechtfertigung einer Änderungskündigung dar (BAG 28. 4. 1982 AP KSchG 1969 § 2 Nr. 3 m. Anm. *v. Hoyningen-Huene*; BAG 1. 7. 1999 AP KSchG 1969 § 2 Nr. 53).

III. Nebenpflichten des Arbeitgebers

1. Grundlagen. a) Übersicht und Rechtsquellen der Nebenpflichten. Den AG treffen **zahlreiche** 753 **Nebenpflichten** im bestehenden Arbeitsverhältnis, die mit der traditionellen „Fürsorgepflicht" des AG weder treffend noch abschließend umschrieben werden. Nebenpflichten des AG können sich **aus Gesetz, Kollektivverträgen, ausdrücklicher einzelvertraglicher Vereinbarung** oder aus dem allgemeinen **Grundsatz von Treu und Glauben (§ 242)** und dessen bereichsspezifischen Konkretisierungen ergeben. In § 241 II ist klargestellt, dass auch die sog. Schutzpflichten, dort als Rücksichtnahmepflichten bezeichnet, Inhalt des Schuldverhältnisses sein können. Aus dieser Norm ergibt sich keine Ausweitung der Nebenpflichten (*Gotthardt* Rn. 29 f.).

Gesetzliche Nebenpflichten für den AG erzeugen **nahezu alle arbeitsrechtlichen Gesetze**, insb. 754 Schutzgesetze zugunsten des AN. Hierzu gehören **Kernmaterien des deutschen Arbeitsrechts** wie das Urlaubsrecht (BUrlG), Entgeltfortzahlungsrecht (EFZG), Elternzeitrecht (BErzGG), aber auch das Datenschutzrecht (BDSG) und die Bildungsurlaubsgesetze der Länder. Neuere Materien sind das NachwG und das BeschSchG. Bes. wichtig ist der gesamte Bereich des **technischen und sozialen Arbeitsschutzes** (ArbSchG, ASiG, ArbZG, LadSchlG, BDSG, MuSchG, JArbSchG, SGB IX). ZT sind auch individualrechtliche Nebenpflichten im **Betriebsverfassungsrecht** zu finden (vgl. etwa §§ 81 bis 84 BetrVG). Alle diese Gesetze werden gesondert kommentiert.

Klassische Ausprägung gesetzlicher Schutzpflichten sind § 618 sowie § 62 I HGB, die in ihrem 755 eigenständigen Gehalt und praktischen Gewicht durch das ArbSchG Einbußen hinnehmen müssen (s. § 618 Rn. 2 ff.; vgl. ferner § 62 I HGB). Zahlreiche **öffentlich-rechtliche Schutzbestimmungen nebst Rechtsverordnungen oder EG-RL** auf dem Gebiet des **Gesundheitsschutzes und der Arbeitssicherheit** konkretisieren Schutz- und Fürsorgepflichten im Arbeitsverhältnis. Die Normen können unterschiedliche privatrechtliche Rechtsfolgen zeitigen (Zurückbehaltungsrechte, Anzeigerechte, Schadensersatzansprüche, Kündigungsgründe). Das Ausmaß der Pflichten kann nur im Einzelfall unter Prüfung der jeweiligen Normen bestimmt werden.

Die öffentl. Arbeitsschutzvorschriften begründen zugleich entspr. unabdingbare Vertragspflichten. 756 Ihre Einhaltung ist damit zugleich arbeitsvertraglich geschuldet (sog. **Doppelnatur der Arbeitsschutzregeln,** BAG 10. 3. 1976 AP BGB § 618 Nr. 17 mit Anm. *Herschel*; Erman/*Belling* § 618 Rn. 4; MünchArbR/*Blomeyer* § 96 Rn. 6; vgl. hier § 618 Rn. 4). Die meisten Gesetze und Verordnungen des öffentlich-rechtlichen Arbeitsschutzes sind **Schutzgesetze iSd. § 823 II** (hierzu noch Rn. 764). Dagegen sind die Unfallverhütungsvorschriften der Berufsgenossenschaften als Schutzgesetze nicht anerkannt worden, weil sie nicht die Allgemeinheit schützen, sondern nur die Unternehmer und die Versicherten (BGH 2. 6. 1969 VersR 1969, 827).

Preis

771 Der AG hat über den Inhalt der Personalakten Stillschweigen zu bewahren. Dritten darf er nur auf Grund einer gesetzlichen Bestimmung oder mit Einwilligung des AN Einsicht gewähren (BAG 4. 4. 1990 AP BGB § 611 Persönlichkeitsrecht Nr. 21). Eine Verpflichtung, die Personalakten des AN nach Beendigung des Arbeitsverhältnisses vollständig aufzubewahren, besteht nicht. Allerdings sind bes. Aufbewahrungsvorschriften hins. einzelner Vorgänge zu beachten (zu Lohnkonten § 41 I 9 EStG, zu kaufmännischen Aufbewahrungsfristen § 257 HGB). Als praktisch relevante Nebenpflicht trifft den AG, unberechtigt zu den Personalakten genommene Schriftstücke aus diesen zu entfernen. Diese Fallkonstellation wird insb. bei rechtswidrigen Abmahnungen relevant.

772 **d) Schutz des Arbeitnehmervermögens. aa) Obhuts- und Verwahrungspflichten.** Die Schutzpflichten des AG für für Vermögensgegenstände des AN haben neuerdings in § 241 II eine gesetzliche Grundlage. Dessen ungeachtet war auch bisher schon anerkannt, dass den AG – abgesehen von Sachen, die in keinem Zusammenhang mit dem Arbeitsverhältnis stehen – grds. Obhuts- und Verwahrungspflichten treffen (*Schaub* § 108 Rn. 27 ff.; das BAG rekurrierte auf die allgemeine Fürsorgepflicht BAG 5. 3. 1959 AP BGB § 611 Fürsorgepflicht Nr. 26 mit Anm. *A. Hueck* und BAG 1. 7. 1965 AP BGB § 611 Fürsorgepflicht Nr. 75 mit Anm. *Bulla*). Diese verpflichten den AG, diejenigen Maßnahmen zu ergreifen, die ihm nach den konkreten Verhältnissen zumutbar sind und die den AN bei eigenem Zutun in die Lage versetzen, sein eingebrachtes Eigentum entspr. der betrieblichen Situation möglichst vor Verlust oder Beschädigung zu bewahren (BAG 1. 7. 1965 AP BGB § 611 Fürsorgepflicht Nr. 75 mit Anm. *Bulla*).

773 Stellt der AG einen **Parkplatz** zur Verfügung, so hat er demgemäß das Gelände in einen verkehrssicheren Zustand zu versetzen und zu erhalten (BAG 10. 11. 1960 AP BGB § 611 Fürsorgepflicht Nr. 58; BAG 18. 3. 1966 AP BGB § 611 Parkplatz Nr. 1 BAG 25. 5. 2000 AP BGB § 611 Parkplatz Nr. 8; zum Umfang der zu ergreifenden Sicherungsmaßnahmen Preis/*Stoffels* II H 30 Rn. 31 mwN; zum Schutz vor Industrieimmissionen *Neuhausen* NZA 1991, 372). Die Haftung für Verkehrssicherheit kann der AG nicht durch vertragliche Einheitsregelung ausschließen (BAG 28. 9. 1989 AP BGB § 611 Parkplatz Nr. 5). Der Haftungsausschluss für Vorsatz ist nach § 276 III und für grobe Fahrlässigkeit nach § 309 Nr. 7 ausgeschlossen. Auch die Haftung für einfache Fahrlässigkeit kann nicht ohne weiteres in AGB ausgeschlossen werden (Preis/*Stoffels* II H 30 Rn. 38).

774 Kommt es in schuldhafter Vernachlässigung dieser Pflichten zu einer Schädigung arbeitnehmereigener Sachen, so hat der AG hierfür sowohl auf vertraglicher als auch auf deliktischer Grundlage aufzukommen.

775 **bb) Sonstige Vermögensinteressen des Arbeitnehmers.** Ob die Verletzung sonstiger Vermögensinteressen des AN zum Schadensersatz verpflichtet, ist im Einzelfall durch Konkretisierung der arbeitsvertraglichen Nebenpflichten am Maßstab des § 242 und des § 241 II auf Grund von Schutzzwecküberlegungen zu ermitteln. Im Einzelfall muss der AG den AN durch Hinweispflichten vor Schäden bewahren (bejaht bei Aushändigung eines Generalschlüssels LAG Frankfurt 15. 1. 1998 LAGE BGB § 249 Nr. 12).

776 So verpflichtet beispielsweise die schuldhafte nicht **ordnungsgemäße Zahlung von Sozialversicherungsbeiträgen** den AG zum Ausgleich des entstandenen Schadens, der zB in der Nichterfüllung der Wartezeit oder in einer Schmälerung der Rente bestehen kann. Nach heute hM (BAG 14. 7. 1960 AP BGB § 823 Schutzgesetz Nr. 1 mit Anm. *Nikisch*; BAG 12. 7. 1963 AP BGB § 823 Schutzgesetz Nr. 4; BAG 5. 2. 1976 AP BGB § 249 Vorteilsausgleich Nr. 4; anders noch das RG und RAG; vgl. auch *Marschner* AR-Blattei SD 860.4 Rn. 42 ff.) sind nämlich die sozialversicherungsrechtlichen Anmelde- und Beitragsvorschriften sowie § 266 a StGB (hierzu *Kania/Peters-Lange* ZTR 1996, 534) als Schutzgesetze iSv. § 823 II anzusehen, verfolgen sie neben verwaltungsmäßigen Zielen ihrem Gesamtinhalt nach auch den Schutz des einzelnen Versicherten. Gleichzeitig löst die öffentlich-rechtliche Verpflichtung des AG eine entspr. arbeitsvertragliche Nebenpflicht gegenüber dem AN aus, deren Verletzung damit stets auch einen vertraglichen Schadensersatzanspruch begründet (zum Ganzen ausf. *Marschner* AR-Blattei SD 860.4; BGH 15. 10. 1996 AP BGB § 823 Schutzgesetz Nr. 21, 22; BGH 16. 5. 2000 AP BGB § 823 Schutzgesetz Nr. 24).

777 Ferner ist eine Anmelde- und Beratungspflicht hins. des **Beitritts zu Zusatzversorgungskassen** zu bejahen (LAG Rheinland-Pfalz 12. 10. 1990 und 16. 11. 1990 LAGE BGB § 611 Fürsorgepflicht Nr. 21 und 22; LAG Hamm 2. 12. 1986 LAGE BGB § 611 Fürsorgepflicht Nr. 13; LAG Hamm 13. 7. 1999 NZA-RR 1999, 658).

778 Darüber hinaus trifft den AG die Pflicht zu richtiger **Lohnberechnung** (näher Rn. 525) sowie zur rechtzeitigen Herausgabe der ausgefüllten Lohnsteuerkarte (BAG 20. 2. 1997 AP BGB § 611 Haftung des AG Nr. 4 = NZA 1997, 880). Bei fehlerhafter Lohnsteuerbescheinigung, die zu einer erhöhten Steuerveranlagung des AN führt, kann der AG schadensersatzpflichtig sein (BFH 20. 9. 1996 NZA-RR 1997, 121). Zu den **Pflichten des AG als Drittschuldner im Falle der Lohnpfändung** vgl. § 840 ZPO. Den AG trifft keine Belehrungspflicht über die Möglichkeiten des Vollstreckungsschutzes nach § 850i ZPO (BAG 13. 11. 1991 AP ZPO § 850 Nr. 13 = NZA 1992, 384). Grds. trifft den AG keine Pflicht gegenüber dem AN, die auf Grund einer Lohnpfändung einbehaltenen Beträge auch tatsächlich abzuführen (LAG Hamm 15. 6. 1988 LAGE BGB § 611 Fürsorgepflicht Nr. 15).

F. Pflichten des Arbeitgebers § 611 BGB 230

Es ist allerdings **keine allgemeine Pflicht** des AG anzuerkennen, den AN **vor Vermögensnachtei-** 779
len zu bewahren. So obliegt dem AG keine Pflicht zur allgemeinen Rechtsberatung des AN (BAG
26. 8. 1993 AP LPVG NW § 72 Nr. 8). Wenn allerdings ein AN auf ein Handeln des AG angewiesen
ist, um Sozialleistungsansprüche zu erlangen, kann ein Unterlassen Schadensersatzansprüche des AN
begründen (BAG 19. 3. 1992 AP BGB § 611 Fürsorgepflicht Nr. 110).
Bei einem freiwillig in der gesetzlichen Rentenversicherung versicherten Beschäftigten (§§ 7, 232 780
SGB VI) ist der AG ohne bes. vertragliche Vereinbarung nicht auf der Basis der Fürsorgepflicht
gehalten, sich an den **Rentenversicherungsbeiträgen** zu beteiligen (LAG Köln 19. 1. 1996 NZA-RR
1996, 447). Im Krankenversicherungsrecht besteht nach § 257 SGB V dagegen eine ausdrückliche
Zuschusspflicht.

e) **Aufklärungs-, Auskunfts- und Unterrichtungspflichten.** Den AG treffen zahlreiche Aus- 781
kunfts-, Aufklärungs- und Unterrichtungspflichten über Tatsachen, die der AN zur Wahrnehmung
der Arbeitsaufgaben oder seiner Rechte aus dem Arbeitsverhältnis benötigt (ausf. *Boemke* AR-Blattei
SD 320 Rn. 59 ff.). ZT sind spezielle Auskunftspflichten gesetzlich geregelt (vgl. § 4 Nr. 7, 12, 14
ArbSchG). Auch im vorvertraglichen Raum sind Auskunfts- und Aufklärungspflichten anzunehmen
(hierzu Rn. 317 ff.). Den AG trifft ebenso wie den AN nach § 242 ein **Auskunftsanspruch,** soweit der
AN über Bestehen und Umfang seiner Rechte im Ungewissen ist, während der AG unschwer Auskunft erteilen kann (BAG 18. 1. 1996 AP BGB § 242 Auskunftspflicht Nr. 25; zum Auskunfts-
anspruch des LeihAN: BAG 11. 4. 1984 AP AÜG § 10 Nr. 7). Auch aus dem Vertrag selbst kann sich
ein Auskunftsanspruch ergeben, um den Bestand eines Leistungsanspruchs zu klären soll, sofern der
AN die Wahrscheinlichkeit seines Anspruchs dargelegt hat (BAG 21. 10. 1970 AP BGB § 242 Auskunftspflicht Nr. 13 = EzA HGB § 60 Nr. 5; BAG 21. 11. 2000 AP BGB § 242 Auskunftspflicht
Nr. 35 für den Fall der Umsatzbeteiligung).
Bes. umstritten ist, ob und inwieweit den AG bes. **Aufklärungs- und Belehrungspflichten bei** 782
Abschluss eines Aufhebungsvertrags treffen. Grds. muss sich der AN vor Abschluss eines Auf-
hebungsvertrags selbst über die rechtlichen Folgen dieses Schrittes Klarheit verschaffen (BAG 3. 11.
1984 NZA 1985, 712). Das gilt erst recht bei Eigenkündigungen (LAG Frankfurt 21. 3. 1985 LAGE
BGB § 119 Nr. 4). Nach Treu und Glauben können aber bes. Auskunftspflichten bejaht werden. Das
gilt hins. der arbeits- und sozialrechtlichen Folgen der Beendigung des Arbeitsverhältnisses, wenn der
AG erkennen muss, dass der AN weiterer Informationen bedarf und er selbst die Auskünfte unschwer
erteilen kann (BAG 13. 11. 1996 AP BGB § 620 Aufhebungsvertrag Nr. 4 = NZA 1997, 390; BAG
13. 12. 1988 AP BetrAVG § 1 Zusatzversorgungskassen Nr. 23). Dies gilt insb. für den möglichen
Verlust von Versorgungsansprüchen und wenn die Initiative zur Auflösung vom AG ausgeht (BAG
3. 7. 1990 AP BetrAVG § 1 Nr. 24; BAG 17. 10. 2000 AP BGB § 611 Fürsorgepflicht Nr. 116; BAG
11. 12. 2001 EzA BGB § 611 Fürsorgepflicht Nr. 62; BAG 12. 12. 2002 AP BGB § 611 Haftung des
Arbeitnehmers Nr. 25). Wenn der AN auf Grund bes. Umstände darauf vertrauen darf, der AG werde
bei Beendigung des Arbeitsverhältnisses die Interessen des AN wahren und ihn in redlicher Weise vor
unbedachten nachteiligen Folgen des vorzeitigen Ausscheidens bewahren, ist eine Auskunftspflicht zu
bejahen (BAG 3. 7. 1990 AP BetrAVG § 1 Nr. 24; BAG 10. 3. 1988 AP BGB § 611 Fürsorgepflicht
Nr. 99). Das Gleiche gilt bei Wechsel in ein anderes Versorgungssystem, dem eine unrichtige Modell-
rechnung des AG zugrunde liegt (BAG 21. 11. 2000 AP BGB § 611 Haftung des Arbeitgebers Nr. 17 =
EzA BGB § 611 Fürsorgepflicht Nr. 61). Eine Aufklärungspflicht wurde auch hins. der arbeitsförderungsrechtlichen Folgen (Sperrzeit für das Arbeitslosengeld) bei Abschluss eines Aufhebungsvertrags
bejaht (BAG 10. 3. 1988 AP BGB § 611 Fürsorgepflicht Nr. 99; vgl. hierzu im Übrigen § 620 Rn. 229).
Grds. hat sich jedoch der AN selbst über die sozialrechtlichen Regelungen zu informieren. Mitverschulden ist nach § 254 zu berücksichtigen (BAG 12. 12. 2002 AP BGB § 611 Haftung des Arbeitnehmers Nr. 25).
Vor Ausspruch einer **Verdachtskündigung** (hierzu § 626 BGB Rn. 211) bejaht die Rspr. eine 783
Aufklärungspflicht des AG. Verdachtsmomente hat der AG vor Ausspruch einer Kündigung regelmäßig durch Befragung des AN aufzuklären (BAG 21. 3. 1996 AP BGB § 123 Nr. 42).
Den AG trifft **keine Auskunfts- und Beratungspflicht** hins. des **Krankenversicherungsschutzes** 784
bei Auslandseinsätzen des AN (LAG Hessen 4. 9. 1995 NZA 1996, 482) oder über die Höhe anderer
Sozialleistungen (LAG Mecklenburg-Vorpommern 22. 11. 1993 LAGE BGB § 242 Auskunftspflicht
Nr. 6). Zu bejahen ist sie allerdings bezogen auf die Möglichkeit des Beitritts zu einer **Zusatzversorgungseinrichtung** (LAG Rheinland-Pfalz 12. 10. 1990 LAGE BGB § 611 Fürsorgepflicht Nr. 22).
Zum Auskunftsanspruch über Rechnungslegung bei **ANErfindung:** BGH 17. 5. 1994 AP ArbNErfG
§ 12 Nr. 4. Eine Auskunftspflicht über geplante **Betriebseinschränkungen** besteht nicht. Das Gesetz
normiert entspr. Pflichten nur gegenüber dem BR, Wirtschaftsausschuss und ggf. dem AA (§§ 92 I,
111 BetrVG, § 17 KSchG; vgl. BAG 13. 11. 1996 AP BGB § 620 Aufhebungsvertrag Nr. 4 = NZA
1997, 390; LAG Köln 17. 6. 1993 LAGE BetrVG 1972 § 112 Nr. 24). Je komplexer die Zusammenhänge und umso leichter der AG Sachaufklärung leisten kann, umso eher ist eine Aufklärungspflicht
zu bejahen (zur Anlage vermögenswirksamer Leistungen als außerbetriebliche **stille Beteiligung** BGH
24. 5. 1993 AP BGB § 611 Fürsorgepflicht Nr. 101); zur Aufklärungspflicht einer Urlaubskasse, die

Preis 1507

als gemeinsame Einrichtungen der TVParteien betrieben wird, bei **komplexen Tarifwerken**: BAG 20. 8. 1996 AP BUrlG § 11 Urlaubskasse Nr. 11.

785 **f) Sonstige Nebenpflichten.** Über die voranstehend skizzierten Nebenpflichten hinaus sind nur zurückhaltend weitergehende Nebenleistungspflichten unter dem Stichwort der arbeitsrechtlichen Fürsorgepflicht anzuerkennen.

786 Der AG darf dem AN **nicht grundlos Nachteile zufügen** oder ihn der Gefahr eines Schadens aussetzen. Der AN kann sich aber im Kündigungsschutzprozess nicht auf die Fürsorgepflicht berufen, wenn er zuvor selbst Treu und Glauben zuwider gehandelt hat (BAG 9. 3. 1995 AP BGB § 626 Nr. 123). Nach BAG 9. 3. 1995 AP BGB § 626 Nr. 123 soll der AG jedoch grds. gehalten sein, einen straffällig gewordenen AN bei der Erlangung des **Freigängerstatus** zu unterstützen. Dies ist sehr weitgehend, kann aber noch bejaht werden, weil es bei dieser Frage darum geht, Störungen des von der Straftat nicht beeinträchtigten Arbeitsverhältnisses zu vermeiden.

787 Aus der Fürsorgepflicht lässt sich **keine Legitimation** dafür herleiten, dass der AG den (kranken) AN notfalls durch eine **Kündigung vor einer Selbstschädigung** bewahrt (zweifelnd BAG 12. 7. 1985 AP BGB § 626 Krankheit Nr. 7 mit Anm. *Bezani*; abl. LAG Köln 21. 12. 1995 LAGE KSchG § 1 Krankheit Nr. 24). Umgekehrt sind die Grundsätze zur krankheitsbedingten Kündigung Ausprägung der Fürsorgepflicht des AG. **Krankheitsbedingtem Leistungsabfall** muss der AG vor einer Kündigung durch andere Maßnahmen (menschengerechtere Gestaltung des Arbeitsplatzes, Umorganisation) begegnen. Zur Vermeidung einer Kündigung muss er den AN sogar auf einem **leidensgerechteren Arbeitsplatz** weiterbeschäftigen, wenn dies im Rahmen des Direktionsrechts möglich ist (BAG 29. 1. 1997 AP KSchG § 1 Krankheit Nr. 32 = NZA 1997, 709; BAG 17. 2. 1998 AP BGB § 618 Nr. 27).

788 Aus der Fürsorgepflicht kann der AN nicht herleiten, dass der AG **behördliche oder gerichtliche Verfahren** zu seinen Gunsten durchführen muss (zum Zustimmungsersetzungsverfahren bei Verweigerung der Zustimmung des BR BAG 29. 1. 1997 AP KSchG § 1 Krankheit Nr. 32 = NZA 1997, 709; bei rechtswidriger Zustimmungsverweigerung bejahend *Gottwald* BB 1997, 2427; zu Widerspruch und Klage gegen Kurzarbeitergeldfestsetzung BAG 19. 3. 1992 AP BGB § 611 Fürsorgepflicht Nr. 110).

G. Pflichten des Arbeitnehmers

I. Hauptpflichten des Arbeitnehmers

789 **1. Arbeitsleistung. a) Grundlagen.** Die Verpflichtung zur Arbeitsleistung ergibt sich aus dem geschlossenen Arbeitsvertrag iVm. § 611. Die Pflicht zur Arbeitsleistung steht als Hauptpflicht im Gegenseitigkeitsverhältnis zur Pflicht des AG zur Entgeltzahlung. § 320 ist auch für den Arbeitsvertrag anwendbar.

790 Konkretisiert wird die Verpflichtung zur Arbeitsleistung durch zahlreiche Rechtsquellen, keinesfalls allein durch den Arbeitsvertrag. Stets sind die unterschiedlichen Rechtsquellen des Arbeitsrechts zu beachten (Rn. 235 ff.). Insb. können die Kollektivverträge (TV, BV) sowie allgemeine, vom AG vorformulierte Arbeitsbedingungen Einzelheiten regeln. Auf vertraglicher Ebene können sich insb. durch das Institut der betrieblichen Übung (Rn. 261) und das arbeitgeberseitige Direktionsrecht Konkretisierungen ergeben.

791 **aa) Persönliche Verpflichtung (§ 613).** Der AN hat die ihm obliegende Arbeitsleistung **im Zweifel in Person** zu erbringen. Dies bestimmt allgemein für alle Arten von Dienstverträgen § 613 S. 1 (vgl. die Kommentierung dort). § 275 III greift diese persönliche Leistungspflicht im Rahmen des SchuldRModG ausdrücklich auf (näher Rn. 847).

792 **bb) Gegenstand der Leistungsverpflichtung.** In Abgrenzung zum Werkvertrag schuldet der AN keinen bestimmten Erfolg, sondern lediglich die vertraglich vorgesehene **Tätigkeit**. Nicht der Erfolg, sondern die Zeit ist das wesentliche Maß für die Arbeitsleistung. Die zeitliche Fixierung der Arbeitspflicht ist kennzeichnend für das Arbeitsverhältnis (BAG 17. 3. 1988 AP BGB § 626 Nr. 99). Dem AG steht die Arbeitskraft nicht unbegrenzt, sondern nur im Rahmen des vereinbarten Zeitrahmens zur Verfügung. Deshalb wird die Arbeitspflicht in aller Regel nach Zeiteinheiten bemessen. Hieran ändert sich auch nichts durch das Interesse des AG am Erfolg der geschuldeten Tätigkeit. Auch bei Leistungslohnsystemen ist die Arbeitszeit die entscheidende Maßeinheit der arbeitnehmerseitig geschuldeten Leistung. So ist bei Akkordarbeit Lage und Dauer der festgelegten Arbeitszeit für den Umfang der Arbeitspflicht des AN maßgeblich. Lediglich die Höhe der Vergütung richtet sich nach dem in der geschuldeten Zeit erzielten Arbeitsergebnis.

793 Umstritten ist, ob die **geschuldete Leistung** in der bloßen Zuverfügungstellung der Arbeitskraft oder in der **Arbeit** selbst besteht. Gegen die erstgenannte Auffassung (*v. Stebut* RdA 1985, 66, 70) spricht der Wortlaut des § 611, der von der Leistung der versprochenen Dienste spricht (MünchArbR/ *Blomeyer* § 48 Rn. 4). Praktische Auswirkung kann diese Auffassung im Leistungsstörungsrecht haben. Stellt bereits die Zurverfügungstellung der Arbeitskraft die Erfüllung dar, folgte der Entgeltan-

G. Pflichten des Arbeitnehmers   § 611 BGB 230

spruch bereits aus § 611. Dies ist allerdings nicht sachgerecht, weil dann bei Annahmeverzug des AG eine Anrechnungsmöglichkeit nach § 615 S. 2 ausschiede.

cc) **Leistungsmaßstab.** Da der AN die Arbeitsleistung nach § 613 in Person zu erbringen hat, kann 794 von ihm grds. auch nur die Leistung erwartet werden, die er bei angemessener Anspannung seiner geistigen und körperlichen Kräfte auf Dauer ohne Gefährdung seiner Gesundheit zu leisten imstande ist. Die Leistung des AN richtet sich mithin nach seinem **individuellen Leistungsvermögen** und nicht nach dem objektiven Maßstab des § 243 I (BAG 17. 3. 1988 AP BGB § 626 Nr. 99; LAG Hamm 23. 8. 2000 NZA-RR 2001, 138). An dem subjektiven Leistungsmaßstab ist auch nach dem SchuldRModG festzuhalten (*Gotthardt* Rn. 22). Nach diesem subjektiven Leistungsmaßstab bestimmen sich Arbeitstempo und Arbeitsintensität. Er muss die Arbeit jedoch **unter Anspannung seiner Fähigkeiten sorgfältig verrichten** (MünchArbR/*Blomeyer* § 48 Rn. 70). Die Unterbrechung der Arbeitstätigkeit, um privaten Tätigkeiten nachzugehen, stellt eine Verletzung der Arbeitspflicht dar (Erman/*Hanau* Rn. 283). Ein im Prämienlohnverfahren arbeitender AN verletzt durch eine mindere Leistung seine individuelle Arbeitspflicht, wenn er seine Arbeitskraft bewusst zurückhält und nicht unter angemessener Anspannung seiner Kräfte und Fertigkeiten arbeitet (BAG 20. 3. 1969 AP GewO § 123 Nr. 27).

Der subjektive Leistungsbegriff führt daher zu einer **dynamischen Leistungspflicht:** Wer über- 795 durchschnittlich leisten kann, ist auch zu überdurchschnittlichen Leistungen verpflichtet. Wer umgekehrt nur unterdurchschnittlich leistungsfähig ist, genügt mit einer unterdurchschnittlichen Leistung seiner Arbeitspflicht.

Der Annahme eines objektiven Leistungsmaßstabes iSd. § 243 I, der sich an einer Normalleistung 796 orientieren müsste, steht das Fehlen gesetzlicher Gewährleistungsregeln im Dienstvertragsrecht entgegen. Der subjektive Leistungsbegriff hat insb. für die Frage Bedeutung, ob und inwieweit Schadensersatzansprüche wegen schlechter und zu langsamer Arbeit bestehen können (zum Leistungsstörungsrecht Rn. 835 ff.). Der subjektive Leistungsbegriff zeichnet den AN jedoch nicht von der vertraglichen Verpflichtung zur Erbringung der geschuldeten Leistung frei. Er muss der Arbeitsleistung, zu der er sich verpflichtet, prinzipiell gewachsen sein. Anderenfalls kann er sich uU schadensersatzpflichtig machen (Rn. 836).

Verletzt der AN den **objektiv gebotenen Leistungsstandard,** kann dies **kündigungsrechtliche** 797 **Konsequenzen** haben. Objektiven Schlechtleistungen kann durch Abmahnung und Kündigung begegnet werden (hierzu § 1 KSchG Rn. 153 ff., 396). Auch im Recht der krankheitsbedingten Kündigung legt die Rspr. vermehrt einen objektiven Standard an das gebotene Maß der Leistungserbringung. Dies zeigt sich etwa an der Kündigungsmöglichkeit wegen krankheitsbedingter Leistungsminderung. Hier hat das BAG die Kündigung einer schwerbehinderten, langjährig beschäftigten AN bejaht, die nach objektiver Feststellung nur noch zwei Drittel der Normalleistung zu erbringen in der Lage war (BAG 26. 9. 1991 AP KSchG 1969 § 1 Krankheit Nr. 28). Der in der individualarbeitsrechtlichen Literatur immer noch vorherrschende Grundsatz des subjektiven Leistungsmaßstabes bedarf vor diesem Hintergrund einer differenzierten Betrachtung.

Der Leistungsmaßstab für die Erbringung der Hauptleistungspflicht darf nicht verwechselt werden 798 mit dem **Haftungs- oder Sorgfaltsmaßstab** im Arbeitsverhältnis. Der AN haftet bei Pflichtverletzungen immer dann, wenn ihn ein Verschulden trifft. Prinzipiell haftet auch der AN für Fahrlässigkeit iSd. § 276. Fahrlässigkeit bedeutet auch im Arbeitsverhältnis die Außerachtlassung der objektiv im Verkehr erforderlichen Sorgfalt. Allerdings werden, weil der AG das Betriebsrisiko trägt, Haftungserleichterungen für AN für geboten erachtet (§ 619 a Rn. 65 ff.).

b) **Art der zu leistenden Arbeit.** Der konkrete Inhalt der Verpflichtung zur Arbeitsleistung ergibt 799 sich aus den Einzelheiten des Arbeitsvertrags. Dies gilt hins. **Ort, Art und Zeit** der zu leistenden Arbeit. Auch für die Konkretisierung der Art der vom AN zu verrichtenden Arbeitsleistung ist zunächst der **Inhalt des Arbeitsvertrags** ausschlaggebend. Die im Arbeitsvertrag enthaltene Tätigkeitsbeschreibung kann sehr konkret, aber auch sehr allgemein gehalten sein. Die entspr. arbeitsvertragliche Formulierung ist von erheblicher Relevanz, weil von ihr der **Umfang des Direktionsrechts** abhängig ist (*Hromadka* DB 1995, 2601, 2602; ausf *Preis* II D 30 Rn. 32 ff.). Wird die Tätigkeit bei der Einstellung fachlich umschrieben (zB Buchhalter, kaufmännischer Angestellter usw.), können dem AN sämtliche Arbeiten zugewiesen werden, die diesem Berufsbild entsprechen (LAG Hamm 13. 12. 1990 LAGE BGB § 611 Direktionsrecht Nr. 7).

In aller Regel ist es zweckmäßig, die **Tätigkeitsbeschreibung** nicht zu eng zu fassen. Ist eine 800 konkret zugewiesene Tätigkeit nicht mehr von der vereinbarten Tätigkeitsbeschreibung gedeckt, kann der AG eine Änderung des Arbeitsvertrags nur durch Vereinbarung oder Änderungskündigung herbeiführen (hierzu § 2 KSchG Rn. 14 ff.). Auch bei weit gefassten Tätigkeitsbeschreibungen kann sich die Einsatzpflicht des AN im Einzelfall auf bestimmte Tätigkeiten konkretisieren, wenn eine dahingehende (konkludente) Vertragsänderung erfolgt ist. Dies ist aber nur bei Vorhandensein bes. Umstände anzunehmen (BAG 11. 6. 1958 AP BGB § 611 Direktionsrecht Nr. 2).

Eine Konkretisierung auf eine bestimmte Tätigkeit tritt regelmäßig nicht ein, wenn der Arbeits- 801 vertrag einen Vorbehalt zur Zuweisung einer anderen Aufgabe enthält (LAG Köln 23. 2. 1987 LAGE BGB § 611 Direktionsrecht Nr. 1; *Hennige* NZA 1999, 281, 286). Allein der Zeitablauf führt auch bei

Preis   1509

langjähriger Tätigkeit nicht zu einer Konkretisierung. Es bedarf vielmehr zusätzlicher Umstände (LAG Rheinland-Pfalz 13. 10. 1987 NZA 1988, 471; LAG Düsseldorf 23. 6. 1994 LAGE BGB § 611 Direktionsrecht Nr. 18; LAG Rheinland-Pfalz 5. 7. 1996 NZA 1997, 1113). **Beispiele:** Einsatz einer Erzieherin von Beginn des Arbeitsverhältnisses als Lehrkraft (LAG Frankfurt 4. 12. 1986 LAGE BGB § 611 Direktionsrecht Nr. 3). Diplom-Sportlehrern kann nicht die Betreuung des allgemeinen Hochschulsports auferlegt werden (LAG Köln 29. 1. 1991 LAGE BGB § 611 Direktionsrecht Nr. 8). Der AG kann sich auch durch Erklärungen binden. Ist dem AN vorübergehend eine höherwertige Aufgabe übertragen worden, deren Fortführung auf Dauer seitens des AG nur von der fachlichen Bewährung abhängig gemacht wird, darf der AG die Aufgabe nicht aus anderen Gründen entziehen (BAG 17. 12. 1997 AP BGB § 611 Direktionsrecht Nr. 52).

802   Wenn die Arbeitspflicht arbeitsvertraglich nicht auf eine genau bestimmte Tätigkeit begrenzt (konkretisiert) ist, kann dem AN des öffentl. Dienstes **jede Tätigkeit** übertragen werden, die den **Merkmalen seiner Vergütungsgruppe und seinen Kräften und Fähigkeiten** entspricht, sofern ihm die Tätigkeit auch im Übrigen billigerweise zugemutet werden kann (BAG 30. 8. 1995 AP BGB § 611 Direktionsrecht Nr. 44). Eine Konkretisierung auf eine bestimmte Tätigkeit tritt auch nach langjähriger Beschäftigung auf demselben Arbeitsplatz nicht ein (LAG Köln 26. 1. 1994 ZTR 1994, 374; *Hennige* NZA 1999, 281, 285). Der **Arbeitsbereich** kann auch **verkleinert** werden (BAG 23. 6. 1993 AP BGB § 611 Direktionsrecht Nr. 42), allerdings liegt uU eine mitbestimmungspflichtige Versetzung vor (BAG 2. 4. 1996 AP BetrVG 1972 § 95 Nr. 34; zur mitbestimmungsfreien Umsetzung einer Stationsleiterin BAG 24. 4. 1996 AP BGB § 611 Direktionsrecht Nr. 48). Die Verweigerung einer rechtmäßig zugewiesenen Tätigkeit kann die fristlose Entlassung rechtfertigen (BAG 12. 4. 1973 AP BGB § 611 Direktionsrecht Nr. 24).

803   Das Direktionsrecht umfasst aber **nicht** die Befugnis zur Versetzung des AN auf einen Arbeitsplatz mit einer **geringerwertigen Tätigkeit,** und zwar auch dann nicht, wenn die bisher gezahlte Vergütung fortgezahlt wird (BAG 14. 7. 1965 AP BGB § 611 Direktionsrecht Nr. 19; BAG 30. 8. 1995 AP BGB § 611 Direktionsrecht Nr. 44 = NZA 1996, 440; BAG 24. 4. 1996 AP BGB § 611 Direktionsrecht Nr. 49; LAG Hamm 13. 12. 1990 LAGE BGB § 611 Direktionsrecht Nr. 7; LAG Hamm 9. 1. 1997 NZA-RR 1997, 337; ausf. *Preis* II D 30 Rn. 42 ff., 155 ff.). Ob dies auf der Basis tarifvertraglicher Klauseln möglich ist, ist umstritten (dafür BAG 22. 5. 1985 AP TVG § 1 Tarifverträge: Bundesbahn Nr. 7; dagegen LAG Düsseldorf 17. 3. 1995 LAGE KSchG § 2 Nr. 16; zur Problematik *Preis* Vertragsgestaltung S. 447 ff. mwN). Geringerwertige Tätigkeiten muss der AN nur in Notfällen verrichten (zB im Katastrophenfall *Bauer/Opolny,* NJW 2002, 3503). Ob die Zuweisung **höherwertiger Tätigkeiten** vom Direktionsrecht gedeckt ist, bedarf der Einzelfallprüfung. Die Zuweisung führt aber idR weder zu einer stillschweigenden Vertragsänderung (LAG Hamm 27. 3. 1992 LAGE BGB § 611 Direktionsrecht Nr. 12) noch zu einer Konkretisierung des Direktionsrechts (LAG Rheinland-Pfalz 13. 10. 1987 NZA 1988, 471 f.). Die vorübergehende Übertragung einer höherwertigen Tätigkeit in entsprechender Anwendung von § 315 BGB muss nach billigem Ermessen erfolgen. Das billige Ermessen der Ausübung des Direktionsrechts muss sich auf die Tätigkeitsübertragung „an sich" und auf die „Nicht-Dauerhaftigkeit" der Übertragung beziehen, sog. „doppelte Billigkeit" (BAG 17. 4. 2002 AP BAT § 24 Nr. 23 unter Aufgabe der Rspr. zur Rechtsmissbrauchskontrolle BAG 26. 3. 1997 ZTR 1997, 413).

804   Gegenstand der Arbeitspflicht ist auch die Verrichtung sog. **Nebenarbeiten.** Diese hat der AN aber nur dann zu verrichten, wenn deren Übernahme dem Arbeitsvertrag entspricht, dh. typischerweise in dem vereinbarten Tätigkeitsbereich anfallen bzw. nur eine untergeordnete Bedeutung haben. Geschuldet sind in jedem Fall sog. „Zusammenhangstätigkeiten" (BAG 12. 2. 1990 AP BAT §§ 22, 23 Krankenkassen Nr. 7; *Hromadka* DB 1995, 2601, 2602). Maßgebend sind hier die Umstände des Einzelfalles. Im Hinblick auf das Berufsausbildungsverhältnis enthält § 6 II BBiG eine Sonderregelung.

805   **Einzelfälle:** Der AG kann Mitarbeitern anordnen, einen **Dienstwagen selbst zu führen** und Kollegen mitzunehmen, wenn es sich um eine Tätigkeit handelt, die mit der (höherwertigen) Hauptleistung zusammenhängt (BAG 29. 8. 1991 AP BGB § 611 Direktionsrecht Nr. 38). Der AG kann bei im Kundendienst tätigen Mitarbeitern (vorbehaltlich § 87 I Nr. 1 BetrVG) Anweisungen hins. der **Kleiderordnung** geben (LAG Hamm 22. 10. 1991 LAGE BGB § 611 Direktionsrecht Nr. 11; LAG Hamm 7. 7. 1993 LAGE BGB § 611 Direktionsrecht Nr. 14). Grenzen können sich aus den Grundrechten des AN ergeben (BAG 10. 10. 2002 NZA 2003, 483; Art. 2 GG Rn. 88). Eine Bäckereifachverkäuferin muss auch eine automatische Brötchenbackanlage bedienen (LAG Hamm 8. 6. 1994 LAGE BGB § 611 Direktionsrecht Nr. 20).

806   **c) Erfüllungsort.** Der Ort der Arbeitsleistung ergibt sich idR aus dem Arbeitsvertrag. Die Bestimmung des Erfüllungsortes hat insb. auch nach § 29 I ZPO für die örtliche Zuständigkeit des Gerichts Bedeutung (BAG 19. 3. 1996 AP ZPO § 328 Nr. 2). Fehlt eine ausdrückliche Regelung, so ist im Wege der Auslegung unter Berücksichtigung der näheren Umstände (§ 269 I) zu ermitteln, für welchen Arbeitsort der AN eingestellt wurde. Demgemäß bestimmt sich der **Erfüllungsort** nach den Umständen und demgemäß insb. nach der Natur des Arbeitsverhältnisses. Erfüllungsort für die Leistungen von AG und AN ist, wenn der AN dort ständig beschäftigt wird, am **jeweiligen Betriebssitz und**

damit am Arbeitsort des AN (BAG 3. 12. 1985 AP TVG § 1 Tarifverträge Großhandel Nr. 5; LAG Berlin 19. 5. 1960 AP BGB § 269 Nr. 3). Sowohl im TV als auch im Einzelarbeitsvertrag können jedoch abw. Regelungen getroffen werden. Bei **AußendienstAN** mit Reisetätigkeit kann die Bestimmung des Erfüllungsortes problematisch sein (hierzu *Müller* BB 2002, 1094 ff.). In Betracht kommt der Wohnsitz des AN als auch der Betriebssitz des AG. Wenn der AN die Arbeiten für einen größeren Bezirk von seinem Wohnsitz aus als Reisetätigkeit ausübt, ist der Wohnsitz nach § 269 I Erfüllungsort für die Arbeitsleistung (BAG 12. 6. 1986 AP Brüsseler Übereinkommen Art. 5 Nr. 1; ebenso ArbG Hanau 20. 7. 1995 NZA-RR 1996, 67; ArbG Bayreuth 11. 8. 1993 NZA 1993, 1055; ArbG Hagen 28. 4. 1998 EzA ZPO § 29 Nr. 1; abl. ArbG Regensburg 22. 2. 1989 BB 1989, 634; ArbG Leipzig 14. 2. 2002 BB 2002, 683). Daraus kann aber nicht abgeleitet werden, dass der **Gerichtsstand** von Außendienstmitarbeitern generell deren Wohnsitz ist. Vielmehr bleibt der Bezug zum Betriebsort des AG generell bestehen, wenn die allein am Wohnsitz vorzunehmenden Verpflichtungen als Nebenpflichten nicht wesentlich ins Gewicht fallen (ArbG Augsburg 18. 9. 1995 NZA-RR 1996, 67; ArbG Bamberg 28. 11. 1994 NZA 1995, 864). Bei ständig wechselnden Arbeitsstellen ist idR nach Auslegung des Vertrags davon auszugehen, dass Erfüllungsort der Sitz des AG ist, an dem die Personalverwaltung vorgenommen wird (ArbG Pforzheim 10. 8. 1993 NZA 1994, 384). Mangels eindeutiger Vereinbarung ist im Einzelfall festzustellen, dass gemeinsamer Erfüllungsort für die beiderseitigen Leistungsverpflichtungen der **Schwerpunkt des Vertragsverhältnisses** ist.

Der Einsatz des AN kann daher auch ohne gesonderte Regelung auf einen bestimmten Arbeitsort 807 beschränkt sein, etwa wenn der AN für einen bestimmten Betrieb für eine bestimmte Aufgabe eingestellt worden ist. Lässt sich jedoch dem Arbeitsvertrag eine Konkretisierung nicht entnehmen, insb. nicht die Auslegung, dass der AN nur für eine bestimmte Arbeitsstelle eingestellt worden ist, kann sich aus dem **Direktionsrecht des AG** die Befugnis ergeben, den AN an unterschiedlichen Orten einzusetzen. Ein Schulhausmeister kann verpflichtet werden, während der Schulferien auch benachbarte Schulen mitzubetreuen (BAG 11. 6. 1992 AP BAT § 12 Nr. 2). Im öffentl. Dienst ist das Direktionsrecht bei Verwendung der üblichen Musterverträgen nur eingeschränkt, wenn aus einer exakten und klaren Vereinbarung folgt, dass unter Verzicht auf das tarifliche Direktionsrecht ein dauerhafter, ausschließlicher zukünftiger Arbeitsort festgelegt werden sollte (BAG 29. 10. 1997 AP BGB § 611 Direktionsrecht Nr. 51).

Das Direktionsrecht hins. des Arbeitsortes muss nicht notwendigerweise vereinbart werden, son- 808 dern kann sich auch aus der Tätigkeitsbeschreibung bzw. dem Wesen der Tätigkeit ergeben. Der Tätigkeit eines AN kann es immanent sein, an verschiedenen **wechselnden Einsatzorten** zu arbeiten, wie dies häufig bei Bau-, Montage-, Außendienstmitarbeitern und AN in Reinigungsunternehmen der Fall sein wird. Hier ist der AG berechtigt, den Arbeitsort täglich neu festzulegen. Zu vielen Berufsbildern gehören gelegentliche Dienstreisen in das In- und Ausland. Sie kann der AG im Rahmen seines Direktionsrechts idR anordnen (*Loritz* NZA 1997, 1188, 1190).

Allein daraus, dass ein AN über einen längeren Zeitraum auf einer bestimmten Stelle mit bestimm- 809 ten Aufgaben beschäftigt worden ist, kann noch nicht auf eine entspr. örtliche Konkretisierung geschlossen werden (BAG 7. 12. 2000 AP BGB § 611 Direktionsrecht Nr. 61; LAG Berlin 25. 4. 1988 LAGE BGB § 611 Direktionsrecht Nr. 2; LAG Rheinland-Pfalz 5. 7. 1996 BB 1997, 474).

Üblich und möglich ist, in den Arbeitsvertrag ausdrücklich einen **Versetzungsvorbehalt** aufzuneh- 810 men, wonach der AN bei Bedarf auch in anderen Betrieben des Unternehmens, ggf. auch innerhalb der Bundesrepublik versetzt werden kann. Der Arbeitsvertrag muss aber einen eindeutigen Vorbehalt, der sich auch auf einen Ortswechsel erstreckt, beinhalten (*Preis* II D 30 Rn. 235 ff.; ArbG Kaiserslautern 27. 5. 1992 ARSt. 1993, 69). Grds. Bedenken gegen eine derartige Erweiterung des Direktionsrechts bestehen nicht. Zu beachten ist aber, dass – auch wenn der AG kraft Arbeits- oder Tarifvertrag die Möglichkeit zur Versetzung an einen anderen Arbeitsort hat – die konkrete Leistungsbestimmung stets billigem Ermessen entsprechen muss (§ 315), dh. es bedarf einer Abwägung der Interessenlage beider Vertragsparteien im Einzelfall (LAG Berlin 25. 4. 1988 LAGE BGB § 611 Direktionsrecht Nr. 2). Dabei sind auch die uU bedeutenden Auswirkungen auf die private Lebensführung zu berücksichtigen, insb. bei Versetzung ins Ausland (LAG Hamm 22. 3. 1974 DB 1974, 877). Zur Frage sog. Konzernversetzungsklauseln vgl. Rn. 233. Zur Unbilligkeit einer örtlichen Versetzung einer schwangeren AN: BAG 21. 4. 1999 AP MuSchG 1968 § 4 Nr. 5.

Der AG kann im Rahmen des Direktionsrecht AN **umsetzen;** er ist nicht gehalten – bei Konflikten 811 – zunächst eine Abmahnung auszusprechen (BAG 24. 4. 1996 AP BGB § 611 Direktionsrecht Nr. 48). Bei gestörtem Betriebsklima durch Streit unter den Mitarbeitern, entspricht es billigem Ermessen (§ 315 BGB), wenn der AG zur Behebung des Konfliktes einen AN in eine andere Filiale desselben Ortes versetzt, ohne dass es auf die Ursachen des Konfliktes ankommt (LAG Köln 27. 11. 1998 LAGE BGB § 315 Nr. 6). Im Falle **betriebsbedingter Umsetzung** ist eine „Sozialauswahl" in analoger Anwendung des § 1 III KSchG nicht erforderlich. Dies gilt auch im Falle des sog. „erweiterten Direktionsrechts" (aA LAG Hamm 12. 2. 1996 LAGE BGB § 611 Direktionsrecht Nr. 25). Sofern die vertragliche Erweiterung des Direktionsrechts einer Rechts- und Inhaltskontrolle standhält, ist kein Raum für eine Anwendung des § 1 III KSchG. Bei **Schließung oder Verlagerung eines Betriebes** ist die Versetzung an einen an einem anderen Ort gelegenen Betrieb regelmäßig nicht zu beanstanden

(LAG Köln 30. 1. 1995 LAGE BGB § 611 Direktionsrecht Nr. 21; LAG Berlin 14. 12. 1998 ZTR 1999, 223).

812 **d) Arbeitszeit.** In welchem zeitlichen Umfang der AN die Arbeitsleistung zu erbringen hat, wird in erster Linie durch den Arbeitsvertrag – vorbehaltlich einschränkender gesetzlicher oder tariflicher Regelungen – bestimmt. So unterliegt es der freien Entscheidung der Vertragsparteien, ob sie ein Vollzeitarbeitsverhältnis oder ein Teilzeitarbeitsverhältnis begründen. Die Grenzen des öffentlich-rechtlichen Arbeitszeitrechts (vgl. ArbZG) und insb. anwendbare TV, die typischerweise Arbeitszeitfragen regeln, sind zu beachten. Grenzen des Direktionsrechts bei variabler Arbeitszeit folgen insb. aus § 12 TzBfG (vgl. dort).

813 Wird keine konkrete Arbeitszeit vereinbart und liegen auch keine konkretisierenden betrieblichen oder tariflichen Regelungen vor, gilt als zu leistende Arbeitszeit die **übliche Arbeitszeit im Betrieb** oder in der Betriebsabteilung (LAG Baden-Württemberg 28. 10. 1991 LAGE BetrVG 1972 § 77 Nr. 16). Vereinbaren die Arbeitsvertragsparteien bei Abschluss des Arbeitsvertrags die zu diesem Zeitpunkt im Betrieb geltende Regelung über Beginn und Ende der täglichen Arbeitszeit und die Verteilung der Arbeitszeit auf die einzelnen Wochentage, liegt darin keine individuelle Arbeitszeitvereinbarung, die gegenüber einer späteren Veränderung der betrieblichen Arbeitszeit durch BV Bestand hat. Der AN, der aus persönlichen Gründen an einer bestimmten, von der betriebsüblichen Arbeitszeit unabhängigen Lage der Arbeitszeit Interesse hat, muss diese Unabhängigkeit mit dem AG auch dann vereinbaren, wenn die zurzeit des Abschlusses des Arbeitsvertrags geltende betriebliche Arbeitszeit seinen Interessen entspricht (BAG 23. 6. 1992 AP BGB § 611 Arbeitszeit Nr. 1).

814 Arbeitszeit ist regelmäßig die Zeit vom Beginn bis zum Ende der Arbeit ohne die Ruhepausen. Während des **Umkleidens** erbringt der AN regelmäßig die von ihm geschuldete Arbeitsleistung nicht. Nur ausnahmsweise kann bei Tätigkeiten, zB als Modell auf Modenschauen, das Umkleiden zum Inhalt der Arbeitsleistung gehören. Ob und inwieweit die Zeit des Umkleidens im Betrieb zur vergütungspflichtigen Arbeitszeit zu rechnen ist, kann nur nach den Verhältnissen des Einzelfalls beurteilt werden (BAG 22. 3. 1995 AP BGB § 611 Arbeitszeit Nr. 8; hierzu *Wiese* SAE 1996, 371 ff.; hierzu Rn. 639 f.).

815 Ob und inwieweit **Wegezeiten** zur Arbeitszeit gehören, bedarf im Einzelfall der Auslegung. Sehr differenziert nach der Art der geschuldeten zu betrachten ist, welche Zeiten bei sog. Dienstreisen als Arbeitszeiten zu vergüten sind (hierzu *Loritz* NZA 1997, 1188, 1193 ff.; Rn. 637 f.; § 612 Rn. 18).

816 Das **Direktionsrecht** des AG (allgemein Rn. 274 ff.) erstreckt sich in aller Regel auf die **Lage der Arbeitszeit** (Beginn und Ende der Arbeitzeit, Lage der Pausen, Einführung von Gleitzeit). Sie kann durch den Arbeitsvertrag genau festgelegt sein (LAG 26. 7. 1993 LAGE BGB § 611 Direktionsrecht Nr. 16). Mangels einer eindeutigen arbeitsvertraglichen Regelung ist der AG im Rahmen seines Direktionsrechtes befugt, die Lage der Arbeitszeit einseitig anderweitig festzulegen (zB Wechsel von **Nacht- zu Tagarbeit**, Einführung von **Schichtarbeit**). Das BAG gibt dem AG insoweit vertragsrechtlich einen weiten Spielraum (BAG 23. 6. 1992 AP BGB § 611 Arbeitszeit Nr. 1; BAG 11. 2. 1998 AP BGB § 611 Direktionsrecht Nr. 54 = NZA 1998, 647; krit. *Hromadka* DB 1995, 2601, 2603 zur Einführung von Wechselschicht, Nacht- und Sonntagsarbeit). Das gilt auch dann, wenn in der Vergangenheit über einen mehrjährigen Zeitraum anderweitig verfahren worden ist, es sei denn, es liegen bes. Umstände vor (LAG Berlin 29. 4. 1991 LAGE BGB § 611 Direktionsrecht Nr. 9; LAG Düsseldorf 23. 10. 1991 LAGE BGB § 611 Direktionsrecht Nr. 10; LAG Hamm 30. 6. 1994 LAGE BGB § 611 Direktionsrecht Nr. 17; LAG Schleswig-Holstein 30. 4. 1998 ARSt. 1998, 187). Nach Maßgabe des § 315 muss die Bestimmung billigem Ermessen entsprechen. Bei der Bestimmung der Lage der Arbeitszeit muss er nach Möglichkeit auch auf die Personensorgepflichten (§§ 1626, 1627 BGB) des AN Rücksicht zu nehmen (ArbG Hamburg 4. 12. 1995 NZA-RR 1996, 365; s. a. LAG Nürnberg 8. 3. 1999 NZA 1999, 263). In mitbestimmten Betrieben hat der BR nach § 87 I Nr. 2 BetrVG ein umfassendes Mitbestimmungsrecht.

817 Außerordentlich umstritten und problematisch ist, ob und inwieweit das Direktionsrecht sich auch auf den **Umfang der Arbeitszeit** bezieht. Dies ist grds. zu verneinen, weil der Umfang der Arbeitszeit zum Kernbestand des Austauschverhältnisses gehört. Einseitige Veränderungen der Arbeitszeit, von der die Höhe der Vergütung abhängt, können daher prinzipiell nur durch Änderungskündigung erfolgen (hierzu Rn. 478 sowie § 2 KSchG Rn. 60). Grenzen errichtet insoweit § 12 TzBfG (§ 12 TzBfG Rn. 4 ff.) und die Grundsätze zur Inhaltskontrolle (§§ 305–310 Rn. 51 ff.).

818 Weitergehende Möglichkeiten hat der AG, wenn tarifvertragliche Regelungen dem AG die Befugnis einräumen, einseitig die Arbeitsdauer in einem gewissen Rahmen festzulegen (vgl. BAG 12. 3. 1992 AP BeschFG 1985 § 4 Nr. 1). Die Rspr. verfährt hier inkonsequent, weil auch TVParteien an zwingendes Gesetzesrecht gebunden sind und eine Umgehung des Kündigungsschutzrechts auch den Tarifparteien nicht gestattet ist (*Preis* Vertragsgestaltung S. 447 ff. mwN). Die Begründung ist daher auch eine andere: Bei nachteiligen Regelungen in TV geht die Rspr. davon aus, dass eine angemessene Regelung der gleich stark anzusehenden Tarifparteien getroffen worden ist. Eine solche Parität ist bei Begründung eines Arbeitsvertrags in aller Regel nicht anzunehmen.

aa) Kurzarbeit. Unter Kurzarbeit versteht man das vorübergehende tw. Ruhen von Arbeits- und 819
Entgeltzahlungspflicht. Ebenso wie Überstunden kann der AG Kurzarbeit nicht einseitig anordnen.
Regelmäßig enthalten Arbeitsverträge keine sog. „Kurzarbeitsklauseln". Insb. in betriebsratslosen
Betrieben besteht daher für den AG keine Möglichkeit, ohne Zustimmung der AN Kurzarbeit
anzuordnen. Allerdings kann bei widerspruchsloser Hinnahme einer arbeitgeberseitig angeordneten
und vom AA genehmigten Kurzarbeit eine konkludente Vertragsänderung vorliegen (LAG Düsseldorf
14. 10. 1994 DB 1995, 682).

Der AG kann Kurzarbeit mit entspr. Lohnminderung nur auf Grund einer Vereinbarung kollektiv- 820
oder einzelvertraglichen Charakters, nicht aber auf Grund seines Direktionsrechts einführen. Andernfalls bedarf es zur Arbeitszeitverkürzung einer Änderungskündigung (BAG 14. 2. 1991 AP BGB
§ 615 Kurzarbeit Nr. 4; LAG Rheinland-Pfalz 7. 10. 1996 NZA-RR 1997, 331). Bestimmungen, die
dem AG das Recht einräumen, einseitig Kurzarbeit einzuführen, verstoßen gegen tariflich unabding-
bares Kündigungsschutzrecht und sind deshalb unwirksam (BAG 18. 10. 1994 AP BGB § 615 Kurzarbeit Nr. 11 = NZA 1995, 1064 im Anschluss an BAG 27. 1. 1994 AP BAT-O § 15 Nr. 1 = NZA
1995, 134). Ordnet der AG rechtswidrig Kurzarbeit an, so führt dies nicht zur Verkürzung der
Arbeitszeit. Der AG sieht sich dann dem vollen Lohnanspruch nach § 615 ausgesetzt. Überdies
können die AN ihren Beschäftigungsanspruch geltend machen.

Ist in einem TV bestimmt, dass der AG nach Abschluss einer BV Kurzarbeit einführen darf, so liegt 821
noch keine hinreichende Rechtsgrundlage für einen AG in einem betriebsratslosen Betrieb vor (LAG
Düsseldorf 10. 9. 1992 LAGE BGB § 615 Kurzarbeit Nr. 1). Die Einführung von Kurzarbeit kann
nicht Regelungsgegenstand einer Dienstvereinbarung sein, so dass der AG im öffentl. Dienst sich nicht
auf eine solche Rechtsgrundlage berufen kann (BAG 18. 10. 1994 AP BGB § 615 Kurzarbeit Nr. 11).
Die Bestimmung „Die Einführung von Kurzarbeit ist zulässig" in § 15 V BAT-O v. 10. 12. 1990 ist
unwirksam, da sie zwingende Vorschriften des Kündigungsrechts umgeht (BAG 27. 1. 1994 AP
BAT-O § 15 Nr. 1). Auch wenn sich die Ermächtigungsgrundlage in einem TV befindet, bleibt dem
BR ein Mitbestimmungsrecht nach § 87 I Nr. 3 BetrVG (BAG 25. 11. 1981 AP TV AL II § 9 Nr. 3).

Hins. des Ob und Wie der Verkürzung der Arbeitszeit ist das Mitbestimmungsrecht des BR nach 822
§ 87 I Nr. 3 BetrVG zu beachten.

Eine formlose Regelungsabrede zwischen BR und AG über die Einführung von Kurzarbeit wahrt 823
das Mitbestimmungsrecht des BR nach § 87 I Nr. 3 BetrVG, führt aber nicht zu einer entspr. Änderung der Arbeitsverträge der hiervon betroffenen AN. Hierzu bedarf es einer vertraglichen Vereinbarung oder einer Änderungskündigung (BAG 14. 2. 1991 AP BGB § 615 Kurzarbeit Nr. 4). Eine
Änderung der Arbeitsverträge hins. der Arbeitszeit und der Lohnzahlungspflicht für die Dauer der
Kurzarbeitsperiode kann ohne Rücksicht auf den Willen der AN also nur durch eine förmliche BV
nach § 77 II BetrVG herbeigeführt werden (vgl. BAG 14. 2. 1991 AP BGB § 615 Kurzarbeit Nr. 4).

Die zulässige Einführung von Kurzarbeit beschränkt die Arbeitspflicht des AN und die Vergütungspflicht des AG, so dass dieser nicht in **Annahmeverzug** gerät.

Liegt eine wirksame BV vor, ist die Einführung der Kurzarbeit unabhängig davon rechtmäßig, ob 824
das AA die **Bewilligung des Kurzarbeitergelds** widerruft (BAG 11. 7. 1990 AP BGB § 615 Betriebsrisiko Nr. 32; MünchArbR/*Boewer* § 76 Rn. 32). Der AN hat nur einen Lohnanspruch in Höhe des
Kurzarbeitergeldes (*Schaub* § 47 Rn. 10). In dieser Höhe trägt der AG das Wirtschaftsrisiko und damit
auch das Risiko, dass das AA keinen Zuschuss bewilligt (BAG 11. 7. 1990 AP BGB § 615 Betriebsrisiko Nr. 32). Unterlässt der AG, die Kurzarbeit beim AA gem. § 173 SGB III schriftlich anzuzeigen,
wird die Kurzarbeit nicht unzulässig. Die Anzeige ist nur eine Voraussetzung für den Bezug des
Kurzarbeitergelds. Ein Verstoß führt nicht zum Annahmeverzug, möglich ist aber eine Schadensersatzpflicht (*Schaub* § 47 Rn. 13).

bb) Überstunden. Von Überstunden oder Überarbeit spricht man, wenn die vertraglich vereinbarte 825
Arbeitszeit überschritten wird, die durch Kollektivvertrag (TV oder BV) oder Arbeitsvertrag festgelegt
ist (BAG 25. 7. 1996 EzA BGB § 611 Mehrarbeit Nr. 6). **Ohne ausdrückliche Regelung** ist der AN
grds. **nicht verpflichtet**, Überstunden zu leisten (ausnahmsweise jedoch bei Not- und Katastrophen-
fällen: ArbG Leipzig 4. 2. 2003 DB 2003, 1279; vgl. auch Rn. 276). Umgekehrt entsteht aus der
fortdauernden Anordnung von Überstunden noch kein Anspruch auf ein bestimmtes Mindestmaß an
Überstunden (LAG Köln 21. 1. 1999 NZA-RR 1999, 517). Unter Umständen kann sich aus dem
Gleichbehandlungsgrundsatz ein Anspruch auf Mehrarbeit ergeben (LAG Hessen 12. 9. 2001
NZA-RR 2002, 348). Fehlt es an einer entspr. Verpflichtung des AN, kann sich nur ausnahmsweise aus
§ 242 eine Verpflichtung zur Überarbeit ergeben. § 14 ArbZG gibt keinen Anspruch des AG auf
Leistung von Überstunden. Die Regelung von Überstunden und der entspr. Vergütung ist eine
Domäne des Tarifrechts und unterliegt der Mitbestimmung des BR nach § 87 I Nr. 3 und 10 BetrVG.
TV können dem AG das Recht vorbehalten, die regelmäßige Arbeitszeit einseitig zu verlängern oder
auch wieder auf die tarifliche Arbeitszeit zurückzuführen. Bei der Ausübung des Bestimmungsrechts
muss der AG aber die Grundsätze billigen Ermessens wahren (BAG 28. 11. 1984 AP TVG § 4
Bestimmungsrecht Nr. 2). Dazu gehört auch, gewisse Ankündigungsfristen zu wahren (für Analogie
zu § 12 II TzBfG ArbG Frankfurt 26. 11. 1998 NZA-RR 1999, 357 zu § 4 II BeschFG).

826   In betriebsratslosen Betrieben hat der AG ohne ausdrückliche vertragliche Grundlage idR keine Möglichkeiten, Überstunden anzuordnen. Aus diesem Grunde hat ein entspr. vertraglicher Vorbehalt konstitutive Bedeutung.

827   Von der Pflicht zur Leistung der Überstunden ist zu unterscheiden die Frage der **Überstundenvergütung** (hierzu Rn. 609 ff.). Der AN, der im Prozess von seinem AG die Bezahlung von Überstunden fordert, muss, zumal wenn zwischen der Geltendmachung und der behaupteten Leistung ein längerer Zeitraum liegt, beim Bestreiten der Überstunden im Einzelnen darlegen, an welchen Tagen und zu welchen Tageszeiten er über die übliche Arbeitszeit hinaus tätig geworden ist. Er muss ferner eindeutig vortragen, ob die Überstunden vom AG angeordnet oder zur Erledigung der ihm obliegenden Arbeit notwendig oder vom AG gebilligt oder geduldet worden sind (BAG 25. 11. 1993 AP KSchG 1969 § 14 Nr. 4).

828   In aller Regel müssen Überstunden vergütet werden. Es besteht aber kein Rechtsgrundsatz, dass Überstunden stets zu vergüten sind; vielmehr kann auch **Freizeitausgleich** vereinbart werden (BAG 4. 5. 1994 AP TVG § 1 Tarifverträge: Arbeiterwohlfahrt Nr. 1 = Nr. 2 NZA 1994, 1035; 17. 1. 1995 AP BAG § 611 Mehrarbeitsvergütung Nr. 15 = NZA 1995, 1000; LAG Köln 20. 5. 1992 LAGE BGB § 611 Mehrarbeit Nr. 1; BAG 23. 1. 2001 AP BGB § 615 Nr. 93). Ist aber die Vergütung der Überstunden vereinbart, kann der AG nicht einseitig Freizeitausgleich anordnen, wenn keine entspr. Ersetzungsbefugnis besteht (BAG 18. 9. 2001 NZA 2002, 268). Umstritten ist die Wirksamkeit von Vertragsklauseln, die die Pflicht zur Abgeltung von Überarbeit ausschließen. Sie unterliegen einer Inhaltskontrolle (BAG 24. 11. 1993 AP BGB § 611 Mehrarbeitsvergütung Nr. 11; ausf. *Preis* Vertragsgestaltung S. 436 ff.). Nach bisheriger Rspr. des BAG ist die Vereinbarung zulässig, dass etwaige Mehr- bzw. Überarbeit nicht bes. bezahlt, sondern durch die Grundvergütung mit abgegolten ist (BAG 24. 2. 1960 AP BGB § 611 Dienstordnungs-Angestellte Nr. 11). Dies dürfte allerdings nur für leitende Angestellte gelten, die im Hinblick auf die hohe Vergütung regelmäßig die ganze Arbeitskraft der Firma zur Verfügung zu stellen haben.

829   Bei einem **leitenden Angestellten** kommt eine bes. Vergütung für Überstunden mangels ausdrücklicher Vereinbarung nur in Betracht, wenn seine vertraglichen Bezüge lediglich eine bestimmte zeitliche Normalleistung abgelten sollen oder wenn ihm zusätzliche Arbeiten außerhalb seines eigentlichen Aufgabenkreises übertragen werden (BAG 17. 11. 1966 AP BGB § 611 Leitende Angestellte Nr. 1).

830   cc) **Anspruch des Arbeitnehmers auf Reduktion der Arbeitszeit.** Ein Anspruch des AN auf Reduzierung seiner Arbeitszeit folgt jetzt aus § 8 TzBfG und – im Rahmen der Elternzeit – aus § 15 VII BErzGG sowie § 81 SGB IX (vgl jeweils die Kommentierungen dort). Gegenüber diesen zwingenden Gesetzen haben entspr. tarifliche Vorschriften kaum noch praktische Bedeutung, es sei denn, diese sind im Einzelfall günstiger als die gesetzlichen Regelungen.

831   dd) **Arbeitsbereitschaft.** Die Arbeitsbereitschaft steht der regelmäßig geleisteten Arbeitszeit gleich. Sie ist Arbeitszeit iSd. ArbZG und wird vom BAG definiert als eine **Arbeitsleistung, die während der regelmäßigen Arbeitszeit keine volle, die gesamte Aufmerksamkeit beanspruchende Tätigkeit** voraussetzt (BAG 30. 1. 1985 AP BAT § 35 Nr. 3; BAG 30. 1. 1996 AP TVG § 1 Tarifverträge: DRK Nr. 5 = NZA 1996, 1164; ausf. § 2 ArbZG Rn. 39 ff.).

832   ee) **Bereitschaftsdienst.** Bereitschaftsdienst leistet ein AN nach der Rspr. des BAG, wenn er sich **außerhalb seiner regelmäßigen Arbeitszeit** an einer **vom AG bestimmten Stelle innerhalb oder außerhalb des Betriebes** aufzuhalten hat, um **bei Bedarf die volle Arbeitstätigkeit unverzüglich auszuüben** (BAG 10. 6. 1959 AP AZO § 7 Nr. 5). Nach der Entscheidung des EuGH vom 3. 10. 2000 EAS RL 93/104/EWG Art. 2 Nr. 1 m. Anm. *Wank* wird man den Bereitschaftsdienst auf Grund europarechtlicher Vorgaben arbeitszeitrechtlich nicht mehr als Ruhezeit verstehen können, wobei zweifelhaft ist, ob eine gemeinschaftskonforme Auslegung des ArbZG möglich ist (dazu § 2 ArbZG Rn. 43 ff.; § 5 Rn. 3). Der AN ist zur Leistung von Bereitschaftsdienst **nur auf Grund bes. vertraglicher oder tariflicher Vereinbarung** verpflichtet. Die **Anordnung des Bereitschaftsdienstes** im Einzelfall unterliegt der Kontrolle **nach billigem Ermessen** (BAG 25. 10. 1989 AP BGB § 611 Direktionsrecht Nr. 36 = NZA 1990, 2026). **Ein Anspruch auf Bereitschaftsdienst** besteht regelmäßig **nicht,** kann sich aber ausnahmsweise als Anspruch aus betrieblicher Übung ergeben (BAG 13. 11. 1986 AP BGB § 242 Betriebliche Übung Nr. 27). Einer Billigkeitskontrolle bedarf es nicht, wenn TV oder Arbeitsvertrag die Voraussetzungen für Ausübung des Bereitschaftsdienstes exakt festlegen (BAG 12. 2. 1992 AP AVR Caritasverband Anlage 5 Nr. 2 = NZA 1992, 661).

833   ff) **Rufbereitschaft.** Rufbereitschaft verpflichtet den AN, außerhalb seiner regelmäßigen Arbeitszeit auf Abruf die Arbeit aufzunehmen (hierzu § 2 ArbZG Rn. 48 ff.; zur arbeitszeitrechtlichen Einordnung § 5 ArbZG Rn. 3). Ein Anspruch des AN auf Teilnahme am Rufbereitschaftsdienst oder Beibehaltung einer vom AG eingeführten Rufbereitschaft besteht nicht (BAG 17. 3. 1988 AP BAT § 15 Nr. 11; zur Verpflichtung Teilzeitbeschäftigter, an Rufbereitschaft teilzunehmen: BAG 12. 2. 1992 AP BAT § 15 Nr. 22; zur sog. Stundengarantie bei Rufbereitschaft: BAG 28. 7. 1994 AP BAT § 15 Nr. 33 = NZA 1995, 999). Der BR hat ein Mitbestimmungsrecht nach § 87 I Nr. 2 BetrVG (BAG 21. 12. 1982 AP BetrVG 1972 § 87 Arbeitszeit Nr. 16). Eine Anordnung von Bereitschaftsdienst und Überstunden liegt vor, wenn der AG diese Tätigkeiten kennt und duldet. Es besteht wahlweise idR ein

Anspruch auf Bereitschaftsdienstvergütung oder Freizeitausgleich (BAG 24. 10. 1990 NZA 1991, 163; BAG 12. 12. 1990 AP AVR Caritasverband Anlage 5 Nr. 1 = NZA 1991, 306). Besteht keine bes. Regelung für die Entlohnung des Bereitschaftsdienstes, ist bei rechtswirksamer Anordnung eine angemessene Entlohnung nach § 612 geschuldet (BAG 28. 4. 1971 AP BGB § 611 Arbeitsbereitschaft Nr. 2).

Neben der Billigkeitskontrolle zur Anordnung des Bereitschaftsdienstes unterliegen tarifvertragli- **834** che wegen § 310 IV lediglich einer Rechtskontrolle. Vorformulierte vertragliche Bestimmungsrechte unterliegen dagegen einer Rechtskontrolle und zusätzlich einer Inhaltskontrolle nach § 307. Eine Regelung, die zwischen dem Ende des werktäglichen Bereitschaftsdienstes und der nachfolgenden allgemeinen Tagesarbeitszeit keine ununterbrochene Ruhezeit von sechs Stunden zur Verfügung stellt, ist nach Auffassung des BAG eine unzumutbare Überspannung der menschlichen Leistungsfähigkeit, die gegen die Menschenwürde Art. 1 I GG verstößt (BAG 24. 2. 1982 AP BAT § 17 Nr. 7 = NJW 1982, 2140; vgl. auch BAG 26. 11. 1980 AP BAT § 17 Nr. 6 = NJW 1981, 1331).

e) **Leistungsstörungen.** Das Recht der Leistungsstörungen ist im Arbeitsrecht von Sonderregelun- **835** gen gegenüber den Grundsätzen des allgemeinen Schuldrechts geprägt (ausf. *Preis/Hamacher* Jura 1998, 11 ff., 116 ff.; *v. Stebut* RdA 1985, 66 ff.). Doch finden nach dem SchuldRModG die neuen Prinzipien des Leistungsstörungsrechts auch im Arbeitsrecht Anwendung (ausf. *Gotthardt* Rn. 35 ff.). Das neue Recht der Leistungsstörungen trennt strikt zwischen der Befreiung von der Primärleistungspflicht (§ 275; hierzu Rn. 713 ff.) und der Haftung wegen Pflichtverletzung (§§ 280 ff.; hierzu im Überblick § 619 a Rn. 52 ff.) § 275 knüpft wie bisher an den Tatbestand der **Unmöglichkeit**, differenziert aber zwischen einer als von Amts wegen zu beachtenden Einwendung ausgestalteten Leistungsbefreiung kraft Gesetzes (I) und einem als Einrede ausgestalteten Leistungsverweigerungsrecht (II und III).

Gemäß § 275 I BGB ist der Anspruch auf die Leistung ausgeschlossen, soweit diese für den **836** Schuldner oder für jedermann unmöglich ist. Auf das Vertretenmüssen kommt es insoweit nicht (mehr) an. Erfasst sind die objektive und subjektive Unmöglichkeit und – in Abweichung von der bisherigen Rechtslage die anfängliche und nachträgliche Unmöglichkeit bzw. das Unvermögen. § 275 I erfasst wie bisher die Teilunmöglichkeit. Da die Arbeitsleistung im Zweifel persönlich zu erbringen ist (§ 613 S. 1), führt die subjektive Unmöglichkeit zu objektiver Unmöglichkeit, weil nicht darauf abgestellt werden kann, ob ein anderer AN die Leistung erbringen könnte (*Gotthardt* Rn. 89). Die Einrede des § 275 II erfasst die sog. faktische oder auch praktische Unmöglichkeit, wenn die Behebung des Leistungshindernisses zwar theoretisch möglich wäre, aber kein vernünftiger Gläubiger sie ernsthaft erwarten würde. Darunter fallen aber nicht die Fälle der sog. „wirtschaftlichen" oder „sittlichen" Unmöglichkeit sowie der bloßen Leistungserschwerung (BT-Drucks. 14/6040 S. 129; *Canaris* JZ 2001, 499, 501). Neu ist ein besonderes Leistungsverweigerungsrecht für den Fall der **persönlichen Unzumutbarkeit** in § 275 III. Die Norm betrifft nur solche Leistungen, die der Schuldner persönlich zu erbringen hat, weshalb ihr insb. für das ArbVerh. Bedeutung zukommt (ausf. *Gotthardt* Rn. 39, 97 ff.). In den Fällen des § 275 I bis III erlischt der Anspruch auf die Gegenleistung kraft Gesetzes (§ 326 I 1). Anders als § 323 I aF ist dies jedoch nicht auf die zu vertretende Unmöglichkeit beschränkt. Der Anspruch auf die Gegenleistung entfällt aber dann nicht, wenn der Gläubiger den Leistungsausschluss bedingenden Umstand allein oder weit überwiegend zu vertreten hat oder dieser zu einem Zeitpunkt eintritt, zu welchem sich der Gläubiger im Annahmeverzug befindet (§ 326 II 1). Für das **Arbeitsrecht** gelten darüber hinaus zahlreiche Ausnahmen von dem sich aus § 326 I ergebenden Grundsatz „ohne Arbeit kein Lohn".

aa) **Nichterfüllung. (1) Abgrenzung von Unmöglichkeit und Verzug; Fixschuldcharakter der** **837** **Arbeitsleistung.** Der im allgemeinen Schuldrecht bestehende Grundsatz, dass Unmöglichkeit und Verzug sich gegenseitig ausschließen, ist im Arbeitsrecht problematisch. Kennzeichnend für die Abgrenzung ist, dass beim Verzug die Leistung nachholbar sein muss. Wegen des idR festen Zeitbezugs der Leistung ist die Nachholbarkeit bei der Arbeitsleistung regelmäßig nicht anzunehmen. Die hM weist der Arbeitsleistung einen **absoluten Fixschuldcharakter** zu (Staudinger/*Richardi* § 611 Rn. 358; *Zöllner/Loritz* § 18 I 1; *Söllner* AcP 167 (1967), 132, 139). Konsequenz dieser Auffassung ist, dass bei Nichtleistung sofort Unmöglichkeit eintritt. Nachholbarkeit und damit Verzug sind ausgeschlossen. Konsequenzen hat diese Auffassung insb. für den Anwendungsbereich des § 615 (vgl. § 615 Rn. 3 ff.).

Der Einordnung der Arbeitsleistung als Fixschuld ist für den Regelfall zu folgen. Regelmäßig **838** kann die Arbeitsleistung nicht nachgeholt werden, weil der AN an den folgenden Tagen im Rahmen seines Dauerschuldverhältnisses bereits die nächste Teilleistung schuldet. Eine Nachleistung durch Überstunden kann zumindest bei längerer Zeit der Nichtleistung auch auf Grund der Arbeitszeitbestimmungen rechtlich unmöglich sein (*v. Stebut* RdA 1985, 66, 67). Eine Nachleistung liegt idR nicht im Interesse des AN. Auch der AG kann das Interesse an der Arbeitsleistung verlieren, wenn die Arbeitszeit auf die Laufzeit von Maschinen und eine bestimmte Betriebsorganisation angewiesen ist. Die Arbeitsleistung ist so stark von der Zeit bestimmt, dass das Nachleisten ein Eingriff in einen anderen Teil der Arbeitskraft des AN bedeuten würde. Dies zeigt sich insb.

BGB § 123 Nr. 23; BAG 7. 9. 1983 AP KSchG 1969 § 1 Verhaltensbedingte Kündigung Nr. 7) als auch bei zwölfmonatiger Dauer des ausländischen Wehrdienstes (*Gotthardt* Rn. 114; *Henssler* AcP 190 (1990), 538, 559 ff.; aA bisher BAG 20. 5. 1988 AP KSchG 1969 Personenbedingte Kündigung Nr. 9). Über die Aufrechterhaltung des Arbeitsverhältnisses entscheidet das Kündigungsrecht.

849 Die Rspr. hat ein Leistungsverweigerungsrecht angenommen, wenn der AN Arbeitsleistungen zu erbringen hat, die er mit seinem Glauben oder Gewissen nicht vereinbaren kann (Herstellung kriegsverherrlichender Schriften, BAG 20. 12. 1984 AP BGB § 611 Direktionsrecht Nr. 16 mit Anm. *Brox*; zur Medikamentenentwicklung, die die Führbarkeit eines Atomkriegs beeinflussen können: BAG 24. 5. 1989 AP BGB § 611 Gewissensfreiheit Nr. 3 mit Anm. *Wiedemann*; BAG 10. 10. 2002 NZA 2003, 483; hierzu näher Art. 4 GG Rn. 22 und 58 ff.; Orchestermusiker, der sich der Mitwirkung an blasphemischer Inszenierung verweigert LAG Düsseldorf 7. 8. 1992 LAGE BGB § 611 Direktionsrecht Nr. 13). Die **Arbeitsverweigerung aus Gewissensgründen** ist jetzt ebenfalls von § 275 III erfasst (*Gotthardt* Rn. 115; aA zum Verhältnis von § 315 und § 275 III; ebenso PdSR/*Dedek* § 275 Rn. 31; *Fischer* DB 2001, 1923, 1926; *Henssler* RdA 2002, 129, 131; *Medicus*, in *Haas u. a.* Das neue Schuldrecht 2002, Kap. 3 Rn. 47; *Olzen*/*Wank*, Die Schuldrechtsreform Rn. 135; aA AnwKom-BGB/ *Dauner-Lieb* § 275 Rn. 19 für § 313; *Medicus*, Schuldrecht AT, 13. Aufl. 2002, Rn. 447). Weil es für die Leistungsbefreiung nach § 275 III auf ein Verschulden nicht ankommt, hat die Vorhersehbarkeit eines Gewissenskonflikts bei Vertragsschluss nur Indizwirkung für das Vorliegen eines solchen, schließt aber den Einredetatbestand des § 275 III nicht von vornherein aus. Allerdings kommt eine Haftung des AN nach § 311 a II in Betracht (vgl. *Gotthardt* Rn. 116). Auch nach § 275 III bedarf es bei ideellen Leistungshindernissen zur Begründung des Leistungsverweigerungsrechts einer Rechtsgüterabwägung unter Beachtung verfassungsrechtlicher Wertungen (ausf. *Henssler* AcP 190 (1990) 538, 547 ff.; zu Gebetspausen eines muslimischen AN LAG Hamm 18. 1. 2002 NZA 2002, 675). Die Interessenabwägung wird dabei durch den Rang der betroffenen Rechtsgüter vorgeprägt; so kommt bei Betroffenheit vorbehaltloser Verfassungsgüter (zB Gewissensfreiheit, Menschenwürde) nur eine Abwägung mit anderen Verfassungsgütern in Betracht (Näher GG Einl. Rn. 70 ff.).

850 **Rechtsfolge der Leistungsverweigerung** aus § 275 III ist der Wegfall des Vergütungsanspruchs (§ 326 I). Eine Entgeltfortzahlung kommt zwar nach § 616 in Betracht, ist aber bei Leistungsverweigerung aus Gewissensgründen zu verneinen (vgl. *Staudinger*/*Oetker* § 616 Rn. 69; *Henssler* RdA 2002, 129, 131 f.). Ist ein anderer Arbeitseinsatz nicht möglich, gerät der AG nicht in Annahmeverzug (BAG 24. 5. 1989 AP BGB § 611 Gewissensfreiheit Nr. 3). Hat der AN das Leistungshindernis zu vertreten, kommen Schadensersatzansprüche nach §§ 280 I, 283, 311 a in Betracht. Beruft sich der AN zu Unrecht auf § 275 III, trägt er das Risiko einer verhaltensbedingten Kündigung (vgl. BAG 29. 11. 1983 AP BGB § 626 Nr. 78; s. a. Rn. 851). Beruft sich der AN zu Recht auf § 275 III, so ist zB bei unverschuldetem Gewissenskonflikt eine personenbedingte Kündigung möglich (*Hanau*/*Strick* FS Wacke S. 172).

851 ee) **Leistungsverweigerungs- und Zurückbehaltungsrecht.** §§ 273, 320 sind auch auf den Arbeitsvertrag anwendbar. Für den **AG** kommt primär ein Zurückbehaltungsrecht an dem geschuldeten **Arbeitsentgelt** in Betracht, wenn der AN seine Arbeitspflicht nicht erfüllt (§ 320 I 1). Ist der für die Arbeitsleistung vorgesehene Zeitabschnitt jedoch verstrichen, tritt regelmäßig Unmöglichkeit der Arbeitspflicht ein (Rn. 837 ff.). Umstritten ist, ob der AG mit der Zurückbehaltung des Lohnanspruches, der sich auf einen früheren Zeitabschnitt bezieht, Druck zur Wiederaufnahme der Arbeit ausüben kann. Dies ist regelmäßig, auch im Hinblick auf § 320 II zu verneinen (hierzu *Otto* AR-Blattei SD 1880 Rn. 21 ff.). Wegen **qualitativ und quantitativ mangelhafter Arbeitsleistung** kommt ein Zurückbehaltungsrecht **nicht** in Betracht; dies könnte nur in den Grenzfällen bejaht werden, wo die passive Resistenz einer Nichtleistung von Arbeit gleichkommt (hierzu Rn. 846; *Otto* AR-Blattei SD 1880 Rn. 27). Ein Zurückbehaltungsrecht kommt aber in Betracht, wenn der AN wegen Nichterfüllung seiner Arbeitspflicht gem. §§ 280 I, 283 auf **Schadensersatz** haftet oder wegen eines Verstoßes gegen ein **vertragliches Wettbewerbsverbot** entschädigungspflichtig ist (BAG 5. 8. 1968 AP HGB § 74 Nr. 24). Im Übrigen besteht für den AG bei der schuldhaften, zu Schadensersatzansprüchen führenden **Verletzung wesentlicher Nebenpflichten** ein Zurückbehaltungsrecht aus § 273 (*Preis* II Z 20 Rn. 5). Zurückbehaltungsrechte an anderen Leistungen, insb. die **Herausgabe von Arbeitspapieren** oder **Sachen des AN** kommen regelmäßig nicht in Betracht (hierzu Rn. 1021). Größere Bedeutung haben die Zurückbehaltungsrechte des **AN**. Bei berechtigter Leistungsverweigerung gerät der AG in Annahmeverzug mit der Folge der Pflicht zur Vergütung (§ 615). Verhaltensbedingte Kündigungen bei berechtigter Leistungsverweigerung sind ausgeschlossen (§ 626 Rn. 109, § 1 KSchG Rn. 379). Nimmt der AN jedoch zu Unrecht die Voraussetzungen eines Zurückbehaltungsrechtes an, kann die Verweigerung der Arbeitsleistung einen verhaltensbedingten Grund zur ordentlichen oder außerordentlichen Kündigung darstellen. Grds. trägt der AN das Irrtumsrisiko. Sorgfältig ist allerdings zu prüfen, ob sich der AN unverschuldet in einem Rechtsirrtum befunden hat. Ein Zurückbehaltungsrecht kann bestehen, wenn der AG seine Pflicht zu vertragsgemäßer Beschäftigung verletzt (LAG Berlin 12. 3. 1999 ZTR 1999, 326). Ein Zurückbehaltungsrecht des AN mit der Arbeitsleistung besteht insb. auch dann, wenn der AG **erheblichen Nebenpflichten** nicht nachkommt, insb. öffent-

G. Pflichten des Arbeitnehmers　　　　　　　　　　　　　　　　　　　　　　　§ 611　BGB 230

lich-rechtliche ANSchutzvorschriften missachtet (Einzelheiten hierzu BAG 8. 5. 1996 AP BGB § 618 Nr. 23; hierzu § 618 Rn. 30 ff.). Ein Leistungsverweigerungsrecht besteht überdies, wenn der AG bei einseitigen Anordnungen **Mitbestimmungsrechte des BR** verletzt hat (ausf. *Otto* AR-Blattei SD 1880 Rn. 1 ff.). Allerdings ist nach dem Inhalt der jeweiligen Mitbestimmungsrechte zu differenzieren. Ob und inwieweit der AN wegen **anderer Ansprüche (Schadensersatzansprüche)** berechtigt ist, die Arbeitsleistung zu verweigern, hängt von der Beurteilung des Einzelfalles ab. Wegen behaupteter und umstrittener Schadensersatzansprüche kommt ein Leistungsverweigerungsrecht jedenfalls dann nicht in Betracht, wenn es sich um einen **verhältnismäßig geringfügigen Betrag** handelt (ArbG Passau 17. 3. 1989 BB 1989, 1197; ArbG Hannover 11. 12. 1996 EzA BGB § 273 Nr. 6). Zur Möglichkeit der Arbeitsverweigerung wegen Nichterfüllung des Beschäftigungsanspruchs (LAG Frankfurt 13. 9. 1984 NZA 1985, 431). Zur Frage, ob die **kollektive Ausübung eines Zurückbehaltungsrechts eine Arbeitskampfmaßnahme** darstellt: BAG 14. 2. 1978 AP GG Art. 9 Arbeitskampf Nr. 58; vgl. hierzu Art. 9 GG Rn. 292.

Vom AN kann verlangt werden, dass er **vor Ausübung des Leistungsverweigerungsrechts** die 852 Absicht hierzu unter Angabe des Grundes dem AG mitteilt, damit dieser ggf. den Anspruch des AN erfüllt (LAG Frankfurt 13. 9. 1984 NZA 1985, 431; *Söllner* ZfA 1973, 1, 17; *Otto* AR-Blattei SD 1880 Rn. 72 ff.). Überdies unterliegt die Ausübung des Zurückbehaltungsrechts dem Grundsatz von Treu und Glauben, § 242 (MünchKommBGB/*Müller-Glöge* § 611 Rn. 9; vgl hier noch zur Leistungsverweigerung bei geringfügigen Lohnrückständen Rn. 577).

f) **Ruhen der Arbeitspflicht; Sonderurlaub.** Ein Ruhen der Arbeitspflicht mit und ohne Entgelt- 853 fortzahlungspflicht kann sich aus Gesetz, Kollektivvertrag oder einzelvertraglicher Vereinbarung ergeben (ausf. *Dikomey*, Das ruhende Arbeitsverhältnis, 1990). Gesetzliche Anwendungsfälle des Ruhens des Arbeitsverhältnisses sind zB Art. 48 I GG, §§ 15, 16 BErzGG, § 13 MuSchG. Nach dem Grundsatz der Vertragsfreiheit ist die im Einzelfall getroffene vorübergehende oder dauernde Befreiung von der Arbeitspflicht unproblematisch (BAG 9. 8. 1995 AP BGB § 611 Gratifikation Nr. 181). Das Ruhen kann auch konkludent vereinbart werden. Die Individualvereinbarung aus einem bestehenden Arbeitsverhältnis heraus ist in den Grenzen des § 138 zu respektieren (*Preis* II F 10 Rn. 7; Erman/*Hanau* Rn. 318).

Der AG ist zur Gewährung von **Sonderurlaub** ohne entspr. vertragliche oder tarifvertragliche 854 Regelung grds. nicht verpflichtet. Das gilt auch für den umgekehrten Fall der vorzeitigen Beendigung des gewährten Sonderurlaubs. Regelmäßig räumen entspr. Vorschriften dem AN keinen Rechtsanspruch ein, der AG muss jedoch nach billigem Ermessen entscheiden (§ 315; BAG 29. 11. 1995 AP GleichstellungsG Berlin § 10 Nr. 1 = NZA 1996, 534). Eine Pflicht zur Einwilligung in die vorzeitige Beendigung des Sonderurlaubs besteht als arbeitsrechtliche Nebenpflicht dann, wenn dem AG die Beschäftigung des AN möglich und zumutbar ist und wenn der Grund für die Bewilligung des Sonderurlaubs weggefallen ist oder schwerwiegende negative Veränderungen in den wirtschaftlichen Verhältnissen des AN eingetreten sind (BAG 6. 9. 1994 NZA 1995, 953 = AP BAT § 50 Nr. 17). Der vorzeitigen Beendigung des Sonderurlaubs wird der AG idR zustimmen müssen, wenn im Falle der Schwangerschaft nunmehr der Übergang zur Elternzeit verlangt wird (BAG 16. 7. 1997 AP BErzGG § 15 Nr. 23). Ein **Anspruch auf Arbeitsfreistellung** folgt uU aus sozialrechtlichen Bestimmungen, insb. § 45 III 1 SGB V bei Erkrankung eines Kindes und aus Tarifverträgen (§ 50 BAT: zum Anspruch auf Beurlaubung wegen Übernahme des Oberbürgermeisteramtes BAG 8. 5. 2001 NZA 2001, 160). Bei rechtswidriger Verweigerung des Freistellungsanspruchs kann der AN der Arbeit eigenmächtig fernbleiben. Eine wegen Ausübung dieses Rechts ausgesprochene Kündigung verstößt gegen § 612 a BGB (LAG Köln 13. 10. 1993 NZA 1995, 128).

Nur in **Ausnahmefällen** konnte sich ein **Befreiungsanspruch** aus der Fürsorgepflicht des AG 855 ergeben (zum Anspruch auf Arbeitsbefreiung zur mehrwöchigen Ausbildung an einem Heimdialysegerät zur Pflege eines nahen Angehörigen BAG 20. 7. 1977 AP BGB § 616 Nr. 47; BAG 7. 9. 1983 AP KSchG 1969 § 1 Verhaltensbedingte Kündigung Nr. 7; bei schwerwiegender Pflichtenkollision LAG Frankfurt 3. 10. 1985 NZA 1986, 717 = LAGE BGB § 611 Fürsorgepflicht Nr. 12; Teilnahme als Delegierter an Gewerkschaftstag LAG Köln 11. 1. 1990 LAGE BGB § 611 Fürsorgepflicht Nr. 20). Dies sind jetzt Fälle des § 275 III.

Soweit das „Ruhen des Arbeitsverhältnisses" vereinbart worden ist, bedeutet dies im Regelfall die 856 **Suspendierung der gegenseitigen Hauptleistungspflichten.** Die entspr. Regelungen bedürfen jedoch der Auslegung im Einzelfall, weil der AN bei fehlender ausdrücklicher Regelung idR nicht auf den sich aus dem Arbeitsvertrag ergebenden Vergütungsanspruch verzichten will. Die Dauer der Freistellung, die zweckbefristet oder unbefristet sein kann, richtet sich grds. nach der Freistellungsvereinbarung. Ob und inwieweit der AN im ungekündigten oder gekündigten Arbeitsverhältnis durch einseitige Erklärung des AG freigestellt werden kann (Suspendierung), ist problematisch. Durch die einseitige Freistellung wird der Beschäftigungsanspruch des AN berührt (Rn. 706).

g) **Durchsetzung der Arbeitspflicht.** Der AG kann den AN auf Erfüllung der Arbeitspflicht 857 verklagen. Trotz § 888 II ZPO, der die Vollstreckbarkeit nicht vertretbarer Dienstleistungen ausschließt, entfällt das Rechtsschutzbedürfnis nicht (BAG 2. 12. 1965 AP BGB § 620 Befristeter Arbeits-

Preis　　　　1519

vertrag Nr. 27). Auf Antrag kann der AN zur Zahlung einer Entschädigung nach § 61 II ArbGG verurteilt werden (hierzu Rn. 836; zur Vollstreckung näher § 61 II ArbGG).

858 **h) Sanktionen bei Verletzung der Arbeitspflicht.** Die Rechtsfolgen der Nichtleistung beruhen entweder auf gesetzlicher Anordnung oder auf einer bes. vertraglichen Abrede (zB Vertragsstrafe).

859 **aa) Entgeltminderung.** Erbringt der AN die geschuldete Arbeitsleistung nicht, so führt dies im Verschuldensfalle regelmäßig zum Verlust des Anspruchs auf das ihm sonst für diese Zeit zustehende Arbeitsentgelt (§§ 326 I 1 2. HS, 441 III zum bisherigen Recht zweifelnd *Bitter* AR-Blattei SD 190 Rn. 80). Ist die ausgefallene Arbeit ausnahmsweise nachholbar, steht dem AG insoweit ein Leistungsverweigerungsrecht in Form der Einrede des nichterfüllten Vertrags (§ 320) zu. Die Pfändungsfreigrenzen (§§ 850 a ff. ZPO) finden auf diese Fälle keine Anwendung. Besteht der Vergütungsanspruch wegen § 326 I 1 2. HS, 441 III nicht, so muss der AN die Vergütung jetzt nach Rücktrittsrecht zurück erstatten (§ 326 IV) und kann sich nicht auf den Wegfall der Bereicherung berufen (dazu *Gotthardt* Rn. 145 f.; *Henssler* RdA 2002, 129, 132).

860 Wird der AN während der Zeit seiner vertragsbrüchigen Abwesenheit arbeitsunfähig krank, so steht ihm kein Anspruch auf Entgeltfortzahlung zu, da dann die **krankheitsbedingte Arbeitsunfähigkeit** nicht die ausschließliche Ursache der Arbeitsverhinderung darstellt (hierzu § 3 EFZG Rn. 41). Erklärt ein AN eindeutig und endgültig, seine vertragliche Leistung nicht mehr zu erbringen, so kann er sich nicht darauf berufen, dass er wegen eines später eingetretenen persönlichen Hinderungsgrundes nicht mehr arbeiten konnte (so LAG Köln 21. 12. 1982 EzA LFZG § 1 Nr. 64; ebenso LAG Saarbrücken 18. 12. 1963 DB 1964, 115; zur Beweislastverteilung BAG 20. 3. 1985 AP LohnFG § 1 Nr. 64).

861 Während der AG den auf die Zeit der vertragswidrigen Nichtarbeit entfallenden Teil des Arbeitsentgelts zurückhalten kann, sind die bis zur Arbeitseinstellung vertragsgemäß erbrachten Arbeitsleistungen grds. entspr. zu vergüten. Eine Beschränkung des Teilvergütungsanspruchs kann sich im Falle des Arbeitsvertragsbruchs allerdings aus § 628 I 2 Alt. 2 ergeben (vgl. hierzu die Kommentierung zu § 628 Rn. 18 ff.).

862 **bb) Schadensersatz.** Für eine Schadensersatzhaftung des nichtleistenden AN kommen verschiedene Rechtsgrundlagen in Betracht. Im Allg. ergibt sie sich aus dem Gesichtspunkt der **zu vertretenden Unmöglichkeit** gem. §§ 280 I, 283 (vgl. *Gotthardt* Rn. 171; *Heinze* NZA 1994, 245; *Kraft* NZA 1989, 779). Ist die ausgefallene Arbeit **ausnahmsweise nachholbar**, kann der **Verspätungsschaden** gem. §§ 280 I, II, 286 oder aber **Schadensersatz statt der Leistung** gem. §§ 280 I, III, 281 I 1. Alt geltend gemacht werden.

863 Günstiger ist für den AG demgegenüber die Vorgehensweise nach § 61 II ArbGG. Dem AG ist es demnach gestattet, den Klageantrag auf Erfüllung der primären Arbeitspflicht mit einem Antrag auf **Festsetzung einer Entschädigung** zu verbinden (BAG 2. 12. 1965 AP BGB § 620 Befristeter Arbeitsvertrag Nr. 27 m. Anm. *A. Hueck*; BAG 23. 5. 1984 AP BGB § 339 Nr. 9 m. Anm. *Brox*; *Lüke* FS E. Wolf. S. 467 ff.; GMP/*Germelmann* § 61 ArbGG Rn. 27; *Kraft* NZA 1989, 778). Im Verfahren der vorläufigen Rechtsschutzes kann allerdings eine Entscheidungsanordnung nach nunmehr ganz hA nicht ergehen. Denn der Vortrag des AG dürfte kaum je den Anforderungen an den Verfügungsgrund genügen, müsste der AG doch glaubhaft machen, dass er sich in einer akuten Notlage im Sinne einer dringenden Angewiesenheit auf die sofortige Zahlung der Entschädigung (nicht auf die Leistung der Arbeit!) befindet (LAG Baden-Württemberg 9. 4. 1963 AP ZPO § 940 Nr. 5; LAG Frankfurt 19. 10. 1989 NZA 1990, 614; *Kraft* NZA 1989, 778; MünchArbR/*Blomeyer* § 50 Rn. 12; aA *Marienhagen* BB 1961, 757 und mit Modifizierungen auch *Adomeit/Dobat* ArbGeb 1967, 15 ff.). Bei der auf Antrag festzusetzenden „Entschädigung" handelt es sich um den nach materiellem Recht auf Grund des Vertragsbruchs zu leistenden Schadensersatz (Staudinger/*Richardi* § 611 Rn. 350; GMP/*Germelmann* § 61 ArbGG Rn. 28; *Lüke* FS E. Wolf S. 467). Daraus folgt, dass sie den durch den Vertragsbruch verursachten Schaden des AG nicht übersteigen darf und sich an der voraussichtlichen Höhe des Schadens zu orientieren hat (*Kraft* NZA 1989, 778; MünchArbR/*Blomeyer* § 50 Rn. 11; *Dütz* Rn. 185).

864 Sagt sich der AN noch **vor Dienstantritt** definitiv vom Vertrag los, ist dies bislang als Fall der pVV behandelt worden (*Hanau* JuS 1975, 506; *Wiedemann* Anm. AP TVG § 4 Günstigkeitsprinzip Nr. 15). Im Rücktrittsrecht ist die Erfüllungsverweigerung vor Fälligkeit jetzt ausdrücklich (§ 323 IV) geregelt. Für die Schadensersatzpflicht hat der Gesetzgeber eine entspr. Regelung übersehen, so dass der AG in entspr. Anwendung des § 323 IV bei ernsthafter und endgültiger Erfüllungsverweigerung vor Fälligkeit Schadensersatz statt der Leistung nach § 281 verlangen kann (AnwKom-BGB/*Dauner-Lieb* § 281 Rn. 21; *Gotthardt* Rn. 207).

865 Nimmt der AG das Ausbleiben der geschuldeten Dienste seinerseits zum Anlass, das Arbeitsverhältnis zu beenden und erleidet er infolge dieser vorzeitigen Auflösung Vermögenseinbußen, so ist als Anspruchsgrundlage für eine gegen den AN gerichtete Schadensersatzforderung stets die Sondervorschrift des § 628 II – eine Parallelvorschrift für Berufsausbildungsverhältnisse findet sich in § 16 I 1 BBiG – in Betracht zu ziehen (vgl. hierzu § 628 Rn. 41 ff.).

866 In allen Fällen richtet sich das Maß des Schadensersatzes nach § 249. Die Schadensersatzpflicht richtet sich auf alle Aufwendungen des Geschädigten, soweit sie nach den Umständen des Falles als

notwendig anzusehen sind. Dazu gehört auch die Abwehr drohender Nachteile, wenn sich insofern konkrete Verdachtsmomente ergeben. Insoweit hat der AN dem AG auch die **Detektivkosten** zu ersetzen, wenn der AG anlässlich eines konkreten Tatverdachts gegen den AN einem Detektiv die Überwachung des AN überträgt und dieser einer vorsätzlichen Vertragspflichtverletzung überführt wird (BAG 17. 9. 1998 AP BGB § 611 Haftung des Arbeitnehmers Nr. 113; LAG Rheinland-Pfalz 15. 6. 1999 NZA 2000, 260). Zu beachten ist, dass die Einstandspflicht des AN in zeitlicher Hinsicht von vornherein mit Rücksicht auf die Möglichkeit einer regulären Beendigung des Arbeitsverhältnisses eingeschränkt ist (BAG 14. 9. 1984 AP BGB § 276 Vertragsbruch Nr. 10; MünchKommBGB/*Schwerdtner* § 628 Rn. 20; *Hanau*, Kausalität der Pflichtwidrigkeit, S. 159 f.; *Stoffels* S. 134 ff.). Die Einzelheiten der Schadensberechnung sind umstritten und der Nachweis der entstandenen Schäden ist nur sehr schwierig zu erbringen (zum Umfang der Schadensersatzpflicht vgl. § 628 Rn. 63 ff.).

cc) **Vertragsstrafe.** Die zu vertretende Nichtleistung der geschuldeten Dienste – vorübergehend 867 oder endgültig – kann mit einer Vertragsstrafe sanktioniert werden (BAG 18. 9. 1991 AP BGB § 339 Nr. 14; ausf. hierzu §§ 339 bis 345 BGB Rn. 27).

dd) **Kündigung.** Die Weigerung des AN, die vertraglich geschuldete Leistung zu erbringen, ist nach 868 grds. erforderlicher Abmahnung geeignet, eine verhaltensbedingte ordentliche Kündigung und in gravierenden Fällen auch eine außerordentliche Kündigung zu rechtfertigen. Der Arbeitsvertragsbruch erlaubt sogar regelmäßig eine außerordentliche fristlose Kündigung ohne vorherige Abmahnung (vgl. *Stoffels* S. 102 ff.). Zu den Einzelfällen wie Unpünktlichkeiten, eigenmächtiger Urlaubsantritt etc. vgl. die Kommentierungen zu § 626 und § 1 KSchG.

II. Nebenpflichten des Arbeitnehmers

Schrifttum: *Glöckner*, Nebentätigkeitsverbote im Individualarbeitsrecht, 1993; *Reinfeld*, Verschwiegenheitspflicht und Geheimnisschutz im Arbeitsrecht, 1989; *Taeger*, Die Offenbarung von Betriebs- und Geschäftsgeheimnissen, 1988; *Wank*, Nebentätigkeit, 1995.

1. **Allgemeines.** Jedem Schuldverhältnis sind als § 242 herzuleitende Pflichten der Vertragspartner 869 der **Rücksichtnahme, des Schutzes und der Förderung des Vertragszwecks** immanent. Dies wird durch § 241 II unterstrichen. Zu Unrecht hat man in der Vergangenheit als Ausprägung des verabschiedeten personenrechtlichen Gemeinschaftsverhältnisses (Rn. 7) über die privatrechtliche Dogmatik hinausgehende Treue- und Fürsorgepflichten begründet (hierzu ausführlich Staudinger/*Richardi* Rn. 374 ff.; MünchArbR/*Blomeyer* § 51). Dass sich Nebenpflichten je nach Qualität und Intensität der Vertragsbeziehung verstärken können, die bei Dauerschuldverhältnissen strukturell ausgeprägter sind als bei punktuellen Rechtsgeschäften, ist keine Besonderheit des Arbeitsrechts (MünchArbR/*Blomeyer* § 51 Rn. 16 ff.; *Preis* Vertragsgestaltung S. 517 ff.).

Nach § 242 hat jeder Schuldner „die Leistung so zu bewirken, wie Treu und Glauben mit Rücksicht 870 auf die Verkehrssitte es erfordern". Nach § 241 II kann das Schuldverhältnis „nach seinem Inhalt jeden Teil zur Rücksicht auf die Rechte, Rechtsgüter und Interessen des anderen Teils verpflichten". Nebenleistungspflichten, wie Unterlassungs- und Handlungspflichten, sind eng mit den Hauptleistungspflicht des AN verknüpft (MünchArbR/*Blomeyer* § 51 Rn. 17). Auch unselbständige Nebenpflichten, zu denen allgemeine Sorgfalts-, Obhuts-, Fürsorge-, Aufklärungs- und Anzeigepflichten gehören, stehen nicht im freien Raum mit beliebigem Inhalt, sondern dienen dazu, die Erbringung der Hauptleistung vorzubereiten und zu fördern, die Leistungsmöglichkeit zu erhalten und den Leistungserfolg zu sichern. Im Arbeitsverhältnis wird der Inhalt der Nebenpflichten durch die **bes. persönlichen Bindungen der Vertragspartner** geprägt (BAG 7. 9. 1995 AP BGB § 242 Auskunftspflicht Nr. 24). Je weiter sich denkbare Pflichten von der Hauptpflicht entfernen, umso zurückhaltender sind entspr. Nebenpflichten ohne ausdrückliche vertragliche Vereinbarung anzuerkennen (*Preis* Vertragsgestaltung S. 518).

Trotz dieser allgemeinen Erkenntnis der Rückführung der vertraglichen Nebenpflichten im Arbeits- 871 verhältnis auf dessen konkrete Pflichtenstruktur sind in der Praxis noch immer recht weite Formeln anzutreffen. So formuliert das BAG, die Treupflicht des AN gebiete, alles zu unterlassen, was dem AG und dem Betrieb abträglich sei (BAG 16. 8. 1990 AP BGB § 611 Treupflicht Nr. 10). Insb. bei außerdienstlichen Vertragsbindungen vermögen diese Formeln wenig Hilfestellung zu geben, weil sie konsequent gehandhabt zu einem problematischen und vertragsrechtlich übermäßigen Eingriff in die Privatsphäre führen können. Keinesfalls ist es so, dass der AN alle seine Interessen hinter den AGInteressen zurückstellen muss (*Zöllner/Loritz* § 13 I; *Gotthardt* Rn. 32). Zumeist lassen sich die Nebenleistungspflichten, selbstständigen Schutzpflichten und Unterlassungs- und Handlungspflichten des AN sehr präzise umschreiben. Problematisch werden alle Vertragsbindungen und Nebenpflichten, die im grundrechtsrelevanten Bereich ansiedeln.

2. **Einzelne Nebenpflichten. a) Verschwiegenheitspflicht.** Der AN ist verpflichtet, Betriebs- oder 872 Geschäftsgeheimnisse nicht zu offenbaren. Vertragsrechtliche Grundlage dieser Verpflichtung ist § 242. Überdies gibt es zahlreiche **spezialgesetzliche** Geheimhaltungspflichten, deren Adressat AN

sein können (insb. §§ 17 I, 18 und 20 UWG; § 9 Nr. 6 BBiG; § 24 II ArbNErfG; § 5 Satz 2 BDSG; § 79 I BetrVG).

873 Sowohl für die vertragliche Geheimhaltungspflicht als auch für die spezialgesetzlichen Vorschriften ist der **Begriff des Geschäfts- und Betriebsgeheimnisses** wesentlich. Hierunter versteht man **Tatsachen**, die im Zusammenhang mit einem Geschäftsbetrieb stehen, nur einem **eng begrenzten Personenkreis** bekannt sind, **nicht offenkundig** sind, nach dem (ausdrücklich oder konkludent) bekundeten Willen des Betriebsinhabers geheimgehalten werden sollen und an deren Geheimhaltung der Unternehmer ein berechtigtes wirtschaftliches Interesse hat (BAG 15. 12. 1987 AP BGB § 611 Betriebsgeheimnis Nr. 5). Betriebsgeheimnisse beziehen sich auf den technischen Betriebsablauf, insb. Herstellung und Herstellungsverfahren; Geschäftsgeheimnisse betreffen den allgemeinen Geschäftsverkehr des Unternehmens (BAG 15. 12. 1987 AP BGB § 611 Betriebsgeheimnis Nr. 5).

874 Die Tatsachen, die unter Heranziehung dieser Merkmale als Geheimnisse in Frage kommen, sind vielfältig und reichen von Fertigungsverfahren über Kalkulationsunterlagen und Kundenlisten bis hin zu Computerprogrammen. Besteht das Betriebsgeheimnis in einer Verfahrenstechnik, muss diese eindeutig und unverwechselbar beschrieben werden (BAG 25. 4. 1989 AP BGB § 611 Betriebsgeheimnis Nr. 7; zur Vertragsgestaltung *Preis* II V 20). Nur wenn die in der Rspr. genannten Merkmale **kumulativ** vorliegen, liegt ein Geheimnis vor, das den entspr. rechtlichen Schutz genießen kann. Eine Tatsache kann durchaus nur einem eng begrenzten Personenkreis aktuell bekannt sein, ohne dass bereits ein „Geheimnis" vorliegt. **Offenkundig** ist ein Betriebsgeheimnis schon dann, wenn es in einer Weise an die Öffentlichkeit gelangt ist, die es jedermann zugänglich macht, dh. ohne Schwierigkeiten in Erfahrung gebracht werden kann, weil es etwa dem Stand der Technik entspricht. Das Offenkundigkeitsmerkmal bezieht sich auf die **Möglichkeit der Kenntniserlangung** und nicht auf die tatsächliche Kenntnis. Entsprechendes gilt zB auch für Computer-Software.

875 Wesentlich ist ferner das Merkmal des Geheimnisbegriffes, wonach der Unternehmer „**ein berechtigtes wirtschaftliches Interesse**" an der Geheimhaltung haben muss. Dabei kann die Geheimhaltung von Wettbewerbsverstößen, Straftaten und sonstigen Gesetzeswidrigkeiten ebenso wenig wie eindeutige Vertragsbrüche des AG von einem berechtigten Interesse gedeckt sein. Illegale Geheimnisse sind nicht schutzwürdig. Das bloß wirtschaftliche Interesse des AG genügt nicht, um einen rechtswirksamen Geheimnisschutz zu begründen.

876 Die Verschwiegenheitspflicht des AN kann **vertraglich konkretisiert**, jedoch **nur eingeschränkt erweitert** werden (hierzu ausführlich *Preis* II V 20 Rn. 35 ff.). Denn nur, wenn die Voraussetzungen eines Unternehmens- bzw. Betriebsgeheimnisses vorliegen, können hieran auch weitergehende Rechtsfolgen geknüpft werden. Vor diesem Hintergrund ist der einzelvertraglichen Erweiterung der Geheimhaltungspflichten Grenzen gesetzt. So wird in der Rspr. zu Recht herausgestellt, dass eine Verschwiegenheitsvereinbarung nur insoweit zulässig sein kann, als die Geheimhaltung durch **berechtigte betriebliche Interessen** gedeckt ist (LAG Hamm 5. 10. 1988 DB 1989, 783). Voraussetzung ist also stets ein Geheimhaltungsinteresse. Die in der Praxis verbreitete Vereinbarung sog. „All-Klauseln", die die Verpflichtung enthalten, sämtliche während der Tätigkeit bekannt werdenden Geschäftsvorgänge geheim zu halten ist – unabhängig von der mangelnden Bestimmtheit – eine unangemessene Benachteiligung des AN bzw. kann zu einer sittenwidrigen Vertragsbindung führen (so LAG Hamm 5. 10. 1988 DB 1989, 783; ebenso *Preis/Reinfeld* AuR 1989, 361, 364; *Preis* II V 20 Rn. 36; MünchArbR/*Blomeyer* § 53 Rn. 65). Zur Frage, ob und inwieweit der AN zur Geheimhaltung der Entgelthöhe und des sonstigen Arbeitsvertragsinhalts verpflichtet werden kann: *Preis* II V 20 Rn. 39 ff.

877 Die Grenzen der Verschwiegenheitspflicht können sich aus den Grundrechten ergeben. Der Bruch einer Verschwiegenheitspflicht kann durch das **Grundrecht der freien Meinungsäußerung** gerechtfertigt sein (hierzu Art. 5 GG Rn. 38; BGH 20. 1. 1981 AP BGB § 611 Schweigepflicht Nr. 4; MünchArbR/*Blomeyer* § 53 Rn. 66).

878 Umstritten ist, ob die Verschwiegenheitspflicht auch dann greift, wenn die Verhaltensweise des AG gegen geltendes Recht verstößt. Bes. relevant ist die Problematik der Verstöße gegen Normen des Sozialversicherungs-, Steuer- und Umweltrechts. Hier stellt sich die Frage, ob und inwieweit der AN mit und ohne vertragliche Verschwiegenheitspflicht berechtigt ist, den AG bei öffentl. Stellen anzuzeigen bzw. an die Öffentlichkeit zu gehen. Nach früherer Rspr. stellte die gegen einen **gesetzwidrig handelnden AG erstattete Anzeige** einen Verstoß gegen die Verschwiegenheitspflicht bzw. Rücksichtnahmepflicht dar (BAG 5. 2. 1959 AP HGB § 70 Nr. 2). Richtig ist demgegenüber, dass der AG nicht darauf vertrauen kann, wegen eines gesetzwidrigen Verhaltens nicht angezeigt zu werden. Mit einer nicht wissentlich unwahren oder leichtfertig falschen Anzeige einer Straftat verletzt der AN, auch aus rechtsstaatlichen Gesichtspunkten nicht seine Rücksichtnahmepflicht gegenüber dem AG (BVerfG 2. 7. 2001 NZA 2001, 888, 890; zust. *Deiseroth* AuR 2002, 161 ff.; *Müller* NZA 2002, 424, 437; LAG Düsseldorf 17. 1. 2002 DB 2002, 1612). Dem AN darf kein Nachteil daraus entstehen, dass er seine staatsbürgerlichen Pflichten erfüllt, zB eine Zeugenaussage bei der Staatsanwaltschaft macht (schon *Preis*, Prinzipien, S. 366). Das verfassungsrechtliche geschützte Verhalten des AN ist auch bei „freiwilligen" Anzeigen zu berücksichtigen (BVerfG 2. 7. 2001 NZA 2001, 888, 890). Eine Kündigung ist in diesem Falle idR unberechtigt (Stahlhacke/*Preis* Rn. 689 ff.). Als berechtigte Interessenwahrungspflicht ist jedoch anzuerkennen, dass der AN vor Erstattung einer Anzeige den AG auf ihm

G. Pflichten des Arbeitnehmers § 611 BGB 230

bisher nicht bekanntes bzw. nicht grob fahrlässig unbekannt gebliebenes gesetzwidriges Verhalten in seinem Betrieb hinweist (*Preis/Reinfeld* AuR 1989, 370; ebenso MünchArbR/*Blomeyer* § 53 Rn. 70; *Müller* NZA 2002, 424; 436). Dieser allgemeine Grundsatz wird durch Spezialnormen gestützt. Diese Spezialnormen gestatten dem AN ebenfalls unter Beachtung des Verhältnismäßigkeitsprinzips spezielle Missstände, insb. im Arbeitsschutzrecht, den zuständigen Behörden anzuzeigen (§ 21 VI 1 GefStoffV; vgl. auch die allgemeine Regelung in § 9 II ArbSchG). Allgemein ist festzuhalten, dass objektiv schutzunwürdige Verhaltensweisen des AG arbeitsrechtlich nicht geschützt werden können. Dies gilt unabhängig davon, ob der AN noch im aktiven Arbeitsverhältnis steht oder nicht (BGH 20. 1. 1981 AP BGB § 611 Schweigepflicht Nr. 4; Erman/*Hanau* § 611 Rn. 510).

Auch die an sich berechtigte Anzeige darf **nicht missbräuchlich** ausgeübt werden. Insoweit wird zu 879 Recht auf die Wahrung des Übermaßverbotes hingewiesen (MünchArbR/*Blomeyer* § 53 Rn. 71; *Müller* NZA 2002, 424, 436). Für die Frage, ob und inwieweit der AN ausnahmsweise auf den Vorrang innerbetrieblicher Abhilfe verzichten darf, können in umgekehrter Anwendung die Grundsätze über die Erforderlichkeit einer Abmahnung (hierzu § 1 KSchG Rn. 376) herangezogen werden (*Preis/Reinfeld* AuR 1989, 373; Erman/*Hanau* § 611 Rn. 511). Wenn bei objektiver Betrachtung erwartet werden kann, der AG werde einer Beschwerde des AN nachgehen, darf der AN nicht unmittelbar eine Anzeige erheben (BAG 3. 7. 2003 - 2 AZR 235/02 -). Gerechtfertigt ist die Anzeige jedenfalls dann, wenn der Versuch, innerbetriebliche Abhilfe zu schaffen, erfolglos geblieben ist (*Preis/Reinfeld* AuR 1989, 372; MünchArbR/*Blomeyer* § 53 Rn. 71). Der Vorrang innerbetrieblicher Abhilfe ist zu verneinen, wenn dem AG die Gesetzwidrigkeit bekannt ist, von ihm gebilligt wurde, die Beseitigung objektiv unmöglich ist oder vom AG nicht erwartet werden kann (LAG Baden-Württemberg 3. 2. 1987 NZA 1987, 756). Bei Straftaten, die sich gegen den AN selbst richten, kann die Anzeige niemals arbeitsvertraglich unzulässig sein (ArbG Elmshorn 4. 4. 1963 AP GewO § 124 a Nr. 9; ArbG Krefeld 22. 5. 1959 AP GewO § 123 Nr. 23). Das Anzeigerecht unterliegt aber dann einem Missbrauchsvorbehalt, wenn der Anzeigende aus erheblich zu missbilligenden und verwerflichen Motiven heraus (Rache, Schädigungsabsichten) handelt (hierzu BAG 3. 7. 2003 - 2 AZR 235/02 -; LAG Frankfurt 12. 12. 1987 LAGE BGB § 626 Nr. 28 = DB 1987, 1696; BAG 4. 7. 1991 RzK I 6 a Nr. 74; LAG Baden-Württemberg 3. 2. 1987 NZA 1987, 756).

Berechtigte Geschäfts- oder Betriebsgeheimnisse müssen **prinzipiell auch über die Beendigung des** 880 **Arbeitsverhältnisses** hinaus gewahrt werden. Das gilt aber nur insoweit, wie der AN durch die Wahrung solcher Verschwiegenheitspflichten nicht in seiner Berufsausübung unzumutbar beschränkt wird. Einen weitergehenden Geheimnisschutz kann der AG nur über die Vereinbarung eines nachvertraglichen Wettbewerbsverbotes erreichen (BAG 15. 12. 1987 AP BGB § 611 BGB Betriebsgeheimnis Nr. 5). Mit dem Ende des Arbeitsverhältnisses endet gleichzeitig die Pflicht des AN zur Wettbewerbsenthaltung (BAG 19. 5. 1998 AP BGB § 611 Treuepflicht Nr. 11; hierzu *Mautz/Löblich* MDR 2000, 67).

Rechtsfolgen der Verschwiegenheitspflichtverletzung: Eine Strafvorschrift findet sich in § 17 881 UWG. Primär folgt aus der Verschwiegenheitspflicht eine Unterlassungsverpflichtung, die aber angesichts der idR bereits eingetretenen Pflichtverletzung nur eine untergeordnete Rolle spielt. Geheimnisverletzungen können die ordentliche oder außerordentliche verhaltensbedingte Kündigung rechtfertigen (hierzu § 1 KSchG Rn. 385). Schadensersatzverpflichtungen können aus Vertrag, Delikt (§ 823 II iVm. § 17 I UWG) oder § 1 UWG folgen. Denkbar sind auch Schadensersatzansprüche aus § 14 UWG und ggf. § 824.

b) Wettbewerbsverbot. Im Gesetz findet sich eine ausdrückliche **Regelung** über die Verpflichtung 882 zur Unterlassung von Wettbewerb nur in § 60 HGB für die Handlungsgehilfen. Eine derartige Pflicht beruht auf dem Gedanken, dass der AN während des Arbeitsverhältnisses die Interessen seines AG fördern und unterstützen muss. Damit ist es unvereinbar, wenn er ihm Konkurrenz machen würde. Der in § 60 HGB kodifizierte Grundgedanke ist ohne bes. vertragliche Abrede auf **alle Arten von Arbeitsverhältnissen** übertragbar. Während des rechtlichen Bestehens eines Arbeitsverhältnisses ist dem AN grds. jede Konkurrenztätigkeit zum Nachteil seines AG untersagt. § 60 HGB konkretisiert lediglich den allgemeinen Rechtsgedanken, der bereits in der Treuepflicht des AN seine Grundlage hat. Deshalb schließt der Arbeitsvertrag für die Dauer seines Bestehens über den persönlichen und sachlichen Anwendungsbereich des § 60 HGB hinaus ein Wettbewerbsverbot ein (BAG 16. 8. 1990 AP BGB § 611 Treuepflicht AP Nr. 10). Auf die Kommentierung zu §§ 60, 61 HGB wird verwiesen.

§ 61 HGB normiert Rechtsfolgen, die an den **Verstoß** gegen das nach § 60 HGB bestehende Wett- 883 bewerbsverbot geknüpft sind. Das Gesetz nennt den **Schadensersatzanspruch** des AG sowie alternativ hierzu das sog. **Eintrittsrecht** in die getätigten Konkurrenzgeschäfte. Bei Sittenwidrigkeit können im Einzelfall auch § 826 oder § 1 UWG greifen. Weitere Rechtsfolgen sind primär auf den Anspruch auf **Unterlassung** der Konkurrenztätigkeit, der überdies im Wege der einstweiligen Verfügung durchgesetzt werden kann. Nicht möglich ist allerdings, auf eine Verletzung der Unterlassungspflicht mit der Kürzung oder gar Verweigerung der Entgeltleistung aus dem Arbeitsverhältnis zu reagieren. Allerdings kann der AG bei schwerwiegender Verletzung des Wettbewerbsverbots nach st. Rspr. mit

Aussicht auf Erfolg eine **außerordentliche Kündigung** nach § 626 I aussprechen (BAG 25. 4. 1991 AP BGB § 626 Nr. 104).

884   **c) Verbot der Annahme von Schmiergeldern. Vorteilsannahme** (Annahme von Bestechungsgeldern) und **Bestechlichkeit** (Annahme von Bestechungsgeldern für Dienstverletzungen) sind lediglich für Amtsträger oder für den öffentl. Dienst bes. Verpflichtete (§§ 331 ff. StGB) mit einer Strafandrohung versehen. Daraus folgt aber nicht, dass AN Schmiergelder annehmen dürfen. Ein solches Verhalten beschwört die Gefahr herauf, dass er nicht im Interesse seines AG, sondern im Interesse dessen handelt, der ihm den Vorteil zukommen lässt. Manipulationen zu Lasten des AG sollen vermieden werden (LAG Hessen 28. 11. 1996 NZA-RR 1997, 373, 374). Dass ein solches Verhalten gegen die Treuepflicht des AN verstößt, ist offenkundig. Dem AN ist es deshalb auch geldwerte Leistungen zu fordern, sich versprechen zu lassen oder anzunehmen, wenn der Geber hierfür eine geschäftliche Bevorzugung erwartet oder auch nur eine Tätigkeit belohnt (MünchArbR/*Blomeyer* § 53 Rn. 98). Der AN muss dann nicht tatsächlich auf Grund des Schmiergeldes rechtswidrig handeln; es reicht, dass er das Schmiergeld annimmt.

885   Der AN hat erlangte Schmiergelder an den AG nach den Regeln der unerlaubten **Eigengeschäftsführung** gem. § 687 II **herauszugeben** (BAG 14. 7. 1961 AP BGB § 687 Nr. 1; BAG 15. 4. 1970 AP BGB § 687 Nr. 4; LAG Köln 1. 9. 1998 NZA 1999, 597; ausf. zu weiteren Rechtsfolgen MünchArbR/*Blomeyer* § 57 Rn. 109 ff.). In jedem Falle kann die Annahme von Schmiergeldern oder die sonstige Vorteilsnahme kündigungsrechtliche Konsequenzen nach sich ziehen (LAG Hamburg 26. 9. 1990 LAGE BGB § 626 Nr. 58; bei Forderung und Kassierung einer „Vermittlungsprovision" für die Einstellung eines AN einen Kündigungsgrund verneinend BAG 24. 9. 1987 AP KSchG 1969 § 1 Verhaltensbedingte Kündigung, Nr. 19). Die von den Besuchern einer Spielbank zugewendeten Gelder sind dem sog. „Tronc" (vgl. § 7 II SpielbankG NW) zuzuführen (LAG Köln 21. 3. 1996 NZA-RR 1997, 163; LAG Hessen 28. 11. 1996 NZA-RR 1997, 373).

886   **d) Nebentätigkeit.** Ohne bes. gesetzliche (z. Beamtenrecht), tarifliche oder einzelvertragliche Beschränkung ist die Ausübung einer Nebentätigkeit, sei sie entgeltlich oder unentgeltlich, selbständig oder unselbständig, **grds. zulässig**. Der AN kann sich auf seine Grundrechte Art. 12 I bzw. Art. 2 I GG berufen (BAG 18. 1. 1996 DB 1996, 2182). Die Übernahme von Ehrenämtern und Nebenämtern im gesellschaftlichen oder kommunalpolitischen Raum ist nicht von der Zustimmung des AG abhängig (*Preis* II E 10).

887   Der AG kann nur dann die Unterlassung einer Nebentätigkeit verlangen, wenn er ein **berechtigtes Interesse** darlegen kann. Dies setzt in aller Regel voraus, dass die Arbeitsleistung des AN durch die Nebentätigkeit beeinträchtigt werden kann (BAG 6. 9. 1990 AP BGB § 615 Nr. 47; BAG 18. 1. 1996 AP BGB § 242 Auskunftspflicht Nr. 25; MünchArbR/*Blomeyer* § 55 Rn. 4). Eine solche Nebentätigkeit verletzt die Arbeitspflicht (BAG 7. 9. 1995 AP BGB § 242 Auskunftspflicht Nr. 24). Das gilt auch für Ehrenämter. Ein AN, der während seiner Arbeitszeit für private Zwecke arbeitet, verletzt seine Arbeitspflicht (ArbG Passau 16. 1. 1992 BB 1992, 567). Darüber hinausgehend erkennt das BAG ein berechtigtes Interesse in der Zielsetzung des AG und der Wahrnehmung in der Öffentlichkeit (BAG 28. 2. 2002 EzA BGB § 611 Nebentätigkeit Nr. 7). Das ist sehr weitgehend und nur in Ausnahmefällen berechtigt. Im öffentlichen Dienst legt das BAG strenge Maßstäbe an (BAG 28. 2. 2002 EzA BGB § 611 Nebentätigkeit Nr. 5).

888   Arbeitsmarktpolitische Gesichtspunkte begründen kein berechtigtes Interesse (LAG Hamm 28. 9. 1995 NZA 1996, 723). Auch allgemeine sozialpolitische Gründe reichen nicht aus (LAG Düsseldorf 14. 2. 1995 AP BGB § 611 Nebentätigkeit Nr. 1 = NZA 1995, 966). Aus der sozialrechtlichen Regelung des § 8 II SGB IV über die Zusammenrechnung mehrerer geringfügiger Beschäftigungen folgt kein schutzwürdiges Interesse des AG, den AN an ausschließlich einer geringfügigen Beschäftigung festzuhalten. Im Gegenteil geht die Norm davon aus, dass mehrere Beschäftigungen nebeneinander möglich und zulässig sind (BAG 6. 9. 1990 AP BGB § 615 Nr. 47).

889   Unzulässig ist die Nebentätigkeit, wenn **erhebliche Beeinträchtigungen der Arbeitskraft** mit ihr einhergehen oder Wettbewerbsinteressen des AG entgegenstehen (BAG 21. 9. 1999 AP BGB § 611 Nebentätigkeit Nr. 6; im Überblick *Hunold* NZA-RR 2002, 505). Ferner kann die Nebentätigkeit gegen gesetzliche Bestimmungen verstoßen. So ist ein Verbot von Nebentätigkeiten als Kraftfahrer zu billigen, wenn nur dadurch die Überschreitung der Lenkzeiten verhindert werden kann (BAG 26. 6. 2001 NZA 2002, 98). § 8 BUrlG ist zu beachten, wonach während des Urlaubs der AN keine dem Urlaubszweck widersprechende Erwerbstätigkeit leisten darf. Vorschriften des Arbeitszeitrechts dürfen nicht verletzt werden (*Hunold* NZA 1995, 558; LAG Rheinland-Pfalz 30. 1. 1997 NZA-RR 1997, 324). Sofern der AN ein Nebenarbeitsverhältnis **(Doppelarbeitsverhältnis)** vereinbart, das zeitlich mit dem Hauptarbeitsverhältnis kolliert, kann er bei Unvereinbarkeit zum Schadensersatz verpflichtet sein (BAG 26. 3. 1965 AP BGB § 306 Nr. 1; BAG 14. 12. 1967 AP AZO § 1 Nr. 2; *Gotthardt* Rn. 96). Ferner sind die Schranken des Arbeitszeitrechts zu beachten. Wird bei einem Doppelarbeitsverhältnis im zweiten Arbeitsverhältnis unter Berücksichtigung der im ersten Arbeitsverhältnis vereinbarten Arbeitszeit die gesetzlich zulässige Höchstarbeitszeit um 10 Stunden wöchentlich überschritten, so ist das zweite Arbeitsverhältnis in vollem Umfang nichtig, wobei die Nichtigkeit jedoch nur für die

Vergangenheit gelten gemacht werden kann (BAG 19. 6. 1959 AP BGB § 611 Doppelarbeitsverhältnis Nr. 1). Nach § 139 kann das zweite Arbeitsverhältnis im Umfang der gesetzlich zulässigen Arbeitszeit aufrechterhalten werden, wenn dies dem mutmaßlichen Parteiwillen entspricht (LAG Nürnberg 19. 9. 1995 NZA 1996, 882; BAG 14. 12. 1967 AP HAG § 19 Nr. 3).

Das Recht, eine Nebenbeschäftigung aufzunehmen, kann **vertraglich, tariflich oder kraft BV** 890 **beschränkt** werden. In den beiden letzten Fällen ist eine Rechtskontrolle vorzunehmen (§ 310 I IV). Vorformulierte vertragliche Beschränkungen unterliegen einer **Rechtskontrolle und einer Inhaltskontrolle** (§ 307) unter Berücksichtigung der grundrechtlichen Wertung des Art. 12 GG. Eine Vertragsklausel, die dem AN jede vom AG nicht genehmigte Nebentätigkeit verbietet, ist unwirksam (BAG 6. 7. 1990 AP BGB § 615 Nr. 47; Preis/*Rolfs* II N 10 Rn. 34). Ein partielles Nebentätigkeitsverbot für Busfahrer für andere Tätigkeiten, die mit dem Lenken von Kfz zusammenhängen, ist nicht zu beanstanden (BAG 26. 6. 2001 NZA 2002, 98). Teilzeitbeschäftigte Angestellte des öffentl. Dienstes bedürfen nach § 11 BAT auch dann einer Genehmigung für eine Nebentätigkeit, wenn die zeitliche Beanspruchung durch die Teilzeittätigkeit zusammen mit der zeitlichen Beanspruchung durch die Nebentätigkeit die regelmäßige tarifliche wöchentliche Arbeitszeit eines Vollzeitbeschäftigten nicht überschreitet (BAG 30. 5. 1996 AP BGB § 611 Nebentätigkeit Nr. 2; krit. MünchArbR/*Blomeyer* § 55 Rn. 43, zur Nebentätigkeit bei Sonderurlaub BAG 13. 3. 2003 – 6 AZR 585/01). Die Ausübung einer solchen Nebentätigkeit kann eine Kündigung nur dann rechtfertigen, wenn die vertraglich geschuldeten Leistungen durch die Nebentätigkeit beeinträchtigt werden (BAG 26. 8. 1976 AP BGB § 626 Nr. 68). Eine ohne Genehmigung ausgeübte Nebentätigkeit kann eine Abmahnung rechtfertigen (BAG 30. 5. 1996 AP BGB § 611 Nebentätigkeit Nr. 2). Auch wenn der AN einen verfassungsrechtlich garantierten Anspruch auf Ausübung einer Nebentätigkeit hat, muss er eine bevorstehende Nebentätigkeit anzeigen, wenn die Interessen des AG bedroht sind (BAG 18. 1. 1996 AP BGB § 242 Auskunftspflicht Nr. 25). Eine Anzeigepflicht besteht bei Beeinträchtigung berechtigter Interessen auch ohne bes. vertragliche Vereinbarung (BAG 18. 11. 1988 AP BGB § 611 Doppelarbeitsverhältnis Nr. 3; *Preis* Vertragsgestaltung S. 538; aA *Kempen/Kreuder* AuR 1994, 214, 216). Der AG hat aber keinen generellen Anspruch darauf, alle Nebentätigkeiten des AN zu erfahren bzw. jede Nebentätigkeit unter dem Vorbehalt seiner Genehmigung zu stellen. Allerdings begeht der AN eine Vertragspflichtverletzung, wenn er gar nicht erst um die Erlaubnis nachsucht (BAG 11. 12. 2001 AP BGB § 611 Nebentätigkeit Nr. 8). Der AN hat aber einen Anspruch auf Zustimmung, wenn die Aufnahme der Nebentätigkeit betriebliche Interessen nicht beeinträchtigt (BAG 21. 9. 1999 AP BGB § 611 Nebentätigkeit Nr. 6; BAG 13. 3. 2003 – 6 AZR 585/01 – im Falle dauerhafter Beurlaubung). Die Abführungspflichten von Nebentätigkeitsvergütungen im öffentl. Dienst verstoßen nach Auffassung des BAG weder gegen Art 3 I noch gegen Art. 12 I GG (BAG 25. 7. 1996 AP BAT § 11 Nr. 6; hierzu auch LAG Berlin 7. 10. 1998 ZTR 1999, 169).

Die Geltendmachung eines **Unterlassungsanspruches** ist möglich, kommt aber bei schlichten 891 Nebentätigkeiten ohne Konkurrenz in der Praxis kaum vor. Die in der Praxis allein durchgreifende Sanktion der **Verletzung eines Nebentätigkeitsverbots** (ohne dass eine Konkurrenztätigkeit vorliegt) liegt in der **Abmahnung** bzw. **Kündigung** des AN. Eine Kündigung ist nur dann gerechtfertigt, wenn die vertraglich geschuldeten Leistungen durch die Nebentätigkeit beeinträchtigt werden (BAG 26. 8. 1976 AP BGB § 626 Nr. 68). Der AG der Hauptbeschäftigung kann je nach den Umständen auch eine fristlose Kündigung ohne vorherige Abmahnung aussprechen, wenn der AN trotz einer ärztlich attestierten Arbeitsunfähigkeit der Nebenbeschäftigung nachgeht (BAG 26. 8. 1993 AP BGB § 626 Nr. 112). Die Verletzung der Anzeigepflicht kann Schadensersatzansprüche zugunsten des AG auslösen (BAG 18. 11. 1988 AP BGB § 611 Doppelarbeitsverhältnis Nr. 3).

e) Außerdienstliches Verhalten. Außerdienstliche Bindungen sind nur sehr zurückhaltend anzu- 892 erkennen. Entscheidend ist auf die Vertragsstruktur des Arbeitsverhältnisses abzustellen. So lässt sich grds. dem Arbeitsvertrag keine Pflicht des AN entnehmen, seine **private Lebensführung** an den Interessen des Unternehmers bzw. des AG auszurichten. Der AN wird durch den Arbeitsvertrag nicht etwa dazu verpflichtet, „ein ordentliches Leben zu führen und sich dabei seine Arbeitsfähigkeit und Leistungskraft zu erhalten" (BAG 23. 6. 1994 AP BGB § 242 Kündigung Nr. 9). Die Gestaltung des privaten Lebensbereichs steht außerhalb der Einflusssphäre des AG und wird durch arbeitsvertragliche Pflichten nur insoweit eingeschränkt, als sich das private Verhalten auf den betrieblichen Bereich auswirkt und dort zu Störungen führt. Der AG ist durch den Arbeitsvertrag nicht zum Sittenwächter über die in seinem Betrieb tätigen AN berufen (BAG 23. 6. 1994 AP BGB § 242 Kündigung Nr. 9). Er hat auch grds. kein Recht, wahrheitsgemäße Antworten über die Privatsphäre (zB Spielbankbesuche) zu erlangen (LAG Hamm 14. 1. 1998 LAGE BGB § 626 Nr. 119).

Dies lässt es von vornherein ausgeschlossen erscheinen, den AN in der Privatsphäre des AN zu 893 binden. Auch wenn Kündigungen wegen Heirat, außerehelicher Schwangerschaft oder liederlichem Lebenswandel der Rechtsgeschichte angehören, sind jedoch auch heute noch Bestandteile privater Lebensführung Gegenstand arbeitsrechtlicher Betrachtung (Beispiele: hohe Verschuldung des AN, persönliches Sexualverhalten). Die Beschränkung der persönlichen Freiheit des AN darf nicht über das hinausgehen, was der Zweck des Arbeitsverhältnisses unter Beachtung der Persönlichkeit des AN unvermeidbar erforderlich macht (*Wiese* ZfA 1971, 273, 299). So kann etwa eine allgemeine arbeitsvertragliche Pflicht zu gesundheits- bzw. genesungsförderndem Verhalten nicht bejaht werden (hierzu *Schäfer* NZA 1992, 529, 530; Alkoholiker kann zum Besuch einer Selbsthilfegruppe nicht verpflichtet werden LAG Düsseldorf 25. 2. 1997 BB 1997, 1799; hierzu *Künzl* NZA 1998, 122 ff.). Anders entscheidet die Rspr. während der Arbeitsunfähigkeit. Hier darf jedenfalls der Heilungsprozess nicht durch genesungswidriges Verhalten verzögert werden (BAG 13. 11. 1979 AP KSchG 1969 § 1 Krankheit Nr. 5; LAG Hamm 28. 5. 1998 MDR 1999, 555).

894 In Ansehung des Persönlichkeitsrechts des AN können auch **Vertragsklauseln**, die dem AN Pflichten im außerdienstlichen Bereich auferlegen, nicht uneingeschränkt anerkannt werden. Eine Grenze ist jedenfalls dort zu ziehen, wo der AG auf das Freizeitverhalten seiner Mitarbeiter Einfluss nehmen will (zB Untersagung gefährlicher Sportarten). **Begrenzungen** in der privaten Lebensführung sind nur insofern gerechtfertigt, als sie unmittelbar mit der zu erbringenden Arbeitsleistung zusammenhängen. So können bei Flugkapitänen oder anderen Personenbeförderern Beschränkungen ihrer Freizeitgestaltung auferlegt werden, soweit diese zu einem bestimmten Zeitpunkt in bes. Weise leistungsbereit sein müssen und nicht durch Alkoholkonsum o. ä. zur Erbringung der Arbeitsleistung außerstande sein dürfen (BAG 23. 9. 1986 AP BPersVG § 75 Nr. 20). Hier handelt es sich um eine leistungsnahe Konkretisierung ohnehin bestehender Nebenpflichten des AN (hierzu *Preis* II A 160 Rn. 15 ff.). Die Auferlegung von Vertragspflichten, „alles zu tun, um seine Leistungsfähigkeit zu erhalten", scheitern schon an dem notwendigen Bestimmtheits- und Transparenzgebot (§ 307 I 2). Die Konstituierung derartiger Globalpflichten greift überdies zu weit und pauschal in die Privatsphäre des AN ein (*Preis* Vertragsgestaltung S. 541 f.). Regelungen, die den AN in der Ausübung von Freizeitaktivitäten binden wollen, sind regelmäßig wegen unzulässigen Eingriffs in Art. 2 I GG unwirksam.

895 In **Tendenzbetrieben**, insb. im Bereich der Kirchen sind Pflichten zur Interessenwahrung auch im außerdienstlichen Bereich eher anzuerkennen. So hat das BVerfG entschieden, dass Kirchen als AG selbst bestimmen dürfen, in welchem Umfang sie von ihren AN die Beachtung der kirchlichen Glaubens- und Sittenlehre erwarten (BVerfG 4. 6. 1985 AP GG Art. 140 Nr. 24 = BVerfGE 70, 138).

896 Auch im nicht tendenzgebundenen Arbeitsverhältnis gilt ein **Mindestmaß an Loyalitätsobliegenheiten** des AN gegenüber dem AG. Eine selbstverständliche Pflicht stellt es dar, den **Ruf des Unternehmens nicht zu schädigen**. Eine solche Vertragspflicht ist auch unter Beachtung des Grundrechts auf Meinungsäußerungsfreiheit (Art. 5 I GG) anzuerkennen. Die Schwierigkeit besteht lediglich darin, im Einzelfall unter Abwägung der Grundrechte des AN zu ermitteln, inwieweit von ihm die Rücksichtnahme auf die Unternehmensinteressen erwartet werden kann.

897 f) **Handlungspflichten, Schutzpflichten.** Als bes. Nebenpflicht obliegt dem AN uU auch Handlungs- und Schutzpflichten, wenn es darum geht, eingetretene oder drohende Schäden abzuwenden.

898 aa) **Anzeige-, Aufklärungs- und Auskunftspflichten.** Aus § 242 folgt ein Auskunftsanspruch, wenn der AG in entschuldbarer Weise über Bestehen und Umfang seines Rechts im Ungewissen ist, während der AN unschwer Auskunft erteilen kann (BAG 22. 4. 1967 AP BGB § 242 Auskunftspflicht Nr. 12; BAG 21. 10. 1970 AP BGB § 242 Auskunftspflicht Nr. 13; BAG 18. 1. 1996 AP BGB § 242 Auskunftspflicht Nr. 25; ausf. *Boemke* AR-Blattei SD 320 Rn. 17 ff.). Der AN ist auch nach seiner Einstellung verpflichtet, Fragen zu seiner Aus- und Vorbildung zu beantworten (BAG 7. 9. 1995 AP BGB § 242 Auskunftspflicht Nr. 24). Verweigert der AN über längere Zeit hinweg Angaben zu erheblichen Nebentätigkeiten, sind die berechtigten Interessen des AG an ordnungsgemäßer Vertragserfüllung bedroht. Ein Auskunftsanspruch ist begründet (BAG 18. 1. 1996 AP BGB § 242 Auskunftspflicht Nr. 25).

899 Auskunftspflichten bestehen insb. zur Sicherung von **Konkurrenzabreden** (BAG 27. 9. 1988 AP BGB § 611 Konkurrenzklausel Nr. 35) sowie zur Höhe anderweitigen Verdienstes im Falle des **Annahmeverzuges** (§ 615, § 11 KSchG, vgl. BAG 27. 9. 1993 AP BGB § 615 Nr. 52).

900 bb) **Wahrung der betrieblichen Ordnung.** Als allgemeine Nebenpflicht obliegt dem AN, die betriebliche Ordnung zu wahren. Richtigerweise sind hier zwei Fallgruppen zu unterscheiden: Zum einen folgt die Verpflichtung unmittelbar aus der Arbeitspflicht, soweit das Ordnungsverhalten zur Erbringung der geschuldeten Arbeitsleistung notwendig ist. Problematischer ist hingegen die unter dem Stichwort Betriebsordnung diskutierte allgemeine Rücksichts- bzw. Schutzpflicht als allgemeine Nebenpflicht (hierzu MünchArbR/*Blomeyer* § 53 Rn. 1 ff.). Zu berücksichtigen ist bei allen Fragen der Regelung des Verhaltens und der Ordnung im Betrieb das Mitbestimmungsrecht nach § 87 I Nr. 1 BetrVG.

901 Typischerweise werden unter dem Stichwort der Wahrung der betrieblichen Ordnung Fallgruppen diskutiert, die zu Grundrechtskollisionen zwischen AG und AN sowie innerhalb der ANSchaft führen. Zu nennen ist hier die Frage der Alkohol- und Rauchverbote im Betrieb (hierzu Art. 2 GG Rn. 133, 136). Ferner kann die Frage relevant werden, ob und inwieweit der AN die persönliche Kontrolle zu dulden hat (hierzu Art. 2 GG Rn. 108).

902 Bes. umstritten ist die Frage, ob und inwieweit der AN unternehmensschädliche Meinungsäußerungen zu unterlassen hat bzw. welche Konsequenzen, ggf. kündigungsrechtlicher Art, hieran zu knüpfen sind (hierzu ausführlich Art. 5 GG Rn. 28 ff.).

G. Pflichten des Arbeitnehmers § 611 BGB 230

cc) **Anzeigepflicht.** Zur Sicherung der Leistungserbringung sowie zur Schadensabwendung sind 903
verschiedene Anzeige- und Nachweispflichten des AN anzuerkennen. ZT sind diese gesetzlich konkretisiert. Die wichtigste Anzeige- und Nachweispflicht ist in § 5 EFZG im Falle der Arbeitsunfähigkeit geregelt (vgl. die Kommentierung zu § 5 EFZG).
Fehler an Maschinen oder Material müssen dem AG angezeigt werden. Außerdem ist er verpflich- 904
tet, generell dem AG gegenüber richtige Angaben zu machen, soweit es um **dienstliche Belange** aller
Art geht. Im Einzelfall ist problematisch, ob und inwieweit der AN Überwachungs- und Anzeigepflichten hat, insb. inwieweit er **Verfehlungen anderer AN** anzuzeigen hat (vgl. hierzu LAG Hamm
29. 7. 1994 BB 1994, 2352). Eine Verpflichtung besteht nur dann, wenn Personenschaden oder
schwerer Sachschaden entstanden oder zu befürchten ist (*Preis* II A 40 Rn. 15; *Schaub* § 53 Rn. 12;
MünchArbR/*Blomeyer* § 54 Rn. 9). Das BAG hat die Anzeigepflicht bei AN ausgedehnt, zu deren
arbeitsvertraglichen Pflichten auch die Beaufsichtigung anderer AN gehört (BAG 18. 6. 1970 AP BGB
§ 611 Haftung des Arbeitnehmers Nr. 57; generelle Anzeigepflicht bejahend LAG Berlin 9. 1. 1989
BB 1989, 630). Im konkreten Fall hat das BAG eine Anzeigepflicht über eine beleidigende Äußerung
verneint, selbst wenn sie kreditschädigend ist (BAG 30. 11. 1972 AP BGB § 626 Nr. 66).
Darüber hinaus sind in Arbeitsverträgen, Betriebsordnungen und zT auch TV unterschiedliche 905
Anzeigepflichten des AN geregelt. Soweit diese Anzeigepflichten im Arbeitsverhältnis in unmittelbarem Zusammenhang stehen, sind diese weitgehend unproblematisch (Anzeige von Unfällen auf
Betriebsgelände, Anzeige über die Veränderung in den persönlichen Verhältnissen, Wohnungswechsel). Bei der Anzeigepflicht über persönliche Verhältnisse sind die allgemeinen Grenzen des Fragerechts (hierzu Rn. 359 ff.; *Preis* II A 40 Rn. 13) zu beachten.

dd) **Pflicht zur Schadensabwendung.** Im Rahmen seiner Möglichkeiten und seinem Arbeitsbereich 906
hat der AN auch Schäden vom AG abzuwenden (zur Verletzung dieser AN bei Verletzung von Einreisebestimmungen BAG 16. 2. 1995 AP BGB § 611 Haftung des Arbeitnehmers Nr. 106 = NZA 1995,
565). Hieraus folgt auch die Pflicht des AN, in Notfällen über den Rahmen der arbeitsvertraglichen
Hauptpflicht hinaus tätig zu werden. Die Haftung ist nach den Grundsätzen der privilegierten
ANHaftung zu mildern (BAG 16. 2. 1995 AP BGB § 611 Haftung des Arbeitnehmers Nr. 106 = NZA
1995, 565; Einzelheiten Rn. § 619a Rn. 9 ff.).
Aus der Schadensabwendungspflicht ergibt sich uU, dass der AN sowohl Überstunden als auch 907
andere als die vereinbarte Arbeit zu leisten hat, wenn sonst der Betrieb einen nicht unerheblichen
Schaden erleiden würde. Diese Nebenpflicht wird durch den Grundsatz der **Zumutbarkeit** begrenzt.
Soweit der AN kraft Gesetzes oder TV verpflichtet ist, sich zur Erbringung der geschuldeten 908
Arbeitsleistung einer **Gesundheitsuntersuchung** zu unterziehen (zB § 32 I JArbSchG, für Beschäftigte im Lebensmittelgewerbe § 43 I IfSG und für die Beförderung von Fahrgästen zB § 48 IV Nr. 3
FeV), obliegt diese Pflicht zur Untersuchung dem AN auch als vertragliche Nebenpflicht, deren
beharrliche Verletzung uU zur Kündigung führen kann (LAG Düsseldorf 31. 5. 1996 NZA-RR 1997,
88). Entspr. Pflichten können auch in Unfallverhütungsvorschriften und sonstigen Arbeitsschutzbestimmungen enthalten sein. Darüber hinausgehend ist eine allgemeine Pflicht zur Gesundheitsuntersuchung als vertragliche Nebenpflicht nicht anzuerkennen (s. BAG 16. 9. 1997 AP BergmannsVersorgSchein G § 9 Nr. 30). In seiner jüngsten Rspr. vertritt der 2. Senat des BAG demgegenüber sehr
weitgehend aus der allgemeinen Treuepflicht des AN, bei Vorliegen eines berechtigten Interesses des
AG eine ärztliche Untersuchung seines Gesundheitszustandes zu dulden (BAG 6. 11. 1997 AP BGB
§ 626 Nr. 142). Ein AN, der die notwendige ärztliche Begutachtung über Gebühr erschwert oder
unmöglich macht, verstößt gegen seine Treuepflicht und kann ggf. gekündigt werden (s. a. *Notz*,
Zulässigkeit und Grenzen ärztlicher Untersuchungen von Arbeitnehmern, S. 58 ff.). Ein derartiger
Rechtssatz geht zu weit und verletzt das allg. Persönlichkeitsrecht des AN (hierzu Art. 2 GG Rn. 93).
Dies hat das BAG in einer Folgeentscheidung erkannt (BAG 12. 8. 1999 AP KSchG 1969 § 1
Verhaltensbedingte Kündigung Nr. 41). Keinesfalls kann der AG verlangen, dass der Arzt ohne jede
Einschränkung alle Untersuchungen vornehmen darf, die AG oder Arzt für sachdienlich halten. Das
Interesse des AG an der geforderten Untersuchung ist vielmehr abzuwägen gegen das Interesse des
AN an der Wahrung seiner Intimsphäre und körperlichen Unversehrtheit. Zur Duldung einer Blutentnahme ist der AN regelmäßig nicht verpflichtet (BAG 12. 8. 1999 AP KSchG 1969 § 1 Verhaltensbedingte Kündigung Nr. 41). Die Rspr. kollidiert überdies mit der Rspr. des gleichen Senats zur
krankheitsbedingten Kündigung, wo eine außerprozessuale Auskunftspflicht des AN über seinen
Gesundheitszustand ausdrücklich abgelehnt wird (hierzu § 1 KSchG Rn. 214 ff.). Vorformulierte
vertragliche Vereinbarungen über die Pflicht zur Gesundheitsuntersuchung unterliegen der Inhaltskontrolle (§ 307). Jedenfalls hat der AG nur ein berechtigtes Interesse, gesundheitliche Eignung
konkret bezogen auf die ausgeübte Tätigkeit feststellen zu lassen (*Preis* II G 30 Rn. 6).
Die Schadensabwendungspflicht geht nicht so weit, dass der AN verpflichtet wäre, im Falle der 909
Verschlechterung der finanziellen Lage des Betriebes auf Gehaltsbestandteile zu **verzichten** (LAG
Hamm 9. 2. 1996 NZA-RR 1997, 17; aA BAG 18. 12. 1964 AP BGB § 611 Gratifikation Nr. 51). Eine
derartige Pflicht wäre eine unzulässige Überdehnung der Treuepflicht. Auch kann aus § 242 keine
Pflicht zur **Stundung** von Lohnansprüchen folgen, selbst wenn andere Mitarbeiter auf Gehalts-

Preis 1527

bestandteile verzichtet haben. Der AG hat für seine finanzielle Leistungsfähigkeit einzustehen (*Gotthardt* Rn. 119, 47); diese Grundlage des Privatrechts kann nicht durch einen diffusen Treuegedanken überspielt werden (richtig LAG München 6. 5. 1997 LAGE BGB § 242 Lohnstundung Nr. 1).

910 **3. Sanktionen.** Typische Sanktionen bei Nebenpflichtverletzungen sind Abmahnungen, ggf. ordentliche oder fristlose Kündigung sowie ggf. Schadensersatz (hierzu Rn. 857 ff.) und Vertragsstrafen.

H. Nachwirkungen des Arbeitsverhältnisses

I. Allgemeines

911 Für den Fall der Beendigung des Arbeitsverhältnisses können die Vertragsparteien bes. fortwirkende Pflichten begründen. Die wichtigsten Fallgruppen sind **Ruhegeldzusagen** (hierzu die Kommentierung zum BetrAVG) und **nachvertragliche Wettbewerbsverbote** (vgl. hierzu die Kommentierung zu §§ 74 ff. HGB). Darüber hinaus sind nachwirkende Nebenpflichten anzutreffen, die AG und AN kraft ausdrücklicher gesetzlicher Anordnung oder aus allgemeinen Grundsätzen (insb. § 242) treffen können. Zur ausnahmsweisen Nachwirkung von Verschwiegenheitspflichten (vgl. Rn. 880).

912 Eine Haftung wegen Verletzung nachwirkender Pflichten des Arbeitsvertrags kommt nur dann in Betracht, wenn zwischen AG und AN ein **Arbeitsverhältnis bestanden** hat. Dieser Umstand bringt es mit sich, dass in vielen Fällen, die unter Nachwirkungen des Arbeitsvertrags behandelt werden, in Wahrheit Haupt- und Nebenpflichten aus dem Arbeitsvertrag vorliegen; die Eigenart dieser Fälle besteht lediglich darin, dass die Erfüllung der Pflichten im Allg. von vornherein erst mit oder nach Beendigung des Arbeitsverhältnisses in Betracht kommt.

913 Die ua. für die dem ausgeschiedenen AN gegenüber obliegende Pflicht des AG, Dritten **Auskunft** über Leistung und Verhalten des AN zu geben, bemühte Figur der „nachwirkenden Fürsorgepflicht" dürfte entbehrlich sein (zur „nachwirkenden Fürsorgepflicht" vgl. etwa BAG 25. 10. 1975 AP BGB § 630 Nr. 1; BAG 5. 8. 1976 AP BGB § 630 Nr. 10 mit Anm. *Schnorr v. Carolsfeld*; BGH 13. 7. 1956 AP BGB § 611 Fürsorgepflicht Nr. 2; BAG 14. 12. 1956 AP BGB § 611 Fürsorgepflicht Nr. 3 mit Anm. *Larenz*; wie hier MünchArbR/*Richardi* § 45 Rn. 43; *Zöllner* in: Treue- und Fürsorgepflicht im Arbeitsrecht, S. 91 ff.). Die Auskunftspflicht aktualisiert sich zwar erst nach Beendigung des Arbeitsverhältnisses, ist aber als notwendige Ergänzung der Zeugnispflicht bereits im Arbeitsvertrag angelegt. Bei schuldhafter Nicht-, Spät- oder Schlechterfüllung der Zeugnis- oder Auskunftspflicht kann der AN Ersatz des hierdurch entstandenen Schadens verlangen. Eine Vermutung, dass eine Bewerbung nur deshalb erfolglos geblieben ist, weil der frühere AG seine Zeugnis- oder Auskunftspflicht verletzt hat, besteht allerdings nicht. Es obliegt daher dem AN, darzutun und ggf. zu beweisen, dass ein anderer AG bereit war, ihn einzustellen und nur wegen des nicht, verspätet oder unrichtig erteilten Zeugnises bzw. der Auskunft hiervon Abstand genommen habe (BAG 25. 10. 1967 AP HGB § 73 Nr. 6 mit Anm. *Brecher*; relativierend unter Hinweis auf die Beweiserleichterungen der §§ 252 S. 2 und 287 ZPO allerdings BAG 26. 2. 1976 AP BGB § 252 Nr. 3 mit Anm. *E. Schneider* und BAG 24. 3. 1977 AP BGB § 630 Nr. 12; vgl. auch Staudinger/*Preis* § 630 Rn. 79; *Kölsch* NZA 1985, 382).

II. Nachwirkende Nebenpflichten

914 **1. Pflichten des Arbeitgebers.** Aus § 109 GewO folgt die auch nach Beendigung des Arbeitsverhältnis fortwirkende Pflicht des AG zur **Zeugniserteilung.** Darüber hinaus trifft den AG die Pflicht, auf Verlangen des ausgeschiedenen AN Dritten **Auskünfte** zu erteilen (näher § 630 Rn. 116 ff.). **Arbeitspapiere** hat der AG ggf. sorgfältig auszustellen und herauszugeben. Hierzu gehören (mit Ausnahme von Bewerbung und Lebenslauf) alle dem AG überlassenen Arbeitspapiere, insb. Lohnsteuerkarte (§ 39 b I 3, 41 b EStG) und Sozialversicherungsnachweisheft (§ 4 II DEVO); ferner hat er ggf. die Arbeitsbescheinigung zur Vorlage beim AA (§ 312 SGB III) und die Urlaubsbescheinigung auszustellen (§ 6 II BUrlG). Der Herausgabeanspruch ist mit Beendigung des Arbeitsverhältnisses fällig (BAG 27. 2. 1987 AP BGB § 630 Nr. 16). Erfüllungsort ist der Beschäftigungsbetrieb (§ 269). Es handelt sich in aller Regel um Holschulden, bei denen es auch bleibt, wenn der AN aus von ihm zu vertretenden Gründen die Papiere nicht abgeholt hat. Im Einzelfall kann der AG nach § 242 gehalten sein, die Papiere nachzusenden (BAG 8. 3. 1995 AP BGB § 630 Nr. 21). Ein **Zurückbehaltungsrecht** steht dem AG nicht zu (MünchKommBGB/*Müller-Glöge* Rn. 485). Mangels Gegenseitigkeit der Ansprüche ist hier regelmäßig § 273 zu verneinen (BAG 20. 12. 1958 AP BGB § 611 Urlaubskarten Nr. 2; ArbG Solingen 21. 4. 1980 AuR 1981, 187). Stehen die Arbeitspapiere im Eigentum des AN (Urkunden, Zeugnisse), besteht ein Herausgabeanspruch aus § 985. Nach § 2 I Nr. 3 e ArbGG kann der AN auf Herausgabe und Ausfüllung der Arbeitspapiere klagen. Die Vollstreckung erfolgt nach § 893 ZPO, das Ausfüllen als unvertretbare Handlung nach § 888 ZPO (LAG Frankfurt 25. 6. 1980 DB 1981, 534). Die Nichtherausgabe begründet **Schadensersatzansprüche**, die allerdings bei Vorgehen nach § 61 II ArbGG mit abgegolten sind (BAG 20. 2. 1997 AP BGB § 611 Haftung des AG Nr. 4).

Bei erkennbarer **Rechtsunkenntnis über die sozialversicherungsrechtlichen Folgen** einer einver- 915
nehmlichen Aufhebung des Arbeitsverhältnisses kann den AG eine Aufklärungspflicht treffen, deren
Verletzung zum Schadensersatz verpflichtet (BAG 13. 11. 1984 AP BetrAVG § 1 Zusatzversorgungskassen Nr. 5 mit Anm. *Weinert*; BAG 18. 9. 1984 AP BetrAVG § 1 Zusatzversorgungskassen Nr. 6;
BAG 10. 3. 1988 AP BGB § 611 Fürsorgepflicht Nr. 99). Auch kann eine nachvertragliche Pflicht des
AG bejaht werden, für ausgeschiedene AN Ansprüche aus einer weitergeführten Unfallversicherung
gegenüber der Versicherungsgesellschaft geltend zu machen (LAG Bremen 27. 8. 1998 LAGE BGB
§ 611 Fürsorgepflicht Nr. 25).

2. Pflichten des Arbeitnehmers. Der AN ist verpflichtet, nach Beendigung des Arbeitsverhältnisses 916
die ihm **überlassenen Arbeitsmittel** (zB Werkzeuge, Geschäftsunterlagen, Schriftstücke und Zeich-
nungen; Computer, Arbeitskleidung, Werksausweis, Schlüssel, ausschließlich dienstlich genutzter
PKW usw.) **herauszugeben**. Das Gleiche gilt für **Arbeitsergebnisse** und **Geschäftsunterlagen**, insb.
Kundenkarteien (LAG Hamm 26. 2. 1991 ARSt. 1991, 182). Hins. der Arbeitsmittel ist der AN
lediglich Besitzdiener (§ 855). Der AN hat auf Weisung des AG, ohne dass es einer ausdrücklichen
Abrede bedurfte, firmeneigene Gegenstände jederzeit herauszugeben (LAG Berlin 26. 5. 1986 DB
1987, 542; *Schaub* § 151). Der Herausgabeanspruch kann analog auf § 667 gestützt werden. Bei
Verweigerung der Herausgabe liegt verbotene Eigenmacht vor (§ 858). Ein Zurückbehaltungsrecht
nach § 273 wegen anderer Ansprüche aus dem Arbeitsverhältnis besteht idR nicht. Der Herausgabeanspruch des AG gegen den AN kann sich auch aus §§ 861, 862 und ggf. aus § 985 ergeben. Abw.
Vereinbarungen sind möglich. So kann dem AN uU auch über die Dauer des Arbeitsverhältnisses
hinaus ein Besitzrecht zustehen (OLG Düsseldorf 12. 12. 1986 NJW 1986, 2513; *Nägele* NZA 1997,
1196, 1200).

Bei der Herausgabe von Arbeitsergebnissen und Geschäftsunterlagen folgt die Herausgabepflicht 917
aus den gleichen Anspruchsgrundlagen. Die Anwendung des § 950 (Eigentumserwerb durch Verarbeitung) ist denkbar; allerdings ist hA, dass das Eigentum unmittelbar dem AG zufällt. Der AG ist idR
Hersteller des Produkts (Palandt/*Bassenge* § 950 Rn. 9).

Kommt der AN seiner Rückgabepflicht nicht nach und bestehen Zweifel über das Ausmaß der in 918
seinem Besitz befindlichen Arbeitsmittel und Geschäftsunterlagen, hat der AG einen klagbaren
Anspruch auf Auskunftserteilung und auf Abgabe einer die Richtigkeit der Auskunft betreffenden
eidesstattlichen Versicherung (*Schaub* § 151; ArbG Marburg 5. 2. 1969 DB 1969, 2041). Wegen verspäteter Rückgabe von Arbeitsmitteln und Geschäftsunterlagen kommen darüber hinaus Ansprüche
auf Schadensersatz und Nutzungsentschädigung in Betracht (LAG Berlin 26. 5. 1986 DB 1987, 542;
zur Sonderproblematik der Herausgabe von Dienstwagen vgl. Rn. 659 sowie *Becker-Schaffner* DB
1993, 2978; *Preis* II D 20 Rn. 9 ff.; *Nägele* NZA 1997, 1196, 1200 f.). Erfüllungsort für die Rück-
gabeverpflichtung ist die Betriebsstätte des AG. Der AN trägt die Transportgefahr (LAG Rheinland-
Pfalz 8. 5. 1996 NZA-RR 1997, 163).

Zur nachwirkenden Verschwiegenheitspflicht vgl. Rn. 880. 919

§ 611 a Geschlechtsbezogene Benachteiligung

(1) ¹ Der Arbeitgeber darf einen Arbeitnehmer bei einer Vereinbarung oder einer Maßnahme,
insbesondere bei der Begründung des Arbeitsverhältnisses, beim beruflichen Aufstieg, bei einer
Weisung oder einer Kündigung, nicht wegen seines Geschlechts benachteiligen. ² Eine unterschiedliche Behandlung wegen des Geschlechts ist jedoch zulässig, soweit eine Vereinbarung oder
eine Maßnahme die Art der vom Arbeitnehmer auszuübenden Tätigkeit zum Gegenstand hat
und ein bestimmtes Geschlecht unverzichtbare Voraussetzung für diese Tätigkeit ist. ³ Wenn im
Streitfall der Arbeitnehmer Tatsachen glaubhaft macht, die eine Benachteiligung wegen des
Geschlechts vermuten lassen, trägt der Arbeitgeber die Beweislast dafür, dass nicht auf das
Geschlecht bezogene, sachliche Gründe eine unterschiedliche Behandlung rechtfertigen oder das
Geschlecht unverzichtbare Voraussetzung für die auszuübende Tätigkeit ist.

(2) Verstößt der Arbeitgeber gegen das in Absatz 1 geregelte Benachteiligungsverbot bei der
Begründung eines Arbeitsverhältnisses, so kann der hierdurch benachteiligte Bewerber eine
angemessene Entschädigung in Geld verlangen; ein Anspruch auf Begründung eines Arbeitsverhältnisses besteht nicht.

(3) ¹ Wäre der Bewerber auch bei benachteiligungsfreier Auswahl nicht eingestellt worden, so
hat der Arbeitgeber eine angemessene Entschädigung in Höhe von höchstens drei Monatsverdiensten zu leisten. ² Als Monatsverdienst gilt, was dem Bewerber bei regelmäßiger Arbeitszeit in
dem Monat, in dem das Arbeitsverhältnis hätte begründet werden sollen, an Geld- und Sachbezügen zugestanden hätte.

(4) ¹ Ein Anspruch nach den Absätzen 2 und 3 muss innerhalb einer Frist, die mit Zugang der
Ablehnung der Bewerbung beginnt, schriftlich geltend gemacht werden. ² Die Länge der Frist

Schlachter

bemisst sich nach einer für die Geltendmachung von Schadensersatzansprüchen im angestrebten Arbeitsverhältnis vorgesehenen Ausschlussfrist; sie beträgt mindestens zwei Monate. ³Ist eine solche Frist für das angestrebte Arbeitsverhältnis nicht bestimmt, so beträgt die Frist sechs Monate.

(5) Die Absätze 2 bis 4 gelten beim beruflichen Aufstieg entsprechend, wenn auf den Aufstieg kein Anspruch besteht.

I. Normzweck

1   Die Vorschrift soll tatsächliche Gleichbehandlung von Frauen und Männern im Arbeitsleben verwirklichen. Sie setzt das Gleichbehandlungsgebot der RL 76/207 EWG (AblEG Nr. L 39/40) um und konkretisiert zugleich Art. 3 II GG für das Arbeitsrecht. Der Gesetzgeber beabsichtigte, den Forderungen des Gemeinschaftsrechts nach Umsetzung der RL nachzukommen, jedoch nur im Rahmen des nach Gemeinschaftsrecht unbedingt Erforderlichen (BAG 14. 3. 1989 AP BGB § 611a Nr. 5 Bl. 4). § 611a verfolgt daher primär das Ziel der Rechtsgleichheit, nicht der tatsächlichen Gleichstellung, soweit nicht die RLVorgaben etwas anderes fordern. Zur Reform der RL: ÄnderungsRL 2000/73/EG v. 23. 9. 2002 AblEG 2002 Nr. L 269, S. 15 (dazu *Rust* NZA 2003, 72 ff.; *Hadeler* NZA 2003, 77 ff.), umzusetzen bis zum 5. 10. 2005. Die geänderte Fassung nimmt die Rspr. des EuGH auf und schafft einen auf die RL 2000/78 (Gleichbehandlungs-RahmenRL) und 2000/43 (Diskriminierung aus rassischen/ethnischen Gründen) abgestimmte Regelung. Ua. verlangt sie, die sexuelle Belästigung in den Diskriminierungsbegriff einzubeziehen, ein Beteiligungsrecht für Verbände an Rechtsdurchsetzungsverfahren, die Einrichtung unabhängiger Stellen zur Förderung der Gleichbehandlung, sowie die stärkere Beteiligung der Sozialpartner bei der Verwirklichung des RLZieles.

II. Verhältnis zu anderen Vorschriften

2   Prüfungsmaßstab für geschlechtsbedingte Benachteiligungen ist vorrangig das einfache (nationale) Recht; erst in zweiter Linie dienen Verfassungs- und Gemeinschaftsrecht als Prüfungsmaßstab.

3   **1. Gemeinschaftsrecht.** Da § 611a zum Zwecke der Anpassung des deutschen Arbeitsrechts an die Vorgaben der EG-GleichbehandlungsRL (Rn. 1) geschaffen worden ist, ist die Vorschrift auch dementsprechend auszulegen (vgl. Art. 141 EGV Rn. 2). AN können sich nach Ablauf der Umsetzungsfrist einem öffentl. AG gegenüber auf die unmittelbar wirkenden Vorgaben einer RL berufen; privaten AG gegenüber gilt das nicht (EuGH 26. 2. 1986 NJW 1986, 2178). Die dadurch veranlasste Ungleichbehandlung wird jedenfalls zT ausgeglichen durch das Erfordernis einer richtlinienkonformen Auslegung der nationalen Rechtsvorschriften (EuGH 5. 5. 1994 AP EWG-RL 76/207 Nr. 3; *Hergenröder* FS Zöllner S. 1138; *Heither* FS Gnade S. 611). Zwar sind die Gerichte und Behörden der Mitgliedstaaten an ihre jeweiligen innerstaatlichen Gesetze gebunden, andererseits sind sie aber auch verpflichtet (EuGH 10. 4. 1984 AP BGB § 611a Nr. 1), das verbindlich vorgegebene gemeinschaftsrechtliche Regelungsziel zur Auslegung heranzuziehen. Steht der Wortlaut der nationalen Vorschrift einer richtlinienkonformen Auslegung allerdings eindeutig entgegen und können auch keine anderweitigen Vorschriften das RLZiel durchsetzen (BAG 14. 3. 1989 AP BGB § 611a Nr. 5), muss der Widerspruch durch den Gesetzgeber aufgelöst werden. Die Rspr. ist nur im Rahmen ihrer Kompetenzen zur Verwirklichung der gemeinschaftsrechtlichen Regelungsziele in der Lage (Vorbem. zum EGV Rn. 17). Diese muss allerdings nach den Vorgaben des Gemeinschaftsrechts im weitestmöglichen Umfang genutzt werden (EuGH 20. 3. 2003 NZA 2003, 506).

4   **2. Verfassungsrecht.** § 611a dient zugleich auch der Konkretisierung des Gleichberechtigungsgebotes aus Art. 3 II GG (BVerfG 16. 11. 1993 AP BGB § 611a Nr. 9). Die Auslegung und Anwendung des einfachgesetzlichen Benachteiligungsverbotes hat daher auch den Anforderungen des Grundrechtes zu genügen (GG Art. 3 Rn. 83 ff.).

5   **3. Entgeltgleichheit.** Das Gleichbehandlungsgebot in Entgeltfragen ist in § 612 III speziell geregelt und damit vorrangig, § 611a tritt zurück.

III. Benachteiligungsverbot (Abs. 1 S. 1)

6   **1. Adressaten.** Das Verbot richtet sich an alle privaten und öffentl. (aA insoweit *Körner* NZA 2001, 1046, 1051) AG, soweit sie AN beschäftigen, gilt aber nicht gegenüber Beamten; hier ist eine analoge Anwendung geboten, um die GleichbehandlungsRL ordnungsgemäß umzusetzen (Erman/*Hanau* Rn. 4), soweit die Anwendung des Art. 33 GG hinter den Anforderungen der RL zurückbleibt; im Bundesdienst gilt das BGleiG. Das Verbot richtet sich aber auch an AG als Partei einer Betriebsvereinbarung oder eines TV, da alle (und nicht nur die einzelvertraglichen) Vereinbarungen § 611a unterstellt werden. Normadressaten sind auch die TVParteien, wie sich aus den Vorgaben der Art. 3 bis 5 der RL 76/207/EWG ergibt. Geschützt werden AN (beiderlei Geschlechts, vgl. LAG Hamm 22. 11. 1996 AP BGB § 611a Nr. 15), auch die Auszubildenden, unabhängig vom zeitlichen Umfang

III. Benachteiligungsverbot (Abs. 1 S. 1) § 611a BGB 230

der Beschäftigung. Zur Einbeziehung geringfügig Beschäftigter in den ANBegriff: EuGH 14. 12. 1995 AP EWG-RL 79/7 Nr. 1. Weiter sind gem. § 611a II auch Arbeitsplatzbewerber im Auswahlverfahren und bei der Vertragsanbahnung in den Schutzbereich einbezogen. Der Wortlaut beschränkt den Anwendungsbereich auf Arbeitsverhältnisse; die RL 76/207/EWG erfasst aber weitergehend die „Beschäftigung", daher ist richtlinienkonform eine analoge Anwendung auf Dienstverträge, arbeitnehmerähnliche Personen (aA MünchArbR/*Richardi* § 11 Rn. 12), Geschäftsführer oder Verträge mit freien Mitarbeitern (EuGH 2. 10. 1997 AP EWG-RL 76/207 Nr. 12; MünchKomm/*Müller-Glöge* Rn. 4) geboten. Benachteiligungen, die erst nach dem *Ende* des Arbeitsverhältnisses entstehen (Verweigerung eines Zeugnisses, EuGH 22. 9. 1998 AP EWG-RL 76/207 Nr. 18), sind gleichfalls vom Verbotstatbestand erfasst.

2. Benachteiligung. Diskriminierende Vereinbarungen oder Maßnahmen, insb. bei der Begründung und während der Durchführung bzw. im Zusammenhang mit einem Arbeitsverhältnis, darf der AG nicht treffen. Der Begriff der „Vereinbarungen" umfasst alle Rechtsgeschäfte (zB Vertragsabschluss, -änderung, -beendigung, Betriebliche Übung, Gesamtzusagen, Betriebsvereinbarungen usw.), der der „Maßnahmen" jedes tatsächliche AGVerhalten wie Ausübung des Weisungsrechts oder Erteilung von Abmahnungen. Eine benachteiligende Maßnahme liegt bereits darin, dass der Gleichbehandlungsanspruch durch ein unfaires Verfahren verletzt wird (BVerfG 16. 11. 1993 AP BGB § 611a Nr. 9; *Coester* Jura 1995, 21, 23). Ein über die Ungleichbehandlung wegen des Geschlechts hinausgehender materieller Nachteil braucht nicht eingetreten zu sein. Einstellungs-, Arbeits- oder Entlassungsbedingungen (Art. 5 I, II RL 76/207 EWG) dürfen nicht benachteiligend wirken. Der EuGH versteht unter Arbeitsbedingungen nicht nur vertragliche Vereinbarungen, sondern alle mit dem Arbeitsverhältnis verbundenen Umstände (EuGH 13. 7. 1995 AP EWG-Vertrag Art. 119 Nr. 69). Der Begriff der Entlassungsbedingungen bezieht auch die Altersgrenzenregelung mit ein (EuGH 26. 2. 1986 EuR 1986, 370). Der *berufliche Aufstieg* ist auf die Veränderung des Tätigkeits-/Verantwortungsbereichs beschränkt, da eine Höhergruppierung bei gleicher Tätigkeit vorrangig § 612 III zuzuordnen ist (*Kort* RdA 1997, 277). Tariflich geregelter Bewährungsaufstieg zählt jedoch zu den Arbeitsbedingungen (vgl. den Vorlagebeschluss des BAG v. 21. 3. 2002 – 6 AZR 108/01 –). Maßnahmen beim Aufstieg können auch in der Zuweisung bestimmter karrierefördernder Aufgaben bestehen.

Ob die Vereinbarung oder Maßnahme **nachteilig** ist, kann nur durch Vergleich mit einem Beschäf- 8 tigten des anderen Geschlechts festgestellt werden. Als Vergleichsperson kann eine aktuell im selben Betrieb beschäftigte Person, aber auch der Vorgänger auf dem Arbeitsplatz herangezogen werden (Art. 2 I RL 76/207 EWG).

3. Wegen des Geschlechts. Eine Benachteiligung wird durch § 611a nur verboten, wenn sie 9 Beschäftigte gerade wegen deren Geschlechtszugehörigkeit trifft; unterschiedliche Behandlung aus anderen Gründen sollte nicht ausgeschlossen werden. Der EuGH sieht auch Transsexuelle, denen wegen der Vornahme einer Geschlechtsumwandlung gekündigt wird, vom Schutzbereich der RL umfasst (30. 4. 1996 Rs. 3/94 Slg. 1996 I-2143). Eine Benachteiligungs**absicht** ist nicht Voraussetzung des § 611a (*Wiedemann*, Die Gleichbehandlungsgebote im Arbeitsrecht, 2001, S. 32). Daher sind nachteilige Auswirkungen einer Maßnahme dem Schutzbereich auch nicht mit der Begründung entzogen, die Maßnahme sei zum Wohl der Betroffenen ergriffen worden (etwa: um sie vor Überbelastung oder Gesundheitsgefährdung zu schützen).

Die Entscheidungen des AG dürfen weder nach der Geschlechtszugehörigkeit differenzieren noch 10 rein tatsächlich ein Geschlecht dem anderen gegenüber benachteiligen, sofern weder eine Ausnahme vom Verbot (Rn. 22) noch eine Rechtfertigung (Rn. 17) vorliegen.

Die **Kausalität** zwischen der Geschlechtszugehörigkeit und dem Nachteil wird nach Maßgabe von 11 Art. 2 I RL 76/207 EWG je nach dem Vorliegen einer unmittelbar oder einer mittelbar geschlechtsbedingten Benachteiligung (vgl. Art. 141 EGV Nr. 16 f.) unterschiedlich bestimmt. Zwar hat § 611a diese in der RL enthaltene Unterscheidung nicht im Wortlaut übernommen, ausweislich der Materialien (Gesetzesentwurf der BReg. BR-Drucks. 8/3317 S. 8) sollten deren Vorgaben jedoch inhaltlich vollständig umgesetzt werden. Art. 2 Abs. 2 der BeweislastRL 97/80/EG sieht seit dem 1. 1. 2001 eine Verpflichtung zur Übernahme einer Definition der mittelbaren Benachteiligung vor.

a) Unmittelbare Benachteiligung. Die Differenzierung nach dem Geschlecht ist stets unzulässig, 12 wenn sie nicht den Voraussetzungen der Ausnahmebestimmung in Abs. 1 S. 2 (dazu Rn. 22) genügt; eine Rechtfertigung kommt darüber hinaus nicht in Betracht. Eine Benachteiligung ist unmittelbar geschlechtsbedingt, wenn die nachteilig wirkende Maßnahme ausdrücklich oder ihrem Inhalt nach an die Geschlechtszugehörigkeit anknüpft, so dass die benachteiligte und die nicht benachteiligte Gruppe jeweils hinsichtlich des Geschlechts homogen zusammengesetzt sind, zB: nur an ein Geschlecht gerichtete Stellenausschreibungen; Lohnabschlagsklauseln (BAG 23. 3. 1957 AP GG Art. 3 Nr. 16); Ausschluss von Frauen vom Dienst mit der Waffe, Art. 12a GG (EuGH 11. 1. 2000 NZA 2000, 137). Zur Vereinbarkeit der Wehrpflicht mit dem Diskriminierungsverbot: Schlussanträge d. GA (EuGH) v. 28. 11. 2002, Rs. C-186/01 (Dory). Dasselbe gilt nach der Rspr. für eine Benachteiligung wegen der

Schlachter 1531

einbar sind. Daher ist für die Auslegung auf Art. 3 II GG (vgl. Art. 3 GG Rn. 92 ff.), Art. 141 IV EG und Art. 2 IV RL 76/207/EWG zurückzugreifen.

19 Nachteilsausgleichende Maßnahmen sind gem. Art. 3 II GG grds. zulässig, solange sie im konkreten Falle die Grundrechte Dritter nicht unverhältnismäßig beeinträchtigen (BAG 3. 6. 1997 AP BetrAVG § 1 Gleichbehandlung Nr. 35; 18. 3. 1997 AP BetrAVG § 1 Gleichbehandlung Nr. 32; BVerwG 18. 7. 2002 NVwZ 2003, 92). Ausweislich der Gesetzesbegründung zu Art. 3 II 2 GG bestand über die Verfassungsergänzung nur insoweit Einigkeit, dass starre Quoten als Fördermaßnahmen ausgeschlossen werden sollten; die Auslegung von § 611 a darf sich nicht in Widerspruch dazu setzen.

20 Art. 2 IV der EG-GleichbehandlungsRL steht „Maßnahmen zur Förderung der **Chancengleichheit** für Männer und Frauen, insb. durch Beseitigung der tatsächlich bestehenden Ungleichheiten, die die Chancen der Frauen ... beeinträchtigen, nicht entgegen". Dadurch sind zwar Maßnahmen zur Herstellung gleicher Zugangsmöglichkeiten von dem Erfordernis der Gleichbehandlung ausgenommen, das Ziel der „Ergebnisgleichheit" sieht der EuGH von der Klausel allerdings nicht umfasst (EuGH 17. 10. 1995 AP EWG-RL 76/207 Nr. 6). Maßnahmen, die lediglich die bessere Vereinbarkeit von Familie und Beruf fördern oder bestehende Arbeitsbedingungen mit den Anforderungen vereinbar machen sollen, die an die typischerweise von Frauen wahrgenommene soziale Rolle gestellt werden, sind danach zulässig (EuGH 19. 3. 2002 AP EWG-RL 76/207 Nr. 29): Bereitstellung subventionierter Kinderbetreuungsplätze nur an weibliche AN ist zulässige Fördermaßnahme. Dass die Ehefrau eines von der Bevorzugung ausgeschlossenen AN dadurch mittelbar ebenfalls belastet wird, sieht der EuGH (NZA 2002, 501) nicht als Grund für die Unzulässigkeit dieser Maßnahme, da der AG lediglich zur Gleichbehandlung von AN/Bewerbern, nicht außenstehender Dritter verpflichtet sei.

21 Als problematischer werden dagegen Fördermaßnahmen eingestuft, die am Zugang zur Erwerbstätigkeit ansetzen. Starre Quoten und unbedingte Vorrangregelungen auf der Grundlage gleicher Qualifikation sind (EuGH 17. 10. 1995 AP EWG-RL 76/207 Nr. 6; anders der Vorlagebeschluss BAG 22. 6. 1993 AP GG Art. 3 Nr. 193) unzulässige Eingriffe in das Gleichbehandlungsgebot. Dasselbe gilt für Regelungen, die bei ausreichender Qualifikation das bislang unterrepräsentierte Geschlecht leistungsunabhängig zu berücksichtigen gebieten (EuGH 6. 7. 2000 AP EWG-RL 76/207 Nr. 22). Dennoch dürfen Ungleichheiten dadurch beseitigt werden, dass spezifisch Frauen begünstigende Maßnahmen vorgenommen werden, sofern sie inhaltlich angemessen ausgestaltet werden, dh. den Frauen nicht „absolut und unbedingt den Vorrang einräumen" oder eine Gleichverteilung der Geschlechter auf alle Funktionsebenen bindend vorgeben (EuGH 17. 10. 1995 NJW 1995, 3109; 11. 11. 1997 AP EWG-RL 76/207 Nr. 14; 28. 3. 2000 AP EWG-RL 76/207 Nr. 20; BAG 5. 3. 1996 AP GG Art. 3 Nr. 226; vgl. *Schlachter*, Wege zur Gleichberechtigung, S. 135, 188 ff.). Ein weites Verständnis der Ausnahmebestimmung in Art. 2 IV der RL wird gestützt durch Art. 141 IV EGV, der ausdrücklich auf die Gleichstellung der Geschlechter im Arbeitsleben zielt (GA zu Rs. C-158/97 v. 28. 3. 2000; zustimmend *Hanau* FS Lüderitz 2000, S. 241, 264). Eine Quotierung von Ausbildungsplätzen kann wegen der überragenden Bedeutung der Ausbildung für die Chancengleichheit gerechtfertigt sein (EuGH 28. 3. 2000 AP EWG-RL 76/207 Nr. 20; BVerwG 20. 3. 1996 AP LPVG-Berlin § 72 Nr. 1; aA MünchArbR/*Buchner* § 40 Rn. 186), wenn nur gewährleistet ist, dass der Zugang zu bestimmten Berufen für Angehörige des bislang überrepräsentierten Geschlechts dadurch nicht versperrt wird. Ist ansonsten eine Auswahl zwischen mehreren gleich qualifizierten und gleich geeigneten Personen zu treffen, darf als sekundäres Auswahlkriterium auch eine Fördermaßnahme berücksichtigt werden, sofern sie keine Entscheidungsautomatik vorsieht (EuGH 11. 11. 1997 AP EWG-RL 76/207 Nr. 14; OVG Münster 29. 5. 1998 NZA-RR 1998, 376; aA OVG Lüneburg 8. 3. 1996 NVwZ 1997, 611). Die Berücksichtigung zusätzlicher Merkmale im Einzelfall muss vielmehr gewährleistet sein, doch dürfen diese Merkmale ihrerseits nicht faktisch diskriminierend wirken. Die Entscheidung wird also jedenfalls dann nicht mit Merkmalen wie Beförderungsdienstalter, Familienstand und Zahl der unterhalts*berechtigten* Angehörigen begründet werden können, wenn diese sich *strukturell* zum Nachteil von Bewerberinnen auswirken (*Compensis* BB 1998, 2470; abl. OVG Schleswig 6. 3. 1998 NVwZ-RR 1999, 261 ff.; OVG Münster 27. 3. 1998 NZA-RR 1998, 525; OVG Rheinland-Pfalz 29. 6. 1999 DÖD 2000, 62). Damit das Ziel der Angleichung der Lebensverhältnisse (BVerfG 28. 1. 1992 AP AZO § 19 Nr. 2; 7. 1. 1992 NJW 1992, 2213) aber nicht durch diskriminierende Qualifikationsbeurteilungen unterlaufen wird, dürfen Förderpläne Zielvorgaben festlegen (vgl. Art. 3 GG Rn. 95). Zu den sog. einzelfallbezogenen Quotenregelungen im Bundesdienst vgl. § 8 BGleiG (*Scheuring* ZTR 2002, 314, 318).

IV. Ausnahmen (Abs. 1 S. 2)

22 **1. Unverzichtbarkeit.** Die Differenzierung unmittelbar nach dem Geschlecht ist gem. § 611 a I 2 zulässig, soweit ein bestimmtes Geschlecht unverzichtbare Voraussetzung für die fragliche Tätigkeit ist. Die Begriffsbildung ist missglückt, da die Geschlechtszugehörigkeit so gut wie niemals „unverzichtbar" für die Ausübung einer Tätigkeit ist. Vgl. jedoch BAG 21. 2. 1991 AP BGB § 123 Nr. 35, wonach die biologische Zugehörigkeit zum männlichen Geschlecht (eines Transsexuellen) unvereinbar mit den Anforderungen des Arbeitsplatzes als Arzthelferin ist; dem LAG Köln 19. 7. 1996 AuR 1996, 504 zufolge ist das weibliche Geschlecht unverzichtbar beim Verkauf von Damenbadebekleidung; zur

Position der Frauenbeauftragten vgl. LAG Hamm 10. 4. 1997 NZA-RR 1997, 315; LAG Berlin 14. 1. 1998 NZA 1998, 312; zur Position der Geschäftsführerin eines Frauenverbandes ArbG München (14. 2. 2001 NZA-RR 2001, 365). Generelle Aussagen wie die fehlende Eignung von Frauen für Arbeitsplätze, auf denen sehr schwere körperliche Arbeit zu leisten ist, begründen keine Ausnahme (LAG Köln 8. 11. 2000 NZA-RR 2001, 232); ob Bewerber die Anforderungen eines Arbeitsplatzes erfüllen können, ist individuell festzustellen und nicht wegen der Geschlechtszugehörigkeit zu vermuten.

Doch werden auch in der zugrundeliegenden RLBestimmung (Art. 2 II GleichbehandlungsRL) die 23 Mitgliedstaaten zur Schaffung einer Ausnahme bei solchen Tätigkeiten ermächtigt, für die ein bestimmtes Geschlecht ihrer Art oder der Bedingung ihrer Ausübung nach unabdingbare Voraussetzung ist. Ausnahmegründe können generell anerkannt werden, wenn sie durch nicht diskriminierende (vgl. EuGH 3. 2. 2000 AP BGB § 611 a Nr. 18) Schutzbestimmungen geboten sind oder in Gründen der Privatsphäre solcher Personen liegen, die mit der Leistung in Kontakt treten oder durch Gründe der Authentizität bedingt sind (BAG 12. 11. 1998 AP BGB § 611 a Nr. 16). Die Unverzichtbarkeit muss sich somit aus der geschuldeten Tätigkeit selbst begründen lassen. Ist die Unverzichtbarkeit rechtlich begründet, weil geschlechtsspezifische Beschäftigungsverbote bestehen, so können diese wohl selbst diskriminierend sein, einen Verstoß gegen § 611 a bedeutet ihre Beachtung aber nicht. Unmittelbar auf die RL selbst können sich durch ein Verbotsgesetz benachteiligte Personen nur einem „staatlichen" AG gegenüber berufen, in Beziehungen zu privaten AG fehlt es demgegenüber an der unmittelbaren Anwendbarkeit der RL (dagegen Soergel/*Raab* Rn. 36; Staudinger/*Richardi/Annuß* Rn. 54). Problematisch sind bes. die Fälle, in denen die vertraglichen Leistungen von den Angehörigen eines Geschlechts weniger erfolgreich erbracht werden können, weil Dritte sie in dieser Position nicht akzeptieren (vgl. die Sachverhalte vom ArbG Bonn 8. 3. 2001 NZA-RR 2002, 100; ArbG München 14. 2. 2001 NZA-RR 2001, 365; BAG 14. 3. 1989 AP BGB § 611 a Nr. 6). Eine Unverzichtbarkeit der Zugehörigkeit zum bevorzugten Geschlecht ist darin nur im Ausnahmefall zu sehen (*Thüsing* RdA 2001, 319, 323), denn eine diskriminierende Vorliebe Dritter kann das Diskriminierungsverbot grds. nicht durchbrechen. Eine Interessenabwägung kann aber dennoch die Unverzichtbarkeit begründen, wenn ein besonderes öffentl. bzw. sozialpolitisches Interesse an der optimalen Erfüllung einer Aufgabe besteht, die das Gleichbehandlungsinteresse zu überspielen geeignet ist. Der EuGH (21. 5. 1985 NJW 1985, 2076) verpflichtet die Mitgliedstaaten dazu, eine nachprüfbare Aufzählung der Tätigkeiten zu erstellen, die vom Gleichbehandlungsgebot freigestellt werden sollen. Die BReg. teilte der Kommission rechtliche und tatsächliche Gründe (BArbBl. 11/1987, 40 ff.) mit, aus denen die Geschlechtszugehörigkeit als unverzichtbar gilt. Dazu zählen zB Beschäftigungen im kirchlichen Bereich (soweit das Selbstbestimmungsrecht der Kirche betroffen ist), im Bereich der äußeren und inneren Sicherheit (dazu aber einschränkend EuGH 26. 10. 1999 NZA 2000, 25; 11. 1. 2000 NZA 2000, 137; die Neufassung von Art. 12 a IV 2 GG ist entspr. gestaltet); der Wehrpflicht nur für Männer steht das Gemeinschaftsrecht nicht entgegen (EuGH 11. 3. 2003 NZA 2003, 427). Die Aufzählung erfasst weiter Beschäftigungen im Justizvollzugsdienst, zum Schutz der Persönlichkeitsrechte von Patienten oder Betreuten, zur Aufrechterhaltung eines sozialpädagogischen (BAG 14. 3. 1989 AP BGB § 611 a Nr. 6; vgl. zur Tendenzverwirklichung als Ausnahme ArbG Bonn 16. 9. 1987 NJW 1988, 510) oder therapeutischen Konzepts oder zur Wahrung der Authentizität einer Darstellung, sowie die „beruflichen Tätigkeiten außerhalb der EG, bei denen auf Grund gesetzlicher Vorschriften, religiöser Überzeugungen oder kultureller Besonderheiten nur ein Geschlecht akzeptiert wird". Da hiermit die Entscheidung über die zulässigen Ausnahmen den Gerichten übertragen wurde, ist der Katalog nur als Entscheidungshilfe zu verstehen. Die Gerichte haben unter Beachtung der Anforderungen des Gemeinschaftsrechts zu entscheiden, ob eine Ausnahme vom Gleichbehandlungsgrundsatz zulässig ist.

2. Sachlicher Grund. Aus der Beweislastverteilung in § 611 a I 3 ist tw. geschlossen worden, dass 24 ein „sachlicher Grund" eine Differenzierung nach dem Geschlecht gestatte. Das trifft nicht zu (LAG Düsseldorf 1. 2. 2002 NZA-RR 2002, 345), da die bewusst enge Voraussetzung der „Unverzichtbarkeit" der Geschlechtszugehörigkeit anderenfalls ihren Anwendungsbereich weitestgehend einbüßt; auch systematisch spricht nichts dafür, dass der Gesetzgeber eine zusätzliche Ausnahme vom Gleichberechtigungsgebot in die Beweislastregelung eingefügt hätte (BAG 12. 11. 1998 AP BGB § 611 a Nr. 18). S. 3 weist lediglich auf die Selbstverständlichkeit hin, dass der AG die – zuvor lediglich als überwiegend wahrscheinlich angenommene – Geschlechtsbedingtheit seiner Maßnahme dadurch widerlegen kann, dass er beweist, es habe in Wahrheit geschlechtsunabhängige, sachliche Gründe für die Maßnahme gegeben. Da es unter diesen Umständen bereits an einer tatbestandlichen Diskriminierung fehlt, ist weder eine „Ausnahme" noch eine „Rechtfertigung" mehr erforderlich (MünchArbR/*Richardi* § 11 Rn. 15, 40).

3. Anwendungsbereich. Voraussetzung für die Ausnahme vom Benachteiligungsverbot ist, dass die 25 benachteiligende Maßnahme „die Art der vom AN auszuübenden Tätigkeit zum Gegenstand hat" und die Geschlechtszugehörigkeit dafür unverzichtbar ist. Es muss sich somit um die Begründung/Konkretisierung einer Leistungspflicht des AN handeln, auf die Gegenleistung des AG ist die Ausnahme nicht anwendbar. Hält der AG die Geschlechtszugehörigkeit für unverzichtbar zur Ausfüllung der

Arbeitsaufgabe, muss er sie bewusst zur Voraussetzung der Leistung erheben. Die Ausnahmebestimmung kann daher nur für unmittelbar auf das Geschlecht bezogene Unterscheidungen gelten. Mittelbar benachteiligende Maßnahmen werden stattdessen auf das Vorliegen von Rechtfertigungsgründen geprüft (Rn. 17), bei deren Vorliegen der AG auf die fragliche Maßnahme ebenfalls nicht zu verzichten braucht.

V. Beweislast (Abs. 1 S. 3)

26 § 611 a I 3 regelt eine Beweiserleichterung zugunsten von Diskriminierungsklägern; ihnen soll ein strenger Nachweis erspart werden, der überwiegend die Kenntnis von Tatsachen voraussetzt, die in der Sphäre des Unternehmens liegen und den Beschäftigten/Bewerbern nicht bekannt sein können. Eine Beweislastumkehr enthält S. 3 allerdings nicht. Vielmehr muss der AN Tatsachen beweisen, die eine Benachteiligung wegen des Geschlechts als wahrscheinlich erscheinen lassen, anschließend der AG den vollen (Gegen-)Beweis erbringen. Die BeweislastRL der EG (RL 97/80, AblEG Nr. L 14/6 v. 20. 1. 1998) sieht gemeinschaftsweit eine dem vergleichbare Verpflichtung zur Schaffung von Beweiserleichterungen vor (vgl. dazu *Schlachter* RdA 1998, 321; Soergel/*Raab* Rn. 76 ff.).

27 Das Vorliegen einer **Benachteiligung**, dh. die vergleichsweise schlechtere Behandlung, muss der AN zunächst beweisen; dafür genügt es allerdings, dass ein vergleichbarer Bewerber des anderen Geschlechts eingestellt, befördert oder nicht entlassen wurde bzw. dass vergleichbare Beschäftigten des anderen Geschlechts günstigere Arbeitsbedingungen gewährt werden. Ist die Auswahlentscheidung des AG bei Bewerbungen nicht bekannt, wird die Vorschrift leicht leer laufen. Abhilfe könnte ein Auskunftsanspruch des abgewiesenen, aber anforderungsentsprechend qualifizierten Bewerbers gegen den AG schaffen (BVerfG 19. 9. 1989 NJW 1990, 501; *Hanau* FS Gnade S. 361 f.); die BeweislastRL hat sich jedoch gegen einen solchen Anspruch entschieden. Dass der Bewerber auch ohne die Benachteiligung nicht eingestellt worden wäre und somit nur Ansprüche im Umfang von Abs. 3 geltend machen kann, muss der AG beweisen, da es sich um eine anspruchseinschränkende Tatsache handelt.

28 Dass die Benachteiligung gerade **auf dem Geschlecht** beruht, muss der Kläger lediglich „glaubhaft machen"; auf § 294 ZPO wird dadurch allerdings nicht verwiesen: Eine Beschränkung auf präsente Beweismittel (§ 294 II ZPO) hat der Gesetzgeber im normalen Erkenntnisverfahren nicht beabsichtigt. Es genügt, wenn Tatsachen vorliegen, die die Geschlechtsabhängigkeit der Benachteiligung wahrscheinlich erscheinen lassen (Senkung des Beweismaßes); zur Widerlegung der Vermutung ist der volle Beweis des Gegenteils erforderlich. Bei der unmittelbaren Benachteiligung ist daher zunächst die Differenzierung nach dem Geschlecht (in Stellenausschreibungen oder bei der Begründung einer Absage, BVerfG 16. 11. 1993 AP BGB § 611a Nr. 9; *Schiek/Horstkötter* NZA 1998, 863, 866) bzw. nach einem dementsprechenden Merkmal (BAG 15. 10. 1992 AP BGB § 611 a Nr. 8) als Vermutungstatsache geeignet. Der AG kann die „Geschlechtsbedingtheit" einer unmittelbar benachteiligenden Personalentscheidung dadurch widerlegen, dass er nachweist, die Maßnahme sei ebenso getroffen worden, falls Bewerber/AN gerade dem anderen Geschlecht angehört hätten (zust. *Wiedemann*, Die Gleichbehandlungsgebote im Arbeitsrecht, 2001, 501 f.); aA BVerfG (16. 11. 1993 AP BGB § 611a Nr. 9 mit Anm. *Schlachter*), wonach die Geschlechtszugehörigkeit auch nicht als eines von mehreren (sonst: sachlichen) Motiven der Entscheidung zugrunde gelegt werden darf. Alternativ dazu kann der AG das Vorliegen des Ausnahmetatbestandes iS. § 611 a I 2 beweisen.

29 Bei **mittelbarer Benachteiligung** haben die Kläger zu beweisen, dass wesentlich mehr Angehörige ihrer Gruppe (vgl. Rn. 15 f.) von der fraglichen Maßnahme nachteilig betroffen werden als Angehörige des anderen Geschlechts. Das kann zunächst mittels allg. zugänglicher Statistiken erfolgen; der AG kann jedoch die Indizienwirkung des Vergleichs dadurch aufheben, dass er ein von der allg. Statistik abw. Zahlenverhältnis im Geltungsbereich der angegriffenen Differenzierungsmerkmals beweist. Dabei haben die Kläger grds. das Differenzierungskriterium darzulegen, das für die Benachteiligung verantwortlich ist, und damit dem AG den Beweis zu erleichtern. Etwas anderes gilt im Falle von undurchschaubaren betrieblichen Regelungssystemen (vgl. § 612 Rn. 67; EuGH 17. 10. 1989 AP EWG-Vertrag Art. 119 Nr. 27). Weiter muss der AG das Vorliegen eines unternehmerischen Bedürfnisses für die fragliche Maßnahme sowie deren Eignung und Erforderlichkeit zur Erreichung des angegebenen Zieles darlegen und beweisen; das gehört auch zu dem Umstand, dass die Maßnahme auf faire Art und Weise angewendet worden ist (EuGH 17. 10. 1989 AP EWG-Vertrag Art. 119 Nr. 27).

30 Die Beweiserleichterung zugunsten von Diskriminierungsklägern erfasst nicht zugleich die Kausalität zwischen Benachteiligung und geltend gemachtem Schaden oder die Schadenshöhe; für etwaige Beweiserleichterungen im Hinblick auf mangelnde Sachnähe der Kläger müssen allgemeine Grundsätze herangezogen werden.

VI. Rechtsfolgen einer Verbotsverletzung (Abs. 2 und 3)

31 **1. Allgemein.** Vereinbarungen und Maßnahmen, die gegen das Benachteiligungsverbot verstoßen, sind nichtig, § 134. Die Nichtigkeit ergreift nur die verbotswidrige Maßnahme selbst, nicht den

VI. Rechtsfolgen einer Verbotsverletzung (Abs. 2 und 3) § 611a BGB 230

gesamten Arbeitsvertrag, § 139, 2. Halbs., oder die regelmäßig mit der Benachteiligung einhergehende Bevorzugung eines Dritten. Benachteiligende Weisungen („Maßnahmen") sind unwirksam, dem Betroffenen steht ein Leistungsverweigerungsrecht zu. Benachteiligende Kündigungen sind ebenfalls nichtig, nicht nur sozialwidrig; auf die Nichtigkeit kann sich also auch berufen, wer den Kündigungsschutz des § 1 KSchG (noch) nicht genießt (§ 1 KSchG Rn. 48 ff.) oder die Frist des § 4 KSchG versäumt hat. Wirkt die Benachteiligung weiter, kann Beseitigung verlangt werden, bei Besorgnis zukünftiger Beeinträchtigungen auch Unterlassung. Ein Schadensersatzanspruch gem. Abs. 2, 3 besteht allein bei Benachteiligungen bei Einstellung/Beförderung. Alle anderen benachteiligenden Vereinbarungen/Maßnahmen lösen Ersatzpflichten nur aus, wenn die Voraussetzungen anderer Rechtsgrundlagen erfüllt sind (Vertragsverletzung, Persönlichkeitsrechtsverletzung).

Das Verbot wird überwiegend als Schutzgesetz iSd. § 823 II BGB verstanden (LAG Hamm 21. 11. 32 1996 BB 1997, 844; *Birk* NZA 1984, 145, 147; *Worzalla* NJW 1997, 1809, 1812; KR/*Pfeiffer* Rn. 127; Soergel/*Raab* Rn. 74). Dagegen spricht allerdings, dass § 611a die Rechtsfolgen einer Verbotsverletzung selbst, und damit spezieller, regelt (Erman/*Hanau* Rn. 18; MünchKomm/*Müller-Glöge* Rn. 41). Ein Bedürfnis für zusätzlichen deliktischen Schutz besteht nicht, zumal dieser vom strengeren Verschuldenserfordernis abhängig wäre.

2. Benachteiligung bei Einstellung und Beförderung. Abs. 2 begründet einen Entschädigungs- 33 anspruch wegen Benachteiligung im Einstellungsverfahren, durch den Verweis in Abs. 5 gilt dasselbe für das Beförderungsverfahren. Zu der personalpolitischen Maßnahme muss es allerdings wirklich kommen: Wird die zu besetzende Stelle vorher endgültig gestrichen, fehlt es an einer benachteiligenden Maßnahme (LAG Düsseldorf, 1. 2. 2002 NZA-RR 2002, 345). Der Umfang des Ersatzanspruchs muss „angemessen" sein (Rn. 37); ein Einstellungsanspruch ist **ausgeschlossen**, wird aber auch durch die RL 76/207/EWG nicht verlangt (EuGH 10. 4. 1984 AP BGB § 611a Nr. 1, 2).

a) Die **ursprüngliche Fassung** des Abs. 2 gewährte im wesentlichen Ansprüche auf Ersatz vergeb- 34 lich aufgewendeter Bewerbungs- und Vorstellungskosten, wenn die Einstellung aus diskriminierenden Gründen abgelehnt worden war. Der EuGH (10. 4. 1984 AP BGB § 611a Nr. 1, 2) hatte die Mitgliedstaaten aber für verpflichtet gehalten, einen Schadensersatzanspruch mit abschreckender Wirkung auszugestalten; außerdem müsse jede Verletzung des Benachteiligungsverbotes unabhängig vom Verschulden die Ersatzpflicht auslösen (EuGH 8. 11. 1990 AP EWG-Vertrag Art. 119 Nr. 23). Die Festlegung des Umfangs der Sanktion steht den Mitgliedstaaten nicht völlig frei: wird ein Schadensersatzanspruch gewährt, muss dieser den entstandenen Schaden vollständig ausgleichen (EuGH 2. 8. 1993 EuZW 1993, 706 im Falle diskriminierender Entlassung).

b) **Änderungen.** Die Fassung von 1994 sprach allen Personen, die bei Einstellung oder Beförderung 35 benachteiligt worden sind, eine „angemessene **Entschädigung**" von höchstens drei Monatsverdiensten zu. Die Entstehungsgeschichte ließ darauf schließen, dass dadurch immaterielle Schäden ausgeglichen werden sollen, Regelungsvorbild also die Rspr. des BAG (14. 3. 1989 AP BGB § 611a Nr. 5, 6) war (*Oetker* ZiP 1997, 802, 803; *Pfarr* RdA 1995, 204, 209). Die Fassung von 1998 gewährt mittlerweile einen vom Verschulden des AG unabhängigen Anspruch auf Entschädigung; systematisch ist er nicht auf den Ausgleich immaterieller Schäden beschränkt (*Treber* DZWir 1998, 177, 180), sondern bezieht auch den Vermögensschaden mit ein (Rn. 37).

c) **Entschädigungsgrundregel.** Abs. 2 legt allg. den Anspruch von Personen fest, die bei der 36 Begründung eines Arbeitsverhältnisses benachteiligt worden sind. Die Entschädigungspflicht wird ausgelöst, sobald der AG gegen das Benachteiligungsverbot des Abs. 1 verstoßen hat. Es wird nicht vorausgesetzt, dass der Bewerber ohne die Benachteiligung tatsächlich eingestellt worden wäre (LAG Hamm 22. 11. 1996 AP BGB § 611a Nr. 15); dieser Umstand ist nur noch für den Umfang des Ersatzanspruchs maßgebend (Rn. 37, 38). Ausgeschlossen sind lediglich ungeeignete oder nicht ernsthafte Bewerbungen (Rn. 39), vgl. KR/*Pfeiffer* Rn. 102. Auf die **vorwerfbare** Rechtsverletzung kommt es nicht an (in Umsetzung der Entscheidung des EuGH 8. 11. 1990 AP EWG-Vertrag Art. 119 Nr. 23; krit. *Hergenröder* JZ 1997, 1175; *Annuß* NZA 1999, 738, 742). Mit dieser Vorgabe übergeht der EuGH die Systematik der zivilrechtlichen Haftungssysteme der Mitgliedstaaten, die verschuldensunabhängige Haftung nur im Ausnahmefall vorsehen; insb. wird eingewendet, dass der im deutschen Zivilrecht maßgebliche objektive Sorgfaltsmaßstab die Feststellung des Verschuldens nicht derart erschwert habe, dass das Diskriminierungsverbot um seine praktische Wirksamkeit gebracht worden sei (MünchKomm/*Müller-Glöge* Rn. 48; *Franzen*, FS Maurer 2001 S. 889, 900). Die praktische Wirksamkeit bestehender Diskriminierungsverbote wurde vom EuGH freilich abw. beurteilt; jedenfalls ist mit der Streichung des Verschuldenserfordernisses in Abs. 2 klargestellt worden, dass der Gesetzgeber dem EuGH insoweit folgen wollte (*Treber* NZA 1998, 856, 859).

d) Die **Höhe des Entschädigungsanspruches** (des sog. „bestqualifizierten" Bewerbers; zu den 37 übrigen vgl. Rn. 38) soll vom Gericht „angemessen" (Abs. 2 S. 1) festgesetzt werden, darf aber nicht in der Verpflichtung zur Einstellung selbst bestehen. Die Angemessenheit bestimmt sich nach Art und Schwere der Beeinträchtigung, ihrer Nachhaltigkeit und Fortwirkung, sowie den Beweggründen für die benachteiligende Handlung (BAG 14. 3. 1989 AP BGB § 611a Nr. 5). Damit steht fest, dass die

Schlachter 1537

Entschädigung in Geld zu erfolgen hat. Die Pflicht zur Naturalrestitution wurde ausgeschlossen, weil sie sich zum Nachteil von unbeteiligten Dritten auswirken kann, denen gekündigt werden müsste, um den fraglichen Arbeitsplatz für die benachteiligten Bewerber freizumachen; eine Abschreckungswirkung gegenüber dem AG läge darin nicht. Der Umfang der geschuldeten Entschädigung ist davon abhängig, auf welche Nachteile sich die Norm beziehen soll: Unklarheiten ergeben sich, weil noch der Referenten-Entwurf zur Neuregelung neben einem Entschädigungsanspruch für immaterielle Schäden ausdrücklich den Ersatz des entstandenen (materiellen) Schadens enthalten hatte, das Gesetz diese Unterscheidung aber nicht beibehalten hat. Dass damit auf eine Ersatzpflicht für materielle Schäden in Abs. 2 verzichtet werden sollte, ist schon deshalb nicht anzunehmen, weil der hier privilegierte bestqualifizierte Bewerber sich von allen anderen dadurch unterscheidet, dass ihm ein größerer Vermögensschaden entstanden ist; wäre der materielle Schaden ausgeschlossen, bliebe die Privilegierung unverständlich, denn die Verletzung des Rechts auf ein diskriminierungsfreies Verfahren trifft alle Bewerber gleich schwer. Die Norm ist somit dahingehend zu verstehen, dass der Entschädigungsanspruch materielle und immaterielle Schäden nebeneinander erfasst. Da nur ein „angemessener" Ausgleich geschuldet ist, ist ein Nachweis des exakten Schadenumfanges entbehrlich; dementsprechend muss die Entschädigung nicht zwingend die volle Höhe des Erfüllungsinteresses erreichen.

38   Der Entschädigungsanspruch aller Bewerber, die auch bei diskriminierungsfreiem Verfahren den **Arbeitsplatz nicht erhalten** hätten, wird gegenüber der Regelung des Abs. 2 in **Abs. 3** summenmäßig begrenzt auf jeweils höchstens drei Monatsverdienste; wie diese zu errechnen sind, regelt Abs. 3 S. 2. Die „angemessene Entschädigung" soll hier immaterielle (Verletzung des Rechts auf benachteiligungsfreie Auswahl) Nachteile aller Bewerber ausgleichen helfen. Um eine Sanktionsregelung (*Annuß* NZA 1999, 738, 741) geht es dabei nicht (*Raab* DStR 1999, 854, 857); dieser Begriff wird zwar auch vom EuGH verwendet, dies aber auf der Grundlage der Rechtsfolgenanordnung der RL, die den Mitgliedstaaten die Wahl zwischen zivilrechtlichen und strafrechtlichen Rechtsfolgen belässt (zur Umsetzung vgl. *Hoppe* ZEuP 2002, 78, 89; *Schäfer* AcP 2002, 398, 410 ff.). Die vom EuGH benannte „abschreckende Wirkung" soll nicht der Sühne vorwerfbaren Verhaltens dienen, sondern der Verhaltenssteuerung. Selbst wenn eine Persönlichkeitsverletzung im konkreten Falle nicht vorliegt, ist diese von der Art und Schwere des Verstoßes, insb. einem etwaigen Wiederholungsfall, abhängige Entschädigungskomponente zu berücksichtigen (MünchKomm/*Müller-Glöge* Rn. 52). Ob auch materielle Nachteile zu berücksichtigen sind (Bewerbungskosten), ist unklar (dafür: *Treber* NZA 1998, 856, 858; aA *Raab* DStR 1999, 858). Soweit diese Kosten auch bei rechtmäßigem Alternativverhalten des AG angefallen wären, sind sie an sich nicht erstattungsfähig; die Entwicklungsgeschichte des Abs. 3 spricht aber dagegen, dass mittels der Umformulierung der Entschädigungsumfang beschränkt werden sollte. Die Bemessungsgrundsätze sollen nach der Gesetzesbegründung (BT-Drucks. 13/10242 S. 8) von der Schwere des Verstoßes abhängen und in Abwägung der Bewerberinteressen mit den wirtschaftlichen Auswirkungen auf das Unternehmen gewonnen werden. Dem Nachteil, dass eine solche „angemessene" Entschädigung nicht zwingend jeden Schaden vollständig kompensiert, steht der Vorteil gegenüber, dass der Schadensumfang nicht nachgewiesen werden muss.

39   **e) Rechtsmissbrauch.** Dem Entschädigungsanspruch kann nach Ansicht der Rspr. der Einwand des Rechtsmissbrauchs entgegenstehen, falls eine Bewerbung erweislich nur zum Zwecke des Erwerbs von Entschädigungsansprüchen erfolgt ist (LAG Hamm 22. 11. 1996 AP BGB § 611 a Nr. 15; LAG Rheinland-Pfalz 16. 8. 1996 NZA 1997, 115). Voraussetzung ist, dass die Bewerber das ausgeschriebene Arbeitsverhältnis tatsächlich nicht begründen wollten; beweisbelastet ist der AG. Indizien dafür können sein: gleichzeitige, identische Bewerbungen ausschließlich auf Stellen, die für das andere Geschlecht ausgeschrieben sind; ersichtliche Fehlqualifikation für die ausgeschriebene Stelle; oder anderweitig bestehendes, ungekündigtes Arbeitsverhältnis mit höherer Vergütung. Dieser Konstruktion bedarf es indessen nicht, da nach dem Wortlaut nur „der hierdurch benachteiligte Bewerber" Anspruchsinhaber sein kann. Bewerber ist nur, wer die zu besetzende Position ernsthaft anstrebt; zudem erfolgt der Ausschluss nicht ernsthafter Bewerbungen nicht auf Grund Benachteiligung (BAG 12. 11. 1998 AP BGB § 611 a Nr. 18; ArbG Düsseldorf 7. 12. 1999 DB 2000, 381: Soergel/*Raab* Rn. 48); auch in diesem Falle ist der AG beweisbelastet (aA *Walker* SAE 2000, 64, 66), sobald der Bewerber die vergleichsweise schlechtere Behandlung (vgl. Rn. 27) bewiesen hat.

40   **f)** In Abs. 4 ist eine besondere **Ausschlussfrist** zur Geltendmachung von Entschädigungsansprüchen nach Abs. 2 und 3 geregelt. Die Frist beginnt mit dem Zugang der Ablehnung der Bewerbung zu laufen und wird gem. § 187 berechnet; sie ist an der Länge der – idR tarifvertraglichen – Fristen orientiert, die sonst im angestrebten Arbeitsverhältnis für die Geltendmachung von Schadensersatzansprüchen bestehen, beträgt aber mindestens zwei Monate. Fehlt es an solchen Fristen, dauert die Frist des Abs. 4 insgesamt sechs Monate. Da die Frist nicht voraussetzt, dass die Tatsache der Benachteiligung für den AN zumindest erkennbar ist, ist Abs. 4 eine ungünstigere Regelung als sonst bei tariflichen Ausschlussfristen üblich. Dies widerspricht den Anforderungen des EuGH (10. 7. 1997 NZA 1997, 1041) an eine effektive Rechtsdurchsetzung (*Treber* NZA 1998, 856, 859; *Gotthardt* ZTR 2000, 448, 452).

g) **Aufstieg.** Durch Abs. 5 wird auch den benachteiligten **Aufstiegs**bewerbern ein Anspruch auf 41 angemessene Entschädigung eingeräumt. Die Höhe ist für den „Bestqualifizierten" (Rn. 37) offen, für alle anderen auf drei Monatsentgelte begrenzt. Eine Beschränkung auf die Entgeltdifferenz zwischen dem bisherigen und dem angestrebten Arbeitsplatz ist nicht festgeschrieben worden. Da auf Abs. 3 nicht verwiesen wird, ist ein Beförderungsanspruch nicht ausgeschlossen (*Pfarr* RdA 1995, 204, 207); der Anspruch muss allerdings auf anderer Grundlage bestehen und wird nicht durch die Benachteiligung selbst geschaffen (KR/*Pfeiffer* Rn. 94). Für die Höhe des Anspruchs stellte § 61 b V 2 ArbGG (aF) früher lediglich auf den Unterschiedsbetrag zwischen bisheriger und angestrebter Position ab; da das ArbGG insoweit geändert wurde, ist wohl der hypothetische Monatsverdienst maßgebend (krit. *Raab* DStR 1999, 854, 859).

VII. Bekanntmachung im Betrieb

In Betrieben mit idR mehr als fünf AN ist ein Abdruck der §§ 611 a, 611 b, 612 III, 612 a BGB, 42 § 61 b ArbGG auszulegen oder auszuhängen. Zuvor hatte diesbezüglich nur eine Sollvorschrift gegolten, allerdings ohne Ausnahme für Kleinbetriebe; nunmehr ist die Regelung für die davon erfassten Betriebe zwingend.

§ 611 b Arbeitsplatzausschreibung

Der Arbeitgeber darf einen Arbeitsplatz weder öffentlich noch innerhalb des Betriebs nur für Männer oder nur für Frauen ausschreiben, es sei denn, dass ein Fall des § 611 a Abs. 1 Satz 2 vorliegt.

1. Zweck der Vorschrift. Die Vorschrift war als Ergänzung von § 611 a durch das Arbeitsrechtliche 1 EG-Anpassungsgesetz 1980 in das BGB eingefügt worden (BGBl. I S. 1308), um zu gewährleisten, dass das Benachteiligungsverbot bereits im Vorfeld der Begründung von Arbeitsverhältnissen wirksam werden kann. Mittlerweile ist die ehemalige Sollvorschrift zwingendes Recht (BGBl. I S. 1406), da die aF nur unzureichend beachtet worden war (BT-Drucks. 12/5468 S. 44); der EuGH hatte der RL 76/207/EWG keine Verpflichtung zur Schaffung einer zwingenden Norm entnommen (EuGH 21. 5. 1985 NJW 1985, 2076).

2. Inhalt. a) Stellenausschreibung umfasst jede Bekanntgabe, dass ein Arbeitsverhältnis begründet 2 werden soll, das dem Anwendungsbereich von § 611 a unterliegt (zB Stellenanzeige, Mitteilung am Schwarzen Brett oder an der AA, Einsatz einer Personalberatungsfirma). Wird ein Dritter im Auftrag des AG tätig, trifft diesen die Pflicht zur Überwachung der Ausschreibung; Verstöße gegen § 611 b sind dem AG zurechenbar. Die gezielt an eine Person gerichtete Aufforderung zur Bewerbung ist keine Ausschreibung in diesem Sinne, enthält unter Umständen aber eine Benachteiligung iSd. § 611 a.

b) **Geschlechtsneutral** ist die Ausschreibung dann, wenn die Berufsbezeichnung in der männlichen 3 und der weiblichen Form verwendet wird oder ein geschlechtsunabhängiger Oberbegriff („Heimleitung", „Pflegekraft") gefunden werden kann (LAG Berlin 16. 5. 2001 – 13 Sa 393/01 –). Dass in der deutschen Sprache das grammatische Geschlecht eines Begriffes nicht mit dem natürlichen Geschlecht der damit bezeichneten Person übereinstimmen muss, ist kein tauglicher Einwand gegen das Erfordernis einer geschlechtsneutralen Ausschreibung. Der Gesetzgeber hat diese Vorschrift als eine zwingende ausgestaltet, um damit bestehende Gewohnheiten zu durchbrechen; im Rahmen des sprachlich Möglichen ist das zu beachten. Anderenfalls kann ein Hinweis aufgenommen werden, dass beide Geschlechter angesprochen sind. Ist ein Arbeitsplatz zu besetzen, für den gem. § 611 a I 2 eine Ausnahme vom Gleichbehandlungsgebot gilt, darf sich auch die Ausschreibung an Bewerber nur des einen Geschlechts richten (*Hanau*, FS für Lüderitz, 2000, 241, 245).

c) **Rechtsfolge.** Ein Verstoß gegen das Verbot differenzierender Stellenausschreibung begründet 4 eine Vermutung für einen Verstoß gegen § 611 a (so schon zur aF BAG 14. 3. 1989 AP BGB § 611 a Nr. 5, 6): Eine geschlechtsspezifische Ausschreibung ist eine Tatsache, „die eine Benachteiligung wegen des Geschlechts vermuten lässt", § 611 a I 3 (BVerfG 16. 11. 1993 AP BGB § 611 a Nr. 9; LAG Rheinland-Pfalz 16. 8. 1996 NZA 1997, 115). Die Vermutung kann widerlegt werden, etwa durch Einstellung eines Bewerbers, der nicht dem ausdrücklich benannten Geschlecht angehört (LAG Berlin 16. 5. 2001 BuW 2001, 1056). Der BR kann nach § 99 II Nr. 1 BetrVG einer Einstellung mit der Begründung widersprechen, dass die Stellenausschreibung nicht geschlechtsneutral gewesen sei. Verstößt eine innerbetriebliche Ausschreibung gegen die Verpflichtung aus § 611 b, berechtigt dies den BR zur Zustimmungsverweigerung wegen unterbliebener Ausschreibung, § 99 II Nr. 5 BetrVG, (LAG Hessen 13. 7. 1999 NZA-RR 1999, 641; vgl. auch *Kamp*, Die Mitbestimmung des Betriebsrats nach § 99 II BetrVG, 2002, S. 130). Ein Schaden, der über den von § 611 a umfassten, durch die Verbotsverletzung *selbst* verursachten Schaden noch hinausgeht, ist kaum vorstellbar, da auch eine geschlechtsspezifische Ausschreibung eine Bewerbung nicht tatsächlich verhindert; ein weiterer Schadensersatzanspruch kommt dann auch nicht in Betracht (LAG Düsseldorf 1. 2. 2002 NZA-RR 2002,

345). Im Gesetzgebungsverfahren wurde stattdessen die Einführung einer Ordnungswidrigkeitenregelung diskutiert (BT-Drucks. 12/5468 S. 64f.), im Ergebnis jedoch verworfen, da die GleichbehandlungsRL dies nicht fordert. Schutzgesetz iSd. § 823 II BGB ist die Vorschrift nicht, weil sie nicht individuelle Interessen durch Zuerkennung eines Schadensersatzanspruchs schützt, sondern Allgemeininteressen (Soergel/*Raab* Rn. 8; Erman/*Hanau* Rn. 1).

5   d) Bekanntmachung. Vgl. § 611a Rn. 42.

§ 612 Vergütung

(1) Eine Vergütung gilt als stillschweigend vereinbart, wenn die Dienstleistung den Umständen nach nur gegen eine Vergütung zu erwarten ist.

(2) Ist die Höhe der Vergütung nicht bestimmt, so ist bei dem Bestehen einer Taxe die taxmäßige Vergütung, in Ermangelung einer Taxe die übliche Vergütung als vereinbart anzusehen.

(3) ¹Bei einem Arbeitsverhältnis darf für gleiche oder für gleichwertige Arbeit nicht wegen des Geschlechts des Arbeitnehmers eine geringere Vergütung vereinbart werden als bei einem Arbeitnehmer des anderen Geschlechts. ²Die Vereinbarung einer geringeren Vergütung wird nicht dadurch gerechtfertigt, dass wegen des Geschlechts des Arbeitnehmers besondere Schutzvorschriften gelten. ³§ 611a Abs. 1 Satz 3 ist entsprechend anzuwenden.

A. Absatz 1 und 2

I. Fiktion der Vergütungsvereinbarung (Abs. 1)

1   **1. Normzweck.** Beim Fehlen einer Vergütungsvereinbarung würde es wegen der fehlenden Einigung über einen wesentlichen Vertragspunkt (Dissens §§ 154, 155) nicht zum Vertragsabschluss kommen. Dies verhindert § 612 I, indem eine Vergütungsregelung **fingiert** wird, wenn eine Dienst- bzw. Arbeitsleistung vereinbart ist und den Umständen nach eine solche Leistung nur gegen eine Vergütung zu erwarten ist (BAG 15. 3. 1960 AP BGB § 612 Nr. 13; ebenso MünchKommBGB/*Schaub* Rn. 4; Staudinger/*Richardi* Rn. 6; Erman/*Hanau* Rn. 1; ArbRBGB/*Schliemann* Rn. 4; vgl. auch Soergel/*Raab* Rn. 15). § 612 II füllt diesen Vergütungsanspruch inhaltlich aus und schließt auch ansonsten Lücken im Arbeitsvertrag, soweit zwar die Vergütung als solche, nicht aber deren Höhe festgelegt ist (zu Abs. 2 s. Rn. 35 ff.). Anhand § 612 ist auch festzustellen, ob eine grds. vergütungspflichtige Dienstleistung von einer für die Hauptleistung vereinbarten Vergütung bereits mitumfasst ist (BAG 11. 10. 2000 NZA 2001, 458). Nach aA hat die Vorschrift den Zweck, entgeltliche und unentgeltliche Dienstleitungen voneinander abzugrenzen und dabei im Zweifel den Ausschlag zugunsten der Entgeltlichkeit zu geben (*Canaris* BB 1967, 165; *Lieb* Arbeitsrecht § 3 I 3; Palandt/*Putzo* Rn. 1). Freilich schließt § 612 nicht aus, unentgeltliche Dienstleistungen zu vereinbaren (vgl. die Abgrenzung zum Auftrag § 611 Rn. 28). Die Vereinbarung eines Arbeitsverhältnisses führt jedoch stets zu einer Vergütungspflicht.

2   **2. Anwendungsbereich.** Nach seinem Wortlaut greift § 612 I nur ein, wenn keine Vergütung – auch nicht stillschweigend – vereinbart ist, insoweit also eine entspr. Abrede fehlt. Die Bestimmung ist aber auch dann anwendbar, wenn der Vertrag nach § 138 II – wegen Lohnwuchers – nichtig ist (BAG 10. 3. 1960 AP BGB § 138 Nr. 2; LAG Bremen 3. 12. 1992 AiB 1993, 834) oder nur die **Vergütungsvereinbarung unwirksam** ist (BAG 5. 8. 1963 AP BGB § 612 Nr. 20; BAG 21. 3. 1984 – 5 AZR 462/82 – nv.; BAG 25. 1. 1989 AP BeschFG 1985 § 2 Nr. 2; BAG 23. 10. 1991 ZTR 1992, 72; BAG 26. 5. 1993 AP BGB § 612 Diskriminierung Nr. 2; BAG 16. 6. 1993 AP BeschFG 1985 § 2 Nr. 26; BAG 24. 11. 1993 AP BGB § 611 Mehrarbeitsvergütung Nr. 11; BAG 28. 9. 1994 AP BeschFG 1985 § 2 Nr. 38; LAG Köln 5. 11. 1993 – 13 Sa 503/92 – nv.; LAG Rheinland-Pfalz 8. 6. 1984 NZA 1986, 293; MünchKommBGB/*Schaub* Rn. 5; Erman/*Hanau* Rn. 1; nach aA ist bei Nichtigkeit der Vergütungsregelung auf Grund der synallagmatischen Verknüpfung auch die Abrede über die Arbeitspflicht und somit der gesamte Vertrag nichtig: v. *Hoyningen-Huene* Anm. zu AP BGB § 612 Nr. 29; *Beuthien* RdA 1969, 161, 166; noch anders Staudinger/*Richardi* Rn. 24: kein § 612 I, da keine Vergütungsvereinbarung fehle). Darüber hinaus wird § 612 I auch dann angewandt, wenn jemand Leistungen in Erwartung einer bes. Vergütung zunächst unentgeltlich erbringt und später diese **Erwartung enttäuscht** wird (s. u. Rn. 21 ff.) oder über die vertraglich geschuldete Tätigkeit hinaus Sonderleistungen erbracht werden, die durch die vereinbarte Vergütung nicht abgegolten sind und weder einzelvertraglich noch tariflich geregelt ist, wie diese Dienste zu vergüten sind (s. u. Rn. 16 ff.).

3   Wann im Einzelfall von einem **sittenwidrigen Lohnwucher** ausgegangen werden kann, kann schwer generell festgestellt werden. Abzustellen ist für die Überprüfung der Vergütungsabrede jedenfalls nicht auf den Zeitpunkt des Vertragsschlusses, sondern auf den streitgegenständlichen Zeitraum

(BAG 23. 5. 2001 EzA BGB § 138 Nr. 29). Entscheidender Orientierungsmaßstab für die Prüfung, ob ein auffälliges Missverhältnis vorliegt, ist der Tariflohn, und zwar ohne tarifliche Zusatzleistungen (*Reinecke* NZA Sonderbeilage 3/2000, S. 23, 32; aA *Tschöpe* DB 2002, 1830, 1831). Allerdings soll nach der Rspr. nicht nur auf die Tariflöhne des jeweiligen Wirtschaftszweiges, sondern auch auf das allg. Lohnniveau im Wirtschaftsgebiet abgestellt werden (BAG 23. 5. 2001 EzA BGB § 138 Nr. 29). In Bereichen, in denen keine einschlägigen TV existieren, sind verwandte TV als Vergleichsmaßstab heranzuziehen. Das BAG hat jüngst entschieden, dass der Erhalt von 70% der üblichen Vergütung nicht geeignet sei, ein auffälliges Missverhältnis zu begründen (BAG 23. 5. 2001 EzA BGB § 138 Nr. 29). Offengelassen hat es in der derselben Entscheidung, ob entspr. der Auffassung des BGH (BGH 22. 4. 1997 AP BGB § 138 Nr. 52; hierzu *Nägele* BB 1997, 2162) zu § 302 a StGB aF (§ 291 StGB nF), bei 63% – das BAG spricht von 2/3 – des Tariflohns von einem auffälligen Missverhältnis auszugehen ist. Dem Richtwert von 2/3 des üblichen Lohns sind einzelne Arbeitsgerichte bereits gefolgt (LAG Berlin 20. 2. 1998 LAGE StGB § 302 Nr. 1; ebenso *Reinecke* NZA Sonderbeilage 3/2000, S. 23, 32; *Peter* AuR 1999, 289, 293; SG Berlin 18. 1. 2002 ArbuR 2003, 120). Als generelle Aussage lässt sich auch festhalten, dass bei der **Hälfte des Tariflohns** idR ein auffälliges Missverhältnis und die Sittenwidrigkeit zu bejahen ist. Zur Sittenwidrigkeit einer Überstundenvergütung in Höhe von DM 1,30 im Ausbildungsverhältnis: ArbG Rheine 13. 11. 1991 NZA 1992, 413. Die Vereinbarung, nach der eine Vergütungspflicht für eine 14-tägige Probezeit nur für den Fall des Abschlusses eines endgültigen Arbeitsvertrags entstehen soll, ist sittenwidrig (LAG Köln 18. 3. 1998 LAGE BGB § 138 Nr. 10). Ein auffälliges Missverhältnis hat das BAG verneint, wenn der vereinbarte Lohn eines nicht tarifgebundenen AN 26% bis 30% unter dem Tariflohn liegt (ArbG Hagen 24. 6. 1987 NZA 1987, 610; bestätigt durch BAG 22. 3. 1989 – 5 AZR 151/88 –; BAG 23. 5. 2001 EzA BGB § 138 Nr. 29). Die Sittenwidrigkeit einer Vergütungsabrede in Höhe von DM 1,– statt des üblichen Lohnes von DM 5,45 wurde bejaht (BAG 24. 2. 1981 – 5 AZR 1008/78 –). Weitere Einzelfälle zum Lohnwucher: ArbG Wesel 3. 5. 1995 AiB 1996, 126 mit Anm. *Däubler*; ArbG Reutlingen 16. 1. 1996 AiB 1996, 499 mit Anm. *Däubler*; ArbG Rheine 22. 5. 1992 NZA 1993, 366; LAG Berlin 6. 2. 1998 LAGE BGB § 138 Nr. 11; LAG Frankfurt 28. 10. 1999 – 5 Sa 169/99 –: Vergütung eines Rechtsanwalts mit 1300,– DM brutto; ArbG Bremen 30. 8. 2000 NZA-RR 2001, 27; Unentgeltliches „Praktikum" bei dem in Wahrheit Arbeitsleistung erbracht wird: ArbG Berlin 8. 1. 2003 – 36 Ca 19390/02 – EzA-SD 10/2003, S. 15.

Bei Nichtigkeit der Entgeltabrede wegen **Lohnwuchers** ist daher der übliche und nicht etwa 4 lediglich der niedrigste zulässige Lohn zu gewähren (ebenso Erman/*Hanau* Rn. 21; ArbRBGB/*Schliemann* Rn. 23; LAG Bremen 3. 12. 1992 AiB 1993, 834; LAG Düsseldorf 23. 8. 1977 DB 1978, 218; aA *Sack* RdA 1975, 171, 178).

Ist dagegen der **gesamte Vertrag** mangels Geschäftsfähigkeit des Dienstberechtigten bzw. -ver- 5 pflichteten oder wegen Gesetz- oder Sittenwidrigkeit der zu leistenden Dienste unwirksam, finden die Regeln über faktische Arbeitsverhältnisse bzw. Bereicherungsrecht Anwendung (ebenso ArbRBGB/ *Schliemann* Rn. 5; Staudinger/*Richardi* Rn. 12).

Entgegen früherer Rspr. (BAG 14. 6. 1972 AP BAT §§ 22, 23 Nr. 54; BAG 18. 3. 1982 AP BPersVG 6 § 75 Nr. 7) bedarf es dagegen keines Rückgriffs auf § 612, wenn einem AN unter **Verletzung von Mitbestimmungsvorschriften** (§ 75 BPersVG, § 99 BetrVG) eine höherwertige Tätigkeit übertragen worden ist. Die vertragliche (Vergütungs-)Vereinbarung wird durch die fehlende Mitbestimmung nämlich nicht berührt und bleibt wirksam (BAG 16. 1. 1991 AP MTA § 24 Nr. 3); vgl. für eine Vergütungsvereinbarung, die wegen Verletzung des Mitbestimmungsrechts nach § 87 I Nr. 10 BetrVG unwirksam ist, aber LAG Baden-Württemberg 18. 1. 2001–21 Sa 88/00 – n. rkr.

Ist ein Dienst-, Werk- oder sonstiger Vertrag, der die Erbringung von Dienstleistungen zum Gegen- 7 stand hat, nach der Rspr. entgegen der getroffenen Vereinbarung als Arbeitsvertrag einzuordnen, (s. dazu § 611 Rn. 12 ff., 44 ff.), hat der die Dienstleistung Erbringende nach § 612 Anspruch auf Vergütung nach dem sachlich einschlägigen TV. Lässt sich aus Tarifrecht, EingruppierungsRL oder sonstigen Umständen eine übliche Vergütung nicht bestimmen, kommt ein Anspruch auf angemessene Vergütung nach den §§ 316, 315 in Betracht (näher Rn. 38; BAG 21. 11. 2001 DB 2002, 537). Dies gilt insb., wenn die vereinbarte Vergütung angesichts der fehlenden sozialen Absicherung in einem auffälligen Missverhältnis zur Arbeitsleistung steht (ArbG Düsseldorf 20. 5. 1988 AiB 1989, 128), die getroffene Vergütungsvereinbarung nach § 138 I unzulässige Verlustbeteiligung des AN vorsieht (BAG 21. 3. 1984 – 5 AZR 462/82 – nv.) oder die vertragliche Vergütungsabrede wegen der abw. tatsächlich ausgeübten Tätigkeit nicht herangezogen werden kann (BAG 13. 3. 1991 – 5 AZR 160/90 – nv.). Wird festgestellt, dass der (freie) Mitarbeiter in Wahrheit AN ist, richtet sich die übliche Vergütung nicht nach den (höheren) Honorarbezügen, sondern nach der für Arbeitsverhältnisse üblichen Vergütung (BAG 21. 1. 1998 AP BGB § 612 Nr. 55 = NZA 1998, 594; BAG 21. 11. 2001 DB 2002, 537; Thüringisches LAG 30. 7. 2002 5 Sa 178/2001; hierzu *von Steinau-Steinrück* SAE 1999, 318 ff.). In diesem Fall können Rückforderungsansprüche entstehen (s. dazu § 611 Rn. 123 und §§ 194–218 Rn. 55).

Die Vorschrift gilt auch, wenn hinsichtlich der Tätigkeit wegen einer **Tariflücke** keine Eingruppie- 8 rung erfolgen kann (ArbG Regensburg 6. 2. 1991 EzA TVG § 4 Einzelhandel Nr. 17).

9 Für **Auszubildende** gilt die Regelung des § 10 BBiG, wonach ein Anspruch auf eine angemessene Vergütung besteht. Erfüllt der AG eine Ausbildungsverpflichtung nicht, kann in dieser Zeit jedoch nicht der Lohn einer „normalen" Arbeitskraft verlangt werden (LAG Köln 25. 1. 1989 AR-Blattei ES 400 Nr. 64). Nach Ablegung der Prüfung handelt es sich bei der Weiterbeschäftigung eines Auszubildenden um ein Arbeitsverhältnis, so dass die Vereinbarung einer Ausbildungsvergütung insoweit nichtig ist und stattdessen die übliche Vergütung nach § 612 II zu bezahlen ist (LAG Bremen 8. 7. 1980 – 4 Sa 264/78 u. 291/78 –).

10 Dagegen findet § 612 I bei **erzwungener Weiterbeschäftigung** während eines Rechtsstreits über die Wirksamkeit der Auflösung des Arbeitsverhältnisses keine Anwendung. Es besteht nur ein Vergütungsanspruch des AN aus ungerechtfertigter Bereicherung (BAG 10. 3. 1987 AP BGB § 611 Weiterbeschäftigung Nr. 1; Staudinger/*Richardi* Rn. 16; ArbRBGB/*Schliemann* Rn. 6; aA MünchKommBGB/*Schaub* Rn. 5; v. *Hoyningen-Huene* Anm. zu AP BGB § 611 Weiterbeschäftigung Nr. 1).

11 **3. Vergütungserwartung.** Wann eine „Dienstleistung den Umständen nach nur gegen eine Vergütung zu erwarten ist", entscheidet sich nach der **objektiven Gesamtlage** des Einzelfalls. Hierzu gehören insb. die Verkehrssitte, Art, Umfang und Dauer der Dienstleistungen, die Berufs- und Erwerbsverhältnisse des Dienstleistenden sowie die Beziehungen der Beteiligten zueinander, nicht aber deren persönliche Meinung (BAG 31. 3. 1969 DB 1969, 1022; BAG 19. 2. 1970 AP BGB § 612 Nr. 26; BAG 12. 5. 1975 DB 1975, 1982; BAG 11. 10. 2000 NZA 2001, 458 zu der verneinten Vergütungserwartung und -pflicht bei „Rüsttätigkeiten" wie Waschen und Umkleiden; OLG Frankfurt 10. 6. 1992 GmbHR 1993, 358). Dabei kommt es nicht darauf an, ob der Dienstberechtigte selbst gewusst hat, dass die Dienstleistung den Umständen nach nur gegen Vergütung zu erwarten war (BAG 15. 3. 1960 AP BGB § 612 Nr. 13). Von daher berechtigt sein **Irrtum** über die Vergütungspflicht auch nicht zur Anfechtung (ebenso MünchKommBGB/*Schaub* Rn. 6; Staudinger/*Richardi* Rn. 19).

12 Soweit die Arbeitsleistung in den Rahmen des vom Dienstleistenden ausgeübten **Hauptberufs** gehört, wird idR Entgeltlichkeit zu bejahen sein (ebenso Palandt/*Putzo* Rn. 4; MünchKommBGB/*Schaub* Rn. 14).

13 Ist der Dienstleistende zur **familienrechtlichen Mitarbeit** verpflichtet, so werden die Dienste grds. unentgeltlich erbracht. Dies schließt aber nicht aus, dass daneben dienstrechtliche Beziehungen, zB aus Vergütungserwartung (s. u. Rn. 21 ff.), bestehen. Über die gesetzlich geregelten Fälle (§§ 1356, 1619) hinaus besteht keine Verpflichtung, zB zwischen Onkel und Neffen, Verlobten usw. Umgekehrt bedeutet das Fehlen der gesetzlichen Mitarbeitspflicht aber nicht ohne weiteres, dass eine Vergütungserwartung besteht (OLG Nürnberg 24. 11. 1959 FamRZ 1960, 119; MünchKommBGB/*Schaub* Rn. 14). Bei Dienstleistungen für Verwandte, Freunde und im eheähnlichen Verhältnis ist ein Indiz für die Unentgeltlichkeit, wenn die Vergütung erst später, insb. nach Zerwürfnissen, verlangt wird (ArbG Passau 30. 11. 1989 DB 1990, 844; Palandt/*Putzo* Rn. 4; zum Eheversprechen vgl. Rn. 32).

14 Auch in **Gefälligkeitsverhältnissen** kann nicht von einer Entgeltlichkeit ausgegangen werden. Solche liegen vor, wenn sich die Parteien überhaupt nicht der Rechtsordnung unterstellen wollen oder sie sich zwar grds. Rechtsregeln unterwerfen und die Gefälligkeit sich lediglich auf die Unentgeltlichkeit bezieht. Ist dagegen die Gefälligkeit nur das Motiv der Arbeitsleistung, die nicht unentgeltlich erfolgen soll (zB ehemaliger AN hilft aus), so ist regelmäßig von einer Vergütungspflicht auszugehen (vgl. MünchKommBGB/*Schaub* Rn. 14; Staudinger/*Richardi* Rn. 23).

15 Beim **Gesellschafter-Geschäftsführer** einer GmbH besteht nicht die generelle Erwartung, dass er nur gegen Entgelt für diese tätig wird und deshalb bei Fehlen eines Anstellungsvertrags die übliche Vergütung nach § 612 I fordern kann (vgl. LG Essen 6. 9. 2000 DB 2000, 2421). Anders als ein Fremdgeschäftsführer kann er nämlich sowohl als auch gegen eine deutlich niedrigere Vergütung oder gar unentgeltlich tätig sein (OLG Frankfurt 10. 6. 1992 GmbHR 1993, 358, 359). Möglich ist es auch, dass die zusätzliche Wahrnehmung einer Geschäftsführertätigkeit durch die Vergütungsabrede des „ursprünglichen" Angestelltenvertrags mitabgedeckt ist (LG Essen 6. 9. 2000 DB 2000, 2421).

16 **4. Mehrleistung.** § 612 ist zum einen bei qualitativen Mehrleistungen anzuwenden, also wenn der AN über den Arbeitsvertrag hinaus zu höherwertigen Tätigkeiten herangezogen wird (*Roth/Olbrisch* DB 1999, 2110). Allerdings ist er nach den Grundsätzen von Treu und Glauben verpflichtet, für eine begrenzte Zeit – als Urlaubs- oder Krankheitsvertreter, zur Probe oder zur vorübergehenden Besetzung einer vakanten Position – eine **höherwertige Tätigkeit** ohne zusätzliche Vergütung zu verrichten (BAG 4. 10. 1972 AP BAT § 24 Nr. 2: bis zu 2 Monaten; BAG 11. 11. 1977 AP BGB § 612 Nr. 30; BAG 16. 2. 1978 AP BGB § 612 Nr. 31; Erman/*Hanau* Rn. 2: bei Erprobung bis zu 6 Monaten); vgl. zu qualitativen und quantitativen Mehrleistung bei einem Vertrag über die Bereitstellung eines Internetzugangs: OLG Köln 30. 4. 2001 CR 2001, 453.

17 Außerdem sind **Sonderleistungen** des AN, die durch die vertragliche Vergütung nicht mit abgegolten sind, bes. zu honorieren (BAG 21. 3. 2002 AP § 1 TVG Tarifvertrag: Musiker Nr. 17 zur Auslegung der Verpflichtung, Trompete zu spielen; BAG 27. 6. 2002 AP § 1 TVG Tarifverträge: Musiker Nr. 18 in Bezug auf die Reisezeit eines Orchestermusikers; BühnenObSchG Frankfurt/M.

6. 12. 1962 AP BGB § 612 Leistungsschutz Nr. 1 zur Sondervergütung eines Bühnenkünstlers bei Fernsehübertragung der Theatervorstellung; ebenso BühnenObSchG Frankfurt/M. 18. 2. 1954, 7. 6. 1957 AP BGB § 611 Bühnenengagementsvertrag Nr. 2, 3; zur Frage der Höhe eines solchen Sonderhonorars BAG 8. 3. 1989 AP UrhG § 43 Nr. 4; Sondervergütung verneint für Fotografien eines Redakteurs BAG 29. 1. 2003 DB 2003, 1333). Dies gilt zB auch, wenn eine für einfache Schreib- und Hilfsarbeiten eingestellte AN einen wesentlichen schöpferischen Beitrag bei der Erstellung eines Buchmanuskriptes erbracht hat (BAG 11. 11. 1977 BGB § 612 AP BGB § 612 Nr. 30).

Zum anderen ist § 612 I entspr. anzuwenden, wenn eine in bestimmter Höhe gewährte Arbeits- 18 vergütung nicht den vollen Gegenwert für die erbrachte Dienstleistung darstellt, der AN also über die vertraglich geschuldete Leistung hinaus quantitative Mehrleistungen in Form von **Überstunden** erbringt (BAG 10. 6. 1959 AP AZO § 7 Nr. 5; BAG 31. 3. 1960 AP BGB § 611 Ärzte, Gehaltsansprüche Nr. 17; BAG 23. 2. 1977 AP TVG § 1 Tarifverträge: Techniker-Krankenkasse Nr. 1; BAG 17. 3. 1982 AP BGB § 612 Nr. 33; BAG 3. 2. 1988 – 4 AZR 516/87 – nv.; BAG 27. 6. 2002 AP § 1 TVG Tarifverträge: Musiker Nr. 18). Es existiert jedoch kein allg. Rechtsgrundsatz, dass jede Mehrarbeitszeit oder jede dienstliche Anwesenheit über die vereinbarte oder betriebsübliche Arbeitszeit hinaus zu vergüten ist (vgl. für den Fall eines Chefarztes LAG München 28. 2. 2001 – Sa 451/00 – nv. und näher § 611 Rn. 609 ff.). Gem. § 612 I gilt eine Vergütung nur dann als stillschweigend vereinbart, wenn die Umstände der Dienstleistungen im Einzelfall für eine Erwartung zusätzlicher Vergütung sprechen. Diese Erwartung wird zumeist gegeben sein; allerdings **nicht**, wenn es dem AN oblag, Überstunden durch Freizeit selbst auszugleichen (BAG 4. 5. 1994 AP TVG § 1 Tarifverträge: Arbeiterwohlfahrt Nr. 1; LAG Köln 7. 9. 1989 NZA 1990, 349 f.; ebenso LAG Köln 20. 5. 1992 NZA 1993, 24 für den Fall der Beendigung des Arbeitsverhältnisses). Sie ist abzulehnen bei leitenden Angestellten und Chefärzten bei Mehrarbeit im Rahmen ihres Aufgabenkreises, da diese grds. mit der vereinbarten Vergütung abgegolten ist (BAG 17. 11. 1966 AP BGB § 611 Leitende Angestellte Nr. 1; BAG 17. 3. 1982 AP BGB § 612 Nr. 33). Differenziert zu betrachten sind sog. Dienstreisen (§ 611 Rn. 637). Angeordnete Dienstreisen sind grds. als Arbeitszeit zusätzlich zu vergüten, es sei denn sie gehören zur geschuldeten Hauptleistung oder die mit ihr verbundene Mehrleistung ist nach den Umständen vom Gehalt abgedeckt (BAG 3. 9. 1997 AP BGB § 611 Dienstreisen Nr. 1; *Loritz* NZA 1997, 1188, 1193 f.).

Schafft ein AN in der Arbeitszeit und unter Einsatz von Betriebsmitteln **urheberrechtlich ge-** 19 **schützte Werke** (zB Computerprogramme), so ergibt sich – auch wenn er arbeitsvertraglich dazu nicht verpflichtet ist – aus den Umständen grds. keine Vergütungsvereinbarung (BAG 12. 3. 1997 AP UrhG § 2 Nr. 1). Der AN muss den AG vielmehr auf Entgeltansprüche urheberrechtlicher Art hinweisen, soweit er sie geltend machen will (BAG 13. 9. 1983 AP UrhG § 43 Nr. 2; vgl. jetzt auch § 69 b I UrhG). Dagegen ist § 612 I entspr. anwendbar, wenn ein AN urheberrechtlich geschützte Darstellungen, die er *vor* seinem Arbeitsverhältnis geschaffen hat, seinem AG überlässt. In diesem Fall ist auch ohne ausdrückliche Honorarvereinbarung die Einräumung eines Nutzungsrechts nach den Umständen nur gegen eine Vergütung zu erwarten (BGH 10. 5. 1984 AP UrhG § 43 Nr. 3).

Der Geschäftsführer einer GmbH hat bei übernommenen **Erfindungen** einen Vergütungsanspruch 20 gegen die Gesellschaft aus § 612 II, da das ArbnErfG auf ihn als nicht sozial abhängigen AN keine Anwendung findet (BGH 22. 10. 1964 GRUR 1965, 302, 304). Gleiches gilt für den von einer KG angestellten Geschäftsführer ihrer Komplementär-GmbH, jedenfalls dann, wenn er auf Grund seines Dienstvertrags AG Funktionen ausübt (BGH 24. 10. 1989 NJW-RR 1990, 349 f.). Ein Anspruch auf Vergütung nach § 612 kann auch bestehen, wenn der Geschäftsführer seinen Anteil an einer Erfindergemeinschaft iSd. §§ 741 ff. auf die Gesellschaft überträgt und die Beteiligten keine abw. Regelung getroffen haben (BGH 17. 10. 2000 NZA-RR 2001, 209).

5. Fehlgeschlagene Vergütungserwartung/zweckverfehlende Arbeitsleistungen. Die Vorschrift 21 wird von der hM entspr. angewendet, wenn jemand (1) in der dem anderen Teil erkennbaren Erwartung der Übergabe eines Vermögens oder Vermögensbestandteils (Erbeinsetzung, Hofübergabe, Betriebsübertragung etc.) Dienste erbringt, (2) für diese Dienste keine oder nur eine deutlich unterwertige Vergütung erfolgt ist und schließlich (3) ein unmittelbarer Zusammenhang zwischen der unterwertigen bzw. fehlenden Bezahlung und der oben genannten Erwartung besteht (BAG 14. 7. 1966 AP BGB § 612 Nr. 24; LAG Köln 20. 4. 1990 LAGE BGB § 612 Nr. 4; im Einzelnen s. u. Rn. 24 ff.) und später die in Aussicht gestellte Vermögenszuwendung unterbleibt und auch nicht durchgesetzt werden kann. § 612 hat den Sinn, demjenigen, der Leistungen, die normalerweise entgütesamt sind, in Erwartung einer bes. Vergütung zunächst unentgeltlich erbringt, zu einem vertraglichen Entgeltanspruch zu verhelfen (BAG 15. 3. 1960 AP BGB § 612 Nr. 13; BAG 24. 6. 1965 AP BGB § 612 Nr. 23; dem BAG zustimmend *Bydlinski* FS Wilburg 1975 S. 45 ff. und Anm. zu AP BGB § 612 Nr. 23; *Diederichsen* Anm. zu AP BGB § 612 Nr. 24; Erman/*Hanau* Rn. 5; *Herschel* Anm. zu AP BGB § 612 Nr. 26; RGRK/*Hilger* Rn. 53; *Hueck* Anm. zu AP BGB § 612 Nr. 13, 15 und 20; *Nikisch* I S. 327; Soergel/*Kraft* Rn. 9; MünchKommBGB/*Schaub* Rn. 10; *Schaub* § 66 Rn. 15 ff.).

Demgegenüber betont ein Teil des Schrifttums, dass § 612 I nur eine versäumte Entgeltvereinbarung 22 fingiere und nicht etwa eine Vertragsfiktion enthalte. Die zB wegen § 2302 vorliegende Nichtigkeit

(BAG 27. 10. 1960 AP BGB § 611 Ärzte, Gehaltsansprüche Nr. 21; BAG 25. 1. 1989 AP BeschFG 1985 § 2 Nr. 2; BAG 26. 9. 1990 AP BeschFG 1985 § 2 Nr. 9; BAG 4. 9. 1991 – 5 AZR 129/91 – nv.; BAG 21. 11. 1991 AP BAT § 34 Nr. 2; BAG 29. 1. 1992 AP BeschFG 1985 § 2 Nr. 18; BAG 21. 1. 1998 NZA 1998, 594 st. Rspr). Doch gilt dies auch außerhalb des öffentl. Dienstes (BAG 21. 3. 1984 – 5 AZR 462/82 – nv.; BAG 26. 5. 1993 AP BGB § 612 Diskriminierung Nr. 2; BAG 14. 6. 1994 AP TVG § 3 Verbandsaustritt Nr. 2; BAG 28. 9. 1994 AP BeschFG 1985 § 2 Nr. 38; LAG Düsseldorf 23. 8. 1977 DB 1978, 165; LAG Bremen 3. 12. 1992 AiB 1993, 834; MünchKommBGB/*Schaub* Rn. 220; MünchArbR/*Hanau* § 61 Rn. 12; Erman/*Hanau* Rn. 22; *Hueck/Nipperdey* I § 40 III 1; *Schaub* § 67 Rn. 62; Palandt/*Putzo* Rn. 8; krit. ArbRBGB/*Schliemann* Rn. 36; Staudinger/*Richardi* Rn. 46, wonach dafür bes. Anhaltspunkte gegeben sein müssen, etwa dass der AG auch bei nicht organisierten AN stets den tariflichen Maßstab anlege; *Rick* AuR 1960, 369; *Diekhoff* MuA 1961, 77, 78). Soweit ein räumlich und fachlich einschlägiger TV, dem die Vergütungshöhe direkt entnommen werden könnte, nicht existiert, kann die übliche Vergütung in Anlehnung an die statistisch ermittelten Durchschnittslöhne, orientiert an Anforderungsprofilen, bestimmt werden (LAG Bremen 3. 12. 1992 AiB 1993, 834). Kann danach eine übliche Vergütung weder anhand von RL noch auf Grund anderweitiger Umstände festgestellt werden, kommt ein Anspruch nur noch gemäß den §§ 316, 315 in Betracht (Rn. 41).

39 Wird jedoch herkömmlicherweise ein **übertarifliches Entgelt** gezahlt, so bestimmt sich die übliche Vergütung hiernach (BAG 26. 5. 1993 AP BGB § 612 Diskriminierung Nr. 2; BAG 14. 6. 1994 AP TVG § 3 Verbandsaustritt Nr. 2; BAG 28. 9. 1994 AP BeschFG 1985 § 2 Nr. 38; LAG Köln 5. 11. 1993 – 13 Sa 210/92 –: auch im öffentl. Dienst). Gleiches gilt, wenn sich Hinweise dafür finden, dass die übliche Vergütung **geringer** anzusetzen ist (BAG 14. 6. 1994 AP TVG § 3 Verbandsaustritt Nr. 2; *Schaub* § 67 Rn. 62; ArbRBGB/*Schliemann* Rn. 36).

40 Zur ortsüblichen Vergütung iSv. § 612 II gehören auch die tarifvertraglichen **Sonderzuwendungen** wie Weihnachtsgeld (BAG 6. 12. 1990 AP BeschFG 1985 § 2 Nr. 7; BAG 7. 8. 1991 – 5 AZR 88/91 – nv.; BAG 4. 9. 1991 – 5 AZR 129/91 – nv.; BAG 3. 3. 1993 – 10 AZR 36/92 – nv.), Urlaubsgeld (BAG 15. 11. 1990 AP BeschFG 1985 § 2 Nr. 11; BAG 22. 4. 1992 – 5 AZR 397/91 – nv.; BAG 3. 3. 1993 – 10 AZR 36/92 – nv.) und vermögenswirksame Leistungen (BAG 4. 9. 1991 – 5 AZR 129/91 – nv.; BAG 22. 4. 1992 – 5 AZR 397/91 – nv.). Bei letzteren besteht allerdings kein Anspruch des AN auf Zahlung an sich selbst, sondern nur an ein von ihm bestimmtes Unternehmen oder Institut iSv. § 3 II Fünftes VermBG (BAG 3. 3. 1993 – 10 AZR 36/92 – nv.). Hierzu zählen außerdem der Ortszuschlag (BAG 12. 12. 1990 – 5 AZR 618/89 – nv.), sowie die im Betrieb gewährten Zuschläge (Palandt/*Putzo* Rn. 8; MünchArbR/*Hanau* § 61 Rn. 12).

41 Da § 612 II seinem eindeutigen Wortlaut nach nur für die Höhe der Vergütung gilt, finden **tarifliche Ausschlussklauseln** nur Anwendung, wenn sie ausdrücklich vereinbart wurden (BAG 26. 9. 1990 AP BeschFG 1985 § 2 Nr. 9; BAG 8. 4. 1992 – 5 AZR 166/91 – nv.; BAG 3. 3. 1993 – 10 AZR 36/92 – nv.; st. Rspr; aA Erman/*Hanau* Rn. 22, MünchArbR/*Hanau* § 61 Rn. 12). Zu unterscheiden ist der Fall, dass sich wegen Verstoßes gegen § 2 BeschFG aF (jetzt § 4 I TzBfG) die Höhe des Anspruchs nach § 612 II bestimmt und ein TV auf das Arbeitsverhältnis – unabhängig von der Reichweite des § 612 II – ohnehin Anwendung findet (vgl. dazu BAG 25. 4. 2001 EzA BeschFG § 2 Nr. 64).

42 **4. Leistungsbestimmungsrecht.** Lässt sich aus Tarifrecht, EingruppierungsRL oder sonstigen Umständen keine übliche Vergütung nicht bestimmen oder existiert eine solche nicht, richtet sich die Anspruchshöhe nach §§ 315, 316 (BAG 21. 11. 2001 AP BGB § 612 Nr. 63). Dies gilt auch, wenn die übliche Vergütung einen Spielraum belässt. In diesen Fällen ist nach § 316 im Zweifel der AN als Gläubiger der Gegenleistung zur Festlegung der Vergütung ermächtigt (aA MünchKommBGB/*Gottwald* § 316 Rn. 6: der AG). Das Leistungsbestimmungsrecht ist nach billigem Ermessen (§ 315 I) auszuüben; bei Unbilligkeit erfolgt die Bestimmung gem. § 315 III durch Urteil (BGH 24. 10. 1989 NJW-RR 1990, 349, 350 zur Erfindervergütung eines GmbH-Geschäftsführers; BAG 21. 11. 1991 AP BAT § 34 Nr. 2 zur Vergütung des Bereitschaftsdienstes; LAG Bremen 27. 9. 1974 AP BGB § 138 Nr. 33; *Schaub* § 67 Rn. 60; Palandt/*Putzo* Rn. 10; Staudinger/*Mader* § 316 Rn. 13; Soergel/*Kraft* Rn. 16; zur Gehaltsanpassung bei frei vereinbarten Gehältern BAG 18. 6. 1997 AP TVG § 1 Tarifverträge: Presse Nr. 12; s. auch BAG 20. 9. 1989 AP TVG § 1 Tarifverträge: Bau Nr. 121 betr. die Beförderung von Arbeitskollegen zu einer Baustelle; dazu krit. MünchArbR/*Hanau* § 63 Rn. 13, da nach dem TV gerade eine einzelvertragliche Vereinbarung zu treffen war).

43 Ergibt sich aber aus der Auslegung der Vereinbarung, dass entgegen der Zweifelsregel des § 316 ein Bestimmungsrecht nicht als gewollt anzusehen ist, so muss die verbleibende Lücke durch Auslegung – notfalls **ergänzende Vertragsauslegung** gemäß § 157 – geschlossen werden. Bei gegenseitigen Verträgen ist wegen des Gedankens der Gleichwertigkeit von Leistung und Gegenleistung ein einseitiges Bestimmungsrecht häufig als nicht gewollt anzusehen (BGH 21. 3. 1961 AP BGB § 612 Nr. 19 zur Vergütung eines freien Mitarbeiters; BGH 13. 3. 1985 NJW 1985, 1895, 1896 zum Maklervertrag; wohl auch BAG 8. 1. 1989 AP UrhG § 43 Nr. 4, wonach § 316 nicht anzuwenden ist, sondern die Höhe der Vergütung nach § 612 II auf Grund eines objektiven Maßstabes zu ermitteln ist; ebenso Palandt/*Heinrichs* § 316 Rn. 2; MünchKommBGB/*Gottwald* § 316 Rn. 2; Staudinger/*Mader* § 316 Rn. 11;

noch enger MünchArbR/*Hanau* § 63 Rn. 13, wonach § 157 immer vor § 316 heranzuziehen ist). Die ergänzende Vertragsauslegung nach § 157 führt dazu, dass die Gericht den angemessenen Vergütungsbetrag festlegt (BGH 13. 3. 1985 NJW 1985, 1895, 1897; BAG 8. 3. 1989 AP UrhG § 43 Nr. 4; OLG Hamm 18. 12. 1992 NJW-RR 1993, 693, 694; noch anders *Nikisch* I S. 338; Soergel/*Wlotzke-Volze* 10. Aufl. Rn. 7: angemessener Lohn gilt nicht als vereinbart, sondern *ist* vereinbart und kann vom AN ohne den Weg über § 316 unmittelbar verlangt werden).

5. Beweislast. Der Dienstleistende hat die Höhe der Vergütung darzulegen und zu beweisen, also **44** auch die Üblichkeit der von ihm geltend gemachten Vergütung (BAG 29. 1. 1986 AP BAT 1975 §§ 22, 23 Nr. 115; *Schaub* § 67 Rn. 62; Staudinger/*Richardi* Rn. 43). Da nach § 612 II im Zweifel die taxmäßige und in Ermangelung einer Taxe die übliche Vergütung als vereinbart anzusehen ist, trifft denjenigen, der sich auf eine unter den gesetzlichen Gebühren liegende Vergütungsvereinbarung beruft, die Darlegungs- und Beweislast (BGH 21. 9. 2000 DB 2000, 2385).

B. Absatz 3

I. Normzweck

Ausgangspunkt ist, dass der Grundsatz „Gleicher Lohn für gleiche Arbeit" in der deutschen Rechts- **45** ordnung keine allgemein gültige Anspruchsgrundlage ist, sondern – wie über § 612 III – erfolgt, der gesetzlichen Umsetzung bedarf (vgl. BAG 21. 6. 2000 ZTR 2000, 516; so auch LAG Hamm 10. 4. 2002 18 Sa 1870/01). Das Verbot einer je nach der Geschlechtszugehörigkeit unterschiedlichen Entlohnung ist sinngemäß im Benachteiligungsverbot des § 611 a I bereits enthalten, wegen der bes. Bedeutung gerade der Entgeltgleichheit aber noch einmal hervorgehoben (BT-Drucks. 8/3317 S. 10). Zugleich wurde verdeutlicht, dass gleiches Entgelt für gleiche und gleichwertige Arbeit zu gewähren ist, wie dies Art. 1 der RL 75/117/EWG (v. 10. 2. 1975 ABl. EG L 45, 19) vorschreibt. Die Auslegung der Bestimmung hat dem höherrangigen, unmittelbar anwendbaren Gemeinschaftsrecht zu entsprechen. Für kollektive Entgeltregelungen hatte das BAG zuvor schon eine Bindung an das verfassungsrechtliche Gleichbehandlungsgebot anerkannt (BAG 15. 1. 1955 AP GG Art. 3 Nr. 4 für TV; 28. 3. 1958 AP GG Art. 3 Nr. 28 für BV; BAG 31. 8. 1978 AP BetrAVG § 1 Gleichberechtigung Nr. 1 für arbeitsvertragliche Einheitsregelungen).

II. Verhältnis zu anderen Vorschriften

1. Art. 141 EG. § 612 III setzt das in Art. 141 EG verankerte Entgeltgleichheitsgebot in nationales **46** Recht um (BAG 26. 5. 1993 AP EWG-Vertrag Art. 119 Nr. 42) und ist somit grds. der vorrangige Prüfungsmaßstab für geschlechtsbedingte Entgeltunterschiede (BAG 23. 8. 1995 AP BGB § 612 Nr. 48; BAG 20. 11. 1996 NZA 1997, 724; BAG 3. 6. 1997 AP BetrAVG § 1 Gleichbehandlung Nr. 35); im Falle eines Widerspruchs zum Gemeinschaftsrecht ist jedoch Art. 141 EG unmittelbar anzuwenden. § 612 III enthält neben dem Benachteiligungsverbot eine eigenständige Rechtsgrundlage für einen Anspruch auf Entgeltgleichheit (BAG 23. 8. 1995 AP BGB § 612 Nr. 48; BAG 20. 11. 1996 NZA 1997, 724 f.; BAG 10. 12. 1997 NZA 1998, 599, 601), obwohl der Wortlaut ein Diskriminierungsverbot formuliert.

2. Art. 3 II GG. Das Gleichberechtigungsgebot der Verfassung garantiert ebenfalls die Entgelt- **47** gleichheit (BAG 20. 11. 1990 AP BetrAVG § 1 Gleichberechtigung Nr. 8); § 612 III ist also auch dementspr. auszulegen (BAG 23. 8. 1995 AP BGB § 612 Nr. 48).

3. § 4 I TzBfG. Nach dieser Vorschrift darf der AG Teilzeitbeschäftigte wegen der Teilzeitarbeit **48** nicht schlechter behandeln als Vollzeitbeschäftigte, soweit dies nicht durch sachliche Gründe gerechtfertigt ist (näher Kommentierung zu § 4 TzBfG). Eine Differenzierung nach dem Geschlecht ist im Normtext nicht angesprochen, dürfte dem Gesetzgeber auch kaum als möglicher Anwendungsbereich bewusst gewesen sein. Da eine Benachteiligung von Teilzeitbeschäftigten idR aber überwiegend Frauen betrifft, kommt es zu inhaltlichen Überschneidungen mit § 612 III. Die Rspr. wendet § 4 TzBfG (2 I BeschFG aF) bei Benachteiligung wegen Teilzeitarbeit vorrangig an (BAG 7. 11. 1991 AP BAT § 62 Nr. 14; BAG 28. 7. 1992 AP BetrAVG § 1 Gleichbehandlung Nr. 18; hierzu § 4 TzBfG Rn. 13 ff.), weist aber zu Recht darauf hin, dass ein nur „sachlicher" Differenzierungsgrund zwar dem Maßstab des TzBfG, nicht aber dem der §§ 611a, 612 III genügen würde; § 4 I TzBfG wirkt somit nicht verdrängend.

III. Benachteiligungsverbot

1. Geltungsbereich. § 612 III bezieht sich auf Arbeitsverhältnisse einschließlich Ausbildungsver- **49** hältnissen iSd. §§ 3 II, 19 BBiG und auf Dienstverhältnisse arbeitnehmerähnlicher Personen (aA ArbRBGB/*Schliemann* Rn. 49; wie hier Erman/*Hanau* Rn. 27; MünchKommBGB/*Schaub* Rn. 243), nicht aber auf sonstige Dienstverhältnisse. Ob das Verbot auf Beschäftigungsverhältnisse im selben Unternehmen beschränkt ist, ist fraglich. Das BAG verlangt, dass mehrere TV vergleichbare ANGruppen gleich behandeln, sofern die Verträge von denselben Tarifparteien geschlossen worden sind (BAG 17. 10. 1995 AP BGB § 242 Gleichbehandlung Nr. 132); vergleichbar entscheidet auch der EuGH (27. 10. 1993 EAS Art. 119 EG-Vertrag Nr. 24).

50 Verboten sind benachteiligend wirkende **Vereinbarungen**, Gesamtzusagen und Einheitsregelungen sowie vertraglich übernommene kollektive Entgeltordnungen. Eine unterschiedliche Behandlung beruht auch dann auf einer Vereinbarung, wenn diese lediglich mit dem begünstigten, aber nicht mit dem benachteiligten Beschäftigten getroffen wurde (BAG 23. 9. 1992 AP BGB § 612 Diskriminierung Nr. 1). Auch TV und BV werden vom Benachteiligungsverbot erfasst, weil das Verbot (Vereinbarungen „bei" einem Arbeitsverhältnis) alle Regelungen erfasst, die das Entgelt im Arbeitsverhältnis beeinflussen (vgl. auch EuGH 27. 6. 1990 AP EWG-Vertrag Art. 119 Nr. 21; EuGH 15. 12. 1994 NZA 1995, 218; BAG 14. 9. 1988 AP BAT § 23 a Nr. 24; BAG 20. 11. 1990 AP BetrAVG § 1 Gleichberechtigung Nr. 8).

51 **2. Vergütung.** Der Begriff umfasst das in Art. 141 EG festgelegte Entgelt (vgl. Art. 141 EG-Vertrag Rn. 3), dh. alle Leistungen, die der AG in Bezug auf die Arbeitsleistung gewährt, nicht nur die im Gegenseitigkeitsverhältnis zur Dienstleistung stehenden: Grundlöhne, Zulagen, Gratifikationen und Einmalzahlungen, Prämien, Sondervergütungen, Sachbezüge und die Leistungen einer betrieblichen Altersversorgung (EuGH 11. 3. 1981 NJW 1981, 2637), bezahlte Freistellung (BAG 26. 5. 1993 AP EWG-Vertrag Art. 119 Nr. 42) sowie tarifliche Aufstockungsbeträge bei Altersteilzeit. Auch die Freistellung von BRMitgliedern gem. § 37 VI BetrVG unterfällt dem Entgeltbegriff (bejahend EuGH 4. 6. 1992 AP EWG-Vertrag Art. 119 Nr. 39).

52 **3. Wegen des Geschlechts.** Gründe für Lohnunterschiede zwischen Einzelpersonen und Gruppen existieren vielfach. Ob sie zulässig sind, kann ua. auch am allg. Gleichbehandlungsgrundsatz oder an § 75 BetrVG gemessen werden. § 612 III verbietet gerade die geschlechtsbedingte Entgeltdifferenzierung; wie im Anwendungsbereich von § 611 a sind auch hier die unmittelbar und die mittelbar geschlechtsbedingte Benachteiligung erfasst. Die bisher bekanntgewordenen Beispiele für mittelbar benachteiligende Regelungen betrafen sogar überwiegend Entgeltprobleme (von Teilzeitbeschäftigten).

53 Eine **unmittelbar geschlechtsbedingte Benachteiligung** enthielten die Lohnabschlagsklauseln, die das BAG bereits früh für mit Art. 3 II GG unvereinbar erklärt hatte (BAG 15. 1. 1955 AP GG Art. 3 Nr. 4; BAG 11. 1. 1973 AP GG Art. 3 Nr. 110). Aber auch eine bewusst zu günstige Eingruppierung nur der männlichen AN ist eine unmittelbare Benachteiligung der („richtig" eingruppierten) Frauen (BAG 23. 9. 1992 AP BGB § 612 Diskriminierung Nr. 1). Wird männlichen AN eine „Ehefrauenzulage" gewährt (BAG 13. 11. 1985 AP GG Art. 3 Nr. 136) oder nur den weiblichen AN die übliche Haushaltszulage unter erschwerten Bedingungen (BAG 20. 4. 1977 AP GG Art. 3 Nr. 111), liegt ebenfalls eine direkt geschlechtsbedingte Benachteiligung vor.

54 Eine **mittelbar geschlechtsbedingte Benachteiligung** (näher dazu § 611 a Rn. 13 ff.) beim Entgelt liegt vor, wenn die Lohnhöhe nach Merkmalen differenziert, die von einem Geschlecht tatsächlich wesentlich seltener erfüllt werden als vom anderen, ohne dass die Verwendung dieser Kriterien durch ein wesentliches unternehmerisches oder sozialpolitisches Bedürfnis gerechtfertigt werden könnte (BAG 27. 7. 1994 AP BGB § 611 Gratifikation Nr. 164; BAG 5. 3. 1997 NZA 1997, 1242; EuGH 9. 9. 1999 NZA 1999, 1151).

55 **Körperlich schwere Arbeit** als Differenzierungskriterium wird zwar tatsächlich überwiegend geringere Entlohnung auf Frauenarbeitsplätzen zur Folge haben, die Verwendung dieses Merkmals kann aber durch die Anforderungen bestimmter Arbeitsplätze gerechtfertigt werden (EuGH 1. 7. 1986 AP EWG-Vertrag Art. 119 Nr. 13). In diesem Falle wird vom EuGH geprüft, ob das Eingruppierungssystem insgesamt fair ist, also auch solche Differenzierungsmerkmale enthält und gewichtet, die an Frauenarbeitsplätzen verlangt werden (EuGH 1. 7. 1986 AP EWG-Vertrag Art. 119 Nr. 13). Das BAG hat diese Forderung nicht übernommen, sondern statt dessen das Differenzierungsmerkmal „körperlich schwere Arbeit" gemeinschaftsrechtskonform dahingehend ausgelegt, dass es nicht länger nur die Muskelbelastung berücksichtigen dürfe (BAG 14. 3. 1984 AP TVG § 1 Tarifverträge: Metallindustrie Nr. 23); statt dessen müssten alle am Arbeitsplatz tatsächlich anfallenden Belastungen wie Arbeitspulsfrequenz, einseitige Körperhaltung, taktgebundene repetitive Tätigkeit, nervliche Belastung und Lärmeinwirkung ebenfalls bewertet werden (BAG 27. 4. 1988 AP TVG § 1 Tarifverträge: Metallindustrie Nr. 63); ist eine derartige Auslegung von den TVParteien durch eine eindeutige Festschreibung ausgeschlossen worden, ist die Abgrenzung der Lohngruppe insgesamt diskriminierend (LAG Hamm 11. 8. 1997 AuR 1998, 291, 292). Setzt die angestrebte Eingruppierung regelmäßig körperlich schwere Arbeit voraus, genügt es, wenn die maßgeblichen Belastungen ständig wiederkehren und ein rechtserhebliches Ausmaß annehmen (BAG 7. 11. 1990 AP TVG § 1 Tarifverträge: Einzelhandel Nr. 41; BAG 29. 7. 1992 AP TVG § 1 Tarifverträge: Einzelhandel Nr. 32).

56 Unterschiedliche Entlohnung wegen **Teilzeitbeschäftigung** wirkt sich typischerweise ebenfalls gerade zu Lasten von Frauen aus; falls sich im Anwendungsbereich des überprüften Differenzierungs-

merkmals (zB im Betrieb) jedoch konkret eine andere Geschlechterverteilung ergibt, sind diese Zahlen zugrunde zu legen. Bei „typischer" Geschlechterverteilung kann ein geringeres Entgelt für Teilzeitkräfte aber gegen das Entgeltgleichheitsgebot (EuGH 31. 3. 1981 AP EWG-Vertrag Art. 119 Nr. 2; BAG 27. 7. 1988 AP BGB § 242 Gleichbehandlung Nr. 83; BAG 25. 1. 1989 AP BeschFG § 2 Nr. 2) verstoßen, wenn die Wahl dieses Differenzierungskriteriums nicht als betriebsnotwendig gerechtfertigt werden kann. Aus § 612 III soll sich mangels unmittelbarer und mittelbarer Diskriminierung kein Anspruch einer teilzeitbeschäftigten AN auf einen Aufstockungsbetrag nach einem Altersteilzeitmodell ergeben, wenn sie erfolglos Altersteilzeit beantragt hat (LAG Hamburg 12. 9. 2000 – 6 Sa 109/99 – nv. und n. rkr.). Näher zu Rechtfertigungsgründen bei Teilzeitbeschäftigung § 4 TzBfG Rn. 38 ff.

Eine Benachteiligung ist auch dann zu vermuten, wenn nicht leistungsbezogene Entgeltbestandteile **57** (Sozialleistungen, zB Übergangsgeld, EuGH 27. 6. 1990 AP EWG-Vertrag Art. 119 Nr. 21; BAG 7. 11. 1990 AP BAT § 62 Nr. 14; Entgeltfortzahlung, EuGH 13. 7. 1989 AP EWG-Vertrag Art. 119 Nr. 16; BAG 9. 10. 1991 AP LohnFG § 1 Nr. 95) wegen der – geschlechtsspezifisch verteilten – Teilzeittätigkeit versagt werden; sie können aber im Verhältnis der individuellen zur betriebsüblichen Arbeitszeit („ratierlich") gekürzt werden, wenn dies vom Betrieb gesetzten Leistungszweck gerechtfertigt ist (BAG 7. 11. 1990 AP BAT § 62 Nr. 14; näher § 4 TzBfG Rn. 43 ff.).

Eine Unterscheidung nach der Inanspruchnahme von **Erziehungsurlaub** wirkt sich ebenfalls über- **58** wiegend zu Lasten von Frauen aus (Bericht der Bundesregierung BT-Drucks. 11/8517: zu 97% von Frauen beansprucht). IdR sind jedoch Nachteile, die mit der Inanspruchnahme von Erziehungsurlaub zusammenhängen, sachlich nicht zu beanstanden. Die Zeit des Erziehungsurlaubs ist auf Bewährungszeiten nicht anrechenbar (vgl. BAG 18. 6. 1997 AP BAT § 23 b Nr. 3). Auch Regelungen über Sondervergütung können an die tatsächliche Arbeitsleistung anknüpfen und Zeiten des Erziehungsurlaubs aussparen (vgl. näher § 611 Rn. 681 ff.). Soll dagegen Betriebstreue entgolten werden (BAG 21. 10. 1992 AP TVG § 1 Tarifverträge: Milch- und Käseindustrie Nr. 1), müssen Erziehungsurlaubszeiten für die Vergabe berücksichtigt werden (§ 611 Rn. 680 mwN).

Differenzierungen bei der **betrieblichen Altersversorgung**: Zum unterschiedlichen Zugangsalter: **59** BAG 31. 8. 1978 AP BetrAVG § 1 Gleichberechtigung Nr. 1; BAG 18. 3. 1997 – 3 AZR 759/95 –; BAG 3. 6. 1997 – 3 AZR 910/95 –; zur Unzulässigkeit einer vorgezogenen Altersgrenze für Frauen: EuGH 17. 5. 1990 AP EWG-Vertrag Art. 119 Nr. 20; EuGH 14. 12. 1993 AP BetrAVG § 1 Gleichbehandlung Nr. 16; EuGH 28. 9. 1994 NZA 1994, 1126; zu unterschiedlicher Hinterbliebenenversorgung: BAG 5. 9. 1989 AP BetrAVG § 1 Hinterbliebenenversorgung Nr. 8. Unterschiedliche Beitragsleistungen, die wegen geschlechtsspezifisch verschiedener Berechnungsfaktoren die gleich hohe Versorgung gewährleisten, indizieren keine Benachteiligung (EuGH 22. 12. 1993 DB 1994, 484). Eine mittelbar geschlechtsbedingte Benachteiligung liegt vor bei (tw.) Ausschluss von Teilzeitbeschäftigten aus der betrieblichen Altersversorgung (EuGH 13. 5. 1986 AP EWG-Vertrag Art. 119 Nr. 10; BAG 5. 6. 1984 AP EWG-Vertrag Art. 119 Nr. 3; BAG 14. 10. 1986 AP EWG-Vertrag Art. 119 Nr. 11; BAG 5. 10. 1993 AP BetrAVG § 1 Lebensversicherung Nr. 20).

Um die erheblichen Kosten einzuschränken, die die Anpassung bisher benachteiligend wirkender **60** Rentensysteme an das Entgeltgleichheitsgebot nach sich zieht, hat der EuGH die Rückwirkung seiner Rspr. zum Rentenalter auf den 17. 5. 1990 (Datum des „Barber"-Urteils, vgl. Art. 119 EGV Rn. 22) begrenzt. Danach hat der AG bei betrieblichen Altersversorgungssystemen ab dem 17. 5. 1990 eine für beide Geschlechter einheitliche Altersgrenze vorzusehen. Die Rentenhöhe kann aber bis zum Stichtag noch auf der Basis der zuvor unterschiedlichen Altersgrenzen berechnet werden, erst für spätere Dienstzeiten ist die vereinheitlichte Altersgrenze die maßgebliche Berechnungsgrundlage (BAG 3. 6. 1997 AP BetrAVG § 1 Gleichbehandlung Nr. 35). Für den Zugang zu Versorgungssystemen hat das BAG ein derartiges Rückwirkungsverbot allerdings abgelehnt, da das Entgeltgleichheitsgebot des Art. 3 II GG auch schon zuvor maßgeblich gewesen sei und der Rechtsgedanke, der dem Verbot der mittelbaren Diskriminierung zugrunde liegt, vom BVerfG bereits früher entwickelt worden war (BAG 20. 11. 1990 AP BetrAVG § 1 Gleichberechtigung Nr. 8; zust. BVerfG 28. 9. 1992 AP GG Art. 20 Nr. 15; BVerfG 19. 5. 1999 ZIP 1999, 1107).

Ob eine Entgeltdifferenz mittelbar geschlechtsbedingt ist, ist grds. anhand des Kriteriums zu prüfen, **61** dessen Verwendung die Differenz unmittelbar verursacht. Die bloße Tatsache der unterschiedlichen Entlohnung selbst ist im Allg. zu wenig aussagekräftig, um als Indiz gerade einer mit dem Geschlecht zusammenhängenden Ursache zu dienen. Eine völlig **undurchschaubare Lohnstruktur** macht es den Beschäftigten aber unmöglich, die Ursachen für Entgeltdifferenzen zu erkennen; in diesem Fall genügt die erheblich geringere Entlohnung des einen Geschlechts als Indiz für die Geschlechtsbedingtheit des Ergebnisses (vgl. Rn. 67).

IV. Gleiche und gleichwertige Arbeit

Gleiche Arbeit wird geleistet, wenn die üblichen Tätigkeiten der verglichenen Personen identisch **62** oder unter Berücksichtigung von Belastung, Verantwortung, Arbeitsbedingungen und Qualifikation jedenfalls gleichartig sind, so dass die AN einander bei Bedarf ersetzen könnten. Lediglich unterschiedliche Arbeitsplatzbeschreibung oder selten erforderliche Zusatzpflichten nur der einen Gruppe

230 BGB § 612

schließen die Gleichartigkeit nicht aus (unklar BAG 23. 8. 1995 NZA 1996, 579). Der EuGH hat aber die gleiche Tätigkeit über einen erheblichen Zeitraum mit unterschiedlicher Berufsberechtigung nicht als „gleiche Arbeit" iSd. Art 141 EG erachtet (EuGH 11. 5. 1999 EAS Art. 119 EG-Vertrag Nr. 49).

63 Das Entgeltgleichheitsgebot erstreckt sich nach Maßgabe der LohngleichheitsRL (Art. 1 I RL 75/117/EWG) auch auf **gleichwertige** Arbeit, ohne allerdings den Maßstab vorzugeben, nach dem die Gleichwertigkeit bestimmt wird. Beurteilungsaspekte sind: Ausbildung und Erfahrung, Fähigkeiten, körperliche, nervliche und geistige Beanspruchung, Verantwortung für Personen und Sachen, Umgebungseinflüsse usw. (vgl. *Schlachter* EAS B 4100 Rn. 31–36). Die Gesetzesbegründung zu § 612 III stellt auf „objektive Maßstäbe der Arbeitsbewertung" ab, Anhaltspunkte könnte man aber auch die „Praxis der TVParteien oder die allgemeine Verkehrsanschauung" geben (BT-Drucks. 8/3317, 10). Da die Ergebnisse der Arbeitsbewertung entscheidend von dem jeweils angewendeten System abhängen (MünchKomm/*Schaub* § 612 Rn. 264 ff.; *Schlachter*, Wege zur Gleichberechtigung, S. 205 ff.), sind sie nicht objektiv; auf die betriebliche Praxis oder vom Unternehmen festgelegte Bewertungsstufen als Verkehrsauffassung kann ebenfalls nicht abgestellt werden. Der objektive Arbeitswert kann allenfalls am Tariflohn orientiert werden, für dessen Üblichkeit und Angemessenheit eine widerlegbare Vermutung spricht. Entscheidend ist daher die Praxis der Tarifparteien: Sind zwei Tätigkeiten derselben tariflichen Lohngruppe zugeordnet, wird dadurch ihre Gleichwertigkeit idR anerkannt. Aus einer unterschiedlichen Eingruppierung kann dagegen nicht zwingend auf die fehlende Gleichwertigkeit geschlossen werden; vielmehr ist auch die Eingruppierung der Begünstigten auf ihre Richtigkeit zu prüfen, zumal es dafür nur auf die geleistete Arbeit und nicht auf die vertraglich formulierten Anforderungen ankommt (unklar BAG 23. 8. 1995 NZA 1996, 579). Schließlich kann die Tarifgruppenbildung selbst unwirksam sein, wenn sie nach mittelbar benachteiligenden Merkmalen erfolgt oder mit benachteiligender Wirkung bestimmte Wertigkeitskriterien gar nicht berücksichtigt (vgl. Rn. 55). Bes. Umstände des Einzelfalles, die bei der Tarifgruppenbildung nicht berücksichtigt worden sind, können daher eine abw. Bewertung rechtfertigen.

V. Ausnahmen

64 Anders als beim allg. Gleichbehandlungsgebot des § 611a I 2 enthält das Entgeltgleichheitsgebot **keine Ausnahme** bei Differenzierungen, für die die Geschlechtszugehörigkeit „unverzichtbare Voraussetzung" ist. Unmittelbar nach der Geschlechtszugehörigkeit unterscheidende Entgeltvereinbarungen sind daher auch dann unzulässig, wenn sie für Tätigkeiten getroffen werden, bei denen die Geschlechtszugehörigkeit unverzichtbare Voraussetzung iSd § 611a ist (zB Sänger/Sängerinnen).

65 Mittelbar benachteiligend wirkende Entgeltvereinbarungen können **gerechtfertigt** sein und damit zulässig, weil eine gelungene Rechtfertigung die Vermutung widerlegt, dass die Entgeltdifferenz gerade auf der Geschlechtszugehörigkeit beruht (vgl. dazu § 611a Rn. 16). Voraussetzung ist auch hier ein wichtiges (unternehmerisches oder sozialpolitisches) Bedürfnis für den Einsatz der benachteiligend wirkenden Differenzierungskriterien; ein bloß sachlicher Grund genügt zur Rechtfertigung mittelbar benachteiligender Differenzierungen nicht. Kann sich der AG im Anwendungsbereich des allg. Gleichbehandlungsgrundsatzes auf die Marktmacht der besser bezahlten Vergleichsperson als Differenzierungsgrund berufen (BAG 23. 8. 1995 NJW 1996, 1914 f.), ist das gem. Abs. 3 allein nicht ausreichend; die generellen Bedingungen des Arbeitsmarktes müssen dagegen berücksichtigungsfähig bleiben (EuGH 27. 10. 1993 AP EWG-Vertrag Art. 119 Nr. 50). Auch durch bes. **Schutzvorschriften** verursachte Zusatzkosten, die nur bei AN der einen Gruppe auftreten, rechtfertigen keine geringere Entlohnung, § 612 III 2. Bei dieser Bestimmung handelt es sich um eine Ausprägung des Grundsatzes, dass nur solche Zwecke zur Rechtfertigung eines benachteiligend wirkenden Differenzierungskriteriums verwendet werden dürfen, die selbst geschlechtsunabhängig sind und zudem fair und gleichmäßig angewendet werden.

VI. Beweislast

66 Auf Entgeltgleichheitsprozesse ist § 611a I 3 (vgl. dort Rn. 23 ff.) entspr. anwendbar, § 612 III 3. Somit muss die benachteiligte Person beweisen, dass mit ihr eine geringere Vergütung vereinbart wurde als mit einem Angehörigen des anderen Geschlechts, der gleiche oder gleichwertige Arbeit leistet (BAG 10. 12. 1997 NZA 1998, 599, 604). Um die Gleichwertigkeit zweier Tätigkeiten zu beweisen, muss der Vortrag von Indizien genügen, die den Betroffenen aus eigener Anschauung zugänglich sein können; der volle Nachweis kann typischerweise nicht erbracht werden. Dass die Ungleichbehandlung gerade in der Geschlechtszugehörigkeit begründet ist, braucht nicht bewiesen, sondern nur glaubhaft gemacht (vgl. § 611a Rn. 25) zu werden. Der AG muss daraufhin beweisen, dass eine Benachteiligung nicht vorliegt, dass sie nicht geschlechtsbedingt war oder dass eine mittelbare Benachteiligung gerechtfertigt war (zum Nachweis von Entgeltdiskriminierungen *Tondorf* AiB 2003, 78 ff.).

67 Im Regelfall gehört zu den Voraussetzungen einer mittelbaren Benachteiligung, dass die Anspruchsteller das Differenzierungskriterium bezeichnen, dessen Anwendung die Entgeltdifferenz verursacht.

Besonderheiten hat der EuGH (17. 10. 1989 AP EWG-Vertrag Art. 119 Nr. 27; 27. 10. 1993 AP EWG-Vertrag Art. 119 Nr. 50) für den Nachweis mittelbar benachteiligender Entgeltdifferenzierung bei **undurchschaubaren Lohnsystemen** anerkannt: Kann die Klägerin wegen der Struktur des Entgeltsystems das Kriterium nicht erkennen, dessen Einsatz die erhebliche Entgeltdifferenz zu Lasten ihrer Gruppe verursacht, hat sie die geschlechtsbedingte Benachteiligung bereits durch den Nachweis eines erheblichen Lohnunterschiedes zwischen den (nach Geschlecht zusammengesetzten) Vergleichsgruppen hinreichend wahrscheinlich gemacht (vgl. Art. 141 EG-Vertrag Rn. 20); die Beweislast trifft dann den AG, dass die Differenz nichts mit der Geschlechtszugehörigkeit der Benachteiligten zu tun hat.

VII. Rechtsfolgen einer Verbotsverletzung

Eine benachteiligende Entgeltvereinbarung verstößt gegen ein Verbotsgesetz, § 134, und ist daher **68** insoweit nichtig; gem. Art. 4 der EntgeltRL gilt dies auch, wenn es sich um tarifliche Festlegungen handelt (BAG 21. 3. 1991 AP TVG § 1 Tarifverträge: Einzelhandel Nr. 33). Die Rechtsfolge einer Angleichung des Entgelts der benachteiligten Person(en) an das der günstiger entlohnten Vergleichsperson ergibt sich aus dem Wortlaut des § 612 III nicht unmittelbar. Dass neben dem Gleichbehandlungsgrundsatz des § 611a jedoch auch die Entgeltgleichheit gesondert geregelt wurde, ist auch dem Erfordernis einer bes. Rechtsfolge geschuldet. Diese kann nur in der Herstellung der Entgeltgleichheit, nicht in einem Entschädigungsanspruch, bestehen; für die Vergangenheit kann das Entgeltgleichheitsgebot nur dadurch erfüllt werden, dass die benachteiligte Person Anspruch auf die höhere Vergütung erhält, solange der AG an die begünstigende Regelung gebunden bleibt (BAG 14. 10. 1986 AP EWG-Vertrag Art. 119 Nr. 11; BAG 20. 8. 2002 EzA EG-Vertrag 1999 Nr. 13).

Besteht die Benachteiligung in einer falschen Eingruppierung, ist diese zu korrigieren. Sind dagegen **69** nur die Angehörigen des einen Geschlechts unzutreffend zu hoch eingruppiert, können die richtig eingruppierten Angehörigen des anderen Geschlechts solange ebenfalls die zu hohe Eingruppierung verlangen (anders: BAG 23. 8. 1995 NZA 1996, 579). Verstößt eine kollektivrechtliche Entgeltvereinbarung selbst gegen den Entgeltgleichheitsgrundsatz, ist sie insoweit ebenfalls nichtig; inwieweit eine tarifliche Bewertung dabei durch eine davon abw. Bewertung des Gerichts ersetzt werden kann, ist unter Beachtung der Anforderungen der Tarifautonomie und des Gemeinschaftsrechts zu entscheiden (*Schlachter* FS Schaub 1998 S. 651; *Wißmann* FS Wlotzke 1996 S. 810). Für die Vergangenheit kann den Anforderungen des Gleichheitssatzes im Entgeltbereich nur durch Gewährung der Leistung auch an die bisher ausgeschlossene Gruppe entsprochen werden (BAG 7. 3. 1995 NZA 1996, 48; EuGH 8. 4. 1976 NJW 1976, 2068); das gilt auch für Entgeltregelungen im Kollektivvertrag (EuGH 27. 6. 1990 AP EWG-Vertrag Art. 119 Nr. 21). Ist die Benachteiligung Folge eines insgesamt diskriminierenden Entgeltsystems, das die für Frauenarbeitsplätze typischen Anforderungen gar nicht bewertet oder diskriminierend gewichtet, ist das System insoweit nicht anzuwenden (EuGH 27. 6. 1990 AP EWG-Vertrag Art. 119 Nr. 21; 13. 12. 1989 AP EWG-Vertrag Art. 119 Nr. 22; 7. 2. 1991 AP BAT § 23a Nr. 25). Auf die Angehörigen der benachteiligten Gruppe soll solange dieselbe Regelung angewendet werden wie auf die übrigen AN (EuGH 7. 2. 1991 AP BAT § 23a Nr. 25), bis das Entgeltgleichheitsgebot wirksam durchgeführt worden ist (EuGH 28. 9. 1994 AP EWG-Vertrag Art. 119 Nr. 58). Eine gleichmäßige Senkung der Leistungen kann daher künftig für alle Beschäftigten gleichmäßig unter Beachtung des Vertrauensschutzes vorgenommen werden.

Die technische Aufspaltung einer inhaltlich einheitlichen Materie in zwei selbständige Regelwerke **70** entzieht diese nicht den Anforderungen des Gleichheitssatzes (EuGH 20. 10. 1994 AP EWG-Vertrag Art. 119 Nr. 50; BAG 7. 3. 1995 AP BetrAVG § 1 Gleichbehandlung Nr. 26; BAG 17. 10. 1995 AP BGB § 242 Gleichbehandlung Nr. 132).

§ 612a Maßregelungsverbot

Der Arbeitgeber darf einen Arbeitnehmer bei einer Vereinbarung oder einer Maßnahme nicht benachteiligen, weil der Arbeitnehmer in zulässiger Weise seine Rechte ausübt.

I. Entstehung und Normzweck

Wie § 611a wurde die Bestimmung durch das arbeitsrechtliche EG-Anpassungsgesetz v. 13. 8. 1980 **1** (BGBl. I S. 1308) eingeführt (s. § 611a Rn. 1). Sie geht über Art. 5 der EG-RL 75/117 v. 10. 2. 1975 und Art. 7 der EG-RL 76/207 v. 9. 2. 1976 insoweit hinaus, als dort nur Entlassungen angesprochen sind. Zudem beschränkt sich die Regelung – anders als § 611a und die europarechtlichen Grundlagen – nicht auf Fälle der Geschlechtsdiskriminierung. Verfahrensrechtlich folgt daraus, dass nur für den Bereich, der mit den Vorgaben der EG-RL deckungsgleich ist, eine Vorlage an den EuGH nach Art. 234 III EG zwingend sein kann; indes bleibt auch außerhalb dieses Bereichs eine Vorlage zulässig (EuGH 8. 11. 1990 Slg. 1990, 4003).

230 BGB § 612a — Maßregelungsverbot

2 § 612a ist **unabdingbar** und gewährleistet einen umfassenden Schutz, der sich nicht nur auf die aus dem Arbeitsvertrag folgenden Rechte beschränkt, sondern sich auf **jede Form der Rechtsausübung** erstreckt. Er geht insb. über § 84 III BetrVG hinaus. Es handelt sich um ein allg. Diskriminierungsverbot und einen Sonderfall der Sittenwidrigkeit (*Preis* Vertragsgestaltung S. 170 ff.; Staudinger/*Richardi* Rn. 3 ff.). Der Gesetzgeber hat ausweislich der Gesetzesmaterialien (BT-Drucks. 8/3317 S. 10; BR-Drucks. 353/79 S. 15) durch § 612a verdeutlicht, dass der allg. Rechtsgrundsatz des Maßregelungsverbots für alle denkbaren Fälle gilt, in denen der AN zulässigerweise seine Rechte ausübt (Erman/*Hanau* Rn. 1; MünchKommBGB/*Schaub* Rn. 2). Erfasst wird damit der gesamte Bereich **zulässiger Grundrechtsausübung** durch den AN (hierzu *Preis* NZA 1997, 1256, 1265), der vor der Geltung des § 612a durch die Theorie der unmittelbaren Drittwirkung der Grundrechte und deren Einfluss auf die Generalklauseln des Zivilrechts (insb. § 134) geschützt war (Erman/*Hanau* Rn. 4; *Preis* Vertragsgestaltung S. 173). Jedoch muss das geltend gemachte „Recht" nicht die Qualität einer Anspruchsgrundlage erreichen; es reicht, wenn es verständlich und vernünftig ist und dessen Verweigerung durch den AG sich als treuwidrig darstellt (ArbG Düsseldorf 9. 9. 1992 BB 1992, 2365 für den Fall der Forderung nach schriftlichem Arbeitsvertrag). Über § 612a ist nicht nur die unmittelbare, sondern auch die mittelbare Benachteiligung eines AN untersagt. Daher liegt ein Verstoß gegen § 612a nicht nur dann vor, wenn AN eine Einbuße erleiden, sondern auch, wenn Vorteile vorenthalten werden, welche der AG anderen AN gewährt, wenn diese entsprechende Rechte nicht ausgeübt haben (BAG 12. 6. 2002 NZA 2002, 1389; BAG 7. 11. 2002 AP BGB § 615 Nr. 100). In der Art und Weise betroffene AN können verlangen, dass die rechtswidrige Benachteiligung durch den AG unterbleibt (s. u. Rn. 10).

3 Die Bestimmung des § 612a ist erst in den letzten Jahren verstärkt in den Blickpunkt von Rspr. und Literatur gerückt. Um die dabei auftretenden Anwendungsfragen zu lösen, wird neuerdings die Sozialadäquanz zur Konkretisierung des Normzwecks herangezogen (*Hanau*/*Vossen* DB 1992, 221; *Kania*/*Wackerbarth* AR-Blattei SD 90 Rn. 116 ff.). Danach soll § 612a nur sozialinadäquate Benachteiligungen ausschließen, wobei tw. auf die Wertungen des § 123 abgestellt wird. Für einen der wichtigsten Streitpunkte, die Kürzung von Anwesenheitsprämien für krankheitsbedingte Fehlzeiten mit Entgeltfortzahlung, hat der Gesetzgeber nun eine Regelung geschaffen in § 4a EFZG.

II. Allgemeiner Anwendungsbereich

4 1. Persönlicher Anwendungsbereich. Als AG kommt nicht nur der eigentliche Vertragspartner in Betracht, sondern jeder, der gegenüber dem AN AGFunktionen ausübt, so etwa der Entleiher im Fall der ANÜberlassung. AN sind alle abhängig Beschäftigten; auf den Umfang der eigentlichen Dienstleistung kommt es nicht an. Neben Arbeitern und Angestellten (im Gegensatz zu § 84 III BetrVG auch leitenden Angestellten) gilt der Schutz damit auch Auszubildenden, Volontären, Umschülern, Praktikanten. Unerheblich ist ferner, ob die Beschäftigung voll-, kurz- oder teilzeitlich erfolgt (KR/*Pfeiffer* Rn. 3). Auch arbeitnehmerähnliche Personen werden entspr. dem Gedanken des allg. Benachteiligungsverbots erfasst (MünchKommBGB/*Schaub* Rn. 5; Staudinger/*Richardi* Rn. 9; aA ArbRBGB/*Schliemann* Rn. 6).

5 2. Sachlicher Anwendungsbereich. a) Zulässige Rechtsausübung. Nach dem klaren Gesetzeswortlaut greift der Schutz des § 612a nur dann, wenn das geltend gemachte Recht tatsächlich besteht und in zulässiger Weise ausgeübt wird (KR/*Pfeiffer* Rn. 3). Es reicht nicht aus, dass der AN nicht fahrlässig vom Bestehen des geltend gemachten Rechts ausgehen durfte (aA Erman/*Hanau* Rn. 3). Wenn allerdings für den AG erkennbar ist, dass der AN gutgläubig von einem vermeintlichen Recht ausgeht, entspricht es seiner Fürsorgepflicht, den AN vor einer belastenden Maßnahme anzuhören. War hingegen das Verhalten des AN rechtmäßig, besteht das Maßregelungsverbot unabhängig davon, ob sich der AG dessen bewusst war (LAG Köln 10. 11. 1991 NZA 1995, 128).

6 Ob die Rechtsausübung zulässig ist, beurteilt sich nach der Rechtsordnung als ganzer (KR/*Pfeiffer* Rn. 6). Zu den eigenen Rechten des AN gehört trotz des kollektiven Charakters auch die **Streikteilnahme** (BAG 11. 8. 1992 AP GG Art. 9 Arbeitskampf Nr. 124; *Rolfs* DB 1994, 1240; aA LAG Köln 4. 10. 1990 LAGE GG Art. 9 Arbeitskampf Nr. 39 = DB 1991, 555). Als unzulässige Rechtsausübung kommt jede Verletzung arbeitsvertraglicher Haupt- und Nebenpflichten des AN in Betracht, etwa der Treue- oder Schweigepflicht oder der Dienstleistungspflicht durch die unverhohlene Drohung mit „Krankfeiern" (MünchKommBGB/*Schaub* Rn. 6; KR/*Pfeiffer* Rn. 6). Daran anknüpfende Sanktionen des AG (Beanstandung, Abmahnung, Kündigung etc.) unterfallen nicht dem Schutz des § 612a.

7 Die Form der Ausübung ist unerheblich, ob schriftlich, mündlich oder durch tatsächliche Handlungen, ob gerichtlich oder außergerichtlich, individuell oder kollektiv über Interessenvertretungen (BR oder Gewerkschaften); auch die Einschaltung eines Anwalts kommt in Betracht (KR/*Pfeiffer* Rn. 5).

8 b) Maßnahme und Vereinbarung. Der Begriff der Maßnahme ist **weit zu verstehen.** Darunter fallen auch betriebsinterne Diskriminierungen, so zB die Beschäftigung mit sinnlosen Arbeiten oder das Verlangen persönlicher An- und Abmeldung trotz vorhandener Stempeluhr nach Erhebung einer

Kündigungsschutzklage (LAG Schleswig-Holstein 25. 7. 1989 LAGE BGB § 612 a Nr. 4). Zur Nichtgewährung einer übertariflichen Gratifikation wegen Geltendmachung tariflicher Rechte: LAG Niedersachsen 21. 1. 1998 LAGE BGB § 611 Gratifikation Nr. 51.

Vereinbarungen des AG mit dem BR oder anderen AN, die den betroffenen AN benachteiligen, 9 können problemlos unter den Schutz des § 612 a fallen (so zB **BV** über Anwesenheitsprämien für die Vergangenheit oder ggf. überproportionale Kürzungen, Vereinbarungen mit nicht streikenden AN über Streikbruchprämien für die Vergangenheit). Indes kann § 612 a auch bei **vertraglichen Vereinbarungen** des AG mit dem betroffenen AN selbst eingreifen (Beispiele bei *Preis* Vertragsgestaltung S. 173; ebenso Staudinger/*Richardi* Rn. 8). Derartige Fallgestaltungen, die bisher über § 134 gelöst wurden, unterfallen dem Tatbestand des § 612 a (*Preis* Vertragsgestaltung S. 173).

c) **Benachteiligung.** Eine Benachteiligung liegt nicht nur in der Schlechterstellung gegenüber dem 10 status quo, sondern eventuell auch in der Vorenthaltung von Vorteilen, wie etwa der Gewährung einer Prämie an nichtstreikende AN (s. o. Rn. 2). Dies folgt daraus, dass der Benachteiligungsbegriff des § 612 a mit dem des § 611 a identisch ist (Erman/*Hanau* Rn. 2). Ob die Benachteiligung der zulässigen Rechtsausübung nachfolgt oder vorangeht, ist unerheblich (*Preis* Vertragsgestaltung S. 172; *Kania/ Wackerbarth* AR-Blattei SD 90 „Anwesenheitsprämie" Rn. 114; Staudinger/*Richardi* Rn. 13; aA *Thüsing* NZA 1994, 731).

d) **Kausalitätserfordernis.** Die Prüfung der Unmittelbarkeitsbeziehung zwischen Benachteiligung 11 und Rechtsausübung erfolgt analog § 613 a IV 1 BGB (BAG 2. 4. 1987 AP BGB § 612 a Nr. 1 = NZA 1988, 18; KR/*Pfeiffer* Rn. 7). Danach muss die Rechtsausübung zB für die Kündigung nicht nur in irgendeiner Weise auch ursächlich und nicht nur deren äußerer Anlass, sondern der für die Kündigung **tragende Beweggrund,** dh. das wesentliche Motiv gewesen sein. Ist darüber hinaus die Kündigung nicht nur wesentlich, sondern ausschließlich durch die zulässige Rechtsausübung des AN bestimmt gewesen, ist es unerheblich, ob die Kündigung auf einen anderen Sachverhalt hätte gestützt werden können, weil sich der andere Grund nicht kausal ausgewirkt hat und deshalb kein bestimmendes Motiv für die Kündigung war (BAG 25. 11. 1993 AP KSchG 1969 § 14 Nr. 3 = NZA 1994, 837; BAG 20. 4. 1989 RzK I 8 l Nr. 15; LAG Hamm 18. 12. 1987 DB 1988, 917).

Streitig ist, ob die **Berücksichtigung von Lohnfortzahlungskosten** zur Rechtfertigung einer 12 krankheitsbedingten Kündigung dem Maßregelungsverbot unterfällt. Nach BAG fehlt es hierbei an der Kausalität, weil der AG mit einer auf die Belastung mit unzumutbaren Lohnfortzahlungskosten gestützten Kündigung den AN nicht wegen zulässiger Ausübung seiner Rechte benachteilige. Denn der Kündigungsentschluss werde nicht aus der Belastung, sondern aus der Erkrankung des AN hergeleitet (BAG 16. 2. 1989 AP KSchG 1969 § 1 Krankheit Nr. 20 m. abl. Anm. *Preis*). Dass der Kündigungsentschluss auf der Krankheit – und nicht den Lohnfortzahlungskosten – beruht, ändert indes nichts daran, dass letztlich die Maßnahme der Kündigung gerade wegen der mit der Krankheit verbundenen Kosten und eben nicht der Krankheit alleine erfolgt. Die Lohnfortzahlung ist das Recht, dessen sich der AN im Fall der Krankheit bedient, auch wenn er dies nicht geltend machen muss. Zuzugeben ist dem BAG, dass eine sozial gerechtfertigte Kündigung iSd. § 1 II KSchG nicht zugleich eine Maßregelung iSd. § 612 a sein kann. Daraus folgt, dass die Lohnfortzahlungskosten sowohl für § 1 II KSchG als auch für § 612 a nicht das wesentliche Motiv sein dürfen, sondern eine eindeutige Negativprognose und erhebliche Störungen des Betriebsablaufs.

III. Einzelne Anwendungsbereiche

1. **Kündigungen.** Hauptanwendungsfall der arbeitgeberseitigen Maßnahme, die gegen § 612 a ver- 13 stoßen kann, ist die Kündigung (BAG 2. 4. 1987 AP BGB § 612 a Nr. 1; BAG 16. 2. 1989 AP BGB § 138 Nr. 46; *Preis* NZA 1997, 1256, 1265). In diesem Bereich besteht eine reiche Kasuistik zur zulässigen Rechtsausübung. So gewährt § 45 III 1 SGB V dem AN bei Erkrankung eines Kindes nicht nur einen Anspruch auf Freistellung von der Arbeit, sondern bei rechtswidriger Verweigerung durch den AG auch das Recht, der Arbeit „eigenmächtig" fernzubleiben. Erfolgt die arbeitgeberseitige Kündigung wegen Ausübung dieses Rechts, ist diese auf Grund § 612 a nichtig (LAG Köln 10. 11. 1993 NZA 1995, 128). Dasselbe gilt, wenn der AG kündigt, weil der AN einen schriftlichen Arbeitsvertrag verlangt. Zwar besteht kein Anspruch auf Schriftform (vgl. aber zur Nachweispflicht das NachwG), doch ist der Wunsch nach einem schriftlichen Arbeitsvertrag verständlich und vernünftig und deshalb die Verweigerung durch den AG treuwidrig nach § 242 BGB (ArbG Düsseldorf 9. 9. 1992 BB 1992, 2365). Ebenfalls gegen § 612 a verstößt die Kündigung nach Verlangen auf Entfernung einer Abmahnung (ArbG Hamburg 23. 7. 1990 DB 1991, 103), die Revanchekündigung als Reaktion auf eine vorausgegangene ANKündigung (LAG Nürnberg 7. 10. 1988 LAGE BGB § 612 a Nr. 2), die Kündigung als Reaktion auf Vollstreckung aus einem Urteil (LAG Düsseldorf 13. 12. 1988 LAGE BGB § 612 a Nr. 3), die Kündigung wegen Nichteinwilligung in eine Änderung der Arbeitsbedingungen (LAG Hamm 18. 12. 1987 DB 1988, 917) oder wenn der AG einem AN nur deshalb kündigt, um den Eintritt des Vorruhestandes zu verhindern (BAG 2. 4. 1987 AP BGB § 612 a Nr. 1 = NZA 1988, 18). Gewerkschaftliches Engagement im Betrieb rechtfertigt keine Kündigung, denn Art. 9 III GG

gewährt die Freiheit des Zusammenschlusses der Koalition und die Freiheit der gemeinsamen Verfolgung dieses Zwecks (LAG Hamm 18. 12. 1987 LAGE BGB § 612 a Nr. 1 = NZA 1988, 58). Die Regelung in einem Sozialplan, wonach nur AN eine Abfindung erhalten, die auf eine Kündigungsschutzklage verzichten, verstößt gegen § 612 a (LAG Niedersachsen 16. 8. 2002 DB 2003, 452).

14 **2. Sozialauswahl nach Widerspruch gegen Betriebsübergang.** Widerspricht der AN beim Betriebsübergang dem nach § 613 a I angeordneten Übergang seines Arbeitsverhältnisses, macht er von einem durch die Rspr. geschaffenen Recht iSd. § 612 a Gebrauch (st. Rspr. seit BAG 2. 10. 1974 AP BGB § 613 a Nr. 1). Folge des Widerspruchs ist der Verbleib des Arbeitsverhältnisses beim Veräußerer; dagegen ist der bisherige Arbeitsplatz des widersprechenden AN beim Veräußerer durch den Betriebsübergang idR weggefallen. Dieser Arbeitsplatzwegfall rechtfertigt für den Veräußerer eine betriebsbedingte Kündigung gem. § 1 II KSchG, wobei die Frage auftaucht, inwieweit der widersprechende AN in die dann vorzunehmende Sozialauswahl gem. § 1 III KSchG einzubeziehen ist. Nach BAG (7. 4. 1993 AP KSchG 1969 § 1 Soziale Auswahl Nr. 22) und überwiegender Meinung im Schrifttum (vgl. Nachweise zu § 613 a BGB Rn. 57 ff.) kann der widersprechende AN eine zu seinen Lasten gehende, fehlerhafte Sozialauswahl nur dann mit Erfolg rügen, wenn seinerseits ein sachlicher und damit erheblicher Grund für den Widerspruch vorliegt. Für die Ausübung des Widerspruchsrechts selbst soll es dagegen auf einen nachvollziehbaren Grund nicht ankommen. Diese Auffassung verkennt, dass ein vorbehaltlos anerkannter Widerspruch, der durch eine Nichtberücksichtigung bei der Sozialauswahl im Nachhinein sanktioniert wird, dem Schutz des § 612 a unterfällt. Eine Kollision mit § 612 a lässt sich dann vermeiden, wenn bereits die Ausübung des Widerspruchsrechts unter dem Vorbehalt des Missbrauchs steht (*Preis/Steffan* Anm. zu BAG 7. 4. 1993 EzA KSchG § 1 Soziale Auswahl Nr. 30).

15 **3. Sozialplananspruch unter Verzicht auf Kündigungsschutzklage.** Der Gedanke des § 612 a greift ein, wenn Leistungen aus dem Sozialplan davon abhängig gemacht werden, dass der AN keine Kündigungsschutzklage erhebt. Solche Ausgleichsquittungen über den „Abkauf des Kündigungsschutzes" werden von Rspr. und Literatur weithin als unzulässig erachtet (BAG 20. 12. 1983 AP BetrVG 1972 § 112 Nr. 17; BAG 20. 6. 1985 AP BetrVG 1972 § 112 Nr. 33; *Fitting* §§ 112, 112a Rn. 86; aA *Stege/Weinspach* §§ 111–113 Rn. 87). Zulässig ist allerdings eine Vereinbarung in einem Sozialplan, wonach die Fälligkeit der Sozialplanleistungen auf den rechtskräftigen Abschluss des Kündigungsrechtsstreits hinausgeschoben und eine Abfindung nach den §§ 9, 10 KSchG auf die Sozialplanabfindung angerechnet wird (BAG 20. 6. 1985 AP BetrVG 1972 § 112 Nr. 33).

16 **4. Vertragliche Leistungen; Streikbruchprämien.** Unzulässig ist, den AN maßregelnd von Leistungen, die anderen AN gewährt werden, auszunehmen. So darf der AG einen AN nicht allein deshalb von der Zuweisung von Überstunden (35 statt 45 Stunden pro Woche) und den dadurch bedingten höheren Lohnanspruch ausnehmen, weil dieser nicht bereit ist, auf tarifliche Vergütungsansprüche zu verzichten (BAG 7. 11. 2002 AP BGB § 615 Nr. 100). Ein Verstoß gegen § 612 a ist auch bejaht worden, wenn sich ein AN einer Verlängerung der vertraglich vereinbarten Arbeitszeit rechtmäßig widersetzt und infolgedessen von einer Erfolgsbeteiligung ausgeschlossen wird (BAG 12. 6. 2002 NZA 2002, 1389). Eine arbeitskampfrechtliche zu bewertende Maßregelung kann bei **Streikbruchprämien** in Betracht kommen. Sie ist jede Vergünstigung, die der AG nichtstreikenden AN als „Belohnung" dafür gewährt, dass sie sich nicht am Streik beteiligen oder beteiligt haben. Ob die Vorenthaltung dieser Vergünstigung für die streikenden AN dem Maßregelungsverbot unterfällt, entscheidet sich nach der Abgrenzung zu dem arbeitskampfrechtlichen Grundsatz der freien Wahl der Kampfmittel (KR/*Pfeiffer* Rn. 10). Da die Rechtsordnung kein geschlossenes System zulässiger Arbeitskampfmittel kennt, gilt grds., dass Art. 9 III 2 GG eine Streikbruchprämie als Arbeitskampfmittel nicht von vornherein ausschließt (aA *Schwarze* RdA 1993, 271). Der aus dem arbeitsrechtlichen Gleichbehandlungsgrundsatz folgende sachliche Grund für die Ungleichbehandlung zwischen streikenden und nichtstreikenden AN liegt jedoch nur dann vor, wenn die Streikbruchprämie als Mittel des Arbeitskampfes zur Geltung kommt. Entscheidend dafür ist der Zeitpunkt des Prämienversprechens. Nach zutreffender Ansicht des BAG fehlt es bei **während des Streiks** gezahlten – sog. echten – Streikbruchprämien bereits dann an einer Maßregelung iSd. § 612 a, wenn sie lediglich mit Rücksicht auf die Nichtteilnahme und unterschiedslos allen nicht am Streik beteiligten AN gezahlt wird. Einer weitergehenden sachlichen Rechtfertigung bedarf es nicht (BAG 13. 7. 1993 AP GG Art. 9 Arbeitskampf Nr. 127 = NZA 1993, 1135; LAG Rheinland-Pfalz 30. 5. 1996 LAGE GG Art. 9 Arbeitskampf Nr. 62; zur Anwesenheitsprämie BAG 31. 10. 1995 AP GG Art. 9 Arbeitskampf Nr. 140 = NZA 1996, 389; aA Staudinger/*Richardi* vor §§ 611ff. Rn. 1279, § 612 a Rn. 8, 14; MünchKommBGB/*Schaub* Rn. 9; *Gaul* NJW 1994, 1026). Anderes gilt indessen für erst **nach dem Abschluss der Kampfmaßnahmen** eingeräumte Vergünstigungen ohne vorherige Zusage. Diese sind nur dann zulässig, wenn für sie ein außerhalb der Nichtteilnahme am Streik liegender sachlicher Rechtfertigungsgrund besteht; denn auf den Streik selbst können sie keine Auswirkung mehr haben und scheiden deshalb als Arbeitskampfmaßnahme aus (LAG Köln 4. 10. 1990 DB 1991, 555). Der sachliche Grund erfordert nach BAG, dass die Begünstigten während der Streikarbeit Belastungen ausgesetzt waren, die erheblich

III. Einzelne Anwendungsbereiche § 612a **BGB 230**

über das normale Maß der mit jeder Streikarbeit verbundenen Erschwerung hinausgehen (BAG 11. 8. 1992 AP GG Art. 9 Arbeitskampf Nr. 124; *Schwarze* NZA 1993, 967; krit. zu diesem weitergehenden Erfordernis *Rolfs* DB 1994, 1242). Verspricht der AG **vor Beginn des Arbeitskampfes** denjenigen AN Leistungen, die sich nicht am Arbeitskampf beteiligen, ähnelt die Situation derjenigen während des Arbeitskampfes. Unter der Prämisse, dass es den Tarifpartnern freisteht, schon vor der Auseinandersetzung ihre Kampfmittel offenzulegen, stellen solche Leistungen keinen Verstoß gegen das Maßregelungsverbot dar (LAG Rheinland-Pfalz 21. 10. 1992 LAGE GG Art. 9 Arbeitskampf Nr. 49; *Rolfs* DB 1994, 1241; aA ArbG Köln 8. 5. 1985 NZA 1986, 33, das jedoch auch Sonderzahlungen während des Streiks als unzulässige Maßnahme wertet).

Dass Streikbruchprämien in der Praxis letztlich selten Bestand haben, folgt aus den regelmäßig im Anschluss an den Arbeitskampf vereinbarten **tariflichen Maßregelungsverboten,** denen das BAG einen weitergehenden Inhalt beimisst als dem gesetzlichen Maßregelungsverbot. Selbstverständlich bleibt es den TVParteien unbenommen, die durch die Zahlung von Streikbruchprämien vorgenommene Differenzierung zwischen streikenden und nichtstreikenden AN wieder aufzuheben. Das BAG sieht eine Aufhebung indes schon dann als Inhalt des tariflichen Maßregelungsverbots, wenn dieses lautet: „Jede Maßregelung von Beschäftigten aus Anlass oder im Zusammenhang mit der Tarifbewegung (...) unterbleibt oder wird rückgängig gemacht, falls sie erfolgt ist". Unter „Maßregelung" im Sinne einer solchen Vereinbarung soll schon jede unterschiedliche Behandlung der AN zu verstehen sein, die nach der Teilnahme am Arbeitskampf unterscheidet, soweit diese Unterscheidung nicht schon durch die Rechtsordnung vorgegeben ist (BAG 13. 7. 1993 AP GG Art. 9 Arbeitskampf Nr. 127 = NZA 1993, 1135; BAG 17. 6. 1997 AP GG Art. 9 Arbeitskampf Nr. 150; aA LAG Schleswig-Holstein 10. 1. 1994 LAGE GG Art. 9 Arbeitskampf Nr. 55). Mit dieser Auslegung wird das tarifliche Maßregelungsverbot von einem Benachteiligungsverbot zu einem Gleichstellungsgebot ausgeweitet (krit. dazu *Rolfs* DB 1994, 1238 f.). 17

5. Anwesenheitsprämien. a) Kürzung für Fehlzeiten mit Entgeltfortzahlungsanspruch. Vgl. hierzu die Kommentierung zu § 4a EFZG. 18

b) Kürzung bei Streikteilnahme. Sofern nicht die Betriebszugehörigkeit alleinige Grundlage der Gewährung ist oder die Betriebstreue im Vordergrund steht, kann eine **proportionale Kürzung** für arbeitskampfbedingte Fehlzeiten erfolgen, ohne dass es einer bes. Vereinbarung bedarf. Dies folgt schon daraus, dass die Lohnzahlungspflicht des AG während des Streiks suspendiert ist. Aus der Regelung muss jedoch die arbeitsleistungsbezogene Zweckbestimmung erkennbar sein, die darin liegt, dass ausschließlich auf die tatsächlich geleisteten Arbeitstage ohne Rücksicht auf den Grund des Arbeitsausfalls abgestellt wird. Ist dies der Fall, enspricht die anteilige proportionale Kürzung der synallagmatischen Verbindung zwischen Arbeitsleistung und Vergütung. Die Vorenthaltung der Sonderleistung tritt bei streikenden AN lediglich als Reflex der Teilnahme am Arbeitskampf ein; für eine Anwendung von § 612a fehlt es an der notwendigen Kausalität. Vielmehr findet hier die unterschiedliche Behandlung zwischen streikenden und nichtstreikenden AN ihre sachliche Rechtfertigung darin, dass die Arbeitsleistung fehlt (*Gaul* NJW 1994, 1027). Nur für diesen Fall trifft die vom BAG verwendete Argumentation zu, wonach die Kürzung der Anwesenheitsprämie lediglich eine in der Rechtsordnung bereits angelegte Folge vollziehe (BAG 26. 10. 1994 AP BGB § 611 Anwesenheitsprämie Nr. 18). Denn aus der Rechtsordnung (§ 326 I 1) folgt der Grundsatz „Ohne Arbeit kein Lohn"; der bei streikbedingten Fehlzeiten im Gegensatz zu krankheitsbedingten Fehlzeiten bestehen bleibt. Daher führen Fehltage infolge Streikbeteiligung zu proportionalen Abzügen bei einer bereits bestehenden und nach Beendigung des Arbeitskampfes lediglich zu vollziehenden Gratifikationsordnung, sofern die Regelung „arbeitskampfneutral" ist (*Rolfs* DB 1994, 1241). 19

Dagegen muss sich eine **überproportionale Kürzung** der Anwesenheitsprämie infolge Streikteilnahme immer an § 612a messen lassen (*Gaul* NJW 1994, 1025). Daran hat auch die Einfügung des § 4a EFZG nichts geändert, da ausweislich der Materialien (BT-Drucks. 13/4612 S. 16) soll die Rechtslage zur Kürzung von Sondervergütungen aus anderen als aus krankheitsbedingten Gründen durch die Neuregelung unberührt bleiben. Die überproportionale Kürzung kann nach Ansicht der Rspr. jedoch nur dann dem Maßregelungsverbot unterfallen, wenn sie eine jährliche Sonderzahlung betrifft, bei der zumindest auch die Betriebstreue honoriert wird. Hier dürfte nach den Grundsätzen des BAG die Kürzung um ¹/₆₀ pro Streiktag als angemessen erachtet werden. Dagegen soll bei einer monatlich bemessenen, **ausschließlich arbeitsplatzbezogenen** Anwesenheitsprämie der gesamte Wegfall der Prämie bereits bei geringfügigen Fehlzeiten (einstündiger Warnstreik) nicht gegen § 612a verstoßen, wenn die Regelung die volle Ableistung der monatlichen Arbeitszeit als Anspruchsvoraussetzung fordert (LAG Köln 18. 12. 1986 LAGE GG Art. 9 Arbeitskampf Nr. 30; BAG 31. 10. 1995 AP GG Art. 9 Arbeitskampf Nr. 140). Auch von einem tariflichen Maßregelungsverbot soll die Regelung nicht erfasst werden. 20

Aus der Regelung des § 4a EFZG wird jedenfalls zu folgern sein, dass eine krankheitsbedingte Fehlzeit den AN bei einer Kürzung nicht stärker belasten darf als eine streikbedingte Fehlzeit. Umgekehrt ist dies nicht so deutlich. So kann nach § 4a EFZG eine Regelung unzulässig sein, die zum vollständigen Anspruchsverlust einer monatlichen Anwesenheitsprämie führt, wenn der AN nur kurz- 21

Preis

1555

fristig wegen Krankheit fehlt. Ob dies auch bei kurzfristigen Fehlzeiten infolge Warnstreiks gilt, ist nach der Rspr. (vgl. LAG Köln 18. 12. 1986 LAGE GG Art. 9 Arbeitskampf Nr. 30; BAG 31. 10. 1995 AP GG Art. 9 Arbeitskampf Nr. 140 = NZA 1996, 389) zumindest fraglich.

IV. Beweislast

22   Grds. trägt der AN die Darlegungs- und Beweislast für das Vorliegen einer Maßregelung iSd. § 612a. Eine Abstufung und Umkehr der Darlegungs- und Beweislast, wie sie § 611a I 3 vorsieht, ist nicht auf § 612a übertragbar (BAG 2. 4. 1987 AP BGB § 612a Nr. 1 = NZA 1988, 18; BAG 25. 11. 1993 AP KSchG 1969 § 14 Nr. 3 = NZA 1994, 838; KR/*Pfeiffer* Rn. 12). In Betracht kommt jedoch für den AN eine Beweiserleichterung durch Anscheinsbeweis, wenn ein offensichtlicher Zusammenhang zwischen benachteiligender Maßnahme bzw. Vereinbarung und der Rechtsausübung besteht (LAG Schleswig-Holstein 25. 7. 1989 LAGE BGB § 612a Nr. 4; ArbG Hamburg 23. 7. 1990 DB 1991, 103; LAG Hamm 15. 1. 1985 LAGE BetrVG 1972 § 20 Nr. 5; Erman/*Hanau* Rn. 2; *Preis* NZA 1997, 1256, 1269 f.). Dies gilt etwa dann, wenn der AN ohne erkennbaren Grund nach dem in 1. Instanz gewonnenen Kündigungsrechtsstreit an einem neuen Arbeitsplatz getrennt von den übrigen Mitarbeitern mit sinnlosen Arbeiten beschäftigt wird und ihm außerdem aufgegeben wird, sich trotz vorhandener Stempeluhr bei jedem Verlassen des Arbeitsplatzes mündlich an- und abzumelden (LAG Schleswig-Holstein 25. 7. 1989 LAGE BGB § 612a Nr. 4). Für die Annahme eines Anscheinsbeweises spricht insb., wenn der AG unmittelbar nach Beendigung des Arbeitskampfes den AN, die nicht am Streik teilgenommen haben, eine Prämie verspricht (BAG 11. 8. 1992 AP GG Art. 9 Arbeitskampf Nr. 124; ausführlich *Belling/von Steinau-Steinrück* DB 1993, 536 f.; *Gaul* NJW 1994, 1030).

V. Rechtsfolgen

23   Da § 612a in den Anwendungsbereich des § 134 fällt, ist primäre Rechtsfolge die **Nichtigkeit** des dagegen verstoßenden Rechtsgeschäfts, etwa der Kündigung (BAG 2. 4. 1987 AP BGB § 612a Nr. 1). Tatsächliche Maßnahmen des AG wie verbotswidrige Arbeitszuweisungen oder Anordnungen sind rechtswidrig und für den AN unverbindlich. Er braucht sie nicht zu beachten, ohne sich auf ein Zurückbehaltungsrecht nach § 273 berufen zu müssen (KR/*Pfeiffer* Rn. 11; aA MünchKommBGB/ *Schaub* Rn. 9; RGRK/*Michels-Holl* Rn. 11). Darüber hinaus kann er **Beseitigung** der Maßnahme und bei Wiederholungsgefahr **Unterlassung** verlangen. Ist dem AN ein Vermögensschaden entstanden, besteht für den AG eine **Schadensersatzverpflichtung** aus § 280 I oder § 823 II iVm. § 612a (LAG Hamm 18. 12. 1987 DB 1988, 917; KR/*Pfeiffer* Rn. 11). Dies wird regelmäßig bei unzulässiger Kürzung oder Vorenthaltung von Sonderzuwendungen in Betracht kommen.

24   Ist eine Kündigung wegen Verstoßes gegen § 612a nach § 134 nichtig, kann nach überwiegender Auffassung der AG **keinen Auflösungsantrag** nach § 9 I 2 KSchG stellen. Nach Ansicht des LAG Düsseldorf 13. 12. 1988 DB 1989, 685 ergibt sich unter Berücksichtigung des § 13 III KSchG kein Auflösungsanspruch nach § 9, wenn der AG das Arbeitsverhältnis durch eine von vornherein rechtsunwirksame, weil gesetzeswidrige Kündigung beenden will. Nach BAG 10. 11. 1994 AP KSchG 1969 § 9 Nr. 24 setzt ein Ausschluss des Auflösungsanspruchs allerdings voraus, dass die Unwirksamkeit Folge eines Verstoßes gegen eine Schutznorm zugunsten des AN ist. Unklar bleibt nach BAG, ob sich der AN **allein** auf die Nichtigkeit aus anderen Gründen berufen muss und gerade nicht die Sozialwidrigkeit nach § 1 KSchG geltend machen darf, um den Auflösungsantrag des AG zu sperren. Dies wird im Schrifttum vertreten, weil der Streitgegenstand durch die Klage festgelegt wird. Beschränkt der klagende AN den Streitgegenstand nicht, prüft das ArbG jeden in Betracht kommenden Unwirksamkeitsgrund, wobei es an eine Reihenfolge nicht gebunden ist. Wird dabei **auch** die Sozialwidrigkeit nach § 1 KSchG festgestellt, kann der AG den Auflösungsantrag nach § 9 KSchG stellen (ausführlich KR/*Spilger* § 9 KSchG Rn. 27; ebenso Stahlhacke/*Vossen* Rn. 1968 ff.). Nach der Argumentation des BAG sperrt ein Verstoß gegen § 612a einen Auflösungsantrag des AG (wohl) auch dann, wenn daneben die Sozialwidrigkeit geltend gemacht wird, nach den zuletzt genannten Auffassungen darf dagegen die Klage nur auf § 612a gestützt werden.

25   Eine verwandte Frage stellt sich bei der Anwendung des § 10 KSchG. Nach zutreffender Ansicht des LAG Köln kann die Verletzung des § 612a bei der Bemessung einer **Abfindung** nach § 10 KSchG als Erhöhungsgrund wirken (LAG Köln 15. 9. 1994 LAGE KSchG § 10 Nr. 3). Das setzt jedoch voraus, dass § 10 KSchG Anwendung findet. Wird die Kündigungsschutzklage allein auf § 612a gestützt, ist dies wegen § 13 III KSchG zumindest fraglich. Dabei liegen die Bedenken nicht so sehr bei der Beschränkung des Streitgegenstandes, denn dieser bestimmt sich nach hM nicht nach der verletzten Norm, sondern nach dem Klageantrag und dem zugrunde liegenden Lebenssachverhalt. Klageantrag ist regelmäßig die Feststellung, dass das Arbeitsverhältnis durch die Kündigung nicht aufgelöst wurde. Selbst wenn die Feststellung der Nichtigkeit beantragt wird, liegt die Frage der Sozialwidrigkeit nicht zwingend außerhalb des Streitgegenstandes, denn sie kann für den zugrundeliegenden Lebenssachverhalt von Bedeutung sein. Wenn die Kündigung eine verbotene Maßregelung iSd. § 612a darstellt, ist sie gleichzeitig (auch) sozial ungerechtfertigt, weil insb. ein personen- oder

Preis

verhaltensbedingter Kündigungsgrund iSd. § 1 II KSchG nicht vorliegt. Trotzdem ist die Anwendung des § 10 KSchG bei einer auf § 612 a gestützten Kündigung nicht eindeutig, wie aus dem Wortlaut des § 13 III KSchG folgt. Danach scheidet die Anwendung aus, wenn die Kündigung *bereits* aus anderen als den in § 1 KSchG genannten Gründen rechtsunwirksam ist. Liegt also ein Verstoß gegen § 612 a vor, bedarf es einer Prüfung, ob die Kündigung (auch) sozial ungerechtfertigt ist, nicht mehr und § 10 KSchG scheidet aus. Die Anwendbarkeit des § 10 KSchG lässt sich indes durch die Systematik des § 13 KSchG erreichen, indem dessen Absätze 1 und 2 herangezogen werden. Die dort geregelten Fälle sind einer Kündigung unter Verstoß gegen § 612 a zumindest ähnlich und erklären zum Schutz der AN den arbeitnehmerseitigen Auflösungsantrag nach § 9 KSchG und die Abfindungsregelung des § 10 KSchG für entspr. anwendbar.

VI. Geltendmachung

Die Nichtigkeit einer Kündigung nach §§ 134, 612 a ist ein Mangel, der unabhängig von der 26 Klagefrist des § 4 KSchG geltend gemacht werden kann (LAG Schleswig-Holstein 25. 7. 1989 LAGE BGB § 612 a Nr. 4). In Konsequenz der Anwendung des § 10 KSchG ist jedoch zu verlangen, dass der AN nach § 13 I und II KSchG innerhalb von drei Wochen Feststellungsklage erhebt, wenn er in den Genuss der Abfindung gelangen will. Darüber hinaus stellt sich stets die Frage einer Verwirkung des Klagerechts, die jedoch in Anbetracht der maßregelnden Kündigung großzügig zu handhaben ist.

VII. Information der Arbeitnehmer

Gem. Art. 2 ArbREG-AnpassungsG ist der Wortlaut von § 612 a im Betrieb an geeigneter Stelle 27 durch Aushang oder Auslegen bekannt zu machen.

§ 613 Unübertragbarkeit

¹Der zur Dienstleistung Verpflichtete hat die Dienste im Zweifel in Person zu leisten. ²Der Anspruch auf die Dienste ist im Zweifel nicht übertragbar.

I. Rechtsnatur und Normzweck

§ 613 enthält eine Grundregel des Dienst- und Arbeitsvertragsrechts. Aus ihr folgt zunächst die 1 Rechtsnatur der Arbeitsleistung als höchstpersönliche Pflicht (zu den Rechtsfolgen Rn. 5 ff.). Der Gesetzgeber hat diesen Grundsatz jedoch ausdrücklich zu bloßen Auslegungsregel erhoben und zwar sowohl für die Dienstleistungspflicht nach S. 1 als auch für den Dienstleistungsanspruch nach S. 2. Dies folgt eindeutig aus dem Merkmal „im Zweifel". § 613 ist deshalb auch kein Verbotsgesetz iSd. § 134 (abwegig FG Münster 7. 8. 1990 EFG 1991 S. 246; zutreffend *Depping* BB 1991, 1981).

II. Persönliche Dienstleistungspflicht (S. 1)

1. Grundsatz. Der dienstpflichtige AN hat nach § 613 S. 1 die Arbeitsleistung im Zweifel persön- 2 lich zu erbringen. Er ist grds. **nicht berechtigt,** die Arbeitsleistung durch Ersatzleute oder andere betriebsfremde Personen erbringen zu lassen (vgl. zur Operationsdurchführung durch den Oberarzt anstelle des Chefarztes, der auf Grund einer Wahlleistungsvereinbarung mit einem Privatpatienten liquidieren will AG Hamburg 6. 9. 2000 MedR 2001, 47). So kann ein AN, zu dessen geschuldeter Arbeitsleistung die Führung eines Kraftfahrzeuges führt, die Fahrleistung nicht durch eine Ersatzperson erbringen lassen, wenn ihm die Fahrerlaubnis entzogen wird (vgl. LAG Schleswig-Holstein 16. 6. 1986 NZA 1987, 669; vgl. auch BAG 14. 2. 1991 RzK I 6 a Nr. 70). Die Nichterfüllung der höchstpersönlichen Leistungspflicht kann Schadensersatzansprüche begründen (LAG Bremen 16. 4. 1971 DB 1971, 1429). Andererseits folgt zugunsten des AN aus § 613 S. 1, dass er **nicht verpflichtet** ist, bei eigener Verhinderung für Ersatz zu sorgen.

2. Abdingbarkeit. Die höchstpersönliche Dienstleistungspflicht kann ausdrücklich oder stillschwei- 3 gend abbedungen werden. Im Arbeitsverhältnis spielen abw. Vereinbarungen nur eine geringe Rolle. Schulbeispiel ist die Leistungserbringung durch ein Hausmeisterehepaar. Hier ist konkludent davon auszugehen, dass sich die Verpflichteten gegenseitig vertreten können. Die vereinbarte Abweichung von der Regel des § 613 S. 1 (Mithilfe von Familienangehörigen und anderer Personen) spricht noch nicht dafür, dass in Wahrheit kein Arbeitsverhältnis vereinbart wurde. Aus § 613 S. 1 folgt jedoch, dass der AN die Leistung zwingend in eigener Person erbringen muss (LAG Düsseldorf 5. 3. 1996 LAGE BGB § 611 Arbeitnehmerbegriff Nr. 30). Die Übertragung der höchstpersönlichen Dienstleistungspflicht ist zu unterscheiden von dem Institut des mittelbaren Arbeitsverhältnisses (vgl. hierzu § 611 Rn. 198 ff.) und dem sog. Gruppenarbeitsverhältnis (hierzu § 611 Rn. 190 ff.).

3. Gesetzliche Sonderregelungen. Eine Durchbrechung des Prinzips der persönlichen Leistungs- 4 erbringung enthält § 13 TzBfG, der die Möglichkeiten und Grenzen der Arbeitsplatzteilung regelt.

Preis

Dem sog. „Job-Sharing" ist in gewissem Umfang der Eintritt in die Arbeitsleistungspflicht eines anderen AN immanent. Kraft gesetzlich zugelassener Vereinbarung tritt hier der höchstpersönliche Charakter der Arbeitsleistung zurück. § 13 I 1 TzBfG beschränkt die Abweichung von dem Grundprinzip des § 613 S. 1 insofern, als ein AN zur Vertretung nur auf Grund einer für den einzelnen Vertretungsfall geschlossenen Vereinbarung verpflichtet ist.

5   4. **Rechtsfolgen.** Aus der aus § 613 S. 1 herzuleitenden höchstpersönlichen Leistungspflicht folgt das **Erlöschen der Arbeitspflicht beim Tod des AN.** So werden Erben weder berechtigt noch verpflichtet, in die Verpflichtung des AN einzutreten. Mit dem Tod des AN erlöschen nicht nur die Arbeitspflicht, sondern auch alle Ansprüche auf Befreiung von der Arbeitspflicht, so dass Erben insb. keine daraus folgenden Ansprüche geltend machen können. So geht insb. der Urlaubsanspruch des AN mit dessen Tod unter und kann daher nicht vererbt werden (BAG 18. 7. 1989 NZA 1990, 238 = AP BUrlG § 7 Abgeltung Nr. 49). Allerdings folgt aus der Erbenhaftung nach § 1967, dass diese verpflichtet sind, solche Ansprüche des AG zu erfüllen, die nicht die Arbeitsleistung betreffen (Beispiel: Herausgabe von Arbeitsgeräten, Unterlagen usw.). Forderungen des AN gegen den AG gehen dagegen prinzipiell auf die Erben über, soweit die Ansprüche nicht höchstpersönlicher Natur sind, zB Vergütungsansprüche (zum **Gratifikationsanspruch** LAG Hamm 16. 12. 1982 ARSt. 1984, 45). Stirbt ein AN nach Erhebung der Kündigungsschutzklage und hängen **Lohnansprüche bis zu seinem Tode** von dem Ausgang des Rechtsstreits ab, kann der Prozess durch die Erben fortgeführt werden (LAG Hamm 19. 9. 1986 NZA 1987, 669). Aus der höchstpersönlichen Leistungspflicht soll sich ergeben, dass der AN nicht gegen den Willen seines AG betriebsfremde Personen zu einem Personalgespräch hinzuziehen kann, da die Wahrnehmung des Gesprächs gem. § 613 ausschließlich höchstpersönlich erfolgen müsse (LAG Hamm 23. 5. 2001 MDR 2001, 1361).

6   Umstritten ist die Vererblichkeit von Geldansprüchen, die mit der höchstpersönlichen Leistungspflicht zusammenhängen. Da mit dem Tod des AN der gesetzliche Urlaubsanspruch erlischt, entsteht grds. kein **Urlaubsabgeltungsanspruch**, der auf die Erben übergehen könnte. Insoweit setzt § 7 IV BUrlG voraus, dass der AN bei Beendigung des Arbeitsverhältnisses lebt (BAG 23. 6. 1992 NZA 1992, 1088 = AP BUrlG § 7 Abgeltung Nr. 59; BAG 18. 7. 1989 NZA 1990, 238 = AP BUrlG § 7 Abgeltung Nr. 49). Der Anspruch auf Urlaubsabgeltung soll allerdings auch dann nicht auf die Erben des AN übergehen, wenn der ausgeschiedene AN nach Rechtshängigkeit, aber vor dem Verfall des Urlaubsanspruches verstirbt (LAG Köln 16. 2. 1995 LAGE BUrlG § 7 Abgeltung Nr. 5). Der Urlaubsabgeltungsanspruch nach § 7 IV BUrlG soll grds. selbst höchstpersönlicher Natur sein und mit dem Tode des AN erlöschen (ArbRBGB/*Ascheid* Rn. 6; hier § 7 BUrlG Rn. 91, 106 ff.; LAG Nürnberg 24. 7. 1998 ARSt. 1999, 109). Diese Auffassung verkennt jedoch, dass der Abgeltungsanspruch durchaus eine von der höchstpersönlichen Leistungserbringung gesonderte vermögensrechtliche Position darstellen kann. Dies gilt insb., wenn der Abgeltungsanspruch dem Grunde nach entstanden ist, aber vor dem Tod des AN nicht befriedigt wurde. Überdies greift § 7 IV BUrlG tatbestandlich nur, wenn der Urlaub wegen Beendigung des Arbeitsverhältnisses nicht mehr gewährt werden konnte. Nach Sinn und Zweck des § 7 IV BUrlG greift die Abgeltungspflicht aber nicht, wenn das Arbeitsverhältnis (vorzeitig) wegen Todes endet. Endet das Arbeitsverhältnis jedoch aus anderen Gründen und kann deshalb der Urlaub nicht gewährt werden, entsteht ein von der persönlichen Leistungspflicht unabhängiger Leistungsanspruch, der vererblich ist. Das BAG hilft sich in diesem Fall unnötigerweise mit der Konstruktion eines – vererblichen – Schadensersatzanspruches wegen Schuldnerverzuges aus §§ 280 I, 284 I, 286 I, 287 S. 2, weil es die Erfüllung des Urlaubsabgeltungsanspruches mit dem Tod des AN als unmöglich ansieht (BAG 19. 11. 1996 AP BUrlG § 7 Abgeltung Nr. 71 = NZA 1997, 879; BAG 22. 10. 1991 NZA 1993, 28 = AP § 7 BUrlG Abgeltung Nr. 57; aA hier § 7 BUrlG Rn. 106 f.). Dieser Konstruktion bedarf es nach der hier vertretenen Auffassung nicht.

7   **Abfindungsansprüche aus Aufhebungsverträgen** oder gerichtlichen Vergleichen sind prinzipiell vererblich (BAG 16. 10. 1969 AP ZPO § 794 Nr. 20; ArbRBGB/*Ascheid* Rn. 6). Der rechtskräftig ausgeurteilte Abfindungsanspruch ist in jedem Falle vererblich (BAG 25. 6. 1987 NZA 1988, 466). Höchstpersönlicher Natur ist lediglich das Recht des AN, im Rahmen eines Kündigungsschutzverfahrens die Auflösung gegen Zahlung einer Abfindung zu beantragen (§§ 9, 10 KSchG; Münch-KommBGB/*Schaub* Rn. 13). Umstritten ist die Vererblichkeit eines Anspruchs auf Abfindung, wenn der AN bereits vor der vereinbarten Vertragsende, aber nach dem Vertragsabschluss, der die Abfindung enthält, verstirbt. Primär ist die Frage zu beantworten, ob ein Anspruch auf Abfindung in diesem Falle überhaupt entsteht. Ist die Entstehung des Anspruches zu bejahen, ist der Abfindungsanspruch als vermögensrechtlicher Anspruch prinzipiell auch vererblich (LAG München 25. 8. 1980 ARSt. 1981, 86). Nach einer umstrittenen engeren Auffassung ist der Anspruch auf Abfindung aus einem arbeitsgerichtlichen Vergleich nur vererblich, wenn das Arbeitsverhältnis über den Zeitpunkt des Todes des AN hinaus bestanden hat (ArbG Düsseldorf 23. 2. 1968 DB 1968, 805; ferner LAG Köln 11. 12. 1990 LAGE BGB § 611 Aufhebungsvertrag Nr. 2; LAG Baden-Württemberg 27. 2. 1996 – 8 Sa 107/95 –). Nach aA ist eine Vererblichkeit jedenfalls dann anzunehmen, wenn der

AN lediglich vor der Auszahlung des Abfindungsbetrages verstirbt (LAG Baden-Württemberg 26. 2. 1996 – 15 Sa 149/95 –). Auf die Entscheidungen des LAG Baden-Württemberg hat das BAG entschieden, dass bei Aufhebungsverträgen, die „für den Verlust des Arbeitsplatzes" bzw. für die „Aufhebung des Arbeitsverhältnisses" Abfindungen vorsehen, Voraussetzung für den Abfindungsanspruch sei, dass das Arbeitsverhältnis zum vorgesehenen Beendigungstermin noch besteht. Endet das Arbeitsverhältnis früher, auch durch Tod des AN, entsteht der Anspruch nicht (BAG 26. 8. 1997 AP BGB § 620 Aufhebungsvertrag Nr. 8 und 9; BAG 16. 5. 2000 AP BGB § 620 Aufhebungsvertrag Nr. 20). Nach richtiger Auffassung handelt es sich um eine Frage der Auslegung des jeweiligen Vertrags. So kann bei Ableben des AN vor dem im Aufhebungsvertrag oder Vergleich genannten Zeitpunkt der Auflösung des Arbeitsverhältnisses der Erbe die Abfindung jedenfalls dann verlangen, wenn das Erleben des Auflösungstermins nicht Grundlage des Vergleichsabschlusses war (vgl. auch BAG 16. 10. 1969 AP ZPO § 794 Nr. 20; BAG 25. 6. 1987 NZA 1988, 466). Richtig ist auf den rechtsverbindlichen Abschluss des Aufhebungsvertrags, Vergleichs oder Sozialplanes abzustellen; unerheblich ist, ob der Tod vor dem rechtlichen Ende des Arbeitsverhältnisses eintritt. Der Abfindungsanspruch geht prinzipiell auf die Erben über (ArbG Passau 4. 11. 1991 BB 1992, 70). Ein Anspruch auf Zahlung einer Abfindung kann jedoch dann nicht vererbt werden, wenn der AN vor Erfüllung der Anspruchsvoraussetzungen (etwa die Beendigung des Arbeitsverhältnisses zu einem bestimmten Termin) verstirbt. Auf die Fälligkeit der Abfindung kommt es dagegen nicht entscheidend an.

III. Dienstleistungsanspruch

1. Grundsatz. Nach S. 2 kann auch der Anspruch auf die Arbeitsleistung im Zweifel nicht übertragen werden. Die höchstpersönliche Leistungspflicht wirkt sich daher zum Schutze des AN aus, weil der AG prinzipiell nicht (mit Ausnahme des § 613a) die Arbeitsleistung einem anderen AG zur Verfügung stellen kann. Ohne bes. Vereinbarung kann der AN daher nicht der Weisungsbefugnis eines anderen AG unterstellt werden. Davon unberührt bleibt die Verpflichtung zur Arbeit in fremden Betrieben für den AG (BAG 17. 1. 1979 AP BGB § 613 Nr. 2 = EzA BGB § 613 Nr. 1). 8

2. Abdingbarkeit und gesetzliche Ausnahmen. Auch die Auslegungsregel des § 613 S. 2 kann durch Vereinbarung oder Gesetz durchbrochen werden. Eine gesetzlich zugelassene Abweichung von der Regel des § 613 S. 2 ist der Fall der ANÜberlassung. Überlässt der AG gewerbsmäßig AN anderen AG, so bedarf er hierzu einer Erlaubnis nach Maßgabe des AÜG (vgl. hierzu die Kommentierung zum AÜG). Individualrechtlich muss jedoch hierüber eine Vereinbarung mit dem zu überlassenden AN getroffen werden. Die nicht gewerbsmäßige ANÜberlassung ist ebenfalls kraft Vereinbarung möglich. In der Praxis geschieht dies häufig im Rahmen der sog. **Konzernleihe**. Hierbei leihen miteinander verbundene Unternehmen einander Arbeitskräfte aus. Eine derartige Konstruktion stellt eine zulässige Abweichung von der Auslegungsregel des § 613 S. 2 dar. Allein aus dem Umstand, dass der AG in die Absatzorganisation eines größeren Unternehmens eingegliedert ist, kann noch nicht entnommen werden, § 613 S. 2 sei stillschweigend abbedungen (BGH 11. 12. 1962 NJW 1963, 100). 9

Eine gesetzlich zulässige Übertragung der Pflicht zur Arbeitsleistung findet auch im Falle des Betriebsübergangs nach Maßgabe des § 613a statt. Zur Sicherung des Grundprinzips des § 613 S. 2 gewährt das BAG in st. Rspr. ein Widerspruchsrecht des AN gegen den Betriebsübergang (vgl. § 613a Rn. 57 ff.). 10

3. Rechtsfolgen. S. 2 erklärt den Anspruch auf die Arbeitsleistung lediglich im Zweifel für unübertragbar, nicht aber für unvererblich. Der Anspruch auf die Arbeitsleistung kann prinzipiell vererbt werden (§ 1922). Beim Tod des AG geht das Arbeitsverhältnis daher idR auf die Erben über und erlischt nicht. Etwas anderes kann nur in den Sonderfällen gelten, wenn die Erbringung der Arbeitsleistung untrennbar mit der Person des AG verbunden ist (Beispiel: Krankenpflegevertrag, Privatsekretär). Eine derartige Vertragsgestaltung führt aber noch nicht zur Unvererblichkeit des Anspruches auf Arbeitsleistung. Vielmehr kann das Arbeitsverhältnis (ausdrücklich oder konkludent) auflösend bedingt gestaltet sein (LAG Hamburg 17. 6. 1952 PraktArbR BGB § 613 Nr. 54). Nach allg. Grundsätzen §§ 21, 15 II TzBfG endet das auflösend bedingte ArbVerh frühestens zwei Wochen nach Zugang der schriftlichen Unterrichtung des AN. Die Erben sind daher bis zu der Erteilung der Unterrichtung noch an das ArbVerh gebunden. Davon unberührt bleibt ein uU bestehendes Kündigungsrecht nach § 626 I der Erben. 11

Aus § 613 S. 2 folgt auch, dass Teilrechte aus dem Arbeitsverhältnis nicht ohne Zustimmung des AN auf einen anderen AG übertragen werden dürfen, zB aus einem vertraglichen Wettbewerbsverbot (BAG 28. 1. 1966 AP HGB § 74 Nr. 18). 12

Aus der im Zweifel bestehenden Unübertragbarkeit des Anspruchs auf die Arbeitsleistung nach § 613 S. 2 folgt ferner der Ausschluss der Abtretbarkeit und Pfändbarkeit (§ 851 I ZPO) der Arbeitsleistung. 13

damaligen Fassung des § 613 a entsprach das innerstaatliche Recht bereits im Grundsatz der RL zur Angleichung der Rechtsvorschriften der Mitgliedstaaten über die Wahrung von Ansprüchen der AN beim Übergang von Unternehmen, Betrieben oder Unternehmens- oder Betriebsteilen (EG-RL 2001/23/EG ABl. EG Nr. L 82/16 vom 22. 3. 2002; konsolidierte Fassung der RL 77/187/EWG ABl. EG Nr. L 61/26 vom 5. 3. 1977; geändert durch EG-RL 98/50 v. 29. 6. 1998 ABl. EG Nr. L 201/88 v. 17. 7. 1998; hierzu *Franzen* RdA 1999, 361; *Gaul* BB 1999, 526, 582; *Willemsen/Annuß* NJW 1999, 2073). Die darüber hinaus noch erforderliche Harmonisierung zur EG-RL erfolgte durch das am 21. 8. 1980 in Kraft getretene arbeitsrechtliche EG-Anpassungsgesetz (BGBl. I S. 1308). Weil § 613 a in der jetzigen Fassung auf der EG-RL beruht, ist die Bestimmung in Zweifelsfragen europarechtskonform auszulegen. Die Änderung des § 613 a III, die statt Verschmelzung, Aufspaltung oder Umwandlung nur noch die Umwandlung nennt, beruht auf Art. 2 des UmwRBerG v. 28. 10. 1994 (BGBl. I S. 3210) und fand ihren Grund in der angepassten Terminologie zum UmwG; sachlich ist dadurch keine Änderung eingetreten. Bis 31. 12. 1998 war die Vorschrift nach Maßgabe des Art. 232 § 5 II EGBGB im Beitrittsgebiet (frühere DDR) nur eingeschränkt anwendbar (hierzu Vorauf. Rn. 125 bis 129). Weiterem europäischem Umsetzungsbedarf auf Grund der ÄnderungsRL 98/50/EWG ist der Gesetzgeber zunächst mit der Schaffung des Übergangsmandates in § 21 a BetrVG und sodann mit Wirkung vom 1. 4. 2002 durch das Gesetz zur Änderung des Seemannsgesetzes und anderer Gesetze (BGBl. I v. 23. 3. 2002, S. 1163) nachgekommen, das in § 613 a V die Unterrichtungspflichten des Veräußerers oder Erwerbes gegenüber den vom Übergang betroffenen AN regelt und zudem das Widerspruchsrecht des AN in § 613 a VI normiert (hierzu Rn. 84 ff.).

II. Normzweck

2 § 613 a stellt eine **Schutzvorschrift zugunsten der AN** dar, die dann eingreift, wenn ein Betrieb oder Betriebsteil mittels Rechtsgeschäft den Inhaber wechselt. Geregelt wird die Frage, welche Folgen sich daraus für diejenigen AN ergeben, die in dem zu veräußernden Betrieb oder Betriebsteil arbeiten. § 613 a verfolgt drei Schutzzwecke (ausf. *Willemsen* G Rn. 19 ff.): Mit dem Verlust des bisherigen AG soll der AN nicht auch seinen Arbeitsplatz verlieren (**Kündigungsschutz**). Vielmehr geht das Arbeitsverhältnis, das zwischen ihm und dem ehemaligen Betriebsinhaber bestand, grds. auf den neuen Betriebsinhaber über (Rn. 66 ff.). Dies gilt nur dann nicht, wenn der AN mit dem Übergang seines Arbeitsverhältnisses nicht einverstanden ist und deshalb widerspricht (Rn. 91 ff.) Grundlage für die Ausübung des Widerspruchsrechts soll die Information der AN gemäß § 613 a V sein. Kündigungen sind unwirksam, die der bisherige AG oder der neue Inhaber wegen des Betriebsübergangs ausgesprochen hat (Rn. 149 ff.). Weiterhin bezweckt § 613 a die **Kontinuität des BR** und die **Aufrechterhaltung der kollektivrechtlich geregelten Arbeitsbedingungen** (Rn. 107 ff.). Ferner bezweckt die Vorschrift die **Verteilung der Haftungsrisiken** zwischen altem und neuem Betriebsinhaber (Rn. 129 ff.).

3 **1. Teleologische Einordnung.** Mit dem angeordneten Übergang der Arbeitsverhältnisse von dem alten auf den neuen Betriebsinhaber bestimmt § 613 a einen **Vertragsübergang kraft Gesetzes**, der dem Bürgerlichen Recht grds. fremd ist. Das BGB regelt (Ausnahme § 566) nur die Abtretung einzelner Forderungen (§§ 398 ff.) und die Übernahme einzelner Pflichten (§§ 414 ff.). Vor dem Inkrafttreten des § 613 a gingen deshalb Rspr. und hL davon aus, dass die zu dem ehemaligen Betriebsinhaber bestehenden Arbeitsverhältnisse nur dann auf den Betriebserwerber übergehen konnten, wenn alle Parteien – Veräußerer, Erwerber, AN – zustimmten (vgl. Nachweise bei BAG 2. 10. 1974 AP BGB § 613 a Nr. 1 = BB 1976, 845 und Staudinger/*Richardi/Annuß* Rn. 3). Dafür sprach auch, dass nach § 613 S. 2 der Anspruch auf die Dienste im Zweifel nicht übertragbar ist. Der neue Betriebsinhaber konnte hiernach frei entscheiden, ob er die bisherige Belegschaft insgesamt oder nur zu einem Teil übernimmt. Auch hatte er die Möglichkeit, die Weiterbeschäftigung von einer Änderung der Arbeitsvertragsbedingungen abhängig zu machen. Diese systemgerechte Ansicht hatte jedoch den Nachteil, dass sie zu einer **Lücke im Kündigungsschutz** führte. Dass der AN nur deshalb seine Arbeit verlieren konnte, weil sich die Dispositionsbefugnis über seinen Arbeitsplatz änderte, widersprach dem Grundsatz des § 1 KSchG. Aus diesen Erwägungen schloß sich der Gesetzgeber einer damals bereits häufiger vertretenen Ansicht an, die im Fall des Betriebsinhaberwechsels den Übergang der Arbeitsverhältnisse kraft Gesetzes für zulässig erachtete, ohne dass es einer Zustimmung des Erwerbers bedürfe (*Nikisch* Arbeitsrecht I S. 659 ff.).

4 **2. Systematische Einordnung.** Dass § 613 a durch § 122 BetrVG eingefügt wurde, ändert nichts an dem bürgerlich-rechtlichen Charakter der Bestimmung. Dies folgt systematisch daraus, dass sich der Anwendungsbereich einer Bestimmung nach dem Gesetz richtet, in das sie aufgenommen wurde und nicht nach dem einfügenden Gesetz (BAG 22. 2. 1978 AP BGB § 613 a Nr. 11 = BB 1978, 1453; KR/*Pfeiffer* Rn. 10). Deshalb kommt es nicht darauf an, ob für den vom Übergang betroffenen Betrieb das BetrVG Anwendung findet. § 613 a gilt auch dann, wenn keine BRPflicht oder kein BR besteht. § 613 a erfasst Betriebe aller Wirtschaftszweige, auch solche freier Berufe. Auch Tendenzbetriebe werden einschränkungslos erfasst (Staudinger/*Richardi/Annuß* Rn. 23). Unerheblich ist ferner, ob der Veräußerer oder Erwerber dem privaten oder öffentl. Recht – etwa Bund, Länder, Gemeinden, sons-

tige Körperschaften, Anstalten oder Stiftungen des öffentl. Rechts – zuzuordnen ist. Die RL 2001/23/EG und damit auch § 613 a kann auch dann Anwendung finden, wenn ein Unternehmen nach einem Verfahren zur Vergabe öffentl. Aufträge gemäß der RL 92/50/EWG Tätigkeiten des öffentl. Verkehrs – mit Ausnahme des Seeverkehrs –, die bisher von einem anderen Unternehmen verrichtet wurden, übernimmt (EuGH 25. 1. 2001 EAS RL 77/187/EWG Art. 1 Nr. 22; zur Auftrags- und Funktionsnachfolge Rn. 37).

B. Tatbestandsvoraussetzungen des Betriebsübergangs

I. Übergang des Betriebs oder eines Betriebsteils

1. Betriebsbegriff (wirtschaftliche Einheit). Dogmatisch mißglückt knüpft § 613 a an die betriebs- 5
verfassungsrechtliche Terminologie des Betriebs bzw. Betriebsteils an. Lange Zeit ging man deshalb davon aus, dass der Betriebsbegriff des § 613 a mit dem allg. arbeits- bzw. betriebsverfassungsrechtlichen Betriebsbegriff übereinstimme. Der **Betrieb** war danach im Ausgangspunkt definiert als eine **organisatorische Einheit,** in der Personen mit Hilfe persönlicher, sächlicher oder immaterieller Mittel bestimmte arbeitstechnische Zwecke fortgesetzt verfolgen (BAG 21. 1. 1988 AP BGB § 613 a Nr. 72 = NZA 1988, 838; KR/*Pfeiffer* Rn. 18; *Seiter* S. 49). Danach kam es allein auf die **sächlichen und immateriellen Betriebsmittel an,** die das wirtschaftliche Substrat bilden, mit denen der Unternehmer die Erlöse und insb. die Löhne erwirtschaften kann (ArbRBGB/*Ascheid* Rn. 17). Die AN selbst sollten nicht zum Betrieb iSd. § 613 a gehören (BAG 12. 2. 1987 AP BGB § 613 a Nr. 67 = NZA 1988, 170; Henssler NZA 1994, 915; zum Ganzen instruktiv *Moll* RdA 1999, 233 ff.). Bei diesem Definitionsversuch wird der Normzweck des § 613 a nicht hinreichend erfasst, der primär darin liegt, eine **Lücke im Kündigungsschutzsystem zu schließen** (zutr. Staudinger/*Richardi*/*Annuß* Rn. 41; ähnlich ArbRBGB/*Ascheid* Rn. 17) und verhindern soll, dass der AN trotz Fortbestand seines Arbeitsplatzes bei einem anderen Inhaber seine Arbeitsstelle verliert (zu weitgehend daher BAG 25. 6. 1985 AP BetrAVG § 7 Nr. 23, das global auf den Erhalt der Arbeitsverhältnisse abstellt). Ziel der Norm ist, einen Gleichlauf von Arbeitsplatz und Arbeitsverhältnis sicherzustellen (*Willemsen* G Rn. 20), wobei es nicht darauf ankommen kann, ob der Arbeitsplatz beim Erwerber dauerhaft erhalten bleiben soll (zutr. *Annuß* BB 1998, 1582, 1583). Die weitgehenden Rechtsfolgen des § 613 a sollen den Erwerber treffen, der das wirtschaftliche Substrat aus der übergegangenen Einheit zieht. Bildlich gesprochen: Wer sich durch Übernahme sächlicher, immaterieller oder personeller Mittel „in ein gemachtes Bett legt", soll als Betriebsübernehmer haften. Dazu gehören – je nach Art des Unternehmens in unterschiedlichem Ausmaß – auch die AN. Ein Betriebsübergang ist nicht allein deshalb zu bejahen, weil der AN seine Tätigkeit bei dem neuen Betriebsinhaber erbringen könnte (Staudinger/*Richardi*/*Annuß* Rn. 41); vielmehr sind vorrangig die Kriterien des Betriebsübergangs (Wahrung der Identität der Einheit). So können Hilfskräfte nicht schon deshalb die Weiterbeschäftigung bei dem neuen Betriebsinhaber verlangen, weil sie ihre geschuldete Arbeitsleistung auch dort erbringen könnten (hierzu *Müller-Glöge* NZA 1999, 449, 450).

Die Schwächen der traditionellen Definition des Betriebs sind durch die Rspr. des **EuGH,** der 6
angesichts der Vorabentscheidungskompetenz zur RL 2001/23/EG bes. Bedeutung für die Interpretation des § 613 a zukommt, (zur Vorlageverpflichtung letztinstanzlicher nationaler Gerichte deutlich BVerfG 13. 6. 1997 AP GG Art. 101 Nr. 52) deutlich geworden. Der EuGH definiert nicht die Begriffe „Betrieb oder Betriebsteil", sondern stellt die **wirtschaftliche Einheit** in den Vordergrund der Überlegung. Dem folgt das BAG seit 1997 (BAG 13. 11. 1997 AP BGB § 613 a Nr. 169, 170 = NZA 1998, 249 und 251; BAG 16. 5. 2002 NZA 2003, 93; BAG 8. 8. 2002 EzA § 613 a BGB Nr. 209) in st. Rspr., so dass hier auch nur die neue Begriffsbildung zugrunde gelegt wird. Der Begriff der wirtschaftlichen Einheit ist der teleologisch gebildete Kernbegriff aus Art. 1 I a RL 2001/23/EG die – weitergehend als der verengte § 613 a – auf den Übergang von „Unternehmen, Betrieben, Unternehmens- bzw. Betriebsteilen" abstellt. Als Übergang bezeichnet die RL nach Art. 1 I b den „**Übergang einer ihre Identität bewahrenden wirtschaftlichen Einheit im Sinne einer organisierten Zusammenfassung von Ressourcen zur Verfolgung einer wirtschaftlichen Haupt- oder Nebentätigkeit".** Richtig wird hieran deutlich, dass nicht die Unterscheidung von arbeitstechnischem Zweck und unternehmerischer Zielsetzung und auch nicht von betriebsorganisatorischer und wirtschaftlicher Einheit entscheidend ist. Entscheidend ist vielmehr, dass durch eine (Teil-)Übertragung einer Einheit eine im Wesentlichen unveränderte Fortführung der bisher in dieser abgrenzbaren Einheit geleisteten Tätigkeit möglich ist (ähnlich Staudinger/*Richardi*/*Annuß* Rn. 44). Ohne Nutzung der vom Vorgänger geschaffenen Arbeitsorganisation gibt es keinen Betriebsübergang (*Willemsen* G Rn. 99). Die wirtschaftliche Einheit muss eine funktionsfähige arbeitstechnische Organisationseinheit sein (*Hergenröder* AR-Blattei SD 500.1 Rn. 122). Nur dann zieht der Erwerber das Substrat aus dem Übergang und nur dann kann auch der Arbeitsplatz beim Erwerber im Wesentlichen unverändert erhalten bleiben. Insoweit wird auch der Normzweck des § 613 a besser erfüllt als durch eine primär betriebsmittelbezogene Betrachtung.

Preis

7   Sofern der vorbezeichnete Begriff der wirtschaftlichen Einheit in den Mittelpunkt der Betrachtung tritt, verliert die eigenständige Interpretation des Begriffs **Betriebsteil** ihre Bedeutung (*Steffan* NZA 2000, 687; vgl. auch BAG 16. 5. 2002 NZA 2003, 93, 98; BAG 8. 8. 2002 EzA § 613 a BGB Nr. 209). An diesem Begriff und subtilen Unterscheidungen in der deutschen Rspr. entzündete sich der Konflikt zwischen EuGH und BAG (hierzu *Ascheid* in Preis/Willemsen aaO, Rn. B 8 ff.). Der Begriff des Unternehmens- oder Betriebsteils ist sowohl in Art. 1a RL 2001/23/EG erwähnt als auch in der Definition des EuGH enthalten. Entscheidend ist für den EuGH, dass die abgrenzbare wirtschaftliche Einheit ihre Identität wahrt, „was insb. aus der tatsächlichen Weiterführung oder Wiederaufnahme der Geschäftstätigkeit folgt" (EuGH 12. 11. 1992 AP EWG-Richtlinie Nr. 77/187 Nr. 5 = EAS RL 77/187/EWG Art. 1 Nr. 8). Neu ist, dass auch die Belegschaft als solche in betriebsmittelarmen Unternehmen eine organisierte wirtschaftliche Einheit darstellen kann. Aber auch diese Annahme ist nur bei einer Gesamtbetrachtung gerechtfertigt. Die früher diskutierte Frage, ob und inwieweit die Veräußerung nur eines Gegenstandes schon einen Betriebsübergang auslösen kann oder bzw. die Veräußerung mehrerer Gegenstände für die Annahme eines Betriebsübergangs erforderlich ist (1. Aufl. Rn. 10), stellt sich nach der neueren Rspr. so nicht mehr. Vielmehr geht dieser Gesichtspunkt in der Gesamtbetrachtung auf. Denn auch beim Erwerb eines Betriebsteils ist erforderlich, dass die wirtschaftliche Einheit ihre Identität wahrt. Betriebsteile sind Teileinheiten (Teilorganisationen) des Betriebs (BAG 26. 8. 1999 AP BGB § 613 a Nr. 196). Es muss sich um eine **selbständig abtrennbare organisatorische Einheit** handeln, in der innerhalb des betrieblichen Gesamtzwecks ein Teilzweck verfolgt wird (BAG 8. 8. 2002 EzA § 613 a BGB Nr. 209 zur Betriebsteileigenschaft und zum Übergang einer Verwaltungsabteilung). Ein Hilfszweck reicht aus (BAG 9. 2. 1994 AP BGB § 613 a Nr. 105; ähnlich RGRK/*Ascheid* Rn. 62; anders noch BAG 22. 5. 1985 AP BGB § 613 a Nr. 42). Das entspricht der Rspr. des EuGH. Ob der übertragene Tätigkeitsbereich (hier: Kantinenbetrieb) für das übertragende Unternehmen nur von **untergeordneter Bedeutung** ist und nicht in einem notwendigen Zusammenhang mit dem Unternehmenszweck steht, ist **unerheblich** (EuGH 12. 11. 1992 AP EWG-Richtlinie Nr. 77/187 Nr. 5 = EAS RL 77/187/EWG Art. 1 Nr. 8). Zur Veräußerung einzelner Betriebsmittel vgl. Rn. 21 ff.

8   Schließlich ist für das Verständnis des § 613 a wesentlich, dass die Frage, ob ein **Betrieb(steil) vorliegt**, von der Frage **getrennt** werden muss, ob ein **Betrieb(steil) übergegangen** ist (*Hergenröder* AR-Blattei SD 500.1 Rn. 127). Der Erwerber, der lediglich Betriebsmittel zur Erfüllung seiner bereits ausgeübten Tätigkeit erwirbt, übernimmt damit noch nicht einen Betrieb, sondern bedient sich der Betriebsmittel im Rahmen einer schon vorhandenen Organisation (hierzu BAG 18. 3. 1999 AP BGB § 613 a Nr. 190). Allerdings muss – entspr. der Zwecksetzung des § 613 a – beachtet werden, ob an die betreffende Einheit Arbeitsplätze gebunden sind, für die nach Ausgliederung im Restbetrieb keine Verwendung mehr wäre (*Hergenröder* AR-Blattei SD 500.1 Rn. 128).

9   Wie § 613 a voraussetzt, können Betriebsteile selbständig übertragen werden. Daraus folgt zugleich, dass **nur die AN des betroffenen Betriebsteils übergehen** und nicht etwa auch AN anderer Betriebsteile (BAG 13. 11. 1997 AP BGB § 613 a Nr. 170 = NZA 1998, 249). Das gilt auch, wenn sie für den übertragenen Betriebsteil schon einmal tätig geworden sind. Ebensowenig gehen AN von Stabsstellen über (BAG 8. 8. 2002 NZA 2003, 315). Das alles gilt auch dann, wenn ein nicht lebensfähiger Restbetrieb übrigbleibt. Der Betriebsübergang folgt aus der Wahrung der Identität des Betriebs beim Erwerber und nicht aus dem Untergang der früheren Identität des Gesamtbetriebes (BAG 13. 11. 1997 AP BGB § 613 a Nr. 170 = NZA 1998, 249).

10   **2. Prüfungskriterien der wirtschaftlichen Einheit.** Der vom EuGH zugrundegelegte Begriff der wirtschaftlichen Einheit ist nicht auf Grund begrifflicher Subsumtion, sondern auf der Basis verschiedener Kriterien im Wege einer **typologischen Gesamtbetrachtung** zu konkretisieren (*Moll* RdA 1999, 233, 236). Dabei kommt man nur zu zutreffenden Resultaten, wenn die Zwecksetzung des EG-RL und des § 613 a beachtet werden (vgl. auch *Gaul* S. 140 ff.). Nach Auffassung des **EuGH** sind „sämtliche, den betreffenden Vorgang kennzeichnenden Tatsachen zu berücksichtigen. Dazu gehören namentlich die **Art** des betreffenden Unternehmens oder Betriebes, der **Übergang oder Nichtübergang der materiellen Aktiva** wie Gebäude und bewegliche Güter, der **Wert der immateriellen Aktiva** zum Zeitpunkt des Übergangs, die **Übernahme oder Nichtübernahme der Hauptbelegschaft** durch den neuen Inhaber, der **Übergang oder Nichtübergang der Kundschaft** sowie der **Grad der Ähnlichkeit** zwischen der vor und der nach dem Übergang verrichteten Tätigkeit und die **Dauer einer eventuellen Unterbrechung** dieser Tätigkeit. Alle diese Umstände sind jedoch nur Teilaspekte der vorzunehmenden Gesamtbewertung und dürfen deshalb nicht isoliert beurteilt werden" (st. Rspr. seit EuGH 18. 3. 1986 EAS RL 77/187/EWG Art. 1 Nr. 2; zuletzt EuGH 25. 1. 2001 EAS RL 77/187/EWG Art. 1 Nr. 22; EuGH 24. 1. 2002 EAS RL 77/187/EWG Art. 1 Nr. 23). Den maßgeblichen Kriterien kommt notwendigerweise je nach der ausgeübten Tätigkeit und selbst nach den Produktions- oder Betriebsmethoden, die in dem betreffenden Unternehmen, Betrieb oder Betriebsteil angewendet werden, **unterschiedliches Gewicht** zu (zuletzt EuGH 10. 12. 1998 NZA 1999, 189 = EAS RL 77/187/EWG Art. 1 Nr. 18; EuGH 25. 1. 2001 EAS RL 77/187/EWG Art. 1 Nr. 22). Die mithin je nach Art der Tätigkeit unterschiedlich zu gewichtenden Kriterien (*Müller-Glöge* NZA 1999,

449, 450) weisen durchaus einen teleologischen Zusammenhang zwischen Tatbestand und Rechtsfolge auf. Sie sind geeignet – angepasst an die vielgestaltige wirtschaftliche Tätigkeit –, das übergehende wirtschaftliche Substrat zu kennzeichnen.

Das BAG hat sich dieser Rspr. angeschlossen (BAG 22. 5. 1997 AP BGB § 613a Nr. 154 = NZA 1997, 1050; BAG 13. 11. 1997 AP BGB § 613a Nr. 169, 170 = NZA 1998, 249 und 251). Nach einer Klarstellung des EuGH (11. 3. 1997 AP EWG-Richtlinie Nr. 77/187 Nr. 14 [Ayse Süzen] = EAS RL 77/187/EWG Art. 1 Nr. 13 = NZA 1997, 433; missverständlich noch EuGH 14. 4. 1994 EAS RL 77/187/EWG Art. 1 Nr. 9 = AP BGB § 613a Nr. 106 = NZA 1994, 545 [Christel Schmidt]) zu Fremdvergaben betrieblicher Leistungen steht nunmehr fest, dass eine wirtschaftliche Einheit nicht als bloße Tätigkeit verstanden werden darf. Die **Identität** der Einheit ergibt sich **auch** aus den anderen Merkmalen wie ihrem **Personal, ihren Führungskräften, ihrer Arbeitsorganisation, ihren Betriebsmethoden** und gegebenenfalls den ihr zur Verfügung stehenden **Betriebsmitteln** (BAG 11. 12. 1997 AP BGB § 613a Nr. 171; BAG 18. 3. 1999 AP BGB § 613a Nr. 190). In Branchen, in denen es im Wesentlichen auf die menschliche Arbeitskraft ankommt, kann eine Gesamtheit von **AN, die durch eine gemeinsame Tätigkeit dauerhaft verbunden** ist, eine wirtschaftliche Einheit darstellen. Die Wahrung ihrer Identität ist anzunehmen, wenn der neue Betriebsinhaber nicht nur die betreffende Tätigkeit weiterführt, sondern auch einen nach Zahl und Sachkunde wesentlichen Teil des Personals übernimmt, das sein Vorgänger gezielt bei dieser Tätigkeit eingesetzt hatte. Hingegen stellt die bloße Fortführung der Tätigkeit durch einen Auftragnehmer (Funktionsnachfolge) keinen Betriebsübergang dar. Auf der Basis dieser Grundsätze erfolgt die Prüfung der **Einzelkriterien (7-Punkte-Katalog),** in die sich manche Fragestellung der früheren Rspr. einfügen lässt.

a) **Art des Unternehmens.** Nach den Kriterien des EuGH ist es möglich, dass eine wirtschaftliche Einheit auch ohne wesentliche materielle oder immaterielle Betriebsmittel existieren und übergehen kann (vgl. EuGH 7. 3. 1996 AP EWG-Richtlinie 77/187/EWG Nr. 9 = EAS RL 77/187 EWG Art. 1 Nr. 11; krit. zur Entmaterialisierung des § 613a durch den EuGH *Franzen* Anm. EAS RL 77/187/EWG Art. 1 Nr. 9; *Franzen* DZWiR 1996, 397, 398). Vor diesem Hintergrund ist für die **Gewichtung der jeweiligen Kriterien wesentlich,** welcher Art das bisher betriebene Unternehmen ist. Ob und inwieweit sächliche und immaterielle Betriebsmittel im Einzelfall übergehen müssen, um den Tatbestand des § 613a zu erfüllen, hängt wesentlich von der Art des Unternehmens ab. Diese Unterscheidung hat im Ansatz auch schon das BAG früher vollzogen. Im **produzierenden Gewerbe** kommt es zwar noch immer überwiegend auf die sächlichen Mittel, wie zB Gebäude, Maschinen, Produktionsanlagen, Werkzeuge, Rohstoffe, Halb- und Fertigfabrikate, Fahrzeuge und Transportgeräte, an, doch gewinnen auch die immateriellen Mittel wie „Know-how", Fertigungslizenzen, Patente oder in jüngster Zeit spezielle Computerprogramme (BAG 14. 7. 1994 EzA BGB § 613a Nr. 122 = NZA 1995, 27) zunehmend an Bedeutung.

Für **Handels- und Dienstleistungsbetriebe,** deren Betriebsvermögen hauptsächlich aus Rechtsbeziehungen besteht, sind in erster Linie die immateriellen Betriebsmittel von Bedeutung, das „Know-how" und der „Goodwill", also die Einführung des Unternehmens auf dem Markt (BAG 29. 9. 1988 AP BGB § 613a Nr. 76; BAG 25. 6. 1985 AP BetrAVG § 7 Nr. 23; krit. *Willemsen* ZIP 1986, 477, 482; *Loritz* RdA 1987, 65, 70), Warenzeichen (BAG 28. 4. 1988 AP BGB § 613a Nr. 74) und – anders als bei Produktionsbetrieben – auch Geschäftsräume und Geschäftslage, sofern diese Bestandteile des Betriebes es ermöglichen, den bisherigen Kundenkreis zu halten und auf den neuen Betriebsinhaber überzuleiten (so bei Einzelhandelsgeschäften, vgl. BAG 30. 10. 1986 BAGE 53, 267, 276 = AP BGB § 613a Nr. 58; vgl. ferner *Schwerdtner* FS G. Müller S. 557, 567; *Birk* Anm. EzA § 613a BGB Nr. 43). Im **Dienstleistungssektor** stehen dagegen ohnehin die immateriellen Mittel im Vordergrund, etwa die entspr. Dienstleistungsverträge, Konzessionen, Kundenlisten, Geschäftspapiere und Ähnliches. Bei Großhandelsbetrieben sind neben den Geschäftsräumen insb. die Lieferbeziehungen zum Einzelhandel und ggf. die gewerblichen Schutzrechte maßgeblich (BAG 28. 4. 1988 AP BGB § 613a Nr. 74 = NZA 1989, 265). Im **Einzelhandel** ist abzustellen auf die Erhaltung des Kundenkreises, regelmäßig durch Übernahme des Ladenlokals mit Beibehaltung der Verkaufsorganisation und Fortführung des annähernd gleichen Warenangebots. Unschädlich ist, wenn ein neues Ladenlokal in unmittelbarer Nähe bezogen wird und so der Kundenkreis erhalten bleibt (BAG 2. 12. 1999 AP BGB § 613a Nr. 188). Bei wesentlicher Änderung der Betriebsform (Warenhaus, Fachgeschäft, Supermarkt) oder dem Sortiments reichen allein die Nutzungsrechte für die Betriebsräume nicht aus (BAG 30. 10. 1986 AP BGB § 613a Nr. 58 = NZA 1987, 382; BAG 26. 2. 1987 AP BGB § 613a Nr. 63 = NZA 1987, 589; KR/*Pfeiffer* Rn. 41; MünchKommBGB/*Schaub* Rn. 31).

Nicht entscheidend ist, ob das **Unternehmen mit wirtschaftlicher oder ideeller Zielsetzung** betrieben wird; einer Gewinnerzielungsabsicht bedarf es nicht (KR/*Pfeiffer* Rn. 24). So kann auch ein Unternehmen in der Rechtsform einer Stiftung oder eines Vereins, das nur auf der Basis von Subventionen gemeinnützig unentgeltliche Dienstleistungen zur Verfügung stellt, unter § 613a fallen (EuGH 19. 5. 1992 EAS RL 77/187/EWG Art. 1 Nr. 7). Ist das Substrat des Unternehmens mit der höchstpersönlichen Amtsstellung des Inhabers identisch (Beispiel: **Notariat**), geht mit der Entlassung des Inhabers die organisatorische Einheit unter. Wird durch eine amtliche Stelle ein neuer Inhaber bestellt, tritt kein Betriebsübergang ein (BAG 26. 8. 1999 AP BGB § 613 a Nr. 197).

15 § 613 a findet auch Anwendung, wenn die **öffentl. Hand** einen privaten Betrieb übernimmt oder ein Betriebsinhaberwechsel zwischen öffentlich-rechtlichen Körperschaften stattfindet. Maßgeblich ist auch insoweit die Übertragung einer wirtschaftlichen Tätigkeit (EuGH 26. 9. 2000 EAS RL 77/187/EWG Art. 1 Nr. 21; s. a. Art. 1 lit c RL 2001/23/EG sowie *Hergenröder* AR-Blattei SD 500.1 Rn. 74; LAG Brandenburg 12. 3. 1998 LAGE BGB § 613 a Nr. 73). Keine Anwendung findet die RL 2001/23/EG, wenn lediglich **Verwaltungsaufgaben** von einer öffentl. Verwaltung auf eine andere übertragen werden oder bei der Übertragung von Aufgaben im Zuge einer Umstrukturierung von Verwaltungsbehörden (Art. 1 lit c RL 2001/23/EG). Ein Unternehmen iSd. RL lag auch nach bisheriger Rspr. nur dann vor, wenn eine öffentlich-rechtliche Einheit keine hoheitlichen Aufgaben wahrnimmt, weil die RL die AN vor Nachteilen schützen soll, die sich für sie aus den Änderungen in den Unternehmensstrukturen ergeben können, welche durch die wirtschaftliche Entwicklung auf einzelstaatlicher und gemeinschaftlicher Ebene bedingt sind (EuGH 15. 10. 1996 AP EWG-Richtlinie Nr. 77/187 Nr. 13 = EAS RL 77/187/EWG Art. 1 Nr. 12; EuGH 14. 9. 2000 EAS RL 77/187/EWG Art. 1 Nr. 20; EuGH 26. 9. 2000 EAS RL 77/187/EWG Art. 1 Nr. 21, dazu *Kohte* BB 1997, 1738). Ob § 613 a über die RL 2001/23/EG hinausgeht und auch die Verwaltungstätigkeit des öffentl. Dienstes als Betrieb erfasst, hat das BAG dahinstehen lassen. Es hat lediglich festgestellt, dass bei der Übertragung einer öffentl. Verwaltung der vorhandenen Organisation große Bedeutung zukomme. Eine „Wahrung der Identität" der Verwaltung sei bei Fortführung der Aufgaben innerhalb einer gänzlich andersartigen Arbeitsorganisation der übernehmenden Verwaltung nicht denkbar. In diesem Fall würden lediglich die Aufgaben übertragen, also die bloße Tätigkeit iSd. Rspr. des EuGH (BAG 26. 6. 1997 AP BGB § 613 a Nr. 165).

16 Weitere **Beispiele**: Die **Übertragung einer Berechtigung zum Vertrieb** von Kfz sowie wesentlichen Führungspersonals kann danach auch ohne Übertragung materieller oder immaterieller Aktiva ein Betriebsübergang sein, selbst wenn die Tätigkeit unter anderer Geschäftsbezeichnung, räumlich verlagert in andere Geschäftsräume und mit anderen Hilfsmitteln vorgenommen wird (EuGH 7. 3. 1996 AP EWG-Richtlinie Nr. 77/187/EWG Nr. 9 = EAS RL 77/187/EWG Art. 1 Nr. 11 mit abl. Anm. *Willemsen*). Dem entspricht die Rspr. des BAG, wonach bei Großhändlern, Handelsvertretern und Vertragshändlern die Übernahme der Kunden- bzw. Interessentenkartei sowie die Rechtsbeziehungen zu Dritten wesentlich ist (BAG 21. 1. 1988 AP BGB § 613 a Nr. 72; BAG 27. 4. 1988 AP BGB § 613 a Nr. 71; BAG 28. 4. 1988 AP BGB § 613 a Nr. 74; vgl. *Moll* RdA 1999, 233, 239). Der EuGH setzt allerdings voraus, dass der Übergang eine auf Dauer angelegte wirtschaftliche Einheit betrifft, deren Tätigkeit nicht auf die Ausführung nur eines bestimmten Vorhabens beschränkt ist (EuGH 11. 3. 1997 EAS RL 77/187/EWG Art. 1 Nr. 13). Die **Zurverfügungstellung von Material und AN** für eine bestimmte Aufgabe durch ein anderes Unternehmen ist noch kein Betriebsübergang (EuGH 19. 9. 1985 AP BGB § 613 a Nr. 133 = EAS RL 77/187/EWG Art. 1 Nr. 10).

17 b) **Übergang oder Nichtübergang der materiellen Aktiva**. Der **zentrale Unterschied** zwischen der langjährigen nationalen Sicht und der Rspr. des EuGH liegt in dem **Erfordernis der Übertragung sächlicher oder immaterieller Betriebsmittel**. Freilich kommt deren Übertragung weiterhin eine Schlüsselfunktion zu (*Hergenröder* AR-Blattei SD 500.1 Rn. 146; *Schiefer* NZA 1998, 1095, 1097). Während das BAG deren Übertragung früher für notwendig erachtete und damit auf die organisatorische Einheit abstellte, bildet dies für den EuGH lediglich ein letztlich entbehrliches Indiz. Bei den Anforderungen an die „Wahrung der wirtschaftlichen Identität" stellt der Gerichtshof nicht auf bestimmte, unabdingbare Kriterien ab, sondern bewertet eine Vielzahl von Umständen, die für oder gegen einen Betriebsübergang sprechen können. Nach Auffassung des EuGH 14. 4. 1994 (EAS RL 77/187/EWG Art. 1 Nr. 9 = AP BGB § 613 a Nr. 106 = NZA 1994, 545) ist die Übertragung von Aktiva zwar ein wesentliches Indiz für den Betriebsübergang. Umgekehrt ist im Fall der Nichtübertragung von Vermögensgegenständen ein Betriebsübergang jedoch nicht ausgeschlossen (EuGH 11. 3. 1997 AP EWG-Richtlinie Nr. 77/187 Nr. 14 = EAS RL 77/187/EWG Art 1 Nr. 13; EuGH 2. 12. 1999 NZA 2000, 587, 589 = EAS RL 77/187/EWG Art. 1 Nr. 19). Vielmehr muss dann im Rahmen einer Gesamtbewertung entschieden werden, ob tatsächlich ein Unternehmensübergang vorliegt. Von der Berücksichtigung nur eines Umstandes kann die Entscheidung über einen Betriebsübergang ohnehin nicht mehr abhängen.

18 Im **produzierenden Gewerbe** wird die wirtschaftliche Einheit stark von **materiellen Aktiva** geprägt (Gebäude, Maschinen, Produktionsanlagen, Werkzeuge, Rohstoffe, Halb- und Fertigfabrikate, Fahrzeuge und Transportgeräte). Besondere Bedeutung kommt der Frage zu, ob der Erwerber die beim Veräußerer gebildete betriebliche Organisation übernimmt oder ob er die Produktion mittels der in seinem Betrieb bereits bestehenden Organisation fortführt (BAG 16. 5. 2002 NZA 2003, 93). Insoweit kommt es auch nicht zu wesentlichen Abweichungen von der früheren Rspr. zum Betriebsübergang. Auch der EuGH akzeptiert, dass die Übertragung materieller Aktiva ausschlaggebend sein kann, freilich müssen stets alle Umstände des Falles berücksichtigt werden. Für einen Betriebsübergang

Preis

B. Tatbestandsvoraussetzungen des Betriebsübergangs § 613 a BGB 230

reicht es nicht aus, wenn lediglich die materiellen Aktiva eines Unternehmens veräußert werden (EuGH 18. 3. 1986 EAS RL 77/187/EWG Art. 1 Nr. 2).

Insb. im Bereich der **Dienstleistung** kann eine wirtschaftliche Einheit ohne relevante materielle 19 oder immaterielle Betriebsmittel vorliegen. Hier kann die Wahrung der Identität einer solchen Einheit über ihren Übergang hinaus nicht von der Übertragung von Betriebsmitteln abhängen (EuGH 11. 3. 1997 AP EWG-Richtlinie Nr. 77/187 Nr. 14 = EAS RL 77/187/EWG Art. 1 Nr. 13; EuGH 10. 12. 1998 NZA 1999, 253 = EAS RL 77/187/EWG Art. 1 Nr. 17; EuGH 10. 12. 1998 NZA 1999, 189 = EAS RL 77/187/EWG Art. 1 Nr. 18). Allerdings kann die Übertragung ein weiteres Indiz für den Betriebsübergang auch im sonst betriebsmittelarmen Bereich sein. Jedoch spielt der Übergang von Betriebsmitteln keine Rolle, wenn mit den Mitteln eine völlig andere Dienstleistung oder eine vergleichbare Dienstleistung in einer **völlig andersartigen Arbeitsorganisation** erbracht wird (*Willemsen* G Rn. 101 unter Hinweis auf BAG 26. 6. 1997 AB BGB § 613 a Nr. 165). In diesen Fällen macht sich der Übernehmer die Arbeitsorganisation des Vorgängers nicht zunutze.

Materielle Aktiva werden aber nur dann übertragen, wenn sie dem Berechtigten zur **eigenwirt-** 20 **schaftlichen Nutzung** überlassen sind. Das kann durch Veräußerungen oder Nutzungsvereinbarungen jeder Art (zB. Pacht, Miete, Nießbrauch) geschehen. Erbringt im Rahmen einer Auftragsneuvergabe der neue Auftragnehmer nur eine Dienstleistung an fremden Geräten und Maschinen innerhalb fremder Räume, ohne dass ihm die Befugnis eingeräumt ist, über Art und Weise der Nutzung der Betriebsmittel in eigenwirtschaftlichem Interesse zu entscheiden, können ihm diese Betriebsmittel nicht als eigene zugerechnet werden (BAG 11. 12. 1997 AP BGB § 613 a Nr. 171 = DB 1998, 885; BAG 22. 1. 1998 AP BGB § 613 a Nr. 174 = NZA 1998, 639). Stehen Arbeitsmittel im Eigentum des Auftraggebers, ist für die Frage, ob sie Betriebsmittel des sie nutzenden Auftragnehmers sind, auf die Art der vom Auftragnehmer am Markt angebotenen Leistung abzustellen. Das BAG nimmt hier eine typisierende Zuordnung vor. Handelt es sich um eine Tätigkeit, für die regelmäßig Maschinen, Werkzeuge, sonstige Geräte oder Räume innerhalb eigener Verfügungsmacht und auf Grund eigener Kalkulation eingesetzt werden müssen, sind auch nur zur Nutzung überlassene Arbeitsmittel dem Betrieb oder dem Betriebsteil des Auftragnehmers zuzurechnen. Wird dagegen vom Auftragnehmer eine Leistung angeboten, die er an den jeweiligen Einrichtungen des Auftraggebers zu erbringen bereit ist, ohne dass er daraus einen zusätzlichen wirtschaftlichen Vorteil erzielen und ohne dass er typischerweise über Art und Umfang ihres Einsatzes bestimmen könnte, gehören diese Einrichtungen nicht zu den Betriebsmitteln des Auftragnehmers (BAG aaO). Der **Caterer**, der die Betriebskantine des Betriebsinhabers nutzt oder das **Bewachungsunternehmen**, das seine Leistungen mit Hilfe der Sicherungseinrichtungen des Auftragnehmers erbringt, erlangt diese Arbeitsmittel nicht zur eigenwirtschaftlichen Nutzung, wenn die Mittel nur für den einen Auftraggeber, der die Mittel unterhält, verwendet werden.

Wichtig ist, dass die **Veräußerung** einzelner bzw. einer Summe von Wirtschaftsgütern nur dann 21 einen Betriebsübergang darstellen kann, wenn eine organisierte Gesamtheit von Personen und Sachen vorliegt. Deshalb können **einzelne Betriebsmittel** (Anlagen, Maschinen, KfZ) regelmäßig nicht als Betriebsteil angesehen werden. Sie alleine sind nicht in der Lage, den Zweck des Betriebsteils vollständig zu verfolgen. Dies gilt auch dann, wenn eine Maschine ein wesentliches Betriebsmittel darstellt und deshalb einem organisatorisch abgrenzbaren Teil des Betriebs zugeordnet werden kann (BAG 26. 8. 1999 AP BGB § 613 a Nr. 196; BAG 16. 5. 2002 NZA 2003, 93; krit. *Steffan* NZA 2000, 687, 688; BAG 3. 9. 1998 NZA 1999, 147; Soergel/*Raab* Rn. 20; **aA** BAG 22. 5. 1985 AP BGB § 613 a Nr. 42 = NZA 1985, 775). Nur theoretisch scheint die Annahme des Falles, dass mit der Übertragung eines einzigen Gegenstandes eine hinreichende betriebliche Teilorganisation („organisierte Zusammenfassung von Ressourcen") verbunden sein kann (so aber im Grundsatz noch *Hergenröder* AR-Blattei SD 500.1 Rn. 173; Staudinger/*Richardi/Annuß* Rn. 52). Die erforderliche Gesamtbetrachtung, die ohnehin nicht primär auf einem betriebsmittelbezogenen Ansatz beruht, schließt dies im Ergebnis aus.

Beispiele: Ein **Seeschiff** kann als organisierte Zusammenfassung von Ressourcen angesehen werden 22 (BAG 18. 3. 1997 AP BetrAVG § 1 Betriebsveräußerung Nr. 16; *Steffan* NZA 2000, 687, 689; verneinend für den Fall, dass das Schiff ohne zugehörige Vertragsbeziehungen veräußert wird ArbRBGB/ *Ascheid* Rn. 21). Stellt ein EDV-Dienstleister seine Geschäftstätigkeit ein und überträgt lediglich einzelne **Programme** und Dateien auf einen nachfolgenden Auftragnehmer, wird hierdurch noch keine organisierte Gesamtheit übertragen (BAG 24. 4. 1997 NZA 1998, 253). Die Übertragung einer „nackten" **Immobilie**, sei es durch Veräußerung, Verpachtung oder Vermietung, die der Erwerber noch nach eigenen, firmentypischen Merkmalen umbauen muss, kann allein als Übernahme eines materiellen Betriebsmittels sowie des damit verbundenen immateriellen Vorteils der etwa für ein Einzelhandelsunternehmen günstigen Geschäftslage nicht die Annahme eines Betriebsübergangs rechtfertigen (BAG 22. 5. 1997 AP BGB § 613 a Nr. 154 = NZA 1997, 1050; anders jedoch BAG 2. 12. 1998 AP BGB § 620 Befristeter Arbeitsvertrag Nr. 207 = NZA 1999, 926, wonach die bloße Veräußerung eines verwalteten Kasernengeländes an einen privaten Investor ohne konkretes Konzept einen Betriebsübergang darstellen soll). Im Bereich der Dienstleistung und des Einzelhandels kann – selbst bei Übernahme mehrerer materieller Aktiva – dies den Sachverhalt so unerheblich beeinflussen, dass hierdurch allein noch kein Betriebsübergang eintritt. So kann die Übernahme von Teilen des **Inventars**

Preis

einer Gaststätte (Kegelbahn, Tresen, Stühle und Tische) in der Gesamtbewertung unerheblich sein, wenn der Erwerber eine Gastronomie mit gänzlich anderer Ausrichtung betreiben will und betreibt (BAG 11. 9. 1997 AP EWG-Richtlinie Nr. 77/187 Nr. 16 = NZA 1998, 31). Auf den Erwerber einer Metzgerei dürften, auch wenn er das gesamte Inventar der Metzgerei erwirbt, die angestellten Metzger auch dann nicht übergehen, wenn der Erwerber eine Bäckerei eröffnen will und tatsächlich betreibt. Eine wirtschaftliche Einheit wahrt nicht schon dadurch ihre Identität, dass AN theoretisch ihre Arbeitsleistung auch in einer gänzlich anders konzipierten Einheit erbringen könnten.

23   c) **Wert der immateriellen Aktiva.** Nach der Rspr. des EuGH ist auch der Wert der übergegangenen immateriellen Aktiva zu gewichten. Die immateriellen Aktiva (zB „Know-how" und „Goodwill") eines Unternehmens oder Unternehmensteils können die materiellen Aktiva weit übersteigen. Der Dienstleistungsbetrieb lebt von dem durch die Leistungen erworbenen guten Namen (*Hergenröder* AR-Blattei SD 500.1 Rn. 151). Die Übertragung von **Patent- und Gebrauchsmusterrechten** ist stets ein Indiz für einen Betriebsübergang (*Hergenröder* AR-Blattei SD 500.1 Rn. 151; s. a. BAG 15. 5. 1985 AP BGB § 613a Nr. 41; BAG 25. 6. 1985 AP BetrAVG § 7 Nr. 23). Die Nichtübernahme spricht dagegen (BAG 13. 11. 1997 AP BGB § 613a Nr. 170). Die Übertragung von **Schutzrechten und Lizenzen,** die zur Produktion erforderlich sind, sprechen ebenfalls für den Übergang (s. schon BAG 22. 2. 1978 AP BGB § 613a Nr. 11; anders auf der Basis eines verengten betriebsmittelbezogenen Ansatzes BAG 22. 5. 1985 AP BGB § 613a Nr. 43; BAG 27. 4. 1988 AP BGB § 613a Nr. 71). Die Rspr. ist hier uneinheitlich. Richtig ist, dass bei Markenware gehobener Qualität, die unter einem bestimmten **Warenzeichen** vertrieben wird, das Warenzeichen und damit zusammenhängende Gebrauchsmuster einen wesentlichen Bestandteil des Betriebes darstellen können. Sie bestimmt in gewissem Umfang auch den Kundenkreis (so richtig BAG 28. 4. 1988 AP BGB § 613a Nr. 74 mit abl. Anm *Hefermehl*). Wesentlich ist mithin die Sicherung des Absatzmarktes durch Gütezeichen, Warenzeichen und Firmennamen, die die Grundlage für die Fortführung des Betriebs bildet (BAG 16. 2. 1993 AP BetrAVG § 1 Betriebsveräußerung Nr. 15). Durch Veräußerung einer **Marke** kann der „Goodwill" eines Unternehmens übergehen. Auch die Übernahme einer Etablissementbezeichnung kann darauf schließen lassen, ob sich der Übernehmer den „Goodwill" des Veräußerers zu eigen machen will oder nicht (vgl. BAG 11. 9. 1997 AP EWG-Richtlinie Nr. 77/187 Nr. 16 = NZA 1998, 31). Das „Knowhow" wird durch die AN verkörpert. Insoweit deckt sich dieses Kriterium zum Teil mit der Gewichtung der Übernahme von Teilen der Belegschaft. Das BAG hat bereits entschieden (BAG 9. 2. 1994 AP BGB § 613a Nr. 104), dass bei Übernahme der Know-how-Träger ein durch diese repräsentiertes immaterielles Betriebsmittel übergegangen sein kann. Je mehr AN übergehen, umso größer ist das repräsentierte know how, wobei es auf Sachkunde und Anzahl der AN ankommt.

24   d) **Übernahme oder Nichtübernahme der Arbeitnehmer.** Nach früherer Auffassung des BAG gehörten die AN nicht zum Betriebsbegriff des § 613a aus der Erwägung, dass der Übergang der Arbeitsverhältnisse zur Rechtsfolge der Norm gehört und deshalb nicht Gegenstand der Tatbestandsvoraussetzung „Betrieb oder Betriebsteil" sein kann (BAG 22. 5. 1985 AP BGB § 613a Nr. 42 = NZA 1985, 775; BAG 16. 10. 1987 AP BGB § 613a Nr. 69 = DB 1988, 712; BAG 14. 7. 1994 EzA BGB § 613a Nr. 122 = NZA 1995, 27). Allerdings war bereits bei der bisherigen Rspr. des BAG anerkannt, dass die Übernahme eines bestimmten „Know-how-Trägers" ein zusätzliches starkes Indiz für einen Betriebsübergang darstellen kann, wenn der Übergang anderer wesentlicher sächlicher und immaterieller Betriebsmittel bereits feststeht (BAG 9. 2. 1994 AP BGB § 613a Nr. 104 = NZA 1994, 612). Der EuGH hat dagegen insb. **im Dienstleistungsbereich** herausgestellt, dass ein **wesentlicher Umstand** die Übernahme oder Nichtübernahme der Hauptbelegschaft durch den Übernehmer ist (EuGH 11. 3. 1997 AP EWG-Richtlinie Nr. 77/187 Nr. 14 = EAS RL 77/187/EWG Art. 1 Nr. 13; vgl. schon EuGH 18. 3. 1986 EAS RL 77/187/EWG Art. 1 Nr. 2). Der fortgesetzten Beschäftigung der Belegschaft kommt ein **gleichwertiger Rang neben anderen möglichen Kriterien** für einen Betriebsübergang zu (BAG 11. 12. 1997 AP BGB § 613a Nr. 172 = NZA 1998, 534). Dabei ist unerheblich, dass der Übernehmer die AN nur noch als „freie Mitarbeiter" beschäftigt (BAG 18. 2. 1999 AR-Blattei ES 500 Nr. 153; *Hergenröder* AR-Blattei SD 500.1 Rn. 163; *Müller-Glöge* NZA 1999, 449, 450).

25   In bestimmten **Branchen**, in denen es im Wesentlichen auf die **menschliche Arbeitskraft** ankommt, kann eine Gesamtheit von AN, die durch eine gemeinsame Tätigkeit dauerhaft verbunden sind, eine wirtschaftliche Einheit darstellen, die ihre Identität über ihren Übergang hinaus bewahrt, wenn der Übernehmer nicht nur die betreffende Tätigkeit weiterführt, sondern auch einen **nach Zahl und Sachkunde wesentlichen Teil des Personals übernimmt,** das sein Vorgänger gezielt bei dieser Tätigkeit eingesetzt hatte. In diesem Fall erwirbt der Übernehmer eine organisierte Gesamtheit von Faktoren, die ihm die Fortsetzung der Tätigkeiten des übertragenden Unternehmens auf Dauer erlaubt (EuGH 11. 3. 1997 AP EWG-Richtlinie Nr. 77/187 Nr. 14 = EAS RL 77/187/EWG Art. 1 Nr. 13; EuGH 25. 1. 2001 EAS RL 77/187/EWG Art. 1 Nr. 22; EuGH 24. 1. 2002 EAS RL 77/187/EWG Art. 1 Nr. 23). Die AN sind in diesen Fällen das „Substrat", das die Identität der wirtschaftlichen Einheit bildet, und nicht unerhebliche Betriebsmittel (*Moll* RdA 1999, 233, 237). Zu den berücksichtigungswürdigen Kriterien gehört auch die Übernahme von AN oder ein Übernahmeangebot an

B. Tatbestandsvoraussetzungen des Betriebsübergangs § 613 a BGB 230

diese, und zwar unabhängig davon, ob es sich bei den AN um „Know-how-Träger" handelt oder nicht.

Zur Frage der vom EuGH geforderten Übernahme eines nach „Zahl und Sachkunde wesentlichen **26** Teils des Personals" hat das BAG herausgestellt, dass es eines bes. Fachwissens der übernommenen AN nicht bedarf. Dies gilt jedenfalls dann, wenn für eine Dienstleistung ein geringer Qualifikationsgrad der AN genügt und diese leicht austauschbar sind (BAG 11. 12. 1997 AP BGB § 613 a Nr. 172 = NZA 1998, 534; **aA** wohl LAG Köln 23. 1. 1998 LAGE BGB § 613 a Nr. 68 = NZA-RR 1998, 337). Es hängt von der Struktur eines Betriebs oder Betriebsteils ab, welcher nach Zahl und Sachkunde zu bestimmende Teil der Belegschaft übernommen werden muss, um die Rechtsfolgen des § 613 a auszulösen (zu Einzelfällen *Hergenröder* AR-Blattei SD 500. 1 Rn. 162; s. a. ausf. *Waas* ZfA 2001, 377, 389 ff.). Bei **AN mit geringem Qualifikationsgrad** muss eine **hohe Anzahl** von ihnen weiterbeschäftigt werden, um auf einen Fortbestand der vom Konkurrenten geschaffenen Arbeitsorganisation schließen zu können. Hält der neue Auftragnehmer die frühere Arbeitsorganisation nicht aufrecht und stellen die Arbeitsplätze keine hohen Anforderungen an die Qualifikation der AN, genügt ein Anteil von 75% (hier 6 von 8 AN) der früheren Beschäftigten nicht, um die Übernahme der Hauptbelegschaft feststellen zu können (BAG 10. 12. 1998 AP BGB § 613 a Nr. 187 = NZA 1999, 420; s. a. BAG 19. 3. 1998 – 8 AZR 737/96 – nv.: zwei Drittel reichen bei Reinigungsaufgaben nicht). Bei der Übernahme von mehr als 85% der Beschäftigten sah das BAG die Voraussetzungen jedoch als erfüllt an (BAG 11. 12. 1997 AP BGB § 613 a Nr. 172 = NZA 1998, 534).

Ist ein Betrieb stärker durch **Spezialwissen und Qualifikation der AN** geprägt, kann neben anderen **27** Kriterien ausreichen, dass wegen ihrer Sachkunde wesentliche Teile der Belegschaft übernommen werden (BAG 11. 12. 1997 AP BGB § 613 a Nr. 172). Im Privatschulbereich reicht ein Anteil von unter 50% nicht aus, um von der Übernahme der Hauptbelegschaft zu sprechen, und zwar auch dann nicht, wenn man davon ausgeht, dass das Lehrerpersonal bes. Sachkunde hat (BAG 21. 1. 1999 – 8 AZR 680/97 – nv.; BAG 22. 10. 1998 – 8 AZR 752/96 –). Ob der Koch eines Restaurants generell „Know-how-Träger" ist, ist zweifelhaft (so BAG 11. 9. 1997 AP EWG-Richtlinie Nr. 77/187 Nr. 16 = NZA 1998, 31). Hier kommt es darauf an, ob die jeweils angebotenen Speisen – austauschbar – von jedem Koch zubereitet werden könnten, oder ob ein Spezialitätenrestaurant spezifisches Fachwissen voraussetzt. Übernimmt der Auftragnehmer mehr als die Hälfte des Personals, wozu **neben einfachen AN auch qualifizierte Führungskräfte** gehören, die auch das wesentliche „Know-how" repräsentieren, kann der wesentliche Kern der Belegschaft übernommen worden sein (BAG 14. 5. 1998 NZA 1999, 483).

Entscheidend ist, ob durch die Übernahme des wesentlichen Personals **Arbeitsorganisation** und **28** **Betriebsmethoden** übernommen werden (BAG 11. 12. 1997 AP BGB § 613 a Nr. 172 = NZA 1998, 534). In Branchen, die durch einen objektbezogenen Personaleinsatz mit untergeordneter Bedeutung von Betriebsmitteln geprägt sind, genügt die Personalübernahme, um die Identität der wirtschaftlichen Einheit fortzuführen. In solchen Bereichen (insb. **Reinigungsdienste**) ist die Arbeitsorganisation durch die Aufgabenzuweisung an einzelnen AN und das in der Organisationsstruktur verkörperte Erfahrungswissen geprägt (s. a. EuGH 24. 1. 2002 EAS RL 77/187/EWG Art. 1 Nr. 23). Die Identität einer solchen wirtschaftlichen Einheit wird gewahrt, wenn der neue Auftragnehmer die AN an ihren alten Arbeitsplätzen mit unveränderten Aufgaben weiter beschäftigt (Dieselben AN erledigen dieselben Aufgaben am gleichen Ort unter im Wesentlichen gleichen Bedingungen, vgl. *Müller-Glöge* NZA 1999, 449, 451). Er hat dann eine bestehende Arbeitsorganisation übernommen und keine neue aufgebaut. Ob die Voraussetzungen des § 613 a insoweit auch bei einem Auftragswechsel in einer Konkurrenzsituation erfüllt sein können, hängt davon ab, welche Anforderungen man an das Merkmal „durch Rechtsgeschäft" stellt (hierzu Rn. 58 ff.). Der **Busverkehr** ist keine Tätigkeit, für die es im Wesentlichen auf die menschliche Arbeitskraft ankommt, weil er in erheblichem Maße Material und Einrichtungen erfordert (EuGH 25. 1. 2001 EAS RL 77/187/EWG Art. 1 Nr. 22). Abzulehnen ist die Auffassung, dass schon die bloße Veränderung der Arbeitsvertragsinhalte (zB Veränderung der Lage der Arbeitszeit) eine einen Betriebsübergang ausschließende Veränderung der Arbeitsorganisation darstellt (so aber *Müller-Glöge* NZA 1999, 449, 452).

Werden AN nicht übernommen, spricht dies gegen die Wahrung einer wirtschaftlichen Einheit. **29** Dies gilt insb. in Dienstleistungsbereichen, wo es auf die Fachkunde des Personals ankommt (BAG 11. 9. 1997 AP EWG-Richtlinie Nr. 77/187 Nr. 16 = NZA 1998, 31). Ist das Know-how der Mitarbeiter aber nicht für die wirtschaftliche Einheit prägend, kommt ein Betriebsübergang auch in Betracht, wenn kein Personal übernommen wird (so für Personal einer Betriebskantine anders als bei Koch eines ausländischen Spezialitätenrestaurants BAG 25. 5. 2000 – 8 AZR 337/99 –). Allerdings kann der Umstand, dass der fortgeführte Betrieb wesentlich weniger AN beschäftigt, bei Vorliegen aller sonstigen Voraussetzungen der Wahrung der wirtschaftlichen Einheit, für sich genommen nicht dazu führen, dass kein Betriebsübergang vorliegt (aA LAG Hamm 30. 3. 1998 LAGE BGB § 613 a Nr. 72).

Soweit es auf die Übernahme der Belegschaft ankommt, sind drei Fälle zu unterscheiden: Erstens, **30** der frühere Betriebsinhaber stellt die betriebliche Tätigkeit ein und ein neuer Betriebsinhaber nimmt diese nach einer wirtschaftlich erheblichen Zeitspanne wieder auf. Hierbei sieht das BAG eine **Unter-**

Preis

brechungsdauer, die **länger währt als jede gesetzliche Kündigungsfrist** nach § 622 II, zumindest indiziell als wirtschaftlich erheblich an (BAG 22. 5. 1997 AP BGB § 613 a Nr. 154). In diesem Fall liegt eine Betriebsstilllegung mit späterer Neuaufnahme einer gleichgelagerten Tätigkeit und gerade kein Betriebsübergang vor (vgl. unten Rn. 56 f.). Dann kann auch die spätere Neueinstellung eines bereits beim früheren Betriebsinhaber beschäftigten AN nicht rückwirkend einen Betriebsübergang herbeiführen. Auch ein Wiedereinstellungsanspruch der gekündigten AN kommt hier nicht in Betracht (vgl. auch *Preis/Steffan* DB 1998, 309, 313 f.). Zweitens, der frühere **Betriebsinhaber ist endgültig zur Stilllegung entschlossen** und kündigt seinen AN auf Grund der Prognose, dass er sie nach der Stilllegung nicht mehr weiterbeschäftigen kann. Stellt sich diese **Prognose als falsch** heraus, weil es doch noch zu einem Betriebsübergang kommt, so steht den (wirksam) gekündigten AN ein Wiedereinstellungsanspruch zu, wenn der Betriebsübergang noch in die Kündigungsfrist fällt. Dies gilt jedenfalls dann, wenn der AG mit Rücksicht auf die Wirksamkeit der Kündigungen noch keine Disposition getroffen hat und ihm die unveränderte Fortsetzung des Arbeitsverhältnisses zumutbar ist (BAG 27. 2. 1997 AP KSchG 1969 § 1 Wiedereinstellung Nr. 1; vgl. auch unten Rn. 159 ff.). Drittens, **eine betriebliche Tätigkeit wird erstmals oder wieder an ein Fremdunternehmen vergeben.** Unterbreitet das (neue) Fremdunternehmen einem wesentlichen Teil der AN, die bisher die Tätigkeit ausgeführt haben, ein Übernahmeangebot, geht nach Ansicht des EuGH die aus den AN bestehende Einheit über mit der Folge, dass der (neue) Unternehmer alle bisher mit der Tätigkeit betrauten AN übernehmen muss. Unterbreitet er das Übernahmeangebot erst zu einem späteren Zeitpunkt, nachdem das frühere Fremdunternehmen wegen des Auftragswegfalls betriebsbedingte Kündigungen ausgesprochen hat, haben die gekündigten AN einen Anspruch gegen den neuen Auftragnehmer, zu unveränderten Arbeitsbedingungen unter Wahrung ihres Besitzstandes eingestellt zu werden (so nun BAG 13. 11. 1997 AP BGB § 613 a Nr. 169 = NZA 1998, 251; hierzu *Preis/Steffan* DB 1998, 309 ff.; zust. *Langenbucher* SAE 1998, 145 ff.; krit. *Annuß* BB 1998, 1582, 1587). Dieser Anspruch ist entspr. § 4 KSchG unverzüglich, dh. in Anlehnung an die Rspr. zur Ausübung des Widerspruchsrechts (BAG 19. 3. 1998 AP BGB § 613 a Nr. 177) innerhalb von drei Wochen ab Kenntnis der den Betriebsübergang ausmachenden Umstände zu erheben (*Preis/Steffan* DB 1998, 310 f.; so jetzt auch BAG 12. 11. 1998 NZA 1999, 311). Erlangt der AN diese Kenntnis erst nach den tatsächlichen Umständen des Betriebsübergangs (Übernahme der Hauptbelegschaft), bleibt die Frage, wie lange der Anspruch überhaupt geltend gemacht werden kann. Mangels Kenntnis scheidet eine analoge Anwendung von § 4 KSchG ab dem Zeitpunkt des Betriebsübergangs jedenfalls aus (hierzu *Preis/Steffan* DB 1998, 311).

31 e) **Übernahme oder Nichtübernahme der Kundschaft.** Nach st. Rspr. des EuGH soll die Übernahme der Kundschaft ein wesentlicher Faktor für die Bewahrung der wirtschaftlichen Einheit sein. Dies ist nicht auf Anhieb einsichtig. Denn in einer Marktwirtschaft kann keine Kundschaft nicht übernommen werden; sie muss gewonnen bzw. gehalten werden. Letzteres ist der Fall, wenn der Erwerber eine ähnliche Tätigkeit (hierzu das Kriterium Rn. 32) am gleichen Ort bzw. in unmittelbarer Nähe (BAG 2. 12. 1999 AP BGB § 613 a Nr. 188) bezogen auf den gleichen Kundenkreis ausübt. Als Beispiel für die „Übernahme" der Kundschaft kann die Übertragung einer **Kundenkartei** oder der **Übergang einer Vertriebsberechtigung** in einem bestimmten Gebiet dienen (EuGH 7. 3. 1996 AP EWG-Richtlinie Nr. 77/187 Nr. 9 = EAS RL 77/187/EWG Art. Nr. 11; zur Übernahme einer Arztpraxis mit Patientenkartei LAG Düsseldorf 29. 2. 2000 NZA-RR 2000, 353). Bei der Neuvergabe eines Catering-Vertrags kommt es auf die vertragliche Ausgestaltung an. Wird der Caterer einer Betriebskantine, deren Einrichtungsgegenstände dem Caterer nicht zur eigenwirtschaftlichen Nutzung überlassen werden, nur für den Betriebsinhaber und auf dessen Rechnung tätig, dann übernimmt der Caterer keine Kundenbeziehungen. Hier liegt ein bloßer Auftragsübergang vor (BAG 11. 12. 1997 AP BGB § 613 a Nr. 171 = NZA 1998, 532).

32 f) **Ähnlichkeit der Tätigkeit vor und nach der Übernahme.** Der EuGH 14. 4. 1994 (Rs. C-392/92 „**Christel Schmidt**" EAS RL 77/187/EWG Art. 1 Nr. 9 = AP BGB § 613 a Nr. 106 = NZA 1994, 545) stellt heraus, die Wahrung dieser Identität ergebe sich ua. daraus, dass **dieselbe oder eine gleichartige Geschäftstätigkeit** vom neuen Inhaber tatsächlich weitergeführt oder wiederaufgenommen werde. Insoweit richtet sich das Unternehmen auch an den gleichen Kundenkreis (Rn. 31). Allerdings erlaubt allein der Umstand, dass die von dem alten und dem neuen Auftragnehmer erbrachten Dienstleistungen ähnlich sind, nicht den Schluss, dass der Übergang einer wirtschaftlichen Einheit vorliegt. Eine Einheit darf nämlich **nicht als bloße Tätigkeit** verstanden werden. Ihre Identität ergibt sich auch aus anderen Merkmalen wie ihrem Personal, ihren Führungskräften, ihrer Arbeitsorganisation, ihren Betriebsmethoden und gegebenenfalls den ihr zur Verfügung stehenden Betriebsmitteln (EuGH 11. 3. 1997 AP EWG-Richtlinie Nr. 77/187 Nr. 14 = EAS RL 77/187/EWG Art 1 Nr. 13; EuGH 10. 12. 1998 NZA 1999, 253 = EAS RL 77/187/EWG Art. 1 Nr. 17; EuGH 10. 12. 1998 NZA 1999, 189 = EAS RL 77/187/EWG Art. 1 Nr. 18; EuGH 25. 1. 2001 EAS RL 77/187/EWG Art. 1 Nr. 22).

33 Bei **Produktionsbetrieben** folgt die ähnliche Tätigkeit schon aus der Dominanz der materiellen Produktionsmittel, die idR nur bestimmte Tätigkeiten zulassen. Allerdings spricht es zB gegen eine Identität der wirtschaftlichen Einheit, wenn der Betriebszweck sich ändert und statt einer ursprünglichen Massenproduktion nunmehr handwerklich ausgerichtete Musteranfertigung im Vordergrund

B. Tatbestandsvoraussetzungen des Betriebsübergangs § 613 a BGB 230

steht (BAG 16. 5. 2002 NZA 2003, 93). Schwieriger ist die Abgrenzung im Bereich **Dienstleistung und Einzelhandel.** Hier kann es nicht darauf ankommen, ob die Tätigkeit gleich ist (zB Verkauf, Gastronomie, Hotel u. a. m.). Vielmehr gewinnt bes. Bedeutung, ob die jeweilige Tätigkeit auch auf der Basis eines ähnlichen Konzepts erfolgt und sich damit an den gleichen Kundenkreis wendet. So kann ein Second-Hand-Shop nicht mit einer Designer-Boutique verglichen werden. Auch ist ein „Stunden-Hotel" nicht gleichartig mit einem üblichen Hotelbetrieb (s. a. LAG Berlin 4. 3. 1988 AuR 1999, 279), ebenso wenig ein gewerkschaftseigenes Ferienheim mit einem neu aufgebauten Hotel- und Restaurationsbetrieb (BAG 16. 7. 1998 NZA 1998, 1233). Im Gaststättenbereich kann durch vollkommenen Stilwechsel eine nicht mehr ähnliche Tätigkeit vorliegen (Wechsel von „gutbürgerlicher deutscher Küche" zu „arabischem Spezialitätenrestaurant mit arabischer Musik und Bauchtanz" BAG 11. 9. 1997 AP EWG-Richtlinie Nr. 77/187 Nr. 16 = NZA 1998, 31). In diesen Fällen wird ein anderer Kundenstamm angesprochen. Entscheidend ist, ob und inwieweit **Betriebsmethoden und Arbeitsorganisation** gleich bleiben oder geändert werden. Wenn sich der neue Unternehmer die insoweit bestehende organisatorische Einheit nicht zunutze macht, kann auch die Übernahme großer Teile der Belegschaft nicht zu einem Betriebsübergang führen (*Hergenröder* AR-Blattei SD 500.1 Rn. 168; *Müller-Glöge* NZA 1999, 449, 451; *Schiefer* NZA 1998, 1095, 1099). Etwas anderes gilt eben nur, wenn die wesentliche Belegschaft im Dienstleistungsbereich gewissermaßen Arbeitsorganisation und Betriebsmethoden verkörpert (BAG 11. 12. 1997 AP BGB § 613 a Nr. 172).

Die Ähnlichkeit der Tätigkeit wird nicht schon dadurch ausgeschlossen, dass der Erwerber den 34 **Betrieb verlegt** (BAG 2. 12. 1999 AP BGB § 613 a Nr. 188). Das gilt insb. bei Produktionsbetrieben. Wenn der Erwerber Betriebsmittel verlagert und an anderem Ort mit gleicher Arbeitsorganisation und Betriebsmethoden die Produktion weiterführt, kann die wirtschaftliche Einheit trotz Ortsverlegung gewahrt bleiben (richtig *Hergenröder* AR-Blattei SD 500.1 Rn. 185; *Gaul* ZTR 1998, 1, 7; aA LAG Nürnberg 26. 8. 1996 LAGE BGB § 613 a Nr. 51). Wenn arbeitsvertraglich (kraft Direktionsrecht oder einverständlicher Abrede) die AN nicht versetzt werden können, muss der Erwerber ggf. Änderungskündigungen aussprechen. Denkbar ist aber auch, dass die räumliche Verlagerung zu einem Identitätsverlust bzw. zu einer Betriebsstilllegung führt (Rn. 57). Im Dienstleistungs- und Einzelhandelsbereich führt die Verlagerung an einen ganz anderen Ort zu einem Identitätsverlust, wenn der Betrieb sich nur an eine räumlich begrenzte Kundenstruktur wendet (BAG 2. 12. 1999 AP BGB § 613 a Nr. 188; Staudinger/*Richardi*/*Annuß* Rn. 64). Bei Online-Diensten bzw. im Internet-Handel ist die räumliche Lage des Betriebs dagegen vollkommen unerheblich.

g) Dauer der Unterbrechung der Geschäftstätigkeit. Nach der Rspr. des EuGH kommt es für den 35 Betriebsübergang darauf an, ob der Erwerber den Betrieb tatsächlich fortführt (Rn. 50 ff.). **Unerhebliche Unterbrechungen** (für wenige Tage oder Wochen) in der Betriebsfortführung lassen jedoch den Tatbestand des Betriebsübergangs nicht entfallen (EuGH 15. 6. 1988 EAS RL 77/187/EWG Art. 1 Nr. 5). Eine bloß vorübergehende Schließung des Unternehmens und das daraus folgende Fehlen von Beschäftigten zum Zeitpunkt des Übergangs schließt allein noch nicht den Unternehmensübergang aus. Entscheidend ist, ob die Unterbrechung der Geschäftstätigkeit mit dazu beiträgt, eine bestehende, funktionsfähige wirtschaftliche Einheit zu zerschlagen. Dazu müssen alle Einzelfallumstände berücksichtigt werden. Es kann deshalb auch nicht allein auf die Dauer der Unterbrechung ankommen (APS/*Steffan* Rn. 37). Auch hier ist auf den jeweiligen Geschäftsbetrieb abzustellen (Küttner/*Kreitner* Betriebsübergang Rn. 12). Es kommt hier insb. zu einer einheitlichen Betrachtung der unter e) und f) wiedergegebenen Kriterien, weil die Ähnlichkeit der vor und nach der Übernahme bestehenden Tätigkeit und die Ausrichtung auf den gleichen Kundenkreis für einen Übergang sprechen können. Jedenfalls muss bei Vorliegen dieser Kriterien der Unterbrechungszeitraum länger sein, um von einem Verlust der Identität der wirtschaftlichen Einheit ausgehen zu können. Die Unterbrechungsdauer kann umso kürzer sein, je weniger die fortgesetzte Tätigkeit sich ähnelt oder je mehr sich die fortgeführte Tätigkeit an einen anderen Kundenkreis richtet. Das BAG folgt den Ansätzen des EuGH (BAG 22. 5. 1997 AP BGB § 613 a Nr. 154).

Einzelfälle: Bei **Saisonbetrieben** führt die reguläre Schließung und Fortführung zur nächsten Saison 36 für sich allein noch nicht zum Identitätsverlust der wirtschaftlichen Einheit (EuGH 17. 12. 1987 EAS RL 77/187/EWG Art. 1 Nr. 3). Bei **Einzelhandelsgeschäften** spielt der Gesichtspunkt, ob sich die Kunden typischerweise zwischenzeitlich neu orientieren, eine wesentliche Rolle. Bei einem **Modefachgeschäft** ist nach Auffassung des BAG jedenfalls eine neun Monate während tatsächliche Einstellung jeder Verkaufstätigkeit eine wirtschaftlich erhebliche Zeitspanne, der die Annahme eines Betriebsübergangs entgegensteht, auch wenn der neue Inhaber sich im Wesentlichen an den gleichen Kundenkreis richtet (BAG 22. 5. 1997 AP BGB § 613 a Nr. 154). Modebewusste saisonorientierte Kunden deckten typischerweise ihren Bedarf bei einer so langen Zeitspanne anderweitig. Die Kunden müssten dann durch eine gleiche Leistung neu- bzw. wiedergewonnen werden. Ins Gewicht fiel zudem, dass die Unterbrechungsdauer länger währte als jede gesetzliche Kündigungsfrist (vgl. § 622 II). Ähnliches gilt im **Dienstleistungsbereich.** Auch hier spielt die Kundenorientierung eine wesentliche Rolle für die Beibehaltung der wirtschaftlichen Einheit. IdR ist bei einem **Restaurantbetrieb** eine sechsmonatige Betriebsruhe als wirtschaftlich erheblich zu bewerten. Jedenfalls in Großstädten kön-

Preis

nen Gäste problemlos auf andere Lokale ausweichen. Nach einer sechsmonatigen Schließung müssen diese neu gewonnen werden, was einer Übernahme des Kundenstammes entgegensteht (BAG 11. 9. 1997 AP EWG-Richtlinie Nr. 77/187 Nr. 16). Demgemäß spricht auch die Veränderung des Konzepts eines Restaurants gegen eine Bewahrung der wirtschaftlichen Identität (vgl. Rn. 33). Konsequenterweise kann aber nur eine längere Unterbrechungsdauer ausreichen, wenn den Kunden eine andere Orientierung nicht möglich ist (Kneipe in einem Dorf) und die Kundenorientierung nach Wiedereröffnung unverändert bleibt. Bei einer **Kindertagesstätte** kann die Schließung für drei Monate schon ausreichen, wenn im Hinblick auf die Schließung die Kunden (Kinder) schon anderweitig versorgt wurden (LAG Köln 2. 10. 1997 NZA-RR 1998, 290).

37 **3. Auftrags- und Funktionsnachfolge/Outsourcing.** Umstritten sind die Fälle der Funktionsnachfolge. Zu unterscheiden sind die Fälle der **Auftragsnachfolge**, der **Auftragsübernahme**, der erstmaligen **Fremdvergabe** einer arbeitstechnischen Aufgabe und die **Auftragsrücknahme** (*Hergenröder* AR-Blattei SD 500.1 Rn. 153; ausf. *Waas* ZfA 2001, 377 ff.). Nach traditioneller Sicht kann in diesen Fällen ohne Übertragung materieller oder immaterieller Aktiva kein Betriebsübergang vorliegen. Ein Unterschied zu dieser traditionellen Sicht kann aus der Ansicht des EuGH folgen, dass die Funktionsnachfolge dann zum Betriebsübergang wird, wenn der neue Auftragnehmer einen wesentlichen Teil des bisherigen Personals übernimmt. Wesentlich ist, ob **Arbeitsorganisation** und **Betriebsmethoden** übernommen werden (hierzu Rn. 28; BAG 11. 12. 1997 AP BGB § 613a Nr. 172 = NZA 1998, 534). Doch kann weder aus dem EuGH-Urteil vom 11. 3. 1997 (AP EWG-Richtlinie Nr. 77/187 Nr. 14 [Ayse Süzen] = EAS RL 77/187/EWG Art. 1 Nr. 13 = NZA 1997, 433) noch vom 14. 4. 1994 (EAS RL 77/187/EWG Art. 1 Nr. 9 = AP BGB § 613a Nr. 106 = NZA 1994, 545 [Christel Schmidt]) gefolgert werden, dass jeder Fall der **Funktionsnachfolge** als Betriebsübergang anzusehen ist (so jedoch zum Urteil vom 14. 4. 1994 etwa *Röder/Baeck* NZA 1994, 544; *Buchner* DB 1994, 1420; dagegen skeptisch bereits *Willemsen* DB 1995, 925; *Hanau* ZIP 1994, 1038; *ders.* ZIP 1994, 1568; KR/*Pfeiffer* Rn. 25). Weder hat der EuGH die Funktionsnachfolge explizit als Betriebsübergang gewertet noch steht dies zu befürchten, weil der EuGH stets eine Gesamtwürdigung vornimmt. Explizit herausgestellt hat der EuGH, dass der bloße Verlust eines Auftrags an einen Mitbewerber für sich genommen keinen Übergang iSd. RL darstellt. Der EuGH ist stets auf die Identitätswahrung der wirtschaftlichen Einheit abzustellen. Der Überlassung sächlicher oder immaterieller Betriebsmittel kommt im Regelfall wesentliche Bedeutung zu. Dabei stellt der EuGH heraus, dass als wirtschaftliche Einheit **nicht die bloße Tätigkeit** verstanden werden dürfe. Denn das zuvor beauftragte Dienstleistungsunternehmen verliere zwar einen Kunden, bestehe aber in vollem Umfang weiter, ohne dass einer seiner Betriebe oder Betriebsabteilungen auf den neuen Auftraggeber übertragen worden wäre. Das klassische **Outsourcing**, also die bloße Fremdvergabe einer bisher im eigenen Unternehmen – auch in einem Betriebsteil – durchgeführten Aufgabe, ist jedenfalls dann kein Betriebsübergang, wenn der neue Auftragnehmer weder Arbeitsmittel noch Personal übernimmt (BAG 22. 1. 1998 AP BGB § 613a Nr. 173 = NZA 1998, 536; *Hergenröder* AR-Blattei SD 500.1 Rn. 169; *Schiefer* NZA 1998, 1095, 1100 ff.).

38 **4. Zusammenfassung/Ausblick.** Während die EuGH-Entscheidung vom 14. 4. 1994 weitgehend auf Kritik gestoßen ist (Nachweise bei KR/*Pfeiffer* Rn. 52 sowie *Oetker* EAS B 7200 Rn. 11 ff.; zustimmend dagegen *Zwanziger* DB 1994, 2623), wurde die EuGH-Entscheidung vom 11. 3. 1997 im Schrifttum zum Teil bereits als Abkehr von der erstgenannten Entscheidung begrüßt (*Buchner* NZA 1997, 408 und *Heinze* DB 1997, 677). Dies erscheint vorschnell (ebenso *Lorenz* ZIP 1997, 532; *Buschmann* AuR 1997, 215; *Trittin* DB 1997, 1333). Zwar hat der Gerichtshof den Begriff der **wirtschaftlichen Einheit** als **organisierte Gesamtheit von Personen und Sachen** definiert, doch lässt er es letztlich genügen, dass diese Einheit **nur aus den AN** besteht. Seiner Argumentation nach kann nämlich in bestimmten Branchen, in denen es im Wesentlichen auf die menschliche Arbeitskraft ankommt, allein eine Gesamtheit von AN, die durch eine gemeinsame Tätigkeit dauerhaft verbunden sind, eine wirtschaftliche Einheit darstellen. Damit hat der EuGH im Urteil vom 11. 3. 1997 seine Rspr. vom 14. 4. 1994 unter zwei Gesichtspunkten bestätigt. Erstens bedarf es **im Zweifelsfall** letztlich **keiner Übertragung von Betriebsmitteln**, zweitens ist die **Übernahme der Belegschaft** ein wesentliches Indiz für den Betriebsübergang. Ferner ergibt sich aus der Rspr. des EuGH insofern ein Wandel, als die **tatsächliche Fortführung des Betriebes** wichtiger ist als die bloße Möglichkeit zur Betriebsfortführung (vgl. hier Rn. 50 f.).

39 Die neuen Kriterien führen zwar vielfach zu einer teleologisch begründeten Annahme eines Betriebsübergangs. So lassen sich – trotz komplexer Zusammenhänge – im Ergebnis doch recht klare Positiv- und Negativfälle der Anwendung des § 613a umreißen (bes. instruktiv *Willemsen* G Rn. 117 ff.). Dennoch unterliegt die neue Sicht in Grenzfällen der **Kritik**. Mit dem **Verzicht auf die Übertragung von Betriebsmitteln** erreicht der EuGH zwar das Ziel, zum Schutz der AN möglichst alle Betriebe durch die RL zu erfassen. Für diese Fälle hat eine Erweiterung des Tatbestandes des § 613a stattgefunden (*Moll* RdA 1999, 233, 237). Doch bleibt die Frage der Abgrenzung, welche Vorgänge in den Anwendungsbereich der RL und damit unter § 613a fallen, weiter unklar (KR/*Pfeiffer* Rn. 21). Die Ersten praktischen Erfahrungen zeigen, dass durch geschickte Erwerberkonzepte

B. Tatbestandsvoraussetzungen des Betriebsübergangs § 613 a BGB 230

der Tatbestand des Betriebsübergangs durchaus häufiger als bei einer strikt betriebsmittelbezogenen Betrachtung vermieden werden kann. Das ist allerdings nicht zu beanstanden, weil jedenfalls die sachlichen Betriebsmittel in der heutigen Zeit gegenüber immateriellen Aktiva und „know-how" nicht mehr die tragende Rolle spielen. Durch das Kriterium „Übernahme der Belegschaft" kann es zu dem befremdlichen Resultat kommen, dass es der neue Unternehmer oftmals in der Hand hat, einen Betriebsübergang herbeizuführen oder nicht (ebenso die Einschätzung von *Hanau* ZIP 1994, 1039; *Lorenz* ZIP 1997, 533; *Hergenröder* AR-Blattei SD 500.1 Rn. 164; *Steffan* Anm. zu EuGH v. 11. 3. 1997 EAS RL 77/187/EWG Art. 1 Nr. 13; *Schlachter* FS Däubler 1999 S. 180, 186; dagegen *Moll* RdA 1999, 233, 237). So wird in der Beratungspraxis auch empfohlen, möglichst wenig Personal zu übernehmen (*Willemsen* G Rn. 134). Dem **Schutzzweck der RL** entspricht diese Möglichkeit sicherlich nicht. Freilich relativiert sich diese Kritik, wenn man in der praktischen Konstellation bedenkt, dass die Belegschaftsübernahme nur in den Fällen entscheidungsrelevant wird, wo keine anderen Kriterien auf den Betriebsübergang schließen lassen. Wenn der neue Auftagnehmer dann nicht einmal die wesentliche Belegschaft übernimmt, fehlt ein plausibler Ansatzpunkt für die Rechtfertigung der weitgehenden Rechtsfolgen des § 613 a.

Im Hinblick auf den Schutzzweck der RL können sich auch die Kriterien der **tatsächlichen** 40 **Betriebsfortführung** bzw. die **Ähnlichkeit** der Tätigkeit vor und nach der Übernahme problematisch auswirken. Hier liegt es entscheidend in der Konzeption des Erwerbers, ob tatsächlich ein Betriebsübergang eintritt. Durch geschickte Erwerberkonzepte können hier die Rechtsfolgen des § 613 a abgewendet werden. Vor dem Hintergrund des Schutzzwecks der RL ist dies nur dort gerechtfertigt, wo die alte Belegschaft tatsächlich nicht in der Lage ist, die neuen Konzepte umzusetzen. Außerdem bleibt die Frage, welche zeitliche Komponente für die Übernahme der Belegschaft in Betracht kommt. Wenn es nach der Sichtweise des EuGH entscheidend darauf ankommt, dass die wirtschaftliche Einheit ihre Identität bewahrt, muss dies auch dann gelten, wenn die Einheit allein aus den AN besteht. Offen bleibt, ob auch Übernahmeangebote, die nach Ablauf der Kündigungsfrist erfolgen, einen Betriebsübergang auslösen können, obwohl streng genommen die Identität der so verstandenen Einheit mit der Entlassung der AN zerfällt (dazu *Steffan* Anm. zu EuGH 11. 3. 1997 EAS RL 77/187/EWG Art. 1 Nr. 13). Die bisherige Rspr. des EuGH zur Identitätsbewahrung während einer Unterbrechung der Unternehmenstätigkeit führt hier nicht weiter, weil dort die Identität der wirtschaftlichen Einheit gerade nicht aus den AN bestand (vgl. EuGH 17. 12. 1987, 15. 6. 1988 EAS RL 77/187/EWG Art. 1 Nr. 3 und 5).

Das Erfordernis des **Übergangs materieller oder immaterieller Betriebsmittel** hat den Vorteil, 41 dass es in der Vielzahl der Fälle – auch im Dienstleistungssektor – ein brauchbares Abgrenzungskriterium bietet. Diese **Betriebsmittel** können auch **in den AN „verkörpert"** sein, aber nur dann, **wenn ohne deren Spezialkenntnisse eine Fortführung des Betriebs nicht oder nur unter erheblichen Erschwerungen möglich ist** (ArbRBGB/*Ascheid* Rn. 34; Soergel/*Raab* Rn. 47; aA nun BAG 11. 12. 1997 AP BGB § 613 a Nr. 172 = DB 1998, 883). Mit der Ansicht des EuGH ebenfalls hinfällig geworden ist das – freilich bestrittene – Kriterium, ein Betriebsteil müsse Gegenstand einer Veräußerung sein können, weil es nur dann durch „Rechtsgeschäft" übergehe (so BAG 16. 10. 1987 AP BGB § 613 a Nr. 69; aA bereits n RGRK/*Ascheid* Rn. 63; Staudinger/*Richardi/Annuß* Rn. 50).

II. Übergang auf einen anderen Inhaber

Ein Betriebsübergang setzt voraus, dass an die Stelle des bisherigen Betriebsinhabers ein anderer 42 tritt (Rn. 43 ff.), der den Betrieb im eigenen Namen tatsächlich (Rn. 50 f.) fortführt (BAG 6. 2. 1985 AP BGB § 613 a Nr. 44 = NZA 1985, 735; KR/*Pfeiffer* Rn. 26).

1. Betriebsinhaber. Als ehemaliger oder neuer Inhaber kommt eine natürliche Person oder eine 43 Personengesellschaft (OHG, KG) ebenso in Betracht wie eine juristische Person des privaten oder öffentl. (BAG 25. 5. 2000 NZA 2000, 1115, 1117) Rechts. Maßgeblich ist ein **Wechsel der Rechtspersönlichkeit des Betriebsinhabers** (BAG 3. 5. 1983 AP HGB § 128 Nr. 4 = NJW 1983, 2283; Erman/*Hanau* Rn. 6). § 613 a findet deshalb auch auf einen Übergang zwischen zwei Gesellschaften desselben Konzerns Anwendung (EuGH 2. 12. 1999 NZA 2000, 587 = EAS RL 77/187/EWG Art. 1 Nr. 19). Bleibt das Rechtssubjekt identisch, fehlt es an einem Betriebsübergang. Bedeutung hat dies vor allem für gesellschaftsrechtliche Vorgänge. Ein **Gesellschafterwechsel berührt die Identität der Gesellschaft als Rechtssubjekt nicht**, so dass kein Betriebsübergang vorliegt. Das gilt selbst dann, wenn alle Gesellschafter ausscheiden und ihre Gesellschaftsanteile auf einen oder mehrere Erwerber übertragen (BAG 3. 5. 1983 AP HGB § 128 Nr. 4 = NJW 1983, 2283). Auch eine analoge Anwendung des § 613 a scheidet in diesen Fällen aus, weil die Arbeitsverhältnisse wegen der Identität des AG unberührt bleiben (KR/*Pfeiffer* Rn. 70). Deshalb kann die Nachhaftung ausscheidender Gesellschafter nicht entspr. § 613 a II beschränkt werden (BAG 21. 7. 1977 AP HGB § 128 Nr. 1; Münch-KommBGB/*Schaub* Rn. 23). Es bleibt insoweit bei § 160 HGB (vgl. BGH 22. 9. 1999 AP HGB § 160 Nr. 1 alle Dauerschuldverhältnisse ohne Differenzierung; aA LAG Bremen 24. 1. 2001–2 Sa 167/00 – § 613 a lex specialis). Ebenso verbietet sich eine analoge Anwendung des § 613 a IV, wenn der neu

Preis

eintretende Gesellschafter „wegen des Gesellschafterwechsels" kündigt (BAG 12. 7. 1990 AP BGB § 613 a Nr. 87; KR/*Pfeiffer* Rn. 70). Weil die **GbR** nach der Entscheidung des BGH vom 29. 1. 2001 (EzA ZPO § 50 Nr. 4) als AG anzuerkennen ist (§ 611 Rn. 212; LAG Bremen 24. 1. 2001 – 2 Sa 167/00 –), wird man diese Grundsätze wohl auf den Gesellschafterwechsel in der GbR übertragen müssen. Der BGH sieht als praktischen Vorteil der Anerkennung der Rechtsfähigkeit der GbR an, dass Dauerschuldverhältnisse nicht mehr bei jedem Gesellschafterwechsel neu abgeschlossen werden müssen. Die Arbeitsverhältnisse sollen auch hier wegen der fortbestehenden Identität der Gesellschaft unberührt bleiben. § 613 a greift dagegen ein, wenn zuerst die Gesellschaft aufgelöst wird und dann die Übertragung an den Erwerber erfolgt. Auch gilt § 613 a, wenn eine natürliche oder juristische Person ihren Betrieb als Sacheinlage in eine Gesellschaft einbringt (MünchKommBGB/*Schaub* Rn. 23 f.). In beiden Fällen wechselt die Identität des Rechtssubjekts.

44   Ein **Wechsel der Rechtsform** hat auf die Identität des Rechtssubjekts keinen Einfluss, so dass die formwechselnde Umwandlung nach §§ 190 ff. UmwG keinen Betriebsübergang darstellt.

45   Bei **Spaltungsvorgängen** ist ebenfalls die Identität des Rechtssubjekts als Rechtsträger des jeweiligen Betriebs oder Betriebsteils entscheidend. Wird nur der Betrieb innerhalb eines Unternehmens als Rechtsträger gespalten, greift § 613 a nicht ein. Wird ein Betrieb oder Betriebsteil hingegen auf ein anderes (Konzern-)Unternehmen übertragen oder rechtlich verselbständigt, spaltet sich gleichzeitig das tragende Unternehmen (*Hanau* ZfA 1990, 126), so dass der Betriebsinhaber wechselt (zu Spaltungsvorgängen nach dem UmwG 1994 vgl. unten Rn. 178 ff.). Dies ist etwa dann der Fall, wenn ein einheitliches Unternehmen sich in eine fortbestehende Besitzgesellschaft und in eine neu zu gründende Betriebsgesellschaft aufspaltet und die Betriebsgesellschaft den Betrieb fortführt (BAG 19. 1. 1988 AP BGB § 613 a Nr. 70 = NZA 1988, 501).

46   Der **Pächter** ist dann Betriebsinhaber, wenn er den Betrieb im eigenen Namen führt, was auch dann der Fall ist, wenn der bisherige Betriebsinhaber als Verpächter den Betrieb im Namen und auf Rechnung des Pächters leitet. Anders dagegen, wenn der Verpächter den Betrieb lediglich auf Rechnung des Pächters, jedoch im eigenen Namen leitet. Hier liegt lediglich Gewinnabführung vor, die für die Rechtsträgerschaft des Betriebes ohne Bedeutung ist (*Seiter* S. 38; *Hergenröder* AR-Blattei SD 500.1 Rn. 106).

47   Auch bei **Treuhandverhältnissen** kommt es auf die Betriebsführung im eigenen Namen an. Bleibt der Treugeber bei der Sicherungsübereignung der wesentlichen Betriebsmittel weiterhin zur Betriebsführung befugt, liegt kein Betriebsinhaberwechsel vor (ArbRBGB/*Ascheid* Rn. 44). Überlässt dagegen ein notleidendes Unternehmen auf Veranlassung seiner Gläubiger die Abwicklung seiner laufenden Geschäfte einer Auffanggesellschaft, die zu diesem Zweck treuhänderisch alle wesentlichen Betriebsmittel übernimmt, ist die Auffanggesellschaft Betriebsinhaberin (BAG 20. 11. 1984 AP BGB § 613 a Nr. 38 = NZA 1985, 393).

48   An dem Erfordernis der Betriebsführung im eigenen Namen mangelt es bei dem **Insolvenz-** und **Zwangsverwalter** sowie dem Testamentsvollstrecker, denn diese Personen leiten den Betrieb regelmäßig nur für den Inhaber (Erman/*Hanau* Rn. 8).

49   **2. Tatsächliche Fortführung des Betriebes. a) Bisherige Rechtsprechung.** Nach bisheriger Rspr. genügte für die Annahme des Betriebsinhaberwechsels, wenn der Erwerber die **konkrete betriebliche Fortführungsmöglichkeit** im Einvernehmen mit dem Veräußerer erlangt hat. Es genügte, wenn er durch die Übernahme der wesentlichen sächlichen oder immateriellen Betriebsmittel in der Lage war, mit Hilfe der AN den Betrieb oder Betriebsteil so fortzuführen wie der bisherige Inhaber (BAG 22. 5. 1984 AP BGB § 613 a Nr. 42 = NZA 1985, 775; BAG 16. 2. 1993 AP BetrAVG § 1 Betriebsveräußerung Nr. 15 = NJW 1993, 2259; BAG 27. 4. 1995 AP BGB § 613 a Nr. 128 = NZA 1995, 1155). Dies hing maßgeblich davon ab, ob der neue Inhaber mit den übernommenen Betriebsmitteln den Betrieb oder einen Betriebsteil im Wesentlichen **unverändert** fortführen konnte (BAG 27. 4. 1995 AP BGB § 613 a Nr. 128 = NZA 1995, 1155; MünchKommBGB/*Schaub* Rn. 30). Ob der Erwerber den Betrieb tatsächlich unverändert fortführt oder den Betriebszweck nach der Übernahme ändert, war dagegen unmaßgeblich (BAG 27. 4. 1995 AP BGB § 613 a Nr. 128 = NZA 1995, 1155; BAG 19. 11. 1996 AP BGB § 613 a Nr. 152 = DB 1997, 1036). Aus dem Erfordernis der Fortführungsmöglichkeit wurde ferner gefolgert, dass es **unerheblich** sei, ab **wann der Erwerber** den übernommenen Betrieb oder Betriebsteil **tatsächlich weiterführt**, ob er ihn überhaupt fortführt oder ihn ggf. stilllegt (BAG 23. 7. 1991 AP BetrAVG § 1 Betriebsveräußerung Nr. 11 = NZA 1992, 217). Im Ergebnis erreichte diese Rspr. einen sehr weitgehenden Bestandsschutz zu Lasten des Erwerbers, auch wenn er mit dem übergegangenen Personal angesichts eines neuen Konzepts nichts anfangen kann.

50   **b) Neue Rechtsprechung.** An den Grundsätzen der Rn. 49 ist nach der Neukonzeption des Betriebsbegriffes (Rn. 5 ff.) nicht mehr festzuhalten. Entscheidend ist nunmehr die **tatsächliche Betriebsfortführung**. Nach der neueren Auffassung des BAG tritt ein Wechsel des Betriebsinhabers nicht ein, wenn der Erwerber den Betrieb gar nicht „führt" (schon angedeutet in BAG 11. 9. 1997 AP EWG-Richtlinie Nr. 77/187 Nr. 16 = NZA 1998, 31; BAG 12. 11. 1998 AP BGB § 613 a Nr. 186; BAG 18. 3. 1999 AP BGB § 613 a Nr. 189 mit Anm. *Willemsen/Annuß*; BAG 18. 3. 1999 AP BGB § 613 a Nr. 190; *Hergenröder* AR-Blattei SD 500.1 Rn. 102; s. ausf. und zust. jetzt *Krause* ZfA 2001,

B. Tatbestandsvoraussetzungen des Betriebsübergangs § 613a BGB 230

67, 116). Der bisherige Inhaber muss seine wirtschaftliche Betätigung in dem Betrieb oder Betriebsteil einstellen (BAG 18. 3. 1999 AP BGB § 613a Nr. 189). Einer bes. Übertragung einer irgendwie gearteten Leitungsmacht bedarf es daneben nicht. Allerdings ist es unschädlich, wenn der ehemalige Betriebsinhaber zwar noch im Betrieb tätig ist, dabei jedoch auf Anweisung des Erwerbers handelt (BAG 13. 11. 1986 AP BGB § 613a Nr. 57 = NZA 1987, 458). Der Neukonzeption ist im Grundsatz zuzustimmen (ebenso *Willemsen/Annuß* Anm. AP BGB § 613a Nr. 189). Allerdings sind im Hinblick auf den Schutzzweck des § 613a Grenzen zu beachten. So kann es nicht darauf ankommen, ob der Erwerber subjektiv die Absicht hat, den Betrieb nicht fortzuführen (so aber *Willemsen/Annuß* Anm. AP BGB § 613a Nr. 189; wie hier *Hergenröder* AR-Blattei SD 500.1 Rn. 202). Hier sind zwei Konstellationen zu unterscheiden:

Der Übernehmer kann sich schon **vertraglich verpflichten,** den Betrieb fortzuführen. Dann kommt 51 es nicht darauf an, ob er den Betrieb tatsächlich nicht fortführt. Insoweit bleibt es bei den Grundsätzen des BAG (19. 11. 1996 AP BGB § 613a Nr. 152): Erkennt der Erwerber vertraglich den Tatbestand des § 613a an bzw. übernimmt er die Verpflichtung, die AN eines Betriebes weiterzubeschäftigen, spricht dies für eine Übernahme des Betriebes. Übernimmt der Erwerber dann einen Betrieb (hier Gaststätte) mit dem gesamten Inventar, steht einem Betriebsübergang nicht die Absicht des Erwerbers entgegen, in dem Objekt einen anderen Betriebszweck zu verfolgen als der Veräußerer.

Übernimmt ein Erwerber **keine derartige ausdrückliche vertragliche Verpflichtung,** sind die 52 **tatsächlichen Umstände** entscheidend, ob der Erwerber tatsächlich den Betrieb(steil) in ähnlicher Weise fortführt. Insofern ist das ausschließliche Abstellen auf die rechtsgeschäftlichen Beziehungen zwischen Veräußerer und Erwerber unzureichend (so aber *Annuß* BB 1998, 1582, 1584). Eine vertragliche Verpflichtung zur Betriebsfortführung liegt nicht schon bei bloßem Erwerb einer Immobilie, Rückfall der Pachtsache oder Kündigung eines Mietverhältnisses vor (vgl. Rn. 54). Die tatsächliche Fortführung ist – dies wird auch aus der BAG-Rspr. deutlich – nur ein Gesichtspunkt in der Gesamtbewertung des Betriebsübergangs. Der bloße Wille des Erwerbers, den Betrieb nicht oder nicht dauerhaft fortzuführen, schließt den Tatbestand des § 613a noch nicht aus. Entscheidend ist, ob der Erwerber die Betriebsleitung erhalten hat (zutr. *Moll* RdA 1999, 233, 237; s. a. *Hergenröder* AR-Blattei SD 500.1 Rn. 182, 202). Entscheidend ist, dass die jeweils **mit der Einheit verbundene Aufgabe auf Dauer angelegt** ist, **gleichgültig wie lange sie der Übernehmer tatsächlich ausüben will.** Der Betriebsübergang tritt auch dann ein, wenn der Betrieb nur erworben wird mit dem Ziel, ihn alsbald stillzulegen (BAG 22. 9. 1994 AP BGB § 613a Nr. 117; BAG 29. 11. 1988 AP BetrAVG § 1 Betriebsveräußerung Nr. 7; *Schiefer* NZA 1998, 1095, 1103). Fraglich ist, ob die sofortige Stilllegung durch den Erwerber – ohne auch nur geringfügige Weiterführung – zur Unanwendbarkeit des § 613a BGB führt. Hier bedarf es sehr sorgfältiger Prüfung. Insb. wenn der Erwerber kraft Rechtsgeschäft ein Unternehmen erwirbt, es aber mit dem Erwerb einstellt und liquidiert, kann der Schutz des § 613a geboten sein. Dies gilt insb., wenn Vertragsrechte oder Immaterialgüter des liquidierten Unternehmens weitergenutzt werden (*Hergenröder* AR-Blattei SD 500.1 Rn. 202). Dies dürfte auch der Handhabung der Kriterien durch den EuGH entsprechen (vgl. insb. EuGH 7. 3. 1996 AP EWG-Richtlinie Nr. 77/187 Nr. 9 = EAS RL 77/187/EWG Art. 1 Nr. 11).

Im Anschluss an die Rspr. des EuGH ist wesentliches Kriterium für den Übergang die **tatsächliche** 53 **Weiterführung oder Wiederaufnahme der Geschäftstätigkeit beim Wechsel der natürlichen oder juristischen Person, die für den Betrieb verantwortlich ist** (BAG 18. 3. 1999 AP BGB § 613a Nr. 189 unter Hinweis auf EuGH 10. 2. 1988 EAS RL 77/187/EWG Art. 1 Nr. 4; EuGH 15. 6. 1988 EAS RL 77/187/EWG Art. 1 Nr. 5; EuGH 12. 11. 1992 AP EWG-Richtlinie Nr. 77/187 Nr. 5; EuGH 11. 3. 1997 AP EWG-Richtlinie Nr. 77/187 Nr. 14; EuGH 12. 3. 1998 AP EWG-Richtlinie Nr. 77/187 Nr. 19; EuGH 10. 12. 1998 NZA 1999, 189 ff.; EuGH 10. 12. 1998 NZA 1999, 253 ff.). Auf den Zeitpunkt des Übertragungsvertrags oder des etwaigen Eigentumswechsels an dem Betrieb kommt es hingegen nicht an (BAG 16. 10. 1987 AP BGB § 613a Nr. 69 = DB 1988, 712). Die Eigentumslage ist unerheblich. Fortgeführt werden kann der Betrieb auch dann, wenn der Übernehmer den Betrieb oder Betriebsteil lediglich mietet oder pachtet (unten Rn. 59 f.). Hängt die Übernahme von verschiedenen Voraussetzungen, wie etwa der Zustimmung von Gläubigern und Banken, ab, besteht die Fortführungsmöglichkeit ab dem Zeitpunkt, in dem sich die Beteiligten über den Übergang einig sind (BAG 23. 7. 1991 AP BetrAVG § 1 Betriebsveräußerung Nr. 11 = NZA 1992, 217). Erfolgt die Übernahme der Betriebsmittel in mehreren Schritten, ist der Betriebsübergang jedenfalls in dem Zeitpunkt erfolgt, in dem die wesentlichen, zur Fortführung des Betriebs erforderlichen Betriebsmittel übergegangen sind und die Entscheidung über den Betriebsübergang nicht mehr rückgängig gemacht werden kann (BAG 16. 2. 1993 AP BetrAVG § 1 Nr. 15 = NZA 1993, 643).

c) Einzelfälle. Rückfall einer Pachtsache: Nach früherer Rspr. (BAG 27. 4. 1995 AP BGB § 613a 54 Nr. 128) stellte die vertragsgemäße Rückgabe eines verpachteten Betriebes an den Verpächter stets einen Betriebsübergang dar. Daran hält das BAG nicht fest (BAG 18. 3. 1999 AP BGB § 613a Nr. 189; vgl. auch *Schiefer* NZA 1998, 1095, 1102), weil die bloße Fortführungsmöglichkeit nicht ausreicht. Zwar bleibt bei der Rückgabe eines funktionsfähigen Betriebes die Identität der betreffenden wirtschaftlichen Einheit gewahrt. Dies genügt aber für die Annahme eines Betriebsübergangs nicht. Führt

Preis 1575

60 Regelmäßig liegt ein Vertrag zwischen Veräußerer und Erwerber über die Übernahme der wesentlichen Betriebsmittel vor. Dies ist jedoch nicht zwingend. Da § 613 a nur den Übergang durch Rechtsgeschäft verlangt, bedarf es **keiner unmittelbaren rechtsgeschäftlichen Vereinbarung** zwischen dem bisherigen und dem neuen Betriebsinhaber (RGRK/*Ascheid* Rn. 104). So genügt es, wenn der Betrieb vom bisherigen Pächter an einen neuen Pächter übergeben wird, die Vertragsbeziehungen jedoch zwischen dem neuen Pächter und dem Verpächter bestehen (BAG 25. 2. 1981 AP BGB § 613 a Nr. 24 = NJW 1981, 2212). Eine (unerhebliche) zeitliche Lücke zwischen den Pachtverträgen steht der Annahme eines Betriebsüberganges nicht entgegen (aA Staudinger/*Richardi/Annuß* Rn. 65). Gleiches gilt, wenn der Betriebsinhaber mit anderen einen Gesellschaftsvertrag abschließt und der Betrieb als Sacheinlage in die Gesellschaft eingebracht wird (KR/*Pfeiffer* Rn. 87). Bei Auftragsübernahmen kann nach EuGH- und neuerer BAG-Rspr. ein Betriebsübergang auch ohne jegliche Kenntnis des früheren Betriebsinhabers vorliegen (oben Rn. 37), so dass es für einen rechtsgeschäftlichen Übergang keines Vertrags zwischen dem ehemaligen und dem neuen Auftragnehmer bedarf (BAG 11. 12. 1997 AP BGB § 613 a Nr. 172 = DB 1998, 883; abl. Staudinger/*Richardi/Annuß* Rn. 82). Auch wenn die betriebliche Fortführungsmöglichkeit durch mehrere Rechtsgeschäfte erlangt wird, liegt ein Betriebsübergang vor, so etwa, wenn das Betriebsgrundstück vom Zwangsverwalter erworben wird, während die Betriebsmittel geleast und/oder von einer Bank übereignet werden, die an den Gegenständen ein Sicherungseigentum erworben hat (BAG 13. 11. 1986 AP BGB § 613 a Nr. 57 = NZA 1987, 458). Ob ein Betriebsübergang mit dem Rechtsgeschäft überhaupt bezweckt wurde, ist nicht entscheidend. Ist ein Betrieb vermietet oder verpachtet worden und wird er nach Ende des Miet- oder Pachtverhältnisses wieder an den ursprünglichen Inhaber zurückgegeben, beruht auch der Rückfall auf dem Miet- oder Pachtvertrag, so dass ein rechtsgeschäftlicher Übergang vorliegen kann (EuGH 5. 5. 1988 EzA BGB § 613 a Nr. 89 = NZA 1990, 885; hierzu näher Rn. 54). Legt der Pächter den Betrieb still und gibt nur einzelne Pachtgegenstände zurück, greift § 613 a nicht ein; unter den Voraussetzungen des § 112 BetrVG hat der Pächter jedoch einen Sozialplan aufzustellen (MünchKommBGB/*Schaub* Rn. 48).

61 Ein Betriebsübergang liegt grds. auch dann vor, wenn das zugrunde liegende **Rechtsgeschäft nichtig** ist (BAG 6. 2. 1985 AP BGB § 613 a Nr. 44 = NZA 1986, 286; Erman/*Hanau* Rn. 31). Der Schutzzweck des § 613 a gebietet es, allein auf die willentliche Übernahme der Organisations- und Leitungsmacht abzustellen. Ein rechtsgeschäftlicher Übergang ist auch dann anzunehmen, wenn der Übertragungsvertrag wegen Formmangels nach § 125 nichtig ist. Der Schutzzweck des § 613 a kann jedoch nicht losgelöst von dem Schutzzweck der Nichtigkeitsnorm gesehen werden. Vorrang haben die Schutzvorschriften zugunsten Geschäftsunfähiger, so dass die faktische Betriebsfortführung nicht ausreicht, wenn als Betriebserwerber ein Geschäftsunfähiger oder ein beschränkt Geschäftsfähiger ohne Zustimmung des gesetzlichen Vertreters auftritt (Erman/*Hanau* Rn. 31; KR/*Pfeiffer* Rn. 80; **aA** BAG 6. 2. 1985 AP BGB § 613 a Nr. 44 = NZA 1986, 286). Für das Verhältnis zwischen Veräußerer und geschäftsunfähigem Erwerber gelten die Grundsätze des faktischen Arbeitsverhältnisses. Im Verhältnis zu den AN hat der ehemalige Betriebsinhaber seine AGStellung nicht verloren, dh. die Arbeitsverhältnisse sind nicht übergegangen. Anders ist es dann, wenn ein voll geschäftsfähiger Erwerber den Betrieb von einem geschäftsunfähigen Erwerber übernimmt oder in Unkenntnis einer nicht beständigen Rechtslage weiterführt (KR/*Pfeiffer* Rn. 80).

62 Da Betriebsübergänge nicht zwingend ein privatrechtliches Rechtsgeschäft erfordern, können auch Übertragungen mit **öffentlich-rechtlichem Charakter** unter § 613 a fallen. Dies gilt etwa, wenn Grundlage des Betriebsübergangs ein öffentlich-rechtlicher Vertrag nach §§ 54 ff. VwVfG ist. Hier liegt ein Rechtsgeschäft vor; außerdem folgt die Anwendung des § 613 a aus § 62 S. 2 VwVfG (MünchKommBGB/*Schaub* Rn. 52). Werden öffentl. Einrichtungen privatisiert, greift § 613 a direkt ein, wenn Grundlage der Privatisierung ein privatrechtlicher Vertrag ist. Beruht dagegen die Privatisierung auf Gesetz oder VA (etwa nach dem VermG), liegt regelmäßig ein Fall der partiellen Gesamtrechtsnachfolge vor, so dass § 613 a in analoger Anwendung eingreift, wenn der Übergang der Arbeitsverhältnisse nicht bes. gesetzlich geregelt ist (*Steffan* S. 79 ff., aA KR/*Pfeiffer* Rn. 78).

63 **3. Übernahme bei Insolvenz.** Kein Betriebsübergang nach § 613 a liegt vor, wenn der Insolvenzverwalter auf Grund seiner Verwaltungsverpflichtung nach §§ 80, 148, 159 InsO den Betrieb fortführt. Ihm werden nicht die Betriebsmittel durch Rechtsgeschäft übertragen, sondern er erhält lediglich eine Betriebsführungsbefugnis kraft Gesetzes. Er handelt als gesetzlicher Vertreter des Gemeinschuldners und tritt insoweit in die Rechtsstellung des Gemeinschuldners ein, als er die Rechte auszuüben und die Pflichten zu erfüllen hat, die sich aus der AGStellung des Gemeinschuldners ergeben (BAG 30. 1. 1991 AP BGB § 630 Nr. 18 = NZA 1991, 599). Kündigt der Insolvenzverwalter zur Sanierung des Betriebs AN betriebsbedingt, hat er die Vorschriften des KSchG zu beachten und deshalb eine Sozialauswahl nach § 1 III KSchG zu treffen (BAG 16. 9. 1982 AP KO § 22 Nr. 4 = NJW 1983, 1341). Veräußert hingegen der Insolvenzverwalter den Betrieb, geschieht dies durch Rechtsgeschäft mit dem Erwerber (so schon BAG 17. 1. 1980 AP BGB § 613 a Nr. 18 = NJW 1980, 1124). Zu den Rechtsfolgen s. unten Rn. 142 ff.

64 **4. Zwangsversteigerung und Zwangsverwaltung.** An einem rechtsgeschäftlichen Erwerb fehlt es dann, wenn der Betriebsinhaberwechsel auf Grund eines Zuschlags in der Zwangsversteigerung

erfolgt. Durch den Zuschlag wird das Eigentum an dem Grundstück, auf dem der Betrieb liegt, kraft Hoheitsakt übertragen. Auch eine analoge Anwendung scheidet aus (*Seiter* S. 140; Staudinger/*Richardi/Annuß* Rn. 96). Der Zuschlag bezieht sich nicht auf den Betrieb als Wirtschaftseinheit, sondern nur auf das Grundstück samt Zubehör nach den §§ 20 II, 21, 55, 90 ZVG, § 1120. Will der Ersteher den Betrieb fortführen, kann er die nicht von der Beschlagnahme umfassten sächlichen und immateriellen Betriebsmittel nur durch Vereinbarung mit dem Zwangsverwalter oder dem Schuldner als bisherigem Betriebsinhaber, mithin durch Rechtsgeschäft erwerben. In diesem Fall findet § 613a unmittelbar Anwendung (BAG 14. 10. 1982 AP BGB § 613a Nr. 36 = DB 1984, 1306). Führt der Ersteher auf dem Betriebsgrundstück den Betrieb ohne Zusammenwirken mit dem bisherigen Inhaber fort, handelt es sich um eine Neueröffnung (*Seiter* S. 140).

Auch die Zwangsverwaltung eines Grundstücks erfasst nicht den auf dem Grundstück ausgeübten **65** Betrieb. Die dem Zwangsverwalter kraft Amtes verliehene Nutzungsbefugnis bezieht sich nur auf die beschlagnahmten Teile des Betriebsvermögens. Will der Zwangsverwalter den Betrieb fortführen, muss er das mit dem Schuldner als dem bisherigen Betriebsinhaber vereinbaren. Auf diesen Betriebsübergang ist § 613a anwendbar (BAG 9. 1. 1980 AP BGB § 613a Nr. 19 = NJW 1980, 2148; *Seiter* S. 141). Führt er ihn nicht selbst fort, sondern verpachtet ihn einem Dritten, fällt die Verpachtung unter § 613a. Wird das Grundstück im Anschluss an die Zwangsverwaltung versteigert und will der Ersteher den Betrieb nicht fortführen, bleibt dem Zwangsverwalter nur die Stilllegung und die Kündigung der Arbeitsverhältnisse (*Seiter* S. 141).

C. Rechtsfolgen des Betriebsübergangs

I. Übergang der Arbeitsverhältnisse

1. Arbeitgeberwechsel. Ist ein Betrieb oder Betriebsteil durch Rechtsgeschäft übergegangen, so **66** bestimmt § 613a I 1, dass der neue Inhaber in die Rechte und Pflichten aus den im Zeitpunkt des Übergangs bestehenden Arbeitsverhältnissen eintritt. Das Arbeitsverhältnis zum bisherigen Betriebsinhaber erlischt. Angeordnet wird damit ein **Vertragspartnerwechsel auf AGSeite,** der das zwischen dem AN und dem früheren AG bestehende Arbeitsverhältnis unverändert lässt (BAG 22. 2. 1978 AP BGB § 613a Nr. 11 = DB 1978, 1453; ArbRBGB/*Ascheid* Rn. 61). Einer Zustimmung des AN bedarf es nicht (BAG 30. 10. 1986 AP BGB § 613a Nr. 55 = NZA 1987, 382; zum Widerspruchsrecht des AN s. unten Rn. 84 ff.). Von dem Begriff der Rechte und Pflichten sind jedoch nur die individualrechtlichen Vereinbarungen umfasst unter Einschluss derjenigen tarifvertraglichen Regelungen, die durch Einbeziehung eines TV Bestandteil des Einzelarbeitsvertrags geworden sind (KR/*Pfeiffer* Rn. 101). In die Rechte und Pflichten tritt der neue Inhaber auch dann ein, wenn er den Betrieb oder Betriebsteil im Konkurs des ehemaligen Betriebsinhabers erworben hat (zu Einschränkungen im Konkurs Rn. 142 ff.). Maßgeblicher Zeitpunkt für den Eintritt ist nicht der Abschluss des zugrundeliegenden Rechtsgeschäfts, sondern die Fortführung des Betriebes, dh. der Moment, in dem der neue Inhaber die arbeitstechnische Organisations- und Leitungsmacht im eigenen Namen tatsächlich übernimmt (BAG 6. 2. 1985 AP BGB § 613a Nr. 44 = NZA 1985, 735). Entscheidend ist die tatsächliche Übernahme (*Hergenröder* AR-Blattei SD 500.1 Rn. 87) und nicht etwa der bloße Übernahmewille. Ab diesem Zeitpunkt beginnt eine tarifliche Ausschlussfrist für Ansprüche gegen den bisherigen Betriebsinhaber, die an das Ausscheiden aus dem Arbeitsverhältnis anknüpft, zu laufen (BAG 10. 8. 1994 AP TVG § 4 Ausschlussfristen Nr. 126 = NZA 1995, 742).

2. Erfasste Arbeitsverhältnisse. § 613a ordnet seinem Wortlaut nach den Übergang der bestehen- **67** den Arbeitsverhältnisse an. Für den Arbeitnehmerbegriff ist insoweit auch nach der RL 2001/23/EG auf den nationalen deutschen ANBegriff abzustellen (Art. 2 I d; EuGH 14. 9. 2000 EAS RL 77/187/EWG Art. 1 Nr. 20). Deshalb sind selbständige Dienstverhältnisse oder Beamtenverhältnisse vom Anwendungsbereich des § 613a ausgenommen. Erfasst werden die Arbeitsverhältnisse aller AN, unabhängig davon, ob es sich um Arbeiter, Angestellte oder Auszubildende handelt, auch die leitender Angestellter fallen darunter (BAG 22. 2. 1978 AP BGB § 613a Nr. 11 = DB 1978, 914; BAG 19. 1. 1988 AP BGB § 613a Nr. 70 = NZA 1988, 501; KR/*Pfeiffer* Rn. 103). Ein Arbeitsverhältnis zu einer Gesellschaft kann auch dann bestehen, wenn der AN an ihr wirtschaftlich beteiligt ist (BAG 31. 5. 1990 ZTR 1991, 33; ArbRBGB/*Ascheid* Rn. 9). Ist der Inhaber des Arbeitsverhältnisses dagegen gleichzeitig Organmitglied der Gesellschaft, greift § 613a nicht ein, da das Vertrauen in die Organmitglied bestellenden Personen dem Übergang des gesamten Dienstverhältnisses auf den Erwerber entgegensteht (Erman/*Hanau* Rn. 42; *Seiter* S. 56). Der Anstellungsvertrag eines GmbH-Geschäftsführers geht daher nicht auf einen Betriebserwerber über. Auch eine analoge Anwendung des § 613a kommt nicht in Betracht. Freilich kann rechtsgeschäftlich neben der Organstellung ein Arbeitsverhältnis begründet worden sein, das gemäß § 613a übergehen kann (BAG 13. 2. 2003 NZA 2003, 552). Unerheblich ist ferner, ob es sich um ein Teilzeit- oder Vollzeitarbeitsverhältnis handelt, was jetzt auch aus Art. 2 II a, b RL 2001/23/EG folgt. Liegt unechte ANÜberlassung vor, bleibt das Arbeitsverhältnis des überlassenen AN beim

Verleiher und geht über, wenn dieser seinen Betrieb veräußert (s. a. Art. 2 II c RL 2001/23/EG). Anderes gilt, wenn zum Entleiher ein fingiertes Arbeitsverhältnis nach § 10 AÜG besteht, dann setzt der Übergang die Veräußerung des Entleiherbetriebs voraus (ArbRBGB/*Ascheid* Rn. 9). Auf Verträge freier Mitarbeiter und arbeitnehmerähnlicher Personen wird § 613 a nicht angewendet. Auf **Heimarbeitsverhältnisse** findet § 613 a keine, auch keine analoge Anwendung (BAG 3. 7. 1980 AP BGB § 613 a Nr. 23 = BB 1981, 1466; BAG 24. 3. 1998 AP BGB § 613 a Nr. 178; Erman/*Hanau* Rn. 42; Staudinger/*Richardi/Annuß* Rn. 30; aA KR/*Pfeiffer* Rn. 13).

68 Ein **bestehendes** Arbeitsverhältnis liegt auch dann noch vor, wenn es an Mängeln leidet und deshalb kein wirksamer oder ein anfechtbarer Arbeitsvertrag zugrundeliegt (ArbRBGB/*Ascheid* Rn. 10; Erman/*Hanau* Rn. 43). Ist das Arbeitsverhältnis bereits gekündigt, besteht es jedenfalls noch bis zum Ablauf der Kündigungsfrist und geht vorher auf den Erwerber über (BAG 22. 2. 1978 AP BGB § 613 a Nr. 11 = DB 1978, 914).

69 Ist das Arbeitsverhältnis **beendet**, greift § 613 a nicht ein. **Ruhestandsverhältnisse** werden daher nicht erfasst, so dass der Erwerber Versorgungsansprüche von AN, die bereits vor dem Betriebsübergang in den Ruhestand getreten sind, nicht erfüllen muss (BAG 11. 11. 1986 AP BGB § 613 a Nr. 61 = NZA 1987, 559; ArbRBGB/*Ascheid* Rn. 13; MünchKommBGB/*Schaub* Rn. 10; Erman/*Hanau* Rn. 44). Dasselbe gilt für Versorgungsanwartschaften von bereits vor dem Betriebsübergang ausgeschiedenen AN. Eine Umgehung von § 4 BetrAVG liegt vor, wenn in einem Betriebsübernahmevertrag vereinbart wird, dass der Betriebserwerber bereits fälligen Versorgungsschulden beitritt und danach die Betriebsrentner veranlassen muss, den Betriebsveräußerer von der Haftung freizustellen. Die vorgesehenen Erlassverträge zwischen Betriebsrentnern und dem Betriebsveräußerer sind nur dann wirksam, wenn der PSV zustimmt (BAG 17. 3. 1987 AP BetrAVG § 4 Nr. 4 = NZA 1988, 21). Übernimmt der Erwerber anlässlich des Betriebsübergangs zugleich eine Unterstützungskasse, muss die Unterstützungskasse die Ansprüche der bereits ausgeschiedenen AN erfüllen. Der Betriebsveräußerer bleibt verpflichtet, dafür zu sorgen, dass die Unterstützungskasse ihre Leistungen erbringen kann (BAG 28. 2. 1989 BetrAVG § 1 Unterstützungskassen Nr. 20 = NZA 1989, 681). Wird er insolvent, tritt der PSV nach § 7 BetrAVG für die Ruhegelder und unverfallbaren Versorgungsanwartschaften ein (MünchKommBGB/*Schaub* Rn. 105).

70 Provisionsansprüche der bei Betriebsübergang ausgeschiedenen AN braucht der Erwerber auch dann nicht zu erfüllen, wenn das provisionspflichtige Geschäft erst vom Erwerber ausgeführt wird (BAG 11. 11. 1986 AP BGB § 613 a Nr. 60 = BB 1987, 1603).

71 3. **Zuordnung der Arbeitnehmer.** Veräußert ein Unternehmen nur einen von mehreren Betrieben oder ein Betriebsinhaber lediglich einen Betriebsteil, kann im Einzelfall streitig werden, welche Arbeitsverhältnisse auf den Erwerber übergehen (hierzu *Gentges* RdA 1996, 265 ff.; *Müller/Thüsing* ZIP 1997, 1876 f.). Dasselbe gilt, wenn von mehreren Betrieben einer oder Teile von einem Betrieb stillgelegt und andere übertragen werden. Probleme stellen sich in diesen Fällen, wenn AN in verschiedenen Betrieben bzw. Betriebsteilen oder in einer zentralen Unternehmensorganisation tätig waren. Nach BAG soll es bei der Tätigkeit für mehrere Betriebe oder Betriebsteile in erster Linie auf die Übereinstimmung des Veräußerers und des Erwerbers ankommen, zu welchem Betrieb oder Betriebsteil die AN gehören. Damit sei der Schutzfunktion des § 613 a genüge getan, weil die zugeordneten AN sowohl ihren Arbeitsplatz als auch ihre sozialen Besitzstände behielten (BAG 20. 7. 1982 AP BGB § 613 a Nr. 31 = DB 1983, 50; BAG 25. 6. 1985 AP BetrAVG § 7 Nr. 23 = NZA 1986, 93). Nur wenn sich Veräußerer und Erwerber nicht einigen können, soll nach objektiven Kriterien zu entschieden sein, insb. danach, für welchen Betrieb oder Betriebsteil die AN vor der Betriebsveräußerung überwiegend tätig waren (BAG 20. 7. 1982 AP BGB § 613 a Nr. 31 = DB 1983, 50; KR/*Pfeiffer* Rn. 105). Dagegen spricht jedoch, dass der Übergang der Arbeitsverhältnisse als gesetzliche Folge nach § 613 a der Disposition der Parteien schlechthin entzogen ist und damit nicht durch Vereinbarung zwischen Veräußerer und Erwerber abbedungen oder erweitert werden kann (zutreffend *Loritz* RdA 1987, 79 f.).

72 Die Zuordnung hat sich daher maßgeblich nach objektiven Kriterien zu richten. Notwendig ist, dass der AN in den übergegangenen Betrieb oder Betriebsteil tatsächlich eingegliedert war (BAG 11. 9. 1997 AP EWG-Richtlinie Nr. 77/187 Nr. 16; BAG 13. 11. 1997 AP BGB § 613 a Nr. 170; BAG 13. 2. 2003 BB 2003, 1286). Es reicht nicht aus, wenn der AN lediglich (auch) für den Betriebsteil Tätigkeiten verrichtet hat, ohne diesem anzugehören (BAG 8. 8. 2002 EzA § 613 a BGB Nr. 209 zur Tätigkeit für einen übertragenen Teil in einer Verwaltungsabteilung; Staudinger/*Richardi/Annuß* Rn. 113). Regelmäßig führt die objektive Betrachtung zu einer klaren Zuordnung. Bleibt die Zuordnung in Ausnahmefällen unklar, steht den betroffenen AN in Anlehnung an ihr Widerspruchsrecht (dazu unten Rn. 84 ff.) ein Wahlrecht zu, ob sie dem verbleibenden oder dem übernommenen Betrieb oder Betriebsteil zugeordnet werden wollen (ebenso *v. Hoyningen-Huene/Windbichler* RdA 1977, 334; *Seiter* S. 64; Erman/*Hanau* Rn. 46; *Müller/Thüsing* ZIP 1997, 1873; *Gentges* RdA 1996, 265, 274; **aA** *Kreitner* NZA 1990, 431; *Gaul* S. 365 ff.; MünchArbR/*Wank* § 120 Rn. 114). Die Arbeitsverhältnisse der AN, die in zentralen Unternehmensbereichen tätig waren, gehen nur dann über, wenn deren Tätigkeit ausschließlich oder wesentlich dem übergehenden Betrieb oder Betriebsteil zugute kam. Die

C. Rechtsfolgen des Betriebsübergangs § 613a BGB 230

Verbindung zwischen der Tätigkeit und dem betreffenden Betrieb oder Betriebsteil muss so eng sein, dass infolge des Betriebs(-teil)übergangs die Beschäftigungsmöglichkeit im verbleibenden zentralen Unternehmensbereich des Veräußerers entfällt. Anderenfalls verbleiben die AN im Veräußererunternehmen (für eine Zuordnungsentscheidung des AG *Lieb* ZfA 1994, 240 f.; Staudinger/*Richardi*/*Annuß* Rn. 115; im Erg. wohl auch *Müller/Thüsing* ZIP 1997, 1876 f.). Grds. geht aber der Leiter einer Zentralabteilung, die für den gesamten Betrieb bzw. das Unternehmen zuständig ist, nicht mit Übergang eines – wenn auch wesentlichen – Betriebsteils über (BAG 13. 11. 1997 AP BGB § 613a Nr. 170). Auch die Restbelegschaft eines – nach Betriebsteilübergang nicht mehr lebensfähigen Betriebsrestes – geht nicht mit über (*Müller-Glöge* NZA 1999, 449, 453; *Annuß* BB 1998, 1582, 1586; *Hergenröder* AR-Blattei SD 500.1 Rn. 286).

4. Eintritt in die Rechte und Pflichten. a) Rechtsstellung des Arbeitnehmers. Durch den gesetz- 73 lich angeordneten Vertragspartnerwechsel wird der neue Betriebsinhaber Schuldner aller Verbindlichkeiten aus dem Arbeitsverhältnis, auch soweit sie vor dem Übergang entstanden sind (ausf. *Gaul* S. 419 ff.; *Willemsen* G Rn. 188 ff.). Er muss dieselben Löhne und Gehälter zahlen, die der ehemalige Betriebsinhaber gezahlt hat. Auch rückständige Lohnansprüche hat er auf Grund des Schuldnerwechsels zu begleichen (BAG 18. 8. 1976 AP BGB § 613a Nr. 4 = NJW 1977, 1168). Zu den Verbindlichkeiten aus dem Arbeitsverhältnis gehören auch alle **sonstigen Leistungen**, die der bisherige Betriebsinhaber gewährt hat, wie etwa Gratifikationen und andere Sonderleistungen (zB Anwesenheitsprämien), ein **AGDarlehen** aber nur, wenn der AG dem AN ein Darlehen als Lohn- oder Gehaltsvorschuss gegeben hat. Haben die Arbeitsvertragsparteien jedoch neben dem Arbeitsvertrag einen vom Arbeitsverhältnis unabhängigen, eigenständigen Darlehensvertrag geschlossen, wird dieser durch den Betriebsübergang nicht berührt (BAG 21. 1. 1999 – 8 AZR 373/97 – nv.; differenzierend *Willemsen* G Rn. 192; aA Staudinger/*Richardi*/*Annuß* Rn. 153). Bereits beim Veräußerer erdiente **Versorgungsanwartschaften** der AN gehören ebenfalls zu den übergehenden Rechten (st. Rspr., BAG 24. 3. 1977 AP BGB § 613a Nr. 6; BAG 29. 11. 1988 AP BetrAVG § 1 Betriebsveräußerung Nr. 7). Dabei macht es keinen Unterschied, ob es sich um verfallbare oder unverfallbare Anwartschaften handelt (BAG 12. 5. 1992 AP BetrAVG § 1 Betriebsveräußerung Nr. 14; Staudinger/ *Richardi*/*Annuß* Rn. 164). Wird die betriebliche Altersversorgung beim Veräußerer von einer Unterstützungskasse durchgeführt, wird diese aber nicht auf den Erwerber übertragen, übernimmt der Erwerber ebenfalls die Versorgungslasten nach § 613a. Im Gegensatz zum Veräußerer kann der Erwerber seine versorgungsberechtigten AN nicht an die Unterstützungskasse verweisen, die vor dem Betriebsinhaberwechsel für die Erfüllung der Versorgungsansprüche zuständig war (BAG 15. 3. 1979 AP BGB § 613a Nr. 15 = NJW 1979, 2533). Eine andere Frage ist, ob sich die in Anspruch genommene Unterstützungskasse auf die für den Veräußerer geltende Haftungsbeschränkung (dazu unten Rn. 129 ff.) nach § 613a II berufen kann. Das BAG (15. 3. 1979 AP BGB § 613a Nr. 15 = NJW 1979, 2533) hat dies unter Hinweis auf die wirtschaftliche Einheit zwischen Trägerunternehmen und Unterstützungskasse bejaht. Dem wird mit gutem Grund entgegengehalten, dass diese wirtschaftliche Sichtweise die juristische Selbständigkeit der Unterstützungskassen zu wenig berücksichtige. Soweit diese in Form eines eV betrieben werde, ändere der Betriebsübergang an der Mitgliedschaft des AN nichts, so dass es für einen Anspruchsverlust des AN keinen Grund gebe (KR/*Pfeiffer* Rn. 139; *Schaub* NZA 1987, 3). Übergehen können grds. auch Ansprüche aus einem **Aktienoptionsplan** (BAG 12. 2. 2003 NZA 2003, 487; dafür auch *Gaul* § 13 Rn. 42; *Tappert* NZA 2002, 1188; *Lembke* BB 2001, 1469; *Nehls/Sudmeyer* ZIP 2002, 201; aA *Bauer/Göpfert/von Steinau-Steinrück* ZIP 2001, 1129). Schließt der AN eine Vereinbarung über die Gewährung von Aktienoptionen nicht mit seinem AG, sondern mit einem anderen Konzernunternehmen ab, so können Ansprüche aus dieser Vereinbarung grundsätzlich nur gegenüber dem vertragsschließenden Konzernunternehmen geltend gemacht werden und werden nicht Bestandteil des Arbeitsverhältnisses mit einer Tochtergesellschaft (BAG 12. 2. 2003 NZA 2003, 487; LAG Düsseldorf 3. 3. 1998 NZA 1999, 981; Hessisches LAG 19. 11. 2001 LAGE BGB § 611 Mitarbeiterbeteiligung Nr. 2; *Buhr/Radtke* BB 2001, 1882; *Lingemann/Diller/Mengel* NZA 2000, 1191, 1198; *Gaul* aaO § 13 Rn. 51; *Schnitker/Grau* BB 2002, 2499; *Nehls/Sudmeyer* ZIP 2002, 204; *Steinau-Steinrück* NZA 2003, 473; aA *Lipinski/Melms* BB 2003, 150, 153 f.). Eine für den Fall des Betriebsübergangs vereinbarte Verfallklausel dürfte unwirksam sein (so *Tappert* NZA 2002, 1192, 1193; dagegen: *Bauer/Göpfert/von Steinau-Steinrück* ZIP 2001, 1132; differenzierend: *Willemsen/Müller-Bonanni* ZIP 2003, 1177, 1182 ff.; *Mechlem/Melms* DB 2000, 1614, 1616). Zur Frage, ob gegebenenfalls übergehende Ansprüche aus einem Aktienoptionsplan nach den Regeln ergänzender Vertragsauslegung oder nach § 313 BGB wegen Störung der Geschäftsgrundlage anzupassen sind, weil dem Erwerber die im Regelfall mit einem Aktienoptionsplan verbundene Kapitalerhöhung und Ausgabe neuer Aktien nach § 275 Abs. 1 rechtlich unmöglich ist (vgl. *Gaul* § 13 Rn. 43 ff.; *Schnitker/Grau* BB 2002, 2497, 2500; *Willemsen/ Müller-Bonanni* ZIP 2003, 1177, 1182 f.).

Bestand bereits vor dem Betriebsübergang auf Grund einer **betrieblichen Übung** (hierzu § 611 74 Rn. 261 ff.) eine Bindungswirkung, gilt diese auch für den neuen Betriebsinhaber. Ist die betriebliche Übung zum Zeitpunkt des Betriebsübergangs noch nicht bindend geworden, muss der jetzige Betriebsinhaber den von seinem Vorgänger gesetzten Vertrauenstatbestand gegen sich gelten lassen.

Allerdings kann er für die Zukunft die Betriebsübung unter Beachtung des arbeitsrechtlichen Gleichbehandlungsgrundsatzes abbrechen und dadurch den Eintritt der Bindung verhindern (Erman/*Hanau* Rn. 61; MünchKommBGB/*Schaub* Rn. 99).

75 Werden die übernommenen AN durch die Übernahme ihrer bisherigen Ansprüche günstiger gestellt als die bereits beim Erwerber vorhandene Belegschaft, bleibt die Besserstellung grds. erhalten. Keinesfalls kann der Erwerber unter Hinweis auf den arbeitsrechtlichen **Gleichbehandlungsgrundsatz** (hierzu § 611 Rn. 727) eine Anpassung an die Verhältnisse in seinem bereits bestehenden Betrieb einseitig anordnen. Will er eine Gleichstellung erreichen, muss er entweder eine **vertragliche Vereinbarung** herbeiführen oder eine **Änderungskündigung** aussprechen (BAG 6. 12. 1978 AP AngestelltenkündigungsG § 2 Nr. 7 = NJW 1980, 1304), was auch die RL 2001/23/EG zulässt (EuGH 14. 9. 2000 EAS RL 77/187/EWG Art. 1 Nr. 20). Andererseits können die AN des Stammbetriebs keine Anpassung an die Rechtsstellung der übernommenen AN verlangen. Bestehen im Stammbetrieb des Erwerbers bessere Bedingungen als in dem übernommenen Betrieb oder Betriebsteil, verlangt der Gleichbehandlungsgrundsatz nicht zwingend eine Anpassung zugunsten der übernommenen AN (BAG 25. 8. 1976 AP BGB § 242 Gleichbehandlung Nr. 41 = DB 1977, 358; BAG 29. 8. 2001 AP GG Art. 3 Nr. 291). Dies gilt jedenfalls dann, wenn die übernommene Betriebsorganisation ihre Identität bewahrt. Allerdings kann die unterschiedliche Behandlung im Laufe der Zeit ihren sachlichen Grund verlieren und zu einem Anpassungsanspruch der schlechter gestellten AN führen (*Seiter* S. 83 f.; Erman/*Hanau* Rn. 61). Wird die übernommene Betriebsorganisation dagegen vollständig aufgelöst und werden die übernommenen AN unterschiedslos in den Stammbetrieb integriert, kann dies einen Gleichstellungsanspruch begründen (MünchKommBGB/*Schaub* Rn. 100; aA *Hergenröder* AR-Blattei SD 500.1 Rn. 716).

76 Die Dauer der **Betriebszugehörigkeit** beim Veräußerer bleibt den AN auch bei dem Erwerber erhalten. Sie ist für die Rechtsstellung gegenüber dem Erwerber insoweit von Bedeutung, als er die Zugehörigkeit zum Betrieb des Veräußerers bei dem Erwerb gesetzlicher Rechte gegen sich gelten lassen muss, sowie bei der Berechnung von Kündigungsfristen oder der Wartezeit beim Urlaub (LAG Düsseldorf 9. 11. 2000 LAGE BGB § 613 a Nr. 80 a; Staudinger/*Richardi/Annuß* Rn. 144). Gleiches gilt für die Berechnung der Wartezeit gem. § 1 KSchG (BAG 27. 6. 2002 NZA 2003, 145). Auch bei der Berechnung finanzieller Leistungen, wie zB bei Abfindungen bei Vertragsende oder Lohnerhöhungen, muss der Erwerber die vom übernommenen Personal beim Veräußerer geleisteten Dienstjahre berücksichtigen, soweit sich dies aus dem Inhalt des übergegangenen Arbeitsverhältnisses ergibt (EuGH 14. 9. 2000 EAS RL 77/187/EWG Art. 1 Nr. 20). Bei Leistungen des Erwerbers, in welche der AN hineinwächst, die ihm nach dem bisherigen Arbeitsvertrag aber auf Grund kollektiver Regelungen beim Veräußerer nicht zustanden, muss die bisherige Betriebszugehörigkeit nicht berücksichtigt werden, weil die Dauer der Betriebszugehörigkeit für sich alleine keine Rechte begründet (LAG Düsseldorf 9. 11. 2000 LAGE BGB § 613 a Nr. 80 a), sondern sie lediglich sichert. So wird auf den Erwerb einer unverfallbaren Ruhegeldanwartschaft die Betriebszugehörigkeit beim Veräußerer im Rahmen von § 1 I 1 BetrAVG mitgerechnet (BAG 8. 2. 1983 AP BGB § 613 a Nr. 35 = NJW 1984, 1254; BAG 20. 7. 1993 AP BetrAVG § 1 Unverfallbarkeit Nr. 4 = NZA 1994, 121; BAG 24. 7. 2001 AP BetrAVG § 1 Betriebsveräußerung Nr. 18). Bestehen zurzeit des Betriebsinhaberwechsels keine Versorgungsanwartschaften, die übernommen werden müssen, ist der Betriebserwerber nicht daran gehindert, bei der Gewährung eigener Versorgungsleistungen danach zu unterscheiden, ob die betreffenden AN ihre Betriebstreue ihm selbst oder noch dem früheren Betriebsinhaber erbracht haben (BAG 30. 8. 1979 AP BGB § 613 a Nr. 16 = NJW 1980, 416).

77 Bei der Überlassung einer **Werkswohnung** ist zu unterscheiden, ob es sich um eine Werkdienstwohnung nach § 576 b oder eine Werkmietwohnung nach §§ 576, 576 a handelt. Bei der Werkdienstwohnung besteht neben dem Arbeitsverhältnis kein bes. Mietverhältnis, so dass das Wohnrecht zum Inhalt des Arbeitsverhältnisses gehört und nach § 613 a übergeht. Werkmietwohnungen sind dagegen lediglich mit Rücksicht auf das bestehende Arbeitsverhältnis vermietet; es besteht also neben dem Arbeitsverhältnis ein Mietverhältnis, für das § 613 a keine Anwendung findet. Werden die Wohneinheiten im Rahmen des Betriebsübergangs ebenfalls an den Erwerber veräußert, tritt er nach § 566 in die Mietverhältnisse ein. War der bisherige Betriebsinhaber nach dem Arbeitsvertrag zur Stellung einer Mietwohnung verpflichtet, geht diese Pflicht nach § 613 a auf den Erwerber über (Staudinger/*Richardi/Annuß* Rn. 154; *Willemsen* G Rn. 193).

78 Keine Rechte aus dem Arbeitsverhältnis sind die **handelsrechtlichen Vollmachten**, wie etwa Prokura oder Handlungsvollmacht. Das ihnen zugrundeliegende Rechtsverhältnis ist das Arbeitsverhältnis zum früheren Betriebsinhaber. Da dieses Arbeitsverhältnis mit dem Betriebsübergang erlischt, erlöschen auch die mit ihm verbundenen Vollmachten (Staudinger/*Richardi/Annuß* Rn. 145).

79 **b) Rechtsstellung des Betriebserwerbers.** Für den Erwerber hat der Betriebsübergang zur Folge, dass er in **alle arbeitsvertraglichen Ansprüche** gegenüber den übernommenen AN eintritt. Dies gilt in erster Linie für den Anspruch auf Leistung der dem Veräußerer geschuldeten Dienste einschließlich aller Nebenansprüche aus dem Arbeitsverhältnis. Er wird zudem Gläubiger aller entstandenen und fällig gewordenen Ansprüche, die mit dem Arbeitsverhältnis in engem Zusammenhang stehen. Dazu

gehören **Bereicherungsansprüche** wegen überzahlter Vergütung oder **Schadensersatzansprüche** wegen unerlaubter Handlungen, die eine arbeitsvertragliche Pflichtverletzung darstellen (Erman/*Hanau* Rn. 59). Auch die **Gestaltungsrechte** gehen auf den neuen Inhaber über. Das gilt nicht nur für die Kündigung des Arbeitsverhältnisses, sondern auch für eine etwaige Anfechtung. Liegen die Gründe für eine fristlose oder fristgerechte verhaltensbedingte Kündigung noch vor dem Betriebsübergang, kann der Erwerber sich auf diese Gründe berufen, wenn sie noch nachwirken. Für die außerordentliche Kündigung kann die Ausschlussfrist des § 626 II im Rahmen des Betriebsübergangs beachtlich werden. Hatte bereits der Betriebsveräußerer von den maßgeblichen Gründen Kenntnis, muss sich der Erwerber die seither verstrichene Frist im Rahmen von § 626 II anrechnen lassen (Erman/*Hanau* Rn. 63).

Unterfällt der AN einem gesetzlichen **Wettbewerbsverbot** (§ 60 HGB) gegenüber dem AG, tritt 80 der Übernehmer in die Rechte des Veräußerers ein. Da sich Inhalt und Reichweite des Wettbewerbsverbots nach der Eigenart des Unternehmens richten, kann sich eine Änderung der Unterlassungspflicht ergeben, wenn der Betriebserwerber einen anderen oder weitergehenden Unternehmenszweck verfolgt. Maßgeblich ist das Unternehmen des jetzigen AG, allerdings ist dieser an eine vom Veräußerer erteilte Genehmigung gebunden (MünchKommBGB/*Schaub* Rn. 11). Bestand zwischen Veräußerer und AN ein nachvertragliches Wettbewerbsverbot (§§ 74 ff. HGB, § 110 GewO nF; § 5 BBiG), wird der Erwerber daraus berechtigt und verpflichtet, wenn der AN nach dem Betriebsübergang ausscheidet (BAG 27. 11. 1991 AP TVG § 4 Nachwirkung Nr. 22 = NZA 1992, 800; GK-HGB/ *Etzel* §§ 74–75 d Rn. 65). Scheidet der AN vor dem Betriebsübergang aus, kann eine Wettbewerbsabrede gegen ihn nach § 613 a übergehen, da es an einem bestehenden Arbeitsverhältnis fehlt. Hier kommt eine analoge Anwendung in Betracht (MünchKommBGB/*Schaub* Rn. 11; aA Staudinger/*Richardi*/*Annuß* Rn. 161), auch wenn Schwierigkeiten für den Fall auftreten können, dass der bisherige Betriebsinhaber noch andere Betriebe weiterführt, auf die sich das Wettbewerbsverbot ebenfalls erstreckt. Hier ist der AN ggf. dem alten und dem neuen AG zur Wettbewerbsunterlassung verpflichtet. Im Gegenzug haften beide ihm gegenüber auf Zahlung der Karenzentschädigung als Gesamtschuldner (*Seiter* S. 81; MünchKommBGB/*Schaub* Rn. 11).

Für rückständige **Sozialversicherungsbeiträge** oder **Lohnsteuer** haftet der Betriebserwerber gegen- 81 über den zuständigen Stellen nicht. Hierbei handelt es sich nicht um Pflichten aus dem Arbeitsverhältnis, sondern um Verpflichtungen öffentlich-rechtlicher Natur (ArbRBGB/*Ascheid* Rn. 67).

5. Unabdingbarkeit. Aus dem Schutzgedanken (oben Rn. 2) folgt, dass § 613 a zwingendes Recht 82 darstellt (st. Rspr., vgl. BAG 29. 10. 1975 AP BGB § 613 a Nr. 2 = NJW 1976, 535; BAG 12. 5. 1992 AP BetrAVG § 1 Betriebsveräußerung Nr. 14 = NZA 1992, 1080). Zu Lasten des AN können dessen Rechtsfolgen weder durch Vereinbarung zwischen Betriebsveräußerer und Erwerber noch durch Vereinbarung zwischen Betriebsveräußerer und dem vom Betriebsübergang betroffenen AN ausgeschlossen oder modifiziert werden. Unzulässig ist demnach eine arbeitsvertragliche Vereinbarung, die im Fall des Betriebsinhaberwechsels den Übergang des Arbeitsverhältnisses ausschließt (Staudinger/*Richardi*/*Annuß* Rn. 31, 33). Anderes kann nur dann gelten, wenn die Klausel auf Wunsch des AN aufgenommen wird und das Ziel verfolgt, den bisherigen AG auch bei einem Betriebsübergang zu behalten (ähnlich Staudinger/*Richardi*/*Annuß* Rn. 34). Dann ist der Klausel jedoch zu entnehmen, dass der Betriebsveräußerer gleichzeitig auf das Recht der betriebsbedingten Kündigung verzichtet (zu Umgehungen bei Beendigungstatbeständen Rn. 153). Eine Vereinbarung, wonach der Veräußerer eines Betriebes gegenüber der Belegschaft alleiniger Schuldner aller Versorgungsverpflichtungen bleibt, verstößt gegen § 613 a iVm. § 4 BetrAVG und ist dann nichtig, wenn die versorgungsberechtigten AN zustimmen (BAG 14. 7. 1981 AP BGB § 613 a Nr. 27 = NJW 1982, 1607). Dass eine **Schuldübernahme** durch andere als die in § 4 I 1 BetrAVG genannten Versorgungsträger möglich ist, wenn neben den betroffenen AN der PSV zustimmt, wird überwiegend bejaht (BAG 26. 6. 1980 AP BetrAVG § 4 Nr. 1 = NJW 1981, 189; BAG 17. 3. 1987 AP BetrAVG § 4 Nr. 4 = NZA 1988, 21; *Höfer* BetrAVG § 4 Rn. 2234; offengelassen von BAG 14. 7. 1981 AP BGB § 613 a Nr. 27; aA *Thieme* Anm. zu BAG 14. 7. 1981 AP BGB § 613 a Nr. 27).

Wo eine **Umgehung** des § 613 a nicht zu befürchten ist, sind anlässlich eines konkreten Betriebs- 83 übergangs getroffene Vereinbarungen der AN mit dem Betriebsveräußerer oder -erwerber zulässig. Der Schutzgedanke der Bestimmung will den AN vor ungerechtfertigten Nachteilen bewahren, nicht jedoch seine Vertragsfreiheit einschränken (ArbRBGB/*Ascheid* Rn. 5). Deshalb kann der AN das Arbeitsverhältnis mit dem Veräußerer vor oder mit dem Erwerber nach dem Betriebsübergang einvernehmlich beenden (BAG 29. 10. 1975 AP BGB § 613 a Nr. 2 = NJW 1976, 535). Auch Vereinbarungen über den Inhalt des Arbeitsvertrags sind möglich. Bedenken gegen die Wirksamkeit einer solchen Vereinbarung können sich dann ergeben, wenn die Vereinbarung zum Nachteil des AN vom bisherigen Arbeitsvertrag abweicht (BAG 26. 3. 1987 AP BGB § 613 a Nr. 66). Krit. steht das BAG Vereinbarungen gegenüber, die den Erlass rückständiger Löhne oder den **Verzicht auf betriebliche Sozialleistungen** vorsehen. Dies soll nur möglich sein, wenn dafür ein **sachlicher Grund** vorliegt, zB die Erhaltung von Arbeitsplätzen (BAG 18. 8. 1976 AP BGB § 613 a Nr. 4 = NJW 1977, 1168; BAG 17. 1. 1980 AP BGB § 613 a Nr. 18 = NJW 1980, 1124; abl. *Willemsen* G Rn. 211). Die Wirksamkeit eines

Verzicht auf Versorgungsanwartschaften misst das BAG an den Voraussetzungen des Widerrufs durch die Unterstützungskasse (BAG 29. 10. 1985 AP BetrAVG § 1 Betriebsveräußerung Nr. 4 m. Anm. *Blomeyer* = DB 1986, 1779; BAG 12. 5. 1992 AP BetrAVG § 1 Betriebsveräußerung Nr. 14 = NZA 1992, 1080). Fehlt es daran, sind die entspr. Vereinbarungen wegen Verstoßes gegen den Schutzzweck des § 613 a I 1 nichtig. In der Literatur stößt die Ansicht der Rspr. wegen der damit einhergehenden Einschränkung der Vertragsfreiheit auf Kritik (Erman/*Hanau* Rn. 65 mwN). Eine Verschlechterung der ANAnsprüche durch Vereinbarung soll danach nur dann ausgeschlossen sein, wenn die Ansprüche auf zwingenden gesetzlichen oder kollektivvertraglichen Bestimmungen beruhen. Bei Erlassverträgen mit dem Veräußerer kommt zudem eine eventuelle Nichtigkeit nach § 17 III 3 BetrAVG, § 134 wegen Verstoßes gegen § 3 I 1 BetrAVG in Betracht. Zwar gilt § 3 BetrAVG nach überwiegender Ansicht nicht bei fortbestehendem Arbeitsverhältnis (BAG 14. 8. 1990 AP BetrAVG § 3 Nr. 4 mwN), doch wird das Arbeitsverhältnis zum Veräußerer beim Betriebsübergang beendet, so dass § 3 BetrAVG eingreift (LAG Hamm 2. 4. 1991 LAGE BGB § 613 a Nr. 22; Erman/*Hanau* Rn. 65; offengelassen von BAG 12. 5. 1992 AP BetrAVG § 1 Betriebsveräußerung Nr. 14).

II. Unterrichtung und Widerspruchsrecht der Arbeitnehmer

84   1. **Normzweck.** Mit § 613 a V setzt der Gesetzgeber Art. 7 VI der RL 2001/23/EG über Betriebsübergänge um, geht aber deutlich über die europäischen Vorgaben hinaus, die eine Information der einzelnen AN über den Betriebsübergang nur verlangt, wenn es unabhängig vom Willen der AN keine ANVertreter gibt, dh. nur in nicht betriebsratsfähigen Betrieben (APS/*Steffan* § 613 a Rn. 159; s. a. den Änderungsantrag in BT-Drucks. 14/8144; zum Umsetzungsbedarf *Preis/Gotthardt* EAS B 1100 Rn. 80). Aufgrund der Folgen eines Betriebsübergangs hält der Gesetzgeber die Unterrichtung aller AN für geboten und verknüpft mit diesem Informationsanspruch das nunmehr kodifizierte (§ 613 a VI) Widerspruchsrecht des AN. Auf der Grundlage der erteilten Information soll der AN über die Ausübung des Widerspruchsrechts entscheiden können (BT-Drucks. 14/7760 S. 19). Wie der gesamte § 613 a gelten §§ 613 a V, VI **unabhängig von der Betriebsgröße und unabhängig vom Bestehen eines BR** (*Grobys* BB 2002, 726).

85   2. **Unterrichtung der Arbeitnehmer. a) Inhalt der Unterrichtung.** Die in § 613 a V Nr. 1–4 genannten Unterrichtungsgegenstände sind identisch mit denjenigen in Art. 7 VI RL 2001/23/EG. **Zeitpunkt des Übergangs** ist derjenige, in dem der neue Inhaber die arbeitsorganisatorische Organisations- und Leitungsmacht übernimmt (Rn. 66). Die Nennung des geplanten Übergangszeitpunktes reicht. Der **Grund für den Übergang** dürfte mit der Angabe der rechtsgeschäftlichen Grundlage für den Betriebsübergang ausreichend gekennzeichnet sein; der AG oder Erwerber muss die wirtschaftlichen Ursachen für den Betriebsübergang nicht mitteilen (*Gaul/Otto* DB 2002, 634, 635; *Willemsen/Lembke* NJW 2002, 1159, 1162; *Worzalla* NZA 2001, 353, 354). Unklar ist, was mit der Information über die **rechtlichen, wirtschaftlichen und sozialen Folgen** des Betriebsübergangs für die AN gemeint ist. Der Gesetzgeber nennt insoweit unter Bezugnahme auf § 613 a I–IV die Fragen der Weitergeltung oder Änderung der bisherigen Pflichten aus dem Arbeitsverhältnis, der Haftung des bisherigen AG und des neuen Inhabers sowie des Kündigungsschutzes (BT-Drucks. 14/7760 S. 19). Unzureichend ist eine bloße Wiedergabe des Gesetzestextes von § 613 a I–IV. Da es um die Folgen für die AN geht, müssen diese nicht konkret bezogen auf jedes einzelne Arbeitsverhältnis benannt werden. Der AG oder Erwerber kann die Folgen kollektiv unter Zweck der Unterrichtung für AN oder für ANGruppen beschreiben (*Bauer/von Steinau-Steinrück* ZIP 2002, 457, 462; *Willemsen/Lembke* NJW 2002, 1159, 1163). Erfasst sind zunächst die sich unmittelbar aus dem Übergang ergebenden Rechtsfolgen, wie zB die Frage der Fortgeltung von tariflichen oder betrieblichen Regelungen auf normativer oder individualrechtlichter Grundlage. Die Unterrichtungspflicht ist allerdings nicht auf die rechtlichen Folgen beschränkt, sondern erfasst eben auch die wirtschaftlichen und sozialen Folgen. Der Umfang der Unterrichtung orientiert sich insoweit am Zweck der Unterrichtung; nämlich Entscheidungsgrundlage für das Widerspruchsrecht zu sein, so dass zB auch über das Nichtbestehen eines BR beim Erwerber, die Änderung der betriebsverfassungsrechtlichen Struktur, das Nichtbestehen von Kündigungsschutz dort, aber auch über ein laufendes Insolvenzverfahren beim Erwerber zu unterrichten ist (*Worzalla* NZA 2002, 353, 355; aA bzgl. der Solvenz des Erwerbers *Grobys* BB 2002, 726, 728; vgl. zur Problematik im UmwG *Willemsen* C Rn. 363 ff.). Zu unterrichten ist auch über die **hinsichtlich der AN in Aussicht genommenen Maßnahmen.** Dies sind zB Weiterbildungsmaßnahmen in Zusammenhang mit geplanten Produktionsumstellungen und andere Maßnahmen, die die berufliche Entwicklung der AN betreffen (BT-Drucks. 14/7760 S. 19), aber auch der Abschluss von einem Interessenausgleich oder einem Sozialplan einschließlich der darin vorgesehenen Maßnahmen (*Gaul/Otto* DB 2002, 634, 635). Zwar müssen die Maßnahmen nicht durchgeführt, sondern nur in Aussicht genommen sein, erreicht sein muss aber das Stadium konkreter Planung (*Willemsen/Lembke* NJW 2002, 1159, 1163). Werden keine Maßnahmen geplant, ist eine Unterrichtung nicht erforderlich. Die Unterrichtungspflicht erstreckt sich zudem auch auf die **Bezeichnung des Erwerbers;** auf das Widerspruchsrecht an sich muss nicht hingewiesen werden (*Bauer/von Steinau-Steinrück* ZIP 2002, 457,

463). Der Inhalt der zu gebenden Information bestimmt sich nach **subjektivem Kenntnisstand** des Veräußerers und Erwerbers zum Zeitpunkt der Unterrichtung (*Grobys* BB 2002, 726, 728; vgl. zu § 102 BetrVG *Fitting* § 102 Rn. 41).

b) Informationsberechtigte und -verpflichtete. Informationsberechtigt sind die **vom Übergang betroffenen AN.** Dies sind die AN, deren Arbeitsverhältnis dem übergehenden Betrieb oder Betriebsteil zuzuordnen ist (*Worzalla* NZA 2002, 353). Die Zuordnung hat sich auch insoweit abw. von der Rspr. maßgeblich nach objektiven Kriterien zu richten (hierzu Rn. 71 f.). Zur Unterrichtung verpflichtet sind **der bisherige Arbeitgeber oder der neue Betriebsinhaber.** Die Unterrichtungspflicht trifft beide gleichermaßen. Sie sollen sich darüber verständigen, in welcher Weise sie diese Pflicht erfüllen (BT-Drucks. 14/7760 S. 19). Bisheriger Arbeitgeber und neuer Betriebsinhaber sind einander wechselseitig verpflichtet, Auskunft über die maßgeblichen Umstände zu erteilen, die zur ordnungsgemäßen Erfüllung der Informationspflicht erforderlich sind (*Willemsen/Lembke* NJW 2002, 1159, 1162). Die Erfüllung der Informationspflicht durch den einen wirkt auch zu Gunsten des anderen. Eine vollständige Information ist deshalb auch dann gegeben, wenn sich diese erst aus dem Zusammenspiel der Angaben von bisherigem AG und neuem Betriebsinhaber ergibt (*Bauer/von Steinau-Steinrück* ZIP 2002, 457, 463).

c) Form und maßgeblicher Zeitpunkt. Die Unterrichtung der AN hat in **Textform** (§ 126 b) zu 87 erfolgen (im Einzelnen hierzu §§ 125–127 Rn. 32 ff.). Die Textform ist ausreichend, weil die Informations- und Dokumentationsfunktion der Unterrichtung im Vordergrund steht, nicht aber die Beweis- oder Warnfunktion (BT-Drucks. 14/7760 S. 19; anders Stellungnahme BR BT-Drucks. 14/7760 S. 22; dagegen BReg BT-Drucks. 14/7797). Die Unterrichtung kann insb. durch E-Mail erfolgen, nicht aber durch mündliche Mitteilung auf einer Betriebsversammlung. Das **Risiko des Zugangs** trägt jedoch der AG bzw. Erwerber. Da davon der Beginn der Widerspruchsfrist abhängt, kann es sich empfehlen, eine schriftliche Empfangsbestätigung vorzusehen (*Gaul/Otto* DB 2002, 634, 635). Wird die Textform nicht gewahrt, ist die Unterrichtung unwirksam.

Nach § 613 a V hat die Unterrichtung der AN **vor dem Übergang** zu erfolgen. Die Unterrichtungs- 88 pflicht erlischt jedoch nicht mit dem Zeitpunkt des Übergangs, sondern besteht darüber hinaus. Erfolgt die Unterrichtung erst nach Vollzug des Betriebsübergangs, beginnt die Widerspruchsfrist erst mit Zugang der Unterrichtung (BT-Drucks. 14/7760 S. 20; *Willemsen/Lembke* NJW 2002, 1159, 1163; wohl aA *Bauer/von Steinau-Steinrück* ZIP 2002, 457, 459). AG bzw. Erwerber müssen nach ihrem Kenntnisstand zum Zeitpunkt des Zugangs der Unterrichtung informieren.

d) Folgen unterbliebener oder unvollständiger Information. Folge der fehlenden Unterrichtung 89 der AN ist, dass die Widerspruchsfrist des § 613 a VI nicht läuft. Dies gilt jedoch nicht nur dann, wenn die AN überhaupt nicht informiert wurden, sondern ebenso, wenn die Unterrichtung der AN nicht vollständig ist (BT-Drucks. 14/7760 S. 19; *Gaul/Otto* DB 2002, 634, 638 f.; *Willemsen/Lembke* NJW 2002, 1159, 1164). Im Hinblick auf die Vollständigkeit der Unterrichtung wird man den Gerichten prinzipiell nur ein **formelles Prüfungsrecht** zugestehen können, weil zB eine Beweiserhebung über die im Zeitpunkt der Unterrichtung absehbaren wirtschaftlichen und sozialen Folgen des Übergangs rückblickend kaum durchführbar ist (*Grobys* BB 2002, 726, 729 unter Bezugnahme auf die Prüfungskompetenz des Registergerichts in Umwandlungsfällen, s. dazu *Willemsen* C Rn. 377 f.; aA *Worzalla* NZA 2002, 353, 355). Im Hinblick auf die Verzahnung mit dem Widerspruchsrecht wird man eine fehlerhafte Unterrichtung aber dann annehmen müssen, wenn der AG oder neue Inhaber den AN bewusst falsch unterrichtet.

Da es sich bei der Unterrichtungspflicht um eine **echte Rechtspflicht** und nicht lediglich um eine 90 Obliegenheit handelt (dezidiert *Willemsen/Lembke* NJW 2002, 1159, 1161; *Gaul/Otto* DB 2002, 634, 639 ff.; aA *Bauer/von Steinau-Steinrück* ZIP 2002, 457, 463; *Grobys* BB 2002, 726, 727; bisher BAG 22. 4. 1993 NZA 1994, 360, 361), können aus deren Verletzung Schadensersatzansprüche folgen. Schadensersatzansprüche können sich gegen den bisherigen AG aus § 280 I, gegen den neuen Inhaber aus vorvertraglichem Schuldverhältnis (§§ 280 I, 311 II) ergeben (dazu ausf. *Gaul/Otto* DB 2002, 634, 639).

3. Widerspruchsrecht der Arbeitnehmer. a) Rechtsgrund und Rechtsnatur. Das vom BAG in st. 91 Rspr. vertretene (BAG 2. 10. 1974 AP BGB § 613 a Nr. 1; BAG 22. 4. 1993 AP BGB § 613 a Nr. 103) und vom EuGH anerkannte (EuGH 16. 12. 1992 AP BGB § 613 a Nr. 97; EuGH 24. 1. 2002 EAS RL 77/187/EWG Art. 1 Nr. 23) Widerspruchsrecht des AN gegen den Übergang seines Arbeitsverhältnisses ist jetzt in § 613 a VI kodifiziert. Der Gesetzgeber geht dabei davon aus, dass es mit der Würde des Menschen, dem Recht auf freie Entfaltung der Persönlichkeit und dem Recht auf freie Arbeitsplatzwahl (Art. 1, 2, 12 GG) unvereinbar sei, den AN zu verpflichten, für einen AG zu arbeiten, den er nicht frei gewählt hat (BT-Drucks. 14/7760 S. 20; zweifelnd zur verfassungsrechtlichen Begr. jetzt aber BAG 25. 1. 2001 NZA 2001, 840, 842).

Dem Widerspruchsrecht kommt die **Rechtsqualität eines Gestaltungsrechts** zu mit der Folge, dass 92 das Arbeitsverhältnis nicht auf den neuen Betriebsinhaber übergeht, sondern zum bisherigen Betriebsinhaber erhalten bleibt. Das Widerspruchsrecht wird als empfangsbedürftige Willenserklärung angese-

Preis

hen und ist als Gestaltungsrecht **bedingungsfeindlich**. Daraus folgt die Unzulässigkeit des Vorbehalts, der Widerspruch solle dann nicht gelten, wenn der Veräußerer eine betriebsbedingte Kündigung in Betracht zieht (Erman/*Hanau* Rn. 50; *Seiter* S. 74). Der Widerspruch kann als ausgeübtes Gestaltungsrecht weder ausdrücklich noch konkludent durch den AN zurückgenommen werden (LAG Schleswig-Holstein 30. 10. 2002 AuA 2003, 48). Es kann nur durch Einigung zwischen AN, bisherigen AG und Betriebsnachfolger zurückgenommen werden (LAG Hamm 10. 6. 2002 NZA-RR 2003, 483). Übt der AN das Widerspruchsrecht auf Grund bewusst unrichtiger Unterrichtung aus, kann er seine Erklärung gemäß § 123 I anfechten (*Willemsen/Lembke* NJW 2002, 1159, 1164).

93 **b) Form, Inhalt und Adressat des Widerspruchs.** Für die Erklärung des Widerspruchs sieht § 613 a VI nun Schriftlichkeit vor, womit die **gesetzliche Schriftform des § 126 I** gemeint ist (im Einzelnen dazu §§ 125–127 Rn. 13 ff.), welche durch die elektronische Form (§ 126 a, hierzu §§ 125–127 Rn. 26 ff.) ersetzt werden kann. Durch die eigenhändige Unterschrift soll dem AN die Bedeutung des Widerspruchs bewusst gemacht werden und die Beweisführung darüber, ob ein AN dem Übergang tatsächlich widersprochen hat, für den bisherigen AG und den Erwerber erleichtert werden. Anders als bisher (BAG 24. 4. 1989 NZA 1990, 32, 33) kann der AN **nicht mehr konkludent** widersprechen, etwa durch Verweigerung der Arbeit bei dem neuen Betriebsinhaber. Beachtet der AN die Anforderungen des § 126 nicht, widerspricht zB innerhalb der Widerspruchsfrist nur mündlich oder per Telefax, ist dieser Widerspruch unwirksam und kann nach Ablauf der Widerspruchsfrist nicht nachgeholt werden. Es besteht dann ein Arbeitsverhältnis zum neuen Inhaber, das der AN nur nach allg. Grundsätzen lösen kann. Schweigen des AN ist kein Widerspruch (s. bisher BAG 2. 10. 1974 AP BGB § 613 a Nr. 1 idR Einverständnis).

94 Inhaltlich muss die Erklärung das Wort „Widerspruch" nicht enthalten, es muss lediglich aus objektiver Empfängersicht erkennbar sein, dass der AN nicht will, dass sein Arbeitsverhältnis übergeht (*Willemsen/Lembke* NJW 2002, 353, 356). Mehrdeutige schriftliche Erklärungen des AN sind nach §§ 133, 157 auszulegen (vgl. Erman/*Hanau* Rn. 49). Eine **Begründung** ist nach der Rspr. nicht erforderlich (BAG 19. 3. 1998 AP BGB § 613 a Nr. 177).

95 **Adressat** des Widerspruchs kann sowohl der **Betriebsveräußerer** als auch der **Betriebserwerber** sein (§ 613 a VI 2; bereits bisher Erman/*Hanau* Rn. 49; s. a. BAG 22. 4. 1993 AP BGB § 613 a Nr. 103 = NZA 1994, 260). Bisheriger AG und Erwerber sind einander wechselseitig verpflichtet, sich über eingehende Widersprüche zu informieren.

96 **c) Widerspruchsfrist.** § 613 a VI sieht eine Frist von **einem Monat** für den Widerspruch vor. Ohne sachlich einleuchtende Begr. (BT-Drucks. 14/8128 S. 6) ist die Frist im Gesetzgebungsverfahren von drei Wochen (vgl. BT-Drucks. 14/7760 S. 20 mit zutreffender Anlehnung an die Frist im Kündigungsschutzrecht; ebenfalls BAG 22. 4. 1993 AP BGB § 613 a Nr. 177) auf einen Monat verlängert worden. Die Frist **beginnt** mit dem Zugang der Unterrichtung nach § 613 a V beim betroffenen AN und berechnet sich gemäß §§ 187 I, 188 II. Der Fristbeginn bestimmt sich nur nach dem Unterrichtungszeitpunkt und ist unabhängig vom Betriebsübergang, so dass bisheriger AG und Erwerber die Möglichkeit haben, durch frühzeitige Unterrichtung bereits vor dem Übergang die Widerspruchsfrist auszulösen und sich so Klarheit über den Verbleib der einzelnen AN zu schaffen (*Gaul/Otto* DB 2002, 634, 637; aA bisher wohl BAG 19. 3. 1998 AP BGB § 613 a Nr. 177). Erfolgt die Unterrichtung erst nach dem Übergang, läuft die Frist erst mit deren Zugang, unabhängig vom Zeitpunkt des Übergangs (BT-Drucks. 14/7760 S. 20; vgl. bisher BAG 30. 10. 1986 AP BGB § 613 a Nr. 55; BAG 22. 4. 1993 AP BGB § 613 a Nr. 103). Nur eine formgerechte (Rn. 87) und vollständige Information vermag den Lauf der Widerspruchsfrist in Gang zu setzen. (Rn. 89). Zur **Fristwahrung** muss der schriftliche Widerspruch des AN dem bisherigen AG oder Erwerber innerhalb der Monatsfrist gemäß § 130 zugehen, wobei die Darlegungs- und Beweislast hierfür den AN trifft (*Worzalla* NZA 2002, 353, 357).

97 Eine **absolute Höchstfrist** zur Ausübung des Widerspruchs ab dem Zeitpunkt des Betriebsübergangs ist nicht vorgesehen. Entspr. Vorschläge (BR-Drs. 831/1/01 S. 2 drei Monate; BT-Drucks. 14/8128 S. 4 sechs Monate) sind im Gesetzgebungsverfahren abgelehnt worden, womit das Widerspruchsrecht bei fehlender, formwidriger oder unvollständiger Unterrichtung unbefristet besteht. Angesichts der ausdrücklichen Entscheidung gegen eine absolute Höchstfrist begegnet es Bedenken, in entspr. Anwendung von § 5 III 2 KSchG von einer Höchstfrist von sechs Monaten auszugehen (*Worzalla* NZA 2002, 353, 357; ähnlich *Gaul/Otto* DB 2002, 634, 637). Vielmehr wird man davon auszugehen haben, dass das Widerspruchsrecht lediglich ohne starre zeitliche Grenzen nach den konkreten Umständen des Einzelfalls **verwirkt** werden kann (*Willemsen/Lembke* NJW 2002, 1159, 1160; *Grobys* BB 2002, 726, 730; vgl. auch BAG 8. 8. 2002 EzA § 613 a BGB Nr. 209), auch wenn dies der Rechtssicherheit abträglich ist.

98 **d) Dispositivität.** Wie bislang (vgl. APS/*Steffan* Rn. 110) ist ein **Vorausverzicht** auf das Widerspruchsrecht durch arbeitsvertragliche Regelung unzulässig. Die Rspr. ist jedoch bislang davon ausgegangen, dass der AN in Ansehung eines konkreten bevorstehenden Übergangs auf das Widerspruchsrecht verzichten kann (BAG 15. 2. 1984 AP BGB § 613 a Nr. 37; BAG 19. 3. 1998 AP BGB § 613 a Nr. 177; Soergel/*Raab* Rn. 162). Daran wird man wohl festhalten können (*Bauer/von Steinau-Steinrück* ZIP 2002, 457, 464; *Gaul/Otto* DB 2002, 634, 638; *Worzalla* NZA 2002, 353, 357; zweifelnd

Grobys BB 2002, 726, 730). Das Widerspruchsrecht dient dem Interesse des AN auf freie Arbeitsplatzwahl (Rn. 91). In der konkreten Übergangssituation kann der AN auch auf die ihm zustehende Information verzichten, was sich daran zeigt, dass es ihm frei steht, unabhängig von der Information mit bisherigem AG und Erwerber eine einvernehmliche Überleitungsvereinbarung abzuschließen. § 613 a soll den AN vor ungerechtfertigten Nachteilen bewahren, nicht aber seine Vertragsfreiheit einschränken (vgl. Rn. 83). Den Verzicht des AN von der Unterrichtung oder ihrer Vollständigkeit abhängig zu machen, hieße, ihm eine bestimmte Entscheidungsgrundlage zu diktieren. Zur Wahrung der Warn- und Beweisfunktion der Schriftform aus § 613 a VI muss aber auch der Verzicht schriftlich erklärt werden (*Gaul/Otto* DB 2002, 634, 638).

Die **Länge der Widerspruchsfrist** kann durch den AG nicht einseitig verkürzt werden. Eine 99 Verlängerung der Widerspruchsfrist ist jedenfalls mit Zustimmung des AN, des bisherigen AG und des Erwerbers zulässig (*Gaul/Otto* DB 2002, 634, 637). Die Zustimmung der AN zum Übergang kann auch nicht durch **kollektivvertragliche Regelung** ersetzt oder erzwungen werden (BAG 2. 10. 1973 AP BGB § 613 a Nr. 1).

e) **Übergangsrecht.** Die Informationspflicht aus § 613 V besteht mangels Übergangsvorschrift für 100 alle Betriebsübergänge, die am 31. 3. 2002 noch nicht vollzogen waren (aA wohl *Bauer/von Steinau-Steinrück* ZIP 2002, 457, 465). Auf den Widerspruch als Gestaltungserklärung findet das im Zeitpunkt seines Zugangs maßgebliche Recht Anwendung; ab dem 1. 4. 2002 erklärte Widersprüche bedürfen der Schriftform (vgl. zu § 623 APS/*Preis* § 623 BGB Rn. 5). War der AN auf der Grundlage der bisherigen Rspr. ausreichend – was den Anforderungen des § 613 V nicht entspricht – unterrichtet, war der Widerspruch innerhalb von drei Wochen (§§ 4, 13 KSchG) zu erklären (BAG 22. 4. 1993 AP BGB § 613 a Nr. 102). War der Betriebsübergang in diesem Fall bereits vor dem 1. 4. 2002 eingetreten, verlängert § 613 VI die Frist nicht, weil mangels zeitlicher Geltung des § 613 V keine Unterrichtungspflicht bestand, auch wenn der Drei-Wochenfrist über den 31. 3. 2002 hinaus lief.

f) **Rechtsfolgen des Widerspruchs, Rechtsstellung zum Veräußerer.** Aufgrund eines ordnungs- 101 gemäßen und fristgerechten Widerspruchs des AN bleibt das Arbeitsverhältnis des AN mit dem bisherigen AG bestehen. Nimmt der Veräußerer die nach dem Widerspruch angebotene Arbeitsleistung des AN nicht an, gerät er in Annahmeverzug nach § 615 S. 1. Ist es dem AN jedoch zumutbar, zunächst beim Erwerber zu arbeiten, und tut er dies nicht, muss er sich den Wert des nicht erworbenen Arbeitsentgelts nach § 615 S. 2 anrechnen lassen (BAG 19. 3. 1998 AP BGB § 613 a Nr. 177 = NZA 1998, 750). Der Widerspruch, der zB in Folge fehlender Information erst längere Zeit nach Betriebsübergang erklärt wurde, wirkt auf den Zeitpunkt des Übergangs zurück (s. dazu *Gaul/Otto* DB 2002, 634, 638; *Worzalla* NZA 2002, 353, 358).

Macht der AN von seinem Widerspruchsrecht Gebrauch, bleibt zwar das Arbeitsverhältnis mit dem 102 ehemaligen Betriebsinhaber aufrechterhalten, der Arbeitsplatz des widersprechenden AN ist dagegen auf den neuen Betriebsinhaber übergegangen. Zieht der ehemalige Betriebsinhaber infolge dieses Arbeitskräfteüberhangs eine **betriebsbedingte Kündigung** in Erwägung, scheitert diese nicht schon an der Regelung des § 613 a IV 1, nach der die Kündigung wegen des Betriebsübergangs unwirksam ist. Zwar ist der Betriebsübergang in diesen Fällen für die Kündigung mitursächlich, da bei Fortführung des Betriebs durch den bisherigen Inhaber der Arbeitsplatz nicht entfallen wäre. Wesentliche Ursache für die Kündigung ist indes nicht der Übergang als solcher, sondern die Weigerung des AN, unter dem neuen Betriebsinhaber zu arbeiten. Eine betriebsbedingte Kündigung hat zunächst einschränkungslos die Voraussetzungen des § 1 II KSchG zu beachten. Insb. darf eine anderweitige Beschäftigungsmöglichkeit im Betrieb oder Unternehmen des Veräußerers nicht vorhanden sein (BAG 7. 4. 1993 AP KSchG 1969 § 1 Soziale Auswahl Nr. 22 = NZA 1993, 795; BAG 15. 8. 2002 NZA 2003, 430; BAG 25. 4. 2002 NZA 2003, 605).

Ist bei dem ehemaligen Betriebs- oder Betriebsteilinhaber kein anderer Arbeitsplatz frei, liegen die 103 Voraussetzungen einer betriebsbedingten Kündigung grds. vor. Fraglich ist dann, ob diese zwangsläufig denjenigen AN trifft, der dem Übergang seines Arbeitsverhältnisses widersprochen hat, oder ob der ehemalige Betriebsinhaber gem. § 1 III KSchG eine **Sozialauswahl unter Beteiligung des widersprechenden AN** durchführen muss. Eine Sozialauswahl scheidet zunächst dann aus, wenn der gesamte Betrieb übertragen wurde. Die gilt auch dann, wenn der ehemalige Betriebsinhaber als Unternehmer noch über andere Betriebe verfügt, denn die Sozialauswahl ist – anders als die anderweitige Beschäftigungsmöglichkeit – betriebsbezogen. Möglich ist eine Sozialauswahl jedoch dann, wenn nur ein Betriebsteil übertragen wurde, also bei dem ehemaligen Betriebsinhaber noch ein Restbetrieb besteht. Wird allerdings ein separater Betriebsbereich ausgegliedert und stehen dem AN anerkennenswerte Gründe für einen Widerspruch nicht zur Verfügung, indiziert das Unterbleiben einer Sozialauswahl nicht die ungenügende Berücksichtigung sozialer Gesichtspunkte (BAG 24. 2. 2000 AP KSchG 1969 § 1 Soziale Auswahl Nr. 47).

Inwieweit der widersprechende AN in diesem Fall verlangen kann, in die Sozialauswahl einbezogen 104 zu werden, ist streitig. Nach überwiegender Meinung im Schrifttum verwehrt ein völlig grundloser Widerspruch ein späteres Berufen auf die Sozialauswahl. Dagegen soll ein wohlbegründeter Widerspruch der Einbeziehung nicht entgegenstehen. Die dazwischen liegenden Fälle sollen je nach Gewicht in die umfassende Schutzwürdigkeitsbetrachtung mit einfließen (*Moll* NJW 1993, 2017; *Bauer* DB 1983, 714 f.; *Neef* NZA 1994, 101 f.; *Oetker* DZWiR 1993, 143). Das BAG hat sich in neuerer Zeit ohne weitere Ausführungen diesen differenzierten Ansichten angeschlossen und festgestellt, dass **objektiv vertretbare Gründe für den Widerspruch** Berücksichtigung finden müssen (BAG 7. 4. 1993 AP KSchG 1969 § 1 Soziale Auswahl Nr. 22 = NZA 1993, 795). Das BAG meint, dass ein großzügiger Maßstab (was immer das sei) zugunsten des widersprechenden AN nicht geboten sei (BAG 18. 3. 1999 NZA 1999, 870). Dabei trägt es in die Sozialauswahl einen weiteren Unsicherheitsfaktor hinein (krit. hierzu schon *Preis/Steffan* Anm. BAG 7. 4. 1993 EzA KSchG § 1 Soziale Auswahl Nr. 30). Nach Auffassung des BAG gilt: „Je geringer die Unterschiede hinsichtlich der sozialen Gesichtspunkte unter den vergleichbaren AN sind, desto gewichtiger müssen die Gründe dafür sein, einen vom Betriebsübergang nicht betroffenen AN zu verdrängen. Nur wenn dieser einen baldigen Arbeitsplatzverlust oder eine baldige wesentliche Verschlechterung seiner Arbeitsbedingungen bei dem Erwerber zu befürchten hat, kann er einen Arbeitskollegen, der nicht ganz erheblich weniger schutzbedürftig ist, verdrängen" (BAG 18. 3. 1999 NZA 1999, 870; BAG 24. 2. 2000 AP KSchG 1969 § 1 Soziale Auswahl Nr. 47). Immerhin sucht das BAG mit dieser Formel Arbeitsplatzverteilungsgerechtigkeit zu erreichen. Als sachlicher Grund muss wohl genügen, dass der neue AG als unzuverlässig bekannt ist oder nicht über die nötige Bonität verfügt. Auch der Verlust des Kündigungsschutzes gehört hierher, wenn der Erwerberbetrieb, anders als der Veräußererbetrieb, auch nach der Übernahme nicht mehr als fünf AN beschäftigt (ausf. zu möglichen Sachgründen Staudinger/*Richardi*/*Annuß* Rn. 135). Nach LAG Hamm 21. 6. 1994 (NZA 1995, 471) genügt, dass die Übernahme durch einen kleineren Betrieb erfolgt, der nicht der Sozialplanpflicht unterliegt (ebenso LAG Berlin 26. 5. 1997 MDR 1997, 948). Ob schon weitere Anfahrtwege ein sachlicher Widerspruchsgrund sind, so LAG Hamm 28. 1. 1999 ZInsO 1999, 422), ist zweifelhaft. Allein der Umstand, dass bei einem Betriebserwerber ein schlechterer TV gilt, reicht als Widerspruchsgrund noch nicht aus (BAG 5. 2. 1997 AP BetrVG 1972 § 112 Nr. 112). Dass sich die Rechtsposition des AN verschlechtert, wenn er ohne vernünftigen Grund dem Übergang seines Arbeitsverhältnisses widerspricht, leuchtet ein, denn ansonsten führte ein willkürlicher Widerspruch ggf. zur Entlassung eines anderen AN im Veräußererbetrieb, der seinen Arbeitsplatz behalten hätte. Besser wäre es jedoch, bereits die Ausübung des Widerspruchsrechts einer Rechtsmissbrauchskontrolle zu unterziehen, als die Frage der ordnungsgemäßen Sozialauswahl mit einem weiteren Unsicherheitsmerkmal zu belasten (*Preis/Steffan* Anm. BAG 7. 4. 1993 EzA KSchG § 1 Soziale Auswahl Nr. 30; APS/*Steffan* Rn. 105; *Schlachter* NZA 1995, 707; aA *Lunk* NZA 1995, 713). Im Rahmen des § 102 BetrVG muss der AG dem BR nicht mitteilen, aus welchem Grund er eine Sozialauswahl wegen des Widerspruchs nicht für erforderlich hält (BAG 24. 2. 2000 AP KSchG 1969 § 1 Soziale Auswahl Nr. 47).

105 Widerspricht der AN dem Übergang seines Arbeitsverhältnisses nur deshalb, um an Abfindungsregelungen des Veräußerers zu partizipieren, entfällt der Abfindungsanspruch nach den Grundsätzen von Treu und Glauben (*Hanau* FS Gaul 1992 S. 292; ähnlich BAG 24. 11. 1993 AP TVG § 1 Tarifverträge: Einzelhandel Nr. 39 = NZA 1994, 564). Einen Abfindungsanspruch einer AN hat das BAG verneint, die dem Übergang ihres Arbeitsverhältnisses deswegen widersprochen hatte, weil für sie zu einem kurz nach dem vorgesehenen Betriebsübergang liegenden Zeitpunkt bereits ein neues Arbeitsverhältnis in Aussicht stand (BAG 10. 11. 1993 AP TVG § 1 Tarifverträge: Einzelhandel Nr. 43 = NZA 1994, 892). Ansprüche auf Sozialplanleistungen kann der AN in diesen Fällen nach § 112 V 2 Nr. 2 BetrVG verwirken (LAG Sachsen 30. 4. 1996 AuA 1997, 204). Nimmt der Sozialplan selbst von seinem Geltungsbereich solche Mitarbeiter aus, die einen angebotenen zumutbaren Arbeitsplatz ablehnen, so gilt dies auch für den Fall, dass AN dem (zumutbaren) Übergang ihres Arbeitsverhältnisses widersprechen (BAG 5. 2. 1997 AP BetrVG 1972 § 112 Nr. 112). Die Weiterarbeit beim Betriebserwerber ist nach BAG nicht deshalb unzumutbar, weil der Betriebserwerber wirtschaftlich schwach oder gem. § 112 a II BetrVG in den ersten vier Jahren nach seiner Gründung von der Sozialplanpflicht ausgenommen ist (BAG 5. 2. 1997 AP EzA BetrVG 1972 § 112 Nr. 112).

106 **g) Kollektive Ausübung des Widerspruchsrechts.** Die Frage des sachlichen Grundes ist bedeutsam auch für die kollektive Ausübung des Widerspruchsrechts. Widersprechen mehrere AN, die auf Grund ihrer Qualifikation für einen ordnungsgemäßen Betriebsablauf notwendig sind, kann der Betriebsübergang verhindert werden. Trotz dieser Gefahr ist die kollektive Ausübung des Widerspruchsrechts nicht von vornherein als unzulässig zu erachten. Wenn der einzelne AN ein aus dem Persönlichkeitsschutz begründetes Widerspruchsrecht gegen die Rechtsfolgen des § 613 a besitzt, können sich auch mehrere AN als Summe von Einzelindividuen dieses Recht als kollektives Druckmittel nutzbar machen. Zulässige Rechtsgrenze bildet auch bei der kollektiven Ausübung ein eventueller Missbrauch (ebenso Erman/*Hanau* Rn. 55; *Gaul* ZfA 1990, 91). Das Widerspruchsrecht entfaltet nur dann seine Wirkung, wenn dafür ein sachlicher Grund vorliegt. Bedingt durch die kollektive Ausübung verlangt der sachliche Grund ebenfalls einen kollektiven Bezug. Es reicht hierbei nicht aus, dass für einzelne AN Verschlechterungen des Arbeitsverhältnisses zu befürchten sind. Vielmehr müssen überwiegend betriebsbezogene Gründe geltend gemacht werden. Diese können darin liegen, dass der Erwerber als unzuverlässig bekannt ist oder nicht über die nötige Bonität verfügt (Erman/*Hanau* Rn. 55). Außer-

dem kann der Veräußerer nicht durch kollektiven Widerspruch zum Abschluss eines Sozialplans gezwungen werden (*Gaul* ZfA 1990, 91).

III. Fortgeltung von Tarifvertrag und Betriebsvereinbarung (§ 613 a I 2 bis 4)

1. Grundsätzliche Regelung. § 613 a I 2 bis 4 regeln das Schicksal der kollektivrechtlichen Normen **107** aus TV und BV. Dieser bes. Bestimmung bedurfte es, weil die Rechte und Pflichten aus TV und BV nicht bereits nach § 613 a I 1 auf den neuen Betriebsinhaber übergehen (zur früheren Rechtslage RGRK/*Ascheid* Rn. 178–180). Denn grds. werden die Normen aus TV und BV nicht Bestandteil der Arbeitsverhältnisse, sondern wirken wie Gesetze von außen auf die Arbeitsverhältnisse ein. Anderes gilt jedoch dann, wenn der ehemalige Betriebsinhaber nicht tarifgebunden war und ein TV oder einzelne Bestimmungen daraus durch Vereinbarung Eingang in den Arbeitsvertrag des übernommenen AN gefunden haben. In diesem Fall ist der neue Betriebsinhaber an diese Bestimmungen bereits durch § 613 a I 1 gebunden (Erman/*Hanau* Rn. 71).

2. Weitergeltung kollektivrechtlicher Normen. a) Grundsatz der individualrechtlichen Weiter- 108 geltung. Nach der Regelung des § 613 a I 2 gelten die Bestimmungen eines beim ehemaligen Betriebsinhaber angewendeten TV oder dort bestehender BV nicht in ihrer bisherigen kollektivrechtlichen Form fort. Vielmehr verlieren sie ihre Rechtsnatur als TV bzw. BV und werden Inhalt des Arbeitsverhältnisses zwischen dem übernommenen AN und dem neuen Betriebsinhaber. Sie haben dieselbe Geltung wie die Regelungen des Arbeitsvertrags. Mit dem Verlust der kollektivrechtlichen Geltung verlieren die Bestimmungen auch ihre unmittelbare und zwingende Wirkung, die ihnen als TV nach § 4 I TVG und als BV nach § 77 IV 1 BetrVG beim ehemaligen Betriebsinhaber zukam. Allerdings ordnet § 613 a I 2 eine einjährige Veränderungssperre zum Nachteil der AN an. Mit dieser individualrechtlichen statt einer kollektivrechtlichen Lösung wollte der Gesetzgeber verhindern, dass der neue Betriebsinhaber gegen seinen Willen der Geltung eines VerbandsTV unterworfen und damit zugleich Mitglied des betreffenden AGVerbandes wird (*Seiter* S. 89).

b) Kollektivrechtliche Weitergeltung. Mit der normativ angeordneten (hierzu Staudinger/*Richar-* **109** *di*/*Annuß* Rn. 174) individualrechtlichen Fortgeltung von Rechten und Pflichten aus TV oder BV ist eine kollektivrechtliche Fortgeltung nicht ausgeschlossen. Die individualrechtliche Weitergeltung stellt vielmehr nur eine **Auffangvorschrift** zum Schutz der AN für den Fall dar, dass der neue Betriebsinhaber kollektivrechtlich nicht gebunden ist (Staudinger/*Richardi*/*Annuß* Rn. 175; MünchKommBGB/*Schaub* Rn. 128). Eine kollektivrechtliche Bindung des neuen Betriebsinhabers an den bestehenden **VerbandsTV** tritt ein, wenn der neue Betriebsinhaber und die übernommenen AN nach § 3 TVG tarifgebunden sind. Wichtige Voraussetzung dafür ist die Mitgliedschaft des Betriebsübernehmers in dem AGVerband, der den TV abgeschlossen hat. Ein nach § 5 TVG **allgemeinverbindlicher TV** gilt unabhängig von der Tarifgebundenheit kollektivrechtlich fort, sofern nicht der Betriebserwerber durch Änderung des Betriebszwecks aus dem fachlichen Geltungsbereich des TV oder aus der Zuständigkeit der bisher maßgeblichen TVParteien herausfällt (BAG 5. 10. 1993 AP BetrAVG § 1 Zusatzversorgungskassen Nr. 42; *Hanau*/*Vossen* FS Hilger/Stumpf 1983 S. 288). Für diesen Fall greift die individualrechtliche Weitergeltung nach § 613 a I 2 bis 4. Ein **FirmenTV** wirkt kollektivrechtlich nur bei der Gesamtrechtsnachfolge in ein Unternehmen fort, weil der Rechtsnachfolger vollkommen in die Rechtsstellung seines Vorgängers einrückt (APS/*Steffan* Rn. 119 mwN), nicht aber allein auf Grund des Betriebsübergangs (BAG 20. 6. 2001 AP TVG § 1 Bezugnahme auf Tarifvertrag Nr. 18; BAG 29. 8. 2001 AP TVG § 1 Bezugnahme auf Tarifvertrag Nr. 17). Der FirmenTV endet, wenn der Betrieb durch die Änderung des Betriebszwecks aus dem Zuständigkeitsbereich der tarifschließenden Gewerkschaft fällt. Eine Nachgeltung nach § 3 III TVG kommt nicht in Betracht, § 613 a I 2–4 ist spezieller (BAG 29. 8. 2001 AP TVG § 1 Bezugnahme auf Tarifvertrag Nr. 17). Ebenso gilt die Regelung des § 613 a I 2 bis 4 und nicht etwa die Nachwirkung gem. § 4 V TVG (aA MünchKommBGB/*Schaub* Rn. 133), weil ein lediglich nachwirkender TV auch vor Ablauf der Jahresfrist nach § 613 a I 2 zum Nachteil des AN geändert werden könnte. Bei der Übernahme eines Betriebs oder Betriebsteils im Wege der Einzelrechtsnachfolge steht die kollektivrechtliche Fortgeltung im Ermessen des Erwerbers, die er durch Erklärung gegenüber der zuständigen Gewerkschaft (Vertragsübernahme oder Neuabschluss) herbeiführen kann (*Hanau*/*Vossen* FS Hilger/Stumpf 1983 S. 296 f.; RGRK/*Ascheid* Rn. 185; *Kania* DB 1994, 534; differenzierend MünchKommBGB/*Schaub* Rn. 133).

Für die kollektivrechtliche Bindung des Betriebserwerbers an eine bestehende **BV** ist entscheidend, **110** dass die Betriebsidentität im Wesentlichen bei dem neuen Inhaber erhalten bleibt (BAG 5. 2. 1991 AP BGB a Nr. 89 = NZA 1991, 639; BAG 27. 7. 1994 AP BGB § 613 a Nr. 118 = NZA 1995, 222; *Hergenröder* AR-Blattei SD 500.1 Rn. 532). In diesem Fall besteht nämlich der BR auch nach dem Betriebsinhaberwechsel fort. Er bleibt damit für den neuen AG maßgeblicher Betriebspartner. Denn so wie der neue Betriebsinhaber in die zwischen dem ehemaligen Betriebsinhaber und den übernommenen AN bestehenden Arbeitsverhältnisse eintritt, tritt er auch in die zwischen dem ehemaligen Betriebsinhaber und dem BR vereinbarten BV ein. Das BAG hat nun unter Hinweis auf das Übergangsmandat des BR aus § 21 a BetrVG sogar eine **Fortgeltung von EinzelBV** auch für den Fall

Preis

angenommen, dass lediglich ein Betriebsteil übertragen, dann aber beim neuen Inhaber als eigenständiger Betrieb fortgeführt wird (BAG 18. 9. 2002 NZA 2003, 670; krit. *Rieble/Gutzeit* NZA 2003, 351).

111 Ob **GesamtBV** und **KonzernBV** kollektivrechtlich fortgelten, wenn nicht alle Betriebe eines Unternehmens bzw. alle Unternehmen eines Konzerns übernommen werden, ist umstritten (hierzu APS/*Steffan* Rn. 121 mwN zum Streitstand). In der Lehre wird gegen eine solche kollektiv-rechtliche Fortgeltung eingewandt, dass auch die einfache BV nicht normativ weitergelte, wenn die Betriebsidentität beim Übergang nicht gewahrt bleibe. Entsprechendes müsse auch gelten, wenn die Unternehmensidentität bzw. Konzernidentität bei der Übernahme untergehe. Anders als beim fortbestehenden BR stehe in diesen Fällen der ursprüngliche Vertragspartner nicht mehr zur Verfügung (*Preis/ Steffan* FS Kraft, 1998, S. 477, 479; *Schaub* FS Wiese 1998 S. 535, 542; Willemsen/*Hohenstatt* E Rn. 18). Dieser Ansicht hat sich das BAG nicht angeschlossen. Nach seiner Auffassung sollen GesamtBV in den übertragenen Teilen des Unternehmens als Rechtsnormen und damit kollektivrechtlich fortgelten, wenn auch nur einer oder mehrere Betriebe unter Wahrung ihrer Betriebsidentität übergehen. Dies gelte jedenfalls dann, wenn das andere Unternehmen bis dahin keinen Betrieb geführt hat. Soweit nur ein Betrieb übernommen werde, bleibe die GesamtBV als EinzelBV bestehen (BAG 18. 9. 2002 NZA 2003, 670). Der bisherigen herrschenden Lehre, die Idee der Betriebsidentität sei auf Unternehmens- und Konzernebene zu übertragen, tritt das BAG mit dem Argument entgegen, dass dem Gesamtbetriebsrat kein Gesamtbetrieb entspräche und daher die GesamtBV letztlich nur die kollektive Ordnung des jeweils von ihr betroffenen Betriebs wie eine EinzelBV gestalte. Bei kollidierenden Gesamt- oder KonzernBV werden die BV des übergehenden Betriebs verdrängt (BAG 27. 6. 1985 AP BetrVG 1972 § 77 Nr. 14; siehe zu den Ablösungsmöglichkeiten bei Gesamt- und KonzernBV *Meyer* DB 2000, 1174). Für Sprechervereinbarungen und Dienstvereinbarungen nach dem Personalvertretungsrecht gelten die gleichen Grundsätze (APS/*Steffan* Rn. 124 f. mwN). Bei der Privatisierung öffentlich-rechtlicher Träger ist eine normative Fortgeltung der Dienstvereinbarungen ausgeschlossen; sie gelten dann individualrechtlich weiter (*Gussen/Dauck* Rn. 89; *Gaul* ZTR 1995, 387).

112 Ausgehend von der neuen Rechtsprechung des BAG, bleiben für die individualrechtliche Fortgeltung von **Rechten und Pflichten aus einer BV** nur noch die folgenden drei Fälle übrig: (1) Es wird ein Betrieb oder Betriebsteil übernommen, der mit einem anderen Betrieb des Übernehmers vereinigt wird. (2) Der übernommene Betrieb unterfällt nicht mehr dem BetrVG (zB wegen § 118 II BetrVG). (3) Es findet ein Rechtsformwechsel der AN-Vertretung statt (zB Betrieb geht von öffentlich-rechtlichem auf privatrechtlichen Träger über). Offen bleibt, ob eine Gesamt- oder Konzernbetriebsvereinbarung nach einem Betriebs(teil-)übergang kollektiv-rechtlich oder individualrechtlich nach § 613 a BGB fortgilt, wenn beim erwerbenden Unternehmen bereits ein oder mehrere Betriebe samt Einzel-, Gesamt- oder KonzernBV existieren. Die **Rechte und Pflichten aus einem TV** gelten dann individualrechtlich fort, wenn der neue Betriebsinhaber und die übernommenen AN nicht nach §§ 3, 5 TVG an den bereits beim Veräußerer bestehenden VerbandsTV gebunden wird oder wenn der Betriebserwerber nicht in einem FirmenTV eintritt.

113 **3. Reichweite der individualrechtlichen Weitergeltung. a) Art der Kollektivvereinbarung.** Soweit eine individualrechtliche Fortgeltung von Rechten und Pflichten aus einem TV in Betracht kommt, gilt dies für Verbands- und FirmenTV (ArbRBGB/*Ascheid* Rn. 88; aA für FirmenTV *Moll* NJW 1993, 2020). Erforderlich ist jedoch, dass Betriebsveräußerer und AN tarifgebunden waren, da nur dann die Rechte und Pflichten des TV die Arbeitsverhältnisse regeln konnten (vgl. BAG 16. 10. 2002 AP TVG § 1 Bezugnahme auf Tarifvertrag Nr. 22; ferner BAG 21. 8. 2002 AP § 1 TVG Bezugnahme auf Tarifvertrag Nr. 22). Unter den Begriff der BV fallen sowohl Gesamt- als auch KonzernBV (MünchKommBGB/*Schaub* Rn. 151). Nur die zum Zeitpunkt des Betriebsübergangs gültigen Normen eines TV oder einer BV gelten fort. An der Weiterentwicklung der Rechte und Pflichten der bisherigen Kollektivvereinbarung nimmt der übernommene AN nicht teil (BAG 13. 11. 1985 AP BGB § 613 a Nr. 46 = NZA 1986, 422), ebenso wenig an tariflichen Regelungen, die rückwirkend auf den Zeitpunkt vor Betriebsübergang in Kraft gesetzt werden (BAG 13. 9. 1994 AP TVG § 1 Rückwirkung Nr. 11 = NZA 1995, 740). Dasselbe gilt, wenn der Veräußerer nach dem Betriebsübergang einen TV mit Rückwirkung abschließt (LAG Brandenburg 10. 3. 1992 DB 1992, 1145). Dagegen gelten die Normen eines TV, der vor dem Betriebsübergang abgeschlossen wurde, aber erst nach dem Übergang in Kraft tritt (Erman/*Hanau* Rn. 81). Geltung beanspruchen die Normen auch dann noch, wenn sie lediglich gem. §§ 4 V TVG, 77 VI BetrVG nachwirken (BAG 27. 11. 1991 AP TVG § 4 Nachwirkung Nr. 22 = NZA 1992, 800; BAG 1. 8. 2001 AP BGB § 613 a Nr. 225). Allerdings verlieren sie ihre zwingende Wirkung, so dass sie vor Ablauf eines Jahres zu Lasten der AN einzelvertraglich abgeändert werden können (Erman/*Hanau* Rn. 81; zu den Anforderungen unten Rn. 117 f.).

114 **b) Inhalt der Kollektivvereinbarung.** Die individualrechtliche Weitergeltung bezieht sich nur auf den **normativen Teil eines TV oder einer BV.** Deren schuldrechtlicher Teil regelt lediglich das Verhältnis der Tarif- bzw. Betriebspartner zueinander, so dass eine individualrechtliche Weitergeltung nicht in Betracht kommt. Das gilt auch für die sog. Regelungsabrede zwischen AG und BR (vgl. DKK/*Berg* § 77 Rn. 79 ff.), da sie nicht kraft Gesetzes auf die Arbeitsverhältnisse einwirkt. Zu ihrer

C. Rechtsfolgen des Betriebsübergangs § 613 a **BGB 230**

Realisierung bedarf es noch der individualrechtlichen Gestaltungsmittel des AG. Hingegen führt das Ergebnis einer durchgeführten Regelungsabrede zu einer einzelvertraglichen Ausgestaltung des Arbeitsverhältnisses mit der Folge, dass die daraus entstandenen Rechte und Pflichten den Betriebserwerber bereits nach § 613 a I 1 treffen (ArbRBGB/*Ascheid* Rn. 103). Von dem normativen Teil werden nur diejenigen Rechtsnormen erfasst, die die Rechte und Pflichten des im Zeitpunkt des Übergangs bestehenden Arbeitsverhältnisses regeln. Das sind in erster Linie die sog. Inhaltsnormen, die den Inhalt und die Beendigung des Arbeitsverhältnisses regeln. Abschlussnormen und Tarifnormen über betriebsverfassungsrechtliche Fragen gelten nicht fort (Erman/*Hanau* Rn. 81; differenzierend für Abschlussnormen MünchKommBGB/*Schaub* Rn. 154; aA KDZ/*Zwanziger* Rn. 62). Die Weitergeltung von Betriebsnormen kommt nur dann in Betracht, wenn sie zugleich den Inhalt der Arbeitsverhältnisse gestalten und ihnen damit die Wirkung von Inhaltsnormen zukommt (Münch-KommBGB/*Schaub* Rn. 156; *Hanau/Vossen* FS Hilger/Stumpf 1983 S. 290 f.). Tarifnormen über gemeinsame Einrichtungen werden nicht Inhalt der übernommenen Arbeitsverträge. Allenfalls kann den Betriebsübernehmer die Pflicht treffen, alles Erforderliche zu tun, um die AN in den Genuss der Leistungen kommen zu lassen (MünchKommBGB/*Schaub* Rn. 157; *Hanau/Vossen* FS Hilger/Stumpf 1993 S. 291).

4. Änderung individualrechtlich weitergeltender Normen. a) Grundsatz gem. Abs. 1 S. 2. Gel- 115 ten die Regelungen aus dem früheren TV oder einer früheren BV individualrechtlich fort, dürfen sie **nicht vor Ablauf eines Jahres** nach dem Betriebsübergang **einseitig zum Nachteil des AN** geändert werden (§ 613 a I 2 aE). Dies gilt jedoch nur dann, wenn den vormals kollektivvertraglichen Regelungen zwingender Charakter zukam. Zwar werden auch Rechtsnormen eines TV oder einer BV mit dispositivem Charakter in den Arbeitsvertrag transportiert; sie können jedoch jederzeit zum Nachteil des AN geändert werden (Erman/*Hanau* Rn. 81). Will der AG zwingende Regelungen vor Ablauf der Jahresfrist ändern, ist dies zunächst nur unter den Voraussetzungen des § 613 a I 4 möglich (unten Rn. 117 f.). Liegen diese Voraussetzungen nicht vor, was insb. dann der Fall sein wird, wenn der Erwerber nicht tarifgebunden ist, sind Änderungen vor Ablauf der Jahresfrist grds. nach § 134 unwirksam (KR/*Pfeiffer* Rn. 162; *Moll* RdA 1996, 279).

Nach **Ablauf der Jahresfrist** entfällt die zwingende Wirkung der zum Arbeitsinhalt transformierten 116 Kollektivnormen. Sie gelten dann als arbeitsvertragliche Einheitsregelungen weiter mit der Möglichkeit, sie auch zu Lasten der AN kollektiv- oder einzelvertraglich zu ändern. Der AG kann entweder in Übereinstimmung mit dem AN einen **Änderungsvertrag** schließen oder gegen den Willen des AN eine **Änderungskündigung** aussprechen. Eine Änderungskündigung ist jedoch nur unter allg. Voraussetzungen zulässig (vgl. § 2 KSchG Rn. 1 ff.). Insb. rechtfertigt die Wahrung des Gleichbehandlungsgrundsatzes keine betriebsbedingte Änderungskündigung (vgl. BAG 28. 4. 1982 AP KSchG 1969 § 2 Nr. 3 = NJW 1982, 2687), so dass (Massen-)Änderungskündigungen zur Vereinheitlichung der Arbeitsbedingungen regelmäßig ausscheiden werden (MünchKommBGB/*Schaub* Rn. 176; *Kania* DB 1994, 531). Eine verschlechternde BV unterliegt im Rahmen des Betriebsübergangs nicht den Grenzen, die das BAG für die Ablösung einer arbeitsvertraglichen Einheitsregelung durch eine ablösende BV aufgestellt hat (Erman/*Hanau* Rn. 86; MünchKommBGB/*Schaub* Rn. 178; vgl. BAG GS 16. 9. 1986 AP BetrVG 1972 § 77 Nr. 17 = NZA 1987, 168).

b) Ausnahmen gem. Abs. 1 S. 4. Von dem Änderungsverbot des § 613 a I 2 bestimmt § 613 a I 4 117 **zwei Ausnahmen.** Die Erste betrifft den Fall, dass die Normen eines TV oder einer BV **keine zwingende Wirkung mehr entfalten** oder die zwingende Wirkung innerhalb der Jahresfrist **verlieren** und deshalb nach § 4 V TVG oder § 77 VI BetrVG nur noch nachwirken. Das ist der Fall, wenn der TV oder die BV beim Betriebsübergang bereits gekündigt war oder innerhalb der Jahresfrist gekündigt werden konnte; ferner dann, wenn der TV oder die BV beim Betriebsübergang durch Fristablauf geendet hatte oder innerhalb Jahresfrist enden würde. Zwar finden auch die Rechte und Pflichten nachwirkender Kollektivvereinbarungen Eingang in die Arbeitsverhältnisse, können jedoch vor Ablauf der Jahresfrist geändert werden. Die Regelung verdeutlicht, dass durch den Betriebsübergang die arbeitsrechtliche Stellung der AN nicht verbessert wird, sondern nur in dem Umfang erhalten bleibt, wie sie bei dem ehemaligen Betriebsinhaber bestand (Erman/*Hanau* Rn. 93). Die mögliche Änderung erfolgt auch hier durch Änderungsvertrag oder Änderungskündigung (ArbRBGB/*Ascheid* Rn. 114). Zu den Anforderungen oben Rn. 116.

Die zweite Ausnahme lässt eine Änderung vor Jahresfrist zu, wenn der **neue Betriebsinhaber und** 118 **die übernommenen AN** die **Anwendung eines anderen TV,** der für sie nicht schon auf Grund beiderseitiger Tarifgebundenheit gilt, vereinbaren. Diese Regelung ermöglicht es dem Betriebserwerber, mit den übernommenen AN die Anwendung des TV zu vereinbaren, der bereits zwischen ihm und seinen schon vorhandenen AN kraft Tarifgebundenheit nach § 3 I TVG oder auf Grund einzelvertraglicher Abrede gilt. Entgegen dem missverständlichen Wortlaut besteht diese Möglichkeit auch dann, wenn nur eine Vertragspartei nicht tarifgebunden ist (MünchKommBGB/*Schaub* Rn. 172; Erman/*Hanau* Rn. 93). Vereinbart werden kann jedoch nur der andere TV insgesamt, weil nur die Geltung des tarifvertraglichen Gesamtwerks eine gewisse Richtigkeitsgewähr bietet (*Seiter* S. 96; zust. Staudinger/*Richardi/Annuß* Rn. 199). Der AN ist zum Abschluss einer derartigen Vereinbarung nicht

Preis

verpflichtet. Bei der Frage, ob eine dahingehende Änderungskündigung möglich ist, kommt es auf den Gesetzeszweck an, nach dem die Vorschrift zur Vereinheitlichung der Arbeitsbedingungen beitragen soll. Da der Gesetzgeber für den Fall der Vereinbarung eines anderen TV die zwingende Wirkung der in den Arbeitsvertrag transportierten Regelungen aufhebt, ist eine Änderungskündigung dann sozial gerechtfertigt, wenn die Unterwerfung unter den anderen TV bei Abwägung der Interessen der übernommenen AN und des Betriebsnachfolgers angemessen und billigenswert ist (*Seiter* S. 96; *Hergenröder* AR-Blattei SD 500.1 Rn. 580; MünchKommBGB/*Schaub* Rn. 173). Allein die Berufung auf die ansonsten bessere Stellung der übernommenen AN reicht dafür nicht aus (Erman/*Hanau* Rn. 93; *Kania* DB 1994, 531). Nicht möglich ist es, den einschlägigen TV durch BV in Bezug zu nehmen, weil hierdurch die Sperrwirkung des § 77 III BetrVG unterlaufen würde (MünchKommBGB/*Schaub* Rn. 174; Erman/*Hanau* Rn. 93; *Kania* DB 1995, 626).

119 **5. Ausschluss der Weitergeltung (Abs. 1 S. 3).** Nach § 613 a I 3 ist die Fortgeltung eines TV oder einer BV ausgeschlossen, wenn die Rechte und Pflichten bei dem Betriebserwerber durch Rechtsnormen eines anderen TV oder einer anderen BV geregelt werden, womit nach LAG Hamm 17. 10. 2000 LAGE BGB § 613 a Nr. 80 kirchliche ArbeitsvertragsRL nicht gemeint sind. Voraussetzung ist zunächst, dass bei dem Betriebserwerber eine andere Tarifzuständigkeit besteht als beim Veräußerer. Außerdem muss auch der übernommene AN bereits vor dem Betriebsübergang tarifgebunden gewesen sein, weil ansonsten seine Rechte und Pflichten nicht aus einem TV folgen (*Kania* DB 1994, 530; aA *Zöllner* DB 1995, 1403; *Moll* RdA 1996, 280). Dies reicht jedoch für die Anwendung von § 613 a I 3 nicht aus. Vielmehr ist erforderlich, dass beide Parteien, also sowohl die übernommenen AN als auch der Betriebserwerber, entweder kraft Mitgliedschaft in den tarifschließenden Parteien oder kraft Allgemeinverbindlicherklärung gem. § 5 TVG nach dem Betriebsübergang **an den beim Erwerber geltenden TV** gebunden sind (BAG 19. 3. 1986 AP BGB § 613 a Nr. 49 = NZA 1986, 687; BAG 30. 8. 2000 AP TVG § 1 Bezugnahme auf Tarifvertrag Nr. 12 m. Anm. *Waas*; RGRK/*Ascheid* Rn. 220; KR/*Pfeiffer* Rn. 170; Soergel/*Raab* Rn. 125; *Preis*/*Steffan* FS Kraft 1998 S. 477, 485; *Kraft* FS Zöllner 1998 S. 831, 838; Staudinger/*Richardi*/*Annuß* Rn. 193; **aA** noch BAG 26. 9. 1979 AP BGB § 613 a Nr. 17 m. abl. Anm. *Willemsen*; *Moll* NJW 1993, 2020; *ders.* RdA 1996, 275, 280; *Hromadka* DB 1996, 1872, 1875 f.; *Heinze* DB 1998, 1861; *Henssler* FS Schaub 1998 S. 311, 319). Nicht ausreichend ist die einseitige Tarifbindung des Erwerbers, selbst wenn auf ANSeite sowohl im Veräußerer- als auch Erwerberbetrieb eine DGB-Gewerkschaft zuständig ist (BAG 21. 2. 2001 AP TVG § 4 Nr. 20 entgegen *Hanau*/*Kania* FS Schaub 1998 S. 239, 256; *Kania* DB 1996, 1921, 1923; dem folgend die Vorinstanz LAG Köln 30. 9. 1999 NZA-RR 2000, 179 ff.). Die bloße Tarifbindung des Erwerbers genügt nicht, weil dies den durch § 613 a I 2 gewährleisteten Inhaltsschutz für den AN unzulässig beeinträchtigt (Soergel/*Raab* Rn. 125; *Preis*/*Steffan* FS Kraft 1998 S. 477, 486). Waren der Erwerber und die übernommenen AN bereits vor dem Betriebsübergang an denselben TV gebunden, gilt dieser ohnehin kollektivrechtlich weiter, ohne dass es einer Anordnung nach § 613 a bedarf (oben Rn. 109 f.). 613 a I 3 erfasst also den Fall, dass beide Parteien vor dem Betriebsübergang an unterschiedliche TV gebunden waren und nach dem Betriebsübergang eine Bindung an den ErwerberTV vorliegt.

120 Um **nach dem Betriebsübergang eine beiderseitige Bindung** an den ErwerberTV zu erreichen, muss der übernommene AN regelmäßig die **Gewerkschaft wechseln**. Dazu kann er jedoch wegen seiner durch Art. 9 III GG geschützten Koalitionsfreiheit **nicht gezwungen** werden (*Kania* DB 1994, 530). Verweigert er den Übertritt in die bei dem Betriebserwerber zuständige Gewerkschaft, bleibt es für ihn bei dem inhaltlichen Bestandsschutz nach § 613 a I 2 (*Kania* DB 1994, 530; MünchArbR/*Wank* § 120 Rn. 182; *Preis*/*Steffan* FS Kraft 1998 S. 477, 486). Der Schutz aus Art. 9 III GG geht der Intention des Gesetzgebers vor, der durch § 613 a I 3 einer einheitlichen Behandlung der AN im Betrieb des Erwerbers den Vorrang vor dem individuellen Bestandsschutz nach § 613 a I 2 einräumen wollte (dazu MünchKommBGB/*Schaub* Rn. 180). Neben dem Gewerkschaftsübertritt kann die Geltung des anderen TV auch durch eine Vereinbarung nach § 613 a I 4 2. Alternative erreicht werden (MünchKommBGB/*Schaub* Rn. 184). Da eine Änderungskündigung regelmäßig ausscheidet, hat es der AN weitgehend in der Hand, eine Vereinheitlichung der Arbeitsbedingungen zu verhindern. Die dadurch faktisch entstehende **Tarifpluralität** lässt sich nicht durch die Grundsätze des BAG zur Tarifeinheit lösen (vgl. BAG 29. 3. 1957 AP TVG § 4 Tarifkonkurrenz Nr. 4 = NJW 1957, 1006; BAG 20. 3. 1991 AP TVG § 4 Tarifkonkurrenz Nr. 20 = NZA 1991, 436), weil § 613 a I 2 bis 4 abschließende Sonderregelungen darstellen (wie hier APS/*Steffan* Rn. 141; *Preis*/*Steffan* FS Kraft 1998 S. 477, 487; *Gussen*/*Dauck* Rn. 239; *Hergenröder* AR-Blattei SD 500.1 Rn. 568; differenzierend *Kania* DB 1996, 1923 und *Hanau*, Das Arbeitsrecht der Gegenwart Bd. 34 (1996), S. 29; aA wohl MünchKommBGB/*Schaub* Rn. 196).

121 Für das Eingreifen des anderen TV oder der anderen BV ist es unerheblich, ob sie schon zum Zeitpunkt des Betriebsübergangs für den bereits vorhandenen Betrieb des Erwerbers gelten, auf Grund des Betriebsübergangs oder erst später abgeschlossen werden oder durch Verbandsbeitritt des Betriebserwerbers Geltung erreichen (BAG 20. 4. 1994 AP BGB § 613 a Nr. 108 = NZA 1994, 1140; Erman/*Hanau* Rn. 87). Der Vorrang der neuen Kollektivverträge erstreckt sich jedoch nur auf diejenigen Rechte und Pflichten, die auch in den Kollektivverträgen geregelt waren, die für die übernomme-

C. Rechtsfolgen des Betriebsübergangs § 613 a BGB 230

nen AN vor dem Betriebsübergang galten. Ob derselbe Regelungsgegenstand betroffen ist, ist durch Auslegung zu ermitteln (BAG 22. 1. 2003 AP BGB § 613 a Nr. 242). Schweigen die Kollektivverträge zu bestimmten Punkten, liegt keine Regelung vor. Soweit sich die Regelungsbereiche nicht decken, bleibt es bei der individualrechtlichen Weitergeltung nach § 613 a I 2. Bei identischer Regelungsmaterie gelten die neuen Kollektivverträge auch dann, wenn sie schlechtere Arbeitsbedingungen vorsehen (BAG 20. 4. 1994 AP BGB § 613 a Nr. 108 = NZA 1994, 1140; BAG 19. 11. 1996 – 9 AZR 640/95 – nv.; Erman/*Hanau* Rn. 87). Das **Günstigkeitsprinzip** findet im Verhältnis zwischen dem individualrechtlich fortgeltenden und dem neuen Kollektivrecht beim Erwerber **keine Anwendung** (BAG 16. 5. 1995 AP TVG § 4 Ordnungsprinzip Nr. 15 = NZA 1995, 1166; *Kania* DB 1994, 530; MünchKommBGB/*Schaub* Rn. 190). Dies gilt jedoch nur für die Zukunft; in bereits bestehende Anwartschaften kann auch das neue Kollektivrecht nicht eingreifen. Bereits unverfallbare Versorgungsanwartschaften bleiben in ihrem bis zum Betriebsübergang erarbeiteten Umfang erhalten, unabhängig davon, ob das aufnehmende Unternehmen überhaupt keine oder eine schlechtere Altersversorgung hat (BAG 24. 7. 2001 AP BetrAVG § 1 Betriebsveräußerung Nr. 18; *Hanau/Vossen* FS Hilger/Stumpf 1983 S. 278).

Die Geltung des neuen TV kann nicht dadurch ausgeschlossen oder beschränkt werden, dass die 122 Betriebspartner des Veräußerers dies im Wege einer BV festlegen (BAG 1. 4. 1987 AP BGB § 613 a Nr. 64 = NZA 1987, 593). Dagegen ist die **Ablösung eines TV durch eine BV** möglich, ohne dass § 77 III BetrVG verletzt ist. Da auch tarifvertragliche Regelungen lediglich individualrechtlich fortgelten, kann eine beim Betriebsnachfolger geltende BV eine tarifliche Regelung, die beim Veräußerer bestanden hat, verdrängen, wenn sie den gleichen Regelungsgegenstand betrifft (Erman/*Hanau* Rn. 87; MünchKommBGB/*Schaub* Rn. 196; *Kania* DB 1995, 626; Staudinger/*Richardi/Annuß* Rn. 185). Die Ablösung findet auch dann statt, wenn die neuen kollektivvertraglichen Regelungen lediglich nachwirken. Dies setzt nach der Rspr. (BAG 1. 8. 2001 AP BGB § 613 a Nr. 225) jedoch voraus, dass die BV der Sache nach denselben Gegenstand regelt und betriebsverfassungsrechtlich im übernommenen Betrieb gilt.

Sofern bei Außenseitern im Veräußererbetrieb die Geltung eines TV einzelvertraglich vereinbart 123 war, kommt die Anwendung von § 613 a I 3 nicht unmittelbar in Betracht. Da es an der Rechtsnormqualität der Regelungen fehlt, ist vielmehr § 613 a I 1 einschlägig. Dadurch kann es zu einer unterschiedlichen Stellung auch zwischen den übernommenen AN kommen, wenn für die organisierten AN der neue TV nach § 613 a I 3 gilt und dieser ungünstigere Bedingungen enthält. Das BAG hat in der Entscheidung vom 30. 8. 2000 AP TVG § 1 Bezugnahme auf Tarifvertrag Nr. 12 m. Anm. *Waas* zu Recht betont, dass mit einer Verweisungsklausel nicht zwingend die Rechtsfolge eines Tarifwechsels verbunden sei, wenn der AG durch Änderung des Betriebszwecks in Folge des Betriebsübergangs in den fachlichen oder betrieblichen Geltungsbereich eines anderen Tarifwerks überwechselt (s. a. *Preis* II V 40 Rn. 24; zu statischen und dynamischen Bezugnahmeklauseln vgl. a. APS/*Steffan* Rn. 143 ff.; *Hanau/Kania* FS Schaub 1998 S. 239 ff.; *Preis/Steffan* FS Kraft 1998 S. 477, 485). Maßgeblich muss die Auslegung der Verweisungsklausel sein (anders wohl noch BAG 4. 9. 1996 AP TVG § 1 Bezugnahme auf Tarifvertrag Nr. 5). Erfolgte die Inbezugnahme pauschal auf den jeweils gültigen TV, kann die Vertragsauslegung dazu führen, dass nach dem Betriebsinhaberwechsel der neue TV Anwendung findet, weil die einzelvertragliche Bezugnahme auf einen TV nur das widerspiegeln soll, was auch tarifrechtlich verbindlich ist (Erman/*Hanau* Rn. 94 mwN; für eine analoge Anwendung von § 613 a I 3 MünchKommBGB/*Schaub* Rn. 195; offen gelassen bei BAG 30. 8. 2000 AP TVG § 1 Bezugnahme auf Tarifvertrag Nr. 12). Das BAG geht jetzt zu Recht davon aus, dass bei der arbeitsvertraglichen Bezugnahme auf einen bestimmten namentlich genannten TV diese Klausel nur bei Vorliegen weiterer Umstände, die belegen, dass die Arbeitsvertragsparteien den Arbeitsvertrag anderen, nicht benannten TV unterstellen wollen, falls der AG in den Geltungsbereich anderer TV wechselt, als Gleichstellungsabrede zu verstehen ist. Dies gelte insbes., weil die Arbeitsvertragsparteien diese Rechtsfolge auch ausdrücklich vereinbaren können (BAG 30. 8. 2000 AP TVG § 1 Bezugnahme auf Tarifvertrag Nr. 12; BAG 25. 10. 2000 AP TVG § 1 Bezugnahme auf Tarifvertrag Nr. 13; ebenso LAG Hamm 1. 2. 2001 – 8 Sa 1439/00 –). In der neueren Rspr. geht das BAG aber schon von dann von einer sog. „Tarifwechselklausel" aus, wenn ganz pauschal auf den „jeweils gültigen Tarifvertrag" verwiesen wird (BAG 16. 10. 2002 NZA 2003, 390). Führt die Vertragsauslegung dazu, dass es für Außenseiter bei der Bezugnahme auf den VeräußererTV bleibt, gelten dessen Regelungen individualrechtlich nach § 613 a I 1 fort (aA unter Hinweis darauf, dass die mit der Bezugnahme gewollte Gleichstellung nicht erreicht wird: BAG 4. 8. 1999 AP TVG § 1 Tarifverträge: Papierindustrie Nr. 14 = NZA 2000, 154; abl. *Gaul* BB 2000, 1086). Mit der Rspr. des BAG in den Urteilen vom 30. 8. 2000 und vom 25. 10. 2000 ist es dogmatisch nur schwer vereinbar, eine dynamische Verweisung in einem FirmenTV, der individualrechtlich nach § 613 a I 2 weiter gilt, dahingehend zu verstehen, dass diese nur einen statischen Bestandsschutz bewirkt; dh. die tarifliche Regelung mit dem Stand zurzeit des Betriebsübergangs zum Inhalt des Arbeitsverhältnisses wird. Veränderten sich die in der individualrechtlich weiter geltenden, ursprünglich normativen Regelung in Bezug genommenen anderen Regelungen, so werde diese Weiterentwicklung nicht Bestandteil des Arbeitsverhältnisses (so aber jetzt BAG 20. 6. 2001 NZA 2002, 583; BAG 21. 8. 2002 NZA 2003, 442; BAG 29. 8. 2001 NZA 2002, 513). Für die organisierten AN folgt die

Preis 1593

individualrechtliche Fortgeltung nach § 613 a I 2. Sie können die Anwendung von § 613 a I 3 und eine damit verbundene Schlechterstellung dadurch verhindern, dass sie nicht zu der beim Erwerber tarifzuständigen Gewerkschaft übertreten (*Kania* DB 1994, 532).

IV. Weitere betriebsverfassungsrechtliche Fragen

124   **1. Kontinuität des Betriebsrats.** Einer der Normzwecke des § 613 a besteht darin, die Kontinuität des BR zu gewährleisten (oben Rn. 2). Dafür ist erforderlich, dass der Betrieb auch nach der Übertragung in seiner organisatorischen Einheit fortbesteht (BAG 5. 2. 1991 AP BGB § 613 a Nr. 89 = NZA 1991, 639). Ist im Verhältnis zwischen BR und Betriebsveräußerer eine Verpflichtung des AG gegenüber dem BR rechtskräftig festgestellt worden, wirkt dies bei Erhaltung der Betriebsidentität auch gegenüber dem Erwerber (BAG 5. 2. 1991 AP BGB § 613 a Nr. 89 = NZA 1991, 639). Wird dagegen nur ein Betriebsteil übertragen und vom Erwerber als selbständiger Betrieb fortgeführt, endet bislang die Zuständigkeit des BR des Veräußererbetriebs für den übertragenen Teil und die in ihm beschäftigten AN. Im verbleibenden Veräußererbetrieb kann wegen Unterschreiten der erforderlichen Gesamtzahl der BRMitglieder eine Neuwahl nach § 13 II Nr. 2 BetrVG erforderlich werden. Das Mandat des BR endete bislang ebenfalls, wenn ein Betrieb oder Betriebsteil nach der Übertragung mit einem bereits vorhandenen Betrieb des Erwerbers verschmolzen wird und deshalb die Organisationseinheit nicht mehr fortbesteht. Ggf. kommt eine Neuwahl des BR des aufnehmenden Betriebs nach § 13 II Nr. 1 BetrVG in Betracht (*Hergenröder* AR-Blattei SD 500.1 Rn. 636).

125   Das BetrVG 1972 nahm diese Schutzlücke, nämlich dass die AN in Folge der Änderungen der Organisationsstruktur, zB durch Zusammenlegung oder Spaltung von Betrieben, ihren bisherigen kollektiven Schutz bis zur Bekanntgabe des Wahlergebnisses des neuen BR verloren, hin. Nachdem das BAG ein Übergangsmandat des ehemals zuständigen BR für die Übergangszeit bis zur Wahl eines neuen BR im nunmehr selbständigen Betriebsteil abgelehnt hatte (BAG 23. 11. 1988 AP BGB § 613 a Nr. 77 = NZA 1989, 433), schloss es diese Schutzlücke durch Anerkennung eines allg. Übergangsmandates in Analogie zu den spezialgesetzlich (zB § 312 UmwG, § 13 SpTrUG) normierten Übergangsmandaten (BAG 31. 5. 2000 AP BetrVG 1972 § 1 Gemeinsamer Betrieb Nr. 12). Art. 6 der RL 2001/23/EG erforderte bis zum 17. 7. 2001 die Schaffung eines **Übergangsmandats** auch für rechtsgeschäftliche Betriebsübergänge. § 21 a BetrVG regelt deshalb jetzt auch in den Fällen des rechtsgeschäftlichen Betriebs(-teil)übergangs nach § 613 a (*Fitting* § 21 a Rn. 12) ein Übergangsmandat des BR des Veräußererbetriebes, das allerdings dann ausgeschlossen ist, wenn die Eingliederung in einen Betrieb erfolgt, der bereits über einen BR verfügt. Erforderlich ist zudem, dass die nach Spaltung oder Zusammenfassung entstandene Einheit betriebsratsfähig ist. Ist dies nicht der Fall, kommt nur ein **Restmandat** nach § 21 b BetrVG in Betracht (*Fitting* § 21 a Rn. 13). Geht der Betrieb durch Spaltung oder Zusammenlegung unter, so bleibt dessen BR nach § 21 b BetrVG für ein Restmandat im Amt. Ausf. zu Übergangsmandat und Restmandat s. die Kommentierung zu §§ 21 a, b BetrVG.

126   Geht der Betrieb in der organisatorischen Einheit über, hat der Übergang keine Auswirkungen auf die Rechtsstellung des einzelnen BRMitglieds. Es behält mit dem Übergang seines Arbeitsverhältnisses die betriebsverfassungsrechtlichen Rechte und damit den bes. Kündigungsschutz nach §§ 15 KSchG, 103 BetrVG. Ist dagegen das BRMitglied im Fall eines Betriebsteilübergangs in dem übergehenden Teil beschäftigt, erlischt mit dem Übergang des Arbeitsverhältnisses die Mitgliedschaft im alten BR nach § 24 Nr. 3 BetrVG. Diese Norm ist jedoch für den Fall teleologisch zu reduzieren, dass der BR ein Restmandat oder Übergangsmandat hat. Dann erlischt die Mitgliedschaft im BR nicht durch die Beendigung des Arbeitsverhältnisses (Richardi/*Richardi/Thüsing* § 24 Rn. 12). Der nachwirkende Kündigungsschutz des § 15 KSchG bleibt dem Mitglied auch beim Betriebserwerber erhalten (MünchKommBGB/*Schaub* Rn. 142). Widerspricht das BRMitglied dem Übergang seines Arbeitsverhältnisses, behält es die Mitgliedschaft im BR des Veräußererbetriebs ohnehin.

127   **2. Betriebsänderung.** Der Übergang eines Betriebes oder Betriebsteiles ist für sich allein keine Betriebsänderung und löst deshalb nicht die Mitwirkungspflichten nach §§ 111, 112 BetrVG aus (hM vgl. BAG GS 4. 12. 1979 AP BetrVG 1972 § 111 Nr. 6 = DB 1980, 743; BAG 17. 3. 1987 AP BetrVG 1972 § 111 Nr. 18 = NZA 1987, 523; *Fitting* § 111 Rn. 50; *Moll* RdA 2003, 129 ff.; aA LAG Baden-Württemberg 11. 10. 1978 DB 1979, 114; DKK/*Däubler* § 111 Rn. 102). Der Betriebsübergang kann jedoch dann Anlass für eine beteiligungspflichtige Betriebsänderung sein, wenn mit dem Übergang weitere Maßnahmen des Erwerbers oder des Veräußerers verbunden sind, die für sich den Tatbestand des § 111 BetrVG erfüllen (BAG GS 4. 12. 1979 AP BetrVG 1972 § 111 Nr. 6 = DB 1980, 743). So stellt der Zusammenschluss mit anderen Betrieben oder die Betriebsspaltung eine Betriebsänderung nach § 111 3 Nr. 3 BetrVG dar (BAG 10. 12. 1996 AP BetrVG 1972 § 112 Nr. 110 = NZA 1997, 898). Auch hat das BAG bereits frühzeitig bejaht, dass allein ein Personalabbau zu einer Betriebsänderung iSd. § 111 S. 3 Nr. 1 BetrVG führen kann (BAG 22. 5. 1979 AP BetrVG 1972 § 111 Nr. 3 = DB 1979, 1897; BAG 22. 5. 1979 AP BetrVG 1972 § 111 Nr. 4 = NJW 1980, 83). Dies kommt insb. dann in Betracht, wenn bereits der Veräußerer auf Grund eines Sanierungskonzepts des vorgesehenen Erwerbers Kündigungen ausspricht oder der Erwerber nach erfolgtem Betriebsübergang einen Personal-

abbau durchführt. In beiden Fällen tritt die Sozialplanpflicht ein, wenn die Grenzen des § 112a I BetrVG erreicht werden. Widersprechen AN dem Übergang ihres Arbeitsverhältnisses auf den Betriebsteilerwerber und muss ihnen danach gekündigt werden, weil im Restbetrieb keine Beschäftigungsmöglichkeit mehr besteht, sind sie bei der Ermittlung der Zahl der Entlassungen nach § 112a I BetrVG mitzuzählen (BAG 10. 12. 1996 AP BetrVG 1972 § 113 Nr. 32 = NZA 1997, 787). Bei Missachtung der Mitwirkungsrechte des BR aus § 112 BetrVG können Ausgleichsansprüche der AN nach § 113 BetrVG entstehen. Diese Ansprüche stehen auch AN zu, denen nach einem Widerspruch betriebsbedingt gekündigt werden muss (BAG 10. 12. 1996 AP BetrVG 1972 § 113 Nr. 32 = NZA 1997, 787; zu Sozialplanansprüchen bei Widerspruch s. oben Rn. 105).

3. Unterrichtspflichten. Soll ein Betrieb oder Betriebsteil veräußert werden, hat der bisherige **128** Betriebsinhaber einen bestehenden Wirtschaftsausschuss rechtzeitig und umfassend über die geplante Betriebsübertragung zu unterrichten (§ 106 II BetrVG), denn der damit verbundene AGWechsel erfüllt den Tatbestand des § 106 III Nr. 10 BetrVG (BAG 22. 1. 1991 AP BetrVG 1972 § 106 Nr. 9 = NZA 1991, 649; Erman/*Hanau* Rn. 77). Art. 7 I 2 der EG-RL 2001/23 präzisiert dies dahingehend, dass die Informationen „rechtzeitig vor dem Vollzug des Überganges" zu übermitteln sind (dazu *Colneric* FS Steindorff 1990 S. 1133 ff.). Das ist spätestens der Fall, wenn faktische Beeinträchtigungen der Lage der AN absehbar sind (*Oetker* NZA 1998, 1193, 1194). Sinnvoll ist die in § 106 II BetrVG geforderte Beratung der wirtschaftlichen Angelegenheiten nur dann, wenn der Wirtschaftsausschuss Gelegenheit hat, auf die Planungen des Unternehmens Einfluss zu nehmen. Dementspr. soll die Verpflichtung, den Wirtschaftsausschuss rechtzeitig und umfassend zu unterrichten, sicherstellen, dass der Wirtschaftsausschuss und der von ihm unterrichtete BR Einfluss nehmen können, weil diese sich idR auf die Personalplanung auswirkt (BAG 22. 1. 1991 AP BetrVG 1972 § 106 Nr. 9 = NZA 1991, 649). Der Unternehmer muss also vor der geplanten Veräußerung des Betriebs oder Teilen davon den Wirtschaftsausschuss so frühzeitig informieren, dass dieser und der BR durch ihre Stellungnahme und eigene Vorschläge noch Einfluss auf die Gesamtplanung wie auch auf die einzelnen Vorhaben nehmen können (BAG 22. 1. 1991 AP BetrVG 1972 § 106 Nr. 9 = NZA 1991, 649). Unabhängig vom Bestehen eines Wirtschaftsausschusses hat der Veräußerer seinen BR nach §§ 2 I, 74 I BetrVG und ggf. auch gem. § 92 BetrVG zu informieren (Erman/*Hanau* Rn. 77). Dieselben Pflichten treffen den potenziellen Erwerber, wenn dort bereits ein Betrieb mit Wirtschaftsausschuss oder BR besteht, und zwar wegen der damit verbundenen betriebsverfassungsrechtlichen Auswirkungen (zB Bildung eines GesamtBR, Betriebseingliederung). Neben Wirtschaftsausschuss und BR ist auch der SprAu. gem. § 32 I SprAuG zu informieren. Zur Unterrichtung der einzelnen AN Rn. 84 ff.

V. Weiterhaftung des Betriebsveräußerers (Abs. 2)

1. Sinn und Zweck der Regelung. Die durch § 613a 1 1 angeordnete Rechtsnachfolge führt dazu, **129** dass der bisherige Betriebsinhaber nur für die noch nicht erfüllten Ansprüche derjenigen AN haftet, deren Arbeitsverhältnis bereits vor dem Betriebsübergang beendet war. Nicht erfasst wird dagegen die Haftung von Ansprüchen derjenigen AN, deren Arbeitsverhältnis auf den neuen Betriebsinhaber übergegangen ist. Allein nach der Regelung des § 613a I 1 besteht für die übernommenen AN die Gefahr, dass bereits entstandene Ansprüche vom neuen Betriebsinhaber nicht erfüllt werden können, weil dieser nicht über dieselbe finanzielle Leistungsfähigkeit verfügt wie der bisherige Inhaber. Den bisherigen Betriebsinhaber für diesen Fall sofort aus jeglicher Haftung zu entlassen, wäre nicht sachgerecht, weil der Erlös, den er für den Betrieb erzielt hat, auch auf der Wertsteigerung beruht, die der Betrieb durch die Arbeitskraft der AN erzielt hat (Erman/*Hanau* Rn. 95; MünchKommBGB/*Schaub* Rn. 104). Andererseits ist es dem bisherigen Betriebsinhaber nicht zuzumuten, unbegrenzt weiterzuhaften. Aus diesen Gründen bestimmt § 613a II eine **abgestufte Haftungsregelung** für den bisherigen Betriebsinhaber.

2. Haftung des Betriebserwerbers. Mit dem Zeitpunkt des Betriebsübergangs tritt der Erwerber **130** nach § 613a I 1 in die Rechte und Pflichten aus dem Arbeitsverhältnis mit dem bisherigen Betriebsinhaber ein. Mit dem Übergang der gesamten Rechts- und Pflichtenstellung des bisherigen AG haftet der Betriebsübernehmer auch für diejenigen Ansprüche der übernommenen AN, die vor der Betriebsübernahme entstanden und fällig geworden sind (vgl. im Einzelnen oben Rn. 73 ff.).

3. Haftung des Betriebsveräußerers. a) Beendete Arbeitsverhältnisse. Nicht unter § 613a II, **131** sondern unter § 613a I 1 fällt die Haftung des bisherigen Betriebsinhabers für die zum Zeitpunkt des Betriebsübergangs bereits beendeten Arbeitsverhältnisse. Diese sind nicht auf den Erwerber übergegangen, so dass der Betriebsveräußerer allein für die daraus begründeten Ansprüche haftet. Dazu gehören etwa rückständige Lohnforderungen, Provisionen, Nebenleistungen, Sozialleistungen, Ruhegelder die bereits im Ruhestand lebenden AN sowie unverfallbare Versorgungsanwartschaften ausgeschiedener AN (vgl. im Einzelnen oben Rn. 69). Dasselbe gilt für die Ansprüche der AN aus einem Sozialplan, sofern sie vor dem Betriebsübergang auf Grund einer Betriebsänderung ausgeschieden sind (*Hanau*/*Vossen* FS Hilger/Stumpf 1983 S. 286; MünchKommBGB/*Schaub* Rn. 105).

132 **b) Übergegangene Arbeitsverhältnisse.** Sofern die Arbeitsverhältnisse nicht vor dem Betriebsübergang beendet waren, sondern darüber hinaus fortbestehen, haftet der ehemalige Betriebsinhaber nach § 613a II 1 als **Gesamtschuldner** (§§ 421 ff.) neben dem neuen Inhaber für die Erfüllung solcher Ansprüche, die vor dem Betriebsübergang entstanden sind und vor Ablauf von einem Jahr nach diesem Zeitpunkt fällig werden. Entgegen dem unklaren Wortlaut der Bestimmung gilt dies auch für Ansprüche, die bereits vor dem Betriebsübergang fällig geworden sind (Erman/*Hanau* Rn. 97; MünchKommBGB/*Schaub* Rn. 106). Die volle gesamtschuldnerische Haftung obliegt dem ehemaligen Betriebsinhaber nur für Forderungen, die vor dem Betriebsübergang entstanden sind und fällig waren. Sind sie zu diesem Zeitpunkt zwar entstanden, aber erst nach dem Betriebsübergang fällig geworden, haftet er nur anteilmäßig entspr. dem im Übergangszeitpunkt abgelaufenen Bemessungszeitraum (BAG 22. 6. 1978 AP BGB § 613a Nr. 12 = DB 1978, 1795). Damit wird erreicht, dass der Betriebsveräußerer nicht für Forderungen der AN einstehen muss, für die er keine Gegenleistung erhalten hat (Erman/*Hanau* Rn. 99; MünchKommBGB/*Schaub* Rn. 107). So haftet er etwa bei Jahressonderzahlungen nur anteilig für den Teil des Jahres, der noch seiner Stellung als Betriebsinhaber entspricht. Der neue Betriebsinhaber haftet dagegen für den vollen Zeitraum. Für den Urlaubsanspruch ist beachtlich, dass er sich grds. auf Freizeitgewährung unter Fortzahlung des Arbeitsentgelts richtet. Wird der Urlaub nach dem Betriebsübergang angetreten, kann er in dieser Form nur durch den Betriebserwerber erfüllt werden (LAG Hessen 30. 3. 1998 NZA-RR 1999, 532). Der bisherige AG muss den Urlaub nach § 7 IV BurlG auch dann nicht abgelten, wenn er wirksam betriebsbedingt gekündigt hatte (BAG 2. 12. 1999 AP BGB § 613a Nr. 202). Eine Mithaftung des Veräußerers kommt nur bezüglich eines zeitanteiligen Urlaubsabgeltungsanspruchs in Betracht. Ggf. kann der Erwerber vom Veräußerer wegen der noch nicht erfüllten Urlaubsansprüche Geldausgleich verlangen (BGH 25. 3. 1999 DB 1999, 1213). Der Umstand, dass der Veräußerer nach § 275 von einer Verpflichtung frei wird, die er nicht mehr erbringen kann, wird durch die Sonderregelung des § 613a II ausgeräumt. Dies lässt sich auch mit der Regelung zur Gesamtschuld vereinbaren, weil § 421 nur voraussetzt, dass beide Schuldner zu der gleichen Leistung rechtlich verpflichtet sind, nicht aber, dass jeder die geschuldete Leistung auch tatsächlich erbringen kann (BGH 4. 7. 1985 AP BGB § 613a Nr. 50 = NJW 1985, 2643; Erman/*Hanau* Rn. 100). Der Anspruch nach § 7 IV BUrlG wird erst mit der Beendigung des Arbeitsverhältnisses beim Betriebserwerber fällig (OLG Frankfurt/M. 17. 2. 1983 AP BGB § 613a Nr. 33), so dass der bisherige Inhaber nicht für den vollen Jahresurlaub haftet (aA wohl MünchKommBGB/*Schaub* Rn. 107).

133 § 613a II regelt nur die Haftung im Außenverhältnis zwischen dem früheren Betriebsinhaber und den übernommenen AN. Die Haftung im **Innenverhältnis** zwischen dem bisherigen und dem jetzigen Betriebsinhaber richtet sich in erster Linie nach der im Übernahmevertrag getroffenen Vereinbarung. Diese kann sich auch durch eine ergänzende Vertragsauslegung ergeben. Lässt sich keine Regelung ermitteln, gilt § 426 I 1, wonach die Gesamtschuldner im Verhältnis zueinander zu gleichen Teilen haften, soweit nicht ein anderes bestimmt ist. Eine anderweitige Bestimmung kann sich sowohl aus Vertrag als auch aus der Natur der Sache ergeben (Palandt/*Heinrichs* § 426 Rn. 8). Insb. bei der Begleichung rückständiger Arbeitsvergütungen aus der Zeit vor dem Betriebsübergang ist der bisherige Betriebsinhaber dem Erwerber deshalb intern zum vollen Ausgleich verpflichtet (aA Erman/*Hanau* Rn. 101; *Seiter* S. 105). Hat der neue Betriebsinhaber einen Urlaubsabgeltungsanspruch erfüllt, ist ihm der bisherige Betriebsinhaber zum zeitanteiligen Ausgleich nur bei der von ihm verbrachte Beschäftigungszeit des AN verpflichtet. Dasselbe gilt, wenn der neue Betriebsinhaber den Urlaubsanspruch in Form bezahlter Freizeit erfüllt hat; sein übergegangener Anspruch gegen den bisherigen Betriebsinhaber geht nunmehr auf Geld (BGH 4. 7. 1985 AP BGB § 613a Nr. 50 = NJW 1985, 2643; aA OLG Frankfurt/M 17. 2. 1983 AP BGB § 613a Nr. 33). Die Tatsache, dass die Freistellung von der Arbeit keine Geldleistung darstellt und deshalb der Ausgleichsanspruch einen anderen Inhalt hat als der gegen den ausgleichspflichtigen Schuldner bestehende Anspruch des Gläubigers, steht der internen Ausgleichspflicht aus sonst nicht entgegen (vgl. BGH 1. 2. 1965 BGHZ 43, 234; krit. dazu ArbRBGB/*Ascheid* Rn. 119; *Leinemann/Lipke* DB 1988, 1221).

134 **Keine Haftung** trifft den ehemaligen Betriebsinhaber für solche Ansprüche, die erst nach dem Betriebsübergang entstanden und fällig geworden sind, denn in diesem Zeitraum war er nie Schuldner des AN. Danach haftet der Betriebsveräußerer nicht nach § 613a für Ansprüche aus Sozialplänen, die erst auf Grund vom Betriebserwerber durchgeführter Rationalisierungsmaßnahmen abgeschlossen werden (MünchKommBGB/*Schaub* Rn. 108). Werden innerhalb eines Konzerns Betriebe abgespalten und rechtlich verselbständigt, die später eine Betriebsänderung durchführen, kann für die daraus folgenden Sozialplanansprüche auch eine Haftung der Konzernobergesellschaft nach den Grundsätzen des sog. qualifiziert faktischen Konzerns in Betracht kommen (vgl. BAG 15. 1. 1991 AP BetrVG 1972 § 113 Nr. 21 = NZA 1991, 681). Die **Haftung erlischt** nach einem Jahr seit Betriebsübergang für danach fällige Ansprüche, auch wenn sie bereits vor dem Betriebsübergang entstanden sind.

135 **4. Abweichende Vereinbarungen.** Aus dem zwingenden Charakter von § 613a (vgl. oben Rn. 82 ff.) folgt, dass die Haftung des bisherigen Betriebsinhabers nach § 613a II nicht zu Lasten der AN durch Vereinbarung mit dem neuen Betriebsinhaber abbedungen werden kann. Möglich ist

dagegen eine Haftungserweiterung des bisherigen oder neuen Betriebsinhabers zugunsten der AN (MünchKommBGB/*Schaub* Rn. 112). Dem AN selbst steht es frei, auf die Haftung des Betriebsveräußerers tw. oder vollständig durch Vereinbarung vor oder nach dem Betriebsübergang zu verzichten (*Seiter* S. 105; Erman/*Hanau* Rn. 102). Allerdings bleibt die Ausgleichspflicht des bisherigen gegenüber dem neuen Betriebsinhaber nach § 426 I 1, II durch diese Vereinbarung unberührt.

VI. Haftungsausschluss (Abs. 3)

Nach § 613a III tritt **keine gesamtschuldnerische Haftung** ein, **wenn eine juristische Person durch Umwandlung erlischt.** Dies erklärt sich daraus, dass mit dem Erlöschen der juristischen Person der alte AG nicht mehr existiert und deshalb kein Haftungsträger mehr besteht. Die Haftungsmasse befindet sich vollständig bei dem durch Umwandlung entstandenen neuen AG. 136

VII. Verhältnis zu anderen Haftungsgrundlagen

1. Konkurrenzverhältnis. Unabhängig von der Haftung nach § 613a I 1 können für den Betriebserwerber weitere Haftungsgründe in Betracht kommen. Zu nennen sind insb. Fälle des gesetzlichen Schuldbeitritts nach den §§ 25, 28 HGB und – für Betriebsübergänge vor dem 1. 1. 1999 (s. dazu Rn. 140) – § 419 sowie des vertraglichen Schuldbeitritts bzw. der Vertragsübernahme. Für den ehemaligen Betriebsinhaber, der seinen Betrieb in eine KG einbringt, ist ebenfalls § 28 HGB von Bedeutung. Liegen die Voraussetzungen dieser allg. zivil- oder handelsrechtlichen Haftungsgrundlagen vor, kommen sie neben § 613a I 1, II zur Anwendung (Erman/*Hanau* Rn. 68). Praktisch bedeutsam können sie für den Betriebserwerber werden, wenn eine Haftung nach § 613a I 1 ausscheidet, etwa bei Ruhestandsverhältnissen (*Seiter* S. 107; Erman/*Hanau* Rn. 68). Der ehemalige Betriebsinhaber und jetzige „Neu-Kommanditist" haftet nach § 28 HGB, wenn Versorgungsansprüche der von der KG übernommenen AN nach der Jahresfrist des § 613a II 1 fällig werden (BAG 23. 1. 1990 AP BetrAVG § 7 Nr. 56 m. abl. Anm. *Reichold* = NZA 1990, 685). 137

2. Haftungsgründe und Unterschiede zu § 613a. Der haftungsbegründende Tatbestand des **§ 25 HGB** setzt den Erwerb eines Handelsgeschäfts unter Lebenden und die Fortführung der bisherigen Firma mit oder ohne Beifügung eines das Nachfolgeverhältnis andeutenden Zusatzes voraus. Als Folge haftet der Erwerber für alle im Betrieb des Geschäfts begründeten Verbindlichkeiten des früheren Inhabers. Hierzu gehören auch die Ansprüche der AN auf Lohnrückstände aus der Zeit vor der Firmenfortführung sowie die Versorgungsansprüche der zu dieser Zeit schon im Ruhestand lebenden Pensionäre (BAG 24. 3. 1977 AP BGB § 613a Nr. 6 = NJW 1977, 1791). Zusätzlich zu § 25 HGB gehen auch bei der Firmenübernahme die Arbeitsverhältnisse nach § 613a auf den Erwerber über. Nach § 25 HGB bleibt der bisherige Inhaber Vertragspartner, der Erwerber haftet lediglich zusätzlich. Für den bisherigen Inhaber gilt jedoch nach § 26 HGB eine Nachhaftungsbegrenzung für die Dauer von fünf Jahren. Nach § 613a I 1 wird der Erwerber Vertragspartner, wobei es auf die Fortführung der Firma nicht ankommt; der bisherige Inhaber haftet dagegen nur nach § 613a II. Ein weiterer Unterschied liegt in der zwingenden Wirkung des § 613a, während die Haftung gegenüber einem Dritten nach § 25 II HGB abbedungen werden kann, sofern dies im Handelsregister eingetragen und bekanntgemacht oder vom Erwerber oder dem Veräußerer dem Dritten mitgeteilt worden ist. 138

Nach **§ 28 HGB** erlischt die Verpflichtung eines AG (oder dessen Erben) für die von ihm begründete Versorgungsschuld gegenüber einem AN nicht dadurch, dass der AG sein Unternehmen in eine KG einbringt. Vielmehr haftet der frühere Einzelunternehmer für die in seinem Betrieb begründeten Verbindlichkeiten nach § 28 I 1 HGB. Diese Haftung wird nicht durch § 613a II 1 eingeschränkt, weil § 28 HGB vorgeht. Die KG haftet zusätzlich nach § 28 I 1 HGB für die im Betrieb des Geschäfts entstandenen Verbindlichkeiten. Der bisherige Inhaber und die Gesellschaft werden Gesamtschuldner (BAG 23. 1. 1990 AP BetrAVG § 7 Nr. 56 = NZA 1990, 685). Die damit einhergehende Dauerhaftung des bisherigen Betriebsinhabers und späteren Neu-Kommanditisten (vgl. die Kritik bei *Reichold* Anm. zu BAG 23. 1. 1990 AP BetrAVG § 7 Nr. 56 = NZA 1990, 685) ist mit dem Nachhaftungsbeschränkungsgesetz v. 18. 3. 1994 (BGBl. I S. 560) begrenzt worden. Durch Einfügung des § 28 III HGB gilt nun die fünfjährige Haftungsbegrenzung des § 26 HGB auch für den früheren Geschäftsinhaber, der als Kommanditist in eine KG eintritt. Seine Haftung als Kommanditist (vgl. § 171 HGB) bleibt davon unberührt. 139

Nur für Betriebsübergänge vor dem 1. 1. 1999 kommt neben § 613a eine Haftung nach **§ 419** in Betracht, wenn der übernommene Betrieb nahezu das gesamte Vermögen des Veräußerers ausmacht. § 419 ist gem. Art. 33 Nr. 16 EGInsO mit Ablauf des 31. 12. 1998 außer Kraft getreten, bleibt jedoch für Vermögensübernahmen aus der Zeit vor dem 1. 1. 1999 weiterhin anwendbar (Palandt/*Heinrichs* § 419). 140

Sofern die Voraussetzungen des § 613a vorliegen, kommt einer vertraglichen Schuldübernahme nach §§ 414ff. oder einem Schuldbeitritt (Vertrag nach § 311 I) bezüglich der Ansprüche der übernommenen AN nur deklaratorische Bedeutung zu (Erman/*Hanau* Rn. 70). Anderes kann gelten für die Versorgungsansprüche oder -anwartschaften der bei Betriebsübergang bereits ausgeschiedenen 141

Preis

AN. Hier haftet der Erwerber nicht nach § 613 a, so dass es einer Schuldübernahme oder eines Schuldbeitritts bedarf. Während der Veräußerer bei der Schuldübernahme frei wird, tritt der Erwerber bei einem Schuldbeitritt neben dem Veräußerer in das Schuldverhältnis ein; beide werden Gesamtschuldner iSd. §§ 421 ff. (Palandt/*Heinrichs* vor § 414 Rn. 1 f.). Einen Schuldbeitritt kann der Betriebserwerber sowohl mit den ausgeschiedenen AN als auch mit dem Veräußerer oder dem BR des übernommenen Betriebs vereinbaren (BAG 24. 3. 1977 AP BGB § 613 a Nr. 6 = NJW 1977, 1791). In den letzten beiden Fällen kann der Annahme eines Vertrags zugunsten Dritter die Auslegungsregel des § 329 entgegenstehen (Palandt/*Heinrichs* vor § 414 Rn. 2).

VIII. Betriebsübergang in der Insolvenz

142 **1. Eingeschränkte Geltung des § 613 a.** Veräußert der Insolvenzverwalter den Betrieb, geht dieser durch Rechtsgeschäft auf den Erwerber über. Dennoch war lange streitig, ob auch die Betriebsveräußerung im Konkurs von § 613 a erfasst wird (zum Streitstand KR/*Pfeiffer* 5. Aufl. Rn. 50). Der EuGH hat für die RL 77/187/EWG entschieden, dass deren Anwendung auf Veräußerungen durch den Konkursverwalter nicht geboten ist. Allerdings steht es den Mitgliedstaaten frei, unabhängig vom Gemeinschaftsrecht die Grundsätze der RL auf einen solchen Übergang anzuwenden (EuGH 7. 2. 1985 EAS RL 77/187/EWG Art. 1 Nr. 1 = ZIP 1985, 824). Dies steht im Einklang mit der Rspr. des BAG, das bei der Anwendung von § 613 a auf den Normzweck abstellt. Die Billigung der Anwendung des § 613 a in der Insolvenz durch den Gesetzgeber ist § 128 II InsO zu entnehmen (LAG Hamm 4. 4. 2000 DZWiR 2000, 240, 242 f. m. insoweit zust. Anm. *Franzen*; KR/*Pfeiffer* Rn. 94). Danach ist § 613 a in der Insolvenz uneingeschränkt anwendbar, soweit es um den Schutz der Arbeitsplätze und die Kontinuität des BR geht (vgl. aber zum Kündigungsrecht des Insolvenzverwalters unten Rn. 147). Nicht anwendbar ist die Bestimmung jedoch insoweit, wie sie die Haftung des Betriebserwerbers für bereits entstandene Ansprüche vorsieht. Hier gehen die Verteilungsgrundsätze des Insolvenzverfahrens vor (st. Rspr. seit BAG 17. 1. 1980 AP BGB § 613 a Nr. 18 = NJW 1980, 1124; BAG 26. 3. 1996 AP BGB § 613 a Nr. 148 = NZA 1997, 94; BAG 20. 6. 2002 NZA 2003, 318). Das im Wege der teleologischen Reduktion gefundene Ergebnis rechtfertigt sich aus dem Grundsatz der gleichmäßigen Befriedigung aller Gläubiger. Erhalten die übernommenen AN einen neuen Schuldner für bereits entstandene Ansprüche, sind sie im Vergleich zu anderen Gläubigern und auch gegenüber den ausgeschiedenen AN bevorrechtigt. Diesen Vorteil hätten die übrigen Gläubiger insoweit zu finanzieren, als der Betriebserwerber den Kaufpreis für den Betrieb wegen der zu übernehmenden Haftung entspr. mindern könnte (BAG 4. 7. 1989 AP BetrAVG § 1 Betriebsveräußerung Nr. 10 = NZA 1990, 188; MünchKommBGB/*Schaub* Rn. 43). Die Rspr. des BAG dürfte auch unter der Geltung des Art. 5 RL 2001/23/EG aufrecht erhalten werden können (*Franzen* RdA 1999, 361, 368 f.). Die Haftung des Betriebserwerbers ist aber nicht beschränkt, wenn er den Betrieb vor Eröffnung des Insolvenzverfahrens übernommen hat (BAG 20. 6. 2002 NZA 2003, 318).

143 Entsteht ein Anspruch auf eine tarifliche Sonderzahlung erst nach der Betriebsübernahme und kann daher nicht im Insolvenzverfahren geltend gemacht werden, so schuldet der Betriebserwerber die volle tarifliche Sonderzahlung auch dann, wenn er den Betrieb aus der Insolvenzmasse erworben hat und das Insolvenzverfahren im Laufe des Bezugszeitraums eröffnet worden ist (BAG 11. 10. 1995 AP BGB § 613 a Nr. 132 = NZA 1996, 432).

144 **2. Betriebliche Altersversorgung.** Für den wichtigen Bereich der betrieblichen Altersversorgung ergibt sich aus der teleologischen Reduktion des § 613 a folgendes: Zwar tritt der Betriebserwerber in die Versorgungsanwartschaften der begünstigten AN ein, im Versorgungsfall schuldet er jedoch nur die bei ihm erdiente Versorgungsleistung. Das gilt unabhängig davon, ob es sich um eine bei Insolvenzeröffnung noch verfallbare oder bereits unverfallbare Anwartschaft handelt (BAG 29. 10. 1985 AP BetrAVG § 1 Betriebsveräußerung Nr. 4 = DB 1986, 1779; Staudinger/*Richardi/Annuß* Rn. 230). Bedeutung hat diese Unterscheidung deshalb nicht für die Haftung des Betriebserwerbers, sondern nur für den gesetzlichen Insolvenzschutz nach dem BetrAVG. Für die beim Veräußerer bis zur Eröffnung des Insolvenzverfahrens erdienten unverfallbaren Anwartschaften haftet der PSV nach § 7 II BetrAVG zeitanteilig (BAG 11. 2. 1992 AP BetrAVG § 1 Betriebsveräußerung Nr. 13 = NZA 1993, 20; BAG 16. 2. 1993 AP BetrAVG § 1 Betriebsveräußerung Nr. 15 = NZA 1993, 643; näher § 7 BetrAVG Rn. 43 ff.).

145 Die mit der Eröffnung des Insolvenzverfahrens eintretende Haftungsbeschränkung des Erwerbers bleibt auch dann bestehen, wenn das Insolvenzverfahren später mangels einer die Kosten des Verfahrens deckenden Masse nach § 207 InsO eingestellt wird (BAG 11. 2. 1992 AP BetrAVG § 1 Betriebsveräußerung Nr. 13 = NZA 1993, 20). Dagegen haftet der Betriebserwerber unbeschränkt, wenn bereits die Eröffnung des Insolvenzverfahrens mangels Masse abgelehnt wurde (BAG 20. 11. 1984 AP BGB § 613 a Nr. 38 = NZA 1985, 393; anders noch BAG 3. 7. 1980 AP BGB § 613 a Nr. 22 = NJW 1981, 187). Zwar ist beiden Fällen gemeinsam, dass außerhalb des Insolvenzverfahrens der Grundsatz der gleichmäßigen Gläubigerbefriedigung nicht greift, doch ist ausschlaggebend, dass die

mit der Eröffnung des Insolvenzverfahrens eintretenden Rechtsfolgen nicht rückgängig gemacht werden können (BAG 11. 2. 1992 AP BetrAVG § 1 Betriebsveräußerung Nr. 13 = NZA 1993, 20).

3. Zeitpunkt der Haftungserleichterung. Die Haftungserleichterung des Betriebserwerbers tritt 146 nur dann ein, wenn der Betriebsübergang nach der Eröffnung des Insolvenzverfahrens lag. Bis zu diesem Zeitpunkt haftet er unbeschränkt. Waren alle für den Betriebsübergang erforderlichen Rechtsgeschäfte bereits vor der Insolvenzeröffnung abschließend verhandelt, kann das ein Indiz dafür sein, dass der Erwerber bereits zu diesem Zeitpunkt in der Lage war, die betriebliche Leitungs- und Organisationsmacht anstelle des Betriebsveräußerers auszuüben (BAG 26. 3. 1996 AP BGB § 613 a Nr. 148 = NZA 1997, 94). Zur Feststellung dieses Zeitpunkts muss zunächst der Betriebserwerber den Inhalt und den Zeitpunkt für den nach der Insolvenzeröffnung liegenden Betriebsübergang darlegen und im Streitfall beweisen. Danach muss derjenige, der sich auf die unbeschränkte Haftung des Erwerbers beruft, Tatsachen vortragen, aus denen sich ergibt, dass der Erwerber bereits vor dem behaupteten Zeitpunkt die rechtliche Möglichkeit hatte, die betriebliche Leitungsmacht auszuüben. Allein der Hinweis auf die im Wesentlichen abgeschlossenen Vertragsverhandlungen reicht dafür nicht (BAG 26. 3. 1996 AP BGB § 613 a Nr. 148 = NZA 1997, 94).

4. Kündigungsrecht. Materiellrechtlich hat die Insolvenz des AG keinen Einfluss auf den kündi- 147 gungsrechtlichen Bestandsschutz der AN nach § 613 a. Das Kündigungsverbot nach § 613 a IV 1 gilt auch nach Eröffnung des Insolvenzverfahrens; insb. rechtfertigt die Insolvenz an sich keine betriebsbedingte Kündigung nach § 1 II KSchG und kommt damit nicht als „anderer Grund" iSd. § 613 a IV 2 in Betracht (BAG 16. 9. 1982 AP KO § 22 Nr. 4 = DB 1983, 504). Kündigt der frühere AG und übernimmt ein Erwerber den Betrieb im Insolvenzverfahren, haben die AN – anders als außerhalb des Insolvenzverfahrens – keinen Fortsetzungsanspruch gegen den Erwerber (BAG 10. 12. 1998 AP BGB § 613 a Nr. 185 = NZA 1999, 422). Dies verstößt nicht gegen die RL 2001/23/EG, da die RL im Insolvenzverfahren nicht zwingend gilt. Sonst mögliche Erleichterungen hinsichtlich der Kündigungsfristen, der gerichtlichen Überprüfbarkeit sowie der Darlegungs- und Beweislast folgen indes für Kündigungen durch den Insolvenzverwalter und ggf. den Betriebserwerber aus den §§ 113, 120 bis 122 sowie 125 bis 128 InsO (vgl. näher die Kommentierung zu § 113 InsO). Nach LAG Frankfurt 8. 2. 2001 – 11 Sa 925/99 – soll bei in der Insolvenz vollzogenem Betriebsübergang kein Wiedereinstellungsanspruch (dazu Rn. 159 ff.) bestehen.

Für Betriebsübergänge in der Insolvenz bedeutsam ist die Klagefrist des § 113 II InsO. Hält der 148 AN die Kündigung seines Arbeitsverhältnisses durch den Insolvenzverwalter für unwirksam, so muss er auch dann innerhalb von drei Wochen nach Zugang der Kündigung Klage beim ArbG erheben, wenn er sich für die Unwirksamkeit der Kündigung auf andere als die in § 1 II und III KSchG bezeichneten Gründe beruft. Abw. von § 13 III KSchG gilt damit die Kündigungsfrist des § 4 KSchG auch dann, wenn der AN geltend macht, seine Kündigung sei „wegen" des Betriebsübergangs iSd. § 613 a IV erfolgt (MünchKommBGB/*Schaub* Rn. 74). Bedarf die Kündigung der Zustimmung einer Behörde, läuft die Frist erst ab der Bekanntgabe der Behördenentscheidung an den AN. Hat der AN die Klagefrist versäumt, kommt eine nachträgliche Zulassung der Klage nach § 5 KSchG in Betracht (vgl. Verweisung in § 113 II 2 InsO auf § 4 S. 4 und § 5 KSchG).

IX. Kündigungsverbot wegen des Betriebsübergangs (§ 613 a IV 1)

1. Sinn und Zweck der Regelung. Der Schutzzweck des § 613 a liefe leer, wenn die Arbeitsverhält- 149 nisse zwar von dem ehemaligen auf den neuen Betriebsinhaber übergingen, der AN jedoch **wegen** des Betriebsübergangs mit einer Kündigung rechnen müsste. Deshalb erklärt § 613 a IV 1 die Kündigung des Arbeitsverhältnisses eines AN durch den bisherigen AG oder durch den neuen Inhaber wegen des Übergangs eines Betriebs oder eines Betriebsteils für unwirksam. Die Regelung geht zurück auf Art. 4 I 1 der EG-RL 2001/23 und wurde mit Wirkung vom 21. 8. 1980 in § 613 a auf der Grundlage der RL 77/187/EWG eingefügt. Sie stellt ein **eigenständiges Kündigungsverbot** iSv. §§ 13 III KSchG, 134 dar und findet deshalb auch Anwendung, wenn das Arbeitsverhältnis noch nicht länger als sechs Monate bestanden hat (§ 1 I KSchG) oder die Betriebsgröße des § 23 KSchG nicht erreicht ist. Unter § 613 a IV 1 fallen sowohl ordentliche als auch außerordentliche Beendigungs- oder Änderungskündigungen sowie Aufhebungsverträge, die zur Vermeidung von Kündigungen wegen des Betriebsübergangs geschlossen werden (Erman/*Hanau* Rn. 107). Unwirksam sind auch Kündigungen, die der Insolvenzverwalter im Rahmen des Insolvenzverfahrens „wegen" eines Betriebsübergangs ausspricht (BAG 26. 5. 1983 AP BGB § 613 a Nr. 34), weil die Rspr. des BAG Einschränkungen des § 613 a in diesem Fall nur bezüglich der Haftung des Erwerbers, nicht jedoch bezüglich des Bestandsschutzes der AN zulässt. Gerade bei notwendigen Personalreduzierungen zur Sanierung notleidender Unternehmen erfüllt § 613 a IV 1 den Zweck, dass nicht die sozial schwächsten AN ohne Beachtung von § 1 III KSchG ihren Arbeitsplatz verlieren. Das Kündigungsverbot gilt auch für den Erwerber eines vom Insolvenzverwalter veräußerten Betriebs (ArbRBGB/*Ascheid* Rn. 131). Zu kündigungsrechtlichen Besonderheiten in der Insolvenz s. oben Rn. 147 ff.

Preis

150 **2. Abgrenzung zur Kündigungsmöglichkeit nach § 613 a IV 2.** Während § 613 a IV 1 ein Kündigungsverbot wegen des Betriebsübergangs anordnet, stellt § 613 a IV 2 gleichzeitig klar, dass eine Kündigung **aus anderen Gründen** möglich bleibt. Die Regelung lehnt sich an die EG-RL 2001/23 an, deren Art. 4 I 2 Kündigungen aus wirtschaftlichen, technischen oder organisatorischen Gründen zulässt. Wegen dieses Konkurrenzverhältnisses stellt sich die Frage, wann eine Kündigung wegen des Betriebsübergangs vorliegt.

151 Nach der Rspr. des BAG ist bei der Anwendung des § 613 a IV stets zu prüfen, ob es – **neben dem Betriebsübergang** – einen sachlichen Grund gibt, der „aus sich heraus" die Kündigung zu rechtfertigen vermag, so dass der Betriebsübergang **nur äußerer Anlass, nicht aber der tragende Grund** für die Kündigung gewesen ist (BAG 26. 5. 1983 AP BGB § 613 a Nr. 34 = NJW 1984, 627; BAG 19. 5. 1988 AP BGB § 613 a Nr. 75 = NZA 1989, 461; BAG 18. 7. 1996 AP BGB § 613 a Nr. 147 = NZA 1997, 148; BAG 16. 5. 2002 NZA 2003, 93, 99; vgl. zum Kausalitätserfordernis a. *Lipinski* NZA 2002, 75, 77 f.). Dadurch wird bestätigt, dass bei der Konkurrenz mehrerer Kündigungssachverhalte jeder für sich die Kündigung tragen kann (*Ascheid* NZA 1991, 878). Genießt der AN nicht den Schutz des Kündigungsschutzgesetzes, sind die Vorschriften der §§ 1 II KSchG, 613 a IV 1 jeweils für sich zu prüfen. § 613 a I schützt nicht vor Risiken, die sich jederzeit unabhängig vom Betriebsübergang aktualisieren können (BAG 18. 7. 1996 AP BGB § 613 a Nr. 147 = NZA 1997, 148; Erman/*Hanau* Rn. 109; *Willemsen* ZIP 1983, 413). Deshalb ist eine Kündigung nicht schon dann rechtsunwirksam, wenn der Betriebsübergang für die Kündigung ursächlich ist, sondern nur, aber auch immer dann, wenn der Beweggrund für die Kündigung, das Motiv der Kündigung also, wesentlich durch den Betriebsinhaberwechsel bedingt war (BAG 26. 5. 1983 AP BGB § 613 a Nr. 34 = NJW 1984, 627; BAG 27. 9. 1984 AP BGB § 613 a Nr. 39 = NZA 1985, 493; *Seiter* S. 112; *Willemsen* ZIP 1983, 413). Maßgeblich für das Vorliegen einer Kündigung wegen Betriebsübergangs ist nicht die Bezeichnung des Kündigungsgrundes durch den AG, sondern ob tatsächlich ein Betriebsübergang der tragende Grund für die Kündigung gewesen ist (BAG 28. 4. 1988 AP BGB § 613 a Nr. 74 = NZA 1989, 265).

152 Für eine Kündigung aus anderen Gründen iSv. § 613 a IV 2 kommen in erster Linie betriebsbedingte Gründe nach § 1 II KSchG in Betracht. Auf dieses eigentliche Konkurrenzverhältnis stellt auch Art. 4 I 2 der EG-RL 2001/23 mit seinem Bezug auf wirtschaftliche, technische oder organisatorische Gründe ab. Dies schließt es jedoch nicht aus, dass auch Kündigungen aus personen- oder verhaltensbedingten Gründen im Zusammenhang mit einem Betriebsübergang erfolgen und der Abgrenzung zu § 613 a IV 1 bedürfen. Die Erfordernisse des anderen Grundes ergeben sich hier ebenfalls regelmäßig aus § 1 II KSchG. Ist die Kündigung danach sozial gerechtfertigt, spielt es keine Rolle, dass sie in zeitlichem Zusammenhang mit einem Betriebsübergang ausgesprochen wurde. Unterliegt der gekündigte AN nicht dem Schutz des KSchG, genügt jeder nachvollziehbare, nicht willkürlich erscheinende, sachliche Grund, der den Verdacht einer bloßen Umgehung von § 613 a IV 1 auszuschließen vermag (*Willemsen* ZIP 1983, 414).

153 **3. Umgehungen des Kündigungsverbots.** Das Kündigungsverbot des § 613 a kann durch andere Beendigungstatbestände umgangen werden. **Befristungen** und **auflösende Bedingungen** sind nach § 134 unwirksam, wenn sie darauf abzielen, den Schutz des § 613 a zu umgehen (BAG 15. 2. 1995 AP BGB § 620 Befristeter Arbeitsvertrag Nr. 166; Erman/*Hanau* Rn. 64). Dasselbe gilt, wenn der Betriebsveräußerer dem AN kündigt und der Betriebserwerber diesen nach dem Betriebsübergang sofort neu einstellt (BAG 20. 7. 1982 AP BGB § 613 a Nr. 31 = DB 1983, 50), auch wenn der neue Arbeitsvertrag mit dem Betriebserwerber den AN insgesamt nicht schlechter stellt (EuGH 10. 2. 1988 EAS RL 77/187/EWG Art. 1 Nr. 4). Ein **sachlicher Grund für eine Befristung** kann nicht allein in dem geplanten Betriebsübergang liegen. Rechtlich nicht ausgeschlossen ist allerdings, wie die Fassung des § 613 a IV 2 zeigt, dass andere mit der Veräußerung zusammentreffende Umstände als der Wechsel des AG einen sachlichen Befristungsgrund darstellen können (BAG 2. 12. 1998 AP BGB § 620 Befristeter Arbeitsvertrag Nr. 206 = NZA 1999, 926).

154 Unwirksam sind ferner **Eigenkündigungen** oder **Aufhebungsverträge**, zu denen die AN unter Hinweis auf eine Einstellungsgarantie beim potenziellen Erwerber – regelmäßig zu schlechteren Arbeitsbedingungen – veranlasst wurden (BAG 28. 4. 1987 AP BetrAVG § 1 Betriebsveräußerung Nr. 5 m. Anm. *Loritz* = NZA 1988, 198 – sog. Lemgoer Modell; *Hergenröder* AR-Blattei SD 500.1 Rn. 449 ff.). Steht zwischen den Parteien eines Aufhebungsvertrags fest, dass der AN beim Betriebserwerber weiterbeschäftigt werden soll, ist der Aufhebungsvertrag wegen objektiver Umgehung der zwingenden Rechtsfolgen des § 613 a nach § 134 nichtig. Hierbei ist unerheblich, ob die Parteien die Rechtsfolgen des § 613 a kannten. Sieht der Aufhebungsvertrag einen Abfindungsanspruch vor, besteht der Anspruch nicht (BAG 11. 7. 1995 AP TVG § 1 Tarifverträge: Einzelhandel Nr. 56 = NZA 1996, 207). Die Ausübung des Widerspruchsrechts durch die AN (dazu oben Rn. 84 ff.) kann unwirksam sein, wenn die AN dazu nur veranlasst werden, um anschließend das Arbeitsverhältnisses mit dem Veräußerer zu beenden und mit dem Erwerber einen neuen Arbeitsvertrag zu ungünstigeren Bedingungen abzuschließen (*Ende* NZA 1994, 495). Wirksame Änderungskündigungen des Veräußerers sind möglich, sofern sie nicht wegen des Betriebsübergangs erfolgen, denn dann fallen sie unter § 613 a IV 1 (MünchKommBGB/*Schaub* Rn. 66).

Nach dem Grundsatz der Vertragsfreiheit zu respektieren sind **einvernehmliche Aufhebungsverträge** vor oder nach Betriebsübergang, wenn keine Umgehungsabsicht zu befürchten ist (BAG 29. 10. 1975 AP BGB § 613 a Nr. 2). Mit Recht erfolgt der Hinweis, dass „peinlichst auf die Respektierung der uneingeschränkten Entscheidungsfreiheit des AN zu achten ist" (*Willemsen* G Rn. 197). Problematisch ist der Aufhebungsvertrag jedoch, wenn er Voraussetzung dafür ist, bei einem anderen AG oder einer Beschäftigungsgesellschaft weiterbeschäftigt zu werden, weil sonst die Kündigung droht. Problematisch ist dies insb., wenn die Betriebstätigkeit des AG – jedenfalls tw. ggf. von anderen Übernehmern – fortgesetzt wird. Bes. problematisch sind sog. dreiseitige Verträge zwischen AG, AN und Beschäftigungsgesellschaft. Das BAG hat nochmals bestätigt, dass ein Aufhebungsvertrag wegen objektiver **Gesetzesumgehung** nichtig ist, wenn er lediglich die **Beseitigung der Kontinuität des Arbeitsverhältnisses bei gleichzeitigem Erhalt des Arbeitsplatzes** bezweckt (BAG 10. 12. 1998 AP BGB § 613 a Nr. 185; Bestätigung von BAG 28. 4. 1987 AP BetrAVG § 1 Betriebsveräußerung Nr. 5), was der Fall ist, wenn zugleich ein neues Arbeitsverhältnis zum Betriebsübernehmer vereinbart oder zumindest verbindlich in Aussicht gestellt wird. Das BAG hat die in einem solchen dreiseitigen Vertrag vereinbarte Aufhebung des Arbeitsverhältnisses mit der Begründung verneint, weil die Vereinbarung auf das endgültige Ausscheiden des AN aus dem Betrieb gerichtet war (BAG 10. 12. 1998 AP BGB § 613 a Nr. 185). Dies ist zweifelhaft, weil im entschiedenen Fall die Betriebsfortführung bereits geplant war (krit. deshalb APS/*Steffan* Rn. 201 f.; s. hierzu auch die Vorinstanz LAG Düsseldorf 28. 4. 1997 LAGE BGB § 613 a Nr. 61).

4. Stilllegungsabsicht und anschließende Betriebsübernahme. Abgrenzungsfragen zwischen 156 § 613 a IV 1 und 2 treten insb. dann auf, wenn Kündigungen wegen der **Stilllegung** eines Betriebs ausgesprochen werden, es dann später jedoch noch zu einer Veräußerung des Betriebs kommt (instruktiv BAG 10. 10. 1996 AP KSchG 1969 § 1 Betriebsbedingte Kündigung Nr. 81 = NZA 1997, 251). Nach der gesetzlichen Konzeption schließen sich Betriebsübertragung und Stilllegung des Betriebs aus (oben Rn. 56).

a) Kündigungsrechtliche Grundsätze. Bei zunächst **beabsichtigten** Stilllegungen und späterem 157 Betriebsübergang ist auf den **Zeitpunkt des Ausspruchs der Kündigungen** abzustellen. Danach liegt eine Kündigung „wegen" Betriebsübergangs vor, wenn ein Betriebsübergang zwar bis zum Ablauf der Kündigungsfrist noch nicht vollzogen worden ist, dieser aber bereits bei Ausspruch der Kündigungen vom AG geplant war, schon greifbare Formen der Verwirklichung angenommen hatte und wenn die Kündigung nur ausgesprochen worden ist, um den geplanten Betriebsübergang vorzubereiten oder zu ermöglichen (BAG 19. 5. 1988 AP BGB § 613 a Nr. 75 = NZA 1989, 461). War dagegen bei Ausspruch der Kündigungen auf Grund einer vernünftigen betriebswirtschaftlichen Betrachtung davon auszugehen, die Stilllegung sei unumgänglich, sind die Kündigungen nicht nach § 613 a IV 1 unwirksam, wenn es dann doch noch zu einer Betriebsveräußerung kommt (ähnlich BAG 10. 10. 1996 AP KSchG 1969 § 1 Betriebsbedingte Kündigung Nr. 81 = NZA 1997, 251; BAG 27. 2. 1997 AP KSchG 1969 § 1 Wiedereinstellung Nr. 1). Auch eine Umgehung von § 613 a I liegt in diesem Fall nicht vor. Da für die Wirksamkeit der Kündigung deren Zugang maßgeblich ist, muss der AG zu diesem Zeitpunkt endgültig entschlossen sein, die Betriebs- und Produktionsgemeinschaft aufzulösen (BAG 19. 5. 1988 AP BGB § 613 a Nr. 75 = NZA 1989, 461; BAG 10. 10. 1996 AP KSchG 1969 § 1 Betriebsbedingte Kündigung Nr. 81 = NZA 1997, 251).

Grds. lässt sich damit für die Frage beabsichtigter Stilllegungen zu dem Konkurrenzverhältnis 158 zwischen § 613 a IV 1 und 2 Folgendes feststellen: War der ehemalige Betriebsinhaber bei Zugang der Kündigungen ernstlich und endgültig entschlossen, den Betrieb stillzulegen, werden die Kündigungen nicht dadurch unwirksam, dass es dann doch noch zu einem Betriebsübergang kommt (BAG 19. 6. 1991 AP KSchG 1969 § 1 Betriebsbedingte Kündigung Nr. 53 = NZA 1991, 891). Lag dagegen zu diesem Zeitpunkt die Betriebsveräußerung ebenso im Bereich des Möglichen wie die Betriebsstilllegung, sind die Kündigungen „wegen" des Betriebsübergangs erfolgt und deshalb nach § 613 a IV 1 unwirksam (BAG 27. 9. 1984 AP BGB § 613 a Nr. 39 = NZA 1985, 493; *Hillebrecht* NZA 1989 Beilage 4, 18).

b) Vertragsfortsetzungs- und Wiedereinstellungsanspruch. Problematisch ist, wenn sich die tat- 159 sächlichen Umstände nach Ausspruch der Kündigung ändern. **Gegen den kündigenden AG** kann sich ein Anspruch auf Vertragsfortsetzung allenfalls dann ergeben, wenn sich die Prognosegrundlage über die notwendige Betriebsstilllegung bereits **vor Ablauf der Kündigungsfrist** als falsch erwiesen hat, weil es doch noch zu einem Betriebsübergang kommt (zutr. BAG 27. 2. 1997 AP KSchG 1969 § 1 Wiedereinstellung Nr. 1; zur Problematik HAS/*Preis* § 19 F Rn. 131 ff.). Nach diesem Zeitpunkt ist der Rechtssicherheit und der notwendigen Dispositionsfreiheit des kündigenden AG jedenfalls der Vorrang einzuräumen (*Preis*, Anm. zu LAG Köln 10. 1. 1989 LAGE BGB § 611 Einstellungsanspruch Nr. 1; offengelassen von BAG 4. 12. 1997 AP KSchG 1969 § 1 Wiedereinstellung Nr. 4 = NZA 1998, 701; dagegen zB BAG 27. 6. 2001 EzA KSchG § 1 Wiedereinstellungsanspruch Nr. 6 m. Anm. *Gotthardt* mwN). Nach den objektiven Voraussetzungen des § 613 a kann sich jedoch auch der Tatbestand des Betriebsübergangs ohne Mitwirkung des kündigenden AG (früheren Betriebsinhabers) ergeben. Wenn zB. wegen Auftragsverlustes der ehemalige Auftragnehmer mangels anderweitiger Beschäftigungsmöglichkeit betriebsbedingt kündigt und der neue Auftragnehmer ohne Mitwirkung des früheren Auftragnehmers die Hauptbelegschaft übernimmt, liegt ein Betriebsübergang vor. In diesen Fällen kann sich ein Vertragsfortsetzungsanspruch schon aus Gründen der gerechten Risikoverteilung nicht gegen den kündigenden AG, sondern nur gegen den Betriebsübernehmer richten (LAG Hamm 4. 4. 2000 DZWiR 2000, 240, 247 m. Anm. *Franzen*; HAS/*Preis* § 19 F Rn. 135). Nach BAG 13. 11. 1997 (AP BGB § 613 a Nr. 169 = NZA 1998, 251) haben die gekündigten AN in diesem Fall einen Anspruch gegen den neuen Auftragnehmer, zu unveränderten Arbeitsbedingungen unter Wahrung ihres Besitzstandes eingestellt zu werden. Das BAG folgert dies aus einer richtlinienkonformen Handhabung. Überzeugender ist die Begründung einer teleologischen Extension (*Langenbucher* ZfA 1999, 299, 306 ff.).

160   Der Vertragsfortsetzungsanspruch gegen den kündigenden AG vor Ablauf der Kündigungsfrist setzt jedoch nach BAG voraus, dass der AG mit Rücksicht auf die Wirksamkeit der Kündigung noch keine Disposition getroffen hat und ihm die unveränderte Fortsetzung des Arbeitsverhältnisses zumutbar ist. Unzumutbar kann die Wiedereinstellung sein, wenn sich nach endgültiger Stilllegungsabsicht und Ausspruch der Kündigungen ein potenzieller Erwerber findet, dessen Unternehmenskonzept eine geringere Personalstärke als beim derzeitigen (Noch-)Betriebsinhaber vorsieht (BAG 27. 2. 1997 AP KSchG 1969 § 1 Wiedereinstellung Nr. 1). In diesem Fall kann sich der Wiedereinstellungsanspruch auf einen Teil der ehemaligen Belegschaft reduzieren, wobei der AG bei Auswahl der wiedereinzustellenden AN nach der Rspr. des BAG soziale Gesichtspunkte zu berücksichtigen hat (BAG 4. 12. 1997 AP KSchG 1969 § 1 Wiedereinstellung Nr. 4; BAG 28. 6. 2000 ZIP 2000, 1781, 1785 stellt nach §§ 242, 315 auf die Gesamtumstände ab, zu denen aber auch soziale Gesichtspunkte gehören; s. a. HAS/*Preis* § 19 F Rn. 134).

161   Ein **Vertragsfortsetzungsanspruch bzw. Einstellungsanspruch gegen den Betriebsübernehmer** kommt in Betracht, wenn sich die Prognose des früheren Betriebs(teil)inhabers als falsch erweist, obwohl er selbst auf die weitere Entwicklung keinen Einfluss hat. Dies gilt etwa in den Fällen der Auftragsneuvergabe, in denen der frühere Betriebs(teil)inhaber in Folge des Auftragsverlustes den bisher mit dem Auftrag beschäftigten AN kündigt und der neue Auftragnehmer durch Übernahme eines wesentlichen Belegschaftsteils einen Betriebsübergang herbeiführt. Der gekündigte AN hat in diesen Fällen einen Anspruch gegen den Betriebsübernehmer, ihn zu unveränderten Bedingungen unter Wahrung des Besitzstandes einzustellen (BAG 13. 11. 1997 AP BGB § 613 a Nr. 169 = NZA 1998, 251; *Preis*/*Steffan* DB 1998, 309; *Hergenröder* AR-Blattei SD 500.1 Rn. 468 ff.). Dieser Anspruch kann nicht nur während der Kündigungsfrist, sondern auch nach Beendigung des Arbeitsverhältnisses geltend gemacht werden (*Müller-Glöge* NZA 1999, 449, 455). Zum einen kann eine nur unerhebliche Unterbrechung der Betriebstätigkeit einen Betriebsübergang auch noch nach Ablauf der Kündigungsfristen auslösen. Zum anderen muss dem gekündigten AN der Tatbestand der Übernahme gar nicht bekannt sein. Hat der AN keine Kenntnis, ist ungeklärt, wie lange der Anspruch überhaupt geltend gemacht werden kann. Mangels Kenntnis scheidet eine analoge Anwendung von § 4 KSchG ab dem Zeitpunkt des Betriebsübergangs jedenfalls aus (hierzu *Preis*/*Steffan* DB 1998, 311). Hat der AN Kenntnis von der Betriebsübernahme, muss er den Einstellungsanspruch entspr. § 4 KSchG unverzüglich, dh. in Anlehnung an die Rspr. zur Ausübung des Widerspruchsrechts (BAG 19. 3. 1998 AP BGB § 613 a Nr. 177) innerhalb von drei Wochen ab Kenntnis der den Betriebsübergang ausmachenden Umstände geltend machen (*Preis*/*Steffan* DB 1998, 310 f.; so jetzt auch BAG 12. 11. 1998 NZA 1999, 311).

162   Ein unzulässiger **Umgehungsversuch** des § 613 a seitens des Erwerbers kann darin gesehen werden, dass dieser zuerst Übernahmeverhandlungen abbricht, sich dann aber nach der Stilllegungsabsicht des Betriebsinhabers und daraufhin erfolgter Kündigungen zur Übernahme des Betriebs bereit erklärt. In diesem Fall muss er sich unter Umständen nach dem Rechtsprinzip des § 162 so behandeln lassen, als läge der Tatbestand des § 613 a vor.

163   **5. Sanierende Betriebsübernahmen.** Abgrenzungsfragen treten auch dann auf, wenn notleidende Unternehmen zu Sanierungsmaßnahmen in engem zeitlichen Zusammenhang mit Betriebsübernahmen Personalreduzierungen vornehmen. Zunächst ist § 613 a IV 1 dann nicht tangiert, wenn im Rahmen notwendiger Sanierungen Kündigungen ausgesprochen werden, eine konkrete Übernahmemöglichkeit jedoch noch nicht besteht. Solange noch keine Verhandlungen mit einem potenziellen Erwerber aufgenommen sind, ist der Betriebsübergang für die Kündigungen nicht ursächlich geworden (Erman/*Hanau* Rn. 112). Zwar besagt der Wortlaut des § 613 a IV 1 nicht zwingend, der Betriebsübergang müsse im nahen zeitlichen Zusammenhang mit dem Ausspruch der Kündigung stattfinden (BAG 19. 5. 1988 AP BGB § 613 a Nr. 75 = NZA 1989, 461); deshalb ist es auch nicht erforderlich, dass der Betriebsübergang bereits vor Ablauf der Kündigungsfrist vollzogen ist. Stets bedarf es aber bereits zum Zeitpunkt der Kündigung einer konkreten Planung, die schon greifbare Formen der Verwirklichung angenommen haben muss. Zudem muss die Kündigung nur deshalb ausgesprochen worden sein, um den geplanten Betriebsübergang vorzubereiten und zu ermöglichen (BAG 19. 5. 1988 AP BGB § 613 a Nr. 75 = NZA 1989, 461). Liegen diese Voraussetzungen nicht vor, greift § 613 a IV 1 nicht ein. Die als notwendig erachtete Verminderung der Belegschaft hat jedoch bei Anwendbarkeit des KSchG die Erfordernisse der sozialen Rechtfertigung nach § 1 KSchG zu beachten.

C. Rechtsfolgen des Betriebsübergangs § 613 a BGB 230

Deutlich wird der Konflikt zwischen Bestandsschutz und Sanierungsinteresse, wenn bereits Ver- **164** handlungen zwischen Veräußerer und Erwerber aufgenommen worden sind und eine Reduzierung der Belegschaft in enger zeitlicher Nähe zum Betriebsübergang erfolgen soll. Hierbei ist beachtlich, dass eine Kündigung dann nicht gegen § 613 a IV 1 verstößt, wenn sie jeder Betriebsinhaber – unabhängig von der Veräußerung – aus notwendigen betriebsbedingten Gründen so hätte durchführen müssen (*Hanau* FS Gaul 1992 S. 290). In diesem Fall liegt, unabhängig von einer späteren Betriebsübernahme, ein **eigenes** betriebliches Erfordernis des derzeitigen Betriebsinhabers vor, das die Kündigung unter der Voraussetzung des § 1 II KSchG rechtfertigen kann. Dem Betriebsinhaber steht es frei, auch wenn er seinen Betrieb veräußern will, zuvor sein eigenes Sanierungskonzept zu verwirklichen. Dies gilt jedenfalls dann, wenn es auf selbst gewonnenen wirtschaftlichen Erkenntnissen beruht und nicht auf den Vorgaben des potenziellen Erwerbers (BAG 18. 7. 1996 AP BGB § 613 a Nr. 147 = NZA 1997, 148; Soergel/*Raab* Rn. 188).

Sieht das Unternehmenskonzept des potenziellen Erwerbers eine geringere Anzahl von Mitarbeitern **165** vor, als derzeit in dem betreffenden Unternehmen beschäftigt ist, stellt sich dagegen die Frage, ob der Betriebsveräußerer bereits zu Kündigungen berechtigt ist, deren Rechtfertigung sich daraus ergibt, dass der potenzielle Erwerber zugleich mit der Betriebsübernahme aus dringenden betrieblichen Erfordernissen iSd. § 1 II 1 KSchG die Belegschaft verringern will. Die Möglichkeit einer solchen **Veräußererkündigung auf Grund eines Erwerberkonzeptes** wird zu Recht überwiegend anerkannt (BAG 20. 3. 2003 – 8 AZR 97/02 –; BAG 26. 5. 1983 AP BGB § 613 a Nr. 34 mit zust. Anm. *Grunsky* = NJW 1984, 627; Erman/*Hanau* Rn. 1113; *ders.* ZIP 1984, 141, 143; *Vossen* BB 1984, 1557, 1560; *Willemsen* ZIP 1983, 411, 416; RGRK/*Ascheid* Rn. 258; Staudinger/*Richardi/Annuß* Rn. 251 f.; MünchArbR/*Wank* § 121 Rn. 60; MünchKommBGB/*Schaub* Rn. 72; KR/*Etzel*, 1 KSchG Rn. 577; KR/*Pfeiffer* Rn. 189; *Steffan* S. 96 f.; *Seiter* S. 113; *Sieger/Hasselbach* DB 1999, 430 ff.; *Meyer* NZA 2003, 244; aA ArbG Wiesbaden DB 1979, 1607). Für die Richtigkeit dieser Auffassung spricht, dass es nicht Sinn und Zweck der Regelungen des § 613 a I 1, IV 1 sein kann, den Erwerber auch bei einer auf Grund betriebswirtschaftlicher Gesichtspunkte voraussehbar fehlenden Beschäftigungsmöglichkeit zu verpflichten, das Arbeitsverhältnis mit einem AN noch einmal künstlich zu verlängern, bis er selbst die Kündigung aussprechen kann (BAG 26. 5. 1983 AP BGB § 613 a Nr. 34 = NJW 1984, 627; Erman/*Hanau* Rn. 113; *Vossen* BB 1984, 1557, 1560). Es bedarf jedoch eines Konzepts oder Sanierungsplans. Allein die Forderung des Erwerbers, die Belegschaft vor dem Betriebsübergang zu verkleinern, genügt nicht (APS/*Steffan* Rn. 193; Stahlhacke/*Preis* Rn. 980)

Die Kündigungsmöglichkeit des Veräußerers hängt auch nicht davon ab, dass er selbst das Erwer- **166** berkonzept bei Fortführung des Betriebs hätte durchführen können (Erman/*Hanau* Rn. 113; *ders.* ZIP 1984, 141, 142; *Vossen* BB 1984, 1557, 1560; *Loritz* RdA 1987, 65, 83; MünchArbR/*Wank*, § 121 Rn. 60 f.; *Steffan* S. 97 f.; aA BAG 26. 5. 1983 AP BGB § 613 a Nr. 34 = NJW 1984, 627; *Willemsen* ZIP 1983, 411, 416; *Hillebrecht* NZA 1989, Beil. 4, 14 f.). Die Möglichkeit, dass der Veräußerer sich das Erwerberkonzept zu eigen machen könnte, besteht allenfalls theoretisch. Praktisch hingegen ist der Inhaber notleidender Unternehmen dazu regelmäßig nicht in der Lage. Zu notwendigen Rationalisierungsmaßnahmen, zB der Anschaffung moderner, leistungsfähiger Anlagen, fehlen ihm regelmäßig die finanziellen Mittel. Zudem kann der potenzielle Erwerber über Kundenkontakte und damit Absatzmöglichkeiten verfügen, die dem Veräußerer verschlossen sind. Das Wesen der Sanierungsfälle liegt gerade darin, dass der Betrieb aus sich heraus nicht mehr sanierungsfähig ist (*Hanau* ZIP 1984, 143). Zur Stilllegung des Unternehmens besteht nur noch die Alternative der Umstrukturierung durch die finanziellen und/oder organisatorischen Möglichkeiten des Erwerbers (Erman/*Hanau* Rn. 113; *Vossen* BB 1984, 1560). In dieser Situation verstößt eine vorgezogene Kündigung des Veräußerers auf Grund des Erwerberkonzeptes nicht gegen den Schutzgedanken des § 613 a I, IV, der den Erwerber bei der Betriebsübernahme an einer freien Auslese der Belegschaft hindern will (aA BAG 26. 5. 1983 AP BGB § 613 a Nr. 34 = NJW 1984, 627). Letztlich erreicht die Schutzfunktion des § 613 a I die betroffenen AN nicht, da der Bestandsschutz in beiden Fällen nur vorübergehend eingreift. Scheitert die Übernahme des Betriebs an der Forderung, zugleich sämtliche Arbeitsverhältnisse zu übernehmen, wird der Veräußerer auf Grund der dann erfolgenden Stilllegung betriebsbedingte Kündigungen aussprechen. Die ANSchutzvorschrift des § 613 a verkehrt sich in ihr Gegenteil. Statt eine begrenzte Anzahl von Arbeitsplätzen zu sichern, kommt es zum Verlust aller Arbeitsplätze (*Vossen* BB 1984, 1559). Kommt es zu einem Betriebsübergang auf der Basis eines Erwerberkonzeptes, stellt sich die Frage eines Fortsetzungsanspruchs der nicht übernommenen Erwerber. Im Insolvenzfall hat das BAG einen solchen verneint (BAG 10. 12. 1998 AP BGB § 613 a Nr. 185). Außerhalb des Insolvenzverfahrens befürwortet *Meyer* (BB 2000, 1032, 1035 f.) eine Auswahlbefugnis des Erwerbers nach § 315. Andere lehnen bei sanierenden Betriebsübernahmen einen Fortsetzungsanspruch gegen den Erwerber ab (*Hanau* ZIP 1998, 1817, 1820; *Hegenröder* AR-Blattei SD 500.1 Rn. 474).

Zur Abwehr von **Umgehungsmöglichkeiten** bedarf es bei der vorgezogenen Veräußererkündigung **167** allerdings einer rechtlichen Absicherung des Betriebsübergangs, die gewährleistet, dass das betriebswirtschaftliche Konzept des Erwerbers tatsächlich verwirklicht wird. Dies kann in Form eines rechtsverbindlichen Sanierungsplans oder eines Vorvertrags geschehen, der den Betriebsübergang selbst und die Anzahl der zu übernehmenden AN fixiert (*Seiter* S. 113; KR/*Etzel* § 1 KSchG Rn. 577; *Willemsen*

ZIP 1983, 416). Dadurch wird der Voraussetzung Rechnung getragen, wonach die Umstrukturierung bei Ausspruch der Kündigung greifbare Formen angenommen haben muss (BAG 26. 5. 1983 AP BGB § 613a Nr. 34 = NJW 1984, 627; *Loritz* RdA 1987, 84). Zugleich lässt sich durch Abschluss eines Vorvertrags weitgehend ausschließen, dass der gegenwärtige Betriebsinhaber auf die bloße Drohung des potenziellen Erwerbers hin kündigt, dieser werde den Betrieb sonst nicht übernehmen. In diesem Fall würde der Schutzzweck des § 613a IV 1 unterlaufen, der sowohl Veräußerer wie auch Erwerber davon abhalten soll, sich allein auf Grund des Betriebsübergangs bestimmter AN einfach zu entledigen (*Willemsen* ZIP 1983, 414 f.).

168 Sofern die Kündigungen bereits durch den Veräußerer auf Grund einer eigenen unternehmerischen Entscheidung durchgeführt werden, bezieht sich die gemäß § 1 III KSchG durchzuführende **Sozialauswahl** auf den gesamten Betrieb des Veräußerers, unabhängig davon, ob der Betrieb als Ganzes oder nur ein Teil davon übertragen werden soll (aA *Moll/Steinbach* MDR 1997, 711 f.). Ist die Sozialauswahl nach der Übernahme durch den Erwerber durchzuführen, beschränkt sie sich auf den übernommenen Betrieb (Erman/*Hanau* Rn. 114; *Vossen* BB 1984, 1557). Dies ist selbstverständlich, wenn der Betrieb oder Betriebsteil als eigenständiger Betrieb lediglich fortgeführt wird, gilt aber auch für den Fall, dass ein gesamter Betrieb eingegliedert wird (*Kreitner* S. 117; *Henckel* ZGR 1984, 235; aA *Hilger* ZGR 1984, 260). Da § 613a I, IV den AN lediglich die Rechtsposition sichern will, die sie vor dem Betriebsübergang hatten, würde die Einbeziehung der beim Erwerber schon vorhandenen Belegschaft in die Sozialauswahl eine ungerechtfertigte Besserstellung der vom Betriebsübergang betroffenen AN im Sinne eines zusätzlichen Bestandsschutzes bedeuten (*Vossen* BB 1984, 1560). Wird lediglich ein Betriebsteil eingegliedert, sind hingegen auch die übrigen AN des Erwerberbetriebs in die Sozialauswahl einzubeziehen. Spricht bereits der Veräußerer betriebsbedingte Kündigungen zur vorweggenommenen Verwirklichung des Erwerberkonzepts aus (dazu oben Rn. 165), gelten für die Sozialauswahl dieselben Maßstäbe wie für Kündigungen des Erwerbers.

169 **6. Gerichtliche Geltendmachung.** Da § 613a IV 1 ein eigenständiges Kündigungsverbot enthält und nicht nur einen Sonderfall der Sozialwidrigkeit der Kündigung darstellt, muss die Unwirksamkeit der Kündigung nicht nach § 4 KSchG innerhalb einer Klagefrist von drei Wochen geltend gemacht werden (BAG 31. 1. 1985 AP BGB § 613a Nr. 40 = NZA 1985, 593; BAG 5. 12. 1985 AP BGB § 613a Nr. 47 = NZA 1986, 522). Dies folgt aus § 13 III KSchG. Auch eine analoge Anwendung des § 4 KSchG auf eine nach § 613a IV 1 unwirksame Kündigung kommt nicht in Betracht, weil ihr eine unterschiedliche Interessenlage entgegensteht. In den Fällen des Betriebsübergangs steht der AN – im Gegensatz zu sonstigen Kündigungen – oft vor einer neuen Situation, die für ihn in ihrer Entwicklung noch unübersehbar ist. Deshalb muss ihm eine angemessene Zeitspanne zugebilligt werden, in der er die Entwicklung beobachten kann; die Klagefrist des § 4 KSchG reicht dazu idR nicht aus (BAG 5. 12. 1985 AP BGB § 613a Nr. 47 = NZA 1986, 522). Das Klagerecht unterliegt allerdings der Verwirkung (hierzu OLG Düsseldorf 17. 12. 1996 NZA-RR 1998, 387). Dabei ist auf die konkreten Umstände des Einzelfalles abzustellen (BAG 20. 5. 1988 AP BGB § 242 Prozessverwirkung Nr. 5 = NZA 1989, 16). Für den Fall einer Insolvenz jedoch muss in einem AN nach § 113 II InsO die Unwirksamkeit einer Kündigung auch dann innerhalb von drei Wochen nach Zugang der Kündigung Klage erheben, wenn er sich auf andere als die in § 1 II und III KSchG bezeichneten Gründe – in diesem Fall § 613a IV – beruft (BAG 16. 5. 2002 DB 2002, 2601).

X. Prozessuales

170 **1. Passivlegitimation.** Ist einem AN vor dem Betriebsübergang durch den bisherigen AG gekündigt worden, so ist der bisherige AG für die Frage der **Sozialwidrigkeit** der Kündigung (§ 4 KSchG) passiv legitimiert (BAG 18. 3. 1999 AP KSchG 1969 § 4 Nr. 44). Gleichgültig ist, ob das Arbeitsverhältnis vor oder nach dem Betriebsübergang endet oder ob der Betrieb vor oder nach der Rechtshängigkeit der Klage auf den Erwerber übergegangen ist. Die Frage, ob das Arbeitsverhältnis ungekündigt auf den Erwerber übergeht, soll nur in einem Rechtsstreit zwischen dem AN und dem bisherigen AG geklärt werden können (BAG 26. 5. 1983 AP BGB § 613a Nr. 34 = NJW 1984, 627; BAG 27. 9. 1984 AP BGB § 613a Nr. 39 = NZA 1985, 493; krit. dazu ArbRBGB/*Ascheid* Rn. 148). Anders ist es nach einer neueren Entscheidung dann, wenn der AN die Feststellung begehrt, dass das Arbeitsverhältnis durch eine betriebsbedingte Kündigung des ehemaligen Betriebsinhabers nicht aufgelöst worden ist und darüber hinaus die Feststellung, dass das Arbeitsverhältnis auf den neuen Betriebsinhaber übergegangen ist. In diesem Fall kann er Betriebsveräußerer und -erwerber in demselben Rechtsstreit als AG verklagen; beide sind dann Streitgenossen. Haben sie verschiedene allg. Gerichtsstände, ist das zuständige Gericht nach § 36 I Nr. 3 ZPO zu bestimmen (BAG 25. 4. 1996 AP ZPO § 59 Nr. 1 = NZA 1996, 1062).

171 Wird die Klage nur auf Gründe gestützt, für die nach § 13 III KSchG die Kündigungsfrist des § 4 KSchG nicht gilt, etwa auf § 613a IV 1, ergibt sich das notwendige Feststellungsinteresse nicht bereits aus § 7 KSchG, sondern es bedarf eines rechtlichen Interesses iSd. § 256 ZPO. Dieses liegt bei einer Klage gegen den früheren Betriebsinhaber nur dann vor, wenn weitere Ansprüche gegen ihn vorbereitet oder gesichert werden sollen. Kommt es dem AN hingegen darauf an, den Übergang seines Arbeitsverhältnisses festzustellen, weil er Ansprüche gegen den Erwerber geltend macht, so hat er den Erwerber zu verklagen. Die Wirksamkeit der Kündigung ist dann als Vorfrage zu klären, wobei dem früheren Betriebsinhaber gem. §§ 72 ff. ZPO der Streit verkündet werden kann (ArbRBGB/*Ascheid* Rn. 149 f.).

Problematisch ist die Passivlegitimation, wenn der Tatbestand des Betriebsübergangs unklar ist. **172** Geht aus dem Klageantrag gegen eine Kündigung hervor, dass das Arbeitsverhältnis schon vor Ausspruch der Kündigung auf einen Betriebserwerber übergegangen ist, könnte die Klage gegen den Veräußerer mangels Passivlegitimation als unbegründet abgewiesen werden (LAG Köln 18. 3. 1994 NZA 1994, 815; so auch *Müller-Glöge* NZA 1999, 449, 456). Das ist nicht sachgerecht, wenn der klagende AN zwei Ziele verfolgt, nämlich entweder festzustellen, dass im Kündigungszeitpunkt mit dem Betriebsveräußerer kein Arbeitsverhältnis mehr bestanden habe und dieser somit auch nicht kündigungsbefugt war. Erst nachrangig ist dann die Frage zu prüfen, ob die Kündigung sachlich gerechtfertigt ist (LAG Hamm 28. 5. 1998 NZA-RR 1999, 71). Streitgegenstand einer Kündigungsschutzklage kann nicht nur die bloße Wirksamkeit der angegriffenen Kündigung ungeachtet des Bestehens eines Arbeitsverhältnisses sein, sondern die Frage, ob überhaupt ein durch die Kündigung auflösbares Arbeitsverhältnis bestanden hat. Somit kann die Klageabweisung durchaus auch damit begründet werden, es habe kein Arbeitsverhältnis (mehr) bestanden (BAG 18. 3. 1999 AP KSchG § 4 Nr. 44; LAG Köln 26. 5. 1998 NZA-RR 1998, 398). Kann der AN nicht erkennen, ob ein Betriebsübergang stattgefunden hat, ist ihm der Weg der subjektiven Klagehäufung durch Kündigungsschutzklage gegen den bisherigen AG und Feststellungsklage gegen den potenziellen Betriebserwerber eröffnet. Eine bedingte subjektive Klagehäufung ist allerdings unzulässig (BAG 11. 12. 1997 AP BGB § 613 a Nr. 172; *Müller-Glöge* NZA 1999, 449, 456). Unerquicklich ist, dass der klagende AN mindestens eine Klage verliert (hierzu KDZ/*Zwanziger* Rn. 148). Ist ein Betriebsübergang nicht eingetreten, unterliegt er in beiden Fällen (hierzu *Preis/Steffan* DB 1998, 309, 313). Unklar ist, mit welcher Klageart das Fortsetzungsverlangen gegen den Betriebsübernehmer geltend zu machen ist. Steht man auf dem Standpunkt, dass der Übergang der Arbeitsverhältnisse ipso iure stattgefunden hat, bedarf es einer bloßen Feststellungsklage, mit der weiteren Konsequenz, dass für die Zwischenzeit uU Ansprüche aus § 615 entstehen. Führt das Fortsetzungsverlangen zu einem Neuabschluss eines Arbeitsvertrags, was nahe liegender ist, muss Klage auf Abgabe der entspr. Willenserklärungen (§ 894 ZPO) zum Abschluss eines entspr. Arbeitsvertrags erhoben werden. Bis zur Rechtskraft treten dann mangels Arbeitsverhältnis keine Verzugslohnansprüche ein, evtl. aber Schadensersatzansprüche (zum ganzen *Preis/Steffan* DB 1998, 309, 313; *Müller-Glöge* NZA 1999, 449, 456; *Boewer* NZA 1999, 1177, 1182; *Edenfeld* AuA 1998, 161, 165).

Hat der AN gegen den AG, der ihm gekündigt hat, eine Kündigungsschutzklage erhoben und wird **173** nach deren Rechtshängigkeit der Betrieb veräußert, kann der AN einen bisher nicht gestellten **Auflösungsantrag** mit Erfolg nur in demselben Prozess gegen den ihm bekannten Betriebserwerber stellen (BAG 20. 3. 1997 AP KSchG 1969 § 9 Nr. 30 = NZA 1997, 937). Zwar richtet sich der Auflösungsantrag des AN nach § 9 I KSchG grds. gegen den AG, die die Kündigung ausgesprochen hat, doch ist nach § 9 II KSchG für die Auflösung des Arbeitsverhältnisses der Zeitpunkt festzusetzen, an dem es bei sozial gerechtfertigter Kündigung geendet hätte. Eine gerichtliche Auflösung kommt nur in Betracht, wenn das Arbeitsverhältnis zu dem Auflösungszeitpunkt noch Bestand hatte, weil andernfalls durch das Urteil nichts mehr gestaltet werden kann. Deshalb ist ein Antrag auf Auflösung nicht mehr möglich, wenn das Arbeitsverhältnis zu diesem Zeitpunkt bereits aus anderen Gründen beendet war. Einen anderen Beendigungsgrund stellt auch der Betriebsübergang dar, weil das Arbeitsverhältnis zum Betriebsveräußerer zu diesem Zeitpunkt erlischt (oben Rn. 66). Wird der Auflösungsantrag zeitlich nach dem Betriebsübergang gestellt, ist der Betriebsveräußerer hierfür nicht mehr passiv legitimiert.

2. Beweislast. Im Rahmen des § 613 a gelten die allg. Grundsätze der Darlegungs- und Beweislast. **174** Dh. jede Partei muss die Voraussetzungen der ihr günstigen Norm darlegen und im Streitfall beweisen. Hierbei kann dem AN eine Erleichterung durch die Berufung auf Indizien oder nach dem Beweis des ersten Anscheins zugute kommen, wenn die Beweistatsachen in der Sphäre des AG liegen (ArbRBGB/ *Ascheid* Rn. 145). Macht der AN Ansprüche gegen den angeblichen Betriebserwerber geltend, muss er darlegen und beweisen, dass ein Betrieb oder Betriebsteil auf Grund eines Rechtsgeschäfts auf diesen übergegangen ist. Legt er hierbei dar, dass der in Anspruch genommene Betriebserwerber die wesentlichen Betriebsmittel nach Einstellung des Geschäftsbetriebes des bisherigen Inhabers verwendet, um einen gleichartigen Geschäftsbetrieb zu führen, so spricht der Beweis des ersten Anscheins dafür, dass dies auf Grund eines Rechtsgeschäfts iSd. § 613 a geschieht (BAG 15. 5. 1985 AP BGB § 613 a Nr. 41 = NZA 1985, 736).

Wehrt sich der AN gegen eine Kündigung, die mit einem Betriebsübergang in Zusammenhang steht, **175** ist zu unterscheiden: Macht er nur den Unwirksamkeitsgrund des § 613 a IV 1 geltend, etwa weil er die Klagefrist des § 4 KSchG versäumt hat, muss er darlegen und beweisen, dass ihm **wegen** eines rechtsgeschäftlichen Betriebsübergangs gekündigt worden ist, der Betriebsübergang also der Beweggrund, das Motiv der Kündigung war (BAG 5. 12. 1985 AP BGB § 613a Nr. 47 = NZA 1986, 522). Beruft er sich – innerhalb der Klagefrist des § 4 KSchG – hingegen auch darauf, der Betrieb oder Betriebsteil sei entgegen den Angaben des bisherigen AG nicht stillgelegt, sondern auf einen neuen Inhaber übertragen worden, wehrt er sich (auch) gegen die soziale Rechtfertigung einer Kündigung aus betriebsbedingten Gründen. Im Kündigungsschutzverfahren nach § 1 II 1 KSchG hat der AG die Tatsachen zu beweisen, die die Kündigung bedingen, und es ist seine Aufgabe, vorzutragen und nachzuweisen, dass die Kündigung sozial gerechtfertigt ist. Fehlt es daran, dann ist der Kündigungsschutzklage stattzugeben, ohne dass es der Feststellung bedarf, der tragende Beweggrund für die Kündigung sei ein Betriebsübergang (BAG 5. 12. 1985 AP BGB § 613a Nr. 47 = NZA 1986, 522; BAG 9. 2. 1994 AP BGB § 613a Nr. 105 = NJW 1995, 73). Wird der Betrieb alsbald wiedereröffnet oder kommt es noch innerhalb der Kündigungsfrist zu einem Betriebsübergang, spricht eine tatsächliche Vermutung gegen eine ernsthafte und endgültige Stilllegungsabsicht (BAG 27. 9. 1984 AP BGB § 613a Nr. 39 = NZA 1985, 493; BAG 3. 7. 1986 AP BGB § 613a Nr. 53 = NZA 1987, 123). Es ist dann Sache desjenigen, der als neuer AG in Anspruch genommen wird, diese Vermutung durch Darlegung von Tatsachen, die für eine Stilllegung sprechen, zu widerlegen (BAG 3. 7. 1986 AP BGB § 613a Nr. 53 = NZA 1987, 123).

176 Erfolgt eine Kündigung im Zusammenhang mit einem Betriebsübergang in einem Fall, in dem der AG mangels Kündigungsschutz des AN keine Begründung für die Kündigung angeben muss, folgt aus § 613a IV jedoch, dass er eine „nachvollziehbare" Begründung haben muss, um den Verdacht einer Kündigung wegen Betriebsübergangs auszuschließen (LAG Köln 3. 3. 1997 LAGE BGB § 613a Nr. 59). Kann der AN aus dem zeitlichen und funktionellen Zusammenhang im Einzelfall Tatsachen nachweisen, die die Kausalität mit genügender Wahrscheinlichkeit darstellen, so ist eine tatsächliche Vermutung für eine Kündigung wegen des Betriebsübergangs zu bejahen, die der AG entkräften muss (für einen Anscheinsbeweis in diesem Fall *Kreitner* S. 84ff.). Die Vermutung kann jedoch durch eine „nachvollziehbare" Begründung widerlegt werden (vgl. auch BAG 5. 12. 1985 AP BGB § 613a Nr. 47).

177 **3. Rechtskraft.** Grds. bindet ein Urteil nur die im Rubrum genannten Parteien, so dass der AN im Streitfall nach dem Betriebsübergang erneut einen Rechtsstreit über die materielle Richtigkeit eines Anspruchs führen müsste. Da dies im Widerspruch zur Regelung des § 613a I 1 stünde, nimmt die hM eine Rechtskrafterstreckung auf den Betriebserwerber an (MünchKommBGB/*Schaub* Rn. 89; RGRK/ *Ascheid* Rn. 290; BAG 5. 2. 1991 AP BGB § 613a Nr. 89 = NZA 1991, 639). Der Eintritt in die Rechte und Pflichten umfasst auch das Eintreten in die zwischen früherem AG und AN bindend festgestellte Rechtslage (ArbRBGB/*Ascheid* Rn. 148). Deshalb muss der Erwerber die rechtskräftig getroffene Feststellung, dass eine Kündigung durch den früheren Betriebsinhaber unwirksam war und das Arbeitsverhältnis nicht aufgelöst hat, gegen sich gelten lassen, wenn er auf Zahlung von Arbeitsentgelt nach §§ 611, 615 S. 1 in Anspruch genommen wird. Eine Titelumschreibung vom früheren AG auf den Erwerber gem. §§ 325, 727, 731 ZPO kommt dagegen nicht in Betracht (ArbRBGB/*Ascheid* Rn. 152; offengelassen MünchKommBGB/*Schaub* Rn. 89). Gem. § 325 ZPO wirkt ein rechtskräftiges Urteil für und gegen die Parteien und die Personen, die nach Eintritt der Rechtshängigkeit Rechtsnachfolger der Parteien geworden sind. Demgemäß kommt eine Titelumschreibung in Betracht, wenn der Betriebsübergang vor der Rechtshängigkeit der Kündigungsschutzklage eingetreten ist (BAG 18. 2. 1999 AP ZPO § 325 Nr. 5 = NZA 1999, 648; BAG 18. 3. 1999 AP KSchG 1969 § 4 Nr. 44). § 325 ZPO ergänzt § 265 ZPO, der das Recht regelt, die in Streit befangene Sache nach Eintritt der Rechtshängigkeit zu veräußern, und bestimmt, dass die Rechtsnachfolge auf den Prozess gegen den Rechtsvorgänger keinen Einfluss hat. Die Betriebsnachfolge ist jedoch keine Rechtsnachfolge iSd. §§ 265, 325 ZPO (MünchKommBGB/*Schaub* Rn. 89; ArbRBGB/*Ascheid* Rn. 152). Macht der AN Ansprüche gegen den Erwerber geltend, für die es auf den Fortbestand des Arbeitsverhältnisses ankommt, ist die Betriebsveräußerung nicht die Veräußerung der in Streit befangenen Sache iSd. §§ 265, 325 ZPO (ebenso ArbRBGB/*Ascheid* Rn. 151). Das BAG hat allerdings für den Sonderfall, dass der bisherige AG den geltend gemachten Anspruch nicht mehr erfüllen konnte, § 265 II ZPO entspr. angewendet (BAG 15. 12. 1976 AP ZPO § 325 Nr. 1).

XI. Betriebsübergang und Gesamtrechtsnachfolge

178 **1. Übergang der Arbeitsverhältnisse.** Dass § 613a nicht auf Fälle des rechtsgeschäftlichen Betriebsübergangs beschränkt ist, sondern auch bei der Gesamtrechtsnachfolge Anwendung findet (vgl. oben Rn. 58), folgt aus dem UmwG 1994. Nach dessen Konzeption vollzieht sich in den Fällen der Verschmelzung oder Spaltung von Unternehmen sowie der Vermögensübertragung der Betriebsübergang kraft Gesetzes; dh. der Rechtsnachfolger tritt uno actu an die Stelle des Rechtsvorgängers, ohne dass es einzelner Übertragungsakte bedarf. Im Gegensatz dazu erfolgt der Betriebsübergang im Wege der Einzelrechtsnachfolge durch einzelne Übertragungsakte. Die Gesamtrechtsnachfolge in das Vermögen oder die Vermögensteile des übertragenden Rechtsträgers tritt mit der Eintragung in das Handelsregister ein (§§ 20, 131, 176 f. UmwG). Trotz der Anordnung der Gesamtrechtsnachfolge

Preis

C. Rechtsfolgen des Betriebsübergangs　　　　　　　　　　　　　　§ 613 a BGB 230

bestimmt § 324 UmwG, dass § 613 a I, IV–VI bei einer Verschmelzung, Spaltung oder Vermögensübertragung unberührt bleibt. Daraus folgt, dass die Arbeitsverhältnisse auch bei gesellschaftsrechtlichen Umwandlungen nach § 613 a übergehen. Vor Inkrafttreten des UmwG ging die hM davon aus, dass in Fällen der Gesamtrechtsnachfolge § 613 a BGB unanwendbar sei, weil die Arbeitsverhältnisse kraft Gesetzes auf den neuen Inhaber übergehen und es deshalb keines Schutzes der AN bedürfe (BAG 6. 2. 1985 AP BGB § 613 a Nr. 44; BAG 21. 2. 1990 AP BGB § 613 a Nr. 85). Bereits vor Inkrafttreten des UmwG hat das BAG aber auf Grund europarechtlicher Vorgaben (Art. 11 RL 82/891/EWG) § 613 a I und IV bei einer Verschmelzung analog angewendet (BAG 5. 10. 1993 AP BetrAVG § 1 Zusatzversorgungskassen Nr. 42). Trotz der **wenig glücklichen Formulierung in § 324 UmwG**, wonach § 613 a I, IV–VI „unberührt" bleibt, ist von einer uneingeschränkten Anwendbarkeit des § 613 a I, IV–VI auszugehen (s. jetzt a. BT-Drucks. 14/7760 S. 20). Dies bedeutet, dass die Anwendbarkeit des § 613 a in den Fällen der Gesamtrechtsnachfolge nicht an dem Merkmal einer Übertragung „durch Rechtsgeschäft" scheitert (*Lutter/Joost* UmwG § 324 Rn. 3; *Hartmann* ZfA 1997, 24; *Boecken* ZIP 1994, 1090; *Wlotzke* DB 1995, 42; *Däubler* RdA 1995, 139; so auch BR-Drucks. 75/94, 118; zweifelnd *Bauer/Lingemann* NZA 1994, 1061). Andererseits ist § 324 UmwG nicht lediglich eine Rechtsfolgeverweisung, sondern eine **Rechtsgrundverweisung** (BAG 25. 5. 2000 NZA 2000, 1115, 1117; *Hergenröder* AR-Blattei SD 500.2 Rn. 54; *Kallmeyer/Willemsen* UmwG § 324 Rn. 2; ähnlich *Hartmann* ZfA 1997, 24; aA *Kreßel* BB 1995, 928). Erforderlich ist deshalb, dass infolge einer Umwandlungsmaßnahme ein Betrieb oder Betriebsteil auf einen anderen Rechtsträger übergeht. Ob es sich um einen Betrieb oder Betriebsteil handelt, bestimmt sich nach § 613 a I 1 Halbs. 1 (Rn. 5 ff.). Liegt danach ein Betriebs(teil)übergang vor, treten die Rechtsfolgen des § 613 a I, IV ein und es besteht eine Unterrichtungspflicht (§ 613 VI, Rn. 84 ff.) sowie das Widerspruchsrecht des AN (Rn. 91 ff.).

Nicht eindeutig ist, ob in einem Spaltungs- und Übernahmevertrag nach § 126 UmwG auch 179 einzelne Arbeitsverhältnisse verschiedenen Rechtsträgern zugeordnet werden können. Im Gegensatz zu § 2 I Nr. 10 SpTrUG und dem Referentenentwurf zu § 126 UmwG sieht der Gesetz gewordene § 126 I Nr. 9 UmwG keine Zuordnung der Arbeitsverhältnisse vor, so dass diese Möglichkeit zumindest fraglich ist (abl. *Schaub* FS Wlotzke 1996 S. 107; zustimmend *Hartmann* ZfA 1997, 23). Jedenfalls besteht keine Regelungskompetenz der Parteien, die Arbeitsverhältnisse im Spaltungsvertrag abw. von § 613 a zuzuordnen (*Lutter/Joost* UmwG, § 324 Rn. 39, § 323 Rn. 22 mwN). Sieht der Spaltungsvertrag tatsächlich eine abw. Zuordnung vor, ist diese wegen Umgehung von § 613 a nach § 134 nichtig (*Willemsen* NZA 1996, 799); im Übrigen bleibt der Spaltungsvertrag nach § 139 wirksam. Eine Zuordnung im Spaltungsvertrag kann nur dann in Betracht kommen, wenn bestimmte AN keinem Betrieb oder Betriebsteil objektiv zugeordnet werden können (*Lutter/Joost* UmwG § 323 Rn. 23; *Wlotzke* DB 1995, 43; weitergehend *Hartmann* ZfA 1997, 25; *Boecken* Rn. 71).

Als Folge der Anwendbarkeit des § 613 a stand den AN bei allen in § 324 UmwG genannten 180 Umwandlungsformen schon bislang ein **Widerspruchsrecht** gegen den Übergang ihrer Arbeitsverhältnisse zu (BAG 25. 5. 2000 NZA 2000, 1115, 1117 f.; *Hergenröder* AR-Blattei SD 500.2 Rn. 52; aA MünchKommBGB/*Schaub* Rn. 214). Durch die Verweisung in § 324 UmwG auch auf § 613 a VI ist dies jetzt gesetzlich festgeschrieben. Sinnvoll ist dessen Ausübung nur dort, wo der frühere Rechtsträger nach der Umwandlung fortbesteht, wie etwa bei der Abspaltung. Erlischt jedoch der frühere Rechtsträger, wie etwa in Fällen der Verschmelzung oder der Aufspaltung, geht das Widerspruchsrecht ins Leere (BT-Drucks. 14/7760 S. 20). In diesen Fällen kommt für die AN ein Recht auf außerordentliche Kündigung in Betracht (*Bachner* NJW 1995, 2882; *Gaul/Otto* DB 2002, 634, 636; vgl. auch *Kallmeyer/Willemsen* UmwG § 324 Rn. 9; aA *Grobys* BB 2002, 726, 730).

Im Verhältnis zu § 323 II UmwG ist § 613 a vorrangig. Kommt bei einer Verschmelzung, Spaltung 181 oder Vermögensübertragung ein Interessenausgleich zustande, in dem diejenigen AN namentlich benannt werden, die nach der Umwandlung einem bestimmten Betrieb oder Betriebsteil zugeordnet werden, so kann die Zuordnung der AN nach § 323 II UmwG durch das ArbG nur auf grobe Fehlerhaftigkeit überprüft werden. Der eingeschränkte gerichtliche Prüfungsmaßstab kann jedoch nicht zu der Folge führen, dass der Interessenausgleich als schuldrechtliche Vereinbarung zwischen AG und BR die Zuordnung der Arbeitsverhältnisse zu einem bestimmten Betrieb oder Betriebsteil regelt. Vielmehr sind die Betriebsparteien an § 613 a gebunden; lediglich in Zweifelsfällen ist die Regelung des Interessenausgleichs so lange maßgeblich, wie es sich nur irgendwie sachlich vertretbar begründen lässt (*Willemsen* NZA 1996, 799; *Lutter/Joost* UmwG § 323 Rn. 22). Im Gegensatz zur Singularsukzession scheidet bei solchen Zweifelsfällen ein Wahlrecht oder ein Zustimmungserfordernis der AN aus (aA *Däubler* RdA 1995, 142).

2. Betriebsvereinbarungen und Tarifverträge. Durch die Umwandlung wird der neue Rechts- 182 träger nicht Mitglied des AGVerbandes des bisherigen Rechtsträgers, so dass eine Bindung an einen **VerbandsTV** nach § 4 I 1 TVG regelmäßig ausscheidet. Anders ist es nur dann, wenn die Übertragung der Mitgliedschaft in der Satzung des AGVerbandes bes. geregelt ist (§§ 38, 40). Ist der TV für allgemeinverbindlich erklärt und fällt der Rechtsnachfolger in den sachlichen und räumlichen Geltungsbereich des TV, folgt dessen Anwendung aus § 5 IV TVG. Kommt eine kollektivrechtliche

Preis　　　　　　　　　　　　　　1607

Bindung des neuen Rechtsträgers an den TV des ehemaligen Rechtsträgers nicht in Betracht, folgt aus § 324 UmwG, dass die Rechtsnormen des TV nach den Regelungen des § 613 a I 2 bis 4 fortgelten (*Hergenröder* AR-Blattei SD 500.2 Rn. 86; vgl. a. oben Rn. 107 ff.).

183 Bei einem **FirmenTV** kann sich die kollektive Fortgeltung nach der Umwandlung aus § 3 I TVG ergeben, so dass es einer Anwendung von § 613 a I 2 bis 4 nicht bedarf. Durch die Gesamtrechtsnachfolge tritt der neue Rechtsträger kraft Gesetzes an die Stelle des bisherigen Rechtsträgers und damit auch unmittelbar in dessen tarifvertragliche Rechtsstellung nach § 3 I TVG (*Gaul* NJW 1995, 723; *Hergenröder* AR-Blattei SD 500.2 Rn. 78 mwN). Dies gilt jedenfalls für Aufspaltungen, Abspaltungen und Ausgliederungen durch Neugründung (§ 123 I Nr. 2, II Nr. 2, III Nr. 2 UmwG). Mit dem Eintritt in die Rechtsstellung des ehemaligen Rechtsträgers gilt der FirmenTV beim neuen Rechtsträger insgesamt, also nicht nur in seinem normativen, sondern auch in seinem schuldrechtlichen Teil. Problematisch ist dies dagegen bei Aufspaltungen, Abspaltungen und Ausgliederungen durch Übertragung auf einen oder mehrere bestehende Rechtsträger (§ 123 I Nr. 1, II Nr. 1, III Nr. 1 UmwG) sowie bei Verschmelzungen im Wege der Aufnahme durch einen oder mehrere bestehende Rechtsträger (§ 2 Nr. 1 UmwG). Hier sind regelmäßig bei den bestehenden Rechtsträgern bereits AN beschäftigt. Eine kollektivrechtliche Fortgeltung des beim bisherigen Rechtsträger geltenden FirmenTV würde dazu führen, dass dessen Rechte und Pflichten nunmehr auch für die AN des bereits bestehenden Rechtsträgers gelten. Diese Geltung ist gegen den Willen der bereits vorhandenen AN nicht möglich, sondern allenfalls durch Vereinbarung der betroffenen TVParteien. Es spricht deshalb einiges dafür, dass deshalb die Rechte und Pflichten des früheren FirmenTV nach § 613 a I 2 bis 4 fortgelten. Für den Fall der Verschmelzung zweier oder mehrerer Rechtsträger durch Neugründung (§ 2 Nr. 2 UmwG) geht das BAG allerdings davon aus, dass der Übernehmer im Wege der Gesamtrechtsnachfolge auf Grund von § 20 I Nr. 1 UmwG in den früheren FirmenTV einrückt (BAG 24. 6. 1998 AP UmwG § 20 Nr. 1; best. durch BAG 20. 6. 2001 AP TVG § 1 Bezugnahme auf Tarifvertrag Nr. 17).

184 Für die Fortgeltung einer **BV** ist die Betriebsidentität maßgeblich. Bleibt sie auch nach der Umwandlung im Wesentlichen erhalten, gilt eine beim früheren Rechtsträger bestehende BV kollektivrechtlich beim neuen Rechtsträger fort. Geht die betriebliche Identität verloren, werden die Rechte und Pflichten aus der BV in den Arbeitsvertrag transportiert und gelten nach Maßgabe des § 613 a I 2 bis 4 fort (MünchKommBGB/*Schaub* Rn. 227; vgl. auch oben Rn. 107 ff.).

185 **3. Übergangsmandat des Betriebsrats und Information der Arbeitnehmer.** Für die Fälle der Spaltung von Betrieben oder deren Zusammenfassung sieht § 21 a BetrVG jetzt unabhängig davon, ob es sich um einen Betriebs(teil)übergang nach § 613 a oder eine Umwandlung iSd. UmwG handelt, ein Übergangsmandat des BR vor (vgl. § 21 a III BetrVG; *Fitting* § 21 a Rn. 12). S. ausf. die Kommentierung zu § 21 a BetrVG. Aufgrund der Änderung der Verweisung in § 324 UmwG gilt die Unterrichtungspflicht des § 613 a V auch in Umwandlungsfällen. Sie steht dabei neben der Pflicht, die Folgen der Umwandlung für die AN und ihrer Vertretungen sowie die insoweit vorgesehenen Maßnahmen in den Umwandlungsvertrag aufzunehmen und diesen dem BR zuzuleiten (§§ 5 I Nr. 9, III, 126 I Nr. 11, III UmwG).

186 **4. Haftung für Arbeitnehmeransprüche.** Nach der Regelung des § 613 a I, II haftet für die erst nach dem Betriebsübergang entstehenden Ansprüche der AN nur der neue Betriebsinhaber. Anders ist es nach § 134 UmwG für den „klassischen" Fall der Unternehmensspaltung in eine Anlage- und eine Betriebsgesellschaft. Sind an den Gesellschaften, die nach der Spaltung entstehen, im Wesentlichen dieselben Personen beteiligt wie vor der Spaltung, so haftet die Anlagegesellschaft gesamtschuldnerisch für die Forderungen der AN, die innerhalb von fünf Jahren nach dem Wirksamwerden der Spaltung auf Grund einer Betriebsänderung nach §§ 111 bis 113 BetrVG (**Sozialplanansprüche und Nachteilsausgleich**) begründet werden. Die Regelung des § 134 III iVm. § 133 III bis V UmwG erstreckt die Haftung auf 10 Jahre.

187 Für die bei der Umwandlung bereits bestehenden ANAnsprüche konkurrieren die umwandlungsrechtliche Haftung des § 22 UmwG bei der Verschmelzung und der §§ 133, 134 UmwG bei der Spaltung mit der „arbeitsrechtlichen" Haftung des § 613 a. Keine Unterschiede bestehen für die Haftung des neuen Rechtsträgers. Er haftet kraft Gesamtrechtsnachfolge für die bestehenden Ansprüche aus den auf ihn übergegangenen Arbeitsverhältnissen. Für die Ansprüche gegen den übertragenden Rechtsträger haften nach § 133 I UmwG die an der **Spaltung** beteiligten Rechtsträger – also auch die übertragende Gesellschaft – als Gesamtschuldner. Eine Begrenzung folgt aus § 133 III UmwG, wonach diejenigen Rechtsträger, denen im Spaltungs- oder Übernahmevertrag die entspr. Ansprüche nicht zugewiesen sind, für diese Ansprüche nur dann haften, wenn sie innerhalb von fünf Jahren nach der Spaltung fällig und gerichtlich geltend gemacht sind. Nach der Regelung des § 133 UmwG haftet demnach der bisherige AG für bestehende ANAnsprüche noch mindestens fünf Jahre, sofern er nicht – wie bei der Aufspaltung – erlischt. Nach § 613 a II dagegen besteht die gesamtschuldnerische Haftung des alten Betriebsinhabers neben dem neuen Betriebsinhaber für Ansprüche, die bei Betriebsübergang bereits bestanden und vor Ablauf eines Jahres danach fällig werden (vgl. dazu oben Rn. 132 ff.). Ob hier die umwandlungsrechtliche Haftung (so *Wlotzke* DB 1995, 43; MünchKommBGB/*Schaub* Rn. 218; *Lutter/Joost* UmwG § 324 Rn. 36) oder diejenige nach § 613 a II (so

wobei sich der Gewinnanteil entspr. der Beschäftigungszeit mindert (BAG 3. 6. 1958 AP HGB § 59 Nr. 9).

3. Ausbildungsvergütung. Für den laufenden Kalendermonat ist sie spätestens am letzten Arbeitstag des Monats zu zahlen (§ 11 II BBiG). 11

4. Seeleute. Für die Heuer der Seeleute gelten die Sonderregeln der §§ 32 bis 37 SeemannsG. 12

5. Arbeitnehmer auf Binnenschiffen. Ihnen ist der Lohn am Ende jeder zweiten Woche zu zahlen, wenn über die Lohnzahlung nichts anderes vereinbart ist (§ 24 BinnSchG). 13

6. Urlaubsentgelt ist vor Antritt des Urlaubs auszuzahlen (§ 11 II BUrlG). 14

III. Einzelfragen

1. Schuldnerverzug. Bei der Bemessung der Vergütung nach Zeitabschnitten handelt es sich um eine kalendermäßig bestimmte Leistungszeit. Der AG kommt daher auch ohne Mahnung des AN in Verzug, wenn er am Ende des Zeitabschnitts nicht leistet (§ 286 II Nr. 1). Der AG kann auch in Verzug geraten, wenn er infolge Kündigung nicht mehr leistet, wenn er bei Anwendung der erforderlichen Sorgfalt erkennen kann, dass die Kündigung unwirksam ist (BAG 14. 5. 1999 NZA-RR 1999, 511). Zur Auswirkung des § 614 S. 2 auf den Verzug vgl. BAG 15. 5. 2001 EzA § 242 BGB Gleichbehandlung Nr. 85. 15

2. Kündigungsrecht. Mehrfach säumige Gehaltszahlungen oder Verzug mit einem erheblichen Betrag stellen – nach Abmahnung – einen wichtigen Grund zur außerordentlichen Kündigung dar, auch wenn der AG schuldlos in Rückstand geraten ist (LAG Köln 23. 9. 1993 LAGE BGB § 626 Nr. 73; LAG Frankfurt 27. 10. 1964 DB 1965, 186; LAG Düsseldorf 12. 9. 1957 DB 1957, 1132; ArbG Wilhelmshaven 13. 11. 1973 ARSt. 1975, 63; ArbG Celle 8. 8. 1974 ARSt. 1975, 63). 16

3. Zurückbehaltungsrecht. Soweit der AN vorleistungspflichtig ist, kann er wegen der noch nicht erhaltenen Vergütung seine Arbeitsleistung nicht nach § 320 I verweigern (vgl. auch § 611 Rn. 851). Ist die Vergütung nach Zeitabschnitten bemessen, steht ihm auch bei Lohnrückständen aus einem früheren Zeitraum die **Einrede des nichterfüllten Vertrags** nicht zu, da es insoweit am Gegenseitigkeitsverhältnis fehlt. Denn für die laufende Arbeitsleistung ist der Vergütungsanspruch erst nachträglich fällig. Der Dienstverpflichtete hat jedoch ein Zurückbehaltungsrecht nach § 273, sobald er einen fälligen, noch nicht (vollständig) erfüllten Lohnanspruch hat (BAG 20. 12. 1963 AP GG Art. 9 Arbeitskampf Nr. 32). Es darf sich aber weder um einen verhältnismäßig geringfügigen Anspruch (arg. § 320 II), noch um eine nur kurzfristige Zahlungsverzögerung handeln (BAG 25. 10. 1984 AP BGB § 273 Nr. 3; BAG 9. 5. 1996 AP BGB § 273 Nr. 5). 17

4. Abschwächung der „Vorleistungsgefahr". Die Gefahr, dass der AN nach Erbringung der ihm durch § 614 auferlegten Vorleistung die nun fällige Vergütung nicht erhält, wird gemildert durch die Suspendierung der Vorleistungspflicht bei Vermögensverschlechterung des AG (§ 321), Gewährung von Insolvenzgeld nach §§ 181 ff. SGB III sowie durch Vereinbarung von Vorschuss- oder Abschlagszahlungen (s. u. Rn. 19 ff.). 18

IV. Vorschuss- und Abschlagszahlungen

Schrifttum: *Jesse/Schellen*, Arbeitgeberdarlehen und Vorschuß, 1990.

1. Vorschüsse. a) Vorschüsse sind Vorauszahlungen des AG auf noch nicht verdienten Lohn (BAG 11. 2. 1987 AP ZPO § 850 Nr. 11 = NZA 1987, 585; LAG Hamm 22. 2. 2001 LAGE BGB § 611 Arbeitszeitkonto Nr. 1; LAG Hessen 4. 9. 1995 NZA 1996, 482). Ein negatives Guthaben auf einem Arbeitszeitkonto stellt einen Lohnvorschuss des AG dar (BAG 13. 12. 2000 AP BGB § 394 Nr. 31). Grds. besteht auf eine solche Zahlung der Arbeitsvergütung vor Fälligkeit kein Anspruch, sofern sich nicht aus TV oder BV etwas anderes ergibt. In dringenden Fällen (anderweitig nicht behebbare finanzielle Notlage, schwere Erkrankung, Entbindung, Todesfall) kann jedoch ein Rechtsanspruch aus der Fürsorgepflicht des AG als Nebenpflicht iSv. § 241 II folgen (Staudinger/*Richardi* Rn. 23; *Herschel* BB 1954, 98). Ein gesetzlich geregeltes Vorschussrecht besteht für die auf Provisionsbasis angestellten Handlungsgehilfen (§ 65 iVm. § 87a I 2 HGB), welches nicht zu ihren Ungunsten abbedungen werden kann (BAG 16. 2. 1962 AP HGB § 87a Nr. 1). 19

b) Ein Vorschuss setzt voraus, dass sich beide Vertragsparteien darüber **einig sind,** dass es sich um eine vorschussweise Zahlung handelt, die bei Fälligkeit der Forderung verrechnet wird (BAG 31. 3. 1960 AP BGB § 394 Nr. 5; LAG Hamm 22. 2. 2001 LAGE BGB § 611 Arbeitszeitkonto Nr. 1). Bestimmt ein TV, dass bestimmte Bezüge „bis auf Weiteres vorschussweise" gezahlt werden, so bedeutet dies, dass der AG zwar verpflichtet ist, diese Bezüge zu zahlen, dass er sie aber nur als Vorschuss zu gewähren braucht. Eine solche Tarifklausel hat nicht zur Folge, dass auf Grund des TV geleistete Zahlungen ohne Weiteres als Vorschuss zu beurteilen wären, also auch dann, wenn der AG bei der Auszahlung nichts dergleichen erklärt hat (BAG 11. 7. 1961 AP BGB § 614 Gehaltsvor- 20 schuss Nr. 2 = DB 1961, 1008; BAG 25. 2. 1993 AP BAT § 37 Nr. 10 = NZA 1994, 705). Ansonsten würde man dem AN die Einrede des Wegfalls der Bereicherung (§ 818 III) nehmen, obwohl die bloße Existenz der Tarifklausel ihn nicht bösgläubig iSv. § 819 macht. Das bloße Bestehen einer solchen Vorschussklausel berechtigt den AG daher nicht, überzahlte Beträge als Vorschüsse zu verrechnen.

21   c) Als vorweggenommene Lohntilgung kann der Vorschuss bei der nächsten Lohnabrechnung **ohne Aufrechnungserklärung** (§§ 387, 388) in Abzug gebracht werden und zwar auch von der unpfändbaren Arbeitsvergütung, da die für die Aufrechnung geltenden Einschränkungen (§ 394) unanwendbar sind (BAG 13. 12. 2000 AP BGB § 394 Nr. 31). Dem AN muss aber stets ein Betrag zur Deckung des notwendigen Lebensbedarfs iSd. § 850 d ZPO verbleiben (ebenso *Schaub* § 70 Rn. 13; *Denck* BB 1979, 482; Erman/*Belling* Rn. 6; offen lassend BAG 11. 2. 1987 AP ZPO § 850 Nr. 11 = NZA 1987, 485; verneinend LAG Hessen 4. 9. 1995 NZA 1996, 482).

22   **2. Abschlagszahlungen** sind dagegen Zahlungen auf bereits verdientes, aber noch nicht abgerechnetes Arbeitsentgelt (BAG 11. 2. 1987 AP ZPO § 850 Nr. 11 = NZA 1987, 485). Sie werden vielfach bei schwankenden Bezügen, insb. bei Leistungslohn, bei denen die Vergütung nicht zeitgerecht berechnet werden kann, geleistet. Im Unterschied zum Vorschuss können Abschlagszahlungen nach Fälligkeit der Vergütung, idR nach Ablauf des Kalendermonats, verlangt werden. Sie werden ebenfalls bei der Lohnzahlung in Abzug gebracht, ohne dass es einer Aufrechnung bedarf (s. o. Rn. 19).

23   **3. Abgrenzung vom Darlehen.** Vorschüsse und Abschlagszahlungen sind vom Darlehen nicht nach der gewählten Bezeichnung, sondern vielmehr nach objektiven Merkmalen zu unterscheiden. Eine Darlehenshingabe ist idR dann anzunehmen, wenn der gewährte Betrag die Gehaltshöhe wesentlich übersteigt und zu einem Zweck gegeben wird, der mit den normalen Bezügen nicht oder nicht sofort erreicht werden kann und zu dessen Befriedigung auch sonst üblicherweise Kredite in Anspruch genommen werden. Dagegen handelt es sich um einen Gehaltsvorschuss, wenn die demnächst fällige Gehaltszahlung für kurze Zeit vorverlegt wird, damit der AN bis dahin seinen normalen Lebensunterhalt bestreiten kann (LAG Düsseldorf 14. 7. 1955 AP BGB § 614 Gehaltsvorschuss Nr. 1; LAG Bremen 21. 12. 1960 DB 1961, 243; ArbG Frankfurt 25. 7. 1968 DB 1968, 1544; krit. Staudinger/ *Richardi* Rn. 24: „nur Indiz"). Für das AGDarlehen ist charakteristisch, dass es losgelöst von dem zu erwartenden Arbeitsentgelt gezahlt wird und von einer Kreditvereinbarung getragen wird (Einzelheiten zum AGDarlehen unter § 611 Rn. 544 f.).

24   **4. Rechtslage bei einer Lohnpfändung. a)** Bei nachfolgender Lohnpfändung ist zur Ermittlung des pfändbaren Lohnteils vom gesamten Arbeitseinkommen auszugehen, dh. ohne Rücksicht auf schon geleistete Vorschuss- oder Abschlagszahlungen (BAG 9. 2. 1956 AP BGB § 394 Nr. 1; BAG 11. 2. 1987 AP ZPO § 850 Nr. 11 = NZA 1987, 485; RGZ 133, 252; LAG Düsseldorf 14. 7. 1955 AP BGB § 614 Gehaltsvorschuss Nr. 1; LAG Mannheim 23. 7. 1952 BB 1952, 802; LAG Bremen 21. 12. 1960 DB 1961, 243; ArbG Berlin 29. 10. 1964 BB 1965, 203; MünchKommBGB/*Schaub* Rn. 19; *Stein/Jonas/ Brehm* § 850 e ZPO Rn. 14; MünchKommZPO/*Smid* § 850 e Rn. 6; *Denck* BB 1979, 482). Die bereits geleisteten Zahlungen werden dann zunächst auf das sich ergebenden pfändungsfreien Betrag angerechnet, wobei dem Schuldner aber der notwendige Lebensbedarf nach § 850 d ZPO verbleiben muss (ebenso *Denck* BB 1979, 481; MünchKommBGB/*Schaub* Rn. 18; MünchKommZPO/*Smid* § 850 e Rn. 7; insoweit vom BAG 11. 2. 1987 AP ZPO § 850 Nr. 11 = NZA 1987, 485 offengelassen). Nur soweit die Vorauszahlung den unpfändbaren Betrag übersteigt, erfolgt eine Anrechnung auch gegenüber dem pfändenden Gläubiger. Entsprechendes gilt bei einem Zusammentreffen von **Abtretung** und Vorschuss. Nach aA wird der pfändbare Teil nur vom verbliebenen Einkommen berechnet; dem Schuldner verbleibt der gesamte unpfändbare Teil, während die geleisteten Zahlungen vom pfändbaren Lohnanteil einbehalten werden (ArbG Hannover 22. 3. 1967 BB 1967, 586; *Larenz* Anm. zu LAG Düsseldorf 14. 7. 1955 AP BGB § 614 Gehaltsvorschuss Nr. 1; *Zöller/Stöber* § 850 e ZPO Rn. 2; *ders.* Anm. zu BAG 11. 2. 1987 AP ZPO § 850 Nr. 11; *ders.* Forderungspfändung Rn. 1266; RGRK/ *Hilger* Rn. 40; *Bischoff* BB 1952, 436). Die Vorgehensweise der hL entspricht dem Schutzzweck der §§ 850 ff. ZPO; der Schuldner, dessen Lebensunterhalt im Vergütungsmonat bereits durch eine Abschlagszahlung oder einen Vorschuss abgesichert ist, kann nicht beanspruchen, am Monatsende noch zusätzlich den unpfändbaren Lohnanteil ausgezahlt zu bekommen (ebenso *Stein/Jonas/Brehm* § 850 e ZPO Rn. 15; MünchKommZPO/*Smid* § 850 e Rn. 7; *Küttner/Griese* Vorschuss Rn. 5).

25   **b) Nach** Eingang einer **Lohnpfändung** sowie nach Kenntnis von einer Abtretung darf der AG weitere Vorschüsse und Abschläge an den AN zahlen. In Höhe des pfändbaren Teils der Vergütung geht der Vergütungsanspruch jedoch auf den Pfändungs- bzw. Abtretungsgläubiger über, so dass dieser höhere Zahlungen nicht gegen sich gelten lassen braucht. Vorschüsse und Abschlagszahlungen können nur mit dem unpfändbaren Lohnteil verrechnet werden (*Zöller/Stöber* § 850 e ZPO Rn. 2, 2 a; *Stein/ Jonas/Brehm* § 850 e ZPO Rn. 17).

26   **5. Rückzahlung. a)** Wer Geld als Vorschuss nimmt, verpflichtet sich damit, den Vorschuss dem Vorschussgeber zurückzuzahlen, wenn und soweit die bevorschusste Forderung gegen diesen nicht

oder nicht zeitgerecht entsteht (BAG 10. 3. 1960 AP BGB § 138 Nr. 2; BAG 16. 2. 1962 AP HGB § 87 a Nr. 1; BAG 28. 6. 1965 AP BGB § 614 Gehaltsvorschuss Nr. 3; BAG 20. 6. 1989 AP HGB § 87 Nr. 8). Gleiches gilt auch für eine Abschlagszahlung, wenn sich bei der Lohnabrechnung herausstellt, dass der ausgezahlte Betrag den verdienten Lohn übersteigt. Der Rückgewähranspruch des AG beruht auf der getroffenen Vorschussvereinbarung und nicht auf Bereicherungsrecht, so dass die Entreicherungsvorschrift des § 818 III nicht anwendbar ist (BAG 25. 3. 1976 AP HGB § 65 Nr. 9; BAG 25. 2. 1993 AP BAT § 37 Nr. 10 = NZA 1994, 705; vgl. zur verneinten Vorschussvereinbarung bei bloßer Errichtung eines Arbeitszeitkontos LAG Hamm 22. 2. 2001 LAGE BGB § 611 Arbeitszeitkonto Nr. 1).

b) Gerade im Fall der Akkordentlohnung kann sich aber ergeben, dass überzahlte Vorschüsse und Abschlagszahlungen durch monatelange Handhabung zur **Garantievergütung** werden (ArbG Bochum 12. 11. 1969 DB 1970, 1326 f.; Staudinger/*Richardi* Rn. 32). 27

c) Erfolgt eine Überzahlung nur, um beim Ausscheiden des AN einen Rückforderungsanspruch entstehen zu lassen, der diesen am Arbeitsplatzwechsel hindert, so ist dies eine unter dem Blickwinkel des Art. 12 GG unzulässige **Kündigungserschwerung**. Es handelt sich dann nämlich um ein erhöhtes Arbeitsentgelt, das unter der auflösenden Bedingung gewährt wird, dass der AN nicht oder nicht vor einem vom AG für angemessen gehaltenen Zeitpunkt ausscheidet (ArbG Bochum 1. 4. 1970 DB 1970, 1545 f.). Dies kann den AN zur Leistungsverweigerung berechtigen (*Schaub* § 70 Rn. 14). 28

d) Der Rückzahlungsanspruch **verjährt** in drei Jahren (§ 195). Er unterliegt auch etwaigen Ausschlussfristen aus TV, BV oder Arbeitsvertrag. 29

6. Darlegungs- und Beweislast. Will der AG einem Vergütungsanspruch entgegenhalten, dieser sei durch Vorschüsse (tw.) erfüllt, so muss er die Vorschusszahlung beweisen, da es sich um den Einwand vorweggenommener Erfüllung handelt (LAG München 28. 9. 1989 DB 1990, 1292). Ist hingegen streitig, ob der Vorschuss durch Vergütungsansprüche verdient ist, streiten die Parteien also über die Höhe des Vergütungsanspruchs, so trägt dafür der AN die Darlegungs- und Beweislast (BAG 28. 6. 1965 AP BGB § 614 Gehaltsvorschuss Nr. 3; LAG Berlin 14. 4. 1975 ARSt. 1976, 8). 30

§ 615 Vergütung bei Annahmeverzug und bei Betriebsrisiko

¹ Kommt der Dienstberechtigte mit der Annahme der Dienste in Verzug, so kann der Verpflichtete für die infolge des Verzugs nicht geleisteten Dienste die vereinbarte Vergütung verlangen, ohne zur Nachleistung verpflichtet zu sein. ² Er muss sich jedoch den Wert desjenigen anrechnen lassen, was er infolge des Unterbleibens der Dienstleistung erspart oder durch anderweitige Verwendung seiner Dienste erwirbt oder zu erwerben böswillig unterlässt. ³ Die Sätze 1 und 2 gelten entsprechend in den Fällen, in denen der Arbeitgeber das Risiko des Arbeitsausfalls trägt.

Übersicht

	Rn.		Rn.
I. Allgemeines	1	d) Entbehrlichkeit des wörtlichen Angebots nach § 296	39
1. Normzweck	1	e) Leistungsvermögen des Arbeitnehmers	43
2. Entstehungsgeschichte	2	aa) Grundsätzliches	43
3. Die Vorschrift im System der Leistungsstörungen	3	bb) Leistungswille	46
a) Grundsätzliches	3	cc) Arbeitsunfähigkeit	48
b) Abgrenzung zur Unmöglichkeit	4	dd) Anzeige der Arbeitsfähigkeit nach Erkrankung	51
aa) Die Rechtsprechung des BAG	5	3. Nichtannahme der Arbeitsleistung	55
bb) Lösungen in der Literatur	6	a) Begriff	55
cc) Stellungnahme	7	b) Einzelfälle	58
4. Abdingbarkeit	8	c) Unzumutbarkeit der Annahme	62
II. Voraussetzungen des Annahmeverzugs	9	4. Beendigung des Annahmeverzugs	65
1. Anwendungsbereich	9	a) Grundsätzliches	65
2. Das Angebot der Arbeitsleistung	16	b) Annahme der Arbeitsleistung	67
a) Systematik der §§ 293 bis 304	16	c) Beendigung des Arbeitsverhältnisses	69
b) Tatsächliches Angebot	17	III. Rechtsfolgen des Annahmeverzugs	75
c) Wörtliches Angebot	23	1. Der Vergütungsanspruch	75
aa) Grundsätzliches	24	a) Höhe des Anspruchs	76
bb) Die Ablehnungserklärung des Arbeitgebers	26	b) Zahlung des Annahmeverzugslohns	80
cc) Kündigung als Ablehnungserklärung	27	c) Verzicht auf den Annahmeverzugslohn	84
dd) Unzumutbarkeit des Angebots	34	2. Die Anrechnung	85
ee) Mitwirkungshandlung iSv. § 295	36	a) Grundsätzliches	85
		b) Verhältnis zu § 11 KSchG	88

Preis

	Rn.		Rn.
c) Abdingbarkeit	90	1. Begriff	126
d) Anrechnungsumfang	93	2. Die Entwicklung der Betriebsrisiko-	
aa) Ersparnisse	93	lehre	129
bb) Zwischenverdienst	94	a) Die Rechtsprechung des RG	129
cc) Böswillig unterlassener Zwi-		b) Die Rechtsprechung des RAG	130
schenverdienst	99	c) Die Rechtsprechung des BAG	132
3. Weitere Ansprüche	108	d) Stellungnahme	134
4. Die klageweise Durchsetzung des		e) Existenzgefährdung des Betriebs	135
Annahmeverzugslohns	111	3. Anwendungsbereich	137
a) Darlegungs- und Beweislast	111	4. Abdingbarkeit	138
aa) Grundsätzliches	112	5. Rechtsprechungsübersicht	139
bb) Auskunftsanspruch	115	6. Beendigung des Arbeitsverhältnisses	
b) Klageantrag	119	bei Betriebsstörungen	146
IV. Die Betriebsrisikolehre	126	7. Mitbestimmung des Betriebsrats	147

Schrifttum: *Boewer,* Kündigungsschutzprozess und Annahmeverzug des Arbeitgebers, in: Brennpunkte des Arbeitsrechts, DAI Bd. 2 (1993); *Staab,* Rechtsfragen zum Annahmeverzug des Arbeitgebers, Diss. 1992.

I. Allgemeines

1. Normzweck. Die Vorschrift gehört zum Bereich der Leistungsstörungen. Sie erweitert die Rechtsfolgen des Annahmeverzugs des AG iSv. §§ 293 ff. zugunsten des AN. Die Bestimmung enthält eine Ausnahme des Grundsatzes „Ohne Arbeit kein Lohn" (§ 326 I) und verbessert damit die Rechtsstellung des AN. Der AN kann seine Arbeitskraft nicht kurzfristig anderweitig verwerten. Er ist darauf angewiesen, dass er die Vergütung zur Sicherung seines Lebensunterhalts auch bei Annahmeverzug des AG erhält (Palandt/*Putzo* Rn. 1). § 615 S. 1 beinhaltet keine eigene Anspruchsgrundlage, sondern hält den Lohnanspruch aus dem Arbeitsvertrag aufrecht (BAG 22. 3. 2001 EzBAT § 8 BAT Schadensersatzpflicht des Arbeitgebers Nr. 31; BAG 19. 10. 2000 AP BGB § 611 Haftung des Arbeitgebers Nr. 11; BAG 18. 9. 2002 AP BGB § 615 Nr. 99); *Nierwetberg* BB 1982, 995; Palandt/*Putzo* Rn. 3; aA Staudinger/*Richardi* Rn. 8; *Staab* S. 16). Der Anspruch des AN auf die Vergütung ist also der ursprüngliche Erfüllungsanspruch und kein Schadensersatzanspruch. Ein Verschulden seitens des AG ist nicht erforderlich. § 254 kann nicht angewendet werden.

2. Entstehungsgeschichte. Die Verfasser des BGB wollten die Regelung an das für die Sachmiete geltende Prinzip anlehnen, nach dem der Mieter nicht aus in seiner Person liegenden Gründen von der Mietzinsentrichtung befreit wird (§ 537 I 1). Allerdings sollte der Dienstverpflichtete seine Verpflichtung nicht bereits damit erfüllt haben, dass er seine Dienste zur Verfügung stellt (Motive II S. 461, 462; BAG GS 27. 2. 1985 AP BGB § 611 Beschäftigungspflicht Nr. 14). In diesem Punkt nahm der Gesetzgeber vom Bild der „Arbeitsmiete" Abstand (*Eisemann* ArbGegw. 19, 33, 44). Auch die Fiktion einer Erfüllung wurde abgelehnt. Vielmehr wollte man nur an die Folgen einer solchen Fiktion anknüpfen (Staudinger/*Richardi* Rn. 4). Der Grundsatz „Ohne Arbeit kein Lohn" basiert auf der Vorstellung, dass erst die Arbeitsleistung Erfüllung darstellt (*Eisemann* ArbGegw. 19, 33, 44; aA *von Stebut* RdA 1985, 66, 70, der schon die Arbeitsbereitschaft als Erfüllung ansieht). Die Anknüpfung an den Annahmeverzug des Dienstberechtigten diente der Einfachheit und der Verständlichkeit und vermeidet ein Verschulden des Dienstberechtigten als Voraussetzung.

3. Die Vorschrift im System der Leistungsstörungen. a) Grundsätzliches. § 615 normiert lediglich die Rechtsfolgen des Annahmeverzugs des AG, die Voraussetzungen sind in den §§ 293 ff. bestimmt. Die Verweisung auf diese Normen wird von der Rspr. (BAG 19. 4. 1990 AP BGB § 615 Nr. 45 im Anschluss an *Konzen* gemeinsame Anm. zu AP BGB § 615 Nr. 34 und 35) und in der Literatur (*Wiedemann/Wonneberger* Anm. zu AP BGB § 615 Nr. 45; aA *Ramrath* SAE 1992, 56, 57) als unglücklich empfunden, da diese Bestimmungen für den einmaligen Austausch von Leistungen konzipiert sind. Die Besonderheiten des Arbeitsvertrags als Dauerschuldverhältnis sind bei den Voraussetzungen nicht hinreichend berücksichtigt. Andererseits ist die Verweisung so klar und eindeutig, dass man nicht von einer Lücke ausgehen kann, die durch analoge Anwendung anderer Normen zu schließen ist (*Löwisch* Anm. zu EzA BGB § 615 Nr. 66).

b) Abgrenzung zur Unmöglichkeit. Der Annahmeverzug regelt grds. eine Leistungsverzögerung und setzt daher die Nachholbarkeit der Leistung voraus. Verzug und Unmöglichkeit schließen sich somit aus. Eine Nachholung der Arbeit kommt auf Grund des Fixschuldcharakters der Arbeitsleistung nicht in Betracht. Mit Zeitablauf wird die Leistung unmöglich (BAG 24. 11. 1960 AP BGB § 615 Nr. 18). Nachgeleistete Arbeit ist eine andere als die ursprünglich geschuldete Arbeit (*Picker* JZ 1985, 641, 699; Staudinger/*Richardi* Rn. 1). Konsequent angewendet bedeutet dies, dass § 615 keinen Anwendungsbereich im normalen Arbeitsverhältnis mit Fixschuldcharakter hat. Mit Verzug wird die Leistung auch unmöglich, damit wäre Annahmeverzug logisch ausgeschlossen. Die Rechtsfolgen bestimmen sich bei Unmöglichkeit aber nach den §§ 280 I, 283, die auch auf Arbeitsverträge Anwendung finden (zum bisherigen Recht BAG 24. 11. 1960 AP BGB § 615 Nr. 18 mit Anm. *Hueck*; jetzt *Gotthardt* Rn. 169 ff.). Zur Auflösung des scheinbaren Widerspruchs werden verschiedene Wege gegangen.

aa) Die Rechtsprechung des BAG. Nach der Rspr. schließen sich Unmöglichkeit und Annahme- 5 verzug aus (BAG 18. 8. 1961 AP BGB § 615 Nr. 20). Das BAG versteht unter Annahmeverzug das Unterbleiben der Arbeitsleistung, das durch die vom AG verweigerte Annahme der vom AN angebotenen Arbeit entsteht. Unmöglichkeit sei dann gegeben, wenn, unterstellt der AG sei zur Annahme bereit gewesen, die Arbeitsleistung dem AN unmöglich ist (BAG 24. 11. 1960 AP BGB § 615 Nr. 18 mit Anm. *Hueck*). Fälle der Annahmeunfähigkeit werden demnach nicht von § 615 erfasst. Bei Betriebsstörungen, die weder AG noch AN zu vertreten haben, sah die Rspr. daher eine Lücke im Gesetz, die sie durch die Entwicklung der Betriebsrisikolehre zu schließen versucht hat (BAG 8. 2. 1957 AP BGB § 615 Betriebsrisiko Nr. 2 mit Anm. *Hueck*; s. unten Rn. 126 ff.). Diese Lücke ist jetzt durch § 615 S. 3 geschlossen.

bb) Lösungen in der Literatur. In der Literatur gibt es verschiedene Ansätze zur Lösung des 6 scheinbaren Widerspruchs. Tw. (*Neumann-Duesberg* JuS 1970, 68, 69) stellt man allein darauf ab, ob dem AN die Arbeitsleistung möglich ist, unabhängig von der Annahmemöglichkeit des AG. Eine Auffassung sieht bereits die Leistung in der Zurverfügungstellung der Arbeitskraft (*Nikisch* Anm. zu AP BGB § 615 Betriebsrisiko Nr. 15). Ein großer Teil der Literatur hält am Kriterium der Nachholbarkeit der Leistung und damit an dem Dogma fest, dass sich Annahmeverzug und Unmöglichkeit ausschließen (*Beuthien* RdA 1972, 20, 21; Palandt/*Heinrichs* § 293 Rn. 3 ff.). Zur Lösung wurde zum Teil die Anwendung der §§ 323 ff. aF (*Beuthien* RdA 1972, 20, 22) oder des § 615 analog vorgeschlagen (*Köhler*, Unmöglichkeit und Geschäftsgrundlage bei Zweckstörung im Schuldverhältnis, München 1971, S. 56). *Rückert* (ZfA 1983, 1, 15 ff.) differenziert zwischen „Abbruch" und „Unterbrechung"; dh. es soll darauf ankommen, ob die Leistungsstörung auf Seiten des Gläubigers dauerhaft oder vorübergehend ist. *Bletz* (JR 1985, 228, 230) verneint Unmöglichkeit durch Zeitablauf, da die Leistungspflicht bereits auf Grund des § 615 S. 1 erlischt. Es gibt ferner Bemühungen, die Fixschuldthese der Arbeitsleistung zu reduzieren (*Nierwetberg* BB 1982, 995, 998) oder auszuschließen (*von Stebut* RdA 1985, 66, 68; *Stoppelkamp* S. 30), umso den möglichen Widerspruch zu umgehen. Diese Auffassungen vermögen nicht zu überzeugen.

cc) Stellungnahme. Der Annahmeverzug iSv. § 615 umfasst auch die Fälle der „**Annahmeunmög-** 7 **lichkeit**", die sowohl die Annahmeunwilligkeit als auch die Annahmeunfähigkeit des AG einschließt. Die Antithese von Unmöglichkeit und Annahmeverzug gilt im Arbeitsrecht nicht (*Boewer* S. 198). Wie *Picker* (JZ 1979, 285, 292) dargelegt hat, ergibt sich dies aus der Entstehungsgeschichte der Vorschrift (aA *Rückert* ZfA 1983, 1, 10). Der Gesetzgeber ist von dem regelmäßigen Fixschuldcharakter der Dienstleistungspflicht ausgegangen (Motive II S. 461, 462; Soergel/*Wiedemann* vor § 293 Rn. 14; Staudinger/*Richardi* Rn. 34). Der Ausschluss der Nachleistungspflicht in § 615 S. 1 beinhaltet nicht zwingend, dass die Nachholbarkeit eine Voraussetzung des Annahmeverzugs iSv. § 615 ist (Staudinger/*Richardi* Rn. 35). Die Lehre der Annahmeunmöglichkeit führt zu einer anschaulichen Auflösung des scheinbaren Widerspruchs, dass der Fixschuldcharakter der Arbeitsleistung die Voraussetzungen des Annahmeverzugs und die Anwendung des § 615 ausschließt (MünchArbR/*Boewer* § 76 Rn. 12; *Ramrath* SAE 1992, 56, 57). Im Vergleich mit der Rspr. vermeidet sie die Annahme einer Gesetzeslücke und macht die Betriebsrisikolehre überflüssig (s. unten Rn. 134). Der Annahmeverzug wird schon dort nicht durch die Unmöglichkeit der Leistung ausgeschlossen, wo diese „in Folge" des Annahmeverzugs entstanden ist (*Zöllner* Anm. zu AP BGB § 615 Nr. 20). Diese hier vertretene Auffassung wird durch § 615 S. 3 bestätigt.

4. Abdingbarkeit. § 615 ist dispositiv (BAG 6. 2. 1964 AP BGB § 615 Nr. 24; BAG 5. 9. 2002 AP 8 BGB § 280 nF Nr. 1; Palandt/*Putzo* Rn. 5; aA *Boewer* S. 226; *Staab* S. 79 ff.). Dies ergibt sich aus § 619, der die Regelung über den Annahmeverzug nicht nennt (Staudinger/*Richardi* Rn. 9). Die Bestimmung des § 615 S. 1 kann sowohl durch individualrechtliche als auch kollektivrechtliche Vereinbarungen ausgeschlossen werden (Erman/*Belling* Rn. 3). Die Vereinbarungen müssen aber eindeutig und klar sein (Staudinger/*Richardi* Rn. 12). Die Klausel „Lohn wird nur für geleistete Arbeit bezahlt" schließt idR nur den Vergütungsanspruch gem. § 616 aus (BAG 9. 3. 1983 AP BGB § 615 Betriebsrisiko Nr. 31; Staudinger/*Richardi* Rn. 12). Die Abbedingung darf nicht unbillig sein. Die Dispositivität findet ihre Grenzen dort, wo der AG generell das ihn treffende Arbeitsentgeltrisiko auf den AN verlagern will (Staudinger/*Richardi* Rn. 10). Angesichts des hohen Gerechtigkeitsgehalts der Vorschrift bestehen Bedenken gegen die Zulässigkeit einer formularmäßigen Abbedingung des § 615 (*Preis* Vertragsgestaltung S. 331 f.). Entsprechende Klauseln unterliegen der Inhaltskontrolle nach §§ 305 ff. (§§ 305–310 Rn. 79). Die Rspr. (BAG 13. 8. 1980 AP BUrlG § 1 Unbezahlter Urlaub Nr. 1; BAG 30. 6. 1976 AP BUrlG § 3 Betriebsferien Nr. 3) fordert daher eine Interessenabwägung. Insb. darf eine abw. Regelung nicht den Kündigungsschutz unterlaufen, indem sie von vornherein bestimmt, dass den AG auch bei unwirksamer unbefristeter Kündigung keine Zahlungspflicht trifft (*Boewer* S. 199 f.; Staudinger/*Richardi* Rn. 14). Durch eine Ausgleichsklausel in einem gerichtlichen Vergleich

Hueck). Um die Regelungen des Kündigungsschutzes nicht zu unterlaufen, kann kein Verhalten genügen, das nur eine fristlose Entlassung rechtfertigt. Dies ist insb. dann von Bedeutung, wenn eine Kündigung nicht wegen Fehlens eines wichtigen Grunds, sondern aus sonstigen Gründen unwirksam ist, etwa auf Grund von Versäumnissen bei einem behördlichen oder betrieblichen Mitwirkungsverfahren. Es muss ein ungewöhnlich schwerer rechtswidriger Verstoß des AN gegen allg. Verhaltenspflichten vorliegen. Die Rspr. nimmt dies an, wenn bei Annahme der angebotenen Dienste Leib, Leben, Freiheit, Gesundheit, Ehre, andere Persönlichkeitsrechte oder Eigentum des AG, seinen Angehörigen oder anderer Betriebsangehöriger unmittelbar so gefährdet werden, dass die Abwehr der Gefährdung den Interessen des AN an der Erhaltung seiner Vergütung vorgeht (BAG GS 26. 4. 1956 AP MuSchG § 9 Nr. 5; BAG 29. 10. 1987 AP BGB § 615 Nr. 42). Tw. wird dies auch unter dem Gesichtspunkt der Unzumutbarkeit der Annahme problematisiert (s. Rn. 62).

22   Ein ordnungsgemäßes Angebot ist zB nicht erbracht bei einem Totschlagsversuch (BAG GS 26. 4. 1956 AP MuSchG § 9 Nr. 5), wenn eine Mutter nur unter der Bedingung zur Arbeit kommen will, ihr Kind mitzunehmen und dort zu stillen (BAG 3. 7. 1985 AP MuSchG 1968 § 7 Nr. 1), bei Alkoholisierung (LAG Schleswig-Holstein 28. 11. 1988 NZA 1989, 472) oder in einem bes. Fall von Untreue und Urkundenfälschung bei einer Kassiererin (LAG Hamm 15. 1. 1987 LAGE BGB § 615 Nr. 9).

23   **c) Wörtliches Angebot.** Nach § 295 S. 1 genügt ein wörtliches Angebot, wenn der AG vorher erklärt hat, er werde die Leistung nicht annehmen, oder eine erforderliche Mitwirkungshandlung des AG unterbleibt. Gem. § 295 S. 2 steht dem wörtlichen Angebot die Aufforderung an den AG, die Mitwirkungshandlung vorzunehmen, gleich.

24   aa) Grundsätzliches. Das wörtliche Angebot ist eine **geschäftsähnliche Handlung** (BAG 21. 3. 1985 AP BGB § 615 Nr. 35; Soergel/*Wiedemann* § 295 Rn. 2). Wie bei der Mahnung sind die Vorschriften über Willenserklärungen anwendbar. Das wörtliche Angebot muss daher dem AG iSv. § 130 zugehen (BAG 21. 3. 1985 AP BGB § 615 Nr. 35; Staudinger/*Richardi* Rn. 54). Das wörtliche Angebot muss die volle geschuldete Leistung umfassen (*Kraft* Anm. zu EzA BGB § 615 Nr. 55). Der AN muss bei der Abgabe des Angebotes leistungsbereit sein.

25   Strittig ist, ob das Angebot ein einmaliger fortwirkender Vorgang ist (*Zöllner* Anm. zu AP BGB § 615 Nr. 20; *Blomeyer* Anm. zu AP BGB § 615 Nr. 31). Die Rspr. setzt bei Dauerschuldverhältnissen für das Fortbestehen des Annahmeverzugs auch das **Fortbestehen des Angebots** voraus (BAG 18. 8. 1961 AP BGB § 615 Nr. 20). Zwar muss der AN das Angebot nach Begründung des Annahmeverzugs nicht ständig wiederholen, die Wirkung des Angebotes entfällt aber, wenn die Leistung unmöglich wird (BAG 18. 8. 1961 AP BGB § 615 Nr. 20; Erman/*Belling* Rn. 20). Dem entgegen wird vertreten, es reiche aus, dass Arbeitsfähigkeit und Angebot einmal zusammentreffen (*Löwisch* Anm. zu EzA BGB § 615 Nr. 66). Auswirkungen hat dieser Streit bei der Frage, ob nach Erkrankung des AN eine Anzeige der Arbeitsfähigkeit nach § 296 entbehrlich ist (s. unten Rn. 51 ff.). Tritt ein Erwerber iSd. § 613a I 1 ab Übergang des Arbeitsverhältnisses ebenfalls in dem vom Veräußerer begründeten Annahmeverzug ein, ist es in der Sache das Angebot, die Arbeitskraft anzubieten, um sich nicht dem Einwand der Verwirkung auszusetzen (LAG Berlin 11. 10. 2002 NJ 2003, 110).

26   **bb) Die Ablehnungserklärung des Arbeitgebers.** Die vorausgehende Ablehnungserklärung des AG ist ebenfalls eine geschäftsähnliche Handlung (Erman/*Belling* Rn. 15; Soergel/*Wiedemann* § 295 Rn. 14). Sie kann daher auch konkludent erfolgen (Staudinger/*Richardi* Rn. 55), insb. durch Kündigung oder der rechtswidrigen Einführung von Feierschichten oder Kurzarbeit (Staudinger/*Löwisch* § 295 Rn. 4). Nach dem ausdrücklichen Gesetzeswortlaut muss das wörtliche Angebot des Schuldners nach der Ablehnung durch den Gläubiger erklärt werden. Ein vor der Erklärung des AG erklärtes wörtliches Angebot kann Annahmeverzug nicht begründen (*Blomeyer* Anm. zu AP BGB § 615 Nr. 31). Die Verweisung des § 615 auf die §§ 293 ff. wird insofern als ungünstig angesehen, da diese auf den einmaligen Austausch von Leistungen ausgerichtet sind und nicht die Besonderheiten eines Dauerschuldverhältnisses berücksichtigen (*Konzen* gemeinsame Anm. zu AP BGB § 615 Nr. 34 und 35; Soergel/*Wiedemann* § 295 Rn. 11; s. o. Rn. 3).

27   **cc) Kündigung als Ablehnungserklärung.** Wichtigster Fall der Ablehnungserklärung des AG ist die Kündigung. Nach Rspr. (BAG 10. 7. 1969 AP BGB § 615 Kurzarbeit Nr. 2) und Literatur (Staudinger/*Richardi* Rn. 55) erscheint es sinnlos und nur eine reine Formsache, dem kündigenden AG ein von vornherein zur Ablehnung verurteiltes Angebot machen zu müssen. Die Voraussetzungen eines Angebots im gekündigten Arbeitsverhältnis sind streitig.

28   Die **frühere Rspr.** des BAG sah in jeglicher Form des Protests gegen die Kündigung ein ausreichendes Angebot, insb. in der Erhebung der Kündigungsschutzklage (BAG 26. 8. 1971 AP BGB § 615 Nr. 26 mit Anm. *Blomeyer*) oder in der bisherigen Arbeitsleistung (BAG 8. 3. 1961 AP BGB § 615 Betriebsrisiko Nr. 13). Eine Folge dieser Rspr. ist allerdings, dass das Angebot erst mit Zugang der Kündigungsschutzklage den Annahmeverzug bei einer fristlosen Kündigung begründet. Bis zum Zugang kann ein Zeitraum entstehen, in dem der AN seinen Lohnanspruch verliert. Vor allem dies führte zur **Kritik an der Rspr.** (*Eisemann* ArbGegw. 19, 33, 34). Zudem sei es lebensfremd anzunehmen, der AG erwarte nach einer Kündigung ein Angebot (s. hierzu BAG 9. 8. 1984 AP BGB § 615 Nr. 34; *Blomeyer* Anm. zu AP BGB § 615 Nr. 26). Das BAG gab daher seine Rspr. auf.

II. Voraussetzungen des Annahmeverzugs   § 615   BGB 230

Zur Lösung dieser Problematik wendet das BAG in seiner **neuen Rspr.** § 296 an (BAG 9. 8. 1984   29
AP BGB § 615 Nr. 34 mit Anm. *Konzen* im Anschluss an *Eisemann* ArbGegw. 19, 33, 47; BAG 19. 1.
1999 AP BGB § 615 Nr. 79; so schon BAG 10. 7. 1969 AP BGB § 615 Kurzarbeit Nr. 2 bei unwirksamer Einführung von Kurzarbeit im ganzen Betrieb), nach dem bei Unterlassung einer **kalendarisch
bestimmten Mitwirkungshandlung** durch den AG kein Angebot erforderlich ist. Eine solche Mitwirkungshandlung sieht die Rspr. darin, dem AN einen funktionsfähigen Arbeitsplatz zur Verfügung
zu stellen und ihm Arbeit zuzuweisen. Diese Mitwirkungshandlung ist eine kontinuierliche, mit dem
Kalender synchronlaufende Daueraufgabe und lässt die Feststellungsfunktion des Angebots entfallen
(*Konzen* gemeinsame Anm. zu AP BGB § 615 Nr. 34 und 35).
   Die **Literatur** stimmt in der hM (*Konzen* gemeinsame Anm. zu AP BGB § 615 Nr. 34 und 35;   30
MünchArbR/*Boewer* § 76 Rn. 23) zumindest mit dem Ergebnis der Rspr. überein, verneint zum Teil
aber die Erforderlichkeit eines weiteren Angebots wegen Verstoßes des AG gegen die Leistungstreue-
pflicht (*Waas* NZA 1994, 151, 153) oder auf Grund einer teleologischen Reduktion des § 295 (*Blo-
meyer* Anm. zu AP BGB § 615 Nr. 26). Zum Teil wird auch in der streitigen Führung des Kündi-
gungsschutzprozesses eine Erklärung des AG gesehen, er habe kein Interesse an einer Anzeige (LAG
Hamburg 15. 12. 1992 LAGE BGB § 615 Nr. 33). Eine beachtliche **Gegenansicht** (*Kraft* Anm. zu
EzA BGB § 615 Nr. 43; *Schäfer* JuS 1988, 265, 266; Staudinger/*Löwisch* § 296 Rn. 5; *Staab* S. 112 ff.;
Stahlhacke AuR 1992, 8, 9) lehnt die Anwendung des § 296 ab, da die bloße Annahme keine
Mitwirkungshandlung und der AG nicht vorleistungspflichtig sei. Für die Rspr. des BAG spricht
zumindest, dass sie eine gewisse Rechtssicherheit gewährleistet (*Boewer* S. 234).
   Im **ungekündigten Arbeitsverhältnis** verlangt das BAG aber nach wie vor ein tatsächliches   31
Angebot (BAG 29. 10. 1992 EzA BGB § 615 Nr. 77). Grds. ist der Begriff der Mitwirkungshandlung
iSd. §§ 295, 296 aber gleich (*Stahlhacke* AuR 1992, 8). Diese Ungleichbehandlung kann nur mit der
durch die Kündigung eingetretenen Zäsur begründet werden, da die vom AG vorzunehmende Mitwirkungshandlung unabhängig von der Kündigung ist.
   Der Kündigung gleichgestellt sind alle weiteren Fälle, in denen der AG in sonstiger Weise erkennen   32
lässt, dass er seiner Mitwirkungspflicht nicht nachkommt und von einer Beendigung des Arbeitsverhältnisses ausgeht, etwa bei einem Streit über die Wirksamkeit einer **Befristung** (LAG Köln 13. 5.
1993 LAGE BGB § 615 Nr. 35; aA *Stahlhacke* AuR 1992, 8, 10). Das BAG wendet § 296 auch bei der
unwirksamen Anordnung von **Kurzarbeit** an (BAG 27. 1. 1994 AP BAT-O § 15 Nr. 1).
   Zu beachten ist, dass der BGH (20. 1. 1988 EzA BGB § 615 Nr. 55) für den Bereich des **selb-   33
ständigen Dienstverhältnisses** ein Angebot fordert. Dort, wo der AN seine Tätigkeit frei bestimmen
kann, fehlt es an einer kalendermäßig bestimmten Mitwirkungshandlung des AG. Diese Erwägungen
sind auf ähnliche Arbeitsverhältnisse übertragbar (MünchArbR/*Boewer* § 76 Rn. 24).

   dd) Unzumutbarkeit des Angebots. Die Rspr. verzichtete bereits bisher schon auf ein wörtliches   34
Angebot oder eine entspr. Aufforderung zur Nachholung der Mitwirkungshandlung, wenn die Form
der Kündigung dem AN einen Widerspruch unzumutbar machte oder der AG die Weiterbeschäftigung ernsthaft und endgültig verweigerte, etwa bei einem Hausverbot (BAG 20. 3. 1986 EzA BGB
§ 615 Nr. 48; BAG 11. 11. 1976 AP BetrVG 1972 § 103 Nr. 8; BAG 9. 8. 1984 AP BGB § 615 Nr. 34;
Söllner Anm. zu AP BGB § 615 Kurzarbeit Nr. 2). Der Klageabweisungsantrag des AG oder Verweis
vom Betriebsgelände reichen allerdings nicht aus (BAG 20. 3. 1986 EzA BGB § 615 Nr. 48).
   Einer weiteren Inverzugsetzung bedarf es nach Ansicht des BAG auch nicht im ungekündigten   35
Arbeitsverhältnis bei Fällen des Betriebsrisikos (BAG 7. 12. 1962 AP BGB § 615 Betriebsrisiko
Nr. 14; s. unten Rn. 126 ff.), etwa bei der Einführung einer Feierschicht wegen Absatzmangels (BAG
8. 3. 1961 AP BGB § 615 Betriebsrisiko Nr. 13), bei Nichtarbeit wegen Inventuraufnahme (BAG
7. 12. 1960 AP BGB § 615 Betriebsrisiko Nr. 14) oder wegen ungünstiger Witterung (BAG 14. 3. 1962
AP BGB § 615 Nr. 21; MünchArbR/*Boewer* § 76 Rn. 18). Nach seiner Betriebsrisikolehre ist § 615
auch nur entspr. anzuwenden. Die direkte Anwendbarkeit des § 615 in Fällen des Betriebsrisikos
ergibt sich nunmehr aus dessen S. 3.

   ee) Mitwirkungshandlung iSv. § 295. Die Bedeutung des § 295 ist wegen der neuen Rspr. nur noch   36
gering und grds. auf die eindeutig nicht kalendarisch bestimmten Mitwirkungshandlungen beschränkt.
Eine Mitwirkungshandlung iSv. § 295 liegt nur dann vor, wenn die ursprünglich geschuldete Leistung
hierdurch noch konkretisiert oder möglich gemacht wird. Dies gilt nicht, wenn die geschuldete
Leistung hierdurch verändert würde. Der AG ist daher nicht verpflichtet, eine nicht geschuldete
Arbeit zuzuweisen (BAG 10. 7. 1991 EzA BGB § 615 Nr. 69 mit Anm. *Boecken*). Holt der AG seine
Mitwirkungshandlung nach, muss der AN ein tatsächliches Angebot iSv. § 294 machen. Bei geringen
Verstößen des AG gegen eine Mitwirkungspflicht, die die Arbeitsleistung weiterhin zumutbar erschei-
nen lassen, muss der AN aber seine Arbeit tatsächlich anbieten (Erman/*Belling* Rn. 23).
   Beispiele für dem AG obliegende Mitwirkungshandlungen sind das Bereitstellen der Arbeitsräume,   37
Rohstoffe, Energie, Werkzeuge und sonstigen Arbeitsgeräte sowie die Erfüllung der ANSchutzbestim-
mungen und der Fürsorgepflicht (BAG 7. 6. 1973 AP BGB § 615 Nr. 28; Erman/*Belling* Rn. 22).
Ferner gehört hierzu die tarifrechtliche Benachrichtigungspflicht, dass eine Schlechtwetterperiode

beendet ist und die Arbeit wieder aufgenommen wird (LAG Düsseldorf 20. 12. 1968 BB 1969, 1479; Palandt/*Heinrichs* § 295 Rn. 5).

38 Bei Verstoß gegen ANSchutzbestimmungen steht dem AN ein **Leistungsverweigerungsrecht nach § 298** zu (Staudinger/*Richardi* Rn. 64). Bei der Verletzung der Fürsorgepflicht verlangt das BAG die Geltendmachung eines Leistungsverweigerungsrechts unter Hinweis auf die verletzte Fürsorgepflicht (BAG 7. 6. 1973 AP BGB § 615 Nr. 28).

39 **d) Entbehrlichkeit des wörtlichen Angebots nach § 296.** Die Bestimmung des § 296 knüpft an § 295 S. 1. Halbs. 2 an. Falls für die Mitwirkungshandlung eine Zeit nach dem Kalender bestimmt ist, bedarf es überhaupt keines Angebots. Der Rechtsgedanke der Regelung entspricht dem in § 286 II beim Schuldnerverzug.

40 Diese Norm hat vor allem nach der Wende der Rspr. des BAG zum Annahmeverzug im **gekündigten Arbeitsverhältnis** an Bedeutung gewonnen (s. o. Rn. 29). Danach besteht die kalendarisch bestimmte Handlung des AG in dem Bereitstellen eines funktionsfähigen Arbeitsplatzes und der Zuweisung von Arbeit. Das BAG sieht diese Mitwirkungshandlung in einem zeitlichen Stadium vor der Vorleistungspflicht des AN und vor einer konkreten Arbeitszuweisung durch den AG. Die Mitwirkungshandlung besteht darin, dem AN überhaupt die Arbeitsmöglichkeit zu eröffnen und den Arbeitsablauf fortlaufend zu planen und zu konkretisieren (BAG 21. 1. 1993 AP BGB § 615 Nr. 53 = NZA 1993, 550, 552; BAG 19. 1. 1999 AP BGB § 615 Nr. 79). Dies gilt sowohl im Falle der fristlosen (BAG 9. 8. 1984 AP BGB § 615 Nr. 34) als auch der ordentlichen Kündigung (BAG 21. 3. 1985 AP BGB § 615 Nr. 35 mit Anm. *Konzen*), dann für die Zeit nach Fristablauf. Keinesfalls hat der AN während des Laufs der Kündigungsfrist wie bisher seine Arbeit anzubieten. Zur Problematik im Falle befristeter wie auch unbefristeter Arbeitsunfähigkeit, insb. bei Erkrankung s. unten Rn. 51 ff.

41 Bei der unrechtmäßigen **Anordnung von Kurzarbeit** kommt nach der Rspr. § 296 ebenso zur Anwendung wie bei einer unwirksamen Kündigung (BAG 27. 1. 1994 AP BAT-O § 15 Nr. 1). Das Gleiche gelte bei einer unwirksamen **Befristung**, oder einer unwirksamen Kündigung, deren Kündigungsfrist zu kurz bemessen ist (BAG 9. 4. 1987 AuR 1988, 156, 158 mit zust. Anm. *Ulber*) oder für den Fall, dass eine AN erst nach Ablauf der Kündigungsfrist ihre Schwangerschaft bemerkt. Auch hier müsse sie wegen der Unwirksamkeit der Kündigung gem. § 9 MuSchG ihre Arbeit nicht anbieten (LAG Hamm 14. 3. 1995 LAGE BGB § 615 Nr. 43). Zurecht wird dagegen eingewendet, dass in solchen Fällen die Leistungsbereitschaft des AN zu verneinen ist, solange er sich nicht gegen die Kündigung oder Befristung wehrt. Gehen beide Parteien davon aus, dass das Arbeitsverhältnis beendet sei, und nimmt der AN an, er schulde dem AG keine Arbeitsleistung mehr, besteht kein Leistungswille (LAG Köln 18. 1. 1984 LAGE BGB § 615 Nr. 4; LAG Köln 28. 2. 1984 EzA BGB § 615 Nr. 42 mit insoweit zust. Anm. *Becker*; *Stahlhacke* AuR 1992, 8, 10).

42 Im **ungekündigten Arbeitsverhältnis** ist § 296 anzuwenden, wenn etwa der AG sich verpflichtet, den Montagearbeiter abzuholen und dieses dann unterlässt (*Schaub* ZIP 1981, 347, 349). Bei einer unzulässigen Dienstenthebung ist wegen § 296 kein weiteres Angebot des AN erforderlich (LAG Hamm 20. 5. 1988 DB 1501).

43 **e) Leistungsvermögen des Arbeitnehmers. aa) Grundsätzliches.** Nach § 297 ist der Annahmeverzug des AG ausgeschlossen, wenn der AN nicht leistungswillig und leistungsfähig ist. Tw. wird vertreten, dass § 297 nur die vorübergehende Unmöglichkeit regelt und im Arbeitsrecht nicht in Betracht kommt, da die Arbeitsleistung wegen des Fixschuldcharakters endgültig unmöglich wird (Staudinger/*Löwisch* § 297 Rn. 1; *Ramrath* SAE 1992, 56, 63; *Staab* S. 21). Entfällt das Leistungsvermögen, wird die Arbeitsleistung unmöglich; Annahmeverzug scheidet dann aus (BAG 18. 8. 1961 AP BGB § 615 Nr. 20). Der AN wird nach § 275 von seiner Arbeitspflicht frei. Bei einem objektiv dauernd arbeitsunfähigen AN scheidet Annahmeverzug aus. Das fehlende Leistungsvermögen wird nicht allein durch den Willen des AN ersetzt, trotz objektiver Leistungsunfähigkeit einen Arbeitsversuch zu unternehmen (BAG 29. 10. 1998 AP BGB § 615 Nr. 77). Die bloße Einschränkung der Leistungsfähigkeit schließt Annahmeverzug aber nicht aus, wenn der AG dem AN vertragsgemäße leidensgerechte Arbeiten zuweisen kann (BAG 11. 3. 1999 – 2 AZR 538/98 – nv.). Das Gleiche gilt bei bloßer ärztlicher Empfehlung zum Arbeitsplatzwechsel, ohne dass Arbeitsunfähigkeit vorliegt (BAG 17. 2. 1998 AP BGB § 618 Nr. 27). Entgeltansprüche können sich bei dauernder Arbeitsunfähigkeit nur auf Grund bes. Rechtsgrundlagen, zB bei Krankheit nach § 3 EFZG, ergeben. Soweit die Arbeitsleistung erst „in Folge" des Annahmeverzugs unmöglich geworden ist (*Zöllner* Anm. zu AP BGB § 615 Nr. 20; Soergel/*Wiedemann* § 297 Rn. 2) und in den Fällen der Annahmeunmöglichkeit, also bei Annahmeunfähigkeit des AG (s. o. Rn. 7), gilt dies nicht.

44 Das Leistungsvermögen muss sich nur auf die **geschuldete Arbeit** beziehen. Weist der AG außerhalb der Vereinbarung liegende Arbeiten zu, ist die Leistungsbereitschaft des AN insofern unbeachtlich (MünchArbR/*Boewer* § 76 Rn. 26). Ausnahmen, wie zB bei § 14 ArbZG, sind nach Treu und Glauben (§ 242) zu beurteilen (MünchArbR/*Boewer* § 76 Rn. 26). Ist der AN zu der geschuldeten Arbeitsleistung nicht mehr fähig, so eröffnet sich das Problem, ob der AG verpflichtet ist, ihm eine andere, dem AN mögliche Arbeit zuzuweisen. Das BAG hielt dies etwa für den Fall des Führerscheinentzugs bei einem Kfz-Fahrer für möglich (BAG 18. 12. 1986 AP BGB § 297 Nr. 2; zum Fall eines

II. Voraussetzungen des Annahmeverzugs § 615 BGB 230

Hausverbots LAG Frankfurt 26. 4. 2000 NZA-RR 2000, 633). Im Kündigungsrecht besteht das ultima-ratio-Prinzip, dh. der AG hat zunächst eine Änderungskündigung auszusprechen, soweit ein Bedarf im Betrieb besteht. Daraus ergibt sich aber auch, dass sich der Vertragsinhalt nicht automatisch ändert. Dies stünde mit der vertraglichen Gestaltungsfreiheit nicht in Einklang (*Boecken* Anm. zu EzA BGB § 615 Nr. 69). Annahmeverzug scheidet bei Annahmeunfähigkeit daher aus, aber der AG kann sich schadensersatzpflichtig machen (MünchArbR/*Boewer* § 76 Rn. 26; *Kraft* Anm. zu EzA BGB § 615 Nr. 53). Die Gegenmeinung (*Staab* S. 143; *Stahlhacke* AuR 1992, 8, 15) sieht keinen rechtlichen Unterschied zu den Fällen, in denen eine Versetzungs- oder Umsetzungsklausel vereinbart ist. Hier ist der AG zu einer anderen Beschäftigung verpflichtet und kommt in Annahmeverzug. Allerdings kann die Zustimmung des BR erforderlich sein. Bei einem Schwerbehinderten ist auch ein Anspruch auf Vertragsänderung denkbar, jedenfalls besteht aber nicht ohne weiteres ein Anspruch auf Lohnfortzahlung (*Rieble* Anm. zu LAGE BGB § 615 Nr. 23; Erman/*Belling* Rn. 26). Das BAG hat dies so entschieden, wenn einem Schwerbehinderten die Arbeit aus Gesundheitsgründen unmöglich wird (BAG 10. 7. 1991 AP SchwbG 1986 § 14 Nr. 1; aA LAG Köln 28. 5. 1990 LAGE BGB § 615 Nr. 23 mit abl. Anm. *Rieble*). Schadensersatz entsteht aber nur in der Höhe des Lohns zu geänderten Arbeitsbedingungen (MünchArbR/*Boewer* § 76 Rn. 26).

Bei einem AN wird durch eine von ihm getroffene **Gewissensentscheidung** seine Einsatzmöglich- 45 keit eingeschränkt. Beruft sich der AN darauf, die zugewiesene Arbeit sei mit seinem Gewissen nicht zu vereinbaren, liegt Unmöglichkeit der Leistungserbringung iSv. § 275 III vor. Ist ein anderweitiger Einsatz nicht möglich, dann ist der AN iSv. § 297 außerstande, die geschuldete Arbeitsleistung zu erbringen (BAG 24. 5. 1989 AP BGB § 611 Gewissensfreiheit Nr. 1 = NZA 1990, 144, 146; Staudinger/*Löwisch* § 297 Rn. 4; im Ergebnis ähnlich *Staab* S. 206).

bb) **Leistungswille.** Die Voraussetzung der Leistungswilligkeit ergibt sich daraus, dass ein leistungs- 46 unwilliger AN sich selbst außer Stand setzt, die Arbeitsleistung zu bewirken (BAG 7. 6. 1973 AP BGB § 615 Nr. 28 mit Anm. *Schnorr v. Carolsfeld*). Der ernsthafte **Leistungswille** muss jedes Angebot begleiten. Bei einem Dauerschuldverhältnis muss er sich darauf beziehen, die Leistung in dem jetzt geschuldeten Umfang zu erbringen (BAG 18. 12. 1974 AP BGB § 615 Nr. 30 mit Anm. *Walchshöfer*; Soergel/*Wiedemann* § 295 Rn. 5). Ein ernsthafter Leistungswille wird nicht durch Zweifel des AN an seiner Arbeitsfähigkeit ausgeschlossen (BAG 10. 5. 1973 AP BGB § 615 Nr. 27). Diese Problematik kann sich stellen, wenn der AN einen Rentenantrag wegen Berufs- oder Erwerbsunfähigkeit stellt (*Schnorr v. Carlsfeld* Anm. zu AP BGB § 615 Nr. 27).

Die Leistungsbereitschaft ist auch nicht dadurch ausgeschlossen, dass der AN keine Kündigungs- 47 schutzklage erhebt. Hierzu ist er nicht verpflichtet (Stahlhacke/*Preis* Rn. 1769 f.). Fehlender Leistungswille besteht auch nicht wegen des Antrags auf Auflösung des Arbeitsverhältnisses und Zahlung einer Abfindung gem. § 9 KSchG, da das Schicksal dieses Antrags ungewiss ist (BAG 18. 1. 1963 AP BGB § 615 Nr. 22; Erman/*Belling* Rn. 27; *Stahlhacke* AuR 1992, 8, 13). Entsprechendes gilt, falls der AN nicht einen möglichen Weiterbeschäftigungsanspruch geltend macht (*Boewer* S. 208; s. unten Rn. 67 f.). Die Leistungsbereitschaft ist nicht bereits deno zu verneinen, wenn der AN nach einer fristlosen Kündigung wegen behaupteter völliger Unfähigkeit in seiner Klageschrift die Weiterarbeit im Betrieb als unmöglich und unzumutbar bezeichnet (LAG Nürnberg 20. 10. 1992 NZA 1994, 270). Ein Auslandsaufenthalt lässt den Leistungswillen nicht entfallen (LAG Hamm 18. 10. 1985 LAGE BGB § 615 Nr. 6; *Stahlhacke* AuR 1992, 8, 13). Er ist aber nicht gegeben, wenn der AN das Arbeitsverhältnis für beendet hält und annimmt, er schulde dem AG keine Arbeitsleistung mehr (LAG Köln 28. 2. 1984 EzA BGB § 615 Nr. 42 mit zust. Anm. *Becker*; Erman/*Belling* Rn. 27). Der AN muss kenntlich machen, dass seine Leistungsbereitschaft über den Ablauf der Kündigungsfrist hinaus besteht (LAG Düsseldorf 17. 7. 1997 LAGE BGB § 615 Nr. 51). Fehlender Leistungswille schließt Annahmeverzug nicht aus, falls der AN sich auf ein Leistungsverweigerungsrecht beruft oder der AG zuvor auf die Arbeitsleistung verzichtet hat.

cc) **Arbeitsunfähigkeit.** Die Arbeitsfähigkeit entfällt zB aus gesundheitlichen Gründen (BAG 10. 7. 48 1991 AP SchwbG 1986 § 14 Nr. 1), bei zu hoher Alkoholisierung eines Maschinenführers (LAG Schleswig-Holstein 28. 11. 1988 LAGE BGB § 615 Nr. 17), Entzug des Führerscheins eines Auslieferungsfahrers (BAG 18. 12. 1986 AP BGB § 297 Nr. 2), einem gesetzlichen Beschäftigungsverbot, wie beim Fehlen einer erforderlichen Arbeitserlaubnis gem. § 284 SGB III (BAG 16. 12. 1976 AP AFG § 19 Nr. 4) oder der Approbation (BAG 6. 3. 1974 AP BGB § 615 Nr. 29) oder innerhalb der Schutzfristen nach §§ 3 II, 6 I MuSchG oder bei Entzug der missio canonica bei kirchlicher Lehrkraft (BAG 25. 5. 1988 AP GG Art. 140 Nr. 36). Verbleibt ein Bereich erlaubter geschuldeter Tätigkeiten, besteht keine rechtliche Arbeitsunfähigkeit (Erman/*Belling* Rn. 26). Durch die Zuerkennung einer Erwerbsunfähigkeitsrente wird Annahmeverzug nicht ausgeschlossen, wenn der AN die zuletzt erbrachte Tätigkeit weiter ausüben könnte (LAG Hamm 23. 10. 1987 LAGE BGB § 615 Nr. 14; vgl. aber LAG Berlin 1. 3. 2002 ZTR 2002, 395 Revision zugelassen 2 AZR 282/02). Annahmeverzug ist aber ausgeschlossen, wenn der AN nach ärztlicher Empfehlung die bisherige Tätigkeit nicht mehr ausüben soll, insb. bei bescheinigter Arbeitsunfähigkeit (BAG 29. 10. 1998 AP BGB § 615 Nr. 77; LAG Hamm 22. 8. 1995 NZA-RR 1996, 281 ff; vgl. LAG Berlin 1. 3. 2002 ZTR 2002, 395 zum Bezug einer

Berufsunfähigkeitsrente, Revision zugelassen 2 AZR 282/02). Auch tw. Arbeitsunfähigkeit schließt idR Annahmeverzug aus (ArbG Stuttgart 10. 4. 1996 NZA-RR 1996, 362). Ist die Benutzung des Dienstwagens unabdingbare Voraussetzung zur Erfüllung der Arbeitspflicht, kann der AN bei Entzug der Fahrerlaubnis die Unmöglichkeit nicht damit abwenden, indem er sich von einem Dritten fahren lässt (LAG Köln 19. 5. 1993 LAGE BGB § 615 Nr. 37). Zweifel des AG an der Arbeitsfähigkeit schließen den Annahmeverzug nicht aus, auch wenn sie entschuldbar sind oder vom AN geteilt werden (BAG 10. 5. 1973 AP BGB § 615 Nr. 27).

49 Der AN muss sich während des Annahmeverzugs nicht ständig abrufbereit halten (BAG 18. 8. 1961 AP BGB § 615 Nr. 20; Erman/*Belling* Rn. 29). Ein längerer Auslandsaufenthalt beendet einen bestehenden Annahmeverzug nicht unbedingt (BAG 11. 7. 1985 AP BGB § 615 Nr. 35 a). Gleiches gilt für die Aufnahme eines Studiums (MünchArbR/*Boewer* § 76 Rn. 27). Der Aufbau einer wirtschaftlichen Existenz unterbricht den Annahmeverzug nicht, falls es dem AN möglich ist, seine Tätigkeiten wieder aufzugeben (BAG 18. 1. 1963 AP BGB § 615 Nr. 22; MünchArbR/*Boewer* § 76 Rn. 27). Kein Annahmeverzug besteht während des Vollzugs einer Freiheitsstrafe (BAG 18. 8. 1961 AP BGB § 615 Nr. 20). Ein bereits begründeter Annahmeverzug wird allerdings nicht ausgeschlossen, wenn der AN die Strafe auch im Wochenendvollzug hätte ableisten können, dies aber wegen der Annahmeverweigerung des AG unterlassen hat (BAG 18. 8. 1961 AP BGB § 615 Nr. 20 mit Anm. *Zöllner*). Das Leistungsunvermögen beruht hier auf der Annahmeverweigerung, was gem. § 615 S. 1 2. Halbs. ausreichend ist („infolge").

50 Eine **neue Beschäftigung** schließt den Annahmeverzug nicht aus. Der AN ist vielmehr gem. § 615 S. 2 gehalten, sich eine neue Arbeit zu suchen (Staudinger/*Richardi* Rn. 79). Bis zum Ablauf der Kündigungsfrist im neuen Arbeitsverhältnis bleibt der AG in Annahmeverzug, da dieses Leistungshindernis auf dem Annahmeverzug beruht (*Schnorr v. Carolsfeld* Anm. zu AP BGB § 615 Nr. 28). Leistungsunvermögen schließt den Annahmeverzug dann nicht aus, wenn der AG dieses herbeigeführt hat. Die Berufung auf Unvermögen des AN ist dann iSv. § 162 rechtsmissbräuchlich (Staudinger/*Löwisch* § 297 Rn. 11).

51 **dd) Anzeige der Arbeitsfähigkeit nach Erkrankung.** Während einer Erkrankung ist der AN leistungsunfähig. Annahmeverzug ist daher ausgeschlossen. Bei Erkrankung des AN im gekündigten Arbeitsverhältnis ist es streitig, ob der AN seine wiedergewonnene Arbeitsfähigkeit anzeigen und seine Arbeitsleistung anbieten muss. Das BAG bejahte dies früher und sah darin keine unbillige Pflicht des AN, da dieser sowieso nach den Vorschriften der Lohnfortzahlung dazu verpflichtet sei (BAG 27. 1. 1975 AP BGB § 615 Nr. 31 mit Anm. *Blomeyer*).

52 **Die neue Rspr.**, die ein Angebot im gekündigten Arbeitsverhältnis gem. § 296 für nicht erforderlich hält, hat zunächst bei befristeter Arbeitsunfähigkeit (BAG 19. 4. 1990 AP BGB § 615 Nr. 45 mit im Ergebnis zust. Anm. *Wiedemann/Wonneberger*) auf eine Anzeige des Leistungsvermögens verzichtet. Eine solche Anzeige gehöre nicht zu den positiven Voraussetzungen des Annahmeverzugs und zudem werde der AG gem. § 296 ohnehin über die Leistungsfähigkeit des Schuldners im Unklaren gelassen. Zweifel seien also gesetzesimmanent. Inzwischen hat das BAG seine Rspr. auf die Fälle der mehrfach befristeten (BAG 24. 10. 1991 AP BGB § 615 Nr. 50) und auch unbefristeten Arbeitsunfähigkeit ausgedehnt (BAG 24. 11. 1994 AP BGB § 615 Nr. 60 mit Anm. *Ramrath*; LAG Baden-Württemberg 11. 12. 1990 LAGE BGB § 615 Nr. 28). Dies gilt allerdings nicht für das ungekündigte Arbeitsverhältnis (BAG 29. 10. 1992 EzA BGB § 615 Nr. 77; s. o. Rn. 31). Die Rspr. sieht in der Kündigung eine Zäsur, die den AN von den ihm sonst obliegenden Anzeige- und Nachweispflichten, etwa auch nach § 5 EFZG, befreit (BAG 24. 11. 1994 AP BGB § 615 Nr. 60).

53 In der **Literatur** findet diese Rspr. zumindest im Ergebnis Zustimmung (Bauer/*Hahn* NZA 1991, 216, 218; *Boewer* S. 206; *Konzen* gemeinsame Anm. zu AP BGB § 615 Nr. 34 und 35; *Ramrath* SAE 1992, 56 ff.), aber auch Ablehnung (*Stahlhacke* AuR 1992, 8, 12). Es wird eingewendet, dass das BAG der Kündigung eine Bedeutung bei § 296 zukommen lässt, die sie nach der Konzeption der §§ 293 ff. nicht hat (*Ramrath* Anm. zu AP BGB § 615 Nr. 60; *Staab*, 114). Der AG sei nicht vorleistungspflichtig und zudem sei die Warnfunktion der Anzeige bei Erkrankung auf unbestimmte Zeit unverzichtbar (*Misera* SAE 1995, 189 ff.). Ferner wird eingewendet, dass bei unbefristeter Arbeitsunfähigkeit die Mitwirkungsobliegenheit des AG nicht mehr kalendarisch bestimmt oder bestimmbar ist (LAG Hamburg 15. 12. 1992 LAGE BGB § 615 Nr. 33; *Eisemann* ArbGegw. 19, 33, 47; *Ramrath* Anm. zu AP BGB § 615 Nr. 60).

54 Das BAG sieht in der Literatur keine rechtsdogmatisch befriedigende Lösung des Problems und hält wegen des zufrieden stellenden Ergebnisses an seiner Lösung nach § 296 fest (BAG 24. 11. 1994 AP BGB § 615 Nr. 60). Dem ist insoweit zuzustimmen, als bei konsequenter Anwendung des § 296 allein die Leistungsfähigkeit entscheidend und eine Anzeige nicht erforderlich ist. Der AG muss daher nach einer unwirksamen Kündigung den AN von sich aus zur Wiederaufnahme der Arbeit auffordern, wenn er nicht in Annahmeverzug geraten möchte. Die Rspr. hat auch bisher schon auf die Mitteilung der Leistungsfähigkeit verzichtet, wenn der AG eindeutig die Weiterbeschäftigung ablehnt und eine nochmalige Mitteilung nur noch Förmelei wäre (BAG 9. 8. 1984 AP BGB § 615 Nr. 34, s. o. Rn. 34).

55 **3. Nichtannahme der Arbeitsleistung. a) Begriff.** Unter Nichtannahme ist jedes Verhalten zu verstehen, das den Erfüllungseintritt verhindert (MünchArbR/*Boewer* § 76 Rn. 31; Soergel/*Wiede-*

II. Voraussetzungen des Annahmeverzugs § 615 BGB 230

mann § 293 Rn. 8). Es ist weder ein ablehnender Realakt noch eine geschäftsähnliche Handlung erforderlich. Es reicht vielmehr die „nackte Tatsache der Nichtannahme aus" (Motive II S. 68, 69), soweit nicht die Ausnahme der vorübergehenden Annahmehinderung gem. § 299 einschlägig ist. Im Arbeitsrecht ist dies aber nur nach einem Arbeitskampf von praktischer Relevanz (*Schaub*/AR-Blattei SD 80 Rn. 49).

Unerheblich ist, ob den AG ein Verschulden trifft. Ein **Irrtum** des AG über die tatsächliche oder 56 rechtliche Lage ist daher unbedeutend (BAG 10. 5. 1973 AP BGB § 615 Nr. 27; LAG Düsseldorf 8. 4. 1993 LAGE BGB § 615 Nr. 39). Die Annahme, der AN sei krankheitsbedingt arbeitsunfähig, ist unbeachtlich, auch wenn dieser selbst Zweifel an seiner Arbeitsfähigkeit hat (BAG 10. 5. 1973 AP BGB § 615 Nr. 27).

Annahme liegt nach der Rspr. (BAG 14. 11. 1985 AP BGB § 615 Nr. 39; so auch Staudinger/ 57 *Löwisch* § 293 Rn. 14) nur dann vor, wenn der AG die Leistung als Erfüllung aus dem bestehenden Arbeitsverhältnis annimmt. Dies führt dahin, dass der AG nach einer Kündigung, deren Wirksamkeit streitig ist, nur bei gleichzeitiger Rücknahme der Kündigung die Arbeitsleistung wirksam annehmen kann (BAG 14. 11. 1985 AP BGB § 615 Nr. 39; s. unten Rn. 67). In der Literatur wird diese Rspr. zum Teil abgelehnt. Eine Rücknahme der Kündigung sei nicht erforderlich. Andernfalls hätte der AG keine Möglichkeit der Beendigung des Annahmeverzugs, ohne gleichzeitig die Kündigung zurückzunehmen (*Kraft* Anm. zu EzA BGB § 615 Nr. 53; s. unten Rn. 68).

b) Einzelfälle. Nichtannahme liegt insb. bei allen **rechtswidrigen Ablehnungserklärungen** vor, 58 etwa bei einer rechtswidrigen Aussperrung oder rechtswidriger Kurzarbeit (Erman/*Belling* Rn. 12). Entsprechendes gilt bei einer unwirksamen Verlegung der Arbeitszeit, etwa bei Stilllegung des Betriebs zwischen Weihnachten und Neujahr und entspr. Vorholarbeit in der Zeit zuvor (BAG 3. 3. 1964 AP BGB § 324 Nr. 1, das aber den Lohnanspruch wegen Verschuldens aus § 324 befürwortet; Erman/ *Belling* Rn. 12). Wird ein arbeitsbereiter, aber nicht urlaubsberechtigter AN in den Betriebsferien zurückgewiesen, kann der AG in Annahmeverzug geraten (BAG 30. 6. 1976 AP BUrlG § 7 Betriebsferien Nr. 3). Gleiches gilt, wenn es dem AN während einer Betriebsfeier nicht möglich ist, seine Arbeitsleistung zu erbringen (*Schaub* § 95 Rn. 26). Ordnet der AG ohne Zustimmung des BR vorzeitig die Rückkehr von Wechselschicht zu Normalarbeitszeit an, hat er die bei Wechselschicht fälligen Zeitzuschläge in der Regel wegen Annahmeverzugs fortzuzahlen (BAG 18. 9. 2002 AP BGB § 615 Nr. 99). Die fehlende Zustimmung des BR nach § 99 I BetrVG zu einer Einstellung bewirkt nach der Rspr. (BAG 2. 7. 1980 AP GG Art. 33 II Nr. 9) nur ein Beschäftigungsverbot und keine schwebende Unwirksamkeit. Der AG gerät bei Nichtannahme aus diesem Grund in Annahmeverzug (MünchArbR/*Boewer* § 76 Rn. 15). Die Nichtannahme unerlaubter Arbeit ist immer möglich, ohne dass der AG in Annahmeverzug kommt (Erman/*Belling* Rn. 5; Soergel/*Wiedemann* § 293 Rn. 10).

Nichtannahme liegt vor bei einer **unwirksamen Änderungskündigung**, unabhängig davon, ob der 59 AN das Änderungsangebot unter Vorbehalt akzeptiert hat. Dies folgt aus § 8 KSchG, der eine rückwirkende Unwirksamkeit der Änderungskündigung festlegt (MünchArbR/*Boewer* § 76 Rn. 39). In der Zuweisung nicht geschuldeter Arbeit besteht keine Annahme (BAG 10. 4. 1963 AP BGB § 615 Nr. 23; Erman/*Belling* Rn. 10). Zu beachten ist in diesem Zusammenhang, dass bei Feststellung der Unwirksamkeit einer Beendigungskündigung wegen Missachtung des ultima-ratio-Prinzips nicht gleichzeitig die Änderung der Arbeitsbedingungen festgestellt wird (BAG 27. 1. 1994 AP KSchG 1969 § 2 Nr. 32). Ist eine Beendigungskündigung wegen einer unterbliebenen, aber möglichen Änderungskündigung unwirksam, wird zum Teil Annahmeverzug bezüglich der bisherigen Tätigkeit abgelehnt (Erman/*Belling* Rn. 5). Dies sei nicht mehr vom ultima-ratio-Prinzip erfasst. Eine unwirksame Kündigung hat aber keinerlei Rechtsfolgen, so dass die Voraussetzungen nur hinsichtlich der bisherigen Tätigkeit vorliegen können.

Bei einer einseitigen unwirksamen **Arbeitsfreistellung** liegen die Voraussetzungen des § 615 ebenfalls 60 vor (LAG Hamm 18. 7. 1991 LAGE BGB § 615 Nr. 29). Nichtannahme ist auch bei einer vorherigen Befreiung von der Arbeitspflicht zu bejahen. Eine solche Erklärung beinhaltet keine Urlaubsgewährung. Eine Erklärung des AG zur Erfüllung des Anspruchs auf Urlaubsgewährung muss eindeutig und bestimmt sein (BAG 25. 1. 1994 AP BUrlG § 7 Nr. 16). Eine Arbeitsfreistellung gilt idR nicht für unbegrenzte Zeit. Insb. wird ein AG bei einer Arbeitsfreistellung nicht an eine Arbeitsunfähigkeit wegen Erkrankung denken, da für diese Zeit keine Freistellung nötig wäre. Da der AN im Falle der Erkrankung nur einen Anspruch auf Lohnfortzahlung für sechs Wochen hat (§ 3 I EFZG), kann der Verzicht des AG keine weitergehende Bedeutung haben (LAG Köln 10. 10. 1990 LAGE BGB § 615 Nr. 25).

Nicht ausreichend ist die Annahme der Arbeitsleistung, wenn der AG nicht bereit ist, selbst seinen 61 Verpflichtungen nachzukommen (§ 298). Dies gilt zB bei Vorschüssen auf Auslagen, Fahrtkosten, rückständigen Lohnzahlungen. Der AN hat ein Leistungsverweigerungsrecht, das er aber geltend machen muss.

c) Unzumutbarkeit der Annahme. Annahmeverzug ist nach der Rspr. nur dann gegeben, wenn der 62 AG die Annahme der angebotenen Leistung ungerechtfertigt verweigert. Ein vom Recht anerkannter Grund ist ein nicht ordnungsgemäßes Angebot oder ein Angebot, das unter solchen Umständen erfolgt, dass der AG nach Treu und Glauben die Arbeitsleistung nicht anzunehmen braucht (BAG GS

26. 4. 1956 AP MuSchG § 9 Nr. 5). Die vorherrschende Meinung interpretiert das vorstehende Urteil so, dass der AG berechtigt ist, die Arbeitsleistung abzulehnen, wenn ihm die Beschäftigung unzumutbar ist (BAG 29. 10. 1987 AP BGB § 615 Nr. 42 mit Anm. *Konzen/Weber*; MünchArbR/*Boewer* § 76 Rn. 34). Rechtsdogmatisch richtiger und mit dem Kündigungsschutz konform gehend ist es, bei unzumutbaren Verhaltensweisen des AN bereits ein ordentliches Angebot abzulehnen (*Hueck* Anm. zu AP MuSchG § 9 Nr. 5; *Konzen/Weber* Anm. zu AP BGB § 615 Nr. 42; *Staab* S. 138). Das gilt zumindest für solche Gründe, die erst nach dem Verhalten, das zur Kündigung führte, aufgetreten sind. Die unterschiedliche Einordnung hat Auswirkungen auf die Beweislast. Für ein ordnungsgemäßes Angebot ist der AN beweispflichtig, für die Unzumutbarkeit der Annahme hingegen der AG (*Staab* S. 139).

63 Unzumutbarkeit ist nur anzunehmen, wenn der Grund schwerer wiegt als der für die fristlose Kündigung, da ansonsten die sonstigen Unwirksamkeitsgründe iSv. § 13 III KSchG weitgehend sanktionslos blieben (BAG 29. 10. 1987 AP BGB § 615 Nr. 42 mit Anm. *Konzen/Weber*). Bejaht wurde die Unzumutbarkeit etwa bei einem Totschlagsversuch einer Schwangeren gegen den AG oder beim dringenden Verdacht des sexuellen Missbrauchs von Kleinkindern in einer Kindertagesstätte durch einen Erzieher (LAG Berlin 27. 11. 1995 NZA-RR 1996, 283, 285). Es reicht nicht jedes Verschulden des AN aus, auch nicht die falsche Bestrahlung von Patienten durch einen Chefarzt (LAG Hamm 18. 7. 1991 LAGE BGB § 615 Nr. 29) oder schwerer Diebstahl durch einen Betriebsleiter (BAG 29. 10. 1987 AP BGB § 615 Nr. 42). Bei einem weniger schwerwiegenden Grund kann aber Kündigung unter Beachtung der einschlägigen Verfahrensvoraussetzungen oder eine Suspendierung der Beschäftigungspflicht bei Lohnfortzahlung in Betracht kommen (LAG Hamm 18. 7. 1991 LAGE BGB § 615 Nr. 29; *Konzen/Weber* Anm. zu AP BGB § 615 Nr. 42; MünchArbR/*Boewer* § 76 Rn. 34).

64 Entgegen LAG Hamm (LAG Hamm 8. 9. 1995 NZA-RR 1996, 281, 282; das Gericht hält auch eine Gleichstellung mit einer rechtlichen Unmöglichkeit für möglich) ist die Annahme der angebotenen Arbeitsleistung selbst dann nicht unzumutbar, wenn in einem ärztlichen Attest ein Wechsel des Arbeitsplatzes als dringend erforderlich angesehen wird, zB wegen bes. Empfindlichkeit gegen Staub, Dampf und ähnliches. Anderes soll sich auch nicht aus Gründen der Fürsorgepflicht oder wegen möglicher Haftungsrisiken ergeben. Vielmehr leite sich aus der Fürsorgepflicht des AG die Pflicht ab, Arbeitsräume so einzurichten und zu unterhalten, dass der AN gegen arbeitsbedingte Gefahren für Leben und Gesundheit geschützt ist. Etwas anderes soll nur gelten, wenn das ärztliche Attest Arbeitsunfähigkeit bescheinigt (BAG 17. 2. 1998 AP § 618 BGB Nr. 27).

65 **4. Beendigung des Annahmeverzugs. a) Grundsätzliches.** Die Beendigung des Annahmeverzugs ist nicht gesetzlich geregelt. Beim Arbeitsverhältnis als Dauerschuldverhältnis ist genau genommen auch kein Ende des Annahmeverzugs möglich, vielmehr fallen nur die Voraussetzungen für den Annahmeverzug weiterer Arbeitsleistungen fort (Staudinger/*Richardi* Rn. 113). Soweit bereits Rechtsfolgen eingetreten sind, bleiben diese bestehen (Staudinger/*Löwisch* § 293 Rn. 32).

66 Der AG muss das beseitigen, was den Annahmeverzug begründet hat, insb. muss er das Versäumte nachholen (*Peter* DB 1982, 488, 490). Der Annahmeverzug wird daher ex nunc beendet, wenn das Arbeitsverhältnis endet oder der AG die Leistungen des AN als Erfüllung annimmt beziehungsweise die Mitwirkungshandlungen vornimmt (BAG 14. 11. 1985 AP BGB § 615 Nr. 39). Nach dem BAG beendet auch die nachträgliche Unmöglichkeit der Arbeitsleistung den Annahmeverzug (BAG 18. 8. 1961 AP BGB § 615 Nr. 20). Ein Ende tritt daher mit den Voraussetzungen des Leistungsunvermögens iSv. § 297 ein. Bei witterungsbedingter Schließung eines Betriebes kann der AN idR eine Wetterbesserung selbst feststellen, ohne dass es einer Aufforderung des AG zur Beendigung des Annahmeverzugs bedarf (Erman/*Belling* Rn. 29).

67 **b) Annahme der Arbeitsleistung.** Annahme liegt nach der Rspr. nur dann vor, wenn der AG die Leistung **als Erfüllung** aus dem bestehenden Arbeitsverhältnis annimmt (BAG 14. 11. 1985 AP BGB § 615 Nr. 39; BAG 7. 11. 2002 AP BGB § 615 Nr. 98). Ist die Wirksamkeit einer Kündigung streitig, muss der AG bei der Annahme unmissverständlich klarstellen, dass er zu Unrecht gekündigt habe (BAG 14. 11. 1985 AP BGB § 615 Nr. 39; LAG Köln 5. 7. 2002 NZA-RR 2003, 308; *Berkowsky* DB 1981, 1569; *Peter* DB 1982, 488, 491). Die faktische oder bedingte Entgegennahme reicht nicht aus. Es ist erforderlich, dass die Rechtsgrundlage feststeht, auf Grund derer die Leistung erbracht und angenommen wird. Zur Beendigung des Annahmeverzugs reicht nicht aus, dass der AG für die Dauer des Kündigungsschutzprozesses ein bloß faktisches oder befristetes beziehungsweise ein durch die Feststellung der Wirksamkeit der Kündigung auflösend bedingtes Arbeitsverhältnis anbietet (BAG 14. 11. 1985 AP BGB § 615 Nr. 39). Gleiches gilt, wenn der AG nur eine Weiterbeschäftigung nach § 102 V BetrVG oder auf Grund des allg. Weiterbeschäftigungsanspruchs anbietet (BAG 14. 11. 1985 AP BGB § 615 Nr. 39). Auch hier wird deutlich, dass die Arbeitsleistung nicht zur Erfüllung des ursprünglichen Vertrages angenommen wird (aA *Opolony* DB 1998, 1714).

68 Diese Rspr. findet beachtliche Kritik (*Gaul* Anm. zu EzA BGB § 615 Nr. 46; *Löwisch* DB 1986, 2433 ff.; *Schäfer* JuS 1988, 265, 267; *Staab* S. 164). Die Annahme könne unter der Bedingung des Fortbestands des Arbeitsverhältnisses erfolgen. Zur Erfüllung sei nur eine entspr. Zweckbestimmung des Schuldners erforderlich (*Waas* NZA 1994, 151, 157). Konsequenz dieser Rspr. sei zudem, dass der

III. Rechtsfolgen des Annahmeverzugs § 615 BGB 230

Lauf zweistufiger Ausschlussfristen, da nur der Fortbestand des Arbeitsverhältnisses und nicht weitere damit verbundene Forderungen Streitgegenstand ist (BAG 21. 3. 1991 AP BGB § 615 Nr. 49; MünchArbR/*Boewer* § 76 Rn. 51). Für einzelvertraglich zulässige Ausschlussfristen gelten die Grundsätze der tariflichen entspr. (BAG 24. 3. 1988 AP BGB § 241 Nr. 1). Dem kann nicht gefolgt werden. An dem Gesamtziel der Klage des AN, sich Arbeitsplatz und Entgeltansprüche zu sichern, ändert sich nichts durch den selbstverständlichen Antrag auf Klageabweisung des AG. Die Ausschlussfristen sind auf den Normalfall von Zahlungsansprüchen zugeschnitten und erfassen nicht die Situation, in der bereits das Bestehen des Arbeitsverhältnisses gerichtlich geklärt wird. Zweck der Ausschlussfristen ist es, Rechtsfrieden und Rechtssicherheit herzustellen. Bei Erhebung einer Kündigungsschutzklage wird der Zweck bereits erfüllt beziehungsweise obsolet (s. *Preis* ZIP 1989, 891 ff.; krit. zur Rspr. des BAG auch *Groeger* NZA 2000, 793, 796 f.; vgl. hier §§ 194 bis 218 Rn. 68).

c) **Verzicht auf den Annahmeverzugslohn.** Die Möglichkeit der Abbedingung des § 615 S. 1 zeigt, 84 dass grds. auch der nachträgliche Verzicht zulässig sein muss, obwohl kollektivrechtliche Ansprüche gem. §§ 4 TVG, 77 BetrVG unverzichtbar sind (Erman/*Belling* Rn. 4). Gleiches gilt für die rückwirkende Aufhebung des Arbeitsverhältnisses für die Zeit des Annahmeverzugs. Die Ansprüche des AN gehen aber auf einen öffentlich-rechtlichen Leistungsträger so über, wie sie zum Zeitpunkt der cessio legis bestehen (s. unten Rn. 98). Der Leistungsträger wird also von einer vereinbarten rückwirkenden Änderung nicht betroffen (BAG 17. 4. 1986 AP BGB § 615 Nr. 40).

2. Die Anrechnung. a) Grundsätzliches. Nach § 615 S. 2 muss der AN sich auf den Annahme- 85 verzugslohn anrechnen lassen, was er infolge des Unterbleibens der Arbeit erspart oder durch anderweitige Verwendung seiner Arbeitskraft erwirbt, sog. Zwischenverdienst, oder zu erwerben böswillig unterlässt. Zweck der Vorschrift ist, dass der AN aus dem Annahmeverzug keinen Vorteil zieht. Er soll nicht mehr erhalten, als er bei ordnungsgemäßer Abwicklung des Arbeitsverhältnisses erhalten hätte (BAG 6. 9. 1990 AP BGB § 615 Nr. 47). Die Regelung enthält den gleichen Rechtsgedanken wie die §§ 326 II 2, 74 c HGB, § 11 KSchG und stimmt mit diesen im Wesentlichen überein (BAG 6. 2. 1964 AP BGB § 615 Nr. 24).

Die Anrechnung ist weder eine Aufrechnung noch ein anderes Rechtsgeschäft. Der Anspruch auf 86 den Annahmeverzugslohn wird vielmehr **automatisch gekürzt** (Palandt/*Putzo* Rn. 18). Pfändungsgrenzen iSv. §§ 850 ff. ZPO bleiben dabei unberücksichtigt (MünchArbR/*Boewer* § 76 Rn. 61).

Dem AG kann ein Anspruch nach **Bereicherungsrecht** gem. § 812 I 1 zustehen, falls er erst nach 87 Zahlung des Annahmeverzugslohns von einem anzurechnenden Zwischenverdienst erfährt (BAG 29. 7. 1993 AP BGB § 615 Nr. 52; Palandt/*Putzo* Rn. 18). Da der anrechenbare Zwischenverdienst keine Gegenforderung darstellt, ist § 322 II ZPO nicht anwendbar (*Boewer* S. 222). Bei einer rechtskräftigen Entscheidung auf Zahlung des ungekürzten Lohns stellt sich aber das Problem der Rechtskraft (*Boewer* S. 222).

b) **Verhältnis zu § 11 KSchG.** § 11 KSchG ist **lex specialis** gegenüber § 615 S. 2 (*Schaub* ZIP 1981, 88 347; Staudinger/*Richardi* Rn. 15). Die Sonderregelung verdrängt § 615 S. 2, soweit das KSchG zur Anwendung kommt (BAG 6. 9. 1990 AP BGB § 615 Nr. 47), dh. wenn es um das Arbeitsentgelt geht, das der AG dem AN für die Zeit nach der Entlassung schuldet. Grund und Höhe des Annahmeverzugslohns bestimmen sich aber nach § 615 S. 1 (Staudinger/*Richardi* Rn. 15). Trotz des nicht identischen Wortlauts sind die Vorschriften inhaltlich im Wesentlichen deckungsgleich (BAG 6. 9. 1990 AP BGB § 615 Nr. 47).

Im Gegensatz zu § 615 S. 2 ist nach § 11 KSchG nicht das anzurechnen, was der AN erspart hat. 89 Der Gesetzgeber hat auf diese Anrechnung bewusst verzichtet. Ferner ist die Anrechnung öffentlich-rechtlicher Leistungen ausdrücklich in § 11 Nr. 3 KSchG normiert. Diese Regelung hat aber heute wegen des gesetzlichen Forderungsübergangs nach § 115 SGB X keine bes. Bedeutung mehr (MünchArbR/*Boewer* § 76 Rn. 56). Diese Anrechnung findet deswegen auch in § 615 S. 2 Anwendung. Im Unterschied zu § 615 S. 2 ist § 11 KSchG nicht dispositiv, soweit dies für den AN nachteilig wäre (MünchArbR/*Boewer* § 76 Rn. 57).

c) **Abdingbarkeit.** Die Vorschrift des § 615 S. 2 ist abdingbar (BAG 6. 2. 1964 AP BGB § 615 90 Nr. 24; Erman/*Belling* Rn. 49), auch zum Nachteil des AN. Die Abbedingung muss aber zweifelsfrei vereinbart sein (BAG 6. 2. 1964 AP BGB § 615 Nr. 24; LAG Schleswig-Holstein 20. 2. 1997 LAGE BGB § 615 Nr. 52). Sie kann sich auch auf einzelne Bereiche des Verdienstes beschränken (Erman/*Belling* Rn. 49).

In der einvernehmlichen und unwiderruflichen **Freistellung** in einem Vergleich kann ein Erlass- 91 vertrag iSv. § 397 vereinbart sein (LAG Brandenburg 17. 3. 1998 AP BGB § 615 Nr. 78; LAG Hamm 27. 2. 1991 LAGE BGB § 615 Nr. 26; *Bauer/Baeck* NZA 1989, 784). Sowohl bei einem Erlassvertrag als auch bei einer einvernehmlichen Suspendierung liegen die Voraussetzungen für den Annahmeverzug nicht vor, da der AG keinen Anspruch auf die Arbeitsleistung hat. Es fehlt ein erfüllbares Arbeitsverhältnis. Die Möglichkeit einer Anrechnung muss sich dann aus der Vereinbarung oder durch ergänzende Auslegung ergeben (*Bauer/Baeck* NZA 1989, 784, 785; *Staab*, 42; ergänzende Auslegung abgelehnt von LAG Hamm 11. 10. 1996 LAGE BGB § 615 Nr. 49).

92 Zu beachten ist aber, dass der AG den AN idR nicht besser als bei einem Annahmeverzug iSv. § 615 stellen will (*Bauer/Baeck* NZA 1989, 784, 785; *Boewer* S. 219). Wird in einem Aufhebungsvertrag festgelegt, dass der AN bis zum Ablauf des Arbeitsvertrags bei Fortzahlung von der Arbeitsleistung freigestellt wird und er vorzeitig kündigen kann, so ist wegen der Kündigungsmöglichkeit der neue Verdienst anzurechnen (Hessisches LAG 2. 12. 1993 LAGE BGB § 615 Nr. 42). Ohne eine solche Kündigungsmöglichkeit verzichtet der AG idR auf die Arbeitsleistung des AN und auf eine Anrechnung des neuen Verdienstes (LAG Köln 24. 8. 1991 NZA 1992, 123, 124). Bei einer einseitigen Freistellung gerät der AG aber in Annahmeverzug, falls nicht ein ordnungsgemäßes Angebot oder die Zumutbarkeit der Annahme zu verneinen ist (*Bauer/Baeck* NZA 1989, 784, 787; *Staab* S. 43; *Winderlich* BB 1991, 271, 272, die aber bei einem Wegfall der Beschäftigungspflicht einen Entgeltanspruch direkt aus § 611 bejaht).

93 **d) Anrechnungsumfang. aa) Ersparnisse.** Zu den Ersparnissen, die auf dem Annahmeverzug beruhen, gehören etwa entfallene Fahrkosten oder solche Kosten, die wegen nicht erforderlicher Anschaffung von Berufskleidung entfallen (Erman/*Belling* Rn. 40). Wird eine Haushälterin während des Annahmeverzugs nicht mehr beschäftigt, fehlt der erforderliche Zusammenhang (LAG Düsseldorf 25. 10. 1955 BB 1956, 305). Zu beachten ist, dass im Anwendungsbereich des § 11 KSchG Ersparnisse nicht angerechnet werden.

94 **bb) Zwischenverdienst.** Anrechnungspflichtig ist nur ein Verdienst, für dessen Erzielung das Freiwerden der Arbeitskraft **kausal** war (BAG 6. 9. 1990 AP BGB § 615 Nr. 47). Der AN soll keinen Nachteil erleiden. Er ist so zu stellen, als ob das Arbeitsverhältnis normal weitergeführt worden wäre. Der AN kann daher auch Aufwendungen abziehen, die zur Erzielung des Zwischenverdiensts erforderlich waren (Erman/*Belling* Rn. 43). Der Anrechnungsumfang ist durch eine Vergleichsberechnung festzustellen, in die zugunsten des AN alle Ansprüche einzustellen sind, die der AN gegen den AG während des Annahmeverzugs erworben hat. Ein zwischenzeitliches Erlöschen wegen nicht rechtzeitiger Geltendmachung ist unerheblich (BAG 24. 8. 1999 AP BGB § 615 Anrechnung Nr. 1). Nach Auffassung des BAG soll die Gesamtberechnung aus Gründen der Billigkeit sicherstellen, dass der AN aus der anderweitigen Verwendung seiner Dienste keinen Gewinn auf Kosten des AG machen kann (krit. hierzu Rn. 96).

95 Ein Nebenverdienst bleibt unberücksichtigt, soweit er auch bei Erfüllung der Vertragspflichten möglich gewesen wäre (BAG 6. 9. 1990 AP BGB § 615 Nr. 47), dies gilt insb. für Teilzeitbeschäftigte. Entspr. ist beim Entgelt für Überstunden zu beachten, die der AN auf seinem bisherigen Arbeitsplatz nicht hätte leisten müssen (*Schaub* ZIP 1981, 347, 350). Anrechnungsfähig sind nur Verdienste, die auf der Arbeitskraft beruhen, nicht Einkünfte aus Kapital (MünchArbR/*Boewer* § 76 Rn. 59). Etwas anderes gilt dann, wenn die Vermögensverwaltung die gesamte Arbeitskraft in Anspruch nimmt (BAG 27. 3. 1974 AP BGB § 242 Auskunftspflicht Nr. 15). Wirft eine Tätigkeit während des Annahmeverzugs erst später einen Ertrag ab, kommt eine anteilmäßige Anrechnung in Betracht, zB auch bei einer zeitintensiven Vorbereitung auf die neue Arbeit (OLG Düsseldorf 30. 12. 1971 DB 1972, 181). Gleiches gilt bei aufschiebend bedingt entstandenen Provisionsansprüchen (LAG Düsseldorf 5. 3. 1970 DB 1970, 1277).

96 Angerechnet wird das anderweitige Bruttoeinkommen (KG 30. 10. 1978 DB 1979, 170; Erman/*Belling* Rn. 41). Nach der Rspr. und der hL sind die Verdienste des **gesamten Zeitraums** anzurechnen, nicht jeweils für einzelne Zeitabschnitte (BAG 29. 7. 1993 AP BGB § 615 Nr. 52; BAG 24. 8. 1999 AP BGB § 615 Anrechnung Nr. 1; Erman/*Belling* Rn. 42; Staudinger/*Richardi* Rn. 144). Der AN solle keinen Vorteil aus dem Annahmeverzug ziehen, und das Gesetz sehe keine Anrechnung von Zeitabschnitten vor. Nach § 615 S. 2 seien die Dienste anzurechnen, die der AN infolge des Annahmeverzugs erwirbt. Entscheidend ist dies, wenn der anderweitige Verdienst in einzelnen Zeitabschnitten den Annahmeverzugslohn übersteigt, in anderen Zeitabschnitten aber niedriger oder nicht vorhanden ist. Richtigerweise ist aber die Anrechnung nach **einzelnen Zeitabschnitten** vorzunehmen (*Gravenhorst* Anm. zu EzA § 615 BGB Nr. 79; *Boecken* NJW 1995, 3218, 3222). Die Anrechnung nach Zeitabschnitten erfolgt auch innerhalb des § 74 c HGB. In § 615 S. 2 ist ausdrücklich kein Anrechnungsprinzip festgelegt. Der AN erlangt aber für jeden Zeitabschnitt einen selbständigen Lohnanspruch, keinen Gesamtanspruch. Der sich vertragswidrig verhaltende AG darf auch keinen Vorteil daraus ziehen, dass der AN seine Arbeitskraft zeitweise besser verkauft. Gleiches gilt in den Fällen, in denen der AN in jedem Zeitabschnitt des Verzugs einen höheren Verdienst hat (*Boecken* NJW 1995, 3218, 3222).

97 Wird der Annahmeverzug gem. § 12 S. 4 KSchG auf die Zeit bis zum Eintritt in ein neues Arbeitsverhältnis beschränkt, so ist auch eine Anrechnung auf diesen Zeitraum begrenzt (BAG 19. 7. 1978 AP BGB § 242 Auskunftspflicht Nr. 16; Erman/*Belling* Rn. 35; MünchArbR/*Boewer* § 76 Rn. 60). Der Zeitraum der Lohnzahlungspflicht und der Anrechnung sind zwangsläufig gleich.

98 Zu berücksichtigen sind auch **öffentlich-rechtliche Leistungen**, was auch ausdrücklich in § 11 Nr. 3 KSchG normiert ist. Eine eigentliche Anrechnung findet aber nicht statt, da der Anspruch auf den Annahmeverzugslohn auf den Leistungsträger gem. § 115 SGB X übergegangen ist (Staudinger/*Richardi* Rn. 143). Wichtigster Fall ist die Gewährung von Arbeitslosengeld. Nach § 143 I SGB III

III. Rechtsfolgen des Annahmeverzugs § 615 **BGB 230**

ruht der Anspruch auf Arbeitslosengeld für die Zeit, in der der Arbeitslose Arbeitsentgelt erhält oder zu beanspruchen hat. Der Anspruch des AN nach §§ 611, 615 geht deswegen in Höhe des Arbeitslosengelds auf die BAnst-Arb. über. Der AG kann seine Einwendungen auch gegen den Leistungsträger geltend machen, soweit sie gem. § 115 SGB X iVm. den §§ 404, 412 übergegangen sind. § 143 I SGB III knüpft an das bestehende Rechtsverhältnis zwischen AN und AG an. Der Leistungsträger ist daher an die Privatautonomie und an deren Folgen gebunden, soweit sie als Einwendungen zum Zeitpunkt des Übergangs bestehen (BAG 17. 4. 1986 AP BGB § 615 Nr. 40). Neben dem Arbeitslosengeld werden auch andere öffenlich-rechtliche Leistungen angerechnet, etwa vorgezogenes Altersruhegeld oder Erwerbsunfähigkeitsrente (LAG Köln 24. 11. 1995 NZA-RR 1996, 286).

cc) **Böswillig unterlassener Zwischenverdienst.** Angerechnet wird auch, was der AN böswillig zu 99 erwerben unterlässt. Der AN handelt böswillig, wenn er in Kenntnis der objektiven Umstände, dh. Arbeitsmöglichkeit, Zumutbarkeit der Arbeit und Nachteilsfolge für den AG, vorsätzlich untätig bleibt oder die Arbeitsaufnahme verhindert (BAG 18. 6. 1965 AP BGB § 615 Böswilligkeit Nr. 2). Nicht erforderlich ist eine Schädigungsabsicht des AN (BAG 10. 4. 1963 AP BGB § 615 Nr. 23; BAG 16. 5. 2002 NZA 2001, 26, 27; LAG Rheinland-Pfalz 4. 7. 2002 LAG Report 1/2003, 3; *Hueck* Anm. zu AP BGB § 615 Nr. 2; aA *Staab* S. 48 wegen Art. 12 GG). Andererseits reicht auch nicht eine Form der Fahrlässigkeit aus (BAG 18. 10. 1958 AP BGB § 615 Böswilligkeit Nr. 1; Erman/*Belling* Rn. 48).

Von großer Bedeutung und ausdrücklich in § 11 Nr. 2 KSchG normiert ist das Kriterium der 100 **Zumutbarkeit** (hierzu *Schirge* DB 2000, 1278). Die Frage der Zumutbarkeit ist unter Berücksichtigung aller Umstände nach Treu und Glauben zu beurteilen (BAG 14. 11. 1985 AP BGB § 615 Nr. 39). Zu beachten ist einerseits die Berufsfreiheit des AN nach Art. 12 GG (BAG 9. 8. 1974 AP HGB § 74 c Nr. 5). Andererseits gebietet die Treuepflicht dem AN, keinen Gewinn zu ziehen und Nachteile für den AG möglichst gering zu halten (BAG 18. 6. 1965 AP BGB § 615 Böswilligkeit Nr. 2). Maßstäbe, die in § 121 SGB III festgelegt sind, gelten nicht verbindlich (Erman/*Belling* Rn. 47). Irrt der AN bei der Beurteilung der Zumutbarkeit, dann geht dies zu seinen Lasten (Erman/*Belling* Rn. 48; *Herschel* Anm. zu AP BGB § 615 Nr. 23).

Kriterien für die Zumutbarkeit sind Vergütungsform, Arbeitszeiten, Anfall von Überstunden, Art 101 und Umfang von Sozialleistungen, Gefährlichkeit der Arbeit und Ort der Tätigkeit (MünchArbR/ *Boewer* § 76 Rn. 67; *Schaub* ZIP 1981, 347, 351). Erhebliche Unterschiede zum bisherigen Arbeitsplatz können die Unzumutbarkeit begründen. Andererseits ist es nicht erforderlich, dass am Ort der neuen Arbeitsstelle eine Wohnung vorhanden ist (LAG Frankfurt 5. 9. 1956 AP BGB § 615 Nr. 2). Statt Akkordarbeit ist auch Zeitlohn zumutbar (*Schaub*/AR-Blattei SD 80 Rn. 78).

Die **Weiterbeschäftigung beim bisherigen AG** ist nicht generell unzumutbar (BAG 14. 11. 1985 102 AP BGB § 615 Nr. 39; BAG 22. 2. 2000 AP KSchG 1969 § 11 Nr. 2 = NZA 2000, 817; BAG 7. 11. 2002 AP BGB § 615 Nr. 98; LAG Rheinland-Pfalz 4. 7. 2002 LAGReport 2003, 1; LAG Köln 5. 7. 2002 DB 2003, 1225; *Schirge* DB 2000, 1278; *Mühl* Anm. zu AP BGB § 615 Nr. 32; aA *Berkowsky* DB 1981, 1569, 1570; *Peter* DB 1982, 488, 494). Gerade auf Grund der Rspr. zur Beendigung des Annahmeverzugs nach Kündigung durch den AG (s. o. Rn. 68) darf die Zumutbarkeit der Weiterbeschäftigung nicht generell ausgeschlossen werden. Dies gilt jedenfalls bei dem Angebot einer Weiterbeschäftigung zu den bisherigen Bedingungen (BAG 14. 11. 1985 AP BGB § 615 Nr. 39).

Bei der Frage der Zumutbarkeit ist in erster Linie die Art der Kündigung, ihre Begründung und das 103 Verhalten des AG im Kündigungsschutzprozess zu berücksichtigen (BAG 14. 11. 1985 AP BGB § 615 Nr. 39). Dabei gelten nach der Rspr. des BAG folgende **Grundsätze**: bei einer betriebsbedingten oder krankheitsbedingten Kündigung ist die vorläufige Weiterbeschäftigung idR zumutbar; gegenteiliges gilt für verhaltensbedingte, insb. außerordentliche Kündigungen, wobei Art und Schwere der Vorwürfe zu beachten sind (BAG 14. 11. 1985 AP BGB § 615 Nr. 39; BAG 7. 11. 2002 AP BGB § 615 Nr. 98; vgl. LAG Rheinland-Pfalz 4. 7. 2002 LAG Report 1/2003, 3 Revision eingelegt unter 2 AZR 500/02). Zum Teil wird die Zumutbarkeit bei einer verhaltensbedingten Kündigung dann bejaht (LAG Köln 14. 12. 1995 LAGE BGB § 615 Nr. 45 = NZA-RR 1996, 361; LAG München 9. 5. 2001 NZA-RR 2001, 414), wenn der AN mit seinem Antrag auf Weiterbeschäftigung im Kündigungsschutzprozess erkennen lässt, dass das Interesse an Weiterbeschäftigung dem an Rehabilitation vorgeht. Böswilligkeit ist anzunehmen, wenn der AN ein seinem Antrag im Kündigungsschutzprozess entspr. Angebot ablehnt (LAG Köln 14. 12. 1995 LAGE BGB § 615 Nr. 45; LAG Rheinland-Pfalz 4. 7. 2002 LAG Report 1/2003, 3 Revision eingelegt unter 2 AZR 500/02). Entscheidend ist grds. eine Interessenabwägung im Einzelfall (Erman/*Belling* Rn. 47). Der Vorwurf der Böswilligkeit ist ausgeschlossen, sofern der AN befürchtet, der Einsatz auf einem anderen Arbeitsplatz werde im Zusammenhang mit der nachdrücklichen Aufrechterhaltung bestimmter Vorwürfe durch den AG betriebsöffentlich als kompromittierend angesehen (BAG 7. 11. 2002 AP BGB § 615 Nr. 98).

Ein der **Sicherung vertraglicher Rechte** dienendes Verhalten ist nicht böswillig iSv. § 615 S. 2 104 (BAG 3. 12. 1980 AP BGB § 615 Böswilligkeit Nr. 4; Palandt/*Putzo* Rn. 20). Ein AN muss kein Dauerarbeitsverhältnis aufnehmen, das ihm die Rückkehr an den bisherigen Arbeitsplatz erschwert (BAG 18. 6. 1965 AP BGB § 615 Böswilligkeit Nr. 2) oder sein BRAmt kostet (LAG Frankfurt 17. 1. 1980 BB 1980, 1050, 1051). Der AN kann auch eine unter Überschreitung der Grenzen des Direktions-

Preis

rechts zugewiesene Tätigkeit zurückweisen (BAG 3. 12. 1980 AP BGB § 615 Böswilligkeit Nr. 4). Das gilt auch insoweit, als der AN ansonsten nicht sein Leistungsverweigerungsrecht nach § 298 wegen des rückständigen Lohns geltend machen könnte (BAG 21. 5. 1981 AP BGB § 615 Nr. 32). Die Ablehnung eines Angebots des Betriebserwerbers iSv. § 613a ist nach Widerspruch des AN nicht erforderlich, um die Rechte gegen den Betriebsveräußerer zu sichern (LAG Nürnberg 16. 6. 1987 LAGE BGB § 615 Nr. 13; aA *Meier* AiB 1988, 216). Allerdings ist ein böswilliges Unterlassen nicht schon deswegen ausgeschlossen, weil das Widerspruchsrecht zulässigerweise ausgeübt wurde (BAG 19. 3. 1998 AP BGB § 613a Nr. 177 mit Anm. *Moll/Jacobi* = NZA 1998, 750). Nicht böswillig soll sich ein AN verhalten, der den ohne Beteiligung des BR ausgesprochenen Versetzungen nicht Folge leistet (BAG 7. 11. 2002 AP BGB § 615 Nr. 98).

105 Böswilligkeit scheidet grds. aus, wenn sich der AN beim **AA** gemeldet hat, denn dann hat dieses ihm eine Tätigkeit zu vermitteln (*Schaub* § 95 Rn. 15). Ob sich der AN beim AA arbeitslos zu melden hat, um ein böswilliges Unterlassen auszuschließen, ist aber umstritten (dafür Erman/*Belling* Rn. 46; *Schaub* ZIP 1981, 347, 351). Das BAG verneint eine Pflicht, sich arbeitslos zu melden im Hinblick auf Art. 12 GG, insb. bei der Aufnahme einer selbständigen Tätigkeit (BAG 2. 6. 1987 AP HGB § 74c Nr. 13; vgl. auch LAG Köln 13. 12. 2002 – 4 Sa 221/02 –). § 615 S. 2 begründet keine Obliegenheit des Arbeitnehmers, die Vermittlung der BAnst.-Arb. in Anspruch zu nehmen (BAG 16. 5. 2000 AP BGB § 615 Böswilligkeit Nr. 7). Zur Notwendigkeit, Leistungen der BA in Anspruch zu nehmen und zugleich zur einstweiligen Verfügung auf Zahlung von Arbeitsentgelt nach Ablauf der Kündigungsfrist LAG Köln 26. 6. 2002 ZTR 2002, 447.

106 Der AN muss keine Stelle annehmen, die von einem Wettbewerbsverbot erfasst wird (Erman/*Belling* Rn. 46). Scheitert eine Neueinstellung wegen der geäußerten Absicht, in den alten Betrieb zurückzukehren, ist keine Böswilligkeit gegeben (BAG 18. 10. 1958 AP BGB § 615 Böswilligkeit Nr. 1; Erman/*Belling* Rn. 46). Bes. Anstrengungen hat der AN nicht zu vollbringen. Verweigert ein neuer AG die Arbeitsaufnahme bereits vor Vertragsbeginn, muss der AN nicht sein altes Arbeitsverhältnis aufrechterhalten (BAG 2. 11. 1973 AP BGB § 615 Böswilligkeit Nr. 3). Direkte Streikarbeit muss grds. nicht übernommen werden (BAG 25. 7. 1957 AP BGB § 615 Betriebsrisiko Nr. 3). Ein vorübergehender Auslandsaufenthalt ist nicht böswillig, solange für die Zeit kein zumutbares Arbeitsangebot vorlag (BAG 11. 7. 1985 AP BGB § 615 Nr. 35). Es ist nicht grds. böswillig, ein Erfolg versprechendes Studium aufzunehmen (BAG 13. 2. 1996 AP HGB § 74c Nr. 18). Auch bei einem ordnungsgemäßen Widerspruch des BR nach § 102 III BetrVG muss der AN nicht seine Weiterbeschäftigung gem. § 102 V BetrVG verlangen oder zwangsweise durchsetzen. Diese Norm ist lediglich eine „Kann"-Bestimmung zugunsten des AN und keine ihn treffende Obliegenheit (MünchArbR/*Boewer* § 76 Rn. 68; *Staab* S. 55). Der AN muss auch nicht ein für ihn günstiges Urteil im Kündigungsschutzprozess vollstrecken bzw. die Vollstreckung androhen (BAG 22. 2. 2000 NZA 2000, 817).

107 Böswilligkeit kann gegeben sein, wenn der AN keine öffentlich-rechtlichen Leistungen beantragt, soweit nicht der Verzugslohn anzurechnen ist (Erman/*Belling* Rn. 44; *Schirge* DB 2000, 1279; aA MünchKommBGB/*Schaub* § 615 Rn. 61). Böswilligkeit ist ebenfalls anzunehmen, wenn er eine Einstellung böswillig vereitelt (Erman/*Belling* Rn. 46). Einem Kartenkontrolleur ist es zumutbar, während der Sanierung des Theaters Reinigungsarbeiten durchzuführen (BAG 30. 4. 1992 AuR 1992, 181). Böswilligkeit liegt aber nicht vor, wenn sich der AN einer angebotenen Kurzarbeitsregelung verweigert (LAG Rheinland-Pfalz 7. 10. 1996 NZA-RR 1997, 331).

108 **3. Weitere Ansprüche.** Neben der in § 615 S. 1 festgelegten Rechtsfolge kann der AN auch seine Rechte aus den allg. Rechtsfolgen des Annahmeverzugs geltend machen. Da diese Vorschriften aber auf einen einmaligen Austausch von Leistungen zugeschnitten sind, kommt für den AN praktisch nur § 304 in Betracht. Danach kann er die **Mehraufwendungen** eines erfolglosen Angebots verlangen.

109 Dem AN kann wegen des rückständigen Lohns ein **Zinsanspruch** gem. den §§ 280 II, 286, 288, 291 zustehen. Richtigerweise ist der Zins vom Bruttobetrag zu errechnen, da in dieser Höhe die Vergütungspflicht des AG besteht. Nicht entscheidend ist, ob diese Summe auch dem AN wirtschaftlich zufließt. Schuldner der Steuer- und Sozialversicherungsabgaben ist der AN (LAG Hamburg 8. 11. 1994 LAGE BGB § 615 Nr. 44; Soergel/*Wiedemann* § 288 Rn. 12; aA BAG 13. 2. 1985 AP TVG § 1 Tarifverträge: Presse Nr. 3; GMP/*Germelmann* § 46 ArbGG Rn. 44, Zinsen vom Nettolohn). Der AG hat die Nichtzahlung von Lohn jedenfalls dann zu vertreten und daher zu verzinsen, wenn er bei Anwendung der erforderlichen Sorgfalt hätte erkennen können, dass die Kündigung unwirksam war. Anderes gilt nur, wenn sich der AG in einem entschuldbaren Rechtsirrtum befand, was voraussetzt, dass die Rechtslage objektiv zweifelhaft ist und er sie sorgfältig geprüft hat (BAG 13. 6. 2002 NZA 2003, 44). In Höhe des erhaltenen Arbeitslosengeldes kann der AN vom AG keine Zinsen auf den Annahmeverzugslohn verlangen (BAG 13. 6. 2002 NZA 2003, 44).

110 Den AG trifft auch eine Beschäftigungspflicht. Das BAG hat einen Schaden wegen Nichterfüllung bejaht, zumindest bei Verletzung einer rechtskräftig festgestellten Beschäftigungspflicht (BAG 12. 9. 1985 AP BetrVG 1972 § 102 Weiterbeschäftigung Nr. 7; so auch *Bauer/Baeck* NZA 1989, 784, 786). Der AG gerät ohne Mahnung gem. § 286 II in **Schuldnerverzug.** Wegen des Fixschuldcharakters der

Muss der Betrieb aus rechtlichen Gründen vorübergehend eingestellt werden, wie etwa bei behördlichen Maßnahmen, so trägt der AG auch hier das Betriebsrisiko (Staudinger/*Richardi* Rn. 223). Dies gilt insb., wenn die Tangierung vom Verbot durch die bes. Art des Betriebs bedingt wird und einzukalkulieren ist, zB wenn eine Musikkapelle wegen eines behördlichen Verbots von öffentl. Lustbarkeiten nicht auftreten kann (BAG 30. 5. 1963 AP BGB § 615 Betriebsrisiko Nr. 15). Dazu gehört aber nicht der Beschluss eines Rates über geänderte Öffnungszeiten eines Sportplatzes (LAG Düsseldorf 5. 6. 2003 – 11 Sa 1464/02 –). Ein **Betriebsverbot** wegen Smogalarms gehört zum Betriebsrisiko, denn es beruht auf der Eigenart des Betriebs (*Richardi* NJW 1987, 1231, 1235; *Dossow* BB 1988, 2455, 2459; aA *Ehmann* NJW 1987, 401, 410). 141

Hiervon zu unterscheiden ist das **Wegerisiko**. Der AN trägt das Risiko, dass er zum Betrieb als Erfüllungsort gelangt. Ergeht wegen Smogalarms ein Fahrverbot und kann der AN seine Arbeit nicht im Betrieb anbieten, so gehört dies zu seinem Wegerisiko (*Dossow* BB 1988, 2455; *Ehmann* NJW 1987, 401, 403). Entsprechendes gilt bei allg. Verkehrssperren, den Verkehrsfluss behindernde Demonstrationen, Ausfall öffentl. Verkehrsmittel und Naturereignissen wie Glatteis (BAG 8. 12. 1982 AP BGB § 616 Nr. 58) oder Schneeverwehungen (BAG 8. 9. 1982 AP BGB § 616 Nr. 59). 142

Eine bes. Gruppe bilden Betriebe, deren **AN in Fremdbetrieben arbeiten**. Bei Personal-Leasing-Unternehmen besteht die Besonderheit, dass die vertragliche Pflicht des AN im Kern darin besteht, seine Arbeitskraft zur Verfügung zu stellen und er keine zweckbestimmte Arbeit zu leisten hat. In solchen Betrieben kann es nach Ansicht des BAG (BAG 1. 2. 1973 AP BGB § 615 Betriebsrisiko Nr. 29 mit abl. Anm. *Mayer-Maly*) überhaupt keine Betriebsstörungen geben. Ob der Unternehmer die Arbeitskraft nutzen kann, gehört von vornherein zu seinem Wirtschaftsrisiko. Ähnliches gilt bei Montagearbeiten, die ebenfalls überwiegend in fremden Betrieben durchgeführt werden. Wird bei einem Streik nur ein einzelner Auftrag abgebrochen, trifft den AG das Lohnrisiko (BAG 7. 11. 1975 AP BGB § 615 Betriebsrisiko Nr. 30 mit Anm. *Seiter*). 143

Nicht vom Betriebs-, sondern vom **Wirtschaftsrisiko** werden Feierschichten wegen Absatzmangels erfasst (BAG 8. 3. 1961 AP BGB § 615 Betriebsrisiko Nr. 13). Dieses Risiko ist auch vom AG zu tragen. Entsprechendes gilt bei Auftragsmangel. Wird wegen Einstellung eines Schlachtbetriebes die dortige Unterhaltung des Fleischhygieneamtes sinnlos, gehört dies zum Wirtschaftsrisiko des AG, auch wenn die Einstellung nicht in dessen Einflussbereich fällt (BAG 23. 6. 1994 AP BGB § 615 Nr. 56). 144

Ebenfalls nicht von den Grundsätzen der Betriebsrisikolehre werden Fälle erfasst, in denen der AG die Unmöglichkeit der Arbeitsleistung zu vertreten hat. Bei unberechtigter Verlegung der Arbeitszeit und bewusster Stilllegung des Betriebs zwischen Weihnachten und Neujahr befürwortet das BAG einen Lohnanspruch aus § 326 II (BAG 3. 3. 1964 AP BGB § 324 Nr. 1). Entsprechendes gilt, wenn der AG die Unmöglichkeit wegen eines Brands in seinem Lokal zu vertreten hat (BAG 17. 12. 1968 AP BGB § 324 Nr. 2). 145

6. Beendigung des Arbeitsverhältnisses bei Betriebsstörungen. Der Wegfall der Beschäftigungsmöglichkeit auf Grund von Betriebsstörungen führt nicht zur Beendigung des Arbeitsverhältnisses. Bei Dauerschuldverhältnissen kann auch der Gedanke des Wegfalls der Geschäftsgrundlage nur zu einem Kündigungsrecht führen (MünchArbR/*Boewer* § 77 Rn. 26). Bei einer Betriebsstörung kommt lediglich die ordentliche Kündigung unter Beachtung der Kündigungsschutzvorschriften in Betracht. Die Möglichkeit einer außerordentlichen Kündigung ist ausgeschlossen. Sie würde letztlich zu einer Verlagerung des Betriebsrisikos zu Lasten des AN führen (BAG 28. 9. 1972 AP BGB § 615 Betriebsrisiko Nr. 28). Es bleibt aber die Möglichkeit der Anrechnung nach § 615 S. 2, wenn der AN seine Arbeitskraft anderweitig verwertet (MünchArbR/*Boewer* § 77 Rn. 27; die Rspr. müsste allerdings § 615 S. 2 entspr. anwenden). 146

7. Mitbestimmung des Betriebsrats. Die Frage, ob dem BR ein Mitbestimmungsrecht nach § 87 I Nr. 2 u. 3 BetrVG zukommt, stellt sich vor allem bei arbeitskampfbedingten Betriebsstörungen (s. hierzu BAG 22. 12. 1980 AP GG Art. 9 Arbeitskampf Nr. 70). Wird die betriebsübliche Arbeitszeit in Betriebsrisikofällen geändert, ist ein Mitbestimmungsrecht hinsichtlich der Modalitäten zu bejahen (*Jahnke* ZfA 1984, 69, 86). Die fehlende Mitbestimmung des BR bei der Durchführung einer Betriebsstilllegung wegen Absatzschwierigkeiten führt zum Annahmeverzug (LAG Berlin 6. 8. 1985 DB 1986, 808). 147

§ 616 Vorübergehende Verhinderung

¹Der zur Dienstleistung Verpflichtete wird des Anspruchs auf die Vergütung nicht dadurch verlustig, dass er für eine verhältnismäßig nicht erhebliche Zeit durch einen in seiner Person liegenden Grund ohne sein Verschulden an der Dienstleistung verhindert wird. ²Er muss sich jedoch den Betrag anrechnen lassen, welcher ihm für die Zeit der Verhinderung aus einer auf Grund gesetzlicher Verpflichtung bestehenden Kranken- oder Unfallversicherung zukommt.

I. Normgeschichte und Normzweck

1   **1. Geschichte.** Die Vorschrift hat in ihrer gegenwärtigen Form wieder ihre ursprüngliche Fassung von 1896 zurückerhalten (Staudinger/*Oetker* Rn. 8; *Schmitt* Rn. 2; *Vogelsang* Rn. 875). Die zwischenzeitlichen Ergänzungen in den Abs. 2 und 3 aus den Jahren von 1930 bis 1975 sind durch Art. 56 PflegeVG (BGBl. I S. 1014, 1068) aufgehoben. Die darin enthalten Vorschriften über die Vergütungsfortzahlung im Krankheitsfall finden sich nunmehr ausschließlich im EFZG (§ 1 EFZG Rn. 3).

2   **2. Normzweck.** Der verbliebene Absatz regelt die Vergütungsfortzahlung für Dienst- und Arbeitnehmer für die Fälle der **Arbeitsverhinderung ohne Krankheit**. Er hat zum Entgeltfortzahlungsrecht aber insofern Bezug, als er bei Arztbesuchen während der Arbeitszeit (Rn. 9 ff.) und bei der Pflege von erkrankten Angehörigen (Rn. 13) zur Anwendung kommen kann.

II. Anspruchsvoraussetzungen

3   **1. Personenkreis.** Anders als nach den Regeln über die EFZ im Krankheitsfall haben nicht nur AN iSd. Arbeitsrechts (§ 611 BGB Rn. 44 ff.) ausschließlich der Auszubildenden (für sie gilt § 12 I Nr. 2 b BBiG) einen Anspruch auf Fortzahlung der Vergütung nach dieser Vorschrift, sondern **alle Dienstnehmer** iSd. §§ 611 ff. BGB, also zB die freien Mitarbeiter und die arbeitnehmerähnlichen Personen (Staudinger/*Oetker* Rn. 30 bis 44; *Schmitt* Rn. 5).

4   **2. Verhinderung aus persönlichen Gründen.** § 616 erfasst nicht nur die Fälle der **tatsächlichen Unmöglichkeit**, die geschuldete Dienstleistung zu erbringen, sondern auch die Tatbestände, in denen es dem Dienstverpflichteten aus übergeordneten rechtlichen und sittlichen Gesichtspunkten **nicht zumutbar** ist, seinen Pflichten aus dem Dienstverhältnis nachzukommen (so jetzt ausdrücklich § 275 III BGB nF; zum alten Recht BAG 8. 9. 1982 AP BGB § 616 Nr. 59 mit Anm. *Herschel* = NJW 1983, 1078 mwN; hM im Schrifttum: RGRK/*Matthes* Rn. 11; Staudinger/*Oetker* Rn. 46 ff.; weitergehend *Kempen* ArbRGeg 25, 87 ff., der bereits die Ausübung grundrechtlich geschützter Positionen als Verhinderungstatbestand anerkennen wollte).

5   **Nicht jede** der vorgenannten **Verhinderungen** zur Erfüllung der Dienstpflichten begründet einen Anspruch nach § 616. Es müssen vielmehr **Hinderungsgründe in der Person des Betroffenen** bestehen. Gemeint ist die persönliche Sphäre, nicht persönliche Eigenschaften (Staudinger/*Oetker* Rn. 53). Bestehen dagegen **objektive** Leistungshindernisse, die also **zur selben Zeit für mehrere AN gleichzeitig** bestehen, so kommt § 616 nicht zur Anwendung (RGRK/*Matthes* Rn. 12). Darunter sind zB Hindernisse auf dem Weg zur Arbeit wie Schneeverwehungen (BAG 8. 9. 1982 Rn. 4; 24. 3. 1982 BB 1982, 1547), Glatteis (BAG 8. 12. 1982 AP BGB § 616 Nr. 58 = NJW 1982, 1179), Hochwasser und allg. Verkehrsstörungen wie ein Smogalarm zu verstehen (*Ehmann* NJW 1987, 401; differenzierend *Vogelsang* Rn. 881; zum Hochwasser *Hantel* NJ 2002, 577). Auch gesetzliche Verpflichtungen, Fortbildungsveranstaltungen zu besuchen, um dem ausgeübten Beruf weiter nachgehen zu können, begründen keinen Anspruch aus § 616 S. 1 (LAG München 1. 4. 1999 EzBAT TV Fleischbeschaupersonal Nr. 13).

6   **a) Allgemeine Tatbestände.** Lediglich subjektive, dh. persönliche Leistungshindernisse können den gesetzlichen Tatbestand erfüllen. Das können bes. **familiäre Ereignisse** sein, bei denen es als unverzichtbar gilt, anwesend zu sein, wie zB
- die eigene Hochzeit (BAG 27. 4. 1983 AP BGB § 616 Nr. 61 mit Anm. *Mayer-Maly* = NJW 1983, 2600; 17. 10. 1985 AP BAT § 18 Nr. 1 mit Anm. *Stein* = NJW 1986, 1066),
- die Hochzeit der Kinder und die Wiederheiratung eines Elternteils (Staudinger/*Oetker* Rn. 62),
- die goldene Hochzeit der Eltern (BAG 25. 10. 1973 AP BGB § 616 Nr. 43 mit Anm. *Schnorr v. Carolsfeld* = NJW 1974, 663),
- die Niederkunft der Ehefrau und der in häuslicher Gemeinschaft lebenden Partnerin, sofern § 616 nicht durch eine ungünstigere Regelung (dazu Rn. 19) abbedungen ist (BAG 18. 1. 2001 AP BAT § 52 Nr. 8 = NZA 2002, 47; 25. 2. 1987 AP BAT § 52 Nr. 3 = NZA 1987, 271, 667; vgl. dazu auch BVerfG AP GG Art. 6 Abs. 1 Nr. 26 = NZA 1998, 547),
- religiöse Feste wie Erstkommunion und Konfirmation,
- Begräbnisse im engen Familienkreis (Eltern, Kinder und Geschwister) oder von im Haushalt lebenden Angehörigen (Staudinger/*Oetker* Rn. 61),

aber auch **persönliche Unglücksfälle** wie Einbruch, Brand, unverschuldete Verkehrsunfälle (RGRK/ *Matthes* Rn. 22) und zu Unrecht erlittene Untersuchungshaft (offen gelassen BAG 16. 3. 1967 AP HGB § 63 Nr. 31 mit Anm. *Herschel*; wie hier Staudinger/*Oetker* Rn. 66).

7   **b) Kollision der Arbeitspflicht mit anderen, insb. ehrenamtlich übernommenen Pflichten.** Dienstnehmer übernehmen vielfach Pflichten im ehrenamtlichen Bereich zB als **ehrenamtliche Richter** und in der **Selbstverwaltung der Sozialversicherung.** In diesen Fällen liegt eine persönliche Verhinderung iSd. § 616 vor (BAG 8. 12. 1982 AP BGB § 616 Nr. 58 mwN = NJW

27. 6. 1990 AP BGB § 616 Nr. 89 = NZA 1990, 894; 29. 2. 1984 AP TVG § 1 Tarifverträge: Metallindustrie Nr. 22 = NZA 1984, 33; wohl auch BAG 27. 4. 1983 AP BGB § 616 Nr. 61 mit Anm. *Mayer-Maly* = NJW 1983, 2600).

Bei Einzelverträgen ist nach neuem Schuldrecht zu prüfen, ob eine Inhaltskontrolle nach den 20 §§ 305 ff. BGB vorzunehmen ist, weil der Arbeitgeber den Ausschluss des § 616 BGB in Formulararbeitsverträgen vornimmt (s. § 310 BGB Rn. 79). Da der AN Verbraucher iSd. § 13 BGB ist (äußerst umstritten), findet der Abschnitt 2 des 2. Buches BGB nach Maßgabe des § 310 Abs. 3 BGB Anwendung (s. § 611 Rn. 208).

§ 617 Pflicht zur Krankenfürsorge

(1) ¹Ist bei einem dauernden Dienstverhältnis, welches die Erwerbstätigkeit des Verpflichteten vollständig oder hauptsächlich in Anspruch nimmt, der Verpflichtete in die häusliche Gemeinschaft aufgenommen, so hat der Dienstberechtigte ihm im Falle der Erkrankung die erforderliche Verpflegung und ärztliche Behandlung bis zur Dauer von sechs Wochen, jedoch nicht über die Beendigung des Dienstverhältnisses hinaus, zu gewähren, sofern nicht die Erkrankung von dem Verpflichteten vorsätzlich oder durch grobe Fahrlässigkeit herbeigeführt worden ist. ²Die Verpflegung und ärztliche Behandlung kann durch Aufnahme des Verpflichteten in eine Krankenanstalt gewährt werden. ³Die Kosten können auf die für die Zeit der Erkrankung geschuldete Vergütung angerechnet werden. ⁴Wird das Dienstverhältnis wegen der Erkrankung von dem Dienstberechtigten nach § 626 gekündigt, so bleibt die dadurch herbeigeführte Beendigung des Dienstverhältnisses außer Betracht.

(2) Die Verpflichtung des Dienstberechtigten tritt nicht ein, wenn für die Verpflegung und ärztliche Behandlung durch eine Versicherung oder durch eine Einrichtung der öffentlichen Krankenpflege Vorsorge getroffen ist.

I. Normgeschichte

Die auf die ursprüngliche Fassung von 1896 zurückgehende Bestimmung über die **Krankenfürsorge** 1 aller Dienstverpflichteten, nicht nur der AN, hat **ergänzende Funktionen** für nicht versicherte Dienstnehmer, wie die **Subsidiaritätsklausel** des Abs. 2 ausweist. Ihr Anwendungsbereich ist wegen der umfassenden Absicherung nicht nur der AN, sondern auch der anderen Dienstverpflichteten im modernen Staat gering (RGRK/*Matthes* Rn. 2; Staudinger/*Oetker* Rn. 4). Die Vorschrift enthält zwingendes Recht, das nur zugunsten der Dienstnehmer abgeändert werden kann. Das gilt auch für **TV** (§ 619 Rn. 1).

Der Anspruch aus § 617 I ist kein Anspruch, der den ggf. bestehenden Anspruch auf Fortzahlung 2 der Vergütung während einer Krankheit, zB bei AN nach dem EFZG, ersetzt. Er tritt vielmehr **neben** den **Vergütungsanspruch**. Er ist wegen der Bindung an die Person des Dienstnehmers nicht abtretbar, nicht pfändbar und nicht verpfändbar (Staudinger/*Oetker* Rn. 7 f.; MünchKommBGB/*Schaub* Rn. 4).

II. Anspruchsvoraussetzungen

1. Anspruchsberechtigte. Krankenfürsorge können nur diejenigen verlangen, die zu einer Person 3 auf Grund eines Dienstvertrags iSd. § 611 in einem Dienstverhältnis stehen. Die Vorschrift gilt deshalb nicht nur für AN, sondern für **alle Dienstverpflichteten** (allgM). Wegen der weiteren tatbestandlichen Voraussetzungen wie die Aufnahme in die häusliche Gemeinschaft kommen aber regelmäßig nur AN als Berechtigte in Betracht (*Schmitt* Rn. 6), für die die Bestimmung wegen der anderweitigen Absicherung wieder keine Bedeutung hat. Keinen Anspruch hat der Verpflichtete, der eine Werkleistung nach **Werkvertragsrecht** schuldet (Staudinger/*Oetker* Rn. 12), falls für diesen Personenkreis und seine Erfüllungsgehilfen überhaupt die häusliche Aufnahme in Betracht kommen sollte.

Das Dienstverhältnis muss **dauerhaft** ausgestaltet sein. Die Voraussetzung ist nicht nur bei einem 4 unbefristeten Arbeitsverhältnis gegeben, das die Arbeitskraft des AN vollständig und hauptsächlich in Anspruch nimmt, sondern auch bei einem über einen längeren Zeitraum befristeten Dienstvertrag. Auch bei der Fortsetzung einer zunächst nur für kurze Zeit geplanten Zusammenarbeit über einen längeren Zeitraum ist von einem dauernden Dienstverhältnis iSd. Gesetzes auszugehen (Staudinger/*Oetker* Rn. 17; MünchKommBGB/*Schaub* Rn. 7). Als längerer Zeitraum ist in diesem Zusammenhang eine Zeit von mehr als einem halben Jahr anzunehmen (RGRK/*Matthes* Rn. 9; *Schmitt* Rn. 8 f.; aA Staudinger/*Oetker* Rn. 19).

Die auf Grund des Dienstvertrags zu erbringende Erwerbstätigkeit nimmt den Verpflichteten dann 5 **vollständig oder hauptsächlich** in Anspruch, wenn er wenigstens mehr als die Hälfte der in Dienst- und Arbeitsverhältnisses üblichen wöchentlichen Zeiten zur Erfüllung seiner Aufgaben aufwendet. Denn das Tatbestandsmerkmal ist allein **zeitlich** zu bestimmen (RGRK/*Matthes* Rn. 11; *Schmitt*

Rn. 10; Staudinger/*Oetker* Rn. 22), nicht nach Intensität des Dienstes und der Höhe der Gegenleistung.

6   Ein Dienstverpflichteter ist nicht nur dann in die **häusliche Gemeinschaft** aufgenommen, wenn er im Hause des Dienstgebers wohnt und dort wenigstens teilweise verpflegt wird, sondern auch dann, wenn er in einer vom diesem **zur Verfügung gestellten Unterkunft** untergebracht und dort verpflegt wird (BAG 8. 6. 1955 AP BGB § 618 Nr. 1 mit Anm. *A. Hueck*; RGRK/*Matthes* Rn. 14; MünchKommBGB/*Schaub* Rn. 9; *Schmitt* Rn. 11; abl. Staudinger/*Oetker* Rn. 28).

7   **2. Erkrankung.** Darunter ist dasselbe wie im **Recht der Entgeltfortzahlung** unter dem Begriff Krankheit zu verstehen (s. deshalb § 3 EFZG Rn. 11 bis 15).

8   **3. Verschulden.** Auch wenn der Text sich zum Verschulden in der ältlich wirkenden Sprache des ausgehenden 19. Jahrhunderts verhält und von § 3 EFZG abweicht, handelt es sich **inhaltlich um dasselbe.** Es sind dieselben Maßstäbe wie bei § 3 EFZG anzulegen (*Schmitt* Rn. 13 f.). Insoweit wird auf die Erl. zu § 3 EFZG Rn. 46 bis 66 verwiesen.

III. Inhalt des Anspruchs

9   **1. Sachlicher Inhalt.** Der Dienstgeber schuldet dem Dienstnehmer die erforderliche **Verpflegung** und die **ärztliche Behandlung** in seinem Haushalt. Die Schuld kann aber auch durch Veranlassung der Aufnahme in einem Krankenhaus erfüllt werden.

10 Unter Verpflegung ist nicht nur die **Nahrung** zu verstehen, sondern auch die Versorgung mit **Arznei- und Heilmitteln** einschließlich der notwendigen Hilfsmittel (einhellige Meinung: RGRK/*Matthes* Rn. 25; Staudinger/*Oetker* Rn. 44; *Schmitt* Rn. 18). Die über den Wortlaut der Norm hinausgehende Interpretation rechtfertigt sich teleologisch, der Dienstgeber soll die fehlenden Leistungen der Krankenkasse ausgleichen (Staudinger/*Oetker* Rn. 44).

11 Der Dienstgeber schuldet dem Dienstnehmer die ärztliche Versorgung in Form von **Untersuchung und Behandlung** durch einen approbierten Facharzt für Allgemeinmedizin und/oder einer anderen Sparte. Das **Auswahlrecht** steht dem Dienstgeber zu, wobei aber das begründete fehlende Vertrauen des zu Behandelnden zu einem bestimmten Arzt dazu führt, dass der Anspruch nicht erfüllt wird, wenn der Dienstverpflichtete die Entgegennahme der Leistung ablehnt (Staudinger/*Oetker* Rn. 46 f.; *Schmitt* Rn. 19).

12 Der Schuldner wird von seiner Leistungspflicht frei, wenn er die **Aufnahme in einem Krankenhaus veranlasst,** § 617 I 2. Lehnt der Gläubiger die Aufnahme ab, obwohl die Krankenhausbehandlung geeignet ist, seine Erkrankung zu beseitigen, so erlischt sein Anspruch nach § 617 jedenfalls für die Dauer der Weigerung (hM mit teilw. abw. Begründung, vgl. Staudinger/*Oetker* Rn. 48 bis 53 einerseits und *Schmitt* Rn. 20 andererseits).

13 **2. Zeitlicher Umfang.** Der Anspruch nach § 617 besteht **maximal** für die Dauer von 6 Wochen, § 617 I 1, nicht jedoch über die **Beendigung** des Dienstverhältnisses hinaus, sofern nicht eine außerordentliche Kündigung das Rechtsverhältnis beendet hat (Rn. 14). Wegen der Berechnung des Zeitraums kann auf die entspr. Regelung zu § 3 EFZG verwiesen werden (§ 3 EFZG Rn. 71 bis 74).

14 Wird das Dienstverhältnis **wegen** der Erkrankung vor Ablauf der Höchstdauer durch **außerordentliche Kündigung** beendet, so bleibt der Anspruch für die Dauer von sechs Wochen erhalten. Eine **Angleichung** an die weitergehende Bestimmung des § 8 EFZG verbietet sich nicht nur wegen des klaren Wortlauts des Gesetzes. Sie ist auch nicht geboten, weil eine wirksame, das Dienstverhältnis aus Anlass der Erkrankung (das ist wohl mit der Präposition „wegen" gemeint) beendende außerordentliche Kündigung jedenfalls im Arbeitsverhältnis nicht möglich ist. Die Gleichstellung des Dienstnehmers mit dem AN ist aus Gleichheitsgründen nicht erforderlich (zum Gesamtkomplex: Staudinger/*Oetker* Rn. 60; *Schmitt* Rn. 29; aA RGRK/*Matthes* Rn. 31).

15 **3. Kosten.** Der Dienstgeber hat die Kosten der in Form von Sachleistungen zu erbringenden Krankenfürsorge zu tragen (Staudinger/*Oetker* Rn. 62). Im Ergebnis steht dem Berechtigten aber **keine kostenlose Krankenfürsorge** zu. Die zusätzlichen Kosten, die der Dienstgeber zur Erfüllung seines Anspruchs aufzuwenden hat, kann er nämlich mit dem Anspruch des Erkrankten auf Fortzahlung der Vergütung verrechnen, § 617 I 3. Die Kosten, die auch bei Erfüllung der Dienstpflicht entstanden wären, wie die für Kost und Logis, sind nicht verrechenbar (RGRK/*Matthes* Rn. 33; Staudinger/*Oetker* Rn. 68; *Schmitt* Rn. 30).

IV. Anderweitige Vorsorge

16 Der Anspruch des Dienstnehmers ist **ausgeschlossen,** wenn er Leistungen aus der gesetzlichen oder einer privaten Krankenkasse erhält oder anderweitige Vorsorge getroffen ist, § 617 II. Dann entfallen regelmäßig die Leistungen auf ärztliche Betreuung, nicht aber unbedingt auf Verpflegung (ausführlich Staudinger/*Oetker* Rn. 36 bis 42). Bei einer häuslichen Behandlung fallen diese weiter an (RGRK/*Matthes* Rn. 23).

III. Inhalt der Schutzpflichten des Abs. 1 § 618 BGB 230

enthält die ArbStättV Anforderungen hinsichtlich der Gestaltung von Pausen-, Bereitschafts- und Liegeräumen, Räumen für körperliche Ausgleichsübungen sowie Sanitär- und Sanitätsräumen (zu den Anforderungen im Einzelnen s. ua. *Eberstein/Meyer,* Arbeitsstättenrecht, Loseblattkommentar; *Gaul/Kühne,* Arbeitsstättenrecht, 1992; *Heinen/Tentrop/Wienecke/Zerlett,* Kommentar zum technischen und medizinischen Arbeitsschutz. Erläuterungen zur Arbeitsstättenverordnung, Loseblatt; Landmann/Rohmer/*Meyer,* Gewerbeordnung, Loseblattkommentar, Bd. II Nr. 660 ArbStättV; *Opfermann/Streit,* Arbeitsstätten, Loseblattkommentar; MünchArbR/*Wlotzke* § 204 Rn. 13 ff.; *Wank,* Kommentar zum technischen Arbeitsschutz, 1999, E. ArbStättV). Die ArbStättV selbst enthält keine technischen Detailregelungen, sondern nur ausfüllungsbedürftige Rahmenvorschriften. Der Ausfüllung dienen vor allem die **Arbeitsstätten-Richtlinien,** die vom BMA gem. § 3 II ArbStättV unter Hinzuziehung der fachlich beteiligten Kreise einschließlich der Spitzenorganisationen der AN und der AG aufgestellt werden. Anders als bei den Bestimmungen der ArbStättV handelt es sich bei den Arbeitsstätten-RL nicht um Rechtsnormen (Landmann/Rohmer/*Meyer* ArbStättV § 3 Rn. 24). Sie entfalten somit keine Rechtsverbindlichkeit. Dennoch haben sie erhebliche praktische Bedeutung. Sie wirken nämlich wie Verwaltungsvorschriften, so dass AG sich durch sie darüber informieren können, bei welchen ihrer Maßnahmen sie mit Beanstandungen durch die Aufsichtsbehörden nicht zu rechnen brauchen (*Opfermann/Streit* § 3 Abs. 2, Rn. 81).

Neben der ArbStättV und den Arbeitsstätten-RL bestehen weitere spezielle Arbeitsschutzvorschriften, die die Einrichtung und Unterhaltung von Arbeitsstätten regeln und die Schutzpflichten des AG aus § 618 I konkretisieren, wie zB die Verordnung über bes. Arbeitsschutzanforderungen bei Arbeiten im Freien in der Zeit vom 1. 11. bis 31. 3., § 17 DruckluftVO, §§ 16, 17 RöntgenVO. 11

Konkretisiert werden die Schutzpflichten des AG nicht nur durch gesetzliche Arbeitsschutzvorschriften, sondern auch durch zahlreiche von den Berufsgenossenschaften erlassene **Unfallverhütungsvorschriften,** die ebenfalls Regelungen über die Einrichtung und Unterhaltung von Arbeitsstätten enthalten, wie zB die von den gewerblichen Berufsgenossenschaften erlassene UVV „Lärm" in der Neufassung von 1990 (näher dazu *Lazarus* AiB 1992, 677). 12

b) Vorrichtungen und Gerätschaften. Die Schutzpflichten des Dienstberechtigten aus § 618 I erstrecken sich auch auf Vorrichtungen und Gerätschaften. Wie der Begriff Räume sind auch die Begriffe Gerätschaften und Vorrichtungen weit auszulegen (Soergel/*Kraft* Rn. 13; MünchKommBGB/*Lorenz* Rn. 30; RGRK/*Friedrich* Rn. 71 ff.). Zu den Vorrichtungen und Gerätschaften iSd. § 618 I zählen alle Gegenstände, mit denen der Dienstberechtigte bei der Erbringung der betreffenden Dienstleistung in Berührung kommt (RAG 15. 10. 1930 ARS 10, 456; MünchArbR/*Blomeyer* § 96 Rn. 14; Erman/*Hanau* Rn. 8; MünchKommBGB/*Lorenz* Rn. 30). Von den Begriffen Vorrichtungen und Gerätschaften werden somit nicht nur Maschinen und Werkzeuge erfasst, sondern auch beispielsweise die eingesetzten Gefahrstoffe, Schutzausrüstungen (zum Erstattungsanspruch aus § 670 BGB BAG 19. 5. 1998 AP BGB § 670 Nr. 31 = NZA 1999, 38; zum zwingenden Recht LAG Nds 11. 6. 2002 LAGE § 618 BGB Nr. 11), Beförderungsmittel sowie Hilfsmittel, wie Leitern und Hebe- und Fördereinrichtungen (Erman/*Hanau* Rn. 8; Staudinger/*Oetker* Rn. 120 ff., 156 ff.). Die Begriffe Vorrichtungen und Gerätschaften decken sich zum Teil mit dem Begriff der **technischen Arbeitsmittel** iSd. § 2 GSG, gehen über diesen jedoch nicht hinaus. Nach der Legaldefinition des § 2 I GSG sind technische Arbeitsmittel iSd. GSG verwendungsfertige Arbeitseinrichtungen, vor allem Werkzeuge, Arbeitsgeräte, Arbeits- und Kraftmaschinen, Hebe- und Fördereinrichtungen sowie Beförderungsmittel. 13

Um ein möglichst hohes Schutzniveau zu erreichen, setzen die Anforderungen des GSG an die Sicherheit der technischen Arbeitsmittel nicht erst beim AG, sondern schon beim Hersteller oder Importeur an. Technische Arbeitsmittel müssen also von vornherein so gestaltet sein, dass von ihnen schon beim Inverkehrbringen keine Gefahren für Leben und Gesundheit der Benutzer ausgehen (vgl. BT-Drucks. 5/834 S. 1 ff.; *Jeiter* § 3 Rn. 4 ff.; *Peine* Einf. Rn. 13 ff.; MünchArbR/*Wlotzke* § 213 Rn. 1 ff.). Adressaten des GSG sind nicht die AG, sondern Hersteller, Importeure und uU auch Händler. Gleichwohl ist das GSG für die Konkretisierung der Schutzpflichten des AG aus § 618 I in Bezug auf Vorrichtungen und Gerätschaften insoweit von Bedeutung, als der AG seinen Schutzpflichten aus § 618 I genügt, wenn die von ihm eingesetzten technischen Arbeitsmittel den Bestimmungen des GSG entsprechen (MünchKommBGB/*Lorenz* Rn. 33; Staudinger/*Oetker* Rn. 157). Da das GSG gerade nicht den AG zum Adressaten bestimmt hat, kann aus § 618 I allerdings nicht die Verpflichtung entnommen werden, nur technische Arbeitsmittel zu verwenden, die den Anforderungen des GSG entsprechen (aA Staudinger/*Oetker* Rn. 158). Konkretisiert werden die Pflichten des AG außer durch **Unfallverhütungsvorschriften,** die die Berufsgenossenschaften im Hinblick auf die Sicherheit von technischen Arbeitsmitteln erlassen haben, durch die **§§ 3 ff. BetrSichV.** Der AG muss neuangeschaffte Arbeitsmittel darauf untersuchen, ob sie den einschlägigen UVV entsprechen. Er genügt seiner Schutzpflicht aus § 618 I jedoch nicht allein dadurch, dass er die Arbeitsmittel vor ihrem Einsatz auf ihre sicherheitstechnische Unbedenklichkeit überprüft, er muss sie vielmehr auch in der Folgezeit regelmäßig kontrollieren und gegebenenfalls die erforderlichen Maßnahmen ergreifen, damit von den Arbeitsmitteln keine Gefahren für Leben oder Gesundheit der AN ausgehen (Erman/*Hanau* Rn. 8). 14

verbleibt es bei § 618. (Zum Ganzen *B. Buchner* BB 2002, 2382; *Düwell* AiB 2002, 400; *Wellenhofer-Klein*, RdA 2003, 155).

22   Dem AG steht ein Auswahlermessen dabei zu, wie er den erforderlichen ANSchutz durchführen will (BVerwG 13. 9. 1984 NJW 1985, 877; LAG München 27. 11. 1990 NZA 1991, 521; *B. Buchner* BB 2002, 2384). Neben lüftungstechnischen und organisatorischen Maßnahmen, wie zB die Trennung der Arbeitsplätze von Rauchern und Nichtrauchern, kommt auch der Erlass eines Rauchverbotes am Arbeitsplatz in Betracht. Einen Anspruch auf die Zuweisung eines anderen, rauchfreien Arbeitsplatzes hat der AN ausnahmsweise nur dann, wenn andere geeignete Abhilfemaßnahmen nicht in Betracht kommen oder nicht ausreichen (LAG Hamm 20. 7. 1988 LAGE BGB § 618 Nr. 3; LAG München 2. 3. 1990 LAGE BGB § 618 Nr. 4 und 5; *Löwisch* DB Beil. 1/1979, 1, 15; Staudinger/*Oetker* Rn. 179).

23   Die Anforderungen an den AG sind eingeschränkt bei **Räumen mit Publikumsverkehr, § 3 a Abs. 2 ArbStättV**. Leitgedanke ist, dass der AG dem Publikum das Rauchen nicht untersagen kann, wie insbes. in Gastwirtschaften oder Bars. § 618 enthielt insoweit die Einschränkung, dass Schutzmaßnahmen nur insoweit geboten sind, „als die Natur der Dienstleistung es gestattet". Ein Rauchverbot gegenüber Passagieren von Verkehrsflugzeugen konnten danach AN, die durch Tabakrauch im Flugzeug gesundheitlich beeinträchtigt werden, nicht verlangen. § 618 I rechtfertigt nämlich keinen Eingriff in die unternehmerische Tätigkeit, soweit sie den einschlägigen gewerberechtlichen, berufsregelnden, gesundheitspolizeilichen und sonstigen Bestimmungen entspricht. Ein Rauchverbot in Verkehrsflugzeugen zum Schutz der Flugbegleiter hätte jedoch zur Folge, dass die Fluggesellschaft keine „Raucherplätze" mehr anbieten könnte und sich das Rauchverbot damit auf die unternehmerische Betätigung auswirken würde (BAG 9. 5. 1996 AP BGB § 618 Nr. 2 = NZA 1996, 927; zust. *Leßmann* AuR 1995, 244 (zur Vorinstanz); *Molkentin* NZA 1997, 852; *Streckel* Anm. zu BAG 8. 5. 1996 EzA BGB § 618 Nr. 14; *Wellenhofer-Klein* RdA 2003, 157 f.; krit. *Möllers* JZ 1996, 151 f.). Auf diese Rechtslage nimmt der neue Abs. 2 von § 3 a ArbStättV Bezug.

24   Betriebliche Rauchverbote können auch durch **Betriebsvereinbarungen** normiert werden (BAG 19. 1. 1999 AP BetrVG 1972 § 87 Ordnung des Betriebes Nr. 28 = RdA 1999, 491 m. Anm. *Börgmann* = NZA 1999, 546; *Künzl* BB 1999, 2187). Ermächtigungsgrundlage ist § 87 I Nr. 7 BetrVG (Gesundheitsschutz); anders BAG aaO: § 87 I Nr. 1 BetrVG (Ordnungsverhalten). Die Regelungskompetenz der Betriebsparteien erstreckt sich allerdings nicht auf die private Lebensführung der Raucher. In Betracht kommt nur die Berücksichtigung betrieblicher Interessen (zB rauchfreie Zonen bei Chip-Herstellung) oder der Gesundheitsschutz von Nichtrauchern. Stellt man mit dem BAG auf § 87 I Nr. 1 BetrVG ab, ist die Regelungsmacht der Betriebsparteien weiter, da sie auch bloße Belästigungen der Nichtraucher umfasst (*Ahrens* NZA 1999, 688). In jedem Fall müssen das Persönlichkeitsrecht der Raucher (§ 75 II BetrVG) und das der Nichtraucher gegeneinander abgewogen werden (*Ahrens* NZA 1999, 688). Hierbei ist das Verhältnismäßigkeitsprinzip zu beachten (s. *Heilmann* Anm. AiB 1999, 406; *Wellenhofer-Klein* RdA 2003, 160 f.). Gerichten steht nur eine Rechtskontrolle der Betriebsvereinbarungen zu (*Wank*, FS für Kraft, 1998, S. 665, 678 f. sowie jetzt § 310 IV BGB).

VI. Erweiterter Pflichtenkreis nach Abs. 2

25   § 618 II erweitert die in Abs. 1 enthaltene Verpflichtung des AG, indem er sie auf die **Wohn- und Schlafräume** der AN ausdehnt, wenn der AG sie in seine **häusliche Gemeinschaft** aufgenommen hat. Der Begriff der häuslichen Gemeinschaft ist nach herrschender Auffassung weiter als der des § 617 I. Die häusliche Gemeinschaft setzt nach herrschender Auffassung kein enges Zusammenleben des AN mit dem AG voraus; entscheidend ist vielmehr, dass eine vom AG geschaffene Gemeinschaft mit anderen AN besteht (MünchArbR/*Blomeyer* § 96 Rn. 23; Erman/*Hanau* § 617 Rn. 6; Soergel/*Kraft* Rn. 19). Der Grund für die gegenüber § 617 weite Auslegung des Begriffs (besser: Analogie, Staudinger/*Oetker* Rn. 237) ist in den veränderten wirtschaftlichen und sozialen Verhältnissen seit 1900 zu sehen (Soergel/*Kraft* Rn. 19). § 618 II gilt demnach auch für vom AG eingerichtete **Wohnheime** (BAG 8. 6. 1955 AP BGB § 618 Nr. 1). Konkretisiert werden die Schutzpflichten des AG im Hinblick auf Wohn- und Schlafräume durch das mit dem Gesetz über Mindestanforderungen an Unterkünfte für AN v. 23. 7. 1973 (BGBl. I S. 903) neu in die GewO eingefügten § 120 c. Danach müssen Gemeinschaftsunterkünfte, die Gewerbeunternehmer den von ihnen beschäftigten AN zum Gebrauch überlassen, so beschaffen, ausgestaltet und belegt sein und so benutzt werden, dass die Gesundheit und das sittliche Empfinden der AN nicht beeinträchtigt werden. § 120 c I 2 Nr. 1 bis 3 GewO enthält einen **Negativkatalog** von Fällen, in denen die Anforderungen des § 120 c I 1 GewO an die Gemeinschaftsunterkünfte nicht erfüllt werden (zu weiteren Einzelheiten der Sorgfaltspflichten aus § 120 c GewO s. Landmann/Rohmer/*Meyer* § 120 c GewO Rn. 10 ff.; *Tettinger/Wank* GewO, 6. Aufl. 1999, § 120 c).

26   § 618 II verpflichtet den AG ferner zur Fürsorge hinsichtlich der **Verpflegung** sowie der Arbeits- und Erholungszeit. Öffentlich-rechtliche Arbeitsschutzvorschriften, die die Fürsorgepflicht hinsichtlich der Verpflegung konkretisieren, gibt es nur wenige (zB § 39 SeemannsG). Auf jeden Fall muss die Kost gesundheitlich einwandfrei sein (RAG 9. 6. 1937 ARS 30, 231). Was die Erholungszeit betrifft,

muss der AG die öffentlich-rechtlichen Vorschriften über den Arbeitszeitsschutz, vor allem das ArbZG, einhalten.

VII. Rechtsfolgen der Schutzpflichtverletzung

1. Erfüllungsanspruch. Kommt der AG seinen Pflichten aus § 618 nicht oder nicht ordnungsgemäß 27 nach, so hat der AN nach heute herrschender Auffassung einen einklagbaren Erfüllungsanspruch auf Herstellung eines arbeitsschutzkonformen Zustandes (BAG 10. 3. 1976 AP BGB § 618 Nr. 17; Erman/*Hanau* Rn. 14; MünchKommBGB/*Lorenz* Rn. 62; Staudinger/*Oetker* Rn. 248; *Wlotzke,* FS für Hilger und Stumpf, 1983, S. 723, 744 ff.; aA *Zöllner/Loritz* § 29 II 2, die den AN auf sein Zurückbehaltungsrecht verweisen). Der Erfüllungsanspruch des AN ist allerdings von geringer praktischer Bedeutung, da die klageweise Durchsetzung des Anspruchs idR ohnehin zu spät kommen dürfte und dem AN mit dem Zurückbehaltungsrecht (dazu nachfolgend Rn. 31) oder der Anzeige bei der zuständigen Aufsichtsbehörde (vgl. § 17 ArbSchG) wirksamere Instrumente zur Durchsetzung seines Anspruchs zur Verfügung stehen (MünchArbR/*Blomeyer* § 96 Rn. 27; Soergel/*Kraft* Rn. 21; Staudinger/*Oetker* Rn. 249 f.).

Der von einem arbeitsschutzwidrigen Verhalten des AG betroffene AN hat jedoch nur dann einen 28 Erfüllungsanspruch auf Herstellung eines arbeitsschutzkonformen Zustandes, wenn der AN auch einen **Anspruch hat, beschäftigt zu werden** (MünchKommBGB/*Lorenz* Rn. 65; Soergel/*Kraft* Rn. 21; *Wlotzke,* FS für Hilger und Stumpf, 1983, S. 723, 745; allg. zur Beschäftigungspflicht des AG MünchArbR/*Blomeyer* § 93 Rn. 2 ff. mwN). Der AG ist aber auch dann zur Erfüllung verpflichtet, wenn er den AN trotz fehlender Beschäftigungspflicht gleichwohl tatsächlich beschäftigt (Erman/*Hanau* Rn. 14; Staudinger/*Oetker* Rn. 253 (zumindest fehlerhaftes Arbeitsverhältnis); *Wlotzke,* FS für Hilger und Stumpf, 1983, S. 723, 745).

Eine Einschränkung des Erfüllungsanspruchs ergibt sich ferner aus der Mitbestimmung des BR 29 gem. § 87 I Nr. 7 BetrVG. Muss der AG zur Herstellung des arbeitsschutzkonformen Zustandes Maßnahmen treffen, die der Mitbestimmung des BR unterliegen, so kann der betroffene AN grds. nur verlangen, dass der AG von seinem **Initiativrecht** Gebrauch macht, um mit dem BR die erforderliche Einigung zu erzielen (*Löwisch* DB Beil. Nr. 1/79, 1, 13; MünchKommBGB/*Lorenz* Rn. 63; *Wlotzke,* FS für Hilger und Stumpf, 1983, S. 723, 746). Im Falle einer konkreten Gefahr für Leben oder Gesundheit des erfüllungsberechtigten AN ist der AG allerdings gehalten, unverzüglich die erforderlichen Maßnahmen zu treffen (*Fitting* § 87 Rn. 283; MünchKommBGB/*Lorenz* Rn. 63; *Wlotzke,* FS für Hilger und Stumpf, 1983, S. 723, 746).

Soweit eine über § 618 I oder II BGB in das Privatrecht transformierte öffentlich-rechtliche Ar- 30 beitsschutznorm vom AG keine konkrete Maßnahme verlangt, sondern nur das **Schutzziel** festlegt, steht es dem AG, von der Mitbestimmung des BR gem. § 87 I Nr. 7 BetrVG abgesehen, frei, welche Maßnahmen er zur Erreichung des Zieles ergreift. Da der Erfüllungsanspruch nicht weiter gehen kann, als die in Frage stehende öffentlich-rechtliche Arbeitsschutznorm den AG verpflichtet, hat der betroffene AN in einem solchen Fall nur einen Anspruch darauf, dass der AG sein **Ermessen** fehlerfrei ausübt (MünchKommBGB/*Lorenz* Rn. 64; *Wlotzke,* FS für Hilger und Stumpf, 1983, S. 723, 746).

2. Leistungsverweigerungsrecht. a) Zurückbehaltungsrecht nach § 273 I. Erfüllt der AG die 31 ihm aus § 618 I oder II obliegenden Schutzpflichten nicht, so steht dem betroffenen AN nach heute ganz vorherrschender Auffassung ein Zurückbehaltungsrecht gem. § 273 I zu (BAG 8. 5. 1996 AP BGB § 618 Nr. 23; Erman/*Hanau* Rn. 15; MünchKommBGB/*Lorenz* Rn. 67; Staudinger/*Oetker* Rn. 257 ff.; RGRK/*Friedrich* Rn. 205 ff.; *Wank/Börgmann* S. 50; aA *Herschel* RdA 1964, 72 f.; *Nikisch,* Bd. I, § 36 V 2, nach deren Auffassung dem AG bei Nichteinhaltung der Arbeitsschutzpflichten kein Anspruch auf die Arbeitsleistung erwachse und der AN daher keines Leistungsverweigerungsrechts bedürfe; im Grundsatz ähnlich *Söllner* ZfA 1973, 1, 16 f., der allerdings eine analoge Anwendung des § 273 bejaht). Dieses Leistungsverweigerungsrecht ist von den in § 21 IV 2 GefStoffV, § 9 III 1 ArbSchG enthaltenen Rechten des AN zur Arbeitseinstellung abzugrenzen (dazu und zum Leistungsverweigerungsrecht bei der Beschäftigung von AN in gefahrstoffbelasteten Räumen s. nachfolgend Rn. 35 f.). Anders als bei der Berufung auf § 275 III entfällt wegen §§ 611, 615 der Vergütungsanspruch nicht nach § 326 I 1 (s. Rn. 33).

Das Recht des AN, die Leistung gem. § 273 I zu verweigern, wenn der AG die ihm aus § 618 I oder 32 II obliegenden Arbeitsschutzpflichten nicht erfüllt, besteht nur in den **Grenzen des Erfüllungsanspruchs,** auf den es sich gründet (*Löwisch* DB Beil. Nr. 1/79, 1, 13; MünchKommBGB/*Lorenz* Rn. 67; *Wlotzke,* FS für Hilger und Stumpf, 1983, S. 723, 748). Hat der AN nur einen Anspruch auf eine fehlerfreie Ermessensentscheidung (s. Rn. 30), so ist der AN nur solange berechtigt, die Arbeitsleistung zu verweigern, bis der AG initiativ geworden ist (*Löwisch* DB Beil. Nr. 1/79, 1, 13; MünchKommBGB/*Lorenz* Rn. 67; *Wlotzke,* FS für Hilger und Stumpf, 1983, S. 723, 748). Anders als § 21 VI 2 GefStoffV setzt das Zurückbehaltungsrecht des AN aus §§ 273 I, 618 keine „unmittelbare Gefahr für Leben oder Gesundheit" voraus (*Bücker/Feldhoff/Kohte* Rn. 32; *N. Fabricius* S. 624; *Wlotzke,* FS für Hilger und Stumpf, 1993, S. 723, 748; *ders.,* Anm. BAG 8. 5. 1996 AP BGB § 618

		Rn.			Rn.
	a) Begriff der Mankohaftung	28		dd) Haftung für gesetzliche Vertreter und Erfüllungsgehilfen	67
	b) Allgemeine Mankohaftung........	29		c) Beweislast	70
	aa) Haftungsgrundlagen und -voraussetzungen	29		d) Mitverschulden	75
	bb) Haftungsbeschränkungen	33		e) Vereinbarter Haftungsausschluss	78
	cc) Art und Umfang des Schadensersatzes	35		f) Inhalt und Umfang der Haftung..	aa) Haftung nach den allgemeinen Vorschriften (§§ 249 ff.)..	80
	c) Besondere Mankoabreden	36		bb) Haftung nach den besonderen Vorschriften (§§ 842 bis 846)..........................	85
	aa) Inhalt und Auslegung.........	36		3. Verschuldensunabhängige Haftung des Arbeitgebers	88
	bb) Allgemeine Grenzen der Zulässigkeit	38		a) Rechtsgrundlage einer verschuldensunabhängigen Ersatzpflicht ..	89
	cc) Zulässigkeit einzelner Regelungen	41		b) Anspruchsvoraussetzungen	aa) Eigenschaden bei Ausführung einer betrieblichen Tätigkeit	92 93
	dd) Rechtsfolgen bei Überschreitung der Zulässigkeitsgrenzen	49		bb) Zurechnung zum Betätigungsbereich des Arbeitgebers	94
II. Haftung des Arbeitgebers		51		cc) Einzelfälle	95
1. Überblick		51		dd) Keine adäquate Risikoabgeltung	103
2. Verschuldensabhängige Haftung des Arbeitgebers		52		ee) Kein überwiegendes Verschulden des Arbeitnehmers	108
	a) Haftungsgrundlagen	52		c) Haftungsvereinbarungen	111
	aa) Pflichtverletzung..............	52			
	bb) Haftung auf deliktischer Grundlage	59			
	b) Haftungsvoraussetzungen	63			
	aa) Haftungsgrund	63			
	bb) Zurechnung	64			
	cc) Verschulden	65			

Schrifttum: *Beckers,* Die Außenhaftung des Arbeitnehmers, 1995; *Denck,* Der Schutz des Arbeitnehmers vor der Außenhaftung, 1980; *Gamillscheg/Hanau,* Die Haftung des Arbeitnehmers, 2. Aufl. 1974; *Kohte,* Arbeitnehmerhaftung und Arbeitgeberrisiko, 1981; *Otto,* Ist es erforderlich, die Verteilung des Schadensrisikos bei unselbständiger Arbeit neu zu ordnen?, Gutachten E zum 56. DJT 1986; *Otto/Schwarze,* Die Haftung des Arbeitnehmers, 3. Aufl. 1998.

A. Normzweck und Anwendungsbereich

1   Das SchuldRModG enthält weiterhin keine ausdrückliche Sonderregelung für die Haftung im ArbVerh., insb. nicht für den Bereich der ANHaftung. Zwar war schon bei der Schaffung des BGB gefordert worden, „baldthunlichst" eine spezialgesetzliche Regelung des Arbeitsvertragsrechts einschließlich der schadensersatzrechtlichen Fragen zu schaffen (RT-Sten. Ber., 9. Legislaturperiode, IV. Session 1895/97, 5. Band, S. 3846), doch ist der Gesetzgeber dieser Forderung trotz mehrfacher Befassung des Deutschen Juristentages mit diesem Thema (45. DJT 1964 [Gutachter: *Gamillscheg*], 56. DJT 1986 [Gutachter: *Otto* und *Seewald*]; partiell auch schon 35. DJT 1928 [Gutachter: *Sinzheimer*]) bis zum heutigen Tage nicht nachgekommen. § 619a schließt diese Regelungslücke nicht. § 619a wurde auf der Basis des Beschlusses des Rechtsausschusses (BT-Drucks. 14/7052 S. 64, 204) eingefügt. Die Norm ist allerdings veranlasst durch die Grundentscheidung des Gesetzgebers, das BGB auch für Fragen der Haftung des Arbeitsverhältnisses als prinzipiell verbindliche Grundlage anzuerkennen. Dieser gesetzgeberische Wille zeigt sich auch an § 275 III und § 310 IV. Allg. Anspruchsgrundlage für Pflichtverletzungen ist § 280 I 1. Der Haftungsmaßstab richtet sich weiterhin nach § 276. Hierzu enthält § 619a keine Aussage. Das BGB bleibt deshalb, trotz der partikularen Sonderregelung des § 619a, in dem Komplex der ANHaftung (hierzu Rn. 8 ff.) und auch der AGHaftung (hierzu Rn. 51 ff.) unvollkommen.

2   Normzweck und Funktion des § 619a ist es, die aus der Gesetzessystematik des § 280 I 2 folgende Beweislastumkehr, nach der der Schuldner seine fehlende Verantwortlichkeit für die Pflichtverletzung zu beweisen hat, für den Bereich der ANHaftung nicht durchgreifen zu lassen. Der Rechtsausschuss war der Ansicht, dass § 619a als Sonderregelung für die Beweislast geboten sei, um die bisherige Rspr. des BAG zur Beweislast aufrecht zu erhalten (BAG 17. 9. 1998 AP BGB § 611 Mankohaftung Nr. 2). Das BAG war bisher nur für den Bereich der privilegierten ANHaftung von den allg. Beweislastregeln der §§ 282, 285 aF abgewichen. Daran sollte durch das SchuldRModG nichts geändert werden. Ebenso wollte der Gesetzgeber die Grundsätze über die **Haftung des AN** (Rn. 8 ff.) **nicht ändern** (BT-Drucks. 14/7052 S. 204). Der AN haftet – wie § 619a klarstellt – folglich wegen Pflichtverletzung nur, wenn er diese zu vertreten hat. Der AG muss nicht nur die Pflichtverletzung, sondern auch das Vertretenmüssen des AN beweisen.

Preis

B. Haftung im Arbeitsverhältnis § 619 a BGB 230

Keine Anwendung findet § 619 a auf Pflichtverletzungen des AG. Hier bleibt es bei der Umkehr der 3 Beweislast nach § 280 I 2. § 619 a gilt nach seinem Wortlaut nur für ArbVerh. Eine **Analogie** ist jedoch in solchen Fällen geboten, in denen die Grundsätze der beschränkten ANHaftung über das ArbVerh. hinaus ausgedehnt werden (Staudinger/*Oetker* Rn. 4; zum begrenzten Anwendungsbereich der privilegierten ANHaftung vgl. Rn. 19). Allg. folgt aus der Gesetzgebungsgeschichte, dass die dem AN günstige Beweislastverteilung überall dort gelten soll, wo die Rspr. die Grundsätze der privilegierten ANHaftung angewandt hat. Insofern erstreckt sich § 619 a auch auf Ansprüche aus Verschulden bei Vertragsschluss (§ 311 a II iVm. § 280 I; *Gotthardt* Rn. 157). Desgleichen führt § 619 a, der nur eine Abweichung zu § 280 I regelt, bei konkurrierenden deliktischen Ansprüche, die neben die Haftung aus § 280 I treten, zu keiner Diskrepanz, weil insoweit dem AG ohnehin die Beweislast obliegt (*Gotthardt* Rn. 198).

Einer **teleologischen Restriktion** des § 619 a bedarf es überall dort, wo die spezifische Funktion zur 4 Sicherung der privilegierten ANHaftung nicht gegeben ist. Dies gilt insb. bei deliktischen Ansprüchen, die den AN nicht gegenüber dem AG, sondern gegenüber Dritten zum Schadensersatz verpflichten (Staudinger/*Oetker* Rn. 5). Ferner ist eine teleologische Reduktion bei allen Pflichtverletzungen des AN zu diskutieren, die nicht durch eine betriebliche Tätigkeit verursacht worden sind (Staudinger/*Oetker* Rn. 5; *Gotthardt* Rn. 157, 175, 187; *Dedek* ZGS 2002, 320, 323; s. a. *Henssler* RdA 2002, 129, 132, der § 619 a bei Unmöglichkeit und Verzug nicht anwenden will; aA Palandt/*Putzo* § 619 a Rn. 3). Insofern ist es auch nicht gerechtfertigt, bei Vertragsbruch des AN § 619 a anzuwenden (*Gotthardt* Rn. 174).

§ 619 a regelt nicht den Rechtsgrund der ANHaftung. Anspruchsgrundlage ist bei vertraglichen 5 Ansprüchen trotz des insoweit unklaren Gesetzeswortlaut § 280 I 1, da § 619 a nur von der Beweislastregel des § 280 I 2 abweichen will. § 619 a gilt ferner auch in den Fällen, in denen der Ersatzanspruch des AG auf Dritte übergegangen ist (zB § 67 VVG). Analog § 404 kann der AN dem Zessionar die Beweislastregel des § 619 a entgegen halten (Staudinger/*Oetker* Rn. 10).

B. Haftung im Arbeitsverhältnis

Die wechselseitige Haftung der Vertragsparteien für Schäden, die dem anderen Teil anlässlich der 6 Erfüllung des Vertragsverhältnisses erwachsen, erfährt im Arbeitsrecht im Vergleich zum sonstigen Schuldrecht erhebliche Modifikationen. Sie finden ihre Begründung in der Verantwortung des AG für die mit der Organisation seines Betriebes verbundenen Risiken und den im Arbeitsrecht besonders intensiv ausgeprägten wechselseitigen **Schutzpflichten** und ihren Ausdruck einerseits in einer weitgehenden Beschränkung der **Haftung des AN** für bei betrieblicher Tätigkeit verursachte Schäden, andererseits in einer tw. verschuldensunabhängigen **Haftung des AG**, Ersatz auch für unfreiwillige Aufwendungen des AN zu leisten.

I. Haftung des Arbeitnehmers

Zu unterscheiden ist zwischen den Rechtsfolgen, die den AN bei einer **Nichtleistung** (§ 611 7 Rn. 837 ff.), und solchen, die ihn bei einer **Schlechtleistung** (§ 611 Rn. 844 ff.) treffen können. Während bei der schuldhaften Nichtleistung eine Vergütungspflicht des AG – soweit nicht Sonderregelungen eingreifen – nach §§ 275, 326 I 1 ausgeschlossen ist (*Gotthardt* Rn. 124 ff.; 172 f.), bleibt sie bei einer Schlechtleistung jedenfalls beim Zeitlohn in voller Höhe bestehen, weil das Dienstvertragsrecht der §§ 611 ff., anders als das Kauf- oder Werkvertragsrecht, keine Möglichkeit der Minderung vorsieht (BAG 17. 7. 1970 AP MuSchG § 11 Nr. 3; *Hanau* AcP 189 (1989), 182, 184). An dieser Rechtslage hat sich durch das SchuldRModG nichts geändert. Aus § 326 I folgt, dass die tw. Unmöglichkeit nicht den Fall der Schlechtleistung erfasst. Ein allg. Minderungsrecht ist nicht normiert und lässt sich auch aus § 326 I 1 nicht herleiten. Es bleibt deshalb bei der Rechtslage, dass bei Schlechtleistung keine Lohnminderung in Betracht kommt (*Gotthardt* Rn. 190). Der AG ist jedoch berechtigt, wegen der durch die Schlechtleistung begangenen Vertragsverletzung einen ihm etwa entstandenen Schaden geltend zu machen und gegen den Anspruch des AN auf Arbeitsvergütung bis zur Pfändungsfreigrenze (§§ 850 a ff. ZPO) aufzurechnen (BAG 17. 7. 1970 AP MuSchG § 11 Nr. 3).

Die Schlechterfüllung einer Hauptpflicht und die Verletzung einer Nebenpflicht durch den AN 8 stellt eine **Pflichtverletzung** dar, die ihn nach § 280 I zum Schadensersatz verpflichtet. Daneben (bzw. im Verhältnis zu Dritten an diese Stelle) treten die Regeln über die Einstandspflicht bei der Beeinträchtigung absolut geschützter Rechtsgüter durch unerlaubte Handlungen (§§ 823 ff.) und der Verwirklichung von Tatbeständen der Gefährdungshaftung, namentlich §§ 7, 18 StVG (vgl. BAG 12. 5. 1960 AP BGB § 611 Haftung des Arbeitnehmers Nr. 16; BAG 30. 8. 1966 AP BGB § 282 Nr. 5). Der AG hat die schuldhafte Pflichtverletzung nach § 619 a zu beweisen (BAG 22. 5. 1997 AP BGB § 611 Mankohaftung Nr. 1). Ein **Mitverschulden** des AG (zB fehlerhafte Anweisung, Organisationsmängel, Überforderung des AN) ist unabhängig von den unter Rn. 11 ff. wiedergegebenen Grundsätze nach § 254 zu berücksichtigen (BAG 18. 1. 1972 AP BGB § 611 Haftung des Arbeitnehmers Nr. 69; BAG

Preis 1651

16 **dd) Mittlere Fahrlässigkeit.** Mittlere Fahrlässigkeit ist anzunehmen, wenn der AN die im Verkehr erforderliche Sorgfalt außer acht gelassen hat, der rechtlich missbilligte Erfolg bei Anwendung der gebotenen Sorgfalt voraussehbar und vermeidbar gewesen wäre (§ 276 I 2). In dieser praktisch wichtigsten Fallgruppe ist der Schaden zu teilen. Ob und ggf. in welchem Umfang der AN an den Schadensfolgen zu beteiligen ist, richtet sich insb. in Ansehung von Schadensanlass und Schadensfolgen nach Billigkeits- und Zumutbarkeitsgesichtspunkten. Zu den Umständen, denen je nach Lage des Einzelfalles ein unterschiedliches Gewicht beizumessen ist und die im Hinblick auf die Vielfalt möglicher Schadensursachen auch nicht abschließend bezeichnet werden können, gehören ferner die Höhe des Schadens, ein vom AG einkalkuliertes oder durch Versicherung deckbares Risiko, die Stellung des AN im Betrieb und die Höhe des Arbeitsentgelts, in dem möglicherweise eine Risikoprämie enthalten ist (BAG 24. 11. 1987 AP BGB § 611 Haftung des Arbeitnehmers Nr. 92; BAG 16. 2. 1995 AP BGB § 611 Haftung des Arbeitnehmers Nr. 106). In den Fällen der Beschädigung eines **betriebseigenen Kraftfahrzeugs** durch den AN ist in die Abwägung auch einzustellen, ob der AG für das Fahrzeug eine Vollkaskoversicherung abgeschlossen hat. Zwar ist er dem AN gegenüber zum Abschluss einer solchen Versicherung nicht verpflichtet (BGH 10. 1. 1955 BGHZ 16, 111, 119 = AP BGB § 611 Haftung des Arbeitnehmers Nr. 1), der Nichtabschluss kann aber bei der Abwägung zu Lasten des AG mit der Folge ins Gewicht fallen, dass der AN nur in Höhe der Selbstbeteiligung haftet, die beim Abschluss einer Kaskoversicherung zu vereinbaren gewesen wäre (BAG 24. 11. 1987 AP BGB § 611 Haftung des Arbeitnehmers Nr. 92; vgl. auch LAG Köln 7. 5. 1992 LAGE BGB § 611 Arbeitnehmerhaftung Nr. 17; LAG Bremen 26. 7. 1999 NZA-RR 2000, 126; vgl. auch LAG Köln 11. 11. 2002 BB 2003, 856: bei geringem Schaden keine Abweichung von hälftiger Schadensteilung). Unter Umständen können ferner der bisherige Verlauf des Arbeitsverhältnisses sowie die persönlichen Verhältnisse des AN wie Dauer seiner Betriebszugehörigkeit, sein Lebensalter, seine Familienverhältnisse und sein bisheriges Verhalten, zu berücksichtigen sein (insoweit aA LAG Köln 20. 2. 1991 LAGE BGB § 611 Gefahrgeneigte Arbeit Nr. 9). Schließlich ist in diesem Rahmen auch die **Gefahrgeneigtheit der Arbeit** von Bedeutung (BAG 16. 2. 1995 AP BGB § 611 Haftung des Arbeitnehmers Nr. 106), nicht aber schlechthin die wirtschaftliche Leistungsfähigkeit des AN (BGH 10. 1. 1955 BGHZ 16, 111, 119 = AP BGB § 611 Haftung des Arbeitnehmers Nr. 1).

17 **ee) Leichteste Fahrlässigkeit.** Von leichtester Fahrlässigkeit (culpa levissima), die die Haftung des AN entfallen lässt, kann dagegen in den Fällen des „typischen Abirrens" der Arbeitsleistung ausgegangen werden namentlich bei einfachem „Sich-Vergreifen", „Sich-Versprechen" oder „Sich-Vertun" (MünchArbR/*Blomeyer* § 59 Rn. 45).

18 **ff) Ausnahme: Haftungsbeschränkung bei grober Fahrlässigkeit.** Während der BGH (11. 3. 1996 AP BGB § 611 Haftung des Arbeitnehmers Nr. 109) sich strikt an diese Dreiteilung hält und eine Beschränkung der ANHaftung bei grober Fahrlässigkeit ablehnt (so auch BAG 24. 11. 1987 AP BGB § 611 Haftung des Arbeitnehmers Nr. 93; anders noch BAG 23. 3. 1983 AP BGB § 611 Haftung des Arbeitnehmers Nr. 82; BAG 21. 10. 1983 AP BGB § 611 Haftung des Arbeitnehmers Nr. 84), hat das BAG bereits angedeutet, dass es **weitere Haftungsbeschränkungen** selbst **bei grober Fahrlässigkeit** nicht ausschließt, insb., wenn der Verdienst des AN in einem deutlichen Missverhältnis zum Schadensrisiko der Tätigkeit steht (BAG 23. 6. 1988 AP BGB § 611 Haftung des Arbeitnehmers Nr. 94; BAG 12. 10. 1989 AP BGB § 611 Haftung des Arbeitnehmers Nr. 97; BAG 12. 11. 1998 AP BGB § 611 Haftung des Arbeitnehmers Nr. 117; ebenso LAG Köln 17. 6. 1993 LAGE BGB § 611 Gefahrgeneigte Arbeit Nr. 10; LAG Nürnberg 20. 3. 1996 NZA-RR 1997, 3). So hat das BAG bislang in keinem Fall nicht vorsätzlicher oder gröbst fahrlässiger (BAG 25. 9. 1997 AP BGB § 611 Haftung des Arbeitnehmers Nr. 111) Schadensversursachung einem nicht versicherten AN eine Schadensquote auferlegt, die in absoluten Zahlen ein Jahreseinkommen übersteigt (vgl. zuletzt BAG 23. 1. 1997 NZA 1998, 140; LAG München 21. 9. 1995 LAGE BGB § 611 Arbeitnehmerhaftung Nr. 20; vgl. die Übersicht bei *Hübsch* NZA-RR 1999, 393). Ob und inwieweit eine Schadensquotelung gerechtfertigt erscheint, ist in Ansehung der Pflichtverletzung und der Schadenshöhe zu beurteilen (BAG 15. 11. 2001 EzA BGB 611 Arbeitnehmerhaftung Nr. 68). Sorgfältig zu prüfen ist, ob für die schädigende Handlung überhaupt eine betriebliche Veranlassung bestand (BAG 18. 4. 2002 AP BGB § 611 Haftung des Arbeitnehmers Nr. 122). In der Instanzrspr. wird zT bereits faktisch eine summenmäßige Beschränkung der Haftung praktiziert, die bei mittlerer Fahrlässigkeit auf bis zu einem, bei grober Fahrlässigkeit auf bis zu drei Monatsentgelte beschränkt sein soll (LAG Nürnberg 18. 4. 1990 LAGE BGB § 611 Arbeitnehmerhaftung Nr. 14; 20. 3. 1996 NZA-RR 1997, 3, 4; LAG Köln 17. 6. 1993 LAGE BGB § 611 Gefahrgeneigte Arbeit Nr. 10; zu dieser Entwicklung *Hanau/Rolfs* NJW 1994, 1439, 1441 f.; wesentlich zurückhaltender LAG Rheinland-Pfalz 2. 11. 1995 NZA-RR 1996, 443 f.). Eine derart weitgehende Rechtsfortbildung wird vom BAG de lege lata jedoch nicht für möglich gehalten, weil es insoweit sowohl an einer allg. Rechtsüberzeugung als auch an gesetzgeberischen Vorbildern fehle. Eine summenmäßige Haftungsbeschränkung sei allein dem Gesetzgeber vorbehalten (BAG 12. 10. 1989 AP BGB § 611 Haftung des Arbeitnehmers Nr. 97; BAG 23. 1. 1997 NZA 1998, 140, 141; LAG Schleswig-Holstein 10. 6. 1986 LAGE BGB § 611 Arbeitnehmerhaftung Nr. 7). Jedenfalls bei bes. grober (gröbs-

e) **Anwendungsbereich.** In der Rspr. noch nicht abschließend geklärt ist der **persönliche Anwendungsbereich** der beschränkten ANHaftung (dazu *Peifer* ZfA 1996, 69, 76 ff.). Neben den **Stammbeschäftigten** erfasst sie jedenfalls auch die **Auszubildenden** (BAG 7. 7. 1970 AP BGB § 611 Haftung des Arbeitnehmers Nr. 59; BAG 18. 4. 2002 AP BGB § 611 Haftung des Arbeitnehmers Nr. 122; LAG Rheinland-Pfalz 13. 12. 1989 LAGE BGB § 611 Gefahrgeneigte Arbeit Nr. 8) und die AN in einem **Leiharbeitsverhältnis,** soweit es um Schadensersatzansprüche des entleihenden AG geht (BGH 22. 5. 1978 VersR 1978, 819). Zumindest die Grundsätze der gefahrgeneigten Arbeit sind vom BGH dagegen nicht auf den Geschäftsführer einer Innungskrankenkasse angewandt worden, weil er als **leitender Angestellter** seine Geschäftsführertätigkeit weitgehend eigenverantwortlich gestalten könne (BGH 14. 2. 1985 VersR 1985, 693, 695 f., insoweit in BGHZ 94, 18 nicht abgedruckt), ebenso wenig auf den Justitiar eines Unternehmens, weil er gerade zu dem Zweck eingestellt worden sei, das den geschäftlichen Unternehmungen anhaftende rechtliche Risiko auszuschalten oder doch zu mindern (BGH 7. 10. 1969 AP BGB § 611 Haftung des Arbeitnehmers Nr. 51), und auch nicht auf den Leiter der Kreditabteilung einer Bank (BGH 25. 2. 1969 VersR 1969, 474, 477). Das BAG hat offengelassen, ob es dieser restriktiven Rspr. folgen will und einem leitenden Angestellten jedenfalls dann, wenn er den Schaden nicht bei einer für seine Position charakteristischen Tätigkeit verursacht hat, die Haftungsprivilegierung zugestanden (BAG 11. 11. 1976 AP BGB § 611 Haftung des Arbeitnehmers Nr. 80). Schon die problematische Abgrenzung sog. leitender Angestellter spricht dafür, sie in die Haftungsprivilegierung einzubeziehen (*Otto/Schwarze* Rn. 128). **Freie Mitarbeiter** und **arbeitnehmerähnliche Personen,** die nur wirtschaftlich, nicht aber persönlich abhängig sind, können sich auf das Haftungsprivileg nicht stützen (BGH 7. 10. 1969 AP BGB § 611 Haftung des Arbeitnehmers Nr. 51; LAG Berlin 29. 10. 1990 LAGE BGB § 611 Arbeitnehmerhaftung Nr. 15; aA *Otto/Schwarze* Rn. 133 mwN; MünchArbR/*Blomeyer* § 59 Rn. 68 mwN).

Die Grundsätze über die Beschränkung der ANHaftung kommen auch dann zur Anwendung, wenn der AN Deckungsschutz durch eine Versicherung beanspruchen kann (BAG 25. 9. 1997 AP BGB § 611 Haftung des Arbeitnehmers Nr. 111 = NZA 1998, 310, 311 f.; MünchKommBGB/*Müller-Glöge* § 611 Rn. 468). Etwas anderes gilt nur, wenn es sich um eine **Pflichtversicherung** handelt, weil die Deckungspflicht des Pflichtversicherers den AN, soweit er Versicherungsschutz genießt, vor der persönlichen Belastung mit unzumutbaren Verbindlichkeiten bewahrt (BGH 8. 12. 1971 AP BGB § 611 Haftung des Arbeitnehmers Nr. 68; *Peifer* ZfA 1996, 69, 77). Dies gilt freilich nur, solange der Pflichtversicherer auch im Innenverhältnis zum versicherten AN nicht zum Rückgriff berechtigt ist. Ist dagegen die Leistungsfreiheit des Versicherers wegen einer Obliegenheitsverletzung des Versicherungsnehmers oder sonstigen Mitversicherten begrenzt, finden im Verhältnis der Arbeitsvertragsparteien zueinander wieder die Regeln über den innerbetrieblichen Schadensausgleich Anwendung mit der Folge, dass der AG den AN in Höhe der von ihm zu tragenden Haftungsquote von Regressansprüchen freizustellen hat (BAG 23. 6. 1988 AP BGB § 611 Haftung des Arbeitnehmers Nr. 94). Dies gilt insb. für die Kfz.-Haftpflichtversicherung, bei der der Versicherer wegen bestimmter Obliegenheitsverletzungen *vor* Eintritt des Versicherungsfalls gegenüber dem Versicherungsnehmer und den sonstigen mitversicherten Personen in Höhe von € 5113,–, bei Obliegenheitsverletzungen *nach* Eintritt des Versicherungsfalls regelmäßig in Höhe von € 1278,– leistungsfrei ist (§§ 5 f. KfzPflVV). Eine nur **freiwillig** abgeschlossene Berufshaftpflichtversicherung ändert dagegen an den Regeln des innerbetrieblichen Schadensausgleichs nichts (BAG 25. 9. 1997 AP BGB § 611 Haftung des Arbeitnehmers Nr. 111 = NZA 1998, 310, 311 f.).

f) **Darlegungs- und Beweislast.** Die objektiven Voraussetzungen der Pflichtverletzung hat der AG nach § 619 a bzw. bei deliktischen Ansprüchen nach allg. Grundsätzen darzulegen und im Bestreitensfall zu beweisen. Er trägt auch die Beweislast für das Maß des Verschulden des AN (BAG 22. 2. 1972 AP BGB § 611 Haftung des Arbeitnehmers Nr. 70). Dies gilt insb. auch für den Vorwurf grober Fahrlässigkeit (BAG 13. 3. 1968 AP BGB § 611 Haftung des Arbeitnehmers Nr. 42; LAG Hamm 13. 5. 1991 LAGE BGB § 611 Arbeitnehmerhaftung Nr. 16). Demgegenüber obliegt es dem AN, der sich auf die Grundsätze der beschränkten ANHaftung beruft, darzutun, dass deren Voraussetzungen vorliegen, der AN den Schaden also bei einer betrieblichen Tätigkeit verursacht hat (BAG 18. 4. 2002 AP BGB § 611 Haftung des Arbeitnehmers Nr. 122).

2. Haftung gegenüber Arbeitskollegen. Verletzt ein AN bei einer betrieblichen Tätigkeit Rechtsgüter eines Kollegen, ist danach zu differenzieren, ob er diesem einen Personen- oder einen Sachschaden zugefügt hat. Die Haftung für **Personenschäden** erfährt durch §§ 105 ff. SGB VII eine abschließende gesetzliche Sonderregelung: Nach § 105 I 1 SGB VII sind Personen, die durch eine betriebliche Tätigkeit einen Arbeitsunfall von in der gesetzlichen Unfallversicherung Versicherten desselben Betriebes verursachen, diesen sowie deren Angehörigen und Hinterbliebenen nach anderen gesetzlichen Vorschriften zum Ersatz des Personenschadens nur verpflichtet, wenn sie den Arbeitsunfall vorsätzlich oder auf einem Weg nach oder von der Arbeit herbeigeführt haben. Die Haftung für durch betriebliche Tätigkeiten verursachte Personenschäden ist daher in aller Regel ausgeschlossen

Preis

(Einzelheiten § 105 SGB VII Rn. 1 ff.). Für einem Kollegen zugefügte **Sachschäden** haftet der AN so, wie er auch anderen außerhalb des Arbeitsverhältnisses stehenden Dritten gegenüber einstandspflichtig ist (dazu sogleich Rn. 23 ff.).

23   **3. Haftung gegenüber Dritten.** Außerhalb des Arbeitsverhältnisses stehenden Personen gegenüber haftet der AN unbeschränkt (BGH 19. 9. 1989 BGHZ 108, 305 = AP BGB § 611 Haftung des Arbeitnehmers Nr. 99; BGH 21. 12. 1993 AP BGB § 611 Haftung des Arbeitnehmers Nr. 104). Der BGH lehnt es ab, dem AN im Außenverhältnis zu dem geschädigten Dritten die Haftungserleichterungen zu Gute kommen zu lassen. Zum einen nämlich beruhe die Rspr. zur eingeschränkten Haftung des AN gegenüber dem AG auf spezifisch arbeitsvertraglichen Erwägungen, die sich nicht auf das Außenverhältnis zu einem Dritten übertragen ließen, wobei es ohne ausschlaggebende Bedeutung sei, ob man die Begründung für die Haftungsbeschränkung gem. der früheren Rspr. des BAG in erster Linie in den „das Arbeitsverhältnis beherrschenden Treue- und Fürsorgepflichtgedanken" sehe, mit denen es sich nicht vertrage, dass der AG den AN mit Schäden und Ersatzansprüchen belaste, die sich aus der besonderen Gefahr und Eigenart der ihm übertragenen Arbeit ergebe, oder ob man gem. der neueren Rspr. des BAG in analoger Anwendung des § 254 dem AG das Betriebs- und Organisationsrisiko seines Unternehmens als verschuldensunabhängigen haftungsrechtlichen Zurechnungsfaktor anlaste und dieses Risiko gegen die schuldhafte Schadensverursachung durch den AN abwäge (BGH 21. 12. 1993 AP BGB § 611 Haftung des Arbeitnehmers Nr. 104). Außerdem entspreche es allg. schuldrechtlichen Grundsätzen, dass der Schuldner (AN) gegenüber dem Gläubiger (Dritten) mit Einwendungen aus einem Rechtsverhältnis zu einem Dritten (AG) nicht gehört werde (BGH 19. 9. 1989 BGHZ 108, 305 = AP BGB § 611 Haftung des Arbeitnehmers Nr. 99), so dass die Betriebs- und Organisationsgefahr analog § 254 nur dem AG unmittelbar, nicht aber einem Außenstehenden entgegengesetzt werden könne (BGH 21. 12. 1993 AP BGB § 611 Haftung des Arbeitnehmers Nr. 104; aA LAG Baden-Württemberg 4. 11. 1986 LAGE BGB § 611 Arbeitnehmerhaftung Nr. 8).

24   Diese unbeschränkte Außenhaftung bejaht der BGH selbst dann, wenn der AN **arbeitgeberfremde Betriebsmittel** schuldhaft beschädigt hat. Zwar fehle es nicht an Versuchen, die Außenhaftung des AN wenigstens in diesem Bereich zu begrenzen (vgl. nur *Baumann* BB 1990, 1833; *Denck* BB 1989, 1192; *ders.* JZ 1990, 175; *Gamillscheg/Hanau* S. 96 f.), Wortlaut und Systematik der §§ 823 ff. gäben jedoch für eine Differenzierung je nach Art und Funktion einer beschädigten Sache wie auch nach Art und Grad des Verschuldens nichts her. Über das Fehlen einer arbeitsvertraglichen Verbundenheit, die die primäre Rechtfertigung der Rspr. zur beschränkten ANHaftung darstellt, lässt sich nach Auffassung des BGH im Verhältnis zu einem vom AG verschiedenen Eigentümer auch bei den arbeitgeberfremden Betriebsmitteln nicht hinwegkommen (BGH 19. 9. 1989 BGHZ 108, 305, 313 ff. = AP BGB § 611 Haftung des Arbeitnehmers Nr. 99; krit. zuletzt *Hanau* FS Steffen 1995 S. 177, 181 ff.).

25   Denkbar ist hier, im Rahmen der ergänzenden Vertragsauslegung die dem AG gegenüber bestehende Haftungsbeschränkung auf den geschädigten Dritten zu beschränken. Dies hat das LAG Düsseldorf (25. 9. 1996 NZA-RR 1997, 241) bejaht, wenn der AN mit Wissen des AG mit dem PKW eines Arbeitskollegen Dienstfahrten erledigt, weil das Fahrzeug des AG funktionsuntüchtig ist (krit. *Hübsch*, BB 1998, 690).

26   Anerkannt ist aber, dass dem AN in jedem Falle im Innenverhältnis zu seinem AG – abw. von § 840 II – ein **Freistellungsanspruch** zusteht, der den AG verpflichtet, den AN insoweit von der Schadensersatzforderung freizustellen, wie der Schaden zwischen den Arbeitsvertragsparteien verteilt würde, wenn der Geschädigte nicht ein Dritter, sondern der AG selbst wäre (BAG 25. 9. 1957 AP RVO §§ 898, 899 Nr. 4; vgl. auch BAG 23. 6. 1988 AP BGB § 611 Haftung des Arbeitnehmers Nr. 94; BAG 11. 8. 1988 AP BGB § 611 Gefährdungshaftung des AG Nr. 7). Dieser Freistellungsanspruch, den der AN abtreten oder der Dritte pfänden kann (BGH 24. 11. 1975 BGHZ 66, 1, 4 unter Aufgabe von BGH 27. 2. 1964 BGHZ 41, 203, 205 f.), wandelt sich in einen **Zahlungsanspruch** um, wenn und soweit der AN dem Dritten gegenüber bereits mehr geleistet hat, als er im Verhältnis zum AG zu zahlen verpflichtet ist. Seine Begründung findet der Zahlungsanspruch in der aus § 670 resultierenden Pflicht des AG, den AN von Belastungen freizustellen, die aus einer Inanspruchnahme Dritter resultieren, wenn der AN im Innenverhältnis diese Belastungen nicht zu tragen braucht; der Freistellungsanspruch ergibt sich aus § 670 iVm. § 257 S. 1 (aA BAG 23. 6. 1988 AP BGB § 611 Haftung des Arbeitnehmers Nr. 94: Fürsorgepflicht). Durch die unbeschränkte Außenhaftung und die beschränkte Freistellungsmöglichkeit im Innenverhältnis wird dem AN vor allem das Insolvenzrisiko des AG aufgebürdet.

27   Eine **Haftungsbeschränkung im Verhältnis AG und geschädigter Dritter** entfaltet jedoch Schutzwirkung zugunsten der AN mit der Folge, dass der geschädigte Dritte den AN nicht in Anspruch nehmen kann, soweit die Haftungsbeschränkung reicht (BGH 21. 12. 1993 AP BGB § 611 Haftung des Arbeitnehmers Nr. 104; MünchArbR/*Blomeyer* § 60 Rn. 6). Sonst nämlich könnte der Dritte ungeachtet der Beschränkungen gegen den AN vorgehen, sich dessen Freistellungsanspruch pfänden und überweisen lassen mit der schlussendlichen Folge, dass die mit dem AG vertraglich vereinbarte Haftungsbegrenzung zunichte gemacht würde.

Preis

B. Haftung im Arbeitsverhältnis § 619 a BGB 230

dd) Haftung für gesetzliche Vertreter und Erfüllungsgehilfen. Für vertraglich begründete Scha- 67
densersatzansprüche sieht § 278 eine Zurechnung des Verschuldens des gesetzlichen Vertreters des
Schuldners und solcher Personen vor, deren er sich zur Erfüllung seiner Verbindlichkeiten bedient.
Gesetzlicher Vertreter iSd. § 278 sind alle Personen, die auf Grund gesetzlicher Vorschriften mit
Wirkung für andere handeln können, zB auch der Insolvenzverwalter. Nicht zu den gesetzlichen
Vertretern gehören hingegen die verfassungsmäßig berufenen Vertreter juristischer Personen (zB
Geschäftsführer einer GmbH). Ihr (Organ-)Verschulden gilt sowohl bei unerlaubten Handlungen als
auch im Rahmen einer vertraglichen Haftung nach §§ 31, 89 als eigenes Verschulden der juristischen
Person (Palandt/*Heinrichs* § 278 Rn. 6; MünchKommBGB/*Hanau* § 276 Rn. 11).
Erfüllungsgehilfe ist, wer mit dem Willen des Schuldners in dessen Pflichtenkreis als Hilfsperson 68
tätig wird. Dabei ist es gleichgültig, ob der Schuldner überhaupt in der Lage ist, seinem Gehilfen für
dessen Tätigkeit nähere Anweisungen zu erteilen; § 278 kommt also auch dann zum Zuge, wenn die
Hilfsperson selbständig ist und nicht den Anweisungen des Schuldners unterliegt (BGH 8. 2. 1974
BGHZ 62, 119, 124; BGH 17. 12. 1992 NJW 1993, 1704, 1705). Dieser Punkt hat im Arbeitsrecht bes.
Bedeutung zB bei leitenden Angestellten, die ihre Tätigkeit auf Grund ihrer bes. Sachkunde frei von
Weisungen des Unternehmers ausführen (zB der leitende Arzt eines Krankenhauses). Auch sie können
Erfüllungsgehilfen sein (*Larenz*, Lehrbuch des Schuldrechts, Bd. I, Allgemeiner Teil, 14. Aufl., 1987,
§ 20 VIII., S. 298). Erfüllungsgehilfe ist allerdings nur diejenige Hilfsperson, deren sich der Schuldner
gerade zur Erfüllung seiner Verbindlichkeit gegenüber dem Anspruchsteller bedient. Folglich kann
der AG nicht für jede, durch fahrlässige Ausführung einer Arbeit seitens seiner AN verursachte
Schädigung eines Arbeitskollegen zum Schadensersatz herangezogen werden, sondern nur für solche,
die gerade bei der Erfüllung dem geschädigten AN gegenüber obliegenden arbeitgeberseitigen Nebenpflichten, insb. für die Schutz- und Sicherungspflichten, entstanden ist. Eine Zurechnung nach § 278
wird demgemäß von der Rspr. jedenfalls dann bejaht, wenn die Schädigung des Arbeitskollegen durch
die Hilfsperson im Zusammenhang mit der ihr übertragenen Vorgesetztenstellung erfolgt (RG 19. 9.
1921 RGZ 102, 372, 374; RG 13. 2. 1923 RGZ 106, 293, 294; BAG 17. 12. 1968 AP BGB § 324 Nr. 2
mit Anm. *A. Hueck*; BAG 17. 12. 1968 AP ZPO § 519 Nr. 21 mit Anm. *Baumgärtel*: Brand durch
schuldhaftes Verhalten des vom AG beauftragten Kontroll- und Aufsichtspersonals; LAG Frankfurt
12. 3. 1990 DB 1991, 552: Schädigung eines AN durch betrügerische Verhaltensweisen des vorgesetzten Büroleiters; Palandt/*Heinrichs* § 278 Rn. 29). Auch eine Zurechnung des Versagens einer Hilfsperson, der der AG eine bestimmte Schutzaufgabe übertragen hatte (zB Nachwächter, Pförtner),
dürfte geboten sein (Soergel/*Kraft* § 618 Rn. 26; MünchArbR/*Blomeyer* § 96 Rn. 33). Zur Zurechnung von Beratungsfehlern durch Mitarbeiter bzgl. der Versorgung bei Abschluss eines Aufhebungsvertrages (LAG Nürnberg 16. 5. 2001 – 6 Sa 1093/99 –). Für Fehldiagnose eines Betriebsarztes s. LG
Paderborn 15. 5. 2001 MDR 2001, 1304.
Ist der schädigende AN nicht in Erfüllung einer Vertragspflicht des AG gegenüber dem Geschädig- 69
ten tätig geworden, so kommt eine Haftung des AG nur unter dem Gesichtspunkt der unerlaubten
Handlung gem. § 831 (Haftung für **Verrichtungsgehilfen**) in Betracht; hier gilt der Grundsatz der
Verschuldenshaftung mit Exkulpationsmöglichkeit des Geschäftsherrn.

c) Beweislast. Auch im Arbeitsvertragsrecht gilt § 280 I 2, wonach – entspr. §§ 282, 285 aF – allg. 70
gilt, dass der Gläubiger die Darlegungs- und Beweislast für die Pflichtverletzung trägt, der Schuldner
dafür, dass er diese nicht zu vertreten hat, weshalb die Unterscheidung zwischen Pflichtverletzung
und Vertretenmüssen praktisch wichtig ist. Für die pVV ging die Rspr. allerdings bisher von einer Beweislastverteilung nach Gefahr- und Verantwortungsbereichen aus. Daran kann nicht festgehalten werden,
doch wird man aus dem Gesichtspunkt des Verantwortungsbereichs weiterhin Beweiserleichterungen
ableiten können. Dies gilt für die Haftung des AG. Nur für die **Haftung des AN** gilt § 280 I 2 gem.
§ 619 a, weshalb nur der AG auch das Vertretenmüssen des AN beweisen muss.
Beruft sich der AG auf einen unverschuldeten Rechtsirrtum, so ist es seine Sache, die Umstände 71
darzulegen und zu beweisen, die sein Verschulden ausschließen sollen (BAG 28. 7. 1972 AP BGB
§ 282 Nr. 7 mit Anm. *Mayer-Maly*).
Im Falle des § 618 kommt die Rspr. dem geschädigten AN noch weiter entgegen, indem sie ihm 72
lediglich die Beweislast für das Vorliegen eines ordnungswidrigen Zustandes auferlegt, der geeignet
war, den eingetretenen Schaden herbeizuführen. Es obliegt dann dem AG, sich zu entlasten (BAG
8. 6. 1955 AP BGB § 618 Nr. 1 mit Anm. *Hueck*; BAG 27. 2. 1970 AP BGB § 618 Nr. 16 mit Anm.
Sieg; MünchArbR/*Blomeyer* § 96 Rn. 34).
Die Darlegungs- und Beweislast für eine **vorvertragliche Pflichtverletzung** obliegt nach allg. 73
Regeln dem anspruchstellenden AN (BAG 2. 12. 1976 AP BGB § 276 Verschulden bei Vertragsschluss
Nr. 10; *Schaub* § 25 II 5).
Soweit der Schadensersatzanspruch auf **unerlaubte Handlung** gestützt wird, trägt der AN nach 74
allg. Regeln die Darlegungs- und Beweislast für die Rechtsgutverletzung und den eingetretenen
Schaden, wobei ihm allerdings im Einzelfall eine Beweiserleichterung nach den Regeln des prima-
facie-Beweises zu Hilfe kommen kann (BAG 13. 10. 1970 AP BGB § 823 Nr. 6 mit Anm. *Küchenhoff*).

Preis

75 **d) Mitverschulden.** Die Haftung des AG kann gem. § 254 gemindert sein oder gänzlich fortfallen, wenn der AN für den Schaden mitverantwortlich ist. Ein Mitverschulden kann etwa bei der vorsätzlichen Missachtung von UVV oder sicherheitsrelevanten Weisungen des AG vorliegen (MünchArbR/*Blomeyer* § 96 Rn. 33. Weitere Beispiele aus der Rspr.: BAG 27. 2. 1970 AP BGB § 618 Nr. 16 mit Anm. *Sieg*: Obliegenheit eines überlasteten AN, von sich aus auf Entlastung und die Gewährung von Urlaub zu drängen; BGH 9. 6. 1970 DB 1970, 1469: erkennbar gefährlicher Eingriff in ein ungesichertes Transportband).

76 Ein Mitverschulden des AN kann gem. § 254 II auch daraus resultieren, dass er es unterlassen hat, „den Schuldner auf die Gefahr eines ungewöhnlich hohen Schadens aufmerksam zu machen, die der Schuldner weder kannte noch kennen musste" oder „den Schaden abzuwenden oder zu mindern" (LAG Frankfurt 1. 3. 1984 DB 1984, 2200: Pflicht des AN zum Hinweis auf Gefahr eines ungewöhnlich hohen Schadens bei verspäteter Herausgabe von Arbeitspapieren; zur Schadensminderungspflicht auch BAG 23. 6. 1994 AP BGB § 249 Nr. 34).

77 Ein mitwirkendes Verschulden des AN ist **von Amts wegen zu beachten,** sofern entspr. Tatsachen vorgetragen sind (BAG 18. 12. 1970 AP BGB § 611 Haftung des Arbeitnehmers Nr. 63 mit Anm. *Medicus*). Die **Beweislast für das Mitverschulden** des geschädigten AN trägt nach allg. Grundsätzen der ersatzpflichtige AG (BAG 27. 2. 1970 AP BGB § 618 Nr. 16 mit Anm. *Sieg*).

78 **e) Vereinbarter Haftungsausschluss.** Die Schutzpflichten des AG für Leben und Gesundheit des AN und damit auch die Einstandspflicht im Falle ihrer Verletzung können gem. § 619 nicht im Voraus abbedungen werden. Dasselbe wird gem. § 138 I für die auf die Wahrung des Persönlichkeitsrechts bezogene Schutzpflicht des AG zu gelten haben (MünchArbR/*Blomeyer* § 94 Rn. 22).

79 Nicht grds. unzulässig ist hingegen ein Haftungsausschluss für Schäden an Vermögensgütern des AN. Voraussetzung ist jedoch stets eine vertragliche Übereinkunft zwischen den Arbeitsvertragsparteien, an der es fehlt, wenn der AG die Haftungsfreizeichnung einfach durch Aushang am schwarzen Brett bekannt gibt. Außerdem darf sich der Haftungsausschluss nicht auf vorsätzliche Pflichtverletzungen erstrecken (§ 276 III). Im Übrigen müssen Haftungsfreizeichnungen einer Inhaltskontrolle nach §§ 305 ff. standhalten (vgl. §§ 305 bis 310 Rn. 81 f.). Auch eine Betriebsvereinbarung darf sich nicht in einer Haftungsfreizeichnung erschöpfen (vgl. BAG 5. 3. 1959 AP BGB § 611 Nr. 26 mit Anm. *A. Hueck*).

80 **f) Inhalt und Umfang der Haftung. aa) Haftung nach den allgemeinen Vorschriften (§§ 249ff.).** Inhalt und Umfang der Haftung bestimmen sich grds. nach den allg. Vorschriften der §§ 249 ff. Nach § 249 S. 1 hat derjenige, der zum Schadensersatz verpflichtet ist, den Zustand herzustellen, der bestehen würde, wenn der zum Ersatz verpflichtende Umstand nicht eingetreten wäre. Dieser **Vorrang der Naturalrestitution** hat in mehreren Fällen der AGHaftung durchaus praktische Bedeutung erlangt. So hat das BAG beispielsweise einen AG, der einen besetzten Arbeitsplatz durch eine Umstrukturierung in Wegfall geraten ließ und sich damit die Erfüllung seiner Beschäftigungspflicht schuldhaft unmöglich machte, für verpflichtet gehalten, den AN auf einem anderen gleichwertigen Arbeitsplatz weiterzubeschäftigen (BAG 13. 6. 1990 EzA BGB § 611 Beschäftigungspflicht Nr. 44). Auch die Rspr. zur Schadensersatzpflicht bei schuldhafter Nichtgewährung und hierdurch bewirktem Verfall des Erholungsurlaubs beruft sich explizit auf den Grundsatz der Naturalrestitution, wenn sie dem AN einen Ersatzurlaubsanspruch gleichen Umfangs zuerkennt (BAG 5. 9. 1985 AP BUrlG § 1 Treueurlaub Nr. 1; BAG 7. 11. 1985 AP BUrlG § 3 Rechtsmissbrauch Nr. 16; BAG 30. 7. 1986 AP SchwbG § 44 Nr. 7; GK-BUrlG/*Bachmann* § 7 Rn. 115 ff.; MünchArbR/*Leinemann* § 91 Rn. 19 ff.; *Plüm* NZA 1988, 716).

81 Soweit die Herstellung nicht möglich oder zur Entschädigung des Gläubigers nicht genügend ist, hat der Ersatzpflichtige den Gläubiger gem. § 251 I **in Geld** zu entschädigen. Zu ersetzen ist die Differenz, um die der jetzige tatsächliche Wert des Vermögens geringer ist als der Wert, den das Vermögen ohne das die Ersatzpflicht begründende Ereignis gehabt haben würde (sog. **Differenzhypothese,** BAG 5. 3. 1985 AP GG Art. 9 Arbeitskampf Nr. 85; Palandt/*Heinrichs* vor § 249 Rn. 8 mwN).

82 Wegen des Schadens, der Nichtvermögensschaden ist, kann der Geschädigte im Falle der Verletzung des Körpers, der Gesundheit, der Freiheit oder der sexuellen Selbstbestimmung eine billige Entschädigung in Geld verlangen. Dieser liegt in § 847 nur für die Deliktshaftung normierte **Schmerzensgeldanspruch** (hierzu *Kern* NZA 2000, 124 ff.) findet seit dem 1. 8. 2002 seine allgemeine Grundlage in § 253 II (zur Neuregelung *Ady* ZGS 2002, 237 ff.; *Wagner* NJW 2002, 2049). Dies hat zur Folge, dass das Schmerzensgeld bei Verletzung der genannten Rechtsgüter auch auf der Grundlage der Vertragshaftung (zB § 280 I), aber auch bei Gefährdungshaftung (zB § 7 StVG) verlangt werden kann. Eine Bagatellgrenze, wie sie noch im RegE (BT-Drucks. 14/7752 S. 6, 25) vorgesehen war, findet sich in § 253 II nicht mehr. Der Ausschuss hielt sie für entbehrlich. Die bisher von der Rspr. im Bereich der Deliktshaftung angenommene Bagatellgrenze soll jedoch über den Begriff der „billigen" Entschädigung auch für die Gefährdungs- und Vertragshaftung gelten (BT-Drucks. 14/8780 S. 21).

83 Darüber hinaus kann der AN auch in Fällen gravierender **Persönlichkeitsrechtsverletzungen** die Zahlung einer Geldentschädigung verlangen. Dies gilt, obwohl das allgemeine Persönlichkeitsrecht in